CARPE

카르페 라틴어 한국어 사전

LINGUAM LATINA
AM LINGUA̲ ̲ ̲ ̲ LATINAE-CO
REANAE
LÉXĬC────────N

CARPE LINGUAM LATINAM
LINGUAE LATINAE-COREANAE
LÉXĬCON

한동일 / 이순용

문예림

책을 내며: 대표저자의 말

이순용 선생님께서 집대성하신 『라틴 한글 사전』을 처음 접한 것은 사전이 처음 출간되던 2009년이었다. 나는 이 사전을 찬찬히 훑어보며 한 개인이 혼자서 이렇게 방대한 작업을 해냈다는 사실에 그저 놀랐고 그 수고에 경의를 표할 뿐이었다. 그리고 내 공부를 위해 선생님의 『라틴 한글 사전』을 『라틴 이탈리아어 사전』과 비교해 가며 꼼꼼히 읽어내려갔다. 그리고 어쩌다 오탈자나 약간의 오류들을 발견하면 그것을 책에 옮겨 적어 놓았다. 사전이 처음 발간된 2009년부터 그렇게 하기 시작하여 3-4년의 시간이 흐르자 『라틴 한글 사전』을 A부터 Z까지 모두 확인하게 되었다.

그리고 용기를 내어 이순용 선생님께 전화를 드렸다. 내가 찾아낸 오탈자를 다음 쇄에 반영해 주시길 바라는 마음에서였다. 우리는 혜화동에 있는 한 칼국숫집에서 만났다. 사전에 관한 이야기를 꺼내자, 이순용 선생님께서는 한숨부터 쉬셨다.

"사전을 괜히 만들어 욕만 먹었어요. 누구는 글자가 너무 작네, 또 누구는 네가 뭔데 이런 사전을 만드느냐!"라는 이야기만 들었다고 하소연을 하셨다. 순간 나도 모르게 불끈 화가 치밀어 올랐다. 한 사람이 긴 시간을 바쳐 만든 고독하고 지난한 학문적 성취에 대해 "도대체 어떤 마음이어야 그렇게 말할 수가 있을까?" 하는 생각이 들었다. 하지만 생각해 보면 그 마음을 아주 모를 일은 아니다. 그들이 그렇게 생각한 데에는 이순용 선생님께서 라틴어와 관련해 어떠한 학위도 없으시기 때문일 것이라고 짐작한다. 그러면서 "학위를 받은 사람들은 과연 무엇을 했는가?"라는 반문과 함께, "학문을 탐구하는 데 학위가 꼭 절대적인 것인가?" 하는 의문도 들었다. 사실 선생님께서는 라틴어와 관련해 어떠한 학위도 없으시다. 그렇다고 그분께서 라틴어와 전혀 무관하다고 단언할 수도 없다. 선생님께서는 우리 세대의 그 누구보다 더 철저하게 라틴어를 배우셨기 때문이다.

오늘날 가톨릭 교회의 사제가 되려면 고등학교를 졸업하고 신학 대학에 입학하거나, 일반 대학을 졸업한 뒤 사회생활을 하다 신학 대학에 입학하여 사제가 되는 과정을 밟는다. 필자가 신학교에 다닐 때만 해도 2학기는 의무로 라틴어 수업을 들어야 했고, 나머지 2학기는 원하는 사람만 추가로 선택해서 들었다. 하지만 오늘날 신학교에 다니는 사제 후보자들은 이보다 훨씬 더 짧은 기간 동안 라틴어의 맛만 대강 보고 만다. 반면 이순용 선생님께서 사제가 되려고 공부하셨던 시절에는 신학 대학부터가 아니라, '소신학교'라고 부른 고등학교 과정부터 라틴어를 배웠다. 가장 기억력이 좋은 중고등학교 시절부터 라틴어를 익혔으니, 라틴어의 기초는 오늘날 신학생들과는 비교할 수 없다.

사실 우리나라에서 라틴어와 관련하여 번역이나 강의 등의 일을 하는 이들 가운데는 가톨릭 교회에서 사제가 되려고 했거나, 부제나 사제로 있다가 그만 두고 나와 활동하는 이들이 더러 있다. 이순용 선생님도 그런 사람들 가운데 한 분이다. 외국에서 받은 라틴어 관련 학위가 없다 해도 선생님의 라틴어 실력은 상당하다. 이 사전을 절대 폄하해서는 안 되는 이유다.

이순용 선생님께서는 당신께서 작업한 파일을 모두 줄 테니 사전을 완벽하게 마무리 해 달라고 나에게 부탁하셨다. 그때 나는 서슴지 않고 그러겠노라고 약속해 버렸다. 이 일이 얼마나 힘든지 잘 알고 또 내가 작업하고 있는 다른 많은 일들이 있지만, 선생님께서 하신 『라틴 한글 사전』에 대한 정당한 평가가 있어야 한다고 생각했기 때문에 조금도 망설이지 않고 그 제안을 받아들였다. 하지만 그 이유만이 전부는 아니었다. 무엇보다 경제적 도움도 안 되고 그 누구도 알아주지 않는 작업을 곁에서 인내하고 기다려 주신 이순용 선생님의 사모님과 가족들에 대한 존경심이 그러한 결정을 내린 또 다른 이유였다.

나는 이 사전을 통해 이순용 선생님과 그의 가족들이 정당한 평가를 받기를 바랐다. 그래서 이전에 한 명의 독자로서 사전을 읽어 내려간 것과 달리 더 꼼꼼히 사전을 읽고 손질하였다. 처음 마음은 『라틴 이탈리아어 사전』과 견주어도 손색없는 사전을 만들고 싶었는데 거기까지는 이르지 못했다. 그래서 출판을 차일피일 미루고 있었는데 주변에서 일단 사전을 내고 그 이후에 계속 보완 작업을 하는 것이 좋을 것 같다는 충고를 해 주었다. 나는 그 충고를 받아들이기로 했다. 아니 사실 나는 십여 년간 나를 붙들고 있는 이 사전 작업에서 좀 자유롭고 싶었다. 부족하지만 사전 출간을 결심한 또 하나의 이유다. 먼저 독자들에게 더 완성도 높은 사전을 만들지 못해 죄송하다는 말을 드리고 싶다. 사전을 사용하다 발견되는 오류와 오자는 언제든 출판사로 연락을 주시면 감사하게 받아들일 것이다.

여러 아쉬움에도 불구하고 이 사전에는 그 어떤 사전에서도 볼 수 없는 이 사전만의 특징이 있다. 필요한 문법적인 설명과 동시에 라틴어 학습자들이 어려움을 느끼는 명사나 형용사, 동사 등의 불규칙 변화를 도표로 실었다는 점이다. 또한 뜻만 있는 단순한 『라틴 한글 사전』에서 더 나아가, 백과사전 같이 각 분야의 전문 용어에 대한 설명도 최대한 함께 넣고자 했다. 그리고 앞으로도 계속 사전을 보완해 가는 작업을 하고자 한다. 아울러 인용문은 가능한 원문 그대로 인용하였으나, 간혹 우리말에 좀 더 자연스럽게 수정했음을 밝힌다.

끝으로 우리나라에서 나온 첫 라틴어 한글 사전은 윤을수 신부님께서 1936년 펴내신 『나선사전(羅鮮辭典) Dictionárium Latino-Coreanum』으로 알고 있다. 이후 허창덕 신부님과 백민관 신부님 등 여러분이 만드신 훌륭한 『라틴-한글 사전』이 있다. 이분들을 존경하는 마음에서 이 사전의 문법 설명과 용어 설명은 필자의 졸서보다는 가능한 두 분 신부님의 책을 인용하고자 했다. 그래서 비록 이 사전이 그분들의 계보를 이을 만큼의 완성도 높은 사전은 아니지만 라틴어를 배우려는 학습자들에게 작게나마 도움이 되길 바랐다. 또한 사전의 많은 부분은 필자의 책을 인용하기보다 다른 여러 연구자들의 책을 소개하고자 했다. 그래서 많지는 않지만 우리나라에도 계속해서 라틴어를 연구하고 있는 사람들이 있음을 보여주고, 그들의 학문에 대한 용기를 북돋우고자 했다. 누가 알아주지 않아도 라틴어 연구에 매진하고 있는 이들의 노고에 경의를 표하며, 출판을 허락해 주신 문예림출판사 서덕일 대표님과 임직원들에게도 감사의 인사를 드린다.

또한 카르페 라틴어 한국어 사전에 깊은 관심을 가지시고 수정 및 첨삭할 귀한 가르침과 자료를 공유해 주신 수원가톨릭대학교 황지현 신부님께도 깊은 감사의 인사를 드린다.

2023년 3월의 어느 봄날
대표저자 한동일 씀

생의 한 자락을 맞추기까지: 공동저자의 말

사전을 준비하면서 처음에는 단어 하나하나에 무척 신경을 쓰며 인용했다. 여러 가톨릭 관계 전문 서적을 뒤적여 새로운 단어를 하나 둘 채록하는 과정은 나에게 무한한 재미와 성취감을 안겨 주었다. 10여 년 이상 책을 뒤적이며 2002년 『한라소사전(韓羅小辭典)』과 2005년에 『한글-라틴 사전』을 만들었다. 이 작업을 하는 데에는 무엇보다 교정이 문제였다. 분량도 분량이지만 엄청난 시간이 필요했기 때문이다. 결국 컴퓨터 앞에서 '한글-라틴'을 1년 이상 걸려 '라틴-한글'로 만들고 허창덕 신부님과 백민관 신부님 등 여러분이 만드신 훌륭한 『라틴-한글 사전』으로 한 자 한 자 교정을 보았다. 그렇게 많은 시간이 흘렀고, 또 많은 부분을 고쳐야 했다. 그러다가 '한글-라틴'에 '라틴-한글'을 함께 묶으려는 마음이 생겼고 많은 부분을 『라틴-한글 사전』에서 취하여 책을 만들었다. 만들면서 『프랑스어-라틴 사전』을 보니 라틴어를 설명하기에 앞서 프랑스어를 자세히 설명한 사전이 있어 『한글-라틴 사전』에 이를 적용하여 어려운 단어는 국어사전처럼 풀이를 해 놓았다. 또 철학, 신학, 교부학, 교리 해설, 여러 수도회 회칙, 한국 주교회의 정관, 준주성범, 교황청 발표 문헌, 교부 문헌, 성서의 동·식물, 성가, 교회법, 공의회 문헌, 라틴 기도문, 미사 경본, 미사 통상문, 성경 구절 등 가톨릭과 관련된 모든 것을 담고자 노력했고, 일반 상식 등도 간략히 옮겨 보았다. 신문에 난 것도 옮기고, 잡지에 실린 것, 회보 등 기록상으로 가치가 있다고 생각하는 것과 좀 특이하거나 신기한 것 등도 보이는 대로 취하였다.

혹자는 무슨 백과사전도 아니고 너무 많은 인용과 설명이 있다고 할지 모르겠다. 그러나 라틴어가 가톨릭대학 신학교에서조차 일주일에 1시간씩 한 학기만 수업하지 않는 마당에, 능동 수동 변화로 148개 이상으로 변하는 라틴어 동사를 빼곡하게 적어 놓은들 독자에게 얼마나 효과가 있을지 의문이며 또 그것을 다 소화할 수 있을지도 의문이었다. 그래서 사전을 찾으며 좋은 인용문들을 통해 잠시 머리도 식히고 흥미도 유발할 수 있도록 단어 중심으로 보충 설명을 덧붙였다. 이 작업을 하는 데에는 백민관 신부님의 『가톨릭에 관한 모든 것 - 백과사전 1, 2, 3』은 참으로 유용했다. 그동안 왜 이럴까 하는 의문이 드는 것들이 많았는데 신부님의 책을 읽으며 그 단어의 어원과 뜻을 더욱 확실히 알게 되었다. 그 어느 책에서도 설명되지 않아 이해하지 못했던 부분들이 술술 풀렸다. 더구나 십자가상의 우도와 좌도의 이름까지 알게 되었을 때는 참으로 신기한 생각마저 들었다. 네 달에 걸쳐 열심히 옮겼다. 사전의 라틴어 문장들은 성염 교수님의 여러 책, 특히 『신국론』과 『고전(古典) 라틴어』에서 많은 부분을 옮겨 왔다. 교수님의 간결한 문장은 단순히 라틴어뿐 아니라 문장 표현과 관련하여 오늘날을 사는 우리에게도 시사하는 바가 크다. 아울러 최익철 신부님께서 번역하신 『요한 서간 강해』의 간결한 문장도 많이 인용하였다. 또한 백민관 신부님의 저서 『라틴어 30일』에 있는 "동사의 변칙변화 과거완료, 과거·미래분사, 목적분사 일람표"는 다른 나라 사전에 나오지 않는 아주 귀한 동사 모음으로 원형을 찾는 데 많은 도움을 받았다. 그 외 한동일 교수님의 『법으로 읽는 유럽사』에서 교회법, 로마법, 일반 법률 격언도 실었고, 특히 『로마법의 법률 격언 모음집』에서 단어의 적확한 뜻과 많은 예문을 옮겼다.

한편 이 책은 외국에서 아주 높은 수준의 공부를 한 이들에게는 별로 소용이 없을지도 모른다. 그들은 이 책이 아니더라도 '라틴-이탈리아어', '라틴-독일어',

'라틴-영어', '라틴-프랑스어' 등 많은 좋은 사전들을 활용할 수 있다. 그러나 라틴어를 처음 시작하는 이들이나 그저 단어의 뜻만 찾고 싶은 이들에게는 이 사전이 훌륭한 안내자가 되리라 확신한다. 거기에다 단어를 찾으며 문법 설명과 불규칙 동사와 명사들의 변화, 종교적 지식이나 일반 상식까지 얻을 수 있다면 그 이상 더 무엇을 바라겠는가.

한편 이 책이 나오기까지 참으로 많은 분들의 격려와 도움이 있었다. 그 가운데 서울대교구 최익철 신부님과 김정남 신부님, 청주교구 윤병훈 신부님과 수곡동 성당의 이중섭 신부님, 모충동 성당의 이승용 신부님과 이승애 아가다, 청주 금천동 성당의 이기락 선생님께 진심으로 감사의 인사를 드린다. 그리고 끝으로 남들이 보기에 한심해 보이기만 하는 작업을 한없는 인내로 기다려 주면서, 그 누구보다도 전폭적인 지지와 용기를 보내 준 아내와 세 공주들에게도 깊은 감사를 보낸다.

2019년 6월의 어느 날 서울 회기동에서 이순용.마르꼬

문법 약호(Abbreviationes Grammaticæ)

adj. adjectívum 형용사

adv. advérbium 부 사

adv., superl. advérbium superlatívum 최상급 부사

alci alícui áliquis의 여격 3격

alqo áliquo áliquis, áliquid의 탈격 5격

anom. 또는 anomal. (verbum) anómalum 변칙동사

antiq. (dativus) antíquus 옛 여격 (3격)

a.p. adjectívus participális 형용사화한 부사

arch. archáicus 고어(古語)

can. canon 교회법 조문

cf. confer 참조하라

comm. (adjectívum) commune 공통 (형용사)

comp. (gradus) comparatívus 비교급

conj. conjúnctio 접속사

coord. (conjúnctio) coordinatiónis 동등(접속사)

dat. (casus) datívus 여격, 3격

decl. declinábile 변화사(變化詞)

def. 또는 defect. (verbum) defectívus 부족동사, 불비동사

dep. (verbum) depónens 탈형동사

deriv. derivátum 파생(어)

dupl. acc. duplex accusatívus 2중 대격(4격)

dim. diminutívum 지소어(指少語), 축소어

dir. (objectum) diréctum 직접목적어, 직접객어

e.g. exémpli grátia 예를 들면

etc. et cétera 기타, 등등

exact. (futúrum) exáctum (미래)완료

f. (genus) fem;nínum 여성

freq. (verbum) frequentatívus 반복(동사)

fut. exact. futúrum exáctum 미래완료

gen. (casus) genitívus 속격, 2격

gerundiv. gerundívum 수동 당위분사

imper. 또는 imperat. (modus) imperatívus 명령법

impers. impersonále, impersonáliter 비인칭(적으로)

inch. (verbum) inchoatívum 기동(起動)동사

indecl. indeclinábile 불변화어

inf. (modus) infinitívus 부정법

intens. (verbum) intensívum 강세(强勢)동사

interj. interjéctio 감탄사

interr. (pronómen) interrogatívum 의문(대명사)

intr. (verbum) intransitívum 자동사

inusit. inusitátum 폐기된 단어

irreg. irreguláris 불규칙, 변칙

m. (genus) masculínum 남성

n. (genus) néutrum 중성

nom. (casus) nominatívus 주격, 1격

num. numerália 수사
obj. objéctum 목적어, 객어
objectiv. (genitívus) objectívus 객어적 (2격)
opp. oppósitum 반대말
ordin. (numerália) ordinália 순서(數詞)
pass. passívum 수동형
pl. plurális 복수(複數)
poss. (pronómen) possesívum 소유(대명사)
p.p. particípium perféctum 과거분사
p. præs. particípium præsens 현재분사
pr. objectiv. propositío objectíva 객어문, 목적어문
præp. præposítio 전치사
præs. præsens 현재
præt. prætéritum 과거
pron. pronómen, pronomínále 대명사(적)
pr. 또는 prop. propositío 문장

sc. scílicet 즉
semidep. (verbum) semidepónens 반탈형동사
sg. 또는 sing. singuláris 단수
sæc. sǽculum 세기
subj. (modus) subjunctívus 접속법, 종속법
superl. (gradus) superlatívus 최상급
supin. supínum 동명사, 목적분사
tr. (verbum) transitívum 타동사
tt. tantum 다만
v. verbum 동사
v.g. verbi grátia 예를 들면
voc. (casus) vocatívus 호격

동사 표시의 기본형

	현 재	단순과거	목적분사	부정법
제1활용	amo	amávi	amátum	amáre
제2활용	móneo	mónui	mónitum	monére
제3활용	lego	legi	lectum	légere
제4활용	áudio	audívi	audítum	audíre

학문용어 약호

(가) 가톨릭 용어	(機幾) 기하학	(生理) 생리학	(心) 심리학	(醫) 의학
(가古) 가톨릭 옛용어	(論) 논리학	(生化) 생화학	(略) 약자.약어	(宗) 종교(학)
(建) 건축(학) 용어	(動) 동물(학)	(聖) 성서	(藥) 약학	(地) 지리학
* C.C.K. 확정용어	(文) 문학	(修) 수사학	(魚) 어류	(天) 천문학
(廣) 광업	(文法) 문법	(數) 수학	(言) 언어학	(哲) 철학
(教法) 교회법	(物) 물리학	(植) 식물(학)	(料) 요리	(解) 해부학
(教史) 교회사	(法) 법률(법학)	(神) 신학	(倫理) 윤리신학	(化) 화학
(軍) 군사(학)	(生) 생물학	(神話) 신화	(音) 음악	(希) 희랍어

악첸뚜스(accentus)

1) 단음절 단어는 그 음절이 강음.
2) 2음절 단어는 끝에서 첫 번째 음절이 강음.
3) 3음절 이상일 때는 끝에서 두 번째 음절이 장음이면 두 번째 음절이 강음이고,
   두 번째 음절이 단음이면 끝에서 세 번째 음절이 강음이다.

라틴어 글자

1. 오늘날 사용되고 있는 라틴 글자는 스물다섯 자로서, 이것을 라틴어의 알파벳(alphabétum)
   이라고 하며 각각 대문자와 소문자로 구별되어 있다. 그 글자들의 이름은 다음과 같다

대문자	소문자	글자이름	대문자	소문자	글자이름
A	a	아(a)	N	n	엔(en)
B	b	베(be)	O	o	오(o)
C	c	체 또는 케(ce)	P	p	뻬 또는 페(pe)
D	d	데(de)	Q	q	꾸 또는 쿠(cu)
E	e	에(e)	R	r	에르(er)
F	f	에프(ef)	S	s	에스(es)
G	g	제 또는 게(ge)	T	t	떼 또는 테(te)
H	h	하(ha)	U	u	우(u)
I	i	이(i)	V	v	브우(vu)
J	j	욛(iod)	X	x	익쓰(ix)
K	k	깝빠(kappa)	Y	y	입실론(ipsilon, i Græcum)
L	l	엘(el)			
M	m	엠(em)	Z	z	제따(zeta)

이상 25자 중에서 "a, e, i, o, u," 및 "y"의 6자는 모음이고, 나머지 19자는 자음이며, 발음은 대체로 로마자 발음대로 한다. 라틴어는 로마 계통 언어학군(philología romána)의 모체로서 사어(死語)이지만, 고대 로마부터 오늘날까지 학문과 교회 전례에서 계속 사용해 왔다. 이것을 교회 라틴어라고 하는데, "c"와 "g"의 발음이 고대 로마인들의 발음과 약간 차이가 있다.

교회 라틴어에서는 시대적 변천을 겪으면서 "c" 뒤에 "a, o, u"가 오면 "ㄲ"과 "ㄱ"으로 발음하고 (예: ca 까, ga 가), "e, i, y"가 오면 "ㅊ"과 "ㅈ"으로 발음한다(예: ce 체, ge 제). 그러나 고전 라틴어에서는 뒤따르는 모음과 상관없이 언제나 "ㅋ"과 "ㄱ"으로 발음한다(예: cicero 키케로). 그 밖의 특이한 발음은 다음과 같다.

1) "a" 와 "e 그리고 o" 와 "e" 가 합쳐서 한 발음을 낼 때에 이를 중모음(重母音.diphthóngus)이라고 한다. "ae(æ)"와 "oe(œ)"가 에(애)로 외(에)로 각각 발음한다. 그러나 "a" 와 "e" 또는 "o" 와 "e, en" 자 중 어느 한 글자에 악센트가 붙으면 각각 발음하는 두 모음이다. 이 밖에 "au"와 "eu" 도 중모음이지만 발음은 "아우", "에우"로 발음한다.

2) "c" 자 발음. "c" 다음에 "a, o, u," 가 오면 "까, 꼬, 꾸," 로 발음하고, "e, I, y,"가 오면 "체, 치, 치,"로 발음한다. "c" 가 모음 뒤에 오면 "ac, ec…" 등은 받침 "ㄱ" 음으로 "악, 엑,…" 등으로 발음한다.

3) 서로 다른 자음이 겹친 중자음 "gn"은 "gna(그냐)", "gne(ㄱ네), gni(ㄱ니), gno(ㄱ뇨), gnu(ㄱ
   뉴)"로, 희랍어에서 온 "ch, ph, th, rh"는 각각 "ㅋ ㅍ ㅌ ㄹ"로 발음하고, "sc"는 "a, o, u" 앞
   에서 "스카, 스코, 스쿠"로 "i, e" 앞에서 "쉬, 세"로 발음한다.
4) "f"와 "v" 발음. 이 두 자는 윗니를 아래 입술에 댔다가 떼면서 "ㅍ(f)" 또는 "ㅂ(v)" 음을 내
   는 발음이다. "f"는 윗니를 아래 입술에 댔다가 빨리 떼면서 "ㅍ"의 파열음을 내는 소리이고,
   "v"는 넌지시 뗄 때 나오는 "ㅂ" 발음이다. 이와는 대조적으로 윗입술과 아랫입술을 댔다가
   세게 떼면서 나는 "ㅃ"발음은 "p", 연하게 떼면서 나는 "ㅂ" 발음은 "b" 음이다.
5) "l"과 "r"의 발음. "l"은 종성 "ㄹ" 발음으로서 혀끝을 입천장에 댔다가 뗄 데 나는 "을" 발음이 다.
6) "q" 자 발음. "q" 는 반드시 "u" 자와 함께 쓰며 "ㄱ" 또는 "ㄲ"으로 발음한다.
7) "-ti" 다음에 모음이 따르면 "-tia" "-시아", "-tie" "-시에", "-tii"는 "-시이", "-tio"는 "시오"
   로 발음하지만 "-ti"에 악센트가 붙을 때와 "-ti" 앞에 "s, x, t"가 오면 본 발음대로 "ㅍ" 또
   는 "ㅌ"으로 발음한다(예: bestia, totius).

2. 발음

A, a : 우리말의 "아, ㅏ"에 해당하는 것으로 "a"와 "e"가 합성된 "æ"는 대략 "애"와 "에"의 중간
       정도로 발음하면 된다. æ는 중모음이지만 "aë" 혹은 "au"는 독립된 두 모음으로 각각 발
       음해야 한다.
       áurum(아우룸) 금(金), áër(아에르) 공기(空氣), ádamas(아다마스) 금강석(金剛石)

B, b : 대략 우리말의 "ㅂ"에 해당한다.
       Beátus(베아뚜스) 복자(福者), béllum(벨룸) 전쟁(戰爭),
       Breviárium(브레비아리움) 성무일도(聖務日禱), Bíblia(비블리아) 성서(聖書)

C, c : C는 "a, o, u" 앞에서는 약한 "ㄲ"에 해당하는 소리를 내며 "e, i, y" 앞에서는 "ㅊ"으로
       소리낸다. 또한 받침으로는 "ㄱ"과 같다.
       córpus(꼬르뿌스) 육신(肉身), Cenóbita(체노비따) 수도자(修道者),
       cívis(치비스) 시민(市民), Ecclésia(엑끌레시아) 교회(敎會)

       * 그밖에 "c"와 "h"자(字)가 합성된 중자음은 약한 "ㅋ"처럼 발음한다.
         Christus(크리스뚜스, 그리스뚜스) 그리스도, chórus(코루스) 합창(合唱)

D, d : 우리말의 "ㄷ"과 같다.
       dónum(도눔) 선물(膳物), déitas(데이따스) 천주성(天主性), dáucion(다우치온) 인삼(人蔘)

E, e : 우리말의 "에, ㅔ"로 발음된다. "e"字가 들어간 2중 모음으로는 æ(애, 에)와 œ(외, 에)가
       있다. 반면 "aë", "oë"는 독립된 두 개의 모음으로 "아에", "오에"로 발음된다.
       ætas(에따스) 연령(年齡), Póëta(뽀에따) 시인(詩人), féstum(훼스뚬) 축일(祝日),
       sémen(세멘) 종자(種子), cóelum(첼룸) 하늘

F, f : 이 글자는 우리말에 없는 음가(音價)를 가진 것으로 영어나 다른 서양 언어의 "f"와 같다.
       fa(ㅍ하), af(아ㅍ흐), ef(에프), fábula(ㅍ아블라) 이야기,
       affátus(앞파뚜스) 담화(談話), efféctio(에프엑시오) 완성(完成)

G, g : g는 "a, o, u" 앞에서는 약한 "ㄱ" 소리가 나고, "e, i, i" 앞에서는 "ㅈ" 소리가 나도록 발음
       하며, 받침으로 나올 때는 "ㄱ"과 같이 생각하면 된다.
       Gállia(갈리아) 지금의 프랑스, Gérmanus(제르마누스) 독일인(獨逸人)

* "g"자와 "n"자(字)의 중자음(重子音)은 대체로 gna(냐), gno(뇨), gnu(뉴)로 소리 낸다.
agnus(아뉴스) 어린 양(고양), magnates(마냐떼스) 고관(高官).대신(大臣)

H, h : 모음 앞에서는 약한 "ㅎ"으로, 모음 뒤에서는 그 앞에 있는 모음을 길게 발음하면 된다.
hi(히), ho(호), hu(후), ah(아-), oh(오-),
híems(히엠스) 겨울(冬), hómo(호모) 사람(人), húmus(후무스) 대지(大地).흙

* ch는 "k", ph는 "f", th는 "t", rh는 "r"로 발음되는데 "ph"는 반드시 "f"로 발음
해야 한다.
theátrum(테아뜨룸) 극장(劇場), chimia(키미아),
philosóphia(필로소피아) 철학(哲學), rhéda(레다) 차(車).수레

I, I : 우리말의 "이, ㅣ"와 같다.
ígnis(이니스) 불(火), idea(이데아) 이상(理想),
idololatria(이돌롤라뜨리아) 우상숭배(偶像崇拜)

J, j : "J"는 우리말에서 중모음을 이루기 위해서 단모음(單母音)에 붙여 주는 "이"와 같다고
볼 수 있다.
Jústum(유스뚬) 정의(正義), Judicium(유디치움) 재판(裁判).공판(公判)

K, k : 드물게 사용되는 글자로 "ㄱ" 또는 "ㅋ"으로 발음된다.
kyrie(기리에, 키리에), kákia(가기아) 전재(轉載)

L, l : 우리말의 받침에 쓰이는 "ㄹ"의 음가(音價)와 같다. 발음할 때 "r"과 혼동하지 말아야 한다.
la(을라), lo(을로), 디(엘), stélla(스텔라) 별,
aula(아울라) 궁전(宮殿), laudatio(라우다시오) 찬미(讚美)

M, m : 우리말의 "ㅁ"과 같다.
ma(마), me(메), mo(모), magíster(마지스떼르) 선생(先生),
méns(멘스) 정신(精神), mónacha(모나카) 수녀(修女)

N, n : 우리말의 "ㄴ"과 같다.
na(나), ne(네), no(노), náta(나따) 딸,
nérvus(네르부스) 신경(神經), nómen(노멘) 이름(姓名)

O, o : 우리말의 "오, ㅗ"와 같다. "o"와 "e"가 합성된 이중모음과 "oë"는 이미 설명한 바와
같다.
orátio(오라시오) 기도(祈禱), oppidum(옵삐둠) 색(色), occasio(윽 까시오) 기회(機會)

P, p : 가벼운 "ㅃ" 또는 "ㅍ"으로 발음된다. 흔히 "ㅃ"으로 발음한다.
pa(빠), pe(뻬), ap(앞),
pánis(빠니스) 빵, pecúnia(뻬꾸니아) 돈, apóstolus(아뽀스똘루스) 사도(使徒)

Q, q : "q"는 "u"字와 함께 다른 모음(母音) 앞에서만 쓰이는 것으로 이 경우 "u"字는 그 뒤의
모음(母音)과 함께 한 음절(音節)을 이루기 때문에 그것과 따로 떨어질 수 없다.
quæstórius(꿰스또리우스) 검사(檢事), áqua(아꽈) 물, équus(에꾸우스) 말(馬),
-que(꿰) 와.그리고(접미어), atque(앗꿰) 또한

R, r : 우리말의 초성(初聲)에 쓰이는 "ㄹ"과 같이 경우처럼 발음한다. 받침으로 발음할 때에는
　　　　"ㄴ"과 간ㅌ이 발음하는 데 유의해야한다.
　　　　ra(라), re(fp), ro(로), ar(아르), er(에르), térra(떼라) 땅.지상(地上),
　　　　rana(라나) 개구리, relígio(렐리지오) 종교(宗敎),
　　　　rosa(로사) 장미꽃, arbor(아르보르) 나무(木), erudítio(에루디시오) 교육(敎育)

S, s : 우리말의 초성(初聲)으로서의 "ㅅ"과 비슷하다. 다만 모음(母音) 뒤에서는 받침으로 소리
　　　　나지 않고 "스" 또는 "쓰"에서 모음이 빠진 소리로 읽어야 한다.
　　　　Sánctus(쌍뚜스) 성인(聖人), Sábula(사불라) 사막(沙漠),
　　　　Sabbatum(삽밧뚬) 토요일(土曜日)

　　　　* 중자음(重子音) "ac"는 그 뒤에 오는 모음에 따라서 달리 발음된다.
　　　　sca(스까), sco(스꼬), sci(쉬), sce(셰), sch(스끄),
　　　　scála(스깔라) 사다리, scópus(스꼬뿌스) 목표(目標).목적(目的), scéna(셰나) 무대(舞臺),
　　　　sciéntia(쉬엔시아) 학문(學問), schóla(스꼴라) 학교(學校)

T, t : 우리말의 가벼운 "ㄸ" 또는 약한 "ㅌ"처럼 발음된다. 다만 "ti"다음에 모음이 나오면
　　　　"ti"는 "찌"와 "치"의 중간쯤으로 발음된다. 그러나 "ti"의 "i"가 액센트를 받거나 "ti"앞에
　　　　"s, x, t"자가 있는 경우는 본래 발음인 "띠"로 읽는다.
　　　　tolerántia(똘레란시아) 인내(忍耐),
　　　　bestia(베스띠아) 짐승, testificátio(떼스띠휘까시오) 보증(保證)

U, u : 우리말의 "우, ㅜ"와 같다
　　　　úva(우바) 포도, úrsa(우르사) 곰, urbs(우릅스) 도시(都市).색(色)

V, v : 우리말에는 없는 음가(音價)를 가진 글자로 영어(英語)의 "v"자와 같다.
　　　　vegetátio(브에제따시오) 생육(生育),
　　　　vérbum(브에르붐) 말, vánitas(브아니따스) 허무(虛無)

X, x : 우리말의 "ㄲㅅ"과 같은 음가(音價)를 지닌 것으로 초성(初聲)에서도 받침에서와 같이
　　　　발음한다.
　　　　xa(윽사), xe(윽세), ex(엑쓰), xi(윽시),
　　　　xánthos(윽산토스) 보석(寶石), xénon(윽세논) 병원(病院), xiphias(윽시피아스) 혜성(彗星)

Y, y : 희랍어 온 단어에만 쓰이는 모음(母音)으로 대체로 "이, l"와 같다.
　　　　cy(치), gy(지), cymba(침바) 소주(小舟),
　　　　gypsum(집숨) 석탄(石炭), ypógæum(이뽀게움) 지하실(地下室).동굴

Z, z : 우리말의 "ㅈ"을 강하게 발음하면 된다.
　　　　za(자), ze(제), zi(지), zo(조),
　　　　zámia(자미아) 손실(損失), zéta(제따) 침실(寢室), zizánia(지자니아) 잡초(雜草)
　　　　zóna(조나) 帶(대)

3. 모음(母音)의 장단(長短)

　　위에서 말한바와 같이 " a, e, i, o, u, y"는 독립적으로 소리 날 수 있는 모음(母音)이다.
　　그런데 이들 모음은 같은 글자이면서도 경우에 따라서 어떤 때는 장모음(長母音=긴 모

음)이 되고, 어떤 때는 단모음(單母音=짧은 모음)이 된다. 사전 같은 데에 모음 위에 작대기 (-) 또는 가랑이표(∧)를 가로 그어놓은 것은 긴 모음의 표시이고, 활둥 같은 표()를 그어 놓은 것은 짧은 모음의 표시이다. 그러나 모음의 이 장단, 곧 길고 짧음은 오늘날에 와서는 실제로 발음하거나 쓰는 데에서 대부분의 경우 정확한 구별을 하지 않고 있다. 다만 악센트의 위치 결정이라든가, 특별한 격(格)의 표시를 위해서만 이용되고 있다.

4. 음절(音節=syllaba)

모음을 중심으로 해서 거기에 떨어질 수 없도록 앞뒤로 붙어있는 자음을 포함한 소리의 마디를 음절(音節=syllaba)이라고 한다. 그래서 결국 한 음절은 한 마디의 소리를 내는 것이며, 쓸때에도 따로 떼어 써서는 안 된다. 각 모음은 중모음의 경우를 제외하고 모두 한 개의 음절을 이루며, 중모음은 그 합성된 두 개의 모음이 하나의 음절을 이루는 것이다.

5. 악첸뚜스(accéntus=악센트=강음=强音)

서양 언어에서 악센트는 매우 중요하다. 단어의 어떤 음절에다 힘을 주어 발음하는 것을 센트라고 하는데, 라틴어는 단어의 악센트 결정에 다음과 같은 비교적 간단한 법칙이 있다.

1) 단음절(斷音節), 한 음절로 되어있는 단어는 그 음절이 악센트를 받는다.
   hic(힉), hæc(핵), hoc(혹), nox(녹쓰)
2) 2음절 단어는 첫째 음절이 악센트를 받는다.
   bonus(보누쓰), homo(호모)
3) 셋 이상의 음절이 있는 다음절(多音節) 단어는
   a. 끝으로부터 둘째 음절의 모음이 긴 것일 때에는 그 끝으로부터 둘째 음절이 악센트를 받고 bonórum(보노룸)
   b. 끝으로부터 둘째 음절의 모음이 짧은 것일 때에는 하나 더 올라가 끝으로부터 셋째 음절이 악센트를 받는다. hóminem, vénimus.

6. 발음 및 읽기 연습

앞에서 기술한바와 같이 한 개의 모음(단모음이나 중모음)과 중심으로 해서 그 앞뒤에 달려있는 자음들을 합친 한 덩어리의 소리마디를 음절(音節)이라고 한다. 그러므로 단모음이든 중모음이든 모음 하나만 가지고 있는 단어는 그 앞뒤에 달려있는 자음의 수(數)와 상관없이 단음절(斷音節) 단어라고 하고, 두 개의 모음을 가지고 있는 단어는 다음절(多音節) 단어(單語)라고 한다. 그런데 단어와 글자들을 갈라놓을 필요가 있을 때에는 음절(音節)을 최서 단위로 삼아 가지고 갈라놓아야 하기 때문에 단음절 단어는 어떠한 경우에도 갈라놓을 수 없으며, 다만 2음절이나 다음절 단어에 한해서 그 갈리는 음절 끝에 붙임표(-)를 붙여주면서 갈라놓는다. 영어에서는 하이픈이라고 부르는 이 붙임표(-)는 보통으로 두 개 이상의 음절을 가진 어떤 단어가 아래 위 두 줄에 걸쳐서 나누어 써야 할 경우에 윗줄 맨 마지막 글자 뒤에 붙여 쓰는 것이지만 아래에서는 연습해 볼 여러 단어들의 음절 수(數)와 그 분철법(分綴法-음절 나누는 법)을 익힐 수 있도록 각 단어의 음절마다 그 사이사이에 집어넣어 두었다. 그러나 이것은 참고하도록 표시한 것 일뿐이므로 실제로 쓸 때에는 앞에 기술한 경우 이외에는 음절을 갈라놓지 않고 붙여서 쓴다.

1) 첫머리에 있는 모든 자음들과 두 모음 사이에 있는 하나짜리 자음은 뒤쪽 모음에 붙어서 그 첫소리가 되는 동시에 자기의 모음과 더불어 한 개의 음절을 이룬다.
   그러나 두 개 이상의 단어가 모여서 하나의 복합단어를 이룬 경우는 모음과 모

음 사이에 있는 자음이 그 본래의 자리를 찾아서 앞 모음에 붙어있어야 하는 경우도 있다.
a-ma, a-mo, da-te, fa-ba, bo-na, ho-ra, a-la, la-na, lu-na, a-ra, i-ra, ma-la, pi-la,
ra-na, ri-pa, ma-ne, ma-re, pœ-na, Ro-ma, ro-sa, su-a, u-va, vi-a, vi-ta, la-xa, ri-xa,
ly-ra, zo-na, ca-no, ca-ro, co-go, co-lo, cu-ra, e-go, ne-go, to-ga, ro-go, gu-la, ce-lo,
ce-ra, ce-te, ce-te, ge-nu, le-ge, ge-ro, re-ge, re-gi, ma-gi, gy-ro, sca-la, sco-pæ,
sce-na, sci-o, sci-to, a-ni-ma, bre-vi-a, Ci-cero, Co-re-a, co-ro-na, do-mi-na,
flu-mi-na, fru-i-co, glo-ri-a, gra-ti-a, ho-mi-e, i-do-ne-a, Ja-po-ni-a, le-gi-o,
ma-cu-la, no-mi-no, o-pi-ni-o, pa-py-ri, pe-cu-ni-a, que-ri-mo-ni-a, re-gi-na,
rhe-to-ri-ca, spe-ra-re, Spi-ri-tu-i, sta-tu-e-re, stra-vi, the-o-lo-gi-a,
tra-de-re, u-bi-que, ve-ni-te.

2) 제일 마지막 모음 뒤에 달려 있는 자음들은 언제나 그 모음의 받침처럼 붙어 다녀야 한
   다. 그러나 발음에 있어서는 우리말의 받침과 달리 글자에 따라서 제각기 라틴어의 고유
   한 소리를 내도록 되어 있다
   ab, ac, ad, et, est, ex, in, ob, æs, cor, lex, lux, os, nos, vos, pars, quis, rex, sol, sors,
   sunt, urbs, a-ë, æ-ger, bo-nus, ca-nis, cle-mens, cœ-lum, da-tum, fi-at, la-gi-ti-um,
   fra-ter, gau-di-um, ge-nus, hu-ma-num, i-mi-tor, je-cur, jo-cus, lu-men, ma-gis,
   ma-nus, no-men, pau-per, pa-vor, pro-cul, pru-dens, qua-lis, re-ga-lis, re-gem,
   re-gi-men, sa-pi-ens, se-cum, te-gis, to-tus, u-ni-tas, va-fer, ve-ri-tas, ve-ri-ta-tis,
   a-xis, ve-xat, Sy-rus.

3) a. 모음과 모음 사이에 두 개의 자음이 들어 있을 경우에는(음절을 따라서 그 단어를 갈
      라놓을 필요가 있으면) 보통으로 앞의 것은 앞 모음의 받침으로 붙여 주고, 뒤의 것은
      뒤의 모음에 붙여서 그 첫소리가 되게 해준다. "ss"는 우리말 초성의 "ㅆ"과 같이 발음해
      야 한다.
      ad-de-re, af-fe-ro, ag-ger, ap-pa-ret, col-lis, cur-rus, er-ror, flam-ma, fos-sa,
      gal-lus, gut-ta, gut-tur, im-mit-to, mil-le, mis-sa, non-ne, pel-lis, sac-cus, ter-ra,
      tur-ris, tus-sis, vac-ca:
      ar-bor, ar-ca, bar-ba, car-cer, cer-vus, con-tem-no, cor-pus, dam-num, ful-gur,
      ful-men, hor-tus, mar-tyr, mor-bus, om-ni-po-tens, or-do, pin-go, pin-xi,
      quon-dam, ro-tun-dus, sil-va, sper-no, sur-gi-mus, tra-dun-tur, vir-tus, vul-nus

   b. 그러나 모음과 모음 사이에 있는 두 개의 자음이 중자음(重子音)으로서 서로 떨어지
      지 못하는 경우라든가, 또는 둘째 자음은 "l"이나 "r"이면서 그 앞의 자음은 다른 글자
      인 경우에는 그 두 개의 자음을 합쳐서 뒤쪽 모음에 붙여 준다. 다음과 같은
      자음(子音)들은 복합단어의 예외적인 경우가 아니고서는 언제나 서로 떨어질 수 없는
      것들이다.
      ch, gn, ph, rh, th, bl, br, cl, cr, dr, fl, fr, gl, gr, ps, pt, sp, sc, sm, st, ct, tr
      (ps, pt, ct 에 있어서는 "p"나 "c"를 앞 모음의 받침처럼 생각하면서 발음해야한다.)
      a-gnus, co-gno-sco, i-gnis, ma-gnus, bra-chi-um, e-cho, sto-ma-chus,
      phi-lo-so-phia, mo-no-the-i-smus, pu-bli-cus, ce-re-brum, fe-bris, ni-gri, flu-ctus,
      i-psi, in-ter-ru-pli-o, Chri-stus, chri-sti-a-nus, ge-stus, hi-sto-ri-a, chri-sma,
      schi-sma, a-tra-men-tum.

4) 모음과 모음 사이에 세 개의 자음이 있을 때에는 보통으로 첫째 자음은 앞 모음에 붙여
   주고, 둘째와 셋째자음은 뒤쪽 모음에 붙여 준다. 그러나 "chr", "scr", "str"은 떨어지
   지 못하는 것이기 때문에 모두 뒤쪽 모음에 붙여준다.

(두 모음 사이의 자음들이 셋 이상 있을 경우에는 앞의 규칙과 여기의 규칙을 종합해서
판단하면 해결될 것이다)
con-flu-e-re, con-jun-cti-o, con-sti-tu-ti-o, con-tem-ptus, san-ctus, mem-brum,
tem-plum, ca-stra, fru-stra, pro-stra-tus, mon-stra-re, con-stru-cti-o,
in-stru-men-tum, pul-chrum, rhyth-mus

5) 앞에서 여러 번 말한 바와 같이 복합단어의 분철법(分綴法)은 있어서는 위의 여러 규칙
을 무시하고, 본래의 어원(語源-합성된 단어의 말 뿌리)을 따라가야 하는 때가 있다.
(위에서 연습한 여러 단어들 중에도 그 어원을 따라서 분철한 것들이 있었으나 예외적
인 것은 아니었다. 복합단어의 어원에 대해서는 앞으로 따로 라틴어를 배워 나감에
따라서 쉽게 알아낼 수 있을 것이므로 여기서는 크게 신경 쓰지 않아도 된다.)
ant-e-a, et-e-nim, et-i-am, ex-au-di-re, ex-i-gu-us, neg-le-ge-re, in-u-ti-lis,
nos-met-i-psos, post-e-a, quem-ad-mo-dum, red-em-ptor, abs-tra-ctum,
de-tra-he-re

6) 읽을 때에 주의할 몇 가지 유의 사항
a) 한 단어 속에서 "ti" 다음에 모음이 계속될 때에는 그 "ti"를 "찌"에 가깝게 발음해
야 한다. 그러나 "sti"와 "xti"의 "ti"는 본래대로 "띠"로 읽어야 하고, 또한 "ti" 다음에 모
음이 계속되더라도 그 "ti"에 악센트가 붙을 때도 역시 "띠"로 읽어야 한다.

áctio, grátia, nátio, prétium, sapiéntia, sciéntia, sciéntia, vítium, béstia, christiánus,
hóstia, óstium, sacrístia, míxtio, prophetía,

b) 중모음은 읽을 때에도 한 개의 합성된 모음으로 발음해야 하고 글을 쓸 때에도
띄어 쓰지 못한다.

æs, æ-stas, æ-tas, æ-ter-num, æ-vum, cæ-cus, cæ-lum, læ-tus, mi-næ, aut,
au-gu-stus, cau-da, cau-sa, nau-ta, Pau-lus, pau-ci, pau-per, sæ-pe, cœ-lum,
cœ-na, cœ-pi, fœ-us, pœ-na.

"eu"도 감탄사와 외래어(外來語)에서는 중모음이다. e-heu, eu-ge, Eu-ro-pa

"q" 다음의 "u"자는 그 뒤의 모음과 합쳐서 하나의 중모음처럼 읽어야 한다. 그리고
"g"자 다음의 "u"도 대부분의 경우에 있어서 그 뒤의 모음과 더불어 중모음을 이룬다.
a-qua, co-quo, de-ni-que, quat-tu-or, quem, qui-a, quis, quo-mo-do,
an-guis, san-guis, un-guen-tum, un-guis, ex-stin-guo.

c) 그러나 다음과 같은 것들은 각각 단모음으로 따로 떼어 읽어야 하는 모음들이다.
a-ër, po-ë-ta, De-us, cé-re-us, né-u-ter, ex-í-gu-us.

『초급 라전어』 허창덕 저 1965 참조
『그레고리오 성가 이론』 한국순교복자수도회 1981년 참조

[라틴어 약호]

서구 학문 서적 각주 등에 흔히 나오는 라틴어 약호와 뜻을 소개한다.
우리말 논문에도 자주 사용된다.

a. Chr. n. ante Christum natum 그리스도 탄생 전, 기원전
A. D. Anno Domini 서기(西紀)
a.m. ante meridiem 오전 / ap. apud …저자의 글에 apud Cic.
app. appendix. 부록(附錄)
c. cc. capitulum 장(章)
ca. circa 대략(추정 연대) ca. 1536(1536년 전후)
cf. confer ! 참조 / col. cols. columnum (한 면이 좌우로 나눠진) 쪽
e.g. exempli gratia 예를 들어
ed. editio, editor …판(版), 편자
et al. et alii 그 밖의 다른 저자들
et seq. et sequens 이하
etc. et cetera 등등 / fig. figura 도해(圖解)
fl. floruit 활약 fl. 1586 (출생 연대는 모르나 1586년에 활약)
freq. frequenter 빈번히 나옴
i.e. id est 말하자면, 즉, 곧
ibid. ibidem 상동(上同) / idem 동일저자(同一 著者), 같은 저자
lit. litteraliter 축자적으로, 글자 그대로
loc. cit. loco citato (같은 면에서) 상게서
MS, MSS manu scriptum 수사본(手寫本)
N. B. Nota bene! 주의!
n. nn. notum 각주(脚註), 주(註)
op. cit opus citatum, opere citato 상게서[에]
op. opus 저서 / opp. oppositum 반대[말]
p. Chr. n. post Christum natum 그리스도 탄생 후, 기원 후
p. pagina 면, 쪽 p.186
P. S. post scriptum 추신(追伸)
p.m. post meridiem 오후(午後)
par. paragraphus 항목(項目)
pp. paginae 여러 면 pp. 54-86
pro temp. pro tempore 당시로는
prop. prope dictum 정확하게 말해서
Pseud. pseudonomen 가명(假名), 위명(僞名)
q. v. quod vide, quae vide 해당 기사를 보라
s. v. sub verbo …제목 아래
Saec. saeculum …세기 Saec. XIV (14세기)
sc. scilicet 즉 / sic 인용 그대로
sp. speciatim [영어 esp.] 특히
sq. sequens -이하 p.250 sq.
sqq. subsequens -이하 p.250 sqq.
t. t. terminus technicus 전문 용어
v. vide! …를 보라!
vide infra! 이하를 보라!
vide supra! 앞쪽을 보라!
viz. videlicet 즉
vs. versus …에 맞서서
† defunctus est 사망 †1586 (서기 1586년 사망)

『고전(古典) 라틴어』성염 편저 p. 424.

참고문헌
Librorum Descriptio

1. 사전류

가톨릭대 고전라틴어연구소 편찬, 『라틴 한글 사전』, 가톨릭대학교출판부, 1995.

이순용, 『한라 소사전(韓羅小辭典)』, 대건출판사, 2002.

이순용, 『한라 사전(韓羅辭典)』, 대건출판사, 2004.

이순용, 『한글-라틴 라틴-한글 사전』, 한국 천주교회 교회사 연구소, 2009.

한동일, 『교회 법률 용어 사전』, 가톨릭출판사, 2017.

C. T. Lewis, *An Elementary Latin Dictionary*, Oxford University Press, 1889.

D. A. Kidd, M. Wade, *Collins latin dictionary & Grammar*, Glasgow: Harper Collins Publishers, 1997.

D. P. Simpson, *Cassell's latin dictionary*, NewYork: Wiley Publishing, 1968.

E. Pertsch, *Langenscheidts Großes Schulwörterbuch: Lateinishc−Deutsch*, Langenscheidt, 1983.

F. Rendich, *Dizionario etimologico comparato delle lingue classiche indoeuropee Indoeuropeo − Sanscritto − Greco − Latino*, Roma: Palombi & Patrner, 2010.

G. B. Conte, E. Pianezzola, G. Ranucci, *il Latino: Vocabolario della lingua latina*, Milano: Mondadori Education, 2010.

H. T. Riley, *Dictionary of Latin quotations, proverbs, maxims, and mottos: classical and mediaeval, including law terms and phrases, with a selection of Greek quotations(1866)*, London: Dell & Daldy, 1866.

J. Rowbotham, *A new derivative and etymological dictionary of such english works as have their origin in the Greek and Latin languages(1838)*, London: Longman, 1838.

L. Castiglioni, S. Mariotti, *Il vocabolario della lingua latina*, Milano: Loescher editore, 1996, 2014.

M. de Vaan, *Etymological Dictionary of Latin and the other Italic Languages*, Brill, 2016.

R. Beekes, *Etymological Dictionary of Greek Vol. 1−2*, Brill, 2016.

T. Pontillo, *Dizionario Sanscritto*, Milano: Antonio Vallardi Editore, 2005.

2. 단행본

가톨릭대학교 신학대학 라틴어연구소 편찬, 『라틴어 30일』, 가톨릭출판사, 2004.

고영민, 『기초 히브리어 문법』, 기독교문사, 1979.

공성철, 『명문으로 문법과 독해력을 습득하는 라틴어 강좌』, 한들출판사, 2007.

김선기, 『페트라 히브리어』, 페트라성경원어연구원, 1992.

김정남, 『라틴어 분류 소사전』, 가톨릭출판사, 1992.

박기용, 『희랍어·라전어 비교 문법』, 한국문화사, 1997.

박찬용, 『희랍어 Α Β Γ』, 가톨릭출판사, 1984.

박찬용, 『성서 희랍어 입문』, 가톨릭출판사, 1989.

백민관, 『가톨릭에 관한 모든 것 백과사전 1,2,3권』, 가톨릭출판사, 2007.

백민관, 『라틴어 교본』, 가톨릭출판사, 2011.

성염, 『고전 라틴어』, 바오로딸, 2009.

성염, 『라틴어 첫걸음』, 경세원, 2010.

성염, 『고급 라틴어』, 경세원, 2014.

신익성, 『알파벳에서 고전 읽기까지 라틴어』, 과학사, 1994.

오연수, 『최신 라틴어 교본』, 도서출판 한글, 2011.

오평호, 『라틴어 교본』, 연세대학교출판부, 2002.

조경호, 『꿩 먹고 알 먹는 라틴어 첫걸음』, 문예림, 2010.

최익철, 『요한 서간 강해』, 분도출판사, 2011.

하성수·강지숙 편저, 『그리스어 문법』, 분도출판사, 2005.

한동일, 『라틴어 수업』, 흐름, 2017.

한동일, 『법으로 읽는 유럽사』, 글항아리, 2017.

한동일, 『카르페 라틴어 종합편』, 문예림, 2017.

허창덕, 『초급 라틴어』, 가톨릭대학교출판부, 2010.

허창덕, 『중급 라틴어』, 가톨릭대학교출판부, 2009.

허창덕, 『라틴어 문장론』, 가톨릭대학교출판부, 1962.

황치헌, 『미사통상문을 위한 라틴어』, 수원가톨릭대학교출판부, 2012.

F. M. 횔록, 이영근 옮김, 『횔록 라틴어 문법』, 비블리카 아카데미아, 2005.

A. Cavarzere, A. D. Vivo, P. Mastandrea, *Letteratura latina*, Roma: Carroci, 2003.

B. Bell, *Minimus: Starting out in Latin*, Cambridge: Cambridge University Press, 1999.

B. Bell, *Minimus Secundus: Moving on in Latin*, Cambridge: Cambridge University Press, 1999.

C. A. Hull, S. R. Perkins, T. Barr, *Latin for Dummies*, NJ: Wiley Publishing, 2002.

F. Manna, *Grammatica della lingua latina*, Milano: Carlo Signorelli Editore, 1995.

H. Clifford A., P. R, Steven, B. Tracy, *Latin for Dummies*, Wiley Publishing, Inc, 2002.

J. Clackson, *Latin language*, Oxford: Wiley−Blackwell, 2011.

J. Clackson, G. Horrocks, *The blackwell history of the Latin language*, Oxford: Wiley−Blackwell, 2011.

J. Doug, *Latin Made Simple*(2nded), Broadway Books, 2006.

J. I. Handlin, B. E. Lichtenstein, *Learning Latin through Mythology*, Cambridge: Cambridge University Press, 2011.

M. Agosto, *Latino per il diritto canonico*, Lugano: Eupress FTL, 2007.

N. Flocchini, P. G. Bacci, M. Moscio, *Maiorum Lingua: Manuale*, Milano: Bompiani, 2007.

N. Flocchini, P. G. Bacci, M. Moscio, *Maiorum Lingua: Materiali di lavoro A*, Milano: Bompiani, 2007.

N. Flocchini, P. G. Bacci, M. Moscio, *Maiorum Lingua: Materiali di lavoro B*, Milano: Bompiani, 2007.

N. Flocchini, P. G. Bacci, M. Moscio, *Maiorum Lingua: Materiali di lavoro C*, Milano: Bompiani, 2007.

P. Poccetti, D. poli, C. Santini, *Una storia della lingua latina*, Roma: Carocci, 2008.

R. E. Prior, *Everything learning latin book*, Massachusetts: Adams Media Cor., 2003.

S. P. Chair, P. E. Bell, S. Farrow, R. M. Popeck, *Cambridge Latin Course Unit 1*, Cambridge: Cambridge University Press, 2008.

S. P. Chair, P. E. Bell, S. Farrow, R. M. Popeck, *Cambridge Latin Course Unit 2*, Cambridge: Cambridge University Press, 2008.

S. P. Chair, P. E. Bell, S. Farrow, R. M. Popeck, *Cambridge Latin Course Unit 3*, Cambridge: Cambridge University Press, 2008.

S. P. Chair, P. E. Bell, S. Farrow, R. M. Popeck, *Cambridge Latin Course Unit 4*, Cambridge: Cambridge University Press, 2008.

V. Barocas, *Fairy tales in Latin*, NewYork: Hippocrene Books, 2010.

V. Pisani, *Grammatica latina*, Torino: Rosenberg & Sellier, 1974.

V. Tantucci, *Urbis et orbis lingua: Parte Teorica*, Bologna: Poseidonia, 2007.

V. Tantucci, A. Roncoroni, *Latino: Grammatica descrittiva*, Bologna: Poseidonia, 2006.

V. Tantucci, T. Rimondi, *Urbis et orbis lingua: Parte Pratica*, Bologna: Poseidonia, 2007.

W. E. Linney, *Getting started Latin — Beginning Latin for homeschoolers and self—taught students of anyage*, Armfield Academic Press, 2007.

3. 잡지

『가톨릭 교회의 가르침』 1-38호, 한국천주교중앙협의회.

『가톨릭 사상』 1-38호, 대구가톨릭대학 가톨릭사상연구소

『가톨릭 사상 총서』 1-9권, 대구가톨릭대학출판부

『가톨릭 신학』 1-12호, 대구가톨릭대학출판부

『가톨릭 신학과 사상』 1-62호, 가톨릭대학출판부

『가톨릭 신학 총서』 1-67권, 가톨릭대학출판부

『가톨릭 철학』 1-8호, 가톨릭대학출판부

『교부문헌 총서』 1-18권, 분도출판사

『복음고문화총서』 1-4권, 대전가톨릭대학출판부
『사목연구』 1-21집, 가톨릭대학교사목연구소
『신학과 철학』 1-13호, 서강대학교 신학연구소
『신학 전망』 1-120호, 광주가톨릭대학교출판부
『이성과 신앙』 1-36호, 수원가톨릭대학교출판부
『프란치스칸 삶과 사상』 1-31호, 프란치스칸출판사

A A A

A, a¹, f,. n. 라틴 자모의 첫 글자 : 아(ā)

A., a², (약) 1. A.=Aulus(인명). 2. (法) A.=Absólvo (고대 Roma 법정 판사들의 투표판에 새겨진 글자) 나는 사면(赦免)한다. 3. A.= Antíquo.(고대 Roma 입법기관인 국민회의에서) 나는 거부한다, 폐기한다.
 4. a.d.=ante diem(Roma력 용어) : 전날(前日).
 5. a.u.c. = ab urbe cóndită. Roma 창건 이래/
  A.U.C. = anno urbis cónditæ. Roma 기원(紀元).
 6. A.= auditor 듣는 사람, 청중(聽衆).
 7. (論) A=Affírmo. 전칭긍정(全稱肯定)의 기호.

ã³, interj. 아!

ã⁴, ăb, abs, præp. c. abl. 일반적으로 a는(h字 이외의) 자음으로 시작하는 단어 앞에 쓰고, ab은 모음이나 h字로 시작하는 단어 앞에 쓰며, abs는 abs te(너한테)의 경우에 쓴다. 고대 Latin어에서는 ab도 c, ch, d, l, m, n, q, rh, t 따위 자음 앞에 쓰인 경우가 있다.
 I. 장소 부사어(adverbiale loci)
  1. (출발점 términus a quo) 에서, 로부터 : réditius in pátriam a bello 전장(戰場)으로부터의 귀국(歸國)/ Vénio a venatióne. 나는 사냥하다 돌아오는 길이다.
 2 (출발점이 사람일 경우에는 가끔 그의 집도 뜻한다) 에게서 부터, 한테서, 누구의 집으로부터 : Vénio a partre. 나는 아버지한테서 오는 길이다/ Si a me discéssit umquam, 그가 일찍이 나한테서(내 집에서) 떠나갔다면.
 3. (넓은 의미의 기원.시작.출처; 판단.인식의 근거) 에서부터, 에게서, 한테서; Belgæ orti sunt a Germánis. Bélgium인들은 Gremánia인들의 후예다/oriúndus a Syracúsis. Syracúsoe 태생.출신/ id fácinus natum a cupiditáte. 탐욕에서부터 생겨난 그 악행/ ab imo ad summum. 밑에서부터 꼭대기까지/ dícere alqd ad alqã re. 무엇을 어떤 것부터 말하다/ poténtiã secúndus a rege. 권력에 있어서 왕 버금가는 사람/ accípere alqd ab alqo 누구한테서 무엇을 받다/ cognóscere alqd ab alqã re. 어떤 일에서 무엇을 알다.
 4. (거리.간격.표준기점) 로부터, 에(게)서부터 : ab óppido… abésse. 도시로부터… 떨어져 있다/ Insŭla distat a continénte pássibus mille. 그 섬은 육지로부터 1천 passus(약 1.5km) 떨어져 있다/ prope a meis ædibus(C.) 내 집 가까이에/ procul a pátriã. 조국으로부터 멀리 떨어진 곳에서.
 5. (소재지.위치.방면) 에, 에서: a fronte 전면(정면) 에(서)/ a latéribus 양쪽 옆에(서)/ a sinístrã (parte) 왼편에(서)/ ad omni parte, ab ómnibus pártibus. 모든 면에서/ a posterióri. (論.哲) 후천적, 후험적/ (論.哲) a prióri 선천적, 선험적/ surgens a puppi ventus. 고물에서 이는 바람/ a mendácio contra verum stare. 진실(眞實)을 거슬러 거짓말 편에 서다.
 6. (제한.관점) 관해서, 면에서, 점에서: Sumus flagitióse imparáti cum a milítibus tum a pecúniã. 부끄럽게도 우리는 군대도 돈도 준비되어 있지 않다/ bis períre a re atque ab ánimo simul. 물질과 정신면에서 두 번 망해버리다. 7. (소속.직책) 에게 속하는, …학파에 속하는, …직책의: Ab Andríã est ancílla hæc. 이 하녀는 Andríã의 하녀이다/ qui sunt ab eã disciplínã. 그 학파에 속하는 사람들/ servus a pedibus. 발 시중드는 종(신발 간수하는 종)/ médicus ab óculis 안과 의사(眼科 醫師).
 II. (분리.격리.공백.탈취.해방.방어.절제.중지 .제지.청구.획득 따위의 기점 términus a quo)
  에서, 한테서, 로부터: abstinére cupiditátem ad argénto. 돈에 대한 욕망(慾望)을 끊어버리다/ Nihil a me aliénum est. 나와 관련 없는 것은 아무 것도 없다/ cessáre a prœliis. 전투를 중지하다.

impetráre alqd ab alqo. 아무한테서 무엇을 얻어내다/ Líbera nos a malo. 우리를 악(불행)에서 구하소서/ postuláre alqd ab alqo. 무엇을 아무한테서 요구하다/ vacuum a defensóribus óppidum. 방어(防禦)하는 사람들이 없는 도시.
 III. (시간 부사어 adverbiále témporis)]
  1. 부터, 이래(以來): mane usque ad vésperam. 아침부터 저녁까지/ ab inítio. 처음부터, 시작(시초) 부터/ a púero, a puerítiã. 소년시절부터, 어릴 때부터/ ab ineúnte adulescéntiã. 청년시기에 들면서부터/ Homérus, qui recens ab illórum ætáte fuit. 그들의 시대보다 나중에 있은 Homérus/ inde a 이래로, 때부터/ jam a, jam inde a 때부터 이미.
  2. 하자 곧, 직후부터, 와 동시에: conféstim a prælio. 전투가 끝나자 곧/ a cenã dormíre 저녁식사 후 곧 자다.
 IV. [능동주 부사어(能動主 副詞語) adverbiále agéntis, ~auctóris] 1. [타동사의 피동에서 능동의 행동주가 신.사람.동물 등의 유생명사(有生名詞) res animáta 이거나 의인법(擬人法) prosopopœia, personificátio으로 쓴 사물명사일 경우] 에게, 한테, 로부터, 에 의해서: Urbs a milítibus custodítur. 도시가 군인들에 의해서 수비(守備)되고 있다/ a re públicã. 국가로부터, 국가에 의해서/ a natura. 자연에 의해서, 자연으로부터.
  2. (수동의 뜻을 지닌 자동사와 함께] 에게, 한테, …에 의해서: a paucis interíre. 몇 명 안 되는 사람들 한테 죽다/ Si quid ei a Cæsare grávius accidísset, Cœsar에 의해서 그에게 만일 더 혹독한 일이 닥쳤더라면.
 V. (원인.이유) 때문에, 로 말미암아, …한 나머지: caléscere ab …에 몸이 녹다, 더워지다/Zona tórrida semper ab igni(=igne) 불 때문에 언제나 뜨거운 지대(지역)/ab irã 화가 치밀어서/ ab ódio plebis an a servíli fraude? 백성에 대한 증오 때문이냐, 혹은 노예(奴隸)들의 배신(背信) 때문이냐?.
 VI.(드물게는 비교 탈격(abl. comparatiónis) 앞에, 또는 전치사 præ(앞에, 보다) 대신에)…보다, 에 비해서: dúlcior ab hãc voce 이 음성보다 더 감미로운/ plus ab eo 그 사람보다 더 많이

ã⁻⁵, ăb-, præfíxa 1. 접두사로서 합성된 단어에《분리, 후퇴, 제거, 탈취》따위의 뜻을 준다. 2. m, v字로 시작되는 단어와 spernor 앞에서는 a-로 쓰고; fui, futúrus, fore 앞에서 ab- 또는 a-로 쓰며; c, t, q字 앞에서는 abs-로 쓴다. pello, porto 동사 앞에서 abs-로 바뀌며, fero, fúgio 동사 앞에서는 au-로 바뀐다. 기타는 ab- 이다. 3《결여.부정.반대》따위의 뜻을 드러내는 희랍어적 접두사 a-는 라틴어의 전치사가 아니다. 이것은 모음 앞에서는 an-으로 쓴다.
 4. 전치사 ad-이 접두사로 쓰일 때 a-로 생략되는 수도 있으므로, 여기의 a-와 혼동하지 말 것.
 (라틴-한글사전. 가톨릭대학교 고전라틴어연구소 편찬. pp.1~2).

A.A.S. Acta Apostolicæ Sedis
 교황청 기관지 "사도좌 관보"의 약자(略字).

A Cappella. 아 카펠라(이탈리아어-기악 반주가 없는 합창곡)
 [요즘도 빈번하게 들을 수 있는 '아카펠라(a capella)'라는 용어는 당시 임시 교황 성당인 '시스티나 경당에서 부르는 모습을 따라서]'라는 뜻인 'a capella sixtina'를 줄여 만든 말이다. 평화신문 제1237호. 백남용 신부. 성음악]

a cena dormíre. 저녁식사 후 곧 자다

A Deo amámur. 우리는 천주께 사랑 받는다

A Deo vocatus rite paratus. 신은 적절하게 준비된 자를 부른다.

a dextra. 오른 편에

a fronte. 전면(정면)에

a fortióri. 하물며, 더구나, 더 강력한 이유에서, 더한 이유로, 한결 더, 한층 더 심한 정도로

a jure. 법대로, 법규징계(依法懲戒)
 (법정 판결을 받지 않아도 법의 규정 자체의 힘으로 부과되는 징벌. Ad homine와 대조되는 법률용어. 백민관 신부 엮음. 백과사전 1, p.9).

a lære. 옆에, 곁에

a látere. 측면에

a mális declino. 악을 피하다

a mane usque ad vésperum. 아침부터 저녁까지

a memóriã hóminum exeo. 사람들의 기억에서 사라지다

1

A ministerii nostri, 교회의 사제들을 위한 기도(1982.3.25. 교서)
A morbo valui, ab animo æger fui.
병은 없었지만 마음이 아팠다.
A multis mihi invidetur.(=Multi mihi invident.)
많은 사람들이 나를 질투하고 있다.
A nobis studendum est grammaticæ.
우리는 문법을 공부해야 한다.
A novo. 새로이(de integro)
a parvis animum ad majora refor.
작은 것에서 더 큰 것으로 마음을 돌리다.
a Pater per Filium in Spiritu Sancto.
성령 안에서 성자를 통하여 성부께.
a pavore animum recipio. 공포심을 버리고 용기를 되찾다
a pópuli repúlsam fero. 국민 투표에서 낙선되다
a posteriori. 후천적으로(결과에서 원인으로)
a primo ad últimum solem. 아침부터 저녁까지
a prima pueritia. 아주 어렸을 적부터
a primo capite legis ueque ad extremum.
법의 첫 조항부터 끝 조항까지.
A principio ordiamur. 처음부터 이야기하기로 하자
a prióri. 선천적으로(원인에서 결과로)
a prioritate. 우선적으로(per prïus)
a puerítia. 소년시대부터
a Pusan usque ad Seoul. 부산에서 서울까지
A quibus ne tu quidem jam te ábstines.
너조차도 이미 그것들을 삼가고 있지 않고 있다.
a re publicá. 국가로부터
a sacris. 신성한 것들로부터
a se. 스스로의
a se deficio. 성질.습관.태도 따위를 바꾸다
A solis ortu usque ad occasum,
laudabile nomen Dómini. 해 뜨는 데서부터
해 지는 데까지 주님의 이름은 찬미(讚美) 받으소서.
A solo et summo pontifice Christo.
유일한 최고 교황 그리스도.
A stabulo abigo Domitum pecus.
길든 가축을 외양간에서 훔쳐가다.
A te bis, terve summum lítteras accépi. 내가 너한테
편지 받은 것은 두 번이나 많아야 세 번이다.
a tergo. 등 뒤에. 배후에(에서부터)
a toto ad partem. 전체로부터 부분으로
A vento unda tumet 바람에 파도가 일다.
a vertice ad imos talos. 머리 꼭대기에서 발꿈치까지
A vostra paternitate,
로마의 양성 기관을 위한 방향 제시와 지시(1975. 5.16. 서한).
ab absurdo. 부조리에 의하면
A.B. Artium Baccalaureus '문학학사'의 약자
ab æterno. 영원으로부터(ab omni æternitate)
ab alio. 타자(他者)로부터
ab alqá re non dígitum discédere.(dígitus 참조)
무엇에서 한 치도 물러서지 않다.
ab amico proditus est. 친우한테서
ab angustiis nostræ condiciónis.
우리 조건의 궁지(窮地)에서.
Ab Apostoli, 성직자들과 이탈리아 국민들에게(1980.10.15.)
ab armis discedo. 전쟁을 종식시키다. 무기를 내던지다
ab audácia alcjs tego alqm.
누구를 방약무인한 아무에게서 보호하다.
Ab collégá litátum est.
동료의 제사가 길조를 가져왔다(lito 참조).
Ab esse ad posse valet illatio.
현실유(現實有)에서 가능유(可能有)로의 추리는 가능하다.
존재로부터 가능성으로의 추론은 타당하다.
Ab extra. 외부로부터
ab homine. 선언징계(宣言懲戒).
('사람에 의하여'라는 뜻을 가진 법률용어. Censura ab homine로 많이 쓰이며
법권자나 법정 판결의 선언으로 부의되는 징벌을 말한다. a jure 의법징계와
대조된다. 백민관 신부 엮음. 백과사전 1, p.10).
ab homine usque ad pecus

사람을 우시해서 가축에 이르기까지.
Ab illo bene + dicaris, in cujus honore cremaberis.
주님 영광을 위하여 분향하려 하오니 + 축복을 내리소서.
ab illo cuncta edóctus. 그한테 모든 것을 교육받은.
ab imis fundamentis. 깊은 토대에서부터.
ab imprudentia evéntus. 사건을 몰랐기 때문에
ab ineunte adulescentiá. 청년시기에 들면서부터
ab ineunte ætáte. 어릴 때부터
ab ínfimo.(infimus 참조) 맨 아래부터
ab inítio* 태초부터, 시작부터(ab ovo), 시초부터(prima via),
당초부터, 처음부터(ab origine), 한 처음부터(교리서 1079항).
ab initio processus. 원시적 발생원인(原始的 發生原因)
ab íntegro.(integer 참조) 다시(πάλιν), 새로이(A novo),
온전히 새로이, 처음부터 다시.
ab irato. 화난 순간에(화났을 때에)
Ab objecto et potentiá paritur notítia.
대상과 인식 능력에서 개념이 생긴다.
ab obsidióne. 포위망(包圍網)을 풀다
ab occidente versus. 서쪽으로
ab ódio. 미움 때문에
Ab odio plebis an a servili fraude?
백성에 대한 증오 때문이냐, 혹은 노예들의 배신 때문이냐?
ab omni æternitate. 영원으로부터(ab æterno)
Ab omni judicio provocari licet.
모든 재판에 대하여 상소할 수 있다.
Ab omni specie mala abstinete vos.(I 데살로니카 5, 22)
(avpo. panto.j ei;douj ponhrou/ avpe,cesqe)
(⑨ Refrain from every kind of evil)
악한 것은 무엇이든 멀리하십시오(성경)/그리고 악한
일은 어떤 종류이든지 멀리하십시오(공동 번역)/
갖가지 형태의 악(惡)을 멀리하시오 (200주년 기념 신약성서).
ab ómnibus pártibus.
4面으로부터, 모든 방면으로, 사방으로부터
Ab origine. 근원부터
ab origine cretus eadem. 같은 조상에게서 태어난
ab ortu ad occasum. 동쪽에서 서쪽까지
ab ovo usque ad mala. 처음부터 끝까지,
달걀에서 사과까지(즉 민찬 시작부터 끝까지).
Ab re consulit blandiloquentulus.
그는 아첨하며 불리한 충고를 한다.
ab re travérsum unguem non discédere.
어떤 일에서 한 치도 물러나지 않다.
ab unguiculo ad capillum. 발끝에서 머리털까지
Ab uno desce omnes. 하나를 보고 전부를 안다![어디에서 즉
유래함을 표현하는 동사는 전치사 ab, ex와 함께 탈격을 지배한다].
ab Urbe.(urbs 참조) 로마로부터
Ab Urbe condita(B.C. 753).[약자(略字) a.u.c. B.C.753]
로마 창건 ○○년,[로마인의 햇수 계산은 로마 건국연도(ab Urbe condita :
a.U.c. B.C.753)로부터 계산하거나 집정관의 이름으로 계산한다.]
Ab anno sescentesimo uno et vicesimo ab Urbe condita.
로마 건국 621년부터/
Anno ducentesimo quadragesimo quarto ab Urbe condita.
로마 건국 244년에.
ab urbe proficísci. 도시에서 출발하다
A.M.D.G.(=Ad majorem Dei gloriam)
하느님의 더 큰 영광을 위하여(예수회 표어).
Sive ergo manducatis sive bibitis sive aliud quid
facitis, omnia in gloriam Dei facite. (Ei;te ou=n evsqi,ete
ei;te pi,nete ei;te ti poiei/te(pa,nta eivj do,xan qeou/ poiei/te)
(⑨ So whether you eat or drink, or whatever you do,
do everything for the glory of God) 그러므로 여러분은
먹든지 마시든지, 그리고 무슨 일을 하든지 모든 것을
하느님의 영광을 위하여 하십시오(성경 1코린 10, 31).
ābactum, "ábigo"의 목적분사(sup.=supinum)
abáctus, us, m. 가축.선박.즙기 등의 탈취, 노획
ábácus, -i, m. 선반(懸盤-벽에 매어 물건을 얹어두는 널빤지),
대(臺), 주판(珠板-셈을 하는 데 쓰이는 간편한 기구),
놀잇상, 벽에 장식한 대리석판.

2

(가) (제대 옆의) 주수상(⑨ Credence Table).
(建) (둥근 기둥 머리에 얹어 놓은) 관판(冠板).
abáliéno, -ávi, -átum, -áre, tr. (ab+aliéno)
남의 것이 되게 하다, (재산.소유를) 양도하다,
넘기다, 명의(名義) 변경하다, 팔다, 멀어지게 하다,
떼어놓다, 갈라놓다, 딴 데로 가게 하다,
적의(敵意)나 불만을 품게 하다, 박탈(剝奪)하다,
구해내다, 마비(痲痺)시키다, 잠들게 하다.
alienáti jure cívium. 시민권을 박탈당한 사람들/
Nisi mors meum ánimum abs te abaliénaverit.
죽음이 내 마음을 너한테서 갈라놓지 않는다면/
Nonen a te júdices abaliénes? 너는 재판관들로 하여
금 네게 대해서 적의를 품게 하는 것이 아닐까/
Opium sensus abaliénat. 아편은 감각을 마비시킨다.
abámíta, -æ, f. (avus+ámita) 고조부(高祖父)의 자매
abante, prœp.c.acc. & abl. 앞에(ἐμπροσθεν.ἐνὡπιον.πρò)
abante eum. 그 사람 앞에/abante oculis. 눈앞에
abárcĕo, -ére, tr. 금지(禁止)하다
abarticulaméntum, -i, n. (解) 관절(關節)
abásĭa, -æ, f. 보행불능, 실각(失脚-실패하여 지위나 설자리를 잃음)
abávĭa, -æ, f. (avus+ávia) 고조모(할아버지의 할머니),
증조부나 증조모의 어머니.
abavúncŭlus, -i, m. (avus+avúnculus)
고조할머니의 남자형제.
ábăvus, -i, m. (avi+avus) 고조부(할아버지의 할아버지),
증조부나 증조모의 아버지. pl. 선조(先祖).
abba, indecl. 아빠(אַבָּא.αββα.⑨ Abba), 아버지, 사부
Abba, Pater!.(마르 14, 36:갈라 4, 6:로마 8, 15) 아빠! 아버지!
(예수는 하느님을 '아빠'라는 호칭으로 불렀다. 이 호칭은 그 시대 유대 사회에서
지존하신 하느님에게 사용하기에는 경망스러운 것이었다. 예수가 이 호칭을
즐겨 사용한 것은 아버지는 아들에게 삶의 기원이고 권위이며, 또한 가르침이라는
뜻을 담고 있다. 초기 교회는 신약성서를 그리스어로 집필하면서 그리스어의
'파파'라는 호칭을 피하고, 굳이 '아빠'라는 아람마어의 호칭을 보존한 것은 그
호칭에 예수의 메시지와 신앙이 지닌 특수성의 원천이 되는 체험이 담겨 있다고
판단하였기 때문이다. 서인석 신부 지음, 그리스도 신앙, pp.107~108].
abbas, -átis, m. 아빠스(大修道院長), 정규 수도참사원장
Abbas abbatum. 아빠스들의 아빠스
Abbas generális. 총아빠스
Abbas Modernus. 신식 아빠스
Abbas monasterii sui juris. 자치수도원승 아빠스
Abbas nullius. 면속(免屬) 아빠스
Abbas ordinárĭus. 직권자 아빠스
Abbas pater. 모원 아빠스
Abbas Præsea. 총아빠스(Abbas generális)
Abbas primas. 수석 아빠스
Abbas Siculus. 무식한 아빠스
(Siculus는 Sicilia 섬사람을 가리키는데 이들은 라틴어도 그리스어도 모르는
무식한 사람들이었다. 백민관 신부 엮음. 백과사전 1, p.876).
Abbas territoriális. 자치수도원장
(自治修道院長-superior domus sui juris).
Abbatem e abbatissam,
아빠스와 아바티사의 축복예식(1970.11.9. 교령).
abbātĕĭa = abbātĭa
Abbates milites. (=Abbacomites) 공신(功臣) 평신도 원장,
위임 평신도 원장(나라에 공헌한 귀족에게 왕이 하사하는 명예직.
8세기부터 11세기까지 시행되었던 이 직은 평신도로서 수도원의 일정 수입을
직록으로 받았다. 후에 평신도의 성직 임용 남용이 있어 폐지가 되었다.
백민관 신부 엮음. 백과사전 1, p.10).
abbátĭa, -æ, f. 대수도원(大修道院), 자치 수도원,
아빠스좌 수도원(법률상 상급장상인 Abbas가 원장인
자치 수도원 domus sui juris).
abbatĭa nullius. (=ura nullius) 독립 수도원,
면속(免屬) 수도원, 면속 수도원구(nullius diœceseos),
자치 수도원구(Abbatĭa territoriális),
면속구(免屬區.⑨ abbacy nullius/prelature nullius).
Abbatĭa territoriális. 자치 수도원구(abbatĭa nullius)
abbatiális, -e, adj. 대수도원의.
mensa Abbatialis(Cathedraticum). 대수도원장 생활비.
abbatíŏla, -æ, f. 소수도원(小修道院)
Abbatíssa, -æ, f. (⑨ Abbess.獨 Äbtissin) 女대수도원장
abbrĕvĭátĭo, -ónis, f. 생략(省略), 간략(簡略-손쉽고 간단함),
단축(短縮) 약어(略語), singulares litteræ), 약자(略字).

abbreviátĭones gregorianæ. 그레고리오식의 축약
abbrĕvĭátor, -óris, m. 사령(司令), 문서 작성관,
로마 교황청 상서국의 서기관(교회 성직 임명 문서 작성이 주 임무).
abbrévĭo, -ávi, -átum, -áre, tr. 줄이다, 단축하다
abcído V. **abscído** 잘라내다, 베어내다 떼어내다
abcíse V. **abscíse** 간결하게
Abdere se in silvas. 숲 속에 숨다
abdīcátĭo, -ónis, f. 자진사퇴(自進辭退), 사임, 퇴직,
포기(抛棄).⑨ Abandonment-버리고 돌아보지 않음),
(부자 관계 따위의) 법적 단절.
De abnegatione sui ipsius et abdicatione omnis
cupiditatis. 자기를 이김과 모든 탐욕(貪慾)을 끊음.
abdicátĭo tutélæ. 후견직 사퇴(後見人辭退)
abdicátĭo tutóris. 후견인 사임(後見人辭任)
abdicátíve, adv. 부인하여, 부정적으로
abdicátrix, -ícis, f. 여자 퇴직자, 여자 거부자(拒否者)
abdico¹, -ávi, -átum, -áre, tr. 거부(拒否)하다, 부인하다,
배척하다, 끊어 버리다, (부자관계 따위를 법적으로) 끊다,
(법정 기한 전에 관직 따위를) 사퇴(사임)하다, 포기하다.
Abdicaverunt consulátum. 집정관직을 사임(辭任)하다/
Abdicavérunt cónsules.
집정관들은 자기 직무를 포기(抛棄)했다/
se non mondo consulátu, sed étiam libertáte abdico.
집정관직 뿐 아니라, 자유까지도 포기(抛棄)하다.
abdico², -dixi -dictum -ĕre, tr. 인정하지 않다, 거부하다,
금(禁)하다, 반대를 표명하다. 탐탁찮아 (못마땅해)하다.
abdídi, "abdo"의 단순과거(pf.=perfectum)
ábdíte, adv. 비밀히, 깊숙이
ábditi sensus. 가슴 속 깊이 품고 있는 생각
abditívus, -a, -um, adj. 숨겨진, 격리된, 동떨어진
abdítum, "abdo"의 목적분사(sup.=supinum)
ábdítum, -i, n. 숨은 곳, 비밀 장소(秘密場所), 깊은 곳.
et ábditio 출처가 비밀인/
in ábditio. 비밀 장소에서, 비밀리에/
terræ ábdita. 땅속 깊은 곳.
ábdítus, -a, -um, p.p., a.p. 감추어진, 숨겨진, 숨은,
잠복(潜伏)한, 비밀의.
ábditi sensus. 가슴 속 깊이 품고 있는 생각(感情)/
vis ábdita quædam. 어떤 신비스러운 힘.
abdo, -dídi -dítum -ĕre, tr. 치우다, 치우다, 옮기다,
이동시키다, **숨겨 놓다**, 안보이게 하다, 가리다.
pass. 가다, 물러가다, 도피(逃避)하다, 숨다(כסא),
몰두(沒頭)하다, 열중(熱中)하다, 전념(專念)하다.
ábdere se in silvas.(in'참조) 숲 속에 숨다/
Caput abdíderat cásside.
그는 머리에 철제투구를 썼었다/
cópiæ paulum ab eo loco ábditæ.
그 곳에서부터 약간 이동한 군대(軍隊)/
Culter, quem sub veste ábditum habébat.
그가 옷 밑에 숨겨 가지고 있던 칼/
impediménta in silvas. 보급부대를 숲 속에 숨겨두다.
abdo me in bibliothécam. 나는 서재에 파묻혀 있다
abdómen, -mĭnis, n. 배(腹), 아랫배, 복부(腹部), 욕욕,
식도락(食道樂-여러 가지 음식을 먹어 보는 일을 낙락으로 삼는 일).
abdúco, -dúxi -dúctum -ĕre, intr. (ab+duco)
데리고 가다, 인솔하다, 끌어가다, 끌어내다, 떼어놓다,
이탈시키다, 떠나게 하다, 가져가다, 앗아가다, 탈취하다.
Omnia abdúcet secum vetústas. (흘러간) 시대는
자기와 더불어 모든 것을 앗아갈 것이다.
abduco cohórtes secum. 보병대를 인솔하다
abduco me ab omni reipúblicæ curæ depóque lítteris.
나는 국가의 모든 직책에서 떠나 문학에 몸을 바치고 있다.
abdúctĭo, -ónis, f 유괴(誘拐)(교회법 제1089조)
ăbēgi, "abigo"의 단순과거(pf.=perfectum)
Abel indecl. (히브리어) "Hèbĕl 허무", 아담과 이브의 차남.
(사도예절 중에는 축은 이를 위한 기도에서 영혼을 도와줄 사람 중에 첫째로
이름이 나온다. 축일 1월2일. 백민관 신부 엮음. 백과사전 1, p.14).
ábĕo, -ívi(ĭi) -ĭtum -íre, anomal., intr. (ab+eo) 가다,

가버리다, 물러가다, 떠나가다, **없어지다**,
사라지다(רינג.רגג), 지나가다; 죽다,
사직(辭職)하다, 떠나다, 물러나다, 되다, 되어가다.
Abeunt studia in mores.(Ovidius) 공부는 습관이 된다/
노력은 성격으로 바뀐다.(습관은 제2의 천성)/
Abiit illud tempus. 그 시간은 지나가 버렸다/
Abeámus a fábulis. 전설 같은 이야기는 집어치우자/
bene(male) abeo. 잘(잘못) 되다/
Cato sic ábiit e vitā. Cato는 이렇게 죽고 말았다/
consultátu abeo. 집정관직을 떠나다/
de provinciā clam abeo. 주(州)에서 몰래 떠나가다/
hāc urbe abeo. 이 도시(都市)에서 떠나가다/
Illuc, unde ábii, rédeo.
나는 출발점(원점)으로 다시 돌아온다/
in vanum abeo. 수포로 돌아가다/
jure abeo. 권리를 포기(抛棄)하다/
magistrátu abeo. 지방장관직을 떠나다/
Oppidum nunc in villam ábiit.
그 도시는 지금 시골로 변해버렸다/
Prófugus ex Afrĭcā abíerat.
그 도망자는 아프리카에서 떠나가 버렸(었)다/
Quando abis, Antipho? Mane, inquam.
언제 떠나는가, 안티포? 말하자면 아침에/
Sensus ábiit. 감각(感覺)이 없어졌다/
Utinam hinc abierit malam crucem!
차라리 여기서 콱 망조가 든다면 좋을 것을!.
abeo ab his regionibus. 이들 지방에서 떠나가다
abéquĭto, -ávi, -átum, -áre, intr. (ab+équito)
말 타고 떠나다.
abero, 원형 ábĕo, -ívi(ĭi), -ĭtum, -íre,
[직설법 미래 완료. 단수 1인칭 abero, 2인칭 aberris, 3인칭 aberit, 복수 1인칭 aberimus, 2인칭 aberitis, 3인칭 aberint].
aberrantes ex ágmine naves. 함대에서 낙오된 배들
aberrátĭo, -ónis, f. 제거(除去), 해방([영] Liberátĭon),
기분 전환(氣分轉換).
aberrátĭo a dolóre. 고통에서의 해방(解放)
abérro, -ávi, -átum, -áre, intr. (ab+erro) 길을 잃다,
방황하다(אשט.ישט), 멀리 떨어지다, 벗어나다, 빗나가다.
ab alqā re ~ . 어떤 (연설) 내용에서 벗어져 나가다/
aberrantes ex ágmine naves. 함대에서 낙오된 배들/
pécore aberro. 가축 떼에서 떨어져 방황(彷徨)하다.
abésse ab urbe. 도시로부터 떨어져 있다
Abesse (iter) **unius horæ**(duarum horaum)
한 시간(두 시간) 걸리는 거리에 있다.
Abesse plurimum a saltatóre debet orátor.
연설가는 무용가와 크게 다른 점이 있어야 한다.
Abeunt studia in mores. 공부는 습성이 된다.
ăbhinc, adv. 여기서부터, 지금으로부터, …전에,
이제부터 …후에.
próximā abhinc æstáte. 이제 돌아오는 여름에.
Abhinc annos prope trecéntos fuit.
그는 지금으로부터 근 300년 전에 있었다.
Abhinc annis quíndecim. 지금으로부터 15년 전에
Abhinc duos annos. 2년 전(1913.10.23. 비오 10세 자의교서).
Abhinc quáttuor annos amícum domum excépi.
(=His quáttuor annis amícum domum excépi).
나는 4년 전부터 친구를 집에 기숙시키고 있다.
abhórrens, -éntis, p.prœs., a.p. 서먹서먹한, 외면하는,
지겨워하는, 빗나간, 부적당한, 맞지 않는, 융합될 수 없는.
abhorrens, -éntis, p.prœs., a.p. 지겨워하는
abhórrĕo, -ŭi -ére, intr.(간혹 tr.) (ab+hórreo)
싫어하다(אנס.ינס), 기피(忌避)하다, 어려워하다,
악감(惡感)을 품다, 지겨워하다, 거역하다, 거부하다,
적개심(敵愾心)을 품다, 맞지 않다, 일치하지 않다,
용납하지 않다, 상충하다, 모순되다.
ecclesia abhorret a sanguine. 교회는 피 흘림을 싫어한다/
Hoc fácinus ab eo non abhórret.
이 범죄는 그 사람답지 않은 것이 아니다/
Oratíones abhórrent inter se. 이 연설들은 서로 모순된다.
abhorreoa dolóre. 고통이 지긋지긋해지다
abi, 원형 ábĕo, -ívi(ĭi), -ĭtum, -íre, anomal., intr.
[명령법. 현재 단수 2인칭 abi, 복수 2인칭 abite].
Abi dīēréctus. 망할 자식, 없어져라.
Abi dum. 자! 이제 떠나가거라.
Abi in malam rem! 벼락 맞아 버려라!
abícĭo = abjícĭo
abiegínĕus, -a, -um, adj. = **abiégneus = abiégnus**
abiégnĕus, -a, -um, adj. = **abiégnus** 전나무의
ábĭes, -ĕtis, f. (植) 전나무, 전나무 제품; 선박, 창(槍).
ábĭgo, -égi -áctum -ĕre, tr. (ab+ago) 멀리 밀쳐 버리다,
쫓아내다, 몰고 가다, (양이나 가축을) 훔쳐가다,
(피곤.욕심.근심 따위를) 몰아내다, 제거(除去)하다,
(약품으로) 임신(姙娠)을 중절(中絶)시키다.
a stábulo abigo dómitum pecus.
길든 가축을 외양간에서 훔쳐가다/
Abige a me hanc vim, quæ me excrúciat.
나를 몹시 괴롭히는 이 폭력을 내게서 제거해 다오/
alqm ab ǽdibus abigo. 집에서 쫓아내다.
ábĭi = abívi, "ábeo"의 단순과거(pf.=perfectum)
Abiit et lavit et venit videns.(성경 요한 9, 7).
그가 가서 씻고 앞을 보게 되어 돌아왔다.(ábĕo 참조).
Abiit illud tempus. 그 시간은 지나가 버렸다.(ábĕo 참조).
Abiit in pace. 평화롭게 갔다(비문에 사용)
Absit, inquis. Non dico, sed Apostolus dicit.(ábĕo 참조).
결코 그렇지 않다고 그대는 말하겠지요. 제가 말하는 것이 아니라, 사도가 말합니다.(최익철 신부 옮김. 요한 서간 강해, p.322).
Abisis. 제발 좀 떠나가 다오
abítĭo, -ónis, f. 출발(出發), 외출(外出), 사망(θάνατος)
ābíto, -ĕre, intr. (ab+beto) [영] to go away,
나가다(קפן), 훌쩍 떠나가 버리다.
abitum, "ábeo"의 목적분사(sup.=supínum)
ábĭtus, -us, m. 떠나가 있음, 퇴거(退去), 출구(出口)
abjēci, "abjício"의 단순과거(pf.=perfectum)
abjécte, adv. 비천(비열)하게, 의기소침(意氣銷沈)하여
abjectĭo, -ónis, f. 낙심(落心), 낙담(落膽), 실망(失望),
무기력(無氣力), 소홀(疏忽-대수롭지 아니하고 예사로움).
abjectum, "abjício"의 목적분사(sup.=supínum)
abjéctus, -a, -um, p.p., a.p. 내던져진, 내버려진, 평범한,
낮은, 천한, 값없는; 멸시받은, 낙심하는, 활기 없는.
Abjciamus ergo opera tenebrarum, et induamur arma lucis. [(avpoqw,meqa ou=n ta. e;rga tou/ sko,touj(evndusw,meqa (de). ta. o[pla tou/ fwto,j] ([영] Let us then throw off the works of darkness (and) put on the armor of light) (성경 로마 13, 12) 어둠의 행실을 벗어버리고 빛의 갑옷을 입읍시다.
abjício, -jéci -jéctum -jícere, tr.
멀리 던지다, 내던지다, 내리 던지다, 내동댕이치다,
(기억.희망.계획.사업 따위를) 버리다, 포기(抛棄)하다,
소홀히 하다, 때려눕히다, 거꾸러뜨리다, 쓰러뜨리다,
(사기를) 저하시키다, 떨어뜨리다, 약화(弱化)시키다,
깎아 내리다, 비굴하게 만들다, 경시(輕視)하다.
ad terram virgis adjéctus. 매를 맞고 땅에 쓰러진/
consílium ædificándi abjício. 건축 계획을 포기하다/
e muro se abjício in mare.
성(城) 위에서 바다로 몸을 던지다/
Ego semper fit suasor armorum non deponendorum, sed abiciendorum.(동명사문). 나는 무기를 놓아야 한다는 것이 아니고 버려야 한다고 늘 주장하는 사람이었다/
Mæror mentes ábjicit. 비탄은 정신을 약해지게 한다/
pilis abjéctis. 창(槍)을 멀리 던져서/
se abjicio. 자포자기(自暴自棄)하다, 사기가 떨어지다/
se humi abjício. 땅바닥에 엎드리다.
abjúdĭco, -ávi, -átum, -áre, tr. 기각 판결하다,
(공식 재판으로) 소유권을 박탈(剝奪)하다,
(소유.권리를) 부인(否認)하다, 부정하다.
Alexandríam a pópulo Románo abjudico.
Alexandría가 로마 국민의 소유가 아니라고 판결하다.

abjúngo, -júnxi -júnctum -ěre, tr. 멍에를 벗기다,
짐을 내려주다, 떼어놓다,
(수레.쟁기에서) 말이나 소를 풀어주다.

abjurátĭo, -ónis, f. 거짓맹세로 (빚.보관품을) 부인함,
(가) 이단 폐기 선서(異端 廢棄 宣誓).⑨ Abjuration).
|배교와 이단 또는 분열을 포기하는 공적 행위이다. 예외적 경우에는 여전히 발효
되지만 가톨릭 신도가 되는 어른일 경우 이단 포기 선서를 강요받지 않는 것이
보통이다. 그들은 공적으로 가톨릭 신앙을 고백하기 때문이다. 이단 포기 선서는
가톨릭교회에 반대되는 모든 잘못을 포기함을 뜻한다. 전례사전, p.369l.

abjúro, -ávi, -átum, -áre, tr. 위증(僞證)으로 부인하다.
pecúniam abjuro. 거짓 맹세로 빚진 돈을 부인(否認)하다.

ablactátĭo, -ónis, f. 젖 뗌, 이유(離乳-젖 뗌)

ablácto, -ávi, -átum, -áre, tr. 젖을 떼다, 젖 떨어지게 하다

abláqueátĭo, -ónis, f. 뿌리 자르기

abláquěo, -ávi, -átum, -áre, tr. 뿌리 자르다.
(나무 밑을 파서 쓸데없는 뿌리를 자르고 물이 고이게 함).

ablatívus¹, -a, -um, adj. (文法) 탈격(奪格)의,
præposítio ablatíva. 탈격 지배 전치사.

ablatívus², -i, m. (文法) 탈격(奪格),
ablatívus prétii(가치 탈격); magno. 비싸게, 비싼 값으로/
ablatívus qualitátis(형용 탈격);
puer flavis capíllis. 노랑머리 소년/
ablatívus absolútus(자립 탈격); sole orto. 해가 뜬 다음.

ablátum, "aufero"의 목적분사(sup.=supínum)

ablegátĭo, -ónis, f. 멀리 보냄, 격리(隔離)
제거(除去), 추방(追放.חִרְחֵם).

ablégo, -ávi, -átum, -áre, tr. 멀리 보내다, 멀리
격리시키다, 떼어놓다, 추방하다, 귀양 보내다.
hinc adolescéntum péregre ablego.
젊은이를 여기서 외국에 보내버리다/
pueros venatum ablegavit. 그는 아이들을 사냥 내보냈다.

ablego ab algo, ab algā re.
누구에게서, 어떤 일에서 떼어놓다.

ablepsía, -æ, f. 맹목(盲目), 실명(失明)(captívitas oculorum)

áblěvo, -áre, tr. 가볍게 하다, 덜어주다

ablienati jure cívium. 시민권을 박탈당한 사람들

abligú(r)rĭo, -ívi -ítum -íre, tr.
핥다, 다 먹어버리다, 다 써버리다.
abligurio patrimónium. (물려받은) 재산을 탕진하다.

áblŏco, -ávi, -átum, -áre, tr. 빌려주다, 세놓다

ablúdo, -lusi -lusum -ěre, intr. 다르다(גוּל)
맞지(일치하지.어울리지) 않다, 틀리다(גוּמ).
Hæc a te non multum ablúdit imágo.
이 초상(肖像)은 너하고 크게 다르지 않다.

áblue, -ávi, -átum, -úi -útum(abluitúrus) -lúěre, tr.
[명령법 단수 2인칭 **ablue**, 복수 2인칭 **abluite**]
Dextera Pátris, lápis anguláris, vía salútis,
iánua cæléstis, áblue nóstri máculas delícti.
성부 우편에 앉아 계신 주여, 참 구원의 길 천국 문
되시니 우리의 죄를 씻어 주옵소서.
(성부 우편이시고, 모퉁이 돌이시며, 구원의 길이시고,
하늘의 문이시니, 우리 죄의 얼굴을 씻어주소서).
                    황치헌 신부 지음, 미사 통상문을 위한 라틴어, pp.506~507].

áblŭo, -úi -útum(abluitúrus) -lúěre, tr. 씻어 버리다,
깨끗이 씻다, (피.땀을) 닦다, (머리) 감다,
씻어 지우다, 지워 없애다, 속죄(贖罪)하다,
죄를 씻다(חטא.סלח). (가) 물로 세례를 주다.
Ablue præteriti perjuria temporis.
지난날의 위증(僞證)들을 깨끗이 속죄(贖罪)해라.

abluo máculas e veste. 옷의 얼룩을 지우다

ablútĭo, -ónis, f. (⑨ Ablutions.獨 Ablution)
씻음, 세척(洗滌-깨끗이 씻음), 목욕(沐浴.רֲחֵצ),
세정(洗淨), 세정예절. (가) 세례(洗禮).
(가) 미사 때 성작을 물로 씻는(부시는) 것.
Abluit et extergit digitos, ac sumit ablutionem: extergit
os et calicem, quem, plicato corporali, operit et collocat
in altari ut prius: deinde prosequitur Missam.
손가락들을 씻고 성작(聖爵)을 씻는다. 손가락과 성작을
씻고 나서 성체포를 접어 (성작 위에) 덮고 제대의

제자리에 놓는다. 그리고 미사를 계속한다.

Ablutio manuum.(⑨ Washing of the Hands.
獨 Händewaschung) 손 씻음(⑨ lavatio manuum).

abmatértěra, -æ, f. 고조모의 자매(姉妹)

ábnăto, -áre, intr. 헤엄쳐서 도망가다

Abnegare semetipsum sibi ut sequatur Christum.
그리스도를 따르기 위해 자신을 끊어버려라.

abnegátĭo, -ónis, f. 부인(否認), 부정(否定)
고신극기(苦辛克己), 자기를 버림, 극기(⑨ self-denial),
금욕(禁慾-육구나 욕망을 억제하고 금함), 제욕(制慾-육심을 억누름).
De abnegatione sui ipsius et abdicatione omnis
cupiditatis. 자기를 이김과 모든 탐욕을 끊음.

abnegátĭo sui ipsius. 극기(⑨ self-denial)

ábněgo, -ávi, -átum, -áre, tr. 단호히 부인하다,
거절하다(נמם), 끊어버리다, 기탁물 인도를 거부하다.
Quod gratia devotionis humilitate, et sui ipsius
abnegatine acquiritur.(⑨ The Grace of Devotion is
Acquired Through Humility and Self-Denial) 신심(信心)
의 은혜는 겸덕과 자기를 끊음으로 얻음(준주성범 제4권 15장)/
se abnego. 자신을 버리다, 극기하다.

ábněpos, -ótis, m. 증손(曾孫)의 아들,
고손(高孫-손자의 손자.), 현손(玄孫-손자의 손자).

abnéptis, -is, f. 현손녀(玄孫女)

abnócto, -ávi, -átum, -áre, intr. 집 밖에서 자다, 외박하다

abnódo, -ávi, -átum, -áre, tr.
엉킨 덩굴을 자르다, 나무의 매듭 진 곳을 자르다.

abnórmis, -e, adj. (ab+norma) 규칙(規則)에 어긋나는,
규모(規模)를 벗어난, 학파(學派)가 없는.

abnórmĭtas, -átis, f. 변칙, 파격(破格-일정한 격식을 깨뜨림)

abnuéntĭa, -æ, f. 부인(否認), 거절(拒絶), 각하(却下),
기각(棄却-소송을 수리한 법원이 그 내용을 심리하여 이유가 없는
것으로, 또는 부적법한 것으로 판단하여 배척하는 판결 또는 결정).

Abnuit, a se commissum esse fácinus.
그는 자기가 그 범행을 저질렀다는 것을 부인하였다.

ábnŭo, -ŭi -ŭitum(útum) -úěre, tr. 찬동하지 않다,
(머리나 눈이나 손이나 몸짓으로) 싫다는 표시를 하다,
거절하다(נמם), **부인하다**, 반대하다, **거부하다**,
허락하지 않다, 방해(כלא).
Abnuit, a se commíssum esse fácinus.
그는 자기가 그 범행을 저질렀다는 것을 부인하였다/
Nec abnúitur ita fuísse.(pass. impers.)
그러했다는 것을 사람들은 부인하지 않는다/
Nihil unquam abnuit stúdio meo volúntas tua.
너의 뜻은 일찍이 아무것도 나의 노력에 반대하지 않았다.

abnúto, -ávi, -átum, -áre, tr., freq. 연거푸 (머리나
손을 저어 또는 눈짓 등으로) 거절하다, 말리다.

abolefácĭo, -feci -fáctum -facere, tr.
전멸(全滅)시키다, 폐지(廢止)하다(גוֹד).

abólĕo, -évi -lítum -ére, tr. 멸하다, 파괴하다(זרג),
없애버리다, (풍습.법률.예식 따위를) 폐기하다.
폐지(廢止)하다(גוֹד), 지워버리다.

aboleo memóriam flagítii. 치욕의 추억을 지워버리다

abolésco, -évi -ěre, intr.
없어지다, 사라지다(רֲגֵז.רוּג), 소멸(消滅)하다.

ǎbŏlévi, "aboleo"의 단순과거(pf.=perfectum),
"abolesco"의 단순과거(pf.=perfectum).

abolítĭo, -ónis, f. 폐기(廢棄-폐기하여 버림),
폐지(廢止-그만두거나 없앰), 제거(除去-없애 버림),
취소(取消-지우거나 물러서 없앰), 사면(赦免).

abolitio infámiæ. 명예회복(名譽回復)

ǎbŏlĭtum, "aboleo"의 목적분사(sup.=supínum)

abólla, -æ, f. 양모제(羊毛製) 외투

abominábĭlis, -e, adj.
가증스러운, 지긋지긋한, 징그러운, 지겨운.

abominándus, -a, -um, gerundiv.
가증스러운, 가증스러운, 지긋지긋한.
Quod abominándum est. 가증스러운 것.

abominátĭo, -ónis, f. 혐오(嫌惡-싫어하고 미워함),

증오(憎惡).⑨ Hatred/malevolence-몹시 미워함),
가증스러운 것, 흉측한 것.
abómĭno, -ávi, -átum, -áre, tr. (ab+omen) 몹시 싫어하다
abómĭnor, -átus sum, -ári, dep., tr. (ab+omen)
(무엇을) 흉조로 물리치다, 몹시 싫어(미워)하다,
지겨워하다, 가증스러운 것으로 물리치다, 저주하다.
quod abominándum est. 가증스러운 것.
abominósus, -a, -um, adj. 흉조로 가득 찬, 끔찍한, 불길한
aborígĭnes, -um, m., pl. 원주민, 토착민(土着民)
aborigíněus, -a, -um, adj. 원주민의
abórĭor, (-rěris, -rítur), -órtus sum, -íri, dep., intr.
죽다(קטל.דרגנ.מות.תמה. θνήσκω), 멸망하다,
소멸(消滅)하다, 사라지다(גנז.יגע), 유산(流産)하다.
Vox abóritur. (공포에 질려) 목소리가 나오지 않는다.
abórsus -us, m. = **abórtus²** -us, m.
abórtĭo¹, -ívi -ítum -íre, intr. 유산(流産)하다
abórtĭo², -ónis, f.
유산(流産), 낙태; 조산(早産, partus præmaturus).
abortívum, -i, n. 낙태 약(落胎藥)
abortívus, -a, -um, adj. 조산(早産)의, 유산(流産)의,
abortivos. 팔삭동이(원래의 뜻은 '물을 떠난 물고기처럼 본래의
자리를 떠나서 사는 미숙아'를 지칭. 아씨시 성 프란치스코의 생애. p.373).
abórto, -ávi, -átum, -áre, intr., tr.
유산(流産)하다, 낙태(落胎)시키다.
abórtus¹, -a, -um, abórĭor의 p.p.(과거분사)
abórtus², -us, m. = **abórsus**, -us, m. 유산, 인공유산,
낙태(落胎)(⑨ abortion), 임신중절(abortus provocatus).
abominandum flagitium abortus. 가증할 죄악인 낙태.
abósus, -a, -um, adj. 미운
abpátrüus, -i, m. 고조부의 형제(高祖父 兄弟)
abra, -æ, f. 여종(אמה), 하녀(下女.侍女)
Abraham. 아브라함(אברהם.Αβρααμ.⑨ Abraham).
An post diluvium a Nœ usque ad Abraham aliquæ
familiæ secundum Deum viventium reperiarun.
대홍수 후 노아부터 아브라함까지 하느님 따라 사는
집안들이 있는가(교부문헌 총서 17, 신국론, p.2800).
abrádo, -rási, -rásum, -děre, tr. 면도질하다,
(날 있는 연장으로) 밀어 없애다, 베다, 강제로 뺏어내다.
abrásĭo, -ónis, f. 박탈(剝奪-남의 재물이나 권리, 자격 따위를
빼앗음), 찰과상(무엇에 쓸리거나 긁혀서 생긴 상처).
abrelégo, -ávi, -átum, -áre, tr. 멀리 쫓아 버리다
abrenuntiátĭo, -ónis, f. 선서(宣誓).⑨ oath),
삼구 파기 선서(세례 받을 때 육신, 세속, 마귀를 끊겠다는 서약).
abrenuntiátĭo cordis. 마음의 포기.
abrenuntiátĭo prima. 첫 번째 포기
abrenuntiátĭo secunda. 두 번째 포기
abrenúntĭo, -ávi, -átum, -áre, intr. 버리다(נכר),
그만두다(חדל), 포기(抛棄)하다, 단념(斷念)하다.
Abrenuntiátis satanæ et omnibus operibus ejus?
여러분은 마귀와 그의 모든 행실을 끊어버립니까?.
abreptum, "abripio"의 목적분사(sup.=supínum)
abrípĭo, -rípŭi -réptum -pěre, tr. (ab+ráptio) 빼앗다,
잡아채다, 건져내다, 떼어놓다, 도망하다, 몸을 피하다.
Tempestáte abréptus est unus.
폭풍(暴風)에 한 사람을 뺏기고 말았다/
virgo a compléxu patris abrépta.
아버지의 품에서 떼어낸 처녀(處女)/
Vix foras me abrípui. 나는 간신히 밖으로 도망쳐 나왔다.
abripio *alqm* de convívio in víncula.
아무를 연회장에서 감옥(監獄)으로 연행해 가다
abródo, -rósi -rósum -ěre, tr. (ab+rodo)
갉다, 갉아 없애다, 쏠아 끊다.
Abroganda missa privata. 없어져야 할 사적 미사.
  (1522년 루터 지음).
abrogátĭo, -ónis, f. 폐지(廢止-그만두거나 없앰), 철회(撤回).
abrogátĭo legis. 법의 전면 폐지.

[로마법에서 '아브로가티오 abrogatio'와 '데로가티오 derogatio'의 개념은 동사
'아브로가레 abrogare'와 '데로가레 derogare'에서 유래한다. 이들 동사는 모두
'박탈하다, 몰수하다, 폐지(폐기)하다'라는 의미가 있어 로마 시대에는 단어의 구분이
어려웠던 모양이다. 그래서 "법률의 한 부분을 떼어내면 법률의 개정이다. 반면

전부를 제거하면 법률의 폐지이다.Derogatur legi quum pars detrahitur: abrogatur
quum prorsus tollitur."라고 정의했던 것 같다. (l. 102, de V. S.). 여기에서 사용된
'쿰 cum'은 '쿰 cum'은 '쿰 cum'은 그 훨씬 오래된 형태이다. 한편 데로가레derogare 동사는
'법률의 일부를 폐지하다, 개정하다'라는 뜻 이외에도 '(가치나 명예를) 떨어뜨리다',
'제한하다, 축소하다minuere', '하나나 여러 법규를 취소하다, 무효로 하다'는 뜻도
있다. 하지만 로마법에서는 법률의 폐지라는 개념에 대해서는 옳았고 같은 내용에
대해 규율하는 새 법을 통해 규정하였다. 사실 로마법에서는 모든 법률은 영구히
효력을 가진다는 원칙 때문에 신법이 구법을 폐지할 수 없었다. 로마법에서는
구법의 위배를 처벌하지 않고 단지 개별 조항만을 제정할 수 있었다. 이를 '사면에
대한 통상 유효하게caput tralaticium de impunitate'이라고 불렀다. 이는 신법에 제정된
규정을 위반하는 사람을 신법에 비추어 처벌하지 않겠다는 것을 보장하는 내용이다.
아마도 이는 아테네의 법률 폐지에 관한 법절차에 영향을 받은 것일 수도 있다.
아테네의 법률 폐지는 대체입법을 의미하여 단순한 폐지만 있을 수 없었다.
그리스인의 경우 법을, '노모스nomos'라는 말은 그 법이 적용되는 사회 구성원들에
의해 대체로 타당하게 여겨지는 규범으로 이해했다. 따라서 어떤 법의 단순한
폐지는 그 법이 담당하고 있던 애부 기능이 전혀 사회생활이 중단되고 야만 상태로
복귀함을 의미했다. 한동일 지음. 로마법의 법률 격언 모음집에서(출간예정)]

ábrŏgo, -ávi, -átum, -áre, tr. 몰수(沒收)하다, 폐지하다,
(신용.평판 따위를) 떨어뜨리다(מות.מעט), 박탈하다.
fidem abrogo oratóri. 연설가에게서 신용을 떨어뜨리다/
Poenæ capitales non abrogandæ.
극형은 폐지되어서는 안 된다/
potestátem intercedéndi collégæ abrogo.
동료의 중재권을 박탈(剝奪)하다/
Si quis dixerit, canonem missæ errores continere ideoque
abrogandum. 만일 누가 미사의 감사기도가 오류를 담고
있어서 파기해야 한다고 주장한다면 그는 파문 받아야
한다.(보편 공의회 문헌집 제3권. 주세페 알베리고 외 엮음. p.736)
ábrŏgo magistrátum alci. 아무에게서 관직을 박탈하다
abrōsi, "abrodo"의 단순과거(pf.=perfectum)
abrúmpo, -rúpi -rúptum -ěre, tr. 찢다(קרע), 찢어내다,
끊다, 터뜨리다, (속박.구속을) 깨뜨리고 나오다, 깨뜨리다,
벗어나게 하다, (음모를) 때려 부수다, 산란케 하다,
중단(中斷)하다, 끝내버리다, 갈라놓다, 분리(分離)시키다.
abrupta a ceteris ágmina.
다른 대열에서 떨어져 나간 군중(群衆)/
abrúptæ procéllæ. 광란하는 폭풍우(暴風雨)/
abrupte cadere in oratiónem. 불쑥 본론으로 들어가다/
médium sermónem abrumpo. 연설을 도중에서 중단하다/
somnos abrumpo. 잠을 깨(우)다/
Víncula abrúmpit equus. 말이 고삐들을 끊어버리곤 한다.
Abrumpo dissimulatiónem 가장된 것을 분쇄하다
Abrumpo se ab omni honesto vitæ genere.
온갖 단정한 생활양식에서 벗어나다.
abrúpi, "abrumpo"의 단순과거(pf.=perfectum)
abrupte, adv. 갑자기, 돌연(갑자기), 불쑥, 함부로, 경솔하게
abrúptĭo, -ónis, f. 파열(破裂-짜개지거나 갈라져 터짐).
결렬(決裂-의견이 맞지 않아 그간의 관계를 끊고 갈라짐), 파경(破鏡),
이혼(離婚).חרם.דכ.άποστάσιον.⑨ Divorce).
abrúptum, "abrumpo"의 목적분사(sup.=supínum)
abrúptum, -i, n. 심연(深淵), 구령텅이, 낭떠러지, 벼랑,
위험(危險), 파멸(破滅- 그 존재의 의미가 없을 정도로 망해 버림).
in abrúptum ferri. 구령텅이로 이끌려 들다/
In novíssino fati stamus abrúpto.
우리는 운명의 마지막 고비(파멸 직전)에 서 있다/
móntium abrúpto. 깎아지른 듯한 길 없는 산비탈/
per abrúpta. 험난한 여러 위험들을 거쳐.
abrúptus, -a, -um, p.p., a.p. 찢어진, 터진, 깨어진,
갈라진, 중단(中斷)된, 단절된, 깎아지른 듯한, 가파른,
성급(性急)한, 경솔(輕率)한, 거친, 다루기 힘든,
(문장이 급전하여) 연락이 끊긴.
abruptus homo. 급하고 거친 사람
abs, præp. c. abl. = **a, ab**
Abs. Absens의 약자(略字). 결석, 궐석, 부재
abs te. 너한테, 너에게서, 너 없이는
abs te desisto. 너한테서 떠나다
Abs te seorsum sentio. 나는 너와는 달리 생각한다.
abs te tamdiu nihil litterarum.
이렇게 오랫동안 너한테서 편지가 없었다.
Abscéde hinc. 썩 물러가거라
abscédo, -céssi -céssum -ěre, intr. 멀리 떠나가다,
가버리다, 물러가다(άνεχωρείν), 사라지다(גנז.יגע),
없어지다, 소멸되다, (관직이나 시작한 것을) 포기하다,

A

버리다(רֵד), 중지하다(שׁבֵת), 지나가 버리다, 도피하다.
Abscéde hinc. 썩 물러가거라/
abscedénte usufrúctu. 용익권(用益權)이 소멸되므로/
Cito ab eo hæc ira abscédet.
　그의 이 분노는 곧 가실 것이다/
civílibus munéribus abscédo. 시민의 임무를 벗다/
Mihi, ne abscédam, ímperat.
　그는 나에게 떠나지 말라고 명한다.
abscede a córpore. 죽다
abscedo obsidióne, ab obsidióne. 포위망을 풀다
abscéssĭo, -ónis, f. 퇴거(退去), 물러감
abscessum, "abscedo"의 목적분사(sup.=supínum)
abscéssus, -us, m. 멀리 떠나감, 퇴거(退去),
　퇴직(退職), 부재(그곳에 있지 아니함). (醫) 농양(膿瘍)
abscídi, "abscido"의 단순과거(pf.=perfectum),
　"abscindo"의 단순과거(pf.=perfectum).
abscído, -scídi -scísum -ĕre, tr. 잘라내다,
　베어내다(בְצַע), 떼어내다, 중단하다(פסק.חדל),
　중지하다(שׁבֵת), 없애다, 제거하다, 뺏다
　Nos ómnium rerum respéctum, prætérquam vistóriæ,
　nobis abscidámus. 우리는 승리 이외의 일에 대한
　고려(考慮)는 모두 접어두자.
abscido álci spem. 아무에게서 희망(希望)을 뺏다
abscido bráchim. 팔을 자르다
Abscido truncos arborum et ramos.
　나무줄기와 가지를 잘라내다.
abscíndo, -scídi -scíssum -ĕre, tr. 찢어내다, 잘라내다,
　떼어내다, 잡아(쥐어) 뜯다, 갈라놓다, 떼어놓다,
　방해하다(עצר), 침해하다.
　abscíssa comas. 머리채를 쥐어뜯긴 여자/
　abscíssus in duas partes exércitus. 두 동강이 난 군대(軍隊)
　/plantas abscíndens de córpore matrum.
　모체(母體)에서 태아(胎兒)를 떼어내는 (자)/
　túnicam ejus a péctore abscindo.
　그의 가슴에서 겉옷을 찢어내다.
abscindo jus. 권리를 침해(侵害)하다
abscindo lingqua álci. 아무에게서 혀를 잘라내다
abscindo réditus dulces. 재미 보는 수입을 막다
abscíse, adv. 간결하게
abscísĭo, -ónis, f. 절단(切斷), 거두절미(去頭截尾)
abscissa comas. 머리채를 쥐어뜯긴 여자
abscissum, "abscindo"의 목적분사(sup.=supínum)
abscísum, "abscido"의 목적분사(sup.=supínum)
abscíssus, -a, -um, p.p., a.p. 잘라진, 절단된, 깎아지른,
　가파른, 간추린, 간결한, 딱딱한, 엄격한.
　abscísior justítia. 너무나 엄격한 정의(正義).
abscondísti, 원형 abscóndo, -cóndĭdi, -cóndĭtum, -ĕre,
　[직설법 현재완료.
　단수 1인칭 abscondi, 2인칭 abscondisti, 3인칭 abscondit,
　복수 1인칭 abscondimus, 2인칭 abscondistis,
　　3인칭 absconderunt].
abscondísti faciem túam a nóbis,
et allisísti nos in mánu iniquitátis nóstræ.
　당신은 우리에게서 당신의 얼굴을 숨기며,
　우리를 우리 죄악의 손에 내던지셨나이다.
abscóndĭte, adv. 가려져, 숨은 상태로, 모호하게,
　심오(深奧-사상이나 이론 따위가 깊이의 오묘함)하게, 깊이 있게.
abscóndĭtum, -i, n. 감춰진 것
abscóndĭtus, -a, -um, p.p., a.p. 숨겨진, 가려진,
　보이지 않는, 알려지지 않은, 비밀의, 심오한.
　Deus absconditus. 하느님의 부재, 감추어진 하느님/
　Deus absconditus et incomprehensíbĭlis.
　은폐되어 있고 불가해한 신/
　esse absconditum. 감추어진 존재.
abscóndo, -cóndĭdi(-cóndi), -cóndĭtum(-cónsum) -ĕre,
　tr. 감추어(숨겨) 놓다, 보이지 않게 하다, 가리다,
　어떤 곳에서 멀어지다, 시야(視野)에서 벗어나다,
　보이지 않다, 위장(僞裝)하다, 은폐(隱蔽)하다.

pass. abscóndi (별들이 저가면서) 시야에서 사라지다.
　abscóndi in domo matris. 어머니 집에 숨다/
　Phæácum abscóndimus arces.
　Phæácia인들의 요새는 우리의 시야에서 벗어났다.
abscondo in terram. 땅속에 숨기다
abscóndo paucitátem mílitum.
　병력이 소수임을 은폐(隱蔽)하다.
abscónsĭo, -ónis, f. 숨겨 놓음, 보이지 않음
abscuro loco natus. 천민 태생(賤民胎生)
absens, -éntis, p.prœs., a.p. 부재의, 결석한, 없는, 부재자.
　Absentem laedit, cum ebrio qui litigat.(Publius Syrus).
　술 취한 사람과 다투는 것은 (그 자리에) 있지도 않은
　사람을 상처 주는 것이다.
Absens heres non erit. 부재자에겐 상속(相續)이 없다
Absentem aggredi. 그가 없는 동안 그를 비난하다
abséntĭa, -æ, f. 법정 불출석; 부재자,
　부재(不在-그곳에 있지 아니함), 결석(缺席).
　[1. 이미 「12표법」에서 (법률소송의 불출석 당사자는 자동적으로 출석당사자
　에게 패소함을 규정했다. 그 후 방식서 소송에서 불출석한 원고는 그의 주장을
　철회한 것으로 의제擬制된다. '의제'란 본질은 같지 않지만 법률에서 다룰 때는
　동일한 것으로 처리하여 동일한 효과를 주는 것을 말한다. 가령 민법에서 실종
　선고를 받은 사람은 사망한 것으로 보는 것이 그 예다. 피고의 법정절차 in iure
　불출석은 일정한 요건 아래 그의 재산압류를 초래하였다.
　2. 부재자는 그들의 권리 방어가 그들의 임재臨在를 요구한 경우 특별한 보호를
　누린다. 구제수단들은 다양하였다. 정당화될 수 있는 부재의 경우 법무관은 '원상
　회복 Restitutio in integrum'에 의해 재산권의 불이익으로 취득한 어떤 권리를
　무효화시킬 수 있었다. 가령 속주지사, 공무원, 군인과 같이 국가에 봉사하여
　부재하는 사람의 재산은 사용취득 Usucapio에 의해 취득될 수 없었다.
　　　　　　　　한동일 지음. 로마법의 법률 격언 모음집에서(출간예정)].
　Absentem accipere debemus eum, qui non est eo loci,
　in quo loco petitur. 우리는 청구한 장소에 불출석한
　사람을 결석(缺席)으로 인정해야 한다/
　Absens absentis curator esse nequit. (Inst., De Curat.)
　부재자는 부재자의 법정대리인이 될 수 없다/
　nomen meum absentis. 결석(缺席) 중인 내 이름/
　Qui extra continentia urbis est, abest.
　도시의 성 밖에 있는 사람은 부재자이다.
　Quotiescunque quis ex necessitate, non ex voluntate,
　abfuit, dici oportet ei subveniendum.
　매번 필요(또는 군 복무와 같은 의무)나 본인의
　의사와 무관하게 한 부재는 구제되어야 한다/
　Si quis dixerit, propter hæresim, aut molestam
　cohabitationem, aut affectatam absentiam a coniuge
　dissolvi posse matrimonii vinculum. 만일 누가 혼인의
　유대가 이단, 힘겨운 공동생활이나 한쪽 배우자의
　의도적인 부재에 의해 해소될 수 있다고 주장한다면,
　그는 파문 받아야 한다.
Absentia eius, qui reipublicae causa abest, neque ei
neque aliis damnosa esse debet. 당사자의 부재가
　공무로 인한 부재라면(가령 대사나 외교관), 당사자와
　다른 사람들에게 손해가 되어서는 안 된다.
Absentia longa morti aequiparatur.
　장기간 부재는 사망과 같다.
absentívus, -a, -um, adj. 오랫동안 결석한, 부재 중에 있는
absénto, -ávi, -átum, -áre, tr.
　결석(缺席) 시키다, 멀리 보내버리다, 멀리하다.
　intr. 부재(不在) 중에 있다, 오래도록 결석(缺席)하다.
　Absentem lædit, cum ebrio qui litigat.(Publilius Syrus).
　술 취한 사람과 다투는 사람은
　그 자리에 없는 사람과 싸우는 셈이다.
absílĭo, -sílŭi(-lívi, lĭi) -íre, intr. (ab+sálio)
　훌쩍 뛰어 달아나다(נדד).
absímĭlis, -e, adj. 같지 않은, 다른(ἕτερος), 틀린
absínthĭum(absínthĭus, -i, m.) -i, n. 쓴 쑥(독 쑥),
　pótio ex absínthio. 쑥차.
absis(=habsis), -ídis, f. 제단 후진, 궁형(弓形),
　둥근 천장, 궁륭(穹窿), 반달형의 덮개.
　성당 건축에서 제단 뒤에 마련한 반달형의 장소.
absísto, -stĭti -ĕre, intr. 물러가다(ἀνεχωρείν),
　퇴거하다, 그만두다(שׁבֵת), 중지하다(שׁבֵת), 포기하다.
　Absíste morári. 그만 머뭇거려라!/

A

oppugnatióne absisto. 공격을 중지(中止)하다.
absisto vestigíis hostis. 적군의 발자국에서 멀어지다.
Absit invidia verbo. 말에 악의가 없기를 바란다.
absoluta coincidentïa. 절대적 합치(合致)
absolúte, adv. 완전하게(in unguem), 절대적으로,
　정확하게, (文法) 독립적으로, 격(格)지배 없이.
　bonum absolute. 좋은 것 자체(自體).
absolúte perfectio. 절대적 순수성
absolútïo, -ónis, f. (⑨ Absolution.獨 Absolution)
　사면, 면죄, 석방(釋放), 무죄 판결, 완성, 종료(終了).
　((가)) (성사로써) 죄를 사해줌, 사죄(赦罪.⑨ Absolution),
　죄(罪)의 용서(⑨ Absolution/Forgiveness of sins).
　individuális confessio et absolutio.
　개별고백과 개별사죄(個別告白.個別赦罪)/
　Postea Sacerdos, junctis manibus, facit absolutionem,
　dicens: 그리고 사제는 손을 모으고 사죄경을 왼다.
Absolutio ad tumbam. (무덤에서의 기도)
　고별식(ultima commendatio et valedictio*).
　고별사(사도예절)(한국가톨릭대사전, p.7317)
　사도예절→고별기도.⑨ Absolutions of Dead).
Absolutio complicis. (⑨ Absolution of an Accomplice)
　공범자 사죄(6계명을 같이 범한 공범자에 대한 사죄는 교황에게만 보류된
　최대 특수사항이다. 그러므로 이런 공범자를 내가는 고해성사는 임종 때를
　제외하고는 무효이다. 교회법 제977조. 백민관 신부 엮음. 백과사전 1. p.20).
absolutio generális* ⑨ General Absolution.
　獨 Generalabsolution) 일괄 사죄(一括 赦罪),
　공동 사죄(共同 赦罪), 집단 사죄, 총사면(總赦免).
　Ex Pastoribus quærimus ut pro Reconciliationis
　sacramento celebrando attente vigilent, absolutionis
　generalis consuetudinem intra sancitos casus continentes.
　저는 사목자들에게 고해성사 거행과 관련하여 주의를
　기울이고, 일괄 사죄의 관습은 허용된 경우에만 제한할
　것을 당부합니다(2002.4.7. Misericordia Dei 참조).
Absolutio super tumbam. 고별사(사도예절)
　사도예절(→고별기도.⑨ Absolutions of Dead)
　고별기도(ultima commendatio et valedictio*).
absolutior, -or, -us, adj. absolutus, -a, -um의 비교급
absolutismus, -i, m. (哲) 전제주의(專制主義),
　절대 군주론, (哲) 절대주의(⑨ absolutism).
　immanentísmus absolutus. 절대 내재주의.
absolutissime, adv. absolúte의 최상급
absolutissimus, -a, -um, adj. absolutus, -a, -um의 최상급
　Absolutissima autem sacramentalis manifestatio "abitionis"
　Christi per Crucis atque Resurrectionis mysterium est
　Eucharistia(⑨ The most complete sacramental
　expression of the "departure" of Christ through the
　mystery of the Cross and Resurrection is the Eucharist)
　십자가와 부활의 신비를 통한 그리스도의 "떠남"에
　대한 가장 완벽한 성사적 표현은 성체성사입니다.
absolutius, adv. absolúte의 비교급
absolutórïus, -a, -um, adj. 사면의, 사면에 관한
absölútum, "absolvo"의 목적분사(sup.=supínum)
absolutum, -i, n. (哲) 절대자(絶對者)
　(⑨ the Absolute.獨 das Absolutum).(어원적으로는 제한에서
　풀린 해방된 자라는 뜻. 따라서 그 자신이 타자와의 비교를 단절한 무조건자라는
　뜻이다. 즉 자체 존립자의 뜻으로 '하느님'을 가리킨다.
　　　　　　　　　　　백민관 신부 엮음. 백과사전 1. p.20).
absolutum concretissimum. 가장 구체적인 절대자
absolutum seu infinitum simpliciter.
　절대적 혹은 단적인 무한(無限).
absolútus, -a, -um, p.p., a.p. 사면된, 면제된, 탕감 받은,
　죄 사함을 받은, 완성된, 완결된, 절대적인, 무조건의.
　absoluta necessita. 절대적 필연성/
　genetívus absolutus. 절대 소유격(絶對 所有格)/
　impedimentum absolutum. 절대적 장애(障碍)/
　imperitïa absoluta. 절대적 부적합/
　impotentïa absoluta. 절대적 불능(絶對的 不能)/
　Incarnátïo Verbi non est absolute necessaria.

말씀의 육화는 절대적인 필연성이 아니다/
incompetentïa absoluta. 절대적 무관할권(無管轄權)/
naturalis philosophiæ absoluta consummatio.
　자연 철학의 완결.
absólvo, -sólvi -solutum -ĕre, tr. 풀어주다(ἀπολὺω),
　장애물(障碍物)을 제거하다, 해방시키다, 사면하다,
　면제해주다, 죄를 사하다, 완성(完成)하다, 간단히 말하다,
　(설명.논술 따위를) 끝내다, 하던 일을 마치다.
　Catóne absolúto.
　(나의 저서) Cato(=De senectúte)를 완성하고/
　de prævaricatióne absolútus. 직무유기에서 사면된/
　Deus absolvit nos poenitentes a peccatis nostris.
　하느님께서는 통회하는 우리에게 우리의 죄를 사하여 주신다/
　majestátis(=crímine majestátis) absólvi.
　(폐하에게) 불경죄로 사면(赦免)되다/
　Ne vos quidem, judices ii, qui me absolvistis, mortem
　timueritis. 나를 방면한 재판관들이여,
　당신들은 결코 죽음을 두려워하지 마시오/
　Nostrórum absólve víncula peccatórum.
　우리 죄의 사슬을 풀어주소서/
　ómnibus senténtiis absólvi. 만장일치로 무죄석방 되다/
　paucis verum absolvo. 간단히 이야기하다.
absolvo *alqm* a peccáti. 아무의 죄를 사해주다
absolvo *alqm* curâ. 아무를 걱정거리에서 해방시키다
ábsönans, -átis, a.p. 일치하지(조화되지) 않는, 틀리는
ábsöno, -sónŭi, -áre, intr. 맞지 않는(틀리는) 소리 내다
ábsönus, -a, -um, adj. 소리가 맞지 않는, 불협화음의,
　틀린 소리 내는, 맞지 않는, 조화(調和)되지 않는.
absórbĕo, -bŭi -sórptum -bére, tr.
　빨아들이다, 흡수(吸收)하다, 삼켜버리다,
　(주의.정렬.시간을) 뺏다, 전념(골몰)하게 하다.
absórptïo, -ónis, f. 빨아들임, 흡수(吸收-빨아들임); 마셔댐
absp… V. **asp…**
absque, præp. c. abl. 제외하고(cum exceptione),
　그만 두고, 아니(더)라면, 없더라면.
absque paucíssimis. 극소수의 사람들을 제외하고는
absque præjudício. 선입견(先入見) 없이
absque sententia. 생각 없이, 고의가 아닌
absque te esset. 네가 아니었더라면, 네가 없더라면
abstántïa, -æ, f. 거리(距離), 원격(遠隔)
Abste procul recedam. 나는 너에게서 멀리 물러나겠다.
abstémïus, -a, -um, adj.
　술을 삼가는, 못 마시는, 절제하는, 자제하는.
　mulíeres vini abstémiæ. 술을 절제(節制) 하는 부인들.
absténtïo, -ónis, f. 억제(抑制), 제지(制止-말려서 못하게 함)
abstérgĕo, -térsi -térsum -gére, tr. 닦아내다
　(피.땀.눈물.먼지를) 씻다(ρπκ.הπ), 지우다,
　말리다(乾), (고통.권태.공포를) 제거하다, 없애다,
　몰아내다, (배의 장비를) 떼어 내다.
　Abstergéri ínvicem remi cœpérunt.
　(배들이 충돌해서) 노들이 서로 떨어져 나가기 시작했다.
abstérgo, -térsi -térsum -gĕre, tr. = **abstérgĕo**
abstérrĕo, -ŭi, -ítum, -ére, tr. 추방하다, 쫓아버리다,
　위협하여 방향을 바꾸게 하다, 막다, 방해(妨害)하다.
　ancíllam vúlnere absterreo.
　하녀를 창으로 위협하여 다른 길로 가게 하다/
　non absterreo, quin …. …하는 것을 막지 않다.
abstérsïo, -ónis, f. 깨끗이 함, 닦아 냄
abstersum, "abstergeo"의 목적분사(sup.=supínum)
ábstïnens, -éntis, p.prœs.., a.p. 삼가는, 절제(節制)하는,
　조심하는, 억제하는, 금욕의, 정숙(靜肅)한, 욕심 없는.
abstinens pecúniæ. 돈 욕심이 없는
abstinénter, adv. 욕심 없이, 탐내지 않고, 절제하여
abstinentïa, -æ, f. 절제(節制).⑨ Temperance.節신),
　삼감(삼가다. 무엇을 꺼려서 몸가짐 따위를 경계함), 끊는 일,
　금육, 억제(抑制), 절식, 단식(斷食.⑨.fast→금육재),
　재계(齋戒), 소재(小齋-단식), 금육재(禁肉齋→禁食齋-주님의
　수난과 희생에 교회가 참여하는 정신으로 일정한 날에 육식을 금한 규정).

8

자제심(自制心-자기의 욕망·감정 따위를 억누르는 마음).
abstinéntĭam cibi conjungo. 단식(斷食)을 계속하다/
Adeo excelluit Aristídes abstinéntĭa, ut unus post
hóminum memória Justus sit appellátus.
  아리스티데스는 사람들의 기억에서 유일하게 '의로운 이'
  라고 불릴 정도로 자제심(自制心)이 뛰어났다/
Cato certábat non divítĭis cum dívite, neque factióne
cum factióso, sed cum strénuo virtúte, cum modésto
pudóre, cum innocénte abstinéntĭa.(Sallustius)
  카토는 부유한 사람과 재산으로 겨루거나 파당을 좋아
  하는 사람과 당파로 싸우지 않았고, 강직한 덕성으로,
  온건한 겸손으로, 무후한 절제로 맞섰다(고전 라틴어, p.414)/
traduco munus summa abstinéntĭa.
  각고(刻苦)의 극기(克己)로 임무를 수행하다/
Vitam abstinéntĭa finívit. 그는 단식하다가 굶어죽었다.
abstinéntĭa vini. 절주(節酒, temperántĭa in victu)
abstinéntĭæ dies. 금욕재의 날
abstíněo, -ŭi -téntum -ére, (abs+ténĕo)
  tr. 금하다, 제어(制御)하다, 삼가(게 하)다, 자제하다,
  멀리하게 하다, 삼가다, 멀리하다, 물리치다, 끊어버리다.
A quibus ne tu quidem jam te ábstines.
  너조차도 이미 그것들을 삼가지 않고 있다/
abstíneo ab alqo(ab alqa) manus
  누구에게 (어떤 것에) 손대지 않다/
abstíneo se scélere. 범행을 더 이상 하지 않다.
  intr. 조심하다(יחר), 멀리하다, 억제(抑制)하다,
  그만두다(נוח), 기권(棄權)하다.
abstinére cupiditátem ab argénto.
  돈에 대한 욕망(慾望)을 끊어버리다/
Abstíneo ne a legátis quidem violándis.
  사절들을 학대(虐待)하는 것조차 서슴지 않다/
non abstíneo, quin(또는 quóminus)
  …하게 되는 것을 참지 못하다/
prœlĭo abstíneo. 전투를 그만두다.
abstíti, "absísto"의 단순과거(pf.=perfectum),
  "absto"의 단순과거(pf.=perfectum).
absto, -stíti -áre, intr. 좀 떨어져 서 있다
abstráctĭo, -ónis, f. 떼어놓음, 빼냄, 추상(抽象),
  추상 작용, 추출(抽出-빼내거나 뽑아냄).
gradus abstractiónis. 추상의 등급.
abstractĭo formális. 형상적 추상(抽象作用)
abstractĭo formális Ⅰ. gradus(scientĭa naturális)
  형상적 제1방법, 제1단계의 형상적 추상(自然科學).
abstractĭo formális Ⅱ. gradus(mathematica)
  형상적 제2방법, 제2단계의 형상적 추상(數學).
abstractĭo formális Ⅲ. gradus(metaphysica)
  형상적 제3방법, 제3단계의 형상적 추상(形而上學)
abstractĭo intellectiva. 지성적 추상(知性的抽象)
abstractĭo judícĭum negatívum. 부정적 판단(判斷)
abstractĭo mentis. 정신적 몰입(=탈혼)
abstractĭo negatíva(iudícĭum negatívum)
  부정적 추상(否定的 判斷).
abstractĭo non-præcisíva. 비간결 추상
**abstractĭo per modum simplícis et absolútæ
consideratiónis**. 단순하고 절대적 고찰방식을 통한 추상.
abstractĭo præcisíva. 간결 추상
abstractĭo, præcisíva extensiva(v.g. genus, species)
  외연적 추상-예: 류(類)와 종(種).
abstractĭo præcisíva formális(intensiva)
  엄밀 형상적 추상(嚴密 形相的 抽象, 內包的 抽象).
abstractĭo præcisíva totális(v.g. genus, species)
  엄밀 전체적 추상(外延的 抽象)-예: 류(類)와 종(種).
abstractĭo primæ intentiónis(universális dírectus)
  제1의도의 추상(直接的 普遍概念).
abstractĭo secundæ intentiónis(universális refléxus)
  제2의도의 추상(反省的 普遍概念).
abstractĭo sensíbĭlis 감각적 추상(感覺的 抽象)
abstractĭo totális.

전체적 추상(abstractĭo totíus), 총체적 추상.
abstractĭo totíus. 전체의 추상
abstractum, "abstráho"의 목적분사(sup.=supínum)
abstráctus, -a, -um, p.p., a.p.
  끌어내려진, 떼어놓아진, 추상적(抽象的)인.
Abstrahéntĭum non est Mendácĭum.
  추상(抽象) 작용은 거짓말이 아니다.
ábstrăho, -áxi -áctum -hěre, tr. 떼어놓다, 갈라놓다,
  뽑아(빼)내다, 끌어내다, 못하게 하다, 말리다, 방해하다,
  손 떼게 하다, 이끌고 가다, 유도하다, 전환시키다.
abstraho alqm a bono in pravum.
  선에서 악으로 전락시키다/
abstraho in capítale supplícĭum.
  사형장(死刑場)으로 이끌고 가다/
de matris ampléxu alqm abstraho.
  어머니의 품에서 누구를 떼어내다/
e sinu pátriæ abstraho. 조국의 품에서 떼어놓다/
fruménto ac commeátu abstráctus.
  식량(食糧)과 보급을 받지 못하게 된 (군대)/
Major cura ducem miscéndis ábstrahit armis.
  더 큰 걱정이 장군으로 하여금 교전을 못하게 하다/
Mors nos a malis abstraxísset.
  죽음이 우리를 수많은 불행에서 건져 주었을 것이다/
se abstraho. 빠져나오다, 물러가다.
abstrúdo, -trúsi trúsum -děre, tr. 감추다(חדר),
  숨기다(אסכ.כסכ.רמכ), 보이지 않게 하다.
Me in silvam abstrúsi densam.
  나는 빽빽한 숲 속에 잠복(潛伏)하였다/
Natúra in profúndo veritátem abstrúsit.
  자연은 진실을 깊숙이 숨겨두었다.
abstrúsus, -a, -um, p.p., a.p. 숨겨진, 감추어진,
  알기 어려운, 난해(難解)의, (학문) 깊은, 해박한.
abstrúsus ánimi dolor. 드러내지 않은 마음의 고통/
disputátĭo copiósa quidem, sed paulo abstrúsĭor.
  내용은 풍부하나 약간 알아듣기 힘든 토론(討論).
abstúlĕrunt, 원형 áufĕro, ábstuli, ablátum, auférre, anom., tr.
  [직설법 현재완료.
  단수 1인칭 abstuli, 2인칭 abstulísti, 3인칭 ábstulit,
  복수 1인칭 abstúlimus, 2인칭 abstulístis,
          3인칭 **abstúlerunt**].
Et iniquitátes nóstræ quasi ventus abstúlerunt nos.
  우리의 죄악은 바람처럼 우리를 말려들게 한다.
abstúli, "aufero"의 단순과거(pf.=perfectum)
absum, ábfŭi(áfŭi) abésse. anom., intr. 1. **있지 않다**,
  이 자리에 없다, 결석하다, 멀리 가 있다/ Dum abs
  te absum, 내가 너의 집에 있지 않은 동안/ Nunquam ex
  urbe is áfuit. 그는 한번도 Roma를 떠나가 있지 않았다/
  te præsénte absénte. 네가 (집에) 있든 없든.
  2. (가끔 거리나 간격 표시의 acc., abl. 또는 longe, procul,
  prope, alte 등의 부사와 함께) **떨어져 있다**, 거리가 있다;
  adsum a Laríno decem mília pássuum. Larínum에서 1만
  passus(15km) 떨어져 있다/ sex diérum navigatióne
  absum. 엿새 동안의 항해 거리에 있다/ adsum non longe
  a Tolosátium fínibus. Tolósa市의 지방에서 멀리 떨어져
  있지 않다/ Procul áberam ab re ipsa et a locis. 나는
  그 일과 그 곳에서 멀리 떨어져 있었다/ Altíssime absunt
  stellæ. 별들이 하늘 높이 까마득하게 있다. 3. **없다**, 결여
  하다, Hoc unum illi áfuit. 이 한 가지가 그에게 결핍
  되어 있었다/Absit invídia verbo. 말에 악의가 없기를 바란다.
  4. 도와주지 않다, 도움이 되지 않다. Nec dextræ erránti
  deus áfuit. 방황하는 오른편 군인들에게 신의 도움이 없지
  않았다/ Ne longe tibi Júpiter absit. Júpiter 신의 가호가
  있기를. 5. 관여하지 않다. absum bello. 전쟁에 참가하지
  않다. 6. 면제되다, 매이지 않다, (관련이) 없다. absum a
  culpa. 탓이 없다. 7. 다르다, 달리하다, 거리가 멀다, Neque
  lóngĭus ábsumus a natúra ferárum. 우리는 야수들의 성품과
  별로 다를 바 없다/ Abésse plúrimum a saltatóre debet
  orátor. 연설가는 무용가와 크게 다른 점이 있어야 한다/

Tantum absum ab istá senténtiá ut…, 나는(내 생각은) 그 의견과는 너무나 거리가 멀어서…/ Ille longe áberit, ut credat. 그가 믿으려면 아직 멀 것이다. 8. 맞지(적합하지) 않다, Fállere certe abest a tuá fide. 속인다는 것은 확실히 너의 신용과 어울리지 않는다/ Nihil a me ábest lóngius crudeliáte. 너의 성품에 잔악성보다 안 맞는 것은 아무 것도 없다. 9. 못하다, 뒤떨어져 있다; Multum ab his áberat Fúfius. Fúfius는 이들보다 훨씬 못하다. 10. tantum abest ut…, ut…, …하기는커녕 오히려, …는 고사하고 도리어/ Tantum abest ut…, velim. 내가 원하다니, 천만의 말씀이다/ Paulum áfuit, quin Varum interfíceret. 그는 Varus 를 죽일 뻔하였다/ longe abest, quin … 하기에는 어림도 없다, 아직 멀었다/ Quid abest, quin…? …하기에 무엇이 부족하냐?. (라틴-한글 사전. p.8)

absúmédo, -dínis, f. 소비(消費)

absúmo, -sumpsi -sumptum -ĕre, tr. **소비(消費)하다**, (음식.재산.힘 따위를) 써 버리다, 먹어버리다, 탕진하다, (시간) 다 보내다, **낭비(浪費)하다**, 죽이다, 없애버리다, 기진맥진하게 만들다, (불로) 소멸하다, 파괴(破壞)하다, 가져가다, 빼앗다.
absúmptá hác observatióne. 이 관찰을 제거할 것 같으면/ Prœlium multos utrímque absúmpsit.
전투가 쌍방에서 많은 전사자를 내게 했다.

absúmo quáttuor horas dicéndo.
말하다가 네 시간이나 낭비하다.

absúmo urbem flammis. 화염으로 도시를 불 질러 버리다.

absúmo vires. 힘을 빼다, 낭비(浪費)하다

absúmptǐo, -ónis, f. 소비, 절멸(絶滅-완전히 滅하여 없앰)

absúrde, adv. 소리가 맞지 않게, 제자리에 맞지 않게, 어울리지 않게, 이치에 맞지 않게, 터무니없이, 몰상식하게.

absúrdítas, -átis, f.
소리 맞지 않음, 부조리(不條理), 불합리(不合理), 어리석음.

absúrdum, -i, n. 비리(ab absurdo), 부조리, 불합리.
argumentum ad absurdum. 귀류법/
Credo quia absurdum est.
부조리(不條理.불합리) 하기 때문에 나는 믿는다.

Absúrdum est ut alios regat, qui seipsum regere nescit.
자기 자신도 다스릴 줄 모르면서
다른 이를 다스린다는 것은 모순이다.

absúrdus, -a, -um, adj. 제 소리가 나지 않는, 거슬리는, 불유쾌한, 어울리지 않는, 적당치 않은, 제격이 아닌, 어리석은 (일), (생각.말) 부조리한, 불합리한, 우스꽝스러운.
Absúrdum est. 조리에 맞지 않는다/
ætáti utriúsque non absúrdum.
두 사람 나이에 제법 어울리는/
Avaritia senilis quid sibi velit non intellego : potest enim quicquam esse absurdius quam, quo viæ minus restet, eo plus viatici quærere?.(Cicero). 노경(老境)의 인색은 도대체 뭘 하자는 것인지 난 못 알아듣겠다. 갈 길이 조금 밖에 남지 않을수록 노자(路資)를 더 달라고 이보다 더한 자가당착이 있을 수 있는가?.(성 염 지음, 고전 라틴어. p.399]/
Est hoc áuribus hóminum absúrdum.
이것이 사람들 귀에 거슬리는 것이다.

absúndans, -ántis, p.prœs., -p. 넘쳐흐르는, 철철 넘치는, 많은(ʼⲤⲰ.πολὺς.ίκανòς), 풍부한, 남아돌아갈 만한.
abundantíssima cœna. 진수성찬으로 차린 만찬/
ex abundánti. 필요이상으로, 남아돌아갈 정도로/
via ómnium rerum abundans.
모든 것을 풍족(豊足)하게 제공하는 길.

abundans super necessitatem orátǐo.
필요 이상으로 내용이 웅대한 연설(演說).

absúndanter, adv. 풍부(풍성) 하게, 넘치게, 충족하게,
(연설.문체) 웅대하게.

absúndántǐa, -æ, f. 넘쳐흐름, 많음, 풍부(豊富), 풍요(豊饒)⑨ Fecundity), 윤택(潤澤-물건이 풍부하여 넉넉함), 다량(多量), 과잉(過剩), 장황(張皇-번거롭고 길).
Ex abundantia cordis, enim os loquitur.
사실 마음에 가득 찬 것을 입으로 말하는 법이다/

in ómnium rerum abundantia vívere.
없는 것 없이 윤택(潤澤)하게 살다.

abundantǐa amóris erga te. 너에게 넘치는 사랑

abundántíssima cœna. 진수성찬으로 차린 만찬

Abundat pectus lætitiá 가슴은 기쁨에 넘쳐 있다

abundátǐo, -ónis, f. 범람(汎濫-汎溢), 홍수(⑨ Flood)

abúnde, adv. 풍부(풍족)하게, 넘치게, 충분하게, 넉넉하게,
in studio abunde promoveo. 공부에서 크게 진보하다/
Mihi abúnde est…, 내게는 족하다/
poténtiæ abúnde adéptus. 권력을 충분히 잡은.

abunde pulcheum. 굉장히 아름다운 것,

abúndo, -ávi, -átum, -áre, intr. 철철 넘치다, 넘쳐흐르다, 범람(汎濫)하다, 풍부(풍성)하다, 넘치다, 많다, 부유하다.
Abúndat pectus lætitiá. 가슴은 기쁨에 넘쳐 있다/
Ubi abundávit delíctum, superabundávit grátia(로마 5, 20)
(ou- de. evpleo,nasen h`a`marti,a(u`pereperi,sseusen h`ca,rij)
(⑨ where sin increased, grace overflowed all the more)
죄가 많아진 그곳에 은총이 충만히 내렸습니다(성경),
죄가 많은 곳에는 은총도 풍성하게 내렸습니다(공동번역),
죄가 많은 곳에 은총이 더욱 풍성하게 내렸다.

abúsǐo, -ónis, f. 용어의 오용(誤用), 비유의 남용(濫用)

abúsíve, adv. 말을 억지로 갖다 붙여서, 적절하지 않게

abúsívus, -a, -um, adj. 말을 오용(남용)하는, 적절하지 않은.
De duodecim abusivus sæculi. 세속의 12가지 남용

abúsque, prœp.c. abl.(=usque ab)부터 시작하여 계속

abúsque mane ad vésperum. 아침부터 저녁까지

abúsus, -us, m. 남용(濫用), 악용(惡用).
Abusu non tollit usum.
남용(濫用)은 사용을 제거(除去)하지 않는다/
recursus ad abusu(=appellatio tamquam ad abusu)
직권 남용에 대한 탄원, 상소(上訴).

abusus gravis. 중대한 남용(濫用)

abusus matrimonii. 결혼생활 남용(산아제한의 한 수단으로
일종의 성교 중절 행위를 가리킨다. 백민관 신부 엮음. 백과사전 I. p.23).

Abusus non tollit usum. 남용(濫用)이 사용을 박탈하지
못한다(남용된다고 해서 사용권을 박탈해서는 안 된다. 고전 라틴어. p.185].

abutere, 원형 **abútor**, -úsus sum, -úti, 3. dep., tr., intr.
[명령법 현재 단수 2인칭 abutere, 복수 2인칭 abutimini].
Quousque tandem abutere, Catilina, patientia nostra?.
Quamdiu etiam furor iste nos eludet?.
카틸리나, 도대체 언제까지 우리의 인내를 남용할 것인가?.
얼마동안 그러한 어리석은 행동이 우리를 피할 수 있겠는가?.
[patientia nostra는 "abutor + abl."의 형태. 명사 furor와 탈형동사 furor의
형태가 같기 때문에 문장에 따라 해석해야 한다. eludet는 eludo 동사의 직설법
미래 단수 3인칭. 한동일 지음. 카르페 라틴어 1권. p.287].

abútor, (-tĕris, -títur), -úsus sum, -úti, 3. dep.,
tr. 써버리다, 소비하다.
abutor rem patriam. 유산(遺産)을 탕진하다.
intr. 활용하다, 유익(有益)하게 쓰다, 자유롭게 쓰다,
이용하다, 선용하다, 남용하다, 악용하다, 오용하다.
Quousque tandem, Catilina, abutere patientia nostra?/
도대체 언제까지나, 카틸리나여, 우리 인내심을 악용하려는가?/
Sagacitáte canum ad utilitátem nostram abutor.
개의 영리함을 우리의 이익이 되도록 이용하다.

Abutor alieno nomine ad suos quæstus.
남의 이름을 사칭(詐稱)하여 자기 이득을 꾀하다.

abutor otio. 한가한 시간을 마음껏 누리다

abýssus, -i, f. 심연, 지옥(⑨ Hell/Realm of the dead),
무한(無限-한이 없음), 무극(無極-끝이 없음).
Ecce cor meum, deus, ecce cor meum, quod miseratus
es in imo abyssi. 보소서 내 마음을, 하느님, 내 마음을
보소서. 그 심연의 밑바닥에 당신의 자비가 있었나이다.
(고백록 2.4.9.).

**Abýssus abyssum invocat(⑨ The abyss calls to the
abyss)** 심연은 심연을 부른다.(성 아우구스티노, Enarr. in Ps. XLI.13:
CCL. 38.470). 하나의 심연이 다른 하나의 심연을 부른다.

ac(=atque), conj. 그리고(δè.καì), 또

A.C. = ante Christum. 서력기원 전
P.C. = post Christum. 서력기원 후.

A.C. = Auditor Cameræ 교황청 회계원
a.Chr.n. = ante Christtum natum. 기원 전, 천주강생 전
p.Chr.n. = post Christtum natum. 기원 후, 천주강생 후
Ac ne illud quidem neglegendum est.
그리고 다음과 같은 것도 소홀히 해서는 안 될 것이다.
acácĭa, -æ, f. (植) 아카시아(嶺) acasia.콩과의 낙엽 교목).
Facies et tabulas stantes habituculi de lignis acaciæ.
(kai. poih,seij stu,louj th/| skhnh/| evk xu,lwn avsh,ptwn)
(嶺) You shall make boards of acacia wood as walls
for the Dwelling) 너는 아카시아 나무로 성막을
세울 널빤지를 만들어라(성경 탈출 26. 15)/성막을 세울
널빤지는 아카시아 나무로 만들어라(출애굽기).
Acacianismus, -i, m.(嶺) Acacians) 아카치우스파(派)
[제사례아의 아리우스파 신학자 아카시우스(Akacius. ?~366)의 이름이 붙여진
이단의 일파. 아카치우스파는 니체아 공의회가 결정한, 그리스도는 아버지인
하느님과 호모우시오스(homoousios = 동일본질, 동일 실체)라는 교리를 받아
들이기를 거부하였다. 그 대신에 그리스도는 아버지와 호모이오스(homoios =
닮은 것)일 뿐이라고 주장하였다. 이 일파는 반아리우스파 또는 유적 동일성파
(類的 同一性派, Homoeans)라고도 불린다. 성 예로니모에 따르면 아카치우스파의
주도자는 358년에 로마주교의 입후보자로 지명된 펠릭스(대립교황. ?~365)였다.
5세기에는 콘스탄티노플의 수석 대주교였던 또 다른 아카치우스(471~489)가
그리스도 단성론자(單性論者, monophysites)와의 타협에 따라 로마로부터
이교(離敎)함으로써 바로 이 아카치우스 이교를 야기했다. 가톨릭대사전 중에서인].
Academía, -æ, f. 아카데미아(Athénce근처 한 공원에 있던
Académus 학원. 플라톤이 여기서 제자들을 가르쳤음), 학술원, 학사원.
inspector academiæ. 한림원 감독(翰林院 監督)/
Quam diversa sit Academiæ novæ ambiguitas a
constantia fidei Christianæ.
新아카데미아 학파의 회의론은 그리스도교 신앙의
일관성과 얼마나 다른가(교부문헌 총서 17, 신론편. p.2818).
Academia cum Pontificio Consilio de Cultura
copulatur, cui est obnoxia(嶺) The Academy is linked to
the Pontifical Council for Culture on which it depends)
학술원은 교황청 문화 평의회 산하에 속한다.
Académĭcus, -a, -um, adj. 학술원의, Platon 학파의.
m., pl. Académici Platon 학파들, 학술원 회원들.
gradus academicus. 학위(學位)/
Academici Emeriti Coetui interesse possunt,
at sine suffragio. 명예 회원은 총회에 참석할 수 있으나
의결권(議決權)은 없다/
Academici Ordinarii Academiæ Coetui,
a Præside convocato, intersunt.
정회원은 원장이 소집하는 학술원 총회에 참석한다.
Académus, -i, m.
Attĭca의 영웅신(Platon 학원 Academíã는 여기서 유래함).
Acácĭanismus, -i, m. 아카치우스파(派)
ácănos, -i, m. 엉겅퀴 속 식물
acanthácĕæ, -arum, f., pl. (植) 쥐꼬리망초과 식물
acanthíllis, -ĭdis, f. (植) 야생 아스파라거스
acanthínus, -a, -um, adj. (식물 이름인) acánthion의,
엉겅퀴로 만든, =acánthius
acánthĭon, -i, n. 엉겅퀴의 일종
acánthis, -ĭdis, f. =acalánthis
acánthĭus, -a, -um, adj. acanthus의
acánthus, -i, m. 가시 돋친 풀의 일반 명칭이기도 하나
특히 어캔더스(잎은 건축 장식의 도안으로 쓰임).
f. 이집트의 가시 달린 상록수, 이집트 아카시아.
acanthýllis, -ĭdis, f. (鳥) 검은 방울새
Acárnan, -ánis, m. Acarnánĭa인
Acarnánĭa, -æ, f. 희랍 서부에 있던 나라
Acathistos. 서서 바치는 노래
(마리아께 바쳐진 찬미가.멜로데의 로마누스 지음 †555).
acathólĭcus[1], -a, -um, adj. 비(非) 가톨릭의
acathólĭcus[2], -i, m. 비가톨릭 신자, 외교인.
non catholicus, -i, m. 비가톨릭.
acátĭum, -i, n. 작고 빠른 돛단배
acaŭstus(-os), -um(-on), adj. 불붙지 않는, 불연소의
Acbărus, -i, m. Edéssa의 Arábĭa왕들의 지방적 칭호
Accade non di rado.
수도원장의 감독과 의무(監督 義務)(1985.12.5. 서한).

Accálĭa, -ĭum, n., pl. Acca Laréntĭa의 축제
áccăno, -ĕre, intr. (ad+cano) 맞추어 노래하다
accanto, -ávi, -átum, -áre, intr. (ad+canto)
맞추어 노래하다, 옆에서 노래하다.
accede, 원형 accédo, -céssi -céssum -cédĕre, (ad+cedo)
[명령법. 현재 단수 2인칭 accede, 복수 2인칭 accedite].
Accede ad ignem hunc, jam calesces.
불 가까이 오너라 몸이 곧 녹을 것이다.
accédo, -céssi -céssum -cédĕre, (ad+cedo)
I intr. 1. 가까이 가다(오다), 접근(接近)하다(ㄱㄱㄱ),
다가서다, 나아가다(오다).
accedo alci ad aures. 아무의 귀에 바싹 다가서다/
accedo ad manum. 손에 키스하러 다가서다/
mélior fíeri, accedénte senéctá.
노년기에 접어들면서 더 착해지다.
2. 들어가다, 다가가다, 끼다, 참석(參席)하다.
accedo in funus. 장례식(葬禮式)에 參席하다.
3. 자주 다니다, accedo ad alqm, accedo alci.
누구의 집에 자주 드나들다.
4. 친하게 지내다; 편들다, 편이 되다, 지지하다.
찬동(贊同)하다, 동감(同感)이다.
Accédam Ciceróni. 나는 치체로의 의견에 찬동 하련다/
accedo ad(혹 in) senténtiam alcjs.
아무의 의견에 찬동(贊同)하다.
5. 종사하다, 몰두(沒頭)하다, 공직을 맡다, 떠맡다.
받아들이다, 하기로 하다, 착수하다, 무릎쓰다.
accedo ad causam. 소송사건(訴訟事件)을 떠맡다/
Ad hastam nunquam accéssit.
그는 한 번도 경매장에 나가지 않았다/
Nondum ad rempublicam accessi.
나는 아직 나라 일을 맡아보지 않았다.
6. 비슷해지다, 닮다; 가까워지다.
ad deos accedo. 신들과 비슷해지다/
ad veritátem accedo. 진실(眞實)에 가까워지다.
7. (감정이) 일어나다, 생기다, 닥치다, 차지가 되다.
Dolor accéssit bonis viris.
착한 사람들에게 고통(苦痛)이 닥쳐왔다/
Tibi aut stultítia accéssit aut…
너는 어리석어졌거나 아니면…/
Cássio ánimus accéssit.
Cássius에게 용기가 생겼다.
8. 증가(增加)되다, 늘어나다, 많아지다.
accedunt anni. 세월의 무게가 늘다.
9. 보태어지다, 덧붙여지다; **도 또 있다, …하기도 하다.**
Ad hæc mala hoc mihi accédit. 내게는 이러한
여러 가지 불행에다 이것까지 겹치고 있다/
Accedet ei cura.
그에게는 걱정거리가 하나 더 생길 것이다.
II tr. 1. (주로 장소적) 가까이 가다, 도착하다, 들어가다.
Africam accedo. 아프리카에 접근해가다/
Accedi clementer loca poterant.
그 곳들은 가파르지 않아서 접근할 수 있었다/
accedo perículum. 위험(危險)을 무릅쓰다.
2. 이야기하러 다가서다, 찾아가다.
3. 편이 되다, 동맹(同盟)하다.
Societatem nostram accesserunt.
그들은 우리와 동맹관계를 맺고 있었다/
Accedes siccus ad unctum.(unctus 참조)
깡마른 너는 부자 집을 다니어라/
Accedit Verbum ad elementum et fit sacramentum.
말씀이 요소에 다가가면 이 요소는 성사가 된다(성 아우구스티노).
accelerátĭo, -ónis, f. 서두름, 가속(加速),
촉진(促進-재촉하여 빨리 나아가게 함).
accelerátĭo partus. 출산 촉진(出産促進)
accelerátor, -óris, m. 촉진제(促進劑), 가속장치(加速裝置)
accélĕro, -ávi, -átum, -áre, (ad+célero)
tr. 독려하다, 서둘게 하다, 독려하다, 촉진시키다.
intr. 서두르다, 열심히 하다.

accelero iter. 길을 재촉하다

accénde, 원형 accéndo, accendi, accensum -ěre, tr.
[명령법. 단수 2인칭 accende, 복수 2인칭 accendite].

Accénde lúmen sénsibus, infúnde amórem córdibus:
infirma nóstri córporis virtúte firmans pérpeti.
우리 명오 비추시고, 우리 맘에 사랑주사,
우리들의 질병고통 즐겨 참게 하옵소서.
[명오에 빛을 비추어 주시고, 마음에 사랑을 부어 주소서.
저희 육신의 나약함을 끊임없는 힘으로 굳세게 하소서]

accéndo, accendi, accensum, accenděre, tr.
불을 붙이다(놓다), 불 켜다,
뜨겁게 하다, 가열(加熱)하다, 빛나게 하다,
자극(刺戟)하다, 선동(煽動)하다, 열중시키다,
(감정을) 일으키다, 도발(挑發)하다, 더하게 하다,
늘리다, 증가(增加)시키다, 부채질하다.
ignem accendo. 불을 놓다/
in rábiem accénsi. 화가 나서 미쳐버린/
luna rádiis solis accénsa. 태양광선에 빛나는 달/
prœlium accendo. 전투를 도발(挑發)하다/
Accendat in nobis Dominus ignem sui amoris,
et flammam æterne caritatis. Amen.
저희 안에 당신 사랑의 불과, 꺼지지 않는
자선의 불꽃이 타오르게 하소서. 아멘.

accendo ad pugnam. 선동(煽動)하여 싸우게 하다
accendo dolorem. 고통(苦痛)을 증가시키다
accendo fidúciam. 용기(勇氣)를 북돋다
accendo harenas. (광야의) 모래를 뜨겁게 하다
accendo lucernam. 등잔불을 켜다

accénsěo, -sǔi -sítum(-sum) -ére, tr. (ad+cénseo)
축에 끼워주다, 가입시키다, 간주(看做-그렇게 여김)하다.
Accénseor illi(dóminæ)
나는 그 귀부인의 수행원(隨行員)으로 있다.

accensum, "accendo"의 목적분사(sup.=supínum)

accensus¹, -a, -um, p.p. (accéndo) (accénsěo)

accensus², -us, m. (고대 로마 법정의) 정리(廷吏-법정에서
질서 유지하는 자), 집달관, 집달리(執達吏-집달관의 舊稱).

accensi, -órum, m., pl. 보충병, 예비군, 재향군인.
accénsi veláti. 무장하지 않은 예비군.

accensus³, -us, m. 점화(點火), 점등(點燈)

accéntus, -us, m. 말의 강세(強勢), 악센트(⑨ accent),
음조의 강세(音調 強勢), 주장 부분.
De Accentibus et Orthographia Linguæ Hebraicæ.
히브리어의 철자법과 악센트에 관한 책(1518년).

accépi, "accipio"의 단순과거(pf.=perfectum)

accepisti, 원형 accípĭo, -cépi -céptum -cípere,
[직설법 현재완료.
단수 1인칭 accepi, 2인칭 accepisti, 3인칭 accepit,
복수 1인칭 accepimus, 2인칭 accepistis, 3인칭 acceperunt].

accepit panem et gratias agens, fregit, deditque
discipulis suis, dicens.(he took bread and, giving thanks,
broke it, and gave it to his disciples, saying)
빵을 들고 감사를 드리신 다음
쪼개어 제자들에게 주시며 말씀하셨나이다.

acceptábilis, -e, adj. 받아들일 수 있는,
수락할 수 있는, 기꺼이 받아들일만한.
Orate fratres, ut meum ac vestrum sacrificium
acceptabile fiat apud Deum Patrem omnipotentem.
형제 여러분, 저와 여러분의 제사가 전능하신 아버지께
받으실 만한 것이 되도록 기도합니다.

Acceptantes. 순종파(안셀니즘Jansenism 논쟁 때 1713년 안셀니즘을
이단 또는 이설로 선언하는 클레멘스 11세의 칙서 Unigenitu Bulla-독생성자-를
받아들인 자들의랏 뜻. 백민관 신부 엮음. 백과사전 1. p.25).

acceptátĭo, -ónis, f. 수락(受諾-요구를 받아들여 승낙함).
승낙(承諾), 받아들임, 가납(嘉納-바치는 물건을 고맙게 받아들임).

acceptátor, -óris, m. 받아들이는 사람, 수락자, 가납자

acceptilatio, -ónis, f. (문답계약에 의한) 채무면제.
[ápŏcha, -æ, f. 채무 영수증(領收證)].
[로마법에서 문답계약에 의해 발생한 채무는 동일한 방법, 즉 문답계약으로 해소
되어야 한다고 보았다. 법규에 따라 문답계약의 채무자가 그 채권자에게

"당신은 내가 당신에게 약속한 것을 수령한 것으로 하는가? Habesne acceptum?"
라고 질문하면, 채권자는 "그렇다. Habeo."고 대답한다. 그런데 로마법의 문답계약
이란 것은 라틴어의 묻고 답하는 어법에서 기인한 것이다. 라틴어는 '예', '아니오'
가 아니라 묻는 동사로 답하는 습관이 있었다. 앞의 예시에서 언급한 것처럼
질문자가 '가지다'라는 의미의 단수 2인칭 현재 '하베스-habes' 동사를 사용하여
질문하면, 응답자는 같은 동사의 단수 1인칭을 사용하여 '하베오habeo'라고 답한
것이다. 그래서 이를 질문하고 답하는 방식의 계약이라 하여 '문답계약'이라고
명하게 되었다. 따라서 로마법의 acceptilatio는 라틴어의 언어적 습관이 반영된
계약으로 후세에는 그리스어 문언도 허용되었다. 문답계약 이외의 채무는
채무면제 acceptilatio를 통해 면제하려면 당사자는 채무 문답계약상의 채무로
전환해야 했다. 아퀼리우스 갈루스Aquilius Gallus는 아퀼리아 문답계약stipulatio
Aquiliana이라고 불리는 '경개효'를 가진 포괄 문답계약stipulatio의 방식을 만들어
채무면제acceptilatio를 확대 적용할 수 있는 길을 열었다. (D. 46. 4: C. 8. 43.)
한동일 지음, 로마법의 법을 격언 모음집에서(출간예정)].

Inter acceptilationem et Apocham hoc interest: quod
acceptilatione omnimodo liberatio contingit, licet pecunia
soluta non sit; apocha non alias quam si pecunia soluta
sit.(ULP. l. 49 § 1. Ibid.) 채무면제와 영수증 사이에는 이러한
차이점이 있다. 채무면제는 돈이 지불되지 않더라도 모든
종류의 부채청산이 발생한다. 반면 영수증은 돈이 실제로
지불되지 않았다면 변제가 발생하지 않는다/

In diem acceptilatio facta nullius est momenti: nam
solutionis exemplo acceptilatio solet liberare.(ULP. l. 5 D. de
acceptil. 46. 4.) 변제 기일에 한 채무면제는 무효이다. 왜냐
하면 상환에 대한 채무면제가 원본(내용)에 의해 무효가
되기 때문이다.

Acceptilatio est liberatio per mutuam interrogationem,
qua utriusque contingit ab eodem nexu absolutio.(MOD. l. 1
D. de acceptil. 46. 4.) 채무면제는 상호 변제수령문답에 의한
부채청산이다. 여기에서 양편 당사자에게 동일한
채무(구속행위)에 대한 종료가 발생 한다/

Acceptilatio est imaginaria solutio.(§ 1 J. quib. Mod. toll.
oblig. 3. 30) 채무면제는 가상의 상환(변제행위)이다/

Acceptilatio sub condicione fieri non potest.(POMP. l. 4 D.
de acceptil. 46. 4.) 채무면제는 조건부로 될 수 없다.

accéptĭo, -ónis, f. 받음, 받아들임, 수납(受納), 인수(引受),
(질문에 대한) 인정(認定), 동의(同意), 알아들음,
(듣는 입장에서 말이) 해석(解釋), 평가, 존중, 대우,
(추리에 의하지 않은) 파악(把握)(신학대전 제2권 p.187).
In iudiciis non est acceptio personarum habenda.
법정(재판)에서는 특혜가 인정되지 않는다/

acceptio pecuniæ. 사물의 대여(事物 貸與)

acceptio personarum. 인간차별, 편파적 대우, 정실

acceptio Signorum. 성사 배령(聖事拜領)

accépto, -ávi, -átum, -áre, freq., tr. 받다, 자주 받다,
받아들이다, 수락(受諾)하다; 환영(歡迎)하다.
Accépi lítteras a patre meo.
나는 나의 아버지에게서 편지를 받았다/
Accépi magnam voluptátem e lítteris tuis.
나는 네 편지에서 큰 즐거움을 받았다.
[accípere에 있어서는 출처를 표시하는 분리 탈격이
인격화 될 수 있는 물건인 때에는 전치사 e(ex)를 쓴다.

accepto jugum. 멍에를 감수(甘受)하다

accepto usúras. 이자(利子)를 또박또박 받다

accéptor, -óris, m. 받는 사람, 인수인, 인정하는 사람.
Illórum verbis falsis accéptor fui. 나는 그들의
거짓말들을 인정(認定)하는 자가 되고 말았다/
personárum acceptor. 인간 차별자.

accéptrix, -trícis, f. 받는 여자

acceptum, "accipio"의 목적분사(sup.=supínum)

accéptum, -i, n. 받는 것, 수입(收入).
codex accépti et expénsi. 금전 출납부/
in accépto reférre. 수입란에 기입하다/
rátio acceptórum et datórum. 주고받는 것의 수지 계산.

accéptus, -a, -um, p.p., a.p. 받은, 들어온, 환영받는,
좋아하는, 바람직한, 잘 보인, 마음에 드는.
apud te servus acceptissimus. 네 마음에 썩 드는 종/
máxime plebi acceptus. 대중의 환영을 크게 받은/
res senátui grata accéptaque.
원로원이 좋아하고 환영(歡迎)하는 일/
virtútem deo accéptam reférre.
덕망을 지닌 것이 하느님의 덕분이라고 인정한다.

accers··· V. arcess···
accessi, "accedo"의 단순과거(pf.=perfectum)
accessíbílis, -e, adj. 가까이 갈 수 있는, 접근할 수 있는
accessibílĭtas, -átis, f.
가까이(접근)할 수 있음, 가까이 하기 쉬움.
accéssĭo, -ónis, f. 가까이 감, 접근, 성장(⑨ Growth),
증가(增加), 증대(增大), 연장(延長), 병세의 악화, 부합,
더함, 보탬, 첨부(添附-더 보태거나 덧붙임.⑨ accretion),
추가, 가산, 덤(좀 더 얹어 주는 것), 수당, 추가물(追加物),
부가 금품, 부속물(附屬物), 부수적인 사람 또는 사물.
[accessio 부합. 첨부. 1.'부합'이란 주물의 소유자가 그의 물건에 결합된 무주물
이나 타인 물건의 소유권을 취득하는 것을 말한다. 부합은 "나에게나 혹은 티티오
에게 주화 열량이나 혹은 노예 스티쿰을 주어야 한다.mihi aut Titio, oppure mihi
decem aut hominem Stichum."라는 방식으로 문구를 첨부하였다. 로마법상 부합은
동산과 동산, 부동산과 동산 및 부동산과 부동산의 부합으로 분류된다.
2.'첨부'란 자연력 또는 인공에 의해 특정 물건(토지 또는 동산)과 다른 물건이
부합하거나 혼화하여 유기적 단일물이 된다accessio materiae. 부합(민법 제256조-
제258조)과 혼화를 합쳐 '악체씨오accessio'라고 부른다. (D. 22. 1.)
Accessio nemini proficit, nisi ei qui ipse possedit. (ULP. l. 13 § 12 de acquir. vel
amit. poss. 41, 2.) 만일 자기 자신을 위해 소유하지 않는다면, 부합은 타인을
위해서는 효과가 없다.   한동일 지음. 로마법의 법률 격언 모음집에서(출간예정)].
paucórum annórum accessio. 수 개년 연장(延長)/
Virtus non accessio est, sed···
덕은 어떤 보탬이 아니고···.
Accessit sermo ad aures. 소문이 들려왔다
accessórĭe, adv. 추가하여, 보조적으로, 종속적으로
accessórĭum, -i, n. 종속물(從屬物), 부속물(附屬物)
Accessórĭum naturam sequi congruit principális.
종속된 것은 주된 것의 본성을 따르는 것이 합당하다.
Accessórĭum sequitur principale.
종속(從屬) 된 것은 주된 것을 따른다.
accessórĭus, -a, -um, adj. 부속적, 종속적, 부대적인.
interventus accessorius. 종(從)된 참가/
petítio accessória. 부대요구, 추가 채권(債券).
accessum, "accedo"의 목적분사(sup.=supínum)
accessus, -us, m. 접근(接近), 근접(近接-가까이 다가감),
도달(到達), 밀물, 접근하는 길.방도.자리, 증가,
증대, 병 걸림. ((法)) (교황 선거 때 2차 이후의 투표
에서 다른 후보에게로) 다가섬으로 이루어지는 선출.
simonia per accessum. 호성적 양도에 의한 성직 포기.
accessus judiciális. 재판관(裁判官)의 임검(臨檢-계쌍물을
검사하기 위하여 재판관이 현장에 나가는 것)
accéstis = accessístis
áccĭdens¹, -éntis, a.p. (accédo¹) 우연의
accidens², -éntis, n. 일이 일어나는 양상, 부수 사정,
우연의 참사; 참사, 사고, 재앙(災殃). (哲) 우유(遇有).
causa per accidens. 우유를 통한 원인, 2차적 원인/
effectus per accidens. 우유를 통한 작용, 부수적 결과/
in infinitum per accidens. 우유적 무한 계열/
per accidens. 우연히, 우연한 사건으로/
accidentis esse est inesse. 우연적 존재는 비존재다/
Sed duplex est accidens, scilicet necessarium quod non
separatur a re, ut risibile ab homine; et non necessarium
quod separatur, ut album ab homine.
그러나 우유에는 두 가지가 있다. 즉 인간에게 '웃을 수
있다'는 것처럼 사물로부터 분리되지 않는 필연적 우유
들과, 인간에게 '희다'는 것처럼 사물로부터 분리되는
비-필연적 우유들이 있다(스콜라 철학에서의 개체화. p.762 참조).
accidens absolutum(necessarium): quantitas, qualitas.
절대적 부수성(附隨性.필연적) 양(量), 질(質).
accidens logicum(contingens)
논리학적 부수성(論理學的 附隨性-偶有).
accidens metaphysicum.
형이상학적 부수성(形而上學的 附隨性).
accidens modale(situs) 양상적 부수성(附隨性)
accidens non se extendit ultra suum subiectum.
우유적인 것은 주체를 넘어 확장되지 않는다.
accidens per se. 본질적 우유(本質的 遇有)
accidens prædicamentale. 범주적 부수성(附隨性)
accidens proprium. 고유 부수성(固有 附隨性)
accidens relativum(relátĭo) 상대적(關係) 부수성(附隨性)

accidentális, -e, adj. 우연의. (哲) 우유적; 비본질적.
beatitúdo accidentális. 부수적 복락, 의립적(依立的) 복락/
entitas accidentalis. 우연적 실체/
impotentĭa accidentális. 우연적 불능/
Non enim est accidentale formæ sed per se ei convenit
esse in materia. 질료 안에 있다는 점은 형상에 우유적인
것이 아니라 본질적으로 내재하는 것이다.(지성단일성. p.105)/
Utrum lumen sit substantiális, an accidentális.
광선은 실체적인가 아니면 우유적(偶有的)인가?/
Utrum lux sit forma substantiális, vel accidentális?
빛은 실체적 형상인가 혹은 우유적(偶有的) 형상인가?.
accidentális dubitátĭo. 부수적(附隨的) 의문
accidentális prædicátĭo. 우유적(偶有的) 서술
accidentáliter, adv. 우연히
accidentaliter subordinata.
우유적 종속 원인(causa per accidens).
accidénter, adv. 우연히
accidéntĭa, -æ, f. 일어난 일, 우발사건(obveniéntĭa, -æ, f.),
사고(事故). (哲) 우유성(偶有性), 부수성(附隨性),
속성(⑨ accidents-자립하지 못하고 다른 주체에 의지하는 의존체).
individua accidentium. 개별적 우유(個別的 遇有)/
omnia alia accidentia referantur ad subjectum mediante
quantitate dimensiva. 모든 다른 우유들은
규모적 양을 통하여 주체에 연결된다/
accidentia esse. 우유의 존재
accidentĭa exteriora rerum. 사물들의 외부적 우유들
Accidentĭa habent essentĭam incompletam.
우유들은 불완전한(미완성적인) 본질을 갖는다.
accidentĭa indívidui. 개체의 우유
accidentĭa propria. 고유한 우유들
accidentia sine subjecto. 물체적 실체 없이
Accidit in diversis. (1976.6.11. 교령)
죽은 非가톨릭 신자를 위한 미사의 공개적 거행.
Accidit ut omnes simul idem sentĭant.
모두가 똑같은 생각을 하는 수도 있다.
áccĭdo¹, -cídi -ĕre, intr. 떨어지다(חנת.חנת.חֹנָה),
낙하하다, 엎드리다(חַוָּה), 만나다(פגע),
조우(遭遇)하다, 우연히 일어나다, 생기다, 발생하다,
(어떤 일 특히 불행한 일이) 닥치다, 결과가 되다,
결과를 낳다. (어떻게?) 끝나다.
(결과 ut 접속동사나 사실 quod 직접동사를 동반하면서) ···게
되다, ···한 일이 일어나다, 생기다, 결과가 된다.
accídere ad terram. 땅에 넘어지다/
Accĭdit perincómmode, quod eum nusquam vidísti.
매우 불운하게도 너는 그를 아무데서도 보지 못하게 되었다/
accido de cælo ad terram. 하늘에서 땅으로 내려오다/
accido génibus alcjs, accido ad génua.
누구 앞에 엎드리다/
ad óculos animúmque accido. 눈길과 주의를 끌다/
áuribus(ad aures) accido. 귀에 들려오다/
clamor novus áccĭdens. 들려오는 새로운 함성(喊聲)/
Consílium incómmode áccĭdet.
계획(計劃)했던 일이 불행한 결과(結果)를 내었다/
Fama áccĭdit, classem adventáre.
함대가 다가온다는 소문(所聞)이 들려왔다/
Id fieri posse st, si evenisset, exitiosum futurum esse
videbam, et ne accideret timebam. 그 일이 일어날 수
있고 또, 만일 그런 일이 일어난다면, 파괴적이 될 것이
라고 나는 생각하고 있었다. 그래서 나는 그 일이 일어
나지 않을까 두려워하고 있었다.[성 염 지음. 고전 라틴어. p.353]/
Magno áccĭdit casu, ut··· 뜻밖에도 ···일이 일어났다/
Mihi áccĭdit, ut péterem. 나는 요청하게 되었다/
Nihil áccĭdet ánimo novum.
아무 것도 새롭게 느껴지지 않을 것이다/
Pejus victóribus Sequánis quam Ædŭis victis áccĭdit.
전쟁의 결과는 진 Ædŭi인들보다도
이긴 Sequána인들에게 더 불행스러웠다/
Si quid áccĭdat Románis.

13

어떤 불행이 Roma인들에게 닥친다면/
Tela ab omni parte accidébant.
창들이 사방에서(날아와) 떨어졌다/
Res usu pópuli Románi áccidit.
일은 로마 백성에게 유리하게 돌아가다/
Vox áccidit aures. 목소리가 귀에 들려왔다.
áccido², -cīdi -císum -ěre, tr. (ad+cædo) 베다(חצב),
자르다(גזע, גזר, סכב), 벌채하다,
베어 넘어뜨리다, 때려눕히다, 분쇄(粉碎)하다,
상처 입히다. 망치다, 쇠약하게 만들다. 끝장내다.
accísis crínibus. (여자의) 머리를 잘라버리고/
accísis dápibus. 요리를 다 먹어치우고 나서.
accido árbores. 나무들을 벌채(伐採)하다
acciĕo, -ére, tr. (ad+cíeo) 불러오다, 호출하다, 소환하다
accinctum, "accingo"의 목적분사(sup.=supínum)
accínctus, -a, -um, p.p., a.p. 두른, 찬, 무장한, 채비한,
태세를 갖춘, 소홀히 하지 않은, 긴장한.
accínctus miles. 무장(武裝)하고 전투태세를 갖춘 兵士
accíngo, -cínxi -cínctum -ěre, tr. (ad+cingo)
띠로 묶다, 졸라매다, 두르다, 차다, 걸치다, 무장하다,
갖추다, 준비태세(準備態勢)를 갖추다, 채비하다.
Accingendum ad suas cuique partes.(⑨ Everyone should
put his hand to the work which falls to his share)
모든 사람은 각자 자신의 역할을 즉각 수행하여야 한다/
Británnia tot accíncta pórtubus.
이렇게 많은 항구들을 구비한 Británnia/
gládiis accíncti. 군도로 무장한 군인들/
Illi se prædæ accíngunt. 그들은 약탈할 채비를 하였다/
Láteri accínxerat ensem. 그는 옆구리에 칼을 차고 있었다/
Accínxit fortitudine lumbos suos.
그(여인)는 허리에 능력의 띠를 띠었도다.
áccĭno, -ěre, intr. (ad+cano)
맞추어 노래하다, 노래로 가락에 맞추다.
áccĭo, -ívi(ĭi), -ítum, -íre, tr. (ad+cio, cíeo)
불러오다, 불러내다, 초청하다.
Mortem lætus accívit. 그는 기뻐하며 자살하였다.
accio, -ívi(ĭi), -ítum, -íre, tr. 불러오다
accipe, 원형 accípĭo, accépi, accéptum, accípere,
[명령법. 현재 단수 2인칭 accipe, 복수 2인칭 accipite].
Accipe Domine. 주님이여! 받아들이소서(accipio 참조)
**Accipe lampadem ardentem, et irreprehensibilis
custodi Baptismum tuum: serva Dei mandata ut cum
Dominus venerit ad nuptias, possis occurrere ei una
cum omnibus Sanctis in aula cælesti, habeasque vitam
æternam, et vivas in sæcula sæculorum.**
받아 영세의 은혜를 합당하게 보존하고 천주의 계명을
준행하여, 주님께서 천상 잔치에 임하실 때 천상 궁정
모든 성인들과 함께 그에게 마주 나가 영원히 살지어다.
Accipe oblationem plebis sanctæ Deo offerendam.
(⑨ Receive the oblation of the holy people to be offered
to God) 거룩한 백성이 하느님께 바치려고 가져온 봉헌
예물을 받으십시오(2007.2.22. "Sacramentum Caritatis" 중에서).
**Accipe sal sapientiæ: propitiatio sit tibi in vitam
æternam.** 상지의 소금을 받으십시오. 이는 그대에게
영원한 생명의 유익이 될 것입니다.
Accipe signaculum doni Spiritus Sancti.
성령 특은의 날인을 받으시오.
Accipe signum crucis tam in (이마에 십자 표지를
그으며) **fron + te, quam** (가슴에 십자 표지를 그으며)
**cor + de, sume fidem cælestium præceptorum: et talis
esto moribus, ut templum Dei iam esse possis.**
(이마에 십자 표지를 그으며) + 이마와 (가슴에 십자
표지를 그으며) + 마음에 십자 표지를 받으십시오.
천상 계명의 충성을 드러내며, 이제부터 천주의 궁전이
되도록 선하게 살아가십시오.
Accipe Spiritum Sanctorum. 성령을 받아라!
**accipiens et calicem, iterum gratias agens dedit
discipulis suis, dicens:** 또 잔을 받으시고, 다시 감사를

드리신 다음 그분의 제자들에게 (이렇게) 말씀하시며
나누어주셨나이다.
**Accipe vestem candidam, quam perferas immaculatam
ante tribunalem Domini nostri** (목례하며) **Iesu Christi,
ut habeas vitam æternam.**
흰 옷을 받아 우리 주 (목례하며) 예수 그리스도의 심판
전까지 깨끗하게 보존하여 영원한 생명을 받으십시오.
[출처] 라틴·한글 전통 유아 성세성사 예식서 (전통 라틴 미사경제).
accípiens, 원형 accípĭo, accépi, accéptum, accípere,
[현재분사. 단수 accipiens, 복수 accipientes]
Simili modo, postquam cenatum est, accípiens et cálicem,
iterum gratias agens dedit discípulis suis, dicens.
저녁을 잡수시고 같은 모양으로 잔을 들어, 다시 감사를
드리신 다음 제자들에게 주시며 말씀하셨나이다.
accipiere, 원형 accípĭo, accépi, accéptum, accípere,
[명령법. 수동형 단수 2인칭 accipiere, 복수 2인칭 accipimini].
Beneficium accipere, libertatem est vendere.
은혜를 입는 것은 자유를 파는 것이다.
accípĭo, accépi, accéptum, accípere, tr. (ad+cápio) **받다**,
영수(領收)하다, 입수(入手)하다, 받아들이다, 용납하다,
수용하다, 영접하다, 맞아들이다, 기꺼이 받아들이다,
다루다, 대우하다, (감각기관으로) 파악하다, 듣다,
들어서 알다, 보다, 배우다, 알아듣다, 알다, 깨닫다,
여기다, 해석하다(חשב), 용인하다, 시인(是認)하다,
인정(認定)하다, 만족하게 여기다, 맡다, 떠맡다,
인수하다, (억지로 혹은 기쁘게) 받아들이다, 당하다.
Accepi gaudium magnum e litteris tuis.
네 편지에서 내가 큰 기쁨을 얻었다/
Accipimus peritura perituri.(Sen. Prov. 5)
죽어야 하는 우리는 죽어야 할 운명에 대해 받아들인다.
[peritura는 미래분사 중성 복수 대격. perituri는 미래분사 남성 복수 주격:
미래분사는 다가올 상태, 의도, 가능성, 운명 등의 개념을 표현하는 명사처럼
사용된다. 라틴어의 수동태 미래분사는 "~되어야 할, ~되어야 하는"이라는
당위성을 나타내기도 한다. 한동일 지음, 카르페 라틴어 2권, p.84]/
Accepimus Spiritum, qui ex Deo est(⑨ We have
received the Spirit which is from God)
우리는 하느님의 성령을 받았습니다(1고린 2, 12 참조)/
accipe, accípite. 들어라/
Accipio. 그래 그렇다. 인정(認定)한다.
("너는 야생마를 닮았구나"하는 Saréntus의 말에 대한 Méssius의 대답)/
accipio *alcjs* causam. 누구의 소송사건을 떠맡다/
accipio *alqd* áuribus. 귀로 듣다/
accipio *alqm* bene(male) 누구의 말을 제대로(잘못) 알아듣다/
accipio *alqm* hospítio. 정중히 모시다, 환대(歡待)하다/
accipio *alqm* in amicítiam suam. 친구로 받아들이다/
accipio *alqm* in civitátem. 도시 안으로 맞아들이다/
accipio *alqm* male verbis. 꾸짖다, 욕을 퍼붓다/
accipio armátos in arcem.
무장군인들을 요새(要塞) 안으로 들어오게 하였다/
accipio conditiónem. 조건을 받아들이다/
accipio detriméntum. 손해(損害)를 보다/
accipio dolórem. 고통을 당하다/
accipio óculis. 눈으로 보다/
alqd mútuum accípere. 무엇을 꾸어 오다/
Amnis fugéntes accépit. 도망자들이 강에 뛰어들었다/
Epístolam hanc a me accípe. 나한테서 이 편지를 받아라/
Et, accepta benedictione, osculatur manum celebrantis:
축복을 받고서 집전자의 손에 친구한다/
Exclude malum amorem mundi, ut accipias Dei.
하느님에 대한 사랑을 마음에 가득 채우려거든 세상에
대한 나쁜 사랑을 몰아내십시오/
Hic puer, quæ tradúntur, non difficúlter accípiet.
이 아이는 전수해 받는 것들을 어렵지 않게 배울 것이다/
impúne injúriam accípere. 아무렇지도 않게 모욕을 당하다/
in bonam partem accipio. 선의로 해석하다.받아들이다/
in creditum accipere. (돈을) 꾸다, 빌리다/
Léniter hóhóminem accipio. 사람을 부드럽게 다루다/
memória accipio. 들어서 기억하다/
Non potest homo accipere quidquam, nisi fuerit ei
datum de cælo. 하늘로부터 주어지지 않으면 사람은

아무것도 받을 수 없다(성경 요한 3. 27)/
Optime positum est beneficium, ubi ejus meminit qui
accepit. 자선은, 받은 사람이 그것을 기억하고 있을 때에,
가장 잘 베풀어진 셈이다/
res, quæ sensu accipiúntur. 감각으로 파악되는 것들.
Accipit calicem manu dextera, et eo se signans, dicit:
오른손으로 성작을 잡고, 성작으로 성호를 그은 후 말한다.
accípite, 원형 accípĭo, accépi, accéptum, accípere,
[명령법. 단수 2인칭 accipe, 복수 2인칭 accípite].
Accípite et bibite ex eo omnes: hic est enim calix
sanguinis mei novi et æterni testamenti,
Qui pro vobis et pro multis effundetur in remissionem
peccatorum. hoc facite in meam commemorationem.
너희는 이것을 받아 마셔라: 이는 진정 새롭고 영원
한 계약의 내 피의 잔이다. 너희와 많은 이들을 대신하여
죄의 용서를 위해서 흘려지는. 너희는 나를 기억하도록
이를 행하여라.(너희는 모두 이것을 받아 마셔라: 이는 새롭고 영원한
계약을 맺는 내 피의 잔이니, 죄를 사하여 주려고 너희와 모든 이를 위하여
흘릴 피다. 너희는 나를 기억하여 이를 행하여라).
accípite et manducáte ex hoc omnes:
hoc est enim corpus meum, quod pro vobis tradétur.
너희는 모두 이것을 받아먹어라!
이는 너희를 위하여 내어줄 내 몸이다.
(너희 모두는 이것을 받아먹어라. 이는 진정 내 몸이다. 너희에게 내어주는).
Accipe Spiritum Sanctum(⑨ Receive the Holy Spirit)
성령을 받아라.
accípĭter, -tris, m. (鳥) 매의 일종, 사냥매, 수전노(守錢奴)
accípĭtro, -ávi, -átum, -áre, tr.
매처럼 날쌔게 잡아채서 찢다.
accisis dapibus. 요리를 다 먹어 치우고 나서
accíto, -ávi, -átum, -áre, tr. 부르다, 불러대다
accítum, "accio"의 목적분사(sup.=supínum)
accítus¹, -a, -um, p.p., a.p. 외국산의, 수입한
accitus², -us, m. 부름(⑨ Call), 불러 냄, 呼出, (法) 召喚
accívi, "accio"의 단순과거(pf.=perfectum)
acclamátĭo, -ónis, f. (⑨ Acclamation.獨 Akklamation)
환성(歡聲), 환호성(歡呼聲), 고함(高喊),
야유(揶揄-남을 빈정거리며 놀림. 또는 그런 말이나 짓).
(가) 미사 중의 환호, (교황 선거 때) 전원 추거(推擧).
acclamátĭo ante lectionem Evangelii.
복음 환호성, 복음 봉독 이전의 환호송.
acclámo, -ávi, -átum, -áre, intr. (ad+clamo)
향하여 소리 지르다, 환호(歡呼)하다(ἀγαλλιάω),
(반대, 배척하는 뜻으로) 고함(高喊)지르다,
소리 질러 대답하다; …라고 소리 지르다.
acclamo alci. 누구를 향하여 소리 지르다/
Acclmátur. 반대(反對)하는 소리를 지르다/
acclamo alqm servatórem liberatorémque.
아무를 구세주이며 해방자라고 환성을 올리다.
accláro, -ávi, -átum, -áre, tr. (ad+claro)
밝히다, 명백히 보여주다.
acclínis, -e, adj. 기댄, 의지한, 기울어진
acclinis falsis animus. 오류(誤謬) 빠진 정신(精神)
acclíno, -ávi, -átum, -áre, tr. 기대게 하다, 기울게 하다.
castra túmulo acclináta. 언덕을 배경으로 한 진지(陣地)/
se acclino ad alqm. 누구에게 기대다.
acclívis(=acclívus) -e, adj. (ad+clivus)
치받이의, 오르막의, 올라가는, 상승의; 가파른.
acclívĭtas, -átis, f. 치받이(비탈진 곳을 올라가게 된 방향),
치받이 경사(傾斜), 가파른 곳.
acclívus -e, adj. = acclívis
accognósco, -nóvi, -cógnĭtum -ĕre, tr.
(ad+cognósco) 잘 알다, 인지(認知)하다.
áccŏla, -æ, m. 이웃에 사는 사람
áccŏlo, -cólui, -cúltum, -ĕre, tr. (ad+colo) 근처에 살다.
Qui Tíberim áccolunt. Tíberis 강가에 사는 사람들.
accommodáte, adv. 적응하여, 알맞게, 적합하게.
dícere ad veritátem accommodate.
진실에 맞추어서 말하다.

accommodátĭo, -ónis. f. 적응(適應.⑨ accomodátĭon),
순응(順應), 조정(調整), 조절(調節), 알맞음, 친절,
배려(配慮), 존중, 성서의 차의적(借意的) 응용(應用),
(포교지방에서의) 관습적응.
accommodatior, -or, -us. adj.
accommodatus, -a, -um의 비교급.
accommodatissimus, -a, -um, adj.
accommodatus, -a, -um의 최상급.
accommodátus, -a, -um, p.p., a.p.
맞추어진, 적응한, 알맞은, 적합한, 적절한.
Hoc anni tempus accommodatum est demetendis
fructibus.(동명사文). 일 년 중 이때가 추수하기에 적당하다/
orátĭo ad persuadendum accommodata.
설복(說伏) 시키기에 적절한 연설.
accómmŏdo, -ávi, -átum, -áre, tr. (ad+cómmodo)
맞추다, 알맞게 만들다, 어울리게 하다, 적응시키다,
맞게 하다, 둘러맞추다, 갖다 대다, 응용(應用)하다.
적용(適用)하다, se accommodo 맡기다, 내맡기다.
ad alcjs arbítrium totum se accommodo.
아무의 재량에 자기를 온전히 내맡기다/
In omnem evéntum consília accommodabántur.
그 계획들은 모든 사태에 적용(適用)되고 있었다/
ratio necessario complenda adque nostram ætatem
accommodanda. 완전하고 새로운 '양성 계획'의 필요성/
tempus ad voluntátem alcjs.
시간을 누구의 뜻에 맞도록 배정(配定)하다.
accómmŏdus, -a, -um, adj. 적당한, 적합한, 알맞는
accórpŏro, -ávi, -átum, -áre, tr. (ad+corpus)
붙이다, (토지.재산을) 편입(編入)시키다, 합병하다.
accrédo, -crédidi -créditum -ĕre, tr., intr.
(ad+credo) 말을 전폭적으로 믿다, 신용(信用)하다.
accrédŭas = **accrédas**, proes., subj.
accrésco, -crévi -crétum -ĕre, intr. (ad+cresco)
커지다, 자라나다, 성장(成長)하다, 불어나다.
증대(增大)되다, 첨가(添加)되다, 덧붙다, 보태지다,
겹치다, 취득(取得)되다, 돌아가다(ㅠㄲ).
Accréscere puer íncipit. 소년이 성장하기 시작한다./
Flumen súbito accrévit. 강물이 갑자기 불어났다/
Vetéribus negótiis nova accréscunt.
묵은 일에 새 일들이 또 겹친다.
accrétĭo, -ónis. f. 성장(成長.⑨ Growth), 증가(增加)
증대, 첨가(添加-덧붙이거나 보탬), 달이 차면서 둥그러짐.
accrétum, "accresco"의 목적분사(sup.=supínum)
accrévi, "accresco"의 단순과거(pf.=perfectum)
accubátĭo(=accubítĭo) -ónis, f.
accubitĭo, -ónis, f. 비스듬히 눕는 동작(動作),
식탁에 둘러앉음, 식탁 주위에 둘러앉는 안락의자.
accubitórĭum, -i, n. (죽은 사람에게 음식을 차려 놓기
위하여) 무덤 옆에 붙여 지은 집.
accubitórĭus, -a, -um, adj. 식탁에 관계되는, 식사 때 쓰는.
vestiménta accubitória. 식탁에 앉을 때 입는 옷.
accŭbĭtum, "accumbo"의 목적분사(sup.=supínum),
"accubo"의 목적분사(sup.=supínum).
accúbĭtus, -us. m. 누움: 식탁 앞에 비스듬히 기대어 앉음
áccŭbo, -áre, intr. 식탁 앞에 가로눕다, 옆에 눕다,
비스듬히 기대어 앉다, 식탁 앞에 기대앉다, 다가앉다.
accŭbui, "accumbo"의 단순과거(pf.=perfectum),
"accubo"의 단순과거(pf.=perfectum).
accúbŭo, adv. 옆에 누워서
accúdo, -ĕre, tr. (ad+cudo)
(동전.은화 등) 돈을 두드려서 만들다.
accúmbo, -cubui -cubitum -ĕre, intr.(간혹 tr.)
(ad+cumbo) 눕다(ער.עֶרֶב), 옆에 눕다,
자다, 식탁에 자리 잡다, 둘러앉다.
accumuláte, adv. 풍부하게, 충분하게
accumulátĭo, -ónis, f. 나무를 북돋음
accumulátor, -óris, m. 축적자(蓄積者), 쌓아 올리는 자
accúmŭlo, -ávi, -átum, -áre, tr. (ad+cúmulo)

쌓아올리다; (머리를) 들어 올리다, 축적하다,
거듭하다, 증가(증대)시키다, 나무를 북돋우어주다.
cædem cæde accumulo. 살육(殺戮)에 살육을 거듭하다.

accuráte, adv. 정성(精誠) 들여서, 신중(愼重)하게,
정확(正確)하게, 정밀(精密)하게, 상세(詳細)하게.

accurátio, -ónis, f. 신중(φρòνεσις.매우 조심성이 있음)
정성들임, 정확히 함, 정밀, 면밀(綿密-자세하여 빈틈이 없음).

accurátus, -a, -um, p.p., a.p.
정성들인, 정확하게 한, 정밀(精密)한, 상세(詳細)한.

accúro, -ávi, -átum, -áre, tr. (ad+curo) 정성 들여 하다,
정확하게 준비(準備)하다, 면밀(綿密)하게 하다.

accúrro, -cúrri(-cucúrri) -cúrsum -ĕre, intr.
향해 달려가다(오다), 급히 달려가다(오다).
애써 (누구한테로) 가다(오다).
accúrrit tremulus. 벌벌 떨면서 뛰어왔다/
Contínuo accúrrit ad me. 그는 연방 나한테 달려오곤 한다.

accúrsus, -us, m. 급히 달려감(달려옴)

accusábĭlis, -e, adj. 고문당할 만한, 문책 당할 만한

Accusare Pium de veneficiis. 비오를 독살 죄로 기소
하다(accusare, postuláre, damnáre 등에 있어서는
죄명을 표시하는 속격 대신 탈격 "de"로 표시할 수 있다).

accusátĭo, -ónis, f. 고발, 문책(問責).⑨ Imputability).
(法) 고소, 기소(형사 사건에서 검사가 법원에 공소를 제기함),
소송(訴訟); 고소장(告訴狀) : 논고(형사 재판 절차에서 검사가
공소 사실이나 법률의 적용에 대한 의견을 말하고 구형함).
[고소 accusatio는 불법 행위자를 고발하고 관할권을 가진 형사법원의 長과 함께
형의quaestio를 제기하는 서면을 작성함으로써 시작된다. 그런데 고소인의 역할을
담당하는 사람은 정무관이 아니라 시민의 주도로 시작되었다. 이러한 고소인의
제1단계를 '채권 고발nomen deferre'이라고 하며 그는 '고발자delator'가 된다.
정무관이 고소를 인용하면nomen recipere, 정무관은 이 사실을 공적 형사재판
피고인명부에 기재inscriptio할 것을 명령한다. '고소accusatio'는 보조고소인의
보조서명subscriptio에 의해 보강된다. 악의의 고소, 즉 무고를 방지하기 위해
고소인에게 선서inscramentum calumniae가 강제되었다. 민사사건에서
'고소accusatio'는 부정직하거나 태만한 후견인, 그의 보호자에게 불경한
피해행위ingratus, 부당유언querella inofficiosi testamenti 등에 사용되었다.
(D. 48. 2: C. 9. 1. 2.) 한동일 지음. 로마법의 법률 격언 모음집에서(출간예정)].

Adversus presbyterum accusationem noli recipere,
nisi sub duobus vel tribus testibus. (kata. presbute,rou
kathgori,an mh. parade,cou[evkto.j eiv mh. evpi. du,o h' triw/n
martu,rwn) (獨 Gegen einen Älteste nimm keine Klage
an ohne zwei oder drei Zeugen) (⑨ Do not accept an
accusation against a presbyter unless it is supported
by two or three witnesses) 두 사람이나 세 사람의
증인이 없으면 원로에 대한 고발을 받아들이지 마십
시오(성경 1 티모 5, 19)/두 사람이나 세 사람의 증인이 없이는
원로에 대한 고발을 들어주지 마시오(공동번역)/
적어도 두 사람이나 세 사람의 증인이 없으면 장로에
대한 고발을 받아들이지 마시오(200주년 신약 1 티모 5, 19)/
Catónis accusatio. Cato가 제기한 고소(告訴)/
Invitus agere vel accusare nemo cogatur.(S. un. C. ut nemo
invitus 3. 7) 누구도 본인의 의사에 반하여 소구하거나
소추하도록 강제할 수 없다/
Qui accusare volunt, probationes habere debent.
고소하고자 하는 자는 (유효한) 증거가 있어야 한다/
Quam accusationem affertis adversus hominem hunc?
무슨 일로 저 사람을 고소하는 것이오?(성경 요한 18. 29)/
subscríbere accusatiónibus Hanníbalis.
Hánnibal에 대한 고소장(告訴狀)에 서명(署名)하다.

accusátĭo criminális. 형사소송(刑事訴訟)

accusatívus¹, -a, -um, adj. 고발에 관한.
(文法) 대격(對格)의, 4격의.
præpósitio accusatíva. 대격 지배 전치사(前置詞).

accusatívus², -i, m. (文法) 대격(對格). 第4격.
húmeros(=húmeris) deo símilis. 어깨가 신을 닮은 자/
nuda pedes(=pédibus) 발 벗은 여자/
vírgines longam indútæ vestem(=longā veste).
긴 옷을 입은 처녀들.

accusatívus Græcus. 희랍(어적) 대격

accusátor, -óris, m. 고발자, 비난자, (직업적) 공소자,
원고(原告.⑨ plaintiff.獨 Klæger).

accusatórĭe, adv. 고발자 모양으로, 격렬하게

accusatórĭus, -a, -um, adj. 고발자의, 고발에 관한,
비난(非難)의, 탄핵적(彈劾的), 규탄(糾彈)의.
accusatória consuetúdo.
고발의 관습(慣習), 고발자들의 통상적인 방법/
accusatória publica. 공소(公訴-검사가 형사 사건에 관하여
법원에 재판을 청구하는 일).

accusátrix, -ícis, f. 여자 고발인, 여자 비난자(非難者)

accusátus, -a, -um, p.p. 고발당한, m.(f.) 피고인

accúso, -ávi, -átum, -áre, tr. 나무라다(קרב.יקב),
탓을 돌리다, 비난(非難)하다(קרב.יקב),
문책(問責)하다, 문제 삼다, 고발(告發)하다, 고소하다,
소송(訴訟)을 제기하다, 원망(怨望)하다.
Accusat fratres nostros ante conspectum Dei nostri die
ac notte(⑨ he accuses them day and night before our
God) 밤낮으로 우리 하느님 앞에서 우리 형제를
무고하던 자들(묵시 12. 10 참조)/
Accusatus est, quod corrúmperet juventútem.
그는 청년들을 부패(腐敗) 시킨다는 죄로 기소되었다/
accusatus, fecísse…, …했다고 고발당한/
Accusavisti me (crímine) proditiónis.
너는 나를 매국 죄로 고발하였다/
accuso alqm de vi. 폭력(暴力) 죄로 기소하다/
accuso alqm probri. 파렴치(破廉恥) 죄로 고발하다/
accuso deos hominésque. 신과 인간들을 비난하다/
accuso luxúriem. 사치(奢侈)를 나무라다/
Me miseram, quæ nunc quam ob rem accuser nescio!
왜 욕을 먹는지도 모르는 내 가련한 신세야!/
Nemo tenetur se ipsum accusare.
아무도 자기를 고발할 의무를 지지 않는다/
Quantumcumque dolorem suffers, noli accusare deos!
그대가 제 아무리 큰 고통(苦痛)을 당할지라도
신들을 원망하지는 말라.

ácĕæ, -arum, f.., pl. (植) 조름나물과 식물

acédia*, -æ, f. ((倫神)) (신자의 본분을 다하기 싫어
하는) 나태(懶怠.⑨ Acedia.Sloth-게으름 □ 느림), 게으름,
해태(懈怠→나태-질적 죄의 하나), 태만(怠慢-게으르고 느림).
Acedia seu spiritualis pigritia pervenit usque ad
reiiciendum gaudium, quod a Deo procedit, et ad
bonum abhorrendum divinum. 영적 게으름(acedia)은
하느님에게서 오는 기쁨을 거부하고, 하느님께서
주시는 좋은 것을 혐오하기까지 하는 것이다.
(가톨릭 교회 교리서 2094항).

ácĕo, -úi, -ére. intr.
시어지다, 신맛을 내다. 마음에 들지 않다, 시큰둥하다.

acéphălos(-us), -i, m.
(詩) 첫째 음절을 빼버린 시 구절, 우두머리 없는 자.
Historia Acephala. 머리 없는 역사.

ācer¹, ácĕris, n. (植) 단풍나무

ācer², acris, acre, adj. 뾰족한, 날카로운, 찌르는, 예리한,
(감각을) 모질게 자극하는; 매운, 코 찌르는, 눈이 부신,
따가운, 쏘는, 따끔한, 쑤시는, 타는 듯한, 심한,
지독한, 신랄(辛辣)한, 강가 강한, 독한, 예민한, 투철한,
통찰력 있는, 열렬한, 치열한, 격렬한, 저돌적인, 거친,
격정적인, 활기 있는, 가혹한, 잔혹한, 엄격한, 혹독한.
acétum acre. 톡 쏘는 신맛 / acre frigus. 혹한(酷寒)/
ácria ut est cepa, állium. 파, 마늘 따위 같이 매운 것/
acrióribus remédiis. 효력으로 더 강한 약(藥)으로/
bellum acérrimum. 치열한 전쟁(戰爭)/
ferrum acre. 뾰족한 쇠붙이(무기)/
Romani cum Gallis acribus saepissime pugnabant.
로마인들은 완강한 갈리아인들과 정말 자주(saepissime)
싸움을 치르곤 했다/
sensus acérrimus. 대단히 예민한 감각(感覺)/
sitis acris. 목이 타는 듯한 갈증/
suavitáte acérrimā. 코를 찌르는 향수 냄새로/
uxor acérrimā. 극성스러운 아내.

	단 수		
	m. (남성)	f. (여성)	n.(중성)
Nom.	acer	acris	acre
Gen.	acris	acris	acris
Dat.	acri	acri	acri
Acc.	acrem	acrem	acre
Abl.	acri	acri	acri
Voc.	acer	acris	acre

	복 수		
	m. (남성)	f. (여성)	n.(중성)
Nom.	acres	acres	acria
Gen.	acrium	acrium	acrium
Dat.	acribus	acribus	acribus
Acc.	acres	acres	acria
Abl.	acribus	acribus	acribus
Voc.	acres	acres	acria

(한동일 지음, 카르페 라틴어 1권, p.79)

Acerba Animi, 멕시코에서의 교회 박해(1932.9.29.)

acérbe, adv. 호되게, 모질게, 격렬하게, 심하게,
  몹시, 가차 없이, 엄중한, 고통스럽게,
  쓰라리게, 이를 악물고.
acérbe ferre *alqd.* 이를 악물고 견디어 내다
acerbior, -or -us, adj. acérbus, -a, -um의 비교급
acerbissimus, -a, -um, adj. acérbus, -a, -um의 최상급
acérbitas, -átis, f. 떫음, 익지 않은 과일 맛, 신랄,
  격렬, 조잡(粗雜), 무뚝뚝함, 불친절; 완고(頑固),
  엄격, 가혹, 고통, 곤경(困境), 재앙(災殃), 가혹한 운명.
  omnes acerbitátes perférre.
  온갖 가혹(苛酷)한 운명(運命)을 참아 받다.
acérbo, -áre, tr. 고통스럽게 만들다, 쓰라리게 하다,
  악화시키다, 더욱 심해지게 하다, 가중하다,
  (죄과를) 과장하여 확대시키다.
Acerbo Nimis, 그리스도교 교리의 가르침(1905.4.15. 회칙)
acérbum, -i, n. 역경, 불행(ἀτυχία), 재앙(災殃),
  pl., acc.: **acérba = acérbe**.
acérbus, -a, -um, adj. 떫은, 떫떠름한, 아린; 아니꼬운;
  빠드득 또는 삐걱삐걱 소리 나는, 뚝배기 깨지는 소리의,
  귀에 거슬리는, 덜 익은, 설익은, 덜된, 미완성의,
  미숙한, 너무 이른, 어려운, 된, 고통스러운, 쓰라린,
  쓴, 원통한, 신랄한, 인정사정없는, 가차 없는,
  가혹한, 혹독한; 기막힌; 엄격한.
  acerba disiunctio.
  참혹한 적조(積阻-서로 연락이 끊겨 오랫동안 소식이 막힘)/
  acerba fortuna. 쓰라린 운명(運命)/
  acerba mors. 일찍 죽음, 요절(夭折-젊어서 일찍 죽음)/
  acerba recordátio. 쓰라린 기억(추억.회상)/
    grata recordátio. 즐거운 회상(回想)/
  Acerbæ linguæfuit. 그의 말은 가혹할 만큼 신랄하였다/
  Hæc tibi scripsi, ne tu quoque filium tuum acerbius
  tractares. 너마저 네 아들을 가혹하게 취급할까봐
    이것들을 너에게 (편지로) 써 보냈다/
  Quod acerbum fuit ferre, tulisse iucundum est(Seneca).
    당하는 동안은 쓰라리던 것이 견뎌낸 다음에는 유쾌하다/
  res acérbæ. 미완성의 일/
  supplícium acérbum. 혹독한 형벌(刑罰).
acerbus nuntius. 나쁜 소문(audio mala)
acérnus, -a, -um, adj. 단풍나무의, 단풍나무로 만든
acérra, -æ, f. 작은 분향(焚香) 상자
acerrimus, -a, -um, adj. âcer² acris, acre의 최상급
acersécomes, -æ, m. 삭발하지 않은 젊은이
acérus, -a, -um, adj. (a+cera)
  밀 성분이 섞이지 않은 (꿀), 순수한 (꿀).
acervális, -e, adj. 퇴적(堆積)의.
  (論) argumentátio acervalis. 적첩식(積疊式), 연쇄식.
acervátim, adv. 무더기로 쌓아 올려서, 산더미로,
  총괄적으로, 개괄적으로, 간결하게, 대체적, 대강.
acervátio, -ónis, f. 쌓아 올림, 축적(蓄積-많이 모아서 쌓음),

acérvo, -ávi, -átum, -áre, tr. 쌓아 올리다, 축적하다,
  저축(貯蓄)하다, 개괄적(概括的)으로 모아 놓다.
acérvus, -i, m. 쌓아 올린 것, 무더기, 덩어리, 뭉치,
  더미(많은 물건이 모여 쌓인 큰 덩어리).
  (論) 연쇄식(連鎖式-복합적 삼단 논법의 한 가지), 연쇄추리.
  Hic locus acervis coporum et civium sanguine
  redundavit. 여기는 시체더미로 가득 차고 시민들의
    유혈(流血)이 낭자했던 곳이다.
acésco, -ácui, -ére, intr.
  시어지다, 초(식초)가 되다; 격렬(激烈)하여지다.
acétábulum, -i, n. 식초 종지, 여러 가지 가정용 그릇,
  요술사의 종지; 꽃병, 액체 용량 측정 단위그릇(약 125㎖),
  흡반(吸盤), 빨판, (解) 관골구(髖骨臼-궁둥이뼈의 일부인
  오목한 부분), 비구(髀臼-髖骨臼).
acétária, -órum, n., pl. 식초에 무친 채소, 샐러드(⑨ salad)
acétum, -i, n. 식초(食醋), 신랄한 비판, 예리한 기지.
  si aceto plenus es, ubi mel pones? 그런데 우리가 식초로
    가득 차 있다면 어디에다 꿀을 담겠습니까?
  acetum acre. 톡 쏘는 신맛
Acháïcus, -a, -um, adj. Acháia의, 희랍의.
  m. 로마 치하의 희랍인(希臘人).
Acháïi, -órum, m., pl. 희랍인(希臘人), 그리스인
Acháïus, -a, -um, adj. = Acháicus
Acheilognathus grácilis. (魚) 가시 납지루
Acheilognathus lanceolata. (魚) 납자루
Acheilognathus limbata. (魚) 칼 납자루
Acheilognathus macropterus. (魚) 큰 납지루
Acheilognathus rhombea. (魚) 납지루
Acheilognathus signifer. (魚) 묵 납자루
Acheilognathus tabira. (魚) 다비라 납지루
Acheilognathus yamatsutæ. (魚) 줄 납자루
Acherúsïus, -a, -um, adj. Achëron의, 지옥의, 지하세계의.
  eum suo sánguine ab Acherónte redimo.
    자기 죄로 그를 황천(죽음)에서 구원하다.
áchëta, -æ, m. (蟲) 매미
Achílles, -is, m. Troja 전쟁에서 희랍군의 가장 유명한 영웅.
  Thessália의 왕 Péleus와 바다의 여신 Thetis의 아들.
  Decorum pectus Achilles ter et quater manu percutit.
    아킬레스는 자신의 멋진 가슴을 손으로 세 번
    그리고 네 번 두드렸다.
a. Chr. n. = ante Christum natum
  그리스도 강생 전, 서력기원 전/
  p. Chr. n. = post Christum natum. 기원 후, 천주강생 후.
acídùlus, -a, -um, adj. 좀 신맛이 있는
ácïdum, -i, n. 산(酸)
ácïdum acéticum glaciále. 빙초산(氷醋酸)
ácïdum bóricum. 붕산
ácïdum cítricum. 구연산
ácïdum sulfúricum. 유산(硫酸)
ácïdus, -a, -um, adj. 신(시큼한), 신맛의, 산(酸)의,
  산성의, 귀청이 떨어져 나갈 듯한 (소리), 신랄한,
  날카로운, 퉁명스런, 거친, 귀찮은, 비위에 거슬리는,
  homo ácidæ linguæ. 독설가(毒舌家).
ácïes, -ei, f. (칼.도끼 따위의) 날, 칼끝,
  날카로운 연장 끝; 첨단(尖端), 뾰족한 끝, 형안(炯眼),
  꿰뚫어 봄, 통찰력(洞察力); 시선(視線), 눈길, 눈동자,
  천체의 섬광(閃光); 권력의 칼, 전선(戰線), 일선(一線),
  전열(戰列), 진열(陣烈), 대열(隊列), 정렬(整列),
  태세를 갖춘 군대(함대), 전투, 군사충돌, 전장(戰場),
  군진(軍陣-전투대형), 논쟁(論爭), 토론회(討論會).
  ácie mentis dispicio. 형안(炯眼)으로 명확히 보다/
  áciem inténdere. 응시(凝視)하다/
  áciem instrúere(institúere)
    전열(戰列)을 가다듬다, 전선(戰線)을 정비하다/
  acies mera. 강철(鋼鐵)/
  descendo in áciem. 전투장에(싸우러) 나가다/
  fugio áciem(visum). (시야에서 벗어나) 알아볼 수 없다/

17

prima ácies. 제1전선/triplex ácies. 3중 전열/
　turbo áciem péditum. 보병대열에 혼란을 일으키다.
ácies mera. 강철(ferrum, -i, n. 철)
ácies mentis. 지성의 정곡(正鵠), 명민한 지성, 혜안
ácies Pharsálica. Pharsálus 전투(戰鬪)
ácina, -æ, f. = ácĭnum, -i, n. = ácĭnus, -i, m.
acínaces, -is, m. Pérsia인의 짧은 칼, 단검(短劍)
acinósus, -a, -um, adj. 포도 알 모양의
ácĭnum, -i, n. = ácĭna, -æ, f. = ácĭnus, -i, m.
ácĭnus, -i, m. 장과(漿果), 산딸기.머루.포도 종류, 포도 알
acipénser, -ĕris, m. 바닷물고기의 일종
　(고대 Roma인들에게 진미의 생선이었음).
acipénsis, -is, m. = acipénser
āclis, -ĭdis, f. = āclys, -ydis, f.
āclys, -ydis, f. 가죽 끈을 단 작은 창
Acmon, -ónis, m. Troja인
ăcœnŏnŏétus, -i, m. 몰상식(沒常識)한 사람
acolythátus, -i, m. 시종직, 시종품(侍從品.⑨ acolyte)
acólythus, -i, m. (⑨ Acolytes.獨 Akolyth)
　시종(侍從), 시종품 받은 자.
aconítum, -i, n. (植) 바곳, 바꽃(유독 식물로서 뿌리나 잎에서
　진통제를 뽑아냄), 독약(毒藥), 유독물(有毒物).
ăcor, -óris, m. 신맛, 산패(酸敗)한 맛, 시어진 술맛, 새롱한 맛
Acorus calamus. (植) 창포(천남성과 天南星科 Arácéæ에 속하는 다년생초)
acosmísmus, -i, m. (哲) 무우주론(無宇宙論)
acqua viva. 살아 있는 물/recens aqua. 生水
acquiescéntia, -æ, f. 응낙(應諾), 승낙(承諾-청하는 바를
　들어줌), 납득(納得), 평정(平靜), 만족한 마음.
acquiésco, -évi -étum -éscěre, intr. (ad+quiésco)
　쉬다(תונ.חנ.נבר.מבר.גדח.רגע), 휴식(休息)하다,
　한숨 돌리다, 하던 일을 중지(中止)하다,
　멈추다(שבת.קסס.רסס.נחת): 자다,
　죽다(רד.שכב.שדד.קרב. גוע.רגע.מות.עטש), 누이다,
　영면(永眠)하다, (비문 같은 데) 고이 쉬고 있다,
　잠들다, 가시다, 가셔지다, 그치다(שדד.קסס),
　마음 놓고 있다, 마음이 편하다, 안정되어 있다,
　평온 속에 있다, 안주(安住)하다, 만족하다(שבע),
　기분 좋다, 즐겁다, 마음 놓고 믿다, 순종(順從)하다.
　Doror aquiéscit. 아픔이 가신다/
　In tuis lítteris acquiésco.
　　나는 네 편지를 읽으면서 마음이 흐뭇해진다.
acquiévi, "acquiesco"의 단순과거(pf.=perfectum)
acquíro, -quísívi -quisítum -ĕre, tr. (ad+quæro)
　첨가(添加)하다, 덧붙이다, 보태다, 더 얻다,
　재산(財産)을 늘리다, 얻다(מצא.אנק.ירט), 벌다,
　획득(獲得)하다(חזק), 습득(習得)하다.
　acquiréndæ pecúniæ brévius iter. 돈 버는 더 가까운 길/
　Quod gratia devotionis humilitate, et sui ipsius
　abnegatione acquiritur.(⑨ The Grace of Devotion is
　Acquired Through Humility and Self-Denial) 信心의
　　은혜는 겸덕과 자기를 끊음으로 얻음(준주성범 제4권 15장)/
　Vide quid faciat malorum temporalium timor, et quanta
　in eo sit adquisitio malorum æternorum.
　　일시적인 악에 대한 두려움이 어떤 결과를 낳으며,
　　그것이 어떻게 영원한 악의 원인이 되어 버리는지
　　보십시오.(아우구스티노의 생애. 이연학 최원오 역주. p.141).
acquiro ad fidem. 신용을 더 얻다
acquiro alqd ad alqd. 어떤 것에 무엇을 더 보태다
acquisitio derivata. 승계적 취득
acquisitio originaria. 원시적 취득(原始的 取得)
acquisitio potesatis ecclesiasticæ. 교회 권력의 취득
acquisítus, -a, -um, p.p. 수리한, 습득한, 획득한.
　jus acquisitum. 취득권(어떤 자유행위에 의해서 얻어지는 권리)/
　virtus acquisitus. 습득된 덕(習得 德).
acquīsívi, "acquiro"의 단순과거(pf.=perfectum)
acquísítum, "acquiro"의 목적분사(sup.=supínum)
acra, -órum, n., pl. 정상, 꼭대기
acratophórum, -i, n. 순수한 포도주 담는 작은 항아리

acrédo, -dínis, f. 시큼한 맛
acrédǔla, -æ, f. 개구리의 일종, 올빼미의 일종
acrícǔlus, -a, -um, adj.
　조금 신랄(辛辣)한, 신경질의, 약간 격한.
Acridium peregrinum. (蟲) 편력 메뚜기
acrimónia, -æ, f. 시큼한 맛; (겨자 따위) 쏘는 맛,
　예리함, 신랄함, 날카로운(단호한) 성격; 결단력(決斷力).
acrior, -or, -us, adj. ácer² acris, acre의 비교급
ácrĭter(=acrum), adv. 날카롭게, 예리(銳利)하게,
　신랄(辛辣)하게, 격렬(激烈)하게, 치열하게, 활기 있게,
　힘차게; 엄하게, 호되게, 잔인(殘忍)하게.

┌─────────────────────────────────────┐
│ *제3변화의 형용사를 가지고 부사를 만들려면 │
│ 　속격 어미 -is 대신에 -iter를 붙인다.   │
│ 　acer, acr- is. ácrĭter 날카롭게   │
│ 　celer, céler -is, celériter 신속하게   │
│ 　felix, felíc -is, felíciter 행복하게, 다행이 │
│ 　fortis, fort -is, fórtier 용맹하게   │
└─────────────────────────────────────┘

acriter pugnáre. 격렬하게 전투하다
acroáma, -mătis, n. 귀를 즐겁게 하는 것,
　여흥반주(餘興伴奏), 음악 연주가, 가수(歌手),
　배우(俳優), 만담가(漫談家), 낭독자(朗讀者).
acroásis, -is, f. 강연.토론.낭독의 시청(試聽), 강연회
acrobátĭcus, -a, -um, adj. 올라가기에 적합한,
　(높은 곳의 작업을 위한) 비계의, 줄타기의, 곡예의.
acrómĭon, -i, n. (解) 견갑골(肩胛骨)의 바깥쪽 끝
acronýchus, -a, -um, adj. = acronýctus
acronýctus, -a, -um, adj. 해질 무렵의, 저녁때의,
　acronyctæ stellæ. 초저녁 별.
acropódĭum, -i, n. 조각상의 대좌(臺座), 받침돌
acrostica, -æ, f. 이합시(離合詩.詩句의 첫 글자들로 단어를
　만드는 詩.*예수 그리스도 하느님의 아들 구세주* 항 참조).
Acrydium japonicum. 충(蟲) 모 메뚜기
acrotérĭa, -órum, n., pl. 돌출부, 첨단(尖端).
　(建) 주랑(柱廊)의 기둥 위에 얹어 놓은 장식품.조각품.
acrozýmus, -a, -um, adj. 누룩이 살짝 들어간
acrum, adv. = ácrĭter
ac si, conj. …기나 하는(한) 듯이,
ac si esset res mea. (그렇지도 않은 데) 나의 일이나 한 듯이
Act. (略) = Actus Apostolórum
acta¹, -æ, f. 해변, 경치 좋은 바닷가. pl. 해변의 휴가생활.
　in actis esse. 유흥.향락 속에서 지내다.
acta², -órum, n., pl. 이루어진 일들; 행적(行蹟), 사실,
　행위(ἔργον.⑨ Gesture), 결의사항, 법령(गगग), 명령,
　재판기록(acta judicialia), 기록문서(documentum, -i, n.),
　등록부, 법적 처분기록, 일보(日報) 관보(官報).
　Quod non est in actis non est in mundo.
　　재판 기록문서에 포함(包含)되지 않은 것은
　　이 세상에 없는 것으로 여겨진다.
Acta Apollonii. 아폴로니오의 순교 전기
Acta Apostólicæ Sedis* 사도좌 관보(略.A.A.S.),
　교황청 사도좌 공보(略.A.A.S.), 성좌 관보(聖座 官報).
　[사도좌 관보인 'Acta Apostólicæ Sedis'는 성좌에서 발행하는 성청잡지이며
　전례법이나 다른 법들을 공포하는 통상적 매개물이다. 법의 성격 때문에 즉각적인
　효과 특정한 날을 지적하지 않는 이상 여기에 실린
　법은 출판일로 부터 3개월이 지난 뒤에 효력을 발생한다.]
Acta Apostolorum(⑨ Acts of Aposteles) 사도행전
Acta Apostolorum apocrypha.
　사도행전 계통의 외경 또는 위경.
Acta canonica. 교회법상 행위, 교회재산의 공식처리,
　교회 재판 기록, 세례.견진의 대부모, 교회관계 선거행위,
　성직 추천 및 그 수여 등.
acta causæ. 사건 기록, 소송 기록문서(訴訟 記錄文書),
　소송 사건의 기록문서(訴訟 事件 記錄文書).
Acta Constantiensis Concilii. 콘스탄츠공의회 의결 사항.
　(벨기에의 교회법 학자 Schelstrate 1683년 지음).
Acta contra Fortunatum Manichæum
　마니교도 포르투나투스 반박(392년 히포의 아우구스티노 지음).
Acta diúrna(⑨ News Paper) 일지(日誌)
Acta est fabula(Augustus). 연극은 끝났다!.
acta judicialia. 법원 기록문서, 재판 기록문서.

Quod non est in actis non est in mundo.
재판 기록문서에 포함(包含) 되지 않은 것은 이 세상에 없는 것으로 여겨진다.

Acta Lucæ. 루카 행록(5세기 시리아 분리교 이후 다른 외경과 함께 나온 외경. 네스토리우스教와 야고보 교회 계통).

Acta martyrum. 순교 전기([영] acts of the martyrs), 순교자 언행록([영] acts of the martyrs).

Acta Martyrium Cypriani. 치프리아누스 순교 행전

Acta martyrium Romani. 로마 순교자들의 행전

Acta Martyrum Scillitanorum. 쉴리움의 순교자 행전. (현존하는 라틴어 교회 문헌 중에서 가장 오래된 저서. 아프리카의 누미디아 지방 출신인 여섯 순교자들이 180년 7월 17일에 카르타고에서 심문받고 참수된 순교자들에 관한 기록).

Acta Mattæi. 마태오 행록(3세기 이후의 외경류)

Acta non Verba. 말 대신 행동으로, 말이 아니라 행동으로

acta partium. 소송 당사자의 기록문서

Acta primorum Matyrum Sincera et Selecta.
초대 순교자들의 진실 된 전기 선집(1689년).

acta processus. 소송 절차 기록, 소송 절차 기록문서

Acta proconsularia. 지방 총독 행록

Acta proconsularia martyrum Scillitanorum.
지방 총독에 의한 시칠리움 순교자들의 순교 전기.

Acta proconsularia S. Cypriani.
지방 총독에 의한 치프리아노 순교자들의 순교 전기.

acta R. Pontifícis.(litteræ papales)
교황문서([영] Papal documents).

Acta Sanctæ Sedis. 성청 공보(→사도좌 공보)(略 A.S.S)

Acta Sanct Petri. 성 베드로 행록(150~200년 소아시아에서 그리스어로 쓰인 외경서. 책의 내용으로 보아 이 책은 '요한의 행록'에 의존했다).

Acta Sanctorum. 성인전([영] acts of saint), 성인열전

Acta Sanctorum Hiberniæ. 아일랜드 성인전

Acta Sanctorum Ordinis Sancti Benedicti.
성 베네딕도 수도회 성인전(1668년 J. Mabillion이 첫 권을 냈고 1701년에 완성되었다. 백민관 신부 엮음, 백과사전 1, p.29).

Acta SS. Iustini et sociorum.
성 유스티노와 동료 순교자들의 순교 전기.

Acta Thaddæi. 타데오 행록(5세기에 Doctrina Addæi를 시리아어에서 번역한 책으로 Thaddæus에 관한 Essene 지방 전설을 적은 책).

acta tribunália. 교황청 판결문, 법원의 기록문서

actǽa, -æ, f. (植) 말오줌 나무

Actæa asiatica. (植) 노루 삼

actǽus, -a, -um, adj. 해변의

actínĭa, -æ, f. (動) 말미잘

actiniárĭa, -órum, n., pl. (動) 말미잘

áctĭo, -ónis, f. 행동, 행위, 활동.([영] Actívity.獨 Aktualität), 동작, 작용, 어떤 일의 완성, (연설의) 어조, 몸짓, 태도(態度); (배우의) 연기(演技); 연주(演奏), 공연, 관리의 직무수행(토의.보고.제안.조처 등), 소송(訴訟), 소장, 소권(訴權.[영] right of action), 소청(訴請), 분리심의(分離審議), 소장 낭독(訴狀 朗讀), 공소사실에 대한 논고(論告), 변론(辯論).

[로마법상 소송 Actio(訴權)은 두 가지 의미로 사용되었다. 형식적 의미의 Actio는 재판상 법적 보호의 실현수단인 소송을 제기하는 당사자의 사실 행위를 의미한다. 반면 실질적 의미의 Actio란 상대방에게 급부의 이행을 청구할 수 있는 권리 또는 법적 지위로서 현행법상 청구권 개념과 일치한다. 이를 종합하면 로마법상 Actio는 절차법상 권리 실현의 수단인 소송과 실체법상 청구권인 소권의 의미가 함께 있었다. 한동일 지음, 법으로 읽는 유럽사, p.396].

['소권actio'이라는 용어는 원고가 권리추급을 위해 피고를 출두시켜agere 그를 상대로 요식적으로 주장을 입증해야 agere cum aliquo 했던 사실에서 유래한다. 초기 그리스의 영향으로 지속되었던 원래의 소송방식은 구술방식이었고, 정해진 문언으로 청구를 이유 있게 하는 규범 적시를 요구했다. 그러한 규범은 원래 전형적으로는 법률이었다. 자연법이 법규범으로 승인된 이래, 신탁법률소송 legis actio fiduciae이 보여주는 바와 같이 자연법상의 규범으로도 충분하였다. '소유물 반환청구권vindicatio' 모델의 권한을 관철시키거나 채권채무 관계로써 변경을 추구한 소송에서 피고는 응소해야만 했다. 그 결과가 소위 '쟁점lis'이었는데, '쟁점의 결정litis contestatio'은 명백히 선택적으로 작성되었다. 즉 권리는 존재하거나 그렇지 않았다. 판결은 이 경우에 '유덱스iudex'라 불리는 '심판인'에게 맡겨졌다. 「12표법」에 규정된 상속재산 분할과 경계획정 소송처럼 통상적인 선택적 쟁점 구조가 가능하지 않았던 절차는 '법적행위iurgium'라 불렸다. 이 절차에서 결정하는 자는 '재정인arbiter', 절차는 '재정裁定(arbitrium)' 절차라고 불렸다. 재량이 넓은 이러한 재정 절차는 고전전시대 자연법적 절차와 관련이 있었다. 그래서 재정 절차도 '재량재판arbitria'이라 불렸다. 원고의 주도로 서면 방식서를 통해 심판인이 지정되는 절차는 아마도 사회적 자연법의 영역에서 시작되었던 것 같다. 로마인들은 다양한 소권을 개발하여 다양한 법률관계에 적용하였다.
한동일 지음, 로마법의 법률 격언 모음집에서(출간예정)].

Actiónem perduelliónis inténdĕre. 반역죄로 고소하다/
Actiones directae sunt, quae nascuntur ex ipsis legum verbis. 직접 소송은 법률의 표현 자체에 의해 발생한 것들이다/
Actiónes nostras, quǽsumus, Dómine, aspirándo prǽveni, et adjuvándo proséquere: ut cuncta nostra orátio et operátio a te semper incípiat, et per te coepta finiátur. 주님 비오니, 저희의 모든 행실을 주님 영감으로 인도하시고, 주님 도우심으로 이끄시어 저희의 기도나 행위가 매번 주님께로 시작하여 주님으로 마치게 하소서/
actiones tribuniciæ. 호민관의 개입/
Actionis caritativæ Ecclesiæ curatores.([영] Those responsible for the Church's charitable activity) 교회의 사랑 실천을 위한 책임자들/
Actionis verbo etiam persecutio continetur. 소송의 내용에는 소추도 포함된다/
Actionis verbo non continetur exceptio. 소권이라는 말에는 항변이 포함되지 않는다/
Actionis verbum, et speciale est et generale. Nam omnis actio dicitur sive in personam sive in rem sit petitio. Sed plerumque actiones, personales solemus dicere; petitionis autem verbo, in rem actiones significari videntur. 소송의 형식은 특별 소송과 일반 소송이다. 왜냐하면 모든 소송은 대인소송이나 대물소송에 대한 청구라고 부르기 때문이다. 그러나 대부분의 소송은 통상 대인소송이라고 부른다. 그리고 대물소송에는 청구의 내용으로 표시 된다/
Alterius circumventio alii non praebet actionem. 다른 사람의 사기(사해)는 타인을 위한 소송을 허락하지 않는다/
Bis de eadem re ne sit actio. 동일물에 대하여 두 번의 소송은 허용되지 않는다. 일사부재리(一事不再理). [비슷한 표현은 다음과 같다. Ne(non) bis in idem. 동일한 것에 대해서는 다시 하지 않는다].
Eus est actionem denegare, qui possit et dare. 소송을 제기할 수 있는 사람에게는 그것을 거부할 권리도 있다/
Ex contractibus venientes actiones in haeredes dantur, licet delictum quoque versetur. 계약에 의해 생긴 소송들은 상속인에게 인정되며, 망자의 범죄(위법행위)에 대해 논할 때도 허락된다/
gratiárum actio. (말로 표시하는) 감사; 감사기도/
honésta actio. 존경받을 만한 행위(行爲)/
In omnibus temporalibus actionibus, nisi novissimus totus dies compleatur, non finit obligatio. 모든 기간이 완전히 채워지지 않았다면, 모든 일시소송에서 채무관계는 끝나지 않는다/
intellectus actiónis. 작용의 개념/
ipsa actio. 작용 그 자체/
Is nullam videtur actionem habere, cui propter inopiam adversarii inanis actio est. 누구도 가난으로 인해 채무를 변제하지 못하는 채무자에 반하여 소송을 할 수 없다/
Is, qui actionem habet ad rem recuperandam, ipsam rem habere videtur. 물건을 회수하기 위해 하는 소송은 동일 물건을 회수하는 것으로 이해한다/
legis actiones. 법률소송(法律訴訟)/
Minus est actionem habere quam rem. 물건이 가진 것보다 적은 소권을 가진다.(로마법상 '물건res'이란 사법과 소송의 목적이 될 수 있는 권리의 대상, 가산을 구성하는 권리, 경제적으로 가치 있는 것을 포괄하는 의미이다)/
Nemo in persequendo (vel agendo) deteriorem causam, sed meliorem facit. 누구나 자신의 상황을 더 악화시키기 위해서가 아니라 더 좋게 하려고 소송을 한다/
Nihil interest ipso iure quis actionem non habeat, an per exceptionem infirmetur. 소권을 갖기 못한 사람과 항변을 통해 잘못이 반박되는 사람 사이에는 법 자체로 관련이 없다/
Nulla erat consuláris actio. 집정관의 아무런 조처도 없었다/
Nunquam actiones, praesertim poenales, de eadem re cuncurrentes, alia aliam consumit.

동일 물건에 대해 경합하는 소송, 특히 형벌은 결코
한 사람이 다른 사람을 파괴할 수 없다/
Nemo de improbitate sua consequitur actionem.
아무도 자신의 비리에 대해서는 소송을 제기하지 않는다/
Omnes actiones, quae morte aut tempore pereunt,
semel inclusae judico salvae permanent.
사망이나 점유기간이 소멸(消滅)된 모든 소송 사건은
일단 재판에 회부되면 계속 유효한 것으로 남는다/
Omnes penales actiones post litem inchoatam et
ad haeredes transeunt. 모든 형사 소송은 소송이 개시된
뒤에는 상속인에게 넘어갈 수 있다/
Persecutionis verbo, extraordinarias persecutiones puto
contineri, ut puta, fideicommissorum, et si quae aliae
sunt, quae non habent juris ordinarii executionem.
나는 소추의 양식에는 특별 소추를 포함하고 있다고 생각
한다. 그런데 신탁유증과 같이 소추의 양식에 다른 내용이
있다고 판단되면, 통상적 권리의 소추를 가지지 않는다/
Persequi videtur et qui satis accepit.
소추는 충분히 받아들일 수 있는 것으로 간주(看做)된다/
postulatio actionis. 소(訴)의 청구/
promereo actióni favórem. 행동에 지지를 얻다/
Quoties concurrunt plures actiones eiusdem rei nomine,
una quis experiri debet.
같은 물건의 권리에 여러 소송이 경합될 때마다
각자는 하나의 자기 권리를 주장해야 한다/
Remittentibus actiones suas non est regressus dandus.
자신의 소송을 중단하는 사람에게는 상환청구(소급)가
부여돼서는 안 된다/
rescissória áctio. 무효 확인 소송(quérela nullitátis)/
vita actionis. 정신작업(가톨릭 신학과 사상. 제59호. p.280).
actio accessoria. 부수적 소권(訴權)
actio (actívitas) immanens. 내재적 행동(能動性)
actio ad exhibendum. 문서 제출 청구(提出 請求)
actio ad pœam exsequendam. 형 집행 소권(訴權)
actio animæ. 영혼의 활동(靈魂 活動)
Actio apostolica. 사도적 활동(使徒的 活動)
Actio catechetica. 교리교육 운동
(루카 복음 4장 18절에 기초하여 트리엔트 공의회에서 요구한 가톨릭 교리의
신자교육을 말함. 백민관 신부 엮음. 백과사전 1, p.29).
Actio Catholica 가톨릭 평신도 사도직 운동
(평신도가 교회의 지도와 위임을 토대로 성직자의 사도직을 돕는 일).
Actio Catholica generális. 일반 가톨릭 활동
actio collectiva. 집단적(集合) 행위
actio condemnátoria. 선고 소권(宣告 訴權)
actio contentiosa. 민사소권(民事訴權)
actio corporalis. 물체의 작용
actio corporum. 물체의 작용
actio creativa. 창조적 행동(創造的 行動)
Actio criminális præscriptione extinguitur triennio.
형사 소권은 3년의 시효로 소멸(消滅) 된다(교회법 제1362조).
actio criminális. 형사소권, 범죄 소추권(=공소권)
actio cultus. 경배행위(敬拜行爲)
actio de spolio. 침탈에 관한 소권
actio declarátoria. 선언 소권(宣言 訴權)
Actio Dei. 하느님의 행위(行爲)
actio duplex. 이중 소권(二重訴權)
Actio est in passo. 작용은 수동자에게 있다.
actio finium regundorum.
경계결정 행위, 경계선 결정 청구소권.
Actio fit propter finem. 행위는 목적 때문에 이루어진다.
actio gratiárum. 감사 행위(感謝行爲)
actio illarum rerum aperta. 대낮에 이루어진 일
actio immancens. 내재적 활동, 내재적 작용
actio impræscriptíbilis. 시효에 안 걸리는 소권
actio in agente. 작용자 안의 작용
actio in distans. 원급작용(遠及作用)
actio in personam. 대인소권(actio personális)
actio intellectus. 지성의 작용(作用)
actio intransmissíbilis. 승계 불가능한 소권

actio judiciális. 법률행위(actus juridicus)
actio liturgica. 전례행위(典禮行爲)
actio missionális. 선교활동(actívitas missionális)
Actio nulla est contra eum, cum quo nihil negotii
gestum. 거래가 처리된 것이 없는 그것에 불복한 소권은 무효이다.
Actio pastorális. 사목 행위[특별한 그룹을 위한 미사(1969.5.15. 훈령)].
Actio pastoralis ad Universitatem pertinens(영 Pastoral
Ministry) 사목적 봉사직(1990.8.15. "Ex corde ecclesiæ"에서).
actio personális. 대인소권(actio in personam), 인적소권
actio petitoria. 소유권 확인 청구소송, 청구의 소권
actio pœnális. 처벌 소추권(處罰 訴追權), 형벌 소권
actio possessiónis adipiscendæ. 점유 개시의 소권
actio possessiónis recuperandæ. 점유 회수의 소권
actio possessiónis retinendæ. 점유 유지의 소권
actio possessoria. 소유권 확정 소송, 점유의 소권
actio prædicamentális. 범주적 작용(範疇의 作用)
actio præscriptíbilis. 시효로 걸리는 소권(訴權)
actio principális. 주된 소권(訴權)
actio privata. 사적 소권(私的訴權)
actio publica. 공적 소권(公的訴權)
Actio qua tális est motus agentis.
작용 그 자체는 행동자의 운동이다.
actio reális. 대물 소권(actio in rem), 물적 소권
actio reconventionális.
(法) 반소(反訴.영 counterclaim.獨 Widerklage).
actio religiónis. 종교행위(宗敎行爲)
actio sacramentális. 성사적 행위(聖事的行爲)
Actio semel extincta non reviviscit.(R. J.)
한 번 소멸된 소권은 다시 부활하지 않는다.
actio simplex. 단순 소권(單純 訴權)
actio singularis. 개별적 행위
actio transcendentális. 초절적 작용(超絶的 作用)
actio transiens. 이동적 작용(移動的 作用),
전이적 행동(轉移的 行動), 가톨릭 철학 창간호. p.153).
이행적 작용(바깥에 있는 어떤 것에 관련되고 이것이 어떤 일을 겪도록
만들어서, 작용자가 가지고 있는 특성적인 작용을 겪는 대상에게
미치도록 만드는 작용. 토마스 아퀴나스의 형이상학. p.445).
actio transmissíbilis. 승계 가능한 소권
actio tributoria. 손해배상 청구(損害賠償 請求)
Actio utilis est, quae ex mente legis ob aequitatem ad
alios casus extenditur.
소송은 법률의 정신에 따라 형평의 이유로 다른 소송
사건에까지 확대되는 것이 유익하다.
actio vitális. 활동적 작용(活動的 作用)
Actiones Dei erga homines. 인류를 위한 하느님의
활동(영 God's actions toward man).
Actiones Dei Patris. 하느님 아버지의 활동
(영 Actions of God the Father).
Actiones hominum erga Deum. 하느님께 대한
인간의 행위(영 Man's action toward God).
Actiones hominis erga Deum Patrem.
하느님 아버지께 대한 인간의 행위.
(영 Man's actions toward God the Father).
actiones liturgicæ. 전례행위(典禮行爲)
Actiones negativæ hominum erga Deum. 하느님께 대한
인간의 부정적 행동(영 Man's negative action toward God).
Actiones sunt suppositorum.
작용은 자주체에게 귀속한다.
모든 행동은 개체 전체의 행위이다.
actiones transeuntes. 일시적 행위(축복.안수.도유기도 등).
áctito, -ávi, -átum, -áre, tr., freq. 상습적으로 하다,
자주 실행하다. actito tragœdias. 늘 비극을 연출하다/
causas actito. 소송 사건을 늘 변론(辯論)하다.
actiúncŭla, -æ, f. 재판의 소변론
activa subornátio. 능동적 매수
activítas, -átis, f. 능동성(能動性), 행동성(行動性),
작용성(作用性), 활동(영 Activity.獨 Aktualität),
활동력(活動力), 활발(活潑-생기 있고 힘찬), 활기(活氣).

activitas missionális. 선교활동(actio missionális)

Activum et contemplativum res eadem, et quod in operando utilissimum, id in scientia verissimum.
활동적인 것과 명상적인 것은 결국 같은 것이다.
행위에 있어서 유익한 것은 학문에 있어서는 참된 것이다.
(프란시스 베이컨).

activus, -a, -um, adj. 활동적인, 활발한, 민활한.
능동적(能動的)인. (文法). 능동의, 타동(사)의.
genus actívum. 능동형(태)/spirátio activa. 능동적 기발/
verbum actívum. 타동사/transmíssio activa. 원고의 승계.

actor¹, -óris, m. 전진하게 하는 자, 진행을 재촉하는 자,
실행자, 처리자(處理者), 강연 낭독자, 연사, 배우,
출연자, 연기자, 원고(原告).⑨ plaintiff.獨 Klæger),
(드물게는) 변호인(辯護人), 사건 변론인, 법정 대리인,
법률 고문(法律 顧問), 재산 관리인, 회계(會計).
[Actor 원고; Reus피고 원고는 민사소송, 특히 쟁점 결정 이후의 원고를 말한다.
반면 피고는 민사재판에서 원고의 상대방을 말한다. 원고와 피고의 개념은
모두 로마법에서 전수된 정의이다.]
Actor dicitur qui prius ad judicium provocavit.
재판에 먼저 청원한 사람을 원고라고 부른다/
Actor sequitur forum rei.
원고는 피고의 재판적을 따른다.(교회법 제1407조 제3항)/
Actor venire debet instructior quam reus.
원고는 피고보다 먼저 예심조사를 받으러 와야 한다/
Actori imcumbit probatio. 증거는 원고의 소관이다/
Affirmanti incumbit probatio.
주장하는 자가 증거의 책임을 진다/
Auctor, actor illárum rerum fuit.
그는 그 모든 것의 창시자이며 실천자였다/
Cum par delictum est duorum, semper oneratur petitor,
et melior habetur possessoris causa.
두 사람의 범죄가 같을 때는 항상 청구인이 무거운
책임을 지고 점유자의 이익이 되는 것이 더 낫다/
Cum sunt partium iura obscura, reo favendum est
potius quam actori. 당사자들의 권리가 불분명할 때에는
원고보다는 피고에게 더 유리하게 여겨야 한다/
Favorabiliores rei potius quam actores habentur.
원고보다 피고에게 더 유리하게 되어야 한다/
Nemo contra se sponte agere censetur. 누구도 자기 자신
에 반해 자발적으로 변론해야 한다고 생각하지 않는다/
Nemo judex sine áctore. 제소가 없으면 재판이 없다.
원고(原告)가 없으면 아무도 재판관이 아니다/
Non debet actori licere, quod reo non permittitur.
피고에게 허락되지 아니하는 것은
원고에게 허가되지 말아야 한다/
Nullo actore, nullus iudex. 원고가 없으면 재판관도 없다/
Qui agit certus esse debet, cum sit in potestate eius,
quando velit, experiri: et ante debet rem diligenter
explorare, et tunc ad agendum procedere.
누가 자기 권리를 주장하고자 한다면 그의 권리가
분명해야 소송을 한다. 이를 위해서는 먼저 사안을
성실하게 조사하고 그 다음 소송을 전개해야 한다/
Quod reus iuravit, etiam fideiussori proficit.
피고가 맹세한 것은 보증인에게도 영향을 미친다/
Reus est is cuius de re agitur.
사건에 대해 변론하는 사람은 피고이다/
Reus in exceptione actor est. 항변에서 피고는 원고이다/
Secundum partem, quæ tractat de ente mobile
incorruptibili, quod est cœlum, auctor non edidit.
움직이는 불멸적 존재자를 논하고 있는 이 제2부는 저자
가 출판하지 않은 부분이다(스콜라 철학에서의 개체화. p.871 참조)/
suórum cárminum actor. 자작시의 낭독자/
Ubi domicilium reus habet, vel tempore contractus
habuit, licet hoc postea transtulerit, ibi tantum eum
conveniri oportet. 나중에 다른 곳으로 옮길 수
있더라도, 피고의 주소가 있는 곳이나 계약이
체결될 때의 주소에서 피고를 소환해야 한다.

actor pécoris. 가축 인도자(家畜 引導者),
목자(רעה.ποιμήν, βόσκων.⑨ pastor).

actor públicus. 해방된 노예로서 공급 회계를 맡은 사람

Actor sequitur forum partis conventæ.
청구인은 피청구인의 재판적(裁判籍)을 따른다.

Actor sequitur forum rei. 피고의 주소지 법원,
청구인(請求人)이 피청구인의 법원(法院)을 따른다.

actor summarum. 회계원(會計員)

Actore non probante reus absolvitur.
원고에 의해 증거가 제시되지 못하면 피고는 풀려나야 한다.

Actoris est probare. 증명하는 것은 原告의 소임이다.

actor², -óris, m. Ænéas의 동료

actorum instructor. 소송 지도관(예심관)

actrix, -trícis, f. 여자 원고, 소청인, 가계 관리인, 여배우

actuális, -e, adj. 활발한, 현재 활동하는 것의,
현행(現行)의, 목하(目下)의, 실제적(實際的)인; 현재의.
esse actualis existentiæ. 현실적 실존의 존재/
generátio actuális. 현실적 출산/
infinitas actuális. 현실적 무한성(現實的 無限性)/
intentio actuális. 현실적 의향, 現實的 지향/
verum actuale ens. 현실적인 본질.

actuális inisus. 실질적인 의존함

actuare semper totam potentiam intellectus possibilis.
가능지성의 가능태(=능력) 전체를 항상 현실태화 하는 것.
(성 염 옮김, 단테 제정론. p.24) (성 염 지음, 사랑만이 진리를 깨닫게 한다. p.274).

actuária, -æ, f. 쾌속범선(快速帆船)

actuaríola, -æ, f. 작은 쾌속범선

actuaríolum, -i, n. 작은 쾌속범선

actuárius¹, -a, -um, adj. 움직이기 쉬운, 가볍고 빠른.
actuaria navis. 가볍고 빠른 배.

actuárius limes. 우마차 통행이 가능한 길

actuárius², -i, m. 서기, 속기사(速記士), 필생(筆生),
기록관(記錄官). (軍) 판무 보좌관(輔佐官).

actum, "ago"의 목적분사(sup.=supínum)

actum, -i, n. 행적, 행위, V. **acta**

Actum est. 사건은 끝났다

Actum hodie est de me. 나는 오늘 망했다

actuosam internam et externam.
내적 외적으로 능동적으로.

actuóse, adv. 활동적으로, 능동적으로, 활기 있게,
활발하게, 민활하게, 기운차게, 맹렬하게, 정열적으로.

actuositas, actuositatis, f. (⑨ activity, movement, action)
활동 운동, 호경기, 움직임, 동작, 작용, 실행.
Spiritus actuositas variis in consecratæ vitæ formis.
다양한 형태의 봉헌생활에서 이루어지는 성령의 활동.

actuósus, -a, -um, adj. 활동성 있는, 활력 있는,
힘차게 움직이는, 능동적(能動的)인, 행동 위주의,
열렬한, 정열적인. actuósa participatio. 능동적 참여/
actuósa vita. 활기 있는 생활.

actus¹, -a, -um, p.p., a.p. 된, 이루어진, 지나간, 끝난.
actam rem(actum, acta) ágere. 이미 된 일을 되풀이하다,
다시 처리하다, 지나간 일을 뒤늦게 처리하다.

actus², -us, m. 몰기, 몰아나감, 몰아치는 세력(勢力),
구사(驅使-마음대로 다루어 씀), 추진력(推進力), 돌진(突進),
우마차 통행권, 방목권(放牧權), 움직임, 몸짓, 손짓,
(연설가.무용가.배우의) 거동(擧動), (연극의) 막,
공직, 직책(職責), 직무, 관리(管理), 실제, 실질, 실행, 실천,
일이나 사건의 처리, 활동(⑨ Actívity.獨 Aktualität),
행동, 동태(動態), 행적(行蹟), 업적(業績), 역사(歷史),
행위*(ἔργον.⑨ Gesture). (哲) 가능유(可能有).
(哲) 현실태(ἐνέργεια.ἐντελήχεια.現實態).
actu essendi pro alio. 다른 이를 위한 활동/
actu exercito. 간접적으로/ actu signatu. 직접적으로/
ad speculándos actus Hannibalis.
*Hánnibal*의 동태를 살피기 위해서/
domina sui actus. 자기 활동의 주인/
duplex actus. 이중적 활동/
Ens actu. 현실유(현실적으로 있는 것)/
esse ut actus. 현실력으로서의 존재/
fortia facta. 용감한 행위/

in actus. 현실태(ἐνεργεια.ἐντελήχεια.가능유)/
intellectus in actu. 현실적 이성/
intrinsece malus actus. 내적으로 악한 행위/
notórius actus. 공공연한 행위/
novus actus. 새로운 행동/
nox acta, quanta fuit. 지나간 온 밤(quantus 참조)/
opera pia. 신심 행위/
primus actus vitæ. 인생의 제1막/
publicus actus. 공개적 행위/
sensus in actus est sensibile in actu. 작용 중에 있는
　감각기관은 행위 중에 있는 감각기관과 동일하다/
triplex actus. 삼중적 활동/
Ut nostri omnes ad Jesum et sensus dirigantur et
actus. 우리들의 모든 생각이나 행위를 예수님께로
　向하게 하려고 노력하는가?(성 벨라도).
actus actuum. 현실태 중의 현실태(現實態)
Actus administratívus. 행정행위(行政行爲)
actus administratívus singularis 개별 행정행위
actus animæ vegetábilis. 생장적 생명 활동
Actus Apostolorum(=Act)
　사도행전(使徒行傳.⑨ Acts of the Apostles).
　Totus autem liber Actuum Apostolorum testatur fideles
　illos acceptæ vocationi missionisse fuisse.(⑨ The whole
　of the book of the Acts of the Apostles is a witness
　that they were faithful to their vocation and to the
　mission they had received).(1979.10.16. "Catechesi tradendæ" 중에서).
　사도행전은 한 권 전체가 사도들이 받은바 사명과
　소명에 충실을 다했다는 증언이라고 하겠습니다.
Actus beati Francisci. 복된 프란치스코의 행적
actus boni. 선행(εὐεργεσἰα.善行-선업.opera bona)
Actus Caritatis. 애덕송(愛德頌)
Actus Christi. 그리스도의 행위
Actus Consecrátiónis Famíliarum 가정 봉헌 기도
actus corporis. 신체의 현실태(現實態)
actus elicitus. 유발된 행위
actus elicitus voluntatis. 의지 자체의 행위
actus entitatívus(essendi : esse)
　존재적 현실유(存在함의 現實態 즉 實存).
actus essendi. 실존행위, 존재행위, 존재 현실력,
　존재의 현실(⑨ act of being), 존재하게 하는 행위.
Actus est prior potentia. 현실은 가능보다 먼저다.
actus ex se non limitatur, limitatur per potentiam a
se realiter distinctam.
　현실태는 그 자체로부터 제한되는 것이 아니라, 그로부터
　실재적으로 구분되는 가능태를 통해서 제한된다.
actus exercitus. 객체 인식 작용.
　[주객일치 인식 작용과 대조되는 스콜라 철학 용어로서 진리 인식에 있어서
　인식대상(혹: 하느님의 정의)과 인식 주체인 나와의 일치가 명확히 확립되었을 때
　Actus signatus 라고 인식 주체를 고려하지 않고 인식 대상만을 지칭할 때
　Actus exercitus라고 한다. 백민관 신부 엮음. 백과사전 1. p.33].
actus existentis in potentia. 가능태에 있는 것의 현실태
actus externi. 외적 행위(外的 行爲)
Actus(virtus) Fidei. 신덕송, 신덕(하느님이 절대적 진리이심을
　은총의 힘 곧 가톨릭 교회가 가르치는 계시 진리를 믿어 의심치 않는
　초자연적 대신덕(對信德). 신덕을 거스르는 죄는 배교, 이단 주장, 교리를 고의로
　받아들이지 않는 것 등이다. 백민관 신부 엮음. 백과사전 2. p.6).
Actus fidei formalis. 본격적 신앙행위
actus formális(essentia, natura)
　형상적 현실유(本質, 性), 정식 행위(定式行爲).
actus fortudinis. 용감함의 행위
actus heroicus caritátis. 영웅적 애덕 행위(자기 선행의
　공덕을 자기 구원을 위하지 않고 연옥영혼에게 돌리는 애덕행위)
Actus hominis. 자유의지에 속하지 않는 인간의 행위,
　인간의 행동, 인간의 행위
actus honesti. 정직한 행위
Actus humanus. 사려와 자유를 갖춘 인간적 행위,
　인간적 행위(人間的 行爲), 인간적(意圖的) 행위
　(충분한 인식과 의식을 가지고 행한 자유의지의 행위를 '인간적 행위actus
　humanus'라 하고, 그렇지 못한 행위를 '인간의 행위actus hominis'라고 하여
　윤리신학에서 구별한다. 인식결여ignorantia, 강박physica, 격렬한 정동passio, 공갈
　metus, 습성habitus 등으로 인한 것은 인간의 행위가 아니라 행동이라 한다.
　이것들은 자유를 침해하여 인간 행위를 못하게 한다. 백과사전 1. p.33].

actus illectus. 부당한 행위
actus illegitimus. 불법 행위, 비합법적 행위
actus immanens. 내적 행위(actus transiens. 외적 행위)
actus imperatitus voluntatis. 의지에 의해 명령된 행위
actus imperfecti, scilicet existentis in potentia.
　가능태 안에 존재하는 것의 현실태(現實態)
actus imperfectus. 불완전 현실태(現實態).
actus imperati. 명령행위
actus impurus. 비순수 현실태(現實態).
　(모든 피조물은 존재 사물로서 현실적으로 있는 실태를 지니고 있지만 동시에
　다른 상태로 변할 수 있는 가능한 상태도 지니고 있다. 즉 현실태와 가능태를
　혼유하고 있는 현실태를 말한다. 백민관 신부 엮음. 백과사전 1. p.33).
actus in subjecto sensitivo. 감각 주체 속에 있는 현실
actus indifferens(in ordine morali) 무관계한 행위,
　선도 악도 아닌 행위(윤리 질서 상에 있어서)
actus indifferens secundum indíviduum
　개별적인 경우에 있어서 도덕적으로 중립적인 행위.
actus indifferens secundum suam speciem. 도덕적 중립
actus inter vivos. 생전 행위
actus interior voluntatis. 의지의 내적 활동
actus interni. 내적 행위(內的 行爲)
actus interpersonális. 상호 인격적 행위
actus irreceptus. 불수용적 현실태(不受容的 現實態)
actus judiciális. 재판 행위(裁判 行爲)
actus juridicus. 법률행위.
　[법률 행위는 일정한 법률적인 효과를 얻으려고 하는 의지 행위이다. 또한 인간의
　행위, 합리적인 인간 자신의 결정 행위이자 의지적인 행위이다. "법률적인 일정
　효과를 얻으려고 한다." 이 말은 곧 '법률 사실'이라 일컫는 법률 행위와 불법적인
　법률 행위를 구분한다. 법률 행위의 구체적인 요소는 이 행위를 수행하는 주체의
　의사가 구체적인 법률 행위로 이크는 필요적이다(단독 행위). 이 말은 예를 들면
　필요한 주소지 취득과 같이 규범에 의하여 생긴 결과들을 포함하여, 법률적
　효과나 결과에 따르더라도 의사 개입 없이 제시되는 단순한 법적 사실에는 들어
　있지 않다. 불법(illecito) 행위는 법에 상반되는 자발적인 행위이고, 불법성
　(antigiuridicità)이 있거나 인정되더라도 불법(antigiuridica) 행위에 따른 의사의
　자유로운 결정이다. 이런 행위들에만 의사는 순수하게 실제적인 효과들을 향하게
　되고, 의사가 아니라 법에 의해서 허가된 법률적 효과들을 따르는 전제 조건
　만이 있다. 자연법이 요구하듯이 개인의 의사가 법률 효과 들의 주 효과의 원인
　이며, 이를 인정하는 것은 법률 규범이 아니라고 주장하는 것이 중요하다.
　이렇게 법률 행위의 개인적 측면을 강조하면서 우리는 공적 측면을 배제하길
　바라서 않는다. 공법인은 입법 기능에서 사법 및 행정 기능에서와 같이 긴밀하게
　그런 법률 행위를 통하여 그들의 활동을 수행하며, 그 행위에서 의사는 법률
　효과를 얻으려고 하기 때문이다. 한동일 옮김. 교회법률 용어사전. p.390].
actus justitiæ. 정의의 행위(正義 行爲)
actus lectus. 정당한 행위
Actus legitimus. 법정행위(法定行爲).
　(법정행위는 고대법의 엄격한 형식주의에 지배되는 요식에 의한 법률행위를
　말한다. 법정 행위는 조건이나 기한을 붙일 수 없으며, 법정행위의 성립과
　효력발생 사이에 시간적 간격은 허용되지 않는다).
　Actus legis nemini est damnosus.
　법률행위는 아무에게도 해롭지 않다.
Actus limitatur per potentiam. 현실은 가능의 제약을 받는다.
actus meritorii. 공로적 행업
actus mixtus. 혼합적 현실태(混合的 現實態)
Actus moralis.(⑨ The moral act) 윤리 행위
actus mortis causa. 사인 행위(死因 行爲)
Actus moventis in moto est motus.(은총과 자유. 김 율譯, p.248)
　피동자 안에 처한 기동자의 현실성이 운동이다.
actus naturaliter bonus. 본성상 선한 행동
actus non-subsistens. 비자립적 현실태
actus notinales. 인식 표징적인 행위, 특징적 실태
　(삼위일체에 대한 교회 신학적 개념은 하느님의 유일한 신성을 가리키는
　본질적 실태와 성부의 자기 파악 또는 자기의식에서 나오는 성자의 탄생.
　성부와 성자에서 일어나는 영취(靈吹.inspiratio spiritualis)의 실태로
　구분한다. 후자를 특징적 실태라 한다. 백민관 신부 엮음. 백과사전 1. p.33).
actus notionális. 개념적 행위, 관념적 활동
actus paralleus. 균등 행위
actus per se malus. 본질상 악한 행위
Actus perfecti. 완전한 것의 현실태.(신학대전 14. 이상섭 옮김. p.59).
Actus perfecti, idest existentis in actu.
　현실태 안에 존재하는 것의 현실태(現實態).
actus perfectus. 완전 현실태
actus personális. 인격적인 행위
actus pœnitentis. 고해 행위(⑨ Acts of the penitent)
Actus primus(forma substnatiális). 제1현실태,
　제일위적 현실유(實體的 形相), 제1 행위, 제일 현실.
　(자기 존재의 특수성을 나타내는 데 있어서 자기 이외의 다른 존재체를 上程하지

않고 독자적으로 본질을 이루는 존재 형태. 영혼은 인간의 제1현실태이며, 이에서
나오는 능력, 활동 등은 제2현실태 actus secundus 이다. 백과사전 1, p.33).

Actus primus mayeriæ. 원질(또는 질료)의 제1현실태

actus purus(⑨ Pure Act) 순수 현실태(現實態).
(하느님의 절대적 완전 존재성을 지칭하는 스콜라학파의 용어. 아리스토텔레스
철학에서 온 용어이다. 존재의 가능태가 필요치 않고 처음부터 끝까지 현실적
인 존재성을 가지는 존재체를 말한다. 백민관 신부 엮음, 백과사전 1, p.34).

actus purus essendi. 순수 존재 현실, 순수 현실태

actus receptus. 수용적 현실태(受容的 現實態)

actus sacramentális. 성사 행위(聖事 行爲)

actus salutares. 구원 행위

actus salutaris. 구원적 행업, 구령(救靈)에 유익한 행위
(초자연적 목적을 위해 행하는 선행을 말한다. 이런
행위는 절대적으로 하느님의 도움 은총으로 이루어지며, 따라서 죄인도
믿음을 받으므로 하느님의 도움 은총을 받음으로써 초자연적 선업을 할 수
있고, 의화될 수 있다. 백민관 신부 엮음, 백과사전 1, p.34; 3 p.417).

actus secundus(forma accidentális)
제이차적 현실태(附隨的 形相), 제2행위.

Actus signatus. 주객일치 인식 작용('Actus exercitus' 참조)

Actus Sorbonnicus. 소르본 대학교 논제 토론회

Actus Spei. 망덕송(望德誦)
망덕(望德-미래의 선을 추구하고 갈망하는 경건한 심성을 말한다).

actus subsistens. 자립적 현실태(自立的 現實態)

actus tradendi. 능동적 과정(能動的 過程)

actus transiens. 외적 행위(actus immanens. 外的 行爲)

actus trium virtuum, fidei, spei, et caritatis.
(⑨ actions of three vitures, of faith, of hope, of love).
삼덕송(향주삼덕向主三德.注眞三德).

Actus vitæ suæ omni hora custodire. 자신의 일상
행위를 매순간 조심하라.(성 베네딕도 수도규칙 제4장 48).

actus voluntárìus. 자발적인 행위, 수의적 활동

actus voluntatis. 의지의 작용(作用.活動)

actus voluntatis a voluntate imperatus.
의지에서 명령된 의지행위.

actus voluntatis elicitus. 의지 선택의 행위

actutum, adv. 즉시, 곧(εὐθέως.εἰθὸς), 당장,
그 자리에서, 얼마 안 가서 곧.

acu pingere. 수놓다(pingo, -pinxi -pictum -ĕre, tr.).
opus acu pictum. 자수(刺繡).

Acu rem tángere. 핵심을 찌르다

ăcui, "aceo"의 단순과거(pf.=perfectum),
"acuo"의 단순과거(pf.=perfectum).

acúìtas, -átis, f. (첨단의) 날카로움, 총명(聰明)

ácúla,(=áquula) -æ, f. 졸졸 흐르는 물

aculeátus, -a, -um, adj. 쏘는 살 가진, 찌르는,
가시 돋친, 신랄한, 날카로운, 섬세(纖細)한, 교묘한,
정교(精巧)한, 치밀(緻密)한, 빈틈없는.
aculeata sophismata. 치밀한 궤변.
sophismátĭon, -i, n. 자그마한 궤변.

acúlěus, -i, m. 가시(가시 털.침 등), 침(針), 살,
동식물의 찌르거나 쏘는 돌출부, 찌르는 쇠붙이, 핀,
깊은 감명, 찌르는 힘, 날카로움; 자극, 격려, 박차,
마음의 아픔(πòνος.⑨ pain), 苦痛(βάσανος.⑨ suffering),
신랄(辛辣)함, 통렬함, 꼬집음, 가시 돋친 말,
풍자(諷刺-무엇에 빗대어 재치 있게 깨우치거나 비판함).
apis aculeus. 벌침.

aculeus sagittæ. 화살촉(cuspis, -ĭdis, f.)

acculturátĭo, -ónis, f. (culturátĭo, -ónis, f. 土着化)
역차화('토착화'의 반대. 복음과 문화 창간호. p.172)

acúmen, -mĭnis, m. 뾰족한 끝, 창(검) 끝, 정점(頂点),
정상(頂上), 극치(極致), 날카로움, 예민(銳敏), 명민함,
(지성.비판력.성격.재능) 날카로움, 예민함; 재치,
날카로운 관찰(력), 솜씨 좋음, 능란함, 간교(奸巧),
정교하고 섬세한 문체(文體) 또는 말솜씨.
meretrícis acúmina. 창녀의 간교.

acumen discutendi. 예리한 토론

acumen habére. 날카로운 지성(비판력.성격)을 가지다

acumen nasi. 코끝 / nasus, -i, m. 코(አ)

acumen sapóris. 매운 맛, 콕 쏘는 맛

acumen stili. 붓끝

ácúo, -ŭi, -útum, -ĕre, tr. 뾰족하게 만들다, 날을 세우다,
갈다, 벼리다, 연마하다, 말을 정확하게 하다,
(어떤 음절에) 정확하게 악센트를 붙이다, 자극하다,
분기시키다, 분발시키다, 유발(誘發)시키다,
(감정 따위를) 증대시키다, 돋우다.

acuo alqm ad crudelitátem. 아무를 잔인해지도록 만들다

acuo ingénium. 재능을 연마(鍊磨)하다

acupíctus, -a, -um, adj. (acus²+pictus) 수놓은

acus¹, -eris, n. 밀 껍질, 왕겨(벼의 겉)

ăcus², -us, f. [복수 여격과 복수 탈격 어미는 -ubus가 됨]
바늘, 핀(⑨ pin), 머리핀; 침(針).
acu pingere. 수놓다/
acu rem tángere. 핵심을 찌르다, 똑바로 맞추다/
Filum in acum conjicio. 바늘에 실을 꿰다/
Tetigísti acu. 똑바로 맞추었다.

acústĭcus, -a, -um, adj. 청각상의, 청신경의;
음향학(音響學)의, 음향(音響)이 좋은.

acuta belli. 전쟁의 위기(危機)

acuta falx. 날이 잘 선 낫

acute, adv. 날카롭게, 예리하게, 찌르듯이

acútŭlus, -a, -um, adj. 좀 똑똑한, 좀 예리한

acutum¹, -i, n. 위험한 고비.
acuta belli. 전쟁의 위기(危機), 판가름.

acutum², adv. 날카롭게

acutus, -a, -um, p.p., a.p. 뾰족한, 날카로운, 예리한,
오똑한, (맛.추위) 매운, 코를 찌르는, (빛깔) 강렬한,
(소리) 날카로운, 높은, (더위) 찌는 듯한, (醫) 급성의,
(정신.재능.성격) 날카로운, 예리한, 통찰력 있는,
이해가 빠른, 간파력 있는, 총명한, 재치(才致) 있는,
(문체.연설) 섬세한, 정교한, 짜임새 있는.
acúta falx. 날이 잘 선 낫/
acúta sýllaba. 악센트 받는 음절/morbus acútus. 급성병/
sonus acútus. 높은 음, 고음(저음 sonus gravis)/
vox acúta, gravis. 높은 목소리, 굵은 목소리.

acutus ad excogitándum. 상상력이 날카로운

acutus in cogitándo. 생각이 날카로운

acutus nasus. 오똑한 코 / truo²-ónis, m. 코 큰 사람

ad¹, prœp.c.acc.
Ⅰ. 장소 부사어 adverbiále loci.
1. (움직임의 도달점.귀착점 términus ad quem)
에, 으로; 에 까지; (사람) 에게로, 한테로.
Veni ad me. 나에게로 오너라/Omnes ad eam
domum profécti sunt. 모두 그 집으로 떠나갔다/
Ut a fabulis ad facta veniámus. 꾸며낸 이야기
에서 실제 사실로 말머리를 돌리자면/
ad Urbem advéntus. Roma 도착.
2. (도달점이 인칭대명사로 표시될 경우에는 그 집도
뜻한다; 그리고 그 신의 고유명사 속격이 나올 적에
는 가끔 ædes, templum 등 명사가 생략되기도 한다)
Ite ad vos. 집으로 돌아가 가거라/
ad Diánæ venire. Diána 여신의 신전(神殿)에 오다.
3. (장소의 고유명사와 함께 쓰이면) 부근에, 가까이(로)
근처에(로), piratas ad Sicíliam esse ventúros.
해적들이 Sicília섬 근처에 집결하리라(는 말을 들었소.
4. (기착.넓은 의미의 부가.부착점) 에, …가에;
에다, 에 더하여, 에 붙여, Ad terram naves deligáre.
육지에 배들을 대다/ad saxa inhǽrens. 바위에 붙어
있는/ad naves vigínti quinque. 25척의 배외에나.
5. (움직임의 방향, 전달이나 행동이 미치는 대상)
…로, …에, 에게, 한테, 향하여, 에 대한.
ómnium méntibus ad pugnam inténtis. 모든 이의
정신이 전투에 쏠렸을 때/Res clamat ad dominum.
물건은 주인을 향해 소리 지른다(주인에게 귀속되어
야 한다). ad hostes conténdere. 적진을 향해 돌진하다/
ad solem versus. 태양을 향해서, 해를 쳐다보며/
epístula C. Verris ad Nerónem. Nero에게 보낸 C.
Verres의 편지/respónsio ad …에 대한 대답/
via ad …로 가는 길.

A

6. (넓은 의미로 포함의 범위.한계) **까지, 에 이르기까지.**
usque ad últimas terras. 땅 끝까지/ad númerum.
일정한 수가지/Ædem Junónis ad partem dimídiam
détegit. 그는 Juno 여신의 신전 지붕을 절반이나
벗겨놓고 있다/omnes ad unum. 최후의 한 사람까지
모두/ómnibus návibus ad unam incolúmibus. 배들이
하나도 빠짐없이 무사한 가운데/ab hómine usque
ad pecus. 사람을 위시하여 가축에 이르기까지/
ad máximus. 최대한, 많아야.

7. (움직임의 뜻 없이 표시되는 위치.지점.방향.인근)
옆에, 편에, 한테, 곳에서; 가까이, 부근에, 향하여.
Fuit ad me sane diu. 그는 내 집에 꽤 오래 머물러
있었다/ad dextram. 오른편에(으로)/victória ad Cannas.
Cannæ 부근(전투)에서의 승리/ad Urbem esse, stare.
(사령관.황제가) Roma시 가까이에 체류하다/
Eórum una pars vergit ad septemtriónes. 그들의
일부는 북쪽을 향하고 있다/ad décimum abhinc
passum(혹 ad decem abhinc passus) 여기서 10passus
(15m) 떨어진 곳에(서)/fácie ad fáciem. 얼굴을
맞대고, 직접 대면하여, 서로 마주보며/ad manum
esse, ad manum habére. 손 가까이에(손아귀에) 있다/
준비되어 있다/ad vinum. 술좌석에서, 술 마시면서.

Ⅱ. 시간 부사어 adverbiále témporis.
1. 기한(期限) **까지,** a mane usque ad vésperum.
아침부터 저녁까지/ hic te ad mensem Januárium
exspectáre. 여기서 너를 정월달까지 기다리다.
2. (기간) **동안,** ad quoddam tempus. 얼마동안/
ad tempus. 한동안, 일시; 임시로(의), 정해진 시간까지.
3. (드물게는) **이내에; 후에,** ad annum. 1년 후(앞으
로 1년 동안), 일 년 이내에/ad annos. 수년 후에.
4. (어림) **쯤에, 무렵에.**
ad extremam orátionem. 연설이 끝날 무렵.
5. (정확한 날짜) **…에;** ad diem. 정한 날에/ad Idus.
보름날에(달 따라 13일 또는 15일).

Ⅲ. (제한.관점.관계.비교) **관해서는, 로 말하면,
에 있어서, 에 대해서, 에 비해서**(비하면).
quod áttinet ad …에 관해서는 …로 말하면/vir ad
perícula fortis. 위험에 용감한 사나이/Quid id ad rem?
그것이 이 일과 무슨 상관이냐?/nihil ad nostram
formam. 그것은 우리 꼴에 비하면 아무 것도 아니다.

Ⅳ. (적합.일치.순응.수반隨伴) **따라, 맞추어,
의거하여, 순응하여.** ad natúram. 자연에 순응하여/
ad perpendículum. 수직선으로/ad normam. 규범에 따라/
ad nutum. 뜻을 받들어/ad nutum Jesu. 예수님의 뜻
을 받들어/ad hunc modum. 이 모양으로/ad líbitum.
마음대로, 마음 내키는 대로, 수시로/Ad clamorem
convenerunt. 고함소리를 신호로 모여들었다/
ad hæc audíta. 이 말을 듣고 나서.

Ⅴ. 목적을 유발하는 원인을 포함한 목적 부사어.
adverbiále finis seu finále. (용도.직책.결과)
위하여, 위한, 때문에, 대비하여, …(하)기에.
liber ad stúdium necessárius. 연구에 필요한 책/
exíre ad bellum. 전쟁하러(싸움터에) 나가다/ad famam
belli. 전쟁 소문 때문에/ad omnes casus. 모든 경우
에 對比해서/servus ad manum. 서기(비서)로 쓰는 종/
Vin'(=Visne) ad te ad cœnam véniam? 나 너의 집에
저녁 먹으러 갈까?/accommodáta ad persuadéndum
orátio. 설복하기에 알맞은 연설(演說)/naves factæ
ad quamvis vim perferéndam. 어떤 공격(攻擊)이라
도 견디어 내도록 건조된 함정(艦艇)들.

Ⅵ. (대략적인 數) **약(約), 대개, 가량.**
1. Sane frequéntes fúimus ad ducéntos. 우리는 꽤
많았으니, 한 200명 가량 되었다.
2. (순전히 부사적으로)
ad duo millia trecénti occísi. dir 2,300명의 전사자.

Ⅶ. (수단 탈격 abl. instruménti 대신에)
…로써, …을 가지고.
ad spóngiam detergére. 해면으로 닦다.

---

ad-², præfíxa.
1. 접두사 ad-는 그 합성된 단어(주로 동사)에 전치사
로서의 ad이 가지는 뜻을 부여하거나(ádamo와 같이)
동사의 뜻을 강화해 주거나 하며, 때로는 행동의
시작을 표시하기도 한다.
2. c, f, g, l, n, p, r, s, t 字로 시작되는 단어 앞에서는
ad-의 d字가 이들 글자에 동화하여 일반적으로 ac-,
af, ag-, al-, an-, ap-, ar-, as-, at-로 바뀌지만,
ad- 그대로 남아있는 경우도 있으므로 결국 같은
단어가 두 가지로 표기되는 수가 있다.
3. q 字 앞에서는 ac-로 바뀐다.
4. sc, scr, sp, st 앞에서는 d를 떼어버리고(aspício와
같이) a-로 합성되는 것이 통례이다. 그리고 agnósco
의 경우에도 d를 잃어버린 것으로 설명되고 있다.

A.D. Anno Domini(주님의 해) 약자.
Anima Dulcis(감미로운 영혼) 약자.
a.d. III Non. Ian. 1월 3일
a.d. IV Id Mart. 3월 12일
a.d. XVIII Kal. Quint. 6월 14일
Ad Acta, Reponatur. 교황청 각 부서가 제출 받은
질문이나 청원에 대한 답서로 "이 안건에 관하여
대답하지 아니하고 다만 그 문서를 문서고에 보관
한다는 뜻"이다(교회법 해설 ③ 교회의 최고 권위, p.278).
ad ægros medicos adducco. 병자들에게 의사들을 불러대다
ad *alcjs* **arbítrium totum se fingo.**
자신을 온전히 누구의 뜻대로 되게 하다(뜻을 맞추다).
ad *alqd* **declino.** 무엇에로 방향을 돌리다
ad amússim(=adamússim)
정확하게, 잰 듯이, 꼭 조금도 틀림없이.
ad ápicem juris. 법의 준엄(峻嚴)에 비추어
ad árbores se applico. 나무에 기대다
ad astra per aspera.
만난(萬難)을 무릅쓰고 별까지도(미국 Kansas주 표어).
Ad augusta per angusta. 난관을 통하여 영광으로,
고진감래(苦盡甘來), 좁은 길을 통해 놀라운 결과로.
Ad Beatissimi Apostolorum, (교황 베네딕도 15세 '사도들의
지극히 행복한…') 평화를 위한 노력(1915.11.1. 회칙).
ad bestias. 맹수형(猛獸刑)
ad bibéndum oves appello. 양들을 물 먹이러 몰고 가다
ad (bonam) frugem se recípere. 개과천선하다(frux 참조)
Ad Cæli Reginam, 마리아 여왕의 제헌(「하늘의 모후에게」
비오 12세가 1954.10.11. '여왕이신 마리아 축일'을 5월 31일로 제정).
ad carceres a calce revocari
새로이 출발하다, 원점으로 돌아가다.
Ad Catholici Sacerdotii 가톨릭 성직(1935.12.20. 회칙).
Ad Catholicos fratres. 가톨릭 형제들에게.
(402~405년 히포의 아우구스티노 지음).
Ad cenam Agni providi.
ad cetera. 다른 모든 견지에 있어서
Ad Christum Per Mariam. 마리아를 통하여 그리스도께로
(광주대교구 헨리 대주교 1909~1976 사목표어).
Ad Cœli Reginam, 하늘의 여왕에게로, 천상의 모후께,
마리아의 원죄 없는 잉태에 관하여(1954년 회칙).
Ad cœnam mihi promitte.
내 집 만찬에 꼭 와다오(온다고 약속해 다오).
Ad conditorem, 청빈에 관하여(1322년 교황령)
ad conjéctum teli veníre.
창 던질 수 있는 거리에 도달하다.
ad constitutum. 약속한 날에
ad currum religatus. 수레에 비끄러매어진
Ad cursum equus natus est.
말(馬)은 달리기 위해서 생겨난 것이다.
ad deos accedo. 신들과 비슷해지다
ad Deum qui lætificat juventutem meam.
내 기쁨 즐거움이신 주님께 나아 가리다.
ad dextram. 오른 편으로
ad dicendum natus et aptus.
나면서부터 말하기에 적당한 사람.
Ad diem Illum Lætissimun, 무염원죄(無染原罪)의 축제.

ad ducentos homines. 200명 가량
ad ducentos vénimus. 우리는 대개 200명 가량 왔다
Ad ea quæ dixi, affer, si quid habes.
　내가 말한 것에 대해 할 말이 있거든 해보아라.
Ad eam rem usus est hómine astuto.
　그 일을 하는데 재치 있는 사람이 필요하다.
ad eásdem deditiónis conditiónes recurro.
　같은 항복 조건으로 되돌아가다.
ad eo procedit vita. 그런테서 생명이 발출한다.
Ad exequias quod attinet, christifidelibus catechumeni
accensendi sunt. 장례식에 관하여 예비 신자들은
　그리스도教 신자들로 여겨져야 한다(교회법 제1183조).
ad experimentum. 시험적으로
Ad exstirpanda, 종교재판에 관하여(1253년 교황령)
Ad Extremas, 동인도의 신학생들(1893.6.24.)
ad extremum. 최후로, 마지막으로
ad extremum tempus diéi. 하루의 마지막 시간까지
ad fluctum declamo. 파도를 향해 큰소리로 낭독하다
ad fontes 원천으로 돌아간다
Ad fructus uberes, (1281.12.23. 大칙령)
　프란치스코회에 광범위하던 사목 특권을 부여함.
Ad Gentes. 선교교령(宣教敎令, 1965.12.7.), 교회의 선교
　활동에 관한 교령(1965.12.7. 반포), 만민에게(제2차 바티칸
　공의회 교회의 선교활동에 관한 교령).
Ad hastam nunquam accéssit. apse
　그는 한 번도 경매장에 나가지 않았다.
Ad hoc. 특정 임무(대사.위원회) (외교용어임)
ad hoc ætátis. 이 시대까지
Ad hoc supremum tribuna, 재혼(再婚)의 무효화 선언.
　　　　　　　　　　　　　　　　　　(1987.6.18. 선언).
Ad hoc usque tempus, 로마 市의 추기경(樞機卿).
　　　　　　　　　　　　　　　(1969.4.15. 자의교서).
Ad hoc usque. 이때까지(1969.4.15. 자의교서).
ad hominem. 대인적(對人的), 사람에 대한
Ad honores. 명예를 위하여
ad humiliátionem, ad eruditionem, ad exercitátĭonem
hominis. 인간의 겸손(謙遜)과 교육과 실천.
Ad id quod cupiebat venit. 자기가 원하던 것에 도달했다
ad Idibus Júniis ad kaléndas Júlias.
　6월 13일부터 7월 1일까지.
ad ignótum me appéllis,
　너는 나를 알지도 못하는 사람에게 억지로 가게 하지만.
ad imaginem. 모상을 따라
ad imaginem Dei. 하느님의 모습으로, 하느님의 모상에 따라
ad imis unguibus ad verticem summum.
　발끝에서 머리끝까지.
ad imo ad summum. 밑에서부터 꼭대기까지
Ad impossibile nemo tenetur.
　아무도 불가능을 고수할 수는 없는 것이다.
Ad infinitum. 영구히, 영원히
ad inópiam redigo alqm. 아무를 곤경에 빠뜨리다
ad instar operis operati.
　준자효적(準自效的)/ex opere operato. 자효적(自效的).
ad instar proprietátis. 개인 소유물처럼
Ad instituenda experimenta. 수도회에 허락된 권한.
　　　　　　　　　　　　　　　　　(1970.6.4. 교령).
ad íntegram. 온전히; 시작(처음)으로(돌아가다)
ad intentionem dantis. 기여자의 지향대로.
　(미사예물을 바치는 사람의 의향대로 사제가 지향을 두고
　미사를 드려야 할 의무. 백민관 신부 엮음. 백과사전 1, p.34).
Ad invidiam concupiscit Spiritus, qui inhabitat in
nobis?.(⑨ The spirit that he has made to dwell in us
tends toward jealousy) 하느님께서는 우리 안에 살게 하신
　영을 열렬히 갈망하신다(성그 약고 4. 5).
ad ipsum mane. 아침까지
Ad Jesum Per Mariam. 마리아를 통하여 예수님께로,
　성모님을 통하여 예수님께(레지오 마리애 모토).
ad judicium universi valoris. 보편적 가치를 지닌 판단
ad justítiam remigro. 정의를 다시 실천하다

ad laudem aspiro 영광을 갈망(渴望)하다
ad líbitum. 마음 내키는 대로, (하든지 말든지) 마음대로.
　[제2차 바티칸 공의회에서 개혁한 전례 예식에서 본문이나 예식서를 선택할
　수 있는 가능성이 있을 때에 이 표현을 사용한다. 전례사전 참조].
Ad limina. 앗 리미나(공식 용어로는 Visitio ad limina Apostolorum
　"사도들의 거주지 방문"이란 뜻). 교황청 정기 방문(교회법 제400조 1항).
Ad limina Apostolorum. 주교단의 교황청 정례방문,
　'성 베드로 바오로 묘지 성당 입구 참배'의 뜻.
Ad litem. 소송을 위해
Ad litteram. 문자 그대로
Ad lucem. 날이 샐 때까지
Ad lucem dormire. 아침까지 자다
Ad Majorem Dei Gloriam(A.M.D.G.) 하느님의 더 큰
　영광을 위하여(성 이냐시오 데 로욜라가 창설한 예수회 수도회의 표어).
ad malum propius cautior. 다급한 위험에 더욱 조심하는
ad mammum. 한 푼까지
Ad Mariæ scholam, mulieris "eucharisticæ".
　'성찬의 여인'이신 성모님의 학교에서.
Ad martyres. 순교자들에게
Ad me refero pedem. 나한테 되돌아오다
ad medium quasi 거의 중간까지
Ad mensam dulcissimi. 암브로시오 기도
Ad mentem. 교황청 각 부서가 제출 받은 질문이나 청원
　에 대한 답서로 "교황청의 정신이 그 답서에 설명되어
　있으니, 참고하라는 뜻"(교회법 해설 ③ 교회의 최고 권위, p.277).
Ad minimum. 최소한도로.
　Ita fiunt omnes partes minimum octoginta et una.
　이렇게 해서 모든 부분은 최소한 여든 하나가 된다.
Ad missionem consecrati. 선교를 위하여 봉헌된 사람들
ad mortem ago. 사지로 몰아넣다
Ad multos annos! 만수무강하시길! 만세! 주교에 대한 인사.
　['다가올 많은 해를 위하여'를 뜻하는 이 라틴어 문구는 축성된 주교와 아빠스가
　각기 자신을 축성한 주교에게 세 번과 한 번 인사하며 하는 말이다.
　지금은 다른 환경에서도 사용된다. 예를 들어 사제 서품 때에도 이를 사용한다.
ad multum diem. 해가 기울 때까지
Ad nauseam. 진절머리 날 정도로
ad necessaria naturæ. 생리적인 필요(生理的 必要)
Ad nihilum redactus sum et nescívi.
　나는 무로 돌아가 몰랐나이다.
ad non esse. 비존재에로
Ad normam decreti, 교리교육 일반 지침서(1971.4.11. 公布)
Ad norman ecclesiasticæ disciplinæ.
　교회 규칙이 허용하는 한.
ad nutum et patientiam sacredotis.
　사제의 묵인과 용인 속에서.
Ad nutum Sanctæ Sedis. 교황 임의 임명직
　(직역하면 "교황 성좌의 머리를 끄떡임으로"라는 뜻. 법적 절차 없이 교황이
　임명, 사면, 전직이 가능한 직책을 뜻한다. 백민관 신부 엮음. 백과사전 1, p.34).
ad oriéntem. 동쪽으로, 동쪽으로 향하여
Ad pascendum, 부제(⑨ deacon.διακονος)(1972.8.15. 자의교서)
ad pauca redeo. 요약(要約)하다
Ad patres. 조상(祖上)에게로
ad pedem apte convenio. 발에 꼭 맞다
ad perfruendas voluptates. 쾌락을 누리기 위해서
Ad petri Cathedram,
　교회일치를 위한 열교 신자들에 대한 호소(1959.6.29.).
　베드로좌를 향하여(교황 요한 23세 첫 회칙. 1959.6.29. 공표).
ad portam sedére. 문간에 앉다
Ad postrémum. 끝내(tandum, adv.)
Ad Præfectum cum Secretario iuxta mentem.
　교황청 각 부서가 제출 받은 질문이나 청원에 대한
　답서로 "의장 추기경이 이 문제에 대하여 사무처장과
　의논하여 처리하도록 이 문제를 의장 추기경에게
　맡긴다는 뜻"이다(교회법 해설 ③ 교회의 최고 권위, p.279).
Ad Præfectum cum SS.mo. 교황청 각 부서가 제출 받은
　질문이나 청원에 대한 답서로 "의장 추기경이 이 문제에
　대하여 교황과 의논하여 처리하도록 이 문제를 의장
　추기경에게 맡긴다는 뜻"(교회법 해설 ③ 교회의 최고 권위, p.279).
ad præsens. 지금은(in præsens)
Ad præstátĭonem scribere. 기록 내용에 대해 책임지다.

ad(apud) prætorem. 법무관의 재판(裁判)

Ad Purpurátorum Patrum,
홍의교부(1965.2.11. 바오로 6세 자의교서),
추기경단의 동방 총주교들(1965.2.11. 자의교서).

Ad quam ergo mercedem? 그러니 무슨 상급을 주시렵니까?

Ad quam rem venit, vel quid nobis novum nuntiavit?
그분은 무슨 일 때문에 오셨고, 또 우리에게 무슨 새로운
것을 선포하셨습니까?.(최익철 신부 옮김. 요한서간 강해, p.67).

Ad quem articulum disputatio præmissa pervenerit
et quid discutiendum sit de residua quæstione.
지금까지 논한 내용과 앞으로 논해야 할 문제.
(교부문헌 총서 17. 신국론 p.2772).

Ad quem modum Dominus voluerit dæmonibus
innotescere. 정령들을 오만하게 하는 지식.(신국론. p.2774).

Ad quid venisti? 너는 무엇 하러 여기 왔는가?

Ad quidquid aliud veneris, transi usque quo pervenias
ad finem. 그대가 다른 어느 곳에 도착하더라도,
끝에 다다르기까지는 그저 지나치십시오.
(최익철 신부 옮김. 요한 서간 강해, p.443).

Ad quos ventum erat. 사람이 그들에게 왔다

ad reatiónem víllicum revoco.
마름으로 하여금 셈해 바치게 하다.

Ad referendum. 도로 가져갈 조건으로, 참고로

ad reliqua progrédior. 나머지에 대해서 말을 계속하다

ad rem. 본론으로

Ad rem quod attinet.(® In this regard) 이러한 점에서

Ad rem redi. 본론으로 돌아가라

Ad restim res rediit. 목매달아 죽어야할 형편이 됐다

Ad reverentiam vobis loquor. 나는 여러분을 부끄럽게
하려고 이 말을 합니다.(아우구스티노 생애. 이연학 최원오 역주, p.89).

Ad romanam ecclesiam, 베드로좌 방문과 교구 관계.
(1975.6.29. 교령).

ad sacoma. 정확한 무게로

Ad Salutem, 아우구스티노 성인 1,500 주기(1930.4.20.)

Ad sanctitatem incitamentum fidelibus cunctis.
모든 신자의 성덕 증진.

ad satiem. 배불리(실컷)

ad scopulos afflicta navis. 암초(暗礁)에 부딪힌 배

ad scopulos allidi. 암초(暗礁)에 부딪다

ad senectútem. 늙을 때까지

Ad Simarum, Gentem, 중국에서의 교회(1954.10.7.)

ad similitudinem Dei. 하느님과 비슷하게

Ad solem versus. 태양을 향하여

Ad sollemnia, 새로운 성인 또는 복자를 공경하는 전례거행.
(1968.9.12. 훈령).

Ad Sollemnia, 시성식 또는 시복식 후 성인 또는
복자를 공경하는 전례 거행(1972.10.12. 지침).

ad studendum. 공부하기 위하여

ad studium(ad studéndum). 공부하기 위하여

ad stúdium se applico. 공부에 전념하다

ad subitum. 그 자리에서, 즉석에서(e vestigio)

Ad summam desperatiónem redigi.
극도(極度)의 실망에 빠지다

Ad summam senectutem. 아주 늙을 때까지 살다

ad summam senectutem vixit. 고령까지

ad summum 가장 많아야

ad superbiam prolabor. 교만(驕慢)에 빠져들다

Ad te Beate Ioseph(® To thee, O blessed Joseph)
복되신 성 요셉을 향한 기도문-매긴 성월에 영하는 경문

Ad te véniam. 내가 너한테로 가겠다.

Ad te videndum factus sum; et nondum feci propter
quod factus sum. (주님) 당신을 바라보기 위하여 저는
지음 받았습니다. 그러나 저는 그것 때문에 지음 받은
바로 그것을 아직은 이루지 못했습니다(안셀모).

Ad teli conjectum venire. 투창의 사정거리에 들다

ad tempus. 임시로

ad tempus certum. 일정한 기한부(期限附)

ad tempus indefinitum. 불확정 기한부(期限附)

Ad tende Evangelium, si non est hoc mandatum.
이 계명이 맞는지 복음서를 살펴보십시오.

ad terram do. 땅에 떨어뜨리다.추락시키다

Ad terram naves deligáre. 육지에 배들을 대다

ad tésseras se conférre. 주사위 놀이에 골몰하다

ad tollendum litigium. 쟁점을 해소시킴으로써

Ad totam ecclesiam, 일치지침(1967.5.14. 지침)

Ad tuendam fidem, 신앙의 옹호(擁護)(1998.5.28. 자의교서)

ad ultimum. 마지막까지

ad unguem carmen castigare. 시를 완벽하게 될 때
까지 다듬다(대리석의 매끈 기를 손톱으로 만져보듯이).

Ad unguem factus. 완전히 끝마친

ad unguem factus homo. 완성된 인간

Ad universos utinam hæ voces filios perveniant
filiasque Ecclesiæ! 이 호소가 교회의 모든 아들딸에게
전해지기를 바랍니다!

ad unum(unam) 마지막 한 사람(여자)까지

ad unum(-am, -um) omnes.
모두, 남김없이, 하나도 빠짐없이, 모두 하나로.

ad urbem venire. 도시로 가다

Ad usum Delphini. 황태자용(皇太子用)

Ad usum tantum nostrum. 대외비(對外秘)

ad usus cívium res útilis. 시민들의 용도에 필요한 것

ad valorem 가치대로

ad verbum. 말 그대로, 축어적으로

ad veritatem accedo 진실에 가까워지다

ad veritátem revoco ratiónem.
이유(근거)를 진실에 비추어 판단하다.

ad vespere. 저녁때에(sero¹, adv.).
Gaudebis semper de vespere, si diem expendes
fructuose. 네가 하루를 유익하게 잘 보내었으면
저녁때에는 항상 즐거워하리라(준주성범 제1권 25장 11).

ad vesperum. 저녁 때 쯤

Ad viduam iuniorem. 젊은 과부에게.
(요한 크리소스토무스 지음 †407)

ad vinum diserti. 술기운의 웅변가(雄辯家)

Ad vitam æternam. 영생을 위해

Ad vitam æternam in æternum. 영구히, 영원히

Ad vitam aut culpam. 한평생 또는 과실 없는 한

ad vivendum necessaria. 생활필수품(victus² -us, m.)

A.D. (略) = Anno Dómini. 서기, 서력기원 …년에

adáctio, -ónis, f. 강제(强制), 의무부과(義務賦課)

ădactum, "adigo"의 목적분사(sup.=supínum)

adactus¹,-a, -um, p.p. vulnus longe adáctum. 중상

adactus²,-us. m. 몰고 감, 강제(强制)

adæquátio, -ónis, f. 적합(適合), 부합(附合), 합치,
일치(κοινωνία.—致.® Communion).

adæquatio intellectus ad rem. 지성과의 사물과의 일치.

adæquatio intellectus et intellectus. 지성과 지성의 일치

adæquátio intellectus et rei.
사고와 사실의 일치, 지성과 사물의 일치.

adæquatio intellectus et sensus. 지성과 감각의 일치.

adæquátio rei creandæ ad intellectum dívinum.
창조될 사물의 신의 지성에의 합치(合致).

adæquátio rei et intellectus.
사물과 지성의 일치(=Veritas. 칸트).

adæquatio veritatis. 진리의 일치

adæquátus, -a, -um, p.p., a.p.
적합한, 적절한, 타당한, 충분한(ίκανὸς).
(哲) cognítio adæquáta. 적합 인식(適合 認識)
(대상을 그 모든 관계에 있어서 아는 적합 인식)/
(哲) objéctum adæquátum. 적합 대상(適合 對象)
(어떤 능력의 실질적 대상의 전체).

adǽque, adv. (ad+æque) 똑같게

adæquo, -ávi, -átum, -áre, tr. 같게 만들다,
동등(同等)하게 하다, 동렬(同列)에 놓다, 비교하다,
따라가게 하다, 필적하게 하다, 이르다, 다다르다, 달하다.
famam atque glóriam majórum.
조상들의 명예(名譽)와 영광(榮光)에 달하다.

Adæquo equórum cursum. 말들을 같이 뛰게 하다

adærátĭo, -ónis, f. 값 매김, 평가(評價), 감정(鑑定)

adǽro, -ávi, -átum, -áre, tr.
평가하다, 감정(鑑定)하다, 값을 매기다.

adǽstŭo, -áre, intr. 물이 끓어 오르면서(끓어오르듯) 역류하다.

adággĕro, -ávi, -átum, -áre, tr. 쌓아 올리다.
terram circa árborem adaggero.
나무 주위에 흙을 북돋아 주다.

adágĭo, -ónis, f. = **adágĭum**

adagium, -i, n. (ad+aio) 격언, 옛말, 속담(מָשָׁל), 금언.
Adagiorum Collectanea. 격언집[에라스무스가 고전기 로마법의
라틴 법언들을 뽑아 모아 놓은 것]/
Secundum Patrum adagium. 교부들의 격언에 따르면.

adállĭgo, -ávi, -átum, -áre, tr.
처매다, 붙들어 매다, 동여매다.

Adam enim pellexerat et in mortem fallendo traduxerat.
아담을 유혹하고 그를 속여 죽음으로 이끌었다.

adamantéus, -a, -um, adj. 강철 같은, 견고한

adamantínus, -a, -um, adj. 강철 같은

adamantínus, -a, -um, adj. = **adamantéus**

ádamas, -ántis, m. 강철(鋼鐵), 금강석(金剛石),
냉혹한 사람, 냉혈한(冷血漢).
tempus adamánta terit. 시간이 금강석을 닳게 하다.

adamátor, -óris, m. 반한 사람, 열렬하게 사랑하는 자

ádamo, -ávi, -átum, -áre, tr. 몹시 좋아하다, 반하다,
애모(愛慕)하다, 연모(戀慕)하다.

Adámus, -i, m. 아담(אָדָם.אָדָם.Ἀδάμ.⑨ Adam-'사람'
을 뜻하는 히브리어에서 유래), 인류의 원조 Adam.
(성 아우구스티노는 시편을 주해하면서 Adam이라는 네 글자를 그리스어
로 Anatole, 서Dysis, 北Arctos, 남Mesembria의 머리글자에 비유하여 Adam이
세계만방을 대표하는 상징이라고 했다. 축일은 12월24일. 동방교회에서는 아담
과 이브의 축일을 성탄절 前주일에 지낸다. 백민관 신부 지음. 백과사전 1, p.36).

An ex propagatione Adam vel filiorum Nœ quædam
genera hominum monstruosa prodierint.
아담의 후손 혹은 노아의 후손에서 괴물 같은
인간의 종류가 유래했을까.(교부문헌 총서 17, 신국론, p.2800)/
Omnis autem homo Adam; sicut in his qui
crediderunt, omnis homo christus, quia membra sunt
Christus. 모든 이는 아담의 사람이다. 이와 마찬가지로
믿는 이들은 모두 그리스도의 사람이다. 왜냐하면 이들은
그리스도의 지체이기 때문이다(아우구스티노 '시편상해'에서)/
omnium hominum primus fuit Adam.
모든 사람 중에서 첫 번째 사람은 아담이다/
Quod in prævaricatione Adæ opus malum voluntas
præcesserit mala. 아담의 범죄에 있어 악한 의지가
악한 행위를 선행했는가(교부문헌 총서 17, 신국론, p.2792).

adamússim, adv. (ad+amússis)
정확하게, 꼭 맞게, 조금도 틀림없이, 에누리 없이.

adapérĭo, -pérui -pértum -ŕíre, tr. 활짝 열다,
개방(開放)하다, (감추어진 것을) 찾아내다,
발견하다(אשכח), 드러내다, 벗기다(גלא.גלה.אַפְ).

adapértĭlis, -e, adj. 열릴 수 있는, 들여다 볼 수 있게 열리는

ădăpertum, "adaperio"의 목적분사(sup.=supínum)

ădăpérui, "adaperio"의 단순과거(pf.=perfectum)

adaptátĭo, -ónis, f. 적응(適應), 순응(順應),
(포교지에 있어서의) 관습 순응(慣習 順應).

adaptátĭo liturgica. 전례적 적응(典禮的 適應)

adaptátus, -a, -um, p.p., a.p. 적합해진, 적응한

adápto, -ávi, -átum, -áre, tr.
맞추다, 적합(適合)시키다, 적응(適應)시키다.

ádăquo, -ávi, -átum, -áre, tr.
(식물에) 물주다, 물 대다; 가축(家畜)에게 물 먹이다.

adarca, -æ, f. (갯벌이나 갈밭 같은데) 엉겨 붙은 물거품

adarce, -es, f. (갯벌이나 갈밭 같은데) 엉겨 붙은 물거품

ădauctum, "adaugeo"의 목적분사(sup.=supínum)

adáuctus, -us, n. 증가(增加), 증대(增大), 불어남

adauge, 원형 adáugĕo, -áuxi, -áuctum, -ére,
[명령법 단수 2인칭 adauge, 복수 2인칭 adaugite]

adauge nobis fidem.(성경 루카 17, 5).
저희에게 믿음을 더하여 주십시오.

adáugĕo, -áuxi, -áuctum, -ére, tr. (ad+áugeo)
커지게 하다, 증가(增加)시키다, 늘리다, 불리다.

adaugésco, -ére, intr., inch. 커지다, 자라나다

adáugmen, -mǐnis, n. 증가, 증대(增大), 성장(成長)

adáxint = **adégerint**, pf., subj. (ádigo)

àdbǐbo, -bǐbi, -bíbǐtum, -ěre, tr.
쭉 마시다, 마셔 없애다, 삼켜버리다; 감명 깊게 듣다.

adc… V. **acc…**

Adde huc, si placet, saltátores.
덧붙여 무용가들까지도 고려(考慮)하시라.

**Adde huic fidei dilectionem, ut fiat fides qualem dicit
apostolus paulus: 'Fides quæ per dilectionem operatur'.**
이 믿음에 사랑을 더하십시오. 그러면 그 믿음은 바로
사도가 말하는 '사랑으로 행동하는 믿음'이 될 것입니다.
(최익철 신부 옮김, 요한 서간 강해, p.433).

áddĕcet, -cébat, -cére, impers. 적합하다, 알맞다, 어울리다.
Ut matrem áddĕcet familias.
가정주부에게 어울리는 바와 같이.

addéndo deducendóque. 더하고 빼고 하여

addénsĕo, -ŭi, -ére, tr. 조밀하게 하다, 촘촘히 만들다,
빽빽하게 하다, 길어지게 하다.

addénso, -ávi, -átum, -áre, tr. = **addénsĕo**

addere calcaria sponte currenti. 주마가편(走馬加鞭)

addéxtro, -ávi, -átum, -áre, intr., tr.
오른편에 나타나다, 길한 징조를 보이다, 공약하다.

addíco, -díxi, -díctum, -cĕre, tr. (ad+dico)
(어떤 일을 …에게) 돌리다,
((점술)) (새를 통해서) 좋게 말하다, 마음에 드는 말을 하다,
판결해주다, 판결을 내리다, 선고하다, 단죄(斷罪)하다,
결정(확정)하다, 확증하다, 지정하다, 당하게 하다,
최고 입찰자(最高 入札者)에게 낙찰(落札)시키다,
돈을 가장 많이 내는 사람에게 내어주다,
(약속과 의무에 의해서) 팔다, 넘기다:
매매(賣買)해서는 안 되는 것을 팔다, **바치다**, 맡기다,
헌신(獻身)하다, 헌납(獻納)하다.
Antónius regna addíxit pecúniā.
Antónius는 돈 얼마에 나라 땅을 팔아먹었다/
mathématicæ addíctus. 수학에 몸 바친/
morti addíctus. 죽을 것으로 결정되/
múlier addícta atque addúcta. 입찰되어 팔려간 여자.

addico alqm in servitútem. 아무를 종으로 팔아넘기다

addico ánimum alci. 아무에게 마음을 바치다

addico bona alcjs in públicum. 아무의 재산을 몰수하다

addico se opéribus natúræ. 자연계 탐구에 몸 바치다

addico se uni. 한 사람에게만 헌신하다

addíctĭo, -ónis, f. 판정(判定), dēcisīo, -ónis, f.), 승인,
판결(判決.קְרִיר); 선고(宣告), 지정(指定-가리켜 정함).

addictio in diem, 기일 지정 판결

addíctus', -a, -um, p.p., a.p. 결정된, 확정된, 헌신한,
바친, 골몰한, 탐닉(耽溺-어떤 일을 지나치게 즐겨 거기에 빠짐)한.

addíctus², -i, m. (빚 청산할 때까지) 노예로 판결된 채무자

addídi, "addo"의 단순과거(pf.=perfectum)

addídici, "addisco"의 단순과거(pf.=perfectum)

addísco, addídici, addíscere, tr.
더 배우다, 지식을 얻다, 들어 알다.

áddĭtă ætáte. 나이가 많아지면

additaméntum, -i, n. 부가(附加), 부록(附錄)

additícĭus(=addítĭtĭus), -a, -um, adj.
부가적(附加的)인, 첨가(添加)되는, 추가(追加)의.

additĭo, -ónis, f. 첨가하는 행위; 부가(附加),
첨가(添加-덧붙이거나 보탬), 더하기, 덧셈(+),
가산법(加算法), 덧붙인 것, 부가물(附加物).
in particularibus bonis duo sunt meliora quam unum:
sed ei quod est essentialiter bonum, non potest fieri
aliqua additio bonitatis. 특수한 선들의 경우 둘이 하나
보다 더 좋다. 그러나 본질적으로 선한 것에는 신성의
첨가가 일어날 수 없다.(신학대전 14, 이상섭 옮김, p.71).

additio quantitatis. 양의 증가

additio super esse. 존재 이상의 부가
additívus, -a, ˉum, adj. = additícius
addítum, "addo"의 목적분사(sup.=supínum)
addixi, "addico"의 단순과거(pf.=perfectum)
addo, adídi, adítum, addĕre, tr. 주다(ווה.ובה.דה),
  넣다, 넣어 주다, 담다, 놓다(גוו), 붙여 주다,
  가(加)하다(וגוֹ), 첨가(첨부)하다, 보태다, 더하다(ווֹח),
  덧붙이다, 부가(附加)하다, 추가(追加)하다,
  부언(附言-덧붙여서 말함)하다, 덧붙여 말하다.
  Adde huc, si placet, saltatóres.
  덧붙여 무용가들까지도 고려(考慮)하시라/
  Addendus est alius aspectus(⑳ We must add a further
  point of view) 한 가지 점을 추가하고 싶습니다/
  Addit étiam illud, equos non óptimos fuísse.
  그는 말들이 썩 좋지는 않았다는 그 말까지 더 하고 있다/
  áddítā ætáte. 나이가 많아지면/
  Et non ibi cessavit, non ibi finem fecit: sed addidit.
  그분께서는 여기에 그치지도 끝맺음을 하지도 않으시고,
  이렇게 덧붙이십니다.(최익철 신부 옮김. 요한 서간 강해. p.345)/
  Nihil addo. 나는 보탤 것이 없다/
  Pauca addit. 그는 몇 마디 덧붙인다.
addo ánimum(ánimos) alci. 용기를 북돋아주다
addo finem lítibus. 말다툼을 끝내다/
addo frena equis. 말들에게 재갈을 물리다
addo gradum. 발걸음을 재촉하다, 빨리 걷다
addócĕo, -ére, tr. 가르치다, 덧붙여 가르치다
addormísco, -ĕre, intr. 잠깐 눈을 붙이다
addúbíto, -ávi, -átum, -áre, tr., intr.
  의심을 품다, 의심(疑心)이 가다.
  addubitáto augúrio. 조짐에 대한 의심이 생겨서.
addúco, -dúxi -dúctum -cĕre, tr. 데려오다(가다),
  끌고 가다, 인솔하다, (사람을) 끌어대다, 불러대다,
  (법정에) 소환하다, 출두(出頭)시키다, 불러내다,
  이끌어오다, 잡아당기다(גוו.ודו),
  (근육을) 수축(收縮)시키다, 찌푸리다, 찡그리다,
  어떤 상태에 이르게 하다, 끌어넣다, 몰아넣다, …게 하다,
  (마음을) 움직이게 하다, 납득(納得)시키다.
  ad ægros médicos adduco. 병자들에게 의사들을 불러대다/
  Adducor, ut credam. 나는 (결국) 믿게 된다/
  addúctā sagíttā. 화살을 뒤로 잡아당긴 다음/
  habenas vel adducere, vel remitto.
  고삐를 혹은 잡아당기고 혹은 늦추어주고 하다/
  mecum adductus. 내가 데려온 사람/
  Nolite vanas causas adducere.
  쓸데없는 핑계들을 달지 마시오/
  précibus addúctus. 간청(懇請)에 못 이겨/
  secum adduco. 대동(帶同)하다.
adduco alqm ad desperatiónem. 실망에 빠뜨리다
adduco alqm in sermónem. 연설에 끌어넣다
adduco alqm in spem. 희망(希望)을 갖게 하다
adduco ad populum. 백성 앞에 불러내다
adduco frontem. 이맛살을 찌푸리다
adduco in judícium, ad tribúnal. 법정에 출두시키다
adduco óstium. 문을 당겨서 닫다
adduco ramum. 나뭇가지를 앞으로 잡아당기다
addúcte, adv. 엄하게, adductius, 더 팽팽하게
addúctĭo, -ónis, f. 잡아당김, 끌어당김, 경련(痙攣)
adductum, "adduco"의 목적분사(sup.=supínum)
addúctus, -a, -um, p.p., a.p. 죄어진, 당겨진, 찌푸려진,
  수축(收縮)된, 팽팽한, 엄격(嚴格)한.
  mecum adductus. 내가 데려온 사람.
adduxi, "adduco"의 단순과거(pf.=perfectum)
ádédo, -édi -ésum -ĕre, tr. 이(齒)로 잘라먹다,
  쏠아먹다, 갉아먹다, 물이 불어 들어오다,
  (물.불에 대해서) 침수(浸水)하다.
ădēgi, "adduco"의 단순과거(pf.=perfectum)
ădēmi, "adimo"의 단순과거(pf.=perfectum)
Ademi catenam cani. 나는 개의 사슬을 끌러 주었다

adém(p)tĭo, -ónis, f. 제거(除去), 탈취(奪取), 박탈(剝奪),
ademptio cívitatis. 시민권 박탈(市民權 剝奪)
ădemptum, "adimo"의 목적분사(sup.=supínum)
áděo¹, adv. Ⅰ. (장소적) 거기까지, 그곳까지.
  Adeo res rédiit. 일이 거기까지 이르렀다.
  Ⅱ. (시간적) 그토록 오래, 오래도록.
  usque áděo dum(donec, quoad) …할 때까지 오래.
  Ⅲ. (정도) 1. (드물게는 동등의 정도 표시로 비교 접속사
  ut, quasi, tamquam 앞에) …만큼, 와 같이, 마찬가지로.
  2. (결과문 앞에) 할 정도로, 정도까지, 할 만큼.
  Nemo áděo ferus est, ut… 아무도 …할 정도로까지
  는 사납지 않다/Rempúblicam fúnditus amísimus,
  áděo ut Cato vix vivus effúgeret. 우리는 Cato가
  겨우 살아서 도망칠 정도로 공화국을 송두리째 잃고
  말았다/áděo non…, ut contra …하기는커녕 오히려.
  3. (단순히 정도 표시) 그렇게, 그토록, 그 정도로까지.
  Nec sum áděo infórmis.
  나는 그렇게까지는 못생기지 않았다.
  4. (결론 부사) 이렇게 해서, 이리하여.
  5. 하물며, 더구나, 더욱; 뿐 아니라, 오히려(μάλλον).
  Sanctus, nullíus repentíni honóris, áděo non
  principátus áppetens. 군자는 갑작스런 영예도 탐내
  지 않거니와 최고의 지위는 더더구나 탐내지 않는다/
  atque áděo. 뿐 아니라, 더욱: 그 외에 또.
  6. (강조) 특히, 과연, 실로, 사실:
  ea símia áděo. 과연 그 원숭이가/tuque áděo. 특히 너도/
  id áděo. 특히 그것.
áděo², -ívi(-ĭi), -ĭtum, -íre, anom. Ⅰ. intr.
  1. …로 가다(오다), 가까이 가다; 찾아가다, 방문하다.
  진격하다. adeo ad alqm 누구를 만나러 가다/
  adeo ad libros Sibyllínos. 무당의 책을 보러 가다/
  adeo in fundum. 농장으로 가다/
  adeo in jus. 소송(訴訟)하러 가다.
  2. 떠맡다, 종사하다, 시작하다, 당하다, 무릅쓰다.
  adeo ad rem públicam. 공무를 보기 시작하다/
  adeo ad extrémum perículum. 최대의 위험을 무릅쓰다.
  Ⅱ. tr. 1. 찾아가다. 방문하다, 부탁하러 가다;
  (신에게나 신전으로) 기도하러(물어보러) 가다.
  adeo alqm, 찾아가다, 말하러 가다/adeo vates. 점쟁이를
  찾아가다/adeo oráculum. 신탁(信託)을 물어보다.
  2. 진격(進擊)하다, 습격(襲擊)하다.
  3. (도시나 지방을 구경하러 또는 시찰하러)
  돌아다니다, 찾아가다.
  4. 떠맡다, 당하다, 무릅쓰다.
  adeo perículum cápitis. 사형 당할 위험을 무릅쓰다/
  ómnia, quæ adeúnda erant. 손대야 할 모든 일.
  5. 상속권을 찾다; adeo hereditátem. 유산 상속자가
  되다/hereditátem non adeo. 상속권을 거부하다/
  De tempore adeundi sacrum secessum.
  et modo se in eo gerendi. 피정 하는 시기와
  거기서 가져야 할 태도에 대하여/
  Nemo est indígnior, quem quisquam homo ádeat.
  누구의 방문을 받기에는 너무 부당한 그런 사람은 아무도 없다.
  Adeo, fratres, vultis nosse? 형제 여러분, 이 사실을
  알고 싶습니까?.(최익철 신부 옮김. 요한 서간 강해. p.183).
adeps, -dípis, f., m. 지방(脂肪), 기름, 비계, 비옥한 땅,
  이회토(泥灰土), 비대한 사람.
adéptĭo, -ónis, f. 획득(獲得), 습득(拾得), 도달, 성취
ădeptum, "adipiscor"의 목적분사(sup.=supínum)
adéptus, -a, -um, p.p. 얻은, 습득한.
  adéptá libertáte. 자유를 얻고 나서/
  intellectus adeptus. 취득(取得)된 지성, 현실적 지성,
  획득(獲得) 이성(한국가톨릭대사전. p.5865).
adéquĭto, -ávi, -átum, -áre, intr.
  나란히 말 타고 가다, 말 타고 어디로 가다(오다).
Adequito ad nostros. 말을 타고 우리 쪽으로 오다
Aderat judicio. 재판(裁判) 날이 돌아왔다
adérro, -áre, intr.

근처에서 길을 잃다, 가다가 길을 잃고 헤매다.

Ades animo et omitte timorem.
용기(勇氣)를 가지고 공포심(恐怖心)을 버려라.

Ades Concathedrális★ 공동 주교좌성당

adésse, inf., prœs. (adsum),
animo adésse. 정신 차리다. 주의하다/
collóquio adésse. 담화에 참석하다.

adésse amíco. 친구를 도와주다

Adesse Dominum inter nos plane sumus experti.
(㉾) We experienced the Lord's presence among us).
우리는 우리 가운데 계시는 주님의 현존을 체험하였습니다.

Adeste Fideles. 형제 교형녀예(17∼18세기에 가장 알려진 찬미송)

Adeste sultis(=si vultis). 제발, 와서 도와줘.

adesto, adsum, affui, adesse,
[미래 명령법(여격 지배)
단수 2인칭 adesto, 복수 2인칭 adestote].
[미래 명령이란 완고한 의사 표시이며, 2인칭 및 3인칭에 있다. 이론상으로는
명령의 수행을 미래로 연장한 듯하지만, 내용상으로는 현재 명령법과 다를 바
없다. 용도는 제한적이며 희극에 인용되는 시중 언어. 종교적 계명과 법문에
사용된다. 황치헌 신부 지음. 미사통상문을 위한 라틴어. p.302].
Votis hujus famíliæ, quam tibi astáre voluísti, adésto
propítius(㉾) Listen graciously to the prayers of this
family, Whom you have summoned before you) 주님 앞에
모이게 하신 이 가족의 기원을 너그러이 받아들이소서.

Adestote omnes animis. 모두들 정신 차려라!

adesúrĭo, -ívi, -íre, intr. 몹시 굶주리다, 배고프다

ădēsum, "adedo"의 목적분사(sup.=supínum)

adésus, -a, -um, p.p. 쏠아진, 갉아진, 침식(侵蝕)된

adeúndus, -a, -um, gerundiv. (ádeo²)

adf… V. **aff…**

adg… V. **agg…**

ádfãtim(=ádfātim) adv. 넘치게, 충분히, 풍부하게

Adferte de piscibus, quos prendidistis nunc.
(evne,gkate avpo. tw/n oyyari,wn w-n evpia,sate nu/n)
(獨 Bringt von den Fischen, die ihr jetzt gefangen habt!)
(㉾) Bring some of the fish you just caught)
방금 잡은 고기를 몇 마리 가져오너라(성경. 요한 21. 10)/
지금 잡은 생선들 중 (몇 마리를) 가져오시오(200주년 성서).

adhǽrĕo, -hǽsi -hǽsum -rére, intr. 달라붙다(רבק),
붙다, 붙어 있다, 가까이 있다, 옆에 붙어 있다.
잇따르다; 늘 머물러 있다, 붙어 다니다.
집착(고집)하다, 고수(견지)하다.
Cráteræ limus adhǽsit. 물통에 진흙이 달라붙었다.

adhǽreo castris. 막사(幕舍)에 계속 머물러있다

adhærésco, adhærescĕre, intr. 달라붙다(רבק),
붙어있다, 부착되어 있다, 밀접하게 속하다,
달려 있다, 계속 머물러 있다.
Ad vestrum studium adhǽrésco.
너희 노력(努力)에 달려 있다/
in his locis adhǽrésco. 이 지방에 눌어붙다.

ădhǽsi, "adhæreo"의 단순과거(pf.=perfectum),
"adhæresco"의 단순과거(pf.=perfectum).

adhǽsĭo, -ónis, f. 귀의(歸依.㉾ Adherence),
따름(㉾ Adherence), 부착(附着-들러붙어서 떨어지지 아니함).

adhǽsĭo Dei. 하느님과의 접착(接着)

Adhæsisti Deo, finisti viam; permanebis in patria.
그대가 하느님 가까이 머물면서 여정을 끝내면, 그때
본향에서 영원히 머물게 될 것입니다.(요한 서간 강해. p.443).

adhǽsus, -us, m. 부착(附着), 고착(固着), 접착

adhíbĕo, -ŭi -bítum -ére, tr. (ad+hábeo) 갖다놓다,
갖다 대다; 돌리다, 기울이다, 사용하다, 쓰다, 응용하다,
이용하다, 관여시키다, 참여케 하다, 불러대다.
채용하다, 의뢰하다, 접대하다,
다루다, 갖다 주다, 보이다, 드러내다.
Ad me vultus adhiéte. 나한테 얼굴들을 돌려다오/
adhibeo alqm in consílium.
아무의 의견(意見)을 묻다, 아무와 의논하다/
modum adhibeo. 절도(節度)를 지키다/
Quintum fílium sevérius adhibébo.

다섯째 아들 녀석을 더 엄하게 다루겠다/
se adhibeo. 태도(態度)를 취하다, 행동하다.

adhibeo animum. 정신을 기울이다.

adhibeo crudelitátem in alqm.
누구에게 대해서 잔인성(殘忍性)을 드러내다.

Adhibeo prudentiam ad omnes res.
만사에 현명하게 대처(對處)하다.

adhibet illi unctionem adulationis suæ: ecce odit,
et laudat. 이렇게 그는 기름 발린 아첨을 하며, 미워
하면서도 칭찬해 줍니다.(최익철 신부 옮김. 요한 서간 강해. p.451).

adhibítĭo, -ónis, f. 초청(招請), 초빙(招聘), 약품 사용

adhíbĭtus, -a, -um, p.p. (adhíbeo)

adhínnĭo, -ívi(ĭi), -ítum, -íre, intr. 말 울음소리를 내다,
추파를 던지다, 욕망을 드러내다, (쾌감에) 흐뭇해하다.

adhortátĭo, -ónis f. 격려, 고무(鼓舞-격려), 장려(奬勵), 권고.
Adhortationis Apostolicæ finis. 교황 권고의 목적/
Huius Adhortationis propositum. 이 권고의 목적.

adhortátĭo apostolica★ 교황 권고(勸告), 사도적 권고

adhortátor, -óris, m. 고무자(鼓舞者-격려자),
장려자(奬勵者), 격려자(激勵者).

adhórtor, -átus sum -ári, dep., tr. 권고하다(παρακαλέω),
격려하다, 고무하다, 용기를 북돋우다.

adhortor alqm ad rem, ad rem faciéndam.
어떤 일을 하도록 권고(勸告)하다.

ădhuc, adv. 지금까지, 아직까지, 아직도 여전히,
여태(아직.지금에 이르기까지), 그래도, 더 이상,
그밖에 또, (아주 드물게) 지금까지.
Bonum vinum Christus servavit usque adhuc, id est
evangelium suum. 그리스도는 지금까지 좋은 포도주, 곧
당신의 복음을 보존하였다(계약의 신비 안에 계시는 마리아. p.309)/
Scientiæ demonstrativæ non omnes factæ sunt,
sed plures restant adhuc inveniendæ.
검증학문의 모든 것이 이루어진 것이 아니라,
대부분은 여전히 탐구대상으로 남아 있다/
Videte quod peius est, ne adhuc fratres oderitis.
적어도 형제만큼은 미워하지 않도록 조심하십시오.
(최익철 신부 옮김. 요한 서간 강해 p.91).

Adhuc autem ad munimentum sui erroris aliam
rationem inducunt. 그러나 그들은 자신들의 謬誤(오류)를
옹호하기 위해 또 다른 논변을 도입한다.(지성단일성. p.205).

Adhuc autem ostendendum est quod hæc positio
manifeste repugnat dictis Aristotelis. 그러나 나아가 이
입장이 아리스토텔레스의 말과 분명히 반대된다는 점을
보여 주어야 한다.(지성단일성. 이재경 역주. p.101).

Adhuc es puer. 너는 아직 소년이다.

Adhuc neminem cognovi poëtam qui sibi non optimus
viderétur.(Cicero). 자기 딴엔 최고의 시인이라고 자처 않는
사람을 나는 아직 하나도 알지 못한다.

Adhuc parvam addere volumus animadversionem non
sine quadam significatione quoad cotidiana negotia.
(㉾ I would like to add here another brief comment with
some relevance for everyday living)
여기서 일상생활에 관련된 말씀을 짧게 덧붙일까 합니다.

Adhuc portamus mortalitatem carnis, et de futura
immortalitate præsumimus. 우리는 아직 죽을 수밖에
없는 육신을 지니고 살아가지만, 장차 누릴 불멸의 보증을
지니고 있습니다.(최익철 신부 옮김. 요한 서간 강해. p.135).

Adhuc quadraginta dies, et Ninive subvertetur.
이제로부터 사십일 안에 니네베는 망하리라.

Adiabéna, -æ, f. = Adiabéne

Adiabéne, -es, f. Assýria의 북부지방

Adiabénus, -a, -um, adj. Adiabéne의.
m., pl. Adiabéne 사람들(주민).

adiáphŏra, -órum, n., pl.
가하지도 불가하지도 않은 아무래도 좋은 행위(의견).

adiaphorísmus, -i, m. 자유재량설(自由裁量說)

adibílis, -e, adj. 갈 수 있는 (곳)

adícĭo = **adjícĭo**

29

A

ádiens, adeúntis, p.prœs (ádeo⁹)
ádigo, -égi -áctum -ěre, tr. (ad+ago) (어디로) 밀다,
　몰다, 쫓다, 박다(打), 창을 던져 박다.꽂다,
　어디로 몰고 가다, 어떤 **결과에 이르게 하다**,
　하도록 **강요하다**: 맹세(서약)하게 하다, (서약을) 요구하다.
　(ad) jusjurándum *alqm* adigo. 맹세하게 하다/
　adigere cauterem ambitioni. 야심을 억제하다/
　Ex inferióre loco tela ádigi non possunt.
　　밑에서 던진 창은 목표에 가 박히지 못한다/
　pécore e vicis adácto. 가축을 동네에서 쫓아내고/
　Quis deus Itáliam vos adégit.
　　어떤 신이 너희를 Itália로 오게 했느냐?/
　Quis has huc oves adegit?
　　누가 이 양들을 여기로 몰아 왔느냐?.
adigo ad insániam. 미치게 만들다
adigo classem e …. 함대를 …에서 몰아내다
adigo cúneum arbori.(clavum in árborem)
　쐐기를(못을) 나무에 박다.
ádii, "ádeo⁹"의 단순과거(pf.=perfectum)
ádĭmo, -émi -émptum -ěre, tr. **뺏다**, 탈취(奪取)하다,
　떼 내주다, **제거하다**, 없애주다, 박탈(剝奪)하다
　납치(拉致)하다, (사람을) 뺏어가다.
　adémptus, 죽음이 데려간, 죽은;
　Hanc nisi mors mihi adimet nemo. 죽음이 아니고
　　서는 이 여자를 내게서 뺏어가지 못할 것이다/
　Heu miser indigne frater adempte mihi!.
　　아, 억울하게 내 (품에서) 앗겨간 가엾은 내 아우여!.
adimo dolores. 고통을 제거(除去)해 주다
adimo vitam *alci*. 아무에게서 생명을 뺏다
adímplĕo, -évi -étum -ěre, tr. 가득 채우다, 다하다,
　이행하다, 지키다(טרנ.רטש.צנ),
　성취(成就)시키다, 성취하다.
adinvénĭo, -véni -vétum -íre, tr. 발견(發見)하다
adinvéntĭo, -ónis, f. 발견(發見), 발견물
adínvĭcem, adv. 서로(V. ínvícem)
adipális, -e, adj. 지방질의, 비대한
adipátus, -a, -um, adj. 지방질의, 지방분 많은,
　비대(肥大)한, 번지르르한, 과장(誇張)된.
adipíscor, (-scěris, -scítur), adéptus sum, adepsci,
　dep., tr. **에 이르다**, 도달하다(מטי.מח.מטא),
　쫓아가 붙잡다, **얻다**(יד.אנכ.קנה),
　획득하다(קנה), pass. 얻어지다.
　Non ætáte adipíscitur sapiéntia.
　　지혜(智慧)는 나이로 얻어지는 것이 아니다/
　voluptátum adipiscendárum grátia.
　　쾌락(즐거움)을 얻기 위하여.
adipiscor senectútem. 노경(老境)에 이르다
aditiális, -e, adj. (연회.만찬) 성대한, 푸짐하게 차린
adítĭo, -ónis, f. 찾아감, (용건을 가지고) 부탁하러 감
aditio hereditátis. 상속받음
aditum, "ádeo⁹"의 목적분사(sup.=supínum)
áditus¹, -a, -um, p.p. (ádeo⁹)
áditus², -us, m. 가까이 감, 접근(接近), 입장(入場),
　입장허가, 입구(入口), 들어가는 길, 돌파구(突破口),
　기회(機會), 방법(方法), 가능성(可能性).
　áditus expedio. 돌파구를 개척하다/
　hómines a templi áditu repello.
　　사람들을 신전에 들어오지 못하게 하다.
aditus ad alqm. 누구를 만나봄
aditus ad aures *alcis*. 누구에게 이야기 할 기회(機會)
aditus expedio. 돌파구를 개척하다
aditus líttoris. 해변접근(海邊接近)
ádjăcens, -éntis, p.prœs., a.p 인접(隣接)한.
　adjacéntes pópuli. 인접 국민(隣接 國民).
adjacéntĭa, -īum, n., pl. 인근(隣近), 근방(近方-근처)
adjácĕo, -cŭi -ére, intr. 옆에 눕다, 옆에 있다,
　(장소.지방.민족에 대해서는) 옆에 위치하다.
　인접(隣接)해 있다.

Gentes, quæ mare illud ádjacent.
　그 바다에 인접(引接)한 민족들.
adjaceo foribus. 문간에 누워 있다
A.D.J.C. Arme Dienstmägde Jesu Christi.
　예수 그리스도의 가난한 종 수녀회.
adjēci, "adjicio"의 단순과거(pf.=perfectum)
adjéctĭo, -ónis, f. 부가(附加), 추가(追加), 가산(加算),
　첨부(添附-더 보태거나 덧붙임.⑨ accretion), 가격인상,
　말의 응수, 수사학적 반복(反復).
　adiectionis societas. 부가적 결합.
adjectívus, -a, -um, adj. 형용사의, n. 형용사(形容詞).
　adjectiva exprimentia colores. 색을 나타내는 형용사/
　adjectiva exprimentia condicionem et statum.
　　조건과 상태를 나타내는 형용사/
　adjectiva exprimentia directionem. 방향을 나타내는 형용사/
　adjectiva exprimentia gustum. 맛을 나타내는 형용사/
　adjectiva exprimentia habitum. 태도를 나타내는 형용사/
　adjectiva exprimentia ideam moralem.
　　도덕적 관념을 나타내는 형용사/
　adjectiva exprimentia naturæ qualitatem.
　　자연의 성질을 나타내는 형용사/
　adjectiva exprimentia quantitatem. 量을 나타내는 형용사/
　adjectiva exprimentia tactum. 감각을 나타내는 형용사/
　adjectiva exprimentia tempestatem. 기후를 나타내는 형용사/
　adjectiva exprimentia tempus. 때를 나타내는 형용사/
　adjectivum indeclinábile. 불변화 형용사/
　adjectivum pronominale. 대명사적 형용사(形容詞).
adjectum, "adjicio"의 목적분사(sup.=supínum)
adjéctus¹, -a, -um, p.p. (adjício)
adjéctus², -us, m. 접근.
adjícĭo(=adício), -jéci -jéctum -jícěre, tr. (ad+jácio)
　…로 보내다, 던져 보내다, 향하다, 돌리다,
　…에 덧붙이다, 첨부(첨가)하다, 보태다, 더하다(יסף),
　(말.글을) 덧붙이다, 덧붙여 말하다, 값을 올리다.
　Adjícitur cibo piscículus.
　　음식에 작은 생선 한 마리가 더 나온다/
　se adjício sócium. 동료로 끼다.
adjício latitúdinem ággeri. 제방의 폭을 넓히다
adjício óculos ad *alqd, alci* rei. 무엇에 눈을 돌리다
adjudicátĭo, -ónis, f. 판결(判決), 판정(判定)
adjúdĭco, -ávi, -átum, -áre, tr. 판결을 내리다,
　판결에 의해 돌려주다, 승인하다, 돌리다.
　Mihi salutem imperii adjudicavit.
　　그는 나라를 구한 功을 나에게 돌렸다.
adjúěro = adjúvero, fut, exáct. (ádjúvo)
adjuméntum, -i, n. 도움, 원조(援助), 구조(救助), 부축.
　adjuménto esse alci. 누구에게 도움이 되다.
adjúnctĭo, -ónis, f. 결합, 연결(連結), 관련(關聯),
　부가(附加), 첨가(添加), (修) 한정, 부가조건, 어순에서
　종결동사를 첫 머리에 또는 맨 끝에 놓는 문장 양식.
adjúnctor, -óris, m. 결합시키는 자, 연결자
adjunctum, "adjungo"의 목적분사(sup.=supínum)
adjúnctum, -i, n. 첨가물, 자연스러우며 특징적인 것,
　부수 사정, 형편(形便), (修) 조건 명제(條件命題).
adjúnctus, -a, -um, a.p.a.p. 결부된, 결합된, 밀접한,
　인접(隣接)한, 특색(特色)있는, 독특(獨特)한.
　mare adjúnctum. 인접한 바다.
adjúngo, -júnxi, -júnctum, -ěre, tr.
　(겨릿소처럼) 가축(家畜)을 짝지어 놓다, 연결시키다,
　결합시키다, 둘을 하나로 만들다, 붙이다,
　(뜻.마음의 연결로) 결합하다, 친하게 만들다, 맺다,
　부언(附言)하다, (말을) 첨가(添加)하다.
　Isti, cum per se minus valerent, Germanos sibi
　adiunxerant. 저자들은 자기들만으로는 힘이 약하니까
　　게르마니아인들을 자기들한테 끌어 들였던 것이다/
　legióni legiónem adjungo. 두 군단을 합치다/
　ulmis adjungo vites. 포도나무를 느릅나무에 접목하다.
adjungo *alqm* ad amicítiam. 아무와 우정을 맺다

adjungo *alqm* ad suam causam.
분쟁에서 자기편을 들게 하다.

adjungo *alqm* sibi sócium. 누구를 자기 동료로 삼다

adjunxi, "adjungo"의 단순과거(pf.=perfectum)

adjurátĭo, -ónis, f. (명령이나 청원을 확고히 실행하기
위해 하느님의 이름을 불러 하는) 선서(宣誓).⑨ oath),
맹세(חוֹמָה).⑨ Oath/Oathtaking.

adjurátĭo dǽmonum. 구마식

adjúro¹, -ávi, -átum, -áre, tr. 덧붙여 서약(誓約)하다,
맹세하다(תֹאַמ), 맹세로써 주장하다, 확약하다,
하느님의 이름으로 마귀(魔鬼)를 내쫓다.
alqm adjúro. 맹세하면서 누구에게 간청하다, 명하다.

adjuro *alcjs* caput. 목숨을 걸고 맹세하다

adjúro²= adjúvero, fut., exáct. (adjúvo)

adjúto, -ávi -átum -áre, tr., freq. (adjúvo) 열심히 도와주다

adjútor, -óris, m. 돕는 자, 부조자, 원조자, 조수(助手),
부관(副官), 보좌관(輔佐官).
adiutores Dei(⑨ God's fellow workers) 하느님의협력자.

adjutórĭum, -i, n. 도움, 원조(援助), 보호(保護).
Aditutoria ad fidem educandam.
신앙 교육을 돕는 것들(⑨ Aids to teaching the faith)/
Aditutoria pro orátĭone.
기도를 위한 도움(⑨ Helps for prayer)/
Deus, in adjutórĭum meum inténde.
(⑨ Graciously rescue me, God!)
하느님, 어서 저를 구하소서(성경 시편 70, 2)/
하느님 나를 도와보냐 보우 하소서(목적부사어는 전치사 pro와
함께 탈격으로 또는 propter, in, ad, erga 등과 함께 대격으로 표시한다)/
Exsúrge in auxílĭum nobis.
(주님) 일어나시어 우리를 도와주옵소서/
Lapis Adiutorii. 도움의 돌=에벤에젤(신국론. p.1865)/
Quæ iumenta et uehicula bene intelleguntur adiutoria
esse diuina per cuiusque generis ministeria Dei, uel
angelica uel humana. 여기 나오는 가축과 수레는 신적
보우(保佑)라고 이해하는 것이 옳고, 천사든 인간이든
하느님을 받드는 갖가지 직무를 통해 이 보우가 드러난다.
(교부문헌 총서 17, 신국론, p.2365).

adiutorium bene agenti adiunctum naturæ atque
doctrinæ. 본성과 교양뿐 아니라 선한 생활을 하도록
돕는 것(아우구스티노의 은총에 대한 정의).

adjutórĭum Dei. 하느님의 도움.

Adjutórĭum mutuum conjugatorum.
부부의 상부상조 의무(하느님의 인간 창조 이념에 따라 혼인의
두 가지 본질적 목적의 하나. 부부 간의 상부상조는 생리적, 심리적으로 다른
특성을 가진 남녀의 결합이므로 인간 활동의 모든 면에 서로 돕는 일과 특히
본능의 하나인 성적 욕구를 서로 만족시켜 줄 의무를 말한다. 창세 2, 18:
1코린 7, 2~7, 백민관 신부 엮음. 백과사전 1, p.41).

Adjutórĭum nostrum in nómine Domini.
Qui fecit cælum et terram. 우리의 도움은 주님의 이름에
있으니, 하늘과 땅을 만드신 분이시로다.

adjutórĭum quo. 개연적 도움

adjutórĭum sine quo non. 필연적 도움

Adjutricem. 로사리오 기도(祈禱)(1895.9.5.)

adjútrix, -ícis, f. 여성 조력자, 여자 조수(助手)

adjútum, "adjuvo"의 목적분사(sup.=supínum)

adjuvandum, 원형 ádjŭvo, -júvi -jutum -áre, tr.
[수동형 당위분사. 중성 단수
adiuvandus, adiuvanda, adiuvandum].
Domine, ad adjuvandum me festina.
주님 어서 오사 저를 도우소서.
[N.B. 전치사 ad와 함께 쓴 동명사 또는 수동형 당위분사의 대격은 목적부사어로
'하기 위하여'라는 뜻이 된다. 황치헌 지음, 미사통상문을 위한 라틴어, p.543].

adjuvari, 수동형 부정법(원형, ádjŭvo, -júvi -jutum -áre),
Quorum intercessióne perpétuo apud te confídimus adjuvári.
저희는 성인들의 전구로 언제나 도움을 받으리라 믿나이다.

adjúvi, "adjuvo"의 단순과거(pf.=perfectum)

ádjŭvo, -júvi -jutum -áre, tr. 돕다(חסר.אעס), 거들다,
격려하다, 고무하다, 도움이 되다, 유익하다, 이바지하다.
Deo adjuvante, non timendum est.
신의 보우(保佑)가 있는 이상, 두려워해서는 안 된다/

Fortes fortuna adjuvat.
운명(행운)은 용감한 자들을 돕는다(fortis 참조)/
Hi te homines neque debent adjuvare, si possint,
neque possunt, si velint. 이 사람들이 너를 도울 수 있다고
해도 도와서는 안 되고, 또 돕고 싶더라도 도울 수 없다/
Me amas, si me adjuvas. 네가 나를 돕는 다면
너는 나를 좋아하는 셈이다.[이중 복합 조건문]/
Nihil adjuvat procedere.
앞으로 나아가는 것은 아무 소용이 없다/
Non dubito quin, si me adjuves, me ames. 네가 나를
돕는 다면 나는 네가 나를 좋아한다는 것을 의심 않겠다/
Puto te me amara, si me adjuves. 네가 나를 돕는 다면
나는 네가 나를 좋아한다고 여긴다.[이중 복합 조건문]/
Si liber essem, te adjuvarem.
내 몸이 자유롭다면 당신을 도울 텐데/
Si me adjuvares, ego te adjuvarem. 네가 나를 돕는 다면
내가 너를 도우련만.(너는 나를 도울 사람이 아니다)/
Si me amas, me adjuva!
만일 당신이 나를 좋아하신다면 나를 도와주세요!/
Videor mihi debitum ingentis huius operis adiuuante
Domino reddidisse. 이렇게 해서 나는 하느님의 보우
하심에 힘입어 이 거창한 저작이라는 빚을 갚은 듯하다.
(신국론 끝부분, 교부문헌 총서 17, 신국론, p.2731).

adl… V. all…

Adlocuti sumus eam quæ habet adhuc timorem non
permanentem in sæculum sæculi, sed quem caritas
excludit et foras mittit. 우리는 영원히 이어지지 않는
두려움을 아직 지니고 있는 사람에 관하여 말했습니다.
그러나 사랑은 그 두려움을 몰아내고 내쫓아 버립니다.
(최익철 신부 옮김, 요한 서간 강해, p.409).

admatúro, -áre, tr. 더 한층 촉진(促進)하다

admétĭor, -ménsus sum -íri, tr., dep.
측정(測定)하다, 재어보다, 되다.
passíve. 측정되다, 측정해서 나눠주다, 분배하다.

admensum, "admentior"의 목적분사(sup.=supínum)

adminíc̆ŭlo, -ávi, -átum, -áre, tr. 지탱하다, 지지하다,
원조하다, (포도나무를) 버티어 주다.

adminíc̆ŭlum, -i, n. (ad+manus) 버팀목, 받침대,
지주(支柱), 지탱(支撑), 원조(援助), 보조(補助).

adminíster, -tri, m. 협력자, 협조자, 보조자(補助者),
보좌관(輔佐官), 앞잡이.

adminístra, -æ, f. 여자 협력자, 하녀(下女.侍婢)

administrátĭo, -ónis, f. 협조(協助), 조력(助力),
협력(協力).⑨ Coopérátion*/Collaborátion), 관리,
처리, 통치, 지도, 일의 처리, 책임 맡음.

Administrátĭo apostolica. 직할 서리구(署理區)

administrátĭo belli. 전쟁의 수행(戰爭 遂行)

administrátĭo bonorum ecclesiasticorum.
교회 재산관리(⑨ Administration of Ecclesiastical property).

administrátĭo bonorum temporalium. 재산관리

administrátĭo extraordinaria. 이례적 재산 관리

administrátĭo ordinaria. 통상적 재산관리

Administrátĭo Patrimonii Sedis Apostolicæ.
교황청 재산 관리처.

administrátĭo rei públicæ. 국사(國事)를 맡아 처리함

administrátĭo Sacramentorum.
성사 집전(⑨ adminstrátĭon of Sacraments).

administrátĭo Sacramentorum infirmis.
병자를 위한 성사 집행

administrativa procedura. 행정적 절차

administrátor, -óris, m. 책임 맡은 자, 관리자, 지배인

administrátor Apostolicus.
교황청 임명의 교구 임시 관리자.
교구장 서리(⑨ apostolic administrátor).

administrátor belli gerendi. 전쟁 수행의 책임자

administrátor bonorum temporalium. 재산 관리자

Administrátor dioecesanus.
교구장 직무대행(⑨ diocesan administrátor).

A

Administrátor parœciális. 본당 서리(本堂署理),
본당 사목구 주임 서리(本堂 司牧區 主任 署理).
administratórĭus, -a, -um, adj. 심부름 직책 맡은, 시중드는
adminístro, -ávi, -átum, -áre,
intr. 협조(協助)하다, 보좌하다, 섬기다(פלח).
tr. 시중들다, (음식을) 내놓다, 일의 책임을 맡다,
직책을 다하다, 종사하다, 지휘(指揮)하다, 관리하다,
처리(處理)하다, 돌보다, 보살피다.
administro rem familiárem. 가사를 돌보다
admirabile commercium. 놀라운 교환
admirábĭlis, -e, adj. 놀라운, 훌륭한, 감탄할 만한,
신기한, 기묘한, 경탄할.
Domine, Domine noster, quam admirabile est nomen tuum in universa terra! 하느님 내 주시여,
온 땅에 당신 이름 어이 이리 묘하신고(시편 8, 2)/
O admirábilem impudéntiam. 오 놀라운 파렴치여!/
O admirabilis veneris idolum. 오 놀라운 비너스의 우상.
admirabĭlĭtas, -átis, f. 감탄할 만한 일, 감탄(感歎)
admirabĭlĭter, adv. 놀랍게(도), 훌륭하게, 기묘하게.
vel facinora vel machinamenta admirabiliter inventa et intellecta.(성 염 지음, 사랑만이 진리를 깨닫게 한다, p.291)
놀랍게도 인간들이 인식해내고 발견해낸 저 위대하고
거대한 도구 내지 기계장치들.
admirándus, -a, -um, gerundív. 감탄할 만한
admirándum in modum. 놀라운 방법으로
admirátĭo, -ónis, f. 감탄(感歎), 찬탄(讚嘆-칭찬하며 감탄함),
경탄(敬歎-몹시 놀라며 감탄함), 놀라움, 깜짝 놀람.
[miraculum(기적)과 admiratio(경탄)은 모두 공통적으로 miror(놀라다)에서 나온 말이다.(신학대전 14, 이상섭 옮김, p.187)].
In admiratiónem ánimum ago. 감탄을 금치 못하게 하다/
summo cum honore maximisque laudibus et admiratione.
지고한 찬양과 경탄에 대한 소고(1696년 9월27일 태어난 알폰소 마리아 데 리구리오가 17세에 박사학위 받은 논문 제목).
admirátĭo totius creaturæ. 전피조물의 찬탄(讚嘆)
admirátor, -óris, m. 경탄하는 자, 감탄자
admíror, -átus sum, admirári, dep., tr. 놀라다(להב.הות),
경탄하다, 놀란 눈으로 보다, 감탄(感歎)하다,
탄복(歎服)하다, 감탄(感歎)하여 바라보다.
Hunc ego non diligam, non admirer, non omni ratione defendendum esse putem?
내가 이런 사람을 좋아하지 않고, 찬탄하지 않고,
모든 논리를 다해 지켜야한다고 생각지 않으랴?/
Ipsa et mater et virgo est: o rem admirandam.
(ἡ μήτρα ἡ παρθενική ὢ τού θαύματος)
마리아는 **어머니인 동시에 동정녀**이시다.
이 얼마나 놀라운 일인가!
[직역하면 "어머니(풍요로운)와 동정녀의 태. 아, 얼마나 놀라운가!.
계약의 신비 안에 계시는 마리아, p.259]
admíscĕo, -míscui -míxtum(místum) -ére, tr.
혼합하다, 섞다(ליבלב.ליב.לוב.טרף.טריף),
포함시키다, 편입시키다, (흔히 나쁜 일에) 끌어넣다,
끼어들게 하다, 말려들게 하다.
His Antoniános mílites admíscĕo.
이 군대에 Antónius의 군대를 편입(編入)시키다.
admísi, "admítto"의 단순과거(pf.=perfectum)
admissárĭus, -i, m. (말.당나귀의) 종마, 호색한
admísse = admisisse, inf. proet. (admítto)
admíssĭo, -ónis, f. 인허(認許-인정하여 허가함),
(입학.입회.입장.가입) 허가(許可), 알현(謁見),
알현 허락, 접견, 면회 허락, 입회 허가([영] admission),
교회법상 해직되었던 성직자의 복직 허가(인허).
admíssĭo ad candidatum status clericalis.
성직 지원자 선발예식, 성직지원 허가, 착의식(옛: 삭발례).
부제와 사제 수품 후보자로 받아들임.
admissum, "admitto"의 목적분사(sup.=supínum)
admíssum, -i, n. 저지른 잘못, 나쁜 행실; 악행, 범행
admíssus, -a, -um, p.p. (admítto)
admístĭo = admíxtĭo
admistum, "admisceo"의 목적분사(sup.=supínum)
admístus = admíxtus
admítte, 원형 admítto, -mísi -míssum -ĕre,
[명령법. 단수 2인칭 admitte, 복수 2인칭 admittite]
benignus admitte! 인자로의 허락하소서.
(인자하신 당신께서는 허락하소서) [N.B. 형용사는 그 문장의 주어를 꾸며준다. 하지만 한글 어순 때문에 부사로 번역하는 것이 바람직하다].
admítto, -mísi -míssum -ĕre, tr. (어디로) 가게(오게)하다,
가도록(오도록) 내버려두다, (말을) 달리게 하다,
(동물의 자웅을) 접근(接近) 시키다, 받아주다,
(사람을) 가까이 오게 하다, 면회를 허락하다,
만나주다, 영접하다, 맞이하다, **받아들이다**, **들여놓다**,
(공무의 의논.수행을 위해) 만나다; 참석(참가)시키다,
관여시키다, 가입시키다, 명부(名簿)에 올리다,
임명하다(ינמ.אמנ), 들어주다, **승낙하다**, **인정하다**,
시인하다, 용인하다, 방임하다, 말리지 않다,
저지르다(πρὰσσω), (죄를) 범하다, 감행하다.
Admissi auditique sunt.
그들은 면회 허락을 받고 접견(接見)되었다/
admíssis equis. 말들을 달려서/
admitti ad consílium. 회의에 참석(參席)하다/
dedecus admíttere. 수치스러운 일을 저지르다/
in hostes equos admitto. 적진으로 말들을 달리다/
Neque domum ad se fílium admísit.
그는 아들을 자기 집에 들여놓지도 않았다/
non admitto litem. 논쟁을 내버려두지 않다/
Quid admísi in te? 내가 너한테 뭘 잘못했니?
Admitto in se culpam castigabilem.
스스로 罰받을 잘못을 저지르다.
Admitto legátos in cubículum. 사신들을 거실로 영접하다
admitto precatiónem. 간청(懇請)을 들어주다
Admitto sibi áspidem.
살무사가 자기에게 오도록 내버려두다.
admíxtĭo, -ónis, f. = **admístĭo** 혼합(混合), 첨가(添加)
admixtum, "admisceo"의 목적분사(sup.=supínum)
admíxtus, -a, -um, p.p. (admísceo)
admíxtus, abl. ū, m. 혼합, 혼합물
admŏdĕrātē, adv. 적당하게.
admoderate rationibus. 필요에 맞게.
admŏdŭlantĕr, adv. 조화로운
ádmŏdum, adv. 완전히, 아주, 한껏, 충분히, 적어도,
대단히, 극도로, 참으로, 정말, (숫자) 정확히, 꼭,
(대답으로) 그렇고말고, 물론이다, 확실히 그렇다.
non admodum. 별로 …아니/
post menses admodum septem. 꼭 일곱 달 후에/
Ubinam harum rerum admodum pugnantium inveniuntur radices? 이러한 엄청난 모순의 뿌리는 무엇이겠습니까?
admodum adoléscens. 아주 젊은이
admodum Reverendus = Reverendissimus.
지극히 공경하올.
admónĕo, -ŭi -ĭtum -ére, tr. 상기시키다,
(아무에게 무엇을) 생각나게 하다,
(미래 일에 대해서는 그 내용이 ut, ne, inf. 등으로
표시된다) **주의시키다**, 조심시키다, 일깨워주다, 알려주다,
재촉하다, 하도록(말도록) **권고하다**, **충고하다**, 훈계하다,
타이르다, (사람.동물을) 바로 잡아주다, 징계하다.
Admonitum venimus te, non flagitatum.
우리는 너를 주의시키러 왔지, 조르러 오지 않았다/
Bene admones, Donate carissime.
사랑하는 도나뚜스, 안녕한가/
Prodígiis a dis admonétur.
우리는 여러 가지 이적으로 신들의 경고를 받는다/
Quæ eum tanrum ad aures admonuérunt, ut···
그 여자들은 그에게 (조심하라고) 귀띔만 해주었다.
admoneo *alqm* **de** *alqā* **re**.
무엇에 대하여 아무에게 주의를 환기시키다.
Admoneo liberos verberibus. 매질로 자녀들을 징계하다
Admonere possumus per strepitum vocis nostræ; si non sit intus qui doceat, inanis fit strepitus noster.

우리는 목소리를 높여 훈계할 수는 있습니다. 그러나
안에서 가르쳐 주시는 분이 계시지 않는다면 우리가
목소리를 높이는 것도 헛일이 되고 말 것입니다.
최익철 신부 옮김, 요한 서간 강해, p.183).

Admonet nos, 정치적 문벌주의 타파(1567.3.29. 대칙서)

admonítĭo, -ónis, f. (⊕ Admonition.獨 Aufforderung)
상기시킴, 회상(回想), **권고(勸告)**,
충고(忠告)-고치도록 타이름), **훈계**, 책망, 징계, 주의, 경고.

Admonitio communionis.(⊕ Admonition for the
communion.獨 Abendmaslsvermahnung) 영성체 전 훈계.

Admonitio Donatistarum de Maximianistis.
막시미아누스파에 관한 도나투스파의 경고(소실됨)
(406년 히포의 아우구스티노 지음).

Admonitio generális. 일반적 권고(789년 카르대제 공표)

Admonitio moriendi. 선종 교훈

Admonitiones ad interna trahentes.
내적 생활로 인도하는 훈계(준주성범 제2권).

Admonitiones ad spritualem vitam utiles.
영적 생활에 유익한 훈계(訓戒)

Admonitiones ad Vitam spiritualem utiles.
정신생활에 대한 유익한 훈계(준주성범 제1권).

admónĭtor, -óris, m. 상기시키는 자, 훈계자(訓戒者).
경고자(警告者), 독촉자(督促者).

admónĭtum, -i, n. 경고(警告), 충고(忠告), 주의(注意)

Admonitum venimus te, non flagitatum.
우리는 너를 주의시키러 왔지, 조르러 오지 않았다.
[움직임이나 파견의 뜻을 가지는 동사의 목적은 능동형 (-um으로 끝나는)
목적분사로도 표시되고, 지향을 표시하는 목적은 능동형 미래분사로 표시
된다. 드물게는 현재분사도 사용된다. 허창덕 지음, 라틴어 문장론, p.285].

admónĭtus¹, -a, -um, p.p. (admóneo)

admónĭtus², -us, m. (실제로는 abl.만)
admónĭtu 충고로, 격려로, 상기시켜 줌으로.

admónui, "admoneo"의 단순과거(pf.=perfectum)

admóram = admóvĕram

admórim = admóvĕrim

admorsum, "admordeo"의 목적분사(sup.=supínum)

admótĭo, -ónis, f. 갖다 댐; 적용(適用), 운용(運用),
운지법(運指法-악기를 연주할 때 손가락을 사용하는 방법).

admótum, "admoveo"의 목적분사(sup.=supínum)

admóvĕo, -móvi -mótum -ére, tr. 가까이 갖다놓다,
갖다 대다, 접근시키다; (가까이) 이동시키다, 돌리다,
향하게 하다, 사용하다, 응용하다, 원용하다, 안겨주다,
(공포.희망 등을) 일으켜주다, 끌어들이다, 들여놓다.
utcumque ⋯ volet, ita admovébit.
그가 원하는 것이 어떻든 간에 그는 착수할 것이다.

admoveo alqm in convívium. 연회장에 들여놓다

admoveo aurem(aures) 정신 차려 듣다

admoveo curatiónem alci. 치료하다, 약을 쓰다

admoveo Manum(manus) alci rei. 만지다, 손을 대다

admoveo manus péctori. 두 손을 가슴에 갖다 대다.

admoveo memtem ad alqd. 정신을 어디로 돌리다

admoveo scalas ad mœnibus.
사다리를 성벽(城壁)에 갖다 대다.

admoveo vultum ad auditores. 얼굴을 청중에게로 돌리다.

admóvi, "admoveo"의 단순과거(pf.=perfectum)

admúgĭo, -ívi(ĭi), -íre, intr.
응답하여 소리 내다, (소가) 마주 울다.

admurmurátĭo, -ónis, f.
(비난 또는 칭찬, 찬성의 뜻을 드러내는) 중얼거림.

admúrmŭro, -ávi, -átum, -áre, intr.
(불평 표시로 또는 찬성하여) 중얼거리다.

admútĭlo, -ávi, -átum, -áre, tr.
(털.머리를) 깎다, 잘라(떼어) 먹다, 속여 뺏다.

adnáscor(=agnáscor) -natus sum, -násci, dep., intr.

adn⋯ V. ann⋯
Quid voluit docere? quid adnuntiare? 그분은 무엇을 가르
치고 싶어 하십니까? 무엇을 선포하기를 원하십니까?

Adnotationes in Job. (V. annŏtátĭo) 욥기 주해.
(399년 히포의 아우구스티노 지음).

adóbrŭo, -rŭi, -rŭtum, -ĕre, tr. 흙으로 덮어버리다, 파묻다

adólĕo, -évi, adúltum -ére, tr. 연기로 덮다,
제헌의 뜻으로 불태워 연기나 김을 피어오르게 하다,
제사를 바쳐 공경하다, 불태우다, 불살라버리다.

Adoleo cruóre captívo aras.
포획물의 피를 흘려서 제단(祭壇)에 바치다.

Adoleo flammis penátes.
신성한 터를 희생물 태우는 불길로 덮다.

adoleo stípulas. 밀짚을 태우다

adoléscens¹,-scéntis, p.prœs. 성장한, 젊은, 청년의

최상급 없이 비교급만 있는 것		
*adoléscens, -ntis 젊은	adolescéntior	-
ágilis, -e 활발한 날쌘	agílior, -ius	-
credíbilis, -e 믿을만한	credibílior, -íus	-
*júvenis, -is, 젊은	júnior	-
mirábilis, -e 기묘한	mirabílior, -íus	-
propínquus, -a, -um, 가까운	propínquior, -íus	-
*senex, -is 늙은	sénior	-
*adoléscens~*júvenis, senex, 및 그 비교급은 중성이 없다		

adolescens²,-scéntis, m., f. 청년, 젊은이, 젊은 여자

Adolescens summo ingenio præditus.
비상한 재주를 가진 청년.

Adolescens tam strénue laborávi, ut dives nunc sim.
나는 젊어서 그렇게도 모질게 수고했던 결과로
지금은 (이렇게) 부자가 되었다.

adolescéntĭa(=adulescéntĭa) -æ, f. 청년시대, 청춘.
ex adolescéntiā. 젊은 시절부터/
excusátĭo adolescéntiæ. 젊다는 구실/
Hinc adolescentem peregre ablego.
젊은이를 여기서 외국에 보내버리다/
viæ adolescéntiæ lúbricæ. 청년시기의 위태로운 길.

adolescéntŭla(=adulescéntŭla), -æ, f. 아주 젊은 여자

adolescéntŭlus, -i, m. 아주 젊은 청년

adolescentúrĭo, -íre, intr. 젊은이 행세하다

adolésco¹(=adulésco), -évi, adúltum -ére, intr.
성장하다, 커지다.

adolésco², -ĕre, intr., inch.
연기나 김으로 변하다, 불타오르다.

admnes introitus armatos homines oppono.
모든 입구에다 무장한 사람들을 배치하다.

Adōn, -ónis, m. = **Adónis**

Adónis -is(-ídis), m. Cyprus의 왕 Cínyras의 아들
로서 Venus 여신의 사랑을 받은 미모의 사냥꾼.

adopérĭo, -érui -értum -íre, tr. 씌우다(אמר.יחמר),
덮다(אסכ.יסכ.חפה), 가리다(יסכ),
닫다(חתא), 막다(כחד.כלא.חסם).

ădŏpertum, "adoperio"의 목적분사(sup.=supínum)

adopértum, -i, n. 신비(μυστήριον.⊕ Mystery)

adopértus, -a, -um, p.p., a.p. 덮인, 가려진, 닫힌.
adopérta lúmina somno. 잠이 와서 거슴츠레해진 눈.

adoptátĭo, -ónis, f. 양자결연, 양자녀로 삼음, 채용(採用).

adoptátor, -óris, m.
양자를 맞은 사람, 양부(pater adoptívus).

adoptianismus* -i, m. 그리스도 양자론(養子論)

adóptĭo, -ónis, f. 타권자 입양 또는 그로 인한 법률관계,
양자녀로 삼음, 양자결연(養子結緣),
채용(採用), 임용(任用), 입양(入養).⊕ Adoption).
[좁은 의미의 '아돕티오adoptio'는 타권자 입양 또는 그로 인한 법률관계를
말한다. '아돕티오'는 한 가부권家權(partia potestas) 아래에 있는 자가 다른
가족家父. 즉 양부adoptator/pater adoptivus의 부권 아래로 들어가게 되는 입양을
말한다. 아돕티오. 즉 가족의 변경mutatio familiae'가 특징이다.
반면 '자권자 입양adrogatio'에서는 가부家父가 입양되어 두 집안의 병합을
의미한다. 자권자入양adrogatio는 다른 가家로 들어가면 그의 가족도 모두 양부의
권력 아래에 놓이게 된다. 두 경우 모두 법적 효과는 같아서 양자는 친자와
동일한 권리와 의무를 가진다. 여기서 양자가 갖게 되는 권리는 상속이고 의무는
제사이다. 반면 넓은 의미의 '아돕티오adoptio'는 타권자 입양과 자권자 입양을
포괄한다. (D. 1. 7; I. 1. 11: 3-10; C. 8. 47.).
한동일 지음. 로마법의 법률 격언 모음집에서(출간예정)].

Adoptantur filiifamilias; adrogantur qui sui iuris sunt.
(입양에는 두 가지 종류가 있다) 하나는 가남을 입양하는
것이고, 다른 하나는 자주권자를 입양하는 것이다/

Arrogatus cum capite fortunas quoque suas in familiam

33

A

et domum alienam transfert. 입양된 사람은 자신과 자신
의 재산과 함께 다른 사람의 가문과 집으로 이전된다/
Ex adoptivo natus adoptivi locum obtinet.
입양으로 낳은 양자는 양자의 권리를 가진다/
Filiosfamilias non solum natura, verum et adoptione
faciunt. 가남은 자연적으로만이 아니라(합법적 혼인에
의한 출생), 타권자 입양을 통해서도 생긴다/
filius adoptiónem dare. 자기 아들을 양자로 주다/
Neque adoptare neque arrogare quis potest absens nec
per alium eiusmodi solemnitatem peragere potest.
부재자는 양자로 삼거나 자주권자를 양자로 삼을 수
없으며, 타인을 통해 입양에 필요한 소정양식을
작성하게 할 수 없다/
Non debet quis plures adoptare nisi ex iusta causa.
정당한 사유가 없다면 누구도 여러 사람을
입양해서는 안 된다/
per adoptionis gratiam. 입양의 은총을 통하여/
Spadones adoptare possunt, castrati autem non possunt.
고자(성적 불구자)는 입양할 수 있으나
거세된 남자(내시)는 입양할 수 없다.
Tam filium alienum quis in locum nepotis adoptare
potest quam nepotem in locum filii. (Ibid.)
다른 사람의 아들을 손자의 신분으로 입양할 수 있는 만큼
손자를 아들의 신분으로 입양할 수 있다.
Adoptio est legitimus actus, naturam imitans, quo
liberos nobis quaerimus. 타권자 입양은 자연을 모방한
법률 행위이다. 우리는 입양을 통해 자녀를 얻는다.
Adoptio in his personis locum habet, in quibus etiam
natura potest habere. 입양은 입양된 사람에게 신분을
부여하고, 이를 통해 아버지와 아들의 관계를 가질 수 있다.
Adoptio naturam imitatur et pro monstro est, ut major
(annis) sit filius quam pater. 입양은 자연을 닮은 것이나
아들이 아버지보다 나이가 많다면 비인도적인 것이다.
Adoptio non ius sanguinis, sed ius agnationis affert.
입양은 혈연으로 인한 권리가 아니라
부계혈족 관계의 권리이다.
adoptívus, -a, -um, adj. 양자가 된, 양자의,
양자 관계의, 결연 관계의.
filiátio adoptíva. (민법상의) 양자결연;
(신학) 은총으로 하느님의 자식이 됨/
filius adoptívus. 입양된 아들/pater adoptívus. 양부.
adópto, -ávi, -átum, -áre, tr. 골라잡다, 채용하다,
선택하다(בחר.רצה), 양자로 삼다, 입양시키다.
Tuum filium dedisti adoptandum mihi : is meus est
factus : si quid peccat, Demea, mihi peccat. 자네는 아들
을 나한테 입양시켜 주었네. 그 애는 내 자식이 된 게야.
데메아스, 걔가 무슨 잘못을 저지른다면 나한테다 잘못을
하는 거지.(mihi: 관심 여격. 성 염 지음. 고전 라틴어. p.398).
adopto alqm sibi patrónum. 자기의 보호자로 삼다
adopto sibi fílium. 양자로 삼다
ador, -óris, m. 밀의 일종, 스펠트 밀(미개량종의 밀)
Adoramus te. Christe et benedicimus tibi.
. 예수 그리스도님 경배하며 찬송하나이다.
Adoramus te, Domine Iesu Christe, et benedicimus tibi.
(⑨ We adore Thee, O Christ, and we bless Thee)
예수 그리스도님 경배하며 찬송하나이다.
Quia per sanctam crucem tuam redemisti mundum.
(⑨ Because by Thy holy Cross Thou hast redeemed
the world. 네 십자가로써 온 세상을 구속함이로소이다)
주님께서는 십자가로 온 세상을 구원하셨나이다.
Adoras illum in capite, blasphemas in corpore.
그대는 머리로는 그분을 흠숭하지만 몸으로는 그분을
모독합니다.(최익철 신부 옮김. 요한 서간 강해. p.455).
adorátio, -ónis, f. 경배(敬拜), 숭배(崇拜), 합장 배례,
애모(愛慕), 예배(禮拜.⑨ Worship), 조배(朝拜),
흠숭(λατρεια.⑨ Adorátion-하느님께만 드리는 최고 공경).
Adorationis eucharisticæ usus.(⑨ The practice of
eucharistic adoration) 성체 조배의 실천/

Omnes enim, qui adorant eum, in spiritu veritatis
oportet eum adorare. 예배하는 모든 사람들은
영적으로 참되게 하느님께 예배드려야 한다.
adorátio absoluta. 절대적 경배
adorátio crucis.(⑨ Creeping of the Cross) 십자가 경배
Adoratio et pietas eucharistica.(⑨ Adoration and
eucharistic devotion) 성체 조배와 성체 신심.
adorátio Eucharistiæ. 성체조배.
(⑨ Eucharistic adorátion/Visit to the Blessed Sacrament).
adorátio latreutica(Cultus latriæ). 하느님께 드리는 흠숭
adorátio latriæ. 흠숭의 경배(欽崇敬拜)
adorátio magorum. 삼왕내조
adorátio papæ. 교황 존경 예식(새로 선출된 교황에게 추기경들이
표시하는 세 번의 존경 예식. 백민관 신부 엮음. 백과사전 1, p.45).
adorátio relativus. 상대적 경배(敬拜)
adorátor, -óris, m. 경배자(敬拜者), 예배자(禮拜者)
adórĕa, -æ, f. 사병에게 상으로 주는 밀, 군인의 영예
adórĕus, -a, -um, adj. 밀의, 양곡의, n. 양곡, 밀, 곡식
adóría = adórea
adórĭor, (-rīris, -rītur), adórtus sum, adoríri, dep., tr.
공격하다(מחא.מחי), 습격(襲擊)하다, 기습하다,
일을 시작하다, 착수하다, 하려고 하다.
adorior alqm gládiis, fústibus.
칼과 몽둥이로 누구를 공격하다.
adórno, -ávi, -átum, -áre, tr. 장비(裝備)하다, 정비하다,
준비하다(נטר.נטר), 갖추다, 장식하다.
adorno accusátionem. 고발(告發)을 준비하다
adorno naves onerárias. 화물선을 정비하다
adóro, -ávi, -átum, -áre, tr. 향해서 말하다,
기도하다(προσεὐχομαι), 애원하다, 간구(懇求)하다,
숭배하다, 절하다, 조배(朝拜)하다, 제사 지내다,
(하느님께만 드리는 최고 예배로) 흠숭(欽崇)하다.
adoro Cæsarem ut deum. Cœsar를 신으로 숭배하다
Adoro te devote. 성 토마스 아퀴나스의 성체찬가,
'천주 성자 예수 흠숭합니다'(⑨ Hidden God).
Adoro te devote, latens Deitas.
엎디어 절하나이다. 눈으로 보아 알 수 없는 하느님.
Adoro virtútem. 덕행을 숭상(崇尙)하다
adórtus, "adórior"의 과거분사(p.p.)
adp… V. app…
adq… V. acq…
adquiésco, -évi -étum -éscĕre, intr. = acquiésco
Quis mihi dabit adquiescere in te?(고백록 1, 5, 5)
뉘 있어 나를 당신 안에 쉬게 해주리까?
adquirendæ pecuniæ brevius iter. 돈 버는 더 가까운 길
adr… V. arr… (다음 몇몇 단어는 그대로)
adrádo, -rási, -rásum, -ĕre, tr.
(털.머리.수염 따위를) 바싹 깎다, 밀다,
(나무 가지나 잎을) 자르다, 베다.
adrápĭdus, -a, -um, adj. 대단히 빠른
adrémīgo, -ávi, -átum, -áre, intr. (ad+rémigo)
(어디로) 노질하여 가다.
adrépo, -psi, -ptum, -pĕre, intr. (ad+repo) 슬슬 기어들다,
기어 다가가다(오다), 몰래 들어가다, 살금살금 다가가다.
adrépto, -áre, intr., freq. (adrépo)
살금살금 기어가다.다가가다.
adréptus, -us, m. 기어 다가감
Adrianum, -i, n. 아드리아노 미사경본
adr… V. Hadr…
ads… V. ass…
adsi… V. assi…
adsc… adsp… V. asc… asp…
adscitum, "adscio"의 목적분사(sup.=supínum)
"adscisco"의 목적분사(sup.=supínum)
adscriptío, -ónis, f. 가입(加入), 등록(登錄)

34

Adsocietatem cívium supernorum perducat nos
Rex Angelorum. 천사들의 임금님,
저희들을 천상 시민들 대열에 인도해 주소서.
adst… V. ast…
adstíti, V. astiti
adstríngens, -éntis, n. 수렴제(收斂劑).⑨ astringent)
　[피부나 점막의 국소에 작용하여 단백질을 응고시켜 염증을 제거하고 피막을 만들어
　보호하는 것 외에, 혈관을 수축시켜 지혈하거나 설사를 저지하는 약효가 있는 약제].
adsum(=assum¹) áffui(ádfui), adésse, intr. (ad+sum)
　이(그) 자리에 있다, 출석해 있다, 출석하다, 참석하다,
　(누구에게) 있다, (存在하여) 있다, 갖추어(가지고) 있다,
　와 있다, 오다, (시간의) 다가오다, 되다, 접어들다,
　도와주다, 편들다, (신의) 가호(加護)가 있다, 변호하다,
　(어떤 계획을 세우고) 하려 하다, 마음을 정하다.
　ad portam adsum. 성(城) 문간에 있다/
　Aderat judício dies. 재판 날이 돌아 왔(었)다/
　Ades ánimo et omítte timórem.
　　용기를 가지고 공포심(恐怖心)을 버려라
　Adestóte omnes ánimis. 모두들 정신 차려라/
　Advérsus hostes áderant. 그들은 적들과 대항하고 있었다/
　amíco adsum. 친구를 도와주다/
　Contínuo hic adsum. 나는 계속 여기 있다/
　Ecce adest. 봐라, 그가 와 있다/
　Hoc unum illi áfuit. 이 한 가지가 그에게 결핍되어 있었다/
　Huc adsum. 이리 오너라/
　Jam áderit tempus. 이제 곧 때가 될 것이다/
　Multa me sollicitant. Me miserum! Cur non ades?
　　하고 많은 일이 나를 들쑤신다. 내 가련한 신세야!
　　넌 왜 안 와 있니?.[성 염 지음. 고전 라틴어. p.406]/
　Non…delére áderam. 나는 없애버릴 생각은 아니었다/
　Quantus sudor adest equis! 말들이 어떻게나 땀을 흘리는지!/
　Vis nulla áderat. 아무런 힘도 없었다.
　Adsum. (호명할 때) 예 여기 있습니다.
　adsum alci in consílio. 아무의 자문에 응하다, 조언하다
　adsum amícis. 나는 친구들을 변호한다.
　adsum animo(ánimis) 정신 차리다(mente consto)
　adsum in alqā causā, ad defendéndam causam.
　　무슨 사건을 변호(辯護)하다.
　adsum in foro. 법정에서 변호(辯護)하다
　adsum in judício, ad judícium. 법정에 출두하다
　Adsum impiger: fac nolle, comitabor gemens.
　　주저 없이 대령했나이다. 싫어도 하라고 하시면
　　울며 라도 따르리라.(교부문헌 총서 15, 신국론, p.543).
　Adsumpsit carnem, mortuus est, resurrexit, ascendit
　in cælum. 그분은 육신을 취하셨고 돌아가셨으며,
　　다시 살아 나셔서 하늘로 올라가셨습니다.
　　　(최익철 신부 옮김, 요한 서간 강해, p.133).
Adsúmptio sanctæ Mariæ. 마리아 승천 대축일
Adsumptio sanctæ Mariæ. 성모 마리아 승천
adt… V. att…
Attendat Caritas vestra. 사랑하는 여러분 잘 들으십시오.
Adtendite qui contra caritatem. 사랑을 거스르는 사람
　들을 눈여겨보십시오.(최익철 신부 옮김, 요한 서간 강해, p.313).
adulábilis, -e, adj. 다정스러운, 환심 사는, 애교 떠는
adúlans, -ántis, p.proes. 아양 떠는 아첨하는
adulátĭo, -ónis, f. (동물이) 꼬리침, 아양 떪음.
　아부(阿附-남의 환심을 사기 위하여 알랑거리며 붙좇음),
　아첨(阿諂-남에게 잘 보이려고 알랑거리며 비위를 맞춤),
　아첨하여 부복함, 노예적 추종(追從).
　Quod Romani quosdam sibi deos non ratione,
　sed adulatione instituerint. 아첨 로마인들의 어떤 신들은
　　이치보다 아첨이라는 관점에서 세운 신들이다(신국론, p.2746).
adulátor, -óris, m. 알랑거리는 사람, 아첨자(阿諂者)
　맹목적 추종자(追從者), 간신배(奸臣輩).
　Adulatóribus latus præbére. 아부하는 자들에게 허점을 보이다.
adulatórĭus, -a, -um, adj.
　굽실거리는, 알랑거리는, 아부의, 아첨의.
aduléscēns, -éntis, p.proes. 젊은.
　m., f. 청소년(⑨ Adolescence), 젊은이(⑨ Youth).

Accidit dein pubertas et adulescentia omnibus cum rebus,
quas ætas ista secum infert tum gran des tum
periculosas. 이어서 사춘기와 청춘기가 닥치고 그 연령에
따른 위험과 대단한 일들이 생깁니다.
　　(교황 요한 바오로 2세의 1979.10.16. "Catechesi tradendæ" 중에서)/
Adulescentes inventi sunt mortui.
　젊은이들이 시체(屍體)로 발견되었다/
Adulescentes Romæ Ecclesiæque rursus peculiare Dei
Spiritus fuerunt donum. 젊은이들은 그들이 로마와
　교회에 하느님의 성령께서 주신 특별한 선물임을 다시
　한 번 보여 주었습니다(2001.1.6. "Novo Millennio Ineunte" 중에서)/
In Studium incumbite, adulescentes.
　젊은이들이여, 학문에 열중(熱中)하라!/
Nobiles adulescentes coniurationem fecerunt, ut inimicos
opprimerent civitatemque liberarent. 귀족 청년들이 음모
　를 꾸며 적을 타도하고 국가를 해방시키기로 하였다/
Quem qui diligunt adulescens moritur, dum valet, sentit,
sapit.(Plautus). 신들이 총애하는 사람은 젊어서 죽는다.
　즉 한창 건장하고 감관이 활달하고 인생을 맛보는
　사이에 죽는다(성 염 지음. 고전 라틴어. p.280)/
Utinam adulescentes audirent senum consilium.
　젊은이들이 노인들의 충고를 듣는다면 얼마나 좋으랴!.
adulescéntĭa(=adolescéntĭa) -æ, f. 청년시대, 청춘.
　adulescentiæ vacátĭo. 청년특권(靑年特權)/
　Nisi per adulescentiam honesti fuissent, hodie honesti
　non essent. 그 자들이 젊은 시절에 정직하지 못했다면
　　오늘에도 정직하지 못할 거야/
　tránsigo adulescéntiam per hæc. 이 일로 젊음을 보내다.
adulescentibus. 젊은이들에게.
　Vobis, adulescentes, dicimus: Si Domini animadvertitis
　vocationem, ne eam repudiaveritis! 저는 젊은이들에게
　　이렇게 당부합니다. 여러분이 주님의 부르심을 듣거든
　　그 부르심을 거절하지 마십시오!
adulescéntŭla(=adolescéntŭla), -æ, f.
　아주 젊은 여자, 어린 여자.
adulescéntŭlus¹, -a, -um, adj. 아주 젊은 , 어린
adulescéntŭlus², -i, m. 아주 젊은 청년
adulésco = adolésco¹
adúlo, -ávi, -átum, tr. 아양 떨다, 알랑거리다,
　아첨(아부)하다, (동물 특히 강아지가) 꼬리치다.
　잔잔한 강물이 기슭에 찰싹거리다.
adúlor, -átus sum, -ári, dep., tr. 꼬리치다, 아양 떨다,
　쓰다듬어 주다, 가려운 데를 긁어주다, 아부하다,
　비위를 맞추다, 사실보다 더 높이다.
　intr. 아첨하다, 발라 맞추다.
　Mites canes furem quoque adulántur.
　　순한 개들은 도둑놈보고도 꼬리친다.
adúlter¹, -ĕra, -ĕrum, adj. (ad+alter) 행실이 나쁜,
　간음의, 정숙하지 못한, 변질된, 부패한, 거짓된, 위조된.
adúlter², -ĕri, m. 간통한 사내, 간부, 정부(情婦)
adúltĕra, -æ, f. 간통한 계집, 정부(情婦), 간통녀.
　pericope adulteræ. 간음녀 부분 발췌(pericope 참조).
Adulterari non potest sponsa Christi, incorrupta
est et pudica. 그리스도의 정배는 정숙하고 순결하므로
　결코 창녀질을 할 수 없습니다(교부문헌 총서 1. p.71).
adulterátĭo, -ónis, f.
　(품질) 부패, 변질(變質), 위조(僞造), 조악품 혼합.
adulterátus, -a, -um, p.p. 간통한, 혼혈의
adulterínus, -a, -um, adj. 간음에서 난, 순종이 아닌,
　모조(模造)의, 위조의, 불순물이 섞인, 순수하지 않은.
　De adulterinis coniugiis. 부정한 혼인(히포의 아우구스티노 지음)/
　proles adulterina. 간통의 자녀/
　Quis non adulterinum animum convinceret?
　　이런 간음의 마음을 누가 단죄하지 않겠습니까?
adultérĭum, -i, n. 간통(姦通, furatrina conjugális),
　간통죄, 간음(⑨ adultery-유부녀 또는 유부남 남녀 사이의 상행),
　(동물) 잡종교배, (식물) 접목, 불순물 혼합(混合).
　Adulterium 간통, 간통죄. 고법시대부터 공화정기까지 간통은 가장권에 속하는
　가정사로 취급되어 간통에 관한 일반법은 제정되지 않고 공권력의 개입도 배제

35

하였다. 최초의 간통에 관한 법은 로물루스Romulus가 제정한 것으로 추정되는
'로물루스 왕법Plurtachos Romulus'이다. 이 법에 따르면 아내는 이혼할 수 없고
남편은 아내가 약물을 사용하여 낙태를 하거나, 포도주 창고를 훔칠 경우
또는 간통할 경우에 이혼할 수 있었다. 하지만 공화정 중기 자유혼인, 자유이혼의
원칙에 따라 여성도 이혼이 가능해졌다.
　간통은 기혼 여성이 범했을 경우adultera에만 형사 범죄였다. 율리우스법은
기혼녀가 배우자 이외의 남성과 관계를 맺은 경우는 '간통죄adulterium'로 처벌
하였고, 미혼녀나 독신녀(과부)의 경우는 '간음죄stuprum'로 처벌하였다. 간통죄는
기원전 18년 아우구스투스의 '간통죄에 관한 율리우스법Lex Julia de adulteriis
coërcendis'에서 도입되었다. 이 법의 입법 배경은 로마인에게 시민법은 로마
시민의 자랑스러운 소유물이었기에 외국인에게는 무분별하게 확대하지 않았다.
실제로 기원전 3세기 시민권은 로마인을 다른 사람들과 다른 사람들로 만드는 특권이었고
로마인들은 도덕적으로 다른 사람들보다 더 높은 수준의 행동양식을 요구했다.
이에 대한 일례로 리비우스가 기원전 215년 오피아 법Lex Oppia에서 로마의 중년
부인은 장식이 없는 소박한 드레스를 입은 반면, 외국인 여성은 보라색과
금색으로 장식된 옷을 입고 로마거리를 활보하였다고 기록한다. 하지만 공화정
말기에 접어들며 모든 제국의 흥망성쇠에서 보여주듯 도박과 사치, 성범죄, 정략
결혼과 이혼이 성행하고 상류층의 도덕적 타락이 만연하게 된다. 이러한 맥락에서
'간통금압에 관한 율리우스법'은 고법시대 간통을 가장죄에 속한 가정사로 이해
하지 않고 법 안에 흡수함으로 황제권을 강화하는 동시에 자력구제의 폐단을
줄이고자 했다. 사실 초기 관습법은 남편이 간통한 아내에게 즉시 복수하거나
친족회의consilium propinquorum와 협의 다음 재판과 유사한 절차iudicium
domesticum를 거쳐 사적으로 처벌하는 것을 허용하였다. 율리우스법에 따르면
간통한 여자의 아버지가 자신의 집이나 사위의 집에서 현장을 적발할 경우.
자신의 딸과 간통한 남자adulter를 죽일 수 있었다. 반면 남편의 권리는 다소 제한
되었다. 남편은 아내와 간통한 남자를 죽이거나 범죄의 증거 보존을 위해
간통한 남자를 20시간 이내로 억류할 수 있었다. 그 다음 남편은 간통한 아내와
이혼해야만 했다. 그렇지 않으면 남편은 음행매개죄lenocinium로 처단되었다. 한편
남편이나 시아버지는 여자를 형사 법정에서 소추되는 공적 범죄인 간통죄로써
고소해야만 했다. 남편이나 그의 부친이 이혼 후 2개월 이내에 그러한 고소를
하지 않으면, 모든 로마 시민이 고소할 수 있었다. 이러한 고소인의 법정 고소
기간은 4개월이었다. 율리우스법은 간통 사건에 대한 소추를 꺼렸는데, 특히
원로원을 포함한 집권층에 대해 날카로운 법의 잣대를 들이대기가 현실적으로
쉽지 않았기 때문이라고 한다.
　처벌은 간통녀의 추방, 혼인지참재산 일부의 상실, 간통녀 재산의 1/3 몰수 등
이었다. 여기에 여성은 재혼을 금지당하는 금전령이 추가되었고, 금혼령이 붙은
여자와 결혼한 남자도 처벌하였다. 아울러 간통은 일반 사면에서도 제외되고
간통범은 남녀를 분리하여 각각 다른 섬으로 유배를 보냈다고 한다. 그런데 "
섬들은 유배된 간통녀들로 가득 찼다."라는 기록으로 보아 간통이 사회적으로
만연했음을 짐작할 수 있다(Tac. H. 1. 2). 유스티니아누스가 재차 확인하며
콘스탄티누스 입법에서는 간통녀에 대한 사형을 규정하였다(D. 48 .5: C. 9. 9.)
하지만 똑같은 불륜행위라도 남편의 경우 간통죄로 처벌되지 않는 경우가 많았다.
율리우스법의 실제 목적은 원로원, 기사계급, 속주나 자치도시의 민회의원 등의
로마 상류층 여성들의 정조를 목적으로 했다. 그래서 기혼여성이 배우자
이외의 사람과 상관계를 맺을 경우에만 처벌하고, 미혼여성의 혼전 순결의무
위반과 독신녀(과부)의 성적 방종은 간음죄로 처벌한 것이다. 사실 상류층 자유인
여성의 성적 방종은 다른 집안의 자식가 자기 집안의 자로 될 경우 유산상속의
문제가 발생할 소지가 있었다. 아울러 가문의 명예 등 혈연 중심의 사회에서
가문의 치욕적인 불명예로 여겼기에 서버, 문화적 현실도 반영된 것이기에 오늘날의
시각으로 이해가 어려운 점도 없지 않아 있다.
　하지만 모든 법은 그 법을 피해가는 법망이 있다. '간통금압에 관한 율리우스법'
도 예외는 아니었다. 남성의 경우 자기 앞에서 알 상류층 여성과 관계를 맺을 경우
상간자로 간통과 간음죄로 처벌받았지만, 노예 여성, 매춘부 및 하층 직업군
여성과 관계를 맺은 것은 간통죄로 처벌받지 않았다. 반면 상류층 여성의 경우
법망을 피하기 위해 매춘부로 등록하거나, 율리우스법에 적용이 받지 않는
직업군의 경우 유배, 여배우, 무희, 접대부로 취득하면, 이후 상류층 여성으로 기원전
19년 법무관 가족 출신의 여성인 비스틸리아Vistilia가 매춘부로 등록되어서
원로원의결의 의하여 처벌된 사례가 있었다. 이후 기사계급과 원로원 계급의 여성은
이러한 직업군의 종사를 금지하였다(D. 48. 5. 11. 2).
　한동일 지음. 로마법의 법을 겪언 모음집에서(출간예정)].

Adulterium sine dolo malo non committur.
　악의적 사기가 없는 간통은 법을 위반한 것이 아니다/
Ego hominem feci, non adulterium.
　나는 사람을 만들었지 간음을 만들지는 않았다/
Non si commette adulterio senza dolo malo.
　악의적 고의가 없이는 간통죄를 저지른 것이 아니다/
Periniquum videtur esse, ut pudicitiam vir ab uxore
exigat, quam ipse non exhibet.
　남편이 자신은 정조를 지키지 않으면서 아내에게
　정조를 요구하는 것은 옳지 못하다고 본다.
adúltéro, -ávi, -átum, -áre, tr. 간통죄를 범하다.
　외간남자(유부녀)와 간음(姦淫)하다, 간통하다,
　동물의 순종 아닌 교배를 시키다, 위조(僞造)하다,
　모조품을 만들다, 불순물을 섞다.
　nidus adulterátus. 남의 알이나 새끼를 품고 있는 보금자리.
adúltus, -a, -um, p.p., a.p. 크게 자란, 성장한, 어른이 된,
　성년(成年)에 이른, 성숙(成熟)한, 원숙(圓熟)한,
　(감정.질병 따위) 오랫동안 계속된.
　m.(f.) 어른.성인(⑨ Adults), 성년(⑨ adult).
De necessitate præparationis ad justificationem in
adultis, et unde sit. 어른들의 의화(義化)를 위한 준비의
　필요성과 의화의 출처에 대하여(트리엔트 공의회 제6차 회기 제5장)/
hæc tam adúlta pestis. 이미 많이 퍼진 흑사병(黑死病).
adumbrátim, adv. 어렴풋이
adumbrátĭo, -ónis, f. 초벌그림, 스케치(⑨ sketch),

초안(草案), 초고(草稿), 약도(略圖), 윤곽(輪廓).
adumbrátus, -a, -um, p.p., a.p. 초벌 그린, 초안 잡은,
　희미한, 불명료한, 거짓의, 가상적, 허구의, 걸보기만의.
　adumbrata imago gloriæ. 영광의 희미한 그림자.
adúmbro, -ávi, -átum, -áre, tr. 그늘지게 하다,
　그림자지게 하다, 어둡게 하다, 가리다, 초벌 잡다,
　윤곽(輪廓)잡다, 흉내 내다, 모방하다, 복사(複寫)하다.
adunátĭo, -ónis, f. 하나로 합침, 뭉침, 집합
adúncĭtas, -átis, f. 굽음, 만곡(彎曲)
adúncus, -a, -um, adj. 갈고리 모양으로 구부러진
adúno, -ávi, -átum, -áre, tr.
　하나로 묶다, 결합(結合)시키다; 모으다.
adúrgĕo, -ére, tr. 재촉하다, 빨리 하게 하다.
　압박(壓迫)하다, 추적(追跡)하다.
adúro, -ússi -ústum -ěre, tr. 그슬리다, 그을 게 하다,
　지지다; 굽다, 불태우다, 태우다, 조금조금하게 말리다,
　(열.마찰로) 굳어지게 하다, (추위로) 동상 입히다.
adúsque¹, (ad usque) præp. c. acc. = usque ad 까지
adúsque², adv. 도처에, 철저히, 밑바닥까지
ădussi, "aduro"의 단순과거(pf.=perfectum)
adústĭo, -ónis, f. 태움; 화상, 치료, 불명예(不名譽).
　adustionem pro adustione, vulnus pro vulnere,
　livorem pro livore. (kata,kauma avnti. katakau,matoj trau/ma
　avnti. trau,matoj mw,lwpa avnti. mw,lwpoj)(⑨ burn for burn,
　wound for wound, stripe for stripe)
　화상은 화상으로, 상처는 상처로, 멍은 멍으로 갚아야
　한다(성경 탈출 21. 25)/화상은 화상으로, 상처는 상처로,
　멍은 멍으로 갚아야 한다(출애굽기).
ădustum, "aduro"의 목적분사(sup.=supínum)
adústus, -a, -um, p.p., a.p. 햇볕에 그을린, 검게 탄.
　n., pl. 화상(입은 자리), 동상(凍傷).
　adustióris colóris esse. 더 검게 탄 피부색이다.
Advaitismus, -i, m. 불이주의(이슬람교 철학의 일파. 세계는
　본질적으로 하나의 내부에 있는 것으로 그 자체로 신 외에 제2의 실체가
　존재하는 것은 불가능하며. 신은 유일한 실체이며 세계의 원본적 절대적 뜻을
　가진다고 주장함. 백민관 신부 지음. 백과사전 1, p.48).
advectícĭus, -a, -um, adj. 밖에서 온, 외래의, 수입된
advéctĭo, -ónis, f. 수송(輸送), 운반(運搬), 공급(供給)
advécto, -áre, tr., freq. 계속 수송하다, 운반하다, 나르다
advectum, "adveho"의 목적분사(sup.=supínum)
advéctus¹, -a, -um, p.p. (adveho)
advéctus², -us, m. 수송(輸送), 운반(運搬); 수입
ádvěho, -véxi -véctum -ěre, tr.
　(수레.배.말 따위로) 나르다(ⅨⅨ,ⅨⅨ,ⅨⅨ), 운반하다,
　수입하다, 도입(導入)하다,
　(수레.배.말 따위를) 타고 가다, 항해하다; 이르다.
　advécta relígio. 도입한 종교.
advélo, -áre, tr. 덮다(ⅨⅨ.ⅨⅨ.ⅨⅨ.ⅨⅨ), 싸다,
　가리다(ⅨⅨ.ⅨⅨ); 화환 따위로 장식(裝飾)하다.
advelo témpora lauro.
　월계관(月桂冠)으로 관자놀이(옆 이마)를 장식하다.
ádvěna¹, -æ, f., m. 외국인(⑨ Foreigner), 나그네,
　외국에서 온 사람, 낯선 사람.
　Si habitaverit tecum advena in terra vestra, non
　opprimetis eum. (eva.n de, tij prose,lqh| prosh,lutoj u`mi/n evn
　th/| gh/| u`mw/n ouv qli,yete auvto,n)(⑨ When an alien resides
　with you in your land, do not molest him)
　너희 땅에서 이방인이 너희와 함께 머무를 경우,
　그를 억압해서는 안 된다(성경 레위 19, 33)/너의 땅에
　함께 사는 외국인을 괴롭히지 마라(공동번역 레위 19. 33).
advena², -æ, adj. 외국의; 떠돌이의, 낯선.
　vólucres ádvenæ. 후조(候鳥-철새), 철새.
adveniat, 원형 advénĭo, -véni -véntum -íre,
　[접속법 현재.
　단수 1인칭 adveniam, 2인칭 advenias, 3인칭 adveniat,
　복수 1인칭 adveniamus, 2인칭 adveniatis, 3인칭 adveniant].
adveniat regnum tuum. 네 나라가 임하시며
advénĭo, -véni -véntum -íre, intr. 오다(ⅨⅨ.ⅨⅨ),
　도착하다(ⅨⅨ), 이르다, 도래(到來)하다, 생기다.

(뜻하지 않게) 나타나다. 일어나다(יֵם.יֵם.יֵם).
Dies advénit. 그 날이 왔다/
Patientes estote, et vos, confirmate corda vestra.
여러분도 참고 기다리며 마음을 굳게 가지십시오/
Patientes igitur estote, fratres, usque ad adventum
Domini. 그러므로 형제 여러분, 주님의 재림 때까지
참고 기다리십시오.(성경 야고 5, 7).
adventícíus(adventíus), -a, -um, adj.
밖에서 오는, 외래의, 외국의, 외면적, 외부의,
우발적(偶發的)인, 생각지 않게 닥치는.
adventícium auxílium. 외부의 원조/
nullo adventício pulsu.
외부로부터의 아무런 충동(衝動)도 받지 않고/
pecúnia adventícia. 예기치 않았던 돈.
adventitia, -æ, f. 수교(手交) 미사(Missa manualis)
Adventitium. 외부 취득 재산 ('Dos' 참조).
**Adventitium est, quod aliunde advenit quam a patre
vel domino.** 외부 취득 재산은 가부나 주인과 무관하게
다른 외부 수단에서 취득한 것이다.
adventitius, -a, -um, adj. ⑨ foreign, arrived from afar
idea adventitia. 외래적 관념[데카르트는 이것을 인간의 감각을 통한
외부로부터의 자극을 통하여 형성되는 관념으로 불확실하게 非구분적이라 함].
advénto, -ávi, -átum, -áre, intr., freq. 도착하려 하다.
점점 가까워지다, 가까이 오다(가다), 임박하다, 다가오다.
Advéntans senéctus. 점점 가까워지는 노년기/
Jam tempus advéntat. 벌써 때가 다가온다.
advento ad Itáliam. 이탈리아에 가까이 오다
advéntor, -óris, m. 손님, 방문객
adventum imperátoris e muris prospeculor.
총사령관의 도착을 성벽 위에서 바라보다
advéntus, -us, m. 다가옴, 가까워 짐, 도착(목적지에 다다름),
도래(到來.⑨ Advent-닥쳐 옴), 그리스도의 내림,
재림(再臨.⑨ Advent/Parousia/Return),
대림절(Adventus Domini), 진군, 군대의 습격(襲擊).
hóstium advéntu necopináto. 적군들의 급습으로/
sub tuum advéntum. 네가 도착하자마자/
Ubi crux, ibi adventus gloriæ.
십자가가 있는 곳에 영광의 도래(到來)가 있도다.
Adventus Christi. 그리스도의 재림(⑨ Coming of Christ)
adventus dívi. 신의 왕림(枉臨)
adventus tempus. 대림시기(⑨.cycle of advent)
advérbĕro, -áre, tr. 내려치다, 때리다
adverbiális, -e, adj. 부사적(副詞的).
n. adverbiale. -is. (文法) 부사어(副詞語).
e.g. Urbs a milítibus custoditur.
도시가 군인들에 의해 수비(守備)되고 있다/
adverbiale agentis. 능동주 부사어/
adverbiale argumenti. 제목 부사어/
adverbiale causæ. 원인 부사어/
adverbiale comitatus. 동반 부사어/
adverbiale distantœ. 거리 부사어/
adverbiale extensiónis. 연장 부사어/
adverbiale extensiónis et distantiæ. 거리 및 연장 부사어/
adverbiale finale. 목적 부사어/
adverbiale loci. 장소 부사어/
adverbiale materiæ. 재료 부사어/
adverbiale medii. 수단 부사어/
adverbiale modi. 양식 부사어/
adverbiale pretii. 가치 부사어/
adverbiále separatiónis 분리 부사어/
adverbiale temporis. 시간 부사어.
[대명사를 기준으로 파생되는 장소 부사는 아래와 같다]

	어디에	어디로	어디서	어디를 지나
같은	idem	ibidem	eodem	indidem	eadem
그	is	ibi	eo	inde	ea
그	ille	illic	illuc	illinc	illac
누구	qui	ubi	quo	unde	qua
누구나	quisque	ubique		undique	
누구든지	quicumque	ubicumque	quocumque	undecumque	quacumque
다른	alius	alibi	alio	aliunde	alia
어떤	aliquis	alicubi	aliquo	alicunde	aliqua
이	hic	hic	huc	hinc	hac
저	iste	istic	istuc	istinc	istac

(한동일 지음, 카르페 라틴어 1권, pp.283-284)

adverbiálĭter, adv. 부사적으로
advérbĭum, -i, n. (文法) 부사(副詞).
Adverbia derivata. 본래 부사(派生 副詞).
advérbĭum derivátum. 파생된 부사
advérbĭum primitívum. 원래의 부사
advérro, -ĕre, tr. 쓸다, 소제하다, 일소하다
advérsa, -órum, n., pl. 불행(יֵם.יֵם), 불운(不運),
역경(逆境), 재난(災難), 반대되는 것들.
Adversa uni imputántur.
불성공(不成功)을 한 사람의 탓으로 돌리고들 있다.
adversária¹, -æ, f. 여자 적대자(女子 敵對者)
adversária², -órum, n., pl. 임시 일기장, 비망록(備忘錄),
성적표, 메모 수첩, 반대자(反對者)의 주장, 말썽; 안개.
adversárĭus¹, -a, -um, adj. 앞에 가로놓인, 대립하는,
거스르는, 반대(反對)의, 적대(敵對)하는.
res adversária hómini. 사람에게 장애가 되는 일.
adversárĭus², -i, m. 반대자, 적대자, 적수(敵手), 상대방.
Adversarii multis vulneribus afficiebantur et in oppidum
se contulerunt. 적들은 수많은 상처를 입었고
성곽으로 퇴각했다.
adversátor, -óris, m. 반대자(反對者), 적대자(敵對者)
adversátrix, -ícis, f. 여자 적대자(敵對者)
advérse, adv. 모순(矛盾)되게, 반대되게
advérsĭo, -ónis, f. 진로, 방향, 경향, 의향(意向)
advérsĭtas, -átis, f. 불행(יֵם.יֵם), 재난(災難)
advérsor, -átus sum, -ári, dep., intr. 반대(反對)하다,
대립(對立)하다, 대치(代置)하다, 거스르다.
adversante fortúná. 운(運)이 나빠서/
Noli adversári mihi. 나를 거슬리지(반대하지) 마라.
advérsum¹, adv. = adversus¹
advérsum², præp. = adversus²
advérsum³, -i, n. 반대편, 반대방향, 역행(逆行),
재난(災難), 재앙(災殃), 불운(不運).
ex advérso. 반대편에(서), 맞은편에(서), 정면 대립하여/
Hic ventus adversum tenet. 이 바람은 역풍이다/
in adversum. 반대방향으로/
in adversum flumen. 강물을 거슬러.
advérsus¹, adv. 반대하여, 맞은편으로, 정면으로
advérsus², præp.c.acc. (대명사일 경우에는 그 뒤에도 놓는다)
맞은편에(으로), 전방에(으로); 향하여,
(누구) 앞에서, 면전에서, 맞대놓고,
거슬러, 위반하여, 반대하여, 반대로, 거꾸로, 모순되게,
(호의적.적대적) **대하여(대한)**, 향하여, **대항하여**,
대립하여, …에게 손해 되게. ex advérso 반대편에서/
bennígnus advérsus amícos. 친구에 대해서 어진/
castra pónere advérsus urbem. 도시를 향해서 진을 치다/
Et advérsus et aversus impúdicus es.
너는 앞뒤 어느 모로나 뻔뻔스럽다/
Impetum adversus montem fáciunt.
산 쪽으로 공격(攻擊)을 퍼부었다/
in rebus advérsis. 역경에서/
ódium advérsus(=erga) hostes. 적에 대한 증오심/
Summa fides adversus alqm. 아무에게 대한 최고도의 신용.
adversus alqm bellum gérere. 대항하여 전쟁하다

A

adversus barbaros pugnare. 야만족들에 대항하여
Adversus Fraudes Apollinaristarum.
　아폴리나리스의 속임수를 반박함.
advérsus Hæreses. 이단 반론.
advérsus hostes. 적에 대항해서
adversus legem. 법률에 위반되게
adversus leges. 법을 거슬러, 법을 어기고
adversus montem. 산을 향하여
Adversus omnes hæreses. 모든 이단에 대한 논박.
　　　　　　　　　(테르툴리아누스 지음).
Adversus oppugnatores vitæ monasticæ.
　수도생활 반대자들에 대한 반박.
adversus Simoniacos. 성직 매매를 규탄함.
　[교회 개혁을 부르짖은 추기경 실바 칸디다의 훔베르또(+1061년) 지음].
advérsus³ -a, -um, p.p., a.p. 앞에 있는, 전면(前面)의,
　대립해 있는, 맞은편에 있는, 앞에 있는, 신체 앞부분의,
　거스르는, 반대하는, 적대(敵對)하는, 적(敵)의, 원수진,
　불행(不幸)의, 역경(逆境)의. adversa pars. 반대편/
　adversis auribus militum. 군인들 귀에 거슬리게/
　adverso flúmine. 물길을 거슬러/dentes adversi. 앞니/
　in adversum flumen 강물을 거슬러/
　Naves nostris adversæ constitérunt.
　적함들이 우리 군함들과 대치하여 정박(碇泊)하였다/
　res advérsæ. 역경(逆境)/sol advertsus. 마주 안은 해/
　vento advérso. 역풍을 만나서.
advérsus barbaros pugnare. 야만족들에 대항하여
Adversus culturam mortis, quæ dicitur, familia culturæ
　ipsius vitæ est sedes.(㉑ In the face of the so-called
　culture of death, the family is the heart of the culture of
　life). 가정은 죽음의 문화라고 불리는 것에 반대하여
　생명 문화의 중심을 이룬다(1991.5.1. "Centesimus annus" 중에서).
Adversus Græcorum Errores.
　그리스도인들의 오류를 반박함(네덜란드 신학자 Pighi 지음. 1525년).
Adversus hæreses. 이단을 거슬러서, 반이단론,
　이단 반론(異端反駁)(이레네우스 지음-다섯 권으로 구성 됨).
Adversus hostes aderant. 그들은 적들과 대항하고 있었다.
Adversus omnes hæreses. 모든 이단설을 반박함,
　모든 이단 반박(反駁, 마르세유의 겐나디우스 지음 †505).
Adversus oppugnátores vitæ monasticæ.
　수도생활 반대자들에 대한 반박.
　수도승 생활 반대자 반박(요한 크리소스토무스 지음 †407).
Adversus Simoniacos. 성직매매를 규탄함.
advérto, -vérti, -vérsum, -ěre, tr. …로 향하게 하다.
　방향 잡다, 돌리다, (선박) 향행하다,
　(선박) 키를 어느 방향으로 잡다, 관찰(觀察)하다,
　주의를 환기시키다, 정신 차리게 하다, 벌하다, 견책하다.
　ánimum adverto(=animadvérto)
　마음(정신)을 돌리다, 주의를 기울이다. 정신 차리다/
　Huc advertite mentem.
　내 말을 정신 차려 들어라(마음을 이쪽으로 돌려라)/
　urbi agmen adverto. 도시로 군대를 향하게 하다.
adverto ánimis(ánimo) 주의 깊게 살피다
Adverto aures ad vocem. 말소리에 귀 기울이다
adverto óculos. 눈을 돌리다
advesperáscit, -rávit, -ráscere, impers. (ad+vesper)
　저녁이 되다, 날이 저물다.
　Jam advesperascit, domum properamus.
　벌써 저녁이 되어 우리는 집으로 간다.
advéxi, "ádveho"의 단순과거(pf.=perfectum)
advígilo, -ávi, -áre, intr.
　…에 조심하다, 정신 차려 지키다, 망보다; 깨어 돌보다.
advívo, -víxi, -ěre, intr. 살아 있다, 생존해 있다, 함께 살다
advocáta, -æ, f. 변호인(㉑ counsel.프 conseil)
advocata gratiæ. 은총의 전달자(恩寵 傳達者)
advocátĭo, -ónis, f. 중대 국사 자문회의(諮問會議),
　법률고문들의 요청에 의해 소집된 회합(會合),
　변호사와 협의하기 위한 유예, 유예기간(猶豫期間),
　연기(延期), 변호사직(辯護士職), 법률고문(法律顧問).

Hæc advocatio non tantum ad Pastores, sacerdotes,
　religiosos et religiosas convertitur, sed ad omnes
　protenditur. 이 부르심은 다만 사목자나 성직자, 남녀
　수도자들만의 일이 아니다. 그 부르심은 모든 사람에게
　전해지는 것이다(1988.12.30. "Christifideles laici" 중에서).
Advocatorum dignitas. 변호인의 지위 ('Cavillatio' 참조).
　Advocati non ultra quam litium poscit utilitas in licentiam
　conviciandi et maledicendi temeritate prorumpant.
　소송의 유익이 요구하는 것을 넘지 않으면, 변호인은 비방
　이나 욕 때문에 무분별하게 면허를 박탈해서는 안 된다/
　Nec ex industria potrahat jurgium.
　(변호인은) 고의로 법적 쟁의(소송)를 지연해서는 안 된다/
　Nullam cum litigatore, quem in proprium receipt fidem
　contractum ineat Advocatus, nullam conferat pactionem.
　변호인은 소송인과 자신의 수령액을 받는 계약을
　맺어서도 안 되고, 어떠한 약정을 맺어서는 안 된다.
　[위와 같은 법인이 제시됐다는 것은 현실에서 이 내용이 준수되지 않았음을 보여
　주는 반증이다. 로마법의 법인은 중세 교회법기 시대에 들어와서도 변호인의
　태도는 크게 바뀌지 않은 듯하다. 아마도 변호인이란 직업의 성격보다는 그
　직업에 종사하는 인간의 마음과 존재의 태도가 변하지 않았기에 그랬을 것이다.
　이러한 맥락에서 1274년 제2차 리옹 공의회 제19조의 내용이 오늘날에도 여전히
　공감이 가는 이유가 무엇 때문일까? 리옹 공의회 제19조는 다음과 같이 규정
　한다. "소송의 악의적 지연을 막기 위하여 우리는 서두를 필요가 있다고 여겼다.
　그래서 우리는 그것들을 효과적으로 나타내길 희망하여 재판의 의무를 제시
　하고 이를 위한 적절한 예방책을 규정한다. 물론 이를 위해 소송에 참여하는
　변호사들에 대해 제정된 유익한 법적 처벌 규정이 있었지만 자연적으로 소멸된
　것 같아 우리는 동일한 처벌 규정을 현재 부활한 법령의 찬성으로, 하지만 어떤
　중요한 첨가나 조정과 함께 개진하여 사도와나 다른 곳에서 종사하는 교회법원
　에서 (활동하는) 모든 이와 개별적으로 (활동하는) 변호사의 직무를 위해 제정
　한다. … 예를 들어 소송대리인 또는 법률자문으로 그들이 받았던 부당한 금액에
　비례하여, 만일 그들이 받은 금액의 두 배를 반환하지 않으면 사면 받지 못할
　것이다. 또한 이 같은 불법적인 임무로 인한 손해에 대해서는 벌금이 부과되며
　당사자들에게 배상해야 한다. … 소송대리인이 지나치게 받은 금액은 결코 그들의
　권리가 될 수 없으며, 초과
　정해진 금액을 초과한 수임료는 결코 그들의 권리가 될 수 없으며, 초과
　수령한 금액의 온전한 반환을 강제한다. 이처럼 우리는 아무런 두려움 없이
　그들(변호사와 소송대리인)이 반환해야 하는 액수 중 그 어떤 것도 현행 법령을
　위반하여 다시 그들에게 돌려주지 못하도록 공표했다. 그리고 더 나아가 현행
　법령을 위반하는 변호사들은 변호사직이 3년간 정지된다. 그러나 소송대리인
　들은 그 순간부터 법원에서 소송대리인의 자격이 박탈됨을 알아둬 한다."
　　　　　　　　한동일 지음. 로마법의 법률 격언 모음집에서(출간예정)].
advocatus¹, -a, -um, p.p. 불러댄
advocatus², -i, m. 변호인(辯護人.㉑ counsel.프 conseil),
　변호사, 변호인(㉑ Advocate), 법률고문, 조수(助手).
　[변호인은 민형사 소송의 모든 과정에서 법적 문제에 관하여 의뢰인에 조력하고
　법정에서 의뢰인을 변론한다. 처음에 법정변론은 변호인들(oratores로서의 수련을
　거친 자만이 할 수 있었다. 공화정기의 변호인은 수임료를 받지 않았으나
　원수정부터 수임료가 점차 허용되었다.
　divérsæ partis advocatus. 반대편 변호사/
　quidam ex advocátis. 변호사들 중 한 사람/
　Advocatum habemus ad Patrem.
　우리는 아버지 앞에서 변호자를 모시고 있습니다.
advocatus angeli. 천사의 변호인
advocatus Dei. 시성(諡聖) 신청인, 하느님의 변호인
advocatus diaboli. 악마의 변호인(㉑ devil's advocate),
　시성.시복(諡福) 조사 심문(審問) 검사(별명).
advocatus ecclesiæ. 교회 보호자
　(신성 로마제국 카롤로 대황제를 가리킴. 백민관 신부 엮음. 백과사전 1, p.48).
advocatus ecclesiasticus. 교회 변호인
advocatus necessárĭus. 필요적 변호인(必要的 辯護人)
advocatus privatus. 사적 변호인(私的 辯護人)
advocatus publicus. 공적 변호인(公的 辯護人)
advocatus voluntárĭus. 임의적 변호인(任意的 辯護人)
ádvŏco, -ávi, -átum, -áre, tr. 소집하다, 초빙하다,
　의견.도움.사건처리(事件處理)를 위해 부르다,
　법률고문으로 부르다; 변호인으로 부르다,
　변호인과 상의하다. (친척 등을) 증인으로 부르다,
　조력자로 부르다, 도움을 청하다; 이용하다, 활용하다,
　(신에게) 호소(呼訴)하다, 도움을 청하다.
advoco noctem. 밤을 이용하다
ádvŏlo, -ávi, -átum, -áre, intr. …로 날아가다.
　가까이 날아가다, 빨리 달려가다(오다), 돌진하다.
advŏlútum, "advolvo"의 목적분사(sup.=supínum)
advŏlútus, -a, -um, p.p. (advólvo)
advólvo, -vólvi, -volútum, -ěre, tr. 굴려 가져오다.
　(pass. refl.) advólvi, se advólvo
　엎드리다, 부복(仆伏)하다, 무릎을 꿇다.

38

누구에게 몸을 던지다, 항복(降伏)하다.

advor··· V. **adver···**

ádytum, -i, n. 지성소(קֹדֶשׁ הַקֳּדָשִׁים. קֹדֶשׁ הַקֳּדָשִׁים).
ἅγια ʹτῶνʹ ἁγίων.⑨ Most Holy Place),
고대 신전의 안채, 가장 깊숙한 곳.

Ea, -æ, f. Colchis의 반도(그 주위를 Phasis 강이 흘렀다)

Æéea, -æ, (Æáee, -es) f. Circe 마녀가 살았다는 전설적인 섬

Æas, -ántis, m. Epírus의 강

ædes Fortis Fortúnæ. 행운의 여신 신전(神殿)

ædes, -íum, f., pl.(복수에서는 단수보다 다른 뜻 더 가짐)
신전(神殿); 궁전, 저택.

ædes, -is, f. (드물게) 공동주택의 한 가족용 거처, 방,
집(יִת.οἰκία.οῖκος), 가옥(家屋), 공동주택,
성당(⑨ church/Sanctuary), 신전, 예배소(禮拜所),
묘소(墓所-산소의 높임말), 벌통, 벌집. pl. 저택, 호화주택.
Aedibus idoneum locum deligere non potuerunt.
그들은 건물에 적합한 장소를 택할 수 없었다/
restituo *alqm* in ædes suas. 아무를 자기 집으로 돌려보내다/
trinæ ædes. 집 세 채, 가옥 세 채.

ædes Fortis Fortúnæ. 행운의 여신 신전

ædes sine libris est similis corpori sine spiritu.
책이 없는 방은 영혼이 없는 육체와 비슷하다.

ædícŭla, -æ, f. 작은 방, 자그마한 신전, 사당(祠堂),
(성인들의 유해나 유물을 모신) 소성당. pl. 작은 집,

ædificátĭo, -ónis, f. 건축, 집짓기; 건설, 건물(建物).
ædificátĭonem Corporis Christi. 그리스도 몸의 건설/
Dei ædificátĭo estis. 너희는 하느님의 건물이다(1고린 3, 9).

ædificátĭo caritatis. 사랑의 건설(建設)

ædificatiúncŭla, -æ, f. 작은 건축(建築)

ædificátor, -óris, m. 건축가, 건축업자, 건설자, 건설광

ædifícĭum, -i, n. 건물(建物). 건축물(建築物).
(‛Domus, Fundus, Litora, Praedium, Ripae, Servitus,
Superficies’ 참조)
Aedificia solo cohaerent.
건축물은 단지 서로 붙어 있는 것이다/
Astruo recens ædifícĭum véteri
낡은 집에 새 건물을 덧붙여 짓다/
Ea, quae perpetui usus causa in aedifiis sunt,
aedificii sunt, quae vero ad praesens, non sunt aedificii.
건물에서 영구적으로 사용하는 것은 건축물에 속한
다. 그러나 일시적인 것은 건축물에 속하지 않는다/
frequéntia ædifíciis loco. 건물들이 가득 들어선 지역/
Ius soli sequitur aedificium.
권리는 건축물만을 인정한다/
Omne, quod inaedificatur, solo cedit. (기존 건물 안이나
위에) 짓는 모든 것은 그 건물의 소유가 된다/
Qui in ripa fluminis aedificat, non suum facit.
강변에 짓는 것은 자신의 것이 되지 않는다/
Quod in litore quis aedificaverit, eius erit.
해안가에 짓는 것은 그의 소유가 될 것이다/
Solo cedere solent ea, quae aedificantur aut seruntur.
그들이 건설하고 파종한 것들은 통상 그들 소유의 땅이 된다.

ædífico, -ávi, -átum, -áre, tr. (ædes+fácio) 집 짓다.
토목공사를 하다, 건축하다, 짓다, 건설하다(בָּנָה),
(다리를) 가설하다, (선박) 건조하다,
(담·벽을) 쌓다, 기초를 놓다, 기초공사(基礎工事)하다,
형성하다, 만들다. ædificare caritatem. 사랑을 건설하다.
Ad ædificándam justiorem civitatem pugnamus.
우리는 보다 정의로운 국가를 건설하기 위하여 싸우는 중이다/
Hic homo cœpit ædificare et non potuit consummare.
저 사람은 세우는 일을 시작만 해 놓고 마치지는 못하는군/
Illi iusserunt servos ædificare vias longas.
그들은 노예들에게 명령하여 장거리(longas) 도로들을
축조하게 하였다. [iubeo 동사는 집행평가가 명기되면 능동태 부정법으로
속문을 만들고 명기되지 않으면 수동태 부정법(iusserunt vias longas
ædificari)을 만든다. 성 염 지음. 고전 라틴어. p.131]/
Roma die uno non ædificata est.
로마는 하루아침에 이루어지지 않았다/

Urbs ædificari cœpta est. 도시는 건설되기 시작하였다.

ædifico locum. 터를 닦다

ædifico mundum. 세상을 창조하다

ædilícĭus, -a, -um, adj. 토목건축을 관리하는

ædílis, -is, m. 고대 Roma의 토목건축 관리관(管理官)

ædílis curulis. 안찰관(按察官)

ædílis plebeius. 평민 안찰관.
Aediles plebeji, aliquot matronas apud populum probri
accusarunt. 평민 감찰관들은 귀부인 몇몇을 파렴치죄로
국민에게(=민회에) 고발하였다.

ædílĭtas, -átis, f. 토목건축 관리관직(管理官職)

ædis, -is, f. = **ædes**

ædítim··· V. **ædítum···**

ædítŭa, -æ, f. 여자 신전지기, 경비자(警備者)

ædítŭens, -éntis, m. (ædes+túeor) 신전 관리자

ædítŭmor, -ári, dep., intr.
신전 관리자로 있다, 신전(神殿)을 지키다.

ædítŭmus(=ædítĭmus) -i, m. 성당지기, 신전 관리자

ædítŭus, -i, m. = **ædítŭmus** = **ædítĭmus**
(Cicero 때부터 ædítĭmus보다 ædítŭus를 더 많이 씀).

Æfŭla, -æ, f. 동북 Látium의 촌락(村落)

Æfŭlum, -i, n. = **Æfŭla**

Ægátæ, -árum, f., pl. = **Ægátes**

Ægátes, -íum(-um), f., pl. Sícilia 서쪽에 있는 세 개의 군도

æger, -gra -grum, adj. (물리적) 아픈, 앓는, 고생하는,
병든, ((정신적) (마음이) 병든, 슬퍼하는, 괴로워하는,
걱정하는, 불행한, 고통스러운, 견디기 어려운,
(마음의) 고통(苦痛).괴로움.어려움을 가져오는.
ægrum, -i, n.
마음의 고통을 가져오는 것, 마음을 괴롭히는 것,
ægro adhibére medicínam. 병자에게 약(藥)을 쓰다/
ægro córpore esse. 몸이 아프다/
ægros terret morbus 질병이 병든 사람들을 무서워 떨게
만든다[본래의 순서는 morbus terret ægros이나 라틴어는 굴절speech(어미를
품사와 문법적 역할을 알 수 있는 언어)이므로 주어와 목적어가 이렇게 자리를
바꿔도 상관없고 오히려 멋이 된다. 성 염 교수 홈페이지에서]/
ánimo magis quam córpore æger. 몸보다 마음이 병든/
Ill sibi vidétur esse æger.
그는 자기가 병이 있다고 생각한다.
Jussi sunt ægri deférri.(jubeo 참조) 병자들을 데려오라고 명했다/
mortáles ægri. 불행한 인간들/
noctes ægræ. 고통스러운 밤/
Sæpe tulit ægris sucus amarus opem(Ovidius).
흔히 쓴 약이 병자에게 고통을 없애준다(ferre ops. 도움을 주다)/
seges ægra. 병든 농작물/
Tu videris esse æger. 너는 앓는 것 같이 보인다/
viso ad ægram. 병자를 방문하다.

æger anhelitus. 고통스러운 호흡(呼吸)

æger animus. 고통 받는 마음, 병든 마음

Æger oculis. 눈병을 앓는

æger vulnéribus. 상처(傷處)로 인하여 앓는

Ægesilaus, -i, m. (+ca. 360) 스파르타의 국왕이자 장군.
[소아시아의 페르시아 군을 격퇴하고(396) 코린토 동맹을 무찌름.].

**Ægesilaus, cum ex Aegypto revertetur, in morbum
implicitus decessit.** 아이게실라우스는, 이집트에서
돌아 와서 병에 걸려 죽었다.

Ægion(Ægíum) -i, n. Acháia의 항구도시

ægre, adv. 고통스럽게, 어렵게, 겨우, 간신히, 힘겹게,
억지로, 싫은 마음으로. **ægérrime.** 무척 힘들게.
ægre fero. 겨우 참다/
Occasio ægre affertur, facile amittitur.
기회는 힘겹게 오고, 쉽사리 사라진다/
Qui id ægre ínvenit. 그것(먹을 것을 어렵게 얻은 사람/
si quis ægre ferat, se páuperem esse.
자기의 가난함을 몹시 괴로워한다면.

Ægre est migi(animo meo). 나는 불쾌하다, 귀찮다

ægre fácere alci. 누구의 감정을 상하다

ægre ferre. 억지로 참다, 불쾌하게 여기다

ægre id passus. 하기 싫은 일을 당하여

ægre portas tuéri. 성문을 지키기가 몹시 힘들다
ægrẽo, -ére, intr. 앓다
ægrésco, -ĕre, tr. 병 걸리다, 쇠약해지다, 악화되다,
　짜증나다, 약 오르다, 싫증나다, 신경질(神經質) 나다
ægrimónĭa, -æ, f. 고민(苦悶)-괴로워하고 속을 태움),
　슬픔(λύπη.悲哀.இ Sadness), 비탄(悲嘆-슬퍼하며 탄식함),
　비통(悲痛-몹시 슬퍼서 마음이 아픔), 마음 아픔.
ægritúdo, -dínis, f. 몸이 편찮음; 병(病), 질환(疾患)
　마음이 편찮음, 근심, 걱정, 심상(心傷-마음 고통),
　고난(苦難.இ Tribulátion/Illness)
　Ægritudines gignuntur ex intemperantiã.
　여러 가지 병은 무절제함에서 온다/
　Episcopi per semetipsos ordines conferant.
　Quodsi ægritudine fuerit impedíti, subditos suos non
　aliter quam iam probatos et examinatos ad alium
　episcopum ordinandos dimittant. 주교들은 서품들을 직접
　거행해야 한다. 질병으로 거행하지 못하게 되면,
　이미 인증되고 검증된 자기 수하들을 다른 주교에게
　보내어 서품을 받을 수 있게 해야 한다.
Aegritudo est animum. 질병은 정신을 좀 먹는다
ægrotátio, -ónis, f. 병 앓음, 병(病), 병적 상태
ægrotátio ánimi. 마음의 병
ægróto, -ávi, -átum, -áre, intr. 앓다, 병들다(ロユ).
　ægrotantes insanabiles. 불치병 환자/
　gráviter ægroto. 몹시 앓다.
ægrótus¹, -a, -um, adj. (비교급, 최상급 없음)
　병든, 앓는, 허약(虛弱)한, 슬퍼하는, 싫어하는.
ægrótus², -i, m. 병자(病者).
　ægrotos amavit, sed sanandos visitavit. 그분께서는 병자
　들을 사랑하셨지만, 치유하시면서 찾아 오셨습니다.
　(최익철 신부 옮김, 요한 서간 강해, p.323)/
　Ægrotorum cura. 병자들을 돌봄/
　Est ejus medici ægrotos sanare.
　병자를 고치는 것은 의사의 그의 본분이다/
　etiam ægroti mittuntur ut operarii in eius vineam.
　(❺ Even the sick are sent forth as labourers into the
　Lord's vineyard) 병자들마저 주님 포도원의 일꾼으로
　파견되다.("1988.12.30. "Christifideles laici" 중에서)/
　Facile omnes cumvalemus, recta consilia ægrotis damus.
　우리 누구나 건강할 때면 아픈 사람들에게
　그럴싸한 충고를 (곧잘) 내린다(Terentius)/
　Ille non venit nisi curare et sanare ægrotos.
　그분께서는 병자를 돌보고 낫게 하시려고 오셨습니다/
　Medicus venit ad ægrotos, via porrecta est ad peregrinos.
　의사가 환자에게 오셨고, 나그네에게 길이 열렸습니다.
　(최익철 신부 옮김, 요한 서간 강해, p.429).
Ægyptĭăcus, -a, -um, adj. 이집트의
Ægýptĭus, -a, -um, adj. 이집트(인)의
Ægýptus(-tos), -i, f. (❺ Egypt.그 Aigyptos.히
　Misrayim), 이집트, 에집트, 애급(埃及), 애굽(공동번역),
　Ægýptum Nilus írrigat.(irrigo 참조)
　Ægýptus is Nilus 강에 의해 관개(灌漑)된다/
　De Api rege Argivorum, quem ægyptii Serapim
　nominatum divinp honore coluerunt. 이집트인들은
　아르고스인들의 왕 아피스를 세라피스 신으로 숭배했다.
　(교부문헌 총서 17, 신국론, p.2810)/
　Ex Aegypto vocavi filium meum.
　내가 내 아들을 이집트에서 불러내었다(성경 마태 2. 15).
Æmília, -æ, f.(=Æmília via) 이탈리아 북부의 유명한 도로
æmula, -æ, f. 여자 연적(戀敵)
æmula Dei. 하느님의 경쟁자
Æmulamini autem charismata maiora.(I 고린 12. 31)
(zhlou/te de. ta. cari,smata ta. mei,zona)
(❺ Strive eagerly for the greatest spiritual gifts)
　여러분은 더 큰 은사를 열심히 구하십시오(성경 I 고린 12. 31)/
　여러분은 더 큰 은총의 선물을 간절히 구하십시오(공동번역)/
　그러니 이왕이면 좀 더 큰 은사를 간절히 구하시오(200주년).
æmulátio, -ónis, f. 경쟁(심), 겨룸, 시기(猜忌), 경쟁심,
　시샘("시새움"의 준말. 猜忌), 질투(嫉妬.❺ envy/Jealousy).

Non in comissationibus et ebrietatibus, non in cubilibus
et impudicitiis, non in contentione et æmulatione.
흥청대는 술잔치와 만취, 음탕(淫蕩)과 방탕(放蕩),
다툼과 시기 속에 살지 맙시다(성경 로마 13. 13).
æmulátor, -óris, m. 모방자(模倣者.æmuli), 경쟁자
æmulátrix, -ícis, f. 여성 경쟁자(競爭者), 모방자
æmulátus, -us, m. 경쟁(심), 대항(對抗)
　시기(猜忌.❺ Envy-생하여 미워함).
æmúlor, -átus sum, -ári, dep.,
　intr. 경쟁하다, 시기(猜忌)하다, 질투(嫉妬)하다.
　tr. 경쟁하다, 겨루다, 버티다,
　지지 않으려고(이기려고) 애쓰다.
æmulor alqd. 무엇을 가지고 겨루다
æmúlus, -a, -um, adj. 필적하는, 경쟁하는, 겨루는,
　같아지려고 하는, 모방하는, 시기하는, 질투하는.
　샘내는, 부러워하는, 지지 않으려고 하는, 적수의.
　f., m. 경쟁자, 상대자(相對者), 적수, 연적(戀敵).
　non servi sumus naturæ sed æmuli.
　우리는 자연의 종이 아니고 자연의 경쟁자.
Æneam rejicite, Pium accipite.
　애네아스를 버리고 비오를 받아들여라(비오 2세 교황 구호).
Ænéas, -æ, m. Venus의 여신과 영웅 Anchíses의 아들,
　Troja의 용사(Virgilius의 서사시 Ænéis의 주인공으로 유명하며,
　Roma인들의 건국시조라고 생각함)

	*희랍어 혹은 그 밖의 외래어로서 단수 주격으로 -as, -es(남성 어미) 또는 -e(여성 어미)를 가진 것은 불규칙적으로 변화함	
nom.	Aenéas	*불규칙 변화에 속하는 몇 가지 예
voc.	Aenéa	áloë, -es, f. 알로에
gen.	Aenéæ	Ananías, -æ, m. 아나니아스 cométes, -æ, m. 혜성, 꼬리별
dat.	Aenéæ	epítome, -es, f. 개요, 대요
acc.	Aenéam	Isaías, -æ, m. 이사야 Lucas, -æ, m. 루카
abl.	Aenéa	pyrít, -es, m. 부싯돌 Thomas, -æ, m. 토마스

(한동일 지음, 카르페 라틴어 1권, p.24)
Aeneas puppi sic fatur ab alta.[성 염 지음, 고전 라틴어, p.342].
애네아스는 고물 높이 서서 이렇게 말하는 것이었다.
[시어에서 자주 쓰인다. 동사 fari에는 ad-fari(affari) 말을 걸다. ...을 향하여 말하다. ef-fari 발설하다, 발언하다, præ-fari(præfatio) 미리 말하다, 서두를 떼다, pro-fari 말하다, 발언하다. 등의 합성어가 있다.]
Ænéátes, -um, m., pl. Ænéa의 주민(住民)
æneátor, -óris, m. 나팔수
ǽnĕus(=ahénĕus) -a, -um, adj. 구리로 만든, 동제의,
　구리 색의, 청동의, 청동과 같이 견고한, 영구한, 청동시대의.
　n. 청동기(청동으로 만든 기구를 두루 이르는 말.
ænígma, -átis, n. 모호한 비유, 수수께끼(חִידָה.古.슈지),
　슈지(חִידָה."수수께끼"의 옛말), 알 듯 모를 듯한 말, 은어(隱語).
　Fili hominis, propone ænigma et narra parabolam ad
　domum Israël. (ui`e. avnqrw,pou dih,ghsai dih,ghma kai. eivpo,n
　parabolh,n pro,j to.n oi=kon tou/ Israhl) (獨 Du Menschenkind,
　lege dem Hause Israel ein Rätsel vor und ein
　Gleichnis) (❺ Son of man, propound a riddle, and speak
　a parable to the house of Israel) 사람의 아들아, 이스
　라엘 집안에게 수수께끼를 내고 비유를 말하여라(성경
　에제키엘 17. 2)/너 사람아, 이스라엘 족속에게 수수께끼를
　내놓아라. 비유를 들어 말해 주어라(공동번역)/
　Inclinabo in parabolam aurem meam, aperiam in
　psalterio ænigma meum. (❺ I will turn my attention to
　a problem, expound my question to the music of a
　lyre) 나는 잠언에 귀 기울이고 비파 타며 수수께끼를
　풀리라(성경 시편 49. 5)/내가 속담에 귀를 기울이고 수금을
　뜯으며 수수께끼를 풀리라(공동번역 시편 49. 4)

	sg.	pl.
nom.	ænígma	ænígmata
voc.	ænígma	ænígmata
gen.	ænígmatis	ænígmatum(-órum)
dat.	ænígmati	ænígmatibus(-is)
acc.	ænígma	ænígmata
abl.	ænígmate	ænígmatibus(-is)

(허창덕 지음, 중급 라틴어, p.11)

Ænigma Fidei. 신앙의 수수께끼(생티에리의 윌리암 지음)
ænigmátĭcus, -a, -um, adj. 수수께끼 같은, 애매한, 모호한
ăēnĭpes, -pĕdis, adj. 구리다리를 가진
ăēnum(=ahénum), -i, n. 구리 그릇, 구리 솥, 냄비
ăēnus(=ahénus) -a, -um, adj. 구리의, 동제의.
ăēna corda. 청동같이 굳은 마음.
æqua libertas. 평등한 자유
æqua sustentátĭo. 합당한 생활비
æquábĭlis, -e, adj. 동등한, 같은(ὅμοιος), 평등한, 공정(公正)한, 공평(公平)한, 편파적(偏頗的)이 아닌, 일정한, 규칙적(規則的)인, 한결 같은.
æquábile genus oratiónis. 같은 연설조/
jus æquábile. 모든 이에게 공정한 법/
æquábĭlis in suos. 수하사람들에게 공평한
æquabílĭtas, -átis, f.
평등, 동등, 일정함, 불편부당, 공평, 한결같음.
æquabílĭtas in omni vita. 평생 동안 한결같은 성격
æquabílĭter, adv. 같은 모양으로, 골고루, 공평하게, 일정하게
æquǽvus, -a, -um, adj. (æquus+ævum)
같은 나이의, 같은 연대의
æquális[1], -e, adj. (모양.크기.품질.정도.범위.지위.기간 따위가) 같은(ὅμοιος), 동등한; 평등한, 나이가 같은, 동년배의; 동시대의, 한결 같은, 고른; 균형 잡힌, 평평한, 평탄한.
æquáli ictu. 일률적으로 때려서/
loca æquália. 평탄한 곳/
cibus noster, idem ipse Christus æqualis Patri.
우리의 음식은 아버지와 똑같은 그리스도 자신입니다.
(최익철 신부 옮김, 요한 서간 강해, p.151)/
Quomodo volebat omnes esse æquales. 어떻게 모두가 같아지기를 바랄 수 있었겠습니까?(요한 서간 강해, p.363)/
Si ab æqualibus æqualia demas, quæ remanent sunt æqualia. 동등한 것에서 동등한 것을 빼고 나면, 동등한 여분이 남는다/
soror æquális. 같은 나이의 누이.
æquális cursus. 같은 보조로 뜀
æquális tempóribus illis scriptor. 같은 그 시대의 저자
æquális[2], -is, m., f. 같은 시대사람, 동년배, 어려서 부터의 친구, 소꿉동무.
æquálĭtas(=cŏæquálĭtas) -átis, f. (모양.성질이) 같음, 동양, 같은 나이(연배); 친구들, 동등(同等), 동일, 평등([영] Equality), 균등(均等), 한결 같음, 고른 모양.
Sed, *sicut*, non semper ad æqualitatem dici solet.
'처럼'이라는 말이 늘 동등함을 일컫지는 않습니다.
(최익철 신부 옮김, 요한 서간 강해, p.213).
æqualitas et diversitas hominum.
인간의 평등과 다양성([영] Equality and diversity of man).
æqualitas omnium coram lege. 법률 앞에 만인 평등
æqualitas vera. 진정한 평등
æquálĭter, adv. 같게, 동등(同等)하게, 공평(公平)하게, 균등(均等)하게, 골고루, 한결같이.
collis ab summo æqualiter declívis.
꼭대기부터 고르게 경사진 산/
Utrum Deus æqualiter diligat omnia.
하느님은 모든 것을 균등하게 사랑하는가.
æquanímĭtas, -átis, f. (æquus+ánimus) 친절(χρηστὸς. [영] Benevolence), 호의(好意.ηπ.εὔνοια.χρηστὸς. [영] Benevolence), 서두르지 않고 참을성 있음, 침착(沈着, præsentĭa animi), 태연(泰然).
æquanímĭter, adv. ([영] calmly / with equanimity)
침착하게, 태연하게, 냉정하게.

Quod temporales miseriæ Christi exemplo æquanimiter sunt ferendæ.
그리스도의 표양을 따라 현세의 곤궁을 즐겨 참음.
æquánĭmus, -a, -um, adj. (æquus+ánimus)
침착한, 태연한, 유장한.
æquátĭo, -ónis, f. 동등하게 함, 대등하게 함, 등분, 균등
æque, adv. 같게, 같이(καθὼς.ἀμετ.σὺν.ὡς.ὥσπερ)
동등하게, 똑같이, 같은 정도로, 공정하게, 정당하게.
æquíssime. 대단히 공정하게/
duæ trabes æque longæ. 같은 길이의 두 개의 들보.
æque ac immediate. 동등하게 그리고 직접적으로.
æqui et iniqui. 친구와 원수(怨讐)
æquidístans, -ántis, adj. 거리가 같은
æquilíbris, -e, adj. (æquus+libra) 평형의, 균형 잡힌
æquilíbrĭtas, -átis, f. 평형(平衡), 균형(均衡),
æquilíbrĭum, -i, n. (같은 æquus+천정 libra) 평형, 균형, 수평, 양쪽이 같음, 상쇄(相殺-셈을 서로 비김), 같은 방법의 복수.
ad æquilíbrĭum esse. 수평이 맞다.
æquinoctiális, -e, adj. 주야 평분(平分)의, 춘분.추분의
æquinóctĭum, -i, n. (æquus+nox)
주야 평분시(平分時), 춘분(春分), 추분(秋分).
aequior, -or, -us, adj. æquus, -a, -um의 비교급
æquiparábĭlis, -e, adj. 견줄 수 있는, 필적하는
æquiparátĭo, -ónis, f. 견줌, 비교(比較)
æquípăro, -ávi, -átum, -áre, tr. 갖게 하다, 비교하다, 같은 수준으로 만들다, (자동사적 의미로) …와 같이 되다, 수준에 도달하다, 필적(匹敵)하다.
æquípĕro, = **æquípăro**,
æquipolléntĭa, -æ, f. 등가(等價), 대등(對等), 동의(同義)
æquipóndĭum, -i, n. (æquus+pondus) 같은 무게; 평형추, 분동
æquiprobabilísmus, -i, m.
(倫) 동등 개연론, (哲) 동등 개연설, 동등 개연주의.
(어떤 행동을 하려고 하는 데 윤리적으로 가당한 행위인지 양심적으로 의문이 있을 때 법과 자유의 중간입장을 취한다는 주장. 백민관 지음, 백과사전 1, p.991).
probabiliorismus, -i, m. 안전 개연론(蓋然論).
æquis óculis. 부드러운 눈길로
æquissimus, -a, -um, adj. æquus, -a, -um의 최상급
ǽquĭtas, -átis, f. 형평(衡平.'Justitia' 참조), 평면, 균형, (좌우의) 대칭, 동등(同等), 평등(平等.[영] Equality), 공정(משפט), 공평, 공명정대; 불편부당, (마음의) 차분함, 평정(平靜), 침착(沈着); 무사무욕(無事無慾); 일관성.
[형평 개념은 고전법의 용어에 따르면 인법人法 또는 인정법ius humanum과 동의어이다. 이 개념에 따라 고전법이 평등이라는 지도적 이념 아래에 있게 된다. 자연법이 주장하는 형평이 아니라 인법이 보장하는 형평은 '시민적 형평(평등)aequitas civilis'과 '자연적 형평(평등)aequitas naturalis'으로 나뉘었다. 시민적 평등은 법제도, 예컨대 소유권, 역권, 채권채무 관계 등의 규칙을 통해 달성된다. 이 제도들은 만민법↗Ius gentium의 창조물이다. 그리하여 모든 인간들에게 효력을 가진다. 그러나 이 제도들은 고유법ius proprium의 규칙에 따른 수정을 허용하는데, 그 규칙들은 시민에게만 권리를 주고 의무를 부과한다. 반면 자연적 형평naturalis aequitas은 재판정무관에 의해 과거, 현재 또는 미래의 인간 행위factum에 대한 법윤리적 평가에 의거하는 소송수단들(소와 항변)을 통해 관철되고, 모든 이를 상대로 효력을 가졌다. 그 실례로서 과거의 악의적 가해를 추급하는 '악의소권actio de dolo', 과거 또는 현재의 악의 또는 제소 자체에 존재하는 악의에 기하여 소를 저지하는 '악의의 항변actio doli', 무상대여물의 반환이라는 장래의 행위를 청구하는 고전시대의 사용대차소권actio commodati 등을 들 수 있다. 이 인간 특수의 평등법이 질서를 부여하고 행태를 지도하면서 개입하는 자연주의적 성격은 고전법학에 따르면 자연법ius naturale에 의해 지배되었다. 자연법은 인간뿐만 아니라 고등 동물에게 효력이 있고 사회적 본능, 특히 자유충동과 점유충동까지도 지도하는 원리이다. 이렇게 이해된 인간의 본성은 자유의 원천이자 또한 모든 불평등의 기원이기도 하다. 왜냐하면 인격체persona로서 인간은 평등한 사람들 가운데 평등한 1인일뿐만 아니라, 자연이 어떤 사람의 특수성에 기하여 특수한 능력을 부여하여 창조한 사람이기 때문이다. 개인 능력의 자유로운 발현에 대해 인간의 법ius humanum에 의한 형평aequitas이 질서를 부여하며 평화와 법적 안전성을 보장하는 틀을 부여하기는 하지만, 그렇다고 경계를 짓지는 않는다. 그에 반하여 고전전古典前시대 법에서는 자기 이익을 위한 시민법ius civile이 자연법ius naturale에 부가되어 국가 간 또는 인간간의 불평등을 초래한 것으로 이해하였다. 이에 대해 이타적인 재산배분에 기여한 고전전古典前시대의 자연법은 '언제나 공평하고 좋은semper aequum et bonum' 법이었다. 고전시대 성기盛期인 제정기帝政期 사료에서는 '자연적 형평'과 '형평과 선aequum et bonum'이 하나의 절충적인 합일체로 융합된다. 그러한 합일체 안에서는 사회적 자연법의 요청이 자유를 위하여 제한되는 경향이 있었다. 고전법의 형평은 그리스도교의 윤리 및 교리에 영향을 줄 수 있게 만든 비옥한 토양이었다. 그러한 발전이 유스티니아누스 법전에 표명되었다. 형평은 더 넓은 범위에 적용되었을 뿐만 아니라 경의敬義(pietas), 자애慈愛(caritas), 인도人道(humanitas), 선의benignitas, 인자clementia와 같은 용어의 사용에 의해서 풍부해지기도 했다. 형평에 대해 이러한 다양한 용어를 사용한 것은 통치자인 황제의 방향성과 경향에 따라 달리 사용되었음을 보여준다. 하지만 형평aequum이라는 용어가 법학자들의 직무 의식에 너무나 깊이 뿌리를 내리고 있었기에, 다른 용어들 모두 관철된 것은 아니다. 이전의 형평이 유스티니아누스 법전에서 차지한 자리는 다음과 같다. 즉 피우스Pius 황제의 칙답에 정식화된 근본적 중요성을

가지는 원리란 "요식 문언이 쉽게 변경되는 것을 허용할 수는 없으나, 형평이 분명히 요구하면 조력하여야 한다.Etsi nihil facile mutandum est ex sollemnibus, tamen ubi aequitas evidens poscit, subveniendum est."고 표명되었다. 이 원리는 법학자 마르켈루스Marcellus의 이름과 결부되어「학설휘찬(학설모음집)」에 일반 원리로 등장한다. 추둔일 지음, 로마법의 법을 격언 모음집에서].

Æquitatem tuam non potui non probare.
당신의 공정성은 내가 인정하지 않을 수가 없었다/
In omnibus quidem, maxime tamen in iure, aequitas
spectanda sit. 모든 일에 있어서, 특히 법(권리)에서는
형평에 비추어 판단해야 된다/
Judex æquitatem semper spectare debet.
재판관은 항상 형평(衡平)을 존중하여야 한다/
justitia est æquitas jus cuique retribuens pro dignitate
cuiusque. 정의는 각자의 품위에 따라 각자에게
자기 것을 돌려주는 행위/
justitia et æquitas. 정의와 공평/
Placuit in omnibus rebus praecipuam esse justitiae
aequitatisque, quam stricti juris rationem.
모든 재판에서 엄격한 법의 규정보다 정의와 형평이
우선하는 게 바람직하다/
Summum jus summa (saepe) injuria.
최대의 공정은 (종종) 최대의 불공정이다. 극단의 엄격한
법 규정은 극단의 불의이다.(이 법언은 법이 그 적용에 있어
더 엄격할수록 종종 가장 불공정한 것으로 바뀐다는 의미이다)/
Ubi aequitas evidens poscit, subveniendum est.
형평이 명백하게 요구되는 경우에는
구제하러(도우러) 가야 한다.
æquitas canonica. 교회법적 공평
æquitas naturæ. 동등한 본성
æquitas naturális. 자연적인 공평
æquitas sequitur legem. 형평은 법률에 따른다.
æquiváléo, -ére, intr. 힘이 같다, 가치(價値)가 같다
æquivocátio, -ónis, f. (哲) 동어이의(同語異義),
일어다의(一語多義), 다의 개념, 모호함(애매함) 말.
æquivocátio a consilio. 의도적으로 사용된 다의성
æquivoce, adv. 다의적으로(univoce, adv. 일의적으로)
æquivócitas, -átis, f. 다의성(多義性).
(哲) 다양성(多樣性).⑨ Variety of creatures).
æquívocus, -a, -um, adj. (æquus+vox)
(말이) 애매한, 모호한, 다의의, 양의의. 다의적.
generátio æquivoca. 자연(적인) 발생.
(論) términus æquivócus. 일어다의 명사.
æquo, -ávi, -átum, -áre, tr. 평평(平坦)하게 하다,
같게 하다, 동등하게 하다, 동렬(同列)에 놓다, 조정하다,
동분(同分)하다, 도달하다(אסמ.אסמ), 미치다,
같아지다, 비견(比肩)하다, 비교(比較)하다.
amor non æquo fœdere.(성 염 지음, 사랑만이 진리를 깨닫게 한다.
p.400) 떳떳치 못한 연분으로 맺어진 사랑/
cælo æquo *alqm* láudibus.
아무를 칭찬하여 하늘까지 치켜 올리다/
Fluminis altitúdo equórum péctora adæquábat.
강물이 말들 가슴까지 찼다/
solo æquare. 땅바닥과 같게 만들다(=파멸시키다 의미). 무너뜨리다.
æquo áream. 마당을 평평하게 하다
æquo certámen. 양편의 세력을 같아지게 하다
æquo glóriam. 아무와 같은 영광을 얻다
æquo ludum nocti. 밤새도록 노름하다
æquo stécora. 거름을 골고루 펴주다
æquor, -óris, n. 평면, 평지, 반듯한 표면, 평야(平野),
평원(平原), 잔잔한 수면(水面), 해면(海面).
Aráre vastum maris æquor.
황량한 바다의 수면을 헤치며 가다.
æquóréus, -a, -um, adj. 바다의, 바다에 관한.
æquóreum genus. 어족(魚族).
æquum, -i, n. 평지, 평야, 동등, 평등(平等).⑨ Equality),
동권(同權), 지당(至當), 정당, 공정, 공명정대(公明正大).
æqui bonique fácere.
정당한 것으로 인정하다, 만족(滿足)해 하다/
et æquum et rectum est quod tu postulas.
귀관이 소청하는 바는 공평하고 정대한 일이오.

(성 염 지음, 사랑만이 진리를 깨닫게 한다. p.450)/
ex æquo. 동등하게, 똑같이/
in æquo pónere *alci.* 누구와 동렬(동등한 지위에)에 놓다/
in æquo stare(esse *alci*).
누구와 동등하다, 같은 수준에 있다/
Justus secundum leges vel aliqua rationes constructum,
æquus juxta naturam. 정의롭다 함은 법률에 의거해서나
다른 원리에 따라 설정된 사유에 의거하여 하는 말이고,
공정하다 함은 자연 성정에 의거하여 하는 말이다.
(성 염 지음, 사랑만이 진리를 깨닫게 한다. p.396).
æquum est. 마땅하다(dignum est)
æquum et bonum. 올바른 것, 정당한 것, 공정과 도리.
fit reus magis ex æquo bonoque quam ex jure gentium.
범죄자로 기소되는 것은 만민법에 의해서라기보다는
공정과 도리에 의해서다(성 염 지음, 사랑만이 진리를 깨닫게 한다.
p.479).
æquus, -a, -um, adj. 평평한, 평탄한,
(가끔 atque, et, quam; cum 등과 함께 쓰이면서)
(와)같은(ὅμοιος), 동등(同等)한; 평등(平等)한,
마음의 동요(動搖)가 없는, 평온한, 침착한, 태연한,
호의적(好意的)인, 친절한, 상냥한, 부드러운, 고마운,
공정한, 공평한, 정당(正當)한, 합당(合當)한, 마땅한,
((軍) (지형이) 유리한.
m., pl. **æqui et iníqui.** 친구와 원수(怨讐).
Adéste æquo ánimo. 호의를 가지고 참석하라!/
æqua libertas. 평등한 자유/
æqua pensa rependo.
받았던 양털 무게만큼의 실을 자아서 납품하다/
Æqua Venus Teucris, Pallas iníqua fuit. Troja인들에게
Venus는 호의적이었으나 Pallas는 적의를 품었었다/
Aequam memento rebus in arduis servare mentem.(Horatius)
곤경에 처하여 정신적 평정을 보전하도록 유념하라!
æquam rem imperito. 옳은 일을 명하다/
æquam senténtiam pronuntiáre. 공정한 판결을 선포하다/
æquióres loco. 더 유리한 지점에서/
æquis óculis. 부드러운 눈길로/
æquo ánimo. 침착한 마음으로/
æquo cum cívibus jure vivere.
시민들과 같은 권리를 가지고 살다/
Condiciones pacis æquæ victis ac victoribus.
승자에게나 패자에게나 같은 조건의 평화/
ex æquo. 평등하게/
ex loco æquo. (동등한 자리에서의 뜻으로)
원로원에서 (발언하다)/
geminæ æquo sidere natæ. 같은 별을 타고난 딸 쌍둥이/
triángula æquis latéribus. 이등변 三角形/
vir Troiane, quibus cælo te laudibus æquam.
트로이아 영웅이여, 무슨 찬사를 바쳐 그대를
천계에서 견주리오(성 염 지음, 사랑만이 진리를 깨닫게 한다. p.397).
äër, áëris, m. (acc.: áërem, áëra) 공기, 대기(大氣), 분위기,
하늘, 공간, 공중; (詩文) 구름, 안개, 일기, 기후(氣候).
æther, -éris, m. 순수한 공기/
áërem(ánimam) spíritu duco. 공기를 들이마시다/
Omnia possideat, non possidet aëra Mino. 미노스가 모든
것을 가지고 있다 해도 (푸른) 창공을 갖지는 못 한다/
Sic autem se habet omnis creatura ad Deum, sicut aer
ad solem illuminantem 그런데 모든 피조물과 하느님과의
관계는 공기와 빛을 내는 태양과의 관계와 같다.
(신학대전 14. 이상섭 옮김, p.115)/
summus aër árboris. 나무 꼭대기.
Aër volatus álitum sústinet. 공기는 나는 새를 받쳐준다
æra, -æ, f. (植) 독보리, 가라지, 숫자 표시 기호,
기원(紀元-역사상 일정 사건을 기점으로 햇수를 헤아리는 年紀를 기원이라
하는데, 각 민족마다 나라 창건자 또는 당시 통치 년에 연기를 헤아렸다. 그
이후 민족을 초월한 기원을 쓰는 고유한 기원이 생겼다… 백과사전 1, p.50 참조).
æra, æram, n., pl.(복수에서는 단수보다 다른 뜻 더 가짐)
병역(兵役), 복무기간, 급료.
æra militum. 복무연한(服務年限)
æra recurva. 낚시(amus, -i, m.)

æraméntum, -i, n. 청동기(靑銅器), 동(銅)으로 만든 것

ærárĭa, -æ, f. 동광산(銅鑛山)

ærárĭum, -i, n. 국고(國庫), 나라 금고(金庫),
  공문서고(公文書庫), 국고금, 공금; 국가 특별 예비금.
  ærárii dispensátĭo. 국가 금고 관리/
  exháustum ærárium. 바닥난 금고/
  hirudo ærárii. 공금 횡령자(公金 橫領者)/
  omnem pecúniam ex ærário exhaurio.
    국고금을 다 써버리다/
  Octavianus Augustus summam pecuniæ dedit in ærarium
  vel plebi Romanæ vel dimissis militibus : denarium
  sexiens milliens. 옥타비아누스 아우구스투스는 엄청난 돈
  (summa pecuniæ)을 국고에 넣거나 로마평민들이나 퇴역
  군인들에게 나누어 주었다. 6000 데나리우스의 돈을!/
  pecúniam ex ærário erogatio in classem.
    국고에서 함대를 위해 공급을 지출하다.

ærárĭum militáre. 군대금고, 군사비(軍事費)

ærarium sanctus. 유사시에 대비한 국고금

ærárĭus[1], -a, -um, adj. 청동의, 구리로 된, 돈의, 화폐에 관한.
  æraria rátĭo. 화폐환율(貨幣換率)/
  faber ærarius. 구리공인(工人)/
  tribúni ærárii. 회계, 출납관(出納官).

ærárĭus[2], -i, m. 구리공인,
  Roma의 최하시민(이들에겐 투표권이 없고 인두세만 부과 당함)

ærátus, -a, -um, adj. 동(銅)을 입힌, 동(銅)으로 씌운,
  청동제의, 청동으로 된, 돈 많은(부자).
  ærátæ ácies. 무장한 군대/ærata secúris. 청동도끼/
  naves ærátæ. 뱃머리를 동판으로 덮은 배.

ære, æs, æris, n. 참조

ære alieno obrui. 빚으로 망하다.

ære alieno premi. 빚에 쪼들리다

ære perennius. 오래 견디는, 청동보다 더 견고한

ærĕus[1], -a, -um, adj. (æs) 동으로 만든, 청동의,
  청동으로 장식된, 청동과 같은.
  ærea suta. 청동 쇠 미늘 갑옷/
  Serpens æreus. 구리 뱀(Num. 21. 8~9)/
  ærĕus, -i, m. 동전(銅錢)

ærĕus[2], -a, -um, adj. = ā́érĭus

ærĭfer, -fĕra, -fĕrum, adj. (æs+fero)
  청동 바라(심벌즈)를 잡은.

ærĭpes, -ĕdis, adj. (æs+pes)
  청동으로 만든 발의, 청동 발을 가진.

æris confessi. 인락(認諾)된 채권액

ā́érĭus(=ærĕus[2]), -a, -um, adj. 공기의, 공중의, 하늘 높이 있는.
  áérĭæ Alpes. 하늘 속에 묻힌 알프스산/
  áérĭum mel. 하늘에서 내린 꿀/
  ærium pervolo iter. 공중을 날아다니다.

aëroplánum, -i, n. 비행기(飛行機)

ærósus, -a, -um, adj. 동(銅)이 많은, 동(銅)이 섞인

ærúca, -æ, f. 녹청(구리에 생기는 녹색의 녹), 녹

ærúgĭno, -ávi, -áre, intr. 녹슬다

ærugĭnósus, -a, -um, adj. 녹이 짠득 슨, 녹슨 빛을 띤

ærúgo, -gĭnis, f. 녹청(綠靑), 구리에 슨 녹, 좀(벌레),
  질투(嫉妬.⑨ envy/Jealousy), 샘(시새움),
  (마음을 좀먹는) 탐욕(貪慾.⑨ Concupiscence/Gluttony),
  돈 독(毒), 돈(f. pecúnia -æ.⑨ money).

ærúmna, -æ, f. 간난신고(艱難辛苦), 비참(悲慘),
  고통(βὰναγκη.患難-근심과 재난) suffering.苦痛-병고)
  환난(ἀνάγκη.患難-근심과 재난), 시련(試鍊), 고생, 번민.
  facile ærumnarum ferre possunt si inde abest injuria;
  etiam injuriam, nisi contra stant contumeliam.
    불의에서 오는 것이 아니라면 사람들은 고난을 쉽사리
    참을 수 있다네. 그리고 불의도 견뎌낼 수 있지.
    모욕을 당하지 않는다면 말일세.
            (성 염 지음, 사랑만이 진리를 깨닫게 한다. p.450)/
  Me míserum! Te istā virtúte, in tantas ærúmnas
  propter me incidísse! 오 불쌍한 나로구나! 그런 용기를
  가진 네가 나 때문에 원 이런 곤경에 빠져버리다니!

(경탄.강탄이나 의문을 강력하게 표시하기 위해서 자립문에 대격 부정법을
쓰는 수가 있다. 이러한 경우의 부정법을 경탄 부정법이라고 하며, 의문을
표시하는 대격 부정법에는 'ne'를 쓴다. 경탄을 표시하는 대격 부정법은 결국
video, puto 등 동사의 지배를 받은 것이라고 생각하면 된다.)

ærumnósus, -a, -um, adj.
  간난신고(艱難辛苦)에 가득 찬, 재난이 많은, 비참한.

æs, æris, n. 청동(靑銅-구리와 주석의 합금), 동(銅), 구리,
  동기구(銅器具-구리 혹은 아연.주석.등의 합금인 놋쇠로 만든 물건),
  동판(銅版), 동상(銅像), (나팔.바라 따위) 악기(樂器),
  (방패.갑옷.투구 따위의) 동제 무기(銅製 武器),
  동화(銅貨), 화폐단위로서의 구리 덩어리, 돈, 화폐,
  재산, 임금(賃金), 급료, 값, 평가. pl. 병역의 복무연한.
  æra. 심벌즈(둥글고 얇은 두 개의 놋쇠 판을 마주 쳐서 소리를 냄)/
  æra mílitum. 복무연한(服務年限)/
  æra repúlsa. 서로 부딪혔다 떨어지며 울리는 심벌즈/
  Æra sudant. 동상들이 땀 흘린다/
  ære ciére viros. 나팔소리로 병사들을 출동시키다/
  dissolvo æs aliénum 빚을 갚다/
  Exegi monumentum ære perennius.
    나는 청동보다 더 영속적인 기념물(작품)을 완성했다/
  Ferrum et æs seræ tuæ, sicut dies tui robur tuum.
  (si,dhroj kai. calko,j to. u`po,dhma auvtou/ e;stai kai. w`j ai`
  h`me,rai sou h` ivscu,j sou) ⑨ May your bolts be of iron
  and bronze; may your strength endure through all your
  days!) 너의 빗장은 쇠와 구리 너는 한평생 평안하리라.
  (성경 신명 33. 25)/쇠 빗장, 놋 빗장으로 문을 잠그고 길이
  길이 태평성대를 누리어라(공동번역 신명 33. 25)/
  Nonne vidisti statuas illas ex ære? 구리로 만든 저
  동상들을 보지 않았는가?.[자료 탈격abulativus materiæ은 사물이
  무엇으로 만들어졌는가를 나타내며 ex 전치사와 탈격을 쓴다]/
  opprimi ære aliéno. 빚에 쪼들리어 허덕이다/
  servi ære parati injusta imperia dominorum non
  perferunt. 무릇 돈으로 산 노예들마저도 주인들의 불의한
  통솔은 견뎌내지 못 한다/
  telum ære repúlsum. 청동방패에 튕겨 난 창.

æs aliénum.
  부채(負債), 빚, 차금(借金-차금은 타인에게 부담하는 채무를 말한다),
  Incendium ære alieno non exuit debitorem.
    화재가 부채로부터 채무자를 벗어나게 하지 않는다.

æs alienum contráctum 걸머진 빚

Aes alienum est quod nos aliis debemus; aes suum,
quod alii nobis debent.
  부채는 우리가 다른 사람에게 갚아야 하는 것이다.
  반면 빌려준 돈은 타인이 우리에게 갚아야 한다.

æs aliénum facio. 빚지다

Aes debitorem leve; grave inimicum facit.(Publius Syrus).
  작은 돈은 채무자를 만들지만, 큰돈은 원수를 만든다.

æs militare. 군인급료(군인봉급, stipendium, -i, n.)

æs mutuum. 꾼 돈

æs regularis. 구리 막대기, 제련된 동괴

æs signátum. (양.소 등을 새긴 일정한 무게의) 동괴, 동화

æs sonans. 울리는 꽹과리

æs suum. 받을 돈(빌려준 돈)

æs uxorum. 독신자들의 특별한 세금

Æsăcus(Æsăcos) -i, m. Príamus 왕의 아들

Æsculápĭum, -i, n. Æsculápĭus의 신전

æsculétum, -i, m. (植) 떡갈나무 숲

æscúlĕus, -a, -um, adj. 떡갈나무의

áésculus, -i, f. (植) 떡갈나무(Júpiter신에게 바쳐진 떡갈나무)

Æsérnĭa, -æ, f. Sámnium의 도시

Æsópus, -i, m. Phrýgia 태생의 희랍 우화작가,
  비극배우로서의 Cícero의 친구.

æstas, -átis, f. [ver, véris, n. 봄/autúmnum, -i, n. 가을/
  híems, -ĕmis, f. 겨울].
  여름, 여름철 더위, (詩文) 맑은 여름 공기,
  (여행전쟁.탐험.농사.수영 등을 하는) 일 년 내내의 시간.
  Est vere cælum quam hieme mitius, æstate aër quam
  autumno calidior. 봄에는 하늘이 겨울보다 더 온화하고
  여름에는 대기가 가을 보다 더 덥다/

exercita æstas. 몹시 더운 여름/
Hiemem æstas excépit. 겨울이 지나고 뒤이어 여름이 왔다/
mediâ æstas. 한 여름에/
prima æstate. 초여름에/
proxima abhinc æstate. 이제 돌아오는 여름에/
proximâ æstate. 오는 여름에/
quæ duábus æstátibus gesta. 2년에 걸쳐 이루어진 역사/
Ver proterit æstas. 여름이 봄을 사라지게 한다.

æsthética, -æ, f. (哲) 심미학(審美學),
(哲) 美學(⑨ æsthetics.獨 Äesthetik)[美的 현상을 총체적
으로 다루며 예술에 대한 제반문제까지 탐구하는 학문. æsthetica는 그리스
어 αισθησις에서 유래하였으며 美學이란 學名을 최초로 부여한 학자는
바움가르텐 A. G. Baumgarten 1714~1762 이다).

æsthetísmus, -i, m. 심미주의(審美主義)

æstífer, -ēra, -ērum, adj. (æstus+fero)
더위를 가져오는, 폭서(暴暑)를 몰고 오는, 더위 먹는.

æstimábĭlis, -e, adj. 평가할만한, 가치 있는(ἱϰανὸς)

æstimátĭo(=æstumátĭo) -ónis, f. 평가, 평가액('Mora, Res
divini juris' 참조), 가격 매김; 값, 가치(價値),
고려할 가치, 가치인정, 존중(尊重.⑨ Respect),
판단(判斷), 측정(測定), 벌과금(罰科金).
[Aestimatio른 타인의 불법행위나 계약채무 불이행에 의해 발생한 모든 종류의
손해 내지 손실의 금전적 가치 또는 물건의 금전적 가치의 평가를 말한다.
평가는 크게 쟁점 Lis의 평가와 혼인 지참재산 Dos의 평가로 구분되었다.'
물건의 평가Aestimatio rei'라는 주제는 현대 민법의 손해배상 개념의 기반이
된다. 한동일 지음. 로마법의 법률 겪언 모음집에서(출간예정)].

æstimationis modus. 평가기준/
De vili æstimatione sui ipsius in oculis Dei.
하느님 앞에 자기를 천히 생각함/
Infinita æstimatio est libertatis et necessitudinis.
자유 시민권이나 혈족 관계로 인해 평가액이 축소되지 않는다/
Liberum corpus aestimationem non recipit.
자유인의 신체는 평가액을 인정하지 않는다/
litis æstimatio. 소송물의 평가(액).

æstimátĭo communis. 일반의 평가(一般 評價)

æstimátĭo de bono et malo.
선.악에 대한 판단(⑨ Judgment about good and evil).

æstimatio noxiæ. 손해액 평가(산정)

æstimátĭo possessiónum et rerum.
토지 및 재산의 평가, 가격 사정.

æstimatio virginitatis et reverentia maternitatis
respective restituendæ sunt.(⑨ the esteem for virginity
and reverence for motherhood must be respectively restored)
동정성에 대한 평가와 모성애에 대한 존중은 모두
회복되어야 한다(1988.12.30. "Christifideles laici" 중에서).

æstimativa naturális. 자연적 평가역.
vis æstimativa. 평가능력, 평가력.

æstimátor, -óris, m. 평가자(評價者), 사정자(查定者),
판단자(exìstimátor, -óris, m.)

æstimatórĭus, -a, -um, adj. 평가의, 판정의, 사정하는

æstimo(=æstumo) -ávi, -átum, -áre, tr. 값을 매기다,
값을 놓다, **평가(評價)하다**, 벌금(罰金)을 결정하다,
여기다, 인정(認定)하다, 판단(判斷)하다.
alqd magno æstimare. 비싸게 값 매기다, 고가로 평가하다/
Frumentum tanti fuit, quanti iste æstimávit.
곡식은 그 사람이 평가한 만큼의 값 이었다/
Hoc est quod Deum æstimari facit, dum æstimari non
capit. 이것은 하느님께서 이해하게 해주시는 것이며,
그분은 이해되실 수 있는 분이 아니라는 것을 의미 한다/
Id quanti æstimábat, tanti véndidit.
그는 그것을 자기가 평가한 금액에 팔았다/
Illam villam magni æstimaverant.
그들은 저 별장을 대단한 것으로 여긴다/
levi moménto æstimáre alqd.
무엇을 대단치 않게 여기다(평가하다)/
magni æstimo. 높이 평가하다, 중히 여기다/
parvi æstimo. 경히 여기다, 경시(輕視)하다/
Pluris, minóris æstimo. 더 고가로, 더 염가로 평가하다.

æstimo litem(lites, nómina, alci.
누구에게 벌금을 부과(賦課)하다.

æstíva, -órum, n. 여름 별장(別莊), 여름 목장(牧場),
고지대(高地帶) 목장의 가축, 하기병영(夏期兵營),
하계(夏季) 공세(攻勢), 하계 출정(夏季 出征), 여름철.
æstívis conféctis. 하계 공세(夏季攻勢)를 끝내고.

æstíva ágere. 하기 야영(野營)을 하다

æstívo, -ávi, -átum, -áre, intr. 여름을 지내다, 피서하다

æstívus, -a, -um, adj. 여름의, 하계의.
témpora æstíva. 여름철.

æstúans, -ántis, p. proes. 끓어오르는

æstuárĭum, -i, n. (바닷물이 들락날락하는) 해변 늪지대,
갯벌, 해안에 부딪는 파도, 해안에 만들어 놓은 양어장.

æstumátĭo, -ónis, f. = æstimátĭo

æstúmo = æstímo

æstúo, -ávi, -átum, -áre, intr. 몹시 덥다, 열이 나다,
(기온.온도.병 등으로) 뜨거워지다, 불길이 타오르다,
끓어오르다, 부글거리다, 크게 출렁거리다.
(욕망.사랑이) 타오르다, 흔들거리다, 동요(動搖)하다.
Æstuábat dubitatióne. 그는 우유부단하여 늘 동요하였다/
Semper æstuat unda.
파도가 끊임없이 요란스럽게 출렁 거린다/
Tempus, quo tórribus æstuat aër.
뜨거운 공기가 달아오르는 계절(季節).

æstuóse, adv. 뜨겁게, 열렬히, 곤두박질하는 바다 물결처럼

æstuósus, -a, -um, adj. 뜨거운, 작열(灼熱)하는,
불타는, 끓는, (거센 바람에) 물결치는, 출렁이는.

æstus, -us, m. 더위, 염열(炎熱-심한 더위. 炎暑), 여름더위,
여름, 폭서(暴署-매우 심한 더위), (병의) 열, 신열(身熱),
비등(沸騰-물 끓듯 세차게 일어남), 끓어오름, 밀물, 썰물,
바다물결의 출렁댐; 조수(潮水), 격정, 격앙(激昻),
격렬(激烈), 마음의 동요, 불안(獨 die Angst), 망설임.
ad frígora atque æstus vitándos.
추위와 그리고 (그에 못지않게) 더위를 피하기 위해/
æstu magno. 폭서(暴暑) 때문에/
Magno irárum flúctuat æstu.
격렬한 노기로 마음이 안정되지 않는다/
rapidus æstus. 폭염(暴炎-暴暑), 혹서(酷暑)/
sidereus æstus. 태양열(太陽熱)/
ventum et æstum nactus secúndum.
바람과 조수(潮水)가 유리해서.

æstus maris reciproci. 밀물과 썰물(干滿), 간만(干滿)

ætas, -átis, f. = ǽvĭtas 세대(어버이.자식.손자로 이어지는 代),
(유년기.청년시기.노년시기 따위의) 인생의 年紀,
시대(時代.αἰὼν, **나이**(⑨ Age.年齡), 연령(年齡),
살아온 나이, 생애(生涯), 수명(壽命),
(경우에 따라) 젊음, 늙음, 어떤 나이 또는 시대의 사람.
[Aetas 연령, 나이 ('Minores, Poena, Senectus 참조)
로마인의 생애주기별 나이. 연령구분은 다음과 같다.
infans 인판스 아기, 유아
parvulus 파르불루스 어린이, 만 7세, 초등학교 입학
puer 뿌에르 소년, 만 14세
puella 뿌엘라 소녀, 만 12세
adulescens 아둘레스첸스 청소년, 만 20세까지
iuvenis 유베니스 젊은이, 만 20세부터 만 45세까지
vir 비르 성인 남성, 만 60세까지
senex 세넥스 노인, 만 60세 이상.
라틴어에서 아기라는 단어 ''infans'는 'in + 판스fans'의 합성어이다. 'in'은
동사(형용사, 명사, 분사) 앞에 붙어서 부정, 박탈, 반대의 의미를 나타낸다.
'fans'는 '말하다'를 의미하는 '파로faro' 동사의 현재분사이다. 따라서 'infans'는
'말 못하는 아이'를 의미한다. 아기가 되고, 실제로 로마법에서 '유아는 말을 할 줄 모르는
자infans qui fari non potest'라고 규정했다. 그리고 유스티아누스 황제 때에
7세 미만은 유아로 규정했다. 라틴어에서 어린아를 가리키는 단어는 '작은'이라는
의미의 형용사 '파르불루스parvulus'에서 나왔다. 라틴어에서는 형용사가 명사의
의미로 고착되기도 한다. 로마법에서는 소년은 14세 이상이고 소녀는 12세 이상
이다. 남녀 각각 14세와 12세가 되면 결혼을 수 있었다. 중세 시대에는 남녀 각각
16세와 14세가 되면 결혼할 수 있었고, 근대에는 다시 2살이 추가되어 남자 18세.
여자 16세가 되면 결혼할 수 있었다. 하지만 로마 시대 법적 능력의 시작은
성년maior aetas이 되는 만 25세에 주어졌다. 즉 남자는 14세, 여자는 12세가 되면
결혼할 수 있었지만 로마법상 25세 이하는 미성숙자로 '미성년'이라고 했고,
그들에게는 자기 의사에 따른 법률생활의 개입이 금지되었다.
한동일 지음. 로마법의 법률 겪언 모음집에서(출간예정)].

ad hoc ætátis. 이 시대까지/
ab ineúnte ætáte. 어릴 때부터/
ætáte declinátâ. 나이가 기울어서도(늙어서도)/
ætáte inferióres quam Július.
Július보다(나이가) 젊은 사람들/

ætate progrediénte. 나이를 먹어감에 따라/
ætáte provéctā(=ætáte exáctā =ætáte jam actā)
늙어서, 다 늙었을 때(관용구)/
ætátem ágere, dégere.
인생의 어떤 시기를 살다, 생애(生涯)를 지내다/
ætátem expeto. 언제까지고 지속되다, 오래가다/
ætátem ferre. 어떤 물건이 보존되어 오래가다(되다)/
ætátis excusátio. 늙은 나이를 핑계함/
Antíquitas recépit fábulas, hæc autem ætas réspuit.
신화들은 옛 시대는 용납하였으나 현대는 배척하고 있다/
aurea ætas. 황금시대/ constans ætas. 의젓한 연령/
ejus ætátis homo(=id ætátis homo) 그 나이의 사람/
exáctā ætáte. 생애를 마치고/
fere usque vigesimum quintum ætatis suæ annum.
거의 25세에 이를 무렵까지/
fessa ætas. 노년기/
flexus ætátis. 인생의 전환기/
florens ætas. 젊다운 나이/
florens ætáte. 한창 나이의(젊은이)/
flos ætátis. 꽃다운 나이/
Formam populabitur ætas.
나이는 용모를 볼품없이 만들 것이다/
Hæc ætas moribus apta est meis.
이 나이가 내 행동거지에 어울리는 나이다/
(내 행동거지에는 이 나이가 어울린다)/
Historia novæ ætatis. 역사의 새 시대/
Homo id ætátis. 그 나이의 사람/
homo istuc (id) ætátis. 그 나이의 사람/
homines id ætátis. 그(이) 나이의 사람들/
homines omnium ætatum. 모든 연령층의 사람들/
id ætátis. 그 나이에/
Id ætatis jam sumus, ut omnia fortiter ferre debeamus.
우리는 이미 모든 것을 용감하게 견뎌내야 할 나이에 와 있다/
Impedimentum ætatis. 연령장애(年齡障碍→혼인장애)/
in ipso ætátis flore esse. 꽃 같은 나이다/
ineúnte ætáte(inítio ætátis) 어려서, 어렸을 때/
integra ætate esse. 다 컸다, 다 큰 사람이다/
lubricum ætátis. 젊은 나이의 위험(危險)/
Malitia (minoris) supplet aetatem.
미성년자의 고의(악의)는 나이로 보완한다/
maturæ ætatis vir. 성숙한 연령의 남자/
média ætas. 장년(壯年-청년과 노인 사이)/
média Falérni ætas. Falérnus산 포도주의 중간 연령/
Nec ætas ímpedit, quómino c. subj.
나이도 (우리가) …하는 것을 막지 못한다/
Non ætate adipiscitur sapientia.
지혜(智慧)는 나이로 얻어지는 것이 아니다/
Non enim ætati nostræ dignum est fingere.(2마카 6, 24)
우리 나이에는 그런 가장된 행동이 합당하지 않습니다/
Non sit aetatis excusatio adversus praecepta legum ei,
qui, dum leges invocat, contra eas committit.
법규와 관련하여 법률이 (증인으로) 부르거나 법률을 거슬러
위반한 때에는 나이가 면제 사유가 되지 않는다/
Omnia fert ætas. 시대는 모든 것을 가져와 버린다/
progréssu ætátis. 나이가 늘어가면서, 늘어감에/
primā ætáte. 인생의 초기(初期)에/
Pupillum qui proximus pubertati sit, capacem esse et
furandi et injuriae faciendae. 성숙기에 가까운 부모가
없는 미성년 소년은 도둑질하거나 해를 끼칠 수 있다/
Quā ætáte es? 너 몇 살이냐?/
res apta ætáti. 나이에 알맞은 일/
sua cuíque parti ætátis tempestívitas est data.
일생은 각 시기마다 적시(適時)가 있다/
Te ætas mitigabit. 나이가 너를 누그러뜨릴 것이다/
tero in his discéndis rebus ætátem.
이 일을 배우는데 일생을 허비하다/
traduco otiósam ætátem. 한가로운 세월을 지내다/
transcendo órdinem ætátis. 연령의 차례를 어기다/

últimum tempus ætátis. 인생의 마지막 시기/
unius ætátis clárissimi viri. 동일한 시대의 유명한 인사들/
usque ad nostram ætátem. 우리 시대까지/
Ut quisque ætáte antecedébat, íta senténtiam dixit
ex órdine. 만일 누가 나이가 많으면 많을수록 그
순서(順序)대로 말을 했다/
Utendum est ætate. 시간을 선용해야 한다,
시대를 (잘) 이용해야 한다/
Volat ætas. 시간은 빨리 지나간다.

ætas antiqua. 고대시기/
ætas apta regi. 왕에게(왕으로서는) 적당한 나이/
ætas aurea. 황금시대(黃金時代, sæculum áureum)/
ætas classica. 고전세계(古典世界)/
ætas confirmata, constans. 성숙(成熟)한 나이/
Ætas corporis non est in voluntate.
육체의 나이는 의지에 달린 것이 아닙니다.
ætas devexa ad otium. 여생을 편히 지낼 나이/
ætas discretionis. 사리분별의 나이/
**Ætas et forma et super omnia Romanorum nomen te
ferociorem facit.** 나이와 용모 그리고 무엇보다도 로마인
들의 이름이 너를 더욱 광포하게 만든다.
ætas imbecilla. 어린 나이(幼年.ætas puerilis.)/
**Ætas nostra, sane difficilis, singulari modo oratione
eget(⑨ Our difficult age has a special need of prayer)**
어려운 우리 시대에는 기도가 특별히 더 요청됩니다.
ætas puerilis. 어린 나이(幼年.ætas imbecilla.)/
ætas recentior. 근대(近代, recentius ævum.)/
ætas virilis. 성년(成年.⑨ adult)/maturitas -átis, f.
ætatis Novæ, 새로운 시대(1992년)
ætátŭla, -æ, f. 유년, 어린 나이(ætas imbecilla.)/
ætérna Christi munera 모든 순교자들 찬미가(讚美歌)
ætérna Lux. 영원한 빛(lux perpetua.)/
ætérna vita. 영원한 생명.
De desiderio ætérnæ vitæ, et quanta sint certantibus
bona(præmia) promissa.(⑨ The Desire of Eternal Life;
the Great Rewards Promised to Those Who Struggle).
영원한 생명을 동경함과, 용맹이 싸우는 사람에게 허락된
행복에 대하여(준주성범 제3권 49)/
Quæ ætérnæ vitæ sit religio. 영원한 생명의 종교(신국론 제10권).
ætérnæ rátĭones.
영원한 이유들, 영원한 근거들, 영원한 이성, 영원의 개념들.
ætérne rerum Conditor. 만물의 영원한 창조주여.
(성무일도서 주일 찬미가;암브로시오의 아침 찬미가).
ætérnális, -e, adj. 영구한
ætérne rerum conditor.(⑨ Maker of all, eternal King)
세상의 영원한 창조자여, 창조자의 영원한 세계.
Æterni Patris. 영원하신 아버지(교황 레오 13세 1878 ~ 1903 가
1879.8.4.일 발표한 회칙. → 영원한 아버지: 원 제목은 De philosophia christiana
ad mentem sacti Thomae Aquinatis Doctoris Angelici in scholis catholicis
instauranda.(가톨릭 학교들에서 성 토마스 데 아퀴노의 정신에 따라 교육
되어야 하는 그리스도교 철학에 관해서) 이다.
ætérnĭtas, -átis, f. 영구(永久-길고 오램), 영원성(永遠性),
영원(αἰών/αἰώνιος.永遠.⑨ eternity), 영세(永世),
불사(不死), 불멸(不滅); 영원한 기간(期間).
ab omni ætérnitáte. 영원으로부터/
cujus rex veritas, cujus lex caritas, cujus modus
ætérnitas.(=하느님 도성) 진리를 군주로, 사랑을
법도로, 영원을 척도로 두는 완전 사회로/
ætérnitas, ipsa Dei substantia est.
영원성, 이것이야말로 신의 본체이다/
De æternitate Mundi. 세계의 영원성에 대하여/
Et quid sibi vere vult vocabulum "æternitatis"?
'영원'은 진정 무엇을 의미하는가?/
ex ætérnitáte. 영원으로부터/
O ætérna veritas et vera caritas et cara æternitas.
오 영원한 진리여, 참스런 사랑이여, 사랑스런 영원이여/
omni ætérnitáte. 영원으로부터/
ubi victoria veritas, ubi dignitas sanctitas, ubi pax
felicitas, ubi vita æternitas. 거기서는 진리가 승리요,

거기서는 거룩함이 품위이며, 거기서는 평화가 행복
이요, 거기서는 삶이 영원이다(교부문헌 총서 15, 신국론, p.19).

æternitas animórum. 영혼의 영원한 삶

æternitas Dei. 신의 영원성(神 永遠性)

æternitas ideologiæ. 관념의 영원성(觀念 永遠性)

æternitas materiæ. 질재의 영원성(質材 永遠性)

æternitas mundi. 우주의 영원성(宇宙 永遠性)

æternitas negativa. 소극적 영원성(消極的 永遠性)

æternitas particeps. 분여된 영원성

æternitas positiva. 적극적 영원성(積極的 永遠性)

ætérno[1], adv. 영원히, 영구히, 끝없이(in æternum)

æterno[2], -ávi, -átum, -áre, tr. 영원한 것으로 만들다,
영원히 가게 하다, 불멸하게 하다.

Æterno Testamentum. 영약(永約)

ætérnum, -i, n. 영원(αἰών/αἰώνιος.永遠.⑨ eternity),
영구성(永久性-영구히 변하지 않는 성질).
bona æterna et magna. 아주 크며 영원한 선/
Et veritas Domini manet in æternum.
주님의 진실하심 영원하여라/
in æternum. 영원토록(in sæculum. 세세대대로)/
Verbum Dei manet in æternum.(V.D.M.I.E.)
하느님 말씀은 영원히 머무른다(종교개혁의 표어).

æternum continuum. 지속되는 영원

æternum dívinum. 하느님의 영원(永遠)

æternum priùs est temporali.
영원한 것은 시간적인 것에 선행한다.

æternum vale. 영원히 안녕(安寧)

ætérnus, -a, -um, adj. = **ævitérnus**
영원한(αἰώνιος), 끝없는, 무궁한.
Æterni Patris. 영원한 아버지(교황 레오 13세 1879.8.4. 발표한
회칙과 1868년의 비오 9세의 제1차 바티칸 공의회 소집 교서)/
forma æterna et immutábilis. 영원하고 불변하는 형상/
In tua natura, æterne Deus, naturam meam cognoscam.
영원하신 하느님이시여, 당신의 본질 안에서 나의 본질을
인식하겠나이다(바오로 6세. 제2차 바티칸공의회 폐막 회기에 행한 강론)/
Proficíscor Româ, urbe æternâ.
나는 영원의 도성 로마를 출발한다/
Quod omnia grávia pro æterna vita sunt toléranda.
영원한 생명을 얻기 위하여 모든 어려운 일을 감수함.
(준주성범 제3권 47장).

æternus is est nobis a Patre Filius datus.
(⑨ He is the eternal Son, given to us by the Father).
그분께서는 성부께서 우리에게 보내신 영원하신 성자이십니다.

æther, -eris, m. (acc.: ætherem, -a)
에테르(ἐθερ.靈氣.⑨ ether, 대기권을 덮고 있는 상공의 靈氣,
불로 되어 있으며 천체의 양식으로 생각했음),
하늘(שָׁמַיִם.οὐρανὸς.⑨ Heaven.sidera arx mundi),
천공(天空-한없이 넓은 하늘), 공중, 신들의 거처, 하늘나라,
순수한 공기, 지상 세계(地上 世界). (醫) 에테르.
rex ætheris. 하늘의 왕/
secáre æthera pennis. 날개로 공기를 가르다/
sublátus ad æthera clamor. 하늘까지 치솟는 소리/
vibrátus ad æthere. 상공에서 내리친 번개.

æthérĕus, -a, -um, adj. = **æthérĭus**

æthérĭus, -a, -um, adj. 에테르의, 상공의, 하늘의, 천상의,
공기의, 공기 세계의, (지하세계와의 대조로) 지상세계의.
sedes æthériæ. 하늘나라 거처(居處).

Æthíŏpes, -um, m., pl. 에티오피아인들

Æthiópĭa, -æ, f. 에티오피아

Æthiópĭcus, -a, -um, adj. 에티오피아의, 에티오피아다운

Æthíops, -ōpis, m. 에티오피아인

æthra[1], -æ, f. 맑은 상공(上空), 천공(天空-한없이 넓은 하늘),
천체들의 거처인 상공, 하늘(שָׁמַיִם.οὐρανὸς.⑨ Heaven).

æthra[2], -æ, f. Océanus와 Tethys 사이의 딸

Ætólis, -ĭdis, f. Ætólia 여자

ævítas, -átis, f. = **ætas**, -átis, f.

ævitérnus, -a, -um, adj. = **ætérnus**

ævom = **ævum**

ævum, -i, n. 영속적인 기간, 끝없는 시간; 영세(永世),

영원(αἰών/αἰώνιος.永遠.⑨ eternity), 생애(生涯),
사는 시간; 온 기간, 연령; 인생의 연기(年紀), 영구(永久),
시대(αἰών.時代), 세기(世紀), 기간 한 토막,
기간(terminos processuales), 때(καιρὸς.χρόνος.時期).
aequáli ævo. 같은 또래의(나이의)/
ævi prudéntia nostri. 우리 시대의 지혜(知慧)/
ævo sempitérno frui. 영원한 생애를 누린다/
In futurum ævum contuitus. 미래를 바라보며/
maturus ævi. 노인/
óbsĭtus ævo. 해묵은/
posséssio omnis ævi. 영원한 시간의 소유(所有)/
speráre, perbrévis ævi Cartháginem esse.
Carthágo의 통치가 짧은 기간이기를 바란다.

Afer, afra, afrum, adj. Africa의, m., pl. Afríca 주민

aff… V. **adf**…

áffăber, -bra, -brum, adj. (ad+faber)
정교(精巧)한, 솜씨 좋은, 예술적(藝術的)인.

affábĭlis, -e, adj. (ad+fari) 더불어 말할만한,
붙임성 있는, 상냥한, 사귀기 쉬운, 사근사근한.

affabílĭtas, -átis, f. 상냥함, 친절(親切)

affabílĭter, adv. 상냥하게, 친절하게

áffăbre, adv. 기술적으로, 예술적으로, 정교하게

affámen, -mĭnis, n. 상냥하게 말 붙임,(말 건넴); 담화(談話)

affánĭæ, -árum, f., pl. 시시한 것(일), 보잘 것 없는 것; 농담

áffătim(=adfátim), adv. 실컷, 충분히, 풍부하게, 넘치게

affatim pecuniæ. 충분한 돈

affátus[1], -a, -um, p.p. 상냥하게 말을 건

affátus[2], -us, m. 말 건넴, 친절한 말,
친근한 사람에게 보내는 편지(便紙).

afféci, "afficio"의 단순과거(pf.=perfectum)

affectátĭo, -ónis, f. 갈망(渴望), 열망, 욕망(⑨ Desire/Lust),
추구(追求-목적한 바를 이루고자, 끝까지 쫓아 구함).
Philosóphia sapiéntiæ amor est et affectatio.
철학이란 예지(叡智)에 대한 사랑의 추구(追求)이다.

affectátor, -óris, m. 갈망하는 자, 추구하는 자

afféctĭo, -ónis, f. 작용(作用), 영향(影響), 감명(感銘),
(작용 받은) 성질, 상태, 감정(感情.στενοχωρέω),
정신적·육체적 상태, 마음 자세, 정서(情緖) 상태,
정서(情緖).⑨ affectívity/emotion), 분위기(雰圍氣),
기분(마음에 생기는 주관적이고 단순한 감정 상태), 의사(⑨ Decision),
의향(⑨ Intention), 애호(愛好), 애착(愛着-아끼고 사랑하는
대상에 정이 붙어 그것과 떨어질 수 없음, 또는 그런 마음).
Græcarum Affectionum Curatio. 그리스인들의 정서 치유,
이교인의 질병치유(테오도레투스가 지은 그리스도교 사상의 호교론서.
그는 이 책에서 열두 연설을 통해 철학의 근본적인 문제에 대한 이교와
그리스도교의 대답을 비교하였다)/
lætas inter audiéntium affectiones.
청중(聽衆)의 유쾌한 분위기(雰圍氣) 속에서.

afféctĭo papalis. 교황 직권에 따른 성직록 보류

afflécto, -ávi, -átum, -áre, tr., freq. 강구하다,
(목적 달성을 위한) 길.방법을 마련하다,
얻으려고 노력하다, 열망하다, 욕망을 품다,
추구하다, 시도하다, 매달리다, 달라붙다,
(놓지 않으려고) 꼭 붙잡다, 꽉 쥐다, 손아귀에 넣다,
(질병이) 엄습하다, 침투하다, 애착을 느끼다.

Affecto ad alqd. 열망(갈망)하다

Affecto Ætolórum amicítiam.
Ætólia인들과의 친선을 도모하다.

Affecto navem dextrâ. 오른손으로 배를 꼭 붙잡다

Affecto sidéreas tángere sedes.
별나라 자리를 차지하려는 욕망을 품다.

Affecto viam(iter) **ad alqd**(또는 ut…)
…에 접근해 오다(가다), 하려고 노력하다, 획책하다.

Affecto viam Olýmpum. Olýmpus로 가려고 애쓰다

affectuóse, adv. 애정 넘치게, 자애롭게, 정답게

affectuósus, -a, -um, adj.
애정(愛情) 깊은, 자애로운, 정다운, 상냥한.

affectum, "afficio"의 목적분사(sup.=supínum)

affectus[1], -a, -um, p.p., a.p. 비치한, 마련된, 갖춘,

장비(裝備) 된, 지니고 있는, 얻은, 상태에 있는,
준비가 되어 있는, (…할) 마음이 생긴,
어떤 마음가짐이 된, 마음이 내키게 된, (병에) 걸린,
…에 빠진, 잠긴, 약해진, 추서지 못한, 좌절된,
거의 다 끝나 가는, 다 돼 가는, 기울어진 상태의.
affecta ætas. 만년(晩年, seri anni)/
ámico gráviter affécto. 중병이 걸린 친구에게/
aut effectu aut affectu. 실제로나 마음으로나/
desperátĭone affectus. 실망에 잠긴/
morbo affectus. 병에 걸린/
Oculus conturbátus non est probe affectus ad suum munus fungéndum. 당황한 눈은 자기 기능을 제대로 발휘할 태세를 갖추지 못했다/
orátĭo affectiva. 정서적 기도/
Várie sum affectus tuis lítteris.
네 편지를 받고 내 마음은 착잡해졌다.

affectus collegiális. 단체정신(團體精神)

affectus honore. 영예를 얻은

affectus²(=adfectus), -us, f. 감정(感情.στενοχωρὲω), 기분(氣分), 정서(情緖.[영] affectívity/emotion), 욕정(欲情.[영] concupiscence), 정감(情感).
De inordinatis affectibus. 절제 없는 감정에 대하여/
De perturbationibus animi, quarum affectus rectos habet vita justorum. 마음의 동요: 의인들의 삶은 그 올바른 감정만 간직한다.(교부문헌 총서 17, 신국론, p.2792)/
De servitute humana seu de affectuum viribus.
인간의 종살이 혹은 정서의 힘에 관하여(Spinoza 지음)/
Quid erat ille affectus animi?
그 마음 속 감정이란 무엇이었답니까?/
unitas affectus. 감성적 일치/
unitas secundum affectum. 정적 일치.

áffĕro, áttuli, allátum, afférre, anom., tr. (ad+fero) 가져오다(בוא), 가져가다, 가져다주다, 운반해 오다, 초래(招來)하다, 끼치다, 가(加)하다, 이바지하다, 기여(寄與)하다, 이용하다, 변질(變質)케 하다, 달라지게 하다, 알려주다, 일러주다, (소식) 전하다, (증거.이유 따위를) 대다, 제시하다, 진술하다, 말하다.
ad beáte vivéndum *alqd* affero.
잘 사는 데에 어떤 기여를 하다/
Ad ea quæ dixi, affer, si quid habes.
내가 말한 것에 대해서 할 말이 있거든 해봐라/
Affer mihi. 내게 가져 오너라/
Affert utilitatem pariter suam reliquis omnibus disciplinis. 그것은 다른 모든 학과목에 봉사 한다/
Allátum est de temeritáte eórum.
그들의 무모한 짓에 대한 통보(通報)가 왔다/
dentes affero in *alqm*. (개가) 이빨을 드러내고 덤벼들다/
inimíco núntium affero. 적에게 소식을 전하다/
Líntribus afferúntur ónera et regerúntur.
거룻배로 짐들을 실어가고 실어오고 한다/
magnum *alci* afférre incommodum.
누구에게 큰 손해를 끼치다/
manus affero *alci*. 손을 대다, 폭행하다, 뺏다/
manus affero aliénis bonis. 남의 재산을 탈취하다/
manus sibi affero. 자살하다/
Pacem ad vos áffero. 너희에게 평화를 가져다주노라/
Vetustas óleo tædĭum affert. 오래된 기름은 맛이 나빠진다/
vim affero. 폭력을 가하다, 폭행하다.

affero adjuméntum *alci*. 아무를 보살펴 주다

affero mortem *alci* uno ictu.
일격(一擊)을 가하여 아무를 죽게 하다.

affícĭo, -féci, -féctum, ĕre, tr. (ad+fácio) (아무에게 무엇을) 끼치다, 당하게 하다, 주다, 장식하다, 어떤 상태에 이르게 하다, 다루다, 어떤 느낌을 갖게 하다, 어떤 감정으로 사로잡다, 약하게 하다, 병 걸리게 하다.
[afficere 동사의 관용적 표현
afficere aliquem beneficio. ~에게 선행(은혜)을 하다 → ~를 도와주다
afficere aliquem laude. ~에게 칭찬을 하다 → ~를 칭찬하다
afficere aliquem præmio. ~에게 상을 주다 → ~를 상주다
afficere aliquem pœna. ~에게 벌을 주다 → ~를 벌주다
afficere aliquem ignominia. ~에게 망신을 주다 → ~를 망신 주다
afficere aliquem exilio. ~에게 유배를 보내다 → ~를 유배 보내다
afficior beneficio/præmio.[수동] 도움(상)을 받다.
한동일 지음, 카르페 라틴어 2권, p.235].
alqm pœnā afficio. 벌(罰) 주다/
Exercitum fames affecit. 기아가 군대를 약화시켰다/
Fílium pater male contra pietatem afficiébat.
아버지가 아버지답지 않게 자식을 학대(虐待)하였다/
morbo áffici. 병에 걸리다/
Ne mortuo quidem(filio) affectus est.
아들이 죽었어도 그는 슬퍼하지 않았다.

afficio *alqm* dolóre. 고통(苦痛)을 끼치다

afficio *alqm* laude. 칭찬(稱讚)하다

afficio vultum medicámine. 얼굴 화장(化粧)하다

affictum, "affingo"의 목적분사(sup.=supínum)

affíctus, "affíngo"의 과거분사(p.p.)

affígo, -fíxi -fíxum -fígere, tr. (ad+figo) 고착시키다, 붙들어 매다, 꿰어 박다, 붙어 다니게 하다, 붙어 다니다, 달라붙다(דבק), 박아 넣다, 마음에 새겨 넣다.
affíxus láteri. 그림자처럼 붙어 다니는/
alqd ánimo affigo. 마음속에 꼭 간직하다.

affigo *alqm* cruci. 십자가에 달아매다

affigo lítteras púeris. 애들 머릿속에 글을 새겨 넣다

affigo *alqd* memóriæ. 기억에서 사라지지 않도록 하다

affiliátĭo, -ónis, f. (ad+fílius) 양자결연(養子結緣)

affiliátus, -a, -um, adj. (ad+fílius) 양자로 들어 간

affíngo, -fínxi -fíctum -fíngĕre, tr. (ad+figo) 형성하여 맞추다, 맞추어 붙이다, 바르다, 첨가하다, 뒤집어씌우다, 거짓.탓.잘못을 남에게 돌리다, 꾸며대다, 상상(想像)으로 덧붙이다.

affíngo novum crimen *alci*.
새로운 범죄를 누구에게 뒤집어씌우다.

affínis¹, -e, adj. (ad+finis) 인근의, 가까운 데 있는, 인접(隣接)한, 관여(關與)한, 참가(參加)한, 관계(關係)한, 알고 있는, 인척관계(姻戚關係)에 있는.
regiónes affínes bárbaris.
야만인들이 사는 곳 가까이에 있는 지방(地方).

affinis scéleri. 범죄를 공모한

affinis², -is, f., m. 의형제, (장인.장모.사위.며느리.처남.매부.사돈 등) 인척(姻戚) 관계에 있는 사람.

affinítas, -átis, f. 인척(姻戚), 인척관계(姻戚 關係), 이웃 관계, 인접해 있는 사이; 이웃([영] Neighbor), 의형제 관계, 가까운 사이, 밀접한 관련(關聯).
[Affinitas ('Cognatio, Gener, Socer'참조.) 인척, 인척관계. 인척은 남편과 아내의 혈족 사이와 아내와 남편의 혈족 사이에 존재하는 친척 관계이다. 교회법에서 인척의 계산은 혈족과 같다. 남편의 혈족은 동일한 친계와 촌수대로 아내의 인척들로 계산된다. 또한 그 대응의 경우도 같다(교회법 제109조 제2항).
한동일 지음, 로마법의 법률 격언 모음집에서(출간예정].
Affinitates sunt viri et uxoris cognati.
인척 관계에 있는 사람은 남편과 아내의 사촌들이다/
Affinitatis iure nulla successio permittitur.
인척관계의 법에 의해 어떠한 종족도 용인되지 않는다/
Gradus affinitati nulli sunt.
인척관계에는 어떠한 촌수도 존재하지 않는다/
impedimentum affinitatis. 인척장애(姻戚障碍)/
In amicitia plus valet similitudo morum quam affinitas.
우정에는 연고보다는 습성의 유사함이 훨씬 중요하다/
Inter consanguineos viri et uxoris nulla affinitas contrahitur. 남편과 아내의 혈족 사이에서는 어떠한 인척도 맺을 수 없다.

Affinitas est civile vinculum ex nuptiis sponsalibusve descendens. 인척은 혼인이나 약혼에 의해 발생하는 민법상의 유대이다.

Affinitas in linea recta dirimit matrimonium in quolibet gradu. 직계의 인척(姻戚)은 몇 촌이라도 혼인(婚姻)을 무효로 한다(교회법 제1092조).

affínxi, pf. (sffíngo)

affirmáte, adv. 단언하여, 단정적(斷定的)으로

affirmátĭo, -ónis, f. 단언(斷言-딱 잘라서 말함),

A

확언(確言-확실하게 말함), 주장, 보증(保證), 긍정(肯定).
naturáliter affirmatio negationem præcedit.
긍정은 당연히 부정에 선행한다/
via affirmatiónis. 肯定의 방법.
**Affirmatio hæc nobis omnibus hodie peculiarem vim
demonstrat.**(⑨ This observation is particularly insightful,
given our situation today) 이는 오늘날 우리 상황에서 특히
중요한 말입니다(2007.2.22. "Sacramentum Caritatis" 중에서).
Affirmative. 교황청 각 부서가 제출 받은 질문이나
청원에 대한 답서로 "청원을 허락하는 인용 답서"를
뜻함(교회법 해설 ③ 교회의 최고 권위, p.277);
재판에서 "인용판결".
Affirmative ita tamen. 교황청 각 부서가 제출 받은
질문이나 청원에 대한 답서로 "단서가 붙은 인용
답서"를 뜻함(교회법 해설 ③ 교회의 최고 권위, p.277).
Affirmative iuxta exposita. 교황청 각 부서가 제출
받은 질문이나 청원에 대한 답서로 "단서가 붙은
인용 답서"를 뜻함(교회법 해설 ③ 교회의 최고 권위, p.277).
Affirmative iuxta modum. 교황청 각 부서가 제출
받은 질문이나 청원에 대한 답서로 "단서가 붙은
인용 답서"를 뜻함(교회법 해설 ③ 교회의 최고 권위, p.277).
affirmatívus, -a, -um, adj. 단언적, 긍정적(肯定的).
affirmativa propositio. 긍정적 명제(命題)/
omnis intellectus affirmatívus. 모든 肯定의 지성.
affirmátor, -óris, m. 단언자, 말을 보증하는 사람
affírmo, -ávi, -átum, -áre, tr. (ad+firmo)
(생각.감정을) 굳히다, 단언(주장)하다,
확실한 것으로 주장하다, 보증(保證)하다.
Affirmavit Concilium.(⑨ The Council has stated)
공의회는 다음과 같이 선언 하였습니다/
Illud affirmare pro certo habeo.
나는 그것을 확실한 것으로 단언할 수 있다/
Non est affirmandum aliquid de divinis, quod auctoritate
Scripturæ sacræ non est expressum.
신성에 관해서는 권위 있게 성경이 표현하지 않는 만큼
그것은 확언되지 않는다.
Affírmo Deum creavísse mundum.
나는 하느님께서 우주를 창조하셨다고 단언하는 바이다.
affíxío, -ónis, f. 결合, 고착(어떤 상황이나 현상이 굳어져 변하지 않음).
affíxus, -a, -um, p.p., a.p. 고착된, 고정된, 붙어 다니는.
anus fóribus affíxa. 문간에서 떠나지 않고 있는 노파/
pensis affíxa puélla. 숙제에 매달린 소녀.
affixus lateri. 그림자처럼 붙어 다니는
afflátus, -us, m. 불어오는 바람, 입김 불음,
불.태양의 열기, 내쉬는 숨, 영기(靈氣), 영감(靈感).
ambústi afflátus vapóris. 뜨거운 김에 덴/
Divino Afflante Spiritu.
성령의 영감, 성경 연구(디비노 아플란테 스피리투,
성서 연구에 관한 회칙으로 1943.9.30. 교황 비오 12세 발표)/
Divino Afflatu. 하느님의 숨결.
afflatus charismaticus.(⑨ charismatic breath of wind)
은사적 숨결(1986.5.18. 요한 바오로 2세의 "Dominum et vivificantem" 중에서).
áffleo, -ére, intr. 울다, 앞에 놓고 울다, 함께 울다
afflictátio, -ónis, f. 괴롭힘, 병고(病苦),
고통(βάσανος.⑨ suffering.苦痛-병고), 고문(拷問).
afflíctio, -ónis, f. 고생, 괴로움, 학대(虐待); 비애(悲哀).
De afflictione belli Punici secundi, qua vires utriusque
partis consumptæ sunt. 양쪽 용사들이 무수히 쓰러진
이차 포에니 전쟁의 참화(교부문헌 총서 17. 신국론, p.2750).
afflícto, -ávi, -átum, -áre, tr., freq. 격렬히 때리다,
부딪게 하다, 세게 치다, 이리저리 떠밀어 넘어뜨리다,
손상(損傷)시키다, 학대하다, 괴롭히다, 시달리게 하다.
afflictári. 마음 괴로워하다/se afflicto. 제 가슴을 쥐어뜯다/
Tempéstas afflictábat naves. 폭풍이 배들을 강타했다.
afflíctor, -óris, m. 둘러메치는 자, 비방자, 파괴자
afflíctum, "affligo"의 목적분사(sup.=supínum)
afflíctus, -a, -um, p.p., a.p.
내동댕이쳐진, 때려 눕혀진, 상처 입은, 곤궁에 빠진,

비참한, 불행한, 용기를 꺾인, 절망에 빠진.
provínciam afflíctam et pérditam erígere atque
recreo. 시달려 비참해진 주를(州) 일으켜 부흥시키다/
rebus afflíctis. 절망상태에서/
Recreo afflictos animos bonorum.
절망에 빠진 선량한 사람들의 용기를 북돋아주다/
transfúgio ad afflíctá amicítiá.
불행 중의 친구를 버리고 가다.
afflígo, -flíxi -flíctum -ére, tr. (ad+fligo) 부딪게 하다,
때리다, 치다, 땅에 내던지다, 둘러메치다, 때려눕히다,
굴복시키다, 억압하다(ⅠⅨⅩ.ⅢⅡ), 힘을 분쇄(粉碎)하다,
악화시키다, 실망에 빠뜨리다, 위기에 몰아넣다,
괴롭히다, 시달리게 하다, **학대하다,** 고생시키다,
(풍속 따위를) 퇴패(頹敗) 하게 하다.
ad scópulos afflícta navis. 암초에 부딪친 배/
Caput saxo afflíxit. 머리를 바위에 짓이겼다/
Cátuli monuméntum afflíxit.
Cátulus의 기념비를 거꾸러뜨렸다/
Tu me afflixísti. 네가 내게 파멸을 가져왔다/
Victum erígere, affligo victórem.
패자를 일으키고 승자를 넘어뜨리다.
afflo, -ávi, -átum, -áre,
intr. 숨 쉬다, 바람 불다, 불어오다, 풍겨오다.
tr. 불어 보내다, (어디로) 불다(תזו.םו), 불어오다,
(불.벼락 따위를) 가 닿게 하다.
입김.기운을 가 닿게 하다, 기운에 쏘이게 하다,
풍기다, 풍겨 보내다, 퍼지게 하다, 영감을 불어넣다,
영감(靈感)을 주다, 키, (신의) 계시(啓示)를 받게 하다.
afflata ursi hálitu. 곰의 입김이 와 닿은 여자/
affláti incéndio. 불길이 와 닿은 그들/
afflátus sole. 햇볕에 더위 먹은/
Divíno afflánte Spíritu, 하느님 성령의 숨결,
Pius XII세의 성서 연구에 관한 회칙(回勅)/
fúlminis affláti telis. 벼락에 얻어맞은/
Odores afflantur ex flóribus. 꽃에서 향기가 풍겨온다/
terga afflante vento. 등 뒤로 바람이 불어왔을 때.
áffluens, -éntis, p.proes., a.p. 넘쳐흐르는, 풍부한,
충분한(ίκανὸς), 윤택한, 수확이 많은, 중요한.
homo bonitáte áfflüens. 착하디착한 사람.
affluénter, adv. 충분히, 풍부히
affluéntia, -æ, f. 풍부, 풍성, 풍요(豊饒⑨ Fecundity);
다량(多量) 윤택(潤澤-물건이 풍부하여 넉넉함); 과잉(過剩).
áfflúo, -flúxi, -flúxum, -ére, intr. (ad+fluo)
…로 흐르다, 흘러들다, 몰려오다, 떼 지어 오다.
풍부하다, 넘치도록 있다, 남아돌아가도록 있다.
affluéntibus úndique bárbaris.
야만인(野蠻人)들이 사방에서 몰려올 때/
Affluunt opes. 재산(財産)이 남아돌아간다./
Aufidus amnis utrísque castris áffluens.
양쪽 진영으로 흘러드는 Aufidus 강/
Ignominiosum est clericis affluere epulis(성 토마스)
잔치를 좋아하는 것은 성직자에게 모욕이 된다/
Nihil ex istis locis litterárum afflúxit.
그곳에서는 편지 한 장도 오지 않았다.
afflúxi, pf. (áffluo)
affor, -fátus sum, -fári, def., dep., tr. (ad+for)
친절히 말을 걸다, 정답게 말을 걸다, 고별 인사하다,
작별(作別) 인사하다, 애원(哀願)하다.
alqm affor extrémum. 마지막 고별(告別) 인사를 하다.
affóre = affutúrum esse, inf., fut. (adsum)
afförem = adessem, impf., subj. (adsum)
afformído, -áre, tr. (ad+formído) 몹시 무서워하다, 걱정하다.
affrángo, -frégi -fráctum -ére, tr. 쳐부수다,
부수다(מחת.נ.חבט.תבר), 깨뜨리다.
áffremo, -ére, intr.
격노(격분)하다, 무섭게 야단치다, 미친 듯이 날뛰다.
africátio, -ónis, f.
비벼댐, 문지름, 문지를 때 떨어지는 부스러기.

áffrĭco, -frícui -fríctum -áre, tr. (ad+frico)
문지르다, 비비다.
affríctĭo, -ónis, f. 문지르기, 비빔
affríctus, -us, m. 마찰(摩擦), 문지르기
affríngo = **affrángo**
affúdi, "affúndo"의 단순과거(pf.=perfectum)
áffui, "adsum"의 단순과거(pf.=perfectum)
affúlgĕo, -fúlsi -ére, intr. (ad+fúlgeo) 반짝(번쩍)이다, 빛내며 나타나다, 빛나다(זהר), 보이다(φαὶνω), (희망의) 서광(瑞光)이 비치다.
Nihil fortuna affulsit. 나에게 행운(幸運)이 비쳐왔다/
Non Venus affúlsit. 찬란한 금성이 나타나지 않았다/
Spes affulsit. 희망(希望)의 빛이 보였다.
affulsi, "affulgeo"의 단순과거(pf.=perfectum)
affúndo, -fúdi -fúsum -ĕre, tr. (ad+fundo²) 쏟다, 붓다(שׁפך.נסך.ריסן.קורק), 뿌리다, 살포(撒布)하다, 따르다(יזל.אול.נסך.ריסן.לבק), 부어 넣다, 쏟아 넣다, 투입(投入)하다.
pass. 엎드리다(רגם.דירם), 부복(仆伏)하다.
Affusæ jacent túmulo. 여자들이 무덤 주위에 엎드려있다.
affundo alci vim vitálem. 누구에게 活力을 불어넣다
affundo vinum arbori. 나무에 술을 붓다
affūsum, "affundo"의 목적분사(sup.=supínum)
affúsus, -a, -um, p.p., a.p. 부어진, 쏟아진, 엎드린
afóre = **afutúrum esse**, inf., fut. (adsum)
afórem = **adéssem**, impf., subj. (adsum)
Afri, -órum, m., pl. Afrĭca인들
Afrĭca, -æ, f. 아프리카 대륙
Africæ terrarum, 아프리카 교회의 임무(1967.10.29. 담화)
Africánæ, -árum, f., pl. Afrĭca 맹수(사자.표범)
Africanus, -i, m. 아프리카누스[Scipio Aemilianus Africanus Numantinus(185~129 B.C.): 카르타고를 멸망시킨(146년) 로마 장군. 한니발을 무찌른 大스키피오(Scipio Africanus:237~183 B.C.)의 손자].
Laudat Africanum Panætius, quod fuerit abstinens. 파나이티우스는 아프리카누스를 자제심이 있다고 해서 칭송한다[Panætius(fl. ca.185~109)는 스토아 철학자로서 Africanus의 전쟁을 수행하였다. 성 염 지음, 고전 라틴어, p.312].
Africus¹, -a, -um, adj. Afrĭca의
Africus², -i, m. (~ventus) 서남풍
ágăga, -æ, m. 뚜쟁이; 망할 녀석, 몹쓸 놈
ágămus, -i, m. (한 번도 결혼 안 한) 절대 독신자
agamus, 원형 ago, egi, actum, ágere, tr.
[접속법 현재. 단수 1인칭 agam, 2인칭 agas, 3인칭 agat, 복수 1인칭 agamus, 2인칭 agatis, 3인칭 agant].
Grátias agámus Dómino Deo nostro.
([영] Let us give thanks to the Lord our God)
(獨 Lasset uns danken dem Herrn, unserm Gott)
(프 Rendons grâce au Seigneur notre Dieu)
우리 주 하느님께 감사합시다.
ágăpē, -ēs, f. 아가페(ἀγαπη.[영] agape)
애찬(愛餐-초대 그리스도 신자들이 최후의 만찬을 추모하며 형제적 결합과 사랑을 표현하여 빈자들과 함께 한 식사).
사랑; 죄인(罪人)에 대한 하느님의 사랑.
agapétæ, -árum, m., pl. (Subintroductæ)
(초대 교회시대에 열심한 종교생활을 내걸고 순수하며 거룩한 사랑만으로 결합되었다는)
여자들과 공동 생활하던 성직자.수도자.
agáso, -óris, m. 마부(馬夫),
말구종(말고삐를 잡고 끌거나 말 뒤에서 따르는 하인. 마부).
Agatha, -æ, f. 아가다, 아가타.
[성녀. 동정 순교자. 축일은 2월 5일. 시칠리아 섬의 카타니아(Catania) 출신. 데치우스 황제의 박해 때(249~251년) 순교. 전설에 따르면 박해자들은 아가타를 매음굴로 끌고 가 배교를 강요하고 양 가슴을 도려냈을 때 사도 베드로가 나타나 치료하였다고 한다. 박해자들의 잔혹 행위로 인해 그 이튿날 감옥에서 선종. 하지만 아가카에 대한 공경은 시칠리아 섬 밖으로 확산, 5세기 이후 절정에 달하였다. 이름이 로마 미사경본에 기록되었고 고대 순교록에 행적이 올랐다. 유해는 콘스탄티노플로 이전된 것 같다. 로마시대 2개의 교회가 이 동정 순교자의 이름으로 봉헌되었다. 매장한 해에 폭발한 에트나 화산을 진정시킨 것이 이 순교자의 통공이었다고 전해진다. 그래서 중세시대에 특히 남부 독일에서는 빵이나 초.과일.편지들을 아가타의 이름으로 축복하면 불에 의한 재난을 막을 수 있다고 믿었다. 카타니아의 수호자이며 주물공, 광부, 산악 안내인 및 간호사의 수호성녀이다].

Agathýrsi, -órum, m., pl. Scýthia인들
age(=ágédum) interj. 자! 그래(명령형에서 감탄사로 된 것이며 다른 명령.권유.양보 따위와 함께 재촉을 표시한다).
age, 원형 ago, egi, actum, ágere, tr.
[명령법. 현재 단수 2인칭 age, 복수 2인칭 agite].
Alteri sicut tibi age!. 네 자신에게 하듯이 남에게 해 주어라!
Age, age exponámus. 자! 이제 설명 합시다
Age! fac! 행동하라
Age fiat! 자! 되어라!, 자! 될 테면 되어라
Age hoc agitemus convívium.
자! 이 연회(宴會)를 진행시키자.
Age quod agis. 네가 할 수 있는 일을 하라.
네가 행하는 것을 행하라([영] What you do, do well).
Age, si quid agis.(Plautus). 하려거든 정신 차려 열심히 해라!
Age, ut in spiritualitate proficias.
영성 안에서 진보할 수 있도록 행동하시오.
Age vero, respónde. 자! 대답해라!
ágédum(=age) interj. 자! 그래
agelástus, -a, -um, adj. 절대로 웃지 않는.
m. Crassus의 별명.
agéllŭlus, -i, m. 아주 작은 밭, 작은 땅
agéllus, -i, m. 작은 밭, 밭떼기; 작은 땅
agéma, -ătis, n. 정예군(精銳軍)
agénda, -órum, n., pl. 협의사항, 의사일정, 안건(案件), 용무수첩 기입순서. (가) 제식서(祭式書), 정식서.
[1. 17세기에 수도자들이 Credenda(믿어야할 것)와 대조적으로 해야 할 것을 기록한 편람으로 썼다. 2. 초대교회에서는 미사의 중심부분인 성체에 관한 기도 형식을 가리켰다. 3. 현재 우리나라에서는 매일 축일표(사제용)라는 이름으로 나오고 있다. 백민관 신부 엮음, 백과사전 1, pp.57~58].
causa accessoria. 부수 안건/causa pricipális. 주요 안건.
Agendi ratio in doctrinarum examine. 교리 검토 규정
agenealogétus(=agenealogítus) -a, -um, adj.
부모나 조상을 지정할 수 없는, 족보 없는.
agennésĭa, -æ, f. ((神)) 원생성(原生成),
(삼위일체의 성부에 대한) 비피생성(非被生成).
Agenórĭdæ, -árum, m., pl. Agénor의 후예, Carthágo인들
agens¹, -éntis, p.prœs., a.p. 활발한, 기운찬.
Accépit panem et grátias agens.([영] he took bread and, giving thanks) 빵을 들고 감사를 드리신 다음.
[현재분사의 분사문. 단수 agens, 복수 agentes].
Gratias agentes, quia nos dignos habuisti astare coram te et tibi ministrare. 또한 저희가 아버지 앞에 나아와 봉사하게 하시니 감사하나이다.
agens², -éntis, m. 작용자, 능동자, 행동자. (法) =actor, 고대 Roma 황제의 정보 보좌관, 토지 측량사.
inferius agens. 하위의 작용자/
intellectus agens. 능동 이성, 능동 지성/
intellectus agens separatus. 분리된 능동 이성/
omne agens. 모든 행동자/
principalius agens. 우위의 작용자/
spiritus sanctus primas agens in missione.
선교의 주역이신 성령(가톨릭 신학과 사상, 제56호, p.152).
agens analogicum. 유비적 능동자
agens corporale. 물체적 작용자
agens naturale. 자연적 능동자, 자연적 현실태, 자연적 작용자
agens particulare. 특수 작용자
agens perfectum. 완전한 행위자
agens primum. 제1작용자
agens principale. 근원적 능동자, 근원적 행동자.
agens principális. 주요 행위자
agens secundárĭus. 제2차 작용자
agens universale. 보편적 작용자
agens universális. 보편적 능동자
agens univocum. 일의적 능동자
agentes frigora venti. 추위를 몰아오는 바람
Agentia Fides. 피데스 통신, 가톨릭 통신사.
ager, agri, m. 밭(ἀγρὸς), 전야(田野), 땅(אֲדָמָה.אֶרֶץ. γῆ.[영] Earth), 들(ἀλρὸς), 전원(田園), 잔디밭, 전답, 지방, 시골, 변두리, 공유지(公有地). pl. 평지(平地).

agri immúnes.(immunis 참조) 도지 물지 않는 밭/
agris everto *alqm*. 누구의 땅을 빼앗고 내쫓다/
agros colere. 농사를 짓다/
agros domini frugiferos. 주인의 비옥한 밭들을/
decimanus ager. 수확의 십분의 일을 조세로 바치는 밭/
Divido agros virítim cívibus.
땅을 시민들 개개인에게 분배해 주다/
domus, quæ prospicit agros. 밭들이 바라다 보이는 집/
Est ager sub urbe nobis : eum dabo dotem sorori.
우리에게 그 농지는 도시 아래편에 있다. 나는 그것을 여동생에게 지참금으로 주겠다.(nobis, sorori: 소유 여격)/
ex agris advenerunt. 밭에서 오는 참이었다/
exústus ager. 말라붙은 밭(exúro 참조)/
Florum coloribus almus ridet ager.
자애로운 대지가 아롱진 꽃들로 곱게 단장되어 있다/
Hieme in agro laboráre valde durum est.
겨울에 밭에서 일하는 것은 대단히 힘든 일이다/
Hominum generi universo agrorum cultura est salutaris.
농사(agri cultura)는 인간들의 모든 종족에게(전 인류에게) 유익을 준다.[農事天下之大本也](성 염 지음, 고전 라틴어, p.156]/
in agro colendo vivo. 밭을 갈며 지내다/
induco exércitum in agrum. 군대를 이끌고 밭으로 들어가다/
itero agrum. 밭을 다시 갈다, 갈아엎다/
lætus ager. 비옥한 밭/
Ne quis agrum consecrato.
누구나 전답을 축성해서는 안 된다/
omne agens agit sibi simile. 작용자는 자신과 닮을 것을 야기한다.[자신의 형상 또는 본질에 기초한 작용을 통해서 그것을 겪는 자(수동자)에게 자신과 유사한 결과를 낳음으로써 자기 자신을 전달한다. 예를 들면 자연물의 경우 불은 열기를 통해 나무에 불을 붙이고, 인간의 경우 지식을 가진 자로서 선생은 학생을 자기와 같이 지식을 가진 자로 만든다.
신학대전 14, 이상섭 옮김, p.247]/
opuléntior agor virísque. 토지도 많고 하인도 더 많은/
Poétæ agri. 전원의 시인/
tíberis agros inundávit. (inundo 참조)
티그리스 강의 범람으로 밭들이 침수되었다/
Vasto agros cultoribus. 전답을 경작할 수 없게 만들다/
Venietis ad agrum ne videatis ducem.
너희는 장군을 보지 않으려고 들판으로 올 것이다.

	sg.	pl.
nom.	ager	agri
voc.	ager	agri
gen.	agri	agrórum
dat.	agro	agris
acc.	agrum	agros
abl.	agro	agris

(박기용 지음, 희랍어 라틴어 비교문법, p.403)

ager arbori infecundus. 나무가 잘 안 되는 땅
Ager Camapanus, uberrimus marique maxime propinquus, annonæ maxima varietate et copia populi Romani tamquam horreum erat.
캄파니아 평원은 바다와 매우 가까운 아주 풍요로운 지역으로서 다양하고도 풍부한 추수로 말미암아 로마 국민의 곡창(穀倉)과 같았다.[annonæ maxima varietate et copia: 추수의 엄청난 다양성과 풍부함으로 말미암아. 성 염 지음, 고전 라틴어, p.267].
ager compascuus. 공동목장
ager fertilis. 비옥한 밭
ager frugum vacuus. 아무 곡식도 없는 밭
ager latus. 넓은 들
ager natio. 고향 땅
ager novatus. 묵혔다가 다시 경작한 밭
Ager oppositus est pignori. 밭이 저당되었다(oppono 참조)
ager públicus. 국유지(國有地)
agere, 원형 ago, egi, actum, ágere, 3. tr.
[명령법. 수동 현재 단수 2인칭 agere, 복수 2인칭 agimini].
agere, 원형 aggero[2] -géssi -géstum -gérĕre, 3. tr.
[명령법. 능동 현재 단수 2인칭 agere, 복수 2인칭 agite].
Agere, 소송을 제기하다 ('Actio, Actor' 참조).
['아제레agere'는 '아고ago'의 동사 원형이다. ago 동사는 라틴어 동사 가운데 그 사용 빈도가 가장 높은 단어 가운데 하나이면서, 문맥에 따라 아주 다양한 의미가 있다. ago 동사의 여러 의미 가운데 가장 빈번하게 사용되는 것은 '하다'라는 뜻이다. 라틴어에는 ago 동사 외에도 '파치오facio' 동사도 '하다, 만들다'라는 의미가 있다. facio 동사는 '하다, 만들다'는 그런 행위의 결과로 뭔가가 실재하는 것이 있다는 의미가 일반적이다. 하지만 ago 동사가 '하다'를 의미할 때는 '바쁘다'라는 의미로 좀 더 쓰이게 된다. 아고ago 동사의 목적분사는 악툼actum인데 여기에서 영어의 act가 파생한다.
아제레agere 동사가 법문에 사용될 때는 크게 세 가지 의미이다. 첫째 아제레agere는 민사소송에서 '원고actor/is qui agit'의 소송행위를 말한다. 둘째 아제레agere는 '소송상 조력하다'는 의미이다. 아제레agere는 법학자의 활동 중 특정 분쟁에서의 법률자문을 의미한다. 법학자는 특히 소송 방식서의 작성이나 법정에서 규정된 어구사용에 관해 조언하였고, 소송의 첫 단계에서는 직접 행위를 하거나 당사자의 변호인에게 지시하였다. 법학자들은 이러한 활동을 통해 새로운 방식서를 만들 기회를 가졌다. 셋째 아제레agere는 '행위하다', 특히 법률관계의 성립, 변경, 소멸을 위한 행위를 의미한다. 이외에 아제레agere는 '고소, 고발하다'라는 뜻도 있다. 한동일 지음, 로마법의 법률 격언 모음집에서(출간예정)].
Agere et pati tamquam loca ad spem discendam.
([영] Action and suffering as settings for learning hope)
희망을 배우는 자리인 활동과 고통.
agere ex metu. 공포(恐怖)에 의해 행위를 하다
Agere sequitur esse. 작용은 존재(本質)에 대응한다.
작용은 존재를 따른다, 존재는 행위의 질서를 규정한다.
존재는 행위의 질서를 규정한다, 존재는 행동을 낳는다.
행동은 有(그 존재)에 따른다, 행위는 존재에 준한다.
Agere sequitur esse, Operatio sequitur essentiam.
행위는 존재를 그리고 작용은 본질을 다룬다.
ággĕmo, -ĕre, intr. (ad+gemo) 옆에서 함께 울다, 탄식하다
agger, -ĕris, m. 쌓아 놓은 것, 쌓아 올린 것, 퇴적(堆積), 흙더미, 돌무더기, 더미(많은 물건이 모여 쌓인 큰 덩어리), 둑, 축대(築臺), 제방(堤防), 토담(흙으로 쌓아 친 담. 土垣. 土牆), 보루(堡壘), 방축(防築-"방죽"의 본딧말), 성벽(城壁), 토루(土壘), 항구의 해안도로. aggere nivei. 눈 더미/
Aggerem ac vallum exstruere.
방축과 방어 울타리를 쌓다/
aggeribus locus importunus. 제방을 쌓기에 불편한 장소.
ággĕro[1], -ávi, -átum, -áre, tr. 쌓아올리다, 퇴적해 올리다; 제방을 쌓다, 흙을 북돋다, 길을 깔다, 부설(附設)하다, 크게 만들다, 증가(增加)시키다.
aggero arborem, circa arborem terram aggero.
나무에 흙을 북돋아주다.
aggero iras. 화를 돋우다.
aggero[2], -géssi -géstum -gérĕre, tr. (ad+gero)
가져오다(אוֹב), 날라 오다, 날라다 쌓다, 쌓아올리다, 증가(增加)시키다, 말로써 주워섬기다, 무더기로 나쁘게 제시(提示)하다.
Fossam ággere explent. 도랑을 흙더미로 채우다/
Terra aggésta flumínibus. 강물로 퇴적된 흙.
aggessi, "aggero"의 단순과거(pf.=perfectum)
aggestum, "aggero"의 목적분사(sup.=supínum)
aggéstus[1], -a, -um, p.p. (ággero[2])
aggestus[2], -us, m. 가져옴, 날라 옴, 운반(運搬)
Aggiornamento. 아죠르나멘또
(아죠르나멘또는 "개혁과 쇄신"을 가리키는 이탈리아어).
agglómĕro, -ávi, -átum, -áre, tr. (ad+glómero)
둥글게 감다, 덩어리로 뭉치다, 꼭 붙이다, 가담시키다.
Se láteri agglómerant nostro.
그들이 우리 옆에 바싹 붙는다.
agglútĭno, -ávi, -átum, -áre, tr. (ad+glútino)
아교로 붙이다, 들러붙게 하다, 접합하다, 용접하다.
aggravátĭo, -ónis, f. 가중, 과중(過重), 악화(惡化)
aggravésco, -ĕre, intr. 더 무거워지다, (病이) 악화하다
ággrăvo, -ávi, -átum, -áre, tr. 더(너무) 무겁게 하다, 가중하다, 악화시키다, 힘을 더 내게 하다, 괴롭히다.
bello res aggravátæ. 전쟁으로 악화된 상태.
aggrédĭor, (dĕris, dĭtur), -gréssus sum, -grĕdi, dep., intr. 가다, 향하여 가다, 가까이 가다, 착수하다, 시작하다.
siléntio aggréssi. 가만히 접근하여,
tr. (말을 걸려고 또는 다른 목적을 가지고) 접근하다, 향해가다, 다가하다, **공격하다**(םחא.םח), 습격하다, **착수(着手)하다**, 일을 시작하다, 기도(祈禱)하다.
absséntem ággredi.
그가 없는 동안 그를 공격하다.비난(非難)하다/
álteram navem aggréssus. 두 번째 배를 공격하고/

imprudétes hostes ággredi.
　예기하지 못하고 있는 적(敵)을 공격하다/
óppidum oppugnáre aggréssus.
　도시를 포위하려고 기도(企圖)하여.
aggrédĭor alqm pecúnĭā. 돈으로 누구를 매수하다
aggrédĭor causam. 소송 변론을 시작하다
aggregátĭo, -ónis, f. 병합(倂合)/affiliatio(편입)와 대조.
　[융합(fusio)은 한 수도회가 다른 수도회를 흡수하는 것이다.
　통합(unio)은 둘 이상의 수도회들이 각각 해체되고 각각 동등한
　자격으로 모여서 하나의 새로운 회를 결성하는 것이다.
　합병(aggregatio)은 각각 독자적인 자치권을 보존하면서
　결합하는 것이다. 정진석, 간추린 교회법 해설, p.258].
aggregátum, -i, n. (哲) 집합체(集合體)
ággrĕgo, -ávi, -átum, -áre, tr. (ad+grego) 끼게 하다,
　…에 붙이다, 수에 집어넣다, 합동시키다.
　pass. 끼어들다, 편이 되다.
　alci se aggrego. 누구와 동맹(同盟)하다/
　se amicítiam alcjs aggrego. 누구의 친구가 되다/
　te in nostrum númerum.
　　너를 우리 중의 하나로 간주하다.
aggréssĭo, -ónis, f. 습격(襲擊), 공격, 말의 서두(序頭)
aggréssor, -óris, m. 공격자, 침입자, 습격자, 약탈자
aggressor iniustus. 불법 침입자(不法 侵入者)
aggressus¹, -a, -um, "aggrédĭor"의 과거분사(p.p.)
aggressus², -us, m. 습격(襲擊), 침입(侵入),
　기도(企圖-일을 꾸며내려고 꾀함), 시도(試圖).
agi ira. 분노에 이끌리다
agilior, -or, -us, adj. ágilis, -e의 비교급
ágilis, -e, adj. 재빠른, 빨리 움직이는, 경쾌한; 민첩한,
　기민한, 민활한, 활기 있는, 활동적인, 활발(活潑)한.
agilĭtas, -átis, f. 재빠름, 빨리 움직임(敏捷-재빠르고 날램),
　민활(敏活-날쌔고 활발함), 기민성(機敏性), 기동성(機動性).
　((神)) (부활한 육체의 속성으로서의) 신속성.
agilĭter, adv. 민첩(敏捷)하게, 재빠르게
agitábĭlis, -e, adj. 기민(機敏)한, 움직이기 쉬운,
　기동성 있는(mobilis, -e, adj.).
agitátĭo, -ónis, f. 운동(運動.κίνησις), 동요(動搖),
　진동(振動-흔들리어 움직임), 뒤흔듦, 흔들거림, 출렁거림,
　나불거림, 휘저음, 활동, 선동(煽動), 흥분(興奮),
　실천(實踐), 실행, 수행(遂行), 경영(經營).
　agitatiónes flúctuum. 파도의 동요(動搖)/
　mentis agitátio. 정신 활동.
agitátĭo virtútum. 덕행의 실천(usus virtutis)
Agitato corpore vívere se confitétur.
　몸을 움직여 자기가 살아 있음을 나타낸다.
agitátor, -óris, m. 움직이는 사람, 부리는 사람, 마차꾼,
　조종하는 사람, 가축 몰이꾼, 전투용 마차 경기자.
agitátus, -a, -um, p.p., a.p. 빨리 움직이는, 흔들리는,
　괴로워하는, 흥분(興奮)한, 괴롭혀진, 불안한.
agite, 원형 ago, egi, actum, ágere,
　[명령법. 현재 단수 2인칭 age, 복수 2인칭 agite].
　Pænitentiam agite; appropinquavit enim regnum cælorum.
　(㉅ Repent, for the kingdom of heaven is at hand)
　회개하여라. 하늘나라가 가까이 왔다.(성경 마태 4. 17).
ágite(=agítĕdum), interj., pl. V. age
Agite nunc iter comparáte. 자! 지금 출발 준비!
Agite, porro pergite : bibite, este, ecfarcite vos!
　자, 어서 들어라! 마셔라! 먹어라! 너희 배를 실컷 채워라!
Agite strenue! 자 빨리!
Agítedum ite mecum. 자! 나하고 함께 들 가자!
ágito, -ávi, -átum, -áre, tr., freq. 몰다, 구사하다,
　(가축이나 마차 따위를) 부리다, 박차를 가하다,
　이끌어가다, (맹금이나 사냥꾼이) 짐승을 쫓다,
　추적하다, 적을 추격하다, 흔들다(ניד.זוע),
　흔들어 대다, 동요시키다, 일게 하다, 까불다, 젓다,
　휘젓다, 휘두르다, 뒤섞어 놓다, 자극하다, 선동하다,
　흥분시키다, 괴롭히다, 못살게 굴다(אנה), 고생시키다,
　걱정시키다, 훈련(訓練)시키다, 연마(研磨)하다,
　하려고 애쓰다, 자주 하다, 많이 하다, 행사하다,

실행하다(πράσσω), 거행하다, 개최(開催)하다, 베풀다,
시간 보내다, 지내다, 살다, 체류(滯留)하다, 논하다,
논의하다, 토론하다, 토의하다, 비난하다(ידד.ריב),
다루다, 책망(責望)하다, 추구하다, 곰곰이 생각하다,
이리저리 궁리하다, 음미하다, 검토하다, 조사(탐구)하다/
ævum agito. 살다, 생애를 지내다/
agitáto hic custódiam. 여기서 잘 지키고 있어라/
agitátus in arimis. 전투 훈련을 받은/
ágito ánimum. 마음을 괴롭히다/
áquila aves ágitans. 새들을 쫓는 독수리/
córpora huc et illuc ágito. 몸들을 이리저리 흔들다/
hoc unum agito. 이것만 생각하다/
Impios homines agitant insectanturque furiæ, non
ardentibus tædis, sicut in fabulis, sed angore conscientiæ
fraudisque cruciatu.(Cicero). 불측한 인간들을 복수의
　여신들이 들쑤시고 추격한다. 그것도 신화에 나오듯이
　불붙는 듯한 혐오로 하는 것이 아니고 양심의 가책과
　속임수에 대한 번뇌로 들쑤신다.[성 염 지음, 고전 라틴어, p.414]/
in corde(mente, ánimo) agito, mente(ánimo) agito,
　곰곰이 생각하다, 심사숙고하다/
mária agitáta ventis. 바람으로 물결이 이는 바다/
Miscent inter se inimicítias agitántes.
　그들은 툭하면 원수지다가도 서로 어울리곤 한다/
noctem agito. 밤을 지내다/
præcépta patris agito. 아버지의 훈계들을 실천하다/
secum agito. 혼자 궁리(窮理)하다.
agito convívia. 연회를 베풀다
agito ánimum. 마음을 괴롭히다
agito quadrígas. 4두 2륜 마차를 몰고 달리다
Agitur largus sudor.(ago 참조) 땀이 흥건히 흐르고 있다
Agitur nimirum de contentione inter ordines.
　이것은 계급투쟁의 문제이다(1991.5.1. "Centesimus annus" 중에서).
Agitur semper de toto homine.(㉅ For it is always
concerned with the whole man) 사랑은 언제나 전인격에
　관련된 것이기 때문입니다(2005.12.25. "Deus caritas est" 중에서).
agmen, -mǐnis, n. (줄지어 움직이는) 무리(ὄχλος.
　πλῆθος.המון @ Flock), 떼(무리), 대열, 집단(集團),
　짐승.곤충 떼, 군대행진, 진군(進軍), 행군대열,
　행진하는 군대, 군부대, 흐름, 움직임, 밀려옴/
　ágmine remórum céleri. 노를 빨리 저어서/
　concitáto ágmine. 대열의 보무도 당당하게/
　ingens muliérum agmen. 떼 지어 다니는 수많은 부인네들/
　ira ágmine ad Urbem. 首都를 향하여 행진하다/
　Leni fluit ágmine Thybris.
　　Tiberis강은 유유히 흐르고 있다/
　nigrum agmen. 개미 떼/
　primum agmen. 선봉부대, 전위대(前衛隊)/
　quadrátum agmen. 부대를 수송하고 주위를
　　사각형으로 둘러싼 무장병 대열(隊列).
Agmen ad ópera procéssit. 벌떼가 일하러 줄지어 나갔다
agmen equestre, agmen equitum. 기병부대
agmen médium. 중심(중견) 부대
agmen novíssimum. 후속 부대, 후미부대(後尾部隊)
agmen occupátiónum. 밀려닥치는 일들
agmen orátiónis crispum. 잔잔한 물결의 흐름 같은 연설
agna, -æ, f. 어린 암양
agnáscor(=adnáscor) -natus sum, -násci, dep., intr.
　(ad+nascor) 옆에 나다, 덧붙여 나다,
　엎혀 생기다, 유복(遺腹) 자녀로 나다,
　유언장(遺言狀) 작성 후에 나다.
agnátĭo, -ónis, f. 종족 관계('Cognatio' 참조),
　부계(父系) 혈족 관계,
　유복자녀(遺腹子女)로 또는 유언 작성 후 태어남.
　[Agnatio는 가부권家父權 아래에 실제 함께 있거나 그가 아직 살아있다면 그랬을
　사람들 사이의 관계를 말한다. 종족 관계는 공동의 조상으로부터의 남계
　비속들 간의 관계이다. 아주 오랜 옛날부터 종족관계는 무유언 사망 시 시민법에
　따른 상속권의 토대였다. 후견도 가장 가까운 종친이 수행했다.
　한동일 지음, 로마법의 법률 격언 모음집에서(출간예정)].
Qui adoptatur, iisdem fit agnatus quibus pater ipsius fuit;

A

et legitimam eorum hereditatem habebit, vel ipsi eius.
입양된 사람은 바로 그 아버지와 같은 종족 관계가 된다.
때문에 입양된 사람은 그들의 합법적 유산을 가지며,
또는 그 자체로 그의 것이 된다/
Sunt agnati cognati per virilis sexus cognationem
coniuncti quasi a patre cognati. 종족 관계란 아버지 쪽의
혈족으로 남성의 혈족으로 맺어진 친척이다.

agnátus, -a, -um, "agnascor"의 과거분사(p.p.), 덧붙여 난.
f., m. 유복자녀(遺腹子女).

agnéllus(=agnículus) -i, m. 작은 어린 양

Agnes beatæ virginis. 성녀 아녜스 찬미가

Agnésïa, -æ, f. (神) 자유성(自有性), 자존성(自存性),
피조성성(被造成性).

agnículus(=agnéllus) -i, m. 작은 어린 양

agnína, -æ, f. 어린 양고기(caro agnina)

agnínus, -a, -um, adj. 어린 양의

agnítïo, -ónis, f. 인식, 지식; 알아봄, 認定, 승인(承認).
De detectione et eversione falso cognominatæ agnitionis.
잘못된 인식에 관한 폭로와 논박.

ágnïtor, -óris, m. 알아보는 자

agnítum, "agnosco"의 목적분사(sup.=supínum)

ágnïtus, -a, -um, p.p. (agnósco)

agnómen, -mínis, m. (ad+nomen) 별호(別號),
이명(異名), (개인에게 붙는) 별명(別名).
Públius Cornélius Scrípio Africánus,
앞 이름(개인명) 이름(씨족명) 성(가문명) 별호(別號).
[자격을 갖춘 로마시민의 이름은 적어도 세 마디로 되어 있다. 먼저 앞의 이름
prænomen, 즉 개인을 표시하는 이름으로 우리나라의 성을 뺀 이름으로 본명과
같은 것이다. 둘째 우리의 본관과 비슷한 nomen은 씨족을 표시한다. 셋째 우리의
성에 해당하는 cognomen은 가계family를 표시한다. 이 세 이름 외에 별명 agnomen
이 붙는데 Publius Cornelius Scipio는 Africæ 대륙에서 Carthago인들을 격파하여
승리를 거두었기에 "Publius Cornelius Scipio, Africanus Major"라고도 한다].

agnóscens, 원형 agnósco, -nóvi -nītum -ēre,
[현재분사, 단수 agnoscens, 복수 agnoscentis]
Et, agnóscens Hóstiam, cuius voluísti immolatióne placári
(⑨ and, recognizing the sacrificial Victim by whose
death you willed to reconcile us to yourself)
이는 주님 뜻에 맞갖은 희생 제물이오니.

agnósco, -nóvi -nītum -ēre, tr. (ad+gnosco, nosco)
알아보다, 알아차리다, 알다, 인식하다,
인정하다, 시인하다, 승인하다; 인지하다, 파악하다.
Agnosce quod ages, imitare quod tractabis, et vitam
tuam mysterio dominicæ crucis conforma.
자신이 행하는 것을 알고 실천하며 주님의 십자가
신비를 삶으로 본받도록 하십시오/
Agnoscimus agrum ubi vitis plantata est: cum autem
creverit, non agnoscimus, quia totum occupavit.
우리는 포도나무가 심어진 밭을 알고 있지만 그 포도
나무가 다 크고 나면 그 밭을 알아보지 못합니다. 온통
뒤덮였기 때문입니다.(최익철 신부 옮김, 요한 서간 강해. p.113)/
deum agnosco ex opéribus ejus.
하느님을 그의 업적(業績)으로 알다/
Ideo patres agnoscite: patres enim fiunt agnoscendo quod
est ab initio. 그러므로 아버지들이여, 알아들으십시오.
처음부터 계신 그분을 알아 뵙는 사람이 비로소
아버지가 된다는 사실을/
Nam agnoscenda imprimis est in Ecclesia christifdelium
laicorum libertas sese consociandi. 그 무엇보다도 먼저,
교회 안에서 평신도들의 결사의 자유는 인정을 받아야 한다/
Neque me quisquam agnóvit. 아무도 나를 알아보지 못했다/
Paullátim ánimum recépit et circumstántes cœpit
agnóscere. 그는 점차 정신을 차리고 주위 사람들을
알아보기 시작했다/
Páulus agnóvit injúriam ejus qui ei erat amícus.
바오로는 자기의 친구이던 그의 불의를 인정하였다.
[인칭대명사의 속격인 mei, tui, sui, nostri, vestri는 언제나 객어적 속격
이므로 그것을 주어적 속격으로는 쓸 수 없다. 그러므로 주어적 속격의 뜻을
표시하기 위해서는 각 인칭에 상응하는 소유대명사(meus, tuus, suus,
noster, vester)를 써야 하며, 그 소유대명사는 대명사적 부가어의 규칙에 따라
꾸며 주는 명사의 성.수.격에 일치하여야 한다].

agnosticísmus, -i, m. (哲) 불가지론(⑨ Agnostícism)

agnóvi, "agnosco"의 단순과거(pf.=perfectum)

agnus, -i, m. (한 살 미만의) 어린 양(羊.א;ע.άμνòς
.⑨ Lamb), 고양(羔羊), 미사 중의 Agnus Dei 송(誦).
Agni sunt timidi. 새끼 양들은 겁 많다/
depello agnos a mátribus. 새끼 양을 어미젖에서 떼다/
Ego quasi agnus mansuetus.
나는 온순한 어린 양(고양)과 같다/
greges agnorum. 양떼(⑨ Flock.⑨ grex, -gregis, m.).

Agnus Dei(ὁ ἀμνòς τού θεού) 아뉴스 데이
(→'하느님의 어린 양' 참조), 천주의 어린 양.

Agnus Dei quitollis peccata mundi.
하느님의 어린 양 세상의 죄를 없애시는 주님.

Agnus et columbæ sunt teneri.
새끼 양과 비둘기들은 순하다.

Agnus paschalis. 과월절의 속죄양(구약),
과월절 희생양, 십자가에 희생된 그리스도(신약).

ago, egi, actum, ágere, tr. 1. 앞으로 가게 하다, 몰고 가다,
끌고 가다, 데리고 가다, 나아가다, 떠나가다(오다),
이동(移動)하다. ago aséllum. 나귀 새끼를 몰고 가다.
2. 몰아넣다; 쫓다, 쫓아다니다, 내쫓다(גרשׁ), 내몰다,
…로 보내다, in exilium ago. 귀양 보내다/
ad mortem ago. 사지(死地)로 몰아넣다/
ago ad certamen. 싸움터로 내보내다/
lapídibus ago alqm. 돌로 쳐서 내쫓다.
3. 출동시키다, 진격시키다.
ago exércitum. 군대(軍隊)를 출동시키다.
4. 탈취하다, 뺏어가다, 훔쳐가다, 납치하다.
ago prædam. 약탈(掠奪.폭력으로 빼앗음. 겁략劫掠)하다/
ferre atque ago. 약탈(掠奪)하다.
5. 쫓아가다, 추적하다, 추격하다, 사냥하다(צוד.ז.רג).
apros ago. 산돼지 사냥을 하다.
6. 운전하다, 조종(操縱)하다, (탈 따위를) 몰다.
Ago ratem in amnem. 뗏목을 강으로 띄워가다/
In littus passim naves egérunt.
사방에서 해변으로 배들을 몰고 왔다.
7. 뚫다(ירד.ר.חתר), 파다(חפר.ז.כרה).
cunículum ago. 땅굴을 파다/
occúltam vias ago. 비밀통로(秘密通路)를 뚫다.
8. 깊이 박다, 박아 넣다, 꽂다(תקע),
fugiéntis ago costis telum. 도망자의 옆구리에 창을 꽂다.
9. 뿌리를 박다.
radíces in profúndum ago. 뿌리를 깊이 내리다/
Vera glória radíces agit. 참된 영광은 뿌리를 박는다.
10. 체내에서 내보내다, 몰아내다.
Agitur largus sudor. 땀이 흥건히 흐르고 있다/
ago vocem. 소리를 내다/
ánima ago. 빈사(瀕死) 상태에 있다/
spumas ago. 거품을 내뿜다.
11. (바람.파도.강 따위가) 밀어 보내다.
몰아오다, 가져오다(אתה), 작용하다.
agéntes frígora venti. 추위를 몰아오는 바람.
12. (몸의 부분을) 흔들다(נוד.טוט), 돌리다.
caudam ago. 꼬리를 흔들다.
13. (어떤 정신.심리상태에) 이르게 하다.
ago alqm in insániam. 미치게 하다/
in admiratiónem ánimum ago. 감탄을 금치 못하게 하다.
14. 자극하다, 격려하다, 충동하다, 어떻게 만들다.
마음을 끌다. agi ira. 분노에 이끌리다/
Me amor lassum agit. 사랑이 나를 지치게 한다/
Spes agit mentem. 희망이 정신을 자극한다.
15. **시간 보내다, 지내다,** 기간을 채우다, **몇 살이다.**
pass. **agi.** 시간이 얼마 되다, 지나다, 경과하다.
Alter agebátur mensis. 둘째 달이 경과하고 있었다/
annum agens sextum décimum. 열여섯 살이 되어서/
Quotum annum agis? 몇 살이냐?/
vitam ago in ótio. 한가하게 살다.
16. 살다(גו.ברבד.ח.ז.ת), 머물다; 軍에 복무하다.
Qui tum agébant. 그 당시 살던 사람들.

52

17. **하다**(עבד), **행하다**(עשה.פעל.ἐργάζομαι.πράσσω),
활동하다, 시작하다, 해보다, 획책하다,
agéndi tempus. 활동하는 시간(時間)/
tantam rem tam negligénter ago.
이렇게 큰일을 그렇게 소홀히 하다/
Quid agis. 어떻게 지내고 있느냐?/
Vide, quid agas. 무슨 짓을 하고 있느냐?.
18. 이루다, 수행(이행)하다, 완성하다(כלל.גמר),
실현하다, 처리하다, 얻다(קנה.אנק.ינק),
이르다, 공직(公職)에 종사하다.
bellum ago. 전쟁을 수행하다/
forum ago. 재판하다/
honórem ago. 영예로운 공직에 오르다/
Nihil agis. 너는 아무 것도 이루지 못 한다/
públicum ago. 국고금을 관리하다.
19. (축제 따위를) 거행하다, 개최하다, 베풀다.
triúmphum de *alqo* ago.
누구에 대한 개선 축하식을 거행하다.
20. 힘을 기울이다, 노력을 들이다, 열심히 하다.
Age, si quid agis. 하려거든 정신 차려 열심히 해라/
ago, ut…; id ago, ut… 하려고 무척 애를 쓰다/
id ago. 전력을 기울이다.
21. 배역을 맡다, 출연하다, 흉내 내다, 재연하다.
ago partes *alcjs*, ago *alqm*. 누구 역을 맡다,
누구로(무엇으로) 출연하다.
22. 다루다, 대하다.
se ago. 어떻게 행동하다, 태도를 취하다/
se ago pro victóre. 승리자 행세를 하다.
23. intr. 행동하다, 다루다, 태도를 가지다.
pass., impers. 되어가다, 되다.
bene ago cum iis. 그들을 잘 다루다/
Intelléget, secum actum esse péssime. 자기 일이
매우 나쁘게 되었다는 것을 그는 깨달았을 것이다.
24. (연설.낭독 등에서) 여러 가지 거동(동작)을 하다.
25. (말.글로) **표시하다, 드러내다**.
grátias ago *alci*. 감사하다(=gratias agere)/
laudes gratésque ago *alci*. 찬미하다, 찬양하다.
26. 흥정하다, 담판(談判)하다, 교섭(交涉)하다.
ago *alqd* cum *alqo* 무엇을 누구와 ~ .
27. 논(論)하다, 다루다, 문제로 삼다.
Agĭtur *alqd*. 무엇을 논하다/
Agĭtur de *alqā* re. 무엇에 대해 논하다, 문제로 다루다/
ago de *alqā* re cum *alqo*.
누구와 더불어 무엇에 대해 논하다.
28. (원로원.국민회의 등에서) 공식적으로 연설하다.발언하다.
ago cum pópulo.
국민회의에서 투표로 결정해 주기를 요청하다/
in senátu ago. 원로원에서 발언하다.
29. **변론하다, 사건을 다루다, 고소(호소)하다, 변호하다**.
actum est(res acta est) 사건은(일은) 끝났다/
Actum hódie est de me. 나는 오늘 망했다/
ago advérsus *alqm*, ago in *alqm*.
항변(抗辯)하다, 반대 변론(辯論)하다/
ago *alqm* reum. 아무를 죄인으로 고발(告發)하다/
causam ago, rem ago. 사건을 변론하다,
변호하다, 소송(訴訟)을 제기(提起)하다/
furti ago. 절도죄(竊盜罪)로 고발하다/
jure ago, lege ago. 법으로 해결하다; 법에 따라 집행하다.
30. age, ágite: 자! 그래!(1. ágere의 명령법 sg., pl. 2인칭.
2. 다른 명령.권유를 재촉할 때, 또는 양보 따위를 표시할 때
감탄사적으로 쓰며 1.3 인칭에 대해서도 씀).
Age fiat. 자! 되어라!/
Age hoc agitémus convívium. 자! 이 연회를 진행시키자/
De prudentia in agendis. 행위의 지혜로움에 대하여/
Quid mihi Celsus agit. 켈수스가 날 위해 하는 게
도대체 뭔가?[관심여격dativus ethicus 문장으로 동사 행위에 관련이나
본분을 갖는 사람을 여격으로 한다. 성 염 지음, 고전 라틴어, p.397]/
Sed quis agit hoc? 그렇다면 누가 그런 일을 하겠습니까?/
virtus qua agit. 작용 수단인 능력/
voluntas agit. 의지는 작용한다.

agógæ, -árum, f., pl. 광석 세척용 수로
agōn, -ónis, m. 경기(競技), 시합(試合).
De agone christiano. 그리스도인의 투쟁
(히포의 아우구스티노 지음).
Agonálĭa, -ĭum(-órum), n., pl. Janus신의 축제(祝祭)
Agonális, -e, adj. 시합의, 경기의, Agonália의
agónĭa[1], -æ, f. 단말마의 고통, 격심한 고통, 죽음의 고통.
perditus dolor. 지독한 고통(苦痛).
agónĭa[2], -órum, n., pl. Janus신의 축제일에 잡는 희생동물
agonia Domini.([영] Agnoy in Gethsemani) 임종고통,
죽음을 앞둔 주님의 심고(心告), 단발마의 고통.
agonia spirituális. 영적 투쟁(靈的 鬪爭)
agónista, -æ, m. 시합자, 경기자(lusor, -óris, m.)
agónistĭcus, -a, -um, adj. 시합의, 경기의
Agónĭum, -i, n. Agonália 축제일; 그 축제일의 경기
agōnízo, -áre, intr.
죽음의 고통을 겪다, 격심한 고통을 당하다.
agoránŏmus, -i, m. 시장 감독(市場 監督)
agoraphóbĭa, -æ, f. 광장 공포증(廣場 恐怖症)
agrárĭa, -æ, f. 농지법(農地法.lex agraria.)
agrárĭi, -órum, m., pl. 농민당, 토지 분할 제안자들
agrárĭus, -a, -um, adj. 토지의, 밭의, 농사의.
lex agrária. 농지법/res agrarius. 토지 분할/
triúmvir agrárius. 국유지 분할을 맡은 3인 위원.
agréstis[1], -e, adj. 전야의, 전원의; 농촌의, 농업의,
농사의, 밭의, 토지에 관한, 야성의, 교양 없는,
촌스러운, 무뚝뚝한. vita agrestis. 농촌생활.
agrestis[2], -is, m. 시골사람(시골뜨기.촌사람).
rústica vox et agréstis. 시골사람의 소리와 농사꾼의 소리.
agri immunes. 도지 물지 않는 밭
agrícŏla[1], -æ, m. (ager+colo) 농부, 경작자.
Dic mihi cur agricola esse velis.
왜 네가 농사꾼이 되려는지 나한테 말해라!/
O fortunatos nimium, sua si bona norint agricolas!
quibus ipsa procul discordibus armis fundit humo facilem
victum justissima tellus. 너무도 복에 겨운 농사꾼들이여,
자기네 복을 알기만 하면 좋으련만! 사람들이 무기를
들고 온갖 불화를 일으키는 중에도, 참으로 의로운
대지의 여신은 흙에서 손쉽게 먹을 것을 주시느니…
(성 염 지음, 사랑만이 진리를 깨닫게 한다. p.395).
agrícŏla[2], -æ, m. Tácitus의 장인, Roma의 장군
Agricola arat. 농부가 밭갈이 한다
agricola satĭatus aratro. 쟁기(질)에 싫증난 농부
agrícŏlor, -ari, dep., intr. 농사짓다
agricúltĭo, -ónis, f. 농사지음, 경작(耕作)
agricúltor, -óris, m. 농사꾼, 농경자
agricultúra, -æ, f. 농사(農事), 농업(農業).
Dei agricultura, Dei ædificátĭo estis.
여러분은 하느님의 농사요, 하느님의 건축(建築)입니다.
agricultura transcendenta. 신농(선유의 천주사상과 제사문제, p.139)
Agrimissĭo, -ónis, f. 농민 선교, 농민 사목.
(1970년 美國 수도회, 장상회, 국제 수도회 장상, 美國 가톨릭 농업 협의회
등이 합동으로 창설. 백민관 신부 엮음, 백과사전 1, p.63).
agrípĕta, -æ, m. (ager+peto) 이민(移民)
Agríppa, -æ, m. Roma인의 가문명(家門名)
Agrippína, -æ, f. Nero 황제의 母
Agyíĕus, -ĕi(-eos), m. 가로 수호신으로서의 Apóllo의 별명
ah, interj. 아!(고통.기쁨.놀람.분노의 표시)
Ahála, -æ, m. Servília족의 가문명(家門名)
AHMA Analecta hymnica Medii ævi, 중세 찬미가 선집
Ahárna, -æ, f. Umbrĭa의 도시
ahénĕus(=ăénĕus) -a, -um, adj. 구리로 만든, 동제의
ahénum(=ăénum), -i, n. 구리 그릇, 구리 솥, 냄비
ahénus, -a, -um, adj. = **ăénus**[1] 구리의, 동제(銅製)의
ai, interj. 아이쿠!(아픔.비통.비탄의 표시)
āĭens(ājens), -éntis, p.proes. (aio)
ain' = **aísne**? 그게 정말이냐?
Ain(=aisne) tu? 그게 정말이냐? 너 말하고 있니?(특별한 관용구)

A

ain vero. 그게 정말이냐?

āio(ājo), āis, āit, āiunt(ājunt), defect., tr.
(부정에 대립하여) 긍정하다, "예"라고 하다, 말하다,
주장하다, 단언하다, 보증하다, 남들이 그렇게 말하다.
구어에서는 일반적으로 "aisne(ais+의문사 ne)?"를 축약한
"ain? 그게 정말이야?"라는 표현을 쓰며 그에 대해서는
"aio. 그래"라고 대답한다.(한동일 지음, 카르페 라틴어 2권, p.141).
Aísne? Ain? Ain tu? Ain vero? 그게 정말이냐?/
Aisne heri nos advenisse huc? Aio. 그러니까 자넨
우리가 어제 여기 왔다는 말이지?. 그런 말이지/
Ajunt, hóminem respondísse.
그들은 이 사람이(그렇게) 대답했다고 주장한다/
ajunt, ut ajunt, quod ajunt.
속담에 있듯이, …라는 말이 있듯이/
Animus æger, ut ait Ennius, semper errat, neque pati
neque perpeti potest ; cupere numquam desinit.
엔니우스가 하는 말대로, 마음이 병들면, 늘 방황하고 무엇을
견뎌내지도 자제하지도 못한다. 끊임없이 무엇을 탐한다/
Diógenes ait, Antípater negat.
Diógenes는 긍정하는데 Antípater는 부인(否認)한다/
Et quid ait Scriptura? 이에 대해서 성경은 뭐라고 했습니까?/
Hódie uxórem ducis? Ajunt.
"너 오늘 장가드니?" (남의 얘기인양) "남들이 그런다"/
"오늘 아내를 맞는가?" (남의 얘기인양) "그렇다고는 해"/
Ita ajunt. 그렇게들 말한다/
Modo ait, modo negat. 그는 금방 시인했다 금방 부인한다/
Non curo quid ille aiat aut neget(aiat: aio 동사 접속법 현재)
그가 무엇을 그렇다 하든 아니다 하든 나는 괘념치 않아/
O fortunáti mercatóres! gravis annis miles ait.
"오 행복한 장사치들이여!" 하고 늙은 병정은 말했다/
Quid ait? 그가 뭐라고 하느냐?
Quis id ait? Quis vidit? 누가 그 말을 하던? 누가 봤니?/
Romanum se aiebat esse.
그는 자기가 로마인이라고 말하곤 했다.

직 설 법						
	단 수			복 수		
	1	2	3	1	2	3
현 재	ajo	ais	ait	-	-	ajunt
미완료	ajébam	ajébas	ajébat	-	-	ajébant
단순과거	-	-	ait	-	-	-

• aio 동사는 간접화법에 많이 사용된다.
Univérsos pares esse ajébat. 모든 사람은 동등하다고 그는 말했다.

Aiolopus tamulus. (蟲) 청분홍 메뚜기
aizoácĕæ, -arum, f., pl. (植) 석류풀과(번행과) 식물
aizóon(=aizóum) -i, n. (植) 가는 기린초
ála, -æ, f. 날개, (사람의) 어깨, 겨드랑이,
(네발 동물의) 허벅지, 샅(아랫배와 두 넓적다리가 이어진 어름.
고간股間, 서혜鼠蹊), 가지나 잎사귀가 줄기에 붙은 우묵한 곳.
(軍) 기병대(騎兵隊): 우군(友軍), 동맹군(同盟軍),
건물 본체에서 양쪽으로 뻗어나간 부분.
Et in umbra alarum tuarum sperabo donec transeat
iniquitas. 당신 날개의 그늘에 나는 숨나이다*
재앙(災殃)이 지나갈 그 때까지/
frenígera ala. 기병대(騎兵隊)/
Iste servus sapit hircum ab ális.
저놈의 종(하인) 겨드랑이에서 암내가 난다/
novas húmeris assumo alas.
어깨에 새 날개를 갖추어 가지다/
remígio alárum. 날개를(노 젓듯이) 움직여서/
sub ala alqd porto. 겨드랑이에 끼고 다닌다.
ala dextra. Roma 군단 우측 기병대
alabáster, -tri, m. 작은 향합, 장미 꽃봉오리
alabástrum, -i, n. = alabáster
álácer, -cris, -e, adj. 민첩한, 활발한, 활기찬,
발랄한, 재빠른, 즐거운, 기꺼이 하는, 유쾌한.
álacri animo. 기쁜 마음으로(læto animo)

Alacri acie mentis Lucretius cecinit rerum natura.
루크레티우스는 명민한 정신으로 대자연을 노래했다.
[acies mentis: 지성의 정곡(正鵠), 명민한 지성, 혜안(慧眼). 고전 라틴어. p.176].
álácris -e, adj. = álácer, -cris, -e, adj.
alácrítas, -átis, f. 열심, 열성(熱誠-열정에 찬 성의),
활발(活潑-생기 있고 힘찬), 민활(敏活-날쌔고 활발함),
재빠름: 발랄(潑剌-표정이나 행동이 밝고 활기 찬),
즐거움(⑨ Pleasure), 유쾌(愉快), 환희(歡喜).
Ad spiritalem apostolicamque alacritatem renovandam.
새로운 영성적 사도적 활력(1996.3.25. "Vita Consecrata" 중에서)/
Item catechesis ad missionalem alacritatem contendit.
(⑨ Catechesis is likewise open to missionary dynamism)
교리교육은 또한 선교적 열성을 낳습니다.
(교황 요한 바오로 2세의 1979.10.16. "Catechesi tradendæ" 중에서).
alácriter, adv. = álácre = cum gaudio = læte,
즐거이 기꺼이, 열성적으로.
alangiácĕæ, -arum, f., pl. (植) 박쥐나무과 식물
álapa, -æ, f. 따귀 때림, 뺨을 침, 견진성사 때 주례 주교가
견진자의 한 뺨을 가볍게 때리는 예절.
[중세 튜턴 기사들의 서작식(敍爵式) 때 기사가 되는 표로 왕이 검으로
기사의 어깨를 가볍게 때리는 예식에서 온 것으로 추정한다. 이는 견진자가
그리스도의 군인이 된다는 영적인 상징이다.]
노예 해방의 표시로 주인이 살짝 뺨쳐주는 형식절차.
álapam dare alci, álapis cædere alqm. 따귀를 때리다.
alapízo, -áre, tr. 뺨치다
álapor, -ári, dep., tr.
모욕적으로 따귀를 때리다, 그렇게 위협(威脅)하다.
aláres, -ĭum, m., pl. = alárĭi, -órum, m., pl.
alárĭi, -órum, m., pl. 증원부대, 동맹군 기병대
aláris, -e, adj. = alárius
alárius, -a, -um, adj. 우군의, 연합군의, 동맹군의,
Roma 군단 좌.우측 부대의(흔히 기병대의).
alátus, -a, -um. adj. 날개 달린, 날개 있는
aláŭda, -æ, f. (鳥) 종달새(告天子 혹은 종다리라고 함)
alba*, -æ, f. (⑨ alb.獨 Albe) 장백의, 백진주(白眞珠).
(장백의는 로마와 그리스의 풍습에서 왔다. 장백의는 그리스도교 시대에 일찍부터
도입되었는데 미사성제를 지내는 사제의 깨끗한 마음을 상징한다.
1962년 라틴어 미사에는 장백의 입을 때 다음과 같은 기도를 한다.
"Dealba me Domine, et munda cor meum; ut, in sanguine Agni dealbatus,
gaudiis perfruar sempiternis. 주님, 저를 씻어 주시고 마음을 깨끗하게 하여 저로
하여금 어린 양의 피로 깨끗하게 되어 영원한 즐거움을 누리게 하소서."
백민관 신부 엮음, 백과사전 1, p.67).
albárĭum, -i, n. 치장벽토(흔히 횟가루를 풀어놓은 것)
albárĭus, -a, -um, adj. 벽 치장하는, 벽을 흰 칠하는.
m. 미장이. albárĭum opus. 치장 벽토.
albátus, -a, -um. adj. (기쁨의 표시로) 흰 옷 입은, 白衣의.
albédo, -dĭnis, f. 흰빛, 백색, 흰색(白色), 순백성.
albens, -éntis. p.prœs. 흰
Albénses, -ĭum, m. Alba Fucéntia 사람
álbĕo, -ēre, intr. (현재분사 albens를 많이 씀) 희다.
albénte cælo. 날이 훤해 질 때에/
albéntes equi. 흰 말(馬).
albésco, -ĕre, intr., inch. 희어지다, 밝아지다, 빛나다
albicerátus, -a, -um, adj. = albicéris = albicérus
albicéris, -a, -um, adj. = albicerátus = albicérus
albicérus, -a, -um. adj. 누르스름한
álbĭco, -áre, tr. 희어지게 하다.
intr. 희어지다, 희끔하여지다.
álbĭdus, -a, -um. adj. 흰 빛을 띤, 희끄무레한
Albigenses, m., pl. 알비파(抑謙派)(⑨ Albigensianism)
Albigenses, m., pl. 억겸파(抑謙派) → 알비파
albinus¹, -i, m. 회벽 미장이
albinus², -i, m. Roma인의 가문명(家門名)
Albíon, -ónis, f. Británnia의 옛 명칭
Albis, -is, m. Germánia의 강이름(江名)(Elbe강)
albitúdo, -dĭnis, f. 힘, 흰빛, 하얀 색(color albus)
albo, -áre, tr. 희게 하다
albúgo, -gĭnis, f. 머리비듬, 각막백반(角膜白斑-머리비듬),
백태(白苔), 안구공막-눈병의 한 가지. 눈알에 덮이는 희끄무레한 막).
Albŭla, -æ, f. Tíberis강의 옛 이름
Albŭlæ, -árum, f., pl. Tibur 근처의 유황분이 있는 샘

54

álbŭlus, -a, -um, adj. 흰빛을 띤, 약간 흰
album, -i, n. 흰색, 흰 빛, 백색, 하얀 색(color albus),
　석회; 흰 도료, 흰색 게시판, 공용 백판, 표, 명단.
　Album esse nigrum. 흰 것은 검은 것이다
album óculi. 눈 흰자위
album ovi. 달걀 흰자위
Album possibile est esse nigrum.
　흰 것이 검은 것일 수 있다.
albúmen, -mĭnis, n. 계란 흰자위(蛋白, album ovi)
Albúna = Albúněa
Albúněa, -æ, f. Tíbur 근처의 샘
Albúrnus, -i, m. Lucánia의 산
albus, -a, -um, adj. 흰, 은백색의, 회백색의, 창백한,
　희귀한, 공백의, 흰옷을 차려 입은, 밝은, 맑은,
　투명한, 빛나는, 다행스런, 상서로운, 고마운.
　alba avis. 흰 새, 희귀한 일/
　Alba et atra discérnere. 흑백을 가리다/
　Alba linea signare. 흰 먹줄을 치다(분별없이 경솔하게 행동하다)/
　alba stella. (사공들에게 좋은 날씨를 예고하는) 고마운 별/
　albis déntibus deridére. 너털웃음으로 조소하다/
　Album an atrum vinum? 맑은 술 혹은 흐린 술?/
　album cálculum adjícere alci rei.
　　어떤 일에 흰 조약돌을 던지다, 승인(承認)하다/
　corvo rárior albo. 흰 까마귀보다 더 드문/
　sol albus. 빛나는 태양.
alcédo, -dĭnis, f. (鳥) 물총새, 쇠새(물총새)
alcedónĭa, -órum, n., pl. 물총새의 부화시기, 평온(함)
alces, -is, f. (動) 고라니(사슴과의 짐승), 큰사슴
alci ánulum de dígito.
　누구의 손가락에서 반지를 뽑아내다.
alci auxília porto. 누구를 도와주다
alci auxílium fero. 누구를 도와주다
alci bene precor. 누구에게 잘되기를 축원하다
alci beneficium dare(tribúere). 누구에게 은혜를 베풀다
alci bíbere ministro. 누구에게 술을 따라 권하다
alci cálicem impingo. 아무에게 잔을 강제로 쥐어주다
alci cladem inférre. 누구에게 참패(慘敗)를 안겨주다
alci custódes pono. 누구에게 감시원을 배치하다
alci delícti grátiam fácere. 누구의 죄를 용서하다
alci esse lucro. 아무에게 이득(利得)이 되다
alci esse præsto. 누구를 도와주다
alci excio lácrimas. 누구의 눈물을 자아내다
alci eximo curas. 누구의 걱정거리를 없애주다
alci expénsum fero.
　지출(支出)을 누구 앞으로 장부(帳簿)에 올리다.
alci famam supérbiæ inuro.
　누구에게 교만한 자라는 낙인을 찍다.
alci fero dolórem. 고통(苦痛)을 끼치다
alci fio ludíbrio. 누구에게 조소거리가 되다(fio 참조)
alci funus(exséquias) duco. 장례 행렬의 선두에 서 가다
alci grátiam dare. 누구에게 친절(親切)을 베풀다
alci immortalitátem dono. 아무에게 불멸성을 주다
alci impunitátem concédere. 아무의 사면을 허락하다.
alci lápidem impingo. 누구에게 돌을 던지다
Alci me ita excúses, ut omnem culpam
in te tránsferas. 모든 탓이 네게 돌아가도록(네게
　있다고) 아무에게 나를 변명해다오(excuso 참조).
alci mortem precor. 죽으라고 저주(詛呪)하다
alci múnetra congero.
　누구에게 예물(禮物)을 산더미로 가져가다.
alci nequam dare. 누구에게 해(害)를 끼치다
alci nox supervenio. …에게 밤이 닥쳐오다
Alci óculi dolent. (누구의) 눈꼴이 (óculus 참조)
alci pœnam propono. 누구를 처벌한다고 위협하다
alci prǽmium reddo. 누구에게 상을 주다
alci ratiónem alcjs rei(de alqá re) réddere.
　아무에게 무엇에 대해 사실대로 보고하다, 석명하다.
alci refero grátiam(드물게는 grátias)

(수고·신세·은혜 따위를) 실제행위로 보답하다.
alcjs rei desidério tenéri.
　어떤 것을 가지고 싶은 마음에 사로잡히다.
alci rei esse. 다소간 쓸모 있다, 적합하다
alci rei primas dare.
　무엇에 제일 큰 몫(가장 큰 비중)을 두다.
alci risum movére. 누구를 웃기다
alci spem præcido. 누구의 희망(希望)을 꺾다
alci timórem eripio. 아무에게서 공포를 없애주다
alci viam obsǽpio. 누구에게 길을 막다.
alcidémos¹, -i, f., adj. 민력(民力)의
Alcidémos², -i, f. Minérva 여신의 별명
alcjs arcéssítu. 누구의 초대로
alcjs latus gládio haurio. 아무의 옆구리를 칼로 찌르다
alcjs ópera vívere. 누구의 보조로 살다
alcjs rei dubitatio. 무엇에 대한 의심(疑心)
alcjs rei memóriam repeto.
　무엇에 대한 기억(記憶)을 되살리다, 추억하다.
alcjs taciturnitátem experíri. …의 신중함을 시험하다
álcŏhol, -hólis, m. 알코올, 주정(酒精)
alcohólĭcus, -a, -um, adj. 알코올성의, 주정음료의
alcohólismus, -i, m. 알코올 중독, 음주벽(飮酒癖)
álcyon, -ónis, f. (鳥) 물총새, 쇠새(물총새)
álea, -æ, f. 주사위, 주사위 놀이, 운수 놀이; 노름,
　도박(賭博).⑨ Games of chance), 운수(運數),
　재수(좋은 일이 생길 운수), 요행수(僥倖數-뜻밖에 얻는 좋은 운수);
　모험, 투기, 불확실한 것.
　álea lúdere. 주사위 놀이를 하다(통속어에는 áleam lúdere도 있음)/
　álea lúdere de alqd re. 무엇을 걸고 내기하다/
　émere áléam. 불확실(不確實)한 것을 사다/
　in álea alqd pérdere. 노름에서 무엇을 잃다/
　Jacta est álea(Jacta alea est). 주사위는 던져졌다.
　　(일은 이미 벌어졌다. 운명은 결정되었다).
Alea iacta est(⑨ The die has been cast) 주사위는 던져졌다
aleátor, -óris, m. 주사위 노는 사람; 노름꾼, 도박꾼
aleatórĭus, -a, -um, adj.
　노름의, 도박의, 요행을 노리는; 노름꾼의.
　contracti aleatorii. 사행(射倖)적 계약.
alēc = allēc, -écis, n. 어즙(魚汁)
áleo, -ónis, m. (古) 노름꾼, 도박꾼
āles¹, alĭtis, adj. 날개 달린, 날개 있는, 민첩한, 재빠른
ales², alitis, f., m. (鳥) 새, (신화에서) 각신(各神)의 고유한 새,
　(날개와 날아가는 모양으로) 점쳐주는 새,
　조짐(어떤 일이 일어날 징조), 길조(吉兆) 또는 흉조(凶兆).
　Jovis ales. 독수리/
　Junónia ales. Juno 여신의 새인 공작(孔雀-평과의 새).
alésco, -ĕre, 3. intr. (동·식물에) 자라다, 커지다, 성장하다
Alésĭa, -æ, f. Gállia의 도시(Cæsar가 포위 점령했었음).
　Omnes fiduciæ pleni ad Alesiam proficiscuntur.
　신념으로 충만한 모든 사람들이 알레시아로 떠난다.
　[때때로 domus, 도시 이름, 작은 섬 이름 앞에 전치사가 붙기도 한다.
　건물 안이나 도시의 성안으로 이동하는 것을 표현할 때, 물리적 접근(ad)이나
　입장(in) 개념을 강조하기 위함이다. 한동일 지음. 카르페 라틴어 2권. p.187].
Alexandrĭa, -æ, f. 알렉산드리아(알렉산더 대왕 창건)
alga, -æ, f. (植) 해조(海藻-바다에 나는 식물)를 통틀어 이르는
　말. 마물. 바닷말. 海草), 하찮은 물건(物件).
algéo, alsi, -ĕre, intr. 춥다, 시리다, 추위타다,
　냉담(冷淡-무슨 일에 마음을 두지 않음. 무관심함)하다, 무시하다.
　Probitas laudatur et alget.
　정직은 칭찬 받지만 싸늘하다(소홀히 한다).
algésco, alsi, -ĕre, inch., intr. 오싹오싹 춥다, 감기 걸리다
Algídum, -i, n. Algĭdus 산위의 도시
álgĭdus¹,-a, -um, adj. 찬, 추운.
　prægelidus, -a, -um, adj. 몹시 추운.
álgĭdus²,-a, -um, adj. Algĭdus 산의.
　m. Roma 부근에 있는 산.
algíficus, -a, -um, adj. (álgeo+fácio) 어는, 추위를 가져오는
algor, -óris, m. 한기(寒氣), 냉기, 뼈에 스미는 추위
algósus, -a, -um, adj. 해초로 덮인

A

álĭã, adv. (ac. viã) 다른 길로, 다른 방법으로.
et miratur alia, cum sit ipse mirator magnum
miraculum. 다른 것들을 두고 경이로워하는데
경이로워하는 당사자야말로 위대한 기적이다.
Alia cura. 딴 일이나 해라!(Aliud cura)
alia eaque supernaturali via. 초자연적인 길.
Alia est natura spiritus, ália est natura matériæ.
영(靈)의 본질과 물질의 본질은 서로 다른 것이다.
alia, quæ nunc memoriam meam refugiunt.
지금 생각나지 않는 다른 것들.
**Aliam significationem habet Iesus, aliam habet
Christus: cum sit unus Iesus Christus salvator noster,
Iesus tamen proprium nomen est illi.**
'예수'가 뜻하는 바가 다르고, '그리스도'가 뜻하는 바가
다릅니다. 우리 구세주 예수 그리스도는 한 분이시지만,
당신의 고유한 이름은 '예수'입니다.
(최익철 신부 옮김. 요한 서간 강해, p.163).
álĭãs, adv. 딴 때에, 다른 기회에. **달리, 다른 방법으로,
그렇지 않으면,** 다른 데에, **다른 데로,**
Fácio, me álias res ágere. 나는 다른 일을 하는 척 한다/
non alias quam, non alias nisi. 아니고서는 달리 아니,
아니고서는 다른 …아니(없.못)/
non alias quam simulatióne mortis.
죽음을 가장하는 방법 외에는 달리 아니/
Plura scribémus álias.
다른 기회에 우리는 더 많이 저술할 것이다.
álias…álias, 어떤 때는… 어떤 때는, 혹은 …혹은,
alias álius. 어떤 때는 이 사람, 어떤 때는 저 사람
álĭbi, adv. 다른 곳에(서), 다른 것에(서), 다른 점(에)서,
다른 기회에, 현장 부재증명, 알리바이(現場 不在證明).
alibi, … alibi. 여기에(서)는 …저기에서는,
álius alibi. 한 사람은 여기에, 다른 사람은 저기에/
Et alibi(⑨ And elsewhere) 다른 곳엔 이런 말씀도 있다/
non aliud quam … 다른 곳 아닌 바로 …에.
álĭca(=hálĭca), -æ, f. 미개량종 밀, 스펠트 밀
alicárĭus, -a, -um, adj. 스펠트 밀에 관한.
f., pl. 제분공장 주위의 창녀들.
m. 스펠트 밀 제분업자, 그 빵 제조자.
alícŭbi, adv. 어딘가에, 어떤 곳에
alícui esse admiratióni. 감탄거리가 되다, 감탄시키다
alícui esse amóri. 사랑이 되다
alícui esse auxílio. 도움이 되다
alícui esse calamitáti. 재앙이 되다
alícui esse contémptui. 모욕이 되다, 멸시가 되다
alícui esse curæ. 걱정거리가 되다, 염려가 되다
alícui esse damno, detriménto. 손해가 되다
alícui esse dedécori. 망신이 되다, 불명예가 되다
alícui esse dolóri. 고통이 되다, 슬픔이 되다
alícui esse gáudio. 기쁨이 되다
alícui esse laudi. 아무에게 칭찬이 되다, 찬미가 되다
alícui esse lucro, quǽstui. 이익이 되다
alícui esse ódio. 미움이 되다, 밉다
alícui esse salúti. 구원이 되다, 유익하다
alícui esse úsui,(utilitáti). 유용하다, 쓸모 있다, 유익하다.
[alicui esse laudi(auxilio, curæ, dolori, gaudio, saluti, usui). "누구에게 칭찬으로(도움,
걱정, 고통, 기쁨, 구원, 유용)이 되다"라는 형태는 고전에서 많이 볼 수 있다].
alícŭla, -æ, f. 짧은 상의, 사냥 복(服)
alícúnde, adv. 어떤 곳에서부터, 어떤 사람에게서부터
alienata mente. 미친 정신으로
aliēnátĭo, -ónis, f. 양도(讓渡-'Dominium, Emtio, Possessio,
Proprietas, Venditio'참조), 처분(處分), 처분권(處分權),
단념, 포기(抛棄.⑨ Abandonment-버리고 돌아보지 아니함),
소원(疏遠), 소외(疏外.獨 Entfremdung), 따돌림,
이간(離間-징짓 두 사람 사이에 하리놓아 서로 떨어지게 만듦),
배반(⑩.背反), 제 정신이 아님.
[Alienatio 양도는 넓은 의미에서 매매, 증여 등의 법률행위에 의한 재산의
이전을 의미한다. 계량물res litigiosae, 혼인지참 재산인 토지fundus dotalis 등은
양도할 수 없었다. 또한 피후견인, 피보좌인 등은 행위의 무능력으로 인해
재산을 양도할 수 없었다. 반면 좁은 의미의 양도는 소유권의 양도를 의미한다.
가장 넓은 의미의 양도는 손실의 초래, 예컨대 역권을 사용하지 않음으로써

상실하는 것을 의미한다. 한동일 지음. 로마법의 법률 격언 모음집에서(출간예정)].
Alienationis verbum etiam usucapionem continet.
양도라는 용어는 사용(시효)취득도 포함 한다/
Cum quis possit alienare, poterit et consentire alienationi.
누군가 양도를 할 수 있기 위해서는 양도에 동의할 수
있어야 한다.(자신의 물건을 양도할 때는 그 물권에 대하여 가지는 권리를
타인에게 양도하는 것을 동의한다는 의미이다.)/
**Eum quoque alienare dicitur, qui non utendo amittit
servitutes.** 노예를 양도한다는 것은 노예의 사용이
허락되지 않음을 의미한다/
**Id quod nostrum est, sine facto nostro ad alium transferri
non potest.**우리 것은 우리의 실제 행위 없이
타인에게 양도될 수 없다/
illegitima alienátĭo. 불법적 양도(讓渡)/
Non alienat qui dumtaxat omittit possessionem.
정확히 말해서 점유를 포기한 사람은 양도하지 못 한다/
**Qui potest invitis alienare, multo magis et ignorantibus et
absentibus potest.** 억지로 (타인에게) 양도할 수 있는
사람은 더욱 더 몰라서나 궐석으로도 양도할 수 있다/
**Quoties in fraudem legis fit alienatio, non valet
quod actum est.** 양도가 법률을 속여 이루어질 때마다
그 행위는 무효이다/
Videtur rem alienare, qui eam patitur usucapi.
시효취득을 허락하는 것은 물건을 양도하는 것과 같다.
Alienátĭo bonorum ecclesiasticorum. 교회 재산 양도
alienátĭo et religio. 자기 소외 종교(Feuerbach, Marx 지음)
alienátĭo mentis. 정신 장애(精神障碍)
aliēnígĕna*, -æ, m. (aliénus+gigno) 딴 나라 사람,
외국인(⑨ Foreigner), 이방인(⑨ gentiles/Pagans)
aliēnígĕnus, -a, -um, adj. (aliénus + gigno)
여러 가지 성분으로 이루어진, 외국인의, 외국의.
alienior, -or, -us, adj. alienus, -a, -um의 비교급
alienis. 자기와는 상관없는 다른 잘못 즉 다른 사람이 개입
되어 저질러진 잘못(occultis, 자기도 모르게 저지른 잘못, 즉 의식하지 못
하고 저지른 잘못을 뜻하는 듯하다. 아우구스티노도 이 구절을 같은 의미로 주해
하였다. 시편 주해 18, 1, 14; 18, II, 13 참조. 사순시기 강론. 레오 대교황. p.167).
**Ab occultis meis munda me, Domine, et ab
alienis parce servo tuo.** 주여, 제 모르는 잘못에서 저를
깨끗이 해주시고, 다른 잘못들에서도 당신 종을 용서하소서.
alienissimus, -a, -um, adj. alienus, -a, -um의 최상급.
alienissimo rei publicæ témpore.
공화국의 가장 나쁜 시기에/
**Homo vel alienissimus rusticæ vitæ, si in agrum
tempeatative venit, summa cum voluptate naturæ
benignitatem miratur.** 사람은 심지어(vel) 농촌 생활에
극히 낯설더라도 적시에 농촌에 온다면, 자연의 혜택을
참으로 유쾌하게(summa cum voluptate) 만끽하게 된다.
ăliēno, -ávi, -átum, -áre, tr. 남의 손에 넘기다, 팔아넘기다,
소유권을 양도하다, 소원하게 만들다, 따돌리다,
소외감을 느끼게 하다, 멀리하다, 떨어져 나가게 하다,
남이(다른 것이) 되게 하다, 분리시키다, 떼어(갈라) 놓다,
이간시키다, 관계를(인연을) 끊게 하다, 원수지게 하다,
예속(隸屬)시키다, 빼앗다, 감각을 마비시키다,
(육체적.정신적) 능력.기능을 뺏다,
포기(抛棄-하던 일을 중도에 그만두어 버림)하다, 단념하다,
alienátá mente. 미친 정신으로
Alienátus est ab alqo. 그는 누구와 관계를 끊었다/
in córpore alienáto. 감각이 마비된 육체에/
Ira alienávit a dictatóre mílitum ánimos. 그 분노는
병사들의 마음을 총통에게서부터 떨어져 나가게 했다/
mentem alieno. 미치게 하다/
Tu me alienábis numquam.
너는 나를 언제든지 소외시키지 못할 것이다/
urbs máxima alienáta. 외국세력에 예속된 대도시.
aliénus, -a, -um, adj. (álius+geno) 다른 사람의, 남의,
외국의, 타향의, 알지 못하는, 낯선(낯설므르는), 생소한,
관련(관계.상관) 없는, 불친절한, 적의(악의)를 품은,
불리한, 형편이 나쁜, 어울리지 않는, 맞지 않는,
적당치 않은. m. 아무 관계도 없는 남; 외국인.

n. 남의 것, 남의 재산(財産). æs aliénum. 빚/
Aliena nobis, nostra plus aliis placent. 남의 것이 우리
마음에 더 들고 우리 것이 남의 마음에 더 든다/
Aliena noli curare. 남의 일에 참견하지 마라/
aliénā vívere quadrā. 다른 사람의 것을 얻어먹으며 살다/
aliénæ ædes. 남의 집(ampla domus. 드넓은 집)/
alieno loco. 불리한 장소에서/
alieno tempora. 불리한 때에(de tempore. 알맞은 때에)/
aliénum a vitā meā. so 생활과는 맞지 않는 것/
Alienum negotium ratihabitione fit meum.
양도 거래의 추인으로 내 것이 된다/
alienum noli concupiscere, illud adgredere quod justum est.
남의 것을 탐하지 말라. 정당한 것을 추구하여라.
(성 염 지음, 사랑만이 진리를 깨닫게 한다. p.455)/
ánimus aliénus ab alqo. 누구에게 대한 적개심/
ex aliéno largior. 남의 것으로 생색내다/
Homo sum: humani nihil a me alienum puto.
난 사람이다. 인간적인 어떤 것도 내게는 낯설지 않다
(나는 인간이다. 그러므로 나는 인간적인 것으로
나와 관련 없는 것은 하나도 없다고 생각한다)/
Id multum ei detraxit, quod alienæ erat cívitatis.
그가 외국인이었다는 그것은 그에게 크게 불리한 점 이었다/
justitīa aliena. 관련 없는 정의/
Nemo alienae rei expromissor idoneus videtur, nisi cum
satisdatione. 만일 담보제공을 하지 않는다면, 그 누구도
타인의 물건에 대한 합당한 보증인이 될 수 없다/
Nemo alienum factum promittendo obligatur.
그 누구도 타인의 약속으로 된 일은 의무가 없다/
Nemo debet lucrari ex alieno damno.
그 누구도 다른 사람의 손해로부터 이득을 보아서는 안 된다/
Suo potius quam alieno nomine quilibet gessisse censetur.
무엇이든 다른 사람의 이름으로 행할 때는 더욱 더
자기 것처럼 여겨 해야 한다.
Alienus dolus nocere alteri non debet.
어떤 사람의 사기가 타인에게 해를 끼쳐서는 안 된다.
Alienus non diutius. 나는 더 이상 혼자가 아니다
aliétas, -átis, f. (哲) 타성(惰性)
álǐfer(-ger) -ĕra -ĕrum, adj. (ala+fero, gero)
날개 있는, 날개 달린, 매우 빠른.
Alii ad salutem, alii ad damnationem prædestinantur.
어떤 이는 구원으로, 어떤 이는 영벌로 예정되어 있다.
[칼뱅의 예정설. 그는 원죄와 상관없이 하나님이 이미 구원받을 자들을
선택하였으므로 인간의 선행은 구원의 조건이 될 수 없고, 만일 이미 구원에서
제외된 자가 어떤 선행을 한다 해도 이는 하나님께 영광을 드리는 것일 뿐이라고
설명하였다. 그리스도교 강요. 14, 1. 가톨릭대사전, p.8437].
Alii aliter sentiebant. 그들은 각각 다르게 생각하고 있었다.
alii aliter. 저마다 서로 달리들
Alii ita dicunt. 다른 이들은 이렇게 말한다.
alii statim, alii diu, alii semper. 어떤 이들은 즉시,
어떤 이들은 오래, 어떤 이들은 항상.
alii super alios. 사람 위에 사람이 겹쳐서
Aliis aliunde est periculum.
사람마다 각각 다른 데서부터 오는 위험을 받고 있다.
áliis porro impertíre gáudium.
남들에게도 기쁨을 나누어주다.
Aliis si licet, tibi non licet. 다른 사람에게 허용된다고
해서, 너에게도 허용되는 건 아니다.
alimentárǐus, -a, -um, adj. 양식(糧食)의, 식량에 관한
alimento uti. 영양을 섭취하다(신학대전 제2권. p.209)
aliméntum, -i, n. (일반적으로 복수로) 식량, 양식, 식품,
영양(營養-신학대전 제2권. p.217), 영양물, 생활필수품,
양육비(養育費), (불에 대해서) 연료(燃料), 부양(의무)
Aliménta ólerum et carnis. 채소와 고기의 식료품/
alimenta tellus suggerit. 땅이 식량을 생산하다/
alimenti conversio. 영양물의 변환.
alimónǐa, -æ, f. 영양물(營養物), 식품(食品), 양육(養育)
Veritatis alimonia.(⑨ The food of truth) 진리의 양식.
alimónǐum, -i, n. = alimónǐa, -æ, f. 영양물, 식품, 양육
álǐo, adv. 다른 곳으로, 다른 데로, 다른 사람에게로,

다른 것에로, 다른 목적으로.
céteri álius alio. 남은 자들은 각각 다른 곳으로/
non in alio existens. 다른 것 안에 존재하지 않는 것.
alio…alio, 한 곳으로는 …다른 곳으로는
Alio aliud dissipavit.
그는 여기저기다 각각 다른 것을 분산시켰다(분배하였다).
**Alio autem in documento Concilii Vaticani II scriptum
legimus**(⑨ We read in another document of the Second
Vatican Council) 제2차 바티칸공의회의 다른 문서에서는
이렇게 말하고 있습니다(1986.5.18. "Dominum et vivificantem" 중에서).
alio modo. 다른 양태로
alióqui(n), adv. 다른 관점에서, 그 밖의 다른 점에서는,
그리고 또, 그렇지 않아도, 하여간, 그렇지 않다면,
그렇지 않고(서야), 달리 어떤 모양으로,
Minister, seu circumstanstes respondent:
alioquin ipsemet Sacerdos: 봉사자 혹은 회중은 대답한다.
그렇지 않다면 사제 자신이 직접 한다.
aliórsum(-sus) adv. 다른 곳으로, 다른 방향으로,
다른 사람에게로, 다른 방법으로, 다른 의미로.
Alios æque ac semetípsos dilígere opórtet.
다른 사람을 자기 자신같이 사랑해야 한다.
alios incessus hostis claudere.
적의 다른 탈출구들을 봉쇄하다.
álǐpes, -ĕdis, adj. (ala+pes) 발에 날개 달린, 발이 빠른
alípǐlus, -i, m. (ala+pilus) 목욕하는 사람의 겨드랑 털
따위를 뽑아주는 노예(奴隸).
alípta(-es), -æ, m. 기름 발라주는 사람,
(시합장이나 목욕탕에서) 안마해 주는 사람.
álǐquā, adv. 어떤 곳을 통하여, 어떤 길로 해서, 어떤 방법으로.
utrum in eis sit aliqua alia potentia cognoscitiva quam
intellectus. 천사 안에 다른 어떤 지성적 인식 능력이 있는가/
Utrum sine cáritate possit esse aliqua vĕra virtus.
어떤 다른 덕이 신의 사랑 없이도 유도될 수 있는가.
aliqua causa necessaria. 어떤 필연적인 원인
aliquam causam priorem. 선행하는 어떤 원인/
esse aliquam formam æternam et incommutabilem.
영원하고 불변하는 형상이 따로 존재함.
aliquam determinatam habitudinem inter ea.
사물(事物)들 사이의 특정한 관계(關係).
aliquámdǐu(=aliquándǐu), adv. 꽤 오랫동안, 한 동안
aliquammúltum, adv. (시간.장소) 꽤 많이
aliquammúltus, -a, -um, adj. 꽤 많은
aliquándo, adv. 언젠가, 장차, 어떤 때(ποτέ), 한 때,
어느 날, 일찍이, 마침내, 결국 언젠가는, 장차
어느 때고 한번, 가끔, 이따금.
Catilina, Egredere ex urbe aliquando!
카틸리나여, 언제든 로마를 떠나라!.
Illucéscet aliquando ille dies.
언젠가는 그 날이 밝아 올 것이다/
Iam diximus aliquando, exinani quod implendum est.
이미 몇 차례 말씀드렸지만, 채울 수 있도록 비우십시오.
(최익철 신부 옮김. 요한 서간 강해. p.207)/
Si aliquando ille terminus 'homo' sumeretur prout
supponeret pro humanitate tunc ista non concederetur
'Socrates est homo'. 만일 '사람'이라는 단어가 그
인간성을 가정하기 위해 사용된다면 '소크라테스는
사람이다'는 인정되지 않을 것이다/
Tu, aliquando conversus, confirma fratres tuos.
나는 네가 믿음을 잃지 않도록 기도하였다(루카 22, 32).
Aliquándo me pænituit tacuisse numquam.
내가 한 번도 입을 다물지 못했음을 나는 두고두고 후회했다.
aliquantísǔlus, -a, -um, adj., dim. 아주 적은, 아주 작은
aliquantísper, adv. 잠깐, 잠시
aliquánto, adv. = aliquántum, adv. 꽤, 어느 정도, 상당히
aliquanto ante. 얼마 전에
aliquanto post. 얼마 후에
aliquántǔlum, adv., dim. 약간, 조금.
Manu dextera percutit sibi pectus, elata aliquantulum

voce dicens: 오른손으로 자기 가슴을 치며,
　어느 정도 높은 목소리로 말한다.
aliquántŭlus, -a, -um, adj. 상당히 적은(작은).
　n. 소량(小量)/aliquantulus fimi. 소량의 비료.
aliquántum, -i, n. 상당량, 꽤 많은 양, 꽤 되는 거리.
aliquantum ante. 꽤 오래 전에
aliquántum itíneris progréssi. 꽤 많이 진격해서
aliquantum iter. 거리가 꽤 되는 길
aliquantum laudis. 다소간의 칭찬
aliquantum, adv. = **aliquánto**, adv. 꽤, 어느 정도
aliquátěnus, adv. 어느 정도까지, 어느 점까지
álǐqui¹, -qua, -quod, (m., sg., nom.로 áliquis를 쓰는 수도 있음)
　pron., indef., adj. (álius+qui) 어떤, 무슨, 특정되지 않은,
　((가끔 álius를 동반하면서)) (같은 종류의) 다른 어떤,
　어떤 중요한, (개략적 수) 대개(대략), 약(ώς.約) 쯤(約),
　(단수의 áliqui를 áliquis로 즉 명사적으로 쓴 경우도 간혹 있음),
　áliquis dolor. 어떤 고통/áliquod malum. 어떤 불행/
　deus áliqui. 어떤 신/
　non álio áliquo, sed eo ipso ceímine.
　　다른 어떤 죄목이 아니고 바로 이 죄목(罪目)으로/
　sine áliquo quæstu. 어떤 중요한 이익을 취하지 않고/
　tres áliqui aut quátuor. 세 명이나 네 명쯤/
　Vellem áliqui ex vobis suscepísset.
　　너희 중에서 누가 하나 맡아주었더라면 좋았을 것을.
álǐqui², adv. = áliquo modo. (다른) 어떤 방법으로,
　어떤 모양으로, 어떻게든, 어느 모로.
álǐquid, adv. 다소간, 얼마만큼, 좀("조금"의 준말).
　perlúcens jam aliquid. 이미 다소간 빛나기 시작은 했으나/
　quanto tuos est animu' natu gravior, ignoscentior,
　ut meæ stultitiæ in justitia tua sit aliquid præsidi.
　영감은 나이가 많아 심이 깊고 도량이 넓지 않수?
　내 어리석음일랑 영감의 의덕으로 뭔가 메워주구려
　　(성 염 지음. 사랑만이 진리를 깨닫게 한다. p.458)/
　Scriptum aliquid, sive divinum sive humanum.
　하느님의 말씀이나 인간의 말(하느님이나 인간에 관한 글).
Aliquid ens est non-æternum. 어떤 것은 비영원적이다.
　Ens non-æternum est. 비영원적 존재가 존재한다.
Aliquid est. 어떤 것이 있다
Aliquid est animum. 무엇인가가 정신을 좀먹고 있다.
Aliquid falsi. 어느 정도의 거짓
Aliquid fieri contingenter. 어떤 것이 우연적으로 발생하다.
**Aliquid homines semper appetunt, alicujus semper
cupidi sunt.** 사람이란 늘 무엇인가를 추구하게 마련이고,
　무엇인가를 탐하게 마련이다.
aliquid in anima.(獨 etwas in der Seele)
　영혼 안에 있는 어떤 것.
aliquid indeterminatum. 어떤 무한정인 것
aliquid infinitum. 무한한 어떤 것
Aliquid infinitum esse ut Deum esse.
　신이 존재하는 것과 같이 어떤 무한한 것이 있는 것.
Aliquid novi et eminentis(=Aliquid eminens et novum)
　새롭고 뛰어난 어떤 것.
aliquid ponere in re. 사물 안에 어떤 것을 정립함
aliquid pro certo affirmare.
　어떤 것을 확실한 것으로 단언하다.
aliquid reale impressum intellectui subjective.
　지성에 주관적으로 각인된 어떤 실재적인 것
　　(소피아 로비기 지음, 이재룡 옮김, 인식론의 역사, p.114).
aliquid subsistens. 자립하는 무엇
áliquis, (-qua), quid, pron., indef. (álius+quis)
　1. (특정되지 않는 뜻으로) m. **누가**, 누군가.
　　n. 어떤 것, 무엇, 무엇인가: Dicet áliquis. 혹 누가
　　말하리라/áliquid unum. 어떤 것 하나.
　2. 어떤 다른 사람; 뭔가 다른 것.
　3. (특정의) 어떤 사람; 무엇: si te áliqui timuérunt.
　　어떤 사람들이 너를 무서워하였다면/
　　non solum est incorporea, sed etiam substantia,
　　scilicet aliquid subsistens. 인간 지성의 본성은

비물체적일뿐더러 또한 실체, 즉 자립하는 무엇이다/
4. 몇몇, 일부; 약간. áliqui. 몇몇 사람들/
　aliquid loci. 약간의 자리.
5. 가치.중요성.자격.적합성.유용성을 지닌 사람.
　존재.일: Si vis esse áliquis, 네가 중요한 인물이
　되려거든/Ego quoque áliquid sum 나도 어느 정도
　가치 있는 존재이다/
　Est hoc áliquid. 이것도 가치 있는 일이다
6. (겹쳐 쓸 때) 더러는 … 더러는, 일부는 … 일부는.
　áliquid illi, áliquid huic.
　　일부는 이 사람에게 일부는 저 사람에게/
　áliquæ(gallinárum) quotídie, áliquæ bis die. 암탉들이
　더러는 날마다 더러는 하루에 두 번 (알을 낳는다).
7. n. (막연하나마) 어떻게 될 거다.
　Mane, áliquid fiet. 남아 있어라 어떻게 될 거다.
8. f. (áliqua는 아주 드물게 나타남).
　Fórsitan audíeris, áliquam velóces superásse viros.
　　어떤 여자가 (경주에서) 빠른 남자들을 이겼다는
　　말을 네가 혹 듣게 될지도 모르겠다. (라틴-한글사전, p.44).

단　수		
	m.	f.	n.
Nom.	aliquis	aliquis	aliquis
Gen.	alicujus	alicujus	alicujus
Dat.	alicui	alicui	alicui
Acc.	aliquem	aliquem	aliquid
Abl.	aliquo	aliquo	aliquo

복　수		
	m.	f.	n.
Nom.	aliqui	aliquæ	aliquæ
Gen.	aliquorum	aliquarum	aliquorum
Dat.	aliquibus	aliquibus	aliquibus
Acc.	aliquos	aliquas	aliquæ
Abl.	aliquibus	aliquibus	aliquibus

(한동일 지음. 카르페 라틴어 1권. pp.155-156)

Aliquis iam progressus est effectus.(영 A step forward
has been taken) 일보 전진이 이루어졌습니다.
Aliquis venit in calamitatem. 재앙(災殃)에 빠지다
aliquíspǐam, -quǽpiam, -quódpiam & -quídpiam,
　pron., indef. 어떤(τις), 다른 어떤.
álǐquo, adv. 어떤 곳으로, 어디론가
Aliquod beneficium a vobis speramus.
　우린 여러분한테 무엇인가 혜택을 바라는 것입니다.
aliquod malum. 어떤 불행
aliquod maximum actu. 현실적 최고자(最高者)
aliquod primum movens. 어떤 제1동자(動者)
álǐquot, num., indef., indecl. (álius+quot) ((pl.로만 다룸))
　adj. 몇, 몇몇, 약간의, (명사적) 몇몇, 몇 사람.
aliquot diérum iter. 며칠 걸리는 여행
aliquot epístola. 몇 장의 편지
aliquot ex vetéribus. 몇몇 노장들
Aliquot me adiére. 몇 사람이 나를 찾아왔다.
aliquótǐe(n)s, adv. 몇 번, 수 삼차(數 三次-여러 차례), 가끔
aliquõvórsum, adv. 어딘가를 향하여
alis, alid, adj. = álius, áliud의 옛 형태
alis(pennis) plaudo. 날개 치다, 홰치다
ális volat propriis. 자신의 날개로 난다(Oregon 州 표어)
álismatácěæ, -arum, f., pl. (植) 택사과 식물
álismatales, -īum, f., pl. (植) 소생식물목 식물
álǐter, adv. (alis+iter)
　다르게, 달리, 그렇지 않으면, 그렇지 않고서는,
　(겹쳐 쓰거나 álius 등과 함께) 달리… 달리…, 제가끔 달리.
　Fíeri aliter non potest. 달리 될 수 없다.
　Fíeri non potuit aliter. 달리는 될 수 없었다/
　non aliter quam. …와 다르지 않게, 같이.
álǐter ac jússerat, 그가 명령했던 것과는 달리/
álǐter esse. 다르다, 달리 되어 있다
Aliter cum aliis loqui(loqueris). 이 사람들과는

이렇게 말하고 저 사람들과는 저렇게 말한다.
Aliter cum tyránno, aliter cum amíco vívitur.
暴君과 사는 것이 다르고, 친구와 사는 것이 다르다.
Aliter loquitur ac sentit.
그는 자기의 생각과 다르게 말하고 있다.
Aliter non probatur perfecta caritas, nisi cum cœperit ille dies desiderari. 심판 날을 열망하기 시작하는 것 말고는 완전한 사랑이 달리 드러나지 않는 법입니다. (최익철 신부 옮김. 요한 서간 강해. p.393).
álītus, -a, -um, p.p. (alo)
ālíūbi, adv. (alis+ubi) 다른 어떤 곳에.
   …ālíūbi, ālíūbi atque ālíūbi,
   이곳에(서)는… 저곳에(서)는.
Aliud est ergo aqua sacramenti, aliud aqua quæ significat Spiritum Dei. Aqua sacramenti visibilis est; aqua Spiritus invisibilis. 성사의 물이 다르고, 하느님의 영을 뜻하는 물이 다릅니다. 성사의 물은 눈에 보이지만, 영의 물은 보이지 않습니다.(최익철 신부 옮김. 요한 서간 강해. p.291).
Aliud est ergo confiteri Christum, ut teneas Christum; aliud confiteri Christum, ut repellas a te Christum.
   그리스도를 모시기 위해 그리스도를 고백하는 것과, 그대에게서 그리스도를 몰아내기 위해 그리스도를 고백하는 것은 다른 것입니다. (최익철 신부 옮김. 요한 서간 강해. p.431).
Aliud est legere, aliud est intelligere.
   읽는 것과 깨닫는 것은 서로 다른 것이다.
   (책을 읽는 것과 이해하는 것은 다른 것이다.)
Aliud est, quod habet infinitatem cum simplicitate ut Deus. 신은 절대적으로 무한한 존재이며 완전한 단순자이다.
áliud ex álio. 하나가 지나면 또 하나(ex 참조)
Aliud loquitur, aliud sentit(=Aliud loquitur ac sentit)
   그는 생각하는 것과 말하는 것이 다르다.
Aliud melius fuit. 다른 것이 더 좋았다.
aliud quid. 다른 어떤 것
aliud quodpiam membrum. 다른 어떤 지체
aliud suppositum dívinæ naturæ.
   하느님의 본성을 갖는 다른 주체.
álīum, -i, n. (=állǐum) 마늘
ālíúnde, adv. (alis+unde) 다른 데서부터,
   (álius 등과 함께) 저마다 다른 데서부터,
   (겹쳐 쓸 때) 여기로부터는 … 저기로부터는.
   Aliis aliunde est perículum.
   사람마다 각각 다른 데서부터 오는 위험을 받고 있다.
ālíúnde quam prídie. 전날과는 다른 데서
álǐus, alia, aliud, adj., pronom. 1. **다른(여), 딴, 별개의.**
   álii. 다른 사람들/Aliud mélius fuit. 다른 것이 더 좋았다/álius ac(atque, et, quam) …와 다른, …보다 다른/ Quod est áliud melle. 꿀과는 다른 것/ nihil áliud quam(nisi)… 다름 아닌…, 오직 …일 따름/ alqm álium fácere. 누구를 딴사람으로 만들다/ Hómines álii facti sunt. 사람들이 달라졌다(달리 생각하게 되었다)/ Aliud cura.(=Alia cura.) 딴 일이나 해라.
   2. (열거할 때) 다른 하나, 또 하나, 둘째의,
   3. (같은 격으로 겹쳐 쓸 때) 어떤 … 어떤,
   하나는 …다른 하나는; 서로 다른: álii statim, alii diu, alii semper. 어떤 이들은 즉시, 어떤 이들은 오래, 어떤 이들은 항상/Aliud est maledicere, aliud accusare. 욕설하는 것이 다르고, 고발(訴訟)하는 것이 다르다.
   4. (álius를 겹치는 대신 pars나 partim을 쓰기도 함) 어떤… 어떤, 더러는 … 더러는. álii superstántes, pars intus occúlti. 더러는 위에 서서, 더러는 안에 숨어서.
   5. 같은 격을 atque, -que; déinde(부사로서의) post 따위로 연결 시켜 줄 때는: **이 …저, 이런 …저런; 서로 다른.** álius, post áliis minitári. 이 사람 저 사람 협박하다.
   6. (격을 달리하여 겹쳐 쓰거나, 같은 계열의 다른 말과 함께) **저마다 각각 다른, 서로 다른.**
   Alius aliud dicit. 저마다 다른 말을 한다(하나는 이렇게 말하고, 다른 하나는 저렇게 말하고 있다)/
   Alius álium percontámur. 우리는 서로 물어 본다/

álii áliter. 저마다 서로 달리 들(이 사람은 이렇게, 저 사람은 저렇게)/Mater ancíllas jubet áliam aliórsum ire. 주부가 하녀들에게 각각 다른 데로 가라고 명한다/áliud ex álio, áliud post áliud. 한 가지가 다른 한 가지 다음에, 뒤를 이어/aius ex alio. 차례로(per ordinem), 한 사람 한사람(viritim, adv.).
7. 그 밖의, 나머지, áliæ naves. 나머지 배들.(라틴-한글사전. p.45).
Addendus est alius aspectus(⑨ We must add a further point of view) 한 가지 점을 추가하고 싶습니다/
Aliorum damnis sæpe docebimur. 우리는 타인들이 당하는 피해로부터 자주 배움을 받을 것이다/
Aliis lætus sapiens sibi.
   다른 이에게 즐겁게 대하는 것이 자신에게 현명하다/
De sufferentia defectuum aliorum.
   남의 과실을 참음에 대하여/
Fac ne quid aliud cures. 딴 청 부리지 말아라!
   [aliud curare: 딴 일을 하다. 성 염 지음. 고전 라틴어. p.363]/
Longe álius es atque eras. 너는 이전보다 매우 달라졌다/ Non álius es quam erat olim.
   그는 이전보다 달라지지 않았다.
Non potest quisquam alias beatus esse, alias miser.
   어느 누구도 [같은 일을 두고] 이때는 행복해 하다가
   저 때는 불행해 할 수는 없는 노릇이다.
   (성 염 지음. 고전 라틴어. p.367)/
rami álii in álios immíssi. 접목된 가지/
Res inter alios acta aliis nec nocet nec prodest(타인들 사이 에 행한 것은 제3자에게 해를 끼치지도 않고 이롭게 하지도 않는다)
   타인간의 행위는 우리를 해하지도 않고 이롭게 하지도 않는다/
Si vos in eo loco essetis, quid aliud fecissetis?
   너희가 그 자리에 있었다면 달리 무엇을 했을까?.

	단 수			복 수		
	m.	f.	n.	m.	f.	n.
Nom.	álius	ália	áliud	álii	áliæ	ália
Gen.	alteríus	alteríus	alteríus (álius)	aliórum	aliárum	aliórum
Dat.	álii	álii	álii	áliis	áliis	áliis
Acc.	álium	áliam	áliud	álios	álias	ália
Abl.	álio	ália	álio	áliis	áliis	áliis

(한동일 지음. 카르페 라틴어 1권. p.170)
Alius aliud dicit. 사람 따라 서로 말하는 것이 다르다.
   (각자 자기의 말을 한다 / 저마다 자기 말을 한다).
Alius alium domos suas invitat.
   그들은 서로서로 자기 집으로 초대한다.
   [alter는 하나의)나 alius(다른)를 포개어 쓰되, 격을 달리 하여야 한다].
Alius aliunde venit. 제각기 서로 단 데서 왔다.
Alius capta (esse) jam castra pronuntiat.
   다른 사람은 병영이 이미 점령되었다고 외치고 있다.
Alius enim est relativum diversitatis substansiæ.
   타자란 실체의 차이성의 관계사이다.
aliúsmŏdi(=álǐus modi), gen., qualit. (형용사적으로 쓰는 것이며, ac이나 atque로 다음 말과 이어줌)
   다른, 다른 성질의, 다른 형태의, Res aliúsmodi est, ac putátur. 사정이 생각과는 다르다.
all… = adl…
allábor, (-ěris, -ítur), -lápsus sum, -lábi, dep., intr. (ad+labor) 미끄러져 들다, 빠지다, 흘러들다; 도달하다. ad exta angues allápsi. 뱀들이 모둠 내장 있는 대로 기어가서/allápsus génibus. 엎드려/Fama allápsa est aures alcjs. 소문이 누구의 귀에까지 들어갔다.
allabóro, -ávi, -átum, -áre, tr. (ad+labóro) 수고하여 보태다
allácrǐmans, -ántis, p. prœs. …에 우는, 눈물 흘리는
Allah. (아랍어) 알라신. 이슬람교의 신(정관사 Al과 신 ilah의 합성어. 그들의 신앙이 최고신이며 유일신라는 뜻. 알라신은 이 밖에도 99개의 이름을 가지고 있다. 백민관 신부 엮음. 백과사전 1. p.86).
allámbo, -ěre, tr. (ad+lambo) 핥다
allapsus, "allabor"의 과거분사(p.p.)
allápsus, -us, m. 미끄러져 들어감(옴), 흘러 들어감
allátro, -ávi, -átum, -áre, tr. (ad+latro) 향해 짖다, …를 보고 짖다, 파도가 해안에 부딪치며 철썩거리다. 욕설(辱說)하다, 못마땅하여 소리 지르다, 조롱하다.

allātum, "affero"의 목적분사(sup.=supínum)
Allatum est de temeritate eorum.
그들의 무모한 짓에 대한 통보(通報)가 왔다.
allátus, -a, -um, p.p. (áffero)
allaudábĭlis, -e, adj. 칭찬할만한, 칭송할, 갸륵한, 기특한
alláŭdo, -áre, tr. 칭찬(稱讚)하다, 찬미(讚美)하다
allēc(=ālēc) -écis, n. 어즙(魚汁)
allécta, -æ, f. 희극배우협회 여자회원
allectátĭo, -ónis, f. 얼러 주기, 달램
alléctĭo[1], -ónis, f. = **allectátĭo**
alléctĭo[2], -ónis, f. 선거(選擧), 선출(選出), 임명(任命)
allecto, -ávi, -átum, -áre, tr.
끌어들이다, 유인(誘引)하다, 부추기다.
allector[1], -óris, m. 끌어들이는 사람, 유인자(誘引者)
allector[2], -óris, m. 파견권을 가진 사람,
지방에 파견된 국세 징수관.
allectum, "allego"의 목적분사(sup.=supínum),
"allicio"의 목적분사(sup.=supínum).
allectus[1], -a, -um, p.p. (állĕgo[2], allício)
allectus[2], -i, m. 희극 배우 협회원
allegátĭo, -ónis, f. 파견(派遣.חַלָשׁ.ἀποστὲλλω),
사람을 보냄, 인증(人證), 협의, 주장
allegátus, -us, m. 파견(חַלָשׁ.ἀποστὲλλω), 사람을 보냄.
allégo[1], -ávi -átum -áre, tr. 심부름 보내다,
(사사로운 사명을 띄워) 파견하다(πὲμπω),
(증거 또는 예증으로서) 제시하다, 인증하다,
(변명으로) 내세우다.
Judicis est judicare secundum allegata et probata.
재판관의 (직분은) 증거로 제시된 것과
확증된 것에 따라 판결하는 것이다.
állĕgo[2], -légi -léctum -ĕre, tr.
뽑다, 단체의 일원으로 선택(選擇)하다, 가입시키다.
allego in senátum. 원로원 의원으로 받아들이다
allegoría*, -æ, f. 비유(比喩.παραβολὴ), 우언(寓言),
우의(寓意), 우화(ἀλληυορὲω.偶話.[영] allegory),
풍유(諷喩-슬며시 돌려서 나무라거나 깨우쳐 타이름, 또는 그러한 비유),
은유(隱喩), numeri allegoria. 숫자의 은유.
allegórĭcus, -a, -um, adj. 비유의, 비유적, 풍유의, 우의적.
interpretatio allegorica. 비유적 해석/
methodus allegorica. 우이적 해석/
secundum propriam, non secundum allegoricam
expositionem. 알레고리적 해석을 따르지 않고도
본문 자체의 문맥에 따라서/
sensus allegoricus. 우의적 의미(寓意的 意味).
(교부시대 이래로 성경해석은 자의적 의미sensus litterarius, 도덕적 의미sensus moralis, 우의적 의미sensus allegoricus, 신비적 의미sensus mysticus로 구분한다. 성 염 옮김, 단테 제정론, p.158~159).
allegorizo, -ávi, -átum, -áre, intr. 비유로 말하다,
[영] allegorize, speak in allegories.
Imitandum potius quam allegorizandum.
비유로 하기 보다는 모방하기.
Allelúja, incecl. 알렐루야(הַלְלוּיָהּ.ἀλληλουιὰ. [영] Alleluia-히브리어의 hallelu-jah는 어원적으로 히브리어 '힐렐(hillel, 찬미하다)'이란 동사의 명령형 '할렐루(hallelu)'와 하느님이란 말의 야훼(jahve)의 약자 '야(jah)'의 합성어로 "야훼 하느님을 찬미하라"는 뜻이다.).
Regina cœli lætáre, alleluja.
하늘의 모후님 기뻐하소서. 알렐루야.
Alleluia Quibus Temporibus Dicatur.
"알렐루야"는 언제 외우는가.
alleluia vel versus ante evangelium.
복음 전 노래(→福音 歡呼聲).
allevāméntum, -i, n. 좀 가벼워짐, 완화(緩和),
쾌유(快癒-병이 개운하게 다 나음), 위안(慰安).
allevátĭo, -ónis, f. 치켜 올림, 들어 올림,
경감(輕減-덜어서 가볍게 함), 완화(緩和), 위안(慰安).
allévi, "állino"의 단순과거(pf.=perfectum)
allévĭo, -ávi -átum -áre, tr. (ad+levis) 가볍게 하다,
들어 올리다(טָעַן.נשׂא.נטל.טלל).
allevo[1], -ávi -átum -áre, tr. (ad+levo) 일으키다, 높이다,
들어 올리다(טָעַן.נשׂא.נטל.טלל),
치켜 올리다, 치켜세우다, 칭찬하다, 가볍게 하다,
추서게 하다, 완화하다, 경감하다, 덜다,
거들어 주다, 위안을 주다, 위로하다(נחם.נחם).
Allĕvor. 기운이 좀 난다/onus allevo. 짐을 거들다/
Ubi(illa) se állevat, ibi me állevat. 그 여자가 회복
되는 것이 곧 나를 위로해 주는 것이다.
allévo[2](=**allævo**), -ávi -átum -áre, tr. (ad+levo)
매끈하게(매끈매끈하게) 하다.
allex, -lĭcis, m. 엄지발가락(m. hallex, -lícis,/hallus, -i,)
alléxi, "allício"의 단순과거(pf.=perfectum)
allĭcĕfácĭo, -feci -áctum -ĕre, tr. 이끌다, 유인하다
allícĭo, alléxi, alléctum, allícĕre, tr. (ad+lácio)
끌어들이다, 꾀어내다, 유인하다,
유도하다, 끌다, 쏠리게 하다.
Quamquam omnis virtus nos ad se allicit, tamen justitia et liberalitas id maxime efficit.(Cicero). 무릇 모든 덕성이
우리를 끌어당기지만 정의와 관용이 각별히 그렇게 한다.
Allicio ad recte faciéndum. 올바로 하도록 유인(誘引)하다.
allicio suis offíciis benevoléntiam *alcjs*.
봉사로써 아무의 호의(好意)를 사다.
allído, -lísi -lísum -dĕre, tr. (ad+lædo)
내던지다, 충돌시키다, 부딪치게 하다,
생명의 위험이나 손해나 변을 당하게 하다,
(흔히 pass.) 위험.변을 당하다.
ad scópulos allídi. 암초(暗礁)에 부딪다.
Allifána, -órun, n., pl. Allífœ 산의 사기 술잔
allĭgátĭo, -ónis, f. 포도나무 등을 묶어줌, 묶는 끈,
De alligatione et solutione diaboli. 마귀의 결박과 석방.
(교부문헌 총서 17, 신국론, p.2820).
alligátor, -óris, m. 묶는 자
alligātúra, -æ, f. 포도나무 묶는 작업, 거기에 쓰는 끈
állĭgo, -ávi, -átum, -áre, tr. …에 비틀어 매다, 결박하다,
붙들어(동여)매다, 묶다(אסר.חזק.דקק.רתק.ריתק),
졸라매다, 처매다, 싸매다, 붕대를 감다, 엉기게 하다,
속박하다, 구속(拘束)하다, 의무 지우다, 얽어매다,
매이게 하다, 예속(隷屬-남의 지배나 지휘 아래 매임) 시키다.
benefício alligári. 국록(國祿)에 매이다/
Lex omnes mortáles álligat.
법은 모든 사람에게 구속력(拘束力)이 있다/
(pass., refl.) **se alligo, alligtári.** 연루되다, 관련되다.
alligo alqm ad palum.
아무를 처벌하기 위해 말뚝에 결박(結縛)하다.
állĭno, -lévi -lĭtum -ĕre, tr.
바르다, 발라 씌우다, 칠하다, 지우다; 표해 놓다.
allísĭo, -ónis, f. 내동댕이침
allisísti, 원형 allído, -lísi -lísum -dĕre, tr. (ad+lædo)
[직설법 현재완료. 단수 1인칭 allisi, 2인칭 **allisisti**, 3인칭 allisit,
복수 1인칭 allisimus, 2인칭 allisistis, 3인칭 alliserunt]
allīsum, "allido"의 목적분사(sup.=supínum)
álĭum(=álĭum) -i, n. 마늘,
(植) állium fistulósum. 파/allium ursinus. 야생마늘.
Allo scopo di tutelare, 참회 성사의 보호(1973.3.23. 선언)
allocútĭo, -ónis* f. ([영] allocution) 연설(演說), 담화(談話),
훈시(訓示), 강연(講演), 위로의 말, 격려사(激勵辭).
allopílus(-fílus) -a, -um, adj. 다른 인종의, 이민족의, 외국인의
allóquĭum, -i, n. 훈시, 담화, 격려, 위로의 말, 권유하는 말
állŏquor, (-quĕris, -quĭtur), -locútus sum, -lŏqui,
dep., tr. (…에게) 이야기하다, 말을 걸다, 연설하다,
훈화하다, 위로하는 말을 하다, (군인들을) 격려하다,
(신에게) 감사하다, 기도하다, 기구(祈求)하다.
allúcĕo, -lúxi -ére, intr. (ad+lúceo) 밝게 비치다, 비쳐오다.
Nobis allúxit. 우리에게 빛이 비쳐왔다(길조가 보인다).
allúdo, -lúsi -lúsum -dĕre, intr., tr. (ad+ludo)
스스럼없이 접근하다; 서로 놀다, 장난치다, 희롱하다,
농담하다, 물결이 찰싹찰싹 드나들다, 휘날리다,
넌지시 말하다, 빗대어 말하다, 시사(時事)하다.
alluxi, "alluceo"의 단순과거(pf.=perfectum)
állŭo, -lŭi -lúĕre, tr. 적시다(טבל), 물에 잠기게 하다,

어디로 흘러들게 하다.
allúsĭo, -ónis, f. 함께 노는 것; 희롱(戱弄), 장난스러운 접근, (간접적인) 언급(言及), 암시(暗示), 풍자(諷刺-무엇에 빗대어 재치 있게 깨우치거나 비판함). (修) 인유(引喩-다른 예를 끌어 비유함).
allúvĭes, -ei, f. 홍수(洪水.[영] Flood), 범람(氾濫-汎溢)
allúvĭo, -ónis, f. (ad+luo) 범람(氾濫-汎溢), 홍수([영] Flood), 물가에 생기는 땅, 충적지(沖積地).
allúvĭus ager, -vĭi -gri, m. 강물에 의해 생겨난 밭
Allāh. 알라(신을 뜻하는 아랍어 Ilāh 앞에 정관사 Al이 붙어 이루어진 개념. "그 신" 혹은 "그 하느님"을 뜻하며 이슬람의 유일신에 대한 호칭이다).
almíficus, -a, -um, adj. 축복해 주는
Almĭtas, -átis, f. Ravénna 주교에게 붙여졌던 존경의 칭호
Almo, -ónis, m. Tíberis강의 작은 지류
ălmus, -a, -um, adj. **생명을 주는**(인간에게 생명.생활의 혜택을 준다고 생각되는 신이나 땅.빛.낮 그 밖의 여러 가지에 대해서 고마움과 존경의 표시로 쓰기도 하는 말), 생명을 길러주는, 자양분을 주는, 결실 풍부한, 다산의, 친절한, 인자한, 자비로운, 너그러운, 고마운, **축복 받은**, **거룩한**(ἅγιος), 우아한, 아름다운(יָפֶה.καλὸς).
alma mater terra. 몸담아 살게 해주는 어머니인 대지/
Alma Mater. 모교, 출신교 교가, 양부모, 유모/
Alma Parens. 인자하신 어머니(1966.7.14. 서한)/
Alma Redemptóris Mater 구세주의 거룩하신 어머니, 구세주의 어머니(플랑드르 출신의 Obrecht, Jacob 신부의 4성부 미사곡)/
Florum coloribus almus ridet ager.
자애로운 대지가 아롱진 꽃들로 곱게 단장되어 있다.
almus ager. 수확 많은 밭
almutia, -æ, f. 두건, 성직자의 머리 덮개.
(이 덮개는 12세기에 수도자들이 사용했고, 얼마 전까지 프랑스에서 고위 성직자의 표시로 왼쪽 어깨에 둘렀다. 백민관 신부 엮음, 백과사전 1, p.90).
ălnus, -i, f. 오리나무, 오리나무로 만든 것(특히 배)
ălo, álŭi, altum(álĭtum) -ĕre, tr. 기르다(יבר.אבר), 사육하다, 양육하다, 치다, 영양을 주다, 먹여 살리다; 육성하다, 유지하다(רטנ.ריטנ.רבם), 지속하다, 지탱하다(רמם.רימם), 지원하다, 뒤를 대주다, 커지게 하다, 자라게 하다, 발전시키다, 증진시키다.
Alitur vitium, vivitque tegendo.(Vergilius).
악덕(惡德)은 숨길수록 자라나고 활기차게 된다/
Alendo opifici eiusque domui par sit merces necesse est.
임금은 노동자와 그 가족의 생계유지를 위하여 충분한 것이어야 한다.(1991.5.1. Centesimus annus 중에서)/
exércitum alo. 군대를 유지(維持)하다/
Hominis mens discendo alitur.
사람의 지능은 배우면서 발전한다/
lacte ali. 우유로 자라다/
Silentio aluntur auditio ac meditatio.
말씀의 경청과 묵상은 침묵으로 더욱 풍요로워집니다.
álŏë, -ēs, f. (植) 노회(蘆薈-백합과에 속하는 상록 여러해살이 식물); 용설란(龍舌蘭), 쓴 맛.
ălŏgía, -æ, f. 정신 나간 말이나 행동, 어리석은 말, (옛 교회학자들의 용어로서) 강론 없는 회식.
ălógus, -a, -um, adj. 정신 나간, 엇먹는
Alŏpē, -ēs, f. Cércyo의 딸(샘으로 변함), Lŏcris의 도시
alopécĭs, -æ, f. 탈모증(脫毛症-주로, 머리카락이 빠지는 병증). pl. 대머리가 된 자리.
Alpēs, -ĭum, f., pl. Alpes 산맥, 알프스 버들
Alpes Italiam a Gallia seiungunt. 알프스는 이탈리아를 갈리아로부터 분리시킨다.[분리, 제거, 결여, 박탈, 면제, 부재, 혹은 단념을 뜻하는 동사는 전치사 ab, ex와 함께, 혹은 전치사 없이 탈격을 취한다].
ălpha, indecl. 알파(Grœcia 자모의 첫 글자), 일등 차지한 남자, 처음, 시작.
Alpha et Omega.
알파와 오메가(A καὶ Ω.[영] Alpha and Omega).
Ego Alpha et Omega primus et novissimus principium et finis(요한 묵시록 22, 13)
(evgw. to. a;lfa kai. to. w=(o` prw/toj kai. o` e;scatoj(h` avrch kai. to. te,loj) (獨 Ich bin das A und das O, der Erste und der Letzte, der Anfang und das Ende)
([영] I am the Alpha and the Omega, the first and the last, the beginning and the end)(요한 묵시록 22, 13).
나는 알파이며 오메가이고 처음이며 마지막이고 시작이며 마침이다(성경)/나는 알파와 오메가, 곧 처음과 마지막이며 시작과 끝이다(공동번역)/나는 알파이며 오메가요, 처음이며 마지막이요, 시작이며 끝이다(200주년 신약).
alphăbétum, -i, n. 알파벳(로마자의 字母)
alqa subest causa. 어떤 理由가 숨어 있다
alqam secum matrimónio conjungo.
아무 여자와 결혼(結婚)하다.
alqd ad indícium protraho.
아무로 하여금 정보를 제공하지 않을 수 없게 하다.
alqd alci notum fácere. 무엇을 누구에게 알리다
alqd álteri crímini do. 남에게 무엇을 죄로 돌리다
alqd ánimo affigo. 마음속에 꼭 간직하다.
alqd ad níhilum rédigi. 무엇을 무로 돌아가게 하다
alqd collo porto. 목에 걸고 다니다
alqd de antiquitate ab eo requiro.
옛 시대에 대해 그에게 무엇을 물어보다.
alqd de cælo demitto. 하늘에서 떨어뜨리다
alqd fero ánimo æquo. 불평 없이 참다
alqd gratum habére. 무엇을 마음에 들어 하다
alqd habeo pro níhilo. 무시하다
alqd história dignum.
(이야기할 가치 있는) 중요한 것, 특기할만한 사실.
alqd húmeris porto. 무엇을 어깨에 메고 가다
alqd in ærário(ignem) pono.
무엇을 금고에(불 속에) 집어넣다.
alqd in áliud tempus reservo.
무엇을 다른 시기(時期)로 미루다.
alqd in bonis duco. 무엇을 좋은 것으로 여기다
alqd in máximis rebus habeo.
매우 중대한 일로 여기다.
alqd in sinu porto. 무엇을 가슴에 품고 있다
alqd in sole expono. 무엇을 햇볕에 내놓다
alqd in unum rédigi.
무엇을 하나로(한 덩어리로) 만들다.
alqd írritum fácere. 무엇을 무효화하다
alqd Latine reddo. 무엇을 라틴어로 옮기다
alqd manu porto. 무엇을 손에 들고 다니다(있다)
alqd memóriæ mandáre. 기억(記憶)해 두다
alqd memóriæ prodo. 무엇을 후대에 전하다
alqd mercor vitā. 무엇을 生命과 바꾸다
alqd mútuum dare. 무엇을 꾸어주다
alqd mútuum accípere. 무엇을 꾸어 오다
alqd naso suspéndere. 무엇을 비웃다(nasus 참조)
alqd oblivióne obruo. 기억(記憶)에서 지워버리다
alqd ódio habére. 무엇을 미워하다, 싫어하다
alqd parvi duco. 무엇을 작게 평가(評價)하다
alqd pígnori dare. 무엇을 저당(抵當)하다
alqd premo acu. 수놓다
alqd pro certo habére. 무엇을 확실한 것으로 여기다
alqd pro certo pono. 무엇을 확실한 것으로 주장하다
alqd pro infécto habére. 무엇을 무효로 간주하다
alqd pro níhilo duco. 무엇을 무시(無視)하다
alqd pro testimónio dícere. …을 증거(證據)로 말하다
alqd prodo vultu. 무엇을 얼굴에 드러내다
alqd protraho in lucem. 무엇을 백일하에 드러내다
alqd ratum habére.
(법적으로) 무엇을 유효(有效)한 것으로 인정하다.
alqd recondo alvo. 꿀꺽 삼키다
alqd redigo in memoriam. 무엇을 기억(記憶)해내다
alqd refercio in oratióne suā.
자기 연설(演說)에서 무엇을 가득 늘어놓다.
alqd secum revólvo. 무엇을 혼자 곰곰이 생각하다
alqd sibi propono exémplar. 무엇을 본보기로 삼다
alqd significo _alci_ per lítteras.
무엇을 누구에게 편지(便紙)로 알리다.

alqd sorte duco. 무엇을 제비로 뽑다
alqd suum dícere. 무엇을 자기 소유라고 주장하다
alqd tácitum relínquere, tenére.
　어떤 것을 비밀리에 남겨 두다.
alqd verbis in majus extollo. 무엇을 과장해서 말하다
alqd vulséllā protraho. 무엇을 족집게로 뽑아내다
alqm a fílii cæde exoro.
　아무에게 타일러 아들을 죽이지 못하게 하다
alqm ab éedibus abigo. 집에서 쫓아내다
alqm ab illā prohibeo.
　아무를 그 여자에게 가까이 가지 못하게 하다
alqm ad summum impérium effero.
　아무에게 최고 통수권(最高 統帥權)을 부여하다
alqm ad voluntáriam mortem propello.
　아무를 자살(自殺)하게 하다
alqm adjúro. 맹세하면서 누구에게 간청하다, 명하다
alqm ætáte præcurro. 누구보다 시대적으로 앞서다.
alqm affor extrémum. 마지막 고별 인사를 하다
alqm ánimo *alcjs* insinuo.
　누구를 어떤 사람의 마음에 들게 하다
alqm Arméniis præfício.
　누구를 Arménia인들의 왕으로 삼다.
alqm astringo ad colúmnam. 누구를 기둥에 붙들어 매다
alqm avárum existimo. 누구를 인색한 자로 여기다
alqm avem reddo. 누구를 새로 만들다(새가 되게 하다)
alqm bene habeo. 누구를 잘 대우하다
alqm benefício affícere(ornáre). 누구에게 은혜를 베풀다
alqm benefício sibi devincio.
　아무에게 신세 지워 자기편에 끌어들이다
alqm clamóre et plausu foveo.
　아무를 박수갈채(拍手喝采)로 응원(應援)하다
alqm cónsulem destino. 누구를 집정관으로 선정하다
alqm cúbito offendo. 팔꿈치에 누가 부딪치다
alqm de pórticu præcípitem in forum dejícere.
　아무를 회랑에서 광장으로 가꾸러 떨어뜨리다
alqm defigo in terram. 아무를 땅에다 때려눕히다
alqm delícias fácere.
　아무를 웃음거리로(놀림감으로) 삼다
alqm dignor fílium. 아무를 아들로 인정(認定)하다
alqm domum reconcilio. 아무를 집으로 다시 데려오다
alqm epístolā peto. 누구를 편지로 공격(비난)하다
alqm facio cónsulem. 아무를 집정관으로 뽑다
alqm fero júdicem. 아무를 재판관으로 선정하다
alqm frustra habeo. 누구를 속이다
alqm gáudio affícere. 누구를 기쁘게 하다
alqm herédem scribo. 아무를 상속인으로 지정하다
alqm implico bello. 전쟁에 몰아넣다
alqm in amicítiam meam recipio.
　아무를 나의 친구로 삼다(나의 우정에 받아들이다)
alqm in deditiónem recipio. 아무의 투항을 받아들이다
alqm in familiaritátem recipio.
　아무와 친밀한 사이가 되다.
alqm in ínsulam projício. 섬으로 추방하다(귀양 보내다)
alqm in metu non pono. 누구를 두려워하지 않다
alqm ad numerum rédigi. …의 하나로 열거하다(삼다),
　아무를 (같은 종류의) 수(數)에 집어넣다.
alqm in plateá offendo. 누구를 거리에서 만나다
alqm in scélere. 아무를 범죄현장에서 체포(逮捕)하다
alqm in tuto sisto. 누구를 안전한 곳에 두다
alqm insánum clamo. 아무를 미치광이라고 소리 지르다
alqm inspício a púero.
　누구의 생애를 어릴 때부터 훑어 보다
alqm lapídibus prosequor. 아무에게 돌을 던지다
alqm láudibus effero. 아무를 극구 찬송(讚頌)하다
alqm maledíctis. 욕설(辱說)로 아무를 성나게 하다
alqm mandácem fingo. 누구를 거짓말쟁이로 만들다
alqm manu vitam punio. 누구를 사형(死刑)하다
alqm omni comitáte ad hilaritátem provoco.

　명랑과 상냥함을 다하여 아무를 기분 좋게 하다
alqm pédibus protero. 아무를 밟아 뭉개다
alqm pluris facio. 아무를 더 존중(尊重)하다
alqm pœnā afficio. 벌(罰) 주다
alqm plácidum reddo. 아무를 유순(柔順)해지게 하다
alqm prætereo. 누구를 지나치다
alqm prehendo pállio. 누구의 망토자락을 잡다
alqm primum ómnium pono.
　아무를 모든 이 중의 제1인자로 판단(判斷)하다
alqm pro dictis ulcísci.
　아무에게 (무슨) 말에 대한 보복(報復)을 하다.
alqm pro scélere ulciscor. 아무를 그 범죄에 따라 벌하다
alqm projício ab urbe. 도시에서 추방(追放)하다
alqm prospeculátum míttere.
　누구를 보내어 정찰(偵察)하게 하다
alqm prospicio propter novitátem ornátus.
　아무를 새로운 의상(衣裳) 때문에 쳐다보다
alqm réducem fácere in pátriam.
　누구를 고향(故鄉)으로 돌아오게 하다
alqm réliquum habére, qui … *subj.*
　…할 사람을 달리 또 가지고 있다.
alqm reum fácere(ágere) 아무를 기소(고소)하다
alqm sacraménto sólvere. 아무를 제대(除隊)시키다
alqm sæpio custódiā mílitum.
　누구 주위에 경비병(警備兵)들을 세워 지키게 하다
alqm salvére jubeo.
　아무가 잘 안녕하기를 빈다, 충심으로 문안드리다.
alqm servítum abdúcere.
　아무를 노예(奴隷)로 삼으려고 끌어가다
alqm sorte duco. 누구를 제비로 뽑다
alqm tacére. …에 대한 이야기를 하지 않다
alqm tecto(domum suam) recipio.
　아무를 (자기) 집에 맞아들이다
alqm tutélæ *alcjs* commendáre, subjícere.
　누구를 아무개 후견인(後見人)으로 맡기다
alqm verbis vehementióribus prosequor.
　누구를 맹렬히 공박(攻駁)하다
alqm vúlnere immolo. 아무를 상처 내어 죽이다
alqo de secius loqui.
　아무에 대하여 도리어 나쁘게 말하다
alqo multum uti.(utro 참조) 누구와 많은 관계가 있다
alqos insepúltos relínquo.
　그들을 파묻지 않고 내버려두다
Alqs hic situs(sita) est.
　(비문碑文) 아무가 여기 묻혀있다(略 H.S.E.).
Alqs numquam est numerátus orátor.
　아무는 한 번도 연설가로 인정받지 못했다.
alqs pauper aquæ. 물이 귀한 아무개
alqs, qui et promísit oratórem et præstitit.
　연설가로 촉망(囑望) 되었고 또 실제로 된 아무
Aliquid in proverbii consuetúdinem venit.
　어떤 일이 격언(格言)대로 되었다.
　Fiet áliquid. 어떻게 될 거다(fio 참조).
alsi, "algeo"의 단순과거(pf.=perfectum)
alsiósus, -a, -um, adj. 추위 타는
Alsíum, -i, n. Etrúrïa의 도시
álsïus, -a, -um, adj. 추위 타는, 추위를 느끼는; 찬, 시린
álsus, -a, -um, adj. 찬, 시원한, 상쾌한
altánus, -i, m. 바다에서 불어오는 바람
ältar(e) -táris*, n. 제단(תרבֿם,⑨ Altar), 제대(⑨ Altar),
　n., pl. 제물을 불로 태워 바치는 높은 제단, 큰 보통 제단.

명사 제3변화 제2식 C		
	단 수	복 수
Nom.	altare	altaria
Gen.	altaris	altarium
Dat.	altari	altaribus
Acc.	altare	altaria
Abl.	altari	altaribus
Voc.	altare	altaria

(황치헌 지음. 미사 통상문을 위한 라틴어, p.58.)

De cura ecclesiarum et altarium.
　성당과 제단(祭壇)의 관리에 대하여
De Sacramento Altaris. 제대의 성사(생티에리의 윌리암 지음)/
De sacro Altaris Mysterio. 제대의 신비(교황 Innocentius 3세 지음)/
Deinde incensat Altare, dicens.
　그리고 제대에 분향하며 말한다/
Deinde, reversus ad altare, dicit: 제대를 향하고 말한다/
denudatio altaris. 제대 보 벗김/
et adipem sacrificii pro peccato adolebit super altare.
　(kai. to. ste,ar to. peri. tw/n a`martiw/n avnoi,sei evpi. to.
　qusiasth,rion) (獨 und das Fett vom Sündopfer auf dem
　Altar in Rauch aufgehen lassen) (㊤ and also burn the
　fat of the sin offering on the altar) 속죄 제물의 굳기름
　은 제단 위에서 살라 연기로 바친다(성경 레위 16. 25)/그는
　그 속죄제물의 기름기를 제단에서 살라야 한다(공동번역)/
et ascendens ad Altare dicit secreto.
　그리고 사제는 들리지 않게 말하며 제대로 나아간다/
Et erexit ibi altare et vocavit illud. Deus est Deus
　Isræl. (kai. e;sthsen evkei/ qusiasth,rion kai. evpekale,sato to.n
　qeo.n Israhl) (獨 und errichtete dort einen Altar und
　nannte ihn ‘Gott ist der Gott Israëls’) (㊤ He set up a
　memorial stone there and invoked “El, the God of
　Israel.”) 그는 그곳에 제단을 세우고, 그 이름을 엘
　엘로헤 이스라엘이라 하였다(성경 창세 33. 20)/
　그리고 거기에 제단을 쌓고 그 제단을 ‘이스라엘의
　하느님 엘’이라 불렀다(공동번역 창세 33. 20)/
Et signans signo Crucis primum altare, vel librum,
　deinde se in fronte, ore, et pectore, dicit: 그리고 제대
　(복음카드?) 혹은 책에 십자 성호를 긋고 나서 자신의
　이마와 입과 가슴에 십자성호를 그으며 말한다/
Ignis est iste perpetuus, qui numquam deficiet in altari.
　(kai. pu/r dia. panto,j kauqh,setai evpi. to. qusiasth,rion ouv
　sbesqh,setai) (獨 Ständig soll das Feuer auf dem Altar
　brennen und nie verlöschen) (㊤ The fire is to be kept
　burning continuously on the altar; it must not go out)
　제단 위에서는 불이 지지 않고 늘 타고 있어야 한다(성경)/
　제단에서는 불이 꺼지지 않고 늘 타고 있어야 한다.
　　　　　　　　　　　　　　　　(공동번역 레위기 6. 6)/
Introibo ad altare Dei.
　나 이제 주님의 제대 앞으로 나아가리라/
mensa altaris. 제대(祭臺)/
osculatur altare et, iunctis manibus ante pectus, dicit:
　제대에 친구하고 손을 가슴 앞에 모은 후 말한다/
osculatur Altare. 친구하며/
Osculatur Altare in medio. 제대 중앙에 입 맞추며/
papale altare. 교황 전용 제대/
Profunde inclinatus, iunctis manibus et
　super altare positis, dicit: 고개를 깊이 숙이고
　손을 모아 제대 위에 올리며 말한다.
Altare ad populum.(㊤ Altar to people.獨 Volksaltar)
　신자들과 마주보는 제대.
Altare Christus est. 제대는 그리스도이시다
Altare Crucis.(㊤ Altar of the Cross.獨 Kreuzaltar)
　십자가 제대.
Altare cum valvis. 접이 제대, 날개 제대(제대 뒷벽의 벽장식을
　날개처럼 펴서 제대가 되도록 한 것. 백민관 신부 엮음. 백과사전 1, p.93).
altáre ex mármore. 대리석으로 만든 제대
altare fixum. 고정 제대(固定 祭臺)
altare lateralis.[(㊤ Side Altar.獨 Nebenaltar(Seitenaltar)]

측면 제대.
altare majus. 큰 제대, 중앙 제대, 大祭臺
altare minus. 작은 제대, 옆 제대(백민관 신부 엮음. 백과사전 3, p.495)
altare mobile. 이동 제대(移動 祭臺)
altare papale. 교황 제대(敎皇 祭臺)
altare portatile. 휴대용 제대(携帶用 祭臺), 이동식 제단
altare prívilegiatum. 특전 제대
altare secundare. 부차적 제대
altare sublime. 존엄한 천상 제대(天上 祭臺)
altaris antependium. 제대 앞 현수포
altaris baldachinum. (제대 위의) 천개
altaris epistola. (옛 예절) 제대의 서간경 측(우측)
altaris graduale. 제대으로 오르는 계단
altaris mappa. 제대 보
altaris mensa. 제대 상
altaris osculum. 제대에 입맞춤
altaris suppedaneum. 제대 계단의 상단
altaris tabernaculum. 제대에 모신 성체 감실
altaris velum. 성체 감실보
altaris linteamen(=altaris mappa)
　제대포(祭臺布).㊤ altar cloths).
altárĭum, -i, n. = **ältar(e) -táris*, n.** 제단, 제대
ălte, adv. 높이, 높은 곳에, 높은 곳에서, 깊이, 멀리서.
　caro alte vulnerata. 깊은 상처를 입은 살.
alte cádere. 높은 곳에서 떨어지다
alte cinctus. 결단 내린 사람
alte rádians arcus. 멀리서 빛을 보내는 태양
alte spectáre. 높은 곳에서 처다보다
älter, -ĕra, -ĕrum, adj., pron.
　[Alter 타인, Alius 다른 사람(타인), Tertius 제3자].
　둘 중 하나나, 다른 하나, 또 하나(의; 제2, 둘째,
　(단수로든 복수로든 겹쳐 쓸 때) 첫째는 …둘째는,
　하나는 …다른 하나는; 한쪽은 …다른 쪽은, 어떤 …어떤,
　(격을 달리하면서 겹쳐 쓸 때) 서로, 상대방의,
　다른, 비슷하지 않은; 타인; 남; 반대편의.

	m.	f.	n.
Nom.	alter	altera	alterum
Gen.	alterius	alterius	alterius
Dat.	alteri	alteri	alteri
Acc.	alteram	alteram	alterum
Abl.	altero	altera	altero
Voc.	alter	altera	alterum

Alieno facto ius alterius non mutatur. 한 번 소유권을
　양도하면 타인의 권리는 변경되지 않는다/
Alterius aut negligentia aut cupiditas huic, qui diligens
　fuit, nocere non debet. 타인의 부주의와 탐욕이
　성실했던 사람에게 해를 끼쳐서는 안 된다/
Alterius circumventio alii non praebet actionem.
　타인의 사기는 다른 사람에게 소권을 허락하지 않는다/
Alterius ne sit, qui suus esse potest.
　능력이 있으면 독립하라(독립할 수 있는 사람은 다른 이에 속하지 마라)/
Alterius vitia, non nostra videmus.
　우리는 남의 악덕을 보지만 우리의 악덕은 보지 못한다/
Alterum alterius auxilio eget.
　사람마다 타인의 도움이 필요한 법/
alterum subalternari alteri.(성 옮김. 단테 제정론. p.195)
　하나가 다른 하나에게 소속되는 관계/
Certissimum est ex alterius contractu neminem obligari.
　다른 사람과 계약한 뒤에는 어떠한 의무도
　없다는 것은 의심의 여지가 없다/
claudus áltero pede. 한쪽 발을 저는/
Cónsulum alter…, alter….
　두 집정관 중 하나는 …, 다른 하나는…/
Fíeri non pótuit áliter. 달리는 될 수 없었다(fio 참조)/
Generátĭo unius est corruptio alterius.
　한 사물의 생겨남은 다른 것의 소멸이다/
Homo alterius sǽculi. 딴 세상사람/

In áltera castra transcúrsum est.
다른 진지(陣地)로 뛰어 넘어가다/
In alterius praemium verti alienum metum non oportet.
타인의 특권을 이전시키는데 타인의 강박이
필요하지 않다/
Iniquissimum videtur cuique scientiam alterius quam
suam nocere vel ignorantiam alterius alii profuturam.
어떤 사람의 학식이 다른 사람에게 손해를 주거나
또는 어떤 사람의 무지가 다른 사람에게 유리하게
되는 것은 가장 불의한 것이다/
Iure naturae aequum est neminem cum alterius
detrimento et iniuria fieri locupletiorem.
자연법에 의해 그 누구도 타인의 손해(실패)와
권리 침해로 더 부유해 질 수 없다는 것은 마땅하다/
Mihi es alter ego. 너는 나에게 또 다른 나이다/
Non debet alteri per alterum iniqua conditio inferri.
불리한(불공정한) 조건이 제3자를 통해
다른 사람에게 부과되어서는 안 된다/
Non potest arbiter, inter alios judicando,
alterius jus mutare. 재판관은 다른 사람의 재판 중에
타인의 권리를 변경할 수 없다/
Qui nihil alteríus causā facit.
다른 사람을 위해서는 아무 것도 안하는 사람/
Quod quisque iuris in alterum statuit, eodem et ipse uti
debet. 사람은 누구나 다른 사람을 위해
제정한 권리에 대해 그 자신도 이용해야 한다.
unus aut alter(unus altérve) dies. 하루나 이틀.
Alter agebatur mensis. 둘째 달이 경과하고 있었다·
Alter alteri displicetis. 너희 둘은 서로 못 마땅해 한다.
Alter alterum vocat (vocant).
하나가 다른 하나를 부른다, 그들 둘이 서로 부르고 있다.
  [alter(또 하나의)나 alius(다른)를 포개어 쓰되, 격을 달리 하여야 한다].
Alter alteríus judicium reprehendit.
두 사람은 서로 상대방의 판단을 비난하였다.
Alter alterius onera portate.(⑨ Bear one another's
burdens) 서로 남의 짐을 져주십시오.(갈라 6. 2).
  Quam congruenter nobis aptatur et quam propria est
Apostoli adhortatio! (바오로) 사도의 이 권고는 우리에게
해당되는 얼마나 적절한 말씀입니까!
alter ambóve. 둘째 사람이나 혹은 둘 다
alter christus. 제2의 그리스도
alter ego. 다른 나, 제2의 나, 자기 분신(分身)
Alter ego est amicus. 친구란 제2의 자아(自我)이다
**Alter eventus quem Nos iuvat in mentem revocare
celebratio est expleti Millennii a Baptismo nationis
Rus(annis 988 ~ 1988).**(⑨ The other event which I am
pleased to recall is the celebration of the Millennium of
the Baptism of Rus'(988 ~ 1988).
  제가 기쁘게 떠오리는 또 하나의 사건은 루시의 세례
1000주년(988 ~ 1988년) 기념입니다.
alter exercitus. (둘 가운데) 다른 군대
alter sulcus. 이듬갈이(논밭을 두 번째 매거나 가는 일, 두벌갈이)
Alter ipse amicus est. 친구란 또 다른 자기(自己)다.
altera anima mea. 또 다른 나의 영혼
Altera dein spectat consecutio ad ipsos Europæ populos.
(⑨ The second consequence concerns the peoples of Europe
themselves) 두 번째 결과는 유럽 민족들 자신과 관련된다.
Altera ex parte.(⑨ On the other hand) 다른 한편으로
áltera factio. 반대당, 야당
altera generátio. 제2의 출산(出産)
Altera nunc est Nobis quæstio aggredienda(⑨ Now a
second question) 이제 두 번째 문제가 대두됩니다.
  (교황 요한 바오로 2세의 1979.10.16. "Catechesi tradendæ" 중에서).
alterans non alteratum. 변화되지 않고 변화시키는 것
alterantia alterata. 변화되고 변화시키는 것
álteras, adv. = álias 딴 때에, 달리, 다른 데로
alterátĭo, -ónis, f. 변경(變更), 개조(改造), 변질(變質),
  고친 것, 달라진 곳. (哲) 우유적 변화(變化).

=iteratio, -ónis, f. 거듭함, 되풀이, 반복(反復).
altercábĭlis, -e, adj. 논쟁(論爭)으로 가득 찬
altercátĭo, -ónis, f. 말다툼, 논쟁, 언쟁, 격론(激論)
altercátor, -óris, m. (법정에서 원고나 변호인 편드는) 논쟁자
altérco = altércor
altércor, -átus sum, -ári, dep., intr. 논쟁하다, 다투다,
  (법정에서 질문이나 답변에 대해서) 상대방 변호사와
  논쟁하다, 티격태격하다.
Alteri alteros objurgant.
  그들은 두 패가 되어 서로 비난하고 있다.
Alteri sic tibi age! (남을 너처럼 위해 주어라!)
  네 자신에게 하듯이 남에게 해 주어라!
altérĭtas, -átis, f. (哲) 타성(惰性)
altérna, adv. 교대로, 번갈아, 번차례로.
  Audiatur et altera pars. 상대방의 말도 들어봐야 한다.
Altérnant spesque timórque fidem.
  希望은 신뢰심(信賴心)을 가져오고 恐怖는 뺏어간다.
alternátim, adv. 교대로, 번갈아, 번차례로.
  Postea alternatim cum Ministris dicit seqentem.
  그리고 봉사자들과 함께 교대로 아래 시편을 말한다.
alternátĭo, -ónis, f. 번 갈음, 갈마듦, 교체(交替),
  교대(vícissitúdo, -dïnis, f.), 겨끔내기(서로 번갈아 하기).
Alternatívum, 양자택일 ('Ambiguum' 참조)
  In alternativis sufficit alterutrum adimpleri.
  양자택일에 있어서 어느 한쪽을 이행하는 것으로 족하다.
  Ubi verba coniuncta non sunt, sufficit alterutrum esse
  factum. 내용이 일치하지 않을 때는 둘 중 하나를
  하는 것으로 충분하다.
alternatívus, -a, -um, adj. 양자택일(兩者擇一)의,
  어느 한쪽의, 대신의, 대안(代案)의.
altérnis, adv.(abl., pl. altérnus)
  교대로, 차례로, 번갈아; 엇갈리어; 하나 걸러서.
  insisto altérnis pédibus. (비틀거리며) 발을 번갈아 옮겨 놓다.
altérnis …, altérnis. 어떤 때는… 또 어떤 때는
altérno, -ávi, -átum, -áre.
  tr. 번갈아 하다; 이것을 하다가 저것을 하다가 하다.
  Altérnant spesque timórque fidem.
  희망은 신뢰심을 가져오고 공포는 뺏어간다.
  intr. 변덕부리다, 자주 바꾸다, 이럴까 저럴까 망설이다.
altérnus, -a, -um, adj. 차례차례 번갈아 하는, 갈마드는,
  교대 교대로 하는, …건너 끔, 서로 오가는(주고받는),
  상호의, 서로 관계있는, 호생(互生)의. (詩) 장단대련의.
  altérnā vice, vícibus altérnis. 번차례로/
  alternis annis. 한 해 건너 끔/
  in hoc altérno pavóre. 양쪽이 서로 겪은 공포 속에서/
  rejéctio júdicum alternórum.
  원고.피고 양쪽에서 재판관을 기피함.
áltĕro[1], adv. 둘째로
áltĕro[2], -ávi, -átum, -áre, tr.
  (다른 것과 비교해서) 달라지게 하다, 못해지게 하다.
**Altero in vitæ extremo ante hominis oculos mortis
obversatur arcanum.** 인생 여정의 다른 한쪽 끝에서
  사람들은 죽음의 신비와 마주치게 됩니다.
altero quoque die. 하루건너
altérŭter, -tra -trum, adj., pron.
  둘 중 하나, 어느 하나, 이것이나 저것.
  [1] 이 대명사는 alter, altera, alterum과 uter, utra, utrum이 결합된 것으로,
  '둘 중 어느 것이든 하나. 어느 하나, 이것 혹은 저것'이라는 뜻이다.
  2) 어미변화는 uter에 제한되어 변한다. alterutrius(gen.), alterutri(dat.).
  alterutrum(acc.). alterutro(abl.)로 활용한다. 두 대명사를 띄어 쓸 때는
  alter와 uter가 각각 어미변화를 해야 한다. alterius utrius(gen.),
  alteri utri(dat.), alterum utrum(acc.) 등이다.
  3) alteruter는 양자택일의 가능성을 말할 때 사용한다.
  Video esse necesse alterutrum. (나는 둘 중 어느 하나가 필요하다고 본다.
  (그러나 실질적으로 선택할 수 없음을 의미한다). 라란사전 uter 참조
  [한동일 지음, 카르페 라틴어 1권, p.165].
Alterutrum auxilio simus. 우리는 서로 돕자!
altĕrŭtérque, -útráque, -utrúmque, pron. 각각 둘 다
alticínctus, -a, -um, adj. (alte+cinctus[1])
  띠를 높이 맨, 바지를 치켜 올린, 바쁜, 활발한.
áltĭlis, -e, adj. 살찐, 가두어 키워 살지게 한, 굵은,

64

(야채) 탐스럽게 된, 돈 많은, 부유한, 풍족한, 윤택한.
f. 살찐 닭, 가금(家禽-집에서 기르는 날짐승).
Altinátes, -íum, m., pl. Altínum의 주민
altior, -or, -us, adj. altus² -a, -um의 비교급
altísŏnus, -a, -um, adj. (alte+sonus) 높은 소리의,
높은 데서 소리 내는, 어마어마한, 야단스러운,
장엄(莊嚴)한, 웅대한, 숭고(崇高)한, 뛰어난, 고상한.
Altissime absunt stellæ.
별들이 하늘 높이 까마득하게 있다.
altíssimus, -a, -um, adj. altus² -a, -um의 최상급
altítŏnans, -ántis, adj. (alte+tono)
높은 곳에서 큰 소리 나는.
altītúdo, -dĭnis, f. 높이, 고도; 높은 곳, 깊이, 심도,
절정, 극치; 고상함, 심오(深奧), 심원(深遠);
의뭉(겉으로는 어리석은 것 같으나 속은 엉큼함).
Fluminis altitúdo equórum pectora adæquábat.
강물이 말들 가슴까지 찼다/
in altitúdinem sex metrórum. (in¹참조) 6미터 높이로/
inimicos autem illorum demersit et ab altitudine
abyssi eduxit illos. (ou.j de. evcqrou.j auvtw/n kate,klusen kai.
evk ba,qouj avbu,ssou avne,brasen auvtou,j) (@) But their enemies
she overwhelmed, and cast them up from the bottom
of the depths) 그들의 원수들을 물로 뒤덮었다가 깊은
바다 밑바닥에서 위로 내던져 버렸다(성경 지혜서 10, 19)/
그들의 원수들을 물속에 묻어버리고 그들의 시체를
깊은 바다 속으로부터 토해 내었다(공동번역)/
justa altitúdo. 충분한 높이/
O altitudo! 오 심오함이여.
altitúdo ánimi. 관대한 마음, 용감한 마음,
시치미 뗌(depth, secrecy, reserve).
simplicitas cordis. 단순한 마음.
altitúdo flúminis 강물의 깊이
altitúdo glóriæ. 영광의 절정(榮光 絶頂)
altitúdo trium metrorum. 3m의 높이
[연장(exténsio:즉 길이, 넓이, 깊이 등)을 표시하는 명사에는 측정의
표준 단위 명에 측정의 수(기본수사)를 붙인 형용 속격을 붙여준다].
altiúscŭlus, -a, -um, adj. 약간 높음
altívŏlans, -ántis, adj. (alte+volo) 높이 나는.
f., pl. (鳥) 새.
altívŏlus, -a, -um, adj. = **altívŏlans**, -ántis, adj.
altor, -óris, m. 부양자, 사육자, 기르는 사람, 양육자
altrínsĕcus, adv. (alter+secus)
다른 쪽에서; 양쪽 각각 다에서.
áltrix, -ícis, f. 양육자, 보모(保姆), 유모(乳母)
altrŏvósum, adv. (alter+versum) 다른 편을 향하여
altruísmus, -i, m. (哲) 이타주의(利他主義), 애타주의
altum, -i, n. 높은 곳; 우뚝 솟은 곳, 원해(遠海).
난바다, 먼 곳; 오래된 시간, 깊은 곳. **adv.** 높이, 깊이.
ex alto repétere. 처음부터 다시 장황하게 말하다/
In alto positum non alte sapere dificile est. 높은 자리
에서 높음을 즐기지 않는다는 것은 어려운 일이다/
viderunt te et doluerunt montes. Effuderunt aquas
nubes, dedit abyssus vocem suam, in altum levavit
manus suas. (@) at sight of you the mountains tremble.
A torrent of rain descends: the ocean gives forth its
roar. The sun forgets to rise) 산들이 당신을 보고
몸부림칩니다. 폭우가 휩쓸고 지나갑니다. 심연은 소리를
지르고 그 물줄기가 치솟습니다(성경 하바쿡 3, 10)/멧부리
들은 당신을 보고 부르르 떱니다. 먹구름은 물을 퍼부
으며 깊은 바다는 손을 높이 들고 아우성칩니다(공동번역).
altum Dominum.
국가의 공용 징수원(徵收員), (교회의) 교회 재산 관리권.
altum silentium. 대침묵(베네딕도 수도회 규칙), 깊은 침묵
altus¹(=álitus), -a, -um, p.p. (alo)
altus², -a, -um, adj. **높은**, 우뚝 솟은, 고도의, **깊은**,
고귀한, 고상한, 고결한, 숭고한, 깊숙한, 심오한,
심원한, 멀리 떨어진 곳의, 오래된, 고대의,
까마득한, 가려진, 속모를.

altæ mœnia Romæ. 드높은 로마의 성벽/
altum siléntium. 깊은 침묵, 절대 침묵/
altum vulnus. 깊은 상처/
citius altius fortius. 더 빠르게 더 높게 더 힘차게/
De altioribus rebus et occultis Dei judiciis non
scrutandis.(@) High Matters and the Hidden Judgments
of God Are Not to Be Scrutinized) 심오한 문제와
하느님의 은밀한 판단을 탐구하지 말 것에 대하여/
Hic mons altus est. 이 산은 높다/
in domo alta. 높은 집에/
mare altum. 깊은 바다, 해안에서 멀리 떨어진 바다/
Montes Asiæ altiores sunt quam Europæ.
아시아의 산들이 유럽의 산들보다 더 높다/
somnus altus. 깊은 잠.

형용사의 비교급			
	단 수		
	m. (남성)	f. (여성)	n.(중성)
Nom. 주격	áltior	áltior	áltius
Voc. 호격	áltior	áltior	áltius
Gen. 속격	altióris	altióris	altióris
Dat. 여격	altióri	altióri	altióri
Acc. 대격	altiórem	altiórem	áltius
Abl. 탈격	altióre	altióre	altióre
	복 수		
	m. (남성)	f. (여성)	n.(중성)
Nom. 주격	altióres	altióres	altióra
Voc. 호격	altióres	altióres	altióra
Gen. 속격	altiórum	altiórum	altiórum
Dat. 여격	altióribus	altióribus	altióribus
Acc. 대격	altióres	altióres	altióra
Abl. 탈격	altióribus	altióribus	altióribus

1. 형용사의 비교급은 원급에서 어간을 찾아내서 거기에 남성·여성
   은 -ior, 중성은 -ius를 붙여서 만든다. 형용사의 어간은 단수
   속격에서 그 어미를 떼어내고 남는 부분이다.
2. 모든 형용사의 비교급은 원칙적으로 제3변화대로 변화해 나가는
   것이지만 그 어미에 있어서는 제3변화 명사의 제1식을 따라간다.
   즉 단수 탈격 어미는 -e, 복수 속격 어미는 -um, 중성 복수 주격
   (호격.대격) 어미는 -a이다.

(한동일 지음, 카르페 라틴어 1권, p.106)

altus gradus dignitatis. 높은 지위(地位)
alucinans pastor. 환상(幻想)에 잠긴 목동
alucinátio(=hallucinátio), -ónis, f. 환각(幻覺); 환영,
환상, 망상(妄想-있지도 않은 사실을 상상하여 마치 사실인 양
굳게 믿는 일. 또는 그러한 생각. 망념 妄念).
alúcĭnor, -átus sum, -ári, dep., intr.
환상(幻想)에 사로잡히다(잠기다),
꿈같은 생각 속에서 헤매다; 헛된 상상(想像)에 속다,
우스꽝스럽게 속임수를 쓰다, 되는 대로 지껄이다,
횡설수설(橫說竪說)하다, 데데한 소리를 하다.
álŭi, "alo"의 단순과거(pf.=perfectum)
alúmen, -mĭnis, n. (化) 명반(明礬.백반),
alúmen ustrum. 백반(明礬)
Alumini debent bene studere linguæ Latínæ.
학생들은 Latin어를 잘 공부해야한다.
alumínĭum, -i, n. (化) 알루미늄,
aluminium sulfúricum. 유산 알루미늄.
alúmna, -æ, f. 양육되는 계집애, 양녀(養女)
주워 다 기른 딸, 여학생. herilis fília. 친딸/
ultima alumnárum. 여학생 중의 꼴찌.
alumnátĭcum, -i, n. (seminaristicum) 교구 신학생 유지비.
(교회법 제263, 264조).
alúmnus, -a, -um, adj. (흔히 명사적으로 씀)
(alumnus '제자'라는 뜻이지만 중세 라틴어에서는 '지도자'를 뜻했음.
아씨시 성 프란치스코의 생애, 이재성 譯, p.274)
유모에게 양육되는 어린 것, 젖먹이, 소중히 길러낸 것,
부모가 버린 것을 주워 다 기른 아이, 무슨 지방의 출신.
m. 생도, 학생, 신학생(神學生), 제자, 문하생.
Alúmni debent esse diligéntes
학생들은 부지런하여야 한다/
alumni diligéntes. 부지런한 학생들/

65

Laborat hic alumnus morbo pulmonum.
이 학생은 폐병(肺病)을 앓는다/
Unus alumnórum. 학생 중에 하나.
Alumnus epistulam scribens. 편지 쓰고 있는 학생.
alumnus seminarii. 신학생(神學生)
alúta, -æ, f. 연한 가죽, 구두, 지갑
alvĕáre, -is, n. = **alvĕárĭum, -i,** n.
alvĕárĭum, -i, n. 벌집, 벌통
alvĕátus, -a, -um, adj. 우묵한, 움푹 파인
alvĕŏlus, -i, m. 작은 그릇, 작은 통, 화분, 작은 놀이 상,
  장기판, 작은 하상(河床)
álvĕus, -i, m. 구멍 난 곳, 파인 곳; 공동(空洞), 통, 물통,
  함지, 선창; 카누, 주사위 놀이 상, 장기판.; 장기,
  주사위 놀이, 욕조(浴槽), 하상(河床), 벌집, 벌통.
alvus, -i, f. 배, 아랫배, 위, 배설물, 벌집, 벌통, 선창.
  alqd recondo alvo. 꿀꺽 삼키다/
  alvos apum mulis proveho. 벌통들을 노새에 실어 나르다/
  demergo in alvum. (뱃속으로) 삼켜 넣다/
  duco alvum. 관장(灌腸)하다/
  exinanitio alvi. (醫) 배변(排便, catharsis, -is, f.)/
  exónĕro alvum. 배설(排泄)하다/
  hostem mediam ferire sub alvum.
  적(敵)을 복부 한가운데를 쳐서 거꾸러뜨리다.
Alvus non consistit. 설사가 멎지 않는다.
Alydĭdæ, -árum, f., pl. (蟲) 호리허리노린재科.
  Coreĭdæ, -árum, f., pl. (蟲) 허리노린재고科.
A.M.[1] (略) = Anno Mundi
a.m., A.M.[2] (略) = ante merídiem 오전, 상오(上午)
ama, 원형 ắmo, -ávi, -átum, -áre, tr.
  [명령법. 현재 단수 2인칭 ama, 복수 2인칭 amate].
  [현재 명령법 만드는 법; 동사의 不定法 어미 부분 -re를 떼면 단수 2인칭
  명령법이 되고(예: amare에서 re를 떼면 ama 사랑하라), 단수 명령법에 -te를
  덧붙이면 복수 2인칭 명령법이 된다.(예: amáte 너희는 사랑하라).
  그리고 명령법 마침에는 감탄부호를 찍는다. 백민관 지음. 라틴어 30일, p.11].
Ama et non sentit amorem. 사랑하면서 사랑을 느끼지 못한다.
  (단 하나의 단어로 표현된 말을 강하게 부인하고자 할 때는 neque를 쓰지 않고
  그대로 et non을 쓴다. 한동일 지음, 카르페 라틴어 1권, p.308].
Ama! et quod vis fac!(아우구스티노의 명상록 부제)
  사랑하라! 그리고 그대 하고 싶은 대로 하라.
Ama et time. 사랑하면서도 어려워하라
Ama nesciri! 알려지지 않기를(드러나지 않기를) 좋아하라!
amabilior, -or, -us, adj. amábĭlis, -e의 비교급
amábĭlis, -e, adj. 사랑스러운, 친절한, 상냥한, 호의를 가진,
  아름다운, 귀여운, 훌륭한, 멋진, 아주 즐거운.
  Ut ameris, amabilis esto.(Ovidius)
    사랑 받으려면 사랑스러운 사람이 되라!
  (esse 동사의 현재 명령형 3인칭 sg. 성 엄 지음, 고전 라틴어, p.309).
amabilissimus, -a, -um, adj. amábĭlis, -e의 최상급
amabílĭtas, -átis, f. 사랑스러움, 애정(愛情),
  親切(χηστὸς,⑨ Benevolence),
  호의(መ.εὔνοια.χηστὸς.⑨ Benevolence).
amabo, 원형 amo, amavi, amatum, amare.
  [직설법 미래, 단수 1인칭 amabo, 2인칭 amabis, 3인칭 amabit,
  복수 1인칭 amabimus, 2인칭 amabitis, 3인칭 amabunt].
Amabo te, advola. 제발, 빨리 가주시오(amo 참조).
  Fac, amabo. 제발, 해주시오(amo 참조).
amábo te, ne……. 제발…하지 말아다오(amo 참조).
Amabo te, ut illuc transeas.
  청컨대, 저리로 옮겨가 주시오(amo 참조).
amamínĭa, -órum, n., pl. (動) 양막(羊膜)없는 동물
Amamus inter nos. 우리는 서로 사랑하고 있다
Amamus pacem. 사람들은 平和를 사랑한다.
amandátĭo, -ónis, f. 퇴거 명령(退去 命令),
  유배(流配.⑨ Exile), 추방(追放.ппп).
ắmándo, -ávi, -átum, -áre, tr. = **ăméndo**
  퇴거(退去)시키다, 추방(追放)하다(пп), 쫓아 보내다.
Amandum est. 사랑해야 한다.
  Mihi amándum est. 나는 사랑해야 한다.
amandus, -a, -um, gerundivum, 마땅히 사랑 받아야 할
Amánĭcæ pylæ, -árum, f. Amánus 산의 언덕길

Amánĭcus, -a, -um, adj. Amánus의
Amánĭénses, -íum, m., pl. Amánus 산의 주민(住民)
amans, -ántis, p.proes., a.p.
  (영속적인 상태.성질.습관을 표시할 때)
  사랑하는(ἀγαπητὸς), 좋아하는, 호의(好意)를 가진,
  자애로운, 친절한(親切한), 상냥한, 정다운.
  m., f. 사랑하는 사람, 애인(愛人).
  amantíssimis verbis. 상냥한 말로써/
  amantíssimus ótii. 휴식(休息)을 아주 좋아하는/
  deorum multitudinem amantibus. 허다한 신들을 사랑
  하는 사람들("amans"는 '사랑하는 사람' 못지않게 '애인'이나 '정부'를
  가리키는 어법으로도 사용된다. 교부문헌 총서 15, 신국론, p.442)/
  Homo amans Deum beatus erit.
  천주를 사랑하는 사람은 복되리라.
amans pátriæ. 조국을 사랑하는
amánter, adv. 사랑을 가지고, 다정하게, 상냥하게, 친절하게
Amántissima providentĭa.(1980.4.29. 교황교서)
  시에나의 성녀 카타리나 서거 500주년.
Amántissimæ voluntatis. (교황교서 1895.4.14. 공표)
  자애로운 원의(願意).
Amántĭnus, -i, m. Amántia 사람
ămănŭénsis, -is, m. 비서(秘書), 서기(書記), 필경사
Amánus, -i, m. Sýria와 Cilícia 사이에 산맥
amára, -órum, n., pl. 쓴맛, 고배('쓰라린 경험'을 비유하여 이르는 말).
  Numquid fons de eodem foramine emanat dulcem et
  amaram aquam?(⑨ Does a spring gush forth from the
  same opening both pure and brackish water?) 같은 샘
  구멍에서 단 물과 쓴 물이 솟아날 수 있습니까?(야고 3. 11)/
  Ut uxorem ducat? quid, si amaram vitam inde patietur?
  그가 배우자를 맞아들이기 위해서 입니까? 쓰라린 삶을
  겪어야 한다면 무슨 소용이 있겠습니까?(요한 서간 강해, p.367).
amarácĭnus, -a, -um, adj. amáracus로 만든.
  unguéntum amáracinum. amáracus 향료.향유(享有).
amárácus, -i, m., f. 또는 **amárácum, -i,** n.
  마요라나, 향기 나는(sampsúchum) 풀(특히 향료로 쓰임).
ămărántus, -i, m. (전설의) 영원히 시들지 않는 꽃.
  (植) 맨드라미(의 일종).
ămáre, adv. 쓰라리게, 뼈저리게, 비통(悲痛)하게,
  가혹(苛酷)하게, 신랄(辛辣)하게.
ămărésco, -ĕre, intr. (amárus) 써지다(苦)
amari, 수동형 현재 부정법.(원형 ắmo, -ávi, -átum, -áre)
amari dignus. 사랑 받을만한 사람
ămárĭco, -ávi, -átum, -áre, tr. (amárus) 쓰게 만들다,
  도발(挑發)하다, 화나게 하다, 격분(激憤)시키다.
amarior, -or, -us, adj. amárus, -a, -um의 비교급
amarissimus, -a, -um, adj. amárus, -a, -um의 최상급
ămárĭter, adv. 비통(悲痛)하게, 통절(痛切)하게
ămárĭties, -éi, f. (amárus) = **ămárĭtúdo, -dĭnis,** f.
ămárĭtúdo, -dĭnis, f. (amárus) 쓴 맛, 쓰라림,
  고초(苦楚-쓰라림), 신랄(辛辣), 가혹(苛酷),
  독설(毒舌-남을 사납고 날카롭게 罵倒하는 말).
  Fel columba non habet: tamen rostro et pennis pro nido
  pugnat, sine amaritudine sævit. 비둘기는 독(毒)을 지니고
  있지 않습니다. 그럼에도 둥지를 지키기 위하여 부리와
  깃털로 싸우고 아프지 않게 쪼아댑니다.(요한 서간 강해, p.335).
ămáro, -áre, tr. 쓰게 하다
ămáror, -óris, m. 쓴 맛, 쓰라림, 슬픔, 고통(苦痛)
ămărŭléntus, -a, -um, adj.
  쓴맛으로 가득 찬, 신랄한, 욕설적인
amárus, -a, -um, adj. 쓴, 쓰라린, 불유쾌한, 힘든,
  싫증나게 하는, 음울한, 까다로운, 양심(心心) 품은,
  찌푸린, 거슬리는, 가혹(苛酷)한, 신랄(辛辣)한, 조소하는.
  aqua amara. 쓴 물/
  Dulce fugias, fieri quod amarum potest.
    달콤한 것을 피하라, 쓰라린 것이 될 수 있으니까/
  Omnibus enim malis lapis offensionis est Christus;
  quidquid dicit Christus, amarum illis. 그리스도는 모든
  악인에게 반대 받는 돌입니다. 이들에게는 그리스도께서

하시는 말씀이 모두 쓰기만 합니다.(요한 서간 강해. p.165).
Amas me?. 너는 나를 사랑하느냐?.
  Petre, amas me? 베드로야, 너는 나를 사랑하느냐?.
Amasénus, -i, m. Látium의 강
amaryllidácĕæ, -arum, f., pl. (植) 수선화과 식물
amásĭa, -æ, f. 연인(戀人), 애인(愛人)
amásĭus, -i, m. 연인(戀人), 애인(愛人)
amata, -æ, f. 연인(戀人)
Amata inquinant, possessa onerant, omissa cruciant.
  사랑하면 더렵혀지고, 소유하면 짐이 되고,
  상실하면 마음이 괴롭다.
ămáta, -æ, f. 연인(戀人), 사랑 받는 여자
amate, 원형 ămo, -ávi, -átum, -áre, tr.
  [명령법, 현재 단수 2인칭 ama, 복수 2인칭 amate].
Amate quod audistis, et liberamini a laboribus vestris
in requiem vitæ æternæ. 여러분이 들은 것을 사랑하십
  시오. 그러면 그대들도 현세의 고생에서 해방되어 영원한
  생명의 안식을 누리게 될 것입니다.
                (최익철 신부 옮김. 요한 서간 강해. p.179).
ămátor, -óris, m. 사랑하는 남자, 연모자(戀慕者),
  애호가, 친우(親友), 숭배자(崇拜者), 호색가(好色家),
  De probatione veri amatoris. 사랑하는 이를 시험함.
ămātórcŭlus, -i, m. 보잘 것 없는 애호가
amatórĭus, -a, -um, adj. 사랑하는, 연애의, 연모하는,
  연정적인, 사랑에 빠진, 호색적인, 음분한; 요염한.
ămátrīx, -rícis, 연모하는 여자, 애호가, 친우(親友)
amátorie, adv. 애정 있게, 연애적으로
amátus, -a, -um, adj. 사랑하는 귀여운, 소중한, 애용하는.
  De paucitate amatorum crucis.
  예수의 십자가를 사랑하는 이의 수가 적음에 대하여.
amb … V. ambi…
ambáges¹-is, f. 굽은 길, 에움 길, 돌아서 가는 길;
  우회, 미궁: 미로(迷路), 미궁(迷宮, tectum recurvum),
  애매(曖昧), 모호(模糊), 암수(暗數-속임수. 外數)
ambáges², -um, f., pl. 에둘러 하는 말, 장황한 말,
  얼버무림, 애매(曖昧), 불분명, 회피하는 말.
  per ambáges. 우물쭈물 넘겨, 얼버무려.
ambar(a)vále, -is, n. 전답을 돌며 바치는 제사(祭祀)
Ambarvália, -íum, n., pl. 곡물의 여신 Ceres 축제
ambe … V. ambi…
ámbĕdo, -édi, -ésum, -édĕre, tr.
  돌려 가며(갉아) 먹다, 다 먹어버리다, 낭비(浪費)하다.
ambéstrix, -rícis, f. 낭비하는 여자
ambi-, amb- (am-, an-으로 넘어가면서 뜻이 약화
  되는 접두어) 양편에, 주위에.
ambígĕnus, -a, -um, adj. (ambi+gigno)
  두 종류로 이루어진.
ámbĭgo, -ĕre, intr., tr. (ambi+ago) 주위를 돌다,
  어느 것을 할지 망설이다, 우유부단(優柔不斷)하다,
  확신이 없다, 둘 다 불확실하여 문제(問題)가 되다,
  결정을 못 내리다, 논쟁하다, 토론하다.
  ámbíges Nero, quonam modo…
  어떻게 할지를 몰라서 망설이는 Nero/
  ambígitur. 어찌할 바를 모르고 있다/
  Ambígitur alqd. 무엇이 문제로 등장한다, 문제가 된다/
  de alqā re cum vicíno ambigo.
  무슨 일에 대해서 이웃과 논쟁(論爭)하다/
  Illud ipsum, de quo ambigebátur. 쟁점이 되던 바로 그것.
ambiguítas, -átis, f. (ambíguus) 두 가지 뜻, 애매함,
  모호함, 불확실; 불확실, (哲) 다의성(多義性)
  Quam diversa sit Academiæ novæ ambiguitas a
  constantia fidei Christianæ. 新아카데미아 학파의
  회의론은 그리스도교 신앙의 일관성과 얼마나 다른가.
                    (교부문헌 총서 17, 신국론, p.2818).
ambíguum, -i, n. (=ambiguítas). 모호함(두 가지 뜻),
  [Dubium 의문(불확실한 것), Obscurum 모호(ˊActor, Reus,

Consuetudo, Contractus, Interpretatioˊ 참조)].
Ambigua intentio ita accipienda est, ut res salva actori
sit. 사안이 원고에게 유리하도록 불분명한 의사가
  해석되어야 한다/
Commodissimum est in ambiguis id accipi, quo res,
de qua agitur, magis valeat quam pereat (vel in tuto sit).
  변론되어야 할 사안이 모호할 때는 시효가 소멸되기보다
  는 효력을 가지는 것으로 인정되는 것이 가장 적합하다/
Cum in verbis nulla ambiguitas est, non debet admitti
voluntatis quaestio. 내용에 어떠한 모호함이 없을
  때에는 의사 문제가 인정되어서는 안 된다/
Cum quaeritur in stipulatione, quid acti sit,
ambiguitas contra stipulatorem est. 계약조항에 대해 조사
  할 때는 채무자 편에서 계약 당사자에 대하여 해석한다/
In ambigua voce legis ea potius accipienda est,
significatio quae vitio caret, praesertim cum etiam
voluntas legis ex hoc colligi potest.
  법률의 언어가 모호할 때는 오히려 흠결이 없는 의미를
  받아들여야 한다. 특히 이것으로 인해(법률의 언어가
  모호할 때) 법률의 뜻이 움츠려 들 수 있다/
In ambiguis orationibus maxime sententia spectanda est
eius, qui eas protulisset. 모호한 표현에는 최대한
  그것을 표현했었던 사람의 생각을 살펴야 한다/
In ambiguis rebus humaniorem sententiam sequi oportet.
  모호한 상황에서는 좀 더ˊ인간적인 생각(관대한 해석)을
  따라야 한다(In dubio, pars mitior est sequenda.
  의문 중에는 좀 더 관대한 입장에 따라야 한다-비슷한 표현)/
In contrahenda venditione ambigumn pactum contra
venditorem interpretandum est. 매매 계약에서 모호한
  약정은 판매자에 대적하여 해석해야 한다/
In dubio pro possessore.(In dubio pro reo. 의심스러울
  때에는 피고인의 이익으로-비슷한 표현)
  의심스러울 때에는 점유자의 선익으로/
In dubio semper id, quod minus est, debetur.
  의문 중에는 늘 최소한도로 해야 한다(In obscuris
  minimum est sequendum. (직역) 모호한 것에는
  최소한도로 따라야 한다. (의역) 의미가 모호할 때는,
  채무는 최소한의 의미로 축소된다]/
In dubiis abstine. 의문 중에는 기권하라(그만두라)!/
In obscuris inspici solet, quod verisimilius est,
aut quod plerumque fieri solet. 통상 모호한 것들에서 더
  그럴듯한 것 또는 일반적으로 흔히 이루어지는 것을 본다.
  (Inspicimus in obscuris quod est verisimilius, vel
  quod plerumque fieri consuevit. 우리는 모호한 것들에서
  더 그럴듯한 것, 또는 일반적으로 흔히 이루어지는 것을
  살펴본다)/
In obscuro libertas praevalet.
  불분명한 때는 (해석의) 자유가 우선한다/
In re dubia melius est verbis edicti servire.
  의심스런 상황에서는 법령의 표현을 지키는 것이 더 낫다/
In re dubia benigniorem interpretationem sequi non minus
justius est quam tutius. 의심스런 상황에서는 공정할
  뿐만 아니라 좀 더 신중한 관대한 해석을 따라야 한다/
In re obscura melius est favere repetitioni,
quam adventitio lucro. 모호한 상황에서는 예기치 않은
  이익보다는 반환청구를 지지하는 것이 낫다/
Incertitudo rei vitiat actum.
  상황의 불확실성이 행위를 망치게 한다/
Quod factum est, cum in obscuro sit, ex affectione
cuiusque capit interpretationem. 행한 것에 의문이 남아
  있을 때에는 각자의 의사에 따라 해석해야 한다/
Quoties idem sermo duas sententias exprimit,
ea potissimum excipiatur, quae rei gerendae aptior est.
  같은 말에 두 가지 의미가 있을 때마다,
  계약의 내용에 더 알맞은 것을 최대한 받아들여야 한다/
Rapienda occasio est, quae praebet benignius responsum.
  좀 더 관대한 법률의 유권해석을 제공하는 기회는 잡아야 한다/
Semper in dubiis benigniora praeferenda sunt sententia.

A

의문 중에는 언제나 너그러운 판결을 내려야 한다/
Semper in obscuris, quod minimum est, sequimur.
(증인 규정에서) 모호할 때에는 늘 우리는
최소한의 것을 따른다/
Si quis intentione ambigua vel oratione usus sit, id,
quod utilius ei est, accipiendum est.
누군가의 의사나 말에 모호함이 있다면,
그것은 그에게 좀 더 유리하게 해석되어야 한다/
Spes et præmia in ambíguo. 희망과 포상이 확실치 않았다/
Ubi est verborum ambiguitas, valet quod acti est.
표현의 모호함이 있는 곳에는 행하였던 것을
보존한 문서의 해석을 따른다.
ambíguus, -a, -um, adj. 두 가지 뜻으로 해석되는,
모호한, 석연치 않은, 불명확한, 불확실한,
(사실 따위가) 의심스러운, **어찌할 바를 모르는**,
망설이는, 자신 없는, 이것 같기도 하고 저것 같기도 한,
믿지 못할, 신뢰하지 못할, 확신을 가질 수 없는,
변덕스러운, 본연의 것이 아닌.
óracula ambígŭa. 애매한 신탁(神託)/
domus ambígŭa. 믿지 못할 사람들의 집/
puer ingénii ambígui. 잘될지 잘못될지 모를 아이/
Quanta sint, quorum ratio nequeat agnosci, et tamen
eadem vera esse non sit ambiguum nisci, 몰라도 사실
만은 모호한 데가 없이 참인 일들이 얼마나 많은가.
(교부문헌 총서 17, 신국론. p.2824)/
victória ambígŭa. 의심스러운(석연치 않은) 승리/
vultu ambíguo puer. 계집애 같이도 보이는 사내애.
ambiguus consílii. 어찌할 바를 모르는
ambiguus imperándi. 명령해야할지 안해야 할지 망설이는
ambiguus vitæ. 죽었는지 살았는지 모를 사람
ambíi, "ambio"의 단순과거(pf.=perfectum)
Ambiliáti, -órum m., pl. 북부 Gállia에 살던 주민
ámbĭo, -ívi(ĭi), -ítum, -íre tr. (ambi+eo) ((정규적인 제4
활용동사). 미완료만 ambíbam 또는 ambiébam))
돌아다니다, 순회하다, 둘러싸다, 휘감다(휘감기다),
두르다, 찾아다니며 (자기에게 투표해 주기를) 부탁하다,
청하다, 얻으려고 애쓰다.
Ambiúntur, rogántur(cives). 시민들이 투표청탁을 받는다/
Me ama, non ad me ambitur per aliquiem; ipse amor
præsentem me tibi facit. 나를 사랑하여라. 나에게 오기
위해 다른 사람을 통하여 청탁하지 마라. 사랑 자체가
나를 네 곁에 있게 한다.(최익철 신부 옮김. 요한 서간 강해. p.441).
f. ambítio, -ónis, f. 선거운동(選擧運動),
(Roma 관직의) 입후보자가 표를 얻기 위한 일주삭전,
아부(阿附-남의 환심을 사기 위하여 알랑거리며 붙좇음), 추종(追從),
환심 사려는 노력, 인기작전, **야망**(⑨ Ambition),
야심(野心), **야욕**(野慾), 公明心(공을 세워 이름을 떨치려는 데
급급한 마음), (호화.호사.영화에 대한 욕망)과 옥.추구),
허영심(虛榮心), 과시(誇示), 편들기, 정실(情實).
fúnerum nulla ambitio. 장례에는 어떤 과시도 없다/
Non habendo concupiscentiam mundi, non vos subiugabit
nec desiderium carnis, nec desiderium oculorum, nec
ambitio sæculi. 세상 탐욕을 품지 않으면, 육의 욕망도
눈의 욕망도 세속 야심도 여러분을 굴복시키지 못할
것입니다.(최익철 신부 옮김. 요한 서간 강해. p.147)/
sacra quædam ambitio. 경건한 야심.
ambitio sæculi. 세속의 야심(世俗 野心).
Tria sunt ista, et nihil invenis unde tentetur cupiditas
humana, nisi aut desiderio carnis, aut desiderium oculorum,
aut ambitione sæculi. 탐욕은 세 가지이니, 모든 탐욕은
육의 욕망과 눈의 욕망과 세속 야심으로부터 나온다는
것을 그대는 압니다.(최익철 신부 옮김. 요한 서간 강해. p.143).
**Ambitio sæculi superbia est. Ergo non sit ambitio
sæculi.** 세속 야심은 교만입니다.
그러므로 세속 야심이 없어져야 합니다.
ambitio sciendi. 탐구열(探究熱)
ambitiósus, -a, -um, adj. 휘감기는, 에워싸는,
인망을 얻으려고 노력하는, 환영받으려 하는,

환심 사려는, 회유하는, (사물에 대해서) 인기 있는,
타산적인, 야심적(野心的)인, 대망(野望)을 품은,
공명심이 대단한, 패기만만한, 영예를 추구(追求)하는,
허세(虛勢)부리는, 뽐내는, 과시하는, 잘난 체 하는.
ars ambitiósa. 인기 있는 기술/
in alqm ambitiósus. 누구의 환심을 가지고 있는/
rumóres ambitiósi. 계획적으로 퍼뜨린 소문.
ambitum, "ámbĭo"의 목적분사(sup.=supínum)
ambítus, "ámbĭo"의 과거분사(p.p.)
ambítus, -us, m. 회전운동, (천체의) 운행, 둘레, 주위,
우회, 순회로, (건물) 둘레의 공지, 범위, 울안, 구내,
변두리, 가장자리. (문법상의) 완전문, 용장(冗長),
장광설, 부정 선거, 야망(野望.⑨ Ambition),
공명심(公明心-공을 세워 이름을 떨치려는 데 급급한 마음),
영예욕(榮譽慾), 허영심(虛榮心), 허세(虛勢),
회랑(回廊.수도원 건축), 수도원에서 성당에 이르는
십자형 복도(보통 성당 남쪽에 위치함).
ambitus castrorum. 병영의 울안
ambívi, "ambio"의 단순과거(pf.=perfectum)
ambívĭum, -i, n. 두 갈래 길, 갈림길
ambo¹, -ambæ, ambō, adj., pl., tt. (duo와 같이 변화함)
둘 다, 양쪽 다.
Uno Spiritu implentur ambæ tibiæ, non dissonant.
한 분이신 성령으로 가득 찬 피리 두 개는 불협화음을
내지 않습니다.(최익철 신부 옮김. 요한 서간 강해. p.415).
ambo², -ónis* m. (⑨ Ambo/Lectern/pulpit.獨 Lesepult)
성당의 성서 낭독대(→책틀), 설교단,
강론대, 독서대(讀書臺.⑨ Ambo/Lectern/pulpit)
Ambracióta(-es), -æ, m. Ambrácia인
ambrósĭa, -æ, f. 신들의 음식,
신들의 말들이 먹는 양식, 신들이 바르는 향유; 고약.
ambrósĭus, -a, -um, adj. 신들이 먹는 음식의,
신들의 향유 또는 고약의, 아주 맛 좋은, 향기로운,
신다운, 불사불멸의; 대단히 아름다운.
Ambrýsus, -i, f. Phocis의 도시
ambūbáia, -æ, f. Roma에서 직업적으로 피리(퉁소)를
불던 Sýria 여자.
ambūlácrum, -i, n. 집 주위의 나무 심은 산책길,
회랑(回廊-정당의 양옆에 있는 긴 집채. 행각).
Ambulate in dilectione, 파문의 무효화(1965.12.7. 교황교서).
ambŭlátĭo, -ónis, f. 산책(散策-산보), 산책 길, 산책하는 곳
ambŭlātĭúncŭla, -æ, f. 간단한 산보, 그 장소
ambŭlátor, -óris, m. 빈둥빈둥 거니는 사람,
산책하는 사람, 나다니는 사람, 도붓장사, 행상인.
ambŭlatórĭus, -a, -um, adj. 여기저기 다니는, 움직이는,
이동되는, 이동식의, 산책(散策)하도록 마련된,
(마음.형편 따위가) 바뀌는, 변하는.
ambŭlátrix, -ícis, f. 나다니는 여자, 산책하는 여자,
(오락.자극을 찾아) 돌아다니는 여자.
ámbŭlo, -ávi, -átum, -áre, dim. ámbĭo.
intr. 왔다 갔다 하다, 걷다, 걸어 다니다, 거닐다,
산책하다, 여행하다. (軍) 행군하다, 행진하다.
(무생.추상명사) 왕래하다, 넘어가다, 따라다니다.
Ambulabat ut si esset defessus.
그는 마치 탈진한 사람처럼 걷고 있었다/
Ambulare possum. 나는 걸을 수 있다/
ambulo in jus. 법정으로 재판하러 가다/
amnis, qua naves ámbulant. 배들이 왕래하는 강/
Bene ámbula et reámbula. 잘 다녀오너라, 여행 중 안녕히!/
조심해 가게! 그리고 또 오게나! / 잘 갔다 돌아오게나!/
Emptio ámbulat per plures persónas.
구매(購買)는 여러 사람을 거쳐 간다/
Et persevera in ambulando, ut pervenias; quia via
tendis, non migrabit. 목표에 도달하도록 꾸준히 걸어
가십시오. 그대가 향해 가는 목표는 옮겨 다니지 않을
것입니다.(최익철 신부 옮김. 요한 서간 강해. p.207)/
Fixus in cruce erat, et in ipsa via ambulabat:
ipsa est via caritatis. 십자가에 달려서도 걸어가신 길,

바로 이 사랑의 길입니다.(최익철 신부 옮김. 요한 서간 강해. p.89)/
Non dicat quia in Christo ambulat.
그리스도 안에서 걷고 있다고 말하지 마십시오/
Populus, qui ambulabat in tenebris, vidit lucem magnam.
(圈 The people who walked in darkness have seen a
great light) 어둠 속을 걷던 백성이 큰 빛을 봅니다(이사 9. 1)/
Si vis, tecum ambulabo.
당신이 바란다면 당신과 함께 산책 하겠소/
Sic ergo, si didiceris orare pro inimico tuo, ambulas viam
Domini. 그러므로 그대의 원수를 위해 기도할 줄 안다면
그대는 주님의 길을 걷고 있는 것입니다(요한 서간 강해. p.89).
tr. (마냥) 걷다(行), 돌아다니다(行).
ambulo vias. 길들을 마냥 걷다/
In via hac qua ambulabam absconderunt superbi
laqueum mihi. 사람들이 내 가는 길에다가
* 올무를 숨겨서 잡으려 하나이다/
mária ambulo. 여러 바다를 돌아다니다/
Una cum filio in horto ambulo. 나는 아들 녀석하고
함께 정원에서 거닐고 있소(Cum의 뜻을 더 강조하기 위해
una cum 또는 simul cum을 쓰기도 함).
ambúro, -ússi -ústum -ēre, tr. (ambi+uro)
돌려가며 태우다: 그을게 하다, 화상 입히다,
눋게 하다, 태워버리다, 동상 입히다.
pass. 얼어서 감각이 없어지다.
ambusti hómines. 타버린 사람들.
ambussi, "amburo"의 단순과거(pf.=perfectum)
ambústĭo, -ónis, f.
화상(火傷), 동상(凍傷-심한 추위로 피부가 얼어서 상하는 일).
ambustum, "amburo"의 목적분사(sup.=supínum)
ambústus, -a, -um, p.p. 탄, 그을린, 눋은, 데인,
동상 입은, 어떤 위험은 벗어났어도 크게 상처 입은.
타격 받은. ambustum, -i, n.(흔히 pl.) 화상, 동상.
A.M.D.G. = ad majórem Dei glóriam.(예수회 표어)
하느님의 더 큰 영광을 위하여.
améllus, -i, m. (植) 자주 빛 별꽃
āmēn, adv. 아멘(עָמֵן.άμήν.圈 Amen),
참으로, 진실로, 정말이지, 맹세코!
(맺는말로서) 그렇게 되소서!, 이루어지게 하소서.
Amen! Benedictio et gloria et sapientia et gratiarum
actio et honor et virtus et fortitudo Deo nostro in
sǽcula saeculorum. Amen. 아멘. 우리 하느님께 찬미와
영광과 지혜와 감사와 영예와 권능과 힘이 영원무궁하기
를 빕니다. 아멘(성경 요한 묵시록 7. 11).
Amen dico tibi: Hodie mecum eris in paradiso.
(圈 Amen, I say to you, today you will be with me in
Paradise) 내가 진실히 너에게 말한다. 너는 오늘 나와
함께 낙원에 있을 것이다(성경 루카 23. 43).
Amen dico vobis quoniam super omnia bona sua
constituet eum. 내가 진실히 너희에게 말한다. 주인은
자기의 모든 재산을 그에게 맡길 것이다(성경 마태 24. 47).
āméndo, -ávi, -átum, -áre, tr. = āmándo
추방(追放)하다(חרך), 퇴거(退去)시키다, 쫓아 보내다.
amenispermceæ, -árum, f., pl. (植) 새 모래덩굴科 식물
āmēn, adv. (vox Hebraica) 참으로, 진실로,
(맺는말로서는) 그렇게 되소서!.
Amen Amen dico vobis. 내가 진실로, 진실로 너희에게 말한다.
(복음 안에 예수 그리스도의 자기 스스로의 진술방식)
미사 통상문을 위한 라틴어, 황치헌 지음. p.385).
amens, -éntis, adj. (a+mens) 미친, 제 정신이 아닌,
정신 빠진, 얼빠진, 엉뚱한, 몰상식한, 지각없는, 미련한.
n. 연인, 애인, 애호자, 정부, 첩.
Amantes amentes sunt.(Terentius).
연애하는 사람들은 (약간은) 정신 나간 사람들이다/
Amans iratus multa mentitur sibi.(Publilius Syrus).
연인은 화가 나면 스스로에게도 많은 거짓말을 한다/
amentissimum consílium. 몰상식하기 그지없는 의견/
Militat omnis amens.(Ovidius).
(연애에 빠진) 연인은 누구나 전투를 치르고 있다.
amens metu. 공포(恐怖)에 질려 정신 나간

āmentátus, -a, -um, p.p., a.p. 가죽 끈을 단,
(창 따위를) 던져질 채비가 돼 있는.
āméntĭa, -æ, f. 정신이상(精神異狀), 미친 짓, 정신병,
광기, 실성, 어리석음, 우매(愚昧-어리석고 사리에 어두움).
Percutiet te Dominus amentia et cæcitate ac stupore
mentis. (pata,xai se ku,rioj paraplhxi,a| kai. avorasi,a| kai.
evksta,sei dianoi,aj) (獨 Der HERR wird dich schlagen mit
Wahnsinn, Blindheit und Verwirrung des Geistes)
(圈 And the LORD will strike you with madness,
blindness and panic) 주님께서는 또 정신병과 실명증과
착란증으로 너희를 치실 것이다(성경 신명 28. 28)/
야훼께서는 너희를 쳐서 미치게도 하시고 눈멀게도
하실 것이다. 너희는 정신을 잃고(공동번역 신명 28. 28)/
Quæ, malum! est ista tanta audacia atque amentia?
못됐어! 그 따위 뻔뻔함과 정신 나간 짓은 대체 뭐란 말인가?/
Quis non detestaretur hanc amentiam?
이런 미친 여자에게 누가 진절머리를 내지 않겠습니까?.
amentior, -or, -us, adj. amens, -éntis의 비교급
amentissimus, -a, -um, adj. amens, -éntis의 최상급
āménto, -ávi, -átum, -áre, tr. 창을 목표물에 던지다,
(더 힘차고 더 멀리 가도록) 손잡이 가죽 고리로 창을 던지다.
āméntum(=amméntum) -i, n. (창에 달린) 가죽 끈,
가죽 고리, 투창(投槍-1. 창을 던짐. 2. 창 던지기), 샌들 끈.
amentum, -i, n. 투창(投槍)
Amérĭa, -æ, f. Umbria의 都市
Amérĭca, -æ, f. 미국(美國), 아메리카
America meridionális. 남미(南美)
America septentrionális. 북미대륙, 북미주, 北아메리카
Americanísmus, -i, m. 아메리카니즘(圈 Americanism)
Americánus, -a, -um, adj. América의,
m., pl. América 주민(住民).
Amérĭŏla, -æ, f., dim. Améria. Sabíni인들의 작은 도시
āmes, -mĭtis, m. 막대기, 새 그물을 펼쳐 거는 막대기,
가랑이 장대, 길마의 긴 장대, 울타리 빗장 막대.
āmĕthystīnátus, -a, -um, adj. 자수정 빛 옷 입은
āmĕthýstĭnus, -a, -um, adj. 자수정의, 자수정 빛깔의,
자수정으로 장식한, n., pl. 자수정 빛의 옷.
āmĕthýstus(-os), -i, f. 자수정(紫水晶-자줏빛 수정)
amfráctus, -us, m. = anfráctus² 의 우회, 뒤얽힘,
굴곡, 꾸불꾸불함, 되돌아 옴, 만곡(彎曲), 완곡한 표현,
장황(張皇-번거롭고 길), 에둘러 하는 말, 지루함, 휘어짐,
회귀(回歸-한 바퀴 돌아 다시 본디의 자리로 돌아옴).
āmĭántus, -i, m. 석면(石綿-아스베스토스),
섬유 모양의 사문석(蛇紋石).
amíca, -æ, f. 여자친구, 친구(φίλος), 동무(φίλος), 벗.
Diligant amici se invicem. 벗들은 서로서로 사랑하라.
Amica tua facta est argentea. 네 여자 친구가 팔려 갔다.
āmĭcábĭlis, -e, adj. 친한, 친숙한
amicábilis compositio. 우호적 조정
amice, adv. 정답게, 친절하게
amice, amicus² -i, m.의 호격
Amice, ad quid venisti? (프 Mon ami, fais ta besogne!)
(獨 Vriend, waartoe zijt gij gekomen?)(圈 Friend, do what
you have come for.) 친구야 무엇 하러 왔느냐?(마태 26. 50).
Amíce, amo vínum! 친구야, 이웃을 사랑하라!
Amice facis, cum me laudas.
나를 칭찬한다는 점에선 자넨 호의를 보이는 셈이야.
Amice, si tu dux nominareris, te laudaremus.
친구여, 그대가 만에 하나라도 장군으로 임명된다면야
우리도 그대를 칭송하리라.
Amice, surge. 친구야 일어나라.
āmícĭo, -ícŭi(-íxi) -íctum -íre, tr.〈am(b)+jácio〉
두르다, 둘러싸다, (물건을) 감싸다, 뒤덮다,
둘러 입히다, 걸치게 하다.
nube amictus. 구름에 싸인/pallio amictus. 망토를 걸친.
amicior, -or, -us, adj. ămícus¹ -a, -um의 비교급
amicissimus, -a, -um, adj. ămícus¹ -a, -um의 최상급
āmícĭter, adv. 친하게, 다정하게

69

ămĭcítĭa, -æ, f. 우정(友情.⑨ Friendship), 우애(友愛),
친교(गⴰ).⑨ Communion/Friendship.κοινωνία.
⑨ Koinonia), 우의(友誼), 우호관계, 수호동맹, 친구들.
ab amicítiā *alcjs* se removeo.
　누구와의 친교를 단절(斷絶)하다/
alqm in amicitiam meam recipio.
　아무를 나의 친구로 삼다(나의 우정에 받아들이다)/
Amor erga seipsum, nulla est tam noxia in amicitia
nostra. 자신에 대한 사랑(이기심), 우리의 우정에서
　아무것도 이처럼 해로울 수가 없다(성 염 지음. 고전 라틴어. p.118)/
Cum omnium rerum simulatio est vitiosa, tum amicítiæ
repugnat maxime.(Cicero) 만사에 있어 겉시늉이 악덕
　이거니와 더더욱 우정의 겉시늉은 크게 혐오 받는다/
De spirituali Amicitia. 영성적 우정론/
Ea amicítia non sátis habet firmitátis.
　그 우정은 견고성(항구성)이 부족하다/
Est quiddam, ut amicítia, bona existimátĭo.
　어떤 것은, 예를 들면 우정같이 높이 평가 받는다/
facúndus et amicítiā. facilis.
　구변(口辯) 좋고 쉽게 친구 사귀는 사람/
Idem velle atque idem nolle, ea demum firma
amicítia est.(is 참조) 같은 것을 원하고 같은 것을
　싫어하는 그것이야말로 확고한 우정이다.(Sallustius)/
illórum amicítiam ejus morte redimo.
　그의 죽음으로 저들과의 우호관계를 확보하다/
In amicítia plus valet similitudo morum quam affinitas.
　우정에는 연고보다는 습성의 유사함이 훨씬 중요하다/
Nam idem velle atque idem nolle, ea demum firma
amicitia. 한마음 한 뜻이면 이것으로 결국
　참다운 우정(友情)이 성립 된다/
Non potuerunt observare amicitiam suam.
　그들은 자기네 우정을 보존하지 못하였다/
Quia natúra non potest, idcirco vĕræ amicítiæ
sempiternæ sunt. 본성은 변할 수 없기 때문에
　참된 우정(友情)은 영원한 것이다/
Quod amicitia bonorum secura esse non possit, dum
a periculis, quæ in hac vita sunt, trepidari necesse
sit. 선인들의 우정도 확고할 수 없으니, 현세 생활의 위험
　으로 인해 동요하게 마련이다.(교부문헌 총서 17. 신국론. p.2816)/
Rátĭo ipsa monet amicitas comparáre.
　바로 이성이 우정을 맺기를 권고(勸告)하고 있다/
redeo in amicítiam *alcjs*.
　누구와의 우정을 회복(回復)하다, 화해하다/
renúntĭo *alci* amicítiam 아무에게 절교를 선언하다/
Sine iustitia sapientiaque non est amicitia.
　정의와 지혜 없이는 우정이 없다/
suavis amicitia. 감미로운 우애(友愛)/
sed tua me virtus tamen et sperata voluptas suavis
amicítiæ quemuis efferre laborem suadet…
　그대 얼이여, 내 기약하는 감미로운 우정의 기쁨이
　운명의 가혹한 시련을 무엇이든 견뎌내라 날 타이르네…
　　　(성 염 지음. 사랑만이 진리를 깨닫게 한다. p.431)/
Subláta benevoléntia amicítiæ nomen tóllitur(tollo 참조)
　친절이 없어지면 우정은 이름도 없어진다/
Sunt quidam, qui moléstas amicítias fáciunt.
　우정을 괴롭게 만드는 사람들이 더러 있다/
transfúgĭo ad afflíctă amicítĭa.
　불행 중의 친구를 버리고 가다/
Veniam amícítiæ dare.· 우정을 봐서 용서(容恕)하다.
amicítĭā illigátus *alci*. 누구와 우정으로 맺어져 있는
Amicítĭa semper prodest, amor etiam nocet.
　우정은 언제나 유익한데 애정은 해롭기도 하다.
amicítĭā supernaturalis. 초본성적 우정
Amicitia vera est gratuita.
　참된 우정은 대가를 바라지 않는다.
amicítĭæ temporáriæ. 일시적 우정(友情)
amicítĭam præcido. 절교(絶交)하다
Amicítĭas utilitate probo. 우정을 이용가치로 평가하다.

amico graviter affecto. 중병에 걸린 친구에게
amicorum neglegens. 친구들을 소홀히 하는
Amicos prudens prætereo. 나는 친구들을 고의로 지나친다
amictum, "amicio"의 목적분사(sup.=supínum)
amíctus¹, -a, -um, p.p., a.p. 입은, 두른, 걸친, 싸인.
　nube amictus. 구름에 싸인.
amíctus², -us, m. 포장, 덮개, 겉옷, toga, 외투(外套),
　망토(프.manteau), 웃맵시, 옷 입은 모양,
　(alba 밑에 걸치는) 어깨덮개, 개두포*(蓋頭布)
　Impone, Domine, capiti meo galeam salutis,
　ad expugnandos diabolicos incursus. Amen.
　　주님 저에게 구원의 투구를 씌워 주시어 마귀의 공격을
　　물리치게 하소서 아멘. - 사제는 개두포 십자 표시에 친구하고
　　개두포를 머리에 잠깐 덮었다가 어깨에 두르고 끈을 맨다.
　　1962년 라틴어 미사 때 드린 기도.　백민관 신부 지음. 백과사전 1. p.33).
ămícui = amíxi, "amicio"의 단순과거(pf.=perfectum)
ămícŭla, -æ, f. 연인(戀人), 애인(愛人)
ămícŭlum, -i, n. 덮개, 작은 겉옷, 망토, 외투(外套)
ămícŭlus, -i, m. dim. (amícus) 작은 친구, 친구 녀석
ămícus¹, -a, -um, adj. 친구의, 친밀한, 친근한, 친절한,
　다정한, 상냥한, 우호적인, 마음에 드는, 사랑스러운, 좋은.
　hómines mihi amicíssimi. 나와 친밀한 사람들/
　Scio cur nobis amici sint.
　왜 그들이 우리에게 우호적인지 나는 안다.
amicus², -i, m. 친구(φίλος), 동무, 벗, (왕의) 심복부하,
　충성스러운 신하, 우호국(友好國), 동맹국(同盟國).
　adésse amíco. 친구를 도와주다/
　Alter ipse amicus est. 친구란 또 다른 자신이다/
　Amicam voca, ne sola sis.
　네가 혼자 있지 않게 친구를 불러라/
　Amíci, amáte vicínos! 친구들, 이웃들을 사랑하시오!/
　Amíci tibi auxílio venérunt. 친구들이 너를 도와주러 왔다/
　amici véteres. 오랫동안 사귄 친구/
　Amíci vitia si toleras, facis tua. 벗의 악덕을 용납
　　한다면 결국 그대의 악덕(惡德)으로 만드는 셈이다/
　Amícis a nobis parcéndum est. 우리는 친구들을
　　용서해 주어야 한다.[수동형 용장활용에서는 능동주 부사어로 탈격을
　　쓰지 않고 여격을 쓰는 것이 원칙이다. 이런 여격을 능동주 여격이라 한다.
　　그러나 여격 지배 동사에서는 그 뜻을 분명히 하기 위하여 능동주 여격을 쓰지
　　않고 전치사 a를 가진 능동주 탈격을 쓴다.]/
　amíco desum. 친구를 등한히 하다/
　Amicórum causā hoc dixi.
　　나는 친구들 때문에 이 말을 하였다.
　　[어떤 목적이나 욕망 등의 이유를 표시하기 위해서는 '때문에'를 의미하는
　　causā, grátiā 앞에 명사의 속격을 그 부가어로 쓴다.]/
　Amicos esse fures temporis. 친구들이란 시간 도둑이다/
　Amicum cum vides, obliviscere miserias.(Priscianus).
　　그대가 친구를 보거든 그대의 비참일랑 잊도록 하라!/
　Amícum magno cum gáudio (Cum magno gáudio,
　magno gáudio) excépi. 나는 대단히 반가이 친구를 맞았다/
　Amícum misi ad eméndos libros. 나는 친구를 책 사러
　　보냈다.(동명사의 탈격은 모양부사어나 원인부사어가 될 수 있다.)/
　Amícum misi, qui hoc tibi díceret.
　　나는 이것을 네게 말하도록 친구를 보냈다 / 내가 친구를
　　너한테 보낸 것은 이것을 너에게 말하라고 한 것이다.
　　(관계문에서 목적문의 뜻까지 포함한 것을 목적 관계문이라 한다. 이때 관계
　　대명사는 부사 역할을 하는 목적접속사 ut까지 대신해주는 것이기 때문에
　　반드시 목적문과 같은 접속법을 써야한다.)/
　Amicum potius perdam quam dictum.
　　나는 말을 식언하느니 그보다 차라리 친구를 잃겠다/
　Amicúmne vidísti? 너는 친구를 보았느냐?(네가 본 것이 친구냐?)
　　Vidistíne amícum. 친구를 너는 보았느냐?
　　(의문 접미사 -ne는 물음의 중점이 되는 말이므로, 그 단어를 보통 문장
　　첫머리에 내세운다. 그리고 이 -ne로 물어보는 질문은 긍정도 묻는 동사로 답을
　　한다. 이 문장의 경우 동사 'vidisti'는 'video' 동사의 단수 2인칭 단순
　　과거이므로, 보았으면 "Vidi.", 못 보았으면 "Non vidi."라고 답하면 된다.)/
　certus amícus. 신의(信義) 있는 친구/
　Diligendum amici facti sumus; sed inimicos ille dilexit,
　ut amici efficeremur. 우리는 사랑하면서 벗이 되었습니다.
　　그러나 그분은 벗이 되게 하시고자 원수를 사랑하셨습니다.
　　　(최익철 신부 옮김. 요한 서간 강해. p.411)/
　Díligant amíci se ínvicem. 친구들은 서로서로 사랑하라

Discedunt amici ex patria quos maxime diligimus.
[quos의 선행사는 한 단어 건너 amici. 성 염 지음. 고전 라틴어. p.170].
우리가 극진히 사랑하는 벗들이(quos) 고국에서 떠나간다/
Donec eris felix, multos numerábis amícos.
네가 행운아일 동안에는 많은 친구들을 가지게 되리라/
Donec eris sospes, multos numerábis amícos;
témpora si fúerint núbila, solus eris. 네가 행운아일 동안
에는 많은 친구를 가지게 되리라, 그러나 (한번)
불운한 시대를 만나게 된다면 너는 홀로 외로우리라/
Ex amícis inimíci exístunt. 친구들이 원수로 변하다/
habeo alqm(in) amíci loco [(in) amicórum número,
inter amícos] 아무를 친구의 하나로 생각하다/
habeo alqm amícum. 아무를 친구로 가지다(삼다)/
Hoc opus est amíco meo. 이것이 내 친구에게 필요하다/
Idem cælum vident amici inimicique.
동지들도 적들도 똑같은 하늘을 보며 산다/
In duobus certis amicis unus animus.
확고한 두 친구에게 마음은 하나/
in fúnere amíci. 친구의 장례식 때에/
In ista urbe meus amicus non habitat.
저 동네에는 내 친구가 살지 않는다/
instituo alqos sibi amícos. 아무를 자기의 친구로 만들다/
Multi habere talem amicum cupiunt, quales ipsi non sunt.
많은 사람들이 자신은 그렇지 못한
그러한 사람을 친구로 두고 싶어 한다/
Multos numerábis amícos. 너는 많은 친구를 가질 것이다/
Níhili fácio amíci consílium. 나는 친구의 의견을 무시 한다/
Orantibus amícis, Sócrates tamen cárcerem non relíquit.
친구들이 청하였어도 소크라테스는 감옥을 떠나지 않았다/
nil contulerim jucundo amico. 다정한 벗보다
즐거운 것은 없으리(성 염 지음. 사랑만이 진리를 깨닫게 한다. p.430)/
Pater me jurejurándo adégit, numquam amícum fore
pópuli Románi.(jusjurándum 참조) 아버지는 나에게 결코
Roma인들의 친구가 되지 않겠다는 맹세를 시켰다/
Plerique habere amicum talem desiderant,
quales ipsi esse non possunt. 많은 사람이, 자기가 결코
되지 못할 그런 사람을 친구로 두고 싶어 한다/
præter te néminem amícum hábeo.
너 외에는 내게 아무 친구도 없다/
Pro nihilo duco amíci consílium.
나는 친구의 의견을 무시 한다/
Quid dulcius quam habere amicum quocum omnia loqui
potes?(Cicero). 모든 일을 다 터놓고 이야기할 친구를
둔다는 것보다 유쾌한 일이 무엇이랴?/
Romam veni amícos vidéndi causā (grátiā).
= Romam veni amicórum videndórum causā (grátiā).
나는 친구들을 보러 로마에 왔다(동명사 또는 수동 형용사의 속격
다음에 causā. grátiā를 써서 목적 부사어나 원인 부사어를 나타낸다)/
Sæpe mentiris, amice mi : quis credet demel mentito?.
내 벗이여, 그대는 자주도 거짓말을 하는구나!
한번 거짓말한 사람을 누가 믿겠는가?(탈형동사 문장)/
Scisne, amice, officium tuum erga patriam.
벗이여, (그대는) 조국에 대한 그대의 본분을 아는가?/
sedet in amicum. 친구로 앉아서/
Sine amicis vir non potest esse beatus.
친구들이 없다면 사람은 행복해질 수 없다/
tanti fio ab amícis. 친구들한테 그만큼 존중되다(fio 참조)/
tracto causas amicórum. 친구들의 송사(訟事)를 맡다/
transmitto suum tempus amicórum tempóribus.
친구들을 위하여 자기의 시간을 바치다/
trepido occúrsum amíci. 친구를 만날까 무서워하다/
Ubi amíci, ibi opes. 친구가 있는 곳에 富가 있다/
Ut videremus amicos ejus, ivimus nos omnes domum
suam. 그의 친구들을 보기 위해 우리 모두가 그의 집으로 갔다/
Vilis amícus est annóna. 친구 사귀는 대가는 싸다/
Virtus tua me amicum tibi facit.
당신의 덕(德)은 나를 당신의 친구로 만든다/
vos autem dixi amicos, quia omnia,

quæ audivi a Patre meo, nota feci vobis.
나는 너희를 친구라고 불렀다. 내가 내 아버지에게서
들은 것을 너희에게 모두 알려 주었기 때문이다.
Amicus certus in re adversa cernitur.
확실한 친구는 역경(逆境)에서 알려진다.
진정한 친구는 위험 중에서(곤경에서) 알아본다.
Amicus certus in re incerta cernitur.(Ennius).
확실한(믿음직한) 친구는 불확실한 사정에 (봉착해서) 가려진다.
Amícus, cui scripsi epístilam, est ægrótus.
내가 편지를 써 보낸 친구는 앓고 있다(남성 단수 여격
으로서 선행사 amícus 남성 단수를 꾸며주는 관계대명사이다).
Amicus est unus animus in duobus corporibus.
친구는 몸은 떨어져 있지만 정신은 하나다.
Amicus meus caret nulla re. 내 친구는 없는 것이 없다
Amicus non potest venire, quippe qui æger sit.
친구는 올 수 없다(이유 관계문을 두드러지게 해주기 위해서
가끔 quippe qui, quae, quod; ut qui; utpote qui 등으로 된 관계대명사를 쓴다).
Amicus omnibus amicus nemini.
모든 이에게 친구는 누구에게도 친구가 아니다.
Amicus Plato magis veritas.
플라톤이야 친구지만 진리는 더 가까운 친구다.
Amicus pro me locútus est. 친구가 내 대신 말해주었다.
Amícus, qui heri ex Itáliā venit, cras te visitábit.
어제 이탈리아에서 온 친구가 내일 너를 찾아갈 것이다.
[속문의 내용이 주문의 내용보다 나중에 되는 것임을 표시하기 위해서는 그
논리적 의미를 따라서 주문의 시칭보다 더 후에 있는 시칭을 쓰면 된다. 이와
같이 직설법 속문의 시칭이 그 지배 주문과의 관계보다 그 속문 자체가
지니는 논리적 의미, 접속사의 요구에 따라 결정되는 경우도 가끔 있다.
이를 직설법 시칭의 자립용법이라 하는데, 이러한 관계문이나 직설법 요구의
시간문 같은 데서 가끔 접한다. 허창덕 지음. 문장론에서).
amícus veritátis. 진리의 벗, 진리의 친구
Amicus verus est alter ego.
진짜 벗은 제이의 자아 (또 하나의 나) 이다.
Amicus vitæ medicaméntum. 벗은 인생의 청량제
āmígro, -ávi, -áre, intr. 이주하다, 방황(彷徨)하다
aminopyrínum, -i, n. (藥) 아미노피린(진통해열제의 한 가지)
Amisénus, -i, m. Amísus 사람
āmísi, "amítto"의 단순과거(pf.=perfectum)
āmíssĭo, -ónis, f. 분실(紛失), 유실(遺失-잃어버림),
상실(喪失), 손실(損失), 파멸(破滅.破壞),
amissione sensus Dei(⑩ loss of the sense of God)
하느님께 대한 감각의 상실
in hoc ibis amissa uita, quod eras antequam sumeres
uitam. 생명을 잃으면 너는 네가 생명을 얻기 전에 있던
그것으로 돌아가느니라.(교부문헌 총서 17, 신국론, p.2353).
amissio boni. 선의 상실(=악)
amissio status clericális. 성직자 신분의 상실(喪失)
āmíssum, "amitto"의 목적분사(sup.=supínum)
āmíssum, -i, n. (amítto) 손실(損失), 잃어버린 것.
lumínibus amíssis. 두 눈을 잃고/
usúrpo amíssam possessiónem. 잃었던 소유권을 찾다.
āmíssus, -us, m. = āmíssĭo, -ónis, f.
Amísus, -i, f. Pontus의 도시(都市)
ámita, -æ, f. 고모(姑母), 아버지의 누이.
Accepit autem Amram uxorem Iochabed amitam
suam, quæ peperit ei Aaron et Moysen. (Amram
married his aunt Jochebed, who bore him Aaron,
Moses and Miriam) 아므람은 자기의 고모 요케벳을
아내로 맞아들였는데, 이 여인이 그에게 아론과 모세를
낳아 주었다(성경 탈출 6. 20)/아므람은 자기의 고모 요게벳
에게 장가들어 아론과 모세를 낳았다(공동번역).
āmitína, -æ, f. 고모의 딸, 고종사촌 자매
āmitínus, -i, m. 고모의 아들, 고종사촌 형제
amitósis, -is, f. (化) 무사분열(核의 無絲分裂)
Amittere jus, seu rem. 권리 상실 또는 물건 상실.
('Acquirere, Jus, Possessio, Praescriptio' 참조).
Nemo errans rem suam amittit.
그 누구도 실수로 자신의 물건을 잃어버리지 않는다/
Nemo id jus, quod non habet, amittere potest. 그 누구도
자신이 가지지 않는 권리를 상실할 수 없다/

Non intelligitur amissum, quod ablatum alteri non est.
다른 사람에게 빼기지 않은 것은 상실로 간주되지 않는다/
Non videntur rem amittere, quibus propria non fuit.
자기 자신의 것이 아니었던 것은 물건을 상실(분실)한
것으로 간주하지 않는다/
Quibus modis acquirimus, iisdem in contrarium actis
amittimus: ut igitur nulla possessio adquiriri nisi animo
et corpore potest, ita nulla amittitur nisi in qua
utrumque in contrarium actum. 우리는 그와 같은 방식으로
물건을 취득하고, 그와 반대되는 행위로 물건을 상실한다.
따라서 점유자가 '의사(심소-물건의 객관적 지배 상태를 말한다)와
'물체(체소-타인의 개입을 배척하여 소유자로서 목적물을 보유하려는
주관적 의사를 말한다.) 없이 획득될 수 없다면, 의사와 물체가
없는 반대 행위에 의해 물건은 상실되지 않는다/
Rem amisisse videtur, qui adversus nullum ejus
persequendae actionem habet. 누군가를 대항하여 물건을
다시 취하려는 행위를 하지 않으면 물건을 상실한 것으로 본다.
[한동일 지음. 로마법의 법률을 겪언 모음집에서(출간예정)].

ámítto, -mísi -míssum -ēre, tr. 멀리 보내다.
가게 하다; 떠나가게 하다, 포기(抛棄)하다,
버리다(ㄱㄲ), 잃다(ㅁㅉ.ㄲㅉ), ; 벗어나다.
모면하다, 손해 입다, 잃어버리다, 분실(紛失)하다.
Amissum quod nescitur non amittitur.(Publius Syrus).
알려지지 않은 손실은 손해 본 것이 아니다/
Amittit merito proprium qui alienum appetit.(Phædrus).
남의 것을 탐하는 사람은 의당 자기 것마저 잃는다.
amitto civitátem. 시민권을 잃다
amitto fidem. 식언(食言)하다, 약속을 깨다
amitto nóxiam. 용서하다, 벌주려다 그만두다
amitto occasiónem. 기회를 놓치다
amitto vitam. 생명을 잃다
amíxi = amícŭi, "amicio"의 단순과거(pf.=perfectum)
amméntum = amèntum
ammónĭum, -i, n. (化) 암모니움
amnes in álium cursum defléxi 물길을 바꾼 강들
amnésĭa, -æ, f. 기억 상실증(記憶 喪失症),
건망증(健忘症-기억력이 부실하여. 잘 잊어버리는 병증).
amnéstĭa, -æ, f. 지난 잘못을 불문에 붙임, 사면(赦免),
대사(大赦), ⑨ Indulgence.獨 Indulgenz)
amnícŏla, -æ, f., m. (amnis+colo) 강변에 사는 사람
amnícŭlus, -i, m. 작은 강
amnióta, -órum, n., pl. 양막(羊膜) 있는 동물類
amnis, -is, m.(f.) 풍부하게 흐르는 물, 강물; 바닷물,
조류(潮流), 액체의 흐름, 급류(急流), 격류(激流),
(바다로 흘러 들어가는) 큰 강. (詩) 물.
evéctus os amnis. 하구(河口)를 벗어나다(eveho 참조)/
hinc amnis, hinc hostis.
이쪽에서는 강이, 저쪽에서는 적이/
Insula perfunditur amne. 섬이 강물에 잠기다/
Ratem unam ducentos longam pedes, quinquaginta latam
a terra in amnem porrexerunt. 그들은 길이 200보에
넓이 50보의 뗏목을 땅에서 강에다 펼쳐놓았다/
vúlneris amnis. 상처에서 흐르는 피.
Amnis cadit in sinum maris 강이 바다로 흘러든다.
Amnis fugientes accepit. 도망자들이 강에 뛰어들었다
Amnis návium patiens 배가 지나갈 수 있는 강
amnis, qua naves ambulant. 배들이 왕래하는 강
amnis rauca sonans 요란한 소리를 내며 흐르는 강
Amnis volvit saxa. 강물이 큰 바위들을 굴린다.
Amnis, qua naves ambulant 배들이 왕래하는 강
ămo, -ávi, -átum, -áre, tr. **사랑하다, 좋아하다,**
마음에 들어 하다, 사랑에 빠지다,
(신을 주어로 해서) 신의 가호.자비가 있기를 바라다,
(부탁.간청의 표시로 si me와 함께 현재 2인칭)
나를 사랑해주기를 제발, 죄송하지만,
(특수 표현으로 정중한 명령 표시, 물음, 권고, 요청 등)
제발, 죄송하지만, 청컨대, 청하다,
고맙게 생각하다, 감사하다, 만족해하다,

…하기를 좋아하다, 곧잘 …하다, 늘 …하다.
amábo te, ádvola. 제발 빨리 가주시오/
amábo te, ne…. 제발…하지 말아다오/
amábo te, ut illuc tránseas. 청컨대 저리로 옮겨가 주시오/
amáre ait te multum, ut…
그는 너한테 …해주기를 청한다고 한다/
Amare et amari omnibus placet.
사랑하고 사랑 받기는 모두가 좋아 한다/
amáre inter se. 서로 사랑하며/
Amare simul et sapere vix Iovi conceditur.
사랑함과 동시에 현명하게 구는 것은
주피터에게나 겨우 허용되는 일이다/
amari dignus. 사랑 받을만한 사람/
Amat puella quædam quendam. 어떤 여인이 어떤 남자를
사랑한다.(quædam은 quidam의 여성 단수 주격, quendam은 quidam의 남성
단수 대격. 대명사 quidam, quædam, quiddam과 형용사 quidam, quædam,
quoddam은 "어떤, 모종의, 일종의"다.
한동일 지음, 카르페 라틴어 1권, p.112)/
amat suos suaque. (그는) 자기 식구들과 자기 재산을
사랑한다(suos는 amat 동사의 목적어로 남성 복수 대격이니 '자기의
사람들을' sua는 중성 복수 대격이니 '자기의 것들을' 의미한다. 성염 홈페이지)/
Amemus patriam, pareamus senatui, consulamus bonis.
조국을 사랑합시다, 원로원에 복종합시다,
선량한 시민들을 돌봅시다/
Ars amandi Deum. 하느님을 사랑하는 예술/
Cave, si me amas. 제발 조심해라/
Dii te ament! 그대에게 신의 축복이 있기를 바라노라/
Ego me amare hunc fateor ; si id peccare est, fateor id
quoque. 나는 이 여자를 사랑한다고 고백한다.
그것이 잘못하는 것이라면 잘못이라고 고백하리라/
Fac, amábo. 제발 해주시오/
Hoc est hómini, quam vitam amet.
이것이 바로 사람이 생명을 사랑하는 이유이다/
Ita(sic) me dii ament(amábunt)!
이렇게 내게 신의 가호(加護)가 있으라!/
Miseranda vita, qui se metui quam amari malunt(Nepos).
자기가 사랑 받기보다도 두려움의 대상이 되기 바라는
사람들의 삶은 측은하다/
Nimis in isto Brutum amásti.
너는 그 일에 Brutus를 너무 고마워했다/
nondum amabam sed amare amabam. 아직 연애를 하지
는 않았지만 연애하기를 사랑하게 되었더이다(Aug. Conf. 3. 1)/
O Deus, ergo amo te!
오 천주여, 나는 당신을 사랑 하옵나이다/
O felix hominum genus / si vestros animos amor, /
quo celum regitur, regat.
오, 인류는 행복하여라, 하늘을 다스리는 사랑이
그대들 마음을 다스릴 제(성 염 옮김, 단테 제정론, p.37)/
Plus amat quam te unquam amávit.
그는 너를 과거보다 더 사랑하고 있다/
Quis hic, amábo, est? 이 사람은 누군가요?
se amo. 스스로 만족하다, 자부하다, 이기적이다/
si tantum amatur, quantum amari digna est.
그만큼 사랑할 가치가 있는 것이라야 그토록 사랑
하게 된다.(그토록 사랑한다면 그만큼 사랑할 가치가 있는 것이라야
한다. 교부문헌 총서 16. 신국론. p.1531)/
Te multum amámus, quod…,
…한 것을 우리는 네게 감사(感謝)한다/
Vicínam néminem amo.
나는 아무 이웃여자도 사랑하지 않는다/
Vivamus, mea Lesbia, atque amemus.
Soles occidere et redire possunt :
nobis cum semel ocidit brevis lux,
nox est perpetua una dormienda.
Da mihi basia mille, deinde centum,
deinde mille altera, deinde secunda centum.(Catullus).
나의 레스비아여, 우리 사랑하며 살자꾸나.
해는 저도 돌아올 수 있으련만
우리에겐 찰나 같은 빛이 한번 꺼지면

밤은 영원도 하여 길이 잠들어야 하리니
내게 입맞춤을 다오, 먼저 천 번 그리고 백 번,
또다시 천 번, 그리곤 두 번째로 백 번.

제1활용의 능동형 직설법 amo의 활용						
인칭	단 수			복 수		
	현 재	미완료	미 래	현 재	미완료	미 래
1	amo	amábam	amábo	am-ámus	am-abámus	am-ábimus
2	amas	amábas	amábis	am-átis	am-abátis	am-ábitis
3	amat	amábat	amábit	am-ant	am-ábant	am-ábunt

인칭	단 수			복 수		
	단순과거	과거완료	미래완료	단순과거	과거완료	미래완료
1	amávi	amáveram	amávero	amáv-imus	amav-erámus	amav-érimus
2	ama-vísti	amáveras	amáveris	amav-ístis	amv-erátis	amav-éritis
3	amávit	amáverat	amáverit	amav-érunt	amáv-erant	amáv-erint

(허창덕 지음, 초급 라틴어, p.68)

Amo me esse et nosse.
내가 존재하고 인식함을 나는 사랑한다.
amo quia amo, amo ut amen. 나는 그저 내가 사랑하기 때문에 사랑하고 사랑하기 위해 사랑한다.
Amo te Domine. 주님, 저는 당신을 사랑합니다.
네덜란드어: Ik hou van jou. (이크 하우 반 야우) /
독일어: Ich liebe dich. (이히 리베 디히) /
라틴어: amo te. (아모 떼) /
러시아어: Я Вас Люблю. (야 바스 류블류) /
루마니아어: Te iubesc. (떼 이유베스크) /
서반아어: te amo (떼 아모) / te quiero. (떼 끼에로)/
아랍어: Wuhibbuka. (우히부카) /
에스페란토: Mi amas vin. (미 아마스 빈) /
영어: I love you. (아이 러브 유) /
이탈리아어: Ti amo. (띠 아모) /
일본어: 愛(あい)している. (아이시떼이루) /
중국어: wo ai ni (워 아이 니) /
포르투갈어: Gosto muito de te. (고스뜨 무이뜨 드 뜨) /
프랑스어: Je t ' aime. (즈 뗌므) /
필리핀어: Mahal kita. (마할 키타) /
한국어: 사랑해/
헝가리어: Szeretlek (쎄레뜰렉).

āmóbĭlis, -e, adj. 움직일 수 있는, 불안정한, 전임 될 수 있는
āmŏbílĭtas, -átis, f. 움직일 수 있음, 파면(罷免)
ămŏdo, adv. 금후(今後), 앞으로는, 이제부터는
amœba, -æ, f. (動) 아메바(根足蟲類의 원생동물)
amœbĭna, -órum, n., pl. 변형충류(變形蟲類)
amœna, -órum, n., pl. 경치 좋은 곳, 경승지(景勝地)
amœna urbs. 경관 좋은 도시
Amœna virecta. 낙원(樂園.παραδεὶσος.[영] Paradise)
amœne, adv. 기분 좋게, 유쾌하게, 즐겁게
amœnĭtas, -átis, f. 유쾌함, 쾌적(快適), 매력(魅力), 경치 좋음, 경관(景觀-산이나 들, 강, 바다 따위의 자연이나 지역의 풍경), (정신.연설.공부) 우아(優雅), 흥미(興味), 감미(甘味).
Erat frequens amœnitas oræ. (직역) 해안의 경관은 만원이었다. (의역) 아름다운 해안은 사람들로 만원이었다.
[라틴어는 사람이나 사물의 범주를 추상명사로 표현하는 것을 선호하였다. 한동일 지음, 카르페 라틴어 2권, p.17].

amœno -ávi, -átum, -áre, tr.
즐겁게 하다, 경치 좋게 만들다.
amœnus, -a, -um, adj. 유쾌한, 쾌적한, 매혹적인, 매력 있는, 경치(경관) 좋은, 우미(優美)한, 멋있는, 웅장한, 훌륭한, 고운.
amœna urbs. 경관 좋은 도시/
amœni homines. 매력 있는 사람들/
amœnissimi sermones. 대단히 훌륭한 연설/
vita amœna. 쾌적한 생활.
āmólĭor, -ítus sum -íri, dep., tr. 애써 멀리하다, 피하다, 면하다, 벗어나다, 치워버리다, 떼어버리다, (무엇을) 제거(除去)하다, 집어치우다, 걷어치우다, 다른 데로 보내다.
ămómum(-on) -i, n. 향료덤불. bálsamum 향유
ămor, -óris, m. 사랑(הָבָבָה.אָהָד.אָסֶח.ἀγὰπη.Φιλος.愛.[영] Charity/love), 애정, 본능적 사랑, 색정, (동물의) 발정, 사랑의 대상자, 애인, 욕망, 열망(熱望), 애착심(愛着心).

Amantium iræ amoris integratio est.(Terence).
연인들의 다툼은 사랑의 갱신이다/
Amorem et dilectionem indifferenter et in bono et in malo apud sacras Litteras inveniri. 성서에서 사랑 혹은 좋아함은 선과 악에 차별 없이 서술된다.(신국론, p.2792)/
Amorem porro hi fratres excolunt et Sacrorum Litterarum venerationem.([영] These brothers and sisters promote love and veneration for the Sacred Scriptures) 이 형제자매들은 성서에 대한 사랑과 존경을 보여줍니다. (1995.5.25. Ut Unum Sint에서)/
Amoris vulnus idem sanat, qui facit.(Publius Syrus).
상처를 준 사람이 사랑의 상처를 치료 한다/
bibo amórem. 사랑에 빠지다(tepeo, -ēre, intr.)/
Cæcat amor mentes atque interdum sapientes.
사랑은 때때로 현명한 사람의 마음도 현혹 시킨다/
civilitas amoris. 사랑의 문명/
Declinat amor. 사랑이 식어간다/
Duo sunt amores, mundi et Dei. 사랑에는 두 가지가 있습니다. 세상에 대한 사랑과 하느님에 대한 사랑이 그것입니다[세상에 대한 사랑(amor mundi) 또는 자신에 대한 사랑(amor sui)과 하느님에 대한 사랑(amor Dei)은 "신국론"의 중심 주제다. "두 사랑이 두 도성을 이루었다. 하느님을 멸시하면서까지 이르는 자기 사랑이 지상 도성을 만들었고, 자기를 멸시하면서까지 이르는 하느님 사랑이 천상 도성을 만들었다(신국론 14, 28). 성염 역주, 교부문헌 총서 16, p.1537 참조]/
et nos cedamus amori. 우리도 사랑에 굴복하자/
Fecerunt itaque civitates duas amores duo.
두 사랑이 있어 두 도성(都城)을 이룬다/
In desiderio animæ suæ attraxit ventum amoris sui.
그 영혼의 바람(望) 안에 애욕의 바람(風)을 끌어들였다/
In Verbo et Amore procedente.
발출 하는 말씀과 사랑 안에/
Ipse Spiritus Sanctus est Amor. 성령 자신이 사랑이다/
laudare in amore et amare in laudibus.
사랑 속에서 찬미하고 찬미 속에서 사랑하는 것/
nec faciunt bonos vel malos mores nisi boni vel mali amores. 선하거나 악한 행위를 자아내는 것은 선하거나 악한 사랑 외에 다른 것이 아니다.(교부 총서 16, 신국론, p.1216)/
Non enim sic debemus diligere homines, aut sic posumus diligere, vel amare. 우리는 사람을 이렇게 사랑해서도 안 되고, 이렇게 사랑('diligere' 또는 'amare') 할 수도 없습니다("**dilectio**" 참조. 최익철 옮김, 요한서간 강해, p.350)/
Nullis amor est medicabilis herbis(Ovidius)
사랑(상사병)은 그 어느 약초로도 못 낫는다(고친다)/
Nunc scio quid sit amor. 이제 나는 사랑이 무엇인지 알겠네/
Omnia vincit amor.(Vergilius) 사랑은 모든 것을 이겨 낸다/
pondus meum amor meus. 나의 무게는 나의 사랑/
Qui finem quæris amoris, cedit amor rebus: res age, tutus eris(Ovidius). 사랑(여자관계)의 청산을 바라는가? 재물에는 애정도 물러서는 법일세. 재물을 뿌리게. 그러면 자넨 안전할 걸세(cedit amor rebus: 삽입문)/
recta itaque voluntas est bonus amor.
바른 의지는 선한 사랑이다/
rerum novárum amor. 새로운 것들에(일들에) 대한 애착/
Ter negavit timor, ter confessus est amor.
두려움은 세 번 부인했지만, 사랑은 세 번 고백했던 것입니다.(최익철 신부 옮김, 요한 서간 강해, p.233)/
testificor amórem. 사랑을 나타내 보이다/
transfero amóres álio. 사랑을 다른 데로 돌리다/
transfundo amórem in *alqm.* …에게 사랑을 쏟다/
Tui amóris in nobis ignem accende. 주를 사랑하는 열렬한 불을 우리 마음속에 타게 해 주소서/
Ubi amor, ibi óculus. 사랑이 있는 곳에 비전이 있다/
Utrum amor sit in Deo. 하느님 안에 사랑이 존재하는가/
Veni, Jesu amor mi! 내 사랑 예수여 오소서/
Virtus est ordo amoris.
덕(德)은 질서 지워진 사랑이다(성 아우구스티노).
Amor. 연애의 신
amor amicitiæ. 우애(sodalitas, -átis, f.), 우정의 사랑
amor amicitiæ erga Deum. 하느님에 대한 친교적 사랑

A

amor amitiæ. 친구의 사랑
amor amoris. 사랑의 사랑
Amor autem sapientiæ nomen Græcum habet
philosophiam, quo me accendebant illæ litteræ.
　그러나 지혜에 대한 사랑이 그리스어로 "철학philosophia"
　이라는 이름을 지닌 까닭에 나는 철학서에 열중하게
　되었습니다.(고백록 3,4,8).
amor benebolentiæ. 호의적 사랑, 호의(仁愛)의 사랑
amor bonitatis suæ absolutæ.
　그 분의 절대적인 선성(善性)의 사랑(창조의 동기).
amor bonus. 좋은 사랑
Amor cælestis. 천상적 사랑
Amor cæteros in se omnes traducit et captivat
affectus. 사랑은 그 밖의 모든 것들을 자기 안으로
　끌어들이고 열정을 사로잡는다.
Amor -caritas- semper necessarius erit, in societate
etiam admodum iusta.(⑨ Love -caritas- will always
prove necessary, even in the most just society)
　사랑-카리타스-은 언제나 필요하며, 가장 정의로운
　사회에서도 필요한 것입니다(2005.12.25. "Deus caritas est" 중에서).
amor caritatis. 애덕적인 사랑
amor Christi.(⑨ Christ's love) 그리스도의 사랑
amor complacentiæ. 의합적(意合的) 사랑
amor concupiscentiæ. 욕구적 사랑, 욕정의 애.
　사욕적 사랑(慾愛)(가톨릭 신학 제10號. p.9).
amor coniugális(jugális amor.) 부부애(⑨ conjugal affection)
amor consulátus. 집정관직에 대한 애착심
Amor Dei. 천주의 사랑(주어적 속격),
Amor Dei(=amor erga Deum) 천주께 대한 사랑(객어적 속격).
　si mundi amor habitet, non est qua intret amor Dei.
　세상에 대한 사랑이 있는 곳에는 하느님에 대한 사랑이
　들어올 수 없습니다.(최익철 신부 옮김. 요한 서간 강해. p.129).
Amor Dei, amor proximi, caritas dicitur.
　하느님께 대한 사랑, 이웃에 대한 사랑이 사랑입니다.
Amor Dei est causa bonitatis rerum.
　하느님의 사랑은 인간의 모든 선의 원인이다.
Amor Dei intellectuális.
　신에 대한 지성적 사랑, 지성적인 신에 대한 사랑.
amor Dei propter ipsum. 하느님을 위한 하느님 사랑
Amor Dei proximine amor. 하느님 사랑과 이웃 사랑
amor Dei usque ad contemptum sui.
　(⑨ love-of God to the point of contempt of self)
　자기를 멸시하기까지에 이르는 하느님 사랑.
Amor erga Deum. 천주께 대한 사랑,
　하느님께 대한 사랑(⑨ Love of God)(C.C.K.).
amor erga parentes. 부모에 대한 사랑
amor erga proximum. 이웃에 대한 사랑(⑨ Love of neighbor)
Amor erga seipsum, nulla est tam noxia in amicitia
nostra. 자신에 대한 사랑(이기심), 우리의 우정에서
　아무것도 이처럼 해로울 수가 없다(성 염 지음. 고전 라틴어. p.118).
amor essentiális. 본질적 사랑
amor est vis unitiva. 일체화의 힘인 사랑
amor ex auditu. 들음에서 흘러나오는 사랑
amor ex misercordia. 자비로 말미암은 사랑(아가페)
amor ex miseria. 비참함으로 말미암은 사랑(에로스)
amor ex misericordia. 자비로 말미암은 사랑
Amor ex oculis oriens in pectus cadit.
　사랑은 눈에서 나와 가슴으로 떨어진다.
amor fati. 숙명에 대한 사랑(사목 15. 그리스도교 신앙입문. p.79),
　운명감수(運命甘受), 운명의 사랑.
Amor fratrum.(Φιλαδελφία.⑨ Fraternity.brotherly love/
fraternal love.獨 Brüderlichkeit) 형제애.
amor Hominis. 인간의 사랑(⑨ Man's love)
amor in pátriam.(in¹참조) 애국심, 조국애에 대한 사랑
Amor in te meus major est quam ut possim dícere.
　너에게 대한 나의 사랑은 너무도 커서, 나는 말할 수가 없다.
amor improbus. 욕망의 격정.
　(성 염 지음, 사랑만이 진리를 깨닫게 한다. p.391).

amor iniquus. 불공정한 사랑.
　(성 염 지음. 사랑만이 진리를 깨닫게 한다. p.400)
Amor magnus doctor est. 사랑은 위대한 치료사이다
amor malus. 나쁜 사랑
amor meus pondus meum. 사랑의 비중
amor mutuus. 상호적인 사랑
amor mysticus. 신비적 사랑
amor non æquo fœdere.(성 염 지음. 사랑만이 진리를 깨닫게 한다. p.400)
　떳떳하지 못한 연분으로 맺어진 사랑.
amor nostri. 우리를 향한 사랑
amor parentum erga filios. 자식에 대한 부모의 사랑
amor patriæ. 애국심(patriotismus, -i, m.), 애국(愛國),
　조국애(祖國愛, pietas erga patriam).
Amor præferentiális.(⑨ Preferential love) 우선적인 사랑
Amor præter se non requirit causam, non fructum
fructus ejus, usus ejus. 사랑은 자기 이외의
　어떠한 원인이나 결과를 필요로 하지 않는다.
　그 자체가 결과요 그 자체가 수단인 것이다.
amor privatus. 사사로운 사랑
amor proximi. 이웃 사랑
amor proximi propter Deum. 하느님을 위한 이웃 사랑
amor rectus. 올바른 사랑(교부문헌 총서 1. 신국론. p.1472)
amor sapientiæ. 지혜(智慧)에 대한 사랑(=哲學)
amor sociális. 사회적인 사랑, 사회적 사랑(신국론. p.1550).
Amor subsistens. 자존하는 사랑
amor sui. 애착, 자기 사랑, 자기 자신에 대한 사랑,
　(아끼고 사랑하는 대상에 정이 붙어 그것과 떨어질 수 없음. 또는 그런 마음).
amor sui usque ad contemptum Dei.
　(⑨ love of self to the point of contempt of God)
　하느님을 멸시하기까지에 이르는 자기 사랑.
amor temporalis. 현세적 사랑
Amor tussisque non celantur.(Ovidius).
　사랑과 기침은 숨길 수 없다.
amor tuus. 너에게 대한 사랑
Amor usque ad finem. 극진한 사랑/
amor ut actus. 적극적인 사랑
amor ut habitus. 초자연적 사랑
Amor vincit omnia. 사랑은 모든 것을 이긴다.
　[스위스 철학자 카를 힐티의 묘비명].
amoralísmus, -i, m. (哲) 무도덕주의(無道德主義)
amóre ardeo. 사랑에 불타다
amore auri cæcus. 돈에 대한 애착에 눈먼 자
amore dívino. 신성한 사랑("가톨릭 철학" 제4호. p.130)
amore inhærere. 애착(愛着, cupiditas, -átis, f.)
amore motus. 사랑에 감동되어
amore per quella pace. 저 평화에 대한 동경(憧憬)
amore sic dicto libero. 자유연애(自由戀愛)
amóri amóre respondeo. 사랑을 사랑으로 보답하다
Amoris communio perfecta inter Patrem, Filium et
Spiritum Sanctum est Deus.(⑨ God is a perfect
communion of love between Father, Son and Holy Spirit)
　하느님께서는 성부와 성자와 성령의 완벽한 사랑의
　친교이십니다(2007.2.22. "Sacramentum Caritatis" 중에서).
Amoris officio, 교황청 사회복지 위원회(1971.7.15. 교서)
amoris officium. 사랑의 직무(職務)
Amoris Unitas in creatione et Salutis Historia.
　창조와 구원역사에서 사랑의 일치.
Amorosa querela amántis animæ.
　사랑하는 영혼의 사랑스러운 비탄(신비가 Mande 지음).
amortizátio, -ónis, f. (교회.법인에 대한) 부동산 기부,
　연부상환(年賦償還-갚아나 치러야 할 돈을 해마다 얼마씩 나누어 내는 일)
amos, (古) = āmor
āmótio, -ónis, f. 이동(移動), 격리(隔離), 면직(免職),
　해임(解任.⑨ removal).
āmótum, "amoveo"의 목적분사(sup.=supínum)
āmóvĕo, -móvi -mótum -ére, tr. 멀리하다, 옮기다,
　떨어버리다, 치워버리다, 집어치우다, 따돌리다,
　(집안 식구나 가까운 사람이 물건을 몰래) 빼돌리다,
　써버리다, 추방하다(חרם), 없애다, 제거하다.

74

면직하다, **직위 해제하다**.
Amove Dómine, a me plagas tuas.
. 주님 나에게서 당신의 재난을 멀리하여 주소서/
se amoveo. 피하다, 빠지다, 물러가다.
amoveo frumentum. 곡식을 몰래 빼돌리다
āmōvi, "amoveo"의 단순과거(pf.=perfectum)
Ampelopsis brevipedunculata. (植) 개머루
amphĭarthrósis, -is, f. (解) 반관절(半關節)
amphíáster, -ēris, m. ((生))
(세포핵 분열에 있어서의) 쌍성(雙星).
Amphibalum(-us), -i, m. 고대 갈리아의 제의 또는 개두포
amphíbĭa, -órum, n., pl. (動) 양서류
amphíbŏlía, -æ, f. 두 가지 뜻이 있는 말, 애매, 모호
amphíbŏlógia, -æ, f. 모호한 말투, 다의성(多義性)
amphĭmíxis, -is, f. (生) 양성생식, 양성혼합(兩性混合)
amphípŏda, -órum, n., pl. 이각류 동물(異脚類 動物)
amphĭprostýlos, -i, m. 전후 양면에 원주가 네 개 있는 신전
amphisbǽna, -æ, f. 앞뒤로 갈 수 있는 뱀의 일종
amphĭthĕátrális, -e, adj. 원형극장의
amphĭthĕátrĭcus, -a, -um, adj. 원형극장의
amphĭthĕátrum, -i, n. (=Cŏlosséum) 원형극장, 원형경기장,
본래 "Amphitheatrum Flavianum"이라 불리움.
Amphitríte, -es, f. 바다의 여신
ámphŏra, -æ, f. 양쪽에 손잡이가 달린 병.단지.
항아리(술.기름.꿀 따위 저장용), 액체 용량표기(약 20L)
[일반적으로 흙으로 만들어진 고대의 항아리 또는 단지를 가리킨다. 암포라의
목은 가늘고 몸통은 넓으며 입구에서 몸통으로 이어지는 긴 손잡이가 양쪽에
달려 있다. 초기 교회에서 성찬 전례 때 쓸 포도주를 저장하는 항아리로 사용
되었다. 카타콤바에서 발견된 항아리들에는 그리스도교의 상징들이 새겨져 있다].
amphora, -æ, f. 양쪽에 손잡이가 달린 병
ampla cívitas. 중요한 도시
ampla domus. 드넓은 집
ampléctor, (-ēris, -ítur) -pléxus sum, amplécti,
dep., tr. (am+plecto) 둘러싸다, 에워싸다(ᴅᴍᴜ.ᴊᴘᴋ),
감싸다, 덮다(ᴊᴏᴋ.ᴊᴄ.ᴦᴆᴀ.ᴦᴅᴩ), 포함하다,
함유하다, 포용하다, **망라(網羅)하다, 껴안다(ᴊᴄᴦ)**,
포옹하다, 사랑하다, 애착하다, 애호하다, 존중하다,
귀하게 여기다, 반겨 맞다, 영접하다, **포괄하여 말하다**,
총괄(總括)하여 설명하다, 이해하다, 파악(把握)하다.
Confitemini, et amplectimini.
여러분은 믿음을 고백하며 그분을 껴안으십시오.
ampléxo, -ávi, -átum, -áre, tr. = **ampléxor**
ampléxor, -átus sum, -ári, dep., tr., intens.
꼭 껴안다, 꼭 붙들다, 감싸다, 무척 좋아하다,
사랑하다, 애착(愛着)하다, 귀하게 여기다.
amplexus, "amplector"의 과거분사(p.p.)
ampléxus, -us, m. 껴안음, 에워쌈, 포옹(抱擁).
in ampléxum *alcjs* ruo. 누구를 와락 끌어안다.
ampliátĭo, -ónis, f. 확대, 공판연기(公判延期)
amplificátĭo, -ónis, f. 증대(增大), 확대(擴大), 확장
amplíficátor, -óris, m.
증대.확대.확장(擴張)시키는 자 또는 기구.
amplífico, -ávi, -átum, -áre, tr. (amplum+fácio)
확대(擴大)하다, 증대시키다, 크게 하다, 넓히다,
확장하다, 확충하다, 퍼뜨리다(ᴦᴦᴩ), 과장(誇張)하다.
amplíficus, -a, -um, adj. (amplum+fácio)
호화로운, 찬란한; 굉장한.
ámplĭo, -ávi, -átum, -áre, tr. 넓히다, 커지게 하다,
확대하다, 불리다, 늘리다, 영광(榮光)을 더하다,
저명(著名)하게 하다, 공판 연기(延期)하다.
amplio rem. 재산을 늘리다
amplior, -or, -us, adj. amplus, -a, -um의 비교급.
Occasio in bello amplius solet juvare quam virtus.
전쟁에서는 용기보다는 우연이 훨씬 넓게 작용하는 법이다.
amplissimus, -a, -um, adj. amplus, -a, -um의 최상급.
Erant Crasso amplissimæ fortunæ. 크라수스에게는 막대한
재산이 있었다.[소유여격dativus possessivus은 sum 동사와 더불어 쓰이며,
사물의 소유자를 여격으로 지칭한다. 성 염 지음, 고전 라틴어, p.396]/
Nocere posse, et nolle, laus amplissima est(Publilius Syrus).

누구를 해칠 수 있는데도 그렇게 하지 않으려는 것은
크게 칭찬 받을 일이다.
amplitúdo, -dĭnis, f. 넓이, 폭(latitúdo, -inis, f.), 크기,
광대함, 광활, 웅대(雄大), 웅장, 위대함, 고귀, 숭고,
관대(寬大.συνκατάβασις-마음이 너그럽고 큼), 존엄(尊嚴),
위풍(威風-위엄이 있는 풍채나 모양), 위엄(威嚴), 탁월(卓越),
(연설, 문장 따위의) 웅장(雄壯), 풍부한 내용.
sapientialis amplitudo. 지혜적 차원.
amplitúdo ánini. 아량(雅量-너그럽고 속이 깊은 마음씨)
ámplius¹, adv., comp (넓이, 범위의 개념임. 강조의 개념을
magis를 사용함) 더 넉넉히, 더 많이, 더 오래,
더 이상, 한층 더 높이, 더 강하게, 더욱(μᾶλλον),
그밖에 더 이상 또, (수에 대해서) 이상.
['amplius, magis, plus' 등의 부사는 모두 우리말로 '더'라는 뜻이지만 의미상
차이가 있다. 'amplius'는 넓이, 범위를 강조하는 의미의 '더, 이상(부사 ample의
비교급)', 'magis'는 강조를 강조하는 의미의 '더 많이(형용사 magnus에서 파생)',
'plus'는 수량을 강조하는 의미의 '더 많이(multum의 비교급)'라는 뜻이다.
한동일 지음, 카르페 라틴어 1권, p.280].
Homo cujus est Deus, quid amplius quærit.
하느님을 소유하는 자 또 무엇을 찾으리요/
horam amplius. 한 시간 이상을/
nihil amplius. 그만/
nihil amplius quærere deberemus.
우리는 더 이상의 어떤 것도 찾지 말아야 합니다/
non amplius. 더는 아니, 그 이상 아니/
Numquam amplius bellum!.(⑨ Never again war!).
다시는 전쟁이 없어야 한다!/
Pugnátum(est) amplius duábus horis.
두 시간 이상 전투(戰鬪)하였다/
Quid amplius dici potuit, fratres?.
형제 여러분, 더 이상 무슨 말을 할 수 있었겠습니까?.
(최익철 신부 옮김. 요한 서간 강해. p.317)/
Quid est, quod jam amplius exspéctes?
네가 이제 더 이상 기대할 것이 무엇이냐?/
Quid valeat caritas, omnis Scriptura commendat; sed
nescio si alicubi amplius quam in ista Epistola
commendetur. 사랑이 얼마나 소중한지에 대해서는 성경
전체가 권고하고 있지만, 이 편지에서보다 더 폭넓게 권고
하는 곳은 없다고 생각합니다(최익철 옮김. 요한 서간 강해. p.255)/
Triénnium ámplius(=ámplius quam triénnium) 3년 이상.
amplius², n. (명사적으로) 더 많음, 더 이상의 것,
"amplius" pronuntiáre. "증거보충"의 판결을 내리다/
hoc amplius. 그 외에 또 첨부(添附)할 것은.
ámplius (quam) novem annos natus. 아홉 살 이상 된/
[=plus (quam) novem annos natus].
**Amplum igitur et multiplex est erga Evangelium vitæ
ministerium.** 그러므로 생명의 복음에 대한 봉사는
무한하고도 복합적인 임무입니다.
amplus, -a, -um, adj. 널찍한, 드넓은, 활짝 틘, 커다란, 큰,
충분히 여유 있는, 거대한(ᴊᴄᴢ), 광대한, 중요한, 훌륭한,
웅장한; 화려한; 굉장한; 영광스러운; 도도한(연설).
(사람) 위대한, 높은, 존경할 만한, 유명한, 장한.
ampla cívitas. 중요한 도시/ampla domus. 드넓은 집/
amplissima dignitas. 아주 높은 지위(地位)/
voluto vocem per ampla. 소리를 넓은 방에 퍼뜨리다.
ampulla, -æ, f. 성유병, 주수병, 플라스크(⑨ flask),
배불뚝이 병(물.술.초기름 따위의 용기로 모가지가 가는 병),
허풍(虛風), 과장된 말, 호언장담.
ampulláceus, -a, -um, adj. 배불뚝이 병의
ampúllor, -ári, dep., intr. 과장하여 말하다, 호언장담하다
amputátĭo, -ónis, f. 잘라냄, 절단 (나무의) 가지치기,
잘라낸 것(가지), 목소리 잠김.
ámpŭto, -ávi, -átum, -áre, tr. (am+puto) 잘라내다.
가지를 치다, 잘라 다듬다, 절단(切斷)하다.
삭제(削除)하다, 제거(除去)하다, 줄이다, 작게 하다.
radicitus amputandum. 뿌리째 뽑아 버려야 할.
Ampyx, -ycis, m. Phíneus의 동료 영웅
Amstelodamum, -i, m. 암스테르담
Amula, -æ, f. (프 Burette.⑨ Cruet) 주수병(酒水甁)

amulétum, -i, n. 부적(符籍), 호부(護符)
amúrca, -æ, f. 기름 거품
ămússis, -is, f. (목수.석공의) 자(尺), 직각 자.
ad amússim(=adamússim)
정확하게, 잰 듯이, 꼭 조금도 틀림없이.
ămussĭtatus, -a, -um, adj. 정확한, 완벽한
Amýclas, -æ, m. Amýclœ의 창건자
ămýgdăla, -æ, f. 편도(扁桃)나무; 편도, 편도선(扁桃腺)
ămygdálĭnus, -a, -um, adj.
편도의, 편도나무의, 편도 비슷한.
ămýgdălum, -i, n. 편도(扁桃), 편도나무, 편도선(扁桃腺)
ámylum, -i, n. 앙금, 녹말, 전분; 전분으로 만든 풀
ămýstis, -ĭdis, f. 단숨에 쭉 들이마심
Amytháon, -ŏnis, m. 바람의 신 Æólis의 아들
an, conj. (의문접속사)
Ⅰ. 직접의문. 1. 선언.분립 의문.
a)〈첫 물음은 utrum이나 -ne나 간혹 num으로, 또는 아무 것도 없이 표시하고; 둘째(이하의) 물음에는 an을, 간혹 anne를 씀〉(그렇지 않으면, 혹은) …**이냐?** Utrum ea vestra, an nostra culpa est? 그것이 너희 잘못이냐 우리 잘못이냐?/ Hæc vera an falsa sunt? 이것들이 진실이냐 거짓이냐?.
b)〈둘째 물음이 첫째의 부정일 적에는 an non?(annon?), necne?를 씀〉**혹은 아니냐?** Potéstne hoc fíeri, an non? 이 일이 될 수 있느냐 없느냐?.
2. 단순 의문에서 의문을 강화할 때.
a)〈대략 num과 같은 뜻으로〉…(일이) 있느냐? …**단 말이냐? 설마…아니겠지.** An unquam talis dux fuit? 일찍이 이런 장군이 있었느냐?/ An tu esse me tristem putas? 너는 내가 쓸쓸할 거라고 생각한단 말이냐?(설마 …생각하지 않겠지).
b)〈an non에서 non이 빠진 것으로 알아들어야 할 경우, 즉 nonne?의 뜻으로〉…**아니냐? 않겠느냐? …지 않을까?**: Quidnam fácere debémus?. An imitári…? 우리는 무엇을 해야 할 것이냐? …본받아야 하지 않겠느냐?.
c)〈정상적인 물음 다음에 특별한 주의를 환기시키면서 또 하나의 물음을 끌어들일 때〉(아마도) …**이냐?** Quid causæ est? an quia deléctat Ennĭus? 무슨 이유이냐? Ennĭus가 즐겁게 해주기 때문이냐?.
3.〈aut, vel, -ve의 뜻으로 쓰일 때도 있음〉
혹은, 또는, 그 보다는, …인가 …인가: líttteris ex Epiro an Athénis datis.
Epírus에서인가 Athénœ에서인가 보내준 편지로써.
Ⅱ. 간접의문.
1.〈일반적 간접의문문에서 an은 그 용법.뜻에 있어서 Ⅰ.의 각 항과 같음; 간접의문문의 접속법 요구 조건에 유의〉Nihil ínterest nostra, vacémus an cruiémur dolóre. 우리가 고통 없이 지내는지 혹은 고통에 시달리는지 하는 것은 별로 중대한 문제가 아니다.
2.〈의혹이나 불확실 따위를 표시하는 동사에 속하면서 조심스러운 표현으로〉…**나 아닐까, 아닐는지, 아마 그러하리라**: Haud scio, an áliter séntias. 네가 달리 생각할는지도 모르겠다/ Quis scit, an…? (=Nemo scit) 누가 안단 말이냐?
3.〈질문동사 quǽrere, interrogáre; 숙고.주저.의논 동사 deliberáre, cunctári, consúlere 등의 내용 표시로도 an을 간접의문문으로 쓴다〉Quæro, an vívere velítis. 살고 싶으냐고 너희에게 묻는 거다.
An abortivi non pertineant ad resurrectionem, si pertinent ad numerum mortuorum.
낙태아들은 죽은 이들의 숫자에는 들어가지만 부활에는 해당하지 않는가(교부문헌 총서 17, 신국론, p.2828).
an ad bene esse mundi necessaria sit universali Monarchia.(단테의 "제정론" 제1권의 논제)
세상의 선익을 위해 제권(帝權)이 필요한가?
An ad dominici corporis modum mortuorum resurrectura sint corpora. 죽은 모든 이의 육체가 주님의 몸과 같은 모양으로 부활할 것인가(신국론, p.2828)/
An ad ultimum supplicium pertineat impiorum, quod descendisse ignis de cælo et eosdem comedisse memoratur. 하늘에서 불이 내려 악인들을 살라 버린다는데, 그것이 최후 징벌일까.(교부문헌 총서 17, 신국론, p.2820).
An consequens sit, ut corporeum dolorem sequatur carnis interitus. 육체적 고통에 육신의 소멸이 필히 뒤따라오는가(교부문헌 총서 17, 신국론, p.2824).
An credendum sit quod dii boni libentius dæmonibus quam hominibus misceantur. 선한 신들이 사람들보다는 정령들과 통교한다고 믿어야 하는가(신국론, p.2770).
An Deus sit? 하느님은 존재하는가?
An est?. (실제로) 존재하는가?
An hoc ratio justitiæ habeat, ut non sint extensiora pænarum tempora, quam fuerint peccatorum. 형벌의 기간이 범죄의 기간보다 길어서는 안 된다는 것이 정당한가(교부문헌 총서 17, 신국론, p.2824).
An iis me dem?. 내가 그런 자들한테 항복한단 말이냐?
an ille qui ministrat. 시중들며 섬기는 이
An potest quisquam dubitare hac de re!.
설마 이 일에 대하여 의심하는 사람은 없겠지!
an qui ministrat. 시중들며 섬기다
An quisquam est æque miser?
누가 그렇게 불쌍한 사람이 또 있겠느냐?
An relinquenda est a ministris fugientibus ecclesia, ne a morientibus miserabilius relinquatur?
교회가 비참하게 죽어가는 성직자들에게 버림받지 않기 위해서, 도망가는 성직자들에게 버림받아야 하겠습니까?.
(아우구스티노의 생애, 이연학 최원오 역주, p.145).
An sit? (獨 Ob es ist?) 그것이 있느냐?
An temporum calamitates Dei providentia regantur.
시대의 재앙과 하느님의 섭리(신국론 제1권).
anabaptísmus, -i, m. 재세례(再洗禮)
anabaptístæ, -árum, m., pl. 재세례파([영] Anabaptists)
anabáthrum, -i, n. 높이 만들어 놓은 관람석(觀覽席)
anacantíni, -órum, m., pl. (명태.대구 등) 무극류(無棘類).
anacardiácĕæ, -árum, f., pl. (植) 옻나무科 식물
ănăchōréta, -æ, m. 외톨이로 살던 수도자, 은수사, 은수자(隱修者.[영] anchorite/hermit.ἐρεμίτης에서 유래), 독수자(ἀνεχώρητα.獨守者).
anǽmĭa, -æ, f. (醫) 빈혈, 빈혈증(貧血症)
anaëóbĭum, -i, n. (生) 혐기성(嫌氣性) 생물(주로 세균류)
anæsthésĭa, -æ, f. 결핍(缺乏), 무감각(ὀπάθεια), 감각 상실. (醫) 마취법(痲醉法).
anæsthétĭca, -órum, n., pl. (藥) 마취제
Anágnĭa, -æ, f. Látium의 도시, Hérnĭci인들의 수도
ănagnóstes, -æ, m. ('열심히 읽다', '애독하다'라는 동사에서 파생) 낭독자(朗讀者), 冊 읽어 주는 종, 애독자(愛讀者).
ănăgōgía* -æ, f. ((神)) (성서의) 신비의 상징적 해석, 신비적 의미(가톨릭 교회 교리서 제1편, p.51).
sensus anagogicus. 천상적 의미(신학대전 제1권, p.44).
ănăgógĭcus, -a, -um, adj. ănăgōgía의, 신비 상징적 해석의
ănălécta¹, -æ, m. 먹다 남은 것을 모으는 노예(奴隷)
ănălecta², -órum, n., pl. 먹다 남은 것, 땅바닥에 떨어진 빵 조각.부스러기 따위, (부스러기 모음) 교부문집, 교부들의 글을 모은 책.
Analecta Bollandianna. 볼란드 회보
Analecta hymnica Medii ævi*
중세 찬미가 선집(略:AHMA).
analogata : terminus analogus. 유비자(類比者.類比的 명사)
analogatum principale. 근원적(根源的) 유비자
ănălŏgía*, -æ, f. 비유(比喩.παραβολή), 비교, 유사(類似). (哲) 유비(類比.獨 analogie.[영] Analogy), 유추(類推).
interpretátĭo analogia juridica. 법적 유추 해석.
analogia attributiónis. 속성의 유비, 귀속의 유비(類比), 의존적(依屬的) 유비(類比.[영] analogy of attribution).
analogia cognitio analoga.
유비적 인식(類比的認識)(라틴어 철학용어집, 김태관 편, p.5).

A

analogia comparationis. 유비적 비교
analogia conceptus analogicus.
유비적 개념(類比的概念) (라틴어 철학용어집, 김태관 편. p.5).
analogia entis. 有(存在)의 유비(유추).
존재의 유비(存在 類比.Seinsanalogie).
analogia fidei. 신앙의 유비(信仰의 類比)(로마 12. 6)
analogia historica. 역사의 유비(歷史 類比)
analogia impropria. 비본래적 유비(非本來的 類比)
analogia inequalitatis. 불완전한(부적합한) 유비
analogia juris. 법적 유추(法的 類推)
analogia nominum. 명칭 유비(類比)
analogia proportionalitatis. 비례성 류비, 비례적 유비,
비례의 유비(⑨ analogy of proportionality).
analogia proportiónis. 비례성의 유비(比例性 類比),
비례의 유비(박승찬 옮김. 토마스 아퀴나스의 형이상학. p.86).
analogia propria. 본래적 유비(本來的 類比)
analogia relátiónis. 관계의 유비(關係 類比)
analogia scripturæ. 성서의 유비(聖書 類比)
analogia secundum intentionem et secundum esse.
의도에 따른 유비와 有에 따른 유비.
analogia sociale. 사회적 유비
analogia theologiæ. 신학적 유비
analogice, adv. 유비적으로
ănălógĭcus, -a, -um, adj. 비유의, 유사의, 유비의, 유추적인.
interpretátĭo analogica juridica. 유비적 해석/
interpretátĭo analogica legális. 法律的 유추 해석.
ănálógĭum, -i, n. 낭독대(단), 독경대, 봉독대
ănálógus, -a, -um, adj.
유사한, 비슷한(ὅμοιος). (論) 유비적(類比的).
analogus conceptus. 유비 개념, 유비적 개념
ănálýsis, -is, f. 분해, 분석, 해석
analysis et synthesis. 분석과 종합
analysis fidei. 신앙분석(신앙의 신학 인식론적 규명)
Analytica Posteriora. 분석론 후서(Aristoteles 지음)
Analytica Priora. 분석론 전서(Aristoteles 지음)
ănălýtĭus, -a, -um, adj. 분해적인, 분석적, 해석의.
Analýtica. Aristóteles의 분석론/
analyticum judicium. 분석판단(分析判斷).
anamnésis, -is, f. (⑨ Memory.獨 Anamnese/Gedächtnis)
추억(追憶), 상기(지난 일을 생각해 냄), 기억(記憶),
회상, 회고, (가) 기념송. 미사 중 성체축성 후의 기도.
anámnĭa, -órum, n., pl. (動) 무양막류(無羊膜類)
ănancǽum, -i, n. (내기 할 때 쓰던) 큰 술잔, 왕 대포 잔
ănăpǽstĭcus, -a, -um, adj. = ănăpǽstus
ănăpǽstum, -i, n. (詩) 단단장(短短長)격의 시,
약약강(弱弱强)격의 시
ănăpǽstus, -a, -um, adj. (詩) 단단장(短短長)격의,
약약강(弱弱强)격의. m. (詩) 단단장(短短長)격의 시.
anapausis, -is, f. (마리아의) 휴식(休息).
(마리아의 사후 신체가 썩지 않고 승천했다는 교리로서 5~6세기에 영원한
휴식, 영면의 축일로 표현했다. 백민관 신부 엮음, 백과사전 1. p.105).
ănáphŏra, -æ, f. 아나포라(ἀναφορά.⑨ anaphora).
천체의 상승, 떠오름, 음악의 악절 반복,
(修) 첫 머리말(처음 말마디의)의 반복,
동방 전례의 미사 제2부.
ănăphyláxĭa, -æ, f. 과민증(過敏症), 동물의 과민성
anaphyláxis, -is, f.
(醫) 과민증(혈청이나 단백질 주사 뒤에 일어나는 현상).
Anápus, -i, m. Sicília의 Syracúsæ 근방의 강
ănarchía, -æ, f. 무정부(상태)
ănarchísmus, -i, f. 무정부주의(⑨ anarchism)
ănarchísta, -æ, m. 무정부주의자(無政府主義者)
ănās¹, -ātis(ītis), f. (動) 오리, 집오리
ănās², -ātis, f. 노파 병(老婆 病)
Anās³, -æ, f. Hispánia의 강(지금의 Guadiána)
ănastásĭa, -æ, f. 부활(復活.⑨ resurrection)
anastasimos hemera. 부활 날(그리스어)
ănástăsis, -is, f. 부활(復活.⑨ resurrection)

anastasis rotunda. 부활의 회랑(回廊)
ănáthéma, -átis, n. 이단 배척(異端 排斥),
파문(破門.⑨ Excommunicátĭon), 이단 선언,
기절 벌(棄絶罰→파문), 저주(詛呪.חֵרֶם.תָּאֵר.
חָרַם.חֵרֶם.ἀρά.κατάρα.ἀνάθεμα.⑨ curse).
[주교용 예식서 Pontificále Románum에서는 소파문(excommunicátĭo minor)은
성사를 박탈하는 처벌로, 대파문(excommunicátĭo major)은 신자들의 친교를
주교용 예식서에 있는 장엄한 예식 없이 박탈하는 처벌로, 아나테마(Anathema)는
신자들의 친교를 주교용 예식서에 있는 장엄한 예식으로 박탈하는 처벌로
구별하였다. 교회법전 해설 143 참조].

	sg.	pl.
nom.	anáthema	anáthemata
voc.	anáthema	anáthemata
gen.	anáthematis	anáthematum(-órum)
dat.	anáthemati	anáthematibus(-is)
acc.	anáthema	anáthemata
abl.	anáthemate	anáthematibus(-is)

(허창덕 지음, 중급 라틴어, p.12)

anathema sit. 파문이다
ănăthĕmătízo, -ávi, -átum, -áre, tr.
배척하다, 파문하다, 저주하다.
ănătícŭla, -æ, f. 오리새끼
ănătŏcísmus, -i, m. 복리(複利-복리법으로 계산하는 이자)
ănătŏmía, -æ, f. 해부(解剖.⑨ Autopsy), 분해(分解),
해부학(解剖學), 해부술(解剖術), 시체해부(屍體解剖).
ănătómĭcus, -a, -um, adj. 해부의, 해부적인, 해부학상의
anceps, -cípĭtis, adj. (amb+caput) 머리가 둘,
2명의 우두머리가 있는, 양면의, 2면을 가진, 쌍날의,
애매한, 모호한, 두 가지 뜻이 있는, 망설이는,
결단성(決斷性)이 없는, 불확실한, 확고하지 못한,
불안정한, 위험한, 위태로운. n. 위험, 위기, 분기점.
ancípiti prœlio. 양면 전투로/
ánimus anceps inter···. ···사이에서 망설이는/
in ancípiti esse. 위험 중에 있다/
secúris anceps. 양쪽날이 있는 도끼.
anceps respónsum. 애매한 대답
ánchŏra, -æ, f. = áncŏra
ancíle, -is, n. 계란형의 방패,
Numa왕 때에 하늘에서 내려온 신성한 방패.
ancílla, -æ, f. 하녀, 여자 하인, 여종(אָמָה); 여자 노예.
Ancillam vulnere absterreo.
하녀를 창으로 위협해서 다른 길로 가게 하다/
ancíllis infántes delego. 하녀들에게 아기를 맡기다/
Commóverat quosdam, donec ancilla verum apéruit.
그는 하녀가 진실을 폭로하기 전까지는
일부 사람들을 감동시켰었다/
Ecce ancilla Domini; fiat mihi secundum verbum tuum.
(Behold, I am the handmaid of the Lord. May it be done
to me according to your word) 보십시오, 저는 주님의
종입니다. 말씀하신 대로 저에게 이루어지기를 바랍니다/
Mater ancíllas jubet áliam aliórsum ire.
주부가 하녀들에게 각각 다른 데로 가라고 명한다.
ancilla Domini. 주님의 시녀(侍女)
ancilla hermenéutĭcæ. 해석학의 시녀
Ancilla nunc sua est. 이 여종은 이제 자유의 몸입니다.
ancilla rátiónis. 이성의 시녀(理性의 侍女)
ancilla theologiæ. 신학의 시녀(神學의 侍女)
Ancíllæ Christi Regis. 그리스도 왕의 시녀회
Ancíllæ Dei monasteriales. 수도생활을 하는 하느님의 여종
Ancíllæ Sacratissimi Cordis jesu. 예수 성심 시녀회
ancillaríŏlus, -i, m. 하녀를 연모(戀慕)하는 남자
ancillor, -átus sum, -ári, dep., intr.
섬기다(עֲבַד), 시중들다.
ancíllŭla, -æ, f. 꼬마 여종, 보잘것없는 여종
anclo(=áncŭlo) -ávi, -átum, -áre, tr. (무슨) 심부름하다,
시중들다; 허리 굽혀 물을 떠주다(길어주다).
ancōn¹, -ónis, m. 팔꿈치(腕尺), 곱자, 곡척(曲尺)
Ancōn², -ónis, f. Adria 해안 Picénum의 도시
Anconĭtánus, -i, m. Ancon인

A

áncŏra(=ánchŏra) -æ, f. 닻, 희망, 피난처, 의지할 곳.
  áncoram sólvere. 닻을 걷다.올리다/
  consístere ad áncoras. 정박하다/
  jacio ánchoram. 닻을 내리다, 정박(碇泊)하다/
  naves deligatæ ad ancoras. 정박한 선박들/
  Nostræ naves duæ in ancoris constiterunt.
  우리의 두 배는 닻을 내리고 머물러 있었다.
ancora cordis quæ ad Dei thronum pervenit.
  (⑨ the anchor of the heart reaches the very throne of
  God) 마음의 닻이 바로 하느님의 옥좌에 가 닿습니다.
ancŏrális, -e, adj. 닻의. n. 닻줄
ancŏrárĭus, -a, -um, adj. (áncora) 닻의
ancoratus. 정박자(碇泊者-살라미스의 에피파니우스 지음)
áncŭla, -æ, f. 여종(女從.侍婢), 계집 하녀(下女.侍婢)
áncŭlo, -ávi, -átum, -áre, tr. = anclo
ánculus, -i, m. 남자 종, 하인(δοúλος.下人)
Ancus, -i, m. Ancus Mártius. Roma의 제4대왕
Ancýra, -æ, f. Galátia의 수도
andábăta, -æ, m. 눈 가리는 투구를 쓴 검투사
Andánĭa, -æ, f. Messénia의 도시
Andócídes, -is, m. Athénœ의 연설가.정치가(A.C.430)
Andreas, Andreæ, m. 안드레아
Andrŏclus, -i, m. Roma의 노예이름.
  (사자의 발에서 가시를 빼준 일이 있어 잡아먹히지 않았음).
andrœcĕum, -i, n. (植) 웅예(雄蕊-수술),
  수술(꽃실과 꽃밥으로 되어 있는 꽃의 雄性 생식 기관).
androgénĕsis, -is, f. (植) 웅핵발생(雄核發生),
  웅성전핵 생식(雄性前核 生殖).
andrógynus -i, m. 남녀 양성 소유자, 반양음.
  (植) 자웅 양화 구유(雌雄 兩花 具有).
andrŏn, -ónis, m. 낭하(廊下), 복도
Andrŏn Crucis.(⑨ Corridor of the Cross.獨 Kreuzgang)
  십자가 회랑(回廊).
anéllus(=annéllus) -i, m. 작은 반지
ănémĭa, -æ, f. (醫) 빈혈, 빈혈증(貧血症)
ănĕmóne, -es, f. (植) 아네모네 꽃(미나리아재빗과의 다년초)
ănéthum, -i, n. (植) 나도 고수(미나리과 식물)
Anethum graveolens. 시라(蒔蘿)
ăneurísmus, -i, m. (醫) 동맥류(動脈瘤), 異常增大
ăneurýsmus = ăneurísmus
anfráctum, -i, n. 굴곡(屈曲), 만곡(彎曲)
anfractuósus, -a, -um, adj.
  꾸불꾸불한, 꼬불꼬불한, 에둘러 (말)하는.
anfractus¹, -a, -um, adj. (am+frango)
  꾸불꾸불한, 꼬불꼬불한, 굴곡 많은, 울퉁불퉁한.
anfractus²(=amfráctus) -us, m. 굴곡(屈曲),
  꾸불꾸불함, 만곡(彎曲); 휘어짐, 길의 우회, 되돌아옴,
  회귀(回歸), 에둘러 하는 말, 완곡(婉曲)한 표현;
  장황(張皇- 번거롭고 길), 지루함, 뒤얽힘.
angária, -æ, f. 부역(賦役), 강제봉사, 징용, 징발(徵發)
angárĭo, -ávi, -átum, -áre, tr. 징발하다, 징용하다
Angele Dei(⑨ Angel of God) 수호천신송
angeli diaboli.(=dæmones) 악마의 천사들(=마귀)
angélĭca, -æ, f. 임종복(臨終服), 임종 때에 입는 임종복.
  (수도원의 유공자이면 평신도라도 임종 시에 입을 수 있다).
Angelica archangelica (植) 안젤리카
Angelicanorum Cœtibus. 성공회 신자 단체들
Angelicum Collegium. 로마에 있는 교황청립 신학대학,
  안젤리꿈 대학(천사적 박사 토마스 아퀴나스의 칭호에서 따온 이름).
angélĭcus, -a, -um, adj. 천사의 천사적, 천사다운.
  Pastor Angelicus. 천사적 목자(天使的 牧者)/
  salutátio angélica. 성모송/
  Vestis Angelica. 천사복.
angéllus, -i, m. dim (ángelus) 작은 천사
angĕlolatría, -æ, f. 천사 숭배(천사에 대한 교회 교리를 이탈하여
  천사의 본성과 본래의 사명을 과장 숭배하거나 생사화복을 비는 등 미신화
  하는 행위. 백민관 신부 엮음, 백과사전 1, p.114).
angĕlológia, -æ, f. 천사(신)학(天使神學)
angĕlophanía, -æ, f. 천사 출현

ángĕlus, -i, m. 천사(ὄγγελοε), 천신, 사자, 삼종기도.
  Angeli pacis amare flebum. 평화의 천사들이 슬피 운다/
  angelorum custodia. 천사들의 보호/
  angelorum locutio. 천사의 말/
  angelorum ministerium. 천사들의 직무/
  angelorum missio. 천사들의 파견(派遣)/
  De angelorum conditione quid secundum divina
  testimonia sentiendum sit. 천사의 창조에 관한 신적
  증언을 어떻게 받아들일 것인가(교부문헌 총서 17. 신국론, p.2780)/
  De his, quæ sanctis Angelis et hominibus bonis
  possunt esse communia. 거룩한 천사들과 선한 사람
  들이 공유할 수 있는 것들(교부문헌 총서 17. 신국론, p.2770)/
  Deus bonos angelos et semel in tempore hominem
  creavit. 천사와 인간 창조(교부문헌 총서 17. 신국론, 제12권)/
  Ergo angeli dolent de peccatis hominum. 따라서 천사들
  은 인간들의 죄에 대해 아파한다(신학대전 14. 이상섭 옮김, p.481)/
  Ergo angeli dæmones possunt facere miracula.
  천사들과 마귀들은 기적을 일으킬 수 있다/
  Ergo angeli non præficiuntur ad custodiam omnibus
  hominibus. 천사들이 보호를 위해 모든 사람 앞에
  세워지지는 않는다/
  Ergo angeli tristantur de malis hominum quos
  custodiunt. 따라서 천사들은 그들이 보호하는 인간들의
  악 때문에 슬퍼한다.(신학대전 14. 이상섭 옮김, p.481).
  Ergo dæmones vera miracula facere non possunt.
  마귀들은 참된 기적들을 행할 수 없다/
  Ergo unus angelus non potest mutare voluntatem
  alterius. 따라서 한 천사는 다른 천사의 의지를
  변화시킬 수 없다.(신학대전 14. 이상섭 옮김, p.213)/
  incontaminati angeli. 부정 타지 않은 천사들/
  Iustitia perfecta non est nisi in angelis; et vix in angelis,
  si Deo comparentur. 완전한 의로움은 천사들에게만 있지
  만 하느님께 비하면 아무것도 아닙니다(요한 서간 강해, p.193)/
  multitúdo angelorum. 천사들의 수효(數爻-낱낱의 수)/
  Omnes ergo cælestes spiritus, inquantum sunt
  manifestatores divinorum, angeli vocatur.
  천상의 모든 영은 신적인 대상들을 현시하는 자들인
  한에서 천사들이라 불린다.(신학대전 14. 이상섭 옮김, p.293)/
  Quæ causa sit beatitudinis angelorum bonorum et quæ
  sit miseriæ angelorum malorum. 선한 천사들이 행복하고
  악한 천사들이 비참한 원인은 무엇인가(신국론, p.2784)/
  Qualis intellegenda sit esse locutio, qua Deus angelis
  loquitur. 하느님이 천사들에게 말씀하시는 언어는 어떤
  언어라고 생각해야 하는가(교부문헌 총서 17. 신국론, p.2800)/
  quod sancti angeli sunt ministri divinæ sapientiæ. 성스러
  운 천사들은 신적 지혜의 시종들이다(신학대전 14, p.349)/
  Sed angeli sunt perfecte beati. Ergo de nullo dolent.
  그런데 천사들은 완전하게 행복하다. 따라서 어느 것에
  대해서도 아파하지 않는다.(신학대전 14. 이상섭 옮김, p.483)/
  substantĭa angelorum. 천사들의 실체/
  Utrum angeli possint facere miracula. Videtur quod
  angeli possunt facere miracula. 천사들은 기적을 일으킬
  수 있는가. 천사들은 기적을 일으킬 수 있는 것으로 생각
  된다.(신학대전 14. 이상섭 옮김, p.375).
angelus bonus. 선한 천사들
ángĕlus custos. 수호천사(⑨ guardian angel)
Angelus Domini. 주님의 천사.
  Et adorent eum omnes angeli Dei(성경 히브 1, 6).
  하느님의 천사들은 모두 그에게 경배하여라.
Angelus Domini nuntĭavit Mariæ.
  주님의 천사가 마리아께 아뢰니.
Angelus enim est virtuosior quam homo. Sed unus
homo sufficit ad custodiam multorum hominum.
Ergo multo magis unus angelus multos homines
potest custodire. 사실 天使는 인간보다 더 능력이 있다.
  그런데 한 사람이 다수의 사람들을 보호하기에 충분하다.
  따라서 더욱더 한 천사가 다수의 사람들을 보호할 수 있다.
     (신학대전 14. 이상섭 옮김, p.453).

angelus igneus. 불의 천사
angelus inclitus. 고명한 천사(교부문헌 총서 8, p.64)
angelus inferior. 하위의 천사
Angelus interpres.
전달 천사, 그리스도의 부활을 알리는 천사(마르 16, 5).
angelus malus. 악한 천사
Angelus Regina Cœli-Tempore paschali. 희락 삼종경
(喜樂三鐘經. 부활 전야부터 성령 강림일까지 바친다)
Angelus Scholarum. 학교들의 수호자
angelus superior. 상위의 천사
angína, -æ, f. (醫) 목 아픔, 편도선염(扁桃腺炎)
인후염(咽喉炎), 인후염통(咽喉炎痛),
앙기나(獨.angina-목구멍에 생기는 염증 및 급성 편도선염 따위).
angina pectoris. 협심증(狹心症).
(심장부에 갑자기 심한 아픔과 발작이 일어나는 증상).
angiología, -æ, f. (醫) 맥관학(脈管學)
angiospérmæ, -árum, f., pl. (植) 피자(被子) 식물
angiotomía, -æ, f. 맥관절개(脈管切開)
angĭpórtum(=angiportus, -i, m.) -i, n. 소로(小路),
작은 사잇골목, 막다른 골목, 협로(狹路-小路).
Angli, -órum, m., pl. 영국인(英國人)
Anglĭa, -æ, f. 영국(英國).
Consuetúdo regni Angliæ est lex Angliæ.
대영제국의 관습(慣習)이 곧 영국의 법률이다/
Lex Angliæ est lex misericordiæ.
영국의 법률은 연민의 법률이다.
Anglicanorum Coetibus. 성공회 신자단체(교황령. 2009.11.9.
교황 베네딕도 16세가 성공회의 고유 전례를 보존하면서도 가톨릭 교회와
완전한 친교를 이루고자하는 성공회 성직자와 신자들을 위해 발표함).
Anglicánus, -a, -um, adj. 영국 교회의,
Anglĭce, adv. 영어로, 영어식으로
Anglĭus, -a, -um, adj. 영국의
Anglĭi, -órum, m., pl. = **Angli**
Anglus, -i, m. 영국인(英國人)
ango, anxi, anctum, angĕre, tr. 죄다, 조르다(목을),
질식시키다, 좁히다, 압축하다, 압박하다,
마음 졸이다, 괴롭히다, 불안하게 하다.
guttur ango. 목 조르다.
angor, -óris, m. 죔, 목 조름, 질식시킴, 마음 고통,
괴로움(dolor, -óris, m.); 근심 걱정;
불안(獨 die Angst), 마음의 상처, 심상(心傷-마음 고통).
vacuitas ab angóribus. 고뇌가 없음.
anguícŏmus, -a, -um, adj. (anguis+coma)
뱀으로 된 머리카락을 가진.
anguícŭlus, -i, m. dim. (anguis) 작은 뱀
ánguĭfer, -fĕra, -fĕrum, adj. (anguis+fero)
뱀을 가지고 다니는, 뱀을 그려 붙인.
anguígĕna, -æ, f., m. (anguis+geno) 뱀에게서 난
anguílla, -æ, f. (魚) 뱀장어, 뱀장어 가죽 채찍
Anguilla japonica. (魚) 뱀장어
anguímănus, -a, -um, adj. (anguis+manus)
자유자재로 움직여 돌리는(코끼리의 코를 뜻함).
anguínĕus(-nus), -a, -um, adj. 뱀의
ánguĭpes, -ĕdis, adj. (m., f.) (anguis+pes)
발끝이 뱀처럼 된. m., pl. 거인.
anguis, -is, m. 뱀(שָׁחָנ.ὄφις.蛇.[영] snake),
뱀같이 징그러운 것.
(天) 뱀 성좌, 용성좌(龍星座), 해사좌(海蛇座).
Anguis septem gyros, septéna volúmina traxit.
뱀은 제 몸을 일곱 번 둥글게 틀었다.
anguis vectem circumjectus. 말뚝에 칭칭 감긴 뱀
Anguítĕnens, -éntis, m. (天) 뱀 좌(蛇座)
angŭláris, -e, adj. 모퉁이를 가진, 모퉁이의, 각(角)의, 모난
angularis fundamentum. 모퉁이 돌의 기초, 모퉁이 머릿돌
angŭlátus, -a, -um, adj. 모난, 각이 있는
ángŭlus, -i, m. 모퉁이, 각, 각도, 구석, 해만, 공부방, 교실.
In omnibus requiem quæsivi, et nusquam inveni nisi in angulo cum libro. 모든 것에서 안식을 찾았지만,
책이 있는 이 구석 말고는 아무데도 발견하지 못했네/
Non sum uni angulo natus : patria mea totus hic est mundus.(Seneca). 나는 세상 한 구석을 위해서 태어나지
않았다. 이 세상 전부가 내 조국이다.
angulus rectus. 직각(直角, normális angulus)
angústĭæ, -árum, f., pl. (단수는 드물게만) **협소**(狹小),
좁음, 옹색(壅塞); 좁은 장소, 좁은 길, 골짜기 길,
빠듯한 시간, 시간의 짧음; 숨 가쁨, 결핍(缺乏), **궁색**,
궁핍(窮乏.[영] Needy), 빈궁(貧窮), 빈곤(貧困), 곤란,
곤경(困境), 난처, 궁지(窮地), 애로(隘路), 좁은 마음,
(연설의) 간결(簡潔-간단하고 깔끔함).
De die æternitatis, et hujus vitæ angustiis.([영] The Day of Eternity and the Distresses of This Life)
영원한 날과 현세의 곤궁에 대하여-준주성범 제3권 48장-/
imperator nullis juris inclusus angústiis.
法의 아무런 제한도 받지 않는 황제/
in angústiis esse(versári) 곤궁(困窮)에 처해 있다/
Latitudo mandati caritas est; quia ubi est caritas, non sunt angustiæ. Caritas ergo non angustatur.
넓은 계명은 곧 사랑입니다. 사랑이 있는 곳에는
옹색함이 없기 때문입니다. 사랑은 옹색하지 않습니다.
(최익철 신부 옮김, 요한 서간 강해, p.447).
angustiæ loci. 옹색한 장소(場所)
angustiæ locórum. 옹색한 장소
angustiæ rei frumentariæ. 비축양식의 궁핍
angustiæ temporis. 짧은 시간(tempusculum, -i, n.)
angusticlávĭus, -a, -um, adj. (angústus+clavus)
좁은 자색 헝겊으로 가장자리에 줄무늬를 두른 옷을 입은.
angústĭo, -ávi, -átum, -áre, tr. (angústus) 괴롭히다
angústo, -ávi, -átum, -áre, tr. (angústus) 좁게 하다,
좁히다; 죄어 매다, 제한하다, 견제하다,
억제(抑制)하다, 막다(כלא.רכס).
Caritas ergo non angustatur. 사랑은 옹색하지 않습니다/
Sit ibi caritas, secura ignoscit, quæ non angustatur.
마음에 사랑이 있다면, 사랑은 틀림없이 용서합니다.
사랑은 옹졸하지 않기 때문입니다/
Vis non angustari in terra? In lato habita.
그대, 이 세상에서 옹색하지 않기를 바라십니까?
넓은 곳에 사십시오.(최익철 신부 옮김, 요한 서간 강해, p.449).
angústum, -i, n. 옹색한 장소; 제한된 범위,
난관(難關), 곤경(困境).
Res in angústum est. 일이 매우 어렵게 되었다.
angústus, -a, -um, adj. (ango) 좁은, 꼭 끼는, 옹색한,
빡빡한, 짧은(시간), 빠듯한, 숨 가쁜, 궁핍한, 여유 없는,
제한된, 곤란한, 곤경의, 애로(隘路) 많은; 급박한,
간결한, 요약된, (마음이) 좁은, 옹색한, 인색(吝嗇)한.
Ad augusta per angusta. 난관을 통하여 영광으로/
imperator nullis juris inclusus angústiis.
法의 아무런 제한도 받지 않는 황제/
Intrate per angustam portam. 좁은 문으로 들어가라/
Magna quæstio est et angusta.
크고도 고민스러운 문제입니다/
Res in angústo est.
사정이 곤경에 빠져 있다, 형편이 난처하다,
사정이 딱하게 되었다, 일이 매우 어렵게 되었다.
anhēlátĭo, -ónis, f. 숨 가쁨, 헐떡거림
anhálátor, -óris, m. 숨을 잘 못 쉬는 사람, 숨 가쁜 사람
anhélĭtus, -us, m. 숨 가쁨, 헐떡거림, 숨참; 천식(喘息),
숨쉼, 호흡(呼吸), 증기(蒸氣), 증발기체.
anhélo, -ávi, -átum, -áre, (an+halo) intr. 숨이 차다,
어렵게 숨 쉬다, 가빠지다, 할딱거리다, 기체가 뿜어 나오다.
tr. 헐떡거리며 무엇을 말하다; 뿜어내다,
헐떡거리며(생각하고 계획하는 것을) 드러내다, 해치우다.
anhélus, -a, -um, adj.
헐떡거리는, 숨 가쁜, 호흡을 곤란하게 하는, 숨 막히는.
anicétum, -i, n. (=anísum)
(植) 아니스([영] anise-지중해 지방에 나는 식물).
anícŭla, -æ, f. 노파(老婆-늙은 여자), 할머니
anílis, -e, adj. 노파의, 노파(老婆) 같은, 노파다운

A

anílĭtas, -átis, f. 여자의 노년기, 노파 됨
anílĭter, adv. 노파처럼
ánĭma, -æ, f. (⑨ soul) 공기, 바람, 미풍, 숨, 숨결, 生命,
  목숨, 혼; 생명력, 영혼(肉身의 反對), 정신(=ánimus),
  마음, 생명체, 생물; 사람, 생명처럼 貴한 것, 영(靈).
  altera anima mea. 또 다른 나의 영혼/
  Animæ anima sensus est. 감각은 영혼의 영혼이다/
  animæ candidiores quales neque terra tulit. 땅에서 태어난
    것 같지 않은 순백한 영혼(성 염 지음, 사랑받는 자가 진리를 깨닫게 한다. p.430)/
  animæ purgátorii. 연령(煉靈), 연옥에 있는 연령/
  ánimam ágere. 죽어가다, 빈사(瀕死) 상태에 있다/
  ánimam édere(effláre, emíttere, exhalára, exspiráre).
    숨을 거두다, 죽다/
  ánimam fundo. 숨을 거두다/
  ánimam exsórbĕo. 죽여 버리다/
  Ars artium regimen animarum. 영혼들의 관리는 기술
    중의 기술이다/영혼을 다스린다는 것은 기술 중 기술이다/
  Beata anima quæ Dominum in se loquentem audit. 자신
    안에서 말씀하시는 주님을 듣는 영혼은 복되다(준주성범 2.1.1)/
  continénda ánima. 숨을 죽여야 한다/
  Da mihi animas, cetera tolle.
    나에게 영혼만을 주고, 그 외에는 다 가져가라/
  De reconciliándis ínvicem ánimis. 서로 화목함에 대하여/
  De regimine animæ. 영혼 지도에 관하여/
  dimidium animæ suæ. 자신 영혼의 반쪽/
  edo ánimam. 죽다 / efflo ánimam. 죽다/
  ějicio curam ex ánimo. 마음에서 걱정을 몰아내다/
  ex ánimo tuo effluo. 네 마음에서 잊혀 지다/
  exuo ánimam. 죽다/
  fornicátĭo animæ. 영혼의 사통(靈魂 私通)/
  fundus animæ. (神) 영혼의 기저(基體)/
  habeo alqd in ánimo. 마음속에 품고 있다, 생각하고 있다/
  Homo ex anima et corpore compositus est(constat)
    사람은 영혼과 육신으로 합성된 것이다(이루어진 것이다)/
  Homo ex anima constat et corpore.
    사람은 영과 육으로 되어 있다/
  immortálitas ánimæ. 영혼의 불멸성(不滅性)/
  in anima vile. 천한 생명으로/
  In ánimis hóminum sunt tanti recéssus.
    사람들 마음속에는 대단히 그윽한 데가 있다/
  In ánimo hábeo fácere alqd. 무엇을 할 작정이다/
  In desiderio animæ suæ attraxit ventum amoris sui.
    그 영혼의 바람(望) 안에 애욕의 바람(風)을 끌어들였다/
  In oculis animus habitat. 영혼은 눈 안에 깃들어 있다/
  In te, anime meus, tempora mea metior. (고백록 11. 27)
    내 영혼아, 결국 네 안에서 내가 시간을 재는 것이로구나/
  infirmitas animæ. 영혼의 질병(靈魂 疾病)/
  interclusio animæ. 숨 막히게 함/
  Magnificat anima mea Dominum. (Megalu,nei h` yuch, mou
    to.n ku,rion) (프 Meine Seele erhebt den Herrn)
    (獨 Mon âme exalte le Seigneur) (⑨ My soul exalts
    the Lord) 내 영혼이 주님을 찬미하나이다(루카 1. 46)/
  Memoriale in desiderio anima. 간절한 마음의 비망록/
  modius animæ. 영혼의 됫박/
  nec qui est omnium anima, sed qui fecit omnem
    animam. 신은 세계 혼이 아니고 모든 혼을 창조한 분이다/
  neque sine corpore, neque sine anima esse posse
    hominem. 육체 없이도 인간일 수 없고, 영혼 없이도
    인간일 수 없다/
  Magna est dignitas animarum, ut unaquæque habeat,
    ab ortu nativitatis, in custodiam sui angelum delegatum.
    영혼들의 품위는 커서, 모든 영혼은 나면서부터 그들을
    보호하도록 보내진 천사를 갖는다(신학대전 14. p.453)/
  Nihil est animo velocius. 정신보다 더 빠른 것은 없다/
  omnis anima Romanorum principi subjecta sit.
    모든 인간은 로마 황제에게 종속되어야 한다/
  purpuream vomere animam. 선혈(鮮血)을 토하다/
  Quæstiones in De anima secundum tertiam.

영혼론에 대한 질문들/
  rátĭo anima. 이성(사물 이치를 논리적으로 생각하고 판단하는 마음의 작용)/
  Ratio legis, anima legis. 법률의 이성은 법률의 정신이다/
  reciprocáre ánimam. 공기를 호흡(呼吸)하다/
  respiro ánimam. 숨을 내쉬다/
  scintilla animæ.(獨 Seelenfünklein)
    영혼의 작은 불꽃, 영혼의 섬광(靈魂 閃光)/
  Sic ergo intellectus separatus est quia non est virtus in
    corpore; sed est virtus in anima, anima autem est actus
    corporis. 그러므로 지성은 신체 안에 있지 않고 영혼 안에
    있는 능력이기 때문에 분리되지 않는다. 더욱이 영혼은
    신체의 현실태이다.(인간 영혼의 독특성을 강조하는 토마스 철학의 핵심
    주장 가운데 하나다. 일반적으로 신체의 형상에는 신체를 초월하는 능력이 있을
    수 없다. 하지만 그 밖의 형상들과 달리 독특한 위상을 정하는 인간 영혼에는
    신체를 초월하는 능력인 지성이 있을 수 있다. 지성단일성. pp.100~101)/
  Testimonium animæ natúraliter christiánæ.
    영혼의 증명은 본성적으로 그리스도교적이다/
  Theologia platonica de immortalitate animæ.
    영혼 불멸에 관한 플라톤 철학/
  traduco ánimos in hilaritátem a severitáte.
    근엄한 마음에서 경쾌한 마음으로 넘어가다/
  turbidi animórum motus.(turbidus 참조) 이성을 잃은 행동/
  Una anima in duobus corporibus. 두 몸 안에 있는 한 영혼/
  vos, meæ caríssimí ánimæ.
    나에게 생명처럼 귀한 존재들인 너희

> * 다음과 같은 약간의 여성명사는 그 복수 여격과 탈격
> 의 어미가 -ábus로 된다.
> ánima, -æ, f. animábus   dea, -æ, f. deábus
> fámula, -æ, f. famulábus fília, -æ, f. filiábus
> 이 불규칙 어미는 이상의 여성 명사들과 그에 상대되는
> 남성명사들을 구별하기 위하여 -ábus로 된 것이다.
> e.g. fíliis et filiábus. 아들과 딸들에게.

anima a fatigatióne renovo. 정신의 피로를 회복시키다
anima animalium* (가) 각혼(覺魂-동물의 혼)
anima auto-consciens suam structuram ontologicam.
  자신의 존재론적 구조(構造)를 자각(自覺)하는 동물
anima carnális. 육신에서 온 영혼
Anima Christi sanctifica me.
  그리스도의 영혼은 나를 거룩하게 하소서.
Anima creando infunditur et infundendo creatur.
  영혼은 창조되면서 부여되고, 부여되면서 창조된다.
Anima cum sanctis in pace.
  영혼이 성인들과 함께 하시기를!.
anima dæmoniorm turbæ prostitueretur.
  정령의 패거리에 몸 파는 일(교부문헌 총서 15. 신국론. p.442).
anima ecclesiæ. 교회의 혼(魂)
anima ecclesiastica. 교회적인 영혼, 교회의 영혼
Anima est actus, secundum quem corpus vivit.
  현실태는 영혼이고 영혼에 힘 입어서 물체가 살아있다.
Anima est aliquid per se subsistens.
  영혼은 자립하는 무엇이다.
Anima est forma corporis. 영혼은 육체의 형상이다.
Anima est quodammodo omnia.
  혼(魂)은 어떤 의미에 있어서 모든 것이다.
  인간 영혼은 어떤한 의미에서는 이미 모든 것이다.
anima generantis. 생성자의 혼(魂)
anima hominis. 인간의 혼(人間 魂)
Anima (hominis) naturaliter Christiana. 인간 영혼은
  그리스도교적 영혼으로 태어난다(테르툴리아누스의 명제).
anima humana. 인귀(人鬼-선유의 천주사상과 제사문제. p.145, p.147)
Anima humana naturaliter christiana.
  인간 영혼은 자연적으로 그리스도교적이다.
anima immateriális. 비물질적 영혼
anima instrumentum. 혼(魂)의 도구
Anima intellectiva(獨 Geistseele). 정신적 영혼, 지성혼
Anima intellectiva est forma substantiális corporis.
  지성적 영혼은 인간 육체의 실제적 형상이다(가톨릭 철학 제3호. p.164).
Anima intellectiva est vere per se et essentialiter
humani corporis forma. 지성적 영혼은 참으로 그 자체

그리고 본질적으로 인간의 육체에 형태를 부여한다.

anima intellectiva intellectuális.
지적 혹은 지성적 영혼(가톨릭 철학 제2호, p.189).

anima intelligiblis. 지성적인 영혼(신학과 철학 제5號, p.244)

Anima mea non est ego. 나의 영혼은 내가 아니다

anima mundi. 세상의 영혼(세계 혼), 우주 혼(宇宙 魂)

Anima nata est convenire cum omni ente.
영혼은 모든 존재자와 부합하게 되어 있다.

Anima naturaliter christiāna.(Tertullianus)
영혼은 날 때부터 그리스도교적이다/
본성적으로 그리스도교적인 영혼(靈魂)/
영혼은 본성적으로 그리스도교적이다.

anima perfecta. 완전한 영혼(靈魂)

anima Purgatorii. (⑨ Holy Souls) 연옥영혼(煉獄靈魂)

anima rátionális. 이성 혼, 이성적 혼(플로티누스가 지성혼
anima intellectualis과 영성혼 anima spiritualis으로 구분하였다.)

anima sacræ theologiæ(anima theologiæ). 신학의 영혼

Anima se ipsum semper intelligit,
et se intelligendo quodammodo omnia entia intelligit.
영혼은 언제나 자체를 인식한다. 자체를 인식함으로써
어느 면에서 존재하는 모든 것을 인식한다.

anima semper judaica. 영혼은 항상(恒常) 유다교적

anima sensíbilis et rátionális simul.
감각적이며 동시에 이성적인 혼

anima sensíbilis. 감각 혼, 감성적인 영혼(신학과 철학. 제5號, p.244)

anima sensitiva. 감각 혼

anima separata. 분리된 영혼, 육체를 떠난 혼

anima spirituális. 영신적 영혼, 영적 영혼

anima theologiæ. 신학의 영혼(神學 靈魂)

anima transcendálisata. 귀신(선유의 천주사상과 제사문제, p.147)

Anima una et cor unum. 한마음 한 정신.
(사도 4, 32 참조) (아우구스티노 수도회 모토).

Anima una et cor unum in Deum.
하느님을 향한 한 영혼과 한 마음.
(이 표현은 사도행전 4, 32의 말씀에 아우구스티누가 'in Deum'을 첨가한
것으로 그러한 표현으로 다른 이전 교부들에게는 발견되지 않는 표현이다.
가톨릭 신학과 사상. 제60호, p.226).

anima unica forma corporis. 영혼이 몸의 유일한 형상

anima vegetábilis. 성장적 혼(신학대전 제2권, p.213)

anima vegetativa* 생혼(生魂), 생장 혼, 식물혼

anima vivens. 생명 있는(=살아 있는) 혼.
id est, formatus iste puluis factus est in animam
uiuentem. 다시 말해, 형체를 갖춘 그 먼지가 생명
있는 혼이 되었다는 말이다.(교부문헌 총서 16, 신국론, p.1415).

anima vivificata. 생명을 받은 혼(교부문헌 총서 16, 신국론, p.1412)

ănĭmábĭlis, -e, adj. 생기를 넣어주는, 숨 쉴 수 있는 (공기)

animabus animisque. 혼과 정신을 다하여
(제1변화 명사 일부는 복수 여격과 탈격이 -abus로 끝난다. 이것은 고대
인도유럽어의 본디 어미였는데, 후대에는 동일한 의미의 남성명사와 구분하는
용도로 쓰였다. 성 염 지음. 고전 라틴어, p.44).

ănĭmadvérsĭo, -ónis, f. 주의, 착심(着心-어떤 일에 마음을 붙임),
음미, 관찰, 주의 줌, 조심시킴, 견책(譴責), 책망,
견해서(見解書-양편 당사자들이 자기의 주장을 진술하는 변론서),
성사 보호관의 견해(見解).
Omnis animadversio et castigatio contumelia vacare
debet et ad rei publicæ utilitatem referri.
일체의 경고와 형벌은 멸시를 띠어서는 안 되며,
공화국의 이익에 연관되어야 한다.

ănĭmadvérsor, -óris, m. 관찰자(觀察者),
감시자(監視者), 감독(監督.ἐπισκοπος).

ănĭmadvérto, -verti -versum -ĕre, tr. (ánimum+advérto)
알아차리다, **착심하다**, 주의를 기울이다, 주시하다,
주의하다, 조심하다(ᄀᄀ), 알아보다, 관찰하다,
음미하다, 확인하다, 잘 보다, 깨닫다(ᄀᄁ.ᄀᄂ),
조심시키다, 비난하다(ᄀᄀᄃᄀ.ᄀᄃ),
처벌하다, 견책하다, 엄하게 다루다.

Animæ anima sensus est. 감각은 영혼의 영혼이다

animæ purgátorii. 연령(煉靈.⑨ Holy souls),
연옥(煉獄)에 있는 영혼(煉靈), 연옥 영혼.

ănĭmal, -ális, n. 생물, 살아 있는 것, 동물(動物), 짐승.

---

dejicio ánimal. 짐승의 병세를 약으로 눌러 놓다(고치다)/
Et elevati sunt cherubim: ipsum est animal, quod
videram iuxta fluvium Chobar. (kai. h=ran ta, ceroubin
tou/to tou. zw/|on o] ei=don evpi. tou/ potamou/ tou/ Cobar)
그 커룹들이 치솟았다. 그들은 내가 크바르 강가에서 본
바로 그 생물들이었다(성경 에제 10, 15)/그 거룹들이 치솟
았다. 내가 그발 강가에서 본 바로 그 생물이었다(공동번역)/
experimentum in corpore vivo animalium. 동물실험/
Fortissimum ómnium animalium est leo.
사자는 모든 동물들 가운데 제일 용맹하다/
Homines et animália inter se dissimiles sunt.
사람과 동물은 서로 다르다/
Homo est animal. 사람은 동물이다/
homo est animal et corpus. 사람이고 육체이다/
Homo est ánimale rátionale. 인간은 이성적 동물이다/
homo sociále ánimal. 사회적 동물인 인간/
hominem esse animal. 사람이 동물이라는 것/
operátĭo animalis. 동물적 지각/
Post coitum omne animal triste est. 모든 동물은 성교
(결합) 후에 우울하다(슬프다).[이 말은 그리스의 의사이자 철학자인
갈레노스 클라우디오스(129~199/201. 혹자는 217년에 사망하였다고도 함)의
말로 법의학에서 자주 인용하는 말이다. 이 명제에서 유추할 수 있는 의미는
"격렬하고 열정적으로 고대하던 순간이 지나가고 나면, 인간은 인간의 능력 밖에
있는 더 큰 무엇을 놓치고 말았다는 허무함을 느낀다는 사실을 암시한다" 즉
사랑하는 이가 곁에 있어도 개인적, 사회적인 자아가 실현되지 않으면, 인간은
고독하고 외롭고 고유한 실존과 마주해야 한다는 말로 해석될 수 있다. …중략.
한동일 지음, 법으로 읽는 유럽사, p.61 참조]/
Qui percusserit animal, reddet vicarium, id est animam
pro anima. (kai. o]j a'n pata,xh| kth/noj kai. avpoqa,nh|
avpoteisa,tw yuch.n avnti. yuch/j) 또 짐승을 때려 목숨을
잃게 한 자는 그것을 보상해야 한다. 목숨은 목숨으로
갚는다(성경 레위 24, 18)/짐승의 목숨을 끊은 자는 산 짐승
으로 보상하여야 한다(공동번역 레위 24. 18)/
Quo majus (est) quodque ánimal, eo….
어떤 동물이나 크면 클수록 그만큼 더(quisque 참조)/
Solus homo particeps est rationis, cum cetera animalia
expertia sint. 다른 동물들은 이성을 갖고 있지 않지만
오직 인간만은 이성을 지니고 있다/
Tumidissimum animal! 가장 교만한 동물이여!

명사 제3변화 제3식			
	단 수	복 수	특 징
Nom.	animal	animalia	단수 탈격 -i, 복수 주격 -ia, 속격 -ium
Voc.	animal	animalia	
Gen.	animalis	animalium	
Dat.	animali	animalibus	
Acc.	animal	animalia	
Abl.	animali	animalibus	

exémplar, -is. m. 본보기, 사표 præsépe, -is. n. 구유
litus, lítoria, n. 해변 tribúnal, -ális. n. 재판소, 법정
rete, retis. n. 그물 vectígal, -ális. n. 세납, 세금
(한동일 지음, 카르페 라틴어 1권, p.45)

animal indignabundum. 분노에 가득 찬 동물

animal metaphysicum. 형이상학적 동물

animal perfectum. 완전한 동물

animal philosophicum. 철학적 동물

animal politicum. 사회적 동물

animal, quem vocamus hominem.
우리가 사람이라고 부르는 동물.

animal rátionale. 이성적 동물(성 아우구스티노).
De his, qui sola rationalia animantia partes esse
unius Dei asserunt. 이성적 동물만 유일한 신의
지체라고 주장하는 사람들(교부문헌 총서 17, 신국론, p.2754).

animal rátionale mortale. 죽어 없어질 이성적 동물

animal rurale. 시골 동물

ănĭmális, -e, adj. 공기의, 생기 있는, 생명 있는, 동물의,
살아 있는, 활력 있는, 생명주는, 활기를 주는.

animalis generatio. 동물의 생성

animálĭtum genus terréstre. 육지 동물의 종류

ănĭmans, ántis. p.prœs., a.p.
살아 있는, 생명 있는, 활기를 주는.

f., m., n. ănĭmans -ántis.
animantes vilis vestitæ. 털로 덮인 동물
animantium genus terrestre. 육지동물의 종류
ănĭmátĭo, -ónis, f.
생명을 불어넣음, 생명 있는 존재, 못 마땅히 여김.
biblica animatio actionis pastoralis.
([영] Letting the Bible inspire pastoral activity)
성경으로 감도된 사목 활동.
ănĭmátor, -óris, m. 생활지도자(가톨릭 신학과 사상, 제28호, p.261)
ănĭmátus, -a, -um, p.p., a.p. 혼이 있는, 생명 있는, 생기 있는, 활기찬, 숨쉬는, 마음 정한, …생각을 가진, 마음 준비가 된, 용기 있는, 원기 왕성한.
bene animatus. 마음이 잘 준비된/
hoc eris exanimatus, quod eras antequam esses animatus. 너는 네가 혼을 받기 전에 있었던, 혼 없는 존재가 되리라.(교부문헌 총서 17. 신국론, p.2353).
ănĭmatus erga *alqm*, **in** *alqm*. 봉사할 마음을 가진
animismus, -i, m. (哲) 물활론(物活論-精靈論), 만유 정신론, 애니미즘([영] animism.정령숭배), 정령론(精靈論-物活論), 정령신앙,
(범신론의 한 형태. 모든 자연물에 생명력이 있다는 생각).
ănĭmo, -ávi, -átum, -áre, tr. 생명을 넣어주다, 생기를 넣어주다, 활기 띠게 하다, 소생시키다, 고무(鼓舞)하다, 용기(勇氣)를 주다, (생명을 주어) 무엇으로 변하게 하다, 무슨 감정이 일어나게 하다, (내)불다.
ănĭmósĭtas, -átis, f. 격정(激情-격렬한 감정), 용기(ἀνδρεὶα.勇氣.[영] Fortitude), 원한(怨恨), 적의(敵意.[영] malevolence), 노여움.
ănĭmósus, -a, -um, adj. 용기 있는, 꿋꿋한, 씩씩한, 마음이 철석같은, 박력(迫力) 있는, 세찬 (바람), 거센, 뽐내는, 자랑하는, 자랑으로 여기는, 긍지를 가진, 열렬한, 열정적인, (목적 달성을 위해) 돈을 아끼지 않는.
animosum spiritalis vitæ officium.
영성 생활에 대한 단호한 투신.
ănĭmŭla, -æ, f. 작은 영혼(魂)
ănĭmŭlus, -i, m. 조그마한 마음
animus, -i, m. 정신(νούς.νὸησις.νὸησευς.ψυχὴ.[영] Spirit-사고나 감정 작용을 다스리는 인간의 마음), 마음(לֵב.לֵבָב.καρδια.ψυχὴ.[영] Heart/Spirit), 영혼(נֶפֶשׁ.ψυχὴ.靈魂.[영] soul -인간의 영적 근원), 혼백(魂魄-넋), 혼(נֶפֶשׁ.魂), 얼(精神.넋.魂), 생명력, 생명(חַי.נֶפֶשׁ.נְשָׁמָה.רוּחַ.ξωὴ.[영] Life), 목숨(ψυχὴ), 知力, 이해력, 사고(력), 파악, 사유(思惟), 관찰력, 재질, 기억(력), 회상(回想), 상상, 의식(意識), 생각([영] Thought), 의견, 판단, 신념, 자신, 뜻, 의지, 의사, 의도, 의향, 결의, 결심, 욕망, 마음, 작정, 느낌, 감정, 호감, 사랑, 미움, 분노, 공포, 기질, 성격, 성질, 기분, 기호(嗜好), 취미, 재미, 용기, 사기, 힘, 희망, 불손, 거만(倨慢), 자만(自慢), 자부심, 자존심(自尊心), 만용, 대담성, 끈질김, 열정, 격정, 절제, 중요, 침착, 만족,
ad *alqm* óculos animúmque refero.
누구에게 눈과 마음을 돌리다/
Aegritudo est animum. 질병은 정신을 좀 먹는다/
alacri animo. 기쁜 마음으로(læto animo)/
alci ánimum afférre. 용기를 북돋아 주다/
Aliquid est animum. 무엇인가가 정신을 좀먹고 있다/
aliquid in anima. 영혼 안에 있는 어떤 것/
ánimi(gen., locatívus) 마음에, 마음속에, 마음으로/
animi adfectio inherentis incommutabili bono.
불변하는 선에 결속하는 정신의 자세/
Animi affectio suum cuique tribuens… iustitia dicitur.
각자에게 자기의 것을 주는 정신 자세…
그것을 정의라고 한다/
animi causā(grátiā) 재미로, 취미로/
animi conceptio. 정신 개념/
animi dívinátĭo. 예감(豫感.獨 Ahnung)/
animi motus. 마음의 운동(=意志)/
Animi péndeo et de te et de me.
나는 너도, 나도 걱정스럽다/
나는 네게 대해서도 내게 대해서도 망설이고 있다/
animi perturbationes. 정신의 동요(動搖)/
animi teneri. 다정한 마음/
Animi vita morte non finietur.
영혼의 생명은 죽음에 의해 끝나지 않으리라/
ánimo adésse. 정신 차리다, 주의하다/
animo area digna meo. 내 소질에 맞는 분야/
animo cado. 용기(勇氣)를 잃다/
animo captus. 제 정신이 아닌(āmens, -éntis, adj.)/
animo collústro. 마음으로 둘러보다/
ánimo meo. 내 생각에는/animo relictus. 실신한 사람/
Animos mihi addidisti.
너는 내게 용기와 희망을 불어넣어 주었다/
animum a fatigátĭone renovo.
정신의 피로를 회복시키다/
animum ad auro cohibeo. 마음을 황금에서 멀리하다/
animum patris sui soróri reconsilio.
자기 아버지를 누이와 화해(和解)시키다/
Arma et ánimos recepére.
그들은 다시 용기를 내어 무기를 잡았다/
attentio animi. 심혈을 기울임/
attollo ánimos. 사기를 높여주다/
bono ánimo esse in *alqm*. 누구에게 대하여 호감을 가지다/
Despondeo ánimum(ánimos) 절망 속에 있다, 낙담하다/
Discrúcior ánimi. 나는 마음이 몹시 괴롭다/
divina animus. 신적 정신/
Dum eram vobiscum, animum meum non videbatis sed ex meis factis intellegebatis eum esse in hoc corpore. Itaque credite anumum esse eundem post mortem(Cicero).
내가 그대들과 함께 있을 때에 그대들은 나의 영혼을 보지 못하였고 단지 나의 행동을 보고서 영혼이 이 육체에 깃들어 있음을 이해하였다. 그러니 영혼은 사후에도 여일하다는 것을 믿어다오[성 염 지음, 고전 라틴어, p.251]/
ējicio curam ex ánimo. 마음에서 걱정을 몰아내다/
exóněro ánimum sollicitúdine. 마음 걱정을 덜다/
extollo ánimos. 용기(勇氣)를 북돋아주다/
fingo ánimo(cogitatióne) *alqd*. 무엇을 상상하다/
gratus animus. 감사(感謝)/
Habet enim hoc optimum in se generosus animus, quod concitatur ad honestia.(세네카)
고결한 정신에서는 오히려 영예가 되기 때문에
모욕은 그 자체로 최상의 것이다/
Hoc ánimum meum sollícitum habet.
이것이 내 마음을 불안하게 한다/
humanorum animorum motus. 인간의 의지/
imbecillitas animi hereditaria. 유전적 저능(低能)/
implacatus et implacábĭlis animus.
화해되지 않고 화해될 수 없는 정신/
impos ánimi. 정신없는(나간)/
impos sui. 정신없는(나간)/
In ánimo hábeo fácere *alqd*. 무엇을 할 작정이다/
In duobus certis amicis unus animus.
어떤 경우 두 친구에게 하나의 혼백이 깃들어 있다/
확고한 두 친구에게 마음은 하나/
In oculis animus habitat. 영혼은 눈 안에 깃들어 있다/
indispíscor *alqd* ánimo. 기억하다/
infrácto ánimo esse. (infríngo 참조) 의기소침해 있다/
lætánti jam ánimo.(jam 참조) 정말 기쁜 마음으로/
læto animo. 기쁜 마음으로(alacri animo)/
Læto ánimo hoc túlimus.
우리는 기쁜 마음으로 이것을 참았다/
malus animus. 나쁜 마음씨/
mares ánimi. 남성다운 용기(mas, māris, m. 참조)/
Mihi erat in ánimo ire…. 나는 …할 작정이었다/
Mihi ex ánimo éxui non potest, esse deos. 신들이 있다는 생각(확신)을 나는 버릴 수 없다(exuo 참조)/

morti faciles animi. 죽을 각오가 되어 있는 마음들/
ne subeant animo tædia. 마음에 싫증이 생기지 않게 하다/
Nihil est animo velocius. 정신보다 더 빠른 것은 없다/
pernícies illápsa cívium in ánimos.
　시민들의 가슴 속을 파고든 멸망(滅亡)/
Pone ánimos. 만용(蠻勇)을 버려라/
Quid illam míseram ánimi excrúcias?
　왜 그 불쌍한 여자에게 정신적 고문을 가하느냐?/
recíprŏco ánimam. 숨을 쉬다(내쉬다)/
rego ánimi motus. 감정들을 통제하다/
Rémigrat ánimus mihi. 내가 정신이 다시 든다/
restituo alci ánimum. 누구에게 용기를 다시 내게 하다/
Revocáte ánimos. 너희는 용기(勇氣)를 다시 내어라/
sociórum ánimos reficio. 동료들의 용기를 북돋다/
Totus et mente et ánimo in bellum insístit.
　그는 심혈을 기울여서 온전히 전쟁에만 부심하였다/
Utrum anima humana sit corruptíbĭlis?
　인간의 영혼은 파괴(破壞)될 수 있는가?/
Villa non tota ad ánimum ei repónderat.
　별장이 그의 마음에 꼭 들지는 않았다.
animus absolutus. 절대적 마음
Animus æger semper errat, neque pati neque perpeti
potest. 마음이 병들면, 늘 방황하고 견뎌내지도 자제하지도 못한다.
animus conditionatus. 조건부 마음
Animus ejus cupiditatibus comestur.
　그의 영혼은 욕망에 잠식당하고 있다.
animus expressus. 명시적 마음
animus futuri anxius. 장래에 대하여 불안해하는 마음
animus libidinis victor. 정신은 정욕의 지배자
animus nulla malevolentia suffusus. 악의가 전혀 없는
animus pusillus. 小心(conscientĭa scrupulosa),
　세심(細心.⑨ scrupulosity)/conscientĭa scrupulosa.
animus reformatus. 정신의 개혁(改革)
Animus sanus in corpore sano.
　건전한 육체(肉體)에 건전한 정신(精神)
animus tácĭtus. 묵시적 마음
anísum(=anicetum) -i, n. (植) 궁궁이(미나리과의),
　(植) 아니스(⑨ anise-지중해지방에 나는 식물).
ann… = adn…
Anna. (히) "은총"이라는 뜻, 안나(성모 마리아의 어머니)
　O Joachim, sanctæ conjux Annæ, pater almæ Virginis,
　hic famulis ferto salutis opem.
　　성 안나의 장부시요 착하신 동정녀의 부친이신
　　성 요아킴, 당신 종들을 도우시어 구원되게 하소서.
Annales Camaldulenses. 카말돌리회 연대기(年代記)
Annales et chronicon. 연감과 연대기
Annales ordininis S. Benedicti.
　성 베네딕도회 연보(Edmond Martene 1654~1739 연보주간으로 활동)
Annales quattuor magistrorum. 네 분 선생님들의 연대기
　(프란치스코회 성인 전기 작가 John Colgan이 아일랜드 성인전 서문에서
　처음 사용한 명칭. 백민관 신부 엮음, 백과사전 1, p.124).
annális, -e, adj. 해(年), 연간의. 연에 관한.
　m. 연감(年鑑=annális liber).
　m., pl. 연대기(年代記), 연대사, 연감, 역사기록, 보고.
annális lex. 관직 취임자격 연한에 관한 법(라틴-한글 사전 p.58)
annális nostrorum labórum.
　우리의 여러 업적의 역사적 기록.
annalium confectio. 연대기 작성(年代記 作成)
annáta, -æ, f. 성직록 초년도 헌납금
ánnăto, -áre, intr. (ad+nato) 헤엄쳐 가다(오다)
annávĭgo, -ávi, -átum, -áre, intr. (ad+návigo)
　항해하여 가다(오다).
anne, adv., interr. = an.
annécto, -néxui, -néxum, -ĕre, tr. (ad+necto)
　…에 붙들어 매다, …에 비끄러매다, 연결시키다,
　덧붙이다, 덧붙여 말하다.
annélĭda, -órum, n., pl. (動) 환형동물(環形動物.
　⑨ Annelida), 환충류(지렁이.거머리 따위).

annéllus(=anéllus) -i, m. 작은 반지
annéxĭo, -ónis, f. 연결(連結)
annexui, "annecto"의 단순과거(pf.=perfectum)
annexum, "annecto"의 목적분사(sup.=supínum)
annéxus, -us, m. 연결(連結), 연합(聯合), 결합(結合)
Anni cleri. (성당 건축비 같은) 성직자가 빌린 돈의 반환기간
Anni gratiæ. 은총 기원(기원 전 1년 3월 25일을 기원일로 했다)
Anni incarnationis. 강생 기원(降生 紀元)
Anni liturgici,
　전례주년과 전례력에 관한 보편규정(1969.3.21. 교령).
anni novitas. 새 계절/tempora anni. 계절(季節)
Anni Sacri. 기도가 요청되는 성년(1950.3.12.)
Anníbal, -ălis, m. = Hánníbal
Annicérĭi, -órum, m., pl. Anníceris가 창설한 철학파
Annícĕris, -ĭdis, m. Cyréne의 철학자(Ptolemœus 1세 시대)
annícŭlus, -a, -um, adj.
　일 년의, 일 년짜리, 한해 묵은, 한 살 난.
ánnĭfer, -ĕra, -ĕrum, adj. (annus+fero)
　일 년 내내 열매 맺는, 연중 결실 하는.
annĭhĭlátĭo, -ónis, f. 절멸(絕滅-완전히 滅하여 없앰),
　소멸(消滅), (哲) 허무화, 무화귀멸(無化歸滅),
　완전소멸(구원의 수단으로 교회의 가르침인 통상적 수련 노력의 길을 부인
　하고, 신비적 죽음인 자신의 완전 소멸로 하느님께 전적인 헌신을 주장하는
　오도된 신비사상. 정숙주의의 수덕학적 주장. 백민관 신부 엮음, 백과사전 1, p.124).
annĭhílo, -ávi, -átum, -áre, tr.
　절멸(絕滅)시키다, 무(無)로 돌아가게 하다.
annis quibusque. 해마다(annulatim, adv.)
annis singulis. 매년(anno in anno)
annísus = annixus, "annitor"의 과거분사(p.p.)
annísus, -us, m. (annítor) 노력(努力).⑨ Commitment)
annítor, (-ĕris, -ítur), -nísus(-níxus) sum, ti,
　dep., intr. (ad+nitor) 의지하다, 기대다, 努力하다,
　애쓰다, 온갖 힘을 다 기울이다.
　hasta anníxa colúmnæ. 기둥에 기대 세워 놓은 창.
anniversárĭum, -i, m.(⑨ Anniversary.獨 Jahrgedächtnis)
　연중 기념일, 주년 기념일.
　[교회에서 공식으로 매년 그 날을 기념하며 지낼 수 있는 날. 이런 기념일은
　1. 주교의 주요 수품일(전례적으로 미사를 지낼 수 있음), 2. 성당 축성일,
　봉헌일(축일로 지낼 수 있음), 3. 죽은 이의 사망일. 이 날에는 지정된
　고유미사 경문이 있다. 백민관 신부 엮음, 백과사전 1, p.124.]
anniversárĭum dedicationis ecclesiæ.
　성당 봉헌(헌당) 기념일[구약성경의 전례를 따라(1마카 4. 59; 2마카
　10. 8) 성당 봉헌식의 주년 기념일을 보통 8일 축제의 1급 대축일로 지내게
　되었다(1917년 교회법) 1167조; Acta A.S., 1193. 458: 이 법은 1983년 교회법
　에서 폐기). 주교좌 성당의 헌당 기념 축일은 교구 전체가 지내고, 로마의 4대
　성당, 즉 라테라노 대성전(11월18일), 성 베드로 대성전과 성 바오로 대성전
　(11월 18일), 성 마리아 마지오레 대성당(8월 5일)의 봉헌 기념 축일은 전 세계적
　으로 지내도록 되어있다. 성당 봉헌 기념 축일을 시행한 최초의 실례는 335년
　9월 14일 성 십자가 대성전의 봉헌이다. 예루살렘의 성묘(聖墓) 성당 기념축일
　이었다. 백민관 신부 엮음, 백과사전 1, p.124].
anniversárĭum defunctorum. 죽은 이의 사망일
anniversárĭus, -a, -um, adj. (annus+verto) 매년 있는,
　매년 돌아오는, 주년의, 돌의. n. (해마다의) 기념일.
　anniversarium centenarium. 백주년.
annixus = annísus, "annitor"의 과거분사(p.p.)
anno¹, -ávi, -átum, -áre, intr. (ad+nare)
　헤엄쳐 다가오다(가다), 물을 건너오다,
　가까이서 나란히 헤엄치다, 항행(航行)하여 가다.
anno², -áre, intr. 해(年)를 보내다, 한해를 지내다
Anno³, = Hanno
Anno Domini[A.D.] 주님의 해, 기원 전(B.C.=Before Christi)
Anno vertente. 독신제(獨身制)(1750년 교황령)
annóna¹, -æ, f. 그 해 소출(所出), 추수액, 수확고(收穫高),
　농산품 수확량, 군대의 일년 분 비축식품, 곡물가격,
　시장가격, 물가 앙등(仰騰), 물가(價格).
　pl. 노임(勞賃) 대신 주는 식량(食糧).
　laxo annónam. 곡식 값을 내리다/
　Vilis amicórum est annóna. 친구 사귀는 댓가는 싸다/
　vílitas annónæ. 곡가의 하락(穀價 下落).
annonæ curátor. 병참관(兵站官)
annonæ dispensátĭo. 식량배급(frumentátĭo, -ónis, f.)
Annóna², -æ, f. 곡물의 여신(穀物 女神)

annósus, -a, -um, adj.
해묵은(obsítus ævo.), 여러 해 된, 나이 먹은, 고령의.
annŏtámentum, -i, n. 주의, 비고, 주(註)
annŏtátĭo, -ónis, f. 주의(注意), 환기, 비고(備考), 단평,
소견(所見), 주석을 붙임; 주석, 주해(註解).
Annotátĭones de cognitĭóne baptismáti.
세례의 인식에 관한 주해.
annŏtatiúncŭla, -æ, f. 약주(略註), 짧은 주(註)
annŏtátor, -óris, m. 주(註) 다는 사람, 주석자
annŏtínus, -a, -um, adj. (annus+diútinus)
한 해 묵은, 지난해의.
annŏto, -ávi, -átum, -áre, tr. (ad+noto)
주의사항을 적다, 밑줄 치다, 처벌내용을 적어주다,
죄수 명단에 기입하다, 간단하게 논평(論評)하다,
주석을 붙이다, 주목하다, 눈 여겨 보아두다.
Anno ætatis suæ. 자기 나이의 해에
ánnŭa, -órum, n., pl. 연금(年金)
annŭális, -e, adj. 해마다의, 한해의
Annuario Pontificio. 교황청 연감(⑨ Annual Pontifical)
Annuarium Statisticum Ecclesiæ. 교회 통계연감
annŭátim, adv. 해마다(annis quibusque.)
annŭláta, -órum, n., pl. (動) 환형동물(環形動物).
(⑨ Annelida), 환충류(지렁이.거머리 따위).
annŭlátus, -a, -um, adj.
반지 낀, 고리가 있는, 윤행(輪行)하는.
annúllo, -áre, tr. (ad+nullus) 절멸시키다, 무효케 하다
ánnŭlus, -i, m. 반지; 고리
Annulus nuptialis. 결혼반지
Annulus pastoralis. 사목 반지, 주교반지[주교 서품식 때 반지를
끼워주는 예식은 제4차 톨레도(Toledo) 공의회(633년) 때부터이며, 9, 10세기에
널리 퍼졌다. 순금 반지로 오른손 약손가락에 끼며 신중과 명예의 상징으로서
(Signaculum fidei, signum discretionis et honoris) 주교 교회, 성령의
은사와의 내적 일치를 뜻한다. 백민관 신부 엮음, 백과사전 I, p.126].
Annulus piscatoris(⑨ Fisherman's Ring) 어부반지
Annulus tenuátur habéndo.(habeo 참조)
반지는 늘 끼고 있으면 가늘어(닳아) 진다.
annum fácĭo. 일 년을 지내다
Annum Sacrum, 성심에 대한 인류의 봉헌(奉獻)(1899.3.25.).
annúmĕro, -ávi, -átum, -áre, tr. (ad+número)
세어 넣다, 가산(加算)하다, 계산에 넣다, 끼어주다,
보태어 넣다, 장부에 써넣다, 고려해 넣다, 추가하다.
annuntiamus, 원형 annúntĭo, -ávi, -átum, -áre, tr.
[직설법 현재]
단수 1인칭 annúntio, 2인칭 annúntias, 3인칭 annúntiat,
복수 1인칭 annúntiamus, 2인칭 annúntiatis, 3인칭 annúntiant].
Mortem tuam annuntiámus, Dómine, et tuam
resurrectiónem confitémur, donec vénias.
(⑨ We proclaim your Death, O Lord, and profess your
Resurrection until you come again) 주님께서 오실 때
까지 주님의 죽음을 전하며 부활을 선포하나이다.
Annuntiatæ. 성모 영보 수녀회, 프란치스코회 수녀회,
Sorores Franciscanæ Annuntiationis會의 약칭(속죄를 목적
으로 하는 관상 수도회. 1501년 2월14일 프랑스의 생라부 요한나 아 발루아가
'영보 수녀회'란 이름으로 창립. 백민관 신부 엮음, 백과사전 I, p.124).
annuntiate in omnibus populis mirabilia Dei.
당신의 놀라우신 업적을 만백성에게 전하라.
annuntiátĭo, -ónis, f. 알림, 고지(告知), 소식 전달.
In annuntiátĭone sanctæ Mariæ Matris Domini nostri
Jesu Christi. 우리 주 예수 그리스도의 어머니 성 마리아의 예고
In festo Annuntiatiónis beatæ Mariæ Virginis.
복되신 동정 마리아 예고축일.
Annuntiátĭo beatæ Mariæ Virginis. 사순절의 성모(사순
절에 있기에), 성모 영보(축일 3월25일), 주님의 탄생 예고.
Annuntiátĭo Denuntiátĭo sanctæ Dei Genetrícis
et passio ejusdem Domini.
하느님의 거룩한 어머니 예고와 그분의 주님의 수난.
Annuntiátĭo Domini. 주님 탄생 예고 축일
Annuntiátĭo sanctæ Mariæ. 성 마리아 탄생 예고
annuntiátor, -óris, m. 알리는 사람, 소식 전달자.
Omnis enim homo annuntiator Verbi, vox Verbi est.

모든 인간은 말씀의 선포자며 말씀의 소리다.
annúntĭo, -ávi -átum -áre, tr. (ad+núntio)
알리다, 통고하다, 소식을 전하다, 공표하다.
annuntiare evangelium vitæ. 생명의 복음을 선포함/
Quid voluit docere? quid adnuntiare? 그분은 무엇을 가르
치고 싶어 하십니까? 또 무엇을 선포하기를 원하십니까?.
ánnŭo, -nŭi -nútum -ĕre, tr., intr. (ad+nuo)
고개를 끄떡이다, (끄덕여서 또는 눈짓.손짓.발짓
기타 무슨 방법으로든) 시인하다, 찬성하다, 동의하다.
끄덕여(눈짓.손짓으로) 가리키다, 지정하다.
승낙하다, 허락(תֵן.תֵן)하다, 약속하다.
Annue cœptis. 우리가 시작한 일을 미소로서 인정하시라/
Annuit cœpis. 하느님이 우리가 하는 일에 미소를 지으셨다.
annus, -i, m. 해(ἔτος.年), 년(年), 1년, 연도, 살(歲),
나이(⑨ Age 연령), 관직 취임의 법적 연령, 계절,
철, (전쟁.휴전.질병 따위의) 그 해 사건, 1년 수확고.
ad annum. 앞으로 1년 간, 1년 후/
ad multos annos. 오래오래/
ámplius (quam) novem annos natus. 아홉 살 이상 된(
[=plus (quam) novem annos natus].
anni MCMLXXXIX. 1989년/
anni témpore a navigatióne exclúdi.
계절 때문에 항해(航海)를 못하게 되다/
annis quibúsque 해마다/
anno. 1년에, 1년 내내, 1년이나; 지난해에/
Anno CCXCVIII a.U.c. trecenti nobiles viri unius familiæ,
Fabii, contra Veientes bellum suscéperunt. Tamen Fabii
omnes in prœlio concidérunt ; CCC corpora hostes pie
sepeliverunt. 로마 건국 298년에 한 가문, 곧 파비우스가의
귀족 장정 300명이 베이인들한테 전쟁을 걸었다.
그러나 파비우스가 사람들은 모두 전투에서 죽었다.
적병들은 그 300구의 시체를 경건하게 매장해 주었다/
anno ætátis suæ. …살에, 향년 …세에/
Anno della Redenzione. 구원의 희년(救援 禧年)/
Anno Domini. = A.D. 서기(西紀),
그리스도 기원 …년에, 서력 …년에/
Anno ducentesimo quadragesimo quarto ab Urbe condita.
로마 건국 244년에/
Anno duodequadragésimo ante urbem cónditam.
로마 기원전 38년에/
anno exémpto. 1년이 지나서/
anno imperii tertio, mense decimo, die Octavo.
통치 제3년 10월 8일에/
anno prætérito. 지난해에/ anno sitienti 가뭄 해에/
Anno quinto et quadragesimo regni. 재위 45년에/
Anno Salutis = Anno Domini/
anno trecentésimo áltero ab urbe cóndita.
로마 기원 후 302년에/
annos natus saltem triginta quinque. 적어도 35세가 된 자.
(주교직 후보자들의 적격성의 요건 중 하나)/
annos triginta natus. 30세 된 남자/
Annos undecim habet iste puer.
저 아이는 만 열 한 살 되었다/
anno uno et tricesimo regni. 치세 31년에/
annua fasta. 연중 축제(年中 祝祭)/
Annum décimum ago. 나는 열 살이다/
Annum décimum agens. 열 살 된, 열 살 때에(연수를 표시
하는 순서수사의 단수 대격과 함께 annum ágere 또는 agens를 쓴다)/
annum fácĭo. 일 년을 지내다/
bellicósus annus. 전쟁(戰爭) 많은 해/
imbellis annus. 전쟁 없는 해(年)/
bis in anno. 1년에 두 번씩/
centesimo primo quoque anno. 100년 만에/
decimo saltem quoque anno. 적어도 10년에 한 번은/
Dicitur hoc anno in montibus multum pluisse,
parum ninxisse. 올해는 산에 비가 많이 오고
눈은 적게 왔다고들 한다/
étiam post annum repræsento víridem sapórem.

일 년 후에도 싱싱한 맛을 지니다/
eximo *alqm* ex anno unum mensem. 일 년에서 한 달을 빼다/
Exsilium quinque annorum. 5년 유형(계량.시간.연령.
모양.등급 같은 것을 표시하기 위해서는 반드시 형용 속격을 써야한다)/
extrémo anno. 연말에/
extractum bellum in tertium annum.
삼 년째 끌어 온 전쟁(éxtrǎho 참조)/
fere vigesimum quintum ætatis suæ annum.
거의 25세에 이를 무렵까지/
ferme annis quadraginta. 거의 사십 년 동안/
filia decem annos nata. 열 살 된 딸/
frígidus annus. 겨울(冬)/
Fructus primi anni. 첫해 수입/
imbellis annus. 전쟁 없는 해(年)/
in annum. 향후 1년 간, 내년 한 해 동안, 임기 1년으로/
in multos annos. 여러 해 동안/
in síngulos annos. 해마다, 해가 갈수록/
indutiæ in triginta annos. 30년간의 휴전/
inter tot annos. 여러 해 동안/
Interrogávit me, quot annos habérem.
내가 몇 살인지 그는 내게 물었다/
intra annum vicésimum. 20세 이하로; 20세가 못되어/
intra viginti annos. 20년 이내로/
lóngius anno. 1년 이상(longe 참조)/
multis post annis. 여러 해 뒤에/
multis tempestátibus. 여러 해에 걸쳐/
Non tótidem vixérunt annos.
그들은 …만큼 많은 햇수를 살지 못했다/
paucis annis ante. 몇 년 전에/
pestilens annus. 전염병이 도는 해(年)/
piger annus. 지루한 1년/
Post duos annos. 이태가 지난 다음/
  duobus post annis. 이태 후/
primos recolligo annos. 지난날의 젊음을 되찾다/
quinto quoque anno 다섯째 해마다(4년마다)/
Quot annos natus es? 몇 살이냐?/
Quotum annum agis? 몇 살이냐?/
Semel in anno. 1년에 한 번/
Síngulis annis(quotánnis). 해마다/
Tacitis senescimus annis.
우리는 모르는 사이에 나이를 먹고 늙는다/
transfero se in annum próximum. 내년으로 미루다/
tres in anno dies. 1년에 사흘/
turbuléntior annus.(turbulentus 참조) 다사다난한 해/
ultra pueriles annos. 소년 시대 이후/
veniens annus. 다가오는 해(내년)/
volventibus annis. 해가 지나감에 따라.
annus bissextilis. 윤년(閏年-윤일이나 윤달이 든 해)
annus discretionis. 분별 연령(分別年齡)
annus ecclesiasticus. 교회력(敎會曆→전례력)
Annus est centesima pars sæculi.
  한 해는 한 세기의 100분의 1이다.
Annus gratiæ. 은총년, 서기
Annus incarnationis. 강생 기원
Annus internátiónális Familiæ.
  세계 가정의 해(신앙교리성 1994년 서한).
Annus jubilæi(⑨ Year of Jubilee) 환희 성년
Annus liturgicus(⑨ Calendarium liturgicum.⑨ liturgical
  Calendar.獨 Kalendarium) 전례주년(⑨ Liturgical
  year), 교회의 전례력, 전례력.
annus lunaris. 태음년(太陰年-354일 8시간 45초)
Annus Marialis. 마리아의 해
Annus marianus. 마리아의 해, 성모 성년[1854년 12월 8일
  비오 9세가 마리아의 원죄 없이 잉태되신 무염시태(無染始胎)를 교리로서 선포
  하고, 비오 12세가 Fulgens Corona(찬란한 화관) 회칙을 발표해 그 100주년이
  되는 1953년 12월 8일부터 1954년 12월8일까지를 마리아 성년으로 선포했다].
Annus MCMLXXXIX. 1989년
Annus millésimus nongentésimus quinquagésimus
  tértius. 1953년.

annus pastoralis. 사목의 해
annus pestilens. 전염병이 도는 해(年)
Annus prætéritus fuit millésimus nongentésimus
nonagésimus nonus(undecentésimus) post Christum natum
  작년은 기원 1999년이었다.
annus sabbaticus. 안식년(ס֫שׁבּ֫ת.⑨ Sabbatcal year)
annus sanctus* (레위 25,10 : 27,17,18)
  희년(禧年=해방의 해 ἐνιαυτὸς της ἀφἐσεος),
  성년(聖年.⑨ Holy Year.jubilæum* -i, n. 25년마다 또는
  특별한 이유로 교황 선포에 따라 성년 행사를 함).
annus solaris. 태양년(365일 5시간 48분 46초)
annus superior. 작년(昨年)
annus tuus(meus) 너의(나의) 취임적령(適齡)
annúto, -áre, intr., freq. (ánnuo) 자주 끄덕이다
annútrǐo, -íre, tr. (ad+nútris)
  양육(養育)하다, 기르다(רבא), 자양분을 주다.
ánnǔus, -a, -um, adj. 일 년의, (일)년 간의,
  해마다 있는, 매년의, 연례의, 예년의. n. 연금(年金).
anœstrum(-us) -i, n.(m.) (동물의) 발정 휴지기(간)
ǎnōmálǐa, -æ, f. 변칙(變則), 이례적(異例的)인 것,
  파격(破格-일정한 격식을 깨뜨림)
ǎnōmálus, -a, -um, adj. 변칙의; 이례적(異例的)인.
  (文法) verbum anómalum. 변칙동사.
ǎnómǔra, -órum, n., pl. 단미류 동물(短尾類 動物)
anonyme christentum. 무명의 그리스도교
ǎnónymus, -a, -um, adj. 무명(無名)의, 익명(匿名)의,
  서명하지 않은, 가명(假名)의.
  fides anonyma. 익명의 믿음.
ǎnōplocéphǎlus, -i, m. 촌충(寸蟲-"조충"의 예전 용어)
ǎnǒréxǐa, -æ, f. (醫) 식욕감퇴(食慾減退)
anquíro, -quisívi -quisítum -ěre, tr. (ambi, an+quæro)
  사방 찾다(רוב.רוג), 두루 찾다, 조사하다, 음미하다,
  연구하다, 탐구하다, 심문(審問)하다, 취조(取調)하다.
  De morte *alcjs* anquíritur.
  아무의 죽음에 대한 심문(審問)을 한다.
anquisítǐo, -ónis, f. 조사(調査), 심문(審問)
anquīsítum, "anquiro"의 목적분사(sup.=supínum)
anquīsívi, "anquiro"의 단순과거(pf.=perfectum)
ansa, -æ, f. 손잡이, 자루(柄), 들쇠, 문고리,
  기회(機會). 구실(평계), 계기(契機).
  attríta ansa. 닳아버린 자루,
  dare tamquam ansas ad reprehendéndum.
  비난할 빌미를 준 것이다.
ansátus, -a, -um, adj. 손잡이 달린, 자루(柄) 달린
anser¹, -ěris, m. (動) 거위, 기러기(오릿과의 물새)
anser², -ěris, m. Antónius의 친구 시인
ansércǔlus, -i, m. 거위 새끼, 기러기 새끼
anserífórmes, -íum, f., m., pl.
  (動) 거위.기러기.물오리 종류.
anserínus, -a, -um, adj. 거위의; 기러기의
ánsǔla, -æ, f. 작은 손잡이, 자루(柄), 작은 쇠고리, 샌들 끈.
ante¹, adv. (장소) 앞에, 전방에, (시간) 이전에, 전에.
  duobus ante mensibus. 두 달 전에/
  multo ante. 훨씬 오래 전에, 훨씬 전에/
  paucis annis ante. 몇 년 전에/
  paulo ante. 조금 전에/
  paulo postea. 훨씬 후에.
ante², prœp.c.acc. (장소) 앞에, 앞으로, 전방으로.
  ante me. 내 앞에/ante óculos. 눈앞에/
  (시간) 전에, 이전에. ante lucem. 날이 새기 전에/
  ante diem quintum Idus Quintíles. 7월 11일(에)/
  ante me. 나 이전에/ante paucos dies. 며칠 전에/
  (우월) 우선, 보다 더, 중에서 더, 이상으로, 초월하여.
  ante ómnia. 무엇보다도 우선/
  esse ante alqm. 누구보다 뛰어나다, 낫다/
  longe ante álios acceptíssimus.
  다른 사람들보다 훨씬 더 사랑 받는/
  tanto ante. 그렇게 오래 전.

85

ante-[3] prœfixa. 1. **앞에, 앞으로, 앞서** 따위의 場所的(장소적)인 뜻으로 합성 단어를 이룬다.
2. **먼저, 미리, 앞서** 따위의 시간적(時間的)인 뜻으로 합성 단어를 이룬다.
Miserum est, ante tempus fieri senem.
때가 이르기 전에 노인이 된다는 것은 가련한 일이다/
moveri et ante et pone. 앞뒤로 움직이다.

ante christum natum. (略 a. chr. n.)
서력기원전, 그리스도 강생 전, 기원 전.
Anno tricesimo primo ante christum natum.
그리스도 탄생 전(기원 전) 31년에/
Post christum natum. (略 p. chr. n.) 그리스도 강생 후/
Vergilius natus est septuagesimo anno ante Christum natum. 베르길리우스는 기원전 70년에 태어났다.

ante diem nonum Kaléndas Július. 6월 23일.
(a.d. IX Kal. Jul. 혹은 IX Kal. Jul.)
[날짜를 쓰려면 Kaléndæ, Nonæ, Idus를 중심으로 그 며칠 전으로 쓴다. 날짜 계산은 출발점과 도착점을 계산에 넣는다. 그래서 6월 23일은 7월 Kaléndæ의 9일 전이 되어, 라틴어로 쓰려면 dies nonus ante Kalénas Július 이지만 보통 문법상 불규칙적으로 ante diem nonum Kaléndas Júlias로 한다].

ante diem quartum decimum Kalendas Decembres.
11월 18일.

ante diem quartum Idus Apríles.(a.d. IV Id. Apr.). 4월 10일.

ante diem sextum Idus Mártias.(a.d. VI Id. Mar.). 3월 10일.
(Idus 즉 15일의 6일 전이된다).

ante diem tértium Nonas Februárias. 2월 3일.
(a.d. III Non. Feb. 혹은 III Non. Feb.)

ante diem IV(quartum) Nonas Augustas.
8월 2일(5일의 나흘 전).

ante diem III(tertium) Nonas Augustas.
8월 3일(III Non. Aug.).

ante diem VI(sextum) Idus Augustas.
8월 8일(13일의 엿새 전).

ante diem XIII(tertium decimum) Kalendas Septembres.
8월 20일(9월 초하루의 열사흘 전) [XIII Kal. Sept.]
[로마 달력에서는 ante diem+ 대격(서수) "…며칠 전"이라는 표현을 썼다. 다른 표현은 prídĭe Idus, prídĭe Kaléndas, prídĭe Nonas 참조. 고전 라틴어, p.378].

ante et a retro. 앞뒤에서

ante factum dispensátĭo. 사후(事後)의 관면

Ante hos sex menses male dixisti mihi. 너 여섯 달 전에 나한테 욕했것다.[호의와 적의를 표현하는 자동사들은 그 호의와 적의의 대상을 여격으로 나타낸다. 성 염 지음, 고전 라틴어. p.392].

ante lucem. 날 새기 전에

ante lucem surgere. 동트기 전에

Ante mutationes([영] In the face of changes)
변화의 물결 앞에서(1988.8.15. "Mulieris dignitatem" 중에서).

ante núptias. 혼인하기 전에

ante ómnia. 무엇보다 먼저 우선

Ante omnia ergo confessio, deinde dilectio. 모든 것에 앞서 고백이 있고, 그런 다음 사랑이 있는 것입니다.
(최익철 신부 옮김, 요한 서간 강해, p.77).

ante pedes(esse) 발 앞에(눈앞에) 있다

ante portam. 문 앞으로, 문 앞에

Ante portas est bellum : si inde non pellitur, jam intra moenia erit. 전쟁이 성문 앞에 닥쳤다. 만일 거기서 격퇴되지 않는다면 바로 성안으로 들이닥칠 것이다.

ante rem. 사전에

ante tempora sæcularia. 천지창조 이전에

ante tempus. 미리부터, 시간이 되기 전에

ante tres annos=tribus ante annis=tribus annis. 3년 전에

ante urbem. 도시 앞쪽으로

Ante victoriam ne canas triumphum.
승리하기 전에 승리의 노래를 부르지 마라.

ántĕā(ante+eā), adv. 그 전에, 이전에, 일찍이.
Quæ patris ántea fuérunt, nunc mea sunt.
이전에는 아버지의 것이었던 것이 지금은 네 것이 되었다.

ántea quam = ántequam

anteáctus, -a, -um, p.p. 이전에 된, 전에 이루어진, 지나간.
n. 이전(지난) 행위.
anteáctum tempus. 지나간 시간/
vita anteácta. 지나간 생애(生涯).

antéăgo, -égi, -áctum, -ĕre, tr. (ante+ago)
예전에 하다, 이전에 지내다.

Antealtare = Antependile = Antependium

antĕámbulo, -ónis, m. 길라잡이("길잡이"의 본딧말), 길잡이, 선구자(先驅者), 앞장 서 가는 높은 사람.

antĕáquam = ántĕquam

anteatum tempus. 지나간 時間

antĕbrachĭális, -e, adj. (解) 전박(前膊)의

antĕbrachĭum, -i, n. (解) 전박(前膊)

Antécănis, -is, m. (天) 소견성좌(小犬星座)

antĕcápĭo, -cépi, -cáptum(-céptum), -ĕre, tr.
먼저 잡다, 선취하다, 미리 점유하다, 예행(豫行)하다, 미리 사용하다, 앞당겨하다, 예기하다.

antĕcápĭo locum. 자리를 먼저 차지하다

antĕcápĭo noctem. 예행하다, 하루 밤 먼저 행하다

antecaptum, "antecapio"의 목적분사(sup.=supinum)

antĕcédens, -déntis, p.prœs., a.p. 먼저 가는(오는), 전제되는, 선행하는, 사전의.
n. (論) 전건(前件-가언적 판단에서, 그 '조건'을 나타내는 부분. 앞에서 말한 조항이나 앞의 사건), (文法) 선행사(先行詞).
impoténtĭa antecedens. 선행적 불능(先行的 不能).

antĕcédo, -céssi -céssum -ĕre, intr., tr. 앞서 가다, 앞으로 가다, 먼저 가다, 먼저 도착하다, 추월하다, 앞지르다, (지위.명예.시간 따위에 있어서) 이기다, 낫다(אֹטֶ.אטֹ), 앞서다, 초월하다, 월등(越等)하다.
Ante figurationem quam sonum audiamus, quia oculorum sensus velocior est et multum aures antecedit.
우리는 소리를 듣기 전에 형상을 먼저 보게 된다. 왜냐하면 시각이 더 빠르고 청각을 훨씬 앞서기 때문이다.
[antequam은 ante… quam…으로 분할되는 일이 잦다. multum, adv, '훨씬']/
Nátúra hóminis pecúdibus antecédit.
인간의 본성은 짐승들을 초월(超越)한다.

antĕcédo *alqm alqā* re, in *alqā* re.
무슨 일에 있어서 누구보다 낫다.

antĕcéllo, -ĕre, intr., tr. 돌출(突出)하다, 두각을 나타내다, 높이 솟아있다, 더 낫다, 뛰어나다, 능가하다, 초월하다.

antĕcēpi, "antecapio"의 단순과거(pf.=perfectum)

antecessi, "antecedo"의 단순과거(pf.=perfectum)

antĕcéssĭo, -ónis, f. 선행(先行-앞섬), 앞섬, 앞서는 일, 선행조건; 선행 원인.이유.

antecéssor, -óris, m. 앞서가는 등불잡이, 안내자, 선임자(先任者), 선발대(先發隊).

antecessum, "antecedo"의 목적분사(sup.=supínum)

antĕcessus, "antecedo"의 과거분사(p.p.)

antĕcúrsor, -óris, m. (ante+curro) 선구자(先驅者), 앞서서 뛰는 자, 개척자(開拓者), 선발대(先發隊).

antéĕo, -ívi(ĭi), -íre, intr., tr., anom.
앞서가다, 앞지르다; 먼저 가다,
(위험.불행 제거를 위해) 앞질러 처리하다, 미리 하다, 예방하다, 앞서있다, 낫다(אֹטֶ.אטֹ), 우월하다, 능가하다.

antĕfátus, -a, -um, p.p., a.p. (inusit. antefári)
앞서 말한, 위에서 말한.

antéfĕro, -tŭli, -látum, -férre, anom., tr. **낫게 여기다**, 앞에서 들고 가다, **더 중히 여기다**, 더 좋아하다.

antĕfíxus, -a, -um, adj. (ante+figo) 앞에다 걸어 놓은, 꽂아 놓은. n., pl. 건물 특히 신전 앞 지붕 장식물.

antĕgrédĭor, (dĕris, dĭtur), -gréssus sum, -grĕdi, dep., tr. (ante+grádior) 앞에 가다, 앞서 가다, 먼저 가다.

antĕhábĕo, -ŭi, -ĭtum, -ére, tr. 더 좋아하다, 더 낫게 여기다.

ántĕhāc, adv. 지금까지, 전에, 이전에

antĕídĕa = antídea = ántea 전에, 이전에, 일찍이

antéii, "antéeo"의 단순과거(pf.=perfectum)

antéivi, "antéeo"의 단순과거(pf.=perfectum)

antélátum, "antéfero"의 목적분사(sup.=supínum)

antĕlógĭum, -i, n. 머리말, 서언(序言-머리말)

antĕlūcánus, -a, -um, adj. 새벽의, 해뜨기 전의, 날이 새기 전까지의., n. 서광(曙光-동이 틀 때 비치는 빛).

antemeridianum tempus. 오전(午前)

=ante meridiem(略 A.M.).

antĕmĕrīdĭānus, -a, -um, adj. 오전의, 상오의

antĕmítto, -mísi, -míssum, -ĕre, tr.
미리 보내다, 앞으로 보내다.

anténna(=anténna) -æ, f. 촉각(觸角), 삼각돛의 활대, 깃대

antĕmūrále, -is, n. 앞면의 벽

anténna(=antémna) -æ, f. 촉각(觸角), 삼각돛의 활대, 깃대

ántĕoccŭpátĭo, -ónis, f. 선수를 침

antĕpagméntum, -i, n. (建) 문설주

antĕpéndĭum, -i, n. 제단 앞 현수포(懸垂布).
   [@ Antependium. 제대 앞에 드리우는 현수포(懸垂布)로 제단을 치장하고 보호
   하기 위한 휘장(揮帳)이었다. 위에서 아래까지 긴 천으로 되어 있으며
   교회의 전례 시기나 축일에 따라 색깔을 달리하였다. 5세기(동방 교회에서는
   4세기)에 처음 사용되기 시작했으나 지금은 없어졌다. 이 용어는 강론대와
   독서대에 걸치는 천을 가리키기도 한다. 전례사전, 박영식 옮김. p.299].

antépes, -pĕdis, m. 앞발(pedes posteriores. 뒷발).
   m., pl. 길라잡이("길잡이"의 본디말).

antĕpilánus, -i, m. (고대 로마의 최전선에서 싸우는)
   군인(軍人); 투사(鬪士), 우승자(優勝者).
   pl. 제3열(piláni, triárii) 앞에서 싸우는 1, 2 전열의 군인.

antĕpóno, -pósui -pósitum -ĕre, tr. 앞에 놓다,
   …보다 낫게(중히) 여기다, 더 좋아하다.
   Anteponamus virtutem dívitiis.
   우리는 덕행을 재산보다 더 중히 여기자.

antépŏtens, -éntis. adj. 남보다 뛰어난, 대단히 있는, 강한

antĕpræparátŏrĭus, -a, -um, adj. 미리부터 준비한

ántĕquam(=antéáquam)
   (ante와 quam을 갈라 쓰기도 함) …하기 전에.
   Cælum et terra, antequam esset homo, facta sunt.
   Ante ista fuit Dominus, immo est. 하늘과 땅은
   사람이 생겨나기 전에 만들어졌습니다. 주님께서는 이것
   들보다 먼저 계셨습니다.(최익철 신부 옮김. 요한 서간 강해. p.123)/
   hoc eris exanimatus, quod eras antequam esses
   animatus. 너는 네가 혼을 받기 전에 있었던, 혼 없는
   존재가 되리라.(교부문헌 총서 17, 신국론. p.2353)/
   in hoc ibis amissa uita, quod eras antequam sumeres
   uitam. 생명을 잃으면 너는 네가 생명을 얻기 전에 있던
   그것으로 돌아가느니라(교부문헌 총서 17, 신국론. p.2353)/
   Nunc antequam ad sententiam redeo, de me pauca
   dicam. 이제 본론으로 들어가기 전에,
   내 일신에 관해서 몇 마디 언급 하겠다/
   Veréri non ante désinam, quam…cognóvero.
   나는 …알기 전에는 두려움이 끊이지 않을 것이다.

Antequam causam reductiónis.
평신도 신분으로 돌아감(1971.1.13. 지침).

Antequam incipias, consulto; et ubi consulueris,
facto opus est. 시작 전에 생각하고 생각했으면 실천하라.

antequam pubescat bellum. 전쟁이 고비에 이르기 전에

antérĭor, -ĭus, adj., comp.
   앞의, 전방의, 전면(前面)의, 이전의, 옛, 먼저 있는.

Antérōs, -ótis, m. Eros의 형제.
   보답되지 않는 사랑의 복수 신(復讐 神)

antes, -ĭum, m., pl. 줄지어선 열(列), 기병대 전열,
   (나무.포도.꽃 따위의) 배열된 줄.

antĕsignánus, -i, m. 군기 앞에서 싸운 정예군사,
   일선에 선 병정, 부대장(部隊長).

antésto = antísto

antéstor, -átus sum, -ári, dep., tr. 증인으로 부르다

antétuli, "antéfero"의 단순과거(pf.=perfectum)

antĕvénĭo, -véni -véntum -íre, tr., intr. 앞에 오다,
   먼저 오다, 앞서다; 선수 치다, (방해하여) 못하게 하다,
   예방(豫防)하다, 능가(凌駕)하다, 앞지르다.

antĕvérto, -vérti -vérsum -ĕre, tr., intr. 앞서 가다,
   먼저 이르다, 앞당겨 하다, 먼저 하다, 선수 치다, 앞지르다,
   능가하다, 더 낫게 여기다, 우선적으로 하다, 선택하다.

ánthēmis, -ĭdis, f. (植) 카밀레(네덜란드어.kamille)

antheridĭum, -i, n. 조정기(調精器)-이끼양치류의 배우체에
   생기는 웅성(雄性) 생식기관. 주머니 모양의 막에 쌓여 성숙하면
   열개하여 안에서 다수의 정자를 방출 함).
   ((植)) (은화식물의) 수술에 해당하는 부분.

---

antŏlŏgía, -æ, f. 화보(꽃의 이름과 특징 및 피는 시기 따위를 적어
   놓은 책), 선집, 문집, 비잔틴 전례의 성무일과(聖務日課) 책.

anthŏlŏgĭca, -órum, n., pl. 선집(選集), 문집(文集)

anthŏzóa, -órum, n., pl.
   (動) 화충류(@ anthozoan-산호.말미잘 따위).

anthrácītis, -īdis, f. 무연탄(無煙炭)

anthrax, -ácis, f. (醫) 탄저병(炭疽病)

anthrŏpógráphus, -i, m. (인물) 초상화(肖像畵)

anthrŏpŏlŏgía, -æ, f. 인류학(人類學), 인간학(人間學)

anthrŏpŏlogia culturális.
   문화인류학(文化人類學.@ cultural anthropology).

anthrŏpŏlogia supernaturalis. 초본성 인간학

anthrŏpŏmorphísmus, -i, m. 신인동형론(神人同形論),
   (哲) 의인주의(義人主義)(성스러움의 의미 p.63), 의인론,
   (哲) 의인관(擬人觀.擬人論.@ anthrophomorphism).
   Sermonis biblici anthropomorphismus.
   (@ The anthropomorphism of biblical language)
   성서적 용어 의인화(擬人化)(1988.8.15. "Mulieris dignitatem" 중에서).

anthrŏpóphăgus, -i, m. 식인종(食人種)

anthrŏpŏsophia, -æ, f. (哲) 인지학(人智學.知人學)
   [Theosophia 신지학). 1913년 R. Steiner가 Basel에 인지학회를 창설함으로 생긴
   일종의 종교학회. 그는 교회의 신앙생활과 상관없이 정신 집중과 명상 훈련을
   통해 직관 생활에 도달토록 하여 낮은 자아에서 높은 자아에 이르는 일종의
   종교 체험의 훈련을 주장했다. 1919년 교회로부터 이단 판단을 받았다.
   백민관 신부 엮음, 백과사전 1. p.135].

anti-, præfíxa. 1. 앞에; 먼저, 미리 따위의 뜻을 드러
   내는 접두사. 2. 희랍어의 anti(=contra)로서는 반(反),
   비(非), 역(逆), 대립적(對立的) 따위의 뜻을 드러낸다.

anti-reálismus. 반실재론

Antiánus, -a, -um, adj. = **Antias**

Antias, -átis, m. Antĭum 사람

antībráchĭum, -i, n. (解) 전완(前腕)

antĭcathólĭcus, -a, -um, adj. 反가톨릭주의의

Antĭcăto, -ónis, m. Cæsar의 두 작품 이름

antĭchrístus, -i* m. 그리스도의 적(敵),
   거짓 그리스도(Ψευδόχριστος-假 그리스도),
   反그리스도(Ἀντιχριστος.@ antichristi).
   Certe antichristi sunt, qui ex nobis exierunt, sed non
   erant ex nobis. 그들은 우리에게서 떨어져 나갔기
   때문에 분명 그리스도의 적입니다. 아니 우리에게 속한
   사람들이 아니었습니다.(최익철 신부 옮김, 요한 서간 강해. p.297)/
   Contra Christum ergo venis; antichristus es.
   그대는 그리스도를 거슬러서 오는 그리스도의 적입니다/
   Et interrogare debet unusquisque conscientiam suam,
   an sit antichristus. 각자는 자기가 그리스도의 적이
   아닌지 자기 양심에게 물어보아야 합니다/
   Et quomodo probantur antichristi? ex mendacio. 그리스도
   의 적들은 어떻게 증명됩니까? 거짓말로써 증명됩니다.
   (최익철 신부 옮김, 요한 서간 강해. p.165)/
   Latine enim antichristus, contrarius est Christo. 라틴어로
   antichristus는 "그리스도에게 반대하는 자"라는 뜻입니다/
   Omnes certe qui exeunt de Ecclesia, et ab unitate
   Ecclesiæ præciduntur, antichristi sunt: nemo dubitet.
   교회에서 떨어져 나가고 교회의 일치에서 잘려 나가는
   사람은 모두 그리스도의 적입니다. 누구도 이 사실을
   의심하지 마시기 바랍니다(최익철 신부 옮김, 요한 서간 강해. p.165)/
   Omnes enim qui non diligunt Deum, alieni sunt,
   antichristi sunt. 하느님을 사랑하지 않는 사람은 누구나
   낯선 자이고, 그리스도의 적입니다/
   Quidquid contrarium est Verbo Dei, in Antichristo est.
   하느님의 말씀을 반대하는 것은 무엇이나 다 그리스도
   의 적에 속합니다.(최익철 신부 옮김, 요한 서간 강해, p.173).

Antichristus enim contrarius est Christo.
   그리스도의 敵이란 그리스도를 반대하는 사람입니다.

antíchthŏnes(=antípodes) -um, m., pl. 대척지
   (對蹠地.@ antipodes-지구상의 정반대 쪽에 있는 두 지점),
   대극, 정반대쪽; 정반대(의 사물), 대척지점의 사람들)
   An inferiorem partem terræ, quæ nostræ habitationi
   contraria est, antipodas habere credendum sit(신국론. p.2800).
   지구의 대척지에 인간들이 있다고 믿어야 하는가.

anticipata solutio. 선불(先拂)

antícǐpátǐo, -ónis, f. 예비개념, 사전지식, 선입견,
사전 말씀 기도(성무일도의 저녁 기도를 마친 뒤 다음 날의 말씀 기도를
바치는 관습을 가리키는 전문 용어. 전례사전. 박영식 譯, p.214)/
(修) 예변법(豫辨法-반대론을 예기하고 미리 예방선을 쳐두는 방법),
예도(豫禱), 앞당겨 지냄.

antícǐpo, -ávi, -átum, -áre, tr. (ante+cápǐo) 미리 얻다,
미리 차지하다, 앞당겨 하다(지내다), 미리 알다,
예상(豫想)하다, (길 따위를) 질러가다.

anticlericálísmus, -i, m. 교권반대(敎權反對),
反성직자주의, 반성직주의(⑨ anticlericálism.反聖職主義).

anticonceptio, -ónis, f. 피임(避妊)=f. contraceptǐo -ónis.

antícus, -a, -um, adj. 앞쪽의, 앞에 있는, 오른 쪽의,
남쪽의, 남쪽 하늘의, 양지바른, =antíquus.

antíděa(=ántea), adv. 전에, 이전에, 일찍이

Antidicomarianitæ. 마리아 공경 반대자들.
(4세기 Epiphanius가 마리아는 하느님의 어머니가 아니며 동정녀도 아니라고
주장한 자들에게 붙인 호칭. 글자의 뜻은 '마리아에게 반대말을 하는 자들'이란
뜻. 백민관 신부 엮음, 백과사전 1, pp.135~136).
colliridiani, 성모 마리아를 여신처럼 모시는 자들.
(울버른 성모신심, 주교회의 신앙교리위원회, C.C.K., p.31].

antídótum, -i, n. (藥) 해독제(解讀劑)

antídótus, -i, f. 해독제(解讀劑, remedium venéni.)

antihierarchismus, -i, m. 반교계주의(反敎階主義)

antílogía, -æ, f. 자기모순(자가당착), (말의) 전후모순.

antíménsǐum, -i, n. (⑨ antimensium.
獨 antimensium) 이동 성제포,
(희랍 정교회의) 성체포, 유해보낭(⑨ Antimension).
[Antimensium이라고도 하는 유해보낭은 동방 교회, 특히 비잔틴 교회에서 사용
하던 네모지고 납작한 주머니이다. 유해보낭은 유해를 담아 미사를 드리는 제대
위에 놓았던 것이다. 옛날에 이동식 제대에서 미사를 드릴 때에는 유해가 필요
했었다. 직전자는 라틴 예식에서 유해보낭을 사용하도록 허락할 수 있었다.

antimónǐum, -i, n. (化) 안티몬(獨.Antimon)

antǐnŏmía, -æ, f. (論) 이율배반(二律背反)

Antinomius, -i. m. 반계율론

Antipapa. 대립교황(對立敎皇.⑨ antipope)

antǐpáthía, -æ, f. 반감(反感), 혐오(嫌惡-싫어하고 미워함)

antǐphóna, -æ, f. 따름 노래* 응답송가(應答頌歌),
후렴(後斂.⑨ antiphon.獨 antiphon),
교송(交誦.⑨ antiphon.獨 Antiphonie)
교창(交唱.⑨ antiphon).
Finita antiphona supradicto modo, sacerdos, qui aspersit
aquam, reversus ad altare, stans ante gradus altaris,
iunctis manibus, dicat:
성수를 뿌린 사제는 위의 교송이 끝나면 제대를 향해
서서 층계 앞에 서서 손을 모으고 말한다.
[미사 전례는 노래할 맡은 사람을 기준으로 볼 때 미사를 집전하는 '사제'와 미사
에 참례한 '회중', 그리고 노래를 잘 부르는 '독창자와 성가대' 이렇게 세 그룹으로
나눌 수 있다. 초기에는 사제와 회중이 대화하듯 경문을 읽고 응답을 하였으나
신자 수가 증가하고 성전이 커지다 보니 보통 정도의 성량으로는 안 되게 되었다.
당시 성경과 성가집이 보급되지 않은 시기이므로 의사전달이 어려웠을 것이다.
그래서 사제는 모든 신자들이 잘 알들을 수 있도록 문세에 따라 힘을 주어 큰
소리로 읽거나 노래하게 되었는데 이것을 'Accentus'라고 한다. 사제의
'Accentus'에 회중은 응답을 했습데 이를 'Responsorium'이라 한다. 사제가 긴
전례문이나 성가(詩篇)를 선창하면 회중이 이를 받아서 노래를 하는데 두 그룹
으로 나누어 한 구절씩 주고받으며 노래하였다. 이 교창을 '안티포나(Antipona)'
라고 한다. 'Antipona'의 원 뜻은 그리스어의 옥타브(Octave), 즉 8도 간격의 음을
말한다. 회중이 두 그룹으로 나누어 노래할 때 남성보다 여성이 한 옥타브 높은
음이었기에 이런 말이 생겼는데. 세월이 지나면서 'Antipona'란 말은 단지 노래하는
교창이란 뜻으로 사용하게 된 것이다. 교회전례음악. 김건정. 2011년. pp.45~46].

antiphona ad communionem.(⑨ communion antiphon.
獨 Kommunionsgesang) 영성체송

antiphona ad introitum.(⑨ Entrance Antiphon/
introit antiphon.獨 Introitus)
입당, 입당송(introitus, -us, m.), 입당대송.

antiphona ad offertórǐum. 봉헌대송, 봉헌 송가(頌歌),
봉헌 행렬을 위한 후렴,
죽은 이들을 위한 미사의 봉헌송(奉獻誦).

antiphona mariana. 마리아 송가(頌歌)

antiphonæ finales B.M.V.(⑨ final antiphons of Our
Lady.獨 Marianische Schlußantiphonen) 성모 찬송가.

antiphonæ Mariæ(⑨ Marian Antiphons)
성모 마리아 교송(交誦-성무일도 끝나는 후 노래하는 성모 찬송 노래.
계절에 따라 다음 4가지 교송이 있다. Alma Redemptoris Mater, Ave Regina
Cælorum, Regina Cæli, Salve Regina. 백민관 신부 엮음, 백과사전 2, p.642).

Antiphonale Monasticum. 수도원용 성무일도(시간전례)
성가집. [교회전례음악. 김건정. 2011년. p.55].

Antiphonale Sacrosanctæ Romanæ Ecclesiæ. 후렴송

antiphonarium, -i, n. (⑨ Antiphonal Book.
獨 Kantorenbuch) 선창집(book of antiphonsx:the Gradual).

antiphonarius, -a, -um, adj. ⑨ antiphonal

antípodes(=antíchthŏnes) -um, m., pl. 대척지,
(對蹠地.⑨ antipodes-지구상의 정반대 쪽에 있는 두 지점),
대극, 정반대쪽; 정반대의 (사물), 대척지점의 사람들,
대척인간(對蹠人間-지구를 둥근 공으로 상정할 경우 우리의 세계
반대편의 인간들은 지구에 발을 붙이고 거꾸로 붙어 있어 우리와 발바닥을
마주 대고 있는 모습으로 상상된다.(교부문헌 총서 16, 신국론, p.1704)..

antíquárǐus, -a, -um, adj. 옛, 골동품의, 고서의,
m., f. 옛 것을 숭상하는 사람, 골동품 애호가.수집가.

antiquior, -or -us. adj. 원형 antíquus의 비교급

antiquissimus, -a, -um. adj. 원형 antíquus의 최상급.
Homines antiquissimi per campos vagantes carne
ferarum vescebantur.[탈형동사 문장] 아주 옛날 사람들은
들판을 떠돌아다니며 짐승의 살코기를 먹고 살았었다.

antíquǐtas, -átis, f. 고대(古代), 옛날, 고사, 고대사,
옛날에 있은 일, 고대인, 옛날 사람, (순박한) 옛 풍속.
pl. 고대 유물.
Antíquitas recépit fábulas, hæc autem ætas réspuit.
신화들은 옛 시대는 용납하였으나 현대는 배척하고 있다/
De Antiquitate Glastoniensis Ecclesiæ.
고대 글래스턴베리 교회사/
Doctrinale antiquitatum fidei ecclesiæ.
가톨릭 교회의 고대 신앙 교리(가르멜회 신학자 Netter 지음)/
imago antiquitatis. 옛 시대의 재현/
ultima antiquitas. 태고시대(太古時代).

Antíquǐtas Christiana(⑨ Christian Antiquity)
고대 그리스도교[구세주 예수 이후(33년) 사도들이 유업을 계승하여
교회가 싹트고 고대의 시대를 거쳐 신앙의 자유를 얻게 됨으로써 현
민족 속에 뿌리를 내리고 이교도들의 문화를 흡수하여 뚜렷한 유기체를 형성
하는 교회사적 전개과정을 말한다…. 백민관 신부 엮음, 백과사전 1, p.139].

Antíquǐtas Christiana et cultura.
고대 그리스도교와 문화.

Antíquǐtas illustrata circa Concillia generalia et
Provincialia. 공의회 보편 회의와 지방 회의를 중심으로
조명한 고대(벨기에의 교회법 학자 Schelstrate 1678년 지음).

Antiquitates Italicæ Medii ævi. 중세 이탈리아의 고전집

Antiquitates Judaiæ. 유다 고대사

Antiquitates rerum divinarum. 고전신사론(古典神事論).
(고제에 관한 저서. Marcus Terentius Varro 지음. BC 116~27).

antíquǐtus, adv. 예로부터, 고대에, 옛날에

* -ítus 어미를 가진 부사
  antiquitus. 옛적부터   fúnditus 뿌리째, 근본적으로
  cælitus 하늘로부터   pénitus 온전히 아주
  divínitus 천주께로부터   radícitus 뿌리째, 송두리째

antíquo, -ávi, -átum, -áre, tr. 옛(낡은) 것이 되게 하다,
(법률을) 폐기하다, (청원을) 각하하다.

antiquus, -a, -um, adj. ((비교급.최상급으로))
(품위, 가치가) 중요한, 으뜸가는, 뛰어난,
(시간) 지난날의, 아득한, 옛날의, 오래된, 고대의,
순박한, 고결한. m., pl. 옛날 사람들, 옛 어른들.
n. 옛 풍습, 고풍(古風).
ætas antiqua. 고대시기/ætas media. 중세시기/
ætas moderna. 현대시기/ætas novissima. 최근시기/
Antiquorum monumenta. 고대 기념비적 저서들/
antiquíssimum est. … …하는 것이 가장 중요하다/
causa antiqua. 옛날의 안건/
De legendis antiquorum libris. 옛 책을 읽는 것에 대하여/
nihil antíquius habére quam … …보다 더 중요하지 않다/
nihil vitá antíquius existimáre. 생명을 가장 귀하게 여기다/
Quæ nunc antiqua sunt, olim fuerunt nova.
지금은 옛 것도(quæ) 언젠가는(olim) 새 것이었다/
Quam antiquus putamus? quot annorum? 우리는 무엇을
'오래'라고 생각합니까? 몇 해 정도입니까?/
Quod prophetica auctoritas omni gentilis philosophiæ

inveniatur antiquior. 예언문학은 이교도철학의 기원보다
오래된 것으로 확인된다(교부문헌 총서 17. 신국론, p.2812)/
recido in antíquam servitútem. 옛 노예 지위로 돌아가다/
Statua Ecclesiæ Antiqua. 고대 교회 법령집/
vir sanctus, antiquus, 성스럽고 순박한 사람들.
antiquus hostis. 옛 원수
ántisemitismus, -i, m. 반유대주의([영] ántisemitism)
antístes, -stĭtis, m., f. 우두머리, 장(長), 책임자, 교구장 칭호,
신전 관리자, 신관(神官), 제관장, 주교(ἐπίσκοπος.
[영] bishop.이탈리아어 vescovo.스페인어 obispo.
프랑스어 evêque.독일어 Bischof), 대가, 거장(巨匠).
f. 여신관, 여제관
antístes Urbanus. (=Prælatus domesticus).
교황궁 고위 성직자, 로마 교구장, 즉 교황.
antístĭta, -æ, f. 여제관(女祭官), 원장수녀(院長修女)
antístĭta Generalis. 여자 정규 수도회 총장의 옛 호칭
antísto(=antésto) -stĕti, -stáre, intr. (ante+sto)
앞에 서다, 뛰어나다, 위에 있다, 능가하다, 초월하다.
homini antistare neminem. 인간 위에는 아무도 없다.
antitheísmus, -i, m. 반신론(反神論)
antíthēsis, -is, f. (修) 대조법(對照法), 대귀(對句),
(哲) 반립(反立), 반명제(反命題.反立命題), 반정립.
antithetĭa, -is, f. (修) 대조법(對照法-수사법상 강조법의 한 가지).
(哲) 반정립(反定立), 반명제(反命題.반입명제), 반립.
antíthĕton(-um) -i, n. 대조(對照), 대귀(對句), 반대
antítrăgus, -i, m. (解) 외이돌기(外耳突起)
antítypus, -i, m. 원형, (인물.사물.사건 등의) 대칭형.
(神) 전조(前兆).예표(豫表)의 성취로서의 대형(對型).
ántlĭa, -æ, f. 양수기(揚水機), 펌프([영] pump)
Antónĭa, -æ, f. 3두 정치가 Antónius의 딸
Antoniani. m., pl. 안토니오회
Antōnĭánus, -a, -um, adj. Antónius의.
m., pl. Antónius의 부하들.
Antōnĭáster, -tri, m. Antónius의 연설 모방자
Antónĭus[1], -i, m. Roma인 씨족명.
1. M. Antónĭus. Roma의 3두 정치가의 한 사람.
2. C. Antónĭus. 집정관으로서 Cícero의 동료.
Octaviam Antonius duxit uxorem.
안토니우스는 옥타비아를 아내로 맞았다.
[남성은 "ducere uxorem 아내를 맞다, 장가가다"라는 관용어를 쓰고,
여성은 오직"nubere alicui, nubere cum aliquo 시집가다. ~와 결혼하다"라는
관용어를 사용한다. 유사 관용어는 "filiam alicui collocare ~에게 딸을 주다,
시집보내다"이다. 한동일 지음, 카르페 라틴어 2권, p.177]
Julia Neroni nupsit. 율리아는 네로에게 시집갔다/
Nero uxorem duxit Juliam. 네로는 율리아를 아내로 맞았다.
Antónĭus[2], -a, -um, adj. Antónius의.
Antoninus Consiliorum. 좋은 의견의 안토니오
antŏnŏmásĭa, -æ, f. (修) 환칭(換稱-고유명사 대신에 쓰는 말,
예를 들면 "Carthágo 정복자"는 Scípio를 지칭하는 따위).
antrum, -i, n. 굴(동굴, 움막), 동굴([영] grotto), 동혈(同穴),
나무의 속 빈 구멍, 공동(空洞-아무 것도 없이 텅 빈 굴).
latus rupis excísum in antrum. 굴을 뚫은 바위 옆 대기/
recóllĭgo sese in antrum. 굴속으로 들어가 숨다.
Anúbis, -is(-ĭdis), m. 개머리를 가지고 있는 이집트의 신
anulárĭus, -a, -um, adj. 가락지의, 반지의, 고리의.
m. 반지 제조자.
anulátus, -a, -um, adj. 반지 낀, 고리를 단
anúlla, -æ, f. 자그마한 할머니
ánŭlus*, -i, m. ([영] Ring.獨 Ring) 반지, 가락지(指環);
고리, 도장, 곱슬머리, 기사의 표시로 낀 금반지, 기사계급.
alci ánulum de dígito.
누구의 손가락에서 반지를 뽑아내다/
ánulum in dígito habére. 손가락에 반지를 끼고 있다/
Anulum piscátoris. 반지 인장/
De digito anulum detrahere. 손가락에서 반지를 뽑다/
induo ánulum artículis. 손가락에 반지를 끼다/
Multi anuli ablati sunt de digitis hominum honestorum.
선량한 사람들의 손가락들로부터 많은 반지가 박탈되었다.
(로마인은 반지에 인장을 새겼음. "공민권을 박탈당했다"는 의미. 고전 라틴어).
anulus aureus(=ánulus ex auro) 금반지
anulus ex auro. 금반지
anulus pastorális. 주교 반지
anulus piscatoris. 어부의 반지
ānus[1], -i, m. 작은 고리, 반지, 가락지, 항문(肛門).
anéllus(=annéllus) -i, m. 작은 반지.
ānus[2], -i, f. 할머니, 노파(老婆). adj. 늙은, 낡은, 옛.
improba anus. 뻔뻔스러운 노파(老婆).
anus charta. 옛 문서
anus foribus affixa. 문간에서 떠나지 않고 있는 노파
anus linteo præcincta. 아마포(치마)를 두른 노파
anus matróna. 늙은 귀부인
anus pota. 술 취한 노파, 취한 노파
anxiæ curæ. 괴로운 걱정
anxíĕtas, -átis, f. = **anxitúdo**, -dĭnis, f. 불안(獨 die Angst),
근심, 걱정, 조바심(조마조마하여 마음을 졸임. 또는 그렇게 졸이는 마음),
고민, 안절부절 못함, 안달(조급하게 굴면서 속을 태우는 짓),
늘 마음 씀, 염려(念慮-마음을 놓지 못함).
ánxĭfer, -ĕra, -ĕrum, adj. (ánxius+fero)
불안하게 하는, 심려를 끼치는.
ánxĭo, -ávi, -átum, -áre, tr.
근심.걱정 끼치다, 불안하게 하다, 고민하게 하다.
anxiósus, -a, -um, adj. 걱정하는, 근심하는, 불안해하는
anxitúdo, -dĭnis, f. = **anxíĕtas**, -átis, f.
ánxĭus, -a, -um, adj. 불안한, 불안해하는, 걱정하는,
안절부절 못하는, 안타까운, 조바심하는, 고민하는,
쉬지 못하는, 신경 쓰는, 경계하는,
쓰라린, 고통스러운, 마음 아픈.
ánimus futúri anxius. 장래에 대하여 불안해하는 마음/
anxiæ curæ. 괴로운 걱정.
Aónĭdes, -um, f., pl. Musœ 여신들(예술의 9 여신)
Aŏnis, -ĭdis, f. Bœótia 여인
ápăgĕ, interj. c. acc. 집어 치워라, 멀리 가라
Apage istas! 요 계집애들, 물러가거라
Apăge te a me! 내게서 멀리 가라
apágĕsis, interj. 가거라, 제발
ăpăthía, -æ, f. 무감동, 냉담(冷淡), 무신경(無神經),
무정념(無情念)/pathos. n. 정념(情念).
[apatheia는 특별히 에바그리우스가 사용한 그리스어로 그 뜻은 '욕정의 부재'를
의미한다. 또한 이는 수행을 통해 온갖 욕정에서 해방된 내적 평정 상태를
의미하기도 한다. 이는 요한 카시아누스가 사용한 '마음의 순결(puritas cordis)'과
같다. 에바그리우스는 'apatheia'란 개념으로 인해 오리게네스 논쟁에 연루되어
사후 그의 저서들이 단죄되는데, 이는 예로니모가 에바그리우스의 'apatheia'의
개념을 잘못 이해한 데서 비롯되었다. 카시아누스는 바로 이러한 논쟁의 소지
때문에 에바그리우스의 'apatheia'를 '마음의 순결(puritas cordis)' 또는 '사랑
(Caritas)'이란 용어로 바꾸어 사용하였다. 하느님 찾는 삶, 허성석 지음, p.71].
aper[1], -apri, m. 멧돼지, 산돼지(verris, -is, m.).
apros ago. 산돼지 사냥을 하다/
exserti dentes apro. 산돼지에게서 빼낸 이빨/
ructo aprum. 멧돼지 고기 트림을 하다.
aper[2], apri, m. Tacitus의 '연설가들의 대화'에 나오는 인물.
Aper contemnebat potius litteras quam nesciebat.
아페르는 문학을 몰랐다기보다는 경멸하고 있었다.
apérĭo, -pérui -pértum -íre, tr. 열다(יתפ.אתפ),
개봉하다, (눈) 뜨다, (입) 벌리다, 개척하다, 뚫다,
개통시키다, 파다, 파서 만들다, 벗기다,
제막하다, 드러내다, 나타내다(φαὶνω),
(계획.애매한 것 따위를) 밝히다, 열어 놓다,
공개하다, 개방하다, 터놓다, (돈) 내놓다.
Aperite autem cor ad semina bona: exstirpate spinas.
좋은 씨앗에는 마음을 열고, 가시덤불은 뽑아내십시오.
(최익철 신부 옮김, 요한 서간 강해, p.255)/
Aperuit matri suæ vulvam ut immaculatus exiret.
그분은 순결하게 나오기 위하여 자기 어머니 태를 여셨다/
Cur non aperuistis portas domino?.
왜 너희는 주인한테 문을 열어드리지 않았느냐?.
aperio animam. 흉금을 터놓다
aperio caput. 모자를 벗다
aperio subterráneos specus. 지하 피난처를 파서 만들다
aperio viam, vias, iter. 길을 개척하다.뚫다
aperite, 원형 apérĭo, -pérui -pértum -íre, tr.

A

[명령법 현재 단수 2인칭 aperi, 복수 2인칭 **aperite**].
Aperite, ancillæ, portas fenestrasque!
하녀들아, 문들과 창문들을 열어라!
(que = et: 두 번째 단어 바로 뒤에 붙인다. 성 염 지음. 고전 라틴어. p.105.)
Aperite portas Redemptori, 희년의 선포(1983.1.6. 칙서)
aperitio periodi probatóriæ. 증거 보완 기간(期間)
aperte, adv. 공공연하게, 공개적으로, 숨김없이, 솔직히,
분명히, 일목요연하게 똑똑히, 깨끗이, 뚜렷하게 명료하게.
apértio, -ónis, f. 열기, 시작, 개시, 개통. (醫) 절개(切開)
apertior, -or, -us, adj. apértus, -a, -um의 비교급
apertissime, adv. aperte의 최상급
apertissimus, -a, -um, adj. apértus, -a, -um의 최상급
apertius, adv. aperte의 비교급
Aperto libro. 준비하지 않고, 즉석에서(de plano)
ăpertum, "aperio"의 목적분사(sup.=supínum)
apértum, -i, n. 옥외(屋外), 야외(野外), 드러난 곳(것),
노출된 곳, 공개(公開), 쉬움.
ex apérto. 노골적으로 드러내 놓고/
in apérto. 밖에서/
in apérto esse. 공개되어 있다/
Missa in apertum(영 Mass in field. 獨 Feldmesse).
야외 미사(野外 彌撒)
Apertum est, neminem sine vitio esse.
허물없는 사람이 없다는 것은 말할 필요조차 없다.
apertura, -æ, f. 入口, 문, 아가리, 구멍, 틈, 열어 놓음
apértus, -a, -um, p.p., a.p. 열린, 가리지(숨기지) 않은,
벗은, 공개된, 개방된, 폐쇄되지 않은, 드러난, 노출된,
들킨, 맑은, 트인, 솔직한, 숨김없는, 명백한,
다가갈 수 있는, 접근할 수 있는.
apértum scelus. 대낮에 저지른 불법(악행.죄악)/
homo apertus. 솔직한 사람/
in aperto. 밖에서(밖으로)/
senténtiæ apértæ. 숨김없는 생각.
ăpěrui, "aperio"의 단순과거(pf.=perfectum)
apes, -is, = **apis** (蟲) 벌, 꿀벌/apicula, f. 작은 벌/
apis aculeus. 벌침/pullus apum. 아기 벌.
Apes flóribus insídunt váriis.
벌들이 여러 가지 꽃에 앉는다.
Apes trepidæ inter se cœunt. 벌들이 붕붕거리며 모인다.
apex, apícis, m. 정상, 정점, 꼭대기, 뾰족한 끝, 절정,
극치, Roma 제관들의 끝이 뾰족한 모자, 3중관, 왕관,
Pérsia왕의 모자, 명예 표시의 깃털 달린 모자, 붓, 펜,
(글자의) 획(劃.영 dot). pl. 편지, 문서(γραφή.文書).
ad ápicem juris apícis. 법의 준엄에 비추어/
Apices juris non sunt jus.
법에 대한 수식(법의 궤변)이 법은 아니다/
De Apice Theoriæ. 이론의 꼭대기/
(獨 신비주의 철학자 Nicolaus Cusanus의 1463-1464년 지음)/
Facilius est autem cælum et terram præterire, quam
de Lege unum apicem cadere. (euvkopw,teron de, evstin to.n
ouvrano,n kai. th.n gh/n parelqei/n h' tou/ no,mou mi,an kerai,an
pesei/n) (獨 Es ist aber leichter, daß Himmel und Erde
vergehen, als daß ein Tüpfelchen vom Gesetz fällt)
(영 It is easier for heaven and earth to pass away than
for the smallest part of a letter of the law to become
invalid) 율법에서 한 획이 빠지는 것보다 하늘과 땅이
사라지는 것이 더 쉽다(성경 루카 16. 17)/하늘과 땅은 사라
져도 율법은 한 획도 없어지지 않을 것이다(공동번역)/
율법에서 한 획이 빠지기보다는 하늘과 땅이 사라지는
것이 오히려 쉽습니다(200주년 신약 루가 16. 17).
apex diális. 제관 모자(祭官 帽子)
apex mentis. 영혼의 절정(하느님께 이르는 영혼의 순례기. p.35),
정신의 정곡(교부문헌 총서 15. 신국론. p.764),
정신의 정점(하느님께 이르는 영혼의 순례기. p.35),
지성의 정곡(성 염 지음. 사랑만이 진리를 깨닫게 한다. p.50).
aphǽrěma, -átis, n. 굵은 겨(외피)만 벗겨낸 밀
Aphárěus, -i, m., Messénia의 고대 왕
aphásia, -æ, f. (醫) 실어증(失語症.영 aphasia)

aphonítrum, -i, n. 질산칼륨(窒酸 Kalium → 硝石),
초석(硝石-질산칼륨. 은초).
aphráctum(-us) -i, n.(m.) 갑판 없는 긴 배
aphrásia, -æ, f. (醫) 언어실조(言語失調)
aphrŏdísĭa, -órum, n., pl. 성욕과잉(性慾過剩),
Venus 여신의 축제일(祝祭日).
apíanus, -a, -um, adj. 벌의.
apiana uva. 벌들이 좋아하는 무스카트 포도.
apiárius, -a, -um, adj. 벌의, 벌에 관한.
m. 양봉가(養蜂家), 벌치는 사람. n. 벌집(벌통).
ăpiástrum, -i, n. (植) 향수 박하
ăpiástus, -a, -um, adj. 반점 무늬의, 작은 물방울무늬의
ăpǐcátus, -a, -um, adj. 제관 모를 쓴
apícŭla, -æ, f. dim. (apis) 작은 벌
ápĭo, -ěre, tr. = apo 붙들어 매다, 동여매다.
apis\(=apes), -is, f. (蟲) 벌, 꿀벌.
Præciditur inférior pars(árboris), quatenus vidétur
inhabitári (ab ápibus). 벌들이 살고 있음직한 곳까지
나무의 밑둥을 자른다(quáténus 참조).

> * 남성.여성 동음절(주격과 속격의 음절수가 같은) 명사는
> 그 복수 속격 어미가 원칙적으로 -ĭum이지만 아래의
> 명사들은 그 복수 속격 어미가 예외로 -um이 된다.

	복수 속격
accípiter, -tris. m. 솔개	accípitrum
*apis, -is. f. 꿀벌	apum
canis, -is, m. 개	canum
frater, -tris, m. 형제	fratrum
júvenis, -is, m. 청년	júvenum
mater, -tris, f. 어머니	matrum
*panis, -is, m. 빵	panum
pater, -tris, 아버지	patrum
*sedes, -is, f. 좌석, 걸상, 거처	sedum
senex, -is, m. 노인	senum
*vates, -is, m. 점쟁이	vatum
*vólucris, -is, f. 날짐승, 새	vólucrum

> * 표 있는 것은 복수 속격 어미로 -ĭum을 가지는 때도 있다

Apis aculeum sine clamore ferre non possumus.
벌침은 우리가 비명을 지르지 않고는 못 배긴다.
apis aculeus. 벌침/uber², -ěris, n. 꿀벌 떼
apis super apis.(inter apes rex) 벌들의 왕
Apis², -is, m. 이집트의 소 모양의 신
apíscor, (-ěris, -ītur), -aptus sum, -sci, dep., tr.
다다르다, 닿다, 파악(把握)하다, 얻다.
ápĭum, -i, n. (植) 샐러리의 일종, 파아슬리
aplúda(=applúda) -æ, f. 지푸라기; 깍지,
밀기울(밀을 빻아 체로 가루를 내고 남은 찌끼. 맥부. 麥皮).
aplústre, -is, n.
(지느러미 모양으로 만들어진) 배의 고물장식.
apo, -aptum, -ěre, tr. = **ápĭo** 붙들어 매다, 동여매다
apocalýpis, -is, f. 요한 사도의 묵시록, 계시록(啓示錄),
묵시록(黙示錄.영 apocalyptic literatura)
Apocalýpsis Beati Joannis Apostoli(영 Book of Revelation)
요한 묵시록 ('Αποκάλυψις 'Ιωάννου).
Apocalypsis Joannis. 요한의 묵시록
Apocalypsis Mariæ. 마리아의 묵시록
Apocalypsis Mariæ de Pœnis.
형벌에 관한 마리아의 묵시록.
Apocalypsis Petri. 베드로의 묵시록(黙示錄)
ápŏcha, -æ, f. 채무 영수증(領收證).
['apocha'는 채무자로서의 채무를 변제받았다는 취지의 증서이다. 유스티니아누스
법에서는 30일 이내에 반대의사가 없는 한 채무 영수증은 완전히 유효하였다.
한동일 지음. 로마법의 법률 격언 모음집에서(출간예정)].
ăpócŏpo, -áre, tr. 잘라내다, 찢어내다,
어미(語尾)의 글자.음절을 생략하다.
ăpŏcrīsĭárĭus, -i, m. 동Roma 황제에게 파견된 교황사절
apocrisiárĭus seu responsális.
황국 상주 사절(stábilis legatus.).
Apocrypha, -æ, f. 외경(άπόκρυφα.영 Apocrypha),
Apocrypha Evangelium. 외경 또는 위경 복음서
ăpócrýphus, -a, -um, adj. 위경의, 외전의.

Apocryphum Isaiæ. 이사야의 승천(초대교회 외경).
ăpŏcynacéæ, -árum, f., pl. (植) 개 정향(丁香) 풀과의 식물
ápŏdes, -um, m., pl. (動) 무족류
ăpŏdíctĭcus, -a, -um, adj. (論) 명증적(明證的),
　필연적 (論證), 아주 명백한, 의심할 여지가 없는.
apodicticum argumentum. 명증적(필연적) 논증(論證)
apŏdytérĭum, -i, n. 목욕탕의 탈의실, 탈의장(脫衣場)
ăpŏgrăphum, -i, n. 복사(複寫)
ăpŏlactízo, -áre, tr. 발로 차버리다; 멸시(蔑視)하다
Apollinarianismus, -i, m. (웹) Apollinarianism)
　아폴리나리우스주의.
ăpŏlŏgétæ, -árum, m., pl. 호교 교부, 호교론자
ăpŏlŏgétĭcus, -a, -um, adj. 호교의.
　f. 호교(신학), 기초신학(基礎神學)
apologetica, -æ, f. 호교학. pl. 호교신학(護敎神學)
Apologeticum. 호교론(護敎論)(Florens Tertullianus 지음)
Apologeticum veritatis.
　진리의 옹호(眞理 擁護)(볼로냐의 람베르토 지음).
Apologeticum veritatis contra Corruptorium.
　오판에 대한 진리의 변론(수도자 William 이 1378년에 쓴 내용을
　수호하기 위해 도미니꼬회에서 쓴 답변서. 백민관 엮음. 백과사전 1, p.724).
Apologeticum Major. 대변론(성화상 논쟁에 관한 책. Nicephorus 지음)
Apologeticum Minor. 소변론(성화상 논쟁에 관한 책. Nicephorus 지음)
ăpŏlŏgía, -æ, f. Apology.獨 Apologie)
　자기변호, 변호기도, 변명(辨明), 변론서; 호교, 호교론.
Apologia ad Constantinum imperatorem.
　콘스탄티우스 황제에게 보낸 변론.
apologia ad extra. 외부에 대한 호교론
apologia ad intra. 내부에 대한 호교론
Apologia contra Arianos. 아리우스파 반박 호교론
Apologia de fuga sua. 탈출에 대한 변론(아타나시우스 지음).
Apologia Doctæ Ignorantiæ. 박학한 무지의 변론,
　De docta ignorantia. 박학한 무지론.
　(독일 신비주의 철학자 Nicolaus Cusanus의 1440년 지음).
Apologia pauperum 가난한 이들의 변론(보나벤투라 지음).
Apologia prima. 첫째 호교서
Apologia pro Ecclesia Angelicana.
　영국 교회를 위한 변론.
Apologia pro Origene. 오리게네스를 위한 변론
Apologia pro vitā sua. 자기 생애의 변명(Newman 추기경 지음)
Apologia secunda. 둘째 호교서, 제2호교론
ăpŏlŏgus, -i, m. 옛말, 동화(童話), 우화(ʔ⑩.寓話)
apologus Æsopi. 이솝우화
apóphăsis, -is, f. (修) 형식적 부정(形式的 否定),
　언급을 피한다고 하면서 슬쩍 암시(暗示)하는 말.
apophatismus＊ -i, m. 부정신학(웹 Negative Thology
　.→긍정신학 웹 Cataphatic Thology).
ăpŏphŏréta, -órum, n., pl. 손님에게 싸 들려 보내는
　작은 선물(특히 Saturnália 축제일에).
apóphthĕgma, -átis, m. 경구(驚句), 금언, 격언(格言)
Apophthegmata Patrum. 교부들의 금언집(金言集)
ăpŏpléctĭcus, -a, -um, adj. 중풍의, 절도의
ăpŏpléxĭa(-is) -æ(-is), f. (醫) 중풍, 졸도(卒倒)
ăpŏprŏĕgmĕna, -órum, n., pl.
　(스토아철학) 거부해야(물리처야) 할 것.
ăpŏrĭŏr, -átus sum, -ári, dep., intr. 곤경에 빠지다
ăposphrágisma, -átis, n. 반지 인장(印章)
ăpostásia, -æ, f. 배교(背敎.웹 Apostasy)
apostasia videtur omnis peccati principium.
　배교는 모든 죄의 근본으로 보여 진다.
apostasia, fidei christïanæ ex toto repudiátio.
　배교란 그리스도교 신앙을 전부 포기(抛棄) 하는 것.
ăpóstăta, -æ, f. 배교자, 변절자(變節者) 탈당자(脫黨者)
ăpostátĭcus, -a, -um, adj.
　배교의, 배교자의; 변절한, 배신의, 탈당의
ăpóstátrix, -ícis, f. 여자 변절자, 변절자(變節者)
ăpostŏlátus, -us, m. 사도직(使徒職.웹 Apostolate),
　포교(布敎), 포교사업(布敎事業), 사도직(使徒職).

apostolatus exercendi ars.
　사도직 실습(웹 art of exercising apostolate).
apostolatus laicus. 평신도 사도직(平信徒 使徒職)
Apostolatus maris. 항해자(航海者) 사목(1977.9.24. 교령)
Apostolatus maris Internationale Concilium.
　해양 사목회(웹 Apostleship of the Sea).
Apostolatus Maritimi Opera. 해양 사도직 단체.
　Cappellanus Operæ Apostolatus Maritimi.
　　해양 사도직 담당 사제/
　Operæ Apostolatus Maritimi Gubernatio.
　　해양 사도직 단체의 방향.
Apostolatus missionariorum. 선교사들의 사도직
Apostolatus peragendi. 교황청 평신도위원회(1976.12.10. 자의교서)
apostolatus precum. 기도의 사도직(웹 apostleship of prayer)
Apostolica actuositas. 사도직 활동(活動)
apostolica benedictio＊ 교황 강복(→교황축복),
　(웹 apostolic benediction/Papal Blessing.
　獨 Päpstlicher Segen).
Apostolica constitutione.
　독일 국립 대학교들 안의 가톨릭 신학부(1983.1.1. 교령).
apostolica disciplina. 사도적 규율(使徒的 規律)
Apostolica nunciatura.
　교황 대사관(웹 Apostolic Nunciature).
Apostolica Sedes, 사도좌,
　Sancta Sedes＊ 성좌(웹 Holy See),
　총주교구 밖의 동방 교계제도(敎階制度)(1970.3.25. 선언).
Apostolica sollicitúdo. (1965.9.15. 자의교서)
　보편 교회를 위한 주교 대의원 회의의 설립.
apostolica vita religiosa. 사도적 수도생활
Apostolicæ Curæ, 사도직의 관심사(1896년 레오 13세 회칙)
Apostolicæ Sedis Tribunalia.
　사도좌 법원(웹 Tribunals of the Apostolic See).
Apostolicam Actuositatem, 사도적 활동,
　평신도 사도직에 관한 교령(1965.11.18.).
ăpostŏlícĭtas＊, -átis, f. 사도 전승성, 사도 전래성
apostólicum(=sýmbolum apostolórum) 사도신경
ăpostólĭcus, -a, -um, adj. 사도의, 사도직.
　m. 교황청 성성의 대서기관.
　De apostolici primatus in beato Petro institutione.
　　복된 베드로 안에서의 사도적 수위권의 설정/
　De missionibus apostolicis. 선교 사도직/
　Homo Apostolicus. 사도적 인간(성 알퐁소 리구오리 지음)/
　In constitutione apostolica, 대사 안내서(1966.6.29. 교령)/
　institutum religiosum apostolicum. 사도직 활동 수도회/
　institutum vitæ apostolicæ. 사도 생활단(공식 수도 서원을
　　하지 않고 공동생활을 하며 고유한 사도적 목적을 추구하면서 공동
　　생활을 하는 회로 골롬반.메리놀.파리 외방 선교회와 빈첸시오 선교회.
　　빈첸시오 애덕 자매회) (웹 society of apostolic life)/
　Unio Apostolica. 영성 생활 촉진 사제회(1862년 창립).
Apostolicæ Caritatis,
　교황청 이주위원회 신설(1970.3.19. 자의교서).
apostolus, -i, m. 사도(ἀπόστολος), 종도(→사도),
　Apostoli testes proximi et oculati fuerunt.
　　(웹 Apostles were the direct eyewitnesses)
　　사도들은 직접 증인, 목격자들이었습니다/
　apostolorum apostola(웹 the apostle of the Apostles)
　　사도들 중의 사도/
　Apostolorum limina, 성년(1975년)의 공포(1974.5.23. 교황교서)/
　Apostolorum Successores. 사도들의 후계자/
　Apostolorum supparem. 성 라우렌시오의 찬미가/
　Canones Apostolorum. 사도규정/
　intus monachus, foris apostolus.
　　안으로는 수도승, 밖으로는 선교사/
　Novéna Apostolorum. 사도 9일 기도, 성령강림 前9일 기도/
　Quid Apostolus Thessalonicensibus scripserit de
　manifestatione Antichristi. cujus tempus dies Domini
　subsequetur. 사도가 反그리스도의 출현에 관해
　데살로니카인들에게 뭐라고 썼는가. 反그리스도의 시대에
　뒤이어 그리스도의 날이 온다(교부 총서 17. 신국론. p.2820)/

A

recipitur libri sacri et traditiones apostolorum. 성경과
사도들의 전승을 수용함(1546년 4월 8일 트리엔트공의회 제4차 회기).
Apostolus in luce collocat veritatem quam Ecclesia
uti thesaurum habere consuevit. 사도는 교회가 언제나
소중히 여겨 온 진리를 강조하고 있습니다.
Apostolus Pácĭs. 평화의 사도(使徒)
apostolus veritatis. 진리의 사도(眞理 使徒)
ăpóstrŏpha(-e) -æ(-es), f. (修) 돈호법(頓呼法
－연설이나 시문 중의 어디에서 갑자기 다른 인물이나 사물로 표현 방향을
바꾸는 것. 1고린 9,1～13 / 2고린 12, 15～19).
ăpóstrŏphos(-us) -i, m. (주로 자음의 꼭뒤에 붙여서
그 뒷 모음이 생략되었음을 표시하는) 생략부호('),
Tanton' crímine…? = Tantóne…? 이렇게 큰 죄목으로?
ăpŏthéca, -æ, f. 저장실(貯藏室), 창고, 포도주 창고
ăpŏthĕósis, -is, f.
신격화(神格化.θειοποιεσις), 신의 대열에 올려놓음.
Apoxyómĕnos, -i, m. (고대 희랍의 조각가 Lysíppus가
제작했을) 때를 밀고 있는 조각상.
ăpózĕma, -átis, n. (藥 따위를) 달인 물(것), 삶은 물
apparátĭo, -ónis, f. 준비(準備), 마련, 잘 갖춰진 준비,
조달(調達), 공급(供給), 복선(伏線),
발현(發現.⑨ apparition), 현현(顯現→發顯).
apparátus¹, -a, -um, p.p., a.p. 잘 준비 된, 마련된,
장비 된, 호화로운, 사치스러운, 비용 많이 들인,
할 용의가 있는, 각오한,
domus apparátĭor. 비교적 잘 꾸며진 집.
apparátus², -us, m. 준비(準備), 마련, 참고문헌,
교회 법령집 주해서, (어떤 목적에 쓰이는) 기구, 장치,
(가구.기계.기구.가방 등) 장비품, 호사(豪奢),
호화찬란(豪華燦爛), (연구) 자료.
[Appartus(참고자료)는 Summulæ(요약)와 Tractatus(저작)로 구분된다.
Appartus(참고자료)는 요약 Summulæ 보다 더 완전한 방식으로 특정 제목에
담긴 주제를 다룬 주해 방식을 말한다. 이를 위해 특별히 선호하는 취급 방식은
'학설휘찬 50. 17'의 마지막 제목인 "de diversis regulis juris antiqui(옛날의
여러 법 규정에 대하여)"였다. 이곳에는 200개가 넘는 규정regulæ을 담고
있는 데, 이 규정들은 대부분 '법(法)'이었다. 여기서 '法 규정 regulæ juris'
이라는 말이 유래하는데, 이를 모데나 학교에서는 '보로카르디 Brocardi'라
불렸다. 한동일 지음, 법으로 읽는 유럽사, p.313]/
epulárum apparatus. 호화로운 잔치(殘置)
apparatus críticus. (문서의) 연구 자료
appárens, -éntis, p.prœs., a.p.
명백한; 분명한, 판연한, 겉보기의, 외견상(外見上)의.
apparéntĭa, -æ, f. 나타남, 출현(出現), 발현(發顯)
발로(發露－겉으로 드러남), 겉보기, 외견(外見).
apparentía sensibília 가시적인 형상들
appárĕo, -úi -ĭtum -ére, intr. (ad+páreo) 나타나다
보이다(φαινω), 발현(發顯)하다, 분명(分明)하다.
드러나다(ﬧﬣﬡ.ﬢﬠﬡ), 확실(確實)하다,
(시중들기.보좌.섬김 따위 목적으로) 대령하다.
모시다, 보좌(補佐)하다, 비서(秘書) 노릇하다.
Appáret, servum hunc esse dómini páuperis.
이 종은 가난한 주인에게 속해있는 것이 분명하다/
apparuit gratia(⑨ the grace of God has appeared indeed)
하느님의 은총이 나타났습니다(디토 2, 11 불가)/
esse apparens. 외양적 존재, 현상되는 존재/
Lictóres consúlibus appárent.
호위병들이 집정관들의 앞장을 서서 간다.
apparítĭo, -æ, f. 시중들기, 보좌직책, 호위(護衛)
봉사.奉仕.διακονία.⑨ service), 부하(部下),
하인(δούλος), 발현(發顯.ﬧﬣﬡ.ﬢﬠﬡ.⑨ apparition),
현현(顯現→發顯), 출현(επιϕάνεια).
divinæ quædam apparitiones. 신의 현현(顯現)/
Normæ de modo procedendi in diudicandis præsumptis
apparitionibus ac revelationibus.
추정된 발현이나 계시의 식별 절차에 관한 규범/
visíbĭlis apparitio. 가시적 출현(可視的 出現).
Appárítĭo Beata María Virgo Immaculatæ de Lourdes.
(⑨ apparition of Mary Immaculate at Lourdes)
루르드의 하자 없으신 성모 발현 축일(축일:2월11일).
appārítĭo Mariæ. 성모발현(⑨ apparition of Mary)

apparĭtor, -óris, m.
장관의 하위관(고대 로마의); 보좌관, 비서(秘書).
apparitum, "appareo"의 목적분사(sup.=supínum)
apparĭtúra, -æ, f. 비서직(秘書職), 하위관 직책
áppăro, -ávi, -átum, -áre, tr. (ad+paro) 차리다,
준비하다(ﬡﬢﬠ.ﬢﬡﬠ), 마련하다(ﬢﬠﬡ), 장식(裝飾)하다,
(계획.설계) 작성하다, 작정하다, 계획하다(ﬢﬠ).
De cardinarium congregationibus ad summi pontificis
apparandam electionem.
교황 선출 준비를 위한 추기경 회합/
Hoc fácere noctu apparábant.
그들은 밤에 이 계획을 이행하려고 작정하였다.
appárui, "appareo"의 단순과거(pf.=perfectum)
appéllans, -ántis, m. 상고자(上告者)
appellátĭo, -ónis, f. 말 건넴, 불러냄, 명칭, 칭호, 통칭,
이름, 명사, 발음(發音), 호소(呼訴.⑨ Invocátĭon),
탄원(歎願.⑨ Supplicátĭon), 상소(⑨ appeal),
상고(上告), 공소(控訴), 소명(召命.⑨ Call-부르심).
[Appellatio 상소: Provocatio 상소는 하급심의 판결에 승복하지 않는 소송 당사자
가 상급심 법정에 이의제기(공격)하는 것을 말한다. 판결에 이의제기를 하고자
하는 당사자는 판결의 선고 뒤에 바로 문제한 하급 정무관에게 가능한 빠른
시일(유스티니아누스 황제 때는 10일) 내에 상소장libellus appelatorius을 제출
해야 했다. 이의제기의 상소장이 작성되면, 심판한 하급 정무관은 함께 상소의
대상이 된다. 하급 정무관은 보고서를 기록한 뒤 사건에서 물러나 상소 사건을
상소인의 대리인을 통해 상급 법원에 이송한다. 상급 법원의 판결이 나기까지
대상 판결은 효력이 정지된다. 만일 상고인이 패소하면 벌금형에 처해지거나
판결문이 '더 불리하게peius'로 변경될 수 있었다. 이 절차는 비상 심리절차cognitio
extra ordinem에서 도입되었는데, 점차 개정되면서 유스티니아누스는 민·형사를
가리지 않고 모든 판결에 대한 일반적 불복절차를 완성하였다. 물론 근위장관의
판결과 단순한 행정결정은 제외하였다. '상소appellatio'라는 용어는 초기에 형사
사건의 상소만을 가리키던 '프로보카티오provocatio'와 동의어가 되었다.(D. 49.
1-13; C. 7. 62-70.).
'프로보카티오provocatio'라는 용어의 상소는 공화정기 로마 형법의 전형적인 제도
이다. '프로보카티오'는 정무관에 의해 유죄 판결을 받은 시민이 판결의 집행을
중지해 달라고 민회에 상소하는 종류 가리킨다. 사형에 대한 상소는
첸투리아(켄투리아) 민회가, 벌금에 대한 것은 트리부스 민회가 관할하였다.
하지만 독재관의 결정, 10인심판관Decemviri의 판결, 형사 상설사문소quaestiones
판결에는 상소할 수 없었다. 제국에서 상소는 황제가 관할하였다provocatio ad
imperatorem, ad Caesarem. 그 예가 바로 사도 바오로가 행한 카이사르에게
사도행전 25장 11절에 등장한다. '만일 내가 무슨 법을 어기거나 죽을 죄를
지었다면 사형도 마다하지 않겠습니다. 그러나 이 사람들의 고발에 아무런
근거가 없다면 아무도 나를 그들에게 넘겨줄 수는 없습니다. 나는 캐사르
[카이사르]에게 상소합니다.'불론 불가타 성경에서는 이 구절을 '캐사르에게
상소합니다.Caesarem appello.'라고 쓰지만, 여기서 사용된 개념은 '프로보카티오'
라는 의미의 상소를 말한다. 이렇듯 상소라는 의미의 '프로보카티오provocatio'는
정무관의 억압적이고 강압적인 권한arbitrium으로부터 시민을 보호하는
기본적인 수단이었으며, 동시에 각 사람의 온전한 정치적 자유를 보장하는
도구였다. 그래서 상소의 방식도 무척 단순했다. 로마 시민은 '나는 상소
한다.Provoco.'라고 말하거나 '나는 로마 시민이다.civis Romanus sum.'라고만
말하면 됐다. 이러한 사실은 사도행전 22장 22절에서 28절까지의 이야기에서도
극명하게 드러난다. 사도 바오로[바울]이 사용한 것이 바로 전형적인
'프로보카티오'라는 의미의 상소였던 것이다.
'유대인들은 바오로의 말을 여기까지 듣고 있다가 '이런 놈은 아예 없애 버려라.
죽일 놈이다' 하고 소리 질렀다. 그리고 미친 듯이 고함을 지르고 옷을 내던지며
공중에 먼지를 날렸다. 그러자 파견대장은 바오로를 병영 안으로 끌어 들이라고
명령하였다. 그리고 유대인들이 바오로를 향해서 그렇게 소리 지르는 이유를
알려고 채찍질해서 신문하라고 하였다. 그래서 군인들이 바오로를 결박하자
바오로는 거기에 서있던 백인대장에게 '로마 시민을 재판도 하지 않고 매질하는
법이 어디 있소?' 하고 항의하였다. 이 말을 듣고 백인대장이 파견대장에게로
가서 '어떻게 하실 작업입니까? 저 사람은 로마 시민입니다' 하고 알리자 파견
대장은 바오로에게 가서 '당신이 로마 시민이라는 것이 사실이오?' 하고 물었다.
바오로가 그렇다고 대답하자 파견대장은 '나는 많은 돈을 들여 이 시민권을
얻었소' 하고 말하였다. 이 말을 듣고 바오로는 '나로 말하면 나면서부터 로마
시민권을 가진 사람입니다' 하고 말하니 방마닥에 상소하던 사람들이 곧
물러갔다.   한동일 지음, 로마법의 법률 격언 모음집에서(출간예정)].
De Diversis Appelationibus. 여러 가지 호칭/
Et in majoribus et in minoribus negotiis appellandi
facultas est. 크고 작은 소송에는 상소하는 권한이 있다/
extensio appellátĭonis. 상소의 외연(外延)/
In communi causa quoties alter appellat, alter non,
alterius victoria ei proficit qui non provocavit,
si una eademque caussa fuit defensioni.
Ceterum si diversae alia causa est. 보통의 소송에서 한
편은 상소하고 다른 한 편은 상소하지 않을 때마다,
한 편과 같은 사람이 방어 소송에 있었다면 상소하지
않았던 것이 다른 사람의 승리에 유익하다.
그러나 방어의 소송이 반대편이었다면 다른 소송이 된다/
interpositio appellationis. 상소의 제기(提起)/
Nec judicem oportet injuriam sibi fieri existimare,
eo quod litigator ad provocationis auxilium convolavit.
재판관은 자기에게 손해가 될 수 있는 것을 판단해서는

안 된다. 왜냐하면 소송인은 부리나케 상소의 도움을 청하러 가기 때문이다. 이는 위에서 설명한 데로 가능한 빠른 시일 내에 상소를 해야 한다는 규정 때문이다/
Qui appellat prior, agit. 먼저 상소하는 사람이 변론한다/
Qui non appellat, approbare videtur sententiam. 상소하지 않는 사람은 판결을 인정한 것으로 간주된다. 물건의 객관적 지배 상태를 말한다. 타인의 개입을 배척하여 소유자로서 목적물을 보유하려는 주관적 의사를 말한다/
Qui provocet, nondum damnatus videtur. 상소하는 사람은 아직 처벌받지(형을 선고받지) 않은 것으로 간주 된다/
Uti duplex fertur sententia, ibi duplex appellatio est necessaria. 두 번의 판결이 공표된 곳에서는 두 번의 상소가 필요하다/
Utinam ne appellatio hæc Nostra surdis cadat auribus! 아무쪼록 저의 이러한 호소를 흘려듣지 마십시오!

appellátĭo adhæsiva. 부대 상소(附帶上訴)

appellátĭo deserta. 상소의 포기(上訴 抛棄)

Appellátĭo executionem sententiæ suspendit. 상소는 판결의 집행을 정지시킨다(교회법 제1638조).

appellátĭo extrajudiciális. 재판 밖의 상소(上訴)

appellatio fraternitatis. 형제적 부름

Appellatio in orationem se vertit.([영] At this moment this appeal becomes a prayer) 이제 호소는 기도로 바뀐다.

appellátĭo incidentális. 중간 상소(上訴)

appellátĭo judiciális. 재판상 상소(上訴)

appellátĭo litterarum. 글자들의 발음(發音)

appellátĭo obligátoria. 의무적 상소(上訴)

appellátĭo principális. 주 상소(主 上訴)

appellatio tamquam ad abusu(=recursus ad abusu) 직권 남용에 대한 탄원, 상소.

Appellatio translaticia, id est "Ecclesiæ Sorores", utinam sine intermissione nos comitetur hoc in itinere. "자매교회들"이라는 전통적인 호칭은 이 길에서 언제나 우리와 함께 해야 합니다.(1995.5.25. "Ut Unum Sint" 중에서).

appellátĭo tribunorum. 호민관에의 상소(上訴)

Appellátĭones et attributa Dei. 하느님의 명칭과 그분의 속성([영] Titles and attributes of God).

Appellátĭones sacramenti Pœnitentiæ et Reconciliátĭónis. 고해성사에 대한 명칭.

Appellátĭones Spiritus Sancti. 성령의 명칭([영] Titles of the Holy Spirit).

appellātívus, -a, -um, adj. 명명(命名)의. (文法) 총칭적인, 통칭적인.
nomen appellatívum. 보통명사.

appellátor, -óris, m. 상소인, 공소인

appellātórĭus, -a, -um, adj. 상소(상고.공소)의.
appellátoria tempora. 공소기간/
liéllus appellatorius. 공소장(公訴狀).

appéllĭto, -ávi, -átum, -áre, tr., freq. 늘 부르다, 부르곤 하다.

appéllo[1], -ávi, -átum, -áre, tr. 말 건네다, 말을 붙이다, 인사하다, 손님을 끌다, 이름 부르면서 간청하다, (보호.도움.의견 따위를) 청하다(αἰτὲω), 청구하다, 제안하다, 빚을 갚도록 독촉하다, 지불 권고하다, **호소하다**, **공소하다**, **상고하다**, 법정에 출두시키다, 호출하다, 선언하다, 언명하다, 단언(斷言)하다, **부르다**(קרא.קרי), **명칭 붙이다**, **이름 짓다**, **칭호를 주다**, 언급하다, 지적하다, 발음하다, 음독(音讀)하다.
Appellatus es de pecuniā. 너는 빚 독촉을 받았다/
hunc enim appellat diem Domini. 주님의 날 -그 날을 '주님의 날'이라고 일컫는다/
mercédem appéllas. 너는 품삯을 요구 한다/
Natam sibi ex Poppæa filiam Nero appellavit Augustam. 네로는 포파이아한테서 자기에게 태어난 딸을(포파이아가 자기에게 낳아준 딸을) 아우구스타라고 이름 지었다/
Te sapiéntem appéllant. 사람들이 너를 현자라고 부른다/
tyrannusque appellatus, sed justus. 전제군주라 불리더라도 곧 의인.

appello *alqm* de proditióne. 아무를 반역자로 선언하다

appello tribúnos. 호민관에게 호소하다

appello in *alqā* re. 무슨 일에 대해서 호소하다

appéllo[2], -pŭli -púlsum -ĕre, tr. (ad+pello) …로 몰고 가다, …로 움직여 가게 하다, 향하게 하다, (해변에) 대다, 착륙시키다, **상륙시키다**, 상륙하다, 착륙하다, 억지로 가게 하다, 강제로 당하게 하다, (마음.정신을 어디로) 돌리다, (어디에) 쏟다.
ad bibéndum oves appello. 양들을 물 먹이러 몰고 가다/
ad ignótum me appéllis, 너는 나를 알지도 못하는 사람에게 억지로 가게 하지만/
appúlsæ líttori naves. 해변에 닿은 배들/
appúlsi navigiis. 배로 상륙한 사람들/
Navis Dertósam áppulit. 그 배는 Dertósa에 착륙했다.

appello *alqm* ad mortem. 아무를 사지로 몰아넣다

appénděo, appéndi, appénsum, -ére, tr. = **appendo**, intr. 어디에 달리다, 붙어 있다, 불확실하다, 의심스럽다.

appendícĭum, -i, n. 추가(追加), 부록(附錄), 부속물

appendícŭla, -æ, f. 조그마한 추가, 작은 부속물

appéndix, -ícis, f. 추가(追加), 부록(附錄), 부속물, 부가물(附加物), 보조부대, 증원부대(增援部隊). (解) 충양돌기(蟲樣突起-蟲垂).

Appendix Probi 프로부스의 별책

Appendix Vergiliana. 베르길리우스 별록

appéndo, -di, -sum, -ĕre, tr. (ad+pendo) = **appénděo**, 저울에 달다, 달아서 나누다, (형식적인 고려는 않고) 무게 있는 말을 하다.

appercéptĭo, -ónis, f. (哲) 통각(痛覺-1. 새로 생긴 표상을 이미 존재하는 표상에 류화.융합하는 작용. 2. 어떤 사물에 대해 알고자 할 때 의식의 중심부에 그 대상을 뚜렷이 포착하는 의지 작용. 3. 온갖 경험의 인식.사유하는 통일 과정을 통틀어 이르는 말).

áppĕtens, -éntis, p.prœs., a.p. 탐하는, 탐욕 있는, 욕심 많은, 얻으려고 노력하는, 갈망하는.

appetens gloriæ. 영광을 탐하는 사람

appĕténtĭa, -æ, f. 욕망(慾望.[영] Desire/Lust), 욕구(欲求.[영] Desire), 갈망(渴望), 동경(憧憬-마음에 두고 애틋하게 생각하며 그리워함), 소원, 본능적 욕망, 탐욕(貪慾.[영] Concupiscence/Gluttony).

appĕtíbĭlis, -e, adj. 탐낼 만한, 바람직한, 있으면 싶은.
appetibile apprehensum movet appetitum. 인식된 욕구 대상이 욕구를 운동 시킨다/
complacentia appetibilis. 욕구대상에의 흡족.

appetibílĭtas, -átis, f. 가욕구성(可欲求性)

appĕtítĭo, -ónis, f. 잡으려는 행동, 차지하려는 욕망, 갈망(渴望), 탐욕([영] Concupiscence/Gluttony), 동경(憧憬), 자연적인 경향, 욕구(欲求.[영] Desire).
frígidi potus appetitio. 시원한 음료에 대한 갈망.

appetitĭo aliéni. 남의 것에 대한 탐욕

appetitĭo materiæ ad formam. 형상에 대한 질료의 욕구

appĕtítor, -óris, m. 갈망하는 사람, 탐욕자(貪慾者)

appĕtītum, "appeto"의 목적분사(sup.=supínum)

appetítus, -us, m. 침공(侵攻), 침입(侵入), 갈망(渴望), 자연적 욕망, 충동, 식욕, 탐욕, 욕구, 열망, 동경(憧憬).
Ad virum tuum erit appetitus tuus, ipse autem dominabitur tui.([영] Your desire shall be for your husband, and he shall rule over you) 남편을 마음대로 주무르고 싶겠지만 도리어 그가 너를 지배하리라/

appetitus aversatívus. 도피욕구(逃避欲求)

appetitus concupiscíbĭlis. 호의적 욕구기능, 탐욕적 욕구

appetitus elicitus. 지각적(有機的) 욕구

appetitus in felicitatem. 행복에의 욕구

appetitus innatus. 본유적(生得的) 욕구

appetitus intellectívus(voluntas) 지성적 의욕(意慾)

appetitus intellectuális. 이성적 욕구

appetitus irascíbĭlis. 분노하는 욕구기능, 분노적 욕구

appetitus naturális. 본성적 욕구, 자연적 욕구

appetitus rationális. 지적 욕구, 이성적 욕구

Appetitus rationi pareat. 욕망이 이성에 순종하게 하라

appetitus sensitívus 감각적 욕구

A

(자연적 욕구appetitus naturális, 이성적 욕구appetitus rationális, 감각적 욕구 appetitus sensitívus의 구별은 욕구의 대상이 되는 선에 대한 인식의 유무 및 그 인식 방식에 따른 것이다. 따라서 이는 인식 능력에 따른 구별이라고 할 수 있다. 중세철학 제8호. p.118).

appetitus vindictæ. 복수의 욕구(欲求)

apetivi, "appeto"의 단순과거(pf.=perfectum)

áppĕto, -ívi(ĭi), -títum, -ĕre, (ad+peto)
intr. (시간) 가까워지다, 다가오다, 이르다
(누구에게) 속(屬)하다, 관계되다.
Jam appetit meridies. 벌써 正午가 되어 온다.
tr. 다가가다(오다), 향해가다, 이동하다,
잡으려고 가까이 가다, 손을 뻗다,
(존경.자애의 표시로) 다가가서 바른 손을 잡다,
공격하다(חמד.חיר), 습격하다, 덤벼(달려) 들다,
몹시 원하다, 憧憬하다, **추구하다**, 찾다(חמד.חיר),
탐내다(חמד), **노리다, 얻으려고 노력하다**.
Amittit merito proprium qui alienum appetit.(Phædrus)
남의 것을 탐하는 사람은 의당 자기 것마저 잃는다/
Europam appeto. 유럽으로 향해 오다/
mammam áppetens. (엄마의) 젖을 손으로 더듬는/
recte atque honeste vivere appetere.
바르고 정직하게 살기를 희구함.

Appii Forum, -i, n.
Látium의 작은 상업도시로서 Via Appia에 있었음.

appíngo, -pínix, -píctum, -ĕre, tr. (ad+pingo)
…에 그리다, 써넣다, (장식으로) 걸어놓다.

appláudo, -plási -plásum -dĕre, intr. (ad+plaudo)
= **applódo**, -lósi -lósum, -ĕre, tr.
tr. 소리 나게 부딪치다, 때리다.
intr. 손뼉 치다, 박수갈채 하다, 성원을 보내다.
Nobis applaudite. 우리에게 갈채를 보내다오/
Plaudite! 박수들을 보내주십시오(연극이 끝날 때 배우나 가수가 하던 말).

appláusus, -us, m. 박수, 갈채(喝采-크게 소리 지르며 칭찬함)

Applica ad me ephod. 에폿을 내게 입혀 주오

applĭcábĭlis, -e, adj.
대어 붙일 수 있는, 적용할 수 있는, 응용되는, 알맞는.

applicátio, -ónis, f. 정신적 연결; 사교 본능,
관계(특히 귀족과 그 피보호자인 평민과의 관계)
응용(應用), 적용(適用).

Applicatio est vita regulæ. 法規의 생명은 적용이다.

Applicatio Intentionis Missæ.(獨 Application.
獨 Applikation) 미사 지향 적용(適用).

applicátio Missæ. 미사의 지향(獨 Mass intention)

Applicicátio missæ pro populis.
신자들을 위한 미사 봉헌 의무(교회법 제388.534조).

applicátionis Missæ obligatio. 미사 지향 적용 의무.
[사제가 미사를 드릴 때에는 미사의 공덕을 누구를 위해 적용시켜야 한다. 이 공덕의 적용은 산 이를 위해, 죽은 이를 위해, 목적하는 희구를 위해 할 수 있다. 죽은 이를 위한 연(煉)미사는 모든 죽은 이를 위해 혹은 특정한 영혼을 위해 할 수 있고, 산 이를 위한 생(生)미사는 전 인류를 위해, 미사 참석자를 위해, 특정한 사람이나 특별한 목적을 위해 드릴 수 있다. 그러나 교구장이 정한 날에 본당 신부는 소속 본당을 위해 미사를 봉헌할 의무가 있다. 백과사전 1, p.172].

applicatus, -a, -um, p.p., a.p.
결부된, 첨부한, 덧붙인, 기울어진, 향해진.

applicatus ad se diligéndum. 스스로의 사랑에 기울어진

ápplĭco, -ávi(-ŭi), -átum(-ítum), -áre, tr. (ad+plico)
갖다 대다, 곁에 놓다, 붙이다, 기대게 하다,
(배를) 착륙시키다, 대다, 상륙시키다, 결합시키다,
연결하다, 보태다, 적용하다, 응용하다, 맞추다,
감독하게 하다, 직책을 맡기다, 바치다,
(마음.정신.주의력 따위를) 기울이다, 전념하다,
문하생이 되다, 끼어들다.
ad árbores se applico. 나무에 기대다/
ad stúdium se applico. 공부에 전념하다/
Applícor in terras. 나는 상륙 한다/
Juvéntam frugalitáti applico.
청년시대를 검소한 생활에 바치다/
se ad alqm applico. 자신을 누구에게 맡기다,
아무의 문하생(門下生)이 되다.

applĭco, -ávi(ŭi), -átum(itum) -áre, tr. 전념하다

applico alci crímina. 누구에게 죄목을 적용하다

applico se in itínere. 동행이 되다

applícui, "applico"의 단순과거(pf.=perfectum)

applódo, -lósi -lósum, -ĕre, tr.
= **appláudo**, -plási -pláusum -dĕre, intr.

appĺóro, -ávi, -átum, -áre, intr. (ad+ploro)
슬퍼하다, 애통해 하다; 울다.

applúda(=aplúda) -æ, f. 지푸라기; 깍지, 밀기울

applumbátĭo, -ónis, f. 납땜

applumbátus, -a, -um, adj. 납땜한

appódĭo, -áre, tr. 버티어 놓다, 기대어 놓다

appóno, -pósŭi -pósĭtum -ĕre, tr. (ad+pono)
옆에 놓다, 대어 놓다, **붙여 놓다, 갖다 대다. 내놓다**,
(음식.상을) **차려 놓다**. 대접하다, 약을 쓰다, 바르다,
(사람을) **곁에 두다, 붙여 주다**. 지정하다, 채용하다,
임명(任命)하다(מנה.מנא), 무엇을 하도록 시키다.
매수하여 위증케 하다, 감시하게(엿보게) 하다,
부가(첨부)하다, 보태다, 붙이다, 달다.
(음식에 양념을) 치다.
Appósitus erat Venuléjus, qui émerat.
Venuléjus란 사람이 사오도록 책임 맡았었다/
Calumniatóres appósuit, qui dícerent…
그는 모함하는 자들을 시켜서 …라고 말하게 하였다/
cúcumam foco appono. 냄비를 화덕에 갖다 놓다/
Púeri, mensam appónite. 얘들아 상 차려라/
vina appósita. (상에) 나온 술(酒).

appono alqm alci. 아무를 누구 곁에 두다

appono alqm alci pro janitóre.
아무를 누구의 문지기로 두다.

appono alqm custódem alci.
아무를 누구의 경비원으로 붙여주다.

appono láborem ad damnum.
손해 본데다가 수고까지 보태다.

Appono notam ad malum versum.
잘못된 시구절에 표시를 해보다.

appórto, -ávi, -átum, -áre, tr. (ad+porto) 가지고 가다,
운반해 가다(오다), (소식.불행 따위를) 가져오다.

appósco, -ĕre, tr. 더욱 요구하다

appositio, -ónis, f. 부가, 첨부(添附-더 보태거나 덧붙임.
⑨ accretion). (文法) 동격(어).

appósĭtum, "appono"의 목적분사(sup.=supínum)

appósĭtum, -i, n. 부가물(附加物), 첨부물(添附物),
수식적 용법의 형용사(形容詞).

appósĭtus, -a, -um, p.p., a.p. 곁에 있는, 옆에 놓인,
부속된, 이웃의, 알맞은, 적합한, 적당한, 제격인.

appósŭi, "appono"의 단순과거(pf.=perfectum)

appótus, -a, -um, adj. (ad+potus)
실컷 (잘) 마신, 취하도록 마신.

ápprĕcor, -átus sum, -ári, dep., tr. (ad+precor)
(주로 신에게) 청하다, 간청하다.

apprehéndo, -di, -sum, -ĕre, tr. (ad+prehéndo)
붙잡다, 쥐다, (사랑의 표시로) 손을 부여잡다,
부둥켜안다, 끌어안다, 포로로 잡다, 점령하다,
차지하다, 확보하다, 손에 넣다, 우겨대다,
내세우다, 강력히 주장하다, 파악하다, 이해하다.
apprehensus, presbyter factus sum.
잡혀서 신부로 서품 되었다/
bonum apprehensum. 이해된 선.

apprehensĭo, -ónis, f. 포착(捕捉), 붙잡음.; 이해,
(추리에 의하지 않은) 파악(把握).
universalis opinio non movet nisi mediante aliqua
particulari apprehensione. 보편적 견해는 어떤 특수한
이해를 매개로 하지 않고서는 운동을 낳지 않는다.
(신학대전 14, 이상섭 옮김. p.141).

apprehensio composita. 종합적 표상

apprehensio per præsentíam. 현존 지각을 통한 포착

apprehensio qidditatis simplícis. 단순 하성의 포착

apprehensio signorum. 표지의 파악(標識把握)

apprehensio simplex

단순파악(이성의 최초 작용), 단순 이해(單純理解).

apprĕhensum, "apprehendo"의 목적분사(sup.=supínum)

appressi, "apprimo"의 단순과거(pf.=perfectum)

appressum, "apprimo"의 목적분사(sup.=supínum)

appressus, "apprimo"의 과거분사(p.p.)

apprétĭo, -ávi, -átum, -áre, tr. (ad+prétium)
평가하다, 값을 놓다(매기다), 자기 것으로 만들다.

appríme, adv. 우선(優先), 특히, 각별히, 그 중에도

ápprĭmo, -préssi, -préssum, -mĕre, tr. (ad+prétium)
누르다(ㅁㅁㅁ.ㅁㅁ), 밀착시키다.

approbátĭo, -ónis, f. **승인**(承認-Ratihabitio 참조),
시인, 찬동, 인가, 증명, (교회의) 출판 허가.

approbátĭo ad andiendas confessiones. 청죄 허가

approbátĭo amoris. 사랑의 승인(承認)

approbátĭo consequens libri inspirati.
성서 영감의 추인(사후 승락).

Approbátĭo ecclesiæ. 교회의 승인(教會 承認)

approbátĭo explicita. 명시적 승인

approbátĭo tácĭta. 묵시적 승인

approbátor, -óris, m. 승인자, 찬동자, 인가자(認可者)

ápprŏbē, adv. (ad+probe) 썩 잘

ápprŏbo, -ávi, -átum, -áre, tr. 승인(承認)하다,
인정(찬성.시인)하다, 인가하다, 축복하다(ㄱㄱㄱ),
증명(證明)하다(ㅁㄱㄱ.ㅁㄱㄱ), 승인.인정을 얻어내다,
찬동(贊同)하게 하다, 받아들이게 하다.
Dii ápprŏbent! 신들의 축복이 있으라!.

apprŏmíssor, -óris, m. 보증인(保證人)

apprŏmítto, -mísi, -míssum, -ĕre, tr. (ad+promítto)
다른 사람을 위해서 약속하다, 보증하다.

apprŏpĕro, -ávi, -átum, -áre,
intr. 바쁘다, 서두르다(ㄱㄱ), 급히 가버리다.
tr. 빨리 (하게)하다, 서두르(게 하)다,
재촉하다(ㄱㄱㄱ.ㄱㄱ), 몰아세우다.

Appropiate, 원형 apprópĭo, -ávi, -átum, -áre,
[명령법. 현재 단수 2인칭 appropia, 복수 2인칭 Appropiate]

Appropiate Deo, et appropinquabit vobis
(⑨ Draw near to God, and he will draw near to you)
하느님께 가까이 가십시오. 그러면 하느님께서 여러분에게
가까이 오실 것입니다.(성경 야고 4, 8).

Appropinquante Concilio. 다가오는 공의회

apprŏpinquátĭo, -ónis, f. 접근(接近)

apprŏpínquo, -ávi, -átum, -áre, intr. (ad+propínquo)
가까이 가다(오다), 다가오다, 접근하다(ㄱㄱ),
(시간이) 가까워지다, 임박하다, 가까이 있다,
(ut) 바야흐로 …하려하다.
Pastor ad montem appropinquat ut oves reperiat.
목자는 양들을 되찾으려고 그 산으로 다가가고 있다.

apprópĭo, intr. = **apprŏpínquo**, -ávi, -átum, -áre,

apprŏpriátĭo, -ónis, f. 특성의 適正化(impropriatio와 대조),
인간 속성화(신학자 토마스 아퀴나스. p.479 참조),
(神) 귀속(歸屬).⑨ appropriation-삼위일체 교리에 있어서 삼위에
공통된 속성 또는 활동을 어떤 의미에 있어서 한 persóna에게 돌리는 일).

appróprĭo, -ávi, -átum, -áre, tr. (ad+próprium)
자기 것으로 만들다.

appróxĭmo, -ávi, -átum, -áre, tr. (ad+próximus)
최대한으로 가까이 가다.

appúgno, -áre, tr. (ad+pugno) 덤벼들다, 습격하다

Appuli… V. **Apuli**…

appúlsæ líttori naves. 해변에 닿은 배들

appúlsi navigiis. 배로 상륙한 사람들

appúlsus, -us, m. 접근(接近), 근접(近接-가까이 다가감),
(배를) 댐, 착륙, 상륙, 근접에서 오는 영향, 작용, 감화.

apra, -æ, f. 암산돼지

apricátĭo, -ónis, f. 햇볕 쬐임

aprícĭtas, -átis, f. 양지, 햇볕 드는 곳; 따뜻한 기운

aprícor, -átus sum, -ári, dep., intr. 햇볕 쬐이다

aprícus, -a -um, adj. 햇볕이 잘 드는, 양지 바른,
햇볕에 드러난, 햇볕 좋아하는, 햇볕 쬐이는,

(날씨) 맑은, 따뜻한(ㅁㅁ). n. 햇볕 잘 드는 곳, 양지.

Aprílis, -e, adj. 4월의, m. 사월(四月, mensis veneris).
ante diem quartum Idus Apríles.(a.d. IV Id. Apr.). 4월 10일/
Decies mense Aprili Marco scripseram ; mense Sextili,
et semel tantum, respondit. 4월 달에 나는 마르쿠스에게
열 번(이나) 편지를 썼다. 그런데 그는 8월에 가서야
그것도 단 한 번 답장을 했다/
Nonis Aprílibus. 4월 5일에.

aprínus, -a, -um, adj. 산돼지의

apros ago. 산돼지(m. aper, apri) 사냥을 하다

apsi… V. **absi**…

apta dies. 적당한 날(negotiosi dies. 일하는 날)

aptátor, -óris, m. 설립자(設立者), 정돈자(整頓者)

aptátus, -a, -um, p.p., a.p. 적합한.

apterygogénĕa, -órum, n., pl. (動) 무시류(無翅類)

aptitúdo, -dĭnis, f. 적합성(適合性), 적성(適性),
(특수한) 재능(才能), (哲) 능력성(能力性)

apto, -ávi, -átum, -áre, tr. 맞게 하다, 맞추다,
적응시키다, 준비하다(ㅁㅁ.ㅁㅁ), 태세를 갖추다,
장비(裝備)하다, 딱 들어맞게 하다, 적절하게 만들다.
Hoc verbum est ad id aptatum.
이 말은 그것에 꼭 들어맞았다/
sarcínas itíneri apto. 짐을 꾸려 행군할 채비를 하다.

apto se armis. 무장하다

aptus, "apiscor"의 과거분사(p.p.)

aptus, -a, -um, p.p., a.p. 동여 매인, 달려 있는, 매달린,
밀착된, 고착된, 밀접히 연결된, 속해 있는. 정비된,
정돈된, 갖추어진, 갖춘, 장식된.
gládius e lacunári aptus. 천장에 매달려 있는 검/
ómnia ad bellum apta ac paráta.
전쟁을 위한 모든 준비는 다 잘 되었다/
res inter se aptæ. 서로 밀접히 연결된 것,
adj. **적합한, 적당한, 합당한**, 쓸모 있는, 편리한,
자격(資格) 있는, 잘 맞는, **알맞은**, 특유의.
apta dies. 적당한 날(negotiosi dies. 일하는 날)
aptam condicionum laboris tutelam.
노동 조건들의 적합한 규제/
cálcei apti ad pedem. 발에 잘 맞는 구두/
res apta ætáti. 나이에 알맞은 일.

apud, prœp.c.acc. (장소) **옆에**, (가까이, 가에, **에(서)**,
(사건발생의 도시.섬.지방.강) **근처에, 부근에(서), …에(서),
(누구) 가까이에, **곁에; 집에;** 수하에,
문하에, 있는 데서; 신전에(서)
(국민.민족) 에게 있어서, 중에서, (집단) 에(서),
(누구) 앞에(서), 면전에서,
(관계되는 사람) 에게, 한테는, …에 의해서,
(누구의) 기록에, 저서에, 책에.
소견으로는, 판단에 의하면, 한테는.
Dives est modestia apud Deum, apud quem nemo est
dives. 겸양은 하느님 대전에서 부유한 (덕성)이다. 하느님
앞에서는 그 누구도 아무도 부유한 사람이 못 되니까/
Divítiæ apud illos sunt. 재산(財産)이 그들에게 있다/
esse apud exércitium. 군대(軍隊)에 있다/
hic apud me. 여기 내 집에서/
Non sum apud me. 나는 내 정신(精神)이 아니다/
pugna apud Cannas facta. Cannœ 부근 전투/
Si apud vos memória rémanet avi mei,
너희에게서 내 할아버지의 기억이 사라지지 않았다면/
suéta apud palúdes proelia. 늪지대에 흔히 있는 싸움.

apud avúnculum. 외삼촌댁에

apud Ciceronem. 키케로의 글에 의하면, 치체로의 서적에

apud deos. 신전(神殿)에서

apud focum. 난로 옆에, 화덕 근처에

apud forum. 법정에서

apud gratos beneficia locáta.
고마운 줄 아는 사람들에게 베푼 은혜(恩惠).

apud herum. 상전 앞에서

apud judicem. 심판인의 심사(審判人 審査)

Apud matrem recte est. 그는 어머니 곁에서 잘 지낸다
apud me. 나한테는
Apud me hábitant.
그들은 나한테(나의 집에서) 기거하고 있다.
Apud nostros(=a nostris) Justítia culta est.
우리 조상들은 정의를 숭상(崇尙)하였다.
Apud philosophos, Philosophia prima utitur omnium scientiarum documentis. 가장 철학적인 철학인
제일 철학은 다른 모든 학문의 기록이다.
apud Platónem. *Platon*의 저서에
apud regem. 왕의 어전에
apud Romanus. *Roma*인들에게 있어서
apud se esse. 제 정신이다. 자신을 통제하다
apud superos. 하늘나라에
Apud te est enim sapientia.
지혜는 당신께 있사옵니다.(고백록 3.4.8).
apud te servus acceptissimus. 네 마음에 썩 드는 종
apud urbem(=in urbe) Roma 시에
Apud vetustissimos Romanos December non duodecimus, sed decimus erat anni mensis.
상고시대의 로마인들에게는 12월이 열두 번째 달이
아니었고 한 해의 열 번째 달이었다.
aqua, -æ, f. 물(水.מַיִם.ὕδωρ.㊎ water.
獨 Wasser.프 eau), 비, 빗물, 바다, 호수,
강, 수도, 물시계, 제한된 시간, 눈물, 수종(水腫).
(藥) 물, 액체(液體), 용액(溶液).
pl. 대량의 물, 홍수(洪水), 온천(溫泉), 목욕탕(沐浴湯).
[Aqua 물, 인수지역권引水地役權: Aquaeductus 수도시설:
Aquae haustus 용수지역권-'Iter' 참조).
1. '아쿠아aqua', 곧 인수지역권은 타인의 토지에서 또는 그것을 관통하여 물을
끌어올 권리를 말한다. 2. '아쾌둑투스aquaeductus'는 수도시설을 의미한다.
공용의 수도는 특별법의 보호를 받았다. 기원전 11년에 한 원로원 의결,
퀸크티우스 법lex quinctia과 같은 법률들, 특히 제정기 후기에 빈번했던
칙법들은 수도의 훼손에 형사적 제재를 하였다. 사유 수도는 특시 명령으로
보호되었다. (C. 11. 43.). 3. '아쿠애 하우스투스aquae haustus'는 타인의 토지에서
물을 길러 올리는 역권을 말한다. 이를 '용수지역권'이라 하였다.
한동일 지음, 로마법의 법률 격언 모음집에서(출간예정)].
Aquae ductus est ius aquam ducendi per fundum alienum. 수도는 타인의 토지를 통해
물을 끌어오는 권리이다/
aquam dare. 물시계로 변호인의 발언시간을 정하다/
aquam duco. 물을 마시다/
aquam et terram ab *alqo* pétere. 항복을 요구하다,
(Pérsia의 관습: 물과 땅을 요구하다)/
aquam irrigo in *alqd*.(irrigo 참조) 무엇에 물을 끌어대다/
Aquam pluviam dicimus, quae de coelo cadit atque imbre excrescit. 우리는 하늘에서 떨어지고
비바람이 커진 것을 비라고 말한다/
Aquam præbére. 만찬(晩餐)에 초대하다/
Aquas legales in vina evangelica vertit virtute sua.
그분은 당신의 힘으로 율법의 물을 복음서의 포도주로
바꾸었다(계약의 신비 안에 계시는 마리아, p.309)/
aquarium cogeries. 물이 모인 곳(창세 1, 10)/
benedictio aquæ* 성수 축복(聖水 祝福)/
bíbere aquam servam(líberam) 노예 신분이다(자유인이다)/
bibo aquam. 물을 마시다/
canálibus aqua immíssa. 운하에 끌어들인 물/
Cápite solo ex aquā exstábant.
그들은 머리만 물 위에 내놓고 있었다/
Caput aquae est unde aqua nascitur.
물의 기원은 물이 시작되는 곳이다/
dare aquam mánibus. 식사 전에 손 씻도록 물을 주다/
dítior aquæ. 물이 더 풍부한/
Domine, da mihi hanc aquam.
주님, 저에게 그 물을 주십시오(200주년 기념 신약 요한 4, 15)/
ductus aquarum. 수도(水道-水路)/
Ex imbribus aqua perpluit. 소나기로 물이 샌다/
Gútture fac pleno sumpta redúndet aqua.
목구멍까지 가득 마신 물이(물을) 쏟아져 나오게 해라/
Haurire aquam ex púteo.(púteus 참조) 우물에서 물을 긷다/
Haurietis Aquas.(1956.3.15. 교황 비오 12세가 발표한 "예수 성심 공경에
관한 회칙") 물을 길으리다, 너희는 물을 마시리라/
Hortus fonte rigátur aquæ. 동산에 샘물을 대주다/
immergo manus in aquam. 물에 손을 담그다/
immórĭor Euxínis aquis. 흑해에 빠져 죽다/
Implete hydrias aqua. (gemi,sate ta.j u`dri,aj u[datoj)
(獨 Füllt die Wasserkrüge mit Wasser!) (㊎ Fill the jars with water) 물독에 물을 채워라(성경 요한 2, 7)/
그 항아리마다 모두 물을 가득히 부어라(공동번역)/
물독에 물을 채우시오(200주년 기념 신약성서 요한 2, 7)/
intra aquam manére. (포도주 없이) 물만 마시다/
Me ad aquam petendam misit.(당위분사문)
(=Me ad petendum aquam misit-동명사문)
그는 물을 구하기 위해 나를 보냈다/
Mihi bíbere decrétum est aquam. 나는 물을 마시기로 했다/
Mutáre aquam in vinum. 물을 술로 변화시키다/
Præterea, aqua est creata a Deo,: quæ tamen creata non commemoratur. Insufficienter ergo rerum creatio describitur. 그밖에도 물은 하느님으로부터 창조되었는데
그 창조에 대해 언급하지 않았다. 따라서 사물들의
창조에 대해 충분치 않게 서술되었다/
Quǽritur inter médicos, cujus géneris aquæ sint utilíssimæ. 어떤 종류의 온천이 가장 이로운지
하는 것이 의사들 사이에서 연구되고 있다/
rex aquárum. 바다의 왕 Neptunus/
satis aquæ. 넉넉한 물/nimis aquæ. 너무 많은 물/
Sídera respóndent in aquā. 별들이 물속에 비친다/
tempero aquam ígnibus. 물을 불로 덥히다.
aqua amara. 쓴 물
aqua ammóniæ. 암모니아수(水)
aqua baptismális* 성세수(聖洗水→세례수),
세례수(洗禮水.㊎ baptismal water.獨 Taufwasser),
세례성수, 정화수(淨華水), 정결례수(淨潔禮水).
[세례예식 때 세례성수를 사용하는 것 외에 다른 예식 때 성수를 사용하는 관습은
동방 예식에서는 4세기부터, 서방 교회에서는 5세기부터이다. 성당 입구에
성수대를 비치하는 것은 Norman 시대(10세기)에 일반화되었다. 백과사전 2, p.284].
aqua benedicta* 성수(㊎ holy water.獨 Weihwasser).
aqua lustrális. 속죄 성수.
aqua benedicta. 축복된 물(materia proxima.)
aqua chloráta. 염소수(鹽素水)
aqua commúnis. 상수(常數)
aqua cresólica. 크레졸水
aqua dedúcta. 끌어 온 물
aqua distilláta. 증류수(蒸溜水)
aqua ducis. 단물
Aqua eluctabitur. 물이 제 길을 뚫을 것이다.
aqua frigida. 냉수(冷水), 찬물(冷水)
aqua gelida. 얼음물
aqua Gregoriana.(㊎ Gregorian water.
獨 Gregoriuswasser) 그레고리오 성수(聖水).
(포도주.재.소금 등을 섞어 주교 또는 집전 신부에 의하여 성별된 성수성당
복성 reconciliátio 예식에 씀. 그레고리오 大교황의 이름으로 되어 있기에
그레고리오 성수라고 부른다. 백민관 신부 엮음, 백과사전 2, p.199).
Aqua hæret. 난처하게 되었다, 물시계가 멎었다.
("제한된 시간이 다되어 난처하게 되었다"라는 뜻).
aqua intercus. (醫) 수종(水腫)/subtercutaneus morbus.
aqua levata vento. 바람에 높아진 물결
Aqua lustralis(㊎ Water of Expiation)
정결례수(淨潔禮水), 속죄 성수.
aqua pluviæ. 비(βροχή.雨)/ tenues pluviæ. 가랑비
Aqua prodigiosa(lavatoria miraculosa).
기적수(奇蹟水), 영험수(靈驗水).
Aqua profunda est quieta. 깊은 물이 고요하다.
aqua profluens. 흐르는
aqua régia. 왕수(王水-試藥)
aqua rosæ. 장미 향수
aqua sacramenti. 성사(聖事)의 물.
Aliud est ergo aqua sacramenti, aliud aqua quæ significat Spiritum Dei. Aqua sacramenti visibilis est; aqua Spiritus invisibilis. 성사의 물이 다르고, 하느님의
영을 뜻하는 물이 다릅니다. 성사의 물은 눈에 보이지만,

영의 물은 보이지 않습니다(최익철 신부 옮김. 요한 서간 강해, p.291).
aqua suæ spontis. 샘에서 흐르는 물
Aqua suffunditur. 물이 쏟아져 내리다.
aqua summa. 수면(水面)/aqua amara. 쓴 물
aqua trepidat. 물소리 나다
Aqua turbida morbos éfficit.
　더러운 물이 여러 가지 병을 생기게 한다.
aqua turbida. 흙탕물/ros purus. 맑은 물
aqua vitæ. 생명의 물.
　Dere liquerunt me fontem aquæ vivæ.
　생명수의 샘인 나를 그들은 버렸다.
aquæ, -árum, f. pl.(복수에서는 단수보다 다른 뜻 더 가짐) 약수, 온천
aquæ convenæ. 합류된 물
aquæ et ignis interdictio. 귀양 보냄.
　유형(流刑.relegátio, -ónis, f.).
aquæ salientis in vitam æternam(⑨ water welling up to
　eternal life) 영원한 생명을 주시는 물.
Aquæ vaporant. 물이 증발(蒸發)한다.
ăquædúctus(=aquæ ductus), -us, m. 수도(水道),
　수로(水路), 수도교 수도, 수도 설비(設備).
ăquālícŭlus, -i, m. (解) 위(胃), (대.소장이 있는) 아랫배.
　in officina aqualiculi sui. 부른 배의 제조소,
　그 위장의 공장에서(최익철 신부 옮김).
ăquális, -e, adj. 물의, 물기 있는, 수분 많은, 비가 올 듯한.
　m. 물병, 물통
aquális pœna. 물에 잠그는 벌
aquamanile. 수반(水盤-미사 전후 손 씻는 물그릇. 수반은 사자.
　사자 모양의 괴조怪鳥, 혹은 용과 같은 맹수 형태로 만들었다).
ăquárĭum, -i, m. 수족관(水族館)
ăquárĭus¹, -a, -um, adj. 물의, 물에 관한. n. 여항, 수족관
ăquárĭus², -i, m. 물 긷는 사람.노예, 수도 감독관.
　(天) 보병궁(寶甁宮).
ăquátĭcus, -a, -um, adj. 물속이나 물 주위에 사는,
　물에서 나는, 습기 있는, 물기 있는, 비가 올 듯한(구름.바람).
ăquátĭlis, -e, adj. 물에 사는, 물에서 나는,
　물기 있는, 수분 많은. n., pl. 수서 동물(水棲 動物).
ăquátĭo, -ónis, f. 물 공급, 물 운반, 물 사용,
　가축 물 먹이는 샘.못,
　(자연적으로나 인공적으로 된) 풍부한 수량(水量).
ăquátor, -óris, m. 물 공급자(供給者)
ăquátus, -a, -um, adj. 물 머금은, 수분 많은, 물 섞인
aquifoliácěæ, -árum, f., pl. 감탕나무과 식물(植物)
aquífŭga, -æ, f., m. 공수병 환자(恐水病 患者)
aquiherbósa, -æ, f. (植) 수생초원(水生草原)
áquĭla, -æ, f. (動) 독수리, (天) 독수리 성좌,
　Júpiter의 번개를 지니고 다닌 독수리.
　[성경에서의 독수리의 존재를 상징한다(에제 1, 10; 10; 14; 17, 3; 묵시 4, 7; 8, 13).
　성 요한 복음사가의 상 아우구스티노 및 십자가의 성 요한의 표상이다. 전통적
　으로 하느님의 영광을 지시하는 그리스도를 상징하는 의미를 뜻한다.
　초대 교회에서는 세례의 표징으로 썼다. 백민관 신부 엮음, 백과사전 1, p.916)].
　More volans aquilæ verbo petit Johannes.
　독수리처럼 날아 오른 요한은 자기의 말(言)로 별들에
　이르기까지 올라간다.
　[요한은 나는 독수리의 힘으로 자기 말(言)의 권위로 하늘에 들어갔다].
Aquila altissime omnium avium volat.
　독수리는 모든 새 중 가장 높이 난다.
aquila aves agitans. 새들을 쫓는 독수리
aquila imperialis. 독수리 깃발
aquila mas. 숫 독수리
aquila mas fortissimus. 대단히 힘센 숫 독수리
Aquila non capit muscas. 독수리는 파리를 잡지 않는다.
Aquilaria agallocha. 침향(沈香)(구약성경 시편 45:9, 잠언 7:17,
　아가 4:14, 신약성경 요한 복음서 19:39, 200주년신약 요한 복음서 19:39).
áquĭlex, -legis, m. (aqua+lego)
　(우물.수도를 위한) 수맥(水脈) 찾는 기술자(技術者).
ăquílĭfer, -fĕri, m. (áquila+fero)
　독수리 휘장 기수(旗手), Roma 군단 기수.
áquĭllínus, -a, -um, adj. 독수리의, 독수리 같은
ăquílĭus, -a, -um, adj. 거무스름한, 거무튀튀한
áquĭlo¹, -ónis, m. 북풍(⑨ north wind), 폭풍, 북녘.

[áquĭlo, aquilonis, m. 북쪽/auster, austri, m. 남쪽/
meridies, meridiei, m. 남쪽/occĭdens, occidentis, m. 서쪽/
oriens, orientis, m. 동쪽/septentrio, septentrionis, m. 북쪽/
cæli regiones quatuor. 사방, 동서남북/
mundi cardines. 사방 동서남북].
Et venient ab oriente et occidente et aquilone et austro
et accumbent in regno Dei.
　그러나 동쪽과 서쪽, 북쪽과 남쪽에서 사람들이 와
　하느님 나라의 잔칫상에 자리 잡을 것이다(성경 루카 13, 29).
Aquĭlo², -ónis, m. 폭풍의 신
áquĭlonáris, -e, adj. = áquĭlónĭus
áquĭlónĭus, -a, -um, adj. 북풍의, 북쪽(으로 부터)의
áquĭlus, -a, -um, adj. 거무스름한, 검은 빛의
Aquínas, -átis, adj. Aquínum의, m. Aquínum 사람
Aquínĭus, -i, m. 로마의 엉터리 시인 이름
Aquínum, -i, n. Látĭum의 도시(지금의 Aquíno)
ăquo, -ávi, -átum, -áre, tr. 급수되다, 물이 가득 차다,
　pass. aquári로 쓴다.
ăquor, -átus sum, -ári, dep., intr. 물을 길어 오다,
　miles aquátum egréssus. 물 기르러 나간 병정.
ăquósus, -a, -um, adj.
　물 많은, 물이 가득 찬, 습기 많은, 비를 몰아오는.
ăquŭla, -æ, f. 소량의 물(parum aquæ), 졸졸 흐르는 시냇물
ára, -æ, f. 제단(祭壇.תוהֵוב.⑨ Altar), 제대(⑨ Altar),
　화장용 장작더미, 묘석, 기념탑, 유적, 피난처, 보호처.
　((天) (남반구의) 제단좌.
　aspergo aram sánguine. 제단에 피를 뿌리다/
　educo aram cælo. 제단을 하늘까지 높이다/
　Filius agricolæ donum in ara ponit.
　아들이 농부의 선물을 제단에 놓는다/
　Ignis surgit ab ara. 제단에서 불길이 올라간다/
　pingues aræ. (잦은 희생 봉헌으로) 온통 피투성이가 된 제단들/
　S. Maria in ara Cœli. 천상 제대의 마리아 성당/
　turpo aram sánguine. 제단을 피로 더럽히다.
ara Cœli. 하늘의 제단
Arábĭa, -æ, f. 아라비아
Arabs, -ăbis, m. 아라비아인, adj. 아라비아의
Arăbus, -i, m. 아라비아인, adj. 아라비아의
Aráchne, -es, f. Lýdia국의 처녀.
　(Minérva신과의 베짜기 내기에서 져서 그 벌로 거미가 되었음).
arachnóída, -órum, n., pl.
　지주류(蜘蛛類-거미 종류), 거미류(類).
arachnoíděa, -æ, f. (解) 지망막(蜘網膜)
arachnŏlógĭa, -æ, f. 지주학(蜘蛛學), 거미학(學)
Aræ, -árum, f., pl. Sicília와 Carthágo 사이 바다에
　있는 제단 모양의 암초(暗礁).
Aram어, 아람어(תִימַרֲא.⑨ Aramaic language)
ăránĕa, -æ, f. 거미, 거미 줄, 아주 가는 실.
　operæ aranéorum. 거미줄.
ărănéída, -órum, n., pl. 진정지주류(眞正蜘蛛類)
ărănéŏla, -æ, f. (蟲) 작은 거미
ărănéŏlus, -i, m. (蟲) 작은 거미
ărănéósus, -a, -um, adj. 거미줄투성이의, 거미줄과 비슷한
ăránĕus, -a, -um, adj. 거미줄의. m. 거미. n. 거미줄.
　operæ aranéorum. 거미줄.
Arare vastum maris æquor.
　황량한 바다의 수면을 헤치며 가다.
araróba depuráta = chrysaróbĭnum, -i, n.
　(化) 고아 가루에서 얻는 노란 수정체(각종 피부병 치료제)
ărátĭo, -ónis, f. 농사(農事), 경작(耕作), 경작지(耕作地),
　pl. (도지로 주던) 국유지(國有地).
ărātĭúncŭla, -æ, f. 작은 경작지(耕作地)
ărátor, -óris, m. 경작자, 농부, 국유지 경작자
Arátores sibi labórant. 농부들은 자신들을 위해 일한다.
ărátrum, -i, n. 쟁기
　(술.성에.한마루를 삼각형 모양으로 맞춘 농기구. 마소에 끌려 논밭을 갊).
　illigo arátra tauris. 소에 쟁기를 메우다/
　Ad aratrum nemo mitens et retro se se convertens,

A

97

Amen amen dico vobis, est nunquam regni cœlestis.
내 진실로 말하노니, 쟁기를 잡고 뒤를 돌아보는 사람은
어느 누구도 하느님 나라에 들어갈 자격이 없다(하늘나라
의 사람이 아니다(신학교 구일기도 중. 미사통상문을 위한 구일기도, p.384).

ărátus, -us, m. 농사(農事), 경작(耕作).

árbiter, -tri, m. 중재인, 목격자(μαρτυρία), 방청자, 증인,
심사원, 심복(心腹-心腹之人'의 준말), 믿음직한 사람,
중재자(仲裁者).⑨ arbitrátor.獨 Schiedsrichter),
중재 판단을 내리는 사람, 판정자, 심판원, 판별자(判別者),
재판관(裁判官), 주인(主人), 지배자(支配者).
[Arbiter 재정인裁定人, 중재인: Compromissum 타협, 화해 ('Alter, Judex' 참조)
'아르비테르arbiter', '재정인'은 법적으로는 명확하나 사실관계가 불확실한 법률
관계를 확정하기 위해 정무관이 선임했다. 반면 사실관계가 다투어서는 법률
관계가 의심스러운 경우 심판인judex을 선임했다. 재정인은 보통 특수한 전문적,
기술적 지식이 요구되는 소송에서 심판인 명부에 등록된 평균의 로마시민보다
더 나은 자격을 갖은 자가 선임되었다. 재정인의 결정 재량권은 보통의 심판인
소송에서처럼 법무관의 지시에 의하여 심한 제한을 받지 않았다. 후대에 이르면
둘의 기능은 서로 연결되는데, 특히 성의소송bonae fidei iudicium에서 그랬다.
다른 한편 '중재인arbiter'은 분쟁 해결을 위하여 당사자들이 서로 위약금부 문답
계약에 의하여 그의 결정에 대한 이행의무를 부담하는 경우에만 그의
'결정sententia, pronuntiatio arbitri'을 집행할 수 있었다. 중재인의 임무는 우선
당사자의 합의 사항이지만, 방식에 소송 절차에서 방식서에 의해 제한되는
심판인보다 중재인이 더 많은 재량을 가졌다. 원래 중재인 선임은 소송 외의
약정이었지만, 나중에는 법무관의 보호를 받았다. 법무관은 처분으로써
중재인이 당사자에게 부여한 의무의 이행하도록 강제할 수 있었다.
한동일 지음, 로마법의 법률 격언 모음집에서(출간예정)].

Compromissum ad similitudinem iudiciorum redigitur.
타협은 재판과 비슷하게 된다/
remótis árbitris. 증인들을 물러가게 하고/
secretórum ómnium arbiter.
모든 비밀을 털어놓을 수 있는 믿음직한 사람/
Sententia arbitri incerta, nulla est.
재정인인의 불확실한 판결은 무효이다.
Stari debet sententiae arbitri, quam de re dixerit.
소송에 대해 변론한 뒤에는 재정인의 결정을 따라야 한다.

arbiter bibéndi. 연객들에게 음주 규칙을 정해주는 사람,
바텐더/

arbiter elegántiæ. 취미.예의범절의 비판자, 감식가.

Arbiter est qui inter partes judicis assumit officium,
non qui amicabiliter componit.
재정인은 당사자들 사이에서 재판의 임무를 맡은
사람이나, 우호적으로 조정하는 사람은 아니다.

Arbiter nihil extra compromissum facere potest.
재정인은 타협 외에는 어떠한 것도 할 수 없다.

Arbiter poenam infligere non potest.
재정인은 형벌을 부과할 수 없다.

árbïtra, -æ, f. 여자 증인, 방청자(傍聽者),
믿을 만한 여자, 여자 중재인(仲裁人).

arbitrale judicium. 중재(→전구, intercessío, -ónis, f.)

arbitrárĭus, -a, -um, adj. 중재하는, 재정(裁定)의,
재량의, 임의의, 인위적(人爲的)인, 불확실(不確實)한.
conditio arbitraria. 임의의 조건(任意 條件)/
heres arbitrárĭus. 임의의 상속인.

arbitrátĭo, -ónis, f. 중재(仲裁).⑨ arbitrátĭon).

arbitrátor, -óris, m. 판단자, 조정자(調停者),
중재자(仲裁者).⑨ arbitrátor.獨 Schiedsrichter).

arbitrátus, -us, m. 판단(判斷).⑨ Judgment),
의견(意見.⑨ Counsel), 생각(⑨ Thought),
자유재량(自由裁量-개인이 자기가 옳다고 믿는 바대로 일을 처리
하거나 결단함), 임의(任意), 자유의사(自由意思),
자유의지(自由意志).⑨ free will.certitúdo morális),
signum arbitrium. 임의 기호(任意 記號)/
suo arbitrátu. 자기 마음대로.

arbítrĭum, -i, n. 중재절차, 재정(裁定-어떤 일의 옳고 그름을 판단
하여 결정함), 목격(μαρτυρία.目擊), 방청(傍聽),
중재판결(仲裁判決), 심판, 판단, 할 권한, 임의(任意), 뜻,
자유재량(개인이 자기가 옳다고 믿는 바대로 일을 처리하거나 결단함),
자유의지(自由意志).⑨ free will.certitúdo morális).
['임의(任意, arbitrium)'란 성 아우구스티노의 사상에서 영향을 받은 것으로
아우구스티노는 원죄를 범하기 이전의 인간이 타고난 본래의 자유(libertas)를
진정한 의미의 자유라고 하였다. 반면 원죄로 타락한 이후의 인간들이 누리는
자유(arbitrium)는 진정한 의미의 자유가 아니라고 하였다. 전자는 인간이
하느님을 사랑할 수밖에 없도록 된 자유로운 자유이다. 반면 후자는 악에

기울어지기 쉽고, 기울어져 가는 인간의 자유이며, 온전한 자유가 아닌 죄의
종이 된 인간이 누리는 자유라고 했다. 따라서 이런 자유(任意 arbitrium)는
진정한 자유(libertas)의 잔존한 것에 불과하다고 보았다.
변기영 신부 옮김. 신애론(神愛論), 1977년. p.105 참조].

ad alcjs arbítrium totum se fingo.
자신을 온전히 누구의 뜻대로 되게 하다(뜻을) 맞추다/
ágere arbitrium alcjs rei. 일을 자유재량으로 처리하다/
et pro tanto necesse est quod homo sit liberi arbitrii ex
hoc ipso quod rationalis est. 인간이 이성적이라는 바로
그 사실 자체 때문에, 인간이 자유결단을 지닌다는 것은
필연적이다.(은총과 자유. 김 율 옮김. p.168)/
Diatribe de Libero Arbitrio. 자유의지에 대한 비방서/
Id facimus ex libero voluntati arbitrio.
우리가 의지의 자유선택에 의해서 악하게 행동 한다/
itaque æqui et justi hic eritis omnes arbitrii.
(관객 여러분) 모두가 이 사건의 공평하고 정당한 심판
이 되어 주십시오(성 염 지음. 사랑만이 진리를 깨닫게 한다. p.454)/
liberi arbitrii malo usu. 자유의지를 악용함에(신국론. p.1370)/
libertas arbitrii. 선택의 자유/
liberum arbitrium(⑨ Freedom of Will). 자유의지
    (servum arbitrium. '정욕에 노예화된 인간의지'와 대조)/
liberum uoluntatis arbitrium. 의지의 자유로운 선택/
mentis arbitrio. 지성의 판단(교부문헌 총서 17. 신국론. p.2688)/
multitúdinis arbítrio. 중의에 따라/
Non omnes cogitationes nostræ malæ a diabolo
excitantur, sed aliquoties ex nostri arbitrii motu
emergunt. 우리의 모든 악한 생각이 악마에 의해 부추겨
지는 것은 아니고, 때때로 우리 의사의 운동으로부터
출현한다.(신학대전 14. 이상섭 옮김. p.505)/
pro tuo arbitrio. 너의 자유의지에 따라서/
Quid erit liberíus libero arbitrio, quando non poterit
servíre peccato? 죄를 지을 수 없을 정도가 된
자유의지처럼 자유로운 것이 또 있을까?/
recípere arbitrium. (중재인이) 사건 처리에 나서다/
Res est in arbitrio. 중재인 판결을 기다리는 중이다/
servum arbitrium.
노예화된 인간의지, 노예로서의 자유, 노예인 자유의지/
tuo arbitrio, in cuius manu te posui.
네 자유의지의 수중에 너를 두었노라.
    (성 염 지음. 사랑만이 진리를 깨닫게 한다. p.298).

árbĭtro, -ávi, -átum, -áre, tr. = árbĭtror

árbĭtror, -atus sum, arbitrari, dep., tr. 목격하다, 방청하다,
중재 판결을 내리다, 재판하다, 심판하다, 여기다,
생각하다(δοκέω), 믿다, 숙고하다.
ut árbitror. 내 생각에는.

arbor(=arbos) -óris, f. 나무(rʋ. 'Fundus, Glans'참조)
신에게 바쳐진 나무, 수목(樹木), 나무로 만든 물건:
돛대, 노, 배; 형구(形具).
ager árbori infecundus. 나무가 잘 안 되는 땅/
Arbore deiecta, ligna quivis colligit.(Publilius Syrus).
나무를 쓰러뜨리고 나면, 가지야 아무라도 주어 간다/
arboribus succisis. 나무를 뿌리까지 뽑고/
Arboris appellatione, etiam vites continentur.
나무라는 명칭에는 생명도 포함 된다/
Arborum, quae in fundo continentur, non est separatum
corpus a fundo. 나무의 몸체는 땅에 붙어 있고
땅에서 몸체가 떨어질 수 없다/
Desiderant rigári arbores.
나무들은 물이 공급(供給)되기를 갈망(渴望)한다/
In fundum árbores transferebántur.
나무를 소유지로 옮겨 심었다/
infelíces arbores. 열매 맺지 않는 나무/
Fructu arbor cognoscitur. 나무는 열매로 알아본다/
Furtim caesae arbores videntur, quae ignorante domino
celandique eius causa caeduntur. 절도로 자른 나무는
주인 모르게 비밀로 그의 이익이 잘려진 것과 같다/
Non materia multitudine arborum, non frumentum, cujus
erant plenissimi agri, deficere poterat.
나무들이 많아서 자재도 부족할 리 없었고, 또 들판이
곡식으로 그득하였으니까 곡식도 부족할 리 없었다/

98

pendére ex árbore. 나무에 매달려 있다/
Plantare ibi vult arborem, caritatem. 그분은 이 밭에 사랑이라는 나무를 심고 싶어 하십니다(요한 서간 강해. p.129)/
Pomis se arbor índui. 나무가 과일로 뒤덮였다/
Quasi poma ex arbóribus, cruda si sunt, vix avellúntur, sic…. 마치 과일이 익지 않았을 때에는 나무에서 억지로 비틀어 따게 되는 것처럼 그렇게(quasi 참조)/
Ratio non permittit ut ulterius arbor intelligatur, quam cuius fundo origo eius fuerit. 규정은 자기 땅에 그 뿌리가 있었던 것보다 아주 멀리 (다른 사람의 땅에) 나무가 있는 것을 인정하지 않는다/
urbanus árbores. 잘 가꾼 나무/
Vallis arboribus condensa. 나무로 꽉 들어찬 계곡/
Vitæ arbor. 생명의 나무.

Arbor aspectu jucunda et fructus gustu suavis. 보기 좋은 나무와 맛있는 열매.
Arbor boni et mali.([영] Tree of good and evil) 선과 악을 알게 하는 나무.
arbor fici. 무화과나무
arbor florens. 꽃 피는 나무, 무성한(꽃피는) 나무
arbor Hercúlea. 포플러나무/populus, -i, f. (植) 포플러
arbor infélix. 십자가(σταvρὸς-바오로 서간에서 사용. [영] Cross.crux, crucis, f.), 교수대(絞首臺).
Arbor ista minus alta est quam domus. 이 나무는 집보다 덜 높다.[열등의 비교에는 minus(덜, 부정형으로는 non minus 못지않게) 원급의 형용사나 부사 또는 동사와 함께 쓴다].
arbor Jovis. 떡갈나무, Júpiter 나무
arbor mali. 돛대(돛단배에서 돛을 다는 높은 기둥. 帆檣. 檣竿)
arbor Pálladis. 올리브나무
arbor phœbi. (植) 월계수(月桂樹)/trop(h)æum, -i, n.
arbor Porphyrii([영] porphyrian Tree). 포르피리오스의 나무
arbor prostrata. 쓰러진 나무
arbor vetita. 금지된 나무(교부문헌 총서 16, 신국론. p.1396)
Arbor vitæ crucifixæ. 생명의 십자가 나무
Arbor vitæ crucifixæ Jesu Christi.(우베르띠노의 1305년 지음) 십자가에 못 박힌 예수 그리스도의 생명의 나무
arbŏrárĭus, -a, -um, adj. 나무에 관계되는
arbŏrátor, -óris, m. 가지 자르는 사람
Arbores crebriores seri conducit. 나무들을 배게 심는 것이 유리하다.
arbores in ordinem satæ. 줄 맞추어 심은 나무
arbores levi momento impulsæ. 바람으로 약간 움직이는 나무.
arbores raræ. 띄엄띄엄 서 있는 나무들
arbores senescentes. 늙어 가는 나무들
arbores succinctiores. 꼭대기에만 잎이 달린 나무들
arbŏrésco, -ĕre, intr. 나무가 되다, 나무로 자라다
arbórĕus, -a, -um, adj. 나무의, 나무모양의, 가지 있는
arbŏrĭcultúra, -æ, f. 수목재배(樹木栽培)
arbos(=arbor) -óris, f. 나무(עץ), 수목(樹木).
arbúscŭla[1], -æ, f. 관목, 작은 나무
Arbúscŭla[2], -æ, f. Cícero 당시의 유명한 여배우
arbustívus, -a, -um, adj. 나무 심은, 나무가 있는, 포도나무 버티는(나무의).
arbústo, -áre, tr. 나무 심다
arbústum, -i, n. 나무 많이 난 곳(심은 곳), 포도나무 버팀목 재배지, pl. 나무(עץ), 관목, 덤불.
arbústus, -a, -um, adj. 나무 많이 심은, 나무가 무성한. arbústa vitis. 다른 나무에 기대어 오른 포도나무.
arbútĕus, -a, -um, adj. 월귤 나무의
árbŭtum, -i, n. 월귤 나무, 월귤 나무 열매, 서양 소귀나무, 서양 소귀나무 열매.
arbutus, -i, f. 월귤 나무(서양 소귀나무)의 일종
arca, -æ, f. 궤, 곽, 상자, 돈궤, 금고, 관(棺), 좁은 감방, 방주([영] ark.κιβωτὸς.תֵּבָה)(창세 6, 14~16). (聖) 노아의 방주.
Arca fœdéris. 결약의 궤, 성약의 궤. (宗) 계약 궤(בְּרִית א.[영] Ark of the Covenant).
arca Nœ. 노아의 방주(方舟.[영] Ark of Noah)
Arca testamenti. 성약의 궤
Arcana Cœlestĭa. 천국의 비밀(734년 Emanuel Swedenborg 지음)
arcanæ salivæ. 마법의 침. apis aculeus. 벌침
arcáni disciplina. (초대교회의) 내규제도(內規制度)
arcáno, adv. 비밀히, 몰래
Arcanum, 신자들의 결혼(結婚, 1880.2.10.-교황 레오 13세의 칙서. 이혼을 허용하는 국가법에 대항해 혼인의 불가해소성을 강조한 칙서)
arcánus, -a, -um, adj. 말없는, 믿음직한, 조용한, 숨겨진, 비밀의, 은밀한, 신비로운.
n. 비밀(μυστὴριον), 비방약(秘方藥).
Arcanum([영] Arcanum.獨 Arkandisziplin) 묵비계율/
Arcanum demens detegit ebrietas. 폭음은 비밀을 누설한다/
Arcanum Divinæ Sapientiæ. 하느님 지혜의 비밀/
arcanum semen. 신비로운 씨/
De disciplina arcani. 비밀 규범에 대해.
arcárĭus, -a, -um, adj. 상자의, 상자에 들어 있는. m. 회계 맡아보는 사람, 회계관(會計官), 재무장관.
arcélla, -æ, f. 작은 상자
arcem ex cloaca facere. 하수도로 요새를 만들다. (형편없는 것을 가지고 침소봉대 하여 떠들어대다).
árcĕo, -ŭi -ére, tr. 막다(רכס.אלכ.כלי), 둘러막다, 둘러싸다, 가두다, 단속하다, 가까이 오지 못하게 하다, **말리다**, **금하다**, 멀리 떼어놓다, 미리 막다, 보호하다, 지키다(רטש.רטנ.ריטנ.רצנ).
Alvus arcet et cóntinet, quod récipit. 위장은 받아들인 것을 가두어 막는다/
non arceo, quin…. …하는 것을 말리지 않다.
arceo *alqm* ab urbe. 아무를 Roma에 오지 못하게 하다
arceo *alqm* perículis. 아무를 위험에서 보호하다
arceo, ne… 못하게 금하다
arcessítĭo, -ónis, f. 불러 옴, 호출, 소환(召喚); 초대
arcessítor, -óris, m. 호출인, 원고(原告.[영] plaintiff.獨 Klæger), 고발인.
arcessītum, "arcesso"의 목적분사(sup.=supínum)
arcessítus[1], -a, -um, p.p., a.p. 장황하게 늘어놓은 (말), 너무 감정적인, 새삼스러운, 견강부회의.
arcessítus[2], -us, m. 호출(呼出), 초대(초청). *alcjs* arcessítu. 누구의 초대로.
arcessīvi, "arcesso"의 단순과거(pf.=perfectum)
arcésso, -ívi(-ĭi), -ítum, -ĕre(-íre), tr. 오게 하다, 소환하다, 불러오다, 불러내다, 데려오다, 초청하다, 고소하다, 장만하다, 가져오다(אוב), 자기 것으로 만들다, 꾸어오다, 손에 넣다, 붙잡다(רחא.חקל.תקיה.),
얻다(ינק.אנק.קנה), (죽음, 불행 따위를) 초래하다.
Germani auxilio a Gallis arcessiti erant. 게르만인들은 원군으로 갈리아인들에게서 도움을 받았다.[목적 여격dativus finalis로 행위를 하는 목적을 여격으로 지칭한다. 고전 라틴어, p.396]/
judício *alqm* arcesso. 법정으로 소환하다/
Pamphile, haud invito ad aures sermo mihi arcessit tuus. 팜필루스여, 그대의 연설은 저절로(haud invito) 내 귀를 끈단 말이오.
arcesso *alqm* cápitis. 아무를 사형 죄인으로 고소하다
arcesso *alqm* lítteris Cápuā. 편지로 Cápua에서 아무를 초빙해오다.
arcesso auxília ab *alqo*. 아무에게서 증원군을 불러오다
archæŏlŏgía, -æ, f. 고고학(考古學)
archæologia biblíca. 성서 고고학
archæologia christĭana. 그리스도敎의 고고학
archǽus, -a, -um, adj. 옛, 고대의, 고풍의
archángĕlus, -i, m. 대천사, 구품(九品) 천사 중 하삼급의 천사
arche[1], -es(-énis), f. 시작(始作), 기원(起源).
[Arche는 '원질'이라고 번역된다. 세상의 기원이나 현상을 신화적인 설명에 의존하지 않고 이성적으로 따져보려는 시도에서 나온 단어이다. 탈레스는 최초의 물(Hydor)을 Arche로 본다. 그리스의 자연철학자들의 주된 관심사는 바로 이 Arche를 밝히는 것이었다.
신학전망 제103호, 서양철학사에 나타난 무(無), 이종희 신부, pp.86~116].
arche[2], -es, f. 네 명의 Musœ(예술의 여신) 중 하나
archegónĭum, -i, n. ((植)) (고사리.이끼 등 양치류의) 장란기(藏卵器).

archespórĭum, -i, n. (植) 포원 세포군(胞原 細胞群)
archétypum, -i, n. 원형(παράδειγμα), 본; 원본
archétypus, -a, -um, adj. 원형의, 원본의
archi-. (접두어) 우두머리인.두목의.제일의.큰.
　대(大)＝원(原.元)… 따위의 뜻.
archiábbas, -átis, m. 대수도원 총장(總長), 아빠스,
　총아빠스(Abbas Præsea./Abbas generális).
Archiangelus. 大천사(Potestates), (聖) 능품천사
archĭannelída, -órum, n., pl. (動) 원환충류(原環虫類)
archĭbasílĭca, -æ, f. 수위 대성당(首位 大聖堂)
archĭcancellárĭus, -i, m. 대재상(大宰相)
archĭdiácŏnus, -i, m. (주교좌 성당의) 부제장,
　대부제(大副祭.αρχιδιαχονος.⑨ archdeacon).
archidiaconus magnus. 상급 대부제(大副祭)
archidiaconus minor. 하급 대부제(大副祭)
archidiaconus rurális.
　시골 대부제, 대부제구(大副祭區.⑨ rural archidiaconate).
archĭdœcésis, -is, f. 대교구(大敎區.⑨ Archidiocese)
Archidiœcesis Kvangiuensis. 광주대교구
Archidiœcesis Seoulensis.(Archidiœcesis de Seoul)
　서울대교구.
Archidiœcesis Tæguensis. 대구대교구
archidux, -ucis, f. 대공작(大公爵)
archĭĕpíscŏpus＊ -i, m. 대주교(大主敎.⑨ Archbishop)
　(지배자.으뜸 αρχων + 감독자 επισχοπος).
archiepiscopus maiores. 수석 대주교구
archiepiscopus major.
　상급 대주교(⑨ major archbishop)(동방교회).
archigymnasium 18세기 교회의 일류대학인 로마대학을
　볼로냐 대학을 일컫는 명칭
archĭmagírus, -i, m. 주방장(廚房長)
archĭmandríta, -æ, m. 대수도원장(大修道院長)
　(원래 그리스 수도원장에게 쓰던 경칭).
archĭpiráta, -æ, m. 해적두목
archĭprésbyter, -eri, m. 수석 사제
archipresbyter rurális. 시골 대탁덕(상급 성당의 주임사제)
archipresbyteratus, -i, m. 대탁덕구(⑨ archipresbyterate)
archipterúgĭum, -i, n. 원시 지느러미
archĭsynăgógus, -i, m. 유대교 회당장
archĭtécta, -æ, m. 건축가
archĭtécton, -ónis, m. 건축기사, 교활한 책략가.
　Sicut architectores in artificiis nihil manu operantur, sed
　solum disponunt et præcipiunt quid alii debeant operari.
　이는 마치 건축가들이 건축할 때 손으로는 직접 아무것
　도 하지 않고, 다만 다른 사람들이 해야 할 것이 무엇인
　지를 안배하고 명령하기만 하는 것과 같다(신학대전 14. p.441).
archĭtectónĭce, -es, f. (學) 건축술, 건축학
archĭtectónĭcus, -a, -um, adj. 건축에 관한, 건축술의,
　조직적인, 구조적인, 구성적인, 건축양식의.
archĭtéctor, -átus sum, -ári, dep., tr.
　건축하다, 집 짓다, 고안(考案)하다, 마련하다.
archĭtéctor voluptátes. 오락극을 창안(創案)하다
archĭtectúra, -æ, f. 건축, 건축술.
　Pars magni sane momenti in sacra arte certe est
　sacrarum ædium architectura.(⑨ Certainly an important
　element of sacred art is church architecture)
　교회 건축은 성미술의 중요한 요소입니다.
architectura catholica 가톨릭 건축
architectura ecclesiastica.(⑨ Architecture of Churches.
　獨 Kirchengebäude) 교회 건물, 교회 건축.
architectura Latin. 라틴 건축(⑨ Latin architecture)
architectura Normannica. 노르만 양식 건축
archĭtéctus, -i, m. 건축가, 건축기사, 발명가(發明家),
　창시자(創始者), 고안자(考案者), 장본인(張本人).
　summus architectus Deus. 지존하신 조성자 하느님.
archivísta, -æ, m. 서류 보관인(書籍保管人)
archivum, -i, m. (文書保管) 문고(αρχειον에서 由來)
archivum capitulare. 참사회 문서고(文書庫)

archivum cathedrale. 주교좌 문서고
archivum commune. 일반 문서고
archivum diœcesanum. 교구 기록문고, 교구 문서고
archivum ecclesiasticum.
　교회 문서고(⑨ ecclesiastical archives).
archivum historicum. 역사 문서고
archivum monasticum. 수도회 문서고
archivum parœciale. 본당 사목구 문서고
archivum secretum. 비밀 문서고
Archivum secretum Vaticanum. 바티칸 비밀 문서고
archivum Vaticanum. 바티칸 기록문고
arcítĕnens¹, -éntis, m. 활을 든 자
árcibus, arx(arcis, f. 포대, 요새, 아성) 의 복수 여격.탈격
Arcítĕnens², -éntis. m. = Arquítĕnens (天) 사수성좌.
arcosólĭum, -i, n. 궁륭형으로 움푹 파인 묘소.
　[아르코솔리움 ⑨ Arcosolium. 흙이나 바위에 궁륭형으로 움푹 파인 묘소로
　카타콤바에서는 매장지로 사용되었다. 위를 막는 석판(石板) 위에서 성체성사를
　거행하였다. 주빈의 피터 랑 지음, 박 요한 영식 옮김. 전례사전, p.293].
arcte, adv. 좁게, 밀접히, 단단히, 빽빽하게
árctĭcus, -a, -um, adj. 북쪽의, 곰 성좌의.
　Círculus árctĭcusus. 북극권.
arcto = arto
arctóphylax, -ácis, m. (天) 목동(성)좌
Arctos(=us), -i, f. (天) 대웅좌(大雄座), 소웅좌(小熊座),
　북극, 북방, 북쪽나라, 밤.
arctóus, -a, -um, adj. 북극의, 북쪽의
Arctúrus, -i, m. (天) 목동성좌, 이 성좌의 일등성인 대각성
arctus, -a, -um, = artus¹ 간결한, 긴밀한, 협소한.
　Arctum ideo vinculum inter missionem Filii ac Spiritus
　Sancti missionem statuitur(⑨ Thus there is established a
　close link between the sending of the Son and the sending
　of the Holy Spirit) 이처럼 아들을 보내는 일과 성령을
　보내는 일은 서로 긴밀한 관계를 맺고 있습니다.
arcŭátim, adv. 활 모양으로, 궁륭형으로
arcŭátus, -a, -um, p.p. 활 모양으로 휜, 궁륭형의
arcŭballísta, -æ, f.작은 노포(弩砲).쇠뇌
árcubus, arcus(-us, m. 활, 무지개, 아치) 의 복수 여격.탈격
árcŭla, -æ, f. 손 궤, 작은 상자, 옷상자, 그림물감 상자,
　화장품 곽.상자, 창(槍)집, 작은 돈 궤, 작은 무덤.
　[아르꿀래Arculæ. 초기 교회에서 박해가 있을 때 신도가 성체를 담아 가지고
　다니던 조그마한 성체통(聖體筒)을 말한다. 금이나 다른 귀중한 금속으로
　만들어진 이 성체통은 성합의 초기 형태였다. 전례사전, p.293].
arcŭlárĭus, -i, m. 화장품 상자 제조인(製造人)
árcŭo(=arquo) -ávi, -átum, -áre, tr.
　활 모양으로 휘게 하다. pass. 활 모양으로 굽다, 휘다.
arcus, -us, m. [복수 3격(여격)과 복수 5격(탈격) 어미는 -ubus가 됨]
　활(קֶשֶׁת), 무지개, 둥근 천장, 궁륭,
　홍예(무지개), 활 모양으로 세운 개선문, 반원형의 덮개,
　반원형 아치, 만곡(灣曲.활 모양으로 굽음).
　Intensus arcus nimium facile rumpitur.(Publilius Syrus)
　너무 팽팽한 활은 쉽게 부러진다(부러지기 쉽다)/
　Mihi placet hic arcus. 이 활이 내 마음에 든다/
　Prisci homines in specubus habitabant, arcubus feras
　necabant. 원시인들은 동굴에서 살았고 활로 짐승을 잡았다.
ardálĭo, -ónis, m. = ardélĭo
árdĕa¹, -æ, f. (鳥) 왜가리, 해오라기(왜가릿과의 새)
Ardĕa², -æ, f. Roma 남쪽에 있는 Látium의 도시
ardélĭo(=ardálĭo) -ónis, m. 무사분주한 사람,
　무슨 일에나 참견하며 다 아는 체 하는 사람.
Ardénna = Arduénna
ardens, -éntis, p.prœs., a.p. 불타는, 뜨거운, 번쩍이는,
　태우는 힘을 가진, 열렬한, 격렬한, 열화 같은.
　ardéntes clípei. 번쩍이는 방패/
　ardentes laminæ. 벌겋게 단 칼날/
　De quorumdam devotorum ardenti desiderio ad Corpus
　Christi.(⑨ The Ardent Longing of Devout Men for the
　Body of Christ) 신심 있는 사람들의 성체께 대한 열성.
　　　　　　　　　　　　　　　　　　(준주성범 제4권 14장)/
　lampas semper ardens. 성체등(⑨ sanctuary lamp)/
　Nulla est ardentior ad commendandam caritatem.

Nihil vobis dulcius prædicatur, nihil salubrius bibitur;
sed si bene vivendo confirmetis in vobis munus Dei.
사랑을 권고하는 것보다 더 뜨거운 것은 없습니다.
사랑의 설교를 듣는 것보다 더 달콤한 것은 없고, 사랑을
마시는 것보다 더 건강에 좋은 것은 없습니다. 착하게
살아 하느님의 선물을 여러분 안에 굳건하게 하십시오.
(최익철 신부 옮김. 요한 서간 강해. p.381)/
sol ardentíssimus. 작열하는 태양/
vir ardens. 격렬한 사람.

ardens orátĭo. 열화 같은 연설(演說)

ardens plaga. 열대지방(熱帶地方)

ardénter, adv. 뜨겁게, 열렬히

ardenter cúpere. 열렬히 원하다

ardentior, -or, -us. adj. ardens, -éntis의 비교급

ardentíssimus, -a, -um, adj. ardens, -éntis의 최상급.
  Ardentíssimo æstatis tempore exoritur Caniculæ sidus.
  아주 무더운 여름철에 천랑성(시리우스)이 떠오른다.

árdĕo, arsi, arsum, ardére, intr. 불타다, 타오르다.
  불붙다; 달다, 빛나다(חרר), 번쩍이다, 불꽃 튕기다,
  뜨겁다(חרר,חמם), 열이 있다, 타다, 속이 달다,
  어떤 감정으로 격해있다, 욕망으로 타다(불),
  열렬히 사랑하다, (음모.전쟁 따위가) 돌발하다, 터지다.
  alqm ardeo. 아무를 열렬히 사랑하다/
  amóre ardeo. 사랑에 불타다/
  Campi armis ardent. 들판이 무기로 번쩍인다.

ardeo siti. 갈증으로 목이 타다

Ardeo studio laudis. 나는 칭찬 받고 싶은 마음으로 불탄다.
  (일반적으로 형용사나 현재상태를 표시하는 과거분사, 또는 자동사,
  특히 감정을 표시하는 동사 및 형용사의 원인을 표시하기 위하여
  아무런 전치사 없는 탈격을 쓴다.

ardésco, -arsi, -ére, intr., inch. 불붙기 시작하다,
  불타다, 달아오르다, 빛나다(חרר), 번쩍이다. 속 타다,
  몹시 흥분하다, 뜨거워지다, 치열해지다.

ardor, -óris, m. 화염(火焰, flamma -æ, f.), 열화(熱火),
  화재(火災), 뜨거움, 빛남, 번쩍임, 정열, 열성(熱誠),
  열망(熱望), 격앙(激昂), 사랑, 사랑하는 여자.
  De ardore animi ad divina 하느님 일에 대한 열정/
  하느님 것에 대한 열정에 대하여/
  transmitto fébrium ardórem. 열(熱)을 감수하다.

ardor amóris. 정열적인 사랑

ardor caritatis. 사랑의 불꽃.
  Opera misericordiæ cessabunt; numquid ardor caritatis
  exstinguetur? 자선행위가 없어진다고 사랑의 불길이
  꺼져 버리겠습니까?.(최익철 신부 옮김. 요한 서간 강해. p.353).

Ardor et impetus fit in hostes.
  맹렬한 공격이 적군에 대하여 가하여진다.

ardor oculórum. 눈의 광채.

ardor puéllæ cándĭdæ. 청순(淸純)한 소녀에 대한 사랑

Ardor studiumque maximum. 위대한 열성(熱誠)

ardue, adv. 가파르게, 험준하게.
  magis ardue, ardue의 비교급/
  maxime ardue, ardue의 최상급.

Arduénna(=Ardénna), -æ, f.
  Cæsar 시대에 Gállia에서 제일 큰 숲.

arduior, -or, -us. adj. árdŭus -a, -um의 비교급

arduissimus, -a, -um, adj. árdŭus -a, -um의 최상급

ardúĭtas, -átis, f. 험준(險峻), 험난(險難)

árdŭum, -i, n. 험준한 곳, 난관(難關), 곤란(困難).
  Ardua ad gloriam via. 영광에 이르는 길은 험난하다/
  ardua terrárum. 험악한 산(mons improbus)/
  Utraque quæstio ardua est.(⑲ Both questions are
  difficult) 두 가지 물음이 다 어려운 물음입니다.

Arduum Sane Munus. 참으로 힘든 직무.
  [1904년 3월 19일 비오 10세는 자의교서 Arduum Sane Munus를 통해 법전
  편찬을 지시했다. 이에 피에트로 가스파리(Pietro Gasparri, 1907년부터 추기경
  으로 서임)의 주도 하에 교회법전 편찬위원회가 구성되고 법전편찬을 진행하기
  시작했다. 1916년 7월에 최종 시안이 완성되어 같은 해 8월에 배포되었다.
  이를 베네딕도 15세는 1917년 성령 강림 대축일에 친서 현명한 어머니
  Providentissima Mater를 통해 반포했다. 한동일 지음, 유럽법의 기원, p.109].

árdŭus, -a, -um, adj. 가파른, 험준한, 우뚝 솟은,
  하늘을 찌를 듯한, 험난한, 어려운(חרר), 벅찬,

위험한, 귀찮은, 괴로운, 힘 드는.
  Aequam memento rebus in arduis servare mentem.(Horatius).
  곤경에 처하여 정신적 평정을 보전하도록 유념하라!/
  bonum arduum. 힘이 드는 선(가톨릭 교회의 가르침 제18호, p.216)/
  opus árduum. 벅찬 일/
  rebus in árdŭis. 역경 속에서.

árĕa, -æ, f. 건축, 건물에 속하는 안마당, 타작을 위한
  공터('Domus, Fundus, Solum' 참조). 마당, 타작마당,
  터, 집터, 평탄한 장소, 빈터, 지면, 뜰, 안뜰, 중정(中庭)
  운동장(運動場), 광장(廣場).forum[1]-i. n./státĭo, -ónis, f.),
  경기장, (원형극장 중앙에 모래를 깐) 투기장, 경마장,
  (모이 뿌려서 하는) 새 사냥터, 묘지(墓地),
  (기하학적) 평면, (머리에 생기는) 버짐,
  구역; 분야(分野), 영역(領域), 인생역정(cursus vitæ),
  소년기.장년기.노년기의 세 인생 역정을 다 마치고.
  animo area digna meo. 내 소질에 맞는 분야/
  Omnes autem tunc volabunt, quod sæpe dicendum est,
  cum area Dominica cœperit ventilari in die iudicii.
  자주 되풀이해야 할 말이지만, 그들은 심판 날 주님의
  타작마당에 바람이 불기 시작하면 모두 날아가 버릴 것
  입니다.(최익철 신부 옮김. 요한 서간 강해. p.159 ~ 160)/
  palúmbem ad áream alci addúcere.(누구에게나 산비둘기를
  잡을 수 있도록 타작마당으로 몰아주다. 즉 좋은 기회를 제공하다.

area adversus pontem. 다리를 마주 보는 공지(空地)

areăla, -æ, f. 작은 터, 작은 안뜰, 작은 마당

ărĕfácĭo, -féci, -fáctum, -ĕre, tr.(áreo+fácio)
  마르게 하다, 말리다.

areligiosus, -a, -um, adj. 비종교적인

ărēna, -æ, f. **모래, 모래사장,** 해변가, 사막(沙漠),
  반원형극장의 사장; 경기장, 검투사의 시합장(試合場),
  싸움터, 전장(戰場).
  Ex arena funem efficere.(격언)
  모래로 밧줄을 꼬다(불가능한 일을 시도하다).

ărēnácĕus, -a, -um, adj. 모래의, 모래 많은, 모래 같은

ărēnárĭus, -a, -um, adj. 모래의,
  (반원형 극장의) 모래 경기장의, m. 산수(셈법) 선생.
  f. **ărēnárĭa,** -æ, 모래 채취장(採取場)

ărēnátĭo, -ónis, f. 석회와 모래를 섞어 바름, 초벽 바름

ărēnátus, -a, -um, adj. 모래 섞은.
  n. 석회와 모래를 섞어 바르는 일.

arengha, -æ, f. 대칙서의 모두어(이 모두어冒頭語를 따서 칙서의
  이름을 붙인다. 백민관 신부 엮음. 백과사전 1, p.182).

ărēnósus, -a, -um, adj. 모래투성이의, 모래가 많은.
  n. **ărēnosum,** -i, 모래 많은 땅.

ārens, -éntis, p.præs. 마른, 바싹 마른, 시든, 목마른

ărénŭla, -æ, f. 잘고 고운 모래, 모새(→ 모래), 세사

árĕo, -ŭi -ére, intr. 시들다(חרר),
  마르다(נגב,נגב), 변색하다, 목마르다.

árĕŏla, -æ, f. 작은 빈터, 小광장, 작은 화단

árĕŏláris, -e, adj. 극히 작은 틈의, 그물코 모양의

Ares, -is, m. 희랍의 군신(軍神)(로마 신화의 Mars에 해당)

aresco, -ĕre, intr.
  바싹 말라버리다, 시들다(חרר,חרר), 목마르다.
  Omne quod radicatum est, nutritur calore solis,
  non arescit. 뿌리내린 모든 것은 햇볕의 열기로 자라나
  시들지 않습니다.(최익철 신부 옮김. 요한 서간 강해. p.181).

ărĕtálŏgus, -i. m. 도덕에 대해서 익살맞게 지껄이는 사람

Arĕthúsa, -æ, f.
  Syracúsæ에 있는 샘; Diána 여신의 시녀 요정.

ărgentárĭa, -æ, f. 은광(銀鑛), 은행, 환전상, 환전업

ărgentárĭus, -a, -um, adj. 은의, 돈의, 돈에 관한.
  m. 은 세공업자, 환전상(換錢商), 은행가(銀行家).
  argentaria metalla. 은광(銀鑛)/
  facio argentáriam. 환전상을 하다/
  tabérna argentária. 환전상(換錢商)

ărgentátus, -a, -um, adj. 銀 도금한, 은으로 장식한,
  argentáti mílites. 은 방패를 가진 병사들.

ărgéntĕus, -a, -um, adj. 은의, 은으로 만든,

은으로 장식한, 은빛의, 은처럼 흰, 은전의.
m. 은화(銀貨), 은전(銀錢).
Amíca tua facta est argéntea. 네 여자 친구가 팔려 갔다/
Jubilæum argenteum. 은경축/
Jubilæum aureum. 금경축.
ărgentǐfŏdǐnă, -æ, f. (argéntum+fodína) 은광(銀鑛)
ărgentósus, -a, -um, adj. 은 섞인, 은이 많이 포함되어 있는.
árgéntum, -i, n. 은(ᄀᄀᄀ.銀-전기 전도율 금속 중 1位),
은붙이, 은 패물, 은제품, 은화, 은전; 화폐(貨幣).
Aurum pretiosius est argento(=quam argentum)
금은 은보다 더 보배롭다(더 고귀하다).
argentum cudo. 은화를 만들다
argentum factum. 은 조각품(銀 彫刻品)
argentum grave. 은괴(銀塊.lateres argentei)
argentum igne probatum. 불로 감정한 은
argéntum infectum. (argentum 참조) 은괴(銀塊)
argéntum inféctum. (infectum 참조)
돈으로 찍어내지 않은(미가공)의 은(銀).
argentum purum. 아무 장식도 없는 은그릇
argentum purum putum. 순은(純銀)
argentum vivum. (化) 수은(水銀-금속 원소의 한 가지)
ărgentumextĕrĕbrónǐdes, -æ, m. 금전 사취자
ărgéstes, -æ, m. 서남서풍(西南西風)
Argéus, -a, -um, adj. Argos의
Argi, -órum, m., pl. = Argos
argia, -æ, f. (←무노동) 파공(罷工)
(주일이나 대축일에 육체적인 노동을 하지 않고 영적인 일에
전념하는 것을 말한다. 백민관 신부 엮음, 백과사전 1, p.124).
ărgíllǎ, -æ, f. 찰흙, 점토(粘土), 백점토
ărgillácĕus, -a, -um, adj. 점토질의, 찰흙 같은
ărgillósus, -a, -um, adj. 점토분이 많은
ărgítis, -is, f. 백포도 나무
Argí(v)us, -i, m., pl. Argívus인들, 희랍인들
ărgŭmentátǐo, -ónis, f. 논증(論證), 논거, 증명
argumentátio acervális. (論) (論) 적첩식(積疊式),
연쇄식(連鎖式-복합적 삼단 논법의 한 가지).
argumentátio patristica. 교부 논증(教父 論證)
ărgŭméntor, -átus sum, -ári, dep.,
intr. 증거를 대다, 증거를 근거로 추리하다, 논증하다.
tr. (무엇을) 증거로 대다, 증거를 제시(提示)하다.
ărgŭmentósus, -a, -um, adj. 내용 풍부한, 근면한, 열심한
ărgŭméntum, -i, n. (哲) **논증**(論證), 증명(ἔλεγχος),
논거(論據), 증명된 사실, (조각.회화 등에서) 표현의 대상,
증명 방법, 증거; 법률의 내용 ('Probatio' 참조)
증명된 사실, (조각.회화 등에서) 표현의 대상,
소재, 내용, (극.연설의) 주제, 요지(要旨-중요한 뜻),
이야기, 줄거리, 극본(劇本), 극(자체), 실질(實質), 의의.
Ad nostrum argumentum redeamus.(⑨ Let us return to
our topic) 다시 우리 주제로 돌아가 봅시다/
argumenta exsistentiæ Dei. 신 존재증명/
Argumenta Revelátiónis.(⑨ Arguments of Revelátion).
계시의 내용/
argumenta unitatis. 단일성 논증(單一性 論證)/
interésse inter arguméntum conclusionémque.
논증과 결론과는 차이점이 있다(구별된다)/
ratiocinium argumentativum. 치밀한 논증(論證).
(성 염 지음. 사랑만이 진리를 깨닫게 한다. p.327).
argumentum a contrario. 역리논증(逆理論證)
argumentum a fortiori.
보다 강력한 이유(理由)에 의한 증명(證明).
argumentum a pari. 동리(同理=等理) 논증(論證)
argumentum a simultaneo. 동시적 논증(同時的 論證)
argumentum ad absurdum. 귀류법(교부문헌 총서 15, 신국론)
argumentum ad baculinum. 몽둥이 논증(論證)
(위력에 호소하는 논증. 폭력사용).
Argumentum ad hominem. 대인논증, 대인적 논증(論證)
argumentum ad rem. 논점(사건)에 대한 논증(論證)
argumentum anthropologicum. 인간학적 논증
argumentum climacologicum. 단계론적(段階論的) 논증

argumentum comœdiæ. 희극의 주제(戲劇 主題)
argumentum cosmologicum. 우주론적 증명.
argumentum cosmologicum pro existentia Dei.
하느님의 존재의 우주론적 논증법
argumentum e silentio. 부재에서 끌어낸 논거, 침묵 논증.
(어떤 주제에 대해 문제를 일으킨 저자는 모르고 있었고, 또 그의 저서에도 아무
언급이 없다는 사실을 논증의 근거로 하는 방법. 19세기 비판가들이 그리스도
교의 역사성에 대해 이 논법을 극단적으로 사용했다. 백민관, 백과사전 3, p.498).
Argumentum efficaciam non habet, quod se habet ad
opposita. 대립적인 것과 관계하는 논증은 유효럽이 없다.
(신학대전 14. 이상섭 옮김 p.511).
Argumentum endæmonologicum. 행복 욕구에의 논증
argumentum epístulæ. 편지내용(便紙內容)
argumentum ethnologicum. 민족학적 논증
argumentum eudæmonologicum.
행복 논증, 행복욕구에의 논증.
argumentum ex absurdo.
귀류법(歸謬法)에 의한 증명(反對는 不條理라는 理由).
argumentum ex appetitu in felicitatem.
행복 욕구에 의한 증명
argumentum ex concesso. 전제승인에 의한 논증
Argumentum ex convenientia. 조화논증
argumentum ex dato. 소여 전제에 의한 논증
argumentum ex essentiis immutabilibus.
불변적 본성에 의한 증명.
argumentum ex ideis æternis.
영원적 개념에 의한 신 존재증명.
argumentum ex obligátiṓne morali.
윤리적 의무에 의한 증명.
argumentum ex possibilibus. 가능성 유(有)에 의한 증명
argumentum ex veritatibus æternis.
영원적 진리에 의한 증명, 진리로부터의 신 존재 증명
argumentum henologicum. 통일성의 논증
argumentum internum. 심증(마음속에 가지게 된 인식이나 확신).
argumentum morale existentiæ Dei.
하느님 존재의 윤리적 논증(성 아우구스티노).
argumentum ontologicum.
본체론적 논증, 존재론적 논증(論證).
argumentum ontologicum pro existentia Dei.
하느님 존재의 본체론적 논증(안셀무스).
argumentum philosophorum. 철학자들의 논증
argumentum teleologicum pro existentia Dei.
하느님 존재의 목적론적 논증(성 아우구스티노).
ărgŭo, -ŭi -útum -ĕre, tr. 증명하다(ᄀᄀᄀᄀ.ᄀᄀ.ᄀᄀ),
명시하다, 드러내다, (거짓.오류.불확실함) 폭로하다,
밝히다, 증거를 제시하여 견책하다, 탓하다,
비난하다(ᄀᄀᄀ.ᄀᄀ), 고발하다, 유죄를 증명하다.
Virtus argúitur mailis. 덕행은 불행 속에서 드러난다.
Argus, -i, m. 백 개의 눈을 가진 괴물거인
(Júpiter가 사랑하던 처녀 Iŏ가 Juno 여신의 분노로 암송아지로 변한 후, 그
감시 책임을 맡았다가 Júpiter의 명으로 그 하수인 Mercúrius에게 살해됨).
argūtátǐo, -ónis, f. 삐걱거림
argútǐæ, -árum, f., pl. 생생한 표현, 풍부한 표정, 정밀,
정교(精巧), 예민, 솜씨, 재치(눈치 빠르고 재빠르게 응하는 재주),
기지(奇智-기발한 지혜), 교활(狡猾-간사하고 음흉함).
argutíŏla, -æ, f. 잔재주; 섬세한 해석(解釋)
ărgúto, -áre, tr. 재잘거리다, 수다 떨다
ărgútor, -átus sum, -ári, dep., intr.
재빠른 동작을 하다, 지껄이다, 재잘거리다.
ărgútŭlus, -a, -um, adj. 좀 두드러진, 좀 정교한
argútus, -a, -um, adj.(p.p.) 활발히 움직이는,
날카로운 소리의, 살랑거리는, 코를 찌르는,
(허끝이) 알알한, 생생한, 표정 풍부한, 표현력 있는,
섬세한, 재치 있는, 예리한, 꿰뚫는, 말 잘하는,
수다 떠는, 교활(狡猾)한, 간사(奸邪)한.
argyráspǐdes, -um, m., pl.
(Alexánder 시대의) 은(銀) 방패부대.
Ariádne(-ă), -es(-æ), f. Crete 섬의 Minos 왕의 딸.
[Théseus를 도와서 같이 고국을 떠났다가 Théseus의 버림을 받고 술의 신
Bacchus의 사랑을 받았으나 나중에 다시 버림받고 천상에 가서 "Coróna"란 별이 됨].

Posteaquam Cretam advenit Theseus, Ariadne eo monstravit Labyrinthi exitum. 테세우스가 크레타에 도착하고 나서 아리아드네가 그에게 미궁의 출구를 보여 주었다.
[Ariadne: 크레타의 왕녀. 테세우스에게 반하여 미노스 궁전의 미로를 빠져 나오게 돕는다. 훗날 테세우스에게 버림받음. 성 염 지음. 고전 라틴어. p.326]

Arianísmus, -i, m.
아리우스 주의(Αρειανισμὸς.⑨ Arianism).

ărídĭtás, -átis, f. 메마름, 건조함, 불모(不毛), 무미건조

ărídŭlus, -a, -um, adj. 다소 마른

árĭdus, -a, -um, adj. (토지 따위가) 습기 없는, 메마른, 바싹 마른, 건조한, 불모의, 황폐한, 빈약한, 깡마른, 여윈, 앙상한, 인색(吝嗇)한, 무미건조한(無味乾燥).
f. **arida**, -æ, 마른 땅, 육지(陸地).
n. **aridum**, -i, (바다나 강에 대해서) 마른 땅, 육지.

áries, -ĕtis, m. 숫양, 파벽차(破壁車), 파성추(破城錘), 지주, 살대. (天) 양좌(牡羊座), (天) 백양궁(白羊宮).
(로마인들이 城門을 공격하던 파성추破城錘는 산양aries의 머리를 본뜬 쇠뭉치였다. 교부문헌 총서 15, 신국론, 807쪽.)

ărĭĕtínus, -a, -um adj. 숫양의, 숫양 같은

ărĭĕto, -ávi, -átum, -áre, intr.
뿔로 받다, 박치기하다, 충격 주다, 부딪다, 돌격하다.
tr. 부딪다, 부딪쳐 넘어뜨리다.

Arii, -órum, m., pl. Aría의 住民, Germánia의 종족.

árĭllus, -i, m. (植) 가종피(假種皮-헛씨 껍질)

Arĭöbărzánes, -is, m. Cappadócia 왕

ărĭöl… V. **harĭöl…**

Arío(n), -ónis, m. Lesbos 섬의 유명한 서정시인

Ariovistus, -i, m. Cæsar 시대 Germani족의 수령,
[게르마니아 Suevi인들의 족장. 카이사르에게 정벌됨.]

Absentis Ariovisti crudelitatem, velut si coram adesset, horrebant. 아리오비스투스가 부재중인데도 그들은 마치 그가 눈앞에 있는 것처럼 그의 잔혹함을 두려워하고 있었다.

arísta, -æ, f. 꺼끄러기(낟알 겉껍질에 붙은 껄끄러운 수염 동강), 곡식수염, 곡식(穀食.frumentum, -i, n.), 물고기 가시, 터럭(사람이나 짐승의 몸에 난 길고 굵은 털).

Aristǽus, -i, m. Apóllo와 Cyréne의 아들로서 유명한 목동
(목축, 올리브 농사, 양봉 등을 사람에게 가르쳤다 함).

Aristánder, -dri, m. Arexánder 대왕의 점쟁이

Aristídes, -is, m. 아테네의 정치가, 정직함으로 유명함.
Excellebat Aristides abstinentia. 아리스티데스는 절제에 있어 탁월하였다.
[제한 탈격abulativus termini은 한도 내에서 가리키고자 하는 것 또는 동사, 명사, 형용사가 표현하고자 하는 관점을 표현한다. 제한 탈격은 우리말로 "~에 관해서는, ~라는 점에 있어서"라고 옮긴다. 한동일, 카르페 라틴어 2권, p.241].
Quamquam adeo excellebat Aristides abstinentia, ut unus Justus sit appellatus, tamen, a Themistocle collabefactus, exilio decem annorum multatus est.
아리스티데스는 유일하게 '의인'이라고 불릴 정도로 절제에서 타의 추종을 불허했음에도 불구하고 테미스토클레스한테서 모함을 받아서 10년간의 귀양살이에 처해졌다.

Aristides decessit fere post annum quartum quam Themistocles Athenis erat expulsus.
아리스티데스는, 테미스토클레스가 아테네에서 추방되고 나서 4년쯤 지나서 죽었다.

aristócrátĭa, -æ, f. 귀족정치(貴族政治), 귀족정부, 귀족의 총칭(總稱), 귀족사회(貴族社會).

aristólóchĭa, -æ, f. (植) 쥐방울

Aristótĕles, -is, m. Macedónia의 Stagíra 출신의 유명한 철학자(Platon의 제자이며 Aléxander 대왕의 스승).
In quo nullam firmiorem rationem habere possumus ea quam Aristoteles ponit. 이 점에 대해서는 아리스토텔레스가 개진한 것보다 더 강한 논변이 있을 수 없다.(지성단일성, p.143)/
Quæstiones altere supra libros prime philosophie Aristoteles.
아리스토텔레스 제일 철학의 책들에 대한 다른 질문들/
Quæstiones in Metaphysicam Aristotelis.
아리스토텔레스의 형이상학에 대한 질문들/
Quæstiones subtilissimæ super libros Metaphysicorum Aristoteles.
아리스토텔레스의 '형이상학'의 대단히 까다로운 문제들/

Quæstiones supra libros prime philosophie Aristoteles.
아리스토텔레스 제일 철학의 책들에 대한 질문들.

Aristóteles multa turbat.
Aristóteles는 많은 생각을 흐리게 한다.

Aristóteles vir summi ingenii fuit.
아리스토텔레스는 탁월한 재능의 인물이었다.

ărithmétĭca(-e)[1], -æ(-es), f. 산수, 산술, 셈 법

ărithmétĭca[2], -órum, n., pl. 산술(算術).
De Arithmetica. 산술(387년 히포의 아우구스티노 지음. 소실 됨).

arithmetica medietas. 산술적 중간성(中間性)

arithmetica Universalis. 보편 산수학.
(미분학 발전자 Isaac Newton의 1707년 지음).

ărithmétĭce, -es, f. 산수(算數術)

ărithmétĭcus, -a, -um, adj. 산수의, 산술의.
m. 산수가(數學家), 수학가(數學家).

ărithmománĭa, -æ, f. (醫) 계산증(計算症)

Ariúsĭa, -æ, f. Chios 섬의 한 지방(포도주로 유명함)

arma, -órum, n. pl. 도구(道具), 기구(器具),
공구.농기구.선박용 기구, **무기**(武器.⑨ Arms),
병기(兵器), 무장한 사람, 군대(軍隊), 병력(兵力),
전쟁(戰爭.⑨ War), 전투(戰鬪), 방어수단(防禦手段).
arma fero. 무기를 잡다/
armis instructus. 무장한/armis una. 무기를 가지고/
decerno armis. 무력으로 해결하다/
diu desuéta arma. 오래 쓰지 않은 무기(武器)/
eo ad arma. 무기를 잡다/
exuo hostem armis. 적군에게서 무기를 뺏다/
gravi onere armorum pressi. 무거운 무기를 짊어진 병사들/
in arma trudi.(trudo 참조) 전쟁에 끌려 나가다/
in armis esse.(in¹참조) 전장에 있다/
Inter arma leges silent.
전시(戰時)에는 법률이라는 것이 침묵한다(무력하다)/
Nobis armis, non pactionibus est pax obtinenda.
우리로서는 평화가 조약이 아닌 무기로 성취되어야 한다/
O fama ingens, ingentior armis. 오, 명성이 위대하고 군사로 더욱 위대한 이여!(사랑만이 진리를 깨닫게 한다. p.397)/
Pacem vult Marcus? Arma deponat, roget, deprecetur.
마르쿠스가 평화를 원한단가? 그러면 무기를 놓으라!
소청을 하라! 아니 애걸하라!/
rex erat Æneas nobis, quo justior alter nec pietate fuit, nec bello major et armis. 아이네아스가 우리 주공이었는데, 경건에서 그보다 의로운 이 없었고 전쟁과 군사에서 그보다 더 출중한 이 없었더라(성 염 지음, 사랑만이 진리를 깨닫게 한다. p.400)/
térgĕo arma. 무기(武器)를 손질하다/
tero in armis plebem. 백성을 전쟁에 소모하다/
Vi et armis. 불법수단으로 무력에 호소해서.

arma atque tela. 방어무기와 공격무기

Arma Christi(instrumenta Passionum). 수난 도구

arma civilia. 내란(內亂)

Arma deponite. 너희는 무기를 버려라.

Arma et ánimos recepére.
그들은 다시 용기(勇氣)를 내어 무기를 잡았다.

arma ex oppido profero. 도시에서 무기를 운반해 내오다

Arma incredibili celeritate sumpserunt. 그들은 믿기지 않을 정도로 재빠르게 무기를 다루었다(모양 탈격abulativus modi은 모양 부사어에서 다루어진 것서럼 행동의 양식을 묘사하며 방법 탈격이라고도 하는데 단독 탈격으로, 혹은 cum과 함께 탈격으로 쓴다.

arma iniquitatis. 악의 무기

arma justitiæ. 정의의 무기

arma pono. 무기를 놓다

arma prudentiæ. 지혜의 무기(智慧의 武器)

arma uncta cruoribus. 선혈로 물든 무기

Arma virumque cano, troiæ qui primus ab oris Italiam fato profugus lauiniaque venit litora.
병갑과 용사를 두고 내 노래하노니, 일찍이 트로이아 해변을 떠나 운명에 떠밀려 이탈리아 땅을 최초로 밟고 라비니아 강변에 당도한 사나이로다("아이네이스"의 첫 구절. 우리는 여기서 인간 역사의 문제와 더불어 형이상학적 차원과 우주적 통찰의 인간 문제들을 접하게 된다. 성 염 지음. 사랑만이 진리를 깨닫게 한다. p.376).

Armămáxa, -æ, f. Pérsia의 여객마차

armāménta, -órum, n., pl. 각종 공구, 기구, 선구(船具), 배의 장비구(노.돛.돛대.닻 등).

armaméntárĭum, -i, n. 무기고(武器庫), 병기창(庫).
  positus super armamentarium. 병기창 감독관.

armárĭum, -i, n. 옷장, 책장(冊欌), 제의(祭衣) 넣는 궤,
  찬장(饌欌-식기나 음식물을 넣어 두는 가구).

armárĭum promptuarium(=cella promptuaria.)
  광, 창고, 곳간, 식료품 저장실(cella penaria),
  옷장, 장롱(欌籠-장과 농을 아울러 이르는 말) 찬장(饌欌)

armárĭum Sacristia.(⑨ Aumbry)
  제의실의 여러 제구를 넣어 두던 장,
  중세기 도서관 초기에 얼마 안 되는 책을 넣어두던 책장.

armātúra, -æ, f. 무장, 武器(⑨ Arms), 무장군인.
  armaturam Dei. 하느님의 무기(武器),
  levis armatúra. 경무장.

armátus¹, -a, -um, p.p., a.p. 무장한, 전투 장비를 갖춘,
  대비한, 태세(態勢)를 갖춘. m., pl. 군대, 무장군인.
  et veniet tibi quasi viator egestas, et pauperies
  quasi vir armatus. (獨 so wird dich die Armut übereilen
  wie ein Räuber und der Mangel wie ein gewappneter
  Mann) (⑨ Then with poverty come upon you like a
  highway man, and want like an armed man)
  가난이 부랑자처럼, 빈곤이 무장한 군사처럼 너에게
  들이닥친다(성경 잠언 6. 11)/그러면 빈곤이 부랑배처럼
  들이닥치고 빈곤이 거지처럼 달려든다(공동번역)/
  urbs armáta muris. 성벽들로 둘러막은 도시.

armátus², -us, m. = armātúra

armĕníăca, -æ, f. 살구나무

armĕníăcum, -i, n. (植) 살구

arménĭum, -i, n. 청색염료(靑色染料), (植) 살구

armentális, -e, adj. 떼를 이룬(가축), 가축 떼의

armentárĭus, -a, -um, adj. 가축의.
  m. 가축 떼 지키는 목동, 목축하는 자.

armentósus, -a, -um, adj. 가축이 많은

arméntum, -i, n.
  (소.말 따위) 대 가축, 가축 떼; 소 떼, 말 떼.
  rex arménti. 가축의 왕(황소).

ármĭfer, -ĕra, -ĕrum, adj. (arma+fero)
  무기 잡은, 무장한, 전쟁의, 호전적(好戰的).

ármĭger¹, -ĕra, -ĕrum, adj. (arma+gero) 무장한,
  호전적(好戰的), 주인.상관의 무기를 들고 다니는.

ármĭger², -ĕri, m. 기사의 종자(從者),
  상관의 (칼.창.방패 따위) 무기를 들고 다니는 사람,
  심복(心腹-心腹之人'의 준말), 친위병(親衛兵).

armígĕra, -æ, f. 주인의 무기를 들고 다니는 여자

armílla, -æ, f. 팔찌(brachiális, -is, n.)

armillátus, -a, -um, adj. 팔찌 낀

armilústrĭum, -i, n. Roma에서 개최된 무기축제

Armilústrum, -i, n. 매년 10월 19일 무기 봉납식이
  거행되던 Roma 시내의 장소.

armipŏtens, -éntis, adj. (arma+potens)
  강력한 무기를 가진, 용감한, 호전적(好戰的)인.

armis una. 무기를 가지고

armísŏnus, -a, -um, adj. (arma+sono)
  무기의 소리가 울리는.

armo, -ávi, -átum, -áre, tr. 무장시키다(하다),
  출범준비를 시키다, 배를 의장(艤裝)하다, 방비하다,
  대비(對備)하다, 갖추다, 장비(裝備)하다, 설비하다,
  자극(刺戟)하다, 일으키다, 부추기다.
  Hæc sunt usui ad armandas naves. 이것들은 배를 무장
  하는 데 소용된다.[목적 역격dativus finalis 문장으로 행위를 하는 목적을
  역격으로 쓴다. 성 염 지음, 고전 라틴어, p.396]/
  urbs armáta muris. 성벽들로 둘러막은 도시.

armo mílites armis. 군인들을 무장시키다

armo naves. 군함들을 무장하다

armo plebem irā. 대중에게 분노를 일으키도록 자극하다

armo se eloquéntiā. 웅변을 갖추다

armo se irā. 화를 내다

armor amitiæ. 친구의 사랑

armŏrácěa(-ĭa) -æ, f. (뿌리보다 잎사귀가 무성한) 야생 무

armoriola, -æ, f. 벽감실(壁龕室-성체 봉안은 여러 가지 형식으로 모셔
  졌었는데 1215년 제4차 라테라노 공의회에서 성당 안 잠긴 곳에 모셔야 한다는
  결정에 따라 로마네스크, 고딕 성당에서는 벽에 감실을 설치하여 성체를 모셨다.
  로마의 성 십자가 성당이 아직도 이 방법을 쓰고 있다. 백과사전 1, p.194).

armus, -i, m. (어깨로부터 팔꿈치까지의) 상박(上膊-위팔);
  견갑골(肩胛骨-어깨뼈), (동물의) 어깻죽지,
  m., pl. (말 따위의) 옆구리.

Arnica montana. (植) 아르니카.(하느님의 모친 마리아의 꽃).

áro, -ávi, -átum, -áre, tr. 밭 갈다, 경작하다, 농사짓다,
  국유지를 (빌려) 경작하다, 밭 일구다, 순항(巡航)하다,
  파도를 일으키며 나아가다, 주름살(꾸김살) 잡히게 하다.

aro frontem rugis. 이마에 주름살을 짓다

aro littus. (해변을 갈다) 헛수고하다

ăróma, -átis, n. 향료(香料)

ărōmātárĭus, -i, m. 약제사(藥劑師)

ărōmătízo, -ávi, -átum, -áre, intr. 좋은 향기나다

arquítĕnens = arcítĕnens (天) 사수성좌(射手聖座)

arquo, -áre, tr. = árcuo

arra, -æ, f. 보증금(保證金), 계약금, 약조금

árrăbo, -ónis, m. (=rabo²-ónis, m.)
  보증금(保證金), 계약금(契約金), 약조금, 담보(擔保)

árréctus, -a, -um, p.p., a.p.
  일으켜 세워진, 높여진, 가파른, 깎아지른 듯한.
  arrectis auribus. 귀를 쫑긋 세우고.

arreptícĭus, -a, -um, adj. 광기 걸린, 광신적, 신들린

arreptum, "arripio"의 목적분사(sup.=supínum)

arrha, -æ, f. 보증금(保證金), 계약금, 약정금.
  De arrba animæ. 영혼의 약혼 선물(생빅또르의 후고 지음)

árrhăbo, -ónis, m. 보증금(保證金), 계약금, 담보(擔保)

arríděo, -rísi -rísum -ére (ad+rídeo)
  intr. 향해 웃다, 함께 웃다, 따라 웃다, 미소 짓다,
  마음에 들다, 미소(微笑)로 호의를 보이다,
  (일이) 순조롭다, 다행스럽다.
  Res mihi arríserat. 일이 내 마음에 들었다/
  ridéntibus arrideo. 웃음을 웃음으로 받다/
  Tempéstas arrídet. 일기가 순조롭다/
  truculéntia cæli. 일기불순(日氣不純)/
  tr. 미소로 환영하다, 웃음으로 (무엇을) 무시하다.

árrĭgo, -réxi -réctum -ĕre, tr. (ad+rego)
  일으켜 세우다, 우뚝 세우다, 똑바로(곧추) 세우다,
  들어 올리다(이미,), 분발시키다, 용기를 북돋다; 자극하다, 흥분시키다.

arrigo aures. 귀를 쫑긋 세우다, 정신 차려 듣다

arrípĭo, -pŭi -réptum -ĕre, tr. 잡아(끌어) 당기다,
  잡아채다, 꼭 잡다, 끌어안다, 껴안다(마마),
  붙잡다(마마,), 포착하다,
  (기회 따위를) 재빨리 잡다, 법정으로 끌고 가다,
  고발하다, 검거하다, 뺏다, 강탈하다,
  점령하다, 침입하다, 열심히 배우다,
  (뜻을) 파악(把握)하다, 이해(理解)하다.

arripio médium alqm. 누구의 허리를 꼭 껴안다

arripio naves. 배를 나포하여 거기에 올라타다

arrípui, "arripio"의 단순과거(pf.=perfectum)

arrísĭo, -ónis, f. 찬의(贊意)를 표시하는 미소(微笑)

arrísor, -óris, m. 시인하여 웃는 자, 아부하는 자

Arrĭus, -i, m. Roma인의 씨족명

arródo, -rósi -rósum -ĕre, tr. (ad+rodo)
  쏠다, 쏠아 끊다, 돌아가며 쏠다, 갉아 없애다.

árrŏgans, -ántis, p.proes., a.p. 불손한, 거만한,
  안하무인(眼下無人)의, 건방진, 무례한.

arrŏgántĭa, -æ, f. 거만(倨慢-傲慢), 불손(不遜)
  오만(傲慢-잘난 체하여 방자함), 참월, 무례(無禮), 건방짐.

Arrogantĭa tua decepit te. 네 자만이 너를 속였다.

arrogántĭā uti. 건방지게 굴다

arrŏgátĭo, -ónis, f. 자주권자 입양 ('Adoptio' 참조),
  자권자 입양(自權者 入養).

arrŏgátor, -óris, m. 자권자(自權者)를 양자로 맞는 사람

árrŏgo, -ávi, -átum, -áre, tr. (ad+rogo)
추가로 더 청하다(αἰτέω),
(당연한 권리로서) 요구하다(חוב.בשׁ,גבה.ἐρωτάω),
청구하다, 자권자(自權者)를 양자로 삼다,
주다(נתן.בהב.נתן), 수여(受與)하다.

arrogo sibi sapiéntiam. 지혜가 있다고 자부하다

arrosi, "arrodo"의 단순과거(pf.=perfectum)

arrósor, -óris, m. 갉아 먹는 자, 기식자, 소비자(消費者)

arrósum, "arrodo"의 목적분사(sup.=supínum)

A.R.S. = Anno Reparátæ Salútis(降生救贖 연대)

ars, artis, f. **기술**(技術), 기능(機能), 기교(技巧), **솜씨**,
숙련(熟練), 노련, 요령, 재주, 재능, 자질, 소질, 직종,
전문직, 미술(美術), 예술(藝術), (체계적) 지식, 이론,
원리, 법칙, 학문, …學, …論, 학술서, 예술품, 작품,
수단, 수법, 방법, 기법(技法), 책략(策略), 행동원칙,
(윤리적) 성격.특성, 덕성(德性), 악습(惡習), 사기, 꾀.
[헬수스는 법을 "Ius est ars boni et æqui"라고 정의한다. 이 문장에서
ars에 대한 번역을 놓고 일본어는 술(術)로, 중국어는 예술(藝術)로 옮겼다. 그러나
로마인들은 지상현실 안에서 신앙의 유형, 무형한 모든 부문의 활동을 가리키는
것으로 ars라는 의미를 사용하였고, ars라는 개념 안에는 인간의 노력과는
상대적으로 자연적인 것과 발생한 사물들도 존재한다. 따라서 ars는 인위적인 것
과 자연적인 것을 구분하는데, 최고의 분야에는 농업, 의학, 요리, 미장(머리손질)
과 자연과 상호작용에서 파생하는 인간의 활동, 즉 수학, 음악, 언어와 법이 이
분야에 해당한다. 따라서 ars라는 단어는 기술, 예술이라는 뜻 외에도 수학, 법,
언어와 결부될 때는 학문이라는 뜻이 된다. 한동일 지음. 유럽법의 기원, p.6].

apostolatus exercendi ars.
사도직 실습(⑨ art of exercising apostolate)/
arte cánere. 솜씨 좋게 노래 부르다/
artes grammáticæ. 문법서(文法書)/
artes honéstæ(ingénuæ, liberáles)
미술.예술.학예.학술 따위 교양과목/
Artes innumerabiles repertæ sunt natura docente.
자연의 가르침을 받아, 수많은 기예들이 발명되었다/
artes liberales. 자유 과목, 교양과목, 인문학/
artes mathematícæ. 수학(數學)/artes médicæ. 의학/
artes prædicandi. 설교법(說教法)/
artes sórdidæ(húmiles) (노예들이나 하는) 천직(賤職)/
autonomia artis. 예술의 주체성(主體性)/
De metrica arte. 운율론/
dives ártium. 소장 예술품이 많은/
ex arte dícere. 법칙대로 말하다/
Genus humanum arte et rátióne vivit.
인류는 문화(藝術)와 이성으로 산다(토마스 데 아퀴노)/
In omni arte optimum quiquid rarissimum est.(Cicero).
어느 예술(기술)에서나 최선의 작품은 아주 드문 법이다/
inservio ártibus. 예술에 종사하다/
instrumentum artis. 기술의 도구/
Mater omníum bonárum ártium sapiéntia.
모든 예술의 근원은 지혜이다/
Tu vero istam artem ne reliqueris, quam semper
ornasti. 그대가 늘 칭찬해온 저 재주를 버리지 마시오/
nonnulli Parisius studentes in artibus.
학문을 연구하는 몇몇의 파리 사람들/
per easdem artes patere viam mortalibus ad felicitatem.
이 모든 학문들을 거쳐서 사멸할 인간들에게는 행복에
이르는 길이 열린다/
puer docéndus artes. 학예를 교육받을 소년/
Quæ sit inter philosophicas artes religiosi excellentia
Christiani. 철학적 학문에서도 그리스도 종교인의
역할이 얼마나 탁월한.(교부문헌 총서 17. 신국론. p.2768)/
Quam quisque norit artem, in hac se exerceat.
각자는 자기가 알고 있는 그 기술에 있어서 자신을 연마하라/
Summa de arte prædicatoria. 설교 방법론 총서/
Super artem veterem. 고대의 학문에 대하여.
(월터 버얼리 1275~1344 지음)/
transfero se totum ad artes componéndas.
작품에 전심하다/
via et arte. 방법론적으로 그리고 이론적으로/
victoria cursus artis super naturam.
자연에 대한 기술(학문)의 승리/

virtus artis. 기술적 능력(技術的 能力).
Ars amandi Deum. 하느님을 사랑하는 예술.
(예수 마리아의 요한 신부 지음).
ars ambitiosa. 인기 있는 기술(技術)
Ars amandi Deum. 하느님을 사랑하는 예술
Ars Amatoria. 사랑의 기술(Ovid 지음)
Ars antiqua(⑨ Old Art) 고풍 성가(12~13세기 파리의 노트르담
성당에서 시작한 교회 음악풍으로 대위법의 시작이다. 백과사전 1, p.197).
Ars artis est celare artem.(로마인의 속담)
기교의 기교(최고의 기교)는 기교를 드러내지 않게 하는 것이다.
Ars artium regimen animarum.
(영혼들의 관리는 기술 중의 기술이다.)
영혼을 다스린다는 것은 기술 중 기술(技術)이다.
ars artium. 기술 중 기술
ars aurifica(⑨ Goldsmithery) 금 세공술(金 細工術)
ars bene beatæque vivendi. 선하고 행복한 삶의 예술.
(스토아 철학자 세네카가 철학을 정의한 말)
ars Byzantina(⑨ Byzantine Art) 비잔틴 예술
ars catholica 가톨릭 미술
ars celebrandi. 거행 방식.
Momento iam inculcato ipsius artis celebrandi, extollitur
inde normarum liturgicarum vis. 거행 방식의 중요성을
강조하면 전례 규범의 가치를 인정하게 됩니다.
Ars celebrandi ex obœdientia oritur fideli erga
liturgicas normas in earum plenitudine. 거행 방식은
풍요로운 전례 규범을 충실히 따르는 데에서 비롯됩니다.
Ars celebrandi optima est condicio pro actuosa
participatione. 능동적 참여(actuosa participatio)를 위한
가장 좋은 조건은 거행 방식입니다.
Ars celebrationi destinata.(⑨ Art at the service of the
liturgy) 전례 미술(2007.2.22. "Sacramentum Caritatis" 중에서).
ars citharœdica 거문고 타는 기술
Ars concionandi. 설교 방법론
ars dicendi. 웅변술, 연설법
ars dictaminis. 받아쓰기[11. 12세기에 고전문학 공부의 시초 단계로
받아쓰기가 성행했다. Monte Cassino 수도원에서 수도자 Alberic(+1105)이
처음 시작하여 중세기 동안 학교의 한 과목으로 발전하여 받아쓰기 증거가 있어야
사회에서 서기 등의 직책이 가능했다. 백민관 신부 엮음. 백과사전 1, p.197].
ars disputandi. 토론하는 기술
ars disserendi. 변증론(辨證論)
ars divinatoria. 점술(占術. 교부문헌 총서 15, 신국론. 참조),
술수(術數-선유의 천주사상과 제사문제. p.281).
ars doméstica. 향토예술(鄉土藝術)
ars ecclesiastica(⑨ Christian Art) 교회 예술
ars eloquentiæ. 웅변술(雄辯術)
Ars est celare artem. 참된 예술은 예술을 뒤로 숨긴다.
ars est enim philosophia vitæ. 철학은 삶의 예술이다
Ars est experimentorum multorum coacervatio ad
universales regulas. 기술이란 많은 실험 결과들의
누적으로부터 보편적 규칙들을 도출하는 것이다.
ars et manus. 수공예품(手工藝品)
ars et usus. 이론과 실천(理論 實踐)
ars fingendi christiana. 그리스도교 조형미술
ars Gothica. 고딕 예술(⑨ Gothic art)
ars homiletica. 강론 기술(⑨ homiletics)
ars liturgica. 전례 미술(⑨ liturgical art)
Ars longa tempus fugit. 예술은 길고 세월은 쏜살같다
Ars longa, vita brevis (est). 예술은 길고 인생은 짧다.
ars magica. 마술(魔術.⑨ Magic)
ars medéndi. 의술(醫術)
ars medicína. 의학(醫學)
Ars moriendi. 선종법(善終法 14~15세기에 성행했던 죽음에 대한 사목
지침서. Canterbury의 성 안셀모가 쓴 Admonitio moriendi는 임종 사목을 하는
신부들을 위한 지침서로 사용되었다. 백민관 신부 엮음. 백과사전 1, p.197).
Ars nova(⑨ New Ars)
신풍 성가(14세기 ars antiqua에 이어 나타난 음악의 新風).
Ars prædicandi. 설교 교본(1200~1500년대에 순회설교가 성행함에
따라 나온 일종의 설교 수첩. 당시에 나온 교본들은 거의 200종이 알려져
있는데, 이 책들은 대부분 작자 미상으로 출판되지 않고 수본으로 남아 있다.
백민관 신부 엮음. 백과사전 1, p.198).
Ars Renascentiæ. 르네상스 예술

A

Ars Romænsis. 로마네스크 예술[게르만 민족이 초기 그리스도敎 세계와 접촉하면서 로마식 예술과 그리스도敎 정신을 가미해 빚어 낸 최초의 독립적이고 웅대한 양식의 그리스도敎 예술(1000~1250년). 처음에는 비잔틴 양식, 랑고바르드 양식 등으로 불리었으나 1825년부터 이 명칭으로 불리었다.
(백민관 신부 엮음, 백과사전 3, p.354].

ars rhetórica. 수사학(修辭學)

ars sacra. 거룩한 예술(藝術), 성미술(聖美術)

ars scribendi. 필재(筆才-글이나 글씨 쓰는 재주)

ars solandi. (사람을) 격려하는 기술.
(성 영 지음, 사랑만이 진리를 깨닫게 한다. p.431).

(ars) vera ac falsa dijudicandi. 진실과 거짓을 구분하는 (기술)
[vera와 falsa는 각각 verus와 falsus 형용사의 중성 복수.
dijudicandi는 dijudico의 동명사 속격. 한동일 지음, 카르페 라틴어 2권, p.97].

ars vera et falsa dijudicandi. 진위를 분간하는 기술(재주).

ars vivendi. 삶의 예술, 삶의 방식.

Arsáces, -is, m. Párthia인의 최초의 왕

arsénĭcum, -i, n. (化) 비소(砒素), 비석(砒石)

arsi, "ardeo"의 단순과거(pf.=perfectum)

Arsĭa silva, -æ, f. Etrúria의 숲

arsum, "ardeo"의 목적분사(sup.=supínum)

arsus, "ardeo"의 과거분사(p.p.)

arte, adv. 밀착하여, 꼭 끼어, 붙어서, 촘촘히, 단단히, 좁게, 빽빽하게, 여유 없이, 긴밀하게, (잠을) 깊이, 엄격하게, 마음으로부터(volenter, adv.), 친밀하게.

artemísĭa, -æ, (=tóxŏtis, -ĭdis,) f. ((植)) 쑥 속의 식물

Artemesia herba-alba. 쓴 쑥.
(신명 29, 17 : 잠언 5, 4 : 애가 9, 14 = 아모 5, 7 : 마태 27, 34 : 묵시 8, 11).

ártēmon, -ónis, m. 돛(帆)

artérĭa, -æ, f. 기관, 기도(공기가 폐에 드나드는 통로), 동맥.
Arteriæ micant. 맥이 뛴다(mico 참조).

arterĭa cysticus. 담낭 동맥(動脈)

arteria lacrimális. (解) 누선 동맥(動脈)

artērĭŏla, -æ, f. (解) 소동맥(小動脈)

artes dictaminis. 문장 작성법

artes dictandi. 문장 작성법

artes fabricatiónis. 제작기술(mechanice, -es, f.)

artes grammatica. 문법학(文法學)

artes liberales. 교양과목(liberális erudítio.),
자유교양(가톨릭 철학 제2호. p.60), 학예(學藝),
자유학예(自由學藝.⑨ liberal arts.)

artes mechanicæ. 기계 기술(器械 技術)

artes prædicandi. 설교법(說敎法)

arthrítĭcus, -a, -um, adj. 관절염의

arthrítis, -ĭdis, f. (醫) 관절염(關節炎)

arthrópŏda, -órum, n., pl. 절족동물

ártĭbus, ars(artis, f. 예술, 기술) 의 복수 여격.탈격

articŭláris, -e, adj. 관절의,

articŭláris morbus. 관절염, 풍증, 신경통

articŭláris, -a, -um, adj. 관절의

articŭláta, -órum, n., pl. 체절동물(體節動物),
환형동물(環形動物.⑨ Annelida).

articŭlátæ, -arum, f., pl. (植) 속새류 식물(植物)

articŭláte, adv. 또박또박, 분명하게

articŭlátim, adv. 토막토막, 조각조각,
한 조목 한 조목, 분명하게, 상세하게.

articŭlátĭo, -ónis, f.
(식물이) 마디마디 자람, 포도나무의 마디 병.

artícŭlo, -ávi, -átum, -áre, tr.
한 마디마디 똑똑히 말하다, 똑똑히 발음하다.

articulósus, -a, -um, adj.
마디 많은(투성이의), 지나치게 세분한(연설).

artícŭlus, -i, m. (草本식물의) **마디,** 관절(junctura, -æ, f.),
손가락 마디, 손가락, 손, 손목, 손발, 식물의 마디,
포도나무의 햇가지, 말이나 문장의 부분, 구분, 항목,
절(節), 조목(條目), 조항(條項), **항(項 "§"),**
개조(箇條-낱낱의 조목을 셀 때의 단위)
(文法) 대명사, 접속사, 관사, 소논문(opusculum, -i, n.),
논설(論說), 시점, **순간,** 계기, 위기, 전환기(轉換期).

artículi fundamentales. 근본 신조, 기초 신조(프로테스탄
신학자들이 각 교파의 통합을 위해 만든 신조로 그리스도교 신조를 본질적인
신조와 그렇지 않은 교리를 구별 본질적인 신조를 기본신조라고 불렀다)/

Articuli Organici. 기본조약(나폴레옹이 교회에 간섭하기 시작할 때
1801년 교황청과 정교조약을 체결하면서 반교회적 77개 조항을 공포했다.
교황은 강력하게 항의를 하여 이 분쟁은 1905년 정교분리로 끝을 맺게 되었다.
백민관 신부 엮음, 백과사전 3, p.52)/

artículum reconcilio. 관절(關節)을 제자리에 맞추다/

Hominis digiti articulos habent ternos, pollex binos.
사람의 손가락은 관절을 세 개씩 관절을 갖고 있는데,
엄지는 두 개를 갖고 있다/

in artículo mortis.
임종 때에, 죽는 순간(에), 죽을 임시에, 임종 직전/

induo ánulum artículis. 손가락에 반지를 끼다/

insignes articuli temporum. 시대의 뚜렷한 구분.
(교부문헌 총서 16, 신국론. p.1744)/

molli artículo tractáre aliqm. 아무에게 살짝 손대다.

articulus fidei. 신앙 조항(信仰條項), 신앙개조(信仰改造),
신조(信條.⑨ article of faith.formula. -æ, f.).

articuli fundamentales. 기본 신조/

articuli stantis et cadentis ecclesiæ.
교회의 생사가 걸린 신조(오지 믿음만으로 의화(칭의)될 수 있다는
루터교의 주된 원리이며 이를 '교회의 생사의 문제'라고 하였다.).

articulus stantis et cadentis ecclesiæ.
교회의 존폐가 달려 있는 조항.

ártĭfex¹, -fícis, adj. 숙련된, 능란(能爛)한, 능숙(能熟)한,
노련한, 솜씨 좋은, 정교(精巧)하게 만들어진.

ártĭfex², -fícis, m.(f.) (ars+fácio) 예술가, 미술가,
거장(巨匠), 세공인(細工人), 숙련공, 기능공, 전문가,
기술자, 제작인, 작가, 사기한(詐欺漢), 잔꾀 부리는 사람.
artifices scenici. 배우(俳優.scénica, -æ, f.)/
naturæ ministrum esse et non artificem magnum.
대자연의 하인이지 대자연을 마음대로 조종하는
술사가 아니다(성 영 옮김, 피로 델라 미란돌라. p.142)/
summos se judico artífices.
자기들이 최고의 예술가라고 공언하다.

artifex divinus. 신적 기술자(神的 技術者)

artifex statuarum. 조각가(彫刻家.statuárĭus, -i, m.)

artifíciális, -e, adj. 인공적, 인위적.
inseminátĭo artificiális. 인공수정(⑨ artificial inseminátĭon.)

artifíciósus, -a, -um, adj. 기법에 의하여 된, 정교한,
교묘(巧妙)한, 예술 법칙에 맞는, 예술적(藝術的).

artifícĭum, -i, n. (ars+fácio) 기능직, 전문직(專門職),
기술(技術), 기교(技巧), 공예(工藝), 세공(細工),
수공업, 정교한 솜씨, 숙련(熟練-무슨 일에 수달하여 능숙해짐),
특수기술.지식, 이론, 체계, 술책, 교활(狡猾), 잔꾀.

artíficus, -a, -um, adj. = artifíciósus

ártĭo, -ívi -ítum, -íre, tr. 꼭 끼워 넣다, 꽂다

artĭŏdáctyla, -órum, n., pl. (動) 우제류(偶蹄類)

artior somnus. 꽤 깊이 든 잠

artíssĭmum vínculum. 긴밀한 유대(紐帶)

arto(=arcto), -ávi, -átum, -áre, tr. 좁히다, 죄다,
수축시키다, 제한하다, (시간 따위를) 단축하다.

artŏlágănus, -i, m. 빵 과자, 케이크(⑨ cake)

artopta, -æ, f. 케이크 굽는 냄비(tegula, -æ, f. 튀김냄비)

ártŭbus, artus(-ûum, m., pl. 관절) 의 복수 여격.탈격

artum, -i, n. 협소; 좁은 장소, 궁핍(窮乏.⑨ Needy),
곤궁(困窮.indigéntia, -æ, f.), 궁지(窮地), 난처함.

artus¹, -a, -um, adj. = arctus 죈, 압축된, 긴밀한, 밀접한,
친밀한, 좁은, 비좁은, 붐비는, 깊이 든 (잠), 빽빽한,
여유 없는, 한정된, 긴박한, 긴장된, 난처한.
ártior somnus. 꽤 깊이 든 잠/
artíssĭmum vínculum. 긴밀(緊密)한 유대(紐帶)

artus áditus. 좁은 입구

artus², -us, m. [복수 3격(여격)과 복수 5격(탈격) 어미는 -ubus가 됨]
(解) 관절(關節), 포도나무 가지.
pl. 사지(四肢-사람의 두 팔과 다리).
Ejus artus laborábant. 그는 관절염을 앓는다/
Equus tremit artus(=artubus) 말은 사지를 떨고 있다.

árui, "areo"의 단순과거(pf.=perfectum)

árŭla, -æ, f. 작은 제단

arúndĭfer, -ĕra, -ĕrum, adj. (arúndo+fero)

갈대를 지닌, 갈대로 꾸며진.
arundinácěus, -a, -um, adj. 갈대와 같은
arundinétum, -i, n. 갈대밭
arundíněus, -a, -um, adj. 갈대의, 갈대로 만든, 갈대 같은
arundinósus, -a, -um, adj. 갈대가 많은
arúndo(=harundo) -dīnis, f. 갈대, 갈대로 만든 것;
  피리, 낚싯대, 과일 쪼개는 꼬챙이, 새 잡는 끈끈이가 장대,
  회초리, 갈대 펜, 바디, 화살, 갈대비.
arúsp… V. **harúsp…**
arva, -æ, f. 경작지(耕作地)
arválís, -e, adj. 밭의, 밭에 관한
Arvérni, -órum, m., pl. Gállia의 주민(지금의 Auvergne의)
arvína, -æ, f. 지방(脂肪), 돼지기름
arvum, -i, n. 경작지(耕作地), 밭(ἀγρὸς), 곡물, 농작물,
  해변(海邊), 목장(牧場), 땅, 지방, 평원(平原)
  arva Neptúnia. *Neptúnus*의 평원 즉 바다/
  dulcia linquimus arva. 사랑하는 전답을 버리고.
  <small>(성 염 지음, 사랑만이 진리를 깨닫게 한다. p.392)/</small>
  geniália arva. 비옥한 땅(genialis 참조)/
  genitale arvum. 생식하는 토양<small>(교부문헌 16, 신국론. p.1522)</small>/
  flava arva. 황금 물결치는 밭.
arvus, -a, -um, adj. 경작할 만한; 갈아 놓은
arx, arcis, f. 산이나 하늘의 높은 곳, 정상; 고지,
  요새, 성채(城砦), **포대**(砲臺), **아성**(牙城)-성곽의 중심부).
  Roma市의 언덕 특히 Capitólium 언덕<small>(신전과 더불어 요새가</small>
  <small>있었음)</small>, Roma市, 절정, 꼭대기, 머리(頭), 안전한 곳,
  피난처, 왕좌, 권좌(權座); 폭력, 폭정.
  arcem ex cloácá fácere. (속담-하수도로 요새를 만들다.상다)
  형편없는 것을 가지고 침소봉대(針小棒大)하여 떠들다/
  arces sacræ. 신전 / infra arcem. 요새 아래에/
  Monœci arx. Ligúria의 갑(岬)-지금의 Monaco/
  Plato rationem in capite sicut in arce posuit. 플라톤은
  요새 꼭대기에 놓듯이 이성을 머리에다 자리 잡아 두었다.
arx septicollis. 일곱 언덕의 로마
as, assis, m. ① 한 단위(12로 나눌 수 있는 어떤 것
  전체에 대한 측정·중량·가치의 한 단위); 전체, 전부,
  1 as = 12 úncie; úncia = 12분의 1; sextans = 6분의 1;
  quadrans = 4분의 1; triens = 3분의 1; quincunx =
  12분의 5; semis, semíssis = 2분의 1; septunx =
  12분의 7, bes, bessis = 3분의 2; dodrans = 4분의 3/
  in assem, in asse 전체(로, 를)/ ex asse 전부, 전체,
  전적으로, ② (유산) 전부, 전 재산; heres ex asse.
  전체 유산 상속의 ③ (전답 면적 단위) as = 800평
  가량의 밭, ④ (중량단위) as = 약 340그램, ⑤ (화폐
  단위로서의) as(처음에는 1파운드 무게 상당의 동의
  가치였으나 점차 줄어들어서 마침내 36분의 1 상당의
  가치에 이르렀음) ⑥ 동전 한 푼: 주화(鑄貨) pérdere
  ómnia ad assem. 마지막 한 푼까지 잃다/non assis
  fácere alqd. 대단치 않게 여기다. ⑦ as(~ públicus) 세금.
asa¹, -æ, f. (古) = ara
asa², **fœtǐda**, -æ, f. (植) 아위(阿魏)
  <small>(이란.아프가니스탄 원산의 미나리과 식물. 약재로 씀).</small>
asbéstinum, -i, n.
  불에 타지 않는 천, (석면 따위로 만든) 옷감.
asbéstos, -i, m. 석면(石綿-아스베스토스)
ascálía, -æ, f. ((植) (유럽산) 엉컹퀴의 일종
ascárǐda, -æ, f. (蟲) 회충(蛔蟲)
ascārǐdíásis, -is, f. (醫) 회충병(蛔蟲病)
áscěa = **áscǐa** 도끼, 자귀, (미장이용) 삽
ascélla(=axílla) -æ, f. 겨드랑이, 액와(腋窩)
ascendi, "ascendo"의 단순과거(pf.=perfectum)
ascéndo, -scéndi -scénsum -ěre, intr., tr. (ad+scando)
  오르다, 올라가다(עלה.אלא.סלק.נגד.נסק), 기어오르다,
  (배.말 따위를) 타다, …에 이르다, 달하다, 오르다.
  ascendere in contionem. 연단에 오르다/
  et ascendens ad Altare dicit secreto.
  그리고 사제는 들리지 않게 말하며 제대로 나아간다/
  in rostra ascéndere.(rostrum 참조) 연단으로 올라가다/

Incensum istud a te benedictum, ascendat ad te,
Domine, et descendat super nos misericordia tua.
주여, 이 유향을 축복하시어, 당신 앞에 오르게 하시고,
당신의 자비를 저희에게 내리게 하소서.
ascendo ad honóres. 높은 관직에 오르다
ascendo in cælum. 하늘로 올라가다
ascendo in altiórem locum(gradum).
  더 높은 자리(지위)에 오르다.
ascendo in equum. 말 타다
ascendo murum. 성벽(城壁)을 기어오르다
ascénsǐo, -ónis, f. 오름, 올라감, 상승(上昇), 등반,
  승천(昇天.獨 Himmelfahrt), 향상(向上),
  진보(進步).⑨ Advancement/Growth).
  De spiritualibus ascensionibus. 영적상승(Zerbolt 지음).
Ascensio Christi. 예수 승천(⑨ Ascension of Christ)
Ascensio Domnini. 주님 승천(⑨ ascension of Our Load)
ascénsor, -óris, m. 오르는 사람, 말 타는 사람
ascensum, "assendo"의 목적분사(sup.=supínum)
**Ascensurum caput in cælum commendavit membra in
terra**. 머리께서는 하늘로 오르시며 지체를 땅에 맡기고
  떠나셨습니다.(최익철 신부 옮김. 요한 서간 강해. p.457)
**Ascensurus enim dixit verba novissima; post ipsa
verba non est locutus in terra**. 올라가시면서 마지막
  말씀을 남겨 주셨고, 이 말씀을 건네신 뒤로는 지상에서
  더 이상 말씀하지 않으셨습니다(최익철 옮김. 요한 서간 강해. p.457).
ascénsus, -us, m. 올라감, 등반(登攀), 기어오름,
  오르막 길, 승격(昇格), 상승(上昇).
ascensus fácǐlis. 쉬운 등반
ascensus intellectus in Deum. 하느님께 마음을 들어 올림
ascétérǐum, -i, n. (수도원 비슷하게) 명상하는 집
ascétǐca, -æ, f. (theolgía ~) 수덕(신)학
ascétǐcus, -a, -um, adj. 극기의, 수덕(修德)의,
  고행의, 수도하는. m. 수덕자(修德者)
ascetismus* -i, m. 수덕(修德.⑨ asceticísm),
  수덕주의(修德主義), 고행(→수덕*),
  금욕(禁慾.ἄσκησις;ởπτξ에서 由來)(⑨ asceticism).
áscǐa, -æ, f. **áscěa** 도끼(נרג.⑨ axe),
  자귀(연장의 한 가지. 나무를 깎아 다듬을 때 씀), (미장이용) 삽.
ascidiácěa, -órum, n., pl. (動) 멍게류
áscǐo¹, -áre, tr. 자귀질하다, 삽으로 회반죽을 이기다
áscǐo², -íre, tr. 오게 하다, 받아들이다, 끼게 하다.
  Trojános ascio sócios.
  Troja인들을 동맹군으로 받아들이다.
ascísco, -scívi -ítum -ěre, tr. (ad+scisco)
  끌어넣다, 받아들이다, 채용(채택)하다, 따라가다,
  자기 것으로 만들다, 참칭(僭稱-제멋대로 스스로 임금이라고
  일컬음)하다, 시인하다, 인정하다, 승인하다, 찬동하다.
ascísco alqm civem. 누구를 시민으로 받아들이다
ascísco alqm in civitátem Románam.
  누구에게 로마 시민권(市民權)을 취득케 하다.
ascísco consuetúdinem. 풍습을 받아들이다
ascísco sibi óppidum. 도시를 자기편으로 끌어넣다
ascísco sibi prudéntiam. 현명한 사람으로 자처하다
ascitus¹, -a, -um, p.p., a.p. 다른 데서 구해온, 외래의.
  ascita proles. 양자로 받아들인 자식/
  ascitas dapes pétere. 외국 요리를 찾다.
ascitus², -i, m. 받아들임
asclepiadácěæ, -árum, f., pl. (植) 박주가리과 식물
asclépǐas, -ădis, f. (植) 박주가리의 일종
ascogónǐum, -i, n. (植) 자낭균류의 자성(雌性) 생식세포
ascomycétes, -īum, f., pl. (植) 자낭균류(子囊菌類)
ascríbo, -scrípsi -scríptum -ěre, tr. 덧붙여 쓰다,
  추가하여 쓰다(נחב.⑨ write), 명단에 기입하다.
  명부에 올리다, (서면으로) 임명하다(נ.תﬠ.מנﬡ),
  지명하다, 지정하다, 가산하다, 가입시키다,
  축에 끼게 하다, 수에 집어넣다, 귀속시키다, 돌리다.
  Ascríbe me talem in númerum.
  나를 이 사람들 축에 끼워다오.

ascríbo *alqm* in civitátem. 시민 명부에 등록하다
ascríbo *alqm* tutórem líberis.
　아이들의 보호자로 지정하다.
ascríbo diem in epístula. 편지에 날짜를 추가 기입하다
ascriptícíus, -a, -um, adj. 명부에 등록된.
　m., pl. 이민으로 들어온 노예.농부(農夫).
ascriptícius cívis.
　(그곳 태생이 아닌 사람으로) 명부에 등록된 시민.
ascríptio, -ónis, f. 추가 기재; 등록, 가입
ascriptívus, -a, -um, adj. 정원 외의, 여분의, 보충의.
　ascriptívi mílites. 보충병(補充兵)
ascríptor, -óris, m. 연서자, 추가 서명자, 찬동자, 지지자
ascus, -i, m. (植) 자낭(子囊)
Asdrúbal = Hasdrúbal
Aséitas, -átis, f. (哲) 자존성(自存性), 자유성(自由性),
　(a se esse. 스스로에 의해서 있음) 자존체(自存體).
asélla, -æ, f. 새끼 암나귀(asina, -æ, f. 암나귀)
aséllus, -i, m. 새끼 당나귀,
　bípes aséllus. (두 발 나귀새끼) 어리석은 사람.
asia¹, -æ, f. 호밀
Asia², -æ, f. Lýdia의 도시, Troja의 왕국, 소아시아,
　Pérgamus 왕국, 아시아 대륙(大陸),
　In Asíam ad regem ábiit.
　그는 Asía로 떠나 (Persia의) 대왕한테로 갔다.
Asiánus, -a, -um, adj. 아시아의, m., pl. 아시아 주민
Asiáticus, -a, -um, adj. 아시아의.
　Asiatici oratóres nimis redundántes.
　말이 너무 많은 아시아의 연설가들.
ásída, -æ, f. (動) 소리개의 일종
asílus, -i, m. 등에(蟲→파리) 참조.등엣과에 딸린 곤충을 통틀어 이르는 말)
ásína, -æ, f. 암나귀(asélla, -æ, f. 새끼 암나귀)
asinárïus, -a, -um, adj. 나귀의. m. 나귀몰이꾼.
　mola asinára. 연자매.
asinínus, -a -um, adj. 나귀의
ásinus, -i, m. 당나귀, 바보, 어리석은 사람, 고집 센 사람,
　당나귀 같은 놈(명청하고 느리고 완고한 사람을 욕하는 말).
　At illi portantes frumenta in asinis suis profecti
　sunt.(kai. evpiqe,ntej to.n si/ton evpi. tou.j o:nouj auvtw/n
　avph/lqon evkei/qen) (獨) they loaded their donkeys with the
　rations and departed) 그들은 곡식(穀食)을 나귀에
　　신고 그곳을 떠났다(성경 창세 42. 26)/
　Non arabis in bove simul et asino. (ouvk avrotria,seij evn
　mo,scwl kai. o:nwl evpi. to. auvto,) (獨 Du sollst nicht ackern
　zugleich mit einem Rind und einem Esel) (You shall
　not plow with an ox and an ass harnessed together)
　　너희는 소와 나귀를 함께 부려서 밭을 갈아서는 안
　　된다(성경 신명 22. 10)/소와 나귀를 한 멍에에 메워 밭을
　　갈지 마라.(공동번역 신명 22. 10).
Asinus asinum fricat. 유유상종(類類相從)
　당나귀는 당나귀를 문지른다(바보들은 저희끼리 시시덕거린다).
Asinus aureus. 황금 당나귀(아풀레이우스가 지었다고 신국론에서
　이야기하나 아우구스티노에게서만 전해오고 있다. 신국론 p.1979).
asinus germanus. 진짜 바보
asinus molárïus. 연자매 돌리는 나귀
Asis, -ïdis, f. = Asía
Askese. 독일어(Askese는 환경문제를 극복해 나가는 데에 필요한 정신적인
　자세 중의 하나인 독일어).
　(獨) asceticism, 프 ascétisme, 獨 asceticismus로 표현
　되기도 한다. 근검절약, 절제, 자기수련, 훈련, 금욕, 수덕, 노력, 수고, 고행, 포기
　등 여러 가지 요소들을 의미하고 있다. 이러한 여러 가지 의미들을 한 단어로 표현
　하는 Askese란 단어는 그리스어 동사 ἀσκησιs의 명사형인 ἀσκησιs에서 유래하는데,
　ἀσκησιs는 작용, 가공, 수정, 편집, 훈련, 실습, 연습, 숙련 등의 의미를 지니고 있다.
　Askese는 예술작품들을 완성하기 위한 연습과 훈련을 지칭하기도 했다. 그리고
　상당히 일찍부터 Askese를 덕행을 쌓아나가고 진리와 정의를 위해서 노력해 나가
　는 일과 연계시켰다. Friedrich Wulf는 가톨릭 신학적인 관점에서 "Askese는 그
　스도교적 완전성에 도달하고자 하는 인간적인 노력의 모든 행위들이며, 투쟁과
　포기가 함께 한다. 그러나 결정적인 극복은 아직 성취하지 못한 현실과 믿음을
　지어진 노력"이라고 정의하고 있다. 상대성 이론과 예수의 부활. pp.219~222 참조.
asótus, -i, m. 미식가, 낭비자, 도락가(道樂家)
aspárägus, -i, m. (植) 아스파라거스(백합과의 다년초)
aspárgo = aspérgo 유명한 희랍부인

aspectábilis, -e, adj. 눈에 보이는, 바라볼 만한
aspécto, -ávi, -atum, -áre, tr., freq. 주시하다,
　자주 바라보다(ⲟⲛ.ⲟⲟ), 감탄하며(놀라며) 쳐다보다,
　주의(主意)를 기울이다, (어느 쪽을) 향해있다,
　면(面)해 있다, 바라다 보다.
　collis, qui advérsas aspéctat arces.
　맞은 편 성재를 바라보는 언덕.
aspéctus, -us, m. 바라봄, 쳐다봄, 자세히 봄, 관(觀),
　눈길, 시야(視野), 시력(視力), 외관, 면모, 모습.
　aspéctum hominum vitare. 사람들의 눈을 피하다/
　aspéctum vitæ humánæ 인생관(人生觀)/
　Hoc sub aspectu, res politica et fides conectuntur.
　바로 여기에서 정치와 신앙이 만납니다/
　sub aspéctum cádere. 시야에 들어오다/
　terríbilis aspéctu. 보기에도 무서운/
　uno aspéctu. 첫 눈에.
aspéllo, -púli, -púlsum, -ĕre, tr. (abs+pello)
　밀어내다, 쫓아버리다, 멀리가게 하다.
asper, -ĕra -ĕrum, adj. (표면이) 고르지 못한, 껄껄한,
　거칠거칠한, 울퉁불퉁한, (일기.바다가) 궂은, 거센,
　사나운, 모진, 험악한, (맛) 쓴, 신, 아린, 떫은, 매운,
　(냄새) 고약한, (소리) 거센, 거친, 쉰, 고르지 못한,
　(문장.연설 따위가) 다듬어지지 않은, 조잡한,
　(말.성격 따위가) 난폭(亂暴)한, 사나운, 불친절한,
　인정 없는, 까다로운, 딱딱한, 엄격한,
　(일.형편이) 어려운(חℷℸ), 힘든, 곤란한, 고된, 위태로운.
　Hanc ego viam si asperam atque duram negem, mentiar.
　이 길이 거칠고 험하다는 것을 내가 부정한다면,
　　나는 거짓말을 하는 셈이리라/
　hiulcæ voces aut asperæ. 찢어지는 소리이거나 거친 소리/
　nummus asper. 새 동전 / res ásperæ. 까다로운 일.
aspera, -órum, n., pl. 험한 곳, 거센 풍파, 역경(逆境).
　in rebus ásperis. 역경에서.
aspera fortunæ. 행운(운명)의 험한 것들
　(형용사가 단독으로 명사로 대우된 경우인데, aspera는 중성 복수이니
　'험한 것' 또는'난관'격은 주격일 수도 있고 대격일 수도 있음. 성염 해설).
Aspera pulmonem tussis quatit.
　모진 기침이 폐를 울립게 한다
áspĕre, adv. 거칠게, 거세게, 엄격하게, 신랄하게, 호되게
aspere accípere. 역정을 내면서 받아들이다
Asperges, 원형 aspérgo² -spérsi -spérsum -ĕre, tr.
　[직설법 미래. 단수 1인칭 aspergam, 2인칭 asperges, 3인칭 asperget.
　복수 1인칭 aspergemus, 2인칭 aspergetis, 3인칭 aspergent].
　[N.B. aspergere, donare, impertire 등은 '받는 사람'을 직접객어로 하고
　'주는 물건'을 탈격으로 쓸 수 있다. 미사 통상문을 위한 라틴어, p.454]
Asperges me. 살수(撒水) 예식. 성수 뿌리는 예식.
　(미사 전에 시편 51장 9절 "Asperges me"로 시작하는 노래를 부르며 성수를
　제단, 자신, 성직자, 신자들 순으로 뿌리는 예식으로 부활시기에는 이 노래가
　"Vidi aquam"으로 대치된다. 이 예절은 9세기 경에 레오 4세(847-855)가 시작
　하여 최근까지 실행해 왔으나 전례개혁 이후 임의로 할 수 있다. 살수식은 세례
　를 상기시키고 마음을 깨끗이 한다는 뜻을 가지고 있다. 또한 병치방문 때나 병자
　성사 거행 때에 병실 등에서도 행한다. 백민관 신부 엮음. 백과사전 1. p.204)
　[시편 50, 9과 시편 50, 3로 성수예절 때 부르는 노래이다. 트리엔트 전통미사에서
　매 주일 미사 시작 전에 거행되는 예식으로 여겨왔었지만, 1970년 미사 전례서에는
　토요특전 미사부터 모든 주일 미사 중에 성수 뿌리는 예식을 할 수 있도록
　규정하고 있다. 황지헌 신부 지음. 미사 통상문을 위한 라틴어, p.454]
Aspérges me, Dómine, hyssópo, et mundábor.
　주님, 우슬초를 저에게 뿌려 주소서. 저는 깨끗하여 지리이다.
　[aspergere, donare, impertire 등은 '받는 사람'을 직접 객어로 하고
　'주는 물건'을 탈격으로 쓸 수 있다]
Aspérges me, Dómine, hyssópo, et mundábor:
lavábis me, et súper nívem dealbábor.
Miserére méi, Déus,
secúndum mágnam misericórdiam túam.
　(獨) Purge me with hyssop, and I shall be clean: wash me,
　and I shall be whiter than snow.
　Have mercy upon me, O God,
　according to thy lovingkindness.
　주님, 히솝의 채로 제게 뿌려주소서. 저는 곧 깨끗해
　지리이다. 저를 씻어주소서. 눈보다 더 희어지리라.
　하느님, 당신의 크신 자비에 따라 저를 불쌍히 여기소서.
aspergíllum* -i, n. (獨 Aspergillum/Sprinkler.
　(獨 Aspergill/Sprengel/Sprengwedel/Weihwasserwedel).

A

(가) 성수 뿌리는 기구(器具),
성수채(솔이나 작은 구멍이 뚫린 기구).
aspergíllus, -i, m. 누룩곰팡이의 각종 균(菌)
aspérgo¹, -gǐnis, f. 뿌림, 살포, 물보라, 비말(飛沫-뿌림)
aspérgo², aspérsi -spérsum -ěre, tr. (ad+spargo)
　뿌리다, 퍼뜨리다(ㄱㄱ), 누구에게 무엇을 뿌리다
　치다, 살짝 섞다(ㄲㄲ.ㄲ.ㄲ.ㄲ.ㄲ),
　몰래 집어넣다, 슬쩍 보태다, 더럽히다(ㄲㄲ).
　pécori aspérgo virus. 가축에게 독을 퍼트리다.
aspergo aram sánguine. 제단에 피를 뿌리다
asperior, -or, -us, adj. asper, -ěra -ěrum의 비교급.
　Si asperius in quosdam homines invehi vellem,
　quis non concederet? 만일 내가 어떤 사람들을 보다
　모질게 공박할 셈이라면, 누가 굴복하려 않을까?.
aspérǐtas, -átis, f. 껄껄함, 거칠음, 거셈, 험난(險難),
　(미각.청각.시각에) 거슬림, 고약함, 심함, 신랄(辛辣),
　가혹(苛酷), 냉담(冷淡), 난폭(亂暴), 사나움, 까다로움,
　딱딱함, 조잡(粗雜), 난관(難關), 역경(逆境).
　asperitas frigoris. 심한 추위/
　saxórum asperitátes. 울퉁불퉁한 바위.
asperitas frígoris. 심한 추위
aspernátǐo, -ónis, f. 경멸(輕蔑-남을 깔보고 업신여김),
　멸시(蔑視-남을 업신여김. 깔봄), 모욕(侮辱) 무시, 밀리함.
aspernátor, -óris, f. 경멸하는 사람, 얕보는 사람
aspérnor, -átus sum, -ári, dep., tr. (ad+sperno) 밀리하다.
aspérnor, -atus sum, -ari, dep., tr. 멀리하다, 튀기다
　물리치다, 거절하다(ㅁㅁ), 무시하다, 경멸하다,
　(마치 aspérno의 pass.처럼 쓰이는 수 있음)
　무시(멸시) 당하다, 거절당하다.
　Intelléxit, regem vagum ab ómnibus aspernári.
　그는 방랑하는 왕이 모든 사람한테 멸시(蔑視)
　당하는 것을 깨달았다.
áspěro, -ávi, -átum, -áre, tr. 껄껄하게 하다,
　거칠게 만들다, 날카롭게 하다, 갈다, 격렬하게 만들다,
　더 어렵게 만들다, 자극(刺戟)하다.
aspero undas. 파도를 일으키다
asperrimus, -a, -um, adj. asper, -ěra -ěrum의 최상급
aspérsǐo, -ónis, f. 뿌림, 살포(撒布), 성수 예절
aspersórǐum, -i, n. = vas aquæ benedíctæ.
　출입문간에 비치 된 성수 그릇(聖水盤).
aspérsus, -us, m. 물 뿌림, 살포(撒布)
asperum, -i, n. ⑨ adversity, difficulties
Asphaltítes, -æ, m. 사해(ㄲㄲㄲ ㄲ.⑨ Dead Sea)
aspháltus, -i, m. 아스팔트(⑨ asphalt).
　(鑛) 역청(탄화수소의 화합물. 아스팔트.콜타르.피치 따위).
asphódělus, -i, m.
　(植) 수선화, 무릇 난 속의 식물, 시들지 않는 꽃.
aspice, 원형 aspícǐo, -spexi -spectum -ěre,
　[명령법. 현재 단수 2인칭 aspice, 복수 2인칭 aspicite].
Aspice ad sinistram. 왼쪽(왼편)을 바라보아라.
Aspice, Domine(⑨ Look down, O Lord, William Byrd)
aspícǐo, -spexi -spectum -ěre, tr. (ad+spécio)
　보다(ㅁㅁㅁ.ㅁㅁㅁ.ㅁㅁ.ㅁㅁ), 바라보다(ㅁㅁㅁ.ㅁㅁ),
　자세히 보다, (감탄하며.놀라며) 쳐다보다(ㅁㅁㅁ.ㅁㅁ),
　자애로운 눈길로 바라보다, 호의를 보이다.
　똑바로 쳐다보다, 맞서다, 보고 알다, 알아 보다,
　(어느 쪽을) 향해 있다, 면(面)해 있다, 바라보다.
　살펴보다, 관찰하다, 조사하다, 검사하다(ㄲㄲ),
　생각해 보다, 고찰하다, 음미하다.
　Protéctor noster, áspice, Deus: ut, qui malórum
　nostrórum póndere prémimur, percépta misericórdia,
　líbera tibi mente famulémur. 저희의 보호자이신 천주님,
　악행의 무게로 놀린 저희로 하여금 주님 자비하심을
　깨달아 자유로운 마음으로 주님을 섬기게 하소서/
　Quam sordet mihi tellus, dum cœlum aspicio.
　하늘을 쳐다볼 때 땅은 얼마나 더러우냐/
　rectis óculis aspícere. 똑바로 쳐다보다.
Aspicito limis óculis, ne ille sentǐat.

그가 눈치 채지 않도록 흘끔 보아라.
aspirátǐo, -ónis, f. 숨을 내쉼, 날숨, 호기, 호흡(呼吸),
　(공기.향기 따위의) 떠돎, 풍김, 산들바람, 발산,
　증발(蒸發), 기식음(氣息音, h자) 발성, 열망, 바람(望),
　동경(憧憬-마음을 크고 애틋하게 생각하며 그리워함), 희망함.
　(가) 화살기도(⑨ ejaculátory prayer/aspirátǐon).
aspirínum, -i, n.
　아스피린(藥.獨 Aspirin.아세틸살리실酸의 상품명).
aspíro, -ávi, -átum, -áre, (ad+spíro)
　intr. …에다 내뿜다, (바람.기운 따위가) 불다(ㄲㄲ.ㄲㄲ),
　기식음을 발성하다, 호의적인 입김을 불어 주다,
　도와주다, 얻으려고 힘쓰다, 지망(志望)하다,
　갈망하다(ㄲㄲ.ㄲㄲㄲ.ㄲㄲㄲ), 동경하다, 접근하여 가다.
　ad laudem aspiro. 영광을 갈망(渴望)하다/
　Aspirat primo fortuna labori.
　운명(運命)은 우리의 첫 노력을 도와준다/
　Pulmónes se cóntrahunt aspirántes.
　폐는 숨을 내쉬면서 수축(收縮) 된다.
　tr. (바람.입김 따위를) 불어 보내다, 불어 넣다,
　스며들게 하다, 고취하다, 고무하다.
aspis, -ǐdis, f. (蛇) 살무사
aspleniáceæ, -árum, f., pl. (植) 꼬리고사리과 식물
asportátǐo, -ónis, f. 수송(輸送), 이송(移送)
　(배나 수레에) 실어 가져감.
aspórto, -ávi, -átum, -áre, tr. (abs+porto)
　운반해 가다, 옮겨 가져가다, 실어내다.
asprétum, -i, n.
　울퉁불퉁한 곳, 돌이나 가시 덩굴 따위가 많은 곳.
A.S.S. = Acta Sanctorum(성인전) 약자
assa, -órum, n., pl. 불고기, 구운 고기
assa cella. 한증막(汗蒸幕)
assa nutrix. (젖은 먹이지 않는 유모) 유모(乳母)
assatúra, -æ, f. 굽거나 말린 음식물.육류
ássěcla(=assecula) -æ, m. 수행원(隨行員), 동반자,
　추종자(追從者), 동조자(同調者), 제자(μαθητὴς.弟子)
assectátǐo, -ónis, f. 수행(隨行-사람을 따라감), 동반(同伴)
　추종(追從), 맹종(盲從- 남이 시키는 대로 무턱대고 따름).
assectátor, -óris, m. 수행원(隨行員), 동반자(同伴者),
　(취임 부탁을 위해) 충실히 좋아 다니는 사람,
　추종자, 동조자, 제자, 신봉자, 얻으려고 노력하는 자.
asséctor, -sectátus sum -ári, dep., tr. (ad+sector)
　(가끔 친구로서 또는 취임 부탁을 목적으로) 수행하다,
　모시고 다니다, 끈덕지게 따라다니다,
　획득하다(ㄲㄲ), 도달하다(ㅁㅁㅁ.ㅁㅁ).
assécǔla(=ássěcla) -æ, m. 동조자, 수행원, 동반자
　제자(μαθητὴς.弟子), 추종자(追從者).
assecurátǐo, -ónis, f. 보험(保險),
　assecurationes. 보험금.
assecurátǐo sociális. 사회보험(社會保險)
assecurátǐo vitæ. 생명보험(生命保險)
assecútǐo, -ónis, f. 획득(獲得)
assecútor, -óris, m. 동반자(同伴者), 수행자(修行者)
assédi, "assideo"의 단순과거(pf.=perfectum).
　"assido"의 단순과거(pf.=perfectum)
assemblea liturgica* 전례 회중(典禮會衆)
assensi, "assentio"의 단순과거(pf.=perfectum)
assénsǐo, -ónis, f. 찬성(贊成), 동의(同意), 동감(同感),
　승인(承認), 감각현상에 굴복하여 그것을 사실로 인정함,
　신념(信念), 확신(確信-굳게 믿음. 확실히 믿음)
　assénsu ómnium. 모든 사람의 찬동을 받고/
　cum assénsu ómnium. 모든 사람의 찬동을 받고/
　imbecilla adsensio. 근거 없는 동의(로무멘전 16, 신국론. p.1458).
assénsor, -óris, m. 찬동자, 승인하는 자, 추종자
assensum, "assentio"의 목적분사(sup.=supínum)
assénsus, -us, m. 찬동, 동의, 승인, 인가, 반향, 산울림.
assensus fidei. 신앙의 동의(信仰同意)
assensus theologicus. 신학적 동의, 신학적 승인(承認).
　(가톨릭 신학은 객관적으로 볼 때 계시진리에 대한 탐구 또는 연구이지만

109

그 내용을 받아들이는 것은 신앙이다. 따라서 신앙은 신학적인 인식에 대한 동의가 있어야 하고 그 동의는 은총의 인도가 있어야 한다.
백민관 신부 엮음, 백과사전 1, p.205).

assentátĭo, -ónis, f. 이해타산으로 하는 찬동(贊同), 아첨(阿諂-남에게 잘 보이려고 알랑거리며 비위를 맞춤), 추종.
assentātĭúncŭla, -æ, f. 작은 아첨(阿諂), 귀여운 아첨
assentátor, -óris, m. 아첨자, 타산적인 찬동자, 추종자
assentátórĭe, adv. 아첨하여
assentĭo, -sénsi -sénsum -tĭre, intr. (ad+séntio) = **asséntĭor**
asséntĭor, -sénsus sum, assentíri, dep., intr. 찬성(찬동)하다, 동의하다(ספט).
Facile assentior tuis litteris.
나는 기꺼이 그대 편지에 동의 하오/
Hoc tibi asséntĭor. 이 점에서 나는 너와 동감이다.
asséntor, -átus sum, -ári, dep., intr. 언제나 동의하다, 열심히 따르다, 추종하다, 아첨하다, 비위를 맞추다.
sibi assentor. 자신에게 허용하다, 자신을 속이다/
Tibi assentábor. 네 말대로 하겠다.
ássĕquor, (-ĕris, -ĭtur), -secútus sum -sĕqui, dep., tr. 도달하다(יטמ.אטמ.), 쫓아가다(오다), (누구.무엇을 목표로) 따라가다, 이르다, …하는 데 성공하다, **성취하다**, **얻다**(ינק.אנק.קנה), 획득하다(קנה), 필적하다, 동등하다, 알아듣다, 이해하다.
alcjs ingénium assequor. 아무의 재능을 따라가다/
Jam me assequi non potes. 너는 이제 나를 쫓아올 수 없다.
ássĕquor immortalitátem. 불사불멸의 신이 되다
Assequor omnia, si propero ; si cunctor, amitto. 서두르면 나는 모든 것을 얻는다. 머뭇거리다가는 나는 모든 것을 잃는다.
asser, -ĕris, m. 서까래, 장대(긴 막대), 말뚝
ássĕro[1], -sérŭi -sértum, -ĕre, tr. (ad+sero[1]) (법정에서) 손잡아 줌으로 해방되었음을 선언하다, (법정에서) 노예에 대한 소유권을 주장하다, 자기 것으로 만들다, (권리를) 주장하다, 수호하다, (당연한 권리로서) 요구(청구)하다, 지키다, 구해내다, (어떤 것을 진실 또는 사실이라고) 말하다, **주장하다**.
Ac superioribus temporibus Pius XII hæc asserebat. 교황 비오 12세는 이렇게 말한 적이 있다/
se a mortalitáte asserto. 죽음의 처지에서 해방되다/
ut ipsi ásserut, 그들이 주장하는 바와 같이.
assero *alqm* **in servitútem**. 아무를 노예로 끌어가다, 노예로 요구하다.
assero *alqd* **sibi**. 무엇을 제 것으로 만들다
assero laudes *alcjs*. 남의 영광을 가로채다
ássĕro[2], -sévi, -sĭtum, -ĕre, tr. (ad+sero[2]) 옆에 심다, 가까이 심다.
assértĭo, -ónis, f. 노예에 대한 자유해방 선언, 주장.
Assertionis Lutheranæ Confutatio. 루터의 주장에 대한 반박/
Defensio Regiæ Assertionis. 왕의 주장을 변론함/
modus assertionis simplicis. 단순한 확언의 방법.
assertio Scripturæ. 성경의 확언
assertio septem sacramentorum. 칠성사 옹호론, 7성사를 주장함.
[헨리 8세(1491~1547) 영국 왕이 루터를 단죄하기 위해 발표].
assértor, -óris, m. (일반적으로) 수호자, 해방자(解放者), (노예를 해방시켜 그가) 자유임을 선언하는 자.
assertórĭus, -a, -um, adj. (哲) 확설적(確說的), 確然的
assertum, "assero"의 목적분사(sup.=supínum)
assértum, -i, n. 주장, 단언(斷言-딱 잘라서 말함), 증거(μαρτυρὶα.μαρτὺριον.[영] Witness)가 될 만한 것.
assĕrui, "assero"의 단순과거(pf.=perfectum)
asservátĭo, -ónis, f. 보존(保存), 보관, (가) 모심, 안치
Asservatio Eucharistiæ([영] Perservation of holy sacramet .[獨] Aufbewahrung der Eucharistiae). 성체 보존.
asservátĭo sanctissimæ Eucharistiæ. 성체를 감실에 모셔 둠.
assérvĭo, -íre, intr. (ad+sérvio) 거들다, 돕다
assérvo, -ávi, -átum, -áre, tr. (ad+servo) 간직하다, 보존하다, 보관하다, 감시하다, 지켜보다, 살피다.
asservo portas murósque. 성문과 성벽을 감시하다
asséssĭo, -ónis, f. (위로하려고) 옆에 있음, 배석(陪席-웃어른을 모시고 자리를 함께 함).
asséssor, -óris, m. (法) 배석인, 배석판사, (거들기 위해) 옆에 앉은 사람, 보좌인.
assessórĭus, -a, -um, adj. 배석하는
assessum, "assideo"의 목적분사(sup.=supínum)
asséssus, -us, m. = **asséssĭo**,
asséstrix(=**assístrix**) -ícis, f. 여자 조수, 거드는 여자, 보조자, 조산원(助産員).
assĕvēránter, adv. 진지하게, 본심으로부터; 강조하여
assĕvērāte, adv. = **assĕvēránter**
assĕvērátĭo, -ónis, f. 진지함, 정색한 표정, 진지한 주장.단언(斷言).
assĕvéro, -ávi, -átum, -áre, tr. (ad+sevérus) 진지하게 만들다, 진지하게 주장하다, 확언하다, 단언하다, …임을 드러내다, 증명하다.
Magni artus Germánicam oríginem assevérant. (그들의) 큰 골격이 게르만족임을 증명해 준다.
assēvi, "assero"의 단순과거(pf.=perfectum)
assi lapides. 돌 각담
assíbĭlo, -áre, (ad+síbilo) intr. …를 향해 휘파람 불다. tr. 휘파람 소리 내며 내불다, 마찰음으로 발음하다.
assícco, -ávi, -átum, -áre, tr. 말리다, 마르게 하다
assídĕo, -sédi, -séssum, -ére, intr.(tr.) ((ad+sédeo)) 옆에 앉(아 있)다, (간호.위로.조력을 위해) 옆에 붙어 있다; 자리 잡다, 돌보다, 간호하다, 보살피다, 도와주다, (법정에) 배석하다, 배석원 노릇하다, 보좌하다, (무엇에) 힘쓰다, 꾸준히 하다, (군대가) 주둔하다, 포위하다.
philosophíæ assideo. 철학 연구에 몰두하다.
assído, -sédi, -séssum, -ére, intr. 옆에 앉(아 있)다,
assĭdúĭtas, -átis, f. 곁을 떠나지 않고 있음, 늘 붙어있음, (관직 지원자의) 빠짐없는 출석, 끈기, 꾸준함, 인내, 근면, 집요, 끈질김, 지속, 빈번한 반복.
assĭdúĭtas molestiárum. 귀찮은 일이 늘 있음.
assídŭo[1], -ávi, -átum, -áre, tr. 끈기 있게 부지런히 하다
assídŭo[2], adv. 끈기 있게, 끈질기게, 꾸준히, 마냥
assídŭus,(adsidus) -a, -um, adj. 늘 옆에 있는, 붙어 다니는, 빠짐없이 출석하는, 꾸준히 한 자리에 있는, 정주하는, 끈기 있는, 꾸준히 힘쓰는, 부지런한, 계속적인, 끊이지 않는, 부유층(富裕層)에 속하는, 납세 의무를 지닌 시민의.
Assiduus usus uni rei deditus et ingenium et artem sæpe vincit.(Cicero). 한 가지 일에 끈기 있게 몰두하는 연습은 종종 재능과 재주를 능가한다.
assiduus labor. 쉴 새 없는 일
assiduus Romæ. 늘 Roma시에 사는
assignátĭo, -ónis, f. 지정(指定-가리켜 정함), 배정(配定), 할당(割當), 분배(分配), 지정구역(指定區域).
nominis assignatio([영] Conferral of the Name) 이름의 부여.
assignátĭo agrorum. 경작지 분배(耕作地 分配)
assignatus 양수인 (⇌ auctor 양도인)
assígno, -ávi, -átum, -áre, tr. 봉인하다, (법적으로) 지정하다, 배정하다, 분배하다, 맡기다, 넘겨주다(מסר), (탓.원인.영광 따위를) 돌리다.
assigno cólonis agros. 식민지인들에게 농토를 분배하다
assílĭo, -sílŭi -súltum -íre, intr.(tr.) ((ad+sálio)) 덤벼들다, 뛰어들다, 달려들다, 비약하다, 비약이 있다.
Assimilábo, quasi nunc éxeam. 나는 지금 나가는 것처럼 가장하겠다(quasi 참조).
assĭmĭlátĭo, -ónis, f. 닮게 함, 같게 함, 동화, 동화작용,
assimilátĭo modi(=attráctio modórum) (文法) 법의 동화.
(法의 同化란 함은 직설법을 요구하는 어떤 속문이 다른 어떤 접속법이나 부정법에 접속하였을 때에는 그 직설법을 접속법으로 고쳐 놓아야 한다는 법칙을 말한다. 허창덕 신부 지음, Syntaxis Linguæ Latinæ, p.312).
assimilátĭo cognoscentis ad rem cognitam.

인식자의 인식 대상에로의 동일화.
assímĭlis, -e, adj. (ad+símilis) 비슷한, 아주 닮은
assímĭlo = **assímŭlo**
assímŭlátĭo, -ónis, f. 비슷해지게 함, 유사하게 만듦,
　동화(同化), 동화작용(同化作用), 비교(比較).
assímŭlo, -ávi, -átum, -áre, tr. (ad+símŭlo) 같게 하다,
　비슷하게 만들다, 흉내 내서 만들다, 복사하다
　비교하다, 견주다, 겉꾸미다, 가장(위장)하다,
　…체 하다, 위조(僞造)하다.
　Et cui assimilábitis me, quasi qæualis ei sim ego?
　너희는 나를 누구와 비교하겠느냐?
　나를 누구와 같다고 하겠느냐?(성경 이사 40. 25)/
　lítteræ assimulátæ. 복사한 편지/
　móntibus assimuláta núbila. 산처럼 생긴 구름.
assis[1], = as의 변형
assis[2], -is, m. (=axis[3]) 널판 대기
assístens, -éntis, p.prœs. 보좌하는, 보조(補助)하는.
　m. 조수, 보조자(διακονος.⑨ Assistant), 보좌역.
assístens generális. 수도회 총원장 보좌
assístentes epíscopi.
　(주교 서품식에서) 주례주교를 보좌하는 주교.
assístentes in missa. 미사 때 보좌하는 성직자
assisténtĭa, -æ, f. 보좌(補佐), 참석(參席), 입회, 임재(臨在),
　참례(參禮.⑨ Assistance)(예식에 참여함).
assisténtĭa externa negativa. 성령의 외적 소극적 도움
　(교회가 어떤 교리를 선언하는 교도권 행사에 있어서 성령이 오류를 범하지
　않도록 도와주는 것을 말한다. 이 경우 선포하는 사람이 무류(無謬)한 것이 아니라
　성령이 그 안에서 활동하신다는 교리이다. 백민관 신부 엮음, 백과사전 1, p.207).
assisténtĭa sociális. 사회보장(⑨ social security)
assisténtĭa Spiritus Sancti. 성령의 도우심
assísto, ástĭti -ĕre, intr. (ad+sisto) **옆에 서다**,
　자리 잡다, 가까이 가 멈춰서다, 참석하다,
　입회(入會)하다, 곁에 서 있다, **옆에서 모시다**,
　옆에서 거들다, 도와주다, 보좌(補佐)하다.
　Utrum angeli qui mittuntur, assistant. 파견된 천사들은
　하느님 앞에 있는가[assistant를 '하느님 앞에서 시중들다'는 의미로
　이와 같이 번역했다. 여기에서는 (파견되어) 직무를 수행함(ministrare)'과
　대비되는 의미로 쓰였다. 신학대전 14, 이상섭 옮김, p.431].
assisto ad fores. 문간에 서 있다
assisto fóribus. 문간에 서 있다
assístrix(=asséstrix) -ícis, f. 여자 조수, 보조자, 조산원
asso, -ávi, -átum, -áre, tr. 굽다, 볶다 그슬리다
associátĭo, -ónis, f. 회(會)(⑨ institute), 협회, 조합, 단체,
　연합(聯合), 연맹(聯盟), 결사(結社), 연상(聯想).
associátĭo actiónis cathólicæ. 사도직 단체
Associátĭo economiarum religionum
　종교들의 경제(관리) 연합(가톨릭 철학 제2호, p.261).
associátĭo idearum. 개념의 연상(聯想)
associátĭo Missarum. 미사 신심회(⑨ mass-Association)
associátĭo piæ uniónis. 신심 단체, 경신단(敬神團)
associátĭo pro missiónibus. 포교사업 후원회
Associazine di Pontificio Musica Sacra.
　교황청 성음악 학교.
associo, -ávi, -átum, -áre, tr. (ad+sócio) 동료로 삼다,
　…에 가입시키다, 어울리게 하다, 연합하다,
　제휴하다, 결합시키다, 연결시키다.
assócĭus, -a, -um, adj. (ad+sócius) 동료의, 어울리는
assólĕo, -ére, intr. (ad+sóleo) ((3인칭만 있음))
　ássolet, ássolent. 늘… 한다, …하는 습관이 있다,
　(impers.) ut ássolet. 습관에 따라, 평소와 같이, 늘 하는 대로.
ássŏno, -áre, intr. 소리로 응답하다, 공명하다, 메아리치다.
assūdésco, -ĕre, intr., inch. (ad+sudo)
　땀나기(땀이 배기) 시작하다.
assuefácĭo, -féci, -fáctum, -ĕre, tr. (assuésco+fácio)
　익숙해지게 하다, 습관 되게 하다, 길들이다.
　(pass.) assuefíeri. 익숙해지다, 습관 되다.
assuésco, -suévi, -suétum, -ĕre,
　intr. 습관이나 경험으로 배우다, 익숙해지다, 친숙해지다.
　tr. = **assuefácĭo**, -féci, -fáctum, -ĕre.

assuetúdo, -dĭnis, f. 습관(習慣.⑨ habit),
　버릇, 관습, 관례(慣例), 교제(交際), 음탕한 사귐.
assuetúdo furándi. 훔치는 버릇
assuetum, "assuesco"의 목적분사(sup.=supínum)
assuetus, -a, -um, p.p., a.p. 익숙 된, 버릇된,
　재미 들린, 정통한, 낯익은, 통례의.
　n., abl. **assuéto**. 평소보다, 여느 때보다.
　assuéta óculis regio. 낯익은 지방.
assuévi, "assuesco"의 단순과거(pf.=perfectum)
ássŭla(=ástŭla), -æ, f. 대팻밥(ramenta ligni), 나무 조각,
　나무 부스러기, 돌 특히 대리석 부스러기, 음식 부스러기.
assulátim, adv. 조각조각, 조각으로, 부스러기로
assúltim, adv. 튀어 오르며, 도약적으로
assúlto, -ávi, -átum, -áre, intr., intens.
　달려들다, 힘껏 덤벼들다,
　(보병.기병으로) 달려가 공격하다, 습격(襲擊)하다.
　látera et frontem assulto. 양 측면과 정면을 공격하다.
assúltus, -us, m. 돌격(突擊-突進), 맹렬한 공격
assum[1], = adsum
assum[2], -i, n. 구운 고기, 불고기, 한증막(汗蒸幕)
assúmo, -súmpsi -súmptum -ĕre, tr. (ad+sumo)
　자기한테로 가져오다(בוא, 데려오다, חדר), 받아 가지다,
　받아(맞아) 들이다, 취(取)하다(בסנ.בסנ.חדר),
　채택하다, 섭취하다, 먹다(חמל.חמל), 마시다,
　(어떤 목적으로) 끌어들이다, 규합하다,
　이용하다, 차용하다, 따오다, 자기 것으로 만들다,
　자기에게 귀속시키다.도리다, 자기 것으로 요구하다,
　더 보태어 가지다, 있는 것에 덧붙이다,
　(삼단논법의) 소전제(小前提)로 만들다.
　Assumpta est Maria in coelum:
　gaudet exercitus Angelorum. 성모 마리아께서 하늘로
　올림을 받으시니, 천사들의 무리가 기뻐하도다/
　assúmpta verba. (文法) 형용사, 형용사구/
　homo assumptus. 수용된 인간/
　novas húmeris assumo alas.
　어깨에 새 날개를 갖추어 가지다/
　regis nomen assumo. 왕의 명칭을 참칭하다/
　verba assúmpta. 다른 데서 따온 말.
assumo *alqam* **in matrimónium**. 누구를 아내로 맞다
assumo *alqm* **amícum**. 누구를 친구로 받아들이다
assumo *alqm* **in nomen**. 누구를 양자로 삼다
assumo *alqm* **in societátem consílii**.
　누구를 어떤 모의에 끌어들이다.
assumo cibum. 음식을 먹다
assumo sibi laudem. 영광을 자기에게 돌리다
assúmptĭo, -ónis, f. 취득(取得), 떠맡음, 채택, 취임,
　자기에게 귀속시킴, 찬탈(簒奪), 주제넘음, 외람(猥濫),
　(삼단논법의 증명되어야할) 소전제(小前提),
　(문장의) 형용사구, (육체의) 승천(昇天).
Assumptio B.M.V. 성모 몽소승천(8월 15일 대축일)
assumptio cultúræ. 경작지 취득(耕作地取得)
Assumptio Mariæ.(⑨ Assumption of the B.V. Mary).
　몽소승천, 성모승천(⑨ Assumption of Mary).
Assumptio Mosis. 모세 승천기
assumptívus, -a, -um, adj. 가정적(假定的)인,
　외적 사정에 의하여 변호되는.
ássŭo, -sŭi -sútum -ĕre, tr. 덧깁다, 꿰매 붙이다
assúrgo, -surréxi -surréctum -ĕre, intr. (ad+surgo)
　일어나다(קום.סלק.קום), 일어서다(קום),
　(산.건물 따위가) 우뚝 서 있다, 솟아 있다,
　눈앞에 나타나다, (별이) 돋다,
　(식물.종기.맥박 따위가) 자라다(דבר.רבא.אסנ.אסנ),
　커지다, 불어나다, 붓다(סנ.רבא.רבא.רבא.שׂנ),
　(용기.감정 따위가) 일어나다, 북받쳐 오르다,
　치솟다, 치밀다, 부풀어 오르다, 두각을 나타내다(φαὶνω).
assurgo *alci*. 존경의 표시로 일어서다
assurgo ex morbo. 앓다가 추서다
Assúrĭa = **Assýria**

assurrectum, "assurgo"의 목적분사(sup.=supínum)

assurrexi, "assurgo"의 단순과거(pf.=perfectum)

assus, -a, -um, adj. 구운, 그슬린,
(물기.땀 따위 없이) 마른, 햇볕에 쪼인, 그을린,
(아무 것도 섞이지 않고 그것뿐인 뜻을 나타내는) 맨.
assa cella, assum. 한증막/
assa nutrix. (젖을 먹이지 않는) 유모/
assæ sudatiónes. (목욕 안하고) 그냥 땀 흘림/
assi lápides. 돌 각담.

assus sol. 맨 살로 쪼이는 햇볕,
(기름 바르지 않고 하는) 일광욕.

Assýria, -æ, f. 서남아시아에 있던 고대 왕국

asta, -æ, f. = Hasta

astánte ipso. 그가 있는 데서

aster, -éris, m. 별(כוכב), (生) 핵분열의 성상체

aster Atticus. (植) 은방울 꽃

astěríscus, -i, m. (영 Asterisk.獨 Asteriskus)
작은 별, 별표(星標 *).

astérno, -strávi, -strátum, -ěre, tr. (ad+sterno)
너저분하게 깔다.
pass. (군인으로) 모집되어 오다, 명부에 오르다.

astěroíděa, -órum, n., pl. 불가사리類

asthénia, -æ, f. (醫) 허약(虛弱), 쇠약(衰弱), 무력(無力)

asthenópia, -æ, f. (醫) 약시(弱視)

asthma, -ătis, n. 천식(喘息), 숨찬 병

asthmáticus, -a, -um, adj. 도시의, 수도의, m. 시민

astigmatísmus, -i, m. (醫) 난시(oculus conturbatus)

Astinentía ab operibus et negotiis
파공(罷工.영 rest from servile work).

astípulátio, -ónis, f. 견해의 완전한 일치, 찬동, 추종,
동의(同意-제기된 주장, 의견 등에 대하여, 의견을 같이함)

astípulátor, -óris, m. 계약 보증인(契約 保證人),
동의자(同義者), 찬동자(贊同者), 추종자(追從者).

astípulor, -átus sum, -ári, dep., intr.
구두로 (남의) 계약을 보증하다, 찬동하다, 추종하다.

ástiti, "assisto"의 단순과거(pf.=perfectum),
"asto"의 단순과거(pf.=perfectum).

astítūo, -ǔi -útum -ěre, tr. (ad+státuo)
(어떤 위치에) 놓다(אם), 설치하다.

asto, -stíti, astáre, intr. (ad+sto) 서 있다, 곁에 서 있다,
참석하다, 우뚝 서 있다, 솟아 있다,
돕다(עזר.סמך), 거들다.
astánte ipso. 그가 있는 데서/
Etíamne adstas? 너 여태 그냥 서 있느냐?/
squamis astántibus. 비늘을 곤두세우고.

Astráea, -æ, f. Zeus와 Themis의 딸로서 정의의 여신

Astráeus, -i, m. Crius의 아들, 바람의 아버지

astragalus, -i, m. (解) 복사뼈, 거골(距骨-복사뼈),
(建) 구슬선(기둥뿌리.기둥머리 기타부분의 장식)복사뼈처럼 생긴
장식; 쇠시리, (植) 자운영(紫雲英-콩과의 이년초).
(植) 황기(장미目 콩과 여러해살이풀).

ástrěpo, -pǔi, -pítum, -ěre. (ad+strepo)
intr. 향해서 떠들어대다, 시끄러운 소리 내다,
환성을 올리다, 고함소리로 찬동하다.
tr. 소리 질러 말하다, 되풀이하다.

astríctio, -ónis, f. 수렴(작용), 변비(便秘-"변비증"의 준말),
죄어 듦, 제한(制限), 속박(束縛).

astríctus, -a, -um, p.p., a.p. 단단히 묶인, 좁은,
죄어 든, 제한된, 수렴된, 변비가 생긴, 인색(吝嗇)한,
구두쇠의, 절약하는, (말, 문장의) 간결한, 짜임새 있는.
frons astrictus. 주름살 잡힌 이마/
limen astrictum. 단단히 잠긴 문/
venter astrictus. 변비 일으킨 배.

ástrǐfer, -ěra, -ěrum, adj. (astrum+fero)
천체를 지탱하는(운반하는), 별세계에 옮겨져 간(자리 잡은).

ástrǐger, -ěra, -ěrum, adj. (astrum+gero)
천체를 지니고 있는.

astríngo, -ínxi -stríctum -ěre. tr. (ad+stringo)

비끄러매다, 동여매다, 단단히 묶다, 좁히다, 졸라매다,
(아가리를) 막다(חתם.אלם.צרר), 닫다(חתם),
꼭 끼게 하다, 빠듯하게 하다, 켕기게 하다, 쥐어짜다,
수렴시키다, 변비를 일으키다, 말라들게 하다.
(신맛.떫은 과일 따위가 이.혀.입 속을)시게 하다.
죄어들게 하다, (추위.찬 것으로) 몸을 죄어들게 하다,
굳어지게 하다, 위축시키다, 식게 하다, 얼게 하다,
(pass.) 몸을 식히다, 속박하다, 묶어 놓다, 강제하다,
헤어나지 못하게 하다, 의무 지우다, 罪에 관련되다.
죄인이 되다. 요약해서 말하다, 간결(簡潔)하게 하다.
alqm astringo ad colúmnam. 누구를 기둥에 붙들어 매다/
limen astríctum. 단단히 잠긴 문/
Tibi meam astríngo fidem. 네게 굳게 약속한다.

astrŏlógia, -æ, f. 원시 천문학, 성학, 점성술(영 astrology).
Disputatíones adversus astrologiam. 점성술 반대 토론.
(요한 피코 델라 미란돌라 지음. 1463~1494).

astrŏlŏgus, -i, m. 천문학자(天文學者), 점성가(占星家),
magnus astrologus idemque philosophus.
위대한 점성가이자 위대한 철학자/
philosophus astrologus. 점성가 철학자.

astrŏnŏmía, -æ, f. 천문학(天文學)

astrŏnómǐcus, -a, -um, adj. 천문학의, 천문학적

astrónŏmus, -i, m. 천문학자(spectátor cæli siderumque).
Contra astronomos Judiciarios(프랑스 오레슴의 니콜라오 주교 지음)
판단하는 천문학자들을 반박함.

astrŏphóbia, -æ, f. 천재 공포증(天災 恐怖症)

astrúctio, -ónis, f. (연setup하는) 증명,
음악적 구성, 윤회(輪廻-차례로 돌아감).

astrum, -i, n. 성좌(星座), 천체, 별(כוכב).
pl. 하늘(מרום.οὐρανὸς.영 Heaven), 하늘 높은 곳,
불멸(不滅), 최고의 영광, 명예(名譽),
educo in astra. 하늘까지 치켜 올리다, 찬양하다/
Non est tranquilla via ad astra e terris.
지상에서 성좌에 이르는 길은 결코 평탄하지 않다/
se reddo astris. 별나라로 돌아가다/
Sic itur ad astra.
이렇게 별나라에 올라간다, 불멸의 존재가 된다.

ástrǔo, -strúxi, -strúctum, -ěre, tr. (ad+struo)
높이 구축하다, 증축하다, 덧붙여짓다, 추가하다,
첨가하다, 보태다, 한층 더 보태어주다, 몰아넣다,
(누구에게) 공로(죄)를 돌리다, 뒤집어씌우다.
Astruo nobilitátem alci. 아무에게 고귀함을 더해주다/
Astruo recens ædifícium véteri.
낡은 집에 새 건물을 덧붙여 짓다.

astu, n., indecl. (희랍의 대표적인) 도시 즉 Athénœ

ástǔla(=ássǔla), -æ, f. 대팻밥, 나무 조각

astúpěo, -ǔi, -ére, intr. (ad+stúpeo) 보고(듣고) 크게 놀라다

Astūra, -æ, f. Látium의 강

Astūres, -um, m., pl. Astúria 주민

Astúrǐa, -æ, f. Hispánia의 Tárrăco 지방

astus, -us, m. (탈격 단수로만 씀) 교활하게, 간사하게,
술책으로, 책략(策略), 교묘(巧妙).

astútia, -æ, f. 교활(狡猾-간사하고 음흉함), 기교(技巧),
술책, 간사함, 깜찍함, 능란(能爛), 솜씨 좋음, 영리함.

astútus, -a, -um, adj. 교활(狡猾)한, 간사(奸邪)한,
깜찍한, 능란(能爛-익숙하고 솜씨 있음)한, 영리한.
Ad eam rem usus est hómine astúto.
그 일을 하는 데는 재치 있는 사람이 필요하다.

ăsúmbŏlus = asýmbŏlus

ăsýlum, -i, n. 피난처, 불가침의 場所, 은신 성역,
(범죄자가 숨을 수 있는 신전 따위의) 피신처(避身處).
jus asýli. (교회.수도원.병원 등의) 비호권(庇護權).

asýmbŏlus(=ăsúmbŏlus) -a, -um, adj.
추렴하지 않은, 회식 때 회비 내지 않은.

at, conj. 1. (앞에 나온 것에 대한 반대.반박으로)
그러나, 그렇지만, 허지만, Tibi ita hoc vidétur, at
ego… 네게는 그렇게 생각되는 모양이지만, (그러나) 나는…/
Edépol, fácinus ímprobum. At jam ante álii fecérunt

idem. 그건 확실히 뻔뻔스런 짓이야! 하지만 다른
사람들도 벌써 이전에 그랬는걸/ At étiam maledícis?
하지만 네가 욕까지 한단 말이냐?/at enim. 그러나 사실은/
(긍정문 앞에서) at vero, at pol, at édepol, 그렇지만.
2. (대조적으로) …이지만 그러나…는(은), Déxtera(via)
…, at læva…. 오른편 길은 …이지만 왼편 길은…/
at contra. 그러나 그와 반대로.
3. (이야기의 전개.진전; 청중의 기대에 부응; 주의 촉구)
그런데, 한편, 그러자, at domus intérior gémitu…
그러자 집안에서는 신음 소리로…/ at(=atqui) 그런데.
4. (양보.조건문 다음에 主文을 유도할 때)
그러나 적어도, …지만 그래도; Parum procédit,
quod ago; at fácio sédulo. 네가 하는 일이 조금
밖에는 진전이 없지만 그래도 열심히는 하고 있다/
Si non eo die, at postrídie. 그 날 아니면 적어도
다음날에. 5. (말 도중에 감정이 북받쳐서) 그렇지만.
어떻든, 하여간; 아이쿠! At quæ mater. 하여간 얼마나
훌륭한 어머니냐! 6. (충고 표시) 제발, 어서;
At vide…. 제발 …보아라.
7. (축원.저주 표시의 감탄사처럼) 부디, 바라건대.
At tibi di benefáciant! 신들의 가호가 네게 있기를!,
At te di perdant. 망할 녀석 같으니라고!
at enim, sed enim. 그러나 사실은
At me tum primum sævus circumstetit horror.
그런데 그때에 처음으로 극심한 공포가 나를 에워쌌다.
[at와 sed가 문장의 첫머리에서 놓일 때 반대의 의미는 희미해지고, 단순히
이야기의 전개나 다른 주제로 넘어가기 위한 "그래서, 그런데, 그러자, 한편"
이라는 의미를 가진다. 한동일 지음. 카르페 라틴어 1권, p.313].
At memoria minuitur. Credo, nisi eam exerceas.
나는 생각한다. 만일 네가 그것(기억)을 훈련하지 않으면,
그러면 기억은 줄어든다.
[at가 수사학적 기법의 하나인 예변법(occupatio)에서 반론을 제기하기 위해 사용
된다. 위 문장에서 minuitur는 minuo 동사의 수동태 직설법 현재 단수 3인칭.
exerceas는 exerceo 동사의 접속법 현재 단수 2인칭이다.]
At nobis ars una fides et musica Christus.
우리의 유일한 예술은 신앙이며,
그리스도께서는 우리의 음악이시다.
At non missam opórtuit. 그 여자를 보내지 않았어야 했다
at pópulum provoco. 국민들의 판결에 호소하다
At quem Deum! inquit qui templa cæli summo sonitu
concutit. 그럼 신이란 누군가? 하늘의 드높은 신전을
소리로 뒤흔드는 분.(고백록 1.16.26).
At studium continuari debet.(⑨ The commitment must
continue) 우리는 계속 투신해야 합니다.
ătábŭlus, -i, m. Apúlia 지방의 남동풍(南東風),
북부 Áfrĭca에서 지중해로 부는 모래 섞인 열풍.
(동지 때 불어오면 모든 것은 말려 죽임).
Atat, atáttætæ, interj. = attat
Atat(=attat), perii ego miser. 아이쿠! 난 이제 망했다
ătăvísmus, -i, m. (生) 격세(隔世) 유전, 간헐(間歇) 유전
átăvus, -i, m. 고조부(모)의 아버지, 조상(祖上),
선조(先祖).⑨ Patriarchs)
āter, -tra -trum, adj. 검은, 거무칙칙한, 어두운,
침울한, 음울한, 음산한, 슬픈,
비통한, 불행한, 추한, 보기 흉한, 악의 있는,
심술궂은, 독살스러운, 애매한, 알아듣기 힘든.
alba et atra discérnere. 흑백을 가리다/
atra fera. 코끼리.
ater dies. 불길한 날
atra mors 검은(흉한) 죽음(페스트로 인한 사망)
ăthĕísmus, -i, m. 무신론(⑨ Atheism)
atheismus antiquus. 고대 무신론(古代 無神論)
Atheismus contemporaneus. 현대 무신론(Feuebach)
atheismus dogmaticus. 독단적(獨斷的) 무신론
atheismus modernus. 근대 무신론(近代 無神論)
atheismus negatívus. 소극적 무신론(消極的 無神論)
atheismus positívus. 적극적 무신론(積極的 無神論)
atheismus practicus. 실천적 무신론(實踐的 無神論)
atheismus theoreticus. 이론적 무신론(理論的 無神論)
atheismus virtuális. 잠재적 무신론(潛在的 無神論)

ăthĕísta, -æ, m.(f.) 무신론자(無神論者.ἀσεβης)
atheistæ negatívi. 무신론적 부정자들
atheistæ positívi. 무신론적 긍정자들
atheistæ practici. 실천적 무신론자들
ăthĕístĭcus, -a, -um, adj. 무신론적, 무신론자적.
motus atheisticus. 무신론 운동
Athénæ, -árum, m. 아테네.
Athenas tertio die redibo.
사흗날에 나는 아테네로 돌아가겠소/
Is mihi dixit se Athenis me exspectaturum esse.
Quid enim dicerem?
그 사람은 자기가 아테네에서 나를 기다리겠노라고 말했다.
그러니 나로서는 뭐라고 했어야 옳을까?.
athēnǽum, -i, n. 고등교육시설, 단과대학(單科大學)
Atheniénsis, -e, adj. 아테네의, 아테네인의.
m. pl. Ăthēniénses, ĭum, 아테네 사람들.
Athenienses libertatem omnibus viribus tueri conati sunt
contra Persas.[탈형동사 문장] 아테네인들은 페르시아인들에
대항하여 자유를 지키려고 전력을 다해 애썼다/
Athenienses multos viros nobiles cápitis damnavérunt.
Athénǽ인들은 많은 존귀한 인사들을 사형에 처하였다/
Athenienses sub montis radicibus aciem instruxerant,
hoc consilio, ut montium altitudine tegerentur.
아테네인들은 산발치에 전선을 구축했었는데,
산 높이로 보호를 받으려는 그런 생각에서였다/
Athenienses, ut barbaros repellerent, Aristidem
delegerunt, ut classem ædificaret exercitusque compararet.
아테네인들은 야만인(=페르시아인)들을 몰아내기 위해
아리스티데스를 선출하여 함대를 건설하고 군대를
준비시켰다.[성 염 지음. 고전 라틴어, p.308]/
Raro milites magis strenue dimicaverunt quam
Athenienses in pugna apud Marathona.
아테네인들이 마라톤 근처에서 벌어진 전투에서보다
병사들이 더 맹렬하게 싸운 예는 드물다[고전 라틴어, p.267].
áthĕus(=áthĕos) -i, m. 무신론자(無神論者.ἀσεβης)
āthlēta, -æ, m. 경기자(xysticus, -i, m.), 투기자.
athletarum tori. 운동가의 근육(筋肉).
āthlétĭca, -æ, f. 경기기술(競技技術)
āthlétĭcus, -a, -um, adj. 경기자의, 경기에 관한.
adv. áthlétĭce, 경기자 모양으로.
Atho(n), -ónis, m. = Athos
Athos, -ónis, m. Macedónia의 아주 높은 바위 산
Athropotheismus, -i, m. 인간신론(가톨릭 신학 창간호, p.46)
Atlas(Atlans) -ántis, m. 어깨에 하늘을 메고 있던
거인 Titan., Áfrĭca의 서북단에 있는 Atlas 산, 원래
Áfrĭca의 Mauritánia의 전설적인 왕, 영웅 Pérseus가
그를 돌로 만들어 산이 되었다 함.
atomsphǽra spirituális. 영적 분위기
ătŏmísmus, -i, m. (哲) 원자론(原子論)
atomus¹, -a, -um, adj. 나누이지 않는
atomus², -i, f. 아톰, 원자(原子)

*희랍어에서 온 다음과 같은 명사들은 여성이다		
átomus, -i, f. 원자	dialéctus, -i, f. 방언, 사투리	
diphthóngus, -i, f. 중음	méthodus, -i, f. 방법	
parágraphus, -i, f. 조항, 절	períodus, -i, f. 시기, 시대, 단락	

(한동일 지음. 카르페 라틴어 1권, p.30)
atque, conj. (자음으로 시작되는 단어 앞에서는 ac으로 쓴다)
1. (어떤 것에 설명적으로 덧보태는 뜻으로) 그리고,
그리고 또, 그것도: Ego illud ita feci ac lubens. 나는
그것을 이렇게 했으며 그리고 기꺼이 했다/ …tempus,
~id eréptum e summis occupationibus. …시간,
그것도 대단히 바쁜 중에서 쪼개낸 시간.
2. (뒤에 오는 말에 강세를 줄 때) 더욱이, 더구나,
게다가 또, 까지도, 그리고 특히, …하되(어떻게…):
res diffícilis, atque ómnium diffícillima. 어려운 일,
더구나 제일 어려운 일/ atque étiam. 더욱이(…하기도
하다). 3. (서로 비슷한 말.반대말.대조되는 말 또는
문장을 et과 비슷하게 그러나 좀 더 긴밀하게 이어줌;

A

그리고 새로운 장절로 넘어갈 때 가끔 그 첫머리에 쓰는 수가 많음) **와, 과, 그리고**: Etiam atque étiam. 재삼(再三)/ oráre atque obsecráre. 청하고 또 간청하다/ ad frígora atque æstus vitándos. 추위와 그리고 (그에 못지않게) 더위를 피하기 위해/ Atque ut veniámus ad illud. 그리고 다음과 같은 것도 다루기로 하자/ Ac ne illud quidem neglegéndum est. 그리고 다음과 같은 것도 소홀히 해서는 안 될 것이다.
4. (드물게는 tamen의 뜻으로) **그렇지만, 그러나**, Néscio, quid tibi sum oblítus hódie, ac vólui dícere. 잊어버려서 생각이 안 난다만 네게 오늘 말을 하려고 했다/ ac tamen. 그러나. 5. (부정 다음에 긍정을, 긍정 다음에 부정을 이어주면서) **…라기 보다는 오히려**, 차라리: Non est ita, ac pótius ignorátio est. 그렇지 않고 그것은 오히려 무지(無知) 인 것이다/ Decípiam, ac non véniam. 나는 속이겠다기 보다는 차라리 안 오겠다. 6. (비슷함.같음.다름.반대 따위를 표시하는 말 뒤에 비교 접속사의 뜻으로) **와, 과**, (누구.무엇) **하고**: áliter atque(ac) …와 달리/ idem atque(ac) …와(하고) 같은/ contra atque(ac) …와는 반대로/ ac si …이기나 한 듯이/ simul ac(atque) …하자마자, …함과 동시에(라틴-한글사전. p.84).
fanda atque nefanda. 할 말과 못할 말/
Gratia atque legi Dei oboedientia.([영] Grace and obedience to God's law) 하느님의 법에 대한 복종과 은총/
hilaris atque lætus. 명랑하고 즐거운 안색(顔色)/
I, soror, atque hostem supplex adfare superbum! 누이여, 가거라. 거만한 원수한테 애걸이나 하려무나!. (이 오라비를 살려달라고!)/
Idem velle atque idem nolle, ea demum firma amicítia est.(is 참조) 같은 것을 원하고 같은 것을 싫어하는 그것이야말로 확고한 우정이다/
jura divina atque humana. 신법과 인정법(인간실정법)/
labor atque justitia. 근면과 정의/
Nam idem velle atque idem nolle, ea demum firma amicitia. 한마음 한 뜻이면 이것으로 결국 참다운 우정이 성립된다/
nobilitas animi sola est atque unica virtus, 정신의 품위야말로 유일무이한 덕이니/
regio invicem a suis atque hoste vexata. 자기편과 敵에게 번갈아 가며 시달린 지방/
Sæculi sanctificatio atque creaturarum defensio. ([영] The sanctification of the world and the protection of creation) 세상의 성화와 피조물의 보호/
unum atque idem sentíre. 똑같은 생각을 하다/
urbes magnæ atque imperiosæ. 크고 세력 있는 도시.

atque vitinam ex vobis unus vestrique fuissem aut custos gregis aut maturæ vinitor uvæ.
나 그대들 중의 하나 되어 그대들의 양떼를 거느리는 양치기가 되었더라면! 익은 포도를 거두는 농군이나 되었더라면!(성 염 지음, 사랑만이 진리를 깨닫게 한다, p.422).

atqui(=atquin), conj. 그렇지만, …에도 불구하고, (양보) 그래, 과연(果然.nempe, adv., conj.), 참, 확실히, (삼단논법 소전제 유도) 그런데(δέ).

atquin, conj. = **atqui**

atra(nigra) **bilis**. 검은 담즙 / bilis, -is, f. 담즙(膽汁)

atra fera. (動) 코끼리

ātrāméntum, -i, n. 검은 색 액체, 잉크, 먹; 검은 페인트, 가죽 염색용 유산염(황산염).

ātrátus, -a, -um, adj. 검어진, 어두워진, 검은 상복 입은

atrĭárĭus, -i, m. 현관 수위(玄關守衛)

atrĭénsis, -e, adj. 大응접실의, 큰 현관의. m. 현관지기, 집사(집사.執事).

atrĭŏlum, -i, n. 현관 옆방, 옷 벗어 거는 방

átrĭtas, -átis, f. 검은 빛깔, 검은 색

átrĭum, -i, n. 안뜰이 달린 큰 현관, 대응접실, 집, 저택, 로마 건축 양식의 안마당(가운데 분수가 있고 주랑으로 둘러 싸여 있다),

átrĭum Libertutis 자유의 집(문서고 검역관의 장소) 신전의 大현관, 경매장(큰 방). (解) 심방(心房-心室), 심이(心耳); (귀의) 고실(鼓室, cavum tympani).

atrócĭtas, -átis, f. 잔인성(殘忍性), 잔학성, 포악(暴惡-사납고 악함), 흉악(凶惡), 가혹(苛酷), 만행(蠻行), 난폭한 성격, 거친 성격(性格).

atróphĭa, -æ, f. ((醫)) (영양부족 따위로 생기는) 위축증, 소모증(消耗症), ((生)) (생물 기능의) 쇠퇴, (형태의) 퇴화.

átrŏphusus, -a, -um, adj. 위축성의, 위축증에 걸린

Atrŏpos, -i, f. 세 운명의 여신(Parcœ) 중의 하나

atrox, -ócis, adj. 포악한, 잔인한, 무자비한, 냉혹한, 가차 없는, 가혹한, 지독한, 거친, 야만적인, 굴하지 않는, 험상궂은, 참혹한, 끔찍한, 처참한, 몸서리쳐지는, 소름끼치는.
fília longo dolóre atrox. 오랜 고통에 험상궂어진 딸.

Atrox deus est Mars.
마르스는 잔인한 신이다.(전쟁은 잔혹하다).

atrox fortúna 가혹한 운명(運命)

atta[1], -æ, m. (발바닥의 병 때문에) 발끝으로 깡충깡충 뛰다시피 걷는 사람, 어리광으로 노인.아버지. 할아버지를 "atta"하고 부르는 말.

Atta[2], -æ, m. 약간의 Roma인에게 붙여졌던 별명

attáctus, -us, m. 접촉, 닿음, 촉감(觸感)

áttagéna, -æ, f. (鳥) 뇌조, 들꿩, 멧닭

Attálĭca, -órum, n., pl. 금실을 섞어 짠 옷

Attálicæ vestes. 금실을 섞어 짠 옷

Attalus, -i, m. Pergamos의 몇몇의 왕 이름, Attalus 3세가 Roma인을 자기 후계자로 정하여 유명함.

Attalus sacrum Apollinis agrum grandi pecunia redemerat. 앗탈루스는 아폴로의 성스러운 밭을 큰돈에 사들였다.[성 염 지음, 고전 라틴어, p.388].

áttămen, conj. (at+tamen)
그러나, 그러면서도, 그럼에도 불구하고.

attámĭno, -ávi, -átum, -áre, tr. (ad+tágmino) 욕되게 하다, 치욕(恥辱)을 주다, 더럽히다.

attat(=**atat**), interj. (뜻밖의 일에 놀라거나 미처 몰랐던 일을 깨달거나 무서운 생각이 들 때 나오는 감탄사) 어! 어마! 아차! 아이쿠!.
Atat(=Attat), périi ego miser. 아이쿠! 난 이제 망했다.

Attat, oblítus sum. 아차! 깜빡 잊었군.

attégĭa, -æ, f. 오두막집

attempĕráte, adv. 마침, 알맞게

attémpĕro, -ávi, -átum, -áre, tr. (ad+témpero) 알맞게 하다, (바르게) 맞추다.

attémpto(=**atténto**) -ávi, -átum, -áre, tr. (ad+témpto) (나쁜 일을) 해보다, 시도하다, 기도하다, (함락시키려고) 습격하다, 공격하다, 착수하다, 시작해보다, 떠보다, 유혹하다.

attende, 원형 atténdo, -téndi, -téntum, -ĕre, tr. [명령법. 단수 2인칭 **attende**, 복수 2인칭 attendite].

Attende Domine. 주여 돌보소서[사순시기에 부르는 성가]

attendite, 원형 atténdo, -téndi, -téntum, -ĕre, [명령법. 현재 단수 2인칭 attende, 복수 2인칭 attendite].

Attendite vobis! 너희는 스스로 조심하여라(성경 루카 17, 3).

Attendite vobis, ne forte graventur corda vestra in crapula et ebrietate et curis huius vitæ. 너희는 스스로 조심하여, 혹시라도 과음과 만취와 일상의 근심으로 너희 마음이 무거워지지 않도록 하여라.(성경 루카 21, 34).

atténdo, -téndi, -téntum, -ĕre, tr. (ad+tendo) (어디로) 향하게 하다, 내뻗다, 펴다, 벌리다, (활 따위를) 잡아당기다, 할 생각을 가지다, 얻으려고 하다, 찾다, 힘쓰다, 주력하다, (ánimum 없이) 주의를 기울이다, 정신 차리다, 마음 쓰다, 조심하다.
ánimum(ánimos) attendo. **주의를 기울이다**, 주목하다, **정신 차리다**, 명심(銘心)하다, 마음 쓰다/
Atténde, ut scias. 주의를 기울여 알도록 해라/
Atténdite ánimos ad ea. 그것들에 마음들을 써라/
Attende Domine et miserere quia peccavimus tibi.

주님 앞에 죄를 범 하였으니 우리 죄를 용서하소서(성가 225)/
Me dicéntem atténdite. 내가 하는 말을 정신을 차려 들어라/
Modicum adtendite. 조금만 주의를 기울여 보십시오.
(최익철 신부 옮김, 요한 서간 강해, p.251)/
Ne atténderis pétere a me. 나한테 청할 생각을 하지 마라.
Attendo eruditióni, eloquéntiæ. 교양과 웅변에 힘쓰다
attentátĭo, -ónis, f. 시도(試圖)
attente, adv. 주의해서, 조심스럽게, 신중, 정성 들여서.
Magistrum attente audimus.
우리는 선생님 (말씀을) 주의해서 듣는다.
attente, ac devote. 정성스럽고 열심히,
dígne, attente, ac devote. 합당하고, 주의 깊고, 또한 열심히.
atténtĭo, -ónis, f. 열성, 정성, 주의(注意), 유의(有意),
조심(操心), 정신 차림, 착실.
attentio animi. 심혈을 기울임
Attentis multarum, 영성체 前공복재 시간의 단축(短縮)
(1964.11.21. 답신).

atténto = attémpto
atténtus, -a, -um, p.p., a.p. 주의 깊은, 조심성 있는,
긴장(緊張)한, 정신 차리고 있는, 명심(銘心)하는,
근면(勤勉)한, 부지런한, 절약하는.
Christiana plebs in defensione religionis attenta.
종교를 방어하면서 그리스도교 백성들을 위해 써진 것.
attenuata cacumine sagitta. 활촉 끝이 닳아버린 화살
atténŭátĭo, -ónis, f. 감소(減少), 축소(縮小), 감퇴(減退),
쇠약(衰弱-쇠퇴하여 약함), 단순한 문체.
atténŭátus, -a, -um, p.p., a.p. 가늘어진, 줄어든,
약해진, 축소된, 날카롭게 높아진(목소리), 간소한,
(말, 글 따위가) 단순한, 빈약한, 꾸밈새 없는, 소박한.
atténŭo, -ávi, -átum, -áre, tr. (ad+ténuis)
가늘어지게 하다, 낮추다, 얇아지게 하다, 닳게 하다,
줄어들게 하다, 감축시키다, 쇠약해지게 하다, 낮추다,
줄이다, 감소시키다, (연설.문체 따위를) 빈약하게 하다.
attenuáta cacúmine sagitta. 활촉 끝이 닳아버린 화살
légio prǽlii attenuáta. 많은 전투로 (병력이) 줄어든 군단.
áttĕro, -trívi(-térui) -trítum(-téritum) -ĕre, tr.
(ad+tero) 대고 문지르다, 닳게 하다, 소모하다,
헐어지게 하다, 약화시키다, 줄어들게 하다,
무너뜨리다, 망쳐 놓다, 부수다(רבח,ריבח,ךרד),
바수다, 황폐하게 하다. attríta ansa. 닳아버린 자루.
attestátĭo, -ónis, f. 증명서(證明書),
증언(חדיד.μαρτυρία.μαρτὺριον.⑨ Witness).
attestatiónem exaráre. 증명서를 작성하다.
attéstor, -átus sum, -ári, dep., tr. (ad+testor) 증명하라.
locutio Dei attestans. 믿을만한 하느님의 이야기.
attéxo, -téxui -téxtum -ĕre, tr. (at+texo) 짜 넣다,
짜다, 뜨개질하여 붙이다. 밀착시키다
결합시키다, 짜 넣다.
attexui, "attexo"의 단순과거(pf.=perfectum)
Atticus, -i, m. Cicero의 친구인 Titus Pomponius Atticus.
Erat in Attico summa suavitas vocis, ut verba
excellenter pronuntiaret. 아티쿠스에게는 낱말을 멋지게
발음할 수 있을 만큼 아주 훌륭한 목소리가 있었다/
Pomponius Atticus sic Græce loquebatur, ut Athenis
natus videretur. 폼포니우스 아티쿠스는 아테네에서
태어난 것처럼 보일 정도로 그리스어를 잘 했다.
attíněo, -tínui -téntum -ĕre, tr. (ad+téneo)
tr. 붙잡아 두다, 머물러 두다, 오래 끌다, 보존하다,
간직하다, 매이게 하다, 분주하게 만들다,
재미 붙이게 하다, 확보(確保)하다.
intr. 다다르다, …까지 이르다, **에 관계되다, 상관되다,**
관련이 있다, 소용 있다, 필요가 있다, 문제가 되다.
Hæ quid ad me? Immo a te áttinet. 이 여자들이 나와
무슨 상관이냐? 왜 상관없단 말이냐, 상관이 있고말고?/
Nunc nihil ad me attinet. 지금은 그것이 나와 상관없다/
Quid attinet dicere? 말해봐야 무슨 소용이 있느냐?/
quod ad me áttinet. 나에 관한 한, 나로 말하면.
attíngo, -tĭgi -táctum -ĕre, tr. (ad+tango) 만지다

손대다(רב,ברק,רמנ), 갖다 대다, 닿다, 다다르다.
이르다, 가 닿다, 미치다(及), 손대다, 훔치다, 먹다,
입에 대다, 손찌검하다, (여자와) 관계하다, 건드리다,
(재해.불행.적 따위가) **닥치다, 엄습하다,** 습격하다.
만나다, 마주치다, 관계되다, 상관되다(있다),
관련이 있다, 속하다, 손에 넣다, 얻다, (일에) 손대다,
착수하다, 건드리다, 종사하다, (일에) 나아가다,
전념하다, (무엇에) 언급하다, 짤막하게 다루다.
forum attíngere. 공직생활을 시작하다/
Ille adtingi de corde mundo Christum, qui eum intelligit
Patri coæqualem. 깨끗한 마음으로 그리스도를 만지는
사람은 그분이 아버지와 똑같은 분이시라는 것을 깨닫게
됩니다.(최익철 신부 옮김, 요한 서간 강해, p.153)/
nullos attingo cibos. 아무 음식도 입에 대지 않다/
sapiéntem non attíngo. 현자(賢者)와 관계없다/
Sonus áttigit aurem. 소리가 귀에 들려왔다/
Una pars attíngit flumen Rhenum.
일부는 Rhenus강과 인접해 있다.

attingo *alqm* cognatióne. 아무와 친척관계에 있다.
attingo gáudia. 즐거움을 누리다
attingo Græcas lítteras. 희랍문학에 손대기 시작하다
Attis, -ídis, m. Phrýgia의 젊은 목동
attitúdo, -dínis, f. 태도, 자세(姿勢), 몸가짐, 마음가짐
attóllo, -ĕre, tr. (ad+tollo) **높이 쳐들다,** 추켜들다,
들어 올리다(םוק,אסנ,זזח,ריס,לטנ),
일으켜 세우다, 높여 주다, 세우다(חק,בצא,ןוכ),
축조하다, 치솟게 하다, 달아 올리다,
나타나게(보이게) 하다, (감정 따위가) 일어나게 하다,
일으키다, 분발시키다, 돋보이게 하다, 치켜세우다,
찬양하다, 드높이다, 일어나다, 일어서다, 부흥하다,
올라가다(בק,לע,ברק,הלע), 곧게 성장하다.
pass. **attollo se, attólli.** 일어나다, 일어서다, 올라가다.
malos attollo. 돛들을 달아 올리다/
Mare ventis attóllitur. 바람에 바다가 솟아오르다.
attollo ánimos. 사기를 높여주다
attollo sese in equos. 말에 올라타다
Attolite portas. 성문을 열어라.
attóndĕo, -tóndi -tónsum -ĕre, tr. (ad+tóndeo)
(털.머리.풀 따위를) 깎다, 자르다(זזג,זרח,
רמנ,בצק), 가지를 쳐내다, 풀 뜯어먹다,
줄어들게 하다, 깎아 내리다.

attondeo ad cutem. 백호 치다
attónĭtus¹, -a, -um, p.p., a.p. 벼락 맞은, 얼빠진, 크게 놀란,
망연자실(茫然自失)한, 대경실색한, 무감각 상태에 빠진,
신 들린, 입이 쩍 벌어진, 생각에 잠긴, 초조한,
어쩔 줄 모르고 날뛰는,
Omnes candidáti attóniti vocem præcónis exspéctant.
모든 응시자들이 전령의 음성을 초조하게 기다리고 있다.
attonitus², -us, m. 경악(驚愕-깜짝 놀람)
attóno, -tónui, -tónĭtum, -áre, tr. (ad+tono)
벼락 치는 소리로 얼빠지게 하다, 크게 놀라게 하다,
간담을 서늘케 하다, 정신을 잃게 하다.
attonsum, "attondeo"의 목적분사(sup.=supínum)
attonsus, "attondeo"의 과거분사(p.p.)
attŏnui, "attono"의 단순과거(pf.=perfectum)
attórquĕo, -ére, tr. (ad+tórqueo) 빙빙 돌리다, 휘두르다
attráctĭo, -ónis, f. 수축(收縮-줄거나 오그라듦), 끌어당김,
매력(魅力). (文法) 성.수.법의 동화.
attráctio modórum(=assimilátio modi) 법의 동화(同化)
(법의 동화란 직설법을 요구하는 어떤 속문이 다른 어떤 접속법이나
부정법의 접속속하였을 때에는 그 직설법을 접속법으로 고쳐야 한다는 문법을
말한다. 허창덕 지음, Syntaxis Linguæ Latinæ, p.312).
attractívus, -a, -um, adj. 인력 있는, 끌어당기는, 매력 있는
attractórĭus, -a, -um, adj. 인력 있는, 끌어당기는
attractum, "attraho"의 목적분사(sup.=supínum)
attráctus, -a, -um, p.p., a.p. 수축된, 당겨진,
attráctis supercíliis. 이맛살을 찌푸리고.
áttrăho, -tráxi -tráctum -ĕre, tr. (ad+traho)
끌어당기다, 끌다, 끌어오다, 이끌어오다, 오게 하다,

불러오다, 끌어들이다, 꾀어서 자기 쪽으로 오게 하다.
In desiderio animæ suæ attraxit ventum amoris sui.
그 영혼의 바람(望) 안에 애욕의 바람(風)을 끌어들였다.
attraxi, "attraho"의 단순과거(pf.=perfectum)
attrectátio, -ónis, f. 손으로 만짐, 손댐, 더듬음.
attrectatus, -us, m. = attrectátio, -ónis, f.
attrécto, -ávi, -átum, -áre, tr. (ad+tracto) 만지다,
　손대다, **더듬다**, 손에 넣다, 움켜잡다, 일에 손대다,
　훔치거나 뺏으려고 손대다, 종사하다, 관계하다.
attrémo, -ére, intr. (ad+tremo)
　소리에 떨다, …앞에서 떨다.
attrépido, -áre, intr. (ad+trépido) 어정어정 걸어가다
attríbŭo, -ŭi -útum -ĕre, tr. (ad+tríbuo) 맡겨 주다,
　주다(ากา.הבנ.ากา), **지정해 주다**, 책임지우다,
　나누어주다, 분배하다, 할당하다(חלק),
　(국고금을) 신탁(信託)하다, 사용을 지정하다,
　환어음을 발행하다, 대여하다, 통치를 위탁하다,
　(누구에게) 속하게 하다, (성질.속성으로) **부여하다**,
　덧붙여주다, (공로.영광.탓.원인을) **돌리다**.
attribuo servis equos. 종들에게 말들을 지정해주다
attribútio, -ónis, f. 지정(가리켜 정함), 부여(附與-지니게 함),
　환어음. (文法) 부가어, 수식어(修飾語), 형용어.
　Omnia entia habent attributionem ad esse primum,
　quod est Deus. 모든 존재들은 신이라는 제일차적 존재에
　대한 속성을 갖는다.[둔스 스코투스의 철학 사상, 김현태 지음. p.114].
attributio divina. 신적 속성(神的 屬性)
attributio physica. 물리적 속성
attributio próprie. 본래적 속성
attribútum, -i, n. 公用으로 위탁한 국고금,
　(文法) 속성.성질을 나타내는 말(수식어로 쓰인 형용사 따위),
　부가어(附加語), 속성(屬性-사물의 본질을 이루는 고유한 특징
　이나 성질); 특성(特性), 특징; 부수물;
　attributa absoluta. 절대적 속성(絶對的 屬性)/
　attributa Dei. 신의 속성(attributum Dei)/
　attributa divina. 하느님의 속성(屬性)/
　attributa negativa. 소극적 속성(消極的 屬性)/
　attributa operativa Dei. 신의 작용적 속성/
　attributa positiva. 적극적 속성(積極的 屬性)/
　attributa relativa. 상대적 속성(相對的 屬性)/
　attributa Sanctorum. 성인(聖人)의 표상(表象)
attributum Dei. 신의 속성(하느님은 영원하시다"라고 할 때 영원성은
　하느님의 본질이 아니라 품성 또는 속성이다. 이와 같이 본질은 아니지만
　그 본질에서 우러나와 그에게만 돌릴 수 있는 특성을 하느님의 품성 혹은
　속성이라고 한다. 우리는 하느님의 본질을 알 수 없지만 세상에 존재하는
　불완전한 완전성을 최고의 완전성으로 배제하여 완전무결한 존재로 이해한다.
　이를 하느님의 품성이라고 한다…. 백민관 신부 엮음, 백과사전 1, p.220).
attrita ansa. 닳아버린 자루(袋)
attrítio*, -ónis, f. 바숨, 분쇄(粉碎), 문지름, 비벼 댐,
　뉘우침, 하등통회*(→불완전한 뉘우침),
　(벌 받을 것을 무서워하여 뉘우치는) 불완전 통회*.
attrítum, "attero"의 목적분사(sup.=supínum)
attrítus¹, -a, -um, p.p., a.p.
　문질러 닳아진, 해진, 갈린, 소모(消耗)된.
attrítus², -us, m. 마찰(摩擦), 마멸(磨滅-갈리어 닳아서 없어짐),
　찰과상(무엇에 쓸리거나 긁혀서 생긴 상처).
attrívi, "áttero"의 단순과거(pf.=perfectum)
áttŭli, "áffero"의 단순과거(pf.=perfectum)
attúmŭlo, -áre, tr. (ad+túmulus) 덮어 감추다
A.U. = Alma Urbs의 약자(略字). 인자한 도시 즉 로마
au! interj. 아아! 어어! 오호!(嗚呼-감탄사. 슬픔을 나타낼 때)
auca, -æ, f. (鳥) 새, 기러기(오릿과의 물새)
aucélla, -æ, f. 작은 새
aucellário, -óris, m. 매 사냥꾼
auceps, áucŭpis, m. (avis+cápio) 들새 잡는 사람,
　새 사냥꾼, 새 장사, 잠복하여 대기하는 사람.
áuctĭo, -ónis, f. 경매(競賣), 공매(公賣), 경매품.
　auctione constituta. 경매를 실시하다.
auctĭonárĭus, -a, -um, adj. 경매의
auctĭónor, -átus sum, -ári, intr. tr. 경매하다, 경매에 붙이다

áuctĭto, -áre, tr., freq.
　(힘을 기울여) 커지게 하다, 증가시키다, 확대시키다.
aucto, -áre, tr., freq. 크게 증가시키다, 늘리다
auctor(=author) -óris, m., f. **창조자**, 제작자, 창건자,
　행위자(行爲者), **원인제공자**; 매도인; **조성자**; **법학자**;
　작가('Hereditas, Successio' 참조).
　건설자, 창작자, 발명자, **시조**(始祖), **설립자**, 창립자,
　만든 이, 창시자, 창안자, 발기인, **발설자**, 통보자,
　믿을만한 소식통, **권위자**, 태두(그 방면에서 썩 권위 있는 사람).
　스승, 지도자, 모범, 탐구자, 연구자, 역사가,
　역사의 증인, 저자, 저작자, 저술가, 작가, 기초인,
　명명인, **장본인**, **주동자**, 제안자, 단안자, 권고자,
　충고자, 조언자, 간청자, 추천자, 입법자, 제정인,
　(원로원에서 법률안 결의안의) 제출자.지지자.
　인준자, 권한을 가진 책임자, 보증인, 증인.
　책임 보장자, (재산) 매도인, 양도인,
　(어린이나 부녀자의) 후견인, 보호자.
　auctóre algo fácere alqd.
　　아무의 권위 있는 충고로 무엇을 하다/
　auctorem alqm habére in alqá re.
　　무슨 일에 누구를 본보기로 삼다/
　auctóres fíeri.
　　원로원 의원들이(patres) 법률안을 인준하다.가결하다/
　esti non auctor, at cónscius fuit.
　　그가 장본인은 아니라 하더라도 알고는 있었다/
　intentio auctoris. 저자의 의도(voluntas scriptoris)/
　Lector fit auctor.(중세 격언) 독자가 저자가 되는 것/
　Nemo sibi tantummodo errat, sed alieno erroris et causa
　et auctor est.(Seneca). 아무도 자신에게만 잘못을
　　저지르는데서 그치지 않으며 반드시 다른 사람의 잘못의
　　원인이 되거나 장본인이 된다/
　ratio loquendi et enarratio auctorum. 말하는 이치와
　　작가들의 화설(성 염 지음. 사랑만이 진리를 깨닫게 한다. p.485).
Auctor, actor illarum rerum fuit.
　그는 그 모든 것의 창시자이며 실천자였다.
auctor esse alci(alcjs rei; ad alqd; de alqá re)
　누구에게 하도록 의견(意見)을 주다.
　자기 의견의 권위(權威)로써 무엇을 하게 하다.
auctor instrumentalis. 도구적 저자(성서는 성서 저자가 성령의
　영감을 받아 하느님의 말씀을 쓴 책이다. 이때 하느님은 성서의 제1차적 또는
　주된 저자이고, 직접 쓴 사람은 하느님의 도구 역할을 한 제2차적 또는 도구적
　저자이다. 백민관 신부 엮음, 백과사전 1, p.222).
auctor legis. 법제정인, 법안 가결자
auctor rerum Romanárum. 로마역사를 엮은 사람
auctor sǽculi. 세상의 창조자(世上 創造者)
auctorális, -e, adj. 주시(注視)의, 통찰(洞察)의
auctorális virgor. 주시력(注視力), 통찰력(洞察力)
auctōráméntum, -i, n. 책임 짐, 의무 지님.
　계약금, 임차료, 상여금.
auctōrátus, -a, -um, adj. 팔린, 고용된
auctore naturæ. 자연적 동기(自然的 動機)
Auctorem Fidei. 신앙의 권위(비오 6세 대칙서 1794.8.28.
　얀세니즘에 관한 85개 조항을 신앙교리에 위배되는 것으로 선언함).
auctóritas(=autóritas) -átis, f.
　('강하게 하다, 증가시키다'라는 augere에서 auctoritas가 파생됨.
　권위를 뜻하는 authority라는 영어의 어원 author는 창조자라는 뜻이다.
　이는 권위가 생산적이고, 긍정적인 것과 관련되어 있음을 암시한다).
　효력 발생, 소유권, **권위**(權威,ἐξουσία.⑨ authority),
　(믿을만한) 근거, **신빙성**(信憑性-믿어서 증거나 근거로 삼을 수 있는
　정도나 성질), 보증, 책임, 확실한 출처, 본보기, 모범, 창시,
　영향력, 충고, 권세, 권력, 권력(⑨ power), 권력기관,
　권능(δύναμις), 권한, 권위, (위임된.부여된) **전권**,
　후견인의 권한.동의, (원로원.국민 따위의) 의사,
　의견(⑨ Counsel), 인준 판결, 재가(裁可-결재하여 허가함),
　결정, 명령, 지시, 포고, 인품, 인망, 위엄, 세력,
　위엄, 권위자, 대가, 태두, (사물의) 중요성, 가치,
　능력(能力.δύναμις), 당국(當局), 위력.
　Commius, cujus auctoritas magni habebatur,
　in Britanniam missus est. 콤미우스는 그의 권위가 대단
　　하다고 평가받는 인물로서, 브리타니아로 파견되었다/

De auctoritate Conciliorum et Patrum.
공의회와 교부들의 권위(權威)/
Exercitatio auctoritatis in Ecclesia intellegi non potest
veluti quiddam impersonale et officiale, quia agitur de
auctoritate quadam, quæ ex testimonio nascitur.
권위는 다름 아닌 생활의 증거에서 나오기 때문에 교회
안에서 행사되는 권위를 비인격적이거나 관료적인
것으로 이해해서는 안 됩니다("Pastores gregis" 중에서)/
Nec nos ipsi tale aliquid auderemus adserere nisi
universale ecclesiæ concordissima auctoritate firmati.
보편 교회의 일치된 권위에 의해 확정된 것을 따르지
않는 일은 허락되지 않는다/
Non veritas sed auctoritas facit legem.
진리가 아니라 권위(權威)가 법을 만든다/
nulla vi rationis et auctoritatis obstante.
이성과 권위의 힘이 배치되지 아니 한다/
Nunc si me amas, mi amice, auctoritate tua nobis opus
est et consilio et etiam gratia. 나의 친구여, 그대가 만일
나를 아낀다면, 지금 우리에게는 그대의 지도와 고견과
호의가 절실하다오/
senátus auctoritas. 원로원의 의견, 포고/
Quod prophetica auctoritas omni gentilis philosophiæ
inveniatur antiquior. 예언문학은 이교도 철학의 기원보다
오래된 것으로 확인된다.(교부문헌 총서 17, 신국론. p.2812)/
usus et auctoritas fundi. 시효에 의하여 얻은 토지 소유권.
auctóritas concido. 권위가 떨어지다
auctóritas disciplinaria. 규율 제정권(規律 制定權)
auctóritas ecclesiastica. 교회 권위(敎會 權威)
Auctóritas muneris pastoralis Episcopi.
    목자로서 봉사하는 주교의 권위.
auctóritatis officium. 장상의 임무
auctóritas patrum. 추인
auctóritas príncipis. 군주의 권위, 황제의 재가(裁可).
auctóritas publica. 공권력(⑨ the political Authority)
auctóritas sacerdotális. 황제의 사제권(司祭權)
auctóritas suprema. 최고 권위(權威)
auctóritas theologiæ. 신학의 권위(權威)
Auctóritate tua nobis opus est.
    우리에게는 너의 권력(權力)이 필요하다.
auctóritates et rationes. 출처와 이유.
    [그라시아노는 모순되는 교회법 조문들과 조화를 위해 '출처와 이유auctoritates
    et rationes'라는 방법을 사용하였다. auctoritates란 출전을 정리하는 규칙을
    말하며 rationes란 모순되는 교회법 조문들과 조화하기 위해 적용된 이유 또는
    근거를 말한다. 한동일 지음, 법으로 읽는 유럽사, p.179].
Auctóritates in societate civili. 시민사회의 권위들
auctóritates præscriptæ.
    원로원의 결의문에 기입된 의원 명단.
auctóro, -ávi, -átum, -áre, tr.
    책임지다, 보증하다, 팔다, 양도(讓渡)하다, 임대하다.
    se auctoro. 고용되다, 고용살이하다.
auctum, "augeo"의 목적분사(sup.=supínum)
auctumn… V. autumn…
auctus, -us, m. 증가, 증대, 팽창(膨脹), 성장(⑨ Growth),
    진보(進步⑨ Advancement/Growth).
    Quibus vitiorum gradibus aucta sit in Romanis
    cupido regnandi. 악덕이 어느 지경이기에 로마인들에게
    지배욕이 그토록 증대했을까(교부문헌 총서 17, 신국론. p.2744).
aucŭpátĭo, -ónis, f. 사냥, 추적
aucŭpatórĭus, -a, -um, adj. 새 사냥에 쓰이는
aucúpĭum, -i, n. 새 사냥, 새 사냥 도구, 사냥으로 잡은 것,
    정신 차려 포착함, 문구 따지기, 추구(追求), 노력.
áucŭpor, -átus sum, -ári, tr. 새 사냥하다, 엿보다,
    잠복(潛伏)하다, 얻으려고 노력하다, 찾아다니다.
Audaces fortuna juvat. 행운은 용기 있는 자들을 돕는다.
audácī seductus in æthera dorso.
    하늘을 찌를 듯이 까마득히 솟아있는 (산).
audácĭa, -æ, f. 과감, 용감, 용기,
    담대함, 무모함, 만용, 몰염치, 무례.
    Hanc audáciam! (hic' 참조) 이 얼마나한 담력이냐!/

prorúpta audácia. 만용(蠻勇-사리를 분별함 없이 함부로 날뛰는 용맹)/
Si deficiunt vires, audacia certe laus erit: in magnis et
voluisse sat est. 힘이 달린다면 용기만이라도 칭송
받으리라. 거창한 일에 나섰다는 것만으로도 충분하다/
Tanta audacia dicit ut omnes eum timeant. 그는 모두가
그를 두려워할 정도로 그렇게 대담하게 말을 했다.(그는
하도 대담하게 말을 하여 모두가 그를 두려워할 정도다).
audácior, -or, -us, adj. audax, audacis의 비교급
audacíssimus, -a, -um, adj. audax, audacis의 최상급.
    Equites, quamquam erant pauci, tamen contra tantam
    multitudinem audacissime concurrunt.
    비록 적은 수임에도 불구하고 기병들은 그렇게나 큰 무리
    를 향해서 대담하게 돌진하였다(대성 염 지음. 고전 라틴어, p.340).
audácter, adv. 대담하게, 용감하게, 과감하게(capitaliter),
    무모(無謀)하게, 만용(蠻勇)으로.
    Milites defessi acriter et audacter pugnaverunt.
    군인들은 (지칠 대로) 지쳤지만 맹렬하고 저돌적으로 싸웠다/
    Si ita res se habet, fortiter feramus.
    사정이 이렇다면 우리는 용감하게 참자!
audax, -ácĭs, adj.
    대담한, 과감한, 담대한, 무모한, 넉살좋은, 뱃심 좋은.
    Audaces fortuna juvat timidosque repellit.
    행운은 과감한 사람들을 돕고 겁 많은 사람들을 멀리한다.
Audax et cautus. 대담하면서도 조심스러운

| | 단 수 | | |
	m. (남성)	f. (여성)	n.(중성)
Nom.	audax	audax	audax
Gen.	audac-is	audac-is	audac-is
Dat.	audac-i	audac-i	audac-i
Acc.	audac-em	audac-em	audax
Abl.	audac-i	audac-i	audac-i
Voc.	audax	audax	audax
	복 수		
	m. (남성)	f. (여성)	n.(중성)
Nom.	audac-es	audac-es	audac-ia
Gen.	audac-ium	audac-ium	audac-ium
Dat.	audac-ibus	audac-ibus	audac-ibus
Acc.	audac-es	audac-es	audac-ia
Abl.	audac-ibus	audac-ibus	audac-ibus
Voc.	audac-es	audac-es	audac-ia

(한동일 지음, 카르페 라틴어 1권, p.81).
aude, 원형 áudĕo, ausus sum, audére, semidep., tr.
    [명령법. 현재 단수 2인칭 aude, 복수 2인칭 audete].
    Dimidium facti qui coepit habet : sapere aude.(Horatius).
    시작이 반이다. 용기 있게 판단하라
audemus, 원형 áudĕo, ausus sum, audére, 반탈형동사,
    ['반탈형동사'란 현재 어간을 사용하는 시칭(현재.과거완료.미래)에서는 능동태
    어미 활용을 하고, 과거 어간을 사용하는 시칭(단순과거.과거완료.미래완료)에서
    는 수동태 어미 활용을 하는 동사를 말한다. 뜻은 모두 다 능동의 의미이다.
    audeo, confido, diffido, fido, gaudeo, soleo].
    [직설법 현재. 단수 1인칭 audeo, 2인칭 audes, 3인칭 audet,
    복수 1인칭 audemus, 2인칭 audetis, 3인칭 audent].
    Præcéptis salutáribus móniti, et divína institutióne
    formáti, audémus dícere. 구세주 분부대로 삼가 아뢰오니.
    (구세주의 가르침으로 권고를 받으며, 또 하느님의 지침
    으로 가르침을 받아 삼가 아뢰나이다).
audens, -éntis, p.præs., a.p. 감행하는, 과감한, 용감한
Audéntes fortúna jubat. 천운은 과감한 자들을 돕는다
audéntĭa, -æ, f. 과감, 감행, 용감, 무모
audentior, -or, -us, adj. audens, -éntis의 비교급.
    Tu ne cede malis, sed contra audentior ito.(Vergilius).
    그대는 악에 굽히지 말고 보다 결연히 앞으로 나아가라!.
audentíssimus, -a, -um, adj. audens, -éntis의 최상급
áudĕo, ausus sum, audére, semidep., tr. 감히 하다,
    감행하다, 용기를 내어하다, 모험하다,
    과감히 해보다, 원하다.
    Audendo magnus tegitur timor.(Lucanus).
    결연히 나섬으로써 크나큰 두려움이 숨겨진다/

A

Audendo virtus crescit, tardando timor.
용기는 감행함으로써 커지고, 공포는 주저함으로써 커진다/
Dædalus ausus est cælo volare pennis præpetibus.[반탈형
동사 문장] 다이달루스는 날개의 깃털로 감히 하늘을 날려고 했다.
[Dædalus: 아테네의 전설적 명장(名匠). 아들 이카루스와 함께 새 날개로 공중을
날아올랐으나 태양 가까이서 날개를 붙인 밀초가 녹아 추락하여 사망했다고 함].
Ne quis audeat mihi adversari.
누구도 감히 내게 덤비지 말아라!/
Qui audet adipiscitur. 용감한 사람이 얻는다.
Audeo aliquid dicere, sed non ergo; Paulus dixit.
저는 감히 어떤 말씀을 드리려 합니다만,
그것은 제 말이 아니라 바오로의 말씀입니다.
(최익철 신부 옮김, 요한 서간 강해, p.363).
Audĕo dícere. 나는 감히 말하는 바이다/
audi, 원형 áudĭo, -ívi(ii), -ítum, -íre,
[명령법. 단수 2인칭 audi, 복수 2인칭 audite]
Secréto hoc audi. 너 혼자만 들어 두어라/
Secreto hoc audi, tecum habeto, et nemini dixeris.
이것을 비밀리에 듣고 너 혼자서 간직해라. 어느 누구
에게도 말하지 말라.[성경 지음. 고전 라틴어, p.363]/
Te rogamus, audi nos(® Lord, hear our prayer)
주님 저희의 기도를 들어주소서.
Audi alteram partem!
(쟁에 당면하거든) 다른 편의 말도 들어 보라!
Audi de minúscula. 짤막한 이 편지에서 보아다오
Audi, et noli deficere. 잘 듣고 약해지지 마십시오.
Audi, Israël: Dominus Deus noster Dominus unus est.
(Höre, Israël, der HERR ist unser Gott, der HERR allein)
(Hear, O Israël! The LORD is our God, the LORD alone!)
이스라엘아, 들어라! 주 우리 하느님은 한 분이신
주님이시다(성경 신명 6. 4)/너, 이스라엘아 들어라. 우리의
하느님은 야훼이시다. 야훼 한 분뿐이시다(공동번역 신명 6. 4).
Audi me. 내 말을 들어라
Audi quid sequitur. 이어지는 말씀을 들어 보십시오
Audi reliqua. 다른 이야기를 또 들어 보아라
Audi Scripturam. 성경 말씀을 들어 보십시오.
Audi suspirantem, et dicentem. 한숨지으며 하는 말을
들어 보십시오.(최익철 신부 옮김. 요한 서간 강해, p.411).
Audi vocem eorum et constitue super eos regem.
그들의 말을 들어 그들에게 임금을 세워 주어라(1사무 8. 22).
Audi vocem populi in omnibus, quae loquuntur tibi.
백성이 너에게 하는 말을 다 들어 주어라.(성경 1사무 8. 7).
áudĭens, -éntis, p.prœs., a.p. 경청(傾聽)하는, 복종하는,
m. 듣는 사람, dicto audiens. 말씀(명령)에 복종하는 자.
áudĭens dicto fília. 말 잘 듣는 딸
audiéntĭa, -æ, f. (® Hearing.獨 Hören)
귀 기울임, 경청(傾聽-귀담아 들음), (사건 경위의) 심문,
알현(謁見-지체가 높고 귀한 사람을 찾아가 뵘), 공식 회견.
audiéntĭam fácere.
경청하게 하다, 조용히 듣게 하다. 떠들지 못하게 하다.
lætas inter audiéntĭum affectiones.
청중의 유쾌한 분위기(雰圍氣) 속에서.
audientia generalis.(® general audience). 일반 알현
audientia paplis.(® Papal audience) 교황 알현
audientia privata. 개인 알현(교황과의 단독면담)
Audio! 좋다(Bene est)
áudĭo, -ívi(ii), -ítum, -íre, tr. 듣다(שׁמע.רצ.ארצ.
קבל.® Listening), (누구의 말을) 듣다; 경청하다,
귀를 기울이다, 말(소문)을 듣다, 듣고 알다,
스승의 가르침을 듣다, (누구의) 문하생이 되다,
들어주다, 청을 받아들이다. …로 알아듣다,
…라고 불리우다, …라는 칭호를 듣다, 동의하다,
시인하다, (누구의) 뜻을 따르다, 순종하다,
보다, 심문하다, 물어보다, 조사하다.
Audiam quid loquatur in me Dominus.
주님이 내 안에서 하시는 말씀을 귀담아 들겠다/
Audiatur et altera pars. 상대방의 말도 들어봐야 한다/
áudĭens dicto fília. 말 잘 듣는 딸/
Audita est intoleranda Romanis vox : Væ victis!

로마인들에게는 차마 들어서는 안 될 소리가 들렸다:
"패자들에게 저주를!"/
Audívi, te ægrótum esse. 나는 네가 앓는다는 말을 들었다/
bene(male) audio. 좋은(나쁜) 평을 듣다,
평판이 좋다(나쁘다), 칭찬 듣다(욕먹다)/
bene audio ab alqo. 누구에게 칭찬 받다/
dedo se ad audiéndum. 열심히 듣다/
ex alqo, ab alqo audio. 누구한테서 듣다/
ex te audíre 너한테서 듣다/
Exígam a te, ut áudias me.
나는 네가 내 말을 듣도록 만들테다/
Fando audívi. 나는 풍문(風聞)에 들었다/
in aure audio. 귀에 대고 속삭이는 말을 듣다/
Insánum qui me dicet, tótidem áudiet. 나를 보고 미쳤
다고 하는 자는 (나에게서) 같은 소리를 들을 것이다/
Intente audite, obsecro vos, quia res non minima
versatur in medio: et non dubito quia hesterno die
adfuistis intente, quod et hodie intentius convenistis.
이제 다룰 문제는 보통 중요한 것이 아니기 때문에,
정신을 바짝 차려서 들어 주시기를 부탁드립니다. 여러분
이 어제 정신 차려서 들으셨으니, 오늘은 더 정신 차려
들으시리라 믿어 마지않습니다(최익철 옮김, 요한 서간 강해, p.222)/
Iam audistis qui sint.
여러분은 그들이 누구인지 이미 들었습니다/
Iucundum auditu est. 듣기에는 재미있는 일이다/
Lectiones sanctas libenter audire.
거룩한 독서를 즐겨 들어라(성 베네딕도 수도규칙 제4장 55)/
Loquěre Domine quia audit Servus Tua.
주님 말씀 하소서, 당신 종이 듣고 있나이다/
male audio alqā muliere.
어떤 여자와 좋지 못한 교제(交際)를 하다/
Pater audísti. 너는 아버지라고 불렸다/
Qui vos audit, me audit.(루카 10. 16)
(® Whoever listens to you listens to me)
너희 말을 듣는 자는 내 말을 듣는 것이다/
Res jucunda auditu. 듣기에 재미있는 일/
Si me áudiet, 그가 내 말대로 한다면/
Urbem Syracúsas maximam esse Græcárum, audístis.
너희는 Syracúsœ가 희랍의 제일 큰 도시라는
말을 들었을 것이다.

동사 제4활용 능동형 audíre(듣다)			
	직 설 법	접 속 법	명 령 법
현재	S.1. áudio 2. audis 3. audit P.1. áudimus 2. áuditis 3. áudiunt	áudiam áudias áudiat audiámus audiátis áudiant	현 재 단수 2인칭 audi 복수 2인칭 audite 미 래 단수 2인칭 audíto 단수 3인칭 audíto 복수 2인칭 audiitóte 복수 3인칭 audiúnto
미완료	S.1. audiébam 2. audiébas 3. audiébat P.1. audiebámus 2. audibátis 3. audiébant	audírem audíres audíret audirémus audirétis audírent	부 정 법 현 재 audíre 미 래 auditúrus, -a, -um esse auditúri, -æ, -a esse
미래	S..1. áudiam 2. áudies 3. áudiet P.1. audiémus 2. audiétis 3. áudient		auditúrum, -am, -um esse auditúros, -as, -a esse 과 거 audiísse
단순과거	S..1. audívi 2. audívísti 3. audívit P.1. audívimus 2. audivístis 3. audivérunt	audiverim audíveris audíverit audivérimus audivéritis audívérint	부 사 현재: áudiens, -iéntis (듣고있는, 들으면서) 미래: auditúrus, -a, -um (들으려는, 들을)

118

과거완료	S..1. audíveram	audivíssem	**동 명 사**
	2. audíveras	audivísses	속격 audiéndi
	3. audíverat	audivísset	여격 audiéndo
	P.1.audiverámus	audivissémus	대격 ad audiéndum
	2. audiverátis	audivissétis	탈격 audiéndo
	3. audivérant	audivíssent	
미래완료	S.1. audívero		**목 적 분 사**
	2. audíveris		
	3. audíverit		
	P.1.audivérimus		audítum(들으러)
	2. audivéritis		
	3. audíverint		

(한동일 지음, 카르페 라틴어 부록, p.14)

Audio, óstium pulsari. 문 두드리는 소리가 들린다.
Audio (audívi, áudiam), te venísse.
나는 네가 왔다고 (왔다는 말을) 듣는다(들었다, 듣겠다).
(주문의 시칭보다 과거적인 것, 즉 더 먼저 일어난 것을 표시할 때에는 과거 부정법을 쓴다. 허창덕 지음, Syntaxis Linguæ Latinæ, p.329).
audiri, 수동형 현재부정사 (원형 áudĭo, -ívi(ĭi), -ítum, -íre)
Audis quia hoc dico. 그대는 내가 하는 말을 들어 보시오.
Audisti causam fiduciæ tuæ.
그대 확신의 동기가 무엇인지 들었습니다.
Audisti quia laudant me opera mea.
너희는 내가 만든 것들이 나를 찬미하는 소리를 들었다.
Audistis, fratres, tenete. 형제 여러분, 이 말씀을 들었으니 잘 간직하십시오.(최익철 신부 옮김, 요한 서간 강해, p.113).
Audistis, tenete. 이 말씀을 들었으니 잘 간직하십시오.
audite, 원형 áudĭo, -ívi(ĭi), -ítum, -íre,
[명령법. 단수 2인칭 audi, 복수 2인칭 audite].
Cum legere coepero, attente audite.
[조건법의 미래완료 시제는 종종 명령법과 함께 쓰인다. 고전 라틴어, p.353]
내가 읽기(낭독하기) 시작하면 너희는 주의 깊게 들어라!
audite cæli. 하늘아 들어라
Audite ergo, reges, et intellegite; discite, iudices finium terræ. 임금들아, 들어라. 그리고 깨달아라. 세상 끝까지 통치하는 자들아, 배워라(성경 지혜 6, 1).
Audite Israel patrem vestrum.
너희 아버지 이스라엘의 말을 들어라(성경 창세 49, 2).
Audite me, omnes, et intellegite.
([영] Hear me, all of you, and understand)
너희는 모두 내 말을 듣고 깨달아라(성경 마르 7, 14).
Audite, si intellegere vultis.
만일 너희들이 알아듣고 싶다면 잘 들어라.
Audite verbum hoc.([영] Hear this word)
이 말을 들어라(아모스 3, 1).
audítĭo, -ónis, f. 들음, 청취, 경청,
소문, 평판, 소식([영] Message).
amor ex auditu. 들음에서 흘러나오는 사랑/
fides ex auditu. 들음에서 비롯하는 믿음(로마 10, 17).
auditĭo mala. 나쁜 소문.소식
Auditio Verbi. 말씀 경청
audĭtiúncŭla, -æ, f. 스승의 짤막한 교훈, 간단한 강의
audĭtívus, a, -um, adj.귀의, 청각의, 청감의
audítor, -óris, m. 듣는 사람, 경청자, 청중(의 한 사람),
방청인, 제자, 문하생, 청강생,
청취자, 소송 지도관(예심관, actorum instructor).
assessor, -óris, m. 부심관(relátor, -óris, 주심관),
admoveo vultum ad auditores. 얼굴을 청중에게로 돌리다/
Est ergo ibi quædam consonantia, est quædam concordia, sed auditorem desiderat. 거기에는 화음도 있고 조화도 있지만 청중이 필요합니다.(최익철 신부 옮김, 요한 서간 강해, p.401)/
frequens auditor. 꾸준한 청강생/
iam tum Evangelii non surdus auditor.
그는 복음을 듣고 마는 귀머거리가 아니었다.
audĭtórĭum, -i, n. 강당, 강연장, 대강의실,
법정(法廷.[영] Court), 회견실, 접견실, 청중.
Auditurus venio (veni, veniam)
나는 들으러 온다(왔다, 오겠다).
(주문의 시칭에 대해서 미래적일 때에는 미래분사를 쓴다).
auditus[1], -a, -um, p.p. 들린, 알려진,
n. 소문, 평판, 소식(消息.[영] Message).
auditus[2], -us, m. 청각, 듣는 기관, 들음, 듣고 앎,
所聞, 강의 내용, 연설 내용.
Iucundum auditu est. 듣기에는 재미있는 일이다/
Quinque sunt sensus córporis: visus audítus, odorátus gustus, tactus.
신체의 오관은 즉 시각, 청각, 후각, 미각, 촉각이다.
auditus fidei. 신앙의 청종
Audívi, te ægrotum esse. 나는 네가 앓는다는 말을 들었다
Audívi, te Cicerónis libros legere.
나는 네가 Cicero의 저서들을 읽고 있다고 들었다.
Audivimus duas tibias consonantes. Illa de timore dicit, et illa de timore. 우리는 화음을 이루는 두 개의 피리소리를 들었습니다. 이 피리도 두려움에 관해 말하고, 저 피리도 두려움에 관해 말합니다.
(최익철 신부 옮김, 요한 서간 강해, p.411).
Aufer, 원형 áufĕro, ábstuli, ablátum, auférre, anom., tr.
[명령법. 현재 단수 2인칭 **aufer**, 복수 2인칭 auferte].
Aufer a nobis, quǽsumus, Dómine, iniquitátes nostras: ut ad Sancta sanctórum puris mereámur méntibus introíre. Per Christum, Dóminum nostrum. Amen.
([영] Take away from us our iniquities, we implore Thee, Lord, that with pure minds we may worthily enter into the holy of holies: through Christ our Lord. Amen).
주님, 비오니 저희 죄를 없이하시어 깨끗한 마음으로 지성소에 들어가게 하소서. 우리 주 그리스도를 통하여 비나이다. 아멘.
Aufer abhinc lacrimas. 이제 그만 눈물을 거두어라
Aufer te hinc. 여기서 물러가거라.
áuferat, 원형 áufĕro, ábstuli, ablátum, auférre, anom., tr.
[접속법 현재. 단수 1인칭 auferam, 2인칭 auferas, 3인칭 auferat, 복수 1인칭 auferamus, 2인칭 auferatis, 3인칭 **auferat**].
De Pétra desérti ad móntem fíliæ Síon:
ut áuferat ípse júgum captivitátis nóstræ.
광야의 바위에서 시온 딸의 산으로.
그분께서 친히 우리의 포로 신세의 멍에를 없애시도록
áufĕro, ábstuli, ablátum, auférre, anom., tr. **가져가다**, 운반해 가다, (지형을) 갈라놓다, **탈취하다**, 채가다, **빼앗아가다**, 훔치다, 빼어내다, 이끌다, 말려들게 하다, 현혹시키다, 유혹하다, (마음을) 사로잡다, 없어지게(사라지게) 하다, 제거**하다**, (죽음이) 데려가다, 떼어(뜯어) 내다, 떼어놓다, 거두어가다, 얻다, 달성하다, 얻어내다, 손에 넣다, 횡령(橫領-남의 재물을 불법으로 가로챔)하다, (명령법) 그만 두어라, 집어치워라, 그쳐라.
pass. **auférri, se auférre**. 물러가다, 떠나가다, 사라지다.
Ablata iustitia, quid sunt regna nisi magna latrocinia?.
정의가 박탈되면, 왕국이란 큰 강도들이 아니고 무엇이겠는가?/
admiratióne auférri. 감탄하여 마지않다
Aufer abhinc lacrimas. 이제 그만 눈물을 거두어라/
Aufer te hinc. 여기서 물러가거라/
Auferimur cultu. 우리는 (그 여자들의) 몸치장에 현혹된다/
Aulam auri, inquam, te reposco, quam tu confessus es mihi te abstulisse. 내 말하지만, 금 냄비를 돌려 줄 것을 네게 정식으로 요구한다. 금 냄비를 네가 나한테서 앗아갔노라고 네 입으로 자백하였으니까/
quod differtur non aufertur. 뒤로 미룬 일은 끝난 것이 아니다/
Tantum ábstulit, quantum pétiit. 그는 청한 만큼 얻어갔다.
aufero respónsum ab *alqo*. 아무한테서 회답을 받아내다
Auferte, 원형 áufĕro, ábstuli, ablátum, auférre, anom., tr.
[명령법. 현재 단수 2인칭 aufer, 복수 2인칭 **auferte**].
Auferte ista hinc!. 이것들을 여기에서 치워라(성경 요한 2, 16).
aufúgĭo, -fúgi, -ĕre, intr., tr. (ab+fúgio)
도망치다, 달아나다, 피하다, 피신하다.
áugĕo, -auxi -auctum -ére, tr. 자라게 하다,
증가시키다, 불어나게 하다, 커지게 하다, 성장하다,
증가하다(סגוא.סוי), 더 강하게 하다, 더 발전시키다,
더 짙게 하다, 도를 더하다, 과장하다,

많아지게 해주다, 보태어주다, 높여주다, 북돋아주다.
augete auxilia vostris justis legibus.
정의로운 법으로 여러분의 성원을 계속 하십시오
(성 염 지음, 사랑만이 진리를 깨닫게 한다. p.454)/
múlier aucta pecúniă. 돈이 불어난 여자/
rem augeo laudándo 일을 찬양하여 과대 선전하다/
suspiciónem augeo. 혐의를 더 굳히다.
augeo *alqm* **divítiis**. 아무의 재산을 더 많아지게 하다
augésco, -ĕre, intr., inch.
커지기 시작하다, 자라나다, 번창해지다.
augmen, -mĭnis, n. 증가, 증대
augménto, -áre, tr. 증가시키다
augmántum, -i, m. 증가, 증대,
성장(⑨ Growth), 진보(⑨ Advancement/Growth).
augmentum gratiæ. 은총의 증가(恩寵 增加)
augur, -ŭris, m. 조점관, 조점사(鳥占師-새 나는 모양.먹는
모양.울음소리 따위로 미래를 점치던 신관), 신탁관(信託官)
m., f. 점쟁이, 복술가(卜術家), 해몽가,
예언자(אಬ.προφήτης.豫言者.⑨ Prophet).
noctúrnæ imáginis augur. 해몽하는 사람.
augŭrále, -is, n. 장군의 야영천막 바른 쪽, 새 점치는 막대기.
augŭrális, -e, adj. 새 점쟁이의, 새 점에 관한
augŭrátĭo, -ónis, f. 점술(占術), 새 점(鳥占),
예언(אಬ.προφητεία.豫言.⑨ Prophecy).
augŭráto, adv. 새 점을 치고 나서, 신들의 승인을 받고,
in illo auguráto templo. 정당하게 점쳐진 그 신전에서.
augŭrátus, -us, m. 새 점치는 관직(職責)
augúrĭum, -i, n. 징조의 관찰(觀察).해석(解釋),
미래 일에 대한 점(엄밀하게는 새의 나는 모양.먹는 모양.울음
소리 따위로, 넓게는 다른 짐승들의 관찰 또는 천둥.번개.벼락 등으로
길흉을 판단하는 미래 일에 대한 점).
점술(占術), 징후, 징조(徵兆), 전조(前兆), 예견, 예감,
예언(אಬ.προφητεία.豫言.⑨ Prophecy).
augurium ágere. 점치다
augurium cápere. 점치다
augúrĭus, -a, -um, adj. = **augurális**, -e, adj.
áugŭro, -ávi, -átum, -áre, tr. 점치다, 새로써 점치다.
미래 일을 판단하다, 예언하다, 예견하다, 추측하다.
augurátum est, …라고 점괘가 나왔다/
in illo auguráto templo. 정당하게 점쳐진 그 신전에서
/ salútem pópuli auguro. 백성의 안녕에 대해서 점치다/
Ut desint vires, tamen est laudanda voluntas : hac ego
contentos auguror esse deos.(Ovidius).
비록 힘이 달릴지라도 덤비는 의지만은 칭찬해 줘야한다.
나로서는 신들도 이런 의지만으로 만족하리라를 기원하는 바이다.
Augústa, -æ, f. (Roma 황제 시대에) 황제의 어머니.
아내.딸.자매 등에 대한 존칭, 많은 도시 이름.
Augustales, -íum, m., pl. 황제의 제관들
Augustanus, -a, -um, adj. 아우크스부르크의
Augustensis, -e, adj. 아우크스부르크의,
Confessio Augustana. 아우크스부르크의 신앙고백.
Augustiáni, -órum, m., pl. 황제 친위기병
Augustiani Assumptionis.
(⑨ Augustinians of the Assumption/Assumptionists)
성모 승천 아우구스티노 사제 형제회.
Augustinianísmus, -i, m. 아우구스티누스주의(主義)
Augustissimæ virginis, 로사리오('장미 꽃다발'이란 뜻. 1897.9.12.).
augúto, -ávi, -átum, -áre, tr. 영광스럽게 하다,
황제로 승격(昇格)시켜 존경하다, 신성화하다.
augústus¹, -a, -um, adj. 성스러운, 신성한, 숭고한,
엄위한, 위엄 있는, 지존한, 존엄한.
Ad augusta per angusta. 난관을 통하여 영광으로.
Augústus²,-i m. Octaviánus가 Roma 최초의 황제가
되었을 때 원로원에서 붙여준 별호. 그 후 모든
Roma 황제의 별호가 됨, 장엄성, 8월.팔월(八月).
Augustus³,-a, -um, adj. Augústus의, 황제의, 8월의
Augustus filiam et neptes ita instituit, ut etiam
vetaret loqui aut agere quicquam nisi prolatam.
아우구스투스는, 미리 말하지 않고서는 어떤 말이나 행동

도 않도록 그렇게 딸과 손녀들(여조카들)을 가르쳤다.
aula¹, -æ, f. 저택의 내정, 안뜰, 큰 현관, 대응접실,
저택, 궁전, 궁정(궁궐 안의 마당),
조정(朝廷-임금이 나라의 정치를 집행하던 곳),
궁정에서 일보는 사람, 궁중 노예, 시종, 왕위,
왕의 신분, 강당, **응접실**, 초대 성당의 신자석, 실(室).
aula communis. 공동 휴게실
aula magna. 대강의실(大講義室)
aula recreátĭónis. 오락장(娛樂場), 휴식 장소(休息場所)
aula², -æ, f. 냄비.
Aulam auri, inquam, te reposco, quam tu confessus es
mihi te abstulisse. 내 말하지만, 금 냄비를 돌려 줄 것을
네게 정식으로 요구한다. 금 냄비를 네가 나한테서
앗아갔노라고 네 입으로 자백하였으니까.
aulæorum opifex. 천막 제조인(天幕 製造人)
auléum, -i, n. 휘장(揮帳), 장식용 융단(絨緞), 극장의 막(幕)
aulæum míttitur. 막을 올리다.내리다
aulæum tóllitur. 막을 내리다.닫다.
(Roma인들은 연극 끝에 막을 올려서 닫았음).
Auléstes, -is, m. Tyrrhénia인
áulĭcus, -a, -um, adj. 궁전의, 궁정의, 군주의.
m., pl. 궁중 노예, 시종, 궁정에서 일보는 사람, 조신.
aulœdus, -i, m. 퉁소(피리)에 맞추어 노래 부르는 사람
Aulon, -ónis, m. Calábria의 포도를 산출하는 산
áulŭla, -æ, f. 작은 냄비(cucumella, -æ, f.)
Aululárĭa(fábula) -æ, f. Plautus의 희곡명
aura, -æ, f. 미풍, **산들바람**, 바람, 입김, 공기, 광채,
번쩍임, 풍겨지는 향기, 증기, 더운 기운, 반향, 산울림,
순경, 행운, 인기, 인심(사람의 마음), 분위기, 공중.
síbĭlus auræ tenuis(1열왕 19, 12)(새 번역은 '조용하고 부드러운 소리').
옅은 산들바람 소리(분도회 이장규 신부 2009.7.11. 수품 모토).
supero ad auras. 공중으로 올라가다/
tepéntes auræ. 더운 바람, 더운 입김/
traho auras ore. 숨 쉬다.
aura auri. 金의 광채(光彩)
aura popularis. 대중의 인기, 민심
auránṯĭum, -i, n. (植) 광귤(나무)
aurárĭa, -æ, f. 금광(金鑛)
aurárĭus, -a, -um, adj. 금(金)의
aurátúra, -æ, f. 도금(鍍金), 금박(金箔. 금을 두드려 종이처럼 아주
얇게 늘인 물건. 보통의 금박은 1mm의 만 분의 1의 두께).
aurátus, -a, -um, p.p., a.p.
도금한, 금칠한, 금장식한, 금빛의, 금의.
aure bibo *alqd*. 열심히 듣다(bibo 참조)
aurea ætas. 황금시대
Aurea Catena. 황금사슬(토마스 아퀴나스의 4복음 연속주해.
1264년에 교황의 요청으로 집필된 복음서들에 대한 특별한 종류의 주해서로
각 절마다 선배신학자들의 견해를 밝히고 있다).
aurea malus. 황금빛 사과나무
Aurea mediocritas. 황금의 중용(中庸)
aurea sæcula Saturnia. 태평성대
auréŏla, -æ, f. (전신을 비추는) 후광(後光.⑨ halo),
영관(榮冠) (금관의 뜻으로서) 동정.순교 등 지상
에서의 특별한 공에 대한 천국의 상.
auréŏlus, -a, -um, adj.
金으로 된, 金 장식한, 황금빛의, 아름다운.
aureolus anéllus. 작은 금반지
aures avidæ. 몹시 듣고 싶어 하는 귀
aures capio. 귀를 솔깃하게 하다
aures erudítæ. 예민한 귀
aures patúlæ. 주의를 기울이는 귀
aures prægravantes. 축 늘어진 두 귀
aures propendentes. (개의) 축 늘어진 두 귀
aures teretes. 섬세한 귀
aures trítæ. 잘 훈련된 귀
aureum malum, -i, n. 능금(황금사과)
áurĕus, -a -um, adj. 금의, 금으로 만든, 금장식한,
도금한, 금빛의, 금처럼 아름다운, 찬란한. m. 금화(폐).
aurea ætas. 황금시대 / catane auree. 금광맥/

coronarium aureum. 황금 예물/
Jubilæum áureum. (50주년) 금경축, 금혼식/
Jubilæum argenteum. 은경축(25주년)/
Missa Aurea. 황금 미사/ numerus aureus. 황금 수(數)/
nummus aureus. 금화(金貨)/ regula aurea 황금률/
Rosa aurea. 황금 장미 훈장(교황이 사순 제4주일에 하사)/
urbs Sion Aurea. 황금 도시 시온(Cluny의 Bernardus 지음).
aureus Codex. 금문자 성서 사본(성서 사본의 호화판 사본)
aureus vitulus, 금송아지(❂ golden calf, 탈출기 32. 4)
Auri sacra fames! 금전에 대한 더러운 욕심
　황금에 대한 저주스러운 탐욕(貪慾)
auribus occlusis. 두 귀를 틀어막고
auríchálcum, -i, n. 놋쇠(구리에 아연을 10~45% 정도 가해 만든 합금).
　n. 황동(黃銅-"구리와 아연과의 합금"을 통틀어 이르는 말. 놋쇠).
aurícilla(=oricilla) -æ, f. 깜찍하게 작은 귀
aurícŏmus, -a, -um, adj. (aurum+coma) 금발의, 금빛 잎의
aurícŭla, -æ, f. 귓바퀴, 외이(外耳), 작은 귀, 귀여운 귀,
　(듣는 기관으로서의) 귀, ((解)) (심장의) 심이(心耳-
　심房의 일부가 귀처럼 앞쪽으로 튀어나온 부분).
auricula infima. 귓불(귓바퀴의 아래쪽으로 늘어진 살. 귓밥)
aurícŭlariácéæ, -árum, f., pl. (植) 목이(木耳) 버섯종류
aurícŭláris, -e, adj. 귀의, 청각의, 귀에 의한, 귀를 가진, 귀엣말의
aurícŭlotempŏrális, -e, adj. 귀 쪽에 있는 관자놀이의
áurífer(=áuriger) -ěra, -ěrum, adj. (aurum+fero)
　금을 산출하는, 금을 포함한.
　aurífěra arbor. (샛별의 딸들인) Hespérídes의 정원에
　있는 금 사과가 달리는 나무.
áurífex -ficis, m. (aurum+fácio) 金 세공인
aurífŏdína, -æ, f. (aurum+fodina) 금광(金鑛)
auríga, -æ, m. 마부, 말구종, 마차꾼, (배의) 키잡이,
　마전차 마차꾼.경기자, 기병, 남을 조종하는 사람.
　(天) 마차꾼 성좌(星座).
　Væ homini cujus auriga superbia est, necesse est enim
　ut præceps eat. 교만을 마부로 삼는 사람은 불행합니다.
　고꾸라질 수밖에 없기 때문입니다.
　　　　　　　(최익철 신부 옮김, 요한 서간 강해, p.363).
aurígárĭus, -i, m. 마전차 조종자(馬戰車 操縱者)
aurígátĭo, -ónis, f. 경기 마차를 부림, 돌고래를 타고 달림
Aurígěna, -æ, m. (aurum+gigno) 금에서 태어난 자,
　金의 자식(勇士 Pérseus의 형용어).
áuriger, -ěra, -ěrum, adj. (aurum+gero) = **áurífer**
aurígo, -ávi, -átum, -áre, intr. 경기마차를 부리다,
　마전차 경기하다, 조종하다, 지배하다, 키를 잡다.
auríphrygiátus, -a, -um, adj. 금테(금줄) 두른
auríphygium, -i, n. 제의 자수(刺繡) (❂ Orphrey)
auris, -is, f. (성경에서 귀는 이해력, 순종의 뜻을 가진다.(마태 11. 15;마르
　7. 16) 귀를 틀어막는 것은 완고함, 고집을 뜻하고, 이것은 이교도의 표시이다
　(예레 6. 10; 사도 7. 51). 예수께서 귀머거리의 귀를 열어 준 것은 그 귀를
　일깨워 하느님의 계시와 지혜를 받아들이게 한 것이고, 이와 관련해서 귀는
　마음과 통한다(1열왕 3. 9;잠언 23. 12) (백민관 신부 엮음, 백과사전 1, p.916)
　귀(በ옷.οὖς), 식별력(識別力), 말귀.
　pl. 청각, 보습의 양쪽 볏.
　Ad aures mílitum dicta evolvebántur.
　군인들의 귀에까지 그 말들이 퍼져나가고 있었다/
　arrectis auribus. 귀를 쫑긋 세우고/
　aures audiendi. 들을 귀(마태 11. 15; 마르 4. 9 등)/
　aures rado. 귀에 거슬리게 하다(rado 참조)/
　dare aures alci. 누구의 말에 귀를 기울이다/
　Defígere morsum in aurem. 귀를 물다/
　dormíre in utrámvis aurem.(속담) 다리 뻗고 자다/
　erígere aures. 귀를 세우다/erudítæ aures. 예민한 귀/
　Est hoc auribus hominum absurdum.
　이것은 사람들 귀에 거슬리는 것이다/
　insusurro ad aurem.(in aures) 귀에 대고 속삭이다/
　nímium fáciles aurem præbére puéllæ.
　너무도 쉽게 귀를 기울이는 소녀들/
　Introduc ad doctrinam cor tuum et aures tuas ad verba
　scientiæ. (do.j eivj paidei,an th,n kardi,an sou ta. de. w=ta, sou
　e`toi,mason lo,goij aivsqh,sewj) (獨 Wende dein Herz hin zur
　Zucht und deine Ohren zu vernünftiger Rede) (❂ Apply

your heart to instruction, and your ears to words of
knowledge) 네 마음이 교훈을 향하도록 이끌고 네 귀가
　지식의 말씀을 향하도록 인도하여라(성경 잠언 23. 12)/훈계를
　명심하고 지식을 전하는 말에 귀를 기울여라(공동번역)/
Noli aures avertere, adhibe intellectum. 귀를 막지 말고
　이해해 보십시오.(최익철 신부 옮김, 요한 서간 강해, p.415)/
occlúsis áuribus. 두 귀를 틀어막고(occludo 참조)/
prægravántes aures. 축 늘어진 두 귀/
pronis áuribus accípere alqd. 기꺼이 듣다, 경청하다/
Qui habet aures audiendi audiat.(마태 11. 15)
　들을 귀가 있는 사람은 알아들어라/
Quidquid illarum Scripturarum est, Christum sonat; sed
si aures inveniat. 어떠한 구약 성경 구절이든 다 그리
　스도를 노래합니다. 그렇지만 들을 귀가 있어야 합니다/
res digna áuribus erudítis.
　식별력 있는 사람이 귀를 기울일 만한 일/
tenére áuribus lupum. 호미난방(虎尾難放)/
téretes aures. 섬세한 귀/
tritæ aures.(tritus 참조) 잘 훈련된 귀/
Uluiatus pulsat aures. 울부짖는 소리가 귓전을 때린다/
vello aurem alci. '아무의 귀를 잡아당기다'
　즉 주의를 환기시키다.
auris purgata. 정신 차려 듣는 귀
Auris, quæ audit increpationes vitæ, in medio
sapientium commorabitur. (獨 Das Ohr, das da hört auf
heilsame Weisung, wird unter den Weisen wohnen)
(❂ He who listens to salutary reproof will abide among
the wise) 생명이 담긴 훈계를 듣는 귀는 지혜로운 이들
　사이에 자리를 잡는다(성경 잠언 15. 31)/유익한 책망을 들을
　귀가 있는 사람은 지혜로운 사람들 사이에 머문다(공동번역).
aurítŭlus, -i, m. (動) 당나귀
aurítus, -a, -um, adj. 긴 귀를 가진, 듣고 있는
　정신 차려 듣는, 귀에 들려온, 귀 모양의 손잡이가 달린.
auro, -ávi, -átum, -áre, tr.
　도금하다, 금칠 하다, 금으로 장식하다.
auro contra. 금값으로, 금같이 귀중한
auróra¹, -æ, f. 서광(曙光-동이 틀 때 비치는 빛), 동트기,
　여명(黎明-날이 샐 무렵), 동쪽, 동방(東方),
　Secunda Missa in aurora. 새벽미사, 성탄일의 새벽미사.
Aurora², -æ, f. 여명의 여신(희랍 신화의 Eos에 해당),
　Tithónus의 아내.
Aurora interea miseris mortalibus almam extulerat
lucem, refert opera atque labores(Vergilius).
　그러는 사이에 새벽의 여신이 가련한 인생들에게 싱싱한
　빛을 가져다주었고 노동과 수고를 다시 가져왔다.
Auróra, súbito. (súběo, -ii -itum -íre, intr., tr. 참조)
　바람아, 나를 떠받쳐다오(내 밑에 들어가 다오).
aurúgo(-rígo), -gínis, f. (醫) 황달(黃疸)
áurúla, -æ, f. 미풍(微風), 산들바람
aurum, -i, n. 금(金), 금제품(金製品), 금제(金製) 기구,
　(목걸이.귀고리.팔찌.반지 따위의) 금제 장신구,
　금화(金貨.nummus aureus), 황금, 돈, 화폐,
　광채(光彩), 찬란한 금빛, 황금시대(黃金時代).
　Amicos numquam auro parare poteris.
　금으로는 결코 친구들을 마련할 수 없을 것이다/
　amóre auri cæcus. 돈에 대한 애착에 눈이 먼 자/
　aura auri. 금의 광채(光彩)/
　Dixit, quo vellet aurum?
　그는 무엇 때문에 금을 원하는지 말했다/
　Ignis aurum probat miseria fortes viros.
　불은 금을 시험하고 불행은 강한 사람을 시험 한다/
　libáre auro. 금잔(金盞)으로 제주를 바치다/
　Multum aurum non desiderabat, sed aquam.
　많은 황금이 아니라 물을 바랬다/
　Non omne quod nitet aurum est.
　반짝이는 것이 모두 금은 아니다/
　Pro alcjs cápite aurum erat repénsum.
　누구의 머리 값으로 그 무게만큼의 금이 지불되었었다/

quinque auri pondo. 금 5파운드/
rádians aurum. 번쩍이는 금/
se a Gallis auro redimo.
　황금을 주고 Gallia인들에게서 해방되다/
tortile aurum. 금줄.
aurum ad obrussam. 순금(純金)
aurum coronarium. 금관(金冠)
Aurum est potestas. 금은 힘이다
aurum merum. 순금(純金)
Aurum pretiosius est argento(=quam argentum)
　금은 은보다 더 보배롭다(더 고귀하다).
aurum radians. 번쩍이는 금
áuscŭlor(=osculor) -átus sum, -ári, dep., tr. 입 맞추다
Ausculta Fili. "아들아 내 말을 들어라"
　[1. 프랑스 필립 왕에게 보내는 보니파시오 8세 교황의 대칙서(1301년).
　2. 성 베네딕도의 수도규칙의 첫마디].
Ausculate me. 너희는 내 말을 주의 깊게 들어라
auscultátĭo, -ónis, f. 들음, 경청(傾聽), 엿들음, 듣고 따름
auscultátor, -óris, m. 듣는 자, 청취자, 경청자(傾聽者)
auscúlto, -ávi, -átum, -áre, tr., intr. (auris+colo)
　주의 깊게 듣다(בטח.חזק.שׁמע.⑨ Listening),
　경청하다(⑨ Listening), 청종(聽從)하다, 복종하다.
　Ausculate me. 너희는 내 말을 정신 차려 들어라/
　Mihi auscúlta. 내 말을 들어라, 내 말대로 해라/
　Potesne mihi auscultare?
　　너 내 말 좀 귀담아 들어줄 수 있겠니?.
auspex, -pĭcis, m., f. (avis+spécio) 새의 날음·울음.
　먹음새를 보고 신의 뜻을 해석하며 미래를 예언하는 자,
　조점사(鳥占師), 점처 주는 새, 중매인(中媒人 -거간꾼),
　지휘자(指揮者), 지도자, 가호자(加護者),
　dis auspícibus. 신들의 가호로.
auspĭcáto, adv. 점을 보고서, 길조로
Auspicato concessum, 프란치스코 제3회(1882.9.17)
auspĭcátus, -a, -um, p.p., a.p.
　점치는데 봉헌된, 신성한, 길조의, 상서로운.
Auspicatus est cantare. 그는 노래하기 시작하였다
Auspicia Quædam, (1948.3.1.)
　평화를 위하여 은총이 가득하신 마리아께 간구 하는 기도.
auspícĭum, -i, n. 새 점(鳥占), 조점권(鳥占權), 점조술,
　군대의 최고 지휘권, 권력, 명령, 보호, 가호, 지시,
　지도, 인도, (일의 상서로운) 시작,
　개시, 징조, 조짐(兆朕-어떤 일이 일어날 징조), 전조(前兆).
auspicium-portentum, 이상한 징조
　[prodigium(흉조)과 달리 길조의 의미. 교부문헌 총서 15. 신국론. 참조].
áuspíco, -ávi, -átum, -áre, tr., intr. 새 점을 치다,
　새를 보고서 장래의 길흉(吉凶)을 점치다.
áuspícor, -átus sum, -ári, dep., intr. 새 점을 치다,
　길조를 보고 일을 시작하다, 경사롭게 시작하다.
　Auspicatus est cantare. 그는 노래하기 시작하였다.
áuspícor regnum. 왕국을 창건(創建)하다
auster, -stri, m. 남풍, 남쪽, 남방.
　in austri pártibus. 남부지방에/
　Silvis immurmurat auster. 남풍이 숲에서 속삭인다/
　tumidus auster. 돛을 부풀게 하는 남풍/
　[áquĭlo, aquilonis, m. 북쪽/auster, austri, m. 남풍/
　meridies, meridiei, m. 남쪽/occídens, occidentis, m. 서쪽/
　oriens, orientis, m. 동쪽/septentrio, septentrionis, m. 북쪽/
　cæli regiones quatuor. 사방, 동서남북/
　mundi cardines. 사방 동서남북].
　Eritque semen tuum quasi pulvis terræ: dilataberis ad
　occidentem et orientem et septentrionem et meridiem.
　네 후손은 땅의 먼지처럼 많아지고, 너는 서쪽과 동쪽 또
　북쪽과 남쪽으로 퍼져 나갈 것이다(성경 창세 28. 14).
auster imbrifer. 비를 몰고 오는 남풍
austérĭtas, -átis, f. 시큼한 맛, 떨떠름한 맛,
　엄격, 준엄(峻嚴-매우 엄격함), 근엄(謹嚴-매우 점잖고 엄함).
austérus, -a, -um, adj. 신, 시큼한, (냄새가) 고약한,
　코를 찌르는, (빛깔이) 침침한, 우중충한, 엄한,
　준엄한, 근엄한, 고된, 딱딱하고, 아무 재미도 없는.

Austrálĭa, -æ, f. 호주(濠洲)
austrális, -e, adj. 남쪽의, 남풍의
Austrĭa, -æ, f. 오지리, 오스트리아
Austriacus, -i, m. 오스트리아인
Austriæ est imperare orbi universo.
　전 세계를 통치하는 것은 오스트리아에 속해 있다.
austrínus, -a, -um, adj. 남쪽의, 남풍의
austroáfrĭcus, -i, m. 남서풍
ausum, "audeo"의 목적분사(sup.=supínum)
ausum, -i, n. 감행하는 일, 모험적인 계획, 기도(企圖),
　중죄(重罪), 흉악죄(凶惡罪).
ausus¹, -a, -um, p.p. (áudeo)
ausus², -us, m. = ausum
aut, conj. …든지(거나) 혹은, 또는, 아니면, 그렇지 않으면,
　(an과 같은 뜻으로 둘째 의문 앞에) …냐 혹은 …냐?,
　(둘 이상 중에서 하나를 택할 경우)
　aut … aut, …든지 아니면 …든지,
　　혹은 …거나 아니면 …거나,
　(다른 접속사 또는 부사와 함께) 그 뿐 아니라 또한.
　atque vitinam ex vobis unus vestrique fuissem aut
　custos gregis aut maturæ vinitor uvæ.
　　나 그대들 중의 하나 되어 그대들의 양떼를 거느리는
　　양치기가 되었더라면! 익은 포도를 거두는 농군이나
　　되었더라면!(성 염 지음. 사랑만이 진리를 깨닫게 한다. p.422)/
　Aut prodesse volunt aut delectare poëtæ, aut simul et
　iucunda et idonea dicere vitæ.(Horatius) 시인들은 유익을
　　주려 하거나 재미를 주려 하거나, 아니면 재미있고 삶에
　　적절한 것을 한꺼번에 주려 하거나 셋 중의 하나다/
　Effodiúntur bulbi ante ver; aut deterióres íllico fiunt.
　　양파는 봄이 되기 전에 캐낸다.
　　그렇지 않으면 즉시 못쓰게 된다/
　hiulcæ voces aut asperæ. 찢어지는 소리이거나 거친 소리/
　hódie aut heri. 오늘이나 혹은 어제/
　Malo esse, in Tusculáno aut uspiam in suburbáno.
　　나는 Túsculum이나 Roma 근교 어딘가에 살기를
　　더 좋아한다(uspiam 참조)/
　militia injusta aut inæqualis.
　　불의하거나 혹은 불공정한 군복무/
　Non curo quid ille aiat aut neget(aiat: aio 동사 접속법 현재)
　　그가 무엇을 그렇다 하든 아니다 하든 나는 괘념치 않아/
　Utrum …, aut …? …냐 혹은 …냐?.
Aut amat aut odit mulier, nihil est tertium.
　여자는 혹은 사랑하든지 혹은 미워하든지 한다.
　그 외의 셋째 것은 없다.(Publilius Syrus).
Aut bibat, aut ábeat.(bíbo 참조)
　마시든지 (때와 장소에 적응하든지) 아니면 떠나가든지 해라.
Aut Cæsar aut nihil. 전부 아니면 무(無),
　황제이거나 아무 것도 아니거나.
aut certe, aut saltem. 혹은 적어도
aut dénique. 그리고 …도
Aut disce, aut discéde.
　공부하든지 (그렇지 않으면) 가든지 해라.
aut effectu aut affectu. 실제로나 마음으로나
aut ego, aut te. 나 아니면 너,
　sive ego, sive te. 나든지 너든지 상관없이.
aut etĭam. 그 뿐 아니라 또한
Aut exuritur igni. 불살라지느니라(교부문헌 총서 17. 신국론. p.2481).
Aut inauditi a vobis damnari potuerunt? 어떻게 말을
　들어 보지도 않고 단죄될 수 있습니까?(요한 서간 강해. p.99).
Aut inveniam viam aut faciam ego ipse.
　(내가) 길을 찾아내거나 (내) 몸소 길을 만들거나 하리라.
aut omnino. 어떻든 또
aut potius. 또는 오히려, 더 정확하게는
**Aut quemadmodum medicum nervum et fabrum æs,
usquequo.** 어느 정도까지, 즉 어느 한도까지 의사는 신경에
　대해 알고, 대장장이는 청동에 대해 아는가?.(지성단일성 p101).
Aut quid aliud eveniet?.(⑨ What else might occur?)
　또 어떤 일이 일어나겠습니까?.

Aut si piscem petierit(petet),
numquid serpentem porriget ei?(마태 7, 10)
(h' kai. ivcqu.n aivth,sei(mh. o;fin evpidw,sei auvtw/|) (獨 oder, wenn
er ihn bittet um einen Fisch, eine Schlange biete? 마태 7, 10)
(⑨ or a snake when he asks for a fish? 마태 7, 10)
생선을 청하는데 뱀을 줄 사람이 어디 있겠느냐?(성경).
생선을 달라는데 뱀을 줄 사람이 어디 있겠느냐?(공동번역).
또는 생선을 청하는데 그에게 뱀을 주겠습니까?(200주년).
Aut tu aut frater tuus hoc fecit.
이것은 네가 하였거나 혹은 네 형제가 하였다.
(여러 개의 주어들이 et-et, nec-nec, neque-neque 등의 연계접속사,
또는 aut-aut, vel-vel, sive-sive 등의 선언접속사로 연결되어 있을 때에는
그 설명어는 *가까운데* 있는 *주어*를 따라간다).
aut vero. (비꼬는 뜻인) 혹은 …라도
Aut viam inveniam aut faciam.(Hannibal)
나는 길을 찾거나 아니면 길을 만들겠다.(안되면 되게 하라!).
autem, conj. 1. (약한 대조의 뜻으로 둘째 자리에)
그러나, …는(은); 한편 …는(은): adulescéntes …,
senes autem. 청년들은…, 노인들은….
2. (열거하다가 역설 또는 주의환기가 필요한 대목에) 그리고
3. (여담이나 삽입구 다음에) 그런데, 그래서.
4. (첨가) **그런데 더**, 그밖에, Quid autem tam necessárium
quam…? 그런데 그 이상 뭐가 더 필요하단 말인가?.
5. (삼단논법 소전제에) 그런데. (라틴-한글사전, p.90)
Hic autem quid audistis. 여기서 들으신 말씀이 무엇입니까?/
Id autem quantulum est? 그것은 얼마나 작으냐?/
In ipso autem biduo more suo in oratióne fuit
occupatus. 이틀 동안 종전에 하던 대로 기도에 전념하였으며/
Nos autem gloriari opportet in cruce Domini nostri
Jesu Christi. 우리 주 예수 그리스도의 십자가만이
   우리의 자랑입니다(갈라 6, 14).
"Autem" conjúctio postpónitur.
   접속사 "autem"은 뒤에 놓는다.
Authen. Authentica(littera)의 약자(略字).
   공인된 문헌, 신빙성 있는 문헌.
authénta, -æ, m. 자주적인 주인, 침범될 수 없는 권위자
authéntia, -æ, f. 원저성(原著性)
authéntice, adv. 합법적으로, 유권적으로
authentícitas, -átis, f. 믿기에 충분한 근거 있음,
   출처의 확실성, 정명성(正銘性-출처의 확실),
   문서의 진정성(眞正性-믿음의 근거).
authénticum¹, -i, n. 원본(原本)
Authénticum², -i, n. 칙법적요(勅法摘要)
   (Justiniánus 황제의 새 칙법 Novélla를 수록한 것).
Authenticum et auctoritate pollens Verbi ministerium.
   참되고 권위 있는 말씀 봉사.
authénticus, -a, -um, adj. 진정한, 순수한, 진짜의,
   원의, 인증된, 공권적(公權的), 유권적, 권위에 의한.
   authentica particularia. 판례(判例) 해석/
   authentici(scriptores) 원저자/
   Hebdomada authentica. 권위 주간(聖週間)/
   interpretátio auctoritaria. 판례(判例) 해석/
   interpretátio authentica. 공권적 해석, 유권해석/
   testaméntum authénticum. 유언의 원문.
authentízo, -ávi, -átum, -áre, tr.
   진정(眞正)하다고 말하다, 인증(認證)하다.
authépsa, -æ, f. (위는 냄비 아래는 풍로로 된) 취사도구
author = auctor = autor
autobiográphia, -æ, f. 자서전(自敍傳)
autobiográphicus, -a, -um, adj. 자서전의
autóchthon, -ónis, m. 토착인, 토착민(土着民)
autoconsciéntia, -æ, f. 자의식(獨 Selbstbewußtsein)
autocrátia, -æ, f. 군주 독재정치(君主 獨裁政治).
   전제정치(imperium singulare.); 독재권.
autócrator, -óris, m. 독재(전제) 군주(獨裁君主), 독재자
autodeterminatio, -ónis, f. 자기 결정성
autodeterminativus, -a, -um, adj. 자기 결정적
autógraphum, -i, n. 자필, 원본(documentum orginale)
autógraphus, -a, -um, adj. 자필의, 자작의

Autólycus, -i, m. Mercúrius 신의 아들, 유명한 날도둑
autólýsis, -is, f. (生化) 자기분해(自己分解-효소 작용에
   의한 동식물 조직의 자기분해), 자기 소화.
autŏmātárĭum, -i, n. 자동기계(自動機械)
automatárĭus, -a, -um, adj. 자동기계의, 자동기계에 관한
autŏmátĭcus, -a, -um, adj. 자동의, 자동적인
autómăton, -i, n. 자동 기계장치(自動 機械裝置)
autómătŏpœétus, -a, -um, adj. 자동의
autómătus, -a, -um, adj. 자동의, 스스로(자발적)으로 하는
Autómĕdon, -óntis, m. Díores의 아들
autŏmôbílis, -e, adj. 스스로 움직이는, 자동차(의)
   (currus) autŏmôbílis. 자동차.
autŏnomía, -æ, f. 자치, 자치권. (哲) 자율(自律-그리스어에서
   '자아'를 의미하는 '아우토노미아'와 '다스리다'의 '노모스노모스'의 합성어가
   '자율'이다, 자율성(自律性).⑨ Autonomy),
   자체성(自體性), 주체성(主體性). (生) 개체화(個體化).
autonomia artis. 예술의 주체성
Autonomia morális. 윤리적 자율성(倫理的自律性)
Autonomia teonoma. 신율(神律), 신율적 자율성
autopsía, -æ, f. 검시(檢屍), 검시해부,
   해부(解剖).⑨ Autopsy), 분석(分析).⑨ analysis).
autor = auctor = author
autórĭtas = auctórĭtas
autor principális. 주범/secundárĭus cooperátor. 종범
autŏsuggéstĭo, -ónis, f. (心) 자기암시(自己暗示)
autŏsynápsis, -is, f. (動) 동질접합(同質接合)
autŏsyndésis = autŏsynápsis
autotransparentía. 자기 투명(自己透明)
autumnális, -e, adj. 가을(의)
autúmnĭtas, -átis, f. 가을철, 가을철 산물(産物)
autúmno, -áre, intr. 가을(철)이 되다
autúmnum, -i, n. [ver, vēris, n. 봄/æstas, -átis, f. 여름/
   hĭems, -ĕmis, f. 겨울]. 가을(秋),
   (그리스인과 로마인들에게 가을은 우리처럼 5개월이었지만, 팔레스티나에서는
   1년을 여름, 겨울 두 계절로 나누는데 여름은 4월에 겨울은 11월에 시작된다.
   신약성경에 '가을'이라If 말은 싹도 성 유다 편지에서 사용했다. 결실도 없고 새싹도
   없는 가을 나무는 가치 없는 나무로 취급, 가짜 교사에 빗대어 말하고 있다.
                          백민관 신부 엮음, 백과사전 1, p.238).
Hi sunt in agapis vestris maculæ, convivantes sine
timore, semetipsos pascentes; nubes sine aqua, quæ a
ventis circumferuntur; arbores **autumnales** infructuosæ
bis mortuæ, eradicatæ. (⑨ These are blemishes on your
love feasts, as they carouse fearlessly and look after
themselves. They are waterless clouds blown about
by winds, fruitless trees in late autumn, twice dead
and uprooted) 겁도 없이 여러분과 잔치를 벌이면서
자신만 돌보는 저들은 여러분의 애찬을 더럽히는 자들
입니다. 바람에 떠밀려 가 버리는 메마른 구름이고,
늦**가을**까지 열매 하나 없이 두 번이나 죽어 뿌리째
뽑힌 나무이며(성경 유다서 1, 12)/이자들은 염치도 없이 흥청
망청 먹어대고 자기네 배만 채우며 여러분의 사랑의
식탁을 더럽히는 자들입니다. 그들은 바람에 밀려다니기
만 하며 비 한 방울도 내리지 못하는 구름과 같고(공동번역).
autúmnus¹, -a, -um, adj. 가을의,
   autumni gérmina 가을추수.
autúmnus², -i, m. 가을(秋), 연(年), 해(年).
   flexus autúmni. 가을이 끝날 무렵.
   Aves quæ autumno abierunt redeunt in nostras regiones.
   가을에 떠났던 새들이 우리 지방으로 되돌아오고 있다.
áutŭmo, -ávi, -átum, -áre, tr. 주장(主張)하다, …라고 하다,
   말하다(אמר.יאמ.נאם), 여기다, 생각하다(δοκέω).
auxi, "augeo"의 단순과거(pf.=perfectum)
auxília, -árum, f., pl.(복수에서는 단수보다 다른 뜻 더 가짐)
   원조, 증원군.
auxiliáris, -e, adj. 도움의, 도움이 되는, 기꺼이 돕는,
   보조의, 원군의, 연합군의.
   m. 보좌주교(⑨ auxiliary bishop).
   m., pl. 원군(援軍), 연합군(聯合軍).
   dea auxiliáris. 도움의 여신/
   disciplina auxiliáris. 보조학과(disciplina principális. 主要學科)/

verbum auxiliáre. (文法) 조동사.
auxíliárĭus, -a, -um, adj. 도와주는, 보좌하는,
　보필(輔弼)하는, 원군의, 연합군의, 보조(補助)의.
auxíliátĭo, -ónis, f. 구조, 부조(扶助), 원조(援助)
auxíliátor, -óris, m. 원조자, 지원자, 보조자
Auxiliator Liturgicus.(⑨ Liturgical Helper.
　獨 Gottesdiensthelfer) 전례 협조자(典禮 協助者).
auxíliátus, -us, m. = auxílĭum, -i, n.
auxílĭo, -ávi, -átum, -áre, tr., intr. = auxílĭor,
　deficio auxílio. 도움을 받지 못하다.
auxílĭor, -átus sum, -ári, dep., intr. 도와주다,
　원조하다, 보좌하다, (부담.고통을) 덜어주다,
　(병에) 도움이 되다, 약이 되다, 치료(治療)하다.
auxílĭum, -i, n. 도움(⑨ Assistance), 원조(援助),
　지원(支援), 치료법, 원조 자원, 방책, 구조책, 보조수단.
　법무관 등이 부여하는 법적 보호(法的 保護), **구제 수단**;
　호민관의 원조('Beneficium' 참조).
　pl. 증원군, 연합군; 병력(兵力), 군대(軍隊).
　Alterum alterius auxilio eget.
　　사람마다 타인의 도움이 필요한 법/
　augete auxilia vostris justis legibus.
　　정의로운 법으로 여러분의 성원을 계속 하십시오
　arcesso auxília ab alqo. 아무에게서나 증원군을 불러오다/
　auxílĭa regem oro. 왕에게 구원병을 청하다/
　auxílĭo esse alci. 누구에게 도움이 되다, 도와주다/
　Cognovi cur ille vir a te auxilium peteret.
　　저 사람이 왜 너에게 도움을 청하는지 나는 알았다/
　discipínæ auxiliares. 보조과목/discipínæ principes. 주요과목/
　disputátĭo de auxiliis. 은총 논쟁, 조력에 관한 쟁론/
　Exsurge in auxilium nobis. 일어나시어 우리를 도와주옵소서/
　in auxílium. (in'참조) 도움으로, 도움이 되도록/
　indigeo auxílĭi. (누구에게) 도움이 필요하다/
　látĭo auxílii. 원조(援助)/
　Omnes auxilium a Cæsare petere coeperunt.
　　모두가 카이사르에게 도움을 요청하기 시작하였다/
　Qui multas tulit auxilium, mox pænitentiam feret. 악인들
　에게 도움을 제공한 사람은 머지않아 대가를 치를 것이다/
　veníre auxílĭo alci. 누구를 도우러 오다.
Auxilium Christiānorum. 신자들의 도움
　[그리스도교 신자들의 도움이신 마리아-옛 그리스도당의 도움. 축일 5월24일/
　십자군 시대 터키 공포에서 도움을 청하는 기도. 미사의 주제 중 하나였고
　또 비오 7세(1800～1823)가 프랑스 유폐생활에서 풀려난 것을 감사하기 위해
　제정한 축일. 백민관 신부 엮음, 백과사전 1, p.240].
auxilium Dei moventia. 기동자 하느님의 도움
auxílĭum gratuitum. 무상의 도움
Auxilium quærendi causa ad oppidum ibimus.(동명사문).
　(=Auxilii quærendi causa ad oppidum ibimus-당위분사문)
　우리는 도움을 청하기 위해 성으로 갈 것이다.
auxilium quo. 그것으로 할 수 있는 은총
auxilium sine quo non. 그것 없이는 할 수 없는 은총
Auxilium tuum, deum atque hominum pater, supplici
prece petimus. 신들과 인간들의 어버이여, 우리는 간절한
　기도로 당신의 보우를 청하나이다(supplici는 형용사).
ava, -æ, f. = ávia¹ 할머니(노파)
avarior, -or, -us, adj. avárus, -a, -um의 비교급
avarissimus, -a, -um, adj. avárus, -a, -um의 최상급
aváríter, adv. 탐내어, 욕심 많게, 인색(吝嗇)하게
avarítĭa(-tĭes) -æ(-ei), f. 강한 욕심, 물욕(物慾),
　탐욕(貪慾.⑨ Concupiscence/Gluttony),
　재물욕(財物欲), 간린(慳吝-'인색'의 옛말),
　인색(吝嗇.⑨ Avarice-재물을 아끼는 태도가 몹시 지나침).
　Ecce quid tibi iussit avaritia: Fac, et fecisti. 탐욕이 그대
　에게 명한 것을 보십시오. 탐욕이 시키는 대로 그대는
　행하였습니다.(최익철 신부 옮김. 요한 서간 강해, p.439)/
　Ego hominem feci, non avaritiam.
　　나는 사람을 만들었지 탐욕을 만들지는 않았다/
　exerceo avarítiam in sócios. 동료들에게 인색하다/
　Homo, quid laboras amando? amando avaritiam.
　　인간이여, 그대는 왜 사랑하면서 고생합니까? 탐욕을

사랑하기 때문입니다.(최익철 신부 옮김. 요한 서간 강해, p.439)/
juventus luxu atque avaritia corrupta.
　공부만 하고 월사금을 떼먹던 도회지 악당(惡黨)들/
Numquid audisti quia laudat Dominum avaritia?
　탐욕이 주님을 찬미한다는 말을 들어 보셨습니까?/
radix omnium malorum avaritia. 탐욕은 모든 악의 뿌리/
Romanos injustos, profunda avaritia communis omnium
hostis. 불의한 로마인들, 그 극심한 야욕으로 말하면
　만민의 공동의 적(성 염 지음. 사랑만이 진리를 깨닫게 한다. p.482).
Avarítĭa ad quodvis maleficium impellit(Cicero).
　탐욕은 무슨 행악(行惡)도 저지르게 충동한다.
Avarítĭa miseriæ causa est.
　인색함(탐욕)이야말로 비참(빈곤)의 근원이다.
Avarítĭa sæpe scelerum fons est.
　탐욕이 흔히 범죄들의 원천이 된다.
Avaritia senilis quid sibi velit non intellego : potest
enim quicquam esse absurdius quam, quo viæ minus
restet, eo plus viatici quærere?(Cicero). 노경의 인색
　(인색)은 도대체 뭣 하자는 것인지 난 못 알아듣겠다.
　갈 길이 조금 밖에 남지 않을수록 노자(路資)를 더 달라니
　이보다 더한 자가당착이 있을 수 있는가?[고전 라틴어. p.399].
avárus, -a, -um, adj. 욕심 많은, 탐욕적인, 탐내는,
　갈망하는, 재물욕 있는, 인색한, 만족할 줄 모르는,
　alqm avárum existimo. 누구를 인색한 자로 여기다/
　Avari cupidi sunt sibi acquirendi dívitas.
　　인색(吝嗇)한 자들은 (자기를 위하여) 재물을
　　얻기에 탐욕적(貪慾的)인 인간들이다/
　Avari secrete custodiunt bona sua sub terram.
　　수전노들은 자기 재산을 땅 속에 몰래 보관한다.
　laudis avarus. 영광을 탐내는/
　Nemo se avarum esse intellegit.
　　아무도 자기가 인색한 것은 알지 못한다/
　Quid avarius illo, cui Deus sufficere non potuit?
　　하느님으로도 만족할 줄 몰랐던 자보다 더 탐욕스런
　　사람이 어디 있겠습니까?.(최익철 신부 옮김. 요한 서간 강해, p.355)/
　Quid est avarum esse? Progredi ultra quam sufficit.
　　탐욕스럽다는 것은 무슨 뜻입니까? 넉넉한 것을 넘어
　　서는 것입니다.(최익철 신부 옮김. 요한 서간 강해, p.355)/
　Semper avarus eget. 인색한 자는 늘 게걸스럽다.
　(avarus '인색한. 탐욕스러운. 욕심 많은' 형용사가 단독으로 쓰이면 명사 역할을
　하며, 남성은 '인색한 사람'을 뜻함) (성 염 지음. 고전 라틴어, p.54).
ăvārus, i, m. 욕심쟁이, 구두쇠
Avarus ipse miseriæ causa est suæ.
　욕심쟁이는 그 자신이 자기 비참(가난)의 원인이다.
Avarus, nisi cum moritur, nil recte facit.
　욕심 많은 자는 죽을 때 빼고는 옳은 일을 하는 것이 없다.
ăve, imper. (만날 때.헤어질 때의 인사로)
　안녕하십니까?(Salvus sis.), 안녕히 가십시오!,
　(묘비에) 고이 잠드시라.
Ave, avéto, avéte., 안녕(들)하십니까! 안녕히 가십시오!
　(aveo, avere. 일반적으로 명령법 avéto와 부정법을 인사말로 씀)
　(Avete, Salvete! 만날 때, 헤어질 때 모두 사용/Valete!는 헤어질 때 사용).
Ave, Cæsar, imperator!(고전 라틴어. p.343) 카이사르 사령관 만세!
　(ave, avete는 aveo의 명령형. 만났을 때 인사말로 쓰인다).
Ave Crux, spes unica!
　유일한 희망 십자가를 경배(敬拜)하나이다.
Ave, imperator, morituri te salutant. 안녕하신지요. 황제
　폐하! 죽어야할 운명에 처한 자들이 당신께 인사 올립니다.
　(로마의 검투사들이 경기 직전에 황제 앞에서 행진하면서 외쳤던 인사말).
　[morituri는 미래분사 남성 복수 주격; 미래분사는 다가올 상태, 의도, 가능성,
　운명 등의 개념을 표현하는 명사처럼 사용된다. 라틴어의 수동태 미래분사는
　'~되어야 할, ~되어야 하는'이라는 당위성을 나타내기도 한다.
　한동일 지음. 카르페 라틴어 2권. p.84].
Ave Maria. 성모송(⑨ Hail Mary)
Ave Maria gratiá plena.
　은총이 가득하신 마리아님 기뻐하소서.
Ave Maria, mater Misericordiæ.
　자비의 어머니 마리아님, 인사드립니다.
Ave Maria, virgo fidelis.
　충실하신 동정녀 마리아님, 인사드립니다.
Ave Maris Stella.(⑨ Hail Star of the Ocean)

바다의 별이여(9세기부터 불러 온 마리아 찬미가.
Paulus Diaconus의 지은 것으로 믿어 옴. 4대 성모 찬미 교송 중 하나).
[9세기까지 거슬러 올라가는 작자 미상의 대중적인 전례 찬미가의 라틴어 제목
("바다의 별이여, 기뻐하소서")이다. 많은 이들은 이 찬미가를 성 베르나르도의
작품으로 생각한다. 이 찬미가는 성무일도의 고대 본문과 마리아 축일의 저녁
기도에서 볼 수 있다. 매우 간결하고 아름답게 쓰인 이 고전적 찬미가는 마리아를
예수께 인도하는 우리의 안내자로 묘사한다. 저자는 마리아의 위대한 호칭들을
부르며 청원 기도를 바친다. 영어로는 20종 이상의 번역이 있다.

Ave Pia anima. 열심한 영혼이여, 안녕하소서(고인에 대한 인사)

Ave regina cælorum. 하늘의 영원한 여왕(2월 2일부터
성 목요일까지 노래하는 찬가. 4대 성모 찬미 교송 중 하나.

Ave, Regina cælorum, Ave, Domina Angelorum:
Salve, radix, salve, porta, Ex qua mundo lux est orta:
Gaude, Virgo gloriosa, Super omnes speciosa,
Vale, o valde decora, Et pro nobis Christum exora.

(Hail, O Queen of Heav'n enthron'd, Hail, by angels Mistress own'd
Root of Jesse, Gate of morn, Whence the world's true light was born.
Glorious Virgin, joy to thee, Loveliest whom in Heaven they see,
Fairest thou where all are fair! Plead with Christ our sins to spare.
V. Allow me to praise thee, holy Virgin.
R. Give me strength against my enemies.

하례하나이다. 하늘의 여왕이시며, 천사들의 왕후이시여, 하례하나이다.
뿌리이시며, 문이시며, 그곳에서 세상에 빛이 생겼나이다.
기뻐하소서, 영화로운 동정녀시여, 모든 이들 위에 빛나시는 분이시여,
하례하나이다. 오 매우 아름다운 분이시여,
우리를 위하여 그리스도님께 간구하여 주소서. 미사통상문을 위한 라틴어. p.450]

Ave verum Corpus. 성체 찬미가(14세기부터 이탈리아, 프랑스,
독일 등지에서 불리어 온 성체 찬미가. 가톨릭 성가 194번).
[짤막한 성체 찬미가 'Ave verum corpus natum'의 라틴어 첫 두 단어이다. 작자
미상의 14세기 작품이다. 이 찬미가는 빼어난 표현으로 성체께 대한 깊은 존경을
드러내며 예수의 실재적 현존에 강한 믿음을 나타낸다. 중세 때 '아베 베룸'은
성체 측성을 하면서 제병을 거양할 때 노래로 불렀다. 그러나 전례 예식 규범
지침의 어디에도 이 찬미가를 노래하도록 규정하지 않는다. 그렇지만 이 찬미가는
성체 강복과 성체 안에 계신 예수를 위해 행렬할 때 자주 사용되었다.
미사 봉헌송이나 영성체송에서도 이 찬미가를 노래할 수 있다.]

Ave verum Córpus nátum De María Vírgine:
Vere pássum, immolátum In crúce pro hómine:
Cuius látus perforátum Flúxit aqua et sánguine:
Esto nóbis prægustátum Mórtis in exámine.

O Iesu dulcis! O Iesu pie! O Iesu Fili Mariæ. Amen.

성체 안에 계신 예수 동정 성모께서 나신 주
모진 수난 죽으심도 인류를 위함일세.
상처 입어 뚫린 가슴 물과 피를 흘리셨네.
우리들이 죽을 때에 주님의 수난하심 생각케 하옵소서
동정녀 마리아께서, 진정한 성체가 나심을 경배하나이다.
모진 수난, 십자가에서 못 박혀 죽으심은 인류를 위한 것.
뚫린 가슴에서 물과 피를 흘리셨네.
우리가 죽을 때에 그 수난을 기억하게 하소서.
경배하나이다. 참된 몸이시여, 동정녀 마리아에게서 나시고,
인류를 위해 참으로 수난하시고, 십자가에서 희생되셨나이다.
그 몸의 옆구리는 돌리고, 피에서 물이 흘러나왔나이다.
죽음의 심판에서도 (그 몸은) 우리에게 영하여 지리다.
황치한 신부 지음, 미사 통상문을 위한 라틴어, pp.524~526]

Hail true Body, truly born Of the Virgin Mary mild
Truly offered, wracked and torn, On the Cross for all defiled.
From Whose love pierced, sacred side Flowed Thy true Blood's saving tide:
Be a foretaste sweet to me In my death's great agony.
O my loving, Gentle One, Sweetest Jesus, Mary's Son. Amen

Ave verum Corpus natum de Maria Virgine.
동정 마리아께 나신 주님, 하례 하나이다!

avectum, "aveho"의 목적분사(sup.=supínum)

áveho, -véxi -véctum -ěre, tr. (ab+veho)
멀리 가져가다, 운반하여 가다, 실어가다, 태워가다.
pass. ávehi (말.배) 타고 떠나가다, 물러가다.

aveho fruméntum návibus. 곡식을 배로 실어가다

avellána, -æ, f. 작은 호도의 일종

Avellána Collectio. 아벨라나 조칙(詔勅) 문집
(368년 로마 황제 Valentinianus 1세 때부터 553년 로마 황제 Justinianus에게
편지를 보낸 교황 Vigilis 때까지 황제들과 교황들의 서간을 모은 책···.
백민관 신부 엮음, 백과사전 1, p.241).

avello, -vúlsi(-vólis, -vélli), -vúlsum(-vólsum), -ěre,
tr. (ab+vello) 억지로 떼어내다, 잡아 뜯다, 찢어내다.
잡아 빼다(뽑다), 떼어놓다, 빼내다, 뺏다.
filii sinu matris avúlsi. 어머니 품에서 떼어낸 子息들/
Poma ex arbóribus, si cruda sunt, vi avellúntur.
실과들이 익지 않았을 때는 나무에서 억지로
비틀어 따게 된다/
Quasi poma ex arbóribus, cruda si sunt, vix avellúntur,
sic···. 마치 과일이 익지 않았을 때에는 나무에서
억지로 비틀어 따게 되는 것처럼 그렇게(quasi 참조).

avello ab erróre *alqm.* 오류에서 아무를 떼어 놓다
ávéna, -æ, f. (植) 귀리(燕麥), 연맥(燕麥-귀리), 메귀리,
짚(벼.밀.조.보리 따위의 이삭을 떨어낸 줄기),
풀줄기; 귀리줄기, 목동의 피리, 갈대피리.
ăvēnáceus, -a, -um, adj. 귀리의, 귀리로 만든
ăvēnárĭus, -a, -um, adj. 귀리의, 귀리에 속한
Avenio, -ónis, f. 아비뇽
avens, -éntis, p. prœs. 기뻐하는, 즐거워하는
Aventínum, -i. n. = Aventínus
Aventínus, -i, m. Roma 일곱 언덕의 하나, Hércules의 아들
ávěo[1], -ére, tr.
무슨 일에 호기심을 가지다, 하고 싶어 못 견디다.
ávěo[2], -ére, tr. (무슨 일에) 대단히 기쁘다, 기뻐하다, 즐겁다,
Aveo genus legatiónis. 나는 이런 종류의 사명을 기뻐한다/
intr. ("기쁘다.잘 지내다"의 뜻으로서 서로 만났을 때).
헤어질 때 일반적으로 명령법 및 부정법을 인사말로 씀).
Ave, avéto, avéte., 안녕(들)하십니까! 안녕히 가십시오!/
Avére te júbeo. 문안드립니다.
Avérna, -órum, n., pl. 지하세계(地下世界),
지옥(地獄·⑨ Hell/Realm of the dead).
avernális, -e, adj. 무서운, 끔찍한, 지옥 같은
Avérnus, -i, m. Campánia에 있는 Cumœ 도시 부근의
호수(시인들은 이 호수가 지옥에 들어가는 곳 가운데 하나라고 함), 지옥.
ăvérro, -vérri, -vérsum, -ěre, tr. (ab+verro)
휩쓸어 가져가다.
ăverrúnco, -ávi, -áre, tr.(ab+verrúnco(=verto))
(宗) 불행을 몰아내다, 액땜하다.
Dii averrúncent! 신들은 이 불행을 거두시라.
Averrunco iram deum. 신들의 분노를 끄다
ăvérsa, -órum, n., pl 뒤편, 등 뒤
avérsa tuéri. 음험하게 보다, 곁눈으로 보다
ăversábĭlis, -e, adj. 피해야 할, 지겨운, 지긋지긋한
ăversátĭo, -ónis, f. 혐오(嫌惡), 멀리함, 기피(忌避)
ăversatívus, -a, -um, adj. 도피하는, 혐오하는.
appetítus āversātívus. 도피 욕구
ăversátor, -óris, m. 혐오하는 사람, 적(敵)
ăversátrix, -ícis, f. 혐오(미워) 하는 여자
ăvérsĭo[1], -ónis, f. (얼굴을) 딴 데로 돌림, 외면함,
등 돌림, 혐오, 기피(忌避-꺼리거나 싫어하여 피함), 싫음,
도피, 혐오(嫌惡-싫어하고 미워함), 배척(排斥-물리쳐 버림).
ex aversióne. 등 뒤로부터.
aversio a Deo. 하느님으로부터 멀어짐
aversio plebis. 신자들의 배척(排斥)
ăvérsĭo[2], -ónis, f. 모개흥정(한데 몰아서 하는 흥정)
ăvérso, -ávi, -átum, -áre, tr. 멀리하다
ăvérsor[1], -átus sum, -ári, dep., tr., freq. 혐오하다,
넌더리나도록 싫어하다, 기피하다, 도피(逃避)하다,
외면하다, 쫓아가다, 물리치다, 거절(拒絕)하다.
ăvérsor[2], -óris, m. 횡령자, 착복자
aversor pecúniæ públicæ. 공금 횡령자
ăvérsum, "avertuo = avorto"의 목적분사(sup.=supínum)
ăvérsum, -i, n. 뒤쪽, 반대쪽.
adversa pars. 반대편/per avérsa urbis. 성(城) 뒤로.
ăvérsus, -a, -um, p.p., a.p. 돌려진, 뒤를 향한,
등을 돌린, 등 뒤의, 외면한, 역행하는, 등진, 적대의,
혐오의 대상이 되는, 미워하는.
Et advérsus et aversus impúdicus es.
너는 앞뒤 어느 모로나 뻔뻔스럽다.
aversus a Musis. Musœ 신의 미움을 산
ăvérto(=ăvórto) -vérti -vérsum -ěre, tr. (ab+verto)
딴 데로 돌리다, 딴 곳을 향하게 하다, 비끼게 하다,
(정신.주의.생각.말머리 따위를) 돌리다,
바꾸(게 하)다, 전환시키다, 쏠리게 하다, 떼어놓다.
이간시키다, 멀어지게 하다,
(적.위험.불행.재난.병 따위를) 물리치다,
몰아내다, 쫓아버리다, 제거하다, 방지하다,
(탓을 남에게) 돌리다, 전가시키다,
횡령하다, 탈취(奪取-남의 것을 억지로 빼앗아 가짐)하다.

A

125

A

pass. **avérti** alqd. 무엇을(싫증나서) 외면하다.
pass. **avérti, se avértere.** 돌아서다, 다른 데로 향해가다.
ab alqā re óculos averto. 무엇에서 눈을 돌리다, 외면하다/
Equus fontes avértitur. 말이 샘물을 외면하고 있다/
pecúniam públicam averto. 공금을 횡령하다/
Prora avértit. 뱃머리가 방향을 바꾸었다.
averto alqm ab amóre. 아무를 사랑에서 떼어놓다
averto culpam in álium.
닷을 (자기한테서) 남에게로 돌리다.
averto flumina. 물길을 돌리다
avéxi, "aveho"의 단순과거(pf.=perfectum)
aves damnátæ in cibis. 요리에 쓰지 않는 새
ávīa¹, -æ, f. 할머니, 노파, 외할머니
ávīa², -órum, n., pl.
인적이 드문 곳, 황야(荒野), 다닐 수 없는 곳.
avia commeatibus. 보급품을 가지고 갈 수 없는 곳
ăvīárĭum, -i, n. 새장, 닭장, 비둘기장, 둥우리,
조류 사육장(鳥類 飼育場), 숲 속의 새장.
ăvīárĭus, -a, -um, adj. 새의, 조류의,
m. 새 기르는 사람, 닭치는 사람.
ăvīátĭcus, -a, -um, adj. 조부모의, 조부모에 관한
ăvícŭla, -æ, f. 작은 새, 새 새끼.
Vultur et avicula inimícī inter se.
서로 원수진 수리와 작은 새.
ăvīcŭlárĭus, -i, m. 새 기르는 사람
avidæ aures. 몹시 듣고 싶어 하는 귀
ăvíde, adv. 욕심내어, 게걸스럽게, 탐욕적으로,
갈망하여, 열심히, 간절하게.
ăvídĕo, -ére, tr. 열망하다
ăvídĭtas, -átis, f. 갈망, 열망, 욕망(⑨ Desire/Lust).
욕심, 탐욕(貪慾-탐내는 욕심).
legéndi ăvídĭtas. 독서열(讀書熱).
ăvĭdus, -a -um, adj. 열망하는, 갈망하는, 희구하는,
몹시 하고 싶어 하는, 만족할 줄 모르는,
구두쇠의, 돈에 인색한, 돈 욕심이 많은,
이득에 급급한, 탐식하는, 게걸스러운,
마구 먹어(마셔) 대는, 처먹는, 피에 굶주린(야수),
삼켜버리는, 야망이 많은, 정열적인,
굉장히 넓은, 광대한(extensívus, -a, -um, adj.).
m. 구두쇠, 수전노(守錢奴).
avidæ aures. 몹시 듣고 싶어 하는 귀/
ávidi committere pugnam. 전투를 갈망하는 자들/
ávidi óculi. 몹시 보고 싶어 하는 눈/
glóriæ avídior. 영광을 더 탐하는.
avidus cibi. 음식을 몹시 탐하는
avidus pecuniæ. 돈을 탐내는 사나이
ăvis, -is, f. (鳥) 새, 징조(徵兆).
Hæc avis scribitur noctu canere.
이 새는 밤에 운다고 기록되어 있다/
Magna est multarum avium utilitas.
많은 조류들의 유익함(새들이 주는 이익)은 크다/
Quæ nimis appárent retīa, vitat avis.
너무 노골적인 그물은 새가 피해 달아난다/
secúndis ávibus. 길조(吉鳥)가 나타나서.

제3변화 제2식(동음절 남성, 여성 명사)		
	단 수	복 수
Nom.	avis	aves
Voc.	avis	aves
Gen.	avis	avium
Dat.	avi	avibus
Acc.	avem	aves
Abl.	ave	avibus

특징
단수 탈격 -e,
복수 속격 -ium

auris, -is, f. 귀	hostis, -is, m. 적, 적군
civis, -is, m. 시민	ignis, -is, m. 불
classis, -is, f. 학급, 함대	navis, -is, f. 배
fames, -is, f. 굶주림, 기아	piscis, -is, m. 물고기
feles, -is, f. 고양이	vestis, -is, f. 옷

(한동일 지음, 카르페 라틴어 1권, pp.42-43)

avis alba. (흰 새가 드물다하여) 보기 드문 일, 희귀한 일.
Avis potest volare. 새는 날 수 있다.
(직접 객어가 되는 동사는 언제나 부정법으로 쓴다).
ăvītus, -a, -um, adj. 조부모의, 조상에게서 오는,
대대로 내려오는, 유전의, 대단히 오래된.
ávĭum, -i, n. 무인지경(無人之境), 외딴 곳(ἀνεχώρησεν)
avius, -a, -um, adj. (ab+via) 길 없는, 다닐 수 없는,
발길이 닿지 않는, 외딴, 길 잃은, 길을 벗어난,
정처 없는, 정도에서 벗어난, 빗나간, 길을 잘못 든.
ávia commeátibus loco. 보급품을 가지고 갈 수 없는 곳.
avius a vera rátĭone. 올바른 이성을 잃은
ăvŏcáméntum, -i, n. 기분 전환, 긴장해소(緊張解消),
긴장을 푸는 일, 오락(娛樂).
ăvŏcátĭo, -ónis, f. 기분 전환, 긴장해소,
긴장을 푸는 일, 오락.
ávŏco, -ávi, -átum -áre, tr. …에서 불러오다(가다),
소환하다, 돌아오게 하다, 물러나게 하다, 빼내다,
제거하다, 멀어지게 하다, 기분전환 시키다.
정신을 다른 데로 쏠리게 하다,
(걱정.고통 따위를) 벗어나게 하다, 돌리다,
다른 데로 가져가다, 뺏어가다, 철회하다.
a prœliis avoco. 전투에서 물러나게 하다.
ăvŏlátĭo, -ónis, f. 날라 가 버림, 도망, 도피(逃避)
ăvolis, "avello"의 단순과거(pf.=perfectum)
ávŏlo, -ávi, -átum -áre, intr. (ab+volo) 날아가 버리다,
급히 떠나가다, 훌쩍 떠나다.
Citátis equis ávolant Romam.
그들은 말을 달려 Roma로 급히 가고 있다.
Experior, ut hinc avolem.
여기서 급히 떠날 수 있도록 힘써 보겠다.
ăvolsum, "avello"의 목적분사(sup.=supínum)
avórto = avérto, -vérti -vérsum -ĕre, tr.
avúlsĭo, -ónis, f. 떼어 놓음,
(나무에서 새 가지를) 비틀어 뜯어냄.
ăvúncŭlus, -i, m. 외삼촌, 할머니의 남자 형제.
Mirábĭlis est tibi similitúdo cum avúnculo.
너는 어쩌면 그렇게도 외삼촌을 닮았니!/
patruus, -i. m. 삼촌(三寸), 백부(伯父-큰아버지).
Avunculus tuus est mortuus. 당신 외삼촌은 돌아가셨소.
ăvulsi, "avello"의 단순과거(pf.=perfectum)
ăvulsum, "avello"의 목적분사(sup.=supínum)
ăvus, -i, m. 할아버지. pl. 조상(祖上).
L. Philippus, vir patre, avo majoribusque suis
dignissimus idem fecit. 루키우스 필리푸스는 자기 아버지,
할아버지 그리고 자기 조상들에게 참으로 떳떳하고
그야말로 동격의 인물이었다/
Si apud vos memória rémanet avi mei,
너희에게서 내 할아버지의 기억이 사라지지 않았다면/
Vidistine avum tuum proficisci?
네 할아버지께서 출발하시는 것을 보았니?
avus maternus. 외할아버지
ăxénus¹, -a, -um, adj. (손님을) 푸대접하는, 냉대하는
Axénus², -i, m. 흑해의 옛 이름
Axīa, -æ, f. Etrúria의 성채
axìcĭa, -æ, f. 머리 가위
axífĕra, -órum, n., pl. (動) 유축류(有軸類)
axílla(=ascélla) -æ, f. 겨드랑이, 액와(腋窩)
axilláris, -e, adj. 겨드랑이의
áxĭnus = áxĕnus
áxĭo, -ónis, f. 부엉이
axiología, -æ, f. 가치론(價値論.價値哲學)
axíōma, -mătis, n. 명제, 원리. 자명한 이치, 합리,
(論.數) 공리, 격언(格言).
axiomata scientiarum communia. 학문들 공통의 공리들.
axis¹, -is, m. 굴대, 차축, 축(軸), 수레, 마차(馬車),
지축(地軸), 극(極), 북극(北極), 하늘의 기둥, 지방,
기후(氣候), 풍토, 하늘. (解) 제2경추(頸椎).
exústus sidéribus axis(exúro 참조) 열대(熱帶)/

126

sub axe. 노천에서, 한데에서.

axis boréus. 북극지방(北極地方)

axis², -is, m. 널판때기

axítĭo, -ónis, f. 공모(共謀-결탁), 작당(作黨-동아리를 이룸)

axĭtĭósus, -a, -um, adj. 작당한, 반란에 가담한

axúngĭa, -æ, f. 묵은 돼지기름, 굴대에 쓰는 반고체 윤활유

Azórus, -i, f. Thessália의 도시

Azótus, -i, f. Palœstína에 있던 요새도시

ázyma, -órum, n., pl. (히브리어 Mazzoth)
무교병(無酵餠.효모를 섞지 않은 빵), 누룩 없는 빵.
[1) 유다인들이 무교절 때 쓰는 빵(이집트 탈출 시 효소를 넣고 빵을 만들 시간이 없었으므로 물로 개어 만든 빵을 먹은 데서 유래한다). 2) 유다인들이 장막 성소에 공양하는 빵을 무교병(無酵餠)으로 했다(민수 4, 7).
3) 신약시대에 와서 미사 때 무교 빵을 Hostia로 쓴다. 이것은 성체의 유효성과는 관계가 없다. 동방 예식에서는 미사 때 효소가 든 빵을 쓴다.
백민관 신부 엮음, 백과사전 1, p.220].
Septem diebus vesceris azymis, et in die septimo erit sollemnitas Domini. (e]x h`me,raj e;desqe a;zuma th/| de. h`me,ra| th/| e`bdo,mh| e`orth. kuri,ou) ([영] For seven days you shall eat unleavened bread, and the seventh day shall also be a festival to the LORD)
너희는 이레 동안 누룩 없는 빵을 먹고, 이렛날에는 주님을 위하여 축제를 지내야 한다(성경 탈출 13, 6)/
너희는 누룩 없는 빵을 칠 일간 먹다가, 칠 일째 되는 날 야훼께 축제를 올려라(공동번역 출애굽기 13, 6).

ázymus, -a, -um, adj. 효모를 쓰지 않은, 누룩 들지 않은.

B B B

B¹, b, f,. n. 라틴 자모의 둘째 글자 : 베(bē)

B², (略) 1. B. = bene: B.M. = bene merens. 유공자.
　2. B. = bonus, -a, -um; B.D. = bona dea. 좋은 여신;
　　B.M. a) bonæ memóriæ. 기억에 남는, 추모되는.
　　　b) bonā mente. 똑바른 정신으로.
　3. B.(BF.) = beneficiárius. 특전 받은 병사.
　4. (가) B. = Beátus(-a), pl. BB. = Beáti 복자(福者),
　B.M.V. = Beáta María Virgo. 복되신 동정녀 마리아.

Bǎal. indecl. 바알(יׁבַעַל.⑨ Baal) 신

babæ, interj. (=papæ) 어이!, 어머나! 암 그렇지! 어렵쇼!

babéecálus, -i, m. 도락자(道樂者)
　한량(閑良-돈 잘 쓰고 잘 노는 사람을 흔히 이르는 말).

bábǔlus, -i, m. 바보, 멍청이

Bábylo, -ónis, m. Bábylon 사람

Bábylon, -ónis, f. Babylónia의 수도(首都)(고대 메소포타미아에
있는 고대 도시이다. 현재 이라크 알 히라에 있는 유적으로 바그다드 남쪽
80km 지점에 위치한다. 기원전 2300년경부터 고대 바빌로니아의 '성스러운
도시'로 기원전 612년 신 바빌로니아에 이르기까지 바빌로니아의 중심으로
가장 위대한 도시로 여겼다. 바빌론의 공중 정원은 고대 세계 7대 불가사의 중
하나다. http://ko.wikipedia.org에서). [바빌론이란 말은 원래 babu ellu '거룩한 문'
이란 말에서 나왔는데 이 말이 민중에 전달되어 bab-ilium 'Marduk 신의 문'
으로 변형되었다. 백민관 신부, 백과사전 1, p.245].

De diversitate linguarum principioque Babylonis.
언어의 다양함과 바빌론의 기원(起源).(신국론, p.2800).

bāca = bacca

bacálǐa, -æ, f. (植) 월계수의 일종

bacátus, -a, -um, adj. = baccátus

Bacáǔdæ, -árum, m., pl. = Bagáudæ

bacca, -æ, f. (포도.딸기 따위의) 장과(漿果),
　동그스름한 열매(특히 올리브 열매),
　진주(珍珠.眞珠), 끈의 매듭, 염소 똥.

baccalaureatus, -us. m. 학사 학위, 득업사 학위
　baccalaureato in S. Theologia. 신학 학사 학위.

baccaláurěus, -i, m. 학사(學士), 득업사(得業士)

baccalaureus biblicus. 성서 학사

baccalaureus respondens. 학사 응답자(應答者)

baccalaureus sententiárǐus. 의견집 학사, 명제집 강사

baccalaureus sententïarum.
　명제집(神學) 학사(토마스 아퀴나스 수사, p.97, p.99).

baccar, -áris, n. (植) 쥐오줌 풀

baccaris, -is, f. = baccar, -áris, n.

baccátus, -a, -um, adj. 진주 달린, 진주로 장식한

Baccha, -æ, f. 술(酒)의 신 Bacchus의 여신도.
　Hispánia산 술 이름, 암 멧돼지.

bacchabúndus, -a, -um, adj. 주신 Bacchus 같은,
　마시고 떠들어대는, 광란하는.

Bacchánal, -ális, n. = Bacchanálǐa,
　Bacchus의 여신도들이 축제를 지내려 모이던 곳.

Bacchanális, -e, adj. Bacchus 신 축제의,
　n., pl. Bacchanálǐa, Bacchus 신의 제전.축제(祝祭).

baccans, -ántis, p. prœs.마시고 떠들어대는, 광적인

Bacchántes, -īum(-um) f., pl. Bacchus 신의 여신도

bacchátǐo, -ónis, f. 주신 Bacchus의 축제, 주연의 광란

bacchátus, -us, -um, p.p., a.p. Bacchus 축제(장소)

Bacchis, -īdis, f. = Baccha, Bacchus의 여자 신관.

bacchor, -átus sum, -ári, dep.,
　intr. Bacchus 축제를 거행하다, 마시고 떠들다.
　광란하다, 미쳐 날뛰다.
　tr. 떠들썩하게 축제 소리 지르다, 떠들어대다.
　환락(歡樂-기뻐하고 즐거워함)에 빠지다.

Bacchus, -i, m. Júpiter 대신과 Sémele 사이의 아들
　로서 포도 재배법을 가르친 술(酒)의 신(희랍 신화의
　Dionýsos에 해당함), 포도나무, 포도주(葡萄酒).

baccína, -æ, f. (植) 배풍등[가지과 Solanaceæ에 속하는 다년생초].

bacéŏlus, -i, m. 바보

---

bácǐfer, -fěra, -fěrum, adj. (baca+fero)
　장과(漿果) 열매 맺는, 야생 올리브의.

bacíllum, -i, n. 작은 막대기, 지팡이(יׁלמַקֵל),
　(장관 호위병들이 가지고 다니던) 곤봉, 막대기 묶음.

bacíllus, -i, m. 작은 막대기, (醫) 간균(桿菌), 간상균

baco, -ónis, m. 살찐 돼지, 햄(⑨ ham.燻肉)

bactéria, -órum, n., pl. = bactérǐum

bactērǐología, -æ, f. 세균학(細菌學)

bactérǐum, -i, n. (醫) 세균(細菌), 분열균(分列菌)

bácǔlum(-us) -i, n.(m.) 지팡이(יׁלמַקֵל), 막대기, 목장(牧杖)
　baculo nitor. 지팡이에 의지하다/
　Prætento baculo iter. 지팡이로 길을 더듬다.

baculum pastorális* 목자의 지팡이(cambota, -æ, f.)
　주교의 목장(한국가톨릭대사전 p.7808).(주교나 수도원장이 자기 관할구역
　에서 사목권을 표시하기 위해 전례 때에 씀. 전례서의 목장 사용은 7세기부터
　이다. 백민관 신부 엮음, 백과사전 1, p.248).

baculus episcopalis(⑨ Pastoral Staff.獨 Hirtenstab)
　주교 목장(主敎 牧杖)

baculus pastoralis.(⑨ Crosier.獨 Stab) 주교 지팡이

Baculus peregrinorum. 순례자 지팡이

badísso, -áre, intr. 걷다, 행진하다

badítis, -tïdis, f. (植) 수련(睡蓮)

Bagóus(-as) -i(-æ), m.
　Pérsia 궁정의 환관(宦官-내시), 여자 숙소 관리자.

baiulans sibi crucem. 스스로 십자가를 지는 사람

bájŏlus = bájǔlus

bajulátǐo, -ónis, f. 짐 져 나르기

bájǔlo, -áre, tr. (짐을) 져 나르다

bájǔlus, -i, m. 짐 져 나르는 사람

Balaam. 발람(Βαλααμ.⑨ Balaam)

baléena, -æ, f. (動) 고래/orca, -æ, f. (動) 범고래

bălǎnátus, -a, -um, adj. (발삼 따위의) 향유 뿌린

Balanites ægytïaca. 발삼(יׁבְּשׂמִׁ.⑨ balsam)

bālántes, -um, f., pl. (動) 양(羊)

bálǎnus, -i, f. 사양 고추냉이의 열매, 좌약(坐藥)
　떡갈나무.가시나무.참나무 따위의 열매.도토리.

bálǎtro, -ónis, m. 광대(어릿광대), 익살꾼

balátus, -us, m. 양이나 염소의 울음소리

balbe, adv. 말을 더듬거리며, 알아듣지 못하게

balbus¹, -a, -um, adj. 말더듬이의. m. 말더듬이

balbus², -i, m. Roma인의 가문명(家門名), 성(姓)

balbútǐo, -íre, intr., tr. 말을 더듬다, 더듬거리며 말하다,
　(입안에서) 중얼거리다, (어떤 일에 관해서) 애매하게 말하다.

baldachínus, -i, m. ((가)) (성체행렬 때 들고 다니거나
　또는 제단.주교좌석 위에 있는) 천개(天蓋).
　(=umbrácǔlum). 천개(天蓋).

balíněæ, -árum, f., pl. 목욕탕, 목욕, 욕실.
　a balíneis. 목욕하고 나서.

balineárǐus, -a, -um, adj. 목욕탕의, 목욕에 관한

balíněum, -i, n. 목욕탕, 욕실, 욕조(浴槽), 목욕(沐浴)

balísta = ballísta

ballátǐo, -ónis, f. 무용(舞踊), 무도(舞蹈-춤을 춤)

ballátor, -óris, m. 춤추는 사람, 무용가(舞踊家)

ballēmátǐa, -æ, f. 춤추는 동작, 무도(舞蹈-춤을 춤), 무용

ballematícus, -a, -um, adj. 무용의, 무도의

ballétus = bolétus (植) 그물 버섯의 일종

ballísta, -æ, f. 큰 돌덩이를 발사하던 기계, 암석 투척기,
　(여러 개의 화살을 쏘아 한꺼번에 나가게 하는) 노포,
　쇠뇌(여러 개의 화살이 잇달아 나가게 만든 활의 한 가지. 노포). 화살.

ballistárǐum, -i, m. ballísta 창고(倉庫)

ballístěa, -órum, n., pl. 무용 반주 음악 또는 노래

ballístǐa, -æ, f. = ballístěa

ballo, -áre, intr. 춤추다, 무도(舞蹈)하다, 무용(舞踊)하다

ballóte, -es, f. (植) 개석잠풀

ballúca(=ballux) -æ, f. 사금(강바닥이나 해안의 모래에 섞여 있는 금)

bálněa, -órum, n., pl. (bálněæ, -árum, f., pl.)
　목욕탕, 욕실, 욕조, 목욕.

balněárǐa, -órum, n., pl. 목욕탕, 욕실, 욕조

balneáris, -e, adj. 목욕탕의, 목욕에 관한. n. 목욕세.

balneárĭus, -a, -um, adj. 목욕탕의, 목욕에 관한

balneátor, -óris, m. 목욕탕 주인

bálnĕo, -áre, intr. 목욕하다

balnéŏlæ, -árum, n., pl. 작은 목욕탕, 작은 욕실

balnéŏlum, -i, n. 작은 목욕탕, 작은 욕실

bálnĕum, -i, n. 목욕탕, 욕실, 욕조

bālo, -ávi, -átum, -áre, intr. 엉터리없는 소리하다,
(양.염소.송아지 따위가) 매애 매애 울다,
시끄럽게 지껄이다, 재잘거리다.

balsámĕus, -a, -um, adj. 발삼의

balsămĭnácĕæ, -árum, f., pl. (植) 봉선화科 식물

balsaminéæ, -arum, f., pl. (植) 봉선화 아목

balsámĭnus, -a, -um, adj. 발삼의, 발삼 성분의

bálsămum, -i, n. (植) 발삼나무(발삼을 분비하는 각종나무),
발삼전나무, 발삼 액체 수지(樹脂).향유(享有).

balsamus, -i, m. 발삼(צְרִי.⑨ balsam).
[수지(樹脂)는 나무가 분비하는 탄화수소로 된 진을 말한다. 나무 스스로
상처를 보호하거나 곤충과 균류를 죽이는 데 사용하는 것으로 알려져 있다.
또한 신진대사 과정에서 초과 생산된 물질이 배출되기도 한다. 수지는
오래 전부터 광택제나 접착제로 쓰여 왔다. 대부분의 수지는 올레산으로
이루어져 있다. 하지만 벤조산이나 계피산으로 된 수지인 발삼도 있는데,
이를 '발삼balsam'이라 한다. http://ko.wikipedia.org/wiki에서.]

bálteum(=bálteus, -i, m.) -i, n. 띠, 벨트, 끈, 검대(劍帶),
견대(肩帶), 요대(腰帶-허리에 두르는 넓은 띠), 가죽 채찍.

balteus castitatis. 정결의 띠

bālux, -úcis, f. 금을 함유하고 있는 모래,
사금(砂金-강바닥이나 해안의 모래에 섞여 있는 금).

bambálĭo, -ónis, m. 말더듬이, 반벙어리(경멸의 뜻이 많음)

banna, -órum, n., pl. (⑨ Banns.獨 Aufgebot)
반나(→공고, 公示), 공고(公告)*(특히 혼인 공시)

bannum, -i, n. (신하에 대한 군주의) 일정한 권리

bannus, -i, m. 금령(禁令)

baphíum, -i, n. 염색 공장(工場)

baptísma, -átis, n. 물에 담금, 씻음, 세례(⑨ Baptism
.獨 Taufe.프 baptême), 영세(領洗), 세례성사.
Per Baptisma in suo Unigenito Filio Iesu Christo
efficimur filii Dei.(⑨ With Baptism we become children
of God in his only-begotten Son, Jesus Christ.)
세례로써 우리는 하느님의 외아들 예수 그리스도 안에서
하느님의 자녀들이 된다(1988.12.30. "Christifideles laici" 중에서)/
Unus Dominus, una fides, unum baptisma.
주님도 한 분, 믿음도 하나, 세례입니다.

	sg.	pl.
nom.	baptísma	baptísmata
voc.	baptísma	baptísmata
gen.	baptísmatis	baptísmatum(-órum)
dat.	baptísmati	baptísmatibus(-is)
acc.	baptísma	baptísmata
abl.	baptísmate	baptísmatibus(-is)

(허창덕 지음, 중급 라틴어, p.12)

baptisma aquæ. 수세(水洗)

Baptisma desiderii. 원의의 세례(願意 洗禮)

Baptisma puerorum.(⑨ Baptism of Children.
獨 Kindertaufe) 어린이 세례.

baptismális, -e, adj. 세례의

baptismális Aqua.(⑨ baptismal water.獨 Taufwasser)
세례수(洗禮水).

baptismális fons* 세례소(洗禮所.⑨ baptistery)

baptísmus, -i, m. 세례(洗禮, 영세), 세례성사(洗禮聖事).
Baptisma privata(⑨ Baptism private.獨 Haustaufe)
가정 세례(1983년 교회법 857~860조 참조)/
Canones de sacramento baptismi. 세례성사에 관한 법규/
De unico baptismo contra Petilianum.
페틸리아누스를 논박하는 세례의 일회성(히포의 아우구스티노 지음)/
Ecce Pasca est, da nomen ad Baptismum.(성 아우구스티노)
이제, 파스카이다. 세례를 위해 당신의 이름을 등록하시오/
Instructio de baptismo parvulorum. 어린이 세례 지침.
(1980. 신앙교리성성의 훈령)/
Jam Baptismus, in populum Dei ingressus, mysterium

est nuptiale.(⑨ Already Baptism, the entry into the
People of God, is a nuptial mystery)
하느님의 백성이 되는 세례가 이미 혼인 신비입니다/
laboriósus quidam baptismus. 수고로운 세례(=화해)/
Nam si cum nullo peccato nascimur, quid est quod cum
infantibus ad baptismum curritur, ut solvantur?
우리가 죄 없이 태어난다면 왜 우리는 갓난아기들이
죄에서 해방되도록 세례를 서두르겠습니까?
['탐욕(concupiscentia)'은 '출산을 통해(per generationem)' 인류에게 유전되므로
갓난아기를 비롯한 모든 인간은 세례의 은총으로 원죄에서 해방되어야 한다는
아우구스티노의 '원죄(peccatum originale)' 교리. 아우구스티노 '죄벌과 용서
그리고 유아세례' 참조 (최익철 신부 옮김. 요한 시간 강해. pp.214~215)/
Si quis dixerit, baptismum Iannis habuisse eandem vim
cum baptismo Christi. 만일 누가 요한의 세례가
그리스도의 세례와 같은 효력을 가지고 있었다고 주장한
다면 그는 파문을 받아야 한다(보편 공의회 문헌집 제3권, p.685)/
Si quis dixerit, baptismum liberum esse, hoc est non
necessarium ad salutem. 만일 누가 세례는 자유로운
것으로서 구원에 필수적인 요소가 아니라고 주장한다면
그는 파문을 받아야 한다(보편 공의회 문헌집 제3권, p.685)/
Si quis dixerit, peccata omnia, quæ post baptismum fiunt
sola recordatione et fide suscepti baptismi vel dimitti
vel venialia fieri. 만일 누가 세례 이후에 범한 모든
죄들은 이미 받은 세례에 대한 기억과 그 세례에 대한
믿음만으로 용서받거나 소죄가 된다고 주장한다면,
그는 파문 받아야 한다(보편 공의회 문헌집 제3권, p.686).

baptismus aquæ. 水洗(⑨ baptism of water)

Baptismus Christi. 그리스도의 세례(洗禮),
주님의 세례(⑨ Baptism of Christi).

baptismus conditionális. 조건 세례

baptismus desiderii. 화세(火洗.⑨ baptism of desire)

Baptismus et sacramenta.
세례와 성사들(⑨ Baptism and sacraments).

baptismus ex aqua* 수세(⑨ baptism of water)

baptismus flaminis. 성령의 세례, 열망 세례, 염원 세례,
화세(火洗.⑨ baptism of desire). [열망의 세례자는 기회가 주어
지면 다시 정식으로 세례를 받아야 한다. 화세의 예는 사도행전의 코르넬리우스의
경우가 있다. 사도 10, 34-48. 교회법 제849조. 백민관 신부 엮음. 백과사전 1, p.260).

baptismus hereticorum. 이단자 세례[세례는 모든 사람의 구원에
필수 불가결한 요건이므로 그 유효, 무효는 세례를 주는 사람에게 달려있지 않고
받는 사람의 마음가짐과 요건을 중요시하여 교파를 따져 미신자건 이단자건
간에 세례를 유효하게 줄 수 있다. 다만 다른 성사를 받기 위해서는 정식으로
보충 세례를 받아야 한다. 이를 '보례(補禮)'라고 한다. 우리나라에서는 다른
종파에서 개종한 사람에 대해서는 성공회 세례만을 유효세례로 하며, 다른
교파의 세례는 무효로 간주한다. 백민관 신부 엮음. 백과사전 1, p.260].

baptismus parvulorum.(pædobaptismus)
유아세례(⑨ Infant Baptism/Baptism of Children).

baptismus per aspersionem. 살수례(撒水禮)

baptismus per immersionem. 침수례(侵水禮)

baptismus per infusionem. 주수례(注水禮)

baptismus privatus. 약식 세례, 사식(私式) 세례

baptismus sanguinis* 혈세(⑨ baptism of blood),
피의 세례(영세하지 못한 상태에서 순교했을 경우를 말한다. 피로써 죄를
씻는다는 뜻으로 교회 전례 예식서에 따라 정식 세례를 줄 수 있다. 정식
세례는 보통 성령 영성체이기 뒤따른다. 백민관 신부 엮음. 백과사전 1, p.260).

baptismus simplex(=baptismus privatus)
대세(代洗.⑨ baptism private), 약식 세례, 사식 세례.

baptismus solemnis. 정식 세례, 성식 세례, 장엄 세례.
(사제나 부제만이 교회 전례 예식서에 따라 정식 세례를 줄 수 있다. 정식
세례는 보통 성령 영성체이기 뒤따른다. 백민관 신부 엮음. 백과사전 1, p.260).

baptísta, -æ, m. 세례자(洗禮者)

Baptísta, -æ, m. 세례자 요한

baptistérĭum, -i, n. (성대한 세례 예식을 거행하는) 세례당,
세례대, 세례소(⑨ Baptistery.獨 Baptisterium),
(세례 성수를 보존하는) 세례반(⑨ baptismal font),
영세소(領洗所), 욕조.

Baptizabantur a confitentes peccata sua.
(kai. evbapti,zonto evn tw/| VIorda,nh| potamw/| u`pV auvtou/
evxomologou,menoi ta.j a`marti,aj auvtw/n) (獨 und ließen sich
taufen von ihm im Jordan und bekannten ihre
Sünden) (⑨ and were being baptized by him in the
Jordan River as they acknowledged their sins)
자기 죄를 고백하며 그에게 세례를 받았다(성경)/

자기 죄를 고백하며 세례를 받았다(공동번역 마태 3. 6)/
자기들의 죄를 고백하며 요르단 강물에서 그에게
세례를 받았다(200주년 신약 마태 3. 6)

baptizándus, -i, m. 세례 받을 사람

baptizans, -ántis, n. 세례 거행자

Baptizati iter., 견진예식(⑨ Rite of Confirmátion)(1971.8.22. 서문).

baptizátio, -ónis, f. 세례수여(洗禮受與), 세례 줌

baptizátor, -óris, m. 세례 거행자, 세례 주는 사람

baptizatus, -i, m. 영세자(領洗者,⑨ baptized person).
Apostolus Petrus baptizatos, "sicut modo genitos
infantes", his verbis alloquitur(⑨ Referring to the
baptized as "new born babes", the apostle Peter writes)
세례 받은 사람들을 "갓난아이"로 언급하면서, 베드로
사도는 이렇게 말한다(1988.12.30. "Christifideles laici" 중에서)/
Omnes qui in Christo baptizati estis, Christum induistis.
그리스도와 하나 되는 세례를 받은 여러분은
다 그리스도를 입었습니다.

baptizo, -ávi -átum -áre, tr. 세례주다,
물에 담그다.씻다, 물 뿌리다.
Ego baptizavi vos aqua; ille vero baptizabit vos in
Spiritu Sancto. (evgw. evba,ptisa u`ma/j u[dati(auvto.j de.
bapti,sei u`ma/j evn pneu,mati a`gi,w|) (獨 Ich taufe euch mit
Wasser; aber er wird euch mit dem heiligen Geist
taufen) (⑨ I have baptized you with water; he will
baptize you with the holy Spirit) 나는 너희에게 물로
세례를 주었지만, 그분께서는 너희에게 성령으로 세례를
주실 것이다(성경 마르 1. 8)/나는 너희에게 물로 세례를 베풀
었지만 그분은 성령으로 세례를 베푸실 것이다(공동번역)/
나는 여러분에게 물로 세례를 베풀었지만, 그분은 여러
분에게 성령으로 세례를 베푸실 것입니다(200주년 신약)/
Ego te Baptizo in nomine Patris et Filii et Spiritus
Sancti. Amen. 나는 성부와 성자와 성령의 이름으로
당신에게 세례를 줍니다. 아멘/
Fetus abortivi, si vivant, quatenus fieri potest,
baptizentur. 유산된 태아가 살아 있다면 될 수 있는
대로 세례 받아야 한다(교회법 제871조)/
His auditis, baptizati sunt in nomine Domini Iesu.
(avkou,santej de. evbapti,sqhsan eivj to. o;noma tou/ kuri,ou
VIhsou) (獨 Als sie das hörten, ließen sie sich taufen auf
den Namen des Herrn Jesus) (⑨ When they heard this,
they were baptized in the name of the Lord Jesus)
그들은 이 말을 듣고 주 예수님의 이름으로 세례를
받았다(성경.공동번역 사도 19. 5)/그들이 듣고서는 주 예수의
이름으로 세례를 받았다(200주년 신약 사도 19. 5)/
N., Ego te baptizo in nomine (fundit primo : 첫 번째
성세수를 십자 모양으로 부으며) Pa+tris , et (fundit
secundo : 두 번째 성세수를 십자 모양으로 부으며)
Fi+lii, et (fundit tertio : 세 번째 성세수를 십자 모양으로
부으며) Spiritus+Sancti.
나는 (첫 번째 성세수를 십자 모양으로 부으며) + 성부+
와 (두 번째 성세수를 십자 모양으로 부으며) 성자+와
(세 번째 성세수를 십자 모양으로 부으며) 성령의+
이름으로 (N)에게 세례를 줍니다/
Ut quid hoc? Ut audiat: Hic est qui baptizat.
왜 그랬을까요? "그분이 세례를 베푸시는 분"이라는
말씀을 듣게 하려는 것이었습니다(요한 서간 강해, p.335).

báráthro, -ónis, m. 꾸역꾸역 한없이 먹어 삼키는 사람

báráthrum, -i, n. 심연(深淵=깊은 웅. 심담深潭),
밑 빠진 독 같은 배.위장(胃腸)

barba, -æ, f. 수염, 구레나룻(귀밑에서 턱까지 잇달아 난 수염),
턱수염, 동물의 수염(같은 털),
(나무나 풀 꼭대기의) 잔잔한 가지 잎새들.
barbam tondere. 수염을 깎다.

Barba tenus sapientes. 수염만 현인이다

bárbára, -æ, f. 여자 야만인, 외국 여자

bárbáre, adv. 난폭하게, 야만스럽게,
Roma式이 아닌 미개한 외국식으로.

bárbári, -órum, m., pl. 야만인(野蠻人), 외국인

barbária, -æ, f. 미개지(未開地), 이국(異國), 야만(野蠻),
야만국(野蠻國), 조야함, 세련되지 못함, 촌스러움.

barbáríce, adv. 야만적(野蠻的)으로

barbáricum, -i, n. 로마인에게 정복되지 않은 외국 땅,
군대의 야만스러운 고함 소리.

barbáricus, -a, -um, adj. = **bárbärus**
[야만인을 의미하는 barbáricus라는 말은 원래 로마인에게 정복되지 않은
외국 땅에 사는 사람을 의미하는 단어였다. 한동일 지음. 라틴어 수업. p.52].

barbáries, -éi, f. = **barbária**

barbárísmus, -i, m.
국어의 불완전한 발음, 국어 문법에 어긋나는 표현.

barbrismus morum. 무례(無禮), 예의범절에 어긋남

barbarior, -or. -us, adj. bárbärus, -a, -um의 비교급

barbarissimus, -a, -um, adj. bárbärus, -a, -um의 최상급

barbárízo, -áre, intr. 다른 나라 사람처럼 말하다

barbärŏléxis, -ĕos, f. 외국어의 오용(誤用)

bárbärus, -a, -um, adj. 야만의, 미개한, 외국의, 이국의,
미숙한, 무지의, 예의 없는, 거칠은, 잔인한, 광폭한.
Barbari jura gentium juriumque principia
quoque ignorant. 야만인들은 만민법(萬民法)과 인간법
원칙들마저 무시한다(고전 라틴어. 성 염. p.85)/
barbaros metuere. 야만인들을 두려워하다.
[격에 따라 목적어의 격이 달라지는 동사로 metuere+dat(여격). …를 염려하다/
metuere+acc(대격). 무서워하다. 성 염 지음. 고전 라틴어. p.393].
Cæsaria in bárbaris erat nomen obscúrius. 미개인들
사이에는 Cœsar의 이름이 비교적 알려져 있지 않았다/
Cedo, num barbarorum rex Romulus fuit?
그러니까, 로물루스가 야만인들의 왕이었다는 말이지?/
Dúmmodo sit dives, bábarus ipse placet.
그가 부유하기만 하다면 야만인이라도 마음에 든다/
Si neque de fide barbarórum quidquam recipio nobis
potes, … 야만인들의 신의(信義)에 대해 네가 우리에게
아무것도 보증할 수 없다면(recipio 참조).

barbásculus, -i, m. 반미개인(反未開人)

barbátúlus, -a, -um, adj.
구레나룻이나 코밑수염을 약간 기른.

barbátus[1], -a, -um, adj.
수염 있는, 수염 기른, 완전히 성장한, 완숙한.

barbátus[2], -i, m. 고대 로마 사람(수염을 머리도 깎지 않았으므로),
철학자(수염을 길렀음), 숫염소.

bárbíger, -gĕra, -gĕrum, adj. (barba+gero[1])
(주로 동물에 대해서) 수염 있는, 수염 많은.

bárbĭo, -ívi -íre, intr. 수염 나다

barbitalium(=ácĭdum diæthylbituricum), -i, n. 바르비탈
(藥-디에틸바르비탈산, 진정제최면제로 쓰임).

bárbĭton(-os) -i, n.(f., m.) 비파(琵琶)

bárbŭla, -æ, f. 짧게 기른 코밑수염, 솜털(코 밑 솜털)

bárbŭlus, -i, m. (魚) 미꾸라지; 뱀장어

barbus, -i, m. (魚) 뱅어

barca[1], -æ, f. 작은 배

barca[2], -æ, f. Cyréne 지방의 都市

barca[3], -æ, m. = **Barcas[2]**

Barcéi, -órum, m., pl. Barca의 주민

Barcas, -æ, m. Carthágo의 유명한 집안의 선조(先祖)

Barce, -es, f. **Barca[2]**

bardítus = **barrítus** = **barítus**

bardŏcúcúllus, -i, m.
두건 달린 값싼 모직망토(농부.군인.종들이 비 올 때 쓰던 것).

bardus, -a, -um, adj. (⑨ stupid.slow.dull)
우둔한, 어리석은.

barínŭlæ, -árum, m., pl. 물 길 찾는 복술가(일종의 기술자)

baris, -ĭdis(-ĭdos), f. 소선(小船).
작은 배, 거룻배(돛을 달지 않은 작은 배. 거도선. 소선小船).

barítus = **bardítus** = **barrítus**

Bárĭum[1], -i, n. Adria 바다에 면한 Apúlia의 도시(현 Bari)

bárĭum[2], sulfúricum, -i, m. 유산바륨

bāro, -ónis, m. 바보, 얼간이

barósus, -a, -um, adj. 어리석은; 품행이 방종한

barratátor, -óris, m. 사기꾼

barrínus, -a, -um, adj. 코끼리의
barrítus(=bardítus =barítus)
Germánia 사람의 (코끼리 같이) 외치는 소리,
(전장에서 군인들이 지르는 따위의) 함성(喊聲).
barrus, -i, m. (動) 코끼리
Bartholomæus, -i, m. 바르톨로메오
basális, -e, adj. 기초의, 기초적인, 기본적인
bascáuda, -æ, f. 음식 담는 작은 바구니,
잔.접시.그릇 따위의 받침.
basĭátĭo, -ónis, f. 입맞춤
basidĭomycétes, -ĭum, f., pl. (植)
담자균류(擔子菌類)에 속하는 식물.
băsílĭca[1], -æ, f. (고대 희랍.로마의 제판.상품거래.
진열 따위에 쓰던) 공회당, 大성전, 대성당,
바실리카(大聖殿.βασιλικὸς에서 유래.㊎ basilica),
stilus basílĭana. 바실리카 양식.
[역사적으로 볼 때 바실리카는 재판을 하고 상업 문제를 처리하며 소일할 수 있도록 만든 공회소(公會所)였다. 4세기에 이 용어가 성당에 적용되었으며 많은 로마 성당들이 고전적인 바실리카 형태를 띠게 되었다. 곧 성당을 건축할 때 그리스도교 공동체와 전례 생활을 위해 넓은 고대의 홀을 받아들였다.
성당 안으로 들어가려면 입구 바로 앞에 있는 안뜰(아뜨리움)을 지나 성당 앞의 주랑 또는 넓은 공간의 성당 현관을 지나야 한다. 너른 중앙의 신자석에는 흔히 양옆으로 나 있는 회랑을 가진 고창층(高窓層: 지붕 위의 높은 창이 달려 있는 층)이 있다. 기둥이 지붕을 지탱하며 압시드 앞에 자리 잡고 있는 제대로 주의를 집중하게 해 준다. 압시드는 뒤편에 위치한 다각형의 움푹 들어간 곳으로 둥근 천장 모양으로 덮고 있는 반원형의 벽감(niche) 형태로 되어 있어 주변 지역을 감싼다.
주교는 성직자들로 둘러싸인 압시드를 차지하였는데, 이 지역을 사제석(presbytery)이라 불렀다. 보통 압시드의 각 모퉁이에는 전례 거행 전후에 성직자를 위한 가구가 있는 작은 방과 대합실이 있는데, 이는 오늘날의 제의방에 해당한다. 더 큰 바실리카에는 아름답게 꾸며진 날개부가 있는 경우도 있다. 옛날에 지어진 성당들에는 이와 같은 독특한 건축 형태의 보기 드문 아름다움이 그대로 보존되어 있다. 수세기 동안 몇몇 성당들은 지을 때부터 이와 같은 건축 유형을 그대로 살려내고자 하였다. 전례사전, 주비언 피터 랑 지음, 박영식 옮김, p.155].
Basilea, -æ, f. 바젤
Basileensis, -e, adj. 바젤의
Consilium Basileense. 바젤 공의회(1431.7.23~1437.5.7).
Băsílĭca[2], -æ, f. 개정 희랍 초역(抄譯),
동로마 황제 Leo 6세 때 편찬된 희랍어 법전(法典),
로마법 대전(大全).
Basilica Apostolorum. 사도들의 바실리카 성당
Basilica Lateranensis. 라테란 대성전(大聖殿)
Basilica maior. 대 바실리카[로마에 있는 네 개의 바실리카는 네 개의 주요 총주교좌를 기념하기 위해 총주교 바실리카라 불린다. 또한 이들은 각기 대 바실리카라 불린다. 서방 교회의 총주교(교황)를 위해 성 요한 라테라노 대성전이 선정되었는데, 이 대 바실리카는 세상의 모든 교회들의 어머니요 머리로 여겨진다. 콘스탄티노플의 총주교를 위해 그리스도교 세계에서 가장 큰 성당으로 바티칸에 있는 성 베드로 대성전이 지명되었다. 여기에는 베드로 사도의 무덤이 있는 것 외에도 교황의 장엄 대미사가 거행되는 곳이기도 하다. 로마 교황의 교황권이 있는 곳으로서 성인들의 시복과 시성이 이루어지는 곳이기도 하다. 성 밖의 성 바오로 대성전은 알렉산드리아의 총주교를 위한 바실리카로, 현재는 베네딕도회에서 운영하고 있다. 하느님의 어머니께 봉헌된 가장 큰 교회는 성모 대성전으로서 안티오키아의 총주교를 위한 바실리카이다.
이 네 개의 바실리카에는 특권이 부여되어 있다. (1) 교황이나 교황의 허락으로 추기경만이 사용할 수 있는 교황의 제대. (2) 교황만이 사용할 수 있는 교황좌. (3) 성년 동안 사용하는 성문(聖門). (4) 금실로 수놓은 붉은색 우단 깃발과 은으로 만든 종. (5) 바실리카에서 봉사하는 성직자인 의전 사제가 망토를 입는 특권 등이다. 로마 밖에서는 아시시에 있는 성 프란치스코 성당이 교황 제대와 교황좌를 가진 大바실리카이기도 하다. 전례사전, 박영식 옮김, p.156].
Basilica minor* 준대성전(準大聖殿), 소 바실리카
[로마에서 예루살렘의 총주교를 인정하였을 때 성밖의 성 라우렌시오 바실리카가 그에게 헌납되었다. 로마 바실리카를 순례하면 대사를 얻는다는 법이 제정되었을 때 일곱 교회를 방문해야 할 필요가 있었기 때문에 두 개의 바실리카를 더 지정해야 했다. 그래서 성 십자가의 바실리카와 성 세바스티안의 바실리카(사도들의 바실리카)가 추가되었다. 교황은 세상의 다른 많은 성당들에 小바실리카라는 명칭을 부여하면서 大바실리카가 누리는 몇몇 특권을 이 小바실리카들에게도 부여하였다. 전례사전, 주비언 피터 랑 지음, 박영식 옮김, p.156].
Basilica Sanctissimi Sepulchri. 성묘 성당
Basilica Sessoriana. 로마의 십자가 대성당
Basilica Sti. Pauli Extramuros. 바오로 大성전
Basilica Sti. Petri in Vaticano. 베드로 大성전
băsílĭce, -és, f. 전당, 궁전, (장방형의) 대성당,
대성전(大聖殿.βασιλικὸς에서 유래.㊎ basilica).
basilice major. 대전(大殿) / basilice minor. 소전(小殿)
băsĭlícŭla, -æ, f. 작은 성당
băsílĭcus, -a, -um, adj. 왕의, 왕다운, 찬란한, 호화로운.
n. 호화찬란(豪華燦爛) 한 옷.
băsĭlíscus, -i, m. 도마뱀의 일종(Afrĭca 북부 지방에 서식하며 머리에 흰 반점의 지느러미 같은 것이 달린 도마뱀의 일종으로 그 기운에 쏘이면 식물도 말라버리고 바위도 깨져버린다는 전설이 있었음).
(열대 América산의) 등지느러미 도마 뱀, 작은 왕.
băsĭlĭum, -i, n. 왕관, 왕이나 왕후의 머리 장식품
básĭo, -ávi, -átum, -áre, tr. 정답게 입 맞추다
băsis, -is, f. 기초, 토대, 기반(基盤-사물의 토대),
기저(基底); 바탕, 받침돌, 대석(臺石); 발, 발바닥,
터(crepido, -dĭnis, f. 돋군 터), 근거.
(數) 저변(底邊-"밑변"의 옛 말). (文法) 어근(語根).

	sg.	pl.
nom.	basis	bases
voc.	basis	bases
gen.	basis(-ĕos)	baseon(-ĭum)
dat.	basi	basibus
acc.	basim(-in)	bases
abl.	basi	basibus

(허창덕 지음, 중급 라틴어, p.11)

basis triánguli. 삼각형의 밑변
básĭum, -i, n. 입맞춤(㊎ kiss),
Interim da mihi basium, dum illic bibit. 그 사내가 잔을 들이키는 틈을 타서라도 내게 입맞춤을 다오.
Vivamus, mea Lesbia, atque amemus.
Soles occidere et redire possunt :
nobis cum semel ocidit brevis lux,
nox est perpetua una dormienda.
Da mihi basia mille, deinde centum,
deinde mille altera, deinde secunda centum.(Catullus).
나의 레스비아여, 우리 사랑하며 살자꾸나.
해는 져도 돌아올 수 있으련만
우리에겐 찰나 같은 빛이 한번 꺼지면
밤은 영원도 하여 길이 잠들어야 하리니
내게 입맞춤을 다오, 먼저 천 번 그리고 백 번,
또다시 천 번, 그리곤 두 번째로 백 번.
basivertebrális, -e, adj. (basis+vertébra) (解) 추체의
bastérna, -æ, f. 옛날 부인용 수레의 한 가지
(가마 같이 생겼으며 두 필의 가축이 앞에서 끌었음).
bastum, -i, n. 막대기, 지팡이(שַׁקֵל)
bat, interj. 허어, 그래?
Batábĭa, -æ, f. 네덜란드(화란에 해당하는 나라)
bathrum, -i, n. 기반(基盤-사물의 토대), 기초, 토대, 바닥
batíllum(=vatíllum), -i, n. 삽
batíŏla, -æ, f. 작은 술잔
bătis, -is(-ĭdis), f. (魚) 가자미, 넙치의 일종,
미나리의 일종, Gállia 아스파라거스.
batlínĕa, -æ, f. 요 위에 까는 천
batráchĭum(-on) -i, n. (植) 미나리아재비
bátrăchus, -i, m. 개구리의 일종
báttŭo, -ŭi -ĕre, tr., intr. 두드리다, 때리다, 치다,
(검투사가 시합에서) 공격하여 치다, 싸우다.
bátŭo = báttŭo
bătus, -i, f. (植) 나무딸기
baubor, -ari, dep., intr.
(개가 성나서가 아니고) 원망스러운 듯 멍멍 짓다.
báxĕa(=baxa), -æ, f. 철학도들이 많이 신는 샌들의 일종
bazar, 바자회(페르시아어의 시장.bzr.바자르'에서 유래)
bdéllĭum, -i, n. 아라비아고무 나무의 일종,
bdéllium 나무의 방향수지로 만든 향유(享有).
bdéllĭum Arábicum. 아라비아고무
beábĭlis, -e, adj. 행복해질 수 있는
Beata, -æ, f. 복자(福者.㊎ the Blessed).
a beato Petro Georgio Frassati ad beatum Ivanum Merz. 피에르 조르지오 프라사티 복자부터 이반 메르츠 복자까지/
a sancto Pio a Pietrelcina ad beatam Teresiam Calcuttensem. 피에트렐치나의 비오 성인부터 캘커타의 데레사 복자까지/
In beato omnia beata. 행운의 사람에게는 만사가 행운.
Beata anima quæ Dominum in se loquentem audit.
자신 안에서 말씀하시는 주님을 듣는 영혼은 복되다(준주성범 2,1,1)
Beata es, Virgo Maria, quæ omnium portasti
Creatorem: genuisti, qui te fecit, et in æternum

동정이신 마리아님, 당신께서는 만물의 창조자를
낳으셨으니, 복되시나이다. 당신께서는 당신을 창조하신
분을 낳으셨어도 영원토록 동정이시나이다.
Beata Maria Virgo. 복되신 동정녀 마리아(B.M.V.)
Beata Maria Virgo a Strada.
(粵 Our Lady of the Way) 노상 성모상.
(5세기에 그려진 성모와 아기 예수의 상. 로마의 노상 제대에서 숭경되어
현재는 예수 성당에 모셔졌다. 백민관 신부 엮음, 백과사전 3, p.66).
Beata María Virgo Perdolentis. 고통의 성 마리아 축일
beata passio. 복된 수난(受難)
Beata, quæ credi dit.(粵 Blessed are you who believed)
믿으셨으니, 복되시나이다.(루카 1. 45 참조).
Beata quippe vita est gaudium de veritate.
진정한 행복은 진리를 즐기는 것(S. Ag. Confess. 10.23.33).
Beata Virgo, 성모상 대관 예식(1981.3.25. 교령)
**Beata Virgo in peregrinatio fidei processit, suamque
unionem cum Filio fideliter sustinuit usque ad crucem.**
복되신 동정녀께서도 신앙의 나그넷길을 걸으셨고 십자가
에 이르기까지 아드님과 당신의 결합을 충실히 견지하셨다.
**Beata viscera Mariæ Virginis, quæ portaverunt
æterni Patris Filium.** 영원한 성부의 아들을 잉태하신
동정 마리아의 품은 복되시나이다.
Beatam vivebant Sancti vitam.
성인들은 복된 일생을 살았다.
beáte, adv. 복되게, 행복하게
Beate vivere est cum virtute vivere.
행복하게 산다는 것은 덕성으로 산다는 것이다.[모양 탈격
abulativus modi은 모양 부사어에서 다루어진 것처럼 행동의 양상을 묘사하며
방법 탈격이라고도 하는데 단독으로 또는 cum과 함께 탈격으로 나타낸다.]
**Beati misericordes, quoniam ipsi misericordiam
consequentur.** (maka,rioi oi` evleh,monej(o[ti auvtoi. evlehqh,sontai)
(獨 Selig sind die Barmherzigen; denn sie werden
Barmherzigkeit erlangen) (粵 Blessed are the merciful, for
they will be shown mercy) 행복하여라, 자비로운 사람들!
그들은 자비를 입을 것이다(성경 마태 5. 7)/
자비를 베푸는 사람은 행복하다.
그들은 자비를 입을 것이다(공동 번역 마태 5. 7)/
복되어라, 자비를 베푸는 사람들!
그들은 자비를 받으리니(200주년 기념 신약성서).
Beati mundo corde, quoniam ipsi Deum videbunt.
(maka,rioi oi` kaqaroi. th/| kardi,a| (o[ti auvtoi. to.n qeo.n
o;yontai) (粵 Blessed are the clean of heart, for they
will see God) (獨 Zalig zijn de reinen van harte, want
zij zullen God zien) 행복하여라, 마음이 깨끗한 사람들!
그들은 하느님을 볼 것이다(성경 마태 5. 8).
Beati Pauperes Spiritu.
마음이 가난한 이는 행복하다(분도회 이력근 아빠스 문장).
정신적(영적)으로 가난한 사람은 행복하다(가난의 설교 중).
beati portus. 복된 포구
Beati possidentes. 가진 자들(부유한 자들)은 복되다/
소유하는 자는 복이 있나니(전환기의 새로운 문화 모색, p.262).
Beati, qui non viderunt et crediderunt!(粵 Blessed are
those who have not seen and have believed)
보지 않고도 믿는 사람은 행복하다[요한 20. 29-요한 복음서가 기록
될 당시 신앙공동체에는 예수님을 보지 못한 신앙인이 절대 다수를 이루고
있다는 사실을 말해준다. 그리스도 신앙, 서공석 신부 지음, p.49]
**Beati, servi illi, quos, cum venerit dominus, invenerit
vigilantes.**(粵 Blessed are those servants whom the
master finds vigilant on his arrival) 행복하여라, 주인이
와서 볼 때에 깨어 있는 종들(성경 루카 12. 37).
beatíco, -ávi, -átum, -áre, tr. (beátus+fácio)
행복을 주다, 복되게 하다, 복자(福者)로 선언하다.
시복(諡福)하다, 시복식(諡福式)을 거행하다.
beatifica vísio. 지복직관
(至福直觀).(粵 Vision of God, beatific Vision).
beatificátĭo, -ónis. f. 복되게 만듦,
시복, 시복식(粵 beatificátĭon.獨 Seligsprechung).
beatificátor, -óris, m.
행복을 주는 사람, 행복하게 하는 사람.
Beatificátiónis Servorum Dei. 시복(粵 beatificátĭon).

via extraordinaria casus excepti seu cultus.
예외 경우 또는 숭경의 특별 방법(시복식 용어)/
via ordinaria non cultus. 경배 없는 통상적 진행방법.
beatíficus, -a, -um, adj. 복을 주는, 복되게 해주는,
지복의. (神) vísio beatífica. 지복직관(至福直觀).
beatior, -or, -us, adj. beátus[1], -a, -um의 비교급
beatissime, adv. 가장 행복하게
beatissimus, -a, -um, adj. beátus[1] -a, -um의 최상급
Beatissimus Pater(粵 Holy Father)
(교황을 대면할 때 쓰는 호칭. 1380년 영국 문헌에 이 호칭이 발견된다).
beátĭtas, -átis, f. 지복(행복), 지복(의 느낌), 복락(福樂),
행복(חוֹשִׁי.幸福.粵 Happiness), 행복한 생활.
Beatitudines Evangelicæ.
복음의 행복(宣言)(粵 Gospel Beatitudes).
Beatitudines 행복 선언(幸福宣言-眞福八端)
beatitudines, f., pl. 진복팔단(마태 5. 3~11)
beatitúdo, -dǐnis, f. 행복한 생활, 행복(粵 Happiness),
복락(福樂), 복(粵 beatitude), 복됨, 지복, 진복(眞福),
영복(永福.粵 eternal blessedness).
참 행복(粵 Beatitudes), 주교나 교황에 대한 옛 존칭.
An homines, cum sint mortales, possint vera beatitudine
esse felices. 인간은 사멸하는 존재이면서도 참된 지복을
갖추어 행복해질 수 있는가(교부문헌 총서 17. 신국론. p.2772)/
De vera beatitudine, quam temporalis vita non obtinet.
참된 행복은 현세 생활에서 얻지 못한다(신국론. p.2794)/
etsi beatitudinem perdidit, naturam tamen angelis
similem non amisit. 비록 사탄은 지복을 잃어버리더라도
천사들과 유사한 본성을 잃지 않습니다.(신학대전 14. p.435)/
ultima beatitudo. 궁극의 행복(중세철학 창간호 p151).
beatitúdo accidentális. 부수적 복락, 의립적 복락
beatitúdo essentiális. 본질적 복락(本質的 福樂)
beatitúdo formális. 형상적 복락(形相的 福樂)
beatitúdo naturális. 자연적 복락, 본성적 지복
Beatitúdo obiectiva(obiectum beatitudinis)
객관적 복락(客觀的 福樂-福樂의 대상).
beatitúdo pácĭs. 평화의 정복(淨福),
평화로운 행복(pax beatitudinis)(교부문헌 총서 15. 신국론. 참조).
beatitúdo subjectiva(status beatitudinis)
주관적 복락(福樂의 상태).
beatitúdo supernaturális. 초자연적 복락(福樂)
beátum, -i, n. 행복(חוֹשִׁי.幸福.粵 Happiness).
Etiam qui cum solo originali peccato mortem obeunt
beata Dei visione in perpetuum carebunt.
원죄만 지니고 죽은 이들은 하느님을 뵙는 행복을
영원히 누리지 못한다/
Sine amicis meis, beatus non sum.
나의 친구들 없이 (나는) 행복하지 못하다.
beátus[1], -a, -um, p.p., a.p. 복된(חוֹשִׁי.μακὰριος),
축복 받은, 은혜 받은, 행복한(μακὰριος), 풍족한,
부유한, 유복한, 번영하는, 잘되는, 다행한,
훌륭한, 찬란한, (죽은 사람에 대해서) 천국에 있는,
fruens Deo sit beatus qui Deum amaverit.
(플라톤주의 철학의 공간이요. 아우구스티노의 기초사상이기도 하다)
하느님을 사랑하는 사람이라면 하느님을
향유함으로써 행복해지기 때문이다/
Homo amans Deum beatus erit.
천주를 사랑하는 사람은 복되리라/
Homo, qui Dei mandata servat, beatus erit.
주님의 계명을 지키는 사람은 복되게 되리라/
Illæ quibus fruendum est, nos beatos faciunt.
향유하기 위한 것은 우리를 행복하게 만든다/
In beato omnia beata. 행운의 사람에게는 만사가 행운/
In festo Annuntiátiónis beatæ Mariæ Virginis.
복되신 동정 마리아 예고축일/
semper felix beatusque habetur. 항상 행복할 권리가/
super omnes beátus. 모든 이들보다 훨씬 행복한/
Tu præ nobis beatus est. 네가 우리보다는 복되다/
Urbs Beata jerusalem. 복되다 예루살렘, 빼어난 도시.

Beatus es, Simon Bariona.
시몬 바르요나야, 너는 행복하다!(성경 마태 16, 17).
Beatus est quicumque non fuerit scandalizatus in me.
나에게 의심을 품지 않는 사람은 참으로 행복하다.
Beatus servus, qui secreta Domini observat in corde
suo. 주님의 비밀을 '자기 마음속에 간직하는'종은 복됩니다.
Beatus², -i, m. 복자(福者).⑨ the Blessed, 略 B.)
beber, -bri, m. (動) 해리(海狸).⑨ beaver), 바다 삵
bēccus¹, -i, m. 부리(새나 짐승의 주둥이), 닭 주둥이
beccus², -i, m. 숫염소
béchĭcus, -a, -um, adj. 기침에 효과 있는, 기침을 진정시키는
béchĭon, -i, n. (植) 개미취
bedélla, -æ, f. 일종의 수지(樹脂), 송진
Beelzebul. 베엘제불(גוגו ליב).⑨ Beelzebul.
    Βεελζεβοὺλ."악마의 왕"이라는 뜻의 고유명사(마태 12, 24 / 마르 3, 22).
begónĭa, -æ, f. (植) 추해당(秋海棠)
begoniácĕæ, -árum, f., pl. 추해당科 식물
behemŏth, indecl. m. (히브리어) 물짐승, 하마(河馬)
Belgæ, -arum, m., pl. Bélgĭum 국민, 벨기에 국민
Belgæ erant audacissimi omnium militum.
벨기에인들은 모든 군사들 중에서 가장 사나운 군사들이다.
Bélgĭum, -i, m. Bélgĭum
Bélĭal, indecl., m. (히브리어) 지극히 흉한 곳, 악마(惡魔)
Beliar. 벨리알(βελιὰρ).⑨ Belial, 2고린 6, 15 참조).
    Quæ autem conventio Christi cum Beliar, aut quæ pars
    fideli cum infideli? 그리스도께서 어떻게 벨리아르와
    화합하실 수 있겠습니까? 신자와 불신자가 어떻게 한몫을
    나눌 수 있겠습니까?.(성경 2코린 6, 15).
Bélĭdes¹, -æ, m. Belus의 자손(=Dánaus, Ægýptus)
Bélĭdes², -um, f., pl. Belus의 딸.손녀들(Danáides)
Bella = Abélla, -æ, f. Campánia의 도시(지금의 Avélla)
Bella Punica. 포에니 전쟁.
    [라틴어로 페니키아인은 punicus 또는 pœnicus라고 부른다. 역사적으로 로마와
    카르타고에서 벌어진 세 차례의 전쟁을 포에니 전쟁이라고 말하는데, 이는
    카르타고가 페니키아(오늘날 레바논)에 기원을 두었기에 페니키아인을 지칭하는
    pœni에서 유래한 말이다. 법으로 읽는 유럽사. p.396]
bellárĭa¹, -órum, n., pl. 디저트(⑨ dessert-후식),
    식사 끝에 나오는 과일.과자.달콤한 술 따위.
bellárĭa², -órum, n., pl. 무기(⑨ Arms), 전쟁용 기구
bellátor¹, -óris, m. 군인(軍人.στρατιώτης), 투사(鬪士),
    용사(勇士), 호전적(好戰的)인 사람.
    valete, indices justissmi, domi, duellique duellatores
    optumi. 안녕히 계십시오. 집안에서는 지극히 공정하신
    심판 여러분! 그리고 싸움터에서는 지극히 훌륭한
    투사 여러분!(성 염 지음. 사랑만이 진리를 깨닫게 한다. p.454).
bellátor², -óris, adj.
    용감한, 전투적인, 잘 싸우는, 호전적인.
bellatórĭus, -a, -um, adj. 전투력이 있는, 전쟁용의
bellátrix¹, -ícis, f. 여자 투사(鬪士), 여자 용사(勇士)
bellátrix², -ícis, adj. 호전적인, 잘 싸우는
bellátŭlus(=belliátŭlus) -a, -um, adj. 귀여운, 상냥한, 예쁜
belle, adv. 멋지게, 아름답게, 우아하게, 예쁘게,
    보기 좋게, 솜씨 좋게, 편리하게, 살짝, 사뿐사뿐.
belliátŭlus, -a, -um, adj. = bellátŭlus
belliátus, -a, -um, adj. 귀여운, 상냥한
bellicósus, -a, -um, adj.
    전쟁 많은, 호전적인, 용감한, 전쟁 좋아하는.
bellicósus annus. 전쟁 많은 해
bellícrĕpus, -a, -um, adj. 전쟁놀이의, 전투 춤의
béllĭcus, -a, -um, adj. 전쟁의, 전쟁에 관한.
    =bellicósus, n. 진군나팔,
    béllica disciplina. 전법(戰法), 전쟁의 법도(신국론)/
    summa justitia et bellica laus. 극진한 정의와 전공에 있어서.

비교급이나 최상급을 쓰지 않는 형용사

* 뜻으로 보아 비교급이나 최상급이 있을 수 없는 것
civílis, -e 시민의　　navális, -e 배의 선박의, 바다의
béllicus, -a, -um 전쟁의, 호전적인 singuláris, -e 단수의, 특이한
militáris, -e 군인의, 군사의 únicus, -a, -um 유일한

* 물질을 표시하는 형용사
áureus, -a, -um 금으로 만든 lígneus, -a, -um 목재의
férreus, -a, -um 철제의　　marmóreus, -a, -um 상아로 된

* 시간, 계절 따위를 표시하는 형용사
æstívus, -a, -um 여름의　　hiemális, -e 겨울의
autumnális, -e 가을의　　hodiérnus, -a, -um 오늘의
crástinus, -a, -um 내일의　　noctúrnus, -a, -um 밤의
hestérnus, -a, -um 어제의　　vernus, -a, -um 봄의

* 혈연관계를 표시하는 형용사
fratérnus, -a, -um 형제의 pátrius, -a, -um 아버지의, 조국의
matérnus, -a, -um 어머니의, 자모의 patérnus, -a, -um 아버지의

*접두사 per-나 præ-와 합성된 형용사
per-나 præ-는 본래 전치사이지만, 원급의 앞머리에 붙어서 "대
단히, 매우" 등의 최상급의 뜻을 드러낸다. 따라서 이러한 형용사
는 따로 비교급이나 최상급을 이루지 않는다.
perdifficilis = perdillimus　　permágnus = máximus
præáltus = altíssimus　　etc.

N.B. 그러나 præclárus(대단히 밝은, 유명한) 및 분사적 형용사
prástans(뛰어난, 우수한) 만은 규칙대로의 비교급과 최상급 가짐
    præclárus　　præclárior, -íus,　　præclaríssimus
    præstans, -ntis　　præstántior, -íus,　　præstantíssimus

bellicus cánere. 진격(전투개시)의 신호나팔을 불다
béllĭfer, -fĕra, -fĕrum, adj. (bellum+fero)
    전쟁을 일으키는, 호전적.
bellíficor, -átus sum, -ári, dep., intr.
    누구에게 상냥하게 하다.
bélliger, -gĕra, -gĕrum, adj. (bellum+gero)
    전쟁하는, 호전적인, 도전적(挑戰的).
bellĭgĕrátĭo, -ónis, f. 적대행위로 나옴, 교전(交戰)
bellĭgĕrátor, -óris, m. 전사(戰士), 교전자(交戰者)
bellígĕro, -ávi -átum, intr. (bellum+gero)
    전쟁하다, 싸우다.
bellígĕror, -átus sum, -ári, dep. = bellígĕro
béllĭo, -ónis, f. 노란 국화의 일종
bellior, -or, -us, adj. bellus, -a, -um의 비교급
bellĭpŏtens, -éntis, adj. (bellum+potens)
    전쟁에 강한, m. 군신(軍神).
bellis, -ĭdis, f. (植) 들국화
bellísŏnus, -a, -um, adj. (bellum+sono) 전투하는 소리 나는
bellíssimus, -a, -um, adj. bellus, -a, -um의 최상급
bellítúdo, -dĭnis, f. 우아함, 아담함
bello, -ávi -átum -áre, 1. intr. 싸우다, 전쟁(戰爭)하다.
    bellandi causa. 전쟁의 구실/
    bellandi virtus. 전사로서의 재질.
bello fessi. 전쟁에 지친 사람들
bello res aggravátæ. 전쟁으로 악화된 상태
Bellóna, -æ, f. 전쟁의 여신, 군신(軍神) Mars의 자매
bellóne(=bólone) -es, f. 바늘
bellor, -ári, dep. = bello 싸우다, 전쟁하다
bellósus, -a, -um, adj. 전쟁의, 호전적(好戰的)
béllŭa(=bélŭa) -æ, f. 짐승, 야수(野獸), 맹수(猛獸)
bellŭínus, -a, -um, adj. 짐승의, 짐승 같은
béllŭlus, -a, -um, adj. 상냥한, 귀여운
bellum, -i(고어 duéllum), n. 전쟁(戰爭).⑨ War),
    교전, 무기, 군인, 불목, 싸움, 미움, 적개심.
    acuta belli. 전쟁의 위기(危機)/
    administrátio belli. 전쟁의 수행(戰爭遂行)/
    administrátor belli gerendi. 전쟁 수행의 책임자/
    alqm implico bello. 전쟁에 몰아넣다/
    belli inferéndi memoria. 도전할 생각/
    belli instar. 전쟁 같은 양상(樣相)/
    belli labores. 전쟁의 무공/
    belli laude non inferior quam pater.
    전공에 있어서 아버지에게 뒤지지 않는/

bello fessi. 전쟁에 지친 사람들(fessus 참조)/
bello omnino interdicendo et actione internationali
ad bellum vitandum. 전쟁의 절대 금지와
전쟁 회피를 위한 국제 협력/
bello totali. 전면 전쟁/
Bello vincendum est. 전쟁에서 승리해야 한다.
[직역: 전쟁에서 승리할 필요가 있다. 능동 타동사가 자동사의 의미로 사용될
때 비인칭 수동 구문이 허용된다. 한동일 지음, 카르페 라틴어 2권, p.31]/
Commentarium de bello civili. 시민전쟁 평론/
Commentarium de bello Gallico. 갈리아 전쟁 평론/
(Gaius Iulius Cæsar 지음 BC 101~44)/
cum tantum belli in mánibus esset.
그렇게 큰 전쟁을 손에 쥐고 있었기 때문에/
De jure belli ac pacis. 전쟁법과 평화법(1225년 파리 초판)/
De diversitate linguarum, qua societas hominum
dirimitur, et de miseria bellorum, etiam quæ justa
dicuntur. 인간사회를 파괴하는 언어의 차이와 의로운 전쟁
이라도 비참하기는 마찬가지인 전쟁의 비참함(신국론, p.2816)/
decus belli ad se vindico. 전쟁의 영광을 자기에게 돌리다/
Desistere bello. 휴전하다(désino 참조)/
Dissuasio a bello. 전쟁방지(⑨ Deterrence from war)/
Diu adpara bellum, quo celerius vincas!
네가 신속하게 승리하게끔 오랫동안 전쟁을 준비하라/
domesticum bellum. 내란(內亂..bellum civile)/
duco belli inítium a fame. 기아 때문에 전쟁을 시작하다/
Ejus rei testimónio est, quod bellum non íntulit.
그것의 증거는 그가 전쟁을 초래하지 않았다는 것이다/
Eos bellum Románum urébat.(uro 참조)
Roma 전쟁은 그들의 나라를 황폐케 했다/
et in bello et in pace utilis.
전시에도 평화시에도 유용한 것(Aristoteles)/
ex máximo bello 큰 전쟁이 끝난 다음 곧/
expertus belli. 전쟁 경험(戰爭 經驗)이 있는/
extractum bellum in tertium annum.
삼년 째 끌어 온 전쟁(戰爭)(éxtraho 참조)/
facullitas bellandi. 전쟁 능력(戰爭 能力)/
fessus belli viæque. 전쟁과 강행군으로 지쳐버린/
Illa injusta bella sunt quæ sine causa suscepta.(Cicero).
정당한 사유 없이 일으킨 전쟁, 그것이 불의한 전쟁이다/
impendo pecuniam in bellum. 전쟁에 돈을 쓰다/
in bello. 전쟁에, 전쟁때, 전쟁 때에/
in ótio tumultuósi in bello segnes.
평화시에는 소란하고, 전시에는 고요한/
In statu quo ante bellum. 전쟁전의 상태로/
infero bellum alci. 누구에게 전쟁을 걸다(벌이다)/
insolens belli. 전쟁에 익숙하지 않은/
justum bellum. 정당한 전쟁/
lacesso bella. 전쟁을 일으키다/
Milites nostri gessérunt bellum, quod pátriæ
periculosíssimum erat. 우리나라 군인들이 전쟁을
하였는데, 그 전쟁은 우리나라에 대단히 위태로웠다
(위태로운 전쟁이었다) 라틴어의 관계문을 우리나라 말로 번역할 때
주문부터 먼저 번역하여 선행사를 다시 반복하여 번역하기도 한다)/
Nemo nisi victor pace bellum mutávit.
승리자만이 평화로써 전쟁을 변화시켰다/
Nulla salus bello : pacem te poscimus omnes. 전쟁에는
구원이 없다. 우리 모두가 그대에게 平和를 청하는 바이다/
Numquam amplius bellum!.(⑨ Never again war!).
다시는 전쟁이 없어야 한다!./
Omnia ad bellum apta ac parata.
전쟁을 위한 모든 준비는 다 잘 되었다/
Omnia paráta ad bellum. 전쟁 준비가 다 되었다./
Pacem quam bellum probábam.
나는 전쟁보다 평화를 찬성하였다(quam²참조)/
Peior est bellum timor ipse belli.(Seneca).
전쟁에 대한 공포 자체가 전쟁보다 더 나쁘다/
Quæ belli usus poscunt, suppeditáre.
전쟁에 필요한 것을 공급하다/
Quid illi simile bellos fuit?

그 전쟁과 흡사한 것이 무엇이었을까?/
Quodque bellum pueros orbat parentibus.
어떤 전쟁이든 부모에게서 자식들을 앗아간다/
rex erat æneas nobis, quo justior alter nec pietate fuit
nec bello major et armis. 우리 군왕은 애네아스였소이다.
경건함을 두고 그보다 의로운 인물, 전쟁과 군사에서 그
보다 위대한 인물이 없었소이다.(성 염 옮김, 단테 제정론, p.83)/
Si bellum omittimus, pace numquam fruemur. 우리가
전쟁을 소홀히 한다면, 결코 평화를 향유하지 못할 것이다/
Silent leges inter arma. 전쟁 때에는 법률들이 정지된다/
supra bellum Thebanum. 테바이 전쟁이전에/
Sub nomine pácís bellum latet.
평화라는 미명 아래 전쟁이 은폐된다/
Totus et mente et ánimo in bellum insístit.
그는 심혈을 기울여서 온전히 전쟁에만 부심하였다/
tracto bellum. 전쟁을 하다/
traho bellum. 전쟁을 길게 끌다/
turbátores belli. 전쟁 선동자(煽動者)들/
universalis belli(⑨ total war) 전면 전쟁/
urbs immunis belli. 전쟁에 참가하지 않은 도시/
varie bellatum est.
전쟁은 여러 가지가 기회가 되어 일어난다/
Veto bella. 전쟁을 반대 한다/
vícínum bellum. 이웃나라의 전쟁.
bellum acerrimum. 치열한 전쟁
bellum cívile. 내란(domesticum bellum), 시민전쟁
bellum cordis. 마음의 전쟁
Bellum cum rege initum est. 왕과 전쟁을 시작하다
bellum defensivum. 방어(防禦) 전쟁, 자위전쟁
bellum denuntio. 선전포고(宣戰布告)하다
bellum duco. 전쟁을 계속(繼續)하다.
Bellum dulce inexpertis.
겪어 보지 못한 이들에게 전쟁은 흥미진진하다.
bellum intestinum. 내란(內亂, bellum cívile)
Bellum Judaicum. 유다 전쟁
bellum justum. 의로운 전쟁, 합법적 전쟁
Bellum longius provectum est. 전쟁이 상당히 길어졌다.
Bellum maxime ómnium memorabile.
모든 전쟁 중에 가장 기억할만한 전쟁.
bellum navo. 악착같이 전쟁하다
Bellum omnium contra omnes.
만인에 대한 만인의 투쟁, 만인의 만인에 대한 투쟁(鬪爭)
[Thomas Hobbes는 자신의 저서 De Cive(1642년)와 Leviathan(1651년)에서 인간
실존은 경험을 통해 이해될 수 있는 것으로 이 라틴 문장을 썼다. 홉스의 인식론
에 관한 이 문장은 법률의 격언이 아님에도 후에 칼 마르크스와 엥겔스의 인용에
의해 유명해진다. 한동일 지음, 법으로 읽는 유럽사, p.413].
bellum provoco. 전쟁을 유발(誘發)하다
bellum quo Italia urebatur. 이탈리아가 초토화 된 전쟁
bellum religiosum. 종교성전(선유의 천주사상과 제사문제. p.139)
bellum restauro. 전쟁을 재개(再開)하다
bellum sociale. 동맹 전쟁
bellus, -a, -um, adj. 귀여운, 사랑스러운, 상냥한, 예쁜,
품이 있는, 세련된, 우아한, 아담한,
안녕한, 건전한, 발랄한, 쾌적한, 감칠 맛 있는.
Puella pupa bella est. 이 소녀의 인형은 예쁘다.
belóacos, -i, f. (植) 백선(白鮮-운향과의 다년초)
bólone(=bellóne) -es, f. 바늘
bélŭa(=béllŭa) -æ, f. 짐승, 야수, 맹수, 괴물(monstrum),
Tyrannus, quamquam figura est hominis, morum tamen
immanitate vastissimas vincit beluas.(Cicero).
폭군은, 비록 인간의 얼굴을 하고 있지만, 그 포악한
행습으로 보아서 별의별 야수(野獸)들을 능가한다.
belua male sáucia. 굶주림에 허덕이는 야수(野獸)
belua tætra. 끔찍스러운 짐승
belua vasta, vastissima. 거대한, 괴상한 동물
belŭális, -e, adj. 사나운 짐승의
belŭátus, -a, -um, adj. 짐승의 형상으로 꾸민
beluósus, -a, -um, adj. 짐승이 많은, 괴물이 많은
bêlus, -i, m. 묘안석(猫眼石-보석의 한 가지)

bema, bematis, n. ⑨ sanctuary; bishop's chair; pulpit.
[그리스어로는 강론대, 연단이다. 동방교회에서는 우선 전례를 주관하는 높은 단으로 만든 장소를 가리키는 보통 명칭이었다. 오늘날에는 이 명칭이 시리아 지역에서 유래한 것과 같이 특별히 신자석 가운데 잇는 주례자의 자리를 지칭하는 말로 즐겨 사용된다. 전례사목사전. 루페르트 베르거 지음. 최윤환 옮김. p.177].

Bendis, -is, f. Thrácia의 달의 여신(=Diána)

běně, adv. (benus=bonus) (comp. mélius, superl. óptime)
1. (흔히 동사와 함께) **잘**(καλώς), **훌륭하게, 좋게, 착하게,** 바르게, 옳게; 다행스럽게, 행복하게, 알맞게, 적절히, 제대로; 편리하게, 이롭게: bene ágere. 잘하다/ 법대로 공정하게 하다/ bene ágere cum alqo. 누구를 후대하다/ bene audíre. 좋은 평을 듣다, 칭찬 받다/ bene crédere. 믿어서 낭패하지(속지) 않다/ bene dícere. 잘(훌륭히)하다. 바르게.좋게) 말하다: 찬미하다, 축복하다/ bene émere. (이 남도록) 싸게 사다/ bene véndere. 비싸게 팔다/bene fácere. 잘(훌륭하게.바르게.착하게) 행하다; (남에게) 좋은 일을 하다, 은혜 베풀다/ bene facis(fecísti) 잘해줘서 고맙다/ bene factum. 선행(εὐεργεσία-善業) bene habére alqm. 누구를 잘 대우하다/bene habére, bene se habére. 잘 지내다, 잘 있다/ bene habet alqd alci. 누구에게 무슨 일이 잘되다, 성과(成果)가 있다/ bene vívere. 착하게 살다; 잘(행복하게.호화롭게)살다/ bene adésse, bene adveníre. 마침 잘 오다/ bene(óptime) vidére alqm. 제 때에(필요할 때에) 누구를 마침 잘 만나다.
2. (impers.) Bene est. 좋다, (일이) 잘 되었다, 다행이다: Si vales, bene est. 네가 잘 있으면 다행이다/ Alci alqā re bene est. 누가 무슨 일의 혜택을 받고 있다, 누구에게 무엇이 풍성히 있다/ bene(óptime) habet = bene (óptime) est. 좋다, (썩) 잘 되었다.
3. (est 없이도 쓰며, 특히 축배를 때) 좋다, 잘 되었다: 누구의 건강(다행.성공)을 위하여!: Si perfícient, óptime. 그들이 완성한다면 썩 잘된 일이다/ Bene mihi, bene vovis! 나와 여러분에게 행복이 있기를!/ Bene vos, bene nos(bene te, bene me)!. 여러분과 우리(너와 나) 모두 다행하기를 위하여!. 4. **꽤**, 무던히도, **상당히**, 좋이, 크게, 충분히, 전적으로: bene sanus. 대단히 건강한/ sermo bene longus. 상당히 긴 연설(演說)/ bene sæpe. 꽤 가끔/ bene mane. 상당히 이른 아침에/
Fecisti, edepol, et recte et bene! 자넨 진정 제대로 잘 했어!/ Si di curent, bene bonis sit, male malis, quod nunc abest. 만일 신들이 인간사를 보살핀다면 선인들에게는 잘 되고, 악인들에게는 잘못 되어야 할 게다. 그런데 지금은 그게 없다구!.[quod: 설명 quod. 앞의 문장 전부('신들이 인간사를 보살핌')를 선행사로 받는다. 고전 라틴어. 성 염. p.351].

Bene admones, Donate carissime
사랑하는 도나뚜스 안녕한가?(편지 첫 첫 머리에).

bene ago cum iis. 그들을 잘 다루다

bene amatur quod amandum. 사랑해야 할 것을 선하게 사랑하는 것.(교부문헌 총서 16, 신국론, p.1640).

Bene ambula(et reámbula) 잘 다녀 너라, 여행 중 안녕히!

bene animatus. 마음이 잘 준비된

bene cedo. 잘되다

bene dicendi. 잘 말하기

Bene est. 좋다, 다행이다

bene evenio. (일 따위가) 잘되다

bene fácis(fecísti). 잘해줘서 고맙다, 잘하는 일입니다. (찬동.찬탄의 표시로) 좋다! 잘한다!.
male facis. 잘못되는 것입니다.
Optas alicui amico tuo vitam? 그대의 벗이 살기를 바랍니까? bene facis. 잘하는 일입니다. Gaudes de morte inimici tui? 그대 원수의 죽음을 기뻐합니까? male facis. 잘못하는 것입니다.(최익철 신부 옮김. 요한 서간 강해. p.87).

bene facta. 좋은 행동, 잘된 일들

Bene factum est, quod ille venit.
그가 온 것은 잘된 일이었다.

bene factum. 선행(εὐεργεσία.善業, beneficium, -i, n.)

Bene fecisti, quod mansisti.
네가 머물렀던 것은 잘한 일이다.

bene habeo se. 잘 있다.

Quómodo te habes? 어떻게 지내느냐? (잘 있느냐?).

Bene me hábeo. 잘 지내고 있어/
Male me habeo. 잘 지내지 못 한다/
Quomodo te habes his diébus? 너 요사이 어떻게 지내고 있니?

bene merens. 유공자(有功者.⑨ B.M.)

Bene mones. 충고 잘 하셨소(말씀 고맙소. 너 말 잘했다!).
(성 염 지음. 고전 라틴어. p.34).

bene olidus. 냄새 좋은, 향긋한

Bene pugnatum est. 잘 싸웠다

Bene regitur mundus, floret et fucitera ecclesia.
세상이 잘 다스려지면, 교회는 번성(繁盛)한다.

Bene qui latuit bene vixit(Ovidius).
자신을 잘 숨김(숨어서 산) 사람이 (인생을) 잘 산 것이다.

bene sanus 대단히 건강한

Bene se habére. 잘 있다, 잘 지내다, 건강하다

Bene te! 그대에게 축복이 있길!

Bene valete. 안녕히 계십시오!

bene vivere. 선한 삶(착하게 살다)

benedicam nomini tuo, Domine, in sæculum.
주님, 영원토록 당신 이름 높이 기리오리다.

Benedicam Deum in vita me.
(시편 63. 5. 부산교구 손상석 주교 사목 표어. 2010.7.9일 주교 수품)
한평생 하느님을 찬미 하리이다.

Benedicamus Domino!(⑨ Let Us Praise the Lord)
주님을 찬미 합시다/
Deo gratias! 하느님 감사합니다.

benedicat, 원형 běnědíco, -díxi -díctum -ěre, intr., tr.
[접속법 현재. 단수 1인칭 benedicam, 2인칭 benedicas, 3인칭 benedicat, 복수 1인칭 benedicamus, 2인칭 benedicatis, 3인칭 benedicant.

Benedicat tibi Dominus et custodiat te!(민수 6, 24)
주님께서 그대에게 복을 내리시고 그대를 지켜 주시리라.

Benedicat vos omnípotes Deus, Pater, et Filius, et Spíritus Sanctus.(⑨ May almighty God bless you, the Father, and the Son, and the Holy spirit)
전능하신 천주 성부와 성자와 + 성령께서는
여기 모인 모든 이에게 강복하소서.

běnédíce, adv. 공손하게, 은근하게, 친절하게

benedicimus, 원형 běnědíco, benedíxi, benedíctum, -ěre,
[직설법 현재. 단수 1인칭 benedico, 2인칭 benedicis, 3인칭 benedicit, 복수 1인칭 benedicimus, 2인칭 benediciits, 3인칭 benedicunt].
Offerte vobis pacem. Invicem benedicimus corde sincero.
(⑨ Let us offer each other the sign of peace. Peace be with you!] 평화의 인사를 나누십시오. 평화를 빕니다!

benedicite, 원형 běnědíco, -díxi -díctum -ěre, intr., tr.
[명령법. 현재 단수 2인칭 benedice, 복수 2인칭 benedicite].

Benedicite Dominum.(⑨ Canticle of the Three Young Man)
세 젊은이의 찬가 (다니엘서 3장 57이하 참조).

běnědicíbílis, -e, adj. 축복 받을

Benedicite persequentibus vos;
benedicite et nolite maledicere.
박해하는 자들을 축복하시오
축복해야지 저주해서는 안 됩니다.

běnědíco, -díxi -díctum -ěre, intr., tr. (bene + dico)
잘(바르게.좋게) 말하다: 찬미하다, 축복하다(ㄱㄱ), 강복하다, 거룩하게 하다, 축성하다.
저주하다, 욕설하다.
Jube, Domine benedicere. 주여, 강복하소서.

Benedicta sit sancta trinitas atque indivisa Unitas!
거룩하신 삼위요 나누임 없으신 일체시여, 찬미 받으소서.

Benedicti, martyres designati
복되어라! 순교로 부름 받은 사람들

Běnědíctínus, -i, m. Benedíctus 수도회원

běnědíctĭo, -ónis, f. 찬미(讚美.⑨ Praise),
축복(εὐλογία.⑨ Blessing.獨 Segen.프 bénédiction),
강복(降福.⑨ Blessing), 강복식, 은혜,
방사(放赦) 축성, 축복식(祝福式.εὐλογία).
(미사 후 축복:Benedícat vos omnípotens Deus, Pater, et Fílius, et Spíritus Sanctus).
De benedictionibus Patriarcharum.
선조들의 축복(루피누스 지음).

Left column:

Benedictio abbatis. 아빠스 축복(祝福), 아빠스 축성식.
(이 축성은 교황권으로 되며 베네딕도 15세의 일반위임Mandatum generale 으로 된다. 백민관 신부 엮음, 백과사전 1, p.307).

Benedictio apostolica. 교황 강복

Benedictio aquæ* 성수 축복(聖水 祝福)

Benedictio candelarum. 초 축복
(2월 2일. 촛불행렬은 동방교회에서 들어 온 것으로 5세기 중엽 성 테오도시오 전기에 언급되어 있다. 아마도 로마의 토착 풍습인 밭 둘레를 도는 행렬과 융합한 것으로 보인다. 교회에서는 순례의 기름을 표시한다. 초 축복은 10세기 부터 행해졌다. 백민관 신부 엮음. 백과사전 1, p.307).

Benedictio cerei paschalis. 부활초 축성(祝聖)

Benedictio cibi.(⑨ Blessing of food.獨 Speisenweihe)
음식 축복.

Benedictio cinerum. 재(灰) 축성

Benedictio coemeterii. 묘지 축성,
Coemeteria Ecclesiæ propria, ubi fieri potest, habeantur, vel saltem spatia in coemeteriis civilibus fidelibus defunctis destinata, rite benedicenda.
교회에는 가능한 곳에서는 고유한 묘지 또는 적어도 시민 묘지 내에 죽은 신자들을 위하여 지정되고 올바로 축복한 자리가 있어야 한다. 위의 사항이 이루어질 수 없으면, 묘마다 매번 올바로 축복되어야 한다.(교회법 제1240條).

Benedictio constitutiva. 설정적 축복(사람, 사물, 장소 등을 축성할 때는 성유를 쓰지 않고 축성하며, 경신행위의 일정 목적을 위해 설정하는 것을 말한다. 예: 대수도원장, 묘지 축성 등. 백민관 신부, 백과사전 1, p.308).

Benedictio cum Sanctissimo Sacramento. 성체강복.
(⑨ Benediction of the Blessed Sacrament)
(1973년 10월18일 교황청 경신성사성은 사제가 없을 경우 남녀 수도자, 경우에 따라서는 평신도 대표도 성체를 내 모실 수 있게 했다. 다만 강복은 사제만이 할 수 있다. 백민관 신부 엮음, 백과사전 1, p.309).

Benedictio Dei omnipotentis Patris, et Filii, et Spiritus Sancti descendat super vos: et maneat semper.
전능하신 천주 성부+와 성자+와 성령+께서는 여러분 위에 임하시어 강복하시고 길이 머무소서.

Benedictio domi.(⑨ Blessing of House.獨 Haussegnung)
집 축복.[전례심포지엄, 루페르트 베르거 지음, 최윤환 옮김, p.492].

Benedictio domorum. 집 축복식, 가옥(집) 축성.
(집 축복은 전례와는 상관없이 민간신앙으로 예수 공현, 삼왕내조를 기념하는 행사로 이루어졌다. 백민관 신부 엮음, 백과사전 1, p.308).

Benedictio episcopális. 주교 강복(主敎 降福)

Benedictio et impositio primarii lapidis. 정초식
(정초식의 돌은 네모꼴 모난 돌이어야 한다. 정초식은 소유, 정착, 강복을 뜻하며 성당인 경우 제대가 놓일 곳, 초석, 토대에 성수를 뿌리고 초석을 묻는다. 백민관 신부 엮음, 백과사전 1, p.308).

Benedictio Eucharistiæ. 성체강복(⑨ Eucharistic benedictio/Benediction of the Blessed Sacrament).

Benedictio fontis. (성 토요일의) 세례 성수 축성예절

Benedictio fructuum.(⑨ Blessing of fruits.
獨 Früchtesegnung) 오곡 축복(五穀 祝福).

Benedictio ignis(⑨ New Fire) 불 축성.
(성 토요일 행사는 불 축성으로 시작한다. 주님의 죽음을 생각하며 성당의 불을 끈 상태에서 구원의 광명이 비칠 부활초에 불을 켜기 위해 사제는 성당 문 밖에서 불을 축성한다. 옛날에는 이렇게 축성한 불을 신자들의 각 가정으로 운반했다고 한다. 백민관 신부 엮음, 백과사전 1, p.308).

Benedictio infirmorum. 병자 강복

Benedictio invocativa. 기원적 축복(祈願的 祝福)

Benedictio itinerarii. 여행자 축복
(성서의 예를 따라 여행을 떠날 때 신을 청하는 습관이 생겼다. 특히 순례 여행을 떠날 때에는 성대한 예식을 했다… 백민관 신부 엮음, 백과사전 1, p.308).

Benedictio matris.(⑨ Blessing of Mothers.
獨 Muttersegnung) 어머니 축복.
(애기 출산 후에 처음으로 교회에 다시 나오는 어머니에게 주는 축복이다].

benedictio mensæ(⑨ Grace at meals.獨 Tischgebet)
식사기도[수도원에서 식사 때 시편을 읽으면서 하는 기도로 시작. 베네딕도 수도 규칙 43조에 발견된다. 지금은 각 신자들에게 퍼져서 기도문이 간단해졌다. 식전 축문과 식후 축문이 있다. 백민관 신부 엮음, 백과사전 1, p.308).

benedictio mulieris ante(post) patrum*
산전(産前.産後) 축복, 임산부 축복.

Benedictio mulieris post partum. 취결례(取潔禮)

Benedictio nuptialis. 혼배 강복, 혼인 축복.
Missa pro sponso et sponsa. 혼배 미사(彌撒)

Benedictio olei. 성유 축성

Benedictio olei Catechumenorum. 세례 성유 축성

Benedictio olei Chrismatis(Sancti). 크리스마 성유 축성

Benedictio olei Infirmorum. 병자 성유 축성

Right column:

Benedictio Palmarum. 성지(聖枝) 축성(성지 축성은 4세기 에테리아의 순례기에 언급되어 있고, 갈리아 지방에는 이 예식이 7~8세기 보비아 전례서에 들어 있다. 백민관 신부 엮음, 백과사전 1, p.309).

Benedictio Pecorum. 가축 축복.

Benedictio puerorum.(⑨ Blessing of children.
獨 Kindersegnung) 어린이 축복(祝福).

Benedictio (Sancti) Blasii. 블라시오 축복(祝福)
(전설에 따르면 성 블라시오가 옥중에 있을 때에 생선가시가 목구멍에 걸려 질식하게 된 어린이를 고쳤다고 한다. 그 후 목병에 걸리면 그 성인의 이름을 불러 치유를 기원했다. 독일, 보헤미아, 스위스 등지에서 2월 3일 블라시오 축복 때 두 개의 초를 안드레아 십자가형(X)으로 하여 목에 대고 기도문을 왼다. 로마에서는 초를 성유에 담갔다가 목에 댄다. 16세기에는 이날 블라시오 성수를 축성하여 가축에게 뿌리거나 먹이기도 했다. 백민관 신부 엮음, 백과사전 1, p.307).

Benedictio Sanctissimi Sacramenti. 성체강복.
(⑨ Benediction of the Blessed Sacrament)

Benedictio Sepulcri. 묘지 축성

benedictio simplex Rituális. 전례서의 단순 축복

benedictio sollemnis* 장엄 축복(莊嚴 祝福)

benedictio sollemnis Missális.
미사 전례서의 장엄 축복(莊嚴 祝福).

Benedictio St. Mauri. 성 마우로 축복(祝福)
[그리스도의 십자가 단편을 가지고 강복하는 축복 예식. 성 마우로의 전달 기구를 청하며 이 예식을 한다. Odo(863년 이전) 원장의 글에 병자를 간호하는 성 마우로의 방법을 본떠서 만든 예식으로 성 베네딕도회의 성무일도서와 예식서에 그 예절이 들어 있다. 백민관 신부 엮음, 백과사전 2, p.701].

benedictio thalami. 신방의 축복.

Benedictio temperaturæ.(⑨ Blessing of the Whether.
獨 Wettersegen) 기후 축복(한라사전 참조).

Benedictio Virginum. 동정녀 축성식(초대교회의 여집사 diaconissa의 축복식에 기원을 찾을 수 있다. 현재는 카르투시오회 등에서 수녀 허원 후 4년 만에 축복한다. 백민관 신부 엮음, 백과사전 3, p.762).

Benedictionale. 축성 예식서(교회의 예식. 미사경본, 주교 예식서 등에서 뽑은 여러 가지 강복식, 축성식, 축복식 등의 예절을 모은 책. 이런 종류의 가장 오래된 예절 형식은 7세기 사본이 있다. 아일랜드에서는 Ritus Servandus를 일컫는 말이다. 백민관 신부 엮음, 백과사전 1, p.309).

Benedictio perpetua benedicat nos Pater ætérnus.
영원하신 아버지, 끊임없는 축복으로 저희를 강복 하소서.

Benedictionum celebratiónes. 축복 예식서(1984.5.31. 교령)
běnědíctum, -i, n. (εὐλογία.⑨ Blessing)
좋은 말, 축복(식).

Benedíctum est enim lignum, per quod fit iustitia.
(euvlo,ghtai ga.r xu,lon diV ou- gi,netai dikaiosu,nh)
(獨 Denn ein solches Holz, das einer gerechten Sache dient, soll gesegnet sein) (⑨ For blest is the wood through which justice comes about) 그리하여 정의가 나온 그 나무는 복을 받았습니다. 지혜 14. 7)/정의를 나타 나게 한 그 나무는 축복을 받았다(공동번역. 지혜 14. 7).

Benedictus(⑨ Canticle of Zechariah) 즈카리야 노래

Benedictus, anima mea, Domino.
내 영혼아 주님을 찬양하라.

Benedictus Deus. 복되신 하느님, 축복하시는 하느님.
[트리엔트 공의회의 인준사항을 담은 교황교서, 교황 비오 5세.1564년].

Benedictus Deus et Pater Domini nostri Iesu Christi.
우리 주 예수 그리스도의 아버지이신 하느님 찬미 받으소서.
[우리 주 예수 그리스도의 아버지이신 하느님께서 찬미 받으시기를].

Benedíctus Deus in sǽcula. 하느님, 길이 찬미 받으소서
[Benedictus는 과거분사의 형용사 용법으로 남성 단수 주격이며, Sit Benedictus 에서 sit이 생략되었음. 황치헌 신부 지음, 미사통상문을 위한 라틴어, p.195 참조].

Benedictus Dominus Deus Israël.
찬양 받으소서, 이스라엘의 하느님이신 주님!.

Benedictus eris et ingrediens et egrediens.
(euvloghme,noj su. evn tw/| eivsporeu,esqai, se kai. euvloghme,noj su. evn tw/| evkporeu,esqai, se) (獨 Gesegnet wirst du sein bei deinem Eingang und gesegnet bei deinem Ausgang) (⑨ May you be blessed in your coming in, and blessed in your going out! (신명 28. 6)
너희는 들어올 때에도 복을 받고 나갈 때에도 복을 받을 것이다(성경 신명 28. 6)/너희는 들어와도 복을 받고 나가도 복을 받으리라(공동번역 신명 28. 6).

Benedíctus es, Domine, Deus patrum nostrorum, et laudabilis in sǽcula.(다니 3. 52)
주님, 저희 조상들의 하느님, 찬미 받으소서.
당신은 칭송과 드높은 찬양을 영원히 받으실 분이십니다.
Benedictus es, Domine, Deus patrum nostrorum.

B

Et laudabilis et gloriosus in sǽcula.
Et benedictum nomen gloriæ tuæ, quod est sanctum.
Et laudabile et gloriosum in sǽcula.
Benedictus es in templo sancto gloriæ tuæ.
Et laudabilis et gloriosus in sǽcula.
Benedictus es super thronum sanctum regni tui.
Et laudabilis et gloriosus in sǽcula.
Benedictus es super sceptrum divinitatis tuæ.
Et laudabilis et gloriosus in sǽcula.
Benedictus es, qui sedes super Cherubim, intuens abyssos.
Et laudabilis et gloriosus in sǽcula.
Benedictus es, qui ambulas super pennas ventorum et super undas maris.
Et laudabilis et gloriosus in sǽcula.
Benedicant te omnes Angeli et Sancti tui. Et laudent te et glorificent in sǽcula.
Benedicant te coeli, terra, mare, et omnia quæ in eis sunt.
Et laudent te et glorificent in sǽcula.
Gloria Patri, et Filio, et Spiritui Sancto.
Et laudabili et glorioso in sǽcula.
Sicut erat in principio, et nunc, et semper: et in sǽcula sæculorum. Amen.
Et laudabili et gloriosus in sǽcula.
Benedictus es, Domine, Deus patrum nostrorum.
Et laudabilis et gloriosus in sǽcula.

주님, 저희 조상들의 하느님, 찬미 받으소서.
당신은 칭송과 드높은 찬양을 영원히 받으실 분이십니다.
당신의 영광스럽고 거룩하신 이름은 찬미 받으소서.
당신의 이름은 드높은 칭송과 드높은 찬양을 영원히 받으실 이름입니다.
당신의 거룩한 영광의 성전에서 찬미 받으소서.
당신은 드높은 찬송과 드높은 영광을 영원히 받으실 분이십니다.
당신의 왕좌에서 찬미 받으소서.
당신은 드높은 찬송과 드높은 찬양을 영원히 받으실 분이십니다.
커룹들 위에 좌정하시어 깊은 곳을 내려다보시는 당신께서는 찬미 받으소서.
당신은 드높은 찬송과 드높은 찬양을 영원히 받으실 분이십니다.
하늘의 궁창에서 찬미 받으소서. 당신은 찬송과 영광을 영원히 받으실 분이십니다.
주님의 업적들아, 모두 주님을 찬미하여라.
영원히 그분을 찬송하고 드높이 찬양하여라.
주님의 찬사들과 성인들이여, 주님을 찬미하여라.
영원히 그분을 찬송하고 드높이 찬양하여라.
하늘과 땅과 바다와 그 안에 있는 만물들아, 주님을 찬미하여라.
영원히 그분을 찬송하고 드높이 찬양하여라.
영광이 성부와 성자와 성령께.
당신은 드높은 찬송과 드높은 영광을 영원히 받으실 분이십니다.
처음과 같이 이제와 항상 영원히, 아멘.
당신은 드높은 찬송과 드높은 영광을 영원히 받으실 분이십니다.
주님, 저희 조상들의 하느님, 찬미 받으소서.
당신은 칭송과 드높은 찬양을 영원히 받으실 분이십니다.(다니 3, 52~56)

Benedíctus es, Dómine, Deus patrum nostrórum.
주님, 저희 조상들의 하느님, 찬미 받으소서.
Benedíctus es, Domine, Deus universi.
온 누리의 주 하느님, 찬미 받으소서.
Benedíctus qui venit in nomine Domini.
주님의 이름으로 오시는 분은 찬미 받으소서.
Benedíctus tu in civitate et benedíctus in agro.
(euvloghme,noj su. evn po,lei kai. euvloghme,noj su. evn avgrw/│)
(獨 Gesegnet wirst du sein in der Stadt, gesegnet wirst
du sein auf dem Acker) (영 May you be blessed in the
city, and blessed in the country!) 너희는 성읍 안에서도
복을 받고 들에서도 서도 복을 받을 것이다(성경 신명 28, 3)/
너희는 도시에서도 복을 받고 시골에서도 복을 받으리라(공동번역).
Benedíxit Deus in Sǽcula(영 Blessed Be God for Ever)
하느님, 길이 찬미 받으소서.
běněfácĭo, -féci -fáctum -cĕre, intr., tr.
잘(바르게.옳게)하다.행동하다, 좋은 일을 하다,
은혜를 베풀다; 공헌하다.
běněfáctĭo(benefácĭo) -ónis, f. 좋은 일을 함,
선행(善行.εὐεργεσία), 은혜(χὰρις.恩惠),
자선(영 Almsgíving/Charity.ἐλεηµοσύνη에서 유래).
běněfáctor, -óris, m. 은인, 자선가, 선행자
běněfáctrix, -trícis, f. 은인, 자선가, 선행자
běněfáctum, -i, n. 훌륭한 일.사실.업적.ἔργον.
(영 Work/Opus), 선행(εὐεργεσία.善業), 은혜(χὰρις).
běněfĭcéntĭa(=beneficientia) -æ, f.
선행(εὐεργεσία.善業), 아량(雅量-깊고 너그러운 마음씨),
자선(영 Almsgíving/Charity.ἐλεηµοσύνη에서 유래),
친절(χηστὸς.영 Benevolence),
자애(חסד.慈愛-자식에 대한 어버이의 사랑과 같은 큰 사랑).
beneficentiæ ubertas 자애의 풍요로움
běněfĭcéntĭor, -ĭus, comp., adj. (benéficus)
běněfĭcentíssĭmus, -a, -um, superl., adj. (benéficus)
běněfĭcĭális, -e, adj. 은혜의, 특권이 부여된
běněfĭcĭárĭus, -a, -um, adj. 은혜의, 은혜로운.
특권이 부여된. m. 특전 받은 병사.

m. (교회법상) 교회록 붙은 사람.
běněfĭcĭátus, -i, m. 봉건(封建) 신하, 녹을 받는 신하,
(교회법상) 교회록 붙은 사람.
běněfĭcíéntĭa, -æ, f. = **běněfĭcéntĭa**
běněfĭcĭólum, -i, n. 조그마한 은혜, 총애(寵愛)
běněfícĭum, -i, n. (bene+fácĭo) 남에게 좋은 일을 함,
선행(εὐεργεσία.善行-선업), 은혜(χὰρις.恩惠),
무상의 호의('Aetas, Commoda, Donatio, Immunitas,
Privilegium, Renunciatio' 참조).
은총(χὰρις.獨 Gnade.영 Gifts-은총이란 무상으로 주어진 은혜),
호의의 표시, 총애(寵愛-남달리 귀여워하고 사랑함), 진력(盡力),
수고, 도움, 신세, 알선(斡旋), 덕택(德澤-德分), 때문,
편들어 줌, 지지(支持), 혜택(惠澤-은혜와 이택), **관대,**
특전, 특권, 권리, 권한, 승진 추천, 이익, 이전,
유리함, 교회록(敎會祿.영) benefice), 성직록(聖職祿).
[beneficium'은 예외적인 성격을 가지는 법적 이익이나 구제로서 특별한 법적 상황
또는 법무관 고시, 원로원 의결 또는 황제나 직맹의 칙령에 의해 특별한 범주의
사람들에게 허용되는. '베네피치움beneficium'은 통상 군인과 같이 특별한 범주의
사람과 관련한 일이었다. 그 가운데 형사범죄와 군사 징계의 영역에서 군인
에게 적용되는 군법lus militare에서 기인한 개념이다. 또한 'beneficium'이라는
용어는 황제나 황제의 칙령과 관련한 이 용어는 황제가 개인, 사람들의 집단.
지방자치단체 또는 전체 속주에게 부여하는 특전으로 사용되었다.
                              한동일 지음, 로마법의 법률 격언 모음집에서(출간예정)].
Adiuvari nos, non decipi beneficio oportet.
(이익은) 우리를 돕는 것이지 이익을(이익 받는
사람을) 속여서는 안 된다/
alci beneficium dare(tribúere). 누구에게 은혜를 베풀다/
alqm beneficio affícere(ornáre). 누구에게 은혜를 베풀다/
apud gratos beneficia locáta.
고마운 줄 아는 사람들에게 베푼 은혜(恩惠)/
Beneficia dare qui nescit, injuste petit.(Publilius Syrus)
혜택을 베풀 줄 모르는 사람은 (남에게 혜택을 요구할
때에) 혜택을 부당하게 요구하는 셈이다/
Beneficia non obtruduntur.
특전은 강제로 맡겨서는 안 된다/
beneficia ultro et citro data, accepta.
이쪽저쪽에서 서로 주고받는 혜택/
beneficii vinculis obstrictus. 크게 신세진/
benefício alligári. 국록(國祿)에 매이다/
benefício tuo. 네 덕에/
Gratus esse debet qui beneficium accepit.
이익을 받는 사람은 무상이어야 한다/
immemor benefícii. 은혜를 저버리고/
Improbus est homo qui beneficium scit accipere et
reddere nescit. 이익을 받는 것은 알고 갚는 것을
모르는 사람은 부정직한 사람이다/
Inopi beneficium bis dat, qui cito dat. 궁한 사람에게
도움을 빨리 주는 사람은 두 배로 주는 셈이다/
Interest hominis hominem beneficio affici.
사람이 사람에게 선행을 하는 것은 좋은 일이다/
Invito beneficium non datur.
싫어하는 자에게는 혜택이 주어지지 않는다/
Magnum benefícium est natúræ, quod necésse est mori.
죽는 것이 필연적이라는 것은 자연의 큰 은혜이다/
Meo beneficio cives salvi fuerunt.
내 덕택으로 시민들이 구원되었다/
Minoribus aetas in danmis subvenire, non rebus prospere
gestis obesse consuevit.
어려움 중에 있는 나이가 어린 사람을 도우러 오는 것,
번창하는 일에 방해가 되지 않는 것이 몸에 뱄다/
Natura aequum est tandem de liberalitate mea uti quandiu
ego velim, et ut possim revocare cum mutavero
voluntatem. 내가 하고 싶을 때까지 나의 선심은 지속하고
마음(의사)이 바뀌면 그것을 철회할 수 있는 것이
자연적 형평이다/
Nemini sua liberalitas damnosa esse debit. 그 누구에게도
그의 아량(관대함)이 손해가 되게 해서는 안 된다/
Noli imputare vanum beneficium mihi.
아무 것도 아닌 것을 가지고 내게 생색내지 마라/
Non negligentibus subvenitur, sed necessitate rerum

137

B

impeditis. 무관심한 사람을 돕는 것이 아니라
긴급한 사정으로 난처한 사람을 돕게 된다/
Non potest liberalitas nolenti acquiri.
원하지 않는 선물은 획득될 수 없다/
Qui dedit beneficium taceat: narret qui accepit. 선행을
베푼 사람은 침묵하고 그것을 받은 사람이 말한다/
Quibus proprie beneficiis Dei excepta generali largitate
sectatores veritatis utantur. 진리를 따르는 사람들은
하느님으로부터 어떤 호의를 입고 하느님의 어떤 공평한
은총을 입는가(교부문헌 총서 17. 신국론, p.2766)/
Quod ab initio beneficium fuit, usu et aetate fit
debiturn. 처음부터 특전이었던 것은 용도와 수명에
의해 책임이 된다/
Quod alicui gratiose conceditur, trahi non debet ab
aliis in exemplum. 누군가에게 무상으로 양도된 것은
다른 사람에게 원본을 돌려서는 안 된다/
Quod cuique pro eo praestatur, invito non tribuitur.
자기 자신을 위해 누군가에게 준 것을 싫어하는
사람에게 주어서는 안 된다/
Quod datur personis, cum personis amittitur.
사람에게 준 것은 사람과 함께 잃어버리게 된다/
Quod favore quorundam constitutum est, quibusdam
casibus ad laesionem eorum, nolimus inventum videri.
어떤 사람의 호의로 이루어 진 것은 어떠한 경우
에도 그들의 마음을 상하게 해서는 안 된다/
Si [quis] communi auxilio et mero iure munitus sit,
non debet ei tribui extraordinarium auxilium
(누군가) 일반적인 원조와 순수한 권리로 방비를
해 두었다면, 그에게 특별원조가 제공되어서는 안 된다/
Species lucri est ex alieno largiri. 남의 재산으로
후히 베푸는 것이 재물의 개념이다/
Ubi aequitas evidens poscit, subveniendum est.
평등(공정, 형평)이 명백하게 요구할 때는
도우러 가야 한다/
Ubi personae constitio locum facit beneficio, ibi,
deficiente ea, beneficium quoque deficit: ubi vero genus
actionum id desiderat, ibi ad quemvis persecutio eius
devenerit, non deficit ratio auxilii.
사람의 조건이 특권에 효력을 만드는 곳에서는 그것이
부족한 곳에서는 특권을 포기한다. 그러나 행동 양식이
그것(특권)을 원하는 곳에서는 그곳에 어떠한 박해가
올지언정 도움의 원칙(특권)은 포기하지 않는다/
Ubicumque est homo, ibi beneficio locus.
어디서나 인간이 존재하는 곳은 특권에 대한 여지가 있다/
Veniébat ei in mentem beneficiórum.
그는 은혜들을 기억하고 있었다.
beneficium accícere. 은혜를 받다.입다
Beneficium accipere libertatem est vendere.
혜택(은혜)을 받는다는 것은 자유를 파는 짓이다.
beneficium alci reddo. 누구에게 은혜를 갚다
Beneficium competentiæ. 해당직 성직록
Beneficium consistoriale. 추기경회 직록
Beneficium curatum. 사목 성직록
beneficium ecclesiasticum. 교회록(⑨ benefice)
Beneficium est quod potest, cum datum est et(=etiam)
non reddi. 은혜라는 것은 베풀었다가 되돌아오지 못할 수도 있다.
Beneficium legis non debet esse captiosum.
법률의 특전은 속이는 게 있어서는 안 된다.
Beneficium magnum sane dedit.
그가 꽤나 큰 은혜(恩惠)를 베풀었군 그래.
Beneficium Majus. 고위 성직록
Beneficium manuale. 가변 성직록
Beneficium perpetuum. 종신 성직록, 고정 성직록
Beneficium qui nescit dare, iniuste petit.
친절을 베풀 줄 모르는 사람은 부탁하지 마라.
(친절을 베풀 줄 모르는 사람이 부탁하는 것은 부당하다).
Beneficium regulare. 수도자 성직록
Beneficium sæculare. 교구 성직록

Beneficium simplex. 무소임 성직록(백민관 엮음. 백과사전 1, p.312)
běnéficus, -a, -um, adj. (bene+fácio)
(comp. beneficéntior, superl. beneficéntíssimus)
남에게 잘해주는, 자선심 많은, 자비로운, 관후한.
běněplácěo, -cǔi, -cǐtum, -ére, intr. (bene+pláceo)
(누구에게) 대단히 마음에 들다, 매우 기쁘게 하다.
běněplácǐtum, -i, n. 기쁘게 해 주는 것, 동의, 승인, 허락,
마음에 드는 일, 은혜(χάρις), 쾌락(⑨ Pleasure).
běnésǒnans, -ántis, adj. 좋은 소리가 나는
běnésǒnus, -a, -um, adj. 좋은 소리가 나는
běněvénǐo, -íre, intr. 환영받다, 호감이 가다
běnévǒle, adv. 친절하게, 호의적으로
běnévǒlens, -éntis, adj. 호의적(好意的)인,
친절한, 자애로운, 인정 많은, 인자한.
běněvǒléntǐa, -æ, f. 친절(親切), 환심(歡心), 인정 많음,
호의(πα.εὐνοια.χηστὸς.⑨ Benevolence).
사랑(מבבחב.אתא.אסח.ἀγάπη.Φιλος.愛.
⑨ Charity/love), 자애, 어진 마음,
자비(חסד.חמל.χηστὸς.⑨ Benevolence/
Compassion/Mercy/pity).
allicio suis offíciis benevoléntiam alcjs.
봉사로써 아무의 호의를 사다/
Benevolentiam stabilitate judicare.
항구심을 보고서 호의를 판단하다/
Eum virorum bonorum benevolentiā prosecuta est.
착한 사람들의 호의가 그에게 대해 끊이지 않았다/
interior benevolentiæ sensus.
친절(親切.χηστὸς.⑨ Benevolence.
Parentum benevolentia magnum liberis auxilium est.
부모님의 은혜는 자녀들에게 커다란 도움이다(이 된다)/
Sola benevolentia sufficit amanti. 사랑하는 사람에게는
호의만으로도 넉넉합니다.(최익철 신부 옮김. 요한 서간 강해, p.353)/
Subláta benevoléntia amicítiæ nomen tóllitur(tollo 참조).
친절이 없어지면 우정은 이름도 없어진다/
Testem benevolentiæ,
1899년 레오 13세의 아메리카니즘 배척에 관한 교황 서간.
běnévǒlus, -a, -um, adj. (bene+volo)
(comp., superl.는 běněvǒlens에서)
호의적인, 친절한, 인정 많은, 호의를 가진.
benevolus, -a, -um, adj. 호의적인
benigna nox. 즐거운 밤
Benígne! 고맙다!
běnígne, adv. 호의를 갖고, 인자하게, 친절하게,
기꺼이, 너그럽게, 온화하게, 풍성하게, 많이,
고맙게, 고맙지만(감사하면서 거절할 때).
Benigne dícis. 고맙습니다(상대방 말에 고마움을 표시하는 대답으로)
benigne fácere alci. 아무에게 친절을 다하다
benignior, -or, -us, adj. benígnus, -a, -um의 비교급
benignissimus, -a, -um, adj. benígnus, -a, -um의 최상급
benígnǐtas, -átis, f. 친절(χηστὸς.⑨ Benevolence).
호의(好意.πα.εὐνοια.χηστὸς.⑨ Benevolence), 온정,
인자(仁慈.χηστὸς), 너그러움(⑨ Gentleness.어짊),
자애(חסד.慈愛-자식에 대한 어버이의 사랑과 같은 깊은 사랑),
인정 많음, 관후(寬厚)함(마음이 너그럽고 온후함)
benígnǐter, adv. = běnígne, adv.
benígnus, -a, -um, adj. (bene+gigno) 호의를 가진,
친절한, 인정 많은, 관후한, 너그러운, 남을 잘 돌봐주는,
인자한, 어진, 즐거운, 탐닉하는, 풍성(豊盛)한, 풍부한,
결실(結實) 많은, 비옥(肥沃)한, 길(吉)한, 즐거운.
benígna nox. 즐거운 밤/
De benigna charitate erga proximum.
이웃에 대한 너그러운 사랑에 대하여/
Nemo non benignus est sui judex.
누구나 자신은 관대(寬大)하게 판단 한다/
vini somníque benígnus. 술과 잠을 몹시 즐기는.
benivol··· V. benevol···
Benjamin, indecl. 벤야민(야곱과 라헬의 막내아들), 벤자민
benzidínum, -i, n. (化) 벤진

benzólum, -i, n. (化) 벤졸

bĕo, -ávi -átum -áre, tr. 행복하게 하다, 복되게 하다,
기쁘게 하다, 가멸게 하다, 부자 되게 하다,
(누구의) 재물을 많게 하다.

berberidácĕæ, -árum, f., pl. (植) 매자나무과 식물

berbex = vervex(-bix) -vecis(-bícis), m. 양(洋), 숫양

bereshith (히브리어) 베레쉿. 태초에, 한 처음에(창세기 시작
하는 히브리어 첫머디. 창세기의 책이름이 되었다. 백민관 신부, 백과사전 1, p.318).

beribéría, -æ, f. (醫) 각기(脚氣, neurítis múltiplex endémica).

bero, -ónis, m. 자루(袋)

Bérŏe, -es, f. 전설상의 많은 여자 이름

Berolinum, -i, n. 베를린(독일 북동부에 있는 독일 최대의 도시)

berso = birso, -áre, tr. 말 못하게 하다, 쫓아버리다

bĕrýllus(-os) -i, m. (鑛) 녹주석(綠柱石-보석의 한 가지)

bēs, bessis, m.(cf. as) 12분의 8 = 3분의 2.
besses usúræ. 연 8부 이자.

bes(s)ális, -e, adj. 8의 수를 포함한, 8úncia.

béstĭa, -æ, f. 짐승. 맹수.
damnátĭo ad bestĭas. 맹수형(로마 제국에서 가장 참혹한 사형형태는
십자가형 Crucifixio. 화형 Cremátĭo. 맹수형 dammátĭo ad bestĭas이었다)/
Fuit tempus cum in agris homines bestiarum more
vagabantur. 사람이 짐승처럼 들을 헤매며 살던 시대가 있었다/
vas tuum inhabitant bestiæ terræ. 그대의 그릇에는
지상의 온갖 짐승들이 자리 잡고 있느니라.

béstĭa Apocalypsis. 묵시록의 짐승

bestiæ cicures 가축(家畜)

Béstiæ ratiónis et oratiónis sunt expértes.
동물들에게는 이성과 언어가 없다.

bestiæ terrenæ. 육지동물(陸地動物)

bestiális, -e, adj. 짐승의, 야수(野獸)와 같은, 야수의

bestiálĭtas, -átis, f.
수간(獸姦-짐승과 性交하는 일), 짐승과의 음행(淫行).

bestiárĭus, -a, -um, adj. 짐승(맹수)에 관한.
m. 투우사, (소 아닌 다른 짐승과도 싸우는) 맹수 투사,
(맨손으로 싸우도록) 맹수형(猛獸刑)에 처해진 사람.
n. (인간 풍자의) 동물 우화집.

bestíŏla, -æ, f. (곤충 기타 온갖 동물 포함) 작은 짐승.
Quædam bestiolæ unum diem vivunt.
어떤 곤충은 하루를 산다.

béstŭla, -æ, f. 작은 짐승

bēta¹, -æ, f. (植) 근대, 첨채(忝菜-사탕무)

bēta², n., indecl. 희랍문자의 둘째 글자 B

bētácĕus, -a, -um, adj. (bēta¹) (植) 근대의, 근대에 속한.
m. 작은 근대, 근대 뿌리.

betanáphthŏlum, -i, m. (化) 베타나프톨(방부제.색소원료)

Bethania (그리스어) 베타니아("가난한 이의 집"의 뜻)

Bethel (히브리어) 베델("하느님의 집"의 뜻)

Bethesda (히브리어) 베테스다("애련의 집"의 뜻)

Bethlehem. 베들레헴(חם בֵּית.⑨ Bethlehem-이스라엘
팔레스타인 서부 지역에 있는 예루살렘에서 약 10여 Km 떨어져 있는 작은
도시. 베들레헴이라는 이름은 집을 의미하는 'Beth' 혹은 'Beit'와 고기, 빵을
의미하는 'Lehem'이 합쳐진 말로서 그대로 풀이하면 "빵집"이 된다).
In Bethlehem Nativitas.(⑨ The Birth at Bethlehem)
베들레헴에서의 탄생.

Bethphage (아람어) 벳파게("덜 익은 무화과의 집"의 뜻)
(예수가 예루살렘 입성 시 타실 나귀를 구하러 갔던 곳(마태 21, 1).

Bethsaida (히브리어) 벳사이다("고기잡이의 집"의 뜻)

Bethzatha (히브리어) 베짜타("올리브의 집"의 뜻)

bĕttísso(-tízo), -áre, intr. 연하다, 힘이 빠져 있다,
유약(柔弱-부드럽고 약함)하다, 무력(無力)하다.

bēto(=bīto) -ĕre, intr. 가다(הלך.אזל)

bētúla, -æ, f. (植) 자작나무

betulácĕæ, -árum, f., pl. (植) 자작나무科 식물

B.F. = Bona fide 선의의 약자(略字)

bi-, (불분리 접두어 = bis)

bĭárchia, -æ, f. 식량 조달직

bĭárchus, -i, m. (軍) 식량조달 감독(監督)

Bĭas, -ántis, m. Priéne의 희랍 철학자, 희랍 7현인의 한 사람
Bias fuit unus ex septem sapientibus.
비아스는 일곱 현자 중의 하나였다.

Biasca Sacramentarium. 비아스까 전례서
(10세기 암브로시오 전례의 수사본으로서 가장 오래된 것으로 이 수사본은
밀라노의 암브로시아나 도서관에 있다. 백민관 신부 엮음, 백과사전 1, p.334).

bĭbária, -æ, f. 간이음식점

Bibas cum eulogia. 축복하면서 마시라

bĭbax, -ácis, f., m. (bibo²) 술꾼

bibere aquam servam(líberam) 노예 신분이다(자유인이다)

bibere da. 마시게 해다오(do 참조)

bĭbi, "bibo"의 단순과거(pf.=perfectum)

bibílĭlis = bíbĭlis, -e, adj.

bíbĭlis, -e, adj. 음료에 적합한, 마실 수 있는

bíbĭo, -ónis, m. 술에 생기는 작은 파리

bibite, 원형 bĭbo¹ bíbi, bibítum(-potum), bíbĕre, tr.
[명령법. 단수 2인칭 bibe, 복수 2인칭 bibite].
accípite et bibite ex eo omnes.
너희는 모두 이것을 받아 마셔라/
Agite, porro pergite : bibite, este, ecfarcite vos!
자, 어서 들어라! 마셔라! 먹어라! 너희 배를 실컷 채워라!.

bibitum, "bibo"의 목적분사(sup.=supínum)

Bibitur, quasi in popina, haud secus.
영락없이 술집에서처럼 마시고 있다.

bíblĭa, -æ, f. 冊(כסכ.βιβλίον.⑨ Book), 서적(書籍).
principium Bibliæ. 성경의 원리.

Biblia Clementina. 클레멘스판 성경

Biblia et occumenismus.(⑨ The Bible and ecumenism)
성경과 교회 일치.

Biblia illustráta (⑨ Picture Bible) 그림 넣은 성서, 도해성서

Biblia in Liturgia.(⑨ Bible in liturgy.獨 Bibel im
Gottesdienst) 전례 안에서 성경.

Biblia pauperum. 문맹자 그림 성서
(11세기 초에 북부 프랑스에서 시작하여 15세기 후반 인쇄술이 발명되면서
서양 각국에서 큰 인기를 누림. 백민관 신부 엮음, 백과사전 1, p.308).

Biblia Sacra* 성서(λραφή.⑨ Holy Bible)

Biblia ut magnus culturarum codex.(⑨ The Bible, a
great code for cultures) 문화들을 위한 위대한 코드인 성경.

bíblĭcus, -a, -um, adj. 성서의.
biblica animatio actionis pastoralis.
(⑨ Letting the Bible inspire pastoral activity)
성경으로 감도된 사목 활동/
inspirátĭo biblica. 성서의 감도(感導), 성서의 신감(神感)/
Institutum Biblicum. 성서 연구소(⑨ Biblical Institute)/
Pontificia Commissio Biblica. 교황청 성서위원회/
Sortes biblicæ. 문자 점치기(알파벳 문자판을 사용하는 점).

biblicísmus, -i, m. 성서 제일주의(가톨릭 교회의 가르침, 제10호, p.99)

bibliŏgráphĭa, -æ, f. 서지학(書誌學-文獻學), 서적 목록,
관계서지, 참고서 일람(參考書 一覽).

bibliŏgráphus, -i, m. 서지학자(書誌學者)

bibliŏpóla, -æ, f. 서적상인, 책장수

bibliŏthéca(=bibliŏthéce) -æ, f. 책장, 서가, 서재, 도서실,
서고, 도서관(圖書館).
Ecclesiæ bibliothecam omnesque codices diligenter
posteris custodiendos semper iubebat. 당신의 모든 저술을
갖춘 교회 도서관을 후사람을 위해서 부지런히 보존하라
고 늘 당부하셨다.(아우구스티노의 생애, 이연학 최원오 역주, p.153)/
In bibliothecis loquuntur defunctorum immortales animæ.
도서관에서는 죽은 이들의 불멸하는 영혼들이
우리에게 말을 건넨다.

Bibliotheca Apostolica Vaticana. 바티칸 도서관

Bibliotheca bibliothecarum. 도서관 편람(마요로 수도원의
최초의 교부학자 베르나르 드 몽포꽁의 2권 짜리 1739년 저서).

Bibliotheca Patristica(略:B.P.)* 교부학사전

Bibliotheca hagiographica. 성인전 목록(目錄)
(Smedt 1833~1911 지음, 가톨릭대사전, p.5217).

Bibliotheca hagiographica latina antiquæ et mediæ
ætatis. 고대와 중세의 라틴 성인전

Bibliotheca Marciana. 마르꼬 도서관(圖書館).
(한 추기경이 1468년 베네치아 성 마르꼬 성당 옆에 세운 도서관.
지금도 과거의 귀중 도서를 많이 보유하는 유명한 도서관 중 하나).

Bibliotheca Missionum. 선교 문헌 목록(目錄)

Bibliotheca Sanctorum. 성인 대사전

B

139

Bibliotheca Vaticana. 바티칸 도서관
bibliŏthēcális, -e, adj. 도서관의, 문고의, 서재의, 장서의
bibliŏthēcárĭus, -i, m. 사서(司書)
bibliothece, -es, f. = bibliŏthéca(=bibliŏthéce) -æ, f.
bibliŏthécŭla, -æ, f. 작은 도서관, 작은 서재
Biblium, -i, n. 성경.
  Bibliorum in scholis et in studiorum universitatibus
  cognitio. 학교와 대학의 성경 연구/
  Bibliorum versiones ac diffusio.(⑨ Translating the Bible
  and making it more widely available).
  성경의 번역과 더욱 광범위한 보급.
biblos(-us) -i, m. 제지용 papýrus
bíbo¹, bíbi, bibítum(-potum), bíbĕre, tr. 마시다.
  주연을 베풀다, 술 마시다.
  (땅.초목 따위가) 빨아들이다, 흡수하다, 염색되다,
  물이 들다, (감정 따위에) 젖어들다, 빠지다, 동화하다.
  aure bibo alqd. 열심히 듣다
  Aut bibat, aut ábeat.
  마신든지 (때와 장소에 적응하든지) 아니면 떠나가든지 해라/
  bibamus moriendum est.
  마시자, 우리는 죽어야할 운명이니까/
  Bibas cum eulogia. 축복하면서 마시라/
  Bibe aquam de cisterna tua et fluenta putei tui.
  (pi/ne u[data avpo. sw/n avggei,wn kai. avpo. sw/n frea,twn phgh/j)
  (⑨ Drink water from your own cistern, running water
  from your own well) 네 저수 동굴에서 물을 마시고
  네 샘에서 솟는 물을 마셔라(성경 잠언 5, 15)/네 우물의
  물을 마셔라. 네 샘에서 솟는 물을 마셔라(공동번역)/
  bibere da. 마시게 해다오(do 참조)/
  dare bíbere. 마실 것을 주다/
  De fonte alieno ne biberis? 이상한 샘에서 마시지 마라.
  (칠십인역 잠언 9, 18). Quid est: 'De fonte alieno ne biberis?'.
  Spiritui alieno ne credideris. '이상한 샘에서 마시지
  마라'는 것은 무슨 뜻입니까? 이상한 영을 믿지 말라는
  말입니다.(최익철 신부 옮김. 요한 서간 강해. p.293)/
  Est dulce esse et bibere. 먹고 마시는 것은 즐거운 일이다/
  Fons est quem voluit Dominus hic ponere,
  ne deficiamus in via: et abundantius eum bibemus,
  cum ad patriam venerimus. 사랑이란 우리가 길에서
  지쳐 쓰러질세라 주님께서 이 세상에 마련하고 싶어
  하셨던 샘입니다. 우리가 본향에 다다를 때면 사랑을
  실컷 마시게 될 것입니다.(최익철 신부 옮김. 요한 서간 강해. p.309)/
  Lanárum nigræ nullum colórem bibunt.
  검은 양털은 어떤 물도 들지 않는다/
  Primo fuderunt cum sævirent, nunc biberunt cum
  crederent. 처음에는 그분께 화를 내며 피를 흘리게
  했지만, 나중에는 그분을 믿으면서 그 피를 마셨습니다.
  (최익철 신부 옮김. 요한 서간 강해, p.87)/
  Septem cyáthis Justína bibátur. (일곱 잔으로 Justína를)
  Justína의 이름으로 일곱 잔을 마시자.
bibo amórem. 사랑에 빠지다(tepeo, -ēre, intr.)
bibo aquam. 물을 마시다
Bibo, Ergo sum. 나는 마신다. 그러므로 나는 존재한다.
bibo flumen(aquam alqam)
  강가에(무슨 물 있는 지방에) 살다.
bibo mandata. (부탁.명령까지 마셔버리다)
  술을 너무 마시고 부탁.명령을 잊어버리다.
bibo nomen alcjs. (남녀가 어울린 술자석에서 누구의
  이름을 불러 놓고) 이름의 글자 수대로 마시다.
bibo pro summo. 잔을 비우다
bibo², -ónis, m. 술꾼
bibósus, -a, -um, adj. 술 많이 마시는
bíbulus¹, -a, -um, adj. 마시기 좋아하는, 계속 마시는,
  (물.물감을) 빨아들이는, (물기 따위가) 스며든; 젖은.
Bíbulus², -i, m. Roma인의 가문명
bĭcămĕrátus, -a, -um, adj. 2층으로 된
bĭcápĭtus, -a, -um, adj. (bis+caput) 머리 둘 있는
bĭceps, -cípĭtis, adj. (bis+caput)

머리 둘 가진, 둘로 나누인.
  arguméntum biceps = dilémma.
biceps bráchii. 이두박근(二頭膊筋)
biceps musculus. (解) 이두근(二頭筋)
bĭclínĭum, -i, n. 2인용 긴 식탁의자
bícŏlor, -óris, adj. 2색의, 두 빛깔의, 얼룩 빛깔의
bĭcŏlórus, -a, -um, adj. = bícŏlor, -óris, adj.
bĭcórnĭger, -gĕra, -gĕrum, adj.
  뿔 두 개 가진, 끝이 둘로 갈라진.
bĭcórnis, -e, adj. (bis+cornu)
  뿔 둘 가진, 끝이 둘로 갈라진, 두 갈래의.
  m., pl. 제단 앞에 선 소(牛).염소.
bĭcórpor, -óris, adj. (bis+corpus) 두 개의 몸을 가진
bĭcorpórĕus, -a, -um, adj. = bĭcórpor, -óris, adj.
bĭcŭbĭtális, -e, adj. (bis+cúbitus)
  2완척(腕尺)의, 약 1미터 길이의.
bĭcuspĭdális, -e, adj. (bis+cuspis) 뾰족한 두 끝을 가진
bĭdens¹, -éntis, adj. (bis+dens) 이(齒) 두 개 가진,
  두 개의 날(刃)을 가진(가위 따위).
  m. (두 가닥으로 된) 곡괭이.
bĭdens², -éntis, f. 양, (특히 제사에 쓰는) 두 살짜리 양.
  more bidéntium. 양처럼.
bĭdéntal, -ális, n. (양을 희생으로 바치기 위해 벼락 떨
  어진 자리에 판자나 천으로 둘러막은) 작은 신전(神殿).
bĭdŭánus, -a, -um, adj. 이틀 된, 2일간의
bídŭum, -i, n. (bis+dies) 이틀, 이틀 걸리는 거리.
  bíduo post. 이틀 후에/
  In ipso autem biduo more suo in orátione fuit occupatus.
  이틀 동안 종전에 하던 대로 기도에 전념하였다.
  biduum supererat. 이틀이 남아 있었다
bídŭus, -a, -um, adj. (bis+dies) 이틀의, 2일 간의
bĭennális, -e, adj. 2년간의, 이 년 마다의
bĭénnis, -e, adj. (bis+annus) 2년의
bĭénnĭum, -i, n. (bis+annus) 2년, 2년의 기간,
  Biénnium jam factum(est). 2년이 지났다(fio 참조).
  Biennium jam factum. 벌써 2년이 지났다.
bĭfárĭam, adv. 두 편으로, 두 부분으로, 둘로,
  두 가지로, 이중(二重)으로.
bĭfárĭe, adv. = bĭfárĭam, adv.
bífĕr, -fĕra, -fĕrum, adj. (bis+fero) 두 번 꽃피는,
  (1년에) 두 번 결실하는 (나무), 이모작(二毛作)의.
bĭfĭdátus, -a, -um, adj. 둘로 쪼개진.갈라진, 두 갈래가 된
bĭfidus, -a, -um, adj. (bis+findo)
  둘로 쪼개진.갈라진, 두 조각이 난, 두 갈래가 된.
bífĭlum, -i, n. (bis+filum) 겹실(二重糸)
bĭfóris, -e, adj. (bis+foris) 쌍문 짝의, 두 개의 문을 가진,
  두 개의 구멍이 있는, 두 가지 다른 소리 내는(피리).
bĭformátus, -a, -um, adj. = bĭfórmis
bĭfórmis, -e, adj. (bis+forma) 두 가지 형태를 가진, 두 모양의
bifrons, -óntis, adj. (bis+frons) 두 개의 전면(얼굴)을 가진
bĭfurcátĭo, -ónis, f. 분기(分岐), 분기점(分岐點)
bĭfurcátdus, -a, -um, adj. (bifúrcus)
  두 갈래로 된, 두 갈래의.
bĭfúrcus, -a, -um, adj. (bis+furca) 두 가닥의, 두 갈래의
bíga, -æ, f. (주로 pl.) (나란히 메운) 쌍두마, 쌍두마차
bĭgámĭa, -æ, f. 중혼(重婚-배우자가 있는 사람이 이중으로 혼인함),
  이중 결혼(二重結婚).
bigamia successiva. 재혼(再婚, secundæ nuptiæ)
bígámus, -a -um, adj. 중혼(重婚)한, 재혼한.
  m. 중혼자(重婚者), 재혼자(再婚者).
bĭgárĭus, -i, m. 쌍두마차부(모는 사람)
bĭgátus, -a, -um, adj. (biga) 쌍두마의.
  m. (쌍두마가 조각된) 고대 Roma의 은화(銀貨)
bĭgémĭnus, -a, -um, adj. 두 쌍의
bĭgémmis, -e, adj. 두 알맹이의, 쌍으로 된 보석의
bígĕner, -nĕra, -nĕrum, adj. (bis+genus)
  두 개의 다른 종류로 된, 잡종의.
bignoniácĕæ, -árum, f., pl. (植) 능소화과 식물

bígrădus, -a, -um, adj. 두 계급(階級)이 있는

bíjŭgi, -órum, m., pl. (나란히 메운) 쌍두마

bíjŭgis, -e, adj. (bis+jugum) 쌍두마의

bíjŭgus, -a, -um, adj. (bis+jugum)
(나란히 메운) 쌍두(마), n. 쌍두마차, (고대의) 전차.

bílanx, -láncis, 두 개의 저울판을 가진, f. 천칭 저울

bĭlătĕrális, -e, adj. (bis+latus)
양측의, 쌍방의, 쌍무적인.

bĭlífĕrus, -a, -um, adj. (bilis+fero) 담즙을 형성하는

bĭlínguis, -e, adj. (bis+lingua)
두 혀의, 두 가지 언어를 아는(말하는), 애매하게 말하는,
표리부동(表裏不同)하게 말하는, 딴 속셈의.

bĭliósus, -a, -um, adj. 담즙(膽汁) 많은

bilis, -is, f. 담즙(膽汁), 쓸개즙, 분통(憤痛), 분노, 역정,
atra(nigra) bilis. 검은 담즙(膽汁), 광기(狂氣-옛 의학
에서는 신장의 분비물로 간주되었으며, 이것이 과다하면 우울증이나
광기가 생긴다고 생각하였음)/
bile suffusus. 황달병 환자(黃疸病 患者).

bilis suffúsa. 황달(黃疸, suffusio fellis)

bilis suffúsio. 황달(黃疸, morbus regius)

bilix, -lícis, adj. (bis+lícium) 겹실의, 두 번 짠(織)

bilocátĭo, -ónis, f. 동시 양소 존재성(存在性),
동시 이처 존재(同時二處存在), 동시에 두 장소에 있음.

bilóngus, -a, -um, adj. 두 개의 긴 음절을 가진

bilóquĭum, -i, n. (bis+loquor) 애매한 말, 간계(奸計)

bĭlústris, -e, adj. (bis+lustrum) 10년 계속되는, 10년간의.

bĭlústrum, -i, n. 십 년 간

bĭmámmĭus, -a, -um, adj. (bis+mamma)
유방(乳房)만큼 큰 두 송이의 포도를 내는.

bímāris, -e, adj. (bis+mare)
두 바다에 위치한, 두 해양(海洋)사이의.

bĭmārítus, -i, m. 두 아내를 가진 남편

bĭmáter, -tris, m. (Bacchus처럼) 두 어머니를 가진 자

bĭmátus¹, -a, -um, adj. 두 살짜리의

bĭmátus², -us, m. 두 살(나이)

bĭmémbris, -e, adj. (bis+membrum)
두 가지 사지(四肢)를 가진. m. 반인반마의 괴물(怪物).

bĭménsis, -is, m. 두 달

bĭménstrŭus, -a, -um, adj. (bis+mensis) 2개월의

bĭméstris, -e, adj. (bis+mensis) 2개월의, 2개월마다의

bímŭlus, -a, -um, adj. (bīmus) 겨우 두 살의

bīmus, -a, -um, adj. (bis+annus) 2년의, 2년 된, 두 살의

bīnárĭus, -a, -um, adj. (bini) 두 개로 이루어진, 2중의

bīnátim, adv. 둘 씩

bīnátĭo* -ónis, f. (하루에) 미사 두 번 드림, 비나시오.
(사제가 미사를 하루에 두 번 봉헌하는 것. 원칙적으로 사제는 하루에
미사를 한 번 이상 거행할 수 없으나 예외도 있음 교회법 제905조.)
Exceptis casibus in quibus ad normam iuris licitum
est pluries eadem die Eucharistiam celebrare aut
concelebrare, non licet sacerdoti plus semel in die
celebrare. 사제는 법규범에 따라 같은 날에 여러 번
성찬을 거행하거나 공동 거행할 수 있는 경우 외에는
하루에 한 번 이상 거행할 수 없다(교회법 제905조 1항).
Si sacerdotum penuria habeatur, concedere potest
loci Ordinarius ut sacerdotes, iusta de causa, bis in
die, immo, necessitate pastorali id postulante, etiam
ter in diebus dominicis et festis de præcepto,
celebrent. 사제들이 부족하면 교구 직권자는 사제들이
정당한 이유로 하루에 두 번, 또 사목적 필요가 요구
하면 주일과 의무축일에는 세 번까지도 거행하도록
허가할 수 있다(교회법 제905조 2항).

bīni, -æ, -a, num., distrib. 둘 씩, 한 쌍의,
(복수형 명사의 기본수로) 두, 두 개의.
Binæ mulieris vocationis rationes(⑨ Two dimensions of
women's vocation) 여성의 소명이 지닌 두 가지 차원/
binæ litteræ. 편지 두 장/
Quoteni consules creabantur quotannis Romæ?
고대 로마에서는 매년 집정관 몇 명씩을 선거하느냐?
Bini consules. 집정관 두 명씩/

Si, bis bina quot essent, didicísset, ….
그가 만일 2×2가 얼마인지 배웠더라면.

	m.	f.	n.
Nom.	bini	binæ	bina
Gen.	binorum	binarum	binorum(binum)
Dat.	binis	binis	binis
Acc.	binos	binas	bina
Abl.	binis	binis	binis

• 고전에서는 'singuli 하나씩', 'bini 둘씩'과 'terni 셋씩' 등은 빈번히
쓰이지만 다른 배분수는 용례가 적다.
singulis annis 해마다, singulis mensibus 매달.
Mater poma bina filiis dedit. 어머니는 아들에게 사과를 두 개씩 주었다.
Quoteni consules creabantur quotannis Romæ? 고대 로마에서는
매년 집정관 몇 명씩을 선거하느냐? Bini consules. 집정관 두 명씩.

(한동일 지음, 카르페 라틴어 1권, p.99).

binis centésimis feneror.
월 2% 또는 연 24%의 이자로 대부하다.

bīno, -áre, intr. (하루에) 미사 두 번 드리다

bĭnóctĭum, -i, n. (bis+nox) 이틀 밤, 두 밤

bĭnómĭnis, -e, adj. (bis+nomen) 두 이름의, 두 이름 가진

bĭnónĭus, -a, -um, adj. = **bĭnómĭnis**, -e, adj.

bĭnúbus, -i, m. (bis+nubo) 재혼자, 두 번 결혼한 자

bĭŏchemía, -æ, f. 생화학(生化學), 생물화학(生物化學)

bĭŏcœnósis, -is, f. 생활군(生活群)

bĭŏcólўta, -æ, m. 난폭한 행위를 단속하는 관리(警官.憲兵)

bĭŏdynámĭca, -æ, f. 생물 기능학, 활체학(活體學)

bĭŏenergétĭca, -æ, f. 세력설(勢力說)

bĭŏgénĕsis, -is, f. 생물 발생설(生物 發生說)

bĭŏgráphĭa, -æ, f. 일대기, 전기(傳記), 전기문학

bĭŏlogía, -æ, f. 생물학(生物學)

biologismus, -i, m. 생물학주의(⑨ biologism)

bĭŏmagnetísmus, -i, m. 생물 자기(生物磁氣)

bĭŏs, -i, m. 생명; 효모의 번식에 필요한 미소 물질,
희랍의 유명한 포도주 중 하나.

bĭŏstátĭca, -æ, f. 생물정학(生物靜學)

bĭŏthánátus, -a, -um, adj. 난폭(亂暴)하게 살해된

bĭótĭcus, -a, -um, adj. 일상생활의, 平常의, 보통의

bĭótŏmía, -æ, f. 생체 해부학(生體解剖學)

bĭpálĭum, -i, n. (bis+pala) 곡괭이의 일종

bĭpálmis, -e, adj. (bis+palmus) 두 뼘의

bĭpártĭo, -ívi -ítum -íre, tr. 둘로 나누다, 양분하다

bĭpártĭor, -ítus sum, -íri, dep., tr. 둘로 나누다

bĭpartíte, adv. 둘로 나누어, 두 방면으로, 두 부분으로

bĭpartítĭo, -ónis, f. 둘로 나눔, 양분(兩分)

bĭpartíto, adv. 둘로 나누어, 두 방면으로

bĭpártus, -a, -um, adj. (bis+pário) 두 번 해산(解産)한

bĭpătens, -éntis, adj. (bis+páteo)
양쪽으로 열리는, 입구가 둘인.

bĭpĕdális, -e, adj. (bis+pes) 두 자 되는, 피이트의, 발 둘 있는

bĭpĕdánĕus, -a, -um, adj. = **bĭpĕdális**, -e, adj.

bĭpédes, -um, m., pl. (모욕하는 뜻으로) 두 발 달린 놈들

bĭpennátus, -a, -um, adj. (bis+penna) 쌍날개의

bĭpénnĭfer, -fĕra, -fĕrum, adj. (bipénnis+fero)
쌍날(刃) 도끼 가진.

bĭpénnis, -e, adj. (bis+penna, pennis) 쌍날개의,
양쪽에 날개 둘씩 가진, 쌍날(刃)의, f. 쌍날 도끼.

bĭpértĭo = **bĭpártĭo**, -ívi -ítum -íre, tr.

bĭpes, -pédis, adj. (bis+pes) 두 발 가진, 두 발의

bĭpes aséllus. (두 발 나귀새끼) 어리석은 사람

bĭrémis, -e, adj. (bis+remus)
두 개의 노(櫓)를 가진, 이열(二列) 노의.
f. 노 두 개가 있는 배; 여러 노를 두 줄로 배치하여 젓는 배.

birétum, -i, n. (가) 성직자용 사각형의 모자,
모관(⑨ biretta.獨 Birett.毛冠-성직자용 사각형 모자),
비레뚬(집전 성직자가 사용하는 예절용 모자. 즉 毛冠),
사제용 관모(司祭用 冠毛), 전 없는 모자.

biretum rubrum. 붉은 모자(추기경의 붉은 모자로 두 송이의 장식
술이 달린 사각모. 추기경에 임명된 성직자는 첫 추기경 회의 때 교황으로부터
이 추기경모를 받는데 그 후 이 모자는 다시 쓰지 않는다. 추기경이 죽으면
그 무덤 위에 이 모자를 놓는다. 백민관 신부 엮음, 백과사전 3, p.300).

birotarum fabrica. 자전거 제작 공장
birrus, -a, -um, adj. 불그스름한
birso(=berso), -áre, tr. 말 못하게 하다, 쫓아버리다
birtetum* -i, n. 사제 각모
bis, adv., num. 두 번, 갑절로, 2곱하기. [몇 번? 혹은 몇 배?를 묻는 질문에 대답하여 횟수 또는 배수를 말하는 부사이다. semel 한 번, bis 두 번, ter 세 번, decies 열 번, centies 백 번, milies 천 번 등이 자주 쓰인다].
Inopi beneficium bis dat, qui cito dat. 궁한 사람에게 도움을 빨리 주는 사람은 두 배로 주는 셈이다/
Nemo bis punitur pro eodem delicto.
아무도 동일한 범죄로 두 번 처벌받지 않는다/
Non bis in idem. 같은 것으로 두 번 하지 말라.
bis bina sunt quáttuor. 이 곱하기 이는 사(2×2=4)
Bis dat qui cito dat. 빨리 주는 것은 두 번 주는 것과 같다
Bis de eadem re ne sit actio. 일사부재리(一事不再理), 동일한 사실에 대해서 두 번 소송하지 못한다.
(동일한 사물에 관하여는 소권訴權은 두 번 존재하지 않는다/ 동일물에 관하여 재차의 소송은 허용되지 않는다.)
Bis ille miser, qui ante(=antea) felix fuit.(Publilius Syrus).
(잃었다) 되돌아온 물건은 두 배로 마음에 드는 법이다.
bis in anno. 1년에 두 번씩, 일 년에 두 차례
bis in die.(in[1] 참조) 하루에 두 번
Bis in die amicum meum ægrotum visitabam.
나는 하루에 두 번씩 나의 병든 친지를 찾아보고 있었다.
bis in mense. 한 달에 두 번
Bis interimitur, qui suis armis perit.
자신을 스스로 망치는 자는 두 번 죽는 것이다.
(자신의 무기로 죽는 자는 두 번 죽임을 당하는 것이다).
Bis orat, qui bene cantat.
노래를 잘 부르는 것은 두 번 기도하는 것이다.
Bis peccare in bello non licet.
전쟁에서는 두 번 실수가 용납되지 않는다.
Bis perire a re atque ab animo simul.
물질과 정신면에서 두 번 망해버리다.
Bis pueri senes sunt. 노인들은 두 번째로 어린이가 된다.
Bis terna sunt sex. 2×3=6(곱셈 multiplicátio에 있어서는 첫째 숫자 즉 곱하는 수 multiplicátor를 횟수부사로 표시하고, 둘째 숫자 즉 곱해지는 수 multplicándus를 배분수사의 중성 복수로 표시한다).
Bis vincit, qui se vincit in victoria.(Publilius Syrus).
승리에서 자신을 이기는 사람은 두 번 이기는 것이다.
승리 중에 자신을 이기는 사람은 두 번 승리하는 것이다.
(승리에 취하지 않는 사람이 진정한 승자!).
bĭséllĭum, -i, n. 두 사람이 앉을만한 의자(실제로는 지위 높은 사람이 혼자 앉음), 호화로운 고급의자.
biséni, -æ, -a, num., adj. 열 둘(12)
bĭséxtus, -a, -um, adj. (bis+sextus) 윤일의.
n. 윤달에 집어넣는 날, 윤일(옛적에는 윤년의 2월25일을 閏日이라 하였음).
bismútum, -i, n. 창연(蒼鉛) ((化.獨 Wismut))
bisómum(=bisomus locus) -i, n. 이시 묘소(二屍 墓所), 두 사람이 묻힌 무덤, 두 동강이 난 무덤.
[카타콤바 안의 묘소를 이렇게 불렀다. 삼시 벽감(三屍 壁龕.trisómus), 벽감묘소(壁龕 墓所.Loculus)가 있다. 때로는 고정 제대에 모신 성인 유해 안치소를 가리키기도 한다. 백민관 신부 엮음, 백과사전 1, p.361; 2, p.572; 3, p.689].
bisomus locus, -i, m. = **bisómum**, -i, n.
bĭson, -óntis, m. (動) 들소
bispéllĭo, -ónis, m. 교활(간교)한 사람, 속임수 쓰는 사기꾼
bĭssextílis, -e, adj. 윤년의, 윤일의
bĭsúlcis, -e, adj. 둘로 갈라진, 두 갈래의
bĭsúlcum, -i, n. (흔히 pl.) 우제류 동물(偶蹄類 動物), 가위
bĭsúlcus, -a, -um, adj. 둘로 갈라진, 우제류의, 발굽이 두 쪽으로 갈라진.
bĭsýllăbus, -a, -um, adj. 이음절(二音節)의
bīto(=bēto) -ĕre, intr. 가다(הלך.אזל)
bĭtúmen, -mĭnis, n. (鑛) 아스팔트([영] asphalt), (鑛) 역청(탄화수소의 화합물. 아스팔트.콜타르.피치 따위).
navis bitúmine íllita. 역청 바른 배(船).
bĭtúmínĕus, -a, -um, adj. 역청의, 역청질의, 아스팔트의
bĭtúmĭno, -áre, tr. 역청(瀝靑)을 바르다
bĭtūmĭnósus, -a, -um, adj. 역청질의, 역청이 많은
bĭvéntus, -a, -um, adj. 배(腹) 둘 있는
bĭvértex, -tĭcis, adj. 꼭대기 둘 있는 (산)
bívĭra, -æ, f. 과부로서 개가한 여자
bívium morale. 도덕적 갈림길(철학여정 p20)
bívius, -a, -um, adj. (vis+via) 두 갈래 길의.
n. 두 갈래 길목, 기로(岐路-갈림길).
Bizantium, -i, n. [영] Byzantine.獨 Byzanz. 비잔틴.
[콘스탄티누스 대제로부터 동로마 제국의 수도로 설정되고, 그로 인해 콘스탄티노플이라고 불린 비잔틴].
blachnon, -i, n. (植) 고사리 종류
blæsus, -a, -um, adj. 말더듬는, 혀 짧은 발음하는, 혀가 잘 안도는, 혀짤배기의.
blandídĭcus, -a, -um, adj. (blandus+dico) 아첨하는, 아부하는.
blandílŏquens, -éntis, adj. (blandus+loquor) 아첨하여 말하는.
blandílŏquéntĭa, -æ, f. 아첨하는 말
blandĭlŏquéntŭlus, -a, -um, adj. 아양 떠는, 아첨하여 말하는.
Ab re cónsulit blandiloquétulus.
그는 아첨하며 불리한 충고를 한다.
blandílŏquus, -a, -um, adj. 아양 떠는, 아첨하여 말하는
blandīméntum, -i, n. 아첨(阿諂-남에게 잘 보이려고 알랑거리며 비위를 맞춤), 아양(귀염을 받으려고 일부러 하는 애교 있는 말이나 몸짓), 알랑거림, 달램, 감언이설, 유혹, 매력(魅力), 쾌감, 양념.
blándĭor, -ítus sum, blandíri, dep., intr. 아첨하다, 아부하다, 알랑거리다, 아양 떨다, (사물이) 유혹하다, 매혹시키다.
Ille blanditur ut decipiat, iste litigat ut corrigat.
이 사람은 속이려고 살갑게 굴고, 저 사람은 바로 잡으려고 다툽니다.(최익철 신부 옮김, 요한 서간 강해, p.451)/
sibi blandior. 스스로 달래다.
blándĭter, adv. 아첨하여, 아부하여
blandítĭa, -æ, f. 아첨(阿諂), 아양, 알랑거림, 유혹, 매력
blandítus, -a, -um, p.p. (blándior), adj. = **blandus[1]**
blándŭlus, -a, -um, adj. 아첨하는, 기분 좋게 하는
blandus[1], -a, -um, adj. 아첨하는, 아양 떠는, 달래는, 상냥한, 공손한, 친절한, 얌전한, 우아한, 매혹적인.
Habet suum venenum blanda oratio.
아첨하는 말은 그 나름의 독을 품고 있다.
blandus[2], -i, f. 大 Phrýgia의 도시
Blasii Benedictio.([영] Blessing of Blasius. 獨 Blasiussegen) 블라시오 축복.
blasphēmábĭlis, -e, adj. 욕먹을, 비난받을
blasphēmátĭo, -ónis, f. 비난, 불경스러운 말을 함, 모독
blasphémĭa* -æ, f. 비난, 욕설, 악담, 저주(詛呪.קְלָלָה.טְאָרָא.הָלָה.קְלָלָה.ἀρὰ.κατὰρα.ἀνὰθεμα.[영] curse), (宗) 모독*, 모욕, 신성 모독*(מְעִילָה.[영] Blasphemy), 모독죄(冒瀆罪.[영] blaspheme-하느님의 선하심을 생각이나 말로써 모독하는 것), 하느님을 모독하는 말*
blasphemiam in Spiritum Sanctum([영] blasphemy against the Holy Spirit) 성령을 거스른 모독죄/
Cur blasphemiæ in Spiritum Sanctum nulla venia davi potest?([영] Why is blasphemy against the Holy Spirit unforgivable?) 왜 성령께 범한 모독죄는 용서받지 못하는 것이겠습니까? / Quomodo hæc blasphemia est intellegenda?([영] How should this blasphemy be understood?) 이때의 모독죄는 어떤 뜻으로 알아들어야 하겠습니까? / Sanctus Thomas Aquinas respondet agi de peccato "irremissibili secundum suam naturam, in quantum excludit ea per quæ fit remissio peccatorum" ([영] St. Thomas Aquinas replies that it is a question of a sin that is unforgivable by its very nature, insofar as it excludes the elements through which the forgiveness of sin takes place) 토마스 데 아퀴노에 의하면, 여기서 문제되고 있는 죄가 "용서받을 수 없는 것은, 그 죄의 본질상 죄의 용서에 필요한 요건들을 제외시키기 때문"이라는 것입니다.(1986.5.18. "Dominum et vivificantem" 중에서).
blasphemia dishonestíva. 명예 훼손적 저주
blasphemia immediata. 직접 모독(直接冒瀆)
blasphemia imprecatíva.
저주적 모독(詛呪的 冒瀆), 하느님께 대한 저주.

blasphemia mediata. 간접 모독(間接冒瀆)
blasphémo, -ávi -átum -áre, tr. 욕설하다, 모독하다, 말로 남의 명예를 훼손하다, 말로 하느님을 모독하다, 저주하다.
blasphémus, -a, -um, adj. (말로) 명예훼손 하는, 욕설하는, 저주하는, 하느님에 대해 모독적인.
Quid prodest quia credis, et blasphemas? Adoras illum in capite, blasphemas in corpore. 그대가 믿는다면서 하느님을 모독한다면 무슨 소용이 있습니까? 그대는 머리로는 그분을 흠숭(欽崇)하지만 몸으로는 그분을 모독(冒瀆)합니다.(최익철 신부 옮김, 요한 서간 강해, p.455).
blastéma, -ătis, n. (生) 포배(胞胚)
blaterátus, -us, m. (blátero[1]) 수다(쓸데없이 말이 많음), 요설(饒舌-수다스레 지껄임), 허튼 소리.
blátěro[1], -ávi -átum -áre, tr. 수다 떨다
blátěro[2], -ónis, m. 수다쟁이, 허튼(실없는) 소리하는 자
blátĭo, -ĭre, tr. 수다 떨다
blatta[1], -æ, f. 좀 벌레; 진디(진딧물의 준말)
blatta[2], -æ, f. 짙은 다홍빛 천
blatta[3], -æ, f. 응혈(凝血-피가 엉김), 엉긴 피
blattárĭus, -a, -um, adj. (blatta[1]) 좀벌레의; 진디의
bláttěus, -a, -um, adj. (blatta[2]) 짙은 다홍빛의
blattínus, -a, -um, adj. 다홍빛의, 심홍색의
Blaudus, -i, f. Mýsia의 도시
blēchon, -ónis, m. (植) 야생 박하(野生 薄荷).
mentha, -æ, f. (植) 박하(薄荷.Mentha longifolia).
blennorrhœa, -æ, f. (醫) 농루안(膿漏眼)(風眼)
blennus, -a, -um, adj. 우둔한, 어리석은, 바보(의)
blítěus, -a, -um, adj. 싱거운, 어리석은, 멍청한
blĭtum, -i, n. 싱거운 야채의 일종
Blósĭus, -i, m. Roma의 씨족 명
B.M.V. = Beata María Virgo 복되신 동정 마리아.
Purificátĭo Beatæ Mariæ Virginis. 성모 취결례.
B.M.V. a Sacro Numismate.
기적의 성패(聖牌)의 성모 마리아 축일.
B.M.V. de Consolatione. 위로의 성모 마리아 축일
B.M.V. de Mercede. 성모 입속로회(立贖虜會) 축일(9월24일)
B.M.V. de Monte Carmelo. 가르멜 산의 성모 마리아 축일
B.M.V. de perpetuo succursu.
영원한 도움이신 성모 마리아 축일.
B.M.V. Divinæ Pastoris Mater.
착한 목자의 어머니이신 성모 마리아 축일.
B.M.V. Dolores. 성모 통고
B.M.V. Mater de Gratia. 은총의 어머니이신 성 마리아 축일
B.M.V. Mater Misericordiæ. 자비의 모친 성 마리아 축일
B.M.V. Omnium Gratiarum Mediatrix.
모든 은총의 중재자이신 성모 마리아 축일.
B.M.V. Omnium Sanctorum et Matris Pulchræ Dilectionis. 모든 성인의 여왕이시며 아름다운 즐거움의 모친이신 성모 마리아 축일.
B.M.V. Perdolentis. 고통의 성모 마리아 축일
B.M.V. Refugium Peccatorum.
죄인의 의탁이신 성 마리아 축일.
B.M.V. Regina Apostolorum.
모든 사도의 여왕이신 성모 마리아 축일.
B.M.V. Reginæ. 성모 마리아 여왕 축일
B.M.V. a Rosario. 로사리오의 성모 마리아 축일
B.M.V. Salus Infirmorum. 병자의 나음이신 성 마리아 축일
bŏa(=bŏva) -æ, f. (動) 이무기(큰 구렁이. 거대한 뱀을 흔히 이르는 말)
boárĭus(=bovárĭus) -a, -um, adj. 소(牛)의
boátus, -i, m. (bŏo) 영각(암소를 찾는 황소의 긴 울음소리); 소 울음
bobus, dat., abl., pl. (bos)
bócŭla, -æ, f. 어린 암소
bōjæ, -árum, f., pl.
죄인에게 씌워 그 목을 끼워놓는 (형구로서의) 칼.
bólbĭtum, -i, n. 쇠똥(牛糞)
bolétus, -i, m.[=balletus] (植) 그물 버섯의 일종
bŏlis, -ĭdis, f. 던지는 창, f., pl. 유성(流星)
bolónæ, -árum, m.(f.) pl. 어물(생선) 도매상
Bolschevísmus, -i, m. 볼셰비즘
bŏlus[1], -i, m. 던짐, 그물 던짐; 한 번 그물에 걸린 고기, 번 것, 이익, 이문(利文-이익으로 남은 돈. 이전利錢).
bōlus[2], -i, m. 순대의 일종
bombácĭum, -i, n. 목면(木棉-솜), 솜(綿)
bombax, interj. 어머! 저런!(놀람.경멸 등을 표시할 때)
bómbĭco, -áre, intr. (벌 따위가) 붕붕 소리 내다
bómbĭcum, -i, n. 붕붕대는 소리, 웅성거리는 소리
bómbĭlo, -áre, intr. = **bómbĭco**, -áre, intr.
bombus, -i, m, 낮고 맑지 못한 소리, (벌들의) 붕붕대는 소리, 웅성거리는 소리.
bombýcĭnus, -a, -um, adj. (bombyx) 명주의, 명주로 만든. n., pl. 명주옷.
bombycinátor, -óris, m. 비단 제조인(製造人)
bombýlis, -is(-idis), f. (bombyx) 누에, 누에 번데기
bombyx, -ýcis, m. 누에, 명주실; 명주옷
Bombyx mori. 누에나방(Bombyx mandarina에서 변화)
bomíscus, -i, m. 작은 제단
bŏna, -órum, n., pl. **재산**(財産.[영] property), 행운(幸運), 보재(寶財-寶物), 재물(財物.[영] Earthly goods/Riches).
Res familiaris 가산(家産.'Actio, Dominium, Possessio, Res, Suum' 참조).
['보나bona', 재산은 어떤 자의 유체물 뿐만 아니라 채권과 채무도 포함한 전 재산이나 채무를 공제한 재산, 특정재산에 속하는 개별 목적물 또는 목적물의 집합, 특정 재산에 속한 유체물을 말한다. 한동일, 로마법의 법률 격언 모음집에서(출간예정)].
Bonorum appellatio (sicut hereditatis) universitatem quandam ac ius successionis et non singulares res demonstrat. (시민법상) 재산이란 말은 상속과 마찬가지로 분명한 집합물(전체), 상속권, 개별 사물이 아닌 것을 의미 한다/
Expedit reipublicae, ne quis re sua male utatur. 누군가 자신의 물건을 악의로 사용하지 않으면 공공재로 처리 한다/
In bonis nostris computari sciendum est, non solum quae dominii nostri sunt, sed et si bona fide a nobis possideantur, vel superficiaria sint. Aeque bonis adnumeratibur etiam si quid est inactionibus ac persecutionibus. 우리에게 재산이란 단지 우리 소유의 것일 뿐만 아니라 우리에게 '선의'(목적물의 점유를 취득함에 있어서 소유자의 권리를 해하지 않는다고 믿는 취득자의 주관적 확신을 의미한다)가 있거나 용익권이 있는 것으로 알아야 한다. 마찬가지로 소권이나 청원, 소추로 이루어지는 것도 재산에 넣는다/
Mala parta male dilabuntur.
악의로 획득한 것은 악의에 의해 없어진다/
Proprie bona dici non possunt quae plus incommodi quam commodi habent. 본시 편리함보다 불편함이 더 많은 것을 재산이라고 말할 수 없다/
Qui non habet in aere, luat in corpore.
돈이 없는 사람은 몸으로 갚는다.
「12표법 시대에 심판인iudex이 피고(채무자)에게 30일 이내에 원고에게 채무를 지급할 것을 명하는 판결을 내렸음에도, 원고(채권자)가 지불금을 받지 못했다면, 원고는 피고에게 살해에 대한 위협까지도 합법적으로 행사할 수 있었다. 채권자는 강제로 채무자를 정무관 앞에 연행할 수 있었으며, 이 시대에 정중한 요청은 필요 없었다. 만약 피고(채무자)를 대신할 이행보증인이 보증금을 지불하지 않거나 담보를 제공하지 않으면, 정무관은 원고(채권자)가 피고인을 60일간 쇠사슬로 묶어 감금할 수 있는 권한을 부여했다. 감금기간 동안 그는 피고인의 곤경을 공시하고 가족이나 친지들이 그 문제를 해결할 수 있는 기회를 주기 위해 3일간 계속하여 시장에서 피고인을 보여주어야 했다. 이 절차가 실패하면, 마지막 위협은 불운한 채무자를 로마 제국의 바깥에 노예로 팔고 그 수익금을 돈을 받지 못한 채권자들에게 분배하는 것이었다. 또한 채권자들이 원한다면, 채무자를 살해할 수 있었고 몫에 따라 채무자의 사체를 자를 수 있었다「12표법」은 채권자가 자기 몫보다 채무자를 더 자를 수 없다고 규정했다. 후에 가서 로마인들도「12표법」의 원시적인 면모에 대해서 인정했다. 그러나 당시의 로마가 법집행체계를 규정하는 국가 공권력이 거의 없었던 공동체였다는 점에서「12표법」을 이해해야 한다. 법률의 제정은 당사자들이 의견 차이를 해결하도록 남겨두는 최소한의 체계로 규정되었다. 필연적으로 노예와 가족 그리고 친지의 도움을 요청할 수 있는 당사자는 매각할 수 있는 자산이 적은 사람보다 더 유리한 위치에 있었다. 이는 로마인이 가장 중요한 덕목으로 여긴 신의fides와 관련된다. 다시 말해 신의가 있는 사람은 이행보증인이나 담보를 서줄 사람이 있는 반면, 신의가 없는 사람은 그러한 사람이 없다는 이야기이다. 따라서 신의상실은 인격상실을 의미하며, 사회에서 매장된 사람임을 의미했다. 공화정이 형성되는 과정에서「12표법」의 몇 가지 특징들이 변형되었다. 채권자는 재판채무자에 대해 더 이상 살해할 수 없었다. 그러나 채무자는 강제노동을 통해 채무를 변제받을 수 있었으며, 후에 재산의 강제경매에 의한 채무자의 파산에 관한 절차도 있었다. "돈이 없는 사람은 몸으로 갚는다."라는 법언은 바로 이러한 상황에서 나온 것이다.
한동일 지음, 로마법의 법률 격언 모음집에서(출간예정)].

bona beneficii. 성직록 재산, 성직자 부양기금
bona capitularia. 참사회 재산
bona cogitatio præcedit fidem.
　선한 인식이 믿음보다 선행한다.
bona consumptibílĭa. 소비물(消費物)
bona corporalia. 유체 재산, 유형 재화
Bŏna dĕa, -æ, f. 좋은 여신(⑨ B.D.)(고대 이탈리아의 풍요의 여신)
bona dioecesana. 교구 재산
bona dívisíbílĭa 가분물, 불가분물(bona non dívisíbílĭa)
bona ecclesiastica. 교회 재산(이탈리아어 Beni ecclesiastici).
　De bonorum ecclesiasticorum dispensatione.
　교회의 재산 관리에 대하여.
　[어떠한 재산이 교회의 재산인지에 관해 교회법 제1257조 제1항은 "보편 교회나
　사도좌 또는 그밖에 교회 내의 공법인들에 속하는 재산은 모두 교회 재산이며,
　아래의 교회법 조문들과 고유한 정관에 따라 규제되는" 것들이라고 규정한다 .
　아울러 동조 제2항은 사법인의 재산은 교회 재산이 아니기 때문에 원칙적으로
　교회법에 따라 규제되지 않으며, 그 사법인의 고유한 정관에 따라 규제된다고
　규정한다. 다만 예외적인 경우에만 교회법이 달리 규제하는 그와 다르다고
　말하고 있다. 다시 말해서 원칙적으로는 공법인이나 보편 교회, 사도좌에
　속하는 재산만이 교회의 재산이다.
　　교회법 제634조 제1항은 교회법 제1225조와 제1256조를 문별 그로 적용하면서
　수도회와 관구 그리고 (수도)원들은 그 자체로 법인이니만큼 재산 을 취득하고
　소유하며 관리하고 양도할 자격이 있다 라고 하고 있다. 이 '자격(capaces-우리말 교회
　법전은 '능력'이라 옮겼지만, 역자는 '자격'이라고 번역했다. 왜냐하면
　원어 'capaces'는 'capax'라는 형용사로 '능력 있는, 자격 있는'이라는 뜻인데,
　라틴어 조문의 전체적 문맥이 법률상 자격을 가리키기 때문이다)이 회헌에 배제
　되어 있거나 제한되어 있다면 예외로 적용된다."라고 말한다. 교회법 제634조
　제1항은 수도 회헌에 따라 재산에 대한 자격을 전적으로 배제하거나 제한할
　수 있는 가능성을 언급하기 위한 원칙을 강조한다. 이러한 배제를 입증해야 할
　경우는 일반적으로 수도원 안에서 발생하는데, 제한은 재산의 취득·유지·관리·
　양도 권리와 관계가 있다. 때때로 이러한 제한은 회헌의 부칙에 따라 관리권에
　비해 취득·유지하는 권리가 상급 장상에게만 종속되는 경우 다를 수 있다.
　　　　　　　　　　　　　　　　　　　　한동일 옮김, 교회법을 용어사전. p.261].
Bona et pulchra desideramus.
　우리는 선하고 아름다운 것을 동경한다.
bona exsistimatione gaudens. 좋은 평판을 받는 자
bona fide. 선의로 / mala fide 악의로.
　(모양이나 방법이나 태도를 지시하는 명사는 탈격만으로도 부사어가 된다)
bona fides(⑨ Goodfaith)
　신의성실 ('Fides bona, Fides mala' 참조),
　선의(행위의 객관적인 결과와는 상관없이 행위자의 주관적인
　착한 마음씨를 말한다. 백민관 신부 엮음. 백과사전 1, p.308).
　[신의성실은 관계에서 효과적으로 고려되어야 하는 객관적인 가치원리이다.
　신의성실은 고전전(古典前) 시대 전통적인 공동체 차원의 자연법에 중심을 둔
　개념이다. 신의성실은 최고의 원리로서 인간의 모든 공동체적 인접관계를 지배
　하였다. 신의성실의 원리는 후견, 신탁, 조합, 위임, 매매-교환, 임대차, 고용에서
　일치, 사용대차 및 부당이득에까지 미친다. 이 원리의 완전한 적용범위는 후대의
　사료에서 부분적으로 흐릿해졌지만, 고전전시대 법학에서 무상의 소비대차와
　이행급부의 위반exceptio doli의 선구적 제도를 통해 행해졌다. 이러한 자연법상
　신의성실 원리의 기본사상은 사람이 사람에게 그가 타인의 이익 실현을 인수하는
　즉시 넓은 의미의 거래에서 손해를 가하지 않을 의무를 부담할 뿐만 아니라.
　상대방에 대해서 자신에게 맡겨진 이익의 실현에서 주의를 기울여야 한다는
　의미이다. 인간 활동의 유용성은 이러한 경신이 가능한 한 최선의 재화의
　분배에 기여할 뿐만 아니라, 자연이 인간에게 주려고 했던 이러한 재화
　자체에도 속한다. 한동일 지음, 로마법의 법률 격언 모음집에서(출간예정)].
bona fides juridica. 법률적 선의(善意)
bona fides theologica. 신학적 선의(善意)
bona fiduciaria. 신탁재산(信託財産)(교회법 제1302조 2항)
bona fungibílĭa. 대체물(代替物)
bona huius mundi primitus omnibus destinantur.
　(⑨ the goods of this world are originally meant for all)
　이 세상의 재화는 원래부터 모든 사람들을 위한 것이다.
　　　　　　　　　　　[사목 헌장, 69항: 민족들의 발전. 22항]
bona immobílĭa. 부동산(⑨ immovable goods)
bona incorporalia. 무체 재산, 무형 재화
Bona intelliguntur cuiuscunque, quae, deducto aere
alieno, supersunt. 각자의 재산은 부채를 빼고 남아 있는
　것을 의미한다. 상속적극재산이란 상속채무를 공제한
　잔여재산을 의미한다.(이탈리아 민법 제556조도 이 내용을 반영한다).
bona mea cognátis dico.
　내 재산을 친척들에게 물려주기를 지정하다.
bona mensalia(=bona mensæ episcopalis)
　주교 전용 기밀비(⑨ Episcopal mensa).
bona mobílĭa. 동산(res moventes.⑨ movable goods)
bona non consumptibílĭa. 비소비물
bona non dívisíbílĭa 불가분물(不可分物)
bona non ecclesiastica. 비교회 재산, 비교회 재화

bona non fungibílĭa. 불대체물(不代替物)
bona non pretiosa. 보통 물건
bona pauperum 가난한 사람들의 재산(財産)
bona piarum causarum. 특별 기부금
bona pretiosa. 보물(寶物), 보물고, 보배로운 물건
bona profana. 세속적 물건(⑨ profane goods)
bona religiosa. 수도회 재산
bona sacra. 거룩한 물건(⑨ sacred goods),
　성물(ㅁ쏘ㄸ.⑨ sacred things→성당 기물).
bona sæcularizata. 세속화된 재물
bona sanitas 좋은 건강
bona spiritualia. 영적 재산
bona spiritualizata. 영성화된 재물
bona tempestáte. 좋은 날씨에
bona temporalia(⑨ temporal goods)
　세속재화, 재산(⑨ property), 현세적 재산.
Bona terrestria. 재물(財物.⑨ Earthly goods/Riches),
　현세 재화(現世 財貨.⑨ Earthly goods).
bonæ existimátiónis amissio. 명성의 상실
bonæ memóriæ. 기억에 남는, 추모되는
bonam voluntatem. 착한 의지
Bone pastor, panis vere(⑨ Very Bread, good Shepherd).
　착하신 목자, 참된 빵이신 예수님.
bŏněměmórĭus, -a, -um, adj. (bonus + memória)
　즐거운 추억의.
boni consulo. 좋게 생각하다
Boni discipuli sunt lætitĭa nagistri.
　착한 학생들은 선생님의 즐거움이다.
Boni hominis est bonum elaborare et sui ipsius gratia;
intellectivi enim gratia quod unusquisque esse videtur.
　선을 행하는 것이 선한 사람의 특성이며, 그 사람은
　자신을 위해 선을 행한다. 왜냐하면 그는 자신과 동일한
　것처럼 보이는 지성적인 (부분)을 위해 선을 수행하기
　때문이다.(지성단일성. 이재경 역주. p.165).
boni viri. 선한 어른들
bŏnílóquĭum, -i, n. 좋은 말. 꾀는 말, 감언이설(甘言利說)
Bónis cívibus patria carior est quam vita.
　착한 시민들에게 있어서는 조국이 생명보다 더 귀중하다.
bonis moribus. 좋은 품성
bónĭtas, -átis, f. 선(τὸ ἀγαθòν.⑨ Good), 선성(善性),
　좋음(좋은 것), 훌륭함, 우수, 착함, 선량(善良-착하고 어질),
　정직(착함), 덕(德.ἀρετην), 인자(仁慈.χηστος)
　너그러움(⑨ Gentleness.어짐), 어짐,
　선익(善益.⑨ Goodness), 선함(⑨ Goodness).
　Amor Dei est causa bonitatis rerum.
　　하느님의 사랑은 인간의 모든 선의 원인이다/
　Bonitatem Dei miramur. 우리는 주님의 선덕을 찬탄한다/
　eminentĭa in bonitate. 선에 있어서의 탁월성(卓越性)/
　homo bonitáte áfflŭens. 착하디착한 사람/
　Nihil est tam populare quam bonitas(Cicero).
　　선량함보다 인기 있는 것이 없다.
bonitas amborum. 선성(善性)(교부문헌 총서 16. 신국론. p.1202)
Bonitas Dei(⑨ Divine Goodness) 하느님의 인애(仁愛),
　하느님의 선하심(⑨ Goodness of God).
bonitas divina. 하느님의 선(善)
bonitas entis(metaphysica) 有의 선성(善性-형이상학적 선)
bonitas formális. 형상적인 선성(善性)
Bonitas non est pessimis esse meliorem.
　최악 보다 좋다고 해서 선은 아니다.
bonitas objecti. 사물의 선성(善性)
bonitas ontologica. 본체적 선(本體的 善)
bono animo. 좋은 마음으로
Bono animo es!(Terentius). 마음을 단단히 먹어라!
　(용기를 가져라, 걱정하지 마라).
bono animo esse. 용기가 있다
bono et vano religioso. 좋은 수도자와 헛된 수도자
Bono implendus es funde malum
　그대 선으로 채워지도록 악을 쏟아 버리십시오.

Bono publico natus(略.BPN) 공동선을 위하여 태어난 자
bono studio. 좋은 연구
Bonorum possessio. 유산 점유
('Bona, Dominium, Possessio' 참조).
[예로부터 내려오는 법리에 따르면 "법무관은 상속인을 만들 수 없다.
Praetor heredes facere non potest." 하지만 법무관은 시민법상 소유자가 아니
면서도 적법한 권원(權原)에 의해 점유하는 자를 마치 소유자인 것으로 취급하고
특정한 경우에는 소유자에 우선하여 보호하듯이, 상속의 경우에도 일정한 자들을
상속인과 유사하게 취급하고 때로는 상속인에 우선하여 보호하였다. 즉 법무관은
어떤 자에게 상속재산을 점유하도록 명함으로써 유산 점유자(bonorum possessor)
에게 시민법상 상속인(heres)이 아니면서도 실질적으로 상속인과 유사한
법적 지위를 부여하였다. 이런 법무관상의 상속을 일컬어 '보노룸 포세씨오
(bonorum possessio)'. 즉 글자 그대로 '유산점유'라고 한다. 이는 상속회복
청구소송에서 피고의 요건인 상속재산의 점유(hereditatis)와는 다르다.
한동일 지음. 로마법의 법률 격언 모음집에서(출간예정)].
**Bonorum possessio est ius persequendi vel retinendi
patrimonii sive rei, quae cuiusquam, cum moritur, fuit.**
유산 점유란 어떤 사람의 사망 시에 있었던 상속 재산이나
소유물(가산, 돈)에 대해 소추하거나 차지하는 권리이다.
**Bonorum possessores sunt, qui alicui succedunt iure
praetorio.** 누군가에게 집정관(대행자)의 권한을 통해
이어받는 사람이 유산 점유자이다.
bŏnum, -i, n. 선(τὸ ἀγαθὸν.● Good), 좋은 것(일),
행복, 다행, (신.자연의) 은혜.혜택(惠澤), 타고난 복,
복지, 안녕, 이익, 편익, 편의, 유리함, 선익(● Goodness).
pl. 재산, 자산, 재화(財物), 상속 재산, 행복한 처지, 안락.
bona æterna et magna. 아주 크며 영원한 선/
bona consumptíva. 소비재, 소비재산(消費財産)/
bona ecclesiástica.(● church property)
교회 재산, 교회 재화 bonum ecclesiasticum/
bonā fide. 선의(善意)로(fides 참조)/
bonā fide tutóris. 후견인의 성의로/
bonā mente. 똑바른 정신으로/
bona pácis. 평화의 혜택/
Bona piarum causarum. 특별 기금/
bonæ frugi. 착실한(frux 참조)/
bono communi usque servato. 항상 공동선 내에서/
bono esse alci. 누구에게 이롭다, 편리하다/
Bonorum finis est pax in Deo.
선의 목적은 하느님 안의 평화(신국론 제19권)/
commutabile bonum. 가변적인 선/
De elevatióne méntis ad inquirendum Summum Bonum.
최고의 선을 추구하려는 정신의 상승/
esse in possessióne bonórum, in bonis.
재산을 소유(所有)하고 있다/
Exspectávimus pacem, et non erat bonum.
평화를 기다렸건만 좋은 것이 없더라(갈멜의 산길. p.189)/
homo frugis bonæ. 착실한 사람(frux 참조)/
idem est unicuique rei esse et bonum esse.
모든 사물에 있어서 존재와 선은 동일한 것/
inquantum hujusmodi, sit quoddam bonum.
화합은 어느 모로든 선한 것이다/
intentio contra bonum. 성실성을 거슬리는 의지/
Libertas, ipsa est bonum hominum.
自由, 그 자체가 인간들의 선익(善益)이다/
Malum nullum est sine aliquo bono.
아무런 선도 없는 악은 하나도 없다(=여하한 악[불운]에도
약간의 선(선익)은 수반되는 법)(성 염 지음. 고전 라틴어, p.110)/
Non enim quod volo bonum, hoc facio; sed quod nolo
malum, hoc ago. 나는 내가 원하는 선은 행하지 않으며
오히려 내가 원하지 않는 악을 행하고 있다(은총과 자유, p.237)/
nil nisi bonum. 좋은 것만 말해라/
non quod volo bonum hoc ago.
내가 원하는 선을 나는 행하지 않는다/
Non sunt facienda mala, ut eveniant bona.
좋은 결과를 내기 위해 악을 행할 수 없다/
O quam bonum et jucundum est,
fratres habitare in unum.
형제들이 함께 모여 사는 것이 얼마나 좋고 즐거운가!
Quam magnum bonum sit ipsum esse.
존재한다는 그 자체가 얼마나 위대한 선인가!/

quamdiu sunt, bona sunt. 사물들이 존속하는 한 선한 것.
(토마스 아퀴나스의 형이상학. p.188)/
quicumque bonum rei publicæ intendit, finem juris
indendit. 공화국의 선익을 도모하는 사람은 법정의의
목표를 도모하는 사람이기도 하다(이 명제는 실정법 사상이
강한 로마인에게 법정의의 공리를 통해 왔다. 성 염 옮김, 단테 제정론, p.93)/
Quid dabo tibi pro istis millibus bonis? 이런 헤아릴 수
없는 모든 은혜를 무엇으로써 갚으리까?(준주성범 제3권 10장 4)/
Quod homo nihil boni ex se habet, et de nullo gloriári
potest. 사람에게 본래 아무 선도 없고 어느 방면으로
보든지 영광으로 삼을 것이 없음(준주성범 제3권 40장)/
Solum bonum virtus est. Nam id demum bonum est,
quo nemo male uti potest ; virtute nemo male uti potest
: bonum est ergo virtus.(Quintilianus). 덕이야말로 유일한
선이다. 아무도 악용할 수 없는 것이 참으로 선이다. 그런
데 덕은 아무도 악용하지 못한다. 그러므로 덕은 선이다/
summum bonum. 최고 선/
Totum bonum meum est. 좋은 것은 모두 내 것입니다.
(최익철 신부 옮김. 요한 서간 강해, p.421)/
Verum et bonum convertuntur. 진리와 선은 서로 교환된다.
bonum absolute. 좋은 것 자체
bonum aliquod consequimur multipliciter.
우리는 다양한 방식으로 어떠한 선을 성취한다.
bonum alteri. 이타선(利他善)
Bonum animum habe! 호감을 보여라!
bonum apparens 가시선(可視善),
외견상의 선(단지 좋게 보일 뿐인 것).
bonum apprehensum. 이해된 선
bonum arduum. 힘이 드는 선(가톨릭 교회의 가르침 제18호. p.216)
bonum commune. 공동선(● common good), 공공복리
bonum commune Ecclesiæ. 교회의 공동선(公益)
bonum commune omnium. 모든 사람의 공동선
bonum conjugum. 부부의 선익(이 용어는 제2차 바티칸 공의회
의 "사목헌장" 48항에서 처음으로 명백하게 사용되었고, 교회법전 1055조
제1항에서 나는 저서 선익 bonum prolis와 함께 혼인의 목적으로 규정되었다).
bonum deficiens. 선의 결핍(=악)/privátio boni.
bonum delectabile. 유열 선(愉悅 善), 쾌락 선,
형유(亨愉) 선, 즐거움을 주는 선(가톨릭 철학. 제4호. p.30),
편안한 선(토마스 아퀴나스의 형이상학. p.199).
Bonum dicitur diffusivum sui.
선은 자신을 확산한다고 우리는 말한다.
bonum dívinum. 신적인 선(善)
Bonum erat ei, si natus non fuisset homo ille(마태 26, 24)
그 사람은 차라리 태어나지 않았더라면 자신에게 더 좋았다.
Bonum est diffusivum sui. 선은 본질상 퍼진다.
선은 자기 자신을 확산(擴散)한다.
Bonum est diffusivum sui esse. 선은 자기 존재의 확산이다
**Bonum est fáciendum et prosequendum,
et malum vitandum.** 선은 행해야 하고 따라야 하며
악은 피해야 한다(자연법의 제일원리).
Bonum est fáciendum, malum est vitandum.
선은 행하고 악은 피해야 한다.
Bonum est id quod omnia appetunt.
선이란 모든 것이 추구(욕구)하는 것이다.
bonum est indivisio actus a potentia. 선은 행위가 능력
으로부터 분리되지 않음이다(토마스 아퀴나스의 형이상학. p.192).
bonum est nos hic esse. 우리가 지금 여기 있는 것은 선이다
Bonum est præstolari cum silentio salutare Dei.
하느님의 구원을 침묵 속에 기다리는 것은 좋은 일입니다.
Bonum est sal(● Salt is good)
소금은 좋은 것(성경 마르 9, 50).
bonum et æquum. 선과 형평(衡平)
Bonum et ens convertuntur. 선과 존재자는 치환 된다.
Bonum et malum judicamus. 우리는 선과 악을 판단한다.
Bonum ex integra causa. 선은 전체적으로 온전함을 말한다.
Bonum ex integra causa, malum ex singulari defectu.
선은 통합적인 이유에서 성립하고, 악은 어떤 결함에서 성립한다.
bonum extrinsecum. 외적인 선
bonum fidei. 신앙 선익(信仰 善益), 신의의 선익(善益)
(혼인의 단일성 unitas matrimonii를 나타냄).

bonum finale. 최종 선

bonum habet rationem finis.
　선은 이유가 있는 목적을 가지고 있다.

bonum honestum(naturale in genere)
　정선(본성상 일반의 선), 정직한 선,
　윤리적 선(토마스 아퀴나스의 형이상학, p.199).

bonum humanum. 인간적 선(ἀνθρώπινον ἀγαθόν)

bonum impersonale. 비인칭적 선

bonum in communi. 선 일반(一般), 일반적인 선

bonum ineffabile. 말로 표현할 수 없는 선

bonum infinitum. 무한 선(無限 善)

bonum intellectum. 인식된 선, 좋은 지성

Bonum mentis est virtus. 정신적 선은 덕이다.

bonum morale(naturæ pro homine) 도덕적 선,
　윤리선(倫理善-인간 본성상의 선).

bonum naturæ. 본성의 선

bonum omnis boni. 모든 선들의 선

bonum opus. 훌륭한 일

bonum particulare. 특수 선

bonum perfectum. 완전한 선

bonum personale. 인칭적 선

bonum possibile et meliore. 가능하고 더 좋은 선

bonum potest inveniri sine malo; sed malum non
potest inveniri sine bono, ut supra habitum est.
　선은 악 없이 발견될 수 있다. 그러나 악은 위에서 논증
　되었듯이 선 없이는 발견될 수 없다.
　[토마스 아퀴나스는 "모든 선이 파괴된다면(그리고 이것이 전적인 악의 조건이다)
　악 자체도 또한 제거될 것이다."라고 말한다. 악의 주체는 선이다. 이러한 주장은
　'선의 결여'로서의 악, '모든 것은 존재하는 한 선하다', '유(有)와 선은 교호 교호로
　가능하다'는 사상들과 관계가 있다. 이러한 맥락에서 마귀들도 '존재하는 한'
　선하다고 말할 수 있다.(신학대전 14, 이상섭 옮김, p.335).

bonum pretiosum. 귀중한 재산(財産, plácïta bona)

bonum primum. 제일 선

bonum privatum. 사사로운 선익(善益), 개인의 선,
　사유재산(⑨ Property/private)/Proprietas privata.

bonum prolis. 자녀 선익, 자녀출산, 자녀의 선익(善益)

bonum públicum. 공공복지, 공익(公益), 국민의 복리

bonum, quo ipsi boni.(교부문헌 총서 15, 신국론, p.142)
　그들을 선한 사람으로 만드는 그 선.

bonum sacramenti. 성사 선(聖事 善),
　성사 선익(혼인의 불가해소성 indissolubilitas martrimonii를 나타냄).

bonum sibi. 이기선(利己善), 익기선(益己善)

bonum sic et simpliciter. 절대선(絶對善)

bonum sociale. 사회적 선(社會的 善)

bonum speciei. 종의 선(신학대전 3권, p.110)

bonum spirituale. 영적 선, 영적 선익(善益), 초자연 선

Bonum sui diffusivum.(선은 저절로 넘쳐흐른다)
　선은 자신을 드러내며 자신을 준다(가톨릭 철학 제4호, p.29).

Bonum supprimitur, numquam extinguitur.
　선은 억압을 받을 뿐 결코 말살되지 않는다(Publilius Syrus).

bonum supremum. 최고 선 / verum supremum. 최고 진리

bonum temporále. 현세적 선, 자연 선, 잠세적 선

Bonum tibi est ut ipse regat, et ipse ducat.
　그분께서 방향을 잡으시고, 그분께서 이끄시도록 하는
　것이 그대에게 좋습니다.(최익철 신부 옮김. 요한 서간 강해, p.313).

bonum universale. 총체적 선(가톨릭 철학, 제4호, p.26)

bonum universi. 우주의 선

bonum universum. 우주의 선성(宇宙 善性)

Bonum unmeratur inter prima.
　선은 첫 번째 것들로 열거된다(니코마코스 윤리학 해설).

bonum utile. 비익 선(裨益 善), 수단적 선(手段的 善),
　이용선(利用善), 유익 선, 유용한 선(가톨릭 철학, 제4호, p.30).

bonum verum. 진정한 선(참된 선)

Bonum vinum Christus servavit usque adhuc, id est
evangelium suum. 그리스도는 지금까지 좋은 포도주,
　곧 당신의 복음을 보존하였습니다(계약의 신비 안에 계시는 마리아, p.309).

Bonum vinum lætificat cor hominis.(로마인의 속담)
　좋은 술은 사람의 마음을 즐겁게 한다(美酒紅人面)

Bonum virum natura, non ordo, fácǐt.

지위가 아니라 기질이 좋은 사람을 만든다.

bŏnus, -a, -um, adj. (comp. mélior, spuerl. óptimus.)
좋은(בוטוב.ἀγαθός.καλός), 훌륭한, 착한, 선량한,
　인정 많은, 친절한, 잘해주는, 호의의,
　(비꼬아서) 마음 좋은(그러나 좀 미련한), 적합한,
　쓸모 있는, 유능한, 능숙한, 편리한, 유익한, 유복한,
　부유한, 고귀한, 존귀한, 씩씩한 꿋꿋한, 용감한(군인),
　다행한, 행복한, 상서로운, 충성스런, 애국심 있는,
　보수적인, (존경.친밀의 표시) 친애하는, 어진, 좋은,
　m. 착한 사람, 선인(善人), 애국자, 귀족당, 보수주의자.
Amici boni sunt puellis.
　그 소녀들에게는 좋은 친구들이 있다/
bona ætas. 좋은 나이, 한창 나이, 젊은 시절,
　(ex adolescentia. 젊은 시절부터)/
Bona conscientia pluris est quam omnium laus.
　착한 良心은 모든 사람의 칭찬보다 더 가치가 있다/
bona fama. 명성(名聲.⑨ Fame/good reputátíon)/
bona fides. 선의(善意)/bona mors. 행복한 죽음/
bona fides juridica. 법률상 선의(法律上 善意)/
bona fides theologica. 신학상 선의(神學上 善意)/
Bona forma, sancta forma: sed quid valet forma, si non
teneat radicem? 겉모양이 좋고 거룩하다해도, 뿌리를
　지니고 있지 못하다면 무슨 소용이 있습니까?/
bona gratia. 최상의 은총(最上 恩寵), 훌륭한 은총/
bona indole præditus. 좋은 성품을 지닌/
bona mente. 똑바른 정신으로/
Bona Moralia et Spiritualia.
　윤리적.영적 선(⑨Moral and spiritual goods)/
Bona opera* 선업(ἔργα ἀγαθά.⑨ good works-교리서 1477항)/
bona salute. 다행히도(신의 가호로)/
bona tempestáte. 좋은 날씨에/
bonā véniā. 죄송하지만(prox, interj.). 너그러이 양해하시어/
bona venia, cum bona venia. 은혜로운 허가로/
bona venia me aúdies. 호의로 내 말을 들어 달라/
bona valetúdo 좋은 건강(健康)/
bonas laudat. 그는 선량한 여자들을 칭찬 한다/
boni mores. 미풍양속(美風良俗)/
Bono animo es! 마음 단단히 먹어라!/
bono ánimo esse in alqm. 누구에게 대하여 호감을 가지다/
bono génere natus. 귀족출신(貴族出身)/
Bono vinci satius est quam malo more iniuriam vincere.
　착한 이에게는 나쁜 방법으로 부정을 이기기보다는
　지는 것이 더 낫다/
bonos laudat. 그는 선량한 사람들을 칭찬 한다/
Bonum habe animum. 용기를 내어라/
　(Forti animo esto. = Macte animo!)/
Causa non bona est? Immo óptima.
　기회(이유)가 좋지 않다고? 천만에 가장 좋은 기회이지/
De bonorum ecclesiasticorum dispensatione.
　교회의 재산 관리에 대하여/
De finibus bonorum(치체로 지음). 착한 이들의 종미(終尾)/
dolus bonus. 선의의 범의(犯意)/
Habe bonam conscientïam, et habebis semper lætitïam.
　양심을 어질게 가져라 그러면 항상 즐거울 것이다/
habitus bonus. 좋은 습관(習慣)/
Homines alii sunt boni, alii mali.
　어떤 사람들은 착하고 어떤 사람들은 악하다/
homines bonæ voluntatis. 선의의 사람들/
in bonam partem accípere. 좋게 받아들이다.해석하다/
Incolæ sunt boni. 주민들은 선량하다/
Jure óptimo(esse) -숙어- 침해될 수 없다,
　법적 예외규정이 인정되지 않는 것이다/
Matrum et patrum verba ad bonos mores liberos
portant. 모친들과 부친들의 말씀이 자녀들을 선량한
　습관에로 이끌어간다(성 염 지음. 고전 라틴어, p.84)/
mélior fíeri. (윤리적으로도) 나아지다,
　좋아지다, 건강을 회복하다/
O bone, bone. 여보게/O bone Deus! 어지신 하느님!/

146

Omnia nunda mundis sunt.
 선량한 사람에게는 모든 것이 선하다/
óptimi = optimátes. 양반(兩班), 귀족(貴族)/
Puellæ amicos bonos habent.
 그 소녀들은 선한 친구들을 갖고 있다/
Quæ sunt instrumenta bonorum operum.
 착한 일의 도구들은 무엇인가/
Quod bonum, felix, fáustum fortunatúmque sit!
 (행사 전의 축원하는 말) 이 일이 잘되고 무사하고
 다행하여 좋은 결과를 가져오기를!/
Recreo afflictos animos bonorum.
 절망에 빠진 선량한 사람들의 용기를 북돋아주다/
vir bonus. 선량한 사람, 덕망 있는 인사, 좋은 남편/
Volo esse bonus cívis(=Volo, me esse bonum civem)
 나는 선량(善良)한 시민이 되기를 원한다.

형용사 제 1, 2변화 제1식			
단 수			
	m. (남성)	f. (여성)	n.(중성)
Nom.	bonus	bona	bonum
Voc.	bone	bona	bonum
Gen.	boni	bonæ	boni
Dat.	bono	bonæ	bono
Acc.	bonum	bonam	bonum
Abl.	bono	bonā	bono
복 수			
	m. (남성)	f. (여성)	n.(중성)
Nom.	boni	bonæ	bona
Voc.	boni	bonæ	bona
Gen.	bonórum	bonárum	bonórum
Dat.	bonis	bonis	bonis
Acc.	bonos	bonas	bona
Abl.	bonis	bonis	bonis

(한동일 지음, 카르페 라틴어 1권, p.74)

bonus amor. 좋은 사랑
bonus civis. 선량한 시민, 애국자
Bonus enim medicum poculum quo ægro daturus est prior gustat.
 좋은 의사는 환자에게 줄 약 잔을 먼저 맛보는 법이다.
Bonus judex secundum æquum et bonum judicat.
 선한 재판관은 공정과 선에 의거하여 판단한다.
Bonus Nuntius. 기쁜 소식(εὐαγγέλιον.[영] Good News)
Bonus rex facit cives duces patriæ.
 선량한 임금은 시민들을 국가의 지도자로 만든다.
bonus samaritanus. 착한 사마리아 사람
bonus sane vicinus. 정말 좋은 이웃
bonus vicínus meus. 나의 좋은 이웃 사람
Bonus vir et fortis et sapiens, miser esse non potest.
 선량하고 용맹하고 지혜로운 사람,
 그는 (불행해 지려야) 불행해질 수가 없다.
bonúscŭla, -órum, n., pl. 자그마한 재산
bónzĭus, -i, m. 우상 숭배자
bŏo, -áre, intr. 부르짖다, 소리가 되울려 나오다, 메아리치다
Bŏótes, -æ, m. (天) 목동좌
Bora, -æ, m. Macedónia의 산
borax, -ácis, m. (化) 붕사(硼砂)
Borea flante ne arato. 北風이 불어 올 때에는 밭 갈지 마라
bŏrĕális, -e, adj. 북쪽의
bórĕas, -æ, m. 북풍, 북(北), 북방, 북풍의 신
bŏrĕótis, -ĭdis, adj., f. 북쪽의, 북방의
bóréus, -a, -um, adj. 북쪽의, 북방의.
 axis boréus. 북극지방(北極地方).
bórith, n. indecl. 잿물 만들던 풀, 잿물
bor(r)aginácĕæ, -árum, f., pl. (植) 지치과 식물
bōs, bŏvis, m., f. 소(牛), 물고기 이름.
 bovem mutum. 벙어리 황소/
 boves et pécora(=omnes boves et ómnia pécora)
 (=omnes boves et pécora) 모든 소들과 가축/
bovi clitéllas impónere. (속담. 소 등에 안장을 얹어 놓다)
 어울리지 않는 직책을 맡기다/
Ecce Behemoth, quem feci tecum; fenum quasi bos comedit. (avlla. dh. ivdou. qhri,a para. soi, co,rton i;sa bousi.n evsqi,ei) (See, besides you I made Behemoth, that feeds on grass like an ox) 보아라, 내가 너를 만들 때 함께 만든 브헤못을! 그것은 소처럼 풀을 뜯고 있다(성경 욥기 40, 15)/보아라 저 베헤못을, 황소처럼 풀을 뜯는 저 모습을, 내가 너를 만들 때 함께 만든 것이다(공동번역 욥기 40, 15)/
immolo bovem Diánæ. Diána 여신에게 소를 제물로 바치다/
Non ligabis os bovis terentis in area fruges tuas. (ouv fimw,seij bou/n avlow/nta)) (獨 Du sollst dem Ochsen, der da drischt, nicht das Maul verbinden)
([영] You shall not muzzle an ox when it is treading out grain) 타작 일을 하는 소에게 부리망을 씌워
 서는 안 된다(성경 신명 25, 4)/곡식을 밟아 떠는 소의
 입에 망을 씌우지 마라(공동번역 신명 25, 4)/
In prato quondam rana conspexit bovem et tacta est invidia tantæ magnitudinis. 한번은 개구리가 풀밭에서
 황소를 보았는데 몸집이 하도 큰데 대해서 샘이 났다/
Optat ephippia bos piger.(자기 분수에 만족치 않는다).
 게으른 황소가 말안장을 원한다/
Quis vidit bovem ejus? 누가 그의 소를 보았느냐?/
Suum et bonum carnem in vasis navium frigore servabamus. 우리는 돼지들과 소들의 고기를 배들의
 항아리에 담아 시원하게(frigore: 탈격은 흔히 부사어
 로 쓰임) 보관하였다(우리는 돼지들과 소들의 고기를 그릇에 담아
 배들의 시원한 바닥에 보관하였다)/
Tremens procumbit humi bos.
 소가 부르르 떨며 땅에 죽어 자빠진다.

	singuláris	plurális
Nom.	bos	boves
Voc.	bos	boves
Gen.	bovis	boum
Dat.	bovi	bobus(bubus)
Acc.	bovem	boves
Abl.	bove	bobus(bubus)

(한동일 지음, 카르페 라틴어 1권, p.48)

Bos eorum concepit et non abortivit, vacca peperit et non est privata fetu suo. (h` bou/j auvtw/n ouvk wvmoto,khsen diesw,qh de. auvtw/n evn gastri. e;cousa kai. ouvk e;sfalen) ([영] Their bulls gender without fail; their cows calve and do not miscarry) 그들의 수소는 영락없이 새끼를 배게
 하고 그들의 암소는 유산하는 일 없이 새끼를 낳지(성경)/
 황소는 영락없이 새끼를 배게 하고 암소는 유산하는
 일이 없더군(공동번역 욥 21, 10).
bos Lucas. 코끼리
bos maculis insignis. 얼룩소
boscas(=boscis), -ădis(-ĭdis), f. 물오리의 일종
bostar, -ăris, n. 소 외양간, 우사(牛舍)
bóstrychus, -a, -um, adj. 곱슬곱슬한
Boswellia sacra. 운향.
 [출애 30,34: 레위 2,1: 민수 5.15:1 역대 9,29: 아가 3,6: 마태 2,11:묵시 18,13.
 운향은 지중해 연안과 남부 유럽이 원산지인 다년생 초본이다. 운향에는 혈압을 내리는 효과가 있는 루틴Rutin이라는 성분이 들어있다. 강한 냄새와 쓴맛이 있는 게 그 때문이다. 제2차 세계대전 중에는 이 루틴을 추출해서 고혈압 치료제로 사용했다. 히스테리 같은 신경질환, 복통, 기침, 류마티스 등에 달여 먹기도 했다. 운향은 방충효과가 뛰어나 꽃다발로 묶어서 문 위에 걸어 놓으면 파리를 막을 수가 있다. 책갈피에 넣어 두면 좀이 슬지 않는다고 하는데 옛날에는 이나 벼룩을 없애는데 사용했던 중요한 방충제다. 운향은 고대 로마에서는 은총의 풀이라는 별명을 갖고 있었다. 주일에 교회에서 사제가 운향의 줄기로 성수를 뿌리는 관습이 있었기 때문이다. 그러나 옛날부터 운향의 강한 향기는 마취제, 자극제로 쓰였다. 또한 운향은 강하고 역한 냄새로 모든 액을 물리치는 신통한 마력이 있다고 믿었다. 심지어 마녀의 저주를 물리치는 향초로 까지 알려져 있다. 그리스 신화에는 운향이 마녀 키루케Circe의 저주를 물리칠 수 있는 풀로 등장한다. 그래서 고대 그리스인이나 로마인들은 부적으로 운향을 중요하게 생각했다. 집의 마룻바닥에 문질러 두면 그 냄새 때문에 악마를 물리칠 수 있고, 문이나 처마 끝에 걸어 놓으면 악마나 병마의 침입을 막을 수 있다고 믿었다. 또한 사람들은 파세리와 함께 둥글게 틀어서, 몸에 지니고 다니는 부적으로 사용하기도 했다. 14세기까지만 해도 사람들은 운향을 만능 약이라 생각했다. 그러나 운향의 약효에는 미신적인 것이 많았다. 구충, 통경, 흥분제로서의 효능이 있지만 옛날에는 시력 회복의 특효약이라 생각했다. 그리고 독 있는 짐승에 물린 상처나 독버섯, 부자 같은 것의 해독제로도 사용했다. 또 옛날 사람들은 해독제뿐만 아니라, 경련이나 경기에 잎을 달여서 차로 마시면 낫는다고 생각했다. 그리고 운향의 잎을 감아

놓으면 마귀 장난을 물리친다고 믿었다. 그래서 16~17세기 유럽에 페스트가 유행할 때 일반 가정이나 법정에도 마력이 있고, 살균력이 강한 유향의 잎을 뿌려 놓았다. 당시 사람들은 유향이 전염병균을 막는 효능이 있다고 믿었다. 성경에 십일조로 드리는 식물이라고 명시하고 있지만, 그 용도는 알려져 있지 않다. 따라서 약효나 마력적인 신통력 때문인지는 알 길이 없다. 현재는 향신료로 요긴하게 사용된다. 유향은 성경에 바리사이파인들이 외식하는 것을 꾸짖는 대목에 인용됐다. 바리사이파 사람들이 채소류의 십일조로 드리는 식물로 등장하고 있다. "불행하여라, 너희 바리사이들아! 너희가 박하와 운향과 모든 채소는 십일조를 내면서, 의로움과 하느님 사랑은 아랑곳하지 않기 때문이다. 그러한 십일조도 소홀히 해서는 안 되지만, 바로 이러한 것들을 실천해야 한다"(루카 11, 42).

서울대교구 허영엽 신부].

botánĭca, -æ, f. 식물학(植物學)

botánĭcum, -i, n. 여물창고

botánĭcus, -a, -um, adj. 식물학의, 식물학적

botanísmus, -i, m. 식물채집(植物採集), 식물학(植物學)

botanísta, -æ, m. 식물학자(植物學者)

botéllus, -i, m. 순대

botruósus, -a, -um, adj. 송이를 이룬, (포도) 송이의

botrus, -i, f. 포도송이

botrys, -yos, f. 포도송이(알), (植) 쑥

botulárĭus, -i, m. 순대장사

bótŭlus, -i, m. 순대

bŏva(=bŏa) -æ, f. (動) 이무기(큰 구렁이)

bovárĭus, -a, -um, adj. = boárĭus

bovatim, adv. 소처럼

Bovi clitellas imponere.(속담: 소등에 안장을 얹어 놓다)
어울리지 않는 직책을 맡기다.

bovíle, -is, n. 소 외양간, 우사(牛舍)

bovíllus(=bovínus), -a, -um, adj. 소의, 소에 관한

B.P. = Beatissime pater(교황 성하)의 약자(略字)

B.P. = Biblioteca patristica, 교부 장서

brabéum, -i, n. 경기 우승자가 받는 상품

brabéŭta, -æ, m. 경기 심판 겸 시상자

brācæ, -árum, f., pl. 가랑이 넓은 바지

bracátus, -a, -um, adj. 바지 입은, 이국의,
Alpes 산 저편의, 유약(柔弱)한.

Bracchium Sæculáre(⑨ Secular Arm) 속권의 협력

brāchĭális, -e, adj. 팔의, (醫) 상박(上膊)의.
n. 팔가락지, 팔찌.

brāchĭátus, -a, -um, adj. 가지 많은, 가지가 무성한

brāchĭólum, -i, n. 작은 팔, 가는 팔

brāchĭópŏda, -órum. n., pl. (動) 완족류

brāchĭum, -i, n. 전박(前膊), **팔**(전체), 팔꿈치부터 손목까지의 부분(해부학적으로 상박·위팔을 때는 있음), 포옹, 껴안음, 팔짓, 팔의 율동, (게.가재 따위의) 집게 발, (나무의) 가지, 가는 가지, 만(灣), 포구(浦口), 가지처럼 뻗은 육지, 돛대의 활대, 완목(腕木), 횡목, 양각기의 다리, 뻗어나간 제방; 도량, 능력, 권력.
candēlábrum septem brachiorum. 칠지형(七枝形) 촛대/
implico bráchia collo alcjs.
두 팔을 누구의 목에 감다(두 팔로 목에 매달리다)/
levi bráchio ágere. 경솔하게 행동하다.

brachium projectum. 쭉 내뻗은 팔/ulna, -æ, f. 팔

brachium sæculáre. 속권(俗權,⑨ secular arm),
세속 권력, 속권의 개입, 속권의 협력(교회법에서 이 용어는 세속권력이 교회 안의 문제에 교회적으로 개입할 때 쓰는 용어이다)

brachyúra, -órum, n., pl. (게 따위) 단미류(短尾類)

bráctĕa = bráttĕa 금속박편, 금박(金箔), 은박(銀箔)

bractea negativa. 음화 필름

bractea photographia. 사진 필름

bractéŏla, -æ, f. 금박(金箔), 얇은 나무박편

brado, -ónis, f. 햄(⑨ ham.燻肉)

Brahmanísmus, -i, m. 바라문교(婆羅門教), 브라만교

bránchĭæ, -árum, f., pl. 아가미

branchĭáta, -órum, n., pl. (動) 유새동물(有鰓動物)

branchos, -i, m. 쉰 목소리, 잠긴 목소리

brándĕum, -i, n. 유물(遺物)의 비단보

brasmátĭæ, -árum, f., pl. 용암분출(鎔岩噴出)

brássĭca, -æ, f. (植) 양배추

brássĭca nigra, 흑겨자

bráttĕa(-ĭa), -æ, f. 금속박편, 금박, 은박, 목재박편

brattĕátus, -a, -um, adj. 금박 입힌

brattĕóla, -æ, f. 작은 금박

bravíum, -i, n. 경기(투기) 우승상(競技 優勝賞).
Omnes currunt, sed unus accipit bravium.
모든 이들이 달리지만 상은 한 사람이 받는다.

brephŏtróphéum(-íum), -i, m. 육아원(育兒院),
고아원(孤兒院, orphanotrophium, -i, n.).

breve, -is, n. 작은 것, 간단한 것,
pl. (걸어서 건널 수 있는) 물이 얕은 곳, 여울목(여울의 턱이 진 곳).

Breve compendio intorno alla perfezione cristiana.
그리스도교 완덕에 대한 요약.

Breve. 교황의 소칙서(教皇 小勅書-비교적 덜 중요한 사안을 다룬 문서로 "Bulla" 보다 덜 장엄한 형식. 문서 위에 초로 어부의 인장을 찍는다).

Breve Pontificale. 교황의 소칙서(小勅書), 교황 서한

brévi, adv. 오래지 않아, 미구에

brĕvĭárĭum, -i, n. 개략(槪略-대강 간추려 줄인 것), 개요(槪要),
초록(抄錄-필요한 대목만을 가려 뽑아 적음. 또는 그 기록. 抄記),
경본(⑨ breviary, 성서를 요약한 책이란 뜻. 교회법 해설. 圖 p.47),
성무일과 기도서(聖務日課 祈禱書),
성무일도서(⑨ Breviary)/Officium Dívinum.
[라틴교회에서 습관적으로 사용되었던 Breviarium이라는 말을 포기하게 된 데는 이유가 있다. 이 용어는 '요약'이라는 의미를 가지고 있다. 따라서 '성무의 요약'Breviarium Officiidl라고 표현해야 그 완전한 의미를 드러낼 수 있지. 말 자체로는 아무 의미도 가리키지 못하였다. 이 표현은 여러 권으로 나뉘어 수록되어 있던 성무일도의 구성 요소들을 한데 모아 쉽게 기도할 수 있도록 나온 책을 중세 때 '브레비아리움'이라 부른 데서 유래하였다. 동방 교회는 그들의 시간전례의 기반이 되는 책을 '호롤로기오Horologion'라 불렀다.
그리스도와의 만남 미사, 조학균 지음, p.107].

Breviarium Crucis.(⑨ Breviary of the Cross.
獨 Kreuzbrvier) 십자가 시간전례서.

Breviarium Extravagantium decretalium. 추가 교령 초록.
[보니파시오 8세 법령집 이전에 법의 일반 원칙을 담고 있었던 교회법서로는 1188년 Pavia의 베르나르드가 쓴 "추가 교령 초록"이 있었다. 이 추가 교령 초록을 그 후의 저술들과 구별하기 위해 "Compilatio prima(제1 편찬)"라고 불렸다. 한동일 지음, 법으로 읽는 유럽사, p.181].

Breviarium Nicephori. 니케포루스의 개요

Breviarium pro laicis. 평신도용 성무일도서(이 기도서는 교회의 기도생활 전통에 따라 시편, 독서, 찬미가, 기도문이 발췌되어 꾸며졌다. 앵글로 색슨의 학자이며 대수도원장인 Alcuin이 카롤로 대황제의 권유를 받아 평신도용 성무일도서를 편찬했다. 그 후 유럽 서부와 북부에서 각 정시과 기도서가 Stundenbuch란 이름으로 나왔다. 17세기에는 예수회의 Wilhelm Nakatenus가 '천상의 올리브 동산 Cæleste Palmetum'이란 이름으로 기도서를 냈는데, 이 책은 풍부한 내용과 미려한 문체로 후세에 널리 애용되었다. 1740년에는 Richard Challoner가 '영혼의 정원 Hortulus animæ'이라는 이름으로 새 기도서를 냈고, 그 밖의 성모 소성무일도는 10세기부터 수도자들에게 부과한 것으로서 대3회회원들이 대부분 사용하고 있다가 나중에는 평신도용 성무일도서로 사용되었다. 백민관 신부 엮음, 백과사전 1, p.401).

Breviarium pianum. 비오 성무일도서.
(트리엔트 공의회의 결정에 따라 교황 비오 5세가 1568년 개정 공표한 성무일도서. 성서가 풍부히 편입되어 1년에 200번 이상 평일 시편이 봉독되도록 했다. 붉은 글자의 일반 예절 지시문(Rubricæ Generales)이 처음으로 이 책에 등장했다. 백민관 신부 엮음, 백과사전 1, p.402).

Breviarium Regum Francorum. 프랑크 왕족의 성무일도서

Breviarium Romanum. 로마 성무일도 경본(經本)
소성무일도, 로마 간이 성무일도(1568년 비오 5세 교황 발간).

Breviarium secundum consuetudinem Romanæ curiæ.
로마 교황청의 관례에 따른 소 성무일도서.

brĕvĭárĭus, -a, -um, adj. 요약된, 간결한

brĕvĭátim, adv. 줄여서, 간단하게

brĕvĭátĭo, -ónis, f. 줄임, 단축(短縮), 적요(摘要-중요한 부분을 뽑아내어 적음. 또는 그렇게 적어 놓은 것).

brĕvĭátĭo Canonum. 법령 발췌집

brevícŭlus, -i, m. 상당히 짧은·작은, 간단한.
n. 작은 문서.

brĕvĭlóquens, -éntis, adj. (brevis+loquor)
간단히 말하는, 요점만 말하는.

brĕvĭlóquéntĭa, -æ, f. 짧은 말, 몇 마디 말

Breviloquium de principatu tyrannico.
폭군 통치에 관한 소고(윌리암 오컴 1285~1349 지음).

brévĭo, -ávi, -átum, -áre, tr. 짧게 만들다, 줄이다, 단축하다

brevior, -or, -us, adj. brévis, -e의 비교급

Brevior Synopsis Theologiæ Dogmaticæ.
교리신학 총론 요약(1911년 알프레도 땅끄레 지음).

Brevior Synopsis Theologiæ Moralis et Pastoralis.
윤리신학과 사목신학 총론 요약(1913년 알프레도 땅끄레 지음).

Brevis* 小칙서(Bull에 비해 훨씬 간략하다. 가톨릭 용어집, p.104)

brĕvis, -e, adj. 짧은, 작은, 좁은, 얕은, 얼마 안 되는, 간결(簡潔)한, 간단한, 간이의, 약식의, 잠깐의, 잠시의. brévi(témpore) 오래지 않아/
brevi ante. 조금 전에(modico ante/paulo ante)/
brevi manu traditio. 간이인도(簡易引渡)/
in brevi spátio. (in¹참조) 짧은 기간에, 잠깐 사이에/
Regulæ brevius tractatæ. 짧게 거론된 규칙들/
Regulæ fusius tractatæ. 길게 거론된 규칙들.
brevis dies. 짧은 기간
Brevis gloria quæ ab hominibus datur et accipitur.
사람이 주고받는 그 영광은 잠깐이다(준주성범 제2권 6장 2).
Brevis ipsa vita est sed malis fit longior.(Publius Syrus).
인생은 매우 짧으나, 불행으로 길어진다.
brevissimus, -a, -um, adj. brĕvis, -e의 최상급.
Brevissima ad divitias per contemptum divitiarum via est.
가장 빨리 부자가 되는 길은 富를 멀리하는 것이다(Seneca)/
Confer ætátem nostram longíssimam cum æternatáte, brevíssima tibi vidébitur. 우리의 가장 긴 나이라도 영원에
다 비교해 보아라. 그것은 너에게 아주 짧은 것으로 보이리라.
brévĭtas, -átis, f. 짧음, 간결(簡潔), 간단(簡單), 짧은 기간, 단음절(短音節).
brevitas romana. 로마의 간결성(簡潔性)
brevitate habiles gladii. 짧아서 다루기 쉬운 칼
breviter, brevítius, brevissime, adj. ⑨ shortly, briefly.
Per Silvanum vobis fidelem fratrem, ut arbitror, breviter scripsi. 나는 성실한 형제로 여기는 실바누스의 손을 빌려
여러분에게 간략히 이 글을 썼습니다(1베드 5, 12)
[로마시대에는 편지를 쓸 때, 비서에게 대필을 시키는 경우가 많았다. 글을 쓰는
것 자체가 상당한 기술을 요하는 작업이었기에, 전문적으로 글 쓰는 법을 배운
서기관들이 글을 대신 쓴 것이다. 베드로 1서 역시 마찬 가지였는데, 위 예문을
보면 이 사실을 잘 확인할 수 있다. …… 신약성경에는 가명편지들이 많은데
베드로 1서도 그 가운데 하나이다. 사실 베드로는 그리스어를 전혀 알지 못하는
여부 출신의는데 멋진 그리스어로 글을 적었을 리 만무하다…… 중략
경향잡지, 2013년9월호. 염철호 신부, pp.62~65].
bréviter dicta. 간단히 언급된 것
bréviter et significanter. 간단명료하게,
ut breviter dicam. 간단히 말하자면.
Brĭárĕus, -i, m. 팔(또는 손) 백 개 가진 거인, =Ægœon
bridus, -i, m. 주방기구(廚房器具)
Brīmŏ, -us, f. Hécate 여신의 별명
Brĭnĭátes, -um, m., pl. 동부 Ligúria의 한 종족
brīsa, -æ, f. 포도주 재강(술을 거르고 남은 찌끼).지게미(酒粕)
brīso, -ávi, -átum, -áre, tr. 포도(주)를 짜다
Brĭtánnĭa, -æ, f. Eritánnia섬; 영국(英國)
Brĭtánnĭcus herba. (植) 소루쟁이(→소리쟁이·마디풀과의 다년초)
Brĭtánnus, -i, m. 영국인.
Britanni utuntur aut nummo aureo aut taleis ferreis pro nummo. 브리타니아인들은 금전을 사용하거나
길쭉한 철편(鐵片)을 금돈 대신 사용한다.
bró(c)hĭtas, -átis, f. 뻐드렁니(바깥쪽으로 뻐드러진 앞니)
bró(c)hus, -a, -um, adj. 뻐드렁니의, 뻐드렁니를 가진
bródĭum, -i, n. 서양간장/f. muries, -ei, 양념간장
bromatología, -æ, f. 식품학
bromeliácĕæ, -árum, f., pl. (植) 봉리과(鳳梨科) 식물
Brómĭus, -i, m. Bacchus의 별명
brōmósĭtas, -átis, f. 나쁜 냄새, 악취(惡臭)
brōmósus, -a, -um, adj. 나쁜 냄새나는
bromum, -i, n. (化) 브롬(臭素.獨 brom),
(化) 취소(臭素-브롬, 할로겐족 원소의 한 가지).
bromus(-os) -i, f. (植) 귀리 연맥(燕麥)
brónchĭa, -órum, n., pl. (解) 기관지(氣管支)
bronchĭális, -e, adj. (解) 기관지의
bronchĭóli, -órum, m., pl. (解) 세기관지(細氣管支)
bronchítis, -tĭdis, f. (醫) 기관지염
bronchomediástĭnális, -e, adj. (解) 기관지 종격막의
bronchus, -i, m. (解) 기관지(氣管支), 인후(咽喉-목구멍)
brúchus, -i, m. ((動)) (날개 없는) 메뚜기의 일종
brūma, -æ, f.
연중 가장 짧은 날, 동지, 겨울; 겨울 추위, 해(年).
brūmális, -e, adj. 동지의, 겨울의

brumósus, -a, -um, adj. 나쁜 냄새나는
brunéllus, -i, m. (動) 당나귀(말과Equidæ에 딸린 포유동물)
brunéttum, -i, n. 다갈색 천
bruscum, -i, n. 단풍나무에 생기는 혹
brūtális, -e, adj. 짐승의. n., pl. 이성 없는 짐승
brūtésco, -ĕre, intr.
짐승처럼 되다, 이성을 잃다, 무감각해지다.
brūtum, -i, n. 야수(野獸), 금수(禽獸-날짐승과 길짐승), 짐승.
Tumidissimum animal! 가장 교만한 동물이여!/
habere nos domi diversa genera brutorum.
우리 집에는 여러 종류의 짐승들이 거처를 정하고 있다.
brutum fulmen. 허장성세(虛張聲勢-실력이 없으면서 虛勢로 떠벌림)
brūtus, -a, -um, adj. 무거운(רִבִּד), 묵직한, 굼뜬,
우둔한, 무지근한; 무감각의, 마비된, 이성(理性) 없는.
brya, -æ, f. (植) 위성류(渭城柳)
Bryodema tuberculatum dilutum. (蟲) 참홍 날개 메뚜기
bryología, -æ, f. 선태학(蘚苔學)
bryon, -i, n. 이끼, 나무에 끼는 곰팡이, 백양나무의 꽃송이
bryónĭa(-nĭas) -æ(-ádis), f. (植) 브리오니아
bryóphyta, -órum, n., pl. (植) 선태류(蘚苔類) 식물
būbálĭon, -i, n. 야생오이(sicyos agrios)
būbālus, -i, m. (動) 물소,
(북Afríca산) 영양(羚羊)의 일종.
Búbās(s)us, -i, f. Cária의 도시
Būbástis, -is, f. Ægýptus의 여신(Diána 여신에 해당함)
bubíle, -is, n. 소외양간, 우사(牛舍)
bubo, -ónis, m. (鳥) 수리부엉이(올빼미과의 새).
importunus bubo. 불길한(불길을 알리는) 올빼미.
búbsĕoqua, -æ, m. 소몰이꾼
búbŭla, -æ, f. 쇠고기
bubúlcĭto, -ávi, -áre, intr.
소를 기르다, 소몰이 하다, 소몰이꾼처럼 소리 지르다.
bubúlcus, -i, m. 소몰이꾼, 소 목동; 밭갈이하는 사람,
(소를 부려) 쟁기질하는 사람.
búbŭlcus, -i, m. 소의, 소에 관한
bucǽda, -æ, m. (bos+cædo) 소가죽 채찍으로 얻어맞는 노예
Būcar, -áris, m. Mauretánia의 왕, Syphax왕의 장군
bucca, -æ, f. 뺨, 볼; 구강(口腔),
(장터에서처럼) 시끄럽게 외치는 사람,
호언장담(好言壯談) 하는 사람, 트럼펫 부는 사람.
bucca porci. 돼지 코(세르지오 4세 교황의 어릴 때 별명)/
infláre buccas. 화가 나서 잔뜩 부어 있다.
búccĕa, -æ, f. 한 입(잘되는 분량)
buccélla, -æ, f. 한 입(에 먹을 수 있는 것), 작은 도너츠.
Mittit crystallum suam sicut buccellas.
빵 부스러기 던지듯 얼음을 내리실 제.
buccinátor, -óris, m. 볼(뺨) 근육(筋肉)
buccin… V. bucin…
bucco, -ónis, m. 수다스러운 사람, 미련퉁이
buccósus, -a, -um, adj. 큰 입의
búccŭla, -æ, f. 작은 볼.뺨,
(양쪽 볼을 가려주는) 투구의 턱받이.
bucculéntus, -a, -um, adj. 볼이 불룩한
Būcéphăla(-e), -æ(-es) f.
명마(名馬) Eucéphalas를 기념하여 세운 Indĭa의 도시.
buceras, -átis, n. (植) 호로파(葫蘆巴)
Būcéphălas, -æ, m. Alexánder 대왕의 애마(愛馬)
būcéphălus, -a, -um, adj. 소머리의
būcéras, -átis, n. (植) 호로파(胡虜巴)
būcérĭus, -a, -um, adj. 소뿔의, 소뿔 가진
búcĕrus, -a, -um, adj. 소뿔의, 뿔 가진
būcĭna, -æ, f. 꾸불텅한 뿔 나팔, 목동의 각적(角笛),
(군대의) 신호나팔, 시간 신호, 소라 고둥.
Clangite bucina in Gabaa, tuba in Rama, conclamate in Bethaven, exterrete Beniamin. (salpi,sate sa,lpiggi evpi. tou,j bounou,j hvch,sate evpi. tw/n u`yhlw/n khru,xate evn tw/| oi:kw| Wn evxe,sth Beniamin) (⑨ Blow the horn in Gibeah, t he trumpet in Ramah! Sound the alarm in Beth-aven

149

"Look behind you, O Benjamin!") 너희는 기브아에서
뿔 나팔을 불고 라마에서 나팔을 불며 벳 아웬에서
경보를 울려라. 벤야민아, 뒤를 보아라(성경 호세 5. 8)/
기브아에서 뿔 나팔이나 불어보아라. 라마에서 은 나팔
이나 불어보아라. 베다웬에서 고함이나 질러보아라. 내가
베냐민을 혼내 주리라(공동번역)
et ille viderit gladium venientem super terram et
cecinerit bucina et annuntiaverit populo.
(kai. i:dh| thn r`omfai,an evrome,nhn evpi. thn ghn kai. salpi,sh| th|
th,| sa,lpiggi kai. shma,nh| tw/| law/|) (獨 und er sieht das
Schwert kommen über das Land und bläst die Posaune
und warnt das Volk) (英 and the watchman, seeing the
sword coming against the country, blows the trumpet
to warn the people) 그는 자기 나라로 칼이 쳐들어오는
것을 보면, 나팔을 불어 백성에게 경고할 것이다(성경)/
그는 적군이 쳐들어오는 것을 보고, 백성에게 비상나팔
을 요란하게 불어줄 것이다(공동번역 에제키엘 33. 3).

būcĭnátor, -óris, m. 신호 나팔수, 허풍선이
būcínĭum, -i, n. 나팔
búcĭno, -ávi -átum -áre, intr. 나팔 불다
búcĭnum, -i, n. 나팔소리, 소라, 우렁이
búcĭnus, -i, m. 신호 나팔수
būcólĭca, -órum, n., pl. 전원시(田園詩),
    목가(牧歌-전원생활을 주제로 한 시가나 가곡).
Bucólicon liber. Vergilius가 지은 목가집(牧歌集)
    (고유명사로서의 책 이름을 표시하기 위하여 중성 복수 속격 어미 -órum 대신에
    희랍어의 격어미 -on을 쓰는 것도 있다. Geórgicon libri. Vergilius가 지은 농사
    시집. 그러나 아래와 같이 제대로 bucolicórum을 쓰는 경우도 있다.)
bucolicórum auctor. 목가 저자(牧歌 著者)
bucólĭcus, -a, -um, adj. 양치기의, 전원생활의,
    시골풍의, 목가적인, 목가의, 전원시의. n. 목동 천막.
    carmen bucolicum. 목자의 시.
būcólísta, -æ, m. 전원생활 하는 사람
būcránĭum, -i, n. 소 대가리
búcŭla, -æ, f. 어린 암소
bŭda, -æ, f. (植) 등심초, 골풀의 일종
Buddhísmus, -i, m. 불교(佛教).(英 Buddism)
    [BC 6세기경, 현재의 네팔 남부와 인도의 국경부근인 히말라야산 기슭의
    카필라성(Kapilavastu:迦毘羅城)을 중심으로 사키아족(釋迦族)의 작은 나라가
    있었다. 석가모니는 그 나라의 왕 슈도다나(uddhodna:淨飯王)와 마야(My:摩耶)
    부인 사이에서 태어났다. 석가족은 현재 네팔 중부의 남쪽 변경과 인도 국경 근처
    에 위치하였던 작은 부족으로, 까삘라밧투(Kapilavatthu, 현재 네팔의 타라이
    지방의 티라우라 코트에 해당함)를 수도로 하여 일종의 공화정치 또는 귀족정치
    (혹은 과두정치)가 행해지고 있었다. 왕(rajan)이라고 하는 꼽틁을 교대로 선출
    하는 독립된 자치공동체였지만 정치적으로는 꼬살라國에 예속되어 있었다.
    석가모니는 이러한 석가족 왕족가문에서 태어났다. 슈도다나(uddhodna:淨飯王)
    에게는 오랫동안 아들이 없었다. 석가모니의 어머니 마야(My:摩耶) 부인 꿈속에
    하얀 코끼리가 옆구리로 들어오는 꿈을 가리키며 태기가 있었고, 마야부인은 출산이 임박하자
    당시의 풍습에 따라 아기를 낳기 위해 친정인 데바다하(Devadaha, 天臂城)
    로 향하던 중, 두 도시 사이에 위치한 룸비니(Lumbin)동산에 이르자, 꽃이 만발하
    게 피어 있는 옆구리로 석가모니를 낳았다고 한다. 경전에는 이때 하늘에서 오색
    구름과 무지개가 피었으며, '가릉빈가'가 아름다운 소리로 왕자의 탄생을 축하
    하였으며, 또한 구름 사이로 나타나 몸을 닦아주었다고 한다. 석가모니는 태어나서
    사방으로 일곱 걸음을 걸어갔고, 그 걸음걸음마다에는 연꽃이 피어올랐으며,
    이후 왕자는 오른손은 하늘 오른손을 가리키며 "천상천하 유아독존 삼계
    개고 아망안자(天上天下 唯我獨尊 三界皆苦 我當安之)"라고 외쳤다고 한다.
    불교는 인간의 참된 삶을 가르친다는 점에서 다른 주요 종교와 서로 통한다.
    불교는 자비를, 기독교는 사랑을, 이슬람은 박애를 말한다. 불교에서는 사람은
    물론 이 세상 모든 유정무정에 부처의 성품이 있다고 믿으며, 중생이 눈을 떠서
    마음공부를 열심히 하면 부처의 본래 진면목이 열리게 된다고 한다. 불교를 통해
    지혜가 열리고, 너와 내가 상의상존하여 둘이 아님을 알진대 자비심이 저절로
    돋보인다고 한다. 내가 바로 부처가 될 수 있다는 것이, 인간 가능성을 무한히
    긍정하는 이러한 태도는, 기독교와 이슬람 등 절대 신을 신봉하는 종교에서의
    초월적 존재에 대한 귀의와 복종을 구원이나 인간성의 향상을 꾀하는 자세
    와 크게 다르다. 불교는 마음공부를 닦는 수행법이 다양하게 발달하였다는 특징이
    있다. 참선, 지관수행, 간경, 기도, 절, 보살행 등이 대표적인 수행법들이다.
    참선의 전통에서는 '살불살조'라 하여 기복이나 의존적 신앙을 배격한다. 그러나
    기도신앙 또한 불교의 보편적인 양상이다. 기복신앙을 배척하지 않으며, 신앙적
    차원의 염불이나 기도를 비록 낮은 고도로 향상시켜 나갈 수 있다는 태도를 취한다.
    관세음보살에게 염원하는 기도를 통해 복을 얻거나 고통을 벗어나는 수행은 참선
    수행과 더불어 한국에서 가장 보편적인 불교의 모습이다. 불교사 석굴암의 본존상
    불교에서는 우주가 하나가 아니고, 여러 우주가 있다고 하고, 여기는 사바세계라
    부른다. 우리가 알고 있는 많은 다른 부처님의 세계로 아미타불의 극락세계, 다보
    여래의 다보세계, 기타 여러 세계가 있다. 사바세계는 다시 과거 무한량 시절부터
    순차적으로 부처님들이 일기적으로 운영하여 왔다. 이번엔 겁이 현겁이라고 하고
    석가모니는 사바세계 현겁의 네 번째 부처님으로. 원래는 네 번째 부처님으로
    미륵불이 나오려고 했는데, 석가모니가 순위를 바꾸었다 하고, 다섯 번째 부처님이
    미륵불로 출현하게 되어 있다. 이 지역의 석가모니불이 담당하는 세계는 현겁 동안 1천명의
    부처님이 출현한다고 되어있고, 이들 부처님에 대한 석가모니불의 예언은
    팔만대장경 현겁경에 쓰여 있다. http://ko.wikipedia.org에서]

Buddhísta, -æ, m. 불교신자(佛教信者), 불교학자
būfo, -ónis, m. 두꺼비[두꺼비類는 개구리목에 속하는 동물 가운데
    등이 울퉁불퉁한 것들 또는 유럽두꺼비(Bufo bufo)와 한 종만을 이르는 말
    이다. 두꺼비와 개구리를 구분하는 것은 외양에 의한 것으로 계통적인 분류
    와는 관련이 없다. 하지만 '두꺼비'로 불리는 양서류의 대부분은 두꺼비과에
    속한다. 하지만 무당 개구리과, 맹꽁이과 등에 속하는 두꺼비도 있다.
    먹이로는 곤충이 있으며, 피부에서 나오는 독액으로 자신을 보호한다].
bugia, -æ, f. [Scotula.Palmatorium] (주교 예식용) 촛대.
    (주교의 미사 집례에서 독서를 밝히기 위해 책 옆에 놓아두던 작고 손잡이가
    있는 촛대. 1968년부터 필요할 때 외에는 쓰지 말도록 했다. 백과사전 1, p.422).
bŭgíllo, -ónis. m. (植) 금난초(金蘭草)
būglóssa, -æ, f. (植) 소 혓바닥(처럼 생긴) 풀
bulbíne, -es, f. (植) 양파의 일종
bulbósus, -a, -um, adj. 구근(球根) 있는
bulbus, -i, m. 양파, 구근식물(球根植物)
bulbus óculi. 안구(眼球)
būle, -es, f. 시의회(市 議會)
búleuta, -æ, m. 시의회 의원, 市 참사회원
buleutérĭum, -i, n. 시의회 의사당, 회의실
bulga, -æ, f. 가죽부대
bulímĭa, -æ, f. (醫) 식욕과다증(食慾過多症), 대식증.
    게걸(체면 없이 마구 먹으러 하거나 가지고 싶어 하여 탐내는 마음).
būlimíacus, -a, -um, adj. 식욕과다증의, 게걸들린
būlimíosus, -a, -um, adj. 식욕 과다증에 걸린
būlímo, -ávi -átum -áre, intr. 식욕과다증에 걸리다
bulla, -æ, f. 수포(水泡-살갗이 부풀어 올라 속에 물이 잡힌 것),
    비누거품, 비눗방울, (대문 같은데 박아놓는) 동그란
    장식용 징; 장식용 단추, 귀족집 아이들 목에 걸어
    주던 작은 호부(護符) 달린 금패물,
    (봉랍 또는 금속으로 봉인된) 교황의 대교서(大教書).
Bulla. 칙서(勅書-가장 장엄한 격식을 갖춘 교황문서로 문서를 끈으로
    매고서 초나 납이나 금으로 교황 봉인을 한다)/ Brevis* 소칙서.
    Regula sine bulla. 인준 받지 않은 회칙.
Bulla argentea. 은(銀) 봉인 대칙서
Bulla aurea. 금(金) 봉인 대칙서(내용의 중대성에 비추어 황금
    봉인하는 데서 이 이름이 나왔다. 본래 교황, 황제, 왕의 칙서는 밀랍으로 봉인
    되었으나 중대한 칙서는 황금봉인을 했다. 백민관 엮음. 백과사전 2, p.171].
Bulla cerea. 밀랍 봉인 대칙서
Bulla Cœnæ. 만찬칙서(주님 만찬 파스카 목요일에 연례적으로
    발표하였던 칙서로 라틴말로 "In Cœna Domini"라고도 함)
bulla cruciáta. 십자군 대칙서(十字軍 大勅書)
bullá dignus. 어린애다운
Bulla in Cœna Domini. 성 목요일 교황 칙령
Bulla plumbea. 납봉인 대칙서(納封印 大勅書-납으로 봉인된 칙서, 보통 쓰임)
bullárĭum, -i, n. 교황 대칙서집(教皇 大勅書集)
    [이것은 학자가 개인적 연구로 작성된 것이기 때문에 공식적인 권위를 가지는
    것은 아니다. 대칙서집을 처음 편집한 사람은 1586년 Lætius Cherubini로서
    Luxemburg Bullarium'이고. Mainardi의 Bullarium Romanum(1733~1762)과
    Turim Bullarium(1857~1885)이 있다 [백민관 신부 엮음. 백과사전 1, p.407).
bullátus, -a -um, adj. 거품처럼 사라지는, 과장된,
    동그랗고 도도록한 것으로 장식한,
    호부(護符) 주머니 달린 목걸이를 한.
bullésco, -ěre, intr. = búllio, -ívi -ítum -íre, intr.
búllio, -ívi -ítum -íre, intr.
    거품이 일어 넘치다, 부글부글 끓다.
Bullis(=Byllis) -ídis, f. Illýria의 해안도시
bullítus, -us, æ. 거품이 일어 넘침, 부글부글 끓어오름
bullo, -áre, intr. 끓어오르다, 거품이 일어 넘치다
búllŭla, -æ, f. 작은 거품
bumásta, -æ, f. 굵은 송아리 포도
bumástus, -i, f. 굵은 송아리 포도나무
búnĭas, -ádis, f. (植) 순무, 만청(蔓菁)의 일종
būpǽda, -æ, m. 나이든 청년
Búpălus, -i, m. Chios의 조각가
buphthálmos, -i, m. (植) 꿩의 비름과 식물의 일종
bupréstis, -is, f. (動) 비단 벌레과의 곤충(특히 소를 해치는 독충)
būra, -æ, f. 쟁깃술(쟁기의 술)
burdo, -ónis, m. (動) 노새(수말과 암나귀 사이의 잡종).
    암말과 수나귀 사이의 잡종은 mulus, -i. m.
    [노새는 암말과 수탕나귀와의 사이에서 난 잡종이다. 반대로 수말과 암당나귀
    사이에서 나온 새끼는 버새라고 한다. 정자가 성숙하지 못하여 생식 능력이 없다.
    크기는 말만하나 생김새는 당나귀를 닮았다. 한때 전 세계에서 역축(일 시키는
    가축)으로 인기가 있었다. 몸이 튼튼하며 아무것이나 잘 먹고, 갑자기 변하는 기후

에도 잘 견디어 병에 걸리는 일이 적다. 힘이 세어 무거운 짐과 먼 길에도 능히 견딘다. 주인이 잘 돌봐 주면 많은 일을 하고, 어려운 조건에서도 일을 마다하지 않는다. 하지만 꾀가 있어서 불만이 있으면 사람에게 복수하려는 근성이 있다).

burdúncŭlus, -i, m. (動) 새끼 노새,
(植) lingua bovis(소 혓바닥) 이라고 하는 풀.

burgénsis, -is, m. 성곽도시 주민

burg(g)rávĭus, -i, m. 성주(城主)

burgus, -i, m. 작은 성곽, 성곽 있는 도시

būris[1], -is, m. 쟁깃술(쟁기의 술)

būris[2], -is, f. Acháia의 항구도시

burmanniácĕæ, -arum, f., pl. (植) 버어먼초과 식물,
(植) 병아리 석장과 식물(植物).

búrrĭc(h)us, -i, m. 조랑말(몸집이 작은 종자의 말)

burrus, -a, -um, adj. 불그스름한

bursa, -æ, f. 주머니, 호주머니, (解.動) 낭(囊),
(가) 성체포 집어넣는 빳빳한 주머니,
성체포낭([영] Burse.獨 Burse).

bursa mucósæ. 점액낭

búsĕqua, -æ, m. 소몰이꾼

Busíris, -rĭdis, m. 고대 Ægýptus의 왕(자기 나라에 온 외국인들을 붙잡아 신에게 희생으로 바쳤음, 자신은 Hércules에게 살해됨).

burserácĕæ, -árum, f., pl. (植) 감람나무과 식물

bustar, -aris, n. 화장터

bustĭcétum, -i, n. 화형장(火刑場), 묘지([영] Cemetery)

bústĭo, -ónis, f. 태워버림

bustírăpus, -i, m. (bustum+rápio)
(장작이나 음식을 훔치는) 화장터 도둑.

bustuárĭus, -a, -um, adj. 화장터의, n. 화장 제단

bustuárĭus gladiátor. 화장터 장작더미에서 죽은 사람의 명예를 위해서 싸우는 검객.

bustum, -i, m. 화장터, 화장한 사람 무덤,
화장할 때 쌓아올린 장작더미, 죽거나 망한 자리,
망쳐 놓는 사람.

bútĕo(-ĭo), -æ, m. 매의 일종

būthýsĭa, -æ, f. 많은 소를 잡아 지내던 제사

butícŭla, -æ, f. 단지(항아리), 동이(단지), 병

butubátta, interj. 에이 시시하다!

būtýrum, -i, n. 버터(牛酪), 우락(牛酪-버터)

buxétum, -i, n. 회양목 숲

búxĕus, -a, -um, adj. 회양목의; 회양목 빛깔의

búxĭfer, -fĕra, -fĕrum, adj. (buxus+fero)
회양목을 생산하는.

buxum(-us) -i, n.(f) (植) 회양목, 회양목 나무(목재),
(회양목으로 만든) 피리; 팽이; 빗.

B.V. = Beata Virgo '복되신 동정녀'의 약자(略字)

Byllis, -ĭdis, f. = **Bullis**, -ĭdis, f. Illýria의 해안도시

byrsa[1], -æ, f. 짐승가죽

byrsa[2], -æ, f. Carthágo의 성채

býssĭnus, -a, -um, adj. 고운 아마포의; 고운 옷감으로 만든.
n. 고운 아마포, 고운 모시,
Fecerunt et tunicas byssinas opere textili Aaron et filiis eius. (kai. evpoi,hsan citw/naj bussi,nouj e;rgon u`fanto.n Aarwn kai. toi/j ui`oi/j auvtou/) ([영] For Aaron and his sons there were also woven tunics of fine linen).
그들은 또 아론과 그의 아들들이 입을 저고리를 아마실로 정교하게 짜서 만들었다(성경 탈출 39, 27)/
또 그들은 고운 모시로 아론과 그의 아들들이 입을 속옷을 만들었다.(공동번역 출애 39, 27).

byssus, -i, f. 아마(亞麻), 모시풀의 일종,
(옛날의) 고운 아마포; 값비싼 옷, 족사(足糸-쌍각류 따위가 바위 같은 데에 붙기 위하여 체내에서 분비하는 실 모양의 분비물).
Cuncta atrii tentoria in circuitu ex bysso retorta texuerat.(pa/sai ai` auvlai/ai th/j auvlh/j evk bu,ssou keklwsme,nhj) (獨 Alle Behänge des Vorhofs waren von gezwirnter feiner Leinwand) ([영] The hangings on all sides of the court were woven of fine linen twined) 뜰의 사방에 두른 휘장은 가늘게 짠 아마포로 만들었다(성경)/울을 둘러치는 휘장은 모두 가늘게 꼰 모시실로 짰다(공동번역. 출애굽기 38, 16).

Byzantĭnísmus, -i, m. 비잔틴 주의, 비잔틴식 전례양식,
비잔틴 양식 예술, 東로마 제국의 황제 교황주의.

Byzantínus, -a, -um, adj. 비잔틴식의.
ars Byzantína. 비잔틴 예술(藝術)/
litteræ Byzantinæ. 비잔틴 문학/
(비잔티움의 문화는 고대 그리스의 고전 문화인 헬레니즘 문화를 계승, 그 위에 기독교적 요소를 결합하여 천 년간에 걸쳐 중세 서유럽의 라틴-게르만 문화권과는 비교도 안 될 정도로 발달하였다. 중세를 통해 유지한 비잔티움 문화는 근세 西유럽에는 그리스 정신을 전해주었고, 발칸과 러시아에 거주하는 슬라브계 민족의 문화적 수준을 한 단계 끌어올렸다. http://ko.wikipedia.org).
liturgía Byzantína. 비잔틴 전례(典禮).
(비잔틴 예식에서는 십자성호를 그을 때 오른쪽에서 왼쪽으로 한다. 전례용어는 고대 그리스어가 주이고 고대 슬라브어, 아라비아어, 루마니아어 등을 쓴다. 영성체는 양형 영성체를 숟가락으로 하는 것이 특징이다. 백과사전 1,.p.453).

Byzántĭnum, -i, n. Thrácia 지방의 유명한 도시

Byzántĭus, -i, m. Byzántĭum인, 비잔틴 사람

C C C

C, c. f., n., indecl. 라틴 자모의 3번째 글자,
체, 고전 라틴어에서는 께, 케(cē).

C. = Cajus = Gajus; Ɔ =Caja = Gaja

C. = centum, 100; IƆ =500; CIƆ = 1000

C. = condémno. 단죄하는 바이다(이 뜻의 C는
líttera tristis라 하고, 반대로 A.= absólvo는
líttera salutáris라 함).

c. = círciter, circa 대략, 약(約), 경(頃)

C.A. =Corpus apologetarum Christianorum sæculi secundi.
2세기 그리스도교 호교론 저술가 선집.

cabala, -æ, f. 카발라('전통'), 유다 랍비 학파의 신지학(神智學).
[수(數) 풀이, 기호 풀이, 비교 방법으로 구약을 쉽게 설명, 성서에 숨겨진
교리를 초심자에게 가르치는 학문 체계(예: 창조를 하느님의 유출이 흘러나오는
표상으로 설명). 이 학풍은 그노시스 학파와 비슷한 학파로서 15-16세기에
그리스도교 안에서 삼위일체, 속죄, 그리스도의 신성을 설명하는데 이용됐다.
백민관 신부 엮음, 백과사전 2, p.463].

[12세기부터 중세 유대인에게 전수되던, 성경에 대한 신비주의적이고 밀의적인
해석운동으로 영지주의를 그 토대로 하고 있다. Bahir, Zohar 두 문집을 중심으로
그 사상이 전개된다. Bahir는 모세오경과 동시에 구전으로 전수되어 오는 '위대한
신비Secretum secretorum'가 카발라에 담겨 있다고 주장하며, 신이 우주력을 담고
있어 그것을 우주나 무(無)에 불어넣는다면서 창조설과 윤회설을 뒤섞고 세계를
삼계로 구성하고 여러 æon(시대)으로 구분한다. Zahar는 모세오경을 해설하면서
신을 무한자로, 숨어있는 존재로(Deus absconditus)로 소개하고, 창조의 원리이자
피조계의 중간자를 이루는 10이라는 숫자(sephirot)의 상징을 해설한다.
성 염 옮김, 피코 델라 미란돌라, p.86]

căbálla, -æ, f. 값싼 암말

căballárĭus, -i, m. 기사의 시종(騎士 侍從), 마부(馬夫)

căballĭcátĭo, -ónis, f. 승마(乘馬)

căballĭco, -áre, intr. 말 타고 가다

căballĭo, -ónis, m. 조랑말

căballus, -i, m. 짐 끄는 말, 늙어빠진 말(馬),
복마(卜馬-짐을 싣는 말. 다 자란 수말), 별로 쓸모없는 수말.

cabánna, -æ, f. 오두막집, 움막, 작은 집, 마구간

cabátor, -óris, m. 보석 조각사(彫刻師)

Cabíri, -órum, n., pl. Pelásgi족이 숭배한 제신(諸神)

cabombaceæ, -árum, f., pl. (植) 어항마름科 식물

cabucus, -a, -um, adj. 헛수고의

căbus, -i, m. 말(斗).되 같은 도량 단위

cacábŭlus, -i, m. 작은 냄비(aulula, -æ, f.)

cácăbus(=cáccăbus) -i, m. 냄비, 솥, 취사도구

cácátúrĭo, -íre, intr.
화장실에 가고 싶다, 대변이나 소변이 마렵다.

cáccăbus(=cácăbus) -i, m. 냄비, 솥, 취사도구

căchécta(=căhéctes) -i, m. 악액질(惡液質) 환자,
폐병 환자, 괴혈병 환자(壞血病患者).

căchéctĭcus, -a, -um, adj.
악액질(惡液質)의, 괴혈병에 걸린, 폐병에 걸린.

căchéxĭa, -æ, f. 악액질(惡液質-암.결핵.매독 같은 만성질환에
의한 불건강 상태), 불건전한 정신상태, 도덕의 타락(墮落)

căchinnátĭo, -ónis, f. 대소(大笑), 크게 웃음, 폭소(爆笑)

căchínno(=căchínnor) -áre, intr.
크게 웃다, 폭소하다, 웃음보를 터뜨리다.

căchínnor, -ári, dep., intr. = căchínno

căchinnósus, -a, -um, adj. 잘 웃는

căchínnus, -i, m. 대소(大笑), 크게 웃음, 폭소(爆笑),
홍소(哄笑-입을 크게 벌리고 떠들썩하게 웃음).

cachínnum alcjs commovére. 누구를 웃기다.

cacinoma ventriculi. 위암(胃癌-위 속에 생기는 암종癌腫)

caco, -ávi, -átum, -áre, tr., intr.
대변보다, 더럽히다, 방출(放出)하다, 배설(排泄)하다.

caco sánguinem. 피를 쏟다

căcodǽmon, -ónis, m. 유령(幽靈), 악마, 악귀, 도깨비

căcóethes, -is, n. (억제 할 수 없는) 나쁜 습관.
만성질병. scribéndi căcóethes. 저작광(著作狂)

căcólógĭa, -æ, f. 그릇된 말이나 행동(行動)

căcomnémon, -ŏnis, m. 기억력이 좋지 못한 사람

căcóphăton, -i, n. 귀에 거슬리는 말(발음), 잡소리

căcŏphémĭa, -æ, f. 적절하지 못한 표현

căcŏphónĭa, -æ, f. 불쾌한 소리, 불협화음(不協和音)

căcŏstómăchos, -i, m. 위(胃)가 약한 사람

căcŏsýnthěton, -i, n. (文法) 문법을 벗어난 구문

căcŏzélĭa, -æ, f. (서투른) 모방(模倣), 흉내

căcŏzélus(=căcŏzélŏs), -i, m. 함부로 흉내 내는 사람,
흉내자, (대작가의 서투른) 모방자(模倣者.μιμητής).

cactaceæ, -árum, f., pl. (植) 선인장科 식물

cactus(=cactos) -i, m. (植) 선인장(仙人掌)

cácŭla, -æ, m. 당번 병, 전령(傳令)

căcúmen, -mĭnis, m. 꼭대기, 우듬지(꼭대기),
정상(꼭대기), 정점(頂点), 극치(極致).

Mons est super cacumina omnium montium.
이 산은 다른 어떤 산꼭대기보다 더 높습니다.

căcúmĭno, -ávi, -átum, -áre, tr.
뾰족하게 하다, 날카롭게 하다.

cădáver, -ěris, n. 시체(屍體), 주검, 송장(屍體),
썩은 고기, 폐허(廢墟-파괴당하여 황폐하게 된 터).

in sepulcro autem ipsius iacet cadaver sine sensu;
et custodiuntur verba novissima morientis(요한 서간 강해, p.461).
무덤에는 감각 없는 그의 시신이 누워 있을 따름입니다.
그럼에도 그가 죽으며 남긴 유언은 지켜집니다/
obediens ut cadaver. 시체와 같이 순종(順從)/
Vestra cadavera iacebunt in solitudine hac.
(kai. ta. kw/la u`mw/n pesei/tai evn th/| evrh,mw| tau,th|)
(❸ But as for you, your bodies shall fall here in the
desert) 그러나 너희는 시체가 되어 이 광야에서
쓰러질 것이다(성경 민수 14, 32)/그러나 너희들은 죽어
시체가 되어 이 광야에 쓰러지고 말리라(공동번역).

Cadavera prostrata sunt in deserto.
시체들이 광야에 깔려 있었다.

Cadaverum cremátionis. 시체의 화장(1926.6.19. 훈령)

cădāvěrínus, -a, -um, adj.
시체의, 송장의, 시체에서 썩은 냄새나는.

cădāvěrósus, -a, -um, adj.
시체의, 송장의, 시체와 같은, 파랗게 질린.

cadénti, 원형 cădo, cécídi, casum, -ěre, intr.
[현재분사의 형용사적 용법. m. 주격 cadens,
속격 cadentis, 여격 cadenti, 대격 cadentem, 탈격 cadenti].
Succúrre cadenti, Surgere qui curat, populo: tu quæ
genuisti, Natura mirante, tuum sanctum Genitorem,
넘어져 일어나려 애쓰는 백성을 도와주소서. 당신은
기묘한 출생으로 당신의 거룩한 창조주를 낳으신이.

cadiális, -e. adj. 항아리의, 단지의, 술병의

cadívus, -a, -um, adj. (과일 따위가) 저절로 떨어지는

Cadméa, -æ, f. thebœ시의 성채(城砦)

cădo, cécĭdi, casum, -ěre, intr. (아래로) 낙하하다,
넘어지다, 자빠지다, 떨어지다(כפל.נפל.רמא.חחר),
(비.눈.물 따위가) 내리다. 흘러내리다(떨어지다), 흐르다,
(이.털.잎.과일 따위가) 빠지다, 떨어지다, 물러나다,
(말이) 새어 나오다,
(해.달.별이) 지다, 떨어지다. (서쪽으로) 넘어가다,
(벼락이) 치다, 떨어지다, (바람이) 자다, 잔잔해지다,
(탄환.화살 따위가) 적중하다, 맞다,
(음성.말.철자.숫자 따위가) 끝나다(ꕯꕯꕯ),
맞아떨어지다, 죽다, 쓰러지다, 전사하다,
(희생 짐승이) 도살되다, 쓰러지다.
눕혀져 밑에 깔리다, 패망하다, 지다(敗), 실패하다,
사라지다, 없어지다, (사기가) 떨어지다, 쇠하다,
(도시.영토 따위가) 점령되다, 무너지다,
함락되다, 떨어지다, 전복하다, 빠지다,
빠져들다, 걸리다, 걸려들다, 지배(통치) 밑에 들다.
속하다, (무슨 일을) 당하다.받다, 때를 맞추다,
어떤 처지.형편.상태에 놓이다. (해야 할) 시기에 이르다.
(돈) 지불 기한이 차다.되다,
(감각.지각의 대상으로서) …에 들어오다, 대상이 되다,
맞다, 적합하다, (우연히) 생기다, 되다, 일어나다,
(어떤) 결과를 가져오다.
(비.불행 따위가) 누구에게 떨어지다, 돌아오다, 닥치다.
ab alqo cado. 누구에게 맞아 죽다, 누구의 손에 죽다/

Amnis cadit in sinum maris. 강이 바다로 흘러든다/
ánimo cado. 용기(勇氣)를 잃다/
Apud Traumenum lacum Hannibal quindecim milia
Romanorum cecidit, sex milia cepit, cum tribus et viginti
militaribus signis, decem milia fugavit. 트라수메누스 호수
근처에서 한니발은 로마인 1만 5천명을 죽였고 6천명을 사로
잡았는데 23개의 군기도 있었으며, 1만 명을 패주시켰다/
Cadent vocabula, si volet usus.
언어관습이 원한다면 이 말들은 없어지고 말 것이다/
cadénte euro. 남동풍이 자기 시작할 때/
cadere in contumacia. 법정 소환에 응하지 않다/
Cadit in alqm suspício. 누구에게 혐의가 돌아간다/
Cadunt altis de móntibus umbræ.
높은 산에서 그늘이 져 내려온다/
Cecidére illis ánimi. 그들의 사기는 떨어지고 말았다/
Fortis cadere cedere non potest.
용감한 자는 넘어져도 굴하지 않는다/
In consuetúdinem nostram non cado.
우리의 언어 풍습에 적합하지(맞지) 않다/
in irritum cádere. 수포로 돌아가다/
in judício cado. 재판에 지다/
Manet in te Deus, ut te contineat: manes in Deo,
ne cadas. 하느님께서 그대 안에 머무시는 것은 그대를
품기 위해서이고, 그대가 하느님 안에 머무는 것은 넘어
지지 않기 위해서 입니다.(최익철 신부 옮김. 요한 1서간 강해. p.387)/
Meum casum luctumque doluerunt.
그들은 내 불운과 비탄(悲歎)을 두고 괴로워하였다/
Ne in alieníssimum tempus cadat advéntus.
너는 엉뚱한 시간에 도착하지 않도록 해야 한다/
Nihil mihi optátius cado potest.
내게는 이 이상 더 바랄 수 있는 일이 있을 수 없다/
Nímia illa libértas in nímiam servitútem cadit.
그 지나친 자유는 과도한 속박의 결과를 초래 한다/
Non telis nostris ceciderunt.
그들은 우리 화살에 쓰러진 것이 아니다.
sub leges cado. 법의 적용 범위(範圍)에 들다
cado in deliberatiónem. 숙고의 대상이 되다
cado ex equo. 말에서 떨어지다
cado in eam diem. 그 날로 만기(滿期)가 되다
cado in(ad) írritum. 수포(水泡)로 돌아가다
cado in morbum. 병에 걸리다
cado in suspiciónem. 혐의(嫌疑)를 받다
cado in sýllabam longam. 장음절로 끝나다
cado sub aspéctum(óculos).
시야에 들어오다, 보이다, 눈에 띄다.
cădūcárĭus, -a, -um, adj. 간질병의
cădūcĕátor, -óris, m. 전령관(傳令官), 평화교섭 使節,
군사(軍使.전쟁 중에 軍의 사명을 띠고 적군에 파견되는 사람).
cădúcĕus(-um), -i, m. 평화의 기장(旗章), 평화를 상징
하는 표지로 Mercúrius 신이 잡고 있던 지팡이.
cădúcǐfer, -féra, -férum, adj. (cadúceus+fero)
평화의 기장을 든. m. 평화의 기장(旗章)을 든 사람.
cădúcǐter, adv. 급히, 황급히
cădúcus, -a, -um, adj. 넘어지는, 넘어진, 넘어 질
떨어지는, 떨어지기 쉬운, 잠시 지나가는,
쉬 없어지는, 죽을, 꺼져버릴, 덧없는, 무상(無常)한,
공허한, 소용없는, 속절없는, 헛수고의.
(法) 소유주가 없는, 상속인도 권리 주장인도 없는.
caducus morbus. (醫) 간질병(癎疾病)
Cadunt aitis de montibus umbræ.
높은 山에서 그늘이 져 내려오다.
cadúrcum, -i, n. 침대, 침상.
침대를 덮는 것 일체(이불.모포.홑이불 등).
cădus, -i, m. (포도주.액체.곡물 따위를 담아두는) 항아리,
단지, 병, 큰 포도주 잔, 과일 담는 그릇, 포도주, 유골단지.
cæca obœdiéntia. 맹종, 맹목적 순종(盲目的 順從)
cæca múrmura. 무슨 소린지 알 수 없는 불평
cæcæ fores. 비밀 통로(秘密通路)

cæcæ látĕbræ. 은둔(隱遁) 생활(→독수생활)
cæcátĭo, -ónis, f. 막아 버림, 메워 버림
cæcĭas, -æ, m. 북동풍
cæcígĕna, -æ, f., m. 태생소경, 장님(소경)
cæcígĕnus, -a, -um, adj. (cæcus+gigno)
선천적으로 장님인, 태어날 때부터 눈이 먼.
Cæcína, -æ, m. Licínia족의 가문 명(姓).
[Aulus Cæcina: 스페인 주둔 장군. 네로 사후 Galba, Vespasianus를 옹립함].
Si cœptum iter properassent, Cæcinam prævenire
potuissent. 기왕 시작된 여정을 서둘렀더라면,
그들은 카이키나를 앞지를 수 있었을 것이다.
cæcĭtas, -átis, f. 실명(失明, captivĭtas oculorum), 야맹증,
눈 멂(⑨ Blindness), 무분별, 맹목(盲目), 장님(소경),
소경(τυφλὸς.⑨ Blind/Blindness), 문맹(文盲),
cæcĭtis, -tĭdis, f. (醫) 맹장염
cæcíto, -áre, tr. 실명시키다, 눈멀게 하다
cæcitúdo, -dĭnis, f. (일시적으로) 소경이 됨, 실명(失明)
cæco, -ávi, -átum, -áre, tr. 눈멀게 하다, 실명케 하다,
눈부시게 하다, 현혹시키다, 맹목적으로 만들다,
어둡게 하다, 희미하게 하다.
Cæcat amor mentes atque interdum sapientes.
사랑은 때때로 현명한 사람의 마음도 현혹 시킨다/
celeritáte cæcáta orátio.
너무 빨라서 알아들을 수 없는 연설(演說).
cæco raptus amore. 눈 먼 사랑에 사로잡힌
cæcos relumino. 장님들의 눈을 뜨게 하다
cæcum, -i, n. (解) 맹장(盲腸, cæcum intestínum)
cæcus, -a, -um, adj. (=cœcus) 소경의, 눈이 어두워진,
눈 먼, 맹목적(盲目的), 사리를 분별 못하는,
빛이 없어진, 어두운, 캄캄한, 침침한, 숨겨진,
감추어진, 보이지 않는, 위장(僞裝)한, 뚜렷하지 않은,
비밀의, 은닉(隱匿)한, 불명확한 불확실한, 의심스러운,
(깊이를) 헤아릴 수 없는, 탐구하기 어려운.
m. 소경(τυφλὸς.⑨ Blind/Blindness), 장님(소경).
amore auri cæcus. 돈에 대한 애착에 눈먼 자/
Beati monoculi in regione cæcorum.
소경이 있는 곳에 외눈박이는 행복하다/
cæca obœdiéntia. 맹종(盲從), 맹목적 순종/
cæca múrmura. 무슨 소린지 알 수 없는 불평/
cæcæ fores. 비밀 통로(秘密通路)/
cæcæ látĕbræ. 은둔(隱遁) 생활(→독수생활)/
Cor nostrum est cæcum de amore.
우리 마음이 사랑으로 눈멀어 있다/
Mens hominum sit cæca fati futuri.
인간의 지성은 장래 운명에 관해서는 눈먼 소경입니다/
Quid tam cæcum, quam isti qui oderunt fratres?
자기 형제를 미워하는 사람보다 더 눈먼 사람이 있겠습니까?.
(최익철 신부 옮김. 요한 1서간 강해. p.101)/
Senex tam cæcus est ut nihil videat.
그 노인은 아무 것도 보지 못할 정도로 눈이 어두웠다.
cæcus cupiditate. 탐욕에 눈이 어두워진
cæcútĭo, -ívi -ítum -íre, intr.
소경이 되다, 눈이 멀다, 잘못보다.
cædem cæde accumulo 살육에 살육(殺戮)을 거듭하다
cædēs(cædis) -is, f. 베어(찍어) 넘어뜨림, 때림(일격), 매질,
타도(打倒-써서 부수어 버림), 살육(殺戮-많은 사람을 마구 죽임),
도살(盜殺), 학살(虐殺), 살해, 살해된 사람(시체), 유혈.
ablútā cæde. 피를 씻고/
Sed forte cædis? Ad disciplinam facis. 그대, 혹시 매질
하십니까? 훈육하기 위해 매질하십시오.(요한 1서간 강해. p.451)/
cædo, cecidi, cæsum, -ĕre, tr. 베어 넘어뜨리다, 베다,
찍다, 찍어 넘기다, 자르다(ברה.רבב.טסק.דגנ),
잘라내다, 절단하다, 패다, 쪼개다(עקב.זזג),
빠개다, 갈라놓다, 토막 내다, 썰다, 깎다, 다듬다,
후려치다, 때리다, 매질하다, 두들기다, 찌르다,
(흉기.무기 따위로) 죽이다(לוק), 살육하다, 학살하다,
도살하다, 희생(動物)을 잡아 (신에게) 바치다.
Ut non præsumat passim aliquis cædĕre. 아무도 감히

함부로 때리지 말 것이다(성 베네딕도 수도규칙 제70장)/
vineta sua cædere. 누워서 침 뱉다(격언).

cǽdǔus, -a, -um, adj.
벌채할 만한, 벌채에 적당한, 자르기 좋은.

cælámen, -mǐnis, n. 돋을새김(조각에서, 평평한 면에 무늬나
모양이 도드라지게 새기는 기법), 부조(浮彫-돋을새김),
양각(陽刻-글자나 그림 따위를 도드라지게 새김).

cælátor, -óris, m. 조각가, 금속 조각가, 돋을새김 하는 사람

cælatúra, -æ, f. 조각술(彫刻術), (목판이나 동판의) 조각

cælebs, -lǐbis, adj. 미혼의, 독신의, 고독한

cælĕs, -lǐtis, adj. (주격은 나오지 않음) 하늘의, 천상의,
천계의, 천국에 있는. m. 신(神), 천국시민(거주자).
cælestes imagines. 천상의 모습/
corpus cæleste. 천체(天體)/
In terrena Liturgia cælestem illam prægustando
participamus. 우리는 이 지상의 전례에 참여할 때
천상의 전례를 미리 맛보고 그것에 참여하는 것이다.

cæléstes, -íum, m., pl. 신(神)들

cæléstǐa, -ium, n., pl. 천체, 천문학, 신적인 것.
animalia cælestia. 천상 생명체/corpora cælestia. 천체/
terrena animalia. 지상 생명체.(교부문헌 총서 17, 신국론. p.2562)/
Crede mihi, miseris cælestia numina parcunt.
내 말을 믿게! 하늘의 신령들은 가련한 자들을
너그러이 보아 주신다네!.

cælestia corpora. 천상적 육체

cælestínus(=cǽlǐcus) -a, -um, adj. = **cæléstis**

cælestior, -or, -us, adj. cæléstis(=cœléstis) -e의 비교급

cæléstis(=cœléstis) -e, adj. 하늘의, 하늘에 있는,
천상의, 천계의, 천상에서 온, 천상적, 신과 같은,
우아한, 변할 수 없는, 뛰어난. m. (흔히 pl.로) 신(神).
Amor cælestis. 천상적 사랑/
Cum res cælestes contemplamur, non possumus earum
ordinem et pulchritudinem non admirari.(탈형동사 문장)
우리가 천계(天界)의 일들을 관찰하노라면, 그 질서와
아름다움에 경탄하지 않을 수 없다(성염 지음. 고전 라틴어. p.277)/
lavacrum cæleste. 천상 목욕탕/
Symphonia armonie cælestum revelationum.
천상 계시 조화의 교향곡(Hildegard 1098~1179.9.17. 지음).

cælestis hierarchia. 천상의 위계

Cælestis Hierusalem civis. 천상 예루살렘 시민.
(1634.7.5. 교황 우르바노 8세 교서-시복시성 절차
이전에 하느님의 종에게 공적 경배를 드리는 것을 금지함).

cælestis homo. 천상적 인간.(교부문헌 총서 16, 신국론, p.1402)

cælestissimus, -a, -um, adj. cæléstis(=cœléstis) -e의 최상급

cæli, -órum, n., pl. 하늘, 천국

cæli discessus. 번개(ignea rima micans)

Cæli janitor. 하늘의 문지기(=Janus)

cæli porta. 하늘의 문

cæli possessor. 천국의 소유자

cæli regiones quatuor. 사방(四方.mundi cardines)

cæli ruina. 폭풍우(暴風雨, grave sidus et imber.)

cælǐbális, -e, adj. 독신의, 독신생활의

cælibátus, -i, m. 미혼, 독신제도(⑨ Celibacy), 독신생활

cælícǒla, -æ, m. (cælum²+colo) pl. 신(神)들,
천국(天國)에서 사는 자,
하늘을 최고 신으로 숭배하던 일부 유태인 이단자.
cælicolæ magni, quianam sententia versa retro
tantumque animis certatis iniquis?
천계의 위대한 주민들이여, 어찌하여 그대들의 뜻을
돌이켜 불손한 마음으로 서로들 그리 쟁론하는가?
(성 염 지음. 사랑만이 진리를 깨닫게 한다. p.405).

cǽlǐcus(=cælestínus) -a, -um, adj. = **cæléstis**

cǽlǐfer, -fěra, -fěrum, adj. (cælum² + fero) 하늘을 양
어깨에 메고 있는, 하늘을 양어깨로 떠받치고 있는.

cælíflŭus, -a, -um, adj. (cælum²+ fluo)
하늘에서 흘러내리는.

cælígěnus, -a, -um, adj. (cælum²+ gigno)
하늘에서 난, 하늘에서 내려온.

cælípǒtens, -éntis, adj. 하늘에서 세력 있는.

m. 하늘의 권력자(權力者).실권자, 하느님(θεὸς).

cǽlītes, -um, m., pl. 천국 시민(居住者)

cælítus, adv. 하늘로부터(de cælo).
Et emitte cælitus lucis tuæ radium.
당신의 빛, 그 빛살을 하늘에서 내리소서.

cælo, -ávi, -átum, -áre, tr. (금속에 양각으로) 새기다,
(나무.돌.유리 따위에) 부조세공하다, 장식하다.

cælum¹, -i, n. (조각용) 끌, 조각칼

cælum², -i, n. (=cœlum), 하늘(□□Ⅶ.oúρανος.⑨ Heaven),
창공(蒼空-푸른 하늘. 蒼天), 대공(大空), 신들의 거처(居處),
공기, 대기, 일기, 천기, 기후, 풍토, 높은 곳,
높은 자리, (행복.영예.찬미의) 절정(絕頂),
천국(⑨ Paradise.獨 Himmel), 불사, 불멸, 영원.
alqd de cælo demitto. 하늘에서 떨어뜨리다/
ascendo in cælum. 하늘로 올라가다/
cæli ruina. 폭풍우(暴風雨)/
cælo albénte. 날이 샐 무렵/
cælo fulgénte. 하늘에서 번개 칠 때(fulgeo 참조)/
cælo sereno. 맑은 날에(in sereno)/
corrúpto cæli tractu. 대기권이 오염되어/
crasso cælo uti. 공기가 풍부한데서 살다/
de cælo delápsus. 하늘이 보낸 사람/
De cælo novo et terra nova. 새 하늘과 새 땅(신국론. p.2820)/
de cælo serváre. 하늘의 징후를 관찰(觀察)하다/
educo aram cælo. 제단을 하늘까지 높이다/
Fiat justitia ruat cœlum.
하늘이 무너져도 의(義)를 굽히지 마라/
Firmamentum est cælum. 하늘은 창궁이다.
(하늘은 굳건한 덮개다. 교부문헌 총서 17, 신국론. p.2314)/
Flamma ad cælum fertur(fero 참조)/
화염(火焰)이 하늘까지 치솟는다/
ictus e cælo. 벼락 맞은(fulmine ictus)/
illustre cœlum. 맑은 하늘(illustris 참조)/
In cælo Cato tóllitur. Cato를 크게 치켜세운다/
in cælum redeo. 하늘로 돌아가다/
In principio creavit Deus cælum et terram.(창세 1. 1)
(evn avrch/| evpoi,hsen o` qeo.j to.n ouvrano.n kai. th.n gh/n)
(獨 Am Anfang schuf Gott Himmel und Erde)
(⑨ In the beginning, when God created the heavens and
the earth) 한 처음에 하느님께서 하늘과 땅을 창조하셨다(성경)/
한 처음에 하느님께서 하늘과 땅을 지어내셨다(공동번역 창세 1. 1)/
Lætentur cæli, et exsultet terra.
하늘은 기뻐하라 땅은 춤추라/
láudibus in cælum alqm fero. 아무를 하늘까지 치켜세우다/
Martinus hic pauper et modicus cælum dives ingreditur.
가난하고 보잘 것 없는 이 마르티노는
풍요로운 천국으로 들어갔다/
Melius et tutius prosilitur in cælum de turgurio quam
de palatio. 궁전에서보다 보잘 것 없는 헛간에서
하늘로 향하는 것이 더 좋고 안전하다/
Non est ergo dicendum quod sint plures cæli.
다수의 하늘이 존재한다고 말해서는 안 된다/
Non pluit cælum. 비가 오지 않는다(비 오지 않는 하늘이다)/
non tractábile cælum. 어찌하루 없는 날씨, 폭풍우/
Pluo panem de cælo. 하늘로부터 빵을 비처럼 내리리라/
Quam sordet mihi tellus, dum cœlum aspicio.
하늘을 쳐다볼 때 땅은 얼마나 더러우냐/
Quid si nunc cælum ruat? 당장 하늘이 무너진다면
어쩔 테냐?(그것은 기우에 지나지 않는 거다)/
Quid státis aspicientes in cælum?
너희는 어찌하여 하늘을 쳐다보며 서 있느냐?/
Regina cœli lætáre, alleluja.
하늘의 모후님 기뻐하소서 알렐루야/
stélla última a cælo, cítima terris.
하늘에서 가장 멀리 있고 땅에서 제일 가까운 별/
témpěrátĭo cæli. 기후(氣候)의 고름/
témpéríes cæli. 기후(氣候)/
toto cælo erráre. 엄청나게 잘못하다, 틀리다/

154

truculentĭa cæli. 일기불순(日氣不純)/
Utrum sit unum cælum tantum. 하늘은 오직 하나로 있는가/
Venti verrunt nubila cæli. 바람이 하늘의 구름을 휩쓸어간다/
Videtur quod sit unum cælum tantum.
　하늘은 오직 하나만 있는 것으로 생각 된다/
Vir Troiane, quibus cælo te laudibus æquam.
　트로이아 영웅이여, 무슨 찬사를 바쳐 그대를 천계에서
　견주리오(성 염 지음. 사랑만이 진리를 깨달게 한다. p.397).
cælum attíngere. 기뻐서 어쩔 줄을 모르다
cælum crystallinum. 수정천(水晶天)
cælum empyreum. 정화천(淨火天)
cælum empyreum est locus pertinens ad dignitatem
angelorum. 최고천은 천사들의 품위와 관련이 있는 장소다.
cælum empyreum pertinet ad dignitatem angeli
secundum congruentiam quandum. 최고천(정화천)은
　어떤 적합성에 따라 천사들의 품위와 관련된다.
cælum et cælestĭa. 하늘과 하늘의 무리
Cælum et terra, antequam esset homo, facta sunt.
Ante ista fuit Dominus, immo et est. 하늘과 땅은
　사람이 생겨나기 전에 만들어졌습니다. 주님께서는
　이것들 보다 먼저 계셨습니다(최익철 신부 옮김. 요한 서간 강해. p.123).
Cælum et terra transibunt, verba vero mea non
præteribunt.(⑨ Heaven and earth will pass away,
but my words will not pass away) 하늘과 땅은 사라질지
　라도 내 말은 결코 사라지지 않을 것이다(마태 24, 35).
cælum inequito. 말을 타고 하늘을 날다
cælum intellectuale. 지성적(知性的) 하늘
Cælum novum, nova terra. 새 하늘 새 땅
cælum pice nigrius. 칠흑 같이 어두운 하늘
cælum profundum. 높은 하늘
cælum sactum. 거룩한 하늘
cælum sidereum. 성신천.
　　Ad distinctionem ergo cælorum sciendam,
　considerandum est quod cælum tripliciter dicitur in
　Scripturis. Quandoque enim dicitur proprie et naturaliter.
　Et sic dicitur cælum corpus aliquod sublime, et
　luminosum actu vel potentia, et incorruptibile per
　naturam. Et secundum hoc, ponuntur tres cæli. Primum
　totaliter lucidum, quod vocant empyreum. Secundum
　totaliter diaphanum, quod vocant cælum aqueum vel
　crystallinum. Tertium partim diaphanum et partim
　lucidum actu, quod vocant cælum sidereum.
　따라서 하늘에 대한 구별을 이해하기 위해서는 성경
　안에서 세 가지로 말하는 하늘에 대해 생각해 보아야
　한다. 때때로 하늘은 본래적 의미와 자연적 의미로 사용
　된다. 그래서 하늘은 본성적으로 불멸하고 현실적으로나
　가능적으로 빛나며 최상위에 있는 물체라고 말한다.
　이런 의미에 따라 세 가지 하늘을 가정한다. 첫째로
　전체적으로 빛나는 하늘인 정화천이고, 둘째로 전체적으
　로 투명한 하늘로서 수정천 혹은 크리스탈이며, 셋째로
　부분적으로 투명하고 부분적으로 빛나는 성신천이다.
　　　　　　이춘오 옮김, 정의채 감수. 신학대전 9, pp.204~205).
Cælum vernat. 봄기운이 돈다.
cælus¹, -i, m. 상제(上帝), 하느님,
　(동방.희랍 등에서 가장 오래된) 신(神)
　(흔히 pl.로) 하늘나라(βασιλεὺα τών οὐρανών.regnum
　cælorum), 신(神)의 거처(居處), 천체계(신학대전 제2권, p.208).
cælus², -i, m. 천상의 선
cæmentárĭus, -i, m. 벽돌 쌓는 사람, 石工, 벽 일을 하는 사람
cæméntum, -i, n. = ceméntum
　자른 돌, 건축석재(建築石材), 벽돌,
　모르타르(⑨ mortar-회반죽), 시멘트(⑨ cement).
　석회(石灰-생석회와 소석회를 통틀어 이르는 말).
Cæna(=cœna) Domini. 주님의 (최후) 만찬
cæno(=cœno), -ávi, -átum, -áre, intr., tr. 저녁 먹다,
cænogénĕsis, -is, f. (生) 새로운 발생(개체 발생 과정에서
　조상에는 없었던 형태.특질이 새로 나타나는 일. 그 반대는 palingénesis).
cænósus, -a, -um, adj. 진흙탕의, 진흙투성이의

cænum, -i, n. 시궁창 흙, 진창(땅이 질어서 곤죽이 된 곳. 이녕),
　쓰레기, 오물(汚物-배설물), 불결물(不潔物), 하층민,
　천하고 불결한 환경 조건.환경, (욕설) 인간쓰레기.
cæpa, -æ, f. (=cæpe, -is, n.)
　= cepícĭum(=cepítĭum) -i, n. (植) 양파(⑨ onion).
cæpárĭus, -i, m. 파 장수, 파 좋아하는 사람
cæpe, -is, n. (=cæpa, -æ, f.) ((植)) 양파(⑨ onion).
cæpétum, -i, n. 양파 밭
cæpúlla,(=cepúlla) -æ, f. (작은) 양파
cærefólĭum, -i, n. 야채의 일종
cærěmónĭa,(=cærimonia) -æ, f. 예전 의식(典禮儀式),
　종교적 예식(宗敎的 禮式), 제식(祭式),
　예절(禮節.⑨ Ceremony.獨 Zeremonie), 경외심.
　의전(儀典.⑨ ceremony-예식을 차리는 예법을 가리킴), 신성함.
　públici cultus cæremoniis. 공적 경배의식.
cæremonia supplementi. 보례(補禮-보충예식의 준말)
cærěmónĭale, -is, n. (⑨ Ceremoniale.獨 Cæremoniale)
　전례 의식서, 예식서(禮式書), 예절서(禮節書).
Cæremoniale episcoporum. 주교 예절 지침서.
　　　　　　　　(1600년 클레멘스 8세 교황 발간).
Cæremoniale Episcoporum. 주교 예절서, 주교 의전서
Cæremoniale Romanum. 로마 예식서, 교황 예식서
cærěmónĭális, -e. adj. 경신의, 예식의, 예절의
cærěmónĭárĭus, -i, m. (⑨ Master of ceremonies.
　獨 Zeremoniar) 예절부장, 예절지기, 예전 담당관(擔當官).
　cæremoniarii pontificii. 교황 의전 담당 사제들.
cærimonia(=cærĭmónĭum) V. cærěmónĭa
cærĭmónĭor, -ári, dep., intr., tr.
　종교적 의식으로 신(神)에게 예배드리다.
cærĭmónĭum, -i, n. = cærimonia
cáerŭla, -órum, n., pl. 푸른 색, 청색, 검푸른 색,
　푸른 바다, 창공(蒼空), 산꼭대기의 푸름.
cærula cæli templa. 창공(蒼空-푸른 하늘. 蒼天)
cærúlěum, -i, n. 하늘색, 푸른색, 청색
cærúlěus, -a, -um, adj. 푸른색의, 하늘빛의, 짙푸른,
　어두운 색의, 컴컴한 색의, Flúvius Cærúleus. 양자강.
cáerŭlus, -a, -um, adj. = cærúlěus
cæsa, -æ, f. 칼의 타격, 날 선 연장의 벰
Cæsăr, -áris, m. Gállia 전쟁의 개선장군.웅변가.정치가,
　Iulia 씨족의 씨족명, 황제의 별칭.
　Ave, Cæsar, imperator! 카이사르 사령관 만세!/
　Cum Cæsar Germanos vincisset, ad castram suam revenit.
　　카이사르는 게르만人들을 정복하고 나서 진영으로 돌아왔다/
　Eo cum venisset, Cæsar circiter sexcento naves invenit
　instructas. 거기에 다다르자 카이사르는 대략
　　600척의 배가 건조되었음을 알아차렸다/
　L. Vitellium Rufum Cæsar idoneum judicaveret,
　quem cum mandatis ad Pompeium mitteret.
　　카이사르는 루키우스 비텔리우스 루푸스를, 지령을 주어
　　폼페이우스에게 보내기에 알맞은 사람이라고 판단했다.
　　　[Lucius Vitellius Rufus: 카이사르의 부관. 성염 지음. 고전 라틴어, p.314]/
　Omnes majores natu ex oppido egressi manus ad
　Cæsarem tenderunt. 모든 원로들(maiores natu)은 마을
　밖으로 나가서 카이사르에게 (환영하는 표로) 손을 뻗쳐
　들였다(성 염 지음. 고전 라틴어. p.4]/
　Post Cæsaris necem Octavianus et Antonius et Lepidus
　imperium Romanum inter se partiti sunt.[탈형동사 문장]
　　카이사르의 피살 이후 옥타비아누스와 안토니우스 그리고
　　레피두스는 로마의 통수권을 자기네끼리 나누어 가졌다/
　Ut primum cognovit Cæsar adventum hostium,
　in proximum collem cinfugit. 카이사르는 적군의 당도를
　알아차리자 즉시 가까운 언덕으로 피하였다.
Cæsăr commentarios belli Gallici facile atque celeriter
scripsit. 카이사르는 쉽고 빠르게 '갈리아 전사'를 썼다.
Cæsar, confisus fama rerum gestarum, omnem sibi
locum tutum esse existimabat. 카이사르는 (자신의)
　업적에 대한 명성에 자신이 있어서, 자기에게는 모든 장소
　가 다 안전하다고 생각하던 참이었다(성 염 지음. 고전 라틴어. p.279].

C

155

Cæsar dixit ineresse rei publicæ et communis salutis se cum Pompeio colloqui.
카이사르는 자기가 공화국과 공공의 안녕을 중요시한다고, 그리고 폼페이우스와 대화할 용의가 있다고 말했다.

Cæsär fossam largam obduxit, ne hostes circumvenire possent suos. 카이사르는 적병들이 자기 병사들을
포위하지 못하도록 넓은 도랑을 팠다.

Cæsar hostes omnes armis exuit.
카이사르는 모든 적병에게서 무장을 해제시켰다.

Cæsar legionibus singulis legatos et quæstorem præfecit. 카이사르는 각 군단에 부사령관(legatus)과
재정관(quæstor)을 두어 통솔케 하였다.

Cæsar mane Dyrrhachium venit, cum primum agmen Pompei procul cerneretur. 카이사르가 아침에 뒤라키움에
당도하자마자 폼페이우스 (군대의)의 제일선이 막 눈에
들어왔다.(서술문. =폼페이우스 군대의 제일선이 막 눈에 들어올 즈음
카이사르는 아침에 뒤라키움에 당도한 참이었다. 성염 지음. 고전 라틴어, p.328].

Cæsar milites his navibus transportat continentemque ripæ collem improviso occupat. 카이사르는 배로 병사
들을 건너보냈으며, 강변에 잇단 능선을 불시에 점령했다.

Cæsar omnem equitatum pontem traducit.
캐사르는 모든 기병을 다리로 지나가게 한다.
[circumduco 끌고 돌아다니다(에워싸다), traduco 지나가게 하다(인도하다), traicio
건너가다, transmitto 저쪽으로 보내다(옮기다), transporto 운송하다(이전하다)
등과 같이 전치사와 결합한 타동사는 직접목적어 외에도, 전치사에 종속되어
장소를 언급하는 제2의 대격을 가진다. 제2의 대격은 수동문에서도 유지된다.
한동일 지음. 카르페 라틴어 2권, p.177].

Cæsar, postquam omnes Belgarum copias ad se venire cognovit, trans flumen exercitum traducere maturavit.
카이사르는, 벨기움 사람들의 군대 전부가 자기에게 오고
있다는 것을 알고 군대를 이끌어 도강작전을 마쳤다.

Cæsar pro castris suas copias produxit, ut, si vellet Ariovistus proelio contendere, ei potestas non deesset.
카이사르는, 만약 아리오비스투스가 전투로 자기와 겨루고
자 한다면, 카이사르 자기에게 힘이 없어서는 안 되겠기에,
진지 앞에서 자기 군대를 배치하였다(성 염 지음. 고전 라틴어, p.353].

Cæsar Romam revenit. 카이사르가 로마로 돌아왔다.

Cæsar semper æduorum civitati præcipue indulserat.
카이사르는 아이두이인들의 도성에 늘 각별히 관대하였다.

Cæsar, tametsi flumen impeditum transitum videbat, tamen audax progreditur. 카이사르는 진로가 강으로 차단
되어 있음을 보고서도 과감하게 앞으로 전진 하였다.

Cæsari visum est, pontem rescindi.
Cæsar는 다리(橋)를 파괴하기로 작정하였다.
(Latin어는 과거의 사실을 생생하게 표현하기 위해 때론 직설법 단순과거 대신에
현재시제를 사용하는 때가 빈번히 있다. 이러한 현재를 '역사적 현재praesens
históricum' 또는 '서술 현재praesens narrativum'라고 한다. 우리말로 번역할
때에는 가끔 과거로 옮기기도 한다.

Cæsárěus, -a, -um, adj. 황제의, 제왕의,
operátio Cæsárea(=séctio Cæsárea) 제왕절개(수술).

cæsáriátus, -a, -um, adj. 머리 숱 많은,
긴 머리가 수북한, 잎이 무성한

cæsáries,(=cesáríes) -éi, f. (가르마 탈 수 있는) 머리(털),
두발, 갈기(말. 사자 따위 짐승의 목덜미에 난 긴 털), (드물게) 수염.

cæsarísmus, -i. m. 제왕(황제) 정치주의,
제국주의(⑨ Imperialism), 전제군주제(專制君主制).

cæsáropapísmus, -i, m.
(Roma 황제의) 황제 교황주의, 정교 합일주의.

cæsim, adv. 베어, (칼로) 내리쳐, 짧은 문장으로

cæsio, -ónis, f. 벰(베는 행동), 재단(裁斷), 절단, 후려침

cæsius[1], -a, -um, adj. 청회색의, 푸르스름한 회색 눈을 가진

cæsius[2], Bassus, m. 서정시인, Pérsius의 친구

cæsŏr, -óris, m. 베는 사람, 깎는 사람

cæspěs(=cespes) -pĭtis, m. 잔디, 뗏장(흙을 붙여 떠낸 떼의
낱장), 떼 입힌 제단, 잔디로 덮은 오두막, 잔디밭, 풀밭.

cæspíto, -áre, tr.
걸려 비트적거리다, (돌부리 따위에) 채어 넘어지다.

cæspósus, -a, -um, adj. 잔디 많은

cæstŭs(=cestus[1] -us, m.
(갑옷에 딸린) 목이 긴 장갑, (승마.검도용의) 긴 장갑,
글러브, (가죽 끈으로 얽어 만든) 권투장갑.

cæsum, "cædo"의 목적분사(sup.=supínum)

cæsum, -i, n. 짧은 삽입구, 추가구(追加句)

cæsúra, -æ, f. 벌목, 벌채, (나무의) 절단부, 벤 자리,
詩 구절이 끊어지는 자리, 중간 휴지(中間 休止).

cæsurátim, adv. 짤막한 구절로

cæsus, -us, m. 베임, 끊어 치움

cétěra = cétera, adv., acc., n., pl. 그 외에는, 等等,
Amor cæteros in se omnes traducit et captivat
affectus. 사랑은 그 밖의 모든 것들을 자기 안으로
끌어들이고 열정을 사로잡는다/
cæteris autem utendum est, ut ad illarum perfructionem
pervenire possimus. 나머지 것들은 그 사물들의 향유에
도달할 수 있기 위해서 사용할 따름이다/
Per pietatis viscera in se infirmitatem cæterorum transferat.
연민의 마음으로 다른 이들의 나약함을 자기 것으로 삼습니다.

cætra, -æ, f. 간편한 가죽 방패, 작은 방패

cætrátus, -a, -um, adj. cætra로 무장한

cája, -æ, f. 곤봉(⑦⑧.⑨ club.棍棒-짤막한 몽둥이)

cájo, -áre, intr. 매질하다, (막대기.몽둥이 따위로) 때리다

cǎlǎmárĭus, -a, -um, adj. 글 쓰는 갈대의, 붓의,
calamária theca. 벼룻집, 필통(筆筒), 붓 상자.

calaméntum, -i, n. 장작(통나무를 잘라서 쪼갠 땔나무),
(특히 포도나무의) 마른 가지.

cǎlǎmínthe, -es, f. (植) 박하류

cǎlǎmínus, -a, -um, adj. 갈대의

calamis insono. 퉁소를 불다

cǎlǎmíster, -tri, m. (머리를 곱슬곱슬하게 지지는) 인두,
(말.글의) 화려한 표현, 미사여구(美辭麗句).

cǎlǎmistrátus, -a, -um, adj.
(불에 달군 쇠로) 지진 머리의, 파마한.

cǎlǎmístrum, -i, n. = cǎlǎmíster, -tri, m. 미사여구

cǎlǎmítas, -átis, f. 재난(災難), 재앙(災殃), 화(禍), 손해,
불행(⑦.⑪⑫), 환난(ὰνάγκη), 패전(敗戰), 상실, 흉작.
An temporum calamitates Dei providentia regantur.
시대의 재앙과 하느님의 섭리(신국론 제1권)/
calamitátem alci detraho. 아무에게서 재앙을 제거하다/
calamitátem capio. 재난을 당하다/
deprecor a se calamitátem.
자기에게 재앙이 닥치지 않게 되기를 기원하다/
importo calamitátem alci. 누구에게 재앙을 가져오다/
Noveritis me hoc tempore nostræ calamitatis id Deum
rogare. 우리가 겪고 있는 이 재앙의 시기에 나는 하느님
께 기도합니다.(이연학 최원오 역주. 아우구스티노의 생애. p.125)/
Nulla calamitas obveniet justo, impii autem replebuntur
malo.(ouvk avre,sei tw/| dikai,w| ouvden a;dikon oi` de. avsebeiÿ
plhsqh,sontai kakw/n) (⑨ No harm befalls the just, but
the wicked are overwhelmed with misfortune)
의인은 아무런 환난도 당하지 않지만 악인은 불행
으로 가득하게 된다(성경 잠언 12. 21)/착하게 살면 화(禍)를
입지 않지만 나쁜 짓 하면 재앙을 면하지 못한다(공동번역)/
traho alqm secum in eámdem calamitátem.
누구를 같은 불행으로 끌고 들어가다.

Calamitas virtutis occasio est.(Seneca).
재앙(災殃)은 덕(을 닦는)의 기회이기도 하다.

cǎlǎmítes, -æ. m. 청개구리,
(고생대의 화석 속새류인) 노목(蘆木).

calamitósus, -a, -um, adj. 불행을 초래하는,
손해를 입히는, 재앙(재난)을 일으키는, 흉작을 가져오는,
불행한, 비참한, 불운에 시달리는.
O tempus miserum atque acerbum provinciæ Siciliæ!
O casum illum multis innocentibus calamitosum atque
funestum! O istius nequitiam ac turpitudinem singularem!
오, 시칠리 지방에 닥친 저 가련하고 쓰라린 재앙이여!
오, 무죄한 다수 인간들에게 재앙과 비통을 초래한
사건이여! 오, 저자의 사악함과 유례없는 파렴치여!.
[성 염 지음. 고전 라틴어. p.406].

cálǎmo, -áre, tr. 쓰다(書)

cálǎmus, -i, m. 갈대, 갈대 펜, 펜(⑨ pen),

156

(등나무.대나무.종려.사탕수수 따위의) 줄기,
갈대피리, 화살, 낚싯대, (여러 가지 용도의) 막대기.
cálamis insono. 퉁소를 불다/
cálamum súmere. 붓(펜)을 들다/
lapsus cálami. 오서(誤書)/
Me defende gladio, te defendam calamo.
칼로 나를 보호해 달라. 붓으로 당신을 보호하겠다.
calamus chartárĭus. 붓(apex, apicis, m.)
Calanthe discolor. (植) 새우 난초
Calanthe reflexa. (植) 여름새우 난초
Calanthe sieboldii. (植) 금새우 난초
caláthíscus, -i, m. 작은 바구니, 작은 채롱
cálathus, -i, m. 바구니, 과일 광주리,
채롱(껍질을 벗긴 싸릿개비로 함처럼 걸어 만든 채그릇의 한 가지),
사발(사기로 만든 밥그릇이나 국그릇), 주발, 우유대접, 큰 술잔.
calátĭo, -ónis, f. 부름, 호칭, (회의나 의회의) 소집
calátor, -óris, m. 부르는 사람, 사환(使喚),
제관(祭官)의 심부름 다니던 하인.
calatórĭus, -a, -um, adj. 부르러 다니는, 사환의, 심부름꾼의
caláutĭca(calvátĭca) -æ, f. 머리처네, 처네
calcábĭlis, -e, adj. 밟을 수 있는, 굳은 땅의,
밟고 다닐 수 있을 정도로 단단한.
calcánĕum, -i, n.(=calcánĕus, -i, m) 발뒤꿈치,
배반자, (解) 근골(跟骨-발뒤꿈치를 이루는 굵고 짧은 뼈), 종골(踵骨)
calcar, -áris, n. 박차(拍車-쇠로 만든 톱니 모양의 물건),
(새나 닭의) 며느리발톱, 자극(刺戟), 충동(衝動),
áddere calcária sponte curⱤénti. 주마가편(走馬加鞭)
(닫는 말에 채찍질한다는 뜻으로, "열심히 하는 사람을 더 부추기거나
몰아침"을 이르는 말.
Calcar áureum. (=Militia aurea) 금박차 훈장(敎皇勳章 중 하나)
calcárĕa, -órum, n., pl. (動) 석회해면류
calcárĭa, -æ, f. 석회 굽는 가마
calcárĭa hydrata, -æ f. 소석회(소석회)-"수산화칼슘"
calcárĭa usta, -æ, f. 생석회("산화칼슘"을 흔히 이르는 말. 剛灰)
calcáriénsis, -is, m. 석회 제조인(石灰 製造人)
calcárĭusus, -a, -um, adj. 석회의, 석회질의, 석회성의.
m. 석회 굽는 사람.
calcátor, -óris, m. 짓밟는 사람,
(즙을 내기 위해) 포도를 짓밟는 사람.
calcatórĭum, -i, n. 포도를 짓밟아 짜는 주조(酒槽)
calcátrix, -ícis, f. 짓밟는 여자, 경멸(輕蔑)하는 여자
calcátúra, -æ, f. 밟음, 압착(壓搾-눌러 짜냄), 짓밟음
calcátus, -us, m. = calcátúra, -æ, f.
calcĕámen, -mĭnis, n. = calceaméntum, -i, n. 구두
calcĕámentárĭus, -i, m. 구두 商人, 제화공(製靴工)
calcĕaméntum, -i, n. 신, 구두, 신발
calceárĭa, -æ, f. 양화점(洋靴店), 구둣방
calceárĭum, -i, n. (군인들에게 지급되는) 구두 대금
calceátor, -óris, m. 신을 신기는 사람,
(말, 소에) 편자를 박아 붙이는 사람.
calcĕátus[1], -a, -um, p.p. (신, 구두를) 신은, 구두 신은
calcĕátus[2], -i, m. 신, 구두
Calcédon = Calchédon
calcei apti ad pedem. 발에 잘 맞는 구두
Calcei habiles atque apti ad pedem.
발에 편하고 잘 맞는 구두.
calcei habiles. 잘 맞는 신, 편리한 신발
cálcĕo, -ávi, -átum, -áre, tr. 신을 신기다, 신을 공급하다,
(말이나 소의 발에 일종의) 신을 신기다,
편자(말굽에 대어 붙이는 'U'字 모양의 쇳조각)를 대어 붙이다.
calcĕolária, -æ, f. 남미 원산인 현삼과(玄蔘科)의 관상식물
calcĕolárĭus, -i, m. 제화공(製靴工), 구두 만드는 사람
calcĕólus, -i, m. 작은 신, 작은 구두
cálcĕus, -i, m. 신, 구두, 반장화, 단화.
cálcei apti ad pedem. 발에 잘 맞는 구두/
cálceos mutáre. (다른 구두로 바꿔 신다) 원로원 의원이 되다/
cálceos póscere. (신을 청하다) 연회석에서 일어나다/
calceum inducere. 신발을 신기다/

Non omni eundem calceum induces pedi.(Publilius Syrus)
어느 발에나 똑같은 (크기의) 신발을 신기려 하지 말라!.
Cálcĕus si pede major erit, subvertet, si minor, uret.
만약 신발이 발보다 크다면 헐렁거릴 것이고,
(발보다) 작다면 죄일 것이다[성 염 지음. 고전 라틴어. p.260].
calcia··· V. calcea···
calcífrāga, -æ, f. (植) 범의귀과에 속하는 풀
cálcĭo = cálceo
calcítrátus, -us, m. 걷어 참(pulsus pedum), 뒷발질
calcĭtro[1], -ávi, -átum, -áre, tr. 뒷발질하다.
(말이) 날뛰다, 몹시 반항하다, 반대하다, 다루기 힘들다.
calcĭtro[2], -ónis, m. 발길질하는 자, 날뛰는 자, 반항자
calcĭtrósus, -a, -um, adj. 걷어차는, 발길질하는
cálcĭum, -i, n. 석회(石灰), 칼슘
calcium carbonicum. 탄산석회(탄산칼슘)
calcium carbonicum præcipitatum. 침전 탄산석회
calcium chloratum. 염화칼슘(염소와 칼슘과의 화합물)
calcium lacticum. 유산석회(乳酸石灰)
calcium sulfuricum ustum(=gypsum ustum)
소석고(燒石膏).
calco, -ávi, -átum, -áre, tr. 밟다, 짓밟다, 다지다,
(포도주 따위를) 밟아서 짜다, 다져 넣다,
밟아 밀어 넣다, 쑤셔 넣다, 가득 채워 넣다,
(어떤 곳으로) 찾아가다, 지나가다, 밟고 지나가다,
짓밟아 누르다, 밟아 뭉개다, 유린하다, 경멸(무시)하다.
Et de ipso cælo quare? quia membra calcabantur in
terra. 그런데 왜 하늘에서 말씀하십니까? 당신 지체가
땅에서 짓밟히고 있었기 때문입니다/
Nolo honorem tuum; calcare me noli? 나는 자네의
존경을 원치 않으니, 나를 밟지나 말아 주겠는가?
calcŭlárĭus, -a, -um, adj. 계산의, 계산상의.
m. 회계(會計), 계산자(計算者).
calcŭlátĭo[1], -ónis, f. 계산, 셈. (建) 구조계산(構造計算)
calcŭlátĭo[2], -ónis, f. (醫) 결석병(結石病)
calcŭlátor, -óris, m. (calculatrix, -ícis, f.) 會計員.
계산하는 사람, 치부 계원, 계산기, 계산표.
calcŭlénsis, -e, adj. 조약돌의
cálcŭlo[1], -ávi, -átum, -áre, tr. 세다, 계산하다, 평가하다
calculo[2], -ónis, m. 산수교사(算數敎師), 계산의 대가.
calcŭlósus, -a, -um, adj.
조약돌 많은, 자갈투성이의, 결석병(結石病)에 걸린.
calculus, -i, m. 조약돌, 작은 돌, 자갈,
Roma식 고누의 말, 셈돌, 계산용 조약돌, 계산, 셈,
투표용 조각돌, 판결 표시의 돌(흰돌-찬성, 반대-흑돌로 결정),
(醫) 결석, 담석(膽石), 방광석(膀胱石), 신석(腎石).
ad cálculos alqd vocáre. 무엇을 에누리 없이 계산하다,
album cálculum adjícere alci rei.
무슨 일에 찬표(贊票)를 던지다.
calculus vescalis. 방광결석(膀胱結石)
calda(=cálida) -æ, f. 더운물
caldáméntum, -i, n. 더운물 찜질, 온증요법(溫蒸療法)
caldárĭa, -æ, f. 온수욕탕(溫水浴湯), 가마솥
caldárĭóla, -æ, f. 작은 솥
caldárĭum, -i, n. 목욕탕
caldárĭus, -a, -um, adj. 데우는, 더워지는, 온탕의
caldo, -áre, tr. 뜨겁게 하다, 끓이다
caldor, -óris, m. 더위, 열(熱-더위)
caldus(=cálidus) -a, -um, adj. 더운
calefacimini, 원형 călĕfácĭo(=calfácĭo) -féci -fáctum -cēre,
[명령법. 수동형 현재 단수 2인칭 calefacere
수동형 현재 복수 2인칭 calefacimini].
Ite in pace, calefacimini et saturamini.(야고 2. 13).
평안히 가서 몸을 따뜻이 녹이고 배불리 먹으시오(성경).
călĕfácĭo(=calfácĭo) -féci -fáctum -cēre, tr.
(cáleo+fácio) 따뜻하게 하다, 뜨겁게 하다, 데우다,
흥분시키다, (얼었던 것을) 녹이다, 열 올리게 하다,
감동시키다, 선동하다, 자극하다.
călĕfáctĭo, -ónis, f. 덥게 함, 가열(加熱)

157

cắlẻfácto, -áre, tr. 따뜻하게 하다, 데우다,
　뜨겁게 하다, 가열하다.
cắlẻfactórĭus, -a, -um, adj. 덥게 하는 뜨겁게 하는
cắlẻfío, -fáctus sum, -fíeri, pass. 더워지다
Caléndæ, -árum(=kalendæ -órum), f., pl.
　로마력(曆)의 초하루, 달, 역월(曆月).
cắlendárĭum, -i, n. (㊅ Calender.獨 Kalender)
　달력, 책력(冊曆-전체를 관측하여 해와 달의 운행이나 월식. 일식.
　절기 따위를 적어 놓은 책), 일력, (宗) 축일표.
　(지불의) 계산 장부, 각서(覺書), 재산, 연감(年鑑),
　Calendaria particularia, 개별 전례력(1970.6.24. 훈령)/
　calendario religioso annuale. 종교력(宗敎曆).
Calendarium Dioecesanum. 교구 전례력
　(㊅ Calender of the Diocese.獨 Diözesankalender).
Calendarium generale.(㊅ Universal Calender.
　獨 Generalkalender) 보편 전례력.
calendarium Gregorianum.(㊅ Gregorian Calendar.
　獨 Gregorianischer kalender) 그레고리오력(曆).
　(1582년에 Gregorius 13세의 명으로 개정된 현행 태양력).
calendarium Julianum. 율리우스력(曆)
Calendarianum liturgicum(㊅ annus liturgicus.㊅ liturgical
　Calendar.獨 Kalendarium) 교회 달력, 전례력, 역세(曆歲).
calendarium lunare. 음력(陰曆)
Calendarium Monasticum.(㊅ Monastic Valender.
　獨 Ordenskalender) 수도회 전례력.
Calendarium regionale.(㊅ Regional Calender.
　獨 Regionalkalender) 지역 전례력.
Calendarium Romanum. 로마 달력(354년)
Calendarium Romanum Generale. 로마 보편 전례력
Calendis Septémbribus. 구월 초하루에
cáleo, -ŭi -itúrus -ére, intr. 뜨겁다(חמם,יחם,חיך),
　덥다, 따뜻하게 느끼다, 흥분하다, 열중하다,
　열렬하다, 열이 올라 있다, 가열되다. 무르익다, 한창이다,
　열광상태에 있다, 빗발치듯하다, 생생하다, 새롭다.
calésco, cálui, -ére, intr. 더워지다, 뜨거워지다.
　(사랑에) 불타다, 고조에 달하다
calfácĭo = calefácĭo
caliándrum, -i, n. = caliéndrum
cắlĭcéllus, -i, n. 아주 작은 잔, 아주 작은 컵
Calicem salutaris accipiam, et nomen Domini invocabo.
　구원(救援)의 잔을 받자옵고 주님 이름 부르리다.
calices omnes confregit, nisi ~ .
　그는 ~ 를 제외하고 모든 잔을 다 깨뜨려 버렸다.
cắlĭco, -áre, tr. 술 마시다, 홀짝홀짝 마시다
cắlícŭlus, -i, m. 작은 잔, 작은 컵
cálĭda(=calda) -æ, f. 온탕(溫湯), 더운 물
cắlĭdáméntum, -i, n. 온증요법(溫蒸療法), 더운물 찜질
cắlĭdárĭus, -a -um, adj. 데우는, 더워지는, 온탕의
Calídĭus, -i, m. Roma人의 씨족명
cắlĭdátĭo, -ónis, f. 더위, 더운 기운
calidior, -or, -us, adj. cálĭdus¹ -a -um의 비교급
calidissimus, -a, -um, adj. cálĭdus¹-a -um의 최상급
cálĭdum, -i, n. 따끈한 술.음료(물)
cálĭdus¹, -a -um, adj. (=caldus) 따뜻한(חם), 더운,
　뜨거운, 열렬한, 격정적인, 경솔한,
　지각없는, 성급한, 불쑥 떠오르는.
　calidum elementare. 기본적인 열기(를 띤 것).
cálĭdus², -i, m. 열혈한(熱血漢), 성급한 사람,
　경솔한 사람, 지각없는 사람.
cắlĭéndrum, -i, n. 가발(假髮), 옛날 여자들이 쓰던 높은 모자
cálĭga, -æ, f. 군화(軍靴, =caligula), 반장화
Caligæ et sandalis. 예식용 주교 신과 양말(신과 양말은 복음
　에 대한 분발심을 상징한다. 주교는 신을 신으면서 "주님. 제 발에 평화의
　복음을 전하는 분발력을 더해 주시고 저를 당신의 날개로 감싸 주소서') 하고
　기도한다. 양말은 전례색에 따라간다. 백민관 신부 엮음, 백과사전 1, p.407).
cắlĭgáris, -e, adj. 신의, 군화의
cắlĭgátĭo, -ónis, f. 어둡게 함, (눈이) 어두워짐
cắlĭgátus, -a, -um, adj. 군화를 신은.
　m. 군화를 신은 사람, 군인, 병사.

cắlĭgĭnĕus, -a, -um, adj. 어두운, 희미한
cắlígĭno, -áre, tr. 어둡게 하다, 빛을 가리다, 감추다
cắlĭgĭnósus, -a, -um, adj. 어두운, 희미한,
　안개로 덮인, 불투명한, 우울한.
cắlígo¹, -gĭnis, f. 짙은 안개.구름, 연무(煙霧-연기와 안개),
　(눈앞이) 희미함, 흐릿함, 몽롱, 현기(증), 어두움,
　오리무중(五里霧中), 우매함, 침울(沈鬱), 우울(憂鬱)
cắlígo², -ávi, -átum, -áre, intr. 어둠에 싸이다,
　(짙은 연기나 안개가 끼어) 어두워지다(גהר,נגר),
　어둡다, (김이) 서리다, 희미해지다, 눈이 흐릿하다,
　눈이 멀다, 현혹되다, 침울하다.
caligo in sole. 눈이 부시어 보이지 않다, 눈뜨고 더듬다
cắlígŭla¹, -æ, f. 군화(軍靴, =caliga), 반장화
Caligula², -æ, m. Roma 제3대 황제 Cajus Cæsar에게
　병사들이 붙여준 별명.
　Postquam castra attigit, Caligula, ut se acrem ac
　severum ducem ostenderet, legatos, qui auxilia serius
　adduxerant, cum ignominia dimisit. 요새(要塞)에 당도한
　다음, 칼리굴라는 자신이 날카롭고 엄격한 장군임을
　보이기 위해 보충병을 늦게 데려온 부사령관들을
　모욕하여 파면시켰다.(성 염 지음. 고전 라틴어, p.404).
calíptra, -æ, f. (고대 희랍과 이탈리아 지방의) 부인용 면사포
cắlix∗ -lĭcis, m. (가) 성작(聖爵).㊅ chalice.獨 Kelch)
　잔(盞), 컵(㊅ cup). 끓이는 그릇.
　alci cálicem impingo. 아무에게 잔을 강제로 쥐어주다/
　Calicem salutaris accipiam, et nomen Domini invocabo.
　나는 구원의 잔을 높이 들고 주님의 이름을 높이 부르리이다/
　Communio Calicis(㊅ Communion of Chalice.
　獨 Kelchkommunion) 성혈 영성체/
　cum ipsa hostia signat bis inter se et Calicem, dicens:
　손에 든 성체(聖體)로 성작(聖爵) 안에서
　두 번 십자성호(十字聖號)를 그으며 말한다/
　Epistola ad Cæcilianum, de Sacramento calicis.
　잔의 성사에 대해 체칠리아누스에게 보내 서한/
　et semel super calicem.
　성작(聖爵) 위에 십자성호를 한 번 긋는다/
　Hic est calix sanguinis mei. 이는 내 피의 잔이니라/
　iungit manus, et signat semel super hostiam, et semel
　super calicem. 손을 모으고 한번은 성체 위에
　한번은 성작(聖爵) 위에 십자성호를 그으며/
　Multa cadunt inter calicem supremaque labra.
　컵과 입술의 끝 사이에는 많은 것이 일어난다/
　Natale calicis. 성작(聖爵)의 탄생일(옛날 갈리아 전례에서
　성 목요일을 지칭하던 용어. 백민관 신부 엮음, 백과사전 2, p.847)/
　Nulli calicem tuum propinas.
　너는 네 술잔을 아무에게도 돌리지 않고 있다/
　Particulam ipsam immittit in calicem, dicens secrete:
　성체 조각을 성작(聖爵)에 넣으며 말한다/
　Potestis bibere calicem, quem ego bibo?(성경 마르 10. 38).
　내가 마시는 잔을 너희가 마실 수 있느냐?/
　velum calicis. 성작 보, 성작 덮개.
calix ad baptismum. 세례를 위한 성작
Calix benedictionis. 찬양의 잔
Calix ille, imo quod habet calix, sanctificatum per
verbum Dei, sanguis est Christi. 저 잔, 아니 그 잔 안에
　담긴 것은 하느님의 말씀으로 축성된 그리스도의 피 입니다.
calix ministerialis. 성체성사 성작(聖爵)
calix offertorialis. 봉헌 성작(聖爵)
calix quotidianus. 통상 성작(聖爵)
calix sanctus. 사제들의 성작(聖爵), 축성 성작(聖爵)
calix sepulcrum. 묘 성작(聖爵)
calix státĭonárĭus. 미사 성작(聖爵)
calix suspensorius, calix pendentilis.
　유보되거나 정지된 성작(聖爵).
calix viaticus. 노자 성체용 성작(聖爵)
calláĭnus, -a, -um, adj. 청록색의
callens, -éntis, p.proæs., a.p. 전문지식을 가진, 숙련된,
　경험 많은, (무엇을) 잘 아는, 능숙한, 솜씨 있는.

cálleo, -ŭi, -ére, intr., tr. 피부(皮膚)가 굳어지다,
　굳은살이 생기다, 손.발에 못이 박히다,
　…에 경험이 많다, 숙련되어 있다, 능숙하다.
　tr. 전문지식을 가지고 있다, 잘 배워 알고 있다,
　이해하다, 경험으로 잘 알고 있다, …할 줄 알다.
callibléphárum, -i, n. 눈썹 먹, 마스카라(⑨ mascara)
cállĭde, adv. 전문가답게, 능란하게, 노련하게,
　교묘하게, 훌륭하게, 교활하게, 능청스럽게.
callídĭtas, -átis, f. 정교(精巧), 교활(狡猾-간사하고 음흉함),
　노련(老鍊-많은 경험을 쌓아 그 일에 아주 익숙하고 능란함),
　능청맞음, 숙련(熟練-무슨 일에 숙달하여 능숙해짐), 능란함,
　능숙함, 적합(適合-꼭 알맞음).
　Hominibus non solum rationem di dederunt, sed etiam
　malitiam, fraudem, facinus. Utinam istam calliditatem
　hominibus di ne dedissent! 신들은 인간들에게 이성뿐
　아니라, 악의와 사기와 악행도 주었다. 저따위 교활함일랑
　신들이 인간에게 주지 않았더라면 좋았을 것을!.
　　　　　　　　　　　　　　[성 염 지음. 고전 라틴어, p.298].
cállĭdus, -a, -um, adj. 능란한, 능숙한, 노련한, 현명한,
　경험 많은, 빈틈없는, 명민한, 재치 있는, 익히 아는,
　정통한, 사리에 밝은, 교활한, 능청스러운.
callidus témporum. 시대를 잘 아는
Callíŏpe, -es, f. 시가(詩歌)의 여신
callis, -is, f., m. 산길, 오솔길, 목장 도로.
　pl. 산 속의 목장(牧場).
callísco, -ĕre, intr. 굳어지다, 감각이 무디다
callósĭtas, -átis, f. 피부가 굳어짐, 굳혀진 습관, 티눈,
　피부경결(硬結-굳은 살), 식물체의 경화(硬化)한 부분.
callósus, -a -um, adj. 피부(皮膚)가 굳어진, 못이 박힌,
　껍질이 두꺼운, 굳어 버린, 무감각한, 냉담한, 예사인.
callum, -i, n. 두꺼운 피부, 티눈, 굳은 살, 무감각, 둔감
calo¹, -ávi, -átum, -áre, tr.
　불러 모으다, 소집하다, 호출하다.
călo², -ónis, m. 당번 병, 마부, 막일하는 종, 잡역부
calomélas, -æ(=hydrárgyrum chlorátum), f.
　(化) 염화 제1수은, 감홍(甘汞-약학에서 "염화 제일수은").
călŏpódĭum, -i, n. 신골(신 만드는데 쓰는 골)
călŏpus, -pŏdis, m. 나막신(진멍에서 신는, 나무로 만든 신)
călor¹, -óris, m. 더위, 열(熱), 태양열(sidereus æstus),
　작열(灼熱), 열풍(熱風) 타오르는 듯한 빛깔,
　뺨의 홍조(紅潮), 정열, 사랑의 불길, 불타는 사랑.
　(醫)종기, 화농
　tempero frígoris et calóris modum.
　추위와 더위를 고르게 하다/
　uri calóre.(uro 참조) (땅이) 햇볕에 타다.
calor naturalis. 자연적 열
Calor se frangit. 더위가 좀 누그러진다(frango 참조)
calor² -óris, m. Sámnium의 강
călŏríficus, -a, -um, adj. 덥게 하는, 덥히는
calpar, -áris, n. 질그릇으로 만든 작은 술통,
　새로 담근 포도주(葡萄酒).
caltha, -æ, f. (植) 금잔화, 금송화
cálthŭla, -æ, f. 금잔화, 금잔화 색의 부인 의복(衣服)
cálui, "caleo"의 단순과거(pf.=perfectum)
calúmnĭa, -æ, f. 속임수, 사기(詐欺, ⑨ Fraud),
　농간(弄奸), 책략(策略), 협잡(挾雜), 참소(讒訴),
　허위변론(虛僞辯護), 허위해석, 허위진술(虛僞陳述),
　무고(誣告-없는 사실을 거짓으로 꾸며 남을 고발하거나 고소함), 남소.
　['무고'는 어떤 이가 무죄인 것을 명백히 알면서도 그를 고소하는 범죄이다.
　악의로 그러한 허위 고소falsa accusatio를 한 것으로 판결 받은 자calumnia
　notatus는 이마에 무고를 의미하는 라틴어 칼룸니아토르kalumniator의 약어인
　'K'자로 낙인찍혔다. 이뿐만 아니라 패렴치 자가 되어 장래의 형사소송에서
　고소 자격이 박탈되는 등 소송상 불이익을 당하고 공직선거 출마권도 박탈된다.
　'허위 고소자falsus accusator'의 무고는 별도의 절차에 입증되어야 했다. 그러나
　고소당한 자가 석방 판결을 받는 소명으로 고소자를 무고죄라 할 수는 없었다.
　기원전 80년경 렘미우스법lex Remmia은 "무고자는 그가 바로 무고한 법정에서
　　정당하게 단죄된다.
　'남소(濫訴)'는 악의적 소송으로 상대를 괴롭히는 것인데, 제소 자체가 상대방을
　괴롭히기거나 심판인의 실수나 부당한 판결로 고소자를 이롭게 하는 경우가
　그렇다(GAI. 4. 178). 민사소송에서 원고의 청구가 법적 근거가 있음에도 원고를
　괴롭힐 목적으로 피고가 원고의 청구를 부인하는 경우 피고의 남소가 된다.
　이러한 남소로부터의 구제수단은 쌍방을 위한 남소의 선서jusiurandum/

iuramentum calumniæ가 있다. 고전시대에는 부당하게 제소된 피고만을 위한
남소 소송iudicium calumniæ이 있었다. 후기 로마, 가령 민·형사 또는 재정財政
사건으로 타인을 괴롭히기 위해 금전을 수령하는 것도 사법私法 영역의 또 다른
형태의 '칼룸니아calumnia', 즉 남소였다. 대상자는 금전을 수령한 자를 상대로
공모의 대가로 수령한 금액의 4배액을 청구할 수 있는 법무관법상의 소인을
가졌다. 한동일 지음. 로마법의 법률 격언 모음집에서/

Calumniari est falsa crimina intendere.
　무고란 허위 사실을 유포하는 범죄이다/
Contra calumnias infidelium, quibus Christianos de
credita carnis. 불신자들이 육신 부활을 두고 그리스도人
을 조롱하는 중상들을 반박함(신국론, p.2828)/
juro calúmniam in alqm. 누구에게서 무고를 부인하다.
Calumnia est quævis versutia, qua alteruter litigantium
adversarium suum circumvenire conatur.
　소송인들 가운데 어느 사람이 자신의 반대자를
　괴롭히도록 하는 남소는 어떠한 것이라도 사기이다.
calumniátor* -óris, m. (calumniátrix, -ícis, f.)
　무고자(誣告者), 중상자(中傷者→무고자), 법률 곡해자.
calumniatrix, -ícis, f. 중상자(中傷者→무고자)
calúmnĭo, -ávi, -áre, tr. = calúmnĭor
calúmnĭor, -átus sum -ári, dep., tr. 허위고발 하다,
　무고(誣告)하다, 부당하게 기소하다, 비방하다(זזז),
　중상 모략하다, 명예훼손(名譽毁損)하다.
calumniósus, -a -um, adj. 무고하는,
　비방하는, 중상하는, 부당한, 근거 없는.
calva, -æ, f. (醫) 두개(頭蓋), 해골(骸骨), 해골바가지
calvárĭa, -æ, f. 해골(骸骨), 두개골(頭蓋骨)
　[골고타Golgotha는 '해골' 또는 '머리뼈'를 의미하는 두개골을 의미하는
　아라메아어 '골골타'나 히브리어 '굴굴레트'가 희랍어식으로 발음된 것이며
　라틴어로는 갈바리아calvária라고 부른다.]
　Et perducunt illum in Golgotha locum,
　quod est interpretatum Calvariæ locus.[⑨ They brought
　him to the place of Golgotha (which is translated Place
　of the Skull)]. 그들은 예수님을 골고타라는 곳으로 데리고
　갔다. 이는 번역하면 '해골 터'라는 뜻이다(성경 마르 15, 22)/
　그들은 예수를 끌고 골고타라는 곳으로 갔다.
　골고타는 해골산이라는 뜻이다(공동번역 마르 15, 22)/
　그들은 예수를 골고타라는 곳으로 데리고 갔으니,
　이는 번역하면 해골터라는 말이다.(200주년 신약 마르 15, 22)/
　Maria, omnem gerens vitam apud Christum, et non
　tantummodo in Calvariæ loco, sibi assumpsit
　sacrificalem Eucharistiæ dimensionem. 성모님께서는
　해골산에서뿐만 아니라 평생 동안 예수님 곁에 계시면서
　성찬의 희생 제사를 당신의 것으로 삼으셨습니다.
calváriæ locus. =Gólgotha(그리스도가 십자가에 못 박힌 장소)
calvatica(=caláútica) -æ, f. 머리처네
　(주로 낮은 계급의 부녀가 나들이할 때에 머리에 쓰던 쓰개).
calvátus, -a, -um, adj. 맨송맨송한, 대머리인,
　(나무가) 듬성듬성 한, 불모(不毛)의.
cávĕo(calvésco) -ére(-scĕre) intr. 머리 벗겨지다, 대머리 되다
cálvícĭum(=calvítium) -i, n. 대머리
calvítĭes, -éi, f. = calvítium 대머리
calvítĭum, -i, n. = cálvícĭum = calvítĭes 대머리
calvo, -ĕre, tr. = calvor
calvor, -(ĕris, -ītur) calvi, dep., tr. 속이다
calvus¹, -a, -um, adj.
　머리털 없는, 대머리의, 벗어진, 매끈매끈한.
　Vir, de cuius capite capilli fluunt, calvus ac mundus
　est. (eva.n de, tini madh,shl h` kefalh. auvtou/ falakro,j evstin
　kaqaro,j evstin) (⑨ When a man loses the hair of his head,
　he is not unclean merely because of his bald crown)
　누구든지 머리카락이 빠지면, 대머리가 될 뿐, 그는 정결
　하다(성경 레위기 13, 40)/누구든지 머리털이 다 빠졌을 경우
　에도 그는 대머리가 되었을 뿐, 정한 사람이다(공동번역).
calvus², -i, m. Roma의 가문명
calx¹, calcis, f. (m.) 발꿈치, 발뒤축, (뒷)발굽,
　며느리발톱, 발.
　calcem alci rei impíngere. 무엇을 차버리다(속담)/
　in cale. 각주(脚注)에.
calx², calcis, f. (m.) 석회(石灰), 석회암(石灰巖),
　생석회(生石灰-"산화칼슘"을 흔히 이르는 말. 剛灰),

경마나 경주 때의 결승점(옛날에는 석회로 표시했음).
(化) 금속회(金屬灰-숯붙이재).
Intueamur etiam miraculum calcis.
석회의 신기함도 살펴보자.

cályces, -um, m., pl. (植) 꽃받침, 꽃의 자방(子房)
calýcŭlus, -i, m. 작은 잔. (植) 꽃받침, 꽃의 자방(子房)
　calýculi gutatórii. 미관구(味官球),
　맛을 느끼는 혀의 감각 세포(細胞).
calytoblástĕa, -órum, n., pl. (植) 피자류(被子類)
cályx, -ycis, m. (植) 꽃받침, 악(萼), 꽃의 자방(子房)
cama, -æ, f. 짧고 얕은 침대
cámăra, -æ, f. = cámera
cámbĭo, campsi, -íre(-iáre), intr.
　교환(交換)하다, 주고받다, 바꾸다, 환금(換金)하다.
cambítor, -óris, m. 교환하는 자, 환금업자
cámbĭum, -i, n. 교환 장소. (植) 형성층(形成層)
cambóta, -æ, f. 목자의 지팡이(baculum pastoralis)
cămēla, -æ, f. 암놈 낙타
cămēlárĭus, -i m. 낙타 모는 사람
cămēláucum, -i, n. (=Phrygium) 흰색 교황 모자,
　교황이 전례 외적으로 사용하던 머리장식,
　흰 투구 비슷하게 생긴 7, 8세기경의 교황관(教皇冠).
cămēlínus, -a, -um, adj. 낙타의
camélla, -æ, f. 긴 받침이 달린 잔, 술잔
camélllĭa, -æ, f. (植) 동백나무
camélllĭdæ, -árum, f., pl. (動) 낙타속(屬)
camélllus, -i, m. = camélus
cămēlŏpárdălis, -is, f. (動) 기린(麒麟)
cămēlŏpárdălus(=cămēlŏpárdus), -i, m. (動) 기린(麒麟)
cămēlŏpódĭum, -i, n. (植) "낙타 발" 이란 이름의 풀
cămēlus(=camélllus) -i, m.(f.) (動) 낙타, 약대
Caména, -æ, f. 시(詩), 노래, 시가의 여신(=Musa)
camera(=cámăra) -æ, f. 반원형 천장(또는 지붕),
　교차된 반원형 천장, 반원형 천장이 있는 방,
　방, 사실, 사무실, (천장으로 덮은) 작은 배.
　in cámerá. 법관의 사실에서, 비밀회의(실)에서,
　법정의 비공개 심리에서.

Camera Apostólica. 교황청 회계원, 교황 궁무처,
　사도좌 관방처(官房處).⑨ Apostolic Chamber).
camera obscura. 암실(暗室)
camera paramentorum. 제의실(수도원)
camera parva. 작은 방
camera photographia. 사진기(寫眞機)
cămērárĭus, -a, -um, adj. 둥근 천장의
cámĕro, -ávi, -átum ,-áre, tr.
　반원형(아치형)의 천장을 만들다.
cámérŭla, -æ, f. 조그만 방
Camilliani, -órum, m., pl. 가밀로회, 선종 봉사 사제회
cámíno, -ávi, -átum, -áre, tr. 아궁이 모양으로 만들다
cămínus, -i, m. 아궁이, 난로(煖爐), 몹시 더운 곳,
　용광로, 화덕(솥을 걸 수 있도록 쇠나 흙으로 아궁이처럼 만든 물건).
　Juvenes in camino ignis.(⑨ Three Youth in the Fiery
　Furnace). 불가마 속의 세 청년.
cămísĭa, -æ, f. 아마포로 만든 내의(內衣)
cámmăron, -i, n. (植) 바꽃의 일종
cámmărus, -i, m. 바다가재, 큰 새우
campa(=campe, -es,), -æ, f. 암게, 음모, (蟲) 배추벌레
cámpăgus, -i, m. 주교 예식용 구두(본래는 일종의 군화였다),
　(고급관리들이 신던) 긴 끈 달린 반장화.
campána, -æ, f. (⑨ Bell.獨 Glocken) 종(鐘), 성인의 표상
campanárĭum, -i, n. ⑨ Campanile.獨 Kirchturm)
　종각(鐘閣), 종탑(鐘塔).
campănélla, -æ, f. 작은 종(鐘), 방울
campánĕus(-ĭus) -a, -um, adj. 들의, 평야의
campánĭa¹, -órum, n., pl. 시골(χώρα), 들판, 평야(平野)
Campánĭa², -æ, f. 중부 이탈리아에 있는 지방(現 나폴리).
　Campani semper superbi fuerunt bonitate agrorum et
　fructuum magnitudine, urbis salubritate, pulchritudine.

캄파니아 사람들은 훌륭한 농토(bonitas agrorum), 풍부한
곡식, 건강에 좋고 아름다운 도시를 뽐내고 있었다.

campánŭla, -æ, f. 방울, 작은 종(鐘)
Campanula punctáta. (植) 초롱꽃
campanulácĕæ, -árum, f., pl. (植) 도라지科
campe(=campa, -æ,), -es. f. 암계(暗計), 음모(陰謀)
campénsis, -e, adj. 군사훈련장의, 연병장의
campéster, -stris -stre, adj. 들(野)의, 평야의, 평지의,
　평탄한, 평평한, Mars 광장의, 연병장의, 운동장의,
　체조의, 체육의, (고대 로마의) 의회, 선거에 관한.
campestratus, -i, m. 팬티 바람의 남자(신국론. p.1504).
campéstre, -tris, n. 요대(腰帶-허리에 두르는 넓은 띠),
　짧은 잠방이, 앞치마(원래 야영장에서 훈련하는 젊은이들이 아랫도리를
　가리던 천 조각으로 로마 남성들이 팬티로 착용했다. 신국론, p.1504).
campéstrĭa, -ium n., pl. 평지, 평야, 들에서 자라는 식물.
camphora, -æ, f. 장뇌(樟腦-휘발성과 방향이 있는 무색 반투명의 결정체)
camphora depurata. 정제 장뇌(精製樟腦)
Campi armis ardent. 들판이 武器로 번쩍인다.
campi salis. 창해(滄海-넓고 푸른 바다)
campicúrsĭo, -ónis. f. 연병장에서의 군사훈련.
campidóctor, -óris, m. 군사교련의 교관
campígĕni, -órum, m., pl. (campus⁴+gigno)
　정병(精兵), 노련한 병사(兵士).
cámpĭo, -ónis, m. 격투(激鬪), 권투사
campsárĭa, -æ, f. 떨어진 옷 파는 곳, 누더기 시장
campso, -áre, tr. 돌아가다(ㄲ), 우회(迂回)하다
campter, -éris, m. 곡선(曲線), 각(角), 모퉁이(ㄲㄲ)
cámpŭlus, -i, m. 땅의 한 모퉁이, 지각(地角)
campus¹, -i, m. 들, 평야, 평지('Fundus'참조), 들,
　(평평한) 경작지(耕作地), 과수원, 목장, 해면(海面),
　광장, 연병장, 운동장,
　경기장, Mars의 광장(=campus Mártius), 분야,
　영역, 고대 Roma의 국민회의, 선거(選擧),
　Campi armis ardent. 들판이 무기로 번쩍인다/
　Hastis campus horret.
　창(槍)들이 들판에 삐죽삐죽 꽂혀 있다/
　humens campus. 바다(humeo 참조).

campus, in quo excorro virtus potest.
　능력이 마음껏 발휘될 수 있는 분야.
Campus Martius. 마르시우스의 뜰
　[274년 1월 25일 로마 황제 아우렐리우스는 태양신을 로마 제국의 주요 수호신
　으로 선포하고 '마르시우스 뜰'에 대성당의 신전을 지어 봉헌하면서 이 날이 로마
　제국의 큰 축제일로 자리 잡혔다. 이런 로마의 이교도 풍습에 맞서 그리스도교
　교부들은 3세기 초에 벌써 그리스도의 탄생과 동지를 대비시키면서, 그리스도께
　'정의의 태양'이라는 호칭을 부여하였다. 정확하게 언제 어떻게 태양신의 축제가
　예수 그리스도의 탄일로 바뀌었는지는 확실치 않으나. 이미 4세기 말에는 12월
　25일이 예수 성탄으로 자리 잡혀 있었다. 암브로시오 성인(397년 선종의 증언과
　북아프리카 누미디아에서 활약하던 밀레바의 옵타투스의 성탄 설교가 이를 입증
　한다. 정태현 역주. 교부문헌. 현로우엽. pp.133～134].
campus², -i, m. 해마(海馬, equus bipes)
cămum, -i, n. 맥주의 일종
cămŭr, -ra, -rum, adj. 굽은, 안으로 휘어 굽은
cămŭrus, -a, -um, adj. 굽은, 만곡의, 안으로 굽은
cămus, -i, m. 굴레, 기반(羈絆-굴레)
Can. = Canonici(의전사제단)의 약자, Canon(교회법)의 약자.
cana verítas. 엄숙(嚴肅)한 진리(眞理)
cánăba(=cannaba=cánăva) -æ, f. 술집, 작은 집, 주막(酒幕)
canábŭla, -æ, f. 작은 집, 배수관(配水管)
cănālícŭla, -æ, f. 세관(細管), 가느다란 관
cănālĭcŭlárĭus, -a, -um, adj. 수통(水桶) 제조인
cănālĭcŭlátus, -a, -um, adj. 관(管)처럼 생긴
cănālĭcŭlus, -a, -um, adj. 작은 수도, 소관(小管), 배수관(排水管)
cănālis¹, -is, m. 파이프(導管.⑨ pipe), 홈통, 관(管),
　도랑(폭이 좁은 작은 개울), 운하(運河), 수도(水道), 하수구,
　canálibus aqua immissa. 운하에 끌어들인 물.
canalis², -e, adj. 개(犬)의
cănárĭus, -a, -um, adj. 개(犬)의
cănátim, adv. 개(犬)처럼
cánăva(=cánăba=cannaba) -æ, f. 술집, 작은 집, 주막(酒幕)
canavárĭa, -æ, f. (수도원의) 식사 담당자(擔當者)

160

cancellárĭa, -æ, f. 교구청의 비서국,
cancellaria Apostolica. 교황청 상서원(尙書院),
　사도좌 상서처(尙書處).⑨ Apostolic Chancery).
cancellárĭus, -i, m. (황제나 장관의) 문지기 겸 비서장,
　정리장(廷吏長), (중세에 궁중의 문서를 다룬) 상서(尙書),
　(교구의) 상서국장, (교황청의) 상서원 장관(추기경)
　사무처장 (⑨ Chancellor.이탈리아어 Segretario),
　법원 서기, 수상, (대학의) 총장, (법원의) 대법원장,
　호적 담당관, (대학의) 교무처장.
　In qualibet curia constituatur cancellárĭus.
　교구청마다 사무처장이 선임(選任)되어야 한다.
cancellátim(=cancelláte) adv.
　격자(格子) 모양으로, 살창 모양으로.
cancellátĭo, -ónis, f. 농지 경계의 확정.측량, 농경지 대장
cancellátus, -a, -um, p.p., a.p. 발(주렴) 모양의,
　창살로 된, 격자(格子)의, 울타리 모양의.
cancéllo, -ávi, -átum, -áre, tr. 격자모양으로 만들다,
　발을 치다, 울타리를 두르다,
　(글씨를) 북북 그어 지우다, 취소(取消)하다.
　cancellate manus. 깍지 낀 손.
cancellósus, -a, -um, adj. 격자(창살.울짱) 따위로 막은
cancéllus, -i, m. 격자(格子), 창살, 난간, 울타리, 경계,
　성당 내진(內陣.제단 주위)-옛날에는 제단이 있는 성소와 신자석을
　난간으로 막아 내진과 회중석을 구별했다. 이곳은 미사에 봉사하는 복사들의
　자리와 공동 참석 또는 공동으로 미사를 지내는 성직자들의 자리가 있었다.
　옛 전례, 특히 수도원 전례를 하는 성당에서는 Chorus라 하는 성가 선창대의
　자리도 였다. 백민관 신부 엮음, 백과사전 1. p.559).
　Cancelli. 제대 난간.
cancer¹, -cri, m. 게(maia, -æ, f.), 대해, (天) 게자리 성좌,
　남쪽(meridies, -ei, f.), 더위, 폭서(暴暑-매우 심한 더위),
　암(癌-細胞에 발생하여 차차 다른 곳으로 번져 가는 악성의 종양).
cancer², -cri, m. 격자(格子), 창살
cancerásco, -rávi, -ěre, intr.
　암과 같이 화농(化膿)하다, 암으로 번지다.
canceráticus(=cancerátus) -a, -um, adj. 암(癌)의,
　암종(癌腫)의
cáncĕro, -ávi, -áre, intr. = cancerásco
canceróma, -átis, n. 암(癌)
cancĕrósus, -a, -um, adj. 암의, 암종성(癌腫性)의
canc(h)réma, -átis, n. = canceróma
cancróma, -átis, n. canc(h)réma
cancrósus, -a, -um, adj. = cancĕrósus
candĕfácĭo, -féci, -fáctum, -cěre, tr. (cándeo+fácio)
　희게 하다, 표백하다, 백열(白熱)을 내다.
candĕfío, -fíeri, pass.
　바래지다, 표백되다, (금속이) 백열을 내다
candéla, -æ, f. (⑨ candle.獨 Kerze)
　밀초(蜜), 초, 양초, 밀랍 입힌 끈.
　processio cum candelis. 촛불 행렬.
Candela baptismalis.(⑨ Baptismal Candle.獨 Taufkerze)
　세례 초.
candela consecrata.(⑨ consecrated Candle)
　성촉(聖燭-"축성된 초"를 뜻하는 옛말).
candela paschalis. 부활초(⑨ paschal candel)
candēláber, -bri, m. = candēlábrum, -i, n. 촛대
candēlabrárĭus, -i, m. 촛대 제조인(製造人)
candēlábrum, -i, n. = candēláber -bri, m.
　(⑨ Candlestick.獨 Leuchter) 촛대.
　[히브리어 Menorah. 히브리인들이 종교 예식에 사용한 촛대는 7일 창조의
　상징이며 성전 지성소에 놓았던(탈출 37, 17~24) 칠지(七枝) 촛대와 하누카
　(hanukkah) 축제에 쓰던 구지(九枝) 촛대가 있었다.
candēlábrum septem brachiorum. 칠지형 촛대
candens, -éntis, a.p. 희게 빛나는, 눈부신, 휘황찬란한,
　벌겋게 타오르는, 이글이글한, 백열(白熱)을 내는.
candéntĭa, -æ, f. 찬란한 순백색
cándĕo, ŭi, -ére, intr. 백색광(白色光)을 발하다,
　밝게 빛나다, 반짝이다, 백광열(白光熱)을 내다,
　벌겋게(이글이글) 타오르다, 작열하다.
candésco, cándŭi, -ěre, intr. 빛나게 희어지다,
　백색광(白色光)이 나기 시작하다, 작열하다,

이글이글 타오르다, 순백(純白)하게 되다,
솔직담백(率直淡白)해지다, 청순하여지다,
(감정이) 뜨거워지다, 열렬해지다, 격해지다.
cándīco, -áre, intr. 하얗게 되다, 희게 빛나다
cándīda, -æ, f. (선거나 경기의) 후보자가 입는 흰 옷
cándīdárĭus, -a, -um, adj. 흰 빵 만드는
candīdáta, -æ, f. 지원자, 여성 후보자
candīdátĭo, -ónis, f. 희게 함, 입후보 함
candīdātórĭus, -a, -um, adj. 관직 취임 후보의,
　지원자의, 지망자의, 응모자(應募者)의.
candīdátus¹, -a, -um, adj. 흰 옷 입은, 흰옷의.
　Te martyrum candidátus laudat exercitus. 눈부시게
　무리진 순교자들이 아버지를 높이 기려 받드나이다.
candīdátus², -i, m. 후보자(候補者), 지망자(志望者),
　(고대 Roma의) 관직 취임 후보자(흰 toga를 걸쳐야 했음).
　Institutio candidatorum ad presbyteratum.
　사제직 지원자들에 대한 교육.
cándīde, adv. 흰색으로, 솔직하게,
　순백(純白)하게, 사심 없이(candidule, adv.), 명백하게.
candidior, -or, -us, adj. cándīdus, -a -um의 비교급
candidissimus, -a -um, adj. cándīdus, -a -um의 최상급
cándīdo, -ávi -átum, -áre, tr.
　새하얗게 되다, 흰옷을 입히다.
candīdŭle, adv. 순박하게, 솔직하게, 분명하게,
　노골적으로(ex aperto), 명백하게.
candīdŭlus, -a -um, adj. 새하얀, 희게 빛나는
cándīdum, -i, n. 흰색(白色), 계란 흰자위
cándīdus, -a -um, adj. 새하얀, 흰, 설백(雪白)의,
　순백의, 윤나는 은백색의, 반짝이는, 희게 빛나는,
　(신.영웅 등이) 눈부신, 아름다운, 예쁜, 맑은, 청명한,
　맑게 갠, 흰옷으로 차려 입은, 결백한, 깨끗한(καθαρος),
　순수한, 정직한, 공정한, 솔직한, 진지한, 사심 없는,
　개방적인, 담백한, 숨김없는, 행복한, 다행스러운, 즐거운,
　명쾌한, 유창한, 꾸밈없는, 소박한.
　Candida pax homines, trux decet ira feras.(Ovidius)
　인간들한테는 드맑은 평화가 어울리고
　사나운 분노는 짐승들에게나 어울린다.
candífico, -áre, tr. (cándeo+fácio) 새하얗게 하다
candíficus, -a, -um, adj. 새하얗게 하는
candor, -óris, m. 눈부신 흰빛, 찬란, 광택,
　밝음, 눈부신 아름다움, 맑음, 투명, 성실, 순박,
　결백, 솔직, 정직, 공정, 고결.
candosóccus, -i, m. 포도나무의 밑동에서 뻗어 나오는 줄기
Canem et felem ut deos colunt.
　그들은 개와 고양이를 신처럼 모신다.
canere cithará 거문고를 타다(관용구).
　Cithará carmina divido. 거문고로 노래를 반주하다.
canere fidibus(관용구) 현악기를 타다
canere tibiā. 피리를 불다(관용구)
cānens¹, -éntis, p.prœs. 희게 되는, 머리털이 희어지는(세는)
cānens², -éntis, p.prœs. 노래하는
cáněo, ŭi, -ére, intr. 회백색으로 되다, 성에가 끼다,
　머리털이 희어지다, 서리가 하얗게 내리다,
　곡식(穀食)이 완전히 익다.
Canéphoros, -i, f. (pl. -œ) 바구니를 머리에 인 여자 조각상
cānes, -is, f. = canis 개(犬)
canes muti non valentes latrare. 짖지 못하는 벙어리 개.
　(이사야 56, 10).
canes venatici. 사냥개(venátor canis.)
canésco, -ěre, intr. 희어지다, 백발이 되다, 늙어지다,
　머리털이 희끗희끗해지다, 고색창연(古色蒼然)해지다.
cani, -órum, m., pl. 희끗희끗한 머리털, 늙은이, 백발,
canícŭla, -æ, f. 강아지, 작은 암캐(犬),
　(天) 천랑성(天狼星), (주사위 놀이에서) 제일 불리한 점수.
　Ardentissimo æstatis tempore Caniculæ sidus.
　아주 무더운 여름철에 천랑성(시리우스)이 떠오른다/
　Caniculæ sidus. 개자리 성좌, 천랑성(天狼星).
canícŭláris, -e, adj.

천랑성(天狼星)의, 한 여름의, 복중(伏中)의, 삼복의.
caniculáres dies, caniculáres. 삼복(三伏) 때.
canĭcŭlárĭum, -i, n. 동지(冬至), 하지(夏至).
canífico, -áre, tr. (canus+fácio) 희게 하다, 회색이 되게 하다
canifórmis, -e, adj. (canus+forma) 개 모양의, 개처럼 생긴
canína, -æ, f. 개고기
canína eloquentĭa. 공격적인 웅변(攻擊的 雄辯)
canínum prándium. 포도주를 곁들이지 않은 점심
cánĭpa, -æ, f. 과일 바구니
cánĭs, -is, f., m. 개(犬), 개자식(욕설)
뻔뻔스럽고 더러운 놈, 개처럼 사나운 사람,
주구(走狗-"남의 앞잡이 노릇을 하는 사람"을 비유하여 이르는 말),
하수인, 아부(추종) 하는 사람. (天) 개 별자리.
제일 불리한 점수(주사위 놀이에서 세 개의 주사위를 던져서 똑같은 수가 나올 때 제일 불리한 점수를 말한다).
Adémi caténam cani. 나는 개의 사슬을 끌러 주었다/
Canem et felem ut deos colunt.
그들은 개와 고양이를 신처럼 모신다/
Canes timidi vehementius latrant quam mordent.
겁 많은 개들은 물기보다는 맹렬히 짖는다/
canes venáticos díceres.(dico² 참조)
아마 사람들은 사냥개들이라고 했을 것이다/
Famem patientur ut canes, et circuibunt civitatem.
그들은 개들처럼 허기져 못 견디고
읍내를 여기저기 싸다니리라/
Mites canes furem quoque adulántur.
순한 개들은 도둑놈보고도 꼬리친다/
Videte canes, videte malos operarios.
개들을 조심하시오. 나쁜 일꾼들을 조심하시오(필립 3, 2).
Canis aureus. 재칼(→"여우" 참조)
Canis caninam carnem non est.(Varro).
개는 개고기를 먹지 않는 법.
Canis dum ferret carnem, vidit imáginem suam in aquā flúmnis. 개가 고깃덩어리를 물고 가다가 강물에 비쳐진 자기 그림자를 보았다.
(dum은 서술 cum과 같은 뜻으로도 사용되는 때가 있다. 이런 경우에는 물론 서술 cum과 같이 접속법을 요구한다).
canis iste 저 놈의 개(犬)
Canis iste ácrior est. 저 놈의 개는 어지간히도 사납다.
[형용사의 비교급은 기준이 되는 제2항이 없이 단독으로 쓰는 경우도 있다. 이런 경우의 비교급은 "비교적, 꽤, 상당히, 너무, 어지간히…"의 뜻을 가진다.
허창덕 지음, 중급 라틴어, 2009년, 가톨릭대학교출판부, p.52].
canis Major 큰 개별자리
canis Minor 작은 개별자리
Canis nonne lupo similis est?
개와 늑대는 비슷하지 않냐?/ Sane. 비슷하고말고.
Canis reversus ad suum vomitum(Ⅱ베드 2, 22)
([영] The dog returns to its own vomit)
개는 자기가 게운 데로 되돌아간다(성경 Ⅱ베드 2, 22)/
개는 제가 토한 것을 도로 먹는다(공동번역.200주년 성서).
Canis similior est lupo quam vulpi.
개는 여우보다 늑대와 더 비슷하다.
canis solutus caténā 사슬에서 풀려난 개(犬)
canis suos supervenit hostes. 개가 손님에게 달려들었다
canis sævítiem óffulā redimo
고깃점으로 개의 사나움을 달래다.
cănistélla, -órum, n., pl. 작은 바구니
cănístrum, -i, n. (과일, 꽃 따위를 담는) 바구니.
Maledictum canistrum et pistrinum tuum.(신명 28, 17)
(evpikata,ratoi ai` avpoqh/kai, sou kai. ta. evgkatalei,mmata, sou)
(獨) Verflucht wird sein dein Korb und dein Backtrog)
([영] Cursed be your grain bin and your kneading bowl!)
너희의 광주리와 반죽 통도 저주를 받을 것이다(성경)/
너희 광주리와 반죽 그릇이 저주를 받으리라(공동번역)/
plena pulmentariorum in canistris. 큰 쟁반.
cānítĭa(cānitĭes) -æ(-éi), f.
회백색, 백발(白髮), 허옇게 센 수염, 노년기(期).
cānĭtúdo, -dĭnis, f. 백발(nives capitis), 노년기(期)
canna, -æ, f. 갈대, 갈대피리, (포도나무 버티는) 막대기, 버팀목, (갈대로 엮어 만든) 두레박, 작은 배.
Nil præter canna fuit. 갈대밖에는 아무 것도 없었다.
cánnăba = cánaba = cánăva 술집, 작은 집, 주막
cannabácĕus, -a, -um, adj. 삼(麻)의
cannabétum, -i, n. 삼(麻) 밭
cannábĭnus, -a, -um, adj. 삼(麻)의
cánnăbis, -is, f. (=**cannabus**, -i, m.) 대마(大麻), 삼(麻)
cannétum, -i, n. 갈대밭
cánnĕus, -a, -um, adj. 갈대의, 갈대로 만든
canníciæ, -árum, f., pl. 갈대밭
căno, cécĭni, cantum(cantátum), cánĕre, intr.
노래 소리 내다, **노래하다**(רנן), (새, 닭 등이) **울다**,
지저귀다, (악기를) 켜다, 치다, 타다, 불다, **연주하다**,
음악적으로 소리 나다, 울려 나오다, 악기가 울리다,
신호나팔 소리가 나다. cano fídibus. 현악기를 타다/
Clássicum cécinit. 신호나팔 소리가 울렸다/
recéptui cano. 퇴각 신호나팔 소리가 나다.
tr. 읊다, 노래하다, 찬미하다, 기리다, 예언하다,
악기(樂器)를 소리 내다, 울리게 하다, 신호하다,
시작을(개시를) 알리다.
arte cánere. 솜씨 좋게 노래 부르다/
modulátĭone canatur. 곡조(曲調)를 넣어 노래할 것이다.
canon, -ónis, m. [cannon은 규율, 규범, 규준을 뜻하는 그리스어 κανὼν에서 유래되었다. 이 단어는 신약에서 '신앙의 법칙(갈라 6, 16), 신자 생활의 규범(필립 3, 16)'을 뜻하였다. 4세기 이후 국법을 노모스(νομος)라고 부르는 반면에 교회법을 카논(κανὼν)이라고 구별하였다. 8세기 이래 Jus canonicum이라는 용어가 사용되고 있다. 정진석 지음, 간추린 교회법 해설, p.39].
[정경을 의미하는 라틴어 Canon은 원래 Canna에서 유래했다고 한다. 이 말은 갈대를 뜻하는 면사인데 '갈대'가 전혀 다른 의미를 가지고 있는 정경과 연결된 이유는 '자'가 아직 대중들에게 보급되기 이전, 사람들이 치수를 재기 위해 측정 기구로 갈대를 사용하였다는 사실에서 비롯되었다. 갈대를 꺾어 '자'대신 사용하였던 것인데, 이러한 기능은 '삶의 잣대'를 의미하는 '정경'을 나타내는 단어에 갈대가 어원적으로 결합하는 결정적 근거가 된다. 이러한 맥락에서 카논, 곧 정경(正經)은 삶의 잣대.규범.지침이라는 의미를 지니게 되었다.
김혜윤 수녀 지음, 성서여행 스케치1, pp.69~70].
[Cannon 규범, 정전이라는 용어는 복잡한 역사를 지닌다. "기원 후 4~5세기에 장인의 잣대에서 시작되었다. 무엇보다 그것은 정확성과 관련이 있었으며, 그것은 음악적 형태에서부터 문학적 형태에 이르기까지 확장되었다. 이어서 철학이나 언어적 작품이 본받으려는(mimesis) 모델과 관련되었다. 마침내 그리스인들, 특히 헬레니즘 시대의 유다인들에게서 법과 철학 안에서 정확성의 요건을 갖춘 제한(oros) 모델로 변형되었다. 바오로는 신앙의 새로운 법을 제안하며 새로운 kanòn을 복음 안에서 발견하였다. 라틴어에서 두 가지 단어 regula와 norma는 건축가의 잣대에서 윤리적 규범에 이르는 모든 유사한 의미들을 망라하였다"(E. Osborn, in Storia della teologia I. cit., p.147). 이 용어에 대한 그리스도교적 용법은 분명하다. 본질적으로 규범을 다루는 것이다. 그러나 그 적용은 이중적이다. 즉 권위를 고려한 성경이나 세례의 신앙고백, 즉 신앙의 규범 혹은 신경과 관계된다.
바티스타 몬딘 지음, 신학사 I, p.190)].
수준기(水準器), 수평기, 법규(法規), 규준(規準),
규범(κανὼν.[영] norm.獨 Norm.프 norme), 법칙,
(공의회에서 결정된) 신앙 및 행위의 조규(條規),
교회법령(법조항), 교회법령집, 카논(κανvὼ), 미사전문,
전문(典文.[영] Canon.獨 Kanon), 성인 명부,
성인록(聖人錄), 성서의 정전 목록, 정전(正典),
정경(canon biblicus.canonicus liber), 도조(賭租),
임대료. (音樂) 추복곡(追復曲).
canoni evangelici. 복음적 기준들/
Libri canonum. 법령집.
Canon actionis. 거행 전문(擧行 全文), 행위의 전문
canon biblicus. 정경(canonicus liber.canon, -ŏnis, m.)
Canon Episcopalis. 주교 전례서
Canon gratĭarum actionis 감사의 전문(典文)
Canon Missæ. 미사 전문, 성찬 기도
Canon Missæ Romæ. 로마 미사 전문
Canon Murátorianus. 무라토리 정경.
(18세기 밀라노에서 이를 발견한 학자 무라토리의 이름을 따서 이렇게 부른다. 2세기 중엽의 것으로 추정되며, 히브리서와 야고보서, 베드로 1서와 2서를 빼고는 모든 신약정경을 두루 언급하고 있다. 교부들의 길, p.66).
Canon parvum. 작은 전문
Canon Romanum. 로마 전문
Canon Sanctorum. 성인록(聖人錄)
canon veritatis. 진리의 규범(眞理 規範)
Canones Apostolorum. 사도규정
Canones de communione sub utraque specie et parvulorum. 양형 영성체와 어린이 영성체에 관한 법규.
Canones de justificatione. 의화에 관한 법규
(트리엔트 공의회에서 33조로 만듦).
Canones de sacramentis in genere. 성사 일반에 관한 법규

Canones de sacramento baptismi. 세례성사에 관한 법규

Canones de sacramento matrimonii. 혼인성사에 관한 법규

Canones de sacramento ordinis. 신품성사에 관한 법규

Canones de sacrosancto eucharistiæ sacramento.
지극히 거룩한 성체성사에 관한 법규.

Canones de sanctissimo Missæ sacrificio.
거룩한 미사성제에 관한 법규/
미사의 신성한 희생에 대한 규정(規定).

Canones de sanctissimo pœnitentiæ sacramento.
지극히 거룩한 고해성사에 관한 법규.

Canones super abusibus circa administrationem
sacramenti ordinis.
신품성사 집행을 둘러싼 남용에 관한 법률.
Examinantur iidem canones super abusibus sacramenti
ordinis. 신품성사 남용에 관한 법조문들에 대한 토론.

Canones super reformatione circa matrimonium.
혼인의 개혁에 관한 법규.

Canones urbicani. 로마의 법전

cănónĭca, -órum, n., pl. 지침(指針), 이론(理論).
De auctoritate canonicæ Scripturæ divino Spiritu
conditæ. 하느님의 영이(靈) 지은 성경 정전(正典)의 권위.
[교부문헌 총서 17. 신국론, p.2780).

canonica missio 교회법적 파견

canonica rátĭo. 음악법칙 이론(音樂法則 理論)

cănŏnĭcális, -e, adj. 정경(正經)의, 교회법규의,
교구 참사(教區參事會)의.

cănŏnĭcárĭus, -i, m. 지세(地稅) 징수원

cănŏnĭcátus, -us, m. 교구 참사회원직(職),
참사회원 자격, 참사회원 성직록.

canóníce, adv. 법규에 맞게, 교회법상으로

canónĭci, -órum, m., pl. 참사회원

Canonici Regulares Immaculatæ conceptionis.
원죄 없는 잉태의 정규 수도 참사회[아우구스티노 수도
참사회의 한 종문(宗門). 1871년 프랑스 Isère 지방 Saint-Antoine에 창립].

Canonici Regulares S. Augustini.
아우구스티노 참사 수도회, 아우구스티노의 의전 수도회

canonici regulares. 수도자 참사회원, 의전 수도자들

canonici regularis. 의전 수도회(영 canons regular)

canonici sæculares. 재속 의전 사제들

canonícĭtas, -átis, f. 정전성(正典性), 성서 경전성(經典性)

canónĭcus¹, -a, -um, adj. 규범적(規範的)인,
예술 (특히 음악) 법칙에 일치하는, 천문학적 법칙의,
도조(賭租)의, 지세(地稅)의, 연세(年稅)의, 교회법의,
정경(正經) 목록에 든, (성경) 정전(正典)의,
canónica rátĭo 지침, 이론(특히 음악법칙 이론)/
Codex juris canónici. 교회법전[1918년부터 발효한 현행 법전]/
horæ canonicæ.(hora 참조) 법정 시간(法廷 時間)/
idoneitas canonica. 교회법상 적격성(適格性)/
jus canóicum. 교회법(教會法)/
vita canonica. 규범적 생애(生涯).

cănónĭcus², -i, m. (영 Canon priest.獨 Kanoniker)
이론가, 참사회원(參事委員)

canonicus honorarius. 명예 참사원

canonicus liber. 정경(canon biblicus/canon, -ŏnis, m.)

canonicus poenitentiarius. 내사(內赦) 참사원,
보류죄 고해신부[백민관 신부 엮음, 백과사전 1, p.407).

canonicus regularis* 규율 수도자(規律修道者)
("의전 사제 수도자"를 "규율 수도자"로 고침. 천주교 용어집. p.18)

canonicus theologus. 신학담당 참사원, 교구 참사원 중
신학(윤리, 교회법 등) 고문을 맡고 있는 참사원(參事員)
[보통 교회법 박사(J.C.D.)가 이 임무를 맡는다. 백민관 엮음, 백과사전 1, p.486].

cănŏnĭsátĭo,(=cănŏnĭzátĭo) -ónis, f. 시성, 시성식

cănŏnísta, -æ, m. 교회 법학자, 법 이론가

cănŏnĭzátĭo, -ónis, f. (영 Canonization.
獨 Heiligsprechung.영 열성식) 시성, 시성식.

Canonizátĭonis Beátorum. 시성, 시성식

cănor, -óris, m. 노래(ⲯ기.영 Song), 곡조,
선율(旋律.영 melody-높낮이와 리듬을 지닌 흠의 흐름),
가락(영 melody), 악음(樂音), 악기소리.

canórum, -i, n. 아름다운 곡조, 화음, 아름다운 음성의 연설

canórus, -a, -um, adj. 화음의, 화성의, 음악적인,
아름다운 음성의, 和音을 내는.

canósus, -a, -um, adj. 백발이 성성한

cantábĭlis, -e, adj. 노래할 만한, 찬양할 만한, 유명한

cantabrárĭus, -i, m. 기수(旗手)

cantábrum, -i, n. 겨(糠), 깃발

cantábúndus, -a, -um, adj. 노래하는, 노래 부르는

cantámen, -mǐnis, n. 마법(魔法, secretæ artes),
주문(呪文-음양가나 솔가 솔을 부릴 때 외는 글귀), 마술.

Cantando rumpitur anguis. 주문으로 뱀이 죽어 버린다.

cantate Domino. 주님을 찬미하라(Laudate Dominum)

Cantate Domino canticum novum, quia mirabilia fecit
Dominus Alleluja. 주님께 노래하여라. 새로운 노래를.
그 분께서 기적들을 일으키셨다 알렐루야[시편 98. 1).

cantátĭo, -ónis, f. 노래(ⲯ기.영 Song), 노래 부름,
마법(魔法, secretæ artes.), 요술(妖術).

cantátor, -óris, m. 가수(歌手), 연주자, 요술사(妖術士)

cantátrix, -ícis, f. 여가수, 여자연주자, 주문 외는 여자

cantatum, "cano"의 목적분사(sup.=supínum)

cantátus, -us, m. 노래(ⲯ기.영 Song)

cantérĭus(=cantherĭŏlus) -i, m. 거세한 수말, 둔한 말(馬),
노둔(老鈍)한 사람, 포도나무를 버티어 주는 막대기.

cánthăris, -ĭdus, f. (蟲) 가뢰(가뢰과의 곤충. 말농작물의 해충).
((蟲) (남부 유럽산 곤충인) 길 앞잡이의 일종.

cánthărus, -i, m. 양쪽 손잡이가 달린 큰 컵,
옛 교회 건축양식에서 basilica의 전정(前庭) 중앙에 있던 우물.

cantherĭŏlus, -i, m. 버팀목

cantherĭus(=cantérĭus) -i, m. 거세한 수말 둔한 말

canthus, -i, m. 쇠바퀴, (쇠로 만든) 바퀴 테.
(解) 눈초리(furmen, -mǐnis, m. 무서운 눈초리).

cantícŭlum, -i, n. 짧은 노래, 소곡(小曲), 단가(短歌)

cánticum, -i, n. (ⲱǒǹ.영 canticle.獨 Canticum)
(희극에서) 음악적인 독백(獨白),
음악과 춤을 곁들인 독백, (희랍 비극의) 독창곡,
(친구의 죽음을 슬퍼하는) 비가(悲歌), 만가(輓歌),
찬가(讚歌.ⲱǒǹ.Laudes), 노래(ⲯ기.영 Song),
가요(歌謠), 민요(民謠), 합창(곡), 풍자시(諷刺詩)

Canticum canticórum.
아가(雅歌.ⲯ기쪄.Ασμα.영 Canticle of canticles).

Canticum Fratris Solis. 형제 태양의 노래[성 프란치스코 1225년 지음]

Canticum Graduum. 층계송(層階頌), 계단의 노래

Canticum Simeonis. 시므온의 노래(→Nunc dimittis)

canticum solis. 태양의 노래(伊.Cantico del Sole)

cánticus, -a, -um, adj. 음악의, 노래의

cantilátrix, -ícis, f. = cantátrix 여가수(女歌手)

cantiléna, -æ, f. 진부한 노래, 옛날노래, 대중가요,
진부한 말, 지껄이는 소리, 군소리, 한담(閑談).

cántĭlo, -ávi, -átum, -áre, intr.
저음으로 읊다, 목소리를 떨면서 노래하다.

cántĭo, -ónis, f. 가요(歌謠), 노래(ⲯ기.영 Song),
주문(을 외움), 마법(魔法, secretæ artes).

cántĭto, -ávi, -átum, -áre, intr., tr.
되풀이하여 노래하다, 자주 노래하다.

cantíúncŭla, -æ, f. 소곡(小曲), 작은 노래, 매력적인 노래

canto, -ávi, -átum, -áre, intr. (사람, 새 등이) 노래 부르다,
소리 나다, 울리다, (악기를) 연주하다, 켜다, 타다, 치다.
tr. 노래하다(ⲯ기), 찬미하다, 찬송하다, 낭독하다,
줄곧 이야기하다, 지껄이다, 설교하다, 흉보다,
읊다, 예언하다, (마술의) 주문을 외다, 마술 걸다,
주문(呪文)으로 저주하다, 마법으로 물리치다.
Cantabit vacuus coram latrone viator..(Juvenalis). 주머니가
빈 나그네라면 강도 앞에서도 콧노래를 부를 수 있으리라/
Cantándo rúmpitur anguis. 주문으로 뱀이 죽어 버린다/
Cantare maluit. 그는 오히려 노래 부르기를 더 좋아하였다.
[malo, nolo, volo는 그 의미를 완성하기 위해 부정사를 사용하는데,
대격 부정법문을 주로 지배한다. 성 염 지음. 고전 라틴어, p.332)/
Bis orat, qui bene cantat.

노래를 잘 부르는 것은 두 번 기도하는 것이다/
Totā cantábitur urbe. 비난(非難)의 소리가 온 도시 안의 사람들 입에 오르내릴 것이다.
cantŏr, -óris, m. ([영] Cantor.獨 Kantor) 가수, 시인, (주로 비극) 배우, 낭송자(朗誦者), 성가 대원(cantores), 현악기 연주자, 증언부언 하는 사람, 칭찬자, 추종자, (연극 장면 끝에) "Pláudite! 박수 부탁 합니다" 하고 외치는 배우. Cantoris sedes. 선창자석, 성가대석/
Cujus cantoris cantum audisti?
어느 가수의 노래를 네가 들었단 말인가?
cantórĭa, -æ, f. 음악학교(schola cantorum)
Cantorinus Romanus. 선창 성가집(先唱 聖歌集)
cantrix, -ícis, f. = **cantĭlátrix** 여가수(女歌手)
cantum, "cano"의 목적분사(sup.=supínum)
Cantum gregorianum. 성무일도의 성가 예식(1983.3.25. 교령)
cantus, -us, m. ([영] sing.獨 Gesang)
가곡([영] chant), 노래(שִׁיר.[영] Song),
악기연주, 音樂, 예언, (마법의) 주문(呪文),
(새, 닭, 매미 따위의) 노래.지저귐, 울음소리.
Dormire me non sinunt cantus.
노래들이 나를 자지 못하게 한다/
Galli cantu. 닭이 울 때, 로마 군대의 제3보초시의 끝.
[베드로가 닭이 울기 전에 세 번 주님을 부인한 시간(새벽 3시)이 이때이다. 베드로의 상본에 수탉이 가끔 그려져 있는 것은 이 때문이다(마태 26, 74; 마르 14, 72; 루카 22, 60). 백민관 신부 엮음, 백과사전 1, p.650]/
sub galli cantum. 닭이 울 무렵에.
cantus ad communionem. 영성체 성가(聖歌)
Cantus Ambrosianus. 암브로시오 성가.찬가(讚歌)
Cantus Antiphonárĭus. (音) f. 교창(交唱.[영] antiphon)
cantus datus. 주어진 선율(旋律).
(선율.旋律.[영] melody-높낮이와 리듬을 지닌 音의 흐름).
Cantus faciliores,
간단한 응송집(Ⅱ graduale semplice)(1974.11.22. 교령).
Cantus fidelium.([영] Sing of faithful.獨 Volksgesang) 신자들의 노래.
cantus firmus. 고정 선율(旋律), 기초 선율, 지속되는 노래
cantus fractus. 쪼개지는 노래
cantus Gregorianus.([영] Gregorian Chant.獨 Gregorianik) 그레고리안 성가.성가집.
Cantus in lingua vernacula.([영] Song in native language .獨 Lied) 모국어 노래.
Cantus Interveniens.([영] Intervenient Chants. 獨 Zwischengesänge) 사이 노래
Cantus liturgicus.([영] Liturgical song) 전례 성가.
In arte celebrandi magni momenti locus cantu occupatur liturgico.([영] In the ars celebrandi, liturgical song has a pre-eminent place) 거행 방식에서 전례 성가는 특별히 중요한 자리를 차지합니다.
Cantus liturgicus biblice inspriratus. 성경으로 감도된 성가.([영] Biblically-inspired liturgical song).
cantus planus. 평탄(平坦) 한 노래, 평조곡, 단음 성악
cantus popularis religious. 종교적 대중가곡
Cantus processionis.([영] Processional Chants. 獨 Prozessiongesänge) 행렬 노래.
cantus religiósus([영] chant.Cantus Sacra) 종교음악, 성가
Cantus Responsorius. (音) 응답(應答)
Cantus Romanus. 로마 성가(聖歌)
Cantus veluti liturgiæ elementum oportet cum ipsius celebrationis forma societur.([영] As an element of the liturgy, song should be well integrated into the overall celebration). 성가는 전례의 요소로서 전체 전례 거행과 조화를 잘 이루어야 합니다.
cánŭa, -æ, f. 채롱(껍질을 벗긴 싸릿개비로 함처럼 결어 만든 채그릇)
cānui, "caneo"의 단순과거(pf.=perfectum)
cănum, -i, n. 바구니
cānus, -a, -um, adj. 흰 잿빛의, 희끄무레한, 희끗희끗한, (동물, 과일 따위의) 털이 흰, 늙은, 연로한, 존경할, 엄숙한.
cana véritas. 엄숙한 진리.
Canusína, -æ, f. Canúsium의 양털로 만든 옷
capábĭlis, -e, adj. 수용할 만한, 포용할 만한
capácĭtas, -átis, f. 수용력(受容力), 용량, 용적, 여유, 넓이, 포용력, 도량, 능력, 자격, 기능, 이해력.
capacitas agendi. 행위 능력
capacitas ecclesiastica. 교회의 능력(포용력)
capacitas emotionalis. 정서적 능력(情緖的 能力)
capacitas infiniti. 무한에 대한 수용성(受容性)
capacitas juridica. 소송 제기 능력(能力)
capacitas jurium. 권리 능력(權利 能力)
Capacitas liturgica. ([영] Liturgical ability. 獨 Liturgiefähigkeit) 전례 자질(典禮 資質).
capacitas materiæ. 질료의 수용력
capacitas mentalis. 정신적 능력(精神的 能力)
capacitas processualis. 소송 진행 능력(能力)
capacitas seu facultas agendi. 행위 능력(能力)
căpax, -acis, adj. 널따란, 큰(גָּדוֹל.μέγας.πολὺς), 광대한, 용납(수용)할 수 있는, 들어갈 수 있는, 넉넉히 할 수 있는, 능력 있는, 받아들일 수 있는, 차지할 자격(資格) 있는, 포용력 있는, 이해력 있는.
Finitum capax aut non capax infiniti.
유한은 무한(無限)을 포함할 수 있는가 없는가/
Homo est Dei capax. 하느님을 받아들일 수 있는 사람/
Quod autem desideras, nondum vides: sed desiderando capax efficeris, ut cum venerit quod videas, implearis.
그대는 열망하는 것을 아직은 보지 못합니다. 그러나 열망하면서 보는 능력을 펼치게 되고, 보아야 할 것이 올 때 비로소 그대는 충만해 질 것입니다(요한 서간 강해, p.205).
capax Dei. 신적 능력, 신을 인식할 수 있는 능력
capax Dei capax entis.
신을 알아들을 수 있음은 존재를 알아듣는 것이다.
capax ejus est et particeps esse potest.
그분을 이해할 수 있고 그분에게 참여할 수 있다.
capax sapientiæ et stultitiæ.(교부문헌 총서 10, p.62) 지혜와 무지의 중간상태(智慧 無知 中間狀態).
cape, 원형 căpĭo[1], cēpi, captum, -ĕre, tr.
[명령법. 단수 2인칭 cape, 복수 2인칭 capite].
căpédo(=**capúdo**), -dĭnis, f. 제물 담는 그릇, 제주 잔
căpēdúncŭla, -æ, f.
(제사에 쓰는) 양쪽 손잡이가 달린 작은 그릇.
căpélla[1], -æ, f. (動) 산양(hircus, -i, m.), 새끼염소, 암염소, Auríga 별 자리에 있는 일등성.
redigo capéllas. 암염소들을 몰아오다.
căpélla[2], -æ, m. 로마인의 씨족 가문명
căpélla[3](=**cappélla**), -æ, m.([영] Chapel.獨 Kapelle) 소성당
capellánus, -i, m. ([영] Chaplain.獨 Kaplan)
전속 사제(신부), 지도 신부, 담당 사제.
parochus asinus, Capellanus suspendendus.
주임 신부는 멍청이, 보좌 신부는 성무 집행 금지.
capellánus major. 군종 수석 사제
capellánus mílitum(=**militarius**) 군종신부, 군목(軍牧)
capellánus minor. 군종사제, 일반(보통) 군종사제
căpellĭánus, -a, -um, adj. 산양의, 염소의
capéllus, -i, m. 새끼 산양
căper, -pri, m. 산양, 숫염소, 땀내(혹은 "암내"), 암내(겨드랑이에서 나는 악취).
cápĕro, -ávi, -átum, -áre, tr., intr. 찡그리다, 찌푸리다
capésco, -ĕre, tr. 찾다(disquiro, -ĕre,.עָנַב.אבּנ)
capésso(=**capisso**) -ívi, -ítum, -ĕre, tr. 잡다
움켜쥐다, 향하여 가다, 도달하려고 하다, 급히 가다, (원하던 것을) 얻다, 달성하다, …에 관계하다, (일에) 손대다, 발 들여 놓다, 몰두(沒頭)하다.
Vos, quibus militaris ætas est, mecum capessite rem publicam!. 여러분은 군복무 나이에 해당하는 사람들로서, 나와 더불어 정치생활에 착수하시라!.
Capesso cibum déntibus. 먹을 것을 이빨로 물다
capesso rem públicam. 정치생활에 발 들여놓다.
capesso se. (어디로) 가다
capétum, -i, n. 마초(馬草), 꼴(馬草-마소에 먹이는 풀)

capi, 수동형 현재부정사. (원형 căpĭo¹, cēpi, captum, -ĕre)
capiamus, 원형 căpĭo¹, cēpi, captum, -ĕre,
[접속법 현재. 단수 1인칭 capiam, 2인칭 capias, 3인칭 capiat, 복수 1인칭 capiamus, 2인칭 capiatis, 3인칭 capiant].
Quod ore súmpsimus, Dómine, pura mente capiámus, et de múnere temporáli fiat nobis remédium sempitérnum. 주님, 저희가 (입으로) 모신 성체를 깨끗한 마음으로 받들게 하시고 현세의 이 선물이 영원한 생명의 약이 되게 하소서.
capídŭla, -æ, f. 작은 잔
căpillácĕus, -a, -um, adj. 머리털로 만든, 머리털 같은
căpillágo, -ginis, f. 머리카락, 머리털, 모발(毛髮)
căpillámentum, -i, n. 머리털, 모발(毛髮), 가발(假髮), 달비, (식물의) 근모(根毛).
căpilláre, -ris, n. 머릿기름
căpilláris, -e, adj. 머리털의, 모발 같은
căpillárĭtas, -átis, f. 모세관, 모세관 현상
căpillásco, -ĕre, intr. 머리털로 덮이다
căpillátĭo, -ónis, f. 머리(털), 가발(假髮), 방광 속에 머리털 같은 것이 생기는 병.
căpillātúra, -æ, f. 머리(털), 가발(假髮)
căpillātus, -a, -um, adj. 머리털 있는, 머리가 길게 자란
capillítĭum(-cĭum) -i, n. 머리(털), 모발(毛髮)
capillos retroago. 머리를 뒤로 빗어 넘기다
căpillósus, -a, -um, adj. 머리숱 많은
căpillŭlus, -i, m. 가는 머리털
Capillum et barbam promitto.
머리와 수염을 깍지 않고 기르다.
căpillus, -i, m. ([영] hair) 머리털(exuviæ capitis.), 모발, 머리숱, 동물(식물)의 털. pl. 수염.
Capílli fluunt. 머리카락들이 빠진다(fluo 참조)/
capíllos retroago. 머리를 뒤로 빗어 넘기다/
compti capílli. 잘 빗은 머리/
Et capilli capitis vestri omnes numerati sunt.
([영] Even the hairs of your head have all been counted) 하느님께서는 너희의 머리카락까지 다 세어 두셨다(성경 루카 12. 7)/ 하느님께서는 너희의 머리카락까지도 낱낱이 다 세어두셨다(공동번역)/그분은 여러분의 머리카락까지 도 다 세어 놓고 계십니다(200주년 신약)/
Et capillus de capite vestro non peribit.
([영] but not a hair on your head will be destroyed) 너희는 머리카락 하나도 잃지 않을 것이다(성경 루카 21. 18)/
puélla resolúta capíllos. 머리를 풀어헤친 소녀/
Quid iam respondeam de capillis atque unguibus? 머리카락이나 손톱발톱에 관해서는 무슨 대답을 해야 할까?(교부문헌 총서 17. 신국론. p.2653).
capillus promissus. 머리채(coma, -æ, f.)
căpĭo¹, cēpi, captum, -ĕre, tr. **붙잡다**(תקית.תקח.אחז), **잡다**, 손아귀에 넣다, 차지하다, (도시 따위를) **점령하다**, 사로잡다, **체포하다**, 나포하다, (군인들이) 탈취하다, 약탈하다, 받다, 물려주다, 수익.이익으로 거두다, 수확(收穫)을 거두다, 이르다, 닿다, 도달하다, 얻다, (일, 직책 따위를) 떠맡다, (지위에) 오르다, **획득하다**, 삼다, (무엇으로) 선정하다, (계획을) **세우다**, (행동을) 취하다.하다, 시작하다, (마음을) **사로잡다**, (때.기회를) **포착하다**.잡다.타다, 차지하다, (습관.태도.특성 따위를) **가지다**, 지니다, 휩싸다, (기쁨.고통.감동을) 느끼다, 당하다, 들다, 이끌다, 솔깃하게 하다, 현혹시키다, 유혹하다, 속여 넘기다, (운명.경우.처지를) **당하다**, (병에) **걸리다**, 장애를 받다, 자유로이 쓰지 못하다, 잃다, **받아들이다**, **수용**(포용)**하다**, 포괄하다, 먹다, 마시다, 삼키다, (용적이 얼마) 들이이다, …할 능력이 있다, …할 만하다, **이해하다**, 통달하다, 숙달하다, **취득하다**.
ánimo captus. 제 정신이 아닌/
aures capio. 귀를 솔깃하게 하다/
calamitátem capio. 재난(災難)을 당하다/
captus óculis. 시력(視力)을 잃은/
Celeriter currebamus ne caperemur. 우리는 안 잡히려고 빨리 내닫는 중 이었다/
fructus capio. 이익(과실)을 얻다/
Hostis a militibus captus est. 적은 병사들에 의해 생포되었다/
mente captus. 머리가 돈, 미친/
misericórdiam capio. 측은한 마음이 들다/
miseicórdiā captus. 연민(憐憫)의 정에 못 이겨/
pecúniam capio. 뇌물(賂物)을 받다.

동사 제3활용(B) 능동형 cápere(붙잡다, 잡다)			
	직 설 법	접속법	명 령 법
현재	S.1. cápio 2. capis 3. capit P.1. cápimus 2. cápitis 3. cápiunt	cápiam cápias cápiat capiámus capiátis cápiant	현 재 단수 2인칭 cape 복수 2인칭 cápite 미 래 단수 2인칭 cápito 단수 3인칭 cápito 복수 2인칭 capitóte 복수 3인칭 capiúnto
미완료	S.1. capiébam 2. capiébas 3. capiébat P.1. capiebámus 2. capiebátis 3. capiébant	cáperem cáperes cáperet caperémus caperétis cáperent	**부 정 법** 현 재 cápere 미 래 captúrus, -a, -um esse captúri, -æ, -a esse
미래	S..1. cápiam 2. cápies 3. cápiet P.1. capiémus 2. capiétis 3. cápient		captúrum, -am, -um esse captúros, -as, -a esse 과 거 cepísse
단순과거	S..1. cepi 2. cepísti 3. cepit P.1. cépimus 2. cepístis 3. cepérunt	céperim céperis céperit cepérimus cepéritis cepérint	**부 사** 현재: cápiens, -éntis (붙잡는, 붙잡으면서) 미래: captúrus, -a, -um (붙잡을, ~려는)
과거완료	S..1. céperam 2. céperas 3. céperat P.1. ceperámus 2. ceperátis 3. cépérant	cépíssem cépísses cépísset cépissémus cépissétis cépíssent	**동 명 사** 속격 capiéndi 여격 capiéndo 대격 ad capiéndum 탈격 capiéndo
미래완료	S.1. cépero 2. céperis 3. céperit P.1. cepérimus 2. cepéritis 3. céperint		**목 적 분 사** captum(붙잡으러)

* 제3활용 B식 활용동사는 아래와 같다
cúpio, cupívi, cupítum, cúpere. tr. 탐하다, 원하다
fácio, feci, factum, fácere. tr. 하다, 행하다, 만들다, 하게 하다
fódio, fodi, fossum, fódere. tr. 파다
fúgio, fugi, fúgitum, fúgere. intr. 도망하다, 피하다
jácio, jeci, jactum, jácere. tr. 던지다
pário, péperi, partum, pérere. tr. 낳다
rápio, rápui, raptum, rápere. tr. 빼앗다, 강탈하다
sápio, sapívi(sápui), sápere. tr. 맛이 나다, 맛보다, 이해하다

(한동일 지음, 카르페 라틴어 2권, pp.135-137; 카르페 라틴어 부록, p.27)

capio *alqd* ex hereditáte. 유산에서 물려받다
capio *alqd* pignus. 무엇을 저당(으로) 잡다
capio *alqm* patrónum. 누구를 수호자로 삼다
capio arma. 무기를 들고 일어서다
capio cibum. 음식을 먹다
capio conjectúram ex *alqā* re.
무슨 일로써 추측(짐작)하다.
capio consíllium. 계획을 세우다, 결정을 하다
capio finem. 종말에 이르다
capio fugam. 도망치다(commendo se fugæ)
capio ínsulam. 섬에 닿다
capio locum castris idóneum.
진(陣) 치기 좋은 자리를 잡다.
capio magistrátum. 관직에 오르다

C

căpĭo², -ónis, f. 취득, 재산의 취득, 점유취득(占有取得).
usu capio. 사용취득.

căpis, -ĭdis, f. 제식에 쓰는 손잡이 하나 달린 큰 잔

capisso(=capésso) -ívi, -ítum, -ěre, tr. 잡다

capistéllum, -i, n. 굴레, 부리망

capistérĭum, -i, n. 곡식을 까부르는 기구의 일종

capístro, -ávi, -átum, -áre, tr. 굴레를 씌우다.
고삐 매다, 끈으로 포도나무를 붙들어 매다,
나무를 붙들어 매다.

capístrum, -i, n. 포도나무를 붙들어 매는 끈,
굴레, 부리망(가는 새끼로 그물처럼 얽어서 소의 주둥이에 씌우는 물건).

Capita de caritate. 사랑의 헌장(憲章)(증거자 막시무스 지음 †662)

capita et navia. 머리와 배.
[로마시대 동전 던지기 게임으로 동전의 앞면에는 황제의 얼굴이, 뒷면에는 배의
모양이 새겨져 있어서 이 게임을 '머리와 배'라고 불렀고, 이것이 영어의 동전
던지기 '크로스 앤 파일(Cross and pile'이 되었다. 축구 경기의 시작에 앞서 하는
동전 던지기도 여기서 유래했다. 한동일 지음. 라틴어 수업. pp.195~203].

capita illius latrocinii in carcerem detrusi sunt.
그 강도단(强盜團)의 괴수(魁首)들은 투옥(投獄)되었다.

capita nullitatis. 무효 근거

capita tignorum. 대들보의 양끝

capital, -ális, n. = capitale, -is, n.
중죄(peccatum grave), 사형 범죄(crimen capitale).
제관(祭官)들이 머리에 쓰는 보자기.고깔, 자본(資本).

capitale, -is, n. = capital, -ális, n.

capitalimi rigidi. 극단적 자본주의(⑨ rigid capitalism)

căpĭtális, -e, adj. 으뜸가는, 주요한, 탁월(卓越)한,
생명에 관계되는, 치명적인, 죽기까지의, 극히 중대한,
사죄(死罪)의, 사형에 처할, 사형의, 죽어 마땅한,
남의 생명을 노리는, 극악무도(極惡無道)한,
(로마법) 두세(頭稅)에 관한.
ex capitali morbo revalesco. 죽을병에서 살아나다/
hostis capitalis. 불구대천(不俱戴天)의 원수(怨讐)/
sneténtia capitalis. 사형선고(死刑宣告).

căpĭtalísmus, -i, m. 자본주의(資本主義.⑨ Capitalism),
자본주의 제도, 자본 세력(資本勢力).

capitalismus effrenus.(⑨ unbridled capitalism)
방종한 자본주의.

căpĭtalĭter, adv. 치명적으로, 죽을 정도로,
과격하게(violenter, adv.), 죽을죄로.

căpĭtánĕus, -a, -um, adj. 으뜸가는, 주요한, 현저한

căpĭtárĭum, -i, n. 원금(元金), 자본(資本), 자금(資金)

căpĭtátĭo, -ónis, f. 국세(소득세.법인세.상속세.주세.관세 등),
인두세(人頭稅-가족의 수에 따라 일정하게 매기는 조세).

căpĭtátus, -a, -um, adj. 큰 머리를 가진, 머리가 있는

capite, 원형 căpĭo¹, cěpi, captum, -ěre, tr.
[명령법. 단수 2인칭 cape, 복수 2인칭 capite].

cápite detécto. 모자를 벗고

cápite resupinato. 고개를 뒤로 젖히고

capite solo ex aquă exstabant.
그들은 머리만 물 위에 내놓고 있었다.

cápite discrimináto. 가르마를 타고

capite veláto 머리를 가리고

căpĭtéllum, -i, n. 불쑥 불거진 꼭대기, 기둥머리

căpĭtilavium, -i, n. 머리 씻음(중세기에 성 토요일 영세하는 어린이
들이 준비하기 위해 그 전주 성지주일에 머리를 씻고 세례로 때 머리에 기름
바를 준비를 했다. Sevilla의 이시도로 증언. 백민관 엮음. 백과사전 1, p.407).

căpĭtína, -æ, f. 굴레, 고삐, 재갈

capitis diminutio. 권리 상실, 성직 박탈

căpĭtĭum, -i, n. 부인용 조끼, 배자, 상의(上衣)

căpĭto, -ónis, m. 머리 큰 사람

căpĭtŭláre, -is, n. 머리의 장식품, 법령집, 성서 요약집,
인두세(人頭稅-가족의 수에 따라 일정하게 매기는 조세).

Capitulare Ecclesiasticum, 성직자법(819년)

Capitulare Monasticum. 수도회법(817년. 72條로 구성)

Capitularia Evangeliorum. 복음집 복음 (머리글) 목록.

capitularia lectionum. 독서목록

căpĭtŭlárĭs, -e, adj. 교회 참사회의, 참사위원의.
m. 교회 참사회원, vicárĭus capitularis. 참의회 대표.

căpĭtŭlárĭus, -a, -um, adj. 징수(徵收)의.

m., pl. 세금 징수 보조원. n. 인두세, 특별 할당금.

căpĭtŭlátim, adv. 개략적으로, 간단히, 짤막하게

căpĭtŭlátus, -a, -um, adj. 작은 머리를 가진

capítŭlum, -i, n. 작은 머리, 키 작은 사람, 기둥머리,
(책 내용 분류의) 장(章), 발췌한 성서 구절, 성경 소구,
참사회(參事會.⑨ ecclesiastical chapter), 참사회의,
교구 참사회(Collegium consultorum), (법률의) 조항, 조목.

capítŭlum cæpæ. 파 대가리

Capitulum canonicorum.
의전 사제단(儀典 司祭團.⑨ Chapter of Canons).

Capitulum Canonicorum Cathedrale.
주교단(主教團座) 의전 사제단(儀典 司祭團).

Capitulum Canonicorum Collegiale.
동료단 의전 사제단(同僚團 儀典 司祭團).

capitulum cathedralis. 주교좌 (성당) 참사회(參議會)

capitulum collegiale. 공주(共住) 성직자 참사회

capitulum culparum(⑨ Chapter of Faults) 잘못 고백회,
자아 비판회(수도원에서 수도 규칙을 어긴 잘못을 공적으로 고백하기 위해
모인 회합. 3세기부터 수도원에서는 매일 또는 매주간 공적인 고백회를 가졌다.

capitulum extraordinarium. 임시 의회, 임시총회

capitulum generale*
수도회 총회(修道會 總會.⑨ general chapter).
(총회 제도는 1119년 시토회에서 도입했고, 1215년 제4차 라테라노 공의회
에서 다른 수도회들도 이 제도를 따르도록 했다. 총회는 수도회의 종류에 따라
다르지만 보통 3년 또는 4년마다 개최한다. 이 회의는 각 수도회의 최고
의결기관이다. 백민관 신부 엮음. 백과사전 1, p.562).

capitulum locale. 지역 의회(地役議會)

capitulum monasterii. 수도자 회의

capitulum ordinarium. 정규 의회, 定期 총회

capitulum provinciale. 관구 의회, 관구 참사회

capitulum rurale. 시골 참의회, 지방 참사회

capítum, -i, n. 꼴, 마초(馬草.⑨ fodder for cattle)

capnŏs, -i, f. (植) 이끼, 선태(蘚苔-이끼)

cāpo, -ónis, m. (食用을 目的으로 거세한) 닭

cappa* -æ, f. Cope.獨 Rauchmantel) 두건(頭巾-모자),
모자, 망토(프.manteau), 깝바(전례의 예식 때 주례자가 입는 망토).
magna cappa. 긴 뒷자락이 달린 주교복,
고위 성직자용 대 까빠(대 까빠는 재치권과 권위를 표시하여 교황과
추기경은 세계 어디서나, 수도와 주교는 자기 관구 내에서, 주교는 자기
교구 내에서 입을 수 있다. 백민관 신부 엮음. 백과사전 1, p.495).

cáppăra, -æ, f. (植) 쇠비름

cáppăris, n., indecl. = capparis

capparidácěæ, -árum, f., pl. 백화채 나무과(科)

cáppăris(=cáppări), -árum, f. (植) 백화채 나무

cappélla(=căpélla), -æ, f. 소성당, 경당, 예배실.
['사설 예배실(cappella privata)'과 '경당(oratorio)'과의 차이점은 전자는 특별히
한 명이나 여러 명의 자연인의 독점적 사용을 위하여 지정된 것이고, 경당은 어느
신자들의 집단을 위하여 설립된다는 사실에 있다. 사설 예배실이나 경당도 오직
하느님 경배를 위해서만 유보되어야 하기 때문에 '경당'이나 '사설 예배실'은
전례서에 규정된 예식에 따라 축복되는 것이 합당하다'.(교회법 제1229조.)
한동일 옮김, 교회법률 용어사전. p.717]

Cappella Sistina. 시스티나 경당
papalis cappella. 교황 미사에 돕는 사람 전체,
시스티나 성당 소속 성가대.

cappella major. 상급(上級) 경당

cappella pontificia(papalis) 교황궁 소성당

cappellani abbatum. 아빠스 담당 사제들

cappellani canonicorum. 참사회(參議會) 담당 사제들

cappellani episcoporum. 주교관 담당 사제들

Cappellani militum legibus specialibus reguntur.
군종 사제들은 특별법으로 규제된다(Can. 569)

cappellani optimatum. 귀족 담당 사제들

cappellani Pontififium. 교황궁 담당 사제들

cappellani regum. 왕궁(王宮) 담당 사제들

cappellánus, -i, m. 소성당 사제, 담당 사제,
담당 사제(→"경당" 참조.⑨ Chaplain).
(왕궁.군대.병원 등이 있는 소성당의) 전속(轉屬) 사제.

cappellani castrensis. 군종 사제(cappellanus militaris)

cappellani noster. 우리의 지도신부

Cappellanus Operæ Apostolatus Maritimi
해양 사도직 담당 사제.
Apostolatus Maritimi Opera. 해양 사도직 단체.

capra, -æ, f. (動) 산양(hircus, -i, m.), 암염소,
　염소 노린내, (天) 마차꾼좌의 Capélla 별.
　Capræ palus. 염소의 늪(Rómulus가 없어진 곳. 후에 곡마장이 생김)
caprágo, -ginis, f. (植) 야생 상추
cápřĕa, -æ, f. (動) 노루, 야생염소.
　Cápeæ palus = Capræ palus.
capréŏla, -æ, f. (動) 작은 노루, 노루 새끼, 야생 산양의 일종
capréŏlus, -i, m. (動) 작은 노루, 야생 산양의 일종,
　곡괭이(ligo² -ónis, m./vanga, -æ, f.).
　pl. (포도나무 따위의) 받침대, 버팀목.
Capřĭcórnus, -i, m. (caper+cornu) (天)) 산양좌(山羊座)
caprífĭcátĭo, -ónis, f.
　충매수정법(蟲媒受精法)에 의한 무화과 촉성재배.
caprífĭco, -ávi, -áre, tr. 충매수정법으로 무화과를 익게 하다
caprífĭcor, -átus sum, -ári, dep., tr.
　= caprífĭco, -ávi, -áre, tr.
caprífĭcus, -i, f. (caper+ficus) 야생 무화과나무
caprĭfoliácĕæ, -árum f., pl. (caper+fólium)
　(植) 인동과 식물(忍冬科 植物).
caprígĕnus, -a, -um, adj. (caper+gigno)
　산양계(山羊系)의, 산양의 성질을 가진.
capríle, -is, n. 염소 우리
caprílis, -e, adj. 염소의, 염소에 관한, 산양의
caprĭmúlgi, -órum, m., pl. (植) 쏙독새 종류(種類)
caprĭmúlgus, -i, m. 염소 젖 짜는 사람
capřína, -æ, f. 염소고기
caprínus, -a -um, adj. 염소의, 산양의
cápřĭo, -áre, tr. 물에 담그다, 적시다(ㄸㄲ)
cápřĭpes, -pĕdis, adj. (caper+pes)
　염소 발을 가진, 염소 발이 달린.
caprónæ, -árum, f., pl. (caput+pronus) 말의 이마 털
capsa¹, -æ, f. (책, 편지 따위를 넣는) 상자,
　문갑(文匣-文書나 文具 따위를 넣어 두는 데 쓰는 가로 긴 궤),
　유해(遺骸)나 유물 넣는 작은 갑(匣).
capsa sarcina, -æ, f. 봇짐상자
Capsa², -æ, f. Africa의 Byzacium 지방의 도시.
　adj. Capsensis, -e; Capsitani, -orum,
　m., pl. Capsa 주민.
cápsăces, -æ, f. 기름 그릇
capsáría, -æ, f. 욕탕에서 부인들의 옷을 지키는 여자,
　주인 마나님의 옷 담는 상자를 보관하는 여종.
capsélla, -æ, f. 작은 상자, 작은 함.갑(匣)
cápsŭla, -æ, f. 작은 상자, 작은 궤, 손궤, 반짇고리
　[성체강복미사 성체현시 때 사용하는 큰 제병을 넣기 위하여 쇠로 만든
　둥근 모양의 성체함(聖體函)을 가리킨다. 성체는 감실에 보관된다.
casŭláris, -e, adj. 꼬투리 모양의 삭과(蒴果)의, 캡슐의,
　피낭(被囊)의, 피막(被膜)의.
capsus, -i, m. 사륜마차의(가마처럼 생긴) 좌석,
　야수(野獸) 가두는 우리.
capta, -æ, f. 여자포로. capta hostis. 여자 포로(捕虜).
　Captæ superavimus urbi.
　점령당한 도시에서 살아남았다.
captábĭlis, -e, adj. 잡을 수 있는, 받아들일 수 있는
captatéla, -æ, f. 옷을 (입으려고) 쳐듦
captátĭo, -ónis, f. 포착(捕捉), (붙)잡음, 잡으려고 애씀,
　편취(騙取)(남의 돈이나 물건을 몰래 자기가 차지함), 기만(欺瞞).
captátĭo testámenti. 유산편취(遺産騙取)
captátor, -óris, m. 잡는 사람, 잡으려고 애쓰는 사람,
　얻으려고 애쓰는 사람, 유산 상속을 노리는 사람,
　기만 상속인(欺瞞相續人), 유산 횡령자(遺産 橫領者)
captatórĭus, -a, -um, adj. 유산 편취 하는, 기만하는
captátrix, -ícis, f. 얻으려고 남의 비위 맞추는 여자
capténsŭla, -æ, f. 궤변, 사이비(似而非-겉으로는 비슷하나 가짜).
　기만(欺瞞).⑨ Fraud-남을 그럴듯하게 하는.
　sophista(-es), -æ, m. 사이비 철학자.
captícĭus, -a, -um, adj. 기만의, 사이비의
cáptĭo, -ónis, f. 포착, 사로잡음, 계교(計巧), 꾀,
　사기(詐欺.⑨ Fraud), 횡령(橫領-남의 재물을 불법으로 가로챔),

궤변(詭辯-이치에 닿지 않는 말로 그럴듯하게 둘러대는 구변口辯).
captĭósus, -a, -um, adj. 사기하는, 속이는, 기만적,
　간사한, 허위의, 궤변의. n. 궤변.
cáptĭto, -ávi, -áre, tr. 열심히 찾다
captĭúncŭla, -æ, f. 얕은 꾀, 속임수, 궤변, 핑계, 거짓말
captíva, -æ, f. 여자포로, 여자죄수(罪囚)
captĭvátĭo, -ónis, f. 체포(逮捕), 사로잡음, 감금(監禁)
captĭvátor, -óris, m. 사로잡는 사람
captĭvátrix, -ícis, f. 사로잡는 여자
captívĭtas, -átis, f. 사로잡힘, 포로(노예) 신세(身世),
　감금(監禁), 구류(拘留), 유배(流配.⑨ Exile),
　유배(幽閉-사람을 일정한 곳에 가두어 두고 밖으로 나오지 못하게 함),
　정복, 점령, 포로, 사로잡은 사람들, (시력을) 잃어버림.
　Captivi militum præda fuerant.
　포로들은 군인들의 노획물(鹵獲物)이었다.
Captívĭtas Avenionensis. 아비뇽 유배(流配)
captívĭtas Babylonica. 바빌론 유폐(⑨ Babylonian Exile)
captívĭtas oculorum. 실명(失明)
captívo, -ávi, -átum, -áre, tr. 사로잡다, 구금하다,
　점령하다, 정복하다, 농락하다.
captivum de rege fácere. 왕을 인질로 삼다
captívus¹, -a, -um, adj. 사로잡힌, 포로가 된,
　사냥에서 잡힌, 감금(監禁) 당한, 점령된, 정복당한.
　Captiva virgo adeo eximia forma erat, ut converteret
　omnium oculos. 그 포로 처녀는 모든 사람들의 눈길을
　자기한테 끌 정도로 뛰어난 미모를 갖고 있었다.
captívus², -i, m. 포로.
　Captivi timore non locuti sunt. 포로들은 두려움 때문에
　말을 하지 않았다(어디에서 즉 유래함을 표현하는 동사는
　전치사 ab. ex와 함께 탈격을 지배한다)/
　Captivorum cura.(⑨ Care for prisoners)
　수감자들을 위한 배려(2007.2.22. "Sacramentum Caritatis" 중에서)/
　invenio ex captivis. 포로들한테서 알아내다.
capto, -ávi, -átum -áre, tr. 잡다, 포착하다, 사로잡다,
　사냥하다(ㄹㅐㄱ.ㄱㅣㄱ), 잡으려(얻으려)하다,
　찾아다니다, (흉계를 꾸며) 걸려들게 하다,
　속여 넘기다, 꾀다, 유혹(유인)하다, 열심히 추구하다,
　힘쓰다, 하려고 애쓰다, 갈망(渴望)하다,
　(애써) 얻다.달성하다, 유산 상속을 노려 알랑거리다.
　Captantes capti sumus. (우리 로마인들은 그리스를)
　사로잡고는 (그리스 문화에) 사로잡혔다.
Capto umbras arborum. 나무그늘을 찾아가다
captŏr, -óris, m. 포획자(捕獲者)
captularis homo. 다 죽어 가는 사람
captúra, -æ, f. 포획(捕獲), 붙잡음, 점령(占領),
　체포(逮捕), 잡힌 것, 애써 얻은 물건, 노획물,
　천한 직업에서 얻어지는 보수(報酬),
　거지들이 동냥해서 얻은 것.
captum, "cắpĭo¹"의 목적분사(sup.=supínum)
captŭs, -ūs, m. 잡음, 포획, 포착, 점령, 점유, 이해력, 파악,
　(정신.마음.재능.천성의) 성격.능력.모양.나름,
　(로마법) 법적 지위, 권리능력.
　Ipse dux cum aliquot principibus capti sunt(caput est)
　장군 자신이 몇 명의 제후들과 함께 포로가 되었다/
　pro captu meo. so 나름으로 힘껏/
　redimo e servitúte captos
　몸값을 치르고 포로들을 노예의 멍에에서 구출하다/
　Suis facultátibus captos a prædónibus rédimunt.
　그들이 자기 재산을 털어서 몸값으로 치르고 납치된
　자들을 강도(强盜)들로부터 구해낸다(Redimo 참조)/
　Urbs capta est. 도시는 점령되었다/
　ut est captus hóminum. 사람들의 능력대로/
　utpote capta urbe. 도시가 점령되었기 때문에.
captus mente. 미친 사람
Capuccinus, -i, m. (흔히 pl.) 카푸친 수도회의 수도자
capúdo(=cắpédo), -dīnis, f. 제물 담는 그릇, 제주 잔
cápŭla, -æ, f. 손잡이가 달린 작은 그릇
capŭláris, -e, adj. 관(棺)의, 죽어 가는

capularis homo. 다 죽어 가는 사람
capŭlátor, -óris, m. 포도주나 기름을 옮겨 담는 사람
cápŭlo[1], -áre, tr. 기름.포도주를 옮겨 붓다, (액체를) 따르다
cápŭlo[2], -áre, tr. 잡다, 끈이나 밧줄로 묶다
cápŭlus, -i, m. 관(棺.conditorium, -i, n.), 널(棺), 자루, 손잡이, 칼자루.
cāpus, -i, m. 거세된 수탉(gallus, -i, m. 수탉)
caput, -pitis, n. (사람이나 동물의) **머리**(κεφαλὴ.kephalä), (정신.재능.이해력의 뜻으로) **머리**, **두뇌**, 사람, 개인, 인물, 인간, 놈, (동물의 머리수로서의) 마리, 목, 목숨, 생명, 수령, **우두머리**, 장(長), 주모자, 꼭대기, 정점, 첨단, 봉우리, 끝, 끝머리, 원천, 기원, 원인, 근본, **수도**, 중요한(중심) 도시, 요충지, 중요한 부분, 주요부, 본질 부분, 주제, (말.글의) 요점, 항목(項目), 장(章), (예술.학문의) 규칙, 원리, 원칙, 법칙, 자본금, 원금.
a primo cápite legis usque ad extrémum.
법의 첫 조항부터 끝 조항까지/
absólvere *alqm* cápitis. 아무를 사형에서 사면하다/
Accusáre áliquem cápitis. 아무에게 사형을 구형하다/
ad nomen caput refero.
이름 부르는 소리에 뒤를 돌아보다/
cápita conférre. 머리를 모으다, 서로 의논하기 위해 모이다/
cápita tignórum. 대들보의 양끝/
cápite censéri. 인구조사에서 한 사람으로 계산되다/
cápite detécto. 모자를 벗고/
cápite discrimináto. 가르마를 타고/
capite resupinato. 고개를 뒤로 젖히고/
capite solo ex aquā exstabant.
그들은 머리만 물 위에 내놓고 있었다/
capite veláto 머리를 가리고/
Capitis deminutio 인간 신분조건의 변화 ('Status'참조).
[로마시대 호구조사인 첸수스census는 인구의 변화와 재산 상황에 조사를 통해 세액을 결정하였다. 라틴어 첸수스가 오늘날 우리에게는 '인구센서스'로 익숙하게 다가오는데, 호구조사에서 사람의 머리caput 수를 세는 작업을 의미하는 말이었다. 원래 '카푸트caput'는 '머리, 우두머리, 수도, 핵심' 등의 다양한 의미가 있다. 그런데 여기에 사용된 '카푸트caput'는 법률행위를 유효하게 할 수 있고 법에서 인정받는 권리의 주체가 될 수 있는 민사적 신분을 말한다. 인간 신분조건의 변화란 바로 이러한 신분이 줄어드는 것을 말한다. 곧 자유, 로마시민권, 가족 구성원의 자격 중 하나를 잃는 것이다. 신분조건 또는 법적 지위caput의 변화에 대해서는 크게 세 가지 설이 있다. 첫째, 다수의 설인 시민권과 자유의 상실로 인해 권리의 주체가 될 수 있는 능력을 소멸하는 것을 신분조건(법적 지위)의 변화로 보았다. 즉 법인격의 상실을 인격 상실로 보았다. 둘째, 고대 시민법 시대에 신분조건의 변화란 신고 누락자나 해태자를 시민명부에서 삭제하거나 말소한 것이라고 보았다. 셋째, 신분조건의 변화를 사람의 감소, 성원의 감소로 보는 견해이다. 한동일 지음, 로마법의 법률 격언 모음집에서]/
Capitis minutio est status permutatio.
법적 지위의 감소란 신분 조건의 변화이다/
causa cápitis. 생사에 관한 소송(訴訟)/
corónam in cápite gérere. 머리에 화관을 쓰다/
de cápite alqd dedúcere. 자본금에서 얼마를 공제하다/
dēmo caput *alcjs*. 머리를(목을) 자르다/
Et ipse est caput corporis ecclesiæ.
([영] He is the head of the body, the church)
그분은 또한 당신 몸인 교회의 머리이십니다(성경 골로 1, 18)/
그리스도는 또한 당신의 몸인 교회의 머리이십니다(공동번역)/
그분은 몸의 머리, 교회의 머리시로다(200주년 신약성서)/
gravitas cápitis. 머리가 띵함/
humilitate capita vestra Deo.
하느님 앞에 겸손되이 머리를 숙입시다/
id quod caput est. 중요한 것/
impono dextram in caput. 오른 손을 머리에 얹다/
in caput *alcjs* perícula.
아무의 머리 위에 위험이 닥치기를 기원하다/
in persona Christi capitis. 머리이신 그리스도로서/
In uno corpore sumus, unum caput habemus in cælo.
우리는 한 몸 안에 있고,
하늘에 하나의 머리를 모시고 있습니다/
inclinátĭo cápitis. 얕은 절*(拜), 머리만 숙이는 경례/
Iungit eas ante pectus, et caput inclinat, cum dicit.
손을 가슴 앞에 모으고 고개 숙이며 말한다/
Iungit manus, et caput inclinat, dicens:
손을 모으고 고개를 숙이며 말한다/
léviter caput reflecto. 고개를 살짝 돌리다/
offenso cápita. 머리들을 (어디에다) 부딪치다/
Orémus. Humiliáte cápita vestra Deo.
기도합시다. 천주 대전에 머리를 숙이십시오/
paríeti caput impingo. 벽에 머리를 부딪다/
Pro *alcjs* cápite aurum erat repénsum.
누구의 머리 값으로 그 무게만큼의 金이 지불되었었다/
quia diadema gratiæ sunt capiti tuo, et torques collo tuo. (ste,fanon ga.r cari,twn de,xh| sh/| korufh/| kai. kloio.n cru,seon peri. sw/| trach,lw|) ([영] A graceful diadem will they be for your head; a torque for your neck)
그것들은 네 머리에 우아한 화관이며 네 목에 목걸이다(성경 잠언 1, 9)/그것은 네 머리에 쓰고 다닐 아름다운 관이요 네 목에 걸고 다닐 목걸이다(공동번역)/
Quot cápita, tot sensus. 십인십색/
Rana profert ex stagno caput.
개구리가 연못에서 머리를 내밀고 있다/
refero caput. 자객이 살해한 사람의 머리를(자기에게 시킨 사람한테로) 갖다 주다/
secúrim in caput dejicio. 도끼로 머리를 내리치다/
Si tu te præcidisti a corpore ipsius, caput non se præcidit a corpore suo. 그대가 그분의 몸에서 떨어져 나갈지라도, 머리는 당신 몸에서 떨어져 나가지 않습니다.
(최익철 신부 옮김, 요한 서간 강해, p.455)/
super caput. 머리 위로/
supra caput esse. 위험이 임박하다.닥쳐오다/
Uxor familiæ suæ et caput et finis est.
아내는 그 가족의 처음이며 마지막이다.
Caput abdiderat casside. 그는 머리에 철제투구를 썼었다
caput amnis. 江의 원천(源泉)
caput canum. 흰머리
Caput Christianitatis. 그리스도교계의 으뜸
Caput Ecclesiæ. 천주교회의 으뜸
Caput est hoc, ut ne exspectes.
중요한 점은 기대하지 말라는 것이다.
Caput est quam plúrrimum scríbere.
근본적인 것은 가능한 한 많이 쓰는 일이다.
caput et magistra omnium ecclesiarum.
모든 교회들의 머리이자 스승.
caput inclinat. 고개를 숙인다(미사전례 지문).
caput lácerum cornu. 뿔 잘린 머리
caput maleficii. 범죄의 원인(犯罪 原因)
caput mundi. 세상의 우두머리
caput orbis terrárum. 로마(Roma)
caput porcinum. (軍) 어린진(魚鱗陣.porci caput.)
Caput saxo afflixit. 머리를 바위에 짓이겼다
caput unctus. 기름을 잘 바른 머리
căra, -æ, f. (解) 얼굴(פָּנִים.πρὸσωπον), 머리(κεφαλὴ.kephalä)
cárăbus, -i, m. 게, 바다 가재
carácter(=character), -éris, m. 烙印, 인호, 특성, 성격
carácter sacramentalis. 성사의 인호
carágĭus, -i, m. 마법사, 요술쟁이
Carassius auratus. (魚) 붕어
carbas, -æ, m. 동북동풍(東北東風)
cárbăsa, -órum, n., pl. 고운 아마직물
carbásĕus(=carbásĭus) -a, -um, adj. 고운 아마의
cárbăsus, -i, m.(f.) 고운 아마포, 아마포 옷, 면사포, 돛(帆-바람을 받아 배를 가게 하기 위하여, 돛대에 높게 펼쳐 매단 넓은 천).
carbátĭna, -æ, f. (시골에서 신는) 생가죽 구두
carbo[1], -ónis, m. 숯, 목탄, 석탄, 탄소, 먹(黑), 숯먹
Carbo[2], -ónis, m. Papírĭus 씨족의 가문명
carbōnárĭa, -æ, f. 숯가마
carbōnárĭus, -a, -um, adj. 숯의, m. 숯장수, 숯쟁이
carbonária cella. 숯 창고.
carbōnésco, -ĕre, intr. 숯이 되다, 탄화되다
carbónĕum, -i, n. 탄소(炭素)
carbónĕum sulfurátum. 이유화탄소
carbónĕum tetrachlorátum. 사염화탄소

carbúncŭlo, -áre, intr. 탄저병(炭疽病)에 걸리다
carbunculósus, -a, -um, adj. 불그스름한, 자갈돌이 많은
carbúncŭlus, -i, m. 작은 석탄(炭), 홍옥(紅玉),
　석류석(石榴石), 불그스름한 모래. (醫) 탄저병(炭疽病)
carcăr, -áris, m. = carcĕr, -éris, m.
carcĕr(=carcăr, -áris), -ĕris, m. carcer의 의미 변천 과정은 '감방
　→독방→은둔소→광야' 이다. 이재성 옮김, 아씨시 성 프란치스코의 생애, p.311)
　감옥(監獄.φυλακή), 영창(營倉), 형무소(刑務所),
　교도소(矯導所), (영혼에 대해서) 육체(肉體),
　(경주용 마차의) 출발점, 경주 출발점, 출발점.
　ad cárceres a calce revocári. (종착점에서 출발점으로 다시
　불러 가다) 원점으로 돌아가다, 새로이 출발하다/
　demitto alqm in cárcerem. 하옥(下獄)하다.
carcĕrális, -e, adj. 감옥의, 교도소의, 형무소의
carcĕrárĭus, -a, -um, adj. 감옥의, 교도소의.
　m. 형무소 간수(看守-교도관의 구용어), 교도관(矯導官).
carceres, -um, m., pl. (복수에서는 단수보다 다른 뜻 더 가짐)
　감옥; 경주 출발점.
cárcĕro, -áre, tr. 투옥하다, 감옥(φυλακή)에 넣다
carchésĭum, -i, n. 손잡이 둘 달린 큰 잔,
　운두 높은 잔, 배의 돛대 위에 있는 장루(檣樓).
carcĭnódes, -is, n. 암(癌)
carcĭnóma, -ătis, n. (醫) 암(癌), 암종(癌腫),
carcĭnóma ventrículi. 위암(胃癌)
cárcĭnos, -i, m. (天) 거해궁(巨蟹宮)
carcĭnósus, -a, -um, adj. 암(癌)의
carcĭnóthron, -i, n. 마디풀과(科)의 식물
Carda(=Cárdĕa) -æ, f. 가정생활의 수호여신
cárdăces, -um, m., pl. Pérsia 군단(軍團)
cardámómum, -i, n. (植) 소두구(小豆蔲-생강과의 식물)
Cárdĕa(=Carda) -æ, f. 가정생활의 수호여신
cárdĭa, -æ, f. (解) 분문(噴門-식도와 위가 이어지는 부분)
cardíace, -es, f. (醫) 심장병
cardíacus, -a, -um, adj. 위에 관한, 위병(胃病)의,
　심장의, 심장병의, m. 위병환자(胃病患者).
cardiágra, -æ, f. (醫) 협심증(狹心症)
cardiálgĭa, -æ, f. (醫) 위통(胃痛),
　가슴앓이(가슴이 이따금 켕기고 쓰리며 아픈 증세).
cardímóna, -æ, f. (醫) 위경련(胃痙攣)
Cardinales S. R. E. 거룩한 로마교회의 추기경
cardĭnális[1], -is, adj. 문지도리의, 경첩의, 주요한, 기본적인.
　numerália cardinália. 기본 수사(數詞)/
　virtútes cardinales. 4대 덕목, 사추덕(四樞德).
cardinalis[2], -is, m. 추기경(⑨ cardinal, 별칭.홍의주교)

명사 제3변화 제2식 C		
	단 수	복 수
Nom.	cardinalis	cardinales
Gen.	cardinalis	cardinalium
Dat.	cardinali	cardinalibus
Acc.	cardinalem	cardinales
Abl.	cardinale	cardinalibus
Voc.	cardinalis	cardinales

[황치헌 신부 지음, 미사 통상문을 위한 라틴어, p.58].
Cardinalis Curiæ et extra curiam.
　교황청 근무 추기경과 재외 추기경.
Cardinalis Decanus. 수석 추기경
cardinalis diaconalis. 부제급 중추자
cardinalis episcopalis. 주교급 중추자
Cardinalis ordinaria degli Eminentissimi Cordinali.
　추기경 정례회의.
Cardinalis ordinis diaconalis. 부제급 추기경
Cardinalis ordinis episcopalis. 주교급 추기경
Cardinalis ordinis presbyteralis. 사제급(탁덕급) 추기경
cardinalis præfectus. 의장 추기경
cardinalis presbyteralis. 탁덕급 중추자
Cardinalis subdecanus. 차석 추기경
cardinalis vicarii urbis. 대리 추기경

cardĭnálĭter, adv. 주로, 중요하게
cardĭnálĭus, -a, -um, adj. = primárius
cardĭnéus, -a, -um, adj. 지도리의
cardiognósĭa, -æ, f. 인심 간파술(人心 看破術)
cárdĭtis, -tĭdis, f. (醫) 심장염
cardo[1], -dĭnis, m. 문지도리(문짝을 달고 여닫게 하는 물건. 돌쩌귀),
　문(門) 장부, 극(極), 우주의 축(軸), 중심, 주요한 점,
　요충지, 고비(일이 되어 가는 데 있어서 한창 막다른 때나 상황).
　cárdinem versáre. 문을 열다/
　cardines mundi. 세상의 주춧돌/
　Res est in cárdine. 일이 한 고비(막바지)에 다다랐다.
cardo anni. 하지(夏至.solstitium æstivus)
cardo cœli. 천축(天軸)
cardo[2], -ónis, m. = cárduus 엉겅퀴, 삽주(엉겅시과)
cardŭáceæ, -árum, f., pl. 엉거시과(科)
cardŭélis, -e, adj. (動) 검은 방울새
cárdŭus, -i, m. (=cardo[2] -ónis, m.) 삽주(엉겅시과),
　엉겅퀴(植-국화과의 다년초. 뿌리는 瘀血을 푸는 약제로 씀).
cáre, adv. 고가(高價)로, 비싸게
caréctum, -i, n. 갈대밭, 골풀 밭, 사초류가 많이 난 곳.
caréntĭa, -æ, f. 결여(στέρησις.缺如.⑨ Lack),
　결핍(缺乏-있어야 할 것이 없거나 모자라거나 함), 없음.
　De carentia omnis solatii. 아무 낙이 없을 때.
carentĭa formæ. 형식의 결여(缺如)
carentĭa formæ canonicæ. 교회법상 형식의 결여
carentĭa usus rátionis. 이성의 결여(缺如)
carénum, -i, n. 포도를 고아서 만든 술, 단 포도주
cárĕo, -rŭi, (-ritúrus) -ére, intr. 없다, 결여되어 있다.
　결핍하다, 면제되다, 멀리하다, 절제하다.
　피하다, (무엇을) 단념하다, 없이 지내다, 아쉽다.
　없어서 섭섭하다, 부족을 느끼다, 빼앗기다,
　(어떤 장소에서) 멀리 있다, 가지 않다, 결석하다.
　carens voce activa. 선거권이 없는 자/
　Caret periculo, qui etiam tutus cavet.(Publilius Syrus).
　안전하면서도 조심하는 사람은 위험이 없다/
　Nec habes, nec careo, nec curo.
　나는 가진 것도 없고 필요한 것도 없고 걱정할 것도 없소/
　scelere careat. 사악함이 없게 하라/
　Sensu communi caret. 그는 상식이 없다.
　[필요와 풍족, 기쁨과 슬픔, 소원(疏遠), 이용을 나타내는 여러 동사는
　그 대상을 탈격으로 나타낸다. 여러 탈형동사가 여기에 해당한다.]
carere publcæ. 은퇴하다(ἀνεχωρεῖν)
cárĕum, -i, n. (植) 지혼인삼
cârex, -rĭcis, f. (植) 사초(莎草), 갈대,
　골풀(植-등심초라고도 하며 들의 물가나 습지에서 자란다).
carfiathum, -i, n. 질이 좋은 향(香)
carĭcatúra, -æ, f. 만화, 풍자화(諷刺畵), 캐리커처
cárĭco, -áre, tr. 짐을 지다, 싣다(ण)
cárĭes, -ei, f. 썩어감, 부패, (음식 따위의) 쉼,
　부식(腐食), (건물의) 노후, 황폐, 썩은 인간(욕설).
　골골하는 사람. (醫) 골양(骨瘍), 골저(骨疽)
carína, -æ, f. 배의 용골(龍骨-밑바닥), 배, 선박,
　(빠개놓은 호두 껍데기 모양으로) 오목하게 생긴 것.
carĭnárĭus, -a, -um, adj. 노란 물감 염색공
carĭnátus, -a, -um, adj. 용골 모양을 갖춘
caríno[1], -áre, tr. 욕하다(ㄱㄱ), 빈정대다
caríno[2], -ávi, -átum, -áre, tr.
　용골(배 밑바닥)을 설비하다, 배 수선하다.
carínor, -ári, dep., tr. = caríno[1], -áre, tr.
carior, -or, -us, adj. cárus[1]의 비교급.
　Bónis cívibus patria carior est quam vita.
　착한 시민들에게 있어서는 조국이 생명보다 더 귀중하다/
　Patria cara, carior libertas est.
　조국이 귀하지만 자유는 더 귀하다.
carĭósus, -a, -um, adj. 노후한, 부패한, 썩은.
　cáríes에 걸린, 충치(蟲齒)의
carĭótta, -æ, f. (植) 당근, 홍당무
câris, -ĭdis, f. 작은 바다 게(maia, -æ, f. 대게)

169

carissimus, -a, -um, adj. cārus¹의 최상급.
　Carissimi, diligamus invicem.(㉎ Beloved, let us love one another) 사랑하는 여러분, 서로 사랑합시다.(1요한 4, 7)/
　Carissimi Fratres et Sorores.(㉎ Beloved Brothers and Sisters) 사랑하는 형제자매 여러분/
　Carissimi fratres sororesque. 사랑하는 형제자매 여러분/
　Carissimi, nunc filii Dei sumus.(성경 요한 1서 3, 2)
　사랑하는 여러분, 이제 우리는 하느님의 자녀입니다/
　Carissimum nobis est solum in quo orti et educati sumus.[탈형동사 문장] 거기서 우리가 태어나고 양육 받은
　그 땅이 우리에게는 가장 소중하다.
　Discedit amicus qui nobis carissimus est.
　우리한테 지극히 사랑스러운 친구가(qui) 떠난다/
　Nobis carissimi sunt ii quibuscum vivimus.
　우리가 함께 사는 사람들이(quibuscum = cum quibus) 우리한테는 극히 사랑스럽다(성 염 지음. 고전 라틴어, p.170]/
　Scitote vos nobis carissimos esse.
　여러분이 우리에게 아주 소중한 존재라는 것을 알라/
　Urbs in qua vivimus est nobis carissima. 우리가 그 안에서 사는 도시가(in qua) 우리한테는 극히 사랑스럽다.
Carissimus Frater. (교황 용어) 지극히 사랑하는 형제.
(교황이 주교를 부르는 말. 백민관 신부 엮음, 백과사전 1, p.505).
carístĭa¹, -æ, f. 물가고(物價高), 물자부족
carístĭa², -órum, n., pl. (=charistĭa)
　로마의 가족연회(매년 2월 20일 개최).
cárĭtas, -átis, f. = chárĭtas, -átis, f.
　귀함, 귀중함, 비싼 값, 물가등귀, 아낌, 존중, 존경, 귀여워함, 사랑. 호의, 박애정신(博愛精神),
　사랑(חֶסֶד.אַהֲבָה.אַהֲבָ.ἀγάπη.Φιλος.愛.
　㉎ Charity/love).㉎ Charity), 자선(慈善).
　amor caritatis. 애덕적인 사랑
　actus heroicus caritátis. 영웅적 애덕(愛德)
　De hac caritatis diakonia in Litteris encyclicis Deus caritas est id proposuimus. 사랑의 봉사와 관련하여, 본인은 회칙 "하느님은 사랑이십니다"에서 이렇게 밝혔습니다(교황 베네딕도 16세 2012.11.11. 자의교서 "Intima Ecclesiæ Natura" 중)
　Ecce unde incipit caritas.
　자 사랑이 어디서 시작되는지 보십시오/
　Et ad hanc solvendam intentam fecerim Caritatem vestram. 사랑하는 형제 여러분,
　여러분이 이 문제를 풀어 보시기 바랍니다/
　Frigus caritatis, silentium cordis; flagrantia caritatis, clamor cordis est. 사랑이 식는 것은 영혼이 침묵하는 것이요, 사랑의 열정은 영혼의 탄원(歎願)입니다/
　In necessariis Unitas: in dubiis Libertas: in omnibus Caritas. (본질적인 것에 있어서 일치를, 의심스러운 것에 있어서 자유를, 모든 것에 있어서 사랑을) 요긴한 일에 있어서 일치하고 확실치 않은 일에 있어서 각자의 자유를 보장하며, 모든 일에 있어서 사랑을 보존하라.(St. Augustinus)/
　in veritate et caritate. 진리와 사랑 안에서/
　lusus enim non opus erat ut veniret, nisi propter caritatem. 사랑 때문이 아니라면 예수님께서 오실 필요가 없었습니다.(최익철 신부 옮김, 요한 서간 강해, p.311)/
　Major caritas, minor timor; minor caritas, major timor. 사랑이 커지면 두려움이 작아지고, 사랑이 작아지면 두려움이 커집니다.(최익철 신부 옮김, 요한 서간 강해, p.397)/
　Non autem dimittit nisi caritas. 사랑만이 용서 합니다/
　Non fuit caritas in Cain. 카인에게는 사랑이 없었습니다/
　O æterna veritas et vera caritas et cara æternitas.
　오 영원한 진리여, 진실한 사랑이여, 사랑스런 영원이여/
　opus caritátis. 자선사업(慈善事業)/
　perfecta ergo caritas hæc est.
　이것이 바로 완전한 사랑입니다/
　pondus caritatis. 사랑의 중력/
　Qui habent caritatem, nati sunt ex Deo; qui non habent, non sunt nati ex Deo. 사랑이 있는 사람은 하느님에게서 태어난 사람이고, 사랑이 없는 사람은 하느님에게서 태어난 사람이 아닙니다.(최익철 신부 옮김, 요한 서간 강해, p.243)/

Quia sola caritas exstinguit delicta. 사랑만이 죄를 없애주기 때문입니다.(최익철 신부 옮김, 요한 서간 강해, p.77)/
Sed hæc, ut diximus, fratres, perfecta caritas est.
　형제 여러분, 이미 말씀드린 바와 같이, 이것이 완전한 사랑입니다(최익철 신부 옮김, 요한 서간 강해, p.239)/
Si enim fratrem quem vides dilexeris, simul videbis et Deum; quia videbis ipsam caritatem, et intus inhabitat Deus. 그대, 보이는 형제를 사랑하면 바로 그때 하느님도 뵈올 것입니다. 사랑 자체를 뵈올 것이니, 하느님은 사랑 안에서 살아가시기 때문입니다(최익철 신부 옮김, 요한 서간 강해, p.243)/
si plena sunt caritate, habes Spiritum Dei. 사랑으로 가득 차 있으면, 그대는 하느님의 영을 모시고 있는 것입니다/
Si sciam omnia sacramenta, et habeam omnem fidem, ita ut montes transferam, caritatem autem non abeam, nihil sum. 내가 모든 신비를 깨닫고 산을 옮길 수 있는 큰 믿음이 있다 하여도 나에게 사랑이 없으면 나는 아무 것도 아닙니다(최익철 옮김. 요한 서간 강해, p.239)/
Tantum valet caritas. 사랑이 이토록 소중 합니다/
Ubi cáritas Deus ibi est. 애덕이 있는 곳에 하느님이 계신다/
Ubi cháritas et amor, ibi Deus est.
　애덕과 사랑이 있는 곳에 천주 계신다/
Unde intellegitur perfecta caritas? 완전한 사랑을 어떻게 알아보겠습니까?(최익철 신부 옮김. 요한 서간 강해, p.395)/
ut Deo inhæreat et eo fruatur. 하느님께 애착하고 그분을 향유하는 것(=토마스 아퀴나스의 "Cáritas" 정의)/
ut omnes in una caritas gaudeamus. 그리하여 모두가 하나의 사랑 안에서 기뻐하게 될 것입니다/
Utrum pax sit proprĭus effectus cáritátis?
　평화는 애덕의 고유한 결과인가?/
Utrum sine cáritate possit esse aliqua vĕra virtus.
　어떤 다른 덕이 신의 사랑 없이도 유도될 수 있는가.
caritas annónæ. 곡가앙등(穀價昂騰)
Caritas Christi, 중국에 있는 교회를 위한 기도(1982.1.6. 선언).
Caritas Cívium. 시민들의 사랑.존경
Caritas cooperit multitudinem peccatorum.
　사랑은 많은 죄를 덮어줍니다.
Caritas Ecclesiæ officium.(㉎ Charity as a responsibility of the Church) 교회의 본분인 사랑(2005.12.25. "Deus caritas est" 중).
Caritas enim Christi urget nos.(㉎ The love of Christ urges us on) 그리스도의 사랑이 우리를 다그칩니다(2코린 5, 14).
Caritas ergo non angustatur. 사랑은 옹색하지 않습니다.
Caritas erga proximos. 이웃사랑, 박애
Caritas ergo non angustatur. 사랑은 옹색하지 않습니다.
Caritas est Omnia. 사랑은 모든 것
(제6대 대구교구장 최덕홍 1902.6.2~1954.12.14 主敎 사목표어).
Caritas et sacrámenta. 사랑과 성사(㉎ Charity and sacráments).
Caritatis etiam ministerium pars est constitutiva Ecclesiæ missionis et irrenuntiabilis est expressio propriæ ipsius essentiæ. 사랑의 봉사는 교회의 사명을 이루는 구성 요소이며 교회의 본질 자체를 드러내는 필수적인 표현이기도 합니다.
(베네딕도 16세 교황의 2012.11.11. 자의교서 "Intima Ecclesiæ Natura" 중에서)
Caritas, exercitatio amoris in ecclesia veluti "communitate amoris".(㉎ The practice of love by the church as a "community of love")
　카리타스, "사랑의 공동체"인 교회의 사랑 실천.
Caritas exstinguit delicta. 사랑은 죄를 없애줍니다.
(최익철 신부 옮김, 요한 서간 강해, p.77).
caritas fratérna.(ΦιλαδελΦία.㉎ Fraternity.
　brotherly love/fraternal love.獨 Brüderlichkeit)
　友愛(Humanum Genus, 1884.4.20.), 형제애(兄弟愛)/
Caritas fraternitatis maneat.
　형제적 사랑이 머물도록 하십시오.
Caritas fraternitatis maneat in vobis.
　(~H filadelfi,a mene,tw) (㉎ Let mutual love continue)
　(獨 Bleibt fest in der brüderlichen Liebe)
　형제애를 계속 실천하십시오(성경, 히브 13, 1)/
　형제들을 꾸준히 사랑하십시오(공동번역, 히브 13, 1)/
　형제적 사랑이 여러분 가운데 머물도록 하십시오(200주년).

Caritas in Veritate, 진리 안의 사랑(2009.6.29.)

caritas infusa. 부어진 사랑

Caritas intus non intermittatur. 사랑이 마음속에서
그지없기를 바랍니다.(최익철 신부 옮김. 요한 서간 강해. p.349).

caritas liberórum. 자녀들에 대한 사랑

caritas magna, magna justitia est;
caritas perfecta, perfecta justitia.
위대한 사랑이야말로 위대한 정의요,
완전한 사랑이야말로 완전한 정의이다.

Caritas mea cum omnibus vobis in Christo Iesu.
(h` avga,ph mou meta. pa,ntwn u`mw/n evn Cristw/| VIhsou)
(獨 Meine Liebe ist mit euch allen in Christus Jesus!)
(英 My love to all of you in Christ Jesus)
나는 그리스도 예수님 안에서 여러분 모두를 사랑합니다(성경)/
나는 그리스도 예수를 믿는 여러분 모두를 사랑합니다(공동번역)/
나는 그리스도 예수 안에 있는 여러분 모두를 사랑합니다(200주년).

Caritas non quærit quæ sua sunt.
사랑은 자기 이익을 추구하지 않는다.

caritas novit veritatem. 사랑이 진리를 깨닫는다.

caritas operosa.(英 practical charity) 사랑의 실천

caritas pastoralis. 사목적(司牧的) 사랑

caritas politica. 정치적 사랑

Caritas, præterea, non debet esse instrumentum
quoddam in via alicuius rei quæ hodie proselytismus
nominatur.(英 Charity, furthermore, cannot be used as a
means of engaging in what is nowadays considered
proselytism) 사랑은 오늘날 개종 권유라고 하는 어떤
수단이 되어서는 안 됩니다(2005.12.25. "Deus caritas est" 중에서).

caritas sapientis. 현자의 사랑

Caritas Theologica. 하느님께 대한 사랑.
(신망.에 삼덕의 애덕. 백민관 신부 엮음, 백과사전 1, p.407).

Caritas ut testimonium et servitium.
증거와 봉사인 사랑.(英 Charity as witness and service).

Caritas ut vita moralis Christĭana. 그리스도교 윤리
생활인 사랑.(英 Charity as Christĭan moral life).

caritas veritatis. 진리에 대한 사랑, 진리의 사랑

Caritate Christi Compulsi. 성심과 세계의 빈곤(1932.3.3.).

Caritatem ergo commendamus; caritatem commendat
hæc Epistola. 저희가 여러분에게 당부하는 것이 바로 사랑
이며 이 편지가 여러분에게 당부하는 것도 사랑입니다.

Caritatem habete, quod est vinculum perfectĭonis.
완전의 묶음인 애덕(사랑)을 가지시오.

Caritatis, 폴란드의 현실(1894.3.19.)

caritatis contritĭo. 사랑의 통회(痛悔)

Caritatis Studium, 사랑의 연구(회칙 1898.7.25. 공표).
스코틀랜드 교회의 교도권(1898.7.25.).

Caritatis Testes. 사랑의 증인들

carĭtatívus, -a, -um, adj. (caritas) 자선의.
Colloquium caritativum. 사랑의 대담.

Carmelita m., f. (흔히 pl.) 가르멜회의 수도자

carmen¹, -mĭnis, n. 노래(שׁיר.英 Song), 가락.(英 melody),
곡조(旋律), 가곡, 음률, 음악소리, 음향(音響),
선율(旋律.英 melody-높낮이와 리듬을 지닌 음의 흐름), 가사,
시가, 시, 서정시(抒情詩), 신탁, 예언, 주문, 금언, 잠언,
종교예식의 기도문, 기념사, 법문, 선서문, 비문, 시비.
ad unguem carmen castigáre. 시가 완벽하게 될 때
까지 다듬다(대리석의 매끈함을 손톱으로 만져 보듯이)/
cármina incóndita. 서투른 노래/
exsecrabile carmen. 주문(呪文)/
Locos carminis Catulli attentius considera!
카툴루스의 그 시가의 그 대목을 주의 깊게 숙고하라/
Paucis carmina curæ sunt. 소수에게만 시구가 관심을 끌었다/
Te carmina nostra sonabunt.
우리의 시(詩)들이 그대를 찬양할 것이다/
vigilátum carmen. 밤새며 지은 노래.

carmen², -mĭnis, n. 빗, 얼레빗(빗살이 굵고 성긴 큰 빗)

carmen bucolicum. 목자의 시

carmen clarum. 유명한 시

Carmen de ingratis. 은혜를 저버린 이들에 대한 노래.
(아키텡의 프로스페로 지음).

carmen sæcullare. 백년제의 노래

Carmina Burana. 방랑 선비의 시가집.
(중세기 라틴어, 고지방 독일어 또는 이 두 언어의 혼합어로 된 시가집.
백민관 신부 지음, 백과사전 1, p.407).

Carmina commendare qualiacumque.
무슨 시든지 덮어놓고 칭찬하다.

carmina incondita. 서투른 노래

Carmina Nisibena. 니시비스의 노래(성 에프렘 지음)

carmina non prius audita. 일찍이 들어보지 못한 시가

carmina nondum vulgata. 미간시(未刊詩)

Carmina quam tríbuent, fama perénnis erit.
시들이 가져다줄 명예는 영원하리라.

carminále, -is. n. 노래(שׁיר.英 Song), 시조(時調)

carminátĭo, -ónis, f. (양털 따위를) 빗질함, 빗음

carminátor, -óris, m. 양털 빗겨 주는 자

carminátrix, -ícis, f. 양털 빗겨 주는 여자

cármĭno¹, -ávi, -átum, -áre, tr. 작시(作詩)하다, 작곡하다

cármĭno², -ávi, -átum, -áre, tr.
(양털, 삼 따위를) 빗다, 빗질하다.

Carna, -æ, f. 인간 생활을 보호하는 여신(女神)

carnális, -e, adj. 육신의, 육체의, 육욕의, 정욕의.
Non autem carnális, sed spiritális inter vos debet
esse dilectio. 너희 사랑은 육적(肉的)인 사랑이 아니라
영적(靈的)인 사랑이어야 한다(아우구스티노회 회칙)/
Non enim dilectio nostra carnalis esse debet.
그러나 우리의 사랑이 육적(肉的)이어서는 안 됩니다.
(최익철 신부 옮김, 요한 서간 강해, p.87).

carnalibus adversariis. 육적인 적군들

carnálĭtas, -átis, f. 육체성, 육체의 나약함, 육욕(肉慾)

carnárĭa, -æ, f. 도살장(屠殺場), 정육점(精肉店),
고기 파는 집, 푸줏간(고깃간. 정육점).

carnárĭum, -i, n. 육류 저장실, 고기 매다는 갈고리,
납골당.(英 Charnel House. 백민관 신부 엮음. 백과사전 1, p.575).

carnárĭus¹ -a, -um, adj.
살의, 고기의, 고기를 먹는, 고기를 좋아하는.

carnárĭus² -i, m. 육류상인, 고기를 좋아하는 사람

carnátĭo, -ónis, f. 비만(肥滿), 지방과다, 지나치게 뚱뚱함

carnátus, -a, -um, adj. 비만한, 너무 살찐, 지방과다의

cárnĕus, -a, -um, adj. 고기의, 살의, 살 많이 붙은,
살찐, 육체적, 육욕의, 정욕의, 물질적, 현세적.

carnícŭla, -æ, f. 살점, 고깃점

cárnĭfex, -ficis, m. (caro²+fácio) 사형 집행인, 희광이,
(로마 시대의) 십자가형을 집행하던 노예, 살인자,
(욕설) 불량배, 악한, 불한당, (남을) 괴롭히는 사람.

carnificátor, -óris, m. 사형 집행인(死刑 執行人)

carnificatrix, -ícis, f. 여자 사형 집행인

carnificína, -æ, f. 사형 집행인의 직무,
형장(刑場-사형을 집행하는 곳), 고문(拷問), 형벌, 형틀.

carnífico, -ávi, -átum, -áre, tr. 죽이다(יקטל),
난도질하다, 갈기갈기 찢다, 사형 집행하다.

carníficor, -átus sum, -ári, dep., tr. = carnífico

carnis, -is, f. = caro²

carnis resurrectĭonem. 육신의 부활(復活)

carnis resurrectionem, vitam æternam. Amen.
육신의 부활과, 영원한 삶을 믿나이다. 아멘.

carníssumus, -a, -um, adj. (caro²+sumo)
육식하는, 식육(食肉)의.

carnívŏra, -órum, n., pl. 식육류(食肉類)

carnívŏrax, -ácis, adj. (caro²+ voro) 육식하는, 식육성의

carnívŏrus, -a, -um, adj. (caro²+voro)
식육류(食肉類)의, 육식(肉食)하는.

carnósĭtas, -átis, f. 살찜, 비만(肥滿)

carnósus, -a, -um, adj. 비만의, 살 많은, 살찐

carnuf… V. carnif…

carnŭléntĭa, -æ, f. 비만(肥滿), 비대(肥大)

carnŭléntus, -a, -um, adj. 살찐, 비대한, 육욕의

caro¹, -ĕre, tr. (양털을) 빗질하다

C

caro², carnis, f. [인간의 순수 자연조건으로 사람은 육체를 가지고 있는 것이 아니라 살아 있는 한 육체이다. 이러한 뜻에서 영혼과 육신으로 되었다는 개념의 육신(corpus)과 다른 개념이다. 영혼과 육신을 합쳐서 생각하는 인간을 셈족은 Sarx, 즉 '육체'라는 말로 표현했다. 남녀가 합해 한 몸을 이룬다고 할 때도 그것은 한 영체라는 뜻이 아니고 한 육체라는 뜻으로 썼다(창세 2, 24; 마태 19, 5;에페 5, 31). 모든 육체라 할 때 이 말은 살아 있는 모든 피조물을 가리켰고, 특히 모든 사람, 즉 중생이란 뜻이다. 백민관 엮음, 백과사전 2, p.43]. [사도 바오로는 인간을 육(σώμα.caro)과 혼(φυχὴ, anima)과 영(πγεύμα, spiritus)으로 구분하였고(1테살로니카 5, 23), 아우구스티노는 이 구분에 따라 인간을 오성과 생혼과 몸체를 갖춘 피조물(intellectualis et animalis et corporalis creatura)이라고 정의하였다. 이것은 신플라톤 사상의 물질, 혼, 영의 분류에 상응한 것이다. 영혼 속에서 이성의 고등활동이 이루어지고 그곳에서 지성의 정곡(apex mentis), 즉 진리의 파악 또는 진리 자체인 신과의 합일이 이루어진다고 보았다. 성 염 지음, 사랑만이 진리를 깨닫게 한다, p.76]
그리스어 Sarx. (동물의) 고기, 살(σὰρξ.肉), (과일의) 살, (정신, 영혼의 반대) 肉(σὰρξ-πνεύμα와 반대되는 개념), 육신(רָשָׂב.σώμα.σὰρξ.[영] Flesh), 육체(σὰρξ.σώμα.[영] Flesh), 몸(σώμα.[영] Flesh). (성) 사람(אֱנוֹשׁ.ἄνθρωπος.םדָאָ), 인간.
De resurrectione carnis. 육신의 부활(Florens Tertullianus 지음)/
desideria carnis. 육체의 욕망(慾望)/
Desideria carnis non efficere. 육체의 욕망을 채우지 말라. (성 베네딕도 수도규칙 제4장 59)/
Ecce nos os tuum et caro tua sumus. ([영] Here we are, your bone and your flesh) 우리는 임금님의 골육(骨肉)입니다(성경 2사무 5, 1)/
Gustato spiritu, desipit omnis caro. 영(靈)을 맛본 다음이면 육이(肉) 모두 싱겁다/
Ita nullus secundum carnem crescit quando vult: sicut nullus quando vult nascitur. 그 누구도 원한다고 해서 육체적으로 자라지 못합니다. 이는 아무도 원하는 때에 태어나지 못하는 것과 같습니다/
mysteria carnis Christi. 그리스도의 몸의 제신비(諸神秘)/
Nec tu me in te mutabis, sicut cibum carnis tuæ; sed tu mutaberis in me.([영] nor shall you change me, like the food of your flesh, into yourself, but you shall be changed into me) 네 살의 양식처럼 내가 너에게 동화되는 것이 아니라, 오히려 네가 나에게 동화될 것이다/
Nemo umquam carnem suam odio habvit. 도대체 자기 몸을 미워하는 사람은 없습니다/
Novus Christus in carne, sed antiquus in divinitate. 그리스도께서는 육신으로는 새로운 분이지만 신성으로는 오래된 분입니다.(최익철 신부 옮김, 요한 서간 강해, p.123)/
Omnis caro fenum, et omnis gloria eius quasi flos agri. 모든 인간은 풀이요 그 영화는 들의 꽃과 같다(이사 40, 6)/
omnis caro, omnis creatura. 너희는 모든 살이요, 모든 조물/
Quæ sit carnis resurrectio et vita æterna. 육신의 부활과 영원한 생명(교부문헌 총서, 신국론 제22권)/
Qui autem in carne sunt, Deo placere non possunt. 육 안에 있는 자들은 하느님 마음에 들 수 없습니다/
sed induite Dominum Iesum Christum et carnis curam ne feceritis in concupiscentiis(desideriis). (avlla. evndu,sasqe to.n ku,rion VIhsou/n Cristo.n kai. th/j sarko.j pro,noian mh. poiei/sqe eivj evpiqumi,aj) ([獨] sondern zieht an den Herrn Jesus Christus und sorgt für den Leib nicht so, daß ihr den Begierden verfallt) ([영] But put on the Lord Jesus Christ, and make no provision for the desires of the flesh) 그 대신에 주 예수 그리스도를 입으십시오. 그리고 욕망을 채우려고 육신을 돌보는 일을 하지 마십시오(성경)/주 예수 그리스도로 온몸을 무장하십시오. 그리고 육체의 정욕을 만족시키려는 생각은 아예 하지 마십시오(공동번역)/오히려 주 예수 그리스도를 (새 옷으로) 입으시오. 그리고 욕정을 만족시키려고 육신을 돌보는 일이 없도록 하시오(200주년 신약성서 로마 13, 14)/
Ut quid perversa sequeris carnem tuam? ipsa te sequatur conversam. 너 어찌하여 네 살을 쫓느냐? 살이 도리어 너를 쫓으렷다.(고백록 4.11.17.)/
vivere secundum carnem, secundum spiritum. 육과 영에 따른 삶의 방식.(교부문헌 총서 16, 신국론, p.1542).

cārō³ adv. 비싸게.
Bene (caro) vendidisti. 너는 비싸게 (잘) 팔았다.

caro agnina. 어린 양고기(agnina, -æ, f.)
caro alte vulnerata. 깊은 상처를 입은 살
caro animalis. 영혼에서 온 육신(교부문헌 총서 8, p.150)
caro bubula. 쇠고기
Caro facta est anima ut anima ostenderetur. 영혼이 보여 질 수 있기 위해 육신이 되었다.(교부문헌 총서 8, p.160).
Caro mea vere est cibus, et sanguis meus vere est potus.(h` ga.r sa,rx mou avlhqh,j evstin brw/sij(kai. to. ai-ma, mou avlhqh,j evstin po,sij) ([獨] want mijn vlees is de ware spijs, en mijn bloed is de ware drank.)([영] For my flesh is true food, and my blood is true drink.) (요한 6, 55) 내 살은 참된 양식이고 내 피는 참된 음료다.
caro putativa. 가상적(假想的) 육신
caro spiritualis. 영적 육신
caro suilla. 돼지고기(porcina, -æ, f.)
carœnum, -i, n. 단 포도주/lor(ĕ)a, -æ. f. 막 포도주
caróta, -æ, f. (植) 당근, 홍당무
carpa, -æ, f. (魚) 잉어(鯉)
carpátin··· V. **carbátin**···
carpe, 원형 carpo, carpsi, carptum, -carpĕre, tr. [명령법. 현재 단수 2인칭 carpe, 복수 2인칭 carpite].
Carpe diem.[Horatius의 詩 구절 중 한 부분] 이 하루를 만끽하라!, 오늘을 만끽하라(눈앞의 기회를 놓치지 마라), 현재의 날을 이용하라, 이 순간을 즐겨라.
Carpe diem, quam minimum creula postero(Horatius, odes 1. 11). 오늘을 잘 활용하라 내일 무슨 일이 일어날지 모르니…. [Leuconœ, carpe diem! quam minimum credula sis postero diei! 레우코노에여, 오늘을 붙들어요. 내일일랑 얼마나 믿지 말아야 할지(모른다오) 고전 라틴어, p.268]/ 오늘을 즐겨라, 내일이란 말은 최소한만 믿어라. [Carpe diem은 원래 농사와 관련된 은유로서 로마의 시인인 호라티우스(Quintus Horatius Flaccus, B.C. 65~B.C. 8)가 쓴 송가(頌歌)의 마지막 부분에 있는 시구이다. Carpe diem, quam minimum creula postero. 오늘을 붙잡게, 내일이라는 말은 최소한만 믿고. 시의 문맥상 "내일에 너무 큰 기대를 걸지 말고 오늘에 의미를 두고 살라"라는 뜻으로 풀이되는데 지금은 숱한 의역을 거쳐 '오늘을 즐겨라'라는 뜻으로 정착되었는데 주목할 것은 이 말이 쾌락주의 사조의 주요 표제어가 되었다. 한동일 지음, 라틴어 수업, p.161].
carpenta serica. 비단 휘장을 친 마차
carpentárĭa, -æ, f. 수레 제작소(製作所)
carpentárĭus, -a, -um, adj. 수레의
carpentárĭus ártifex. 수레 제조인(製作人)
carpéntum, -i, n. 이륜마차, 마차, Gállia군의 마차. carpenta serica. 비단 휘장을 친 마차.
carphŏs, -i, n. 볏짚, 밀짚, (植) 호로파(葫蘆巴)
carpínĕus, -a, -um, adj. 서나무의
carpínus, -i, f. (植) 서나무, 개서나무(Carpinus laxiflora)
carpo, carpsi, carptum, -carpĕre, tr. **따다**, **뜯다**, (꽃을) 꺾다, (낫 따위로) 베다, 잘라내다, 뽑아내다, (가축 따위가) 뜯어먹다, (벌들이 꽃에서) 빨아먹다, 따먹다, 갉아먹다, 야금야금 먹어치우다, 골라내다, (목동이) 풀 뜯기러 몰고 가다, 추리다, 다듬다, (실을) 뽑다, 골라 모으다, 긁어모으다, 잡아 찢다, 찢어내다, 발기발기 찢다, 토막 내다, (여가 따위를) **즐기다**, 누리다, (길, 곳, 바다 따위를) 후딱 지나가다, 가다, 갈라놓다, 분산시키다, 짤막짤막하게 하다, **헐뜯다**, 허물을 들추어내다, 약화시키다, 좀 먹어 들어가다, 소모시키다, 감소시키다, 시달리게 하다, 못살게 굴다, 들볶다, 괴롭히다, 애먹이다, (적군을 여기저기서) 끊임없이 습격하여 괴롭히다. Carpe Diem. 오늘을 잡아라, 오늘을 즐겨라.
carpo exércitum. 군대를 분산시키다
carpo molles somnos. 단잠을 즐기다
carpo supremum iter. 마지막 길을 가다, 일찍 죽다(cedo vita).
carpŏgónĭum, -i, n. (植) 낭과기, 조과기(造果器)
carpŏlogía, -æ, f. 과실학(果實學), 과실 분류학
carpora quadrigemina, -órum, n., pl. (醫) 사구체 (四丘體-신장의 피질부에 있는, 공 모양의 작은 모세 혈관 덩어리).
carpsi, "carpo"의 단순과거(pf.=perfectum)
carptim, adv. 토막토막, 조각조각, 조금씩, 추려서,

따로따로, 여러 번에 걸쳐, 쉬엄쉬엄, 띄엄띄엄,
군데군데(multifariam, adv./sparsim, adv.).
carptŏr, -óris, m. 식탁에서 고기 베는 사람,
먹을 것을 잘라 나누는 사람, 식탁 심부름꾼.
[로마시대에 손님이 저녁 연회에 참석하면 세 명의 노예가 곁에서 시중을 들었다.
nomenclator. 저녁 연회 때 도착한 손님의 이름을 소개하는 노예.
structor. 지배인격으로 연회의 책임을 맡은 노예.
carptor. 손님이 먹을 것을 먹기 좋게 잘라 나누어주는 노예
한동일 지음. 라틴어 격언, p.189]
carptum, "carpo"의 목적분사(sup.=supínum)
carptúra, -æ, f. 수집(收集), 끌어 모음,
(수액, 끌 등의) 채취(採取-자연물을 즐거나 따서 거두어들임).
carpus, -i, m. 손목뼈(腕骨-腕骨), 완골(腕骨-손목뼈)
carpúscŭlus, -i, m. 신의 일종, 받침돌(臺石)
carracútĭum, -i, n. (바퀴가 높은) 이륜차(二輪車)
carro = caro
carrúca, -æ, f. 포장마차, 사륜차의 일종
carrúlus, -i, m. 작은 수레
carrus(=carrum), -i, m.(n.)
네 바퀴 달린 화물마차, 화물 운송차.
cartállus, -i, m. 광주리(cumera, -æ, f.), 바구니, 채롱
Cartesianísmus, -i, m. (哲) 데카르트의 철학설
Carthagiénsis, -e, adj. 카르타고의
Carthágo, -gínis, f. 아프리카 북해안의 유명한 도시,
m. 카르타고 사람.
Delenda est Carthago.(Cato).
카르타고는 망해야 한다(=섬멸되어야 한다)/
Primo Punico bello Romani quater carthaginenses
profligaverunt : semel proelio equestri, ter navalibus
proeliis. 제1차 포에니 전쟁 때 로마인들은 카르타고인들을
네 번 물리쳤다. 한 번은 기병전에서, 세 번은 해전에서/
Tertium bellum contra Carthaginem fuit sexcentesimo
et altero ab Urbe condita anno.
제3차 카르타고 전쟁은 로마 건국 602년에 있었다.
Carthago Romanis delenda est. 카르타고는 로마인 손에
멸망해야 한다.[행위자 여격 문장으로 동사의 행위가 어떤 자에 의해
이루어져야 함을 나타낸다. 소위 수동태 용장활용에서 행위자 탈격을 대신한다].
cártigo, -áre, tr. 잊지 않도록 적어놓다
cartilágíneus, -a, -um, adj. 연골의, 연골질의
cartilágínósus, -a, -um, adj. 연골의, 연골성의, 연골 많은
cartilágo, -ginis, f. 연골조직(軟骨組織),
연골(軟骨-척추동물의 뼈 중 비교적 연한 뼈, 물렁뼈, 여린뼈),
식물의 과육과 목질(木質) 사이의 연한 부분.
cartilago fibrosa. (解) 섬유연골(fibrocartilago, -ginis, f.)
Cartularium(pancarta, codex diplomaticus)
기록문서 대장[이 문서들은 외교문서 형식으로 되어 있기 때문에
Codex diplomaticus라고도 했다(토르의 그레고리오는 이 시기의 Chartanum
tomi에 관해 언급했다. 현존하는 기록대장 수사본은 9, 10, 11세기의 것이
가장 오래된 것인데, 대부분의 수사본은 13세기 또는 그 이후의 것이다.
백민관 신부 엮음. 백과사전 1, p.577].
**Cartusia numquam reformata, quia numquam
reformata.** 카르투지오會는 변형된 적이 없는 만큼
결코 개혁되지 않았다/카르투지오 회원들은 개혁된 적이
없다. 왜냐하면 변질된 적이 없기 때문이다.
carúncŭla, -æ, f. 고기살점, 고기의 작은 덩어리
cārus¹, -a, -um, adj. 귀한(זָקָר), 귀중한, 비싼, 귀여운,
사랑스러운, 친애(親愛)하는, 존경(尊敬)하는.
Cari fratres ac sorores.(⑨ Dear brothers and sisters)
사랑하는 형제자매 여러분(2007.2.22. "Sacramentum Caritatis" 중).
Cārus², -i, m. Roma인들의 가문명

	단 수		
	m. (남성)	f. (여성)	n.(중성)
Nom.	cárior	cárior	cárius
Voc.	cárior	cárior	cárius
Gen.	carióris	carióris	carióris
Dat.	carióri	carióri	carióri
Acc.	cariórem	cariórem	cárius
Abl.	carióre	carióre	carióre

	복 수		
	m. (남성)	f. (여성)	n.(중성)
Nom.	carióres	carióres	carióra
Voc.	carióres	carióres	carióra
Gen.	cariórum	cariórum	cariórum
Dat.	carióribus	carióribus	carióribus
Acc.	carióres	carióres	carióra
Abl.	carióribus	carióribus	carióribus

1. 형용사의 비교급은 원급에서 어간을 찾아내어 거기에 남성.여성
은 -ior, 중성은 -ius를 붙여서 만든다.(형용사의 어간은 단수 속격
에서 그 어미를 떼어내고 남는 부분이다.
2. 모든 형용사의 비교급은 원칙적으로 제3변화대로 변화해 나가는
것이지만 그 어미에 있어서는 제3변화 명사의 제1식을 따라간다.
즉 단수 탈격 어미는 -e, 복수 속격 어미는 -um, 중성 복수 주격
(호격.대격) 어미는 -a이다.
(박기용 지음, 희랍어 라틴어 비교문법, p.58)

caryátídes, -um, f., pl. (建) 여인상의 기둥
Caryátis, -ídis, f. Diána 여신(女神)의 별명
carýĭnos, -on, =carýĭnus, (a), -um, adj. 호도(胡桃)의
cáryon, -i, n. (植) 이탈리아 호도(胡桃), 큰 호도
caryŏphyllácĕæ, -árum, f., pl. (植) 패랭이과(科)
caryŏphýllon, -i, n. (植) 정향(丁香) 나무
caryópsis, -is. f. (植) 각과(殼果), 영과(穎果)
caryótsis(=caryóta), -ĭdis(-æ), f. 종려나무 열매의 일종
cāsa, -æ, f. 오막살이, 초라한 집, 초가집(草家), 움막,
초막(סֻכָּה-풀이나 짚으로 지붕을 이은 조그만 막집), 헛간,
군대의 임시막사(軍隊 臨時幕舍).
casabúndus, -a, -um, adj. = cassabúndus
casálĭa, -íum, n., pl. 지경(地境), 경계선(境界線)
casánĭcus, -a, -um, adj. 초막의, 움집의, 오막살이의
casárĭa, -æ, f. 초막 지키는 여자
casárĭus, -i, m. 초가에 사는 자, 소작인(小作人)
cascus, -a, -um, adj. 옛, 고대의, 오래된, 구식의,
고풍의, 낡은, 늙은, 고참의(선임자의).
cāsĕárĭus, -a, -um, adj. 치즈의
cāsĕátus, -a, -um, adj. 치즈로 만든, 지방 많은
casĕínum, -i, n. 카세인(乾酪素), 건락소(카세인)
casélla, -æ, f. 오두막집, 움막,
초막(סֻכָּה.草幕-풀이나 짚으로 지붕을 이은 조그만 막집).
caséllŭla, -æ, f. 작은 움막, 작은 초막
cāsĕólus, -i, m. 작은 치즈(⑨ cheese)
cásĕum(=cásĕus), -i, n.(m.)
치즈(⑨ cheese.⑨ pressum lac.).
caseum molliculus 감언이설(甘言利說)
caseum prémere. 치즈를 만들다
cásĕus,(=cásĕum) -i, m. 치즈(⑨ cheese, pressum lac)
cásĭa, -æ, f. 육계(肉桂), 방향성(方向性) 식물의 일종
cásĭto, -ávi, -átum, -áre, intr.
자주 떨어지다(落), 뚝뚝 떨어지다.
casnar, -áris, m. 노인(老人.⑨ Elderly), 노쇠한 사람
Caspium Mare, -i, -ris, n. 카스피海, 이해(裏海)
cassabúndus(=casabúndus) -a, -um, adj.
비틀거리는, 쓰러질 듯한.
cassátim, adv. 무익하게, 쓸데없이
cassé, adv. 무익하게, 쓸데없이
cassésco, -ĕre, intr. 사라지다(라고.רין), 흩어져 없어지다
cássĭa, -æ, f. 계피(桂皮-계수나무의 껍질), 좋은 향기
Cassiáni, -órum, m., pl. Cássĭus의 군대(軍隊)
cassícŭlus, -i, m. 작은 그물
cássĭda, -æ, f. 투구, 철모(鐵帽)
cassidárĭus, -i, m. 투구 제조인(製造人)
cassídĭle, -is, n. 배낭, (사냥꾼이) 새 잡아 넣는 자루
cassis¹, -ĭdis, f. 투구, (기병의) 철모(鐵帽), 전쟁(戰爭)
cassis², -is, m. 사냥 그물, 거미줄, 올가미,
올무(올가미), 함정(陷穽), 계략(計略)
cassita, -æ, f. (動) 운작(雲雀-종다릿과의 새. 종다리. 종달새)
종달새(鳥-告天子 혹은 "종다리"라고 함).
cassitĕrum, -i, n. 주석(朱錫-은백색의 광택이 나는 금속), 합금
cássĭto, -ávi, -áre, intr. 가끔 떨어지다,
마냥 떨어지다, 뚝뚝 떨어지다, 자주 떨어지다.

C

173

Cassius, -i, m. 최초의 경지법 발안자(485 A.C.),
Prius Cassius ad Messanam advolavit,
quam Pompeius de suo adventu cognoscerat.
카씨우스는 폼페이우스가 자신의 도착에 대해서
알아차리기 전에 급히 메사나로 갔다.

casso¹, -ávi, -átum, -áre, intr.
무효케 하다, 파기하다, 깨뜨리다, 파괴하다.
Cessante causa, cessat effectus.
(법률행위로서의) 원인이 소멸되면 결과도 소멸된다.

casso², -ávi, -átum, -áre, intr.
동요하다(ʊʏ,ʊʏ), 흔들린다.

cassum, adv. 쓸데없이, 헛되이

cassus, -a, -um, adj. 빈, 텅 빈, 결핍된, (무엇이) 없는,
빼앗긴, 헛된, 쓸데없는, 무익한, 성과 없는.
in cassum. 무익하게, 공연히/
recido in cassum. 수포로 돌아가다.

cassus lúmine. 죽은(νεκρὸς, solutus, -a, -um, p.p., a.p.)

casta meretrix. 순결한 창녀(娼女)

castaldus, -i, m. 롬바르드 지방에 있는 일종의 장관 계급
(처벌권이 있었고 사람을 구속할 권리도 있는 계급이었다.
이재성 옮김, 아씨시 성 프란치스코의 생애, p.372)

castáněa, -æ, f. (植) 밤(栗), 밤나무

castanétum, -i, n. 밤나무 밭

castaněus, -a, -um, adj. 밤(栗)의, 밤나무의

castě, adv. 깨끗하게, 정결하게, 티 없이, 조촐하게,
정직(청렴) 하게, 양심적으로, 덕성스럽게, 착실하게,
정숙하게, 종교적으로, 경건(敬虔)하게.

castellánus, -a, -um, adj. 요새의, 성의, 성채(城砦)의.
m. 성채(城砦)에 사는 사람, 성채의 수비대원.

castellárius, -i, m. 요새 감시인(要塞 監視人)

castellátim, adv. 성채(城砦) 마다, 성곽별로

castéllum, -i, n. 요새(要塞), 산성(山城), 성채(城砦),
보루(堡壘), 은신처, 부락, 촌락, 산동네, 산에 있는 농장.
Hanniba se tenebat in castello quod ei a rege Prusia
datum erat muneri. 한니발은 국왕 푸르시아로부터
그에게 선물로 주어진 요새에 체류하고 있었다.

castéria, -æ, f. 선복(船腹-선박의. 화물을 싣는 곳),
선박 도구실, 선원 휴게실(船員 休憩室)

Casti connubii, 정결(淨潔-맑고 깨끗함)한 혼인(1930.12.31.),
깨끗한 결혼생활, 그리스도교인의 결혼(교황 비오 11세 회칙).

castificátio, -ónis. f. 정결(淨潔)하게 함

**Castificas te, non de te, sed de illo qui venit ut
inhabitet te.** 그대가 순결하게 하는 것은 그대 자신의
힘으로써가 아니라 그대 안에 살려고 오신 분으로 말미
암은 것입니다.(최익철 신부 옮김, 요한 서간 강해, p.209).

castífico, -áre, tr. 정결하게 하다, 순화하다, 깨끗하게 하다.
Quis nos castificat nisi Deus? Sed Deus te nolentem
non castificat. 그러나 하느님 아니시면 누가 우리를 순결
하게 하겠습니까? 그렇지만 하느님께서는 원하지 않는
사람을 순결하게 하시지는 않습니다.
(최익철 신부 옮김, 요한 서간 강해, p.209).

castíficus, -a, -um, adj. (castus+fácio)
정결(淨潔-맑고 깨끗)한, 조촐한, 깨끗하게 하는.

castigábilis, -e, adj. 징벌 당할 만한, 견책 받아 마땅한
Castigat ridendo mores.
웃으면서(그 여자는) 품행을 고친다.

castigáte, adv. 검소하게, 단정하게, 신중하게, 간결하게

castigátim, adv. 검소하게, 단정하게, 신중하게, 간결하게

castigátio, -ónis. f. 징벌, 징계, 주의 줌, 전정(剪定),
책망(責望-잘못을 들어 꾸짖음), 견책(譴責-책망을 당함)
Omnis animadversio et castigatio contumelia vacare
debet et ad rei publicæ utilitatem referri.
일체의 경고와 형벌은 멸시를 띠어서는 안 되며,
공화국의 이익에 연관되어야 한다.

castigátor, -óris. m. 책망하는 자, 벌하는 자, 비판자,
교정(矯正) 하는 사람, 정정하는 사람, 체형자(體刑者)

castigatórius, -a, -um, adj. 징벌의, 책망의

castigátus, -a, -um, p.p., a.p. 책망 받은, 벌 받은,
교정된, 바로잡은, 다듬어진, 제한된, 제지당한, 억제된,

엄격한.

castígo, -ávi, -átum, -áre, tr. (castus+ago)
교정하다, 개선하다, 고쳐주다, 다듬다,
다시 손질하다, 징계하다, 꾸짖다(ʏʏʏ,ʏʏʏ),
책벌하다, 나무라다(ʏʏ,ʏʏ), 비난하다(ʏʏ,ʏʏ),
제어하다, 길들이다, 억제하다, 억누르다,
견제하다, (폭동 따위를) 진압하다.
ad unguem carmen castigáre. 시가 완벽하게 될 때
까지 다듬다(대리석의 매끈함을 손톱으로 만져 보듯이)/
Qui bene amat bene castigat.
매우 사랑하는 자는 잘 책벌 한다/
Ridendo castigat mores. 웃음으로 습관을 고친다.

castimónia, -æ, f. 순결(純潔.영 Purity), 청순(淸純),
정결(ʏʏʏʏ.영 Chastity/Purity), 정절, 재계(齋戒)

castimoniális, -e, adj. 절제에 적합한

cástitas, -átis, f. 순결(純潔.영 Purity), 정절(貞節),
정결(ʏʏʏʏ.영 Chastity/Purity), 정덕(貞德),
성적인 욕정을 조절하는 윤리덕, 천사의 덕성이라고도 함.
balteus castitatis. 정결의 띠/
De exhortatione castitatis. 정결에 대한 권고(부인을 잃고
재혼할 생각을 가진 친구의 마음을 바꾸려는 의도로 테르툴리아누스가 지음)/
impedimentum voti castitatis. 수도 서원 장애/
Quod fratres debent vivěre sine proprio et in
castitate et obedientiá. 형제들은 소유 없이
정결(貞潔)과 순종 안에서 살 것입니다.

castitas cœlibum. 독신자의 정결

castitas consecratæ provocatio. 봉헌된 정결에 대한 도전

castitas Deo dicata. 하느님께 바쳐진 정결(貞潔)

**Castitas incontinentiam procul pellat,
tenebras simulátionis lux abigat veritatis.**
정결은 무절제를 멀리 쫓아내고
진리의 빛은 거짓의 어둠을 몰아냅니다.

castitas matrimonialis. 혼인의 정절(婚姻 貞節)

castitas nuptiárum. 결혼 생활의 정결(貞潔)

castitas propter regnum cælorum.
하느님 나라를 위한 정결(貞潔)

Castitatem amare. 순결을 좋아하라.(성 베네딕도 수도규칙)

castor, -ŏris, m. (動) 해리(海狸.영 beaver), 바다 삵

castórěum, -i, n. 해리 향, 카스토레움, 해리에서 뽑은 약

castórěus(=castórínus) -a, -um, adj. 해리(海狸)의

castorīnátus, -a, -um, adj. 해리 털옷을 입은

castorínus = castórěus

castra, -órum, n., pl. 진영(陣營), 군막(軍幕), 병영,
진막, 막사, 행군, 야영, 병력, 진지(陣地.ʏʏʏ),
진(陣-전투를 위하여 아영을 할 때 군사가 머물러 둔하을 치는 곳).
ambitus castrorum. 병영(兵營)의 울안/
bina castra. 두 군막/
Cæsar legiónes pro castris collocávit.
캐사르는 군대를 진지 전방에 배치하였다/
castris se tenére. 진지에 머물다/
Defendite castra, si quid durius.
전황이 악화되거든 너희는 진영을 방어해라/
educo cópias (e) castris. 군대를 진막에서 인솔해 나오다/
Exercitus e castris egressus est. 군대가 진영에서 나왔다/
In áltera castra transcúrsum est. 다른 진지로 뛰어 넘어가다/
In castris tumultuátur. 진영 안이 소란하다/
Locus maxime idoneus castris est proximus mari.
요새에 가장 적합한 장소는 바다에 아주 가깝다/
Mucius Cordus, vir Romanæ constantiæ, in castra
Prorsennæ venit. 무키우스 코르두스, 로마인다운
강직함을 갖춘 사나이가 포르센나의 진지로 찾아갔다.
[Cordus: Gaius Mucius Scævola: 로마의 전설적 영웅. Porsenna가 로마를 포위
하자(509년) 단독으로 적장을 찾아가 담판하여 협상을 끌어냈음.
Lars Prosenna: 기원전 6세기 Clusium의 국왕. 로마에서 축출된 국왕 Tarquinius
를 복위시키려고 로마를 공격하였음. 성 염 지음, 고전 라틴어, p.385]/
Nostri se in castra, ut erat imperatum, receperunt.
우리 병사들은, 명령받은 대로,
병영으로 물러갔다(se recipere).[성 염 지음, 고전 라틴어, p.341]/
Pæne factum est, quin castra relinqueréntur.

174

천막들을(버리고) 떠날 뻔했다(quin 참조)/
præter castra copias traduxit. 진지 옆을 지나/
Sine signo in prœlium ruunt, cum alii nondum e castris
exissent. 다른 사람들이 진지로부터 미처 나오지도 않았는
데 그들은 군기도 없이(공격 신호도 없이) 전투로 돌진했다/
transeo per média castra. 진지 가운데로 지나가다/
transfero castra Bætim. 진지를 Bœtis江으로 옮기다/
trina castra. 세 진영(陣營)/
Tuémini inquit, castra.(inquam 참조)
'너희는 진지를 지켜라' 하고 그가 말했다/
usque ad castra. 진지까지.

castra bina. 두 군막
castra castris confero. 적(敵)과 대치하다
castra facio. 진막(陣幕)을 치다
Castra hóstium tridui aberant.
적군의 진영까지는 사흘 길 되는 거리였다.
castra ponere. (軍) 진(陣)을 치다
castra pónere advérsus urbem. 도시를 향하여 陣을 치다
castra transférre ultra *alqm* **locum.**
진지를 어떤 장소 저쪽으로 옮기다.
castra tumulo acclinata. 언덕을 배경으로 한 진지(陣地)
Castra vestra munita sunt vallo turribusque.
너희의 병영(주둔지)은 방책과 망루들로 갖추어졌다.
castrămétor, -átus sum, -ári, dep., intr.
포진하다, 군대를 주둔시키다, 야영하다,
진영을 위하여 토지를 측량하다.
castrátĭo, -ónis, f. 거세(去勢), 정관수술(精管手術),
고환 절제수술, 전정(剪定-가지치기).
castrátor, -óris, m. 거세하는 사람
castrātórĭus, -a, -um, adj. 거세에 사용되는, 거세의
castratrix, -ícis, f. 거세하는 여자
castratúra, -æ, f. = castrátĭo, -ónis, f.
castrátus, -i, m. 거세된 남자, 고자(鼓子-거세된 남자),
내시(內侍-宦官), 환관(宦官-內侍).
castrensíáni, -órum, m., pl. 근위대(近衛隊) 장교
castrensiárĭus, -a, -um, adj. 군영(軍營)에 관한
castrénsis¹, -e, adj. 병영(兵營)의, 군영의
castrénsis rátĭo. 군율(軍律-군대의 규칙이나 법률)
castrénsis², -is, m. 왕실의 장교, 요새(要塞)의 주민
castrĭcĭánus, -a, -um, adj. 야영의, 병영(兵營)의
castris produco exércitum.
진영에서 군대를 인솔하여 나오다.
castro, -ávi, -átum, -áre, tr. 거세하다, 무력하게 하다,
전정하다, 자르다.
castrum, -i, n. 요새(要塞), 성채(城砦), 진영(=castra),
병영, 전투, 군무(軍務), 하루의 행군, 야영(夜營).
castrum doloris. 교황 영구대(教皇 靈柩臺)
cástŭla, -æ, f. 발까지 내려오는 여자의 치마
castus, -a, -um, adj. 순결한(καθαρὸς), 품행이 단정한,
정숙한, 청순한, 순수한, 깨끗한(καθαρός),
나무랄 데 없는, 경건한, 신심 깊은, 거룩한(άγιος),
양심적인, 성실한.
Castissima et pudicissima. 순결하고 정숙한 여자(비문에 사용)
Hominem non novi castum nisi sobrium.
음식을 절제하지 않고 정덕을 잘 지키는 사람
나는 하나도 모른다(성 예로니모)/
Quis est timor castus? Ne amittas ipsa bona.
순수한 두려움이란 무엇입니까? 善 자체이신 분을 잃지
않으려는 것입니다.(최익철 신부 옮김. 요한 서간 강해. p.403)/
ut sit in te timor castus, permanens in sæculum sæculi.
그리하여 영원히 이어지는 순수한 두려움이 여러분 안에
머물도록 하십시오.(최익철 신부 옮김. 요한 서간 강해. p.417).
cásu, adv. 우연히, In tali casu. 이런 경우의
casuális, -e, adj. 우연한, 우발의, 무심결의,
되는 대로의, (文法) 격변화(格變化)하는.
nihil est casuale quod evenit secundum præordinationem
alicuius gubernantis. 어떤 통치자의 사전 계획에 따라
일어나는 어떤 것도 우연적이지 않다.(신학대전 14, p.91).

casuālísmus, -i, m. (哲) 우연론(偶然論)
casuáliter, adv. 우연히
casuísta, -æ, m. (倫) 결의론자, 양심문제 결의론
casuística, -æ, f.
((倫)) (응용 윤리신학의) 결의론(決疑論.⑨ casuistry).
cásŭla, -æ, f. 제의(⑨ chasuble), 몸통 제의, 겉 제의,
작은 집, 무덤(μνημεῖον.⑨ Tomb).
Domine, qui dixisti: "Jugum meum suave est et onus
meum leve", fac me ut istud portare sic valeam et
consequar tuam gratiam. Amen. "나의 멍에는 감미롭고,
나의 짐은 가볍다"고 말씀하신 주님, 이것을 잘 수 있게
은총 내려 주시고 따르게 하소서 아멘.-주님, 주님께서 말씀
하시길 '내 멍에는 달고 내 짐은 가볍다' 하셨으니. 저로 하여금 주님의 은총을·
얻어 누리도록 이 미사를 잘 집전하게 하소서. 아멘. -1962년 라틴어 미사 집전
전에 제의를 입으며 드린 기도. 백민관 신부 엮음. 백과사전 1. p.407).
cásŭla Gothica. 고딕 제의(제의의 어깨 자락이 손목까지 내려오는 제의)
cāsum, "cado"의 목적분사(sup.=supínum)
casúra, -æ, f. 낙하, 추락, 떨어짐
cāsus, -us, m. 낙하, 추락, 떨어짐, 헛디딤,
차질, 몰락, 멸망, (누구의) 죽음, (시간의) 종말, 끝,
우연, 우발사건, 운수, 요행, 재난,
불운, 기회, 우연한 기회, **경우,**
사정, 상황, **사건,** (상황 하에서의) **문제,** 사항,
(병의 어떤) 증세(症勢). (文法) 격(格).
[격(格)을 의미하는 casus는 '떨어지다'를 뜻하는 'cado' 동사에서 유래한다.
한동일 지음. 카르페 라틴어 2권. p.158].
[Casus 사변, 사고 ('Damnum'참조) '사정, 우연, 우발사건, 경우, 사건, 문제' 등의
다양한 의미를 내포하는 '카수스casus'는 어떠한 인간의 개입이나 과실로 발생하는
사고나 사건을 말한다. "아무도 사고(사변)에 대해서는 책임을 지지 않는다.
Casus a nullo preastatur."라는 일반 원칙에 따라 책임을 져야할 다른 사람이
없다면 사고로 인한 손실에 대해서는 결국 소유자가 부담하게 된다. 사고(사변)는 인도전에
물건이 멸실된 경우 채무자의 채무는 이행불능이 된다. 일반적으로 사고까지
위험을 부담하겠다는 동의를 하지 않은 한, 채무자는 책임을 지지 않는다.
한동일 지음. 로마법의 법률 격언 모음집에서].
Casum adversamque fortunam spectare hominis, neque
civile neque naturale est. 인간의 불행과 행운을 평가
하는 것은 시민에게 어울리지도 자연적이지도 않다/
De casuum reservatione. 유보된 경우들/
Ea damna quæ casu ita acciderint ut nihil possit
imputari, non pertinent ad reliquorum onus.
전혀 예측될 수 없을 만큼 우연히 발생한 손해는
다 갚지 못한 채무와 관계하지 않는다/
Ea, quæ ex improviso casu potius quam fraude accidunt,
fato plerumque, non noxæ, imputantur.
사기보다 더 갑작스런 사변에 의해 발생한 일들이
과실이 없는 운명에 대부분 전가(轉嫁)한다/
in tail casu. 이런 경우(境遇)에/
Maior casus [est], cui humana infirmitas resistere non
potest. 인간적 약함은 저항할 수 없는 더 큰 불행이다/
meum casum doleo. 나의 불행을 슬퍼하며/
nivis casus. 강설(降雪-눈이 내림. 또는 내린 눈)/
Non videtur perfecte cuiusque esse, quod ex casu
auferri potest. 우연에 의해 없어질 수 있는 것은
누군가에 대해 온전하다고 여기지 않는다/
si casus darétur. 기회가 돌아온다면/
virtúte, non casu gesta. 우연이 아니고 노력으로 된 일.
Casus a nullo præstatur.
아무도 사고(사변)에 대해서는 책임을 지지 않는다.
casus ablativus. (文法) 탈격(奪格)
(동사의 간접 목적어나 동사와 부사적인 관계를 표시함).
casus absolutus. 전면적 우연, 절대적 우연(偶然)
casus accusativus. (文法) 대격(對格-동사의 간접목적어에 해당 됨)
casus conscientiæ. 양심문제(선유의 천주사상과 제사문제, p.113)
casus dativus. (文法) 여격(與格)
casus et physica hodierna. 우연과 현대물리학
casus et probátĭo ex ordine finali.
우연과 목적 질서상 증명
casus fortúitus. 우연한 사건(⑨ accident),
사변(사람의 힘으로는 피할 수 없는 천재나 그 밖의 큰 변고).
Casus fortuitus a mora excusat.
우연한 사정(사고)은 유예를 면제해 준다.
['우연한 사정(사고)'이란 채무자의 의사가 배제된 상태에서 발생한 지진과

C

홍수와 같은 자연 재해와 이와 비슷한 인위적 사건을 포함한다. 우연한 사고는 계약 불이행에 대한 책임에서 제외되는 원인 가운데 하나였다. '우연한 사고'는 불가항력vis maior으로 이해되는 사건에 적용된다. 채무의 불이행의 우연한 사고에 의한 것이라면, 채무자는 그 책임이 면제되었다. 단 채무자가 위험을 본인 의사로 겪었다면 그렇지 않다. 하지만 이러한 일반 규정과 달리 사용 대차↗Commodatum와 선주의 인수Receptum nautarum의 경우 채무자는 책임에서 면제되지 않았다. '선주의 인수'란 맡겨진 물건이 안전할 것이라는 약관을 부가하여 선주가 운송이나 보관을 위해서 물건을 맡는 계약이다. 이들의 경우 그 책임은 단순 임약보다 더 중했다. 그래서 난파 등의 불가항력에는 책임이 없었으나, 그들 스스로 또는 그들의 피용자에 의해 야기된 피해나 손괴는 배상해야 했다. 한동일 지음, 로마법의 법률 격언 모음집에서].

casus genitivus. (文法) 속격(屬格)

casus locativus. (文法) 처격(處格)
(처소, 시간적.공간적 범위, 지향점 따위를 나타내는 격).

Casus nocet domino. 요행(사변)은 주인에게 해를 끼친다.

casus nominativus. (文法) 주격(主格)

casus partĭalis. 부분적 우연

casus possessivus. (文法) 속격(屬格-소유격)

casus relativus. 상대적 우연(相對的 偶然)

Casus Reservatus. 유보사항(留保事項),
유보죄([영] Reserved Cases/Reserved sins).

casus urbis Trojánæ. Troja시의 최후(最後)

casus vocativus. (文法) 호격(呼格)

cătă, prœp. (希) 아래로; 대로, …에 따라, 의하여; 마다

cata mane. 매일 아침(diem de die. 매일)

cătábăsis, -is, f. 내려감, 하강 ((醫)) (병의) 회복기,
명계의 순례(성 염 지음, 사랑만이 진리를 깨닫게 한다, p.383).

cătăbŏlénsis, -is, f. 짐마차의 마부(馬夫)

cătábŏrum(=cătábŭlum) -i, n.
가축우리, 역참(驛站-驛馬를 바꿔 타던 곳).

cătăchrésis, -is, f. 용어의 오용(誤用), 비유의 남용,
(어떤 곡해에 의한) 말의 오용(誤用).

cătăclýsmos, -i, m. 대홍수(大洪水), 격변(激變),
이변(異變-상례에서 벗어나는 변화), 변동(變動).

cătăcúmba, -æ, f. 카타콤바([영] catacomb), 지하의 굴,
동굴, 로마 성 밖의 지하묘지([영] catacomb),
초대 그리스도 신자들의 지하묘소(地下墓所).
Sancti catacombarum. 카타콤바의 성인들.

cătádrŏmus, -i, m. 줄타기의 밧줄

cătăgĕlásĭmus, -a, -um, adj. 우스운, 농담의, 익살의

cătágrăpha, -órum, n., pl.
측면 초상화, 측면상(側面像); 축도(縮圖).

cătágrăphus, -a, -um, adj. 색칠한, 채색한

Cătágúsa, -æ, f.
저승으로 인도하는 안내자, Ceres 여신(女神).

cătălécta, -órum, n., pl. 선집(選集), 발췌(拔萃)

cătălécticus, -a, -um, adj. 운각(韻脚), 불완전의

cătălépsis, -is, f. (醫)
(긴장병의 한 증세인) 강경증(强硬症.[영] catalepsy).

cătălépticus, -a, -um, adj. 강경증(强硬症)의

cătálŏgus, -i, m. 목록, 요람(搖籃), 표(nota, -æ, f.)

Catalogus Judicum, regum et sacerdotum atque prophetarum Veteris Legis.
구약 율법의 판관, 열왕, 제관 그리고 예언자들 목록.

Catalogus Liberianus. 리베리오 교황표

cătálŏgus scriptorum ecclesiasticorum.
교회 저술가 목록(1494년).

cătálysis, -is, f. 접촉(接觸).
(化) 접촉반응(接觸反應), 촉매작용(觸媒作用).

cătăpeirátes, -æ, m. 수심 측정기, 수심 탐지기

catáphăgas, -æ, m. 대식가(大食家), 폭식가(暴食家)

cataphráctes, -æ, m. 쇠(鐵) 미늘 붙인 갑옷

cătăperátes, -æ, m. 수심 측정기, 수심 탐지기

cataplásmā, -ătis, m. 습포(濕布), 찜질

cătăplasmátĭo, -ónis, f. 찜질함

cătăplásmo, -áre, tr. 찜질하다, 습포하다

cătăplectátĭo, -ónis, f. 견책(譴責), 비난(非難)

cátăplus, -i, m. 귀항(歸港), 착륙(着陸), 귀항선

cătăpótĭum, -i, n. 알약, 정(錠), 환약(丸藥)

cătăpúlta, -æ, f 투창기(화살, 창 따위를 발사하는 무기),
투석기, 대포, 투창기(投槍機)의 창.

cătărácta(=cătăráctes), -æ, f.(m.) 수문(水門)
폭포(瀑布-'폭포수'의 준말), 내리닫이 성문(城門).

cătărhíni, -órum, m., pl. (動) 협비류(狹鼻類)

cătărrhósus, -a, -um, adj. 카타르에 걸린

cătárrhus, -i, m. 감기(感氣-고뿔), 유행성 감기,
카타르(조직의 손상을 일으키지 않는 점막의 삼출성 염증).

cătăscópĭum, -i, n. 정찰함(偵察艦)

cătăscŏpus, -i, m. 정찰함(偵察艦)

cătásta, -æ, f. 노예 매매대(賣買臺), 화형철상(火刑鐵床)

cătastáltĭcus, -a, -um, adj. 수렴제의. n. 수렴제

cătastróma, -ătis, n. 선교(船橋-배다리)

cătástrŏpha(-e) -æ(-es), f. 대참사(大慘事),
갑작스런 대변동, (운명, 지각 등의) 격변(激變),
이변(異變-상례에서 벗어나는 변화), 비극적인 결말,
파국(破局), 결정적인 사건(연극에서 전환을 가져오는
즉 갈등을 해결하는 결정적인 사건), 대단원(大團圓).

cătastrŏphísmus, -i, m. (지질) 격변설, 천지 이변설

cătax, -ácis, adj. 절룩거리는, 마비된

căte, adv. 능란하게, 슬기롭게, 교묘하게

Catecheses Illuminandorum. 예비자 교리교육.
(예루살렘의 성 치릴로 지음).

Catecheses Mystagogicæ. 신비교리 설명서

Catechesi Tradendæ, 현대의 교리교육(1979.10.16. 교황권고).
[요한 바오로 2세의 첫 번째 교황 권고이다. 여기에서는 현대 세계 안에서 어떻게 그리스도교 신앙교리의 내용을 호소력 있게 잘 전달할 수 있는가에 대한 사목적 고민과 방법론적 모색이 잘 드러난다. 가톨릭신문 2014.1.12일자, 박준양 신부].
Romani Pontifices, qui recentioribus temporibus fuerunt, ei singularem prorsus partem pastoralis sollicitudinis suæ triibuerunt([영] The most recent Popes gave catechesis a place of eminence in their pastoral solicitude)
최근의 교황님들은 사목적 배려에서 교리교육에 탁월한 위치를 부여하셨습니다(1979.10.16. 교황권고).

Catechesi Tradendæ Ecclesia semper studuit ut uni e præcipuis muneribus sibi incumbentibus([영] The Church has always considered catechesis one of her primary tasks) 교리교육(Catechesi Tradendæ)은 교회가 언제나 교회의 가장 중요한 임무의 하나로 간주해온 것입니다.
(교황 요한 바오로 2세의 1979.10.16. "Catechesi tradendæ" 중에서).

cătēchésis, -is, f. 교리 강좌(講座), 교리 교수(설명),
학습의 복송(復誦).구수(口授),
Catecheseos ministerium novas semper vires traxit e Conciliis([영] The ministry of catechesis draws ever fresh energy from the councils) 교리교육의 직무는 역대 공의회에서 늘 참신한 활력을 길어내고 있습니다.
(교황 요한 바오로 2세의 1979.10.16. "Catechesi tradendæ" 중에서)/
Directorium Generale pro Catechesi. 교리교육 총지침/
In universum affirmari potest catechesim esse educationem in fide impertiendam pueris, iuvenibus, adultis([영] All in all, it can be taken here that catechesis is an education of children, young people and adults in the faith) 대체로 말해서, 교리교육이란 어린이와 젊은이 그리고 어른들에게 신앙을 가르치는 교육이라고 할 수 있겠습니다. 교황 요한 바오로 2세의 1979.10.16. "Catechesi tradendæ" 중)/
Patet autem catechesim cum omni vita Ecclesiæ arcte coniungi atque conecti([영] Catechesis is intimately bound up with the whole of the Church's life)
교리교육은 교회생활 전체와 밀접한 관련이 있습니다.
교황 요한 바오로 2세의 1979.10.16. "Catechesi tradendæ" 중에서).

catechesis adultorum. 어른 교리교육(教理教育)

catechesis baptismalis. 세례 교리(洗禮教理)

catechesis confirmátĭonis. 견진성사 교육(教育)

Catechesis denique arcta iungitur necessitudine operi, cum conscientiæ officio sociato, tum Ecclesiæ tum christianorum in mundo. 끝으로 교리교육은 교회와 전 세계 그리스도 신자들의 책임감 있는 활동과 깊은 연관이 있습니다.(교황 요한 바오로 2세의 1979.10.16. "Catechesi tradendæ" 중).

catechesis generalis. 일반 교리교육(教理教育)

catechesis matrimonii. 혼인성사 교육(教育)

Catechesis mystagogica.([영] Mystagogical catechesis)
신비 교육, 교리의 신비적.상징적 설명,

신비교리 안내서(예루살렘 치릴로 지음. 현대 가톨릭사상, 제24호, p.478).
catechesis pœnitentiæ. 고해성사 교육(教育)
catechesis primæcommunionis. 첫 영성체 교육
Catechesis proinde mystagogicæ est prospicere ut introducat ad sensum signorum inclusorum in ritibus.
신비 교육은 전례에 담긴 표징의 의미를 제시하는 것에 관심을 기울여야 합니다.
catechesis puerorum. 어린이 교리교육(教理教育)
cătēchétĭca, -æ, f. 교리교수법, 교리 교수학
cătēchétĭcus, -a, -um, adj. 교리교수의, 교리 문답서의
cătēchísmus, -i, m. 교리문답, 교리서([영] catechism), 가톨릭 교리(獨 Katechismus.[영] Catechism.프 Catéchisme).
Catechismus Catholicus 가톨릭 교리서(1930년)
Catechismus Catholicæ Ecclesiæ.([영] The Catechism of the Catholic Church) 가톨릭 교회 교리서.
catechismus Ecclesiæ. 보편 교회 교리서(教理書)
Catechismus Ecclesiæ Genevensis. 제네바 교회의 교리. [칼뱅(1509~1564) 지음. 자신의 추종자들을 신앙의 일치로 인도하고 교직자들과 외부인들, 어린이들을 학습시키기 위한 형식으로 만든 책].
catechismus major. 대 교리서
catechismus minor. 소 교리서
catechismus particolaris. 응용 교리서
Catechismus Romanus([영] Roman catechism) 로마 교리서, 천주 공교 요리, 교리문답. (Tridentínum 공의회의 결정에 의거하여 작성된 Roma 공교교리).
cătēchísta, -æ, m.(f.) 전교회장, 교리교사([영] catechist).
Quare catechistæ, modo cum illo arctissime coniungantur, certe lumen ac vim haurient, ut catechesim ratione germana et optabili renovent.([영] Only in deep communion with Him will catechists find light and strength for an authentic, desirable renewal of catechesis)
교리교사가 교리교육의 올바르고도 바람직한 쇄신을 기하는 데 비추임을 받고 힘을 얻기 위해서는 그분과 깊은 친교를 나누는 길밖에 없습니다(1979.10.16. "Catechesi tradendæ" 중).
cătēchizátĭo, -ónis, f. 교리문답 강좌(講座), 교리교육(教理教育.[영] catechesis).
cătēchízo, -ávi, -átum, -áre, tr., intr. 교리 강좌하다, (주로 문답식으로) 교리를 가르치다.
De catechizandis rudibus. 무학자들을 가르치는 방법/
Hic ergo super catechizantem Ecclesiam invocamus hunc Patris et Filii Spiritum eumque exoramus, ut in ea renovet dynamicam catecheseos tradendæ virtutem.
본인은 교리를 가르치는 교회 위에 성부와 성자의 성령께서 내리시도록 기원하며, 교회 안에 교리교육의 활력을 갱신시켜주시도록 비는 바입니다.
(교황 요한 바오로 2세의 1979.10.16. "Catechesi tradendæ" 중에서).
cắtĕchu, -us, n. 아선약(阿仙藥) (수렴제.지혈제.무두질 약 등으로 쓰임. 백약전).
cătēchúmĕna, -æ, f. 입교 지망자(入教 志望者), 교리 배우는 여자, 女子 예비신자([영] Catechumens).
catechumenatus* -i,(-us) m. (獨 Katechumenat). 세례 준비기(가톨릭용어집, p.52), 세례 지원기([영] catechumenate→세례 준비기).
Quare, in primæva Ecclesia catechumenatus et initiatio Sacramentorum baptismatis et Eucharistiæ idem erant. ([영] In the early Church, the catechumenate and preparation for the sacraments of Baptism and the Eucharist were the same thing)
초대교회에서는 예비자 교리(Catechumenatus)와 세례와 성체성사를 받는 준비가 똑같은 것이었습니다.
(교황 요한 바오로 2세의 1979.10.16. "Catechesi tradendæ" 중에서).
Catechumeni per tres annos audiant verbum.
예비자들은 3년 동안 말씀을 들어야 한다.
cătēchúmĕnus, -i, m. 입교 지망자, 예비신자
Catecuminus in cena dominica non concumbat.
예비자는 주님의 만찬에 참여하지 못한다(교부문헌 총서 6, p.154).
cătēgŏrēmátĭcus, -a, -um, adj. (signíficans per se) 독립된 의의(意義)의, 본래적 의미의.
cătēgórĭa, -æ, f. (論.哲) 범주(範疇), 부류(部類), 비난(非難), 비방(誹謗-남을 비웃고 헐뜯어 말함), 아리스토텔레스의 논리학에서 명제론에 따른 최고의 유(類) 개념론(단정적 명제를 서술하는 데 있어서 가장 보편적인 서술 개념으로 아리스토텔레스는 10개의 개념을 제시했다. 즉 실체, 분량, 성질, 관계, 장소, 시간, 위치, 능동, 수동, 점유상태이다. 모든 존재는 그것이 무엇이라는 본체를 가지고 있으며 이것을 실체라고 한다. 그 본체는 분량으로 서술되고, 성질로 서술되고, 어떤 것과의 관련성을 가지고 있으며, 어딘가에 있으며, 언제 있는 것으로 서술되며, 어떤 위치에 있으며, 능동적 상태에 있으면서 수동적 상태에 있으며, 무엇인가를 지니고 있는 조건 아래 있다…. 백과사전 1, p.533).
categoria neoplatonica. 신플라톤적 범주(範疇)
cătēgórĭcus, -a, -um, adj. 범주의, 단언적, 정언적.
imperatívus categoricus. 지상명령, 무상명령, 정언적 명령.
cătélla[1], -æ, f. 작은 사슬, 쇠사슬, 목걸이
cătélla[2], -æ, f. 작은 암캉아지
cătéllus[1], -i, m. 노예를 묶던 가는 쇠사슬
cătéllus[2], -i, m. 수캉아지
cắtēna, -æ, f. 사슬, 끈, 구금, 속박, (법률상의) 약관, (흔히 pl.) 감옥(φυλακή). pl. 연쇄식 교부 성서 해석집.
in caténā. (in[1]참조) 죄수로서/
virgo resolúta caténis. 감금에서 풀려난 처녀.
Catena aurea. 황금 사슬, 연속 주해(連續 註解), 황금 연쇄 해설서(토마스 아퀴나스의 복음서 해설서 명칭. 4복음 연속주해. 1264년에 교황의 요청으로 집필한 복음서들에 대한 특별한 종류의 주해서로 각 절마다 선배 신학자들의 견해를 밝히고 있다).
catena fidei. 신앙의 고리
Catena Græcorum Patrum in Jobum.
그리스 교부들의 욥기 해설집 금 사슬(패트릭 영 지음 1637년).
catena regionis. 까떼나 레지오니스 (레지오 단원들이 매일 의무적으로 해야 하는 기도).
Catenæ([영] Chains) 연쇄식 교부 성서 해석집
Catenæ S. Petri. 서 베드로의 사슬 축일. (사도행전 12장의 성 베드로가 옥에 갇힘을 기념함. 축일 8월1일. 지금은 폐지. 성녀 바르비나가 베드로의 사슬을 발견했다는 전설에 따라 그 상본에는 사슬과 함께 그려져 있다. 백민관 신부 엮음, 백과사전 1, p.555).
cătēnárĭus, -a, -um, adj. 사슬에 얽매인, 묶인
cătēnátĭo, -ónis, f. 얽어 맴, 결박(結縛-단단히 동이어 묶음), 속박(束縛), 계류(稽留-어떤 사건이 해결되지 않고 매이어 있음).
cătēnátus, -a, -um, adj. 사슬에 매인, 얽힌, 속박된
catenátĭo, -ónis, f. 얽어 맴
cắtēno, -ávi, -átum, -áre, tr. 사슬로 매다, 결박하다, 속박하다, 제어하다, 사슬로 잇다, 연속시키다.
cắtēnŭla, -æ, f. 가는 사슬, 작은 사슬
cătérva, -æ, f. 무리(ὄχλος.πλήθος.קָהָל.[영] Flock), 떼, 집단(集團), 일단(一團), 군중, 보병대(步兵隊).
cătervárĭus, -a, -um, adj. 무리 지어 있는, 떼 지어 가는
cắtérvŭla, -æ, f. 작은 무리, 소부대(manus, -us, f. 부대)
căthársis, -is, f. (아리스토텔레스가 비극의 작용.효과라고 내세운) 정화(淨化.[영] Purificátion.獨 Fegfeuer), 배설(排泄). (醫) 배변(排便, exinanitĭo alvi.), 세척(洗滌-깨끗이 씻음), 정화법(淨化法).
catharsis pathetica. 정화력.
căthártĭcum, -i, n. (藥) 설사약, 하제(下劑)
cathechesis mystagogica. 신비 교리교육
cáthĕdra, -æ, f. ([영] cathedra/Throne.獨 Cáthedra) 팔걸이의자, 안락의자(安樂椅子), 좌석, 자리, 교수의 강좌(講座), 강단, 교수직, (대성당 안에 비치된) 주교좌, 교황좌(Sedes, -is, f.).
Ex cathedra. 권위 있게, 설교단의 높이로부터.
cathedra magistralis. 교도좌(신학자 토마스 아퀴나스, p.445)
cathedra theologiæ. 신학 강좌(神學講座)
căthedrālícĭus, -a, -um, adj. = **căthedrális**
căthedrális, -e, adj. 팔걸이의자의, 대성당의, 주교좌성당의.
capítulum cathedralis. 주교좌성당 참사회/
ecclésia cathedralis.([영] Cathedral.獨 Kathedrale) 주교좌성당, 대성당.
căthedrárĭus, -a, -um, adj. 교단의, 강좌의
căthedrárĭus philósophus. 강좌를 가진 哲學者
căthedrátĭcum, -i, n. 주교좌성당에 내는 헌금, (=synodaticum) 교구 납부금([영] cathedratic tax).
cáthĕter, -éris, m. (醫) 카테터(導尿管), 도뇨관(導尿管)
căthĕtērísmus, -i, m. 도뇨관(導尿管) 삽입술
căthĕtométrum, -i, n. 측고기(測高器)

cáthĕtus, -i, f. 수직선

cathólĭca, -órum, n., pl. 전체, 총체(κεφάλαιον), 우주

Catholica ecclesia, (1976.10.23. 자의교서)
면속구의 개혁과 재정비.

Catholica fides præscribit et certissima ratio docet.
가톨릭 신앙이 규정하고 아주 확실한 이성이 가르친다.

Catholica Universitas in Ecclesia.(⑨ The Catholic
University in the Church) 교회 내에 있는 가톨릭 대학교.

Catholicæ Ecclesiæ Catechismus. 가톨릭 교회 교리서

Catholicæ Ecclesiæ Catechismus est fructus
amplissimæ cooperationis; ad maturitatem pervenit per
enixam sex annorum operam intento apertionis animo
atque ferventi ardore peractam.(⑨ The Catechism of the
Catholic Church is the result of very extensive collaboration:
it was prepared over six years of intense work done in a
spirit of complete openness and fervent zeal).
가톨릭 교회 교리서는 매우 광범위한 협동 작업의 결실
입니다. 이 교리서는 진지하고도 열린 정신과 불타는 열정
으로 6년 동안 집중적인 노력을 기울여 완성한 것입니다/
Huius Catechismi effectio ostendit insuper Episcopatus
naturam collegialem: Ecclesiæ catholicitatem testatur.
이 교리서의 실현은 주교단의 단체성을 반영하는 것이며
교회의 보편성을 증언하는 것입니다(1992.10.11. "Fidei depositum" 중).

Catholicæ Ecclesiæ Patronum.(⑨ Patron of the Catholic
Church) 가톨릭 교회의 수호 성인.

Catholicam Christi ecclesiam, (1967.1.6. 자의교서)
교황청 평신도위원회와 정의평화연구위원회.

cathólĭce, adv. 일반적으로, 보편적으로, 범세계적으로,
가톨릭 정신으로, 가톨릭적으로.

cathŏlĭcísmus, -i, m. 가톨릭 교회, 가톨릭 사상,
가톨릭 교리(信仰.主義.制度).

cathŏlĭcísmus liberalis(Ecclesia veterum Catholicorum)
(⑨ Old Catholices.獨 Altkatholizismus)
자유주의 구가톨릭(제1차 바티칸 공의회를 반대하는 이들. 1871년
뮌헨에서 분리. Döllinger와 Schulte 등을 지도자로 하고 교황의 무류지권.
성모의 무원죄성, 대사 제도에 반대하고 사제 결혼을 주장. 영국 교회와 같은
성사론 지지. 백민관 신부 엮음. 백과사전 1, p.94).

catholícĭtas٭, -átis, f. (獨 Ökumenizität.⑨ Catholicity)
보편성(catholicitas를 '보편성'이라 한다. 현대 교회론에서 '가톨릭 Catholic'
은 보편성, 충만성, 통일성, 단일성의 의미로 해석하고 있다. 한편 과거에는
지역적, 시간적 보편성과 정통성. 교회의 세계성을 가리키므로, '보편성'으로
옮기는 것이 좋다. '보편성'이라는 말이 '가톨릭'의 뜻을 다 담아 내는 데는
부족하지만, 지금은 이보다 더 적합한 용어는 없다. 천주교 용어집, p.33).
vera catholicitas. 참 가톨릭성.

cathólĭcus¹, -a, -um, adj. 보편적인, 일반적인,
천주교의, 가톨릭교의, 공번된(catholique, 한불자전).
Christianus mihi nomen est,
Catholicus vero cognomen.(4세기 성 빠치아노).
나는 성은 그리스도人이고 이름은 가톨릭이다/
Constitutio dogmatica de fide catholica.
가톨릭 신앙에 관한 교의 교령/
De catholicæ untate. 가톨릭 교회의 일치(치프리아누스의 저작
으로 교회분열주의자들에 반대하여 교회일치에 관한 기본 입장을 저술한 작품)/
De Concordantia catholica. 가톨릭 교회의 화합/
dogma catholicum. 가톨릭 교의
(=quod ubique, quod semper, quod ab omnibus creditum est.
어디서나, 항상, 그리고 만인으로부터 믿어지는 것)/
ecclésia catholica. 가톨릭 교회, 천주공교회/
fides catholicus. 가톨릭 신앙(信仰)/
fides catholica et catholica.(⑨ divine and catholic faith)
천상적 가톨릭 신앙/
Hæc Ecclesia est Ecclesia catholica.
이 교회가 가톨릭 교회이다/
Historia mystica ecclesiæ catholicæ.
가톨릭 교회의 신비로운 역사(콘스탄티노폴의 제르마노 지음)/
Recipitur symbolum fidei catholicæ. 가톨릭 신앙의
신경을 수용함(1546년 2월 4일 트리엔트공의회 제3차 회기)/
Sed quid fit in Catholica?
그러나 가톨릭 교회에서는 무엇이 이루어집니까?/
Subsistit in Ecclesia Catholica. 가톨릭 교회 안에 존재한다/
Unio Catholica. 가톨릭 일치 운동/

Veritas divina et catholica.
하느님의 진리이며 가톨릭의 진리.

cathólĭcus², -i, m. 가톨릭, 천주교 신자, 가톨릭 신자.
De catholicæ ecclesiæ unitate. 가톨릭 교회의 일치.
(치프리아누스 지음).
catholicus Patris sacerdos. 성부의 보편 사제

Cátilína, -æ, m. 롬 로마 공화정체의 전복을 음모한 가문,
Cicero 집정관에 의해 음모가 발각되어 격전 끝에 전사,
Quousque tandem, Catilina, abutere patientia nostra?
도대체 언제까지나, 카틸리나여, 우리 인내심을 악용하려는가?/
Satis eloquentiæ, sapientiæ parum erat in Catilina.
카틸리나에게는 웅변술은 넉넉한데 지혜가 부족하였다/
seminárium Catillinárium. 음모의 온상(溫床).

Catilina, Egredere ex urbe. 카틸리나여, 로마를 떠나라!

Catilina, Egredere ex urbe aliquando!
카틸리나여, 언제든 로마를 떠나라!.

catillánus -a, -um, adj. 식도락의

catillátĭo, -ónis, f. 접시를 핥음

catíllo¹, -ávi, -átum, -áre, tr.
접시를 핥다, 남의 집을 돌아다니며 얻어먹다.

catíllo², -ónis, m. 탐식가(貪食家), 잿밥 먹는 사람

catillósus, -a, -um, adj. 대식의

catíllum, -i, n. 작은 접시, 쟁반(錚盤)

catíllus¹, -i, m. 작은 접시, 쟁반(錚盤)

catíllus², -i, m. Tibur 도시의 창설자

catínŭlus, -i, m. 작은 사발, 작은 접시

catínum, -i, n. = catinus, -i, m.

catínus, -i, m. 접시, 사발, 도가니

catláster, -tri, m. = catuláster
다 큰 소년, 젊은이(⑨ Youth), 미성년(未成年).

catlítĭo, -ónis, f. 교미기(交尾期), 발정기(發情期)

Cǎto, -ónis, m. A.C. 45년경 감찰관, "농경사" 등 지음,
Septem librorum Catonis, secundus et tertius origines
gentium Italiæ continent. 카토의 7책 가운데 제2권과
제3권은 이탈리아 제민족의 기원을 담고 있다/
Venit mihi in mentum M. Catonis, hominis sapientissimi
et vigilantissimi, qui usque ad summam senectutem
summa cum gloria vixit. 내게는 지극히 현명하고 지극히
용의주도한 인물 마르쿠스 카토가 머리에 떠오른다. 그는
무척 나이가 들어서도 최고의 영광을 누리며 살았다.
[성 염 지음, 고전 라틴어, p.387].

Cato certabat non divitiis cum divite, neque factione
cum factioso, sed cum strenuo virtute, cum modesto
pudore, cum innocente abstinentia.(Sallustius).
카토는 부유한 사람과 재산으로 겨루거나 파당을 좋아
하는 사람과 당파로 싸우지 않았고, 강직한 덕성으로,
온건한 겸손으로, 무후한 절제로 맞섰다.[고전 라틴어, p.414].

Cato quoad vixit, virtutum laude crevit.
카토는 살아 있는 내내 덕망이 높아가기만 하였다.

Cato senex historiarum septem libros scripsit.

Primus continet res gestas populi Romani, secundus
et tertius origines omnium civitatum Italicarum.

In quarto autem bellum Punicum est primum,

in quinto secundum. 카토는 늙어서 일곱 권의 역사책을
저술하였다. 첫 번째 책은 로마인들의 역사(res getæ)를
담고 있으며, 두 번째와 세 번째는 이탈리아 모든 도시
들의 기원을 담고 있다. 한편 제4권에는 제1차 포에니
전쟁, 제5권에는 제2차 포에니 전쟁이 실려 있다.
[성 염 지음, 고전 라틴어, p.375].

cátŏcha, -æ, f. (醫) 강경증(强硬症.⑨ catalepsy)

Catónes = Cato Major처럼 엄격한 도학자

Catoni egregie impesuit Milo noster.
우리의 Milo가 Cato를 멋지게 속였다.

Catoníni, -órum, m., pl. Cato의 지지자.친구

catónĭum, -i, n. (천상 세계에 대해) 지상세계, 하계

catóptrítis, -tĭdis, f. 거울 만드는 돌, 석경(石鏡), 거울

cátorchítes, -æ, f. 무화과 술(酒)

cattus, -i, m. = cǎtus²(動) 고양이

cátŭla, -æ, f. 암캉아지

catuláster, -tri, m. = catláster
catulástra, -æ, f. 소녀, 혼령기(婚齡期)에 접어든 소녀
cătŭlígĕnus, -a, -um, adj. 태생(胎生)의, 태생동물의
cătŭlína, -æ, f. 개고기
cătŭlínus, -a, -um, adj. 개(犬)의
cătŭlĭo, -íre, intr. (개 따위 동물이) 발정하다
cătŭlítĭo, -ónis, f. 발정(發情)
Catúllus, -i, m. 로마의 서정시인
cătŭlótĭcus, -a, -um, adj. 상처나 종기를 빨리 아물게 하는
cátŭlus, -i, m. 동물의 새끼, 강아지
cătus¹, -a, -um, adj. 분별력 있는, 명민한, 영리한,
    뾰족한, 예리한(칼날 따위가 날카로운).
    ille catus, quantumvis rústicus.
    비록 시골뜨기이기는 해도 영리한 그 사람.
cătus², -i, m. = cattus (動) 고양이
caucális, -ĭdis, f. (植) 개사상자(蛇床子)
cáucŭla, -æ, f. 작은 접시
caucus, -i, m. 접시; 잔의 일종
cauda(=cōda) -æ, f. 꼬리, 꽁지, 꼬리처럼 달린 것,
    뒤로 늘어뜨려 끌리게 만든 옷의 뒷자락.
    cauda serpentina. 뱀 꼬리/
    caudæ pili equínæ. 말총(말의 갈기나 꼬리의 털)/
    caudam ago. 꼬리를 흔들다/
    caudam tráhere. 웃음거리가 되다/
    in cauda venenum. 꼬리 안에 독(원한).
caudális, -e, adj. 꼬리의, 꼬리 부분의, 꼬리 모양의
caudatárĭus, -i, m. 주교의 대 까빠(magna cappa)
    뒷자락을 쳐들고 다니는 시종.
cáudĕus, -a, -um, adj. 목재의, 등심초의
caudex(=cōdex¹) -dĭcis, m. 등걸(줄기를 잘라 낸 나무 밑동),
    나무줄기, 통나무, 재목, 널빤지, 책,
    장부, 대장(臺帳), 바보, 멍청이
caudĭcális, -e, adj. 나무줄기의, 통나무의, 우둔한
caudĭcárĭi, -órum, m., pl. 뱃사공.
    (처음에는 나무 떼를 배처럼 썼던 것에서 유래).
caudicárĭus(=cōdĭcárĭus) -a, -um, adj. 통나무의 뗏목의
caudícĕus, -a, -um, adj. 통나무의
caula, -æ, f. 울, 담, 울타리(가둠)
caulæ, -árum, f., pl. 틈, 구멍(난 곳), 허방(움푹 팬 땅), 오목한 곳,
    양 우리의 통로.출입구, 양 우리의 울타리.
caules, -is, m. = caulis = cōlis 줄기(가운뎃줄), 대.
    ungo cáules óleo. 채소에 기름 치다.
caules prototomi.
    (봄에 돋아난 야채에서) 맏물로 잘라낸 연한 줄기.
caulícŭlus(=colícŭlus) -i, m. 작은 줄기; 작은 양배추 꼬리.
caulis(=caules) -is, m. (관목이나 특히 초본식물의) 줄기,
    대(줄기), 양배추 꼬리, 줄기(가운뎃줄)처럼 생긴 것.
    Timeo furem cáulibus et pomis.
    배추와 과일 때문에 도둑을 두려워하다.
cauma, -æ(-ătis), f. 열(熱), 강한 열
caupo, -ónis, m. 소매상인, 간이음식점 업자,
    여인숙(旅人宿) 주인, 주막 주인.
caupóna, -æ, f. 소매점(小賣店), 주막(酒幕), 주점(酒店),
    음식점, 여인숙, 여자 소매상인, 여인숙(주막) 여주인,
    exercitor caupónæ. 주점 주인(酒店 主人).
caupōnárĭa, -æ, f. 숙박업(宿泊業), 여관업(旅館業)
caupōnárĭus¹, -a, -um, adj. 여인숙의, 숙박업의
caupōnárĭus², -i, m. 여인숙 주인, 주막 주인
caupōnícŭla, -æ, f. =caupónŭla 자그마한 음식점
caupónĭum, -i, n. 값싼 음식점, 허름한 술집
caupónĭus, -a, -um, adj. 음식점의, 여인숙의
caupónor, -ári, dep., tr. 소매상(小賣商)하다
caupónŭla, -æ, f. 자그마한 음식점.주점; 여인숙
caurínus, -a, -um, adj. 북서풍의
cáurĭo, -íre, intr. (표범이) 울부짖다(가운뎃글, 히브리)
caurus,(=chorus²=cōrus²) -i, m. 북서풍(北西風)
causa(=caussa) -æ, f. 원인, 이유, 동기,
    구실, 변명, 양해의 이해, 일, 용건, 사건,

(관련되는) 문제, 상태, 사정, 실정,
(원인.목적 부사어로 abl.) 때문에, …목적으로, …하러,
경우, 형편, 상황, 기회,
(연결.필요.우정 따위의) 관계, 관련성,
당, 당파, 편(便). ((法) 소송(사건), 법률상 문제, 쟁의,
(어떤 것에서 취득하는) 이익, 이득.
[Casus 사변, 사고 ('Damnum'참조) '사정, 우연, 우발사건, 경우, 사건, 문제' 등의
다양한 의미를 내포하는 '카수스casus'는 어떠한 인간의 개입이나 과실로 발생하는
사고나 사건을 말한다. "아무도 사고(사변)에 대해서는 책임을 지지 않는다.
Casus a nullo præstatur."라는 일반 원칙에 따라 책임을 져야할 다른 이가
없다면 사고로 인한 손해는 결국 소유자가 부담하였다. 사고(사변)는 인도전에
물건이 멸실된 경우 채무자의 채무는 이행불능이 된다. 일반적으로 사고까지
위험을 부담하겠다는 동의로 표시한 것이 아닌 한, 채무자는 책임을 지지 않는다.
Causa 소송, 법률상의 문제 ('Accessurium, Connexa, Principale' 참조)
'원인, 이유, 동기, 법적 상황, 소익부가율' 등으로 번역되는 '카우사causa'라는 말은
로마법의 용어 가운데 가장 다의적 용어 중 하나이다. 첫째, '카우사causa'는
법무관에 의한 사법적 구제수단, 즉 소권, 항변, 특시명령 도입의 '이유'가 되었다.
둘째, 카우사causa는 특정한 분쟁에서 소송이 성립하거나 법적 처분이 이루어지는
'목적'도 되었다(로마법 지상재산의 동기causa donationis, 유증의 원인causa legati).
셋째, 가끔 소송 자체 또는 소송의 대상사안을 의미하기도 한다. 넷째, 카우사
causa가 개인의 주관적 동기, 의도 또는 목적을 가리킬 때에는 대체로 '의사, 의도'
를 의미하는 '아니무스animus'와 동의어이다. 이 의미는 법이 승인하는 요소들뿐만
아니라 부도덕하여 법이 비난하는 동기도 적용되기 때문에 거의 무제한이다.
다섯째, 카우사causa는 법적으로 법적 권원이나 타인에 대한 청구의 기초를 의미
하는 경우도 있다(판매이유causa venditionis, 증여이유causa donationis, 상속의
동기causa hereditaria, 유증의 원인causa legati, 신탁유증의 원인causa
fideicommissi, 판결채무 사안causa iudicati). 일곱째, 일정한 법제도에서 '정당한
원인justa causa'은 인도, 사용취득, 노예해방에서처럼 특별 요건이다. 하지만
계약법에서 로마인들은 특별한 카우사causa 이론을 발전시키지 않았다. 즉 특정
계약들과 관련해서는 특별한 카우사causa를 요구하였다. 끝으로 토지나 노예 같은 물건이 '자기 소유의 이유로cum sua
causa' 반환되는 경우 부수물, 수익, 과실, 노예의 자식 등을
의미하였다. 한동일 지음, 로마법의 법률 격언 모음집에서].

bellándi causa. 전쟁의 구실/
causam accípere. 소송 사건을 맡다/
causam ágere. 사건을 변론하다/
causam amicítiæ habére cum alqo.
    아무와 교우 관계를 가지고 있다/
causam coicere. 사건을 진술하다/
causam dícere. (본인이 또는 남을 시켜) 변호(변론)하다/
causam dícere cum alqo.
    (고소 또는 변호로) 아무와 법정투쟁 하다/
Causam efficientem malæ voluntatis non esse quærendam.
    악한 의지의 작용인을 찾아서는 안 된다.(신학론. p.2784)/
causam recipio. 소송 사건(訴訟 事件)을 떠맡다/
causas actito. 소송 사건을 늘 변론하다/
Casum adversamque fortunam spectare hominis, neque
civile neque naturale est. 인간의 불행과 행운을 평가
    하는 것은 시민에게 어울리지도 자연적이지도 않다/
cum causā, non sine causā. 까닭이(이유가) 있어서/
Cessante causa, cessat effectus.
    원인이 그치면 효과도 그친다.
    (법률행위에서) 원인이 소멸되면 결과도 소멸 된다/
De causa enim per effectus iudicamus. 사실 우리는 결과
    를 통해서 원인에 대해 판단한다(이상섭 옮김. 신학대전 14, p.67)/
de Scipiónis causā. Scipio에 관한 문제에 대하여/
De tuis causis longius locuti sumus.[달형동사 문장]
    당신의 사정에 대해서 (우리는) 퍽 오래 이야기를 나누었다/
défénsĭto causas. 변호사(辯護士)로 활동하다/
digrédĭor a causā. 쟁점(爭點)에서 멀어지다/
Dissimiles, inquis causæ sunt.
    너는 사안들이 다르다고 하는 구나/
Dissímilis est mílitum causa et tua.
    병사들의 경우는 네 경우와 다르다/
eádem de causā. 같은 이유(理由)로/
ex áliis causis. 다른 이유로/
ex eádem causā. 같은 이유로서/
ex justa causa. 정당한 이유/
exémpli causā, verbi causā. 예컨대, 예를 들면/
Expositiones Diversarum Causarum. 여러 가지 원인 설명/
expressa conclusio in causa. 증거 제출 명시적 마감/
exsúdo causas. 땀 흘려 변호하다/
Felix qui potuit rerum cognoscere causas.
    만물의 원인을 인식할 수 있었던 사람은 행복하다/
gravi de causa. 중대한 이유로/

179

habens potestatem causarum.
원인들에 대한 권능을 가진 자/
habitúdo causæ. 원인의 관련/
honóris causâ. 명예(名譽) 때문에/
Honoris causa id facio.(=Propter honorem id facio)
나는 명예 때문에 이것을 한다/
hujúsce rei causa. 이 일 때문에(hic' 참조)/
In librum De causis expositio. 원인론 주해(註解)/
In pari causa, melior est conditio possidentis.
같은 원인에서는 점유자의 조건이 우선 한다/
In poenalibus causis benignius interpretandum.
형사 소송에서는 관대하게 해석되어야 한다/
indícta causa. 변호인의 변론이 청취되지 않은 사건/
instructio causæ. 소송의 예심조사(豫審調査)/
íntegra causa. 미심리(未審理) 소송사건/
justior causa. 더 정당한 사유/
licita causa seu rátĭo. 합당한 이유(理由)/
lucri causâ. 이익을 위하여(lucrum 참조)/
mortis causa. 사인증여(死因贈與)/
Ne causam díceret, se erípuit.
그는 자기변호를 하지 않아도 되게 되었다/
necesse sit productionem effectus preoperari causam.
결과를 생성해내려면 먼저 원인이 작용해야 한다.
(성 영 옮김. 단테 제정론. p.198)/
Nemo debet esse judex in propria causa.
어느 누구도 자기의 사건의 재판관으로 되지 못한다/
Nihil est causa sui ipsius.
아무 것도 자기 자체의 원인이 될 수 없다/
non causam ut causa. 이유가 아닌 것을 이유로 설정 한다/
Nulla flendi est major causa, quam flere non posse.
울 수 없는 것보다 울어야 할 큰 이유가 또 없다(Seneca)/
ob eam causam. 그 일 때문에/
ob eam ipsam causam, quod…. 바로 …하는 이유로/
offero se perículis sine causâ. 까닭 없이 위험을 당하다/
omnium conexionem seriemque causarum.
모든 원인들의 조합과 연쇄 (교부문헌 총서 15. 신국론. p.541)/
Oro causam. 소송 변론을 하다/
per causam…, …구실로/
Per minorem causam maiori cognitioni præiudicium fieri
non oportet. Maior enim quæstio minorem causam ad
se trahit. 작은 문제 때문에 더 중대한 문제를
심리해서는 안 된다. 왜냐하면 더 중요한 문제가
그 자체로 작은 문제를 취하기 때문이다/
propter eam causam. 그 이유로 인하여/
Principes sui conservandi causâ profugerunt.
높은 사람들은 자기가 살아야겠는 이유로 도망갔다/
qua de causa? 무슨 이유로? 왜?/
Quid est causæ, cur…? …하는 이유가 무엇이냐?/
Quot homines, tot cáusæ. 십인십색,
사람 수만큼 그만큼 까닭도 많다(저마다의 송사)/
Quid sit justificatio impii, et quæ ejus causæ.
죄인의 의화가 무엇이며, 그 원인들은 무엇인가/
Rex causárum(Ascónius)
(법정에서 능변으로 승소하던) 변호사 Horténsius의 별명/
Si omnes causæ sunt infinitæ, omnes est mediæ.
만일 모든 원인들이 무한한 것이라면
모든 원인들은 중간 원인들이다/
studiórum causâ. 공부하러/
Sullæ causa. Sulla 당파(黨派)/
tracto causas amicórum. 친구들의 송사를 맡다/
tuâ causâ. 너 때문에/
Undecumque causa fluxit. 사건은 어디에서든지 흘러 나왔다.
causa accidentalis. 본질 원인(原因)
causa accidentaliter ordinata. 우연적 차원의 원인
causa actionis. 작용의 원인(原因)
Causa ad matrem referebatur.
원인을 어머니에게 돌리고 있었다.
causa adæquata. 적합원인/causa inadæquata. 부적합원인

causa æquivoca. 다의적 원인(전체가 하위 물체의 원인이 되는
경우처럼 원인과 결과가 형상적으로 같지 않을 경우 '다의적 원인causa
æquivoca'이라 한다. 이상섭 옮김. 신학대전 14. p.113).
causa agens. 능동 원인자(能動 原因者), 작용 원인,
행동적 원인, 능동적 원인(신학대전 제2권, p.243).
causa ággravans 가중인(加重因)
causa amoris. 사랑의 원인
causa analogice agens. 유비적 원인(전체가 하위 물체의 원인이
되는 경우처럼 원인과 결과가 형상적으로 같지 않을 경우 '유비적 원인causa
analogice agens'이라 한다. 이상섭 옮김. 신학대전 14. p.113).
causa antiqua. 옛날의 안건
causa bonitatis. 선성(善性)의 원인
causa canonica. 교회법상 이유
causa canonizátĭonis. 시성 안건(諡聖案件)
causa capitis. 생사에 관한 소송(訴訟)
causa causans. 원인이 되는 원인
Causa cessante cessat effectus.
원인이 멎으면 그 결과도 멎는다.
causa civílis. 시민법상의 원인
Causa communis. 공동의 원인, 공동 소송 ('Res'참조)
causa consubstantĭalis. 동일 실체적 원인
causa contentĭosa. 민사사건, 소송사건(訴訟事件)
causa contingens. 우연적 원인(신학대전 제2권, p.252)
causa criminális. 형사사건(刑事事件)
Causa criminalis non præiudicat civili.
형사 소송은 민사 소송을 심리에서 처리하지 않는다.
형사 소송이 민사 소송을 법적으로 불리하게 만들지 않는다.
causa de matrimonii nullitate. 혼인 무효 확인 소송
causa de statu personarum. 신분에 관한 소송
causa deficiens. 결함인(缺陷因-惡을 발생시키는 원인-신국론. p.1162).
causa distinctĭonis. 구분 사유
causa divina. 신적 원인(신학대전 제2권, p.249)
causa effíciens. 능동인(能動因), 산출인(産出因), 효능인,
생성원인, 유효인, 작용인, 동력인, 작동 원인, 성취원인.
causa effíciens instrumentalis. 도구적 능동인
causa effíciens justificationis. 의화의 능동인
causa effíciens principalis. 주 능동인
causa emines. 우월인(優越因)
causa essendi. 존재 원인, 존재 근거(rátĭo essendi)
causa essendi, ratio intelligendi et ordo vivendi.
존재의 원인과 인식의 근거와 삶의 질서(규범).
causa essentĭalis. 본질 원인
causa essentĭaliter ordinata. 필연적 차원의 원인
causa essentĭaliter subordinata. 본질적 종속원인
causa est potior effectu. 원인은 결과보다 우위에 있다.
causa et indeterminismus physicus.
인과원리와 물리적 비결정론
causa exempláris. 모범인(獨 Exemplarursache),
모형인(模型因), 범형인(範型人), 원형적 원인.
quod causa exemplaris non ponit in numerum cum causa
efficiente. 모형인은 능동인과 같은 것으로 파악되지 않는 것.
causa exempláris prima. 제1의 원형적 원인
causa existentium omnium. 모든 실존자들의 원인(=신)
causa extrinsica. 외적 원인
causa fascinationis. 주술적 원인(呪術的 原因)
causa fatalis. 숙명적 원인
causa fiendi. 됨의 원인
causa finális. 목적인(目的因)
causa finalis, causa causarum.
목적인은 다른 모든 원인들의 원인이다.
Dantur causæ finales. 목적인이 존재한다.
causa formæ substantialis. 실체적 형상의 원인
causa formális. 형상인(形相因), 체형 원인
causa grave. 중대한 이유(理由)
causa historica. 역사적 안건(歷史的 案件)
causa ímmanens. 내재인(內在因)
causa immediáta. 직접 원인(直接原因)
causa impulsiva. 충동(衝動) 이유
causa inadæquata. 부적합원인/causa adæquata. 적합원인

causa incausáta. 무원인적 원인(causa non causata), 원인을 갖지 않는 원인.
causa incidens. 중간 소송
causa inferior. 하위의 원인(신학대전 제2권, p.249)
causa instrumentális. 기계인(器械因), 도구인(道具因)
causa instrumentalis creátĭonis. 창조의 도구인
causa instrumenti. 도구인(도구적 원인)(중세철학 제2호, p.96)
causa intrinsica. 내적 원인
causa justa. 정당한 이유
causa líbera. 자유인(自由原因)
causa mali. 악의 원인,
multitudo dæmonum est causa omnium malorum et sibi aliis. 다수의 마귀들이 그 자신과 다른 자들에 대한 모든 악의 원인이다.(이상섭 옮김, 신학대전 14. p.505).
causa materiális. 질료인, 질재인, 원질 원인
causa media. 중간적 원인, 중간인(신학대전 제5권, p.117)
causa mediáta 간접원인(間接原因)
causa medii. 중간의 원인(존재의 근거문제 중)
causa meritoria. 공적인, 공로인
causa morális. 윤리인, 윤리적 원인(倫理的 原因)
causa morális intentionalis. 지향적 통념 원인
causa mortis. 죽음의 원인
causa motiva. 동기 이유
causa necessaria. 필연적 원인(causa per se)
Causa non bona est? Immo óptima.
기회(이유)가 좋지 않다고? 천만에 가장 좋은 기회이지.
causa non causata. 무원인적 원인
causa non participata. 독자적 원인
Causa Nostræ Lætitiæ.
저희 즐거움의 샘이신 어머니, 우리 즐거움의 원천.
causa occasionális. 기회원인(機會原因)
causa partĭalis. 부분적 원인, 부분적 우연
causa participata. 참여 원인
causa particularis. 개별적 원인
causa per áccidens. 부수적.우연적.이차적 원인, 우유적 종속원인(accidentaliter subordinata), 우유를 통한 원인.
causa per se. 본래적.본원적.본연적.필연적 원인
causa per se subordinata. 자체 종속 원인
causa phýsica. 물리적 원인(物理的 原因)
causa possessionnis. 점유획득 원인(占有獲得 原因)
causa præparans. 준비시키는 원인
causa prima. 제일 원인(第一 原因)
causa prima efficiens. 제일 능동인(第一 能動因)
causa primordialis. 원초적 원인
causa principális. 주요원인, 효력의 주원인
causa principalis creátĭonis. 창조의 주요원인
causa principii. 원리적 원인
causa priváta. 사적인 이유, 사적인 일
causa prope-formalis. 거의 비슷한 형상인
causa próxima. 가까운 원인, 근인(近接的 原因)
causa recentior. 근래의 안건
causa remóta. 먼 원인, 원인, 원인급 원인
causa repulsionis. 밀어내는 원인
causa rerum. 사물의 원인
causa reservatus([영] reserved cases) 유보사항
causa secunda. 제이 원인(第二 原因)
causa secundaria. 종원인(從原因)
causa spiritualis. 영신적 사건(靈身的 事件)
causa subordinata. 종속적 원인(從屬的 原因)
causa subordinata per accidens. 부수적 종속 원인
causa subsistendi. 존재의 원인
causa suffíciens. 충족인(充足因)
causa sui. 자기원인(自己原因)
causa sui motus. 스스로가 자신의 행위의 원인
causa supernaturalis. 초자연적 원인
causa superior. 상위의 원인(신학대전 제2권, p.249)
causa suprema. 최고의 원인(신학대전 제2권, p.136)
causa temporalis. 세속적 사건
Causa tibi nonne viretur bona?
이 문제를 너는 좋다고 보지 않느냐?
causa totalis. 전체적 원인(全體的 原因), 총체적 원인
causa transcendentalis. 초월인(超越因)
causa transitiva. 전이 원인(轉移 原因)
causa última. 최후 원인, 궁극적 원인(窮極的 原因)
causa universalis. 보편적 원인(신학대전 제2권, p.79)
causa univoca. 일의적 원인(一義的 原因)
(사람이 사람을 낳는 것처럼 원인이 결과와 종적으로 동일한 경우이다).
causa ut exequens. 실천하는 것으로서의 원인.
(신학대전 제2권, p.249).
causa volendi. 원함의 원인
causa voluntatis. 의지의 원인
causæ accidentaliter ordinatæ.
우연적으로 질서 지어진 원인들.
causæ conexæ. 연관된 사건
causæ contingentes. 우연적 원인들
causæ diversæ. 상이한 사건(相異한 事件)
causæ efficientes. 기성원인(期成原因)
causæ essentĭaliter ordinatæ. 본질적으로 질서 지어진 원인들.
causæ fortuitæ. 우연적 원인
causæ graves. 중대한 사안(事案)
causæ identicæ. 동일한 사건(同一 事件)
causæ latentes. 숨은 원인
causæ Majores. 중대 사항, 중대 사건, 교황 보류 사항
causæ natúrales. 자연적 원인들
causæ voluntariæ. 의지적 원인
causális, -e, adj. 원인의, 원인이 되는, 이유의, (文法) 원인을 나타내는.
causálĭtas, -átis, f. (哲) 인과관계(因果關係), 작용, 원인성(獨 Ursächlichkeit)(어떠한 형태의 원인 관계에서 일정한 작용, 효과의 원인이 되는 것. 사목 15, 그리스도교 신앙입문, p.602).
princípium causalitátis. 인과율(因果律),
universalitas principii causalitátis. 인과율의 보편성.
causalĭtas efficiens. 작용적 인과성(作用的 因果性)
causalĭtas exemplaris. 범형인(토마스 아퀴나스의 형이상학, p.504).
ratio ordinis rerum(중세철학 제2호, p.95).
causalĭtas formalis. 형상적 인과성
causalĭtas per accidens. 우유를 통한 원인성
causalĭtas primi agentis. 첫 행동자의 원인성
causalĭtas quasi-formalis. 준형상적 인과성
causálĭter, adv. 원인적으로
causárĭi, -órum, m., pl. 병자(病者), 환자(患者), (건강상 이유로) 병역에서 면제된 자.
causárĭus, -a, -um, adj.
병든, 병약한, 상이군경(傷痍軍警)의, 불구의.
causas contendo. 사건들을 비교(比較)하다
Causas Matrimoniales, 혼인 사건.소송(1971.3.28. 자의교서)
causátĭo, -ónis, f. 핑계, 변명(辨明), 소송(訴訟)
causátĭus, adv. 더욱 정당히, 더 정당한 이유로
causātívus, -a, -um, adj. 원인이 되는, (결과를) 만들어 내는.
causatíva persóna verbi. 동사의 제1인칭.
causativus casus. (文法) 대격(4격)
cáusĭa, -æ, f. 가장자리가 넓은 흰 중절모, 펠트 모자
causĭdĭcális, -e, adj. 변호사의
causĭdĭcátĭo, -ónis, f. 변호인다운 연설, 장광설(長廣舌-쓸데없이 장황하게 늘어놓는 말).
causĭdĭcína, -æ, f. 변호사직(辯護士職), 변호인 노릇
causídĭcor, -ári, dep., intr. (causa+dico)
변호(辯護)하다, 변론(辯論)하다.
causídĭcus, -i, m. (causa+dico) 辯護人, 변호사
causíficor, -ári, dep., intr. (causa+fácio)
이유를 내세우다, 핑계하다, 구실로 하다.
causis bonis. 선한 동기로
causo, -ávi, -átum, -áre, tr. …의 원인이 되다, (원인이 되어) 야기(惹起) 시키다, 일으키다.
ens incausata. 무원인적 원인.
causor, -átus sum, -ári, dep., tr.
이유를 내세우다, 구실 삼다, 핑계하다.

causátus híemem instáre.
겨울이 다가왔다는 것을 구실 삼아.
causŏs, -i, m. 고열(高熱, febris, -is, f.), 심한 열
caussa = causa
cáustĭcum, -i, n. 부식제(腐蝕劑)
cáustĭcus, -a -um, adj. 부식성의, 가성(苛性)의
cáusŭla, -æ, f. 작은 핑계, 가벼운 동기, 작은 소송(사건)
cauta, -órum, n., pl. 차용증(借用證)
cautéla, -æ, f. 주의, 조심, 예방, 경계, 법적 보증.담보.
   adígere cautérem ambitióni. 야심을 억제하다.
cautérĭo, -ávi, -átum, -áre, tr. 낙인을 찍다,
   단근질하다(낙형), 쇠꼬챙이로 지지다.
   cauteriáta consciéntia. 마비된 양심.
cautérĭum, -i, n. 낙인(烙印), 달군 인두,
   부식제(腐蝕劑), 소작법(燒灼法-돌뜨는 법), 뜸뜨는 법.
cautérĭzo, -áre, tr. 낙인을 찍다, (불에 달군 쇠로) 지지다,
   뜸을 뜨다, (양심을) 마비시키다.
cautes(=côtes) -is, f. 날카롭게 거칠거칠한 바위, 암초
cautim, adv. 조심스럽게
cáutĭo, -ónis, f. 주의, 조심, 예방책, 보증, 담보, 채무,
   채권, 채무증서, 수취증서, 영수증,
   채무이행의 담보 ('Fideiussio, Satisdatio' 참조).
   [첫째, '카우티오cautio'는 통상 문답계약에 의한 채무이행의 담보를 말한다. 또는
   일반적인 의미에서 채무이행의 담보를 뜻하거나 담보제공에 의해 취득한 물적.
   인적 담보를 말한다. 둘째, '카우티오cautio'는 서면에 의한 채무의 승인이나
   채무증서, 채무변제의 영수증, 계약이나 합의를 뜻한다.
                       한동일 지음. 로마법의 법률 격언 모음집에서].
   cautĭónes in scriptĭo. 문서에 의한 약속, 약속증서.
Cautĭo criminalis. 형사재판을 조심하여라.
cautĭo de damnis. 손해배상의 담보(擔保)
cautĭo de dolo. 악의보증(惡意保證)
cautĭo fideiiussoria. 보증적 담보(保證的 擔保)
cautĭo necessaria. 필요적 담보(必要的擔保)
cautĭo pignorátoria. 저당적 담보(抵當的擔保)
cautĭo realis. 물적 담보(物的 擔保)
cautĭo verbalis. 구두 담보(口頭擔保)
cautĭo voluntaria. 임의적 담보(任意的 擔保)
cautĭonális, -e, adj. 보증의, 담보의
cautĭor, -or, -us. adj. cautus, -a, -um의 비교급
cautissimus, -a, -um, adj. cautus, -a, -um의 최상급
cautor, -óris, m. 조심하는 사람, 보증인
cautum, "caveo"의 목적분사(sup.=supínum)
cautus, -a, -um, p.p., a.p. 보증 받은, 확실한, 안전한,
   주의하는, 조심성 있는, 신중한, 용의주도한, 면밀한.
   ad malum própius cáutior. 다급한 위험에 더욱 조심하는/
   Timidus vocat se cautum, parcum sordidus.
   소심한 사람은 자기를 신중하다고 칭하며
   욕심쟁이는 자기를 검소하다고 칭한다(Publilius Syrus).
cava flumina 깊은 강
cava imago. 허깨비(simulacrum, -i, n.),
   유령(죽은 사람의 혼령이 생전의 모습으로 나타난 형상).
cavámen, -mĭnis, n. 틈, 움푹 파인 곳, 굴(동굴, 움막)
cavátĭcus, -a, -um, adj. 굴속에 사는
cavátĭo, -ónis, f. 굴(동굴, 움막), 구멍, 파인 곳
cavátor, -óris, m. 굴 파는 사람, 조각가(彫刻家)
cavatúra, -æ, f. = cavátĭo, -ónis, f.
cavátus, -a, -um, p.p., a.p. 푹 파인, 움푹 들어간
cave, 원형 cávĕo, cávi, cautum, cavére, tr.
   [명령법, 현재 단수 2인칭 cave, 복수 2인칭 cavete].
Cave ab homine unius libri.
   책 한 권 가지고 있는 사람을 조심하라.
Cave ames! 사랑 놀음을 조심하라!,
   Fac ne ames! 사랑 놀음을 하지 말도록 하라!/
   Nolite amare! (Noli amare!) 사랑 놀음을 말라.
Cave canem! 개조심!(개조심 해라) 맹견 조심,
   [격에 따라 목적어의 격이 달라지는 동사 cavere+dat(여격). 걱정하다, 염려하다/
   cavere+acc(대격). 피하다, 조심하다(ab). 성 염 지음.고전 라틴어, p.393)/
   sævus canis. 맹견(猛犬).

Cave concordiæ publicæ. 국가의 화합을 도모하라!
Cave credas. 행여 믿지 마라(Cave putes)
Cave exístimes, me abjecísse curam reipúblicæ.
   내가 공화국에 대한 관심을 버린 것으로 행여 생각하지 마라.
Cave in morbum indicas. 병들지 않게 조심해요!
Cave ne nomen tuum falsa gloria ornatus sit.
   네 이름에 헛된 영광이 따라붙지 않도록 조심하라.
   [동사와 똑같이 필요와 풍족, 기쁨과 슬픔, 소원(疏遠), 이용을 나타내는
   여러 형용사는 그 대상물을 탈격으로 표시한다. 또는 속격을 쓰기도 한다].
Cave ne percutias, cave ne violes, cave ne calces:
novissima verba Christi sunt ista, ituri in cælum.
   나를 때리지 않도록 조심 하여라, 나를 폭행하지 않도록
   조심 하여라, 나를 짓밟지 않도록 조심하여라. 이것이
   하늘로 올라가시면서 주신 그리스도의 마지막 말씀입니다.
                         (최익철 신부 옮김. 요한 서간 강해. p.457).
Cave putes. 행여 믿지 마라
Cave quid dicis, quando, et cui! 네가 무엇을 말하는지,
   언제 말하는지, 누구에게 말하는지 유의하라!(Lucanus).
Cave tibi. 네 자신을 돌봐라
Cave, si me amas. 제발, 조심해라.
Cave, sis. 부디 조심해라!
cávĕa, -æ, f. 우묵한 곳, 굴, 움, 바자울(바자로 만든 울타리),
   (닭장 같은) 동물을 가두는 울, 벌통, 극장의 관람석,
   극장(劇場), 구경거리가 있는 곳, 구경꾼.
cavea theatri. 객석(로마 극장은 무대scæna, 무대 앞 공간orchestra, 객석
   cavea theatri. 출입구vomitorium로 구성되었다. 로마andante 화려한 고정 극장을
   건축한 것은 BC 55년 폼페이우스였다. 교부문헌 총서 15. 신국론, p.204).
cavea prima. 앞좌석
cavéális, -e, adj. 움(굴) 속에 저장되는
Caveant consules! 집정관들은 주의하시오!
Caveant támen multum a pecunia.
   돈을 지극히 조심할 것입니다(작은 형제회 회헌).
Caveat emptor. 사는 사람을(구매자를) 조심하라.
cavéátus, -a, -um, adj. 갇힌, 둘러막힌,
   울(장) 속에 갇힌, 원형극장을 가지고 있는(도시).
cavĕfácĭo, -féci, -ĕre, tr → cávĕo
cávĕo, cávi, cautum, cavére, tr. 조심하다(ᴅᴅᴀ),
   삼가다, 경계하다, 피하다, 조심하다.
   (불행.불편 따위를 당하지 않도록) 돌보다.
   배려하다, 염려하다, …할 조치를 취하다.
   …하도록 힘쓰다, 보살피다, 누구에게 보증해주다,
   담보를 주다, 법적으로 설정하다, 인정하다,
   지정해주다, (法) 누구를 도와주다, 변호하다.
   필요한 조치를 취하다.
Caret periculo, qui etiam tutus cavet.(Publilius Syrus)
   안전하면서도 조심하는 사람은 위험이 없다/
Cavebat magis Pompeius quam timebat.
   폼페이우스는 무서워했다기보다는 조심을 하였다/
Cavendum est ne omnibus dicamus omnia. 우리가 모든
   사람에게 모든 것을 말하는 일이 없도록 주의해야 한다/
Caveat emptor. 사는 사람을 조심하라, 장사꾼을 조심하라!/
De cavenda nimia familiaritate.
   과도한 우정을 피함에 대하여(준주성범 제1권 8장)/
De cavenda superfluitate verborum(준주성범 제1권 10장).
   수다스러움을 피함(⑨ Avoiding Idle Talk)/
Et caveant multum a pecunia. 돈을 극히 조심할 것입니다.
                         (성 프란치스코 수도 제2회 회칙 21)/
Melius esset peccata cavére quam mortem fugure.
   죽음을 피하는 것보다 죄를 피하는 것이 더 낫다.
                         (준주성범 제1권 23장 1)/
Non bona desideras, sed mala caves. 그대는 선을 열망
   하는 것이 아니라 그저 악을 피할 따름입니다.
                         (최익철 신부 옮김. 요한 서간 강해. p.403)/
Roma, cave tibi. Roma여, 네 자신을 돌봐라/
   sibi caveo. 안전조치를 취하라.
caveo ab alqo. 누구를 경계(警戒)하다
Caveo saluti tuæ. 나는 당신의 건강을 걱정한다.
Caveo venenum(a veneno).
   나는 독을 피한다(나는 독약을 조심한다).
   [여격 외에 다른 격을 허용하는 동사들은 격이 바뀌면 의미가 달라진다.
   이런 동사로는 "caveo+여격: 걱정하다, 염려하다: caveo+대격: 피하다.

182

조심하다(a/ab), "consulo+여격: 돌보다, 보살피다: consulo+대격: 물어보다.
consulo in+대격: ~에 대한 대책(수단)을 강구하다", "incumbo+여격: 자결하다,
습격하다: incumbo in+대격: ~에 열중하다, 몰두하다", "metuo/timeo+여격:
걱정하다, 염려하다: metuo/timeo+대격: 두려워하다", "metuo/timeo+여격:
보살피다, 예방하다: provideo/prospicio+대격: 미리 알다, 예측하다",
"tempero/moderor+여격: 억제하다. 참다: tempero/moderor+대격: 조절하다,
다스리다: tempero/moderor a+탈격: ~하는 것을 참다", "vaco+여격: 힘쓰다,
종사하다: vaco+a(탈격: 탈격: 없다. 비다, 쉬다, 자유롭다" 등이 있다.
　　　　　　　　　　　　　　한동일 지음, 카르페 라틴어 2권, p.222].

cavérna, -æ, f. 움푹한 곳, 구멍, 동굴, 동혈(同穴),
　공동(空洞), 배 밑창의 짐 싣는 곳, 선복(船腹),
　수조(水槽-물을 담아 두는 큰 통), 천공(天空), 항문(肛門),
　cavernæ in altitudinem pressæ. 깊이 판 동굴들.
cavernátim, adv. 구멍을 통해서
cavérno, -áre, tr. (구멍.굴.홈 따위를) 파다, 뚫다
cavernósus, -a, -um, adj. 동굴(구멍) 많은, 다공상의,
　움푹 들어간, 동굴에서 울려 나오는 듯한(소리).
cavérnula, -æ, f. 작은 구멍, 작은 굴, 작은 틈
Cávēsis. = Cave Sis. 주의하라!
cavete, 원형 cáveo, cāvi, cautum, cavére, tr.
　[명령법. 현재 단수 2인칭 cave, 복수 2인칭 cavete].
Cavete, animum amittatis.
　제발, 너희는 용기를 잃지 말아다오!.
　(엄중한 금지를 표시하기 위해 쓰는 'cave, cavete'의 부정적 객어문에는
　흔히 'ne'를 붙이지 않고 그냥 접속법만 쓴다).
Cavete autem ab hominibus. 사람들을 조심하여라(마태 10. 17).
Cavete hoc faciatis. 주의! 이것을 하지들 마라,
　이것을 하지 않도록 조심들 하시오.
Cavete ne amittatis. 잃어버리지 않도록 조심들 해라.
cávi, "caveo"의 단순과거(pf.=perfectum)
cavílla, -æ, f. 야유(揶揄-남을 빈정거리며 놀림. 또는 그런 말이나 짓),
　조롱(嘲弄), 익살(남을 웃기려고 일부러 하는 우스운 말이나 짓),
　조소(嘲笑-비웃음), 해학(諧謔-익살스러우면서 풍자적인 말이나 짓)
　궤변(詭辯-이치에 닿지 않는 말로 그럴듯하게 둘러대는 구변[口辯]).
cavillábúndo -a, -um, adj. 궤변에 의존하는
cavillátio, -ónis, f. 조소, 궤변('Advocatorum dignitas,
　Interpretatio, Jus, Lis, Voluntas' 참조),
　비웃음, 조롱, 익살, 농담, 야유.
　Ea est natura cavillationis (quam Græci acervalem
　syllogismum appellant) ut ab evidenter veris,
　per brevissimas mutationes disputatio ad ea,
　quæ evidenter falsa sunt, perducatur. (그리스인들이
　연쇄식 삼단논법이라고 불렀던) 조소는 명백한 사실에
　의한 궤변의 성격이다. 궤변은 아주 간단한 변경을 위해
　명백히 거짓인 것에 대해서 논쟁이 계속된다/
　Non oportet jus calumniari neque verba captari,
　sed qua mente quid dicitur animadvertere convenit.
　법은 무고되어서도 안 되고 서식을 속여서도 안 된다.
　그러나 언급된 것이 정신에 맞는지는 살펴야 한다/
　Bonæ fidei non congruit de apicibus juris disputare.
　법에 대한 궤변에 대해 논한다는 것은 신의에 맞지 않는다/
cavillátor, -óris, m. 웃기는 사람, 익살꾼, 비웃는 자,
　조롱하는 자, 궤변가(詭辯家).
cávillátórius, -a, -um, adj. 야유의, 풍자(諷刺)의
cavillátrix, -ícis, f. 웃기는 여자, 여자 익살꾼
cavillátus, -i, m. 익살, 조롱, 농담(弄談), 해학(諧謔)
cavíllo, -áre, tr., intr. = **cǎvíllor**
cǎvíllor, -átus sum, -ári, dep., intr., tr. 익살부리다, 놀리다,
　농담하다, 농담으로 …라고 말하다, 구실을 마련하다,
　궤변을 늘어놓다, 비웃다, 조소하다, 야유하다.
　Cum eo cavillor. 그와 농담한다.
cǎvíllor rem. 무엇을 비웃다, 트집 잡다
cǎvillósus, -a, -um, adj. 농담(조롱하기) 좋아하는
cǎvíllula, -æ, f. 익살, 조롱, 놀려줌, 익살
cǎvíllum(=**cǎvíllus**) -i, n.(m) 농담, 놀려줌, 익살
cávitas, -átis, f. 움푹 파진 곳, 요부(凹部), 구덩이,
　구멍, 굴(동굴, 움막). (解) 강(腔), 공동(空洞).
cavitas glenoidalis. 관절와(關節窩)
cavitas oralis. 구강(口腔 안)
cǎvo, -ávi, -átum, -áre, tr. 움푹하게 하다, 도려내다,
　속을 파내다(חפר), …의 밑을 파다, 굴착하다, 꿰뚫다,

구멍을 뚫다(חפר, חקר).파다(חקר, חפר).
　Gutta cavat lápidem. 물방울이 돌을 (오목하게) 판다.
Cavo naves ex arbóribus. 통나무를 파서 배를 만들다
cavósïtas, -átis, f. 구멍, 굴(동굴, 움막)
cǎvum, -i, n. 구멍, 굴(동굴, 움막)
cavum tympani. (解) 고실(귀의 고실)
cǎvus¹, -a, -um, adj. 오목한, 우묵한, 쑥 들어간,
　굴처럼 생긴, 뚫린, 파인, 깊은, 빈, 공허한.
　cava flúmina. 깊은 강/cave imágo. 허깨비, 유령.
cǎvus², -i, m. 구멍, (짐승의) 굴
C.C.G. =Corpus Christianorum (Series Græca),
　그리스 그리스도교 문학 전집.
C.C.L. =Corpus Christianorum (Series Latina),
　라틴 그리스도교 문학 전집.
-ce, (지시 접미사) 주로 hic, hæc, hoc(간혹 ille, iste 등)
　지시 대명사 및 hic, nunc, tunc, sic 따위 부사 꼬리에
　붙어서 말의 강세와 우아함을 드러냄. 의문 분자 -ne가
　덧붙을 적에는 -ci로 변함 e.g. híccine?.
Cecidere illis animi. 그들의 사기는 떨어지고 말았다
cécïdi, "cado"의 단순과거(pf.=perfectum)
cecïdi, "cædo"의 단순과거(pf.=perfectum)
cecídimus, 원형 cǎdo, cécïdi, casum, -ěre, intr.
　[직설법 현재완료. 단수 1인칭 cecedi, 2인칭 cecidisti, 3인칭 cecidit,
　복수 1인칭 **cecídimus**, 2인칭 cecidistis, 3인칭 ceciderunt].
　Peccávimus, et fácti súmus tamquam immúndi nos,
　et cecídimus quasi fólium univérsi.
　　우리는 죄를 지었고, 마찬가지로 불결해졌으며,
　　온 누리의 가랑잎처럼 떨어지였나이다.
Cécidit ad décimum adhic passum.
　　(=Cécidit ad decem adhic passus.
　　= Cécidit décimo adhic passu.)
　그는 여기서부터 10보(步) 떨어진 곳에서 넘어졌다(죽었다).
cécini, "cano"의 단순과거(pf.=perfectum)
Cedant arma togæ. 무기는 토가에게 양보하라.
　　("군사정권을 시민에게 양보한다" 는 뜻).
cedat, 원형 cédo²cessi, cessum, -ĕre,
　[접속법 현재 단수 1인칭 cedam, 2인칭 cedas, 3인칭 cedat,
　복수 1인칭 cedamus, 2인칭 cedatis, 3인칭 cedant].
cede, 원형 cédo²cessi, cessum, -ĕre,
　[명령법. 현재 단수 2인칭 cede, 복수 2인칭 cedite].
　Tu ne cede malis, sed contra audentior ito.(Vergilius).
　그대는 악에 굽히지 말고 보다 결연히 앞으로 나아가라!.
　(불행에 굽복하지 말고 더욱 과감하게 거슬러 가라).
cedénter, adv. 양보하여, 허락하면서, 승낙(承諾)하면서
cédo¹, imper., tr. (단수 2인칭에 대한 명령)
　다오, 가져 오너라, 보여 다오, 들려다오, 이야기해다오,
　(주의를 끄는 말로) 여봐! 이봐!.
Cedo argéntum. 돈을 다오
Cedo, num barbarorum rex Romulus fuit?
　그러니까, 로물루스가 야만인들의 왕이었다는 말이지?.
Cedo quid Romæ fiat! 로마에 무슨 일이 벌어지는지
　말 좀 해봐! [비인칭 동사로서 ce+do(dare:cette=ce-date)로 복원.
　단수 2인칭 명령법으로 번역된다. 성 염 지음, 고전 라틴어, p.343].
Cedo telum! 창을 줘!
cédo², cessi, cessum, -ěre, intr. 걸어가다.오다, **가버리다**,
　물러가다(ἀνεχωρείν), 떠나가다, 사라지다(גוז,ברח),
　지나가 버리다, 대신하다, …나 마찬가지다, …로 인정되다,
　값어치가 된다, 누구의 **차지가 되다**, 누구에게 **돌아가다**,
　속하다, 무엇으로 변하다, 바뀌다, **되어 버리다**,
　(채무상환.납품 계약 따위를 이행할) 기일이 되다,
　(일이) 끝나다, (결과가 어떻게) 되다,
　…으로 끝나다, 따르다(כבד,שמע,אזן),
　응하다, 감수하다, **굴복하다**, 지다.
　우위를 양보(인정)하다, 자기의 열세를 인정하다,
　손 떼다, 포기하다, 넘겨주다(מסר), 바치다.
　bene cedo. 잘되다(
　Epúlæ pro stipéndio cedunt.
　　연회는 돈 낸 만큼의 값어치가 있다/
　Expédit cédere. 물러서는 것이 낫다/

C

fato cédere. 죽다 / Horæ cedunt. 시간은 흘러간다/
nocti cedo. 자다/
Nolite cedere malis sed contra ea pugnate!(Vergilius)
환난에 물러서지 말라! 오히려 환난을 마주하여 싸우라!/
Præda Románis cessit. 전리품은 로마인들에게 돌아갔다/
próspere cedo. 다행스럽게 되다/
Ut primum cessit furor. 그 미치광이 짓이 그치자마자.
tr. 주다, **양보하다**, 양도하다,
인정하다, 허가하다, 동의하다(ᴐᴐ).
cedo fortunæ. 운명에 맡기다.
cedo vita. 일찍 죽다(carpo supremum iter)
cedreláte, -es, f. (植) 서양 삼나무(杉木)
cédria, -æ, f. 백향목(柏香木-서양 삼나무) 수지 기름
cĕdrus, -i, f. (植) 서양 삼나무(레바론 杉木.柏香木),
　백향목(柏香木-서양 삼나무), 체드루스(柏香木-서양 삼나무)
　향백나무(체드루스, 레바논 삼목, 서양 삼나무, 柏香木),
　백향 목재, 삼나무 기름.
celastrácĕæ, -árum, f., pl. (植) 노박덩굴과
celáte,(=celátim) adv. 비밀히, 몰래, 숨겨서
celátĭo, -ónis, f. 숨김, 은폐(隱蔽-덮어 감추거나 가리어 숨김)
celátŏr, -óris, m. 숨기는 사람, 은닉자(隱匿者)
celátum, -i, n. 비밀(μυστήριον), 밀계(密計), 비결(秘訣).
cĕlĕber, -bris -bre, adj. **사람들이 많이 모여드는,**
　군중이 운집한(장소.행사), 사람이 많은, **변화한,** 붐비는,
　들끓는, 왕래가 많은, 널리 퍼진, 많은 사람이 경축하는,
　많은 사람의 입에 오르내리는, 축제로 지내는, **유명한,**
　저명한, 칭송되는.
　res totā Sicíliā celebérrima atque notíssima.
　온 Sicíllĭa에 널리 퍼져 잘 알려진 일/
　tam célebri loco. 사람이 이렇게 많이 모이는 곳에서.

형용사 제3변화 제1식 [단수 주격 남성(-er), 여성(-is), 중성(-e) 이 모두 다른 경우]			
단 수			
	m. (남성)	f. (여성)	n.(중성)
Nom.	céleber	célebris	célebre
Voc.	céleber	célebris	célebre
Gen.	célebris	célebris	célebris
Dat.	célebri	célebri	célebri
Acc.	célebrem	célebrem	célebre
Abl.	célebri	célebri	célebri
복 수			
	m. (남성)	f. (여성)	n.(중성)
Nom.	célebres	célebres	célebria
Voc.	célebres	célebres	célebria
Gen.	célebríum	célebrium	célebrium
Dat.	célebribus	célebribus	célebribus
Acc.	célebres	célebres	célebria
Abl.	célebribus	célebribus	célebribus

*제3변화 제1식에 속하는 형용사는 다음의 13개가 있다.
acer, acris, acre 날카로운, 뾰족한, 예리한, 격렬한
álacer, álacris, álacre 활발한, 발랄한, 재빠른, 유쾌한
campéster, campéstris, campéstre 평야의, 들판의,
céleber, célebris, célebre 유명한
equéster, equéstris, equéstre 기병의, 기사의, 남작의
palúster, palústris, palústre 진펄의, 소택지의, 수렁의
pedéster, pedéstris, pedéstre 도보의, 보병의
puter, putris, putre 썩은, 악취 내는, 시들은
vólucer, vólucris, vólucre 날아다니는, 날개 달린
celer, céleris, célebre 빠른, 신속한
　-celer의 복수 속격은 celérium 대신에 célerum으로
　쓰는 예외적인 경우가 많다.
(salúber, salúbris, salúbre 건강에 좋은, 유익한)
(silvéster, silvéstris, silvéstre 야생의, 숲의)
(terréster, terréstris, terréstre 지상의, 땅의, 육지의)
 - 위의 ( )3개는 남성, 여성 단수 주격을 모두 -is로
　쓰기도 하며 3변화 2식으로 변화하는 형용사이다.
(한동일 지음, 카르페 라틴어 1권. pp.80-81)
célĕbrábĭlis, -e, adj. 찬미할만한, 명성 높은, 성대한
célĕbrans, -ántis, m. (⑩ Celebrat.獨 Zelebrant)
주례자, 미사 집전자.

Si quis dixerit, non licere sacerdoti celebranti se ipsum
communicare. 만일 누가, 집전자 스스로 영성체를 하면
불법이라고 주장한다면, 그는 파문 받아야 한다.
célĕbrátĭo, -ónis, f. 많은 사람이 모여듦, 변화함,
예식거행(禮式擧行), 축하(祝賀), 축하행사.
Celebrationis eucharisticæ structura.(⑩ The structure of
the eucharistic Celebration) 성찬례 거행의 구조/
Celebrationes exiguorum cœtuum eucharisticæ.
(⑩ Eucharistic celebrations in small groups)
소모임의 성찬례 거행(2007.2.22. "Sacramentum Caritatis" 중에서)/
De Celebratione Missæ. 미사 거행에 관하여/
De indigna celebratione. 부당한 미사 봉헌에 대하여/
Huius particeps celebrationis fuit Iesus ut peregrinator
adulescens una cum Maria et Iosepho(⑩ Together with
Mary and Joseph, Jesus took part in the feast as a
young pilgrim) 마리아와 요셉과 더불어 예수는 소년
순례객으로서 축제에 참가하셨다/
In clebratĭone missæ. (1972.8.7. 선언)/
Nam celebratio Eucharistiæ, suis in infinitis divitiis,
continenter historiæ salutis adhæret. 성찬례 거행은 그
무한한 부요함을 통하여 늘 구원사를 환기시킵니다.
Celebratio apud populum.(⑩ Celebration to people.
獨 Zelebration zum Volke hin) 신자들을 향한 집전.
Celĕbrátĭo baptismatis Domini,
주님 세례 축일 거행(1977.10.7. 교령).
celĕbrátĭo baptismi. 세례 거행(洗禮擧行)
celĕbrátĭo eucharistica. 성찬 거행(聖餐 擧行),
성체성사의 거행.(⑩ Eucharistic celebrátĭon).
Celebratio eucharistica et inculturatio.
(⑩ The eucharistic celebration and inculturation)
성찬례 거행과 토착화(2007.2.22. "Sacramentum Caritatis" 중에서).
celĕbrátĭo externa* 경축이동(慶祝移動)(사목적 필요에 따라
정해진 축일을 주일 등 다른 날로 옮겨 지내는 것을 말한다. 'celebratio
externa'를 '이동 축일(celebratio mobilis)', '축일이동(translatio festi)'과
짝을 이루는 말로 '경축이동'이라 한다. 천주교 용어집, p.8).
Celebratio interiore animo participata.
(⑩ Interior participation in the celebration)
내적으로 참여하는 전례 거행.
Celebrátĭo liturgica seu ritus sacrámenti Pœnitentiæ.
고해예식(C.C.K.에서 발췌).
Celebrátĭo liturgica. 전례거행(⑩ Liturgical celebrátĭon)
Celebratio liturgicæ.(⑩ Celebration of the Liturgy.
獨 Leitung von Gottesdiensten) 전례의 집전.
celebrátĭo missæ. 미사거행('missa concelebrata'는 '공동 집전 미사'라
하고 이를 공동 미사나 합동미사라고 부른다. 천주교용어집).
celebrátĭo mobilis. 이동축일(festum mobile)
Celebrátĭo sacrámenti Ordinis. 성품성사 거행.
(⑩ Celebrátĭon of the sacráment of Holy Orders).
Celebrátĭo Verbi Dei. 말씀의 봉헌 예배(禮拜)
celebrátĭones Verbi Dei. 말씀 예식.
(⑩ Celebrations of the word of God).
celebrátĭones festæ. 축제의 거행(祝祭擧行)
Celebratĭonis eucharisticæ. 로마 미사 경본(1970.3.26. 교령)
Celebrationis eucharisticæ decus. 성찬례 거행의 품위
cĕlĕbrátor, -óris, m. 예식 거행자, 주례자, 예찬자,
미사 집전자.
cĕlĕbrátus, -a, -um, p.p., a.p. 사람들이 많이 모여드는,
축제로 지내는, 거행된(예식), 자주 인용되는,
잘 알려진, 존경받는, 유명해진.
cĕlĕbrésco, -ĕre, intr. 유명해지다, 성대히 거행하다
cĕlĕbret. indecl.(⑩ Celebret) 미사 집행 허가증, 첼레브렛.
(주교나 수도회 원장이 사제에게 주는 이 증서는 그가 다른 교구에서도 미사를
거행할 수 있다 허가 받은 사람임을 보증한다. 전례사전, p.215).
célĕbris, -e, adj. = céleber, -bris -bre
cĕlĕbrĭtas, -átis, f. 사람이 많이 모임, 왕래 많음,
번화(繁華-번성하고 화려함), 축제(행사), 대회,
널리 알려짐, 명성(名聲.⑩ Fame/good reputátĭon),
유명함, 군중(群衆.ὄχλος.πλῆθος), 군집(群集),
쇄도(殺到-어떤 곳을 향하여 세차게 달려듦), 빈번.
ludórum celebritas. 경기대회/

Magna celeritate pugnatum est.
매우 신속히(magna celeritate) 전투가 치러졌다
celebrĭtas nóminis. 잘 알려진 이름
celebrĭtas periculórum. 빈번한 위험
celebrĭtas virórum. 몰려든 대군중
célĕbriter, adv. 늘, 자주
célĕbro, -ávi, -átum, -áre, tr. 많은 사람이 모여 들다, 찾아들다, 붐비다, **축제 지내다**, **거행하다**, 기념하다, 널리 퍼뜨리다, **찬양하다**(הדר.ירי), 칭송하다, 알리다(דבר.חוה.אות.ירי.ἀναγγλλω.ἀπαγγλλω), **축하하다**, 영광스럽게 하다, 자주 하다, 유명해지게 하다, 연습을 쌓다, 통용하게 하다.
Decretum de celebrando concilii. 공의회 거행에 관한 교령/
Decretum suspensionis concilii. 공의회 중단에 관한 교령/
senectútem *alcjs* celebro.
(어떤) 노인에게 찾아들어 경의(敬意)를 표하다.
celebro Africáni artes.
Africánus의 별명을 널리 퍼뜨려 통용케 하다.
celebro artes. 예술 공부를 하다
celebro missam. 미사를 드리다
celebro nútias. 결혼잔치를 치르다
cĕlĕr, célĕris, célĕre, adj. **빠른**, 신속한, 재빠른, 민활(敏活-날쌔고 활발함)한, 성급한, 경솔한.
remédium celer. 속효약(速效藥)/
Sagitta tam celeris erat ut a nobis non videretur.
그 화살은 우리 눈에 보이지 않을 만큼 빨랐다/
uvæ céleres provéntu. 일찍 나는 포도.
celer irasci. 화를 쉽게 내는
cĕlĕránter, adv. = **cĕlérĭter**
cĕlĕrátim, adv. 급히, 빨리
celerior, -or, -us, adj. cĕlĕr, célĕris, célĕre의 비교급.
Diu adpara bellum, quo celerius vincas!
네가 신속하게 승리하게끔 오랫동안 전쟁을 준비하라/
Divisus ignis extinguetur celerius.(Publilius Syrus).
불꽃을 나눠놓으면 더 빨리 꺼질 것이다.
cĕlérĭpes, -pĕdis, adj. (celer+pes)
걸음이 빠른, 발이 빠른, m. 걸음이 빠른 사람.
cĕlérĭtas, -átis, f. 빠름, 날램, 속력, 신속, 민활(敏活-날쌔고 활발함), 기민(機敏-동작이 날쌔고 눈치가 빠름), 속효(速效-빨리 나타나는 효과), 속달(速達).
Arma incredibili celeritate sumpserunt. 그들은 믿기지 않을 정도로 재빠르게 무기를 다루었다.[모양 탈격abulativus modi은 모양 부사어에서 다루어진 것처럼 행동의 양상을 묘사하며 방법 탈격이라고도 하는데 단독 탈격으로, 혹은 cum과 함께 탈격으로 나타낸다]/
Duplicatur bonitas, simul accessit celeritas.(Publilius Syrus)
신속함이 첨가되자마자 선은 배가(倍加)된다/
quantā máximā pótuit celeritáte.
그에게 가능했던 최대한의 신속(속력)으로(quantus 참조)/
Remittendum de celeritate existimabat
그는 속도를 줄여야 할 것으로 생각하였다/
Tam celeriter effugit, ut eum nemo capere posset.
그는 아무도 붙잡을 수 없을 정도로 재빨리 달아났다.
cĕlérĭter, adv. (=**cĕlĕránter**) 빠르게, 급히(제3변화의 형용사를 가지고 부사를 만들려면 속격 어미 -is 대신에 -ĭter를 붙인다).
비교급 **celerius** / superl. **celérrime**, 제일 빨리.
Iste vir imperio ducis celeriter functus est.
저 작자는 장군의 통수권을 재빨리도 휘둘렀다/
Milites ad oppidum tam celeriter appropinquaverunt ut id capere facillime potuissent. 병사들은 급히 들이닥쳐 그 도시를 아주 쉽게 점령할 수 있었다/
Peccatum extenuat qui celeriter corrigit.(Publilius Syrus).
신속하게 바로잡아 주는 사람은 죄를 줄인다.
Celeriter currebamus ne caperemur.
우리는 안 잡히려고 빨리 내닫는 중이었다.
cĕlĕrĭtúdo, -dĭnis, f. 빠름, 신속, 날램
celeriúscŭlus, -a, -um, adj. 약간 빠른, 총총 걸음의
célĕro, -ávi, -átum, -áre, intr., tr. 빨리 하다, 재촉하다(קחד.קידי), 촉진하다, 빨리 실행하게 하다, 빨리 가다, 서두르다(רוץ).
celero fugam. 빨리 도망가게 하다
celerrime, superl.(최상급) 제일 빨리.
Cum boni equi nobis sint, iter celerrime faciemus.
우리에게 준마들이 있으니까 신속하게 길을 달려가리라.
celerrimus, -a, -um, adj. cĕlĕr, célĕris, célĕre의 최상급
cĕles, -ĕtis, m. 달리는 말, 경주용 말, 타는 말, 쾌속선
celéuma, -ătis, n. 뱃노래, 뱃소리
célĭa, -æ, f. 스페인산 맥주
cella, -æ, f. 작은 방, 독방(獨房), 노예 방, 판자 집, 곳간(horreum, -i, n./thesaurus, -i, m.), 곡물창고, 새장, 닭장, 비둘기 집, 벌집, 광(cella promptuaria.), 순교자 기념당.
circum cellas. 곳간 주변/
De quadripartito exercitio cellæ.
수도 독방의 네 가지 수련(修練)에 대하여/
in cellam oleárium hæc opus sunt. (in[1]참조)
술 광에 이것들이 필요하다/
Nemo nisi sacerdos potuit cellam templi inire.
사제가 아니면 아무도 사원의 감실(龕室)에 들어갈 수 없었다.
[cella: 그리스, 로마 신전에서 신의 초상을 모신, 맨 안쪽 특실].
cella coemetrialis. 묘소 경당(초대교회 때부터 묘소에 죽은 연령을 위해 세운 예배소. 순교자 기념 성당. 백민관 신부 엮음, 백과사전 1, p.407).
cella noviciorum. 수련실, 수련자들의 독방(獨房)
cella oleária. 기름 창고(倉庫)
cella penaráia. 식료품 저장실(armarium promptuarium.)
cella peregrinorum. 객실(客室)
cella promptuaria. 생활용품 저장실(貯藏室)
cella vinária. 술 광
cellæ filius. 창녀의 자식
cellárĭa, -æ, f. 식료품 광 맡은 여자
cellaríŏlum, -i, n. 작은 식료품 광
celláris, -e, adj. 새장의
cellárium, -i, n. 식료품 저장실, 움(광), (소금.기름.술.고기.치즈 따위) 식료품.
cellárĭus[1], -a, -um, adj. 광의, 식료품 저장실의
cellárĭus[2], -i, m. 광지기, 식료품 창고지기
céllĭo, -ónis, m. 광지기, 식료품 창고지기
cello[1], -ĕre, tr. 때리다
cello[2], -ĕre, intr. 우뚝 솟다, 높이 솟다
céllŭla, -æ, f. 작은 방, 노예 골방, (생물의) 세포, 비둘기 집(비둘기장), 벌집(벌통).
cellulánus, -i, m. 작은 방에 사는 사람, 수도자([영] religious)
cēlo, -ávi, -átum, -áre, tr. **숨기다**(רמט.יסכ.אסכ), **감추다**(טמר), (어떤 일을) 비밀로 하다.
[celo 동사는 수동 인칭 구문을 가진다. 이 경우 숨기는 사람은 주격으로, 숨기는 대상은 'de+탈격'으로 나타낸다. 숨기는 대상이 중성대명사로 제시되면 그것은 문법상 대격이 된다.
Populus celatus est de morte regis.(수동 인칭구문) 백성은 왕의 죽음을 숨겼다.
Id Alcibiades diutius celari non potuit.(중성대명사)
알치비아데스는 그것을 더 오래 숨길 수 없었다. 한동일, 카르페 라틴어 2권, p.179].
Aliud est celare, aliud tacere.
숨기는 것 다르고 침묵하는 것 다르다/
Ars est celare artem. 참된 예술은 예술을 뒤로 숨긴다/
Celábar. (그들은) 내게 숨기고 있었다. 나는 모르고 있었다/
Nos celavimus ne ab eis videremur.
우리는 저들에게 보이지 않도록 몸을 숨겼다/
O virum simplicem, qui nos nihil celet!.(Cicero).
우리한테 아무것도 숨기지 않을 만큼 순진한 사람이여!/
Sídera celántur. 별들이 사라진다/
Tu prudenter celavi sermonem nostrum.
나는 신중하게 우리 의논을 너한테 숨겼다/
Vides peccatum tuum esse elatum foras, neque iam id celare posse te uxorem. 너는 네 죄가 밖으로 퍼져나갔음을 알고 있으며 네 아내한테도 숨길 수 없음을 알고 있지.
celo *alqm*. 누구를 숨기다, 누구에게 숨기다
Celo néminem de erróre tuo. 나는 너의 실수를 아무에게도 숨기지 않는다.(중성대명사. 형용사가 제2객어인 경우의 수동형은 능동형에서의 대격 대명사, 형용사를 그대로 가지고 있게 된다).
Celor de errore tuo. 나는 너의 실수에 대하여 모른다.
cĕlox, -ócis, f. 쾌속범선(快速帆船), 쾌속정(快速艇), 요트([영] Yacht), 빠른 행동, 빠른 행동하는 사람.

celsē, adv. 높게, 드높이, 높은 곳에

celse nati. 기사 계급(騎士階級, equester ordo.)

celsípētens, -éntis, adj. (celsus+peto) 위로 향하는, 상향성의

célsĭtas, -átis, f. = celsitúdo, -dĭnis, f.

celsitúdo, -dĭnis, f. 높음, 고도(高度), 높은 곳, 고상함.
　illa celsitúdo altíssimæ paupertatis.
　지극히 높은 가난의 극점(極點).

celsus¹, -a, -um, adj. 높은, 우뚝 솟은, 위를 향해 뻗은,
　지위 높은, 높은 자리의, 고위(高位)의, 도량이 큰,
　고상한, 거만한, 의기양양(意氣揚揚)한.

celsus², -i, m. 人名, 유명한 의사로 만물 박사적 저술가

celtis, -is, f. 끌, (석공의) 정

ceméntum = **cæméntum** 모르타르. 시멘트

cena, -æ, f. = **cœna** 저녁식사.
　a cena dormíre 저녁식사 후 곧 자다/
　inter cenam. 저녁 식사 중에/
　Quis veniet in cenam nostram.
　우리의 만찬에는 누가 올 텐가?/
　super cenam(=mensam) 식사 중에, 밥상머리에서/
　Ut sis nocte levis, sit tibi cena brevis.
　밤에 편 하려거든 간단한 저녁식사를 하라.

cena… V. **cœna…**
　Ad cenam hóminem invitávit in pósterum diem.
　그는 다음 날 만찬에 오라고 사람을 초대하였다/
　inter cenam. 저녁 식사 중에.

cenácŭlum, -i, n. = **cœnácŭlum,** -i, n.
　식당, 맨 위층 방(보통 식당으로 쓰였음). 최후의 만찬 방.
　Ex iis vero quæ Iesus eloquitur sermonem faciens in
　Cenaculo, Spiritus Sanctus ratione nova plenioreque
　declaratur(⑩ In the light of what Jesus says in the
　farewell discourse in the Upper Room, the Holy Spirit
　is revealed in a new and fuller way) 예수님께서 최후의
　만찬 석상에서 하신 고별사의 내용에 비추어, 성령께서는
　새롭고 더욱 넓게 계시 되었습니다/
　Hac de causa Iesus Christus in Cenaculo dicit.
　(⑩ Therefore Jesus Christ says in the Upper Room)
　그렇기 때문에 예수님께서는 최후의 만찬 석상에서
　말씀하셨던 것입니다.

Cenam paschalem, (1970.3.26. 훈령)
　로마 미사 경본의 사용원칙과 규범(規範).

Cenatum est. 식사하고 있었다. 식사하고 먹었다

cēno = cœno, -ávi, -átum, -áre, intr., tr. 먹다

cenobi… V. **cœnobi…**

cenodóxĭa, -æ, f. 허영심(虛榮心)

cenodóxus, -a, -um, adj. 수다스러운

cenotáphĭum, -i, n. (시체를 묻지 않은) 빈 무덤, 기념비

cénsĕo, -sŭi -sum -ére, tr. **헤아리다,** 세워 넣다,
　호구조사 하다, **국세조사 하다,** 등급을 정하다,
　자기재산을 평가하여 명부에 기입하다, 재산보고를 하다,
　평가하다, **여기다, 생각하다**(δοκἐω), 간주하다,
　판단하다(ϖᴅυ), 충고하다, 해야 할 것으로 생각한다.
　마땅한 것으로 생각하다, (원로원에서) 투표하다,
　의결하다, 결정을 내리다, (누구에게 무엇을) 승인하다.
　cápite censi. 인구수에만 들어간 극빈자(極貧者)/
　censum censére(ágere) 국세조사 하다, 재산등록 하다/
　Dat veniam corvis, vexat censura columbas.(Juvenalis).
　그 작자는 까마귀들한테는 사면을 베풀고
　비둘기들은 온갖 검열로 괴롭힌다/
　Tibi hoc cénseo. 나는 네가 이것을 해야 한다고 생각한다.

censeo eas. 아무래도 너는 가야하겠다

cénsĕor, census sum, -éri, dep., tr.
　평가(評價)하다, 헤아리다, 재산보고 하다.

cénsĭo, -ónis, f. 조사(調査), 인구조사, 평가(評價),
　과세, 경고(警告), 주의 줌, 처벌, 의견, 판단, 판결.

censítĭo, -ónis, f. 조세(租稅), 징수(徵收)

censítor, -óris, m. 지방 감찰관, 호구조사관

cénsŏr, -óris, m. 검열관(檢閱官), 비평가, 비판자,
　첸소르(조사등록자·평가 감정자·비평자를 뜻함), 도서 검열인,

감찰관(고대 Roma의 호구·재산조사·풍기감찰 등을 임무로 한 자).

Dic, Appi Claudi, quidnam facturus fueris, si eo tempore
censor fuisses. 아피우스 클라우디우스여, 말해 보시라,
　그 당시 그대가 감찰관이었다면 무엇을 하려고 했을지!/
Rabbi censor. 검열관 랍비.

censor librorum. 출판물 검열관(出版物 檢閱官)

censor theologus. 서적 검열 신학자(神學者)

censórĭus¹, -a, -um, adj. 감찰관의, 감사관의,
　호구조사(戶口調査) 관계의, 엄격(嚴格)한, 엄중한.
　funus censórium. 국장(國葬)/
　lex censória. 공공건물·건축·납세 등에 관한 계약·법령/
　opus censórium. (감찰관에 의해) 처벌 대상이 되는 행위.

censórĭus², -i, m. 감찰관(監察官)

censuáles, -ĭum, m., pl. 국세조사 기록부

censuális, -e, adj. 국세 조사의, 국세 조사에 관한

censui, "censeo"의 단순과거(pf.=perfectum)

censum, "censeo"의 목적분사(sup.=supínum)

censum, -i, n. (=census, -us, m.) 호구조사, 국세조사

censúra, -æ, f. 감찰관직, 시험, 고시, 검열, 판정, 징계,
　견책, 벌(罰).
　(세례 받은 신자나 성직자로서 의도적으로 그리고 외적으로 명백하게 교회법
　에 규정된 법법 행위를 했고, 또 그것이 완고한 태도를 유지할 때 교회법에
　보장되는 권리나 직무에 대한 징계를 받는 상태임. 교회법상 징계는 파문
　Excommunicatio, 성직박탈Depositio, 성무정지Suspensio, 성무금지Interdictum,
　공적 보속Poenitentia publica 등이 있음. 백민관 신부 엮음, 백과사전 1, p.550).

censura a jure. 법률에 의한 교정 벌

censura ab homine. 사람에 의한 교정 벌

censura ferendæ sententiæ. 선고 처벌의 교정 벌

censura latæ sententiæ. 자동 처벌의 교정 벌

censura librorum. 도서 검열

censura non reservata. 사면이 유보되지 않은 교정 벌

censura philosophiæ Cartesianæ. 데카르트 철학의 검열

censura prævia. 예방적 검열

censura repressiva. 금지적 검열

censura reservata. 사면이 유보된 교정 벌

censura theologica(⑩ Theological Censure) 교리 판정

censurátus, -a, -um, adj. 검열 받은, 견책 당한

census, -us, m. (=censum, -i, n.) **호구조사**(인구동태·재산
　상황에 대한 조사와 등록을 거쳐 등급과 세액을 정했음), **국세조사,**
　시민 명부, 징세 장부, 재산, 이자, 임차료.
　alqm censu prohibére. 누구를 시민명부에서 제외하다/
　censum habére. 호구조사(戶口調査)하다/
　De censibus et procurationibus. 세금과 거마비에 대하여.

census équitum. 기병대 사열(騎兵隊 査閱)

census fundorum. 지대(토지가 가지는 불멸의 생산력에 의한 토지
　소유자의 소득 일부를 말한다. 지대는 지주에게는 불로소득이라 하여 비난의
　대상이 되어 왔지만 이 불로 가치 증식을 조세원으로 공개념화하는 공적인
　제정 체계 안에서는 정당화된다. 자연법상 "모든 물건의 열매는 소유주의 것이다
　Res fructificat domino"라는 명제에 따라 지대는 정당하고 교회의 윤리 견해도
　이와 일치한다. 이 대장 모든 재산은 애덕 사업 등 사회에 돌아가야 한다는 원칙을
　지켜야 한다. 백민관 신부 엮음, 백과사전 1, p.551).

census senatórum. 원로원 의원 자격의 기본재산

censuum liber. 납입금 대장, 조세 대장(중세기 수도원. 각국
　교회, 도시, 영지, 왕국 등에서 교황청에 물어야 할 납입금을 기록한 대장.
　이 대장 기입은 클레멘스 3세와 첼레스티노 3세의 회계원 장관 Cencio Savelli
　가 도입했다…. 백민관 신부 엮음, 백과사전 1, p.552).

centáurĕa(=centáurĭa), -æ, f. = **centáurĕum**

Centaurea iberica. 가시 수레 국화

centáurĕum(=centáurĭum), -i, n. (植) 뻐꾹채의 일종,
　(植) 도깨비 부채(산우·작합산·수레부채라고도 한다).

Centáurus, -i, m. 상체는 인간이고 하체는 말(馬)의
　형상을 한 괴물(Thessália에 있었다고 함). (天) 인마좌.

centéna, -æ, f. 백인(100人) 조장직(組長職)

centenæ litteræ. 편지 백 통

centenárĭus¹, -a, -um, adj. 100의, 수가 100에 이르는.
　100파운드의, anniversárium centenárium. 100주년.
　ballístæ centenáriæ.
　100파운드의 바위 탄환을 쏠 수 있는 노포(弩砲-쇠뇌).

centenárĭus², -i, m. 백부장(百夫長), 백인대장

centéni, -æ, -a, num. (복수형 명사의 기본수로) 100,
　100(개)씩, centenæ litteræ. 편지 백 통.

centenĭónális, -e, adj. 100분의 1의 가치를 지닌 (은화)

centénum, -i, n. 호밀, 쌀보리
centéns, -a, -um, adj. 100의, (pl. 배분수사로) 100씩
centésĭma, -æ, f. 100분의 1. pl. 백 분의 일, 월 일부 이자.
  Annus est centesima pars sæculi.
  한 해는 한 세기의 100분의 1이다.
centésĭmo, -ávi, -átum, -áre, tr.
  100분의 1을 뽑아내다(선택하다).
centésĭmus, -a, -um, num., ordin. 백 번째, 제 일백.
  centesima lux ab intéritu alcjs.
  누가 죽은 지 백 일째 되는 날/
  centesimo primo quoque anno. 100년 만에.
  Centesimus annus, (1991.5.1. 6장 62항으로 된 회칙)
  노동헌장 반포 100주년을 맞이하여.
cénticeps, -cípitis, adj. (centum+caput) 머리가 100개나 달린
céntĭe(n)s, adv. 100번, 100회, 100배
centímănus, -a, -um, adj. 100개의 손을 가진
centiméter, -tra, -trum, adj. (centum+metrum)
  100가지(여러 가지 많은) 시운(詩韻)을 사용한.
centímétrum, -i, n. 센티미터(cm)
centipĕda, -æ, f. (centum+pes) ((蟲)) 지네
  centipeda mínima. (植) 중대가리 풀
centipéllio, -ónis, m. (centum+pellis) 반추동물의
  두 번째 위
céntipes, -pĕdis, adj. 100개의 (많은) 발이 달린
céntiplex, -plícis, adj. = céntuplex 백배의, 100배의
cento, -ónis, m. 누더기 옷, 투창 방어용.진화용 이불,
  여러 조각을 모아서 만든 침대 덮개 보,
  여기저기서 표절(剽竊)하여 만든 시.노래.
centonárĭus[1], -a, -um, adj. 여러 조각을 모아 기운,
  누더기의, 여기저기서 따온 詩 구절로 만든.
centonárĭus[2], -i, m. 눈빈 군복(軍服) 제조인,
  투창 방어용 이불 제조인.
centrális, -e, adj. 중심의, 중앙의
centrátus, -a -um, adj. 중심에 놓인, 중심에 위치한
centrum, -i, n. 중심, 컴퍼스의 중심다리,
  중추(中樞), 중앙, 추골의 중심체, (지진의) 진원지.
centúm, num., card., indecl. 백(百), 100, 대단히 많은.
  fenus ex tribus et semis pro centum. 이자 3.5%/
  Obtinueruntque aquæ terram centum quinquaginta diebus.
  (kai. uʼyw,qh to. uɟdwr evpi. thɟj ghɟj hʼme,raj eʼkato.n penth,konta)
  (獨 Und die Wasser wuchsen gewaltig auf Erden
  hundertundfünfzig Tage) (⑨ The waters maintained
  their crest over the earth for one hundred and fifty days)
  물은 땅 위에 백 오십 일 동안 계속 불어났다(성경 창세 7. 24)/
  물은 백 오십 일 동안이나 땅 위에 괴어 있었다(공동번역)/
  per centum. 퍼센트/
  Plato mihi unus instar est centum mílium. (instar 참조)
  Plato 한 사람이 내게는 마치 만 명과 같다/
  Rex præmia centum militibus dedit.
  국왕은 100명의 병사에게 상을 주었다.
  Centum et septem annos cómplĕo. 107세를 살고 죽다
centumgémĭnus, -a, -um, adj. 100배의,
centumgémĭnus Briáreus. 100개의 팔을 가진 거인
centúmpĕda, -æ, m. 100개의 발을 가진 자(Júpiter의 별명)
centumpóndĭum,(=centupóndĭum) -i, n. 100근의 중량
centumvĭrális, -e, adj. 100인 법원의, 100인 위원회의
centúmvĭri, -órum, m., pl. 100인 법원의 판사, 100인 법정,
  100인 심판 위원회(옛 Roma 민사. 특히 유산관계 법정. 이 법정은 시민 중
  에서 뽑혔으며 처음에는 105명으로 구성되었으나 나중에는 180명까지 증원되었음)
centúncŭlus[1], -i, m. 누더기, 조각을 모아 기운 이불
centúncŭlus[2], -i, f. (植) 미나리 아재비과의 참으아리속 식물
céntŭplex, -plícis, adj. = céntĭplex
  (centum+plico) 100배의, 백배의, 100겹의.
centŭplĭcáto, adv. 백배의 값으로
centŭplícĭa, -íum, n., pl. 100배, 백 배
centŭplĭco, -ávi, -átum, -áre, tr.
  100배하다, 100으로 곱하다.

céntŭplum, -i, n., pl. 백 배, 100배, 백 갑절
céntŭplus, -a, -um, adj. 백배의, 100배의
centúrĭa, -æ, f. (고대 Roma 군대의) 백인대(白人隊),
  Sérvĭus Túllĭus가 Roma 시민을 193등으로 나눈 그 한 단위,
  백인조(百人組-백 명으로 조직하는 선거의 한 단위로서 표의
  투표권을 가졌음), 토지 면적 단위(약 15만 5천 평).
centŭrĭális, -e, adj. 100인조의, 100인대의
centŭrĭátim, adv. 100명 단위로, 100인대 단위로, 큰 떼를 지어
centŭrĭátus[1], -a, -um, p.p. 100으로 나눈,
  100인대를 형성한, 100명씩 나눈.
  comitia centuriáta. 백 명 단위의 선거인 회합.
centŭrĭátus[2], -us, m. 100人 대장 계급(직위),
  100인대의 구분 편성.
centúrĭo[1], -ónis, m. 100人 대장을 삼다(편성하다)
centŭrĭo[2], -ónis, m. 백부장(百夫長), 백인대장(百人隊長)
centurio classiárĭus. 해군 중위
centŭrĭonátus, -us, m. 100인 대장직, 백부장 선발
cénŭla(=cœnŭla), -æ, f. 간단한 저녁식사
cenum, -i, n. = cœnum 오물, 쓰레기 진흙, 하층민
cēpa… V. cæpa…
cĕphălǽa, -æ, f. 오래가는 두통(頭痛)
cĕphălæóta, -æ, m. 인두세 징수인(徵收人)
cĕphălálgĭa(=cĕphălárgĭa), -æ, f. (醫) 두통
cĕphălálgĭcus(=cĕphălárgĭcus) -a, -um, adj. 두통 앓는
Cephalanthera longibracteata. (植) 은대 난초
cĕphálĭcum, -i, n. 머리에 붙이는 고약(膏藥)
cĕphálĭcus, -a, -um, adj. 머리의, 두부의, 두개골의
cĕphálĭtis, -tĭdis, f. (醫) 뇌염(腦炎)
cĕphálo, -ónis, m. (植) 종려나무, 팔마나무
cĕphălŏchórda, -órum, n., pl.
  (활유어 따위) 두색류(頭索類) 동물.
cĕphălŏmétrĭa, -æ, f. 두개(頭蓋) 측정법
cĕphălópŏda, -órum, n., pl. (動) 두족류(頭足類-오징어.문어 따위)
cĕphălópŏdes, -ĭum, m., pl. = cĕphălópŏda, -órum, n., pl.
cĕphălŏtaxácĕæ, -árum, f., pl. (植) 개비자나무과
cĕphálŏthórax, -ácis, f. 두흉부(頭胸部)
  (갑각류.거미류 따위의 머리와 가슴이 합쳐진 부분.)
cēphénes, -um, m., pl. (動) 수벌
cēpi, "capio"의 단순과거(pf.=perfectum)
cepícĭum(=cepítĭum) -i, n.
  = cæpa, æ, f. = cæpe, -is, n. (植) 양파.
cepotáphĭum, -i, n. 정원에 쓴 무덤
cepúlla(=cæpúlla), -æ, f. 작은 양파
cēra, -æ, f. 밀랍(蜜蠟), 밀초(꿀 찌꺼기를 끓여 만든 물질),
  밀랍 목판(글 쓰는 판), 페이지, 밀랍 봉인, 밀랍 인형,
  (조상들의) 밀랍 초상(肖像), 벌집.
  in cerā sigíllum imprimo. 밀랍에 도장을 찍다/
  prima cera. 제1(面), secúnda cera. 제2(面)/
  tracto ceram póllice. 손가락 끝으로 초를 만지작거리다.
cera alba. 백랍(白蠟-밀랍벌레의 집. 고약.초 따위의 원료로 쓰임)
cera flava. 황랍(黃蠟-누런 초)
cerā mórtŭi circúmlĭti. 밀랍으로 두루 칠한 시체들
cĕráchátes, -æ, (廣) 마노(瑪瑙-석영의 한 가지)
cĕrámbus, -i, m. (蟲) 사슴벌레
Cerambycidæ, -árum, f., (蟲) 하늘소과
cĕrárĭum, -i, n. 봉인대(封印代), 봉인요금
cĕrárĭus[1], -a, -um, adj. 밀랍의, 밀랍에 관한
cĕrárĭus[2], -i, m. 밀랍 장수
cĕrásĭum, -i, n. (植) 벚나무 열매,
  버찌(벚나무의 열매. 앵두만 하며, 맛이 새콤하고 달다).
cĕrástes, -æ, m. 머리 위가 뿔처럼 뾰족한 독사,
  나무에 있는 뿔 달린 벌레.
cĕrásum, -i, n. (植) 벚나무 열매, 버찌
cĕrásus, -i, f. (植) 벚나무(prunus serrulata), 버찌
cĕrătáules, -æ, m. 나팔 부는 사람
cĕrátĭna, -æ, f. 궤변
cĕrátĭnus, -a, -um, adj. 각질의, 뿔로 만든, 궤변의
cĕrătítis, -tĭdis, f. (植) 야생 양귀비

ceratophyllácěæ, -árum, f., pl. (植) 솔잎말과 식물

cěrătŏtómĭa, -æ, f. (醫) 각막 절개술(角膜 切開術)

cěrátum(=cērōtárĭum =cērōtárótum), -i, n.
(藥) 고약(膏藥), 연고(軟膏-반고체 상태의 外用藥),
반창고(⑨ Adhesive tape).

cěrătúra, -æ, f. 밀랍도료, 밀칠 함

cěrátus, -a, -um, p.p., a.p. 밀을 바른, 밀로 처리한.
ceráta tabélla. 심판관들의 투표판.

cěráunĭum(=cěráunus), -i, n.(m.)
묘안석(猫眼石), 묘정석(猫睛石)

cěráunĭus, -a, -um, adj. 번개의, 전광(電光)의
ceraunius gemma. 묘안석(猫眼石-猫睛石)

Cérběrus, -i, m. 명부 입구를 지키는 머리 셋 달린 개

cercítis, -tídis, f. 올리브의 일종

cércĭus = círcius (Gállia 지방의) 강한 북서풍

cercidiphyllaceæ, -árum, f., pl. (植) 계수나무과 식물

cercŏpíthécus, -i, m. (動) 긴 꼬리 원숭이

cercops, -ópis, m. (動) 긴 꼬리 원숭이

cercúrus(=cercyrus) -i, m.
범선(帆船), 상선(商船), 바닷물고기의 일종.

cerdo, -ónis, m. 수공업자, 직공, (여러 가지) 수선공

cérěa, -æ, f. 스페인산 맥주

Cereálĭa[1], -íum, n., pl. 4월 10일(Ceres 여신 축제)

cereálĭa[2], -íum, n., pl. 곡식(穀食, frumentum, -i, n.)

cereális, -e, adj. 곡식의, 곡류의, 밀(麥)의.
arma cereália. 밀을 빻아 빵 만드는 기계.

cěrěbellŏspinális, -e, adj. (解) 소뇌척수(小腦脊髓)의

cěrěbéllum, -i, n. 뇌(腦), (解) 소뇌(小腦)

cěrěbrítis, -tídis, f. (醫) 뇌염(腦炎)

cěrěbrŏspinális, -e, adj. (解) 대뇌척수(大腦脊髓)의

cěrěbrósus, -a, -um, adj. 미친, 광란의,
경솔한, 변덕스러운, 성급(性急)한.

cěrěbrum, -i, n. 뇌, 골(腦), 두개(頭蓋), 머리, 지능,
정신, 역정, 격노, (解) 대뇌(大腦).

cěrěmónĭa(=cerimónĭa), -æ, f. 의식, 종교예식,
예절(⑨ Ceremony.獨 Zeremonie).

cěrěŏlus, -a, -um, adj. 밀랍 색의

Cěres[1], -ěris, f. 곡물.곡식.수확의 여신.
Cereri coronam obtulerunt agricolæ.
농부들은 케레스 여신에게 화관을 바쳤다.

cěres[2], -ěris, f. 곡물, 곡식, 빵, 식량

ceresĭa, -æ, f. 벚나무의 열매, 버찌

cérěus[1], -a, -um, adj. 밀랍의, 밀초 빛의, 휘기 쉬운,
유연한, 밀초와 같이 나긋나긋한.
funális céreus. 밀초의 심지; 밀초 햇불.

cérěus in vítium flecti. 나쁜 습성에 빠지기 쉬운

cérěus[2], -i, m. (⑨ candle.獨 Kerze) 밀초(蜜).
benedictio cerei paschalis. 부활절 축성.

cérěus paschális. 부활초(⑨ paschal candel)

cerevísĭa(=cervísĭa), -æ, f. 맥주

cěrífico, -ávi, -átum, -áre, intr. (cera+fácio)
밀랍으로 만들다, 밀초를 만들다.

cěrífŏrus, -i, m. (cera+fero) 촛대

cerimónĭa(=cěrěmónĭa), -æ, f. 의식, 종교예식

cérĭna, -órum, n., pl. 밀초 색 옷

cěríntha, -æ(=cěrínthe, -es) f.
벌들이 좋아하는 식물(꿀과 밀 성분이 많은 꽃).

cěrínthus, -i, m. 꿀샘의 꿀, 정제하지 않은 꿀

cérĭnus, -a, -um, adj. 밀초색의, 황색의

cěrĭŏláre, -is, n. 촛대

cěrĭŏlárĭum, -i, n. 촛대

cěrĭŏlárĭus, -i, m. 밀초 제조자

cerne, 원형 cerno, crêvi, crêtum(certum), -ěre, tr.
[명령법, 현재 단수 2인칭 cerne, 복수 2인칭 cernite]
Corrige præteritum, rege præsens, cerne futurum.
과거를 바로 잡고, 현재를 다스리고, 미래를 판단하라.

cernícŭlum, -i, n. 비교(比較), 비유(比喩.παραβολη)

cerno, crêvi, crêtum(certum), -ěre, tr. 골라 가려내다,

체로 치다, 추리다, 식별하다, 알아보다, 분간하다,
감별하다, 구별하다, 분별하다, 판단하다, 결정하다,
판결하다, 분명히 밝히다, 겨루다, 싸우다, 결판내다,
쟁취하다, 인식하다, 이해하다, 통찰하다.
cerni (in) alqa re. 무슨 일에서 드러나다/
vitam certo cernere. 사생결단(死生決斷)하다.

cerno de victóriā. 승리를 겨루다

cerno hereditátem. 자신이 상속인이라는 것을 밝히다

Cerno sane et verissima esse consentĭo.
저도 그렇게 생각하며 모두 참말임을 동의합니다.

cernŏs, -i, m. 신에게 바치는 과실 담는 토기 접시

cernui, 원형 cérnŭus[1], -a, -um, adj. [m., pl. 주격 cernui,
여격 cernuorum, 여격 cernuis, 대격 cernuos, 탈격 cernuis].
Tantum ergo sacramentum, venēremur cernui*.
지존하신 성체 앞에 꿇어 경배 드리세.
[그러므로, 이토록 저희 엎드려 (성체) 생사에 공경 드리세.
* 형용사 cernuus는 공경하는 주체인 생략된 우리를 꾸미며, 부사로 번역한다.
황치헌 신부 지음, 미사 통상문을 위한 라틴어, p.425].

cérnŭlo, -ávi, -átum, -áre, tr. 엎드려 뜨리다, 곤두박질시키다.

cérnŭlus, -a, -um, adj.
재주넘는, 엎드러진, 교묘한, 능란한.

cérnŭo, -ávi, -átum, -áre, tr.
곤두박질하다, 엎드러뜨리다, 넘어뜨리다.

cérnŭor, -átus sum, -ári, dep., intr. 엎드러지다, 엎드리다

cérnŭus[1], -a, -um, adj. 엎드리는, 부복하는

cérnŭus[2], -i, m. 구두의 일종

cēro, -ávi, -átum, -áre, tr.
밀랍을 바르다, 밀랍으로 봉인(封印)하다.

cěrōfěrárĭus, -i, m. (cera+fero) 촛대 잡이

cēróma, -ătis, n. 씨름, 연무장(鍊武場), 경기장, 체육관,
씨름꾼들이 몸에 바르던 밀과 기름으로 된 연고.

cērómătites, -æ, m. 경기장 감독

cěrónĭa, -æ, f. 지중해 연안 지방의 상록수

cērósus, -a, -um, adj. 밀초가 가득한, 밀초 투성이의

cěrōtárĭum(=cērátum =cērōtárótum) -i, n.
(藥) 고약(膏藥), 연고(軟膏-반고체 상태의 外用藥),
반창고(⑨ Adhesive tape).

cérrěus, -a, -um, adj.
졸참나무의, 참나무의, 떡갈나무의, 상수리나무의.

cerríns, -a, -um, adj. 졸참나무의, 상수리나무의

cerrítŭlus, -a, -um, adj. 미친, 광란부리는, 정신이상의

cerrítus, -a, -um, adj. 발광하는, 광란하는,
극도로 흥분한, 미친 사람 같은.

cerrus, -i, f. (植) 졸참나무, 상수리나무

certa intervalla. 일정한 주기.(교부문헌 총서 16, 신국론, p.1280)

certa malitia. 악의(惡意.⑨ deliberate malice).
peccatum ex certa malitia. 악의에서 비롯된 죄.

certa mori. 죽기로 결심한 여자

Certa tanquam miles bonus. 충성된 군사와 같이 싸워라.
(준주성범 제3권 6장 5).

Certa viriliter: consuetúdo consuetudine vincitur.
사내답게 싸워라 習慣은 習慣으로 이기게 된다.
(준주성범 제1권 21장 2).

certābúndus, -a, -um, adj. 자주 다투는, 토론하는

certámen, -mĭnis, n. 투쟁(鬪爭.⑨ Battle), 다툼,
싸움(⑨ Battle/Conflict), 대결, 시합, 경기, 경쟁,
전투, 심전, 상품.
de certamine inter ordines(⑨ class struggle) 계급투쟁/
descendo in certámen. 전투장에(싸우러) 나가다/
Induite armaturam Dei, ut possitis stare adversus
insidias Diaboli. (evndu,sasqe th.n panopli,an tou/ qeou/ pro.j
to. du,nasqai u`ma/j sth/nai pro.j ta.j meqodei,aj tou/ diabo,lou)
악마의 간계에 맞설 수 있도록 하느님의 무기로
완전히 무장하십시오(에페 6. 11)/
spiritale certámen. 영적 투쟁(1996.3.25. "Vita Consecrata" 중에서)/
tempus et locum destino ad certámen.
대결할 시간과 장소를 확정하다.

certámen Mayronicum. 메이론 심사회[소르본 대학교 학위
논문 토론회(Actus Sorbonicus)의 별칭. 프란치스코회 수사 Mayron이 1315년
이 제도를 도입했다 해서 이렇게 부른다. 백민관 신부 엮음, 백과사전 1, p.550].

certámen nudum. 맨주먹 전투

certánter(certátim) adv. 다투어, 경쟁적으로, 지지 않으려고.

certátĭo, -ónis, f. 경쟁, 경기, 경주, 공개토론, 논쟁,
싸움(⑩ Battle/Conflict), 다툼, 전투.
cælicolæ magni, quianam sententia vobis versa retro
tantumque animis certatis iniquis?(성염 지음. 사랑만이 진리를 깨닫
게 한다. p.405).천계의 위대한 주민들이여, 어찌하여 그대들의
뜻을 돌이켜 불손한 마음으로 서로들 그리 쟁론하는가?.

certatíve, adv. 싸울 목적으로

certatívus -a, -um, adj. 논쟁의, 토론의

certátor, -óris, m. 싸우는 사람, 논쟁의 적수,
경기의 상대자, 라이벌(⑩ rival).

certatus¹, -a, -um, p.p.
무기를 가지고 겨루는, 분쟁의 대상이 된.

certatus², -i, m. 경쟁, 싸움, 투쟁(鬪爭.⑩ Battle)

certē, adv. 확실히, 정녕코, 꼭, 반드시, 의심 없이,
하여간, 적어도, 그렇다 해도, (대답으로)확실히, 물론.
Hoc certe Dominus iubet.
이것은 분명 주님께서 명하시는 것입니다/
sed certe. 그러나 적어도.

**Certe antichristi sunt, qui ex nobis exierunt, sed non
erant ex nobis.** 분명 그리스도의 적입니다. 그들은 우리에게서 떨어져 나갔기 때문에
아니 우리에게 속한 사람들이
아니었습니다.(최익철 신부 옮김. 요한 서간 강해. p.297).

certe scio. 내가 아는 바로는 틀림없이 그렇다

certífico, -áre, tr. (certum+fácĭo) 확인하다, 확증하다

certim, adv. 꼭, 편연코, 확실히

cértĭor, -íus, adj. certus, -a, -um의 비교급, 더 확실한.
De Cæsaris adventu Helvetii certiores facti sunt.
카이사르의 도착에 관해서 헬베티아인들은 확인하기에
이르렀다.[논리 탈격abulativus logicus은 무엇에 관해서 논의되는지를
표현하며 de와 함께 탈격을 쓴다/
Tu quid agas, ubi sis, fac me quam diligentissime
certiorem. 네가 무엇을 하고 있는지, 어디에 있는지
가능한대로 상세하게(quam diligentissime)
나에게 알려다오(fac me certiorem)!.

certĭor fieri. 알리다

Certĭores feci sorores meas de adventu patris.
나는 누이들에게 아버지의 도착을 알려주었다.

certíoro, -ávi, -átum, -áre, tr. 누구에게 알리다,
표시하다, 보고하다, 통지하다.

certíssimus, -a -um, adj. certus, -a -um의 최상급.
Certissimum est. 의심의 여지가 없습니다.

certitúdo, -dínis, f. 확실성(確實性.⑩ certitude).
Evidentĭa criterium certitudínis. 자명성은 확실성의 기본이다.

certitúdo absolúta. 절대적 확실성

certitúdo evidéntiæ. 자명성의 확실성

certitúdo histórĭca. 역사적 확실성

certitúdo hypothética. 가정적 확실성

certitúdo infallibilitátis. 무오류적 확실성

certitúdo intensitátis. 강도 있는 확실성

certitúdo metaphysica. 형이상학적 확실성(절대확실)

certitúdo morális 개연적 확실성(심증, 心證-마음속에
가지게 된 인식이나 확신, argumentum internum.).
심증적 확실성, 윤리적 확실성.

certitúdo natúrális. 자연적 확실성

certitudo ordinis. 질서의 확실성

certitúdo philosophica. 철학적 확실성

certitúdo physica. 물리적 확실성

certitúdo reflexa. 반성적 확실성

certitúdo salútis. 구원의 확실성

certitúdo spontánea. 자발적 확실성

Certitudo theologica(⑩ Theologically Certain)
신학적으로 확실한 교리.

certo¹, adv. 정녕코, 확실히, 꼭, 사실로 실제로.
Illud affirmáre pro certo hábeo.
나는 그것을 확실한 것으로 단언할 수 있다.

certo die. 정해진 날에

certo scio. 확실히 그렇다, 확실한 사실이다

certo², -ávi, -átum, -áre, intr., tr. 싸우다, 다투다,
투쟁하다, 전투하다, 겨루다, 경쟁하다, 경기하다,
(법정에서) 논쟁하다, 토론하다.
Certando validior fio. 싸우면서 나는 보다 강해진다/
certare cupio. 나는 싸우고 싶다/
De desiderio æternæ vitæ, et quanta sint certantibus
bona(præmia) promissa.(⑩ The Desire of Eternal Life;
the Great Rewards Promised to Those Who Struggle)
영원한 생명을 동경함과, 용맹이 싸우는 사람에게 허락된
행복에 대하여(준주성범 제3권 49)/
In certando modum serva! 싸우는 중에도 법도는 지켜라/
multam certo. 벌금액에 대하여 토론한다.

certo in judício, certo jure. 법정에서 법적으로 싸우다

Certum est. 물론입니다(Facit vero.)

Certum est neminem sine vitĭo esse.
결점 없는 사람이 아무도 없다는 것은 분명하다.

Certum est quia impossíbile. 불가능하기 때문에 믿음이 간다.

certus, -a, -um, adj.(p.p.) 단호한, 결정된, 결정한, 결심한,
확정된, 일정한, 정해진, 확실한, 의심의 여지가 없는,
명백한, 알려진, 틀림없는, 믿음성 있는, 확신을 가지는,
알고 있는, 탐지한.
ad tempus certum. 일정한 기한부/
certa mori. 죽기로 결심한 여자/
certo die. 정해진 날에/
Certi ergo estote, fratres mei, quia quod ait Apostopus
verum est. 그러므로 나의 형제 여러분, 바오로 사도가
한 말이 참되다는 확신을 가지십시오/
Eum qui certus est certiorári ulterĭus non oportet.
확실히 알고 있는 이에게는 더 이상 확실히 통지해야
할 필요는 없다[이미 확실한 것은 더 이상 확실해질 필요가 없다]/
futurórum certi. 미래를 아는/
impedimentum certum. 확실한 장애(障碍)/
impotentĭa certa. 확실한 불능/
In duobus certis amicis unus animus.
확고한 두 친구에게 마음은 하나/
In tria tempora vita dividitur, quod fuit, quod est,
quod futurum est. ex his quod agimus breve est,
quod acturi sumus dubium, quod egimus certum(Seneca)
인생은 세 시기로 나뉜다. 있었던 것, 있는 것, 있을 것,
이 가운데 우리가 하고 있는 것은 짧고, 우리가 하려하는
것은 의심스럽고, 우리가 이미 한 것은 확실한 것이다/
lex certa. 명문법(明文法-뚜렷하게 규정된 법).

certus amícus. 신의 있는 친구

certus eúndi. 가기로 결정된

Certus sum. 나는 확신한다(성경 로마 8, 38)

certus términus. 한계(限界)

cérula, -æ, f. 밀초 조각, 작은 밀초

cerula miniata. 빨간 크레용.(프.crayon-색연필)

cerúmen, -mĭnis, n. 귀지(귀에지.귓구멍 속에 낀 때)

cerússa, -æ, f. 연백(鉛白), 흰 그림물감, 분(粉), 백분

cerussátus, -a, -um, adj. 분 바른, 화장한, 흰 칠한

cerva, -æ, f. 암사슴(일반적으로 사슴)

cervárĭus(=cervarĭólus) -a, -um, adj.
사슴의, 사슴 모양을 한.

cervícal, -ális, n. 베개, 긴 방석

cervicális, -e, adj. 목의, 목덜미의

cervicátus, -a, -um, adj. 강경한, 완고한, 집요한

cervicem repono. 고개를 젖히다

cervicibus suis sustinere. 두 어깨로 지탱하다

cervicósĭtas, -átis, f. 집요(執拗-고집이 세고 끈질김),
강경(强硬), 고집(固執), 완고(σκληροκαρδια.項固).

cervicósus, -a, -um, adj. 고집 있는, 완고한, 집요한

cervícŭla, -æ, f. 가냘픈 목

cervína, -æ, f. 사슴고기

cervínus, -a, -um, adj. 사슴의, 장수(長壽)의

cervísca, -æ, f. 배(梨)의 일종

cervísĭa(=cerevísĭa) -æ, f. 맥주

cervix, -ícis, f. (解) 목덜미, 목, 어깨, 용감, 용맹.
cervícibus suis sustinére. 두 어깨로 지탱하다/
ensis super cervice pendet. 목에 칼이 닿다/
impendeo cervícibus *alci*. 누구의 목에 걸려 있다/
in cervícibus esse. 가까이에 있다, 임박하다.
cérvŭla, -æ, f. 작은 암사슴(alces, -is, f. 큰사슴)
cérvŭlus, -i, m. 작은 숫 사슴
cervus, -i, m. (숫) 사슴, (군사 방어용의) 울짱,
가새지른 울타리(어긋매끼어 엇갈리게 걸친 울타리).
Cervus Dama. 꽃사슴(淡黃鹿.[영] fallow deer)
Cervus sagitta vulneratus est.
그 사슴은 화살에 상처를 입었다.
cerýcĭum, -i, n. 작은 막대기
cēryx, -ycis, m. 군 사절, 전령사(傳令士), 칙사(勅使)
cesárĭes = **cæárĭes** 머리털, 두발, 갈기
cespes = **cæspes** 잔디, 뗏장, 풀밭
cessābúndus, -a, -um, adj.
갈팡질팡하는, 주저하는, 지체하는.
Cessánte causā, cessat et efféctus. 原因이 그치면
효과도 그친다(원인이 停止되면 결과도 정지된다).
cessátĭo, -ónis, f. 늦어짐, 늦춤, 지연(遲延-오래 끎),
지체(遲滯-때를 늦추거나 질질 끎), 중지, 정지, 멈춤,
그침, 그만 둠, 소멸, 쉼, 휴식(休息.[영] Rest),
사용정지, 예절 중 사용정지, 미사 때 사용정지.
(성삼일에 오르간, 종 등의 사용 정지. 백민관 신부 엮음, 백과사전 1, p.550).
cessátĭo ad extrinseco. 외부적 소멸(消滅)
cessátĭo ad intrinseco. 내부적 소멸(消滅)
Cessátĭo ab Opere 파업(罷業.[영] Strike)
cessátĭo partĭalis. 부분적 소멸(消滅)
cessátĭo sequestrátĭonis. 압류의 종지
cessátĭo totalis. 전적 소멸(全的 消滅)
cessátor, -óris, m. 그만 두는(그치는) 사람, 게으름뱅이
cessátrix, -ícis, f. 그만 두는 여자
cessi, "cedo"의 단순과거(pf.=perfectum)
cessícĭus, -a, -um, adj. 양도의, 양도에 관한, 양도된
cessim, adv. 뒷걸음질하면서, 물러가면서, 양보하면서
céssĭo, -ónis, f. 양보, 후퇴, 포기.
(法) 양도(讓渡), 인도(引渡), 만기(滿期).
['양도'는 채권자의 권리를 타인에게 이전하는 것이다. 로마 고전시대 법에서 채권채무 관계는 엄격히 개인 간의 문제였기 때문에 채권 양도는 원칙적으로 실행할 수 없었다. 단 경개, 즉 채무자가 구채권자에게 부담하는 채무를 신채권자(양수인)에게 이행하겠다는 약속에 의하여, 또는 채무자를 상대로 하는 소권의 이전, 즉 채권자가 위임을 통하여 양수인으로 하여금 채무자를 제소하게 함으로써 가능했다. 양수인에게 채무자에 대한 유책판결은 양수인에게 유리했기 때문에 그는 자신의 이익을 위한 대소인代訴人이었다. 소권양도 형식이 더 빈번히 활용되었는데, 경개는 채무자가 협력을 거절할 경우 불가능했기 때문이다. 그러나 소권양도에도 일정한 불편이 수반하였다. 왜냐하면 채무자는 채권 양수인이 자신에 대하여 소구하기 전까지 구채권자에게 채무를 이행할 수 있었으며, 게다가 위임에 의한 양수인의 지명은 양도인(위임자)의 사망으로 무효가 되었기 때문이다. 이후의 법에서는 채권자가 채무자에 대하여 양도의 통지를 하게 하여 양수인의 지위를 향상시켰다. 더 나아가 어떤 특정 소송들에서 양수인은 채무자를 상대로 준소권을 행사할 수도 있었다. 유스티니아누스 법에서는 이것이 일반 규칙이 되었다. 한동일 지음, 로마법의 법률 격언 모음집에서].
Cessionarius est pro creditore. 양수인은 채권자를 대신한다/
Ceissionarius utitur iure cedentis.
양수인은 양도하는 권리를 가지고 있다/
Nominis venditio, etiam ignorante vel invito, adversus quem actiones mandantur, contrahi solet.
채무자의 양도는 통상 행위에 위임된 것을 위반하여
무지나 억지로 매매될 수 있다/
Via Cessionis. 양보 방안(Via Cessionis 참조. 두 교황이 사임하고 제3교황을 선출하는 방법으로 서방교회 대분열을 종식시키자는 방법).
cessio actĭonis. 소권양도(訴權讓渡)
cessio bonorum. (채권자에게) 재산양도(財産讓渡),
파산(破産-가산을 모두 날려 버림), 재산권 포기.
cessio crediti. 채권 양도
cessio donationum. 증여물 반각(返却-보내온 물건을 받지 않고 되돌려 보냄), 증여의 반각, 선물을 되돌려 보냄.
cession in jure. 법정 양도
cessio juris. 권리의 양도
cessio litis vel actĭonis jam quæsitæ. 소권양도(訴權讓渡)
cesso, -ávi, -átum, -áre, intr. **그치다**(פסיק.פסק),
그만두다(מנע), 멈추다(מנע.סכר.פסק.פסיק.שׁבת),
쉬다, 중단하다, **중지하다**(שׁבת), 꾸물거리다,
늑장(게으름) 부리다, (하다가) 미루다, 놀다(דוח),
한가로이 지내다, 아무 것도 하지 않다,
(할 수 있으면서도 하지 않아서) 잘못을 저지르다,
공한(公閑, 유휴) 상태에 있다,
(법적) **효력을 잃다**, 정지되다.
Causa cessante cessat effectus.
원인이 멎으면 그 결과도 멎는다/
Cessánte causā, cessat et efféctus. 원인이 그치면
효과도 그친다(원인이 정지되면 결과도 정지된다)/
Cessante causa legis cessat lex.
법의 원인이 그치면 법의 적용도 그친다/
Cessat terra. 이 땅은 놀고 있다/
Et non ibi cessavit, non ibi finem fecit; sed addidit.
그분께서는 여기에 그치지도 끝맺음을 하지도 않으시고,
이렇게 덧붙이십니다.(최익철 신부 옮김, 요한 서간 강해. p.345)/
Quid cessas? 왜 그만 두니?.
cesso tempus. 허송세월(虛送歲月)하다.
cessum, "cedo"의 목적분사(sup.=supínum)
cestĭcíllus, -i, m. 똬리(1. 짐을 일 때 머리에 받치는 고리 모양의 물건으로 짚이나 천을 틀어서 만듦.
2. 나선 모양으로 빙빙 틀어 놓은 것, 또는 그런 모양).
cestída, -órum, n., pl. 대수모류(帶水母類-띠해파리 따위)
cestóda, -órum, n., pl. (動) 조충류(絛蟲類), 촌충류
cestoídĕa merozóa, -órum, n., pl. (動) 다절류(多節類)
cestoídĕa monozóa, -órum, n., pl. (動) 단절류(單節類)
cestrŏs, -i, m. 철필(鐵筆), 금속 절단기(金屬切斷機),
(금속 조각용의) 끌, 치과용 송곳(드릴).
cestrosphéndŏne, -es, f. 투창기(投槍機), 투석기
cestus[1], -us, m. = **cæstŭs** 장갑, 글러브([영] glove)
cestus[2], -i, m. 띠, 벨트, 혁대(가죽 띠)
cetácĕa, -órum, n., pl. (動) 고래류(고래.돌고래 따위)
cetárĭa(=**cetárĭum**, -i, n.), -æ, f. 큰 바닷고기 양어장
cetárĭus[1], -a, -um, adj. 큰 바닷고기의, 고래의
cetárĭus[2], -i, m. 바다 생선장수, 어물장수
cetera(=**cétĕra**) adv., acc., n., pl.
기타, 그 외에는, 나머지, 등등.
Dictis respóndent cétera martis.
그 밖의 것들은 어머니의 말씀과 일치 한다/
Excépto, quod non simul esses, cétera lætus. 네가
함께 있지 않았다는 것만 빼놓고 그 외에는 즐거웠다.
Cetera autem cum venero disponam.
그 밖의 일에 대해서는 내가 가서 일러 드리겠습니다.
Cetera commendo ne vos gravem.
여러분에게 부담을 드리지 않기 위하여
나머지는 여러분에게 맡겨 드리겠습니다.
cetera omnia. 그 밖의 모든 것
Cetera quam paucissimis absolvam.
그 밖의 것들은 아주 간단히 말할 것이다.
[absolvere 동사의 관용어 'paucis absolvere 간단히 말하다'는 'paucis verbis absolvere rem, 약간의 말로 주제를 논하다'의 생략된 형태이다.
한동일 지음, 카르페 라틴어 2권, p.22].
cetero, adv. 나머지, 그 외에는, 그밖에,
ceteri alius. 남은 자들은 각각 다른 곳으로
ceteróquĭ(n), adv. (céterus+qui) 그밖에는, 또한,
다른 점에 있어서는, 그 위에, 더욱, 그뿐 아니라.
uti ceteroqui partim iam fit.([영] as in fact is partly happening) 실제로 부분적으로는 이미 실시하고 있음.
cétĕrum, adv. 그 밖의 점에 이어서, 그 외에는,
그리고는, 그뿐 아니라, 그리고 또, 그렇지 않다면.
Ceterum ad fidelium sanctitatem funditus ordinatur hierarchica Ecclesiæ constitutio. 더구나 교회의 교계적
구조는 전적으로 신자들의 성덕을 위해 조직된 것입니다.
cétĕrus, -a, -um, adj. (단수로는 드물게 쓰이며
m. sg. nom., voc.는 쓰지 않음) 그 밖의, 기타의,
나머지, 다른. m., pl. céteri 다른 사람들.
ad cétera. 다른 모든 견지에 있어서/
cetera omnia. 그 밖의 모든 것 / céterum. 남은 것/
de cétero 그 밖의 점에 있어서는/

et cétera 등등, 운운/
in céteris terris. 다른 나라에서/
in céterum. 나머지에 관해서는/
Non potest ergo separari dilectio. Elige tibi quid diligas;
sequuntur te cetera. 사랑은 갈라질 수 없는 것입니다.
  그대가 사랑해야 할 것을 선택하십시오. 그러면 나머지는
  저절로 따라옵니다.(최익철 신부 옮김. 요한 서간 강해, p.437)/
Prudéntiam, ut cétera áuferat, adfert certe senéctus.
  노년기가 비록 다른 것은 없애버린다 하더라도
  확실히 지혜만은 가져다준다.
cetínus, -a, -um, adj. 고래의
cetósus, -a, -um, adj. 고래의
cētra, -æ, f. 작은 가죽 방패
cetrátus, -a, -um, adj. 작은 방패로 무장한.
  m., pl. 방패로 무장한 군대(軍隊).
cētus(-os) -i, m. (n., pl. cētē)
  (動) 고래, 바다괴물, 큰 바다고기.
  Numquid mare ego sum aut cetus.(욥기 7. 12)
  (㉓ Am I the sea, or a monster of the deep)
  제가 바다입니까? 제가 용입니까?(성경)/
  내가 바다입니까? 바다의 괴물입니까?(공동번역).
ceu¹, adv. …와 같이, 마찬가지로
ceu fumus. 연기처럼
ceu², conj. 마치 …와 같이, 마치 …처럼, …인 듯이
Ceu cétera nusquam bella forent.
  마치 다른 곳에서는 전쟁이 없는 것처럼.
ceva, -æ, f. 작은 종류의 암소(젖소)
cévĕo, -ére, intr.
  (수캐가) 엉덩이를 흔들다, (개처럼) 아첨하다.
chærephýllum, -i, n.
  (植) 전호(前胡) 속식물(잎은 향료.샐러드에 쓰임).
chætognátha, -órum, n., pl.
  ((動)) (화살벌레 따위) 모악동물(毛顎動物).
chætópŏda, -órum, n., pl. (動) 모족류(毛足類-지령이 따위)
chalástĭcus, -a, -um, adj. 완화하는, 완화하기 위한
chalatórĭus, -a, -um, adj. 완화하는, 늦추어주는
chalcánthum(=chalcánthon) -i, n.
  (鑛) 담반(膽礬-結晶水를 지닌 황산동. 살충제)
chalcáspis, -pĭdis, m. 청동 방패를 가진 병사
Chalcedon, -ónis, f. 칼체돈.
  Concilium Chalcedon. 칼체돈 공의회(451.10.8~11.1).
Chalcedonensis, -e, adj. 칼체돈의
Chalcedonius, -a, -um, adj. 칼체돈의
  [도시들은 어미 -us, -a, -um 혹은 장소 접미어인 -ensis. -e를 붙여서 형용사를
  만든다. 황치헌 신부 지음. 미사 통상문을 위한 라틴어, p.139].
chalcéos, -i, f. 엉겅퀴의 일종
chálcĕus, -a, -um, adj. 동(銅)의, 구리로 만든
chalcis, -ĭdis, f. 청어(고등어), 독사의 일종
chalcītis, -tidis, f. 동광(銅鑛)
chalcus, -i, m. 희랍(希臘)의 소액동전
chălo, -ávi, -átum, -áre, tr. 공중에 매달다
chálybs, -ybis, m. 강철, 칼(劍.⼑⼑.㉓ dagger/sword)
chăma, -ātis, n. (動) 살쾡이
chamæácte, -es, f. (植) 넓은 잎 딱총나무
chamædáphne, -es, f. (植) 난쟁이 월계수(月桂樹)
chamædaphne calyculata. 진퍼리 꽃나무
chamǽdrăcon, -óntis, m. Afríca산 뱀
chamǽdrys, -yos, f. (植) 떡갈나무의 일종
chamǽlĕon, -ónis(-ontis), m. 카멜레온, 변색 도마뱀
chamæleóntes, -íum, m., pl. (動) 카멜레온류
chamæleuce, -es, f. (植) 개미취
chamǽlygos, -i, f. (植) 마편초과(馬鞭草科) 식물의 일종
chamæmélon(chamæmélum) -i, n.
  (植) 카밀레(네덜란드어.kamille). 화란국화.
chamæplátănus, -i, f. (植) 난쟁이 플라타너스
chamǽrĕpes, -um, f., pl. (植) 난쟁이 종려나무
chamǽrops, -ópis, f. (植) 개곽향
chaméunĭa, -æ, f. 땅에 누움, 땅바닥에서 잠

chamúlcus, -i, m. 대형 운송차(大型 運送車)
Chanaan, indecl. 가나안(地名)
Channa argus (魚) 가물치(가물칫과의 민물고기)
chăŏs(χάος), -i, n. (abl. chao) 천지창조 이전의 혼란상태,
  무한하고 깜깜한 암흑 공간(cosmos의 반대),
  암흑의 공간, 혼돈상태, 대혼란, 무질서(無秩序),
  나락(奈落), 지하세계, Chaos 신, 원시 혼돈의 신.
chara, -æ, f. (植) 야생 양배추
chărácătus, -a, -um, adj. 섶으로 버틴
charácĕæ, -árum, f., pl. (植) 윤조류(輪藻類)
charácĭas, -æ, m. (포도나무 등을 버티는) 갈대,
  대극과(大戟科) 식물의 일종.
chărácter(=carácter) -éris, m. 기호, 도장(圖章)
  인호(㉓) indelible character of Sacrément/Seal),
  글자(말을 눈으로 볼 수 있도록 나타낸 기호), 활자,
  (소유를 표시하기 위해 동물 따위에 찍는) 낙인(烙印),
  특성, 특질, 특색, 성격, 문체, 화풍(畵風), 양식.
chărácter indelibilis. 불멸의 인호
chărácter Sacramentális. 성사의 인호
chăractérismus, -i, m. 풍속화(風俗畵)
chăractérístĭca, -æ, m. 특성, 특성 서술, 성격묘사.
  Characterística universalis. 보편 기호학.
chăractérístĭcus, -a, -um, adj. 특색(특성) 있는, 특유한
chăracterólogia, -æ, f. 성격학(性格學)
chăradrifórmes, -íum, f.., m., pl. (鳥) 물떼새류
hărádrĭus, -i, m., pl. (鳥) 물떼새
charáxo, -ávi, -átum, -áre, tr.
  새기다, 찍다, 파다(רבר.רסח).
charísma, -átis, n. 카리스마(χάρισμα.㉓ charisma),
  하느님의 은사(恩賜), 특별한 은혜,
  성령의 은사(恩賜.χάρισμα.㉓ charisma),
  특능(特能-하느님한테 받은 특별한 재능이나 능력),
  (대중에게 영향력과 권위를 발휘하는) 비범한
  정신력.능력; 은사로 받은 덕성(德性).
  [은사 사용에서 가장 큰 문제점이 무엇이라고 생각하는가에 대한 질문에 대하여
  '교회나 지도자의 검증 없이 은사가 개인적으로 행해지는 것' 23.4%, '내적 치유
  보다 외적 치유에 중점을 두는 점' 21.3%, '은사 사용에 관한 지도자들의 정당한
  지침이 없음' 17.7%, '은사의 무분별한 남용' 16.3% 순으로 응답하고 있다.
  성령쇄신운동의 현황과 전망, p.57).
Charisma meliora. 보다 나은 은사(恩賜)
Charisma veritatis. 진리의 특능(特能), 은사(恩賜)
Charisma veritatis certum. 진리의 확실한 특은(特恩)
Charisma veritatis certum secundum placitum Patris.
  교부의 승인에 따른 확실한 진리의 은사(恩賜)
charistĭa, -órum, n., pl. (=carístĭa⁹)
  로마의 가족연회(매 2월 20일 개최), 일가친척의 화합연회.
chárĭtas(=cárĭtas. 참조) -átis, f.
  귀함, 귀중함, 비싼 값, 물가등귀, 아낌, 존중, 존경,
  귀여움란, 사랑, 호의, 박애정신(博愛精神),
  사랑(רבה.א.ר.אסח.άγάπη.Φιλος.愛.
  ㉓ Charity/love), 애덕(愛德.㉓ Charity), 자선(慈善)
  opus caritátis. 자선사업/
  qui novit veritatem, novit eam,
  et qui novit eam novit æternitatem,
  charitas novit eam(Confessiones 7. 10. 16)
  무릇 진리를 아는 이 그 빛을 알고
  그 빛을 아는 이는 영원을 아나니,
  결국 사랑이 진리를 아는 법이로소이다(성 염 역. 고백록).
Chárĭtas amicitĭa quædam est hominis ad Deum.
  애덕은 하느님과 사람 사이의 우정이다.
  (성 토마스 아퀴나스의 '애덕' 정의).
chárĭtas veritatis. 진리에 대한 사랑
charóphyta, -órum, n., pl. (植) 윤조류(輪藻類)
charta, -æ, f. 문서(γραφή), 서류, 편지,
  종이(기원 후 105년 중국의 채윤에 의해 처음으로 만들어졌다),
  얇은 판(板), 책(ךספ.βιβλὶον.㉓ Book), 서적,
  chartæ Socráticæ. Sócrates의 서적/
  Hæc charta inutilis est scribendo.
  이 종이는 글을 쓰는 데는 소용없다/
  illudo chartis. 종이에 끄적거리다, 책을 뒤적거리다/

191

Magna Charta. (영국의) 대헌장.

Charta Caritatis(ⓟ Charter of Love) 사랑의 헌장

charta cursualis. 전보용지(電報用紙)

charta exploratória cærulea. 청색 리트머스 시험지

charta exploratória rubra. 적색 리트머스 시험지

charta plumbea. 얇은 연판(tessella, -æ, f. 네모난 판)

charta publico sigillo impressa. 국새가 찍힌 서류

charta pura. 백지(tabula rasa.)

chartácěus, -a, -um, adj. 종이의, 종이로 만든

chartárĭus, -a, -um, adj. 종이의, 종이에 관한.
   m. 종이장수, 제지업자. n. 문서 보관소.
   cálamus chartárĭus. 붓 / cálamum súmere. 붓(펜)을 들다.

chártěus, -a, -um, adj. 종이의

chartiátĭcum, -i, n. 종이의 비용, 사무실 비용

chartophylácĭum, -i, n. 기록(γραφή), 고문서

chartóphylax, -ăcis, m. 기록 보관자, 기록계(記錄係)

chartopóla(=chartoprátes) -æ, m. 종이장수, 지물상인

chartoprátes = chartopóla

chártŭla, -æ, f. 종이쪽지, 비망록, 작은 공문서, 엽서

chártŭlæ, -árum, f., pl. 순교자의 행적 기록서

chartulárĭum, -i, n. 기록(γραφή), 사료(史料), 연대사

chartulárĭus, -a, -um, adj. 조정의 기록 보관인, 재판소의 기록계

chasma, -ătis, n. (땅.바위가) 넓고 깊게 갈라진 곳,
   깊은 구렁, 유성(流星-별똥. 별똥별. 비성. 성화. 운성隕星).

chasmátĭas, -æ, m. 함몰 지진

chavóna, -æ, f. 과자(菓子)의 일종

chelæ, -árum, f., pl. 전갈의 집게 발. (天) 천칭궁(天秤宮)

chēlē, -es, f. (게 가재 따위의) 집게발

chēlídon, -ŏnis, f. (鳥) 제비(燕)

chēlidónĭa, -æ, f. 제비(燕), 애기똥풀

chēlidónĭăcus, -a, -um, adj. 제비꼬리 모양의

chēlidónĭas, -æ, m. 서풍(西風)

chēlidónĭum, -i, n. (植) 애기똥풀

chēlidónĭus, -a, -um, adj. 제비의

chelónĭa¹, -æ, f. (거북의 눈 같은) 보석의 일종

chelónĭa², -órum, n., pl. 귀별류 (動-바다거북 등)

cheloniídĕa, -órum, pl. (動) 바다 거북류

chelónĭum, -i, n. 베개(누울 때 머리를 괴는 물건),
   (植) 시클라멘(ⓟ cyclámen-앵초과의 다년초)

chélydrus, -i, m. 수륙양서의 독사(물뱀의 일종)

chélyon, -yi, n. 거북 등 껍데기, 귀갑(龜甲-거북의 등딱지)

chělys, f. 거북, 귀갑(龜甲)에 현을 메운 거문고

chemicus, -i, m. 화학자(ⓟ chemist)

chemicus, -a, -um, adj. (ⓟ chemical) 화학의, 화학적인.
   chemici bellum.(ⓟ chemical warfare) 화학 전쟁.

chemosýnthěsis, -is, f. ((植) (식물의) 화학합성

chemotáxis, -is, f. (生) 생물의 주화성(走化性)

chéněros, -ótis, f. (動) 작은 종류의 거위

chēnŏbóscĭon, -i, n. 거위 우리, 죽이.거위 등의 양육장

chēnŏpodiácěæ, -árum, n., pl. (植) 명아주과 식물

chēnŏpódĭum, -i, f. (植) 명아주(명아주과 일년초)

cherágra(=chiragra) -æ, f. 손 관절염

chernítes, -æ, m. 대리석의 일종

Cherrŏnésus(=Chersŏnésus), -i, f. 반도(半島) 라는 뜻

Chersŏnésus Táurica. Crímea 반도

Chersŏnésus Thrácia.
   Hellespóntus의 서쪽 접경을 이룬 Thrácia 반도.

chersŏs, -i, f. (動) 육지 거북

chérsydrus, -i, m. 수륙양서의 뱀

chěrub = chérubim = chérubin, indecl., m., sg., pl.
   케루빔(=거룹.지천사.창세 3, 24 → 커룹),
   (미술에서) 케루빔의 그림(날개 달린 귀여운 아이의 모습).

chíásma, -ătis, n. (醫) 교차(交叉-가로세로로 엇갈림)
   염색체의 교차점(染色體 交叉點)

chiasma ópticum. (醫) 시신경 교차(視神經 交叉)

chiásmus, -i, m. X형의 기호, 교차 대구법,
   교차배열법(동일한 문장 속에서 같은 관계에 있는 절의 어귀 순서를
   바꾸는 수사법. 마르코 복음 2장 27절. 마태 16, 25절 등이 좋은 예다).

Sabbatum propter hominem factum est, et non homo
propter sabbatum. (kai. e;legen auvtoi/j\ to. sa,bbaton dia.
to.n a;nqrwpon evge,neto kai. ouvc o` a;nqrwpoj dia. to. sa,bbaton)
(The sabbath was made for man, not man for the
sabbath) 안식일이 사람을 위하여 생긴 것이지, 사람이
안식일을 위하여 생긴 것은 아니다(성경 마르 2, 27).

chīlĭárchus(-es) -i(æ) m. 천인대장(千人隊長), 천부장,
   (고대 Persia) 총리대신, 수상(首相-宰相).

chiliarchus minor. 부천부장

chīlĭásmus, -i, m. (神) 천복년설(千福年說),
   천년 왕국설(ⓟ Millennialism/Millenarianism).
   (묵시록 20장에 나오는 천년동안 천국이 이루어진다는 말씀을 현세적으로
   믿은 초대교회의 민중 신앙. 백민관 신부 엮음, 백과사전 1, p.585).

Chiliasmus crassus.
   조잡(粗雜) 수복 천년설(감각적 행복을 누린다).

Chiliasmus mitigatus. 온건 수복 천년설(심판 전 그리스도가
   다시 사람으로 오셔서 복지사회를 이룩하신다. 백민관 신부, 백과사전 1, p.585).

Chiliasmus subtilis. 정밀 수복 천년설(정신적 행복을 누린다).

chīlĭástæ, -árum, m., pl. 천년 왕국설 신봉자

chīlo, -ónis, m. 입술 큰 사람

Chīlo(n), -ónis, m. Sparta 사람, 희랍의 칠현(七賢) 중 한 분

chīlópŏda, -órum, n., pl. 지네류

Chimǽra¹, -æ, f. 머리는 사자, 몸통은 염소, 꼬리는
   용 모양을 하고, 입에서 불을 내뿜는 괴물, 奇怪한 幻想.

chimǽra², -æ, f. (魚) 은상어(日本名 Ginzame)

chimǽrĭfer, -fěra, -fěrum, adj. (Chimǽra+fero)
   Chimoera를 낳은, 기괴한 환상을 지닌.

chiméra, -æ, f. (植) 키메라

chimérĭnus, -a, -um, adj. 겨울의

chímĭa, -æ, f. 화학(化學)

chimia orgánica. 유기화학(有機化學)

chinínum, -i, n. 키니네, 금계랍(藥-멀리키니네의 통속적인 이름)

chininum hydrochloricum. 염산키니네

chirágra(=cherágra) -æ, f. 손 관절염

chīrágrĭcus, -a, -um, adj. 손 관절염에 걸린

chīrămáxĭum, -i, n. 인력거, 1인승 작은 손수레

chīridótus, -a, -um, adj. 소매가 달린

chīrocméta, -órum, n., pl. 손으로 만든 물건, 수공품

chīrŏgrăphárĭus, -a, -um, adj. 친필의, 자필 증서의

chīrógrăphum, -i, n. 친서(親書.Chirografum*)
   필기, 친필, 자필문서, 서류, 자필채무증서, 채권.
   Imitor chirógraphum. 남의 친필을 보다.

chīrománcĭa(=chīromántĭa), -æ, f. 수상술, 손금보기

chīrónŏmĭa, -æ, f. 율동적으로 손짓하는(손 놀리는) 법

chīrónŏmon, -úntis(-óntis), m. 무언극 배우

chīrónŏmos, -i, m., f. = chīrónŏmon

chīróptěra, -órum, n., pl. (動) 익수류(翼手類-오직 하나
   밖에 없는 나는 포유류 즉 "박쥐"이며, 동면hybernátion을 한다).

chīrothéca, -æ, f. (예식복장의 일부로서의) 주교 장갑.
   (주교가 大미사 때에 예절 때에 맞추어 끼는 장갑으로 9세기부터 프랑스에서
   시작하여 로마로 들어간 관습이다. 이 장갑은 하늘에서 내려오는 새 사람의
   결백을 뜻한다. 1968년 이후부는 의무적이 아니다. 백민관, 백과사전 1, p.592).

chīrúrgĭa, -æ, f. 외과의술(外科醫術)

chīrúrgĭcus, -a, -um, adj. 외과의, 외과에 관한.
   operátio chirúrgica. 외과수술.

chīrurgúména, -órum, n., pl. 외과수술, 외과 의학서

chīrúrgus, -i, m. 외과의사(外科醫師)

Chīum, -i, n. (sc. vinum) Chius産 포도주(葡萄酒)

chlămydátus, -a, -um, adj. 짧은 외투 입은, 군복 입은

chlámys, -ydis, f. 희랍식 군복(軍服), 짧은 외투

chlóásma, -ătis, n. 주근깨(雀斑. 雀卵斑),
   갈색반점, 간반(肝斑-갈색 또는 황갈색의 반점)

chlorámĭnum, -i, n. (化) 클로라민(국소 소독제)

chloranthácěæ, -árum, f., pl. (植) 홀아비꽃대과

chlóreus, -i, m. (鳥) 청색 딱따구리

Chlǒrīs, -ĭdis, f. 꽃의 여신

chlōrítis, -tĭdis, f. 녹니석(綠泥石-초록색 보석)

chlórĭum, -i, n. (化) 염소(鹽素, aqua chlorata. 鹽素水)

chlōrofórmĭum, -i, n. 클로로포름(ⓟ chloroform)

chlōrophýcěæ, -árum, f., pl. (植) 녹조류(綠藻類)

chlorósis, -is, f. (醫) 위황병(萎黃病), (植) 백화현상
choánæ, -árum, f., pl. (解) 후비구(後鼻口)
chœras, -ădis, f. (醫) 갑상선종(甲狀腺腫)
cholelithíăsis, -is, f. (醫) 담석증(膽石症)
choleplánĭa, -æ, f. (醫) 황달(黃疸)
chólĕra, -æ, f. (醫) 호열자(虎列剌-"콜레라"의 한자음 표기), 콜레라, 분노(憤怒.[영] Anger).
addúcere *alqm* ad chóleram. 누구를 화나게 하다.
cholérĭcus, -a, -um, adj. 콜레라의, 호열자(虎列刺)의, 담즙질(蕁汁質)의. m. 콜레라 환자(患者).
chondróma, -ătis, n. (醫) 연골종(軟骨腫)
chondróstĕi, -ŏrum, m., pl. (動) 연골성 경린류(硬鱗類)
chóra, -æ, f. 지방(地方), 지역(地域)
chŏrágĭum, -i, n. (chorus¹+ago) 합창무대, 무대장치, 합창대, 장치.
chŏrágus, -i, m. (chorus¹+ago) 흥행업주(興行業主), (Athénœ에서 Dionýsus 축제의 무대 배우 및 합창단을 사비로 유지한) 합창단장, 합창 지휘자, 가무 지휘자.
chŏrális, -e, adj. 합창대의, 합창의
chŏráule, -es, f. 합창반주의 플루트 여자 주자(奏者)
choráules, -æ, m. 합창반주의 플루트 주자(奏者)
chorda(=corda) -æ, f. 짐승의 심줄, 건(腱-힘줄), 창자, (악기의) 弦.줄 ; 현악기, (기하학적) 현, 끈, 밧줄. (解) 색(索).
chorda dorsális. 배색(背索-두 가지 이상의 색을 섞음)
chordācísta, -æ, m. 현악기 연주자(絃樂器演奏者)
chordáta, -órum, n., pl. (動) 척색동물(脊索動物)
chórdŭla, -æ, f. 작은 줄, 작은 심줄
chordus, -a, -um, adj.
늦게 심은, 철 늦은, 철 지난, 늦게 익는.
chŏréa, -æ, f. 춤(ᄀᆢᄀ-몸으로 이루어지는 표현 예술), 무용(舞踊), 윤무(輪舞-圓舞), 무도병(舞蹈病-신경병의 한 가지. 손.얼굴.발.혀 따위 근육이 저절로 심하게 움직이거나 발작을 일으키는 병). 별들의 운행.
chorepíscŏpus, -i, m.
벽지(僻地)의 주교대리, 시골 주교(χωρεπισχοπος).
chŏréus(chŏríus), -i, m. (詩) 장단격(長短格), 삼단격
chŏrĭámbus, -i, m. (詩) 장단단장격
chórĭcus, -a, -um, adj. 가무단의, 무용단의, 합창대의
chorioídĕa, -æ, f. (解) 눈알의 맥락막(脈絡膜)
chorioídĕus, -a, -um, adj.
((解)) (태아의) 장막(奬膜) 모양의, 맥락막(脈絡膜)의.
chorísta, -æ, m. 합창대원(合唱隊員), 합창가수
Chorisantes. 광무자(狂舞者)들(미친 듯이 춤을 추는 것을 종교예식으로 하는 자들을 말하는데 이와 같은 무리들은 9세기에 시리아의 어떤 수도자와 수녀들이 한 것으로 기록되어 있다. 그들은 공공장소, 심지어는 성당 안에서까지 광적인 춤을 추었는데 사람들은 마귀 들린 형태로 여겨 구마 예식을 행하거나 성 Vitus 성당에 순례함으로 치유된다고 생각했다. 그래서 성 비또 광무라고도 한다. 백민관 신부 엮음, 백과사전 1, p.595).
chorízo, -áre, intr. 춤추다
chōróbătes, -æ, m. 수준기(水準器)
chōrográphĭa, -æ, f. 지방 지지학, 어떤 지방의 지세
chors, -rtis, f. = **cohors** 울안, 안뜰, 안마당
Chorthippus bicolor. (蟲) 애 메뚜기
chorus¹, -i, m. ([영] Choir.獨 Chor) 윤무(輪舞-圓舞), 무도(舞蹈-춤을 춤), 가무(歌舞-노래와 춤), 합창, 별들의 윤무, 노래하며 춤추는 무리, 가무단, 합창단, 무리, 떼, 찬송가, (성당의) 성가대 좌석, 성직자 좌석, 내진(內陣) 좌석.
Obligatio officii in choro.([영] Obligation of Office in choir.獨 Chorpflicht) 합창 기도 의무.
chorus², -i, m. = **caurus** 북서풍(北西風)
Chorus angelorum. 구품천사대, 천상 위계
Chorus Christi ab oriente ab occidentem consonat. 그리스도의 합창단이 동쪽에서 서쪽까지 합창한다.
Chorus Christi jam totus mundus est.
그리스도의 합창단이 이미 전체 세상이 되었다.
chrestŏn, -i, n. (植) 꽃상추
Chrestus, -i, m. = **Christus²** -i, m.
Chrisianius anonymus. 익명의 그리스도인
(獨 Die anonymen Christen.[영] anonymous christĭan).

chrisma, -ătis, n. 기름 바름, 도유(塗油.[영] Anointing), (가) 크리스마(→축성 성유).
('크리스마'가 곧 기름이고 성유이므로 '크리스마 성유'라는 말은 잘못된 표현이다. 그러므로 축성을 위하여 사용하는 성유가 곧 크리스마이므로 크리스마 성유를 '축성 성유'로 바꾸어 쓴다. 따라서 성유의 종류는 '축성 성유', '병자 성유', '예비신자 성유'이다. 세례 성유라는 말은 축성 성유와 혼동할 가능성이 있어 쓰지 않는다. 천주교 용어집, p.49).
chrisma salutis. 구원의 기름
chrismále, -is, n. 성세자(영세자)의 성세 백포(白布), 제대 성체포(祭臺 聖體布), 제대 축성보(제대 축성 시 기름이 묻어도 더렵혀지지 않도록 하기 위해 한쪽에 왁스를 바른 아마포. 백과사전 1, p.595).
chrismális, -e, adj. 축성 성유의, 크리스마의
Chrismárĭum(=Chrismátorĭum) -i, n. 성유 그릇
chrismárĭus, -i, m. 성유를 들고 있는 사제
chrismo, -áre, tr. 성유를 바르다
Christe, 원형 Christus, -i, m.
[단수. 주격 Christus, 속격 Christi, 여격 Christo, 대격 Christum, 탈격 Christo, 호격 **Christe**].
Christi amor. 그리스도의 사랑([영] Christ's love)
Christi ecclesia, 한스 컹 신학의 오류(1979.12.15. 선언)
Christi Matri, (1966.9.15. 회칙)
세계 평화를 위해 동정 마리아께 드리는 간구(懇求).
Christi Munera. 그리스도의 직능
Christi mysterium celebrans, 동정 마리아 미사 모음집. (1986.8.15. 교령).
Christi Nomen, 전교회(1894.12.24.)
Christi Romanorum Religio ad philosophorum sapientiam conferruntur. 철학자들의 지혜에 비추어 견준 그리스도교와 로마인 종교(신국론 제8권).
Christi Simus, non Nostri. 우리를 그리스도 안에 속하게 하시고, 우리 자신에게는 속하지 말게 하소서.
Christi submissio.([영] Christ's submission)
그리스도의 순종.
Christi vultum cum Maria contemplari.
성모 마리아와 함께 그리스도의 얼굴을 바라보며.
In Christum intuitu. 그리스도를 바라보며.
Christiana eruditio. 그리스도교 지식
Christiana plebs in defensione religionis attenta.
종교를 방어하면서 그리스도교 백성들을 위해 쓰인 것.
Christĭanæ Religionis Institutĭo. 그리스도교 강요. (1536년 칼뱅 지음).
christianæ vitæ otium. 그리스도교적 생활의 안식
christĭáne, adv. 그리스도 신자답게, 그리스도교적으로
christianisátĭo culturæ. 문화의 그리스도교化
christĭānísmus, -i, m. 그리스도교(religio christĭana)
christianismus byzantinus. 비잔틴 그리스도교 사상
christĭānĭtas, -átis, f. 그리스도교,
그리스도교적 신앙.정신.사상.성격,
(집합명사로서) 그리스도교도, 그리스도 국가.
esse fectíssimæ christianitátis.
그리스도교의 최고의 덕을 지니다.
Christianĭtas primitiva.([영] primitive Christĭanity)
원시 그리스도교.
christĭānízo, -áre, tr. 그리스도교화하다,
그리스도교 신자로 만들다.
intr. 그리스도교를 신봉하다, 그리스도교도가 되다.
christĭánus, -a, -um, adj. 그리스도의, 그리스도교의, 그리스도교에 관한. f., m. 그리스도교 신자, 크리스천.
christĭanæ vitæ otium. 그리스도교적 생활의 안식/
Christianorum biblica formatio. 그리스도인들의 성경 교육/
Christianorum deservientes unitati.
그리스도인의 일치를 위한 봉사/
Christianos ad leones. 그리스도인들을 사자에게로/
De Christianæ religionis salubritate. 그리스도교의 건전함. (교부문헌 총서 17, 신국론, p.2748)/
Fratres, cogitate visceribus christianis. 형제 여러분, 그리스도인다운 마음으로 생각해 보십시오/
interpretátĭo Christiana. 그리스도교적 해석/
Interpretátĭones christĭanæ mortis.([영] Christĭan interpretátĭon of death) 죽음에 대한 그리스도인의 해석/
Nullam esse auctoritatem, quæ Christianis in qualibet

causa jus voluntariæ necis tribuat. 어떤 이유로도
그리스도人들에게 자결할 권리가 주어져 있지는 않다.
(교문헌 총서 17, 신국론. p.2744)/
Quid proprium Christiani? 그리스도인은 누구인가?/
Sic multi vocantur christiani, et in rebus non
inveniuntur; quia hoc quod vocantur non sunt,
id est in vita, in moribus, in fide, in spe, in caritate.
이처럼 많은 사람이 그리스도인이라 불리지만 실상에서
는 그렇지 않습니다. 삶과 행실, 믿음과 희망과 사랑에서
자신들이 불리는 그 이름대로 살지 않기 때문입니다.
(최익철 신부 옮김, 요한 서간 강해. p.197)/
Testimonĭum animæ natúraliter christiánæ.
영혼의 증명은 본성적으로 그리스도교적이다/
Tota vita christiani boni, sanctum desiderium est.
좋은 그리스도인의 온 생활은 거룩한 열망입니다.
Christiánus alter Christus.
그리스도인은 또 다른 그리스도(테르툴리아노)/
그리스도교 신자는 또 하나의 다른 그리스도.
Christianus mihi nomen est,
Catholicus vero cognomen.(4세기 성 빠치아노)
나의 이름은 그리스도인이고, 진짜 성은 가톨릭이다.
chrístĭas, -ádis, f. 그리스도교 신자
christícŏla, -æ, m. (christus+cola⁹) 그리스도 신봉자
Christifideles defuncti exequiis ecclesiasticis ad
normam iuris donandi sunt.
죽은 그리스도교 신자들은 법규범에 따른
교회의 장례식으로 치러져야 한다.(교회법 1176조).
Christifideles Laici. 평신도 그리스도인(1988.12.30.에 발표된
사도적 권고로 서론 및 5개의 장과 64개항으로 되어 있다. 그리스도의 사제직,
예언자직, 왕직에 참여하여 이 세상을 복음화하여야 하는 평신도들의 소명과
사명을 일깨우는 교황 요한 바오로 2세의 사도적 권고이다. 예수님의 '기쁜 소식'
을 선포하고 모든 사람에게 예수 그리스도를 증언해야 할 근본적인 역할을
지니고 있는 평신도들이 집단으로든 개인으로든 자신의 은사와 책임을
더욱 깊이 의식하고 증진하도록 권고한다.)
Christifideles necessitatem profundioris intellegentiæ
illius nexus inter Eucharistiam et vitam cotidianam
habent. 그리스도교 신자들은 성찬례와 일상생활 사이의
관계를 더욱 완전히 이해할 필요가 있습니다.
christifideles omnes. 모든 그리스도교 신자들
Christifidelis, -is, m. 그리스도교 신자
christígĕnus, -a, -um, adj. 그리스도에게 속한, 그리스도 족속의
Christípăra, -æ, f. (christus+pário) 성모 마리아
Christocentrismus, -i, m. 그리스도 중심주의.
[신론에서 삼위일체론은 인류 대내적 삼위일체론과 구원 경륜적 삼위일체론이
있는데, 여기에서 예수 그리스도가 그 중심에 있다. 또한 창조 종말론에도
그리스도가 그 중심에 있다. 은총론도 은총이란 그리스도의 은총이란 면에서
그리스도가 그 중심이다.]
Christŏlŏgía, -æ, f. 그리스도론(De Christo)
기능적 그리스도론, 獨.Funktionelle Christologie/
범주적 그리스도론, 獨.Kategoriale Christologie/
본질론적 그리스도론, 獨.essentiale Christologie/
상승 그리스도론, 獨.Aszendenzchristologie/
실존적 그리스도론, 獨.existentielle Christologie/
의식의 그리스도론, 獨.Bewusstseinschristologie/
존재적 그리스도론, 獨.ontisch Christologie/
증치의 그리스도론, 獨.Bewährungschristologie/
초월론적 그리스도론, 獨.transzendentale Christologie/
하강 그리스도론, 獨.Deszendenzchristologie/
현상적 그리스도론, 獨.Kategoriale Christologie.
Christologia pneumatologia. 성령론적 그리스도론
(영 Spirit-Christology.pneumatic Christology).
Christomonísmus, -i, m. 그리스도 일원론(一元論)
Christum, Dei virtutem et Dei sapientĭam.(1 고린 1, 24)
그리스도는 하느님의 능력이시며 하느님의 지혜이십니다.
Christum qui manducat vere pro Ipso vivit.
(영 whoever eats of Christ lives for him) 그리스도의 몸을
먹는 사람은 누구나 그분으로 말미암아 살아갑니다.
Christus¹, -a, -um, adj. 기름 바른(발린), 성유(聖油)를 바른
Christus², (=Chrestus) -i, m. 그리스도(χριστὸς).
Christum a Maria discere. 성모님께 그리스도를 배우기/
Christum cum Maria annuntiare.
성모님과 함께 그리스도를 선포하기/
De viro perfecto, id est Christo, et corpore ejus, id est
Ecclesia, quæ est ipsius plenitudo. 완전한 인간 그리스도와

그의 몸인 교회: 교회는 그리스도의 충만함이다.(신국론. p.2828)/
et erit unus Christus amans seipsum. 당신 자신을 사랑
하시는 분은 그리스도 한 분뿐일 것입니다.(요한 서간 강해. p.435)/
Et uidebit omnis homo Christum Dei. 모든 사람이
하느님의 그리스도를 보리라(교문헌 총서 17. 신국론. p.2712)/
Imitátĭo Christi. 준주성범(Thomas a Kempis 지음. 1380~1471)/
Imputátĭo Satisfactiónis Christi.
그리스도의 보상의 전가(轉嫁)(프로테스탄 주장)/
In Christo Jesu. 그리스도 예수 안에서.
(제2대 안동교구장 박석희 주교 문장)/
In communione cum Christo. 그리스도와 이루는 親交/
In deserto cum Christo diavolus dimicat.
사막은 마귀가 그리스도와 투쟁하는 곳이다/
in persona Christi. 그리스도의 위격 안에서/
in persona et nomine Christi.
그리스도를 대신하여 그리스도의 이름으로/
Incarnátĭo Christi. 그리스도의 육화/
levita christi. 그리스도의 부제(아씨시 성 프란치스코의 생애. p.171)/
Magister est Christus præstantissimus, simul Revelator
ipse simul Revelatio. 그리스도께서는 가장 뛰어난
스승이시며, 계시하시는 분이시자 계시되신 분이십니다/
non solum nos christianos factos esse, sed Christum.
(영 not only have we become Christians, we have
become Christ himself) 우리는 단지 그리스도인만이
아니라 그리스도 자신이 되는 것입니다/
Nonne tu es Christus?(영 Are you not the Messiah?)
당신은 그리스도가 아니오?(200주년 성서-공동번역)/
당신은 메시아가 아니시오?(성경 루카 23, 39)/
Omnes qui in Christo baptizati estis, Christum induistis.
그리스도와 하나 되는 세례를 받은 여러분은
다 그리스도를 입었습니다/
Omnis autem homo Adam; sicut in his qui
crediderunt, omnis homo christus, quia membra sunt
Christus. 모든 이는 아담의 사람이다. 이와 마찬가지로
믿는 이들은 모두 그리스도의 사람이다. 왜냐하면 이들
은 그리스도의 지체이기 때문이다(아우구스티노의 '시편강해'에서)/
Ubi christus est in dextĕra Dei sedens.
그 곳에서는 그리스도께서 성부 오른편에 앉아 계신다/
Una vero cum Spiritu simul Iesus Christus adest et agit.
(영 Together with the Spirit, Christ Jesus is present and
acting) 그리스도 예수님께서는 성령과 일치하여 성사 안에
현존하시고 거기서 활동하십니다("Dominum et vivificantem" 중)/
unicus Mediator Christus. 유일한 중개자이신 그리스도/
Unitas in Christi. 그리스도 안에서 일치.
(2003.5.14. 이용훈 주교 사목표어)/
unum Christi sacerdotĭum. 그리스도의 유일무이한 사제직/
Unum corpus et unus spíritus inveniámus in Christo.
(영 may become one body, one spirit in Christ)
그리스도 안에서 한마음 한 몸이 되게 하소서/
Unus in se et in nobis est Christus. 그리스도 자신 안의
그리스도와 우리 안의 그리스도는 같은 그리스도이다/
Verbum autem Dei Christus est.
그런데 하느님의 말씀은 그리스도이십니다/
Videamus ergo quid est credere in Christum; quid,
credere quia Iesus ipse est Christus. 이제 그리스도를
믿는다는 것이 무엇이며, 또 예수께서 그리스도이심을
믿는다는 것이 무엇인지 알아봅시다(요한 서간 강해. p.431).
Christus atque responsum ad moralem interrogationem.
(영 Christ and the answer to the question about morality)
윤리 문제에 관한 답변과 그리스도.
Christus autem sacramenti nomen est. Quomodo si
dicatur propheta, quomodo si dicatur sacerdos; sic
Christus commendatur unctus, in quo esset redemptio
totius populi Israël. 그러나 '그리스도'는 성사의 이름입니다.
어떤 이는 예언자라 불리고 어떤 이는 사제라 불리듯,
그리스도는 온 이스라엘 백성의 구원을 이룩하실 '기름
부음 받은 이'라는 뜻입니다.(최익철 신부 옮김, 요한 서간 강해. p.163).
Christus caput et corpus. 머리이며 몸이신 그리스도

Christus Dei Virtus. 그리스도 하느님의 힘(황철수 주교 사목 표어)

Christus Dominus. 주님이신 그리스도, 주교 교령, 주교들의 교회 사목직에 관한 교령(1965.10.28.).

<small>[제2차 바티칸공의회에서 반포한「주교들의 사목 임무에 관한 교령」의 라틴어 제목「주님이신 그리스도」를 뜻하는 첫 두 단어)이다. 교령은 주교들이 끊임없이 노력하여 그리스도의 사랑 안에 결속된 한 몸을 이루기 위해 신도들에게 성체 성사를 통해 파스카 신비를 더 잘 알고 삶에 실천하게 해야 한다고 규정한다. 모든 사제는 주교와 함께 그리스도의 사제직을 갖는다. 그러므로 사제들은 성화 활동에서 그리스도교 공동체의 모든 삶의 중심과 정점으로 성체성사의 희생 제사 를 거행한다. 사제들은 또한 신도들에게 깊은 신심으로 성사를 자주 받으며 스스로 더욱 적극적으로 전례에 참여하도록 권장하며 그들을 굳건히 하도록 애써야 한다.]</small>

Christus Deus est, tu homo es: cui prius debet credi?. 그리스도께서는 하느님이시고 그대는 사람입니다. 누구를 먼저 믿어야 하겠습니까?.(최익철 신부 옮김, 요한 서간 강해, p.463.)

Christus Ecclesiam suam toto orbe diffudit. 그리스도께서는 당신 교회를 온 세상에 퍼뜨리셨습니다.

Christus ergo Verbum vitæ. 그러므로 그리스도는 생명의 말씀이십니다.

Christus est justitia et salvatio nostri. 그리스도는 우리의 정의이시요 구원이다.

Christus est petra. Petrus est vicarius petræ. 그리스도는 반석이시다. 베드로는 반석의 대리자이다.

Christus et Spiritus Sanctus. 그리스도와 성령.(⑨ Christ and Holy Spirit).

Christus factus est. 그리스도가 되시었다

Christus heri et hodie 그리스도께서는 어제도 오늘도(십자의 종선을 새기며)
  Principium et Finis 시작이요 마침이요(십자의 횡선을 새기며)
  Alpha 알파요(A를 새기며)
  et Omega. 오메가이시며(Ω를 새기며)
  Ipsius sunt tempora 시대도(올해의 첫 숫자를 새기며)
  et sæcula. 세기도 주님의 것이오니(둘째 숫자를 새기며)
  Ipsi gloria et imperium 영광과 권능이(셋째 숫자를 새기며)
  per universa æternitatis sæcula. Amen. 영원토록 주님께 있나이다. 아멘.(마지막 숫자를 새기며).

Christus homo passus est. 그리스도께서는 사람으로서(인성으로) 수난하시었다.

Christus Iesus-Dei incarnatus amor.(⑨ Jesus Christ-the incarnate love of God) 예수 그리스도 - 강생하신 하느님의 사랑(2005.12.25. Deus caritas est 중에서).

Christus Iesus Petrum apostolum fecit. 예수 그리스도께서는 베드로를 사도로 삼았다.

<small>[facere나 habere 동사는 대격의 직접 객어 외에 직접 객어에 대한 설명어로 또 하나의 대격(명사나 형용사)을 가지는 수가 있다. 이를 부설명어적 대격 객어 또는 제2객어, 목적보어, 이중대격(Duplex accusativus)이라고 부른다. 여기의 직접 객어는 수동형에서 그 주어가 되는 것이며, 제2객어는 부설명어가 되는 것으로서 직접 객어와 성과 수를 맞추어야 한다. 이 두 개의 객어는 동일한 사람이거나 사물이다. 황치헌 신부 지음, 미사통상문을 위한 라틴어, p.289].</small>

Christus mansionem benedicat. 그리스도님, 저희 집을 축복하소서.(略 C.M.B.).

Christus nutrit nos sibi coniungens; nos "in se intus trahit".(⑨ Christ nourishes us by uniting us to himself; "he draws us into himself") 그리스도께서는 우리를 당신께 결합시키시어 우리를 길러 주십니다. "그분께서 우리를 당신 안으로 이끄십니다"(2007.2.22. Sacramentum Caritatis 중에서).

Christus Pax Nostra. 그리스도 우리의 평화.(제44차 세계 성체대회 표어).

Christus passus et crucifixus. 그리스도의 고난과 고통

Christus perpetuæ det nobis gaudia vitæ. 그리스도님, 저희에게 영원한 生命의 기쁨을 주소서.

Christus pneumaticus. 영적인 그리스도

Christus portat omnes. 그리스도는 모든 사람을 지고 가신다(Josef Ratzinger).

Christus pro me. 나를 위하시는 그리스도

Christus pro omnibus mortuus est.(⑨ Christ died for all). 그리스도께서는 모든 사람을 위하여 돌아가셨습니다.

Christus propter ecclesiam venit. 그리스도는 교회를 위하여 오셨다.

Christus Rex universorum. 그리스도 왕 축일(⑨ Feast of Christ the King/Christ the King.獨 Christkönigssonntag). Domini Nostri Jesu Christi Universorum Regis/ Sollemnitas D.N.I.C. universorum Regis.

<small>[그리스도의 왕국에서 그리스도의 이름으로 그리스도의 평화를 추구하며 그리스도를 왕중왕(王中王)으로 찬미하는 축일. 교황 비오 10세가 성년을 마감하면서 회칙 Quas Primas(어느 축일보다 먼저, 1925년 12월 11일)를 발표하여 이 축일을 세우고, 10월 마지막 주일을 그리스도 왕 축일로 정했다…. 백민관 신부 엮음, 백과사전 1. p.550].</small>

Christus, scientia et sapientia nostra. 그리스도야말로 우리의 지식이요, 지혜이다.

Christus secundum carnem. 육화한 그리스도

Christus totus. 온전한 그리스도(가톨릭 교회 교리서 제1편 p309)

Christus totus in capite et in corpore. 머리이시며 몸이신 전체 그리스도.

Illi carni adjungitur Ecclesia, et fit Christus totus, caput et corpus. 이 육신에 교회가 결합되어, 머리이며 (동시에) 몸이신 그리스도, 곧 "전체 그리스도"가 됩니다.

<small>["여러분은 그리스도의 몸이고 한 사람 한 사람이 그 지체입니다. Vos autem estis corpus Christi et membra ex parte(1고린 12, 27)"라는 바오로 신비체 개념을 바탕으로 한, 아우구스티노의 "전체 그리스도(totus Christus)" 교회론 이다. 그리스도는 교회의 머리이실 뿐 아니라, 몸이 그리스도이시라는 것이다. 교회는 "머리이며 몸이신 그리스도(Christus caput et corpus)", 곧 "전체 그리 스도'이기에, 하느님 백성인 우리는 그리스도의 인격에 온전히 참여하고, 그리 스도는 교회 구성원 한 사람 한 사람과 더불어 당신 교회를 완성하신다는 것이다. 아우구스티노 '설교집' 341, 9. 11 참조. 요한 서간 강해, pp.62~63].</small>

Christus unus omnium magister. 모든 이의 유일한 스승 그리스도.

Christus venit in carne? 그리스도께서 사람의 몸으로 오셨습니까?

chrāma, -ātis, n. 검게 된 피부색, (빛깔의) 농도, 색도(色度), (조명의) 채도(彩度), 음색(音色), 반음계.

chromátĭce, -es, f. 색채학(色彩學), 반음학(半音學)

chromátĭcus, -a, -um, adj. 색체의, 색채학의, 반음의, 반음계적인.

chrŏmis, -is, m. (魚) 달강어(바다고기)

chromonéma, -ātis, n. (生) 염색사(染色絲)

chrónĭca, -órum, n., pl. 연대사(連帶史), 편년사(編年史), 역대기(히브리어 성경에는 이 책이 한 권으로 되어 있지만 그리스어 성경인 70인 역에서 두 권으로 나누었다. '역대기'란 명칭은 성 에로니모가 도입한 이름이다. 백민관 신부 엮음, 백과사전 1. p.616).

Chronica Italica. 이탈리아 연대기(年代記)

Chronica Majora. 세계사 연대기(年代記)

Chronica Paschale. 부활 연대기(年代記)

Chronica Pontificium. 교황 연대기(年代記)

chrónĭcon, -i, n. 연대기(χρονικόν) (역사상의 사건을 연대순으로 기록한 것. 기년체 사기).

Chronicon Chronicorum. 연대기(1493년 하르트만 쉐델 지음)

Chronicon Mundi. 세계 연대기

Chronicon totius divinæ historiæ. 모든 거룩한 역사의 연대기.

chrónĭcus, -a, -um, adj. 연대순의, 연대에 관한, 장기적, 만성의. libri chrónici. 연대기, 연대사. Chronica Majora. 대연대기.

chrónĭcus morbus. 만성병(慢性病)

Chronísta, -æ, m. (성주간의) 그리스도 수난기 낭독자

chrónĭus, -a, -um, adj. 만성의, 고질의, 지병(持病)의

chronográphĭa, -æ, f. 연대사

chronógráphus, -i, m. 연대사가, 편년사가, 연대기 작가

chrŏnŏlŏgía, -æ, f. 연표(年表), 연대학(⑨ chronology), 연대기(χρονικòν-역사상의 사건을 연대순으로 기록한 것. 기년체사기).

chronologia biblica. 성서 연대학

chrŏnŏlŏgĭcus, -a, -um, adj. 연대순의, 연대사의, 연대(학)적, chrŏnŏlŏgĭcæ. 시대 순에 따라 법조문을 모아 놓은 것. (systemáticæ. 법조문을 내용에 따라 체계적으로 모아 놓은 것).

chrŏnŏlŏgísta, -æ, m. 연대기 학자, 연표학자

Chrusanthemum coronarium. 쑥갓(⑨.Crown daisy)

chrysállis, -ĭdis, f. 번데기

chrysánthĕmum(=chrysanthes, -is), -i, n. (植) 국화(꽃)

chrysaróbĭnum, -i, n. (化) 고아 가루에서 얻는 노란 수정체(각종 피부병 치료제) = araróba depuráta.

chrýsĕa, -órum, n., pl. 黃金으로 만든 물건

chrysēléctrum, -i, n. (鑛) 호박(琥珀)

chryséndĕta, -órum, n., pl. 황금 무늬를 넣은 그릇, 황금 테로 장식한 그릇.

chryséndĕtus, -a -um, adj.

황금으로 장식한, 황금무늬로 장식한.

chrýsĕus, -a -um, adj. 황금빛의

Chrysíppus, -i, m. 스토아派(파)의 철학자.
[기원전 3세기 그리스의 스토아 철학자. Cleanthes의 제자].
Homerus quid sit pulchrum, quid turpe, quid utile, quid non, planius ac melius Chrysippo et Crantore dicit.
[Crantor: 기원전 4세기말의 그리스 철학자. 플라톤을 주석함].
아름다움이 무엇이고 추루함이 무엇이며 유익함이 무엇이고 무엇이 그렇지 못하는가는 (문학가) 호메루스가 (철학자) 크리시푸스나 크란토보다 더 분명하고 더 훌륭하게 얘기한다(Horatius. 성 염 지음, 고전 라틴어, p.336).

Chrysŏbērúllus(=Chrysŏbērýllus), -i, m. 금록옥(보석의 일종)

chrysŏcólla, -æ, f. 인조금(人造金), 붕사(硼砂)

chrysócŏme, -es, f. (植) 백리향(百里香)

chrysŏláchănum, -i, n. (植) 갯는쟁이

chrysŏlámpis, -ĭdis, f. (鑛) 야광주(夜光珠)

chrysŏlíthus(-os) -i, m., f. 귀감람석(황옥).
토파즈(黃玉-topaz), 황옥(黃玉-토파즈 topaz).

chrysŏmonadídĕa, -órum, n., pl. (動) 유색편모충류

chrysŏphrys, -yos, f. 도미 (魚-감성돔과의 바닷물고기)

chrysóprăsus, -i, m. 녹옥수(綠玉髓)

chrysos, -i, m. 황금(黃金)

Chrysostomus, -i m. 크리소스토모

chylus, -i, m. (生理) 유미(乳糜)

chymiátus, -a, -um, adj. 액체의, 유동체의

chymus, -i, m. (生理) 유미즙(乳糜汁)

chytrŏpus, -ŏdis, m. 화로(火爐-숯불을 담아 놓는 그릇)

ciba, 원형 cïbo, -ávi, -átum, -áre, tr.
[명령법, 단수 2인칭 ciba, 복수 2인칭 cibate]
Esurientes ciba. 굶주린 자들을 먹이소서.
[Esurientes, 원형 ésúrio¹, -ívi(ii), -íre, intr.
현재분사의 명사적 용법, 복수 주격 esurientes, 속격 esurientium, 여격 esurientibus, 대격 esurientes, 탈격 esurientibus].

cībális, -e, adj. 음식의

cibalis fistula. (解) 식도(食道, stomachus, -i, m.)

cībária, -órum, n., pl. 식료품, 식량, 군량, (가축이나 노예의) 양식, (가축의) 사료.

cibaria in dies quinque. 5일분 식량

cībárĭum, -i, n. 식량.
In dies quinque cibária Cæsar comparávit.
Cœsar는 5일간의 식량을 마련하였다.

cībárĭus, -a, -um, adj.
음식의, 양식의, 식용의, 값싼, 서민의, 보통의.
uva cibária. (술 만들지 않고) 먹기만 하는 포도.

cībátĭo, -ónis, f. 영양(음식) 공급, 영양섭취, 음식물

cībátus, -us, m. 음식물, 음식공급·섭취

Cibi condimentum est fames. 시장이 반찬이다.

cibi satietas. 음식에 물림

cībilla, -æ, f. 밥상, 식탁(食卓.⑨ Table).
super mensam. 밥상머리에서.

cībo, -ávi, -átum, -áre, tr. 사육하다,
먹이다(יטוח.רטוח), pass. 음식을 먹다

cïbor, -ári, dep., intr. 먹다(יטוח.רטוח) 영양섭취 하다

cībórĭa, -æ, f. 이집트 콩, 큰 잔, 뱃사람들의 휴식 식량 그릇

cībórĭum, -i, n. 성합(聖盒.⑨ ciborium/pyx.獨 Ziborium), 이집트 콩깍지 모양의 잔, 큰 잔, 닫집형태(天蓋)로 덮인 제대.
velum ciborii. 성합(聖盒) 덮개.

cibósus, -a, -um, adj. 영양 많은

cibus, -i, m. 음식(res cibi.), 식량, 먹이, 사료(飼料)
여물(짚이나 풀을 말려서 썬 마소의 먹이), 영양분, 자양분.
abstineo se cibo. 음식을 멀리하다(먹지 않다)/
avidus cibi. 음식을 몹시 탐하는/
assumo cibum. 음식을 먹다/
Caro mea vere est cibus, et sanguis meus vere est potus. 내 살은 참된 양식이고 내 피는 참된 음료다/
cibária in dies quinque.(in¹참조) 5일분 식량/
Cibi condimentum est fames. 시장이 반찬이다/
cibo reficio vires. 음식으로 힘을 다시 얻다/
deliciæ ciborum. 음식의 맛/

libo cibos dígitis. 손가락으로 음식을 찍어 맛보다/
nullos attingo cibos. 아무 음식도 입에 대지 않다/
onusti cibo. 밥을 잔뜩 먹은 사람들/
Puella cibum multum nautis dat.
아가씨가 사공들한테 많은 음식을 준다/
Quasi mures, semper édimus aliénum cibum.
우리는 쥐들처럼 늘 남의 밥만 먹고 있다(quasi 참조)/
rátionabiles cibos et mistica secreta.
영적인 양식과 신비적인 비밀들(복음과 문화 제8호. p.54)/
reciperátæ cibo somnóque vires.
음식과 수면으로 회복된 기력(氣力)/
Scólymon in cibos récipit Oriĕns.
동양에서는 엉겅퀴(의 일종)도 식용으로 한다/
Sed quod Domino placet, melius est servare reliquias, quam onerare corda nimio cibo. 그러나 주님께서 기뻐하신다면, 푸짐한 음식으로 여러분의 마음을 무겁게 하기보다는, 남은 음식을 그대로 보관하는 것이 더 낫겠습니다.
(최익철 신부 옮김. 요한 서간 강해. p.305).

cibus noster, idem ipse Christus æqualis Patri.
우리의 음식은 아버지와 똑같은 그리스도 자신입니다.
(최익철 신부 옮김. 요한 서간 강해. p.151).

Cibus sum grandium; cresce, et manducabis me.
(⑨ I am the food of grown men; grow, and you shall feed upon me) 나는 장성한 자의 양식이다. 커라. 그러면 너는 나를 먹게 되리라(2007.2.22. "Sacramentum Caritatis" 중).

cīcáda, -æ, f. (蟲) 매미

cīcátrīco, -átum, -áre, tr. 상처를 아물게 하다,
유착시키다, (pass.로만 나타남) 아물다, 상처가 남다.

cicatrices solutæ. 다시 터진 상처(傷處)

cīcátrīcósa, -órum, n., pl. 보철세공(補綴細工)

cīcátrīcósus, -a, -um, adj. 상처 자국이 가득한, 흠터로 덮인.

cīcátrícŭla, -æ, f. 작은 흠터

cīcátrix, -ícis, f. 흠터, 부스럼 자국, 아문 상처(傷處), 상흔(傷痕), 잎 떨어진 자국, (나무에) 새긴 표.

ciccum, -i, n. 과일의 내피, 막(膜), 보잘 것 없는 것

cĭcer, -ĕris, n. (植) 이집트 콩, 살갈퀴(매우 가난한 사람들이 먹었음)

cĭcĕra, -æ, f. ((植)) (콩과에 속하는) 연리초(連理草)

cicércŭla, -æ, f. 작은 연리초(連理草)

Cícĕro, -ónis, m. Roma의 최대 웅변가.정치가.저술가.
Neli te oblivísci Cicerónem esse.
너는 네가 Cícero임을 잊지 마라.

Cicero de re publica multa quæsivit et scripsit. 키케로는 공화정에 관해서 많은 것을 연구하고 글을 썼다.[논리 탈격abulativus logicus은 무엇에 관해서 논의되는지를 표현하며 de와 함께 탈격을 쓴다].

Cicero maxime colens fuit religionis.
치체로는 종교심이 대단히 깊은 사람이었다.

Cicero tam eloquens est ut nos semper moveat.
키케로는 늘 우리를 감동시킬 정도로 그렇게 언변이 좋았다.
(키케로는 하도 언변이 좋아서 늘 우리를 감동시킨다. 고전 라틴어, p.335).

Cícĕrōmástix, -ígis, m. Cícero의 채찍이란 뜻,
Lárgius Licinius가 Cícero를 공격한 저서.

Cícĕrónes, -um, m., pl. Cícero 가문의 사람들

Cícĕrōniánus¹, -a, -um, adj. Cícero의, Cícero다운

Cícĕrōniánus², -i, m. Cícero 연구가(숭배자)

cichórĕum(cichórĭum), -i, n. (植) 꽃상추

Cichorium pumilum. 돌꽃상치

ciciléndrum(=cicimándrum), -i, n.
(주방에서 은어로 사용하던) 양념의 다른 이름.

cĭcindéla, -æ, f. 반디(蟲-개똥벌레), 반딧벌레

cicírrus, -i, m. (動) 싸움닭(pugnátor gallus), 투계(鬪鷄)

cicónĭa, -æ, f. (鳥) 황새

Ciconia redeúntis anni nuntiátrix. 봄소식 전달자인 황새

cicónīnus, -a, -um, adj. 황새의,
cicōnínus advéntus. 황새가 돌아옴(봄의 징조)

cĭcur, -ŭris, adj. 길든, 순치(馴致-짐승을 길들임) 된,
집에서 기르는, 가축의. béstiæ cícures. 가축(家畜).

cícŭro, -ávi, -átum, -áre, tr. 길들이다

cĭcúta, -æ, f. (植) 독미나리, 밀짚 대, 갈대,
갈대의 피리, 목동의 피리.

196

cīdăr, indecl., n. = cídăris
cídăris, -is(-ĭdis), f. Pérsia 왕의 높고 뾰족한 관
cǐĕo, cīvi, cītum, -ére, tr. 움직이게 하다, 요동시키다,
　　흔들다(ण्ग्ग,ण्ग्ग), 자극하다, 자아내다, 일으키다,
　　생기게 하다, (소리를) 내다, 지르다, 격려하다,
　　고무하다, 충동하다, 부르다(ग्ग,ग्ग), 불러오다,
　　(도움을) 청하다(αἰτέω), 끌어오다,
　　잡아당기다(ग्ग,ग्ग), pass. 움직이다(ण्ग्ग,ग्ग).
cieo urinas. 오줌 누게 하다
cília, -órum, n., pl. 속눈썹, 식물의 솜털, 섬모(纖毛)
cǐlǐáris, -e, adj. 모양체(毛樣體)의
cǐlǐáta, -órum, n., pl. (動) 섬모충류(纖毛虫類)
cǐlǐbántum, -i, n. 다리가 셋인 탁자
cǐlǐcǐárǐus, -a, -um, adj. (염소 털의) 모직물 제조인.상인
cǐlǐcínus, -a, -um, adj. 염소 털로 짠
cǐlǐcíŏlum, -i, n. 염소 털로 짠 작은 의복
cǐlícǐum, -i, n. 고복(苦服), 고행용 털옷, 고행대, 속죄복,
　　(苦衣(⑨ hair shirt), 고행하기 위해 살에 닿게 입음.
　　Cilícia 지방 염소 털로 만든 옷(군인들이나 어부들이 입었음).
　　Induerunt se sacerdótes cilíciis. 제관들은 고복을 입었다.
Cilissa, -æ, adj. Cilícia의, f. Cilícia 여자
cílium, -i, n. 눈꺼풀, 속눈썹, (생물의) 섬모(纖毛)
cillíba, -æ, f. 식탁(食卓.⑨ Table), 원탁(圓卓)
cillo, -ére, tr. 움직이게 하다, 운전하다, 흔들다(ण्ग्ग,ण्ग्ग)
cillus, -i, m. (動) 당나귀
cílŏter, -tri, m. 큰 가축의 목에 매달아 주던 귀리자루
cīmělǐárcha, -æ, m. 귀중품 보관 감독자(監督者)
cīmélǐum, -i, n. 보물, 보물 상자
cīmex, -mícis, m. (蟲) 빈대
Cimon, -ónis, Miltiades의 아들
　　[(507~449 B.C.) 페르시아 함대를 격파함].
　　Tradunt Cimonem fuisse tanta liberalitate, ut in suis
　　prædiis hortisque custodes non posuerit. 키몬은 자기
　　장원과 정원에 경비를 세우지 않을 정도로 자유분방함을
　　갖추고 있었다고들 전한다(성 염 지음, 고전 라틴어, p.308].
cimússa¹, -æ, f. 백연(白鉛)
cimússa², -æ, f. 거칠고 투박한 밧줄, 사슬
cimussátǐo, -ónis, f. 밧줄로 묶음
cimússo, -áre, tr. 밧줄로 묶다
cǐnædícus, -a, -um, adj. 무도(舞蹈) 하는, 방탕한,
　　타락한, 음탕한, 외설한.
cǐnædílŏgus(=cǐnædológŏs) -i, m.
　　외설작가, 음담패설 하는 자.
cǐnædŭlus, -i, m. 나이 어린 탕자, 젊은 도락가
cǐnædus¹, -a, -um, adj. 방탕한, 음란한, 외설한, 파렴치한
cǐnædus², -i, m. 음탕한 무언극 배우.무용가, 호색가,
　　남색 상대의 거세한 소년, 아성을 위해 거세한 사람.
　　(魚) 양놀래기과의 바닷물고기 종류.
cǐnắra, -æ, f. (植) 엉겅퀴의 일종
cincinnátus¹, -a, -um, adj. 곱슬머리의.
　　cincinnáta stella. 혜성(彗星, stella comans.-태양을 초점
　　으로, 긴 꼬리를 끌고 타원이나 포물선 또는 쌍곡선의 궤도를 그리며
　　운동하는 천체, 꼬리별, 살별, 미성誖星).
Cincinnatus², -i, m. Lucius Quinctius Cincinnatus.
　　[natus ca. 519 B.C.: 무사무욕한 로마의 전설적 정치가's 군인. æquis의 침공을
　　막고 평민파에 맞서 귀족파를 옹호함. 로마 위기 때에 전원생활에서 나와 독재
　　집정관이 되었다. 성 염 지음, 고전 라틴어, p.308]
　　Senatores ab aratro abduxerunt Cincinnatum, ut dictator
　　esset. 원로원 의원들은, 킨키나투스더러 독재관이
　　되어 달라고, 쟁기질하는 전원에서 그를 불러냈다.
cincínnŭlus, -i, m. 잔잔한 곱슬머리
cincínnus, -i, m. 곱슬머리(crines vibráti.),
　　곱슬곱슬하게 꾸민 머리, 미사여구(美辭麗句).
cinctæ mulieres vestes. 옷을 차려입은 부인들
cinctícŭlus, -i, m. 작은 허리띠, 작은 치마
cínctǐo, -ónis, f. 띠를 두름, 옷을 걸침
cinctórǐum, -i, n. 허리띠
cinctum, "cingo"의 목적분사(sup.=supínum)
cinctúra, -æ, f. toga(길고 헐거운 겉옷) 의 허리띠

cinctus¹, -a, -um, adj. 띠를 두른
cinctus², -i, m. 띠를 맴, 허리띠, 허리
cinctútus, -a, -um, adj. 고대 Roma식으로 허리띠를 두른
cǐněfáctus, -a, -um, adj. (cinis+fácio) 재로 변한, 재가 된
cinematographéum(-phia, -æ) -i, n. 영화(映畵)
cinematographium, -i, n. 영사기(映寫機)
cǐněrácěus, -a, -um, adj. 재 같은, 회색의
cineraceus color. 회색(灰色, cínéréus color)
cǐněrárǐi fines, m., pl. 분묘(墳墓)로 된, 전답의 경계
cǐněrárǐum, -i, m., pl. 무덤구덩이, 유골보존 지하실,
　　납골당(=cŏlumbárǐum, -i, n.), 묘혈(scrobis, -is, f.).
cǐněrárǐus¹, -a, -um, adj. 재(灰)에 관한
cǐněrárǐus², -i, m. (쇠를 달구어) 머리를 지지는 노예,
　　미용사(美容師-얼굴이나 머리를 곱게 다듬는 일을 직업으로 하는 사람).
cǐněrésco, -ěre, intr. 재(灰)가 되다
cǐněrěus, -a, -um, adj. 재의(회색의)
cǐněrěus color. 회색(灰色, cineraceus color)
cǐněrícǐus(-tǐus) -a, -um, adj. 회색의
cǐněrósus, -a, -um, adj. 재 투성이의, 재(灰)로 변한
cǐněrŭléntus, -a, -um, adj. 재로 덮인
cingíllum, -i, n. 작은 치마
cingíllus, -i, n. 작은 치마
cingo, cinxi, cinctum -ěre, tr. 휘감다, 두르다, 띠다,
　　(띠로) 동여매다, 걷어붙이다, 무장하다, 쓰다, 씌우다,
　　(화환 따위로) 장식하다, 수행하다, 에워싸다(ण्ग्ग,ग्ग),
　　호위하다(ग्ग,ग्ग), 포위(包圍)하다, 둘러싸다, 두르다,
　　주위에 구축하다, 휩싸다, 방어(防禦)하다, 막다, 엄호하다.
　　pass. 무장하다, (칼 따위를) 차다, 대동하다, 호위하다.
　　cinctæ mulieres vestes. 옷을 차려 입은 부인들/
　　cinctus honóre caput. 영예의 화관을 머리에 쓴/
　　Inútile ferrum cíngitur. 그는 쓸데없는 무기를 몸에 지닌다/
　　péllibus cincti. 가죽옷을 걸친 사람들/
　　puer alte cinctus alte cinctus. 결단 내린 사람/
　　Sicília cincta perículis. 위험에 휩싸인 Sicília.
cingo comam lauro. 머리에 월계관(月桂冠)을 쓰다
cingo latus ense. 옆구리에 칼을 차다
cíngŭla, -æ, f. =cingulum, -i, n. =cingulus, -us, m.
cíngŭlum, -i, n. 띠, 허리띠, 혁대(가죽 띠), 견대(肩帶), 군인
　　의 검대 cingŭlum inicutre (劍帶-軍刀 따위를 차기 위하여 허리에 두
　　르는 띠), 뱃대끈, (지구의) 지대. [사제가 제의를 입을 때 장백의를 매는
　　띠로 정결, 금욕. 겸허의 상징이다. 백민관 신부 엮음, 백과사전 1, p.717].
　　Præcinge me, Domine, cingulo puritatis, et extingue in
　　lumbis meis humorem libidinis; ut maneat in me virtus
　　continentiæ et castitatis. 주님 청결의 띠로 나를 띠어
　　주시고 내 안에 사욕을 없이 하시어 절제와 정결의 덕이
　　자라게 하소서.-주님. 조찰함의 띠로 저를 띠시어, 제 안에 사욕을
　　없이 하시어, 절제와 정결의 덕이 있게 하소서. 백민관 엮음, 백과사전 1, p.632].
cingulus, -us, m. =cíngŭla, -æ, f. =cingulum, -i, n.
cínífes(-phes) -um, f., pl. (蟲.) 모기, 각다귀
cǐníflo, -ónis, m. (cinis+flo) 머리털, 머리털을 지지는 노예
cǐnis, -něris, m. (f.) 재(灰.⑨ Ash.獨 Asche.프 cendre),
　　잿더미, 무덤, 폐허(廢墟-파괴당하여 황폐하게 된 터), 유골(遺骨),
　　성회(⑨ blessed ashes), 죽음(ग्ग.θάνατος.⑨ Death),
　　benedictio cinerum. 재(灰) 축성.
cǐníscŭlus, -i, m. 한줌의 재
Cinkgoaceæ, -árum, n., pl. (植) 은행나무과 식물
Cinna, -æ, m. Cornelius Cinna 집정관.
　　Gaius Helvius Cinna 로마 시인.
　　Pauper videri Cinna vult ; et est pauper.(Martialis).
　　킨나는 가난한 사람으로 보이고 싶어 하고 실제로 가난하다.
cinna latifória, -æ, f. (植) 나도 딸기짱이
cinnábari(=f. cinnábăris) -is, n.
　　(鑛) 광물.화학의 진사(辰砂), (미술의) 주색(朱色), 주홍색.
cinnábăris, -is, f. = cinnábári
cinnáměus, -a, -um, adj. 육계(肉桂)의
cinnămóma(=cinnămómum) -æ, f. 육계(肉桂), 계수나무
cinnămómĭnus, -a, -um, adj. 육계의
cinnămómum(=cinnamum) -i, n. 육계, 계수나무

C

Cinnamomum zeylanicum. 육계 향(肉桂香)
(출애 30, 23 : 잠언 7.17 : 아가 4. 14 : 묵시 18.13).

cinnamum, -i, n. (=cinnämómum, -i, n.)

cinnus, -i, m. (=cynnus) 혼합음료(混合飮料).
[합성, 또는 혼인으로 번역되는 cynnus는 "여러 약초로 섞어 만든 음료
(cinnus potionis genus ex multis liquoribus confectum)"라는 어원을 갖는다.
성 염 옮김. 피조 렐라 미란둘라, p.45]

cinxi, "cingo"의 단순과거(pf.=perfectum)

cínyra, -æ, f. 십현금(十絃琴-수금琴와 비슷하게 생긴 현악기의 일종)

cïo, civi, citum, cire, tr. = cíeo

cíósmis, -is, f. (植) 샘비어(꿀풀과의 일년초) 종류

cippus, -i, m. 뾰족한 막대기, 말뚝, 묘표, 묘비,
토지 경계 말뚝, (軍士 시설의) 울짱.

Cïpus, -i, m. 전설적인 고대 Roma의 집정관

circa¹(=circum¹), adv. 주위에(περì), 둘레에, 부근에,
근처에(ንጻ). circa úndique. 사방 둘레에(서)/
montes, qui circa erant. 주위에 있던 山들.
(circum은 완전히 둘러싸여 있는 기분을 표시하고,
circa는 불완전하게 둘러싸여 있는 것을 표시한다)

circa², proep.c.acc. (장소적) 주위에, 주위로, 주변에,
둘레에, 가까이에, 부근에.
custódes circa portas missi.
성문들 주변으로 파견된 경비병/
vici circa Capuam. 카푸아 주변 마을들/
(사람 중심) 주위에(περì), 둘러싸고, 곁에.
circa se habére. 자기 곁에 데리고 있다/
circum collem. 언덕을 에워싸고/
(시간적으로) 쯤에, 경에, 무렵에, 즈음에, 전후에.
circa horam sextam. 여섯 시 경에/
(수효) 약(約), 대개, 가량, 쯤, 관하여, 대하여.
circa ducentos occidit. 200명 가량이 죽었다.

circa collem. 언덕 주위에, 언덕 가장자리에

circa ducéntos. 200명 가량

circa focum. 난로 주위에, 난로 주위를, 화덕 곁으로

Circa instructiōnem, 전례서 번(飜) 옮김 인준(1969.4月. 선언)

circa mediam noctem. 자정 무렵에

circa merídiem. 점심 때 쯤

Circa modum prædicandi. 설교양식에 대하여

Circa primum quæruntur octo.
첫째에 대해서는 여덟 가지 문제가 제기된다.

Circa servorum Dei causas. 시성 심사절차(1983.2.7. 교령).

circa templa deam. 신전들 근방에

circéæa, -æ, f. ((植)) (바늘꽃科에 속하는) 털 이슬

circéæum, -i, n. (植) 만다라화(蔓茶羅華-흰독말풀-부처가 설법
할 때나 여러 부처가 나타날 때 하늘에서 내려온다는 꽃. 빛깔이 미묘하여
보는 이의 마음에 열락을 느끼게 한다고 함)

circamoeríum, -i, n. (circa²+moerus)
성벽(城壁) 주위의 땅(=pomœrium-경작이 허락되지 않음).

circéllus, -i, m. 작은 원(圓), 작은 고리

circën, -cïnis, n. 원(圓), 순환(循環-끊임없이 자꾸 돎),
고리(둥근 테), 천체의 궤도(軌道).

Circénses, -ïum, m., pl.
고대 Roma 경기장에서의 (각종) 경기(競技).
Duas tantum res anxius optat, panem et circenses.
로마 국민은 오로지 두 가지만 걱정하고 바란다.
빵과 서커스(Juvenalis)/

Circénsis, -e, adj. (고대 Roma의) 원형(타원형) 경기장의.
Circénses ludi. 타원형 경기장에서의 대 경기.

circës, -cïtis, m. 원형(圓形), 경기장, 경마장(競馬場)

circïnátio, -ónis, f. (컴퍼스로) 원을 그림.
(천체의) 원형운동, 순환(循環-끊임없이 자꾸 돎).

circïno, -ávi, -átum, -áre, tr. 동그라미를 만들다,
원을 그리다, 주위를 돌다, 빙빙 돌다.

círcïnus, -i, m. 컴퍼스(⑨ compass),
양각기(兩脚器-제도 용구의 한 가지. 걸음쇠. 디바이더).

circíter¹ adv. 주위에(περì), 둘레에, 부근에,
(시간.수) 쯤, 대개, 약(ώς.約), 거의(다).
Eo cum venisset, Cæsar circiter sexcento naves invenit
instructas. 거기에 다다르자 카이사르는 대략 600척의
배가 건조되었음을 알아차렸다.

circíter² proep.c.acc. 주위에(περì), 둘레에, 부근에,
(시간.수) 쯤, 즈음에, 대개, 약(ώς.約).

circiter tertiam horam. 삼시 경에

círcïto, -áre, tr., intr. 배회하다, 순찰하다

circïtor, -óris, m. 행상인, 순찰인, 감시인(監視人)

circïtóríus, -a, -um, adj. (軍) 순찰의

círcïus = cércïus (Gállia 지방의) 강한 북서풍

circlus = círcŭlus 원, 동그라미, 순환, 회전, 고리

circo, -ávi, -átum, -áre, tr. (걸어서) 한 바퀴 돌아오다

circúěo = circúměo 여기저기 두루 돌아다니다

circŭítĭo(=circumítĭo) -ónis, f. 순찰, 순회, 회전, 순환,
일주(一周-한 바퀴를 돎), 한바퀴, 둘레, 원, 원주(圓周),
(모퉁이 없이) 둥긋한 땅, 우회(迂回), 에둘러 말함.

circŭítor(= circïtor = circúmïtor) -óris, m. 행상인,
순찰인(巡察人), 감시인(監視人), 순회 사제(巡廻司祭).
sacerdos circulantes et visitátores. 순회 사목 사제.

circúïtus, -us, m. 순회, 회전, 주변, 주위, 둘레,
원(圓), 한바퀴, 울타리(가꺼), 담, 우회(迂回), 회로,
굽이, 주기(週期), 주기성 병환,
(길, 강의) 모퉁이(ና╗), 굽이, 우여곡절(迂餘曲折).

circuitus solis orbium. 태양 궤도.
motus stellarum. 별의 운행.

circuitus temporum. 시간의 순환(신국론. p.1280)

circŭláris, -e, adj. 둥근, 원형의, 고리 모양의, 회람의,
돌리는. epístola circularis. 회장(回章) 회문(回文).

circŭlátim, adv. 원형으로, 집단적으로, 떼를 지어

circŭlátĭo, -ónis, f. 순환(循環-끊임없이 자꾸 돎), 유통,
유포(流布-세상에 널리 퍼짐. 또는 퍼뜨림), 순찰(巡察).
circularem motum. 순환운동.

circŭlátor, -óris, m. 행상인, 떠돌이 약장수, 떠돌이 이론가

circŭlátóríus, -a, -um, adj. 떠돌아다니는,
(공기, 혈액) 순환의, 돌팔이의.

circŭlátrix, -ícis, f. 돌팔이 무당, 떠돌아다니는 여자

círcŭlo, -áre, tr. 동그랗게 하다, 빙빙 돌리다, 둘러서다(싸다)

circŭlor, -átus sum -ári,
intr. 집단을 이루다, 몰리다, 둘러앉아 이야기하다.
tr. 자기 주위로 모아 놓다, 떠돌아다니다, 순회하다.

círcŭlus, -i, m. (=circlus) 원, 동그라미, 원주(圓周),
일주(一周), 순환(循環-끊임없이 자꾸 돎), (천체의) 궤도,
운행의 주기(週期), 회전, 씨줄, 위선(緯線), 위도권,
원형의 물건, 바퀴, 고리, 팔찌, 목걸이, 둥근 테,
(해, 달의) 무리, 도넛(⑨ donut), 모임, 단체,
집단, 관중, 청중, 사교모임, 사교계.
Circulus árctïcusus. 북극권/
De Cometis et Lacteo Circulo. 혜성과 은하수.

circulus anni. 연중 주기(年中 週期)

Circulus arcticus. 북극권(北極圈)

circulus in definiéndo. (論) 순환적 정의

circulus in probándo. (論) 순환 논증의 허위

circulus lacteus. 은하(銀河.via lactea).

circulus lacteus. 은하수(銀河水)

circulus vitiósus. 순환 논증(循環論證), 악순환(惡循環)

circum¹, = circa¹

circum², proep.c.acc. 주위에(περì), 둘러싸고, 주위를,
…를 중심으로, (주위에 있는) 여러 곳으로(사람한테로),
두루, 가까이, 부근에, 근처에, 옆에, 곁에.
(circum은 완전히 둘러싸여 있는 기분을 표시하고,
circa는 불완전하게 둘러싸여 있는 것을 표시한다).
montes, qui circa erant. 주위에 있던 山들/
Terra circum axem se convértit.
지구는 축을 중심으로 돌고 있다.

circum axem se converto. 자전하다

circum cellas. 곳간 주변

circum urbem. 도시 근방에

circumáctĭo, -ónis, f. 원형운동(圓形運動), 태양의 공전

circumactum, "circumago"의 목적분사(sup.=supínum)

circumáctus, -us, m. 회전(回轉)

circumactáceo, -ére, intr. 주위에 있다, 주위에 놓여 있다

circumædífico, -ávi, -átum, -áre, tr.
　주위에 둥그렇게 건축하다.짓다.

circumággero, -ávi, -átum, -áre, tr. 둘러싸다, 쌓아 올리다

circúmăgo, -égi -áctum -ère, tr. 주위를 돌게 하다,
　돌리다, 회전시키다, 방향을 바꾸게 하다, 돌려세우다.
　노예를 해방시키다(주인이 해방한다는 표리로 노예의 머리에 손을 얹고
　일주 시켰음), 둘러막다, (생각, 기분 따위를) 바꾸게 하다,
　돌려놓다, 두르다, 쏠리게 하다, 빠지게 하다, 혼란시키다.
　pass. 바뀌다, 변하다.

circumámbĭo, -íre, tr. 에워싸다(סבב.נקף)

circumámbŭlo, -ávi, -átum, -áre, intr.
　두루 다니다, 한 바퀴 돌아오다.

circumamíctus, -a, -um, adj. 둘러 쓴, 둘러 싼

circumampléctor, (-ĕris, -ĭtur), éxus sum, écti,
　dep., tr. 둘러싸다.

circumanális, -e. adj. 항문(肛門) 주위의

circumapérĭo, -ŭi -ertum -íre, tr. 노출시키다, 드러내다

circúmăro, -ávi, -átum, -áre, tr. 주위를 갈다

circumaspícĭo, -spéxi -éctum -ère, tr.
　두루 살피다, 주위를 바라보다, 둘러 보다.

circumassísto, -ère, intr. 빙 둘러서다

circumáufĕro, -ferre, tr., anom. 금지하다

circumcæsúra, -æ, f. 외모, 외형, 윤곽

circumcálco(=circumcúlco) -ávi, -átum, -áre, tr. 골고루 밟다

circumcéllĭo, -ónis, m. 걸식 수도자, 떠돌이 수도자

circumcélliŏnes. 의적교도[4세기 초 Donatism 광신도로서 북아프리카
　Numidia에서 창설했다. 그들은 남의 집을 에워싸고(circum cellas) 행패를 부렸기
　때문에 그리스도교 신자들이 그렇게 불렀다. 그런데 그들 자신은 Agonistici, 즉
　'그리스도의 병사'라는 이름으로 자처했다…. 백민관 엮음, 백과사전 1, p.550].

circumcídi, "circumcido"의 단순과거(pf.=perfectum)

circumcído, -cídi -císum -ère, tr. 주위를 베다,
　도려 깎다, 가지를 치다, 잘라 버리다, 단축하다,
　잘라내다, 덜다, 제쳐놓다, 포피를 도려내다,
　요약하다, 간결하게 하다. (宗) 할례를 베풀다.
　et die octavo circumcidetur infantulus.
　(kai. th/| h`me,ra| th/| ovgdo,h| peritemei/ th.n sa,rka th/j
　avkrobusti,aj auvtou/) (獨 Und am achten Tage soll man
　ihn beschneiden) (㉫ On the eighth day, the flesh
　of the boy's foreskin shall be circumcised)
　여드레 째 되는 날에는 아기의 포피를 잘라 할례를
　베풀어야 한다(성경 레위 12. 3)/
　팔 일째 되는 날에는 아기의 포경을 잘라 할례를
　베풀어야 한다(공동번역 레위 12. 3).

circumcíngo, -ère, tr. 둘러 감다

circúmcĭo, -íre, tr. 사방으로 둘러엎다, 뒤엎다

circumcírca, adv. 두루(περὶ), 사방으로

circumcírcĭno, -áre, tr. 원(圓)을 그리다, 둘러싸다

circumcísĭo, -ónis, f. 포피 절단(表皮切斷),
　포경수술(包莖手術), 문장의 삭제, 할례,
　할손례(割損禮.獨 Beschneidung.㉫ Circumcision),
　Beatitudo ergo hæc in circumcisione an etiam in præputio?
　그렇다면 이 행복이 할례 받은 이들에게만 해당됩니까?(성경
　로마 4. 9)/이러한 행복은 할례를 받은 사람만이 누리는
　것입니까?(공동번역 로마 4. 9)/
　Ecclesia ex circumcisione. 할례 받은 이들로 이루어진 교회/
　Festum Circumcisionis. 할손례 축일.
　[이 축일은 예수의 할례일(루카 2. 21)을 기념하는 날로서 성탄 축일 후
　8일 째인 1월 1일 지냈다…. 백민관 신부 엮음. 백과사전 .1 p.633].
　Haud sane secus atque ceteri ritus, circumcisio quoque
　in Iesu "perfectionem" suam reperit. 다른 모든 예식들과
　더불어 할례 역시 예수 안에서 "성취"되기 때문이다/
　Iesu nomen circumcisionis in ritu filiolo Iosephus imponit.
　할례 때에 요셉은 아기에게 "예수"라는 이름을 붙여 준다/
　Neque enim circumcisio aliquid est neque præputium
　sed nova creatura. 사실 할례를 받았느냐 받지 않았느냐는
　중요하지 않습니다. 새 창조만이 중요할 따름입니다(성경)/
　할례를 받고 안 받는 것이 문제가 아니라 새로운 사람이
　되는 것이 중요합니다(공동번역)/사실 중요한 것은 할례나
　비할례가 아니라 새로 창조된 인간입니다(200주년. 갈라티아 6. 15)/

Nomine autem sic indendo testatur suam Iosephus
paternitatem legitimam in Iesum ac pronuntiando item
nomine illo opus prædicat illius tamquam servatoris.
　이름을 부여해 줌으로써 요셉은 예수에 대한 자기
　자신의 법적인 부성을 선언하고 또 이름을 불러 줌으로
　써 구세주로서 아기의 사명을 선포 한다/
Unum hoc est in quo oportet salvum fieri.
　구원은 오로지 이 이름에만 달려 있다.(사도 4. 12 참조).

Circumcisio Domini.(㉫ Circumcision of the Lord.
　獨 Beschneidung des Herrn Fest.프 circoncision).
　주님의 할손례(割損禮.Circumcison of Our Lord).

circumcisórĭum, -i, n. 원형 절개기구

circumcisúra, -æ, f. 둥글게 잘라냄

circumcísum, "circumcido"의 목적분사(sup.=supínum)

circumcísus, -a, -um, p.p., a.p. 깎아지른 듯한,
　금경사의, 가까이 가기 어려운, 생략된, 요약한,
　간결한, 간추린, 단축된, 할례 받은.

circumclúdo, -clúsi clúsum -ère, tr. 둘러막다,
　둘러싸다, 에워싸다(סבב.נקף), (적을) 포위하다.

circúmcŏla, -æ, m. 이웃사람, 주위에 사는 사람

circúmcŏlo, -ère, tr. 가까이에 살다, …의 주위에 살다

circumcordiális, -e, adj. 심장 가까이에 있는

circumcúlco(=circumcálco), -ávi, -átum, -áre,
　tr. 골고루 밟다.

circumcúmŭlo, -áre, tr. 주위에 쌓아 올리다

circumcúrro, -ère, intr. 주위를 뛰다, 배회하다,
　뛰어 돌아다니다, 원형을 짓다.

circumcúrsĭo, -ónis, f. 배회, 이리저리 뛰어 돌아다님

circumcúrso, -áre, (circum²+curso) tr. …의 주위를 뛰다.
　intr. 뛰어 돌아다니다, 이리저리 뛰어다니다.

circumdátĭo, -ónis, f. 둘러쌈, 휘감음

circumdátĭo auri. 황금 장식물(裝飾物)

circumdatum, "circumdo"의 목적분사(sup.=supínum)

circumdédi, "circumdo"의 단순과거(pf.=perfectum)

circúmdo, -dédi -dátum -áre, tr. 둘레에 놓다,
　주위에 배치하다, 둘러싸다, 에워싸다(סבב.נקף),
　둘러막다, 포위(包圍)하다, 휘감다.
　Collem multa ópera circúmdata (sunt).
　언덕 주위에 많은 군사시설을 해 놓았다/
　murum urbi circumbo. 도시 주위에 성을 구축하다.

circumdo ignes. 주위에 불을 놓다

circúmdŏlo, -dédi -datum -áre, tr. 깎아 다듬다

circumdúco, -dúxi -dúctum -ère, tr. 끌고 돌아다니다,
　(무엇의) 주위로 인도하다, 에워싸다, 둘러싸다(막다),
　삭제하다, 지워버리다, 폐기하다,
　속여 넘기다, 농락하다. (修) 전개시키다.
　Quos Pompéjus ómnia sua præsídia circumdúxit.
　Pompéjus는 그들을 자기의 모든 보루(堡壘) 주위로
　끌고 돌아다녔다/
　umbra hóminis líneis circumdúcta.
　선(線)으로 둘러 그려진 사람 그림자.

circumdúctĭo, -ónis, f. 두루 끌고 다님, 속여 넘김.
　(修) 전개된 문장의 단락.

circumdúctor, -óris, m. 안내자.

circumductum, "circumduco"의 목적분사(sup.=supínum)

circumdúctum, -i, n. (修) 구절(토막 글), 단락

circumdúctus, -us, m.
　형상의 둘레.선(線), 윤곽, 천체의 회전.
　umbra hominis lineis circumducta.
　선으로 둘러 그려진 사람 그림자.

circumdúxi, "circumduco"의 단순과거(pf.=perfectum)

circumégi, "circumago"의 단순과거(pf.=perfectum)

circúmĕo(=círcúĕo) -ívi(-ii) -ítum -íre, tr. 돌다(נקף),
　돌아가다(חרר), 우회하다, 일주하다.
　(조사.권유.청탁 등 목적으로) 여기저기 돌아다니다.
　찾아다니다, 유세하다, 순찰하다, 순방하다.
　(軍) 포위하다, (軍) 사열하다, 속이다, 속여 넘기다,
　넌지시 에둘러 말하다, 완곡한 표현을 쓰다.

199

circuméquĭto, -ávi, -átum, -áre, tr., intr.
말 타고 돌아다니다, (주위를) 말 타고 돌다.
circumérro, -áre, tr. 두루 돌다.
intr. 길을 잃고 두루 방황하다, 헤매다.
circumferéntĭa, -æ, f.
원둘레(→ "원주율"참조); 둥근 둘레 안의 면적.
circumférŏ, -tŭli, -látum, -férre, anom., tr. 돌리다,
가지고 돌아다니다, 돌려가며 주다(보여주다),
(눈을) 이리저리 돌리다.굴리다,
(손을) 여기저기 옮겨놓다,
(…주위를) 돌며 속죄 예식을 하다,
사방으로 퍼뜨리다, 확산시키다, 유포하다.
pass. circumférri. 돌다, 회전하다, 돌아다니다, 방랑하다.
circumfero póculum. 잔을 돌리다
circumfígo, -fíxi, -xum, -ĕre, tr.
(말뚝 따위를) 돌아가며 박다.
circumfíngo, -ínxi, -íctum, -gĕre, tr.
주위에(가까이) 놓다.두다.
circumflécto, -fléxi -fléxum -ĕre, tr. 선회시키다,
돌리다, 둥글게 굽히다.휘다, 돌아오게 하다.
길게 발음하다, 긴 발음부호를 달다.
circumfléxĭo, -ónis, f. 휘게 함, 굽은 둘레의 범위
circumfléxus¹, -a, -um, p.p., a.p. 둥글게 굽은, 선회된
circumfléxus², -us, m. 곡선, 굽은 둘레, 만곡(彎曲)
circúmflo, -áre, intr. 사방으로 불다, 사방에서 불어오다.
tr. circumflári ab ómnibus ventis invídiæ.
시기의 바람을 사방에 맞다.
circúmflŭo, -flúxi -flúxum -ĕre, intr., tr. 두르다,
주위를 흐르다, 둘러싸다, 에워싸다(סבב),
두루 흘러넘치다, 가득 차다, 범람하다, 넘쳐흐르다,
풍부하다, (무엇을) 풍부히 가지고 있다, 많다, 모여들다.
circúmflŭus, -a, -um, adj. 주위를 흐르는,
주위에 물이 흐르는, 넘쳐흐르는, 풍부한.
circumforáněus¹, -a, -um, adj. (cirucum+fero)
이동식의, 가지고 다니는.
circumforáněus², -a, -um, adj. (cirucum+ferum²)
시장을 돌아다니는, 시장 주변의, 시장에 있는.
circumforátus, -a, -um, adj. (cirucum+fero)
돌아가며 뚫려 있는.
circumfóssor, -óris, m. 주위를 파는 사람
circumfossúra, -æ, f. 둘레를 팜
circúmfrĕmo, -ĕre, intr. 포효하며(울부짖으며) 돌아다니다
circúmfrĭco, -áre, tr. 두루 비비다, 두루 긁다
ciecumfúdi, "circumfudo"의 단순과거(pf.=perfectum)
circumfúlcĭo, -íre, tr. 둘레를 버티다
circumfúlsus, -a, -um, adj. 주위를 비추는
circumfúndo, -fúdi, -fúsum, -ĕre, tr. 주위에 뿌리다,
주위에 퍼붓다.쏟다, 흘리다, 펼치다, 전개시키다,
퍼뜨리다, 쏟아 붓다, (주위로) 모여들다, 둘러싸다,
에워싸다, 포위하다, 휩싸다, 감싸다, 뒤덮다.
pass. 주위에 쏟아지다, 흐르다, 에워싸다.
circumfusum mare urbi. 도시를 에워싼 바다/
mórtuum cerã cicumfundi. 시체를 밀로 봉하다/
circumfusa consuli multitúdo.
집정관 주위에 모여든 군중(群衆).
circumfúsĭo, -ónis, f. 주위에 쏟음, 에워쌈
ciecumfúsum, "circumfudo"의 목적분사(sup.=supínum)
circúmgĕlo, -ávi, -átum, -áre, tr. 둘레를 얼게 하다
circúmgĕmo, -ĕre, intr. 주위에서 으르렁거리다
circumgésto, -áre, tr. 가지고 돌아다니다
circumglobátus, -a, -um, adj. 얽힌, 주위에 잠긴
circumgrédĭor, (-dĕris, -dítur), -gréssus sum, -grĕdi,
tr. (circum+grádior) 빙 돌아가다, 에워싸다,
(뒤로) 돌아 공격하다.
circumícĭo = circumjício
circumii, "circúmĕo(=circúĕo)"의 단순과거(pf.=perfectum)
circumincéssĭo, -ónis, f. = circuminséssĭo
circuminséssĭo, -ónis, f. (그리스어 Perichoresis)

(神) 성삼위 상호내재성(聖三位 相互內在性).
[성부는 성자와 성령 안에 완전히 내재하며, 성자와 성령도 서로 위격 안에
완전히 내재함. 또 그리스도의 인성은 그 신성 안에 완전히 내재함. 이 말은
그리스어 'Perichoresis(두루 발출함)'란 말을 다마스쿠스의 성 요한이 처음
사용 함… 백민관 신부 엮음. 백과사전 1, p.550].
circumítĭo = circuítĭo
circúmĭtor, -óris, m. = círcitor
circumítum, "circumeo"의 목적분사(sup.=supínum)
circumívi, "circumeo(=circúĕo)"의 단순과거(pf.=perfectum)
circumjácĕo, -ére, intr.
곁에 놓여있다, 주위에 있다, 인접해 있다.
circumjácĭo, -cĕre, tr. 주위로 던지다
circumjĕci, "circumjicio"의 단순과거(pf.=perfectum)
circumjectum, "circumjicio"의 목적분사(sup.=supínum)
circumjéctus¹, -a, -um, p.p., a.p. 인접한,
어떤 것 주위에 놓여 있는, abl. 둘러싸인.
circumjéctus², -us, m. 에워 쌈, 감쌈, 두름, 걸침
circumjícĭo(=circumícĭo) -jéci, -jéctum, -cĕre, tr.
(circum+jácio) 둘레에 던지다, 주위에 놓다,
구축하다, 주위로 재빨리 가게 하다, 두르다, 에워싸다.
anguis vectem circumjéctus. 말뚝에 칭칭 감긴 뱀/
circumjéctã múltitúdine mœnibus.
성벽 주위로 군중이 모여들었을 때.
circumlámbo, -ĕre, tr. 돌려가며 핥다
circumlátro, -ávi, -átum, -áre, tr.
(개가) 사방에 대고 짖다, 요란한 소리 내다.
circumlatum, circumfero의 목적분사(sup.=supínum)
circumlátus, "circumfero"의 과거분사(p.p.)
circúmlăvo, -lávi, -lótum(-látum, -lavátum), -áre(-ére),
tr. (바닷물.강 따위가) 흐르며 씻어 내리다, 적시다.
circúmlĭgo, -ávi, -átum, -áre, tr. 비끄러매다, 친친 동여매다.
natam circúmlĭgo hastæ. 자기 딸을 창(槍)에 붙들어 매다.
circumlínĭo, -íre, tr. 돌아가며 바르다
circúmlĭno, -lívi(-lévi), -lítum, -ĕre, tr.
돌려가며 바르다(칠하다), 그림의 언저리를 채색하다.
cerã mórtŭi circúmlĭti. 밀랍으로 두루 봉한 시체들.
circumlítĭo, -ónis, f. 두루 바름, 그림 언저리 채색
circumlítus, "circumlino"의 과거분사(p.p.)
circumlívi, "circumlino"의 단순과거(pf.=perfectum)
circumlocútĭo, -ónis, f. 완곡(婉曲)한 표현, 에두르는 말
circúmlŏquor, (-quĕris, -quítur) -locútus sum, -qui,
dep., intr. 에둘러 말하다.
circumlúcens, -éntis, adj. 휘황찬란한
circumlúo, -ĕre, tr. 둘레를 씻어 내리다, 두루 씻다
circumlústro, -ávi, -átum, -áre, tr.
두루 돌아다니다, 편력하다.
circumlúvĭo, -ónis, f. 퇴적 현상, 충적지(沖積地)
circúmmĕo, -ávi, -átum, -áre, tr., intr. 두루 돌아다니다
circummétĭor, -ménsus sum, -íri, tr.
((pass.)) (둘레가 측량되다) 둘레를 재(어 보)다.
circummisi, "circummitto"의 단순과거(pf.=perfectum)
circummissum, "circummitto"의 목적분사(sup.=supínum)
circúmmítto, -mísi -míssum -ĕre, tr.
두루 보내다, 파견하다(πέμπω), 회송하다.
circummœnĭo = circummúnĭo
circummúlcens, -énis, adj. 슬쩍 핥는, 두루 쓰다듬는
circummúnĭo(=circummœnĭo), -ívi -ítum -íre, tr.
튼튼하게 보호하다, (성벽.울타리 따위로) 둘러막다,
둘레에 방어시설을 하다, 요새화하다.
circummunítĭo, -ónis, f.
담.성벽 주위의 방어시설, 포위망(包圍網).
circumnávĭgo, -ávi, -átum, -áre, tr.
두루 항해(航海)하다, 배로 일주(一周)하다.
circumóbrŭo, -ĕre, tr. 주위를 뒤덮다
circúmpĕdes, -um, m., pl. 상전 수행하는 종, 발 장식 끈
circumpéndĕo, -ére, intr. …둘레에 매달려 있다
circúmplaudo, -si, -ĕre, tr.
사방에서 박수(拍手)치다, 사방에서 갈채를 보내다.
circumplécto = circumpléctor

circumpléctor, (-ĕris, -ĭtur), -pléxus sum, -plécti, dep., tr. 얼싸 안다, 휘감(기)다, 에워싸다, (마음을) 사로잡다.
circumpléxus, -us,(주로 abl. -u), m. 휘감김
circúmplĭco, -ávi, -átum, -áre, tr.
둘둘 말다, 둘레에 감다, 주위에 굴리다.
circumplicátus *alqā* re. 무엇에 감긴.
circumpóno, -pósŭi, -pósĭtum, -ĕre, tr. 주위에 두다
circumpositum, "circumpono"의 목적분사(sup.=supínum)
circumpositus, "circumpono"의 과거분사(p.p.)
circumposui, "circumpono"의 단순과거(pf.=perfectum)
circumpotátĭo, -ónis, f. 둘러 앉아 마심
circumquáque, adv. 도처에, 사방에
circumrádo, -rási, -rásum, -ĕre, tr.
둘레를 벗기다, 돌려가며 깎다(밀다).
circumrásĭo, -ónis, f. 둘레를 깎음
circumrétĭo, -ívi -ítum -ĭre, tr. 그물로 둘러싸다, 그물로 덮어씌우다; 함정(陷穽)에 빠뜨리다.
circumródo, -rósi, -rósum, -ĕre, tr. 헐뜯다, 둘레를 쏠다.갉아먹다, 말할까 말까하고 망설이다.
circúmrŏto, -áre, tr. 굴리다, 선회시키다, (팽이.맷돌 따위를) 돌리다.
circumrotundátĭo, -ónis, f. 빙글빙글 돌림
circumsǽpĭo(=circumsépĭo) -psi, -ptum, -íre, tr.
울타리를 두르다, 둘러치다, 둘러싸다, 포위하다.
circumscálpo, -psi, -ptum, -ĕre, tr. 주위를 긁어내다
circumscíndo, -ĕre, tr. 둘레를 찢어내다, 주위를 쥐어뜯다
circumscríbo, -scrípsi -scríptum -ĕre, tr.
둘레에 원을 그리다, 동그라미를 둘러 표시하다, **윤곽을 그리다**, **한계를 긋다**, 둘레에 경계선을 긋다, 구획하다, **제한하다**, **한정**(限定)**하다**, **국한하다**, 권한을 제약하다, 정의하다, 단속하다, 금지하다, 견제하다, (소송.토론 따위에서) 제쳐놓다, 제외하다, 배제하다, 취소하다, 말살하다, 무효로 하다, 속이다, 속여 넘기다, 함정에 빠뜨리다, 위장하다, 교묘하게 법망을 피하다.
circumscrípte, adv.
한계를 명확하게, 요약해서. (修) 총합문(總合文)으로.
circumscríptĭo, -ónis, f. 원을 그림; 윤곽, 한계, 한정, 제한, 한계선, 요약된 내용, 사기(詐欺.[영] Fraud), 기만(欺瞞-남을 그럴듯하게 속임), 말의 농락(籠絡-남을 교묘한 꾀로 속여 제 마음대로 이용함), 경계선(흔히 정교조약에 따라 일국의 교구 구획을 명확히 하는 것을 말하고, 이를 대칙서로 결정한다. 백민관 신부 엮음, 백과사전 1, p.550).
circumscríptĭo témporis. 한정된 시간
circumscríptor, -óris, m. 사기꾼, 농간 부리는 자, 말소자(抹消者-기록되어 있는 사실이 지워 없어진 자).
circumscríptus, -a, -um, p.p., a.p. 제한된, 한계 지워진, 완결된 문장의; 간결(簡潔)하게 요약된.
circúmsĕco, -séctum, -áre, tr.
돌려 자르다, 둘레를 자르다(베다).
circumsectum, "circumseco"의 목적분사(sup.=supínum)
circumsédĕo(=circumsídĕo) -sédi, -séssum, -ére, tr.
둘러앉다, 둘러서다, 포위하다, 포위공격 하다.
circumsépĭo = **circumsǽpĭo**, -psi, -ptum, -íre, tr.
circumséssĭo, -ónis, f. 포위(包圍), 마귀 달라붙음, 부마
circumsídĕo = **circumsédĕo**, -sédi, -séssum, -ére, tr.
circumsído, -sédi, -ĕre, tr. 둘러앉다, 둘러싸다
circumsílĭo, -ĭre, (circum+sálio) tr. 사방으로 공격하다.
intr. 사방(四方)으로 뛰어 돌아다니다.
circumsísto, -stĕti, -ĕre, tr., intr. 곁에(주위에) 서다, 주위에서 멈추다, 포위하다, 둘러싸다.
circúmsĭtus, -a, -um, adj. (circum+situs) 주위에 있는
circúmsŏno, -ŭi, -áre, intr. 사방으로 울려 퍼지다.
Locus circúmsonat ululátibus.
그곳은 아우성 소리가 울려 퍼진다/
tr. …의 주위로 울려 퍼지다.
Clamor hostes circúsonat.
고함소리가 적군들 주위로 울려 퍼진다.
circúmsŏnus, -a, -um, adj.
사방에서 울려 퍼지는, 주위가 소리로 가득 찬.
circumspectátrix, -ícis, f. 감시하는 여자
circumspéctĭo, -ónis, f. 주위를 살핌, 조심(操心), 용의주도(用意周到), 세심한 주의.
circumspécto, -ávi, -átum, -áre, tr., intr.
주위를 두루 살피다, 주의 깊게 둘러보다, 두루 찾아보다, 엿보다, 깊이 생각하다.
circumspécto defectiónis tempus. 배신할 기회를 엿보다
circumspectus, "circumspicio"의 목적분사(sup.=supínum)
circumspéctus[1], -a, -um, p.p., a.p. 드러난, 눈에 띄는, 돋보이는, 조심성 있는, 현명한, 신중한, 깊이 생각한.
verba non circumspécta. 경솔한 말, 입빠른 말.
circumspéctus[2], -us, m. 주위를 둘러 봄, 전망(展望), 숙고(熟考-곰곰이 잘 생각함), 고려(考慮-생각하여 헤아림), 신중(φρòνησις.愼重-매우 조심성이 있음), 신중한 성격.
circumspérgo, -ĕre, tr. (circum+spargo)
주위(周圍)에 뿌리다, 붓다, 쏟다.
circumspexi, "circumspicio"의 단순과거(pf.=perfectum)
Circumspice etĭam. 주위를 다시 한 번 살펴봐라
circumspícĭo, -spéxi -spéctum -ĕre, tr. (circum+spécio)
둘러보다, 주위를 두루 살펴보다, 두리번거리다, 망보다, 훑어 보다, 두루 찾아보다, 두루 관찰하다, 조사하다, 알아보다, 심사숙고(深思熟考)하다, 음미하다, 신중히 생각하다, 조심하다, 주의하다, 얻으려고 하다, (도움.기회 따위를) 기다리다.찾다, 엿보다, recéssum circumspícĭo. 도피구를 두루 찾다.
se circumspícĭo. 스스로를 여러모로 관찰하다, 자기의 능력.처지.분수를 생각해 보다, 자부심을 갖다, 자신을 높이 평가하다, 뽐내다.
circumstántĭa, -æ, f. 주위에 있음, 주위를 둘러쌈, **환경**(環境.[영] environment), **상황**(狀況.獨 Kontext), 사정, **형편**(形便-일이 되어 가는 모양이나 결과), 경우.
circumstantiæ immediatæ. 직접적 상황
Circumstantiæ morales. 윤리적 정상(倫理的 情狀)
circumstátĭo, -ónis, f. 주위에 줄 서 있음, 정렬
circumsteci, "circumsto"의 단순과거(pf.=perfectum), "circimsisto"의 단순과거(pf.=perfectum).
circumstípo, -ávi, -átum, -áre, tr.
둘러싸다, 에워싸다, 호위하다.
circúmsto, -stĕti, -áre, tr. 주위에 둘러 서있다, 에워싸다, 위협하다, 괴롭히다.
intr. 둘러 서있다, 주위에 몰려있다.
circúmstrĕpo, -ŭi, -ĭtum, -ĕre, tr. 소리 지르며 공격하다, 주위에서 소음을 내다, (무슨) 소음을 내다, 주위에서 (무슨) 소리를 지르다.
circúmstrŭo, -úxi, -úctum, -ĕre, tr.
벽을 치다, 둘러 짓다.건설하다.
circumsútus, -a, -um, adj. (circum+suo) 둘러 기운(縫), navígia cório circumsúta. 가죽을 대어 기운 배.
circúmtĕgo, -téxi, -téctum, -ĕre, tr.
주위를 두루 덮다, 뒤덮다.
circumténdo, -di, -tentum, -ĕre, tr.
뻗다, 주위로 뻗어 나가다.
circumtérgĕo, -ére, tr. 주변을 닦다, 깨끗이 하다
circúmtĕro, -ĕre, tr. 둘레를 문지르다, 모여들다, 밀려닥치다
circumtéxo, -xŭi, -téxtum, -ére, tr.
가장자리를 짜다, 돌려 짜다.
circumtéxtus, -a, -um, p.p., a.p. (circum+texo)
線을 두른, 가장자리에 댄, 가장자리를 짠(뜬.엮은).
circumtínnĭo, -ĭre, tr. 울려 퍼지게 하다, (쇠붙이로) 주위를 소리 나게 하다.
circúmtŏno, -ŭi, -áre, tr.
천둥소리를 울려 퍼지게 하다, 큰 소리를 울리다.
circumtónsus, -a, -um, adj. 돌려 깎은, 주위를 깎은, orátio circumtónsa. 지나치게 기교를 부려 다듬은 연설.
circumtuli, "circumfero"의 단순과거(pf.=perfectum)
circumvádo, -vási, -ĕre, tr.

사방에서 공격하다, 엄습하다, 포위하다.
circúmvăgus, -a, -um, adj. 떠돌아다니는, 둘레를 흐르는.
circumvállo, -ávi, -átum, -áre, tr.
성.장벽을 두르다, 엄습하다; 포위하다.
circumvéctĭo, -ónis, f. (circum+vehor)
각 방면으로의 수송.운송, 순환, 회전.
circumvécto, -áre, tr. 두루 싣고 다니다
circumvéctor, -átus sum, -ári, dep., tr.
(배.말.수레를) 타고 돌아다니다, 각지로 항해하다,
자세히 서술하다, 두루 설명하다.
óppida circumvéctor. 배로 여러 도시를 다니다.
circúmvĕhor, (-ĕris, -ĭtur), -véctus sum, -vĕhi,
dep., intr., tr. (배.말.수레를) 타고 일주하다,
타고 (어디를) 돌아다니다, 두루 서술하다.설명하다.
circumvélo, -áre, tr. 두루 가리다.덮다, 감싸다
circumvénĭo, -véni -véntum -íre, tr. 주위로 몰려오다,
에워싸다(סחר.נקף), 둘러싸다, 휩싸다, 포위하다.
압박(壓迫)하다, 죄다, 걸려들게 그물을 치다.
고통(苦痛) 끼치다, 괴롭히다, 속이다,
(법률을) 교묘히 해석하다, 법망(法網)을 벗어나다,
circumvénti flammā. 불길에 휩싸인 사람들/
Neque timébant, ne circumveniréntur.
그들은 포위될까 해서 무서워하지는 않았다
circumvéntĭo, -ónis, f. 포위, 속임,
사기(詐欺.⑨ Fraud), 유혹(誘惑.⑨ Temptátĭon).
circumvérro, -vérsum, -ĕre, tr.
두루 쓸어내다, 털다, 깨끗이 하다.
circumvérsĭo, -ónis, f. 뒤집음, 뒤엎음
circumvérto(=circumvórto) -ti, -sum, -ĕre, tr.
(무엇을) 돌리다, 뒤집다, 돌다, 회전하다, 속이다.
속게 하다. circumvértens se. 돌아가는, 회전하는.
circumvérto axem. 축을 돌다
circumvéstĭo, -íre, tr. 둘러 입히다, 감싸다
circumvíncĭo, -vínctum, -íre, tr. 비끄러매다, 친친 동여매다
circumvíso, -ĕre, tr. 둘러 보다
circumvólĭto, -ávi, -átum, -áre, tr.
훨훨 날아 돌아다니다, 날아서 빙빙 돌다,
배회하다, 돌아다니다, 순찰하다.
lacus circumvólĭto. 연못들 위를 빙빙 돌며 날다.
circúmvŏlo, -ávi, -átum, -áre, tr.
주위를 날다, 날아 돌아다니다, 분주히 뛰어다니다.
Et circumvolabat super me fidelis a longe misericordia
tua. 아무튼 당신의 미더운 자비가 멀리서
내 위에 빙빙 날고 있었습니다.(고백록 3.3.5.)
circumvŏlútĭo, -ónis, f. 나선(螺線), 뒹굴음
circumvŏlúto, -áre, tr. 주위를 굴러 돌아가게 하다
circumvŏlútor, -átus sum, -ári, dep., intr.
뒹굴다.(몸을) 굴리다.
circumvŏlútum, "circumvolvo"의 목적분사(sup.=supínum)
circumvólvo, -vi -volútum -ĕre, tr. 굴리다, 감다.
사리다, serpéntes sibi circumvolútæ. 사리고 있는 뱀.
circumvórto = circumvérto -ti, -sum, -ĕre, tr.
circus, -i, m. 원(圓), 동그라미, 천체의 궤도(軌道),
(타원형의) 경기장, 집회장.
ciro··· V. chiro···
cirrátus, -a, -um, adj. 곱슬곱슬한 머리 털 있는,
자락에 술이 달린. m., pl. 곱슬머리 기른 아이들.
cirripédĭa, -órum, n., pl. (動) 만각류(蔓脚類)
cirrus, -i, m. 곱슬머리 다발, 곱슬머리 타래(특히 어린이들),
(새의) 도가머리, 관모(冠毛), 말의 이맛머리; 발목털,
(식물의) 덩굴 손, 옷자락의 술, 새털구름, 권운(卷雲).
Cirsium japonicum. 엉겅퀴 (植-국화과의 다년초).
  Acanthus syriacus. 잎 엉겅퀴/
  Scolymus maculatus. 은 엉겅퀴/
  Silybum marianum. 마리아 엉겅퀴.
Cirsium chanrœnicum. 정영 엉겅퀴
Cirsium rhinoceros. 바늘 엉컹퀴
Cirsium setidens. 고려 엉컹퀴

cĭs, prœp.c.acc. (장소) 이쪽에, (시간) 안으로, 이내에
cis flumen. 강 이쪽 편에
cis rivum. 개울 이쪽으로
cisárĭus, -i, m. 이륜마차 조종자(操縱者).제작인
císĭum, -i, n. 이륜마차(二輪馬車)
cissos, -i, f. (植) 담쟁이덩굴, 송악(두릅나뭇과 상록 활엽)
cista, -æ, f. 궤(arca, -æ, f.), 함, 상자; 투표함
cistélla, -æ, f. 작은 상자(돈.귀중품.화장품 넣어두는 작은 상자)
Cistellárĭa, -æ, f. Plautus의 희곡작품의 제목
cistellátrix, -ícis, f. 여주인의 작은 상자를 맡은 여자 노예
cistérna, -æ, f. 빗물 받는 물통, (천연) 저수지, 못(池).
  ((解)) (분비액의) 저장기(貯藏器).
cisternínus, -a, -um, adj. 물통의
cisthŏs, -i, m. (植) 거지덩굴
cístĭfer, -ĕri, m. (cista+fero) 상자 드는 사람
cistóphŏrus(-os), -i, m. (제사 때) 상자 드는 사람.
  Bacchus의 신비의 상자가 조각되어 있는 아시아의 화폐.
cístŭla, -æ, f. 작은 상자, 함, 궤(arca, -æ, f.)
cistula extremæ unctĭonis. 성유함(聖油函)
Cistus incanus, cretius. 반일화(半日花-창세 37.25 : 43.11)
citátim, adv. 빨리
citátĭo, -ónis, f. 소환(召喚), 인용(引用).
  Veritas citationis. 인용의 진리.
citátĭo explícita. 명시적.명언적 인용
citátĭo generalis. 전반적 소환(全般的 召喚)
citátĭo hominis. 사람에 의한 소환(召喚)
citátĭo implicita. 암시적.묵시적 인용
citátĭo juris. 법률에 의한 소환(召喚)
citátĭo peremptoria. 소환 명령(召喚命令)
citátĭo privata seu personalis. 사적 소환(私的召喚)
citátĭo publica seu edictalis. 공적 소환(公的召還)
citátĭo realis. 실질적 소환(實質的召喚)
citátĭo simplex. 단순한 소환(單純 召喚)
citátĭo specialis. 특별한 소환(特別 召喚)
citátĭo tacita. 묵시적 인용
citátĭo testium. 증인의 소환(召喚)
citátĭo verbalis. 통상적 소환(通常的 召喚)
Citatis equis ávolant Romam.
  그들은 말을 달려 로마로 급히 가고 있다.
citatórĭum, -i, n. 소환(召喚)
citatórĭus, -a, -um, adj. 소환의
citátus, -a, -um, p.p., a.p. 빠른, 민첩한, 빠른 걸음의,
  달리는, 인용된, 낭송된. equo citáto. 말을 빨리 몰아서/
  citáto gradu. 빠른 걸음으로.
cĭtĕr, -tra, -trum, adj. (흔히 comp. citérĭor, -ius를
  사용함. superl. cítimus) 이쪽의, 가까운, 인근의.
citérĭor, -ĭus, adj., comp. 더 이쪽에 있는(ultérĭor의 반대),
  더 가까이 있는, 최근의, 속세의, (드물게) 더 작은.
  citerióra. 최근의 일들/
  Gállia citerior. 알프스산 이쪽에 있는 Gállia.
citérĭus, adv. 더 이쪽에, 더 가까이에
citerius débito. 의무보다 더 급히
cíthăra, -æ, f. 고대 희랍의 거문고, 거문고 연주(演奏).
  Cithárā Iópas personat. Iópas가 거문고를 탄다.
Cithara carmina divido. 거문고로 노래를 반주하다
cithara, -æ, f. 비파(琵琶).
  cánere cíthară. 거문고를 타다(관용구).
citharísta, -æ, m. 거문고 주자(奏者)
citharístrĭa, -æ, f. 거문고 타는 여자
cithárízo, -áre, intr. 거문고를 타다
cithαrœda, -æ, f. 거문고 타며 노래하는 여자
citharœdĭcus, -a, -um, adj. 거문고에 관한,
  거문고 타는, 거문고 타며 노래하는.
  ars cithαrœdica. 거문고 타는 기술(技術).
cithαrœdus, -i, m. 거문고 타며 노래하는 자
cítĭmus(=cítŭmus) -a, -um, adj., superl.
  가장 가까운, 가장 이쪽에 있는.
  stella cítima terris. 지구에 가장 가까운 별

C

202

citior, -or, -us, adj. citus, -a, -um의 비교급

citíssimus, -a, -um, adj. citus, -a, -um의 최상급

cítĭus, adv., comp. 더 빨리, 더 이전에, 더 용이하게.
  Discit enim citius meminitque libentius illud quod quis
  deridet, quam quod probat et veneratur.(Horatius).
  사람은 자기가 인정하고 존중하는 일보다 자기가 조소
  하는 일을 보다 빨리 배우고 보다 기꺼이 기억해준다/
  Fortunam citius reperies quam retineas.(Publilius Syrus).
  행운을 붙들기보다는 보다 빨리 되찾도록 하라!/
  Nihil lacrima citius arescit.
  눈물보다 더 빨리 마르는 것은 없다.

citius altius fortius. 더 빠르게 더 높게 더 힘차게

citius quam.(=potius quam=plus ultra.) 보다 더

cĭto[1], adv. 빨리, 민첩하게, 손쉽게.
  Festina ad me venire cito.
  그대는 빨리 내게로 오도록 서두르시오.(festino 참조)/
  Inopi beneficium bis dat, qui cito dat. 궁한 사람에게
  도움을 빨리 주는 사람은 두 배로 주는 셈이다/
  O quam cito transit gloria mundi!
  오! 세상의 영화는 그 얼마나 빨리 지나 가는가!/
  Quam cito dicitur: Deus dilectio est! Et hoc breve est:
  si numeres, unum est: si appendas, quantum est!
  얼마나 쉽게 "하느님은 사랑이십니다"라고 말할 수 있습
  니까! 이 문장은 짧아, 세어보면 한 문장입니다. 그러나
  헤아려보면 얼마나 심오합니까!(최익철 옮김. 요한 서간 강해, p.387).

cĭto[2], -ávi, -átum, -áre, tr., freq. 빨리 움직이게 하다,
  서둘게 하다, 재촉하다(חתר.חחר), 선동하다,
  촉진시키다, 소집하다, 소환하다, 부르다(ארק.ךרד),
  고발하다, 선포하다(דרק), 공표하다, 인용하다.
  in forum citátis senatóribus. 광장에 원로원들을 소집하고/
  Labor optimos citat.(Seneca).
  수고는 아주 훌륭한 사람들을 흥분시킨다.

Cito ab eo hæc ira abscedet.
  그의 이 분노(忿怒)는 곧 가실 것이다.

Cito decurrit tramite virgo.
  처녀는 골목길로 달음박질하여 지나갔다.

cĭtra[1], adv. 이쪽에, 이편에.

citra quam(=minus quam=aliter quam) 보다 덜

cĭtra[2], præp.c.acc. (공간적) 이쪽에, 이편에.
  citra flumen. 강 이쪽 편에(간격을 두고)/
  citra Rhenum. 라인 강 이쪽에/
  (시간적) 이전에, 안으로, 이내에.
  citra paucos dies. 며칠 안으로(cis는 시간적으로 사용할 수 없다)/
  citra témporis finem. 기한 전에/
  (정도 미달 표시) 없이, 외에, 제쳐놓고, …이 못 되는.
  citra scelus. 죄가 안 되는, 범죄까지 가지 않고.

cítrĕa, -æ, f. (植) (운향과의) 유자나무, 시트론 나무

cítrĕum, -i, n. 유자나무 열매

cítrĕus, -i, m. 유자나무 (열매)의, 시트론 나무(열매)의

citrínum malum, -i, n. 시트론 열매

cĭtro, adv. 이쪽으로(ultro와 함께 씀).
  respónsis ultro citróque accéptis et réddítis.
  대답들을 서로 주거니 받거니 하고/
  ultro citro, ultro citróque.
  이리저리, 이쪽저쪽으로, 여기저기로, 서로.

cĭtrum, -i, n. 노송나무 목재(木材)

cĭtrus, -i, f. (植) 시트론 나무, (운향과의) 유자나무.
  Africa 노송나무.

citíssĭmus(=citíssĭmus) -a, -um, adj., superl.

citum, "cieo"의 목적분사(sup.=supínum).
  "cio"의 목적분사(sup.=supínum).

cĭtus, -a, -um, adj. 급한, 빠른, 신속한, 재빠른, 강행군의

Cives cívibus prosint! 시민은 상부상조(相扶相助)하라!

cīvi, "cieo=cio"의 단순과거(pf.=perfectum)

cívĭca, -æ, f. V. **cívĭcus**

cívĭcus, -a, -um, adj. 시민의, 공민의,
  coróna cívica. (시민의 생명을 구한 병사에게 주는)
  떡갈나무 잎으로 엮은 관(冠).

civílis[1], -e, adj. 시민의, 국민의, 시민 생활의,
  공민으로서의, 정치의, 시민에게 어울리는, 시민다운,
  평민적(平民的)인, 상냥한, 예의 바른, 정중한,
  (군인, 관리에 대하여) 일반 시민의, 민간인의.
  arma civilia. 내란/
  bellum civíle. 시민전쟁, 내란/
  civili amoris cultu(⑨ civilization of love) 사랑의 문화/
  civílium rerum perítus. 정치(행정)에 밝은/
  De fabulosæ et civilis theologiæ similitudine atque
  concordia. 설화신학과 민간신학의 유사점과 일치점(신국론. p.2762)/
  congregatio civilis. 시민사회/
  delictum civile. 사법상(司法上)의 범죄/
  honor civílis. 시민의 명예(名譽)/
  impedimentum juris civilis. 시민법에 근거한 장애/
  instructus in(a) jure civíli. 민법 전문가/
  jus civíle. 시민권, 민법, Roma 시민법/
  Matrimonium civile. 시민혼, 사회 결혼.

Civilis belli historia a te pæne perficitur.
  시민전쟁(內亂)의 역사가 그대에 의해서 거의 마감되는 중이다.

civilis lex lexque moralis(⑨ civil law and the moral law)
  국법과 도덕률.

civílis[2], -is, m. Batávia인의 수령(首領)

civilisátĭo, -ónis, f. 문명(sæcula erudita. 문명시대)

civílĭtas, -átis, f. 사교성, 정중(鄭重-점잖고 엄숙함), 세련,
  친절(χηστος.⑨ Benevolence), 정치적 지식.수완.
  universális civilitas. 보편사회/
  universalis civilitas humani generis. 전 인류의 보편 사회.

civilitas amoris. 사랑의 문명

civilitas humani generis. 인류 사회

civíliter, adv. 시민답게, 시민으로, 정중하게,
  절제 있게, 단정하게, 시민법상으로.

cīvis, -is, m., f. 시민(⑨ Citizen), 자유 시민, 동포시민.
  ad usus cívium res útilis. 시민들의 용도에 필요한 것/
  Bonis cívibus pátria cárior est quam vita.
  착한 시민들에게 있어서는 조국이 생명보다 더 귀중하다.
  (비교되는 것들이 서로 같지 않아서 그 우열이 비교되는 경우에는
  주문에 비교급의 형용사나 부사를 쓰고, 비교접속사 quam으로 시작되는
  비교 속문을 보통으로 comma없이 주문에 이어준다)/
  Cives habebant leges suas(성 염 지음. 고전 라틴어. p.84).
  시민들은 자기들의 법률들을 갖고 있었다/
  dimídia pars cívium. 시민의 반수/
  Hic locus acervis corporum et civium sanguine
  redundavit. 여기는 시체더미로 가득 차고 시민들의
  유혈(流血)이 낭자했던 곳이다/
  Imperator exercitum in urbe reliquit civibus præsidio.
  사령관은 시민들을 보호하기 위하여
  군대를 도시에 남겨 두었다/
  infimus civis. 천민(賤民)/
  Itaque cives potiores quam peregrini.
  그래서 동포가 외국인보다 낫다/
  justi cives. (태생으로 로마 시민권을 갖지 못하다가)
  특별법으로 시민권을 갖게 된 시민들.
  (성 염 지음. 사랑만이 진리를 깨닫게 한다. p.448)/
  Meo beneficio cives salvi fuerunt.
  내 덕택으로 시민들이 구원되었다/
  nec obœdiéntem et nóxium civem.
  복종은 하지 않고 해독만 끼치는 시민을/
  numerus civium. 많은 시민/
  pernícies illápsa cívium in ánimos.
  시민들의 가슴 속을 파고든 멸망/
  Quo civium iura, 바티칸 시국(市國) 안에서의 교회법의
  적용.(1987.11.21. 자의교서)/
  se implico societáte cívium. 시민들과 사귀다/
  vincio civem Románum. 로마 시민을 투옥하다/
  Volo esse bonus civis. 나는 선량한 시민이 되기를 원한다.

civis dicitur simpliciter, scilicet qui potest agere ut
civis, id est, consilio et judicio. 시민이란 간단하게
  말해서 사려와 판단력에 따라 행동하는 사람이다.
  (성 염 지음. 사랑만이 진리를 깨닫게 한다. p.215).

Civis Románus. 로마 시민
Civis Romanus sum. 나는 로마 시민이오!
(로마 제국 어디에서나 누가 체포당하면서 이 시민권 행사를 하면 태형과 고문을 당하지 않고 로마 황제의 직접 재판을 청구할 수 있었다. Sum이라는 동사 하나로 "나는 …이다"라는 언표가 가능한 언어가 라틴어이다).
cívĭtas, -átis, f. 도시국가, 도시(ע.ת.πὸλεις), 국가(ἔθνος), 로마 시민권, 시민 공동체(societas civium.), 전체시민, 국민([영] Citizen), 시민권, 시민자격, 도읍(都邑). [Patria 조국, Respublica 공화국 ('Absentia'참조].
['치비타스civitas', '시민'이라는 단어는 로마 시에 속하는 구성원을 가리키는 용어였다. 그래서 시민들만이 시민의 신분status civitatis을 가졌다. 자유와 더불어 시민권은 사권과 공권의 주체가 되기 위한 필수 요건이다. 원칙적으로 시민권은 시민인 부모로부터 출생하여 취득하였다. 적법한 혼인에서 태어난 아이는 비록 그의 아버지만이 로마시민이라 하더라도 자녀들은 신분에서 아버지를 따랐기 때문에 로마시민이 되었다. 반면 외국인 아버지와 로마 시민인 어머니의 적법혼에서ex iustis nuptiis 태어난 자녀는 외국인이 되었다. 여기에는 임신기간 동안의 신분의 지위가 결정적이었다. 노예는 해방을 통해 자유인이자 동시에 로마 시민이 되었다. 외국인에 대한 로마시민권의 승인은 개인 혹은 한 도시나 국가의 거주민들을 위해 특별히 허여되었다. 공화정 하에서는 로마 시민권이 민회에 의해, 후에는 황제에 의해 부여되었다. 기원 후 24년에는 유니우스 라틴인이 로마 소방대에서 6년간 복무한 대가로 완전한 시민권을 취득하도록 한 비셀리우스법Lex Visellia에 의해 개인들에게 시민권이 부여되기도 하였다. 정치적 이유에서 점차 외부의 큰 집단에도 로마시민권을 부여하게 되었다. 기원전 90년에서 87년 사이에 이탈리아의 모든 거주민들에게 로마시민권이 인정되었다. 이탈리아 외의 도시와 속주에 대해서는 점진적으로 확대되다가 칼라칼라 황제(212년)는 항복외인dediticii을 제외한 로마 제국의 모든 거주민에게 시민권을 부여하였다. 로마시민의 권리는 공무담임권ius honorum, 민회에서의 투표권ius suffragii, 형사재판에서 유죄판결 받은 경우 민회에 대한 상소권, 로마인과의 통혼권通婚權, 완전한 권리능력과 엄격한 형식행위를 할 수 있는 권리 등으로 구성된다. 시민의 의무 가운데 주요한 것은 군단에서의 병역 의무와 역사상 다양한 개정이 있었던 납세 의무가 있다. 자유의 상실은 가장 커다란 신분조건의 변화capitis deminutio maxima로 시민권의 상실을 수반했다. 하지만 자유의 상실 없는 시민권의 상실, 즉 수화불통interdictio aqua et igni 또는 중유배형deportatio도 가능하였다. 이를 '중간 신분조건의 변화capitis deminutio media'라고 하였다. 수화불통이란 '물과 불의 사용을 금함'이다. '수화불통水火不通에 처하다Interdicere aqua et igni' 또는 '수화불통의 추방interdictio aquæ et ignis'이라고도 하는데, 물과 불의 사용을 금지하는 것을 의미한다. 수화불통의 추방은 오늘날로 하면 수도와 가스, 전기 등의 공급을 끊는 것이다. 물론 물과 불의 사용금지가 뭐 그리 대단한 것이라고 생각할 수도 있지만, 범인 소속 공동체 동료 거주민과의 일상생활을 금지하는 것이기에 추방을 의미한다.↗Interdictio 한동일 지음, 로마법의 법률 격언 모음집에서].
civitátem in potestátem redigo. 도시를 장악하다/
Civitates privatorum loco habentur.
개인들의 시민권은 신분에 달려있다/
Civitatis salus in legibus sita est.
(도시)국가의 안녕(安寧)은 법률에 놓여 있다/
Concilia coetusque hominum iure sociati civitates appellantur. 법률에 의해 모인 사람들의 단체나 회합을 국가라고 부른다/
De civitáte Dei. 신국론(神國論-이교도들에 대한 교회 호교론. 하느님의 사랑으로 다스려지는 나라를 기술한 책으로 역사 철학서)/
dono *alqm* civitáte. 아무에게 시민권을 주다/
Duæ civitates comparantur in procursu rerum gestarum. 역사 진행 속의 두 도성 비교(신국론, 제18권)/
Dulce et decorum est pro patria mori.
조국을 위해 죽는 것은 즐겁고 아름답다/
Dum cívitas erit, judícia fient.
국가가 존속하는 한 재판들이 계속 있을 것이다/
electissimi viri civitátis. 나라의 선량들/
Ex moribus hominis post peccatum duæ civitates.
범죄 후 인간의 행태에서 나온 두 도성(신국론 제14권)/
Famem patientur ut canes, et circuibunt civitatem.
그들은 개들처럼 허기져 못 견디고 읍내(邑內)를 여기저기 싸다니리라/
Fecerunt itaque civitates duas amores duo.
두 사랑이 있어 두 도성(都城)을 이룬다/
finis totius humanæ civitas. 전체 인류사회의 목적/
gloriosissima civitas. 지극히 영화로운 도성/
Hæc cívitas Rhenum tangit.
이 도시는 라인 강에 인접해 있다/
Hæc est gloriosissima civitas Dei. 이것이 바로 하느님의 영화로운 도성이다(신국론 서언 첫머리 문장)/
Historia de durabus civitatibus. 두 도시에 대한 역사/
induco discórdiam in civitátem.
나라에 불목(不睦)을 초래하다/
initium sive particula civitatis. 도성의 시초 또는 부분/
Quæ ratio fuerit, ut Cain inter principia generis humani conderet civitatem. 인류의 시초에 카인이 도성을 건설한 명분은 무엇인가.(교부문헌 총서 17, 신국론, p.2796)/
Nemo patriam quia magna est amat, sed quia sua.
그 누구도 위대하기 때문에 조국을 사랑하는 것이 아니라 자기 것이기 때문에 사랑한다/
Nihil ex omnibus rebus humanis est præclarius aut præstantius quam de re publica bene mereri.
모든 인간사에서 국가에 대해 공훈을 세우는 것보다 더 고귀하고 훌륭한 것은 없다/
quarum civitátum utráque. 이 두 도시 다/
Res publica creditrix omnibus chirographariis creditoribus præfertur. (동일한 목적 이익으로 맺어진) 단체의 여자 채권자는 모든 채무증서의 채권자에 우선한다/
Res publica est res populi. Populus autem est coetus multitudinis juris consensu et utilitatis communione sociatus. 국가(공화국)는 공공의 사물(공공재)이다. 그리고 국민은 법의 합의에 의한 대중의 모임이며 이익을 함께 나누는 공동체이다/
Salus publica suprema lex esto. 공공의 안녕이 최상의 법이다. 공공의 안녕이 최상의 법이 될지어다/
superna sanctorum civitas. 성도들의 천상 도성/
unitas civitátis. 국가의 통일체.
Civitas auxiliaris. 원조국가(援助國家)
cívĭtas cælestis(cœlestis) 천상의 나라, 천국(天國)
Cívĭtas conservári non potest, nisi cives fortes sunt.
국가는 국민들이 용감하지 않고서는 보존될 수 없다.
(nisi가 의문사나 특히 부정사를 가진 주문에 속하게 될 경우에는 배타적인 뜻을 드러낸다. 따라서 non nisi는 가끔 Solummodo-다만의 뜻을 가진 부사처럼도 사용되는데, 이 경우 nisi는 흔히 설명어를 갖지 않는다).
cívĭtas constitutĭonalis. 법치국가(法治國家)
Civitas Dei([영] City of God) 신국(神國), 하느님의 도성.
Ciuitatem Dei dicimus.
우리는 하느님의 도성을 이야기하고 있다/
Gloriosa dicta sunt de te, ciuitas Dei. 하느님의 도성아, 너를 두고 영광스러운 일들이 일컬어지는 도다/
Quam ob rem summum bonum ciuitatis Dei cum sit pax æterna atque perfecta. 하느님 도성의 최고 선은 영원하고 완전한 평화이다(교부문헌 총서 17, 신국론, p.2217).
civitas diaboli. 마왕국
cívĭtas est nonnisi congregátĭo hominum.
국가는 단지 인간들의 모임에 불과하다.
cívĭtas et animi cultus.([영] State and Culture) 국가와 문화
cívĭtas fœderata. 동맹도시(同盟都市)
cívĭtas philosophorum. 철학자들의 도읍(都邑)
cívĭtas popularis. 공화국(res publica), 민주국가
cívĭtas quæ est perfecta communĭtas. 완전사회인 도시국가
Civitas Romana 로마 시민권
cívĭtas secum ipsa discors. 내분이 일어난 도시
Cívĭtas Solis. 태양의 도시(T. Campanella지음)
cívĭtas terrena. 지상국, 지상의 나라, 세상의 나라
Cívĭtas Vaticana. 바티칸 시국(市國)(1929 설립)
Civitates liberæ et immunes. 자유면세 자치시
Civitates sine suffragio. 투표권 없는 도시
Civitates stipendiariae 로마에 토지세를 납부할 의무를 부담한 도시
civitatis beatissimæ gloria. 지극히 행복한 도성의 영광
Civitatis iuris.([영] rule of law) 법치국.
Hoc est "Civitatis iuris" principium, in qua non arbitrariæ voluntates hominum, at leges potissimum dominantur. ([영] This is the principle of the "rule of law", in which the law is sovereign, and not the arbitrary will of individuals) 이것은 사람들의 독단적 의사가 아니라 법이 다스리는 "법치국"의 원리이다(1991.5.1. "Centesimus annus" 중에서).
Civitatis salus in legibus sita est.
도시국가의 안녕은 법률에 놓여 있다.
civitátŭla, -æ, f. 소도시의 시민권, 소도시
C.J. = Congregatio Jesu, Englische Fraulein.
예수 수도회, 영국 수녀회.
C.J.C. = Codex Juris Canonici. 교회법전([영] Code of Canon Law)
clādēs(-is) -is, f. 모든 종류의 재앙, 재난, 패전, 참패, 패망,

손해, 손실, 상해(霜害-霜災), 재난의 원흉.
alci cladem inférre. 누구에게 참패를 안겨주다.
cladócĕra, -órum, n., pl. (動) 지각류(枝角類) [새각아강(鰓脚亞綱 Branchiopoda) 지각목(枝角目 Cladocera)에 속하는 갑각 동물들. 전 세계에 널리 분포하며 약 450種이 있다. 대부분은 민물에 서식하나 바다에 사는 것도 있다].
cladophýllum, -i, n. (植) 엽상경(葉狀莖), 잎 모양의 가지(줄기)
clam vobis. 너희들 몰래
clam[1], adv. 몰래, 숨어서
clam[2], prœp. 누구 몰래. clam vobis. 너희들 몰래.
[알게 하면 타인과의 분쟁을 피할 수 없어서 그 사람 앞에서 '숨길 의사를 가지고 animo celandi' 행위 하는 것을 '은비隱祕'라 한다. 이 용어는 '점유의 법리 Clandestina possessio'와 '힘과 은비에 의한 금지interdictum quod vi aut clam', 고전법상 절도 개념contrectatio/furtum에서 특히 중요한 의미를 갖는다.
한동일 지음, 로마법의 법률 격언 모음집에서(출간예정)].
Clandestina injusta præsumuntur.
불법 행위는 불법으로 추정된다/
Qui clam delinquunt, magis delinquunt quam qui palam.
비밀리에 위법행위를 한 사람은 공공연하게 한 사람보다 더 죄를 짓는 것이다.
Clam quod quisque, cum controversiam haberet, habiturumve se putaret, fecit, vi factum esse videtur.
쟁송을 할 이유가 있거나 그렇게 여겨질 수 있는 것을 누군가 몰래 한 것은 강압으로 한 것으로 본다.
clama, 원형 clāmo, -ávi, -átum, -áre, tr., intr.
[명령법. 현재 단수 2인칭 clama, 복수 2인칭 clamate].
Clama contra tales suasores. 꼬드기는 사람들을 거슬러 외치십시오.(최익철 신부 옮김. 요한 서간 강해, p.449).
Clama fortiter, ne cesses.(성경 이사 58, 1)
목청껏 소리쳐라, 망설이지 마라.
Clama!. Quid clamabo?. 외쳐라!. 무엇을 외쳐야 합니까?.
(성경 이사 40, 6).
clāmátĭo, -ónis, f. 소리 지름, 고함
clāmátor, -óris, m. 소리 지르는 자, 고함지르는 자
clāmātórĭus, -a, -um, adj. 고함지르는, 시끄럽게 떠들어대는.
clāmĭtátĭo, -ónis, f. 고래고래 소리 지름
clámĭto, -ávi, -átum, -áre, tr. 고함지르다, 외쳐대다, 힘껏 소리 지르다, 큰소리로 요청하다, 공언하다, 명확하게 보여주다, 드러내다.
Cáunĕas clamitábat.
그는 "Caunus 산 무화과" 라고 외쳐대고 있었다.
clāmo, -ávi, -átum, -áre, tr., intr. 소리 지르다, 외치다, 고함치다, 절규하다, 소리쳐 …라고 말하다, 큰소리로 부르다, 선언하다, 명백히 말하다, 언명하다, 단언하다, 큰소리로 요청하다, 호소하다, 부르짖다.
alqm insánum clamo. 아무를 미치광이라고 소리 지르다/
Cum feminæ clamavissent, viri cito venerunt.
여자들이 소리를 지르자 곧 사내들이 왔다/
Cum tacent clamant.(Cicero言, In Catilinam 1, 8).
그들이 침묵할 때 그들은 소리친다.(소리 없는 아우성)/
Magister clamat ut a nobis audiatur.
선생님은 우리가 들으라고 고함을 지르고 있다/
Pater noster alta voce clamavit ut a nobis audiretur.
우리 아버지는 하도 고성을 질렀으므로 우리한테까지 들릴 정도였다/
Res clamat ad dóminum.(물건은 소유주에게 속한다)
물건은 주인을 향해 소리 지른다/
Si clamaret, eum puniremus.
만일 그가 소리를 지른다면 우리는 그를 처벌하리라/
Si clamavissent, eos punivissemus. 만일 그들이 소리를 질렀더라면 우리는 그들을 처벌했으리라.
clamo "bene". "좋아" 하고 큰소리로 말하다
clamo triúmphum. "승리" 라고 외치다
clāmor, -óris, m. 큰소리로 부름, 부르짖음, 외침, 외치는 소리, 고함소리, (돌격의) 함성, 환성(歡聲), 환호(歡呼.[영] Acclamátĭon), 갈채(喝采-크게 소리 지르며 칭찬함), (야유, 항의 따위의) 소리 지름, 떠들썩한 소리, 메아리(소리가 산이나 골짜기에 부딪혀 되울려 오는 현상).
alqm clamóre et plausu foveo.
아무를 박수갈채(拍手喝采)로 응원하다/
clamórem effero. 함성을 올리다/
edo clamórem. 고함치다/
Ferit æthera clamor. 고함소리가 하늘까지 닿는다.
Clamor hostes circúmsonat.
고함소리가 적군들 주위로 울려 퍼진다.
clamor novus accidens. 들려오는 새로운 함성(喊聲)
clamor orationis. 통성 기도
clamor pueri. 소년의 고함소리
clamor puerorum. 소년들의 부르짖음
clamor tollitur. 소리를 높이다
clamor óritur. 고함소리가 일어난다.
clāmōrósus, -a, -um, adj. 떠들썩한, 시끄러운
clāmōsus, -a, -um, adj.
고함지르는, 소음에 가득 찬, 떠들썩한, 시끄러운.
clancŭlárĭus, -a, -um, adj. 숨은, 비밀의, 몰래하는
cláncŭlo, adv. 몰래
cláncŭlum, adv. 몰래, 숨어서
clanculum patres. 원로원 의원들 몰래
clandestínĭtas, -átis, f. 비밀, 내밀(內密), 몰래함
cláندestínus, -a -um, adj. 몰래하는, 비밀리의, 내연의, 내밀의, 지하운동의, 불법의.
clandestina possessio. 은비 점유
clandestinum matrimonium. 불법 결혼, 내연 결혼
clango, -ĕre, intr. 유량(瀏亮)한 소리를 내다, 울려 퍼지다, 쩌렁쩌렁 울리게 말하다.
clangor, -óris, m. (새가) 퍼덕거리거나 우는 소리, 개 짖는 소리, 울려 퍼지는 나팔소리, 음향(音響).
clārē, adv. 찬란하게, 빛나게, 밝게, 맑게; 유명하게, 똑똑히, 명료하게, 분명하게.
clare et distíncte. 명석하고 분명하게
Clareni Fratres. 글라레노 형제회(엄격주의자들로서 은수생활을 하였으나 1473년 프란치스코회에 합병되었다. 백민관 엮음, 백과사전 1, p.550).
Claretini. 글라렛회 수도회(1849년 성 Clareto가 스페인 Vich에 창립한 마리아 성심의 아들들 수도회. 백민관 신부 엮음, 백과사전 1, p.550).
cláreo, -ēre, intr.
빛나다(זהר), 번쩍이다, 분명하다, 유명해지다.
clārésco, clarui, -ĕre, intr. 밝아지다, 맑아지다, 선명해지다, 명확해지다, 분명해지다, 유명해지다.
clārĭficátĭo, -ónis, f. 영광스럽게 함, 선양(宣揚-널리 떨침), 현양(獨.Verherrlichung. 이름이나 공적 따위를 드러내어 들날림).
clārífico, -áre, tr. (clarus+fácio) 밝게 하다, 맑게 하다, 찬양하다, 영광을 드러내다, (애매한 뜻을) 분명히 하다.
clarigátĭo, -ónis, f. (강화조약에서) 배상청구(賠償請求), (적군에게 부당하게 뺏긴 것의) 반환 요구(의식), 배상금(賠償金), 석방금(釋放金).
clárĭgo, -átum, -áre, intr. (적군에게) 반환요구를 하다, 적군에게 손해배상(損害賠償)을 청구(請求)하다.
clarior, -or, -us, adj. clārus, -a, -um의 비교급.
Dic, dic, quæso, clarius!
부탁이네, 제발 좀 더 분명히 말 좀 해줘!/
Ignis, quo clarior fulsit, citius extinguitur.
불은 밝게 빛날수록 더 빨리 꺼진다.
clārísŏnus, -a, -um, adj. 맑게 소리 나는(울리는)
Clarissæ([영] Poor Clares) 글라라 수녀회
Clarissæ Colettinæ. 글라라 꼴레트회(개혁 글라라회)
clārissĭmátus, -us, m. 고관(clārissĭmi) 지위
clārissĭmi, -órum, m., pl. (로마 제정 시대의) 고관대작
clarissimus, -a, -um, adj. clārus, -a, -um의 최상급.
Cum uxore nunc sum Romæ, in urbe clarissima.
나는 지금 아내와 함께 가장 유명한 도시 로마에 와 있다.
clárĭtas, -átis, f. (빛의) 밝음, 밝기, 찬란함, (소리의) 맑음, 선명(鮮明), 명확성, 명백, 유명, 고명, 광채(光彩.ἀπαὺγαμα.정기 어린 밝은 빛), 부활한 육신의 찬란함[부활한 육신은 사기지은(四奇至恩.Quattuor miræ doces)을 입는데 그것은 상치 못함(無損傷.Impassibilitas), 빛남(光輝.Claritas), 빠름(迅速性.Agilitas), 정교함(精敏性.Subtilitas, 古 사마침)이다.
백민관 신부 엮음, 백과사전 1, p.637].
clárĭtas et distinctĭo. 명석성과 판명성
clārĭtúdo, -dĭnis, f. 밝음, 맑음, 명성(名聲.[영] Fame/good reputátĭon), 존귀(尊貴).

clāro, -ávi, -átum, -áre, tr. 밝게 하다, 빛나게 하다,
　명확하게 하다, 알아듣기 쉽게 하다, 유명하게 하다.
Claromontanus Canon. 글라로몬따누스 정경목록
clārus, -a, -um, adj. 밝은, 빛나는, 맑은, 낭랑한,
　큰(소리), 명확한, 분명한, 알아듣기 쉬운,
　유명(有名)한, 저명한, 뛰어난, 고귀(高貴)한.
　Clara nomine, vita clarior, clarissima moribus.
　　이름은 영롱이었고, 생활은 더욱 영롱했으며
　　품행은 더욱 영롱하였다(아씨시 성 프란치스코의 생애. p.89)/
　etĭam clárĭus. 한층 더 분명하게/
　idea clara et distincta. 명석 판명한 이념/
　imperator clarus. 유명한 사령관/
　omnis ævi clari viri. 모든 세기의 위인들/
　Sacerdos paratus cum ingreditur ad Altare, facta illi
　debita reverentia, signat se signo crucis a fronte ad
　pectus, et clara voce dicit: 준비된 사제는 제대로
　　걸어가서, 제대아래서 궤배 후 가슴 앞에서 스스로
　　성호를 그으면서, 명확한 목소리로 말한다/
　unius ætátis clárissimi viri.
　　동일한 시대의 유명한 인사들.
Classi immittere habenas.
　배들의 돛을 펴서 바람을 받게 하다.
classĭárĭi, -órum, m., pl. 뱃사공, 선원, 수부, 해군
Classĭárĭi cum manere non auderent, Themistocles
unus restitit. 수병들은 감히 남으려 하지 않았지만
　테미스토크레스는 혼자서 버티었다.[성염 지음. 고전 라틴어. p.339].
classĭárĭus, -a, -um, adj. 함대의, 해군의.
　lacus classibus návigati. 함대가 지나간 호수들.
Classibus maria consterno. 바다를 함대로 뒤덮다
classĭcísmus, -i, m. 고전주의(古典主義)
classĭcŭla, -æ, f. 소함대(小艦隊)
classĭcum, -i, n. 신호 나팔소리, 전투신호 (나팔),
Classicum cecinit. 신호 나팔소리가 울렸다.
　Receptui cecinit. 퇴각(退却) 나팔소리가 울렸다.
clássĭcus¹, -a, -um, adj. 제1계급의, 고전적(古典的)인,
　(권위의 인정을 받은) 제1류의, 전래의, 선단의.
clássĭcus², -i, m. 각적(角笛)이나 나팔을 불어 국민을
　계급별로 회의장에 소집하던 사람.
classis, -is, f. (Sérvius가 구분한 로마인의) 신분계급,
　등급, 계급; 부류, 범주(範疇), 학급, 반, 함대,
　수송선단, (고대에는) 무장한 육군, 군함(navis longa).
　Classi immíttere habénas.(habena 참조)
　　배들의 돛을 펴서 바람을 받게 하다/
　Darius classem quingentarum navium comparavit.
　　다리우스는 500척의 선단을 마련하였다/
　Fama áccidit, classem adventare.
　　함대가 다가온다는 소문이 들려왔다/
　Hæc a custodiis clássium loca vacábant.
　　이 해역은 군함이 지키고 있지 않았다/
　lacus classibus návigati. 함대가 지나간 호수들/
　pecúniam ex ærário erogatio in classem.
　　국고에서 함대를 위해 공금을 지출하다.
classis præfectus. 함대 사령관.
clâthri = clatri
clāthrátus, -a, -um, adj. 창살 있는, 창살로 막은
clātri, -órum, m., pl. 격자(格子)
clātro, -áre, tr. 창살로 막다
cláudĕo, -ére, intr. = cláudico = claudo²
claudicátĭo, -ónis, f. 파행(跛行), 절뚝거림
cláudĭco(=clódĭco), -ávi, -átum, -áre, intr. (다리를) 절다,
　절뚝거리다(ש무), 비틀거리다, 뒤흔거리다,
　한결 같지 않다, 한쪽이 없다, 결함이 있다, 불완전하다.
Cláudĭus, -i, m. Via Appĭa의 건설자, 황제.
　Attius Clausus, cui postea Appio Claudio fuit Romæ
　nomen, a Sabinis, magna clientium comitatus manu,
　Romam transfugit. 아티우스 클라우수스는 많은 수행원들을
　거느리고서 사비나인들에게서부터 로마로 도피하였다. 그에
　게는 후에 아피우스 클라우디우스라는 로마 이름이 붙었다.

Claudius vixit annos IV et LX, imperavit XIV. 클라우
　디우스는 64(=4+60)년을 살았고 14년 간 제위에 있었다.
cláudĭtas, -átis, f. 절뚝거림
claudo¹, clausi, clausum, -ĕre, tr. (=clōdo) 닫다(מגר),
　막다(סכר.לאב.לך), (문을) 잠그다, 길을 막다,
　끝다, 국경을 폐쇄하다, 끝내다, 종결짓다, 마무리하다,
　완성하다, 가로막다, 차단하다, 중지시키다,
　봉쇄하다, 포위하다, 둘러싸다, 가두다,
　감금하다, 처넣다, 감추다(בחן).
　agmen claudo. 대열의 맨 뒤에 서다, 후미부대가 되다/
　álios incéssus hostis cláudere.
　　적의 다른 탈출구들을 봉쇄하다.
claudo suprémum diem. 죽다
claudo², -ĕre, intr. = cláudeo = cláudico
claudus, -a, -um, adj. 다리를 저는, 절름발이의,
　(배가) 기우뚱거리는, 흔들리는, 결함 있는, 한쪽이 부족한.
　Tamquam si claudus sim cum fusti est ambulandum.
　　나는 마치 절름발이처럼, 지팡이를 짚고 걸어 다녀야만 한다.
clausi, "claudo¹"의 단순과거(pf.=perfectum),
　"clodo"의 단순과거(pf.=perfectum)
clausit, 원형 claudo¹, clausi, clausum, -ĕre, tr.
　[직설법 현재. 단수 1인칭 clausi, 2인칭 clausisti, 3인칭 clausit,
　복수 1인칭 clausimus, 2인칭 clausistis, 3인칭 clauserunt].
claustra(結末), -órum, n., pl. 빗장, 자물쇠, 울짱, 장벽, 폐쇄,
　봉쇄, 방벽, 제방, 요새, 관문, 새장, (야수가 사는) 굴, 동물,
　(동물원) 우리, 수도원.
claustra monasterii. 수도원의 봉쇄구역(封鎖區域)
claustrális, -e, adj. 수도원의
claustrum, -i, n. (=claustra) 폐쇄(閉鎖), 봉쇄구역
claustrum objícere. 항구를 폐쇄하다
cláusŭla, -æ, f. 맺는 말, 끝, 결론(結論), 결어(結語),
　결말(結末), 조항(條項-낱낱의 조항이나 항목),
　약관(約款-계약이나 조약 등에서 정해진 하나하나의 조항),
　(중세 음악용어) 따온 음절.
clausula arbitraria. 중재 약관(仲裁約款)
clausula epístulæ. 편지의 맺는 말, 결론형식
clausula numerosa. 운율적 결구(韻律的 結句)
clausula vitii. 하자 조항(瑕疵 條項)
clausum, "claudo¹"의 목적분사(sup.=supínum),
　"clodo"의 목적분사(sup.=supínum).
clausum, -i, n. 폐쇄된 곳, 닫힌 곳, 숨긴 것, 격자
Clausum est templum. 신전이 닫혀 있다
clausúra,(=clūsúra) -æ, f.
　봉쇄(封鎖), (수도원의) 봉쇄구역(⑨ cloister).
　Disquisitionis canonicæ de clausura regulari.
　　수도원 봉쇄구역에 대한 교회법적 심사(Lyon. 1652년).
clausura communis. 보통 봉쇄
clausura constitutiónis. 회헌에 따른 봉쇄
Clausura Papalis pro Monialibus* 사도좌 봉쇄구역,
　사도좌 봉쇄 수녀원(使徒座 封鎖 修女院).
clausura papalis. 성좌 설립 봉쇄
clausura strictĭor. 엄격한 봉쇄
clausuræ monasterium. 봉쇄 수도원
Clausuræ moniales. 봉쇄 수녀들
Clausuram papalem. 수도회들의 교황 봉쇄 생활.
　　　　　　　　　　　　　　　　　(1970.6.4. 선언).
clausus¹, -a, -um, p.p. 닫힌, 폐쇄된, 속이 보이지 않는.
　Fenestra clausa est. 창문이 잠겨 있다/
　Tempus clausum. 금혼기간(대림절의 시작부터 크리스마스까지,
　재의 수요일부터 부활절까지. 백민관 신부 엮음. 백과사전 1, p.648).
clausus², -i, m. 노예(奴隷.δοῦλος ⑨ slave)
clāva, -æ, f. 곤봉(לַבֶל ⑨ club.棍棒-짤막한 몽둥이)
clavariácĕæ, -árum, f., pl. (植) 싸리버섯과
clavárĭum, -i, n. (군인들에게 지급되던) 구두 징 대금
clavátor, -óris, m. 곤봉 든 사람
clavátus, -a, -um, p.p., a.p.
　무늬 있는 (옷), 밑창에 징 박은 (구두).
clavĭcárĭus, -i, m. 열쇠 제작자(製作者)

clavíceps purpurea (균류 기상체) 맥각
clavícŭla, -æ, f. 작은 열쇠, 식물의 덩굴 손.
　(解) 쇄골(鎖骨-빗장뼈).
clavícŭlus, -i, 작은 못(釘)
clávĭger¹, -ĕra, -ĕrum, adj. (clava+gero¹) 곤봉을 든
clávĭger², -ĕri, m. (clavis+gero¹)
　열쇠 가진 자(Janus 신의 형용어).
clávis, -is, f. 열쇠, 빗장, 성인의 표상, 권한의 상징.
　Et habeo claves mortis et inferni.
　죽음과 지옥의 열쇠를 내 손에 쥐고 있다.

> * 아래 명사들은 규칙적 변화대로 단수 대격 어미로 -em,
> 탈격 어미로 -e를 가지지만, 간혹 불규칙적으로
> -im과 -i를 가지는 수도 있다.
> classis, -is, f. 함대　　clavis, -is, f. 열쇠, 자물쇠
> messis, -is, f. 추수　　navis, -is, f. 배, 선박

Clavis Apocalyptica. 묵시적 열쇠(1627년 조셉 메드 지음)
Clavis jurisdictionis. 재치권(裁治權)
Clavis ordinis. 품급권(品級權)
Clavis physicæ. 물리 세계의 열쇠(호노리우스 지음)
Clavis potestatis. 권한의 열쇠
Clavis Prophetarum. 예언자들의 열쇠
Clavis St. Petri. 성 베드로의 열쇠, 교황의 최고권.
　Tibi dabo claves regni cælorum; et quodcumque
　ligaveris super terram, erit ligatum in cælis, et
　quodcumque solveris super terram, erit solutum in
　cælis. (dw,sw soi ta,j klei/daj th/j basilei,aj tw/n ouvranw/n(
　kai. o] eva.n dh,sh|j evpi. th/j gh/j e;stai dedeme,non evn toi/j
　ouvranoi/j(kai. o] eva.n lu,sh|j evpi. th/j gh/j e;stai lelume,non evn
　toi/j ouvranoi/j) 또 나는 너에게 하늘나라의 열쇠를
　주겠다. 그러니 네가 무엇이든지 땅에서 매면 하늘에서
　도 매일 것이고, 네가 무엇이든지 땅에서 풀면 하늘에서
　도 풀릴 것이다(마태 16. 19).
clávo, -átum, -áre, tr. 못을 치다, 못으로 고정시키다,
　자줏빛 선을 두르다, 자줏빛 줄무늬를 넣다.
clávus, -i, m. 못(釘), 압정, 징, (배의) 키, 키 손잡이.
　Dalmatica의 소매(백민관 신부 엮음, 백과사전 1, p.639),
　(Roma인들의) 긴 겉옷 túnica에 단 주홍색의 세로 띠
　(원로원 의원의 것은 넓었고, 기사의 것은 좁게 하였음).
clavus anni. 일 년의 시작
Cleánthes, -is, m. 스토아학파의 유명한 철학자(Zeno 제자)
clémátis, -ĭdis, f. (植) 으아리속의 만초(蔓草)
clémens, -éntis, adj. 유순한, 자애로운, 어진, 부드러운,
　친절한, 인정 많은, 관후한, 차분한,
　(성격이) 조용한, (바람, 기후, 바다 따위가) 따뜻한,
　고요한, 온화한, 잔잔한, 완화된, (지형이) 완만한.
　regina clemens. 어진 여왕/
　Volo sis clemens(=Volo, te esse clementum)
　나는 네가 어진 사람이기를 원한다.

	단　수		복　수	
	m., f.	n.	m., f.	n.
Nom.	clemens	clemens	clementes	clementia
Gen.	clementis	clementis	clementium	clementium
Dat.	clementi	clementi	clementibus	clementibus
Acc.	clementem	clemens	clementes	clementia
Abl.	clementi	clementi	clementibus	clementibus
Voc.	clemens	clemens	clementes	clementia

(황치헌 신부 지음, 미사 통상문을 위한 라틴어, p.62.)

clementer, adv. 자비롭게(clēmens, -éntis, adj.)
　[형용사 제3변화는 어간에 -iter를 붙여서 부사를 만든다.
　어간이 -ns로 끝나는 형용사는 그 어간에 -ter만 붙이면 된다.]
Clementes autem et mites animos etiam largítas
decet. 인자하고 양순한 마음은 또한 관대해야 합니다.
cleméntĭa, -æ, f. 관대(συνκατάβασις-마음이 너그럽고 큼),
　자비(חֶ֫סֶד.מחᵒᵗ.χησㅜός).ⓔ Benevolence/Mercy/
　Compassion/pity/ ′Princeps′ 참조), 기후의 온화,
　유화(柔和-성질이 부드럽고 온화함), 인자(仁慈.χησㅜός).
　[′자비심, 관대′는 원래 황제의 자비로운 행위를 나타내는데 후기 황제들
　특히 유스티니아누스는 자신의 관대한 조치와 관련하여 자신을 이렇게 표현

하였다. "우리의 자비심이라 생각한다placet nostræ clementiæ."
　　　　　　　　　　　　 한동일 지음, 로마법의 법률 격언 모음집에서(출간예정)].

Clementinæ. 클레멘스 법령집
　[1314년 클레멘스 5세 교황(1305～1314년 재위)에 의하여 편찬되기 시작하여
　1317년 요한 22세 때 반포되었다. 클레멘스 법령집은 교회 소송법에서 중요한
　규정을 담고 있는데 여기에 규정된 교회 소송법은 시민사회의 소송법에 큰
　영향을 주었다. 클레멘스 법령집의 소송법 규정에서 가장 큰 특징은 민사소송과
　형사소송을 구분하였다는 점이다. 한동일 지음, 법으로 읽는 유럽사, p.188].
clementissime, adv. clementer의 최상급
clementissime pater. 인자하신 아버지
clementius, adv. clementer의 비교급
clenódĭum, -i, n. 귀중품(貴重品), 보물(寶物)
clĕpo, -psi -ptum -ĕre, tr.
　훔치다, 감추다(חֶבַע), 숨기다(סֶתֶר.כסה.טֶמֶן).
clépsydra, -æ, f. 물시계(horologium aquarium)
clepta, -æ, m. 도둑
cleptománĭa, -æ, f. 병적인 도벽(盜癖)
clĕrĭcális, -e, adj. 성직자의
clericalismus, -i, m. 성직주의(聖職主義).ⓔ clericalism)
clĕrĭcátus, -us, m. 성직(聖職)
clĕrĭcéllus, -i, m. 주교좌 부속학교 학생
Clerici apostolici S. Hieronymi. 예로니모의 사도 성직회
Clerici quasiregulares. 준수도 성직자(교구에 소속된 수도
　성직자를 말하며 오라토리오회, 라자리스트회, 설피스회, 팔로티회,
　살레시오회가 여기에 속한다. 백민관 신부 엮음, 백과사전 1. p.550).
Clerici laicos. 대칙서(성직자에게 평신도를).
　(1296년 교황 보니파시오 8세가 속권의 횡포로부터 성직자를 보호하기 위해
　반포한 대칙서. 교황청의 허가 없이 교회 재산을 평신도에게 내주지 못하고,
　평신도는 이러한 요구를 성직자에게 하지 못하도록 한 칙서이다. 저축의 언어
　가 격렬하고 세금과 관례되는 내용이기 때문에 프랑스 Philip le Bon과 영국 왕
　Edward 1세의 반발을 샀다. 백민관 신부 엮음, 백과사전 1. p.646).
Clerici Regulares Matris Dei. 천주의 성모 수도 성직자회.
　(1538년 성 요한 레오나르디가 자기 성화, 사목, 빈민 교육을 목적으로 이탈리아
　Lucca시에 창설한 수도회. 레오나르디 수도회성직자는 Leonardini라 한다).
Clerici Regulares Theatini. 테아티니 수도 성직자 수도회
Clericorum officia. 사제 직무
clĕrĭcŭlus, -i, m. 성직자(χλήροç.ⓔ clergy/Minister)
clĕrĭcus, -i, m. 성직자(χλήρος.ⓔ clerk/Minister),
　[중세기부터 사용되기 시작한 ′성직자(clericus)′라는 말은 19세기 말에 이르러서
　프랑스와 이탈리아에서 교회법을 옹호하는 세력, 혹은 ′교회의 법′이라는
　의미가 첨부된다. 그러나 이보다 훨씬 앞선 프랑스 혁명(1787～1799)과 더불어
　결집되어 극단적으로 반교회적인 사람들과 이탈리아의 연합을 지지하는 이들은
　이 말을 ′성직자들의 제도′라는 말과 혼용해 쓰기 시작했다. 사실 프랑스 혁명
　이후부터 교회의 권위는 본격적으로 무너지기 시작했다고 해도 과언이 아니다.
　또한 절대 권위와 절대 권력은 무너뜨려야 할 대상이 되었다. 이에 따라
　정의에 위배되는 권위의 실현은 부패와 타락이라는 죄명을 쓰거나 인간의
　존엄성을 짓밟는 것으로 여겨지기 시작했다. 그리고 1865년(비오 9세에 의해
　Syllabus가 발표된 뒤) 부터는 땅에 추락한 성직자들의 권위의식을 성직주의
　(Clericalism)라는 말로 대신하기 시작했다. 성직주의라는 말의 정확한 의미는
　국가나 지역 안에서 시민정부를 주교나 교황, 심지어 본당 신부에게 예속시키기
　위한 목적을 가지고 있는 성직자들의 조직 움직임이라고 할 수 있다. 결국
　성직주의란 자신의 성직은 물론이고, 기회적 유용함을 잘 활용하기 위해 성직자
　들이 가질 수 있는, 혹은 예외적으로 주장할 수 있는 모든 성직적이며 교회적인
　특권과 특권적 조건만을 앞세우는 가운데 교만한 의식에 빠진 기능주의 정신을
　말하는 정치적 용어였다. 방효익 지음, 사제가 된다는 것, pp.213～214)
De Institutione Clericorum. 성직자들의 교육제도에 대하여,
　성직제도의 형성에 관하여(신학자 라바누스(780～856) 대주교 지음)/
honesta clericorum aliorumque ministrorum sustentatio.
　성직자들 및 그 밖의 교역자들의 합당한 생활비/
Ignominiosum est clericis affluere epulis(성 토마스)
　잔치를 좋아하는 것은 성직자에게 모욕이 된다/
omnibus clericis positis in ministerio.
　성직에 임명된 모든 성직자(가톨릭 신학 제9호, p.179)/
Quis aliquando vidit clericum cito pœnitentem.
　속히 회개하는 성직자를 누가 보았느냐!/
Ut servi Dei honorent clericos.
　하느님의 종들은 성직자들을 존경할 것입니다.
clericus biblicus. 수품 성직자
clericus laicus. 평 성직자(백민관 신부 엮음, 백과사전 1, p.646).
clericus Major(Majorista) 대품(大品) 성직자
clericus Minor(Minorista) 소품(小品) 성직자
clericus qui matrimonium etiam civile tantum
attentaverit. 국법상 만으로라도 혼인을 시도한 성직자.
clericus sæculi. 재속 성직자
clērus, -i, m. (χλήρος).ⓔ clergy/Minister.獨 Klerus)
　전례품, 몫, 성직, 성직 계급, 성직자, 성직단.
　(히에로니무스는 ′clerus′라는 단어는 본디 ′주님께 상속된 재산′으로서의 사제,
　혹은 ′주님을 상속 재산′으로 삼은 사제를 뜻한다. 주님께 상속된 재산이든

Cleri penuria et pastorale opus vocationale.(獨 The
clergy shortage and the pastoral care of vocations).
사제 부족과 성소 사목/
De distributione cleri. 성직자들의 배치에 대하여/
Disciplina cleri. 성직자 규범/
Exhortátio de distributione cleri. 성직자 배치에 대한 권고.

clerus aulicus. 궁정 성직자(宮廷 聖職者)

clerus militaris. 군종 성직자(curatus castrensis.)
(군종 성직자 기원은 샤를 대제-Charle magne 768~814- 시대까지 소급된다).

clībānārĭus, -i, m. 갑옷 입은 병사

clíbănus, -i, m. 빵 굽는 큰 그릇, 빵 굽는 가마

clíens(=clúēns) -éntis, m. 변호 의뢰인, 소송 의뢰인,
피보호 민족, 피보호 평민, 가신(家臣). 부하.

cliénta, -æ, f. 여자 의뢰인, (귀족의) 보호받는 여자

clientéla, -æ, f. 보호관계, 강대국의 보호받음, 예속,
(피보호 평민이 로마 귀족으로부터 받는) 보호.
pl. 부하들, 피보호민(被保護民).

Clientes(Cliens) 피보호자, 소송의뢰인.
[영어의 의뢰인 'client'는 라틴어 'clientēs-clientes'에서 유래한 말이다.
피보호자를 의미하는 '클리엔테스-clientes'는 점차 변호인의 의뢰인을 의미하는
단어로 쓰였다. 초기에 '클리엔테스-clientes'는 로마에 이주한 외인씨-들인데
그들은 보호받기 위하여 귀족 가문gentes에 몸을 맡겼다. 또 정복된 국가들의
유민流民도 몸을 맡길 곳을 찾았다. 그런데 이러한 보호관계는 상호 의무를
발생시켰다. 피보호자는 그들의 보호인을 위해 일했으며, 보호인은 송사가 있을
때에 피보호자를 보호해 주었다. 피보호자는 자유인이었지만 사실상 반은
노예였다. 시간이 지남에 따라 사회적 위신과 권위는 여전히 항상 낮았으나
지위는 상당히 개선되었다. 그들은 재산을 취득할 수 있었고 그들 가운데 많은
이가 점차 부를 쌓게 되었다. 피보호자는 필요에 따라 보호인과 그 가족에게
조력해야 했고 보호인이 포로가 되면 몸값을 주고 석방시켜야 했다. 피보호자는
보호인의 심복이자 그의 사법권에 종속되었다. 관계 전반이 상호 신뢰fides에
기초하였고, 보호인은 피보호자를 제소하거나 그에게 불리한 증언을 할 수가
없었다. 상호간 의무는 피보호자를 구속하였다. 이러한 보호관계는 상속되었으나
머지않아 원래의 효력과 의미를 상실하였다. 피보호자는 대부분 주민의 다른
계층, 주로 평민층으로 점차 흡수되어갔다. 그런데 주인이 피보호자를 사해詐害
하는 경우, 종교적 제재를 받았다. 해당 규범은 '12표법'에 기원한다('sacer
esto').[12표법』제8조 21항 "만일 보호인(변호사)이 피보호자(소송의뢰인)에게
사해행위를 했다면, 저주받을 지어다(신에게 제물로 바쳐질 것이다).).Patronus si
clienti fraudem fecerit, sacer esto." 어원학을 바탕으로 할 때 '거룩한sacro,
sacer'이란 말은 분리의 개념, 의식의 순결에 해당하는, 특별 조건이 아니면 다가
설 수 없는 불가촉의 어떤 것이라는 개념을 말한다. 그런데 라틴어 '사체르sacer'
는 '거룩한'이란 뜻도 있지만 '저주받은'이란 뜻도 있는, 양가감정이 함께하는
단어이다. 그래서 로마인들은 '거룩할지어다(Sacer esto'라는 말로 저주를 나타
냈고, 이 문구는 로마인들의 단죄 양식이 되었다.
한동일 지음, 로마법의 법률 격언 모음집에서(출간예정)].

cliénto, -ávi, -átum, -áre, tr. 봉사하다, 섬기다(מדח)

clientulus, -i, m. 가엾은 피보호 평민

clíma, -ătis, n. 기후, 풍토, (사회, 시대의) 풍조, 경향(傾向).
septimum clima. 제7 기후권.
[중세인이 clima equinoctiale(주야 평분선 지역: 당대로는 아프리카 리비아 근방)
으로부터 북쪽 위도를 7개 권역으로 나누어 가장 북쪽 기후대(당시까지 알려진
흑해 동북부)를 일컫던 관례. 성 염 옮김. 단테 제정론. p.58].

clima equinoctiale. 주야 평분선 지역(당대로는 아프리카 리비아 근방)

clima sociale. 사회풍토(社會風土)

clīmáctĕr, -éris, m. 액년(厄年-7년마다 사람의 운명에 큰 변화가
일어난다고 하는 해). (生理) 갱년기.

clīmactéricus, -a, -um, adj. 액년의, 갱년기의

clīmáticus, -a, -um, adj. 기후의, 기후상의, 풍토적인

clīmătŏlŏgía, -æ, f. 기후학(氣候學)

clīmătŏlógĭcus, -a, -um, adj. 기후학적, 기후(풍토학)의

clīmax, -átis, f. (修) 클라이맥스, 최고조, 절정,
(修) 점층법(漸層法), (극, 사건 따위의) 절정,
최고조(最高潮-어떤한 상태가 극도에 이른 고비, 絶頂),
(동식물 군락생활의) 안정기, 극성기(極盛期).

clīnámen, -mĭnis, n. 기울어짐, 빗나감, 벗어남

clīnátus, -a, -um, p.p., a.p. 기울어진, 침강(沈降) 된

clínĭce, -es, f. 임상(臨床), 임상치료, 임상강의

clínĭcus, -i, m. 병상에 누워 있는 병자, 임상의사

clīno, -áre, tr. 기울어지다

Clĭō, -us, f. 역사를 주관하는 Musa 시가여신(詩歌女神)

clĭpĕátus[1], -a, -um, adj. 방패로 무장한

clĭpĕátus[2], -i, m. 방패로 무장한 병사(兵士)

clípĕo(=clúpĕo) -ávi, -átum, -áre, tr. 방패로 무장하다
clipeo tela propulso. 방패(防牌)로 창들을 막다

clípĕŏlum, -i, n. 작은 방패

clípĕus(-um) -i, m. (동으로 만든) 둥근 방패,
신이나 위인의 상반신을 새긴 (방패 모양의) 원형 양각,
태양의 둥근 표면, (둥근) 천공(天空).
ardéntes clípei. 번쩍이는 방패.
[clipeus. -i, m. 방패/ ensis, -is, m. 긴 칼 / galea. -æ, f. 투구 /
gladium. -i, n. 검 / pugio, -onis, m. 단도, 비수 / sica. -æ, f. 단도, 비수 /
lorica, -æ, f. 갑옷 / scutum. -i, n. 방패].

Clipeus mihi est Deus. 하느님은 나의 방패(시편 7. 10)

clisimétrum, -i, n. 경사 측정기(傾斜 測程器)

clitélla, -æ, f. 길마, 말안장에 다는 주머니

clitéllæ, -árum, f., pl. 안장, 짐 싣는 말안장,
길마(짐을 싣기 위하여 소의 등에 얹혀놓은 안장처럼 생긴 도구).

clitéllárĭus, -a, -um, adj. 길마의, 길마 얹은

clītŏris, -ĭdis, f. (解) 음핵(陰核), 클리토리스(獨 clitoris)

clívĭus, -a, -um, adj. 불길한

clívŏsus, -a, -um, adj.
불쑥 올라온, 언덕이나 산이 많은, 험준한.

clivus(-os) -i, m. 언덕, 구릉, 비탈, 경사(傾斜).
mollis clivus. 완만한 경사.

clŏáca, -æ, f. 하수(도), 하수구, 총배출강(總排出腔).
cloacam tangit sol radiis sed non maculat seipsum.
태양은 빛살로 하수구를 만지지만 자기를 더럽히지 않는다.

clŏáca máxima. 로마의 대하수도

Clŏacína, -æ, f. Venus 여신의 별명

clódĭco = cláudico 절뚝거리다(ווֹבְ), 비틀거리다

Clódĭus, -i, m. 로마의 호민관으로 Cicero의 적(敵).
Ego hoc statuo, Clodium, si amicus esset Pompei,
laudaturum illum non fuisse. 나는 이렇게 단정한다.
클로디우스가 만약 폼페이우스의 친구라면, 클로디우스는
그를 폼페이우스를 칭송하지 않으리라고.

clŏdo = claudo[1], clausi, clausum, -ĕre, tr.

clostr… V. claustr…

clúens, -éntis, p.prœs. = clíens

clúĕo, -ĕre, intr. …로(…라고) 불리다, 일러지다,
…라는 소문이(평이) 있다, …로 알려져 있다.
Esse cluébat ómnium misérrimus.
그는 가장 불쌍한 사람으로 알려졌다.

clunáculum, -i, n. 백정들이 쓰던 칼; 식칼

clūnis, -is, f.(m.), (주로 pl.) 엉덩이, 볼기

clúpĕo = clípĕo

clúpĕus = clípĕus = clýpĕus

clūra, -æ, f. (動) 원숭이

clūrínus, -a, -um, adj. 원숭이의

Clūsĭus, -i, m. 평화 시의 Janus신의 별명

clūsúra = clausúra, -æ, f.

clýpĕus,(=clípĕus) -i, m. 크고 둥근 방패,
곤충의 악판(顎板), (머리 부분의) 두순(頭盾).

clyster, -éris, m. (醫) 관장(灌腸), injectĭo, -ónis, f.),
관장제(injectĭonale, -is, n.), 관장기(灌腸器).

CM Congreogatio Missionis, Vincentians, Lazaritsts.
전교회, 빈첸시오회, 라자로회.

CMM Congreogatio Missionariorum de Mariannhill.
마리안힐 선교회.

Cnid… V. Gnid…

cnidárĭa, -órum, n., pl. 유자포(有刺胞) 동물

cnidosporídĕa, -órum, n., pl. 유자사 포자충류(胞子蟲類)

co-(접두사) = com, cum.

Cŏa, -órum, n., pl. 비단으로 만든 Cous 의복(衣服)

cŏaccédo, -ĕre, intr. 함께 접근하다, 동시에 도착하다

cŏácco, -ŭi -ĕre, intr. 시큼해지다

cŏăcervátĭo, -ónis, f. 누적(累積-포개져 쌓임)

cŏăcérvo, -ávi, -átum, -áre, tr. (cum+acérvus)
쌓아올리다, 누적하다.

cŏácesco, -ácui -ĕre, intr.
시큼해지다, 신맛이 나다, 난폭해지다, 화나게 하다.

cŏácta, -órum, n., pl. 모전(毛氈), 펠트(獨 felt)

cŏácte, adv. 강제로, 부득이, 억지로

cŏactílĭa, -ium, n., pl. 모전(毛氈), 펠트(獨 felt), 양탄자

cŏactílĭárĭus, -a, -um, adj. 양탄자의, 양탄자에 관한.

m. 양탄자 제조인.

cŏáctĭlis, -e, adj. 두꺼운, 모전(毛氈)으로 만든

cŏáctĭo, -ónis, f. 강제, 협박, 강박, 요약, (돈) 징수.

coactio moralis. 윤리적 억압

cŏáctívus, -a -um, adj. 강제적인.

potéstas coactíva. 강제력(强制力).

cŏáctor, -óris, m. 징수인(徵收人),

(과일, 물건, 세금 따위를) 걷어 들이는 사람, 강요자.

pl. coactor ágminis. 후위(後衛-후위대의 준말), 후진(後陣)

coactum, "cogo"의 목적분사(sup.=supínum)

cŏáctum, -i, n. 모전(毛氈)

cŏáctus[1], -a, -um, p.p., a.p. 강요당한, 강제 당한, 인위적인,
어찌할 수 없는, 억지로 하는, 자연스럽지 못한.

Populus Romanus qui Coriolano reo non peppercerat,
exuli coactus est supplicare. 로마 국민은 코레올라누스가
혐의를 받았을 적에 용서하지 않았던 탓에 추방당한 그
사람에게 살려달라고 애원하지 않으면 안 되었다

[Coriolanus 참조. 성 염 지음. 고전 라틴어. p.393].

coactus[2], -us, (주로 abl. -u) m. 강박, 강제, 강요.

egressus coactus. 강요된 퇴회.

cŏáddo, -ĕre, tr. 한데 모으다

cŏaddúco, -ĕre, tr. 인도하다(άγω), 섞다

cŏadjícĭo, -jéci -cĕre, tr. 한데 보태다

cŏadjútor, -óris, m. 보좌인(輔佐人), 보좌 주교

coadjutor formatus. 수사보(修士補)예수회원이 되는 단계 중
하나. 수련기, 연학수사 기간을 거쳐 제3기의 단계가 있다. 사제 또는 수사로서
수도생활 10년을 지내고 사제인 경우 연구기간과 제3수련기를 보낸다. 연학
수련기를 지내고 단순 서원을 한 수도자. 백민관 신부 엮음, 백과사전 1, p.650).

cŏadjūtórĭa, -æ, f. 보좌, 보좌주교직(補佐主敎職)

cŏadjútus, -i, m. 보좌주교의 조력을 받는 주교

cŏadūnátĭo, -ónis, f. 하나로 모음, 합침

cŏadúno, -ávi, -átum, -áre, tr. 하나로 모으다, 합치다

cŏædífico, -ávi, -átum, -áre, tr. (cum+ædífico)
함께 짓다.건설하다, 건축물로 덮다.

cŏæquális, -e, adj. (cum+æquális[1])
같은 나이의, 같은 또래의.

Ille adtingi de corde mundo Christum, qui eum intellegit
Patri coæqualem. 깨끗한 마음으로 그리스도를 만지는
사람은 그분이 아버지와 똑같은 분이시라는 것을 깨닫게
됩니다.(최익철 신부 옮김. 요한 서간 강해. p.153).

cŏæquálitas, -átis, f. = æquálitas 平等(⑨ Equality)

cŏæquo, -ávi, -átum, -áre, tr. (cum+æquo) 같게 하다,
평평하게 하다, 같은 수준으로 만들다,
평등(동등.대등) 하게 하다.

cŏætánĕus, -a, -um, adj. 동년배의, 동시대의

cŏætérnus, -a, -um, adj. 함께 영원한.

Mundus coæternus Deo. 세계는 하느님과 더불어 영원하다.

cŏævus, -a, -um, adj. 동갑의, 같은 시대의

cŏággĕro, -ávi, -átum, -áre, tr. 쟁여 쌓다, 쌓아 덮다

cŏágito, -átum, -áre, tr. 함께 흔들다

cŏagmentátĭo, -ónis, f. 결합, 연결(連結), 조립(組立)

cŏagménto, -ávi, -átum, -áre, tr.
하나로 모아 결합시키다, 조립하다.

cŏagméntum, -i, n. (cum+ago) 연결, 결합, 접합(接合)

cŏagulátĭo, -ónis, f. 응결(凝結), 응고(凝固)

cŏágŭlo, -ávi, -átum, -áre, tr. 응결시키다, 응고시키다

cŏágŭlum, -i, n. 응결물(凝結物),
응유효소(凝乳酵素); 응결된 우유(牛乳)

cŏalescéntĭa, -æ, f. 합생, 생장, 아물어 붙음,
유합(癒合-상처가 나아서 피부나 근육이 아물어 붙음), 합동, 연립.

cŏalésco, -álui, -álĭtum, -scĕre, intr. (cum+alésco)
생장하다, 엉겨 붙어 자라다, 아물어 붙다, 뿌리를 박다,
성장하다, 튼튼하게 자라다, 뭉치다; 한데 모이다,
연합하다; 견고해지다, (단어가) 합성되다.

cŏalítĭo, -ónis, f. 단결, 연립(聯立), 연합(聯合)

coalitum, "coalesco"의 목적분사(sup.=supínum)

cŏálĭtus, "coalesco"의 과거분사(p.p.)

cŏálui, "coalesco"의 단순과거(pf.=perfectum)

cŏangústo, -ávi, -átum, -áre, tr. 좁게 하다, 압축하다,

죄다, 꼭 끼게 하다, 꽉 메우다, 제한하다, 한정하다.

cŏaptátĭo, -ónis, f. 알맞은 결합, 접착, 뼈 맞추기

coápto, -ávi, -átum, -áre, tr. 알맞게 하다, 맞추다,
짝 맞춰주다, 결혼시키다.

coarct… V. coart…

cŏárgŭo, -gŭi, -gútum, -ĕre, tr. (cum+árguo)
명확하게 증명하다, 누구의 유죄를 확증하다,
(죄, 허위 따위를) 증명하다.

cŏárgŭo mendácium alcjs.
누구의 허위진실을 지적하여 증명하다.

cŏartátĭo, -ónis, f. 좁힘, 죔; 밀집, 응축(凝縮), 압축

cŏárto, -ávi, -átum, -áre, tr. (cum+arto)죄다, 좁히다,
한정하다, (시간을) 단축하다, 줄이다,
짜임새 있게 하다, 간결하게 하다, 요약하다,
의무를 다하게 하다, 응당할 것을 하게 하다.

cŏassáméntum, -i, n. 나무판자들을 하나로 붙임, 마루

cŏassátĭo, -ónis, f. 마루; 마루 놓음

cŏásso, -ávi, -átum, -áre, tr. 마루를 깔다; 판자를 붙이다

cŏassúmo, -súmpsi, -súmptum, -ĕre, tr.
보태다, 함께 받아들이다.

cŏáuctĭo, -ónis, f. (co+áugeo) 증가, 증대

cŏaxátĭo, -ónis, f. 마루

coáxo[1], -áre, tr. 마루를 놓다, 판자를 깔다

coáxo[2], -áre, intr. (개구리가) 개굴개굴 울다

Cobitis choii. (魚) 미호 종개

Cobitis grancei. (魚) 북방 종개

Cobitis koreensis. (魚) 참 종개

Cobitis koreensis pumilus. (魚) 부안 종개

Cobitis longicorpus. (魚) 왕 종개

Cobitis lutheri. (魚) 점줄 종개

Cobitis sinensis. (魚) 기름종개

Cobitis striata. (魚) 줄 종개

coca = coqua 식모, 여자 요리사, 가정부

cocaínum, -i, n. (化) 코카인

cóccĕus, -a, -um, adj. 진홍색의

cóccĭdæ, -árum, f., pl. (動) 깍지 진디 과의 벌레

cóccĭna, -órum, f., pl. 진홍색 옷

coccĭnátus, -a, -um, adj. 진홍색 옷을 입은

coccĭnĕus, -a, -um, adj. 진홍색의, n. 진홍색

coccolithophórídæ, -árum, f., pl. 원석조류(原石鳥類)

cóccŭlus trílobus, -i, m. 댕댕이 덩굴(植-송악)

coccum, -i, n. (연지벌레에서 만들어 내는) 빨간 물감,
진홍색, 진홍색 천.옷.

coccyx, -ýgis, m. (鳥) 뻐꾸기

cóchlĕa(=cóchlĕa) -æ, f. 달팽이; 달팽이 껍질, 나선형.
(解) 내이(內耳)의 와우각(蝸牛殼-달팽이관).

cóchlĕa nuda. 괄태충(括胎蟲-민달팽이)

cóchlĕar(-áre) -ris, n. 숟가락 = cóchlĕar
[먼 옛날 인류는 조개껍데기를 작대기 끝에 묶어서 묽은 음식을 떠먹었다.
숟가락을 일컫는 라틴어 '코클레아리(cochleare)'는 '조개껍데기'를 뜻하는
낱말에서 비롯됐다. 영국 음식 칼럼니스트 Bee Wilson글].

cochleárĭum, -i, n. 달팽이 집, 숟가락

cochléĭtis, -tĭdis, f. (醫) 내이염(內耳炎 otitidis interna)

cócĭo, -ónis, m. 흥정하는 자

cóclĕa = cóchlĕa

cóclĕar = cóchlĕar, -ris, n. 숟가락

cócles[1], -lĭtis, m. 애꾸눈이

Cŏcles[2], -lĭtis, m. Horátius의 별명

coctíbĭlis, -e, adj. 쉽게 삶아지는

cóctĭlis, -e, adj. 탄, 구운. muri cóctilis. 벽돌로 쌓은 성(城)

cóctĭo, -ónis, f. 삶음

cóctĭto, -áre, tr. 잘 삶다, 푹 익히다; 굽다

coctívus, -a, -um, adj. 쉽게 삶아지는, 쉽게 익는(과일)

coctor, -óris, m. 요리사, 굽는 사람

coctum, "coquo"의 목적분사(sup.=supínum)

coctúra, -æ, f.
구움, 익힘; 익은 것, 과일 익는 시절(날씨).

coctus, -a, -um, p.p., a.p. 익힌, 끓인, 삶은, 능숙한, 정통한.

n., pl. 익힌 식료품. coctum panem. 구운 빵/
jure coctus. 법에 능통한 사람("jure peritus" 참조)/
later coctus. 구운 벽돌.
cócŭlum, -i, n. 냄비
cócŭma, -æ, f. 운두가 높은 냄비
cŏcus(=cŏquus) -i, m. 쿡([영] cook, 요리사)
Cocýtus(-os), -i, m. 지하 세계의 강,
adj, Cocýtĭus, -a, -um.
C.O.D. =Conciliorum Oecumenicorum Decreta,
세계 공의회 결의문집.
cōda, -æ, f. = **cauda** 꼬리, 꽁지
cōdex[1], -dĭcis, m. (=**caudex**) 나무줄기, 통나무, 재목
cōdex[2], -dĭcis, m. 책(冊.ספר.βιβλὶον.[영] Book), 기록부,
장부(帳簿), 공책, (성서, 고전의) 사본(寫本.파피루스나
양피지를 사용하여 책의 형태로 만든 옛 필사본). 법전[권(libri).편(partes)
.부(sectiones).목(tituli).장(capita).절(articuli)로 구분되고, 또 조(canones)
.항(paragraphi).호(numeri)로 구성됨. 백민관 신부 엮음, 백과사전 1, p.651).
codex accepti et expensi. 금전 출납부(金錢 出納簿)
Codex apocryphus Novi Testamenti. 신약 외경서 목록
Codex aureus. 황금 사본
Codex biblicus. 성서 사본([영] Codex of Bible)
Codex Bobbiensis. 보비오 사본.
(5세기의 신약성서 사본으로 보비오에 소장).
Codex Canonum Ecclesiarum Orientalium(1990.10.18.반포).
동방 가톨릭 교회법전([영] Code of Oriental Canon Law).
Codex Canonum Ecclesiarum Orientalium..
초대교회 공의회 결의문집
Codex diplomaticus(=Cartularium) 기록문서 대장(臺帳)
[이 문서들은 외교문서 형식으로 되어 있기 때문에 Codex diplomaticus라고도 했으며(tours의 그레고리오는 이 시기의 Chartanum tomi에 대하여 언급했다). 현존하는 기록대장 수사본은 9, 10, 11세기의 것이 가장 오래된 것들이다. 현존하는 대부분의 수사본들은 13세기 또는 그 이후의 것들이다. 백과사전 1, p.550].
Codex Euricianus. 에우리코 법전.
[비지고트 법(Lex Wisigothorum)으로 불리는 이 법의 편찬 작업은 5세기 경으로 거슬러 올라간다. 이 법전은 초기 게르만법의 본보기로 480년경 스페인 왕 에우리코(Eurico, 고트어 Aiwareiks, 440~484)의 명에 따라 왕의 법률 자문인 로마법학자 레오가 편찬 작업을 맡았다. 이 법전은 로마법에 의해 변형된 서고트족의 관습들을 모아 편찬하였다. 한동일 지음, 법으로 읽는 유럽사, p.416].
Codex Fuldensis. 풀다 사본(541~546년의 라틴어 신약성서 사본)
Codex Juris Canonici. ↓ 교회법전([영] Code of Canon Law)
Codex Juris Canonici 1917. ↑ 1917년 법전.
[1904년 3월 19일 비오 10세가 자의교서 참으로 힘든 직무 Arduum Sane Munus를 통해 법전편찬을 지시하여 베네딕도 15세 때 완성되어 "비오-베네딕도 법전"이라고 부르거나, 반포된 해를 붙여 1917년 법전이라고 부른다. 그러나 이 법전은 위기에 몰린 교회가 추락한 권위에 대응하기 위해 반포한 것이기 때문에, 내용면에서 현실과 많이 동떨어진 법전이었다. 즉 태생적으로 1917년 법전은 법전 반포와 동시에 '개정을 필요로 했던 법전'이라고 말 할 수 있다. 급격한 시대적 변화와 요청에 응답하는 방식이 아닌, 권위에 의존해 권위의 아성을 유지하려는 목적에서 편찬된 법전은 문제의 근원적 해결이 될 수 없었기 때문이다. 이런 이유로 요한 23세(1958-1963년 재위)는 1959년 1월 25일 공의회 개최와 동시에 교회법 개정의 의도를 밝혔다. 한동일 지음, 법으로 읽는 유럽사, p.195].
codex juris canonici orientalis. 동방 교회법전
Codex juris civilis. 시민법 대전(市民法 大典)
Codex Justiniani.(정식 명칭은 "시민법 대전 Corpus Juris Civilis")
유스티노 법령집([영] Code of Justinian).
codex liturgicus. 전례집(典禮集)
Codex penalis. 형법(刑法)
codex penitentĭalis. 속죄법(贖罪法)
codex pœnalis. 형벌집(刑罰集)
Codex Rescriptus. 중사본(重寫本), 덧쓴 사본
Codex Regularum. 수도 규칙서 전집(全集)
Codex Rubricarum, 전례 규범집(1960.7.26. 발표)
Codex Sacerdotalis. (Priesterkodex)
([영] Pliestly Code) 사제문서, 제관문서.
Codex Sinaticus. 시나이 사본
codex testámenti. 유언서(遺言書, supremus stilus)
Codex Vatĭanus. 바티칸 사본(略號.B.)
Codex Veroensis. Verona 수사본(고대 라틴어역 복음서)
cōdĭácĕæ, -árum, f., pl. 청각채(靑角菜-청각과의 바닷말)
cōdĭcárĭus(=caudicárĭus) -a, -um, adj.
나무판자의, 통나무의 뗏목의.
Codicilli, 상속재산 처분 보충문서(相續財産 處分 補充文書).
('Hereditas, Testamentum' 참조).
['상속재산 처분 보충문서'란 유언자가 그의 사망과 동시에 효력을 발생할 목적으로 작성한 유산처분에 관한 증서를 말한다. 유언은 구술 유언이나 서면 유언을 막론하고 증인 참여하에 법정 방식이 필요한 요식행위였다. 그러나 상속재산 처분 보충문서에는 아무런 방식이 요구되지 않고 단순히 유산 처분의 의사를 서면에 표시하는 것만으로도 유효하게 성립했다. 상속재산 처분 보충문서는 유언 없이 이루어질 수 있는 독립된 법률행위로서 유언이 유산처분 행위의 선행요건은 아니었다. 그러나 상속재산 처분 보충문서가 유언내용의 보충서나 유언 부가서는 아니었다. 유언증서나 상속재산 처분 보충문서는 모두 사인처분으로 둘 다 동일한 법적효력이 인정되었다. 한동일 지음, 로마법의 법률 격언 모음집에서(출간예정)].
Codicillis hereditas neque dari neque adimi potest.
상속은 상속재산 처분 보충문서로는 줄 수도 뺏을 수도 없다/
Per fideicommissum hereditas codicillis jure relinquitur.
상속은 '신탁 유증'을 통해서도 법에 의해 상속재산 처분
보충문서로 물려준다.['신탁 유증fideicommissum'이란 유언자가 그의 사후 유산의 일부를 특정 제3자에게 증여할 것을 위탁한 사인처분을 의미한다. 신탁 유증은 시민법상의 법률 행위가 아니었으나 유산 처분 행위로 널리 이용됨에 따라 법적 효력이 부여되어 실체법상의 법률 행위가 되었다]/
Quæcunque in codicillis scribuntur, perinde habentur, ac
si in testamento scripta essent. 상속재산 처분 보충문서
에 쓴 것은 무엇이나 유언에 기록된 것과 같이 인정된다.
Codicilli deleti non valent.
지워버린 상속재산 처분 보충문서는 효력이 없다.
Codicilli pro parte testamenti habentur,
observationemque et legem juris inde traditam servant.
상속재산 처분 보충문서는 나름 유언장처럼 인정되며,
그로 인해 물려진 권리의 규정과 법률을 준수한다.
cōdĭcíllus, -i, m. 작은 통나무, 작은 책자, 편지 쪽지,
비망록, 사령장, 임명장, 특권 수여장;
칙령, 유언 처분증서, (로마법) 상속재산 처분 보충문서.
pl. (밀칠 입힌) 칠판.
cōdĭfĭcátĭo, -ónis, f. (cōdex[2]+fácio)
법전편찬(法典編纂), 문헌화(文獻化).
cœa nuptiis. 결혼하다
cœcus(=cæcus[1]**)**, -a, -um, adj. 소경의, 눈이 어두워진
cŏëducátĭo, -ónis, f. 남녀공학(男女共學)
coēgi, "cogo"의 단순과거(pf.=perfectum)
cœl… (아래에 나오지 않는 것은) V. **cæl**…
cœlebs, -lĭbis, adj. 독신의, 미혼의
Cœlente Palmetum. 천상의 올리브 밭(17세기 일일기도서)
cœlenteráta, -órum, n., pl. (動) 강장동물(腔腸動物)
cœléntĕron, -i, n. (강장동물의) 강장
cœléstis = **cæléstis**,
Hierarchica Cœlestis. 천상 위계(교황 요한 21세 지음)/
lavacrum cæleste. 천상 목욕탕.
Cœléstis Pastor. 천상 사목자(교황 복자 Innocentius 11세의 1687년 회칙으로 '68개의 정적주의 신조' 단죄).
cœléstis Urbs Jerusalem. 예루살렘 천상 도시
cœlíăcus, -a, -um, adj. 장의, 하복부의, 복강(腹腔)의
cœlibátus, -us, m. 독신, 독신생활, 독신제([영] Celibacy)
cœlicola, -æ, f. 천국 시민
cœlum, -i, n. = **cælum**([영] Heaven)
cœlum a terris retento. 하늘을 땅에서 떨어져 있게 하다/
Cuius est solum, eius est est usque ad cælum et
ad inferos. 토지 소유자의 권리는 지상은 하늘까지,
지하는 지핵(地核)까지 미친다.
cœmētērĭum, -i, n. 묘지([영] Cemetery.獨 Friedhof).
cœmeteria Ecclesiæ. 교회묘지([영] ecclesiastical cemetery).
cœmeterium profanum. 세속적 묘지
cœmeterium sacrum. 거룩한 묘지
cŏémo, -émi, -émptum, -ĕre, tr.
무더기로 사들이다, 매점(買占)하다.
cŏémptĭo, -ónis, f. 공동구입(共同購入), 매점,
(로마법의) 매매식 결혼, (상속 재산에 대한) 형식적 매매.
cŏémptĭōnális, -e, adj. 매매식 결혼의, 형식 매매의(상속자에게 대대로 전해지는 제사 의무의 면제를 목적으로, 자기에게 돌아올 재산을 상속자 없는 노인에게 형식적으로 팔았다가 다시 사들이는 형식매매).
가치 없는, 쓸모없는.
cŏëmptĭōnátor, -óris, m. 매점자(買占者), (재산 상속에
대한) 형식적 매매자, 매매식 결혼을 하는 사람.
cŏëmptor = **cŏëmptĭōnátor**
cœna(=cena) -æ, f. 저녁(끼니), 만찬(晩餐), 정찬(正餐),
저녁식사, 옛날 Roma人들의 으뜸 끼니.
a cenā dormíre 저녁식사 후 곧 자다/
a cœnā redeo. 만찬에서 돌아오다/

cœnam facio. 만찬을 베풀다/
De Sacra Cœna. 거룩한 만찬에 대하여/
In Cœna Domini. 인 체나 도미니(주님 만찬 파스카 목요일에 연례적으로 발표하였던 교황 칙서로 'Bulla Cœnæ'라고도 함).

Cœna Agni. 어린양의 만찬(晩餐)

Cœna Domini. 주님 만찬(晩餐.Dominicæ Cœnæ), 최후의 만찬([영] Last Supper.[라] Postrema cœna).

Cœna ministratur pueris. 아이들에게 저녁상을 차려준다.

cœna pura. 깨끗한 음식

cœna recta. 정찬(正餐)

cœnácŭlum, -i, n. = **cenácŭlum**, -i, n.
식당, 맨 위층 방(보통 식당으로 쓰였음). 최후의 만찬 방.

cœnatæ noctes. 먹으면서 지샌 밤

cœnátĭcus, -a -um, adj. 저녁식사의

cœnátĭo, -ónis, f. 식당

cœnātĭúncŭla, -æ, f. 조그만 식당

cœnātórĭa[1], -æ, f. 부엌, 조리장(부엌), 주방

cœnātórĭa[2], -órum, n., pl. 식사 때 걸치는 옷

cœnātórĭus, -a, -um, adj. 식사의, 식사에 관한

Cœnatum est. 식사하였다. 식사하고 있었다. 사람이 먹었다.

cœnātúrĭo, -ĭre, intr.
한 상 차려 먹고 싶(어 하)다, 식사하고 싶다.

cœnátus, -a, -um, p.p. 저녁 먹은, 밥 먹은

Cœnavi cum amicis. 나는 친구들과 함께 저녁 먹었다

cœnípĕta, -æ, m. 저녁 달라는 자, 한턱내라는 자

cœno(=cæno) -ávi, -átum, -áre, intr., tr.
저녁 먹다(סעד.ריעס), 식사하다; 먹다.
저녁 먹으면서 무엇을 하다, 먹으면서 밤을 새다.
cœnatæ noctes. 먹으면서 지샌 밤/
Cœnavi cum amicis. 나는 친구들과 함께 저녁 먹었다/
Quanti cœnavísti? 얼마 내고 저녁 먹었니?
Parvo cœnávi. 적게 내고 먹었다.

cœnobíăcus, -a, -um, adj.
(공동생활을 하는) 수도원의; 은둔 생활의.

cœnobiárches, -æ, m. 수도원장([영] religious Superior)

cœnobiósis, -is, f. 공동생활, (동물의) 군취(群聚)

cœnobíta, -æ, m. 수도자([영] religious), 공주 수도자

cœnóbĭum, -i, m. 공주(共住) 수도원,
수도원([영] cnvent.monastery.religious house).
De cœnobiorum institutis. 수도 공동체의 규칙서.
[Cœnobium이라는 단어의 뜻이 사전적으로는 '수도원', 또는 '공동생활'이라는 뜻으로 희랍어 κοινός(공동, 공동으로 나눔)와 βίος(생명, 생활)의 합성어에서 파생된 κοίόβιον(공동체생활), κοινόβΐος(다른 이들과 함께 공동체에서 생활하는 것)에 그 어원을 두고 있다. 오늘날 위의 두 희랍어는 수도생활을 가리키는 보통 명사로 되었다. 따라서 빠꼬미오의 공동 수도생활은 단순히 담벼락으로 둘러싸인 한 공간에서 한 분의 아빠스를 영성 지도자로 모시고 생활하는 개개인들의 연합체가 아니라 장상을 중심으로 온전히 하나의 신비체를 이룬 형제들의 공동체인 것이다. 신학전망 제126호/1999년, 김희중 신부, p.122].

cœnomyía, -æ, f. (動) 개이파리, 개파리

cœnósus, -a, -um, adj. 진흙투성이의, 진흙탕의, 질척질척한.

cœnula(=cénŭla) -æ, f. 간단한 저녁식사

cœnum(=cenum) -i, n. 진흙, 진창, 불결물, 오물(汚物), 쓰레기, 하층민, 천민, 더러운 놈.

cóëo, cóĭi(-ívi), cóĭtum, coíre, anom. (cum+eo)
intr. 함께 가다(오다), 같이 모이다, (군대가) 집결하다, 뭉치다, 적과 마주치다, 싸우다, 협의하다, 협력하다, 연합하다, 결혼하다, 교미(교접)하다,
(상처가) 아물다, 엉기다, 엉겨 붙다; 얼어붙다.
tr. (동맹.계약 따위를) 맺다.

coëo núptiis. 결혼하다

coëo societátem cum ***alqo***.
누구와 동맹하다, 결속(결탁)하다.

cœpi, (-ísti), cœpísse, pf., tr. 시작하였다.

	직 설 법	접 속 법
단순과거	cœpi, cœpísti, etc.	cœperim cœperis etc.
과거완료	cœperam, cœperas, etc.	cœpíssem cœpísses etc.
미래완료	cœpero, cœperis, etc.	
	부 정 법	분 사
과 거	cœpero, cœperis, etc	cœptus, -a, -um

(1. cœpi 동사는 과거 어간만 활용되는 동사로서 각 시칭은 자기 뜻을 그대로 가진다. 부족한 시칭은 incípio로 보충한다.
2. cœpi는 보조동사로서 부정법을 동반하며 그 부정법이 수동형인 경우에는 cœpi 자체도 수동형으로 써야 한다. cœptus (-a, -um) sum, es, etc.
e.g. Urbs ædificári cœpta est. 도시가 건설되기 시작하였다.
3. 부정법이 수동형이라 할지라도 재귀적인 뜻을 가진 것이면 보조동사는 능동형으로 한다. augéri. 증가하다, 증가되다/ fíeri. 되다/ lavári. 목욕하다/ movéri. 움직이다/ vidéri. 보이다.
e.g. Díligens fíeri cœpit. 그는 부지런해지기 시작하였다/
Cœpit movéri. 움직이기 시작하였다/
Judícia fíeri cœpérunt. 재판을 시작하였다). 중급 라틴어, p.116.

cœpĭo, cœpi, cœptum -pĕre, 3. intr., tr. 시작하다.
[cœpio 동사는 고전기부터 과거와 목적분사 형태만 전해지고 현재는 사라졌다. 사라진 현재는 incipio 동사로 대체하였다. 한동일 지음, 카르페 라틴어 2권, p.33].
Antecellere omnibus ingenii gloria cœpit. 재능의 명성으로 모든 사람들에게 두각을 나타내기 시작하였다.
(cœpi 동사는 조동사로서 다른 동사의 현재 부정법과 함께 쓴다)/
Capua a consulibus obsideri cœpta est.
카푸아는 집정관들에 의해 포위되기 시작하였다.
(cœpi 동사가 수동태 동사와 문장을 구성할 때, cœpi 동사도 수동태를 사용함)/
cœperunt loqui aliis linguis.(사도 2, 4)
그들은 여러 나라 말을 하기 시작하였다/
Cœpimus ergo sanari in fide. 우리는 믿음 안에서 치유되기 시작하였습니다.(최익철 신부 옮김, 요한 서간 강해, p.377)/
Cœpisti diligere? 그대, 사랑하기 시작했습니까?(위 책 p.375)/
Cum legere coepero, attente audite.
[조건법의 미래완료 시제는 종종 명령법과 함께 쓰인다. 고전 라틴어, p.353]
내가 읽기(낭독하기) 시작하면 너희는 주의 깊게 듣거라!/
Dimidium facti, qui coepit, habet(Horatius). 시작이 반이다/ 시작을 한 사람은 일의 절반은 한 셈이다/
Et totum illud bonum, ut dixi, per sanctum illum hominem, consentientibus nostri cœpiscopis et pariter satagentibus, et cœptum et perfectum est.
이미 말한 바와 같이 이 모든 좋은 일은, 거룩하신 그 어른을 통하여 우리 동료 주교들의 동의와 협력으로 시작되고 완성되었다(이연학 최원오 역주, 아우구스티노의 생애, p.67)/
Hæc consuetúdo prodeo cœpit. 이런 관습이 생기기 시작했다/
Quam diligentissime exploratores advenire castra coeperunt. 정찰병들은 온 힘을 다해 진영에 도달하려 애썼다/
Ubi coepit pauper divitem imitari, perit.(Publilius Syrus).
가난뱅이가 부자를 흉내 내기 시작하면 망한다.

Cœpit movéri. 움직이기 시작하였다

cœpto, -ávi, -átum, -áre, tr. 착수하다, 시작하다

cœptum, -i, n. 시작(한 것), 계획, 초지(初志).
Maturo cœpta. 시작한 것을 마치다/
Ubi semel cœptum est judicĭum ibi et finem accipĕre debet(30.D. 5. 1). 재판이 시작한 곳에서 종결을 지어야 한다.

cœptus[1], -a, -um, p.p., a.p. 시작된, 시작한

cœptus[2], -us, m. 시작, 시도(試圖-무엇을 시험 삼아 꾀하여 봄)

cŏëpŭlónus, -i, m. 회식(會食) 하는 사람, 잔치 손님

cŏéquĭto, -ávi, -átum, -áre, tr. 함께 말 타다

cœrátor(=curátor) -óris, m. 감독(ἐπισκοπος), 관리인

cŏércĕo, -ŭi -ĭtum -ére, tr. (cum+árceo) 가두다, 죄다; 막다(כלי.אלכ.רכס), 견제하다,
(멋대로 하지 못하게) 제지하다, 제어하다,
제한하다, (나뭇가지를) 치다, 단속하다,
속박하다, 억제하다, 견책하다, 징벌하다.

cŏërcíbĭlis, -e, adj. 억제될 수 있는, 단속할 수 있는

cŏërcibílĭtas, -átis, f. 억제 가능성, 단속될 수 있는 성질

cŏërcítĭo, -ónis, f. 제한, 한정; 단속, 억제, 억압, 징벌, 징계.

cŏércĭtor, -óris, m. 단속자(團束者)

cœrcĭtum, "cœrceo"의 목적분사(sup.=supínum)

cœrcui, "cœrceo"의 단순과거(pf.=perfectum)

cœro(=curo) -ávi, -átum, -áre, tr. 마련하다(זמן)

cœrul··· V. **cærul**···

cœtŭs, -us, m. 회합, 모임([영] Assembly),
집회; 집회군중, 단체(團體), 연합(聯合); ··· 회.
Coetus in excelsis te laudat cǽlicus omnis,
Et mortalis homo, et cuncta creata simul.
하늘 천사들이 주님을 함께 찬미하고,
인간과 조물이 주님을 같이 기리도다(성지주일).

cœtus antelucani. 새벽 모임

cœtus ecclesiarum particularium 개별교회들의 련합

cœtus extraordinárĭus. 임시 회합(臨時 會合)
cœtus fidelium. 신자들의 공동체
cœtus generalis. 일반 회합
cœtus generalis extraordinárĭus. 일반 비정례회합
cœtus generalis ordinárĭus. 일반 정례 회합
cœtus omnium sanctorum.
모든 성도들의 모임(교회-오리게네스).
cœtus sanctorum. 성인들의 집회
cœtus specialis. 특별 회합
cœxsistentĭa, -æ, f. (哲) 공존, 공존성, 공유
cœxsistentĭa Dei et tempus. 신과 시간의 공유
cœxsistentĭa oppositorum. 제대립(諸對立)의 공유
cœxsistentĭa oppositorum et Dei. 대립과 신의 공유
cóffĕa, -æ, f. 커피([영] coffee)
coffĕínum, -i, n. 카페인(化.[영] caffeine)
cogĭtábĭlis, -e, adj. 생각될 수 있는
cogĭtābúndus, -a, -um, adj.
사려 깊은, 깊이 생각하는, 중대한.
cogitandi modus(rátĭo) 사고방식([영] Mentality)
cogitandi rátĭo. 사고방식
Cogitare te scis. 그대가 생각함을 아는가?
cogĭtátĭo, -ónis, f. 생각, 사고([영] Thought-생각함),
이념, 의도, 계획('Intentio, Voluntas' 참조),
사유(思惟-논리적으로 생각함), 명상(冥想.[영] recollectĭon),
사색(思索-줄거리를 세워 깊이 생각함), 반성, 심사숙고,
사고력, 상상력, 표상력, 사상, 이념, 개념, 계획, 결심.
bona cogitatio præcedit fidem.
선한 인식이 믿음보다 선행한다/
cogitationes congruas. 적절한 생각들/
cogitationes incongruas. 부적절한 생각들/
Cogitátĭonis pœnam nemo patitur.
아무도 생각에 대해서는 벌을 받지 않는다/
Cogitationis pœnam nemo patitur.
그 누구도 사고(생각)에 대하여 형벌을 받지 않는다.
["절도를 하겠다는 의도만으로는 도둑으로 만들지 않는다.Inde sola cogitatio furti faciendi non facit furem."라는 법언처럼 불법행위를 저지르겠다는 생각만으로는nuda cogitatio 그 자체로 법을 위반한 것이 아니다. 따라서 단순한 생각만으로는 처벌할 수 없다는 법언이다. 이 법언은 국제 인권법의 사상의 자유와 양심의 자유에서 구현된다. '세계 인권선언 Universal Declaration of Human Rights' 제18조와 '시민적 및 정치적 권리에 관한 국제규약International Covenant on Civil and Political Rights' 제18조는 모두 이 법언의 내용을 담고 있다.
한동일 지음, 로마법의 법률 격언 모음집에서(출간예정]/
De Octo Vitiosis Cogitationibus. 8가지 나쁜 생각/
exercitium cogitátĭonis. 사고 훈련/
in cogitatióne defíxus. 생각에 깊이 잠긴.
Cogitátĭo animum subiit indignum.
자기가 부적당(不適當)하다는 생각을 했다.
cogitatio congrua. 적절한 생각
cogitatio cum assensus. 동의으로써 이루어지는 사유
cogitátĭo spontanea. 즉발적 사고
cogĭtátum, -i, n. 생각([영] Thought), 착상(着想)
cogĭtátus, -a -um, p.p., a.p. 숙고한, 계획된
cógĭto, -ávi, -átum, -áre, tr. (cum+ágito) 궁리하다,
생각하다(δοκὲω), 숙고하다, 상상하다,
생각나다, 생각해내다, …할 생각이다, 생각을 품다,
고려하다, 계획하다.
Bene cogitata sæpe ceciderunt male.(Publilius Syrus).
잘 도모한 것들이 종종 잘못 결판났다.
[=선한 (뜻으로) 도모한 계획이 악하게 결말나는 일이 종종 있었다]/
Docto homini vivere est cogitare.
식자(識者)에게는 산다는 것은 사유한다는 것이다/
ego cogitans. 사고하는 나/
Isti viri finem suum non cogitant. 그 자들은 자기네 최후에 관해서 생각 않는다[de fine suo: 주어는 복수명사(viri)이지만 suus는 형용사이므로 finis에 따라서 단수가 쓰인다. '본인들'이 아닌 제3자로서 '그들의 최후에 관해서'는 de fine eorum. 성 염 지음, 고전 라틴어, p.98]/
male de cogito *alqo*. 누구를 해칠 생각이다/
Necessitas quod cogit defendit.
필요(긴급)는 부득이한 행위를 정당화한다.
필요(긴급)는 필요상 부득이 행한 행위를 정당화한다/
Nihil aliud nisi de laude cogitat. (특히 부정사와 함께 배타적인 뜻을 지니는데 이 경우 부사처럼 사용되기도 한다)
그는 칭찬밖에는 아무것도 생각하지 않는다/
quidam majus quam cogitári possit.
(St. Anselmus의 "하느님" 규정. 가톨릭 철학 제2호. p.13)
생각될 수 있는 모든 것보다도 더 크신 분/
Ut quid cogitatis mala in cordibus vestris?(성경 마태 9, 4)
너희는 어찌하여 마음속에 악한 생각을 품느냐?
Cogito ergo persona sum.("가톨릭 철학" 제2호 p.209)
나는 생각한다, 그러므로 나는 인격이다.
Cogito, ergo sum. 나는 생각한다, 고로 나는 존재한다.
Cogitor, ergo sum. 나는 생각된다, 그러므로 존재한다.
cognátĭo, -ónis, f. 혈연관계(血緣關係), 친족(親族) 관계,
혈족관계('Affinitas, Adoptio, Agnatio' 참조),
친척(親戚.ㅁㅍ), 동족; 동류, 한 통속, 유사성(類似性).
[시민법상 혈족 또는 혈족관계란 적법혼의 당사자인 부모자녀간의 혈연관계뿐만 아니라 공동조상을 가졌거나 가지고 있는 사람들 간의 상호관계를 의미하기도 했다. 입양된 가족의 구성원은 동일한 부권 하에 있는 종족이기도 하고 상호 혈족이기도 하다. 여계친女系親뿐만 아니라 입양된 자, 가장권 면제된 자 등 전前 종족도 혈족이다. 법무관법은 혈족의 상속권을 보호하였고, 그로써 그들의 상속권은 마침내 종친들의 상속권을 능가하였다. 종족과 혈족의 구별은 점차 중요하지 않게 되었다. 한동일 지음, 로마법의 법률 격언 모음집에서(출간예정)].
Appellatione parentis non tantum pater, sed etiam avus et proavus, et deinceps omnes superiores continentur, sed mater et avia et proavia. 친족이라는 말에는 아버지뿐만이 아니라 할아버지와 증조부, 그다음 더 먼저의 모든 사람(조상), 어머니, 할머니, 증조할머니도 포함된다/
attingo *alqm* cognatióne. 아무와 친척관계에 있다/
Cognati sunt per foeminini sexus personas cognatione iuncti. 여성을 통해 혈족으로 맺어진 사람은 혈족이다/
Impedimentum cognátĭónis legális.
교회법정상 법정 친족장애/
impedimentum cognátĭónis spirituálĭs. 영친장애(靈親障碍)
(1983년 새 교회법에서는 폐지함)/
Iura sanguinis nullo iure civili dirimi possunt. 혈연의 혈연의 권리는 그 어떤 시민법으로도 무효로 만들지 못한다/
Tot sunt gradus in cognatione, quot sunt generationes.
혈족에는 촌수만큼 (혈통의) 대가 있다.
cognátĭo legalis. 법정 친족
cognátĭo natúralis. 자연 친족
cognátĭo spirituális. 신친(神親) 관계(대부모 사이)
cognátĭo studiórum 같은 취미(趣味)
cognátus, -a, -um, adj. (cum+gnatus=natus)
같은 혈통의, 조상이 같은, 기원이 같은, 같은 종류의,
같은 계통의, 유사한. m., f. 친척, 혈족.
bona mea cognátis dico.
내 재산을 친척들에게 물려주기를 지정하다.
cogníta substantia. 인식된 실체
cognítĭo, -onis, f. (cognosco)
(사람.사물을) 앎([영] Knowledge),
인식(認識.[영] Knowledge), 인식작용, 개념,
지식([영] Intellect/Knowledge/Science).
(法) 심리, 심문, 재판 조서.
Cognitionum compositio remanet opus semper perficiendum([영] Integration of knowledge is a process, one which will always remain incomplete).
인식의 통합은 하나의 과정, 언제나 불완전한 것으로 존속될 수 있을 과정이다(1990.8.15. Ex corde ecclesiæ 중에서)/
Experimentalis cognitione cognoscimus.
경험적 인식을 통해 인식한다/
Hujus rei cognitio facilis est. 이 일은 알기 쉽다/
immediata cognitio Dei. 신(神)의 직접적 인식/
medium cognitionis. 인식 수단/
Omnibus enim cognitio existendi Deum ab ipso naturaliter inserta est. 하느님 자신에 의해 모든 인간 안에 하느님의 실재에 대한 본래적인 인식이 부여되었다/
Omnis cognitio incipit a sensibus.
모든 인식은 감각으로부터 시작한다/
Omnis nostra cognitio transit per sensus.
우리의 모든 인식은 감각을 통과 한다/
Si cognovimus, amemus: nam cognitio sine caritate non

salvos facit. 우리가 알고 있다면 사랑해야 합니다. 사랑이 없는 지식은 우리를 구원하지 못합니다.
cognitĭo Absoluti et Dei. 절대자와 신의 인식
cognitĭo abstractiva. 추상적 인식(抽象的 認識)
cognitĭo adæquata.
(대상을 그 모든 관계에 있어서 아는) 적합인식.
cognitio æternarum rerum. 영원한 사물의 인식
cognitĭo analogica. 유비적 인식(類比的認識)
cognitĭo certa. 확실한 인식(認識)
cognitĭo comprehensiva. 포괄적 인식(包括的認識)
cognitĭo coniectualis. 추측적 인식(推測的 認識)
cognitĭo Dei. 천주(하느님.신) 인식
cognitĭo Dei experimentalis. 하느님의 체험적 인식.
[이 체험은 천당 복락을 맛보는 시초라고도 할 수 있다. 성녀 데레사의 말을 빌리면 이 체험은 성령의 특별 은사인 상지(上智.Sapientia)의 은총으로 이루어지는 '영혼의 감각'이다. 백민관 신부 엮음, 백과사전 1, p.654].
cognitĭo discursiva. 논술적.추론적 인식
cognitĭo divina. 신적 인식(神的 認識)
cognitĭo ex principiis. 원리들로부터의 인식
cognitio experimentális. 경험적 인식
cognitio experimentalis habita de Deo.
하느님에 대한 체험적 인식.
cognitio historiarum. 역사의 인식
cognitĭo humana. 인간적 인식(人間的認識)
cognitĭo immediata. 직접적 인식(直接的認識)
cognitĭo intellectiva. 지성적 인식(知性的認識)
cognitĭo intuitiva. 직관적 인식(直觀的 認識)
cognitĭo mediata 간접적 인식(間接的認識)
cognitĭo naturæ. 자연과학(自然科學)
cognitĭo natúralis. 자연인식(自然認識)
cognitĭo per causas. 원인들을 통한 인식(認識)
cognitĭo perfecta. 완전한 인식(認識)
cognitĭo practica. 실천적(實踐的) 認識
cognitĭo propria. 고유적 인식(固有的 認識)
cognitĭo rei per causas. 사물을 그 원인에 있어서 인식함
cognitĭo sensitiva 감각적 인식(感覺的認識)
cognitĭo transcendentalis. 초절적 인식(超絶的 認識)
cógnĭtor, -óris, m. (실정.경위 따위를) 잘 아는 사람, 신원 보증인, 변호인([영] counsel.프 conseil), 검찰관, 검사, 판사, 대표, 보호자(προστάτις).
cognĭtum, "cognosco"의 목적분사(sup.=supínum)
cognitum est in cognoscente.
인식된 것은 인식 주체 안에 존재한다.
cognitum habere. 잘 알고 있다(compertum habere)
cognitúra, -æ, f. 검찰청(檢察廳)
cógnĭtus, -a, -um, p.p., a.p. 알려진, 인정받은.
bene cognitus *alci*. 누구에게 잘 알려진 사람/
ens primum cognitum. 최초로 알려진 존재자.
(토마스 아퀴나스의 형이상학, p.64)/
Mihi a téneris, ut Græci dicunt, unguículis es cógnitus. 희랍인들의 말대로, 나는 너를 어릴 때부터 안다.
cognóbĭlis, -e, adj. 이해될 수 있는
cognómen, -mĭnis, n. (일반적으로) 성(姓), 가문명, 별호, 별명, 명칭, 이름(שֵׁם.ὄνομα-고대 로마인의 셋째 이름.'성(姓)' 참조).
induo sibi cognómen. 성(姓)을(별호를) 지어 가지다.
cognómen facio. 별명을 붙여주다
cognōméntum, -i, n. = **cognómen**
cognōmĭnátus, -a, -um, p.p. 별명의, 이명(異名)의.
cognomináta verba. 동의어(同義語).
cognómĭnis, -e, adj. 같은 이름을 가진, 동명이인의
cognómĭno, -ávi, -átum, -áre, tr.
성씨(姓氏)를 붙이다; 별명(別名)을 붙이다.
cognosce te ipdum. 너의 본성을 알아라.
Noli foras ire. 너 자신 밖으로 나가지 마라.
cognóscens, -éntis, p. prœs., a.p. 잘 아는, 사건을 심리하여 심판하는. m. 인식자(신학대전 제2권, p.111).
homo cognoscens. 인식자(認識者).
cognóscens sui. 자기 자신을 아는
cognoscentĭa. 인식하는 것(신학대전 제2권, p.90)/
omnia cognoscentia cognoscunt impicite Deum in quolibet cognito(De Veritate q.22, a.1, ad 1) 모든 인식자는 인식하는 모든 대상에서 암묵적으로 신을 인식한다.
cognoscere. 인식작용(신학대전 제2권, p.198)
Cognoscere est esse. 인식함이 존재이다.
Esse est cognoscere. 존재는 인식함이다.
cognoscere per cognitĭonem. 사고작용에 의한 인식
cognoscere veritatem. 진리 인식(眞理認識)
cognoscíbĭlis, -e, adj. 인식할 수 있는.
species cognoscibiles. 인식의 형상들.
cognoscibílĭtas, -átis, f. 가지성, 인식 가능성
cognoscibilĭtas essentĭarum. 본질의 가지성(可知性)
cognoscibilĭtas naturæ Dei. 신 본성의 가인식성
cognósco, -gnóvi -gnĭtum -ĕre, tr.
(cum+gnosco=nosco) 알(게 되)다, 익히 (잘) 알다, 인식하다, 깨닫다(חזה.ידע), 알아보다, 분별하다, 인지하다, (책을 읽고) 지식을 얻다, 배우다, 탐구하다, 연구하다, 정찰하다, 동침하다.
(法) 틀림없음을 인정하다, 승인하다, **심리**하다.
Cognoscetis veritatem et veritas liberavit vos.([영] You will know the truth, and the truth will make you free) 너희가 진리를 깨닫게 될 것이다. 그리고 진리가 너희를 자유롭게 할 것이다.(요한 8, 32)/
Cognoscimus quia habitat in nobis. Et hoc ipsum unde cognoscimus, quia cognovimus quia habitat in nobis?. 하느님께서 우리 안에 사신다는 것을 우리는 압니다. 하느님께서 우리 안에 사신다는 것을 우리가 알고 있다는 사실을 어떻게 깨달을 수 있습니까?.(최익철 신부 옮김, 요한 서간 강해, p.377). si plena sunt caritate, habes Spiritum Dei. 사랑으로 가득 차 있으면, 그대는 하느님의 영을 모시고 있는 것입니다/
Ego oppérior, dum ista cognósco.
나는 이것들을 알게 될 때까지 기다리는 중이다/
Experimentalis cognitione cognoscimus.
경험적 인식을 통해 인식한다/
Felix qui potuit rerum cognoscere causas.
만물의 원인을 인식할 수 있었던 사람은 행복하다/
omnia cognoscentia cognoscunt impicite Deum in quolibet cognito(De Veritate q.22, a.1, ad 1) 모든 인식자는 인식하는 모든 대상에서 암묵적으로 신을 인식한다/
quoad possunt ab hómine cognósci.
인간이 인식할 수 있는 한도까지/
Utrum angelus cognoscat seipsum.
천사는 자기 자신을 인식하는가/
utrum angelus per sua naturalia cognoscat Deum.
천사는 자기의 본성적인 것을 통해 하느님을 인식 하는가/
utrum unus cognoscat alium.
한 천사는 다른 천사를 인식하는가.
cognōvi, "cognosco"의 단순과거(pf.=perfectum)
Cognovi cur ille vir a te auxilium peteret.
저 사람이 왜 너에게 도움을 청하는지 나는 알았다.
cōgo, cōégi, cōactum, cogĕre, tr. (cum+ago)
한 곳으로 밀다, 몰아치다, 모으다(טקל.טיקל),
집합(집결) 시키다, (회의를) 소집하다, 거두어들이다, 수확하다, (돈, 재산을) 모으다, 모금하다, 응결시키다, 굳어지게 하다, 압축하다, 농축시키다, **강제로 몰다**, 몰아넣다, **강제하다**, 강요**하다**, **억지로 하게 하다**, (무엇에서 무엇을) 결론짓다, 추론하다.
Cogi qui potest, nescit mori.
죽도록 강요를 받을 사람은 죽을 줄 모르는 셈이다/
Cur dixisti testimonium? Quia coactus sum.
왜 증언을 했나? 강요를 받아서입니다/
Nec recito cuiquam nisi amicis, idque coactus, non ubivis coramve quibuslibet. 나는 친구들에게가 아니라면 누구에게도, 설사 강요를 받는다 해도, 어디서도 누구 앞에서도 (내 글을) 낭송하지 않는다/
Stipem cogere. 모금.
cogoagmen. 후미 부대를 지휘하다

cŏhăbĭtátĭo, -ónis, f. 동거(同居-한집에서 같이 삶)
cŏhăbĭtátor, -óris, m. 동거자(同居者)
cŏhăbĭtátrix, -ícis, f. 동거녀(同居女)
cŏhábĭto, -ávi, -átum, -áre, tr. 동거하다, 함께 살다
cŏhǽrens, -éntis, p.prœs., a.p. 밀착된, 연결된,
  연관되는; 구성되어 있는; 조리가 있는.
cŏhæréntĭa, -æ, f. 밀착, 결합, 연결,
  상호관련, 조리(어떤 일에서 앞뒤가 들어맞고 체계가 서는 갈피).
cŏhǽrĕo, -hǽsi, -hǽsum, -ére, intr. 서로 연결되다.
  달라 붙(어 있)다, 밀접하게 관계되어 있다, 구성되다,
  연관성이 있다, …로 되어 있다, 의존하여 있다,
  (부분, 요소로) 이루어지다, 조리(條理)가 서있다,
  무리한 데가 없다, 시종일관되다, 조화되어 있다.
cohǽres(=cohǽres) -edis, m., f. 공동 유산 상속자
cŏhærésco, -hǽsi -ére, intr. 서로 달라붙다.
  결합하다(יבח.רבק), 밀착(密着)하다.
cohǽsi, "cohǽrĕo"의 단순과거(pf.=perfectum)
cohǽsum, "cohǽreo"의 목적분사(sup.=supínum)
cohǽres(=cohǽres) -edis, m., f. 공동 유산 상속자.
  Vis habere dilectionem Patris, ut sis coheres Filii?
  noli diligere mundum. 그대, 아드님과 공동 상속자가
  되기 위해서 아버지 사랑을 지니고 싶습니까? 그렇다면
  세상을 사랑하지 마십시오.(최익철 신부 옮김. 요한 서간 강해, p.131).
cŏhíbĕo, -bŭi -bĭtum -ére, tr. (cum+hábeo)
  속에 간직하다, 내포하다, 포괄하다.
  포함하다, 가두어 놓다, 붙들어 매두다,
  붙잡아두다, 억류하다, 못하게 하다. 억누르다,
  견제하다. 멀리하다.
  animum ad auro cohibeo. 마음을 황금에서 멀리하다.
cohibeo accédere 가까이 가지 못하게 하다
cohibeo se. 자제하다(tempero, -ávi, -átum, -áre, intr.)
cohíbĭtum, "cŏhíbĕo"의 목적분사(sup.=supínum)
cŏhíbĭtus, -a, -um, p.p., a.p. (문제가) 꽉 짜인, 간결한
cohibui, "cŏhíbĕo"의 단순과거(pf.=perfectum)
cŏhŏnésto, -ávi, -átum, -áre, tr. (cum+honésto)
  명예롭게 하다, 찬양하다, 경의를 표하다.
  아름답게 손질하다.
cŏhórrĕo, -ŭi -ére, intr. (추워서, 무서워서) 전율하다,
  (추워서, 무서워서) 떨다(חחר.רחר.זוע).
cŏhorrésco, -horrŭi -ére, intr. 온 몸을 떨다, 전율하다
cŏhors(=chors, -rtis, f.) -hórtis, f. 울안, 뜰 안, 안마당.
  가축 사육장, 행렬(行列.⊕ Procession), 군중,
  부대(部隊)(600~1000명의 로마 군대 단위. 그 부대장은 Tribunus라고
  한다. 로마 군대는 한 Legio 군단(사단)에 10Cohors가 있고 한 Cohors에는
  6백인대가 있다…. 백민관 신부 엮음. 백과사전 1, p.654).
  Dux præsidio castrorum decem cohortes reliquit.
  장군은 요새의 방어에 10개 대대를 남겨 두었다.
cohors amicórum. 친구들의 행렬
cohors prætória. 지방장관의 호위대(扈衛隊).
  최고 지휘관(指揮官)의 친위대(親衛隊).
cohors prætória. 지방장관의 호위대
cŏhortálínus, -a, -um, adj. 군대의, 친위대의
cŏhortális, -e, adj. 가축(가금) 사육장의, 근위병의
cŏhortátĭo, -ónis, f. 격려(激勵), 고무(鼓舞-격려), 훈시.
  Cohortatio ad Gentiles. 이교도들에게 권함.
cohortes colonicæ. 식민지 출신의 보병부대.
  facio cohórtes. (징집하여) 보병대를 편성하다.
cŏhortícŭla, -æ, f. 고대 Roma의 小보병대
cŏhórtor, -átus sum -ári, dep., tr. 사기를 돋구다,
  격려하다, 고무하다(남을 격려하여 힘이 나게 하다).
  Cohortari audeo vos, judices, ita ut ausus est accusator.
  재판관들이여, 저 고소인이 감히 그랬듯이
  나도 감히 여러분을 독려합니다.
cóii, "cóĕo"의 단순과거(pf.=perfectum)
coincidéntĭa, -æ, f. 동시발생, 같은 곳에 공존함,
  일치(κοινωνία.⊕ Communion), 합치, 부합, 합일.
coincidéntĭa absoluta. 절대적 합치
coincidéntĭa omnium oppdsitorum. 모든 대립물의 합치

coincidéntĭa oppositorum. 대당의 합일(對當合一)
  ("모순들이 무한 속에서 해결될 수 있을 것"이라는 원리)/
  대립의 일치(Nicolaus de Cusa의 설. 백민관 신부 엮음. 백과사전 1, p.654),
  반대의 일치, 역의 합일, 대립의 일치론, 제대립의 합치.
coíncĭdo, -cĭdi, -ĕre, tr. (cum+íncido')
  (같은 시간에) 동일한 공간을 차지하다,
  (사건이) 동시에 발생하다, 병발(竝發)하다,
  (두 개 이상의 일이) 부합하다, 합치하다, 일치하다,
  (무게가 …에) 상당하다.
cŏínquĭno, -ávi, -átum, -áre, tr. (cum+ínquino)
  더럽히다(חטא), 타락시키다.
cóítĭo, -ónis, f. 함께 모임, 동맹, 공모(共謀-결탁),
  제휴(提携-공동의 목적을 위하여 서로 도움), 교미, 교접.
coítum, "cóĕo"의 목적분사(sup.=supínum)
cóĭtus, -us, m. 결합, 연합, 성교, 교미, 교접
  Post coitum omne animal tristis(e) est. 모든 동물은 性交
  (결합) 후에 우울하다(슬프다)(이 말은 그리스의 의사이자 철학자인
  갈레노스 클라우디오스(129~199/201. 후자는 217년에 사망하였다고도 함)의
  말로 법의학에서 자주 인용하는 말이다. 이 명문에서 슬프다라는 의미는
  "격렬하고 영정적으로 고대하던 순간이 지나가고 나면, 인간은 인간의 한계 밖에
  있는 더 큰 무엇을 놓치고 말았다는 허무함을 느낀다는 사실을 암시한다" 즉
  사랑하는 이가 곁에 있어도 개인적, 사회적인 자아가 실현되지 않으면, 인간은
  고독하고 외롭고 소외된 실존과 마주해야 한다는 말로 해석될 수 있다. 한동일
  지음, 법으로 읽는 유럽사. p.61/한동일 지음. 라틴어 수업, pp.130~134 참조].
cóivi, "cóĕo"의 단순과거(pf.=perfectum)
cŏlăphízo, -ávi, -átum, -áre, tr.
  뺨을 때리다, 손바닥으로(주먹으로) 때리다.
cŏlăphus, -i, m. 손바닥으로 때림, 주먹으로 한 대 침,
  뺨 때림. cólaphum duco. 뺨치다/
  Defígere áliquem in terram cólaphis.
  따귀로 아무를 땅에 꺼꾸러뜨리다/
  infríngo alci cólaphos. 누구의 뺨을 때리다.
cŏlĕátus, -a -um, adj. 고환(睾丸) 있는
coleóptĕra, -órum, n., pl. (蟲) 초시류(鞘翅類),
  (蟲) 갑충(甲䗓.⊕ Beetle), (蟲) 갑충류.
cóléus, -i, m. (解) 고환(睾丸.-불알, proles, -lis, f.)
cólĭca, -æ, f. (醫) 배앓이, 복통(腹痛), 산통(産痛)
cŏlícŭlus = caulícŭlus, -i, m. 작은 양배추 꼬리
cólicus¹, -a, -um, adj. 복통의. 배앓이의
colicus², -i, m. 배앓이 하는 사람, 복통을 일으킨 사람
cŏlíphĭa, -órum, n., pl. 고기만두(경기에 출전자들이 먹었음)
cólis = caulis = caules. -is, m. 줄기(שבֹל), 대.
  ungo cáules óleo. 채소에 기름 치다.
collăbásco, -ĕre, intr. (cum+labásco)
  함께 무너지기 시작하다.
collăbefácto, -átum -áre, tr. (cum+labefacto)
  몹시 뒤흔들다, 무너뜨리다, 와해시키다.
collabefío, -fáctus sum -fíĕri, anom., intr.
  무너지다, 붕괴하다, 와해하다, 망하다.
collábor, (-ĕris, -ítur), -lápsus sum, -lábi, intr.
  (cum+labor) 쓰러지다, 허물어지다, 와르르 무너지다,
  함몰하다, 허탈한 상태에 빠지다.
collăborátĭo, -ónis, f. 합작, 공저, 공동연구(共同研究),
  국제 간 협조(協助.⊕ Cooperátĭo*/Collaborátĭon),
  국가 간 제휴, (점령군에 대한) 협력, 부역(賦役).
collăborátor, -óris, m. 합작하는 사람, 협력자(συνεργός)
  협조자(παράκλητος.協助者.⊕ Paraclete).
collăbóro, -áre, intr.
  함께 일하다.수고하다, 합작하다, 함께 고생하다.
collăcĕrátus, -a, -um, adj.(p.p.)
  갈기갈기 찢어진, 산산조각 난.
collăcrĭmátĭo, -ónis, f. 울음(체읍), 울음을 터뜨림
collácrĭmo(=collácrŭmo) -ávi, -átum, -áre,
  tr. (함께) 슬퍼하다.
  intr. 울음을 터뜨리다, 함께 울다.
collactánĕus.(=syntróphus), -a, -um, adj.
  같은 젖 먹은, 한 젖 먹고 자란.
colláctĕus, -a, -um, adj. 같은 젖 먹은
collǽtor, -ári, dep., tr. (cum+lætor) 함께 기뻐하다
collápsus, -us, m. 붕괴(崩壞), 도괴(倒壞),

파탄(破綻-일이 돌이킬 수 없는 지경에 이름),
(건강의 급격한) 쇠약(衰弱); 허탈상태.
colláre, -is, n. 돼지 목덜미 고기,
목걸이; 죄인의 목을 옭아매는 사슬,
(보호용의) 개(犬) 목걸이, 칼라([영] collar), 깃(칼라).
colláris, -e, adj. 목의, 목에 관한
collárĭum, -i, n. 목걸이, 칼라([영] collar), 깃(칼라)
collătĕrális, -e, adj. 나란히 있는, 옆에 있는, 평행의,
방계(傍系)의. (解) 부행(副行)의, 측지(側枝)의.
collātícĭus, -a, -um, adj. 함께 모아 놓은, 합해 놓은.
collatícia sepultúra. 합장(合葬).
collátĭo, -ónis, f. 여럿을 한 곳으로 가져감, 마주 침,
맞섬, 공동출자, 거금(醵金-갹금), 기부, 성금, 헌금,
비교, 대조; 비유, 성직 임명, 직위나 교회록의 수여,
대재일(大齋日단식재 지키는 날 저녁)에 허용되는 간이식사.
pl. (옛 수도원에서 장상의 설명, 강화를 곁들이며
낭독되던) 성서의 역사서나 교부전.성인전.
concursus in collatione Paroeciæ. 본당 주임신부 자격시험/
Liber ad Donatistas post collationem.
토론 후 도나투스파에게 보낸 책(히포의 아우구스티노 지음-
411년 카르타고에서 개최된 유명한 토론 대회를 맞아 씀).
collátĭo(conferentia) casuum conscientiæ.
양심 문제에 대한 회의(교구 사목회의의 한 회합으로 양심문제 해결
에 필요한 통일된 규칙을 상의하는 성직자 회합이다. 이런 종류의 회합은
이냐시오가 예수회의 여러 수도원에서 규칙적인 양심문제 해결을 위한 회의를
규정한 데서 시작되었다. 백민관 신부 엮음, 백과사전 1, p.655).
collátĭo extraordinaria. 특별 성직 임명
collátĭo libera. 성직 자유 임명
collatio multorum particularium. 반복된 지각
collátĭo ordinaria. 통상 임명
collátĭo signorum. 접전(接戰.prœlium, -i, n.),
교전(交戰.belligerátĭo, -ónis, f.).
Collatione facta cum orginali concordat. In cujus rei fidem subscripsi et sigillum meum apparui. Lutetiæ Parisiorum, Dei 15a Januarii 1868. 이 자료 묶음은 원본
과 일치합니다. 따라서 이 필사 작업에 신뢰를 가지고
본인의 서명을 날인합니다. 파리, 1868년 1월 15일.
Collátĭones. 영적 독서(수도원에서 식사 때 읽는 교부들의 책 독서).
Collátĭones de septem donis Spiritus Sancti.
성령의 일곱 가지 선물(1268년 보나벤투라 지음. 자연적.신앙적.
성서적.관상적.예언적.신비적.영광적 지성의 빛을 말함).
Collátĭones in Hexæmeron. 6일간의 창조집(1273년 보나벤투라 지음)
Collationes seu disputationes subtilissimæ.
수록집 혹은 정밀한 토론집.
Collationes sive Dialogus inter Philosophum, Iudæum et Christianum.(아벨라르두스 지음)
철학자와 유대인과 그리스도교인 사이의 대화.
collatis utrorumque factis. 두 편의 행적을 비교해서
collātívus, -a, -um, adj. 함께 모아 놓은, 추렴한
collátor, -óris, m. 수여자(授與者), 기부자(寄附者),
분담자(分擔者), 기여자(寄與者).
collátro, -ávi, -átum, -áre, tr. (cum+latro) 향하여 짖다
collātum, "confero"의 목적분사(sup.=supínum)
collaudátĭo, -ónis, f. 칭찬(稱讚), 찬사(讚辭),
찬양(讚揚.εὐλογία.בְּרָכוֹת.[영] Praise).
colláŭdo, -ávi, -átum, -áre, tr. (cum+laudo)
찬양하다(ידה.ידי), 격찬하다.
colláxo, -ávi, -átum, -áre, tr.
느슨하게 하다, 헐겁게 하다, 넓게 하다.
colléсta, -æ, f. 분담(액), 추렴, 출자, 기부(寄附),
(미사 중) 본기도([영] opening prayer/collect.
獨 Tagesgebet), 집도문(集禱文).
collectánĕa, -órum, n., pl. 발췌(拔萃), 선집(選集),
Collectanea satis copiosa. 내용이 풍부한 발췌문
collectánĕus, -a, -um, adj. 여기저기서 모아온, 편집한
Collectarium, -i, n. (백민관 신부 엮음, 백과사전 1, p.656).
중세기 성무일도서에 사용하는 본기도 모음.
collectícĭus, -a, -um, adj. 여기저기서 모아온, 수집한
colléctĭo, -ónis, f. 수집, 모음, 수금, 징수, 징세, 모금,
기부금 모음; 헌금([영] Collectĭon), 개괄, 개요, 법령집.
Collectiones Canonicæ. 교회 법령집/
Collectiones Pseudo-apostolicæ. 거짓 사도들의 법령집.
collectĭo canonica. 교회법령집(canon, -ónis, m. 교회법령)
Collectĭo Conciliorum. 공의회 의사록
Collectĭo Decretorum S. Rituum Congregátĭonis.
예부성 교령집(禮部省 敎令集).
Collectĭo Dionysiana. 디오니시오 법령집.
[6세기 초 수도자인 디오니시오는 그리스어 원문을 모두 라틴어로 번역하였다.
이 법령집의 특징은 사도들의 법 50개조와 니케아공의회에서부터 칼체돈공의회
까지 총 열 번의 공의회 결정문을 수록하였으며, versio prisca의 미비점을 보완
하여 법조문에 번호를 매겼다. 한동일 지음, 법으로 읽는 유럽사, p.412]
Collectio Dionysio Hadriana. 디오니시오 아드리아나 법령집
[디오니시오의 법령집은 공의회 결정문 모음인 Liber canonum과 교황들의 칙령
모음집인 Liber Decretorum의 합본으로 Codex canonum 또는 Corpus canonum
이라고 부르다가 최종적으로 Collectio Dionysiana로 불렀다. 이를 아드리아노
1세가 774년 샤를 대제에게 보내면서 Collectio Dionysio Hadriana라는 공식적
이름을 갖게 된다. 이 법령집은 당대에 이탈리아, 프랑스, 스페인, 영국 등지에서
최고의 권위를 가지고 있었다. 한동일 지음, 법으로 읽는 유럽사, p.173].
Collectĭo errorum seu Syllabus. 유설목록.
(교황 비오 9세가 1864년 이신론理神論을 정죄한 것).
Collectĭo Hispana. 스페인 교회 법령집
Collectio menstrua. 월례 묵상회
Collectĭo Missarum de Beata Maria Virgine.
성모 미사 경본(經本).
collectĭo proprietatum. 속성들의 집합
collectĭo Stipis. 모금(募金 = Stipem cogere).
Sacculus ad colligendum stipem. 헌금 바구니.
collectĭvísmus, -i, m. 집합주의(→집단주의),
집산주의(集産主義.[영] collectivism), 집단주의.
collectívus, -a, -um, adj. 수집의, 집합의, 전작(全作)의.
ens collectívum. 집합물(集合物)/
substantívum collectívum. 집합명사.
colléctor, -óris, m. 모집자, 수집가(收集家)
collectum, "cóllĭgo[2]"의 목적분사(sup.=supínum)
colléctus[1], -a -um, p.p., a.p.
수집된, 모인, 요약된, 간소한, 짧은.
collectus[2], -us, m. 다량(多量), 많이 모인 것
colléga, -æ, m. (cum+lego) 동직자, 동업자, 동행인,
(지위나 직책이 같은) 동료(φίλος.同僚),
전우, 동지, 같은 회원.
Ab collégā litátum est.
동료의 제사가 길조를 가져왔다(lito 참조).
Collegæ meo laus impertitur. 내 동료가 칭찬을 받는다
collēgi, "cóllĭgo[2]"의 단순과거(pf.=perfectum)
collegĭális, -e, adj. 단체의, 단체에 관한.
collegiale tribunal. 합의제 재판부(裁判部)/
non collegiales. 비단체 법인/
Personæ collegiales. 단체 법인.
collegialĭtas affectiva. 정신적 단체성(團體性)
collegialĭtas effectiva. 실질적인 단체성(團體性)
collegialĭtas episcoporum.
주교단([영] Episcopal college or Episcopal body).
collegiátus, -a, -um, adj. 동료의
Collegii Episcoporum caput. 주교단의 으뜸(=교황)
collégĭum, -i, n. 관료단(官僚團), 동료단체, 조합,
단체, 사단('Universitas' 참조), (여러 가지) 회(會), 협회,
교회법상의 법인, 기숙학교, 대학, 공립학교.
collegia funeraticia. (초대교회의) 매장 신심회(信心會),
장례 신심회(백민관 신부 엮음, 백과사전 1, p.650)/
Collegium(Ecclesiásticum).
성직자.수도자 양성기관의 기숙사/
Sacrum collegium. 추기경단([영] college of cardinals).
Collegium Apostolicum. 사도단([영] Apostolic college)
collegium auditorum. 예심관들의 단체(團體)
Collegium Cardinalium. 중추자단(中樞者團),
추기경단([영] college of cardinals)/Sacrum collegium.
collegium Consultorum(교회법 제502조)
참사회([영] ecclesiastical chapter.[라] consilium, -i, n.)
교구참사회([영] college of consultor.[라] capitulum, -i, n.)
Collegium cultorum martyrum. 순교자 현양학원

Collegium episcopale vel Corpus episcopale.
주교단(® Episcopal college or Episcopal body).
collegium episcoporum.
주교단(® Episcopal college or Episcopal body).
collegium funeratitium. 장례 봉행 단체(團體)
Collegium majus. 큰 학사(學舍)
Collegium minus. 작은 학사(學舍)
Collegium pauperum Magistorum. 가난한 교수들의 대학.
(1257년 루이 9세의 고해신부였던 Sorbon이 신학 연구를 지향하고자 하는 우수한
학생들을 위해 소르본 대학을 설립한 초기 대학 이름. 백민관. 백과사전 3. p.534).
Collegium Pontificale. 교황청립대학
collegium pontificum. 대제관단(大祭官團)
collegium ralátorum. 보고관단(報告官團)
collegium speciale. 특별한 단체
Collegium Urbanum. 우르바노 대학(전교지방 선교 위해 1627년 설립)
Collem multa ópera circúmdata.
언덕 주위에 많은 군사시설을 해놓았다.
collémböla, -órum, n., pl. (動) 탄미류(炭尾類)
collēvi, "cóllíno"의 단순과거(pf.=perfectum)
collévo, -áre, tr. (cum+levo) 매끈하게 만들다
collíbĕo, -ŭi, -ére, intr.
(누구의) 마음에 들다. (누구를) 기분 좋게 하다.
collibérta, -æ, f. 함께 해방된 여종
collibértus, -i, m. 함께 해방된 노예, 석방 동지
cóllibet(=cóllŭbet) -bŭit(-bĭtum est), -ére, impers.
(누구의) 마음에 들다.
collíciæ, -árum, f., pl. (con+liquor) 도랑, 수채통, 물받이
collíciáris, -e, adj. 도랑의, 수채통의, 물받이의
collício, -cĕre, tr. (con+lácio) 속이다, 꾀다
collícósus, -a, -um, adj. 언덕이 많은
collícŭlus, -i, m. 작은 언덕, 두덩.
colliridiani, 성모 흠숭자들(성모 마리아를 여신처럼 모시는 자들).
antidicomarianiti, 성모 공경 반대자들.
[일찍이 교부 시대에도 한편으로 성모 마리아의 평생 동정성을 부인하는 자들.
올바른 성모신심. 주교회의 신앙교리위원회. C.C.K. p.31].
collído, -ísi -ísum -ĕre, tr. (cum+lædo) 부딪치다,
충돌시키다. 부딪혀 깨지게 하다, 전쟁하다. 전투하다.
원수가 되다, 상충(相沖-어울리지 않고 서로 마주침)하다.
collido se. 충돌하다
colligátĭo, -ónis, f. 결합, 동맹, 연결.
(論) 합성, 종합, 총괄(總括-개별적인 것을 하나로 묶거나 종합함)
cólligo[1], -ávi, -átum, -áre, tr. (cum+ligo) 한데 묶다,
모아 매다, 비끄러매다. 처매다, 하나로 모으다.
집중시키다, 연관시키다, 제지하다, 억제하다.
cólligo[2], -légi, -léctum, -ĕre, tr. (cum+lego) 모금하다,
한데 모으다, 굵어(주워) 모으다, 걷어 들이다.
모으다(לקט.לקח), 저축하다, 축적하다, 모집하다.
모아들이다, 소집하다, 집결시키다. (물을) 고이게 하다.
(옷, 머리 따위를) 걷어 올리다, 좁은 데로 몰아넣다.
움츠러들게 하다, 죄다, 얻다(חקל.חקא), 벌다.
받다, (분노 따위를) 사다, 요약하다, 추리다,
(수를) 헤아리다, 어떤 수에 이르다, 헤아리다.
짐작하다, 결론짓다, 판단을 내리다.
Ambĭtus pedes séxdecim cólligit. 그 둘레는 16척이 된다/
ánimum colligo. 용기를 얻다/
grátiam colligo. 총애(寵愛)를 받다/
**Ille venit colligere, tu venis solvere. Distringere vis
membra Christi.** 그분은 모아들이기 위하여 오셨는데,
그대는 어기려고 옵니다. 그대는 그리스도의 지체를 갈기
갈기 찢어 놓고 싶어 합니다(최익철 신부 옮김. 요한 서간 강해. p.303)/
iram colligo. 분노를 사다.
colligo se. 집합하다
collímĭto, -ávi, -átum, -áre, tr. 접경하다
collíneo, -ávi, -átum, -áre, tr. (cum+línea) 겨냥하다.
똑바로 맞추어 겨누다, 목표에 맞히다, 적중시키다.
collineo sagíttam. 화살을 쏴서 목표에 맞히다
cóllíno, -lévi -lítum -ĕre, tr.
바르다, 칠하다, 더럽히다(חלל).
collínus[1], -a, -um, adj. 언덕의, 구릉의, 야산의

collínus[2], -a, -um, adj. (로마의 한 구역인) Collína régio의
collíquátĭo, -ónis, f. (con+liquésco) 액화(液化)
collíquefácĭo, -ĕre, tr. 용해시키다, 녹이다, 액체로 만들다
colliquefáctus, -a, -um, adj. 녹은, 용해된
collíquésco, -líqui, -ĕre, intr. 액체가 되다, 녹다, 용해되다
collis, -is, m. 언덕, 야산(野山).
circum collem. 언덕을 에워싸고/
colles frondibus læti. 나무가 울창한 언덕/
colles pari altitúdinis fastigio. 표고가 같은 언덕/
colles viridissimi. 푸른 언덕/
Erat inter oppidum Herdam et proximum collem planities
circiter passuum CCC. 헤르다 요새와 가까운 능선
사이에는 300보(步) 가량 되는 들이 있었다/
in medio colle. 언덕 중턱에/
infimus collis. 산기슭(imus mons)/
Is est collis, **qua**(per quem 대신) hostes transiérunt.
적군들이 지나간 곳은 이 언덕이다/
[장소를 표시하는 명사(collis, mons, terra, régio, pagus, locus, silva) 및
고유 명사가 관계문을 지배하여 선행사가 되었을 때에는 관계대명사
대신에 장소를 표시하는 관계부사를 써도 된다. 아래 위 4개 문장 참조]
Is est collis, **quo**(in quem 대신) hostes pervenérunt.
적군들이 도착한 곳은 이 언덕이다/
Is est collis, **ubi**(in quo 대신) castra pósita erunt.
그것이 진지가 처 있던 언덕이다/
Is est collis, **unde**(e quo 대신) hostes fugérunt.
적군들이 도망한 곳은 이 언덕에서다/
Per hunc collem transient hostes.
[통과나 경유지(어디를 지나서)?를 나타내는 데에는 per와 대격을 쓴다].
적군은 이 능선으로 지나갈 것이다/
pertráhere hostem ad terga collis.
적군을 산 뒷면으로 유인(誘引)하다.
collis ab summo æqualiter declivis.
꼭대기부터 고르게 경사진 山.
collis inferni. 지옥(地獄)의 언덕
collis paradisi. 천국(天國)의 언덕
Collis peoximus erat altior et asperior aliis.
가까운 언덕은 다른 것들보다 더 높고 가팔랐다.
Collis, qui adversas aspectat arces.
맞은편 성채(城砦)를 바라다보는 언덕
Collis urbi ímminet. 이 산이 위로 우뚝 솟아있다
collísi, "collído"의 단순과거(pf.=perfectum)
collísĭo, -ónis, f. 충돌(衝突.® Conflict), 맞부딪침
collísum, "collído"의 목적분사(sup.=supínum)
collísus, -us, m. = **collísĭo,** -ónis, f.
collŏcátĭo, -ónis, f. 배치, 설치(設置), 배열, 시집보냄
collocátĭo donorum. 예물 진설(禮物 陳設)
cóllŏco, -ávi, -átum, -áre, tr. (cum+loco) 놓다,
제자리에 놓다, 자리 잡게 하다, 설치하다, 배열하다.
배치하다(חזק), 배정하다, **시집보내다, 간직하다.**
머물게 하다, 내맡기다. (희망을) 걸다, 쏟다, 쓰다.
(돈, 정력, 시간 따위를) 들이다, 바치다, 투자하다.
맡기다, 활용하다.
collocáre spem in alqā re. 무엇에 희망을 두다/
collocáre exércitum in provínciam. 군대를 주에 배치하다/
in matrimonium collocáre. (딸을) 결혼시키다/
se Athénis colloco. Athénœ에 자리 잡다/
se in alqā re colloco. 어떤 일에 관계하다.
colloco benefícium. 은혜를 베풀다
colloco fíliam alci. 딸을 누구에게 시집보내다
colloco fíliam in matrimónium. 딸을 시집보내다
colloco omne studium in doctrinā.
온갖 열성을 학문에 쏟다.
colloco pecuniam in fundo. 토지에 투자하다
colloco pecunis fénore. 변돈 놓다
colloco suo quidque in loco. 무엇이든지 제자리에 놓다
collŏcŭpléto, -ávi, -átum, -áre, tr.
부유하게 하다, 늘이다; 장식(裝飾)하다.
collŏcútĭo, -ónis, f. 담화(談話), 대담(對談)
collŏcútor, -óris, m. 대담자(對談者)

collŏcūtórĭum, -i, n. 이야기하는 방, 담화실(談話室)
collódĭum, -i, n. (化) 콜로디움
colloídĭum, -i, n. (化) 아교질(阿膠質), 클로로이드
colloquium, -i, n. 대담, 회담, 담화, 이야기, 대화.
  Colloquio cum omnibus studentes. 모든 사람과 나누는 대화/
  Diem prídie Idus Apríles collóquio statuérunt.
  4월 12일을 회의 날로 작정하였다/
  Dies collóquio dictus est. 회담을 위한 날자가 정해졌다/
  non jam secrétis collóquiis, sed apérte.(iam 참조)
  비밀 회담으로써가 아니라 드러나게.
Colloquium caritativum. 사랑의 대담
Colloquium cum sapiente, præsertim cum sapienti
philosopho utile est.[cum sapiente(명사), cum sapienti(형용사)]
현자와의 대화, 특히 현명한 철학자와의 대화는 유익하다.
Colloquium irritativum. 화를 부른 회담(會談)
cóllŏquor, (-quĕris, -quĭtur), -locútus sum -loqui,
  dep., intr., tr. (cum+loquor) 함께 이야기하다.
  담화하다, 담판하다, 누구와 이야기하다.
  Et hæc omnes similiter quidem colloquuntur,
  non autem similiter credunt. 모든 이가 같은 말을
  한다 해서 같은 믿음을 갖고 있는 것은 아니다.
cóllŭbet = cóllĭbet (누구의) 마음에 들다
cóllŭbus = cóllybus =cóllŭbus -i, m. 화폐교환
collúcĕo, -ére, intr. (cum+lúceo)
  사방으로 비치다, 찬란히 빛나다.
collúco, -ávi, -átum, -áre, tr. (cum+lux)
  나뭇가지를 치다, 간벌(間伐)하다.
colluctátĭo, -ónis, f. 씨름, 싸움(⑨ Battle/Conflict).
collúctor, -átus sum, -ári, dep., intr. (cum+luctor)
  싸우다, 맞붙어 싸우다, 힘쓰다.
collúdo, -lúsi, -lúsum, -děre, intr. (cum+ludo)
  함께 놀다, 공모하다, 결탁하다.
collum, -i, n. 목, 목처럼 생긴 것; 병목(모가지), 꽃꼭지,
  colla demergo húmeris. 목을 움츠려 어깨에 파묻다/
  implico bráchia collo alcjs.
  두 팔을 누구의 목에 감다(두 팔로 목에 매달리다)/
  invádere alci in collum. 누구의 목에 덤벼들다.
collum dare. 항복하다
collum in láqueum insero. 목을 올가미에 집어넣다
collúmĭno, -áre, tr. 함께 비추다
cóllŭo, -lŭi, -lútum, -ěre, tr. (cum+luo)
  씻다, 헹구다, 씻어내다, 가시다; 적시다.
collúsi, "colludo"의 단순과거(pf.=perfectum)
collúsĭo, -ónis, f. 공모, 결탁(結託-서로 배가 맞아 한통속 됨)
collúsor, -óris, m. 놀이 친구, 결탁자(結託者),
  공모자(共謀者, particeps, -cípis, m.).
collŭsórĭe, adv. 공모하여
collustrátĭo, -ónis, f. 조명, 밝게 비춤
collústro, -ávi, -átum, -áre, tr. (cum+lustro) 둘러보다,
  조망(眺望)하다, 정확히 조사하다, 자세히 관찰하다,
  (그림에서) 밝은 색으로 그리다.
  ánimo collústro. 마음으로 둘러보다.
collúsum, "colludo"의 목적분사(sup.=supínum)
collútĭo, -ónis, f. 양치질
collutórĭum, -i, n. (醫) 양치물, 구강 세척제(洗滌劑)
collútŭlo, -ávi, -áre, tr.
  더럽히다(חֶדֶ), 어지르다, 망신당하게 하다.
collúviárĭum, -i, n. 하수구(下水溝)
collúvĭes, -éi, f. 하수, (흘러보내는) 오물(汚物-배설물).
  쓰레기; 돼지뜨물.
collúvĭo, -ónis, f. 하수(下水), 오물(汚物-배설물), 쓰레기,
  온갖 더러운 것, 막돼먹은 인간, 인간쓰레기.
collybísta(-es), -æ, m. 환전상(換錢商)
collybus(collúbus), -i, m.
  화폐교환(貨幣交換); 화폐교환 차액(수수료).
collýrĭum, -i, n. (藥) 안약, (여러 가지) 좌약(坐藥).
  oculis collýria illino. 눈약을 눈에 바르다.
Colo justítiam. 정의를 실천하다.

cōlo¹, -ávi, -átum, -áre, tr. 거르다, 여과하다 ; 체로 치다
cŏlo², colŭi, cultum, colĕre, tr. (밭을) 갈다, 경작하다,
  재배하다, 가꾸다(נטע,בר), 손질하다, 치장하다.
  단장하다, 꾸미다, (머리) 기르다, (어떤 곳에) 살다,
  돌보다, 보살피다, 존중하다, 숭상하다, 육성하다.
  키우다, 돈독히 하다, (덕행) 닦다, 연마하다,
  실천하다; 힘쓰다, 공경하다(נזר), 숭배하다.
  종교적 예식으로 숭상하다.
  Canem et felem ut deos colunt.
    그들은 개와 고양이를 신(神)처럼 모신다/
  Cives Romanus coluit, iis indulsit, eorum voluntati
  deditus fuit. 로마인은 시민들을 공대하였고 그들을
    관용하였으며 그들의 뜻에 헌신하였다/
  in agro colendo vivo. 밭을 갈며 지내다/
  qui colunt sursum. 높은 곳에서 농사짓는 사람들/
  sacra priváta colo. 집에서 사사로이 제사 지내다/
  Urbem colo. 도시에 살다.
colo justítiam. 정의를 실천하다
cŏlóbĭum, -i, n. 소매 없는 내의; 셔츠(⑨ shirt),
  적삼(윗도리에 입는 홑저고리. 단삼).
colocasia, -órum, n., pl.(f.) (植) 인도 수련(토란)
cŏlon, -i, n. 운문의 일부, 운문의 한 행, 콜론(":"-쌍점).
  (解) 대장; 결장(結腸-맹장과 직장을 잇는 큰창자의 한 부분).
cŏlóna, -æ, f. 농사짓는 여자
cŏlónárĭus, -a, -um, adj. 소작 짓는, 농사짓는 노예의
cŏlónátus, -us, m. 농업, 농사
cŏlónĭa, -æ, f. 농경지; 식민지, 이민지, 이민, 정착민.
  assigno cólonis agros. 식민지인들에게 농토를 분배하다/
  coloniarum demolitionis(⑨ decolonization) 탈식민지화/
  sitiens colónia. 물이 부족한 농경지.
colonialismus, -i, m. 식민주의(植民主義)
cŏloniárĭus, -a, -um, adj. 식민지의, 식민지 출신의
cŏlónĭca, -æ, f. 농가(農家.άγροùς)
cŏlónĭcus, -a, -um, adj. 농장의, 농경지의, 식민지의,
  이민의. cohórtes colónicæ. 식민지 출신의 보병부대.
cŏlónĭsátĭo, -ónis, f. 식민, 식민지 개척
colónus, -i, m. (colo²) (colonus는 원래 부재지주의 전답을 경작하는
  '소작인'을 가리켰고 식민지에 거주하는 '이민'도 의미했다.
  교부문헌 총서 15. 신국론, p.992. 성경은 '나그네'로 번역했음. 아래 참조)
  농부, 소작인, 이민, 식민, 주민, 거주인(居住人).
  Coloni mille et quingenti bina jugera habent.
    식민(coloni) 1500명이 2 유게룸 씩 땅을 소유하고 있다/
  Eadem lex erit indigenæ et colono, qui peregrinatur
  apud vos. (no,moj ei-j e;stai tw/| evgcwri,w| kai. tw/|
  proselqo,nti proshlu,twl| evn u`mi/n) (獨 Ein und dasselbe
  Gesetz gelte für den Einheimischen und den
  Fremdling, der unter euch wohnt) (⑨ The law shall be
  the same for the resident alien as for the native)
    이 법은 본토인에게나 너희 가운데에 머무르는 이방인
    에게나 동일하다(성경 탈출 12. 49)/본토인이든 너희에게 몸
    붙여 사는 사람이든 이 법 앞에서는 동등하다(출애굽기)/
  Et fuit colonus in terra Philisthim diebus multis.
  (parw,|khsen de. Abraam evn th/| gh/| twn Fulistiim h`me,raj
  polla,j) (獨 Und er war ein Fremdling in der Philister
  Lande eine lange Zeit) (⑨ Abraham resided in the land
  of the Philistines for many years. 창세 21. 34)
    아브라함은 오랫동안 필리스티아인들의 땅에서 나그네
    살이 하였다(성경 창세 21. 34)/
    아브라함은 불레셋 땅에 오랫동안 머물렀다(공동번역).
cŏlóphon, -ónis, f. 마무리, 끝맺음, (고사 사본 등의) 끝장,
  (이 마지막 장에 저자, 제목, 인쇄소, 발행인, 날짜, 사본의 필경사 등을 기입
  한다. 서양 책에서 현재는 이 기사들을 책의 첫 장에 쓰는 관습으로 되었으나
  동양서에서는 아직도 마지막 장에 쓰고 있다. 백민관 엮음, 백과사전 1, p.662).
cŏlor, -óris, m. (色-색깔), 색, 색채, 빛, 빛깔, 얼굴빛, 안색;
  피부 빛깔, 화려함, 미모(美貌), 외모, 외관; 얼굴,
  문체, 개성, 그림물감, 채색(彩色), 색조, 음색,
  교묘한 핑계, 구실, 가식(假飾), 가장(假裝).
  adustióris colóris esse. 더 검게 탄 피부색이다/
  devolet in terram liquidi color aureus ignis.

순수한 불길의 황금빛이 땅으로 날아 내린다.
(성 염 지음, 사랑만이 진리를 깨닫게 한다. p.417)/
Et mens et rediit versus in ora color.
정신이 들며 입가에 혈색(血色)이 돌았다/
Florum coloribus almus ridet ager.
자애로운 대지가 아롱진 꽃들로 곱게 단장되어 있다/
Lanarum nigræ nullum colorem bibunt.
검은 양털은 어떤 물도 들지 않는다/
Res sibi respondent simili formâ, atque colore.
(거울에 비친) 물체들이 자기의 모양과 빛깔로 반영 된다/
saturátior color. 더 짙은 빛깔/
surdus color. 퇴색한 빛깔/
symbólica colorum. 색채 상징학(色彩 象徵學)/
tempero colóres. 색을 배합하다/
Traho mille varios colores. 여러 가지 색을 취하다.
color flore prior rosæ. 장미꽃보다 더 아름다운 빛깔
color litrugicus.(⑨ liturgical color.獨 Farben/liturgische)
　전례 색(典禮 色), 제의의 빛깔.
color primitivus. 원색(原色)
color trágicus. 비극체(비극조)
color vegetissimus. 생력 있는 색깔
cŏlŏrátus, -a, -um, p.p., a.p. 색칠한, 색채를 띤,
　다채로운, 햇빛에 그을은; 누렇게 익은(곡식)
　생기 있는, 건강 색의, 윤색(潤色)한.
cŏlŏrĕus(cŏlŏrĭus) -a, -um, adj.
　여러 가지 색으로 그린, 채색된.
cŏlóro, -ávi, -átum, -áre, tr. 색칠하다, 채색하다,
　물들이다(ﬦﬦﬦ), 염색하다, (태양으로) 그을리게 하다,
　검붉게 태우다, 염색하다(ﬦﬦﬦ), 외관을 갖추게 하다.
Cŏlosséum, -i, n. 콜로세움(로마의 고대 원형 대경기장)
cŏlosséus, -a, -um, adj. 거대한(ﬦﬦﬦ)
cŏlóssus, -i, m. (실물 이상 크기의) 거대한 상(像).
　(Rhodus섬에 있던 Apóllo의 거상: 세계 7대 불가사의의 하나였음).
cŏlostrátĭo, -ónis, f. (醫) 갓난아기가 초유에 체한 병
cŏlostrátus, -a, -um, adj. cŏlostrátĭo에 걸린
cŏlóstrum, -i, n. (醫) 산부의 초유(産婦 初乳)
cŏlúber, -bri, m. (動) 뱀, 구렁이
cŏlúbra, -æ, f. 구렁이(lacertus, -i, m. 도마뱀)
cŏlúbrĭfer, -ĕra, -ĕrum, adj. (cóluber+fero) 뱀을 쥐고 있는
cŏlubrínus, -a -um, adj. 뱀의, 뱀 모양의, 꾸불꾸불한,
　음흉한, 교활한, 구렁이 같은.
cŏlum, -i, n. 여과기, 체(가루를 곱게 치거나 액체를 밭는 데 쓰는 기구.)
cōlum nivárium. 포도주를 식히기 위해 눈을 넣고 거르는 체
columba, -æ, f. 비둘기(鳥.ﬡﬡﬡ.⑨ Dove).
Et factus est Ephraim quasi columba insipiens non
habens sensum: ægyptum invocabant, ad Assyrios
abierunt. (kai. h=n Efraim w`j peristera. a:nouj ouvk e;cousa
kardi,an Ai;gupton evpekalei/to kai. eivjV Assuri,ouj evporeu,qhsan)
에프라임은 비둘기처럼 어리석고 지각이 없다. 그들은
이집트에 부르짖고 아시리아로 간다(성경 호세 7. 11)/
에브라임은 철이 없고, 비둘기처럼 어수룩하구나. 이집트로
가고 아시리아로 가서 살려달라고 애원하지만(공동번역)/
Idcirco et in columba uenit Spiritus sanctus.
성령께서 비둘기 형상으로 오셨습니다(교부문헌 총서 1. p.76)/
Propterea de columba demonstrata est caritas, quæ venit
super Dominum. 주님 위에 내려온 비둘기가 왜 사랑을
상징하는지 보십시오.(최익철 신부 옮김, 요한 서간 강해. p.335)/
Species illa columbæ, in qua specie venit Spirtus
Sanctus quo nobis caritas infunderetur.
우리에게 사랑을 부어주시는 성령께서 비둘기의 저
모습으로 오셨습니다.(최익철 신부 옮김, 요한 서간 강해. p.335).
columba eucharistica. 비둘기 모양의 성체갑(聖體匣)
columba janthina. 흑 비둘기
columba œnas. 분홍가슴 비둘기
columba rupestris. 양비둘기
cŏlúmbar -áris, n. 죄인의 목에 씌우는 칼,
　배 옆구리에 노를 내보내어 젓는 구멍.
cŏlumbárĭum, -i, n. 비둘기 집, 비둘기장,

납골당(=cīnĕrárĭum, -i, m., pl.=ossarium),
시체 안치소(屍體 安置所), 유해 안치소(遺骸 安置所).
cŏlumbárĭus, -i, m. 비둘기 사육사(飼育士)
cŏlumbátim, adv. 비둘기처럼
cŏlúmbĭdæ, -árum, f., pl. (鳥) 비둘기과
cŏlumbínus, -a, -um, adj. 비둘기의, 비둘기 색의,
　비둘기 같은. pulli columbíni. 비둘기 새끼
cŏlúmbor, -ári, dep., intr. 비둘기처럼 입 맞추다
columbŭlus, -i, m. 작은 비둘기, 비둘기 새끼
columbus, -i, m. 숫 비둘기
cŏlŭmélla, -æ, f. 작은 기둥, 지주(支柱).
　(動) 축주(軸柱), (植) 태선류의 과축(苔癬類 果軸).
cólūmen, -mĭnis, n. 정상, 산봉우리; 높은 곳, 절정,
　용마루, 꼭대기, 지붕 꼭대기, 1인자, 권위자,
　중요한 위치에 있는 사람.물건.
　(建) 지주(支柱), 마룻대공, 대들보.
columen familiæ. 집안의 대들보
cólūmis, -e. adj. 무사한, 건강한
cŏlúmna¹, -æ, f. 기둥, 돌기둥, 기념 원주, 지주,
　버팀기둥, 기둥 모양을 한 것, 불기둥, 물기둥,
　특별 기고란(⑨ column-신문.잡지 등의 단평란).
　alqm astringo ad colúmnam. 누구를 기둥에 붙들어 매다/
　proruo colúmnam. 기둥을 넘어뜨리다.
columna Doctorum. 박사들의 기둥
columna Israël. 이스라엘 기둥, 이스라엘 묘석
columna nubis. 구름기둥.
Dominus autem præcedebat eos ad ostendandam viam
per diem in columna nubis et per noctem in columna
ignis, ut dux esset itineris utroque tempore.(성경 탈출 13. 21)
주님께서는 그들이 밤낮으로 행진할 수 있도록 그들
앞에 서서 가시며, 낮에는 구름 기둥 속에서 길을 인도
하시고, 밤에는 불기둥 속에서 그들을 비추어 주셨다/
Nunquam defuit columna nubis per diem, nec columna
ignis per noctem, coram populo. (ouvk evxe,lipen o` stu/loj
th/j nefe,lhj h`me,raj kai. o` stu/loj tou/ puro,j nukto,j evnanti,on
panto,j tou/ laou/) (獨 Niemals wich die Wolkensäule von
dem Volk bei Tage noch die Feuersäule bei Nacht)
(⑨ Neither the column of cloud by day nor the column
of fire by night ever left its place in front of the
people) 낮에는 구름 기둥이, 밤에는 불기둥이 백성
앞을 떠나지 않았다(성경 탈출 13. 22).
columna rostráta. Duílius 해전 승리 기념기둥
columna Sancta(⑨ Holy Places) 은수 기둥, 고행 기둥,
　그리스도가 채찍질을 당할 때 매달렸던 대리석 기둥.
　편태기둥(이 기둥 절반은 로마에, 남은 절반은 우루살렘에 보존되어 있다).
cŏlúmna², -æ, f. 죄인들을 묶어 Forum에 내세우던 대(臺)
cŏlumnárĭi, -órum, m., pl. 무뢰한, 폭도(暴徒); 천민
cŏlumnárĭum, -i, n. 대리석 기둥 공장,
　(가옥의 기둥 수대로 부과한) 기둥 세(稅).
cŏlumnárĭus¹, -a, -um, adj. 기둥의, 기둥에 관한
cŏlumnárĭus², -i, m. Colúmna Mœnia에 처벌되는 죄인
cŏlúrnus, -a, -um, adj. 개암나무로 만든
cŏlus, -i(-us), f. 실감개 대, (물레의) 토릿대,
　물렛가락(紡錘- 물레로 실을 자을 때 실이 감기는 쇠꼬챙이).
com-, præfixa. 본래의 전치사 cum의 예 형태이다. 지금은
　합등동사에서 대단히, 몽땅, 아주, 함께(μετά.σύν) 따위의 뜻을 드러내는
　접두사로 나타난다. 이 경우 'b, p, m' 字 및 'qu' 字 앞에서는 com- 그대로
　있고, 'l' 字 앞에서는 col-로, 'r' 字 앞에서는 cor-로, 일부 모음 및 'h, gn' 字
　앞에서는 co-로, 그 밖의 자음 앞에서는 con- 으로 바뀐다.
　(라틴-한글 사전 p.163).
cŏma, -æ, f. 머리채; 빗어 넘긴(손질한.땋은) 머리,
　가르마 탄 머리, (동물의) 갈기,
　더부룩이 우거진 나뭇잎.햇살, 빛살.
　abscissa comas. 머리채를 쥐어뜯긴 여자/
　Do comam diffundere véntis.
　바람에 머리카락을 나부끼게 하다/
　Nec dóminam motæ dedecuére comæ. 약간 흐트러진
　머리가 귀부인을 망신스럽게는 하지 않았다/
　Resolúta commas(=comis) 머리를 흩어트린 여자
　(시문이나 문학적인 산문에는 그리스 말을 본 따서 제한 탈격 대신에

218

대격을 쓴 것도 있다. 그리스 대격은 제한 탈격 대신에 뿐만 아니라 약간의
타동사의 수동형, 과거분사, 또는 재귀대명사 등에 써야 할 제2객어로서의
탈격 대신에도 쓰는 수가 있다. 허창덕 지음. Syntaxis Linguæ Latinæ, p.134)/
tracto comis. 머리채를 잡고 끌고 가다/
vittis exúta comam. 댕기를 풀어놓은 여자(exuo 참조).
coma dividua. 가르마한 머리
coma intonsa. 깍지 않은 머리
comacini Magistri. 꼬마치니 신심운동 조합
Comæ terrore regébant.
　공포에 질려 머리가 쭈뼛 일어서고 있었다.
Comaldulensis Ordinis Sancti Benedicti.
　카말돌리회(略.O.S.B.-로무알도 952? ~1027가 1012년 이탈리아
　Arezzo 근교 카말돌리에 설립한 베네딕도회 소속 연합회.
　이 수도회의 정신과 목적은 주로 '관상'을 하는 것이다.
cŏmans, -ántis, adj.
　늘어뜨린 머리의, 머리 기른, 잎이 무성한, 빛살 뻗친.
comans stella. 혜성(彗星)
cōmárchus, -i, m. 마을의 이장
cómáron, -i, n. (植) 소귀나무 열매, 딸기
cómárus, -i, f. (植) 소귀나무
cŏmátus, -a, -um, adj. 장발(長髮)의, 잎이 무성한
cómbíbo[1], -bíbi, -bíbitum, -ĕre, tr. (cum+bibo)
　함께 마시다, 쭉 마셔버리다; 흡수하다, 머금다. 몸에 배다.
cómbíbo[2], -ónis, m. 술친구
combinátio, -ónis, f. 짝 맞춤, 배합; 결합, 연결, (化) 화합
combíno, -ávi, -átum, -áre, tr. 둘씩 짝 지우다,
　배합하다, 결합(연결) 시키다.
combúro, -ússi -ústum, -ĕre, tr. 태우다, 파멸시키다,
　화장하다, (사랑.정열의) 불로 태우다,
　(시간 따위) 소비하다, 신세를 망쳐주다, 파멸(몰락)시키다.
combussi, "comburo"의 단순과거(pf.=perfectum)
combustibílĭtas, -átis, 가연성(可燃性)
combústĭo, -ónis, f. 연소(燃燒-불이 붙어서 탐)
combustum, "comburo"의 목적분사(sup.=supínum)
combustum, -i, n. 화상(火傷), 덴 상처
cōmē, -es, f. 마을(κώμη.κώμας), 부락(部落.村落)
Comede. 원형 cómědo, -edi -esum(-estum) -ĕre, tr.
　[명령법. 단수 2인칭 comede, 복수 2인칭 comedite].
Comede et bibe(잠언 23. 7). 먹고 마시게
comedia, = comoedia, -æ, f. (@ comedy)
　Comedia vero incohat asperitatem alicuius rei,
　sed eius materia prospere terminatur.
　　희극은 어떤 추한 것으로부터 시작되는 반면,
　　그 내용 면에서 즐겁게 끝을 맺는다[단테는 서사시를 희곡
　(Comedia)이라고 제목을 붙였으며 그 이유를 위와 같이 설명하고 있다].
cómědo, -edi -esum(-estum) -ĕre, tr. 먹어치우다,
　먹다(אכל.מעל), 삼켜버리다, 소비하다, 낭비하다.
　se comedo. 걱정으로(비탄에 젖어) 말라버리다/
　Ubi comedistis? 어디서 식사를 했습니까?.
comedo alqm. 누구의 것을 다 써버리다
comedo alqm óculis. 누구를 뚫어지게(삼킬 듯이) 바라보다
cŏmes, -mítis, m., f. (cum+eo) 길동무, 동행인, 동반자,
　반려(伴侶-짝이 되는 벗), 짝, 동료, 동지, 남편, 아내,
　(학파의) 추종자, (아이들의) 보호교사, 보모, 수행원,
　호위자, 백작(伯爵), 조신(朝臣); 지방장관.
　do alqm alci cómitem. 아무를 누구의 동행자로 딸려 보내다/
　Invidia gloriæ comes est.
　　질시(嫉猜)는 영광의 동반자(영예에 으레)에게 따르는 것.
comes sacrorum largitiónum. 재무장관
comess… V. comiss…
cŏmestibílis, -e, adj. 먹을 수 있는, 먹을 만한
cómestĭo, -ónis, f. 먹음, 식사
comestum, "comedo"의 목적분사(sup.=supínum)
comestus, "comedo"의 과거분사(p.p.)
comesum, "comedo"의 목적분사(sup.=supínum)
cométes(cométa), -æ, m. 혜성(彗星), 꼬리별,
　De Cometis et Lacteo Circulo. 혜성과 은하수.

명사 제1변화 중 불규칙 변화

	단 수	복 수
Nom.	cométes	cométæ
Voc.	cométa(-e)	cométarum
Gen.	cométæ	cométis
Dat.	cométæ	cométas
Acc.	cométen(-am)	cométis
Abl.	cométá(-e)	cométæ

단수 주격 어미 -es(m.)
cométes, -æ, m. 꼬리별, 혜성

(허창덕 지음. 초급 라전어 변화표Tabellæ Declinationum에서)

cómícus[1], -a, -um, adj. 희극의, 우스꽝스러운.
　vis comica. 웃도록 하는 능력.
cómícus[2], -i, m. 희극배우, 희극 작가
cóminus, adv. = cómminus (cum+manus)
cōmis, -e, adj. 친절한, 상냥한, 다정한, 인정 있는,
　예의바른, 공손한(reverens, -éntis, p.præs., a.p.),
　정중한, 세련된, 쾌활한, 명랑한.
cōmissábúndus, -a, -um, adj.
　흥청망청 먹고 마시는, 떠들썩하게 술 마시는.
cōmissátĭo, -ónis, f. 대주연(大酒宴), 폭음폭식(暴飮暴食),
　Bacchus 신 축제의 소란한 행렬.
cōmissátor, -óris, m.
　흥청망청 먹고 마시는 사람, 떠들썩한 술친구.
comíssor(=commíssor) -átus sum, -ári, dep., intr.
　(만찬 후 계속해서) 대주연(大酒宴)을 벌이다,
　흥청망청 먹고 마시며 떠들다.
cōmĭtans, -ántis, p.præs., a.p. 동반하는, 수행하는
cómĭtas, -átis, f. 상냥함, 친절(χηστòς.⑨ Benevolence),
　예의바름, 정중(鄭重-점잖고 엄숙함), 쾌활, 명랑(明朗).
　alqm omni comitáte ad hilaritátem provoco.
　　명랑과 상냥함을 다하여 아무를 기분 좋게 하다.
cŏmĭtátus[1], -a, -um, p.p., a.p. 대동한, 데리고, 동반한.
　puero uno comitátior. 노예를 하나 더 데리고.
cŏmĭtátus[2], -us, m. 대동(帶同), 동반(同伴), 수행(隨行),
　수행원(隨行員), 측근자, 일행, 여행대열, 대상(隊商).
　magno comitátu. 많은 수행원(隨行員)을 데리고.
cómĭter, adv. 상냥하게, 친절하게, 예의바르게, 기꺼이
cómĭtĭa, -órum, n., pl. 고대 Roma 국민회의(國民會議-
　의원은 국민에 의해 선출되며 법률을 제정하고 행정관을 임명함). 민회.
Comitia ista me lætítĭa extulérunt.
　그 국민회의가 나를 무척 기쁘게 했다.
comitĭa consularia. 집정관 선출대회
comitĭa curiáta. Roma의 귀족회, 구(區) 민회
comitia tributa. 부(部) 민회
cómĭtĭális[1], -e, adj. 국민회의장의, 국민회의의.
　dies comitiáles. 국민회의 개회기간.
cómĭtĭális morbus. 간질병
　(국민회의 도중 이 병이 걸린 사람이 있으면 휴회 되었음).
cómĭtĭális[2], -is, f., m. 간질병 환자(癎疾病患者)
cómĭtĭátus, -us, m. 국민집회(國民集會)
cómĭtĭátus máximus. 고대 Roma 국민회의(國民會議)
comítíssa, -æ, f. 백작부인
cómítĭum, -i, n. 국민회의장(國民會議場), 집회장소, 회의,
　꼬미시움(Legio Mariæ 조직 중 하나).
　curiata. 시민구 회의/centuriata. 백인구 회의/
　tributa. 가문구 회의[성 염 지음. 고전 라틴어. p.228].
cómíto, -ávi, -átum, -áre, tr.
　수행(隨行)하다, 따라가다, 수반(伴)하다(따르다).
cómítor, , -átus sum, -ári, dep., tr. 동행(同行)하다,
　따라가다, 장지(묘지)까지 따라가다, 수반(隨伴)하다,
　רדף.הלך.לוה.בוא.דרך.יצא.
　Tardis mentibus virtus non facile comitatur.
　　무딘 정신에는 덕이 따르지 않는다.
comma, -átis, n. 콤마(,), 쉼표(,), 휴식부(休息符)
　글귀, 작은 구절(句節)
comma Joánneum. 요한 삽입구.
　요한 1서 5장 7 ~ 8절(추가구라는 논쟁이 붙어 있음).

C

comma pianum. 구두점, 비오 코머(1567년 10월1일 얀세니즘의 선구자이며 벨기에 루뱅대학 교수인 Bajus의 76(9)명제를 배척하는 비오 5세의 대칙서 Ex omnibus afflictionibus(모든 고통에서)를 바유스의 추종자들이 코머를 변조하여 반항한 일을 두고 하는 말이다 …. 백민관 신부 엮음. 백과사전 1. p.666).

commácŭlo, -ávi, -átum, -áre, tr. (몹시) 더럽히다, 오점(汚點)을 남기다; 욕되게 하다.

commádĕo, -úi -ére, intr. 젖다, 대단히 축축하다

commandúco, -ávi, -átum, -áre, tr. (cum+mandúco) 먹다(אכל.אכל), 꼭꼭 씹다.

commánĕo, -ére, tr. 체류하다(גור)

commănĭpŭláris, -is, m. 같은 중대 동료

commănĭpŭlo, -ónis, m. 같은 중대 동료

commárĭtus, -i, m. 한 여자의 딴 서방

commáscŭlo, -áre, tr. 남자답게 하다, 힘을 내다

commátĭcus, -a, -um, adj. 짧은 구절의, 글귀의

commeátus, -us, m. 왕래, 떠나갔다 돌아옴, 휴가(특히 군인들의 휴가), 통행, 통과. (군대) 이동, 수송, 군대 식량, 군량; 보급품(補給品).
avia commeatibus. 보급품을 가지고 갈 수 없는 곳/
esse in commeátu. 휴가(休暇) 중이다.

commédĭtor, -átus sum, -ári, dep., tr. 깊이 명상하다

comméĭo = **comméjo**

comméjo, -mínxi, -mínctum, -ére, tr. (cum+mejo) …에 오줌 누다, …에 오줌 싸다.

commelinácěæ, -árum, f., pl. (植) 닭의장풀科

commémĭni, -ísse, def., tr., intr. 생각나다, 잘 기억하고 있다.

commĕmŏrábĭlis, -e, adj. 기억(기념)할만한, 생각할 만한; 잊을 수 없는.

commĕmŏrándus, -a, -um, gerundivum. 기억해야 할

commĕmŏrátĭo, -ónis, f. 기념, 상기(想起-지난 일을 생각해 냄), 기억(זכר.記憶.֎ remembrance), 언급, 인용(引用), 기념 함(֎ Commemoration.獨 Komemoration), 미사 또는 성무일도에서 기념기도.
nuda commemoratio. 공허한 기념.

Commemorátĭo B.M.V. de Inventione Christianorum.
그리스도敎 신자 발견의 성모 마리아 기념 축일.

Commemorátĭo Omnium Fidelium Defunctórum.
위령의 날(추사이망 첨례.֎ All soul's day.
獨 Allerseelen) 죽은 모든 신자들의 기념일.
Commemorationem in meam. 나를 기억하여.

Commemorátĭo Solemnis Beatæ Mariæ de Monte carmelo. 가르멜 山의 동정 성모 마리아 축일(스카풀라레 축일).

commémŏro, -ávi, -átum, -áre, tr. 기념하다, 상기하다, 기억하다(זכר.דכר.דכר), 기억하게(생각나게) 하다, 상기시키다, 언급하다, 이야기하다(מלל.מ), 기억하다.
Iam commemoravi. 제가 이미 상기시켜 드렸습니다/
Quis me commemorat? 그 누가 내게 알려주리이까?

commĕnda temporária.
(敎法) 교회 수입의 일시적 수여(C.I.C. 1412條).

commendábĭlis, -e, adj. 추천할만한, 칭찬할만한, 훌륭한

commendātícĭus(-tĭus) -a, -um, adj. 추천의, 소개의.
lítteræ commendatíciæ. 추천장(推薦狀), 추천서.

commendátĭo, -ónis, f. 추천(推薦.֎ postulátĭon), 천거(薦擧), 부탁, 소개(紹介), (무엇에 대한) 칭찬, 찬양(讚揚), 높은 평가, 위탁(委託).

commendátĭo animæ.(֎ Commendation of the Dying.
獨 Sterbeliturgie) 임종 때 하느님께 영혼을 맡겨드림,
임종 때 하느님께 영혼을 맡겨드리는 기도, 임종 예식,
임종기도(=commendátĭo morientium. 임종자의 위탁기도)

commendátĭo morientium. 임종기도

commendátĭo sui. 자기 추천(自己 推薦)

commendátor, -óris, m. 추천인(推薦人), 후원자(後援者)

commendātórĭus, -a, -um, adj. 추천(천거)의, 부탁하는

commendátrix, -ícis, f. 여자천인, 여후원자

commendátus, -a, -um, p.p., a.p. 추천 받은,
칭찬 받는, 높이 평가된, 마음에 드는, 맡겨진, 위탁된.
Commendata vero quæque ipse non suscipiebat,
sed volentes suscipere clericos non prohibebat.

그분은 기탁금을 전혀 받지 않으셨다. 그러나 이를 받기를 원하는 성직자들에게 금하지는 않으셨다.
(Commendata란 영구 기증이 아니라 일정 기간만 맡겨두는 재산이다.
이연학 최원오 역주, 아우구스티노의 생애. p.105).

comméndo, -ávi, -átum, -áre, tr. (cum+mando)
위탁하다, 맡기다, 부탁하다, 추천하다, 천거하다,
칭찬하다, 값나가게 하다, 감명 깊게 해주다.
alqm tutélæ alcjs commendáre, subjícere.
누구를 아무개 후견인(後見人)으로 맡기다/
In manus tuas, domine, commendo spiritum meum.
주님의 손에 내 영혼을 맡기나이다/
Quid(=cur) ego tibi commendarem eum, quem tu ipse
diligis? 그대 몸소 아끼는 그 사람을 내가 왜 굳이 그대
에게 천거했겠는가?.[성 엄 지음. 고전 라틴어, p.298].

commendo se fugæ. 도망치다(capio fugam.)

commensális, -is, m. (cum+mensa)
함께 식사하는 사람, 회식자(會食者).

commentāriénsis, -is, m. 기록 책임자(記錄 責任者),
(죄수나 군인의) 인적사항 기록자(記錄者).

commentárii, -órum, m., pl. 주해서(註解書), 해설서

Commentarii ac Disputationes. 주석과 토론

Commentarii in Decretum Gratiani.
그라시아누스 법령집 해설(1519년).

Commentarii in Psalmos. 시편주해

commentaríŏlum(-us) -i, n.(m.)
소논문(小論文), 소작품, 초안(草案-草稿).

commentárĭum, -i, n. 주해(註解.֎ Exegesis-註解),
주석(註釋), 주해서(註解書), 주석서(註釋書).
Commentaria in Hierarchiam cœlestem S. Dionvsii
Areopagitæ.(Ugo di San Vittore. 1100년경~1141년).
성 디오니시오의 천상의 교계에 대한 주석서/
Commentaria in Libros Decretalium. 법령집 해설.
[13세기 들어 본격을 읽고 설명하는 주석학자들의 활동은 쇠퇴의 기조를 보였다.
그리고 법학은 법문의 해석과 강의를 위해 새로운 학문적 기술을 찾게 되는데,
그것이 바로 '주해(commentarium)'였다. 이는 사회적 현안인 도시규약의 해석
문제에서 제기되었다. 이로 인해 '주석학파'의 시대에서 '주해학파'로 넘어가게
된다. 학설휘찬 제I권에는 'Scire leges non hoc est verba earum tenere. sed
vim ac potesatatem. 법을 안다는 것은 그것들의 단어들을 기억하는 것이 아니라,
법의 효력과 권한을 기억하는 것이다'라고 정의되어 있다. 주석학자들(glossatori)
에게 법을 안다는 것은 법의 단어들을 안다는 것을 의미하였다. 반면 주해학파는
(commentatori)에게 법을 안다는 것은 단지 글자만을 이해하는 것이 아니라, 법의
효력, 즉 '법의 정신(mens legis)'과 '법의 의도(ratio legis)'를 아는 것이었다.
이와 같은 방법론의 변화가 가능했던 배경은 아리스토텔레스의 원문 전체의
재발견이었다. 아리스토텔레스의 원문 전체의 재발견은 법학뿐 아니라. 스콜라
철학의 아버지로 불리는 피에르 아벨라르(Pierre Abélard. 1079~1142)가 이미
사용한 변증법적 방법, 그라시아누스가 교회법에 적용한 방법, 그리고 大 알베르토
(Alberto Magno. 1206~1280)와 토마스 아퀴나스와 같은 대 신학자들에서부터
신학 전반에 엄청난 영향을 주었다. 한동일 지음. 유럽법의 기원, pp.225~226)].

Commentarium de Aristoteles. 아리스토텔레스의 주석

Commentarium de bello civili. 시민전쟁 평론

Commentarium de bello Gallico. 갈리아 전쟁 평론.
(Gaius Iulius Cæsar 지음 BC 101-44).

Commentarium pro Religiosis. 수도자를 위한 주석

commentárĭus, -i, m. 비망록(備忘錄), 일기장, 장부,
회상록, (안건.회의.재판 따위의) 기록, 초고(草稿),
연설 초안(草案), 주해(서), 주석(註釋).
Commentarii theologici. 신학적 주석.

commentárĭus dominicalis(֎ Sunday bulletin) 주보(週報)

commentárĭus in concordiam suam.
복음 조화의 주해(얀세니오 주교 지음).

Commentárĭus in Ecclesiasten. 코헬렛 해설

commentátĭo, -ónis, f. 심사숙고(深思熟考), 연구(研究),
구상(構想), 묵상(黙想.μελέτη.֎ meditátĭon),
연설 준비.연습, 논문, 논고, 천거, 추천('Consilium' 참조).
commentata orátĭo. 오래 준비한 연설(演說)

commentátĭo mortis. 죽음에 대한 묵상(黙想)

commentátor, -óris, m. ֎ Commentator.
獨 Kommentator) 주석가(註釋家), 해설가.

commentícĭus, -a, -um, adj. 생각해 낸, 창안한, 상상의,
공상의, 이상에 속하는, 거짓의, 허구의, 가공의.
commentícĭa cívitas Platónis. 플라톤의 이상국가.

comméntĭor, -ítus sum -íri, dep., tr.
거짓말하다, 꾸며대다.

comménto, -atus sum, -ári, tr. = **comméntor**[1]
comméntor[1], -atus sum, -ári(= **comménto**), dep., tr. 깊이 생각하다, 궁리하다, 생각해내다, 연구하다, 많이 생각해서 준비하다, 연습하다, 요약해서 쓰다, 글을 쓰다, 창작하다.
commentata orátĭo. 오래 준비한 연설(演說).
commentor mimos. 무언극을 쓰다
comméntor[2] -óris, m. 창시자(創始者), 발명자(發明者), 고안자(考案者, fabricátor, -óris, m.).
comméntum, -i, n. 안출(案出-생각해 냄), 창안, 계획, 책략(策略-일을 처리하는 꾀와 방법), 공상, 상상, 허구(虛構).
cómmĕo, -ávi, -átum, -áre, intr. 왔다 갔다 하다, 돌아다니다(שוט), 들락날락하다, 왕래하다, 어떤 곳에 자주 가다.
ultro commeáre. 이곳저곳을 왔다 갔다 하다.
commércĭum, -i, n. 상업, 통상, 거래([영] Business), 교역(交易-거래), 매매(賣買-팔고 삼), 매매권, 교역권, 매매할 권리, 상품(商品), 군량(軍糧), 상업 장소, 교역장소, 교제(交際), 관계(關係), 교환(交換).
admirabile commercium. 놀라운 교환/
De usuris, commerciis, Gallico et Romano. 프랑스와 로마의 대금업과 상행위(Lyon, 1656년)/
exerceo commércium turis. 향료장사를 하다/
habére commercium cum *alqm*. 누구와 관계를 가지다/
sacrum commercium. 거룩한 교제(交際).
commercium *alcjs* rei. 무엇을 매매할 권리(權利)
commercium donorum.([영] exchange of gifts) 은총의 교환(1995.5.25. "Ut Unum Sint" 중에서).
Dialogus non solum opinationum commercium est; is quodammodo semper "commercium donorum" est. ([영] Dialogue is not simply an exchange of ideas. In some way it is always an "exchange of gifts". 대화는 단순히 사고의 교환만은 아닙니다. 어느 면에서, 대화는 언제나 "은총의 교환" 입니다.
Commercium est inter mundum et fratres. 세상과 형제들 사이에 계약(契約)이 있습니다.
Commercium in eo agro nemini est. 이 밭을 살 권리는 아무에게도 없다.
commércor, -átus sum, -ári, dep., tr. (cum+mercor) 도매(都買)로 사다, 도거리로 사다.
comméréo, -ŭi, -ĭtum, -ére, dep., tr. (cum+méreo) 벌 받을 일을 하다, (벌.비난을) 마땅히 받다, 잘못을 저지르다, 책임이 있다.
comméréor, -rĭts sum, -éri, tr. = **comméréo**
commétĭor, -ménsus sum -íri, dep., tr. 측량하다, 재다, (무게를) 달다, (용량을) 되다, 대조하다, 비교하다.
comméto, -áre, intr. 자주 찾아가다(오다)
commictus, "commejo"의 과거분사(p.p)
commíctus, -a, -um, p.p., a.p. 더러워진
commĭgrátĭo, -ónis, f. 이동(移動), 이주(移住), 이민(移民.[영] emigrátĭon/migrátĭon).
commígro, -ávi, -átum, -áre, intr. (cum+migro) 이동하다(גלה), 이주하다.
ea diem suom obiit, facta morigera est viro. postquam ille uxori justa fecit, illico huc commigravit. 그러다 마누라가 뒈졌지. 서방에겐 얼마나 고마운 일인가. 그자는 죽은 마누라에게 상례를 치르고 나서 이리로 이사를 왔다 이 말이야(사랑만이 진리를 깨닫게 한다. p.453).
commíles, -lĭtis, m. 전우(戰友)
commīlĭtĭum, -i, n. (cum+miles) 군대 복무를 같이 함, 전우관계, 교제(交際).
commílĭto[1], -áre, intr. 함께 싸우다
commílĭto[2], -ónis, m. 전우; 동료(φὶλος.同僚)
comminátĭo, -ónis, f. 위협(威脅), 공갈(恐喝), 협박(脅迫), 협박행위, 군대 시위(軍隊示威).
comminctus, "commejo"의 과거분사(p.p.)
commíngo, -mínxi, -mí(n)ctum, -ĕre, tr. (어디에) 오줌 누다(싸다), 더럽히다.
comminíscor, (-ĕris, -ĭtur), -méntus sum, -minísci, dep., intr. (cum+mens+mémini) 고안하다, 발명하다, 날조하다, 조작하다.
comminxi, "commejo"의 단순과거(pf.=perfectum)
cómmĭnor, -átus sum, -ári, dep., intr., tr. 으르다, 위협하다(דבר), 협박하다, 공갈하다.
comminor *alci* cúspide. 창으로 누구를 위협하다
commínŭo, -ŭi -útum -úĕre, tr. (cum+mínuo) 산산조각 내다, 깨뜨리다, 부수다(רבת.ריעבת.ערת), 분쇄하다, 약화시키다, 무력하게 만들다(רצץ), (힘.희망.뜻 따위를) 꺾다, 감소시키다, 소모하다.
cómmĭnus(=cómĭnus) adv. (cum+manus) 격투로, 접전하여, 손닿는 곳에(서), 가까이에(서), 즉시.
commíscĕo, -míscŭi -míxtum(-místum) -ére, tr. (cum+mísceo) 섞다(טריף.טרף.בול.ליב.בלבלי), 혼합하다, 혼돈하다, 합치다, (무엇을) 섞어서 하나로 만들다.
Cum masculo non commisceberis coitu femineo: abominatio est. (kai. meta. a;rsenoj ouv koimhqh,sh| oi,thn gunaiko,j bde,lugma ga,r evstin)(獨 Du sollst nicht bei einem Mann liegen wie bei einer Frau; es ist ein Greuel) ([영] You shall not lie with a male as with a woman; such a thing is an abomination)(레위 18, 22) 여자와 동침하듯 남자와 동침해서는 안 된다. 그것은 역겨운 짓이다(성경 레위 18, 22)/여자와 자듯이 남자와 한 자리에 들어도 안 된다. 그것은 망측한 짓이다(공동번역).
commiscui, "commíscĕo"의 단순과거(pf.=perfectum)
commĭsĕrátĭo, -ónis, f. 동정(同情.[영] Compassion), 연민(憐憫.[영] Compassion-불쌍하고 딱하게 여김). (修) 연민에의 호소(呼訴).
commĭsĕrésco, -ĕre, tr. 가엾게 여기다.
Me commiseréscit ejus. 나는 그를 불쌍히 여긴다.
commísĕror, -átus sum, -ári, dep., tr. 불쌍히 여기다(רחם), 동정하다(σπλὰγχνον.συμπαθὲω), 슬퍼하다(ספד.מריר.מרר.לבא.אכב.יכב), 청중에게 동정심(同情心)을 일으키다.
Commiseror fortunam Græciæ. 희랍의 운명을 슬퍼하다
commīsi, "committo"의 단순과거(pf.=perfectum)
commissárĭus, -i, m. 위임을 받은 사람; 위원, 권한대리
commissát··· V. **comissát**···
commíssĭo, -ónis, f. 연결(連結), 이음, 매듭, 위원회, (경기, 전투 등의) 시작; 싸움 벌임, 범죄, 위임, 위탁.
Commissio a Justita et Pace. 한국 천주교 정의 평화 위원회(1970년 8월 24일 대전 성모여고에서 창립총회).
Commissio de Disciplina Cleri et Populi Christĭani. 성직자와 신자의 규율에 관한 위원회(委員會).
commissio de re bíblica. 성서위원회(Sedula cura) (1971.6.27. 자의교서).
Commissio interdicasterialis "De æqua sacerdotum in mundo distributione" exstinguitur. '세계 사제 균배'에 관한 부서 간 위원회는 폐지된다.
Commissio Liturgica.([영] Department of Liturgy. 獨 Liturgischer Arbeitskreis) 전례 분과 모임.
Commissio Liturgica.([영] Liturgical Commissions. 獨 Liturgische Kommission) 전례 위원회.
commissio necessaria. 필요적 위임(必要的 委任)
Commissio Pontificia de Re Biblica. 교황청 성서 위원회(敎皇廳 聖書 委員會).
Commissio Præparátoria de Religiosa. 수도자 준비위원회 (1960.6.5. 교황 요한 23세 설립).
Commissio Pro Russia. 러시아 위원회(소련 공산 체제 하에서 박해 받는 교우들을 위해 비오 11세가 1930년 3월19일 속죄의 기도일을 설정하고, 러시아인 문제를 특별히 취급하는 러시아 위원회(1925년 설정)를 1930년 독립위원회로 따로 운영하도록 했다. 백민관 신부 엮음, 백과사전 1, p.650).
Commissio Theologica Internationalis. (신앙 교리성 산하) 국제신학위원회.
commissio voluntaria. 임의적 위임
Commissione Centrale. 중앙위원회(中央委員會)

commíssor(=comíssor) -átus sum, -ári, dep., intr.

commíssum, "committo"의 목적분사(sup.=supínum)

commíssum, -i, n. 기업, 기획(企劃), 범죄, 범행,
위반(違反), 비밀(秘密), 위탁비밀(委託秘密).

commissúra, -æ, f. 맺음, 이음, 연결; 매듭, 접합,
(解.動) 신경의 교련(交連), 좌우 연결 신경.

commístĭo = commíxĭo 혼합(混合), 섞음

commistum, "commíscĕo"의 목적분사(sup.=supínum)

commítĭgo, -ávi, -átum, tr. 부드럽게 하다

commítto, -mísi míssum -ĕre, tr. (cum+mitto)
결합시키다, 합치다, 연결시키다, 싸움시키다,
겨루게 하다, 대결시키다, **교전(전투.전쟁)하다**,
(싸움, 경기 따위를) 벌이다.개시하다
(잘못을) 저지르다(πράσσω), 죄를 범하다,
…짓을 하다, 법률을 위반하다, 위법 행위를 하다,
맡기다, 위탁하다, 일임하다, 내어주다,
하도록 내맡기다, 내버려두다, 믿고 맡기다.

committo pœnam, mulctam.
벌.벌금형을 받다, 벌 받을 짓을 하다.

committo prœlium. 교전(交戰)하다

committo scelus. 죄악(罪惡)을 범하다

committo se ímprobis. 흉악한 무리 속에 끼어들다

committo se in conspéctum alcjs. 누구 앞에 나서다

commíxtĭo, -ónis, f. (⑨ Commingling.獨 mischung)
섞음, 혼합(混合).

Hæc commixtio Corporis et Sanguinis Domini nostri
Iesu Christi fiat accipientibus nobis in vitam æternam.
여기 하나 되는 주 예수 그리스도의 몸과 피가 이를
받아 모시는 저희에게 영원한 생명이 되게 하소서.

commíxtum, "commíscĕo"의 목적분사(sup.=supínum)

commŏdátĭo, -ónis, f. 대여(貸與-빌려 주거나 꾸어 줌), 빌려줌

commŏdátĭo rei. 사물의 대여

commŏdátor, -óris, m. 대여자(貸與者), 대주(貸主)

commŏdatum, -i, n. 빌려 준 것(물건).
(法) 사용대차(使用貸借.'Precarium' 참조).
[사용대차는 약정으로 정한 기간 또는 대차의 목적에 상응하는 합리적인
기간이 지난 뒤 차주가 대주에게 반환한다는 내용의 물건의 무상 대차를
말한다. 한동일 지음. 로마법의 법률 격언 모음집[출간예정)].

Commodata res tunc proprie dicitur, si nulla mercede
accepta vel constituta res tibi utenta data est.
사용 대차한(빌려준) 소유물은 정확히 값(임대료)을 받지
않고 지정된 소유물을 당신에게 사용하도록 준 것을 말한다/

Gratuitum debet esse commodatum.
사용대차는 무상이어야 한다/

Nemo commodando rem facit eius, cui commodat.
그 누구도 사용대차에 의해 누군가에게 빌려준 것을
그의 소유물로 만들지 못한다/

Nemo est magis onerandus quam sit honoratus.
그 누구도 수여받은 것보다 더 책임을 져서는 안 된다/

Non potest commodari id, quod usu consumitur.
사용에 의해 소비되는 것은 빌려줄(사용대차 될) 수 없다/

Rei commodatæ et possessionem et proprietatem
retinemus. 사용대차 한 소유물에 대해 우리는
점유와 소유권을 가진다.

commŏde, adv. 편리하게, 적절하게, 적시에, 쉽게,
잘(καλῶς), 좋은 조건으로, 친절하게.

commodior, -or, -us, adj. cómmŏdus[1], -a, -um의 비교급

commodissimus, -a, -um, adj. cómmŏdus[1], -a, -um의 최상급

commŏdĭtas, -átis, f. 적절한 형편, 적합성(適合性),
알맞은 비례, 대칭(對稱), 꼭 맞는 표현, 유리함,
쓸모 있음, 편리, 편의, 쾌적, 좋은 기회, 친절, 관대.

Compendii eucharistici commoditas.(⑨ The usefulness
of a Eucharistic Compendium) 성찬 개요서의 유용성.

cómmŏdo[1], adv. 편리하게, 알맞게

cómmŏdo[2], -ávi, -átum, -áre, tr. 적합하게 맞추다,
알맞게 만들다, 어울리게 하다, 적응시키다,
빌려 주다, 호의를 보이다, 잘 해주다, 편의 봐주다.

Commodo manum ad verba. 어조에 맞추어 손을 놀리다

commódŭle, adv. 적당히

cómmŏdum[1], adv. 알맞은 시간에, 마침 잘

cómmŏdum[2], -i, n. 편의(便宜), 편리, 적당한 때, 호기,
빌린 물건, 유공자에게 주는 특전.상여금.

pl. **이익**(利益.'Commoda, Utilitas' 참조) **이득**, 유리함.
[Commoda 이익, Incommoda 손해, Onera 책임,
Periculum 위험. ('Benefícium, Inculpata tutela,
Privilegium, Utilitas publica, Vis 참조)
-이익은 법률적 지위나 원로원의결에 의한 법적 이익.
일정한 법률적 지위(점유. 소유권)와 관련된 권리, 이자, 임금 등이다/.
-'코모둠commodum'은 법률이나 원로원의결에 의한 법적 이익, 점유나 소유권
등의 일정한 법적 지위와 관련된 권리, 이자, 임금 등이 이익이다. 반의어는
'불이익'을 의미하는 '인코모둠incommodum' 또는 '책임'을 의미하는
'오누스onus'이다. 한동일 지음. 로마법의 법률 격언 모음집[출간예정)].

Adversus periculum, naturalis ratio permittit se
defendere. 위험에 맞서 자연 이성은 정당방위를 인정 한다/
Commoda cuius rei eum sequi, quem sequentur
incommoda. 어떤 물건으로 불이익을 당하는 자는
그 물건의 이익도 갖는 것이 정당하다.
[이 규칙은 매매계약에 적용되어 매도되었지만 아직 인도되지 않은
물건의 악화, 멸실의 위험을 매수인은 계약 체결 후 물건의
과실 등 이익을 갖는다는 의미이다/]

commodo tuo. 네게 편리할 때에, 네가 좋을 때에/
Commodo valetudĭnis tuæ. 네 건강이 허락하는 대로/
cum erit tuum commodum, 네게 편리할 때, 네가 좋을 때에/
Cuius commodum, eius et periculum.
이익을 얻는 자에게 위험 또한 속한다/

De commodis atque incommodis, quæ bonis ac malis
plerumque communia sunt 유리한 일과 불리한 일이
선인과 악인에게 공통으로 일어나는 일이 흔하다(신국론. p.2742)/
Qui habet commoda, ferre debet onera.
이익을 가지는 사람은 책임도 져야 한다/
Secundum naturam est commoda cuiusque rei eum
sequi, quem sequentur incommoda. 손해를 쫓기보다 각자
의 일에 대한 이익을 쫓는 것이 자연을 따르는 것이다.

Commodum eius esse debet, cuius periculum est.
위험을 부담하는 자는 그 이익도 가져야 한다.
[비슷한 표현으로는 Qui sentit commodum, sentire debet et onus. 이익을
느끼는 자는 부담도 느껴야 한다. 이 내용은 보니파시오 8세의 법령집 제55번].

commodum privatum 개인이익(個人利益)

cómmŏdus[1], -a, -um, adj. 적절한, 알맞은, 적합한,
어울리는, 선뜻 마음 내켜지는 (일), 좋게 생각되는,
편리한, 쾌적한, **유리한**, 유익한, 친절한, 호의적인.

cómmŏdus[2], -i, m. Roma의 황제

commœnĭo = commúnĭo[2] 강화하다, 견고케 하다

commólĭor, -ítus sum -íri, dep., tr.
움직이게 하다, 일게 하다, 계획하다.

cómmŏlo, -lŭi -lŭtum -ĕre, tr.
빻다, 맷돌로 갈다, 바수다, 벼락이 나무에 내리치다.

commŏnĕfácĭo, -féci -fáctum -ĕre, tr.
(com+móneo+fácio) 알려(깨우쳐)주다,
생각나게 하다, 상기시키다, 주의시키다.

commŏnéfĭo, -fátus sum -fíĕri, pass. 생각나다, 상기하다.

commónĕo, -ŭi -ítum -ĕre, tr. 생각나게 하다,
상기시키다, 알려주다, (~하도록, 말도록) 이르다.
경고하다(זהר.דהר), 주의를 환기(喚起)시키다,
재촉하다(זרז).

commonítĭo, -ónis, f. 일러줌, 주의시킴, 경고(警告)

commónĭtor, -óris, m. 충고자

Commonitorium. 비망록(434년 렝랭의 빈첸시오 지음).
Commonitoria. 책이름 '충고', '교훈집'.
(Vincent de Lérin의 저자. 백민관 신부. 엮음 백과사전 1. p.671).

commónstro, -ávi, -átum, -áre, tr.
보이다(φαίνω), 제시(提示)하다, 명시(明示)하다.

commŏrátĭo, -ónis, f. 체류(滯留), 머무름,
체재(滯在-오래 머물러 있음), 지체함, 늦어짐.
(修) 중요한 대목에서 머물러 하는 되풀이.

Jesu commoratio in templo.(⑨ Jesus' Stay in the
Temple) 예수 성전 안에서의 머묾.

commórdĕo, -mórdi, -mórsum, -ére, tr. 물다, 물어뜯다

commórĭor, (-réris, -rítur), mórtŭus sum, móri,
dep., intr. 함께 죽다.

cómmŏror, -átus sum, -ári, dep., intr. 체류하다(ㄱㄱ),
　지체하다(ㄴㄱㄱ), 머물다, 어떤 일을 물고 늘어지다, 틀어박히다.
　tr. 지연시키다, 붙잡아 머물게 하다.
commorsus, "commórdĕo"의 과거분사(p.p.)
commótĭo, -ónis, f. 격동(激動), 뒤흔들음, 동요(動搖),
　흥분(興奮-자극을 받아 감정이 북받치거나 분기함. 또는 그 감정)
　감동(感動), 설렘. (醫) 진탕(震盪-몹시 흔들려 울림).
commotĭo cérebri. 뇌진탕(腦震盪)
commōtiúncŭla, -æ, f. 찌뿌드드함
commōtum, "commóvĕo"의 목적분사(sup.=supínum)
commótus, -a, -um, p.p., a.p. 흥분한, 감동된, 움직이는,
　(어조.문체가) 격렬(激烈)한.
commotus metu. 공포에 충격 받은
commotus spe. 희망에 부푼
commóvĕo, -móvi -mótum -ére, tr. (cum+móveo)
　움직이게 하다, 뒤흔들다, 흔들어 놓다, 격동시키다,
　휘젓다, 옮기다, 이동시키다, 치우다, 철수시키다,
　감동시키다, 충격 주다, 자극하다, 흥분시키다,
　(감정을) 일으키다, 끼치다, (증세.통증 따위) 일어나다,
　발작하다, (열로) 떨리다, 야기하다, 일으키다,
　선동하다, 초래하다, (일을) 혼란에 빠뜨리다,
　(위험에) 몰아넣다, pass. (돈.비용) 지출되다.
　commótus metu(spe) 공포에 충격 박은(희망에 부푼)/
　commovéri cápite. 두통(頭痛)이 일어나다/
　Omnes infantium innocentia commovemur.
　우리는 누구나 어린이들의 순진무구함에 감동한다.
commoveo memóriam alcjs rei.
　무엇의 기억(記憶)을 불러일으키다.
commoveo misericórdiam alci.
　누구에게 자비심(慈悲心)을 일으키다.
commóvi, "commóvĕo"의 단순과거(pf.=perfectum)
commúne -is, n. 공통점(共通點), 서로 통하는 것,
　공유관계 ('Proprietas, Societas, Universitas' 참조),
　공유 재산, 공동으로 하는(되는) 것, 전체 지방, 국가,
　공통적으로, 일반적(으로), (감탄사적) 똑같은 몫으로!,
　(미사나 성무일도의) 공통전례(共通典禮).
　[공유관계는 두 명 이상이 동일한 물건을 공동으로 매수하거나, 상속, 유증을
　통하여 취득할 때 발생한다. 각자는 물리적으로 불가분인pro indiviso 물건에
　대하여 균등하거나 불균등한 지분을 갖는다. 이 관계는 계약societas에 의해
　서도 발생한다. 공유자는 물건 전부에 대하여 지분에 따라 과실을 취득하거나
　비용을 분담하는 등 권리와 의무를 가진다. 공유자는 자유롭게 그 지분을 처분할
　수 있다. 물건의 관리에 대해 공유자들의 의견이 일치하지 않을 경우, 공유물
　분할에 의한 공유관계의 해소가 불가피하다. 그래서 "공유관계는 분쟁의 어머니다
　communio est mater rixarum."라는 말이 있을 정도이다. 공유관계를 해소할
　권리를 배제하는 것은 한시적으로만 허용되었다. 당사자의 합의에 기하여 분할이
　되지 않을 경우, '공유물 분할소권actio communi dividundo'과 '상속재산
　분할소권actio familiae (h)erciscundæ'에 의해 분할되었다. 이러한 분할소권
　으로 공유자 간의 여타 분쟁, 즉 공유자 1인이 공유물에 지출한 비용의 상환,
　이익과 손해 등의 균분præstationes personales(인적인 급부) 문제도 해결된다.
　한동일 지음, 로마법의 법률 격언 모음집에서].
Bonum Commune.(⑨ common Good) 공동 선/
In casu extremæ necessitatis, omnia sunt communia.
　극단적인 필요의 경우에는 모든 (재화가) 공유물이다/
in commune. 공공(의) 복리(로), 공동의 일(로)/
in commune consulo. 공익을 위한 대책을 강구하다/
in commune profutura. 공익이 될(것).
commune civitatis. 자치 도시
commune cunctarum gentium bonum.
　모든 민족들의 공동선.
commune jus. 자치권(自治權)
commune jus gentium. 공통된 만민법
commune Sanctorum(⑨ common of the Saints.
　獨 Commune Sanctorum) 성인 공통부분, 성인 공통미사.
commune sepulcrum. 공동묘지
commúne Sicíliæ. Sicília 섬 전체
communem naturam seu quæ a nobis abstracte et
unverse concipitur.(수아레즈 1548~1617)
　공통본성은 우리가 추상적이고 보편적으로 개념 하는 것.
Communia naturalium. 자연 만물의 공통성
commūnĭcábĭlis, -e, adj. 유통(소통.공통) 될 수 있는,
　(의사.소식 따위를) 전달할 수 있는.
commūnĭcans, -ántis, p. prœs., a. p. …에 통하는,

상종(相從-서로 따르며 의좋게 지냄)하는, 나누어주는.
Communicantes* 고유성인 기도(固有 聖人祈禱)
commūnĭcátĭo, -ónis, f. (지식.의사 따위의) 전달,
　소통, 교류(交流), 상통(相通), 교제, 통보, 통신, 관여,
　(공동) 참여(參與.μετοχη.⑨ Participátĭon),
　나누어 줌, 함께 나눔, 교통, 왕래.
　((修)) (청중의 동감을 노리는) 반문(反問).
　(가톨릭) 성체 배령(聖體拜領) 시킴.
　instrumenta communicátĭónis sociális.(⑨ the means of
　social communication) 사회 홍보 수단/
　Subeunt scilicet sponte magnæ opportunitates,
　quas exhibent tum instrumenta communicationis sociális,
　tum instrumenta communicationis cœtuum.
　여기서 사회 홍보수단들과 집단 홍보수단들이 제공하는
　위대한 가능성들이 즉시 본인의 머리에 떠오릅니다.
communicátĭo beatitudinis Dei.
　신적 지복의 소통(神的 至福 疏通)(가톨릭 철학 제4호, p.117).
Communicatio Christi, id est Spritus Sanctus.
　그리스도의 친교가 곧 성령이시다.
Communicatio in Liturgia.(⑨ Communication in Liturgy
　.獨 Kommunikation im Gottesdienst) 전례 안에서 대화.
communicátĭo in sacris. 예식 교류.
　다른 종파의 예식 참여(교법 844조 1~2조).
communicátĭo idiomatum. 표현의 교용(交用-위격적 일치에
　기초한 그리스도의 인성과 신성 간의 술어들의 교환)
　관용적 통교(慣用的 通交), 속성(屬性)의 교류,
　속성의 친교(獨.Idiomenkommunikátĭon),
　신인 공통 호칭, 신인 양성 공존, 각 특성의 공통 표현,
　신-인 속성교환(屬性交換)(한국가톨릭대사전. p.5706).
communicátĭo in sacris. 전례의 공동참여,
　성사 교류(聖事交流⑨ sharing in sacráments).
communicatio pacis. 평화의 친교
commúnĭco, -ávi, -átum, -áre, tr. 함께 나누어 가지다,
　참여(관여) 시키다, 한 몫 끼게 하다, 나누어주다,
　참여(관여) 하다, 끼어들다, 한 몫 차지하다,
　알려주다, 전달하다, 상의(협의)하다, 교류하다,
　뒤섞다, 합치다, 더럽히다, 성체배령(聖體拜領) 시키다.
　intr. (후기 라틴어에서) 함께 지내다, 상종하다,
　참여(관여)하다.
communicor, -ári, dep. = commúnĭco
commúnĭo¹, -ónis, f. 일치(κοινωνία.⑨ Communion),
　공동, 공유(共有), 공동 관여, 상호 연관성, 연결(連結),
　친교(ㄱㄱ.Communion.Friendship.κοινωνία.
　⑨ Koinonia), 신자들의 친교, 공동체. (가톨릭) 성체 배령.
　aula communis. 공동 휴게실/
　deputátĭo pro communibus. 일반사항 분과/
　ecclesiologia communionis. 친교의 교회론/
　hierarchica communio.(⑨ hierarchical communion)
　교계적 친교/
　plenitudo communionis catholica.
　온전한(충만한) 가톨릭 친교/
　Quod sacra Communio de facili non est relinquenda.
　영성체를 함부로 끌하지 말 것/
　utilitatis communio. 이해관계/
　Canones de communione sub utraque specie et
　parvulorum. 양형 영성체와 어린이 영성체에 관한 법규/
　Communionem in profanis cum excommunicatio vitando
　fideles vitare debent, nisi agatur de coniuge, parentibus,
　liberis, famulis, subditis, et generatim nisi rationabilis
　causa excuset. 파문을 받은 자는 다른 신자들과의 친교나
　교류가 금지되었다. 하지만 부인이나 남편, 부모, 자녀들,
　하인들, 노예들과의 교류와 친교는 가능했다.
　　　　　　　　　　　　　　　(1917년 법전 제2267조)/
　unius tamen ejusdemque naturæ quadam communione
　devincta. 단일한 본성의 유대로 한데 묶인 무리.
communio apostolica. 사도적 친교
Communio Calicis(⑨ Communion of Chalice
　獨 Kelchkommunion) 성혈 영성체.

communio charismatum et ministeriorum.
다양한 은사와 다양한 직무의 친교.
Communio Constantiense. 콘스탄츠 공의회
Communio Constantinopolitanum. 콘스탄티노플 공의회
communio cum Deo et hominibus. 하느님과 인간의 친교
communio cum Ecclesia. 교회와의 친교
communio divina. 신적 친교
communio ecclesiarum. 교회들의 친교
communio ecclesiastica([영] ecclesiastical communion)
교회적 친교.
Communio Ephesinum. 에페소 공의회
Communio et Progressio. 일치와 발전(1971년)
communio Eucharistæ spiritualiter.
신령성체(神領聖體-영적인 영성체).
Communio eucharistica.([영] Eucharistic communion)
영성체.
Communio extra Missam. 미사 밖의 영성체
communio fidei. 신앙의 친교
communio fidelium. 믿는 이들의 친교
Communio Florentinum. 피렌체 공의회
communio fraterna. 형제적 친교.
Fraternæ koinoniæ vincula coram Deo sunt conectenda et in Iesu Christo.([영] The bonds of fraternal koinonia must be forged before God and in Christ Jesus).
형제적 친교(koinonia)의 유대는 하느님 앞에서 그리고 그리스도 안에서 맺어져야 합니다(1995.5.25. "Ut Unum Sint" 중).
communio hierarchica. 교계적 친교
communio infirmorum* 병자 영성체(病者 領聖體), 봉성체(→병자 영성체)([영] comunion of the sick).
communio justorum. 의인들의 친교, 정의로운 사람들의 공동체.
Communio Lugdunense. 리옹 공의회
Communio œcumenicum. 보편 공의회
communio omnium sanctorum. 모든 성인의 통공
communio oppositorum. 제대립(諸對立)의 공유
Communio oppositorum et Dei. 대립과 신의 공유
communio orationis. 기도의 친교
communio orationis inducet ad respiciendam oculis novis Ecclesiam atque Christianitatem. 기도의 친교는 교회와 그리스도교를 새롭게 바라보도록 이끌어줍니다.
communio pædestinátorum. 예정된 이들의 친교
Communio particulare. 지역 공의회(地域公議會)
Communio Paschalis.([영] Paschal Communion. 獨 Osterkommunion) 부활시기의 (의무적) 영성체.
communio perpetua. 영원 영성체(신심운동 일종)
communio personarum. 인격의 친교
Communio plenaria. 관구 연합회의(聯合會議)
communio prædestinátorum. 예정된 이들의 공동체
Communio prima. 첫 영성체(교회법 제777조)
Communio Regionale Coreanum. 한국 공의회
communio sacrámentalia. 성사적 친교(聖事的 親交)
communio sacrámentorum. 성사들의 공동체, 성사의 친교.
communio sacrilega.
모령성체(冒領聖體.[영] sacrilegious communion).
Communio Sanctorum* 모든 성인의 통공, 성인의 통공([영] Communion of saints), 성도들의 공동체.
communio spirituale. 영성적인 친교
communio spiritualis* 영적 영성체(神領聖體) 신령성체(영성체를 할 수 없을 때 간절한 염원으로 성체를 모시는 일).
communio sub specie vini. 신자 영성체용 성작.
(옛날 카롤로 왕조 시대의 성작은 신자 영성체용 성작과 사제용 성작 두 가지가 있었다. 둘 다 사발 모양이었는데, 이것은 양형 영성체를 할 때와 단형 영성체 제도가 된 후에는 축성하고 남은 포도주를 신자들에게 마시게 하는 용기로 쓰였다. 백민관 신부 엮음, 백과사전 1, p.556).
communio sub utraque specie* 양형 영성체-성체를 빵과 포도주 두 형상으로 영하는 것.([영] communion under both species).
Communio Vaticanum. 바티칸 공의회
Communio Viennense. 비엔나 공의회
Communionis Notĭo, 친교의 개념(서한. 1992.5.28.)
Communionis spatia cotidie colenda sunt necnon amplificanda, in omni vitæ ordine, in vitæ contextu cuiusque Ecclesiæ. 친교는 모든 교회 생활 구조 안에서 날마다 모든 차원에서 계발되고 확대되어야 합니다.
Communionis spiritualitas. 친교의 영성
commúnĭo²(=commœnĭo), -ívi(ĭi), -ítum, -íre, tr. (cum+múnio) 강화하다, 견고케 하다, 요새로 만들다, 성.방책.참호 등으로 둘러막다.
commúnis, -e(cum+munus), adj. 공통적, 공동의, 공유의, 모두에게 해당되는, 공공의, 공중의, 보통의, 평범한, 흔히 있는, 일반적인, 통례적인, 통산적인, 평소의, 누구나 가까이할 수 있는, 서민적인, 친절한, (종교적 의미로) 불결한.
interior sensus servitii boni communis.
공동선에 대한 봉사정신/
mensa communis. 수도원 생활비/
onus mihi commúne tecum. 너와 나의 공동 임무/
Sensus communis. 상식, 일반지식, 공통지식/
Thesaurus communis est veritatis.
진리의 보화는 (만인이) 공유하는 것이다/
ut plerumque evenit. 흔히 있는 대로/
vita communis([영] common life) 공동체 생활, 공주 생활.
Communis error facit jus. 공통된 착오는 권리를 만든다.
communis natúra. 공통적 본성
commūnísmus, -i, m. 공산주의
communismus atheus. 무신론적 공산주의
commūnísta, -æ, m.(f.) 공산주의자
commūnístĭcus, -a, -um, adj. 공산주의(자)의
communitarísmus, -i, m. 공동체 주의
commúnĭtas, -átis, f. 공동체([영] community.עדה. 獨 Gemeinde), 공동사회, 단체, 공동 생활체, 공유(共有) 공통성(natúra communis. 공통본성), 공용, 공공심, 사회적 본능, 친절(親切), 서민다움, 인간미(人間味).
intima communitas vitæ et amoris conjugális.
부부의 생명과 사랑의 친밀한 공동체(=혼인)/
Omnes communitates christianæ servent fideliter normas vigentes.([영] All Christian communities are to observe the current norms faithfully) 모든 그리스도교 공동체는 현재의 규범을 충실히 따라야 합니다/
perfecta communitas. 완전 사회.
communĭtas apostolica. 사도 공동체(使徒 共同體)
communĭtas christifidelium. 그리스도인 공동체, 신자들의 공동체(cœtus fidelium).
communitas communitatum. 공동체들의 공동체
communitas consummationis. 완결된 사회
communĭtas ecclesiatica* 교파(教派.[영] denominátĭons)
communitas gentium. 민족들의 공동체
communĭtas institutoria. 교육 공동체(教育 共同體)
communĭtas laicalis. 평신도 공동체(共同體)
communĭtas negatĭonis. 부정의 공통성
communĭtas perfecta. 완전한 사회, 자족적 공동체
communĭtas personarum. 인격적(人格的) 공동체
communĭtas politica. 정치 공동체
communĭtas totius mundi. 전 세계 공동체
communitas totius orbis. 전 세계 공동체
communĭtas tuto ministeriale. 함께 사목 하는 공동체
communĭtas vitæ coniugalis. 부부 생명 공동체
communĭtas vitæ et amoris coniugalis.
생명과 부부애의 공동체(부부애의 공동체).
commúnĭter, adv. 공동으로, 다 함께, 일반적으로
commūnítĭo, -ónis, f. 도로개척. (修) 사건의 도입.소개
commúnĭtus, adv. 공동으로, 일치하여
commúrmŭro, -áre, tr. = commúrmŭror
commúrmŭror, -atus sum, -ári, dep., intr.
(투덜투덜) 중얼거리다, 투덜거리다, 함께 불평하다.
commūtábĭlis, -e, adj.
교환할 수 있는, **바꿀 수 있는**, 변하기 쉬운.
commutabile bonum. 가변적인 선.

commūtáte, adv. 방법을 바꾸어
commūtátĭo, -ónis, f. **교환**(תְּמוּרָה.交換),
변화(變化.μεταβολή), 변질(變質), 변경(變更).
De incredibilibus commutationibus hominum quid Varro tradiderit. 인간들의 믿기지 않는 변신에 대해 바로는 무슨 얘기를 전하는가(교부문헌 총서 17, 신국론, p.2810).
commutátĭo cordis. 개심(改心-잘못된 마음을 고침)
commutativa justitĭa. 교환정의([영] commutative justice)
commūtātívus, -a, -um, adj. 교환적(交換的).
justitia commutativa. 교환 정의.
commúto, -ávi, -átum, -áre, tr. (cum+muto)
변화시키다, 바꾸어 놓다, 교환하다, 서로 바꾸다.
cōmo, compsi, comptum, comĕre, tr. (cum+emo)
가지런히 배치하다(סדר), 정돈하다,
곱게 빗다, 꾸미다(לטש.בצנ.ביננ), 수식하다.
comœdĭa, -æ, f. (=**comedia**) 희극(戲劇), 희극물(작품).
argumentum comœdiæ. 희극의 주제(戲劇 主題)/
tragœdĭa, -æ, f. 비극(悲劇)/
Statius Cæcilius comoediarum scriptor natione Gallus fuit. 스타티우스 카이킬리우스는 희극작가로서 태생으로는 갈리아人이었다.
Comoedia castigat ridendo mores.
희극은 웃기면서 (세상) 풍속을 꾸짖는다.
comœdĭcus, -a, -um, adj. 희극의, 희극적, 우스꽝스러운
comœdĭŏgráphus, -i, m. 희극작가(戲劇作家)
comœdus¹, -a, -um, adj. 희극의
comœdus², -i, m. 희극배우
comósus, -a, -um, adj.
긴 머리의, 머리술이 많은, 털 많은, 잎이 우거진.
comótrĭa, -æ, f. 머리를 땋은 여자, 미용사(美容師)
comótrĭum, -i, n. 미장도구(美粧道具)
compăcíscor, (-ĕris, -ītur), -páctus sum, -sci, dep., intr. 계약 맺다.
compáco, -ávi, -átum, -áre, tr. 평화롭게 하다, 평정하다
compáctĭlis, -e, adj. 꽉 들어찬, 치밀한, 짜임새 있는, (문체 따위가) 짜이고 간결한, (동물의 생김새가) 통통한.
compáctĭo, -ónis, f. 짜임새, 구성, 연결, 구조물
compácto, adv. 계약대로(ex instituto), 합의대로
compáctum, -i, n. 합의(合意), 협약(協約), 협정(協定),
계약(契約.בְּרִית.[영] covenant).
compactus, "compaciscor"의 과거분사(p.p.)
compactus, "compingo"의 과거분사(p.p.)
compáctus, -a, -um, p.p., a.p. 치밀한, 꽉 들어찬,
통통한, 짜임새 있는, 견고한, 단단한.
compáges, -is, f. = **compágo**, -ginis, f. 뼈대, 결합,
(유기적으로 결합된) 구조, 짜임새 있는 조직,
연결, 접합(연결) 부분, 관절(關節, junctúra, -æ, f.).
Et diligendo fit et ipse membrum, et fit per dilectionem in compage corporis Christi. 사랑하면서 그분의 지체가 되고, 사랑을 통하여 그리스도의 몸과 일치됩니다.
(최익철 신부 옮김, 요한 서간 강해, p.435).
compágĭno, -ávi, -átum, -áre, tr.
결합시키다, 연결시키다, 인접하다.
compágo, -ginis, f. = **compáges**, -is, f.
companátĭo, -ónis, f. ((神)) (Luther의) 빵 공존설
compar¹, -ăris, adj. 같은, 동등한, 같은 수준의; 어울리는
compar², -áris, f., m. 동료(φίλος.同僚), 동지(同志),
짝, 친구(親舊.φίλος), 배우자(配偶者).
compărábĭlis, -e, adj. 비교할 만한, 서로 비교될 수 있는
compărāte, adv. 비교하여(말하면)
compărátĭo¹, -ónis, f. 비교(比較), 견줌, 대조(對照),
범죄에 대한 동기의 참작(參酌).
analogia comparationis. 유비적 비교.
Comparatio Regis et Monachi. 왕과 수도승의 비교
compărátĭo², -ónis, f. 준비, 장만, 마련, 설비, 사들임,
모아들임, 조달(調達), 공급(供給).
compărātíve, adv. 비교적, 비교하여, 비교급으로
compărātívus, -a, -um, adj. 비교의, 비교에 관한.
((文法)) (gradus) compărātívus. 비교급.
compărátor¹, -óris, m. 비교하는 사람
compărátor², -óris, m. 사들이는 사람, 장만하는 사람
compărátus, -us, m. 설비(設備)
compárco(=**compérco**) -pársi -pársum -ĕre, tr.
(cum+parco) 아껴서 모으다, 절약해 쓰다, 자제하다, 참다.
compárĕo, -ŭi -ére, intr. 나타나다, 보이다(φαίνω),
눈앞에 있다, 제자리에 있다, 출석해 있다.
cómpăro¹, -ávi, -átum, -áre, tr. 짝 맞추다, 짝지어 주다,
쌍이 되게 하다, 대립시키다, 비교하다, 견주다,
(싸움, 경쟁의) 상대자로 맞세우다.맞붙이다
대조하다, 대등하게 하다, 동등하게 만들다(인정하다),
의논하여 결정하다, 합의하여 나누다.
cum *aquo*(*alqā* re; *inter* se)
짝 지어 주다, 짝 맞추다, 쌍이 되게 하다.
comparo², -ávi, -átum, -áre, tr. (cum+paro) 장만하다,
마련하다(תקן), 갖추다, 이룩하다, 얻다, 축적하다,
모으다(לקט.טיקל), 구해놓다, 사들이다, 조달하다,
준비하다(עתד.תקן), 장비하다, 차리다, 베풀다,
대비하다, 태세를 갖추다, 채비를 하다,
(하도록.못하도록) 제정하다, 조치하다, 마련하다.
comparátum est, ut(quod) …하도록 마련되어 있다/
Darius classem quingentarum navium comparavit.
다리우스는 500척의 선단을 마련하였다/
divítĭas comparo. 재산을 모으다/
dum se uxor cómparat. 아내가 치장하는 동안/
Rátĭo ipsa monet amicitas comparáre.
바로 이성이 우정을 맺기를 권고하고 있다.
comparo auctoritátem sibi. 권위를 갖추다
comparo convívium. 연회를 베풀다
comparo se ad omnes casus. 모든 경우에 대비하다
comparsi, "compárco(=compérco)"의 단순과거(pf.=perfectum)
compásco, -pástum, -ĕre, tr. 기르다, 먹여 키우다.
intr. 공동으로 목축하다, 같이 사육하다.
compáscŭus, -a, -um, adj. 공동 목축의.
ager compascuus. 공동 목장(牧場).
compassíbĭlis, -e, adj. 함께 수난(受難)하는
compássĭo, -ónis, f. 공동의 고통(수난),
동정(同情.[영] Compassion),
연민(憐憫.[영] Compassion-불쌍하고 딱하게 여김).
Offícĭum de Compassione B. M. V.
성모 공동 수난의 성무일도서(성 보나벤뚜라 지음).
compássĭo Beatæ Mariæ Virginis.(演劇)
애통의 어머니, 성모 마리아의 공동 수난.
compassívus, -a, -um, adj. 동정하는, 동정적(同情的)
compassus, "compátĭor"의 과거분사(p.p.)
compastum, "compásco"의 목적분사(sup.=supínum)
compátĭor, (-tĕris, -tĭtur), pássus sum, păti,
dep., intr. 함께 수난하다(고통 받다); 동정하다.
compătrĭóta, -æ, m. 동포(同胞); 동향인(同鄕人)
compătrónus, -i, m. 공동 보호자, 공동 후원자
Compauperes 가난의 동지들
compec… V. **compac**
compédĭo, -ívi -ítum -īre, tr. 족쇄를 채우다,
쇠사슬로 발목을 붙들어 매다, 구속하다, 속박하다.
compegi, "conpingo"의 단순과거(pf.=perfectum)
compellátĭo, -ónis, f. 부름, 호칭(呼稱),
호소(呼訴.[영] Invocátĭon), 꾸짖음, 비난(非難).
compéllo¹, -ávi, -átum, -áre, tr. (불러서) 말 걸다,
부르다(קרא.קרי), 호칭(呼稱)하다, 호소(呼訴)하다,
꾸짖다(גער.ערף), 나무라다(גער.ערף),
비난하다(גנה.גנד). (法) 법정에 제소(提訴)하다.
pro cauto tímidum compello.
신중한 사람을 비겁한 자라고 나무라다.
compéllo², -pŭli, -púlsum, -ĕre, tr. 한 곳으로 몰다,
몰아넣다, 집중시키다, 강제하다, 억지로 시키다,
강요하다, **하지 않을 수 없게 하다**, 몰아넣다.
Compelle intrare(공동번역 루가 14, 23). 억지로라도 데려와라/

necessitáte compúlsus. 필요에 몰려서.
compendiária, -æ, f. 첩경(捷徑-지름길)
compendiário, adv. 요약해서
compendiárĭum, -i, n. 첩경(捷徑-지름길)
compendiárĭus, -a, -um, adj. 간소화된, 간단하게 된,
　요약된, 단축된. via compendiária. 지름길.
compéndĭo, -ávi, -átum, -áre, tr. 생략하다, 요약하다
compendio veritatis. 진리의 요약(眞理 要約)
compendiósus, -a, -um, adj. 유익한, 이익이 많은,
　요약된, 간결한.
compéndĭum, -i, n. (cum+pendo) 절약, 절감, 이득,
　절약에서 오는 이익, (노력, 시간의) 단축, 절감, 생략,
　요약, 간결, 개요서, 개요, 개설, 적요(摘要-중요한 부분을
　뽑아내어 적음), 간추림*
　Compendii eucharistici commoditas.(⑨ The usefulness
　of a Eucharistic Compendium) 성찬 개요서의 유용성/
　compendium fácere, compéndii fácere alqd.
　절약해서 남기다, 벌다, 이득보다, 절감하다/
　compendium (viæ). 지름길, 첩경(捷徑)/
　hæreticarum fabularum compendium. 이단설 요약.
Compendium de cambii. 교환에 대한 개론.
　　　(1598년. 쟈반니 바띠스따 꼬라도 1536~1606 지음).
Compendium doctrinæ christianæ. 성교요지(聖敎要旨)
Compendium philosophiæ moralis. 윤리 철학
Compendium pro examina. 수험생을 위한 예상 문제집.
　　　　　(13세기경 작성.가톨릭 철학 제3호, p.125).
Compendium Revelátĭonum. 계시의 개요(概要)
Compendium sociale Ecclesiæ doctrinæ. 간추린 사회교리
Compendium theologiæ. 요약 신학자, 신학개요.
　　　　　(현대 가톨릭사상 제11호, p.53).
compéndo, -ěre, tr. 저울에 달다
compensátĭo, -ónis, f. 균등하게 함, 조정, 균형(均衡),
　보상(⑨ Reparátĭon), 배상(賠償.⑨ Reparátĭon),
　갚음, 상쇄(相殺-셈을 서로 비김), 상계(相計.Pensatio 조정).
　['상계相計compensatio' 란 동종의 채권관계의 당사자가 상대방에 대하여
　채권자이며 동시에 채무자인 경우, 상대방에서 부담한 채무액에서 그의
　채무액을 공제한 것을 말한다].
　occulta compensátĭo. 비밀배상, 비밀 상쇄/
　Systema compensátĭonis. 보상주의(불안전한 법을 앞에 두고
　행동 결정이 서지 않는 의심스러운 양심 상태에서는 자유를 선택할 수 있다는
　윤리설. 확실한 법은 완전한 준수 의무를 가지나, 불확실한 법, 즉 의문의 여지가
　있는 법은 이 법을 따르는 것이 좋을 것이라는 개연성이 있더라도 그 준수가
　의무는 아니라는 설. 다만 그 법의 뜻을 어느 정도 이해했는가에 따라
　불안전하게 준수 의무가 있다. 불확실한 법을 지키지 않아도 좋을 만한 이유가
　있으면 법 불이행의 보상이 된다는 윤리학설이다. 그러나 그 이유를 행동마다
　산출하기가 어려우므로 이 설을 따르는 사람은 적다. 보상주의를 주장하는 학자는
　D. Prümmer이다. 백민관 신부 엮음, 백과사전 1, p.875)/
　æquitas compenisationis usurarum excludit computationem.
　상계의 공평은 이자의 계산을 배제한다/
　Dedisse intelligendus est etiam is, qui permutavit vel
　compensavit. 교환하였거나 상계한 것은 그것도
　지불한 것으로 이해해야 한다/
　Eius, quod non ei debetur, qui convenitur, sed alii,
　compensatio fieri non potest. 채무가 그에게 있지 않고
　다른 사람에게 있을 때는 상계가 될 수 없다/
　Etiam quod natura debetur, venit in compensationem.
　당연히 빚지고 있는 것도 상계가 된다/
　Placuit inter omnes, id quod invicem debetur, ipso jure
　compensari. 서로가 갚아야 할 것은 모두가 찬성하면
　법 자체로 상계된다.
Compensatio est debiti et crediti inter se contributio.
　채무와 채권의 상계란 서로 간의 분담액이다.
compensátĭo occulta. 비밀배상(⑨ occult compensátĭon)
　(가톨릭 윤리신학 용어. 타인에게서 정당하게 받아야 할 보상을 어떤 이유로
　해서 비밀리에 몰래 보상받는 것이다. 이것은 하나의 긴급피신으로서 확실한 권리
　요구가 성립될 경우, 다른 방법으로는 자기 권리를 찾을 수 없을 경우, 이
　비밀 보상으로 부당한 이득이 아니라 타인에게서 부당한 손해가 없을 경우 등
　세 조건이 구비되어야 비밀 보상이 정당화된다. 대개는 정당한 임금을 받지 못
　했을 경우 이 비밀 보상을 정당방위로서 이것을 정당방위로 인정하지
　않는다. 백민관 신부 엮음, 백과사전 1, p.875).
compensátĭónismus, -i, m. 상쇄주의, 보정주의
compénso, -ávi -átum -áre, tr. 균등하게 하다,
　갚다(שׁלם), 균형 잡다, 같게 하다,
　상쇄하다, 보상하다, 배상하다.

compérco, -pérsi, -pérsum, -ěre, tr. = compárco
comperendĭnátĭo, -ónis, f.=comperendĭnátus, -us, m.
　선거 공판을 2일 후(모레) 로 연기 함,
　(일반적으로) 심리.판결.개정(開廷)의 연기(延期),
　(소송 당사자들의) 재판 연기 신청(제안).
comperendĭnátus, -us, m.=comperendĭnátĭo, -ónis, f.
comperéndĭno, -ávi, -átum, -áre, tr.
　재판을 2일 후(모레) 로 연기하다,
　공판 연기를 제안(신청)하다.
compérĭo, -péri, -pértum, -íre, tr. (cum+pério) 알아내다.
　발견하다, 듣고(보고) 알다, 확실히 알다, 확증을 잡다.
compérĭor, -íri, dep. = compério, -péri, -pértum, -íre, tr.
compersi, "compérco"의 단순과거(pf.=perfectum)
compértus, -a, -um, p.p., a.p. 명백히 알려진,
　(경험해서) 알게 된, 확실하게 드러난, 발견된, 확실한,
　의심의 여지가 없는, 확인된, 확증된, 입증된.
　alqd compértum habére. 무엇을 명백히 알고 있다/
　alqd pro re compértā habére.
　　확실한 것으로 인정하다(알다)/
　comperto. 분명히, 틀림없이(sine dubio)/
　compértum est. 확실하다/
　compertum habere. 잘 알고 있다(cognitum habere)/
　nullíus probri compertus. 아무 죄과도 없음이 확인된/
　pro compérto. 분명히, 확실한 것으로.
compertus in aiqā re. 무슨 일을 하다 들킨
compes, -ědis, f. (cum+pes)
　족쇄(足鎖-죄인의 발목에 채우던 쇠사슬),
　질곡(桎梏-차꼬와 수갑이라는 뜻), 구속(拘束-속박).
compésco, -scŭi -ěre, tr. 억제하다, 제어하다,
　단속하다, 통제하다, 누르다(ךרד.שבכ.ךרד).
cómpĕtens, -éntis, p.proes. 충분한 자격을 갖춘.
　요구조건을 갖춘, 합법적 권한을 가진, 관할권이 있는.
　법정 자격이 있는, m., pl. 영세 지원자(志願者),
　forum cómpetens. 관할 재판소, 관할법정(사건이나 사람
　　즉 피고에 대하여 사법권을 가지는 법원)/
　forum competens commune. 공통 관할 법정/
　forum competens conventionale seu prorogátĭonis.
　　합의 관할법정(合意 管轄法廷)/
　forum competens extraordinárium. 예외적 관할 법정/
　forum competens generale. 일반 관할 법정/
　forum competens legale. 법정 관할 법정/
　forum competens necessárĭum. 필요적 관할 법정/
　forum competens ordinárĭum. 통상적 관할 법정/
　forum competens particulare 개별 관할 법정/
　forum competens singulare. 특수 관할 법정/
　forum competens speciale. 특별 관할 법정/
　forum competens universale. 보편 관할 법정.
competénter, adv. 필요한 만큼 적당하게, 충분히,
　법정 자격(권한)을 가지고.
　Dominus sit in corde tuo et in labiis tuis: ut digne et
　competenter annunties Evangelium suum.
　주님께서 그대의 마음과 입술에 계시어, 그대가 그분의
　복음을 합당하고 충실히게 선포하기를 빕니다.
competéntĭa, -æ, f. 균형(均衡), 조화(⑨ Harmony),
　능력(能力.δνὸαμις), 자격, 권한(權限.ἐξουσία), 권능
　합법성, 관할권 ('Actor, Judex, Jurisdictio' 참조).
competentĭa functĭonalis. 기능적 관할권
competentĭa rátĭone materiæ. 사물(事物) 관할
competentĭa territorialis. 토지 관할(土地管轄)
compĕtítĭo, -ónis, f. 경쟁(競爭), 쟁탈(爭奪)
compĕtítor, -óris, m. 경쟁자(競爭者)
compĕtítrix, -trícis, f. 여자 경쟁자
competo, -petivi(tĭi) -títum -ěre, (cum+peto)
　intr. 같은 곳으로 가다, 마주치다(מחא), 만나다(מחא),
　모이다, (시간적으로) 일치하다, 꼭 들어맞다,
　동시에 일어나다(발생하다), 어울리다, 적합하다,
　자격(능력)이 있다. 일치하다, 동등하다, 돌아가다(מחא).
　(法) 귀속하다, (누구의) 관할에 속하다, 소관사항이다.

226

Hoc illi competit. 이것은 그에게 어울린다.
tr. 함께 추구하다, 함께 얻으려고 힘쓰다; 경쟁하다.
compīlátĭo, -ónis, f. 약탈(掠奪), 탈취(奪取), 편집(編輯), 편찬(編纂), 자료수집(資料蒐集), 표절(剽竊).
Compilatio Assisiensis. 아씨시 모음집
Compilatio Quinta. 제5편집.
(호노리오 3세 교황의 작품으로 방대한 교령집 모음이다).
Compīlátiones antiquæ Quinque. 고대 법령집 주석 다섯 권
compīlátor, -óris, m. 약탈자(掠奪者), 탈취자(奪取者), 강탈자, 편집자(sutor, -óris, m.); 표절자(剽竊者).
compílo, -ávi, -átum, -áre, tr. (cum+pilo) 약탈하다, 한데 묶어서 가져가다, 탈취하다, 훔치다, 표절하다.
compíngo, -pégi -páctum -ĕre, tr. (cum+pango) 조립하다, 맞추어서 만들어 내다, 구성하다, 창작하다, 짜임새 있게 하다, 던져 넣다, 가두다, 감금하다.
cómpĭta, -órum, n., pl. 네거리, 네거리 광장(廣場)
compĭtáles, -ĭum, m., pl. 가정 수호신 제전의 제관
compĭtálĭa, -ĭum, n., pl. 터주 신(가정 수호신) 제전
(해마다 겨울에 동네 네거리 광장에서 거행되던 제전).
compĭtálícĭus, -a -um, adj. 가정 수호신 제전의
compĭtális, -e, adj. 네거리의, 교차로의.
compitáles Lares. 터주 신, 가정 수호신(守護神).
cómpĭtum, -i, n. 네거리, (여러 갈래의) 교차로.
(흔히 pl.) 네거리(또한 여러 갈래의 교차로) 광장.
complácĕo, -cŭi(-cĭtus sum) -ére, intr.
누구의 마음에 들다, 흐뭇하게 하다.
Hic est Filius meus dilectus, in quo mihi complacui.
(Tu es Filius meus dilectus; in te complacui mihi.
[영] This is my beloved Son, with whom I am well pleased). (마태 3, 17).
너는 내가 사랑하는 아들, 내 마음에 드는 아들이다.
complácĭtus, -a, -um, p.p., a.p. 마음에 든
compláco, -áre, tr. 회유(懷柔-잘 구슬려 따르게 함)하다. 진정(鎭定)시키다, 화해(和解)시키다.
complānátĭo, -ónis, f. 평탄케 함, 정지(整地); 평면화
compláno, -ávi, -átum, -áre, tr.
평평하게 하다, 지면을 고르게 하다, (건물을) 헐다, 헐어서 지면과 같게 하다, (험난한 것을) 평탄하게 하다.
complantátus(complantáta), 원형 complanto
[수동태 과거분사 m.(f.) complantátus, -a, -um].
complánto, -ávi, -átum, -áre, tr. 함께 심다
compláudo, -pláusi, -ĕre, tr. 함께 칭찬하다, 박수하다
Complectar uno verbo. 한 마디로 간추리겠다.
complector, (-tĕris, -tĭtur) -pléxus sum -plĕcti, dep., tr. (cum+plecto) 껴안다, 포옹하다, 휘감다, 얽히다, 둘러싸다, 둘러막다, **포괄하다**, 포함하다, 망라하다, 내포하다, 포용하다, 사랑하다, 돌보다, 보호하다, 받아들이다, 환영하다, **파악하다**, 알아듣다, 납득하다, (말, 연설 따위를) 다 이야기하다; 결론짓다.
alqd memóriā complector. 기억하다/
ánimo(cogitatióne) complector. 알아듣다(상상하다).
complēméntum, -i, n. 보충(補充), 추가(追加), 보완(補完-모자라는 것을 더하여 완전하게 함). (文) 보어(補語).
complementum mutuale. 상호부조(相互扶助)
(東西 倫理와 그 思想의 만남. p.25).
cómplĕo, -plévi -plétum -ére, tr. **채우다**.메우다(מלא), 가득하게 하다, (빛, 소리, 냄새 따위로) 가득 채우다, (감정, 희망, 용기 따위로) **가득 차게 하다**, 모두 갖추다, (마음을) 부풀게 하다, 보완**하다**, **완성하다**(כלל.גמר), 부족한 것이 없게 하다, 완결하다, 성취하다, (수량을) **채우다**, (시간) **채우다**, 살다, 지내다.
Diánam flóribus compleo.
Diána 여신상을 꽃으로 뒤덮다.장식하다.
complétĭo, -ónis, f. 보완(모자라는 것을 더하여 완전하게 함), 보충(補充), 완성, 완결, 성취(成就); 만기(滿期).
complētívus, -a, -um, adj. 보충하는, 완성(완결) 하는
complētórĭum, -i, n. 끝기도([영] compline.獨 Komplet), 종과기도(終課經), 종과경(=끝기도.[영] compline).
Ut Post Completorium Nemo Loquatur.
"끝기도" 후에는 아무도 말하지 말 것이다.
complétus, -a, -um, p.p., a.p. 다 찬, 완결된, 완성된.
conversio completa ad se ipsum intellectus.
지성의 완전한 자기 회귀/
naturæ completæ individua substantia.
완성된 본성의 개별적 실체.
complex, -plĭcis, adj. (cum+plico) 얽혀있는, 연루(連累)된. m., f. 공범자, 연루자(culpæ socius).
Complex in peccato. 공범자(특히 6계명)(고해성사의 신성성을 보호하기 위해 교회법으로 특수죄로 정한 것으로(1329조), 고해신부가 고해소 안에서 고해성사 중인 여자를 유혹한 죄를 말한다. 이 죄는 교황만이 사할 수 있는 최특수 보류사항이며 보통 고해신부는 범죄 성직자가 죽을 때에만 이 죄를 사할 수 있다. 백민관 신부 엮음, 백과사전 1, p.676).
complexio, -ónis, f. 결합, 연결(連結), 총괄(總括), (삼단 논법의) 결론, 귀결(歸結), 딜레마, 양도논법, 요약된 표현; 종합문(綜合文).
Brevis est igitur nostra complexio. 우리의 논지는 양도논법으로서 간결하다.(교부문헌 총서 17, 신국론, p.2588)/
Complexiones quæ habent necessitatem ex entitate terminorum secundum quid, sunt per se notæ.
한정된 명사들의 존재성에서 필연성을 갖는 복합(명제)들은 자명하다(김현태 지음, 둔스 스코투스의 철학 사상, p.219).
Complexio in psalmos. 시편 총괄(Cassiodorus 지음)
Complexio oppositorum. 모순의 복합
compléxus, -us, m. 껴안음, 포옹(抱擁), 휘감음, 극진한 사랑, 애호(愛好), 접전(接戰), 맞붙어 싸움, (사물의) 통제, 지배, 유대관계, 문장 연결, 문맥(文脈).
complĭcátĭo, -ónis, f. 접음, 접어 포갬, 복잡(複雜), 착잡(錯雜), 얽힘, 곱하기, 곱셈.
tabella multiplicátĭonis. 구구단.
complĭcátus, -a, -um, p.p., a.p. 접힌, (실이) 감긴, 복잡(複雜)한, 뒤얽힌, 착잡한, 곱해진.
complícĭtas, -átis, f. 공범관계, 연루(連累), 연좌(連坐-남의 범죄에 휘말려서 처벌을 받음), 복잡성(複雜性).
cómplĭco, -ávi(ŭi), -átum(-ĭtum), -áre, tr. 접어 넣다, 접다, 감다(卷). pass. 뒤얽히다, 헝클어지다, 복잡해지다.
complico epístulam. 편지(便紙)를 접어 넣다
complódo, -plósi, -plósum, -ĕre, tr. (cum+plaudo) 맞부딪쳐 소리 나게 하다, 박수(拍手)치다.
complōrátĭo, -ónis, f. 함께 통곡함, 대성통곡, 비탄의 소리
complōrátus, -us, m. = **complōrátĭo**, -ónis, f.
comploro, -ávi, -átum, -áre, tr. 같이 통곡(痛哭)하다, 함께 울다, 통탄(痛嘆)하다, 몹시 슬퍼하다.
complosi, "complódo"의 단순과거(pf.=perfectum)
complosum, "complódo"의 목적분사(sup.=supínum)
complosus, "complódo"의 과거분사(p.p.)
cómplŭo, -ĕre, (cum+pluo) intr., impers. 비가 오다(내리다). pass., pers. (cómpluor, -plútus sum, -plŭi) 비에 젖다, 비 맞다.
complúres, -plúra(드물게 -ia), gen. plúrium, adj., pl, (cum+plures) 상당히 많은, 다수의, 여러, 여럿의. m.(f.) 상당수의 사람들, 여럿. n. 많은 것.
complúrĭe(n)s, adv. 자주, 빈번히, 여러 번
complúscŭli, -æ, -a, adj., pl. 꽤 여러, 제법 많은
complŭvĭátus, -a, -um, adj.
구(口)字形으로 가운데 공간을 비운 모양의.
complúvĭum, -i, n. (cum+plúvia) Roma 건물의 지붕 없는 입구(口) 자형 내정(內庭)의 물받이.
compono, -pósui -positum -nĕre, tr. **함께 놓다**.**두다**, 가지런히(차려) 놓다, 갖다 놓다, 담아놓다, **모아 놓다**, (묶음을) 묶다(רסא.קתח.קדק.רטק.ריטק), (땔감을) 집어넣다, 통합하다, 하나로 합치다, 제자리에 놓다, 배치하다, 정돈하다, 가누다, (군대를) 편성하여 배치하다(סדר), 저장하다, 저려놓다, 꾸려두다, 포장하다, 개켜두다, 거두어들이다(걷다), 잠잘 준비를 갖추다, 몸을 누이다, (눈을) 감다, (시체.뼈를) 묻다(埋.קבר), 매장(埋葬)하다(קבר), (머리를) 빗다.매만지다, (옷을) 매무시하다,

(얼굴) 화장하다, (얼굴의) 표정을 짓다,
(무엇에) 맞추다, 태세(자세)를 갖추게 하다,
어떤 모양을 가지게 하다, 평온을 되찾게 하다,
진정시키다, 달래다, 평정하다, 진압하다,
(바람.파도.소요 따위를) 가라앉히다, 합의하다,
타결하다, 계약하다, **협정하다**, 조절하다,
(대립.싸움 따위를) **조정하다**,
화해시키다(apokatallaxai: ἀποκαταλλάξαι),
계획을 세우다(קֶֶ.תֵָּר.אֵב), 결정하다,
처리하다, 획책하다, 꾸미다(תֵֵ.חֵ),
공모하다, 사실과 달리 꾸며서 이야기하다, 꾸며내다,
포개다, 맞대다, 결합시키다, 연결시키다, 대결시키다,
말을 잘 이어나가다, (싸우도록) 맞붙이다,
(부분.요소들로써) 만들어내다, 엮다(תֵֵ), **구성하다**,
형성하다, **합성하다**, 창조하다(בֶ.רָא), 창건하다,
건설하다, 축조하다, (시.글) **짓다**(בֵָ.רָ), 창작하다,
저작(저술)하다, (편지) 쓰다(כֵֵ.֎ write),
(문서를) **작성하다**, 비교하다, 대조하다.
Componere et dividere. 합성하고 분리 한다/
Genus humánum compósítum est ex ánimo et córpore.
　인간은 영혼(靈魂)과 육체(肉體)로 이루어져 있다/
in mæstítiam compósítus. 우울한 표정을 하고/
itínera compono. 여행 계획을 세우다/
litterárum exemplum compónere.
　서류(편지)의 원본(原本)을 작성하다/
Ut compósítum cum Marcio fúerat.
　Marcius와 공모했던 대로.
compono cum péctore pectus. 가슴과 가슴을 맞대다
compono pacem cum *alqo*. 누구와 평화를 협정하다
compono se, componi *alci*. 일대 일로 싸우다
comportátĭo, -ónis, f. 운반(運搬), 운송(運送)
compórto, -ávi, -átum, -áre, tr. (cum+porto)
　모아 나르다, 함께 운반(運搬)하다.
compŏs, -pŏtis, adj. (cum+potis) 가지고 있는, 갖춘,
　향유한, (무엇을) 얻은, 성취한, 지배하는, 다스리는.
　prædā cópotes. 전리품(戰利品)을 얻은.
compos libertatis. 자유를 누리는
compos mentis. 정신이 온전한
compos sui. 자제(自制)하는
compos voti. 소원 성취한
compósítæ, -árum, f., pl. (植) 국화과, 국화과 식물
compósítæ, adv. 질서정연하게, 빈틈없이, 짜임새 있게, 신중히
compósítĭo, -ónis, f. (과일, 식료품) 저장(貯藏),
　(약), 향수, 소리 따위의) 조제(調劑), 혼합, 배합(配合),
　구성(構成), 합성, 복합(複合), 대결시킴, 싸움 붙임, 배치,
　정리(整理), (말, 글의) 배열, 글짓기, **작문, 문장 구성**,
　저술, 저작, 작곡, (문서) **작성**, 기초(起草), 조정(調停),
　화해(⑨ Rèconciliátĭon), 협정(協定-협의하여 결정함), 합의,
　amicabilis compositio. 우호적 조정/
　Compositiones Missæ. 미사곡(미사는 변하는 부분과 변하지 않는
　부분으로 구성되어 있는데 변하지 않는 부분에 대한 악곡을 미사곡이라 한다.
　불변부분은 기리에, 글로리아, 크레도, 상뚜스, 베네딕뚜스, 아뉴스 데이이다.
　　　　　　　　　　　　백민관 신부 엮음, 백과사전 1, p.676)/
　De compositione Hominis Exterioris. 인간의 외부구조.
compositĭo accidentalis. 부수적 합성, 우유적 합성
compositĭo entitativa. (哲) 존재적 복합(存在的 複合)
compositĭo enuntiabilis. 언표적 복합(言表的 複合)
compositĭo esse et essentiæ. 본질과 존재의 합성
compositĭo formæ et esse. 형상과 존재의 합성
compositĭo loci. (묵상 중의) 현장 구성
compositĭo logica. 사고상의 합성(思考上 合成)
compositĭo metaphysica. 형이상학적 합성(合成)
Compositĭo omnium ex materia et forma.
　만물은 원질과 체형으로 구성되어 있다.
compositĭo obiectorum intelligibilium constituerum
unum. 인식할 수 있는 대상을 종합하는 것이 바로
　하나의 인식을 구성해 낸다.
compositĭo per se. 본연의 복합(本然 複合)
compositĭo physica. 물리적 합성(物理的 合成)

compositĭo realis. 실제적 합성(實際的合成)
compositĭo seu concordia.
　화해(⑨ Reconciliátĭon.⑨ reconciliátĭo gratiæ).
compositĭo substantĭalis.
　(哲) 실체적 복합, 실체적 합성(實體的 合成).
compositĭones Missæ. 미사곡(⑨ compositions of the Mass)
compósitor, -óris, m. 배치자(配置者), 정리자(整理者),
　조정자(調停者), 작성자(作成者), 작곡자(作曲者).
compǒsĭtum, "compono"의 목적분사(sup.=supínum)
compositum, -i, n. (哲) 복합체(複合體)
compositum ex figura et corpore. 형태와 물체의 합성체
compǒsĭtúra, -æ, f. 저장(貯藏), 결합, 연결, 조직, 구성
compósĭtus, -a, -um, p.p., a.p. 합성된, 구성된,
　잘 배치된, 정돈된, 질서정연한, 잘 준비된, 적합한,
　격에 맞는, 진정된, 가라앉은, 침착한, 겉꾸민, …체하는.
　apprehensio composita. 종합적 표상/
　creatúra composita. 복합된 피조물/
　Homo ex anima et corpore compositus est(constat)
　　사람은 영혼과 육신으로 합성된 것이다/
　in mæstítĭam compositus. 우울한 표정을 하고/
　Liber Compositæ. 의학 종합서(Hildegard 1098-1179.9.17. 지음)/
　Nil vidétur múndius, nec magis compósitum quidquam.
　　아무것도 더 깨끗하게 보이지 않고 또 아무것도
　　더 질서정연한 것으로 보이지 않는다/
　Ut compósitum cum Marcio fúerat.
　　Marcius와 공모했던 대로.
compóstus = compósĭtus
compǒsui, "compono"의 단순과거(pf.=perfectum)
compotátĭo, -ónis, f. (cum+poto) 연회, 향연(饗宴)
compótĭo, -ívi -ítum, -íre, tr.
　누구에게 무엇을 차지하게 하다.
　pass. 가지고 있다, 구비(具備)하다, 향유(享有)하다.
compótor, -óris, m. 술친구
compótrix, -ícis, f. 여자 술친구
compránsor, -óris, m. 동료(φίλος.同僚), 밥상 친구
comprěcátĭo, -ónis, f. 공동기도(共同祈禱.Oratio fidelium
　.⑨ Common Prayer.獨 Allgemeines.프 Prône),
　(민중과 함께 하는) 주례자의 기도.
comprěcor, -átus sum, -ári, dep., intr., tr.
　함께 기도(祈禱) 드리다.
comprěhéndo, -di -sum -ěre, tr. (cum+prehéndo)
　움켜잡다, 붙잡다(יֵֵ.תֵֵ.חֵ.אֵח), 부여잡다,
　체포하다, (범행을) 포착하다, 덮치다,
　죄상을 파헤치다, 점령하다, (그릇에) 담다, 총괄하다,
　하나로 묶다(כֵֵ.יֵֵ.חֵ.לֵֵ.תֵֵ),
　망라(網羅)하다, 범위가 …에 이르다,
　(식물이 땅에) 뿌리 받다, 잉태(孕胎)하다, 불붙다,
　(불이) 태우다, 껴안다(חֵֵ), 포옹하다, 환심을 사다,
　포용하다, 설명(說明)하다, (말, 글로) 표현하다,
　파악하다, 알아듣다, 해득(解得)하다.
　Si comprehendis, non est Deus.
　　그대가 이해할 수 있다면, 하느님이 아닙니다.
comprěhensíbilis, -e, adj. 붙잡을 수 있는,
　파악될 수 있는, 감각될 수 있는, 이해할 수 있는.
comprěhénsĭo, -ónis, f. 움켜잡음, 붙잡음, 체포, 감금,
　총괄(總括), 포괄(包括), 파악(把握), 이해(理解),
　감지(感知-느끼어 앎). (論) 내포(內包),
　음절(音節), 복합문(複合文), 종합문(綜合文).
comprehensio conceptus 개념의 내포
comprehensio et extensio entis. 유의 내포와 외연
comprehensio ideæ. 이념의 내포
comprehensio notĭonis entis. 유(有) 개념의 내포
comprěhensívus, -e, adj. 파악적(이해력) 있는,
　포괄하는, 범위가 넓은, 포용력 있는.
comprěhensóres, -um, m., pl. (神) 지복직관자,
　천국의 영복 획득자(天國 永福 獲得者).
comprěhensum, "comprěhéndo"의 목적분사(sup.=supínum)
compréndo, -di, -sum, -ěre = comprěhéndo

comprésbyter, -ĕri, m. 동료 신부(사제)

compressa(in pugnug) manus. 주먹 쥔 손

comprésse, adv. 명확하게, 간결하게, 긴급히

compréssi, "cómprĭmo"의 단순과거(pf.=perfectum)

compréssĭo, -ónis, f. 압축(壓縮), 압착(壓搾-눌러 짜냄),
    요약(要約), 간결(簡潔), 단축(短縮), 포옹(抱擁), 동침.

compressis manibus sedere.(손각지 끼고 앉다)
    일을 그만두다, 한가로이 지내다.

comprésso, -ávi, -átum, -áre, tr. 힘차게 누르다

compréssor, -óris, m. 간통자(姦通者)

compréssum, "cómprĭmo"의 목적분사(sup.=supínum)

compréssus¹, -a, -um, p.p., a.p. 압축된, 단축된,
    요약된, 간결된.

compréssus², -us, m. 압축(壓縮), 압착(壓搾-눌러 짜냄),
    (날개를) 접음, 동침(同寢).

cómprĭmo, -préssi -préssum -ĕre, tr. (cum+premo)
    누르다(זחל.אחס.זיד), 조르다, 압착하다,
    (주먹) 쥐다, (눈) 감다, (여자를) 능욕하다, 강간하다,
    압축하다, 죄다, 수축(收縮) 시키다, 좁히다,
    움직이지 못하게 하다, 막다(כסם.אלב.אלכ),
    멈추다(חנצ.פסק.רסם.סכע), 걷잡다,
    저지하다, 억제하다, 죽이다(לטק).
    compressa(in pugnug) manus. 주먹 쥔 손/
    compréssis mánibus sedére.(손각지 끼고 앉다)
    일을 그만두다, 한가로이 지내다/
    óculi compréxi. 지그시 감은 눈.

comprimo alqm. 가만히 있게 하다

comprimo ánimam. 숨을 죽이다

comprimo gressum. 걸음을 멈추다

comprimo linguam alci. 혀를 놀리지 못하게 하다

comprimo órdines aciéi. 전열을 좁히다

comprŏbátĭo, -ónis, f. 인정, 시인, 승인('Ratihabitio' 참조)

comprŏbátor, -óris, m. 승인자(承認者)

comprŏbo, -ávi, -átum, -áre, tr. 승인하다, 인가하다,
    (옳다고) 인정하다, 확인하다, 증명하다(חכי.חכז).

comprŏmísi, "comprŏmítto"의 단순과거(pf.=perfectum)

comprŏmissárĭus¹, -a, -um, adj. 타협의, 협상의

comprŏmissárĭus², -i, m. 선거권 양수인(讓受人)

comprŏmíssum, "comprŏmítto"의 목적분사(sup.=supínum)

comprŏmíssum, -i, n. 타협(妥協), 협상, 합의, 화해,
    중재약정 ('Arbiter' 참조). (가) 교황 타결 선거.간접선거.
    [교황 선거 3양식 중 하나. 선거인 추기경 만장일치로 선거인단(3.5.7명)을
    선출하여 선거하는 제도. 백민관 신부 엮음, 백과사전 1, p.677].
    [중재는 양당사자가 중재인을 선정하고 그에게 분쟁의 해결을 위촉하여 그의
    판정에 따를 것을 약정함으로써 성립했다. 즉 '중재약정compromittere in aliquem de aliqua re'을 말한다. 일반적으로
    중재인의 판정pecunia compromissa을 불이행하는 당사자에 대한 위약벌금의
    지급이 정해졌다. 한동일 지음, 로마법의 법률 격언 모음집에서(출간예정)].

comprŏmítto, -mísi -míssum -ĕre, tr. (cum+promítto)
    타협(妥協)하다, 협상(協商)하다,
    중재자의 결정에 맡기도록 서로 합의(合意)하다.

comprŏvinciális, -e, adj. 같은 州의, 같은 관구의

compsi, "como"의 단순과거(pf.=perfectum)

compsíssūme, adv. 기지를 발휘하여, 익살스럽게

compte, adv. 장식하여, 곱게, 잘 다듬어

compti capilli. 잘 빗은 머리

comptum, "como"의 목적분사(sup.=supínum)

comptus¹, -a, -um, p.p., a.p.
    머리빗은, 말쑥한, 조촐한, 품위 있는.

comptus², -us, m. 연결, 유기적 결합,
    머리 손질, 조발(調髮-머리를 깎아 다듬음), 머리 장식.

compugnánter, adv. 서로 대항하여

compúgno, -áre, intr. (cum+pugno)
    서로 싸우다; 동시에 싸우다.

compúli, "compéllo²"의 단순과거(pf.=perfectum)

compulsátĭo, -ónis, f.
    싸움(⑨ Battle/Conflict), 충돌(衝突.⑨ Conflict).

compúlsĭo, -ónis, f. 강제(强制), 강박(强迫); 재촉

compúlso, -ávi, -átum, -áre, tr.

세게 두드리다, 충돌하다, 싸우다.

compúlsor, -óris, m.
    가축 몰이꾼, 세금 독촉자, (부당한 것의) 강요자.

compulsum, "compéllo²"의 목적분사(sup.=supínum)

compúlsus, -us, m. 싸움(⑨ Battle), 충돌(⑨ Conflict)

compúlsus intra mœnia. 성안으로 쫓겨 들어간

compúnctĭo, -ónis, f. (바늘, 송곳 따위로) 찌름,
    뉘우침, 회한(悔恨-뉘우치고 한탄함), 가책(呵責)
    죄책감(⑨ compunctíon), 통회(痛悔.⑨ contritíon).
    [대 그레고리오는 Compunctio를 "눈물을 흘리며 기도 한다"는 뜻으로 쓰고,
    Compunctio 단계를 네 단계로 나열했다. 1) 죄에 대해 부끄러워하는 단계(ubi
    fuit). 2) 죄에 대한 벌을 감수하는 단계(ubi erit). 3) 현세에서는 다시 죄에
    떨어질 수 있는 가능성을 감지하는 단계(ubi est). 4) 천상의 거처를 열망하는
    단계(ubi non est)… 백민관 신부 엮음, 백과사전 1, p.677].
    compuncti sunt corde. 마음이 찔렸다.=죄책감, 사도 2, 37)/
    compunctione lacrimarum. 눈물의 통회/
    compunctioni cordis. 아픈 마음으로/
    De compunctione cordis. 절실한 통회심에 대하여.

compúnctĭo per amorem. 사랑의 통회

compúnctĭo per timorem. 무서움의 통회

compunctum, "compúngo"의 목적분사(sup.=supínum)

compúngo, -púnxi, -púnctum, -ĕre, tr.
    찌르다, 찔러서 구멍 내다, 문신(文身.자문.자자)하다.

conpunxi, "compúngo"의 단순과거(pf.=perfectum)

compúrgo, -ávi, -átum, -áre, tr.
    깨끗하게 하다, 말끔히 씻다.닦다.

compŭtábilis, -e, adj. 셈할 수 있는; 셈해야 할

compŭtátĭo, -ónis, f. 계산, 헤아림, 셈, 수입, 지출,
    절약, 셈에 밝음.

compŭtátor, -óris, m. 계산하는 사람

compŭtísta, -æ, m. 일력 계산자(日曆 計算者)

cómpŭto, -ávi, -átum, -áre, tr.
    계산하다, 셈하다, 헤아리다. 이해타산(利害打算)하다.

compŭtrésco, -trúi -ĕre, intr. 썩다, 부패(腐敗)하다

cómpŭtus, -i, m. 계산(計算), 시세 계산법.

Computus ecclesiasticus. 교회 연대학(性 막시모 지음)

compsi, "cōmo"의 단순과거(pf.=perfectum)

comtum, "cōmo"의 목적분사(sup.=supínum)

cómŭla, -æ, f. 귀여운 머리(頭髮)

comunita tutto ministeriale. 함께 사목 하는 공동체

con- = com- cum의 뜻을 지닌 복합어의 접두사

conámen, -mĭnis, n. 노력(努力.⑨ Commitment),
    시도(試圖), 기도(企圖-일을 꾸며내려고 꾀함), 지원, 도움.

conámetum, -i, n. 도움. 지렛대

Conati sunt, si conor possent.
    자기들이 할 수 있는지를 시험해 보았다.

conátĭo, -ónis, f. 노력, 시도(試圖-무엇을 시험 삼아 피하여 봄)

conátum, -i, n. 노력, 시도, 모험. pl. 시작한 일(것)

conátus, -us, m. 노력(努力.⑨ Commitment), 계획,
    시도(試圖): 본능적 충동(衝動), 자연적 경향(傾向).

conatus versus externa. 외부를 향한 타고난 경향

conb… V. comb…

cóncăvo, -ávi, -átum, -áre, tr. (cum+caro)
    똥으로 더럽히다.

cóncădo, -ĕre, intr. 한꺼번에 떨어지다, 넘어지다

concáedes, -is, f. 벌채(伐採-나무를 베어 내고 섶을 깎아 냄), 벌목.
    pl. 녹채(鹿砦-녹색 바탕에 五杉을 베푼 채색), 나무더미 방책.

concălĕfácĭo, -féci -fáctum -fácĕre, tr.
    동시에 덥히다; 아주 뜨거워지게 하다.

concălĕfáctórĭus, -a, -um, adj. 덥게 하는

concálĕo, -ŭi, intr. (cum+cáleo) 더워지다, 뜨거워지다

concălésco, -cálŭi, -ĕre, intr. (전체가 충분히) 더워지다

cancalf… V. concalef…

concállĕo, -ŭi -ĕre, intr. (cum+cálleo) 굳어지다,
    못이 박히다; 무디어지다, 숙달하다.

concallésco, -cállŭi -ĕre, intr. 굳은살이 박이다
    굳어지다, 무감각하게 되다, 무디어지다, 능숙해지다.

concámbĭum, -i, n. 화폐교환(貨幣交換), 무역(貿易)

concăměrátĭo, -ónis, f. (⑨ Vault)

229

궁륭(穹窿), 아치, 둥근 천정.

concámĕro, -ávi, -átum, -áre, tr. 둥근 천장을 만들다,
궁륭(무지개같이 높고 길게 굽은 형상. 아치arch)을 만들다,
uvæ concamerátæ. 아치(arch)에 매달린 포도.

concaptívus, -i, m. 포로(捕虜) 동지, 동료 포로(노예)

concastígo, -ávi, -átum, -áre, tr.
징벌하다(παιδεύειν), 응징(膺懲-잘못을 뉘우치도록 징계하)하다.

concaténo, -ávi, -átum, -áre, tr. 함께 묶다

concausa. 공동 원인(신학대전 제2권 p161)

cóncáva, -órum, n., pl. 움푹 파인 곳, 도랑

cóncávo, -ávi, -átum, -áre, tr. (cum+cavo) 움푹 파다,
오목(우묵)하게 하다, 속을 도려내다, 휘게 하다, 구부리다

cóncávus, -a, -um, adj. 둥글게 파진, 오목한, 속이 빈,
흰, 구부러진, 곡선을 이룬, 궁륭형의.
concava æra. 방울(tonabulum, -i, n.)/
concava aqua 파도(波濤-큰 물결).

concéde, -céssi -céssum -ĕre, (cum+cedo)
[명령법. 단수 2인칭 concéde, 복수 2인칭 concedite].

Concéde huc. 이리 오너라(=Huc ades)

Concede, ut, qui(quæ) complantatus(complantata) fuit
similitudini mortis Filii tui, simul fiat et
resurrectionis ipsius. 그는 세례를 통하여 성자의 죽음에
동참하였으니 그 부활도 함께 누리게 하소서.

Concedes, multo hoc esse gravius.
이것이 훨씬 더 중요하다는 것을 너는 인정하게 되리라.

concédo, -céssi -céssum -ĕre, (cum+cedo)
intr. 가다(הלך,אזל), 오다(אתא,בוא), 떠나가다.
물러가다(άναχωρείν), 사라지다, 그치다(סוף,פסס),
가시다, 죽다, (상태, 처지, 신분, 생각 따위가) 변하다,
되어 버리다, …게 되다, …로 넘어가다, 전락하다,
굴복하다, 지고 말다, 자리를 내어주다, **양보하다**.
굽히다, 누구의 우월성.수위(首位)를 인정하다,
Concéde huc. 이리 오너라(Huc ades.)/
Concéde, quæsumus, Dómine: ut oculis tuæ majestátis
munus oblátum, et grátiam nobis devotionis obtineat,
et efféctum beátæ perennitátis acquírat. 주님 비오니,
존엄하신 대전에 봉헌한 이 예물로 저희에게 주님을
섬기는 은총을 주시고 영원한 행복을 얻게 하소서/
concedo in deditiónem. 항복(降伏)해 버리다/
concedo in illos. 그들의 의견에 찬동(贊同)하다/
concedo in senténtiam alcjs. 누구의 의견에 찬성하다/
concedo némini stúdio.
열성에 있어서는 아무에게도 지지 않는다/
Concedo, sit dives. 그가 부자라고 하자/
concedo vita. 죽다/
Iræ concessére deûm. 신들의 분노(忿怒)가 그쳤다.
tr. 주다, **허락하다**(נתן,גזר), **승낙하다, 양보하다**.
양도하다, 내주다, 용서해주다, 눈감아주다, 감해주다,
바치다, 희생하다, 포기하다, 손 떼다.
인정하다, 용인하다, 그렇다고 해놓다,
(누구 또는 무엇을 위해서 무엇을) 버리다.
Concedes, multo hoc esse gravius. 이것이 훨씬 더
중요하다는 것을 너는 인정하게 되리라/
Concédo, sit dives. 그가 부자라고 하자/
Si asperius in quosdam homines invehi vellem,
quis non concederet? 만일 내가 어떤 사람들을 보다
모질게 공박할 셈이라면, 누가 굴복하지 않으랴?.

concélébrátio, -ónis, f. (⑨ Concelebration).
(獨 Konzelebration) 공동 집전(共同執典),
사제 둘 이상이 함께 드리는 미사.
Magnæ concelebrationes(⑨ Large-scale concelebrations)
대규모 공동 집전(2007.2.22. "Sacramentum Caritatis" 중에서)/
Quod affirmatum est, non debet tamen offundere
præstantiam harum magnarum celebrationum.
위에서 말씀드린 어떤 것도 대규모 전례의 가치를
흐리게 해서는 안 됩니다(2007.2.22. "Sacramentum Caritatis" 중에서).

concélĕbro, -ávi, -átum, -áre, tr. (cum+célebro)
(많은 사람이) 자주 다니다, 많이 모여들다,

함께 축제 지내다, 함께 거행하다, 축하하다,
찬양하다, 기념하다, 함께 열심히 추구하다,
널리 퍼뜨리다, 전하다, 선전하다.
famá ac litteris victóriam concelebro.
말과 글로 승리(勝利)를 널리 알리다/
virtútis concelebrándæ causá monuméntum statúere.
송덕비(頌德碑-공덕을 기리기 위하여 세운 비석)를 세우다.

concélo, -ávi, -átum, -áre, tr.
숨기다(נסא,יסד,יסב), 감추다(נסא,יסד).

concenátio(=concœnátio) -ónis, f. 연회(宴會), 회식

concéntio, -ónis, f. 합창(合唱), 일치(一致), 조화(調和)

concentum, "concino"의 목적분사(sup.=supínum)

concentúrio, -áre, tr. (cum+centúria)
100인 부대를 집합시키다, 더하다, 증가시키다.

concéntus, -us, m. 합창, 합주: 연주, 제창(齊唱) 부문,
이구동성, 화음, 조화(調和), 일치: 화합, 화목(和睦).

concépi, "concípío"의 단순과거(pf.=perfectum)

concepi et oblati furti. 장물죄

concepit et parturivit. 품고 있다가 낳았다
(성경에 자주 나오는 문장으로 룸 15, 35: 이사 59, 4: 시편 8, 15, 참조).

Concepit prius mente quam ventre.
태에(胎)서 보다 마음으로 미리 잉태했다.

conceptáculum, -i, n. 담는 그릇(מִזְרָק,כְלִי),
용기(容器), 저장장치, 집합소(集合所), 소굴.

concéptio, -ónis, f. 임신(⑨ Conception), 수태(受胎),
잉태(孕胎), 회임, 담음, 받아 모음,
수용, 법적 소정양식 문서작성, 개념(槪念), 개념작용.
[conceptio는 가지상을 통해서 성취된 인식의 결과(effectus)를 가리키며, 다른
말로는 내적인 말(verbum interius)이라 부른다. 가지상이 '그것을 통해서 인식
되는' 인식의 원리(principium intelligendi)라면, 개념은 인식의 결과라는 의미에서
인식의 종점(terminus intelligendi)이라 할 수 있다. 후기 스콜라 철학에서는
가지상을 각인된 상(species impressa)으로, 개념을 표현된 상(species expressa)
으로 불렀다. 이상섭 옮김. 신학대전 14. p.204].
animi conceptio. 정신 개념/
De Veritate Conceptionis B. M. Virginis.
동정 성모 마리아의 잉태(孕胎) 진실에 대하여(1547년)/
De Sterilitate Sarræ, quam Dei gratia fecundavit.
하느님의 은총으로 회임한 사라의 불임(신국론, p.2796)/
immaculata conceptio. 성모 마리아의 원죄 없으신 잉태/
Immaculata Conceptio B.M.V.
성모 마리아의 무염시잉모태(無染始孕母胎)/
intellegentia concepta. 회임(懷妊)된 인식/
Maria prius concepit mente quam ventre.
마리아는 몸으로보다 정신으로 먼저 잉태하였다.

conceptio aquæ. 취수(取水-물을 끌어들임)

Conceptio Christi. 그리스도의 잉태(孕胎)

Conceptio Immaculata. 원죄 없으신 잉태(孕胎) 축일,
무염 시태(축일 12월 8일), (古) 무염 성모 시잉 모태.

conceptio intellectus. 지성의 개념, 지성의 회임(懷妊)

conceptio rei intellectæ. 인식된 사물의 회임(懷妊)

conceptio virginalis. 동정녀 잉태(⑨ virgin conception)

conceptívus, -a, -um, adj. 외부로부터 받아들여진,
잉태되는, (임시 결정하여) 발표되는, 개념적, 개념의.

concépto, -ávi, -átum, -áre, tr. 임신하다, 계획하다

conceptu syncategorematicus 공의의적(共意義的) 개념

conceptualísmus, -i, m. (哲) 개념론(槪念論)

conceptum, "concípío"의 목적분사(sup.=supínum),
[concetum. concipio의 수동 완료 분사, concipio는 원래 '수태하다'라는 뜻을
가지므로 다양으로 수태'라는 의미로 확장되어 '개념'이라는 뜻을 가지게
된다. 이상섭 옮김. 신학대전 14. p.235].
furtum conceptum. (적발된) 장물죄/
ut in autu consideratum vel conceptus. 현실적으로
고찰된 것 또는 파악된 것으로 존재한다.

concéptum, -i, n. 태아(⑨ Human embryo), 계획(計劃)

conceptum intellectus. 지성의 개념

concéptus, -us, m. 받아들임, 수용(受用), 임신, 태아(胎兒),
용기(用器), (哲.論) 개념(ὅρος-정신이 자연 사물을 파악하는
내적인 표상. 이렇게 얻어진 표상은 그 사물에 대하여 긍정도 부정도 하지
않는다. 다만 그 사물 자체를 다른 것과 구별하는 표상이다. 따라서 개념이란 어떤
사물에 대하여 안 내용들의 종합이라 할 수 있다. 백민관 엮음. 백과사전 1, p.678).

conceptus absollutus. 절대적인 개념

conceptus abstrctus. 추상적 개념

conceptus æquivocus. 다의 개념(多義 槪念)
conceptus analogus. 유비적 개념(類比的 槪念)
conceptus categorematicus 독립의의적 개념
conceptus clarus. 명료 개념(明瞭 槪念)
conceptus completus 적합 개념, 완료 개념
conceptus concretus. 구체적 개념
conceptus confusus. 혼동 개념(混同 槪念)
conceptus connotativus 공시적 개념, 함의적 개념
conceptus disparatus.
   (論) 괴리개념(乖離槪念), 이류개념(異類槪念).
conceptus distinctus. 명확 개념, 엄밀 개념
conceptus incompletus. 부적합 개념, 불완료 개념
conceptus indistinctus. 불명확 개념
conceptus mentis. 정신의 개념
conceptus mundi physici. 세계상
conceptus particularis 특수 개념
conceptus privativus. (論) 결성개념(缺性槪念)
conceptus proprius ex communibus
   공통으로부터의 고유 개념.
conceptus proprius ex proprii. 고유로부터의 고유개념
conceptus syncategorematicus 공의의적(共意義的) 개념
conceptus terminorum 명사들의 개념
conceptus universalis 보편적 개념, 보편 개념
conceptus univocus. 단의 개념(單義 槪念)
concérpo, -psi, -ptum, -pěre, tr. (cum+carpo)
   갈기갈기 찢다, 헐뜯다, 비방(誹謗)하다.
concertátĭo, -ónis, f. 경쟁, 쟁탈전(爭奪戰), 논쟁, 토론
concertátor, -óris, m. 논쟁자(論爭者), 경쟁자(競爭者)
concertátórĭus, -a, -um, adj. 논쟁의
concérto, -ávi, -átum, -áre, intr. (cum+certo) 경쟁하다,
   투쟁하다, 싸우다, 전투하다, 다투다, 논쟁(토론)하다.
concerto prœlio. 전투하다
concessátĭo, -ónis, f. 중단(中斷), 중지(中止), 쉼
concessi, "concedo"의 단순과거(pf.=perfectum)
concéssĭo, -ónis, f. 양보, 허용, 허락, 승낙, 승인,
   (의견, 주장 따위의) 인정, 용인, 양여, 하사, 사면,
   형벌의 면제(免除)
concessio pecuniæ. 돈의 양도(讓渡)
concessio servitutis. 용익 물건의 양여(讓與-남에게 넘겨줌)
concessívus, -a, -um, adj. 양보하는, 양보적인, (文法) 양보의.
concésso, -ávi, -átum, -áre, intr. (cum+cesso)
   일제히 그치다, 그만두다, 쉬다.
concessum, "concedo"의 목적분사(sup.=supínum)
concéssum, -i, n. 허가사항(許可事項), 허용된 것
concessus¹, -a, -um, p.p., a.p. 허가된, 합법적인
concessus², -us(탈격으로만 나옴), m. 허가(許可), 동의(同意)
concha, -æ, f. 조가비, 소라 껍데기, 조개, 진주조개, 굴,
   전복, 권패(卷貝), 진주, 자주 빛 색소 원료의 조개껍질,
   자주 빛 물감, 조가비 모양의 그릇, 소라 모양의 나팔,
   여자의 음부(陰部), (解) 외이(外耳), 이각(耳殼-귓바퀴).
   squalentes conchæ. 우툴두툴한 조개껍질/
   In litore quot conchæ, tot sunt in amore dolores!
   바닷가에 조가비 숫자만큼이나 사랑에는 괴로움이 많아라.
conchátus, -a, -um, adj. 조가비 모양의
cónchěus, -a, -um, adj. 조가비의
cónchǐfer, -fěra, -fěrum, adj. (concha+fero)
   쌍각류(雙脚類)의, 조가비가 있는.
conchis, -is, f. 콩 꼬투리
conchíta(=conchýta) -æ, m. 조개잡이 하는 사람
conchŏlŏgía, -æ, f. 패류학(貝類學), 패류 연구
conchus, -i, m. 잔(⑨ cup), 컵(⑨ cup)
conchylĭátus, -a -um, adj. 자주 빛의.
   m., pl. 자주 빛 옷을 입을 사람들. 왕족(王族).
conchylĭŏlŏgía, -æ, f. 패류학(貝類學)
conchylĭólŏgus, -i, m. 패류학자(貝類學者)
conchýlĭum, -i, n. 조개류, 굴(먹는 굴),
   자패(紫貝-북동강의 조개), 자주 빛, 자주 빛 물감; 자색 옷.
conchýta(=conchíta) -æ, m. 조개잡이 하는 사람

cóncǐdo¹, -ǐdi -ěre, intr. (cum+cado) 무너지다, 쓰러지다,
   붕괴하다, 내려 앉다, 떨어지다(גֹנ.תֹגֹחֹ.תֹחֹ),
   추락하다, 비명(非命)에 죽다, 전사하다,
   쇠약해지다, 가라앉다, 기가 죽다, 실망하다,
   몰락하다, 멸망(소멸)하다, 패망하다, 끝나다.
   auctóritas(fides) concido. 권위가(신용이) 떨어지다/
   concido cælum 하늘이 무너지다.
concido cælum. 하늘이 무너지다
cóncído², -cídi -císum -ěre, tr. (cum+cædo) (장작) 패다,
   베어(찍어) 넘기다, 토막 내다, 잘게 자르다,
   짤막하게 나누다, 구분하다, 잠깐 끊다, 중단하다,
   살이 헤어지도록 매질하다, 때려눕히다, 무찌르다,
   궤멸시키다, 박살내다, 망쳐 놓다, 파멸로 몰아넣다,
   죽이다(גֹנ), 살육하다, 폐기하다, 파기하다.
concíěo(=cóncǐo) -cívi -cítum -ére, tr. 움직이게 하다,
   뒤흔들다, 격동시키다, 일으키다, 일어나게 하다,
   촉진시키다, 불러 모으다, 선동하다,
   쑤석거리다, 부추기다, 들고 일어나게 하다,
   몰아지다, 자극하다, 불러일으키다, 격하게 하다.
   immani cóncitus irā. 굉장히 격분(激憤)한/
   mors cóncita. 촉진된 죽음/
   navis cóncita. 동요가 심해진 배.
concilia evangelica* 복음적 권고(⑨ Evangelical counsels)
concilĭábǔlum, -i, n.
   회의장소, 집회장소, 법정(法廷.⑨ Court), 시장
concilĭábǔlum martyrum. 순교자 추모 기념관
Conciliar decrees. 공의회의 교령들
concilĭárísmus, -i, m.
   (神) 공의회 수위설, 공의회 우위설(優位說).
concilĭátĭo, -ónis, f. 합동, 연합, 통합,
   화해(和解.⑨ Reconciliátion), 환심, 인기, 회유,
   경향(傾向-어떤 방향으로 기울어 쏠림), 성향(dispositĭo),
   취향(趣向-하고 싶은 마음이 쏠리는 방향), 장만, 획득,
   계약(契約.⑨ covenant).
   conciliátiónis causa. 환심(歡心)을 사기 위하여.
concilĭátor, -óris, m. 마련하는 사람, 창안자, 창시자,
   주모자, 화해(和解) 시키는 사람, 중매인(中媒人).
concilĭátor proditĭanis. 모반의 주모자
concilĭatrícǔla, -æ, f. 여자 조정인.중매인(거간꾼)
concilĭátrix, -ícis, f. 환심 사는 여자, 화해시키는 여자,
   여자 뚜쟁이, 여자 중매인(中媒人-거간꾼).
concilĭatúra, -æ, f. 중매(中媒), 매춘매개(賣春媒介)
concilĭátus¹, -a, -um, p.p., a.p. 친한 사이가 된,
   호의를 산, 누구의 편이 된, 기울어진, 경향 있는.
concilĭátus², -us, m. 결합(結合), 연결(連結)
concílĭo, -ávi, -átum, -áre, tr. 모으다, 한데 섞다, 합치다,
   통합하다, 결합시키다, 환심 사다,
   화해시키다(apokatallaxai: ἀποκαταλλὰξαι),
   친한 사이로 만들다, 끌어들이다, 중매하다, 중개하다,
   흥정붙이다, 마음에 들게 하다, 추천하다, 장만하다,
   마련하다, 사다, 얻다, 손에 넣다, 이룩하다, 성취하다,
   마련해주다, 얻게 해주다, 성취시켜 주다, 피륙을 이기다.
   pecuniæ conciliándæ causā. 돈을 마련하기 위해서.
concilio ánimos hóminum. 사람들의 환심을 사다
concilio benebolénitam alcjs alci.
   누구에게 아무의 호의(好意)를 얻어주다.
concilio legiónis sibi pecúnia.
   돈으로 군대(軍團)들을 자기편이 되게 하다.
concilio pacem inter cives.
   시민들 사이에 평화를 이룩하게 하다.
concílĭum, -i, n. (cum+calo) 결합, 연결, 합성, 회합,
   집회, 단체, 조합, 회의, 의회, 협의회, 평의회(評議會),
   (고대 Roma의) 국민회의(國民會議).
   (가) 공의회*(함께 cum+calare 불러 모으다).
   Antíquĭtas illustrata circa Concillia generalia et
   Provincialia. 공의회 보편 회의와 지방 회의를 중심으로
      조명한 고대(벨기에의 교회법 학자 Schelstrate 1678년 지음)/
   Apostolatus maris Internationale Concilium. 해양사목회/

Conciliorum œcumenicorum Decreta*
세계 공의회 결의문집(略:COD)/
De auctoritate Conciliorum et Patrum.
공의회와 교부들의 권위/
In quintam diem concílium indícere.
회의의 기일을 닷새 날로 정하다.
Concilium Apostolicum.(⑨ The Council of Jerusalem)
예루살렘 사도회의(使道會議)
(율법준수 문제 때문에 서기 49년경 예루살렘에서 열린 사도들의 모임).
Concilium Arelatense. 아를 교회회의(⑨ Council of Arles)
Concilium Basileense. 바젤 공의회(1431~1437 제17차. 공의회)
Concilium Chalcedonense. 칼체돈 공의회(451년)
Concilium Fabricæ Ecclesiæ. 성당구 위원회, 본당 위원회
concilium generale. 일반 공의회
Concilium Hierosolymitanum. 예루살렘 사도회의
Concilium Lateranense. 라테란 공의회
Concilium Legio Mariæ. 레지오 마리애의 세계본부
Concilium Legionis. 꼰칠리움 레지오니스.
(Legio Mariæ 조직 중 하나).
concilium nátĭonale. 국가별 공의회, 전국 주교회의
Concilium Nicænum. 니체아 공의회
concilium œcumenicum* 세계 공의회,
보편 공의회, 공의회(함께 συν + δος 길.여정).
Concilium Oecumenicum Vaticanum II jam inter
præcipua argumenta quæstionem posuit necessitudinis
Ecclesiæ cum hoc nostræ ætatis mundo.
이미 제2차 바티칸 공의회에서는 교회와 현대 세계의
관계에 대한 문제도 핵심 주제로 다루었습니다.
Concilium Particulare*
개별 공의회, 지역 공의회, 특별 공의회(特別 公議會).
concilium permanens. 주교회의 상임 위원회
concilium plenarium* (⑨ Plenary council) 전국 공의회,
전체 공의회, 총회(⑨ General chapter.Conventus Plenárĭus.).
(敎法) 관구 연합회의, 전국 주교회의
Concilium provinciale*(⑨ Provincial Council)
관구 공의회, 관구회의, 지역회의.
Concilium regionale. (敎法) 전국 주교회의,
개별 공의회, 지역 공의회(사목연구 제9집. p.37).
Concilium Regionale Coreæ. 한국 지역 공의회
Concilium Tridentinum. 트리엔트 공의회
concinéntĭa, -æ, f. 화음, 조화(調和.⑨ Harmony)
concínnĭtas, -átis, f. 균형(均衡), 조화(調和),
예술적 구성, 짜임새, 우아(優雅-아름다운 품위와 아취雅趣).
concinnitúdo, -dĭnis, f. = concínnĭtas, -átis, f.
concínno, -nŭi -centum -ĕre, intr., tr. 잘 차려놓다,
알맞게 배합하다, 꾸미다, 손질하다, 짜임새 있게 하다,
연마하다, 세련하다, 복원하다, 만들다,
야기시키다, 일으키다, …게 하다.
concinno alci multum negótii.
누구에게 많은 걱정거리를 끼치다.
concinno uxórem lacrimantem. 아내를 울리다
concínnus, -a, -um, adj. 잘 조화되는, 균형 잡힌, 예술적인,
짜임새 있는, 말쑥한, 아담한, 멋있는, 세련된, 솜씨 좋은,
품이 있는, 우아한, 재치 있는, 요령 있는,
적절한, 어울리는, 상냥한, 싹싹한, 붙임성 있는.
cóncĭno, -nŭi -céntum -ĕre, (cum+cano) intr. 합창하다,
합주하다, 울려 퍼지다, 일치하다, 조화되다, 어울리다.
tr. 합창하다, 연주하다(זמר), 함께 외치다.
concinui, "concino"의 단순과거(pf.=perfectum)
cóncĭo¹, -ívi -ítum -íre, tr. = concíĕo
cóncĭo², -ónis, f. = cóntĭo 집회, 설교, 연설
concion··· V. contion···
concípĭo, -cépi -céptum -pĕre, tr. (cum+cápĭo)
붙잡다(תפס.חקף.אחז), 사로잡다, 받다, 받아들이다.
머금다, 흡수하다, 전해 가지다, 지니다, 배태하다,
임신하다(הרה.ילד), 잉태하다, 열매를 맺다, 이삭을 내다,
감각으로 포착하다, (감정 따위를) 마음에 품다.

지니다, 생각을 품다, 의도하다, 지각하다,
파악하다, 알아듣다, 개념을 가지다, 상상하다,
마음속에 그리다, 생각하다, 형식을 갖춘 말로 표현하다,
형식을 갖추어 선포하다, 지정하여 공포하다.
communem naturam seu quæ a nobis abstracte et
universe concipitur.(수아레즈 1548 - 1617)
공통본성은 우리가 추상적이고 보편적으로 개념 하는 것/
flammam concípere. 불붙다/
furtum concéptum. (적발된) 장물죄(臟物罪)/
verba concépta. 소정양식(所定樣式)/
Ecce Virgo concipiet et pariet Filium.
보십시오, 젊은 여인이 잉태하여 아들을 낳다(성경참조)
처녀가 잉태하여 아들을 낳다(공동 번역, 이사야 7, 14 참조).
concipio aquam. 물을 끌어당기다, 취수(取水)하다
concipio ignem. 댕겨진 불에 타다, 불이 댕겨 붙다.
concipio morbum. 병에 걸리다(תחלה.חלה)
concipio oculis. 보다(הזה.בין.ראה)
concipio ventum. 바람을 맞다
concipio verba(juraméntum).
(선서문 따위) 소정양식을 만들다.
concísĭo, -ónis, f. 토막토막 자름.
(修) 문장을 짤막짤막하게 나눔.
(文法) 중간 생략(中間省略) e.g. amásti = amavísti.
concísum, "concido"의 목적분사(sup.=supínum)
concísúra, -æ, f. 베어 냄; 베어낸 자리, 틈.
스며드는 소량(小量); 작은 분열(分裂).
concísus, -a, -um, p.p., a.p. 간결한, 간명한,
거두절미(去頭截尾)한, 짤막짤막한, 간결하게 말하는.
concĭtáméntum, -i, n. 자극(刺戟), 자극제, 자극물,
흥분(興奮-자극을 받아 감정이 북받치거나 분기함. 또는 그 감정).
concĭtátĭo, -ónis, f. 신속, 활발(活潑-생기 있고 힘찬),
격앙, 흥분; 격동, 폭동, 소요.
concĭtátor, -óris, m. = cóncĭtor 자극하는 자, 선동자
concĭtátrix, -ícis, f. 자극하는 여자, 여자 선동자(煽動者)
concĭtátus, -a, -um, p.p., a.p. 빨리 하는, 급속한,
자극된, 흥분한, 격렬한, 열렬한, 선동된.
cóncĭto, -ávi, -átum, -áre, freq., tr. 빨리 가게 하다,
힘껏 내몰다, 힘차게 놀리다(움직이다), 격동시키다,
뒤흔들다, 휘젓다, 자극하다, 흥분시키다,
격렬해지게 하다, (감정에) 불타게 하다, 화내게 하다,
격려(고무)하다, 열성을 가지게 하다, 선동하다,
부추기다, 들고 일어나게 하다, 억지로 …하게 하다,
일으키다, 야기시키다, 자아내다.
concito se in alqm. 누구에게 달려들다
concito se in fugam. 잽싸게 도망치다
concito equum calcaribus.
박차를 가해 말을 네 굽으로 달리게 하다.
cóncĭtor, -óris, m. = cóncĭtátor 선동자(煽動者)
concítum, "concíeo"의 목적분사(sup.=supínum)
concitum, "cóncĭo"의 목적분사(sup.=supínum)
cóncĭtus, -a, -um, p.p., a.p. 급속한, 맹렬한, 고삐 풀린,
격동하는, 자극 받은, 흥분한, 격렬한.
immani concitus ira. 굉장히 격분한/
mors concita. 촉진(促進)된 죽음.
concĭúncŭla, -æ, f. 짤막한 설교, 짤막한 연설
concivi, "concíĕo"의 단순과거(pf.=perfectum)
concívis, -is, f., m. 한 나라(도시) 시민(⑨ Citizen),
같은 국민(國民.⑨ Citizen), 동포(同胞), 겨레(民族).
conclāmátĭo, -ónis, f. 군중의 고함소리, 아우성, 환호성
Conclamatum est. 끝장났다, 다 망했다
conclāmátus, -a -um, p.p., a.p.
유명해진, 끝장 난, 망해버린, 희망 없는.
conclāmĭto, -ávi, -átum, -áre, tr. (cum+clámito)
아우성치다, 여럿이 고함지르다.
conclāmo, -ávi, -átum, -áre, tr. (cum+clamo)
여럿이 함께 소리 지르다, 환성을 올리다,
함께 큰소리로 인정하다, 아우성치다, 부르짖다,
여럿이 큰소리로 요청(요구)하다.

(혼자서도) 힘껏 외치다, 고함지르다, 큰소리로 부르다,
(초상집에서) 죽은 사람을 소리쳐 부르다.
Conclamatum est.(속담) 끝장났다, 다 망했다/
Victóriam conclámant.
그들은 "승리다" 하고 함성을 지른다.
conclamo ad arma. (軍) 군대를 집합시켜 무장하게 하다
conclamo vasa. (軍) 이동명령을 내리다, 짐을 꾸리게 하다
concláudo, -cláusi, -cláusum, -ĕre, tr. = **concludo**
concláve, -is, n. (cum+clavis) 잠글 수 있는 방,
(일반적으로) 방; 침실, 식당, 새장, 감방, 감옥(φυλακὴ),
교황 선거회(선거장); 비공개 주교회의(主敎會議).
Conclave animæ fidelis. 충실한 영혼의 이중 봉쇄(封鎖)
(1558년 블로시우스 지음).
conclāvísta, -æ, m. 교황 선거회 회원
conclávĭum, -i, n. = **concláve**, -is, n. (cum+clavis)
conclérĭcus, -i, m. 동료 성직자(同僚 聖職者)
conclúdo, -clúsi -clúsum -ĕre, tr. = **concláudo**
(cum+claudo) **가두다**, 밀어 넣다, **닫다**, **봉하다**,
막다(סכר.כלא.כלי), 차단하다, 둘러막다,
(포위하여) 몰아넣다(몰이하다), (그물에) 걸리게 하다,
몰아치다, 좁은 데로 몰아넣다, 곤경에 빠뜨리다,
헤어나지 못하게 하다; 제한하다, **포함시키다**,
한데 모으다, 집약하다, 망라하다, 끝내다,
종결하다, (연설, 편지 따위를) **끝맺다**,
운(韻)을 맞추어 마무리 짓다, **결론짓다**(내다),
추론하다, 논증하다.
uno volúmine vitas excelléntium virórum concludo.
위인들의 전기를 한 권에 모아놓다(포함시키다).
Concludo béstiam in víncula. 짐승을 우리에 가두다.
conclúse, adv. (修) 마무리 운을 맞추어
conclūsi, "conclúdo"의 단순과거(pf.=perfectum)
conclúsĭo, -ónis, f. 가둠, 봉쇄, 유폐(幽閉), 닫음,
(눈을) 감음, 종결, 끝; 끝맺음, 완성; 에필로그(epilogue),
(글의) 운(韻) 맞춤, 결론, 단안(斷案), 귀결, 논증, 추론.
conclusiones theologicæ. 신학 결론/
interésse inter arguméntum conclusionémque.
논증과 결론과는 차이점이 있다(구별된다)/
peiorem sequitur semper conclusio partem.
결론은 항상 더 나쁜 부분을 따른다/
scientia conclusionum. 결론적인 지식.
conclusio in causa* 증거제출 마감, 변론 준비의 종료.
expressa conclusio in causa. 증거 제출 명시적 마감.
conclusio logica. 논리적 결론(論理的 結論)
conclusio theologica([영] Theological Conclusion)
신학적 결론(神學的 結論-한 신학 논제를 판단함에 있어서 논제의 전제 하나는 신앙 조항이고 하나는 이성적 일 때 그 전제에서 나오는 결론을 신학결론이라고 한다…. 백민관 신부 엮음, 백과사전 3, p.635).
Conclusiones nongentæ. 900 명제집
(1486년 '르네상스 시대의 천재'인 이탈리아의 피코 델라 미란돌라 Giovanni Pico della Mirandola가 24의 나이 때 출판한 책. 당시까지 습득한 철학 지식을 총동원하여, 당대 위대한 지성들의 주요사상을 명제로 정리한 이 책으로 인해 보수적인 학계의 비난을 받자 "인간 존엄성에 관한 연설 Oratio de hominis dignitate"을 발표하여 상대방에게 공개토론을 제안함. 성 염 옮김, 피코 델라 미란돌라, p.102).
conclūsĭúncŭla, -æ, f. 작은 토론, 논증(論證)
conclūsum, "conclúdo"의 목적분사(sup.=supínum)
conclúsum, -i, n. 결론(結論), 단안(斷案)
conclúsus, -us, m. 가둠, 닫음, 봉쇄(封鎖), 유폐(幽閉)
hortus conclusus. 닫혀 진 정원.
concóctĭo, -ónis, f. 소화(消化)
concoctum, "cóncŏquo"의 목적분사(sup.=supínum)
concœnátĭo(=concenátĭo) -ónis, f. 회식, 연회(宴會)
cóncŏlor, -óris, adj. 같은 색의
concŏlórans, -ántis, adj. 같은 색을 띤
concómĭtor, -átus sum, -ári, dep., tr. 동반하다
cóncŏquo, -cóxi -cóctum -ĕre, tr. 푹 삶다, 잘 익히다,
흐무러지게 하다, 소화시키다, 삭이다, 끈질기게 참다,
감수하다, 견디어내다, 깊이 생각하다, 심사숙고하다.
Non concoxi. 나는 아직 소화(消化)가 안 되었다/
se cóncŏquo. 자기를 소모시키다, 쇠약(衰弱)해지다.
concordábĭlis, -e, adj. 쉽게 화합할 수 있는
concordance discordante. 부조화의 조화(調和)
concordántĭa, -æ, f. 부합(附合-서로 조금도 틀림이 없이 꼭 들어맞음), 일치(一致.κοινωνὶα.[영] Communion),
(작가 또는 특히 성서의) 용어색인(用語索引).
concordántĭa Caritas(Biblia illustrata) 그림 성서
(백민관 신부 엮음, 백과사전 1, p.681).
Concordantĭa Catholica. 가톨릭의 일치(Nicolaus Cusanus 지음).
Concordantĭa discordantium canonum.
= **Concordĭa discordantium canonum**.
모순되는 교회법 조문들과의 조화(까말돌리회 Graziano 수사 지음),
그라시아노 법령집(서로 상치되는 교회법 조문들의 조화. 교회 법령의 합치 조항과 불합치 조항).
concordantĭa sacræ scripturæ. 성서 색인사전
Concordantiæ([영] Concordances of the Bible) 성서 색인서
concordantiæ secum. 편한 마음("Veritatis Splendor" 중에서)
concordátĭo dubii.
시비점(쟁점)의 합치(Concordátĭo dubiorum.).
concordátum, -i, n. 정교조약(政敎條約.[영] Concordat),
교황청과 타국 정부와의 협약(정교조약).
Concordatum Wormatiense. (pactum Calixtinum)
갈리스도 협약, 보름스 정교조약(1122년 [영] Concordat of Worms).
concordátus, -a, -um, p.p. 잘 화목하는, 평화로운
concórdĭa[1], -æ, f. 화목(שלום.和睦-뜻이 맞고 정다움),
단합, 한마음 한 뜻, 일치(κοινωνὶα.[영] Communion),
조화(調和.[영] Harmony), 질서, 화합, 융합(融合),
우정(友情), (음악의) 협화음, 평화 협정.
discors concordia. 상호견제(相互牽制)/
Est ergo ibi quædam consonantia, est quædam concordia, sed auditorem desiderat.(요한 서간 강해, p.401)
거기에는 화음도 있고 조화도 있지만 청중이 필요 합니다/
formula concordiæ. (Luther파의) 화해신조/
Omnium interest concordiam habere.
평화를 누리는 것은 모두의 관심사(關心事)이다/
ordinata imperandi ac obœdiendi concordia civium.
명령하는 자와 복종하는 자들 사이의 잘 정돈된 조화/
redeo in concórdiam 다시 화목하다/
vincula concordiæ. 단합을 유지하는 유대(紐帶).
Concórdĭa[2], -æ, f. 평화의 여신
concordia civium. 시민들의 합심
concordia discordantium canonum.
= **Concordantĭa discordantium canonum**.
모순되는 교회법 조문들의 조화.
concordia evangelica = Harmonia Evangelica
복음의 조화, 화합 복음서, 합본 복음서.
concordia liberi arbitrii cum gratiæ donis.
은총의 선물과 자유의지의 일치(1589년 Molina 지음).
concordia ordinate. 질서 있는 합일
Concordia parvæ res crescunt.
화목으로 말미암아 작은 일들이 잘되어 간다.
(일반적으로 형용사나 현재 상태를 표시하는 과거분사, 또는 자동사, 특히 감정을 표시하는 동사 및 형용사의 원인을 표시하기 위해서는 전치사 없이 탈격을 쓴다).
Concordia parvæ res crescunt,
discordia maximæ dilabuntur. 화목으로 작은 나라들은
성장하고, 불목으로 강대국들은 멸망한다.
Concordia Regularum. 수도 규칙 대전,
통합 규칙집(St. Benedict of Aniane,†821).
concordia sacerdotum. 성직자들의 일치
Concordia veteris et novi testamenti. 구약과 신약의 일치.
(중세의 상징. 백민관 신부 엮음, 백과사전 2, p.742).
concordísmus, -i, m. (神) 창조기록의 일치성
concórdĭter, adv. 단합하여, 화목하여
concórdo, -ávi, -átum, -áre, intr. 뜻이 서로 맞다,
화목하다, 화합하다, 일치하다, 조화되다, 어울리다.
Concordas litigantes; utinam aliquando sit pax illa æterna Ierusalem, ubi nemo discordet! 그대는 싸우는 삶을 화해시킵니다. 그러나 그 누구도 다투지 않는 예루살렘의 영원한 평화가 깃들면 얼마나 좋겠습니까!.
(최익철 신부 옮김, 요한 서간 강해, p.353)/
concordat cum originali. 원본과 일치함.

C

concorpŏrátĭo, -ónis, f. 합병(合倂)
Concorporeus consanguineus. 동일육체 동일혈맥의 사람.
　　　　　　　　　　(성 치프리아노-성직자의 묵상, p.55).
concórpŏro, -ávi, -átum, -áre, tr. (cum+corpus)
　합쳐서 하나로 만들다, 합병하다,
　편입시키다, 혼합하다.
concors, -cordis, adj. 뜻이 서로 맞는, 화목하는,
　화합하는, 일치하는, 조화된, 순조로운, 잘 맞는,
　in unitatem concordem pacis vinculo. 평화의 사슬로
　묶이는 합심하는 일치(중세철학 제3호, p.26).
concors hominum multitúdo. 일치된 인간의 다수
concoxi, "cóncŏquo"의 단순과거(pf.=perfectum)
concrēbrésco, -brui -ěre, tr.
　빈번해지다, 조밀해지다, 더해지다.
concrédo, -dĭdi, -dĭtum, -ěre, tr. (cum+credo)
　신용하다, 믿다, 맡기다, 위탁하다.
cóncrěmo, -ávi, -átum, -áre, tr. (cum+cremo)
　태워버리다, 태우다, 재로 만들다.
cóncrěo, -ávi, -átum, -áre, tr. (cum+creo)
　함께 만들다, 창조하다(בָּרָא.ב).
cóncrěpo, -pŭi, -pĭtum, -áre, intr. 덜컹거리다,
　삐걱거리다, (바라 따위가) 쩽그렁 소리 나다.
　잡음(雜音)을 내다. tr. 소리 나게 하다, 울리게 하다.
concrepo digitis. 손가락을 튀기어 딱 소리 내다(하인 부를 때)
concrescéntĭa, -æ, f. 합착(合着-한데 합하여 붙음),
　합생, 응고(凝固-엉기어 굳어짐), 응결(凝結-엉기어 맺힘).
concrésco, -crévi, -crétum, -scěre, intr. (cum+cresco)
　엉겨서 자라다, 합생하다, 합성되다, 응결(응고)되다,
　엉기다, 엉겨 붙다, 걸어지다, …로 형성되다,
　어떤 형태가 되다.
concrétĭo, -ónis, f. 응결(凝結-엉기어 맺힘), 농축(濃縮),
　엉겨 자람, (물질의) 응결체, 육체, 구성체,
　구상, (醫) 결석(結石.lapillus, -i, m.).
concrētum, "concresco"의 목적분사(sup.=supínum)
concrétum, -i, n. 응결물(凝結物), 구체적인 것, 구상
concretum seu subiectum cum forma.
　구체적인 것, 형상을 가지고 있는 주체.
concrétus¹, -a, -um, p.p., a.p. 농축된, 응결한, 굳어진,
　(수분이 적어) 된, 밀도 높은, 합성된, 매정한,
　고질화된, 어둠침침한, 구체적(具體的).
concretus² -us, m. 응고(凝固), 응축(凝縮)
concrímĭnor, -atus sum, -ári, tr. 고발하다, 고소하다
concrispátus, -a, -um, p.p., a.p. 물결처럼 곱슬곱슬한
concríspo, -ávi, -átum, -áre, tr. 곱슬곱슬하게 하다,
　물결처럼 만들다, 물결치듯 하다.
concrúcĭo, -áre, tr. 크게 괴롭히다, 비틀다
concŭbátĭo, -ónis, f. 누움, 취침(就寢-잠자리에 듦)
concŭbína, -æ, f. 소실(小室-첩), 첩, 창부(娼婦-娼女)
concŭbĭnális, -e, adj. 내연 관계의, 축첩의
concŭbĭnárĭus, -a, -um, adj. 첩의, 첩 생활하는, 축첩의
concŭbĭnátus, -us, m. 축첩(蓄妾-내연관계나 축첩),
　사결혼(私結婚), 내연(matrimonium clandestinus) 관계.
concŭbĭnus, -i, m. 축첩자(蓄妾者)
concŭbítĭo, -ónis, f. = concúbĭtus, -us, m.
concúbĭtor, -óris, m. 동침자(同寢者)
concubitor masculórum. 남색가(男色家)
concŭbĭtum, "concúmbo"의 목적분사(sup.=supínum)
concúbĭtus, -us, m. 잇바디 = 치열(pecten dentim),
　식탁에 나란히 앉음(기댐), 동침(同寢), 교접(交接)
　Nuptĭas non concubitus sed consensus facit.
　동침이 아니라 합의가 혼인을 만든다.
concúbĭum, -i, n. = concúbĭtus, -us, m., 취침시간
concúbĭus, -a, -um, adj. (cum+cubo) 취침의.
　concúbia nox. (고대 로마인들의 밤 구분의 셋째 부분
　으로서) 첫 잠드는 때, 모두들 잠자는 시간.
concŭbŭi, "concúmbo"의 단순과거(pf.=perfectum)
conculcátĭo, -ónis, f.
　짓밟음, 유린(蹂躙-남의 권리나 인격을 함부로 짓밟음).

concúlco, -ávi, -átum, -áre, tr. (cum+calco)
　발로 짓밟다, 유린하다, 학대하다, 경멸하다.
concúmbo, -cúbŭi -cúbĭtum, -cúmbĕre, intr.
　(cum+cubo) 함께 눕다, 같이 자다, 취침하다,
　동침하다, 교접하다.
concúpĭens, -éntis, p.prœs., a.p. 열망(갈망) 하는
concúpĭo, -pívi -pítum -ěre, tr. (cum+cúpio)
　갈망하다(גוה.חמד.יחֹם), 열망하다, 몹시 탐내다.
concupiscéntĭa, -æ, f. 욕망(慾望.⑨ Desire/Lust),
　욕구(⑨ Desire), 탐욕(⑨ Concupiscence/Gluttony),
　욕정(欲情.⑨ concupiscence), 육욕(肉慾),
　정욕(情慾.⑨ concupiscence.淫慾),
　사욕*(邪慾.⑨ Concupiscence-사욕편정).
　concupiscentĭa Amor. 자애(自愛), 애욕(愛慾),
　자기 자신의 행복, 욕구 충족을 추구하는 사랑/
　Cum ipsa concupiscentia nati sumus.
　우리는 다 탐욕을 가지고 태어난다/
　De continentia animæ post concupiscentias tuas non eas
　et a voluntate tua avertere.(ovpi.sw tw/n evpiqumiw/n sou mh.
　poreu,ou kai. avpo. tw/n ovre,xew,n sou kwlu,ou) (⑨ Go not after
　your lusts, but keep your desires in check) (프 Ne te laisse
　pas entraîner par tes désirs, et refrène tes convoitises)
　네 욕망을 따르지 말고 욕심을 절제하여라(성경 집회 18, 30)
　네 정욕을 따라가지 말고 네 욕망을 억제하여라(공동번역)/
　Et mundus transit, et concupiscentia eius.
　세상은 지나가고 세상의 욕망도 지나갑니다.(요한 1서 2, 17)/
　non habendo concupiscentiam mundi, non vos subiugabit
　nec desiderium carnis nec desiderium oculorum, nec
　ambitio sæculi. 세상 탐욕을 품지 않으면, 육의 욕망도, 눈의
　욕망도 세속 야심도 여러분을 굴복시키지 못할 것입니다/
　remedium concupiscentiæ.
　정욕의 진화(情慾 鎭和), 정욕의 치료/
　Tenentes ista, non habebitis concupiscentiam mundi:
　여러분이 이 말씀들을 잘 간직한다면,
　세상 탐욕을 품지 않게 될 것입니다/
　Unusquisque vero tentatur a concupiscentia sua
　abstractus et illectus(⑨ Rather, each person is tempted
　when he is lured and enticed by his own desire)
　사람은 저마다 자기 욕망에 사로잡혀 꼬임에 넘어가는
　바람에 유혹(誘惑)을 받는 것입니다.(야고 1, 14).
concupiscentĭa antecedens. 선행적 욕정(欲情)
concupiscentĭa concomitans. 동시적 욕정
concupiscentĭa consequens. 후행적 욕정
concupiscentĭa cum reatu. 죄과에 따른 욕망
concŭpiscíbĭlis, -e, adj.
　욕구할 수 있는, 욕망의 대상이 되는.
　potentia concupiscibile. 욕정적 힘(가톨릭 신학과 사상 제61호, p.132).
concŭpísco, -pívi(-pĭi), -pítum, -ěre, tr. (cum+cúpio)
　열망(갈망)하다, 탐내다, 몹시 …싫어 하다.
　alienum noli concupiscere, illud adgredere quod
　justum est. 남의 것을 탐하지 말라.
　정당한 것을 추구하여라(성령 지음. 사랑만이 진리를…, p.455)/
　Noli concupiscere quod non licet habere.
　네가 가지지 못할 것은 탐하지 마라.
concŭpítum, "concŭpísco"의 목적분사(sup.=supínum)
concŭpívi, "concŭpísco"의 단순과거(pf.=perfectum)
concŭrátor, -óris, m. 공동 후견인(共同 後見人)
concúro, -áre, tr. (cum+curo)
　함께 보살피다, 돌보다, 배려하다.
concurrens accessorius seu complex. 종속 공범
concurrens principalis seu conreus. 공동 정범
concurréntĭa, -æ, f. (가) 전례력에 있어서 Ⅱ Vésperæ
　(제2 저녁기도)와 Ⅰ Vésperæ(의 우선순위 경합(競合).
concurréntĭa festorum. 상접축일(한 축일의 저녁행사가 다음날
　축일의 전야의 행사와 상접되는 날을 가리킨다. 특히 성무일도에서 한 축일의
　제2저녁기도와 다음날 도 축일의 제1저녁기도가 상접하게 된다…
　occurréntĭa festórum. 접 축일과 대조. 백민관 신부 엮음. 백과사전 1, p.683).
concurréntĭa fororum. 법원의 경합(競合)
Concurrit dextera lævæ. 박수소리가 났다

234

concúrro, -cúrri(-cucúrri) -cúrsum -ĕre, intr.
(cum+curro) 함께 뛰다, 몰려가다(오다), **모여들다,**
(어디로, 누구에게) 피신하다, 의지하다,
구원.도움 받으러 달려가다, 군대가 출동하다,
싸우러 가다, 조우(遭遇)하다, 마주치다, 부딪다, **경쟁하다,**
(군대가) 충돌하다, 교전하다, 동시에 일어나다,
생기다, **겹치다.** 상치(相値)하다, 일치하다, 부합하다,
동등하다. (法) 동등한 권리를 향유하다.
Concurrit dextera laevae. 박수소리가 났다/
ore concurrénte. 입술이 굳어져(입술을 떨면서).
concursátio, -ónis, f. 사방 뛰어다님(돌아다님),
편력(遍歷-널리 각지를 돌아다님), 유랑(流浪), 운집(雲集),
폭주(輻輳). (軍) 유격전(遊擊戰), 탐색전(探索戰).
concursátor, -óris, m. 유격전(탐색전) 하는 병사(소부대)
concúrsio, -ónis, f. 조우(遭遇-우연히 만나거나 맞닥뜨림),
마주침, 동시 발생, 상치(相値-늘 비치하여 둠).
(修) 강조를 위한 반복.
concursio rerum fortuitarum. 우발사건의 일치
concúrso, -ávi, -átum, -áre, freq., intr. 편력하다,
여기저기 뛰어다니다, 배회하다, 우왕좌왕하다.
(軍) 분산하여 (뛰어 돌아다니며) 전투하다.
concursum, "concúrro"의 목적분사(sup.=supínum)
concursus, -us, m. 뛰어 몰려 듦, 군집(群集), 폭주(輻輳),
합류(合流), 소요(騷擾) 군중, 마주침, 조우(遭遇),
맞부딪침, 경쟁(競爭), 경합(競合), 채용(자격) 시험,
협력(協力).⑨ Cooperátion*/Collaborátion), 가세,
가담(加擔). (군사) 충돌, 전투, 회전. (法) 합의 분배.
Concursus actionum, delictorum 소송의 경합, 범죄의 경합.
Nunquam plura delicta concurrienta faciunt, ut ullius
impunitas detur. 그 누구도 처벌되지 않은 것은
여러 범죄의 경합에 의해 결코 처벌되지 않는다/
Nunquam actiones, praesertim poenales, de eadem
re concurrentes alia aliam consumit.
소송, 특히 형사소송은 경합하는 동일 사안에 대해
하나가 다른 하나를 없어지게 하지 못 한다/
Quoties concurrunt plures actiones eiusdem rei nomine,
una quis experiri debet. 동일 사안의 명목으로
여러 소송이 경합할 때마다, 동시에 다루어야 한다/
Si ex una obligatione plures actiones nascantur,
una tantummodo, non omnibus utendum est.
하나의 '채권채무 관계'로부터 여러 소송이 발생한다면,
모든 것을 사용할 수 없고 오직 하나만을 사용해야 한다.
['채권채무 관계obligatio'는 이행과 집행에 가능한 채권자와 채무자 사이의
구속이다. 원래 소유물반환청구권 모델에서 문답계약에 의해 발생한 (일반적으로
대여금반환을 위한) 채권채무 관계는 채무자에게 법상 보호되는 이행기를 보장
하지만, 이행기가 지나면 채무노예상태를 성립시킨다. '12표법'은 채권채무
관계를 원칙적으로 절차법상의 통제 아래 두었다. 채무자를 상대로 집행할 수
있기 위하여 채권자는 제소하여야 했다. 그러하여 판결이 선고되고 그 후 30일
의 유예기간이 경과하도록 변제되지 않는 경우, 채권자는 채무자를[12표법으로
부터 60일간 사설 감옥에 가두었다. 장날 3회에 걸쳐 대신 변제할 것을 촉구하는
공시를 하고 그럼에도 변제하는 자가 나타나지 않으면 외국으로 매각하거나
살해하였다. 잔여재산은 채권자에게 귀속된다. 채권자가 수인인 경우에는 우선
채무자의 신체가 파산채산 지분에 따라 분할되고 그 다음에는 재산이 분할된다.
기원전 313년에 채무자의 신체에 대한 책임이 법률에 의해 폐지되었다. 채무자는
여전히 시민이었고, 다만 자신의 잔여 채무를 채권자에게 이익이 되는 노역에 의
서라도 변제해야 했다. 기원전 1세기 초에 재산 매각이 도입되었다. 그 이래 재산
자체가 아니라 매각금이 채권자들에게 분배되었다. 이 새로운 집행제도에서도
재산 전체가 매각되었고, 개별 물건의 집행은 없었다. 실무에서 채권자의
만족을 위해 채무자의 물건 또는 채권을 압류하는 관행은 제국시대의 비상심리
절차에 이르러서야 등장했다. 자연법에 따라 인정된 특권적 법률관계에서는
채무자가 이행할 수 있을 만큼의 가액으로 판결할이 제한될 수 있다.]
concursus alternativus seu electivus. 선택적 병합
concursus collatus. 부여(附與) 협력
concursus cumulativus. 단순 병합(單純倂合)
concursus Dei. 신의 협력(神的 協力)
concursus Dei et peccatum. 신의 협력과 죄
concursus Dei immediatus. 신의 직접적 협력
concursus Dei libertas. 신의 협력과 자유의지
concursus Dei mediatus. 신의 간접적 협력
concursus Dei moralis. 신의 정신적(동기적) 협력
concursus Dei physicus. 신의 물리적 협력
concursus Dei praevius. 신의 선견적 협력
concursus Dei simultaneus. 신의 동시적 협력

concursus divinus. 신의 협력, 하느님의 협력
concursus formalis seu idealis. 관념적 경합범
concursus generalis. 일반적 조력, 모든 행위에 해당한 조력/
concursus immediatus. 직접적 협력
concursus in collatione Paroeciæ. 본당 주임신부 자격시험
concursus in delictum. 共同 犯罪의 협력자
concursus indifferens. 중립적 공동작용
concursus materialis. 경합범
concursus materialis seu realis. 실질적 경합범
concursus mediatus. 간접적 협력
concursus objectivus. 객관적 병합(倂合)
concursus oblatus. 장려 협력
concursus praevius. 선행(先行) 협력
concursus simultaneus. 동시적 협력
concursus specialis. 특별 협력
concursus subjectivus. 주관적 병합(主觀的 倂合)
concursus substitutivus. 예비적 병합(合-合倂)
concursus succesivus. 계속적 병합(倂合)
concussi, "concútio"의 단순과거(pf.=perfectum)
concússio, -ónis, f. 흔들어 댐, 흔듦,
진동(震動-흔들려 움직임), 격동(激動), 진탕, 금전 공갈.
concússor, -óris, m. 금전 공갈자(金錢 恐喝者)
concussúra, -æ, f. 금전 공갈
concússus, -us, m. 흔듦, 격동, 진동(震動-흔들려 움직임)
concusum, "concútio"의 목적분사(sup.=supínum)
concútio, concússi, concússum, -ĕre, tr. (cum+quátio)
뒤흔들다, 동요시키다, 진동케 하다, 충격을 주다,
(옷, 먼지 따위를) 털다, 선동하다, 자극하다.
고무하다, 혼란시키다, 전복시키다, 넘어뜨리다,
무찌르다, 마음을 어지럽게 하다, 설레게 하다,
흥분시키다, 공포 속에 몰아넣다.
불안에 떨게 하다, 공갈로 돈을 요구하다.
se concútio. 깊이 반성하다.
condálium, -i, n. 노예가 끼는 반지
condécens, -éntis, p.præs., a.p. 어울리는, 적합한
cóndecet, -ére, impers. (cum+decet) 합당하다, 어울리다.
Pudórem gérere condecet.
수치심을 지니는 것은 온당(穩當)하다/
Te condecet alqd. 무엇이 네게 어울린다.
condécoro, -ávi, -átum, -áre, tr. (cum+décoro)
화사하게 꾸미다, 돋보이게 하다.
condeléctor, -ári, dep., intr. 같은 기쁨을 느끼다
condemnare, 원형 condémno, -ávi, -átum, -áre, 1. tr.
[명령법, 현재 수동 단수 2인칭 condemnare,
현재 수동 복수 2인칭 condemnamini].
et nolite condemnare et non condemnabimini.(루카 6, 37)
남을 단죄하지 마라. 그러면 너희도 단죄 받지 않을 것이다.
condemnátio, -ónis, f. 유책(죄) 판결 ('Judex' 참조),
단죄(斷罪).⑨ Condemnátion),
정죄(定罪), 파문(破門), 유죄판결 선고(宣告).
[유책판결은 "피고에게 유책판결을 내리거나 면소할 권한이 부여된 심판인iudex에
의한 방식서의 그 부분이다.". '콘데나티오condemnatio'에서 확정금액이 판시
되거나 심판인이 초과할 수 없는 최고액이 결정되었다. 이를 '확정금액의 유책판결
condemnatio certa'이라고 하였다. 반면 어떤 방식서에는 전혀 금액이 제시되지
않았다. 이를 '비확정금액의 유책판결condemnatio incerta'이라고 하였다. 이 경우
심판인은 세 가지 표현을 사용할 수 있었다.
첫째 분쟁에서 방식서가 작성되었을 때 혹은 판결이 선고 될 때, "그 물건의
가격이 얼마인가?quanti ea res est(또는 erit)?'라는 표현이다. 즉 '그 물건의 가격
만큼의 금액이다.Quanti ea res est(est, fuit), tantam pecuniam condemnato."라고
이 경우 심판인은 계쟁 중인 물건의 가격과 가치에 기초하여 벌금액을 정하였다.
둘째 '원고에게 얼마큼 중요한가?Quanti actoris interest?'라는 표현이다. '원고에
게 중요한 만큼의 벌금액이다.Quanti actoris interest(intererit, interfuit) tantam
pecuniam condemnato." 이 경우 벌금액은 이행함에 있는 당사자의 이익에
비례하여 정해졌다.
셋째 단순히 '무엇이든지'를 의미하는 '쿠드쿠드quidquid'라는 대명사를 사용하여
"무엇이든 주어야 할 것은 같아야 한다.Quidquid dare facere oportet."라는 문구로
채무가 불확정한 것과 관계하는 판결들에서 심판인이 적당히 사용한 것 같다.
"그의 명금은 무엇이든 주어야 할 것 같아야 한다.Quidquid dare facere oportet,
eius condemnato." 우선 심판인은 이행해야 할 것을 평가하고 동일물에 대해
그것의 최고금액과 비교하여 명금을 결정하고 채무에 명금을 평가해야 한다.
넷째 예외적인 사건에서 심판인은 '형평(또는 선품)이 보이는 만큼quantum
æquum(et bonum) videbitur'이라는 문구로 자신의 재량에 따라 배상액을 결정할
권한이 있었다. 소위 성의소송에서 '콘뎀나티오condemnatio'는 '선의에 따라서
ex fide bona'라는 문구를 포함하였다.
한동일 지음. 로마법의 법률 격언 모음집에서(출간예정)].

condemnátor, -óris, m. 단죄하는 사람,
　유죄 선고자(有罪 宣告者), 고발자(告發者).
condémno, -ávi, -átum, -áre, tr. (cum+damno)
　단죄하다, 유죄를 선언하다, 형을 선고하다, 처벌하다,
　누구로 하여금 누구에게 주도록 (의무이행을) 판결하다,
　고발하여 단죄하게 하다, 법의 판결을 받게 하다,
　(증거를 제시하여) 견책하다, 비난하다, 문책하다,
　죄과를 돌리다, 고발하다.
　hoc crímine illum condemno.
　그 자를 이 죄목(罪目)으로 판결 받게 하다/
　Quis est qui condemnet?(로마 8. 34)
　(獨 Wer will verdammen?) (영 Who will condemn?)
　누가 그들을 단죄할 수 있겠습니까?(성경, 로마 8. 34)
　누가 감히 그들을 단죄할 수 있겠습니까?(공동번역).
condemno alqm ad béstias(metálla)
　맹수형(광산 노동형)에 처하다.
condemno alqm cápitis. 사형을 선고하다
condemno alqm inértiæ. 아무의 태만(怠慢)을 비난하다
condemno alqm pecúniæ públicæ.
　아무를 공금(公金) 횡령범으로 단죄하다.
condemno alqm pecúniam. 누구에게 벌금형을 언도하다
condensátĭo, -ónis, f. 응축(凝縮), 농축(濃縮), 조밀하게 함
condénso, -ávi, -átum, -áre, tr. 죄다, 죄게 하다,
　빽빽하게 하다, 응결(응축) 시키다, 농축하다.
condénsus, -a, -um, adj. 몹시 짙은, **빽빽한,** 조밀한,
　꽉 짜인, 꽉 들어찬, 뒤덮인.
　vallis arboribus condensa. 나무로 꽉 들어찬 계곡.
condénpso, -ŭi, -ĕre, tr. (cum+depso)
　섞어 반죽하다, 이기다, 빚어 만들다.
condescéndo, -di, -scénsum, -ĕre, intr. (cum+descéndo)
　(자신을) 낮추어 내려가다, 아랫사람의 편이 되다,
　소원을 들어주다.
condescénsĭo, -ónis, f. 겸양(謙讓-겸손하게 사양함).
　관대(συνκατάβασις.마음이 너그럽고 큼), (자기를) 낮춤.
condício, -ónis, f. (=conditĭo³) 조건, 제약, 약정(約定),
　협정, 규정, **계약조항(契約條項,** stipulátĭo, -ónis, f.),
　결혼조건(계약); 혼처(婚處), **형편**(일이 되어 가는 모양이나 결과),
　상황(狀況.獨 Kontext), 입장(立場), 타고난 운명,
　상태, 성질, **신분, 지위, 처지. (法)** 선택권(選擇權).
　(로마 가톨릭교회의 1917년 교회법전은 conditĭo라는 용어를 사용하고,
　1983년 교회 법전은 condicĭo라는 용어를 사용한다. condicĭo라는 용어가
　고전기 로마법에 더 가까운 용어이다).
　aptam condicionum laboris tutelam.
　노동 조건들의 적합한 규제/
　Condicióne tuā non utor.
　(파혼 선언 형식으로서) 너하고 결혼 안 한다/
　dícere(ferre) condiciónes.
　유리한 입장에서 일방적으로 조건을 붙이다/
　eā condicióne, ut…, …한다는 조건(條件)으로.
condicio facti. 사실 조건(條件)
condicio illicita. 불법 조건
condicio impossibilis. 불가능 조건
condicio iniqua. 불리한 조건
condicio juris. 법률 조건
condicio potestativa. 수의 조건
condicio servitutis. 노예 신분
　(奴隸身分.영 Slavery.독 servitúdo, -dĭnis, f.).
condicio sine qua non. 절대적 조건, 필수 조건
condicio tacita. 묵시적 조건
condicio testamenti. 유언의 조건
condicĭónális, -e, adj. 조건부의, 제약적인, 잠정적인,
　가정적인. (文法) 조건 표시의, 조건의.
condicĭónátus, -a, -um, adj. 조건 붙은, 제약된,
　conditionata necessitas. 조건적 필연성.
Condicione tua non utor. 너하고 결혼 안 한다.
Condiciones pacis æquæ victis ac victoribus.
　승자에게나 패자에게나 같은 조건의 평화.
condíco, -díxi, -díctum, -ĕre, tr. (cum+dico)
　모두 동의하다, 협정하다, 합의 결정하다.

(행사 일정 따위를) 지정하다, 발표하다.
(法) 반환(返還)을 요구하다.
condíco alci cœnam, ad cœnam.
　저녁 먹으러 간다고 통고하다.약속하다.
condíco alqd in diem tértium.
　무슨 일을 이틀 후에 하기로 하다.
condictĭo, -ónis, f. 행사일정 발표, 길흉판정일 통고,
　반환요구, (로마법) 부당이득 반환 소권.
　['부당이득 반환소권' 표현은 고전시대 부당이득법의 중심개념이다. 이 단어는
　통고식law소식 법률소송legis actio per condictionem에서 유래한다. 이는 기원전
　3세기 후반에 법률과 종류채권을 위하여 도입된 절차로
　채권자는 채무자를 요식의 통고condicere를 통하여 소송기일에 소환하였다.
　고전 전시대 법학에 의하여 이 절차는 자연법상 부당이득 금지에 기인하는
　자연법상의 소송과 같은 위치에 놓여졌다. 이 소송의 도움으로 원고는 자연법에
　위반된 방식으로 이득한 자를 상대로 제소하고 그에게 그 이득을 반환할 것을
　청구하였다. 이 소송은 고전전시대의 부당법인에 기한 이득반환소권condictio ex
　iniusta 과 고전전시대 전통에 담긴 포괄적인 자연법적 부당이득 금지를 통하여
　유지된 뒷받침되었다. Condictio est actio in personam qua actor
　intendit dari sibi oportere. 부당이득 반환소권은 대인 소송으로 원고는
　준 것의 권리를 가지려고 한다.
　한동일 지음, 로마법의 법률 격언 모음집에서(출간예정)].
condictum, -i, n. 계약(기ㄱ.영 covenant), 협정
condĭdi, "condo"의 단순과거(pf.=perfectum)
condídĭci, "condisco"의 단순과거(pf.=perfectum)
condígnus, -a, -um, adj. 매우 합당한, 마땅한,
　어울리는, (상·벌을) 받을만한, …에 상당하는.
condĭmĕnárĭus, -a, -um, adj. 양념의
condĭméntum, -i, n. 양념, 조미료, 반찬,
　흥을 돋우는 청량제, (고통.엄격의) 완화제.
　Cibi condimentum est fames. 시장이 반찬이다/
　condiménta virídia. 신선한 야채(野菜).
condĭo, -ívi(ii), -ítum, -íre, tr. (오래 보존하기 위해) 절이다,
　잠그다, (시체를) 미라로 만들다, **양념하다,**
　향신료를 넣다, 음식 맛을 내다, 맛있게 조리하다,
　음료에 향미를 넣다, 흥을 돋우다, 즐거움.재미를 보태다,
　(고통.엄격 따위를) 완화하다, 조절하다.
condírĭgo, -ĕre, tr. 공급하다, 갈다(耕)
condiscípŭla, -æ, f. 여자 동창생(女子 同窓生)
condiscípŭlátus, -us, m. 동창생 사이.관계
condiscípŭlus, -i, m. 동창생(同窓生)
condisco, -dídĭci -ĕre, tr. (cum+disco)
　함께 배우다, 동창으로 공부하다, 충분히 배우다,
　배워 익히다, 식물이 무엇에 적응(適應)하다.
condĭtánĕus, -a, -um, adj. 절인, 담근, 저장되는
condĭtárĭus, -a, -um, adj. 양념하는, 조리하는(곳의)
condĭtícĭus, -a, -um, adj. 저장의; 절인
condítĭo¹, -ónis, f.
　양념함, 절임, 담금; 음식 조리, 양념, 향신료(香辛料).
condítĭo², -ónis, f. 과일 저장, 제작(製作), 만듦
condítĭo³(=condicĭo), -ónis, f. 조건, 신분('Contractus,
　Demonstratio, Impossibile, Jus, Legatum, Obligatio' 참조).
　['콘디티오conditio'는 계약이나 유언의 유효 여부를 장래 불확실한 사건의 발생
　또는 미발생에 의존시키는 부가 조항이다. 사건은 인간 행위와 무관한 자연적인
　것이거나 당사자들이나 제3자가 행하거나 행하지 않을 수 있는(수의조건, condicio
　potestativa) 것이다. 로마 고전법은 정지조건만을 인정했다. (정지 조건 성취전
　pendente condicione에는 계약의 효력이 인정되지 않았다. 계약 체결과 조건 성취
　간의 기간은 전유son되로 '정지되어 있다in suspenso est', '조건 하에 정지된
　suspensus sub condicione' 등으로 표현된다. 고전전법학에서 조건은 문답계약과
　같은 엄격법이 적용되는 거래에 허용되고, 매매, 임약locatio conductio 등 신의
　성실의 원칙이 적용되는 거래에는 조건이 허용되지 않았던 것 같다. 조건은 고전
　법학에서는 이런 구분 없이 소위 법정행위actus legitimi를 제외한 거의 대부분의
　계약 및 문답계약, 매매, 임대차, 상속인 지정, 유증, 노예해방 등의 기타 법률행위
　에 부가될 수 있었다. 한동일 지음, 로마법의 법률 격언 모음집에서(출간예정)].
　ad eásdem deditiónis conditiónes recurro.
　같은 항복(降伏) 조건으로 되돌아가다/
　Conditionales creditores dicuntur et hi quibus nondum
　competit actio, est autem competitura: vel qui spem
　habent ut competat. 조건부 채권자는 아직 행위가
　일어나지 않은 사람이나 일어나거나 일어나리라는
　희망을 갖고 있는 사람을 말한다/
　conditiones entium transcendentes. 존재자의 초월적 조건들/
　Conditiones, quæ contra bonos mores inseruntur,
　remittendæ sunt. 미풍양속에 반한 내용을 넣은
　조건은 면제해야 한다/
　Creditor conditionalis in possessionem non mittitur.

조건부 채권자는 점유로 해임되지 않는다/
De conditione angelorum et hominum.
천사와 인간의 상황.(교부문헌 총서 17, 신국론, p.2828)/
De conditione opificum. 조동자의 상황에 대하여/
De miseria humanæ conditionis. 비참한 인간 조건.
(수덕신학에 관한 것-교황 Innocentius 3세 지음).
De pænis temporalibus istius vitæ, quibus subiecta est humana condicio. 인간 조건이 감당해야 하는 현세 생명의 잠시적 형벌(교부문헌 총서 17, 신국론, p.2824)/
Dies incertus conditionem in testamento facit.
유언에서 '불확정 일'은 조건을 만든다.['불확정 일'은 언제 도래할지 여부 자체가 불확실한 날을 말한다. 가령 어떤 이의 사망이 그렇다]/
Duæ condiciones sunt : utram tu accipias, vide!
두 가지 조건이 있다: 둘 중 어느 것을 네가 받아들일지 보라!/
Impossibiles conditiones testamento adscriptæ pro nullis habendæ sunt. 유언에 추가하여 쓴 불가능한 조건은 무효로 간주되어야 한다/
Impossibilis conditio habetur, cui natura impedimento est, quominus existat. 자연(법, 미풍양속)이 하지 말도록 금지한 것은 불가능한 조건으로 간주된다/
In conditionibus primum locum voluntas defuncti obtinet, eaque regit conditiones. 조건에서 망자의 의사가 제일 우선하며, 그것(망자의 의사)이 조건을 지배 한다/
In jure civili receptum est, quotiens per eum cujus interest conditionem non impleri, fiat quominus impleatur, perinde haberi ac si impleta conditio fuisset, quod ad libertatem et legata, et ad heredum institutiones perducitur: quibus exemplis stipulationes quoque committuntur cum per promissorem factum esset quominus stipulator conditioni pareret.
민법으로 통용되어야 하는 것은 다음과 같다. 조건이 이행되지 않은 누군가의 것 때문에 문제가 될 때마다 이행되도록 해야 된다. 마찬가지로 자유와 유산, 상속자의 임명과 관련된 것은 조건이 이행된 것으로 간주된다. 그러한 사례에는 '요약자(stipulator-문답계약서에서 채권자)'가 조건에 따르도록 계약자에 의하여 된 문답계약도 포함 시킨다/
In pari causa, melior est conditio possidentis.
같은 원인에서는 점유자의 조건이 우선 한다/
In re communi potior est conditio prohibentis.
공동의 사항에서는 금지의 조건이 우선 한다/
Legata sub conditione relicta, non statim, sed quum conditio existiterit deberi incipiunt. Ideoque interim delegari non potuerunt. 조건부로 남긴 유산은 즉시 개시되는 것이 아니라 조건이 존재할 때는 조건이 이행되었을 때 시작한다. 그러므로 그 사이에 위임될 수 없다/
Non debet alteri per alterum iniqua conditio inferri.
제3자로 인한 불합리한 조건이 다른 사람에게 제공해서는 안 된다/
Non est éadem fortúna aque condítio.
행운은 지위와 동일한 것이 아니다/
Non videtur defectus conditione is qui parere conditioni non potest. 조건을 따를 수 없는 사람은 조건에 결여된 것으로 판단하지 않는다/
Nulla est conditio quæ in præteritum confertur, vel quæ in præsens. 과거와 현재에 관계되는 것은 어떤 것도 조건이 안 된다/
Quicunque sub conditione obligatus curaverit, ne conditio existeret, nihilominus obligatur.
누구를 막론하고 조건에 구속된 사람은 비록 조건이 없더라도 의무를 다해야할 것이며, 그럼에도 의무는 남게 된다/
Qui potest facere ut possit conditioni parere, jam posse videtur. 누군가 조건을 이행할 수 있는 것처럼 할 수 있는 것은 이미 할 수 있다고 본다/
Qui sub conditione stipulatur, quæ omnimodo extitura est, pure videtur stipulari. 조건부로 계약한 사람은 그것이 진정 일어나리라고 보고 단순히(무조건으로) 계약한 것이라고 본다/
Quoties contrahentes sub conditione impossibili contrahunt, non tam contrahere quam nihil agere voluisse existimantur. 계약 당사자가 불가능한 조건으로 계약을 체결할 때마다. 이행할 수 없을 만큼 계약을 원하지 않았다고 판단된다/
Si filiusfamilias sub conditione stipulatus, emancipatus fuerit, deinde extiterit conditio, patri actio competit, quia in stipulationibus id tempus spectatur quo contrahimus.
가남이 조건부로 계약을 맺고 가장권이 면제되고 그 다음 조건이 생겨난다면, 소권은 아버지에게 있다. 왜냐하면 문답계약에 있어 우리는 그것이 계약할 당시와 관련한 일이라고 보기 때문이다/
Si impossibilis conditio obligationibus adiciatur, nihil valet stipulatio. 불가능한 조건이 의무로 첨부된다면, 문답계약은 유효하지 않다/
sub conditióne. 조건 하에, 조건부로.

conditĭo accidentalis. 부수적 조건([영] accidental conditĭon)
conditĭo arbitraria. 임의의 조건(任意 條件)
conditĭo casualis. 우연한 조건
conditĭo civium. 시민들의 조건
conditĭo contingens. 우발적 조건
conditĭo contra substantĭam matrimonii.
혼인의 본질에 반대되는 조건.
conditĭo de futuro. 미래에 관한 조건
conditĭo de præsenti. 현재에 관한 조건
conditĭo de præterito. 과거에 대한 조건
Conditio efficax est, quæ in constituenda obligatione inseritur, non quæ post perfectam eam ponitur.
정한 것을 의무로 삽입하는 것은 유효한 조건이나, 완료된 뒤에 그것을 주장해서는 안 된다.
conditio essendi moralitatis. 도덕적으로 살아가기 위한 조건
conditĭo essentĭalis. 본질적 조건([영] essentĭale conditĭon)
Conditio existens ad initium negotii retrotrahitur.
존재한 조건은 거래의 처음으로 되돌린다.
conditĭo honesta. 도덕적 조건
conditĭo humanæ. 인간의 조건
conditĭo impossibilis. 불가능한 조건
Conditio in præteritum, non tantum in præsens tempus relata, statim aut perimit obligationem, aut omnino non differt. 현재뿐만 아니라 과거와 관련된 조건은 항구히 의무를 제거하거나 완전히 미루지 않는다.
conditĭo Jacobea. 야고보의 신심 조건
conditĭo necessaria. 필연적 조건
conditĭo non contra substantĭam matrimonii.
혼인의 본질에 반대 안 되는 조건.
conditĭo possibilis 가능한 조건
conditĭo potestativa. 가능성이 있는 조건
Conditio, quæ semel evanuit, amplius non reviviscit.
한 번 없어진 조건은 더 이상 다시 살아나지 않는다.
conditĭo turpis. 부도덕한 조건
conditioná··· V. **condicioná**
conditior, -or, -us, adj. condítus, -a, -um의 비교급
conditissimus, -a, -um, adj. condítus, -a, -um의 최상급
conditīvum, -i, n. 저장창고, 무덤
conditīvus, -a, -um, adj. 저장의
cónditor¹, -óris, m. 저장자(貯藏者), 건설자, 창설자, 창조자, 재건자, 창시자, 고안자, 발기인, 저(작)자, 기초자.
Oppídi cónditor Hércules memorabátur.
그 도시의 창설자는 Hércules라고 알고들 있었다.
condítor², -óris, m. 요리사, 양념하는 사람
Conditor(Creator) Alme Siderum.
별들을 지어내신 창조주시고(대림절 저녁기도 찬미가. 7세기 암브로시오 찬미가로 혈육을 취하여 인간의 약점을 지니고 오신 그리스도, 세말에 판관으로 오셔서 우리를 모든 원수들에게서 보호해 주심을 찬미하는 노래. 백민관 신부 엮음, 백과사전 1, p.684).
condĭtōrĭum, -i, n. 창고, 관(棺, capulus, -i, m.), 화장한 유골상자, 무덤(μνημεῖον.[영] Tomb).
conditum, "condo"의 목적분사(sup.=supínum)
conditum, "condio"의 목적분사(sup.=supínum)

C

cónditum¹, -i, n. 곳간(cella, -æ, f./thesaurus, -i, m.).
창고(倉庫), 곡물 창고(穀物 倉庫).

conditum², -i, n. 꿀과 향료 넣은 포도주(葡萄酒)

condītúra¹, -æ, f. 제조, 제조방법

condītúra², -æ, f. 청과물 저장, 조미(調味), 조미료(調味料)

condítus, -a, -um, p.p., a.p 양념한, 조리한, 절인.
Id quod dícitur, fit motu condítius.(conditus의 비교급)
말로 하는 것을 몸짓으로 더욱 흥을 돋운다.

condo, -dĭdi -dĭtum -ĕre, tr. (cum+do) 건설하다(תֶנֶ),
건축하다, **창건하다**, 세우다(קֶ, עֶבֶ, אֶנֶב.חֶנֶ),
창조하다(בֶ.דֶרֶאֶ), 설정하다, **제정하다**,
창설하다, 장만하다, 마련하다(תֶוֶ), 저술하다, 저작하다,
짓다(בֶאֶ.נֶרֶ), 쓰다(בֶתֶכֶ.⑨ write), 기술하다,
작성하다, 잘 보관하다, **간직하다**,
(곡물.청과물.술 따위를) 저장하다,
(청과물을) 절이다. (청과물을) 담그다(כֶבֶשֶ),
(사람을) 가두다, 감금하다, **파묻다**(קֶבֶר),
매장하다(קֶבֶר). (마음에.원인 속에) 간직하다,
(시간.세월) 보내다(ἀπόστολή), 지내다,
기간을 채우다(תֶמֶמֶ); 끝내다(חֶסֶל.חֶתֶם.גֶמֶר),
감추다(כֶחֶד), **숨기다**(כֶסֶה.טֶמֶנֶ.חֶבֶה), 숨어들게 하다,
가리다(כֶסֶה.דֶכֶ), 은폐하다, 잠복(매복)시키다,
(칼.창.화살.기타 무엇이든 지로) 쿡 찌르다, 박다(תֶקֶע),
꽂다(תֶקֶע). conditus in sepulcro. 무덤에 묻힌/
Condo gládium. 검을 칼집에 꽂다/
Dies cito cónditur. 하루가 빨리도 저문다/
post Romam cónditam. Roma 창건 후, Roma 기원 후.

condo *alci* ensem in péctore(in pectus)
칼로 누구의 가슴을 쿡 찌르다

condo *alqd* in acétum. 식초에 담그다

condo gládium. 검을 칼집에 꽂다

condo in cárcerem, condo in víncula. 투옥하다

Condo leges. 법률을 제정하다

condo noctem. 밤을 보내다

condo trístia bella. 비참한 전쟁 이야기를 기술하다

condŏcéfácĭo, -féci -fáctum, -cĕre, intr.
(cum+dóceo+fácio) 잘 가르치다, 훈련시키다, 길들이다.

condŏcĕo, -cŭi, -dóctum, -ére, tr. (cum+dóceo)
가르치다, 훈련시키다.

condóctus, -a, -um, p.p., a.p. 몸에 밴

condólĕo, -ŭi, -ére, intr. (cum+dóleo)
겹쳐서 아프다; 고통(슬픔)을 함께 나누다.

condólésco, -dólŭi -ĕre, intr.
몹시 아프다, 아파하다, 괴로워하다.
Latus ei dicénti condóluit.
그가 말하는 동안 옆구리가 몹시 아팠다.

condólui, "condoleo"의 단순과거(pf.=perfectum),
"condolesco"의 단순과거(pf.=perfectum).

condŏmínĭum, -i, n. 공동 주관(主管)

condŏnátĭo, -ónis, f. 선사(膳賜-남에게 물품을 줌).
증여(기증), 용서(χηστὸς.⑨ Forgiveness), 면제.

condonátĭo expréssa. 명시적 용서(明示的 容恕)

condónátĭo tácita. 묵시적 용서(黙示的 容恕)

condóno, -ávi, -átum, -áre, tr. (cum+dono) 내어주다,
주다(קֶ.בֶהֶ.נֶתֶ), 선사하다,
(법령, 특명으로) 넘겨주다(מֶסֶר),
귀속시키다, 관할하게 하다,
(누구 때문에, 무엇을 위해서) 제물로 바치다,
희생시키다, (죄.벌.부채를) **사면하다**, 탕감하다,
(죄.벌.부채를) **면제해주다**,
누구를 보아서 용서해주다, 용서하다(קֶרֶ).
crimen *alci* condono. 죄를 사면하다.

condono *alci* *alqm*. 누구 때문에 아무를 용서하다

condórmĭo, -ívi -ítum -íre, intr. 함께 잠자다

condormísco, -ĕre, intr. 잠들다(רֶ.תֶרֶדֶמֶ), 잠자다

condūcíbĭlis, -e, adj. 이로운, 유익한

condúco, -dúxi -dúctum -ĕre, (cum+duco) tr.
한 곳으로 모이게 하다, **인도(인솔)하다**(ἄγω), 안내하다,

이끌어가다. 잡아당기기다(נֶהֶגֶ.נֶחֶה), 켕기다.
응결(응집) 시키다. 수축케 하다, 잇다, 결합시키다,
유착시키다. 아물게 하다, 한데 묶다, **고용하다**(שֶכֶר),
품사다, 세내다, 임차(賃借)하다, 도지(賭地)얻다.
소작하다, 청부(도급) 맡다. cutis condúcta. 켕긴 피부/
conduco agnum cædendum. 양 도살을 도급 맡다/
Conduco parvam donum cum horto.
나는 정원(庭園)이 딸린 작은 집을 세냈다.
intr. 이롭다, 유익하다, 도움이 되다, 기여하다.
Arbóres crebrióres seri condúcit.
나무를 배게 심는 것이 유리하며/
Némini injúste facta condúcunt.
불우한 일은 아무에게도 이롭지 못하다.

condúcta, -æ, f. 서곡(序曲)

condúcti, -órum, m. 고용인(傭傭人), 용병(傭兵)

conductibílĭtas, -átis, f. 전도성(傳導性)

conductícĭus, -a -um, adj. 세낸, 고용한

conducticius exércĭtus. 용병부대(傭兵部隊)

condúctĭo, -ónis, f. (근육 따위의) 수축(收縮),
경련(痙攣-근육이 발작적으로 收縮하는 현상), 요약,
고용(雇傭-보수를 주고 사람을 부림), 세냄, 임약('Locatio' 참조),
임차(賃借-삯을 내고 물건을 빌림), 청부(請負).

condúctor, -óris, m. 고용주, 세 낸 사람, 세 든 사람,
소작인(小作人), 도급 맡은 사람, 청부업자.

condúctum, -i, n. 셋집

condŭplĭcátĭo, -ónis, f. (같은 단어나 말의) 반복,
겹치기, (농담적인 표현으로) 포옹(抱擁).

condŭplĭco, -ávi, -átum, -áre, tr. (cum+dúplico)
배가(倍加)하다, 이중으로 만들다.

condus, -i, m. 음식 조리 책임자 노예

condyloídĕus, -a, -um, adj. (解) 골두상(骨頭狀)의

cóndylus, -i, m. (불거진) 손가락 마디,
갈대(대나무) 마디 사이. (解) 과상돌기(髁狀突起).

cōnécto(=connécto) -néxŭi, -néxum, -ĕre, tr. 연결하다

conex… V. connex…

confābŭlátĭo, -ónis, f. 담화(談話); 이야기

confābŭlátor, -óris, m. 더불어 이야기하는 사람

confābŭlor, -átus sum, -ári, dep., intr., tr.
(cum+fábulor) 서로 이야기하다, 회화하다, 의논하다.

confāmíliáris, -is, m. 동료(φίλος.同僚)

confārréátĭo, -ónis, f. 제사 빵 나누어 먹는 결혼식,
공찬식 혼인.
(신부가 가져온 빵으로 제사를 지낸 다음, 10명의 증인 앞에서 선서하고 빵을
나누어 먹음으로 성립되던 고대 Roma의 결혼 양식).

confārréo, -ávi, -átum, -áre, tr. (cum+far, fárrĕus)
confarréátĭo 예식으로 결혼하다.

confātális, -e, adj. 같은 운명에 묶인

conféci, "conficio"의 단순과거(pf.=perfectum)

conféctĭo, -ónis, f. 작성, 저술, 저작, 제조(製造),
제작, 완성, 성취, 완수(完遂), (藥의) 조제(調劑),
징수(徵收), 수금(收金), 분쇄, 씹어서 바스러뜨림,
없애 버림, 소모(消耗-써서 없앰), 쇠약(衰弱).
annalium conféctĭo. 연대기 작성/
tribúti conféctĭo. 세금 징수(稅金 徵收).

conféctis æstívis. 여름철이 다 지난 다음

conféctor, -óris, m. 제작자(製作者), 작성자, 완성자,
완수자(完遂者), 파괴자(破壞者), 못쓰게 만드는 자.

conféctor belli. 승리자(勝利者, victrix¹, -ícis, f.)

conféctor omnium ignis. 모든 것의 파괴자인 불

conféctum, "conficio"의 목적분사(sup.=supínum)

conféctúra, -æ, f. 조제(여러 가지 약제를 조합하여 약을 만듦), 제작

conféctus, -a, -um, p.p. 만든(製)

confectus coctúsque cibus. 씹어서 소화시킨 음식

confœderátĭo, -ónis, f. = confœderátĭo 연합, 동맹

confer, 원형 cónfero, cóntŭli, collátum(conlátum), conférre,
[명령법, 현재 단수 2인칭 confer].

**Confer ætátem nostram longíssimam cum æternáte,
brevíssima tibi vidébitur**. 우리의 가장 긴 나이라도 영원에다

비교해 보아라. 그것은 너에게 아주 짧은 것으로 보이리라.

conferbui. "confervésco"의 단순과거(pf.=perfectum)

confércĭo, -férsi, -fértum, -íre, tr. (cum+fárcio) 다져 넣다. 채워 넣다, 쑤셔 넣다, 압축하다, 응축하다.

conferéntĭa, -æ, f. 회합, 회의, 협의회

conferentĭa episcoporum. 주교회의, 전국 주교회의, 주교 협의회((영) Bishops Conference).

Conferentĭa Episcoporum Coreæ. 한국 주교회의

Conferentĭa et congressus. 국제회의(國際會議)

Conferentĭa Pastoralis.((영) Pastoral Conference/
Clergy Conference) 사목회의, 사제회의, 교구 사목 위원회.

Conferentĭa superiorum maiorum. 상급(최고) 장상 협의회, 수도회 장상 협의회((영) conferences of major superiors).

cónfĕro, cóntŭli, collátum(conlátum), conférre, anom., tr. (cum+fero) 한 곳으로 운반하다, 가져다가(오다), 갖다 모으다, 옮겨 놓다, 합치다, 하나로 만들다, 집중시키다, 요약해서 말하다, …할 날짜를(언제로) 정하다, 가까이 갖다 대다, 접근시키다, (의견 따위를) 한데 모으다, 숙의하다, (말, 의견을) 교환하다, 의논하다, 환담하다, 맞붙어 싸우다, 대항하다, 충돌하다, 접전(교전)하다, 다투다, 겨루다, (무슨 목적으로) 돈을 내다, 기부하다, 갹출하다, 출자하다, 주다(תוֹן.דבב.נתן), 선사하다, 전달하다, 맡기다, **기여하다, 이바지하다, 공헌하다,** 보태다, 들이다, 쓰다, 도움이 되다, 이롭게 하다, (어디로) 가게 하다, 방향을 잡(아 주)다, 몰두하다, 전념하다, 열중하다, 몸을 바치다, 정력을 기울이다, 마음을 쏟다, 남에게 돌리다, 다른 상태로 넘어가게 하다, 바꿔놓다, (원인, 탓, 거짓, 책임 따위를) 남에게 돌리다, 전가시키다, **비교하다, 대조하다, 참조하다,** 대보다, 견주다.

calláto pede. 돌격전으로 맞붙어서/

castra castris confero. 적과 대치하다/

cf. = confer. 참조하라/

collátis utrorúmque factis. 두 편의 행적을 비교해서/

conférre in alqd. (in¹참조) 무엇에 기여(이바지.공헌)하다/

in pósterum diem iter confero.
여행 날짜를 다음 날로 정하다/

pedem cum pede confero. 단병 접전하다.

confero cápita. 머리를 맞대고 의논하다

confero gradum(pedem) 이야기하러 가다

confero lites. 말다툼하다(נצה.)

confero membra. 얼싸안다

confero se in fugam. 도망가다(נוס, conjicere se in pedes.)

confero signa. 진격하다, 회전하다

confero vires in unum. 힘을 합치다

conferrúmĭno, -ávi, -átum, -áre, tr. 용접하다, (밀 따위로) 녹여 붙이다.

confersi. "confércĭo"의 단순과거(pf.=perfectum)

confértim, 밀집하여, 빽빽이 들어서게

confertum, "confércĭo"의 목적분사(sup.=supínum)

confértus, -a, -um, p.p., a.p. 빽빽이 들어 선, 찬, 밀집한, 짙은, 꽉 차 있는, 많이 들어 있는, 다져 넣어진.

conférva, -æ, f. (植) 수면(水棉).
(민물에서 자라는 조류를 통틀어 이르는 말. 수태).

confervĕfácĭo, -ĕre, tr. 몹시 뜨겁게 하다, 녹이다, 용해시키다

conférvĕo, -férbŭi, -ére, intr. (cum+férveo) 뜨거워지다, 끓다, (부러졌던 뼈가) 아물어 붙다.

confervésco, -férbŭi, -ĕre, intr. 끓어오르다, 뜨거워지다

confessárĭus, -i, m. 고해성사 주는 신부, 고해(청죄) 사제

confessárĭus extraordinárĭus. 비정규 고해사제

confessárĭus ordinárĭus. 정규 고해사제

conféssĕ, adv. 두말할 것도 없이, 명백하게

conféssĭo, -ónis. f. 인낙(認諾), 자백 ('Error, Probatio' 참조). ['인낙認諾'은 원고 청구의 전부 또는 일부에 대한 책임을 피고가 인정하는 것을 말한다. 인낙은 민사 재판의 두 단계, 즉 법정절차와 심판인 면전절차 모두에서 발생할 수 있었다. 고백, 승인, 인정, 증거, 찬미.
(가) 고해(고백) 성사(Confessio sacrámentalis).
(영) Confession.(獨) Bußsakrament), 신앙고백.
approbátĭo ad andiendas confessiones. 청죄 허가/

Confessiones Amantis. 사랑하는 자의 고백(1658년)/

De confessione Divinitatis Jesu Christi Savatoris nostri. 구세주의 천주성에 대한 고백에 대하여/

De frequenti confessione. 잦은 고백에 대하여/

Deinde junctis manibus profunde inclinatus facit Confessionem. 그리고 나서 손을 모으고 고개를 깊이 숙인 후 고백기도를 읽다/

Et quæ spes est? Ante omnia confessio. 그렇다면 희망은 무엇입니까? 으뜸되는 것은 고백입니다.
(최익철 신부 옮김. 요한 서간 강해, p.77)/

Humilitas pertinet ad confessionem, qua confitemur nos peccatores esse. 겸손은 우리로 하여금 죄인이라고 고백하게 합니다.(최익철 신부 옮김. 요한 서간 강해, p.77)/

individuális confessio et absolutio. 개별고백과 개별사죄/

initium iustitiæ nostræ, confessio est peccatorum. 우리 의로움의 시작은 죄의 고백입니다/

Ista confessio firmat cor, et facit dilectionis fundamentum. 이런 고백이 마음을 든든하게 하고, 사랑의 기초를 놓아줍니다.(최익철 신부 옮김. 요한 서간 강해, p.343)/

pia confessio ignorantiæ. 신실한 무지의 고백/

Refutatio Confessionis Eunomii. 에우노미스의 신조를 반박함/

Sigillum Confessionis. 고해비밀(고해성사 때 고해소 안에서 고백자에게서 들은 일은 그 무엇이든 말이나 행동으로 드러내서는 안 된다는 절대적 의무를 생각함). Sacramentale sigillum inviolabile est; quare nefas est confessario verbis vel alio quovis modo et quavis de causa aliquatenus prodere pænitentem. 참회성사의 비밀 봉인은 불가침이다. 따라서 고해사제는 말로나 다른 어떠한 방식으로도 그리고 어떤 이유로도 참회자를 조금도 발설하여서는 안 된다(교회법 제983조).

Confessio annua(=Confessio Paschalis). 연례 고해(의무), 부활절 고해, 판공성사(교회법규 6개 조항). Omnis fidelis, postquam ad annos discretionis pervenerit, obligatione tenetur peccata sua gravia, saltem semel in anno, fideliter confitendi.(교회법 제989조) 모든 신자는 사리를 분별한 나이에 이른 후에는 매년 적어도 한 번 자기의 중죄를 성실히 고백할 의무가 있다.

Confessio Augustans.(獨 Augsburger Konfession). 아우크스부르크 신앙고백.

Confessio auricularia. 청죄 고해(聽罪 告解), 비밀 고백(영 auricular confession).

Confessio Catholicæ Fidei Christiana.(1553년) 가톨릭의 그리스도敎 신앙고백(스타니슬라우스 호시우스 지음).

Confessio communis. 집단 고백

confessio devotionis. 신앙고백(信仰告白)

Confessio dividi non debet. 인낙(자백)은 따로따로 나누어서는 안 된다.

Confessio est probátĭo optima. 자백은 최상의 증명이다

Confessio est probátĭo probatissima. 자백은 증명 중의 증명이다.

Confessio est regina probationum. 인낙(자백)은 '증명(입증)'의 여왕이다.[민사 소송에 다음의 규칙이 있다. "부인하는 자가 아니라, 주장하는 자가 입증의 책임이 있다.Ei incumbit probatio qui dicit, non qui negat." 따라서 원고가 청구의 기초 사실을 입증해야 한다. 피고는 원고의 주장에 대한 부인을 위해, 혹은 자신의 항변을 위한 기초가 되는 사실을 입증해야 한다. 고전시대 법에서 증명의 방법에 관해서는 자유로이 선택할 수 있었다. 고전시대 법에서 다양한 증명 방법(문서, 증인)의 가치는 동등했고 심판인은 증거들의 평가에 관하여 완전히 자유로웠다. 고전후시대와 유스티니아누스 법에서 드디어 증거보다 선호하는 경향이 확산되었다. 여기에 그리스도교의 영향으로 점차 선서가 지배적인 증명방법이 되었다.
한동일 지음. 로마법의 법률 격언 모음집에서(출간예정)]

confessio expressa. 명시적 자백(明示的白)

confessio extra-judicialis. 재판(裁判) 밖의 자백

confessio fidei. 신앙 고백(professio fidei)

confessio Gallicana. 갈리아 신조(1559년 파리에서 모인 프로테스탄트의 프랑스 교회 회의의 첫 신앙 선언, 칼뱅이 초안했고 그 제자가 수정해 회의에서 통과시켰다…. 백민관 신부 엮음. 백과사전 2. p.111).

confessio generalis(영 general confession). 총고백
총고해-일정한 계기에 과거 고해한 것까지 포함하여 총체적으로 다시 고백하는 고해성사. 교회법 제962조. 백민관 신부 엮음. 백과사전 1. p.685).

Confessio Helvetica. 스위스 국교회 신조

Confessio judicialis. 재판상 자백(裁判上 自白)

confessio jurata. 맹세한 자백(自白)

confessio laudis. 찬미의 고백(告白)

confessio nominis non examinatio criminis.
죄목에 대한 자백이 곧 범죄는 아니다.

confessio non jurata. 맹세하지 않은 자백(自白)

confessio peccati. 죄의 고백(告白)

confessio privata(⑩ private confession)
개별 고백, 사적 고백.

Confessio Protestantica. 프로테스탄트 신조

confessio provocata. 유도된 자백(誘導된 自白)

confessio qualificata. 설명이 첨부된 자백

Confessio sacrámentalis.
고해성사(Sacrámentum Pœnitentiæ).

confessio sacrilega* 모고해(⑩ sacrilegious confession)

Confessio Scotica. 스코틀랜드 프로테스탄트 신앙선서

confessio secreta. 비밀 고해(공동고해와 대조되는 말. 사제의 귀에
대고(ad auriculam) 다른 사람에게 들리지 않게 하는 고백. 초대교회 시대에는
신자들이 공적으로 고백했는데 4세기부터 비밀고해를 하게 되었다. 귀에 대고
말로 고백하는 것은 고해소에서 필터로 전달해도 ad auriculam에 해당된다.
요는 고해자가 고해소에 출두하는 것이 중요하다. 백과사전 1, p.233).

confessio simplex. 단순한 자백

Confessio soli confitenti nocet.
인낙(자백)은 단지 시인하는 사람에게만 해롭다.

confessio spontanea. 자발적 자백(自發的 自白)

Confessio St. Petri. 바티칸 성 베드로 대성당 지하묘소

Confessio symbolum. 신앙 고백

confessio tacita. 묵시적 자백(黙示的 自白)

confessio Tetrapolitana. 4개 도시 신조.
(1530년. 남부 독일 4개 도시가 Augsburg 회의에서 받아들인 프로테스탄트
신조. 백민관 신부 엮음. 백과사전 3, p.621).

Confessio Trinitatis. 삼위일체 신앙고백

confessionále, -is, n. (⑩ Confessional.
獨 Beichtstuhl/Beichtzimmer) (가) 고해소, 고백소.
Sedes Confessionalis. 고해소(교회법 964조 참조).

Confessionis Sacrámentum* 참회의 성사(교리서 1423-4항)

conféssor, -óris, m. 자백자(自白者), 고백자(告白者),
고해성사 주는 신부*, 고해신부*, 청죄 사제*,
증거자(證據者.ὁμολογητὴς.⑩ confessor.獨 Bekenner),
증성자(證聖者-순교자 이외의 성인)
In Gloriam Confessorum. 성 증거자들의 영광/
Marcus Confessor. 고백자 마르코.

confessum, "confiteor"의 목적분사(sup.=supínum)

conféssum, -i, n. 명백함, 명백한 것,
의심(疑心)의 여지가 없는 것, 의심의 여지가 없음.
ex conféssо. 토론의 여지없이, 명백히/
in coféssum venire. 만인의 공인을 받게 되다/
in conféssо esse. 이의(異議)가 없다.

conféssus, -a, -um, p.p. 자백한, 고백한, 인정된 (것),
명백한, 두말할 나위 없는, 의심의 여지가 없는.

Confessus pro iudicato habetur qui quodammodo sua
sententia damnatur. 자백한 것은 판결채무로 간주되며
어느 의미에서 그 판결로 이행하도록 의무 지운다.

conféstim, adv. 즉각, 즉시, 그 자리에서

confestinátio, -ónis, f. 빨리 감, 서두름

confíciens, -éntis, p.proes., a.p. 만드는, 이루는,
완성하는, 정성 들여 작성하는.

confício, -féci -féctum -cěre, tr. (cum+fácio)
만들다(נכרד), 제조(製作)하다, 이루다, 이룩하다,
(어떻게) 되게 하다; 작성하다, 완성하다, 성취하다,
마치다, 끝내다, 답파(踏破)하다, 주파하다,
거행하다, 지내다, 치르다, (일, 잘못을) 저지르다, 실시하다, 이행(수행)하다, 집행하다,
(때를) 보내다, 지내다, 채우다. Pass. (지나다, 경과하다).
장만하다, 마련하다, 확보하다, 모으다, 징집하다,
결론 내다, 추론하다, 바스러뜨리다, 씹다, 소화하다,
소비하다, 낭비하다, 탕진하다, 소모시키다,
쇠약하게 만들다, 지치게 하다, 시달리게 하다,
정복하다, 제압하다, 짓누르다, 지배하다, 없애버리다,
소멸시키다, 말살하다, 죽이다; 사냥해서 잡다(죽이다).
conféctis æstívis. 여름철이 다 지난 다음/

confectus coctusque cibus. 씹어서 소화시킨 음식/
cursum vitæ conficio. 생애(生涯)를 마치다/
diem conficio. 하루를 다 보내다/
sacra conficio. 제사(祭祀) 지내다/
Unum instat, ut conficiántur núptiæ.
그는 결혼식 올릴 것만 재촉한다.

confíctio, -ónis, f. 날조(捏造-사실이 아닌 것을 사실인 양 거짓
으로 꾸밈), 허구(虛構), 위장(僞裝).

confíctum, "confingo"의 목적분사(sup.=supínum)

confidéjússor, -óris, m. (法) 공동 채무자

confídens, -éntis, p.proes., a.p. 신뢰하는, 굳게 믿는,
자신만만한, 과감한, 당돌한, 뻔뻔스러운, 건방진.

confidénter, adv. 신뢰를 가지고, 자신 있게, 당돌하게,
과감하게(audacter, adv.), 뻔뻔스럽게, 건방지게, 함부로.

confidéntia, -æ, f. 신뢰(ἐλπίς.信賴.⑩ Trust-신임),
신임(信任), 자신(自信), 신념(信念), 자부심(自負心),
과감, 불손(不遜), 당돌함, 건방짐, 뻔뻔스러움.

confidentílôquus, -a, -um, adj. (confídens+ loquor)
철면피(鐵面皮)의, 넉살좋은.

confídi, "confído"의 단순과거(pf.=perfectum),
"confíndo"의 단순과거(pf.=perfectum).

confidimus, 원형 confído, -físus sum(-fídi), -ěre,
[직설법 현재. 단수 1인칭 confido, 2인칭 confidis, 3인칭 confidit,
복수 1인칭 confidimus, 2인칭 confiditis, 3인칭 confidierunt]
Quorum intercessióne perpétuo apud te confídimus
adjuvári.(⑩ on whose constant intercession in your
presence we rely for unfailing help) 저희는 성인들의
전구로 언제나 도움을 받으리라 믿나이다.

confidite, 원형 confído, -físus sum(-fídi), -ěre,
[명령법. 현재 단수 donfide, 복수 2인칭 confidite].

Confidite, ego sum; nolite timere!.
(⑩ Take courage, it is I, do not be afraid!)
용기를 내어라. 나다. 두려워하지 마라(성경 마르 6, 50).

confído, -físus sum(-fídi), -ěre, intr. (cum+fido)
[반탈형동사란 현재 어간을 사용하는 시칭(현재.미완료.미래)에서는 능동태
어미 활용을 하고, 과거 어간을 사용하는 시칭(단순과거.과거완료.미래완료)에서
는 수동태 어미 활용을 하는 동사를 말한다. 뜻은 모두 다 능동의 의미이다.
audeo, confido, diffido, fido, gaudeo, soleo].
믿다(ℵℸ𝔟.δοκέω), 신뢰하다, 신임하다, 신용하다,
기대하다, 바라다(ℵℶℸ.ℶℸ.ℸℵℶℵ.ℶℸℵ), 확신하다.
Confidimus autem de vobis in Domino.
우리는 주님 안에서 여러분을 신뢰합니다(성경 2테살 3, 4)/
confísus amári. 사랑 받고 있는 줄로 믿고/
córporis firmitáte confido. 건강을 믿다/
sibi confido. 자신(自信)을 갖다.

Confido te mox reversurum esse.[반탈형동사 문장]
나는 네가 곧 다시 돌아오리라고 믿는다.

confígo, -fíxi, -fíxum, -ěre, tr. (cum+figo) 꿰찌르다,
꿰뚫다, 못 박아 붙이다, 꽂아 붙이다, 단단히 고정시키다,
마비시키다, 무력하게 만들다.

configūrátio, -ónis, f. 같은 형상, 유사(類似), 형상화,
구성(構成), 입체적 배치, 형태, 결합 구조, 구조형태.

configúro, -ávi, -átum, -áre, tr. (cum+fingo)
모양을 이루게 하다, 어떤 것의 본을 떠서 만들다,
구성하다, 형성하다.
Christo configurari cum Maria.
성모님과 함께 그리스도를 닮기.

confinális, -e, adj. 이웃한, 인접한, 연결되어 있는

confíndo, -fídi -físsum -ěre, tr. (cum+findo)
쪼개다(ℵℸℸ.ℷℵℶℸ), 가르다(ℵ𝔟ℸ.ℷℵℶℸ).

confíne, -is, n. 접경(接境), 국경, 언저리(둘레의 부근)

confíngo, -fínxi -fíctum -ěre, tr. (cum+fingo) 빚다,
짓다(ℵ𝔟ℸ.ℵℷℵℶ), 만들다(נכרד), 구성하다.
형성하다, 가장하다, …처럼 보이게 하다,
…체 하다, 날조하다, 꾸며내다, 조작하다, 생각해 내다.

confínis, -e, adj. (cum+finis) 이웃의, 경계를 두고 인접한,
접경한, 붙어(이어져) 있는, 언저리의, 아주 가까운, 비슷한.
Sunt virtútibus vitia confínia.
덕과 아주 비슷한 악습(惡習)이 있다.

240

confínis, -is, m. 이웃사람

confiníum, -i, n. 공동 경계, 접경(接境-경계가 서로 맞닿음), 인접, 국경, 임박, 맞닿는 시간, (시간적) 갈림길.경계, 사이, 중간, 틈, 가까운 자리, 옆. pl. 이웃들.

confinium mortis et vitæ. 죽음과 삶의 갈림길 순간

confinxi, "confingo"의 단순과거(pf.=perfectum)

Confirmare★ 확증(→確定-확실하게 정함)(교회법 제1682조 2항)

confío, -fíéi, anom.(pass) 제조(제작)되다, 되다, 이루어지다, 완성되다, 사라지다, 없어지다, 지나가다.

confirmátio, -ónis, f. 굳힘, 고정, 확립, 확정, 격려(激勵), 고무, 용기, 고취(鼓吹-의견, 사상 등을 열렬히 주장하여 불어넣음), 사기앙양; 위안, 확인(確認), 확증(確證); 추인(追認), (가) 견진성사(堅振聖事.⑨ Confirmation.獨 Firmung).
　Canones de sacramento confirmationis.
　견진성사(堅振聖事)에 관한 법규/
　Confirmátiónis minister ordinárĭus est Episcopus.
　견진의 정규 집전자는 주교이다.(교회법 제882조)/
　Liber Confirmatorum. 견진대장/
　Quod non est, confirmari non potest.
　없는 것은 확인될 수 없다/
　Si quis dixerit, injurios esse Spiritui sancto eos,
　qui sacro confirmationis chrismati virtutem aliquam
　tribuunt. 만일 누가 견진에 사용하는 축성 성유에 특별한
　효험이 있다고 여기는 자들은 성령을 모독하는 것이라고
　주장한다면 , 그는 파문 받아야 한다.
　　　　　(보편 공의회 문헌집 제3권. 주세페 알베리고 외 엮음. p.686)/
　Si quis dixerit, sanctæ confirmationis ordinarium
　ministrum non esse solum episcopum, sed quemvis
　simplicem sacerdotem. 만일 누가 주교뿐만 아니라 여느
　평범한 사제도 거룩한 견진의 정규 집전자라고 주장한
　다면, 그는 파문 받아야 한다.(보편 공의회 문헌집 제3권. p.686).

Confirmatio [negotii per iudicem] non dat iura, sed ea, quæ sunt, stabilit. ('심판인'을 통한 거래의) 확인은
권리를 주지 못하고, 그것이 무엇인지만을 정한다.
[심판인 또는 배심원은 본래 '사법권의 행사자qui ius dicit'를 의미하였다. 2단계
민사소송에서 심판인 선정은 '심판ius dicere'로부터 분리되었으며, '유덱스iudex'
는 사인私人 심판인이었다. 그는 정무관도 아니고 정무관에 예속하지도 않았다.
다만 방식서에 기재된 정무관의 지시에 따라야 했다. 청각장애인(surdi), 언어
장애인(muti), 정신이상자(furiosi), 미성숙자(impuberes), 여자 등은 심판인이 될
수 없었다. 원로원에서 파면된 원로원 의원도 심판인의 자격에서 배제되었다.
법정에서 심판중인 심판인은cum de re cognoscat 채권자가 '법정 소환in ius
vocatus'할 수 없었다. 그런데 제정 후기의 유스티니아누스 입법에서의
'유덱스iudex'는 사법권을 가졌던 모든 관리를 총칭하는 의미로 사용되었다.
나아가 '유디체스iudices'는 황제의 행정공무원 전체를 집합적으로 부르는 용어
이기도 했다. 한동일 지음. 로마법의 법률 격언 모음집에서(출간예정)]

Confirmatio nil dat novi.
확인은 어떠한 갱신에 대해서도 인정하지 않는다.

confirmátĭvus, -a, -um, adj.
확인하는, 추인하는; 긍정적.

confirmátor, -óris, m. 보증인(保證人) 확인자(確認者)

confirmátus, -a, -um, p.p., a.p. 보증된, 확인된, 확증된, 확실(確實)한, 용감(勇敢)한, 신념(信念)이 굳은.

confírmĭtas, -átis, f. 확고부동(確固不動), 완강(頑强)

confírmo, -ávi, -átum, -áre, tr. (cum+firmo) 굳히다, 견고하게 하다, 증강하다, 든든해지게 하다,
기운 차리게 하다, 추서게 하다, 고무(고취)하다,
격려하다, 용기를(희망을) 북돋다, 고정시키다,
신념(자신)을 갖게 하다, 확립하다, 확정하다,
긍정하다, 인정하다, 추인하다, 증명하다(חוה.חוי),
확인(增證)하다, 보장(보증)하다, 단언하다, 확언하다.
　Confirmatur a divino Paraclito Ecclesia per
　christifidelium eucharisticam sanctificationem.
　교회는 하느님의 성령께서 성찬례를 통하여 신자들을
　거룩하게 하심으로써 굳건해집니다.

confiscátĭo, -ónis, f. 몰수(沒收), 압수(押收)

confisco, -ávi, -átum, -áre, tr. (cum+fisco)
금고(金庫)에 집어넣다.보관하다,
국고(國庫)에 귀속시키다, 몰수하다, 차압하다.

confísĭo, -ónis, f. 신뢰(חסא.信賴.⑨ Trust), 신임

confissum, "confindo"의 목적분사(sup.=supínum)

confisus amari. 사랑 받고 있는 줄로 믿고

Confitemini, 원형 confítĕor, -féssus sum -éri, dep., tr.
[명령법. 단수 2인칭 confitere, 복수 2인칭 confitemini]

Confitemini, et amplectimini.
여러분은 믿음을 고백하며 그분을 꺼안으십시오.

Confitemini Dómino, et invocáte nomen éjus:
annuntiáte inter gentes ópera éjus.
주님을 찬미하라, 그 이름 높이 불러라.
그 하신 일을 뭇 백성에게 알게 하여라.

Confitémini Dómino, quóniam bónus:
quóniam in saéculum misericórdia éjus.
주께 아뢰라. 그는 선하시며,
그의 자비는 영원하시기 때문이다.
[N.B. '그의, 그들의'라고 표현할 때에는 지시대명사 is, ea, id의 속격인 ejus,
eorum, earum을 쓴다. 이때에 소유되는 사물의 성, 수, 격을 따르지 않고,
소유주의 수와 성을 따른다. 황치헌 신부 지음. 미사 통상문을 위한 라틴어, p.522].

confitemur, 원형 confítĕor, -féssus sum, -fitéri, 탈형동사
[직설법 현재]
단수 1인칭 confiteor, 2인칭 confiteris, 3인칭 confitetur,
복수 1인칭 confitemur, 2인칭 confitemini, 3인칭 confitentur.
Mortem tuam annuntiámus, Dómine, et tuam
resurrectiónem confitémur, donec vénias.
(⑨ We proclaim your Death, O Lord, and profess your
Resurrection until you come again) 주님께서 오실 때
까지 주님의 죽음을 전하며 부활을 선포하나이다.

confitens, 원형 confítĕor, conféssus sum, confitéri
[현재분사 단수 confitens, 복수 confitentes].
ambo tamen crédens atque cónfitens,
péto quod petivit látro pænitens
저는 신성, 인성을 둘 다 믿어 고백하며
뉘우치던 저 강도의 기도 올리나이다.

confítĕor, conféssus sum, confitéri, dep., tr. (cum+fáteor)
[직설법 현재. 단수 1인칭 confiteor, 2인칭 confiteris, 3인칭 confitetur,
복수 1인칭 confitemur, 2인칭 confitemini, 3인칭 confitentur]
고백(하다)(חדי.δοκέω), 자백하다, 시인하다,
인정하다, 알리다(ידי.חוה.חוי.ἀναγγλλω.ἀπαγγλλω),
드러내다, 누설(漏泄-비밀이 새어 나감, 또는 새어 나가게 함)하다,
((宗)) (믿음을) 공언하다, 선포하다(ידי), 찬미하다,
Confiteor. 통회의 기도(라틴어 첫말. 나는 고백한다), 고죄경.
Agitáto córpore vívere se confitétur.
몸을 움직여 자기가 살아 있음을 나타낸다/
Confitébor tibi, Dómine, in toto corde meo; retríbue
servo tuo: vivam, et custódiam sermónes tuos:
vivífica me secúndum verbum tuum, Dómine.
당신 종에게 선을 베푸소서. 제가 살아 당신 말씀을
지키오리다. 저는 몹시도 고통을 겪고 있습니다. 주님,
당신 말씀대로 저를 살려 주소서(시편 119. 17과 107 참조)/
Hoc cum confiteris, scelus concedis.
네가 이것을 승인하는 것은 즉 유죄를 인정하는 것이다/
liberum arbitrium et ad malum et ad bonum faciendum
confitendum est nos habere. 우리는 선과 악을 행하는
자유의지를 가지고 있음을 인정해야 한다/
(Venus) conféssa deam. 여신임을 드러낸 Venus.

Confiteor(⑨ I Confess) 통회의 기도, 고죄경

Confiteor Deo omnipotenti. 전능하신 하느님께 고백 합니다

confiteor se victos. 자기들의 패배(敗北)를 인정하다.

confixum, "configo"의 목적분사(sup.=supínum)

conflăbéllo, -áre, tr. 부채질하여 불길을 일으키다

conflaccésco, -ĕre, intr. 잔잔해지다, 가라앉다

conflăgrátĭo, -ónis, f. 대화재, 화산의 분출, 대소동

conflágro, -ávi, -átum, -áre, intr. 불길에 싸이다, 불타다.
incéndio conflagro. 화재(火災)로 불타다/
invídia conflagro. 질투심(嫉妬心)에 불타다.
tr. 불태우다, p.p. conflagrátus, -a, -um, 불타버린.

conflátĭlis, -e, adj. 주조(鑄造)된

conflátĭo, -ónis, f. 용해(鎔解), 주조(鑄造)

conflătúra, -æ, f. 주조술(鑄造術)

conflíctátĭo, -ónis, f. 충돌(衝突.⑨ Conflict),
알력(軋轢), 법정 투쟁(法廷 鬪爭),

conflíctĭo, -ónis, f. 충돌(衝突.⑨ Conflict),

C

알력(軋轢), 갈등(葛藤.⑨ Conflict), 투쟁(鬪爭),
싸움(⑨ Battle/Conflict), 분쟁(紛爭), 논쟁(論爭).
conflícto, -ávi, -átum, -áre,
  intr. 충돌하다, 투쟁하다, 싸우다.
  tr. 거꾸러뜨리다, 때려눕히다, 타도하다, 뒤엎다,
  뒤흔들다, 괴롭히다, 애먹이다. pass. 시달리다,
  pass. 몹시 고통당하다, 타격 받다, 학대받다,
  pass. 궁지에 빠지다.
  gravi morbo conflictátus. 중병에 시달려.
conflíctor, -atus sum, -ári, dep., intr. 싸우다,
  투쟁하다, 충돌하다, 분쟁하다.
conflictum, "conflígo"의 목적분사(sup.=supínum)
conflíctus, -us, m. 충돌(衝突.⑨ Conflict), 분쟁(紛爭)
conflictus competentiæ. 관할권의 분쟁(紛爭)
conflictus negativus. 소극적 분쟁(消極的 紛爭)
conflictus positivus. 적극적 분쟁(積極的 紛爭)
conflígo, -flíxi -flíctum -ěre, (cum+fligo)
  tr. 맞부딪치다, 마주치게 하다,
  (상반되는 것을) 대조하다, 비교하다.
  intr. 충돌하다, 서로 부딪치다, 상충하다,
  싸우다, 투쟁하다, 대결하다, 전투를 벌이다.
confligo armis. 무기로 대결하다
confligo cum hoste. 적과 싸우다
conflixére, 원형 conflígo, -flíxi -flíctum -ěre, (cum+fligo)
  [직설법 현재완료. 단수 1인칭 conflixi, 2인칭 conflixisti, 3인칭 conflixit.
  복수 1인칭 confliximus, 2인칭 conflixistis, 3인칭 conflixerunt]
  N.B. 현재완료 복수 3인칭은 erunt 대신에 -ere로 축약하여 시(詩)나 수준 높은
  산문체에서 사용하는 일이 많다. conflixerunt→conflixére
  황치헌 신부 지음, 미사 통상문을 위한 라틴어, p.474]
  Mors et vita duéllo conflixére mirándo :
  dux vitæ mórtuus, regnat vivus.
  죽음과 삶이 묘한 결투로 투쟁을 하였더니,
  돌아가셨던 생명의 인도자께서 살아나 다스리는도다.
  황치헌 신부 지음, 미사 통상문을 위한 라틴어, p.474]
conflixerunt → conflixére. ↑참조
conflixi, "conflígo"의 단순과거(pf.=perfectum)
conflo, -ávi, -átum, -áre, tr. (cum+flo) 불어 일으키다,
  (불을) 불어서 피우다, 불 지르다, 타게 하다,
  (금속을) 녹이다, 녹여서 만들다, (conflixerunt)
  모아서(합쳐서) 이루다.만들다, 긁어모으다,
  불어넣다, 일으키다, 야기하다, 조장하다,
  자극하다, 선동하다, 부채질하다,
  조작하다, 날조하다, 꾸며대다.
  manus ex pérditis confláta. 오합지졸(烏合之卒),
  불한당으로 이루어진 망나니 부대/
  Rem civíli sánguine conflant.
  그들은 국민의 고혈을 착취해서 치부한다.
Conflo falces in ensem. 낫들을 녹여서 검을 만들다
conflóreo, -ére, intr. (cum+flóreo) 함께 피다, 흥왕하다
cónfluens¹, -éntis, p.præs. 합류하다, 모여드는
confluens², -éntis, m. (강물의) 합류지점
cónfluo, -flúxi -ěre, intr. (cum+fluo) 합류하다,
  (함께) 흐르다(גרג.גרז), (흘러) 모이다, 흘러들다,
  만나다(עדי), 운집하다, 모여들다, 쇄도하다.
conflúvíum, -i, n. 구정물이 모이는 하수구, 합류
confluxi, "confluo"의 단순과거(pf.=perfectum)
confluxum, "confluo"의 목적분사(sup.=supínum)
conflúxus, -us, m. 합류(合流)
confódi, "confódio"의 단순과거(pf.=perfectum)
confódio, -fódi -fóssum -ěre, tr. (cum+fódio)
  파다(חפר.גרד.רהנ.רקד), 파헤치다, 구멍 내다, 꿰찌르다,
  관통하다, 상처 입히다(עדג.גרז), 시달리게 하다,
  짓이기다, 괴롭히다, 혹평(酷評)하다.
  judíciis confóssi. 많은 재판에 시달린 사람들.
confœderátio, -ónis, f. = confederátio 연합, 연맹, 동맹,
  총연합회(confœderátio, -ónis, f. 연합회)
confœděro, -ávi, -átum, -áre, tr. (cum+fœdus²)
  계약(협약)으로 결합시키다, 동맹 맺게 하다,
  p.p. confœdĕratus, -a, -um, 동맹을 맺은.

conformátio, -ónis, f. 모양, 형상, 형태, 생김새, 모습,
  구조, 짜임새, 적절한 배치, 형성, (말마디의) 배열,
  (목소리의) 발성. (修) 문장 수식의 양식; 의인법,
  활유법. (哲.論) 표상(表象), 개념(槪念.ὅρος).
conformem esse verbo. 말씀과의 부합[생소러움의 의미, p.127]
confórmis, -e, adj. (cum+forma) 같은 생김새의,
  모습이 같은, 어울리는, 적합한; 합치하는.
conformísta, -æ, m. 영국 국교 신자
comfómĭtas, -átis, f. 접합성(接合性), 합치성(合致性),
  일치(κοινωνία.一致.⑨ Communion), 부합(附合).
conformitatis unítas. 순응일치(順應一致)
confórmo, -ávi, -átum, -áre, tr. (cum+formo)
  꼴을 만들다.갖추게 하다, 형성(形成)하다; 만들다,
  적응시키다, 순응케 하다, 맞추다,
  교육시키다, 훈련시키다, 도야(陶冶)하다.
confórnĭco, -ávi, -átum, -áre, tr.
  궁륭형으로 만들다, 둥근 천정으로 만들다.
confortamini, 원형 confórto, -ávi -átum -áre, tr.
  [수동형 명령법. 현재 단수 2인칭 confortare, 복수 2인칭 confortamini].
Confortamini, nolite timere!
  굳세어져라, 두려워하지 마라[성경 이사 35. 4].
confórto, -ávi, -átum, -áre, tr.
  튼튼해지게 하다; 용맹해지게 하다.
comfossum, "confódĭo"의 목적분사(sup.=supínum)
confóvěo, -fóvi, -fótum, -ére, tr. 따뜻하게 하다,
  품어주다, 기르다, 육성하다, 따뜻이 돌보다.
confráctio, -ónis, f. 부서뜨림, 파쇄(破碎-깨뜨려 부숨)
confractórĭum, -i, n. (암브로시오 전례미사에서)
  빵을 분할할 때 부르는 노래, 빵 분배식.
  (사제가 미사 때 빵을 나누는 행위는 '천주의 어린 양'을 노래하거나 기도하는
  동안에 이루어진다. 그래서 '천주의 어린 양'을 '빵을 떼는 노래',
  즉 comfractorium이라고도 부른다.)
confractum, "confríngo"의 목적분사(sup.=supínum)
confrăgósum, -i, n. 험난한 곳.
confrăgósus, -a, -um, adj. 울퉁불퉁한, 고르지 못한,
  거친, 돌 많은, 험한, 딱딱한, 어려운(קשה).
cónfrăgus, -a, -um, adj. = confrăgósus
confráter, -tris, m. 동료(φίλος.同僚), 같은 회원(會員)
confratérnĭtas* -átis, f. 신심 단체(pia associátio),
  신심회, 형제회(교회의 감독 하에 일정한 종교적 목적으로 조직된 단체).
  Confraternitates Cordis Jesu. 예수 성심회/
  únio primaria(=Archi-confraternitas) 大신심회.
Confraternitas catenarum S. Petri. 베드로의 사슬 신심회
Confraternitas Corporis Christi. 성체회
Confraternitas doctrinæ Christiánæ.
  교리교사 신심회. 명도회(明道會-그리스도교 교리 형제회).
Confraternitas liturgiæ traditio Latini. 전통 라틴 전례회
Confraternitas oratio. 공동체 기도문
Confraternitas Sacrátissimi Rosarii B.M.V..
  로사리오의 성모 마리아 축일(10월 7일).
Confraternitas Sacri Scapulari. 성모 신심회
Confraternitas Sacri Scapularis B.M.V. de Monte
Carmelo. 성의회(聖衣會-1251.7.16. 가르멜 수도회의 시몬 스톡
  성인에게 나타난 성모발현에서 유래한 신심회).
Confraternitas Sanctissimi et Immaculati Cordis
Mariæ. 성모 성심회(⑨ Confraternity of the Sacred Heart of Mary).
Confraternitas Sanctissimi Nominis Jesu.
  예수 성명 신심회[도미니꼬회 복자 요한 베르첼리(+1283) 창립].
Confraternitas SS. Rosarii.
  매괴회(玫瑰會-Sodalĭtas SSmi. Rosarii.).
Confraternitas Ssmi et Immaculati Cordis Mariæ
pro convertíone peccatórum. 성모 성심회(1836.1.26. 설립)
  (⑨ Confraternity of the Sacred Heart of Mary).
Confraternitas Ssmi Rosarii. 로사리오 신심회
Confraternitas SSmi Sacrámenti. 성체회
  (⑨ Blessed Sacrámént Confraternity).
confrēgi, "confríngo"의 단순과거(pf.=perfectum)
confrémo, -ŭi, -ěre, intr. (cum+fremo)
  웅성대다, 떠들썩하다; 요란스럽게 울리다.

cónfrĭco, -cŭi -átum -áre, tr. (cum+frico)
문지르다, 비벼대다, 마찰시키다, 닦다.
confrico *alci* génua. 끈질기게 청하다, 조르다
confríngo, -frégi -fráctum -ĕre, tr. (cum+frango)
깨다, 깨뜨리다, 부러뜨리다, 부서뜨리다,
파괴하다(ערר), 없애버리다. 분쇄하다.
confríxus, -a, -um, p.p., a.p. 볶은, (기름에) 튀긴
Confrontátĭo. 대질 심문(⑨ confrontátĭon, 교회법 해설 13, p.194)
Confucianísmus, -i, m. 유교(儒敎)
Confúcĭus(=Confútĭus) -i, m. 공자(孔子.유교의 시조)
confúdi, "confúndo"의 단순과거(pf.=perfectum)
confúgĭo, -fugi -ĕre, intr. (cum+fúgio) 도피하다.
피난하다, 피신하다, 도움으로 (보호, 피난처로) 삼다,
의지하다(חסה.עוז), …에 호소하다, 구실로 삼다.
(무엇으로) 발뺌하다.
confugio ad cleméntiam *alcjs.* 아무의 자비심에 호소하다
confúgĭum, -i, n. 피난처, 피신처, 숨을 곳, 의지할 곳.
cónfŭit, contutúrum, confóre, def. (cum+esse)
동시에 발생하다, 되다, 닥치다.
confúlgĕo, -fúlsi -fúsum -ĕre, tr. 환하게 빛나다
confúndo, -fúdi -fúsum -ĕre, tr. (cum+fundo?)
(어디에) 붓다(יסד.יצק.נסך.שפך),
따르다(יצק.נסך.ערה.אזל.שפך), 쏟아 넣다.
섞다(בלל.ערב.לוב.סוך.מסך), **혼합하다**,
하나로 합치다. 병합(倂合)하다, 통합하다, 모으다,
혼동(混同)하다, 뒤섞다, 혼돈(混沌)하게 하다.
(얼굴 따위를 뭉개서) 알아보지 못하게 하다,
따로따로 분리(분간) 하지 않다, **혼란에 빠뜨리다**,
흐트러뜨리다, **당황하게 하다**, 어리둥절하게 하다,
(어떤 감정으로) 어지럽게 하다, 뒤흔들다.
부끄럽게 하다, 창피하게 하다.
pass. 확산하다, 퍼지다(נפוץ.נסע.נהר.רבץ).
Confundi pudore. 부끄럽게 되다/
confusus. 부끄럽게 된, 계면쩍어진/
duo pópuli in unum confúsi. 하나로 통합된 두 민족/
Maneamus ergo in verbis eius, ne confundamur cum
venerit. 그러니 그분께서 오실 때 부끄러움을 당하지
않도록 그분 말씀 안에 머무릅시다.(요한 서간 강해, p.191)/
órdines péditum confundo. 보병대열을 흐트러뜨리다/
rusticus urbano confusus. 도시인과 어울린 시골뜨기.
confundo jus dominii. 여러 사람의 공동소유로 하다
confundo vera cum falsis. 진실을 거짓과 혼동하다
confundo vultum lunæ. 달빛을 흐리게 하다
confúsa, -órum, n., pl. 혼란(混亂)
confusa et prima intuitĭo. 모호하고 원초적인 직관.
[이것은 보나벤뚜라가 신 존재 증명에서 강한 본유 관념을 거부하고
다시 정초한 개념이다. 김현태 지음, 둔스 스코투스의 철학 사상, p.91].
confŭsánĕus, -a, -um, adj. 혼잡한, 잡다한
confúse, adv. 뒤섞어, 혼잡(混雜)하게,
문란(紊亂)하게, 뒤죽박죽; 어렴풋이.
confŭsícĭus, -a, -um, adj. 뒤섞인, 뒤범벅된
confúsĭo, -ónis, f. 혼화(混化-무엇이 두 개 이상 뒤섞여 다른 물건이
됨), 혼동('Hereditas' 참조), 혼합(混合), 섞음, 배합, 혼란,
문란(紊亂), 부끄러움, 창피, 얼굴 붉힘, 정신산란,
당황(唐慌), 어리둥절함, 불안, 걱정, 슬픔.
[1. 혼화(混化): 첨부의 한 유형이다. 가령 포도주, 곡물 등을 혼화한다.
서로 다른 소유자의 물건이 혼화된 경우 혼화물의 공유가 인정된다.
2. 혼동: a) 채권소멸의 한 원인. b) '역권役權(일정한 목적을 위해 남의 물건이나
토지를 이용하는 물권物權을 말한다)의 소멸 원인인 혼동. 지역권, 인역권과
소유권 이 동일인에게 귀속되는 경우 역권은 혼동에 의하여 소멸한다.
한동일 지음, 로마법의 법률 격언 모음집에서(출간예정)].
Aditio hereditatis non nunquam jure confundit
obligationem. 상속의 첨부는 이따금 법의 따라
채무를 혼화(混化)한다/
Confusione perinde extinguitur obligatio ac solutione.
채무는 같은 방법인 혼동과 변제에 의해 소멸(消滅)된다/
oris confusio. 면목 없음.
confusio diversitatis. 차이성의 혼란(混亂)
Confusio est, cum debitor et creditor una persona fit.
채무자와 채권자가 한 사람이 될 때에는 혼동이라고 한다.

confūsum, "confúndo"의 목적분사(sup.=supínum)
confúsus, -a, -um, p.p., a.p. 섞인, 혼합된, 배합된,
혼동된, 혼란한, 문란(紊亂)한, 어지러운, 일그러진,
산란해진, 당황한, 어찌할 바를 모르는; 얼굴빛이 변한.
orátĭo confusa. 뒤죽박죽이 된 연설(演說)/
rusticus urbano confusus. 도시인과 어울린 시골뜨기.
confūtátĭo, -ónis, f. 반박(反駁-반대하여 논박함), 반박서,
반대론, 논박(論駁-상대의 의견이나 說의 잘못을 비난하고 공격함).
Confutatio Prolegomenorum Brentii.(1558년)
브렌츠의 신학입문을 반박함(스타니슬라우스 호시우스 지음).
confūtátor, -óris, m. 논박하는 사람, 반박자(反駁者)
Confútĭus(=Confúcĭus) -i, m. 공자(孔子)
confúto, -ávi, -átum, -áre, tr.
끓어 넘치는 것에 찬물을 끼얹다(섞다). 멈추게 하다,
진정시키다, 가라앉히다, 저지하다, 더 말 못하게 하다.
confútŭo, -ĕre, intr. 동침하다, 동서(同棲)생활 하다(법적
인 부부가 아닌 남녀가 한집에서 부부의 관계를 맺고 같이 삶).
congáudĕo, -ére, tr. 함께 즐거워하다, 기뻐하다
congĕlásco, -ĕre, intr. 얼다
congĕlátĭo, -ónis, f. 얼림, 얼어붙음
cóngĕlo, -ávi, -átum, -áre, (cum+gelo)
intr. 얼다, 굳어지다, 경화하다, 응고하다, 마비되다.
tr. 얼리다, 동결시키다, 굳어지게 하다, 딴딴하게 만들다.
congĕmĭnátĭo, -ónis, f. 두 겹(2중)으로 함, 껴안음
congĕmĭno, -ávi, -átum, -áre, tr. (cum+gémino)
두 겹(2중)으로 하다, 배가(倍加)하다, 거듭하다,
반복하다(חנה.שנה), (소리를) 되울리게 하다.
congĕmísco, -ĕre, intr. = cóngĕmo
cóngĕmo, -mŭi, -ĕre, tr. 통탄하다, 비탄하다.
intr. 다 함께 신음하다, 몹시 신음하다.
cóngĕner, -nĕris, adj. (cum+genus) 같은 종류의
congĕnĕro, -ávi, -átum, -áre, tr. (cum+género)
한 배에 낳다. p.p. 한 배에 난; 기원(출생)을 같이하는.
cóngĕnis, -e, adj. 같은 종류의
congĕnítus, -a, -um, adj. 같은 배에서 난, 같은 혈육의
cónger, -gri, m. (魚) 붕장어(바다 뱀장어)
congĕríes, -éi, f. 더미(많은 물건이 모여 쌓인 큰 덩어리), 뭉치,
무더기, 장작더미, (혼돈 상태의) 덩어리.
cóngĕro¹, -géssi -géstum -ĕre, tr. (cum+gero)
(한곳으로) 가져가다, **쌓아올리다**, 무더기로 쌓다,
집결시키다, (적의를 가지고) 내던지다.
맹렬하게 퍼붓다, (돈.재산 따위를) 긁어모으다,
축적하다, 건조하다, (집) 짓다(בנה.בני),
세우다(קום.שים.בנה.בני),
(은혜, 영에 따위를) 듬뿍 안겨주다.베풀다,
(희망을) 걸다, (말.글로) **총괄하다**, 망라하다,
열거하다, 집성하다, 모아서 작성하다,
(누구에게) 돌리다, 전가하다.
alci múnetra congero.
누구에게 예물(禮物)을 산더미로 가져가다/
congéstis telis. 투창이 비 오듯 하는데.
congero nidum. 둥지를 짓다
congero tela in *alqm.* 누구에게 화살을 퍼붓다
congero², -ónis, m. 도둑
congérro, -ónis, m. 놀이 친구
congessi, "cóngĕro"의 단순과거(pf.=perfectum)
congestícĭus, -a, -um, adj. 쌓아 올린, 축적된
congéstĭo, -ónis, f. 퇴적(堆積), 누적(累積-포개져 쌓임),
쌓아 올린 것. (醫) 충혈(充血).
congestis saccis indormio. 쌓아 놓은 자루 위에서 잠자다
congestum, "cóngĕro"의 목적분사(sup.=supínum)
congéstus¹, -a, -um, p.p., a.p.
쌓아 올려진, 축적된, 모여 만들어진, 살찐, 풍만한.
congestus² -us, m. 모아놓음, 쌓아올림, 퇴적(堆積),
집결(集結), 무더기, 더미(많은 물건이 모여 쌓인 큰 덩어리).
pauperis et tuguri congestum cæspite culmen.
가난한 초가집, 저 잡초가 우거진 지붕.
(성 엠 지음, 사랑만이 진리를 깨닫게 한다, p.393).

congĭárĭum, -i, n. 한 cóngius들이의 용기(容器), (술.기름.소금 따위의) 무상배급, 분배(分配), 국민에게 지급되던 소정액(所定額), 선물, 개인 선물, invitatos prosequor uberrimo congiario. 초청객들에게 푸짐한 선물을 증정하다.
cóngĭus, -i, n. 고대 Roma의 용량 단위(약 3.25L)
conglácĭo, -ávi, -átum, -áre, (cum+glácies) intr. 얼다, 얼어붙다, tr. 얼리다, 얼게 하다. pass. 얼다.
conglísco, -ĕre, intr. 부풀어 오르다, 자라나다, 확 타오르다
conglŏbátĭo, -ónis, f. 구형(求刑)으로 뭉침, 밀집(密集), 집합, 규합(糾合-어떤 목적 아래 많은 사람을 한데 끌어 모음).
conglóbo, -ávi, -átum, -áre, tr. 구형으로 뭉치(게 하)다, 둥글게 하다, 응집하게 하다, 집합시키다, 집결시키다, 규합하다.
pass. 둥글게 되다, 뭉치다, 응집하다, 밀집하다.
conglŏmĕrátĭo, -ónis, f. 뭉침, 응집(凝集), 밀집(密集), 둥근 덩어리, 집단, 도당(徒黨-'떼를 지은 무리'를 얕잡아 이르는 말).
conglómĕro, -ávi, -átum, -áre, tr. (cum+glómero) 뭉치(토리)로 감다, 말다, 뭉치게 하다, 쌓다, 포개다.
conglōrífico, -áre, tr. 영광스럽게 하다, 찬양하다
conglūtĭnátĭo, -ónis, f. 접착, 교착(膠着-단단히 달라붙음), 풀로 붙임.
conglutinátĭo verborum. 말의 연결(連結)
conglútino, -ávi, -átum ,-áre, tr. (cum+glútino) 풀로 붙이다; 들러붙게 하다, 접착(밀착) 시키다, 굳히다, 결합(연결) 시키다.
conglutino vulnus. 상처를 아물리다
congrǽco, -áre, tr. 희랍인 식으로 낭비하다, 사치에 빠지다
congrātŭlátĭo, -ónis, f. 경하(慶賀-공경하여 축하함), 축하(祝賀-기쁘고 즐겁다는 뜻으로 인사함), 함께 기뻐함.
congrátŭlor, -átus sum, -ári, dep., intr. (cum+grátulor) 축하하다, 함께 기뻐하다.
congrédĭor, (-dĕris, -dĭtur), -gréssus sum -grĕdi, dep. (cum+grádior) intr. 만나다(פגע), 만나서 환담하다, 만나서 회담하다, (적과) 충돌하다, 교전(접전)하다, 겨루다, 시합하다, 토론하다, 말다툼하다, 투쟁하다. tr. 만나다, 환담하다, 함께 걷다.
congredior viam. 함께 길을 걷다
congrĕgábĭlis, -e, adj. 떼 지어 사는, 군거성(群居性)의
congregamini, 원형 cóngrĕgo, -ávi, -átum, -áre, tr. [수동형 명령법. 현재 단수 2인칭 congregare, 복수 2인칭 congregamini]
Congregamini et audite, filii Iacob. 야곱의 아들들아 모여와 들어라(성경 창세 49, 2).
congrĕgátim, adv. 한데 모여서, 떼를 지어
congrĕgátĭo, -ónis, f. 군거(群居), 군거성, 군집(群集), 집합, 모임, 집회, 회중(會衆), 로마 교황청의 성성(聖省)*, (베네딕도 수도회의) 수족, …회(단체).
Salvusconductus datus Germanis in generali congregatione die 4 martii 1562.
1562년 3월 4일 총회에서 독일인들에게 부여된 안전 통행증/ sancta fidelium congregatio. 성도들의 모임.
Congregátĭo a Matre Dei. 천주의 성모회
Congregátĭo a Sancta Cruce.(CSC) 성 십자가 수도회, 성가 수도회(1837년 프랑스에서 Anthony Moreau 창설).
Congregátĭo a Sacris Stigmatibus. 성흔회(聖痕會)
Congregátĭo antepræparatoria. 개회 전 준비위원회
Congregátĭo B. Mariæ de Perpetua Succursu. 영원한 도움의 성모회, 그 축일.
Congregátĭo Beatge Mariæ Virginis de Perpetuo Succursu. 영원한 도움의 성모 수녀회([영] Sisters of Our Lady of Perpetual Help, 1932.6.27. 제2대 평양 지목구장 J.E. Morris 몬시뇰이 평양 상수구리에 설립한 최초의 방인 수도회).
Congregátĭo Cæremonialis. 의전 심의회(審議會)
Congregátĭo Cardinalium Concilii-Tridentini Interpretum. 트리엔트 공의회 해석 추기경 회의.
Congregátĭo Caritatis SS. Sacrámenti. ([영] Blessed Sacráment Sisters of Charity). 인보 성체 수도회(1956.11.19. 윤을수 신부 설립)

congregatio civilis. 시민사회
Congregátĭo Clericorum Marianorum sub titulo Immaculatæ Conceptionis B.M.V.(M.I.C.) 원죄 없으신 마리아 잉태의 성직 수도자회.
Congregátĭo Clericorum Regularium S. Pauli. 성 바오로 성직 수도회.
Congregátĭo Concilii. 공의회 성성(聖省)
Congregátĭo Conscistoriale. 교구성(가톨릭대사전, p.5085)
Congregátĭo Consistorialis. 추기원 심의회
Congregátĭo Councilii. 공의회 심의회(審議會)
Congregátĭo Curiæ Romanæ. 교황청 심의회
Congregátĭo de Auxilliis. 은총론 토론 위원회.
Congregátĭo de Causis Sanctorum.([영] Congregation for the Causes of Saints) 시성심의회, 시성성.
Congregátĭo de Cultu Divino et Disciplina Sacrámentorum.([영] Congregation for Divine Worship and the Discipline of the Sacraments) 교황청 전례 성사省, 교황청 경신 성사규율 심의회.
Congregátĭo de disciplina Sacrámentorum. 성사 규율 심의회(聖事 規律 審議會).
Congregatio de Doctrina Fidei.([영] Congregation for the Doctrine of the Faith) 신앙 교리 심의회.
Congregátĭo de Institutĭone Catholica. 가톨릭 교육 심의회(教育 審議會).
Congregátĭo de Propaganda Fide. 포교 심의회, 포교성성(→인류 복음화성성).
Congregátĭo de propaganda salutis omnium gentium. 모든 민족들의 복음화에 관한 성성.
Congregátĭo de reformando indice et corrigendis libris. 금서목록 개정 및 서적 교정성.
Congregátĭo de Seminariis 가톨릭 교육성(省)
congregátĭo de Seminariis atque Studiorum Institutis.([영] Congregation of Seminaries and Educational Institutions) 가톨릭 교육 심의회(신학교 및 교육 기관 심의회).
Congregátĭo de seminariis et Universitatibus Studiorum. 신학교와 대학교 심의회.
Congregátĭo e negotiis ecclesiasticis extraordinariis. 교회 특무 심의회(審議會).
Congregátĭo Episcoporum et Regularium. 주교 및 수도자 심의회(修道者 審議會).
Congregátĭo Fabricæ (Basilicæ) St. Petri. 성 베드로 대성당 관리 성성(새 제도에서 폐지됨).
congregátĭo fidelium(=교회) 신자들의 단체
Congregátĭo Filiarum Mariæ Auxiliatricis. 살레시오 수녀회, 도움이신 마리아 동정녀회.
Congregátĭo Filiarum Sacri Cordis Jesus. 예수 성심의 딸 수녀회.
Congregátĭo Filiorum Sacræ Familiæ.(SF) 성가정 수도회(1864년 José Manyanet가 스페인에 창설).
Congregátĭo Fratrum Beatæ Mariæ Virginis. 자비의 성모 형제회(1844년 네덜란드에서 교육목적으로 창립).
Congregátĭo Fratrum Immaculatæ Conceptionis. 원죄 없으신 잉태의 형제회(F.I.C.).
congregátĭo generalis. 전체 회합, 전체 총회, 총회의
Congregátĭo Græca. 그리스교회 성성(동방교회 성성의 前身)
congregátĭo humana. 인간사회(중세철학 창간호, p.152)
Congregátĭo Immaculati Cordis Mariæ.(C.I.C.M.) 원죄 없으신 마리아 성심 수녀회, 무염 성모성심 선교회(無染聖母聖心宣教會-1862년 설립).
Congregátĭo Immunitatis. 치외법권 심의회
Congregatio Indulgentiarum et S. Reliquiarum. 은사(恩赦)와 성유물 성성(現 폐기).
Congregátĭo Iesu et Mariæ. 예수 마리아회
Congregátĭo Missionalis Servarum Spiritus Sancti. 성령 선교 수녀회([영] The Mission Congregátĭon of The Servants of The Holy Spirit, S.Sp.S. (1889.12.8. Janssen 신부 설립).
Congregátĭo Missionariarum Mariæ Franciscanarum.

마리아의 전교자 프란치스코 수녀회(⑨ Franciscan
Missionaries of Mary. F.M.M.,
Marie de la Passion 1839~1904 수녀가 세계선교를 목적으로
1877.1.6일 印度 Ootacamund에서 창립. 1958.6.26. 한국진출).
Congregátio Missionariorum S. Familia.
성가정 선교 수도회(M.S.F., 1895년 설립).
Congregátio Missionariorum de Mariannhill(C.M.M.)
마리안힐 외방 선교회('마리아 안나의 언덕이란 뜻').
Congregátio Missionariorum Oblátorum B.M.V.
Immaculatæ. 오블라띠 선교 수도회.
Congregátio Missionariorum Sanctæ Familiæ.
성가정 전교회(1895년 네델란드 Grave에 창설한 단순 서원의 수도회).
Congregátio Missionis. 포교 수도회=라자로회,
= 빈첸시오 사제회, 선교 사제회(1625.4.17. 설립)
Congregátio(Presbyterorum) Missionis.
선교 수도회(⑨ Congregátion of the Mission).
Congregátio Missionum Pallottinarum. 팔로티회
Congregátio monastica. 수도회 종회, 수도회 가족,
수족(修族.⑨ monastic congregátion), 신심회.
(아빠스를 장으로 하는 같은 계열의 여러 수도회의 총칭. 이 종중회의 장은
수석 아빠스, 총아빠스, 대아빠스라고 한다. 이 경우 각 단위 수도원은 독립적
인 기관이다. 분도회가 주로 여기에 속한다. 한국에 진출한 오틸리엔은
Congregátio Ottiliensis라고 한다. 백민관 신부 엮음, 백과사전 1, p.692).
Congregátio negotiis religiosorum sodalium Præposita.
수도자 업무 심의회(修道者 業務 審議會).
Congregátio Oblatorum Sti. Joseph. 성 요셉 헌신 수도회
Congregátio orátorii. 오라또리오회(백민관 엮음, 백과사전 1, p.550).
Congregátio orátorii sine votis. 성직자 기도회
Congregátio(sessio) ordinaria. 통상회의
Congregátio Ottiliénsis. 독일 Ottilien에 본부를 둔 수족
Congregátio Ottiliénsis pro missionibus exteris.
오틸리엔 수도종회(분도회의 외국 포교를 목적으로 하는 한 수도 宗會).
Congregátio particolaris. 추기경 특별회의, 특별위원회.
congregátio particularis. 일부 회합
Congregátio Passionis Jesu Christi.(C.P.) 예수 고난회.
(1964.9.14. 한국진출).
Congregátio Piarum martum Nigritiæ.
베로나 전교 수녀회(1872년 Daniele Comboni 수녀가 이탈리아서 창설).
congregátio plenaria. 전체회의(sessio plenaria)
Congregátio præparatoria. 예비 회의, 준비회의
Congregátio presbyterorum Missionariorum a Domina
Nostra de Sion. 시온 사제회, 시온의 성모 전교 사제회.
congregátio presbyterorum Missionis.
빈첸시오 선교회(宣敎會), 사제 선교회(司祭 宣敎會).
congregátio pro Clericis(⑨ Congregátion for the Clergy)
성직자 심의회(審議會), 교황청 성직자성.
Congregátio pro Consultátionibus Episcoporum et
Aliorum Prælátorum. 주교 및 수도자 성성(聖省).
Congregátio pro Doctrina Fide. 교황청 신앙 교리성
Congregátio pro Ecclesia Orientali. 동방교회 심의회
Congregátio pro Ecclesiis Orientalibus.(⑨ Congregátion
for Oriental Churches) 교황청 동방 교회성.
Congregátio pro Episcopis.(⑨ Congregátion for Bishops)
주교 심의회, 교황청 주교성.
Congregátio pro erectióne ecclesiarum et
provisionibus consistorialibus. 교회 설립과 교구
준비성(교황 식스토 5세가 Immensa æterni Dei 1588.1.22. 설립).
Congregátio pro Gentium Evangelizátióne.
(⑨ Congregátion for the Evangelizátion of People).
교황청 인류 복음화성, 인류 복음화 심의회.
congregátio pro Institutis Vitæ Consecratæ et
Societatibus Vitæ Apostolicæ. 수도회성.
(1586년 교황 식스토 5세에 의해 '수도회 자문성'으로 설립).
Congregátio pro Institutis Vitæ Consecratæ et
Societatibus Vitæ Apostolicæ.(⑨ Congregation for
Institutes of Consecrated Life and for Societies of
Apostolic Life) 교황청 수도회성(약칭: 수도회 심의회),
축성 생활회 및 사도 생활단성(1986.6.28 Pastor Bonus).
Congregátio pro negotiis ecclesiasticis extraordinariis.
교회 특무 업무 성성(1793년 설립. 현 제도에서 폐기).

Congregátio pro Signatúra Gratiæ. 은전 심의회
Congregátio pro Sacramentis et cultu Divino.
성사와 경신 예배 성성[로마 교황청 행정 개혁 이전의 기존의 두
성성. 즉 성사규율 성성과 예부 성성을 통합 또는 분리하여 만든 성성이다….
백민관 신부 엮음, 백과사전 1, p.869].
Congregátio pro Universitate studii Romani.
로마 대학교 심의회(大學校 審議會).
Congregátio Regularium Lateranensium.
라테라노 정규 수도 참사회[아우구스티노회 계통 수도 참사회의
수도 종문의 하나로 중세기에 여러 종류의 동계(同系)수도원들이 있었으나 대부분
소멸되고 지금까지 살아남은 수도 종문 중 하나이다. 1471년 이후 라테라노
성당을 잃고 구세주 라테라노 수도 참사회의 수도 종문으로 잔존한다.
백민관 신부 엮음, 백과사전 2, p.513].
Congregátio Regularium S. Salvatoris Lateranensium.
구세주 라테라노 수도 참사회.
Congregátio Religiosa. 단식 서원 수도회
[이 경우 Ordo(Order)와 대조되는 것으로 congregátio는 단식 서원을 하는 수도회
이며 Ordo는 성대서원을 하는 수도회이다. congregátio의 창설은 교구장의 허가를
받아 교황청의 허락을 얻어야 하지만 congregátio는 어디까지나 주교의 관할 하에 있다.
백민관 신부 엮음, 백과사전 1, p.693].
Congregátio Religiosa Sororum Annuntiátions
Beatæ Mariæ Virginis de Seoul.
서울의 복되신 동정 마리아의 영보 수녀회.
[전춘원 신부(1942.2.14. 수품), 1960.3.25. 3명의 지원자로 성모영보 수녀회 창설].
congregátio religiosa votorum simplicium.
단순 서원 수도회(單純 誓願 修道會).
Congregátio Religiosarum Missionariarum Sti. Dominici.
도미니꼬 포교 수녀회.
Congregátio S. Spiritus. 성령 수도회(修道會)
Congregátio Sacræ Familiæ a Nazareth.
나자렛 성가정 수도회(F.N., 1886년 설립).
Congregátio Sacratissimorum Cordium.
예수 마리아 성심 사제회(Picpus會).
Congregátio Sacrorum Cordium Iesu et Mariæ.
예수 마리아의 성심 수도회(1814년 설립).
Congregátio Sacrorum Rituum.
거룩한 예식 심의회, 예부성성.
Congregátio Salesiana. 살레시오회
Congregátio sanctæ fidei et religionis Christianæ.
신앙과 종교를 위한 성성(聖省).
Congregátio Sancti Josephi(C.S.J.) 성 요셉 수도회
Congregátio Sancti Officii. 성무 심의회(古.검사성성).
(1965년 교황 바오로 6세 때 신앙교리성 Congregátion pro Doctrina Fide 바뀜).
Congregátio Sancti Pauli. 성 바오로회
Congregátio Sancti Spiritus. 포교 성령회, 성령 수도회
Congregátio Sanctissimi Redemptoris.
지극히 거룩한 구속주회 수도회
(⑨ Congregátion of the Most Holy Redeemer).
Congregátio Sanctorum. 성도들의 모임
Congregátio Sanctorum Cordium.
지극히 거룩한 예수 마리아 성심 선교 수도회.
congregátio sororum a Carítas.
빈첸시오 애덕 자매회, 애덕의 딸 회.
Congregátio Sororum a Nostra Domina Consolátionis.
위로의 성모 수녀회(1857.3.14. 로사 몰라스 수녀 설립. 1986.5.14. 진출).
Congregátio Sororum Benedictinarum Missionarium
de Tutzing(O.S.B.) 포교 성 베네딕도 수녀회.
(⑨ Missionary Benedictine Sisters of Tutzing).
Congregátio Sororum Missionariarum a Nostra Domina
S. Rosarii. 로사리오의 성모 전교 수녀회.
Congregátio Sororum Franciscanarum ab Milita
Immaculatæ(M.I.) 성모의 기사 수녀회.
(⑨ Franciscan sisters of Militia Immaculate).
Congregátio St. Mauri. 성 마오로회
Congregátio Sti. Dominici. 도미니꼬회
Congregátio Sulpitiensis. 슬피스회(→술피스회)
Congregátio super Consultátionibus Episcoporum
et Aliorum Prælátorum.
주교 및 기타 고위 성직자 자문성(1601년 설립).
Congregátio super consultátionibus Regularium.
수도자 자문 심의회(1586.5.27.교황 식스토 5세 설립).

Congregátio super disciplina regularium.
수도자들 규율 심의회(修道者 規律 審議會).
Congregátio super statu regularium.
수도자들의 신분 심의회(修道者 身分 審議會).
Congregátio Vallis Umbrosæ.
발롬브로사회, 요안네스 괄베르뚜스회.
Congregátiones Beguinarum. 베긴회
Congregátiones Cardinalium. 추기경 회의
Congregátiones Pastor bonus.
(⑨ Siaters of Good Shepherd) 착한 목자 여자 수도회.
Congregátiones religiosæ laicales. 평수사회
Congregátiones Romanæ. 성성(聖省. Curia Romana)
Congregátiones St. Francisci Xaverii.
프란치스코 하비에르회.
Congregátiones Tertii Ordininis Sti. Francisci.
프란치스코 수녀회.
Congregátionis Religiosæ Sororum Annuntiátionis
Beatæ Mariæ Virginis de seoul. 성모 영보 수녀회.
(⑨ Siaters of The Annunciátion, 1960.3.25. 선종완 신부 설립).
Congregavit nos in unum Christi amor.
그리스도의 사랑이 우리를 하나로 모아들였다.
congregémur, 원형 cóngrĕgo, -ávi, -átum, -áre,
[수동형 접속법 현재.
단수 1인칭 congreger, 2인칭 congregeris, 3인칭 congregetur,
복수 1인칭 congregemur, 2인칭 congregemini, 3인칭 congregentur].
Et supplices deprecamur, ut Corporis et Sanguinis
Christi participes a Spiritu Sancto congregemur in unum.
간절히 청하오니 저희가 그리스도의 몸과 피를 받아
모시어 성령으로 모두 한 몸을 이루게 하소서.
cóngrĕgo, -ávi, -átum, -áre, tr. (cum+grex)
(동물을) 떼 짓게 하다, 모으다(קבל,קהל),
(회합 따위에) 모이게 하다, 집합시키다, 뭉치게 하다,
모이다, 집합하다, 회합하다, 뭉치다, 떼를 짓다,
결합시키다, 수집하다, 모으다.
disperson in unum locum congrego.
흩어진 사람들을 한 곳에 모으다/
multitudo congregata. 조직사회(중세철학 창간호. p.152)/
Secedant improbi, secernant se a bonis, unum in locum
congregentur. 악당들은 물러가라! 선량한 사람들로부터
스스로 떨어져라! 한 자리로 모여라!/
vis congregáta. 뭉친 힘.
congréssio, -ónis, f. = congréssus, -us, m.
Congressiones sacerdotalis. 사제 모임.
congréssus, -us, m. 만남(⑨ Meeting), 접촉, 재회,
교접(交接), 이야기, 담화(談話), 교제(交際), 사교,
회의, 집회(⑨ Assembly), 대회, 접전, (법정) 대결.
Dominicales congressus absente sacerdote.
사제 없는 주일 집회.
Congressus Eucharisticus. 성체대회,
세계 (만국) 성체대회(⑨ Eucharistic congress).
Congressus Missionales. 포교대회
congressus ordinárius. 정규 회합(定規 會合)
congrevit nos in unum Christi amor. 공동체의 형제생활
(교황청 수도회성. 1994.2.2.발표)
congrex, -grĕgis, adj. 같은 무리의, 모인, 밀접한
congrua portio fructuum(=sustentatio). 성무 생활비
cóngrŭens, -éntis, p.præs., a.p.
맞는, 적합한, 일치하는, 조화되는, 어울리는.
gestus cum sententiis congruens. 내용과 일치하는 몸짓/
Legati a Delphis venerunt congruentem sortem responso
adferentes. 사절들은 신탁(responsum)에 상응한 제비를
뽑아 갖고서 델피에서 돌아왔다/
Turpis est omnis pars universo suo non congruens.
각 부분은 전체와 조화되지 않으면 추하다.
congruéntia, -æ, f. 조화(調和.⑨ Harmony), 균형,
일치(κοινωνία.一致.⑨ Communion), 어울림, 적절.
Congruentia eucharistica.(⑨ Eucharistic consistency)
성찬에 맞갖은 삶(2007.2.22. "Sacramentum Caritatis" 중에서).
Plurimum refert illud extollere quod Patres synodales

veluti congruentiam eucharisticam depinxerunt, ad quam
revera vocatur nostra vita. 세계주교대의원회의 교부들이
성찬에 맞갖은 삶이라고 표현한 것을 숙고해 보는 것도
중요합니다. 이는 우리가 객관적으로 부름 받은 삶입니다.
congruentior, -or, -us, adj. cóngrŭens, -éntis의 비교급
congruentissimus, -a, -um, adj. cóngrŭens, -éntis의 최상급
congrúismus, -i, m.
(神) 은총론의 합의주의(合宜主義), 적정주의(適正主義).
congrúitas, -átis, f. 적절(適切), 적합(適合),
일치(κοινωνία.一致.⑨ Communion).
cóngrŭo, -grŭi -ĕre, intr. 나란히 움직이다, 같이 다니다,
서로 만나다, 맞아떨어지다, 일치하다, 서로 맞다,
(일이) 동시에 일어나다.되다, 조화되다, 어울리다.
In unum congruérunt senténtiæ.
의견들이 하나로 일치하였다/
Meritum de congruo. 공로의 적정(적합).
cóngrŭus, -a -um, adj.
일치하는, 맞는, 어울리는, 적절한, 적합한.
conícĭo, -ĕre, tr. = conjícĭo, -jéci -jéctum -jícere
conícĭtas, -átis, f. (數) 원추형(원뿔꼴)의 구용어)
conídĭum, -i, n. (植) 분생포자(分生胞子), 분생자
cónifer(-ger), -ĕra, -ĕrum, adj. (conus+fero)
구과식물(毬果植物)의, 솔방울 달리는.
cōnífĕræ, -árum, f., pl. (植) 구과식물(毬果植物)
conísco, -áre, tr. 동물이 머리를 맞대고 싸우다.
intr. 원추형으로 만들다; 솔방울처럼 만들다.
cōnistérĭum, -i, n. 씨름 터
coni… V. conni…
cōníum, -i, n. (植) 독미나리
conjéci, "conjícĭo"의 단순과거(pf.=perfectum)
conjectánĕa, -órum, n., pl. 잡기장(雜記帳)
conjectárĭus, -a, -um, adj. 억측의, 추측의
conjectátĭo, -ónis, f. 짐작(어림셔서 헤아림), 억측(臆測),
추측(推測-미루어 헤아림), 추정(推定.⑨ presumptĭon).
conjéctĭo, -ónis, f. 던짐, 투척(投擲-던짐), 투창(投槍),
추리, 추측(推測), 추정(推定), 해석(解釋), 해몽(解夢),
(사건의 내용을 적은) 간단한 보고서(報告書).
conjécto, -ávi, -átum, -áre, freq., tr. 몰아넣다,
여럿을 한 군데에 힘껏 던지다, 추측하다.
추정하다, 짐작하다, 예측하다.
Conjecto nihil de ætáte.
나이에 대해서 조금도 짐작하지 못하다.
conjéctor, -óris, m. 해석자(解釋者), 알아맞히는 사람,
(수수께끼) 푸는 사람, 점쟁이, 해몽가.
conjéctrix, -ícis, f. 여성 해몽가
conjectum, "conjícĭo"의 목적분사(sup.=supínum)
conjectúra, -æ, f. 짐작(어림셔서 헤아림), 추측(미루어 헤아림),
억측(臆測), 해몽(解夢), 징조 판단, 예언(豫言).
conjectúralis, -e, adj. 추측에 의한, 추측적인
conjéctus, -us, m. 던짐, 투척(投擲-던짐), (팔.다리) 뻗음.
뻗침, 눈길 돌림(닿음), 시선 던짐, 짐작, 추측.
ad teli conjéctum venire. 투창의 사정거리에 들다.
conjícĭo, -jéci -jéctum -jícere, tr. (=conicĭo, -ĕre)
(cum+jácio) (한곳에 집중적으로) 던지다(חדי,חד.
אבר), 던져 넣다, 던져 쌓다, 쳐넣다, 집어넣다.
밀어(몰아) 넣다, 어떤 상태에 이르게 하다.
빠지게 하다, 당하게 하다, 끌어(몰아) 넣다.
(어디로) 돌리다, 삽입하다, 끼워 넣다, 기록하여 넣다.
짐작하다, 추측하다, 추리하다, 점치다.
해석하다(פתר), 해몽하다.
conjicere in sortem. 제비로 결정하다/
conjicere se in pedes.(in fugam)
달아나다, 도망가다(ערק, confero se in fugam)/
conjicere sortes in hydriam.
제비를 추첨단지에 던져 넣다/
filum in acum conjicio. 바늘에 실을 꿰다/
naves in noctem conjéctæ. 갈 길이 저물어진 선박/
se conjicio in signa. 군기(軍旗) 있는 데로 뛰어들다.

246

conjici in morbum. 병에 걸리다(꼬ㄱ.꼬ㄱ)
conjicio *alqm* in núptias. 억지로 결혼시키다
conjicio *alqm* in víncula. 감옥에 집어넣다
conjicio causam. 토의하다, 검토하다
conjicio crímin in *alqd*. 죄를 무엇에 돌리다
conjicio lapides in nostros. 아군에게 돌 세례를 퍼붓다
conjicio óculos in *alqm*. 누구에게 눈길을 돌리다
conjicio se in versum. 시 창작에 몰두하다
cónjǐcor, -ári, dep., intr. 농담하다, 희롱하다
conjúbǐlo, -ávi, -átum, -áre, tr. 함께 환호하다
conjǔgális, -e, adj. 부부(夫婦)의.
  De pudore concubitus non solum vulgaris, sed etiam
  coniugalis. 性交는 저속한 것만은 아니지만 부부의 행위
  조차 남 보기에는 부끄럽다(교부문헌 총서 17, 신국론. p.2792)/
  furatrina conjugális, 간통(姦通).
  intima communitas vitæ et amoris conjugális.
  부부의 생명과 사랑의 친밀한 공동체(=혼인)
  Quis coniugalis amoris fructus hoc ipso pulchrior esse
  poterit? 이보다 더 아름다운 부부애의 결실이 어디 있겠습니까?.
conjǔgáta, -æ, f. (解) 골반의 결합선(結合線)
conjǔgátǐo, -ónis, f. 결합, 연결, 배합, 교접,
  (단어의) 어원적 동계열. (文法) 동사 활용.
conjugátǐo periphrastica. 용장활용(冗長活用).
  [능동형의 미래분사 및 수동형의 (미래사라고도 하는) 당위분사(gerundívum)와
  함께 동사 esse를 활용하여 쓴 것을 용장활용이라 한다.
  1. 능동형 용장활용 -úrus, -a, -um esse (장차)…하려 하다
  2. 수동형 용장활용 -ndus, -a, -um esse …함을 받아야 한다. …해야 한다.
                                        (허창덕 지음, 중급라틴어, p.96).
  [네 가지 동사 활용 전부가 그 수동태 완료형 시제를 만들기는 매우 쉽다.
  각 동사의 과거분사와 sum 동사 미완료 시제를 합치면 된다. 이렇게 조동사를
  합하여 이루는 동사활용을, 우회적인 용법이라고 부른다. 용장활용이라고 부른다.
  이때 동사의 분사는 형용사처럼 취급되어 주어의 성과 수를 따른다.
                                        성 염 지음, 고전 라틴어, p.199].
conjǔgátor, -óris, m. 결합시키는 자
conjǔgǐális, -e, adj. 결혼의, 결혼에 관계되는
conjǔgǐcídǐum, -i, n. (conjux+cædo) 배우자 살해(殺害)
conjǔgǐum, -i, n. 결혼, 부부생활, 부부사이, 애인교제,
  부부; 남편, 아내(⑨ Married couple, coniugium은 부부가
  멍에를 함께 멘다는 의미이다. 교회법 해설 ⑤ p.19).
  De jure coniugiorum, quod dissimile a
  subsequentibus matrimoniis habuerint prima connubia.
  후대의 결혼과는 달랐다는 초세기 혼인의 법도.
                                (교부문헌 총서 17, 신국론. p.2796)/
  De non iterando conjugio. 혼인의 불가해소성/
  quid faciunt divisæ domus, divisa coniugia? quid facit
  communis lectus, et divisus Christua? 왜 집안이 갈라
  지고 부부가 헤어집니까? 어찌하여 한 침대를 쓰면서도
  그리스도는 나누어집니까?.(최원철 신부 옮김. 요한 서간 강해, p.167)/
  Quo jure, quo fœdere Romani obtinuerint prima
  coniugia. 로마人들은 최초의 혼인들을 어떤 법도와
  어떤 계약으로 맺었던가.(교부문헌 총서 17, 신국론. p.2750).
cónjǔgo, -ávi, -átum, -áre, tr. (cum+jugo)
  합치다, 하나로 묶다, 결합시키다, 동사 활용하다.
conjúncte, adv. 공동으로(communiter, adv.),
  함께(μετὰ.σὺν), 합쳐서(omnino, adv.), 결부시켜,
  협동하여, (修) 가설적으로, 친밀하게.
conjuncti vetustáte. 오랜 기간 동안 맺어진
conjúnctim, adv.
  공동으로(pro indiviso), 함께(μετὰ.σὺν), 합쳐서.
conjúnctǐo, -ónis, f. 결합, 유대(紐帶.⑨ Solidarity), 연결,
  연관, 연락, 결혼, 혼인, 대인관계, 친우관계, 친척관계,
  천륜(天倫), 공동 상속 및 수유(受遺.'Nuptiæ' 참조).
  (文法) 접속사(接續詞).
  ['콘윤크티오coniunctio'는 동일한 상속재산에 대하여 복수의 상속인 지정 또는
  동일한 물건에 대하여 복수의 수유자 지정을 의미한다. 상속재산(유증재산)은
  '공동 상속자coheredes, collegatarii'의 공유재산이 되므로, 이러한 상속인들
  또는 수유자들을 '콘윤크티오coniunctio'의 복수인 '콘윤크티coniuncti'라고 불렀다.
  한동일 지음. 로마법의 법률 격언 모음집에서(출간예정)].
  Non est dubium quin solida hominum coniunctio virtus
  sit christiana(⑨ Solidarity is undoubtedly a Christian
  virtue) 연대성은 의심 없이 그리스도교 덕목이다.
conjunctǐo adversativa. 반대 접속사
conjunctǐo causalis. 이유 접속사

conjunctǐo causalis demonstrativa. 이유 설명 접속사
conjunctǐo comparativa. 비교 접속사
conjunctǐo concessiva. 양보 접속사
conjunctǐo conclusiva. 결론 접속사
conjunctǐo condicionalis. 조건 접속사
conjunctǐo connexíva. 연계(連繫) 접속사
conjunctǐo coordinans. 동등 접속사
conjunctǐo copulativa. 연계(連繫) 접속사
Coniunctio cum Deo.(⑨ Union with God) 하느님과의 일치
conjunctǐo disjunctiva. 분리 접속사, 선언 접속사
conjunctǐo finalis. 목적 접속사
conjúnctǐo ratiocinatíva. 결론 접속사(ergo, igitur 따위)
conjunctǐo rátǐonis et fidei. 이성과 신앙의 결합
conjunctǐo subordinans. 종속(從屬) 접속사
conjunctǐo temporalis. 시간 접속사
conjunctǐo vicinitatis. 이웃관계
conjunctíva, -æ, f. (解) 눈의 결막(結膜)
conjunctívítis, -tídis, f. (醫) 결막염(結膜炎)
conjunctívus, -a, -um, adj. 결합(연결) 시키는.
  (文法) 접속법의. modus conjunctívus. 접속법(接續法).
conjunctum, "conjúngo"의 목적분사(sup.=supínum)
conjúnctum, -i, n. 본래의(타고난) 특성.
  사물의 고유한 (떼어놓을 수 없는) 특성, 문맥.
  pl. 유사한 내용(類似 內容).
conjúnctus, -a, -um, p.p., a.p. 서로 붙은, 붙어 있는,
  바로 이웃의, 연결된, 결합된, 결부된, 관련된, 일치하는,
  부합(附合)하는, 현재의, 같은 시대의, 연결된,
  (우정.혈연.결혼 따위로) 맺어진, 부부가 된; 친밀한.
  instrumentum coniunctum. 맺어진 도구, 합성된 도구/
  pássibus conjúnctis. 발걸음을 맞추어/
  præcépta officii conjúncta natúræ.
  자연에 부합하는 윤리법칙.
conjúnge. 원형 conjúngo, -junxi -junctum -ěre
  [명령법 단수 2인칭 conjúnge, 복수 2인칭 conjúngite].
  Omnes fílios tuos ubíque dispérsos tibi, clemens Pater,
  miserátus coniúnge. 인자하신 아버지, 사방에 흩어진 모든
  자녀를 자비로이(가엾게 여기시는 당신께서) 모아들이소서.
  [N.B. 형용사는 그 문장의 주어를 꾸며준다. 하지만 한글 어순 때문에 부사로
  번역하는 것이 바람직하다. (miserátus coniúnge. 가엾게 여기시는 당신께서
  모아들이소서. → 자비로이 모아들이소서. 미사통상문을 위한 라틴어, p.304)].
conjúngo, -junxi -junctum -ěre, tr. **연결(결합)시키다**,
  짝지어 멍에 메우다, 붙이다, 잇다, 합치다, 통합하다
  결속시키다, **결혼(결합)시키다**, 인척관계를 맺게 하다,
  긴밀한 유대(관계)를 갖게 하다, 친밀히 지내게 하다,
  (우정.관계.유대 따위를) 맺다, 돈독히 하다,
  힘을 합쳐 …하다, 합동(협동.연합)하여 하다,
  계속하다, 연속하다.
  abstinéntiam cibi conjungo. 단식을 계속하다/
  alqam secum matrimónio conjungo.
  아무 여자와 결혼하다/
  dextræ conjungo dextram. 악수하다/
  Hodie sponsus ipse cœlestis, amator animarum
  credentium Dominus Iesus, sponsam sibi ex gentibus
  coniunxit ecclesiam. 오늘 천상의 신랑 자신이시라 믿는
  이들의 영혼을 사랑하시는 분, 주 예수님이 당신의 신부인
  이방인들의 교회와 결합하셨네(계약의 신비 안에 계시는 마리아, p.343)/
  noctem diéi conjungo. 밤을 낮에 이어서 …하다/
  se cum alqo affinitáte conjungo.
  아무와 인척(姻戚) 관계를 맺다.
conjungo dextras. 악수하다
conjunx, -júgis, m., f. = conjux
conjunxi, "conjúngo"의 단순과거(pf.=perfectum)
conjūrátǐo, -ónis, f. 공동서약.선서(共同誓約.宣誓),
  맹약(盟約), 동맹(同盟), 반란(反亂), 공모(共謀-결탁),
  음모(陰謀), 모의(謀議-무슨 일을 꾀하려 의논함), 모의자들.
  Illa conjurátio ex látebris erúpit.
  그 음모는 세상에 드러났다.
coniuratio numerologica. 수론적 결속.
  [Cornelio Agrippa(1486-1535)는 세계를 삼계(三界)로 구분하여 이에 접근하는

학문을 '주술'이라고 불렀다. 자연계는 magia naturális(자연적 주술)로, 중천계는 magia mathematica(산술적 주술)로, 상천계는 coniuratio numerologica(수론적 결속)으로 접근 가능하다는 용어를 썼다. 성 염 옮김, 피코 델라 미란돌라, p.82].

conjūrátus, -a, -um, p.p., a.p. 함께 맹세한(선서한), 동맹한, 결속한, 공모한, m., pl. 공동선서한 군인들.

conjúro, -ávi, -átum, -áre, intr. (cum+juro) 함께 맹세하다(ימ.אמ'), 공동선서 하다, 굳게 다짐하다, 친교를 맺다, 동맹하다, 공모하다, 모의하다, 결탁하다, 음모를 꾸미다.

conjux, -jŭgis, m., f. = **conjunx**, -jŭgis, m., f. (cum+jungo) 배우자(配偶者), 남편, 아내, 약혼녀, 같은 운명(처지.신분)에 있는 동료(φὶλος). pl. 부부.
Iovis ipsius sororis et conjugis et reginæ omnium deorum. 유피테르의 누이요 배우자이며 모든 신 중에서도 여왕/
Vir et uxor consentur in lege una persona. 부부는 법률상 한 몸으로 간주된다.

conl··· V. **coll**···

conm··· V. **comm**···

connáscor, (-ĕris, -ītur), -nátus sum, -náti, dep., intr. (cum+nascor) 함께 나다. p.p. 타고난, 선천적(先天的), 동시에 발생한

connātūrális, -e, adj. 타고난, 천생의, 동족의, 같은 성질의, 공동 본성적.
species connaturales. 본성적 인식 형상.

connatúrálĭtas, -átis, f. 공동본성, 본성적 유사.
secundum quandam connaturalitatem. 영혼과의 연관성. (인식의 근본문제, p.323).

connātus, "connáscor"의 과거분사(p.p.)

connectívum, -i, n. (植) 꽃가루 주머니의 약격(葯隔)

connécto(=**cōnécto**) -néxui -néxum -ĕre, tr. (cum+necto) 붙들어(동여) 매다, 잇다, **연결하다**, 붙이다, 얽어매다, 엮다(חטט), 맺어지게 하다, 묶다(ריטק.רטק.רקע.ותח.רסא), **결합하다**(חבר.רבק), 따르게 하다, 관련시키다, **결부시키다**, (연설.이야기 따위를) **이어 나가다**, 계속하다, 써 내려가다, 결론을 끌어내다.

Connexa, 연결, 연관, 관련 ('Accessorium, Causa, Plus, Minus, Principale' 참조).
Connexorum idem iudicium. 연관된 물건의 심판은 동일하다.

Connexa habentur pro uno. 관련은 하나로 간주된다.

connexio causarum. 연관된 소송(訴訟)

connéxĭo, -ónis, f. = **connéxus**, -us, m. 연결, 연락, 관계, 연줄, 관련, 매듭지음, 결론, 결합.
De connexione bellorum, quæ adventum Christi plurima et gravissima præcesserunt. 그리스도의 내림 전에 발생한 대대적이고도 허다한 전쟁들의 대강(교부문헌 총서 17, 신국론, p.2752)/
omnium conexionem seriemque causarum. 모든 원인들의 조합과 연쇄(교부문헌 총서 15, 신국론, p.541).

connexívus, -a, -um, adj. 이어주는, 연계의.
conjunctĭo connexíva. 연계(連繫) 접속사.

connexui, "connécto(=cōnécto)"의 단순과거(pf.=perfectum)

connexum, "connécto(=cōnécto)"의 목적분사(sup.=supínum)

connéxum, -i, n. 논리적 귀결(論理的歸結)

connéxus, -us, m. = **connéxĭo**, -ónis, f. 연결(連結)

connisus, "connítor"의 목적분사(sup.=supínum)

connítor, (-ĕris, -ĭtur), -nísus(níxus) sum -níti, dep., intr. (cum+nitor) **함께 힘쓰다**, 힘을 합하다, 힘을 집중시키다, **애쓰다**, 안간힘 쓰다, 힘껏 노력하다, 기를 쓰고 …하다; 버티다, 산고를(진통을) 겪다, 분만하다, 분발하다.

connitor, sese ut erigant. 아기들이 일어서려고 애쓰다

connīvéntĭa, -æ, f. 못 본체 함, 간과(看過-대강 보아 넘김), 묵인(黙認), 공모(共謀-공동 모의의 준말), 연루(連累).

connívĕo, -nívi(níxi) -ére, intr. 눈을 감다; 깜빡이다; 눈을 반쯤 뜨다, (해.달이) 어두워지다, 가려지다, 눈감아주다, 못 본 체하다, 모르는 체 하다, 묵인하다.

conniveo somno 잠들어 있다

connivi, "connívĕo"의 단순과거(pf.=perfectum)

connixi, "connívĕo"의 단순과거(pf.=perfectum)

connixus, "connítor"의 목적분사(sup.=supínum)

connotátĭo, -ónis, f. (論.哲) 공시 개념; 내포(內包)

connubia promiscua. 귀족과 평민 사이의 혼인(婚姻)

connūbĭális, -e, adj. 결혼의, 혼인의; 부부(夫婦)의.
Filius Mariæ Iosephi quoque est filius ob coniungens illos conubiale vinculum.([영] The Son of Mary is also Joseph's Son by virtue of the marriage bond that unites them) 마리아의 아들은 또한 요셉의 아들이기도 하다. 이는 그 둘을 결합시키는 혼인 유대로 말미암아서이다.

connúbĭum, -i, n. (cum+nubo) 통혼권(通婚權), (Roma법상의 정당한) 결혼; (일반적으로) 결혼, 혼인, 정식 결혼의 권리, 교접, 교미(交尾). (植) 접목.
[통혼권은 법률상 혼인을 체결할 수 능력을 말한다. 상고시대 통혼권은 오직 같은 계급에 속하는 사람들 사이에서만 혼인할 수 있었다. 고전시대에는 모든 로마 시민들 간이나 로마 시민과 라틴인 사이에 혼인할 수 있었다. 카눌레이우스법lex Canuleia(기원 전 445년)은 귀족과 평민 사이의 혼인 금지를 폐지하였다. 안토니니아누스 칙법Constitutio Antoniniana(기원 후 212년)은 통혼권의 권한을 축소시켜 로마 시민은 제국의 거의 모든 시민과 혼인을 인정하였다. 후에 일반적 또는 특별 허가조치에 의해 외국 시민들에까지 확대되었다. 로마법에서 통혼권은 '유스 코누비이ius conubii'라고 불렀는데, 통혼권은 당사자들의 혼인유효 요건이었다. 한동일 지음, 로마법의 법률 격언 모음집에서].

Connubium est facultas uxoris iure ducendæ. 통혼권은 법으로 결혼할 권한을 말한다.

connúbĭus, -a, -um, adj. 결혼의, 혼인에 관한

connūdátus, -a, -um, adj. 홀랑 벗은

connŭmĕrátĭo, -ónis, f. 죄다 세어 봄; 계산에 넣음

connúmĕro, -ávi, -átum, -áre, tr. 죄다 세어보다; 계산(計算)에 넣다.

cōnoídēus, -a, -um, adj. 첨원상(尖圓狀)의, 원추 모양의

cōnōpæum, -i, n. 모기장, 감실 휘장.
[성체가 모셔져 있는 감실을 장식하는 휘장이다. 그 날의 색깔이거나 흰색 또는 황금색으로 만들어진 휘장 앞쪽을 통해 감실 문을 열 수 있다. 전례사전, p.23].

cōnōpéum(-**pĕum**, -**pĭum**) -i, n. 모기장, 감실 휘장

cōnor, -átus sum, -ári, dep., tr. 힘쓰다, 해보다, 시험해보다, 시도하다, 하려 하다, 기획하다, 모험하다.
Conanti dabitur. 노력하는 자에게 주어질 것이다/
Conáti sunt, si··· possent. 자기들이 할 수 있는지(어떤지)를 시험해 보았다/
Utinam conatas res perficere possim!. 내가 시도한 일들을 완성할 수가 있다면!.[conor가 탈형동사이므로 conatum은 '내가 시도한 것'이다. 성 염 지음, 고전 라틴어, p.296].

conp··· V. **comp**···

conparátĭo pro portĭone. 비례에 따른 비교

conpunctĭone lacrimarum. 통회(痛悔)의 눈물

conquádro, -ávi, -átum, -áre, intr. 딱 들어맞다. tr. 사각형(四角形)으로 만들다.

conquassátĭo, -ónis, f. 동요(動搖), 진동(震動), 혼란

conquásso, -ávi, -átum, -áre, tr. 크게 흔들다, 동요시키다, 진동시키다, 혼란시키다(ליבלב.ליב.לוב), 깨뜨리다, 파괴하다(רעע), 뒤엎다.

conquéror, (-rĕris, -rĭtur), -quéstus sum, -quĕri, dep., tr. (cum+queror) 투덜대다, 불평을 털어놓다, 원망하다, 개탄(비탄)하다.

conquéstĭo, -ónis, f. 투덜댐, 원망(怨望), 불평(不平), 개탄(慨嘆), 비탄(悲嘆). (修) 동정심에 대한 호소.

conquéstus, -us, m. = **conquéstĭo**, -ónis, n.
De excidia et conquestu Britanniæ. 5세기의 영국 정복사.

conquexi, "conquĭnísco"의 단순과거(pf.=perfectum)

conquietum, "conquiésco"의 목적분사(sup.=supínum)

conquiēvi, "conquiésco"의 단순과거(pf.=perfectum)

conquiésco, -évi, -étum, -scĕre, intr. (cum+quiésco) 쉬다(חוג.עבר.עִיבר.שָבַת), 가만히 있다, 자다, 누워 있다, 그치다(קסף.קִיסף), 끝나다(לטב), 멈추다(ענמ.רכס.קסף.קִיסף.שָבַת), 중지하다, 정지 상태에 있다, (열이) 떨어지다, 휴식을 취하다, 조용히(마음 편히) 지내다, 흐뭇해하다; 안주(安住-자리를 잡아 편안하게 삶)하다.
imbre conquiescénte. 비가 그쳐서.

conquĭnísco, -quéxi -ĕre, intr. 엎드리다(דוס.דיוס).

conquíro, -quisívi -quisítum -ĕre, tr. (cum+quæro)

두루 찾다, 열심히 구하다, 여기저기서 주워 모으다, 장만하다, 모집하다, 수집하다, 추구하다, 찾아내다.
Quid inter vos conquiritis?.([영] What are you arguing about with them?) 저들과 무슨 논쟁을 하느냐?(성경 마르 9, 16).
conquīsītĭo, -ónis, f. 두루 찾아냄, 탐구(探究), 모색, 모음, 모집, 수집; 선집(選集). (軍) 징병, 징집(徵集).
conquisitissimæ epulæ.
산해진미(山海珍味, scitámenta, -órum, n., pl.).
conquīsítor, -óris, f. 탐구자(探究者), 징병관(徵兵官)
conquīsītum, "conquíro"의 목적분사(sup.=supínum)
conquīsítus, -a, -um, p.p., a.p.
애써(두루) 찾아낸(구한), 엄선한.
conquisitissimæ epulæ. 산해진미(scitámenta, -órum, n., pl.)
conquīsīvi, "conquíro"의 단순과거(pf.=perfectum)
conr··· V. **corr**···
consacérdos, -ótis, m. 동료 사제, 동료 제관
conséæpĭo, -sǽpsi, -sǽptum, -íre, tr. (cum+sǽpio)
울타리를 둘러치다, 둘러막다.
consǽptum, -i, n. 둘러막힌 곳, 폐쇄된 곳
consălūtātĭo, -ónis, f. 서로 인사함, 공동 인사
consălúto, -ávi, -átum, -áre, tr. (cum+salúto)
서로 인사하다, 함께 인사하다, 인사를 나누다.
consălúto *alqm*. 누구와 인사하다
consălúto *alqm* regem. 아무를 왕으로 모시어 인사하다
consanésco, -sánŭi -scĕre, intr.
(병이) 낫다(אסא.אסי), 건강(健康)해지다.
consanguínĕa, -æ, f. 자매(אָחוֹת), 여자친척, 친족
consanguínĕus[1], -a, -um, adj. (cum+sanguis)
같은 핏줄의, 혈족의, 친척의, 형제.자매의.
fratres consanguínei. (아버지는 같은) 이복형제.
consanguineus[2], -i, m. 형제(אָח.[영] Brother), 친척(親戚)
consanguínĭtas, -átis, f. 친척 관계(親戚關係), 혈연관계, 혈족관계; 혈족(血族), 동부(同父) 관계.
['콘산귀니타스consanguinitas'는 좁은 의미에서 같은 아버지에게서 출생한 형제자매의 관계를 말한다. 반면 넓은 의미에서는 혈족관계를 말한다].
consanguinitatis doctrinæ. 교의적 혈통/
impedimentum consanguinitatis. 친족 장애/
Consanguineos Cassius definit eos, qui sanguine inter se connexi sunt. 카시우스는 동부관계를 (같은 아버지에서 출생한) 그들 사이에 혈연으로 맺어진 것이라고 정의 한다/
Necessitudo consanguinitatis natalibus vel adoptionis solemnitate coniungitur. 혈연의 관계는 출생이나 입양의 관례를 통해 맺게 된다.
Consanguinĭtas computatur per lineas et gradus.
혈족은 친계와 촌수로 계산된다.(교회법 제108조).
consanguinĭtas illegitima. 불법의 혈족
consanguinĭtas in linea obliqua. 방계(傍系) 혈족
consanguinĭtas in linea recta. 직계 혈족
consanguinĭtas legitima. 합법의 혈족
consanguinĭtas plena. 온전한 혈족
consanguinĭtas semiplena. 불완전한 혈족
consáno, -ávi, -átum, -áre, tr. 낫게 하다, 치유시키다
consānui, "consanésco"의 단순과거(pf.=perfectum)
consárcĭno, -ávi, -átum, -áre, tr. (cum+sárcio)
함께 꿰매다, 깁다, 꾸며 붙이다, 미봉(未捧)하다.
consárrĭo(consárĭo) -íre, tr.
잡초를 함께 뽑다, 괭이로 제초(除草)하다.
cónsătus, -a, -um, = **cónsĭtus**, p.p.
consáucĭo, -ávi, -átum, -áre, tr. (cum+sáucio)
중상(重傷) 입히다.
conscĕlĕrátus, -a, -um, p.p., a.p. 중죄를 범한; 흉악한, 악독한
conscélĕro, -ávi, -átum, -áre, tr.
중죄(重罪)를 범하다; 죄로 더럽히다.
conscéndo, -scéndi, -scénsum, -ĕre, (cum+scando)
tr., intr. 오르다, 올라가다, 올라타다, …에 까지 이르다.
conscénsĭo, -ónis, f. 배에 올라탐
conscensio in naves. 승선(乘船)
conscensum, "conscéndo"의 목적분사(sup.=supínum)
conscholáris, -is, m. 학우(學友)
conscĭdi, "conscíndo"의 단순과거(pf.=perfectum)
consciéntĭa, -æ, f. (cum+sciéntia) 함께 알고 있음, 공지(共知), 동의(同意), 승낙(承諾), **의식**(意識), 자각(自覺), 확신, **양심**(道德的 意識.[영] Conscience).
(사도 바오로는 Syneidesis라는 용어를 20번이나 사용하고 있다. 히브리인들에게 보낸 서한에서 5번 발견된다. 사도행전에 3번, 베드로 서한에서도 3번 발견된다. 이 용어는 그리스도전 1세기에 이미 발견되는데, 이는 틀림없이 스토아학파에서 유래된 것으로 같다. Conscientia는 Syneidesis의 번역이다. Syn은 라틴어의 Cum '함께, 같이 와 같은' 의미를 갖는다. 따라서 syneidesis의 기본적 의미는 'Cognoscere' 즉 같이 알다, 지성적 자각, 의식, 자기 자신에 대해서 통일적인 앎을 갖는다는 것을 말한다. 교부들도 바오로의 syneidesis 개념을 받아 발전시켰다. 동서윤리와 그 사상의 만남, p.104)
[양심은 반성의 철저함을 통해 끊임없이 도덕법의 제일원리에 의해 측정된다. 따라서 양심은 자기를 통해 자기를 교정하는 것이기 때문에 자기변명이 아니다. 그래서 양심의 절대성은 뻔뻔함과 구별된다. 양심의 자기 교정은 양심이 심판 받는다는 것을 말한다. 이 점에서 양심은 변명이나 독선과 구별된다.
중세철학 제8호, 분도 출판사, p.153].
assúmere *alqm* in consciéntiam.
아무를 끌어 들여 함께 알게 하다/
efformátĭo conscientiæ. 양심의 형성/
ethica conscientĭa. 도덕적 양심/
ex conscientiæ officio. 양심의 의무에 의해/
Et interrogare debet unusquisque conscientiam suam, an sit antichristus. 각자는 자기가 그리스도의 적이 아닌지 자기 양심에게 물어보아야 합니다/
Examen conscientiæ. 양심성찰, 규명(糾明)
Gloria bónis hominibus testimonium bonæ conscientiæ. 착한 사람의 영광은 어진 양심이 증명하여 주는 데 있다/
Habe bonam conscientĭam, et habebis semper lætitĭam. 양심을 어질게 가져라 그러면 항상 즐거운 것이다.
habitus conscientiæ. 양심의 습성/
matrimonĭum conscientiæ. 양심 혼인, 무공고 결혼/
Nulla est major tribulatio quam conscientia delictorum. 죄인들의 양심보다 더 큰 고뇌는 없다/
Officii conscientia([영] Awareness of a mission) 사명의 인식/
Unusquisque considerans conscientiam suam, si mundi amator est, mutetur; fiat amator Christi, ne sit antichristus. 각자 자기 양심을 살펴보십시오. 세상의 여인이라면 변화되십시오. 그리하여 그리스도의 연인이 되십시오. 그리스도의 적이 되지 마십시오.(요한 서간 강해, p.174).
conscientĭa angusta. 옹색한 양심
conscientĭa animi. 윤리감각(倫理感覺); 죄의식(罪意識)
conscientĭa antecedens. 선행적 양심(先行的 良心)
conscientĭa bene actæ vitæ. 착하게 산 생활에 대한 기쁨
conscientĭa certa. 확실한 양심(良心)
conscientia communis. 일반적 의식
conscientĭa concomitans. 공존적 양심, 동반 양심
conscientĭa consequens. 후속적(後行的) 양심
conscientĭa convictus. 양심의 가책에 못 이겨
conscientia directa. 직접적 의식
conscientĭa dubia. 의심하는 양심
conscientĭa erronea. 그릇된 양심, 오도된 양심, 잘못된 판단을 내리는 양심, 오류에 빠져있는 양심.
conscientĭa erronea, at certa.
오류적(誤謬的)이나마 확신적인 양심.
Conscientĭa generis humani. 만인 공지의 사실
conscientĭa intellectiva. 지성적 의식(知性的意識)
conscientĭa laxa. (倫神) 이완(弛緩)된 양심, 해이 양심
conscientĭa mala. 비뚤어진 양심
Conscientia mille testis. 양심은 천 명의 증인이다
conscientĭa moralis. 윤리적 양심
conscientĭa moralis antecedens. 선행적 양심
conscientĭa perplexa.
당황(唐慌)된 양심, 불명료한 양심, 곤혹(困惑) 양심.
conscientĭa probabilis. 개연적(蓋然的) 양심
conscientĭa psychologica. 심리적 자기의식
conscientĭa recta. 올바른 양심(良心), 진실된 양심(주관적으로 바른 진실 된 양심).
conscientĭa recta et vera.
바르고 참된 양심(진실하고 진리와 일치되는 양심).

conscientĭa reflexa. 반성의식(反省意識)
conscientĭa scrupulosa.
세심(細心.⑨ scrupulosity), 소심(animus pusillus).
conscientĭa sensitiva 감각적 의식(感覺的 意識)
conscientĭa sui. 자각(스스로 깨달음), 자아의식
conscientĭa vera. 참된 양심(객관적으로 진리와 일치되는 참된 양심)
conscientĭae suæ. 하느님의 양심(교부문헌 총서 8, p.96)
conscĭentĭalísmus, -i, m. (哲) 의식설(意識說)
conscientĭalismus subjectivista. 주관주의적 의식주의
conscíndo, -scídi, -scíssum, -ěre, tr. (cum+scindo)
(발기발기) 찢다, 조각내다; 잡아 뜯다.
괴롭히다, 못살게 굴다; 헐뜯다.
conscĭi, "conscísco"의 단순과거(pf.=perfectum)
cónscĭo, -íre, tr. (cum+scio) 알다(יִדַע), 인식하다,
깨닫다(חוי,יִדַע), 의식(意識)하다.
conscio sibi alqd. 잘못을 깨닫다, 죄의식을 가지다
conscísco, -scívi(-scĭi), -scítum, -ěre, tr.
(cum+scisco) 공동으로 결정하다, 제정하다, 의결하다,
(sibi alqd; 간혹 sibi 없이) 스스로 결단하여 실행하다
consciscio sibi mortem. 자결(자살)하다/
justa fieri jus non sit, qui suspendio sibi mortem
conscivit. 목매달아 죽음을 자초한 사람은, [제사법에
의한] 상례를 치러 주는 법이 아니다.
(성 열 지음. 사랑만이 진리를 깨닫게 한다. p.469).
conscíssĭo, -ónis, f. (발기발기) 찢음
conscíssum, "conscíndo"의 목적분사(sup.=supínum)
conscítum, "conscísco"의 목적분사(sup.=supínum)
cónscĭus, -a, -um, adj. (cum+scio) 같이 알고 있는,
잘 알고 있는, 내막을 알고 있는, 증인인, 관여한,
공모한, 의식하고 있는, 자각하는, 생각하는,
책임(責任)을 느끼는, 죄 있는, 죄인의, 죄책감 있는.
Non murmur resonat, non querimonia, sed cord
impavido, mens bene conscia conservat patientiam.
(성모일도 여러 순교자 축일 공통 저녁기도 찬미가에서) 군말도 없고
불평도 없이, 두려움도 모른 채 다만 아주 맑은 정신
으로 인내해 나간 선열이여.
conscius alcjs rei. 누구와 무슨 일을 공모한
conscius facinoris(conscius facinori)
악행(惡行)을 알고 있는.
conscius sum peccati mei. 나는 내 죄를 안다.
conscivi, "conscísco"의 단순과거(pf.=perfectum)
cónscrěor, -átus sum, -ári, dep., intr.
(목청을 가다듬기 위해) 헛기침을 하거나 침을 삼키다.
conscríbillo, -ávi, -átum, -áre, tr.
되는 대로 쓰다, 갈겨서 자국을 내다.
conscríbo, -scrípsi -scríptum -ěre, tr. (cum+scribo)
(병적에 등록하여) 징집하다, 징모하여 (부대를) 편성하다.
국민을 계급별로 구분하여 등록하다,
원로원(元老院) 의원(議員)으로 등록시키다,
(득표 공작을 위해) 선거인 명부에 기입하다.
(공모에 가담 시키려고) 규합하다,
자료를 모아쓰다, 기술하다, 작성하다, 편찬하다,
저술하다, 처방하다, 글씨로 표시하다, 그려놓다.
Ita nobis placitum est, ut ea conscriberemus.
우리는 그것들을 함께 저술하기로 합의했다.
conscríptĭo, -ónis, f.
징집(徵集), 징병(徵兵), 기록, (문서 따위의) 작성.
conscríptor, -óris, m. 기록자, 작성자, 편찬자(編纂者)
conscríptus, -a, -um, p.p. 징집된, 등록된.
patres conscrípti. 원로원 의원.
cónsěco, -sécŭi -séctum -áre, tr. (cum+seco)
자르다(חתך,גדע,גזר,פסק),
토막 내다, 절단하다, 분단하다.
consecrátĭo, -ónis, f. (exsecrátĭo와 반대)
(⑨ consecration.獨 Konsecration) 신성하게 만듦,
신에게 바침, 봉헌(奉獻.προσφορα.⑨ Consecrátĭon),
축성*(祝聖.⑨ consecrátĭon),
성변화(⑨ consecrátĭon→실체 변화),

미사 때 성체.성혈 축성(祝聖), 주교 서품식,
성당 축성, 성별(聖別), (고대의) 제관임명,
주문(呪文-음양가나 술가 등이 술법을 부릴 때 외는 글귀).
Hæc commixtio et consecratio Corporis et Sanguinis
Domini nostri Jesu Christi, fiat accipientibus nobis in
vitam æternam. Amen. 우리 주 예수 그리스도의 몸과
피가 어우러지고 축성되어, 이것을 받는 이들을 도와,
영원한 생명을 얻게 하소서. 아멘/
vi sacramentalis consecrationis. 성사적 축성의 힘.
consecrátĭo episcopalis. 주교 축성
Consecratio et Benedictio.(⑨ Consecration and
Benediction.獨 Weihungen und Segnungen) 축성과 축복.
consecrátĭo mundi. 세계의 축성, 세상의 성화
Consecrátĭo Sacratissimo Cordi Domini Nostri
consecrátĭo temporis. 시간의 성화
Jesu Christi. 예수 성심 봉헌 축일.
consecrátĭo temporis. 시간의 성화
Consecrátĭo virginum.(⑨ consecration to a Life of
Virginity.獨 Jungfrauenweihe) 동정녀 축복.
consecrationes theurgicæ. 신술(神術) 봉축(teletæ)
Consecrátĭonis virginum, 동정녀 축성예식(1970.5.31 교령).
consecratior, -or -us, adj. ⑨ consecrated, holy, sacred
consecratíssimus, -a, -um, adj. ⑨ consecrated, holy, sacred
consěcrátor, -óris, m. 거룩하게 하는 사람,
성별자(聖別者), 축성자(祝聖者).
consěcrátus, -a, -um, p.p., a.p.
신성한; 헌신하는, 봉헌된, 축성된.
Ab omnibus consecratis petimus ut propria eucharistica
vita splendorem ostentent ac venustatem illius absolutæ
Domino factæ deditionis. 모든 봉헌된 이가 자신의 성찬
의 삶을 통해 온전히 주님께 속하는 광채와 아름다움을
보여 주기를 당부합니다(2007.2.22. "Sacramentum Caritatis" 중에서)/
Consecrata vita amoris Dei erga mundum demonstratio.
봉헌생활은 세상에 하느님의 사랑을 드러낸다/
institutum vitæ consecratæ.
축성 생활회(⑨ Institute of consecrated life).
cónsěcro, -ávi, -átum, -áre, tr. (cum+sacer)
신에게 바치다, 봉헌하다(רבב,רכב),
신성하게 하다, 속적인 사용에서 갈라내다,
축성하다, 성별하다, (날을) 축일로 만들다,
신격화하다, 신으로 만들다(받들다), 저주받게 하다,
(신성 모독의 대가로) 희생으로 바치다.
불멸의 존재로 만들다, 불멸성.영원성을 부여하다.
De consecrata vita gratiæ aguntur.
봉헌생활은 교회에 주신 은혜/
Ne quis agrum consecrato.
누구나 전답을 축성해서는 안 된다.
consectáněus, -a, -um, adj.
같은 파에 속하는, 뒤따르는, 추종하는.
consectárĭus, -a, -um, adj.
adj. 논리적, 결론(귀결)의, 당연한; 결과로서 생기는.
n. 뻔한 결론, 간단한 추론의 결론; 결과, 영향(影響).
consectaria de studiorum theologicorum positione.
(⑨ Consequences for the study of theology)
신학 공부에 미치는 영향.
consectátĭo, -ónis, f. 열심한 추구(追求), 추적(追跡)
consectátor, -óris, m.
추종자(追從者), 추구자, 제자(弟子.μαθητής).
consectátrix, -ícis, f.
따라 다니는 여자; 女제자, 연인(戀人), 여자친구.
conséctĭo, -ónis, f. 절단(切斷), 자름(절단), 토막 냄
consécto, -áre, tr. 뒤쫓다
conséctor, -átus sum, -ári, dep., freq., tr.
열심히 따라 다니다, 뒤쫓아 가다, 추종하다, 추적하다,
뒤쫓다, 추격하다; 못살게 굴다, 추구(追求)하다,
도달하려고(얻으려고) 애쓰다, 일일이 열거하다,
말을 흉내 내다, 모방(模倣)하다.
consectum, "conseco"의 목적분사(sup.=supínum)

consecui, "conseco"의 단순과거(pf.=perfectum)

consĕcútĭo, -ónis, f. 뒤따름, 수반(隨伴-붙어서 따름),
필연적 결과, 귀결; 결론, 도달(到達), 달성(達成).
(修) 반문(反問); 단어의 정확한 배열(配列).

consecutĭo temporum. (文法) 시제의 상관관계(주문의
시청에 따라 종속문. 특히 접속법 종속문의 시청이 결정되는 규칙)

consĕcútĭvus, -a, -um, adj.
(文法) 결과를 나타내는, 결과….
propositĭo consecutĭva. 결과(종속)문/
ut consecutívum. 결과 ut.

consĕdĕo, -es, -ère, intr. 같이 앉아 있다

concĕdi, "consideo"의 단순과거(pf.=perfectum),
"concído"의 단순과거(pf.=perfectum)

consédo¹, -ávi, -átum, -áre, tr. 진정시키다, 진압하다

consédo², -ónis, m. (法) 배석인

consenésco, -sénui, -ère, intr. (cum+senésco)
늙다(ㅇㄱ), 노경(老境)에 이르다, 함께 늙다,
노쇠(노후)해지다, 쇠약해지다, 지쳐버리다,
(용기.세력 따위가) 쇠퇴하다, 시들다(ㄲㅈ.ㄲ),
낡아빠지다, 삭다, 곪다(상처에 염증이 생겨 고름이 들다).

consénĭor, -óris, m. 같은 장로(長老).원로(元老)

consensi, "consentio"의 단순과거(pf.=perfectum)

consénsĭo, -ónis, f. 같은 느낌(마음.생각), 공감,
동의(同意-제기된 주장, 의견 등에 대하여, 의견을 같이함),
합의, 의견의 일치, 조화, 일치, 공모, 모의(謀議).

consensum, "consentio"의 목적분사(sup.=supínum)

consénsus, -us, m. 동의, 합의(Expressum, Obligatio, Vis,
Voluntas 참조), 승낙(承諾), 승인(承認), 의견일치,
일치(κοινωνία.一致.⑨ Communion), 협정(協定),
조화(調和), 공모(共謀), 모의(謀議-무슨 일을 피하고 의논함).
[어떤 이의 행위에 다른 이, 가령 보좌인consensus curatorius이나 아버지나 부모,
정무관이 동의하는 경우에는 일반적으로 '동의'라고 한다. 반면 두 당사자가
계약에 체결하는 경우에는 쌍방향적이어서 '합의'라고 한다. 합의는 완전
해야 하고('in unum' 동일한 내용에 대하여) 외적 영향이 '강제나 강박vis et
metus', 즉 외부로부터 자유로워야 한다. 합의는 두 명 이상의 사람들 간의 두 법률
행위(계약)의 기본 요건이다. 로마법에서 합의consensus는 명예관법의 ius
honorarium의 전형적인 계약, 즉 매매emptio-venditio, 임약locatio-conductio,
위임mandatum, 조합societas에 있어야 하기 때문에 필요한 요소이다. 여기서
말하는 '필요충분'이라는 두 가지 의미가 있다. 우선 '필요necessario'란 합의가
없을 경우 계약은 무효가 된다. 그다음 합의가 있고 그 합의가 표시되면 그 자체로
계약의 상호의무가 발생하기에 '충분sufficiente'하다는 의미다. 이는 주로 매매,
임약, 위임, 조합 등의 낙성계약에 사용되며, 여기에서 표한 합의는 단순 합의
nudus consensus라고 불렀다. 그래서 합의를 '같은 것을 원하는 합의consensus in
idem placitum'이라고 불렀다. 반면 물건res의 인도(요물계약),
언어verba의 사용(언어계약), 문서litteræ의 사용(문서계약)과 같은 더 이상의
요건들이 있는 계약들도 있다. 합의는 언어나 문서를 통해 명시적으로 또는
단순히 당사자가 동의하고 의심 없이 인정될 수 있는 일정한 동작 등으로
이루어진다. (I. 3. 22.) 후자의 경우 '묵시적으로tacite', '묵시적 합의tacitus
consensus'라고 불렀다. 한동일 지음, 로마법의 법률 격언 모음집에서(출간예정)].
De consensu evangelistarum.
복음사가들의 공통의도에 대하여/
juris consensus. 법적 동의/
Nuptĭas non concubitus sed consensus facit.
동침이 아니라 합의가 혼인을 만든다/
unánimi consénsu. 만장일치(滿場一致)로.

consensus coitus. 성교에 대한 동의
consensus conjugalis. 동거에 대한 동의
consensus defectivus. 불완전한 합의
consensus deficiens. 불충분한 합의
consensus ecclesiæ. 교회의 동의
Consensus facit legem. (Branch, Principia legis et
æquitatis). (당사자 간의) 합의(合議)가 법을 만든다.
Consensus facit matrimonium.
합의가 혼인(婚姻)을 생기게 한다.
Consensus facit nuptias. 합의가 혼인을 만든다.
consensus generis humani. 만민의 동의(萬民의 同意)
consensus Genevensis(=De æterna Dei Prædestinatione)
제네바 동의(하느님의 영원한 예정에 대하여).
[J. Calvin이 예정설에 대한 자기의 설을 정성껏 손질하여 제네바의 교역자들의
동의를 얻어 냄(1551년 12월 18일)것을 가리킨다. 칼뱅은 이 동의서를 제네바
의회에 제출했다. 백민관 신부 엮음, 백과사전 1. p.699].
consensus gentium. 만민의 의견 일치
consensus matrimonialis. 혼인의 동의.승낙 합의
consensus moralis. 윤리적 동의(倫理的同意)

Consensus omnium. 일반적인 동의
consensus Patrum. 교부들의 일치된 의견
consensus quinque sæculorum.
최초 5세기 간의 신학자들의 의견일치,
최초 5세기 간의 교회 전승(동방교회도 포함, 이것이 교회 합동의
기초가 됨. 백민관 신부 엮음, 백과사전 1. p.699)).
consensus theologorum. 신학자의 의견일치
Consensus tollit errorem.
많은 사람들의 합의는 오류를 제거해 준다.
consensus validus. 유효한 합의
consensus voluntatis. 의지의 동의
consentánĕi, -órum, m., pl. (종파의) 추종자들, 동조자들
consentáneum est. 합리적이다(rátionabile est)
consentánĕus, -a, -um, adj. 일치하는, 부합하는, 맞는,
적합한, 어울리는, 조화된, 한결같은, 시종일관한.
합리적인, 당연한, 모순되지 않은.
conséntĭens, -éntis, p.proes., adj.
동의하는, 일치하는, 공명하는, 합의하는.
conséntĭo, -sénsi -sénsum -íre, (cum+séntio)
intr. 같이 느끼다, **생각을 같이하다**, 의견이 일치하다,
동의하다(ꝏꝎ), 합의하다, 일치하다, 조화되다,
어울리다, 공모하다, 음모를 꾸미다, 결탁하다.
tr. 동의하다, 승낙하다, 만장일치로 결정하다.
Qui tacet consentit. 침묵은 동의하는 것이다.
consĕnui, "consenésco"의 단순과거(pf.=perfectum)
consépĕlĭo, -ívi, -sepúltum, -íre, tr. (cum+sepélio)
함께 파묻다, 합장(合葬)하다.
consep… V. consæp…
conseptum, "consæpio"의 목적분사(sup.=supínum)
cónsĕquens¹, -éntis, p.proes., a.p. 필연적(귀결의),
논리적으로 따라 오는, 합리적인, 타당한, 당연한, 적절한.
cónsĕquens², -éntis, m. 논리적 귀결(論理的 歸結),
결론(結論). (論.文法) 후건(後件).
consĕquénter, adv.
따라서(κατὰ), 필연적으로, 맞추어, 그 다음에, 잇따라.
consequéntĭa, -æ, f. (필연적) 결과, 결론,
Exemplum 문서의 복사('Accessorium, Judex, Jus,
Principale, Ratio juris' 참조), 영향(影響),
귀결(歸結), 결론, 연역 추론(소건으로서 후건을 입증하는 방법).
[일부 문헌에서 '에셈플룸exemplum'이라는 단어는 원본을 의미할 때 사용되었다.
또한 가끔 이 단어는 유언자가 유효한 유언의 형식을 갖추기 전에 사망하였을 때
효력을 상실하는 유서의 초안으로서 사용되었다. 또한 'exemplum'은 선례先例나
견본으로 제공되는 것을 가리킨다. 반면 형사사건에서 형벌은 'exemplum'으로
표현되었다. 여기서는 억제하는 경고로서 사용되었다. 'exemplo' 또는 'ad
exemplum'은 존재하는 것과 유사한 법적인 구제수단이 부여될 때(예컨대 actio
utilis). 또는 법적인 지위가 다른 것과 유사한 방법으로 다루어질 때, 유사한 법적
지위를 포함하는 법에 의해 규율될 때(예컨대 exemplo legis Aquiliæ)
사용되었다. 한동일 지음, 로마법의 법률 격언 모음집에서(출간예정)].
Et rursus in consequentibus audis.
그런데 이어서 듣게 되는 말씀은 이와는 정반대입니다/
Et totum illud bonum, ut dixi, per sanctum illum
hominem, consentientibus nostri cœpiscopis et pariter
satagentibus, et cœptum et perfectum est.
이미 말한 바와 같이 이 모든 좋은 일은, 거룩하신 그
어른을 통하여 우리 동료 주교들의 동의와 협력으로
시작되고 완성되었다(이연학 최원오 역주, 아우구스티노의 생애, p.67)/
In his, quæ contra rationem iuris constituta sunt,
non possumus sequi regulam iuris. 법률의 규정을 위반
하여 제정된 것들은 그 법률의 규정을 준수할 수 없다/
Quæ a iure communi exorbitant, nequaquam
ad consequentiam sunt trahenda. 보통법에 벗어나는 것을
절대 결과로 이끌어 서는 안 된다/
Quæ propter necessitatem recepta sunt, non debent
in argumentum trahi. 강박으로 인해 받아들인 것을
논증에 끌어들여서는 안 된다/
Quod alicui gratiose conceditur, trahi non debet ab aliis
in exemplum. 누군가에게 무상으로 양도(讓渡)된 것을
다른 사람에게 원본으로 주어서는 안 된다/
Quod contra rationem iuris receptum est, non est
producendum ad consequentias. 법률의 근거를 위반하여
받아들여진 것을 결론으로 이끌어내서는 안 된다.

Consequentiæ ex peccato hominis.(⑨ Consequences from the sin of man). 인간의 죄의 결과.
Consequentiæ ex peccato originali.(⑨ Consequences of original sin). 원죄의 결과.
Consequentiæ ex peccato.(⑨ Consequences of sin). 죄의 결과.
cónséquor, (-quĕris, -quĭtur), -secútus sum, consĕqui, dep., tr. (cum+sequor) 바싹 따라 가다(오다), 뒤따르다, 잇따라 일어나다. 뒤를 이어 …하다, 따르다. 결과로 나오다.생기다, (무엇에서) 발생하다. 논리적(필연적) 귀결(歸結)로 …되다, (모범.모방의 대상으로) 따르다, 택하다, 순종하다, 실천하다, 뒤따라 이르다. 다다르다, 잇닿다, 따라잡다. 추격하여 만나다, 도달하다, 달성하다, 성취하다, 추구하여 얻다. 동등해지다, 필적하다, 따라가다, 알아보다. 보아서 식별하다, 파악하다, 이해하다, 인식하다, 기억해내다, 적절한 말로 충분히 표현하다.
Omnia recta et honesta neglegunt, dum potentia consequantur.(Cicero). 권력을 추구하는 한, 정의(正義)와 성실을 일체 소홀하게 된다[성 염 지음. 고전 라틴어, p.355].
cónsĕro¹, -sĕrui, -sértum, -ĕre, tr. (cum+sero¹) 잇대어(나란히) 붙이다, 붙들어 매다, 엮어 만들다, 견다, 얽다, 짜다, 뜨다, 잇다, 붙이다, 접착시키다, 연속(계속) 시키다, 접합하다, 꽂다, 접붙이다. 전투를 개시하다, 교전(접전)하다, 얽혀 싸우다.
ex jure manum consértum vocáre. 법적 해결을 위해 법정으로 끌고 가다/
in jure manum consero. 법정투쟁을 하다, 소송하다/
nocti consero diem. 밤에 낮을 잇다.
consero manum(manus) 맞붙어 전투하다, 백병전 하다
consero manum cum hoste. 적과 교전하다
consero pœlium. 교전하다
consero pugnam inter se. 교전하다
consero sermonem. (주고받는) 이야기를 끌어 나가다
cónsĕro², -sévi -sĭtum -ĕre, tr. (cum+sero²) 나무 심다, 씨 뿌리다, 재배하다, 뿌리다, 살포하다, 뒤덮다.
consero agros. 밭에 씨를 뿌리다
consero vineam in agro. 밭에 한 그루의 포도나무를 심다
consérte, adv. 연결되어
consertum, "cónsĕro¹"의 목적분사(sup.=supínum)
consĕrui, "cónsĕro"의 단순과거(pf.=perfectum)
consérva, -æ. f. 여자 동료 노예
consérva, 원형 consérvo, -ávi, -átum, -áre, tr. (명령법. 단수 2인칭 conserva, 복수 2인칭 conservate).
consérvans, -ántis, p.a. 보존하는, 보관하는, 보호하는, 지키는.
conservátĭo, -ónis, f. 보존(保存), 보관(保管), 유지(維持); 저장(貯藏), 보호(保護), 수호(守護).
conservátĭo divina. 신적 보존('하느님의 세상살이' 참조)
conservátĭo divina immediata. 신의 직접적 보존
conservátĭo divina mediata. 신의 간접적 보존
conservátĭo divina negativa. 신의 소극적 보존
conservátĭo divina positiva. 신의 적극적 보존
conservátĭo ideologiæ. 관념론의 보존(保存)
conservátĭo mundi. 세계의 보존(保存)
conservatíve, adv. 보존(유지)성 있게, 보수적으로
conservatívus, -a, -um, adj. 보존력 있는, 보존성(保存性)의, 보수적(保守的).
conservátor, -óris, m. 보존자(保存者), 보관인(保管人), 저장자(貯藏者), 보호자(προστάτις), 수호자(守護者).
conservátrix, -ícis, f. 보존(保存)하는 여자
conservítĭum, -i, n. 공동 노예(신분); 공동 봉사
conservo fidem datam. 맹세한 신의(信義)를 지키다
consérvo, -ávi, -átum, -áre, tr. (cum+servo) 보존하다, 보관하다, 저장하다, 보호하다, 수호하다, 구하다. 무사히 남겨 두다, (위험에서) 지키다(נטר.רטנ.טנ.רטנ), 준수하다, 유지하다(נטר.ריטנ.רטנ).
qui hanc universitatem consistere facit et continet et

conservat, et semper ei providet. 이 우주를 구성하도록 하였고 우주를 포함하고 유지하며 항상 돌보는 하느님의 존재(存在).
consérvus, -i, m. 동료 노예
conséssor, -óris, m. 동석자(同席者), 배석자(陪席者), 함께 앉은 관람객(觀覽客); 연회 합석자(宴會 合席者).
consessum, "consideo"의 목적분사(sup.=supínum) "consido"의 목적분사(sup.=supínum).
conséssus, -us, m. 동석, 합석, 회합; 법정 방청(傍聽), 합석한 군중, 관중, 합석 장소, 공동 관람석.
consévi, "cónsĕro²"의 단순과거(pf.=perfectum)
Considera, quis quem fraudásse dicátur. 누가 누구를 속였다는 건지 자세히 알아보아라.
Considerabam ad dexteram et videbam et non erat qui cognosceret me. 고개 돌려 오른편을 살펴보아도 * 이 몸을 돌볼 사람 없삽나이다.
Considerandum quam habet differentiam. 그 차이가 무엇인지 탐구하여야 한다.
consĭdĕránter, adv. 깊이 생각하여, 신중히
consĭdĕrántĭa, -æ, f. 신중한 사려, 주의 깊은 반성
consĭdĕrátĭo, -ónis f. 심사숙고(深思熟考), 고려(考慮-생각하여 헤아림), 고찰(考察); 면밀한 주의. De devota consideratione divinæ Majestatis. 주님의 신비들에 대한 열심한 생각에 대하여/
De naturalibus exemplis, quorum consideratio doceat posse inter cruciatus viventia corpora permanere. 불 속에서도 육체가 타지 않고 존속할 수 있음을 보여주는 자연현상들.(교부문헌 총서 17, 신국론, p.2824).
considerátĭo intellectus. 지성의 숙고
consĭdĕrátus, -a -um, p.p., a.p. 깊이 생각한, 이리저리 궁리한, 조심성 있는, 현명한, 신중한.
consídĕro, -ávi, -átum, -áre, tr. (cum+sidus) 살펴보다. 주의 깊게 관찰하다, 깊이 생각하다, 심사숙고하다. 고찰하다, 반성하다, 헤아리다, 궁리하다. 주의를 기울이다, 조심하다(ロワ).
Consideranda est potissimum interior ritus sanctæ Missæ unitas.(⑨ First of all, there is a need to reflect on the inherent unity of the rite of Mass) 무엇보다도 미사 예식의 내적 일치에 관한 숙고가 필요 합니다/
secum considero. 곰곰이 생각하다.
consído, -sédi -séssum -ĕre, intr. (cum+sido) 함께 앉다; 앉다, 자리 잡다, 깃들이다, 배석하다, (재판정에) 착석하다, 공식행사에 참석하다, 정착하다, 정주하다, 눌러 살다, 어떤 상태(자리)에 있다, 주저앉다, 꺼지다, 함몰(陷沒)하다, 잠기다(ロワ), 활동을 쉬다. 그치다(ロワ.ロワ), 멈추다(ロワワ.ロワ.ロワ), (격한 감정 따위가) 진정되다, 가라앉다, 식다. (軍) 멈춰서다, 자리 잡다, 포진하다, 야영하다, 주둔하다.
consido in insídiis. 매복(埋伏)하다
consido luctu. 슬픔에 잠기다
Consiglio Coordinámento fra Accademie Pontificie. 교황청 학원 조정 평의회.
consignáte, adv. 적확하게, 꼭 맞게
consignátĭo, -ónis f. 날인(捺印-도장을 찍음), 보증(서)
consignatórĭum, -i, n. (Chrismatorium=locus Chrismatis) (⑨ consignatorium.獨 consignatorium) (가) 견진실(堅振室-옛 교회 건축에서 세례당 옆에 있었음. 여기에 성유가 보관되어 있었고, 성 토요일과 성령강림 전야 축일에 영세한 사람들에게 주교가 견진성사를 베풀었다. 백민관 신부 엮음, 백과사전 1, p.701).
consígno, -ávi, -átum, -áre, tr. (cum+signo) 서명 날인하다, 도장 찍다, 봉인(밀봉)하다, 보증하다, 확증하다, 증명하다(ロワワ.ロワ), 기록하다, 표하다, (초대교회용어) consignátus 견진 받은.
consĭlésco, -sílŭi -ĕre, intr. 잠잠해지다, 조용해지다, (감정, 소동 따위가) 가라앉다.
consilia Dei. 하느님의 뜻(⑨ Will of God)/voluntas Dei.
consília et proposita specifica ad liturgicam animationem. (⑨ Suggestions and practical proposals for promoting

252

fuller participation in the liturgy) 더욱 온전한 전례 참여를
촉진하기 위한 제안과 구체적 제의들.
consília evangélica(⑨ Evangelical Counsels) 복음적 권고.
　[Paupertas Voluntaria(Voluntary poverty) 자발적 가난,
　Castitas(Chastity) 정결, Oboedientia(Obedience) 순명].
consilia illustro. 계획을 밝히다
Consilia Internátionalia. 국제 평의회(國際評議會)
Consilia sapientium. 현자들의 의견
consíliar = consiliábor, *fut.* (consilior)
consiliárĭus¹, -a, -um, adj. 의논(상담)에 관한,
　의견을 주는; 조언(助言) 하는, 충고(忠告) 하는.
consiliárĭus² -i, m. 고문(顧問), 의논 상대(議論相對),
　조언자, 충고자, 배석판사(jūdex, -dícis, m. 판사),
　보좌역, 신의 뜻을 해석하는 자.
　Consiliarii autem a coetu Academicorum in
　quinquennium eliguntur, qui confirmari possunt. 평의원은
　학술원 총회에서 5년 임기로 선출되고 연임될 수 있다.
consiliárĭus spiritualis. 영적 고문(⑨ spiritual counsellor)
consiliátor, -óris, m. 고문(顧問), 조언자, 의논상대
Consilĭo obstabimus. 우리는 그 안에(案) 반대 하겠다
consílĭo, adv. 고의로(scienter, adv.), 일부러, 짐짓
consílĭor, -átus sum, -ári, dep., intr. 상의하다, 협의하다
consilĭum, -i, n. 협의(協議), **의논**, 상담, 상의, 토의(討議),
　심의, **조언**[助言; Commendatio 위임.'Mandatum' 참조],
　의견(⑨ Counsel), **충고**(忠告), **계획**(計劃), **경륜**(經綸),
　정책, **결정**, **결심**, 작정, 결단, 각오(覺悟), **의도**(意圖),
　목적, 뜻, 의사, **현명**(賢明), **지혜**, 사려분별(思慮分別),
　신중한 생각, 묘안, 사리판단, 사태파악, 일깨움*,
　Roma 원로원, 합동 재판부, 자문기관, 자문 위원회,
　참사회(⑨ ecclesiastical chapter)/collegium Consultorum(교회법 제502조),
　협의회, 평의회; 참모위원회(參謀委員會), 조언자, 고문.
　(軍) 전략(戰略), 책략(策略), 술책(術策).
　[sg. 1. consilium. 2. consilii. 3. consilio. 4. consilium. 5. consilio. 호격. consilium.
　pl. 1. consilia. 2. consiliorum. 3. consiliis. 4. consilia. 5. consiliis. 호격. consilia].
　['콘실리움consilium'은 '위임mandatum'과 구별되어 조언이 나쁜 결과를 산출
　하더라도 조언자에게 책임이 발생하지 않았다. "모든 이는 조언이 자신에게
　이득인지 여부를 스스로 결정할 수 있다.quia liberum est cuique apud se
　explorare, an expediat sibi consilium."(D. 17. 1. 2. 6). (특히 금지된) 행위를
　직접 범한 자의 '콘실리움consilium'이란 그의 결정이나 의도를 의미한다.
　　　　　　　　한동일 지음, 로마법의 법률 격언 모음집에서(출간예정)].
　adhibére *alqm* in consilium. 아무와 의논하다/
　Antoninus consiliorum. 좋은 의견의 안토니오/
　bono consilio. 좋은 생각에.
　　(모양이나 방법이나 태도를 지시하는 명사는 탈격만으로도 부사어가 된다)/
　cápere consilium. 결정(결심)하다/
　civis dicitur simpliciter, scilicet qui potest agere ut civis,
　id est, consilio et judicio. 시민이란 간단하게 말해서 사려
　　와 판단력에 따라서 행동하는 사람이다/
　consilia evangélica. 복음적 권고(勸告)/
　Consilia virórum sapiéntium. 현인들의 의견/
　Consilii non fraudulenti nulla obligatio est: cæterum
　si dolus et calliditas intercessit, de dolo actio competit.
　　속이려고 한 것이 아닌 조언은 전혀 책임이 없다. 그밖에
　　악의나 교활이 개입하였다면 사기에 의한 행위가 된다/
　Consiliis obstabimus. 우리는 그 안에 반대 하겠다/
　consilio. 고의로, 일부러 짐짓/
　consílio et víribus impar. 지혜와 힘이 미치지 못하는/
　Consilio melius vincere possumus quam ira(Publilius Syrus).
　　우리는 분노보다 현려(賢慮)로 더 잘 이겨낼 수 있다/
　consilio tuo. 네 충고에 따라/
　De Bono consilium Beata María Virgo.
　　착한 의견의 성모 마리아 축일/
　de hoc ad consílium refero.
　　이것을 참모위원회의 결정에 맡기다/
　De temporali conditione generis humani, quam Deus
　nec novo consilio instituerit nec mutabili voluntate.
　　시간 속의 인류 창조: 하느님은 새로운 계획이나 의지의
　　변화로 이 창조를 착상한 것이 아니다.(신국론. p.2784)/
　eo consílio. 저런 생각에.
　　(모양이나 방법이나 태도를 지시하는 명사는 탈격만으로도 부사어가 된다)/
　eo consílio, ut…, …할 목적으로/

Ex commendatione, et consilio generali nulla nascitur
obligatio. '추천'(임명이 민회나 원로원에 달려있는 로마나 속주 관리의
후보를 황제가 추천하는 것을 말한다. 이는 티베루스 치세부터 이루어졌다)
이나 일반적 조언에 의해서는 어떠한 책임도 생기지 않는다/
Facile onmes cum valemus recta consilia ægrotis damus.
　우리가 건강할 때는 모두 쉽게 아픈 사람에게 조언을 한다/
Hæc Concilium declarat, dum de christifidelibus laicis
agit.(⑨ Speaking of the lay faithful the Council says)
　평신도들에 관하여 공의회는 이렇게 말하고 있다/
Imperator cepit consilium liberandi patriam.
　원수는 조국을 구할 결심을 하였다/
ineo consílium. 계획하다, 궁리하다, 의논하다/
Mihi hoc consílium captum est. 나는 이 계획을 세웠다/
Mutare consilium quis non potest in alterius
detrimentum. 어떤 조언도 다른 사람의 손해를
　바꿀 수는 없다/
Nemo ex consilio obligatur.
　그 누구도 조언 때문에 책임지지 않는다/
Novo consilio nunc mi opus est, illa omnia admissa
habeo quæ antea feci. 이제는 내게 새로운 계획이 필요하다.
　내가 전에 만든 모든 계획들은 잘못된 것으로 생각 한다/
Pete consílium a sapiénte. 현자로부터 의견을 청하라.
　(자립분사의 단수 탈격 어미는 반드시 -e로 쓴다. 분사가 명사로 사용됨)/
Præfatio-De suscepti operis consilio et argumento.
　서언-본서의 집필 계획과 주제.(교부문헌 총서 17. 신국론. p.2742)/
propter infirmitátem consílii. 생각이 모자라서/
revoco *alqm* a consilio. 누구에게 계획을 버리게 하다/
sapieénti consílio. 현명한 조치로.
　[형용사로 쓰는 현재분사는 제3변화 형용사(제3식)대로 변화한다.
　(즉 단수 탈격 어미는 -i, 복수 속격 어미는 -ium을 가진다)/
Tua consilia utilia erant. 네 조언이 유용했다/
Verum consilium, quos initio auditu grave est,
in posterum, cognita utilitate, fit iucundum.
　처음 듣기에 부담스러운 것이 진정한 조언이다. 나중에
　(그 조언의) 유익함을 알게 될 때 마음에 드는 것이 된다/
Vis audire condilium? 조언을 듣고 싶습니까?
　　　　　　　　　(최익철 신부 옮김. 요한 서간 강해, p.267).
consilium a rebus œconomicis. 재경위원회,
　교구 재무평의회(⑨ finance council).
Consilium Academicum constituunt Præses,
Secretarius et quinque Consiliarii. 학술 평의회는 원장과
　사무처장과 평의원 5명으로 구성된다.
Consilium ad exsequendam constitutionem de
Sacra Liturgia. 전례헌장 집행위원회.
consilium adminstrátionis. 교구 재산 관리심의회
Consilium Arausicanum. 오랑쥬 공의회
Consilium de emendanda ecclesia. 교회 개혁안
Consilium de vigilantia. 교구 문화 평의회
Consilium Dei. 하느님의 계획(⑨ Plan of God)
consilium episcopale. 주교평의회(⑨ Episcopal council)
Consilium est ita facere. 그렇게 하기로 결정했다
Consilium fabricæ ecclesiæ. 본당 평의회, 사목회
Consilium habuisse non nocet, nisi et factum
secutum fuerit. 만일 뒤따르는 행위가 있었다면
　조언했던 것은 해가 되지 않는다.
Consilium Hierosolymitanum. 예루살렘 사도회의(48~49년)
consilium in clero. 성직자단 모임(현대 가톨릭사상 제13輯, p.43)
Consilium incommode accidit.
　계획했던 일이 불행한 결과를 내었다.
consilium misericordiæ. 자비의 권고(慈悲 勸告)
consilium missionis.(⑨ Committee for Evangelizátion).
　선교 위원회
consilium parœcialis a rebus œconomicis.
　본당 재무평의회(本堂 財務評議會.⑨ parish council).
consilium pastorale*. 사목 평의회, 본당 사목회,
　교구 사목 평의회(⑨ pastoral council-1983년 발표된 "교회
　법전"에 의해 신설된 제도로 본당 내에 설치되는 주임신부의 자문기관.
consilium pastorale. 본당 사목회(본당 사목 평의회)
consilium permanens. 상임위원회
Consilium Plenarium Delegátionis Generalis.

지부 총참사회의(支部 總參事會議).
Consilium Plenarium Vicaræ. 총참사회의(總參事會議)
consilium presbyterale* 사제 평의회,
　교구 사제평의회((영) presbyteral council).
Consilium pro Publicis Ecclesiæ Negotiis.
　본당 외무 평의원(敎會 外務 評議員).
Consilium secundum Ephesinum. 에페소 강도 회의
Concilium vos vocavit 'educatores in fide'
　((영) The Council has called you "instructors in the faith")
　공의회는 여러분을 일컬어 "신앙의 교사들"이라고 했습니다.
consĭlui, "consĭlésco"의 단순과거(pf.=perfectum)
consímǐlis, -e, adj. (cum+símilis)
　비슷한, 유사한, 닮은, …와 아주 같은.
consípǐo, -ěre, intr. (cum+sápio)
　제 정신이다. 정신이 정상이다.
consístens, -éntis, p.prœs. 성립된; 철저한
Consistentes. 서서 하는 자[공개적 속죄는 세례 예비자와 함께 사순절
보다 시기적으로 훨씬 그 이전부터 실시되었다는 것은 확실하다. 죄의 경중.
속죄행위의 경중은 사적인 행위보다는 미사나 공동체적 전례 행사에 참여로
표현되는 행위에서 드러난다. 대개 4개의 유형으로 구별됐다.
　1. 성당 안에도 들어올 수 없는 '속죄 예비자(pro foribus Ecclesiæ)',
　2. 예비신자의 상태로 떨어져 말씀의 전례에만 참여하고 돌아가야만 하는 자
　(Audientes), 3. 일정한 장소에서 미사에 참여는 하지만 '꿇어서 하는 자(genua
flectantes)', 4. '서서 하는 자(Consistentes)'로 구분됐으며, 마지막 두 부류의
속죄자들은 제물봉헌이나 영성체는 할 수 없었고 미사 끝에 주교에게 강복을
받았다. 최윤환 신부, 가톨릭대학 신학부 논문집 제4집, p.12]
consisténtia. 생활고와 갈등에 항구하게 투쟁함,
　항구심, 인내심. [인내(perseverance)의 결과로서 기도에 의해 힘을 받음.
영원한 상급을 목상하는 집중력과 하느님의 은총으로 얻은 용기와 하느님께 대한
사랑의 실천으로 강영화 된다. 백민관 신부 엮음, 백과사전 1, p.703].
consístere ad áncoras. 정박하다
consísto, -stĭti (-stĭtum) -ĕre, intr. (cum+sisto)
　멈춰서다, 자리 잡고 있다, 참석하다, 서 있다.
　멈추다(מום.רמס.פסק,קפם.עמד), 멎다,
　중지하다(עבד), 그치다(פסק); (배가) 정박하다,
　움직이지 않다. 고요해지다, 가만히 있다,
　(액체가) 고이다, 얼다, 머무르다(נ.עמד),
　오래 체류하다, 정착하다, (한 곳에) 오래 붙어있다.
　(같은 말을) 오래 끌다, (위치 따위를) 고수하다,
　계속 유지하다(רמס.רום.עמד), 견지하다,
　확고히 서 있다, 물러서지 않다, 자립하다, 침착하다,
　평온한 상태에 있다, 차분하다, 존재하다, 있다,
　(사물이) 있다, 기반을 두고 있다, 근거를 가지고 있다,
　힘을 지니다, (병세 따위가) 성하다, 세력을 뻗치다,
　가라앉지 않다, 이루어지다, 성립되다, …에 있다,
　…로 되어 있다, 달려 있다. 의존하다, 존립하다.
　(軍) 주둔하다, 위치에 배치되어 있다.
　(軍) 정렬하다, 포진하다.
　Alvus non consístit. 설사가 멎지 않는다/
　consístere ad áncoras. 정박하다/
　firmo consisto gradu. 굳건히 (버티고) 서 있다/
　ire. intérdum consisto. 가다가 이따금 멈칫서다/
　mente(animo) consisto. 마음이 평온하다.
consisto cum alqo. 누구와 이야기하려고 멈춰서다
consisto in alqd. 의지하고 서다
consisto in orbem. 둥글게 진을 치다
consistoriális, -e, adj. 추기경 회의의,
　Congregatio Consistorialis. 교황청 추기원성.
consistoriánus, -a, -um, adj. 추밀원(樞密院)의
consistórǐum, -i, n. ((영) Consistory) 사람 사는 곳,
　노예 대기실, (Roma 황제의) 자문위원회, 추밀원,
　중추원(中樞院), 추기경 회의.
consistorium extrordinarium. 비정례 추기경 회의
consistorium ordinarium. 정례 추기경 회의
consistorium publicum. 공개 추기경 회의
consistorium secretum. 비공개 추기경 회의
consistorium semipublicum. 반공개 추기경 회의
consítǐo, -ónis, f. 파종(播種), 재배(栽培); 식목(植木)
cónsitor, -óris, m. 씨 뿌리는 사람, 재배인(栽培人)
consítum, "cónsěro²"의 목적분사(sup.=supínum)
consitúra, -æ, f. = consítǐo, -ónis, f.

consobrína, -æ, f. 이종사촌 자매
consobrínus, -i, m. 이종사촌 형제
cónsŏcer, -ěri, m. 사돈(사위 또는 며느리의 아버지)
consocialis, -e, adj. 같은 가문의, 동등의
consociátǐo, -ónis, f. 결합, 합동, 연합,
　제휴(提携-공동의 목적을 위하여 서로 도움); 조합(組合).
　universális consociátǐo. 국제적 단체, 보편적 단체.
consociátǐo christifidelium. 신자 단체
consociátǐo clericalis. 성직자 단체
consociátǐo hóminium. 인간 사회
consociátǐo laicalis. 평신도 단체
consociátǐo mixta. 혼성 단체
consociátǐo operariórum.
　노동조합((영) Sodality of Workers/trade union).
consociátǐo privata. 사립 단체(私立 團體)
consociátǐo publica. 공립 단체(公立 團體)
Consociátǐo Sanctæ Familiæ. 성가회(聖家會)
consociatíssima volúntas. 완전 합의
consŏciátus, -a, -um, -p.p., a.p. 결합된, 하나로 뭉친
consŏcǐo, -ávi, -átum, -áre, tr. (cum+sócio)
　결합하다(הבר.רבח), 통합하다, 연합하다, 협력하다,
　합동으로 하다, 함께 나누다, 참여시키다.
consocio cum alqo consília. 누구와 계획하다
consocio se in consília. 평화 정책에 따르다
consócǐus, -a, -um, adj. 동료의, 밀접한 유대관계가 있는.
　m. 동료(同僚); 회원(會員), 조합원(組合員).
consódes =sodes =si audes (정중하고 부드러운 부탁
　.권고.명령 때로는 의문 따위에 붙을) 청컨대, 제발,
　부디, 아무쪼록, 혹시라도, (호격 amíce 대신) 친구야.
　At scin' quid sodes? 무엇인지 아시겠습니까?.
consŏlábǐlis, -e, adj. 위로(慰勞) 받을 수 있는,
　위안 될 수 있는, 위안(慰安)하는, 위로하는.
consŏlámen, -mǐnis, n. 위로(慰勞), 위안(慰安)
consŏlāméntum, -i, n. 성령 위안 안수식,
　(Albigénses 이단파의) 위령 안수 예식.
consŏlámǐnor, 원형 consólor, -atus sum, -ári, dep., tr.
　[명령법. 단수 2인칭 consolare, 복수 2인칭 consolamini].
Consolámini, consolámini, pópule méus.
　안심 하여라, 안심 하여라, 내 백성아. -예문 consúmeris 참조.
　[황치헌 신부 지음, 미사 통상문을 위한 라틴어, p.468].
consŏlátǐo, -ónis, f. 위로, 위안, 위문편지, 위로의 말,
　사기를 북돋음, 격려, 고무(鼓舞-격려),
　(Cícero, Crantor, Séneca 등의) 위로 내용의 책.
　De consolatione philosophiæ. 철학의 위안/
　Mísera est illa quifem consolátǐo, sed tamen necessária.
　그 위로가 비참한 것이기는 하지만 그러나 필요하다.
Consolátǐo animæ. 영적 위안
Consolátǐo de morte filiæ. 딸의 죽음에 대한 위안(키케로 지음)
Consolátǐo Postumiani et Galli.
　포스투미아노와 갈로에게 보낸 위로 편지.
Consolátǐo pusillanimum. 적은 영혼의 위로(1555년 블로시우스 지음)
consŏlátor, -óris, m. 위로자(慰勞者), 위문자
Consŏlátor optime. 가장 훌륭한 위로자
consŏlatórǐus, -a, -um, adj. 위로의, 위문의.
　lítteræ consolatóriæ. 위문편지(慰問便紙)
consŏlátrix, -ícis, f. 위로하는 여자, 여자 위로자
consŏlidátǐo, -ónis, f. 견고(공고)하게 함, 굳힘,
　강화(强化), 합병(合倂), 통합(統合).
consŏlidátor, -óris, m. 굳히는(견고하게 하는) 사람
consŏlído, -ávi, -átum, -áre, tr. (cum+sólido)
　굳게(튼튼하게)하다, 공고히 하다, 강화(强化)하다.
　합병(통합)하다, 소유 주인에게 이윤이 돌아가게 하다.
consolo, (-ávi), -átum, -áre, tr. = consólor
consólor, -atus sum, consolári, dep., tr. 위문하다,
　위로하다(נחם.נחם), 격려(激勵)하다, 고무(鼓舞)하다,
　완화(緩和)하다, (수고.고통.공포 따위를) 경감하다,
　진정(鎭定) 시키다, 덜어주다, 달래다.
consómnǐo, -ávi, -átum, -áre, intr. 꿈꾸다, 공상하다

254

cónsŏnans, -ántis, f. 닿소리, 자음(子音).
　p.prœs., a.p. 자음의, 화음의, 조화되는, 어울리는, 일치한.
　thema consonántis. (文法) 자음어간.
consŏnántĭa, -æ, f. 협화음(協和音), 조화(⑨ Harmony)
consonántiæ disciplina. 공명의 규율(共鳴 規律)
cónsŏno, -sónŭi -áre, intr. (cum+sono) 울리다,
　함께 소리 나다(내다), 공명하다, 메아리치다,
　화음을 이루다, 조화되다, 어울리다; 일치하다,
　(여러 개의) 말마디가 같은 글자의 음절로 끝나다.
consŏnui, "consono"의 단순과거(pf.=perfectum)
cónsŏnus, -a, -um, adj. 같은 소리 나는, 함께 울리는,
　화음이 맞는, 잘 조화된, 어울리는,
　적합한, 알맞은, 일치한.
consópĭo, -ívi -ítum -íre, tr. (cum+sópio)
　깊이 잠재우다; 마취(痲醉)시키다, 마비시키다(叮ㄱ).
consors¹, -sórtis, adj. (cum+sors) 운명을 같이 하는,
　같이 참여하는, 관여한, 한 몫 끼는, 대열에 낀,
　공동의, 공동 소유의, 공동 상속의, 형제.자매의.
　consórtia tecta. 동거(同居)/
　consórtia pectora. 자매(姉妹.אחות).
consors², -sórtis, m., f. 형제(אח.⑨ Brother), 자매, 관여자.
Consortia veteris et novi testámenti.
　신약-구약성서의 일치
consortes litis. 공동 소송 당사자
consortĭo, -ónis, f. (=consortium) 같이 지냄, 같이 함,
　친밀한 사귐, 나누어 받음, 함께 나눔, 공동 참여,
　협력(協力).⑨ Cooperátĭon*/Collaborátĭon),
　제휴(提携-공동의 목적을 위하여 서로 도움), 공동체(共同體).
consortĭo fati. 비슷한 죽음
consortium, -i, n. =consortĭo, -ónis f. 운명체.
　(法) 공동 상속(共同相續), 공동 소유(共同所有).
consortium litis. 공동 소송(獨 streitgenossenschaft)
consortium litis activum. 공동 소송 원고(原告)
consortium litis pasivum. 공동 소송 피고(被告)
Consortium magistrorum. 교수단(토마스 아퀴나스 수사. p.117)
consortium nefariorum hominum. 악인들과의 유대
consortium totius vitæ.
　평생 공동 운명체, 생활의 온전한 공동운명체.
conspar··· V. consper···
conspcétor, -óris, m. 바라보는 자
conspectum, "conspícĭo"의 목적분사(sup.=supínum)
conspéctŭs¹, -a, -um, p.p., a.p. 똑똑히 보이는,
　눈에 잘 띄는, 드러나는, 눈길을 끄는, 두드러진,
　괄목할 만한, 현저(顯著-드러나게 분명하다)한.
　túmulus hosti conspectus. 적군의 눈에 띄는 언덕.
conspéctŭs², -us, m. 바라봄, 전망(展望),
　(일목요연한) 개관(槪觀), 개요(槪要), 일람(一覽),
　관찰(觀察), 주시(注視), 시야(視野), 시계(視界),
　보이는 범위; 면전(面前), 눈앞, 앞, 출현(ἐπιΦάνεια),
　나타남, 보임, 출석, 출두(出頭-관청 같은 곳에 몸소 나감).
　cum utérque utríque exércitus esset in conspéctu.
　　두 軍隊는 서로 대치해 있었기 때문에/
　Humiliamini in conspectu Domini, et exaltabit vos.
　(tapeinw,qhte evnw,pion kuri,ou kai. u`yw,sei u`ma/j)
(獨 Demütigt
　euch vor dem Herrn, so wird er euch erhöhen)
　(⑨ Humble yourselves before the Lord and he will
　exalt you) 주님 앞에서 스스로를 낮추십시오. 그러면
　그분께서 여러분을 높여 주실 것입니다(성경)/
　주님 앞에서 스스로를 낮추십시오. 그러면 주님께서
　여러분을 높여 주실 것입니다(공동번역)/주님 앞에서
　스스로 낮추시오. 그러면 그분이 여러분을 높여
　주실 것입니다(200주년 신약. 야고 4. 10)/
　Pudet me prodire ad te in conspectum, pater.
　　아버님, 당신의 면전에 나서는 것부터가 부끄럽습니다.
conspectus historicus. 사적 개관(史的槪觀)
conspérgo, -spérsi -spérsum -ĕre, tr. (cum+spárgo)
　뿌리다, 뿌려 적시다, 살포하다, 온통 뿌려 뒤덮다.

이야기 사이사이에 집어넣다.
　섞다(בלל.בלג.גבל.ערב.בלל).
conspergo ante ædes. 집 앞에 물을 뿌리다
conspergo aras sánguine. 제단에 피를 뿌리다
conspersi, "conspérgo"의 단순과거(pf.=perfectum)
conspérsĭo, -ónis, f. 뿌림, 살포(撒布), 밀가루 반죽
conspersum, "conspérgo"의 목적분사(sup.=supínum)
conspexi, "conspícĭo"의 단순과거(pf.=perfectum)
conspĭcábĭlis, -e, adj. 보이는; 볼 만한
conspícĭl(l)ĭum, -i, n. 전망대(展望臺), 관측소(觀測所)
conspícĭo, -spéxi -spéctum -ĕre, tr. (cum+spécio)
　보다(אמר.חזה.ראה.הזי), 쳐다보다(סכא.רכב),
　전망하다, 바라보다(רכב), 눈길을 어디로 돌리다,
　관찰하다, 살피다, 주목하다, 발견하다,
　얼른 알아보, 식별하다, 알아차리다, 깨닫다(חזה.חזי).
　pass. 눈길을 끌다, 볼만하다, 두드러지게 보이다.
cónspĭcor, -átus sum, -ári, dep., tr. 관찰하다,
　보다(חזה.חזי.חמא.חזי), 알아보다.
conspícŭus, -a, -um, adj. 똑똑히 보이는, 눈에 잘 띄는,
　드러나는, 주목할 만한, 두드러진, 현저한, 유명한.
conspirátĭo, -ónis, f. 호흡 맞음, 어울림,
　일치(κοινωνία.一致.⑨ Communion), 협동(協同),
　공모(共謀-결탁), 음모(陰謀-몰래 좋지 못한 일을 꾸밈).
conspirátus, -a, -um, p.p., a.p. 의견일치를 본,
　한데 뭉친, 공모한, 모의에 가담한. m., pl. 공모자들.
conspíro, -ávi, -átum, -áre, intr. (cum+spiro)
　함께 울리다, 소리가 어울리다, 호흡이 맞다,
　일치하다, 어울리다, 조화되다, 한데 뭉치다,
　뜻을 같이 하여 행동하다, 협동하다, 공모하다,
　모의하다, 음모를 꾸미다, 결탁하다.
conspísso, -ávi, -átum, -áre, intr. (cum+spiso)
　압착하다, 눌러 굳어지게 하다, 두껍게 하다,
　짙어지게 하다, 되게(물기를 적게)하다.
conspóndĕo, -di, -spónsum, -ĕre, tr. (cum+spóndĕo)
　서로 언약(言約)하다.
conspónsor, -óris, m. 공동 보증인(保證人)
conspónsus, -a, -um, p.p. 서로 언약한
cónspŭo, -spŭi, -spútum, -ĕre, tr., intr. (cum+spuo)
　(누구에게.무엇에) 침 뱉다, 크게 모욕하다.
conspúrco, -ávi, -átum, -áre, tr. 더럽히다(בלל)
conspúto, -ávi, -átum, -áre, tr., freq.
　누구에게 침 뱉다, 모욕하다.
constábĭlio, -ívi, -ítum, -íre, tr. (cum+stabílio)
　굳건히 세우다, 견고히 하다.
constans, -ántis, p.prœs., a.p. 굳건히 서 있는, 확고한,
　흔들리지 않는, 튼튼한, 견실한, 한결 같은, 변함없는,
　꾸준한, 늘 마찬가지의, 모든 부분이 잘 맞는, 조리 있는.
　orátĭo constans. 조리 있는 연설/
　testis constans. 확실한 증인(確實한 證人).
Constans ac sedula, 항구적이고 부지런한
　(교황청 교령 1936년. 서원 수녀들의 의료행위를 허가함).
**Constans et perpetua voluntas, jus suum cuique
tribuendi**. 정의는 각자에게 그의 권리를
　부여하는 항구하고 영원한 의사(意思)이다.
constánter, adv. 변함없이, 한결같이, 늘 마찬가지로,
　꾸준히, 굳건히, 과감히, 용감하게, 당당히, 같게,
　같은 모양으로, 똑같이, 일치하여.
　sibi constanter. 조리 있게.
Constanti Hungarorum, 헝가리 교회의 현실(1893.9.2.)
constántĭa(=perseverántĭa), -æ, f. 항구성(恒久性),
　영속성(永續性), 변함없음, 한결 같음, 꾸준함,
　항덕(恒德), 확고(確固), 견실(堅實), 꿋꿋함, 굳건함,
　불요불굴, 끈질김, 과감, 일관성(처음부터 끝까지 한결같은 성질),
　철저(徹底); 일치성, 부합(附合-서로 맞대어 붙임).
　상정(常情-치레로가 쓰던 용어. 신애론. p.102).
Constantia, -æ, f. 콘스탄츠(Konstanz)
Constantiensis, -e, adj. 콘스탄츠의.
　Concilium Constantiense. 콘스탄츠 공의회(1414.11.5~1418.4.22).

[도시들은 어미 us, -a, -um, 혹은 장소 접미어인 -ensis, -e를 붙여서 형용사를 만든다. 황치헌 신부 지음. 미사 봉상궤를 위한 라틴어, p.139]

Constantinópŏlis, -is, f. 콘스탄티노플(現 이스탄불).
Concilium Constantinopolitanum 콘스탄티노플 공의회.
Constantinopolitanum Symbolum(㉓ Niceno-Constantinople Creed). 니체아 콘스탄티노플 신경.
Constantinopolitanus, -a, -um, adj. 콘스탄티노플의
Constat, Deum creavisse mundum.
주님께서 우주를 창조하셨다는 것은 확실한 사실이다.
Constat inter omnes.
만인이 인정하는 바이다, 주지의 사실이다.
constellátio, -ónis, f. (cum+stella) 성좌(星座)
consternátio, -ónis, f. 깜짝 놀람, 경악(驚愕-깜짝 놀람),
대경실색(大驚失色), 혼란(混亂), 당황(唐慌), 설래 임,
소동(騷動), 소요(騷擾), 폭동(暴動).
consérno¹, -ávi, -átum, -áre, tr. 깜짝 놀라게 하다.
공포에 사로잡히게 하다, 겁에 질리게 하다.
당황하게 하다, 허둥지둥하게 하다, 떠들썩하게 하다.
consérno², -strávi, -strátum, -ĕre, tr. (cum+sterno)
뿌려 덮다, 뒤덮다, 바닥에 깔다, 늘어놓다.
거꾸러뜨리다, 뒤엎다.
clássibus mária consterno. 바다를 함대로 뒤덮다/
lectus constrátus. 침구 깔아 놓은 침대.
constipátio, -ónis, f. 집결시킴, 변비(便秘-"변비증"의 준말)
constípo, -ávi, -átum, -áre, tr. (cum+stipo) 꽉 채우다,
틀어넣다, 밀집(집결)시키다, 사이를 좁게 하다.
constíti, "consísto"의 단순과거(pf.=perfectum),
"consto"의 단순과거(pf.=perfectum).
constítŭo, -ŭi -útum -ĕre, tr. (cum+státuo) (세워) 놓다,
세우다(ㄲ.ㄲ.ㅈ.ㅊ.ㅊ.ㅊ), 건설하다, 건립하다.
구축하다, 이룩하다, **창설(창립.창건)**하다, 설치하다,
수립(확립)하다, 확고히 하다, **이루어지게 하다**,
구성하다, 조직하다, 성취하다,
(우정.인연 따위를) 맺어지게 하다, 정착시키다,
정주하게 하다, 옹립하다, 취임시키다.
임명하다, (처지.상태 따위에) **놓이게 하다**, 정돈하다,
조정하다, 태세를 갖추게 하다, 다스리다,
처리하다, 관리하다, **결정하다, 확정하다**, 정해주다,
제공하다, **작정하다**, 작심하다, 머릿속에 그리다,
상상하다, 판단하다, (軍) 정지시키다; 정렬시키다,
배치하다, 이동시키다, 주둔시키다, 정박시키다.
(法) 지정하다, 지명하다, 선정하다, **제정하다**,
(법률.제도 따위를) 만들다, 제기하다, 재판하다,
실시(시행)하다, 성립시키다, 타협하다, 계약을 맺다.
auctióne constitútá. 경매를 실시하여/
constituant ut datis sortibus cubicula electoribus
Cardinalibus adsignentur.
선거인 추기경들에게 배정할 숙소를 추첨으로 정한다/
Constitui in discrímine vítæ. 생명의 위기에 놓이다/
In hac ratione preacipuam vim videtur Averroes
constituere. 아베로에스는 이 논변에 특별한 강조점을
두는 것처럼 보인다.(지성단일성, p.207)/
In qualibet curia constituatur cancellárius.
교구청마다 사무처장이 선임되어야 한다.
constituo *alqd alci*. 누구에게 무엇을 지정해주다, 제공하다
constituo cum *algo* **diem.** 누구와 날짜를 정하다
constituo diem *alci* **rei.** 무슨 일의 날짜를 정하다
Constituo legem. 법을 제정하다
Constituo prétium fruménto. 곡식에 가격을 매기다
Constituo testes. 증인을 지정하다
constitútio, -ónis, f. **구성**, 구조, 조직, 성질, 성향, 상태,
(사건 따위의) 성격, 체질, 건강상태, 체격, **제정**, 확립,
처리, 정리; 배치, 정의(定義), 개념 규정, 법령, 법규, **규정**,
규약, 결정사항, 칙령, 칙법(勅法), **헌법**, 교황청 성성령,
헌장(㉓ constitútion), 수도회 회헌, (修) 쟁점; 문제점.
Constitutiónes ægidianæ. 에지디우스 법령도/
Constitutiónes Apostólicæ. 초대 교회 법전집.
(7세기 교전집教典集. 초대 교회의 장상들은 교회의 직위, 그 직책 시행 등에 관한 규범을 기록했다. 백민관 신부 엮음, 백과사전 1. p.707)/

Constitutiónes Apostólorum. 초대 교회 법령집/
Constitutiónes ecclesiasticæ. 초대교회 법령/
Constitutiónes per Hippolytum. 히뽈리뚜스 편찬 교회 법령집/
Hæc Constitutio valere coeperit die 1 anni academici 1991.
(㉓ The present Constitution will come into effect on
the first day to the academic year 1991) 이 교황령은
1991년 학기 개학날부터 효력(效力)을 발생할 것이다/
In constitutione apostolica, 대사 안내서(1966.6.29. 령)/
Leges particulares vel consuetudines, quæ nunc vigent
et huic Constitutioni contrariæ sunt, abrogantur.
(㉓ Any particular laws or customs presently in effect
that are contrary to this Constitution are abolished)
이 교황령에 상반되는 시행(施行) 중의 특별한 법률이나
관습들은 모두 폐지된다(1990.8.15. "Ex corde ecclesiae" 중에서)/
Omnis nova constitutio futuris temporibus formam
inponere debet, non præteritis.
새로운 모든 입법은 미래에 관하여 형식을 부여해야지
과거에 대하여 형식을 부여하는 것이어서는 안 된다.
Constitútio Apostolica. 교황령(status Pontificius).
사도규정, 병자의 도유성사(塗油聖事-1974.1.10. 교령),
사도적 헌장(→敎皇令, Munficentissimus Deus).
Constitútio civilis cleri(㉓ Civil Constitution of the
clergy) 성직자 공민헌장.
constitútio concilii. 공의회 헌장(公議會 憲章)
constitútio dogmatica de Ecclesia.
교회헌장(제2차 바티칸공의회의).
Eiusdem dein similitudinis atque eiusdem etiam veritatis
imaginem redditam deprehendimus in Constitutione
dogmatica de Ecclesia.(㉓ The same analogy - and the
same truth - are present in the Dogmatic Constitution
on the Church) 동일한 비교가, 그리고 동일한 진리가
교회 헌장에 나와 있다(1988.8.15. "Mulieris dignitatem" 중에서).
Constitutio dogmatica de fide catholica.
가톨릭 신앙에 관한 교의 교령.
Constitutio dogmatica prima de ecclesia Christi.
그리스도의 교회에 대한 제일 교의 법령.
constitutio interna ontologica. 존재론적 내부구성
constitutio Lothariana. 로타르 칙령.
(Lothair가 공포. juramentum Romanorum. 최초의 선서라고도 한다.)
Constitutio principis. 황제의 칙법; [Decretum 재결;
Edictum 고시; Epistula 서한 ('Princeps' 참조)].
[로마법의 원천을 구성하는 황제의 칙법은 2세기 초반에 성립되었다. 이 법의
내용과 성격과 관련하여 가이우스는 "황제의 칙법이란 황제의 재결이나 고시, 서한
으로 제정한 것을 말한다.Constitutio principis est, quod imperator decreto vel
edicto vel epistola constituit."고 규정한다(GAIUS. 1, 5). 그러나 원수정 초기에는
황제가 입법안을 개인적으로 원로원 앞에서 선시宣示(oratio)하여 제출하였고
원로원의 승인을 얻어야만 법안이 완전한 법적 효력을 얻었다. 하지만 후에는
원로원 승인은 단순히 요식절차가 되었고, 전시 자체가 법이 되었다. 입법으로서의
성격은 우선 '고시]edicta'와 황제가 구체적 사안에서 내린 자신의 결정이 이후
유사한 사안에도 적용된다고 명시적으로 선언한 일반 칙법constitutiones
generales, 가령 재결decreta이 칙답rescripta에서 드러난다. 그러나 그러한 명시적
선언이 없는 재결과 비답들도 결국에는 법적 효력을 획득하였다. 즉 심판인들은
법적으로 그렇게 해야 할 의무는 없었지만 통상적으로 재결, 비답에서 확정된
원칙들을 적용하였다. 이는 하급심의 판결이 황제 법정으로의 상소절차에서
황제가 이전 사건에서 발한 규칙들에 일치하도록 변경되었기 때문이다. 황제의
칙법인 고시, 재결, 위임, 비답과 서한으로 구분되며 자세히 보면 다음과 같다.
첫째 '고시]edictum'란 고전시대 법에서 사법정무관에 의해 공적으로 백색 나무
게시판에 공시되었던 포괄적인 소송수단의 목록이었다. 고시에서는 시민인지
비시민인지의 여부는 불문하고 청구자는 원칙적으로 그의 권리를 보호하기 위해
법질서가 부여한 모든 소권을 향유했다. 고시에 제안된 방식서의 부여는 사실에
기초한 방식서와 관련하여 고시에 기초한 방식서가 있다. 사실에 기초한 법률라상
부당한 판단을 받은 행위에 기초하였고, 그럴 때마다 특별고시로 약속되었다. 한편
권리에 기초한 방식서는 사실에 기초한 방식서에 약속되고 고시에 기초한 방식서는
법이 없이도 작성되었다. 고전적 법학에서 고시는 특히 자연법적인 개혁을 위해 중요하다.
초기에 그러한 자연법적인 개혁을 위해 문언형식이 이용되었다. 명예관법ius
honorarium은 고시에서 공포되는 개혁을 존중한다는 의미에서 파생된 명칭이다.
즉 사법정무관이 자연법적인 직무는 개혁을 구체화하는 한다는 점에서 유래한
것이다. 이러한 고시는 정무관이 그의 직무를 맡았을 때 그가 공포한 칙법에 관한
전집 전체나 거기에 있는 하나의 조항을 말한다. 이러한 정무관의 칙법은 1년간
효력lex annua이 있었다. 그 이유는 정무관의 임기가 1년이었기 때문이다.
둘째 '재결decretum'은 원로원이 유권적 결정을 공포하거나 정무관이나 황제가
법률문제에 대한 유권적 결정을 공포하거나 정무관이나 황제의
재결이 있다. 우선 '원수(황제)의 재결Decreta principium'은 당사자나
공공이익의 요청에 관해 기술 심소로 방식서 소송의 준수 없이 특별 심리로 황제
에 의해 공포된 판결을 말한다. 황제는 이러한 기능을 수행함에 있어 통상 '황제
(원수) 자문회의consilium principis'의 도움을 청했다. 황제의 결정은 장래의 유사한
사건이 구속력은 없지만 선례로서 고려되어 적용될 수 있었다는 점에서 중요
했다. 반면 '정무관의 재결Decreta magistratuum'은 자신의 처분을 강제하기 위해
정무관이 발하는 사법명령(특별명령, 점유부여, 재산점유 등) 또는 집행상 명령(벌금

multæ 또는 압류pignoris capio 등)이다. 정무관의 재결은 후견인 내지 보좌인 관련 사안에서 매우 빈번하게 발생하였다. 재결은 사정심리事情審理(causæ cognitio)와 법정절차pro tribunali 이후 공포되었다. 속주 장관(태수)의 재결도 이와 유사하였다. 셋째 '위임'에 대해서는 'Mandatum' 참조. 넷째 '비답rescripta'과 '서한epistula'이 있다. 우선 '비답rescripta'은 관리의 질의나 일반인(사인)의 청원에 대해 황제가 발한 서면답변이다. 즉 비답rescripta은 일종의 답서答書인 셈이다. 반면 원수의 서한Epistulæ principium은 질문이나 탄원 형식으로 황제에게 직접 청원한 질문자나 청원자에게 황제가 특별서한으로 내리는 황제의 답변을 말한다.황제의 칙법에 사용된 고시edictum, 재결decretum. 위임mandatum. 비답rescripta과 서한epistula이라는 용어는 로마 가톨릭교회에 수용되어 교황과 교황청의 문헌을 가리키는 데 사용되고 있다. 한동일 지음. 로마법의 법률 격언 모음집에서(출간예정)].

Quod principi placuit, legis habet vigorem.
황제의 마음에 드는 것은 법률의 효력을 가진다.

Constitútio principis est, quod imperator decreto vel edicto vel epistola constituit. 황제의 칙법이란 황제의 재결이나 고시, 서한으로 제정한 것을 말한다.
constitútio religiosa. 수도회헌(⑨ religious constitutíon)
Constitútio Romana(Lothariana).
교황 선거령, 로타르 칙령(824년).
constitútio societatis in singulis Nationibus et inter Nationes.(⑨ the ordering of national and international society) 국가 사회와 국제 사회의 조직.
Constitútio tanta de confirmatione Digestorum.
학설휘찬(학설모음집)의 인준에 대한 이렇게 큰 법령.
[530년 12월 15일 편찬위원회 위원 임명. 533년 12월 16일 공포. 12월 30일부터 법적 효력 발효하기 시작. 3년 만에 법학전집인 '학설휘찬'을 마무리한다는 것은 실로 엄청난 일로 오늘날로 따지면 대형 국책사업에 해당하는 연구업적이다. 300만 행이 넘는 분량의 내용을 읽고 스무 차례에 걸쳐 3년 동안 마쳐 학설휘찬을 편찬해냈다는 것은 그야말로 대단하다는 말 외에 다른 마땅한 수식어도 찾기 어렵다. 한 세기 전 테오도시우스 황제가 못한 계획을 유스티아누스 황제가 이뤄낸 것이다. 한동일 지음. 법으로 읽는 유럽사, p.278].
constitútio usus. 사용권 설정(使用權 設定)
constitutívus, -a, -um, adj. 구성(構成)하는, 근본(본질)을 이루는, 요소를(성분을) 이루는, 조직하는; 제정권(설정권)이 있는, 설권적(設權的)인.
benedictio constitutiva. 설정적 축복(祝福).
constitútor, -óris, m. 구성자, 조직자, 설립자(設立者), 건설자(建設者), 제정자(制定者), 입법자(立法者).
constitútum, -i, n. 법령(法令.חֹק), 規定; 결정사항, 협정(協定-협의하여 결정함), 협약(協約); (날짜) 약속.
ad constitutum. 約束한 날에.
constitútum Constantini. 교황문서(8세기 중엽에 만들어진 조작 문서. 교황 실베스텔에게 기적적 치유를 받은 보답으로 콘스탄티누스 대제가 교황에게 황제의 권한, 품계, 문장, 라테란 궁, 로마와 서로마제국에 속하는 모든 속주에 대한 통치권을 위임하고 자기는 콘스탄티노플로 이주한다는 내용이 실려 있다. 15세기에 Nicholas Casanus, Lorenzo Valla가 8세기에 만들어진 조작 문서임을 밝혀냈다. 단테 제정론, 성 염 옮김, p.184).
constitútum(canon) Silvestri. 실베스텔 (교황) 법령
constitútus, -a, -um, p.p., a.p. 구성된, 제정된, 설치된; 잘 짜여진, 정돈된, 어떤 상태(처지)에 놓인.
Res naturalis inter duos intellectus constituta. 사물들이 두 지성들 사이(신과 인간사이)에 놓여 있다(토마스 데 아퀴노).
consto, -stíti -státúrus -áre, intr. (cum+sto) 서 있다, 선 채로 있다, 버티고 서 있다, (액체가) 고여 있다, 있다, 존재하다(קום), 그대로 있다(남아 있다), 늘 마찬가지다, 존속(지속.영속)하다, 계속 머물러 있다, 계속 작용(행동)하다, 꼭 들어맞다, 일치하다, 부합하다, 상응하다, 알려진 사실이다, 확실하다, 분명(명백)하다, 이루어져 있다, …로 되어 있다, 형성하다, 성립되다, 구성되다, 합성되다, 달려있다, 걸려 있다, 의존하다, 값나가다, 가치가 있다, 대가이다, 값이 얼마이다.
[conduco 세내다(임차하다): consto/sto 값이 얼마이다: emo 사다: liceo (경매에서 값이 매겨) 팔리게 되다: liceor (경매에서) 값을 매기다: loci 세주다(놓다): redimo 되사다: vendo 팔다: veneo 되사다 등의 동사는 탈격 이나 속격 정도 부사를 가진다. 한동일 지음. 카르페 라틴어 2권, p.204].
Constat inter omnes, …
주지의 사실이다, 만인이 인정하는 바이다/
Et unde constat quia hoc Petrus cum dilectione dicebat? 베드로가 사랑으로 이 말을 했다는 증거가 어디 있습니까??
(최익철 신부 옮김. 요한 서간 강해, p.431)/
gratis constat. 공짜입니다/
Hæc propositio … neque constat. 이 명제는 명확하지 않다/
Homo ex ánimä et córpore constat(compósitus est)
사람은 영혼(靈魂)과 육신(肉身)으로 이루어졌다/
mente consto. 정신 차리다, 제 정신이다.

Quanti constat? 그거 얼마냐?/
Rátio constat. 계산이 맞는다; 경우가 같다/
사리(事理)가 맞는다, 이유(理由)가 정당하다/
sibi consto. (말.행동이) 한결같다, 시종일관하다/
Victória multórum sánguine cónstitit.
승리는 많은 사람의 피의 대가로 얻어진 것이다.
constrátum, "constérno"의 목적분사(sup.=supínum)
constrátus, -a, -um, p.p., a.p. 깔아놓은, 덮은.
n. 마루, 바닥; 갑판(甲板).
constráta navis. 갑판 있는 배(tectæ naves)/
lectus constratus. 침구 깔아 놓은 침대.
constravi, "constérno"의 단순과거(pf.=perfectum)
cónstrĕpo, -ŭi, -ītum, -ĕre, intr. (cum+strepo)
떠들어대다, 소란을 피우다.
constríctĭo, -ónis, f. 비끄러맴; 긴축(緊縮), 죔, 수축(收縮), 수렴(收斂-變數가 어떤 일정한 값에 한없이 가까워지는 일)
constrictívus, -a, -um, adj. 죄는(조이는), 압박하는, 수축시키는, 수렴성(收斂性)의.
constrícto, -áre, tr., freq. 죄다, 압박하다, 수축시키다
constríctor, -óris, m. 죄는 사람(것).
(解) 수축근(收縮筋), 괄약근(括約筋).
constríctum, "constríngo"의 목적분사(sup.=supínum)
constríctus, -a, -um, p.p., a.p. 죄인(꽉 죄인), 압축된, 수축된; 찌푸린; 잘록한, 좁은, 옹색한, 빽빽한.
constríngo, -strínxi -stríctum -ĕre, tr. (cum+stringo)
매다(קשׁר), 졸라매다, 비끄러매다, 죄다,
긴축(緊縮)하다, 수축시키다, (醫.藥) 수렴시키다,
압박하다; (설사.콧물.땀 따위를) 멎게 하다,
족쇄를 채우다, 가두다, 억제하다, 단속하다,
제지(견제)하다, 제한하다, 구속하다,
의무지우다, (修) 요약하다.
constringéndus. (미처서) 족쇄를 채워야 할 사람.
constrinxi, "constríngo"의 단순과거(pf.=perfectum)
constrúctĭo, -ónis, f. 건설, 건축, 건조, 가설,
부설; 건조물, 건축 양식, 구조, 짜임새, 구성.
(修) 단어의 적절한 배열(配列).
(文法) 문법 규칙에 의한 구성.
constructĭo ad sensum(ad sententĭam) 의미상의 일치법
constructum, "construo"의 목적분사(sup.=supínum)
cónstrŭo, -strúxi -strúctum -ĕre, tr. (cum+struo)
쌓아 올리다, 구성하다, 구축하다, 건설하다(גָּבָה),
건조하다, 조립하다, 가지런히 배열하다(סֵדֶר).
(文法) 문법 규칙에 맞추어 단어들을 연결시키다,
문장을 구성하는.
construxi, "construo"의 단순과거(pf.=perfectum)
constúpĕo, -ŭi -ĕre, intr. 깜짝 놀라다
constúprátor, -óris, m. 모독자(冒瀆者), 강간범인
cónstupro, -ávi, -átum, -áre, tr. (cum+stupro)
더럽히다(תֵּמָה), 모독하다(תֵּמָה), 능욕하다, 강간하다.
consuádĕo, -suási -suásum -ére, tr. 설득하다, 충고하다
Consuálĭa, -ĭum, n., pl.
고대 Roma의 비밀 계획의 신(神)인 Consus의 축제(8월21일).
consuásor, -óris, m. 충고자(忠告者)
consubsído, -ĕre, intr. 남아 있다
consubstantĭalem nobis. 우리와 동일한 본성을 지님
consubstantĭális, -e, adj. 동일 실체(同一 實體)의
consubstantĭálĭtas, -átis, f. (그리스어.homoousios)
(⑨ Consubstantiality) (神) 삼위일체의 동일 실체성,
동질성(όμοούσιος.⑨ consubstantiality), 한 본체.
[제1차 Nicæa공의회(325년)에서 성자는 성부와 온전히 같은 신성의 실체를 가지고, 결코 낮음이 없이 완전히 같은 분이라는 교리를 결의할 때 '동일 실체'라는 용어를 사용했다. Denz., 125…, 백민관 신부 엮음. 백과사전 1, p.707].
consubstantĭátĭo, -ónis, f. (神) 실체 공존설(성체성사에 있어서 빵과 포도주의 실체 및 그리스도의 인성의 실체 공존설).
consúcĭdus, -a, -um, adj. 녹녹한, 축축한
consudásco, -ĕre, intr. 땀을 흘리다; 진액이(물기가) 나오다
consuĕfácĭo, -féci, -fáctum, -cĕre, tr. (consuésco+fácio)
익숙하게 하다, 몸에 배게 하다.
pass. consuĕfĭeri. 익숙해지다.

consuésco, -suévi, -suétum, consuescére, (cum+suésco)
intr. 익숙해지다, 몸에 배다, 친숙하게 지내다.
(남자 또는 여자와) 부정한 교제를 하다.
tr. 익숙해지게 하다. p.p. 익숙해진.
De consuetis actionibus bene peragendis.
일상행동을 잘 할 것에 대하여/
Qui bona consuescit, semper cum laude senescit.
좋은 습관이 몸에 배어 있는 사람은 늙어서도 항상 칭송 받는다.
consuéte, adv. 관례대로, 늘 하던 대로, 습관대로
consuétio, -ónis, f. 교제(交際)
consuétúdinárĭus, -a, -um, adj.
관습의, 상례의; 습관적, 상습적, 인이 박힌.
consuétúdo, -dĭnis, f. 습관(習慣), 버릇, 습성,
관습(慣習). ⑨ m. mos, móris,.⑨ Gewohnheit(srecht).
⑨ custom.'Contractus, Servitus, Usus' 참조].
관례(慣例), 통례(通例-¾例), 관습법(⑨ consuetúdo juris.),
교제(交際), 친교(親交), 친분(親分), 생활양식(방법),
관용어법, 공동생활, 동거; 부부생활, 부정한 동서(同棲).
[장기간 연속적으로 준수된 관습은 소위 관습법의 원천이다. 키케로는 관습법을
오랜 기간 준수된 모든 이의 의사에 의해 승인된 법으로 정의하였다. 또한 고전
시대 법률가들은 '사람들의 묵시적 합의tacitus consensus populi/tacita civium
conventio'로 보았다. 그러나 관습은 독자적 법원法源이 아니다. 법률, 법무관 고시,
원로원의결이나 칙법 등 입법기관의 입법 활동 없이는 비록 재판에 영향을 주고
계약에서 당사자 의사의 해석에서 고려된다 하더라도 관습이 심판인을 구속하지
는 못했다. 하지만 로마 최초의 성문법전인「12표법회」제정 전에는 오로지
관습법이었다. 그래서 "관습이 최상의 법률해석자다.optima est legum interpres
consuetudo."라는 법언도 생겼다. 외국인과의 관계에서 계속해되고 일반적으로
준수되어온 법적 관습은 법무관이 확인을 하면 쉽게 법률과 같은 효력을 얻을
수 있었다. 변함없이 준수되어 온 법적 관습을 변경하는 것은 일상적으로 쉽지
않았다. 그래서 황제들은 칙법으로, 특히 각 속주에서 수입된 법적 관습에 자주
반대하였다. 관습은 기존의 법을 폐지할 수 없었다. 이러한 지역 관습consuetudo
loci이 구전에서 성문화된 것은 커다란 정치적 사건이었다. 정복자와 황제들은
지역 관습을 존중한다고 약속하였지만, 사실상 잘 지켜지지 않았다. 이는 봉건
영주도 마찬가지였다. 서구의 역사에서 관습이 중요하게 자리매김 하는 것은
1183年 콘스탄츠Konstanz 협약으로 황제와 자치도시들 간의 30년 전쟁의
종지부를 찍고, 관습consuetudines과 관례mores를 인정하면서부터이다.
이러한 정치적 변화는 관습법의 유산을 효과적으로 보호할 수 있는 유일한
수단이 되었다. 한편 중세 관습법의 중요한 토대는 봉건제도와 지역 관습의 형성
이었다. 여기에는 시민들의 공동 이익과 관련된 도시의 운명이나 조합 혹은
협회의 소집과 관련된 관습이 포함되었다. 그러한 시민 관습의 성문화 작업으로
인해 특별법이 꽃피어 관습법에서 성문법으로 발전하였다. 그리고 관습의
성문화 작업은 1214년 밀라노에서 공권력의 개입으로 14명의 위원을 위촉해
1216년 성문 관습법이 편찬되었다. 이를 '밀라노 관습Consuetudines Mediolanenses'
이라 하는데, 이것이 최초로 편찬된 관습법이다. 이 편찬 작업은 대성공을 거두어
브레시아, 베르가모, 노바라 등 롬바르디아의 도시들도 각 도시의 필요에 따라
모방하였다. 1180년에서 1200년 이탈리아 반도 동남부에 있는 도시로 오늘날
풀리아Puglia의 주도인 바리의 두 재판관인 안드레아Andrea와 스파라노Sparano도
각각 독자적으로 도시의 관습을 성문화했다. 그러나 이는 순전히 개인적인
작업이었다. 한동일 지음. 로마법의 법률 격언 모음집에서(출간예정)].
consuetúdine suă. 자기 습관대로/
consuetudinis diuturnitas. 습관의 영속성.
[Ignorantia humana 인간의 무지 참조]/
Consuetudinis magna vis est. 관습의 영향력은 크다/
Consuetudinis ususque longǽvi non vilis auctoritas est.
오래된 관습의 시행은 가치 있는 권위가 있다/
Dionysius tyrannus consuetudine amicorum, sermone
familiari carebat. 폭군(暴君) 디오니시우스는 친구들과의
교제나 친밀한 대화가 결여되어 있었다/
Diuturna consuetudo pro iure et lege in his, quæ non
ex scripto descendunt, observari solet.
성문법에 의해 전해 내려오는 것이 없는 것은
통상 유구한 관습이 법이나 법률로 준수되어야 한다/
Ea quæ longa consuetudine comprobata sunt, ac per
annos plurimos observata, velut tacita civium conventio,
non minus quam ea quæ scripta sunt jura servantur.
오랜 관습에 의해 옳다고 인정되고 다년간 지켜져 온
것들은, 법이 기술하지 않은 것들을 적지 않은 관습이
시민들 사이의 묵시적 약속처럼 준수된다/
ex consuetúdine. 습관대로, 늘 하던 대로, 관례대로/
Hæc consuetúdo prodeo cœpit. 이런 관습이 생기기 시작했다/
In consuetudinem nostram non cado.
우리의 언어 풍습에 적합하지(맞지) 않다/
Inveterata consuetudo pro lege non immerito custoditur.
받을 자격이 있는 오래도록 보존된 관습은 법률로 준수된다/
Leges quoque ipsas antiquitus probata et servata
tenaciter consuetudo imitatur et retinet. 예로부터 인정되어
완고하게 준수되어 온 관습은 법률을 본받아 유지한다/

Longi temporis consuetudo vicem servitutis obtinet.
기억할 수 없는(장기간의) 관습은 복종의 순번을 얻는다/
Mala enim et impia consuetudo est contra deos
disputandi.(Cicero). 신들을 두고 시비를 하는 짓은
사악(邪惡)하고 불경스러운 습속(習俗)이다/
Malæ consuetudines neque ex longo tempore neque ex
longa consuetudine confirmantur.
장기간도 아니고 오래도록 시행되어온 것도 아닌
나쁜 관습은 관습으로 인정되지 않는다/
Merito et ea, quæ sine ullo scripto populus probavit,
tenebunt omnes. 아무 기록도 없는 것을 백성이 당연한
것으로 인정하였던 것은 모두 지키게 될 것이다/
Naturali juri consuetudine derogari non potest.
관습으로 인해 자연법이 개정될 수 없다/
Optimus legum interpres consuetúdo.
관습은 법률의 최상의 해석자이다/
Quod non ratione introductum, sed errore primum,
deinde consuetudine obtentum est, in aliis similibus
non obtinet. 규정에 의해서가 아니라 처음에 실수로
도입된 것이 그 후 관습으로 계속 되어온 것은
다른 유사한 사례에서는 계속 되지 않는다/
secundum consuetudinem. 관습에 따라/
Severus escripsit, in ambiguitatibus quæ ex legibus
proficiscuntur, consuetudinem aut rerum perpetuo
similiter judicatarum, auctoritatem, vim legis obtinere
debere. 모호한 경우에는 법률, 관습과 늘 그와 비슷한
기판사항(기판력), 권위에 의해 기원하는 것을 엄격히으로
기록하였고, 이는 법률의 효력을 가져야 한다/
Temporaria permutatio jus provinciæ non innovat.
임시 변경은 속주의 법을 개혁하지 못한다/
teneo consuetudinem morem. 관습, 풍습을 지키다/
Usus te plura docebit.
경험이 많은 것을 당신에게 가르칠 것이다/
Vetustas vicem legis obtinet. '법으로서 장기간
사용된 것'은 법률의 자리를 차지한다.
[원어 '베투스타스vetustas'는 사전적으로 '과거, 과거의 법, 장기長期'을 의미
한다. 법학자들의 용어에서 'vetustas'는 만약 반대되는 증거가 없는면 법으로서
간주될 수 있을 만큼 오랜 기간의 상태에 사용되었다. 다른 의미에서 '베투스타스
vetustas'는 건물의 '낡음' 때문에 수리가 요구되는 건물의 나쁜 상태, 예컨대
따손된 상태를 가리킨다. 소유자는 공익의 이익을 위해 그러한 하자를
수리할 의무가 있다. 한동일 지음. 로마법의 법률 격언 모음집에서(출간예정)]/
vinculum consuetudinis. 습관의 밧줄.
Consuetudo abrogat et emendat legem scriptam.
관습법은 성문법을 폐기(廢棄)하고 수정한다.
consuetúdo centenaria. 백년 관습
Consuetudo consuetudine vincitur.
습관은 습관으로 이기게 된다.
consuetúdo contra aut præter legem.
법률에 반하거나 법률을 제외시키는 관습.
consuetúdo contra legem. 法에 어긋나는 관습
consuetúdo epistolarum. 서신(편지) 교환
Consuetúdo est altera natúra. 습관은 제2의 천성이다.
Consuetúdo est optimus interpres legum.
관습은 가장 훌륭한 법률 해석가이다.
consuetúdo facti. 사실인 관습
consuetúdo formalis. 형상적 관습
consuetúdo immemorabilis. 언제부터인지 모르는 관습
consuetúdo juris. 관습법(慣習法)/jus traditum. 전승법
Consuetudo legi non derogat.
관습은 법률을 폐지하지 않는다.
consuetúdo mala. 나쁜 습관
consuetúdo materialis. 질료적(내용상) 관습
consuetúdo negativa. 부정적 관습
consuetúdo ordinaria. 통상적 관습
consuetúdo particularis. 개별 관습
consuetúdo positiva. 긍정적 관습
consuetúdo præter legem. 법 밖의 관습
Consuetudo pro lege servatur.
관습은 법처럼(법 대신) 통용된다.
Consuetudo quasi altera natura. 관습은 거의 제2의 자연이다

consuetúdo Romana. 로마 관습
consuetúdo secundum legem. 법에 맞는 관습
consuetúdo universalis. 보편 관습(普遍 慣習)
Consuetúdo vincit legem. 관습은 법 위에 있다
consuetum, "consuésco"의 목적분사(sup.=supínum)
consuétus, -a, -um, p.p., a.p. 익숙하게 된, 몸에 밴,
    상습적인, 간통(姦通)한, 상례의, 늘 있는, 평소의.
    De consuetis actionibus bene peragendis.
    일상행동을 잘 할 것에 대하여.
consuévi, "consuésco"의 단순과거(pf.=perfectum)
consul, -sũlis, m. 집정관(執政官-적령 42세. 임기 1년. 정원 2명),
    지방총독(地方總督); (중세 자치도시의) 통령; 영사(領事).
    [consul이란 용어는 로마시대에는 두 명의 집정관을 의미하지만, 중세시대로 넘어
    오면 그 의미가 달라진다. 중세시대에 consul은 상인 재판관이었으며, 그 기원은
    자치도시(comune)의 첫 성장 단계로 거슬러 올라간다. 처음에 consul은 가신,
    상인, 부르주아와 수공업자들 가운데 뽑은 다양한 사회계급의 조합장을 나타낸다.
    또한 대학의 수강생 모임(Universitas studentium vel scholarium)의 대표도
    Consul 또는 Rector라고 불렀다. 그리고 근대국가에 이르러 Consul은 외교부의
    영사를 의미하는 단어로 사용된다. 한동일 지음, 법으로 읽는 유럽사, p.338].
    alqm cónsulem destino. 누구를 집정관으로 선정하다/
    Brutus, quia reges eiecit, consul primus factus est.
    브루투스는, 왕들을 몰아내었으므로(quia), 최초의
    집정관이 되었다(Facio 동사 수동태 완료형 고전 라틴어, p.204)/
    Capuam consules summa vi obsidere coeperunt.
    집정관들은 전력을 다해서 카푸아를 포위하기 시작하였다/
    cónsulem creáre(dícere, fácer) 집정관을 선출하다/
    Consules patrum plebeiorumque patres familias in
    curiam convocabant.(성 염 지음, 고전 라틴어, p.84) 집정관들은
    귀족들과 서민들의 가장들을 원로원으로 소집하였다/
    Consulis erat rem publicam defendere.
    국가를 수호하는 것은 집정관의 본분이다/
    declaro alqm cónsulem. 아무를 집정관으로 선포하다/
    ex cónsule. 전(前) 집정관(ex 참조)/
    Fabius consul spolia hostium Jovi Victori cremavit.
    파비우스 집정관은 (전쟁에서 적병들로부터 빼앗은) 적군
    들의 유품을 유피테르 신에게 (바치는 봉헌물로서) 불살랐다/
    Gallus consulem lancea transfixit. 그 갈리아人은
    장창으로 집정관을 찔렀다.[수단 탈격abulativus medii은 어떤 행위를
    하기 위해 사용한 수단을 나타내는데 전치사 없이 쓰인다]/
    Hi cónsules facti sunt. 이들이 집정관으로 선출되었다(fio 참조)/
    Marcellus ter consul fuit, avus quinquies, pater semel.
    마르쿠스 마르켈루스는 집정관을 세 번 하였는데 그의
    할아버지는 다섯 번, 아버지는 한 번 하였다.
    [Marcus Claudius Marcellus(ca.268~208): 다섯 번 집정관 역임. 갈리아인들을
    격퇴하고 한니발을 물리쳤으며 시라쿠사를 점령.
    Marcus Claudius Marcellus: 전자의 아들. 196년에 집정관.
    Marcus Claudius Marcellus: 전자의 아들. 166년부터 세 차례 집정관]/
    me cónsule. 내가 집정관으로 있는 동안/
    Me una voce universus plebis me primum sententiam
    rogavit. 로마 국민 전체가 한 목소리로
    나를 집정관으로 선언하였다/
    Quis fuit consul eo anno? 그 해에는 누가 집정관이었는가?
    [eo anno '그 해에'라는 의미로 시간 부사는 전치사 in 없이 탈격으로 표현]/
    Quo anno eras consul?. 당신은 어느 해에 집정관이었소?/
    renúntio alqm cónsulem.
    아무를 집정관 당선자로 선포하다/
    rogátus senténtiam a cónsule.
    그는 집정관으로부터 자기의 의견을 질문 받고/
    ter consul. 세 번의 집정관.
Consul CIV naves hostium demersit, XXX cum
pugnatoribus cepit, XV hostium fugavit, III occidit.
    집정관은 104척의 적함을 침몰시켰으며, 30척을 (노 젓는
    사람들을 뺀) 전사들과 함께 사로잡았으며, 15,000(=15×
    1000)명의 적병을 패주시켰고 3000(=3×1000)명을 죽였다.
consul anni prioris. 지난해의 집정관
Consul ante pugnam aram Herculi voverat.
    집정관은 전투에 앞서 헤라클레스에게
    제단을 (만들어 바치기로) 서원(誓願)하였다.
Consul Dei. 하느님의 집정관.
    (로마 베드로 대성전에 있는 대 그레고리우스 묘비에 새겨진 글귀)
consul disignátus. 선출된(취임 전의) 집정관
Consul ego quæsívi. 집정관인 내가 조사했다

Consul est impósitus is nobis.
    그는 우리의 집정관으로 임명되었다.
consul ordinárĭus. 정집정관,
    연초에 (정상적으로) 취임한 집정관.
Consul patiens erat laborum, belli haud ignarus,
firmissimus contra pericula. 집정관은 수고를 견뎌냈고,
    전쟁을 모르지 않았으며, 위험에 처하여 지극히 굳건했다.
Consul regens, fortuna nostra est bona.
    집정관이 통치하는 동안은 우리 운이 좋은 셈이다.
consul sufféctus. 보궐선거로 잔여 임기를 채우는 집정관
consuláris¹, -e, adj. 집정관의.
    æstas consularis. 집정관 적령(42세 이상).
consuláris², -is, m.
    전직 집정관, 집정관 권한 대행자, 지방총독.
consuláriter, adv. 집정관처럼, 집정관답게
Consulat probatos auctores. 교황청 각 부서가 제출 받은
    질문이나 청원에 대한 답서로 "이 안건에 대하여 전문가
    에게 문의하여야 해결하여야 하고, 따라서 교황청의 권위가
    개입할 필요가 없다는 뜻"이다.(교회법 해설 ③ p.278).
Consulatur SS.mus. 교황청 각 부서가 제출 받은 질문
    이나 청원에 대한 답서로 "이 안건은 교황에게 유보된
    은전(Gratia)이므로 교황에게 청원해야한다는 뜻"이다.
                                    (교회법 해설 ③ 교회의 최고 권위, p.278).
consulátus, -us, m. 집정관직(執政官職),
    consulatum petere. 집정관직에 입후보하다/
    Cur ego non læter meum consulatum ad salutem populi
    Romani prope fatalem exsistitisse? 나의 집정관직이 하필
    로마 국민의 안전이 거의 치명적이던 무렵이었다는 사실을
    내가 왜 기꺼워하지 하지 않으랴?.[성 염 지음. 고전 라틴어, p.298]/
    gradus ad consulátum. 집정관직을 향한 일보 전진.
consulem creare. 집정관을 선출하다
cónsulo, -sŭlŭi -sŭltum -ĕre, intr. 곰곰이 생각하다,
    궁리하다, 상의하다, 대책(수단)을 강구하다,
    조치하다, 돌보다, 보살피다, 걱정하다, 염려하다.
    Antequam incipias, consulto; et ubi consulueris, facto
    opus est. 시작 전에 생각하고, 생각했으면 실천하라/
    consúlere in médium. 공익을 돌보다/
    Consulere senatus Apollinem.
    원로원은 아폴로의 신탁을 물었다/
    consúlere suis rebus. 자기 일을 돌보다. 이익을 도모하다/
    consulo sibi. 스스로 보살피다/
    Consului dignitati meæ. 내 품위를 살렸다/
    [격에 따라 목적어의 격이 달라지는 동사로 'consulere+여격: 돌보다, 보살피다'/
    'consulere+대격: 문의하다, 상의하다'. 성 염 지음. 고전 라틴어, p.393]/
    in commúne consulo. 공익을 위한 대책을 강구하다/
    male de alqo(in alqm) consulo.
    아무에게 불리한 결정을 내리다.
    tr. 문의하다, (아무의) 의견을 물어보다, 상의(의논)하다,
    조언을 청하다, 검토하다, 생각해보다, 판단하다.
    결정하다, 신탁을 알아보다, 장래 운명을 물어보다.
    boni consulo. 좋게 생각하다, 시인(是認)하다/
    consulo senátum(pópulum) de alqa re(alqam rem).
    원로원이나 국민의 의사를 묻다/
    Non universo hominum generi solum, sed etiam singulis
    a dis immortalibus consuli solet.(Cicero) 온 인류만 아니
    라 인간 각자도 불사의 신들에게 문의를 하는 게 예사다.
Consulo oraculum. 나는 신탁(점)을 물어 본다.
Consulo saluti tuæ. 나는 탈주병들에 대한 대책을 강구 한다.
    [여격 외에 다른 격을 허용하는 동사들은 의미가 바뀌면 의미가 달라진다.
    이런 동사들은 "caveo+여격: 걱정하다, 염려하다: caveo+대격: 피하다,
    조심하다(a/ab)", "consulo+여격: 돌보다, 보살피다: consulo+대격: 물어보다,
    consulo in+대격: ~에 대한 대책(수단)을 강구하다", "incumbo+여격: 자결하다,
    습격하다; incumbo in+대격: ~에 열중하다, 몰두하다", "metuo/timeo+여격:
    걱정하다, 염려하다; metuo/timeo+대격: 두려워하다", "provideo/prospicio+여격:
    보살피다. 예방하다; provideo/prospicio+대격: 미리 알다, 예측하다",
    "tempero/moderor+여격: 억제하다, 참다; tempero/moderor+대격: 조절하다.
    다스리다; tempero/moderor a+탈격: ~하는 것을 참다", "vaco+여격: 힘쓰다,
    종사하다: vaco+(a) 탈격: 없다, 비다, 쉬다, 자유롭다"
                                    한동일 지음. 카르페 라틴어 2권, p.222].
consultátĭo, -ónis, f. 상의(相議-서로 의논함), 협의(協議),
    문의, 자문(諮問), 질의, 진찰(診察) 받음; 감정 받음.
    (修) 미결(토의) 사항. (法) 심의 안건(審議 案件).

consultátio pastoralis. 사목상담(⑨ pastoral counseling)

consultātívus, -a, -um, adj.
의논하는, 협의(協議)의, 심의(審議)의; 자문(諮問)의.

consultátor, -óris, m. 상담자(相談者), 문의자(問議者)

consúlte, adv. 깊이 생각하고, 헤아려, 신중히, 고의로

consultívus, -a, -um, adj. 충고적인, 조언하는

consúlto¹, adv. 고의로, 일부러, 작위적(作爲的)으로

consúlto², -ávi, -átum, -áre, freq., intr. 숙고하다,
숙의(협의.의논)하다, 걱정하다, 염려하다, 돌보다.
tr. 충분히 생각하다, 숙고하다, 검토하다,
상담하다, 의견을 청하다(αἰτέω), 물어보다.

consúltor, -óris, m. 스스로 심사숙고하는 사람,
고문관(顧問官), 충고자, 조언자, 의논 상대자, 자문위원,
전문위원(, 문의자) = 소송(변호) 의뢰인(依賴人).

consultor historicus. 역사 자문위원

Consultor homini tempus utilissimus est.(Publilius Syrus).
시간(= 세월)이야말로 인간에게 가장 유익한 조언자이다.

consultor theologus. 신학 자문위원(神學 諮問委員)

consultores. 교황청 자문위원(敎皇廳 諮問委員)

consultores diocesani. 교구평의회(consulta diœcesana)

consúltrix, -ícis, f. 돌보는(보살피는) 여자

consúltum, -i, n. 결의, 결정, 조치, 신탁 문의사항.
senátus consultum. 원로원의 의결사항, 판결(判決).

consúltus¹, -a, -um, p.p., a.p. 깊이 생각한, 검토한,
협의한, 결정된, 숙달한, 정통한, 전문지식을 가진.

consultus², -i m. 전문가(專門家), 대가, 법률 전문가,
juris consultus. 법률가(法律家)

consúlui, "cónsúlo"의 단순과거(pf.=perfectum)

consum, -fúi, -futúrum, -fóre, intr.
있다, 생기다, 함께 있다, 동시에 생기다.

consúmeris, 원형 consúmo, -súmpsi -súmptum -ĕre, tr.
[접속법 현재완료. 단수 1인칭 consumerim, 2인칭 consumeris, 3인칭 consumerit,
복수 1인칭 consumerimus, 2인칭 consumeritis, 3인칭 consumerint].
Consolámini, consolámini, pópule méus:
cito véniet sálus túa: quare mæróre consúmeris,
안심 하여라, 안심 하여라, 내 백성아, 네 구원이 어서
임하리라. 너는 어째서 슬픔으로 기진맥진해졌는가.
[황치헌 신부 지음, 미사 통상문을 위한 라틴어, p.468].

consummábilis, -e, adj. 완성될 만한.
res consummabilis. 소모품(여러 번 사용이 가능한 물건)/
res incon-summabilis. 비소모품(한 번만 사용이 가능한 물건).

consummátĭo, -ónis, f. 完決(⑨ Consummátĭon),
성취(成就).⑨ Consummátĭon/Fulfillment),
완성(חלצ.⑨ Consummátĭon/Fullness), 끝냄, 마침,
종말(⑨ end of the world), 합계, 한데 합침, 요점.
communitas consummationis. 완결된 사회/
Inter Pascha et consummationem. 부활과 성취 사이에서/
naturalis philosophiæ absoluta consummatio.
자연 철학의 완결.

consummatio motus. 운동의 완성

consummátĭo sæculi. 세상 종말, 종말, 완세(完世)

Consummátĭo Synagogæ. 회당의 성취

consummátor, -óris, m. 완성자(完成者)

Consummatum est.(⑨ It is finished)
다 끝났다(갈멜의 산길, p.217), 다 이루었다(성경.공동번역 요한 19, 28),
다 이루어졌다(200주년 신약 요한 19, 30).

consummátus, -a, -um, p.p., a.p.
끝마쳐진, 완성된, 極致에 이른, 최고도의, 완전한.
matrimonĭum consummátum. 기수(旣遂) 혼인/
Non consummatum. 미완수(未完遂)

consúmmo, -ávi, -átum, -áre, tr. (cum+summa)
합계하다, 한데 합치다, 완성하다(כלל.חמר), 성취하다,
극치에 이르게 하다, 끝마치다, 완결하다, 채우다(מלא).

consúmo, -súmpsi -súmptum -ĕre, tr. (cum+sumo)
자취를 감추게 하다, 눈앞에서 사라지게 하다,
(바다.땅.어둠.망각 따위가) 삼켜 버리다,
(물질.정력.시간 따위를) 쓰다, 들이다, 바치다,
소비하다, 다 써버리다, (시간) 보내다, 소모하다.
먹어 버리다, 낭비(허비)하다, 쇠약하게 하다,

(병.근심 따위가) 여위게 하다, 낡아지게 하다,
못쓰게 만들다, 없어지게 하다, 소멸시키다,
파괴하다(חרב), 죽이다; (불길이) 태워버리다, 지불하다.
Consumpsi tempus legendo.
나는 독서(讀書)로 시간을 다 보냈다/
Consumpsi tempus orando. 나는 기도하면서 시간을
보냈다[동명사의 탈격은 수단. 모양 등을 표시하는 부사어로 많이
사용되며, 또 a(ad), ex, de, in 따위의 전치사와도 함께 쓴다]/
fame consúmptus. 굶어 죽은/
Hinc oritur nimium rerum consumendarum studium.
(⑨ It is here that the phenomenon of consumerism
arises) 여기에서 소비주의 현상이 나오는 것이다.

consumpsi, "comsumo"의 단순과거(pf.=perfectum)

consúmptĭo, -ónis, f. 소비(消費), 사용(使用),
(시간.노력) 들임, (醫) 결핵(結核.獨 Tuberkulose).

consúmptor, -óris, m. 소비자(消費者), 파괴자(破壞者)

consúmptrix, -ícis, f.
소비하는 여자, 파괴하는 여자, 삼켜버리는 여자.

consumptum, "comsumo"의 목적분사(sup.=supínum)

cónsŭo, -sŭi -sútum -ĕre, tr. (cum+suo) 꿰매다,
꿰매어 붙이다, 감치다(꿰매어 붙이다), 누비다, 깁다.

cónsŭo os alci. 말을 못하게 하다

consúrgo, -surréxi -surréctum -ĕre, tr. (cum+surgo)
함께(일제히) 일어서다(קום), 기립하다, 몸을 일으키다,
(무엇을 하려고) 일어서다, 궐기하다, 분발하여 일어나다,
들고 일어나다, 반란을 일으키다(קום),
(전쟁 따위가) 발생하다, 일어나다(קום.מור.מרד),
(명성이) 치솟다, (바람.파도가) 일다, (분노가) 치밀다,
(건물.나무.산 따위가) 우뚝 솟다.

consurréctĭo, -ónis, f. (회의에서) 찬성 표시의 기립

consurrectum, "consúrgo"의 목적분사(sup.=supínum)

consurrexi, "consúrgo"의 단순과거(pf.=perfectum)

Consus, -i, m. 초기 로마에서 내세우던 비밀 계획의 신

consúsúrro, -áre, intr. 소군 거리다, 함께 속삭이다

consútílis, -e, adj. 기워 만든

consútor, -óris, m. 재봉사(裁縫師)

consútum, -i, n. 기운 의복(衣服)

contābĕfácĭo, -ĕre, tr. 소모시켜 가다, 시들게 하다

contabésco, -tábŭi, -ĕre, intr. (cum+tabésco)
시들어지다, 위축되다; 점점 녹아 없어지다, 썩어 들어가다.

contābŭlátĭo, -oins, f. 마루, 마루 놓음, (집의) 층(層); 층계

contábŭlo, -ávi, -átum, -áre, tr. (cum+tábulo)
판자를 깔다, 마루 놓다, (여러) 층으로 짓다, 다리를 놓다.

contactum, "contingo"의 목적분사(sup.=supínum)

contáctus¹, -a, -um, p.p., a.p. 접촉된; 더럽혀진, 감염된

contactus², -us, m. 접촉(接觸), 만짐, 맞닿음; 교제,
(병의) 전염(傳染), 감염(感染), 나쁜 교제(연락).

contactus causalis. 인과적 접촉(因果的 接觸)

contactus quantitativus. 양적 접촉(量的 接觸)

Contactus spiritalis est de corde mundo.
이 영적 접촉은 깨끗한 마음에서 일어납니다.

contactus virtualis. 잠세적 접촉(潛勢的 接觸)

contáges, -is, f. 접촉(接觸); 전염, 해독, 악영향(惡影響)

contágĭo, -ónis, f. 관련성, 영향, 감화력(感化力),
(접촉에서 오는) 전염(傳染), 감염; 전염병(傳染病),
나쁜 교제(접촉.관련) 더럽힘, 나쁜 감염, 폐풍, 병폐.

contagium, -i, n. = contágĭo, -ónis, f.

contámĭnábilis, -e, adj. 더럽혀질 수 있는.
dii contaminabiles. 부정 탈 수 있는 신들.

contámĭnátĭo, -ónis, f. 더럽힘, 오염, 악습(惡習), 타락

contámĭnátor, -óris, m. 더럽히는 사람 (것)

contaminátus, -a, -um, p.p., a.p. 감염된, 오염된,
더러워진, 타락한. m., pl. 타락한 젊은이들.

contámĭno, -ávi, -átum, -áre, tr. 섞어 놓다, 더럽히다,
욕되게 하다, 망쳐 놓다, 모독(冒瀆)하다.

contéchnor, -átus sum, -ári, dep., tr. 음모(흉계)를 꾸미다

contectális, -is, f. 아내(⑨ Wife)

contectum, "contego"의 목적분사(sup.=supínum)

cóntĕgo, -téxi -téctum -ĕre, tr. (cum+tego)
덮다(ﭏﬥﬡ.ײַﬦ.ﬤﬢ.ﬣײַﬠ), 가리다(ﭏﬢ.ﬤﬢ);
묻다, 숨기다(ﭏﬢ.ﬤﬢ.ﬡﬦﬤ), 싸서 감추다,
비호(庇護-감싸 보호함)하다.

contémĕro, -ávi, -átum, -áre, tr. 더럽히다

contemníficus, -a, -um, adj. 경멸하는

contémno, -témpsi -témptum -ĕre, tr. (cum+temno)
경멸하다, 업신여기다, 멸시하다, 어떤 사물에 대해 가치를
주지 않다(사물에 대해서는 despicio 동사를 사용함).
Contemnentur ii qui nec sibi nec alteri consulere queunt.
자신도 타인도 보살피지 못하는 자들은 경멸받는다.
[consulere+여격: 보살피다 / consulere+대격: 상의하다. 고전 라틴어, p.182]/
ne non contemno. 자기가 잘난 줄로 생각하다/
Nihil oportet in hac re contemni.
이 일에 있어서는 아무 것도 무시되어서는 안 된다/
Occurrit autem alia quæstio, quam contemnere non
debemus. 그러나 우리가 소홀히 하지 말아야 할 또 다른
문제가 있습니다.(이연학 회원오 역주, 아우구스티노의 생애, p.143)/
Si contemnis, quando appendis; expavesce, quando
numeras. 무게를 달 때 하찮게 여긴다면, 셈할 때
두려워 떨게 될 것입니다.(최익철 신부 옮김, 요한 서간 강해, p.77)/
Unum diligis, alterum contemnis.
너는 하나를 사랑하고 다른 하나는 멸시한다.

contémpĕro, -ávi, -átum, -áre, tr. (cum+tempero)
조절하다, 섞어서 완화하다.

contemplábĭlis, -e, adj. 잘 겨냥하는

contemplabúndus, -a, -um, adj. 겨누어 맞추는

contémplans, 원형 contémplor, -átus sum, -ári, dep., tr.
[현재분사. 단수 contemplans, 복수 contemplantes]
Tibi se cor méum tótum súbiicit, quia te contémplans
tótum déficit. 우러러 뵈올수록 전혀 알 길이 없삽기에 제
마음은 오직 믿을 뿐이옵니다.[내 마음은 당신께 굴복하나이다.
그것은 당신을 우러러 뵈노라면, 내 마음은 온전히 약해지기 때문이나이다.
황치헌 신부 지음, 미사 통상문을 위한 라틴어, p.486].

contemplátio, -ónis, f. 겨냥, 겨눔, 훑어 봄,
관찰(觀察, inspectus, -us, m.), 정관(靜觀-조용히 지켜봄),
관조(대상의 본질을 주관을 떠나서 냉정히 응시함), 응시(凝視),
명상(冥想.⑨ recollectĭon), 관상(觀想), 관상기도,
견지(堅持), 참작(參酌), 고려(考慮).
Contemplata aliis tradere.
관상을 통해 얻은 바를 다른 이들에게 전하라/
Contemplationi plene dicata instituta.
관상에 전념하는 수도단체들(1996.3.25. "Vita Consecrata" 중에서)/
Contemplationis exemplar Maria. 관상의 모범이신 마리아/
De monte contemplátĭonis. 관상의 산에(베르나르도 지음)/
Dei contemplatĭone beati sunt. 신을 직관하면서 행복하다/
Melos contemplativorum. 관상하는 이들의 노래.
(14세기 영국의 신비가 리처드 롤 지음)/
rerum divinarum contemplatio et assidua cum Deo in
oratione unio(⑨ the contemplation of things divine and
constant union with God in prayer) 하느님의 사정에
대한 명상과 기도 안에서 하느님과의 줄기찬 일치/
una et sola theologia, id est contemplatio Dei, cui merito
omnia justificationum merita, universa virtutum studia
postponuntur. 하나이고 유일한 신학, 즉 하느님을
관상하는 것, 그것에서 모든 의화의 유익함,
덕행의 모든 연구가 이루어진다.

contemplátio acquisita. 습득 관상.
(하느님과의 신비적 일치를 이루어 하느님을 사랑하는 고도의 방법을 알게
되는 것. 예: 성녀 대 데레사 등. 백민관 신부 엮음, 백과사전 1, p.709).
Contemplatio enim virtus est, non solum per quam
ipsa scriptura condita recognoscitur, sed per quam
nondum condita conderetur et per quam condita ad
Dei voluntatem cotidie disponatur.
관상이란, 이미 써진 성경을 알아듣게 해줄 뿐만 아니라,
아직 써지지 않은 성경이 (비로소) 써지게 해주며,
(그렇게 해서) 써진 성경을 하느님의 뜻을 (채우기)
위해 날마다 실행하게 해주는 덕이다.

contemplátio infusa. 주입 관상, 주부적 관상, 천혜 관상.
(성령의 움직임으로 단순하게 하느님에 대한 사랑을 명상하는 것.

백민관 신부 엮음, 백과사전 1, p.709).

contemplátio operosa. 활동(행동) 하는 관상
Contemplátĭonem aliis tradere.
관상하는 방법을 다른 이들에게 전달해 주는 것.

contemplativa vita. 명상생활(冥想生活)

contemplātívus, a, -um, adj. 명상에 잠기는, 관상의.
Ordo contemplatĭvus. 관상 수도회.
institutum religiosum contemplativum.
명상생활 수도회/
vita contemplativa veritatis. 진리를 관상하는 삶.

contemplátor, -óris, m.
관찰자, 명상하는 사람, 숙고하는 사람.

contemplátus, -us, m. = **contemplátĭo**, -ónis, f.

contémplo, tr. = **contémplor**

contémplor, -átus sum, -ári, dep., tr. (cum+templum)
자세히 보다, 관찰하다, 훑어보다,
명상하다, 사색에 잠기다.
Contemplari et contemplata aliis tradere.
관상하라, 그리고 관상의 결실을 남들에게 전하라/
Cum Maria contemplari Christum.
성모님과 함께 그리스도를 바라보기/
Cum Maria contemplemur Christi vultum!
성모님과 함께 그리스도의 얼굴을 바라보자.

contempŏrális, -e, adj. 같은 시대의

contempŏránĕus, a, -um, adj. (cum+tempus) 같은 시대의.
Atheismus contemporaneus. (Feuebach).

contempsi, "contemno"의 단순과거(pf.=perfectum)

contémptibĭlis, -e, adj.
경멸할 만한, 멸시(무시)할, 비열(卑劣)한.

contémptim, adv. 경멸(멸시)하여

contémptĭo, -ónis, f. 업신여김, 경시(輕視), 경멸(輕蔑)
-남을 깔보고 업신여김), 멸시(蔑視-남을 업신여김), 무시, 묵살.
venire alci in contemptĭonem.
누구에게 대해 경멸감(輕蔑感)을 가지다.

contémptor, -óris, m. 경멸하는 사람, 멸시자(蔑視者)

contémptrix, -ícis, f. (남을) 경멸(輕蔑)하는 여자

contemptum, "contemno"의 목적분사(sup.=supínum)

contémptus, -us, m. 업신여김, 경멸(輕蔑-남을 업신여김),
멸시(蔑視-남을 업신여김. 깔봄), 경시(輕視-가볍게 봄);
묵살(黙殺), 모욕(侮辱-깔보고 욕보임), 치욕(恥辱-수치와 모욕).
contémptui esse alci. 누구에게 모욕이 되다/
De contemptu omnis temporalis honoris.
현세의 모든 허영을 멸시함에 대하여.

conténdo, -di -téntum -ĕre, tr. 잡아당기다(ﬠﬡﬢ.ﬡﬡﬣ),
팽팽하게 하다, 죄다, 긴장시키다,
(창.화살 따위를) 힘차게 내던지다, 발사(發射)하다,
건너지르다, 내뻗게 하다, 빨리 가다, 서둘러 가다(오다),
향해 가게 하다, 얻으려고 노력하다, 추구하다,
비교하다, 대조를 이루게 하다.
causas contendo. 사건들을 비교하다/
contendo arcum. 활을 잡아당기다/
contendo honóres. 영예(榮譽)를 추구하다/
contendo omnes nervos.(contendo summas vires)
안간힘을 쓰다/
contendo reverti. 빨리 돌아가다/
cubículum contendo. 방으로 빨리(서둘러) 가다/
pontem contendo. (이쪽에서 저쪽으로) 다리를 건너지르다/
se contendo. 어디로 가다.
intr. 길을(발걸음을) 재촉하다(ﬡﬥﬥ.ﬡﬥ), 향해 빨리 가다,
(얻으려고.도달하려고.성취하려고) 힘쓰다.애쓰다
.시도하다, 노력하다, 추구하다, 싸우다, 다투다,
대결하다, 충돌하다, 겨루다, 경쟁(競爭)하다,
우열을 가리다, (논쟁에서) 주장하다, 단언하다,
강조하다, 고집하다, 장담하다.
Nolo contendere. 나는 다투기 싫습니다/
혐의 사실을 인정 합니다/판결에 승복 합니다.

contendo ab alqo, ut
얻어내다, 간청하다(ﭏﬤﬧ.ﬡﬤﬧ.προσεύχομαι).

C

contendo bello cum *alqo*. 누구와 전쟁(戰爭)하다

conténébro, -ávi, -átum, -áre, tr. (cum+ténebræ)
아주 어둡게 하다, 깜깜하게 하다.

conténte¹, adv. 열심히, 애써서; 기를 쓰고

contente², adv. 아껴서, 절약하여

conténtio, -ónis, f. 비교, 대조(對照); (修) 대조법,
싸움, 전투, 전쟁, 대결; 겨룸, 경쟁, 토론, 논쟁; 변론,
주장, 애씀, 노력(努力⑨ Commitment), 긴장(緊張),
추구(追求), 열망(熱望), 열정(熱情), 고조된 어조.
Inter quod magna fuit conténtio.
그들 사이에는 큰 논쟁이 있었다.

contentio administrativa. 행정 소송(行政訴訟)

Contentionem non amare. 다투기를 좋아하지 말라.

contentiósus, -a, -um, adj. 싸우는, 논쟁적인,
말썽 많은, 고집하는, 완강한. (法) 계쟁(係爭)의.
Quod si quis contentiósus reperitur, corripiatur.
만일 누가 다투기를 좋아하거든 책벌할 것이다.
(성 베네딕도 수도규칙 제70장).

contentum, "contíněo"의 목적분사(sup.=supínum)

Contentum suis rebus esse maximæ sunt divitiæ.
자기 것들로써 만족하는 것은 가장 큰 재산이다.
(주어문 노릇을 할 때에는 그 부정법과 함께 쓴 부설명어를 대격으로 써야
한다. 결국 주어문의 대격 부정법문에서 대격 주어가 빠진 것이다).

Contentum vero suis rebus esse, maximæ sunt
certissimæque divitiæ. 자기 것으로 만족한다는
것이야말로 가장 크고 확실한 재산이다.

conténtus¹, -a, -um, p.p., a.p. 팽팽한, 켕겨진, 죄어진,
긴장한, 애쓰는, 분발한, 열심한; 고조된.

conténtus², -a, -um, p.p., a.p. 만족하는, 만족해하는,
충족된, 포함된.

Contentus suā sorte. 자기 운명에 만족하는 자

contérmĭno, -ávi, -átum, -áre, intr.
경계를 같이하다, 붙어 있다, 인접하다.

contérmĭnum, -i, n. 인접지; 접경(接境), 국경(國境)

contérmĭnus, -a, -um, adj. (cum+términus)
인접한, 이웃의.

cóntěro, -trívi -trítum -ěre, tr. (cum+tero) 분쇄하다,
부수다(רבת,רקע,רבת), 가루로 만들다, 소비하다,
소모하다, 다 써먹다, 닳게 하다, 혹사하다, 멸시하다,
지치게 하다, 짓밟다, 애쓰다, 힘(심혈)을 기울이다.
(시간)을 보내다, 지내다, 바치다, 낭비하다.
alqd oblivióne contero. 기억 속에서 지워버리다.
Vita humana prope uti ferrum est. Si exerceas, conteritur:
si non exerceas, tamen rubigo interficit. Itidem homines
exercendo videmus conteri. Inertia atque torpedo plus
detrimenti facit, quam exercitatio.(Cato).
인생은 쇠와 흡사하다. 그것을 쓰면 닳아지고 쓰지
않으면 녹이 먹는다. 우리가 보기에도 사람은 활동하면서
소진한다. 그렇지만 타성과 나태는 활동보다 더 큰 해를
끼친다.[성 염 지음, 고전 라틴어, p.356].

contero ætatem in pistrino. 일생을 제분소에서 보내다

contero viam. 자주 다니다

conterráněus, a, -um, adj. 같은 고장의

contérrěo, -ŭi, -ítum, -ére, tr. (cum+térreo)
위협하다, 혼내다, 크게 놀라다.

contessěrátio, -ónis, f. 친교(רבח.⑨ Communion/
Friendship.κοινωνία.⑨ Koinonia), 우정(友情)

contesseratio hospitalitatis. 환대의 친교

contéssěro, -áre, intr. 가깝게 지내다

contestátio, -ónis, f. 간청(懇請), 애원(哀願),
(주로 신의 이름을 내세우는) 호소(呼訴.⑨ Invocátion),
증거제시, 증인 채택, 쟁론(爭論), 이의 신청, 반박문,
갈리아 전례미사의 서문경, 감사송.

contestátio litis.(⑨ joinder of issues)
쟁점(시비점) 결정('Lis' 참조), 소송의 성립, 응소(應訴).
[쟁점 결정은 법정절차에서 심판인 지명 후 마지막 절차로서, 분쟁의 쟁점이 확립
되고 그 후 사건은 사실 조사와 판결을 위하여 심판인에게 회부되었다. 법률소송
에서 첫 번째 단계의 종료는 "증인이 출두하라!testes estote!"라는 문언이었다.
그래서 소환된 증인의 면전에서 이루어졌기 때문에 '증인과 함께con-testatio'라는
단어가 쟁점 결정을 가리키는 용어가 되었다. 방식서 소송절차에서 쟁점 결정은

방식서에 대한 당사자의 합의에 의해 이루어졌다. 당사자들이 사인 심판인에게
분쟁을 맡긴다는 합의를 했기에 쟁점결정은 다소 계약적인 성격이었다. 쟁점
결정의 가장 중요한 효과는 원고가 동일한 주장을 위해 후소를 제기할 수 없다는
것이다. 즉 "소권이 소멸된다.actio consumitur."는 것이다. 그러한 경우 피고는
법률상 당연히 후소로부터 보호된다. 원고가 후소를 거절할 수 있었고,
이에 피고는 전소의 주장과 후소의 주장이 동일하지 않다고 이의를 제기할 수
있었다. 명령권 소송, 대물소송, 사실소송 같은 다른 사건들에서는
분명이 이미 쟁점 결정의 대상이(쟁점 결정의 항변)이었거나 선행 재판에서
심판에 의해 결정(기판물의 항변)되었다는 (방식서 소송의 정식 항변을 제기해야
했다. 쟁점 결정 이후 원고의 주장은 상속인에게 승계될 수 있었다. 심지어 쟁점
결정 이전에는 일신전속적인 청구라서 상속될 수 없던 사건들도 승계가 가능했다.
쟁점 결정을 통해 피고의 '원채무는 소멸하고tollitur obligatio', 유책판결의 경우
'판결채무를 이행하기로judicatum facere' 위한 쟁점 결정 자체에 기초한 채무로
변경되었다. 판결을 위하여 쟁점 결정이 소송에서의 법적 상황이 쟁점 결정적이었다.
2단계 소송절차의 소멸과 함께 쟁점 결정은 외적인 형태와 실질적 효력을 상실
하였다. 단 '쟁점 결정'이라는 용어가 유스티니아누스 입법에서 특별 심리절차와
고전후시대 소송절차를 언급할 때에도 자주 등장한다. 이때의 쟁점 결정은 고전적
쟁점 결정과 공통점을 가지고 있었다. 사법 관리가 당사자 또는 대리인의 진술,
즉 원고의 주장narratio과 피고의 답변contradictio을 청취하기 '시작할' 시점이었다.
이전 쟁점 결정에 부착되었던 법적 중요성이 후기에는 최후 판결과 관련되었다.
한동일 지음, 로마법의 법을 격언 모음집에서(출간예정)].

contestáto, adv. 증인을 채택하여, 증언하여

contestátus, -a, -um, p.p., a.p. 증언이 끝난, 확증된

contéstis, -is, m., f. 공동 증인

contéstor, -átus sum, -ári, dep., tr.
증인(證人)으로 부르다.삼다, 간청(애원)하다,
(구원.보호.증명해주기를) 호소하다.
litem contestor. 소송사건에 증인을 내세워 증언케 하다.

contexi, "cóntěgo"의 단순과거(pf.=perfectum)

contéxo, -xŭi, -xtum, -ĕre, tr. (cum+texo) 엮다.
짜다, 뜨다, 걷다, 짜 맞추다, 조립하다, 구성하다,
작성하다, 형성하다, 묘사하다, 잇다,
연결하다, 얽히다, 결부시키다.

contéxtim, adv. 빈틈없이, 꼭 짜이게

contéxtio, -ónis, f. 조직(組織), 구성(構成), 편성(編成)

contéxtor, -óris, m. 편성자, 편집자

contextualisátio, -ónis, f. 토착화(⑨ Inculturátion).
역착화 aculturatio(복음과 문화 창간호, p.172).

contextum, "contexo"의 목적분사(sup.=supínum)

contéxtus¹, -a, -um, p.p., a.p.
빈틈없는, 꼭 짜인, 연속되는, 결부 된.

contéxtus², -us, m. 엮음, 조직(組織), 구성(構成);
구조(構造), 연결, 연관; 연속(連續); 전후관계(상황),
(문장의) 전후 관계, 문맥, 배경(⑨ background).

contextus antropologicus. 인간학적 배경(背景)

contextus ecclesialis. 교회적 배경(教會的 背景)

contexui, "contexo"의 단순과거(pf.=perfectum)

contícésco(=contícísco), contícŭi, conticescěre, intr.
(cum+táceo) 침묵(沈黙)하다, 잠잠하다, 조용해지다,
멎다, 그치다(סוס.פוס), 끝나다(כלה), 가라앉다.

conticínĭum(=contícŭum) -i, n. 한밤중

conticisco = contícésco

contícŭum = conticínĭum

contícui, "contícésco(=contícísco)"의 단순과거(pf.=perfectum)

contígi, "contíngo"의 단순과거(pf.=perfectum)

contignátĭo, -ónis, f. 윗층 마루.
(建) 천장, 보꾹(지붕 안쪽의 겉면. 반자가 없는 가옥의 천장), 비계.

contignátĭo superior lateralis. 성당 이층(상층) 행랑

contígno, -ávi, -átum, -áre, tr. (cum+tignum)
마루 깔다, 널빤지를 붙이다, 판자로 덮다.

contígŭe, adv. 즉시, 이어(서)

contígŭĭtas, -átis, f. 접촉(接觸), 근접(近接-가까이 다가감).
인접(引接), 연속(連續), 접속(接續)

contíguum(adhærens), -i, n. 접연체(接緣體.接續體)

contíguus, -a, -um, adj.
인접한, 가까운, 닿을 수 있는, 닿는 거리에 있는.

contine, 원형 contíněo, -nŭi -téntum -ére, tr.
[명령법. 현재 단수 contine, 복수 2인칭 continete].
Suffict: nunc contine manum tuam!.
이제 됐다. 손을 거두어라.(2사무 24, 16).

cóntínens¹, -éntis, p.prœs., a.p. 붙어있는, 인접한,
이웃의, 가까운, 직후의, 계속되는, 직결된,
중단되지(나누이지) 않은, 연속(계속) 되는,
연이어진, 지속적인, 자제력 있는, 극기하는,

금욕의, 정절을 지키는; 절제하는, 검소한.
ex(in) continénti. 즉각, 지체 없이/
terra continens. 대륙(大陸), 본토.
continens labor. 계속되는 수고
continens², -éntis, f. 대륙(大陸), 본토(本土)
continens³, -éntis, n. 핵심(核心.⑨ Heart)
continens causæ. 사건의 핵심
continénter, adv. 줄곧, 계속(繼續)하여, 연속하여,
  끊임없이, 절도(節度) 있게, 자제(自制)하여.
continéntia¹, -æ, f. 자제(自制), 극기(克己), 금욕(禁肉),
  금욕생활, 정절(라틴어 "continentia"를 "금욕"으로 쓴 책이 간혹
  있는 데 사실 "금욕"보다는 "정절" 또는 "금욕 생활"이라는 것에 더 맞는다.
  교회법 제277조 1항, 교회법 제1251~3 참조).
  금욕(ἄσκησις6πι으에서 由來)(⑨ asceticism)
  절제(節制.⑨ Temperance.節德), 내용, 요약, 인접.
lex continentiæ. 금욕법(성찬례를 거행하기 전에 부부생활을 금하는 금욕법)/
  Quo judicio Dei in corpora continentium libido
  hostilis permissa sit. 하느님은 무슨 판단으로 금욕자
  들의 육체에 적병의 욕정이 미치도록 허락했을까.
                              (교부문헌 총서 17, 신국론, p.2744).
continentia perfecta. 영구적 금욕, 완전한 금욕(禁肉)
continentia totalis. 전적(全的) 절제
continéntia², -íum, n., pl. 잇닿은 지방.
continentia urbis. 도시의 성(城) 바로 밖에 있는 집들
contínĕo, -nŭi -téntum -ére, tr. (cum+téneo)
  한꺼번에 붙잡다, **포함(포괄)하다,** 내포하다,
  내용으로 삼다, 함유하다, 머금고 있다, 이루다,
  구성(형성)하다, 둘러막다, 포위하다, 연결하다,
  잇다, 계속시키다, 결합시키다, 지켜나가다,
  보존하다, 확보하다, 유지하다, 견지하다,
  (어떤 상태에) 계속 놓아두다, 가두다, **붙잡아 두다,**
  머물러 있게 하다, **누르다,** **억제하다,**
  하지 못하게 하다, 단속하다, 자제하다, **참다,** 속하다,
  그치다, 멈추다, 비밀로 하다, 숨기다, 침묵시키다.
  intr. 붙어 있다, 이어져 있다, 연결되어 있다.
  pass. 둘러막히다.
  pass. **contíneri** 내용을 이루다, 포함되다.
          contíneri alqā re. 이루어지다, 의존하다, 달려있다.
  Contínui dies híemant. 날이 계속적으로 춥다/
  In toto partem non est dubium contineri.
  전체에 부분이 포함된다는 것은 의심할 여지가 없다/
  Primus continet res gestas populi Romani, secundus et
  tertius origines omnium civitatum Italicarum. 첫 번째 책
  은 로마인들의 역사(res getæ)를 담고 있으며, 두 번째와
  세 번째는 이탈리아 모든 도시들의 기원을 담고 있다/
  se continuo. 머물러 있다.
Contineo ódium. 계속 미워하다
contineo rem(causam) 본질에 속하게 하다, 핵심을 이루다.
contineo risum. 웃음을 참다
contineo sub linguā salem. 소금을 혀 밑에 물고 있다
contíngens¹, -éntis, p.prœs., a.p. 우연의, 우발적.
  (哲) 우유적, 우연적인 것(=실제로 있을 수도 있고, 있지 않을 수도
  있는 것 Id quod de facto est, sed potest non esse).
  ens contingens. 우유적 有, 우연 有.
contingéntia², -æ, f. 우연(성). (哲) 우유성(偶有性-그것이 꼭
  있어야 할 필요로서 있는 존재가 아님. 유한한 모든 사물은 우유적 존재
  이다. 토마스 아퀴나스는 이와 같을 수도 없을 수도 있는 존재(Contingens est,
  quod potest esse et non esse). 토마스는 이와 같은 우주의 우연성에서
  필연존인 하느님의 존재를 논증한다. 백민관 신부 엮음, 백과사전 1, p.710).
contingentia ideologiæ 개념론의 우유성(偶有性)
contingentia materiæ. 물질 우유성.질재의 우유성
contingentia mundi. 세계의 우유성(世界 偶有性)
contingentia ordinis finalis. 목적 질서의 우유성
contingentia rerum ut demonstrátio exsisténtiæ.
  신 존재증명으로서의 사물의 우유성.
contíngo¹, -tĭgi -táctum -ére, tr. **만지다,** 갖다 대다.
  잡다, **닿다**(닿게 하다), **접촉하다,** 묻히다.
  (소금) 치다, 맛들이다, 맛보다, 시식하다, 맞닿다,
  인접하다, 도착하다(אתא), 다다르다, …에 까지 이르다.
  미치다(及), 맞히다, …로 하여금 당하게 하다.

(운명.제비 따위가) 누구에게 돌아가다,
친밀해지다, 밀접한 관계를(인연을) 맺다,
끼치다, (느낌을) 일으키다, 물들게 하다, 더럽히다,
관련되게(끼어들게) 하다, 영향을 주다.
contáctus. 혈연관계(血緣關係)가 있는/
contíngi crímine. 범죄에 가담하다(끼어들다)/
Cóntigit vox alqm. 목소리가 누구에게 들렸다/
contingo alqm propinquitáte. 누구와 친척이 되다/
contingo avem ferro. 화살로 새를 맞추다/
contingo Itáliam. 이탈리아에 도착(到着)하다/
contingo manum alcjs.
  (기쁨.축하.존경의 표시로) 누구의 손을 잡다/
curā ánimum alcjs. 누구 마음에 걱정을 끼치다/
cura contíngit alqm. 누구에게 걱정거리가 생기다/
ferrum contáctum sánguine. 피 묻은 무기(칼.창)/
fines contíngo. 국경에 맞닿아 있다/
inter se contíngo. 서로 닿다/
Sors alqm **cóntigit.** 제비로 누가 뽑혔다/
terram contíngo. 땅에 닿다.
  intr. **일어나다**(영구.메르.קרה), 생기다, **되다,**
  성공되다, **이루어지다, 당하다, 당하다,**
  …게 되는 때가 있다, 생겨나다, 나다; 오다.
  Mihi ómnia … contíngant.
    (내가 원하는) 모든 것이 이루어지리라/
  Nam corde contingere lesum spiritaliter, hoc est
  cognoscere quia æqualis est Patri. 마음을 통해 예수님과
    영적으로 접촉한다는 것은 그분이 아버지와 똑같은 분이
    시라는 것을 안다는 것입니다.(최익철 옮김. 요한 서간 강해. p.151)/
  Non cuívis contíngit adíre …
    아무나 다 (어디로) 가게 되는 것은 아니다/
  Odor vino contíngit. 술에서 향긋한 냄새가 난다.
conting(u)o², (-tĭnxi) -tínctum -ére, tr. (cum+tingo)
  담그다, 적시다; 스며들게 하다.
continŭátim, adv. 계속하여, 중단하지 않고
continŭátio, -ónis, f. 연속, 계속, 지속(持續-끊임없이 이어짐).
  승전(承前-앞의 것을 이음). (修) 완결문.
continŭatívus, -a, -um, adj. 계속적, 계속하는, 연속적
continŭi, "contínĕo"의 단순과거(pf.=perfectum)
continŭítas, -átis, f. 연속(連續), 계속(繼續),
  지속(持續-끊임없이 이어짐), 면면(끊어지지 않고 죽 이어짐).
  Principium continuitatis. 연속성의 원리.
continúo¹, adv. 곧이어, 즉시, 계속적으로,
  (그러니까, 그렇다고 해서) 반드시.
  Non continuo. 반드시 그런 것은 아니다/
  Vídua impléxa luctu contínuo.
    계속되는 슬픔 속에 잠겨 있는 과부.
continŭo², -ávi -átum -áre, tr. **잇다,** 잇대다, 붙이다,
  덧붙여서 연장(확장)하다, 늘리다, **계속하다,**
  끊임없이 하다, 연속하다, 이어나가다,
  연기하다, 천연(遷延-일을 지체하거나 미룸) 시키다.
  continuári. 달라붙다, 바싹 뒤따르다/
  Continui dies hiemant. 날이 계속적으로 춥다/
  suos continuo. 동료들한테로 뒤따라서 붙다.
Continuo accúrrit ad me.
  그는 연방 나한테 달려오곤 한다.
continuo ædificia mœnibus. 성벽에 잇대어 집들을 짓다
Continuo hic adsum. 나는 연속 여기 있다
Continuo vero post aliud Pontifex commemorat
operarii tamquam personæ ius(⑨ The Pope immediately
adds another right which the worker has as a person)
  계속해서 교황은 인간으로서의 노동자의 다른 권리를
  상기시킨다.(1991.5.1. Centesimus annus 중에서).
continuum, -i, n. (哲) 연속유, 연속체, 단속체
continuum corpus. 연속적 육체
continúus, -a, -um, adj. 이어지는, 연결된, 붙어 있는,
  뻗친, 측근의, 마음에 드는 연이은, 계속(연속)적인,
  끊임없는, 중단되지 않은, 영속적인, 연속적.
  n. (哲) 연속체(連續體), 연속유(連續有).

263

C

단속체(斷續體-라틴어 철학용어집. 김태관 편. p.15)/
continuum mare. 망망대해(茫茫大海)/
lectĭo continua. 연속적인 독서/
missĭo continua. 연속적 파견/
non continuus. 비연속적/
profectus continuus. 연속적 전진.
cóntĭo(=cóncĭo²) -ónis, f. (강연.연설을 듣기 위한
민중.군대의) 집합.집회, 연설, 강연, 강론, 설교,
열변, 사자후(獅子吼-크게 열변을 토함), 연사(演士).
ascéndere incontiónem. 연단(演壇)에 오르다/
contĭónes trubulentæ. 소란한 집회(集會)/
disturbo contiónem. 집회를 강제 해산시키다/
habére contiénem. 연설하다/
in(pro) contĭóne. 대중 앞에서.
contĭónabúndus, -a, -um, adj.
대중 앞에서 연설하는, 선동적으로 떠들어대는.
contĭōnális, -e, adj. 군중집회의, 서민층(庶民層)의,
일반 대중의, (선동적으로) 연설 잘하는.
contĭōnárĭus, -a, -um, adj. 군중집회의;
집회(集會)에 잘 모이는, 군중 선동적인.
contĭōnátor, -óris, m. 대중연설가(大衆演說家),
설교가, 강론가, 민중 선동자(民衆 煽動者).
contĭones trubulentæ. 소란한 집회
contĭónor, -átus sum, -ári, dep., intr. 설교(강론)하다,
대중 앞에서 연설하다, 공식 발표하다, 성명하다,
집회에 모이다.
contĭónor ad pópulum. 대중을 향해 연설하다
contĭónor apud mílites. 군인들 앞에서 연설하다
contĭúncŭla, -æ, f. 소집회, 시시한 연설
cóntŏnat, -nŭit, -áre, impers. 크게 천둥하다
contor, -ári, dep., intr. 조사하다, 심문하다 =cunctor
contórquĕo, -tórsi, -tórtum, -ére, tr. (cum+tórqueo),
비틀다, 뒤틀다, 돌리다, 빙빙 돌리다.
소용돌이치게 하다, 휘두르다, 휘둘러 던지다.
청중을 휘둘러 이끌고 가다; 말을 단숨에 내뱉다.
견강부회(牽强附會-가당치도 않은 말을 억지로 끌어다 대어
자기에게 유리하도록 함)하다; 왜곡하다.
contorsi, "contórquĕo"의 단순과거(pf.=perfectum)
contórsĭo, -ónis, f. = contórtĭo
contórte, adv.
맹렬하게, 모질게, 억지스럽게, 어수선하게, 모호하게.
contórtĭo(=contórsĭo) -ónis, f. 비틈, 뒤틈, 굽힘.
(말의) 착잡(錯雜-갈피를 잡기 어렵게 뒤섞이어 어수선함), 모호함.
contórtor, -óris, m. 곡해자(曲解者), 왜곡자(歪曲者),
견강부회(牽强附會)하는 자.
contórtŭlus, -a, -um, adj. 좀 굽은(휜), 약간 억지의
contortum, "contórquĕo"의 목적분사(sup.=supínum)
contortŭplĭcátus, -a, -um, adj. 길고 복잡한
contórtus, -a, -um, p.p., a.p. 복잡한, 어수선한,
(연설이) 맹렬한, 과격한, 억지스러운.
contra¹, adv. 맞은편에(에서.으로), 반대편에(으로),
저 앞에(마주 보이는), 맞받아, 이(저)편에서,
상대편에서도, 반대하여, 거슬러, 대항(반대.대적)하여,
반대로, 거꾸로, 도리어; 이에 반하여, 다른 한편으로는.
auro contra. (저울판에 얹은 금 같다하여)
금같이 귀중한, 금값으로/
contra esse. 반대되다/ contra se 자신에 반대하는 것
e contra. 그와 반대로.
contra², p.prœp., c. acc. 맞은편에, 마주 보고, 향하여,
반대편에, 반대로, 거꾸로 훑어서, 역행하여, 거슬러,
반대하여, 위반하여, 대항(반항.대적)하여, 대하여(대항).
De Genesi contra Manicæos. 마니교도 반박 창세기론/
intentĭo contra bonum prolis. 자녀 출산을 거슬리는 의지/
intentĭo contra bonum sacramenti.
영속성을 거슬리는 의지/
Itaque contra est ac dictis.
그러니까 그것은 말한 내용과 상반 된다/
medicína contra ebrietátem. 술 깨는 약/

Quoniam iniquitatem meam ego cognosco, et peccatum
meum contra me est semper(⑨ For I know my offense;
my sin is always before me) 저의 죄악을 제가 알고
있으며 저의 잘못이 늘 제 앞에 있습니다.(시편 51. 5)/
Summa contra gentiles. 호교대전/
vi contra vim resisto. 힘에는 힘으로 대항하다.
Contra ac ratus erat.(ratus erat는 reor 동사의 과거완료)
생각했었던 것과는 반대로.(한동일 지음, 카르페 라틴어 1권, p.277).
Contra Academicos. 아카데미아의 학도들을 거슬러.
(성 아우구스티노의 저서로 우리에게 남아 있는 첫 번째 작품이다.)
Contra adversarium legis et prophetarum.
율법과 예언서 반대자 논박(420년 히포의 아우구스티노 지음).
Contra Christum ergo venis; antichristus es.
그대는 그리스도를 거슬러서 오는 그리스도의 적입니다.
Contra doctrinam retrahentium a religione.
수도회 부정논리 논박(토마스 아퀴나스 지음).
Contra Duas Epistulas pelagianorum.
펠라지우스파(派)의 두 가지 편지 반박.
Contra eorum persuasionem, qui putant sibi non
offutura peccata, in quibus, cum eleemosynas
facerent, perstiterunt. 자선을 행하는 한 저지른 罪도
본인에게 해롭지 않으리라는 맹신을 반박함(신국론, p.2826)/
Contra eorum sensum, qui in judicio Dei omnibus
reis propter sanctorum preces putant esse
parcendum. 하느님의 심판 중에 성도의 기도로 모든
죄인에게 사면이 내리리라는 생각을 반박함(신국론, p.2826)/
Contra eos, qui asserunt corpora terrena
incorruptibilia fieri et æterna non posse.
지상적 육체는 부패하지 않는 영원한 육체가 될 수
없다는 주장을 반박함.(신국론 총서 17. 신국론, p.2788)/
Contra eos, qui dicunt ea, quæ infinita sunt, nec
Dei posse scientia. 무한한 것은 하느님의 지식으로도
파악되지 않는다는 주장을 반박함(교부문헌 총서 17. 신국론, p.2786).
Contra epistulam fundamenti (마니의) 기초서간 논박
Contra errores Græcorum. 희랍인의 오류에 대한 논박
Contra Faustum manichæum. 마니케우스파 파우스트를
반박함, 파우스트 논박(397~400년 히포의 아우구스티노 지음).
Contra fáciunt quam proféssi sunt.(quam² 참조)
그들은 약속한 것과는 반대로 행한다.
contra Gálliam situm est.
갈리아에 면해 있다, 갈리아를 향해서 서 있다.
Contra Gentiles. 호교전서, 이교 반박론
contra hominem justum prave condendere noli;
semper enim deus injustas ulcisitur iras. 의로운 사람
에게 악의로 시비를 걸지 말라. 신은 불의한 분노를
반드시 복수하시느니라(성 염 지음. 사랑만이 진리를 깨닫게 한다, p.456).
Contra hominum vana judicia. 사람들의 헛된 판단(判斷)
contra hostes pugnare. 적군에 대항하여 싸우다
contra hostem. 적을 대항하여
Contra impugnantes Dei cultum.
하느님 공경을 반대하는 자들을 논박함.
Contra impugnantes Dei cultum et religionem.
전례와 수도회를 경멸하는 자들 논박(토마스 아퀴나스 수사, p.138).
Contra inanem hæreticorum fiduciam.
이단자들의 헛된 믿음을 거슬러.
Contra Iulianum opus imperfectum.
율리우스 반박 미완성 작품
Contra linguas obtrectatorum. 비평하는 자들의 말에 대하여
Contra mendacium. 거짓말 반박(反駁), 거짓말을 거슬러.
(420년경 히포의 아우구스티노 지음).
Contra Maximinum hæreticum. 막시미누스 논박(論駁)
(427년 히포의 아우구스티노 지음).
contra natúram. 자연을 거슬러, 반본성적, 반자연
Contra natúram est. 자연을 거스르는 것이다
contra omnes. 모두에게 맞서
Contra opinionem eorum, qui dicunt nec diaboli
nec hominum malorum perpetua futura supplicia.
악마도 악인도 영원한 형벌을 받지 않으리라는
견해를 논박함.(교부문헌 총서 17. 신국론, p.2826).

C

Contra opinionem eorum, qui putant criminosis supplicia post mortem causa purgationis adhiberi. 죄인들에게 사후의 형벌이 정화의 명분을 가진다는 의견을 논박함.(교부문헌 총서 17, 신국론, p.2824).

contra ordinem divinæ gubernationis. 신적 통치의 질서를 거슬러

Contra pestiferam doctrina retrahentium pueros religionis ingressu. 수도회를 멀리하는 사람들에 대한 반론.

Contra Pluralitatem formarum. 복수 형상론을 반대함

Contra quemcumque litigat iste agricola. 저놈의 농사꾼은 아무에게나 시비를 건다.

contra quas Ecclesia vocem suam fortiter attollit. ([영] Against these phenomena the Church strongly raises her voice) 이러한 것들을 반대하여 교회는 강력하게 소리 높여 외친다(1991.5.1. Centesimus annus 중에서).

Contra retĭarium férulā. 회초리로 투망 검투사와 대항하다(속담)(바늘로 몽둥이 막는다)

Contra sapientes mundi, qui putant terrena hominum corpora ad cæleste habitaculum non posse transferri. 인간의 지상 육체는 천상거처로 옮겨갈 수 없다는 세상 현자들을 논박함(교부문헌 총서 17, 신국론, p.2828).

Contra Secundinum manichæum. 마니교도 세쿤디누스 논박(399년 히포의 아우구스티노 지음).

Contra sermonem Arianorum. 아리우스파 강연 논박

Contra vana hominum judicia.([영] The Vain Judgments of Men) 사람들의 헛된 판단(준주성범 제3권 36장).

Contra vanam et sæcularem scientĭam.([영] Beware Vain and Worldly Knowledge) 세속적 헛된 지식(준주성범 제3권 43장).

contra ventum. 바람을 안고

contracéptĭo, -ónis, f. 피임([영] Contraceptĭon-인위적으로 임신을 피함), 피임법.

contraceptívus, -a, -um, adj. 피임(용)의

contractátĭo, = **contrectátĭo**

contractĭo, -ónis, f. (손가락) 꼬부림(오무림), 찌푸림, 움츠림, 뻣뻣해짐, 위축, 수축, (단어.음절의) 단축, 생략, (연설.문장의) 간결, 간명. ((法)) (재산의) 합병, 침울, 의기소침(意氣銷沈).
In contractibus jus accrescendi non habet locum. 계약에서는 첨분권(添分權)이 적용되지 않는다/
In contractibus nominatis non datur condictio ob rem dati. 유명계약에 있어서는 목적급부물(目的給付物)의 부당이득반환청구는 인정되지 않는다.

contractĭo conceptus 개념의 수결(收結-규정)

contractĭo conceptus expressionis conceptus. 명료한 개념의 양식에 의한 개념의 수결(收結).

contractĭo conceptus per modum compositĭonis. 합성의 양식에 의한 개념의 규정(수결).

contractĭo entis. 유(有)의 수결(收結)

contractĭúncŭla, -æ, f. 가벼운 우울증.침울

contrácto = **contrécto**, 만지다, 더듬다

contráctor, -óris, m. 계약자(契約者)

contráctus[1], -a, -um, p.p., a.p. 수축된, 움츠러든, 긴장된, 경직된; 찌푸린, 좁혀진, 좁은, 단축된, 축소된, 간추린, 생략된, 궁색한, 옹색한, 검소한, 체결된, 저질러진.

contrácta paupértas. 곤궁(困窮)

contractum, "contraho"의 목적분사(sup.=supínum)

contráctus[2], -us, m. 수축(收縮), 약정([영] conventĭon). (法) 계약(契約.כְּרִית.[영] covenant.'Actio, Conditio, Emtio, Fides bona, Impossibile, Obligatio, Pollicitatio, Solutio, Stipulatio, Testamentum' 참조).
['콘트락투스contractus'라는 용어는 함축적인 '계약'이라는 개념을 고전시대 성기盛期 법학에서야 비로소 얻는다. 이 시기에 발전된 법체계에서 그 표현은 고전시대 법에 의해 발전된 제한된 수의 모든 법정계약을 지칭한다. 이는 다음과 같다. 1. 요물要物방식의 소비대차 '무투움mutuum'. 소비대주가 될 자가 소비차주가 될 자에게 금전 기타 소비물을 인도함으로써 성립하고 소비차주의 반환 의무를 발생시킨다. 2. 언성言成방식의 문답계약인 '스티풀라티오stipulatio'. 3. (가家의 회계장부 기재를 요하는) 문기文記계약인 '콘트락투스 아 리테리스 contractus a litteris'. 4. 당사자의 '단순 합의만으로(nudo consensu)' 유효하게 체결되는 계약인 낙성계약이 있다. 낙성계약에는 매매↗Emptio-venditio, 임약↗Locatio condictio, 조합↗Societas, 위임↗Mandatum 등이 있다.
모든 계약에는 당사자들의 합의가 필요하지만, 이 범주에 속하는 계약은 합의 이외에 다른 요건 충족 없이도 계약이 성립되었다. 계약은 합의를 불가결의 요소로 한다는 점에서, 고전법 체계상 위법한 의사를 가진 행위로서 통일적으로 파악되는 불법행위와 대비될 뿐만 아니라 엄밀하게 사무관리나 부당이득관계와 같은 준계약과도 대비된다. 준계약에서는 당사자들 간에 의식적으로 초래된 법적인 관계가 없지는 않지만 계약의사가 없기 때문이다. 그래서 고전시대 성기盛期의 '콘트락투스contractus' 개념에서는 의사요소가 계약법의 통일적 원리가 된다. '계약을 체결하다'라는 '콘트라헤레contrahere' 동사는 더 오래된 의미로 구속성을 자신이 인수함을 의미했는데, 계약상의 인수뿐만 아니라 불법행위와 종교상의 인수까지 포함하였다. 고시중심의 고전 법학에서는 '반대 행위'를 의미하는 '콘트라-악툼contr(a)-actum'이라는 단어를 문답계약, 요물 소비대차, 문기계약과 같이 일방적 계약의 일방적 취득을 가리키는 '악툼actum'과 구별하여 매매emptio venditio, 임약locatio conductio, 조합societas과 같은 쌍무계약의 체결로 제한하려는 시도가 나타난다. 근대 법률용어에서 성공을 거둔 계약contractus 개념이 가이우스의「법학원론Institutiones」에 나온다는 것은 그럴만한 상당한 이유가 있다. 그것은 가이우스가 속한 사비누스 학파의 고전 성기의 수장인 율리아누스에 의해 촉발된 운동의 결과물이다. 율리아누스는 하드리아누스 황제의 명에 따라 고시에 대한 집대성 작업을 하면서 자연법에 중심을 두지 않고 인간 중심으로 고찰하는 체계를 가진 고시를 학문의 중심에 둔다. 이는 고전법학의 본질적인 내용을 그의 전통적인 고전전시대의 법학에 따라 사비누스학파에서 수용하였던 것이다. 이러한 새로운 개념에서 사람의 인격과 그의 의사는, 특히 가이우스「법학원론」이 보여주는 것과 같이 새로운 중심적 역할을 찾았다. 한동일 지음, 로마법의 법률 격언 모음집에서(출간예정)].
Bona fides quæ in contractibus exigitur, æquitatem summam desiderat. 계약에 요구되는 신의는 최고의 형평을 요구한다/
Certissimum est ex alterius contractu neminem obligari. 다른 계약에 의해서는 어떠한 의무도지지 않는다는 점은 의심의 여지가 없다/
contracti aleatorii. 사행적(射倖的) 계약/
Contractum non utique in eo loco intelligitur, quo negotium gestum sit, sed quo solvenda est pecunia. 계약은 무엇보다 거래가 처리된 그곳에서 인정되는 것이 아니라, 돈이 지불되어야 하는 곳에서 인정된다/
Contraxisse unusquisque in eo loco intelligitur, in quo ut solveret se obligavit. 지불할 의무가 있는 곳에서는 각자 그 지방에서 인정하는 방식으로 계약했음이 인정된다/
Cum quæritur in stipulatione quid acti sit, ambiguitas contra stipulatorem est. 행하였던 문답계약에 의문이 제기될 때는 계약자에 불리한 모호함이 있는 것이다/
Generaliter novimus turpes stipulationes nullius esse momenti. 일반적으로 우리는 '부도덕(수치) 문답계약' 그들의 상속자들에게도 장애가 될 것이다.
['부도덕 문답계약'은 범죄를 행할 의무를 부담하는 문답계약stipulatio이다. 하지만 이러한 약정은 무효였다. 이는 비록 계약의 의도는 비도덕적이지 않지만 (예컨대 타인에 의해 계획된 범죄를 막기 위하여) 그 약정의 내용이 비도덕적인 문답계약이다. 그러한 경우 의무이행이 소구되었을 때 채무자는 '악의의 항변 exceptio doli'을 사용할 수 있었다. 다른 한편 정무관은 원고의 채무자에 대한 '소권을 거절denegatio actionis'할 수 있었다]/
In contractibus quibus doli præstatio vel bona fides inest, heres in solidum tenetur. 악의의 지불보증이나 신의가 있는 계약에서 상속자는 전부를 소유하게 된다/
In contractibus rei veritas potius quam scriptura perspici debet. 계약에서는 서류보다 목적물의 실재가 자세히 살펴져야 한다/
In contractibus successores ex dolo eorum quibus successerunt, non tantum in id quod pervenit, verum etiam in solidum tenentur, hoc est uniusquisque pro ea, parte qua heres est. 계약상 악의에 의해 계약을 계승하였던 상속자들은 그들이 차지할 것뿐만 아니라 전부를 소유하게 된다. 이것이 그것(악의에 의한 계약)에 따른 각자의 것이며 그 몫에 의해 상속자가 된다/
In contrahendo quod agitur, pro cauto habendum est. 계약에서 다루어야 될 것은 보증으로 간주되어야 한다/
In conventionibus contrahentium voluntatem potius quam verba spectari placuit. 계약에서는 말보다는 계약자의 의사를 더 살펴야 한다/
Nemo potest mutare [in contractu] consilium suum in alterius iniuriam. 그 누구도 (계약에서) 다른 사람의 '인격권 침해(위법행위)'로 자신의 결정을 변경할 수 없다.
['인유리아iniuria'는 위법하게non iure, 즉 '법에 반하여contra ius' 행해진 것이다. 불법적으로 다른 사람의 재산에 가해진 손해에 관해「12표법」, 법무관 고시, 인격권침해에 관한 코르넬리우스법lex Cornelia de iniuriis, 그 후의 제국 칙법에서 인격권침해는 신체적 상해iniuria re facta뿐만 아니라 타인의 평판을 침해하는 것까지 포함되었다. 특히 법무관법에 의한 인격권침해 소권actio iniuriarum으로 로마 시민의 명예가 보호되었다. 인격권침해는 피해자의 청구에 의한 민사 불법행위delictum다. 처벌은 시기에 따라 달라 금전적 배상(「12표법」의 정액定額 벌금)에서부터 침해의 중대성과 가해자의 사회적 지위에 따라 태형, 매로 치는 형벌인 편형鞭刑, 추방형 등 가중된 처벌까지 존재하였다. 배상액은 큰 재량을 가진 심판인에 의해 피해자의 평판과 사회적 지위, 위신 등을 고려하여

결정되었다. 인격권침해 소권에서 원고 자신이 손해의 정도와 배상액을 평가할
수 있고 심판인은 '선과 형평bonum et æquum'에 따라 배상액을 선고할 수
있었는데. 그 금액은 원고가 청구한 금액보다 상회할 수 없었다. 인격권침해
소권은 자가 손해를 입은 경우 가부家父에게. 노예가 피해자인 경우 그 주인
에게 부여 되었다. 한동일 지음. 로마법의 법률 격언 모음집에서(출간예정)/
Non secundum futuri temporis ius, sed secndum
præsentis æstimari debet stipulatio.
미래 시간의 권리에 의해서가 아니라 현재 시간에 의해
문답계약은 평가되어야 한다/
Pedius eleganter ait: nullum esse contractum, nullam
obligationem, quæ non habeat in se conventionem;
sive re, sive verbis fiat. Nam et stipulatio quæ verbis
fit, nisi habeat consensum, nulla est.
페디우스가 정확하게 말한다. 목적물이거나 구두로 이루
어지건 간에 그 자체로 합의가 없는 것은 계약도 존재
하지 않고 채권채무 관계도 없다. 만일 합의를 하지 않는
다면 구두로 이루어진 문답계약은 무효가 되기 때문이다/
Plus actum quam scriptum valet.
(문서로) 쓴 것보다 실제로 한 행위가 더 가치 있다/
Quæ dubitationis tollendæ causa contractibus
inseruntur, ius commune non lædunt.
의문의 원인을 제거하기 위해 계약에 넣은 것은
공통법(보통법)을 어긴 것이 아니다/
Qui bis idem promittit, is eo jure amplius quam semel
non tenetur. 동일물을 갑절로 약속한 사람은 그것에
대한 권리로 한 번 이상은 차지하지 못 한다.
(그것을 단 한번만 주어야 한다)/
Qui cum alio contrahit vel est vel debet esse non
ignarus conditionis eius: heredi autem hoc imputari non
potest, qui non sponte cum legatariis contrahit.
다른 사람과 계약하는 사람은 그의 조건에 대해 모르지
않거나 또는 무지하지 않아야 한다. 그러나 이것은
상속자에게는 책임지울 수 없다. 왜냐하면 상속자는 유산
상속인과 더불어 자의에 의하지 않고 계약하기 때문이다/
Qui iussu alterius cum aliquo contrahit, quodammodo
cum eo contrahit, qui iubet, dum fidem eius sequitur.
다른 사람의 위임에 의해 다른 사람(제3자)과 계약하는
사람은 그가 신의를 다하는 동안에는 어느 의미에서 그가
결정하는 그와 함께(위임자 자신처럼) 계약한 것이다/
Quid tam congruum fidei humanæ, quam ea quæ inter
eos placuerunt servare? 인간의 신의에 맞는 것은 그만큼
그들 사이에서 그것의 준수를 마음에 들어 했는가?/
Quod ipsis qui contraxerunt obstat, et successoribus
eorum obstabit. 계약했던 사람 자체에 장애가 된
것은 그들의 상속자들에게도 장애가 될 것이다/
Semper in conventionibus non solum quid liceat
considerandum est, sed et quid honestum sit.
항상 계약에서는 허락된 것만이 아니라 도의에
어긋나지 않는 것도 고려해야 한다/
Si flagitii faciendi vel facti causa concepta sit stipulatio,
ab initio non valet.['플라지티웅flagitium'은 양속침해범을 말한다]
만일 문답계약이 '파렴치한 행동'이 원인이 되어
하거나 해서 받아들여졌다면 처음부터 무효이다/
Uniuscujusque contractus initium spectandum et causa.
계약은 시작과 원인을 일일이 살펴야 한다.
contractus accessorius. 부속 계약(附屬 契約)
contractus bilateralis consensualis. 쌍무 계약
contractus conditionatus. 조건부 계약
contractus consensualis. 낙성 계약, 합의계약
Contractus est ultro citroque obligatio.
계약은 서로간의 채권채무 관계이다.
Contractus ex conventione legem accipere dignoscuntur.
계약은 합의에 의해 계약조건을 받아들이는 것과 구별된다.
contractus frigore. 추위에 마비된
contractus gratuitus. 무상계약(無償 契約)
Contractus imaginarii iuris vinculum non obtinent,
cum fides facti simulatur non intercedente veritate.
행위가 사실에 의해 발생한 것이 아니라 신의인 것처럼
보이게 한 가상 계약은 법률의 구속력을 갖지 못한다.

contractus innominatus. 무명 계약
contractus matrimoniális. 혼인 계약(Pacta dotalis)
　[1917년 교회법에서는 혼인을 남녀 양쪽의 합법적인 합의에 의한 계약이라
　하여 Contractus라는 용어를 썼으나(1081조), 1983년 개정 교회법에서는
　Foedus라는 용어를 썼다…. 백민관 신부 엮음. 백과사전 1, p.710; 3, p.70].
contractus mutuus. 상호계약(相互 契約)
contractus nominatus. 유명 계약
contractus nudus. 자연적 계약
contractus onerósus. 유상계약(有償 契約)
contractus principalis. 주 계약
contractus purus. 순수 계약
contractus realis. 실제적 계약
contractus simplex. 단순 계약
contractus sociális. 사회 계약,
　사회계약설(@ theory of social contract)
contractus sollemnis. 요식 계약
contractus unilateralis. 편무 계약(片務 契約)
contractus unilateralis gratuitus. 무상 편무 계약
contractus vestitus. 법률적 계약
Contractus vis omnis in conclusione consistit.
　계약의 모든 효과는 완성(종결)에 있다.
contrádǐco, -díxi, -díctum, ěre, intr.
　반대하다, 반박하다, 항구하다.
contradictǐo, -ónis, f. 반박(反駁), 반대(反對), 부정,
　모순(矛盾), 자가당착(自家撞着), 모순당착, 자기모순.
　(論) princípium contradictiónis. 모순율, 모순원리/
　signum contradictionis. 반대 받는 표적.
　(성 염 옮김. 사랑만이 진리를 깨닫게 한다. p.401)/
　suspensio mentis inter utramque contradictionis partem.
　양자의 반대편 사이에서의 중지(미결).
contradictǐo apparens 가상 모순법(假想 矛盾法)
contradictǐo conceptuum 개념의 모순(槪念 矛盾)
contradictǐo in terminis. 용어(用語)에 있어서 모순
contradictǐo propositiónum. 명제의 모순(命題 矛盾)
contrádíctor, -óris, m. 반대론자(反對論者)
contrādictórǐe, adv. 모순되게, 정반대로
contrādictórǐus, -a, -um, adj. 모순의.
　(論) opposítio contradictória. 모순대당(矛盾對當).
contráěo, -íví -ítum, -íre, anom., intr.
　반대하다, 반대로 가다.
contrafacta, -æ, f. (음악용어) (獨 Kontrafakte)
　14세기 세속가요에 대한 종교가요(Cantus religiosus).
contráfáctǐo, -ónis, f. 대조(對照), 비교(比較), 유사
cóntrǎhens, -éntis, m.(f.) 계약 당사자(當事者)
cóntrǎho, -tráxi -tráctum -ěre, tr. (cum+traho)
　수축시키다, 당기게 하다, 움츠리게 하다(움츠리다),
　오그리다, 접다, 찌푸리다, 축소시키다, 단축시키다,
　좁히다, (말을) 간단하게 하다, 간추리다, 요약하다,
　묶다(אסר.רטק.קשר.חבר.אגד), 죄다, 졸이다,
　제한하다, 제어(억제)하다, 한데 모으다,
　집결(집합)시키다, 소집하다, (관계를) 맺다,
　(계약을) 체결하다, 매매하다(סחר),
　거래(去來)하다, (누구와) 볼 일보다,
　(관계된 일을) 처리하다, 불러일으키다, 초래하다,
　생기게 하다, 저지르다(πράσσω), 걸머지다,
　병(病)에 걸리다, 손해(損害)를 입다(당하다).
　(醫) 수렴(收斂)시키다, 굳히다, 아물게 하다.
　pass. cóntrahi alqo morbo. 병으로 마비(痲痺)되다.
　æs aliénum contráctum. 걸머진 빛/
　contráctus frígore. 추위에 마비된/
　manum contraho. 주먹을 불끈 쥐다/
　matrimónium contraho. 결혼하다/
　peccáta contraho. 죄를 짓다/
contraho amicítiam. 우정을 맺다
contraho ánimum. 마음 졸이다, 침울해지다
contraho bellum cum alqo. 전쟁을 벌이다
contraho frontem. 이맛살을 찌푸리다(rugo frontem)
contraho mella. 꿀을 모아들이다
contraho morbum. 병에 걸리다(חלה.אנש.קזר)

contraho negótium *alci*. 누구를 번거롭게 하다
contraho vela. 돛을 접다
contrājácens, -éntis, adj. 반대되는, 정반대의
contrálĕgo, -ĕre, tr. (contra+lego) 대조하여 읽다,
   (책의 잘못된 곳을) 교정하다.
contrāpóno, -pósŭi, -pósĭtum, -ĕre, tr. 반대편에 놓다,
   대치(代置)시키다, 대립시키다, 대조하다, 비교하다.
contrāposítĭo, -ónis, f. (論) 환질환위법(換質換位法)
contrāposĭtum, -i, n. 대우(對偶=논리학에서, 주어진 명제의
   결론을 부정한 것을 가설로 하고, 가설을 부정한 것을 결론으로 한 명제):
   반대론(反對論).
contrareformátĭo, -ónis, f. 종교개혁 반대운동,
   反종교개혁 혁신운동(宗. ⑨ Counter Reformátĭon).
Contraria contrariis curantur. (이열치열以熱治熱)
   대립되는 것은 대립되는 것으로 치유한다.
Contraria sunt complementa.
   모순적인(반대되는) 것들이 상호 보완한다.
contrāríĕtas, -átis, f. 반대(反對), 상반(相反)
contrárĭi, -órum, m., pl. 반대자들, 적들
contrárĭum, -i, n. 반대방향(反對方向), 정반대, 상반.
   (論) 반대대당(反對對當). (修) 대조법(對照法).
   e(ex. a) contrário 반대로/
   in contrarium. 반대방향으로, 거꾸로/
   Contrarii quibuslibet minime obstantibus.
      이와 반대되는 규정은 아무 것도 인정되지 않는다/
   Non obstanibus in contrarium facientibus quibuscumque.
      이와 반대되는 모든 규정은 무효이다.
contrárĭus, -a, -um, adj. 반대편의, 맞서있는, 맞은편의,
   마주 보이는, 마주쳐 오는, 전면의, 정반대의, 거꾸로의,
   상반(相反) 되는, 상충(相衝)하는, 어긋나는, …와 반대되는,
   어긋나는, 거스르는, 역행(逆行)하는, 반대하는, 화내는,
   적의(敵意)를 가진, 적대하는, 원수 된, 불리한, 해로운.
   Omnes homines sibi sanitatem cupiunt, sæpe
   autem omnia, quæ valetudini contraris sunt, faciunt.
      모든 사람들은 자신의 건강을 원하지만 종종
      건강에 해로운 모든 것들을 행한다/
   vulnera contraria. 이마에 입은 상처.
contraxi, "cóntrăho"의 단순과거(pf.=perfectum)
contrectábĭlis, -e, adj. 만져볼 수 있는, 감촉 되는
contrectátĭo, -ónis, f. 만져 봄, 어루만짐; 감촉.
   ((法) (남의 물건에) 손댐; 절도행위.
contrécto(=contrácto) -ávi -átum -áre, tr. (cum+tracto)
   만지다, 만지작거리다, 어루만지다, 손으로 다루다,
   더듬다, (여자를) 건드리다, 정조를 유린하다,
   남의 물건에 손대다, 훔치다, 더듬어 살피다,
   곰곰이 생각하다, 음미하다.
contrémĭsco, -trémŭi, -ĕre, intr. 몹시 떨리다.
   toto córpore. 온몸이 떨리다.
   tr. 무서워 벌벌 떨다, 겁내다.
contrémo, -mŭi, -ĕre, tr. 무서워 떨다, 전전긍긍하다.
   intr. 몹시 떨다, 흔들리다, 진동(震動)하다, 전율하다.
contrémui, "contremo"의 단순과거(pf.=perfectum).
   "contrémisco"의 단순과거(pf.=perfectum).
contrémŭlus, -a, -um, adj. 벌벌 떠는
contrĭbŭlátĭo, -ónis, f. 고뇌(苦惱)
contrĭbŭlis, -is, m. 동족(同族), 동향인, 동포(同胞)
contríbŭlo, -ávi, -átum, -áre, tr. (cum+tríbuo)
   압박(壓迫)하다, 괴롭히다.
contríbŭo, -bŭi -bútum -ĕre, tr. (cum+tríbuo)
   합치다, 합병하다, 편입하다, 집어넣다, 붙여 주다,
   할당하다(תקף), 나누어 맡기다, 분담하다, 기부하다,
   거금(醵金-갹금)하다, 세금을 바치다,
   기여하다, 공헌하다, 바치다.
contrĭbútĭo, -ónis, f. 기부(금), 의연(금), 거금(醵金-갹금),
   출자, 분담(액), 할당(割當) 기여(寄與), 공헌(貢獻).
contríbútĭo pro sustentatione = denárĭus pro cultus
   교회 유지비, 교무금(denárĭus pro cultus)(교회법규 제5규).
contrĭbútum, -i, n. 기부(금), 분담액(分擔額)

contrísto, -ávi, -átum, -áre, tr. (cum+tristis)
   어둡게 하다, 침침(음울)하게 하다,
   슬프게 하다, 마음 아프게 하다, 울적하게 하다.
   Sed non contristemur. 그러나 슬퍼하지는 맙시다.
contrítĭo, -ónis, f. 부서뜨림, 분쇄(粉碎), 뉘우침*
   회한(悔恨-뉘우치고 한탄함), 통회(痛悔.⑨ contrition)
   상등통회(attritio 하등통회와 대조).
contritĭo ex timore. 두려움의 통회
contritĭo imperfecta. 하등통회(⑨불완전한 뉘우침)
contritĭo perfecta. 상등 통회, 완전한 통회
contrítum, "contero"의 목적분사(sup.=supínum)
contrítus, -a, -um, p.p., a.p.
   부서진, 으서진, 진부한, 닳아빠진, 뉘우치는(마음을).
contrívi, "contero"의 단순과거(pf.=perfectum)
contrōvérsĭa(=contrōvórsĭa) -æ, f. 역행, 분쟁, 싸움,
   투쟁(鬪爭.⑨ Battle), 민사소송(民事訴訟), 쟁의(爭議),
   쟁송(爭訟-송사로 서로 다툼. 爭訴), 토론, 이론; 논쟁.
   controvérsiam facio. (무엇이) 논쟁을 불러일으키다.
controversia de baptismo hæreticorum.
   이단 세례에 대한 논쟁.
controversia de Cœna Domini. 성찬논쟁.
   성체논쟁(⑨ Eucharistic controversies).
controversia de data celebrátĭonis Paschatis.
   부활축일 논쟁(⑨ Paschal controversy).
Controversia de Filioque. 필리오케 논쟁(論爭)
   (⑨ Filioque Controversy).
controversia de gratĭa. 은총론 논쟁(恩寵論爭)
controversia de indulgentia. 대사(大赦) 논쟁
Controversia de investitura. 임직권 또는 서임권 논쟁,
   성직 서임권 논쟁(⑨ investiture Controversy).
controversia de ritibus. 예식 논쟁
controversia de ritibus in China. 제사 논쟁(祭祀論爭),
   중국의 의례 논쟁(⑨ Chinese rites controversy).
controversia de tribus capitulis.(⑨ three chapters
   controversy) 삼장서 논쟁.
controversia de Trinitate. 삼위일체 논쟁(論爭)
controversia de universalibus.(⑨ controversy of
   universals). 보편 (개념) 논쟁(論爭).
controversia juridica. 법정 쟁송(法廷爭訟)
controversia sacrarum imaginum.(⑨ Iconoclastic
   Controversy). 성화상 논쟁(論爭).
controversiæ terminus.(⑨ term of the controversy)
   쟁송의 목표.
controversiæ theologicæ. 신학적 논쟁들
contrōversiális, -e, adj. 논쟁의, 토론의
contrōversíŏla, -æ, f. 자그마한 논쟁(論爭)
contrōversiósus, -a, -um, adj. 논쟁의 여지가 많은
controvérsor, -átus sum, -ári, dep., intr.
   (contra+versor) 토론하다, 논쟁하다.
contrōvérsus, -a, -um, adj. 반대되는, 대립되는,
   논쟁의, 논쟁 중인, 토론중인; 모호한.
contrōvórsĭa = contrōvérsĭa 논쟁, 역행, 분쟁, 쟁론
contrŭcído, -ávi, -átum, -áre, tr. (cum+trucído)
   (사냥꾼.백정이 쓰러진 짐승을) 토막 내다.
   난도질하다, (사람을) 살해하다, 학살하다, 망쳐놓다.
contrúdo, -úsi, -úsum, -ĕre, tr. (cum+trudo)
   밀쳐 넣다, 떠밀어 넣다; 밀려가게 하다.
contrúnco, -ávi, -átum, -áre, tr. (cum+trunco)
   베어 들어가다, 자르다, 썰다, 목을 자르다, 죽이다.
contrúsi, "contrúdo"의 단순과거(pf.=perfectum)
contrúsum, "contrúdo"의 목적분사(sup.=supínum)
contŭbernális, -is, m., f. (cum+tabérna)
   (합숙하는) 동료(φίλος.同僚), 전우, 동료 관리(官吏),
   (군사교육을 받기 위한) 장군의 측근 견습생(見習生),
   동거자, 노예의 배우자(남편.아내).
   f., pl. præcláræ contŭbernális.
      Antonius 황제 천막에서 지내던 창녀(娼女)들.
contŭbérnĭum, -i, n. (cum+tabérna) 공동(동거) 생활,

귀족 청년들의 (장군 밑에서의) 견습생활,
노예들의 결혼, 야합, 동서생활(同棲生活-법적인 부부가
아닌 남녀가 한집에서 부부의 관계를 맺고 같이 삶). 교제, 친교,
공동 천막; 공동 주거, 노예 숙소, 수벌집(雄蜂巢).
(軍) 10인조 합숙(合宿).

contúdi, "contúndo"의 단순과거(pf.=perfectum)
contŭĕor, -túĭtus sum, -éri, dep., tr. (cum+túeor)
자세히 보다, 살펴보다, 지켜보다, 헤아려 생각하다,
음미하다, 보호하다, 지키다.
contŭĭtus, -us, m. 바라봄, 주시(注視), 견지, 입장
contŭli, "confero"의 단순과거(pf.=perfectum)
contŭmácĭa, -æ, f. 고집(固執), 완강(頑强), 확고함,
완고(σκληροκαρδια.頑固-성질이 완강하고 고루함),
오만(傲慢-잘난 체하여 방자함), 불손(不遜).
(法) 법정 출두 거부; 명령 항거(命令 抗拒),
항명(抗命-교회 법정에서 결정한 사항을 멸시하는 태도),
명령위반, 군사상 명령불복종('Absentia, Res judicata' 참조).
[1. '콘투마치아contumacia'는 일반적으로 정무관의 명령, 특히 법무관 또는
심판인의 명에 따르지 않거나 답변하지 않는 등의 법정모욕이다. 소환명령을
받았음에도 출두하지 않거나 소환명령을 피하기 위해 숨는 것도 이에 해당된다.
2. 'contumacia'는 군사상 명령불복종을 의미한다. 군사령관 또는 군사작전 중의
속주총독에 대한 명령불복종은 사형으로 처단되었다. 항명抗命, petulantia는 가장
중대한 명령불복종으로 예건대 상관에 대항하여 신체적 폭력을 가한 경우이다.
상관이 고위 장교일 경우 사형에 처해졌다. 3. 이러한 군사용어가 가톨릭교회의
교회법에 수용되어 장상의 명령에 순종하지 않는 장기간의 항명에 적용되었다.
"장기간의 항명이나 심각한 추문으로 필요한 경우, 다른 형벌이 추가될 수 있고
성직자 신분에서 제명 처분도 예외로 하지 않는다"[Si diuturna contumacia vel
scandali gravitas postulet, aliae poenae addi possunt, non excepta dimissione
et statu clericali. (교회법 제1364조 제2항).
한동일 지음. 로마법의 법을 격언 모음집에서(출간예정)].
cádere in contumacia. 법정 소환에 응하지 않다/
Contumaces non videntur, nisi qui, cum obedire
deberent, non obsequuntur.
만일 복종해야할 때 따르는다면 항명이라고 보지 않는다/
Contumax non appellat.
항명은 법원에 출두하지 않는 것이나/
Ea quæ statuuntur adversus absentes non per
contumaciam, judicatæ rei firmitatem non obtinere
certum est. (quomodo et quando judex senten.)
항명으로 인한 것이 아닌 궐석자에게 불리하게 내린 판결은
기판력(기판사항)의 확고부동함을 얻지 못함이 자명하다/
Non fraudationis causa latitat qui, si judicium acciperet,
absolvi deberet. '심판인 절차judicium'를 받고 사면되어야
했다면, '사해(詐害-사기하여 남에게 손해를 입히는 것을 말한다)' 원인
에 의해 법정출두를 기피한 것이 아니다.
['유디치움judicium'은 기술적으로 심판인 법정을 지칭한다. 이 때문에 심판인의
판결을 'iudicium'이라고 부르지 않고 'sententia'라고 부른다. 심판인 법정은
방식서 소송절차에서 원고에 의하여 주장이나 사실 따위를 붙이기 위한 의견이나
내용이 개진되고iudicium edere, 피고에 의해 수용되며iudicium accipere,
사법정무관에 의해 부여된다iudicium dare. 이를 위해 필요한 심판인들은
심판인 명부에서 지명되거나 선임되었다. 피고의 응소강제는 공법에 의해
재판관으로 임명되고 공식적인 재판관 면전에서 선임된 재판관 면전에서만 존재
하였다. 아주 오랜 옛날의 법은 소송절차에서 심판인의 지정은 의식적儀式的인
재판기일지정iudicium addicere에 후속하였다. '법정 개정 가능일dies fasti'에
구속된 판결의 효력은 채무에 대한 '소진효로' 나타났다. 그것은 소송개시로부터
심판인 면전으로 온 권리는 더 이상 존재하지 않게 되고 유책판결을 받은 피고
에게 비로소 심판인이 내린 판결액의 지급을 위해 판결이행채무의 형태로 다시
발생한다. 이러한 고도의 의식적儀式的인 법은 제정기의 고전법에서도 여전히
적용되었는데, 그러나 심판인을 당사자가 로마시민이고 채무가 시민법상의 것이었
을 경우에만 그러하였다. 법무관에 의해 부여된 사실에 기초하여in factum 작성
된 방식서도 이 경우 심판인은 이러한 소진효를 알지 못했다. 소진효는
고전적시대의 자연법에 근거를 둔 소송에도 낯설었다. 이 경우 심판인은 상당한
재량을 가졌기에 심판인judex이 아니라 재정인arbiter이라 불렀다. 그래서 그의
면전에서의 절차는 재판iudicium이 아니라 재정arbitrium이었다.
한동일 지음. 로마법의 법을 격언 모음집에서(출간예정)]/
Non negligentibus subvenitur, sed necessitate rerum
impeditis. 무관심한 사람을 돕게 되는 것이 아니라 일
(목적물)의 필요로 인해 발이 묶인 사람을 돕게 된다/
Poenam contumacis non patitur, quem adversa valetudo
vel maioris causæ occupatio defendit. 건강이 좋지 않거나
중대한 원인의 일로 바쁜 것은 항명의 벌을 받지 않는다.
contumacia formalis. 형상적 항명
contumacia virtualis. 잠재적(潛在的) 항명
cóntŭmax, -ácis, adj. (cum+temno) 완고한, 고집 센,
완강한, 권위(명령)에 복종(응)하지 않는, 오만불손한.
contŭmélĭa, -æ, f. 모욕(모욕은 인격침해의 한 종류로 여긴다).
('Iniuria' 참조), 학대(虐待), 폭행(暴行) 능욕(陵辱),

면박(面駁-얼굴을 마주하여 꾸짖거나 논박함),
남을 헐뜯어 명예 손상을 주는 모욕적인 행위,
무례한 언동, 타격(打擊), 공격(攻擊).
Brundisini, Pompeianorum militum injuriis atque ipsius
Pompei contumeliis permoti, Cæsaris rebus ferebant.
브룬디시움 사람들은 폼페이우스파 병사들의 행패와
폼페이우스 본인의 멸시에 상심하여 카이사르의 사정을
편들고 있었다.[성 염 지음. 고전 라틴어, p.395]/
contuméliam fero. 모욕을 당하다/
Contumeliam nec fortis potest nec ingenuus pati.
모멸(侮蔑)이라는 것은 강직한 사람이나
유약한 사람이나 견뎌내지 못한다(Publilius Syrus)/
facile ærumnarum ferre possunt si inde abest injuria;
etiam injuriam, nisi constant contumeliam.
불의에서 오는 것이 아니라면 사람들은 고난을 쉽사리
참을 수 있다네. 그리고 불의도 견뎌낼 수 있지. 모욕을
당하지 않는다면 말일세(성 염 지음. 사랑만이 진리를 … , p.450)/
Nihil contumeliárum défuit, quin subíret.
그가 당하지 않은 모욕은 하나도 없었다/
Omnis animadversio et castigatio contumelia vacare
debet et ad rei publicæ utilitatem referri.
일체의 경고와 형벌은 멸시를 띠어서는 안 되며,
공화국의 이익에 연관되어야 한다/
patior facile injuriam, si est vacua a contumelia.
욕되는 것만 없다면 말일세 불의도 기꺼이 참겠어.
(성 염 지음. 사랑만이 진리를 깨닫게 한다. p.450)/
Venit superbia, veniet et contumelia; ubi autem
autem sapientia. (ou~ eva.n eivse,lqh| u[brij evkei/ kai avtimi,a
sto,ma de. tapeinw/n meleta/| sofi,an) (獨 Wo Hochmut ist,
da ist auch Schande; aber Weisheit ist bei den
Demütigen) (⑨ When pride comes, disgrace comes;
but with the humble is wisdom)
오만이 오면 수치도 오지만 겸손한 이에게는 지혜가
따른다(성경 잠언 11. 2)/잘난 체하다가는 창피를 당하는
법, 슬기로운 사람은 분수를 차린다(공동번역 잠언 11. 2).
contumélĭósus, -a, -um, adj. 모욕적인, 욕되게 하는,
무례한, 오만불손(傲慢不遜)한.
contumeliis opertus. 크게 모욕당한
contŭmŭlo, -áre, tr. (cum+túmulo) 쌓아 올리다,
무더기로 쌓다, (봉분을 만들어) 파묻다, 매장하다.
contúndo, -túdi -tú(n)sum -ěre, tr. (cum+tundo)
후려치다, 때려 부수다, 격파하다, 타박상을 입히다.
분쇄하다, 짓이기다, 으깨다, 뭉개놓다.
찌그러뜨리다, 뿌리 뽑다, 무력하게 하다, 좌절시키다,
짓누르다, 진압하다, 괴롭히다, 시달리게 하다.
Conturbati vero et conterriti existimabant se
spiritum videre. 그들은 너무나 놀랍고 무서워서
유령(幽靈)을 보는 줄 알았다.
conturbátĭo, -ónis, f. 혼란(混亂), 난맥상, 당황함,
당혹(當惑-갑자기 일을 당하여 어찌할 바를 모르고 쩔쩔맴).
conturbátor, -óris, f. 혼란케 하는 자; 탕진하는 자
conturbátus, -a, -um, p.p., a.p. 어지러워진, 혼란된,
질서 잃은, 마음이 산란해진, 당황한.
óculus conturbatus. 난시(亂視), 뿌옇게 보이는 눈.
contúrbo, -ávi -átum -áre, tr. (cum+turbo)
혼란에 빠뜨리다, 흐트러뜨리다, 어지럽게하다(ㅁㅠㄱ),
뒤섞어 놓다, 걱정시키다, 마음을 산란하게 하다,
당황하게 하다, 파산시키다, 아무의 계획을 망쳐놓다.
conturbo ratiónes. 파산하다
conturmális, -is, m. 기병대의 동료(騎兵隊 同僚)
contúrmo, -áre, tr. (cum+turma) 기병대에 편입시키다
contus, -i, m. 막대기, 장대(긴 막대), 긴 창,
죽창; 줄 달린 창, 삿대("상앗대"의 방언).
contúsĭo, -ónis, f. 짓이김, 타박상(打撲傷)
contúsum(=contunsum), "contundo"의 목적분사(sup.=supínum)
contúsum, -i, n. 타박상 입은 신체 부위
contútor¹, -átus sum, -ári, dep., tr. 보호하다; 숨겨서 살리다
contútor², -óris, m. 공동 후견인

conub… V. connub…

cōnus, -i, m. 원추형, 투구 꼭대기, 잣송이, 솔방울

convádor, -átus sum, -ári, dep., tr. 법정으로 소환하다

convălescéntia, -æ, f. 건강 회복, 건강 회복기

convălésco, -válŭi, -ĕre, intr. (cum+váleo) 힘을 얻다,
강해지다, 힘차게(무럭무럭 자라다), 건강을 회복하다,
회복되어 가다, 추서다(병 따위로 쇠약해진 몸이 회복되다),
쾌차하다, 세력을 뻗치다, 확대되다, 왕성해지다,
거세어지다, 완강히 뿌리박다, 유효하게 되다.
ex morbo convalescere. 앓다가 건강이 회복되다.

convălĭdátĭo, -ónis. 유효화(⑨ Validátion of Marriage)

convalidátio matrimonii. 혼인의 유효화(婚姻 有效化).
sanátĭo in radice. 근본 소급 유효화(有效化).

convalidátio simplex. 단순 유효화(有效化)

conválĭdo, -ávi, -átum, -áre, tr. 유효한 것으로 인정하다

convallátĭo, -ónis, f.
방책(防柵-말뚝을 박아서 만든, 적을 막기 위한 울타리).

convállis, -is, f. 계곡의 평원; 골짜기,
사방이 산으로 둘러막힌 분지(盆地).

convállo, -ávi, -átum, -áre, tr. (cm+vallum)
방책으로 둘러막다.

convălŭi, "convălésco"의 단순과거(pf.=perfectum)

convárĭo, -áre, (cum+várius)
tr. 여러 가지 무늬,반점으로 채색하다.
intr. 다채롭다, 여러 가지 있다.

conváso, -ávi, -átum, -áre, tr. (짐) 싸다, 꾸리다

convéctĭo, -ónis, f. 운반(運搬), 운송(運送)

convécto, -áre, tr., freq. 운반하다, 나르다

convéctor, -óris, m. 운반 담당자(運搬 擔當者),
(흔히 배에) 동승(同乘)한 사람.

convectum, "convého"의 목적분사(sup.=supínum)

cónvĕho, -véxi -véctum -ĕre, tr. (cum+veho)
함께 싣다; 실어 나르다, 농산물을 실어다 창고에 쟁이다.

convéllo, -vélli -vúlsum(vólsum) -ĕre, tr. (cum+vello)
뽑다, 잡아 빼다; 뽑아 옮기다, 철거하다, 걷어치우다,
퉁겨지게 하다, 약화시키다, 흔들리게 하다,
떨어뜨리다(רגז.רתא), 무너(쓰러)뜨리다, 앗아가다;
때리다, 타격 주다, 혼란시키다(בלב.לבב.לבלב),
바꿔 놓다, 폐기하다. pass. 삐다.

convélo, -ávi, -átum, -áre, tr. (cum+velo) 은폐하다,
덮다(כסא.כס.אסא.חסי), 가리다(כסא.כס).

cónvĕna, -æ, m., f., adj. 모여 드는, 모인.
aquæ cónvenæ. 합류된 물.

cónvĕnæ, -árum, m., pl.
타지방에서 몰려든 사람, 나그네, 외국인(⑨ Foreigner).

convéni, "convénĭo"의 단순과거(pf.=perfectum)

convénĭens, -éntis, p.proes., a.p. 잘 맞는, 어울리는,
적합한; 조화되는, 일치하는, 마땅한, 타당한, 화목하는.

Convenientes ex universo. 세상에 있어서의 정의.
(1971.11.30. 문헌)

Convenientes ex Universo. 세계정의.
(1971.11.30. 제2차 세계주교대의원 회의 최종문서).

convénĭéntĭa, -æ, f. 한데 모여옴, 모임(⑨ Assembly),
일치(κοινωνία.一致.⑨ Communion), 조화(調和),
화합, 질서정연함, ((文法)) (성.수.격.인칭의) 일치.
Argumentum ex convenientia. 조화논증.

convenientĭa entis ad intellectum.
존재자의 지성에의 합치.

convenientĭa proportĭonis. 비례의 일치

convénĭo, -véni -véntum -íre, intr. (cum+vénio)
intr. 같이 오다, 만나다(שׁוא), 모이다, 모여들다,
관할법정이 있는 특정 도시에 회동하다, 시집가다,
교접하다, 한곳에서 합쳐지다, 마주치다(שׁוא), 닥치다,
동시에 발생하다, 잘 맞다, 꼭 들어맞다, 일치하다,
부합하다, 맞아떨어지다, 어울리다, 적합하다, 어울리다,
조화되다, 어울리다, 합당하다, …해도 되다,
성립되다, 이루어지다, 인정되다, 타결되다,
합의되다, 약속되어 있다, 전원일치로 합의되다,

(…사이에) 합의가 이루어지다, 뜻이 맞다,
마음이 합쳐지다, 화해되다.
ad pedem apte convenio. 발에 꼭 맞다/
anima nata est convenire cum omni ente.
영혼은 모든 존재자와 부합하게 되어 있다/
convenio in manum. (로마 풍습대로) 시집가다/
convenio in matrimonium. (정실부인으로) 시집가다/
convenio in unum. 한 곳으로 모이다/
Conveniunt utriúsque verba. 두 사람의 말이 일치 한다/
Cum his mihi nec locus convénit.
나는 이들과 장소에 대해서도 합의를 보지 못했다/
cum re convenio. 사실과 맞아떨어지다/
Haud cónvenit unā ire cum amícā imperatórem
in viam. 황제가 여자 친구와 함께 한길로 나가는
것은 전혀 합당하지 않다/
In disciplínam convéniunt. 배우러 모여 든다/
Judex. qui inter adversários convénit.
양편에서 다 인정한 재판관/
Mihi cum alqo convénit, ut
나는 아무와 …하기로 결정했다/
Pax convenit. 평화가 이루어졌다/
Primo bene conveniébat inter eas,
그 여자들이 처음에는 뜻이 잘 맞더니/
Undique eo convéniunt. 모든 방면에서 그곳으로 모여든다.
tr. 찾아가다, 만나러 가다, 만나다.
법정으로 불러내다, 누구를 걸어 소송하다;
…에 대하여 판결을 내리다, 심판하다.

conventícĭus, -a, -um, adj. 모여드는, 찾아오는.
n. 회의 출석 보수(수당).

conventícŭlum, -i, n. 작은 모임, 집회, 회합장소

convéntĭo, -ónis, f. 회동('Contractus, Cautio' 참조),
모임(⑨ Assembly), 집합(集合),
집회(⑨ Assembly), 만남, (불일 보러) 찾아감, 방문,
법정으로의 소환, 계약(契約.דִּבְרַ.⑨ covenant),
약속(ἐπαλλελίον.約束.⑨ Promise),
약정(約定.⑨ convéntĭon), 약조(約條).
['콘벤티오.convéntĭo'는 즉시 체결되는 취득을 내용으로 하는 공동의 합의를 뜻
하는 화해약정으로 포괄적이고, 지속적인 양해를 내용으로 하는 합의를 말한다.
'convéntĭo'는 통상 부대약정을 의미하는 '약정'이나 '합의'를 가리키는 '팍툼 콘벤툼
pactum conventum'보다 자연적으로 앞서는 단어이다. '콘벤티오.convéntĭo'는
'팍툼 콘벤툼pactum conventum'과 달리 고전법 체계상 단기간의 방식으로 하는
세 가지 계약, 즉 당사자 일방의 채권 취득을 내용으로 하는 요물소비대차.
문답계약, 문기상고계약의 기초가 된다. 이런 의미의 합의 내지 양해는 채권의
취득과 함께 끝난다는 의미에서 단기간의 순간적인 합의라고 할 수 있다. 그래서
이러한 합의는 국가 이전의 자연 상태에서 기원한다고 설명된다. 그러하여
'콘벤티오'는 당시에 비평화적인 상태에서도 사실상의 교환관계의 실행을 가능
하게 하였다. 고전시대 성기盛期에 이르러 이 개념이 법제화된다. 이 시기의
'약정, 합의에 관한De pactis conventis' 고시주해에서 '콘벤티오.convéntĭo'는
'팍툼 콘벤툼pactum conventum'을 하위개념으로 포섭하는 계약법상의 상위개념
으로 등장한다. 그고 이 개념의 출현에 대한 유추해 보면 채무ből obligatio는
법적 양해conventio로부터 발생된다는 개념이 뒤따른다. 그러하여 이 관념은
고전법상 거자취득인 교환계약의 인정을 가능하게 하였다는 것을 전제로 하였다. 이렇게
하여 '팍툼 콘벤툼pactum conventum'과 달리 순수한 평화적 요소도 지니지
않은 '콘벤티오.convéntĭo'는 우선 '차용물에 관한De rebus creditis' 고시에 배열
된 후에 당사자 일방의 채권취득을 내용으로 하는 요식계약에, 그리고 고전
시대 성기盛期에 선 이행을 한 교환의 당사자 일방이 채권을 취득하는 것을
가능하게 하였다. 고전시대 후기 법학자들은 합의를 세 가지 종류species으로
나누었다. 즉 군사계약이 체결한 광부 협정 등의 공공 합의publicae ex publica
causa, 시민법상의 계약conventes legitimæ과 같은 사적 합의privatæ ex
privata causa, 만민법conventiones iuris gentium상의 합의 등이다.
한동일 지음, 로마법의 법률 격언 모음집에서(출간예정)].
Legitima conventio est, quæ lege aliqua confirmatur.
어떤 법률에 의해 인정되는 것이 합법적 합의이다/
Omnis conventio interpretatur rebus sic stantibus.
모든 협약은 현재의 사정으로써 해석 된다/
Privatorum conventio juri publico non derogat.
사인들 간의 합의는 공법으로 축소하지 않는다/
사적인 약정으로써 공공권리를 제한하지 못 한다/
tácita convéntĭo. 묵계(黙契-黙約).

Conventio legem dat contractui.
합의는 계약에 계약조건을 부여한다.

Conventio vincit legem. 합의는 법에 이긴다.

Conventio vincit legem. Convenances vainquent loi.
합의가 법을 이긴다. 계약은 법률에 이긴다.

conventiōnális, -e, adj. 합의상의, 계약상의.
  simonía conventionalis. 계약(합의적) 성직 매매.
conventuális, -e, adj.
  공동의, 모여서 하는, 수도회(수녀회)의.
conventum, "convenio"의 목적분사(sup.=supínum)
convéntum, -i, n. 계약(契約).⑨ covenant),
  약정(約定), 약조(約條), 협정(協定).
convéntus¹, -a, -um, p.p., a.p. 모인, 만난, 고발되어 소환된.
  m. 피고(被告).⑨ defendant.獨 Beklagte).
convéntus², -us, m. 모임(⑨ Assembly), 회합, 집회,
  마주침, 엉겨 붙음, 연방 법정, 재판 심의회의,
  주(州)에 거주하는 Roma 시민의 지방의회(地方議會),
  지방 순회 재판(소), 협정, 계약, 약정,
  (가) 수도원(⑨ Convent), (특히) 수녀회; 수녀원.
  ex conventu. 협정에 의해서.
conventus curiæ romanæ. 로마 성청 수도원
conventus monasterium(monialium) 수녀원(修女院)
Conventus Plenárĭus est aut Ordinárĭus aut
Extraordinárĭus. 주교회의 총회는 정기 총회와
  임시 총회가 있다(교회법 제453조 참조).
Conventus Plenárĭus Extraordinárĭus.
  주교회의 임시 총회(臨時總會-주교회의 정관 제9조).
Conventus Plenárĭus. 주교회의 총회
Conventus Plenarius Extraordinarius convocetur
ab Episcopo Præside ex decisione Consilii
Permanentis vel consensu duarum ex tribus
partibus membrorum per litteras accepto.
  임시 총회는 상임위원회의 결정 또는 주교회의 회원
  3분의 2의 서면 찬동을 얻어 의장이 소집한다.
Conventus Plenárĭus Ordinárĭus convocetur bis in
anno. 주교회의 정기 총회는 매년 2번 소집된다.
  (주교회의 정관 제8조)
convĕnústo, -áre, tr. (cum+venústo)
  꾸미다(תיג.בצ.וטצ), 단장하다.
convérbĕro, -ávi, -átum, -áre, tr. (cum+vérbero)
  채찍질하다, 매질하다, 치다(때리다), 두들기다.
convérgo, -ĕre, intr. 모여들다, 집중하다
converri, "converro"의 단순과거(pf.=perfectum)
convérro, -vérri -vérsum -ĕre, tr. (cum+verro)
  (방 따위를) 말끔히 쓸다, 청소하다, 쓸어 모으다,
  쓸어 내다, 때려 내쫓다, 얻다(חכל.יכל.קנא.קנה), 벌다,
  긁어모으다, 휩쓸어 오다.
convérsa, -æ, f. 개종한 여자
conversátĭo, -ónis, f. 뒤적거림, 손때 묻힘(묻음),
  틀어박힘, 체재, 사귐, 교제, 친교, 사교,
  이야기 나눔, 대화, 회화, 생활양식(태도.자세).
  et ipsi sancti in omni conversatione.(⑨ to be holy in all
  conduct) 모든 행위에 거룩한 사람이 되십시오.(1베드 1. 15)/
  Incipit liber de interna conversationes.
  내적 행동거지에 대하여/
  sanctæ conversátĭónis habitum. 거룩한 수도생활의 복장.
conversátĭo morum. 수도승 생활양식
conversátĭo secundum vitam spiritualem.
  신과의 정신적 삶에 대한 대화.
convérsĭo, -ónis, f. 회전(回轉), 순환(循環-끊임없이 자꾸 돎),
  방향 전환, 회귀(回歸-한 바퀴 돌아 다시 본디의 자리로 돌아옴),
  주기적 운행, 변화(變化), 변혁(變革), 변질(變質), 귀의,
  개종(改宗) Conversion.獨 Konversion), 개심(잘못된 마음을 고침)
  회두(回頭-회개를 뜻하는 옛 용어), 회심(⑨ Conversion).
  회개(悔改.⑨ Conversion.כלב.μετάνοια.獨 Buße.
  프 pénitence), (윤리적인) 생활개선.
  (論) 환위법. ((修)) 문장 끝 부분에서) 같은 말의 반복.
  De zelo pro peccatorum conversione.
  죄인들의 회개를 위한 열성에 대하여/
  Eucharistia morumque conversio.(⑨ The Eucharist and
  moral transformation) 성찬례와 도덕적 회개/
  subita conversio. 갑작스런 개종(改宗).
conversio ad creaturas. 피조물들을 향해 돌아섬

conversio ad Deum. 하느님을 향한 회심
conversio ad phantasmata. 감각상 귀환,
  표상에로의 전환.전회(轉回), 환타즘으로의 복귀(復歸).
conversio ad sensibilia 감각상 귀환(歸還)
conversio alimenti. 영양물의 변환
conversio completa ad seipsum intellectus.
  지성의 완전한 자기 회귀.
conversio continua. 부단한 회개(悔改)
conversio morum(⑨ Conversion of Manners)
  품행개선, 개과천선(改過遷善)
conversio per accidens. 한량환위(限量換位)
conversio per contrapositĭonem. 환질환위(換質換位)
conversio propositĭonum. 명제의 환위법(換位法)
conversio rei publicæ. 혁명(革命)
  homines novarum rerum cupidi. 혁명파.
conversio radicalis. 근본적 개심(根本的 改心)
Conversionis dialogus. 회개의 대화
Conversionis Sacrámentum*
  고해성사(교리서 1423-4항), 회개의 성사(聖事).
convérso, -áre, tr. 돌리다. se converso. 회전하다.
  Quod in veritate et humilitate coram Deo conversandum
  est. 진실하고 겸손하게 하느님 대전에서 행할 것.
convérsor, -átus sum, -ári, dep., intr. …에 살다,
  거처하다, 지내다, 있다, 함께 지내다(살다),
  사귀다, 교제하다, 왕래하다, 수작하다, 서로 이야기하다.
conversum, "convero"의 목적분사(sup.=supínum),
  "converto"의 목적분사(sup.=supínum).
convérsum, -i, n. 역(逆), 거꾸로 되는 관계,
  반대, 이면(裏面-속, 안쪽 면, 겉으로 드러나지 않은 속사정).
conversus, -i, m. 개종자(改宗者-개종한 사람),
  (수도원의) 평수사平修士-성직을 지망하지 않는 수도자).
  [옛날 수도원에서는 수도복도 성직 수도자와는 다르게 입어 fratres barbati라고
  했다. 평수사 제도는 11세기에 생겼으며 Camaldoli회, 베네딕도회에 채용되어
  Conversus라 불렀는데, 이는 세속 생활을 하다가 돌아온 사람이란 뜻으로
  그렇게 불렸다. Cluny 수도회에서는 illiterati(문맹자) 또는 idiotæ(우매한 자)
  라고 불렀다. 백민관 신부 엮음. 백과사전 1, p.714].
converte, 원형 convérto, -vérti -vérsum -ĕre, tr.
  [명령법, 단수 2인칭 converte, 복수 2인칭 convertite].
  Eia, ergo, advocáta nóstra, illos túos misericórdes óculos
  ad nos convérte. 그러므로, 우리의 자애로우시여,
  당신의 자비로운 눈을 우리에게 돌려주소서.
convertens, 원형 convérto, -vérti -vérsum -ĕre, tr.
  [현재분사, 단수 convertens, 복수 convertentes].
converti, "converto"의 단순과거(pf.=perfectum)
convertíbĭlis, -e, adj. 변환(전환)될 수 있는,
  변할(바뀔) 수 있는, (論) 환위할 수 있는.
convertíbílĭtas, -átis, f. 변환(전환) 가능성, (論) 환위 가능성
convérto, -vérti -vérsum -ĕre, (cum+verto)
  tr. 돌리다, 돌아서게 하다, 돌려놓다, 방향을 전환시키다,
  (앞뒤.아래위 따위를) 바꿔놓다, 뒤집어 놓다,
  선회시키다, 회전시키다,
  (마음.정신.주의력.노력 따위를) 기울이다, 쓰다,
  돌리다, 무엇에 빠지다, 떨어지다,
  (다른 사람으로 하여금 마음.정신 따위를) 쓰게(기
  울이게.돌리게) 하다, 빠지게(떨어지게) 하다,
  따르게 하다, 주목을 끌다, 감탄시키다, 향하게 하다,
  (모양.성질.상태.조건 따위를) 온전히 바꿔놓다,
  변화시키다, 변혁하다, 전향시키다, 개종시키다,
  개심하게 하다, 번역하다, 통역하다.
  circum axem se converto. 자전하다/
  convérti in(ad) alqd. 무엇에 정신(마음)을 쓰다/
  converto alqd in rem suam. 착복(횡령)하다/
  converto gressus. 되돌아가다/
  converto iter in exilium. 유배지(流配地)로 가다/
  Converto librum e Græco in Latinum.
  책을 희랍어에서 라틴어로 번역하다/
  converto se ad voluntátem. 누구의 뜻을 따르다/
  converto se in(ad) alqm. 누구에게 의지하다,
  희망을 걸다, 누구 편에 붙다/

se converto. 돌아가다, 도망하다, 퇴각하다.
intr. 돌아서다, 돌아가다(오다), 전향하다,
…로 변하다, 바뀌다.
convéscor, (-ĕris, -ītur), -vésci, dep., intr.
(cum+vescor) 식사를 같이 하다.
convéstĭo, -ívi -ítum, -íre, tr. (cum+véstio)
(누구를) 옷 입히다, 옷을 입다, 장식하다, 두르다 싸다.
convexi, "conveho"의 단순과거(pf.=perfectum)
convéxĭo, -ónis, f.
가운데가 볼록함, 볼록한 융기(隆起), 불거짐, 도드라짐.
convéxĭtas, -átis, f.
철면(凸面), 둥근 융기(隆起); 반원형의 바깥쪽.
convéxo, -ávi, -átum, -áre, tr. (cum+vexo)
괴롭히다, 압박하다.
convéxus, -a, -um, adj. 궁륭형의, 둥근, 볼록한 모양의.
n. 둥근 천장; 궁륭, 경사진, 내리받이의; 험난한.
convĭátor, -óris, m. 동행자
convíbro, -ávi, -átum, -áre, tr. (cum+vibro)
떨다, 진동하다, 진동시키다.
convicánus, -i, m. 같은 동네 사람, 동향인(同鄕人)
convici, "convínco"의 단순과거(pf.=perfectum)
convicĭátor, -óris, m. 비방자(誹謗者), 헐뜯는 사람
convícĭor, -átus sum, -ári, dep., intr.
비방하다(ㄱㄱ), 헐뜯다, 나무라다(ㄱㄱ.ㄱㄱ).
p.p. pass. conviciátus. 함께 욕 얻어먹은.
convícĭum(=convitium), -i, n. (cum+vox) 소음(騷音),
시끄러운 소리, 떠들썩함, 아우성, 반대 함성,
비난(非難)의 아우성, 말다툼, 언쟁(言爭), 조롱(嘲弄)
비방(誹謗), 욕설(辱說) 책망(責望), 비난(非難).
convíctĭo¹, -ónis, f. 확고한 증명, 납득(納得),
설득(說得), 확신(確信). (法) 유죄판결(有罪判決).
convíctĭo², -ónis, f. 함께 지냄, 친교(親交), 교우(交友)
convíctor, -óris, m.
동거자(同居者), 친숙하게 지내는 사람, 친구.
convictum, "convinco"의 목적분사(sup.=supínum)
convíctus, -us, m. 공동생활, 동거(consortĭa tecta),
유대(紐帶), 친교(親交), 공동 식사; 연회(宴會), 잔치.
ab eo (convíctu) se retraho. 연회석에 빠지다.
convictus conjugalis. 부부 공생(夫婦共生)
convínco, -víci -víctum -ěre(cum+vinco) tr. 설득하다,
두 말 못하게 증명하다, 인정치 않을 수 없게 하다,
승복시키다, …의 유죄를 증명하다, 유죄로 판결하다,
증명하다, 확증하다, (잘못 따위를) 깨닫게 하다,
납득시키다; 확신하게 하다.
consciéntĭa convíctus. 양심의 가책에 못 이겨.
convinco alqm erróris.
아무에게 오류가 있음을 증명하다.
convínctĭo, -ónis, f. (con+víncio) 연결(連結)
convĭrésco, -ěre, intr. 푸르러지다
convíso, -ěre, tr. 관찰하다, 둘러 보다
convítĭum = convícĭum
conviva, -æ, m., f. 잔치 손님, 회식자(會食者)
convivales fabulæ. 식탁에서의 이야기
convivális, -e, adj. 회식의, 연회의, 잔치의
convivátor, -óris, m. 연회 주최자, 잔치 베푸는 사람
convīvĭális, -é, adj. = convivális
convīvífico, -ávi, -átum, -áre, tr. 함께 살려 주다
convívĭum, -i, n. (cum+vivo)
회식, 연회(宴會), 축연(祝宴-축하연회), 향연(饗宴),
잔치(⊕ Banquet), 회식자들, 연회자들, (협동) 조합.
Age hoc agitemus convívium. 자! 이 연회를 진행시키자/
convívio digma. 연석에서 자유로이 하는 말(연설)/
Convívia non iníbat, quippe qui ne in óppidum
quidem veníret. 그는 도심에 조차 오지 않았으므로
연회석(宴會席)에는 참석하지 않았다(quippe 참조)/
Eucharisticum convivium, suam aperiens indolem prorsus
eschatologicam, nostram adiuvat itinerantem libertatem.
성찬의 식탁은 그 강력한 종말론적 차원을 드러냄으로써

여정 가운데 있는 우리가 자유로울 수 있도록 도와줍니다/
Fecit ergo eis convivium, et comederunt et biberunt.
(kai. evpoi,hsen auvtoi/j doch,n kai. e;fagon kai. e;pion)
(獨 Da machte er ihnen ein Mahl, und sie aßen und
tranken) (⊕ Isaac then made a feast for them,
and they ate and drank. 창세 26. 30)
이사악은 그들에게 잔치를 베풀어 함께 먹고 마셨다(성경)/
이사악은 잔치를 베풀고 함께 먹고 마셨다(공동번역)/
in convívio. (in¹참조) 연회석상에서/
O sacrum convivíum, in quo Christus sumitur!
그리스도를 모시는 거룩한 잔치여!/
Refero in convívia gressum. 연회장으로 돌아가다/
tempestívum convívium. 미리 시작한 만찬(풍성한 만찬).
Convivium eschatologicum(⊕ The eschatological
banquet) 종말론적 잔치
convivium Paschale.(⊕ Paschal banquet)
해방절 잔치, 파스카 잔치.
convívo, -víxi -víctum -ěre, intr. (cum+vivo)
같이 살다, 공존하다, 같은 시대에 살다,
회식(會食)하다, 잔치를 벌이다.
convívor, -átus sum, -ári, dep., intr.
연회를 베풀다, 잔치하다, 회식하다.
convŏcátĭo, -ónisf. 소집(召集), 집회(⊕ Assembly),
회의(會議), 초청(招請), 초대(招待)
Convocátĭo Dei. 하느님의 교회(사목 13 典禮神學. p.83)
cónvŏco, -ávi, -átum, -áre, tr. (cum+voco) 함께 모으다,
초청(초대)하다, 불러 모으다, (회의 따위를) 소집하다.
in tribus pópulum convocáre.
부족별로 백성들을 소집하다.
cónvŏlo, -ávi, -átum, -áre, intr. 급히 모으다, 뛰어들다
convolsum = convulsum
"convéllo"의 목적분사(sup.=supínum).
convŏlútor, -átus sum, -ári, dep., intr.
굴러다니다, 떠돌아다니다.
convŏlútum, "convolvo"의 목적분사(sup.=supínum).
convolvi, "convolvo"의 단순과거(pf.=perfectum)
convólvo, -vólvi -volútum -ěre, tr. (cum+volvo)
감다, 휘감다, 둘둘(똘똘) 말다, 휘말다, 사리다,
돌리다, 굴리다, 싸다, 감싸다, 뒤덮다.
pass. 감기다, 휘말리다.
se convolvo. 돌다, 회전하다.
convolvŭláceæ, -árum, f., pl. (植) 메꽃과
convólvŭlus, -i, m. (植) 메꽃, 포도 갉아먹는 애벌레
cónvŏmo, -ěre, tr. (cum+vomo) 토해버리다, 게우다, 내뱉다.
cónvŏro, -áre, tr. (cum+voro) 삼키다(ㄱㄱ), 뜯어먹다
convórto, -ti, -vórsum, -ěre, tr. (古) = convérto
convúlněro, -ávi, -átum, -áre, tr. (cum+vúlnero)
중상 입히다, 심한 상처를 내다; 파열시키다.
convúlsĭo, -ónis, f. 잡아 뽑음, 진동(震動-흔들리어 움직임),
격동, 소동, (醫) 경련(痙攣-근육이 발작적으로 收縮하는 현상).
convulsum, = convolsum
"convéllo"의 목적분사(sup.=supínum).
coöpěrátĭo, -ónis, f. 협력(⊕ Cooperátĭon*/Collaborátĭon),
협동, 협조(協助)(⊕ Cooperátĭon*/Collaborátĭon),
방조(傍助-남의 범죄나 자살 돕는 것을 도와줌).
cooperátĭo ad peccátum.
범죄 방조(犯罪傍助), 죄를 위한 협력.
Cooperátĭo ad peccatum formalis.
죄를 위한 형상적(유의적) 협력.
Cooperátĭo ad peccatum materialis.
죄를 위한 질료적(무의적) 협력.
Cooperátĭo ad peccatum proxima.
죄를 위한 최근접적 협력.
Cooperátĭo ad peccatum remota.
죄를 위한 원격적 협력.
cooperátĭo materialis. 질료적 협력(質料的 代置)
Cooperátĭo Missionalis, 선교협력(1998.10.1.)
cooperátĭo organica. 조직적 협력(組織的 協力)

C

271

Cooperátio redemptiónis. 구원에 협력

cŏŏpĕrátívus, -a, -um, adj. 협력적인, 협동(협조) 하는

cŏŏpĕrátor, -óris, m. 협력자(συνεργός), 조력자,
  협동자, 협조자(παράκλητος.協助者.⑨ Paraclete),
  방조자, 보좌신부(補佐神父.⑨ parochial vicar).
  Episcopi Diœcesani in munere pastorali Cooperatóres.
  교구장 주교의 사목 협력자/
  homo cooperator. 협조자 인간.

cooperátor Dei. 하느님의 협조자(協助者-일꾼)

cooperátor moralis. 윤리적 협력자

cooperátor necessárĭus. 필요적 공범

cooperátor negativus. 소극적 협력자

cooperátor non necessárĭus. 임의적 공범

cooperátor physicus. 물리적 협력자

cŏŏpĕrátórĭus, -a, -um, adj.
  협력(협조.협동) 하는, 방조하는.

cŏŏpĕrátrix, -ícis, f. 여성 협력자(協力者.συνεργός),
  협조자(παράκλητος.協助者.⑨ Paraclete).

cŏŏpércŭlum, -i, n. 덮개, 뚜껑

cŏŏpĕriméntum, -i, n. 마스크(⑨ mask), 탈(마스크)

cŏŏpérĭo, -rŭi -pértum -ire, intr. (cum+opério)
  덮다(אסכ.מסכ.סכ), 온통 뒤덮다.
  가리다(אסכ.מסכ.סכ), (겉을) 싸다, 파묻히게 하다.

cŏŏpérĭo alqm lapídibus. 돌로 쳐 죽이다

cŏŏpĕror, -átus sum, -ári, dep., intr. (cum+ópĕror)
  함께 일하다, 협력(협조.협동)하다, 도와주다.
  Ut ergo velimus sine nobis operatur: cum autem
  volumus ut faciens, nobiscum cooperatur.
  그러므로 하느님은 우리가 원욕하도록 우리 없이 자력
  작용을 한다. 그런데 우리가 원욕할 때, 하느님은 우리가
  원욕하는 대로 행하도록 우리와 함께 작력 작용을 한다.
  (김 율 옮김, 은총과 자유, p.223).

cŏŏpertórĭum, -i, n. 피복(被服-의복)

cŏŏpífex, -fícis, m. 동료 노동자, 직공(職工)

cŏŏptátĭo, -ónis, f. 단체에 가입시킴, 입회(入會),
  입양(⑨ Adóption), 보궐선거(補缺選擧), 정원보충.

cŏŏpto, -ávi, -átum, -áre, tr. (cum+opto)
  단체에 가입시키다, 동료로 받아들이다.
  새 회원을 뽑다, 보결로 뽑다.

cŏŏrdĭnátĭo, -ónis, f. 동등한 위치에 놓음,
  동격화(同格化), 동렬(同列) 배치, 대등관계(對等關係),
  조정(調整), 정돈(整頓-가지런히 바로잡음),
  공동작용(共同作用), 정합(整合-가지런히 들어맞음).

coordinatio prædicamentalis. 빈술적 협조관계

coordinátor generalis.(⑨ supreme Moderátor.
  ⑨ supremus Moderátor) 총원장.

coordinátor moderátorum. 조정관 역할

cŏórĭor, (-rĕris, -rítur), -órtus sum, -oríri, intr.
  (cum+órior) 동시(同時)에 생기다, 나다, 일다,
  (사건.자연현상 따위가) 발생하다, 돋고 일어나다,
  일어나다(קום.קים.סלק), 싸움을 일으키다.
  Risus coórtus est. 웃음이 동시에 터져 나왔다.

Cŏos, -i, f. =Cos

cōpa(=cupa⁹) -æ, f. 접대부(接待婦), 술집 여주인,
  작부(酌婦-술집에서 손을 접대하며 술을 따라 주는 여자)

cŏpádĭa, -órum, n., pl. 다진 육류 요리

cŏpépŏda, -órum, n., pl. (動) 요각류(橈脚類)

cóphĭnus, -i, m. 바구니(대외나 싸리로 둥글고 속이 깊게 결어 만든
  그릇), 채롱(껍질을 벗긴 싸릿개비로 함처럼 결어 만든 채그릇의 한 가지).

cópĭa¹, -æ, f. (cum+ops) 풍부, 풍성, **많음**,
  다량, 충분함, 풍족, (흔히 pl.) **재산**,
  가산(家山-집안의 재산), 자력, (흔히 pl.) 식량,
  생활필수품; 군량, 말의 풍부한 내용(표현),
  다체로운 어휘; 언변, 구변,
  군중, 무리, 떼, **다수**, 군대, 부대,
  무장한 병력, 능력(δύναμις), 정도, 형편, 계제,
  기회, 겨를, 자유, 허가.
  cópias flumen traduco. 군대를 강을 건너게 하다/

copias integras vulnerátis subjicio.
  온전한 군대를 부상병(負傷兵)들과 교체시키다/
cum omni copia. 모든 군대를 거느리고/
cum ómnibus cópiis. 모든 군대를 거느리고/
cum tantis cópiis, quantas nemo hábuit.(quantus 참조)
  아무도 일찍이 가지지 못했던 만큼 큰 재산을 가지고/
educo cópias (e) castris. 군대를 진막에서 인솔해 나오다/
Egredi cum copiis. 군대를 거느리고 출동하다/
est mihi cópia(cópiam hábeo)
  나는 (무엇을) 할 수 있다/
fácere(dare) alci cópiam. 누구에게 무엇을 할 수
  있는 자유를(능력을) 부여하다/
frugum copia. 풍성한 농작물(農作物)/
instruo cópias. 군대를 정돈(배치)하다/
optima frugum copia. 풍성한 추수/
præter castra copias traduxit. 진지 옆을 지나/
somni copia. 잠잘 겨를/
Virtus, non copia vincit. 다수가 아니라 용기가 승리한다.

copia dicendi forma vivendi.
  훌륭한 삶이 웅변적(雄辯的)인 설교가 된다.

copia faciéndi. 할 능력

copia fandi. 말 할 능력(for 참조)

Copia frumenti. 풍성한 곡식

copia látronum. 강도 떼

copia vini(=multum vinum) 풍성한 술

Copia², -æ, f. 풍요의 여신

copiæ, -árum, f., pl. (복수에서는 단수보다 다른 뜻 더 가짐) 양식, 군대

copiæ paulum ab eo loco ábditæ.
  그곳에서 약간 이동한 군대.

cōpiárĭus, -i, m. 필수품 조달자, 공급자(供給者)

cōpiáta(-es) -æ, m. 시체 매장인(埋葬人), 산역 인부

cōpíŏlæ, -árum, f., pl. 소부대, 파견대(派遣隊)

cōpiósus, -a, -um, adj. 많은(מלא.πολὺς.ἱκανός),
  풍부(풍성)한, 다량의, 듬뿍한; 방대한, 부유한(עשׁיר),
  재산 많은, 말 잘하는, 능변(달변)의, (말의) 내용 풍부한,
  도도(滔滔)한; 상세한, 장황한, 재질(재능)이 뛰어난.
  Collectanea satis copiosa. 내용이 풍부한 발췌문/
  copiosa apud eum Redemptio.
  풍요로운 구원이 하느님께 있다/
  Disputátio copiosa quidem, sed paulo abstrusior.
  내용은 풍부하나 약간 알아듣기 힘든 토론(討論).

cōpis, -ĭdis, f. (낫 비슷하게 생긴) Pérsia의 단검(短劍)

cōpo, cōpóna = caupo, caupóna

cóprĕa, -æ, m. 광대(어릿광대), 희극배우

copta, -æ, f. 딱딱한 과자

cópŭla, -æ, f. 끈, 밧줄, 연결, 결합; 유대, 성교(性交),
  교접; 교미(交尾). (文法論) 연계사, 계사(繫辭).
  De copula coniugali a Deo primitus instituta atque
  benedicta. 부부의 결합은 하느님이 제정하고 축복한
  것이다.(교부문헌 총서 17. 신국론, p.2794)/
  prima naturalis humanæ societatis copula vir et uxor
  est. 인간사회의 첫째가는 결연은 남편과 아내이다.

copula et medium. 중간 영역

copula in propositiōne. 명제의 연결사(連結辭)

copula mundi. 세상의 끈,
  세계의 연계점(성 염 옮김, 피코 델라 미란돌라, p.123).

copulati matrimonio. 기혼자들

cŏpŭláte, adv. (단어를) 복합시켜; 연결시켜

cŏpŭlátĭo, -ónis, f. 연결, 결합; 단어의 복합,
  교회에서의 결혼식(結婚式)

cŏpŭlátívus, -a, -um, adj.
  연결시키는; 결합시키는, 복합시키는.
  (文法) conjúnctio copulativa.
  (et, ac 따위의) 연계 접속사(連繫 接續詞).

cópŭlo, -ávi, -átum, -áre, tr. 붙들어 매다,
  묶다(רטק.רטק.קטר.חמ.אסר), 붙여놓다,
  연결(직결) 시키다, 이어지게 하다, 결합시키다,
  공고히 하다, 결혼시키다, 결혼식을 올리다,

단어를 복합하다, 준말로 만들다.
copuláti matrimónio. 기혼자들.
cópulo sermónem cum *alqo*. 누구와 이야기하다
cópulo societátem cum *alqo*. 누구와 돈독히 교제하다
cŏqua(=coca) -æ, f. 식모(食母), 가정부, 여자 요리사
cŏquíbĭlis, -e, adj. 쉽게 익는, 잘 삶아지는, 잘 무르는
cŏquína, -æ, f. 부엌, 주방(廚房), 요리법(料理法)
cŏquĭnáris, -e, adj. 부엌의, 주방용의; 요리의
cŏquíno, -ávi, -átum, -áre, intr. 요리를 만들다.
    tr. 익히다, 삶다, 끓이다, 요리하다.
cŏquínus, -a, -um, adj. 주방(廚房)의, 요리 만드는
cŏquíto, -ávi, -átum, -áre, tr.(=cóctito) 되 삶다 푹 익히다
cŏquo, coxi, coctum, -ĕre, tr. 끓이다, 삶다, 익히다,
    굽다, 튀기다, 지지다, 볶다; 요리 만들다, 불로 처리하다,
    (광물을) 녹이다, (숯.벽돌.그릇 따위를) 굽다,
    (햇볕.온도.바람 따위가 과일.술 따위를) 익게 하다,
    (풀.흙덩이 따위를) 말라 버리게 하다, 태우다,
    (소화기관이 음식물을) 소화하게 하다, 그슬리다,
    그을리게 하다, 깊이 생각하다, 궁리하다, 계획하다,
    획책하다; (감정 따위를) 무르익게 하다,
    고비에 이르게 하다, 애태우다, 못살게 굴다,
    시달리게 하다, 괴롭히다, 불안하게 하다.
    later coctus. (구운) 벽돌/
    coquitur radix, donec succum omnem remittat.
    진이 다 빠질 때까지 뿌리를 삶는다.
coquo invidiam. 질투심을 기르다
cŏquus(=cŏcus) -i, m. 쿡(⑨ cook, 요리사)
cor, cordis, n. 핵심(⑨ Heart), 심장, 염통(心臟),
    마음(コ, ㄹㄹ.καρδία.ψυχή.⑨ Heart/Spirit),
    감정의 중추; 정, 애정, 정성; 관심, 명심,
    의지, 용기, 지혜, 현명, 총명, 통찰,
    이해(력), 분별(력); 재능, 조예, 위(胃)의 분문.
    pl. 인물, 사람. corde. 진정(진심)으로.
    christi corde diligendum. 그리스도의 마음으로 사랑함/
    conuertet cor patris ad filium.
    아버지의 마음을 자식에게 돌리리라/
    córcŭlum, -i, m. 조그만 심장(心臟)/
    cordi est. (누구의) 마음에 걸린다, 마음이 쓰인다,
    관심사)가 된다/
    cordis formatio. 마음의 양성/
    cum túmidum est cor. 네 마음이 야심에 차 있을 때/
    De cultu sacrosancti Cordis Dei ac Domini Nostri
    Jesu Christi. 우리 주 하느님이신 예수 그리스도의
    지극히 거룩한 성심 공경에 대하여(1726년 프랑수아 지음).
    Et uidebitis, inquit, et gaudebit cor uestrum.
    너희는 보고 너희 마음이 흐뭇하리라/
    ex toto corde. 온 마음을 다해/
    Ideo non in conspectu hominum, sed ubi ipse Deus
    videt in corde. 우리는 사람들이 보는 앞에서가 아니라,
    하느님께서 보시는 곳인 마음 안에서 사랑합니다.
                              (최익철 신부 옮김, 요한 서간 강해, p.269)/
    In corde suo, non est Deo. 그의 마음 안에 신이 없다/
    in lacrimis et intentione cordis. 눈물과 마음의 지향/
    indivisum cor.(⑨ undivided heart) 일편단심/
    Inquietum enim cor nostrum est donec requiescat in te.
    주님 안에 쉬기까지는 우리 마음 쉬지 못하나이다/
    Mihi cordi est, … 나는 …할 작정이다/
    Missionarii Sacratissimi Cordis. 성심 전교 수도회/
    Nemo adtendat linguas, sed facta et cor. 그 누구도 말에
    귀 기울이지 말고, 그 행동과 마음을 보십시오/
    puritas cordis. 마음의 순결/
    Sed quia hæc locutus sum vobis, tristitia implevit cor
    vestrum. (avllV o[ti tau/ta lela,lhka u`mi/n h` lu,ph peplh,rwken
    u`mw/n th.n kardi,an) (⑨ But because I told you this, grief
    has filled your hearts) 오히려 내가 이 말을 하였기
    때문에 너희 마음에 근심이 가득 찼다(성경)/오히려 내가
    이런 일들을 여러분에게 말했기 때문에 여러분의 마음이
    슬픔으로 가득 찼습니다(200주년 신약)/오히려 내가 한 말

때문에 모두 슬픔에 잠겨 있다(공동번역 요한 16, 6)/
serenitas cordis. 마음의 청량함/
Si tamen uidet, cuius cor non uidet.
설령 보더라도 상대방의 마음은 보지 못한다
Unde sit sanctis adversum dæmones potestas et unde
cordis vera purgatio. 성인들의 정령 대항 능력과 참다운
마음의 정화는 어디서 나오는가(교부문헌 총서 17, 신국론, p.2778)/
Vere Fraciscus qui super omnes cor francum
et nobile gessit. 실로 프란치스코는 누구보다도
대범하고 숭고한 마음을 지녔다/
virginitas cordis. 마음의 동정성/
Virgínibus cordi forma sua est.
처녀들은 자기들의 용모(容貌)에 큰 관심을 둔다.

명사 제3변화 제2식(중음절 중성명사)		
	단 수	복 수
Nom.	cor	corda
Voc.	cor	corda
Gen.	cordis	córdium
Dat.	cordi	córdibus
Acc.	cor	corda
Abl.	corde	córdibus

audítus, -us. m. 청각   gustus, -us. m. 미각, 맛
currus, -us, m. 수레, 車   motus, -us, m. 운동, 움직임
equitátus, -us. m. 기병대   sensus, -us, m. 감각, 의미
evéntus, -us. m. 결과, 사건   tactus, -us. m. 촉각
éxitus, -us, m. 출구, 말로   victus, -us, m. 양식, 식량
genu, -us, n. 무릎   visus, -us, m. 시각(視覺)
                              (한동일 지음, 카르페 라틴어 1권, p.42)

cor ad cor loquitur. 가슴이 이야기하는(뉴먼 추기경).
Cor Ecclesiæ. 교회의 심장
Cor et anima una(Act 4, 32) 한마음 한 뜻
Cor immaculatum Mariæ. 마리아의 하자 없으신 마음
cor incurvatum in seipsum. 자기 자신 안에 움츠러든 마음
Cor Jesu.(⑨ Sacred Heart of Jesus.
    獨 Herz Jesu Verehnung) 예수 성심, 예수 성심 공경.
    Ancillæ Sanctissimi Cordis jesu. 예수 성심 시녀회/
    Confraternitates Cordis Jesu. 예수 성심회/
    Festum Sanctissimi Cordis jesu. 예수 성심 축일.
Cor Jesu Sacratissimum. 지극히 거룩한 예수 성심
Cor Jesu Sacratissimum, miserere nobis.
    지극히 거룩한 예수 성심, 저희에게 자비를 베푸소서.
cor malignum. 악한 마음
Cor Mariæ. 성모 성심(Cor sanctissimum Mariæ)
    (⑨ sacred heart of Mary).
Cor mundum crea in me, Deus.
    하느님, 깨끗한 마음을 내 안에 만들어 주소서(어둔 밤, p.103).
Cor nostrum est cæcum de amore.
    우리 마음이 사랑에 눈멀어 있다.
Cor nostrum inequietum donec requiescat in Te.
    주님 안에 쉬기까지는 우리 마음 쉬지 못하나이다.
cor pactum. 마음의 평화, 평화로운 마음
cor particularie 개심(個心-선유의 천주사상과 제사문제, p.248)
Cor purum penetrat cælum, et infernum.
    조촐한 마음은 천국과 지옥을 투시한다(준주성범 제2권 4장 2)
Cor sanctissimum Mariæ. 성모 성심(Cor Mariæ)
    (⑨ sacred heart of Mary).
Cor sanctus(sacratissimum) 성심(⑨ Sacred Heart)
cor senile. 노인의 마음
cor tepens. 사랑에 빠진 마음
Cor tuum abscondes ab homine; a Deo absconde si
potes. 그대는 그대의 마음을 사람들에게 감춥니다. 할 수
    있다면 하느님께도 감추어 보십시오(최익철 옮김, 요한서간 강해, p.267).
Cor Unum. 꼬르 우눔(한마음) 평의회
    (1971.7.15. 교황 바오로 6세가 설정한 기구로서 인류 발전을 위해 일하는
    단체들에게 필요한 정보와 원조를 제공하어 협동하도록 도와주는 것을
    목적으로 한다. 백민관 신부 엮음, 백과사전 1, p.716).
coráciæ, -árum, f., pl. (動) 불법승류(佛法僧類)
coraciifórmes, -íum, m., f., pl.
    (動) 불법승류(佛法僧類)의 (조류).

273

corácĭno, -áre, intr. 까마귀가 울다

corácĭnus, -a, -um, adj. 까마귀의; 까만

coráll(ĭ)ĭnus, -a, -um, adj. 산호 같은, 산호처럼 붉은

corál(l)ĭum, -i, n. ((動)) (붉은) 산호

coráллum, -i, n. =corál(l)ĭum = coráллus, -i, m.

coráллus, -i, m. =corál(l)ĭum = coráллum, -i, n.

cŏram¹, adv. (co+os, oris) 앞에서(παρά), 마주보고,
눈앞에(서), 본인 앞에서 직접, 본인이 직접,
대중 앞에서, 드러나게, 공공연하게(coram populo).
Cantabit vacuus coram latrone viator.(Juvenalis). 주머니가
빈 나그네라면 강도 앞에서도 콧노래를 부를 수 있으리라/
Non habebis deos alienos coram me.(탈출 20. 3)
(ouvk e;sontai, soi qeoi. e[teroi plh.n evmou)
(獨 Du sollst keine anderen Götter haben neben mir)
(영 You shall not have other gods besides me)
너에게는 나 말고 다른 신이 있어서는 안 된다(탈출)/
너희는 내 앞에서 다른 신을 모시지 못한다(출애굽기)/
Quod in veritate et humilitate coram Deo conversandum
est. 진실하고 겸손하게 하느님 대전에 행할지어다.

coram Deo. 천주 대전에, 하느님 앞에서

coram Deo et angelis eius. 하느님과 그 분의 천사들 앞

coram Deo justitĭa inventa est in me.
하느님 앞에서 내게 의로움이 있었습니다(다니 6. 22).

coram dis. 신들 앞에서

coram ecclesiam. 교회 앞에서(혼배성사 용어)

coram hominibus. 인간 앞에서

coram populo. 공공연하게, 대중 앞에서(in contĭone),
사람들이 있는 데서

coram Sanctissimo. 어전회의(御前會議)

coram senibus. 노인들 면전에서, 노인 있는데서

cŏram², prœp. c. abl. 앞에(서), 면전에서,
(누가) 있는 데서, 마주 보고.

Coran(Corannus). 코란(아랍어), 이슬람교 성경.
[코란은 본래 책이 아니고 음송(吟誦)이라는 뜻을 가진다. 마호메트가 구두 형식
으로 자신이 받은 계시를 전했기 때문이다. 후대인이 첨가하여 책으로 된 코란은
이슬람교도들의 종교적 율법서이다…. 백민관 신부 엮음. 백과사전 1. p.716].

cŏrax¹,-ácis, m. 까마귀

cŏrax²,-ácis, m. Tísias의 스승, 수사학자, 정치가

corban(히브리어) indecl.
선물(δώρον.εύλογια.영 Gifts), 예물(禮物).
[본디 아람어로 헌금, 공양(供養)을 뜻함. 그리스도가 말한 헌금 또는 코르반
(마르 7. 11)은 모세 오경의 헌금을 말하며, 그들의 코르반은 형식적이어서
실질적인 부모 공경이 더 중요하게 됐다. 백민관 엮음. 백과사전 1. p.716].

vos autem dicitis: "Si dixerit homo patri aut matri:
Corban, quod est donum, quodcumque ex me tibi
profuerit" [영 Yet you say, "If a person says to father
or mother, 'Any support you might have had from me
is qorban'" (meaning, dedicated to God)- 너희는 누구든지
아버지나 어머니에게 '제가 해드려야 할 것을 하느님께 바쳤습니다.'라는 뜻으로
'코르반'이라고 한마디만 하면 된다고 하면서,]
그런데 너희는 누가 아버지나 어머니에게 '제가 드릴
공양은 코르반, 곧 하느님께 바치는 예물입니다.' 하고
말하면 된다고 한다(마르 7. 11).

corbánum, -i, n. 돈 상자

corbis, -is, f. 큰 광주리

córbĭta, -æ, f. 화물선, 운반선(運搬船, vectorius navigia)

córbŏna, -æ, f. 헌금함(궤)

córbŭla, -æ, f. 바구니, 작은 광주리

corcŏdílus, -i, m. = crŏcŏdílus (動) 악어

córcŭlum, -i, n. 조그만 심장; 가냘픈 마음,
사랑, 애인, 영리한 사람

córcŭlus, -a, -um, adj. 현명한, 영리한, 똑똑한

corda = chorda

cordátus, -a, -um, adj. 현명한, 영리한, 신중한

cordax, -ácis, m. 난잡한 춤

Corde volenti, lætanti facie, veloci opere.
마음으로 원하며, 얼굴은 명랑(明朗)하고 일은 빨랐다.

cordi est. (누구의) 관심사가 되다, 마음에 걸린다

cordi habere. 명심하다, 간직하다, 기억하다(זכר.רכד).

cordĭális, -e, adj.

마음으로부터의, 진심에서 우러나는, 정성들인.

cordícĭtus, adv. 마음속에

cordis formatio. 마음의 양성

Cordis Mariæ Filii. 마리아 성심 여자 대학교

Cordis Missionariæ Ssmi(MSC) 예수 성심 포교 수녀회

cordis orationi. 마음 기도

cordólĭum, -i, n. 심장통(心臟痛), 심통(心痛), 마음의 아픔

Coréa, -æ, f. 한국(韓國).
Ubi est Corea? In Asia est.
한국은 어디에 있는가? 아시아에 있다.

Coréa est peninsula, non insula.
한국은 반도이지 섬이 아니다.

Coréa est terra poëtarum et agricolarum.
한국은 시인들과 농부들의 땅이다(성 염 지음. 고전 라틴어. p.46).

Corea, patria mea, mihi cara est.
내 조국 한국은 나에게 소중하다.

Coreánus, -a -um, adj. 한국의, 한국적, 조선의,
f., m. 한국인(韓國人), 조선사람,
Respública Coreána. 대한민국(大韓民國).

Coredemptrix, -ícis, f. ['공동 구속자' 라고 번역되기도 하는 라틴 말
Co-redemptrix는 결코 마리아를 예수 그리스도와 구원에 있어서 동렬에 놓는
것이 아니다. 마리아께서 인류 구원에 있어서 그리스도께 협력한 사실을 '교회 헌장'
이 잘 표현하고 있다. '영원으로부터 하느님 말씀의 강생과 함께 천주의 성모로
예정되셨던 복되신 동정녀께서는 하느님 섭리의 계획에 따라 이 세상에서 하느님
이신 구세주의 거룩하신 어머니이시고 그 누구보다 각별히 헌신적인 동반자이
셨으며, 또 주님의 겸손한 종이셨다. 그리스도를 잉태하시고 낳으시고 기르시고
성전에서 하느님 아버지께 봉헌하시고 십자가에서 운명하시는 당신 아드님과
함께 수난하시고, 순종과 믿음과 바람과 불타는 사랑으로 영혼들의 초자연적
생명을 회복시키고자 온전히 독특한 방법으로 구세주의 활동에 협력하셨다' (61
항). 무엇보다도 그분의 모성은 주님 탄생의 예고에 대한 믿음의 동의에서부터
영원한 완성에 이르기까지 지속되며, 애들의 올림을 받으신 지금도 이 구원의
임무를 그치지 않고 계속하시어 당신의 전구로 우리에게 영원한 구원의 은혜를
얻어 주신다. 그 때문에 복되신 동정녀께서는 교회 안에서 변호자, 원조자,
협조자, 중개자라는 칭호로 불리신다' (62항). 여기서 '공동 구속자' 라는 표현은
인류 구원의 협조자라는 표현을 잘못 번역하거나 강조한 것에 불과하다.
[올바른 성모신심. 주교회의 신앙교리위원회. C.C.K.. p.15~16]

Coreensis, -e, adj. 한국의.
Dioeceses Coreenses. 한국의 교구들.

Coreidæ, -árum, f., pl. (蟲) 허리노린재고科,
Alydidæ, -árum, f., pl. (蟲) 호리허리노린재科.

Coreoleuciscus splendidus. (魚) 쉬리(잉어목 잉어과의 민물고기)

coreópsis, -is, f. (植) 금계국(金鷄菊.영 Golden-Wave)

coriácĕus, -a, -um, adj. 가죽으로 만든

cŏriándrum, -i, n. (植) 고수(쌍떡잎식물 산형화目 미나리과의 한해살이풀)

Coriandrum sativum. 고수풀(출애 16.31:민수 11.7)

cŏriárĭus, -a, -um, adj. 가죽의.
m. 무두장이(무두질을 업으로 하는 사람), 가죽 제조인(製造人).

córĭcus,(=córycus) -i, m.
가죽으로 만든 경기 연습용 모래부대.

corígĭa(=corrígĭa) -æ, f. 구두끈; 가죽 끈; 말채찍

Corínthĭa, -órum, n., pl.
Corínthus에서 생산된 (금·은·동) 합금 기구.

Corínthus, -i, f. (영 Corinth) 고린토(희랍의 유명한 옛 도시).
adj. corinthiácus(corinthĭus) -a, -um,
adj. corinthĭénsis, -e, / m. corinthĭus, -i, 고린토 사람,
Corinthum signum emi, non ut haberem domi,
sed ut in patria nostra celebri loco ponerem.
나는 집에 두기 위해서가 아니라, 우리 조국의 명소에
두기 위해 코린토 신상(神像)을 샀었다/
Epistula I ad Corinthios. 코린토 신자들에게 보낸 첫째 서간 /
Epistula II ad Corinthios. 코린토 신자들에게 보낸 둘째 서간.

Coriolanus, -i, m. Corioli 도시를 점령한 Caius Marcius의
별명(Volsci는 토벌한(493년) 로마의 장군. 로마에서 추방당하자 볼스키인들에게
피신하여 그 군대를 거느리고 로마를 공격함. 그러나 모친 Veturia, 아내
Volumnia, 시민들의 애걸을 듣고 군대를 물렸다고 함. 고전 라틴어. p.393].

córĭum, -i, n. (짐승의) 가죽: 매 맞는 사람의 살가죽
특히 등, 가죽갑옷, 가죽 채찍, (解) 진피(眞皮),
나무껍질; 밤 양파 열매의 껍데기],
단단한(딱딱한) 물건의 표면.

cormus, -i, m. (植) 경엽체(莖葉體), 구경(球莖)

cornácĕæ, -árum, f., pl. (植) 층층나무과

córnĕa, -æ, f. (解) 각막(角膜)

cornéïtis, -tĭdis, f. (醫) f. 각막염(角膜炎)

cornéŏlus, -a, -um, adj.
뿔로 된, 각질의, 굳은, 든든한, 딱딱한.

cornésco, -ĕre, intr. 뿔처럼 되다, 딱딱해지다

córnĕus¹, -a, -um, adj. 뿔의, 뿔로 만든

córnĕus², -a, -um, adj. 산딸 나무의, 산수유나무의

córnĭcen, -cĭnis, m. (cornu+cano) 나팔수, 호른 부는 사람.

cornícor, -átus sum, -ári, dep., intr.
까옥까옥 울다; 까마귀처럼 까옥까옥하다.

cornícŭla, -æ, f. 작은 까마귀; 까마귀 새끼(욕설)

cornícŭlárĭus, -i, m. 군단장의 부관, 군대 일용품 가격 사정단

cornícŭlátus, -a, -um, adj.
작은 뿔이 있는; 작은 뿔 모양의 돌기가 있는.

cornícŭlum, -i, n. 작은 뿔,
무공 훈장으로서의 투구 장식용 작은 뿔.

córnĭger, -gĕra -gĕrum, adj. (cornu+gero)
뿔이 있는, 뿔 가진. f. 암사슴. n., pl. 뿔 달린 짐승들.

córnĭpes, -pĕdis, adj. (cornu+pes) 발굽이 있는,
유제류의; 발굽 모양의; m., f. 말(馬).

cornix, -nícis, f. 까마귀(corvus 보다 약간 작은 것으로서 그 울음
소리는 비를 예고하여 부른다고 여겼음).

Cornícum óculos confígere.
까마귀의 눈을 찌르다(아무리 약은 사람이라도 속여 넘기다) .

cornu, -us(드물게 -u) n. 뿔, 짐승의 발굽; 새의 부리;
상아(象牙), 각적(角笛-뿔로 만든 피리), 사냥 나팔,
신호나팔, 활, 활의 시위 메우는 양 끝, 깔때기,
초롱(燈籠을 달리 이르는 말), 등불, (뿔 모양의) 기름 그릇,
투구의 삐죽한 돌기, 장식술, 땋거나 매듭지어 맨 머리,
돛대, 양피지 두루마리의 축막대 또는 그 양끝,
초승달; 그믐달, (軍) 포진한 군대나 함대의 좌.우익,
제단의 좌.우측, 강, 강의 지류, 갑각(岬角),
구석자리, 모퉁이 자리, 말석, 두드러진 점, **힘**, 능력,
세력, **용기**(勇氣). Cornucópiæ(희랍신화의) 풍요의 뿔.
áddere córnua alci. 용기를 북돋아주다/
caput lácerum cornu. 뿔 잘린 머리/
in córnua offéndo. 뿔에 받히다/
Fenum habet in cornu. 그는 위험인물이다
(사나운 소의 뿔에 동여맨 검불단에서 유래되었음).
Propert cornua vultru. 독수리가 뿔을 내밀다(불가능의 격언).

cornu epistolæ. 서간 쪽(옛 미사 예식 제단에서 주례사제의 오른쪽)

cornu Evangelii. 복음 쪽(옛 미사 예식 제단에서 주례사제의 왼쪽)

cornŭális, -e. adj. 뿔의, 뿔을 가지고 하는

cornŭárĭus, -i, m. 신호나팔 제조인(製造人)

córnŭlum, -i, n. 작은 뿔

cornum¹, -i, n. = **cornu**, -us

cornum², -i, n. (植) 산딸 나무(산수유나무) 열매.
(植) 산딸 나무, 산수유나무.

cornus¹, -i, m. (植) n. 산수유나무, 산딸 나무, 창(槍)

cornus², -us, m = **cornu**, -us, n.

명사 제4변화 제2식(중성명사)		
	단 수	복 수
Nom.	cornu	córnua
Voc.	cornu	córnua
Gen.	cornus	córnuum
Dat.	cornu	córnibus
Acc.	cornu	córnua
Abl.	cornu	córnibus

*주격 어미가 -u인 것은 모두 중성이다.
이러한 중성명사는 넷뿐이다. -중급라틴어 p13-
cornu, -us, n. 뿔 gelu, -us, n. 빙결(氷結),
genu, -us, n. 무릎, veru, -us, n. 적쇠, 석쇠

(한동일 지음, 카르페 라틴어 1권, p.53)

cornútus, -a, -um, adj. 뿔 가진, 뿔처럼 생긴

cŏrólla, -æ, f. 작은 화환(花環)

cŏrollárĭum, -i, n. 작은 화환, 덤으로 주는 물건,
선물(膳物.δῶρον.εὐλογία.⑨ Gifts),
배우들에게 주던 금.은 도금의 화환(花環),
쉽게 이끌어 낼 수 있는 결론, 부가결론(附加結論),

cŏróna¹, -æ, f. **관**(冠), 왕관, 보관(寶冠), **화관, 화환**,

승리의 영관(榮冠), 월계관(月桂冠); 상금, **장식; 영예**,
자랑, 둘러선 군중.관중.청중, 벽의 도드라진 장식,
돌림띠의 중층부(中層部), 논.밭 주위의 둑,
네발짐승 발굽 윗부분이 털 난 가죽과 합치는 부분,
(가톨릭) 제단(祭壇) 주위의 원형 촉가(燭架),
(성직자 머리 꼭대기에) 동그랗게 삭발한 부분,
(軍) 포위망; (수비의) 방어선(防禦線),
(天) 코로나, 광관(光冠), 광환, 해.달의 무리; 관좌(冠座),
corónam in cápite gérere. 머리에 화관을 쓰다/
De corona militis. 월계관(떼르뚤리아누스 지음)/
gramínea coróna obsidionális. 풀로 엮은 화관(적의
포위를 물리친 장군에게 주는 영예의 관)/
impono alci corónam. 누구에게 화관을 씌우다/
sub corona véndere. (포로를 머리에 나뭇가지나
쇠붙이로 엮은 따리를 씌워서) 노예로 팔다/
sub corona vénire. 노예로 팔리다.

Cŏróna², -æ, f. 별이 된 Ariadna의 보관(寶冠)

corona aurea. 금관(金冠)

corona Australis. (天) 남관좌(南冠座)

corona Borealis. (天) 북관좌(北冠座)

**Corona dignitatis canities, quæ in viis iustitiæ
reperietur**. (ste,fanoj kauch,sewj gh/raj evn de. o`doi/j dikaiosu,nhj
eu`ri,sketai) (獨 Graue Haare sind eine Krone der Ehre; auf
dem Weg der Gerechtigkeit wird sie gefunden) (⑨ Gray
hair is a crown of glory; it is gained by virtuous living)
백발은 영광의 면류관 의로운 길에서 얻어진다(성경 잠언 16, 31)/
백발은 빛나는 면류관, 착하게 살아야 그것을 얻는다(공동번역).

Corona Divinæ Misericordinæ
**Pater æterne, offero Tibi Corpus et Sanguinem,
animam et divinitatem dilectissimi Filii Tui,
Domini nostri, Iesu Christi,
in propitiatione pro peccatis nostris et totius mundi.
Pro dolorosa Eius Passione,
miserere nobis et totius mundi.
Sanctus Deus, Sanctus Fortis, Sanctus Immortalis,
miserere nobis et totius mundi.**
하느님의 자비심을 구하는 묵주기도
영원하신 아버지, 우리가 지은 죄와
온 세상의 지은 죄를 보속하는 마음으로
지극히 사랑하시는 당신 아들
우리 주 예수 그리스도의 몸과 피
영혼과 신성을 바치나이다.
예수님의 수난을 보시고,
우리와 온 세상에 자비를 베푸소서.
거룩하신 하느님,
전능하시고 영원하신 분이시여,
우리와 온 세상에 자비를 베푸소서.

corona martyrii. 순교의 화관

corona reginæ. 여왕의 화관

**Corona senum filii filiorum, et gloria filiorum,
et gloria filiorum patres eorum.** (te,fanoj gero,ntwn te,kna
te,knwn kau,chma de. te,knwn pate,rej auvtw/n) (獨 Der Alten
Krone sind Kindeskinder, und der Kinder Ehre sind ihre
Väter) (⑨ Grandchildren are the crown of old men, and
the glory of children is their parentage)
손자들은 노인의 화관이고 아버지는 아들들의 영광
이다(성경 잠언 17, 6)/어버이는 자식의 영광이요 자손은
늙은이의 면류관이다(공동번역 잠언 17, 6).

corona spinarum 가시관(⑨ crown of thorns)

corona vallaris. 적군 요새에 제일 먼저 들어간
사람에게 주는 영광의 화관(요새 영관).

corona virginitatis. 동정(童貞)의 화관

cŏrŏnális, -e, adj. 화관의, 화환의

cŏrŏnáméntum, -i, n. 화관(花冠), 화환(花環),
화관이나 화환 만드는 꽃.풀.나뭇잎.

cŏrŏnárĭa, -æ, f. 화관(화환) 파는 여자

cŏrŏnárĭum aureum. 황금 예물

cŏrŏnárĭus, -a, -um, adj. 환관(화환)의, 화환에 관한.

C

275

m. 화관(花環) 제조인.판매인. f. 화관(花環) 파는 여자.
aurum coronárium. 지방 주(州)로부터 승전 장군에게
화환(월계관) 대금(代金) 조로 모아 준 증여금.
cŏrōnátĭo, -ónis, f. 대관(戴冠), 즉위(卽位),
대관식(戴冠式), 즉위식(卽位式).
cŏrōnátĭo B. Mariæ V. 마리아의 화관 대관(花冠 戴冠)
cŏrōnátĭo Imperatóris. 황제 대관식(戴冠式)
cŏrōnátĭo papalis. 교황 대관식(戴冠式)
（세 추기경이 축복을 주고, 부제 추기경 가운데 연장자가 교황 3층관(Tiara)을
머리에 씌워 준다. 이때 군중은 "주님 저희를 불쌍히 여기소서"를 외친다.
이날부터 교황의 재위년이 시작된다. 백민관 신부 엮음. 백과사전 1, p.722).
cŏrōnátŏr, -óris, m. 대관식거 거행자(戴冠式 擧行者)
cŏrónis, -ĭdis, f. 책(冊)의 끝 표시 부호(符號),
희곡에서 연기의 쉼이나 마침을 표시하는 부호(符號).
cŏróno, -ávi, -átum, -áre, tr. 화환(花環)을 걸어주다,
왕관.월계관.화관 따위를 씌워주다,
끌려가는 포로머리에 따리 모양의) 관을 씌우다,
장식하다, 화환으로 장식하다; 유종의 미를 거두게
하다(거두다), 완성하다, 둥글게 에워싸다, 포위하다,
Finis coronat opus. 일솜씨는 끝손질을 보아야 안다.
corpora cælestia. 천체(天體)
corpora carnis habitura substantiam. 물체가 (생물적인)
'육체'로서의 실체를 지니리라.(교부문헌 총서 16, 신국론, p.1402).
córpŏra quadrigémĭna, -órum, n., pl. (醫) 사구체(四久體)
Corpora saltu subjiciunt in equos.
그들은 훌쩍 뛰어 말 위에 올라탔다.
corpora victa sopóre. 잠에 떨어진 육체
corporalem substantiam. 육체적 실체(肉體的 實體)
corpŏrális, -e, adj. 육체의, 육체적; 유형의, 물체적, 물질적인.
n. 성체포*(⑨ corporal.獨 Korporale) -성체강복이나 미사 때
네모난 성체포-흰색을 깔고 그 위에 제병과 성작을 놓는다. 4세기부터 사용
했지만 9세기까지는 성체보와 제대보의 구별이 없었다. 백과사전 1, p.722)/
exercítium corporália. 체조(體操), 육체단련/
Quibus verbis prolatis, deponit calicem super corporale,
et dicens: 축성문을 바치고, 성작(聖爵)을
성체포(聖體布) 위에 올려놓고 말한다.
corpŏrális creatura. 물체적 피조물,
utrum creatura corpŏrális sit a Deo.
물체적 피조물은 하느님으로부터 존재 하는가/
utrum creatura corpŏrális sit facta propter Dei bonitatem.
물체적 피조물은 하느님의 선에 의해 만들어졌는가/
Videtur quod creatura corpŏrális non sit a Deo. 물체적
피조물은 하느님으로부터 존재하지 않는 것으로 생각 된다/
Videtur quod creatura corpŏrális non sit facta propter
Dei bonitatem 물체적 피조물은 하느님의 선에 의해
만들어지지 않은 것으로 생각된다.
corporalis natura. 물체적 본성
corporalis tactus. 물체적 접촉(接觸)
corpŏrálĭtas, -átis, f. 유형적(물질적) 존재, 신체, 육체성
corpŏrátĭo, -ónis, f. 단체(團體), 조합(組合), 사단법인,
법인(⑨ moral persons/juridical person/persona juridica).
corpŏrátus, -a, -um, p.p. 형체를 갖춘, 유형의; 화신한
corpore et anima unus. 몸과 영혼이 하나
corpore vivo animalium. 실험(實驗)
corpŏréus, -a, -um, adj.
물질적인, 물체적인, 형체 있는, 육체의; 살이 붙은.
corporea natura. 물체적 본성/
incorporeus. 비물체적(非物體的)/
substantia corporea. 물체적 실체/
substantia incorporeus. 비물체적 실체/
virtus corporea. 물체적 능력.
corpori corruptibili. 가멸적인 육체
corpori hominis anima immortalis inest.
사람의 육신 안에는 불사불멸의 영혼이 있다.
Corporis Christi. 성체첨례(聖體瞻禮),
성체 대축일(성령 강림 후 제1주일 후의 목요일).
corporis clusura. 육체의 울타리
corporis firmitate confido. 건강을 믿다
Corporis tractu risus lacessitur.
몸짓으로 웃음보를 터뜨리다.
corporis vincula. 신체의 속박(束縛), 혈육유대(血肉紐帶)
córpŏro, -ávi, -átum, -áre, tr. 육체를 갖추게 하다,
형체를 만들다, 육체를 취하다, 죽이다, 포함하다,
종합하다. pass. 가입하다.
corpŭléntĭa, -æ, f. 비만(肥滿), 비대(肥大-살이 찌고 몸이 큼)
corpŭléntus, -a, -um, adj. 비대한, 비만한, 살찐, 뚱뚱한
corpus, -pŏris, n. 몸(σῶμα.⑨ Flesh), 신체(σῶμα.身體),
육신(ㄱㄱ.σῶμα.σαρξ.⑨ Flesh.肉體), 동체, 몸통,
육체(σῶρξ.σῶμα.⑨ Flesh/Body.獨 Leib.프 chair),
구간(軀幹-포유동물의 머리와 사지를 제외한 몸통 부분. 동부胴部),
주요부, 중심부, 살, 고기, 나무의 목질부분, 시체,
주검(죽은 몸뚱이. 송장), 망령(亡靈), 사람, 인격, 주체,
개체(個體), 물체, 집합체, 집단, 집단, 조직체,
전체, 법인, 국민, 군단, 저서, 전집(全集),
(서류.문서 따위의) 집성(集成), 본문, (解.動) …체(體).

	sg.	pl.
Nom.	corpus	córpora
Voc.	corpus	córpora
Gen.	córporis	córporum
Dat.	córpori	corpóribus
Acc.	corpus	córpora
Abl.	córpore	corpóribus

(한동일 지음. 카르페 라틴어 1권, p.198)
An ad dominici corporis modum mortuorum
resurrectura sint corpora. 죽은 모든 이의 육체가 주님의
몸과 같은 모양으로 부활할 것인가(신국론, p.2828)/
An possint corpora in ustione ignis esse perpetua.
육체가 불에 타면서도 영속할 수 있는가(신국론, p.2824)/
anima est actus, secundum quem corpus vivit.
현실태는 영혼이고 영혼에 힙 입어서 물체가 살아있다/
Anima intellectiva est vere per se et essentialiter
humani corporis forma. 지성적 영혼은 참으로 그 자체
그리고 본질적으로 인간의 육체에 형태를 부여한다/
anima unica forma corporis. 영혼이 몸의 유일한 형상/
assumptum corpus. 취해진 육체/
compositum ex figura et corpore. 형태와 물체의 합성체/
Contra sapientes mundi, qui putant terrena hominum
corpora ad cæleste habitaculum non posse transferri.
인간의 지상 육체는 천상거처로 옮겨갈 수
없다는 세상 현자들을 논박함(교부문헌 총서 17, 신국론, p.2828)/
Corpori multum subveniendum est, multo magis menti
atque animo. 우리로서는 육체에 복종해야 할 경우가
많다. 하물며 정신과 기백에는 더욱 그렇다/
Corporis et fortunæ bonorum ut initium sic finis est
omniaque orta occidunt et aucta senescunt. 육체의 선익
이나 운세의 선익이나 그 끝은 시작과 같도다. (한번)
생겨난 모든 것은 스러지며, 융성한 것은 쇠하도다/
Córpóris tractu risus lacéssitur. 몸짓으로 웃음이 터진다/
De generali mortis malo, quo animæ et corporis
societas separatur. 죽음의 일반적 해악은 영혼과 육신의
결합이 분리되는 것이다(교부문헌 총서 17, 신국론, p.2788)/
De natura Animæ et Corporis.
영혼과 육신의 본질에 관하여(생띠에리의 윌리암 지음)/
Decedunt córpore febres. 몸에서 열이 떨어진다/
e terrá corpus relevo. 땅에서 몸을 일으키다/
exerceo corpus. 몸을 단련하다/
experimentum in corpore vivo animalium. 동물실험/
figura corporis et sanguinis Domini. 주님의 몸과 피의 형상/
foras córporis. 신체(外部에)/
homo est animal et corpus. 사람은 동물이고 육체이다/
Homo ex anima et corpore compositus est(constat)
사람은 영혼과 육신으로 합성된 것이다(이루어진 것이다)/
Homo ex anima constat et corpore.
사람은 영과 육으로 되어 있다/
in corpore alienato. 감각이 마비된 육체에/
In uno corpore sumus, unum caput habemus in cælo.
우리는 한 몸 안에 있고,

하늘에 하나의 머리를 모시고 있습니다/
inclinátio corporis* (몸을 숙여 하는) 깊은 절/
interna corporis. 내정
intus in corpore. 육체 안에/
invictum ad labórem corpus. 수고에 지치지 않는 육체/
luteum corpus. 진흙 몸(=인간)(교부문헌 총서 16, 신국론, p.1200)/
Lux est corpus. 빛은 물체이다/
mando corpus humo. 땅에 시체(屍體)를 묻다/
Mentis naturam et esse substantiam, et non corpoream.
지성의 본성은 실체(實體)라고 하는 동시에
물체적인 것은 아니라고 한다/
mors corpóris. 육신의 죽음/.
Multa e corpore exsistunt quæ acuant mentem, multa
quæ obtundant. 육체에서는 정신을 예리하게 만들 것도
많고, 그것을 무디게 만들 것도 많이 생겨난다/
non enim corpus et anima sunt duæ substantiæ actu
existentes sed ex eis duobus fit una substantia actu
existens. 신체와 영혼은 현실태로 존재하는 두 실체가
아니고 그 둘에 의해서 현실태로 존재하는 단일한
실체가 된다(성 영 지음, 사랑만이 진리를 깨닫게 한다. p.161)/
Non est ergo tempus corporis motus.
시간은 물체의 운동이 아니다/
omne corpus esse fugiendum.
물체(육체)는 일절 피해야 한다/
Omnis hominum vis in animo et corpore sita est :
prior communis est cum dis, alterum cum beluis.
사람의 모든 기력은 혼과 몸에 깃들어 있다.
전자는 신들과 공유하고 후자는 짐승들과 공유한다/
organum corporeum. 육체의 기관/
pars corporis. 육체의 지체/
quid est homo? tamquam animal corpus sicut anima
habens corpus, non facit duas personas, sed unum
hominem. '인간이란 무엇인가' 영혼과 육체다.
육체를 가진 영혼이지만 (육체와 영혼이) 두 인격을
만드는 것이 아니라 한 인간을 만들 따름이다/
Quid respondendum sit eis, qui putant resurrectionem
ad sola corpora, non etiam ad animas pertinere.
부활은 영혼 말고 육체에만 해당한다는 사람들에게
뭐라고 대답할 것인가.(교부문헌 총서 17, 신국론, p.2820)/
terrestria corpora. 지상적 육체/
tueor se, vitam corpusque. 제 몸과 목숨을 돌보다/
Una anima in duobus corporibus.
두 몸 안에 있는 한 영혼/
unitas Corpóris mystici. 신비체의 일치/
Utrum formæ corporum sint ab angelis.
물체들의 형상들은 천사들로부터 존재하는가?
Utrum lux sit corpus, vel forma corpóris?
빛은 유형체인가, 유형체의 형상인가?/
Utrum lux sit corpus. 빛은 물체인가?/
videtur quod lux sit corpus. 빛은 물체인 것으로 생각된다/
corpus ad ipsam naturam hominis pertinent.
육체가 인간의 본성에 속한다.
corpus allátum. (解) 알라타체.
(곤충의 유충 흉부에 붙어 있는 일종의 내분비선).
corpus amítter. 몸이 마르다, 살이 빠지다
corpus animale. 동물과 같은 몸(생물적인 몸).
(교부문헌 총서 16, 신국론, p.1410).
corpus animatum. 생명체
Corpus Apologetarum sæculi secundi*(略:C.A.)
2세기 그리스도교 호교론 저술가 선집.
Corpus Aristotelicum. 아리스토텔레스 전집
corpus articuli. 본론(本論)(중세철학 창간호, p.221)
corpus bipartitum. 나누어진 몸, 이분(二分)된 몸
corpus cæleste. 천체(天體)
corpus cælestium. 천상(적) 물체.
Sed lux cælestium corporum causat formas substantiales
in istis inferioribus. 하지만 천상적 물체의 빛은 하위에
있는 물체들에 있어 실체적 형상의 원인이다.

corpus callósum. (解) 뇌량(腦梁)
Corpus Canonum Orientale Ecclesiæ.
동방 교회법 대전(그리스어 Syntagma Canonum)
corpus carnale. 육적인 몸.(교부문헌 총서 16, 신국론, p.1410).
Corpus castigare. 육체를 다스리라.
corpus catholicorum. 독일 의회 가톨릭 단체(신성 로마제국
에서 프로테스탄트 단체인 Corpus Evangelicorum에 대항하기 위해 조직한
단체. 첫 회합은 1524년 Ratisbon에서 가졌고, 1720년에 정식 조직체로 나타
났다가 1806년 제국이 소멸되면서 없어졌다. 백민관 엮음, 백과사전 1, p.723).
Corpus Christi. 그리스도의 몸.
(웹 body of Christ.獨 Der Leib Christi.
프 Le corps du Christ.포르투갈 O Corpo de Cristo.
이탈리아 Il Corpo di Cristo.キリストのからだ。).
Corpus Christi. 성체축일(Festum Ss. Corporis Christi)
Corpus Christi custódiat me in vitam ætérnam.
(웹 May the Body of Christ keep me safe for eternal life)
그리스도의 몸은 저를 지켜 주시어
영원한 생명에 이르게 하소서.
Corpus Christi ecclesia est,
quæ vinculo stringitur caritatis. 그리스도의 몸은
교회이다. 교회는 사랑의 끈으로 묶여진다.
Corpus christi est ecclesia romana catholica.
그리스도의 몸은 바로 로마 가톨릭 교회다.
Corpus Christi euchaisticum.
성체(聖體, particula consecrata).
corpus Christi in tomba. 무덤에 묻힌 그리스도의 육신
corpus Christi mysticum. 신비로운 그리스도의 몸,
그리스도의 신비체(그리스도 교회).
Corpus Christiānorum* 라틴 그리스도교 문학전집.
Corpus Christiānorum* 그리스 그리스도교 문학전집.
corpus ciliáre. (解) 모양체(毛樣體)
corpus corruptibile. 썩어 없어질 육체(肉體)
Corpus Decretorum. 법령집(Concordia discordantium)
Corpus Dionysiacum. 디오니시우스 전집(全集)
corpus diplomáticum, cœtus diplomaticus.
외교 사절단(外交 使節團).
Corpus Domini. 성체(Eucharistĭa, -æ, f.), 주님 성체
Corpus Domini nostri Jesu Christi custodiat animam
meam in vitam æternam. Amen. 우리 주 예수 그리스도
의 몸은 제 영혼을 영원한 생명으로 지켜주소서. 아멘.
corpus dulce. 감미제(甘味體)
corpus ecclesiæ. 교회의 몸(교회론에서 교회의 영혼anima ecclesiæ과
대조적으로 쓰는 말. 교회에 속한다는 것은 그 외적인 조직체 일원이란 뜻도
있고, 교회의 내적인 초자연적인 공동체, 즉 그리스도의 신비체에 속한 일원
이란 뜻도 있다…, 백민관 신부 엮음. 백과사전 1, p.723).
corpus ecclesiæ mysticum. 신비로운 교회의 몸,
신비적 교회의 몸(토마스 데 아퀴노).
Corpus Evangelicorum. 독일 의회의 프로테스탄 단체
(신성 로마제국 시대 독일의회에서 프로테스탄트교의 권익을 위해 조직된
단체로 1806년 제국이 소멸되면서 없어졌다. 백민관 엮음, 백과사전 1, p.723).
corpus fácere. 몸이 살찌다
corpus figuratum. 형체를 갖고 있는 물체
Corpus Historiæ Byzantinæ. 비잔티움 역사집.
[이 책은 독일의 역사가 히에로니무스 볼프가 비잔팅움 제국의 사료를 모아 쓴
것으로, 이후 동로마제국이라는 명칭보다는 '비잔팅움 제국'이라는 이름으로
부르게 됨. 한동일 지음, 법으로 읽는 유럽사, p.393].
Corpus Homeri. Homérus 전집
corpus humanum. 인간의 육체 ('Libertas' 참조)
corpus humo(sepultúræ) reddo.
시체(屍體)를 땅에 묻다, 매장(埋葬.웹 burial)하다.
corpus in genere substantiæ. 실체에 속하는 물체
corpus inferius. 하위 물체
corpus infinitum. 무한 물체
Corpus inscriptiōnum Latinarum. 라틴 비명집(碑銘集),
라틴어 명문 전집(銘文 全集.1845년 Mommsen 지음).
Corpus juris canónici. 교회법대전.
[요한 22세의 교회법 부록서(Extravagantes Ioannis XXII, 1325년)와 공통법령집
(Extravagantes communes:1500년, 1503년), 그라시아노 법령집(Decretum
Gratiani), 그레고리오 9세 법령집(Liber Extra), 보나파시오 8세 법령집(Liber
Sextus), 클레멘스 법령집(Clementinæ. 1317년) 6개 법령집을 모두 통털어서
로마법의 시민법대전(Corpus juris civilis)과 비교하여 교회법대전이라고 불렀다.
이 명칭은 그레고리오 8세에 의해 처음으로 공식적으로 사용되었으며, 1582년
정본(공식본)으로 승격되었다. 한동일 지음, 법으로 읽는 유럽사, pp.187-188].

Corpus juris civilis. Roma법 대전, Roma 시민법 전집,
　시민법 대전(→ 유스티아누스 법전).
corpus lucidum et immensum. 빛나고 광대한 형체
corpus luteum. (解) 황체(난소의 황체)
corpus mathematicum 양적인 개체, 양적인 물체,
　수학적 물체(신학대전 1권, p.110 ; p.130).
corpus mobile. 운동하는 물체
corpus mysticum. 신비로운 몸, 참된 몸,
　신비체(神秘體).⑨ Mystical Body of Christ).
Corpus mysticum Christi. 그리스도의 신비체,
　그리스도의 신비적인 몸(=교회. 교황 비오 12세).
corpus natúrale. 자연적 개체, 자연적 물체.
corpus non vivens. 무생물(무생물체)
corpus novum. 새로운 육신
corpus passibile. 수동적 육체
corpus Paulinum. 성 바오로 서간집
corpus perfectum. 완전 물체
corpus permixtum. 뒤섞인 몸, 혼합된 몸,
　그리스도의 혼합체(신앙이 박약한 자도 교회에 혼합되어 있다는 뜻).
corpus pineále. (解) 송과체(松果體)
Corpus processio. 성체행렬, 성체거동
corpus Reformatorum. 종교 개혁자 저술집
corpus resortum. 부활한 육신
Corpus Scriptorum Christiãnorum Orientalium.
　동방교회 저술가 전집(東方敎會 著述家 全集).
Corpus Scriptorum Ecclesiasticorum Latinorum*
　라틴교회 저술가 전집(略:C.S.E.L.).
Corpus sensim ad maciem reduco.
　몸을 점점 야위게 만들다.
corpus spiritale. 영적인 몸(교부문헌 총서 16, 신국론. p.1420)
corpus striatum. (解) 선상체(線狀體)
corpus treforme. 세 형태의 몸
Corpus tumet veneno. 독이 들어 몸이 부풀다
Corpus tuum, Domine, quod sumpsi, et Sanguis,
quem potavi, adhæreat visceribus meis :
et præsta, ut in me non remaneat scelerum macula,
quem pura et sancta refecerunt Sacramenta:
Qui vivis et regnas in sæcula sæculorum. Amen.
(⑨ May Thy Body, Lord, which I have eaten,
and Thy Blood which I have drunk, cleave to my very
soul, and grant that no trace of sin be found in me,
whom these pure and holy mysteries have renewed:
Thou, Who livest and reignest, world without end. Amen.
　주님, 제가 받아 모신 주님의 몸과 피가 제 마음 속에
　항상 머물러 계시어, 깨끗하고 거룩한 이 성사로 힘을
　얻은 저에게 죄악의 흠이 남지 않게 하소서.
　주님께서는 영원히 살아 계시며 다스리시나이다. 아멘.
corpus permixtum. 혼합된 공동체
corpus verum. 실제적인 몸
corpus vivens. 생명체, 생물, 생물체
corpúscŭlum, -i, n. 원자(原子); 미분자(微分子),
　미립자(微粒子-맨눈으로는 보기 힘든 매우 미세한 입자),
　인간의 (보잘 것 없는) 육체, (애칭) 꼬마,
　미소한 집합체, 작은 덩어리, (혈액.임파액의) 소구(小球).
　Modica deambulatio corpusculum reficit.
　적당한 산책은 몸을 회복시킨다.
corpusculum rubrum. 적혈구(赤血球.붉은 피톨)
corrádo, -rási -rásum -ěre, tr. (cum+rado) 긁어내다,
　깎아 내다, 삭마(削磨-깎고 갊)하다, 다 팔아먹다,
　긁어모으다, 힘들게 모아들이다(장만하다).
corrási, "corrádo"의 단순과거(pf.=perfectum)
corrásum, "corrádo"의 목적분사(sup.=supínum)
corréctĭo, -ónis, f. 고침, 바로 잡음, 수정(矯正.校定),
　수정(修正), 개정(改正), 개량(改良); 훈계(訓戒),
　견책(譴責-허물이나 잘못을 꾸짖음), 징계(懲戒).
correctĭo fratérna. 우의적 충고(友誼的 忠告),
　형제적 충고(⑨ Fraternal correction).
　Si autem peccaverit in te frater tuus, vade, corripe

eum inter te et ipsum solum. (VEa.n de. a`marth,shǀ Îeivj
se.Ð o` avdelfo,j sou(u[page e;legxon auvto.n metaxu. sou/ kai.
auvtou/ mo,nou) (獨S ündigt aber dein Bruder an dir, so
geh hin und weise ihn zurecht zwischen dir und ihm
allein) (⑨ If your brother sins (against you), go and
tell him his fault between you and him alone)
　네 형제가 너에게 죄를 짓거든, 가서 단둘이 만나 그를
　타일러라(성경 마태 18, 15)/어떤 형제가 너에게 잘못한 일이
　있거든 단 둘이 만나서 그의 잘못을 타일러 주어라(공동
　번역)/당신의 형제가 (당신에게) 죄를 짓거든 가서 당신
　과 그만이 마주하여 그를 책망하시오(200주년 신약성서).
correctĭo judiciális. 사법상의 견책 처분
correctĭo materialis sententiæ. 판결문의 정정(訂正)
corréctor, -óris, m. 고치는 사람, 바로 잡는 사람,
　수정(개정.개량) 하는 사람,
　로마 황제의 파견을 받은 감찰관.
Corréctoria corruptorii Thomas.(수도자 William 이 쓴 내용을
　수호하기 위하여 도미니꼬회에서 씀. 백민관 신부 엮음. 백과사전 1, p.724)
　토마스에 대한 오판을 교정하는 글.
Corréctorium "Circa". 둘러싼 문제의 교정
Corréctorium corruptorii "Quare". 오판 교정 '왜'.
Corréctorium corruptorii "Quæstione".
　부패한 '문제'들의 교정(1284년)
Corréctorium Fratris Thomas. 토마스 형제에 대한 교정서.
　(1278년 프란치스코 수도자 William de la Mare가 동료 수도자들이 아리스토텔레
　스의 사상이 주입된 토마스 아퀴나스의 신학서에 물들지 않기 위해 씀….
　백민관 신부 엮음. 백과사전 1, p.724).
Corréctorium 'Sciendum'. 알아야 할 교정 사항
correctúra, -æ, f. 감찰관직(監察官職),
　교정.개정.수정 등의 직책(職責).
correctum, "corrigo"의 목적분사(sup.=supínum)
corréctus, -a, -um, p.p., a.p.
　고쳐진, 수정된, 개량(개선)된; 징계 받은.
corrégno, -ávi, -átum, -áre, intr. (cum+regno)
　함께 다스리다(통치.지배하다).
corrělátĭo, -ónis, f. (cum+relátio)
　상호관계(相互關係), 상관관계; 관련성(關聯性).
corrělatívus, -a, -um, adj. 서로 관계가 있는, 상관적.
　(文法) pronómen correlatívum. 상관 대명사.
corrépo, -psi (-ptum) -ěre, intr. (cum+repo)
　살살 기다, 기어 들어가다(몰래) 들어가다.
　in duméta correpo. (가시덤불로 기어들다)
　자승자박(自繩自縛)하는 말을 하다.
correpsi, "correpo"의 단순과거(pf.=perfectum)
corrépte. adv. 음절을 짧게;
　corréptĭus exíre. 음절의 모음이 짧다, 단모음을 가지다.
corréptĭo, -ónis, f. 붙잡음, 포착(捕捉-꼭 붙잡음), 줄임,
　감축, 축소, 징계(懲戒), 책망(責望-잘못을 꾸짖고 나무람),
　견책(譴責-잘못을 꾸짖고 나무람), 책벌(責罰).
　De pueris minori ætate, qualiter corripiantur.
　나이 어린 소년을 어떻게 책벌할 것인가.
correptĭo fratérna. 우의적 견책(友誼的 譴責)
correptĭo judicílis. 사법적 견책(司法的 譴責)
corréptor, -óris, m. 징계자(懲戒者), 견책자(譴責者)
correptum, "corrĭpio"의 목적분사(sup.=supínum)
Correspondent Member* 교류회원
correspondéntĭa, -æ, f. 상응관계(相應關係), 대응,
　해당(該當, Quod vide. 해당기사를 보라/Quæ vide).
　일치(一致.κοινωνία.⑨ Communion), 통신(通信).
correspóndĕo, -ěre, intr. (cum+respóndeo)
　상응(대응)하다, 부합(일치)하다.
corrěsúpínus. -a, -um, p.p. (cum+resupíno)
　함께 자빠져 있는, 뒤로 젖혀진.
corrěsúrgo, -ěre, intr. 함께 일어나다, 같이 復活하다
corresuscíto, -ávi, -átum, -áre, tr. (cum+súscito)
　함께 소생(蘇生) 시키다.
córrěus, -i, m. (cum+reus) 공범(共犯)
correxi, "corrigo"의 단순과거(pf.=perfectum)
corrídĕo, -rísi, -ére, intr. 함께 소리 내어 웃다

C

corrígĭa(=corígĭa) -æ, f. 구두끈; 가죽 끈; 말채찍
corrige, 원형 córrĭgo, -réxi -rectum -ĕre, intr.
[명령법. 현재 단수 2인칭 corrige, 복수 2인칭 corrigite].
Corrige præteritum, rege præsens, cerne futurum.
과거를 바로 잡고, 현재를 다스리고, 미래를 판단하라
córrĭgo, -réxi -rectum -ĕre, intr. (cum+rego)
곧게 하다, **바로 잡다**, 똑바르게 하다,
휜 것(굽은 것.쭈그러진 것.주름)을 펴다, 고치다,
교정(矯正)**하다**, 수정(修整)하다, 개선(개량)하다,
똑바로 맞추다, 훈계하다, **견책**(譴責)**하다**, 징계하다,
(병) 고쳐주다, 낫게 하다, 만회(挽回)하다.
tempora cursu corrigo. 뛰어서 시간을 만회(挽回)하다.
Corripiendi sunt inquieti, pusillanimes consolandi, infirmi suscipiendi, contradicentes redarguendi, insidiantes cavendi, imperiti docendi, desidiosi excitandi, contentiosi cohibendi, superbientes reprimendi, desperantes erigendi, litigantes pacandi, inopes adiuvandi, oppressi liberandi, boni approbandi, mali tolerandi, [heu!] **omnes amandi.**
흔들리는 이들은 바로잡아야 하고, 소심한 이들은 위로해야 하며, 약한 이들에게는 힘을 주어야 합니다. 반대하는 이들에게는 잘못을 지적해주고, 간계한 이들을 조심해야 합니다. 무지한 이들은 가르쳐야 하고, 게으른 이들은 독려해야 하며, 따지기 좋아하는 이들은 다독여야 합니다. 교만한 자들이 자기 분수를 지키게 하고, 절망에 빠진 이들은 도와주어야 하고, 억눌린 이들은 해방시켜야 하며, 선한 이들은 격려해야 하고, 악한 이들은 참아 주어야 합니다. [휴!] 모두 사랑해야 합니다.
[Augustinus 성인이 자신의 일상을 묘사한 글. Sermo 340, 3: PL 38, 1484]
corrípĭo, -rípŭi -réptum -ĕre, tr. (cum+rápio)
잽싸게 잡다, **붙잡다**(חָזַק.תָּקַף.אָחַז),
행동을 빨리 하다, 서둘러 가다, **뺏다**, **잡아채다**,
가로채다, 차지하다, 점령(占領)하다, 휩쓸다, 휩싸다,
(재해.병 따위가) **엄습**(掩襲)**하다**, 앗아가다,
(어떤 감정에) **사로잡히게 하다**, 압도당하게 하다,
정신이 번쩍 들게 하다, 법정(法廷)으로 끌어내다,
고소하다, 고발하다, **꾸짖다**(גָּעַר.יָכַח), 비난하다,
야단치다, **견책하다**, 징계하다, 단축하다, 축소하다.
De pueris minori ætate, qualiter corripiantur.
나이 어린 소년을 어떻게 책벌(責罰)할 것인가/
morbo córrĭpi. 병(病)에 걸리다/
Quod si quis contentiósus reperitur, corripiatur.
만일 누가 다투기를 좋아하거든 책벌할 것이다.
(성 베네딕도 수도규칙 제70장)/
Sed forte corripis? Amor hoc facit, non sævitia.
그대, 혹시 꾸짖고 있습니까? 혹독함이 아니라 사랑이 꾸짖게 하십시오.(최익철 신부 옮김, 요한 서간 강해, p.451)/
súbĭtā morte corréptus. 갑자기 죽은.
corripio corpus e terrā. 땅에서 벌떡 일어나다
corripio gradum. 걸음을 빨리 하다.
corrīsi, "corrideo"의 단순과거(pf.=perfectum)
corrīvális, -is, m. 경쟁 상대, 적수(敵手)
corrīvátĭo, -ónis, f. 물을 한 곳으로 끌어넣음, 引水
corrívo, -ávi, -átum, -áre, tr. (cum+rivus)
물을 한 곳으로 끌어넣다(흐르게 하다).
corrōbŏrāméntum, -i, n. (藥) 강장제(强壯劑)
corrōbŏrátĭo, -ónis, f. 강화(强化)
corróbŏro, -ávi, -átum, -áre, tr. (cum+róboro)
튼튼하게 하다, 굳세어지게 하다, 강화하다, 증강하다,
용기를 북돋다, 고무(격려)하다, 확증(確證)하다.
corródo, -rósi -rósum -ĕre, tr. (cum+rodo)
쏠다, 갉아 놓다.
corrŏgátĭo, -ónis, f. 초대(招待), 불러모음
córrŏgo, -ávi, -átum, -áre, tr. (cum+rogo)
불러 모으다, 청하다(αἰτέω), 모으다, 수집(蒐集)하다.
corrōsi, "corrodo"의 단순과거(pf.=perfectum)
corrósĭo, -ónis, f. 침식(侵蝕), 부식(腐蝕), 침해(侵害)
corrōsívus, -a, -um, adj.
부식(腐蝕)하는, 주식성의, 침식성의.
corrōsum, "corrodo"의 목적분사(sup.=supínum)
corrŏtúndo, -ávi, -átum, -áre, tr. (cum+rotúndo)
둥글게 하다, 액수를 채우다.
corrúda, -æ, f. (植) 야생 아스파라거스
corrūgátĭo, -ónis, f.
주름 잡음, 물결모양으로 만들기, 주름살, 주름 무늬.
corrúgo, -ávi, -átum, -áre, tr. (cum+rugo)
주름지게 하다, 꾸김살지게 하다, 쪼글쪼글하게 하다.
nares corrugo. 코를 찡그리게 하다.
corrui, "corruo"의 단순과거(pf.=perfectum)
corrúmpo, -rúpi -rúptum -ĕre, tr. (cum+rumpo)
(물에 처넣거나 불 질러서) 없애버리다, 멸망시키다,
파괴(破壞)하다(שָׁחַת), 망쳐(버려)놓다, 못쓰게 만들다,
(機會 따위를) 놓쳐버리다, **변질되게 하다**, 썩게 하다,
부패시키다, 삭아버리게 하다, (오래 써서) 길이 들게 하다,
건강을 해치다, 야위게 하다, 쇠약(衰弱)하게 하다,
상처 입히다, (문서.공고문 따위에) 첨삭을 가하다,
변조(**위조**)**하다**, 단어의 글자를 바꾸다, 어휘를 잘못 쓰다,
발음을 잘못하다, 악화시키다, 개악(改惡)하다,
더럽히다, 욕되게 하다, 분개(憤慨)하다, 타락시키다,
(도덕.풍속.풍기를) **문란케 하다**, 부패시키다,
유혹(유인)하다, (사람을 뇌물 따위로) **매수하다**.
omnia quæ corrumpuntur privantur bono.
썩어 없어지는 모든 것이 선(善)의 결핍/
Ut nemo corrumpatur malo alterius.
다른 사람의 악행을 보고 분개(憤慨)하지 말 것입니다.
córrŭo, -rŭi -ĕre, intr. (cum+ruo) **쓰러지다**, 무너지다,
넘어지다, 붕괴하다, 폭삭 주저앉다, 가라앉다,
떨어지다, **몰락**(沒落)**하다**, 망하다, 파멸(破滅)하다.
Pæne … ego risu córrui. 우스워서 죽을 뻔하였다/
risu corrúere. 우스워 죽다/
tr. 무너뜨리다, 쓰러뜨리다, 전복시키다(נָתַץ), 쌓아올리다.
corrūpi, "corrumpo"의 단순과거(pf.=perfectum)
corruptéla, -æ, f. 부패(腐敗)시킴, 타락시킴, 망쳐 놓음,
부패(腐敗), 타락(墮落.[영] Fall), 방탕한 쾌락(快樂),
유혹; 매수, 뇌물공세, 타락시키는 사람,
타락(墮落)시키는 장소, 유곽(遊廓).
De Corruptellis Ecclesiæ. 교회의 부패에 대해(백과사전 2, p.207).
corruptíbĭlis, -e, adj.
붕괴되기 쉬운, 부패하기(타락하기) 쉬운, 매수될 수 있는.
Utrum anima humana sit corruptíbĭlis?
인간의 영혼은 파괴(破壞)될 수 있는가?.
corruptibílĭtas, -átis, f. 부패성(腐敗性),
가멸성(可滅性), 타락함, 매수됨.
corrupticolæ. 그리스도의 육신 부패론자(백민관 엮음, 백과사전 1, p.724)
corrúptĭo, -ónis, f. 썩음, **부패**; **타락**, 퇴폐; 붕괴, 파괴,
유혹(誘惑), 뇌물, **매수**, **독직**, 배임, 수뢰(受賂-뇌물을 받음).
De corruptione naturæ, et efficacia gratiæ divinæ.([영] The Corruption of Nature and the Efficacy of Divine Grace)
본성의 부패와 은총의 효력에 대하여(준주성범 제3권 55장)/
De generátĭone et Corruptione. 생식(生殖)과 부패.
(스페인의 모슬렘 철학자 아베로아스 지음)/
Generátĭo unius est corruptio alterius.
한 사물의 생겨남은 다른 것의 소멸(消滅)이다.
corruptĭo animæ. 영혼의 부패(사목연구 제9집, p.197)
corruptĭo per accidens(indirecta)
우연 부수적 파멸(간접적).
corruptĭo per directa 직접적 파멸
corruptĭo per essentĭalis 본연적(본질적)
corruptĭo per se 본래적 파멸
corruptio ultima. 최후의 소멸(消滅)
corruptĭo vitĭosa. 결함 있는 부패(腐敗)
corrúptor, -óris, m. 부패(타락) 시키는 자,
문란케 하는 자, 유혹자, 매수자, 증회자(贈賄者).
corruptórĭus, -a, -um, adj. 부패하는; 부패시키는
corrúptrix, -ícis, f. 타락시키는 여자 유혹하는 여자
corruptum, "corrumpo"의 목적분사(sup.=supínum)
corrúptus, -a, -um, p.p., a.p. 썩은, 부패한, 변질된,
망쳐진, 타락(墮落)한, 부도덕한, 더렵혀진, 유혹 당한,
(뇌물에) 매수당한, (어휘.발음 따위가) 잘못된.

juventus luxu atque avaritia corrupta.
공부만 하고 월사금을 떼먹던 도회지 악당들/
radice corrupta. 타락한 본성(교부문헌 총서 16, 신국론, p.1370)/
status naturæ corruptæ. 타락한 본성 상태.
cors = cohors(= chors, -rtis, f.) -hórtis, f.
울안, 뜰 안, 안마당.
cortex, -ticis, m. (f.) 나무껍질, 수피(樹皮),
피질(皮質), 피층(皮層), 코르크, 껍질, 외피.
nare sine córtice(코르크.구명대 없이 헤엄치다)
남의 도움 받지 않고 제 힘으로 하다.
cortex cerebriális. 대뇌피질(大腦皮質)
cortex cinnamómi. 계피(桂皮-계수나무의 껍질)
cortex ovi, 계란 껍질(vestis ovi)
corticátus, -a -um, adj. 껍질 있는
corticéus, -a -um, adj. 나무껍질로 된, 코르크의
corticósus, -a -um, adj. 껍질 많은
córtína(=curtína) -æ, f. 가마솥, 큰 냄비, 물통,
휘장(揮帳), 장막(帳幕), 염색 가마; 그 속에 담긴 물건,
세 발 솥; 세 발 달린 의자, 창공(푸른 하늘), 둥근 하늘.
cortinále, -is, n. 가마솥에 포도즙을 끓이는 작업실
corulétum, -i, n. 개암나무 숲
corulínus, -a, -um, adj. 개암나무로 만든
córulus, -i, f. (植) 개암나무
córus¹(=caurus=chorus³), -i, m. 북서풍(Corus ventus)
córus², -i, m. (히브인들의 양곡 용량단위인) 섬(石)
córuscátio, -ónis, f. 섬광(閃光), 번뜩임.
córusco, -ávi, -átum, -áre,
    intr. 뿔로 받으며(이마를 맞대고) 싸우다, 진동하다,
    파르르 떨다, 흔들리다, 날개 치다, 펄럭이다,
    팔랑거리다, 나부끼다, 휘날리다, **번쩍이다**,
    찬란히 빛나다, **번뜩이다**, 이글거리다.
    tr. 진동하게 하다, 떨게 하다(떨다), 휘두르다, 내두르다,
    나부끼게 하다, 번쩍이게 하다, 눈부시게 하다.
Coruscans Transfigurationis eventus tragoediam haud
minus gloriosam Calvariæ præparat. 눈부신 변모 사건은
비극적이지만 영광스러운 해골산 사건의 준비입니다.
córuscus, -a, -um, adj. 진동하는, 흔들거리는,
바르르 떠는, 팔랑거리는, 번쩍(반짝)이는,
찬란히 빛나는, 번뜩이는. n. 전광, 번개.
corvádæ, -árum, f., pl. 부역(賦役), 강제노동(强制勞動)
corvínus, -a, -um, adj. 까마귀의
corvus, -i, m. 큰 까마귀(새 점 칠 때 왼편에서 날면 불길한
징조로, 바른 편에서 날면 길한 징조로 여겼음).
    (軍) 줄 달린 쇠갈고리 무기, (解) 해부도(解剖刀),
corvo rarior albo. 흰 까마귀보다 더 드문/
Corvos in cruce pascere.
    까마귀를 십자가에서 기르다(십자가형을 당하다)/
Corvum nigrum possibile est esse album.
    검은 까마귀는 흰 까마귀일 수 있다/
Dat veniam corvis, vexat censura columbas.(Juvenalis).
    그 작자는 까마귀들한테는 사면을 베풀고
    비둘기들은 온갖 검열로 괴롭힌다/
exercitus corvórum. 까마귀 떼/
ovántes gútture corvi. 소리 질러 기쁨을 나타내는 까마귀.
córycéum, -i, n.
    경기자들의 훈련용 모래 부대를 매달아 놓은 연습실.
córýcium, -i, n. (植) 샤프란(saffraan 네덜란드어)
córycus(=córicus) -i, m.
    가죽으로 만든 경기 연습용 모래부대.
córýdalus, -i, m. 관모(冠毛)가 있는 종달새
córylétum, -i, n. 개암나무 숲
córylus, -i, f. (植) 개암나무
córymbíátus, -a -um, adj.
    송아리를 조각한, 꽃·열매의 송아리로 장식된.
córýmbifer, -ěra, -ěrum, adj. (corýmbus+fero)
    송악의 송아리 관(冠)을 쓴(Bacchus의 형용어).
córýmbus, -i, m. (植) 산방화(繖芳花); 산방화서(花序),
    꽃·열매의 송아리(특히 송악의),

송아리(꽃이나 자잘한 열매가 한데 모여 달린 덩어리) 모양의 것; 젖꼭지.
córyphǽus, -i, m. 지휘자(指揮者), 지도자, 우두머리
corýtus(-os) -i, m. (=gorýtus) 화살 통, 전통(箭筒)
córýza, -æ, f. (醫) 코감기
cos¹, (略) = consul, cónsule
côs², côtis, f. 숫돌, 회전 숫돌, 부싯돌(lapis igniárĭus),
    단단한 돌, 자갈; 암석(岩石).
Côs³, Coi, f. Ægœum 바다의 작은 섬
cosméta(-es) -æ, m. 안주인의 장신구·옷가지를
    챙기며 머리치장을 해주던 노예(奴隸).
cósmĭcus, -a, -um, adj. 우주의, 세계의
cosmœ, -mórum, m., pl. Creta섬의 10명의 통치관단
cosmŏgonía, -æ, f. 천지 개벽설, 우주 발생론.
    (그리스어 Kosmogonia란 말은 본래 우주생성에 관한 신화라는 뜻으로 썼으
    나 철학자들이 우주생성을 설명하는 설로 썼고, 성경에서는 창세기의 창세
    과정을 말로 쓰고 있다⋯. 백민관 신부 엮음, 백과사전 1, p.726).
cosmŏgonía biblica. 성서의 우주 창조론, 성경의 우주관
cosmŏgráphĭa, -æ, f. 우주 형상지(宇宙 形狀誌)
cosmŏgráphus, -i, m. 우주사 학자(宇宙史 學者)
cosmŏlogía, -æ, f. (哲) 우주론(⑨ Cosmology), 자연철학
cosmŏpŏlíta, -æ, m. 세계주의자(世界主義者), 세계인
cosmŏpŏlĭtānísmus, -i, m. 사해동포주의,
    세계주의(世界主義-萬民主義), 코스모폴리타니즘.
cosmŏpŏlĭtānus, -a, -um, adj. 세계주의의,;
    전 세계적인; 전 세계에 분포(分布)한.
cosmŏpŏlĭtísmus, -i, m. = cosmŏpŏlĭtānísmus
cosmos(indecl., n.), -i, m.
    (질서정연한) 우주(⑨ Universe), (정연한) 질서, 조화.
coss. (略) = cónsules, consúlibus
Cossa = Cosa
Cosséi, -órum, m., pl. Susa의 북쪽에 있던 종족(種族)
cossus¹, -i, m. 나무속에 생기는 벌레
cossus², -i, m. Roma人의 가문명
costa, -æ, f. 갈비(늑골·갈비뼈), 늑골(肋骨),
    옆구리(エ), 늑골처럼 생긴 것, 선박의 옆구리.
    (植) 엽맥(葉脈-잎 몸 안에 평행선이나 그물 모양으로 뻗어 있는 대발).
    (動) 곤충의 전연맥(前緣脈).
Fugiéntis ago costis telum. 도망자의 옆구리에 창을 꽂다/
transádigit costas ensem. 칼로 옆구리를 찌르다.
costálgĭa, -æ, f. (醫) 늑골통(肋骨痛)
costális, -e, adj. 갈비의, 늑골의
costátus, -a, -um, adj. 늑골, 갈비가 있는
costoclavĭculáris, -e, adj. (醫) 늑골과 경골(頸骨)에 관한
cóstŭla, -æ, f. 작은 갈비
costum, -i, n. 인도 산(産)의 향료로 쓰는 풀
Cosýra = Cossýra(-ura), -æ, f.
    Sicília와 Afrĭca 사이에 있는 작은 섬.
cotária, -æ, f. 숫돌 생산지
cotátĭones epistolarium et evangeliarium.
    독서 및 복음 (머리글) 목록.
côtes(=cautes) -is, f. 날카롭게 거칠거칠한 바위, 암초
côthon, -ónis, m. 인공으로 만든 내항(內港)
côthurnátĭo, -ónis, f. 비극장면(悲劇場面), 비극실연
côthurnátus, -a, -um, adj. 반장화 신은(비극 배우),
    비극적인, 비극조의, 비장한; 무게 있는, 엄숙한.
côthúrnus, -i, m. (고대 희랍로마에서 비극 배우가
    무대에서 신던 밑창 높은 반장화, 수렵용 반장화,
    비극; 비극조(調), 비장하고 격조 높은 비극 형식.
côtícŭla, -æ, f. 시금석(試金石), 약방의 작은 돌절구
cotidi⋯ V. quotidi⋯
cotidianus, cotidiana, cotidianum, adj. 매일의, 일상의.
    Denique tandem de cotidianæ agitur sanctificatione vitæ.
    (⑨ What is crucially important here is the sanctification
    of daily life) 여기서 결정적으로 중요한 것은 일상
    생활의 성화이다(1989.8.15. "Redemptoris custos" 중에서).
cotidie(=quotidie) adv. 날마다
côtis, -is, f. = côs² côtis, f. 숫돌, 회전 숫돌, 부싯돌
cotóněum, -i, n. 마르멜로의 열매
cotóněus, -a, -um, adj. 야생 마르멜로의

cotta[1], -æ, f. ([영] Rochet.獨 Röckel)
(예식용의) 소백의(小白衣.superpellicium 참조)
cotta[2], -æ, f. 주사위의 일종
cóttăbus, -i, m. 가죽 채찍 소리, (술잔에 남은 술을 땅바닥이나 대야에 부어 버릴 때 나는) 좍 소리.
cóttăna(-ŏna), -órum, n., pl. Sýria산(産) 작은 무화과
cottidi… V. **quotidi**…
cotúrnix, -ícis, f. 메추라기(꿩과의 새)
cotúrnus, -i, m. = **cŏthúrnus**, -i, m.
cótyla(-ŭla), -æ, f. 고대 Roma의 용량 단위(약¼l)
Cŏtýttĭa, -órum, n., pl. Cotýtto 여신(女神)의 야간 축제
Cotýtto, -us, f. Cýbele 여신(女神)과 유사한 Thrácia人들의 여신(女神).
Cōum, -i, n. Cos 섬의 술, Cos 섬 의복
Cōus, -i, f. = Cos
cŏútor, (-ĕris, -ĭtur), -úsus sum -uti, dep., intr. 상종하다, 교제하다.
cŏvin(n)árĭus, -i, m. (2륜 전투마차의) 전차병(戰車兵)
covín(n)us, -i, m. 여행용 마차(馬車).
Británnia인 또는 Bélgium인들의 두 바퀴 전투마차, (원형 극장에서의) 경기용 마차.
coxa, -æ, f. 좌골(座骨); 치골, 넓적다리, 대퇴골, (解) 고관절(股關節). (動) 저절(底節), 기절(基節).
coxas ejicio. 허리를 삐다.
coxálgĭa, -æ, f. (醫) 둔통(臀痛), 고관절염(股關節炎)
coxi, "cŏquo"의 단순과거(pf.=perfectum)
C.P. = Congregátĭo Passiónis Jesu Christi. 예수 고난회
crābro, -ónis, m. (蟲) 말벌, 호박벌(Bombus ignitus)
Crăgus(=Grăgus) -i, m. Lýcia의 산악지대
crambe, -es, f. 양배추
crambe repetītia. (되삶은 양배추) 같은 말을 수없이 곱씹어서 받아 외게 해야 하는 선생의 따분함.
cranĭális, -e, adj. 두개(頭蓋)의, 두개골의
cranĭŏlŏgía, -æ, f. 두개학(頭蓋學), 두개골 연구, (태아) 두개 절쇄(切碎) 수술(태아의 안산이 불가능할 때 산모의 생명을 구하기 위한 수술로 태아가 이미 죽었을 때에만 정당화 된다. 현대의 발달된 의학은 두개 절쇄 수술 외 제왕 절개법으로도 가능하여 실제로 두개 절쇄 수술은 구시대의 유물이 되었다. 백민관 신부 엮음, 백과사전 1, p.738).
cranĭŏtŏmía, -æ, f. (醫) 개두술(蓋頭術.[영] craniotomy)
cránĭum, -i, n. (醫) 頭蓋(calvariæ locus =Golgotha), 두개골(頭蓋骨-머리뼈), 머리.
crápŭla, -æ, f. 과음(過飮), 만취(滿醉-술에 잔뜩 취함), 숙취(宿醉-다음 날까지 깨지 않는 취기), 명정(酩酊-술이 몹시 취함).
Plures crapula quam gladius perdidit.
과음은 칼보다 더 많은 생명을 빼앗아 갔다.
crāpŭlárĭus, -a, -um, adj. 만취의, 숙취의
crāpŭlátĭo, -ónis, f. 만취(滿醉-술에 잔뜩 취함), 숙취(宿醉)
crápŭlo, -áre, tr. 거나하게 하다, 만취(滿醉)하게 하다
crāpŭlósus, -a, -um, adj. 만취하는, 거나한
cras, adv. 내일(來日), (명사적으로) 내일이라는 날, 장래에, 앞으로.
Comedamus et bibamus, cras enim moriemur.
([영] Eat and drink, for tomorrow we die!)
내일이면 죽을 몸, 먹고 마시자(이사 22, 13)/
et cras erit sicut hodie et multo amplius(이사 56, 12).
([영] And tomorrow will be like today, or even greater)
내일도 오늘과 같으리니 더할 나위 없이 좋으리라/
hodie extolletur et cras non invenietur.(마카 상 2, 63)
그는 오늘 높이 올라가도 내일이면 찾아볼 수 없다/
In nomine Domini cras quod inde dederit, disseremus.
주님께서 주시는 바를 주님의 이름으로 내일 다루어 보겠습니다(최익철 옮김, 아우구스티노의 요한 서간 강해, p.219)/
Mihi videtur patrem tuum cras venturum esse.
내가 보기에 너의 아버님이 내일 오실 것 같다/
Nemo est qui æstimet cras se moriturum esse.
내일 당장 자기가 죽을 수 있으리라고 믿는 사람은 아무도 없다/
Potes nunc mutuam drachmam dare mihi unam, quam cras reddam tibi? 내일 갚을 테니 너 지금 나한테 1 drachma 만 꿔줄 수 있니?/
qui ignoratis, quæ erit in crastinum vita vestra.
([영] you have no idea what your life will be like tomorrow) 그렇지만 여러분은 내일 일을 알지 못합니다/ 여러분의 삶은 내일 어떻게 될지 모릅니다/
Vade et revertere, cras dabo tibi.
([영] Go, and come again, tomorrow I will give)
갔다가 다시 오게, 내일 줄 테니(잠언 3, 28)/
Verumtamen oportet me hodie et cras et sequenti ambulare([영] Yet I must continue on my way today, tomorrow, and the following day) 그러나 오늘도 내일도 그 다음 날도 내 길을 계속 가야 한다(성경 루카 13, 33)/ 그러나 오늘도 내일도 그 다음날도 나는 (내 길을) 가야만 한다(200주년 기념 성경 루카 13, 33)/
Vivamus puri, quasi simus cras morituri.
내일 죽더라도(마치 내일 죽는 것처럼) 순수하게 살자.
Cras ad oppidum viros mittam.
내일 (내가) 도읍으로 사람들을 보내겠다.
Cras amet qui numquam amavit, et qui amavit cras amet. 연애를 한 번도 해 본 적이 없는 사람도 내일은 연애를 하시라! 연애를 해 본 사람도 내일은 연애를 하시라!
Cras descendetis contra eos.
([영] Go down against them tomorrow)
내일 그들과 맞서러 내려가라(역대 하 20, 16).
cras erit signum istud.([영] This sign shall take place tomorrow) 그 표징이 내일 일어날 것이다(탈출 8, 19).
Cras faciet Dominus verbum istud in terra.
([영] Tomorrow the LORD shall do this in the land)
주님이 내일 이 땅에서 이 일을 이룰 것이다(탈출 9, 5).
Cras in Siciliam ire debeo trans mare.
나는 내일 바다를 건너 시칠리아로 가야 한다.
Cras in urbem proficiscar. 나는 내일 도시로 떠나가겠다.
Cras, inquit, audies eum.([영] Tomorrow you will hear him) 내일 그의 말을 들어 보십시오(사도 25, 22).
cras mane. 내일 아침
Cras proficiscemur. 우리는 내일 떠날 것이다
crassámen, -mĭnis, n. = **crassámentum**, -i, n. 찌꺼기, 침전물(沈澱物), 앙금(침전물).
crassátĭo, -ónis, f. 농후(濃厚-어떤 경향이나 기색 따위가 뚜렷함), 두꺼움, 조밀(촘촘하고 빽빽함), 밀도(密度-빽빽이 들어선 정도).
crasse, adv. 두껍게, 투박하게, 굵게; 짙게, 빽빽하게; 진하게, 대강, 대충.
crassésco, -ĕre, intr. 두꺼워지다, 살찌다
crassĭficátĭo, -ónis, f. 두껍게(굵게.짙게) 함, 비만(肥滿), 비대(肥大-살이 찌고 몸이 큼).
crassífico, -ávi, -átum, -áre, tr. (crassus+fácio) 두껍게 하다, 짙게(진하게.걸어지게) 하다, 빽빽하게 하다; 살찌게 하다, 비대(비만)해 지게 하다, 굵어지게 하다.
crassĭlíngŭla, -æ, n., pl. 후설류(厚舌類)
crassílŏquus, -a, -um, adj. 입이(말이) 건
Crássĭpes, -ĕdis, m. Roma人의 가문명(家門名)
crassítĭes, -éi, f. = **crassĭtúdo**, -dĭnis, f.
crassĭtúdo, -dĭnis, f. 두께, 두꺼움; 굵기, 굵음, 비만, 비대, 빽빽함, 농도(濃度), 조밀(稠密-촘촘하고 빽빽함), 밀도(密度-빽빽이 들어선 정도), 찌꺼기, 침전물(沈澱物).
crasso, -ávi, -átum, -áre, tr.
두꺼워지게 하다, 덕지덕지 때 끼게 하다.
crassulácĕæ, -árum, f., pl. (植) f., pl. 꿩의 비름과
crassus, -a, -um, adj. 두꺼운, 굵은, 투박한, 짙은, 진한, 걸쭉한, 된, 빽빽한, 조밀(稠密)한, 살찐, 비대한; 육중한, 우둔(愚鈍)한, 둔감(鈍感)한, 세련되지 못한.
crástĭno, adv. 내일
crástĭnum, -i, n. 내일; 다음날, in crastinum. 내일로,
Ille beatissimus est et securus sui possessor, qui crastinum sine solicitudine espectat.
내일을 걱정 없이 맞이하는 자가 가장 훌륭한 사람이며, 자기 몸 하나로 안전한 사람이다.
crástĭnus, -a, -um, adj. 내일의, 내일 있을, 내일 할, 후일의, 앞날의, 장래의. m. 내일(來日).

Ne glorieris in crastinum ignorans, quid superventura pariat dies(⑨ Boast not of tomorrow, for you know not what any day may bring forth) 내일 일을 자랑하지 마라. 하루사이에 무슨 일이 생길지 알 수 없다(잠언 27, 1)/ Nolite ergo esse solliciti in crastinum; crastinus enim dies sollicitus erit sibi ipse(Do not worry about tomorrow; will take care of itself) 그러므로 내일을 걱정하지 마라. 내일 걱정은 내일이 할 것이다(성경 마태 6, 34)/그러므로 내일 일은 걱정하지 마라. 내일 걱정은 내일에 맡겨라(공동번역)/ 그러므로 내일을 걱정하지 마시오. 사실 내일은 그 나름대로 걱정하게 될 것입니다(200주년 기념 성경).

crátĕr, -éris, m. 혼주기(混酒器), 기름 그릇,
포도주에 물을 타서 마시기 좋게 마련한 그릇(신국론. p.1918),
옹달샘, 분화구(噴火口), 불 뿜는 지각균열. (天) 컵 성좌.

crátĕra, -æ, f. = **crátĕr**, -éris, m. = **crétĕr(r)a**, -æ, f.
Crateræ limus adhæsit. 물통에 진흙이 달라붙었다.

cratícĭus, -a, -um, adj. 격자로 된, 발(簾) 친, 난간 있는
cratícŭla, -æ, f. 적쇠('석쇠'의 방언)
cratícŭlus, -i, m.
격자로 막은, 창살 붙인, 가로 세로 얽은(엮은).
m. (고해소의) 격자, 관상 수녀원 면담 창구.

crátĭo, -íre, tr. 쇠스랑으로 땅을 고르다
cratis, -is, f. 발(簾), 격자(格子), 창살, 난간(欄干-欄檻),
버들가지.대오리.나무오리 등으로 엮은 것; 바구니;
바자(대나무.갈대.수수깡 따위의 발처럼 엮은 것. 울타리를 만드는 데 씀),
써레(소나 말이 끌게 하여, 갈아 놓은 논밭의 바닥을 고르는 데 쓰는 농구),
쇠스랑, 적쇠, 석쇠, (큰 고리짝 같이 생긴) 形具의
일종(사람을 넣고 돌을 던져 넣어 죽였음), 나뭇단,
나무다발, 벌집, 등골, 갈빗대, 옆구리.

Crátippus, -i, m. Athénœ의 소요학파 철학자
creábilis, -e, adj. ⑨ creatable, that can be made/created.
creabilia vero entia omnino ab aliquo condita sunt.
Oportet autem conditorem increabilem esse. 모든 창조된 존재자들은 필연적으로 누군가에 의해 만들어졌다.
그러므로 창조주가 존재하는 것은 필요한 것이다.

creámen, -mínis, n. 피조물(被造物.⑨ Creature)
creasti, 원형 **crĕo¹**, -ávi, -átum, -áre, tr.
[직설법 현재, 단수 1인칭 creavi, 2인칭 creavisti(creasti), 3인칭 creavit.
복수 1인칭 creavimus, 2인칭 creavistis, 3인칭 creaverunt.
N.B. creasti 모음 사이에서는 V가 모음화를 일으켜 축약되는 형태를 보임.
황치헌 신부 지음, 미사 통상문을 위한 라틴어, p.403].

creatĭanísmus, -i, m. (神) 영혼 창조설(靈魂 創造說)
creatĭanismus individualis. (神) 영혼 창조설.
(교부문헌 총서 10, p.60).

crĕátĭo, -ónis, f. 창조(κτισς.創造.⑨ Creátĭon),
만들어냄; 창조물(創造物), 창작, 창작물, 선거, 선출.
imago creatiónis. 창조의 모상/
suæ creationis initium. 자기 창조의 시원(始原)/
Creationis mundi et temporum unum esse
principium nec aliud alio præveniri.(신국론. p.2780).
세상의 창조와 시간의 창조는 동일한 시점에 이루어
졌으며, 하나가 다른 하나를 선행(先行)하지 않는다.

creatio ab æterno. 영원한 창조
creátĭo actĭo Dei. 신의 창조 작용(創造作用)
creátĭo activa. 능동적 창조(能動的 創造)
creátĭo animæ. 영혼의 창조
creátĭo continua. 계속적인(계속되는) 창조,
지속적인 창조, 하느님의 영속적 세계 보존 유지.
creátĭo cum tempore. 시간과 더불어 이루어진 창조.
(중세철학 제4호, p.39).
creátĭo ex nihilo. 무로부터의 창조, 창조될 수 있는 무(無)
creátĭo immediata animæ. 영혼의 직접창조(直接創造)
creatio in tempore. 시간 속의 창조
creátĭo libera mundi. 세상의 자유로운 창조
creátĭo mundi. 세상의 창조(世上 創造)
creátĭo nova. 새로운 창조(創造)
creátĭo orginalis. 처음의 창조(創造)
creátĭo passiva. 수동적 창조(受動的 創造)
creátĭo prima. 제1차적 창조(천지창조)
creatio scilicet mundi et hominis in mund.

(⑨ the creation of the world and of man in the world)
세상과 세상 안에서의 인간의 창조.

creátĭo secunda. 제2차적 창조(자연완성에로 인간의 협동)
creatioanísmus, -i, m. 창조설,
영혼 창조설(19세기 M. J. Scheeben 주장. 백민관 엮음, 백과사전 1, p.743).
creativĭtas liturgica. 전례적 창조성(典禮的 創造性)
creativus, -a -um, adj. 창조적인 창조력 있는.
명사형 creativĭtas(//lysy2.archives.nd.edu/words.exe에서).
creátor, -óris, m. 창조主(⑨ Creátor), 조물주, 창조자,
낳아준 아버지, 창작가); 물체설(창립.설립)자, 임명자.
De neglectu omnis creaturæ, ut Creátor possit inveniri.
조물주를 얻기 위하여 조물을 천히 봄(준주성범 제3권 31장)/
sine relatione creator. 창조주와의 관계없이/
unitas creatóris. 창조주의 단일성.
Creátor Spiritus. 창조주 영(創造主 靈)
Creátor universi et hominis.(⑨ Creátor of the universe
and of man). 우주와 인간 창조주.
creátórem cæli et terræ. 천지의 창조주(創造主)
crĕátrix, -ícis, f. 창조녀, 만들어 내는 여자; 어머니
crĕátúra, -æ, f. 피조물(被造物.⑨ Creature),
만물(萬物.⑨ Creature), 조물(造物).
conversio ad creaturas. 피조물들을 향해 돌아섬/
corpórális creatura. 물체적 피조물/
creaturarum internuntius. 피조물들의 중간자.
(성 염 지음, 사랑만이 진리를 깨닫게 한다. p.294)/
De libertate Dei et creaturæ.
하느님의 자유와 창조물의 자유(기욤 지비외프. 1630년)/
Homo ut creatura. 피조물인 인간(⑨ Man as a creature)/
Mater Dei est pura creatura.
하느님의 어머니는 단순한 피조물/
omnes creaturæ ex divina bonitate participant ut bonum
quod habent, in alia diffundant. 모든 피조물은 하느님의
선성을 분유해서 그들이 갖고 있는 선을 다른 피조물들
에게로 확산시킨다.(이상섭 옮김, 신학대전 14. p.226)/
omnis caro, omnis creatura. 너희는 모든 살이요, 모든 조물/
sub esse Romano Pontifici omni humanæ creaturæ.
모든 인간 제도는 로마 교황에게 종속되어야 함.
(성 염 옮김. 단테 제정론. p.221)/
omnis creatura habet potentiam finitam. Sed nulla
potentia finita se extendit ad infinitum. 모든 피조물은
유한한 능력을 갖는다. 그런데 어떤 유한한 능력도
무한에까지 이르지는 못한다.(이상섭 옮김. 신학대전 14. p.131)/
Omnis mundi creatura quasi liber et pictura nobis est et
speculum. 세상의 모든 피조물은 우리에게 마치
책과 그림 그리고 거울과 같다/
Summa de creaturis. 피조물 대전(1240년대 지음).
creatúra composita. 복합된 피조물
creatura corporalis. 물체적 피조물.
Non ergo corporalis creatura administratur per angelos.
물체적 피조물들은 천사들에 의해 통치되지 않는다.
(이상섭 옮김. 신학대전 14. p.353)/
utrum creatura corporalis obediat angelis ad natum.
물체적 피조물은 천사들의 뜻에 복종하는가.
('natus'를 이렇게 번역하였다. Natus는 원래 눈의 깜박임과 같은 몸짓을 이용한
신호를 의미한다. 이를 통해 자신의 뜻이나 마음을 표현하기 때문에 '뜻'으로
번역했다. 이상섭 옮김. 신학대전 14. p.351).
creatura, cuius mutabilibus motibus ageretur.
피조물의 가변적 운동으로 작용하는 것(=시간).
creatura irrationalis. 비이성적 피조물
creatúra Papæ. 교황이 선임한 추기경
creatúra rátionalis. 이성적 피조물(⑨ rational creature)
**creatura rationalis gubernat seipsam per intellectum
et voluntatem**. 이성적 피조물은 지성과 의지를 통해서
자기 자신을 통치한다.(이상섭 옮김. 신학대전 14. p.83).
creatúra spiritualis. 영적 피조물
creatúra Verbi. 말씀의 피조물(創造物)
creatúra visibilis. 가시적 피조물(可視的 被造物)
creaturæ repræsentant Deum.
피조물은 하느님을 제시(提示)한다.
crébĕr, -bra -brum, adj. 빽빽한, 밴(조밀한), 촘촘한,

조밀한, 즐비한, **잦은, 빈번한**, 뻔질나게 반복하는.
crēbrátus, -bra -brum, p.p. 빽빽한, 밴(조밀한), 촘촘한
crebrésco, -brŭi(bŭi) -ĕre, intr. 빽빽해(촘촘해)지다, 잦아지다, 빈번해지다, 늘어가다, 확대(擴大)되다.
crébrĭtas, -átis, f. 잦음, 빈번(頻繁), 빈도(頻度), 조밀(稠密)
crébrĭter, adv. 자주, 뻔질나게, 다시금
crēbro[1], adv. 자주, 뻔질나게, 다시금
crebro[2], -ávi, -átum, -áre, tr. 자주 하다, 반복하다
crēbrui, "crebrésco"의 단순과거(pf.=perfectum)
crēbui, "crebrésco"의 단순과거(pf.=perfectum)
credamus, 원형 crēdo, -dĭdi, -dĭtum, -ĕre,
[접속법 현재 단수 1인칭 credam, 2인칭 credas, 3인칭 credat, 복수 1인칭 credamus, 2인칭 credatis, 3인칭 credant].
Te utriusque Spíritum credámus ómni témpore.
양위에게서 나신 당신 성령을 언제나 믿게 해주소서.
crede, 원형 crēdo, -dĭdi, -dĭtum, -ĕre, tr.
[명령법. 현재 단수 2인칭 crede, 복수 2인칭 credite].
Crede mihi, miseris cælestia numina parcunt.
내 말을 믿게! 하늘의 신령들은 가련한 자들을 너그러이 보아 주신다네!.
Crede quod habes, et habes!. 그대가 지녔다고 생각하라. 그러면 그대는 (그것을) 지닌 셈이다.
Crede tu prius Christo. 그대가 먼저 그리스도를 믿으시오
crede ut intelligas. 깨닫기 위해서 믿어라
crede ut intelligas, intellige ut credas.
믿고 알아들어라, 알아듣고 믿어라.
이해하기 위하여 믿어라. 믿기 위하여 이해하라.
crēdéndĭtas, -átis, f. (神) 당신성(當信性), 마땅히 믿어야할 성질의 것.
Credens, credentis, f. 믿는 이들([영] Believer).
Omnibus quidem videntibus et loquentibus Filium et Patrem, non autem omnibus credentibus. 모두가 성자와 성부를 보고 말하지만, 모두가 믿는 것은 아니다.
Credens, 원형 crēdo, -dĭdi, -dĭtum, -ĕre, tr.
[현재분사. 단수 credens, 복수 credentes]
ambo tamen crédens atque cónfitens,
péto quod petivit látro pænitens
저는 신성, 인성을 둘 다 믿어 고백하며
뉘우치던 저 강도의 기도 올리나이다.
Credenti omnia convertuntur in bonum.
믿는 이에게는 모든 것이 선(善)이 된다.
Credenti, omnia convertuntur in Christum.
믿는 이에게는 모든 것이 그리스도가 된다.
credéntĭa, -æ, f. [영] Credence table.獨 Kredenz)
상(床), (제단 옆의) 제기상(祭器床),
제단 오른쪽의 주수상(酒水床).
(Credentia란 말은 credo '나는 믿나이다'에서 온 말로 본래는 이 상에 맛보기 고기를 놓았던 상이란 뜻에서 왔다. 백민관 신부 엮음, 백과사전 1, p.744).
credentitas, -atis, f. 당신성(當信性)
(계시 진리를 인식하면 그것을 인정하고 믿어야할 도덕상의 의무 의식과 그 판단. 백민관 신부 엮음, 백과사전 1, p.744).
Credere est cum assensione cogitare.
신앙은 동의하며 생각하는 것(토마스 아퀴나스)
crēdíbĭlis, -e, adj. 믿을 만한, 믿을 수 있는, 신용할만한
crēdĭbílĭtas, -átis, f. 가신성(可信性-믿을 만하다고 판단함. 계시 진리에 관한 지식에 대한 신앙판단. 불가지론은 계시 진리에 대한 가신성의 동기를 부인한다. 백민관 신부 엮음, 백과사전 1, p.744), 신앙 가능성, 신빙성(信憑性-믿어서 증거나 근거로 삼을 수 있는 정도나 성질).
rationes credibilitatis. 믿을만한 근거.
crēdĭdi, "credo"의 단순과거(pf.=perfectum)
Credimus in Spiritum Sanctum 우리는 성령을 믿는다.
Credis in Deum Patrem omnipotentem, creatorem cæli et terræ? Credo. 천지를 창조하신 전능하신 천주 성부를 믿습니까? 믿습니다.
Credis in (목례하며) **Iesum Christum, Filium eius unicum, Dominum nostrum, natum, et passum? Credo.** 그 외아들 우리 주 (목례하며) 예수 그리스도의 강생하심과 고난을 받으심을 믿습니까? 믿습니다.
Credis et in Spiritum sanctum, sanctam Ecclesiam Catholicam, Sanctorum communionem, remissionem peccatorum, carnis resurrectionem, et vitam æternam? Credo. 성령과 공번된 성교회와 모든 성인의 통공과 죄의 사함과 육신의 부활과 영원한 삶을 믿습니까? 믿습니다.
crédĭtor, -óris, m. 빌려준 사람(주인), 받을 사람, 대주, 채권자; [Creditus 대차.'Cessio, Compensatio, Conditio, Contractus, Nomen, Novalio, Pignus, Stipulatio' 참조].
["채권자는 금전을 대여한 자뿐만 아니라 어떤 이유이건 무엇인가 반환받을 권리를 갖는 사람이다.creditorum appellatione non hi tantum accipiuntur, qui pecuniam crediderunt, sed omnes, quibus ex qualibet causa debetur." "채권자는 항변이 거부되지 않는다 하더라도 여하한 소권, 즉 시민법적 소권, 명예관법상 소권 또는 사실소권을 갖는 자이다.Creditores eos accipere debemus, qui aliquam actionem vel civilem habent, sic tamen, ne exceptione submoveantur, vel honorariam actionem, vel in factum.".
한동일 지음, 로마법의 법률 격언 모음집에서(출간예정)].
æs suum est quod alii nobis debent. 다른 사람이 우리에게 갚아야 하는 것이 '꾸어준 돈(대금貸金)'이다.
[반대말은 '애스 알리에눔æs alienum'으로 타인에게 부담하는 채무이다. 이를 '차금借金', 곧 돈을 꾸어 오는 것을 말한다]/
Creditores accipere debemus eos qui aliquam actionem vel civilem habent (sic tamen ne exceptione submoveatur) vel honorariam actoinem, vel in factum.
(비록 항변으로 거부될 수 없다 해도) 우리는 어떤 '시민법상의 소권'이나 '명예관법 소권', 또는 '사실 소권'을 가지는 채권자들을 인정해야 한다.['시민법상의 소권'은 시민법에 의하여 승인된 권리를 보호하는 소권이다.「12표법」, 법률, 원로원의결, 법률가의 법형성 활동에 근거를 둔다. / ['명예관법 소권'은 법무관prætor이나 안찰관ædilis이 제정한 법규범에 기원하는 소권이다. 이는 시민법상 소권 Actiones civiles과 대비된다. / ['사실 소권'은 법률기초 방식서Formula in ius concepta의 반대말이다. 사실 소권은 '사실기초 방식서Formula in factum concepta'라고도 한다. 법률기초 방식서와 사실기초 방식서의 구별은 소송방식서의 청구표시의 내용에 기인한다. 법적 분쟁이 발생하는 경우, 예컨대 원고가 시민법상 물건에 관한 소유권 혹은 다른 권리를 주장하거나 혹은 시민법 하에서 피고의 채무 이행dare oportere(급부의무)을 소구할 때, 청구표시에는 시민법상 보호되는 법률 행위나 법률관계에 대한 직간접적 언급이 있다. 그러나 사실기초 방식서에서 청구표시는 원고의 청구가 도출되는 사실을 언급하고, 심판인은 만약 문제된 사실이 증명된 경우 피고에게 유책 판결할 권한을 부여받았다. 사실기초 방식서는 사례의 특수 상황에 채택되었다. 예컨대 피해방인이 그의 보호자를 소환하거나 법정에 출두해야할 사람이 나타나지 않거나 담보를 제공하지 않는 경우였다. 두 방식서의 실질적 차이는 다음과 같다. 사실기초 방식서는 피고의 유책 판결 선고가 그의 책임이 도출되는 사실과 결부되는 반면, 법률기초 방식서에서는 물건 혹은 피고의 급부에 대한 원고의 특정권리의 존재가 피고의 유책 판결에 영향을 준다. 법무관들이 사실기초 방식서를 부여할 때 법률가들의 조력을 받았다. 특수 개별사안들에 부여된 이후에, 점차 법무관의 고시에 포함되었다. 이렇게 고시로써 법무관은 지금까지는 법에 의해 보호되지 않은 특정한 사안에 대해 소권을 부여할 것이라고 공표하였다. 사실기초 방식서는 명예관법의 발전에 중요한 요소가 되었다. 한동일 지음, 로마법의 법률 격언 모음집에서(출간예정)].
Creditores appellantur quibus quacumque ex causa actio competit. 어떠한 명목에 의해서든 소권이 있는 사람을 채권자라고 부른다/
Creditorum appellatione non hi tantum accipiuntur, qui pecuniam crediderunt, sed omnes, quibus ex qualibet causa debetur. 채권자라는 명칭에는 꾸어준 돈을 받는 것뿐만 아니라 어떤 명목에 의해서든 책임이 있는 모든 것을 의미한다/
Creditum et debitum non possunt concurrere in eadem persona. 채권과 채무가 동일인에게 겹칠 수 없다/
Falsus creditor est is, qui se simulat creditorem. 채권자를 사칭하는 사람은 거짓 채권자이다/
Nec creditores creditori quisquam invitus delegare potest. 누구도 동의하지 않은 채권자에게 채권자를 위임할 수 없다/
Nihil dolo creditor facit, qui suum recipit. 채권자가 자기 것을 받는 것은 사해(속임수로 남에게 손해를 입힘)를 한 것이 아니다/
Non fraudantur creditores, cum quid non adquiritur a debitore, sed cum quid de bonis diminuitur. 채무자로부터 재산을 받지 못할 때가 아니라 재산에 대한 어떤 것이 줄어들게 될 때는 채권자를 속인(사해한) 것이 아니다/
Respublica creditrix omnibus chirographariis creditoribus præfertur. 공화국의 여성 채권자는 '자필채무증서'의 모든 채권자들에 우선한다.['자필채무증서'란 채무자가 작성하여 채권자에게 교부한 채무의 증서를 말한다. 가이우스는 이것을 외국인에 의해 사용된 문기文記에 의한 채권관계litterarum obligatio로 언급한다. 자필채무증서란 명칭은 이 제도가 그리스에서 기원한다는 것을 나타낸다. 로마인에게 사용된 자필채무증서는 기록된 문서이며, 문답계약 채무의 증거에 불과하였다. 그러나 후에는 선행하는 문답계약상의 채무가 없어도 적용되었다. 자필채무증서가 발행되고 5년(유스티니아누스 법에서는 2년) 내에 행사되는 자필채무증서에 기한 청구는 '금전 미출금未出金의 항변exceptio non numeratæ pecuniæ'으로 저지되었다. 그러나 더 후에는 이 증서에 이의할 수 없었다.
한동일 지음, 로마법의 법률 격언 모음집에서(출간예정)].

Creditor is est, qui exceptione perpetua submoveri
non potest. 채권자는 '영구적 항변'에 의해 거부될 수 없는
사람이다.['영구적 항변Exceptiones perpetuæ'은 피고에 의해 제기되었을 때
"어느 때나 유효하고 회피될 수 없는" 항변들을 말한다. 만약 충분하게 증명되었
다면 이러한 항변들은 원고의 주장을 무효로 만든다. 대부분의 '항변exceptiones'
은 종국적이며 여기에는 강박의 항변exceptio metus, 기판사항의 항변exceptio
rei iudicatae, 법률이나 원로원의결senatusconsulta에 기초한 항변들이 해당한다.
영구적 항변의 동의어 '엑스켑티오네스 페렘프토리애exceptiones peremptoriæ'이고
반대말은 '연기적 항변exceptiones dilatoriæ/temporales'이다].
Creditor pignus naturaliter possidet.
채권자는 질물(質物)의 자연적 점유를 가진다.
créditrix, -ícis, f. 여자 채권자(女子 債權者)
credítum, "credo"의 목적분사(sup.=supínum)
creditur, 원형 crēdo, -dĭdi, -dĭtum, -ĕre, tr.
[수동형 직설법 현재.
단수 1인칭 credor, 2인칭 crederis, 3인칭 creditur,
복수 1인칭 credimur, 2인칭 credimini, 3인칭 creduntur].
sed auditu solo tuto creditur. (다만 들음으로써 든든히 믿어지오니)
다만 들음으로써 믿음 든든해지오니.
crēdo, -dĭdi, -dĭtum, -ĕre, tr. 맡기다, 위탁하다:
내맡기다, 위임하다, 꾸어주다, 대부하다, 생각하다(δοκέω),
믿다(אמן.δοκέω), 여기다, 사실(정말)이라고 생각하다,
(삽입어) 내가 보는 바로는, 아마도.
信經(⑨ Creed-한국가톨릭대사전. p.5367)/Symbolum fidei/
credimus in Iesum quem non vidimus.
우리는 뵈옵지도 못한 예수님을 믿고 있습니다/
Créditum est, stilum non minus ágere.
필봉의 위력이 적지 않게 작용한다고 생각되었다/
Creditur virgini prægnanti. 임신한 처녀는 믿어진다.
(혼인 외 출생자의 아버에 대하여)/
Dux credidit arma militi. 장군은 군인에게 무기를 맡겼다/
in creditum accipere. (돈을) 꾸다, 빌리다/
In ipsum crēdimus. 우리는 바로 그 분을 믿는다/
ire in creditum. (돈을) 꾸어주다/
Iste hic haud multo post, credo, áderit.
내 생각에는 그가 오래지 않아 여기 나타날 것 같다/
Multi enim dicunt, Credo; sed fides sine operibus non
salvat. 많은 사람이 '나는 믿나이다'라고 말합니다. 그러나
실천이 없는 믿음은 구원하지 못합니다(요한 서간 강해. p.427)/
Ne credíderis. 너는 믿지 마라/
neque enim quæro intelligere, ut credam; sed credo,
ut intelligam. 나는 믿기 위해 알아들을 하지 않고
알아듣기 위해 믿는다(캔터베리의 성 안셀모)/
neque homini cuíquam crédĕre. 아무 사람도 믿지 않다/
Non facile credimus semel mentito.
우리는 한 번 거짓말한 사람을 쉽게 믿지 않는다/
Scipiónem Hánnibal præstántem virum credébat.
Hánnibal은 Scípio를 출중한 인물로 여기고 있었다/
intr. (누구를, 누구의 말을) 믿다, 신용하다, 신임하다,
신뢰하다, 신앙의 대상으로 믿다, 신앙하다.
Credo in Deum. 나는 하느님을 믿는다/
Et credimus in eum quem non vidimus, et venturum
eum exspectamus. 우리는 직접 뵈옵지도 못한 그분을
믿습니다. 그리고 장차 오실 그분을 기다리고 있습니다.
(최익철 신부 옮김. 요한 서간 강해. p.191)/
Et nos credimus. 우리는 믿습니다/
Intellego ut Credam. 믿기 위하여 이해한다/
Non credit iste qui peccat: si autem credit, quantum ad
fidem ejus pertinet, non peccat. 죄를 짓는 사람은 믿지
않습니다. 그러나 믿는다면 그 믿음의 정도에 따라 죄를
짓지 않을 것입니다.(최익철 신부 옮김. 요한 서간 강해. p.211).
credo alqd ceræ. 밀랍에 기록하다
credo alqm solo. 아무를 땅바닥에 때려눕히다
Credo, ergo sum. 나는 믿는다. 그래서 나는 존재한다
Credo in Spiritum Sanctum. 나는 성령을 믿나이다
Credo in Spiritum Sanctum, qui ex Patre Filioque
procedit. 나는 성부와 성자에게서 발하는 성령을 믿나이다.
Credo in unum Deum. 하나이신 하느님을 믿습니다
Credo, quia absurdum est.(떼르뚤리우스)
어리석은 일이기 때문에 나는 믿는다/

부조리하기 때문에 나는 믿는다/역설이기에 나는 믿노라.
credo se pédibus. 도망치다(capio fugam)
credo sémina terræ. 땅에 씨를 뿌리다
Credo tibi. 나는 너를 믿는다
credo ut experiar. 나는 경험하기 위하여 믿는다
credo, ut intelligam. 나는 알기 위해서 믿어야만 한다/
선신후지(先信後知)/알아듣기 위해 믿는다(성 아우구스티노)/
나는 이해(理解)하기 위해서 믿는다/
나는 깨닫기 위해 믿는다(한국가톨릭대사전. p.5706)/
Credo ut intelligam et intelligo ut Credam.
인식을 위하여 신앙하고, 신앙을 위하여 인식한다(최민순 옮김).
crédúlĭtas, -átis, f. 믿을 결의, 믿을 마음가짐,
쉽게 믿음, 경신(輕信), 맹신(盲信), 신앙심(信仰心).
crédŭlus, -a, -um, adj. 쉽게(덮어 놓고) 믿는,
쉽사리 믿어지는, 그럴싸한, 신뢰로 가득 찬, 신의의.
Carpe diem, quam minimum creula postero(Horatius, odes 1. 11).
오늘을 잘 활용하라 내일 무슨 일이 일어날지 모르니…/
Credula res amor est. 연정(戀情)이란 믿을 만한 것이다.
Cremastra appendiculata. (植) 약 난초
crēmátĭo, -ónis, f. 불태움, 소각, 화장(⑨ Cremátĭon)
crēmátĭo cadaverum. 시체 화장
crēmátor, -óris, m. 불태우는 사람, 화장하는 인부
crēméntum, -i, n. 성장(成長.⑨ Growth), 증가(增加).
ubi autem nativitas in voluntate est,
et crementum in voluntate est.
뜻대로 태어나고 뜻대로 자라는 것이 있습니다.
crémĭum, -i, n.(주로 pl.) 마른 나무 가지,
장작(통나무를 잘라서 쪼갠 땔나무 중의 준말), 섶(섶나무의 준말).
crēmo, -ávi, -átum, -áre, tr. 불사르다, 태우다.
화장(火葬)하다, 희생물을 불살라 제사지내다.
Ab illo bene+dicaris, in cuius honore cremaberis. Amen.
주님의 영광을 위하여 분향하려 하오니 + 축복을 내려
주소서. 아멘(이 향을 + 축복하시어, 당신의 영광 안에서
타오르게 하소서. 아멘).
crēmor, -óris, m. 유락(乳酪-우유를 가공하여 만든 식품),
(식물에서) 짜낸) 즙(액).
crĕo¹, -ávi, -átum, -áre. tr. 창조하다(א.ברא),
(자연계에서) 발생하게 하다, 낳다(ילד.ילדה),
창작하다, 만들어내다, 선출하다, 투표(投票)로 뽑다,
일으키다, 야기하다, 형성하다.
(원인이 되어) 결과를 내다.
matre servá creatus. 노예 어머니에게서 난 아들/
proles ex se creáta. 자기가 낳은 자식/
virtus creandi. 창조의 능력, 창조하는 능력.
crĕo(n)², -óntis, m. Corínthus의 왕
creosótum, -i, n. (化) 크레오소오트.
(⑨ creosote 방부제.마취제.진통제로 쓰임).
crĕpátĭo, -ónis, f. 파열(破裂-짜개지거나 갈라져 터짐), 찢어짐
crĕpax, -ácis, adj. 탁탁(딱딱) 소리 나는
crĕper, -ĕra -ĕrum, adj.
희미한, 어두운, 불확실한, 분명치 않음. n. 어두움.
crĕpĭda, -æ, f. 가죽으로 만든 짚신 모양의 신, 가죽샌들
crĕpĭdátus, -a, -um, adj. 샌들 신은
crĕpído, -dĭnis, f. 돋운 터, 기초; 주춧돌(lapis primárĭus*),
받침돌, 방파제, 제방, 둑, 보도, 돌로 만든 앉을 자리.
crĕpĭdŭla, -æ, f. 작은 샌들
crĕpĭtacíllum, -i, n. 딸랑딸랑하는 작은 장난감
crĕpĭtácŭlum, -i, n. 딸랑딸랑 소리 나는 장난감,
(손이나 막대로 때려서) 소리 내는 악기.
crepitacula. 목탁종(성주간 동안 쇠종 대신 치는 목탁종).
crĕpĭto, -áre, intr. 몹시 시끄러운 소리가 나다(울리다),
딱딱(탁탁.덜커덩.삐걱삐걱.빠드득.쪼르륵…)
거리는 소리가 나다. flamma crépitans. 탁탁 튀는 불꽃.
crĕpĭtum, "crepo"의 목적분사(sup.=supínum)
crĕpĭtus, -us, m. 여러 가지 시끄러운 소리, 소음, 잡음.
crĕpo, -pŭi, -pĭtum, -áre, intr. 삐걱(덜커덕.덜컹덜컹.
탁탁.빠드득.쪼르륵…하는 온갖 시끄러운) 소리가
나다, 방귀 뀌다, 찢어지다, 터지다, 부러지다, 죽다.

284

crepo dígitis. (주의를 끌기 위해) 손가락을 튀겨서
"딱" 소리를 내다.
tr. 소리를 내다, (여러 가지) 소음을 내다, 지껄이다,
중얼거리다; 큰소리로 자랑하다, 예찬(禮讚)하다.
crepo auréolos. 금화를 짤랑짤랑 세다/
crepo ter lætum sonum. 세 번 손뼉 치다.
crĕpúndĭa, -órum, n., pl. 짤랑짤랑 소리 나는 장난감,
부적(符籍), 호부(護符-災厄에서 지켜 준다고 하여 몸에 지니는 부적).
crĕpúscŭlum, -i, n. 박모(薄暮-땅거미), 황혼(해가 지고 어둑
어둑할 때), 땅거미(해가 진 뒤, 컴컴해질 때까지의 어스레한 동안. 박모薄暮),
여명(黎明-날이 생길 무렵), 박명(薄明-해가 뜨기 전이나 해가 진
뒤에 한동안 하늘이 희미하게 밝아 있는 현상).
crescéntĭa, -æ, f. 자라남, 성장(成長.⑨ Growth)
crescite, 원형 crēsco, crēvi, crētum, -ĕre,
[명령법. 현재 단수 2인칭 cresce, 복수 2인칭 crescite].
Crescite et multiplicamini. 낳아 번성하라.
(창세기 1, 22 : 美國 Maryland 州 표어)
crēsco, crēvi, crētum, -ĕre, intr. 발생하다, 생겨나다,
돋아나다, 무엇으로 변하다, 무엇이 되다, 커지다,
자라다(ינר.אבר.יבי.אוס.רבי), 성장하다, 불어나다,
붇다, 늘어나다, 많아지다(יבר.אבר), 증대되다,
(세력.권위.지위.명성 따위가) 신장(伸張)하다,
강대해지다, 번영하다, 높아지다, 오르다, 뻗다(גרת.דרג.).
p.p. 태어난.
ab origine cretus eádem. 같은 조상에게서 태어난(나온)/
Crescit eundo. 전진함에 따라 늘어난다(New Mexico 州 표어)/
Crescit in dies singulos hostium numerus.
적군(敵軍)의 수는 날로 증가 된다/
In frondem crines crescunt. 머리카락들이 잎사귀로 변하다/
Luna crescens. 상현달(초승달과 보름달의 중간쯤 되는 반달이며.
활시위 모양의 위를 향하고 있음. 상현달. 초현)/
per se cresco. 자력(自力)으로 세력(勢力)을 얻다/
Quantum in te crescit amor, tantum crescit pulchritudo.
여러분 안에서 사랑이 자라날수록 아름다움도 자랍니다/
virtútum laude cresco. (누가) 덕망이 높아가다.
créspŭlus, -a -um, adj. 요란한 소리 나는(울리는)
crestomathía, -æ, f. 발췌(拔萃)
crēta, -æ, f. 백토(백묵), 백악질 점토, 분필(粉筆-白墨),
백묵(白墨-분필), 옷감 표백제, 분(粉), 백분(白粉).
crētácĕus, -a -um, adj. 백악질(白堊質)의, 백토 섞은
crētátus, -a -um, adj. 입후보의,
분필로 표시한 백토로 희게 만든.
crēter(r)a, -æ, f. = crātēr = cratéra
혼주기(混酒器), 기름 그릇, 옹달샘, 분화구(噴火口),
불 뿜는 지각균열. (天) 컵 성좌.
crétĕus, -a, -um, adj. = cretáceus 백토 섞은
crētĭfódína, -æ, f. 백악토 광산(鑛山)
crétĭo, -ónis, f. 유산상속 확인(遺産相續 確認),
유산 승낙 숙고 결정 기간, 유산 수령(遺産 受領).
Crétis, -ídis, f. Creta 여자
crétŭla, -æ, f. 분필(粉筆-白墨), 백토 빛
crētúra, -æ, f. 싸라기(부스러진 쌀알)
crētus, -a, -um, p.p. 태어난, 발생한
crēvi, "cresco"의 단순과거(pf.=perfectum)
crībéllo, -ávi, -átum, -áre, tr. 골라내다, (체 따위로) 치다
crībéllum, -i, n. 고운 체(cribrum pollinarium)
crībrárĭus, -a, -um, adj. 체의
crībro, -ávi, -átum, -áre, tr.
체로 치다, 체 질하다, 거르다, 골라내다.
crībrósus, -a, -um, adj. (植.解) 체 모양의, 소공질의.
crībrum, -i, n. 어레미(바닥의 구멍이 큰 체),
체(가루를 곱게 치거나 액체를 받는 데 쓰는 기구).
Haurit aquam cribro, qui discere vult sine libro.
책 없이 배우기를 원하는 사람은 체로 물을 긷는 것이다/
transeo per cribrum. 체로 치다.
cribrum pollinarium. 고운 체
cricoídĕus, -a, -um, adj. (解) 고리 모양의, 환상(環狀)의
crīmen, -mĭnis, n. 범죄(犯罪), 형사 소추; [Peccatum 죄.
('Delictum, Maleficium' 참조)], 과실(過失), 죄과, 죄목,

(법률상의) 죄(אטָחָ.מעע.άμαρτία.άσέβεια.⑨ sin),
위반 혐의; 고소, 비난, (비난의) 구실, 고소 이유,
고소(告訴) 내용, 범죄 원인, 망신, 불명예(不名譽).
[1. '크리멘crimen'의 이익에 해로운 모든 공동체의 불법행위였다. 원래
로마법은 공적 불법행위와 사적 불법행위 사이의 구분을 알지 못했다. '불법행위'
를 의미하는 '델릭툼delictum'은 고전시대 법률용어에서 피해자에 의해 소구
되고 피해자에게 배상이 지급되어 제재되는 것을 말한다. 고전후시대 법률
용어에서 두 용어는 서로 혼용되었는데, 형사 소추가 과거의 불법행위까지 흡수
하였기 때문이다. 로마는 포괄적인 형법전을 제정하지 않고 개별 범죄들은 일련의
법률들로 규율하였다. 원로원의결, 칙법으로 규율하였다. 법학자들은 오래된 법률들이 예정
하지 못한 범죄를 다루기 위하여 조문을 확대 해석해야 할 수도 있도록 강조하였다.
2. '펙카툼peccatum'은 고전시대 법에서 다소 형사적 의미를 가지는 법규범 위반
이다. 이 용어와 'crimen(범죄)' 또는 'delictum(불법행위)'과의 명확한 구별은
어렵다. '펙카툼'은 유스티니아누스 법에서 인정법定法 위반뿐만 아니라, 도덕적
규범의 위반이기도 하였다. 한동일 지음, 로마법의 법률 격언 모음집에서(출간예정)].
confessio nominis non examinatio criminis.
죄목에 대한 자백이 곧 범죄는 아니다/
Cur hoc nobis tu crimini das?(crimini: 이해 여격)
왜 너는 그렇게나 우리에게 탓을 씌우는가?/
Ego tibi videor damnandus esse eo crimine. 네게는
내가 그 죄목으로 단죄되어야할 자로 생각되는 모양이다/
esse in crímine. 고소(告訴) 당하다/
Extinguitur crimen mortalitate.
죽음에 의해 범죄는 소멸(消滅)된다/
fingo crímina in alqm. 누구에게 대한 죄상을 날조하다/
Heu! quam difficile est crimen non prodere vultu!
아! 범죄가 얼굴에 드러나지 않는다는 것이
얼마나 어려운가!/
Hoc crimine illum condemno.
그 자를 이 죄목으로 판결 받게 하다/
Hodie cœlestis sponso iuncta est Ecclesia, quoniam in
Iordane lavit Christus ejus crimina;
currunt cum muneribus Magi ad regales nuptias,
et ex aqua facta vino lætantur convivæ, alleluia!
오늘 그리스도께서 요르단 강에서 교회의 죄를 씻어주시니
교회는 천상 신랑과 결합하였도다.
박사들이 예물을 가지고 임금님의 혼인잔치에 달려오고,
물이 술로 변하여 잔치 손님들이 기뻐하는도다. 알렐루야
(로마 성무일도서와 수도원 성무일도서)/
impedimentum criminis. 범죄장애, 간악조당(奸惡阻擋)/
non alio aliquo, sed eo ipso crimine.
다른 어떤 죄목이 아니고 바로 이 죄목으로/
Nullum crimen patitur is qui non probibet cum
prohibere non potest. 금지하지 않은 것은 금
지할 수 없기 때문에 범죄를 인정하지 않는다/
Peccata suos teneant auctores.
원인제공자가 자신의 죄를 진다/
Qui non habet in ære, luat in corpore.
돈이 없는 사람은 몸으로 갚는다/
se obstríngo alqo crímine. 무슨) 죄인이 되다/
Senatus censuit, ne quis ob idem crimen pluribus
legibus reus fieret. 원로원은 누구가 동일한 범죄로
인하여 여러 법률로 피고가 되지 않는다고 제정한다/
Si hoc crimen est, paucos innocentes habes, immo,
Hercules, neminem! 이것이 죄라면, (세상에) 죄 없는 놈
몇이나 될까? 아니, 진정 한 놈도 없을 게다!/
suspecti crimen. (후견인에 대한) 피의자의 죄/
traho in se crimen. 죄책(罪責)을 자기가 걸머지다.
Crimen contrahitur si et voluntas nocendi intercedat.
범죄를 범하려는 의사가 생길 때 범죄를 저지르게 된다.
crimen læsæ divinitatis. 신성 모독죄
crimen læsæ maiestatis. 황제 모독죄
crimen majestatis. 대역죄(大逆罪)
crimen nefandum. 흉악한 죄악.
Illum describit Concilium Vaticanum II, perinde atque
infanticidium, "crimen nefandum". 제2차 바티칸 공의회는
유아 살해와 함께 낙태를 "흉악한 죄악"이라고 규정합니다/
abortus necnon infanticidium nefanda sunt crimina.
낙태와 유아 살해는 흉악한 죄악이다.
Crimen sollicitatiónis. 유혹 범죄(誘惑犯罪)
[성무성성이 1962년 3월 16일에 모든 총대주교, 대주교, 주교들과 '동방 예법'도
포함한 다른 지역 직권자들에게 보내는 훈령].

285

C

crimen verissimum. 근거(根據) 있는 범죄
crimĭnális, -e, adj. 범죄의, 범죄에 관한, 형사상의,
　범죄 행위가 되는, 죄를 범하고 있는.
　causa criminalis. 형사사건(刑事事件)/
　Quod veniale est plebi, criminale est sacerdoti. 일반인
　에게는 소죄가 되는 것이라도 사제에게는 대죄가 된다.
crimĭnátĭo, -ónis, f. 죄를 돌림, 고소, 고발, 중상(中傷)
　무고(誣告-없는 사실을 거짓으로 꾸며 남을 고발하거나 고소함).
crimĭnátor, -óris, m. 고발자(告發者), 고소인(告訴人),
　중상자(中傷者→무고자), 무고자(誣告者).
crimĭnátrix, -ícis, f. 고발(고소.誣告) 하는 여자
crímĭno, -ávi, -átum, -áre, tr. 남에게 죄를 돌리다,
　고발(告發)하다, 무고(誣告)하다, 헐뜯다.
crímĭnor, -átus sum, -ári, dep., tr. 고발(告發)하다,
　죄를 씌우다, 무고하다, 책임(탓)을 돌리다, 헐뜯다,
　중상하다, 비난하다(ג), דגם), 비방하다(לדג), 나무라다.
　Hanc tímui, ne me criminarétur tibi.
　나를 너한테 고발할까봐 나는 이 여자를 두려워했다.
crimĭnósus, -a, -um, adj. 고발하는, 무고하는, 헐뜯는,
　비방(비난)하는, 죄 되는, 죄 있는, 범죄 한, 형벌 받을.
crĭnále, -is, n. 머리장식 빗, 머리핀,
　비녀(쪽 찐 머리가 풀어지지 않도록 꽂는 여자의 장신구).
crĭnális, -e, adj. 머리(털)의, 머리털 모양의.
　crinales dentes. 빗살(빗의 잘게 갈라진 낱낱의 살). 즐치(櫛齒).
crínĭger, -ĕra, -ĕrum, adj. 머리털 있는, 머리 기른
crínĭor, -ítus sum, -íri, dep., intr.
　머리 기르다; (나무가) 잎이 피다.
crinis, -is, m. 머리카락, 머리털(exuviæ capitis.).
　손질한 머리, 머리채.
　crines vibráti. 곱슬머리(cincinnus, -i, m.)/
　fusi crines. 늘어뜨린 머리(fundo²참조)/
　In frondem crines crescunt. 머리카락들이 잎사귀로 변한다/
　sólver crines. 머리를 풀어 헤치다/
　tráhere crínibus. 누구의 머리끄덩이를 잡아당기다.
crĭnítus, -a, -um, p.p. 머리털 있는, 머리 기른, 장발의,
　머리채 길이 생긴. stella criníta. 꼬리별.
crinoídĕa, -órum, n., pl. (動) 갯나리 류(類)
crĭnum marítĭmum, -i, n. (植) 문주란
crĭŏbólĭum, -i, n. 숫양 희생의 제사(祭祀)
　Taurobolio criobolioque in æternum renatus.
　항소 혈제와 숫양 혈제(血祭)에서 영원히 새로 남.
crísĭmus, -a, -um, adj. 결정적, 고비의,
　(의사가) 진단 내릴 수 있는 (홀수 날).
crisis, -is, f. 고비(한창 막다른 때나 상황, 혹은 일이 되어 가는 데
　있어서의 요긴한 단계), 위기(危機),
　(갑작스런 병세 변화에 따른 의사의) 진단(診斷).
crĭso(=crisso) -ávi, -átum, -áre. intr. 몸을 비비꼬다
crispans, -ántis, p.prœs., intr. 물결 이는, 곱슬곱슬한,
　주름지는, 일그러지는, 불규칙하게 뒤흔들리는.
críspĭco, -áre, tr. 소용돌이치게 하다, 넘실거리게 하다
Crispínus, m. 스토아학파의 수다쟁이 시인 철학자
crispisúlcans, -ántis, adj. 파동(波動) 하는, 너울거리는
crispo, -ávi, -átum, -áre, tr. 물결일게 하다,
　곱슬곱슬하게 하다, 똘똘 말려 오그라들게 하다,
　주름지게 하다, 일그러져 보이게 하다, 내두르다,
　휘두르다, 휘젓다; 뒤흔들리게 하다, 진동(振動)시키다.
críspŭlus, -a -um, adj. 약간 곱슬곱슬한, 잔주름이 간
crispus¹, -a -um, adj. 곱슬곱슬한, 똘똘 말린,
　주름 잡힌, 쪼글쪼글한, 하늘거리는.
　나뭇(나뭇.흔들) 거리는, 억양 있는 (말), 기복이 있는.
　homo crispus. 고수머리.
crispus², -i, m. Burdígala의 라틴어.희랍어 문법학자
crisso(=criso) -ávi, -átum, -áre. intr.
　궁둥이를 흔들다, 몸을 비비꼬다.
crista, -æ, f. (닭의) 벼, 도가머리, 관모(冠毛).
　(植) 맨드라미, 투구 꼭대기 깃털.
cristátus, -a, -um, adj.
　벼을 가진, 도가머리 있는, 장식 깃털 달린 (투구 따위).

crisus, -a, -um, adj. 회색의
Criteriologia. 척도론(尺度論)(1899년 D. Mercier 지음)
crĭtérĭum, -i, n. 기준(基準), 표준(標準),
　판별 준거 표식(判別 準據 表式), 비판 기준.
　Evidentĭa criterium certitudĭnis.
　자명성은 확실성의 기본이다.
criterium externum. 외적 기준(外的 基準)
criterium internum. 내적 기준(內的 基準)
criterium moralitatis. 윤리성의 기준(基準)
criterium norma moralis. 윤리규준(倫理規準)
criterium physicusum. 물리적 근거(物理的根據)
criterium veritatis(evidentĭa) 진리의 기준(明瞭性)
crítĭca, -æ, f. 비판(批判), 비평(批評), 평론(評論).
　(哲) 비판 논리학(批判 論理學), 인식론(認識論).
critica biblica. 성서 원전 비판(批判)
critica Evangeliorum. 복음서 원전 평가
critica historico-chronologica. 역사와 그 연대 비판
critica litteraria. 문장 비판(文章 批判)
critica rátĭonis. 인식론(哲,⑨ theory of knowledge)
critica textualis. (성서) 본문 비평
critĭcísmus, -i, m. 비판, 비판주의, 비평 철학
criticismus biblicus. 성서사적 비판(聖書史的 批判),
　성서 원문 고증(聖書 原文 考證).
critĭcus, -a, -um, adj. 판단의, 진단의, 비판의,
　비평의, 평론의. m. 비평가(批評家), 평론가(評論家).
crócátĭo, -ónis, f. 까마귀 울음소리
crócĕus(-cínus), -a, -um, adj. 사프란의,
　사프란 빛의, 짙은 황금색의
crócĭnum, -i, n. 샤프란 기름
crócĭo, -íre, intr. 까옥까옥하다, 까마귀 울음소리를 내다
cróco, -ávi, -átum, -áre, tr. 사프란 물을 들이다
crŏcŏdílĕa, -æ, f. 육지(陸地)의 똥
crŏcŏdílĭnus, -a, -um, adj. 악어의. n., pl. 악어류(類)
crŏcŏdílus(=corcódĭlus) -i, m. (動) 악어
crócóta, -æ, f. 사프란 빛깔의 옷
crŏcóttillus, -a, -um, adj. 빼빼 마른, 야윈
crócus¹(-um), -i, m.(n.) ((植)) 크로커스,
　사프란(saffraan 네덜란드어), 사프란 빛, 사프란 향료.
Crocus², -i, m. 사프란 꽃으로 변형한 청년
crossopterýgĭi, -órum, m., pl. 총기류(總鰭類)
crŏtálĭa, -órum, n., pl. 짤랑거리는 귀고리
crŏtálístrĭa, -æ, f. 캐스터네츠를 때리며 춤추는 여자
crótălum, -i, n. 캐스터네츠(⑨ castanets), 딱딱이.
　(두 개의 나무 막대기를 연결하여 두 면을 부딪칠 때 두드리는 소리가 나도록
　만든 기구이다. 딱딱이는 성당에서 주님 만찬 성목요일 대영광송을 노래한 뒤부터
　부활 성야에 대영광송을 노래할 때까지 종 대신 사용할 수 있다.)
crŏton, -ónis, m. (植) 파두(巴豆-대극과의 상록 관목)
Crŏtŏnĭátes, -æ, m. Croton人
Crŏtos, -i, m. 인마궁 성좌(人馬宮 星座), 사수좌
Crucem tuam. 주님 십자가(⑨응답노래)
cruces Apostoorum. 사도 십자가.
　(8, 9세기 성당 축성 시 성당 벽에 회화 또는 부조로 사도를 상징하는 12개의
　십자가를 붙이고, 주교가 성유로 축성했다. 이것을 Consecration Cross 즉
　축성 십자가라 한다. 백민관 신부 엮음, 백과사전 1. p.758).
crŭcĭábĭlis, -e, adj. 고통스러운, 고통을 주는
crŭcĭábílĭtas, -átis, f. 심한 고통(verminátĭo, -ónis, f.)
crŭcĭaméntum, -i, n. 고통, 고문, 형벌(⑨ Punishment)
crŭcĭárĭus, -a, -um, adj. 십자가의.
　m. 십자가에 매달린 사람, 십자가형을 받아야할 악인.
Crŭcĭáta, -æ, f. 십자군 대교서(十字軍 大敎書)
Cruciata eucharistica. 성체 십자군.
Cruciata eucharistica puerorum. 어린이 성체 십자군.
Cruciata puerorum. 어린이(소년) 십자군.
　(이교도들의 손에 들어가 있던 팔레스티나 성지를 순진한 마음으로 탈환할 수 있다
　는 그릇된 판단에 따라 1212년 독일과 프랑스에서 어린이 4만 명을 모집하여
　제차 십자군을 따라 도보로 성지로 행군한 무모한 사건. 이 행군에서 많은
　어린이들이 도중에 죽었고, 일부는 귀가하고 결국 안 되는 어린이들이 성지에
　도착했으나 노예로 팔리는 등 대실패였다. 백민관 신부 엮음, 백과사전 1. p.584).
Cruciata Rosarii. 가정 로사리오 십자군
crŭcĭátĭo, -ónis, f. 고문(拷問), 형벌(⑨ Punishment)

crŭciátor, -óris, m.
고문하는 사람, 괴롭히는 사람(vexátor, -óris, m.).
crŭciátus¹ -a, -um, p.p., a.p. 고문당한, 십자가형의,
십자군의. expedítio cruciáta. 십자군 원정(遠征).
crŭciátus² -us, m. 고문(拷問), 刑罰(⑨ Punishment),
극심한 고통, 고문하는 도구, 사형; 파멸(破滅), 멸망.
crúcifer, -fĕri, m.
십자가 멘 사람, 십자가 든 사람, 십자가잡이 복사.
crúciferi(=crúcĭgeri) : Fratres Cruciferi.
십자가 형제회, 십자가 수도회, 편태(鞭笞) 고행회.
crŭcĭfígo, -fíxi, fíxtum, -ĕre, tr. (crux+figo)
십자가에 매달다(못 박다), 십자가형(刑)에 처하다.
crŭcĭfíxĭo, -ónis, f. 십자가 처형(處刑-십자가刑).
Hymni de Crucifixione. 십자가 수난 찬가.
crŭcĭfíxor, -óris, m. 십자가 형 집행자(刑 執行者)
crucifíxus, -i, m. 십자가의 예수 수난상(受難像),
고상(십자가고상의 준말), 십자고상(十字苦像-십자가).
Arbor vitæ crucifixæ. 생명의 십자가 나무.
crŭcĭgĕri, -órum, m., pl.
십자군(⑨ crucades.獨 Kreuzzuge).
crúcĭo, -ávi, -átum, -áre, tr. 십자가형에 처하다,
형벌하다, 고문하다, 몹시 괴롭히다, 큰 고통을 주다.
intr. 십자가에 매달리다.
pass.(어떤 때 acc.c. inf.를 동반) 안타깝다, 안타까워하다.
Crucis stultitĭa. 십자가의 어리석음
crudelior, -or, -us, adj. crūdélis, -e의 비교급
crŭdélis, -e, adj. 잔인한, 잔학한, 포악한, 인정 없는,
benevolens, -éntis, adj. 인정 많은.
Crudelis est in re adversa obiurgatio(Publilius Syrus).
역경에 처한 사람에게 비난까지 가하는 짓은 가혹하다/
Si ii vicissent, intellegebam quam crudelis esset futura
victoria. 만에 하나라도 그들이 승리했다면, 그 승리가
얼마나 잔인한 것이 되었을지 나는 잘 알고 있었다.
[이중 복합 조건문]. [성 염 지음. 고전 라틴어, p.353].
crudelissimus, -a, -um, adj. crūdélis, -e의 최상급
crŭdélĭtas, -átis, f. 잔인성, 포악(暴惡-사납고 악함),
잔악(殘惡-잔인하고 악독함), 만행(蠻行); 무정(無情).
Timoleon Corinthius eam victoriam ducebat in qua plus
esset clementiæ quam crudelitatis.
코린토스 티몰레온은 잔혹함보다 자비로움을 더 발휘한
그러한 승리를 이끌어 내고는 하였다.
crŭdésco, -dŭi -ĕre, intr. 격렬(맹렬.강렬)해지다,
사나와지다, 포악(暴惡)해지다.
crúdĭtas, -átis, f. 체함, 소화불량, 체한 음식물
crŭdĭtátĭo, -ónis, f. 체함, 얹힘, 소화불량(消化不良)
crúdĭto, -áre, intr. 체하다, 얹히다
crŭdus, -a, -um, adj. 피나는, 피가 스며 나오는, 생으로의,
핏방울이 돋는, 피맺힌, 날것 그대로의, 익지 않은, 선,
덜 익은, 생경(生硬)한, 체하는, 체한, 과식한, 새파란,
시퍼런, 생기발랄한, 팔팔한, 정정한, 앳된, 미숙한,
풋내기의, 경험 없는, 익숙 되지 않은, 천연(원료) 그대로의,
가공하지 않은, 거친, 거센, 우악스러운, 사나운, 난폭한,
가혹한, 거슬리는, 힘든, 괴로운(arduus, -a, -um),
Quasi poma ex arbóribus, cruda si sunt, vix avellúntur,
sic…, 마치 과일이 익지 않았을 때에는 나무에서
억지로 비틀어 따게 되는 것처럼 그렇게(quasi 참조).
crŭentátĭo, -ónis, f. 피 뿌림
crŭénte, adv. 피 흐르게, 가혹하게, 잔인하게
crŭénter, adv. 피 흐르게, 가혹하게, 잔인하게
crŭénto, -ávi, -átum, -áre, tr. 피 흐르게 하다,
피투성이로 만들다, 피로 물들이다(더럽히다),
상처 입히다, 더럽히다; 붉게 물들이다
crŭéntus, -a, -um, adj. 피 흐르는, 피투성이의,
피에 젖은, 피 묻은, 피로 더럽혀진, 피에 굶주린,
피비린내 나는, 잔인한, 더럽혀진, 핏빛의, 빨간.
m. cruentus, -i, 피의 제물, 혈제(sacrificium cruentum).
crúmĕna(-mĭna) -æ, f. [메거나 걸치고 다니는] 돈주머니,
전대(무명이나 베 따위의 헝겊으로 만든, 중간을 막고 양 끝을 튼 긴 자루.

돈이나 물건을 넣어, 허리에 차거나 어깨에 걸쳐 둘러멤. 전대(纏帶), 돈, 현금.
crŭmílla, -æ, f. 돈지갑
crúmĭno, -áre, tr. 가득 채우다
crŭor, -óris, m. 유혈(흐르는 피. 다툼이나 사고 등으로 피를 흘림),
(상처에서 나는) 피(⑦.αἷμα.⑨ Blood.血),
생명력, 살육(殺戮), 참살(斬殺), 도살, (드물게) 체내의 피.
arma uncta cruoribus. 선혈로 물든 무기/
impensa cruóris. (자기) 생명을 바쳐서/
Irrĭgat terram cruor.(irrigo 참조) 피가 땅을 적시고 있다/
Quo caret ora cruore nostro?.(Horatius) (이 땅의 경계치고)
어느 언저리가 우리의 선혈로 물들지 않았겠는가?/
cruppellárĭi, -órum. m, pl. 갑주(갑옷과 투구)를 착용한 검투사
crūrális, -e, adj. 하퇴(下腿)의, 정강이의
crūrĭcrépĭda, -æ, m. 족쇄를 채운 종(의 별명)
crūrĭfrágĭum, -i, n. 정강이(다리)를 부러뜨림
crūrĭfrágĭus, -i, m. 정강이(다리)를 꺾인 사람,
나무 등걸, 나무줄기의 아랫부분.
crūs, crūris, n. 정강이(아랫다리 앞쪽의. 뼈가 있는 부분), 다리,
하퇴(下腿-무릎에서 발목까지의 부분. 정강이와 종아리), 하퇴골.
crura repono. (걷거나 뛸 적에) 오금을 구부려
다리를 쳐들었다가 내리다/
crurum tenus. 무릎까지
(tenus는 후치사로서 명사의 단수는 豆격으로, 복수는 二격으로 지배한다).
crúscŭlum, -i, n. 작은 다리
crusma, -ătis, n. 캐스터네츠(⑨ castanets)
crusta, -æ, f. 껍질, 외피, (모든 것의) 굳어진 표면,
더껑이, 버캐, 딱지, 외각(外殼), 살얼음,
모자이크의 돌 조각, 상감(象嵌) 세공, 자개.
crusta panis. 빵 껍질
crustácěus, -a, -um, adj. 갑각(甲殼)의, 피각의, 갑각류의.
n., pl. (動) 갑각류(甲殼類).
crustárĭus, -a, -um, adj. 자개의, 모자이크에 관한,
상감(象嵌) 세공의, m. 자개 세공인, 벽 미장이.
n., pl. (動) 갑각류(甲殼類).
crustátus, -a, -um, p.p.
껍질이 생긴, 외각이 있는; 표면이 굳어진; (때가) 낀.
crusto, -ávi, -átum, -áre, tr.
껍질로 덮다, 표면에 바르다(입히다.깔다).
humus crustáta frigóribus. 살얼음이 덮인 땅바닥.
crustósus, -a, -um, adj. 껍질이 두꺼운
crústŭla, -æ, f. 얇은 껍질, (傷處의) 딱지
crustŭlárĭus, -i, m. 과자 제조인
crústŭlum, -i, n. 과자(菓子), 당과(糖果)
crustum, -i, n. 과자(菓子), 케이크(⑨ cake)
crux, crúcis, f. 십자가 형틀, 십자가 형벌(刑罰).
十字架(⑨ Cross.獨 Kreuz.프 croix.
σταυρὸς-바오로 서간에서 사용)/arbor infelix.
형벌, 고문; 파멸, 재앙, 고통으로서의 십자가,
십자가상, 고난의 상징으로서의 십자가, 수난, 고통,
십자가형(十字形), 십자기호(十字記號), 십자표(十字表).
Adoratio crucis. 십자가 경배(⑨ Creeping of the Cross)/
Ave Crux, spes unica!
유일한 희망 십자가를 경배(敬拜) 하나이다!/
baiulans sibi crucem. 스스로 십자가를 지는 사람/
Crucis stultitĭa. 십자가의 어리석음/
dedo alqm cruci. 아무를 십자가형에 처하다/
experimentum crucis. 십자가의 실험/
figo alqm cruci. 아무를 십자가에 못 박다(매달다)/
Fixus in cruce erat, et in ipsa via ambulabat;
ipsa est via caritatis. 십자가에 달려서도 걸어가신 길,
바로 이 사랑의 길입니다.(최익철 신부 옮김. 요한 서간 강해. p.89)/
in malam crucem! 망해 버려라!/
inimicus crucis. 십자가의 원수(怨讐)/
inventio Crucis. 성 십자가 발견/
Nos autem gloriari opporet in cruce Domini nostri
Jesu Christi. 우리 주 예수 그리스도의 십자가만이
우리의 자랑입니다(갈라 6. 14)/
Non est salus animæ, nec spes æternæ vitæ,

C

nisi in cruce. 십자가가 아니면 영혼도 구하지 못하고,
영생도 얻을 희망이 없다/
planto crucem. 십자가를 세우다/
Scandalum Crucis. 십자가의 수치(羞恥)/
stultitia Crucis. 십자가의 어리석음/
theologia crucis. 십자가의 신학(J. Moltmann 주창)/
titulus crucis. 십자가의 죄목 명패/
Ubi crux, ibi adventus gloriæ.
십자가가 있는 곳에 영광의 도래가 있도다/
Ubi crux, ibi Deus quærens et amans.
십자가가 있는 곳에 추구하시고 사랑하시는 하느님이 계시다/
Ubi crux, ibi Deus Trinitas.
십자가가 있는 곳에 삼위일체이신 하느님이 계시도다/
Ubi crux, ibi homo quærens.
십자가가 있는 곳에 추구하는 인간이 있다.
crux Angelica. 천사 십자가
Crux Capitata. 머리 부분 붙은 십자가
Crux Christi. 그리스도의 십자가
crux commissa. 안토니오 십자가, T형 십자가
Crux de cruce. 십자가의 십자가
Crux dissimulata. 위장(僞裝) 십자가,
박해시대에 사용한 감마형 십자가
Crux est Ecclesiæ "arbor vitæ". Quapropter nos
annuntiamus vitam de morte triumphavisse.
십자가는 교회에 '생명의 나무'가 되었습니다. 그러므로
우리는 생명이 죽음을 이겼다고 선포하는 것입니다.
Crux est sola nostra theologia.
십자가는 우리의 유일한 신학이다.
crux gammata.(프 croix gammée.獨 Hakenkreuz)
권(卍)字, 갈고리 십자가, 겹친 감마형 십자가,
보석이 박힌 십자가(백민관 신부 엮음. 백과사전 1. p.163).
crux immissa. +형 십자가(한국가톨릭대사전. p.5578)
Crux interpretum. 번역자들의 십자가
Crux mihi certa salus. Crux quam semper adoro.
십자가는 나에게 확실한 구원,
나는 이 십자가를 항상 경배한다.
Crux pectoralis* (주교의) 가슴 십자가(主教 十字架)
Crux portatilis. 행렬용 십자가
Crux processionalis. 행렬용 십자가
Crux S. Benedicti. 성 베네딕도 십자가, 구마 십자가
Crux sacra sit mihi lux.(CSSML.. 베네딕도 패 뒷면)
거룩한 십자가가 나의 빛이 되소서.
Crux sancti patris Benedicti. 사부 성 베네딕도의 십자가.
(C.S.P.B. 베네딕도 패 뒷면 모서리).
Crux Schurnsis(Scheyem) 세이에른 십자가,
흉작 악천후 방지용으로 야외에 세워 둠.
Crux triumphalis. 성당의 대형 십자가
Crux Zachariæ. 즈가리야 십자가,
악마 흑사병 등 재앙에 대한 구마기도를 말함.
cryoscópĭa, -æ, f. (액체의) 빙점측정, 빙점법
crypta, -æ, f. 토굴(흙을 파낸 큰 구멍이), 지하실(地下室),
지하성당(⑨ Crypt), 초대 그리스도 신자들의 지하묘소.
(성당의 지하묘소는 로마 박해 시대의 카다꿈바에서 순교자들의 묘소를 제대
로 쓰면서부터 시작되어 그 후 시대에 성당을 지을 때에는 지하 성당을 마련
하여 묘소로 하는 관습이 생겼다. 백민관 신부 엮음, 백과사전 1. p.762).
cryptárĭus, -i, m. 지하실지기
crýptĭcus, -a, -um, adj. 지하의, 지하실의, 자기 생각을 숨기는
cryptŏdíra, -órum, n., pl. (動) 잠경구류(潛頸龜類)
cryptŏgamía, -æ, f. (植) 은화식물문(門)
cryptŏgrámma, -ătis, n. 암호문(暗號文), 암호전신
cryptŏgráphĭa, -æ, f. 암호 표기법, 암호(暗號)
cryptŏmérĭa, -æ, f. 일본 삼목(杉木)
cryptŏmonadíneæ, -árum, f., pl.
(動) 무색 편모충류(無色 鞭毛蟲類)
cryptŏnymus, -i, m. 익명(匿名-본이름을 숨김)
cryptŏpórtĭcus, -us, m. 지하 복도
cryptŏzónĭa, -órum, n., pl. (動) 은대류(隱帶類)
crystallĭa, -órum, n., pl. 수정으로 만든 그릇.
crystallínus, -a, -um, adj. 수정의, 수정으로 만든, 수정 같은

crystállum(-us) -i, n. (m., f.) 수정(水晶), 결정(結晶),
결정체(結晶體); 유리; 얼음, 수정 제품(水晶 製品).
(解) lens crystallína. (안구의) 수정체.
Mittit crystallum suam sicut buccellas.
빵 부스러기 던지듯 얼음을 내리실 제.
C.S.E.L. =Corpus Scriptorum Ecclesiasticorum Latinorum,
라틴 교회 저술가 전집.
CSJ Congreogatio Sancti Jesephi. 성 요셉 수녀회.
CSR Congreogatio Sororum a Sancto Redemptore.
Erlöserschwestern. 성 구세주 수녀회.
CSsR Congreogatio Sanctissimi Redemptoris.
Redemptorists. 구속주회, 레뎀토리스트회.
ctenárĭa, -órum, n., pl. (動) 유즐판(有櫛板) 동물
ctenóphŏra, -órum, n., pl. (動) 즐수모류(櫛水母類)의 해파리
Cuando se aproximaba, 교회와 숙박의 문제(1987.12.8. 교서)
cubátĭo, -ónis, f. 누움
Cūbi, -órum, m., pl. Bituríges인들의 한 종족(種族)
cŭbĭculáris, -e, adj. 침실의, 침실용의
cŭbĭculárĭus, -a, -um, adj. 침실의.
m., f. 침실(寢室) 시중드는 남자 奴隸(여종).
cŭbĭculátus, -a, -um, adj. 침실 딸린; 침실처럼 만들어진
cŭbícŭlum, -i, n. 침실(寢室), 거실; 방.
극장의 귀빈 관람석, 묘지 예배소, 카다꿈바 내의 묘실.
cubiculum contendo. 방으로 빨리(서둘러) 가다
cubiculum hospitale. 객실(客室)
cúbĭcus, -a, -um, adj.
입방체의, 정육면체의, 입방의, 삼차의, 삼승(三乘)의.
cŭbíle, -is, n. 침대(寢臺), 침상(沈床), 잠자리,
동침(同寢), 보금자리, (동물의) 굴; 벌통, 소굴, 숙소.
ascéndere cubile alcjs. 부부(夫婦)가 되다/
In cubilibus vestris compungimini.
자리에 누워 반성하여라(시편 4, 4)/
iníre cubile alcjs. 간통(姦通)하다/
instráta cubília fronde. 나뭇잎을 깐 침대.

명사 제3변화 제3식(단수주격이 -e, -al, -ar로 끝나는 중성명사)			
	단 수	복 수	
Nom.	cubíle	cubília	특징 단수 탈격 -i, 복수 주격 -ia, 속격 -ium
Voc.	cubíle	cubília	
Gen.	cubílis	cubílium	
Dat.	cubili	cubílibus	
Acc.	cubíle	cubília	
Abl.	cubíli	cubílibus	

(허창덕 지음, 초급 라전어 변화표Tabellæ Declinationum에서)

cúbĭtal, -alis, n. 팔꿈치 방석; 베개
cúbĭtális, -e, adj. 팔꿈치의, 한 완척(腕尺)의(높이.길이)
cŭbĭtĭo, -ónis, f. 자리에 누움, 취침(就寢-장자리에 듦)
cŭbĭto, -ávi, -átum, -áre, freq., intr.
드러눕다, 눕는 버릇이 있다.
Vilicus postremus cubitum iit.
별장지기는 마지막에야 자러 갔다.
cŭbĭtor, -óris, m. 잘 눕는 자
cŭbĭtum, "cubo"의 목적분사(sup.=supínum)
cúbĭtum(cúbĭtus), -i, n.(m.) 팔꿈치(腕尺), 한 팔 길이,
완척(腕尺-팔꿈치에서 가운데 손가락 끝까지의 길이로 약 44cm 안팎),
(원시사회의 척도, 히브리어로 암마라고 한다. 노아의 방주 크기를 큐빗으로
나타냈다. 창세 6. 15: 마태 6. 27).
(하천.해안선의) 굽이, 후미(後尾-뒤쪽의 끝),
alqm cúbito offendo. 팔꿈치에 누가 부딪치다/
Et sic facies eam: trecentorum cubitorum erit longitudo
arcæ, quinquaginta cubitorum latitudo et triginta
cubitorum altitudo illius. (kai. ou[twj poih,seij th.n kibwto,n
triakosi,wn ph,cewn to. mh/koj th/j kibwtou/ kai. penth,konta
ph,cewn to pla,toj kai. tria,konta ph,cewn to. u[yoj auvth/j)
(⑨ This is how you shall build it the length of the ark
shall be three hundred cubits, its width fifty cubits, and
its height thirty cubits.)
너는 그것을 이렇게 만들어라. 방주의 길이는 삼백 암마,

너비는 쉰 암마, 높이는 서른 암마이다(성경 창세 6, 15)/
그 배는 이렇게 만들도록 하여라. 길이는 삼백 자,
나비는 오십 자, 높이는 삼십 자로 하고(공동번역)/
pónere cubitum apud alqm. 누구의 집에서 식사하다.
(고대 Roma人들은 왼팔로 머리를 괴고 누워서 먹었음).
Cubitum eo. 나는 자러 간다
cúbĭtus, -us. m. 누움, 취침(就寢-잠자리에 듦), 침대(寢臺).
  relevo membra in cúbitum. 침대에 올라가 눕다
cŭbo, -bŭi -bĭtum -bare, intr. 가로눕다, 누워 있다,
  누워 자다, 同寢하다, 식탁에 다가앉다(다가 눕다), 몸져눕다,
  앓아눕다, 앓다, (물건이) 놓여 있다, 자리 잡고 있다,
  in aurem dormíre, in latus cubáre. (in²참조)
  모로 누워 자다, 모로 눕다.
cubomedúsæ, -árum, f., pl. (動) 각형수모류(角形水母類)
cŭbui, "cubo"의 단순과거(pf.=perfectum)
cúbŭla, -æ, f. 제상에 괴는 과자의 일종
cŭbus, -i, m. 입방체(立方體), 정육면체(正六面體)
Cucánĭa, -æ, f. 게으름뱅이의 극락(極樂)
cūci, n., indecl. 종려(棕櫚)의 일종
cúcŭbo, -áre, intr. 올빼미(부엉이)가 울다
cuculifórmes, -íum. m., f., pl. (鳥) 두견류
cucúlla, -æ, f. (외투나 망토에 달린) 두건,
  고깔(건의 한 가지. 베 조각으로 세모지게 접어 만들).
  기도복(글라라회 수녀들이 공동 기도 때 입는 망토).
cucullátus, -a, -um, adj. 두건(고깔) 달린 (수도복 따위)
cucúllĭo, -ónis, f. 두건, 두건 달린 겉옷,
  (서양) 고깔(巾의 한 가지. 베 조각으로 세모지게 접어 만들).
cúcŭlo, -áre, intr. 뻐꾹뻐꾹하다
cúcŭlus, -i, m. (鳥) 뻐꾸기, 두견새, 간통자(姦通者-
  뻐꾸기나 두견새가 남의 둥지에 알을 낳아서 부화시키는 데서 생긴 말).
cúcŭma, -æ, f. 냄비, 솥.
  cúcumam foco appono. 냄비를 화덕에 갖다 놓다.
cŭcŭmélla, -æ, f. 작은 냄비
cúcŭmĕrárĭum, -i, n. 오이 밭
cúcŭmis, -mis(-mĕris) m. (植) 오이
cŭcúrbĭta, -æ, f. (植) 호박, 호리병박(박과의 한해살이 덩굴 풀),
  조롱박, 돌대가리(石頭), (醫) 흡각(吸角, 흡종(吸鐘).
  Remedio sunt cucurbitulæ. 애호박들이 藥이 된다.
cŭcŭrbĭtácĕæ, -árum, f., pl. (植) 호박과, 박과 식물
cŭcŭrbĭtátĭo, -ónis, f. 흡각(吸角) 사용
cŭcŭrbĭtínus, -a, -um, adj. 호박처럼 생긴
cŭcúrri, "curro"의 단순과거(pf.=perfectum)
cŭcúr(r)ĭo, -íre, intr. 수탉이 울다
cŭcus, -i, m. (鳥) 뻐꾸기
cŭcútĭum, -i, n. 두건(고깔)의 일종
cŭdo¹, cudi, cusum, cudĕre, tr. 두들기다, 치다(때리다),
  매질하다; 도리깨로 두드리다.
  금속을 두들겨서(무엇을, 특히 돈을) 만들다.
  argéntum cudo. 은화를 만들다/
  Istæc in me cudétur faba. 하늘보고 침 뱉기
  (도리깨질한 콩이 나한테로 튀어 오르다).
cŭdo², -ónis, m. 털가죽 투구(모자)
cuférĭon, -rii, n. (짐승, 특히 말의) 코피 터짐
Cui desideras nuntiare hoc factum?
  이 사실을 누구한테 알리기 바라는가?
Cui prodest? 누구한테 이로운가?[sum 동사와 합성되어 호의와
  적의, 이익과 손해를 표현한다. 성 염 지음. 고전 라틴어, p.392].
Cui simile est regnum Dei(What is the kingdom of God
  like?) 하느님의 나라는 무엇과 같을까?(루카 13, 18).
cui tristia bella iræque insidiæque et crimina noxia cordi.
  서글픈 전쟁, 분노와 모략과 마음을 해치는 죄악('qui' 변화 참조).
Cui "Væ"? Cui "Eheu"? Cui rixæ? Cui querela?
Cui sine causa vulnera? Cui suffusio oculorum?
  (⑨ Who scream? Who shriek? Who have strife?
  Who have anxiety? Who have wounds for nothing?
  Who have black eyes?). 누가 비탄에 젖어 있느냐?
  누가 애통해하느냐? 누가 싸움질하였느냐?
  누가 원망하느냐? 누가 까닭 없이 상처를 입었느냐?
  누가 슬픔에 잠긴 눈을 하고 있느냐?(성경 잠언 23. 29).

Cujam vocem audio? 들리는 것이 누구의 목소리냐?
cūjas(cūjátis), -átis, pron., interr.
  어느 나라(도시)의, 어느 민족의, 무슨 이름의?.
cujcuímŏdi, indecl. 어떤 종류의 …든지, 무엇이든지
Cujque suum. 각자 자기 몫을 가지고 있다.
  justitia est æquitas jus cuique retribuens pro dignitate
  cuiusque. 정의는 각자의 품위에 따라 각자에게
    자기 것을 돌려주는 행위.
Cujum pecus? 누구의 가축?
cŭjus, -a, -um. adj. 누구의, 누구에게 속한,
  그의, 그에게 속한; 관계되는,
  Cujam vocem áudio? 들리는 것이 누구의 목소리냐?/
  cujum pecus? 누구의 가축?/
  ei, cujá intérfuit. 그것이 관계된 그에게/
  is, cuja res est. (물건이 속해 있는 그 사람) 물건의 주인/
  Magister, cujus discípuli sunt diligéntes, lætátur.
  그(의) 학생들이 부지런한 선생님은 기뻐하신다.[cujus는
  남성 단수 속격으로서 선행사 magister(남성 단수)를 꾸며주는 관계대명사/
  Quéritur inter médicos, cujus géneris aquæ sint
  utilíssimæ. 어떤 종류의 온천이 가장 이로운지 하는
    것이 의사들 사이에서 연구되고 있다/
  tuo arbitrio, in cuius manu te posui. 네 자유의지의 수중
    에 나는 너를 맡겼노라(성 염 지음, 사랑만이 진리를 …, p.298).
Cujus es? 너는 누구에게 속한 사람이냐?
Cuius est imago hæc et inscriptio?
  (⑨ Whose image and inscription is this?)
  이 초상과 글자가 누구의 것이냐?(마르 12, 16).
**Cuius est solum, eius est est usque ad cælum et ad
  inferos.** 토지 소유자의 권리는 지상은 하늘까지,
    지하는 지핵(地核)까지 미친다.
Cuius filius est?.(⑨ Whose son is he?)
  그는 누구의 자손이냐?(마태 22, 42).
Cujus gentis(populi, civitatis) estis?
  당신/당신들은 어느 나라 사람입니까?.
  Ego sum Coreanus/Sinicus/Hispanus.
  나는 한국/중국/스페인 사람입니다.
Cuius hæc navis est. 이 배는 누구의 것인가?
Cuius judicis causam audivisti.
  어느 판관의 사건을 네가 들었단 말이냐?
Cujus pecúnia multa est, illíus amíci étiam multi sunt.
  [現 문장은 관계대명사 cujus와 지시대명사 illius를 서로 상대적으로 사용하고
  있다. 이러한 문장을 라틴어로 번역할 때에는 첫째 대명사는 관계대명사(cujus)로
  하고 둘째 대명사는 지시대명사(illius)로 한다. 이 같은 문장에 있어서 만일
  서로 상대되는 대명사가 소유의 뜻을 가지고 있으면 habere 동사를 쓴 문장과
  같은 뜻이 된다. = Ille, qui habet multam pecuniam, etiam multos amicos habet]
  돈이 많이 있는 자에게는 친구 또한 많다.
Cujus regio ejus religio. 영주의 신앙 결정권,
  지역 영주의 신앙이 곧 주민의 신앙,
  "그 나라에 그 종교", 통치자의 종교가 그 백성의 종교이다.
  (1555년 Augsburg 종교평화 협정의 결과. 한 제후국에서 그
  제후의 종교를 제후가 가톨릭이나 루터교를 믿어야 하는 신성 로마제국의 법제도.
  백민관 신부 엮음, 백과사전 1, p.764).
**cujus rex veritas, cujus lex caritas, cujus modus
  æternitas.**(=하느님 도성) 진리를 군주로,
  사랑을 법도로, 영원을 척도로 두는 완전 사회다.
cūjuscémŏdi, gen., qualit. 어떤 (종류의) 것이든
cūjuscumquémŏdi, gen., qualit. 어떤 것이든
cujusdam veteris opionis semen. 어떤 옛 학설의 씨
cūjúsdámmŏdi, gen., qualit. 어떤 종류의, 일부
cujuslibet dei gregalis vel de turba plebis. 하찮은
  신(神) 혹은 천한 무리가 받드는 아무래도 괜찮은 신(神).
**cuiuslibet hominis exsistentia, inde a suis primordiis,
  est in mente Dei.** 모든 사람의 생명은 시작되는 그 순간
  부터 하느님 계획의 한 부분입니다.
cujuslibet liberi hominis proprietate.
  자유인의 사유교회(自由人 私有敎會).
cūjusmŏdi, gen., qualit. (의문적) 어떤 (종류의)?
  어떤 (종류의) 것이든, 어디에 속하든.
cūjúsmŏdi est?. 어떤 형태로 존재하는가?
Cuiusque officium est dignum honore ac præmio.

누구의 직책이든 존경과 상찬(賞讚)을 받을 만하다.

cūjusquémŏdi, gen., qualit.
어떤 (종류의) 것이든, 각 종류의.

cūjusvis, cūjávis, cūjúmvis, adj.
누구의 것이든지, 누구에게 속한 것이든지.

Cujusvis hominis est errare.
사람은 누구든지 잘못하는 수가 있다.

Cuiusvis hominis est errare: nullius nisi insipientis in errore perseverare. 잘못하는 것은 어떤 사람이나 하는 짓이다. 다만 잘못 가운데 버티고 있는 짓은 어리석은 자가 아니면 아무도 하지 않는다.

Cuiusvis hominis est errare: nullius nisi insipientis in errore perseverare. Posteriores enim cogitationes, ut aiunt, sapientiores solent esse.(Cicero). [허창덕 옮김].
인간은 누구든지 잘못을 저지르게 마련이다. 그러나 잘못을 고수하는 것은 오로지 어리석은 자의 짓이다. 통상 나중의 생각은 보다 더 현명한 법이기 때문이다.

cúlcĭta, -æ, f. 요, 침대용 요(매트리스), 보료.
culcitam gladium facere.
칼을 안고 엎어지다(자기 몸에 칼을 찌르다).

Cum uos mutauerit et in deterius culpa uestra et in melius gratia mea, ego non mutor. 너희 죄과가 너희를 변화시키고 더 못되게 만들거나 나의 은총이 너희를 변화시키고 더 좋게 만들거나 어느 때에도 나는 변하지 않는다.(교부문헌 총서 17, 신국론. p.2395)/

culcĭtárĭus, -i, m. 요 만드는 사람

culcĭtélla, -æ, f. 작은 요, 석방(釋放)

cúlĕus(-ĕum) -i, m. ((n.)) (액체 담는) 가죽부대.
존속 살해자 처벌에 쓰인 가죽부대(개.원숭이.닭.독사 따위의 짐승과 함께 넣고 봉한 다음 바다에 던졌음).
액체 특히 술의 용량의 최대 단위(약 400l들이).

cŭlex, -ícis, m. (蟲.) 모기, 각다귀(모기보다 더 크며 몸빛은 회색),
등에(蟲→"파리" 참조)(등엣과에 딸린 곤충을 통틀어 이르는 말).

cŭlígna, -æ, f. 작은 포도주 잔

cŭlína, -æ, f. 부엌, 주방, 음식(飲食)

cŭlīnárĭus, -a, -um, adj. 부엌의. m. 부엌 심부름꾼

culleus(=culeus) -i, m. (n.)

culmen, -mĭnis, n. 꼭대기, 정점, 정상, 절정(絶頂)
지붕 (꼭대기), culmen cǽli. 하늘 꼭대기.
virtutumque culmina. 덕행의 절정(絶頂)/
et jam summa procul villarum culmina fumant
majoresque cadunt altis de montibus umbræ. 어느새 마을에
는 집집이 연기가 오르고 높디높은 묏등에서는 땅거미가
짙어져 내리고 있소이다(성 염 지음, 사랑만이 진리를 깨닫게 한다. p.433)/
pauperis et tuguri congestum cæspite culmen.
가난한 초가집, 저 잡초가 우거진 지붕.
(성 염 지음, 사랑만이 진리를 깨닫게 한다. p.393).

culmen auctoritatis. 권위의 정점

culmen fortúnæ. 행운의 절정(幸運 絶頂)

culmus, -i, m. 초본의 줄기(가느다란), 대;
짚(곡식.조.보리 따위의 이삭을 떨어낸 줄기).
이엉(초가집의 지붕이나 담을 이는 데 쓰는 짚), 초가지붕.
Agricolæ timebant ne mala robigo culmos frumenti esset.
농부들은, 못된 해충이 이삭을 먹어 치울까봐 걱정하곤 했다.

culpa, -æ, f. 죄(κρῖμα.שָׁוְא.ὰμαρτία.ὰσέβεια. ⑨ sin),
잘못, 탓, 과실(`Damnum, Delictum, Dolus, Injuria,
Malitia, Negligentia, Poena' 참조), 과오; 허물, 결점;
죄과, 정숙치 못함, 행실이 좋지 못함, 음탕함, 태만,
직무유기, 결함(缺陷), 흠, 잘못을 저지른 장본인.
[법학에 의해 세공된 로마법은 일정 경향에 의해 계약법상 책임과 불법행위법상
책임을 원칙적으로 과책원칙에 따라 정하고 있다. 고전전시대 법상 과책의 적용
범위는 가해자로 고려되었던 자에게 손해가 인간적인 과책 없이 발생하였다는
증명을 부과했던 실무를 통해 확대되었다. 법무관고시에서 과책이 없이도 책임
지게 하는 구성요건의 명확한 도출은 고전법의 공적이다. 그것은 고전시대
성기 법제계에서는 '준불법행위'라 부르고, 근대법에서는 '위험책임'의 영역에
해당한다. 고대 로마법에서 '쿨파culpa'라는 용어는 그 자체로 불법적인 사실을
가리키는 말이었다. 이러한 '쿨파culpa'를 과실이라는 개념상 명백하게 정한 것은
고전법으로 거슬러 올라간다. 그것은 과책을 일반적 의미에서 여전히 'culpa'라고
지칭하면서도 그 형태상으로 고려되었던 자에게 손해가 인간적인 과책 없이 발생
따르면 '고의'와 '과실'의 차이는 책임소재에 있다. 채무자obligatio가 채권자의
배타적 이익 때문에 발생한 고의culpa에 의한 것으로 지불하지 않는 경우에
대해서만 책임을 졌다. 그러나 채무가 채무자의 이익에 의해서 발생할 경우, 이
경우에는 과실에 의해 지불하지 못한 것에 대해서도 책임이 있었다. 이 구별은
고전법의 이익원칙에서도 드러난다. 이는 금전매매, 임약, 영리목적 조합 등의
쌍무계약을 '쿨파culpa'에 대해 책임진다는 것을 의미한다. 이는 고의dolus뿐
만 아니라 고의적인 '과실 있는' 주의의반culpa까지도 의미한다. 이러한 판례는
'작위에서의 주의의반culpa in faciendo' 및 '부작위에서의 주의의반culpa in non
faciendo'를 포함한다. 그 밖의 모든 관계에는 고의책임이 적용되었다. 즉 고의적
가해행위에 대한 책임만을 의미했다. 이처럼 의무이행에 대한 타인의 이익으로

부터 직접 주의의무를 도출하는 것은 고전전시대의 자연법적 법학과의 단절을
뜻한다. 과실의 정도에 따라 추상적 과실culpa in abstracto, 구체적 과실
culpa in concreto, 중과실culpa lata, 경과실cula levis, 최경과실culpa levissima로
구분되었다. 이러한 분기分岐로부터 고전시대 성기에 주장되었고 성공을 거둔
중과실culpa lata을 고의dolus와 동치, 즉 두 개의 개념이 동일한 결과를 가져
온다는 것이 설명된다. 즉 "중과실은 고의와 동등되다.Culpa lata dolo
æquiparatur." 또한 그 이후로는 행태의무를 고려하여 "중과실은 과도한 주의
의무 위반(태만)으로 모든 이가 아는 것을 모르는 것이다.Culpa lata, nimia
neglegentia, id est non intellegere quod omnes intellegunt." 이러한 중과실은
고의와 동치된다. 아퀼리우스법lex Aquiliae에서 불법행위법은 최경과실culpa
levissima로도 충분하는 것이었다. 다만 동법상의 책임이 가중된 작위책임culpa in
faciendo로 제한되었기 때문에 가능했다. 가해적 행위는 반드시 가해자로부터
모든 매개적 원인 없이 직접 피해자의 신체에 가해져야만 했다. 한동일 지음, 로마법의 법률 격언 모음집에서(출간예정)].

Alci me ita excuses, ut omnem culpam in te tránsferas. 모든 탓이 네게 돌아가도록(네게 있다고) 아무에게 나를 변명해다오(excuso 참조)/
averto culpam in álium. 탓을 (자기편에서) 남에게로 돌리다/
Bonus animus in mala re, dimidium est mali. 좋은 의도가 나쁜 일이 되면 악의는 절반으로 줄어든다/
capitulum culparum. 수도원에서 공적인 자기 반성회/
cóngio culpam redimo. 무상배급으로 잘못을 속죄하다/
Culpam in alqm refero. 탓을 아무에게 돌리다/
Ea vestra culpa est. 그것은 너희 잘못이다/
Hoc senatui culpæ dederunt. 원로원은 이것에 시비를 걸었다/
Imperitia culpæ adnumeratur. 미숙함은 죄과에 추가된다/
impono pœnas culpæ. 죄를 벌하다/
in culpa esse. 잘못을 저지르고 있다/
inclino omnem culpam in alqm.
모든 탓을 누구에게 돌리다/
Ista est tua culpa. 그것은 네 탓이다/
Lata culpa est nimia negligentia, id est non intelligere quod omnes intelligunt. 중과실(lata culpa)은 극도의 주의 의무위반↗Neglegentia이다. 그것은 모든 사람이 이해하는 것을 이해하지 못한 것이다/
Lata culpa plane dolo comparabitur.
중과실은 분명 고의(dolus)와 대등할 것이다/
Lusus noxius in culpa est. 유해한 내기(놀이)는 과실(죄)이다/
mea culpa. 내 탓이오/
nostrapte culpâ. 우리 자신의 탓으로
(접미사 "-pte"는 원칙적으로 소유대명사의 단수 탈격에 붙임.
그러나 1인칭 대명사의 대격 "me"에 붙는 경우가 있다)/
O Felix culpa! 오, 복된 탓이여!(오, 복된 죄여!)/
Penes te culpa est. 탓은 너에게 있다/
Pœnæ reatus culpæ. 죄책과 죄벌/
Quam malus est, culpam qui suam alterius facit.
자신의 잘못을 다른 이의 탓으로 돌리는 것은 얼마나 나쁜가/
Qui culpa caruit, dolo caruisse multo magis videtur.
과실이 없는 사람은 더 더욱 고의를 멀리하였다고 본다/
transfero culpam in álios. 책임을 남에게 전가하다/
Ubi non est culpa, ibi non est delictum.
과실이 없는 곳에 불법행위↗Delictum는 없다/
ut in judiciis culpa plectatur,
과오(過誤)가 재판을 통해서 처벌되도록/
utrum ea vestra an nostra culpa est?
그것이 너희 잘못이냐? 아니면 우리 잘못이냐?/
Vacare culpa maximum est solatium.
과실이 없는 것이 가장 큰 위안이다.

Culpa abest si omnia facta sunt, quæ diligentissimus quisque observaturus fuisset. 각자 나름대로 가장 세심하게 준수해야 할 것을 모두 준수한다면 과실은 없다.

culpa actualis. 행위적 죄(行爲的 罪)

Culpa caret, qui scit, sed prohibere non potest.
(다른 사람에게 손해를 야기하는 사실을) 알고 있는 것은 과실이 결여되어 있어 금지할 수 없다.

Culpa dolo proxima dolum repræsentat.
사해와 가장 가까운 죄과는 사해↗Dolus를 기술한다.

Culpa est immiscere se rei ad se non pertinenti.
자기 자신과 관련되지 않은 일에 대해서는 죄과가 사라진다.
Culpe est, quod, cum a diligente provideri poterit,
non esset provisum. 세심하게 조심할 수 있는 것을
조심하지 않았을 때는 죄과가 된다.
culpa habitualis. 습관적 죄(習慣的 罪)
culpa juridica. 법적 죄, 법적 죄과, 사법적 과실
culpa lata. 무거운 죄과(罪過)
culpa levis. 가벼운 죄과
culpa levissime. 매우 가벼운 죄과
culpa mortalis. 대죄책(大罪責)
culpa theologica. 신학적 죄과, 신학적 과실
culpa vaco. 탓이 없다
culpa venialis. 소죄책(小罪責)
culpábĭlis, -e, adj. 탓 있는, 탓할만한, 비난당할.
  ignorantia culpabilis. 탓 있는 무지(無知)/
  ignorantĭa culpábĭlis simpliciter. 단순히 탓이 있는 不知/
  ignorantĭa inculpabilis. 탓 없는 무지(無知).
culpæ socius. 연루자(complex, -plĭcis, m., f.)
culpátĭo, -ónis, f. 非難, 탓함, 斷罪(® Condemnátĭon)
culpatum vinum. 시어진 포도주.
  temetum, -i, n. 순수한 포도주.
culpátus, -a, -um, p.p., a.p. 탓(죄) 있는, 비난당한,
고발당한, 잘못된, 결함(缺陷) 있는.
  culpatum vinum. 시어진 포도주.
cúlpĭto, -áre, tr. 몹시 타내다, 꾸짖다(זוק,זיד).
culpo, -ávi, -átum, -áre, tr. 탓하다, 비난하다(זוק,זיד),
힐난(詰難)하다, 꾸짖다(זוק,זיד), 탓(잘못)을 돌리다,
죄를 씌우다, 고소(告訴)하다, 못쓰게 만들다.
cultéllo, -ávi, -átum, -áre, tr.
칼 모양으로 만들다, 밭을(깎아서) 고르게 하다.
cultéllus, -i, m. 작은 칼, 주머니 칼,
cultéllus sórĭus. 면도 칼
cultĕr, -tri, m. 작은 칼, 주머니 칼, 식칼, 부엌칼,
사냥칼, 짐승 도살용 칼, 쟁기의 날; 낫의 날.
  cultrum præ se tenens. 자기 앞에 칼을 들고서.
Culter manat cruore(=Cuor e cultro manat)
칼에서 피가 줄줄 흐른다.
Culter, quem sub veste abditum habebat.
그가 옷 밑에 숨겨 가지고 있던 칼.
cúltĭo, -ónis, f. 경작(耕作), 재배(栽培), 공경, 숭배
cultor, -óris, m. 경작자(耕作者), 재배자(栽培者), 농부,
주민(住民), 거주자(居住者), 숭상하는 사람, 숭배자,
공경(恭敬) 하는 사람, 애호가; (남을) 사모하는 사람,
(덕행.학문 따위를) 닦는 사람, 전념하는 사람.
  Cultores Dei. 하느님 공경자.
cultrix, -ícis, f. 경작(재배) 하는 여자, 여자 농부,
여자 주민, 숭배자(여자), 여경작자(女耕作者).
cultrum præ se tenens. 칼을 앞에 내밀고서
cultum, "cōlo"의 목적분사(sup.=supínum)
cultum silentii. 침묵의 문화(沈默 文化)
cultúra, -æ, f. 경작, 재배; 배양, 양식(養殖), 가꿈,
매만짐, 수양, 수련(修鍊), 세련(洗鍊), 교양(敎養),
문화(culture-사회 구성원에 의하여 공유되며 다음 세대로 전달
되는 인간의 행동.생활양식의 총체), 숭배(崇拜), 공경(恭敬).
  Omnium rerum, nihil est agri cultura melius,
nihil homine libero dignius. 모든 일 가운데서도 전답을
경작하는 농사보다 나은 것이 없고 자유민에게 농사보다
숭고한 것이 없다(성 염 지음, 고전 라틴어, p.385]/
  Spiritalitas et eucharistica cultura.(® Spirituality and
eucharistic culture) 영성과 성찬 문화.
cultura amicitiæ. 우정의 나눔
cultura anthropologica. 인간학적 문화(文化)
cultúra christĭana. 그리스도교 문화(文化)
cultúra et fides. 문화와 신앙
Cultura et Liturgia.(® Culture and Liturgy.
  獨 Kunst und Liturgie) 예술과 전례.
cultúra litterarum. 문예적 소양(素養)

cultúra physica. 체육(® Sports)
cultúra primitiva. 원시문화(原始文化)
cultúra ruralis. 농촌문화(農村文化)
culturæ evangelizátĭo. 문화의 복음화(福音化)
culturæ pluralismus. 문화적 다원주의
Culturæ pondus pro hominis vita
  (® The value of culture for the life of humanity)
인간의 삶을 위한 문화의 가치.
culturátĭo, -ónis, f. 토착화/aculturátĭo, -ónis, f. 역착화
cultus¹, -a, -um, p.p., a.p. 경작된, 재배된, 가꾸어진,
잘 다듬어진, 가꾼, 손질한, 잘 꾸며진, 말쑥한,
순화(純化) 된, 세련된, 고상(高尙)한, 기품(氣品) 있는,
연마(硏磨)된. n., pl. 경작지(耕作地).
cultus², -us, m. 경작, 개간(開墾-거친 땅을 일구어 논밭을 만듦),
재배, 배양, 양식(養殖), 양성, 양육, 숭상, 숭배; 공경,
숭경(崇敬), 예배(禮拜).® Worship), 가꿈, 다듬음,
손질함; 차려입음, 의상; 장식(裝飾), 화려, 으리으리함,
(학문.덕행) 닦음, 훈련, 수련, 연마,
수양, 세련, 교양; 문화, 문화생활, 규모,
경신례(敬神禮.® Cult.獨 Kult.프 culte).
  cultu spiritali. 영적 예배(로마 12, 1; 필리 3, 3 참조)/
  De cultu et veneratione huic sanctissimo sacramento
exhibenda. 지극히 거룩한 성사를 위해 표출해야 하는
경신례와 공경에 대해/
  De cultu feminarum. 여성들의 교양에 관하여(Tertullianus 지음)/
  De cultu sacrosancti Cordis Dei ac Domini Nostri
Jesu Christi. 우리 주 하느님이신 예수 그리스도의
지극히 거룩한 성심 공경에 대하여(1726년 프랑수아 지음)/
  De vero cultu. 참된 예배에 대하여(락탄티우스 지음)/
  dispárĭtas cultus. 미신자 장애, 외교 조당(세례 받은 가톨릭
신자는 미신자와 결혼할 수 없는 교회법(교회법 제1086조)을 말하는데 보통은
관면을 받고 혼배성사를 받는다. 백민관 신부 엮음. 백과사전 1, p.764).
  이종장애(異宗障碍-가톨릭 신자와 미신자 사이의 결혼)/
  Hæc ad moralem cultus spiritalis vim ipsa appellatio
non modo aliquid moralistico explicari debet.
  영적 예배의 도덕적 가치에 대한 이러한 호소는 단순히
도덕주의적으로 해석해서는 안 됩니다/
  Marialis Cultus. 마리아 공경/
  Pro novo humanæ vitæ cultu(® For a new culture of
Human Life) 인간 생명의 새로운 문화를 위하여/
  públici cultus cæremoniis. 공적 경배의식/
  Impedimentum disparitatis cultus. 미신자 혼인 장애/
  Matrimonium inter duas personas, quarum altera sit
baptizata in Ecclesia catholica vel in eandem recepta
nec actu formali ab ea defecerit, et altera non
baptizata, invalidum est. 두 사람 중 한편은 가톨릭
교회에서 세례 받았거나 이 교회에 수용되고 정식
행위로 교회를 떠나지 않은 자이고 상대편은 세례
받지 않은 자 사이의 혼인은 무효다(교회법 제1086조)/
  sacer poesis cultus. 시혼(詩魂)
cultus absolutus. 절대적 경배(絶對的 敬拜)
cultus animi. 정신함양(精神涵養)
cultus Dei. 경신례(敬神禮-신을 공경하는 의례)
cultus diaboli. 악마 숭배
cultus divinus. 하느님 경배(® divine worship)
cultus duliæ. (=dulia) 성인(천사 등) 공경.
  cultus Sanctorum(® venerátĭon of Saints).
Cultus et totalitarismi usus Ecclesiæ negationem
pariter sibi conciliat. 전체주의의 문화와 실천은 교회를
  부정하는 것도 포함한다(1991.5.1. "Centesimus annus" 중에서).
cultus heróum. 영웅숭배(英雄崇拜)
cultus humanus. 인류 문화(人類文化)
cultus humanus in integra hominis vocátĭone suum
eximium obtineat locum. 인류문화는 인간 사명
안에서 중요한 위치를 차지하게 된다.
cultus hyperduliæ. 상경(上敬-성모님께 드리는 독특한 경배) 지례,
성모 마리아께 대한 특별공경(特別恭敬).
cultus ingenii. 재능연마(才能鍊磨)

cultus látriæ. 흠숭(ⓖ Adorátíon-하느님께만 드리는 최고 공경), 흠숭예배, 흠숭지례(欽崇之禮-선유의 천주사상과 제사문제. p.29).
cultus latreúticus. = cultus látriæ 흠숭지례(欽崇之禮)
cultus latreúticus relatívus. 상대적 숭배
Cultus libertas.(ⓖ Freedom of worship) 예배의 자유
cultus mánium. 제사(祭祀-선유의 천주사상과 제사문제. p.167)
cultus nátiónalis. 국정적(선유의 천주사상과 제사문제. p.139)
cultus natúræ. 자연숭배(자연신을 숭배하는 일. 天然崇拜)
cultus officiális. 국정의식(선유의 천주사상과 제사문제. p.142)
cultus privátus. 사적경배(私的敬拜), 사적공경
cultus públicus. 공적 경배, 공적 예배, 공적 경신
Cultus públicus Coeli. 경천의식(敬天儀式)
cultus relatívus. 상대적 경배(相對的 敬拜)
cultus sacrárum imáginum(=venerátĭo imaginum)
  성화상 공경(聖畵像 恭敬).
cultus sanctórum(=venerátĭo Sanctórum)
  (ⓖ veneration of Saints/Cult of Saints.
  獨 Heiligenverehrung) 성인 공경.
cultus soláris. 태양숭배(太陽崇拜, solis cultus)
cultus spiritális.(ⓖ Spiritual worship) 영적예배(靈的禮拜)
cultus státiónalis. 순회 예배(巡廻 禮拜)
cultus superstitiósus. 이단적 의식(선유의 천주사상과 제사문제. p.142)
culúllus, -i, m. 술잔
cūlus, -i, m. 둔부(臀部-엉덩이), 궁둥이, 엉덩이, 항문(肛門)
cum¹, præp.c.abl. I. 동반 부사어(adverbiále comitátus)
  1. **와 함께, 같이**(καθὼς.ἀμετ.σὺν.ὡς.ὥσπερ),
  더불어:(cum을 강조하기 위해서 unā cum,
  simul cum 으로도 씀) unā cum filio 아들과 함께.
  2. 인칭 대명사를 동반할 경우에는 cum을 그 대명사
  꼬리에 붙여준다. 의문대명사.관계대명사를 동반할
  경우에도 그렇게 하는 수가 있다.
  mecum(tecum, secum, nobíscum, vobíscum)
    나와 함께(너.자기.우리.너희와 함께)/
  quocum?=cumquo? 누구와 함께?.
  3. (누구의) **집에, (누구) 곁에.**
  cum alqo esse(vívere, habitáre, stare)
    누구의 집에 있다(살다, 거처하다, 누구 곁에 서있다).
  4. **거느리고,** 대동하고, 동반하고(동반한); **가지고,**
  갖추고(갖춘), 장비하고; **입고,** 걸치고; 띠고,
  붙이고(붙은), (병에) 걸려 가지고; 부여(附與)하여,
  동반시켜서. cum donis. 선물을 가지고/
  legátos cum auctoritáte míttere.
    사절들에게 권한을 부여하여 파견(派遣)하다/
  cum sórdidā veste 누추한 옷을 걸치고,
  cum febri. 학질에 걸려 가지고.
  5. 누구의 보호(지도.관리) 하에, 누구의 **도움을 받아.**
  cum diis. 신들의 도움을 받아 .
  II. 시간 부사어(adverbiále témporis) **동시에,**
  때를 같이하여 (때에, cum primā luce. 동이 틀 때에.
  III. 모양 부사어(adverbiále modi)
  1. **…하게, …롭게,** 가지고, **…를 들여서, 와 함께.**
  cum labóre. 수고를 들여서/
  magnā cum diligéntiā 매우 부지런히(열심히).
  2. cum eo, quod(ut, ne)
    …라는(한다는) 조건 하에, …라면.
  3. ((순서수사와 함께)) (몇) 갑절, (몇) 배.
  cum centésimo. 백 배(로.).
  IV. (상대방과의 관계 표시) **와(과), (누구) 하고,**
  와 더불어, **상대하여,** 대하여 :
  Cum alqo mihi sunt ómnia.
    나는 아무와 모든 점에 있어 뜻이 맞는다/
  pugnáre cum alqo. 누구와 싸우다/
  fides cum hoste servánda. 적에 대하여 지켜야 할 신용/
  mutáre alqd cum re 무엇을 무엇과 바꾸다.
cum², conj. I. (동등 연계 접속사: conj. copulatíva
  coórdinans)로서 tum과 함께 씀)
  cum… turm… 도 그리고 특히, 뿐 아니라 특히 또한.
  Erat in Miltíade cum humánitas, tum cómitas.

Miltíades는 친절도 하였거니와 또한 특히 명랑하였다.
II. (시간 부사문을 이루는 종속접속사: conj. subórdinans)
  1. 시간 cum(~ temporále-indic.; 주문에는 가끔 nunc
  (지금), tum(당시), tunc(그때) 따위 지시부사가 나타남)
  …때에, …적에: Cum sol ortus est. 해가 떴을 때,
  cum + (미래완료) …면, …할 경우에, …한 후에.
  2. 부가(附加) cum (~ additívum) 또는
  전도(轉倒) cum (~ invérsum)(indic. pf.을 쓴다.
  주문에는 impf. 또는 plqpf.만 나타나며, 또한 흔히
  nondum(아직 아니), vix(겨우, 간신히), jam(이미, 벌써)
  따위의 부사를 함께 쓴다. 그리고 속문(cum) 속에는
  súbito(갑자기), repénte(갑자기), repentínus(갑작스런,
  돌발적) 따위의 부사.형용사를 가끔 쓴다)
  …때에, …적에: Vix epístolam légeram, cum ad
  me amícus venit. (친구가 나한테 왔을 때 나는 겨우
  편지를 다 읽었었다) 내가 편지를 막 읽고 났을 때
  친구가 나한테 왔다.
  3. 설명 cum (~explicatívum) 또는 일치 cum(~ coincidens)
  [주문과 같은 시칭의 직설법을 씀]
  …하는 것은 즉 …하는 것이다, 하면서 …하는 것이다
  Hoc cum confitéris, scelus concédis. 네가 이것을
  승인하는 것은 스스로 유죄를 인정하는 것이다.
  4. 반복 cum [~iteratívum. pf.(현재 반복 표시),
  plqpf.(과거 반복 표시)] **…때 마다, …적 마다,**
  Cum ad villam veni, …me deléctat.
    나는 별장(別莊)에 올 적마다 즐겁다.
  5. 서술 cum(~narratívum) 또는 역사적 cum (~ histórícum)
  [主文의 과거와 동시적이면 impf.subj.; 더 먼저의
  사실이면 plqpf. subj.] **…할(하고 있을) 때에,**
  …하였을 때에, …한 후에, 하고 나서.
  Cum dux exércitum lustráret, hostes aggréssi sunt.
    장군이 군대를 사열하고 있을 때 적군이 공격해 왔다/
  Cum urbs capta esset, íncolæ necáti sunt.
    도시가 점령(占領)된 후 주민들은 살해(殺害)되었다.
  6. 반대 cum (~ adversatívum-subj.) **반면에,**
  …와는 반대로, …면서 그와는 달리, …인데, 그러나.
  Solus homo párticeps est ratiónis, cum cétera
  animália sint expértia. 다른 동물들은 이성(理性)이
  없지만, 사람만은 그것을 가지고 있다.
  7. cum primum(indic. pf., fut. exáct.)
  간혹 subj. impt., plqpt.) **하자마자.**
  8. (indic. pf., 때로는 præs.) **…한 이래, …때부터, …한지.**
  Multi anni sunt, cum ille in ære meo est.
    그가 내 빚을 지고 있는지가 여러 해 된다.
III. (종속 접속사) 이유 cum (~ causále - subj.)
  …하기 때문에, …므로, 까닭에.
  Cum vita brevis sit, témpori parcéndum est.
    인생은 짧으니, 시간을 아껴야 한다 ;
  (이유의 강조로) quippe ~, útpote ~,
  præsertim ~, ~ præsertim. 특히 …하므로, …하기 때문에.
IV. (종속 접속사) 양보 cum (~ concessívum - subj.)
  비록 …할지라도, …함에도 불구하고, 하지만.
                                    [라틴-한글사전. p.215].
[라틴어 속문을 해독할 때에 가장 많이 나오는 접속사이면서 그 용도 역시 매우
다양하여 해석에 주의를 요하는 것이 Cum이다. 아래 여러 예문들에서 Cum을
시간문의 접속사로 간주되지만 의미상으로는 다의적이어서 여러 명칭을 붙일 수
있다. 특히 접속법이 사용될 때에는 더욱 그러하다. 성염 지음. 고전 라틴어. p.326].
Omnia sunt incerta, cum a jure discessum est.
  법에서 멀어졌을 때마다 모든 것이 불확실하게 된다/
Præclare facis, cum memoriam eorum tenes.
  너는 그것에 대해 기억하는 것은 참 잘한다/
Solus est homo ex tot animantium generibus particeps
rationis, cum cetera sint omnia expertia.
  [반대절은 주절의 내용과 반대된는 것을 나타내는 종속절이다. 라틴어는
  반대절을 "cum+접속법 동사"로 표현한다. ~와는 반대로. 그와는 달리,
  그러나 '으로 옮긴다. 한동일 지음. 카르페 라틴어 2권. p.328].
  그렇게 많은 동물들의 종류 가운데에서 이성의 참여는
  인간만이 유일하다. 반면 다른 것들은 모두 참여하지 않는다/
Vix epistolam tuam legeram, cum ad me frater tuus venit.
  너희 형제가 나한테 왔을 때에, 나는 겨우 네 편지를 읽었다.

Cum a foro revértor, 내가 법정에서 돌아오고 있을 때에
Cum ad gubernacula rei publicæ temerarii atque
audaces homines accesserat, maxima ac miserrima
naufragia fiebant.(Cicero). 그 대신 파렴치하고 과격한
사람들이 공화국의 키를 잡으러 덤벼들면서부터 거창하고
참담한 국가의 침몰이 일어나곤 하였다.
Cum ædificium, 성당의 봉헌(奉獻)(1977.5.29. 서문)
cum aliis aliud expediat.
각자에게 서로 다른 것이 유익하기 때문에.
cum alqd in grátiā esse. 누구와 사이좋게 지내다.
cum alqo societátem ineo. 누구와 동맹을 맺다
Cum altari assistitur, semper ad Patrem dirigatur
orátio. 제대에서는 항상 성부께 기도 드려야 한다.
Cum ames non sapias aut cum sapias non ames.
사랑을 하게 되면 정신을 차릴 수 없을 테고,
정신을 차리고 나면 사랑을 못할 테고…(Publilius Syrus).
cum amico. 친구와 함께
cum amíco ambuláre. 친구와 함께 산책 가다
cum amore notitía. 사랑을 수반하는 지식(知識)
cum assénsu ómnium. 모든 사람의 찬동을 받고
cum aterius comunione. 충만한 친교
Cum boni equi nobis sint, iter celerrime faciemus.
우리에게 준마들이 있으니까 신속하게 길을 달려가리라.
cum causa, non sine causa, 이유(까닭)가 있어서
cum Christum diligis: Filium Dei diligis; cum Filium
Dei diligis, et Patrem diligis. 그대가 그리스도의 지체를
사랑할 때, 그대는 그리스도를 사랑하는 것입니다. 그대가
그리스도를 사랑하면 하느님의 아드님을 사랑하는 것
입니다. 그대가 하느님의 아드님을 사랑하면 아버지도
사랑하는 것입니다.(최익철 신부 옮김. 요한 서간 강해, p.437).
Cum cras rediero rure, véniam ad te.
나는 내일 시골에서 돌아와서 너한테 오겠다.
(서로 연락이나 관계가 있는 두 가지 미래 중에서 하나가 다른 하나보다
더 먼저 일을 표시하기 위하여 쓰는 것이 미래완료이다).
cum cura. 정성 들여(parate, adv.)
Cum de fragmentis, 성체 조각(1972.5.2. 선언)
Cum de Nerviorum natura moribusque Cæsar quæreret,
reperiebat eos esse homines feros magnæque virtutis.
카이사르는 네르비이인들의 성격과 습관에 관하여 조사한
결과, 그들이 사납고 대단히 용맹한 사람들(homines
magnæ virtutis)이라는 것을 알아냈다.
Cum de nomine episcopi, 성찬기도 안의 주교의 이름.
(1972.10.9. 교령).
Cum Deo colloquendum per Ipsius verba.
(㉥ In dialogue with God through his words)
하느님 말씀을 통해 하느님과 대화함.
cum diis. 신들의 도움을 받아
Cum dilectione fides christiani, sine dilectione fides
dæmonis. 그리스도인의 믿음은 사랑과 함께 있고, 마귀의
믿음은 사랑 없이 있습니다.(최익철 신부 옮김. 요한 서간 강해, p.433).
cum diligéntia. 부지런히
Cum discipuli bene studerent, magister eis præmia
dedit. 학생들이 열심히 노력한다고 해서 선생님은
그들에게 상을 주었다.
cum donis. 선물을 가지고
cum dulcedine et humanitate. 친절하고도 인간적으로
Cum duóbus de império decertám est.
제국을 놓고 두 사람과 결전하였다.
Cum duóbus milibus civium. 시민 2천 명을 인솔하고
cum efféctu. 실제로, 결과를 동반하며
Cum enim benedixisti calicem, in nomine dei
accepisti ex eo ut qui est sanguis Christi.
하느님의 이름으로 잔을 축성할 때에,
너는 그 잔으로부터 그리스도의 피를 받게 된다.
Cum epístolam accípiam, delectábor.
나는 편지를 받을 때에 기쁘겠다.
(속문의 내용이 주문의 내용과 동시적인 경우의 종속요법으로 주문의 미래에
대한 속문의 동사는 미래로 표시된다. 허장덕 지음. 문장론, p.322)
Cum epístolam scribébam, delectábor.

나는 편지를 쓸 때에 기쁨을 느끼고 있었다(기뻤다).
(속문의 내용이 주문의 내용과 동시적인 경우의 종속요법으로 주문의
미완료나 단순과거 드물게는 과거완료에 대한 속문의 동사는 미완료로 표시된다.
Cum epístolam scribo, delector.
나는 편지를 쓸 때에 기쁨을 느낀다.
(속문의 내용과 주문의 내용이 동시적인 경우의 종속요법으로 주문의
현재에 대한 속문의 동사는 현재로 표시한다. 허장덕 지음. 문장론, p.322).
Cum ergo membra Christi diligis: Christum diligis;
Cum essem domi et ambularem in horto, Marcus ad
me venerat cum Pomponio. 내가 집에 있으면서 정원을
산책하고 있으려니까 마르쿠스가 폼포니우스와 함께
나에게 왔다.[서술문(cum narrativum): 과거에 일어난 일과 연결되는 일이
발생할 때에. 접속법. 과거의 사실과 동시면 미완료. "…하고 있으려니까".
성 염 지음, 고전 라틴어. p.328].
cum erit tuum commodum. 네가 편리할(좋을) 때에
Cum et remisisti quod non oportebat, et accepisti
quod non licebat, bis improbus fuisti.
당신은 그래서는 안 될 것을 보아주고, 가당치 않는 것을
수락했기 때문에 이중으로 사악한 짓을 한 셈이오.
cum exceptióne. 제외하고(absque, proep. c. abl.)
Cum exercitu Romam se recepit.
그는 군대를 거느리고 로마로 퇴각(退却)했다
cum febri. 학질(瘧疾-말라리아)에 걸려 가지고
Cum febri domum redire.
열병(熱病)에 걸려 가지고 집에 돌아오다.
Cum feminæ clamavissent, viri cito venerunt.
여자들이 소리를 지르자 곧 사내들이 왔다.
Cum flumen altum non sit, liberi transire poterunt.
강물의 수심이 깊지 않아서 아이들이 건널 수 있겠다.
cum fortitudine.(=fortiter) 힘 있게
cum gaudio(=læte, alacriter) 즐거이
cum hac áliquid rátionis habére.
이 여자와 어떤 관계가 있다.
Cum hac nostra ætate, 병원 영성체(1966.2.14. 교령)
Cum hæc agerem, repente ad me venit Heraclius.
내가 이 일을 하고 있을 때 헤라클리우스가 갑자기 나에게 왔다.
cum hæc ita sint(=quæ cum ita sint) 사정이 이렇기 때문에.
Cum his mihi nec locus convénit.
나는 이들과 장소에 대해서도 합의를 보지 못했다.
cum illis unā. 그들과 한통속이 되어
cum império esse. 사령권을 가지고 있다
Cum in eorum domibus multæ epistoæ repertæ sunt,
duo cives accusati sunt. 그들의 집에서 많은 편지들이
발견되었기 때문에(cum) 두 시민이 고발당했다.
Cum intentio faciendi quod facit Ecclesia.
교회가 하는 것을 하고자 할 의향을 지니고.
cum ipsa vere summeque sit.(참된 종교 3. 3)
참으로 또 최고도로 존재한다.
Cum ipso semper clerici una etiam domo ac mensa
sumptibusque communibus alebantur et vestiebantur.
성직자들은 언제나 아우구스티노와 같은 집에서 지내
면서 같은 食卓에서 먹고 공동으로 구입한 옷을 입었다.
(이연학 최원오 역주, 아우구스티노의 생애. p.107).
Cum jam ad exitu, 현대의 교리교육(1977.10.28. 담화)
cum labore. 수고를 들여서
Cum labore amatur quod amas: sine labore amatur
Deus. 그대가 사랑하고 있는 그것은 갖은 고생을 다해야
사랑할 수 있지만, 하느님은 아무 고생 없이 사랑할 수
있습니다.(최익철 신부 옮김. 요한 서간 강해, p.439).
Cum legere coepero, attente audite.
내가 읽기(낭독하기) 시작하면 너희는 주의 깊게 듣거라!
cum luna paríter. 달과 함께
Cum magister eis verba doceret, tamen discipuli
linguam non intellexerunt. 선생님이 학생들에게 말을
가르쳤지만 학생들은 그 말을 이해 못했다.
Cum Maria contemplari Christum.
성모님과 함께 그리스도를 바라보기.
Cum Maria contemplemur Christi vultum!
성모님과 함께 그리스도의 얼굴을 바라보자.
cum Maria philosophari. 마리아와 함께 철학하기

Cum matrimonialium causarum, 동방교회의 결혼에 관하여(1973.9.8. 자의교서).
cum maxime. 대단히, 몹시
Cum Marcus me vocavisset, veni. 마르쿠스께서 저를 부르셔서 왔습니다.
Cum milites quam fortissime pugnent, hostes sævos vincere non possunt. 군인들이, 극히 용맹하게 싸웠지만, 사나운 적들을 제압할 수 없었다.[속문의 내용과 반대되는 주문. 접속법. 주문과 같은 시제. "…도 불구하고" 시제는 역사적 현재(præsens historicum)로 간주하여 현재완료로 번역한다. 성 염 지음. 고전 라틴어, p.328].
Cum Missale romanum, 로마 미사 경본(1975.3.27. 교령).
Cum Multa, 스페인의 현실(1882.12.8.)
Cum naves paratæ sint, ad insulam festinemus! 배들이 마련되었으니 섬으로 서둘러 가자!
cum non esse. 비존재와 같이(신학대전 1권, p.152~154)
Cum nonnullæ conferentiæ, 각국 미사 경본 안에 라틴문 삽입(1969.11.10. 서한).
Cum, nostra nostra ætate, 전례서 편찬(1966.1.27. 교령)
Cum notæ causæ, 교황청 개편의 발효 연기(1968.3.1. 답서)
cum occásu solis. 해가 짐과 동시에
Cum Occasione. 꿈 오카시오네 헌장(1653년 5월 31일 교황 인노첸시오 10세가 얀세니즘의 교설 5개 조항을 단죄한 교황 헌장).
Cum œcumenicum concilium, 발생한 오류들(1966.7.24. 서한)
Cum oratis, dicite. 너희는 기도할 때 이렇게 하여라(성경)/ 여러분은 기도할 때에 (이렇게) 말하시오(200주년 기념 루가 11, 2).
cum patre habitáre. 아버지와 함께 살다
cum patre proféctus sum. 나는 아버지와 함께 떠났다
Cum possitis benefacere, nolite differre. 선을 행할 수 있으면 망설이지 마십시오. 자선이 (사람을) 죽음에서 구해내기 때문입니다.
Cum, post editam, 명상생활과 수녀들의 봉쇄생활(封鎖生活)(1970.1.2. 선언).
cum potente societas. 세력가와의 연대
cum prima luce. 동이 틀 때에, 이른 새벽에.
Cum primā luce venit. 그는 첫 새벽에 왔다.
cum primum, 하자마자
Cum puella clamaret, mater eam culpavit. 소녀가 소리를 지른다고 어머니는 꾸짖었다.
Cum puer diligenter laboravisset, tamen a magitro suo non laudatus est. 소년은 열심히 수고했지만 자기 선생님한테 칭찬을 받지 못했다.
cum pulvisculo. 티끌하나 남기지 않고, 깨끗이(pure, adv.).
Cum quanta reverentia Christus sit suscipiendus. ([영] The Great Reverence With Which We Should Receive Christ) 공경을 다하여 그리스도를 영할 것(준주성범 제4권 1장).
Cum quo?(=Quocum?) 누구와 함께?
cum re convenio. 사실과 맞아떨어지다
Cum rex populo Romano bellum intullisset, perfuga ab eo venit in castra. 그 왕이 로마 국민에게 전쟁을 일으키자 그에게서 빠져나온 도망자가 요새로 왔다[서술문: 주문의 사실보다 먼저이므로 과거완료 시제이다. 성 염 지음. 고전 라틴어, p.328].
cum sale panis. 소금 곁들인 빵
Cum sanctis tuis in æternum, quia pius es. 자애로우신 주님, 당신 성인들과 함께 비추소서.
Cum sapiente et conscientientĭoso viro consilium habe. 지혜롭고 또 양심을 잘 지키는 사람에게 가서 훈계를 청하라(준주성범 제1권 4장 2).
Cum satĭatus fuerit, arctabitur, æstuabit, et omnis dolor irruet super eum. 욕망을 채우고도 옹색하고 답답해하며 온갖 번뇌가 그를 덮치리라.
Cum sol ortus est, proféсti sumus. 우리는 태양이 떴을 때 출발하였다.
cum sordid veste. 누추한 옷을 걸치고
Cum spe, si non bonā, at áliquā tamen vivo. 좋은 희망은 못 된다 하더라도 다소간의 희망을 가지고 나는 산다.
cum Spiritu Sancto. 성령과 함께
Cum superiores generale, 유기서원 수도자들의 환속을 허락하는 위임된 권한(1969 11.27. 교령).
cum te(tu) 그대와 함께(=**tectum**), 너와 마찬가지로
cum túmidum est cor. 네 마음이 야심에 차 있을 때
cum unā legióne, eáque vacillánte.(is 참조) 1개 군단 그것도 비틀거리는 군단과 함께.
Cum urbs capta esset, incolæ necati sunt. 도시가 점령된 후 주민들은 살해되었다.
cum utérque utríque exércitus esset in conspéctu. 두 군대는 서로 대치해 있었기 때문에.
Cum vinum intrat, exit sapientia. 술이 들어올 때, 지혜가 빠져나간다.
Cum viro sancto assiduus esto. 거룩한 사람과 더불어 친하라.
Cum vita brevis sit, tempori parendum est. 인생은 짧으니, 시간을 아껴야 한다.[cum을 쓴 이유문에는 언제나 접속법을 써야하며, 그 시칭은 접속법의 일반적 시칭관계를 따라간다. 그리고 cum을 힘주어 말할 때에는 quippe cum, útpote cum, præsértim cum, cum præsértim(특히 … 때문에)의 표현을 쓴다].
cuma(=cyma) -æ, f. 야채의 연한 줄기. (植) 취산화서(聚繖花序), (建) 반곡선(反曲線) 쇠시리.
cumátĭle, -is, n. 푸른색 옷
cumátĭlis, -e, adj. 푸른빛의, 바다 빛의
cumba(=cymba) -æ, f. 종선(從船), 쪽배
cumberlandismus, -i, m. 접촉 독심술. (백민관 신부 엮음, 백과사전 1, p.766).
cúmĕra, -æ, f. 곡식 담는 그릇, (뚜껑 있는) 큰 광주리, 뒤주(곡식을 담아 두는 세간).
cŭmīnátum, -i, n. 커민으로 만든 양념.조미료
Cuminum nyminum. 회향초(공동번역 이사 28,25.27 : 마태 23,23), 소회향(小茴香-성경 이사 28,25.27 : 마태 23,23).
cŭmīnátus, -i, m. 커민을 섞은, 커민으로 양념한
cŭmīnínus, -a, -um, adj. 커민의
cuminum(=cymínum) -i, n. (植) 커민(산형화목 산형과 한해살이풀. 높이 20~30㎝. 커민시드라고도 한다).
cummátus, -a, -um, adj. = **gummátus**
cummáxĭme(cum máxime) adv. 대단히, 몹시, 무척, 가장 크게(많이), (시간 cum의 뜻을 가질 때도 있음) 특히 …때는.
cummi(=gummi) n., indecl. 고무(프.gomme)
-cumque[1], adv. …든지 다(무한정으로), (흔히 관계대명사, 장소 부사 등의 접미어로 쓰이며, 총망라 무제한의 뜻을 드러냄) quicúmque …하는 자는 누구나.
cumque[2], = **et cum**
cŭmŭlátĭm, adv. 가득히, 수북이, 무더기로, 풍부히
cŭmŭlátĭo, -ónis, f. 쌓아 올림, 집적(集積), 축적(蓄積), 누계(累計-부분 부분의 합계를 차례차례 加算하는 일).
cumulátĭo absortiva. 흡수적(吸收的) 형벌의 누계
cumulátĭo actionum. 병합소송(倂合訴訟)
cumulátĭo juridica. 법률적 형벌의 누계
cumulátĭo materialis. 질료적 형벌의 누계
cŭmŭlātívus, -a, -um, adj. 누적되는, 첨가의
cŭmŭlátus, -a, -um, p.p., a.p. 쌓아 올려진, 수북한, 더미가 된, 무더기로 된, 축적된, 가중된, 증가된, 확대된, 가득 채워진, 완전한, 완성된.
cúmŭlo, -ávi, -átum, -áre, tr. 쌓다, 쌓아 올리다, 더미로 만들다, 퇴적하다, 누적하다, 늘리다, 불리다 커지게 하다, 증가시키다, 거듭하여 덧보태다, 가중하다, 확대하다, 치켜 높이다, 채우다(טמם), 절정에 이르게 하다, 가득하게 하다, 완성하다(כלל.גמר).
cumulo se cibo. 배불리 먹다
cúmŭlus, -i, m. 무더기, 더미(많은 물건이 모여 쌓인 큰 덩어리), 퇴적(堆積), 누적(累積-포개져 쌓임. 또는 포개어 쌓음), 군집, 무리(ὄχλος.πλήθος.עֵדָה.[영] Flock), 팽배(澎湃), 산더미 같은 파도, 수북함, 덤, 증가(增加), 성장, 완성(完成), 극치(極致), 절정(絶頂). hominum cumulus. 군중(群衆.ὄχλος.πλήθος)/ in cumulus. 더구나, 그 외에.
cumulus diérum. 덤으로 받은 시간
cūnábŭla, -órum, n., pl. 요람(搖籃), 아기 침대, 보금자리, 둥지; 짐승 새끼의 잠자리, 출생지, 발상지,

거주지, 기원, 발상(發祥); 초기, 어린 시절, 요람시대.
cūnæ, -árum, f., pl. 요람(搖籃), 보금자리, 출생, 영아기(嬰兒期)
cūnális, -e, adj. 요람의, 보금자리의
cūnáría, -æ, f. 아기 보는 여자
cunctābúndus, -a, -um, adj.
　　주저(躊躇)하는, 머뭇거리는, 망설이는, 꾸물거리는.
cunctans, -ántis, p.proes., a.p. 주저하는,
　　머뭇거리는, 망설이는, 우유부단한,
　　꾸물거리는, 지체하는, 느린, 완강한.
Cunctas hæreses interemisti in universo mundo.
　　당신 홀로 전 세계에서 모든 이단들을 쳐 부셨나이다.
cunctátĭo, -ónis, f. 주저(躊躇), 망설임, 꾸물거림, 느림,
　　지연(遲延-오래 끎), 지체함.
　　De morte hominis, nulla est cunctatio longa.
　　　인간의 죽음에 대해서는 장기유예(長期猶豫)가 결코 없다.
cunctátor, -óris, m. 주저하는 사람, 신중한 사람,
　　꾸물거리는(지체하는) 사람, 지연작전을 쓰는 사람.
cunctícĭnus, -a, -um, adj. (cunctus+cano)
　　제창(齊唱-여럿이 한목에 소리를 내어 부름)의, 개창의.
cunctim, adv. 모두 다 함께, 한꺼번에
cunctípŏtens, -éntis, adj. 전능한
cunctor, -átus sum, -ári, dep., intr.
　　주저(躊躇-머뭇거리고 망설임)하다, 망설이다,
　　머뭇거리다, 지체(지연)하다, 지연작전(遲延作戰)을 쓰다.
cunctor profitéri. 공언하기를 주저하다
cunctus, -a, -um, adj. 온(全), 전(全), 전부의, 전체의,
　　모든(ἅπας.ἅπασα.ἅπαν.ὅλος.η.ον.πᾶς.πᾶσα.πᾶν).
　　ab illo cuncta edóctus. 그한테 모든 것을 교육받은/
　　Cuncta hominis actio intra aliquam humani cultus
　　compagem explicatur et ibidem reciprocatur.
　　　인간의 모든 활동은 일정한 문화 구조 내에서 전개되며,
　　　거기에서 문화에 영향을 미친다(1991.5.1. "Centesimus annus" 중)/
　　cuncta, in quibus spiraculum vitæ in terra, mortua
　　sunt. (kai. pa,nta o[sa e;cei pnoh.n zwh/j kai. pa/j o]j h=n evpi.
　　th/j xhra/j avpe,qanen) (獨 Alles, was Odem des Lebens
　　hatte auf dem Trockenen, das starb) (英 Everything on
　　dry land with the faintest breath of life in its nostrils
　　died out) 마른 땅 위에 살면서 코에 생명의 숨이 붙어
　　있는 것은 모두 죽었다(성경 창세 7. 22)/마른 땅 위에서
　　코로 숨 쉬어 살던 것들이 다 죽고 말았다(공동번역)/
　　ex edito monte cuncta prospicio.
　　　높은 산에서 전체를 내려다보다/
　　Hi placuere tibi, placeat devotio nostra:
　　Rex bone, Rex clemens, cui bona cuncta placent.
　　　그들의 찬미같이 저희 정성 받으소서.
　　　모든 선의 근원, 만선미호의 임금님(성지주일)/
　　Ignis cuncta distúrbat. 화마가 모든 것을 삼키고 있다/
　　In communione cum cunctis orbis episcopis.
　　　세계 모든 주교와의 일치 안에서/
　　Novus per pectora cunctis insinuat pavor.
　　　새로운 공포가 모든 사람들의 가슴속에 스며들어 퍼졌다/
　　Sacerdotes cuncti studiose, actuose periteque vacent
　　Reconciliationis sacramento ministrando.
　　　모든 사제는 기꺼이, 헌신적으로, 또한 자질을 갖추고
　　　고해성사를 집전하는 데에 주력하여야 합니다.
　　traho cuncta in detérius. 모든 것을 나쁘게 해석하다.
cǔnĕátim, adv. 쐐기 모양으로, 설형(楔形)으로
cǔnĕátĭo, -ónis, f. 쐐기 모양을 만듦
cǔnĕátus, -a, -um, p.p., a.p. 쐐기 모양으로 된, 설형의
cúnĕo, -ávi, -átum, -áre, tr. 쐐기를 박다,
　　보라(쐐기)를 박아 빠개다(쪼개다), 쐐기 모양으로 만들다,
　　사이에 비비고 끼어들게 하다.
cúnĕŏlus, -i, m. 작은 쐐기
cúnĕus, -i, m. 쐐기, 보라(쇠로 만든 큰 쐐기 모양의 연장),
　　쐐기 모양의 것(물건.무늬), 쐐기 모양의 (전투) 대형,
　　원형극장의 관람 좌석열(座席列), (극장의) 관람객,
　　설형문자(楔形文字.英 cuneiform)(가톨릭대사전. p.4485).
　　(醫) 설상엽(楔狀葉).

cuneus veritatis. 진리의 위세(眞理 威勢)
cǔnīcǔláris, -e, adj. 땅굴의, 갱도의, 토끼의
cǔnīcǔláríus, -i, m. 갱도 파는 사람.
　　pl. 땅굴 파는 부대 兵士.
cǔnīcǔlátim, adv. 갱도 모양으로
cuniculátor, -óris, m. = **cǔnīcǔláríus**, -i, m.
cǔnīcǔlósus, -a, -um, adj. 갱도(땅굴) 많은
cuniculum ago 땅굴을 파다
cǔnícǔlus, -i, m. (動) 토끼, 지하통로(地下通路), 땅굴,
　　갱(坑道의 준말), 갱도(坑道-갱내에 뚫은 길), 터널(英 tunnel),
　　산협, 해협; 수로, 비밀 계략.
　　Hic cuniculus mille ducenta metra longus est.
　　　이 터널은 그 길이가 1,200m이다.
cunidáría, -órum, n., pl. (動) 유극포(有棘胞) 동물
cǔníla, -æ, f. ((植)) (유럽산) 차조기(의 일종), 꽃 박하
cúnĭo, -íre, intr. 대변보다
cunnus, -i, f. 여자의 음부(女子 陰部), 여자
-cunque = -cumque[1]
cúnŭlæ, -árum, f., pl. 작은 요람(搖籃)
cupa[1](=**cuppa**), -æ, f. 큰 나무 술통, 압착기의 축
cupa[2](=**copa**), -æ, f. 술집여자, 접대부, 작부(酌婦)
cúpáríus, -i, m. 나무 술통 제조인
cǔpédĭa, -æ, f. 식도락(食道樂), 각종 요리음식
cǔpedǐnáríus, -i, m. 식료품 장수
cǔpédĭum, -i, n. 각종 요리음식 n., pl. 과자, 맛있는 것
cǔpédo, -dínis, f. = **cǔpídĭtas**, -átis, = **cǔpído**[1], -dínis.
　　환락가(歡樂街-유흥장이나 술집 따위가 많이 늘어선 거리).
cupidior, -or, -us adj. cúpĭdus, -a, -um의 비교급
cupidissimus, -a, -um, adj. cúpĭdus, -a, -um의 최상급
cǔpídĭtas, -átis, f. 욕망(慾望.英 Desire/Lust), 열망(熱望),
　　갈망(渴望), 탐욕(貪慾.英 Concupiscence/Gluttony),
　　물욕(物慾), (특히 금전에 대한) 애착.인색(吝嗇),
　　욕정(欲情.英 concupiscence), 성욕(性慾), 분노(憤怒),
　　야심, 공명심, 편애, 편파심, 당파심(黨派心).
　　Animus ejus cupiditatibus comestur.
　　　그의 영혼은 욕망에 잠식당하고 있다/
　　Cupiditatibus principum et vitiis inficit solet tota civitas.
　　　군주들의 탐욕과 악덕에 의해 국가 전체가 부패되곤 한다/
　　cupiditatum incendia. 탐욕의 불길/
　　cupiditatum servi. 탐욕의 노예들/
　　ejúsdem cupiditátis tenéri.
　　　같은 욕망에 붙잡혀 꼼짝하지 못하다/
　　Fuerint cupidi, fuerint irati : at sunt fideles imperatores
　　Romani. 탐욕이 많았다고 하자. 결핏 화를 냈다고 하자.
　　　그러나 그들은 로마의 충성스러운 사령관들이다/
　　homo volitans gloriæ cupiditate. 명예를 좇아 날뛰는 사람/
　　id facinus natum a cupiditate. 탐욕에서부터 생겨난 그 악행/
　　Inest hominibus cupiditas beate vivendi.(동명사문)
　　　사람들에게는 행복하게 살겠다는 욕망이 있다/
　　Ira est cupiditas ulciscendi injurias.(동명사문).
　　　분노란 부정의를 징벌하려는 욕망이다/
　　Non ego inmunditiam obsonii timeo, sed inmunditiam
　　cupiditatis. 저는 부정한 음식을 두려워하지 않고, 더러운
　　욕심이 두려울 뿐입니다.(아우구스티노의 생애. p.97)/
　　pondus cupiditatis. 탐욕의 중력/
　　Quo inter se differant cupiditas gloriæ et cupiditas
　　dominationis. 명예욕과 지배욕은 어떻게 다른가(신국론. p.2758)/
　　Radicata est cupiditas? 탐욕이 뿌리를 내리고 있습니까?/
cupídĭtas culpanda. 질책(叱責) 받을 만한 욕망
Cupiditas ex re incerta cernitur.(Ennius).
　　품고 있는 탐욕은 불확실한 사정에 처하여 가려진다.
cupídĭtas honoris. 명예심(名譽心-명예를 중요시하는 마음).
　　odium hostium=odium adversus hostes. 적개심.
Cupidĭtas refrenetur, carĭtas excitetur.
　　탐욕은 누르고 사랑은 일깨우십시오.
Cupidĭtas vitanda, virtus autem petenda est[수동태 용장활용].
　　욕망이란 기피되어야 하지만 덕목은 추구되어야 한다.
cǔpído[1], -dínis, f. = **cǔpídĭtas**, -átis, = **cǔpédo**, -dínis.

Deus cuique dura cupido sua fit.(Vergilius).
누구에게나 그의 집요한 욕망이 신(神)이 된다.
cŭpído², -dīnis, m. Venus 여신의 아들로 연애의 신
Cupido deus volucer erat. 큐핏은 날개 달린 신이다.
cúpĭdus, -a, -um, adj. 갈망(열망) 하는, 열렬한,
…싶어 하는, 좋아하는, 추구하는, 탐욕적인, 욕심 많은,
탐내는, 인색한, (권력에 대한) 야심(야망) 품은,
욕정적인, 선정적인, 사모하는, 열애하는,
편당적인, 당파적인, 편파적인.
dira cupido 끔찍한 욕망(교부문헌 총서 16, 신국론, p.1448)/
Egone gloriæ cupidus sum?
영광을 탐하는 것이 그래 나란 말이냐?/
homines novarum rerum cupidi. 혁명파(革命派)/
Quibus vitiorum gradibus aucta sit in Romanis cupido regnandi. 악덕이 어느 지경이기에 로마人들에게 지배욕이 그토록 증대했을까(교부문헌 총서 17, 신국론, p.2744)/
Utinam minus vitæ cupidi fuissemus!
삶에 대한 애착이 조금만 적었더라도 좋았으련만?.
Cupidus sum orandi. 나는 기도하고 싶다
Cupidus sum vidéndi. 나는 보고 싶다
Cupidus sum videndi matrem. 나는 어머니가 보고 싶다
cúpĭens, -éntis, p.prœs., a.p. 탐하는, 열망하는.
Sic ávide …, quasi diutúrnam sitim explére cúpiens.
마치 오랜 갈증을 풀고 싶어 못 견뎌 하듯이
그렇게 열망적으로.
cúpĭo, cupívi(-ĭi), cupítum, cúpĕre, tr. 몹시 …싶어 하다,
원하다(צבא.אבצ.יבצ.ריטח.ריטח.אעב.יעב),
탐하다, 열망(갈망)하다, 욕정으로 사랑하다,
(누구에게) 축원하다, 좋게(잘) 되기를 바라다,
Ego vero cupio. 나는 진정으로 원한다/
Nitimus in vetitum semper cupimusque negata.(Ovidius).
우리는 금지된 것을 늘 피하고
거절당한 것을 기어코 얻어내려 한다.
Cupio támdiu. 오래 전부터 원했다.
cŭpítor, -óris, m. 탐하는 사람, 갈망(열망) 하는 자
cŭpītum, "cupio"의 목적분사(sup.=supínum)
cŭpítum, -i, n. 탐하는(갈망하는) 물건(物件)
cupivi, "cúpĭo"의 단순과거(pf.=perfectum)
cuppa, -æ, f. 성작배(聖爵杯), 성작(calix)의 둥근 부분
cupped… V. **cuped**…
cupressácĕæ, -árum, f., pl. (植) 측백과, 편백과
cupressétum, -i, f. (植) 실편백 나무 숲
cuprésséus, -a, -um, adj. 실편백 나무의, 실편백 나무로 만든
cupréssĭfer, -fĕra, -fĕrum, adj. (cupréssus+fero)
실편백 나무를 지닌.
cupréssĭnus, -a, -um, adj. 실편백 나무의
cupréssus(=cyparíssus¹), -i, f.
(植) 실편백 나무(황천의 신 Pluto에게 바쳐진 나무로서 애도의 표시로 사용되기도 함), 실편백 나무로 만든 작은 상자.
cúprĕus(=cýpréus) -a, -um, adj.
구리의, 동의, 구리로 만든, 동제(銅製)의.
cuprum(=cyprum¹), -i, n. 구리(æs, æris, n.), 동(銅)
cúpŭla, -æ, f. 작은 통, 작은 압착기의 축
cūr, adv. **왜**, **어째서**, 무슨 이유로, …**할**(하는) **이유**.
Non vídeo causam, cur ita sit, hoc quidem témpore.
왜 그런지 지금으로서는 원인을 모르겠다/
quis, quid, quando, ubi, cur, quomodo.
육하원칙[누가(who), 무엇을(what), 언제(when),
어디서(where), 왜(why), 어떻게(how). 5W1H]/
Quod isti et istæ, cur non ego? 이 남자, 저 여자들이 한 것을 나라고 못할 것이냐?(성 아우구스티노).
Cur de vestra virtute aut de mea diligentĭa desperatis? 너희는 왜 너희의 용기나 나의 세심한 주의에 대하여 실망하느냐?
Cur Deus homo? 왜 하느님이 인간이 되셨는가?
[캔터베리의 주교 성 안셀모가 통회에 관하여 쓴 책(1079-1098). 여기서 저자는 그리스도의 죽음이 악마에게 빚을 대신 갚고 사람들을 구원했다는 설을 물리치고 하느님의 정의와 자비심에서 비롯된 것이라고 설명한다. 백과사전 1, p.767].
Cur diutius exspectabimus?
왜 우리는 더 오래 기다려야겠습니까?
Cur dixisti testimonium? Quia coactus sum.
왜 증언을 했나? 강요를 받아섭니다.
Cur dolor in redemptĭone?
왜 구속(救贖)에는 고통이 있는가?.
Cur ergo Græcam etiam grammaticam oderam talia cantantem? 그렇다면 이런 따위를 노래하는 희랍의 문법학이 왜 싫은 것이었습니까(고백록 1.14.23.).
Cur hoc nobis tu crimini das?.
왜 너는 그렇게나 우리에게 탓을 씌우는가?(crimini: 이해 여격).
Cur mala adsunt? 도대체 악은 왜 존재하는 것일까?
Cur non adnuntiavistis antea nobis?.
당신들은 왜 우리한테 먼저 알리지 않았소?
Cur non aperuistis portas domino?.
왜 너희는 주인한테 문을 열어드리지 않았느냐?
Cur non vultis mecum dicere?.
왜 너희들은 나랑 말하기를 싫어하는가?
Cur facile utebaris hasta?.
어째서 너는 걸핏하면 무기를 쓰곤 했느냐?
cur potius sit quam non sit.
왜 그것이 없지 않고 존재하는가.
Cur quæris nomen meum, quod est mirabile?(성경 판관 13, 18)
내 이름은 무엇 때문에 물어보느냐? 그것은 신비한 것이다.
Cur, si quid est animum, differs curandi tempus?.
어디가 병약하다면 어째서 치료시기를 늦추는가?(Horatius).
Cur sic opinétur, ratiónem súbjicit.
그는 왜 그렇게 생각하는지 이유(까닭)를 댄다.
Cur silvam cæditis? Grata erat umbra arborum animalibus avibusque. (너희는) 왜 숲을 베느냐?
나무들의 그늘이 짐승들과 새들한테 고마웠는데.
cura, -æ, f. **조심**, 주의, 신중,
노력([영] Commitment), 수고, 손질함, 가꿈, **정성**,
관심(관심사), **배려**, 염려, 마음 씀, 참견, 호기심, **보살핌**,
돌봄, **보호**(保護.[영] Defense), 건사함, 시중, **간호**,
치료, 행정, 관리, 경영, 처리, 조처,
지휘, 감독, 직무, 직책, 종사, 일, (정성들인) 저서,
관리, 보좌[Curator 보좌인('Absentia, Impubes, Tutela' 참조], 돌보는 사람, 관리자, 걱정거리, **걱정**, **근심**, 시름,
애태움, 마음 졸임, 노심초사(勞心焦思),
사랑에 초조한 마음, 사랑, (여자) 애인.
[공법에서 '쿠라cura'란 행정의 다양한 분과에서 관리의 직무를 포함한다. 그러나 사법에서 'cura'는 신체적·정신적 결함, 금치산선고 받은 낭비자, 미성년, 부재 등으로 자신의 사무를 관리하지 못하는 자의 사무를 보좌하는 것을 의미한다. 이미 「12표법」에 정신이상자와 금치산선고interdictio를 받은 낭비자의 보좌가 규율된다. 자권자sui iuris에 대한 보좌는 예외로 취급되어 보좌인의 권한은 후견인의 권한과 달리 제한적이었다. 정신이상자의 경우에는 그의 보호와 재산의 관리만이, 낭비자의 경우에는 상속받은 재산의 관리만이 문제되었다. 이처럼 보좌인의 권한이 제한된다는 점에서 보좌는 후견tutela과 다르다. 하지만 이 차이는 점진적으로 소멸한다. 고전후시대와 유스티니아누스의 법에서는 본래 후견tutela을 다루는 법문에 보좌cura를 삽입하여 두 제도를 거의 통일하였으나, 미성숙자의 후견인tutor impuberis과 미성년자의 보좌인curator minoris은 여전히 구별한다. 보좌cura 업무를 담당하는 자는 공사법을 불문하고 '쿠라토레스curatores'로 불렸다. 아래에서 사법상의 보좌인은 'curator' 항에서, 공법상의 관리관은 'curatores' 항에서 다룬다. 한동일 지음, 로마법의 법률 격언 모음집에서(출간예정)].
alci eximo curas. 누구의 걱정거리를 없애주다/
anxiæ curæ 괴로운 걱정/
Apostolicæ Curæ, 사도직의 관심사(1896년 레오 13세 회칙)/
Captivorum cura.([영] Care for prisoners)
수감자들을 위한 배려(2007.2.22. "Sacramentum Caritatis" 중에서)/
Christifideles laici in pastorali cura Episcopi.
평신도와 주교의 사목 활동/
Curæ leves loquuntur, ingentes stupent.(Seneca).
경미한 번뇌는 말을 하지만 거창한 번뇌는 말이 막힌다/
Curis liberatus, domum venit.
그는 근심에서 벗어나 집으로 돌아왔다/
curis vacuus. 걱정거리에서 벗어난/
De cura gerenda pro mortuis. 죽은 이를 위한 배려.
(424년 히포의 아우구스티노 지음)/
edáces curæ. 쑤시는 듯한 근심/
ējicio curam ex ánimo. 마음에서 걱정을 몰아내다/
emoveo curas. 근심을 몰아내다/
Mihi magnæ curæ semper fuit utilitas tua.

네 유익이 내게는 늘 커다란 관심꺼리였다.(curæ: 이해 역격)/
Officium curatoris in administratione negotiorum
constat. 보좌인의 임무는 사무관리로 이루어진다/
Omnes curas in rei públicæ salúte defigo.
나라의 안녕에 온갖 배려를 기울이다/
Paucis carmina curæ sunt. 소수에게만 시가가 관심을 끌었다.
cura animarum. 사목(⑨ care of souls/pastoral care),
구령사업, 영혼의 돌봄(=사목)(사목과 사목직은 유효하게
서품된 사제만이 수행할 수 있다. 교회법 제150조.900조.965조.1003조).
cura animarum castrensis. 군목(軍牧)
cura animarum ruralis(⑨ Rural pastoral) 농촌 사목
cura capivorum. 포로 사목, 교도소 사목
Cura comere capillum fuit.
마음 쓰는 일은 머리 빗는 일이었다.
Cura erit infixa ánimo.
걱정이 그의 마음에서 떠나지 않으리라.
Cura et custodia infirmaorum.
의료구호, 간호(의료.병자) 사목.
Cura et metu relevári. 걱정과 공포에서 벗어나다
Cura ex corde excéssit. 걱정거리가 마음에서 없어졌다
Cura (fac) **váleas.** 부디 잘 있어라.(명령법으로 쓴 cura, fac의
객어문에도 ut를 빼고 그냥 접속법만 쓰는 때가 많다. 그것은 엄중한 명령
또는 친밀한 사이의 명령을 표시하기 위하여 쓰는 것이다).
Cura familiarum. 가정 사목 [벨기에의 사회학자 Valère Fallon
(1875～1955)이 가정 사목의 선구자로 다식구 가정 동맹을 1921년 결성해
죽을 때까지 봉사했다…. 백민관 신부 엮음, 백과사전 2, p.10].
cura infirmorum. 병자 사목, 간호 사목
cura infirmorum hospitii.
병원 사목(病院 司牧.⑨ hospita pastoral).
cura juvenum. 청소년 사목(⑨ Pastoral to Young Persons)
cura medicomissionaria. 의료 포교 사목
curâ metu relevári. 걱정과 공포에서 벗어나다.
cura pastorali pro agricola. 농민 사목(⑨ farmer pastoral)
Cura Pastorali pro Familia 가정 사목(⑨ family pastoral)
cura pastorali pro senex. 노인 사목(⑨ aged pastoral)
cura pastoralis. 사목(⑨ care of souls/pastoral care)
Cura pastoralis infirmorum.(⑨ Pastoral care of the sick
.獨 Krankenpastoral) 병자 사목.
Cura pastoralis pro operariis.
노동자 사목(司牧.⑨ pastolral for the labour).
Cura pauperum(⑨ Poor Relief). 빈자 사목, 극빈자 구호사업
cura pastoralis pro parochia.(⑨ parish pastoral)
본당 사목.
cura pastoralis socialis. 사회 사목(⑨ social pastoral).
cura personalis 개별적 관심
cura spiritualis feminarum(⑨ Women Pastoral)
부녀자 영성 사목, 여성 사목.
cura spiritualis operariorum(⑨ Mission to Workers)
노동 사목, 노동자 영성 사목.
Cura, ut excúser morbi causâ
건강상 이유이니 제발 사양하게 해다오.
Cura, ut valeas.
부디 잘 있어다오!, 부디 잘 있어라!(Ita valeas).
cura ventris. 모태보호(母胎保護)
cūrábĭlis, -e, adj. 치료될(고쳐질) 수 있는, 염려되는
cūrăgendárĭus, -i, m. 공무원(公務員, publicus, -i, m.)
curál(l)ĭum, -i, n. ((動)) (붉은) 산호(珊瑚)
Curam agens ad Negotia publicis litteris instructus.
대리공사(代理公使).
curam levo. 걱정을 덜어주다
curare, 원형 cūro(=cœro) -ávi, -átum, -áre, tr.
[명령법, 수동형 현재 단수 2인칭 curare, 복수 2인칭 curamini].
명령법, 능동형 현재 단수 2인칭 cura, 복수 2인칭 curate].
Aliena noli curare. 남의 일에 참견하지 마라.
curare cutem. 제 몸을 잘 돌보다
curat, 원형 cūro(=cœro) -ávi -átum -áre, tr.
[직설법 현재. 단수 1인칭 curo, 2인칭 curas, 3인칭 curat,
복수 1인칭 curamus, 2인칭 curatis, 3인칭 curat].
Succúrre cadénti, Súrgere qui cúrat, pópulo:

넘어져 일어나려 애쓰는 백성을 도와주소서.
cūrátéla, -æ, f. 돌봄, 보살핌, 후견, 관리
cūrátĭo, -ónis, f. 돌봄, 보살핌, 간수함, 주의 기울임,
보호(⑨ Defense), 관계함, 간호, 치료, 관리,
처리, 지휘, 감독, 직무, 직책, 후견인의 (돌봄) 책임.
Græcarum Affectionum Curatio. 그리스人들의 정서 치유,
이교인의 질병치유(테오도레투스가 지은 그리스도교 사상의 호교론서.
그는 이 책에서 열두 연설을 통해 철학의 근본적인 문제에 대한 이교와
그리스교의 대답을 비교하였다)/
Quid tibi hanc curátio est rem?
이 일에 네가 무슨 상관이냐?.
curatior, -or -us, adj. cūrátus, -a -um의 비교급
curatissimus, -a, -um, adj. cūrátus, -a, -um의 최상급
cūrátor(=cœrátor) -óris, m. 관리인(管理人), 보좌인,
감독(監督.ἐπισκοπος), (무슨) 직책 담당자,
돌보는 사람; 사육자, 양봉하는 사람, 재산 관리인,
법정 대리인, (미성년자.정신병자 따위의) 후견인.
Consilio et opera curatoris tueri debet non solum
patrimonium, sed et corpus ac salus furiosi.
보좌인의 결정과 활동은 재산뿐만이 아니라 신체와
정신이상자 ⁄Furiosus의 건강도 보살펴야 한다/
Manuale Curatorum. 사목 수첩/
Non potest curator esse sponsæ sponsus.
약혼남 ⁄Sponsalia은 약혼녀의 보좌인이 될 수 없다/
Permittitur debitori compellere adolescentem ad petendos
sibi curatores. 청소년이 보좌인을 구하도록
강제하는 것이 채무자에게 허락된다.
curátor annónæ. 양곡 관리자(管理者, sitona, -æ, m.)
curátor bonorum. 재산 관리자(財産 管理者)
Curator et ad certam causam dari potest.
명백한 이유에 의해 보좌인이 제공될 수 있다.
curátor muris reficiendis. 성벽 보수 감독
Curator pupillo non datur, si tutor eius adfuerit.
만일 그의 후견인이 있을 것이라면, 보좌인은
피후견인Pupillus에게 제공되지 않는다.
Curator rei datur.
보좌인은 재산 문제에 제공된다. (후견인과의 차이를 드러냄).
Curator testamento neque a patre recte datur.
보좌인은 유언Testamentum에 의해 부친으로부터
바로 제공되지 않는다.
Curator testamento non datur: datus tamen
confirmatur decreto prætoris vel præsidis.
보좌인은 유언에 의해 제공되지 않는다. 보좌인은 법무관
이나 군대주둔지의 재결로 확정될 때 제공될 것이다.
cūrátórĭa, -æ, f. 관리인의 직책.직무(職務)
cūrátúra, -æ, f. 돌봄, 보살핌, 간호(看護)
cūrátus, -a, -um, p.p., a.p. 잘 돌본, 손질한,
소중하게 다룬, 정성들인, 관심 둔, 마음 쓴,
신중히 고려한; 조심스럽게 표명된.
cūrátus, -i, m. 사목자(⑨ curate.프 Curé)
(프랑스에서 Curé는 모든 사제를 부를 때 쓰는 말이고, 미국에서 curate는
보좌신부를 가리킨다. 백민관 신부 엮음, 백과사전 1, p.767).
curatus castrensis. 군종 사제(curatus militaris),
군종 성직자(clerus militaris)
curcúlĭo, -ónis, m. ((蟲)) 바구미
curcúlĭúncŭlus, -i, m. 보잘 것 없는 것,
(蟲) 작은 바구미(바구미과의 곤충을 통틀어 이르는 말. 강미).
curcúma, -æ, f. 말굴레,
재갈(소리를 내거나 말을 하지 못하도록 사람의 입에 물리는 물건).
cúrĭa, -æ, f. 구區, 꾸리아(쿠리아.'Universitas' 참조),
고대 로마의 원로원, 지방도시 의회.의사당,
(귀족이나 특수층의) 회의, 집회, 집회소(集會所),
재판소(裁判所), 법정(法廷.⑨ Court).
[로마병상 'curia'는 대체로 속지원칙에 따라 로마 시민들을 구분한 초기의 시민
단위이다. 본래 각 부족(tribus) 내에 10개씩 30개의 구가 있었다. 초기에는 귀족
만이 구 조직에 속했던 것 같다. 시간이 흐르면서 평민들도 허용되었다. 구의
정치적 성격은 각 구가 하나의 투표권을 가졌던 국민회民會(comitia curiata)
에서 엿볼 수 있다. 구의 목적은 군사적이기도 했는데, 각 구는 100명의 보병과
10명의 기병을 제공해야 했다. 토지가 공용을 위하여 구에 할당되었다. 각 구의
지도자는 구장區長(curio)이며, 모든 구들을 감독하는 왕과 동일했던
대구장大區長(curio maximus)이었다. 구사제區司祭(flamen curialis)는 구 구성원
들의 공동예배 등 종교적 임무를 담당하였다. 제정 후기의 'curia'에 관해서는

지방자치시의 의회인 '오르도 데쿠리오눔Ordo decurionum'에서 다룬다. '오르도 데쿠리오눔Ordo decurionum'은 지방시 행정의 중심이었고, 모든 행정상의 문제와 일직한 사범상의 문제들과 대한 지방시 정무관들의 결정에 대한 상급심 기능을 하였다. 오르도ordo의 의결은 간결한 다수결로 통과되었고, 더욱 중요한 문제들에 있어서는 2/3이나 3/4로 통과되었다. 위원회의 구성원은 지방시의 최고위 정무관Magistratus municipales에 의해 임명되었다. 일부 지방시municipia 지방시에서는 그 시(市)의 시민들에 의해 선출되거나 의회 자체에서 선출되었다Adlectio. 새로운 구성원은 의회에 '명예로운 금전Honorarium'이라는 의미의 가입비summa honorarii를 지급했다. '오르도 데쿠리오눔Ordo decurionum'의 의원자격은 명예직으로 간주되었고 '지방시의회의 의원decuriones'의 가족들은 지방귀족을 구성했다. 이후 3세기 중엽부터 '데쿠리오네스decuriones'의 지위는 빠르게 몰락하였다. 이는 재정문제와 조세에서 지방시 행정에 대한 황제의 간섭 결과였다. 과중한 재정 부담이 '데쿠리오네스decuriones'에 부과되었고, 제국 후기에 이전의 지방귀족들은 지방 시민의 가장 귀중한 조직이 되었다. curia에 속한 자격은 상속의 대상이 되었다. 이는 쿠리알레스curiales 이후 지금까지 칭해진 охот, 데쿠리오눔decurionum의 유래이다. 얼마 안 되는 개인적인 특권, 가령 속주 총독의 형집 또는 형사사건에서 가장 심각한 형벌의 면제나 고문 면제와 같은 것은 그들의 재정적, 개인적 부담에 비해 너무나 약소한 것이었다. 그들은 '무니치피움municipium', 즉 자치시의 시민들에게 부과된 세금의 총량에 대한 책임이 있었다. '쿠리알레스curiales'와 그들의 의무, 관련법을 위반한 경우와 부과된 의무를 피하기 위한 시도의 경우 부과되는 형벌에 관한 상당 부분 입법들이'테오도시우스 법전」과'유스티니아누스의 법전」에 규정되어 있다. 유스티니아누스 황제 치하에 curia는 일종의 교도소가 되었다. 그 이유는 curia에 대한 양도는 처벌되었기 때문이다. 쿠리아curia란 용어는 오늘 가톨릭교회에 수용되어 '교구청'을 '쿠리아 디오체사나Curia diocesna', '교황청'을 '쿠리아 로마나Curia Romana'라고 부르게 되었다. 한동일 지음, 로마법의 법률 격언 모음집에서(출간예정)].

Cum Cæcar interficitur intra curiam senatus,
Brutus Ciceronem nominatim exclamat.
  카이사르가 원로원 회의장에서 피살당할 때,
  브루투스는 키케로의 이름을 지명하여 외쳤다/
In qualibet Curia constituatur cancellárius.
  교구청마다 사무처장이 선임되어야 한다/
Quidquid non agnoscit glossa, non agnoscit Curia.
  주해서가 인정하지 않으면 로마 성청을 인정하지 않는다/
Ubi Papa, ibi Curia. 교황이 있는 곳에 교황청이 있다.
Curia atque Consilia Diœcesana. 교구청과 교구 평의회
curia diœcesana. (가) 교구청(영) diocesan curia.
curia patriarchalis. 총대교구청(동방교회)
Curia Romána* 교황청(教皇廳.영) Roman Curia.
  10개 성성, 3실의 재판소, 3개소의 교황 사무국 여러 교황 위원회로 구성됨)
Curiæ Diœcesanæ ordinátio et Consilii pastoralis institutio. 교구청과 사목평의 기구.
Curiæ romanæ. 로타 로마나 규범(1982.1.16. 지시)
cūriális, -is, m. 같은 cúria에 속하는 사람, 시의회 의원
cūriálitas, -átis, f. 의원직(議員職)
cūriátim, adv. cúría를 통하여(경유하여)
cūriátus, -a, -um, adj. cúría의, cúría에 관한.
  curiata. 시민구 회의/centuriata. 백인위 회의/
  comítia curiáta. 고대 Roma의 귀족원(초기의 의회)/
  lex curiáta. 귀족원의 의결을 거친 법률.
cúrío¹, -ónis, m. cúrío의 제관(Roma에 30개 정치관구 소속 제관
  30개가 있었음. 60명의라고도 함), 전령사, 전령관, 포고자.
cúrío², -ónis, m., adj. 깡마른, 야윈
curiosior, -or, -us, adj. curiósus, -a, -um의 비교급
curiosissimus, -a, -um, adj. curiósus, -a, -um의 최상급
curiósitas, -átis, f. 꼬치꼬치 따지고 듦, 지식욕; 호기심.
  Iam quam late patet curiositas?
  호기심은 도대체 어디까지 퍼져 있는 것입니까?
curiósitas aut inanis iactantía. 호기심과 허황한 자만
curiósus, -a -um, adj. 세심한 주의를 기울이는,
  조심성 있는; 열성적인, 파고드는; 면밀한,
  호기심 많은, 지나친 관심을 가진, 참견하는, 걱정하는.
  m. 정탐부(偵探者).
  De evitatione curiosæ inquisitionis super alterius vita.
  남의 생활을 부질없이 살피는 것을 피함에 대해서.
curis, -is(-ĭtis), f. 창(槍)
Curnam vita bonum est? 왜 생명은 선한 것입니까?.
  vita semper bonum est. 생명은 언제나 선한 것입니다.
cūro(=cœro) -ávi, -átum, -are, tr. 돌보다, 손질하다.
  가꾸다, 매만지다, (머리) 빗다, 무슨 따위를 부시다/
  준비하다, **마련하다**(דמ), (무슨) 채비를 하다,
  (음식.요리 따위를) 만들다,
  (음식.휴식 따위로) 기운을 회복하다.힘을 기르다,
  마음 쓰다, 염려하다, 걱정하다, 조심하다, 배려하다,
  관심 갖다, 참견하다, …하도록(하기로) 하다,

…하게 하다, **조치하다,** 주선하다, 처리하다, 관리하다,
경영하다, 지휘하다, 다스리다, 수행(이행)하다,
(책임.의무 따위를) 다하다, 종사하다, 지켜 나가다,
치료하다, 병 고쳐 주다, **간호하다,** 보살피다.
돈을 치르다, 지불(支拂-값을 치름)하다.
  Aliud cura. 다른 걱정이나 해라/
  Cura, ut valeas. 부디 잘 있거라/
  curáre cutem. 제 몸을 잘 돌보다/
  De minimis non curat lex.
  사소한 일에 대해서는 법률이 관여하지 않는다/
  Ego veniam et curabo eum. 내가 가서 그를 고쳐 주마/
  mediócriter alqd scire curo. 어지간히 알아두도록 하다/
  nec curare deum credis mortalia quemquam.
  어느 신명도 인간사 따위는 돌보지 않는다고 믿는가 보지.
  (성 염 지음, 사랑만이 진리를 깨닫게 한다. p.419)/
  Fac ne quid aliud cures. 딴 청 부리지 말아라!
  [aliud curare: 딴 일을 하다. 성 염 지음. 고전 라틴어, p.363]/
  Nec habeo, nec careo, nec curo.
  나는 가진 것도 없고 필요한 것도 없고 걱정할 것도 없소/
  Num ego curo tuam? 내가 네 일을 걱정할까 보냐?/
  potem faciéndum curo. 다리를 놓게 하다/
  Si di curent, bene bonis sit, male malis,
  quod nunc abest. 만일 신들이 인간사를 보살핀다면
  선인들에게는 잘 되고, 악인들에게는 잘못 되어야
  할 것이다. 그런데 지금은 그게 없다구.. [quod: 설명 quod. 앞의
  문장 전부(신들이 인간사를 보살핌)을 선행사로 받는다. 고전 라틴어, p.351].
  Suam quisque rem familiarem curet.
  각자가 자기 집안일을 보살피도록 하라.
curo alqm. 누구에게 마음 쓰다, 바라지하다, 잘 대접하다
Curo dignosco rectum. 곧은 것을 굽은 것과 구별하다.
currax, -ácis, adj. 빨리 달리는
currentem incito(속담) 주마가편(走馬加鞭)
currículum(-us) -i, n.(m.) 달림, 뜀(뜀박질), 달리기,
  경주, 주로(走路), **경주장,** (해.달)의 회전, 순환,
  역정(歷程, cursus vitæ), 이력(履歷), 경력,
  경과된 기간, 경기용 마차(競技用 馬車), 수레, 교육과정.
  currículo. 빨리 뛰어서/**fácere curriculum.** 경주하다.
curriculum studiorum. 학교 교육과정
curriculum vitæ. 이력서(履歷書)
currílis, -e, adj. 수레의, 차의. equus currilis. 수레 끄는 말
Cúrritur. (누군가가) 뛰어가고 있다
curro, cŭcúrri, cursum, -ĕre, intr. 뛰다, 달리다(דמ),
  질주하다, 달음박질하다, 빨리 움직이다.
  (시간이) 빨리 지나가다, 빨리 흐르다, 휙휙 돌아가다,
  급하게 가다(넘어가다), 바삐 하다, 서두르다(דמ),
  줄.선(線).열(列)이 뻗어 나가다.
  Ibi est finis: propter hoc currimus; ad ipsam currimus;
  cum venerimus ad eam requiescemus. 바로 거기에 끝이
  있습니다. 우리는 그 끝을 위해서 달리고 있고, 그 끝을
  향하여 달리고 있습니다. 그 끝에 다다를 때 우리는 비로
  소 편히 쉬게 될 것입니다.(최익철 신부 옮김. 요한 서간 강해. p.441)/
  stádium curro. 경기장을 뛰다/
  Curramus ergo, fratres mei, curramus,
  et diligamus Christum. 그러므로 나의 형제 여러분,
  달리고 또 달립시다. 그리고 그리스도를 사랑합시다/
  Currimus enim, et ad patriam currimus. 지금 우리는
  달려가고 있습니다. 본향을 향해 달리고 있습니다.
  (최익철 신부 옮김. 요한 서간 강해. p.73)/
  Quæ est via per quam currimus? Christus dixit:
  Ego sum via. 우리가 달려가야 할 길은 무엇입니까?.
  그리스도께서 말씀하셨습니다. 나는 길이다.
currúlis, -e, adj. 수레의, 마차의
currus, -us, m. 차(車), 수레, 마차(馬車), 경주 마차,
  전차(전투 마차), 개선 마차, 개선(凱旋), 말(馬),
  (바퀴 달린) 쟁기, 배(船), 선박(船舶).
  curru delabor. 마차에서 떨어지다/
  Detraxérunt amícum de curru.
  그들은 친구를 차에서 끌어내렸다.
currus automobilis. 자동차(自動車)

currus decemjugis. 10두 마차

cursátĭo, -ónis, f. 분주히 왔다 갔다 함, 왕래(往來)

Cursillo 꾸르실료("작은 여정"을 뜻하는 스페인어)

cursim, adv. 달음박질하여, 급히, 재빨리

cúrsĭo, -ónis, f. 달림(뜀), 뜀(뜀박질)

cursĭtátĭo, -ónis, f. 뛰어 돌아다님

cúrsĭto, -ávi, -átum, -áre, freq., intr. (curso)
  huc illuc cursito. 여기저기 뛰어다니다.

curso, -ávi, -átum, -áre, freq., intr. (curro)
  여기저기 뛰어다니다, 뛰어 돌아다니다.
  ultro et citro cursáre. 이쪽저쪽으로 뛰다.

cursor, -óris, m. 달음박질하는 사람, 경주자(競走者),
  경기 마차 경주자, 편지 배달부; 급한 심부름 가는 사람,
  (주인의 4륜 마차 앞에서 뛰는) 길잡이 노예(奴隷).
  cursores Apostolici. 사도직 종자(從者).

cursor biblicus. 성서에 대한 빠른 강독자.
  ("bachalaureus biblicus"라고도 함).

cursor mundi. 세계의 질주자(13세기 경 영국의 시. 작가미상)

cursórĭa, -æ, f. 쾌속정 공무 연락선, 경주용 운동화

cursórĭum, -i, n. 관용 역마차

cursórĭus, -a, -um, adj. = cursuális, -e, adj.
  경주의, 달리는, 뛰는, 주행의, 궤도의, 진로의.

cursu pedum præverto ventos.
  바람보다 더 빨리 달려가다.

cursuális, -e, adj. = cursórĭus, -a, -um, adj.

cursum, "curro"의 목적분사(sup.=supínum)

Cursum vitæ conficio. 생애(生涯)를 마치다.

cursúra, -æ, f. 뜀(뜀박질), 달림(뜀), 달음박질, 도망.

cursus, -us, m. 뜀, (다리를 놀려 또 말.차.배 따위를
  타고) 달림, 여행, 항행(航行); 천체의 운행, 진로, 궤도,
  길, 방향, 차로, 행로, 경로, 여정, 배, 선박, 역마(驛馬);
  쾌속정, 진도(시간 따위의) 경과(經過-시간이 지나감), 진행,
  추이, 순서, 과정, (말의) 유창(流暢),
  문장의 운율(운문의 말마디에 강약의 조화를 맞추는 법), 종지 운율.
  amens in álium cursum defléxi. 물길을 바꾼 강들/
  transeo cursum cursu. 뛰어서 말을 앞지르다/
  vehementíssimo cursu. 질주하는 차로(車路).

Cursus Complutensis. 콤플루뚬 강의록

Cursus equum Romæ extra muros erat celeber in toto
mundo. 성 밖의 로마 경마장(cursus equum)은 전 세계에
  유명하였다(복수속격 equorum 혹은 equum)[성염 지음. 고전 라틴어, p.160].

cursus honorum. 관직 취임 순서

cursus introductorius. 입문 과정(入門過程)

Cursus officii. 성무일도서 시과경(時果經)의 시편 배치

Cursus philosophiæ. 철학 교재.
  (소르본 대학의 C. Frassen 1620~1711 지음).

cursus philosophicus. 철학 과정

cursus philosophicus Thomisticus.
  토마스 철학강요(哲學綱要)-도미니꼬회 요한네스 지음.

cursus planus. 평조(平調)

cursus rerum. 사물들의 과정

Cursus Salamanticensis. 살라망카 강의록

cursus studiorum. 교과과정

cursus theologicus. 신학 과정, 신학 강의, 신학강좌

Cursus theologiæ moralis. 윤리신학 교과서.
  윤리신학의 교과 과정(1677~1724년 사이에 6권으로 출간).

cursus tardus. 지조(遲調)

cursus velox. 속조(速調)

cursus vitæ. 인생역정(area, -æ, f.)

curtína(=cŏrtína) -æ, f. 가마솥, 큰 냄비, 물통,
  휘장(揮�), 장막(帳幕) 염색 가마; 그 속에 담긴 물건,
  세 발 솥; 세 발 달린 의자, 창공(蒼空-푸른 하늘), 둥근 하늘.

curtis, -is, f. 왕실(王室), 궁정(궁궐 안의 마당), 성(城)

curtisánus, -a, -um, adj. 궁정에 속하는

curto, -ávi, -átum, -áre, tr. 줄이다, 짧게 하다

curtus, -a, -um, adj. 짧은, 단축된, 자른(잘린), 줄인,
  깨진, 절단된, 거세된, 작은(⑰.μικρὸς.ὀλίγος),
  불충분한, 불완전한.

curúles, -ĭum, m., pl. (특별 의자에 앉을 수 있는
  consul, prætor, censor, ædilis 등) 고관, 최고급 관리.

curúlis, -e, adj. 수레의, 차의, 고관대작의, 집정관의,
  대관 의자에 앉을 자격 있는. crules ludi. 마차 경주.

curulis sella. 상아(象牙)의자, 최고급 관리만 앉는
  특별의자(특별 의자에 앉을 수 있는 consul, prætor, censor, ædilis 등).

curvábĭlis, -e, adj. 휠 수 있는, 구부릴 수 있는

curvámen, -mĭnis, n. 굽음, 굽이, 구부러진 부분,
  궁륭(穹窿), 만곡(彎曲), 곡선(曲線), 곡률(曲率).

curvátim, adv. 구부려, 휘어

curvátĭo, -ónis, f. 구부림, 휨, 만곡(彎曲), 만곡형(彎曲形)

curvátúra, -æ, f. 구부러진(휜)곳, 굽이, 궁륭(무지개같이
  높고 길게 굽은 형상. 아치arch), 만곡부, 곡률(曲率), 곡도(曲度).

curvátus, -a, -um, p.p., a.p. 굽은, 휜, 꾸부린.
  curvátis génibus bíbere. 두 무릎을 꾸부리고 마시다.

curvésco, -ĕre, intr. 구부러지다, 휘어지다, 곡선을 이루다

cúrvĭtas, -átis, f. 구부러진 곳, 휜 곳

curvo, -ávi, -átum, -áre, tr. (곡물으로) 구부리다, 휘다,
  만곡(彎曲)시키다, 활 모양으로 만들다,
  (뜻.마음을) 꺾다, 굽히게 하다.
  portus in arcum curvátus 활 모양으로 굽은 항구.

curvo dignosco rectum. 곧은 것을 굽은 것과 구별하다

curvum, -i, n. 비뚤어진 것, 굽은 것.
  Curvo dignoscere rectum. 선악(진위)을 구별하다.

curvus, -a, -um, adj. 굽은, 휘어진, 만곡(彎曲)한,
  꾸불꾸불한, 구불구불 굽이 진, 꼬부라진, 출렁거리는,
  (거센 바람으로) 높은 파도가 이는, 움푹 파인,
  비뚤어진, 정직하지 못한, 본궤도에서 벗어난, 빗나간.

cuspĭdátim, adv. 뾰족하게

cúspĭdo, -ávi, -átum, -áre, tr. 끝을 (끝을) 뾰족하게 하다

cuspis, -ĭdis, f. 날카로운(뾰족한) 끝, 송곳, (벌의) 살,
  창끝, 화살촉(aculeus sagittæ), 창, 투창, 삼지창, 화살.
  [clipeus, -i, m. 방패/ cuspis, -idis, f. 창 / galea, -æ, f. 투구 / hasta, -æ, f. 창/
  jaculum, -i, n. 투창 / lancea, -æ, f. 창 / lorica, -æ, f. 갑옷, 미늘 갑옷 / scutum, -i, n. 방패].

cussínus, -i, m. 방석, 요, 의식용(儀式用) 방석, 베개.

custode sepúlto. 경비병이 잠들어 있을 때

custodes circa portas missi. 성문들 주변으로 파견된 경비병

Custodes Hominum Psallimus Angelus. 수호천사 찬미가

custódĭa, -æ, f. 지킴, 보관, 간수(물건을 잘 거두어 둠보),
  수호(守護), 보호, 간호, 보살핌, 경계(警戒), 감시, 감독,
  경비(警備-지킴), 파수(把守.φυλακὴ-경계하여 지킴),
  지키는 사람, 감시원, 보초병, 경비병, 감시소,
  무덤 지키는 집, 감금, 구속, 감옥,
  감금된 사람, 수인(囚人), 성체 모시는 휴대용 갑(작은 그릇),
  성체 현시대(顯示臺), 프란치스코회 지역 관구.
  do alqm in custódiam. 감옥에 집어넣다/
  Fortitudinem meam ad te custodiam.
  당신을 위하여 내 힘을 간직 하나이다/
  Hæc a custodiis clássium loca vacábant.
  이 해역(海域)은 군함이 지키고 있지 않았다/
  líbera custodia. 연금(軟禁-정도가 가벼운 감금監禁)/
  Tradidit ergo illos custodiæ tribus diebus.
  (kai. e;qeto auvtou.j evn fulakh/| h`me,raj trei/j)
  (獨 Und er ließ sie zusammen in Gewahrsam legen drei
  Tage lang) (⑲ With that, he locked them up in the
  guardhouse for three days) (창세 42. 17)
  그리고 나서 그들을 사흘 동안 감옥에 가두었다(성경)/
  그리고서 사흘 동안 그들을 감옥에 가두어 두었다(공동번역).

custodia angelorum. 천사들의 보호

custodia sæva. 삼엄한 경비

custodia honesta. 명예적 구금(名譽的 拘禁)

custōdĭárĭum, -i, n. 감시소(監視所), 초소(哨所)

custōdĭárĭus, -i, m. 감시인(監視人), 보초(步哨)

custodiat. 원형 custódĭo, custodívi(-ĭi), custodítum, -íre.
  [접속법 현재. 단수 1인칭 custodiam, 2인칭 custodias, 3인칭 custodiat,
  복수 1인칭 custodiamus, 2인칭 custodiatis, 3인칭 custodiant].
  Corpus Christi custódiat me in vitam ætérnam.
  그리스도의 몸은 저를 지켜주시어 영원한 생명에 이르게 하소서/
  Sanguis Christi custódiat me in vitam ætérnam.

그리스도의 피는 저를 지켜주시어 영원한 생명에 이르게 하소서.
custódĭo, -ívi(-ĭi) -ítum -íre, tr. 준수하다,
지키다(נצר.רטנ.שׁמר), **수호**(보호)**하다**,
보존(보관)하다, 간직(간수)하다, 보살피다, 돌보다,
경비하다, 망보다, 경계하다, 감시하다,
지켜보다, 감독하다, 감금하다.
Corpus Domini nostri Jesu Christi custodiat animam meam in vitam æternam. Amen. 우리 주 예수 그리스도의 몸은 제 영혼을 영원한 생명에로 지켜주소서. 아멘/
Maximo periculo custoditur quod multis placet.
다수가 노리는 사물이라면 지켜내는데 커다란 위험이 수반된다(Publilius Syrus)/
Urbs a militibus custodĭtur.
도시가 군인들에 의해서 수비(守備)되고 있다.
custodite, 원형 custódĭo, -ívi(-ĭi) -ítum -íre,
[명령법. 현재 단수 2인칭 custodi, 복수 2인칭 custodite].
custodite, custoditius, custoditissime, adv.
신중히, 세심히, 조심스럽게, 주의하여.
custodite vos a simulacris!([영] be on your guard against idols) 우상을 조심하십시오(성경 1요한 5, 21).
custódítĭo, -ónis, f. 지킴, 준수(규칙이나 명령 따위를 그대로 좇아서 지킴)
custódítus, -a, -um, p.p., a.p. 잘 간직한, 신중한,
조심성 있게 다룬, 주의하는.
custos, -ódis, m., f. 지키는 사람, **수호자**, 보관인, 관리자,
책임자, 경비원, 경호원, 감시원, 보초병,
경비병, 파수병; 경비견(犬), (어린이의) 선생, 가정교사,
탐정꾼, 옥사장이, 간수(看守-교도관의 舊稱), 교도관(矯導官),
제의실지기, 참사회 성당의 주임 대행 사제,
프란치스코회의 부관구장, 성지 관구장.
ángelus custos. 수호천사(守護天使)/
Dum custodes dormiunt, hostes urbem aggressi sunt.
보초들이 잠든 동안에 적군이 도성을 공격하였다/
Impono custodem hortis. 공원의 경비원을 임명하다/
Nuntii evangelici custodes([영] Guardians of the Gospel message) 복음 메시지의 수호자들/
Quis custodiet ipsos custodes?.
감시자들을 누가 감시할 것인가?.
Custos providentissime divinæ Familiæ.
([영] the provident guardian of the divine Family)
천상 가정의 신중한 수호자.
custos virginitatis caritas, locus hujus custodis humilitas. 동정(童貞)의 파수꾼은 사랑입니다.
그러나 이 파수꾼이 기거하는 집은 겸손입니다.
cutánĕus, -a, -um, adj. 피부의, 피부를 침범하는
cute perditus. 쭈글쭈글한 병자(노인)
cutícŭla, -æ, f. 피부, (解.動) 표피,
(손톱 뿌리를 덮는) 엷은 피부, (식물의) 겉껍질.
cutículam curáre. 몸을 무던히도 아끼다.
cŭtis, -is, f. 피부(皮膚), 살갗, 가죽, 껍질, 외피(外皮),
겉껍질의 엷은 막(膜).
cute pérditus. 쭈글쭈글한(노인.병자)/
Ego te intus et in cute novi.
나는 너를 안팎으로 잘 알고 있다.
cutis conducta. 켕긴 피부
cutis uvæ. 포도 껍질
cutis vera. 진피(眞皮-안팎 두 겹으로 된 살가죽의 안쪽)
cutítis, -títĭdis, f. (醫) 피부염(皮膚炎)
cutítus, -a, -um, adj. 찰과상 입은; 능욕(凌辱) 당한
cýămus, -i, m. (植) 콩, 이집트 콩
Cýăne, -es, f. Syracúsœ 샘의 요정
Cyánĕe, es, f. Mœánder 하신의 딸, Caunus와 Byblis의 어머니
cyánĕus, -a, -um, adj. 하늘빛의, 짙푸른
cýănus, -i, m. (植) 남색(파랑과 보라의 중간색. 남빛. 쪽빛) 국화
cyăthísso, -ávi, -átum, -áre, intr.
술 따르다, 큰 잔에 술을 따라 대접하다.
cýăthus, -i, m. 술을 떠서 잔에 붓는 국자, 술잔,
용량 단위; sextárĭus의 6분의 1 = 약 45cc.
ad cýathum stare. 술 따르는 심부름하다.
cybǽus, -a, -um, adj. 넓은 선복(船腹)의, 화물선의.
f. 운송선(運送船), 화물선(貨物船).
Cybélus, -i, m. = Phrýgia의 산
cybĭárĭus, -i, m. 생선을 소금에 절이는 사람.
자반 장수(negotĭans salsárĭus).
cybiosáctes, -æ, m. 자반 만드는 사람, 자반 장수
cýbĭum, -i, n. (魚) 다랑어(고등어과의 바닷물고기. 몸길이 3m),
(생선 특히 다랑어 토막을 절인) 자반(물고기를 소금에 절인 반찬).
cycadácĕæ, -árum, f., pl. (植) 소철과
cycas, -ădis, f. (植) 소철(蘇鐵-소철과의 열대산 상록 관목)
cycas revolúta. (植) 소철(蘇鐵-소철과의 열대산 상록 관목)
cýclămen, -mĭnis, n. = **cyclămínos**, -i, f. ([영] cyclámen)
= **cyclămínum**, -i, n. (植) 시클라멘(앵초과의 다년초).
cyclas, -ădis, f. (여자용) 긴 옷, 긴 나들이 옷,
숙녀용 예복.야회복(夜會服).
cýclĭcus, -a, -um, adj. 주기(週期)의, 주기적인, 순환기의,
어떤 전설권(圈)의, 어떤 시기의 같은 소재를 다루는.
poétæ cýclici. Homérus에 이어 Troja 전쟁을 읊은 시인들.
cyclópĭa, -æ, f. 외눈박이 기형동물(畸形動物)
cyclostómăta, -órum, n., pl. (動) 원구류(圓口類)
cyclus, -i, m. 주기(週期), (일련의 현상이 완성되는) 순환기,
(계절.사건.운동 따위의) 반복, 한바퀴, 순환(循環).
cyclus festivus. 축일, 성절(聖節)의 순환절기
[교회의 축일표는 7요 순환절기를 따라 28년을 주기로 주일과 요일이 같은 달, 같은 날에 맞아떨어지는 체제를 채택한다. 7요일은 a, b, c, d, e, f, g의 주일 문자를 사용하여 매년 주일을 표시하는 문자가 정해진다. 예를 들어 1987년의 주일 문자는 d이며 1월4일 첫 주일이 d로 표시된다. "주일 문자" 참조.
백민관 신부 엮음, 백과사전 1, p.773].
cyclus lectĭonis. 독서주기([영] cycle of reading)
cyclus mysteriorum. 신비들의 주기(週期)
cyclus Paschalis. 부활 성절(復活聖節), 부활 절기
cycnéus, -a, -um, adj. 백조(白鳥)의
cycnus[1], -i, m. (鳥) 백조(白鳥), 시인(詩人)
Cycnus[2], -i, m. Apóllo 신(神)과 Hýrie 사이의 아들
cýdărum, -i, n. 화물선(貨物船)
cydíppĭda, -órum, n., pl. (動) 풍선수모류(風船水母類)
cygn··· V. **cycn**···
cylindrátus, -a, -um, adj. 원통형의, 원주형(圓柱形)의
cylíndrus, -i, m. 원통(圓筒), 원주(圓柱-'원기둥'의 옛 용어),
땅을 고르고 굳게 하는 롤러(돌로 만든 것이었음), 원주형 보석.
cyma,(=cuma) -æ, f. (-ătis, n.), (植) 취산화서(聚繖花序);
야채의 연한 줄기, 특히 꽃양배추의 머리 부분.
(建) 반곡선(反曲線) 쇠시리.
cymátĭlis, -e, adj. 푸른빛의, 바닷물 빛깔의
cymátĭum, -i, f. (建) 반곡선 쇠시리, 울룩불룩한 쇠시리.
cymba(=cumba) -æ, f. 쪽배, 종선(從船),
보트([영] boat), 작은 배, Charon²의 나룻배.
cýmbágo, -ávi, -átum, -áre, intr. 쪽배를 젓다
cymbălárĭa,(-ris) -æ(-is), f.
(植) 참바위솔; Venus의 배꼽(이란 이름의 풀).
cymbălĭcus, -a, -um, adj. 심벌즈의, 바라의
cymbălísso(**cymbălízo**), -ávi, -átum, -áre, intr.
심벌즈를 치다.울리다.
cymbălísta, -æ, m. 심벌즈 치는 사람
cymbălístrĭa, -æ, f. 심벌즈 치는 여자
cýmbălum, -i, n. (흔히 pl.) (그리스어 Kymbalon)
바라, 심벌즈(놋쇠나 청동으로 만든 타악기).
Cymbopogon citratus. 레몬 풀
cýmbĭum, -i, n. (쪽배처럼 생긴) 잔
cýmbula, -æ, f. 쪽배
cymínum = cumínum
cyna, -æ, f. ((植)) (Arábia인들이 옷을 해 입는) 면화나무
cynăcántha, -æ, f. (植) 찔레나무(장미과의 낙엽 관목)
cynanthrópĭa, -æ, f. 공견병(자기가 개라고 믿고 개 흉내를 내는 일종의 광증)
cynēgétĭcus, -a -um, adj. 사냥의, 수렵에 관한
cýnĭce, adv. 냉소적으로, 견유학파의 무리처럼, 비꼬아, 빈정대어
cynĭcísmus, -i, m. 견유주의(犬儒主義), 견유학파,
시니시즘, 비꼼, 냉소(冷笑), 냉소주의(冷笑主義).

cýnĭcus, -a, -um, adj. (본래는) 개의, 개 같은,
견유(犬儒) 학파의, 냉소적인, 세상을 비웃는, 비꼬는.
m. (Antísthénes를 시조로 하는) 견유학파의 사람.
De vanissima turpitudine Cynicorum. 견유학파의 허황
하기 이를 데 없는 추태(교부문헌 총서 17. 신국론. p.2794)/
Diógens libérius, ut cýnicus.
Diógenes는 견유학파로써 더 자유주의적이었다.
cynísmus, -i, m. 견유학파(犬儒學派), 비꼼,
냉소(하는 버릇), 빈정대는 말.
cynnus, -i, m. (V. cinnus) 합성, 혼인, 혼합 음료
cynocéphălus, -i, m. (動) 개머리를 가진 원숭이,
견두종족(犬頭種族)의 사람; 견두인신상(犬頭人身像).
cýnŏdon, -óntis, adj. 송곳니의
cynoglóssa, -æ, f. (植) 큰꽃마리
cynoglossos, -i, m. (植) 큰꽃마리
cynoglossum, -i, n. (植) 큰꽃마리
cynórrhŏda, -æ, f. (植) 찔레(sentis canis), 들장미
cynosdéxĭa, -æ, f. (動) 식충류(植虫類)
(말미잘.산호.해면처럼 식물 비슷한 형태의 종류).
Cynŏsúra, -æ, f. ((天))
(개꼬리라는 뜻으로) 소웅좌(小熊座, Ursa Minor),
작은곰자리
cynŏsúra ova, -órum, n., pl.
무정란(無精卵, irritum ovum/urinus ovum).
cyparíssus¹(=cupréssus), -i, f.
(植) 실편백 나무(황천의 신 Pluto에게 바쳐진 나무로서 애도의
표시로 사용되기도 함), 실편백 나무로 만든 작은 상자.
Cyparíssus², -i, m. 실편백 나무로 변한 소년
cyperácĕæ, -árum, f., pl. (植) 방동사니과(사초과)
cyphósis, -is, f. 돌기발생(突起發生)
cypírus, -i, f. 글라디올러스(植.gladíolus)
cypréssius, -a, -um, adj. 실백편 나무의
cypréssus, -i, f. (植) 실편백 나무
cypréus(=cupréus) -a, -um, adj.
구리의, 동의, 구리로 만든, 동제(銅製)의.
cypridología, -æ, f. 화류병학(花柳病學)
Cyprindidæ, -árum, f., pl. (魚) 잉어科
cyprínus, -a, -um, adj. 쥐똥나무의, 싸리버들의
Cyprinus carpio. (魚) 잉어(f. carpa -æ)
cypripébĭum, -i, n. (植) 개불알꽃
Cýprĭus¹, -a, -um, adj. Cyprus섬의
Cýprĭus² vicus, -i, m. Roma의 거리(동네) 이름
cyprum¹(=cuprum), -i, n. 구리(æs, æris, n.), 동(銅)
cyprum², -i, f. 좋은 것(=bonum)
cyprus, -i, f. (植) 수랍나무, 쥐똥나무, 싸리 버들
cýpsĕla¹, -æ, f. (植) 하위수과(下位瘦果),
국과, 소립과(小粒果).
Cýpsĕla², -órum, n., pl. Thrácia의 도시
cypséllus, -i, m. (鳥) 제비류(類)
Cýpsĕlus, -i, m. Corínthus의 전제 군주
Cyrenaici. 키레네派(派.⑨ Cyrenaics).
[기원전 4, 3세기 쾌락주의적으로 살던 키레네 출신 사상가들을 가리키는 말로
쾌락이 최고선(善, summum bonum)이라고 주장함. 키레네의 쾌락주의는 그리스
사회에서는 단명으로 끝났지만 기원전 3세기 말 Epicurus가 쾌락주의를 주장
하는데 영향을 주었다고 생각된다. 백민관 신부 엮음. 백과사전 1, p.775].
Cystálgĭa, -æ, f. (醫) 방광통
cystétăsis, -is, f. (醫) 방광확장
cýstĭcus, -a, -um, adj. (解) 담낭의.
artéria cysticus. 담낭 동맥(動脈).
cýstitis, -tĭdis, f. (醫) 방광염(膀胱炎.⑨ cystitis)
cystoflagelláta, -órum,
n., pl. (動) 포상 편모충류(胞狀 鞭毛虫類).
cýtĭsus(=cýtĭsum), -i, f., m.(n.) ((植)) 개자리
cytokinesis, -is, f. (生) 유사핵 분열(有糸核 分列),
감수 분열(減數 分裂), 수정 중의 세포원형질 분열.
cytología, -æ, f. (生) 세포학(細胞學.⑨ cytology)
cytólysis, -is, f. 세포용해
cytoplásma, -ătis, n. (生) 세포 원형질(細胞 原形質)

D D D

D, d¹, n., indecl. 라틴 자모의 4번째 글자, 데(dē)
D, d², (略) 1. D. = Décimus. 2. D. = Deus, Divus; Dóminus;
  D.O.M. = Deo Óptimo Máximo. 3. (편지.문서에서)
  D. = Dabam, Datum; **d.**=dies. **D.a.d.** VI kaléndas
  Decémbres(=Dabam ante diem sextum···) 11월 26일 보냄.
  4. **D.S.P.** = se suā pecúniā. 자비로, 자기 돈에서.
da, 원형 dŏ, dĕdi, dátum, dāre, tr.
  [명령법. 단수 2인칭 da, 복수 2인칭 date].
Da amantem, et sentit quod dico. 사랑하고 있는 사람을
  데려와 보라. 그는 내가 하는 말을 알아들으리라.
Da locum melioribus.(Terentius).
  더 훌륭한 사람들에게 자리를 내어 주라!.
Da mihi animas, cetera tolle.
  나에게 영혼만을 다오. 그 외에는 다 가져가라.
Da mihi factum, dabo tibi jus. 너는 나에게 사실을
  말하라, 그러면 나는 너에게 권리를 주리라.
Da nobis regem, ut iudicet nos.(성경 1사무 8. 6).
  우리를 통치할 임금을 정해 주십시오.
Da per Matrem me venire.(미국의 풀톤 쉰 대주교 주교 문장).
  어머니를 통하여 주님께로 나아가게 하소서.
Da qualche tempo, 임의의 전례 주도(1966.12.29. 선언).
Da quod jubes, et jube quod vis!.
  명하시는 것을 주시고, 원하시는 것을 명하소서.
Da róbur, fer auxílium. 힘을 주시고, 도와주소서.
Dǽæ = **Dáhæ**
Dabit virtutem, qui contulit dignitatem!
  (@ The one who confers the dignity will give the strength!)
  품위를 부여하신 분이 힘도 주실 것이다.
Dabitur vobis. 너희에게 주시리라
dabo vobis. 너희에게 주리라
dácrīma(=**lácrīma**) -æ, f. 눈물
dáctĭlus = **dáctylus**
dactylícus, -a, -um, adj. (詩) 장단단격의, 양억억격의
dactylĭothéca, -æ, f. 반지 넣는 작은 상자, 보석 수집
dáctylis glomeráta, -ĭdis -æ, f. (植) 오처드그라스,
  (植) 오리새(볏과의 다년초. @ orchard grass).
dactylográphĭcus, -a, -um, adj. 타자기(打字機)의
dactylŏgráphus, -i, m. 타자수(타이피스트), 타자기
dactylŏlógia, -æ, f. 수화법(手話法), 지화법, 지화술
dáctylus, -i, m. 야자나무 열매.
  (詩) 장단단격, 양억억격의 운율. (動.美) 손가락, 발가락.
Dadaísmus, -i, m. (藝) 다다이즘
dædálícus, -a, -um, adj. 재간 있는, (솜씨가) 교묘한,
  기교(技巧) 있는, 정교(精巧)한, 예술적으로 된.
dǽdálus, -a, -um, adj. 재간 있는 (솜씨가) 교묘한,
  기교 있는, 정교한, 예술적(藝術的)으로 만들어진.
Dǽdálus, -i, m. 전설적인 건축가, Creta섬 미궁을 만듦
Dædalus ausus est cælo volare pennis præpetibus.
  다이달루스는 날개의 깃털로 감히 하늘을 날려고 했다.
  [반탈형동사 문장. Dædalus: 아테네의 전설적인 명장. 아들 이카루스와 함께
  새 날개로 공중을 날아올랐으나 태양 가까이에 날개를 붙인 밀초가 녹아 추락
  하여 사망했다고 함. 성 염 지음. 고전 라틴어, p.278].
dæmon, -ŏnis, m. (고대 희랍의) 수호자, 악령(惡靈)
  악마(惡魔), 마귀(@ Demon), 귀신(αμòνιον),
  정령(anima æria. 교부문헌 총서 15. 신국론. p.778).
**Ad eumdem modum Dominus voluerit dæmonibus
innotescere.** 정령들을 오만하게 하는 지식.(신국론. p.2774)/
**An credendum sit quod dii boni libentius dæmonibus
quam hominibus misceantur.** 선한 신들이 사람들보다는
  정령들과 통교한다고 믿어야 하는가.(신국론. p.2770)/
**An ignis gehennæ, si corporalis est, possit malignos
spiritus, id est dæmones incorporeos, tactu suo
adurere.** 지옥의 불이 물질적이라면 악령, 곧 비물질적
  귀신들을 태울 수 있을까(교부문헌 총서 17. 신국론. p.2824)/
anima dæmoniorm turbæ prostitueretur.
  정령의 패거리에 몸 파는 일(교부문헌 총서 15. 신국론. p.442)/

De divinatione dæmonum. 악마의 점술.
  (406년 히포의 아우구스티노 지음)/
**De hydromantia, per quam Numa, visis quibusdam
dæmonum imaginibus, ludificabatur.** 물에 비친 몇몇
  정령의 모습을 보고 누마가 속아서 만든 수점(신국론. p.2766)/
**De opinione Platonicorum, qua putant animas hominum
dæmones esse post corpora** 인간 영혼이 신체를 벗어나면
  정령(精靈)이 된다는 플라톤 학파의 견해.(신국론. p.2772)/
De qualitate scientiæ, quæ dæmones superbos facit.
  정령들을 오만하게 하는 지식(교부문헌 총서 17. 신국론. p.2774)/
**De ternis contrariis, quibus secundum Platonicos
dæmonum hominumque natura distinguitur.** 플라톤 학파
  가 정령(精靈)과 인간의 본성을 구별하는 세 가지 대립점.
  (교부문헌 총서 17. 신국론. p.2772)/
Ergo angeli dæmones possunt facere miracula.
  천사들과 마귀들은 기적을 일으킬 수 있다/
Ergo dæmones vera miracula facere non possunt.
  마귀들은 참된 기적들을 행할 수 없다/
inventus dæmónis. 악마의 발명품(發明品),
maligni dæmones. 악령(=maligni spiritus)/
**Quia fides christiani cum dilectione est; dæmonis autem
sine dilectione.** 그리스도인의 믿음은 사랑과 더불어
  있지만, 마귀들의 믿음은 사랑 없이 있습니다.
  (최익철 신부 옮김. 요한 서간 강해. p.431)/
**Quid credendum sit de transformationibus, quæ arte
dæmonum hominibus videntur accidere.**
  정령들의 술수로 인간들에게 일어나는 듯한 변신을
  어떻게 믿어야 옳은가(교부문헌 총서 17. 신국론. p.2810)/
**Quid intersit inter scientiam sanctorum Angelorum
et scientiam dæmonum.** 거룩한 천사들의 지식과
  정령들의 지식의 차이(교부문헌 총서 17. 신국론. p.2774)/
societas dæmonum. 정령들과의 유대/
**societas non idolorum stolidorum, sed versutorum
sæmoniorum.** 우둔한 우상들과의 결속이 아니라
  간교한 정령들과의 결탁이다(우상숭배의 본질은 정령 혹은
  악마숭배라고 보는 정의이다. 교부문헌 총서 15. 신국론. p.894)/
**Utrum ordines sint in dæmonibus. Videtur quod ordines
non sint in dæmonibus.** 마귀들에게도 질서가 있는가.
  마귀들에게는 질서가 없는 것으로 생각된다.
Dæmon diurnus. 한 낮의 악마.(백민관 신부 엮음. 백과사전 1, p.821).
Dæmonem habes. 마귀 들렸다(교부문헌 총서 15. 신국론. p.972)
dæmones contaminati. 부정 탄 정령들
dæmones nos semper impugnant. 마귀들은 항상 우리를
  공격한다.(이상섭 옮김. 신학대전 14, p.477).
dæmŏníacus, -a, -um, adj. 악마의, 마귀 들린.
  obsessio dæmoníaca. 마귀 들림.
dæmŏnícŏla, -æ, m. (dæmon+cola) 악마 숭배자
dæmónĭcus, -a, -um, adj. 악마의
dæmŏnísmus, -i, m. 사탄주의(@ Satanism),
  악마주의(satanismus, -i, m.), 악마숭배
dæmónĭum, -i, n. 악마(@ Demon), 악령(惡靈),
  마귀(魔鬼.@ Demon), 마왕(魔王)
dæmónĭus, -a, -um, adj. 경탄할, 귀신같은
daimonízor, -átus sum, -ári, dep., intr.
  신들리다, 마귀가 들러붙다.
Dáhæ, -árum, m., pl. 카스피 해(海) 동방에 살던 Scýthia족
dăimon, -ónis, m. 능숙한 사람, 영리한 사람
dalívus, -i, m. 미련퉁이; 미치광이
dalmática, -æ, f. (@ Dalmatic.獨 Dalmatik)
  부제복(副祭服.f. tunicélla -æ),
  로마 시대의 자주 빛 선 두른 짧은 소매 흰 옷.
  (2세기경 로마 상류층의 겉옷. Dalmatian 개털로 짜서 만든 데서 Dalmatica란
  이름이 붙여졌다. 백민관 신부 엮음. 백과사전 1, p.785.
  차부제용 제의 'Tunicella'. 백민관 신부 엮음. 백과사전 3, p.34).
Dalmătĭcátus, -a, -um, adj. Dalmática를 입은
dăma¹ -æ, f. = m., f. damma, -æ,
dăma² -æ, f. = f. dómĭna, -æ, 부인(γυνὴ), 안주인
dămálĭo, -ónis, m. (動) 송아지
dămascénum, -i, n. (植) 자두(嘉慶子)
dămĭúrgus = **demiúrgus**

damma, -æ, f., m. (=**dāma**[1], -æ, f.)
(動) 영양(羚羊), (유럽産) 노란 사슴.

dámmŭla, -æ, f. 새끼 영양

damnábĭlis, -e, adj. 단죄할, 처벌될, 괘씸한, 저주받을

damnábĭlĭtas, -átis, f. 단죄(斷罪).(⑨ Condemnátĭon), 처벌(處罰).⑨ Condemnátĭon).

Damnare de vi. 폭력 죄로 판결하다(accusare, postulare,
damnare 등에 있어서는 죄명을 표시하는 속격 탈격 "de"로 표시할 수 있다. 더구나 폭력 죄에 대해서만은 "de"가 반드시 필요하다).

damnátĭcĭus(-tĭtĭus), -a, -um, adj.
단죄될, 처벌될, 단죄된, 처벌된.

damnátĭo, -ónis, f. 유죄 판결, 단죄(⑨ Condemnátĭon),
처벌(處罰).⑨ Condemnátĭon), 처형, 형선고,
심판(ᴛ.κρἰσις.⑨ Condemnátĭon/Judgment),
비난(非難), 혹평(酷評-가혹하게 비평함).
(神) 지옥의 영원한 벌, 영벌(⑨ eternal punishment).
De bonis, quibus etiam hanc vitam damnationi
obnoxiam Creator implevit. 단죄 받아 손상된 이 인생
이나마 창조주는 은총으로 가득 채워주셨다.(神국론. p.2830)/
massa damnationis tradita. 단죄에 넘겨진 집단(神국론. p.1635)/
pœna damnationis. 단죄의 벌(罰).

damnátĭo ad bestĭas. 맹수형(猛獸刑)
(로마 제국에서 가장 참혹한 사형 형태는 십자가형 Crucifixio, 화형 Cremátĭo, 맹수형 dammátĭo ad bestĭas이었다).

Damnatio memoriæ. 기억에 대한 단죄

damnátor, -óris, m. 단죄하는 사람

damnátórĭus, -a, -um, adj. 유죄 판결의; 단죄하는

damnátus, -a, -um, p.p., a, p. 유죄판결(서고) 받은,
단죄된, 배척받은. (神) 영벌(永罰)을 선고받은.
aves damnátæ in cibis. 요리에 쓰지 않는 새/
massa damnata. 단죄된 무리/
morti damnatus. 죽을 운명에 놓인/
Quamquam innocens erat, damnátus est.
그는 비록 무죄였지만 처형되었다.

damnĭfĭcátĭo, -ónis, f. 손상, 침해(侵害-침범하여 해를 끼침)

damnĭfĭco, -áre, tr. 손해 끼치다, 손상(침해)하다

damnĭfĭcus, -a, -um, adj. (damnum+fácĭo)
손해 끼치는, 침해하는, 유해한.

damno, -ávi, -átum, -áre, tr. **유죄판결을 내리다**,
단죄하다, **처벌(처형)하다**, **형을 선고하다**; 몰수하다,
이행하도록 의무 지우다, 명하다, 바치다, 지정하다,
배당(할당)하다, 운명 짓다, **비난하다**(רגנ.ירגנ),
나무라다(ירגנ.ירג), 경멸하다, 단죄하다,
배척하다, 거부(거절)하다, 버리다, …에 쓰지 않다.
aves damnátæ in cibis. 요리에 쓰지 않는 새/
Damnant quod non intelligunt. 알아듣지 못하면 비난 한다/
사람들은 알아듣지 못하면 욕을 한다/
damnáre in metallum. 광산 노동형에 처하다/
damnári quod c. subj. …라는 죄목으로 판결되다/
damnátus voti.
소원 성취한 후 그 서약한 것을 이행할 의무가 있는 자/
furti damnátus. 절도죄로 판결 받은/
morti damnátus. 죽을 운명에 놓인/
natura pœna damnati. 단죄 당한 인간의 본성.
(교부문헌 총서 10. p.59)/
Ne damnent, quæ non intélligunt.
자기들이 알아듣지 못하는 것을 나무라지 말아야 한다/
tértĭa parte agri damnái. 소유지의 3분의 1 몰수판결을 받다.

damno alqm cápitis. 사형에 처하다, 사형을 선고하다

damno alqm de vi. 폭력 죄로 단죄하다

damno alqm voti. (아무의 소원을 들어주는 대신)
그 서원(誓願)한 바의 이행을 명하다.

damnósus, -a, -um, adj. 손해 끼치는, 망치는, 해로운,
파멸을 가져오는, 손해 보는, 망가진, 상처 입은,
불행해진, 낭비하는, 헤픈, 사치스러운.
damnósa hæréditas. 이익이 되지 않는(귀찮은) 유산·상속.

damnum, -i, n. 손해(損害), 손실(損失), 벌금(罰金),
쇠퇴(衰退), 쇠미(衰微-쇠잔하고 미약함), 이울음(점점 약약해짐),
손해 본 것, 손실물(損失物), 손해(損害) 끼치는 자.

facio damnum. 손해보다, 잃다/
Lucrum auri vides, damnum fidei non vides. 그대는 황금
의 이익은 보면서도 믿음의 손실은 보지 못합니다.
(최익철 신부 옮김. 요한 서간 강해. p.140)/
múltiplex, quam pro número, damnum.
수(數)에 비해서 여러 갑절 되는 손해(quam² 참조).

damnum accípere, pati, contráhere. 손해 보다

damnum dare. 손해(損害) 끼치다

damnum emergens. 실질 손실, 나타난 손실

damnum fácere. 손해 보다, 잃다; 손해를 끼치다

damnum infectum. 예상되는 손해(損害)

Damnum sine injuria esse potest. 가해가 없는 손해가
있을 수 있다.(=범법을 않고도 손해를 끼칠 수 있다).

Dámŏcles, -is, m. Syracúsœœ의 군주 Dĭonýsĭus Minor의
간신; gládĭus Dámŏclis, Dámŏcles의 검(劍),
영광 속의 위협(왕의 부귀영화를 늘 찬양하여 아첨하던 Dámŏcles를
왕이 연회석상에서 왕좌에 앉히고 말총 한 오리로 천장에 매단 시퍼런 검을
그의 머리 위에 드리워서 그를 혼비백산케 하여 지배자의 신변에는 늘 위험이
따름을 일러 주었다는 일화에서 온).

Dæmōn, -ónis, m. Pythágoras 학파의 한사람,
Phíntĭas와의 우정으로 유명함, Athénœœ의 음악가.

Dănáĭdes, -um, f., pl. Dánăus의 50명 딸

Danaoi, -orum, m., pl. 희랍인들.
Timeo Danaos et dona ferentes.(Vergilius).
헬라인들을 (나는) 두려워하노라, 선물을 들고 올지라도.

Dánăus, -i, m. 이집트의 Belus 왕의 아들
(Ægýptus의 형제이며 이집트에서 희랍으로 건너가 Argos의 왕이 되었음).

Daniel. (히브리어) "하느님이 심판하셨다"의 뜻(축일 7월21일)

dănísta, -æ, m. 고리 대금업자

dănístĭcus, -a, -um, adj. 고리 대금의

dans, -ántis, m.(p. prœs.) 주는 사람, 증여자

Dans ces demiers temps, (1970.1.7. 선언)
성찬례(聖餐禮) 공동참여에 대한 가톨릭 교회의 입장.

Dantur causæ finales. 목적인이 존재한다.

dapátĭcus, -a, -um, adj. 장대한, 화려한

Dapes sacrificiales. 희생의 성찬(희생물을 바치는 제식에서 그
참여자들이 그 희생물을 공동으로 먹는 제식을 말한다. 미사는 영성체로써
희생의 성찬이 된다. 백민관 신부 엮음, 백과사전 1. p.790; 3, p.390).

daphne[1] -es, f. (植) 월계수(月桂樹)

Daphne[2] -es, f. Penéus강 하신(河神)의 딸(Apóllo 신의 사랑을
받았으나 싫어서 월계수로 변했음), Sýria의 Antĭochía 교외도시.

Daphnis, -is, m. Sicília의 젊고 아름다운 목동,
Mercúrĭus의 아들, 목가(牧歌)의 창시자, 요절하였음.
(Daphnis는 목신 헤르메스와 님프의 아들로 시칠리아가 아주 미모 수려한
목동이었다. 판신에게서 피리를 배워 읊었고 목가를 맨 처음 지은 것도 디프니스
라고 한다. 그런데 그에게 반한 님프 하나가 신들이며 여인들이 모두 다프니스를
사랑하는 데 일투하여 그의 눈을 찔러 멀게 만들었다. 결국 다프니스는
벼랑에서 떨어져 자살하고 만다).

daphnŏídes, -æ, f. 월계수 비슷한 육계(肉桂)의 일종

daphnon, -ónis, m. 월계수 숲

dápĭfer, -ĕri, m. (daps+fero) 식탁 심부름꾼

dăpíno, -ávi, -átum, -áre, tr. 음식을 차려 대접하다

daps, dăpis, f. (흔히 pl.) 신(神)들에게 바치는 제사 잔치,
(제사의) 향연(饗宴), 잔치 음식, 진수성찬(珍羞盛饌),
연회(宴會), 보통 음식, 식사.
functus dápĭbus. 저녁 식사를 마친(fungor 참조).

dápsĭle, adv.(dapsilĭter, adv.) 굉장하게, 풍성하게

dápsĭlis, -e, adj. 굉장한(ingens, -éntis, adj.), 풍성한

dapsilĭter, adv.(dápsĭle, adv.) 풍성하게, 굉장하게

dardánárĭus, -i, m. 곡식 매점 매석자, 양곡 상인

dare bibere. 마실 것을 주다

dare respondendi locum. 답변할 기회를 주다

dare se jucunditáti. 마음껏 즐기다

dare suspicioni locum. 의심받을 여지가 있다.

Dares, -étis, m. Ænéas의 동료, 우수한 권투가

Darius(-eus), -i, m. Pérsĭa 왕가의 여러 왕 이름

Darius classem quingentarum navium comparavit.
다리우스는 500척의 함대를 마련하였다.

**Darius, cum ex Europa in Asiam redisset,
classem ingentem comparavit**. 다리우스는, 유럽에서
아시아로 돌아와서는 대규모의 선단(船團)을 준비했다.

D

303

Das panem esurienti; sec melius nemo esuriret,
et nulli dares. 그대는 굶주린 사람에게 빵을 주지만,
아무도 굶주리지 않고 그대가 베풀 대상이 없는 것이
더 좋습니다.(최익철 신부 옮김. 요한 서간 강해. p.353).
dasiphora fruticósa, -æ, f. (植) 물싸리
dat, 원형 dō, dědi, dătum, dăre, tr.
[직설법 현재. 단수 1인칭 do, 2인칭 das, 3인칭 dat,
복수 1인칭 damus, 2인칭 datis, 3인칭 dant].
Dat dicat, dedicat.(D.D.D.)
(기증서에) 수여하고 양도하고 기증하는 바임.
Dat jus ad fructus. 점유는 이자를 받을 권리를 준다.
Data est mihi omnis potestas in cælo et in terra.
(鉤 All power in heaven and on earth has been given to me)
나는 하늘과 땅의 모든 권한을 받았다(성경 마태 28, 18).
Dat veniam corvis, vexat censura columbas.(Juvenalis).
그 작자는 까마귀들한테는 사면을 베풀고
비둘기들은 온갖 검열로 괴롭힌다.
data occasione. 기회 있는 대로(기회 있을 때에)
Dátämes, -is, m. Pérsia의 장군(將軍)
Datária(Apostólĭca) (가) 교황청 옥새원(玉璽院),
교회록.특권 따위를 처리하는 비서국,
사도청 은전처(恩典處).鉤 Apostolic Datary).
datárĭus¹ -a, -um, adj. (do) 줄 수 있는, 줄
Datárĭus² Cardinális, -i, -is, m.
교황청 옥새원(玉璽院) 장관 추기경.
dătátim, adv. (dato) 서로 주거니 받거니
date, 원형 dō, dědi, dătum, dăre, tr. 주다(ηπ.πם.ππ)
[명령법. 현재 단수 2인칭 da, 복수 2인칭 date].
Lares, io! messes et bona vina date!
만세, 신주들이여, 곡식(풍년)과 좋은 포도주를 주소서!.
Date illis vos manducare.(鉤 give them some food
yourselves) 너희가 그들에게 먹을 것을 주어라(마태 14, 16).
dátĭo, -ónis, f. 줌(기증), 양여, 증여(贈與-寄贈), 양도권
dátĭo irreddibílis. 반환될 수 없는 증여
Dātis, -is, m. Pérsia의 장군, Márăthon에서 대패함
Dátis Nuperrime. 평화를 위한 기도(1956.11.5.)
datívus, -a, -um, adj. 주어지는, 지정되는, 지명되는.
(文法) 여격(與格)의, 속격의. (文法) m. 여격, 3격.
datívus cómmodi vel incómmodi. 이해 여격.
Vitæ díscimus. 우리는 일생을 위해서 배운다.
datívus finális. 목적 여격.
Hoc mihi(dat. cómmodi) honóri(dat. finális) est.
이것은 나에게 명예(名譽)가 된다.
dativus modi. 양태적 여격
dăto, -ávi, -átum, -áre, tr. (do) 자주 주다
dátor, -óris, m. 주는 사람, 양여자, 증여인(贈與人),
(놀이에서 공을) 넘겨주는 자.
dátor formarum. 형상들의 부여자, 형상들의 수여자
dătum, "do"의 목적분사(sup.=supínum)
dătum, -i, n. 꾸어준 것.(돈),
선물(δώρον.εύλογία.鉤 Gifts), 예물(禮物).
Dicta docta pro datis(Plautus). 고운 말은 선물을 대신한다.
datum optimum. 첫 선물
datum primárium. 첫 소유(所有)
Datur substantiæ. 자립물(自立物)은 존재 한다
datura alba, -æ, f. (植) 흰독말풀(蔓荼羅華-만다라화)
dáucĭon, -i, n.. daucítes, -æ, m. = daucum
daucum(-us), -i, n.(m.) (植) 당근, 홍당무
Dāvid, -vĭdis, m. 이스라엘의 임금, 그리스도의 조상,
De studio David in dispositione mysterioque Psalmorum.
시편의 비의(秘義)와 시편 편집에 있어 다윗이 행한 노력.
(교부문헌 총서 17, 신국론, p.2806).
Dāvus, -i, m. 노예 이름; (나중에 일반적으로) 노예
D.C. = Doctor canonum(교회법 박사) 약자
D.C.L. = Doctor civilis legis(법학 박사) 약자
D.D. = Doctor Divinitatis(신학 박사) 약자
D.D.D. = Dat dicat, dedicat.
(기증서에) 수여하고 양도하고 기증하는 바임.

dě¹, præp. c. abl. Ⅰ. (장소 부사어)
1. (출발.이탈.분리의 기점) 에서, 로부터, 에서,
아래로. de cælo. 하늘로부터/decídere de lecto. 침대
에서 떨어지다/de convívio exíre. 연회석에서 나가다/
de vítā decédere. 죽다/de dígito ánulum detráhere.
손가락에서 반지를 뽑다/de mánibus alcjs effúgere.
누구의 손에서 벗어나다.
2. (넓은 의에서 출처가 되는 사람) 에게(서), 한테서.
émere de alqo. 누구에게서 사다/de alqd quærere.
누구한테 물어보다/pétere alqd de alqo. 누구한테
무엇을 청하다/audíre de alqo. 누구한테서 우연히
듣다/díscere de alqo. 누구에게 배우다.
3. ((소재지.소속)) (어디에) 있는, (어디에) 속한.
archidiœcésis de Seoul(=Seoulénsis) 서울대교구/
caupo de viā Latínā. Latína 거리의 주점 주인/
nautæ de navi. 뱃사공/De mundo non estis. 너희는
세상에 속해 있지 않다(성경 공동번역. 요한 15. 19).
4. (혈통.계급.출신.기원) …에서 나온, …의,
소생(所生)의, 소산(所産)의. de gente vetústa. 유서
깊은 종족의, líberi de Cleopátrā. Cleopátra 소생의
자녀/alqs de ludo. 경기자 출신 아무개/homo de
plebe. 서민 출신/oríginem habére de …에서 기원되다.
5. (인용의 출전 따위) …에서(뽑은), …의. versus de
libro Ennii sexto. Ennius의 제6권에서 뽑은 구절/
Récita de epístolā réliqua. 편지의 나머지 부분을 낭독해라.
Ⅱ. (시간 부사어) 1. 후에, 직후에, 곧 이어; somnus de
prándio. 점심 직후의 수면/de die in diem. 나날이, 날로.
2. (때) 에, 중에, 동안에, 부터; de die potáre. 대낮부터
마시다/de témpore 알맞은 때에, de médiā nocte.
한밤중에/de mense Decémbri. 12월 중에.
Ⅲ. (그 밖의 부사어) 1. ((부분에 대한 전체))
(가운데) 에서, 중의, …의; unus de illis. 그들 중 하나/
nemo de nobis. 우리 중에서는 아무도 아니.
2. (재원) …에서 낸, 돈으로, …의 돈을 들여;
de público, D.P.P. = de pecúniā públicā. 국고금으로/
de suo. 자기 돈으로. 3. (재료.구성요소) …로 된,
만든. vernis de flóribus coróna. 봄철 꽃으로 만든/
captívum de rege fácere. 왕을 인질로 삼다.
4. (제목.관점.한정) …에 대해(대한), 관해서는,
관해서 말하자면; de snectúte. 노년 시기론/
disputátio de fato. 운명에 대한 토론/
de pomis… 과일에 관해서 말하자면,
5. (이유.원인) … 때문에, 이유로. Flebat de fílii
morte. 그는 아들이 죽어서 울고 있었다/de viā
fessus. 여행에 지친/gravi de causā. 중대한 이유로.
6. (기준.관례) …에 따라, 대로; de commúni
senténtiā. 공통된 의견에 따라/ de more majórum.
조상들의 풍습대로/de indústriā. 고의로, 일부러, 짐짓.
7. (중성 명사적으로 쓴 제2변화 형용사와 함께)
de impróviso. 뜻하지 않게도, 갑자기, 불쑥/
de íntegro. 새로이, 다시.
de-², partícula præfíxa. 1. 합성된 원 말에 "분리.이탈
.하락" 따위의 뜻을 줌, e.g. decédere 물러가다
2. 원 말의 뜻을 강화해서 "대단히.끝까지.철저히.
온전히" 따위의 뜻을 드러냄.
e.g. defatigáre. 아주 지쳐 버리게 하다.
De abnegatióne sui, et abdicatióne omnis cupiditátis.
자기를 이김과 모든 탐욕을 끊음(준주성범 제3권 32장).
De acceptæ justificationis incremento.
받은 의화의 증진에 대하여.
De æternitatæ. 세상의 영원함(Alexandria의 Philo 지음)
De æternitate mundi. 세계 영원성론(다치아의 보에티우스 지음)
De agnone Christiano. 그리스도인의 고통(히포의 아우구스티노 지음)
De afflictione belli Punici secundi, qua vires utriusque
partis consumptæ sunt. 양쪽 용사들이 무수히 쓰러진
이차 포에니 전쟁의 참화.(교부문헌 총서 17, 신국론, p.2750).
De Aleátoribus. 주사위를 던지는 사람들(작자미상 2세기 기술)
De alumnis ad sacerdotium instituendis.

신학생에서 사제로 양성되기까지.
De amore Dei meditátiones. 하느님의 사랑에 대한 묵상. (디에고 스텔라 지음).
De anima et ejus origine. 영혼의 기원, 영혼과 그 기원. (420년 히포의 아우구스티노 지음).
De anima intellectiva. 지성적 영혼에 대하여
De animæ quantitate. 영혼의 위대함(히포의 아우구스티노 지음).
De antiquissima Italorum sapientia.
고대 이탈리아의 지혜에 대해(Gian Battista Vico 지음).
De apostolici primatus in beato Petro institutione.
복된 베드로 안에서의 사도적 수위권의 설정.
De arte Combinatoria. 조합술론(1666년 라이프니츠 지음)
De articulis fidei et Ecclesiæ sacraméntis.
신앙과 교회 성사들에 관한 조항에 대하여(성 토마스 아퀴나스 논문).
De articulis fidei. 신앙 조항들에 대하여
De asservando sacræ eucharistiæ sacramento et ad infirmos deferendo.
거룩한 성체를 보관하고 환자들에게 모셔감.
De auctoritate Conciliorum et Patrum.
공의회와 교부들의 권위(權威).
de auditu. 소문으로, 풍문으로
De audlterinis conjugiis. 기혼자의 간통(姦通). (420년 히포의 아우구스티노 지음).
De ave Phœnice. 불사조(Lactantius 지음)
De baptismo contra Donátistas.
도나투스파를 논박하는 세례론(히포의 아우구스티노 지음).
De baptismo contra Donátistas. 세례론. (400년 히포의 아우구스티노 지음).
De Beata Mária Virgine mater Ecclesiæ.
교회의 어머니 복되신 동정녀 마리아.
De beata vita. 행복한 삶(성 아우구스티노 지음)
De Bello Judaico. 유다 전쟁사
De benedictionibus. 축복 예식서(祝福 禮式書)
De benedictionibus Patriarcharum. 성조들의 축복
De biblicæ fidei novitate.([영] The newness of biblical faith) 성경의 신앙이 지닌 새로움.
De bone patientiæ. 인내의 미덕. (Cyprianus 지음. 비폭력과 평화를 호소하는 내용).
De bono. 선론(善論)(Albertus Magnus 지음)
De bono conjugali. 결혼의 유익함(401년 히포의 아우구스티노 지음)
De bono mortis. 죽음의 선익(善益)(성 Ambrosius 지음. †397)
De bono patientiæ. 인내의 미덕
De bono viduitátis. 과부 신분의 유익함, 과부 신분의 선익. (401년 히포의 아우구스티노 지음).
De cælesti hierarchia. 천상 위계론, 천상계급(디오니시오 지음)
de cælo. 하늘로부터(cælitus, adv.)
de cælo delapsus. 하늘이 보낸 사람
De cælo et Mundo. 하늘과 땅(스페인의 모슬렘 철학자 아베로아스 지음)
De cælo servare. 하늘의 징후를 관찰하다.
De carne Christi. 그리스도의 육신론(Florens Tertullianus 지음)
De casuum reservatione. 유보된 경우들
De catechizandis rudibus. 문맹자들의 교리교육,
초보 교리교육, 입문자 교리교육(400년 히포의 아우구스티노 지음).
De Catholicis œcumenismi Principiis
일치운동의 가톨릭 원칙.
De causis Beatificátionis Servorum Dei et Canonizátionis Beátorum. 시성시복 절차법. (1983.1.25. 교황령. 완덕의 천상 스승 Divinus Perfectionis Magister 발표).
De causis rerum. 물질의 원인에 대하여. (1717년 Emanuel Swedenborg 지음).
De cavenda superfluitate verborum. 수다스러움을 피함. (준주성범 제1권 10장).
De Cellarário Monasterii, Quális Sit.
수도원의 당가(當家)는 어떤 사람이어야 하는가.
de certamine inter ordines([영] class struggle) 계급투쟁
de cetero, 그 밖의 점에 있어서는, 그 외에
De Civili Dominio. 시민의 주권(위클리프 1375~1376 지음)
De civitate Dei. 신국론(성 아우구스티노 354~430의 유명한 저작 22권)
de civitate ejícere. 도시에서 추방하다
De Clericorum vitæ sanctitate.
성직자들의 거룩한 생활에 대하여.
De cognoscendo spiritu Domini.
누가 주님의 영(靈)을 지니고 있는가.
De commodo et incommodo. 좋은 점과 나쁜 점에 대해
de communi sententiā. 공통된 의견에 따라
De conceptu virginali. 동정녀 잉태론(성 안셀모 지음)
De conceptu virginaliet peccato originali.
동정 잉태와 원죄(스콜라 철학의 아버지 성 안셀모 지음).
De Concilii Laboribus Coordinandis. 공의회 조정위원회.
De Concordantia catholica. 가톨릭 교회의 화합
De conditione opificium. 노동 조건에 관하여 (1891년 발표된 Rerum Novarum의 부제).
De Confutione Linguarum. 언어의 혼란. (Alexandria의 Philo 지음).
De connexione bellorum, quæ adventum Christi plurima et gravissima præcesserunt.
그리스도의 내림 전에 발생한 대대적이고도 허다한 전쟁들의 대강.(교부문헌 총서 17, 신국론, p.2752).
De consensu Evangelistarum. 복음사가들의 일치. (400년 히포의 아우구스티노 지음).
De Considerátione. 고찰(성 베르나르도 1090~1153 지음)
De Consolátione Philosophiæ. 철학의 위안(Bœtius 지음)
De contemplátione. 관상에 관하여(디오니시오 지음)
De contemplátione et ejus speciebus. 관상과 그 종류
De contemptu mundi. 세상 경시에 대하여(준주성범의 주제)
De contemptu mundi, seu de miseria humanæ conditionis.
세상의 경멸 혹은 인간 조건의 비참에 대하여.
De contemptu omnis temporális honoris.
잠세의 모든 허영을 멸시함(준주성범 제3권 41장).
De continentĭa. 절제론(395년 히포의 아우구스티노 지음)
De convalidátione simplici. 단순 유효화(교회법 제1156-1160조)
De corona militis. 군인의 화관(월계관-떼르뚤리아누스 지음)
De Corpore et Sanguine Domini,
주님의 몸과 피에 대하여(831년).
De correctione fratrum in offensione.
죄지은 형제들에게 주는 충고.
De correptione et gratĭa. 훈계 은총(427년 히포의 아우구스티노 지음)
De corruptione naturæ, et efficacia gratiæ divinæ.
본성의 부패와 은총의 효력에 대하여(준주성범 제3권 55장).
De creátione. 창조론(創造論.[영] Doctrine of creátion)
De cultu et veneratione huic sanctissimo sacramento exhibenda. 지극히 거룩한 성사를 위해 표출해야 하는 경신례와 공경.
De cultu feminarum. 여성 복장론(Florens Tertullianus 지음)
De cura gerenda pro mortuis. 죽은 이를 위한 배려. (422년 히포의 아우구스티노 지음).
De delectu ciborum, jeiuniis diebus festis.
음식의 선택, 단식 그리고 축일들
De Deo uno et trino. 하나이며 셋이신 하느님(1606년 Suarez 지음)
De Deo verax disputatio([영] The True Doctrine of God)
천주실의[예수회 중국 선교사 Matteo Ricci(1552~1610)의 저서].
De Deo rerum omnium creatore. 만물의 창조주이신 하느님
De detectione et eversione falso cognominatæ agnitionis.
잘못된 인식에 관한 폭로와 논박[이레네우스의 작품으로 이단논박 Adversus hæreses이라고도 함. 수많은 영지주의 분파에 관한 방대한 양의 자료라는 점이나 신구약성경에 관한 최상의 지식이라는 점에서 매우 기념비적인 인상적인 작품이다. 이 작품은 두 부분으로 구성되어 있다. 첫째, 처음 두 권은 영지주의 사상을 제시하면서 신랄한 비판을 가하고 있다. 둘째 부분인 나머지 세 권에서는 아버지요 창조주이신 하느님과 구원자 그리스도에 관한 가톨릭 신앙의 입장을 밝히고 있다. (바티스타 몬딘 지음, 신학사 I, p.200)].
De die futuræ sessionis. 다음 회기 일자
de die in diem. 나날이, 날로(in dies privos)
De differentia sacramenti pœnitentiæ et baptismi.
고해성사와 세례성사의 차이.
De differentĭa Verbi Divini et Humani.
신적 말씀과 인간적 말씀의 차이론.
De digito anulum detrahere. 손가락에서 반지를 뽑다
De dignitate et excellentia hominis. 인간 존엄성과 탁월성 (1452-1453년 사이 '르네상스 시대의 천재'인 이탈리아의 피코 델라 미란돌라 Giovanni Pico della Mirandola가 출판한 책. 무엇보다도 지상생활과 인간 활동에서 인간 존엄성을 착안한 점에서 인문주의 인간론에서 중요한 위치를 갖는다. 성 염 옮김, 피코 델라 미란돌라, p.114).

De disciplina arcani. 비밀 규범에 대해

De distributione cleri. 성직자들의 배치에 대하여

De divinátĭone dæmonum. 악마의 점술.
(399년 히포의 아우구스티노 지음)

De divinis nominibus. 신명론, 하느님의 명칭(디오니시오 지음),
하느님의 이름들, 하느님의 이름에 대하여
(아레오파고의 Pseudo-Dionysius 지음. 하느님의 본성을 선과 미와 에로스를 통해
설명하고 있다. 선은 하느님의 긍정적인 이름들 가운데 우선성을 지니고 있고.
자주 미와 동일시된다. 아레오파고는 또한 하느님을 성서의 '아가페ἀγάπη'와
동일한 의미에서 '에로스ἔρως'라 규정한다. 이렇게 서로 호환적인 관계에 있는 두
용어는 동일한 신적 실재를 상징하며, 특히 참 에로스는 육체적인 이끌림이나
순수한 표상을 의미하는 것이 아니라. 신적이고 유일한 사랑의 일체성을 뜻하게
된다. 위-디오니시오는 그의 신비신학을 전개하면서 부정적인 방법과 긍정적인
방법을 통해 하느님의 숨어 있음과 '현현顯現' 같은 주제들을 발전시켜
나간다. 프란치스칸 삶과 사상. 제32호, p.92).

De divisio naturæ. 자연의 분류[라틴어와 그리스어에 정통했던
에리우제나(Johannes Scotus Eriugena. 810-877)의 저서. 여기서 그는 자연을 넷
으로 구분한다. 1. 창조되지 않고 창조하는 자연, 2. 창조되고 창조하는 자연,
3. 창조되고 창조하지 못하는 자연, 4. 창조되지 않고 창조하지 않는 자연].

De divisione. 구분론.

De divisione naturæ. 자연의 구분론.
(에리우제나. 한국가톨릭대사전, p.7919).

De docta ignorantĭa. 유식한 무지론, 박학한 무지론,
학식 있는 무식(독일 신비주의 철학자 Nicolaus Cusanus의 1440년 지음)/
Apologia Doctæ Ignorantĭæ. 박학한 무지의 변론.

De doctrina christĭana. 그리스도교 교양(성 아우구스티노 지음)

De Doctrina de Sacramento Extremæ Unctionis.
병자성사 교리(DS 1694~1700).

De dona preseverantĭæ ad Prosperum. 항구함의 은사.
(428년 히포의 아우구스티노 지음)

De Dormitione Máriæ. 성모 영면(永眠)

De duobus vexillis. 양진영론(백민관 신부 엮음. 백과사전 1, p.797).
성 이냐시오의 영성 이론(백민관 신부 엮음. 백과사전 3, p.743).

De Ea. (sc. férĭa) ((가톨릭)) 평일의(성무일과, 미사)
평일(ferĭa)[성무일과 축일표에서 미사 또는 성무일도 지시됨.
그 날(de ea ferĭa) 요일 미사를 보라는 뜻. 백민관 신부 엮음. 백과사전 1, p.797].

De ea re inter nos locuti sumus. 그 일에 관하여 우리
사이에 논의가 있었다.[논리 탈격abulativus logicus 무엇에 관해서
논의되는지를 표현하며 de와 함께 탈격을 쓴다.]

De Ebrietate. 만취론(滿醉論-Alexandria의 Philo 지음)

De ecclesiæ catholicæ unitate.
가톨릭 교회 일치에 대하여(교부 치프리아누스 지음)

De Ecclesiæ munere sanctificandi.
성화해야 하는 교회의 직무(교회법 제4권).

De ecclesiastica hierarchia. 교계제도(ἱερὰ ἀρχή), 교계제도론

De ecclesiastics officiis. 교회 성무론(아말라리오 지음),
교회 예식들에 대하여(세빌라의 이시도르 지음).

De Ecclesiis et Capellis. 성당들과 경당들에 대하여

De elegantiis linguæ latinæ. 라틴어의 우아성(Laurentius Valla 지음)

De elevátĭone méntis ad inquirendum Summum Bonum.
최고의 선을 추구하려는 정신의 상승(上昇).

De elucidátĭone mysticæ theologiæ. 신비신학의 해명.
(제르송 1367~1429 지음)

De emptione et venditione. 매매론(賣買論)

De ente et essentia. 유와 본질에 대하여(토마스 아퀴나스 지음),
존재와 본질론(1254~1256.Thomas von Aquin 지음).

De ente et uno. 존재와 일자(성 염 옮김, 피코 델라 미란돌라, p.107)
(아리스토텔레스와 플라톤의 철학적 융화를 시도한 책)

De ente mobili animato. 생명을 지니고 움직이는 존재자

De ente mobili corruptibili. 움직이는 소멸적 존재자

De ente mobili in communi. 움직이는 존재자 일반.
(이재룡, 이재경 옮김, 스콜라 철학에서의 개체화, 조지 그라시아 엮음, p.871).

De ente mobili incorruptibili. 움직이는 불멸적 존재자

De ente supernaturali. 초자연적 존재론

De Episcopo patre, pastore et servo.
아버지요 목자요 종인 주교.

De Episcoporum Muneribus. 주교들의 임무.
(1966.6.15. 바오로 6세 교황교서).

De eruditione filiorum nobilium. 귀족 자제들의 교육

De excellencia sanctissimæ eucharistiæ super reliqua
sacramenta.
여타 성사들에 대한 지극히 거룩한 성체성사의 탁월성.

De excellentibus ducibus exterarum gentium.
이방인명장열전(Cornelius Nepos 지음. BC 100-30. 역사를 관람하며
비판하는 사가의 눈에 법치국가의 이상은 무력이 아니라 법정의가 지배하는
곳이다. 그래서 Nepos가 전장에서 명성을 떨치고 세계사의 흐름을 바꾸어 놓은
영웅들에게 가장 손꼽히는 덕목으로 언제나 '정의'를 들고 있다.
성 염 지음. 사랑만이 진리를 깨닫게 한다. p.475).

De excessu fratris sui Satyri. 형 사티로의 죽음(Ambrosius 지음)

De exhortatione castitatis. 정결에 대한 권고(부인을 잃고
재혼할 생각을 가진 친구의 마음을 바꾸려는 의도로 테르툴리아누스 지음)

De existentia substantiorum intellectualium.
지성적 실체들의 실존에 대하여(P. Zummitt의 논문).

De Exordiis et Incrementis quarumdam in
Observationibus Ecclesiasticis Rerum.
교회 관찰에서 드러난 어떤 일들의 시작과 성장.

de facto. 사실상(virtualiter, adv.), 실제로(vero³, adv.)

De fallaciis. 허위론(虛僞論)

De Fide(Catholica). 정식 선언 신조, 믿어야 할 교리.
(어떤 진리에 대하여 교회가 공적으로 정의하고 선언한 신앙 조항. 이렇게 정식
선언한 교리를 반대하는 것은 이단으로 판정된다. 이 용어는 Suárez와 John de
Hugo가 쓰기 시작하여 가톨릭 신학용어가 됨. 백민관 신부 엮음. 백과사전 1, p.797).

De Fide Catholica. 가톨릭 신앙론, 보편신앙.
(제4차 라테라노공의회 문헌. 1215년)

De fide et moribus. 신앙과 관례들에 대해서

De fide et operibus. 신앙과 행위(413년 히포의 아우구스티노 지음)
이 책에는 세 종류의 죄를 구별하고 그에 해당되는 세 가지 사죄방법을 제시한다.
첫째, 중죄(私罪)의 사람을 위한 공적 속죄행위와 화해가 그 하나이다. 둘째,
일상생활에서 저지르는 잘못을 용서받는 기도와 사랑과 자선행위다(이상 두
가지 방법은 초기부터 시행 됨). 셋째, 그 중간형이라고 할 수 있는 죄의 사죄를
위한 '사적 혹은 공적 충고(correptio secreta vel publica)'이다. 그러나 아우구스티
노는 이 셋째의 방법이 본연의 사죄의 고유한 방법이 아니라고 생각했다.
그래서 그는 언제나 사죄의 방법으로서 첫째와 둘째 방법만을 열거하고
'correptio'는 죄 자체를 사하는 방법이 아니라, 사적이건 공적이건 충고를 들은
죄인 자신이 깊이 반성하고 참회(懺悔의 정(情)을 갖고 자기 죄나 잘못에 상응
하는 방법으로 속죄행위를 하여 사죄함을 받는다는 것이라고 생각했다.
최윤환 신부, 가톨릭대학 신학부전집 제4집, pp.15~16]

De fide et symbolo. 신앙과 신경(393년 히포의 아우구스티노 지음)

De Fide Orthodoxa. 올바른 신앙에 대한 해설

De Fide Orthodoxa Contra Arianos.
아리우스파를 반대하여 정통교리를 논술함.

De fide rerum invisibilium. 불가견 사물의 신앙,
보이지 않는 사물에 대한 믿음(399년 히포의 아우구스티노 지음).

De finibus bonorum(Cicero 지음). 착한 이들의 종미(終尾)
(칠십인역 잠언 9, 18). Quid est: 'De fonte alieno ne biberis?'.
Spiritui alieno ne credideris. '이상한 샘에서 마시지 마라'
는 것은 무슨 뜻입니까? 이상한 영(靈)을 믿지 말라는
말입니다.(최익철 신부 옮김. 요한 서간 강해, p.293).

De fructu justificationis, hoc est, de merito bonorum
operum, deque ipsius meriti ratione.
의화의 열매 즉 선행의 보상과 그 보상의 성격.

De Fuga et Inventione. 도주와 발견(Alexandria의 Philo 지음).

De fuga in persecutione. 박해 중의 피신
(Florens Tertullianus 지음. 박해 중 도망가는 사람들을 책망하는 내용).

De fuga sæculi. 세속 도피(世俗 逃避)

De generátĭon. 생성론(生成論)

De generátĭone animalium. 동물 생성론(아리스토텔레스 지음)

De generátĭone et Corruptione. 생식(生殖)과 부패.
(스페인의 모슬렘 철학자 아베로이스 지음.

De Genesi ad litteram liber imperfectus.
미완성 창세기 문구 해석 (401~415년 히포의 아우구스티노 지음).

De gloria martyrum. 순교의 영광(殉敎榮光)

De gradibus formarum. 형상 등급론

De gratĭa. 은총론(恩寵論.⑨ Theology of grace)

De gratĭa Christi et peccato originali.
그리스도의 은총과 원죄(418년 히포의 아우구스티노 지음).

De gratĭa Dei et libero arbitrio contra Conlationem.
하느님의 은총과 자유의지(아퀴타니아의 프로스페로 지음).

De gratĭa et libero arbitrio. 은총과 자유의지.
(426~427년 히포의 아우구스티노 지음).

De gratĭa Novi Testamenti. 신약성서의 은총론.
(412년 히포의 아우구스티노 지음).

De gubernatĭone Dei. 하느님의 주재(살비아누스 지음)

De gubernátĭone principum. 군주 통치론.
(Giles 지음. 통치자들이 알아야 할 종교, 윤리적인 지식과 세속 학문의 지식을
강조하고 있다. 백민관 신부 엮음. 백과사전 1, p.942).

De gustibus et colórĭus non disputandum.
맛과 색에 대해서는 토론할 수 없다.

De habitu virginum. 동정녀들의 복장론.
(Cyprianus 지음. 축성된 동정녀들의 성소에 관한 내용).
De hæresibus ad Quodvultdeum. 이단론
De harmonia Religionis et Philosophiæ.
종교와 철학의 조화(스페인 코르도바의 무슬림 철학자 아베로에스 지음).
De hebdomadibus. 주간론(週間論),
hebdomada major (sancta). 성주간(⊕ Holy Week).
de hoc ad consílium refero.
이것을 참모위원회의 결정에 맡기다.
De hoc humana stimulatur conscientia.
(⊕ This challenges humanity's conscience)
이는 인류의 양심을 일깨웁니다.
De hominis dignitate. 인간의 존엄성에 대하여
[Pico della Mirandola의 1886년 지음. 저자는 여기서 인간이 지닌 위대함을 더
분명하게 드러내주는 요소로서 자유의 가치를 높이 평가하고 있다. 그는 이 작품
안에서 인간에 대한 현대의 철학적 규명의 역사(데카르트로부터 시작해서 칸트,
헤겔 등을 거치면서)을 소개하면서, 교의와 권위 있는 원리를 내포하는 모든 사고
형태를 거슬러서 인간이 갖는 자신에 대한 절대적인 의식으로서의 "sapere aude
(과감하게 알! 너 자신 스스로 사고하는 용기를 가져라)"라는 명제와 함께 이성을
집중적으로 조명하고 있다. 정인숙 옮김, 순례영성, p.298]
De iis haud licet bonis disputari.(⊕ These values are
not negotiable) 이러한 가치들은 타협할 수 없는 것입니다.
De iis male existimant. 그들에 대한 사람들의 평판은 나쁘다
De illuminatióne intellectus agéntis. 능동지성의 조명설
De immortalitate animæ. 영혼의 불멸.
(히포의 아우구스티노가 밀라노에서 지음).
De immortalitate anomorum. 정신 불멸론
De immutabilitate traditionis. 성전의 불변성(1904년)
De immutabilitate veritatum religiosarum.
종교 진리의 불변성.
de improviso. 갑자기, 뜻하지 않게도, 일부러(ex industria)
De incarnatióne Filii Dei. 하느님 아들의 육화론
De incarnatióne Verbi. 말씀의 육화론.
(알렉산드리아의 Athanasius의 318년 작품).
De incarnatónis dominicæ sacramento.
주님의 육화의 성사(Ambrosius 339~397 지음).
De Incomprehensíbilis Dei. 신(神)의 불가해소성에 관하여.
(크리소스토무스 지음).
de industria(ex industria)
일부러, 부러, 고의로, 짐짓, 계획적으로.
De infantibus Præmature Abreptis Libellum.
일찍 죽은 유아에 관한 소논문(닛싸의 그레고리오 지음).
De inimici vero dilectione prorsus tacuit prope per
totam ipsam Epistolam. 그러나 원수에 대한 사랑에
대해서는 이 편지를 통틀어서 거의 완전히 침묵하고
있습니다.(최익철 신부 옮김. 요한 서간 강해, p.349).
De inordinátis affectionibus 절제 없는 감정에 대하여
(준주성범 제1권 6장).
De Inquistione Hæreticorum. 이단자들의 종교재판
De insolentía Judæorum.
유대인들의 오만(傲慢)에 대하여(아고바르도 지음).
De instantibus. 순간론(瞬間論)
De institutione canonicorum. 규율 준수자들의 제도
De Institutione Lectorum et Acolitorum.
독서직(讀書職) 및 시종직(侍從職) 수여 예식서.
De institutione sacerdotali. 사제양성에 대하여
De institutione sanctimonialium. 수녀승들의 제도
De institutione spirituali impensius excolenda.
영성 교육의 중요성.
De institutione virginus. 동정녀의 지침, 동정생활의 제도
de íntegro.(integer 참조) 다시(πάλιν), 새로이(A novo),
온전히 새로이, 처음부터 다시.
De intellectus emendatione. 지성 교정론(스피노자 지음).
De Interpretatione. 해석론(고대 독일어 발전에 기여함. Notker Labeo 지음)
De Interpretatione Sacrarum. 성경 해석
De Inventione Crucis Dominicæ. 주님의 십자가 발견
De ipsa lucis productione. 빛의 산출에 대하여
De ipsa revelátione. 자체로 본 계시
De ira Dei. 하느님의 분노(憤怒)(Lactantius 지음)
De Jacob et vita beata. 야곱과 福된 삶(암브로시오 지음 †397).
De Joseph patriarcha. 요셉 성조(밀라노의 암브로시오 지음)

De judiciis astrorum. 점성술론(占星術論)
de jure. 법률상으로, 법적으로, 의당(宜當), 당연히
De jure belli ac pacis. 전쟁법과 평화법(1225년 파리 초판)
De jure condendo(=condito). 현행 규범에 따라
De justitía et liberate christíana.
그리스도교적 의로움과 자유.
De Justitia in Mundo. 세계 정의에 관하여(1971년)
De Justo discrimine theologiæ biblicæ et dogmaticæ.
성경신학과 교의신학의 올바른 구분에 대하여(J. Ph. Gabler 지음).
De laboribus Concilii coordinandi. 공의회 업무조정
De lapsis et eorum reparatione.
죄에 떨어진 자들과 그들의 회복.
De laude sanctorum. 성인들의 찬양
De laudibus virginitatis. 동정성을 찬미함
De libero arbitrio. 자유의지론(388년 히포의 아우구스티노 지음)
De lingua Latina. 나전어론(Marcus Terentius Varro 지음. BC 116-27)
De locis theologicis. 신학의 원천론(Melchior Cano 지음)
De lucis effectu et irradiátione.
빛의 작용과 방사에 관하여.
De magistro. 교사론(389년 히포의 아우구스티노 지음)
De Malorum Subsistentia. 악의 실체에 관하여(프로클루스의 논문)
De mária nunc sátis.(현대 가톨릭사상 제19집. p.46)
마리아에 대해 이제는 충분하다.
De mária nunquam(=numquam). sátis.
마리아에 대해 아무리 말해도 지나치지 않다,
마리아에 대하여 충분히 말하기는 불가능하다.
De Maria virgine incomparabili. 비교할 데 없는 마리아
De martyrio. 순교론(殉敎論).
(Cyprianus 지음. 순교자들의 영웅적인 모범에 관한 내용).
de media nocte. 한밤중에(nocte super média)
De mendácío 거짓말(395년 히포의 아우구스티노 지음)
de mense Decembri. 십이월(12月) 중에
De ministro hujus sacramenti et absolutione.
고해성사의 집전자와 사죄경.
De ministro hujus sacramenti et tempore, quo dari
debeat. 종부성사의 집전자와 이 성사가 집전되어야 하는 시기.
De mirabili effectu divini amoris.
천상적 사랑의 기묘한 효과(준주성범 제3권 5장).
De misera condicione hominis. 인간의 미천한 상태에
대하여(교황직을 정의로운 것으로 교황 인노첸시오 3세 지음).
De missionibus apostolicis. 선교 사도직
De mixtione elementorum. 원소들의 혼합론
De moderno ecclesiæ schismate. 근대의 이교에 대하여
De Monarchia. 제정론(帝政論-군주정론君主政論)
(단테 지음. 이 책이 정치철학사에서 중요한 비중을 차지하는 이유는 중세 정치
철학의 가장 심각한 논제인 교황과 황제의 정치적 권한, 즉 교황권과 제권의 상호
관계를 결정적으로 정립한 세 번째 주제 때문이다. 단테는 이 책에서 '두 궁극
목적(duo ultima' 이론으로 이 난제를 해결함으로써 단테 이후의 정교분리론을
확립하였다. 성 염 옮김, 단테 제정론, pp.242~243).
De Monarchia visibili ecclesiæ. 교회의 가시적 수장론
De Monastica exercitatione. 수도원 생활 수련에 대해
De Monte contemplatiónis. 관상의 산(제르송 1367~1429 지음)
de more majorum. 조상들의 풍습대로,
de more. 습관대로, 종전대로(more solito)
De moribus ecclesiæ catholicæ et de moribus
Manichæorum. 가톨릭 교회의 관습과 마니교도의 관습
De mortalitate. 죽음에 관하여(Cyprianus 지음)
De morte alcjs anquíritur.
아무의 죽음에 대한 심문을 한다.
De mortibus persecutorum. 박해자들의 최후
(Lactantius 지음. 303년부터 313년 사이에 일어난 박해자들의 비참한 종말 이야기).
De multiplicatione specierum. 종들의 다수화에 대하여
De mundi sensibilis et Intelligibilis Forma et Principiis
감각 세계와 가지 세계의 형식과 원리에 대하여(1770년).
De mundo non estis. 너희는 세상에 속해 있지 않다(요한 15, 19)
De musica. 음악론(音樂論)(히포의 아우구스티노 지음).
De Mysteriis e de Sacraméntis. 신비와 성사들에 대하여.
(암브로시오 지음).
De mysteriis. 신비론(神秘論)
De mysteriis vitæ Christi. 그리스도 생명의 신비.

D

307

De Mysterio Trinitátis. 삼위일체 신비론(Bonaventura 지음)
(1592년 Suárez 지음).
De mystica theologia.(⑨ mystical theology) 신비신학.
(디오니시오 지음).
De natura accidéntis. 우유의 본성론
De natura Animæ et Corporis.
영혼과 육신의 본질에 관하여(생티에리의 윌리암 지음).
De natura boni contra Manichæos.
마니교도를 논박하는 선의 본질론(히포의 아우구스티노 지음).
De natura boni. 선의 본질, 선의 본성에 대하여
De natura et dignitate amoris.
본성과 사랑의 존엄성에 관하여.
De natura et origine animæ. 영혼의 본성과 기원론.
(아리스토텔레스 지음).
De natura generis. 유의 본성론
De natura materiæ. 질료의 본성론(성 토마스 지음)
De natura metaphysicæ. 형이상학의 본성
De natura rerum. 사물의 본성론
De Navitate Máriæ. 성모 탄생(축일 9월 8일)
De necessitate coordinátionis in cura animarum.
사목에 있어서 조정의 필요성.
De necessitate et institutione sacramenti pœnitentiæ.
고해성사의 필요성과 제정.
De necessitate præparationis ad justificationem
in adultis, et unde sit.
어른들의 의화를 위한 준비의 필요성과 의화의 출처.
De necessitatibus mei erue me.
괴로움 속에서 나를 건져 주소서(시편 24. 17 참조).
De neglectu omnis creaturæ, ut Creátor possit inveniri.
조물주를 얻기 위하여 조물을 천히 봄(준주성범 제3권 31장)
de nihilo. 무에서부터(ex nihilo),
아무 근거 없이, 아무 이유 없이.
De nihilo et tenebris. 무와 어둠에 대해서(9세기 프레데치소 지음)
De nihilo nihilum. 무에서는 아무 것도 생겨나지 않는다
De Non Aliud. 다른 것이 아님
(독일 신비주의 철학자 Nicolaus Cusanus의 1462년 지음. 하느님 개념에 대하여
아리스토텔레스와 플라톤의 사상을 종합하려고 시도한 책).
De nostri temporis studiorum ratione.(Gian Battista Vico 지음)
우리 시대의 학문 연구의 기초에 관하여.
De notis Ecclesiæ. 참 교회를 식별하는 표
De novis festivitatibus non instituendis.
설립되지 말아야 하는 새로운 축일들에 대해서.
(1413년, Clamanges의 Nicola 지음)
De novissimis. 사말론, 종말사건에 대하여(終末之事)
De nuditate primorum hominum, quam post peccatum
turpem pudendamque viderunt. 원조의 벌거벗음은 범죄
후에야 추하고 부끄러운 것으로 드러났다.(신국론. p.2792).
De nuptiis et concupiscentía. 결혼과 정욕.
(419~420년 히포의 아우구스티노 지음).
De obitu Theodosii orátio.
테오도시오 황제를 위한 애도사(現代 가톨릭思想 第16輯, p.196).
De obitu Valentiniani consolátio.
발렌티니아노 황제를 위한 애도사(哀悼辭).
De observatione mandatorum deque illius necessitate
et possibilitate. 계명 준수 그리고 계명 준수의 필요성과 가능성.
De occultis operátionibus naturæ. 자연의 숨겨진 활동론
De Oct.(Octava) (성무일과 축일표) 8일 축일 내 요일.
8부 내 요일.(백민관 신부 엮음. 백과사전 1. p.798).
De Octo Vitiosis Cogitationibus. 8가지 나쁜 생각
De Officiis. 직무론
De Officiis Divinis In Noctibus.
밤에 바칠 성무일도에 대하여(성 분도 수도규칙 제8장).
De officiis et beneficiis clericorum.
성직자들의 직무와 권한에 대하여.
De officiis ministrorum. 성직자의 의무,
사제들의 직무(Ambrosius 지음), 성직자들의 직무론.
De omnibus, quæ palam fiunt, judicat Jurisconsultus,
de occultis Ecclesia. 공공연히 일어나는 모든 사건에
관하여는 세속의 법률가가 심판하고,
숨겨진 비의(秘儀)에 관하여는 교회가 심판한다.

De Opera Manuum Cotidiana. 매일의 육체노동에 대하여
De Operatione Dei. 하느님의 행위에 대한 고찰.
(Hildegard 1098-1179.9.17. 지음).
De opere et eleemosynis. 선행과 자선.
(Cyprianus 지음. 자비를 권고하는 내용).
De opere monachorum. 수도자들의 노동,
수도승들의 노동.(400년경 아우구스티노 지음).
De Operibus Dei. 하느님의 업적
De operibus satisfactionis. 보속의 행위들
De opificio Dei. 하느님의 작품(Lactantius 지음)
De Opificio Mundi. 세상의 창조(Alexandria의 Philo 지음)
De orátione. 기도론(Περὶ εὐχῆς)(오리게네스 지음. 줄 33권)
De Ordinátione Diaconi. 서품(敍品) 예식서
De ordine creaturarum. 피조물의 질서론
De ordine Diaconatus restaurando in Ecclesia Latina.
라틴 교회에서의 종신 부제의 부활.
De Origine Potestatum et Jurisdictionum.
권력과 재치권의 기원에 대하여(1329년 두란두스 지음).
De Ortu beatæ Mariæ et Infantia salvatoris.
성모 마리아의 출생과 구세주의 유년 시기.
De pace acquirenda, et zelo proficiendi(준주성범 제1권
11장) 平和를 얻음과 성덕의 길로 나아가려는 열정.
De partibus et fructu hujus sacramenti.
고해성사의 본질적 요소들과 그 효과.
De pastorali migrátorum cura. 이민 사목에 대하여,
이주 사목에 관한 훈령(1969년 8월 22일. 교황청 주교성).
De Partibus Animalium. 동물지, 동물 부분론
De Patientía. 인내론(415년 히포의 아우구스티노 지음)
De patriarchis. 성조들(밀라노의 암브로시오 지음)
De Paupertate Christi et Apostolorum.
그리스도와 사도들의 가난한 생활(1322년 두란두스 지음).
De peccatorum meritis et remissione et de baptismo
pavulorum. 죄벌과 용서 그리고 유아세례(아우구스티노 지음).
De peccatum meritis et remissione.
죄인들의 공로들과 구원에 대해서.
de pecunia publicá. 국고금으로
De perfectione justitiæ. 의화의 완성(415년 히포의 아우구스티노 지음)
De perfectione vitæ spirituális.
영성 생활의 완전론, 영성생활의 완전성에 대하여
De perfectiones spiritualis vitæ. 영적 생활의 완전성.
(토마스 아퀴나스 지음).
De periculis novissimorum temporum.
최근의 위험들에 관해서, 우리 시대의 위험들,
말세의 위기에 대하여(1256년 굴리엘모 샹타무르 지음).
De perpetua Virginitate B. Mariæ adversus Helvidium.
성모 마리아의 평생 동정에 대해 헬비디우스를 반박함.
De perpetuitate primatus beati Petri in Romanis
pontificibus. 로마 교황들 안에서 지속되는
복된 베드로의 수위권의 영속성.
De perseverantiæ munere. 항구함의 은총
De planctu B. Mariæ. 성모 마리아의 애가.
(애통하는 마리아를 시적으로 표현함).
de plano. 손쉽게(tractabiliter, adv.), 어렵지 않게
De pœnitentía. 통회(Ambrosius 지음)
de potentia absoluta. 절대적인 능력으로
De Præmiis et Pœnis. 보상과 처벌(Alexandria의 Philo 지음)
De præparatione, quæ adhibenda est, ut digne quis
sacram eucharistiam percipiat.
성체를 합당하게 배령하기 위한 준비.
De præscriptione hæreticorum. 이단자들의 규정.
이단자들에 대한 항고(테르툴리아누스 지음. 제목이 암시하듯이 가톨릭
교회와 이단자들의 관계를 법적 투쟁의 형식으로 설명하고 있다.
체계적이며 특징적인 내용을 담고 있다는 점에서 높이 평가된다 작품).
De Primatu et infallibilitate Romani Ponificis.
로마 교황의 수위권과 무류성
De Primatu Romani Ponificis et sedibus
patriarchalibus. 로마 교황의 수위권과 총대주교좌
De Primo Principio. 제일 원리론(第一 原理論)
De primo rerum omnium principio. 만물의 제일 원리론.
De principiis. 원리론(Περὶ ἀρχῶν)(오리게네스 지음)

De Principiis Catholici œcumenismi.
가톨릭 교회 일치 원칙.

De principiis individuatiónis 개별화의 원리론

De Principiis Naturæ. 자연의 원리론(1255년 토마스 아퀴나스 지음).

De principio individuatiónis. 개체화의 원리

De privilegiis regularium. 수도자들의 특권.
(1606년. 쇼반니 바피스따 꼬라도 1536~1606 지음).

De processione spiritus sancti.(영 theory of trinity)
삼위일체론(Anselmus 지음).

De Procuranda salute omnium gentium.
만민의 구원을 도모함(Antwerp, 1613년).

De profundis. 연도(煉禱)(통회 시편 130장의 첫 마디
에서 온 기도 명칭. 백민관 신부 엮음. 백과사전 1, p.798).
[흔히 '깊은 곳에서'라는 말로 잘 알려져 있는 시편 130편의 라틴어 첫 단어들
이다. 이 시편은 예로부터 참회 시편과 망자를 위한 기도에 사용되어 왔다.
이 시편은 위령 성무일도. 시편집에서 제4주간 주일 제1저녁 기도 예수 성탄
대축일 제2저녁 기도, 예수성심대축일 제1저녁 기도, 수요일 끝기도에 사용된다).

De profundis clamo ad te Domine.
어둠의 골짜기에서 주님을 향해 부르짖나이다.

De progressu spirituális deserti. 사막 영성의 발전.
(스페인 톨레도의 Ildephonsus 대주교 지음).

De propositio condicionali in genere 조건문 개론

De propositio condicionali in specie 조건문 각론

De propositionibus modalibus. 양태적 명제론

De providentia. 섭리론(攝理論)

de provincia clam abeo. 주(州)에서 몰래 떠나가다

De Psalmodiæ Bono. 시편 사용의 유익성

De pulchro et apto. 아름다운 것과 적절한 것.
(성 아우구스티노가 집필하였으나 '고백록'을 쓸 때쯤 분실하였다.

De pueris minori ætate, qualiter corripiantur.
나이 어린 소년을 어떻게 책벌(責罰)할 것인가.

de quacumque causa. 무슨 이유에서든지

De Quærendo Deum. 하느님을 찾아서(1445년 작)

De quantitate animæ. 영혼의 크기에 대하여,
영혼의 위대함(히포의 아우구스티노 로마에서 저술).

De Quattuor Novissimis Memorandis.
(영 The Four Last Things to be Remembered)
Mors(Death), Iudicium(Judgment),
Infernus(Hell), Paradisus(Heaven).

De quibusdam quæstionibus actualibus circa
eschatologiam.
종말론에 관한 오늘날의 몇 가지 문제점에 대하여.

De quidditate entium seu de ente et essentia.
유의 하성(何性) 혹은 유와 본질에 대하여.

De quidditate entium seu de ente et essentia.
유의 하성 혹은 유와 본질에 대하여(베르나르두스 귀도니스가
토마스 아퀴나스의 "De ente et essentia"를 일컬어 한 말).

De quidditate et esse. 하성(河性)과 존재(프톨로메우스
루쩰나스가 토마스 아퀴나스의 "De ente et essentia"를 일컬어 한 말).

De rationali et ratione uti.(교황 실베스테르 2세 지음)
이성적인 것과 이성을 사용함에 대하여.

De ratione institutionis hujus sanctissimi sacramenti.
지극히 거룩한 성사의 설정 이유.

De ratione fidei. 신앙의 이치

De re rustica. 농사론(Marcus Terentius Varro지음. BC 116~27.
당대 로마에서 통하던 소유권 이전의 여섯 가지 경우를 열거하고 있음).

De reali præsentia domini nostri Iesu Christi in
sanctissimo eucharistico sacramento. 지극히 거룩한 성체
성사 안에 우리 주 예수 그리스도께서 실제로 현존하심.

De rebus gestis referre. 경과보고 하다(지나간 일에 대해 보고하다)

De rebus ipsis tuo judicio utere.
이 문제들에 관해서 너 스스로 판단해라.

De recensione librorum. 책들의 수정본

De recipiendis et non recipiendis.
인정받거나 인정받지 못하는 저술들에 대하여.

De recipiendis et observandis decretis concilii.
공의회의 교령을 수용하고 준수함.

De reconciliandis ínvicem animis. 서로 화목함에 대하여

De recto usu bonorum ecclesiasticorum.
교회재산의 사용규정에 대하여.

De reductione artium ad theologiam.

신학에로의 기술적 환원에 대하여(성 보나벤뚜라 지음).

De Reformatióne Generali 개혁에 관한 교령(教令)

De reformatióne virium 인간영혼의 개혁(Zerbolt 지음)

De Regimine Animæ. 마음의 지도.
(성 보나벤뚜라 1217?~1274 지음. 사목신학과 관련 있는 작품)

De regimine dioceseon. 교구통치(教區統治)

De regimine principum. 통치 원리론, 군주들의 통치론.
제후통치론(諸侯 統治論)(1260년 토마스 아퀴나스 지음).

De republica valde timeo. 조국을 생각하며 불안해하다

De Rerum Natura. 사물의 본성론.
사물들의 본성과 관하여(베다 지음-51개의 장으로 구성된 일종의 백과
사전으로 세비야의 이시도루스를 본보기로 하지만 그보다는 더욱 조직적이고
폭넓게 역사, 지리, 과학적 성격을 띠고 있는 자료들을 담고 있다.

De Rerum Natura Juxta Propria principia.
고유 원리에 따른 사물의 본질(1587년 이탈리아 Telesio 지음).

De resurrectione. 부활론(Περὶ ἀγασάτσεως)(230년 오리게네스 지음)

De resurrectione carnis. 육신의 부활(Florens Tertullianus 지음).

De resurrectione mortuorum. 죽은 이들의 부활.
(아테네의 아테나고라스 지음).

De revelatióne Dei et hominis in Jesu Christo facta.
예수 그리스도 안에서의 신과 인간의 계시.

De revolutionibus orbium cœlestium.
천구(天球)의 회전(回轉)에 관하여(1543년 Copernicus 지음).

De Romani pontificis infallibili magisterio.
로마 교황의 무류적 교도권.

De Romano pontifice. 로마 교황론(Pole 추기경 지음)

De sacramentis christianæ. 그리스도교 신앙의 성사론.

De Sacra Cœna 거룩한 만찬(晩餐)에 대하여

De Sacra Communione et de Cultu Mysterii
Eucháristici extra Missam.
미사 없는 영성체와 성체신심 예식서.

De sacra poesi Hebræorum. 히브리인들의 성시(1753년)

De sacra scripta et christologia.
성서와 그리스도론(1984년. 문헌).

De sacraméntis. 성사론(聖事論)
[4세기에 성 암브로시오가 쓴 것으로 전해지는 성사에 관한 유명한 작품의
라틴어 제목('성사에 관하여'를 뜻함). 이 책자는 세례성사, 견진성사 그리고
성체성사를 다룬다. 감사기도 제1양식(로마 미사 전문) 본문에 대한 초기
증거라는 사실에서 이 글의 전례적 중요성이 평가된다. 전례사전, p.91].

De sacraméntis in genere. 일반 성사론(Suárez 지음)

De Sacramento Altaris. 제대의 성사

De Sacramento Corporis et Sanguinis Christi.
그리스도의 몸과 피의 성사에 대하여.

De sacramento regeneratiónis. 재생의 성사(Ambrosius 지음)

De Sacris Imaginibus. 성화상에 관한 정의.
(제2차 니케아공의회 교령 787년).

De Sacrorum alumnis formandis. 신학생 양성에 대하여

De sancta virginitate. 거룩한 동정(童貞) 생활.
(401년 히포의 아우구스티노 지음).

De satisfactionis necessitate et fructu.
보속의 필요성과 그 효과.

De schematibus et tropis. 강세와 비유론

De schismate donátistarum. 도나투스 열교

De secretis secretorum. 신비론(神秘論)

De sella exsiluit. 그는 의자에서 벌떡 일어났다.

De sensu rerum et magiæ. 사물들과 마법의 의미(캄파넬라 지음)

De Septem Processibus Religiosorum. 수도생활의 7단계

De seq.(sequenti) (성무일도 안내표) 다음 날을 따르라는 표.

De sermone Domini in monte. 산상설교.
(영 Sermon on the Mount)(히포의 아우구스티노 지음).

De servo arbitrio. 노예 의지론(1525년 루터 지음)

De servorum Dei beatificatióne et de beatorum
canonizatióne.(1734~1738 베네딕도 14세)
하느님의 종의 시복과 복자의 시성에 대하여.

De Sex Dierum Operibus. 6일 간의 창조 사업

De similibus idem est judicium.
비슷한 것들에 대하여는 판단이 같다.

De Situ et nominibus Locorum Hebraicorum.
히브리 지명과 위치.

De sortibus. (哲) 운명론(運命論.영 fatálism)

de spe decido. 실망하다

De spe fidelium. 신자들의 희망
De spectaculis. 구경거리
De spiritu et littera. 영과 문자(412년 히포의 아우구스티노 지음)
De spiritu sancto. 성령론(聖靈論)
De spiritualibus ascensionibus. 영적상승(Zerbolt 지음)
De spiritualibus creaturis. 영적 피조물론
De statibus evangelicæ perfectionis.
 복음적 완덕의 신분에 관하여.
De statibus perfectionis adquirendæ.
 완덕에 도달하려는 신분에 관해서.
De staticis experiméntis. 저울 실험론(쿠사의 니콜라오 지음.1453년)
De statu ecclesiæ et legitima potestate Romani Pontificis. 교회의 상태와 로마 교황의 합법적인 권한에 대하여(트리어의 보좌주교 혼트하임의 니콜라오는 유스티노 페브로니우스란 가명으로 '공의회의 지상적이고 국가주의의 교회적인 원칙을 기반으로 에피스코팔리즘의 사상을 종합하여 1763년 이 책을 저술하였다].
De studio et scientĭa pastorali.
 사목의 연구와 학문에 대하여.
de sua pecunia(略 D.S.P.) 자비로(自費로)
de sua pecunia. 자비로, 자기 돈에서(略 D.S.P.)
De substantiis separátis seu De natura Angelorum.
 천사들의 본성론(本性論).
De substantiis separátis. 분리 실체론(분리실체에 대하여) (토마스 아퀴나스 초기 작품).
De suo vesperi vivere. 제 힘으로 살다(격언)
De Symbolo ad catechumenos tractátus.
 예비자를 위한 신경해설(히포의 아우구스티노 지음).
de tabulis in libros. 장부(帳簿)에서 책으로 옮겨 쓰다
de témpore(=suo témpore) 제 때에, 알맞은 때에.
 alieno tempora. 불리한 때에.
De termino Salutis. 구원의 기간에 대하여(1698년 J. G. Bose 지음)
De Testimonio Animæ. 영혼의 증언(떼르뚤리아누스 지음)
De theologia mystica speculativa et practica.
 사변적 및 실천적 신비신학(제르송 1367-1429 지음).
De trinitate. 삼위일체론([영] theory of trinity)
De trinitate et operibus ejus.
 삼위일체와 그 활동에 대하여(독일 루페르트 지음).
De Trinitate psychologica. 심리학적 삼위일체론
De triplici via. 세 가지 길
De tropis theologicis. 신학적 비유에 대하여
De Unione Verbi Incarnati. 강생한 말씀의 합치론(1272년)
De unitate. 일성에 대하여(군디살리누스가 번역했던 아랍의 저작)
De unitate catholicæ ecclesiæ
 가톨릭 교회 일치(교부 Cyprianus 지음).
De unitate ecclesiæ. 교회일치(405년 히포의 아우구스티노 지음)
De unitate intellectus. 지성 단일성론(가톨릭 철학 제3호. p1.28),
 지성의 통일성에 관하여(Thomas von Aquin 지음).
De unitate intellectus contra Averroistas Parisienses.
 지성단일성에 관한 파리의 아베로에스주의자들의 논박.
De Universo. 우주론(宇宙論)
De usu admirabilis hujus sacramenti.
 경이로운 성사의 실행.
De utilitate credendi. 신앙의 유익함(391년 히포의 아우구스티노 지음)
De ventre matris meæ Deus meus es tu ne discesseris a me. 모태에서부터 당신은 내 주님이시오이다
 * 멀리 하지 마옵소서.
De Vera et Falsa Religione. 참된 종교와 거짓 종교
De vera intelligentĭa auxilii efficacis.
 유효한 도움으로서의 진정한 지식(1655년 Suarez 지음).
De vera religione. 참된 종교(390년 히포의 아우구스티노 지음)
De verbis Scripturæ. 성서 말씀에 대하여
De Veritate Conceptionis B. M. Virginis.
 동정 성모 마리아의 잉태 진실에 대하여(1547년).
De Veritate Corporis et Sanguinis Christi in Eucaristia.
 성체 안에 그리스도의 몸과 피의 진실성(1527년 요한 피셔 지음).
De vi et primatus Romani pontificis.
 로마 교황권의 의미와 성격.
de vi reus. 폭력범(暴力犯)
de viā decedo. 정도에서 일탈하다
de viā fessus. 여행에 지친
De viduis. 과부론(성 Ambrosius 377년 혹은 378년경 지음)
De Vigiliis. 전야 축일(Nicetas의 전례에 관한 책)
De virginibus. 동정녀(童貞女.獨 Die Jungfrau)
 (암브로시오 지음 †397. 수녀 누이를 위해 저술).
De virginibus velandis. 동정녀의 베일
 (Florens Tertullianus 지음. 동정녀들에게 정결을 권고한 내용).
De Virginitate. 동정생활(성 암브로시오 지음),
 동정성(童貞性-신체적으로 순결성을 지키는 상태).
De virginitate perpetua sanctæ Máriæ. 성모 마리아의 평생 동정성에 대하여(스페인 톨레도의 Ildephonsus 대주교 지음).
De viris. 사람들에 대해
De viris illustribus. 명인록, 유명 인사록(히에로니무스 지음 †420)
de visu. 눈으로 보고
De Vita contemplativa. 명상의 삶(Alexandria의 Philo 지음)
de vita decedere. 일찍 죽다(claudo supremum diem)
De vita et morbis philosophorum.
 철학자들의 삶과 죽음들(1275~1344 월터 버얼리 지음).
De vita sua. 자신의 생애에 대하여
De vitæ sacerdotális perfectione. 완전한 사제생활에 대하여
De vitæ termino. 인생의 한계(콘스탄티노플의 제르마노 지음)
De vocatione omnium gentium. 만민의 부르심에 대해, 모든 민족들의 소명에 대하여(아키땡의 프로스페로 지음).
De Voluntaria Paupertate. 의도적인 가난에 대해
dĕa, -æ, f. 여신(女神)
dea auxiliáris. 도움의 여신(女神)
Dea Roma. 로마 여신(女神)
deabus et deis. 남녀 신들에게.
 (제1변화 명사 일부는 복수 여격과 탈격이 -abus로 쓰인다. 이것은 원래 고대 인도유럽어의 어미였는데, 후대에는 동일한 의미의 남성명사와 구분하는 용도로 쓰였다. 성 염 지음, 고전 라틴어, p.44).
dĕáctĭo, -ónis, f. (=peráctĭo) 끝냄,
 완성(שׁלםו.[영] Consummátĭon/Fullness).
dealbabor, 원형 dĕálbo, -ávi, -átum, -áre, tr. (de+albo)
 [수동형 미래. 단수 1인칭 **dealbabor**, 2인칭 dealbaberis, 3인칭 dealbabitur, 복수 1인칭 dealbabimur, 2인칭 dealbabimini, 3인칭 dealbabuntur].
 lavábis me, et súper nívem dealbábor.
 저를 씻어주소서. 눈보다 더 희어지리다.
dĕalbátĭo, -ónis, f. 희게 함
dĕalbátor, -óris, m. 희게 하는 사람; 석회 바르는 사람
dĕálbo, -ávi, -átum, -áre, tr. (de+albo)
 새하얗게 하다, 희게 하다, 흰 칠하다, 석회 바르다.
dĕambŭlácrum, -i, n. 산책하는 곳
dĕambŭlátĭo, -ónis, f. 산보(散步-산책), 산책(散策-산보).
 Modica deambulatio corpusculum reficit.
 적당한 산책은 몸을 회복시킨다.
dĕambŭlātórĭum, -i, n. 낭하(廊下), 복도
dĕámbŭlo, -ávi, -átum, -áre, intr. (de+ámbulo)
 거닐다, 산책하다.
déămo, -ávi, -átum, -áre, tr. (de+amo)
 열렬히 사랑하다.좋아하다.
dĕargénto, -ávi, -átum, -áre, tr. (de+argéntum)
 은으로 도금하다, 은박을 입히다, 은으로 장식하다.
dĕargūméntor, -átus sum, -ári, dep., intr. 격론을 벌이다
dĕármo, -ávi, -átum, -áre, tr. (de+armo)
 무기를 뺏다, 무장해제(武裝解除) 시키다.
dĕártŭo, -ávi, -átum, -áre, tr.
 사지(四肢)를 떼어내다, 기만술책으로 거덜 나게 하다.
dĕáscĭo, -ávi, -átum, -áre, tr. (de+áscia)
 자귀로 다듬다, 대패질하다.
dĕaurátĭo, -ónis, f. 도금(鍍金-녹을 막거나 장식을 하기 위하여 금속 표면에 금이나 은.니켈 따위의 얇은 막을 입히는 일).
dĕaurátor, -óris, m. 도금공, 금박 입히는 사람
dĕaŭro, -ávi, -átum, -áre, tr. (de+aurum)
 도금(淘金)하다, 금박을 입히다.
dēbacchátĭo, -ónis, f. 광란(狂亂.furia, -æ, f.) 미쳐 날뜀
dēbácchor, -átus sum, -ári, dep., intr. (de+bacchor)
 미쳐 날뛰다, 소란 피우다.
dēbátŭo, -ĕre, tr. 몹시 때리다
dēbellátor, -óris, m. 정복자(征服者), 압박자(壓迫者)

dēbellátríx, -ícis, f. 정복자(여자)

dēbéllo, -ávi, -átum, -áre, (de+bello)
  intr. 전쟁이 끝나다.
  eo anno debellatum est. 그 해에 전쟁이 끝났다.
  tr. 끝까지(악착같이) 싸우다, 싸워 이기다.
  온전히 정복(征服)하다, 굴복(屈服)시키다.
  Parcere subjectis et debellare superbos.(신국론, p.123)
  굴복하는 자들은 용서하고 오만한 자들은 징벌한다.

dēbélus, -i m. 목욕에 부적당한 곳
  Debémut morti. 우리는 언제고 죽어야 한다.

dēbens, -éntis, m.(p.proes.)
  빚진 사람, 채무자, 은혜 받은 사람.

débĕo, -úi -ítum -ére, tr. (de+hábeo) 1. **빚지**(고 있)**다,**
  채무가 있다. 2. **의무가 있다,** 책임이 있다.
  3. ((보조동사로서 도덕적 의무·논리적 귀결·필연성.
  적합성 따위 표시)) (마땅히) **···해야 한다,**
  하지 않으면 안 된다; Dé beo hoc fácere. 나는 이것
  을 해야 한다/ Debes hoc non fácere. 너는 이것을
  하지 말아야 한다/ Hoc fíeri debet. 이것은 이루어져
  야만 한다. 4. (자연적·숙명적 확실성 표시; 대체로
  pass. c. dat.) **당할 수밖에 없다, ···야 하다,**
  당연히 ···하다, 운명에 놓여 있다. ···하도록 되어 있다.
  Debémut morti. 우리는 언제고 죽어야 한다.
  5. (누구에게) 은혜 받다, ···에게 힘입다,
  (누구의) 덕분으로 (무엇을) 가지다.
  benefícia alci. 누구에게 은혜 받고 있다/
  debeo vitam alci. 누구의 덕분으로 살아 있다.
  Debemus obœdire veritati. 우리는 眞理에 복종해야 한다/
  Debet nos miserere pauperum.
  우리는 불쌍한 사람을 측은히 여겨야 한다/
  Nemini quidquam debeatis(⑨ Owe nothing to anyone)
  아무에게도 빚을 지지 마십시오(성경 로마 13. 8)/
  남에게 해야 할 의무를 다하십시오(공동번역 로마 13. 8)/
  Omnibus exemplo esse debetis. 너희는 모든 이에게 모범
  이 되어야 한다.(exemplo: 이해 여격. 성 염 지음, 고전 라틴어, p.397)/
  Profectus est serius quam debuit.
  그는 떠났어야 할 시간보다 더 늦게 출발했다/
  Quod consueta aliorum norma non debeat esse Sacerdotis
  regula. 다른 이들의 관습을 사제의 규율로 삼지 말 것.
  debeo hoc facere. 나는 이것을 해야 한다
  Debes hoc non facere. 너는 이것을 하지 말아야 한다.
  Debes velle omnes homines æquales tibi esse;
  et si viceris aliquem per prudentiam,
  optare debes ut sit et ipse prudens.
  모든 사람은 다 그대와 평등하기를 바라야 합니다.
  그대가 다른 이보다 현명함에서 뛰어나다면 그도
  현명해지기를 원해야 합니다(최익철 신부 옮김. 요한 서간 강해, 361).
  Debet nos miserére páuperum.
  우리는 가난한 사람들을 불쌍히 여겨야 한다.
  Debetis industrii esse. 너희는 부지런해야한다.

débĭbo, -ere, tr. 마시다, 많이 마시다

debilior, -or, -us, adj. débĭlis, -e의 비교급

débĭlis, -e, adj. (de+hábilis) 불구의, 팔 다리 병신의,
  마비된, 약한, 힘없는, 허약한, 연약한, 무기력한, 박약한.
  Sapimus animo, fruimur anima ; sine animo anima est
  debilis.(Accius). 우리가 무엇을 아는 것은 정신으로 하고
  (삶을) 누리는 것은 생명으로 한다.
  정신이 없다면 생명은(sine animo anima) 허약하다.
  [anima는 동식물과 공유하는 생혼(生魂), animus는 인간에게만 있는
  영혼(靈魂)을 가리킨다. 성 염 지음. 고전 라틴어, p.279].

debilissimus, -a, -um, adj. débĭlis, -e의 최상급

dēbílĭtas, -átis, f. 불구(不具), 약함, 허약(虛弱)
  연약(軟弱), 가냘픔, 무력(無力), 박약(薄弱).

dēbílĭtas méntis. 심신박약, 심신쇠약, 정신 허약(虛弱)

dēbílĭtátĭo, -ónis, f. 불구로 만듦, 약하게 함,
  약화(弱化), 허약(虛弱), 쇠약(衰弱).

dēbílĭto, -ávi, -átum, -áre, tr. 불구로 만들다,
  마비시키다(יחר), 상처 입히다(יחד, יחד),

약하게(무력하게) 만들다(חיר), 약화시키다, 힘을 꺾다.

dēbítĭo, -ónis, f. 갚을 의무, 신세짐, 은혜 입음, 빚짐, 부채

débĭtor, -óris, m. 빚진 사람, 채무자,
  (갚을) 의무 있는 자; 신세진 사람, 은혜 입은 자.
  Aes debitorem leve; grave inimicum facit.(Publius Syrus).
  작은 돈은 채무자를 만들지만, 큰돈은 원수를 만든다.

débĭtrix, -ícis, f. 여자 채무자

débĭtum, "debeo"의 목적분사(sup.=supínum)

débĭtum, -i, n. 빚(ὀφειλή), 부채(æs alienum.),
  채무(債務); 의무(義務), 책임(責任).
  Debita Nationum. 외채(外債).

debitum legale. 의무감

debitum morale. 인간 책무

debitum remotum. 원시사필(遠視事必)(미리부터 내다 본 해야 할
  일. 성모의 원죄 없으신 잉태는 미리부터 하느님이 멀리 내다보며 계획하신
  사필귀정의 사실이다. 백민관 신부 엮음. 백과사전 1, p.807).

débĭtus, -a, -um, p.p., a.p. 빚이 된, 빚진(것), 마땅한,
  의무 있는, 당연한, 지당한, 운명에 놓인, ···록 되어 있는.
  adv. débĭte, 적당하게, 알맞게.

debitus ordo. 올바른 질서

dēblátĕro, -ávi, -átum, -áre, tr. 지껄이다, 함부로 말하다

débrĭo, -ávi, -átum, -áre, tr. 취하게 하다

dēbúcĭno, -ávi, -átum, -áre, tr. 나팔 불어 알리다, 광고하다

debui, "debeo"의 단순과거(pf.=perfectum)

dēbúllĭo, -ívi -ítum -íre, intr. 번식하다; 막 퍼져 나가다

dēcáchínno, -ávi, -átum, -áre, tr. 비웃다, 조롱하다

dēcáchórdus, -a, -um, adj. 열 개의 현(弦-줄)이 있는

dēcăcúmĭnátĭo, -ónis, f. 나무 꼭대기를 자름

dēcăcúmĭno, -ávi, -átum, -áre, tr. (de+cacúmino)
  나무 꼭대기를 자르다.

décăda, -æ, f. = **dĕcas,** décădis, f.

dēcădéntĭa, -æ, f. 퇴폐(頹廢-도덕이나 기풍이 문란해짐)

dēcăgónus, -i, m. 십각형(十角形)

dēcálŏgus, -i, m. 십계명(十誡命. ⑨ Decalogue)
  천주십계(天主十戒→十誡命), 하느님의 십계명.
  Opus Morale in Præcepta Decalogi. 십계명에 관한 윤리.
  (Sanchez 지음 1613년).

dēcálvo, -ávi, -átum, -áre, tr. (de+calvus)
  머리를 빡빡 깎다, 까까머리로 만들다.

dēcănátus, -us, m.
  신부들의 지(역)구장직(地區長職), 지구(⑨ deanery).

dēcánĭcum, -i, n. (옛날의) 성직자 감옥(聖職者 監獄)

dēcánto, -ávi, -átum, -áre, tr. 노래하다, 노래를 끝마치다,
  (다 아는 일을) 신물이 나도록 되뇌다.

dēcánus, -i, m. 십인장(十人長-10名 단위조직의 장),
  추기경단의 수석 추기경, 교황청 로타 로마나의 원장,
  대교구 수석 사제, 신부들의 지(역)구장, 대학 학부장,
  외교단장, 급장(級長-班長). (軍) 분대장(分隊長).
  지구장(⑨ vicar forane.⑨ vicárĭus foraneus).

dēcápíllo, -ávi, -átum, -áre, tr. 벌로 삭발하다

dēcăpĭtátĭo, -ónis, f. 참수(斬首-목을 자름)

dēcápĭto, -ávi, -átum, -áre, tr. 참수하다, 목을 베다

dēcárno, -ávi, -átum, -áre, tr. 살을 에다.발라내다

dĕcas, décădis, f. = **décăda,** -æ, 10, 열, 순(旬), 10일간,
  (한 죽처럼) 10을 한 묶음으로 한 단위.
  (가) 묵주기도의 한 단(성모송 열 번).

dēcástylos, -on, adj. 십주식(十柱式)의

dēcăsýllăbus, -a, -um, adj. 10음절의

Decebat enim eum, propter quem omnia et per
quem omnia. 만물은 하느님을 위하여,
  그리고 하느님으로 말미암아 있습니다.

dēcédo, -céssi -céssum -cedĕre, intr. (de+cedo)
  물러가다, 물러서다, 떠나다, 퇴장하다, 퇴임하다.
  지방장관직에서 물러나다. 비키다, 비켜서다.
  비켜주다, 피하다, **사라지다**(וזר,וזר), **없어지다.**
  죽다(ה,וזר,וטו,וזר,ה,וזר,וזר,θνήσκω),
  떨어져나가다, 그치다, **포기하다,** 버리다, **양보하다,**
  물러서다, 이행하지 않다, 정도에서 벗어나다,
  외도하다, 빗나가다, 일탈하다, 열세에 있다.

D

지다, 우위를 양보하다, 되어 나가다, 진행되다,
진척(進陟)하다. (軍) 철수하다, 퇴각하다.
Aristides decessit fere post annum quartum quam
Themistocles Athenis erat expulsus.
아리스티데스는, 테미스토클레스가 아테네에서 추방되고
나서 4년쯤 지나서 죽었다/
de viā decedo. 정도에서 일탈(逸脫)하다/
Decéde perítis. 전문가(專門家)들에게 맡겨라/
Decédet jam ira. 이제 곧 분노는 사라질 것이다/
Decessit in secundo bello Punico consul Aemilius Paulus,
consulares aut prætorii XX, senatores XXX, nobiles viri
XXX, militum XL, equitum MMMD. 제2차 포에니 전쟁
에서 집정관 아이밀리우스 파울루스가 죽었는데, 전직
집정관 또는 법무관 20명, 원로원 30명, 귀족(신분의
장교) 30명, 병사 40,000명, 기병 3,500명이 죽었다/
Decédunt córpore febres. 몸에서 열이 떨어지다/
seræ nocti decede. 밤이 늦기 전에 돌아가다/
servo in viā decedo. 종에게 길을 비켜주다.
decedo a vero. 진실을 떠나다
decedo *alci* de honóre. 누구에게 영광의 자리를 물려주다
decedo calóri. 더위를 피하다
decedo de jure suo. 자기 권리를 포기하다
decedo ex Gálliā. Gállia에서 떠나다
decedo fide. 신용(약속)을 지키지 않다
decedo viā. 길을 잃고 헤매다
dĕcem, num., card., indecl. 열, 십(十).
    filia decem annos nata. 열 살 된 딸/
    in decem ménsibus. 10개월 안에/
    in diébus decem. (in¹참조) 열흘 안에/
    per annos ferme decem. 대략 10년 동안/
    quasi decem. 열 가량.
Decem Categoriæ. 십범주(十範疇)
Decem præcepta Decalogi. 십계명의 열 가지 명령
dĕcémber, -bris, -bre, adj. 12월의. m. 십이월(12月).
    de mense Decembri. 십이월(12月) 중에/
    Kaléndæ Decémbres. 십이월(12月) 초하루/
    O Nonæ illæ Decembres! 오, 저 12월 5일이여!.
dĕcémjúgis, -e, adj. (decem+jugum) 열 필(匹)의.
    m. 10두 마차. currus decemjugis. 10두(頭) 마차.
dĕcemméstris, -e, adj. 10개월의
dĕcémpĕda, -æ, f. (decem+pes) ((길이의 단위로서))
    열 자 되는 막대기.(자=1pes=약 29.5cm).
dĕcempĕdális, -e, adj. 열 자 되는
dĕcempĕdátor, -óris, m. 측량기사(測量技士)
dĕcémplex, -plícis, adj. 10배의, 열 겹의.
    (símplex, -lícis 한 겹의 단순한/ duplex, -lícis 두 겹의, 이중의/
    triplex, -lícis 세 겹의, 삼중의/ quádruplex, -lícis 네 겹의, 사중의/
    décemplex, -lícis 열 겹의, 십 배의/ múltiplex, -lícis 여러 겹의, 여러 종류의.
    이상의 것은 모든 수에 걸쳐 같은 형식으로 만들어지는 것이 아니고
    대략 위에 열거한 것이 제일 많이 쓰이는 배수형용사이다.)
dĕcemplĭcátus, -a, -um, adj. 10배의, 10배로 한
dĕcemprímátus, -us, m. (지방 도시의) 10인 행정 위원직
Dĕcemprími, -órum, m., pl.
    (지방도시나 식민지의) 10인 행정위원.
dĕcemrémis, -e, adj. (decem+remus) 열 줄의 노(櫓)가 있는
dĕcemscálmus, -a, -um, adj. 10개의 노(櫓) 걸이가 있는
dĕcémvir, -víri, m. (고대 로마의) 10대관의 한 사람.
    pl. 10인 위원회, 10대관단.
dĕcemvĭrális, -e, adj. 10인 위원회의, 10대관의
dĕcemvĭrátus, -us, m. 10대관의 직, 10인 위원회
dĕcéndĭum, -i, n. (decem+dies) 열흘(기간)
dĕcennális(=dĕcénnis), -e, adj. (decem+annus) 10년의
dĕcénnĭum, -i, n. 십 년(10년)
dĕcennŏvennális, -e, adj. (decem+novem+annus) 19 년간의
dĕcens, -éntis, p.prœs., a.p. 어울리는, 알맞은, 합당한,
    적당한, 제격의, 예쁜, 아름다운(זֶ·J.καλὸς), 우미한,
    품위 있는, 단정한, 예의에 맞는, 점잖은.
decente adulterium 정숙한 간음(=再婚)
dĕcéntĭa, -æ, f. 어울림, 합당함, 적합, 단정, 점잖음.

정숙(貞淑-특히 여자의 말이나 행실이 곧고 마음씨가 맑은 것).
dĕcépi, "decipio"의 단순과거(pf.=perfectum)
dĕcéptĭo, -ónis, f. (=dĕcéptus) 속임, 사기, 기만(欺瞞).
    Nulla est ergo ibi deceptio, nulla est ibi seductio?
    거기에는 속임수도 전혀 없고 꼬드김도 전혀 없습니까?.
                                        (최익철 신부 옮김, 요한 서간 강해, p.297).
dĕcéptĭósus, -a, -um, adj. 속이는, 사기의, 기만적
dóceptívus, -a, -um, adj. 속이는, 사기의
dĕcéptor, -óris, m. 속이는 자, 기만자(欺瞞者)
dĕcéptórĭus, -a, -um, adj. 속여 넘기는, 속임수의
dĕcéptum, "decipio"의 목적분사(sup.=supínum)
dĕcéptus, -us, m. = dĕcéptĭo, -ónis, f.
dĕcéris, -is, f. 열 개의 노(櫓)로 젖는 배
dĕcérno, -crévi -crétum -ĕre, intr., tr. (de+cerno)
    판결을 내리다. 판단하다, 시비를 가리다, 판별하다,
    확정하다, 규정하다, **결정하다, 작정하다,** 결심하다,
    명령하다, 공포하다, 싸우다, 투쟁하다, 결판내다.
    decérnere tumúltum. 비상사태를 선포하다/
    Decernimus ut hæ Litteræ Apostolicæ Motu Proprio datæ,
    quibus ad experimentum in quinquennium adnexum
    Statutum comprobamus, per editionem in actis diurnis
    "L'Osservatore Romano" evulgentur(⑨) I order that this
    Apostolic Letter in the form of a Motu Proprio, with
    which I approve the attached Statutes ad experimentum,
    for five years, be published in L'Osservatore Romano).
    저는 이 자의교서로 첨부 정관을 5년 기한부로 승인하며,
    이 교서를 일간지『로세르바토레 로마노』(L' Osservatore
    Romano)에 발표하도록 결정합니다.
                    (교황 베네딕토 16세 "Latina Lingua" 2012.11.10. 자의교서 중에서)/
    Decrevérunt illud tempus exspectándum.
    그들은 그 시간을 기다리기로 했다/
    Mihi bíbere decrétum est aquam.
    나는 물을 마시기로 했다/
    pro suā famā decerno. 자기 명예를 위하여 싸우다.
decerno *alqd* triúmphum.
    누구에게 개선식을 해주기로 결정하다.
decerno armis. 무력으로 해결하다
decerno pugnam. 결정하다, 승패를 결정짓다
decerno rem dúbiam. 의심스러운 것을 확실하게 판단하다
dĕcérpo, -cérpsi -cérptum, -ĕre, tr. (de+carpo)
    따다, 뜯다, 따내다, 뜯어(떼어) 내다, **가로채다,**
    (다른 것 또는 근원에서) **가져(얻어) 오다,** 이끌어내다,
    얻어내다, 얻어 누리다, 채집하다, 감소시키다, 망쳐놓다.
    ex re decerpo fructus. 일에서 이득을 얻다/
    humánus ánimus decérptuus ex mente divínā.
    신(神)의 정신에서 따내온 인간의 마음/
    Nihil sibi ex istā laude decerno.
    그 칭찬을 조금도 가로채지 않다/
    triúmphum decérnere *alci*.
    …에게 개선의 영광을 주기로 원로원에서 결정하다.
decerpo árbore pomum. 나무에서 실과를 따다
decerpo ora puéllæ. 소녀의 입술을 훔치다
decerpsi, "decerpo"의 단순과거(pf.=perfectum)
dĕcérptĭo, -ónis, f. 따기, 뜯기, 채집(採集)
dĕcertátĭo, -ónis, f. 싸움, 결전; 경쟁, 투쟁(鬪爭)
dĕcérto, -ávi -átum, -áre, intr. (간혹 tr.) 격렬하게 싸우다,
    끝까지 싸우다, 투쟁하다, 결전하다, 승부를 겨루다.
    Cum duóbus de império decertám est.
    제국을 놓고 두 사람과 결전하였다.
decerto pugnā. 결전하다
dĕcerptum, "decerpo"의 목적분사(sup.=supínum)
dĕcérvícátus, -a, -um, adj. 목 잘린
dĕcésse = decessísse, inf., prœt. (decédo)
dĕcessi, "decedo"의 단순과거(pf.=perfectum)
dĕcéssĭo, -ónis, f. 물러감, 퇴거, 출발, 퇴임(退任)
    (임기 완료로) 물러남, 감소, 감퇴(減退), 사망(死亡).
decessio Nili. 나일 강의 감수(減水)
dĕcéssum, "decedo"의 목적분사(sup.=supínum)

D

312

dĕcet, décŭit, -ére, impers. (누구에게) **어울리다**,
합당(타당)하다, 적합하다, **영광이 되다**.
Facis, ut te decet. 너는 타당하게 행한다/
Eecísti, ut decúerat. 너는 의당 그랬어야 하는 대로 했다/
Haud me vestis decet. 이렇게 해서는 안 된다/
Injústa impetráre non decet.
불의한 것을 청해 얻는 것은 부당하다/
Non decet regem sæva et insatabilis ira.[me 참조]
국왕으로서는 가혹하고 끝없는 분노가 합당하지 못하다/
Oratórem irásci mínime decet.[me 참조]
연설가는 결코 화를 내서는 안 된다.
tr. 어울리다, 알맞다, 적합하다, 적절하다, 제격이다, 좋다,
Hæc me vestis decet. 이 옷이 내게 어울린다/
Parvum parva decent. 소인에게는 작은 일들이 어울린다/
Virum sapientem mentiri minime decet.[me 참조]
현자로서는 거짓말하는 것이 전혀 어울리지 않는다.
Decet imperatorem stantem mori.(Vespasianus).
사령관은 일선에 서서 버티다 죽는 것이 합당하다.
deciánus, -a, -um, adj. 주사위의
dĕcíbĭlis, -e, adj. 합당한, 어울리는
décĭdĭ[1], "décido[2]"의 단순과거(pf.=perfectum)
decĭdĭ[2], "decído[3]"의 단순과거(pf.=perfectum)
décĭdo[1] -cídi -ĕre, intr. ((de+cado) (아래로) **떨어지다**,
낙하하다, 하락하다, 무너지다, 죽다, 쓰러지다, 잃다,
멀리 떨어지다, (불행.위험 따위에) **빠지다**, 떨어지다,
당하다, 실패하다, 패배(敗北)하다, 정복당하다.
de spe decido. 실망하다/
decido in fraudem. 사기(詐欺)에 걸려들다/
péctore(alcjs) décído. 잊히다.
décĭdo[2] -cídi -císum -ĕre, tr. (de+cædo) 베어 내다,
잘라내다, 절단하다, (나무 가지를) 치다, 벌채하다,
몹시 때리다, **결정하다**, **결의하다**, 처결하다, 처리하다,
끝내다(חלכ,חסכ,רסת), 타결하다, 합의하다.
homo decidens. 결정자/
rebus decísis. 사건이 처리된 다음.
dĕcídŭa, -æ, f. (解) 자궁 탈락막(子宮 脫落膜)
dĕcídŭus, -a, -um, adj. 떨어지는, 빠지는, 탈락하는.
dentes decídui. 젖니(幼齒).
décĭe(n)s, adv. 열 번, 열 배, 자주, 무수히.
deciens centéna. 거액의 돈
deciens centéna mília. 백만(1,000,000)
decies bina mília. 이만(20,000)
décĭma, -æ, f. 십분의 일(10/1), 유산의 10분의 1(로마법: 유언
없이 사망한 자의 배우자가 십분의 일을 취했다).
(수확물 중에서) 신이나 나라에 바치는 10분의 1세(稅).
decimæ, -árum, f., pl. 십일조(十日租.⑨ tithe)
dĕcĭmális, -e, adj. 10분의 1세(稅)를 부과 당하는
dĕcĭmánus, -a, -um, adj. = dĕcŭmánus
10분의 1세(稅)의, 제10군단(légio)의, 제10보병대의.
m. 10분의 1 조세 징수원.
decimáni mílites. 제10군단 병사.
decimanus ager. 수확의 십분의 일을 조세로 바치는 밭
dĕcĭmátĭo, -ónis, f. 10분의 1 조세 징수.
(軍) 군인을 열 명에 하나씩 사형하는 벌.
dĕcĭmátus, -us, m. 십 세의 연령
dĕcĭmo, -ávi, -átum, -áre, tr. 열 번째를 골라내다,
군인을 열 명에 하나씩 사형하다, 10분의 1 조세를 물리다.
decimo saltem quoque anno. 적어도 10년에 한 번은
décĭmum, adv. 열 번째로
décĭmus[1] -a, -um, adj. (=décŭmus)
제10, 열(번)째의, n. 열 번째의 것.
Anno decimo quarto post christum natum.
그리스도 탄생 후(기원 후) 14년에/
anno imperii tertio, mense decimo, die Octavo.
통치 제3년 10월 8일에.
décĭmus[2] -i, m. Roma인의 개인 이름(略.D.)
Decipiam, ac non veniam.
나는 속이겠다기 보다는 차라리 안 오겠다.

Decipies et prævalebis; egredere, et fac ita.
네가 속이면 이길 것이니 나가서 이대로 하라(길멜의 산길 p211).
dĕcípĭo, -cépi, -céptum, -pĕre, tr. (de+cápio)
속이다, 속여 넘기다, 사기하다, 현혹시키다,
들키지 않고 피하다, (시간을) 어물어물 보내다.넘기다,
(걱정을) 잊다, (마음을) 달래다.
Mundus vult decipi. 세상은 (때때로) 속고 싶어 한다/
ne vos palpetis, ne vos aduletis, ne vos decipiatis,
ne vos illudatis. 아첨하거나 비위를 맞추거나 속이거나
조롱하지 마십시오.(최익철 신부 옮김. 요한 서간 강해. p.163)/
Non decipitur qui scit se decipi.
자기가 기만당함을 아는 사람은 기만을 당하는 것이 아니다.
dĕcípŭla, -æ, f. 올가미, 올무(올가미)
dĕcísĭo, -ónis, f. 결정, 결의, 判定(⑨ decision)
해결, 결심, 결단, 타결, 합의, 절단(切斷), 나눔; 감소.
dĕcisívus, -a, -um, adj. (문제) 해결의, 결정적인,
명확한, 단호한, 과감한.
dĕcísórĭus, -a, -um, adj. 결정적인
dĕcísum, "décídi"의 목적분사(sup.=supínum)
dĕcísúra, -æ, f. 분할(分割=둘 또는 그 이상으로 나눔)
dĕcísus, -a, -um, p.p. (decído[4])
Décĭus[1] -i, m. Roma인의 씨족명
décĭus[2] -i, m. 주사위의 신, 주사위
dĕclāmátĭo, -ónis, f. 연설(웅변) 연습, 맹렬한 항의,
웅변.수사학의 연습문제, (미사여구를 쓰며 과장된
몸짓을 하는) 신통치 않은 연설; 열변, 인사말.
dĕclāmátiúncŭla, -æ, f. 간단한 연설(웅변) 연습.낭독
dĕclāmátor, -óris, m. 열변가, 웅변가,
(집이나 학교에서의) 웅변 연습자.낭독자.
dĕclāmātórĭus, -a, -um, adj. 웅변조의, 연설 투의,
웅변가다운, 미사여구를 늘어놓는.
dĕclámĭto, -ávi, -átum, -áre, tr., intr. freq.
열심히 웅변 연습을 하다, 열변을 토하다, 변론하다.
dĕclámo, -ávi, -átum, -áre, intr. (de+clamo) 낭독하다,
소리 높여 웅변 연습하다, 맹렬히 비난하다,
야단스럽게 소리치다, 큰소리로 이야기하다.
ad fluctum declamo. 파도를 향해 큰소리로 낭독하다.
tr. (무엇에 관해) 연설하다, 변론하다.
dĕclārátĭo, -ónis, f. 선언, 성명(enuntiátĭo, -ónis, f.),
의사표시, 표명, 밝힘, 포고, 포교령(布教令).
expressa ecclesiæ declarátio. 교회로부터 공식적인 선포
Declarátĭo Benedictina. 베네딕토 포교령
Declarátĭo Cleri Gallicani. 프랑스 국수주의 성직자 선언
Declarátĭo de Libertate Religiosa. 종교 자유에 대한 선언
Declarátĭo Ferdinandea. 페르디난트의 비밀 포고
Declarátĭo incompetentiæ. 무관할 선언(宣)
Declarátĭo nullitátis. 혼인의 무효선언(無效宣言)
Declarativum, manififestivum esse.
참된 것은 존재를 드러내는 것(Hilárĭus).
dĕclārátívus, -a, -um, adj.
명확히 하는, 밝히는, 선언(宣言)하는.
interpretátĭo declarativa. 선언적 해석.
dĕclārátórĭus, -a, -um, adj. 선언하는, 표명하는, 진술의.
senténtĭa declarátórĭus. 설명; 확정판결.
dĕcláro, -ávi, -átum, -áre, tr. (de+claro) 언명하다,
똑똑히 드러내다, 명시하다, 표시하다, 말해주다,
선언하다, 천명하다, 선포하다(דגנ), 공포(공표)하다.
Quibus sentenciis Domini Salvatoris divinum judicium
futurum in fine sæculi declaretur.
구세주의 말씀에는 세상 종말의 최후심판이 어떻게
선언되어 있는가(교부문헌 총서 17, 신국론, p.2820).
declaro alqm cónsulem. 아무를 집정관으로 선포하다
dĕclīnábĭlis, -e, adj. (文法) 어미변화를 할 수 있는
Declínat amor. 사랑이 식어간다.
dĕclīnátĭo, -ónis, f. 구부림, 굴절; **기울임**, **비낌**, **비킴**,
피함, 회피, 도피, 혐오(嫌惡=싫어하고 미워함), 거절.
(天) 적위(赤緯=천구 상의 별의 위치를 나타내기 위하여 적도로부터
남북 양쪽으로 재어 나간 각거리(角距離).

(修) 본론에서의 짧은 이탈, 탈선, 빗나감.
((文法)) (명사.대명사.형용사의) 어미변화.
Prima declinatio. 제1 변화 (어미 -a)
Secunda declinatio. 제2 변화 (어미 -us, -er, -um)
Tertia declinatio. 제3 변화 (속격 -is)
Quarta declinatio. 제4 변화 (어미 -us 혹은 -u)
Quinta declinatio. 제5 변화 (어미 -es)
dēclīnátus, -us, m. 피함, 도피(逃避-도망하여 피함),
회피(回避-책임을 지지 않고 피를 부림).
dēclínis, -e, adj. 구부러진, 경사진, 비스듬한, 비낀, 피하는
dēclíno, -ávi, -átum, -áre, tr. 벗어져 나가게 하다,
빗나가게 하다, 비뚤어지게 하다, 구부리다, 기울게 하다,
멀어지게 하다, 떨어져 나가게 하다, **피하다, 비키다**,
거절하다. (文法) 어미변화를 하다; (때로는) 활용하다.
ætáte declinátā. 나이가 기울어서도(늙어서도)/
declino impetum. 공격을 피하다/
declino se extra viam. 길 밖으로 벗어나다.
intr. 벗어나다, 빗나가다, 기울다(רחק.אלא.טב),
방향을 돌리다, (向해) 가다, 감소되다, 줄어들다,
피하다, 면하다, 멀어지다.
a malis declino. 악을 피하다/
ad alqd declino. 무엇에로 방향을 돌리다/
Declínat amor. 사랑이 식어간다/
declino de viâ. 길에서 벗어나다/
declino in pejus. 더 나빠지다.
dēclínus, -a, -um, adj. 기운, 경사진
dēclívis, -e, adj. 경사진, 비탈진, 가파른, 기울어진,
숙어진, 구부러진, n. 비탈, 사면(斜面), 경사지(傾斜地).
dēclívitas, -átis, f. (아래로 향한) 경사(傾斜-비스듬히 기울어짐),
언덕, 비탈, 물매(지붕 낱가리 따위의 비탈진 정도); 기울어짐.
dēclívum, -i, n. 비탈, 경사면(傾斜面), 경사지(傾斜地)
dēclívus, -a, -um, adj. = dēclívis
dēcócta, -æ, f. 끓여서 식힌 물
dēcóctĭo, -ónis, f. 끓임, (약을) 달임,
(음식) 소화(消化), 삭음, 파산(破産).
dēcóctor, -óris, m. 낭비자(浪費者), 파산자(破産者)
dēcoctúra, -æ, f. 달인 것(약)
dēcóctus, -a, -um, p.p., a.p. 삶아(끓여) 졸인,
달인, 세련된, 정제된, 풍미 없는, 김빠진.
n. 달인 것, 달인 약.
décollátĭo, -ónis, f. 목 자름(베임), 참수(斬首-목을 자름)
dēcólligo, -ávi, -átum, -áre, tr. 흩뜨리다
dēcóllo, -ávi, -átum, -áre, tr. 목을 자르다.
참수형에 처하다, 목에서 벗기다, **뺏다.**
dēcólo, -ávi, -átum, -áre, intr. (de+colum)
미끄러져 떨어지다, 실패(失敗)하다, 없다.
dēcólor, -óris, adj. = dēcŏlórus 퇴색한, 바랜, 변색한,
검게 된, 변질(變質)된, 변종(變種)의, 달라진.
dēcŏlorátĭo, -ónis, f. 퇴색(退色), 변색(變色),
탈색(脫色), 망신(亡身), 불명예(不名譽).
dēcŏlóro, -ávi, -átum, -áre, tr. 퇴색(변색)하게 하다,
바래다, 얼룩지게 하다, 망신(불명예)스럽게 하다.
dēcŏlórus, -a -um, adj. = décólor, -óris, adj.
dēconcílĭo, -ávi, -átum, -áre, tr. 떼 내다, 탈취하다
dēcóndo, -ĕre, tr. 가두다, 묻다(埋)
dēcóntor, -átus sum -ári, dep., intr. 주저하다
décŏquo, -cóxi -cóctum -ĕre, intr. 파산하다,
탕진되다, 없어지다, 망하다; (기대 따위에) 어긋나다.
tr. 푹 삶다, 끓이다, 익히다, 졸이다, 달이다,
녹여서 덜어내다, 낭비하다, 줄어들게 하다,
(유산을) 탕진하다.
dĕcŏr¹ -óris, m. 아름다움(κάλλος.⑨ Beauty), 멋,
우아(優雅), 어울림, 고움, 예쁨, 육체미, 장식(裝飾-치장함).
dĕcŏr² -óris, adj. = dĕcórus, -a -um, adj.
Decora facies! 壯觀이다!
dĕcŏrámen, -mĭnis, n. (decoramentum, -i, n.)
장식(裝飾-치장함), 장식품(裝飾品).
dĕcŏrátus, -a, -um, p.p., a.p.

잘 꾸며진, 가꾸어진, 다듬어진; 훌륭한.
dĕcórĭo, -ávi, -átum, -áre, tr. (de+córium) 가죽을 벗기다
decorior, -or, -us, adj. dĕcórus, -a, -um의 비교급
decorissimus, -a, -um, adj. dĕcórus, -a, -um의 최상급
dĕcŏro, -ávi, -átum, -áre, tr. 꾸미다(כבד.טוה),
장식하다, 치장하다, 아름답게 하다, 칭찬하다,
영광스럽게 하다, 존경하다.
dĕcŏrósus, -a, -um, adj. = dĕcórus -a, -um, adj.
dĕcŏrticátĭo, -ónis, f. 껍질 벗김
dĕcórtĭco, -ávi, -átum, -áre, tr. (de+cortex)
나무껍질을 벗기다.
dĕcórum, -i, n. (=dĕcŏr¹ -óris, m.) 우아(優雅),
멋(태도나 차림새 등에서 풍기는 세련된 기품), 잘생김, 예의범절.
Decorum Clericale. 성직자의 품위
Decorum pastorale. 사목 예의
dĕcórus(=decor² -óris, adj.), -a, -um, adj. 알맞은,
합당한, 어울리는, 단정한, 품위 있는, 점잖은, 멋진,
아름다운(יפה.καλὸς), 고운, 예쁜, 꾸며진, 장식된.
Non ubique idem decorum est.
같은 일이 어디서나 어울리는 것은 아니다/
ut tibi daret speciem et decorem. Quam speciem?
quem decorem? dilectionem caritatis; ut amans curras,
currens ames. 그대에게 풍채와 위엄을 주시기 위함
이었습니다. 어떤 풍채 말입니까? 어떤 위엄 말입니까?
사랑에 대한 사랑입니다. 그대는 사랑하면서 달리고
달리면서 사랑하게 됩니다.(최익철 신부 옮김, 요한 서간 강해, p.417).
dĕcoctum, "decoquo"의 목적분사(sup.=supínum)
decóxi, pf. (décŏquo)
dēcrēméntum, -i, m. 감퇴(減退), 감소, 쇠퇴(衰退)
dēcrémo, -ávi, -átum, -áre, tr. 태우다, 불사르다
dēcrépĭtus, -a, -um, adj. 호호백발의, 노쇠한, 늙어 빠진
dēcrescéntĭa, -æ. f. 줄어듦
dēcrésco, -crévi -crétum -ĕre, intr. 줄다(חסר),
줄어들다, 작아지다, 감퇴하다, 이울다,
(목소리 따위가) 내려가다(ירד), (감정이) 가라앉다.
Quid est crescere? proficere. Quid est decrescere?
deficere. 자라난다는 것은 무엇입니까? 진보하는 것
입니다. 쪼그라든다는 것은 무엇입니까?
퇴행하는 것입니다.(최익철 신부 옮김, 요한 서간 강해, p.151).
Decreta Prædeterminantia. 예정 결정
(프란치스코 회원 Joannes de Ripa가 주장한 스코투스 학파의 설.
하느님의 예지(叡智)를 미리 정하는 것. 백민관 신부 엮음, 백과사전 1. p.809).
Decreta servanda in canonizatióne et beatificatióne
sanctorum. (1642.3.12. 우르바노 8세)
성인들의 시복과 시성에서 지켜야할 규정.
Decreta super reformatióne. 쇄신을 위한 교령
decretalia, -ium, n., pl. 교황 교령집(⑨ Decretals).
Commentaria in Libros Decretalium. 법령집 해설.
dēcrētális, -e, adj. 법령의, 교령의, 결정적인.
n. (가) 옛 법령집.
dēcrétĭo, -ónis, f. = dēcrétum
dēcrētísta -æ m. 교회법에 밝은 사람
Decreto, quo. 미사 독서집(1969.7.25. 훈령)
dēcrētórĭus, -a, -um, adj. 결정적인, 최후판결의,
판가름의; 결연한. hora decretória. 죽음의 시간.
Decretum, -i* n. (가) 교령(⑨ decree), 교황청 교령
dēcrétum, -i, n. 결정 (사항), 결의, 판결(判決.דינ),
포고(布告), 원리, 명제, 법령(法令.חק),
재결(裁決.⑨ decree-옳고 그름을 가리어 결정함).
prorogatur publicatio decretorum. 교령의 반포가 연기됨/
prorogatur publicatio decretorum in futuram sessionem,
quæ indicitur. 교령의 반포가 연기되고, 그 회기가 공지됨.
Decretum administrativum, 행정교령
Decretum de celebrando concilio. 공의회 거행에 관한 교령
Decretum de inchoando concilio. 공의회 개회 교령.
(1545년 12월 13일 트리엔트공의회 제1차 회기).
Decretum de indictionis futuræ sessionis.
다음 회기 공지 교령.
Decretum de Invocatióne, Veneratióne,

314

et Reliquiis Santorum, et Sacris Imaginibus.
성인 공경에 관한 교령(DS 1821~1825).

Decretum de modo vivendi et aliis in concilio servandis. 공의회 중에 준수해야 할 생활 태도와 그 외의 사안들에 관한 교령(1546년 1월 7일 트리엔트공의회 제2차 회기).

Decretum de observandis et vitandis in celebratione missarum. 미사 봉헌에서 지켜야 할 것과 피해야 할 것에 관한 교령.

Decretum de prosequenda sessione in subsequentem diem. 다음날로 회기를 연기하기 위한 교령.

Decretum de Purgátorio. 연옥에 관한 교령(DS 1820)

Decretum de reformatione. 개혁 교령

Decretum de reformatione generali.
전반적인 개혁에 관한 교령.

Decretum de regularibus et monialibus.
남녀 수도자들에 관한 교령.

Decretum de residentia episcoporum et aliorum inferiorum. 주교들과 여타 하급 성직자들의 상주에 관한 교령.

Decretum de resumendo concilio. 공의회 재개에 관한 교령

Decretum de Sacraméntis. 성사 교령(DS 1600~1630)

Decretum de Sacramento Pænitentiæ.
고해성사 교령(DS 1667~1693).

Decretum de sanctissimo eucharistiæ sacramento.
지극히 거룩한 성체성사에 관한 교령.

Decretum de sponsalibus et matrimonio cum declaratione. 약혼과 결혼에 관한 교령(1900년 Noldin 지음).

Decretum de SS. Eucháristia.
지극히 거룩한 성체성사에 관한 교령(DS 1635-1650).

decretum diei futuræ sessionis.
다음 회기의 날짜에 관한 교령.

decretum divina. 신의 결정

Decretum ecclesiasticum. (가) 교령(教令.⑨ decree)

decretum Episcopi. 교구장의 재결(教區長 裁決)

Decretum exsecutórium. 집행 교령

Decretum Gelasianum. 젤라시오 법령

Decretum generale. 일반 교령(⑨ general decree)

Decretum Gratiani.(⑨ Decree of Gratian-그라시아노가 1140년 편찬한 법령집). 그라시아노 법령집.

Decretum judiciarum. 사법 교령

Decretum Laudis. 가상(嘉尚-칭찬하여 아름답게 여김) 교령.
교황의 수도회(의료선교 수녀회) 공인 서한(교황 요한 22세 1959년).

Decretum legislativum. 입법 교령

Decreum pro Græcis. 그리스인들을 위한 교령(DS 1305)

decretum prædeterminatia. 선정적 결의, 예정적 결정

Decretum primum. 제1교령

Decretum primum. De sacramentis. 제1교령, 성사

decretum procedurale. 절차적 재결

Decretum prorogationis definitionis quatuor articulorum de sacramento eucharistiæ et salviconductus. 성체성사에 관한 네 개 항목의
결정 보류와 안전 통행증에 관한 교령.

Decretum prorogationis publicationis canonum.
법규의 발표 연기에 관한 교령.

Decretum prorogationis sessionis. 회기 연기에 관한 교령

Decretum secundum. 제2교령

Decretum singulare. 개별 교령(⑨ individual decree).

decretum substantivum. 실체적 재결

Decretum super de futuræ sessionis et materiis in ea pertractandis. 다음 회기 일정과 회의 내용에 관한 교령.

Decretum super fine concilii et confirmatione a summo pontifice petenda.
공의회의 폐막과 교황에게 청해야 할 승인에 관한 교령.

Decretum super indictione futuræ sessionis.
다음 회기를 선포하기 위한 교령.

Decretum super lectione et prædicátione.
교수와 설교에 관한 교령.

Decretum super Peccato Originali. 원죄에 관한 교령
(1546년 6월 17일 트리엔트공의회 제5차 회기).

Decretum super petitione concessionis calicis.
성혈 배령 승인 청원에 대한 교령.

Decretum super Petitione Concessionis.
성작 수여 청원에 관한 교령(DS 1763~1770).

Decretum super translatione concilii.
공의회 장소 이전에 관한 교령.

Decretum suspensionis concilii. 공의회 중단에 관한 교령

Decretum tertium. 제3교령

decrétus, -a, -um, p.p. (decréno, decrésco)

decrévi, "decerno"의 단순과거(pf.=perfectum),
"decrésco"의 단순과거(pf.=perfectum).

dēcrústo, -áre, tr. 외피(外皮)를 제거하다

decúbĭtus¹ -a, -um, p.p. (decrúmbo)

decúbĭtus² -us, m. (醫) 욕창(蓐瘡)

décŭbo, -áre, intr. 다른 데서 자다, 외박(外泊)하다

decúlco, -ávi, -átum, -áre, tr. 짓밟다

dēcŭbui, "decubo"의 단순과거(pf.=perfectum),
"decumbo"의 단순과거(pf.=perfectum).

dēcŭcurri, "decurro"의 단순과거(pf.=perfectum)

deculpátus, -a, -um, adj.
잘못으로 단정된, 비난 받은, 나무람 받은.

dēcúlto, -ávi, -átum, -áre, tr. 완전히 숨기다

dēcūmána, -æ, f. 10분의 1세 징수원의 아내

dēcūmánus = dēcīmánus, -a, -um,
adj. 10분의 1세(稅)의, 제10군단(légio)의, 제10보병대의.
m. 10분의 1 조세 징수원.

dēcūmátes agri, m., pl. (décuma = décima)
(수확량의) 10의 1 조세를 내는 농토(農土).

dēcúmbo, -cúbŭi, -cúbĭtum, -ĕre, intr.
눕다, 취침하다; 누워 쉬다, 몸져눕다.
식탁에 앉다(팔을 고이고 누워먹었음),
(싸움에서 부상입고) 쓰러지다; 엎드리다.

décŭmus = décimus¹-a, -um, adj. 제10, 열(번)째의.
n. 열 번째의 것.

dēcúncis, -is, (decunx, -úncis) m. 10 únciœ

décŭplo, -ávi, -átum, -áre, tr. 10배로 하다

décŭplus, -a -um, adj. (decem+plus) 10배의

dēcúrĭa, -æ, f. 10인조, (10을 단위로 한) 죽(粥-의존 명사적
용법으로 옷이나 그릇 따위의 열 벌을 세는 단위), 10인 위원회.

decuria senatória. Roma 원로원의 10인 위원회.
(decuria는 군사적, 정치적 성격을 가지는 조직이다. curia는 원래 10개의 10인대로
구성되었다. 기병의 최소 단위이기도 했고, 원로원도 10인이라는 의미에서 decuria
라 불렸다.).

dēcŭrĭális, -e, adj. 10인조의, 10인 위원회에 속하는

dēcŭrĭátĭo, -ónis, f. (dēcŭrĭátus, -us, m.)
10인 위원회 구성.등록.

dēcúrĭo¹ -ávi, -átum, -áre, tr.
(군대 특히 기병대를) 10인조로 나누다.편성하다,
(지지 투표를 바라면서) cúria(1)에 등록시키다.

dēcúrĭo² -ónis, m. (軍) 기병대의 10인조 분대장,
지방도시나 식민분지 의회의원.

dēcŭrĭónális, -e, adj. 10인조 대장의, 시(市) 의원의

dēcŭrĭónátus, -us, m. 기병대의 분대장 직, 시 의회 의원직

dēcúrro, -cúrri, -cúrsum, -ĕre, intr. 달려(급히) 내려가다.
열매가 떨어지다, 강물이 흘러 내려가다,
바다로 흘러들다, 배가 빨리 가다, 항해하다,
빨리 움직이다, 달리다, 뛰다, 뛰어 들다,
목적지(종점)까지 달리다, (軍) 기동 연습하다, 행군하다,
(축제나 장례식에서) 성대한 행렬을 지어 행진하다,
(연설에서) 다루다, 이야기하다,
거침없이 계속되다.전개되다, 호소하다, 매달리다,
의존하다, (impers.) ~에 이르다.
Cito decurrit tramite virgo.
처녀는 골목길로 달음박질하여 지나갔다/
eo decúrsum est, ut…, …하기에 이르렀다/
Manus in scribéndo decúrrit. 글 쓰는 손이 빨리 움직인다.

decurro ad hamum. (물고기가) 낚시에 덥석 달려들다

decurro in spátio. 경기장에서 달린다

dēcúrsĭo, -ónis, f. 달려 내려감, (물 따위의) 흐름,

(고지로부터의) 습격, (군대의) 기동연습,
여행(旅行), 주파(走破); 경과(經過-시간이 지나감).

dēcúrsĭto, -ávi, -átum, -áre, intr.
(뛰어) 돌아다니다, 배회(徘徊-목적 없이 이리저리 거님)하다.

dēcursum, "decurro"의 목적분사(sup.=supínum)

decursus, -us, m. 달려 내려감, 흐름, 목적지까지 달림,
종점까지 달림, 시간의 경과, 다 채움, 만기(滿期),
(軍) 기동연습(機動演習), 군대사열, 습격, 돌격(突擊).

decursus honorum. 관직의 만기(滿期)

decursus temporis. 시간의 흐름(경과)

dēcurtátĭo, -ónis, f. 절단(切斷), 잘라냄

dēcúrto, -ávi, -átum, -áre, tr. 잘라내다, 짧게 하다

dĕcus, -cŏris, n. 장식, 영광, 영예, 자랑, 칭찬,
아름다움, 멋(獨特한 차림새 등에서 풍기는 세련된 기품), 어울림,
기품(氣稟), 고결(高潔), 고상(高尙), 훌륭함, 덕(德).
Celebrationis eucharisticæ decus. 성찬례 거행의 품위/
Orientális Ecclesiæ decus, 동방교회의 자랑(담화문 1944.4.9. 공표)/
Utinam pro decore tantum hoc vobis et non pro salute
esset certamen! 당신들에게 그 싸움이 안전을 위해서가
아니라 영예를 위한 것이라면 좋으련만!

dĕcussátim, adv. X자형으로

dĕcussátĭo, -ónis, f. X자형의 교차, 가새표; 교차(交叉)

dēcussi, "dēcútĭo"의 단순과거(pf.=perfectum)

dēcússĭo, -ónis, f. 흔들어 떨어뜨림, 떼어냄

dēcússis, -is, m. 열(10), X자형, 가새표, 10as의 돈

dēcússo, -ávi, -átum, -áre, tr.
X(십)자형으로 만들다, 나누다, 교차시키다.

dēcussum, "dēcútĭo"의 목적분사(sup.=supínum)

dēcútĭo¹ -cússi, -cússum, -ĕre, tr. (de+quátio)
흔들어(쳐서, 밀쳐서) 떨어뜨리다, 따다,
때려서 무너뜨리다, 넘어뜨리다,
(금고에서 돈을) 끄집어내다.

dēcútĭo² -íre, tr. 가죽을 벗기다

dēdámno, -ávi, -átum, -áre, tr. 죄를 용서하다

dēdĕcĕo, -cŭi, -ére, impers., tr. 합당(타당)치 않다.
불가하다, 좋지 않다, 어울리지(맞지) 않다.
망신되게(욕되게)하다.
Nec dóminam motæ dedecuére comæ. 약간 흐트러진
머리가 귀부인을 망신스럽게는 하지 않았다/
Oratorem irásci mínime decet, simuláre non dédecet.
연설가는 결코 화내서는 안 되지만 화내는 체하는 것은 무방하다/
ut ne dédeceat, 망신스럽게 되지 않기 위해서/
Vos dedecet haec dicere.[me 참조]
당신들이 이런 말을 하는 것은 가당치 않다/
Vox … non dédecet. (잇새로 발음한) 소리가 나쁘지는 않다.

dédĕcor, -ŏris, adj. 망신(수치·불명예)스러운, 흉한, 천한

dēdĕcŏrāméntum, -i, n. 망신(亡身), 수치(羞恥), 치욕(恥辱)

dēdĕcŏrátor, -óris, m. 망신시키는 자, 욕되게 하는 자

dēdécŏro, -ávi, -átum, -áre, tr. 망신시키다,
수치(불명예)스럽게 하다, 흉하게 만들다,
체면(위신·영예·면목)을 손상시키다.

dēdĕcŏrósus, -a, -um, adj. 수치스러운, 천한, 흉한

dēdĕcórus, -a, -um, adj. 명예를 더럽히는, 치욕이 되는

dēdĕcus, -córis, n. 망신(亡身), 수치(羞恥-부끄러움),
치욕(恥辱-부끄러움과 욕됨), 불명예, 오명, 오욕(汚辱),
비행(非行), 추행(醜行), 악행, 악습(惡習), 능욕(陵辱).
dedécori esse alci. 누구에게 망신이 되다.

dedecus admíttere. 수치스러운 일을 저지르다

dĕdi¹, "do"의 단순과거(pf.=perfectum)

dĕdi², -inf., prœs. pass. (dĕdo)

dēdĭcátĭo, -ónis, f. 봉헌*(奉獻.προσφορα), 헌납(獻納),
헌금함(궤), 헌당(獻堂), (공공건물의) 낙성(식),
(사람·성당 따위의) 축성(祝聖).
In dedicatione Basilicæ S. Mariæ. 성모 마리아 대성당 축일/
In dedicatione S. Mariæ ad Nives. 성모 설지전 축일/
Ordo Dedicationis Ecclesiæ et Ataris(1977년)
성당과 제대 봉헌식.

dedicátĭo altaris.(⑩ Dedication of Alter.獨 Altarweihe)

제대 봉헌.

dedicátĭo B.M.V. Angelorum de Portiuncula.
뽀르시운꿀라의 천사들의 성모 마리아 봉헌 축일.

dedicátĭo Beatæ Mariæ ad Nives. 성모 설지전 성당

dedicátĭo ecclésiæ. 성당 봉헌(⑩ dedicátĭon of church.
獨 Kirchweihe), 성당 봉헌식.

Dedicátĭo S. Mariæ ad Nives.
성모 설지전(雪地殿) 성당 봉헌 축일(8월 5일).

Dedicátĭonis ecclesiæ. 성당과 제단의 봉헌 예식(1977.5.29. 교령).

dēdĭcātívus, -a, -um, adj. 긍정적(肯定的)

dédĭco, -ávi, -átum, -áre, tr. 신고하다, 말하다, 주장하다,
(고대 로마 국세 조사에서) 재산 신고하다,
(종교적으로 신에게) 봉헌하다(סברם.רבים), 헌납하다,
축성하다, 신에게 드리는 것으로 만들다, 신으로 모시다.
신격화(神格化)하다, (저서 따위를 누구에게) 바치다.
(건물·극장·교량 따위를) 낙성(준공)하다, 개관하다.

dédĭdi, "dēdo"의 단순과거(pf.=perfectum)

dēdídĭci, "dēdísco"의 단순과거(pf.=perfectum)

dēdignátĭo, -ónis, f. 경멸(輕蔑-남을 깔보고 업신여김), 멸시(蔑視).

dēdígnor, -átus sum, -ári, dep., tr. 경멸(멸시)하다.
부당하게 여기다, 배척(排斥)하다.

dēdísco, -dídĭci, -ĕre, tr.
배운 것을 잊다, (습관 따위를) 버리다.

dedit, 원형 dŏ, dĕdi, dătum, dăre, tr.
[직설법 현재완료. 단수 1인칭 dedi, 2인칭 dedisti, 3인칭 dedit.
복수 1인칭 dedimus, 2인칭 dedistis, 3인칭 dederunt].

Dedit dilectionem Deus, donavit Deus dilectionem.
하느님께서는 사랑을 주셨습니다. 하느님께서 사랑을
선물로 주신 것입니다.(최익철 신부 옮김. 요한 서간 강해, p.319).

Dedit enim tibi Deus esse super bestias, id est,
meliorem esse quam bestias. 하느님께서는 여러분을 짐승
위에 있게 하셨습니다. 곧 짐승보다 낫게 지으셨습니다.

Dedit mihi, quantum maximum potuit.
그는 자기가 줄 수 있었던 최대한의 것을 내게 주었다.

Dedit puer rosas puellæ duabus manibus.
소년이 소녀에게 장미꽃을 두 손으로 바쳤다.

dēdĭtícĭus(=deditítĭus) -a, -um, adj. 항복한, 굴복한,
예속된. m. 굴복자(屈服者), 예속자(隸屬者).

dēdítĭo, -ónis, f. 항복(降伏).
ad eásdem deditiónis conditiónes recurro.
같은 항복 조건으로 되돌아가다.

Deditio civibus a consule nuntiabitur.
항복이 집정관에 의해 시민들에게 통보될 것이었다.

déditor, -óris, m. 항복자(降伏者), 투항자(投降者)

deditque, 원형 do, dĕdi, dătum, dare,
[dedit + que 직설법 현재. 단수 1인칭 dedi, 2인칭 dedisti, 3인칭 dedit.
복수 1인칭 dedimus, 2인칭 dedistis, 3인칭 dederunt]

dēdítum, "dedo"의 목적분사(sup.=supínum)

dēdĭtus, -a, -um, p.p., a.p. (dēdo) 온전히 바쳐진,
헌신하는, 몰두한, 집착한, 열중한, 사로잡힌.

dedita somno membra. 깊이 잠들어 늘어진 사지

dēdo, dédĭdi, dédĭtum, -ĕre, tr. (de+do) 내어주다,
주다(נתן.יהב.תנה), **넘겨주다**(נתן), **온전히 내맡기다**,
바치다, 헌신하다, 몰두(전념·열중)하다, 빠지다.
탐닉(耽溺-어떤 일을 지나치게 즐겨 거기에 빠짐)하다, 노예가 되다.
Cives Romanus coluit, iis indulsit, eorum voluntati
deditus fuit. 로마인은 시민들을 공대하였고 그들을
관용하였으며 그들의 뜻에 헌신하였다/
dédĭtā ópera. 고의로, 일부러, 애써/
dedita somno membra. 깊이 잠들어 늘어진 사지/
Pátria, cui nos totos dedo debémus.
우리 자신을 온전히 바쳐야 하는 조국/
se súaque ómnia Cæsari dedo.
캐사르에게 항복하고 자기들의 모든 것을 넘겨주다.

dedo *alqm* **ad supplícium.** 아무를 고문하다

dedo *alqm* **cruci.** 아무를 십자가형에 처하다

Dedo aures suas poétis. 시인들의 말을 열심히 듣다

dedo se ad audiéndum. 열심히 듣다

dedo se stúdio litterárum. 학문연구에 몰두하다
dēdócĕo, -ére, tr. (배운 것을) 잊게 하다, 반대로 가르치다,
　　하지 못하도록 가르치다, 버릇을 고치게 하다.
dēdólĕo, -ŭi, -ére, intr. 고통이 멎다
dédŏlo, -ávi, -átum, -áre, tr. 다듬다, 베다(מזר),
　　자르다(חרב,חסב,סכים,ססם).
dédŏmo, -mŭi -mĭtum(-mátum) -áre, tr. 온전히 길들이다
dēdúco, -dúxi, -dúctum, -ĕre, intr. (de+duco)
　　끌어내리다, 처지게(늘어지게) 하다, **이끌다**,
　　인도하다(אγω), (어디로) 돌리다, 운반하다, 끌고 가다,
　　데리고 가다, 데려다 맡기다, 동반하다, 수행하다,
　　(배를) 바다로 보내다, 출범시키다, 벗어나게 하다,
　　멀어지게(떠나게.멀어지게.버리게) 하다, 제거하다,
　　이끌어 내다, 유래하게 하다, 따오다, 가져오다, 추론하다,
　　연역하다, (돛을) 펼치다, (실을 가늘게) 뽑다,
　　(글.시를) 훌륭히 만들어 내다, 작성하다, 이민시키다,
　　(어디를) 식민지로 만들다, 아내를(아내로) 데려오다.맞다,
　　끌어당기다. …하게 만들다, **에 이르게 하다, 감하다,
　　빼다**, 공제하다, 떼어내다, 덜다. ((軍)) (부대 따위를)
　　이동시키다, 인솔하다, (적을) 유도하다, 끌어내다.
　　(pass.) dedúci. 시집가다(오다).
　　addéndo deducendóque. 더하고 빼고 하여/
　　aqua dedúcta. 끌어 온 물/
　　deducere in omnem veritatem(⑨ guiding into all the
　　truth) 진리를 온전히 깨닫도록 이끌어주시는 일/
　　In eum locum res deducta est, ut salvi esse nequeamus.
　　　우리가 살아날 수 없는 처지로 일이 꼬여 갔다/
　　Res eo dedúcta est, ut…
　　　일이 …한 정도에까지 이르렀다.
deduco alqm a timóre. 공포심을 버리게 하다
deduco alqm in perículum. 위험으로 끌어넣다
deduco vestem húmero ad péctora.
　　옷을 어깨에서 가슴까지 끌어내리다.
dēdúctĭo, -ónis, f. 물을 끌어 옴(引水), 이송(移送),
　　반출(搬出), 식민(植民), 추방(追放), 출가(出家),
　　감함, 빼기, 공제(控除) 추론, (論) 연역(演繹).
dēdúctívus, -a, -um, adj. 끌어온, 유래된, (論) 연역적
dēdúctor, -óris, m. 인도(引導) 하는 자, 가져오는 자,
　　관직 취임자의 동반자.수행원, 식민지 건설자.
dēductum, "deduco"의 목적분사(sup.=supínum)
dēdúctus¹ -a -um, p.p., a.p. 끌어내려진, 처진, 늘어진,
　　낮은, 가느다란, voce deductá. 낮은 목소리로.
deductus² -us, m. 인수(引水)
dēduxi, "deduco"의 단순과거(pf.=perfectum)
dēēbríatus, -a -um, adj. 만취한
dééo, -íre, anom., intr. (de+eo) ((무엇에서)) 떠나다
dēérro, -ávi, -átum, -áre, intr.
　　길을 잃다, 방향하다, 벗어나다.
déésis, -is, f. 간구(懇求), 기원(祈願), 탄원(歎願),
　　비잔틴 예식에 있어서의 기원의 하나,
　　(공심판 그림에 있는) 왕좌의 그리스도 상(像).
Deest mihi opera. 나는 틈이 나지 않는다.
dēfæcábĭlis, -e, adj. 깨끗이 부실 수 있는
dēfæcátĭo, -ónis, f. 찌꺼기 제거, 세척(洗滌)
dēfǽco, -ávi, -átum, -áre, tr. 씻다, 깨끗이 하다:
　　맑게 하다, (술 따위의) 찌꺼기를 걸러서 맑게 하다.
dēfǽnĕro, -ávi, -átum, -áre, tr. 누구에게 채무를 지우다
dēfāmátus, -a, -um, adj.
　　명예를 깎인, 나쁜 평판이 퍼진, 누명 쓴.
dēfámis, -e, adj. 수치스러운
dēfānátus, -a, -um, adj. 더럽혀진, 속화(俗化) 된
dēfārīnátus, -a, -um, adj. 가루가 된
dēfātīgábĭlis, -e, adj. 피로해질 수 있는
dēfātīgátĭo, -ónis, f. 피로, 피곤, 지쳐버림, 권태(倦怠)
dēfátīgo, -ávi, -átum, -áre, tr. 피로하게(지치게) 하다.
　　pass. defatīgári. 지치다. defatīgáti. 지친 사람들.
　　Defatīgátis invicem íntegri succédunt.
　　　원기 왕성한 자들이 지친 자들과 교체하여 들어선다.

dēfătíscor = dēfĕtíscor
dēfĕcábĭlis = dēfæcábĭlis, -e, adj.
dēfĕci, "deficio"의 단순과거(pf.=perfectum)
dēfectíbĭlis, -e, adj. 약한, 덧없는, 속절없는
dēfectībílĭtas, -átis, f.
　　불완전성, 결함 가능성; 죄를 지을 수 있음.
dēfectĭo, -ónis, f. 배반, 배신, 이탈, 떨어져 나감,
　　쇠약(衰弱), 쇠미(衰微), 부족, 결핍(缺乏), 결함, 결여.
defectio ánimi. 낙담(落膽), 의욕상실(意慾喪失), 실의
defectio lunæ. 월식(月蝕.labores lunæ).
defectio solis. (天) 일식(日蝕.deliquium solis/
　　obscurátĭo solis/eclipsis, -is, f.).
dēféctívus, -a, -um, adj. 결함(결점) 있는, 불완전한,
　　다 갖추지 못한, 빠져 있는, 모자라는.
　　(文法) verbum defectívum. 결여 동사, 불비 동사.
defectívus motus. 결핍(缺乏) 된 운동
dēféctor, -óris, m. 배반자, 배신자, 반역자, 이탈자
dēféctrix, -ícis, f.결함 있는(불완전한) 여자
dēféctum, "deficio"의 목적분사(sup.=supínum)
dēféctus¹ -a, -um, p.p., a.p. 떨어져 나간, 버림받은,
　　쇠약해진, 쇠잔한, 무력해진, 지친.
dēféctus² -us, m. 결함(缺陷), 결점(缺點), 단점, 과실,
　　흠, 결핍(缺乏), 결여(στέρησις.缺乏.⑨ Lack), 부족,
　　배반, 변절(變節), 이탈(離脫), 탈당(脫黨), 쇠약(衰弱),
　　질환(疾患), 일식, 월식. (軍) 사기저하(士氣低下).
　　((가)) (서품 또는 성직 집행의 장애가 되는) 결함.
　　De sufferentia defectuum aliorum.
　　　남의 과실을 참음에 대하여/
　　defectu utique bono ab inferioribus. 하계의 사물로
　　부터 상계의 사물로 사그라지는 것이 좋다/
　　Iste finis: ibi perpetua laudatio, ibi semper Alleluia sine
　　defectu. 이것이 끝입니다. 거기에는 완전한 찬미가 있고,
　　쉼 없는 알렐루야가 있을 것입니다.(요한 서간 강해. p.447)/
　　irregularitas ex deféctu. 결함에 의한 결격(缺格)
defectus actuális. 현실적 결함
defectus capacitátis vel habilitátis. 자격의 결여
defectus discretionis. 분별력의 결여(缺如)
defectus formæ. 형식의 결함(缺陷)
defectus formæ canonicæ. 교회법상 형식의 결함
defectus habituális. 상습적 결함
defectus impedimentum. (혼배 신품의) 신체 결함 장애
defectus intentionis. 의향의 결여
defectus justitiæ originalis. 태초의 의로움 손상
　　(아담의 원죄로 말미암아 태초에 받았던 의로운 상태가 손상되었음을 말한다.
　　백민관 신부 엮음. 백과사전 1, p.812).
defectus rátĭonális naturæ. 이성적 본성의 결함
defectus substantiális ritus. 예식의 결함(결여)
dēféndo, -féndi -fénsum -ĕre, tr. **방어하다**,
　　막다(סגר.א.גזר.דחק), 멀리하다, 물리치다,
　　지키다(נצר.רסט.נוט.נטר), **변호하다**, 지지하다,
　　수호(보호.옹호)하다, 주장을 관철하다, 버티다,
　　(입장.지위.상태 따위를) 유지하다(נטר.נטר.
　　נקם), 보복(복수)하다.
　　Defende me gladio, te defendam verbo.
　　　칼로 나를 보호해 달라, 내가 당신을 말로 보호하리라/
　　Defendite castra, si quid durĭus.
　　　전황이 악화되거든 너희는 진영을 방어해라.
defendo hostes. 적을 물리치다
dēfénĕro, -ávi, -átum, -áre, tr. 고리대금으로 빚 지우다
dēfensábĭlis, -e, adj.
　　방어(수비) 할 수 있는, 수호(옹호) 할 수 있는.
dēfensáculum, -i, n. 방어지(防禦地)
dēfénsĭo, -ónis, f. 방어(防禦), 방위(防衛), 물리침,
　　배격(排擊), 보호(保護).⑨ Defense, 수호, 옹호(擁護)
　　변호(辯護), 변명(辨明), 변호문(辯護文), 보복(報復),
　　복수, 방어서(防禦書.⑨ defense brief.—양편 당사자들이
　　서로 상대방의 주장에 대해서 반대하는 변론서를 말함).
　　Christiana plebs in defensione religionis attenta.
　　　종교를 방어하면서 그리스도교 백성들을 위해 씌어 진 것/

D

Defensiones et animadversiones scriptæ sint.
방어와 견해는 서면으로 해야 한다(교회법 제1602조)/
desisto a defensióne. 보호를 중지하다/
Hæc defensio redundavit joco. 이 변론은 익살에 넘쳐있었다/
Pro Ecclesiasticæ Unitatis Defensione. 교회 일치를 수호함.
〔헨리 왕 행동 규탄. 레지날드 폴 지음 1534~1536년〕/
Sacri sacerdotii defensio contra Lutheranos.
루터 파를 반대하여 사제직을 옹호함(Fisher 추기경 지음)/
Sæculi sanctificatio atque creaturarum defensio.
(ⓖ The sanctification of the world and the protection
of creation) 세상의 성화와 피조물의 보호.
defensio contra injústus aggressórem.
= moderámen inculpatæ tutelæ(ⓖ Self-Defence).
정당방위(ⓖ legitimate self defense),
자기방어(自己防禦 → "이중 결과의 원칙" 참조).
Defensio ecclesiæ Romanæ. 로마 교회의 수호
Defensio fidei. 신앙의 수호(1613년)
Defensio fidei Catholicæ. 가톨릭 신앙 옹호(1655년 Suárez 지음)
Defensio Indicarum Missionum Madurensis.
Madura의 인도 전교 변호(1707년 예수회 Laynez 지음).
Defensio legitima.
정당방위(ⓖ legitimate self defense)/legitima tutela.
defensio pátriæ. 국방(國防)
Defensio Regiæ Assertionis. 왕의 주장을 변론함
dēfensōnális, -e, adj. 방어의, 변호의
dēfénsĭto, -ávi, -átum, -áre, tr., freq.
늘 방어하다, 변명하다.
dēfénsĭto causas. 변호사(辯護士)로 활동하다
dēfensívus, -a, -um, adj.
방어적인, 방비의, 자위상의, 수세(守勢)의, 수비(守備)의.
dēfénso, -ávi, -átum, -áre, tr. 막다(חסם.אלב.יכל),
방어하다, 물리치다, 지키다(נצר.יצר.שטר.נטר),
수호(守護. ⓖ Defense)하다, 보호하다, 옹호하다.
defenso metus. 공포를 물리치다
defenso se ab hóstibus. 적으로부터 자신을 보호하다
dēfénsor, -óris, m. 방어자, 물리치는 사람,
수호자, 옹호자, 변호자,
a defensoribus vacuum óppidum.
방어하는 사람들이 없는 도시/
procurator pauperum et defensor pupilorum.
가난한 이들을 보살피는 사람이며 약자의 변호자/
urbs a defensoribus vasta. 방어군이 폐기한 도시.
defensor civitatis. 시민 보호관
defensor fidei. 신앙의 옹호자(信仰 擁護者)
(교황 Leo 10세가 영국의 Henry 8세에게 주었던 칭호).
defensor fidei, Liternarum decus, Ecclesiæ.
신앙의 옹호자, 문예의 자랑 교회의 위안.
(Möhler, Johann Adam 1796~1838 의 비문에 있는 말).
Defensor Pacis. 평화의 수호자(Marsilius 1324년)
defensor populi romani. 로마 백성의 수호자
defensor Vinculi.
(교구 또는 관구 재판소의) 혼인 보호관(守護官).
dēfensórĭus, -a, -um, adj. 방어의, 수호의, 변호의
dēfénstrix, -ícis, f. 방어하는 여자, 수호(변호)하는 여자
dēfensum, "defendo"의 목적분사(sup.=supínum)
dēférbŭi, "deférveo"의 단순과거(pf.=perfectum),
"defervésco"의 단순과거(pf.=perfectum).
dēférens, -éntis, p.proœs., a.p.
가져가는, 운반하는. (解) 수정(輸精)….
dēferentĭális, -e, adj.
수송의, 경의를 표하는, 공손한. (解) 정관(精管)….
dēféro, -tŭli -látum -férre, tr., anom. (de+fero)
내려놓다, 내려앉게 하다. 무너뜨리다, 가져가다(오다),
데려가다(오다), 끌어가다(오다), 나르다, 이동시키다,
드리다, 바치다, 납입하다, (배나 손님을) 가 닿게 하다,
갖다 대다, (흔히 pl.) 닿다, (팔 물건을) 내놓다,
벌여놓다, 넘겨주다, 수여하다, 제공하다, 맡기다,
(회의 따위에) 붙이다, 제출(제시.제안)하다,
(노력.호의 따위를) 기울이다, 쏟다, 알리다,

보고하다, 전하다, 이야기하다, 누설(漏泄)하다,
(누구를 포상하도록) 제청하다, 천거(薦擧)하다.
(法) 고발하다, 고소하다, 밀고하다.
dēfervēfácĭo, -féci, -fáctum, -ĕre, tr. 흠씬 끓이다, 익히다
dēférvĕo, -férbŭi(-férvi), -ére, intr. 식다, 진정되다
dēfervésco, -férbvi(-férbŭi), -ĕre, intr. 끓다가 멈추다,
식다, (흥분 따위가) 가라앉다, 차분해지다, 진정되다.
dēféssus, -a, -um, p.p., a.p. 지친, 피로해진; 쇠약해진.
Ambulabat ut si esset defessus.
그는 마치 탈진한 사람처럼 걷고 있었다.
defetig… V. defatig…
dēfētiscéntĭa, -æ, f. 피로(疲勞); 쇠약(衰弱)
dēfétiscor, (-éris, -ítur), -féssus sum, -sci, dep., intr.
지치다, 피로해지다; 쇠약해지다.
déficax, -ácis, adj. 부족한
dēfícĭens-éntis, p.proœs., a.p.
결함 있는, 잘못된, 모자라는, 부족한.
Dicta factis deficientibus, erubescunt.
실행이 없으면 말한 바가 도리어 수치(羞恥)이다.
dēficiéntĭa, -æ, f. 부족, 쇠약(衰弱); 결함, 결여(缺如)
dēfícĭo, -féci, -fécum, -ĕre(de+fácio) intr. 물러서다,
떨어져 나가다, 떠나다, 배반(背反)하다, 부족하다,
다 떨어지다, 끝나다, 그치다, …하지 못하다,
지치다(גיא), 약해지다, 잃다, 실망하다, 죽다,
(해.달이) 어두워지다, 일식.월식이 되다.
a se deficio. 성질.습관.태도 따위를 바꾸다/
deficiénte óculo distínguere parva.
시력이 작은 것들을 분간하지 못하게 되어/
deficio a pátribus ad plebem.
귀족들에게 떨어져 시민 편을 들다/
deficio animo. 용기를 잃다, 실망하다/
deficio vitā. 죽다/
Nisi memoría deféscerit, 기억에 틀림이 없다면/
pugnándo deficio. 전투에 지치다.허덕이다/
Qui non proficit, deficit. 진보하지 않는 사람은 퇴보한다/
Tela nostris deficiunt.
우리 군인들에게 무기가 떨어져 간다.
tr. (누구에게서) 떠나다, 떨어져 나가다, 내버리다,
모자라게(없게) 하다.
pass. défici. (무엇이) 없다, 모자라다.
defécta nómina. 빚 갚을 수 없는 채무자들/
deficio auxílio. 도움을 받지 못하다/
deficio facultátibus. 빚 갚을 능력이 없다/
deficio pecúniā. 돈이 떨어지다/
vires defíciunt me. 나는 힘이 모자란다.
déficit, 원형 dēfícĭo, -féci, -fécum, -ĕre(de+fácio)
[직설법 현재. 단수 1인칭 deficio, 2인칭 deficis, 3인칭 deficit,
복수 1인칭 deficimus, 2인칭 deficitis, 3인칭 deficiunt].
Tibi se cor méum tótum súbiicit, quia te contémplans
tótum déficit. 우러러 뵈올수록 전혀 알 길 없삽기에 제
마음은 오직 믿을 뿐이옵니다.[내 온 마음은 당신께 굴복하나이다.
그것은 당신을 우러러 뵈노라면, 내 마음은 온전히 약해지기 때문이나이다.
황치헌 신부 지음, 미사 통상문을 위한 라틴어, p.486].
dēfídi, "defindo"의 단순과거(pf.=perfectum)
Defigere morsum in aurem. 귀를 물다
dēfígo, -fíxi, -fíxtum, -ĕre, tr. 박다, 박아 넣다, 꽂다,
들이박다, 때려놓히다, 한곳으로 돌리(게 하)다,
(정신.주의 따위를) 집중시키다, 움직이지 않게 하다,
고정(고착)시키다, 못 박다, 깊이 뿌리박게 하다,
마음속에 깊이 새겨두게 하다, 잊지 못하게 하다,
(놀라서) 꼼짝 못하게 하다, 사로잡히게 하다,
(침묵.생각 따위에) 깊이 잠기게 하다,
(마법 따위로) 묶어 놓다, 걸리게 하다.
alqm defigo in terram. 아무를 땅에다 때려눕히다/
Defígere áliquem in terram cólaphis.
따귀로 아무를 땅에 꺼꾸러드리다/
Defígere morsum in aurem. 귀를 물다/
defíxi pavóre. 공포에 사로잡힌 사람들/

in cogitatióne defíxus. 생각에 깊이 잠긴/
omnes curas in rei públicæ salúte defigo.
　나라의 안녕에 온갖 배려(配慮)를 기울이다/
siléntio defíxus. 침묵에 잠긴/
Stupor omnes defixit.
　모두들 놀라움에 사로잡혀 꼼짝 못하였다/
vítia in alqo defíxa. 아무에게 깊이 박힌 악습(惡習).
defigo óculos in alqm(figo óculos in alqd)
　아무를 응시(凝視)하다.
dēfigūrátus, -a, -um, adj. 전성(轉成-바뀌어 다른 것이 됨) 된
dēfíndo, -ĕre, tr. 쪼개다, 빠개다
dēfíngo, -fínxi, -fíctum, -ĕre, tr.
　빚다, 형태를 만들다, 볼품없이 만들다.
dēfiníenter, adv. 결정적으로, 확정하여
dēfíniŏ, -ívi -itum -íre, tr. 경계(한계)를 정하다,
　정하다, 지정하다, **결정(확정)하다**, 뜻을 설명하다,
　묘사(描寫)하다, 제한하다, 국한(局限)하다, 끝맺다.
　(論) 정의(定義)하다, tempus definio. 시간을 정하다.
dēfinítio, -ónis, f. 한정, 규정, **정의(定義)**, 결정, 확정.
　Decretum prorogationis definitionis quatuor articulorum
　de sacramento eucharistiæ et salviconductus. 성체성사에
　관한 네 개 항목의 결정 보류와 안전 통행증에 관한 교령/
　Tracta definitiónes fortitúdinis.(tracto 참조)
　용기의 정의를 설명하다.
definitio descriptiva. 묘사적 방법(인간이란 무엇인가, p.209).
definitio dogmatica. 신앙 교리 확정 선언
definitio essentiális. 본질적 정의
definitio ex cáthĕdra. 교황좌 선언(敎皇座 宣言)
definitio nominális. 명목적(문자적.유명적) 정의
definitio personæ. 위격의 정의(位格 正義)
definitio reális. 실제적 정의, 교의.교리의 교권적 결정
definitionem incompletam. 비완료적 정의
dēfinitívus, -a, -um, adj.
　결정(확정)적, 최종적인, 한정적인, 명시하는; 명확한.
　Definitivum Dei verbum(⑨ God's definitive word)
　하느님의 최종적 말씀.
　adv. **definíte**. 결정적으로, 확정(한정)하여, 정확히, 분명하게.
dēfínítor, -óris, m. (definio) 결정자; 정의하는 자
definitores generales. 참사회원(백민관 신부 엮음, 백과사전 2, p.128)
dēfínítus, -a, -um, p.p., a.p. (definío) **한정된**, 경계 지워진,
　명확한, 뜻이 분명한, **정의된**, 결정된, 확정된.
　adv. **definíte**. 결정적으로, 확정(한정)하여, 정확히, 분명하게.
dēfínxi, "defíngo"의 단순과거(pf.=perfectum)
dēfío, fíeri, 古=defícior, pass (defício)
　쇠약해지다, 힘이 빠지다. (누구에게) 부족하다, 없다.
dēfíócŭlus, -i, m. 애꾸눈
dēfíxi, "defígo"의 단순과거(pf.=perfectum)
defixi pavóre. 공포에 사로잡힌 사람들
dēfíxĭo, -ónis, f. (defígo) 들이 박음, 못 박음, 마법
dēfíxum, "defigo"의 목적분사(sup.=supínum)
dēflagrátĭo, -ónis f. (deflágro) 연소(燃燒), 불탐, 화재,
　(화재에 의한) 멸망, 폐허, 잿더미.
dēflágro, -ávi, -átum, -áre, intr. 타서 없어지다,
　불타버리다, 잿더미가 되다, 멸망하다.
　(격한 감정.반란 따위가) 가라앉다, 진정되다.
　tr. 불태우다, 소각하다, 잿더미로 만들다, 멸망시키다.
dēflécto, -fléxi -fléxum -ĕre, tr. **구부러뜨리다**,
　굽히다, 휘게 하다, **빗나가게(벗어나게) 하다**,
　비뚤어지게(비기게) 하다, 편향(偏向) 시키다.
　바꾸다(חור), 변경하다, (다른 데로) **돌리다**.
　amens in álium cursum defléxi. 물길을 바꾼 강들/
　deflecto alqm de via. 아무를 제 길에서 벗어나게 하다/
　deflecto factum in alium. 과실을 남에게 돌리다/
　deflecto óculos ab alqā re. 무엇에서 눈을 돌리다/
　defléxa vitis. 구부러진 포도나무.
　intr. 벗어나다, 빗나가다, 떠나다, 방향을 돌리다.
　deflecto a veritáte. 진리에서 벗어나다/
　deflecto de via. 바른길에서 빗나가다.
dēflĕo, -flévi, -étum, -ére, tr. 몹시 울다, 실컷 울다,

누구(무엇) 때문에 울다, 울면서 이야기하다.
defleo óculos. 눈물로써 적시다, 눈이 퉁퉁 붓도록 울다
dēflévi, "defleo"의 단순과거(pf.=perfectum)
dēflexi, "deflecto"의 단순과거(pf.=perfectum)
dēfléxĭo, -ónis, f. 빗나감, 비뚤어짐, 구부러짐, 휘어짐.
　(物) 편차(偏差), (빛의) 굴절(屈折)
dēflexum, "defluo"의 목적분사(sup.=supínum)
dēfléxus, -us, m. 구부림, 휨, 구비진 곳, 휜 자리
dēflo, -ávi, -átum, -áre, tr. 불어내다, 불어 날리다,
　비웃다, 경멸(輕蔑-남을 깔보고 업신여김)하다.
dēfloccátus, -a, -um, adj. 털 깎인, 털 뽑힌; 대머리의
dēflōrátĭo, -ónis f. 꽃이 떨어짐, 낙화(落花),
　(책의) 발췌, 처녀성을 빼앗음, 처녀를 범함.
dēflōrĕo, -rŭi, -ére, intr. 꽃이 지다, 개화기가 지나다,
　꽃잎이 떨어지다, 시들다, 빛을 잃다, 쇠퇴하다.
dēflōrésco, -flórui, -ére, intr.
　꽃이 지다, 시들다, 쇠퇴하다, 조락(凋落)하다.
dēflór, -ávi, -átum, -áre, tr. (de+flos)
　(꽃을) 따다.떨어지게 하다, 처녀의 정조를 뺏다.
　명예를 훼손하다, 오명(汚名)을 씌우다.
dēflúo, -flúxi, -flúxum, -ĕre, intr. (액체가) 흘러내리다,
　떠내려가다, 물길 따라 흐르다, 낙하(落馬)하다,
　떨어지다(צרר.נחת), 내려가다,
　(옷.머리 따위가) 흘러내리다, 흘러나오다,
　퍼지다(ירע.ירס.שמע), 유래되어 내려오다,
　흘러 없어지다, 다 흐르다, 사라지다(אבד), 떠나다,
　그치다(חדל), 쇠미해지다, 물러가다(ἀνεχωρεῖν).
　disciplina défluens. 쇠퇴해 가는 규율(κανών)/
　ubi salutátio deflúxit. 손님들이 물러가자.
dēflǔus, -a, -um, adj. 흘러내리는; 떨어지는
dēfluxi, "defluo"의 단순과거(pf.=perfectum)
dēflúxĭo, -ónis, f. 흘러내림, 떨어짐
dēfluxum, "deflecto"의 목적분사(sup.=supínum)
dēfódĭo, -fódi -fósum -ĕre, tr. 파다(רפה.יר.כרה),
　파내다(חפר), 도려내다, 상처 입히다(נקף.גדע),
　파묻다(כרב), 숨기다(כמס.סמם.כסה), 감추다(חבא)
dēfœdo, -ávi, -átum, -áre, tr. 더럽히다(חלל)
dēfólĭo, -ávi, -átum, -áre, tr. 잎을 따다
defóre, inf., fut. (desum)
defóris, adv. 밖으로부터
dēformátĭo, -ónis, f. 볼품없이 만듦, 변형(變形),
　원형훼손(圓形毁損), 왜곡(歪曲-사실과 다르게 그릇 해석함),
　중상(中傷.⑨ Calumny/slander), 모욕(侮辱),
　비방(誹謗-남을 비웃고 헐뜯어 말함), 강등(降等), 묘사, 도안.
dēfórmis, -e, adj. (de+forma) 모양(형체) 없는,
　볼품없는, 일그러진, 못생긴, 기형의, 흉한, 추한,
　천한, 무례한, 수치(망신)스러운, 못난; 모멸할.
dēfórmĭtas, -átis, f. 볼품없음, 못 생김, 기형(畸形),
　추함(못생김), 수치(羞恥-부끄러움), 망신(亡身).
　insignis ad deformitátem puer. 유별나게 못생긴 아이.
dēfórmo, -ávi, -átum, -áre, tr. (de+formo) 모양을 잡다,
　윤곽을 그리다, 설계(設計)하다, 묘사하다, 서술하다,
　볼품(모양) 없이 만들다, 흉하게 만들다, 망쳐 놓다,
　망그러(일그러) 뜨리다, 변형시키다, 품위를 손상시키다.
　membra deformata veneno. 독약으로 기형이 된 사지.
dēfóssum, "defodio"의 목적분사(sup.=supínum)
dēfóssus, -a, -um, p.p., a.p. (defódio)
dēfráctus, -a, -um, p.p., a.p. (defríngo)
dēfraudátĭo, -ónis, f. 결핍(缺乏), 결함(缺陷), 부족(不足),
　편취(騙取-사기), 횡령(橫領-남의 재물을 불법으로 가로챔).
dēfraudátor, -óris, m. 사기꾼, 편취자
defraudátor tributi. 탈세자(脫稅者)
dēfráudo, -ávi, -átum, -áre, tr. = **dēfrúdo**
　속여 뺏다, 속이다, 편취(騙取)하다.
dēfráudo génium suum. 취미.오락도 버리다
dēfrēgi, "defríngo"의 단순과거(pf.=perfectum)
dēfrĕmo, -mŭi, -ére, intr.
　으르렁거리다가 그치다, 가라앉다, 진정되다.

319

dēfrēnátus, -a, -um, adj.
　재갈 안 물린, 고삐 풀린; 자유분방한, 제멋대로의.
dēfrénsus, -a, -um, adj. 낡아 버린, 해어진
dēfrícáte, adv. 풍자적으로, 비꼬아, 신랄하게
dēfricátĭo, -ónis, f. 문지름, 마찰(摩擦), 비빔
défríco, -cŭi, -cátum(-fríctum), -áre, tr.
　세게 비비다.문지르다, 문질러 떼어내다.
　닦아내다, 풍자(諷刺)하다, 신랄하게 비난(非難)하다.
dēfrigésco, -fríxi, -ěre, intr. 식다, 차게 되다
dēfríngo, -frégi, -fráctum, -ěre, tr. (de+frango)
　부러뜨리다, 꺾다, 깨뜨리다, 부수다, 분쇄(粉碎)하다.
dēfrúdo = **dēfráudo**, -ávi, -átum, -áre, tr.
dēfrúgo, -áre, tr. (씨를 아낀 탓으로) 수확을 적게 거두다
dēfrūméntum, -i, n. 손해(損害), 해(害)
défrŭor, (-frúěris, -ítur), -frŭi, dep., intr.
　모조리 걷어 들이다.
dēfrústo, -ávi, -átum, -áre, tr.
　갈기갈기 찢다, 마구 자르다, 약탈(掠奪)하다.
dēfrústror, -ári, dep., tr. 속이다, 배반하다
dēfrūtárĭus, -a, -um, adj. 퀸 포도주의.
　n. 퀸 포도주 담는 그릇(통).
dēfrútum, -i, n. 새로 퀸 포도즙.포도주
dēfúga, -æ, m. 도망자, 탈주병(脫走兵)
dēfūdi, "defundo"의 단순과거(pf.=perfectum)
dēfúgĭo, -fúgi -ěre, tr. 피하다, 회피하다,
　거절하다(ㅇㄱ), 사양하다. intr. 도망하다.
　Defugiunt, ne quid incommodi accipiant.
　그들은 그 어떤 불이익을 당하지 않으려고 자리를 피한다.
defugio munus. 직책을 회피(回避)하다
dēfui, "desum"의 단순과거(pf.=perfectum)
dēfúnctĭo, -ónis, f. 이행(履行.㊉ Fulfillment).
　완수(完遂), 수행(遂行-일을 계획한 대로 해냄); 죽음.
dēfunctórĭus, -a, -um, adj.
　경솔한, 엉터리의, 아무렇게나, 겨우 족한.
Defunctorum Commemoratio omnium Fidelium.
　위령의 날(㊉ Aii Souls' Day.古 추사이망追思己드).
Defunctorum Missa. 위령미사, 죽은 이를 위한 미사
dēfúnctus¹ -a, -um, p.p., f., m. 고인(죽은 사람 ㊉ Deceased),
　망자(亡者-죽은 자), 사자(死者), 죽은 이(㊉ Deceased).
　suffrágia pro defunctis sacerdotibus.
　죽은 사제를 위한 대속(代贖) 기도회/
dēfúnctus² -us, m. 죽음(㎢π.θàνατος.㊉ Death).
　Liber defunctorum. 망자대장(亡者臺帳)
　Officium defunctorium. 연령(煉靈.亡者) 성무일도.
dēfúndo, -fúdi, -fúsum, -ěre, tr. 쏟다, 쏟아 붓다,
　(술통.항아리에서) 따라내다.
dēfúngor, (-ěris, -ítur), -fúnctus sum, -gi, dep., intr.
　이행하다, 완수하다, 채우다, 다하다, **미치다,**
　죽다, 갚을 것을 다 갚다, 치르다, 면하다,
　(위험.괴로 따위를) 벗어나다, 면하다.
dēfúsĭo, -ónis. f. 쏟음, 쏟아 부음, 흘림
dēfūsum, "defundo"의 목적분사(sup.=supínum)
dēfūtútus, -a, -um, adj. = **difūtútus**
dēgěner, -něris, adj. (de+genus)
　멀어진, 변해버린, 본래의 좋은 점을 잃어버린,
　나빠진, 퇴화한, 타락한, 천한, 저속한.
dēgěněrátĭo, -ónis, f. 타락(墮落.㊉ Fall), 퇴보(退步),
　퇴락(頹落), 악화. (生) 퇴화. (醫) 조직의 변성, 변질.
dēgěnerátum, -i, n. 타락(墮落.㊉ Fall), 퇴폐(頹廢)
dēgéněro, -ávi, -átum, -áre, intr. 나빠지다, 악화하다.
　퇴화하다, 변질하다.
　Poma degénerant. 과일들이 제 맛을 잃고 있다.
　tr. 나빠지게 하다, 퇴화(변질.타락) 시키다,
　품위를 떨어뜨리다, 욕되게 하다.
dégěro, -géssi, -géstum, -ěre, tr. 갖다 주다
dégessi, "degero"의 단순과거(pf.=perfectum)
dēgi, "dego"의 단순과거(pf.=perfectum)
dēglăbro, -ávi, -átum, -áre, tr.

(나무의) 껍질을 벗기다; 털 뽑다; 매끈하게 하다.
deglórĭo, -ávi, -átum, -áre, intr.
　영광을 잃어가다, 사라져 가다.
dēglúbo, -úptum, -ěre, tr. 껍질 벗기다, 가죽 벗기다
dēglútíno, -ávi, -átum, -áre, tr.
　(붙은 것을) 떼어내다, 박탈(剝奪)하다.
dēglútĭo, -íre, tr. 삼키다, 꾹 참다
dēgo, dēgi, -ěre, tr. [de+ago] (시간) 보내다, 지내다, 살다.
dēgrădátĭo, -ónis, f. 강등(降等), 척출(剔出-도려내거나 후벼 냄),
　직위해제(職位解除), 박탈. (가) 성직 박탈.
dégrădo, -ávi, -átum, -áre, tr. (de+gradus)
　강등시키다, 직위 해제하다, 관직(성직)을 박탈하다.
dēgrédĭor, (-děris, -ítur), -gréssus sum, -grědi,
　dep., intr. (de+grádior)
　걸어가다, 걸어 내려오다, 떠나가다, 물러가다.
dēgréssĭo, -ónis, f.
　(修) 본론에서의 이탈(離脫); 벗어났다가 다시 돌아옴.
dēgrúnnĭo, -íre, intr. = **dīgrúnnĭo** 돼지가 꿀꿀거리다
dēgŭlátor, -óris, m. 대식가(大食家)
dégŭlo, -ávi, -átum, -áre, tr. 다 먹어치우다, 탐식하다
dēgustátĭo, -ónis, f. 맛봄, 시식(試食-시험 삼아 먹어 봄)
dēgústo, -ávi, -átum, -áre, tr. 맛보다(ಉಗ.ಉಡ),
　시식(시음)하다, 스치다, 스쳐 지나가다, 시도하다,
　시험 삼아 해보다; 음미하다, (속셈 따위를) 알아보다.
dēhábĕo, -ŭi -bĭtum -ěre, tr.
　가지고 있지 않다, 없다, 모자라다.
dēháurĭo, -háusi, -háustum, -íre, tr.
　퍼내다, 길어내다, 삼키다.
dēhinc, adv. 여기서부터, 거기에서(έκείθεν), 이로써,
　따라서(κατὰ), 그래서, 지금부터(exnunc. adv.),
　그 후, 앞으로, 그 다음, 그리고.
dēhísco, -hívi, -háustum, -ěre, intr.
　벌어지다, 열리다, 갈라지다, 간격(틈)이 생기다.
dēhŏnestáméntum, -i, n. 일그러짐, 흠집,
　불명예(不名譽), 치욕(恥辱-부끄러움과 욕됨), 불미스러움.
dēhŏnéstas, -átis, f. 비천(卑賤), 품위 없음
dēhŏnetátĭo, -ónis, f. 불명예(不名譽), 망신, 치욕(恥辱)
dēhŏnésto, -ávi, -átum, -áre, tr. 망신시키다, 창피 주다,
　치욕을 끼치다; 품위를 손상시키다, 면목을 잃게 하다.
dēhŏnóro, -ávi, -átum, -áre, tr.
　영예(榮譽)를 뺏다, 모욕(侮辱)을 주다.
dēhortátĭo, -ónis, f. 제지(制止-말려서 못하게 함), 만류(挽留)
dēhórtor, -átus sum, -ári, dep., tr.
　(그만두도록.하지 못하도록) 제지하다, 설득하여 말리다.
　간지(諫止-윗사람에게 하지 말도록 말하여 말림)하다.
dēhórtor me huc prodíre. 나를 이리로 나오지 못하게 하다
Dei absentia.(㊉ absence of God) 하느님의 부재.
　Sæpe Dei absentia causa est altissima doloris.(㊉ Often
　the deepest cause of suffering is the very absence of
　God) 많은 경우에, 고통의 가장 깊은 원인은 바로
　하느님의 부재입니다(2005.12.25. "Deus caritas est" 중에서).
Dei ædificátĭo estis. 너희는 하느님의 건물이다 I 코린 3. 9)
Dei agricultura, Dei ædificátĭo estis.(성경 I 코린 3. 9)
　여러분은 하느님의 밭이며 하느님의 건물입니다.
Dei agricultura estis. 너희는 하느님의 밭이다 I 코린 3. 9)
Dei amor.(㊉ God's love) 하느님의 사랑.
　Peccati profecto conscientiam amittere quandam ipsius
　Dei amoris intelligendi levitatem importat.
　(㊉ The loss of a consciousness of sin always entails a
　certain superficiality in the understanding of God's love).
　죄의식을 상실하면 언제나 하느님의 사랑을 피상적으로
　이해하게 됩니다(2007.2.22. "Sacramentum Caritatis" 중에서)/
　Vera pulchritudo est amor Dei qui se definitive nobis in
　Mysterio paschali revelavit.(㊉ The truest beauty is the
　love of God, who definitively revealed himself to us in
　the paschal mystery) 참된 아름다움은 파스카의 신비로
　당신을 궁극적으로 우리에게 계시하시는 하느님의 사랑입니다.
Dei contemplátĭone beati sunt. 신을 직관하면서 행복하다

D

dei falsi fallacesque. 가짜이면서 (인간을) 기만하는 신들

Dei Filius. 하느님의 아들.
　Nam solum filii Dei facti, apud communem Patrem
nostrum esse possumus. 하느님의 자녀가 될 때 비로소
　우리는 한 분이신 우리 아버지와 함께 할 수 있습니다/
Unus enim idemque est, quod sæpe dicendum est, vere
Dei Filius et vere hominis filius.
　우리는 한 분이시고 같은 분이신 그분께서 참 하느님의
　아들이시며 참 사람의 아들이시라고 언제나 고백해야 한다.

Dei genitrix. 하느님의 어머니(Mater Dei.),
　천주의 모친(天主母親.τεοτόκος.theotokos).

Dei gratia. (교황 용어) 하느님의 은총으로(주교 또는 군주에게
　보내는 편지에 겸손의 표현으로 씀. 백민관 신부 엮음, 백과사전 1. p.817)

Dei gratia regina fidei defensor.
　하느님의 은총으로 믿음을 지키는 여왕.

Dei incarnatus amor. 강생하신 하느님의 사랑

Dei lex sacra(⑨ God's Holy Law) 하느님의 신성한 법

dei memores fandi atque nefandi.
　선행과 악행을 기억하는 신들.

Dei ministrorum perpetuum seminárium.
　하느님 사제들의 영원한 신학교(하느님의 직무자들의 영원한 못자리)

Dei Miseratióne. 하느님의 자비(慈悲)(1741.11.3.)

Dei operatio convertentis cor. 회심시키는 하느님의 작용

Dei Patris, creatoris cæli et terræ.
　(⑨ of the Father, Creator of heaven and earth)
　아버지이시며 하늘과 땅의 창조주이신 하느님.

Dei sensus hominisque obscuratio.
　(⑨ the eclipse of the sense of God and of man)
　하느님 의식과 인간 의식의 실종.(1995.3.25. "Evangelium Vitæ" 중에서).

Dei similitudinem. 하느님 닮기

Dei Verbi eschatologica ratio(⑨ The eschatological
dimension of the word of God) 하느님 말씀의 종말론적 차원.

Dei Verbi nuntius et iuvenes. 하느님 말씀의 선포와 젊은이들

Dei Verbi nuntius, inter gentes reconciliatio et pax
　(⑨ The proclamation of God's word, reconciliation and
　peace between peoples)
　하느님 말씀의 선포, 민족들 간의 화해와 평화.

Dei Verbi nuntius et languentes.(⑨ The proclamation
of the word of God and the suffering)
　하느님 말씀의 선포와 고통 받는 이들.

Dei Verbi nuntius et migrantes.
　하느님 말씀의 선포와 이주민들.

Dei Verbum. 하느님의 말씀, 계시헌장(1965.11.18.).
　Definitivum Dei verbum(⑨ God's definitive word).
　하느님의 최종적 말씀.

Dei Verbum et creati tutela. 하느님 말씀과 창조의 보전

deícída, -æ, f. (Deus+cædo)
　하느님을 죽인 자, 그리스도 살해자.

Dei Verbum religiose audiens.(⑨ hearing the word of
God with reverence). 존경심을 가지고 하느님의 말씀을
　경청하는 자세(1989.8.15. "Redemptoris custos" 중에서).

Deïaníra, -æ, f. Calydon의 왕 Œneus의 딸, Hércules의 아내.

Deianira Herculi Tunicam Centauri sanguine tinctam
induit. 데이아니라는 켄타우루스의 피가 묻은 외투를
　헤라클레스에게 입혔다.[Deianira: 영웅 헤라클레스의 아내. 남편이
　이올레와 사랑에 빠지자, 남편의 사랑이 돌아오기를 바라는 마음에 저 외투를
　입혔다가 남편이 옮죄어 죽는 장면을 목격한다. 성 염 지음. 고전 라틴어, p.392].

deícídíum, -i, n. 하느님 죽인 죄, 그리스도 살해

deícĭo = dejício

deícŏla, -æ, m. (deus+colo) 경신자

deífer(-us), -fĕra, -fĕrum, adj. (deus+fero) 신성을 지닌

deïficátĭo, -ónis, f. 신으로 만듦, 신으로 섬김.
　신격화(θειοποιεσις), 신화(θεὸσις.⑨ deificátĭon).
　((神)) (은총에 의한) 신성참여(神性參與-신을 닮게 함).

deificatio hominis. 인간의 신화.
　[인간에 관한 모든 신학적 문제는 삼위일체의 가르침의 빛 안에서 해석해야 한다.
　삼위일체 교리는 인간과 인간 존엄에 있어 별개의 실재가 아니라 인간 구원에 관한
　모든 가르침의 근간을 이루는 요소이다. 그러므로 '인간의 신화'에는 '삼위일체적
　역동성'이 존재한다. '신화'라는 말은 알렉산드리아의 클레멘스가 처음 사용하기
　시작했다. L. F. Ladaria, op.cit., p.280. 윤주현 옮김. 은총론. p.449)].

deífico, -ávi, -átum, -áre, tr. (deus+fácio)
　(누구를 신이 되게 하다, 신으로 만들다,
　신으로 섬기다(받들다)

deíficus, -a, -um, adj. 신으로 만드는(섬기는)
　신으로부터 보내진; 신성한.

Deiformitas. 하느님과 같은 모습('교계제도.' 6. 5 : PG 3, 550)

dĕin = dĕínde adv. 거기서부터, 그 다음에, 이어서, 그 후.
　Altera dein spectat consecutio ad ipsos Europæ populos.
　두 번째 결과는 유럽 민족들 자신과 관련된다.

dĕínceps, adv. (dĕínde+cápio) (장소적) 차례로, 나란히,
　(시간적) 이어서, 그 다음에, 그 뒤에, 계속하여,
　(순서) 차례대로, (열거) 다음에, 다음으로.

dĕínde, adv. (= adv. dĕin)
　거기서부터, 그 다음에, 그리고 나서, 이어서, 그 후.
　Da mihi basia mille, deinde centum,
　deinde mille altera, deinde secunda centum.(Catullus).
　내게 입맞춤을 다오, 먼저 천 번 그리고 백 번,
　또다시 천 번, 그리고 두 번째로 백 번.
　Veritas Deus est. deinde Veritas est. ergo Deus est.
　진리는 하느님이다. 그런데 진리가 존재한다.
　따라서 하느님이 존재한다.

Deinde, aliquantulum inclinatus in medio Altaris,
junctis manibus super eo, dicit: 제대 중앙에서 고개
　숙이고 그 위에 두 손을 올린 후 집전자는 기도한다.

Deinde Celebrans signans se signo crucis incipit
Introitum: quo initio, junctis manibus, alternatim cum
Ministris dicit: 그리고 집전자는 성호를 그으며 입당송을
　시작 한다: 입당송이 끝나면 손을 모으며,
　봉사자와 교대로 말한다.

Deinde, conversus ad librum, iunctis manibus, dicit.
　그리고 독서집을 향하여 손을 모으고 말한다.

Deinde Dianconus genuflexus ante Altare,
manibus junctis dicit: 그리고 부제는 제대 앞에서
　장궤하고 손을 모으며 말한다.

Deinde incensat Altare, dicens.
　그리고 제대에 분향하며 말한다.

Deinde, iunctis manibus ante pectus, incipit
Antiphonam. 그 다음 가슴 앞에 손을 모으고서 응답송을 시작한다.

Deinde iunctis manibus profunde inclinatus facit
Confessionem. 그 다음에 손을 모으고서,
　허리를 깊게 굽히며 고백의 기도를 바친다.

Deinde, iunctis manibus super altare, inclinatus dicit
secrete sequentes orationes: 그리고 제대 위에 손을 모아
　올리고 고개를 숙인 후 조용히 기도를 계속한다.

Deinde, manibus extensis, absolute sine Oremus
subjungit Orationes secretas. Quibus finitis,
cum pervenerit ad conclusionem, clara voce dicit:
　그리고 손을 벌리고 '기도 합시다' 없이 봉헌기도를 조용히
　바친다. 결문에 다다르면 명확한 목소리로 말한다.

Deinde, manibus junctis super Altare, inclinatus dicit.
　그리고 손을 제대 위에 놓고 고개를 숙이며 말한다.

Deinde Ministri repetunt Confessionem.
　그 다음에는 복사들이 고백의 기도를 반복한다.

Deinde osculatur Altare in medio, et versus ad
populum dicit. 제대 중앙에 친구하고 나서
　회중을 향해 돌아서서 말한다.

Deinde proximum tamquam seipsum. 그 다음으로
　이웃을 자기와 같이 사랑하라(성 베네딕도 수도규칙 제4장 2).

Deinde, reversus ad altare, dicit: 제대를 향하고 말한다.

Deinde sacerdos in latere Evangelii, iunctis manibus
dicit. 그리고 사제는 복음 편에 서서 손을 모으고 말한다.

Deinde sacerdos incensatur a diacono.
　그리고 나서 사제는 부제로부터 분향 받는다.

denique, adv. 마침내, 드디어, 결국(tandem, ultime);
　마지막으로, (abl. absol. 뒤에 쓰이면서)
　…하고 나서 비로소, 요컨대, 한 마디로 말해서, 더구나,
　더욱이, …조차.
　Huius postrema denique mysterii significatio accidit die

Resurrectiónis.

이 신비는 부활 날에 결정적으로 드러났습니다.

Denique non omnes eadem mirantur amantque.(Horatius).

그러니까 결국 모두가 똑같은 것을 경탄하고

좋아하는 것은 아니다[성 염 지음. 고전 라틴어. p.280].

déíntĕgro, -ávi, -átum, -áre, tr. 훼손하다, 더럽히다

déíntus, adv. 안에(ἐν), 속에; 안으로부터

déípăra, -æ, f. (deus+pário) = Dei Genitrix = theotokos

하느님의 어머니, 천주의 어머니, 성모 마리아.

Deiparæ Virginis Máriæ,

성모 몽소승천의 정의를 제시함(1946.3.1.).

Déíphŏbe, -es, f. 점쟁이 Glaucus의 딸

Deísmus, -i, m. (哲) 이신론(理神論), 자연신교.

(최고 존재로서 유일한 하느님을 주장하지만 그리스도교의 하느님과 같이

섭리와 종교적 예배를 인정하지 않는다. 순수 자연적 이치의 산물로서

다신론Polytheism과 반대된다…)[백민관 신부 엮음. 백과사전 1, p.812].

déítas, -átis, f. 신성(神性)

dējéci, "dejicio"의 단순과거(pf.=perfectum)

dejecta conjuge. 남편 잃은 여자(dejicio 참조)

dejecte, adv. 낮게, 겸손 되이

dejecti in terram óculi. 아래로 내리 뜬 눈(dejicio 참조)

dējectíbĭlis, -e, adj. 내던져질, 경멸(배척) 되어야 할

dējéctĭo, -ónis, f. 내던짐, 낙심(落心), 실의(失意).

(醫) 배설(排泄), 변통(便痛); 배설물, 설사(泄瀉).

(法) 재산.소유의 박탈(剝奪); 추방(追放.חרם).

(軍) 강등(降等-등급이나 계급이 내려감).

dejectum, "dejicio"의 목적분사(sup.=supínum)

dējéctus, -a, -um, p.p., a.p. 낮은, 가라앉은, 열등의,

낙심한, 실의에 빠진, 낙상한, 떨어져 다친.

dejecta loca. 낮은 지대.

dējéctus, -us, m. 내려 던짐, 밀쳐 쓰러뜨림,

쏟아 내려 보냄, 급경사(急傾斜).

dejectus flúminum 강의 급류

dējĕrátĭo, -ónis, f. 맹세(חוֹשׁ.⑨ Oath/Oathtaking)

dējéro, -ávi, -átum, -áre, intr. 엄숙히 맹세하다

dējícĭo, -jéci -jéctum -cĕre, tr. 1. **내던지다, 내려 던지다**,

내동댕이치다, 밀쳐 떨어뜨리다: dejício se de muro.

성벽에서 내리뛰do(떨어지다)/Venti a præáltis móntibus

se dejíciunt. 높은 산에서 바람이 맹렬하게 내리지른다.

2. 내리다, 끌어내리다, (옷 따위를) 벗기다: dejicio

jugum a cervícibus. 멍에를 목덜미에서 벗겨 놓다.

3. (눈을) 내리깔다, **내리뜨다, 돌리다**(얼굴.고개를)

숙이다.떨어뜨리다: dejecti in terram oculi. 아래로

내리 뜬 눈/ óculos de isto dejicio. 그것에서 눈을

(다른 데로) 돌리다. 4. 거꾸러(넘어.쓰러) 뜨리다,

둘러엎다. 5. 내리치다: secúrim in caput dejicio.

도끼로 머리를 내리치다. 6. (머리를) 풀어 헤치다,

흐트러뜨리다. 7. (바람이 배를) 밀어 보내다, 밀려가게

하다: 출범시키다. 8. 덜어(떼어) 내다, 제거하다.

끄집어내다, 굴어내다. 9. **떼어놓다**, 물러나게 하다;

물리치다. dejicio alqm de senténtia. 누구에게 생각을

바꾸게 하다. 10. (누구에게서) **빼앗다**, (기대.희망

따위를) 잃게 하다, 꺾다, 속게 하다, 어긋나게 하다:

dejicio alqm de honóre. 관직을 얻지 못하게 하다/

dejéctus spe. 희망에 속은/ dejécta cónjuge. 남편

잃은 여자. 11. 배설하다. 12. (軍) 퇴각시키다,

몰아내다, 격퇴하다, 함락시키다. hostes muro dejécti.

성벽에서 격퇴 당한 적(敵). 13. ((法)) (권리.소유

따위를) **뺏다, 박탈하다**: (형벌의 한가지로) 사형수를

(벼랑이나 다리에서) 밀쳐 던지다: dejicio de ponte

alqm in Tíberim. 다리에서 밀쳐 Tiberis 강에 처넣다.

14. dejicio ánimal. 짐승의 병세를 약으로 눌러 놓다

(고치다). 15. 때려눕히다; 사람을 죽이다, 짐승을 잡다.

[라틴-한글 사전 p.235]

se deicere. 투신하다.

déjŭgis, -e, adj. 언덕배기의 경사진

déjŭgo, -ávi, -átum, -áre, tr. 떼어놓다, 분리시키다

dějúngo, -júnctum, -ĕre, tr. 떼어놓다, 갈라놓다

dējūrátĭo, -ónis, f. = **dējĕrátĭo**, -ónis, 맹세(חוֹשׁ)

dējúrĭum, -i, n. 맹세(חוֹשׁ.⑨ Oath/Oathtaking)

déjŭvo, -áre, tr. 도와주지 않다

dēlábor, (-ĕris, -ítur), -lápsus sum -lábi, dep., intr.

떨어지다(לפנ.חרף.חחר), 낙하(落下)하다,

미끄러져 내려오다(가다), (물이) 흘러내리다),

빠지다, 떨어지다, 걸리다.

curru delabor. 마차에서 떨어지다/

in vítium delabor. 악습(惡習)에 떨어지다.

delabor ex equo. 말에서 떨어지다

delabor in morbum. 병에 걸리다

delabor eo, ut c. subj. (본의 아니게) …하게 되다

delabor eódem. 같은 곳에 빠지다, 같은 잘못을 저지르다

dēlabóro, -ávi, -átum, -áre, intr.

힘껏 일하다, 지치도록 수고하다.

dēlácĕro, -ávi, -átum, -áre, tr. 발기발기(갈기갈기) 찢다

dēlácrĭmátĭo, -ónis, f. 눈물 흘림, 눈물을 그침

dēlácrĭmo, -áre, intr. 눈물 흘리다

dēlámbo, -ĕre, tr. 핥다

dēlāméntor, -ári, dep., tr. 크게 서러워하다, 통곡(痛哭)하다

dēlánĭo, -ávi, -átum, -áre, tr. 잡아 찢다

dēlápĭdo, -ávi, -átum, -áre, tr.

(어디에서) 돌을 빼내다.치우다.

돌로 쳐 쓰러뜨리다.죽이다.

dēlápsus, -us, m. 흘러내림

dēlásso, -ávi, -átum, -áre, tr. 지쳐 버리게 하다

dēlátĭo, -ónis, f. 밀고(密告), 고발(告發)

dēlátor, -óris, m. 밀고자(密告者), 고발자(告發者).

redimo delatorem 밀고자를 매수하여 고발을 막다.

dēlátum, "defero"의 목적분사(sup.=supínum)

dēlātúra, -æ, f. 밀고(密告), 고발(告發)

deleántur, 원형 délĕo, -évi -étum -ére, tr.

[수동형 직설법 현재. 단수 1인칭 delear, 2인칭 delearis, 3인칭 deleatur

복수 1인칭 deleamur, 2인칭 deleámini, 3인칭 **deleantur**].

dēlébĭlis, -e, adj. 지워버릴(없애버릴) 수 있는

dēlectábĭlis, -e, adj. 즐겁게 해주는, 쾌감을 주는,

즐길 수 있는; 유쾌한, 쾌락적(快樂的).

dēlectátĭo, -ónis, f. 즐거움(⑨ Pleasure),

기쁨(χαρά.⑨ Enjoyment), 유쾌(愉快),

쾌락(快樂.⑨ Pleasure), 쾌감, 유락(愉樂-놀며 즐김).

illicita delectátĭo. 거짓된 기쁨/

Ista delectatio manet. Non solum manet quo venias,

sed etiam revocat fugientem. 이 쾌락은 머물러 있습니다.

쾌락은 그대가 오기까지 머물러 있을 뿐 아니라, 피해

가는 사람마저 불러 댑니다(최익철 신부 옮김. 요한 서간 강해. p.449)/

lectio sine ulla delectatióne. 아무 재미도 없는 독서.

dēlectátĭo carnalis. 육체적 쾌락, 욕정적 만족

dēlectátĭo coelestis. 선행의 희열(얀세니즘)

dēlectátĭo coelestis victrix. 승리의 거룩한 희열

Delectatio est coniunctio convenientis cum conveniente.

기쁨은 조화와 함께 어울리는 관계이다.

dēlectátĭo morosa. 성(性)에 관한 생각, 지체(遲滯)의 쾌락

delectátĭo suavitátis. 감미로운 즐거움

delectátĭo veritatis. 진리에 맛들임

dēlectátĭo victrix. 승리의 쾌감, 승리하는 기쁨

dēléctĭo, -ónis, f. 선택(選擇.⑨ choice), 선출(選出)

Delectio fundamentalis ac definitæ sese gerendi

rationes.(⑨ Fundamental choice and specific kinds of

behaviour). 근본적 선택과 구체적인 개별 행위들.

dēlécto, -ávi, -átum, -áre, tr., intens. 기쁨을 주다,

즐겁게(유쾌하게) 하다.

pass. 기뻐하다, 즐거워하다, 부추기다, 유혹하다.

Et quid erat quod me delectabat, nisi amare et amari?

허나 도대체 그 스스로 즐긴다 함이 무엇이더이까?

사랑을 주고받는 것이 아니더이까.(고백록 2.2.2.)/

Iocis temperatis delectamus, immodicis irascimur.

우리는 절도 있는 농담은 재미있어 하지만

도에 지나친 것에는 화를 낸다(Seneca)/

Non delectent verba nostra, sed prosint. Eloquentia res

potius quam se ostendat. 우리의 말이 재미를 주기보다는
유익함을 주게 하라. 연설의 유창함은 기교
그 자체보다는 사실(내용)을 드러내야 하리라/
Vir bonus dici deléctor.
나는 착한 사람이라고 불리는 것이 기쁘다/
vita delectat bonos malosque.
삶은 선한 사람들도 악한 사람들도 즐겁게 해 준다.
dēléctum, "délĭgo"의 목적분사(sup.=supínum)
dēléctus, -us, m. = dilectus 선택(⑨ choice), 선출,
간택(揀擇-분간하여 고름), (軍) 선발(選拔), 징집(徵集).
sine (ullo) deléctu, nullo deléctu.
아무거나 상관없이, 닥치는 대로, 마구.
Delegata potestas non potest delegári(delego 참조).
위임받은 권한은 재위임 될 수 없다.
dēlēgátĭo, -ónis, f. (⑨ delegation.獨 Beauftragung)
위임(委任), 위임권(委任權)(교회법 제137조 참조), 떠맡김,
본인 대신에 지불케 하는 지정.임명: (채무의) 전부,
대리(代理). 대신(代身-다른 것의 대용·대체·변동).
delegátĭo a jure. 법적 위임
delegátĭo ab homine. 사람에 의한 위임, 자의 위임
delegátĭo generális. 일반적 위임
delegátĭo particuláris. 개별적 위임
delegátĭo speciális. 특별위임
dēlēgátor, -óris. m. 위임자(委任者)
dēlēgatórĭus, -a, -um, adj. 위임의, 위임하는 (내용의).
delegatórĭus libellus. 위임장(委任狀)(⑨ mandate)
dēlēgátus, -i. m. 위임받은 자, 대리자(⑨ Vicar),
대표자, 사절. exsecutor delegátus. 위임된 집행자/
jurisdictio delegata. 위임받은 관할권.
Delegátus Apostolicus.
국교관계가 없는 나라에 파견되는 교황대사,
교황사절(⑨ Legate of the Roman Pontiff),
사도좌 사절(使徒座 使節.⑨ Apostolic delegate).
delegátus collegialiter. 합의체적 수임권자
delegátus episcopi. 주교 대리인(代理人)
delegátus in solidum. 연대적 수임권자
dēlégi, "déligo"의 단순과거(pf.=perfectum)
dēlégo, -ávi, -átum, -áre, tr. 맡기다, 부탁하다,
대리로 보내다, 위임(위탁)하다.
누구에게 자기 대신 아무를 지불인으로 지정하다,
(채무를) 전부(轉付) 시키다, 지급을 지시하다,
(영광.탓 따위를 누구에게) 돌리다, 씌우다.
ancillis infántes delego. 하녀들에게 아기를 맡기다/
labórem álteri delego. 수고를 남에게 맡기다.
dēlégo alqm ad senátum.
원로원에 아무를 대리(代理)로 보내다.
Delenda est Carthago. 카르타고를 부숴야 한다.
dēlēníficus, -a, -um, adj. (delénio+fácio)
마음을 끄는, 매혹시키는.
dēlēniméntum, -i, n. 완화제(緩和劑), 진정시키는 것,
유혹물(誘惑物), 쾌락(快樂).
dēlēnĭo, -ívi -ítum -íre, tr. 완화하다, 부드럽게 하다,
무마(撫摩)하다, 가라앉히다. 달래다, 유혹(매혹)하다.
꾀다, 황홀케 하다.
dēlēnítĭo, -ónis, f. 완화(緩和), 진정, 무마(撫摩)
dēlēnítor, -óris. m.
완화시키는 자, 무마하는 사람; 유혹자(誘惑者).
déléo, -évi -étum -ére, tr. 씻어버리다, 잊어버리다,
(글자.자국 따위를) 지워버리다.
(기억을.기억에서) 사라지게 하다, 없애 버리다,
소멸시키다, 멸종시키다, 말소(抹消)하다, 말살하다,
폐허로 만들다: (적군을) 섬멸하다, 전쟁을 종식시키다.
At id quod in persona sacrum est deleri nequit.
(⑨ But the sacredness of the human person cannot be
obliterated) 그러나 인간의 신성함은 결코 소멸되지 않는다.
dēlētícĭus, -a, -um, adj. 말소된, 삭제된
dēlētĭo, -ónis, f. 지워버림, 소멸(消滅), 섬멸(殲滅)

dēlétrix, -ícis, f. 파괴하는 여자
dēlétum, "deleo"의 목적분사(sup.=supínum)
dēlétus, -us, m. = dēlétĭo, -ónis, f.
dēlévi, "deleo"의 단순과거(pf.=perfectum)
Délĭa, -æ, f. Delos 섬의 여자, 즉 Diána 여신(女神)
dēlĭbāméntum, -i, n.
(神에게 바칠 때 땅에 부어서 하는) 헌주(獻奏).
dēlĭbátĭo, -ónis, f. 덜어냄, 떼어냄, 공제
dēlĭbērābúndus, -a, -um, adj. 심사숙고하는, 곰곰이 생각하는
dēlĭbērátĭo, -ónis, f. 심사숙고(深思熟考), 숙고(熟考),
음미(吟味), 심의(審議-심리), 토의, 상의(上議).
Res habet delibertiónem. 사건은 토의 대상이 된다.
deliberata promissio. 심사숙고(深思熟考)
Deliberátĭo primorum Patrum. 첫 사부들의 식별(識別)
dēlĭbērátivus, -a, -um, adj. 심의(토의) 하는; 깊이 생각하는.
dēlĭbērátor, -óris. m. 깊이 생각하는 자, 심의자, 토의자
dēlĭbērátus, -a, -um, p.p., a.p.
확실한; 확정된; 심의된, 깊이 생각한.
Obiectum actus deliberati.(⑨ The object of the
deliberate act). 자유로운 행위의 대상.
dēlíbēro, -ávi, -átum, -áre, tr., intr. (de+libra)
심사숙고하다, 깊이 생각하다, 심의(토의)하다,
상의하다, 의논하다, (신탁을) 물어보다, 문의하다,
결정하다, 확정하다, 결심하다.
Deliberando sæpe perit occasio.
심사숙고하다 종종 기회가 사라진다.
dēlíbo, -ávi, -átum, -áre, tr. 조금 덜어(떼어) 내다,
(살점 따위를) 떨어지게 하다, (피를) 나게 하다,
맛보다, 즐기다, 따오다, 골라 뽑다, 살짝 대다.닿다,
건드리다, 흠가게 하다, 망쳐 놓다.
delibáta pudicítia. 망쳐 놓은 정조(貞操).
dēlíbro, -ávi, -átum, -áre, tr., intr. (de+liber)
가죽.껍질을 벗기다.
dēlíbŭo, -bŭi, -bútum, -ěre, tr. 적시다; 바르다
dēlibútus, -a, -um, p.p., a.p. 젖은.
바른(塗): 투성이가 된, 넘쳐흐르는.
dēlĭcáta, -æ, f. 인기 있는 여자; 첩(妾-小室)
dēlĭcáte, adv. 사치(호화)스럽게, 편하게, 부드럽게,
곱게, 조용히; 미묘하게, 섬세하게; 절도 있게.
dēlĭcátus, -a, -um, adj. 쾌감을 주는, 쾌적한,
경치 좋은, 아름다운(יְפֵה.καλὸς), 고운, 날씬한,
매력 있는, 상냥한, 맛좋은, 풍미 있는, 진미의,
부드러운, 연약한, 가냘픈, 섬세한, 미묘한,
호화로운, 사치스러운, 쾌락에 빠진, 향락적인,
유약한, 여성적인, 씩씩하지 못한, 깔끔한.
(취미.성미 따위가) 까다로운; 쉽게 싫증내는.
oves delicatíssimæ. 털이 아주 부드러운 양.
dēlícĭa, -æ, f. 즐거움(⑨ Pleasure), 환락(歡樂-즐거움을 누림),
환락(歡樂-기뻐하고 즐거워함), 환희(歡喜), 유흥(遊興)
쾌락(快樂.⑨ Pleasure), 귀여움, 사랑스러움.
귀여운(사랑스러운) 사람(것): (남자.여자) 친구, 애인.
alqm delícias fácere. 아무를 웃음거리로(놀림감으로) 삼다/
delíciæ ciborum. 음식(飲食)의 맛/
delícias dícere. 음담패설(淫談悖說)하다/
Delicias non amplecti. 쾌락을 찾지 말라/
difflúo delíciis. 쾌락에 파묻히다/
esse alci in delíciis. 누구에게 귀염 받다/
habére alqd in delíciis. 무엇을 귀여워하다.사랑하다.
dēlícĭo, -cěre, tr. 마음을 끌다; 유혹하다
dēlícĭólæ, -árum, f., pl. 즐거움(⑨ Pleasure); 귀염둥이, 애인
dēlícĭor, -átus sum, -ári, dep., intr., tr. 즐거워하다, 즐기다
dēlícĭosus, -a, -um, adj. 즐거운, 유쾌한, 쾌감을 주는,
즐거움으로 가득 찬; 맛있는.
dēlícĭum, -i, n. = delícĭa, -æ, f.
Et nox illuminátĭo mea in deliciis meis.
나의 기쁨이 겨워 밤도 내게는 광명으로이로다.
dēlíco, -áre, tr. = déliquo
dēlíctor, -óris, m. 범인, 죄인(ἁμαρτωλὸς.⑨ sinner)

délictum, "delinquo"의 목적분사(sup.=supínum)
délíctum, -i, n. = dēlinquéntĭa, -æ, f. 범죄(犯罪),
위법행위(違法行爲), 과실(過失), 불법행위, 위법.
Caritas exstinguit delicta. 사랑은 죄를 없애줍니다/
delicta singula. 개별 범죄/
Hoc enim agit salvátor, ut isdem vestigiis quibus
admissa fuerant delicta purgentur. 구세주는 인류가
범한 죄악의 흔적(痕迹)을 씻으시기 위해 이를 행하셨다/
irregularitas ex delícto. 범죄에 의한 결격/
Nulla est major tribulatio quam conscientia delictorum.
죄인들의 양심보다 더 큰 고뇌는 없다.
delictum attentátum. 미수범(⑨ attempted offense)
delictum civile. 사법상의 범죄(司法上 犯罪)
delictum collectivum. 공동 범죄(共同 犯罪)
delictum commune. 일반적 범죄
delictum complexum. 연루(連累)된 범죄
delictum conátum. 미수범죄(未遂犯罪), 계획적 범죄
delictum conátus. 미수죄
delictum connexum. 연결된 범죄
delictum consummátum. 완수범죄(完遂犯罪),
기수범(旣遂犯.⑨ completed offense).
delictum continuátum. 계속적(繼續的) 범죄
delictum dolosum. 고의적(故意的) 범죄
delictum ecclesiasticum. 교회법상 범죄
delictum formale. 형상적 범죄
delictum frustrátum. 결효범(缺效犯.⑨ frustrated offense)
delictum habituale. 상습적 범죄(매춘.전례규정 준수 위반 등)
delictum habituale seu collectivum. 상습적 집단적 범죄.
delictum instantaneum seu momentaneum. 즉시적 범죄
delictum materiale. 질료적 범죄(낙태 등)
delictum mixtum. 국법상 범죄
delictum notórĭum. 주지된 범죄
delictum occultum. 은밀한 범죄
delictum permanens seu successivum. 지속적 범죄
delictum proprium. 신분적 범죄
delictum publicum. 공개적 범죄, 국사적 범죄.
delictum qualificantum. 특수한 사정에 의한 범죄
delictum reale. 실질적 범죄
delictum verbale. 언어의 범죄(저주.모독 등)
delícŭi, pf. (delíqueo, deliquésco)
dēlícus, -a, -um, adj. 젖 뗀, 젖 떨어진
dēlícŭus, -a, -um, adj. = délíquus 결핍한, 부족한
dēlígo¹ -ávi, -átum, -áre, tr. (de+ligo) 잡아매다,
비끄러매다, 처매다. deligo vulnus. 상처를 처매다/
naves deligátæ ad áncoras. 정박한 배들.
dēlígo² -légi -léctum -ěre, tr. (de+lego²) 고르다,
선택(선발)하다, 선출(선정)하다, (꽃.열매 따위를) 따다,
뜯다, 뽑다, 골라내다, 거르다, 분리하다.
Aedibus idoneum locum deligere non potuerunt.
그들은 건물에 적합한 장소를 택할 수 없었다.
dēlǐmǐtátǐo, -ónis, f. 경계 확정
dēlímǐto, -ávi, -átum, -áre, tr. 경계를 획정하다, 구획하다
dēlímo, -ávi, -átum, -áre, tr. 줄로 쓸다
dēlǐneátǐo, -ónis, f. 윤곽을 그림, 소묘(素描). 초벌 그림.
dēlíněo, -ávi, -átum, -áre, tr. (de+línea)
윤곽(초벌 그림)을 그리다, 초 잡다.
dēlíngo, -línxi -ěre, tr. 핥다
delini… V. deleni…
dēlíno, -lívi -lítum, -ěre, tr. 바르다, 칠하다
dēlinquéntĭa, -æ, f. = délíctum, -i, n.
dēlínquo, -líqui, -líctum, -ěre,
intr., tr. 잘못하다, 위반하다, 죄짓다, 위법행위를 하다.
intr. 부족(不足)하다, 결핍(缺乏)하다.
dēlínxi, "delíngo"의 단순과거(pf.=perfectum)
dēlíquĕo, -lícŭi, -ére, intr. 녹다, 용해되다, 액체가 되다
dēlíquésco, -lícŭi, -ěre, intr. 녹아 없어지다,
녹아 버리다, 액체(液體)로 변하다.
dēlíqui, "delinquo"의 단순과거(pf.=perfectum)

dēlíquĭum¹ -i, n. 부족(不足), 결핍(缺乏), 잘못, 실수,
위반(違反.παράβασις), 죄(罪).
dēlíquĭum solis. 일식(日蝕)
dēlíquĭum² -i, n. (delínquo) 녹아 없어짐.
(化) 조해(潮解-고체가 대기 중의 습기를 빨아들여 액체가 됨), 액체화.
dēlíquo, -ávi, -átum, -áre, tr. 거르다, 여과하다,
옮겨 부어서 맑게 하다, 설명하다, 명백히 하다, 밝히다.
dēlíquus, -a, -um, adj. = dēlícŭus 결핍한, 부족한
dēlīrāméntum, -i, n. 망상(妄想-있지도 않은 사실을 상상하여
마치 사실인 양 굳게 믿는 일. 또는 그러한 생각), 망령(죽은 사람의 영혼),
정신착란(精神錯亂-증상이 심한 의식 장애).
deliramentum verba. 헛소리
dēlīrátǐo, -ónis, f. 망상(妄想), 망령(亡靈-죽은 사람의 영혼),
정신착란. (醫) 섬망(譫妄).
dēlírĭum, -i, n. (醫) 섬망(譫妄), 정신착란(精神錯亂)
delirium manicum. 과대망상증(誇大妄想症)
delirium tremens. 주객섬망병(酒客譫妄病.알코올 중독에 의한 정신병)
dēlíro, -ávi, -átum, -áre, intr. (de+lira)
곧은 밭이랑에서 빗나가다, 직선(궤도)에서 벗어나다.
온전한 정신이 아니다, 미치다, 정신이 착란해지다.
dēlírus, -a, -um, adj.
정신 착란의, 정신에 이상이 생긴, 망령이든.
dēlíteo, -lítŭi, -ére, intr. (de+láteo) 숨다, 보이지 않다
dēlítésco, -lítŭi, -ěre, intr. 숨다, 보이지 않다, 피신하다.
dēlítǐgo, -áre, intr. 격분해서 다투다
dēlítui, "deliteo"의 단순과거(pf.=perfectum),
"delitesco"의 단순과거(pf.=perfectum).
dēlítum, "delino"의 목적분사(sup.=supínum)
dēlítus, -a, -um, p.p. (délino)
dēlívi, "delino"의 단순과거(pf.=perfectum)
dēlŏcátǐo, -ónis, f. (loco) 분리, 탈구(脫臼)
dēlongáris, -is, m. 동Roma 제국의 해군대장
dēlóngě, adv. (=de longe) 멀리, 멀리서
delphin, -ínis, m. = delphínus, -i, m.
delphínus, -i, m. (動) 돌고래, 해돈(海豚-돌고래).
(天) 돌고래 좌(座).
deltă¹-æ, f.(혹은 indecl.) 희랍 자모의 넷째 글자, δ
deltă²-æ, n., indecl. Nílus 강의 삼각주
Deltóton, -i, n. (天) 삼각성좌
dēlúbrum, -i, n. (de+luo) 신전(神殿), 사당(祠堂)
dēlúcto, -ávi, -átum, -áre, intr.; dēlúctor, dep. 싸우다
dēlūdífǐco, -ávi, -átum, -áre, tr. (de+ludus+fácio)
희롱하다, 조롱하다('끼그).
dēlúdo, -lúsi -lúsum -ěre, tr. 속이다, 우롱하다,
어리벙벙하게 하다, 놀기(경기)를 그치다.
dēlúmbis, -e, adj. (de+lumbus) 허리가 약한, 허약한, 힘 빠진
dēlúmbo, -ávi, -átum, -áre, tr. (de+lumbus)
허리를 꺾다, 휘게 하다, 쇠약하게 하다, 힘 빠지게 하다.
dēlúo, -ěre, tr. 씻다, 깨끗이 닦다, 지우다
dēlúsi, "deludo"의 단순과거(pf.=perfectum)
dēlúsǐo, -ónis, f. 속임, 사기(詐欺), 기만(欺滿)
미혹(迷惑); 우롱(愚弄). (醫) 망상(妄想).
dēlūsórǐus, -a, -um, adj. 속이는, 기만적인,
남을 그릇 인도하는: 망상적(妄想的)인, 공상적인.
dēlúsum, "deludo"의 목적분사(sup.=supínum)
dēlústro, -áre, tr. 물 뿌리다, 끼얹다
dēlúto, -ávi, -átum, -áre, tr. 흙탕 칠하다,
흙 바르다, (흙탕을) 씻어내대다, 닦다.
dēmădésco, -dŭi, -ěre, intr. 흠뻑 젖다
dēmădui, "demadesco"의 단순과거(pf.=perfectum)
dēmagógía, -æ, f. 민중 선동(民衆煽動), 악선전
dēmagógǐcus, -a, -um, adj. 선동적인, 악선전의
dēmagogísmus, -i, m. 민중 선동주의, 선전(선동), 악선전.
dēmagógus, -i, m. 민중 선동자(民衆煽動者)
dēmándo, -ávi, -átum, -áre, tr. 맡기다, 부탁하다
dēmáno, -ávi, -áre, intr. 흘러내리다, 유래(由來)하다
dēmárchǐa, -æ, f. (고대 희랍의) 시장직
dēmárchus, -i, m. (고대 희랍의) 시구장, 읍장(邑長)

dēmātrīcátus, -a, -um, adj. 정맥에서 혈액을 뽑아 낸
dēmātúro, -ávi, -áre, tr. 일찍 앞당기다
dēmens, -méntis, adj. 미친, 정신 나간
dēménsĭo, -ónis, f. 측량(測量), 도량(度量-자와 되).
　치수(길이를 잴 때의 몇 자 몇 치의 셈).
dēménsum, -i, n. 할당(割當-몫을 갈라 나눔. 또는 그 나눈 몫)
dēméntĭa, -æ, f. 미침(狂症-정신이상), 정신이상,
　발광(發狂-狂亂), 광기(amentĭa, -æ, f./vesania, -æ, f.),
　치매(痴呆-정상적인 정신 상태를 잃어버린 상태),
　(나라 일이나 가사를) 망쳐 놓음.
　A dis immortalibus quæ potest homini major esse poena
　furore atque dementia? 불사의 신들로부터 인간에게 오는
　죄벌로서 광기와 노망보다 큰 벌이 있을 수 있을까?/
　O dementiam nescientem diligere homines humaniter!
　O stultum hominem immoderate humana patientem!
　아으, 사람을 사람답게 사랑할 줄 모르는 미치광이여,
　덧없는 인간사에 안달하는 바보여!(고백록 4.7.2.).
dementĭa præcox. 조발성 치매증(早發性 癡呆症)
dēméntĭo, -íre, intr. (de+mens) 미치다, 정신 나가다
dementior, -or -us, adj. dēmens, -méntis의 비교급
dementissimus, -a, -um, adj. dēmens, -méntis의 최상급
dēménto, -ávi, -átum, -áre, tr. 미치게 하다
dēmĕo, -áre, intr. 내려가다(오다)
dēmérĕo, -ŭi, -ĭtum, -ére, tr.
　(일한 보수로.공로 세워) 얻다, (일하여) 벌다,
　받을 만한 일을 하다, (누구의) 호의(호감)를 사다,
　손에 넣다, 자기에게 끌어들이다.
dēmérĕor, -méritus sum, -éri, dep. = dēmérĕo
dēmérgo, -mérsi, mérsum, -ĕre, tr. (물에) 잠그다,
　담그다, 가라앉게 하다, (pass.) 잠기다, 침몰시키다,
　(배를) 격침시키다, 내려 보내다, 침강(沈降) 시키다,
　빠지게 하다, 파묻다(埋), 억눌리게 하다.
　colla demergo húmeris. 목을 움츠려 어깨에 파묻다/
　plebs ære aliéno demérsa.
　빚더미에 파묻혀 억눌린 시민.
demergo in alvum. (뱃속으로) 삼켜 넣다
dēmérĭtum, -i, n. 죄과(罪過), 과실(過失)
dēmersi, "demergo"의 단순과거(pf.=perfectum)
dēmérsĭo, -ónis, f.침몰(沈沒-물에 빠져 가라앉음).
　영락(零落-초목의 꽃이나 잎이 시들어 떨어짐).
dēmersum, "demergo"의 목적분사(sup.=supínum)
dēmérsus, -us, m. 침수(浸水), 가라앉음, 침몰(沈沒)
dēmessui, "dēméto"의 단순과거(pf.=perfectum)
dēméssus, -a, -um, p.p., a.p.
　수확(收穫)된, 걷어 들인, 베인, 잘린.
dēmétĭor, -ménsus sum, -íri, dep., tr.
　계량하다, 측정하다, 정확히 재다; 할당(割當)하다.
déméto¹ -méssui -méssum -ĕre, tr. 수확(收穫)하다,
　추수하다, 거두어들이다, 따다, 뜯다, 베다, 자르다.
　Hoc anni tempus accomodatum est demetendis fructibus.
　일 년 중 이때가 추수하기에 적당하다.
dēméto² = dīméto 측량하다, 경계를 정하다.
dēmigrátĭo, -ónis, f. 이주(移住), 이민(移民)
dēmigro, -ávi, -átum, -áre, intr. 이민 가다, 이주하다,
　이사하다, 떠나다, 피신(避身)하다, 죽다.
dēmínŭo, -ŭi -útum -ĕre, tr. 덜어내다, 줄이다.
　감축(減縮)하다, 감소(축소) 시키다
　(재산.토지 따위를) 남에게 넘겨주다(ܟܣܢ),
　양도하다, 약하게 만들다, 약화(弱化) 시키다.
dēmĭnútĭo, -ónis, f. = dīmĭnútĭo, -ónis, f. 감축,
　감소, 축소(縮小-줄여서 작게 함), 약화(弱化), 재산양도.
deminutio cápitis. 자유.시민권.가정의 상실, 인격상실.
　(로마법에서 '인격상실'이란 법률행위를 유효하게 할 수 있고 법에서 인정받는
　권리의 주체가 될 수 있는 민사적 신분이 감축되는 것을 말한다. 인격상실에는
　자유, 로마 시민권, 가족 구성원의 자격 중 하나를 잃는 것이 있다).
dēmĭnútívus, -a, -um, adj. = dīmĭnūtívus 조그마한,
　소형의, (文法) 축소형의, 지소사(指小辭)의.
　n. 지소사(指小辭), 축소형 명사.
dēmíror, -átus sum, -ári, dep., tr.

경탄하다, 놀라다, 이상스럽게 생각하다,
　(interr., indir.) 알고 싶다, 궁금하다.
dēmísi, "demitto"의 단순과거(pf.=perfectum)
dēmissícĭus, -a, -um, adj. (옷자락 따위가) 길게 늘어진, 처진
dēmíssĭo, -ónis, f. 내려(늘어)뜨림, 처뜨림, 저하,
　낙심(defectio animi), 낙담(落膽, infractio animi), 우울.
dēmissum, "demitto"의 목적분사(sup.=supínum)
dēmíssus, -a, -um, p.p., a.p. 가라(내려) 앉은, 낮은,
　아래로 늘어진, 처진, 매달린, 실의에 빠진, 의기소침한,
　낙심한, 풀이 죽은, 겸손한, 얌전한, 약한,
　가냘픈, 곤궁한, 가난한.
dēmitígo, -ávi, -áre, tr. 완화하다, 부드럽게 하다,
　누그러지게 하다.
dēmítto, -mísi -míssum -ĕre, tr. 1. 내려 보내다,
　내려뜨리다, 내리 박다, 낮추다. demitto súblicas in
　terram. 말뚝을 땅에 박다/ demitto nummum in lóculos.
　돈을 궤 속에 던져 넣다/ demitto ferrum júgulo. 멱에다
　칼을 꽂다. 2. 처넣다, 집어넣다, (액체에) 잠그다, 담그다.
　demitto alqm in cárcerem. 下獄하다/ ferrum demíssum
　in aquâ. 물에 잠근 쇠. 3. 떨어뜨리다, 강화시키다, alqd
　de cælo demitto. 하늘에서 떨어뜨리다, demitto ánimum
　(ánimos), ánimo se demitto, 낙담하다, 용기를 잃다.
　4. (신체의 부분.옷 따위를) 늘어뜨리다, 드리우다,
　처뜨리다, 내려뜨리다, demitto óculos. 눈을 내리 뜨다.
　5. (pass., refl.) se demitto, demítti 내려가다(오다).
　구부리다, (물에) 몸을 잠그다. 6. (軍) 낮은 지대로 인솔
　하다, 끌어내리다. 7. 가슴속에 깊이 새기다, 간직하다.
　8. (pass., refl.) demitto, se demíttere in alqd. 무슨 일에
　관여(관계.개입)하다, 말려들다, demitto ad alqd. 굴종
　하다, 무릎쓰다. 9. (누구를 어떻게) 처치하다:
　demitto alqm morti(neci) 누구를 죽여 버리다.
demitto ferrum júgulo. 멱에다 칼을 꽂다
dēmiúrgus, -i, m. = dāmĭúrgus 조화(造化)의 신,
　(고대 희랍의 지방) 국가 행정관, Turpílius의 희극 이름.
dēmo, dempsi, demptum(demtum), -ĕre, tr. (de+emo)
　덜어내다, 덜어 주다, 떼어내다, 빼내다, 제거하다,
　뺏다, 떼어놓다, 없애다, (수염 따위를) 깎다, 자르다.
　Si ab æqualibus æqualia demas, quæ remanent sunt
　æqualia. 동등한 것에서 동등한 것을 빼고 나면,
　동등한 여분이 남는다.
dēmo caput alcjs. 머리를(목을) 자르다
dēmo juga equis. 말에게서 멍에를 벗기다
Dēmóchāres, -is, m. 희랍의 변론가.역사가(c. 280 A.C.)
dēmocrátĭa, -æ, f. 민주제, 민주정체, 민주정치,
　민주주의(⑨ democracy)(δῆμος+κράτος의 합성어).
democratia sociális. 사회 민주주의(⑨ social democracy)
dēmocrátĭci, -órum, n., pl. 민주당
Dēmocrĭtéa, -órum, n., pl. Dēmócrĭtus의 교의(敎義)
Dēmócrĭtus, -i, m. Abdéra 출신의 유명한 철학자
dēmŏgráphĭa, -æ, f. 인구 통계학(⑨ Demography)
dēmŏgráphus, -i, m. 인구 통계학자
dēmólĭo, -ívi -ítum -íre, tr. dēmólĭor
dēmólĭor, -lítus sum -íri, dep., tr. 헐다, 파괴하다(ܚܪܒ),
　부수다(ܚܪܒ.ܢܬܨ.ܪܟܡ), 없애버리다,
　좌절(挫折)시키다, 뒤엎다, 분쇄(粉碎)하다.
dēmólītĭo, -ónis, f. 헐어버림, 파괴(破壞), 제거(除去)
demonstrábilis, -e, adj. 논증(증명) 할 수 있는
dēmonstrátĭo(argumentátĭo) -ónis, f. 가리킴, 지시, 지칭,
　명시, 표시, 표명, 증명, 논증, 입증, 밝힘, 예증, 시위(운동.
　(修) 미사여구(美辭麗句); 칭찬 또는 비난의 말.
demonstrátĭo a posterióri. 후천적(후험적) 논증
demonstrátĭo a prióri. 선천적(선험적) 논증
demonstrátĭo a simultaneo. 동시적 증명(同時的 證明)
Demonstrátĭo apostolicæ prædicátionis.
　사도적 전포의 논증, 사도적 예언의 시위.(이레네우스의 작품으로
　100개의 짧은 장들로 구성된 가톨릭 신앙의 종합이다).
demonstrátĭo catholica. 가톨릭 교회의 신빙성 증명,
　가톨릭의 필요성, 가톨릭적인 표현.

325

demonstrátio christǐana.
　그리스도교의 필요성, 그리스도의 설립 사명성 증명.
demonstrátio christǐana ad extra.
　외부에 대한 그리스도교의 논증.
demonstrátio deductiva. 연역적 증명(연역적 증명)
Demonstrátio doctrinæ Apostolicæ.
　사도적 가르침의 증명(Irenæus 지음).
Demonstrátio evangelica. 복음적 증명(福音的 證明),
　복음의 증명(312~320년, 체사레아의 에우세비오 지음), 복음의 논증.
demonstrátio ex contingentǐa rerum.
　사물의 우유성에 의한 증명.
demonstrátio ex gradibus perfectionis.
　완전성의 증명에 관한 증명.
Demonstrátio ex motu etdependentǐa causali.
　운동과 인과적 의존성에 의한 증명.
demonstrátio ex ordine finali. 목적 질서에 의한 증명
demonstrátio existentiæ Dei. 신 존재 증명
demonstrátio inductiva. 귀납적 증명(歸納的 證明)
Demonstratio Prædicationis Apostolicæ.
　사도들의 설교에 관한 논증(성 이레네오 지음).
demonstrátio propter quod. 사실에 의거한 증명,
　본연적 원인에 의한 증명, 본연적 원인증명.
demonstrátio quia(quod) 사유에 의거한 증명,
　결과 또는 우연적 원인에 의한 증명.
demonstrátio religiosa. 계시 종교성 증명, 종교의 필요성
demonstrátiones metaphysicæ. 형이상학적 증명
demonstrativa scientǐa. 논증적 학문
dēmonstrātívus, -a, -um, adj. 지시하는, 가리키는,
　논증의, 증명의, 예증의. (修) 칭찬하는, 비난하는.
　dígitus dēmonstrātívus. 집게손가락, 둘째손가락.
dēmonstrátor, -óris, m. 가리키는 자, 지시자; 증명자
dēmonstrātórǐus, -a, -um, adj. 가리키는,
　dígitus dēmonstrātórǐus. 집게손가락, 둘째손가락.
demónstro, -ávi, -átum, -áre, tr. 똑똑히 가리키다,
　명시하며, 일러주다, 설명하다, 가르쳐 주다,
　논증하다, 증명하다(ㅁㅁㅁ,ㅁㅁ), 지칭하다.
　(法) demónstro fines. 토지를 양도(매도)하다.
　　(주인이나 그 지정인이 토지의 경계를 명시하였음).
　Ethica ordine geometirco demonstrata.
　기하학적 방법으로 증명된 윤리학(1677년 스피노자 지음)/
　Propterea de columba demonstrata est caritas, quæ venit
　super Dominum. 주님 위에 내려온 비둘기가 왜 사랑을
　상징하는지 보십시오..(최익철 신부 옮김. 요한 서간 강해. p.335).
dēmórdĕo, -mórdi, -mórsum, -ére, tr. 물어뜯다
dēmórǐor, (-rēris, -rítur), -mórtuus sum, -mŏri, dep.,
　intr. (남들을 남겨 놓고) 죽다, 사거(死去)하다,
　재직 기간 중에 죽다, 죽어 없어지다, 나무가 말라죽다.
　tr. 누구를 사랑하다가(사랑 때문에) 죽다.
dēmŏror, -átus sum, -ári, dep.,
　intr. 지체하다, 머뭇거리다, 머무르다.
　tr. 만류하다, 말리다, 중지시키다, 미루다, 지연시키다.
dēmórsǐco, -ávi, -átum, -áre, tr. 물어뜯다
dēmotum, "demoveo"의 목적분사(sup.=supínum)
dēmóvĕo, -móvi -mótum -ére, tr. 옮기다, 치우다,
　철거하다, 멀리하다, 퇴거시키다, 쫓아버리다,
　제거하다, 없이 하다.
demoveo alqm in ísulam. 누구를 섬으로 귀양 보내다
dēmóvi, "demoveo"의 단순과거(pf.=perfectum)
dempsi, "demo"의 단순과거(pf.=perfectum)
démptǐo, -ónis, f. 떼어냄, 삭감(削減-깎아서 줄임. 감삭減削),
　경감(輕減-덜어서 가볍게 함), 삭제, 생략(省略), 제거(除去).
demptum, "demo"의 목적분사(sup.=supínum)
dēmúgítus, -a, -um, p.p., a.p.
　송아지나 소의 울음소리로 가득 찬.
dēmulcátus, -a, -um, p.p. 학대(푸대접) 받은
dēmúlcĕo, -múlctum, -ére, tr. 쓰다듬어 주다,
　어루만지다; 스치다, 어르다; 유혹하다.
demulctum, "demulceo"의 목적분사(sup.=supínum)

dēmulsi, "demulceo"의 단순과거(pf.=perfectum)
demulsum, "demulceo"의 목적분사(sup.=supínum)
dēmum, adv. 드디어, 마침내; 마지막으로,
　(is, hic, ille 따위 지시대명사, 기타 시간·상태 표시의 짤막한
　단어의 뜻 강조) 바로…, …만, 특히…, 그야말로.
　Idem velle atque idem nolle, ea demum firma
　amicítia est.(is 참조) 같은 것을 원하고 같은 것을
　싫어하는 그것이야말로 확고한 우정이다/
　Nam idem velle atque idem nolle, ea demum
　firma amicitia. 한마음 한 뜻이면 이것으로 결국
　참다운 우정이 성립된다.
dēmúrmŭro, -ávi, -átum, -áre, tr. 원망하다, 투덜거리다
dēmūtábǐlis, -e, adj. 변해버릴(달라질) 수 있는
dēmūtátǐo, -ónis, f. 변화, 변동, 변질; 타락, 퇴폐(頹廢)
dēmútǐlo, -ávi, -átum, -áre, tr. (나무 가지를) 자르다
dēmúto, -ávi, -átum, -áre, tr. 바꾸다(ㅁㅁ), 변경하다,
　부패케 하다, 타락시키다, 질(質)을 저하시키다.
dēnárǐus¹ -a, -um, adj. 10의, 열(10) 되는 수(數)의
dēnárǐus² -i, m. 고대 Roma의 은전(처음에는 10 asses, 그 후
　에 16 asses의 가치를 가졌음), (후기 화폐) 1as의 동전,
　(고대 의학용어) Attǐca의 drachma에 해당하는 무게.
dēnárǐus áureus. 금화(=25asses)
dēnárǐus cultus*=contrǐbútǐo pro sustentatione. 교무금
dēnárǐus pro cultus* 교무금(敎務金), 교회 유지비
dēnárǐus S. Petri. 교황청 납부금, 교황 헌금
Denárǐus Sancti Petri. 베드로 헌금(⑩ Peter's Pence)
dēnárro, -ávi, -átum, -áre, tr. 자세히(차근차근) 이야기하다
dēnáscor, (-ēris, -ítur), -násci, dep., intr. 죽다
dēnáso, -ávi, -átum, -áre, tr. (de+nasus)
　코를 베다.물어뜯다.
dēnáto, -ávi, -átum, -áre, tr.
　헤엄쳐 내려가다, 물결 따라 헤엄치다.
dendrāchátes, -æ, m. (鑛) 나뭇가지 무늬의 마노(瑪瑙)
dendrítis, -tídis, f. (鑛) 모수석(模樹石)
dēnĕgátǐo, -ónis, f. 부인(否認), 부정, 거절, 불허(不許)
dēnégo, -ávi, -átum, -áre, tr. 완강히 부인한다.
　전적으로 부정하다, 거절하다(ㅁㅁ), 청을 들어주지 않다.
　Datum dénegat, quod datum est.
　준 것을 절대 안주었다고 주장하다.
dēni, -æ, -a, num., distrib., pl. 열(개)씩,
　(pl., tt. 명사의 기본 수사로) 열, 10개의, ter deni. 30.
　Hoc anno quinquies domum remeavi ibique denos dies
　fui. 금년에 나는 다섯 번 귀가(歸嫁)하여 그때마다
　그곳에 열흘씩 머물렀다.
dēnǐcális, -e, adj. 죽음에 관한, 죽은 사람의.
　denicáles férǐae. 죽은 사람의 집을 깨끗하게 하는 의식.
dēnígro, -ávi, -átum, -áre, tr. 검게 하다, 먹칠하다,
　중상(中傷)하다, (명예) 훼손(毁損)하다.
dénǐque, adv. (demum+que) 마침내, 드디어,
　결국(tandem, adv..últime, adv.); 마지막으로,
　(abl., absol. 뒤에 쓰이면서) …하고 나서 비로소,
　요컨대, 한 마디로 말해서, 더구나, 더욱이, …조차.
　et denique concludit.(⑩ He then concludes).
　그리고 그는 결론을 내린다/
　hominem formalissimum, ingeniosissimum,
　sapientissimum, opulentissimum ac denique
　potentissimum efficere.(성 염 옮김, 피코 델라 미란돌라. p.118)/
　인간을 가장 아름답고 가장 재주 있고 가장 지혜롭고
　가장 자질 있고 가장 능력 있는 존재로 만들었다/
　homo denique totus est mundus. 인간은 결국 온 세계다/
　Quod misero mihi denique restat?
　불쌍한 나에게 결국 뭐가 남아 있느냐?/
　Tum denique homines nostra intellegimus bona cum
　quæ in potestate habuimus, ea amisimus.(Plautus).
　그러니까 우리 인간이란 말일세, 손에 넣고 있던 것을
　잃어버린 다음에야 우리 재산이 과연 얼마나 값나가는
　것이었던가를 깨닫는단 말이야. [성 염 지음, 고전 라틴어, p.329].
Denique Benedictionem Apostolicam vobis impertimus.

(⑨ With my apostolic blessing) 본인의 사도적 축복을 보냅니다.
Denique catechesis indiget perpetuæ renovationis in certa quadam(⑨ Finally, catechesis needs to be continually renewed) 끝으로 교리교육은 끊임없이 쇄신되어야 합니다(교황 요한 바오로 2세의 1979.10.16. "Catechesi tradendæ" 중에서).
Denique tandem de cotidianæ agitur sanctificatione vitæ.(⑨ What is crucially important here is the sanctification of daily life) 여기서 결정적으로 중요한 것은 일상생활의 성화이다(1989.8.15. "Redemptoris custos" 중에서).
denódo, -ávi, -átum, -áre, tr. 매듭을 풀다
dēnōmĭnátĭo, -ónis, f. 명명(命名), 명칭, 임명(任命), 지명(指名). (修) 환유(換喩). 교파*(⑨ denominátĭons).
Denominātĭónes Máriæ(⑨ Titles of Mary) 마리아의 칭호(稱號).
dēnōmĭnātívus, -a, -um, adj. 이름 구실을 하는, 명칭적인. (文法) 명사(형용사)에서 만든(유래된), 명사 유래의.
dēnōmĭno, -ávi, -átum, -áre, tr. 이름을 밝히다, 이름(명칭)을 따다 붙이다, 임명하다, 지명하다, 명시하다.
dēnórmo, -ávi, -átum, -áre, tr. (de+norma) 불규칙하게 하다, 일그러뜨리다.
dēnŏtátĭo, -ónis, f. 표시(表示), 지시(指示), 지명(指名), 지정(指定-가리켜 정함); 기호(記號), 부호(符號).
dēnŏtátus¹ -a, -um, p.p., a.p. 굴욕(侮辱) 당한
dēnŏtátus² -us, m. = dēnŏtátĭo, -ónis, f.
dénŏto, -ávi, -átum, -áre, tr. 지시하다(מאני), 명시하다, 밝히다, (무엇을) 가리키다, 표시하다, 표하다.
dens Indus. 상아(象牙).⑨ ivory.ebur, -óris, n.)
dens, dentis, m. 이(齒), 치아(齒牙), 이빨(nitelæ oris), 이처럼 생긴 것, 톱니, 빗살(빗의 가늘게 갈라진 낱낱의 살. 즐치櫛齒), 보습 끝, 닻가지, 질투(嫉妬), 조소(嘲笑).
albis déntibus deridére. 너털웃음으로 조소(嘲笑)하다/
dentes advérsi. 앞니/dentes decidui. 젖니(幼齒)/
dentes labefacio mihi.
(누가 나를 때려서) 이(齒)들을 흔들리게 하다/
dentes moláres. 어금니/dentes primores. 앞니/
dentes putridi. 썩은 이(齒)/
dentes qui prominent.
밖으로 길게 뻗어 나온 한 쌍의 이(=상아象牙)/
dentes restríngo. 이(齒)들을 드러내다/
eximo alci dentem. 누구의 이(齒)를 뽑다/
exserti dentes apro. 산돼지에게서 빼낸 이빨/
imprimo dentes alci. 누구에게 이빨 자국을 남기다/
laboráre ex dente. 이(齒) 때문에 고생하다, 이를 앓다/
Laboro ex dentibus. 나는 이(齒들이 아프다/
oculum pro oculo, dentem pro dente, manum pro manu, pedem pro pede. (ovfqalmo.n avnti. ovfqalmou/ ovdo,nta avnti. ovdo,ntoj cei/ra avnti. ceiro,j po,da avnti. podo,j)
(獨 Auge um Auge, Zahn um Zahn, Hand um Hand, Fuß um Fuß) (⑨ eye for eye, tooth for tooth, hand for hand, foot for foot) 눈은 눈으로, 이는 이로, 손은 손으로, 발은 발로(성경 탈출 21, 24: 출애굽기)/
pecten déntium. 치열(齒列)/strídĕre déntibus. 이를 갈다.
densábĭlis, -e. adj. 수렴성의
densátĭo, -ónis, f. 농축(濃縮-용액 따위의 농도를 높임), 응축
densátus, -a, -um, p.p., a.p. 응축(농축) 된, 수렴된
dense, adv. 짙게, 빽빽하게, 촘촘히,
(시간적) 가끔, 자주, 연거푸.
dénséo, -étum, -ére, tr. 농축하다, 짙게 하다, 압축하다, 다지다, 응축시키다, 엉기게 하다, 밀집(密集)시키다, 빽빽하게(조밀하게,배게) 하다, 간결하게 하다, 요약하다.
densésco, -ĕre, intr. 빽빽해지다, 짙어지다
densior, -or, -us, adj. densus -a, -um의 비교급
densissimus -a, -um, adj. densus -a, -um의 최상급
dénsĭtas, -átis, f. 밀도(密度-빽빽이 들어선 정도), 밀집(密集), 조밀(稠密-촘촘하고 빽빽함), 짙음, 농도(濃度), 비중(比重).
denso, -ávi, -átum, -áre, tr. = dénséo, -étum, -ére, tr.
densus, -a, -um, adj. 빽빽한, 조밀한, 밴; 밀집한, 짙은, 압축(응축) 된, 잦은, 많은('רוב,πολὺς.ἱκανὸς).

Propter fumum densum viæ erant obscuræ
짙은 연기로 말미암아 길이 희미하였다.
dentálĭa, -ĭum, n., pl. 쟁깃갓(보습을 맞추어 꽂는 나무), 쟁기(술,성에.한마루를 삼각형 모양으로 맞춘 농기구. 논밭을 갈),
보습(땅을 갈아 흙덩이를 일으키는 데 쓰는 삽 모양의 쇳조각),
곡괭이 날(단단한 땅을 파는 데 쓰는 기구), 발,
쇠스랑(쇠로 서너 개의 발을 만들어 자루를 박은 갈퀴 모양의 농구農具).
dentárĭus, -a, -um, adj. 이(齒)에 관한
dentárpága, -æ, f. 발치(拔齒) 도구, 이 뽑는 집게
dentátus, -a, -um, adj. 이를 가진,
이 모양을 가진(연장.도구).
dentáta béstia(fera), dentáta.
투기(鬪技) 관람에 쓰이는 사자.범.코끼리/
rastrum dentátum. 쇠스랑(dentálĭa, -ĭum, n., pl.).
dentes adversi. 앞니(dentes primores)
dentes decidui. 젖니(幼齒)
dentes molares. 어금니(dentes maxillares)
dentes putridi. 썩은 이
dentes qui prominent.
밖으로 길게 뻗어 나온 한 쌍의 이(象牙)
dentes rapaces. 앞니(dentes adversi)
dentes refigo. 이를 뽑다
dentes retecti. 드러난 이빨들
dentes restríngo. 이(齒)들을 드러내다
denticŭlátus, -a, -um, adj. 작은 이(齒) 모양의, 톱니처럼 생긴.
herbæ denticulátæ. 톱니 모양의 잎을 가진 풀.
denticŭlus, -i, m. 작은 이(齒), 톱니 모양의 돌기,
(建) 톱니 모양의 장식.
dentĭfrangíbŭlum, -i, n. (dens+frango)
이(齒)를 부러뜨리는 도구.
dentĭfrangíbŭlus, -i, m. 이(齒)를 부러뜨리는 자
dentĭfrícĭum, -i, n. 치약(齒藥), 치마분(齒磨紛)
dentílĕgus, -a, -um, adj. (dens+lego)
(남이 부러뜨린) 자기 이를 주워 모으는.
déntĭo, -ívi -ítum -íre, intr. 이가 나다, 이가 자라다.
púeri dentiéntes. 이(齒)가 나는 어린이들.
dentiscálpĭum, -i, n. (dens+scalpo) 이쑤시개
dentítĭo, -ónis, f. 이(齒)가 남
dēnúbo, -núpsi -núptum -ĕre, intr. 시집가다, 출가하다
dēnūdátĭo, -ónis, f. 벗김, 노출: 뺐음
Denudatio altaris(⑨ Srripping of Altar) 제대포 걷는 예식.
(성 목요일 성체를 안식 제대에 옮겨 모신 다음, 제대포와 감실보를 걷는 예식.
이것은 그리스도가 옷 벗김을 당하신 것을 기념한다.
백민관 신부 엮음, 백과사전 1, p.812: 3, p.565).
dēnúdo, -ávi, -átum, -áre, tr. 벌거숭이로 만들다,
벗기다(גלה,חלץ), 발가벗기다, 드러내다,
보이다(φαίνω), 털어놓다, 까놓다,
(훔치거나 강제로) 뺏다, 강탈하다; 박탈하다.
dēnúmĕro = dīnúmĕro, -ávi, -átum, -áre, tr.
일일이 세어나가다, 손꼽아 세다, 열거(매거)하다,
헤아리다, 계산(計算)하다, 셈하여 치르다.
denúncĭo = denúntĭo
dēnuntĭátĭo, -ónis, f. 통지, 발표, 고시, 공포(公布),
통고(通告), 명령, 지시(指示), 협박(脅迫), 위협(威脅).
(法) 고발(告發), 고소(告訴), 밀고(密告).
denuntiátio evangelica. 복음적 고발
denuntiátio judiciális seu canonica. 사법적 고발
dēnuntĭatívus, -a, -um, adj. 징후적(徵候的)인
dēnuntĭátor, -óris, m. 신고자, 고발자(告發者),
밀고자(密告者), 고소인, 위협자, 협박자, 전달자.
dēnúntĭo, -ávi, -átum, -áre, tr. 통지하다, 발표하다,
고시(公布)하다, 통고하다, 포고하다, 신고하다,
보고하다, 예시(예고)하다, 협박하다, 명령하다,
지시하다, 고발하다, 고소하다, 밀고하다,
법정으로 소환(召喚)하다(출두시키다).
bellum denuntio. 선전포고하다/
in judícium(júdici). 고소하다.
denuntio alci testimónium.

D
327

누구를 (법정에) 증인으로 출두하도록 소환하다.
denuo, adv. 다시금, 새로이(nove, adv.), 다시 한 번.
ut denuo sint Christiani.
이제부터 그들은 그리스도 신자가 될 수 있다.
Dēō, -ūs, f. Ceres 여신(女神)
Deo autem nisi notus esset, esse non posset.
신이 알지 않으면 창조되지 않았다.
Deo est enim omnis medulla.
사실 모든 치유(治癒)는 하느님께 있다.
Deo gratías. 하느님께 감사, 천주께 감사, 하느님 감사합니다.
[프 Nous rendons grâce à Dieu] [獨 Dank sei Gott, dem
Herrn] [이탈리아 Rendiamo grazie a Dio]
[에스파냐 Demos gracias a Dios] [⑨ Thanks be to God].
Deo inhærere gratis. Nam si interroges, et dicas:
Quare inhæres Deo? Et dicat: Ut donet mihi.
공짜로 하느님께 가까이 있는 것입니다. '왜 하느님께 가까
이 있느냐?'고 묻는다면, '그분께서 나에게 주시도록 하기
위해서'라고 대답하십시오.(최익철 신부 옮김. 요한 서간 강해. p.421).
Deo laudes! 하느님께 찬미!
Deo omnia munda. 신에게는 모든 것이 정결해야 한다.
Deo serviendum est a nobis. 우리는 천주를 섬겨야 한다
Deo solo inhabitante anima fit felix.
그 분이 영혼에 내재함으로써만 영혼은 행복해진다.
(아우구스티노 행복론의 공간. 신국론 참조).
Deo volente(volo 동사의 현재분사 탈격)
주님이 원하시면(초세기 경 편지 말미에 쓰이던 글).
Dēóis, -ĭdis, f. Ceres 여신의 딸(=Prosérpina)
dĕónĕro, -ávi, -átum, -áre, tr.
짐을 내리다, 부리다, 치워주다.
dĕŏpérĭo, -íre, tr. 열다, 덮개를 벗기다
dĕórsum(-sus), adv. (de+vorsum+versum) 아래로
Deorum metuens bonus fíeri solet civis. 신에 대한
경외심을 가진 자는 보통으로 착한 시민이 된다.
deosculátĭo, -ónis, f. 입맞춤, 친구(親口="평화의 친구"라고 하는
전례 행위로서 미사 때 제대나 사람에게 하는 인사. 미사 외에는 목주의 기도를
시작할 때 십자가에 친구한다. 백민관 신부 엮음. 백과사전 1, p.812).
dĕósdŭlor, -átus sum, -ári, dep., tr.
뜨겁게 입 맞추다, 칭찬하다.
dēpăcíscor, (-ĕris, -ítur), -páctus sum, -pacísci,
dep., tr. 계약하다, 약속하다.
dēpáco, -ávi, -átum, -áre, tr. 완전히 가라앉히다.
진정시키다, 평정하다.
depáctus, -a, -um, p.p. (depacíscor, depángo)
dēpālátĭo, -ónis, f. 말뚝을 박아 토지의 경계를 표시함.
시간의 표시(대리석 판에 새긴 금을 표준으로 매일 태양의 그림자를
측정하여 얻은 시간의 표시).
dēpālátor, -óris, m. 토지 경계 말뚝을 박은 자,
설정자(設定者), 창설자(創設者).
dēpálo¹ -ávi, -átum, -áre, tr. (de+palus) 설정하다.
창설하다, 말뚝을 박아 토지의 경계를 표시하다.
dēpálo² -áre, tr. (de+palam) 드러내 보이다, 공개하다
dēpángo -páctum, -ĕre, tr. 끼우다, 심다, 땅에 박다
dēpárcus, -a, -um, adj. 인색한
dēpásco, -pávi -pátum -ĕre, tr. 말끔히 뜯어먹다,
(양.가축에게) 풀을 뜯기다, 다 먹어 치우다; 황폐케 하다.
dēpáscor, (-ĕris, -ítur), -pástus sum, -sci, dep., tr.
= dēpásco, -pávi -pátum -ĕre, tr.
dēpĕcíscor, (-ĕris, -ítur), -péctus sum, -sci, dep., tr.
계약하다, 약속하다.
dēpécto, -péxum, -ĕre, tr. 빗어 내리다
dēpéctor, -óris, m. (주로 나쁜 일의) 계약자
depectus, V. dēpectus
dēpĕcŭlátor -óris, m. 도둑, 약탈자(掠奪者)
dēpĕcŭlátus, -us, m. 도둑질(⑨ Theft), 약탈(掠奪), 강탈
dēpĕcúlor, -átus sum -ári, dep., tr. (de+pecúlium)
도둑질하다, 약탈하다.
dēpēgi, "depango"의 단순과거(pf.=perfectum)
dēpéllo, -pŭli -púlsum -ĕre, tr. 밀쳐 떨어뜨리다,
몰아내다, 내쫓다(ᄀᄀ), 추방하다(ᄀᄀ), **물리치다**,

못하게 하다, 말리다, 금하다, 멀어지게 하다,
(젖먹이를) 젖 떼다, ((軍)) (적을) 몰아 내쫓다.
famem depellére. 시장기를 메우다/
potióne sitim depello. 음료로 갈증을 풀다.
depello agnos a mátribus. 새끼 양을 어미젖에서 떼다.
dēpendéntĭa, -æ, f. 종속(從屬), 예속(隷屬): 의존(依存).
principium positivum unde aliquid procedit secundum
dependentiam in esse. 어떤 것이 존재의 측면에서 종속
되는 방식으로 그것으로부터 발전하는 긍정적인 원리.
dēpéndĕo, -ére, intr.
매달려 있다, 드리워져 있다, 속하다; 유래되다.
dependite, 원형 dēpéndo, -péndi -pénsum, -ĕre,
[명령법. 현재 단수 2인칭 defende, 복수 2인칭 defendite].
Defendite castra, si quid durius accíderit.
더 심각한 사태가 발생하거든, 너희가 진지를 방어하라!
dēpéndo, -péndi, -pénsum, -ĕre, tr. (저울에) 달다,
매달다, 지불하다, 치르다, 갚다, 소비하다, 들이다.
방어하다, 지키다, 보호하다, 수호하다, 경계하다.
pœnas exsílio dependo. 벌을 유형(流刑)으로 치르다.
dēpéndŭlus, -a, -um, adj. 매달린
dēpensum, "dependo"의 목적분사(sup.=supínum)
dēperdítum, "deperdo"의 목적분사(sup.=supínum)
dēpérdítus, -a, -um, p.p., a.p. 잃어버린, 망쳐진, 없어진,
(윤리적으로) 나쁜(כא.κακία.κακὸς.πονηρὸς.
πονηρία), (윤리적으로) 고약한.
in depérdito esse. 잃어버린(없어진) 것이다.
dēpérdo, -dídi -dítum -ĕre, tr.
잃어버리다, 손실하다, 없애버리다, 망쳐 놓다.
deperdo bonam famam. 좋은 평판을 망쳐놓다
deperdo, -didi -ditum -ere, tr. 망쳐 놓다
dēpérĕo, -pérĭi -pérĭtum -íre, anom., intr. 멸망하다.
없어지다, 죽다(ᄀ.געגעᄀᄀ.חᄆᄀ.חᄆᄀ.θνήσκω).
intr., tr. 죽도록 사랑하다, 깊이 연모(戀慕)하다.
Minime miror Clinia hanc si deperit. 클리니아가 이
여자를 죽도록 좋아하는 것도 내게는 이상하지 않다.
dēpétigo, -gĭnis, f. 옴(개선疥癬. 개창疥瘡)
dēpéxus, -a, -um, p.p. (depécto)
dēpíctĭo, -ónis, f. (depíngo) 그림
depíctum, "depingo"의 목적분사(sup.=supínum)
dēpĭlátĭo, -ónis, f. (dépilo) 탈모(脫毛), 대머리
dēpĭlo, -ávi, -átum, -áre, tr. (de+pilus) …털을 뽑다
dēpĭlor, -átus sum -ári, dep., tr.
약탈(掠奪)하다; 훔치다, 표절(剽竊)하다.
dēpíngo, -pínxi -píctum -ĕre, tr.
그리다(γραφήιν), 묘사(描寫)하다, 서술(기술)하다.
dēpinxi, "depingo"의 단순과거(pf.=perfectum)
dēplángo, -plánxi -plánctum -ĕre, tr.
몹시 비통해 하다, 비탄하다.
dēpláno, -ávi, -átum, -áre, tr. (de+planus)
평평(평탄)하게 하다.
dēplánto, -ávi, -átum, -áre, tr. (심을 것을) 뽑다,
모종하다, 옮겨 심다, 이식(移植)하다.
dēplĕo, -plévi -plétum -ére, tr. 옮겨 붓다,
(가득한 것에서) 덜어내다, 비우다(ᄀᄀ.ᄀᄆᄀ).
dēpléxus, "deplector"의 과거분사(p.p.)
dēpléxus, -a, -um, adj. 꽉 붙잡은, 휘감은
dēplōrābúndus, -a, -um, adj. 몹시 슬퍼하는
dēplōrátĭo, -ónis, f. 한탄(恨歎)
dēplóro, -ávi, -átum, -áre, intr. 통곡(痛哭)하다,
한탄하다(כᄀ.אבכ.ᄆᄀᄀ.רᄆᄀ).
tr. 몹시 슬퍼하다, 애통해하다, 단념하다
~에 대해 실망하다.
Non libet mihi deplorare vitam. 나는 인생을 슬퍼하기를
좋아하지 않는다.[accidit, libet, licet, necesse, placet, præstat의 비인칭
동사는 의미상의 주어를 여격으로 표시한다. 성 염 지음. 고전 라틴어. p.394].
dēplŭit, -plúĕbat -plúit -plútum -plúĕre,
impers. 비가 오다, 비 오듯 쏟아져 떨어지다.
tr. 쏟다, 흘리다, 적시다(ᄀᄆᄀ).

Lácrimas dépluit. 그는 눈물을 흘리고 있다.
dēplúmis(de+pluma), -e, adj. 깃털 없는
dēplútus, -a, -um, p.p. (비에) 젖은
dēpólĭo, -ívi -ítum -íre, tr. 다듬다, 닦다, 갈다,
　연마(鍊磨)하다 완성하다(ℷℷℷ,ℷℸℷ).
dēpolítĭo, -ónis, f. 닦음, 연마-갈고 닦음)
dēpónens, -éntis, p.prœs. (文法) 탈형(脫形).
　verbum deponens. 탈형동사.
deponite, 원형 dēpóno, -pósŭi -pósĭtum -ĕre, tr.
　[명령법. 현재 단수 2인칭 depone, 복수 2인칭 deponite].
　Arma deponite. 너희는 무기를 버려라.
dēpóno, -pósŭi -pósĭtum -ĕre, tr. 내려놓다, 벗어놓다,
　내던지다, 버리다(ℷℷ), 치우다, (땅에) 심다.꽂다,
　(씨를) 뿌리다, (군대 따위를) 상륙시키다,
　(내기로 무엇을) 걸다, 내놓다,
　(벼슬.직책.책임 따위를) 그만두다(ℷℷℷ), 내놓다,
　사직하다, (하던 것을) 집어치우다, 그만두다,
　중지하다(ℷℷℷ), 포기하다, 젖혀놓다,
　안전하게 두다, 간직하다, 숨겨 놓다,
　위탁(예탁.기탁)하다, 가망 없게 보다,
　(주로 병자에 대해서) 희망을 포기하다,
　없애버리다, 파괴하다, 폐허로 만들다.
　depónere alqd ex memóriā. 무엇을 잊어버리다/
　rudiménta depónere. 초보(初步)를 마치다.
depono memóriam alcjs rei. 잊어버리다
depono ex memóriā alqd. 잊어버리다
dēpontáni senes, -órum -num, m., pl.
　60세 노인(공직에서의 정년. 투표권 상실).
dēpŏpósci, pf. (depósco)
dēpŏpŭlátĭo, -ónis, f. 황폐(하게 만듦), 약탈(掠奪),
　침략(侵略), 인구 절멸(絶滅), 인구 감소(減少).
dēpŏpŭlátor, -óris, m. 황폐하게 하는 자,
　약탈자(掠奪者), 침략자(侵略者).
dēpópŭlo, -ávi, -átum, -áre, tr. = dēpópŭlor
dēpópŭlor, -átus sum, -ári, dep., tr. (de+pópulor)
　휩쓸어 황폐케 하다, 파괴하다,
　약탈(침략)하다; 주민을 절멸시키다.
dēportátĭo, -ónis, f. 운반, 유형(流刑), 추방(追放),
　유대인들의 집단 유배(流配), 유수(幽囚), 강제 유배,
dēpórto, -ávi, -átum, -áre, tr. 운반하다, 수송하다,
　가져가다, 데려가다, 이동시키다, 본국으로 가져가다,
　데려가다, (영광.승리.치욕 따위를) 안고 귀국하다.
　naves, quæ exércitum deportavérunt.
　군대를 수송한 선박(船舶)들.
dēpórto in ínsulam. 섬으로 귀양 보내다, 추방하다
dēpósco, -pósci, -scĕre, tr. 요구하다, 간청하다,
　처벌을 요구하다, (관직.직책 따위를) 자원(지원)하다,
　희망(希望)하다, 도전하다.
dēpósco alqm ad mortem. 누구를 사형하라고 요구하다
dēpŏsitárĭus, -i, m. 보관자, 수탁자(受託者)
dēpŏsítĭo, -ónis, f. 보관, 기탁, 헐어버림, 파괴,
　증언(ℷℷℷℷ.ℼ.μαρτυρία.μαρτύριον.⑨ Witness),
　진술, 선서증서, 직위박탈(職位剝奪), 파면, 강등,
　(가) 성직자의 면직(免職), 성직 박탈(聖職剝奪),
　(성직 면직 처분은 해당자의 모든 직무에서의 파면과 동시에 직위의 박탈을
　뜻한다. 그러나 환속조치는 아니다. 면직 처분은 반드시 교회법 제1350조에
　따라 해야 한다. 백민관 신부 엮음. 백과사전 1, p.828).
　십자가에서 그리스도를 내림, 또는 그 그림,
　(고대 비명, 전례용어) 장례, 순교록에 있는 성인의 선종일,
　안치(安置), 내려놓음, 벗어 놓음, 내버림.
Depositio Episcoporum.
　주교 목록, 주교 사망록, 주교들의 퇴위(退位).
Depositio episcoporum Romanorum.
　로마 주교들의 증언록(證言錄).
depositio infantium. 영아 유기(嬰兒 遺棄)
Depositio Martyrum. 순교자 사망일 표, 순교자들의 죽음
Depositio sanctæ Máriæ. 성모 마리아의 죽음.
　　　　　　(1월18일.예로니모 순교록).
depositio temporális. 일시적 면직(一時的 免職)

dēpŏsítor, -óris, m. 기탁자, 파괴자(破壞者),
　내려놓는(벗어버리는) 자.
dēpŏsítum, "depono"의 목적분사(sup.=supínum)
dēpŏsítum, -i, n. 기탁재산(寄託財産), 보관품,
　유산*(遺産.κλῆρος.⑨ patrimony/Inheritance),
　신앙 기탁, 신앙의 유산, 기탁 계약, 보관, 위탁.
　sacrum depositum. 성스러운 유산.
depositum fídei. 신앙의 유산(遺産), 기탁된 신앙,
　거룩한 유산(1디모 6, 20/Ⅱ디모 1, 12), 보고(寶庫),
　(그리스도와 사도로부터) 교회에 맡겨진 天界信條,
　신앙의 보고(信仰寶庫), 신앙의 보화(信仰寶貨),
　신앙의 위탁(⑨ deposit of faith).
depositium gratæ. 은총의 유산집(恩寵 遺産)
dēpŏsítus, -a, -um, p.p., a.p. 기탁된, 위탁된,
　회생의 가망 없는, 빈사상태의.
depositus est. 안치되었다(비문碑文에 사용)
dēpŏsui, "depono"의 단순과거(pf.=perfectum)
deposuit, 원형 dēpóno, -pósŭi -pósĭtum -ĕre, tr.
　[직설법 현재. 단수 1인칭 deposui, 2인칭 deposuisti, 3인칭 deposuit,
　복수 1인칭 deposuimus, 2인칭 deposuistis, 3인칭 deposuerunt].
Depósuit poténtes de séde, * et exaltávit húmiles.
　권세 있는 자를 자리에서 내치시고 미천한 이를 끌어 올리셨도다.
dēprædátĭo, -ónis, f. 강탈(强奪-강제로 빼앗음), 약탈(掠奪)
dēprædátor, -óris, m. 약탈자(掠奪者)
dēprǽdĭco, -ávi, -átum, -áre, tr. 칭찬하다
dēprǽdo, -ávi, -átum, -áre, tr. = deprǽdor
dēprǽdor, -átus sum, -ári, dep., tr.
　모조리 휩쓸어가다, 약탈하다.
dēprāvátĭo, -ónis, f. 비틀음(비틀림), 찌그러뜨림,
　비뚤음, 곡해(曲解) 왜곡(歪曲), 나빠짐, 악화(惡化),
　변질(變質); 부패(腐敗), 타락(墮落).
dēprāvátum, -i, n. 그르침, 그릇된 것
dēprāvátus, -a, -um, p.p., a.p. 비틀린, 뒤틀린, 비꼬인,
　찌그러진, 비뚤어진, 나쁘게 된, 타락한, 부패한.
dēprávo, -ávi, -átum, -áre, tr. (de+pravus)
　비뚤어지게 하다, 비틀리게(뒤틀리게) 하다, 찌그러뜨리다,
　구부러지게 하다, 나빠지게 하다, 악화(惡化) 시키다,
　버릇없게 만들다, 타락(부패) 시키다, 더럽히다.
dēprĕcábĭlis, -e, adj. 탄원으로 마음을 움직일 수 있는,
　간청할(상대가 될) 수 있는.
dēprĕcábĭlis esto. 탄원을 들어 주소서
dēprĕcābúndus, -a, -um, adj. 간청하는, 애원하는, 조르는
dēprĕcátĭo, -ónis, f. (면하려는.막아달라는) 기원,
　염원(念願), 간원(懇願-간절히 원함), 기구(祈求), 간청(懇請),
　탄원(歎願.⑨ Supplicátĭon), 애원(哀願),
　(애원하다시피의) 사절(使節), 거절(拒絶), 물리침,
　극복, 사과, 남을 대신하여 용서 청함, 저주(詛呪).
Deprecátĭo Gelasii. 젤라시오의 중개기도.
　[초기 호칭기도에 해당하는 라틴어 제목. 교황 젤라시오의 재위기간(492~494)에
　작성된 것으로 여겨지며 앨퀸(735~804년경. 왕실 학교의 사제요 교육자로서
　종교와 교육문제를 자문했으며 카를 대제의 고문이었다가) 금요일의 축일
　성무일도에 삽입하였다. 박영식 옮김. 주빈으 피터 랭 지음. 전례사전. p.91, p.302].
deprecátĭo perículi. 위험의 극복(危險 克服)
deprecátĭo supplícii. 형벌을 면하려는 간절한 기원
dēprĕcătĭúncŭla, -æ, f. dim. 작은 기구(祈求), 애원
dēprĕcatívus, -a, -um, adj. 탄원적, 애원하는
dēprĕcátor, -óris, m. 탄원(애원.기원.염원) 하는 사람,
　남을 대신해서 사죄하는 사람, 중재자.
dēprĕcatórĭus, -a, -um, adj.탄원(애원) 하는
dēprĕcátrix, -trícis, f. 탄원(애원) 하는 여자,
　대신 간청하는 여자.
depreci… V. depreti…
déprĕcor, -átus sum -ári, dep., tr. 기원하다,
　면하게(않게) 되기를 빌다, 간절히 바라다,
　(누구에게) 기원하다(προσεύχομαι),
　간구하다, 탄원하다(προσεύχομαι), 애원하다,
　간곡히 부탁하다, (무엇을) 간청(애원.탄원)하다,
　간청하여 얻다, 성취하다,
　누구한테 아무를 사면해(살려) 주기를 간청하다,
　사과하다, 용서를 청하다, 저주하다.

D

누구에게 무슨 불행이 닥치기를 빌고 바라다.
deos deprecor, ut remíttant minas.
위협을 중지해 주기를 신들에게 빌다/
Deprecemur Deum, ut peccata nostra nobis dimittat.
우리는 우리 죄들을 용서해 주시도록 하느님께 청하자/
Déprecor, ne putétis. 너희가 그렇게 여기지 않기를 바란다/
Vitam alcjs ab alqo.
누구에게 아무를 살려 주기를 탄원하다.
deprecor a se calamitátem.
자기에게 재앙이 닥치지 않게 되기를 기원하다.
deprecor mortem. 죽지 않게 되기를 빌다
deprecor sibi vitam. 애원하여 목숨을 건지다
dēprěhendi, "dēprěhéndo"의 단순과거(pf.=perfectum)
dēprěhéndo, -héndi -hénsum -ěre, tr. **체포하다**.
　붙잡다(אחז.תפש), 나포하다.
　(풍랑 따위가) 엄습하다.
　(불의의 사건 따위가) 중단시키다, 가로채다.
　발각(발견)하다(שׂכל), 포착하다.
　현장을 덮치다, 현장에서 체포하다. (pass.) 들키다.
　급습(기습)하다, (짐승 따위를) 불시에 덮쳐잡다.
　찾아내다, 탐지하다, 알아채다, 이해(파악)하다.
　깨닫다(חזה.תדע), 감식(감별)하다.
magno deprehénsa navis vento. 큰바람을 만난 배/
scelus deprehensum. 발각된 범죄/
Verba deprehéndit quies. 죽음이 말을 중단시켰다.
dēprěhéndo alqm in scélere. 범죄현장에서 체포하다
dēprěhénsĭo, -ónis, f. 붙잡음, 체포(逮捕), 발견(發見),
　발각(發覺), 탄로(綻露-비밀 따위가 드러남. 또는 비밀 따위를 드러냄).
dēprěhénsum, "dēprěhéndo"의 목적분사(sup.=supínum)
dēpréndo = dēprěhéndo, -héndi -hénsum -ěre, tr.
dēpressi, "deprimo"의 단순과거(pf.=perfectum)
dēpréssĭo, -ónis, f. 내리누름, 억압, 하락, 낮춤, 함몰.
　오목한 곳, 납작함, 의기소침(意氣銷沈), 침울, 우울.
depressio nasi. 납작코(silo, -ónis, m.)
dēpréssor, -óris, m. 내리누르는 자, 억압자, 제압자.
　(解) 억압근(抑壓筋), 제압근(制壓筋)
dēpréssum, "deprimo"의 목적분사(sup.=supínum)
dēpréssus, -a, -um, p.p., a.p.
　낮은, 내려(가라) 앉은, 깊은, 내리 눌린.
dēprétĭátor, -óris, m. 가치를 떨어뜨리는 자, 값 깎는 사람
dēprétĭo, -ávi, -átum, -áre, tr. (de+prétium)
　가치를 떨어뜨리다, 더 못하게 만들다; 멸시하다.
dēprímo, -préssi -préssum -ěre, tr. (de+premo)
　내리 누르다, 내려 보내다, 땅에 깊이 심다, 박다(חיר),
　꽂다(חיר), 내려앉게 하다, 함몰시키다.
　깊이 파다, (배를) 가라앉히다, 격침시키다, 억누르다,
　억압하다(שׁר.מאן), 진압하다, 멸시(무시)하다.
dēprœlĭans, -ántis, p.prœs. 격렬히 싸우는
dēprómo, -prómpsi, -prómptum, -ěre, tr.
　집어내다, 꺼내다, 나오게 하다.
　(어떤 것을 근거로 하여) 끌어내다, 인용하다.
dēprómpsi, ""의 단순과거(pf.=perfectum)
dēprómptum, "depromo"의 목적분사(sup.=supínum)
dēprópĕro, -ávi, -átum, -áre, intr., tr.
　급히 서두르다, 재촉하다(חזר.חזז).
dēprŏpítĭus, -a, -um, adj. 무자비한, 불쾌한
depso, -súi, -stum, -ěre, tr.
　주무르다, (가죽.반죽 따위를) 짓이기다.
dēpŭdésco, -scěre, intr. 몹시 부끄러워지다
dēpŭdet, -púdŭit, -ěre, impers. 몹시 부끄러워하다.
　부끄러운 줄 모르다, 염치가 없다.
dēpúgis, -e, adj. (de+puga) = dēpýgis, -e, adj.
　궁둥이가 없는, 가는 허리의.
dēpugnátĭo, -ónis, f. 격전(激戰), 접전(接戰)
dēpúgno, -ávi, -átum, -áre, tr. 맞싸우다.
　intr. 격전하다, 전력을 다해 싸우다.
　Depugna potius quam servias!
　종노릇하기보다는 차라리 싸워라!

[주문과 속문의 동사들이 potius quam(보다는 차라리)로 비교되는 경우에는
그 동사들이 부정법으로 비교되는 것이 아닌 한, 속문의 동사를-직설법으로
쓰기도 하지만, 흔히 접속법을 쓴다. 그러나 비교되는 동사가 수동형
용상활용(-ndus -a -um esse)인 때에는 직설법으로 쓰는 때가 더 많다].

dēpúgno prœlium. 결전하다, 전투를 결판내다
dēpúli, "depéllo"의 단순과거(pf.=perfectum)
dēpúsĭo, -ónis, f. 쫓아냄, 축출, 추방, 물리침, 격퇴.
　(修) 방어(防禦), 변호(辯護), 논박(論駁)
dēpúlso, -áre, tr., freq. 계속 쫓아내다, 밀어내다
dēpúlsor, -óris, m. 격퇴자(擊退者), 물리치는 사람
dēpulsórĭus, -a, -um, adj. 물리치는, 액막이의
dēpulsum, "depéllo"의 목적분사(sup.=supínum)
dēpulsum, -i, n. 액막이 굿, 마귀 쫓는 행사
dēpurátĭo, -ónis, f. 정화 작용(작업); 정혈 작용
dēpurgátĭo, -ónis, f. 말끔히 쓸어냄
dēpurgātívus, -a, -um, adj.
　깨끗하게 하는, 말끔히 일소(一掃)하는.
dēpúro, -ávi, -átum, -áre, tr. (de+puro)
　깨끗하게 하다, 정화(淨化)하다.
dēpŭtátĭo, -ónis, f. 임명, 지정, 대표파견, 대표단.
　legitima deputátĭo. 합법적 임명.
deputátĭo fidei. 신앙 분과
deputátĭo pacis. 평화 분과
deputátĭo pro communibus. 일반사항 분과
deputátĭo reformátĭonis. 개혁 분과
dēpŭtátĭo, -ónis, f. 대표단(代表團)
dēpŭtátum, -i, n. 지정된 것; 조세(租稅)
deputátus, -i, m. 대의원; 代理者(⑨ Vicar), 대표, 위원
dēpŭto¹ -ávi, -átum, -áre, tr.
　(나뭇가지.뿌리 따위를) 치다, 자르다.
dēpŭto² -ávi -átum -áre, tr. **여기다**, 판단하다(שׁפט),
　간주하다(여기다), 임명하다(מאה.מנה), 말기다,
　지정하다, 대리인으로 임명하다, (대리인에게) **위임하다**.
deputo alqm arátro. 아무를 밭갈이하도록 임명하다
deputo parvi prétii óperam. 노력을 과소평가하다
dēpýgis, -e, adj. = dēpúgis, -e, adj. (de+puga)
dēque, adv. 아래로
dēquéstus, "dequeror"의 과거분사(p.p.)
dēquéstus, -a, -um, p.p. 몹시 원망스러워 한(하는)
dērádo, -rási, -rásum, -ěre, tr. 깎아(긁어) 제거하다.
　문질러 떨어뜨리다, 사라지게 하다, 머리를 빡빡 깎다.
dērási, "derado"의 단순과거(pf.=perfectum)
dērásum, "derado"의 목적분사(sup.=supínum)
Dércětis, -is, f. Sýria의 사랑과 풍요의 여신(女神)
Dere liquerunt me fontem aquæ vivæ.
　생명수의 샘인 나를 그들은 버렸다.
dērégo = dérǐgo = dírigo
dērělícta, -æ, f. 과부(寡婦, mulier vacua)
dērělíctĭo, -ónis, f. 내버림, 유기(遺棄), 버려둠,
　직무유기(職務遺棄), 태만(怠慢)
dērělíctum, "derelinquo"의 목적분사(sup.=supínum)
dērělínquo, -líqui -líctum -ěre, tr. 아주 버리다,
　내버려두다, 저버리다, 돌보지 않다.
　포기하다, 유기하다, 남겨 놓다.
　Dereliquit me Dominus, et Dominus oblitus est mei.
　(⑨ The LORD has forsaken me; my Lord has forgotten
　me) 주님께서 나를 버리셨다.
　나의 주님께서 나를 잊으셨다.(성경 이사 49. 14)/
　hómines spe derelícti. 절망적인 사람들.
dērělíqui, "derelinquo"의 단순과거(pf.=perfectum)
dērěpénte, adv. 갑자기, 돌연(突然), 불쑥(de improviso)
dērépo, -répsi, -ěre, intr., tr.
　기어 내려가다(오다), 몰래 기어들다.
dēreptum, "deripio"의 목적분사(sup.=supínum)
dērídĕo, -rísi -rísum -ěre, tr.
　웃어대다, 비웃다, 코웃음 치다(náribus uti.).
　albis déntibus deridére. 너털웃음으로 조소하다/
　Discit enim citius meminitque libentius illud quod quis
　deridet, quam quod probat et veneratur.(Horatius).

330

사람은 자기가 인정하고 존중하는 일보다 자기가 조소
하는 일을 보다 빨리 배우고 보다 기꺼이 기억해둔다.
dērīdĭcŭlum, -i, n. 비웃음, 조소(嘲笑-비웃음), 웃음거리
dērīdĭcŭlus, -a, -um, adj.
　우스꽝스러운, 우스운, 어리석은, 비웃을만한.
dērĭgéo, -ére. tr. 딱딱한 것을 부드럽게 하다
dērĭgésco, -gŭi, -ĕre, intr. 굳어지다, 뻣뻣해지다
dērĭpĭo, -rĭpŭi -réptum -ĕre, tr. (de+rápuio)
　떼어(끌어) 내리다, 찢어(뜯어) 내다,
　탈취하다, 뺏다, 잡아채다.
dērĭpui, "deripio"의 단순과거(pf.=perfectum)
dērīsĭo, -ónis, f. 비웃음, 조롱(嘲弄), 조소(嘲笑-비웃음)
dērīsor, -óris, m. 비웃는 자, 익살꾼, 만담가, 광대.
　우스꽝스럽게 흉내 내는 자, 조롱자(嘲弄者).
　Qui se ipse laudat, derisorem cito invenit(Publilius Syrus).
　자기를 칭찬하는 사람은 당장 비웃는 사람을 만날 것이다.
dērīsórĭus, -a, -um, adj. 비웃는, 조롱하는, 조소하는
dērīsum, "derideo"의 목적분사(sup.=supínum)
dērīsus, -us, m. 비웃음, 조소(嘲笑-비웃음), 조롱(嘲弄)
derivata incardinátĭo. 전속입적(轉屬入籍)
dērīvátĭo, -ónis, f. 물을 끌어 옴, 물길 돌림,
　유도(誘導), 파생, 파생어, 파생물. (修) 전의(轉義).
dērīvátĭvus, -a, -um, adj.
　끌어온(물 따위); 유래된, 파생적인.
dērīvo, -ávi, -átum, -áre, tr. (de+rivus) 끌어오다.
　유도하다, 유래하게 하다, 전래시키다.
　파급시키다, 파생되게 하다,
　viam derivo. 길을 내다.
derma, -ātis, n. 피부(皮膚). (解.動) 진피(眞皮)
dermătítis, -títĭdis, f. (醫) 피부염(皮膚炎)
dermătológĭa, -æ, f. (醫) 피부병학
dermătólum, -i, n. = bismútum (化) 데르마톨,
　차물식자산창연(次沒食子酸倉鉛).
dermis, -is, f. 진피(眞皮)
dēródo, -rósi, -rósum, -ĕre, tr. 쏠다, 쏠아(갉아) 버리다
dērŏgátĭo, -ónis, f. 법률의 부분적 철폐,
　개정(改定), 일부 폐지(부분적 폐지).
dērŏgatívus, -a, -um, adj. 철폐하는,
　말의 원 뜻을 제거하는, 반대의 뜻으로 만드는.
dērŏgátor, -óris, m. 중상자(中傷者), 비난하는 자
dērŏgátórĭus, -a, -um, adj. 철폐의,
　derogátórĭum edictum. 철폐규정(撤廢規定).
dérŏgo, -ávi, -átum, -áre, tr.
　법률의 일부를 철폐(폐지)하다.개정하다,
　(가치.명예 따위를) 떨어뜨리다,
　덜어내다, 감하다, 제한하다.
　Derogatur legi quum pars detrahitur: abrogatur quum
　prorsus tollitur. 법률의 한 부분을 떼어내면 법률의 개정
　이다. 반면 전부를 제거하면 법률의 폐지이다/
　Generalia specialibus non derogant.
　일반법은 특별법을 폐지하지 않는다/
　Generalibus specialia derogant.
　특별법은 일반법을 폐지한다/
　Jus posterius derogat priori.
　나중의 법이 먼저의 법을 개정한다/
　Lex posterior derogat priori.
　나중의 법률이 먼저의 법률을 개정한다/
　Lex specialis derogat generali.
　특별법이 일반법을 개정한다.
　["나중의 법이 먼저의 법을 개정한다"는 '신법의 우선의 원칙'으로, "특별법이
　일반법을 개정한다"는 '특별법 우선의 원칙'이라 부른다. 이 원칙들은 그라시아노
　라는 수사가 자신의 <그라시아노 법령집>을 집필할 때 사용한 기준이었다.
　한동일, 법으로 읽는 유럽사, pp. 177-179.]
dērŭi, "deruo"의 단순과거(pf.=perfectum)
dēruncíno, -ávi, -átum, -áre, tr. 대패질하다, 속이다
dérŭo, -rŭi, -rŭtum, -ĕre, intr. 무너지다, 넘어지다.
　tr. 무너뜨리다, 치워버리다, 떨어뜨리다.
dērúptus, -a, -um, p.p. 급경사의, 낭떨어지기의.
　n., pl. 낭떠러지.

dērutum, "deruo"의 목적분사(sup.=supínum)
Dēs. (略) = dēsignátus
dēsábŭlo, -áre, tr. 모래를 깔다, 길을 고르게 하다
desacralizátĭo, -ónis, f. 탈신성화/de-sacralizátĭo.
dēsácro, -ávi, -átum, -áre, tr.
　신성하게 하다; 신의 위치에 올려놓다.
dēsǽvĭo, -vívi(-vi) -vítum -íre, intr. 노발대발하다.
　미친 듯이 날뛰다, 포학하게 행동하다.
　맹위를 떨치다, (분노가) 그치다.
dēsálto, -ávi, -átum, -áre, tr.
　춤추다, 춤으로 드러내다(표현하다).
descende, 원형 dēscéndo, -scendi -scensum -ĕre, intr.
　[명령법 현재 단수 2인칭 descende, 복수 2인칭 descendite].
　Zacchaee, festinans descende, nam hodie in domo tua
　oportet me manere.(⑨ Zacchaeus, come down quickly,
　for today I must stay at your house) 자캐오야, 얼른 내려
　오너라. 오늘은 내가 네 집에 머물러야 하겠다(루카 19. 5).
dēscéndens, -éntis, p.præs., a.p. 내려오는(가는).
　(조상으로부터) 전래하는, 파생의.
dēscendéntes, -íum, m., pl. 자손(子孫), 후예(後裔-후손後孫)
descendite, 원형 dēscéndo, -scendi -scensum -ĕre, intr.
　[명령법 현재 단수 2인칭 descende, 복수 2인칭 descendite].
descendite, ut ascendatis. 오르려거든 먼저 내려오라.
dēscéndo, -scendi -scensum -ĕre, intr. (de+scando)
　내려가다(ירד), 내려오다, 내리다, 말에서 내리다,
　침대에서 내려오다(일어나다), (옷 따위가) 흘러내리다,
　(해가) 넘어가다.저물다, 가라앉다, 차례로 옮겨져 가다,
　열거해 내려가다, 개요에서 세부로 들어가다,
　계속되다, 계통을 잇다, 전해(물려) 내려오다,
　(지형 따위가) 뻗어 내려가다, (먹은 음식이) 내리다,
　설사가 일어나다, 배설하다,
　(Roma 거주자가 사택에서) 공공장소로(forum으로) 나가다,
　박히다, 꽂히다, (초목이) 뿌리박다, 뿌리를 내리다,
　(마음.가슴에) 사무치다, 깊이 박히다, 나오다,
　발생하다, 전래하다, 누구의 후손이다, 자신을 낮추다,
　어울리다, (자기 것을 버리고) 받아들이다, 동의하다,
　편에 서다, 거들다, (청 따위를) 들어주다,
　(軍) 고지대에서 평지로 출동하다,
　descéndere de rostris. 연단에서 내려오다(rostrum 참조).
descendo in áciem. 전투장에(싸우러) 나가다
descendo in certámen. 전투장에(싸우러) 나가다
descendo in prœlium. 전투장에(싸우러) 나가다
dēscénsĭo, -ónis, f. 내려감, 내려옴, 하강(下降).
　목욕탕에 내려감, 목욕탕에 걸터앉는 자리.
dēscénsus, -us, m. 내려감(옴), 내려가는 길. (醫) 강하
descensus ad inferos. 저승에 가심, 지옥하강.
　(이봉우 옮김, 요la 성서, p.50).
descíi, "dēscísco"의 단순과거(pf.=perfectum)
dēscísco, -scívi(-scíi), scítum, -ĕre, intr.
　이탈(탈퇴)하다, (관계를 끊고) 떠나다,
　다른 데로 떨어져 나가다, 물러나다, 멀어지다,
　떨어지다, 기울어지다, 쏠리다, (재배식물이) 퇴화하다.
descissum, "descindo"의 목적분사(sup.=supínum)
descítum, "descisco"의 목적분사(sup.=supínum)
descívi, "dēscísco"의 단순과거(pf.=perfectum)
dēscŏbíno, -ávi, -átum, -áre, tr. 줄질하다, 줄로 쓸다
dēscríbo, -scrípsi -scríptum, -ĕre, tr. 베끼다.
　옮겨 쓰다, 복사(등사)하다, 설계하다, 윤곽을 그리다,
　약도를(도형을) 그리다; 나무껍질에 새기다,
　표현하다, 묘사하다, 기술하다, 서술하다, 설명하다,
　이야기하다, 표하다, 점찍어 놓다, 나누다, 분류하다,
　구분하다. (몫을) 매기다, 부과하다.
dēscrípta, -órum, n., pl. 서술, 기사(記事)
dēscríptĭo, -ónis, f. 약도(略圖), 도형(圖形), 지도(地圖),
　설계도(設計圖), 묘사(描寫), 기술(記述), 서술(敍述),
　설명(說明), 구분, 분류, 정리, 배치(配置).
dēscrípte, adv. 명확히, 정확히
dēscriptívus, -a, -um, adj.

기술적인, 묘사하는, 서술적인, 설명하는,
definitio descriptiva. 묘사적 방법(인간이란 무엇인가. p.209).
dēscríptor, -óris, m. 기술하는 사람
dēscríptus, -a, -um, p.p., a.p.
정돈된, 정리된, 분류된, 질서정연한, adv. **dēscrípte**.
déscrŏbo, -áre, tr. (de+scrobs) 구덩이에 넣다
déseco, -sécŭi, -séctum, -áre, tr.
잘라내다, 잘라서 갈라놓다, 절단(切斷)하다.
dēséctĭo, -ónis, f. 잘라냄, 절단: 재단(裁斷)
dēsectum, "deseco"의 목적분사(sup.=supínum)
dēsĕcui, "deseco"의 단순과거(pf.=perfectum)
dēsēdi, "desídeo"의 단순과거(pf.=perfectum),
"desído"의 단순과거(pf.=perfectum).
dēsĕnui, "desenesco"의 단순과거(pf.=perfectum)
dēsĕro¹ -sérui -sértum -ĕre, tr. 버리다(עזב),
버려두다, 돌보지 않다, 등한히 하다, 포기하다,
떠나다, (軍) 탈영(탈주)하다, 이탈하다.
Ne me deseras!. 나를 버리지 마세요!
dēsĕro² -sevi -sĭtum -ĕre, tr. 심다(נבט.בצע)
dēsértĭo, -ónis, f. 버려 둠, 이탈(離脫), 탈주(脫走),
포기(抛棄).⑨ Abandonment), 황야, 사막.
dēsértor, -óris, m. 내버리는 자, 태만한 자,
돌보지 않는 자, 포기하는 자, 이탈자(離脫者)
dēsertum, "desero"의 목적분사(sup.=supínum)
dēsértum, -i, n. 사막(沙漠), 황야(荒野), 광야(מדבר.
ישׁימון.צָיֶה.חַרְבָה.שְׁמָמָה.ἐρῆμος.⑨ wilderness/desert).
In deserto cum Christo diavolus dimicat.
사막은 마귀가 그리스도와 투쟁하는 곳이다/
Unde nobis in deserto panes tantos, ut saturemus
turbam tantam? 이 광야에서 이렇게 많은 군중을 배불리
먹일 만한 빵을 어디서 구하겠습니까?(성경 마태 15, 33)/
Vox clamantis in deserto. 광야에서 외치는 이의 소리.
dēsértus, -a, -um, p.p., a.p.
버려진, 외톨이의, 황량한, 무인지경(無人之境)의.
dēsérui, "desero"의 단순과거(pf.=perfectum)
dēsérvĭo, -íre, intr.
충실히 섬기다, 열심히 돌보다, 전념하다.
dēses, -sĭdis, adj. 게으른, 빈둥거리는, 느려 빠진,
무위의, 무기력(無氣力)한, 한가한.
dēsícco, -ávi, -átum, -áre, tr. 바싹 말리다
dēsídĕo, -sédi, -ére, intr. (de+sédeo) 앉아 있다.
꼼짝 않다, 한가로이 있다, 빈둥거리다. (醫) 뒤보다.
dēsĭdĕrábĭlis, -e, adj. 원할만한, 열망할, 바람직한,
Desiderabilem mihi. 나의 소망(그레고리오 2세 교황 교령).
dēsĭdĕrans, -ántis, p.proes., a.p. 몹시 바라는, 열망하는.
superl. **dēsídĕrantíssimus**. 가장 그리운.
Desiderant rigári arbores.
나무들은 물이 공급되기를 갈망(渴望)한다.
dēsĭdĕrátĭo, -ónis, f. 간절한 희망(希望),
욕구(欲求.⑨ Desire), 망막(慾望.⑨ Desire/Lust).
dēsĭdĕrátívus, -a, -um, adj.
욕망(욕구) 하는, 희구(希求)를 표시하는.
dēsĭdĕrátus, -a, -um, p.p., a.p. 몹시 기다려지는,
그리운, 동경하는, 보고(가지고) 싶은, (없어서) 아쉬운.
n. (없어서) 아쉬운 것, 절실한 요구, 욕구(欲求).
Desiderávi intellectu videre quod credidi.
믿는 것을 지성으로 알고 싶어 했다.
Desideria carnis non efficere. 육체의 욕망을 채우지 말라
(성 베네딕도 수도규칙 제4장 59).
desideria carnis. 육체의 욕망(慾望)
desideriis ictus. 야망에 사로잡혀
dēsīdérĭum, -i, n. (…에 대한) **욕구**(欲求.⑨ Desire),
갈구(渴求-애타게 구함), 희구(希求-바라며 구함), **갈망**(渴望),
욕망(慾望.⑨ Desire/Lust), 고대(苦待-몹시 기다림),
소원, **염원**, 그리움(동경), 정욕(⑨ concupiscence.음욕),
동경(憧憬-마음에 두고 애틋하게 생각하며 그리워함),
사모(思慕-마음에 두고 몹시 그리워함), (아쉬움에서 오는) 고통,
안타까움, **아쉬움**, **절실한 필요**, 자연적인 욕구,
지향성(獨 Intentionalität), 요구(조건), 청구(의 내용).
desidériis ictus. 야망에 사로잡혀/
Et carnis curam ne feceritis in desideriis.
(th/j sarko,j pro,noian mh. poiei/sqe eivj evpiqumi,aj)(獨 sorgt für
den Leib nicht so, daß ihr den Begierden verfallt)(⑨ and
make no provision for the desires of the flesh) 욕망을
채우려고 육신을 돌보는 일을 하지 마십시오(성경 로마 13, 14)/
육체의 정욕을 만족시키려는 생각은 아예 하지 마십
시오(공동번역)/욕정을 만족시키려고 육신을 돌보는
일이 없도록 하시오(200주년 신약성서 로마 13, 14)/
Et eorum, ut voluerunt, completum est desiderium.
이리하여 사람들이 원했던 바대로 그 소원이 이루어졌다.
(이연학 최원오 역주. 아우구스티노의 생애. p.41)/
Memoriale in desiderio anima. 간절한 마음의 비망록/
pia desideria. 경건한 염원(독일 Spener 1675년 지음)/
Quod desideria cordis examinanda sunt et moderanda.
마음에 일어나는 원을 살펴 조절함/
vir desideriorum. 동경으로 불타는 사람.
desiderium Dei. 하느님에 대한 원의
desiderium inefficax. 효력 없는 원의
desiderium naturale. 자연적 욕구
desiderium naturale in visionem beatificam.
하느님의 지복직관을 향하는 본성적 지향성,
지복직관에의 자연적 열망.
desiderium naturale non est inane.
자연적 욕구는 허위일 수 없다("가톨릭 철학" 제2호. p.197).
Desiderium naturale non frustratur.
본질적 욕구는 무효화되지 않는다.
desiderium naturale. 본능적 욕망, 자연적 열망, 자연적 바람
desiderium oculorum dicit omnem curiositatem.
모든 호기심을 가리켜 눈의 욕망이라고 말합니다.
desiderium sui generis. 특별한 원의
Desiderium suum justis dabitur.
의인의 소원이 풀어지리라(갈멜의 산길. p.195).
desiderium virginitatis. 동정에 대한 염원
dēsídĕro, -ávi, -átum, -áre, tr. 그리워하다, **동경하다**,
사모하다, 고대하다, 갈구하다,
열망하다, 갈망하다(חמד.אוה.חסר),
바라다(חפץ.צבה.רעא.צבא),
원하다(אבא.בעא.חמד.רעא.צבא),
…싶어 하다, 싶은 생각이 간절하다, 아쉬워하다.
없어서 안타까워(슬퍼)하다, 잃어버리다, 상실하다.
in mílite alqd desídĕro. 군인에게서 무엇을 아쉬워하다/
noli desiderare aliena. 남의 것을 바라지 말라/
nullá nave desiderátá. 아무 배도 잃어버리지 않고/
Nec docéri desiderábit judex.
재판관은 가르침 받기를 원하지 않을 것이다/
Te óculi mei desíderant. 네가 몹시 보고 싶다.
Desidero scire. 알기를 원한다, 알고 싶다
dēsídĭa, -æ, f. 오래 앉아 있음, 장기체류(長期滯留),
게으름, 나태(懶怠.⑨ Acedia.Sloth-게으르고 느림),
한가(閑暇-하는 일이 적거나 바쁘지 않아 겨를이 많은),
무위(無爲-아무것도 하는 일이 없음), 역방(逆行).
desidia máris. 썰물, 간조(干潮-썰물로 해면의 높이가 가장 낮아진 상태).
dēsĭdĭábŭlum, -i, n. 한가로운 사람들이 모이는 장소
dēsĭdĭósus, -a, -um, adj. 빈둥빈둥하는, 게으른,
한가한, 할 일 없는, 게으르게 만드는, 안일한.
dēsído, -sédi, -ére, intr. 가라앉다, 내려앉다,
꺼지다, 퇴폐(頹廢-세력 따위가 쇠약해짐)하다, 잠기다, 몰두하다.
Desierant imbres. 비가 그쳤었다.(désino 참조)
dēsignátĭo, -ónis, f. 모양, 형태(形態.εἰκών),
지정(指定-가리켜 정함), 지적(指摘-꼭 집어서 가리킴),
계획(計劃), 설계, 임명, 지명, 선정(選定) 표시화.
designátĭo matériæ. 질료의 한정(質料 限定)
dēsignátívus, -a, -um, adj.
지시(명시.지적) 하는, 임명(지명) 하는.
dēsignátor = dissignátor
dēsignátus, -a, -um, p.p., a.p.

332

지정된, 명시된, 표시된; 선출된, 지명된.
materia designata. 지정된 질료.
designátus reipúblicæ civis. 태어날 시민
dēsígno, -ávi, -átum, -áre, tr. **지정하다**, 표시하다, 나타내다(φαίνω), 도면을 그리다, 설계하다, 윤곽을 그리다, 묘사하다, **가리키다**, **지적하다**, 나타내다, 표명하다, 지명하다, (다음 해에 취임할) 관리를(차기 집정관.호민관 … 등을) 선출하다, 정비(정리)하다, 질서를 잡다, 제 궤도에 올려놓다, 일을 저지르다.
Benedicti, martyres designati. 복되어라! 순교로 부름 받은 사람들/
Quid designávit?-Fores effrégit… 그가 무슨 일을 저질렀니?-문을 부수고 …하였다.
designo óculis ad cædem. 눈짓으로 아무를 죽이도록 지시하다.
Desine flere. 그만 울어라
Desine plura, puer. 이 녀석아, 이제 그만 말해라
Desinit in piscem. 물고기의 꼬리로 끝나다, 용두사미(龍頭蛇尾).
desílĭo, -sílŭi(-sílĭi), -súltum, -íre, intr. (de+sálio) (de, ex, ab abl.; absol.) 뛰어내리다.
désĭno, -sívi(-sĭi) -sĭtum -ĕre,
tr. **그치다**(פסק.פסיק), 그만두다, 중지(中止)하다.
intr. 그만두다, 중지하다(שבת), 끝나다(בטל), 그치다(פסק.פסיק), 종식하다, 종말을 고하다, 사라지다. ((修)) (음절수가 같은 단어들의) 마지막 음절이 같은 글자들로 끝나다.
Desíerant imbres. 비가 그쳤었다/
Desínite de *alqā* re loqui. 그것에 대해서는 그만들 말해라/
Desinamus, quod volumus, velle ; ego certo omnia facio ne senex eadem velim, quæ puer volui. 우리가 바라는 바를 바라기를 그만 두자. 늙어서도 소년 시절에 내가 바라던 바와 똑같은 것을 바라는 일 없도록 나는 모든 수를 다한다/
Desistere bello. 휴전하다/
Hunc mihi timórem éripe, si verus est, ne ópprimar sin falsus, ut timére désinam. 이 공포심이 만일 근거 있는 것이라면 (참된 것이라면), 내가 압도되지 않도록 그것을 내게서 제거해 주고, 만일 근거 없는 것이라면 (거짓이라면) 그만 무서워하게 제거해 다오[문장론, p.291]/
In sole sídera désinunt cerni. 낮에는 별들이 보이지 않는다/
Véteres oratiónes a plerísque legi sunt désitæ. 지금은 옛 연설들이 많은 사람들에게 읽혀지지 않게 되었다.
desisto in piscem. 하반신이 물고기로 변하다
dēsípĭens, -éntis, a.p. 미련한, 어리석은, 바보 같은; 미친
dēsĭpĭéntĭa, -æ, f. 무식, 미련함, 어리석음
dēsípĭo, -pĕre, (de+sápio) tr. 맛을 변하게 하다.
intr. 바보짓 하다, 어리석다, 분별력이 없다, 망령(妄靈) 들다, 미치다.
dēsísto, -stĭti -stĭtum -ĕre, intr. 중지하다(שבת), **그치다**(פסק.פסיק), **그만두다**(מנע), 떠나다, 생각을 버리다, 포기(抛棄)하다, 끝나다.
tr. 놓다(נוח), 버려두다,
abs te desisto. 너한테서 떠나다/
timére desisto. 그만 두려워하다.
desisto a defensióne. 보호를 중지하다
désĭtus[1] -a, -um, p.p. (désero[2]) 심은, 파종된
désĭtus[2] -a, -um, p.p. (désino)
désĭtus[3] -us, m. (désino) 중지, 그침, 그만 둠
dēsívi, "desino"의 단순과거(pf.=perfectum)
dēsōlátĭo, -ónis, f. 외로움, 쓸쓸함, 고독(孤獨-외로움); 하느님께로부터 영혼을 이간시키려는 악마의 유혹, 위안의 결여(缺如), 위기감, 영적 실망, 마음의 암울, 불안함 심정을 초래함, 영적 위안의 결여, 황폐한 땅.
dēsōlātórĭus, -a, -um, adj. 황폐케 하는
dēsōlátus, -a, -um, p.p. 황폐해진, 쓸쓸한, 고독한, 위로(위안) 없는, 뺏긴, 앗긴.
María desoláta. 비애의 성모/
paréntibus desoláta. 부모 잃은 여자.
dēsólo, -ávi, -átum, -áre, tr. (de+solus) 혼자 남겨놓다, 쓸쓸하게 하다, 황폐케 하다, 비참해지게 하다, 뺏다, 앗아가다.
dēsómnis, -e, adj. 잠 못 이루는
dēsórbĕo, -ére, tr. 삼키다
despectábĭlis, -e, adj. 멸시할, 경멸할
despectátĭo, -ónis, f.
경멸(輕蔑-남을 깔보고 업신여김), 멸시(蔑視-남을 업신여김. 깔봄).
despectátor, -óris, m. 경멸하는 자
despéctĭo, -ónis, f. 경멸(輕蔑), 멸시(蔑視),
indigna despectio. 부당한 모멸감(侮蔑感).
despécto, -áre, tr., freq.
내려다 보다, 얕보다, 경멸(멸시)하다.
despectum, "despicio"의 목적분사(sup.=supínum)
despéctus, -us, m. 내려다 봄, 전망, 높은 곳, 경멸.
despērábĭlis, -e, adj. 절망적인
despērándus, -a, -um, gerundiv.
실망할 수밖에 없는, 절망적인.
Numquid tamen desperandum est? in quo vides initium, cur desperas finem? 그렇다고 실망해서야 되겠습니까? 그대는 시작을 보고 있는데, 왜 끝 때문에 실망합니까?. (최익철 신부 옮김, 요한 서간 강해, p.389).
despērānter, adv. 실망스럽게
despērátĭo, -ónis, f. 실망, 절망([영] Despair), 자포자기.
ad summam desperatiónem rédigi. 극도의 실망(失望)에 빠지다/
desperátĭone affectus. 실망에 잠긴/
ex magnā desperatióne tandem salúti rédditus. 큰 실망 속에서 마침내 무사히 구원된/
Quasi subrepit quædam desperatio et tristitia. 이리하여 절망과 슬픔 같은 것이 파고듭니다. (최익철 신부 옮김, 요한 서간 강해, p.71).
despērátus, -a, -um, p.p., a.p. 희망 없는, 절망적인, 포기된.
fortuna desperata. 포기한 운명.
despéro, -ávi, -átum, -áre, tr. 절망하다.
intr. 실망하다, 희망을 버리다, 낙심하다;
Nil desperandum. 실망할 것은 아무 것도 없다(결코 포기하지 마라)/
Sibi ipse desperat. 그는 자포자기하고 있다.
despéxi, "despício"의 단순과거(pf.=perfectum)
despĭcábĭlis, -e, adj. 경멸할
despĭcátĭo, -ónis, f. 경멸(輕蔑), 멸시(蔑視)
despĭcátus[1] -a, -um, p.p., a.p.
경멸(멸시) 당한, 멸시 당하는,
despĭcátus[2] -us, m. 경멸, 멸시
despĭcĭéntĭa, -æ, f. 경멸, 멸시
despícĭo, -spéxi -spéctum -ĕre,
intr. **내려다보다**, 한눈팔다, 정신 차리지 않다.
tr. 멸시하다, 얕보다, 업신여기다, 경멸하다.
de vértice montis despicio in valles. 산꼭대기에서 계곡들을 내려다 보다.
déspĭcor, -átus sum, -ári, dep., tr.
경멸하다, 업신여기다, 천대하다.
despŏlĭátĭo, -ónis, f. 약탈(掠奪), 탈취(奪取)
despŏlĭátor, -óris, m. 약탈자(掠奪者)
despólĭo, -ávi, -átum, -áre, tr. = **dispólĭo**
약탈하다, 뺏다.
despóndĕo, -di -spónsum -ére, tr. 약속하다, 담보하다, 보증하다, 딸을 주기로 언약하다, 며느리로 삼기로 약속하다, (어떤 여자와) 약혼하다, 바치다, 맡기다, 지정하다.
Despondeo ánimum(ánimos) 절망 속에 있다.
Despondeo sapiéntiam. 지혜에 대한 희망을 포기하다.
despondi, "despondeo"의 단순과거(pf.=perfectum)
desponsátĭo, -ónis, f. 약혼(約婚), 허혼(許婚)
desponsátĭo Beatæ Mariæ Virginis.(1월 23일)
성모 마리아의 약혼 기념 축일(이 축일은 본래 성 요셉의 약혼 기념일로 지내던 것이 1517년 교황 레오 10세가 성모 영보 수녀원의 청원으로 성모 마리아의 약혼 축일로 지내게 되었다. 축일은 독일과 스페인에 퍼졌지만

D

desponsátor, -óris, m. 결혼 중매인

desponsátus, -a, -um, p.p., a.p. 약혼한, 정혼한

despónso, -ávi, -átum, -áre, tr. 약혼시키다

despónsor, -óris, m. 약혼하는 자

despotísmus, -i, m. (哲) 전제주의(專制主義), 독재주의.

desprévi, pf. (despérno)

despumátĭo, -ónis, f. 거품 냄

despúmo, -ávi, -átum, -áre, tr. 거품을 걷어내다,
거품처럼 내뿜다.쏟다, 소화시키다, 숫돌로 갈다,
말에서 피 뽑다. despumátum mel. 거품을 걷어낸 꿀.
intr. 거품이 잦아들다, 가라앉다, 끓다가 멈추다.

despŭo, -spŭi, -ĕre, intr., tr. 침 뱉다, 물리치다,
거부하다, 타기(唾棄)하다, 경멸하다.

desquamáta, -órum, n., pl. (醫) 딱지.
(헌데나 상한 자리에 피나 진물이 말라붙어 생기는 껍질).

desquámo, -ávi, -átum, -áre, tr. (de+squama)
비늘을 벗겨내다; 껍질을 벗기다.

destérno, -strávi, -strátum -ĕre, intr.
(말 따위의) 안장을 내리다.

destérto, -tŭi -ĕre, tr. 코를 골다가 그치다

déstĭco, -áre, intr. (뒤쥐 따위가) 소리 내다

destillátĭo, -ónis, f. 방울져 떨어짐. (醫) 콧물감기

destíllo(=distíllo) -ávi, -átum, -áre,
intr. 스며 나오다, 방울져 떨어지다.흐르다.
tr. 방울져 떨어지게 하다, 스며내다, 증류(蒸溜)하다.

destímŭlo(=distímŭlo) -áre, tr. (de+stímulo)
몹시 자극(刺戟)하다, 낭비(浪費)하다.

destináte, adv. 집요하게, 끈질기게, 완강히

destinátĭo, -ónis, f. 지정(指定-가리켜 정함), 선정(選定),
결정(決定), 확정(確定-확실하게 정함), 용도(用途),
목적(τὲλος.⑨ Destiny), 목적지, 행선지(行先地).
Hic radix reperitur universalis destinationis bonorum
terræ.(⑨ This is the foundation of the universal
destination of the earth's goods) 여기에서 지상 재화의
보편적 목적의 근거가 발견된다(1991.5.1. "Centesimus annus" 중에서).

destinátum, -i, n. 규정, 결정된 목적, 계획,
고의(故意-딴 뜻을 가지고 일부러 하는 생각이나 태도).
ex destináto. 고의로(일부러).

destinátus, -a, -um, p.p., a.p. 확정(결정)된, 지정(선정)된,
지명(임명)된. f. 약혼한 (여자). adv. destinate. 완강히.
destinátum est. 확실하다.

déstĭno, -ávi, -átum, -áre, tr. (de+sto, téneo)
붙잡아(비끄러)매다, 지정하다, 확정하다,
결정하다, 작정하다, 결심하다, 결정하다,
지명하다, 임명하다(מנה,עמד), 선정하다,
(딸을) 약혼(約婚) 시키다, 겨누다,
목표로 정하다(삼다), (물건을) 사기로 작정하다,
(보증금을 내고) 계약하다, 흥정하다.
alqm cónsulem destino. 누구를 집정관으로 선정하다/
tempus et locum destino ad certámen.
대결할 시간과 장소를 확정하다.

déstĭti, pf. (desísto)

destítŭo, -tŭi -tútum -ĕre, tr. (de+státuo)
세워두다, 박아 놓다, 따로 떼어놓다, 고립상태에 놓다,
혼자 놔두다, 내버려두다, (어떤 지위에서) 물러나다,
(무엇이 누구에게서) 떠나다,
(누가=*alqm*) 무엇을 잃다(כלה.רפה),
(누구를) 속이다, 배신하다,
누구에게(*alqm*) 무엇을(*alqā re*) 속이다,
중단하다(כלה.חדל), 그만두다(שבת).

destitútĭo, -ónis, f. 내버림, 면직(免職), 속임

destitútor, -óris, m. 배신자(背信者), 버리고 떠나는 자

destitútus, -a, -um, p.p., a.p. 버려진, 버림받은, 속은,
잃은, 없는. sénsibus destitútus. 감각을 잃은.

destrángŭlo, -áre, tr. 교살(絞殺)하다, 목 조르다

destrátum, "desterno"의 목적분사(sup.=supínum)

destrávi, "desterno"의 단순과거(pf.=perfectum)

destricte, adv. 명백히, 단적으로, 단호히

destrictum, "destringo"의 목적분사(sup.=supínum)

destrictus, -a, -um, p.p., a.p. 날카로운, 엄격한, 단호한.
adv. **destricte**.

destríngo, -strínxi -stríctum -ĕre, tr. 훑다,
(잎.열매 따위를) 따다, (때 따위를) 밀다,
문질러 벗기다, 긁어내다, 닦아내다, (칼집에서) 뽑다,
살짝 스치다, 스치어 벗어나게 하다,
비꼬아 말하다, 혹평(酷評- 가혹하게 비평함)하다.
destríctum vulnus. 가벼운 찰과상(擦過傷).

destrinxi, "destruo"의 단순과거(pf.=perfectum)

destrúctĭo, -ónis, f. 무너뜨림, 헐어 버림, 파괴(破壞),
붕괴(崩壞), 피해(被害), 부정(否定),
plurima destructio. 극심한 피해(被害).

destructívus, -a, -um, adj. 파괴적인

destrúctor, -óris, m. 파괴자(破壞者)

déstrŭo, -strúxi -strúctum -ĕre, tr. 파괴하다(חרב),
헐어버리다, 무너뜨리다, 전복시키다(הרס), 망쳐 놓다,
몰락시키다, 파멸(소멸)시키다, 없애버리다, 부정하다.
pars destruens. 파괴적인 부분.

desúbĭto, adv. 갑자기, 돌연(突然-갑자기)

desúbŭlo, -áre, tr. 길을 고르게 하다, 자갈 깔다

dēsūdásco, -ĕre, intr. 땀 흘리다

dēsūdátĭo, -ónis, f. 땀 많이 흘림; 큰 수고

dēsúdo, -ávi, -átum, -áre, tr. 흘려보내다,
(무엇에) 큰 수고를 들이다, 수고로이 하다.
intr. 땀투성이가 되다, 몹시 땀 흘리다, 애쓰다, 수고하다.

dēsuēfácĭo, -féci, fáctum, -ĕre, tr. (de+suésco+fácio)
습관(버릇)을 버리게 하다.

dēsuēfío, -fáctus sum, fíeri, pass. 습관(버릇)을 버리다

dēsuésco, -suévi, suétum, -ĕre, tr. 버릇을 고치다,
습관을 버리게 하다, 쓰지 않다, 잊다.
vocem desuesco. 침묵을 지키다.
intr. 습관(버릇)을 버리다(고치다), 잊다.
antíquo honóri desuesco. 옛 영예를 잊다.

dēsuētúdo, -dínis, f. 습관 버림, 습관 없음, 익숙지 못함,
사용하지 않음, (법의) 자연 소멸(消滅), 사용 폐지.

dēsuétum, "dēsuésco"의 목적분사(sup.=supínum)

dēsuétusus, -a, -um, p.p., a.p. 쓰지 않은, 습관 없는,
잊혀진, 익숙하지 못한, 어색한, 생소한.
diu desuéta arma. 오래 쓰지 않은 무기(武器).

dēsuétusus triúmphis. 개선식에 어색한.

dēsuēvi, "dēsuésco"의 단순과거(pf.=perfectum)

dēsúgo, -súxi -súctum -ĕre, tr. 빨아들이다

dēsúltor, -óris, m. 곡마사(曲馬師), 곡예사(曲藝師)

dēsultórĭus, -a, -um, adj. 곡마에 적합한(쓰이는), 곡예의,
desultórĭus equus. 곡마(曲馬) 말

dēsúltrix, -ícis, f. 여자 곡마사, 변덕스러운 여자

dēsultum, "desílĭo"의 목적분사(sup.=supínum)

dēsultúra, -æ, f. 뛰어내림

dēsum(dees, deest), défŭi, (-futúrus), deésse,
anom., intr. (de+sum)
1. **없다, 모자라다**, 부족하다. Hoc Cæsari défuit. 이것이
Cæsar에게 부족하였다/ Nihil contumeliárum défuit,
quin subíret. 그가 당하지 않은 모욕은 하나도 없었다.
2. 도와주지 않다, 돌보지 않다, 손 떼다, **등한히 하다**;
(기회 따위를) 이용하지 않다: amíco desum. 친구를
등한히 하다/ non desum officio. 본분을 소홀히 하지
않다/desum sibi. 스스로 어떤 부족함이 있다, 스스로
불리를 초래하다, 게을리 하다/ non desum sibi. 잘해
보다/ Haud mihi déero. 잘해보겠다. (inf.) …하지 않다/
Iter facere non possumus quod cibus nobis deest.
우리는 식량이 없어서 여행을 할 수가 없다/
Frumentum deerat exercitui eorum.
그들의 군대에는 식량이 부족했다/
Naves nobis desunt. 배들이 우리에게 부족하다/
Nobis multa desunt. 우리에게는 많은 것들이 없다/
offício deésse. 본분을 등한히 하다/

Romanis neque cibus neque aqua deerat.
로마인들에게서는 음식도 물도 부족한 적이 결코 없었다.
dēsúmo, -súmpsi, -súmptum, -ĕre, tr.
　택하다, 취(取)하다; 골라잡다.
dēsúmpsi, "desumo"의 단순과거(pf.=perfectum)
dēsúmptum, "desumo"의 목적분사(sup.=supínum)
désúper, adv. 위로부터, 위에서부터
dēsúrgo, -ĕre, intr. 일어나다, 일어서다; 화장실에 가다
dēsurréctio, -ónis, f. 배설(排泄)
dēsúrsum = **désúper**, adv. 위로부터, 위에서부터
dētéctio, -ónis, f. 드러냄
dētéctor, -óris, m. 드러내는 자, 누설자(漏泄者), 발현자
dētéctum, "detego"의 목적분사(sup.=supínum)
dētéctus, -a, -um, p.p., a.p. 벗겨진, 드러난, 발견된.
　cápite detécto. 모자를 벗고.
détĕgo, -téxi, -téctum, -ĕre, tr. 벗기다(חלצ,ערה),
　드러나게 하다, 발견하다(אצמ), 찾아내다,
　폭로하다, 누설하다; 털어놓다.
　Tunc, detecto calice, dicit: 성작 덮개를 벗기고 말하며.
dēténdo, -téndi, -ténsum, -ĕre, tr. 늦추다,
　누그러지게 하다, (천막 따위를) 걷다, 치우다.
dētentátio, -ónis, f. 소지(所持-무엇을 가지고 있음),
　점유(占有-자기 소유로 함. 차지함), 보유(保有-가지고 있음).
dētentátor, -óris, m. 소지자, 점유자(占有者), 보유자
dēténtio, -ónis, f. 붙잡아 둠, 남아 있게 함, 머물러 둠,
　억류(抑留), 감금(監禁), 점유, (남의 재산의) 불법점유.
　detentio injusta. 불법감금(不法監禁)
dēténto, -ávi, -átum, -áre, tr., freq.
　붙들다, 소지하다, 거머쥐다.
dēténtor, -óris, m. 보유자, 소지자, 점유자(占有者)
dētérgĕo, -térsi -térsum -ére, tr. 씻다(סחי,סכ),
　닦(아 내)다, 훔치다, 쓸어내다, 털다, 청소하다,
　세척하다, 깨끗이 하다(סחי,סכ), 정화하다,
　(눈 따위를 가볍게) 비비다, 껌다.
dētérĭor, -īus, adj., comp. (원급 없음)
　더 나쁜, …보다 못한, 열등한.
dētĕrĭóro, -ávi, -átum, -áre, tr.
　악화(惡化) 시키다, 더 나쁘게(못하게) 만들다.
dētérĭus, adv. 더 나쁘게.
　traho cuncta in detérius. 모든 것을 나쁘게 해석하다.
determĭnáte, adv. 결정적으로
determĭnátio, -ónis, f. 한계(限界), 한계(境界), 끝,
　끝냄, 종결(終結), 한정(限定), 규정(規定),
　특정(特定), 결정(決定), 확정(確定-확실하게 정함).
　autodeterminatio, -ónis, f. 자기 결정성.
determĭnatívus, -a -um, adj. 결정적인(ne várietur),
　결정력이 있는, 한정적인.
determĭnátus, -a -um, p.p., a.p. 결정(확정)된,
　규정된, 한정된. adv. **determĭnáte**, adv. 결정적으로.
　determinatum esse. 규정된 존재,
　esse determinátum. 한정된 존재, 규정된 존재성/
　individuum determinatum. 규정된 개별자.
determĭnísmus, -i, m. (哲) 결정론(決定論)
　(哲) 자유부정론(결정론, 규정론, 정도론, 필연론이라고도 한다).
　(哲) 필연론(必然論.결정론.규정론.정도론).
dētérmĭno, -ávi, -átum, -áre, tr. (de+término)
　경계(한계)를 정하다, 한정하다, 구획선을 긋다.
　먹줄을 치다, 설계도를(도면을) 그리다,
　윤곽을 뚜렷이 하다, 규정하다, 결정(확정)하다.
détĕro, -trívi -trítum -ĕre, tr. (de+tero) 닳아지게 하다,
　마멸시키다, 낡아(해어) 지게 하다, 바수다,
　부수다(רבח,קבד,ץצר), 탈곡하다,
　(곡식을) 털다(שד,רוד,רוד,שיד), 약화시키다, 감소시키다.
dētérrĕo, -ŭi, -ītum, -ére, tr. 마음을 돌리게 하다,
　(누구를) **위협해서…못하게 하다**,
　(무엇에서) 떠나게(멀어지게) 하다, 제지하다,
　(설득하여) 말리다, (무엇을) 막다.

(누구에게서) 제거하다.
dētérrĭmus, -a, -um, adj., superl.
　가장 나쁜, 최저의, 제일 못한.
dētérrĭtum, "deterreo"의 목적분사(sup.=supínum)
dētérsi, "detérgeo"의 단순과거(pf.=perfectum)
dētersívum, -i, n. (醫) 청정제(清淨劑), 세정제(洗淨劑)
detestabilior, -or, -us, adj. dētestábĭlis, -e의 비교급
detestábĭlis, -e, adj. 가증스러운, 지겨운,
　혐오할, 지긋지긋한, 저주할.
　genus detesabile monachorum. 가증스런 수도승 일당/
　Nihil est tam detestabile quam voluptas.(Cicero).
　탐욕만큼 혐오스러운 것은 아무것도 없다.
detestabilissimus, -a, -um, adj. dētestábĭlis, -e의 최상급
dētestátio¹ -ónis, f. 저주(詛呪.הלל.הלק.הלא.אראמ.
　הלל.ἀρά.κατάρα.ἀνάθεμα.⑨ curse), 악담(惡談),
　증오(憎惡.⑨ Hatred/malevolence-몹시 미워함),
　혐오(嫌惡-싫어하고 미워함), 액막이(앞으로 닥칠 액운을 미리 막는 일).
dētestátio² -ónis, f. (de+testes) 고환절제(睾丸切除)
dētestátus, -a, -um, p.p., a.p. 저주받은, 미움 받은
dētéstor, -átus sum -ári, dep., tr. (de+testor)
　남에게 불행을 기원하다, 저주하다, 악담하다.
　증오하다, 몹시 싫어하다, **지겨워하다**.
　(불행 따위를) 기원으로 회피하다.물리치다, 면하다,
　외면하다, (신이 무슨 징조를) 멀리해주다.
　fratricídam detestor. 친동기 살해범을 저주하다/
　in caput *alcjs* perícula.
　아무의 머리 위에 위험이 닥치기를 기원하다/
　In eodem facto invenimus Deum Patrem, in quo
　invenimus Iudam; Patrem benedicimus, Iudam detestamur.
　우리는 똑같은 행위 안에서 하느님 아버지도 만나고
　유다도 만납니다. 그리고 아버지를 찬미하되 유다에게는
　진절머리 냅니다. Quare Patrem benedicimus, Iudam
　detestamur? Benedicimus caritatem, detestamur
　iniquitatem. 왜 아버지는 찬미하고 유다에게는 머리를
　절레절레 흔듭니까? 사랑은 찬미하고 죄악에는 진절머리
　내기 때문입니다.(최익철 신부 옮김. 요한 서간 강해, p.325)/
　Quis non detestaretur hanc amentiam?
　이런 미친 여자에게 누가 진절머리를 내지 않겠습니까?.
dētéxi, "détego"의 단순과거(pf.=perfectum)
dētéxo, -téxŭi, -téxtum, -ĕre, tr. (de+texo) 다 짜다,
　짜서 마무리하다, 엮다, 겯다, 뜨다, 완성하다, 마치다,
　끝내다, (말.글로) 묘사하다, 글을 쓰다, 서술하다.
dētéxtum, "détéxo"의 목적분사(sup.=supínum)
dētéxŭi, "détéxo"의 단순과거(pf.=perfectum)
dētíněo, -nŭi, -téntum, -ére, tr. (de+téneo) 머물러 두다,
　(남을) **붙잡아 두다**, 남아 있게 하다, 발을 묶이게 하다,
　지연시키다, 억류하다, **만류하다**, 못하게 하다, 제지하다,
　방해하다, 차지하다, **점유하다**, 확보하다, **내놓지 않다**,
　보류하다, 종사(전념)하게 하다, 사로잡다,
　(어떤 상태에) 붙잡아 두다, (눈길 따위를) 끌다.
dētínŭi, "dētíněo"의 단순과거(pf.=perfectum)
dētóndĕo, -tóndi(-totóndi), -tónsum, -ére, tr.
　털 깎다, 자르다, (나뭇가지 따위를) 다듬다.
　가지 치다, 잎을 따다, 휩쓸어 황폐케 하다.
dētóndi, "dētóndĕo"의 단순과거(pf.=perfectum)
détŏno, -nŭi, -áre, intr. 요란하게 울리다, 천둥소리 내다,
　요란한 소리가 그치다, 기세가 가라앉다, 누그러지다, 멎다.
　detono in *alqm*. 누구를 야단치다
dētónsio, -ónis, f. 머리 깎음, 삭발(削髮)
dētónsum, "dētóndĕo"의 목적분사(sup.=supínum)
dētórno, -ávi, -átum, -áre, tr. (de+tornus)
　선반(旋盤)으로 깎아 만들다.
dētórquĕo, -tórsi, tórtum, -ére, tr. (de+tórqueo)
　(방향 따위를) 돌리다, 틀다, 빗나가게 하다,
　멀어지게(벗어나게) 하다, (몸을) **뒤틀다, 비틀다**,
　비비꼬다, 찌그러뜨리다, 나쁜 방향으로 돌리다,
　왜곡하다, 굽히다, 휘게 하다.
dētórquĕo proram ad undas. 뱃머리를 깊은 바다로 돌리다.

D

dētorsi, "dētórquĕo"의 단순과거(pf.=perfectum)
dētortum, "dētórquĕo"의 목적분사(sup.=supínum)
dētótondi, "détóndĕo"의 단순과거(pf.=perfectum)
dētráctio, -ónis, f. 떼어버림, 제거(除去), 감손(減損),
　명예훼손(名譽毀損.⑨ Detraction), 헐뜯음,
　비방(誹謗-남을 비웃고 헐뜯어 말함), 탈취. (修) 생략(省略).
　((醫) (고름 따위를) 짜냄, 토하게 함, 설사 시킴.
dētráctio de Cruce. 십자가에서 내리심
dētrácto, = dētrécto, -ávi, -átum, -áre, tr.
dētráctor, -óris, m.
　깎아 내리는 자, 헐뜯는 자, 비방(욕)하는 자.
dētractum, "détráho"의 목적분사(sup.=supínum)
dētrăho, -tráxi -tráctum -ĕre, tr. (de+traho)
　끌어내리다, 내리게 하다, 떼어내다, 벗기다, 벗겨 내다,
　뽑아내다, 꺼내다, 걷어내다, 뺏다, 탈취하다, 빼(내)다,
　감(減)하다, 덜(어 주)다, 공제하다, 제거하다, 멀리하다,
　(누구에게) 손해가 되다, 불리하다, 떨어뜨리다,
　깎아 내리다, 감소시키다, 명예를 훼손하다,
　헐뜯다, 중상하다, (어디로) 끌고 가다, 데려가다.
　alci ánulum de dígito.
　누구의 손가락에서 반지를 뽑아내다/
　calamitátem alci detraho. 아무에게서 재앙을 제거하다/
　Detraxerunt amicum de curru.
　그들은 친구를 차에서 끌어내렸다/
　Multum ei detraho, quod…(N)
　…한 것이 그에게 크게 불리(不利)하였다/
　Nolite detrahere de alterutrum, fratres.
　형제 여러분, 서로 헐뜯지 마십시오.
dētrăho de famâ alcjs. 아무의 명성을 떨어뜨리다
dētrăho fidem sibi. 자기의 신용을 떨어뜨리다
dētrăho inimícum ex Galliâ. Gallia에서 적(敵)을 내쫓다
dētraxi, "détrăho"의 단순과거(pf.=perfectum)
dētrectátio, -ónis, f. 거절, 거부(拒否), 기피(忌避)
detrectátio militiæ. 징집기피(徵集忌避)
dētrectátor, -óris, m. 깎아 내리는 자, 헐뜯는 자,
　비방자(誹謗者), 거부하는 자, 기피자(忌避者).
dētrécto, -ávi, -átum, -áre, tr. (de+tracto) 멀리하다,
　물리치다, 거절(거부)하다, 기피하다, 낮추다,
　깎아 내리다, 감소시키다, 떨어뜨리다(קוה.חוה), 악평하다.
dētrīmentósus, -a, -um, adj. 손해를 가져오는
dētrīméntum, -i, n. 손해(損害), 손실(損失), 불리,
　재난(災難), 실패(失敗), 패전(敗戰).
　Vita humana prope uti ferrum est. Si exerceas, conteritur ;
　si non exerceas, tamen rubigo interficit. Itidem homines
　exercendo videmus conteri. Inertia atque torpedo plus
　detrimenti facit, quam exercitatio.(Cato).
　인생은 쇠와 흡사하다. 그것을 쓰면 닳아지고 쓰지
　않으면 녹이 먹는다. 우리가 보기에도 사람은 활동하면서
　소진한다. 그렇지만 타성과 나태는 활동보다
　더 큰 해를 끼친다.[성 엄 지음. 고전 라틴어. p.356].
detrimentum accípere(cápere, fácere).
　손해를 입다.당하다.
detrimentum afférre(inférre). 손해(損害)를 입히다
detrimentum importáre. 손해를 입히다
dētrītum, "detero"의 목적분사(sup.=supínum)
dētrītus, -a, -um, p.p., a.p. 해어진, 낡아빠진, 닳아빠진
dētrĭúmpho, -ávi, -átum, -áre, tr. 정복하다, 승리하다
dētrīvi, "detero"의 단순과거(pf.=perfectum)
dētrúdo, -trúsi -trúsum -ĕre, tr. (de+trudo)
　밀쳐 떨어뜨리다, 몰아넣다, 빠뜨리다, 떠밀다, 투욱하다,
　밀어내다, 떠나게 하다, 쫓아내다, 격퇴하다,
　(토지에서) 축출하다, (재산을) 박탈하다,
　억지로(부득이) 연기(延期)하다, 미루다, 늦추다.
　capita illius latrocinii in carcere detrusi sunt.
　그 강도단의 괴수(魁首)들은 투옥(投獄)되었다/
　in luctum detrúdi. 슬픔에 잠기다.
detrudo alqd in mensem Mártium. 3월까지 미루다
detrudo alqm in pœnam. 불법적으로 벌주다

dētruncátio, -ónis, f. 나뭇가지 자르기,
　머리나 사지(四肢)의 절단, 동체에서의 절단(切斷).
dētrúnco, -ávi, -átum, -áre, tr. 절단하다, 목 자르다,
　자르다(קטם.גדם.סכם.חתך.גזם), 사지(四肢)를 자르다,
　줄기(동체)에서 잘라내다.
dētrūsi, "dētrúdo"의 단순과거(pf.=perfectum)
dētrūsío, -ónis, f. 밀쳐 떨어뜨림, 던져 넣음
dētrūsum, "dētrúdo"의 목적분사(sup.=supínum)
dētūdi, "detundo"의 단순과거(pf.=perfectum)
dētúli, "défero"의 단순과거(pf.=perfectum)
dētúmésco, -mŭi, -ĕre, intr.
　부기가 가라앉다. ; 미움이 사라지다.
détŭmui, "detumesco"의 단순과거(pf.=perfectum)
dētúndo, -túdi, -túnsum, -ĕre, tr. 내리 부딪다, 내리치다.
Detur responsum, dentur decreta. 교황청 각 부서의
　제출 받은 질문이나 청원에 대한 답서로 "이 안건에
　대하여는 교황청이 이미 공포한 문헌에 해답이 표명
　되어 있다는 뜻"(교회법 해설 ③ 교회의 최고 권위. pp.278~279).
dēturbátor, -óris, m. (detúrbo)
　소요를 일으키는 자, 치안 방해자.
dētúrbo, -ávi, -átum, -áre, tr. 내리 던지다, 뒤엎다,
　전복시키다(חפך), 밀쳐 떨어뜨리다, 무너뜨리다,
　(적을) 축출하다, 몰아내다, 격퇴하다, 뺏다, 박탈하다,
　ex spe deturbári. 희망을 잃다.
dētúrpo, -áre, tr. 추하게(흉하게) 만들다, 시들게 하다
Deum agnosco ex operibus ejus.
　하느님을 그의 업적으로 알다.
Deum et animam scire cupio.
　하느님과 영혼에 대한 지식을 갖고 싶다.
Deum et animam scire cupio, nihil plus nihil omnino.
　나는 하느님과 영혼을 알고 싶다.
　더 이상 아무 것도 알고 싶지 않다.
Deum meum et Deum vestrum.
　나의 하느님 그리고 너희의 하느님(요한 20. 17).
Deum nemo vidit umquam.(요한 1. 18. 1요한 4. 12)
(qeo.n ouvdei.j pw,pote teqe,atai)
(獨 Niemand hat Gott jemals gesehen)
(프 Dieu, nul ne l'a jamais contemplé.)
(⑨ No one has ever seen God. Yet)
　지금까지 하느님을 본 사람은 없습니다(성경 1요한 4. 12)/
　일찍이 아무도 하느님을 뵙지 못했습니다(200주년 신약)/
　아직까지 하느님을 본 사람은 없습니다(공동번역 1요한 4. 12).
deum suprémus rex. 신들의 최고 왕인 Jupiter
Deum velle non esse finem naturæ.
　하느님은 자연의 목적의 비존재를 원하신다.
deúngo, -ĕre, tr. 기름을 많이 바르다
dēunx, -úncis, m. (de+úncia) úncia의 12분의 11
dĕúro, -ússi -ústum -ĕre, tr. (de+uro) 태워버리다,
　태워 없애다. (추위.바람 따위가) 얼어붙게 하다.
dĕus, -i, m.(voc., sg. Deus; pl.(정상적 변화 외에)
　nom., voc. dii, di; gen. deum; dat., abl. diis, dis)
　Ⅰ. sg. 1. 신(神.Θεὸς), 최고의 신, 창조주, 우주의 주재자,
　Deus 하느님(그리스도교의 유일신), 천주. 2. 운명의 신.
　3. 자연의 무한한 위력으로서의 신, 4. (악인들을 벌하는)
　정의의 신, 5. 섭리.수호의 신, 6. (간혹) 여신(女神).
　Ⅱ. pl. 1. (다신교 또는 신화) 잡신, 여러 가지 신(본래
　부터의 신과 인간이 변하여 된 신): excédere(tránsgredi)
　ad deos. 죽어서 신들 대열에 들다, 신이 되다/
　diis viléntibus(si dii volent) 신들이 원할 것 같으면/
　diis irátis natus. 불행하여 아무것도 잘 되지 않는 사람.
　2. (경탄.감탄 표시) proh dii immortáles!
　dii immortáles! 오 불멸의 신들이여. 3. (맹세 형식)
　per deos, per deos immortáles. 불멸의 신들의 이름으로,
　맹세하거니와. 4. (기원.축원 따위) Dii méllius fáciant!
　(melióra ferant, velint, dii melióra! ita me di ament!
　하느님 도우소서. 5. (저주) Di te perdant. 천벌 받아라,
　6. (비꼼.못마땅함 표시) si diis placet. 신들의 뜻으로,
　in diis est. 신들의 손에 달렸다.

336

Ⅲ.〔환유적(換喩的: metonýmice), 형용적〕
1. 신탁(信託), 신의 대답,
2. 하느님(같은 사람), 귀신(같은 사람).

	sg.	pl.
Nom.	Deus	dei(dii, di)
Voc.	Deus	dei(dii, di)
Gen.	Dei	deórum(deum)
Dat.	Deo	deis(diis, dis)
Acc.	Deum	deos
Abl.	Deo	deis(diis, dis)
호격이 주격과 같은 명사: Deus와 agnus		

(한동일 지음, 카르페 라틴어 1권, p.33)

Actus Dei nemini facit injuriam.
신의 행위는 아무에게도 불의를 끼치지 않는다/
An Deus sit? 하느님은 존재하는가?/
creata a Deo ex nihilo. 신에 의해 무로부터 창조된 것/
Cultores Dei. 하느님 공경자/
Cum sint in nobis consilium, ratio, prudentia, necesse est deum hæc ipsa habere majora.
우리한테도 사유와 이성과 현명이 있는 이상, 신은 이것들을 월등하게 지니고 있음에 틀림없다/
De Deo Dicere non debemus quod in Scriptura non invenitur, vel per verba vel per sensum.
우리는 하느님께 관하여 성경에서 언어들로 혹은 의미로 표현되지 않는 것은 말하지 말아야 한다/
De sententia Platonis, qua definivit deos non esse nisi bonos amicosque virtutem. 선하고 덕성을 가진 존재를 신이라고 정의한 플라톤의 견해(교부문헌 총서 17, 신국론, p.2768)/
Dei non venis et nervis et ossibus continentur, nec escis aut potionibus vescuntur. 신들은 혈관과 신경과 골격을 갖고 있지 않으며, 음식과 음료로 섭생하지도 않는다/
Deo est enim omnis medulla.
사실 모든 치유(治癒)는 하느님께 있다/
Deo gratĭas.([영] Thanks be to God)
하느님께 감사(하느님 감사합니다)/
Deo serviendum est a nobis. 우리는 천주를 섬겨야 한다/
Deo volente(volo 동사의 현재분사 탈격)
주님이 원하시면(초세기 경 편지 말미에 쓰이던 글)/
Deórum métuens bonus fíeri solet civis. 신에 대한 경외심을 가진 자는 통상 착한 시민이 된다/
deorum multitudinem amantibus. 허다한 신들을 사랑하는 사람들("amans"가 '사랑하는 사람' 못지않게 '애인'이나 '정부'를 가리키는 어법을 전제한다. 교부문헌 총서 15, 신국론, p.442)/
deos deprecor, ut remíttant minas.
위협(威脅)을 중지해 주기를 신들에게 빌다/
di inferi, 하계신, 명계(冥界)의 신/
di superi, 상계신, 천신(天神)/
Di tibi dent quæcumque optes!. 그대가 바라는 것이 무엇이든 신들이 그대에게 베풀어 주시기를!/
Dii immortáles! 오 불멸의 신들이여/
Dis adjuvantibus, omnia matura sunt, victoria, præeda, laus. 신들이 돕는다면, 승리, 전리품, 영광 등 모든 것이 갖추어진다/
divinorum deus. 신들 중의 신/
dolor immissa a Deo. 하느님이 보내신 고통(苦痛)/
et hoc est quod omnes dicunt Deum.
바로 이 존재를 모든 사람이 신이라고 부른다/
et ideo sola est incommutabilis substantia vel essentia, qui Deus est, cui profecto ipsum esse, unde essentia nominata est, maxime ac verissime competit.(De Trinitate 5. 2. 3) 홀로 불변하는 실체 혹은 존재자, 그가 곧 신인데, 그에게는 *存在*라는 명사가 최고로 가장 참되게 해당한다.
(성 염 지음, 사랑만이 진리를 깨닫게 한다, p.32)/
etenim Deus noster ignis consumens est.
(kai. ga.r o` qeo.j h`mw/n pu/r katanali,skon) ([영] For our God is a consuming fire) 우리의 하느님은 다 태워 버리는 불이십니다(성경 히브 12, 29)/우리의 하느님은 살라 버리는 불이시기 때문입니다(200주년 기념 신약)/사실 하느님은 태워 버리는 불이십니다(공동번역 히브 12, 29)/
Experior deos iníquos.
신들이 고약하다는 것을 경험(經驗)하다/
Filii Dei. 하느님의 자녀([영] Children of God)/
Filius Deus, Deus ex Deo; Spiritus Sanctus, Deus ex Deo; et hi tres unus Deus, non tres dii.
성자는 하느님에게서 나신 하느님이시고, 성령도 하느님에게서 나신 하느님이십니다. 이 세 분은 한 분이신 하느님이시지 세 하느님이 아닙니다/
flagéllum Dei([영] Scorge of God) 하느님의 매/
frui Deo. 하느님에 대한 향유
(하느님에 대한 향유는 아우구스티노에게 철학함과 인생자체의 최종목적에 해당한다. 교부에게 신 이외의 모든 것은 궁극적 '향유'의 대상이 아니고 "사용 usus"의 대상일 따름이다. 교부문헌 총서 15, 신국론, p.836)/
génĭtor deorum. 신들의 아버지/
Gratis pro Deo. 은총으로 하느님을 위해/
Habere non potest Deum patrem qui ecclesiam non habet matrem. 교회를 어머니로 모시지 않는 사람은 하느님을 아버지로 모실 수 없다(카르타고의 주교 치프리아누스)/
Hominibus non solum rationem di dederunt, sed etiam malitiam, fraudem, facinus. Utinam istam calliditatem hominibus di ne dedissent! 신들은 인간들에게 이성뿐 아니라, 악의와 사기와 악행도 주었다. 저따위 교활함일랑 신들이 인간에게 주지 않았더라면 좋았을 것을!.
[성 염 지음, 고전 라틴어, p.298]/
Homo ad imaginem et similitudinem Dei.
([영] Man in the image and likeness of God)
하느님 모습 따라 하느님과 비슷하게 지어진 인간/
Homo cujus est Deus, quid amplius quærit.
하느님을 소유하는 자 또 무엇을 찾으리요/
Homo homini Deus est.
사람이 사람에게 신인 것이다, (인간이 인간에게 신이다)/
Homo Hominis Deus. 인간은 인간에게 신이다/
Homo, qui Dei mandata servat, beatus erit.
주님의 계명을 지키는 사람은 복되게 되리라/
id ergo quod subsistit in Deo, est suum esse.
신에게서 자존하는 바로 그것이 그의 존재함이다/
idea Dei. 신의 이념/
Idem est natura quod deus. 본성은 곧 신과 동일한 것이다/
Ignoto Deo. 알지 못하는 신에게/
imago Dei. 하느님의 모상(模像)/
immediata cognitio Dei. 신의 직접적 인식/
In corde suo, non est Deo. 그의 마음 안에 신이 없다/
in Deo idem est esse et essentia.
신에게는 존재와 본질이 동일하다/
In Deo maxime est vita.
하느님 안에서 생명이 최고도로 존재한다/
in diis est. 신들의 손에 달렸다/
In ipsa forma homo, sed Deus.
그분은 형상으로는 사람이셨지만 하느님이십니다/
Ingratitúdo erga Deum.
하느님께 대한 배은망덕([영] Ingratitude to God)/
invidia deum. 신들의 질투(Φθόνος θεων)/
invoco deos testes. 신들을 증인으로 부르다/
ipsa veritas Deus est. 진리 자체가 곧 하느님이다/
Magna di curant, parva neglegunt. 신들은 (인간) 대사는 돌보지만, 소사(小事)는 (인간 자유에 맡겨) 소홀히 한다/
Mala enim et impia consuetudo est contra deos disputandi.(Cicero). 신들을 두고 시비를 하는 짓은 사악하고 불경스러운 습속이다/
Matéria a Deo Facta est.
물질은 하느님에 의해 창조되었다(fio 참조)/
mínimis rebus deos insero.
하찮은 일에 신들을 개입(介入)시키다/
Mundus coæternus Deo. 세계는 하느님과 더불어 영원하다/
Nihil dii possunt ad veram felicitatem.
참 행복에 아무 도움도 못 되는 신들(신국론, 제6권)/
Nihil est, inquount, quod deus efficere non possit.
그들이 하는 말로는 신이 이룩할 수 없는 것은 아무것도 없다/

Nobis neque solitarius, neque diversus Deus est confitendus. 우리는 하느님을 고독한 자라고도, 차별적인 자라고도 고백하면 안 된다[정의채 옮김, 삼위일체론 제4권, 신학대전 4, p.54]/
Non habebis deos alienos in conspectu meo.(신명기 5, 7) (ouvk e;sontai, soi qeoi. e[teroi pro. prosw,pou mou) (獨 Du sollst keine anderen Götter haben neben mir) ([영] You shall not have other gods besides me)(신명기 5, 7) 너에게는 나 말고 다른 신이 있어서는 안 된다(성경/ 너희는 내 앞에서 감히 다른 신을 모시지 못한다(공동번역)/
nullus deus miscetur homini. 신은 인간과 상종하지 않는다(교부문헌 총서 15, 신국론, p.49)/
O æterna veritas … tu es Deus meus! 영원한 진리여, 그대 내 하느님이시니/
oderunt di homines injurios. 신들은 불의한 자들을 미워하신다(나이비우스. 사랑만이 진리를 깨닫게 한다, 성 염 지음, p.460)/
omnia alia a Deo non sunt suum esse, sed participant esse. 신 이외의 모든 사물들은 그들의 존재가 아니고 존재에 참여(參與)한다/
omnia cognoscentia cognoscunt impicite Deum in quolibet cognito(De Veritate q.22, a.1, ad 1) 모든 인식자는 인식하는 모든 대상에서 암묵적으로 신을 인식한다.
per deos, per deos immortales. 불멸의 신들의 이름으로 맹세하거니와/
populi uni deo dediti. 하나이신 하느님을 섬기는 백성/
potentiori deo. 더 능력 있는 신/
Pro deum fidem! 신의 있는 신이여!. (감탄문에서 대격만 사용되는 용례가 자주 있다)/
Quĕrere Deum. 하느님 찾음/
Spiritus Dei.(그리스어 Pneuma Theou) 하느님의 영(靈)/
síngulas stellas numero deos. 별 하나하나를 신으로 인정하다/
summus architectus Deus. 지존하신 조성자 하느님/
Sursum corda se habere ad Dominum. 마음을 드높여 신에게로/
totus Deus et totus homo. 그리스도는 온전한 하느님이요 온전한 인간/
ultores dii. 보복(報復)하는 신들/
una et unica Dei Ecclesia. 하느님의 이 하나이고 유일한 교회/
Unitas Dei. 하느님의 유일성(唯一說), 단일성/
Ut in omnibus glorificetur Deus. 하느님은 모든 일에서 영광을 받으소서/
Ut te di deǽque pérduint! 신과 여신(女神)들이 어떻게든 너를 멸했으면!/
Utrum deus sit?(獨.Ist Gott?) 신은 존재하는가?/
Utrum omnia sint vita in Deo? 모든 것이 하느님 안에서 생명인가?/
Veritas est ergo Deus est. 진리가 존재한다. 따라서 신은 존재 한다/
visio intuitiva Dei. 하느님을 직접 뵈옴.

Deus absconditus 감추어진 하느님, 하느님의 부재, 숨어 있는(계신) 하느님(이사 45, 4 현대 가톨릭사상, 제24집, p.234).

Deus absconditus et incomprehensíbĭlis. 은폐(隱蔽)되어 있고 불가해한 신.

Deus absolvit nos poenitentes a peccatis nostris. 하느님께서는 통회하는 우리에게 우리의 죄를 사하여 주신다. [하느님께서는 통회하는 우리를 우리의 죄로부터 면해 주신다. N.B. 우리말로는 제2객어가 직접객어(~을, 를)로 번역되며, 직접객어는 "~누구에게서, 누구의" 등으로 번역된다. 다음의 동사들은 직접객어 외에 제2객어(간접객어)로 탈격을 요구하며, 제2객어로 분리 탈격을 가지는 동사와 수단 탈격을 가지는 동사가 있다. 제2객어에 해당할 분리 탈격 앞에 a(ab), e(ex), de 등 전치사를 붙여서 가지는 동사는 다음과 같다. absolvo, deprecor, discerno, distinguo, excludo, libero, pello, peto, postulo, prohibeo, quæro, rogo, solvo. 황치헌 신부 지음, 미사 통상문을 위한 라틴어, p.320]

Deus amat filium suum. 하느님께서는 당신의 아들을 사랑하신다.

Deus autem non est mortuorum sed vivorum. 그분은 죽은 이들의 하느님이 아니라 산 이들의 하느님이시다(성경 루카 20, 38).

Deus auxilians. 도움을 주시는 하느님(가톨릭 신학과 사상 제46호, p.67)

Deus Cáritas Est.([영] God Is Love) 하느님은 사랑이십니다. (교황 베네딕도 16세.제265대.1951.6.29. 수품.첫 회칙 2006.1.25. 발표).

Deus caritas est. 하느님은 사랑이십니다.(1요한 4, 16).

Deus Cáritas est.(1요한 4, 16) **Brevis laus, et magna laus: brevis in sermone, et magna in intellectu.** "하느님은 사랑이십니다" 짧은 찬미이고, 뜻으로는 위대한 찬미입니다. 말로는 짧고, 뜻으로는 위대합니다.(요한 서간 강해, p.343).

Deus creat mundum ex nihilo(=nulla re) 하느님은 무에서 세상을 창조하신다.

Deus Creátor. 창조 신

Deus Creátor Omnium. 만물을 내신 천주여! ([영] God That All Things Didst Create) 만물의 창조자 하느님(암브로시오 찬미가).

Deus creávit cælum et terram. 주님께서는 하늘과 땅을 창조하시었다.

Deus creávit mundum sex diébus(=intra sex dies) [어떤 행동이나 상태가 완료된 기간을 표시할 때는 탈격이나 전치사 intra + 대격을 쓴다]. 천주께서는 우주를 엿새 동안에 창조하셨다.

Deus cum nobis(=Emmanuel) 우리와 함께 계신 하느님

Deus dicit, Apostolum Spiritus Sanctus locutus est, nihil verius. 그것은 하느님께서 하시는 말씀입니다. 성령께서 사도를 통해서 하시는 말씀입니다. 이보다 더 진실한 말씀은 없습니다.(최익철 신부 옮김, 요한 서간 강해, p.131).

Deus docens. 가르치는 신

Deus Dominus meus. 당신으로서의 하느님

Deus enim semper mirabilis est et mirandus in operibus suis.([영] For God is always wonderful in his works and worthy of admiration) 하느님께서는 언제나 놀라운 분이시며 그분의 업적 또한 놀라우십니다.

Deus est bonus. 하느님은 선하시다.

Deus est cum angelis et sanctis animabus. 하느님은 천사들과 거룩한 영혼들과 같이 있다.

Deus est esse. 신은 있음(存在)이다(獨.Gott ist das Sein).

Deus est esse per se subsistens. 신은 스스로 자립하는 존재(存在)이다.

Deus est exemplar mundi. 신은 세계의 모범이다.

Deus est forma, suprema forma. deinde veritas est aliqua forma. ergo verum esse indicat Deum esse. 신은 형상, 최고의 형상이다. 그런데 진리라는 것은 하나의 형상이다. 그러므로 진리가 있다는 것은 신이 존재함을 지시한다.

Deus est in nobis(Ovidius). 신은 우리 내심에 계시다.

Deus est lux vera. 신은 빛이다.

Deus est maxime unus. 신은 유일자이다.

Deus est movens non motum. 하느님은 부동의 동자이다. (아리스토텔레스의 표현이다).

Deus est omnium rerum causa immanens. 하느님은 만물의 내재적 원인.

Deus est perfectissimus. 신은 가장 완전하다.

Deus est primum principium. 신은 제일원리이다.

Deus est simpliciter infinitus. 신은 단적으로 무한하다.

Deus est spiritus([영] God is Spirit) 하느님은 영이시다(성경)/ 하느님은 영적인 분이시다(공동번역 요한 4, 24/) 하느님은 영이십니다(200주년 신약 성경 요한 4, 24).

Deus est sua essentia. 신의 본질이 곧 존재이다.

Deus est sua intellectio. 신은 자기의 지적 작용이다.

Deus est suum esse. 하느님은 스스로 존재한다.

Deus est Veritas. 신은 진리이다.

Deus est vivens. 하느님은 살아있다.

Deus estera lux inaccesíbĭlis. 신은 접근(接近)할 수 없는 빛이다.

Deus et natura in necessariis non deficit. 하느님과 자연은 필요 불가결한 것을 결여시키지 않는다.

Deus et natura nil otiosum facit. 신과 자연은 아무 것도 무의味하게 만들지 않는다.

Deus ex machina. 돌발적으로 개입하는 사건, 기계장치의 신(조교상 옮김, 토마스 아퀴나스 신학대전 새로 알기, p.59),

임기웅변(臨機雄辯)의 신(그리스도와 구원, p.85). 신에게 돌려 버리는 안이한 난문제 해결.(백민관 신부 엮음, 백과사전 1, p.834).

Deus exaudit hominem ad ejusque interrogationes respondet.(⑨ God hears us and responds to our questions) 하느님께서는 인간의 질문을 듣고 응답하신다.

Deus facit impossibilia. 불가능한 바도 신은 할 수 있다.
<small>(중세철학 제4호. p.41).</small>

Deus favet bonis. 하느님께서는 선인들을 총애하신다

Deus gratíam suam non alligávit sacraméntis.
하느님은 당신 은총을 성사에 얽매이게 하지 않으신다.

Deus homo(⑨ God Man) 신인(神人)

Deus homo factus est ut homo fieret Deus.
신이 인간이 되신 것은 인간으로 하여금 신이 되게 하기 위해서이다.(인간이 되도록 하느님이 인간이 되셨다).

Deus igitur per suum intellectum omnia movet ad proprios fines. 그러므로 하느님은 자신의 지성을 통해 만물을 그 고유한 목적으로 운동시킨다.

deus ignotus. 모르는 신(성스러움의 의미, p.222)

Deus "imaginem" sibi ipse dedit: in Christo qui homo factus est(⑨ God has given himself an "image" in Christ who was made man) 하느님께서는 사람이 되신 그리스도 안에서 당신 자신에게 '모습'을 부여하셨습니다.

Deus immadiate omnia creavit.
하느님은 만물을 매개 없이 창조하셨다.

Deus immediate omnia gubernat.
하느님은 직접 모든 것을 통치한다.

Deus immovens. 부동의 하느님(가톨릭 사상 제4집, p.101)

Deus, in adjutorium meum intende:
Domine, ad adjuvandum me festina:
confundantur et revereantur inimici mei,
qui quærunt animam meam.
하느님, 어서 저를 구하소서(하느님 절 구하소서).
주님, 어서 저를 도우소서(주님 어서 오사 저를 도우소서).
제 목숨을 노리는 자들은 부끄러워하며 수치를 당하게 하소서(시편 70, 2에서 유래).

Deus in nobis. 우리 안의 하느님

Deus in se. 하느님 자체(自體)

Deus in vita sua intima "caritas est".
(⑨ In his intimate life, God "is love").
당신의 내밀한 생명에서 하느님께서는 "사랑이십니다".

Deus inferior. 하위 신

Deus infinitus. 무한한 신

Deus intelligibilis Lux. 하느님은 진리의 빛이다.

Deus ipse, ut est in sua natura et majestate.
그의 본성과 위압성(威壓性)에 있어서의 하느님 자신.

Deus loquens agens 말씀하시고 행동하시는 하느님

Deus lux est, et tenebræ in eo non sunt ullæ. 하느님은 빛이시며 그분께는 어둠이 전혀 없습니다.(1요한 1. 5).

Deus mendax. 기만(欺瞞)의 신

Deus meus! 나의 신이여!(나의 하느님이여.호격)

Deus meus, et Omnia. 나의 하느님 (나의) 모든 것이여!

Deus meus ubique præsens, ubique totus, nusquam inclusus, qui possit adesse secretus, abesse non motus. 나의 하느님은 어디나 현존하며, 어디나 전체로 계시고, 어디에도 내포하지 않으며, 은밀히 현재할 수 있고, 움직이지 않은 채 부재할 수 있다
(이 문장은 아우구스티노가 '하느님의 무소부재(無所不在)'를 간결하게 표명한 글귀로 꼽힌다. 교부문헌 총서 15, 신국론, p.200).

Deus mirus artifex. 신은 기묘한(역설에 찬) 조물주

Deus misereátur nostri, et benedícat nobis: illúminet vultum suum super nos, et misereátur nostri.
하느님께서는 저희에게 자비를 베푸시고 강복하시리라.
당신 얼굴을 저희에게 비추시리라.

Deus mundum creávit. 하느님께서 우주를 창조하셨다.
(직접 객어가 되는 명사. 대명사는 언제나 대격으로 쓴다).

Deus mundum ratione gubernat. 신은 이성으로 세상을 다스린다.[수단 탈격abulativus mediī은 어떤 행위를 하기 위해 사용한 수단을 나타내는데 전치사 없이 쓴다.]

Deus naturans. 생성하시는 하느님/

natura naturans. 생성하는 자연, 창조하는 자연/
natura naturata. 생성 받는 자연.

Deus non est causa tendendi in non esse. Ergo Deus non potest aliquid in nihilum redigere.
하느님은 비존재를 지향하는 원인이 아니다. 따라서 하느님은 어떤 것을 무로 되돌릴 수 없다(신학대전 14. p.127).

Deus non est lapis. 신은 돌(石)이 아니다

Deus non est vita. 신은 생명이 아니다

Deus non habet essentíam. 신은 본질을 갖지 않는다

Deus non indiget nostri, sed nos indigemus Dei.
하느님이 우리를 필요로 하시는 것이 아니라 우리가 하느님을 필요로 한다(성 엮 지음. 고전 라틴어. p.114).

Deus Omnipotens. 전능하신 주님(τών δυνάμεων), 전능하신 하느님(⑨ Almighty God.그리스어 Pantokrator)
Deus omnipotens, cuius est bona rerum et speciosa creatio, da nobis hunc diem in nomine tuo lætantur incipere, et in operosa tui fratrumque dilectione complere. Per Dominum nostrum. Amen.

Deus omnipotens, Pater Domini nostri (목례하며) **Iesu Christi, qui te regeneravit ex aqua et Spiritu Sancto, quique dedit tibi remissionem omnium peccatorum (hic inungit : 이마에 축성 성유를 바르며), ipse te liniat + Chrismate salutis in eodem Christo** (목례하며) **Iesu Domino nostro in vitam æternam.**
전능하신 천주, 우리 주 (목례하며) 예수 그리스도의 성부께서 그대를 물과 성신으로 다시 태어나게 하시어, 모든 죄를 사하여 주셨나이다. 당신께서는 우리 주 (목례하며) 예수 그리스도를 통하여 그에게 구원의 성유를 (이마에 축성 성유를 바르며) +바르시어, 영원한 생명을 얻게 하소서.
<small>[출처] 라틴-한글 전통 유아 성세성사 예식서 (전통 라틴 미사 성제)</small>

Deus omnium fidelium pastor.
(⑨ O God, The Shepherd of All Thy Faithful)
Deus omnium fidelium pastor et rector, famulum tuum N., quem pastorem Ecclesiæ tuæ præesse voluisti, propitius respice: da ei, quæsumus, verbo et exemplo, quibus præest, proficere: ut ad vitam, una cum grege sibi credito, perveniat sempiternam.
Per Christum Dominum nostrum. Amen.

모든 믿는 이의 목자요 임금이신 하느님,
친히 주님의 일군 N.를 거룩한 교회의 목자로 세우셨으니
인자로이 굽어보시어 말과 모범으로 신자들을 보살피다가
맡은 양 무리와 함께 마침내 영원한 생명에 이르게 하소서.
우리 주 그리스도를 통하여 비나이다. 아멘.

Deus otiosus. 한가한 하느님, 무용지물 하느님.
(18세기 프랑스의 볼테르가 그리스도교의 하느님을 가리켜 한 말. 그에게 영원한 규범은 이성적 본능에서 합리적인 사색으로 이끄는 자연신이라고 했다. 백민관 신부 엮음, 백과사전 1, p.834).

Deus Pater. 성부(聖父), 하느님 아버지

Deus Pater Mater Ecclesia. 하느님 아버지 어머니 교회.
(정순택 주교 2014.2.5. 사목 표어).

Deus Pater omnipotens sit nobis propítius et clemens.
전능하신 아버지 하느님,
저희를 인자로이 굽어보시고 자비를 베푸소서.

Deus potest nominári a nobis et creaturis.
우리는 하느님을 피조물들로부터 이름 지을 수 있다.

Deus potuit, decuit, crgo fecit.
하느님은 그렇게 행하실 수 있으셨고, 그래야 마땅하였으며, 사실로 그렇게 행하셨다(심상태 옮김. 마리아. p.29).

Deus pro me. 나를 위한 하느님

Deus, qui creávit mundum et(=quinque) redémit hóminem. 우주를 창조하시고 사람을 구속하신 천주.
(관계대명사들의 격이 서로 다를 때에는 그것들을 매번 다 밝혀 놓아야 한다).

Deus, qui nos amat. quem étiam nos amáre debémus.
우리를 사랑해주시고 또한 우리도 사랑해 드려야만 하는 하느님.

Deus, qui nos, per hujus sacrificii veneranda commercia, unius summæ divinitatis participes efficis: præsta, quæsumus; ut, sicut tuam cognoscimus veritatem, sic eam dignis moribus assequamur.

하느님, 이 제사에서 이루어지는 거룩한 교제로 지극히 높으시고 하나이신 천주성에 저희를 참여하게 하시나이다. 저희가 주님의 진리를 깨달았으니, 또한 합당한 생활로 그 진리를 실천하게 하소서.

Deus recens. 새로운 신

Deus, refugium nostrum et virtus.
하느님께서는 우리의 피난처, 우리의 힘.

Deus revelans. 계시(啓示)하는 하느님

deus revelátus. 계시된 하느님(神)

Deus Sabaoth. 온 누리의 하느님

Deus Scientiarum Dominus. 학문의 주인이신 하느님.
교황령(1931.5.24일 성령강림 축일에 비오 11세가 공표. 가톨릭 교육기관에서 확고한 신학 연구 체제를 갖추기 위해 연구 목적, 방법 등을 제시하고 견실한 박사학위를 보장하기 위한 교황 헌장이다. 백민관 신부 엮음, 백과사전 1, p.835).

Deus semme esse. 최고 존재인 신

Deus semper idem, noverim me, noverim te.
언제나 한결 같으신 하느님, 나를 알고 또 당신을 알고 싶습니다.(아우구스티노의 '독백록'에서).

Deus semper major.
항상 더 크신 하느님, 영원토록 더욱 위대하신 하느님.

Deus sine nobis operatur. 하느님은 우리 없이 작용하신다.

Deus Spes. 희망 신(한국교회와 신학, p.503)

Deus super nos. 우리 위에 계신 하느님

Deus supra mundum. 세계 피안자로서의 하느님.
(한국교회와 신학, p.22).

Deus testes habere voluit homines, ut et homines habeant testem Deum. 하느님께서 사람을 증인으로 삼고 하신 것은, 사람이 하느님을 증인으로 모시게 하려는 것입니다.(최익철 신부 옮김, 요한 서간 강해, p.61).

Deus transcendens factus Deus immanens.
초월적인 신께서 내재하는 신이 되셨다.

Deus, tu convérsus vivificábis nos.
Et plebs tua lætábitur in te.
Ostende nobis, Domine, misericordiam tuam.
Et salutare tuum da nobis.
Domine, exaudi orationem meam.
Et clamor meus ad te veniat.
주님께서 저희에게 생명을 도로 주시면,
주님의 백성이 주님 안에서 어찌 기쁘지 않으리이까?
주님, 저희에게 자비를 보이소서.
또한, 저희에게 구원을 주소서.
주님, 제 기도를 들어주소서.
또한, 저의 부르짖음이 주님께 이르게 하소서.

Deus unus iustitiam efficere potest.(㊎ Only God can create justice). 하느님만이 정의를 이루실 수 있습니다.

Deus ut amor revelátus.(㊎ God as revealed love) "하느님은 사랑"이라고 계시되다.

Deus ut persona. 위격으로서의 천주

Deus ut Veritas. 진리로서의 천주(하느님)

Deus virtutem. 덕의 하느님(전능하신 하느님)

deus vivus. 살아 계신 하느님

Deus Veritas est. Hoc enim scriptum est: quoniam Deus lux est.(De Trinitate 8. 2. 3)
하느님은 진리이시다. 성경에 기록되어 있기를 하느님은 빛이시라고 하였다.

Deus vivus et verus. 살아 계시며 참된 하느님

Deus vobiscum! 하느님께서 너희와 함께 계시길!

Deus vult quod non vult.
하느님은 원치 않으시는 것을 원하신다.
(non velle. 원치 않는다. 성 염 옮김, 단테 제정론, p.147).

dĕussi, "deuro"의 단순과거(pf.=perfectum)

dĕustum, "deuro"의 목적분사(sup.=supínum)

dĕústus, -a, -um, p.p. (deúro)

deutérĭus, -a, -um, adj. 제2의, 2차적인, 이류의,
vina, quæ vocant deutéria. 막 포도주라 하는 술.
(술찌끼에 물을 타서 만든 포도주).

Deutero Isaiah. 제2이사야서, 이사야서 추가장(追加章)
(66장으로 되어 있는 이사야서 중 뒷부분 40~66장까지는 이사야의 저작이 아니고 후대의 익명의 작이 추가되었다는 연구 결과로 이 부분을 이사야 추가장 또는 이사야 제2정경 부분이라고 한다. 백민관 신부 엮음, 백과사전 1, p.836).

Deutero Pauline Literature. 제2 바오로 서간.
(바오로 서간 중에서 바오로가 직접 쓴 것이 아니라 그 제자들이나 학파가 대필한 서간들을 두고 비판학자들이 명명한 이름이다. 이 부류의 서간들은 테살로니카 2서, 콜로새서, 에페소서, 그리고 가톨릭 서간, 티모테오 1.2서, 티토서들이다. 백민관 신부 엮음, 백과사전 1, p.836).

Deuterocanon.
제이 경전(δευτεροκανὼν.㊎ deuteronomical Books).

Deutĕrŏcanónĭcus, -a -um, adj. 제2경전의, 제2성전의, m. 제2정전.[구약성경 중 히브리어 본에는 없고 그리스어 본, 즉 70인역에 들어 있는 8권의 성경: 토빗기, 지혜서, 집회서, 바룩서(예레미야의 편지), 마카베오서 상, 하, 에스테르기 일부, 다니엘서 일부(3, 24~90과 13, 14). 신약성서 중 제2정경은 히브리서, 야고보서, 베드로 2서, 요한 2서.3서, 묵시록이다].

deutĕrŏnómĭum, -i, n. 법률의 사본.
(聖) Deutĕrŏnómĭum. 신명기(구약성서 모세 5경의 제5서).
(우리말의 신명기란 말은 이 책의 첫마디 "이것은 이스라엘에게 주는 모세의 말이다"라고 한 것을 모세의 율법, 즉 명령을 깨우쳐 훈계한다(申誥)라는 뜻으로 해석하여 명령을 신고(申誥)하는 책의 약자로 신명기라고 했다. 백민관 신부 엮음, 백과사전 1, p.836).

deutocérĕbrum, -i, n. (解) 중대뇌(中大腦)

dĕútor, (-ĕris, -itur), -úsus sum -úti, dep., intr.
남용하다, 악용하다, 학대하다, 못살게 굴다(קוץ).

dēvastátĭo, -ónis, f. 약탈(掠奪),
유린(蹂躪-남의 권리나 인격을 함부로 짓밟음).

dēvastátor, -óris, m. 유린자(蹂躪者)

dēvásto, -ávi, -átum, -áre, tr. 파괴하다(ערץ),
유린하다, 온전히 황폐케 하다, 강탈하다, 약탈하다.

dēvectum, "deveho"의 목적분사(sup.=supínum)

dēvéctus, -a, -um, p.p. 운반된, 실려 온(간), 타고 온, 잔잔한 물길(특히 강)을 배로 여행한.

dévĕho, -véxi, -véctum, -ĕre, tr. 운반하여 내리다, 실어 가다(오다), (말.수레.배에) 태워서 나르다.
pass. 배타고 가다, 항행(航行)하다.

dēvelli, "dēvéllo"의 단순과거(pf.=perfectum)

dēvéllo, -vélli, -vúlsum, -ĕre, tr.
잡아 뽑다, 뽑아(뜯어) 내다, 털 뽑다.

dēvélo, -áre, tr. 너울을 벗기다; 드러나게 하다

dēvénĕror, -átus sum -ári, tr. 공경하다(כָּבֵד),
숭배(崇拜)하다; (불행의 제거를) 기원(祈願)하다.

dēvēni, "dēvénĭo"의 단순과거(pf.=perfectum)

dēvénĭo, -véni -véntum -íre, intr. **다다르다, 이르다,**
도달하다(יטם.אטם), 도착하다(אתא),
마침내 …하게 하다, **빠지다, 떨어지다**(קדר.קידר.נְפַל),
만나다(ערע), 마주치다(ערע), 내려오다,
(원래는 하지 않을 것에) 몸담다, …하게 하다.
silvas devenio. 삼림에 다다르다.

devenio ad furem. 도둑을 만나다(fur 참조)

devenio ad maturitátem. (곡식이) 마침내 익게 되다

devenio in insídias. 암계에 빠지다

Devent esse æqui atque justi.
공평하고 정의로워야 한다.

dēvĕnústo, -ávi, -átum, -áre, tr.
추하게 하다, 흉하게 만들다.

dēvérbĕro, -ávi, -átum, -áre, tr. 몹시 채찍질하다

dēve… V. **dive**…

dēvérsĭto, -áre, intr. 기울다, 정박하다, 멈추다

dēvérsĭtor, -óris, m. 투숙객(投宿客)

dēvérsor[1] -átus sum -ári, dep., intr.
숙박(투숙)하다, 거처하다, 머무르다(גּוּר.שְׁכַן).

dēvérsor[2] -óris, m. (여행 중) 들리는 자, 숙박객.

dēversōríŏlum, -i, n. 여인숙(旅人宿)

dēversórĭum, -i, n. 여관, 숙박소, 잠깐 유숙하는 집.
Commorandi deversorium natura, non habitandi, dedit.
자연은 머물 여관을 줄 뿐, 살 곳을 주진 않았다.

dēversórĭus, -a, -um, adj.
숙박(宿泊)할만한, 여관(旅館)의, 잠깐 유숙(留宿)하는.

dēvertícŭlum, -i, n. 옆길, 돌아가는 길, 우회로, 숙박소, 여관, 에둘러 말함, 피난처, 도피처, 구실(口實).

dēvérto(=dēvórto) -ti -vérsum -ĕre, (de+verto)
tr. 돌아가게 하다, 다른 방향으로 돌리다.
pass. **들르다, 묵다**(בּוֹת), 유숙하다, …에 의지하다, 호소하다.

intr. **들르다, 묶다**, 유숙하다, 본론(주제)에서 벗어나다,
옆길로 새다, 탈선하다.
Redeamus ad illud, unde devertimus.
우리가 벗어났던 본론(주제)으로 돌아가자.
děvéstǐo, -íre, tr. 옷 벗기다, se devestio. 옷 벗다
děvéxi, "dévého"의 단순과거(pf.=perfectum)
děvéxǐo, -ónis, f. 경사(傾斜-비스듬히 기울어짐), 내리받이
děvéxǐtas, -átis, f. (아래로 향한) 경사, 내리받이
언덕, 비탈, 물매(句配.지붕이나 낟가리 따위의 비탈진 정도).
děvéxtus, -a, -um, adj. 기울어진, 내리막의, 내리받이의.
n. 경사진 곳, 내리막, 내리받이.
ætas devéxa ad ótium. 여생을 편히 지낼 나이.
děvǐa, -órum, n., pl. 험한 곳
děvíci, "děvínco"의 단순과거(pf.=perfectum)
děvíctum, "děvínco"의 목적분사(sup.=supínum)
děvíncǐo, -vínxi, -vínctum, -íre, tr. 단단히 묶다,
얽다, 매다, 결박하다, 꼼짝 못하게 하다,
의무(책임) 지우다, 얽매어 놓다,
밀접하게 연결시키다, 밀접한 관계를 가지게 하다.
alqm benefício sibi devincio.
아무에게 신세 지워 자기편에 끌어들이다/
locum religióne devincio. 장소를 신성하게(성역화) 하다.
děvíncǐo se vino. 고주망태가 되다
děvíncǐo servum. 종놈을 묶어 놓다
děvínco, -víci -víctum -ěre, tr.
완전히 승리(勝利)하다, 정복(征服)하다.
děvínctum, "děvíncǐo"의 목적분사(sup.=supínum)
děvínctus, -a, -um, p.p., a.p. 묶인, 얽매인, 복종하는,
헌신하는, 몰두하는, 골똘한.
stúdiis devinctus. 공부에 몰두하는/
unius tamen ejusdemque naturæ quadam communione
devincta. 단일한 본성의 유대로 한데 묶인 무리.
děvinxi, "děvíncǐo"의 단순과거(pf.=perfectum)
dévǐo, -ávi, -áre, intr. 정도에서 벗어나다,
제 길을 잃다, 빗나가다, 떠나다.
děvǐrgǐnátǐo, -ónis, f. 처녀성을 상실하게 함
děvírgǐno, -ávi, -átum, -áre, tr. 처녀성을 뺏다(상실하게 하다)
děvǐtátǐo, -ónis, f. 도피(逃避), 회피(回避)
dévíto, -ávi, -átum, -áre, tr. 피하다, 회피(도피)하다
dévǐus, -a, -um, adj. (de+via) 길에서 벗어난,
멀리 돌아가는, 멀리 떨어진, 방향하는, 길 잃은,
방랑하는, 외딴 곳에 사는, 정신이 온전치 못한; 탈선한.
dévǒco, -ávi, -átum, -áre, tr. 불러내다, 소환하다,
불러오다, 불러들이다, 초청하다,
유인하다, 이끌리게 하다; 끌어들이다.
dévǒlo, -ávi, -átum, -áre, intr. 날아 내리다.
급히 내려가다, 날아가다, 떠나가다.
děvǒlútǐo, -ónis, f. 전락(轉落), 굴러 떨어짐(轉落),
(권리.의무 따위의) 이전(移轉), (生) 퇴화(退化).
(가) 교회 직위 이전, 임명권 이전(任命權 移轉).
děvǒlūtívus, -a, -um, adj. 굴러 떨어지는, 퇴화하는
děvǒlūtum, "devolvo"의 목적분사(sup.=supínum)
děvolvi, "devoveo"의 단순과거(pf.=perfectum)
dévolvo, -vólvi -volútum -ěre, tr. 내리 굴리다.
굴러 떨어지게 하다, (pass.) 굴러 떨어지다, 전락하다,
곤두박질하다, 급히 이끌어 내리다.
말려(끌려)들게 하다, 말린 것을 펴다.
děvǒro, -ávi, -átum, -áre, tr. **삼키다(בֶּלָע),** 들이키다,
빨아들이다; **처먹다,** 아귀같이 먹다, 집어삼키다.
탕진하다, 낭비하다; 발음을 똑똑히 하지 않다.
탐내어 …하다; 열심히 듣다, (책을) 탐독하다,
(연설.내용 따위를) 이해하지(소화시키지) 못하다.
(이름을) 잊어버리다, 견디다, 참다, 믿다.
dévórtǐum(=dīvórtǐum) -i, n. 옆길, 우회로, 샛길
Devóta exhortátǐo ad sacram communiónem.
성체성사에 대한 훈계(訓戒).
děvórto = **děvérto**
děvótǐo, -ónis, f. 봉헌(奉獻.προσφορα), 헌신(獻身),

충성(忠誠-참마음에서 우러나는 정성), 정성, 종교적 열성,
열성(熱誠-열정에 찬 정의), 전심(專心), 몰두(沒頭),
신심(® Devotion/Piety), 독실(篤實-열성 있고 진실함),
경건(敬虔.εσύεβεα-깊이 공경하여 삼가고 조심하는 데가 있음),
신심행위(® Devotion.exercítio pietátis), 기원(祈願),
저주(詛呪), 악담(惡談). pl. 마법(魔法), 마술(魔術),
Devotiónis eucharísticæ genera(® Forms of eucharistic
devotion) 성체조배의 형태(2007.2.22. "Sacramentum Caritatis" 중에서)/
Fortis sed tenera devotio erga Christi Cor.
예수 성심께 대한 올바르고 열정적인 신심/
Hi placuere tibi, placeat devotio nostra:
Rex bone, Rex clemens, cui bona cuncta placent.
그들의 찬미같이 저희 정성 받으소서.
모든 선의 근원, 만선미호의 임금님(성지주일).
Devotio doméstica simplex vel qualificata.
가정 내 단순 신심 혹은 가정 내 정식 신심.
[웨스트팔리아 조약(1648년) 이후 1803년까지 독일 교회 제도로서 제후들이 자기
영토 안의 종교 결정권을 가지고 가톨릭, 루터교, 칼뱅교 중 어느 하나를 국교로
정하면, 그 영토 안에서는 다른 두 종교는 공식 예배를 하지 못하고, 가정에서만
사적으로 할 수 있었다. 이때 성직자가 참석하지 못하는 것을 '단순신심',
성직자 참석의 경우를 '정식신심'이라 했다. 백민관 신부 엮음, 백과사전 1, p.840].
devotio Eucháristiæ.(® devotion of the Euchárist).
성체신심.
devotio Máriæ.(® devotion to Mary) 성모신심,
마리아 공경(恭敬.® Venerátion of Mary).
devotio mensis Máriæ.(® The Month of Mary)
성모성월(Mensis Máriæ)[우리나라의 '성모성월'이란 책은 중국의
예수회 신부 李鐸이 지은 책으로 당시 북경 교구장 물리(Mouly, 孟振生)
주교가 가필ول 1859년 간행된 책이다… 백민관 신부 엮음, 백과사전 2, p.704].
Devotio modema. 근대 영성, 근대적 신심, 새 신심운동
[14세기 네덜란드 Deventer 市의 부제이며 설교가였던 Gerard Groote가 시작
하여 15세기에 온 유럽에 퍼졌던 신심운동… 백민관 신부 엮음, 백과사전 1, p.840).
Devotio populáris(® Popular Devotion). 민간 신심
Devotio pretiosíssmi sánguinis.
성혈 신심, 예수 보혈(寶血) 신심.
Devotio sabbática pro sacerdotibus(® Saturday
devotion for the Priests) 사제를 위한 토요 신심.
[20세기 초 독일에서 일어난 신심운동으로, 매달 첫 토요일을 사제를 위한
날로 정하고, 사제와 신자들이 공동기도에 참여하여 모였다.
백민관 신부 엮음, 백과사전 1, p.841).
Devotionália(® Objects of Devotion) 신심용구, 신심대상
devotǐonális, -e, adj. 신심(행위)에 관한(쓰이는)
dévóto, -ávi, -átum, -áre, tr., freq. 헌신하다,
성대한 의식으로 봉헌하다, 마술(魔術)하다.
dévótus, -a, -um, p.p., a.p. 봉헌된, 바쳐진, 저주 받은,
천벌 받은, 골몰하는, 몰두하는, 열성적인, 헌신적인,
충성(정성)을 바치는, 신심 깊은, 경건한.
m., pl. 충복(忠僕), 심복부하(들).
De devota consideratione divínæ Majestátis.
주님의 신비들에 대한 열심한 생각에 대하여/
Femina Deo devóta. 하느님께 봉헌된 여자.
dévótus obséquiis martyrum.
순교자들을 잘 모신 사람(비문에 사용).
dévóvěo, -vóvi -vótum, -vovére, tr. (de+vóveo)
(신에게) **바치다, 봉헌하다(ורב),** 일신을 바치다,
(남의 안전을 위해서 재산.생명을) 바치다,
희생하다, 저주하다, 마법에 걸리게 하다, 호리다.
se devóveo *alci rei.* 무엇에 몰두하다.
dévulsi, "devéllo"의 단순과거(pf.=perfectum)
dévulsum, "devéllo"의 목적분사(sup.=supínum)
dévúlsus, -a, -um, p.p. (devéllo)
Dexíppus, -i, m. Cícero의 노래
dextāns, -ántis, m. 6분의 5
dextélla, -æ, f. 작은 오른 손
dexter, -tra(-těra), -trum(-těrum) adj. **오른, 바른 쪽의,**
우측의, 능숙한, 능란한, 솜씨 좋은, 적절한, 알맞은,
운 좋은, 다행한, 길조(吉兆)의, 호의적인, 자비로운.
Armus quoque dexter de pacificórum hóstiis cedet in
munus sacerdótis. (kai. to.n braci,ona to.n dexio.n dw,sete
avfai,rema tw/| i`erei/ avpo. tw/n qusiw/n tou/ wthri,ou u`mw/n)
(® Moreover, from your peace offering you shall give to

the priest the right leg as a raised offering) 너희 친교
제물의 오른쪽 넓적다리는 들어 올려 바치는 예물로
사제에게 준다(성경 레위 7. 32)/너희가 바치는 친교제물의
오른쪽 뒷다리는 사제에게 선물로 주어야 한다(공동번역).

dext(ĕ)ra¹ -æ, f. 오른 손(δεξιά), 오른편(쪽), 우측.
우익부대, ad dextram. 오른 편으로/
Affecto navem dextrā. 오른손으로 배를 꼭 붙잡다/
dextram téndere(porrígere)
도움의 손길을 뻗치다, 도와주다/
dextras interjungo. 악수하다/
impono dextram in caput. 오른 손을 머리에 얹다/
In quorum manibus iniquitates sunt: dextera eorum
repleta est muneribus. 그들의 손은 죄악에 물들었고,
오른손은 뇌물(賂物)로 가득 찼나이다/
júngere dextras.
(우정.신의의 표시로) 오른 손을 맞잡다. 악수하다/
Manu dextera percutit sibi pectus, elata aliquantulum
voce dicens: 오른손으로 자기 가슴을 치며,
어느 정도 높은 목소리로 말한다/
Mittite in dexteram navigii rete, et invenietis. 그물을 배
오른쪽에 던져라. 그러면 고기가 잡힐 것이다(요한 21. 6)/
Sede a dextris meis. 너는 내 우측에 앉아라/
sinistra tenens calicem, dextera signat super eum.
왼손으로 성작(聖爵)을 잡고 오른손으로
그 위에 십자성호를 그으며/
Te eleemosynam, nesciat sinistra quid faciat dextera
tua. 네가 자선을 베풀 때에는 너의 오른손이 하는 일을
왼손이 모르게 하라/
Ubi christus est in dextĕra Dei sedens.
그 곳에서는 그리스도께서 성부 오른편에 앉아 계신다.

dext(ĕ)ra² -órum, n., pl. (sc. loca) 우측 지방
Dextera Pátris, lápis anguláris, vía salútis,
iánua cæléstis, áblue nóstri máculas delícti.
성부 우편에 앉아 계신 주여,
참 구원의 길 천국 문 되시니 우리의 죄를 씻어 주옵소서.
(성부 우편이시고, 모퉁이 돌이되시며, 구원의 길이시고,
하늘의 문이시니, 우리 죄의 얼굴을 씻어주소서)
[dextera, anguláris, vía, iánua, cæléstis는 모두 호격으로 쓰였다.
황치헌 신부 지음, 미사 통상문을 위한 라틴어. p.506~507].

dext(ĕ)re, adv. 재치 있게, 능란하게; 알맞게
dextérĭor -íus, adj., comp. 오른 편의, 우측의,
dextérĭor rota. 오른쪽 바퀴
dextérĭtas -átis, f. 능숙, 능란, 숙련, 솜씨 좋음,
민첩(敏捷-재빠르고 날램), 다행(多幸), 호의(好意).
déxtĭmus -a, -um, adj., superl. 맨 오른 편의
dextrā, prœp. c. acc. …의 오른 쪽에
dextrálĭŏlum -i, n. 작은 팔찌
dextrális -e, adj. 오른 편에 속하는(있는), 오른 손의,
f. 작은 도끼, 손도끼. n. (오른 손에 끼는) 팔찌.
dextrim, adv. 오른 쪽에
dextro, -áre, tr. 오른 손으로 잡다(쥐다)
dextrŏchérĭum -i, n. (오른 팔에 끼는) 팔찌
dextrórsum, adv. 오른쪽으로
dextrŏvérsum, adv. 오른쪽으로
dextrŏvérsus, adv. 오른쪽으로
déxtŭmus -a, -um, adj., superl. 맨 오른 쪽의
di¹ = dei, pl. (deus)
di-², dis-의 뜻을 드러내는 접두사
Di dent tibi bonam salutem!.
신들이 그대에게 좋은 건강을 주시기를!
[타동사의 상당수는 대격으로 나오는 직접 목적어(…을 더불어)와 더불어 간접
목적어(…에게)를 여격으로 갖는다. '주다, 맡기다, 지시하다' 등의 수여동사(verba
dandi와 같은 전치사(ad, ante, cum, de, ex, in, inter, ob, post, sub, super)와
합성된 동사의 여격 목적어를 많이 볼 수 있다. 성 염 지음, 고전 라틴어, p.391].
Di pia facta vident. 경건한 행동은 신들이 보시느니….
Di sunt boni. 신들은 선하다
Di sunt generi hominum amici.
무릇 신들은 인간에게 우호적(友好的)이다.
[주로 호의와 적의, 유용성과 유사성을 담은 형용사들의 경우 그 호의와 적의의
대상을 여격으로 나타낸다. 성 염 지음, 고전 라틴어, p.395].

Di te perdant. 천벌 받아라!(저주)/jubeo te plorare.
dīa¹ -æ, f. = dea
Dīa² -æ, f. Nax 섬의 옛 이름
dīăbáthra, -órum, n., pl. 슬리퍼
dīăbathrárĭus, -i, m. 슬리퍼 제조인(製造人)
dīăbétes -æ, m. 수도관, 파이프, (醫) 당뇨병(糖尿病),
diabetes insípidus. 요붕증(尿崩症)
diabetes mellítus. 진성 당뇨병(糖尿病)
dīăbólĭcus, -a, -um, adj. 악마의, 악마적인
dīăbŏlus -i, m. 악마, 마귀(魔鬼.⑨ Demon), 마왕,
무고자(誣告者, Calumiator, Accusator, "중상 모략자" 뜻).
angeli diaboli.(=dæmones) 악마의 천사들(=魔鬼)/
Contra opinionem eorum, qui dicunt nec diaboli nec
hominum malorum perpetua futura supplicia.
악마도 악인도 영원한 형벌을 받지 않으리라는
견해(見解)를 논박함.(교부문헌 총서 17. 신국론. p.2826)/
Et hoc modo dicendum est quod Diabolus est causa
omnium peccatorum nostrorum: quia ipse instigavit
primum hominem ad peccandum.
이러한 방식으로 악마는 우리의 모든 죄의 원인이라고
말해져야만 한다. 왜냐하면 첫 번째 인간을 죄짓도록
부추겼기 때문이다.(이상섭 옮김. 신학대전 14. p.507)/
imago diaboli. 마귀의 모상/
imitator diaboli. 악령의 모방자(模倣者)/
In deserto cum Christo diavolus dimicat.
사막은 마귀가 그리스도와 투쟁하는 곳이다/
Quid sentiendum sit de eo, quod dictum est:
Ab initio diabolus peccat. '악마는 처음부터 죄를 짓는다'
는 말을 어떻게 이해할 것인가.(교부문헌 총서 17. 신국론. p.2780)/
Quo genere locutionis dictum sit de diabolo, quod in
veritate non steterit, quia veritas non est in eo.
악마가 항구하지 못함은 진리가 그에게 없기 때문
이라 함은 무슨 뜻인가.(교부문헌 총서 17. 신국론. p.2780)/
Sic quippe ostendit æterno igne diabolum et angelos
eius arsuros. 그렇게 해서 악마와 그의 천사들이 영원한
불에 탈 것임을 보여 주었다.(교부문헌 총서 17. 신국론. p.2507)/
Sunt homines qui propterea timent Deum, ne mittantur
in gehennam, ne forte ardeant cum diabolo in igne
æterno. 지옥에 던져져서 영원한 불 속에서 악마와 함께
불에 탈까 봐 하느님을 두려워하는 사람이 있습니다.
(최익철 신부 옮김. 요한 서간 강해. p.403)/
Utrum omnia peccata procedant ex tentatione diaboli.
모든 죄는 악마의 유혹으로부터 비롯되는가.
Videtur quod omnia peccata procedant ex tentatione
diaboli. 모든 죄는 악마의 유혹으로부터 발출하는 것으로
생각된다.(이상섭 옮김. 신학대전 14. p.505).
diabolus non est immissor malarum cogitationum,
sed incensor. 마귀는 사악한 생각을 불어넣는 자가 아니라
불러일으키는 자이다.(이상섭 옮김. 신학대전 14. p.393).
Diabolus tamquam leo rugiens circuit quærens quem
devoret. 악마는 으르렁거리는 사자처럼
누구를 집어삼킬까 찾아다닌다.
dīăcătóchĭa, -æ, f. 소유(所有.κλήρος).
점유(占有-자기 소유로 함. 차지함), 취득(取得).
dīăcátŏchus, -i, m. 소유주(所有主), 점유자(占有者)
dīăcedrínus, -a, -um, adj. 레몬 색의
dīăco(n), -ónis, m. = **dīăcŏnus** 집사, 부제(副祭)
dīăcŏna, -æ, f. = **dīăconíssa** (초대 교회의) 여자 집사
dīăcŏnális, -e, adj. (가) 부제(副祭)의.
Cardinália órdinis dīăcŏnális. 부제 계급 추기경.
diaconalis ornamentis. 부제복
dīăcŏnátus, -us, m. 부제직(副祭職.⑨ Diaconate),
부제품(副祭品/deaconship).
De ordine Diaconatus restaurando in Ecclesia Latina.
라틴 교회에서의 종신 부제의 부활.
diaconátus perennis. 종신 부제직(⑨ permanent diaconate)
diaconátus permanens.
종신 부제직(⑨ permanent diaconate).

342

diaconátus tirocinium. 부제직 수련소(副祭職 修練所)

dĭăcónía, -æ, f. 부제 직분, 봉사직, 구호소,
부제 계급 추기경(樞機卿)에게 맡겨지는 교회(성당).

Diaconicum, -i, n. 성당 제의실(백민관 신부 엮음. 백과사전 1, p.842).

dĭăcóníssa, -æ, f. (διακὸνισσα.㉘) deaconess.
獨 Diakonisse) 여부제.

dĭácōnus, -i(διακονος), m. 집사(執事.חน기),
부제(㉘ deacon.διακονος.獨 Diakon.프 diacre),
보조자(補助者.διακονος), 봉사자(奉仕者.㉘ Minister).

Diaconus assistens(㉘ Honorary Deacon) 명예 부제

diaconus permanens. 종신 부제(終身 副祭)

diaconus permanens cælebs. 종신 독신 부제
(獨身 終身 副祭.㉘ celibate permanent deacon).

diaconus permanens conjugátus. 기혼 종신 부제
(旣婚 終身 副祭.㉘ married permanent deacon).

diaconatus permanens et diaconatus transiens.
종신 부제와 과도적 부제.

dĭădéma, -ătis, n. 왕위(王位), 왕권(王權),
(왕이 머리.이마에 감는 보석 장식의) 머리띠; 왕관.

	sg.	pl.
Nom.	diadéma	diadémata
Voc.	diadéma	diadémata
Gen.	diadématis	diadématum(-órum)
Dat.	diadémati	diadématibus(-is)
Acc.	diadéma	diadémata
Abl.	diadémate	diadématibus(-is)

(허창덕 지음. 중급 라틴어. p.12)

dĭădēmátus(dĭădúmĕnus), -a, -um, adj.
왕족의 머리띠를 두른; 왕관을 쓴.

dĭérēsis, -is, f. (文法) 1. (중모음으로 이루어진 음절을
둘로 나누는) 분절(分節) e.g. aquæ→aquai.
2. (연속되는 두 모음의 뒷 모음에 표시해서 앞 모음
과는 별개의 음절을 이룸을 나타내는) 분음 부호(分音
符號) e.g. aër.

dĭǽta, -æ, f. 식사조절(食事調節), 규정식(規定食),
(醫) 식이요법(食餌療法), 섭생(攝生→養生),
양생(養生-건강의 유지와 증진에 힘씀), 건물의 주거 부분,
방, 거실, 침실, (배의) 선장실.

dĭætárcha(=dĭætárchus=) -æ, m. 실내 하인 감독자

dĭætárĭus, -i, m. 방 심부름하는 하인

dĭagnnósis, -is, f. 진단(법).
((植) (다른 종류와 구별되는) 특징, 표징, 특색.

dĭăgōnális, -e, adj. 비스듬한, 대각선의.

dĭăgrámma, -ătis, f. 도형, 도표, 도해(圖解), 도식.

dĭăgrphĭa, -æ, f. 분도척, 분도 획선기(分度 劃線器),
활사기(活寫器), 확대 사도기(擴大 寫度器).

dĭăgrphĭce, -es, f. 분도 획선법(分度 劃線法)

dĭăkinésis, -is, f. (生) 관동기(貫動期); (植) 이동기.

dĭāléctĭca(-e), -æ(-es), f. 변증법(辨證法.㉘ dialectic),
변증의 기술, (Aristóteles의) 개연적 추론(蓋然的 推論).

dialectica Hegeliána. 헤겔의 변증법

dialectica Marxista. 유물론적(마르크스주의) 변증법

dĭāléctĭcus, -a, -um, adj. 변증법의, 변증적인.
m. 변증론자, 변론가; 변증법 교수.
n., pl. 변증법 연구, 변증법적 문제.
materialísmus dialecticus. 변증법적 유물론,
theología dialéctica(獨 Dialektische Theologie)
(㉘ dialectical theology) 변증법 신학, 위기 신학.

dĭāléctus(-os) -i, f. 방언(方言), 사투리.

dĭálĭon, -i, n. (植) 해바라기

dĭális¹ -e, adj. Júpiter의, Júpiter 신 제관의.
apex diális. 제관 모자(祭官 帽子).

dĭális² -e, adj. 하루의, 1일의

dĭălŏgátus, -a, -um, adj. 대화식의

dĭălŏgísta, -æ, m. 능숙한 대화자

dĭálŏgus, -i, m. 대화 문답(㉘ Dialogue).
Collationes sive Dialogus inter Philosophum,

Iudæum et Christianum.(아벨라르두스 지음)
철학자와 유대인과 그리스도교인 사이의 대화/
in diálogo. 대화식으로/
perpetuus dialogus qui caritate animatur.
사랑으로 고무되는 지속적인 대화/
Valor dialogi inter religiones. 종교 간 대화의 가치.

Dialogus aliis cum religionibus. 타종교와의 대화

dialogus conscientiarum.(㉘ dialogue of consciences)
양심의(1995.5.25. "Ut Unum Sint" 중에서).

Dialogus Conversionis. 회개의 대화

Dialogus culturalis.(㉘ Cultural Dialogue) 문화와의 대화

Dialogus cum Tryphone Iudeo. 유대인 트리폰과의 대화.
(유스티노 지음. 교부들의 길. p.43).

Dialogus de Bobilitate et Rusticitate. 귀족과 서민의 대화.
(1452년경 펠릭스 헤멀린 지음).

Dialogus de libero arbitrio. 자유결단에 관한 대화

Dialogus de Oratoribus. 연설가들에 대한 담화.
(Tacitus의 100년경 작품).

Dialogus et libertas religiosa. 대화와 종교의 자유

Dialogus inter christianos et muslimos.
그리스도인들과 무슬림의 대화(2011.1.28 "Verbum Domini" 중에서).

Dialogus inter pastores, theologos et exegetas.
(㉘ Dialogue between pastors, theologians and exegetes)
목자, 신학자, 주석자들 사이의 대화.

Dialogus inter Religiones(㉘ interreligious Dialogue)
종교간 대화.

Dialogus miraculorum. 기적의 대화

Dialogus non solam tractat doctrinam, sed totam
implicat personam: est enim etiam caritatis dialogus.
대화는 오로지 교리문제에만 국한되는 것이 아니라,
대화자의 전인격을 참여시킵니다. 그것은 또한 사랑의
대화입니다(1995.5.25. "Ut Unum Sint" 중에서).

Dialogus novitiorm. 수련자들의 대화(토마스 아 캠피스 1379~1471 지음)

Dialogus oecumenicus essentiale habet momentum.
(㉘ Ecumenical dialogue is of essential importance)
일치 대화가 본질적으로 중요합니다(1995.5.25. "Ut Unum Sint" 중에서).

Dialogus super Dignitate Papali et Regia.
교황권과 왕권에 관한 대화(윌리엄 오컴 1285~1349 지음).

dĭálysis, -is, f. (化) 격막분석(膈膜分析), 투석(透析)

dĭámĕter, -tri, m. 지름, 직경(지름)

dĭámĕtrális, -e, adj. 직경의, 지름의

dĭámĕtros(-us), -i, f. 직경, 직경

dĭámĕtrum, -i, n. 표준치 미달(標準値 未達)

dĭámĕtrus, -a, -um, adj. 직경의, 지름의

dĭámŏron, -i, n. 꿀을 섞어 만든 오디즙

Dĭána, -æ, f. 달의 여신으로 처녀성과 사냥의 수호신.
(희랍의 Artémis 여신에 해당됨) adj. Diánĭus, -a, -um.

Dĭánĭum, -i, n. Diána 여신(女神)의 신전

dĭánthus, -i, m. (植) 패랭이 꽃.
Dianthus superbus. 술패랭이꽃.

dĭăpásma, -mătis, n. 향분(香粉-香料를 섞어 만든 化粧品)

dĭăpásōn, n., indecl. 8도 음정(音程)

dĭăpénte, n., indecl. 5도 음정(音程),
5가지 특수 재료를 섞어 만든 음료.

dĭăphánus, -a, -um, adj. 투명한

dĭăphórésis, -is, f. ((醫) (특히 인공적으로 일으킨) 발한.

dĭăphorétĭcus, -a, -um, adj. 발한성의,
발한의(효과 있는). n. 발한제(發汗劑).

dĭăphrágma, -ătis, n. (解) 횡격막.
(化) 격벽(隔壁), 격막(膈膜), 사진기의 조리개.

diaphragma pelvis. 골반 격막(骨盤 膈膜)

diaphragma urogenitális. 요생식(尿生殖) 격막

dĭáphysis, -is, f. (解) 골간(骨幹-뼈대)

dĭárĭum, -i, n. 매일 보고서, 日記. pl. 1일분의 식량

Diárium Spirituale. 영적 일기(靈的 日記)

dĭárĭum venditor. 신문 판매인(新聞販賣人)

dĭárĭus, -a, -um, adj. 나날의, 하루의, 매일의.
publicátio. diarius. 일간 신문.

dĭarrhœa, -æ, f. 설사(泄瀉)

diarrhóícus, -i, m. 설사병 걸린 사람
diárthrósis, -is, f. (解) 가동결합(可動結合),
　(解) 분리 결합(關節), 관절(關節.junctura, -æ, f.).
dias, -ádis, f. 둘(δύο.二), 2의 수.
diáspŏra, -æ, f. 디아스포라(διασπορά.⑨ diaspora),
　사방으로 흩어짐; 세계에 散在하는 유태인 또는 그 땅,
　이교도 지역에 흩어져 있는 그리스도교(신자),
　본토 밖에 사는 유다인, 이산(離散) 유다인,
　상징적으로 하늘나라를 향해 나그네길이 하는 뜻으로
　순례하는 그리스도교 신자들을 가리키기도 한다.
diastásis, -is, f. 디아스타제(生化.獨 Diastase),
　(生化) 전분당화효소(澱粉糖化酵素).
diastéma, -átis, n. 간격, 거리
diástŏle, -es, f. (醫) 심장이완, 꽁짓점(,)
diásýrticus, -a, -um, adj. 풍자적, 조소적(嘲笑的)
diatéssäron, -i, n. Taciánus가 170년경에 4복음서의
　기사를 한데 묶어 편집한 복음서, 4복음서의 조화,
　화합 복음서, 합본 복음서.
diáthésis, -is, f. ((醫)) (어떤 발달에 대한) 특성,
　(어떤 종류의 병에 걸리기 쉬운) 특이소질(特異素質).
diatónĭcus, -a, -um, adj. 전음계(全音階)의
diátŏnus, -a, -um, adj. 뻗은, 뻗어 나간
diatrētárius, -i, m. 선반공(旋盤工)
diatrétus, -a, -um, adj.
　선반(旋盤)으로 시공된; 금은보석을 박은.
diátrĭba, -æ, f. 비난이 오가는 회담, 토론,
　신랄한 비난, 토론회, 학술회; 그 장소,
　디아트리베(διατρίβή.⑨ diatribe), 대입법(마치 상대방이
　눈앞에 있듯 대화체로 서술하는 것. 로마 3.1～20 / 1고린 6, 12 참조).
diátrĭtus, -i, f. 사흘거리 학질(瘧疾-말라리아malaria)
díbăphus¹ -i, adj. 2중 염색한, 두 번 물들인
díbăphus² -i, f. 자색 술을 단 고위 관리 예복
dic, 원형 dīco² dĭxi, dĭctum, dĭcĕre, tr.
　[명령법. 단수 2인칭 dic, 복수 2인칭 dicite].
Dic animæ meæ(⑨ Say to my heart)
　제 영혼에게 말씀하소서(시편 35, 3).
Dic, Appi Claudi, quidnam facturus fueris,
si eo tempore censor fuisses.
　아피우스 클라우디우스여, 말해 보시라,
　그 당시 그대가 감찰관이었다면 무엇을 하려고 했을지!
Dic, dic, quæso, clarius!
　부탁이네, 제발 좀 더 분명히 말 좀 해줘!
Dic, et eris magnus. 말해라, 그러면 위대한 자 되리라
Dic, hospes, Spartæ nos te hic vidisse iacentes, dum
sanctis patriæ legibus obsequimur.(Cicero).
　나그네여 말하라, 조국의 성스러운 법을 준수하다가 우리
　가 여기 스파르타에 쓰러져 있음을 그대 보았노라고!
Dic mihi cur agricola esse velis.
　왜 네가 농사꾼이 되려는지 나한테 말해라!
Dic mihi ubi fueris, quid feceris.
　네가 어디에 있었는지, 무엇을 했는지 내게 말해다오.
Dic nobis, Maria! quid vidísti in via?
　마리아 우리에게 말해줘요. 길에서 무엇을 보았는지?
Dic, oro te, clárĭus. 제발, 더 분명하게 말해다오
Dic, quæso, mihi quid faciant isti.
　저자들이 뭘 하고 있는지 제발 좀 말해줘요.
Dic, quid feceris. 너는 무엇을 했는지 말해보아라
Dic, quod rogo. 내가 묻는 것이나 대답해라
Dic, sis, de quo disputari velis.(si vis: 원한다면)
　그러니까 무엇에 관해서 토론하고 싶은지 말하게나.
dĭca, -æ, f. 재판(裁判), 소송(訴訟), 소송 재판인.
　dicam scríbere alci. 누구에게 서면으로 소송을 제기하다/
　dicas sortíri. 소송 판사를 제비로 선정하다.
dĭcábŭla, -órum, n., pl. 어처구니없는 이야기, 동화 같은 말.
dĭcácĭtas, -átis, f. 짓궂은 농담(弄談).
　야유(揶揄-남을 빈정거리며 놀림. 또는 그런 말이나 짓),
　풍자(諷刺-무엇에 빗대어 재치 있게 깨우치거나 비판함).
dĭcáculus, -a, -um, adj. 수다스러운, 짓궂은, 재치 있는

dicastérium, -i, n. (가) 성성(聖省).재판소.비서국 등을
　망라한 교황청(=Curia Romana), 성청 부서.
dícátĭo, -ónis, f. 시민권 획득, 타국 입적, 명예 시민권, 봉헌
dícax, -ácis, adj. (dico²) 짓궂은, 익살스러운:
　비꼬는, 빈정대는, 신랄(辛辣)한(매우 매섭고 날카로운).
Díce, -es, f. Júpitr(Zeus) 신의 딸, 정의의 여신(女神)
dicenda tacenda loqui.
　할 말 안 할 말을 가리지 않고 (함부로) 지껄이다.
dicendi doctrina. 웅변학(雄辯學).
　disciplina dicéndi. 웅변술(雄辯術, ars eloquentiæ.)/
　insolens in dicéndo. 화술이 서투른 웅변가(雄辯家)/
　omnes dicéndi véneres. 모든 우아한 말솜씨.
dicens, 원형 dīco² dĭxi, dĭctum, dĭcĕre, tr.
　[현재분사. 단수 dicens, 복수 dicentes]
　Fregit, dedítque discípulis suis, dicens.
　(⑨ broke it, and gave it to his disciples, saying)
　쪼개어 제자들에게 주시며 말씀하셨나이다.
dicent, 원형 dīco² dĭxi, dĭctum, dĭcĕre, tr.
　[직설법 미래. 단수 1인칭 dicam, 2인칭 dices, 3인칭 dicet,
　복수 1인칭 dicemus, 2인칭 dicetis, 3인칭 dicent].
dicéntes, 원형 dīco² dĭxi, dĭctum, dĭcĕre, tr.
　[현재분사 단수 dicens, 복수 dicentes].
dicere ad veritatem accommodate. 진실에 맞추어서 말하다
dicere hic quidvis licet. 여기서는 무슨 말이나 할 수 있다
dicere nemo potest, nisi qui intelligit.
　알아듣는 사람이라야만 말할 수 있다.
díceris, 원형 dīco² dĭxi, dĭctum, dĭcĕre, tr.
　[수동형 직설법 단수 1인칭 dicor, 2인칭 diceris, 3인칭 dicitur.
　복수 1인칭 dicimur, 2인칭 dicimini, 3인칭 dicuntur].
　Qui díceris Paráclitus, altíssimi dónum Dei,
　fons vívus, ígnis, cáritas, et spiritális únctio.
　우리들의 위로자여, 천주 주신 선물이라,
　모든 생명 근원이며 타는 사랑 주시도다.
　[그分 당신은 보호자요. 지극히 높으신 하느님의 선물이며, 살아있는 샘물이고,
　불길이며, 신령한 기름 바름으로 불리어지시나이다].
Dicet áliquis. 누가 말하리라.
dĭchásĭum, -i, n. (植) 기산화서(岐繖花序)
dĭchŏménĭon, -i, n. (植) 작약, 모란.
dĭchŏréus, -i, m. 2중 장단 시각(二重長短詩脚)
dichotomia, -æ, f. 이분법(二分法)
dĭchótŏmus, -um, adj. 半分된, 兩分의, 두 갈래로 갈라지는
dĭcíbŭla = dĭcábŭla, -órum, n., pl.
dícĭo(=dítĭo) -ónis, f. (dico²) 명령권, 권력(⑨ power),
　통치(다스림), 지배(κράτος.Governing.거느려 부림. 다스림).
　in alcjs dicióne esse. 누구의 지배(명령권) 아래 있다/
　suæ dicjónis fácere, dicjónis suæ subjícere. 屈伏 시키다/
　sub alcjs dicjónem cádere. 누구의 통치 하에 들어가다.
dĭcis, gen, sui géneris. (다음 경우에만 씀)
　dĭcis causá, dĭcis grátia. 형식 때문에, 형식적으로,
　외형상(外形上), 외견상(外見上), 말막음으로.
dĭcis, 원형 dīco² dĭxi, dĭctum, dĭcĕre,
　[직설법 현재. 단수 1인칭 dico, 2인칭 dicis, 3인칭 dicit,
　복수 1인칭 dicimus, 2인칭 dicitis, 3인칭 dicunt]
Dicis ergo te diligere Christum: serva mandatum ejus,
et fratrem dilige. 그대는 그리스도를 사랑한다고 말하니,
　그분의 계명을 지키고 형제를 사랑하십시오(요한 서간 강해, p.423)/
Dicit amicus meus patrem tuum laudare filios suos.
　네 친구는, 네 아버님이 당신 아들들을 칭찬하신다고 한다.
Dicit se viros nobis auxilio missurum esse(대격 부정법문).
　그는 자기가 우리에게 도움을 주기 위해서
　장정들을 보내겠다고 한다.
Dicit tibi Deus. 하느님께서 그대에게 말씀하십니다.
dicite in gentibus, Dominus regnávit!
　"주님께서 다스리신다" 백성에게 말하라.
Dicitur leo sic locutus esse.
　사자(獅子)는 이렇게 말하였다고 한다.
Dicitur, eo tempore matrem Pausaniæ vixisse.
　그 당시 Pausanias의 어머니가 (아직) 살아 있었다고 한다.

Dicitur Ite, Missa est, et datur benedictio, et legitur Evangelium sancti Joannis, in cujus initio Sacerdos non signat Altare, sed seipsum tantum.
오늘은 Ite, Missa est(미사가 끝납니다)와 강복과 마지막 복음은 없다. 사제는 백색 제의를 벗고 백색 깝바를 착용하고는 향합에 든 성체께 분향하고, 사제는 백색 어깨 보를 걸치고 제대에 올라가서 성합을 받들고 수난 감실로 행렬(거동)을 한다.

dĭco[1] -ávi, -átum, -áre, tr. 일러주다, 공표(발표)하다, (무엇을) 알리다(דבר.חוא.חוי.ἀναγγλλω.ἀπαγγλλω), 바치다, 헌신하다, 맡기다, 충당하다, 지정하다, (신에게) 바치다, 봉헌하다(ברק.בירק), 신성한 것으로 만들다, 신격화하다, 신들의 대열에 올려놓다, 처음으로 사용하다, 사용 개시하다.
totum diem tibi dico. 하루를 온전히 네게 바치다.

Dico ei, ut véniat. 나는 그에게 오라고 말한다

dico se álii civitáti, in áliam civitátem.
다른 나라 국적(國籍)을 가지다.

dīco[2] dīxi, dīctum, dicĕre, tr. 1. 말해주다, 설명하다, 말하다(ימ׳.אמ׳.ללמ.דִבֵר), 말로 드러내다(표현하다), 언급하다: mendácium dico. 거짓말을 하다/ Ille, quem dixi. 내가 말한 그 사람/ Dico ígitur, me vidísse. 그래서 나는 내가 보았다고 하는 것이다.
2. (삽입용법) ut ita dicam, vel dicam. 말하자면/ plura ne dicam. 더 말할 나위도 없이, 더 이상 말하지 않거니와/ Crudélem Cástorem, ne dicam scelerátum! 극악무도하다고는 하지 않더라도 Castor, 그는 얼마나 잔인한 인간인가!/ ut dixi. 이미 말한 대로/ ut dícitur. 소문대로, 사람들의 말대로/ vólui dícere. …라는 뜻으로 한말이다/ nisi quid dicis, 네가 딴말 않는다면/ (비인칭 과거 가능 접속법) **díceres** …라고 했을지도 모른다/ canes venáticos díceres. 아마 사람들은 사냥개들이라고 했을 것이다/ **dico** 즉, 다시 말하면/ véteres illi, Heródotum dico et Thucídidem. 저 유명한 역사학자들, 즉 Heródotus와 Thucídides.
3. (pass.) a) 인칭적으로(personáliter) **…라고 하다**, 전해지다, …로 여겨지다. Illi sócius esse díceris 너는 그의 동료(同僚)로 여겨지고 있다. b) 비인칭적으로(impers.) …라고 하다, 전해지다, Dícitur, eo témpore matrem Pausániæ vixísse. 그 당시 Pausánias의 어머니가 살아 있었다고 한다. c) **dictu** 말하기(에): Hoc diffícile dictu est. 이것은 말하기 힘들다/ incredíbile dictu. 말해야 믿어지지 않을 일. d) (부사적 격언) dictum factum, dictum ac factum. 말 떨어지기가 무섭게, 즉시.
4. **…라고 부르다, 일컫다**, 이름 하다, Vox dixi amícos. 나는 너희를 친구로 불러왔다. 5. 이야기하다, 서술하다.
6. **긍정하다**, 단언하다, 주장하다, Dicébant, ego negábam. 그들은 계속 주장하였고 나는 계속 부인하였다.
7. (연설 따위를) 낭독하다, 연설하다, 발언하다, 변론하다, 판결을 내리다. ars dicéndi. 웅변술, 연설법/ causam dico. 소송하다, 변론(변호)하다/ jus dico. 재판하다, 판결을 내리다/ dico senténtiam. 원로원에서 발언하다/ Dīxi. 이상으로 내 말을 끝냅니다. 8. (글이나 연설로) 칭송하다, 찬미(예찬)하다. 9. 예언하다. 10. 발음하다: rho dico. "rho"라고 발음하다. 11. 임명하다, 추대하다.
12. 정하다, 지정(결정)하다: bona mea cognátis dico. 내 재산을 친척들에게 물려주기를 지정하다/ dico diem núptiis. 혼인 날짜를 정하다/ur erat dictum. 정해진 대로, 13. **…하라(말라)고 하다**, 이르다, 권하다, 명하다, dicébam tibi, ne. 내가 너더러 …하지 말라고 이르지 않더냐!. [라틴-한글 사전, p.254].
delícias dícere. 음담패설(淫談悖說)하다/
Dicat quod quisque putat.
각 사람이 무엇을 생각하든 말하도록 하라!/
Dici licet hæc omnia pertinere ad magnum iubilæum, supra memoratum([영] All this may be said to fall within the scope of the great Jubilee mentioned above) 이 모든 것이 우리가 이미 언급한 대희년에 기념해야 할 내용이 된다고 할 수 있습니다(1986.5. 18. "Dominum et vivificantem" 중에서)/
Dicta antiphona ad Communionem, osculatur altare, et versus ad populum dicit: 영성체송을 바치고 나서 제대에 친구하고, 회중을 향해 돌아서서 말한다/
Dicto, post ultimam orationem, 마지막 기도 후에 말한다/
Et ideo dicitur Deus *omnia disponere suaviter*. 따라서 하느님은 '모든 것을 부드럽게 배정 하신다'고 말해진다.(이상섭 옮김, 신학대전 14, p.99)/
Id quod dicitur, fit motu conditius.(conditus의 비교급) 말로 하는 것을 몸짓으로 더욱 흥을 돋군다/
ingredior dícere(ad dicéndum). 말하기 시작하다/
Insánum qui me dicet, tótidem aúdiet. 나를 보고 미쳤다고 하는 자는 (나에게서) 같은 소리를 들을 것이다/
Ne mirati sitis si hæc dico.
내가 이런 말을 하더라도 놀라지들 마시라/
Néscio, quid tibi sum oblítus hódie, ac vólui dícĕre. 잊어버려서 생각이 안 난다만 네게 오늘 말을 하려고 했다/
Non dixi secus ac sentiebam.
나는 느끼던 바와 달리 말하지 않았다/
Non eo dico, quo mihi véniat in dúbium tua fides. 내가 이렇게 말하는 것은 너의 성실성(誠實性)이 의심스러워서가 아니다/
Non potes dicere: Diligo fratrem, sed non diligo Deum. '나는 내 형제를 사랑하는데, 하느님은 사랑하지 않는다' 고 말할 수는 없습니다.(최익철 신부 옮김, 요한 서간 강해, p.419)/
Postea dicit: 그리고 나서 말한다/
Quid attinet dicere? 말해봐야 무슨 소용이 있느냐?/
Quid dicam, incertus sum.
나는 어떻게 말해야 할지 망설여진다/
Quis hoc dixit? 누가 이 말을 했는가?/
Si dixerimus quoniam peccatum non habemus, nosmetipsos seducimus, et veritas in nobis non est. 만일 우리가 죄 없다고 말한다면, 우리는 자신을 속이는 것이고 우리 안에 진리가 없는 것입니다(성경 1요한 1, 8)/
Ut quisque ætáte anteccedébat, ita senténtiam dixit ex órdine. 만일 누가 나이가 많으면 많을수록 그 순서(順序)대로 말을 했다.

Dico autem intellectum quo intelligit anima.
내가 가리키는 것은 영혼으로 하여금 사고 작용을 하도록 하는 지성이다.(지성단일성, p.145).

Dico quod in natura intellectus non est quod multiplicetur secundum numerum. 나는 수적으로 여럿이 된다는 것이 지성의 본성 안에 있지 않다고 말한다. (이재경 역주, 지성 단일성, p.203).

Dico te, Pyrrhe, vincere posse Romanos.
(부정법문의 특징으로) 피루스여, 말하노니 그대가 로마인들을 이길 수 있다["피루스여, 말하노니 그대를 로마인들이 이길 수 있다"로 해석될 수 있다. 성 염 옮김, 교부문헌 총서 15, 신국론, p.376].

dícrŏta, -æ, f. (sc. navis) = **dícrŏtum**

dícrŏtum, -i, n. (sc. navígium) 2열노(二列櫓)의 배

dictámen, -minis, n. 명령(命令), 진술(陳述), 문체

dictamen conscientiæ.
양심의 명령(良心命令-倫理規律 regula moralitátis).

dictamen rátĭonis. 이성의 명령, 이성의 지침(指針)

dictámnus, -i, f. = **dictámnum**, -i, n.
(植) 검화(白鮮), (植) 백선(白鮮-운향과의 다년초).

dictante æquitátis rátĭone. 공정한 이치에 맞게

dictáta, -órum, n., pl. (dico) 받아쓰기, 필기(筆記)

dictátio, -ónis, f. 구술, 구수(口授), 받아쓰기, 필기

dictátor, -óris, m. 독재자, 명령자, 총통(總統), (비상시에 임명되는 고대 Roma의) 독재 집정관, 구수자(口授者), 받아쓰게 하는 사람.
Cæsar dictator perpetuus factus est.
카이사르는 종신 독재자가 되었다(Facio 동사 수동태 완료형).

Dictator, ut qui magis animis quam viribus fretus ad certamen descenderet, omnia circumspicere coepit.
독재관은, 힘보다는 정신으로 제압하여 전투에 임하는

사람답게, 모든 것을 둘러보기 시작했다.

[성 영 지음. 고전 라틴어. p.315].

dictātórĭus, -a, -um, adj. 독재 집정관의, 독재자의,
독재적(獨裁的)인, (위압적으로) 명령하는.

Dictátus Papæ. 교황 훈령, 교황의 말씀, 교황령 27조.
[그레고리오 7세 교황이 교회 쇄신 정신으로 1075년 교회 통치 원칙을 밝힌 교황령으로 그리스어 papas(아버지)를 독점적으로 로마 주교를 가리키는 말로 사용하도록 하였다. 백민관 신부 엮음. 백과사전 1. p.847)].

dictātúra, -æ, f. 독재(獨裁.⑨ dictátorship), 독재정치,
독재 집정관 직위(임기); 독재권, 받아쓰게 함. 필기시킴.

dictérĭum, -i, n. 재치 있는 말, 경구(驚句)

dícticus, -a, -um, adj.
가리키는, (文法) 지시적인, (論) 직증적(直證的)인.

dictĭo, -ónis, f. 말함, 진술, 발언, 낭독, 낭송, 연설,
강연, 웅변, 표현법, 용어선택, 용어법, 말씨, 信託.
multæ dictĭo. 벌금형(재산형) 언도.

dictĭo causæ. 변론(辯論), 변호(辯護)

dictĭo testimónii.
증언(ήτ.π.μαρτυρία.μαρτὺριον.⑨ Witness).

dictĭonárĭum, -i, n. (⑨ dictionary.獨 dictionnaire)
사전(辭典), 자전(字典).

Dictionárium Latino-Coreanum. 나선사전(羅鮮辭典).
(윤을수 신부 지음.1936년).

Dictionárium Theologicum. 신학사전

dictĭósus, -a, -um, adj. 어휘가 풍부한, 익살스러운.

Dictis non respondente labóri.
그 밖의 것들은 어머니의 말씀과 합치한다.

díctĭto, -ávi, -átum, -áre, tr., freq. (dícto⁹)
거듭 말하다, 같은 말을 되풀이하다, 법정에서 변론하다.

dicto, -ávi, -átum, -áre, tr., freq. 반복해서 말하다.외다.
받아쓰게 하다, 필기시키다, 구수(口授)하다,
천천히 또박또박 발음하다, (글.시 따위를) 짓다,
(문서를) 작성하다, 명(命)하다, 일러주다,
권유(勸誘-일할 일을 하도록 권함)하다, 가르치다(ㄱㄷ).

dicto audiens. 말씀에 복종하는 자

dicto audiéntia. 순종(純種.obaudiéntĭa, -æ, f.),
복종(服從, Submissio hominis.⑨ Submission).

dictum, -i, n. 말(λὸγος.ρῆμα-言), 발언(發言),
재치 있는 말, **격언**(格言), **경구**(警句), **금언**(金言),
명언(名言), 신탁(信託), 예언(豫言), 명령(命令), 보증,
약속. (論) 정언(=樣相命題 propositiones modális).
[보증(통상 복수 'dicta'사용). 로마법에서 '보증'은 매매 목적물, 통상 노예에 대해 특별한 성질의 존재나 일정한 하자가 없다는 매도인의 진술을 말한다. 그의 주장이 거짓으로 판명되면 책임을 졌다. 약속promissa도 유사한데, 특히 주장이 더 요식적이고 명시적 약속으로 이루어진 경우이다. 두 용어는 '보증과 약속dicta et promissa'으로 결합되어 사용된다]/
bréviter dicta. 간단히 언급된 것/
Dicta docta pro datis(Plautus). 고운 말은 선물을 대신 한다/
Dicta factis deficientibus, erubescunt.
실행이 없으면 말한 바가 도리어 수치이다/
Dicta peritorum cribranda sunt.
감정인들의 보고는 체로 쳐서 추려내야 한다/
dicta probantĭa. 증명록(證明錄), 증명하기 위한 글/
dicto cítius, cum, dicto. 말보다 더 빨리, 말함과 동시에/
docta dicta. 유식한 말/
horrendum dictu. 말하기도 무서운(horrendus 참조)/
incredíbile dictu. 말해야 믿어지지 않을 though.
Dictum = facéte dictum. 재치 있는 말, 농담, 우스갯소리.
Dictum ac factum reddidi. 나는 그것을 즉시 해치웠다
dictum de omni et de nullo.
(Aristóteles의) 총체 및 개무(皆無)에 관한 원리.
dictum propositionis. 명제에 의해 말해지는 것
dictúrĭo, -íre, intr. 말하고 싶(어 하)다
Dictýnna, -æ, f. Diána 여신(女神)의 별명
Dicunt pugnári. 전투가 벌어지고 있다고 그들은 말한다.
dídăche, -es, f. 12사도의 교리서(1세기 말경 Syria에서 써진 것),
디다케(12사도를 통하여 여러 민족에게 전달된 주님의 가르침).
didáctĭca, -æ, f. 교수학, 교수법 methodos(-dus), -i, f.)
didacticísmus, -i, m. 교훈주의(敎訓主義)
계몽주의(獨 Aufklärung.⑨ enlightenment),
교훈자적(敎訓者的) 정신(기질.기풍).

didáctĭcus, -a, -um, adj. 교훈적인, 교훈하는, 교수법의,
usus legis didacticus. 신자의 교육을 위한 법률의 적용.

Dĭdascália, -órum, n., pl. 사도계규(使徒戒規)
디다스칼리아(3세기 초 시리아에서 그리스어로 편찬된 교회법전-일명 사도규율).

Dĭdascália Apostolorum. 사도 교회 규범, 사도 교훈.
[본래 그리스어로 쓰인 3세기 초 교회 계규(戒規)의 라틴어 제목이다. 시리아어 제목은'우리 구세주의 열두 사도들과 거룩한 제자들의 가톨릭 가르침」이다. 표면상으로 유다 의사에 의해 쓰인'사도 교회 규범」을 다다케의 형태로 만들어졌고'사도 법령」에 포함되었다. 오늘날에는 완전한 시리아어 본문과 라틴어 사본이 보존되어 있다. 주교, 고해성사 그리고 전례적 경배를 다룬다. 박영식 옮김. 주비언 피터 랑 지음. 전례사전. p.98].

dĭdascálĭce, -es, f. 교육(敎育), 교훈(敎訓)

dĭdascálĭcus, -a, -um, adj. 교육적, 교훈적

dídĭci, "disco"의 단순과거(pf.=perfectum)

dídĭdi, "dido"의 단순과거(pf.=perfectum)

Dídĭus, -i, m. Roma인의 씨족명

dido¹ dídĭdi, dídĭtum, -ěre, tr. (dis+do) 나누어주다,
분배하다, 퍼뜨리다(ㄱㄱ), 뿌리다, 유포하다.

Dido recens a vulnere. 방금 부상한.

Dido² -us(-ónis) f. Sichœus의 아내, Carthágo를 창건한
여왕. Elissa라고도 함. Ænéas를 사모함으로 유명.

	라틴어 변화	희랍어 변화
Nom.	Dido	Dido
Voc.	Dido	Dido
Gen.	Didónis	Didus
Dat.	Didóni	Dido
Acc.	Didónem	Dido
Abl.	Didóne	Dido

희랍의 여성 고유명사로서 단수 주격이 -o로 끝나는 것
은 라틴어대로의 규칙적인 제3변화 어미를 가지는 외에,
희랍어대로 단수 속격 어미로 -us를 가질 뿐, 나머지 격에
있어서는 아무런 변화도 하지 않는 경우도 있다.
Sappho, -ónis(-us), f. 희랍의 여류 서정시인 이름.
Argo, -ónis(-us), f. 희랍의 배 이름.

(허창덕 지음. 중급 라틴어. p.10)

dídrachma, -æ, f. (-ătis, n.) 고대 희랍의 은화, drachma.

dĭdúco, -dúxi, dúctum, -ěre, tr. (dis+duco)
여러 방향으로 흩뜨리다.끌어내다, 분산시키다,
펼쳐지게 하다, 나누다, 분리시키다, 갈라놓다,
떼어놓다, 벌리다, 빠개다, (싸움을) 말리다.
ŏs didúctum. 억지로 벌린 입.

dĭdúco matrimónĭum. 이혼(離婚)하다

dĭdúctĭo, -ónis, f. 분산(分散), 나눔, 벌림, 분리(分離)

Didymus, Didymi, m. ⑨ twin, apostle Thomas.
Thomas autem, unus ex Duodecim, qui dicitur Didymus,
non erat cum eis, quando venit Iesus.(NAB ⑨ Thomas,
called Didymus, one of the Twelve, was not with them
when Jesus came?) 열두 제자 가운데 하나로서 '쌍둥이'
라고 불리는 토마스는 예수님께서 오셨을 때에 그들과
함께 있지 않았다(성경 요한 20. 24)./열두 (제자) 중의 하나로
서 디디모스(쌍둥이)라 하는 토마는 예수께서 오셨을 때
에 그들과 함께 있지 않았다.(200주년 기념 신약)/열두 (제자)
중의 하나로서 디디모스(쌍둥이)라 하는 토마는 예수께서
오셨을 때에 그들과 함께 있지 않았다(공동번역 요한 20. 24).

Die 2 Februarii. 2월 2일
Die 7 Octobris. 10월 7일
Die 25 Aprilis. 4월 25일
Die 29 Septembris. 9월 29일

dĭécŭla, -æ, f. 짧은 하루, 단시일(短時日-짧은 시일)
diencéphălon, -i, n. 간뇌(間腦)
dĭeréctus, -a, -um, adj. (di+érigo)
(저주하는 말로) 높이 매달린, 십자가에 매달, 망할 놈의.
Abi dieréctus. 망할 자식, 없어져라.

dĭes, -éi, m., f. (제5변화의 명사는 merídies와 dies 판 남성이고 나머지는
다 여성이다. dies는 24시간을 가진 날을 뜻할 때에는 남성으로 쓰고, 일정한 날짜,
편지날짜, 주기적인 날짜의 뜻으로 사용될 때에는 여성으로 쓰는 것이 문법상
규칙이다. 독자들의 dies는 언제나 남성이다. 한동일 지음. 카르페 라틴어 1권. p.58)
1. 날(ήμρὲα.日.⑨ Day), **하루**, **일**(ήμρὲα.日.
⑨ Day.獨 tag.스 die), póstero die. 다음 날에/
quínquies in die. 하루 다섯 번/ eádem die. 같은 날에/

de die in diem. 나날이/ in dies. 날로, 날이 갈수록.
2. 특정한 날, 날짜(주로 f.): Dies collóquio dictus est.
회담일이 정해졌다/ ad certam diem. 정해진 어느
날에 (까지)/ diem dícere(dare) 날짜를 정하다; (法) 법정
으로 소환하다/ dies statúta. 정한 날/ dies pecuniárum.
돈 갚을 날. 3. 요일: dies Solis. dies Dominica. 일요일,
주일/ dies Lunæ 월요일/ dies Martis. 화요일/ dies
Mercúrii. 수요일/ dies Jovis. 목요일/ dies Véneris.
금요일/ dies Satúrni. 토요일. 4. 낮 (밝은 때, nox의
반대), 주간(晝間); 햇볕, 태양: die ac nocte. 밤낮, 밤에도
낮에도/ diem ac noctem. 밤낮(을)/ dies noctésque
iter fáciens. 여러 날 동안 밤낮으로 행군하는(길가는)/
Non cérnitur dies. 햇볕이 나지 않는다/ contra diem.
해를 정면으로 향하여. 5. dies, dies natális. 생일/
6. 사망일, 기일(忌日) diem suprémum(suum) obíre.
죽다. 7. (어느 날의) 사건, 행사; 기념일, dies Sullánus.
Sulla 사건. 8. 날씨, 일기; 일진: dies mitis est.
날씨가 온화하다. 9. 기간, 시간: dies ad deliberándum.
생각할 시간/ brevis dies. 짧은 기간. 10. ((거리 측정
단위)) (가는데 걸리는) 날(수), 일정. (라틴-한글사전. p.255).
Altérnis annis(ménsibus, diébus, horis)
한해 건너 큼(한 달, 하루, 한 시간 건너 매번).
Altero quoque die. 하루건너/
carpe diem. 오늘을 만끽하라, 이 순간을 즐겨라/
cibária in dies quinque.(in² 참조) 5일분 식량/
citra paucoe dies. 며칠 안 되어/
Contínui dies híemant.(hiemo 참조) 날이 계속적으로 춥다/
de die in diem(=in dies singulos). 나날이, 날로/
De Sex Dierum Operibus. 6일 간의 창조 사업/
die ac nocte. 밤에도 낮에도, 밤낮으로/
die dominico vacat. 미사가 없는 주일(Dominica vacat)/
die ac nocte, die noctúque. 밤낮으로.
(nox의 단수 탈격은 nocte 외에 noctu도 있다)/
die et nocte. 밤낮으로/
die indicto. 기일(期日-미리 정해 놓은 날).terminus, -i, m.)/
Die Natalitia apostolorum. 사도축일(使徒祝日)/
die noctuque. 밤낮으로/
die undevicesimo. 열아흐레에, 19일에/
die vicésimā, quam creátus est, ….
그가 선출 된지 20일 되던 날에(quam² 참조)/
diem conficio. 하루를 다 보내다/
diem de die extraho. 그 날 그 날을 지내다/
diem ex die. 매일(每日, diem de die)/
diem ex die dúcere. 나날을 지내다/
diem ex die exspectáre. 나날이 기다리다/
diem fungor. 죽다/
Diem iudicii timere. 심판의 날을 두려워하라/
Diem perdidi. 나는 나의 하루를 잃었다/
Diem prídie Idus Apríles collóquio statuérunt.
4월 12일을 회의 날로 작정하였다/
dierum ac noctium magnitudines. 낮과 밤의 길이/
dierum noctiumque vicissitudines. 밤과 낮이 갈마듦/
diffindo diem. (法) ((심의.재판 따위를 중단하고))
연기(延期)하다, 다른 날로 미루다/
dispóno diem. 하루의 시간을 배정하다/
Ex ante diem VI Idus Januárias usque ad prídie
Kaléndas Februárias. 1월 8일부터 31일까지/
ex eo die. 그 날부터/ex hoc die. 오늘부터/
Hic dies nostris gravissimus fuit.
이 날은 우리에게 참으로 힘거운 하루였다.
[관심 여격dativus ethicus 문장으로 관심 여격은 동사가 표현하는 행위에 대해
화자나 필자의 관심을 나타내기 위해 여격 인칭대명사와 함께 사용되는데, 이때
사용된 여격 인칭대명사를 관심 여격이라고 한다.
한동일 지음, 카르페 라틴어 2권, p.210]/
Finis unius diei est principium alterius.
하루의 끝은 또 다른 시작이다/
Hic est dies verus Dei. 부활축일 찬미가/
his diébus. 요사이에/
hodiernus dies. 영원한 오늘/

in diébus decem. (in² 참조) 열흘 안에/
in diem. 하루 동안; 날로(de die in diem. 나날이)/
ln diem posterum differre. 다음 날로 미루다/
in diem vívere. (앞날을 생각지 않고) 그날그날 살아가다/
in dies. (in²참조) 날로, 나날이, 하루하루/
in dies privos. 날로(de die in diem)/
in dies singulos(=de die in diem). 나날이, 날로/
in longitúdinem diérum. 영구히, 영원히/
in paucis diébus. 며칠 안에/
in posterum diem. 이튿날로, 다음날로/
in posterum diem iter confero.
여행 날짜를 다음날로 정하다/
in singula diei témpora. 하루의 매 순간/
in síngulos dies. 나날이, 날이 갈수록/
inferióres quinque dies. 마지막(지난) 닷새/
insolati dies.(insolo 참조) 쨍쨍 내리 쬐는 날/
instauro diem donis. 같은 날 여러 번 제사를 지내다/
instituo diem festum. 축일을 제정하다/
íntegro die. 온종일/ medium dies. 정오(正午)/
multo die. 그 날 늦게/
Multos dies te exspécto.
나는 여러 날 전부터 너를 기다리고 있다.
negotiosi dies. 일하는 날(apta dies. 적당한 날)/
Non credunt futurum diem iudicii, nec timent,
nec desiderant quod non credunt. 그들은 다가올 심판
날을 믿지도 않고, 믿지 않는 바를 두려워하거나 열망
하지도 않습니다.(최익철 신부 옮김. 요한 서간 강해. p.389)/
non dies primus, sed dies unus.
'첫날'이라 하지 않고 '하루'라 했다/
nullum diem prætermitto. 하루도 그냥 보내지 않다/
Nunquam intermíttit diem quin véniat.(intermitto 참조)
그는 오지 않는 날이 하루도 없다/
obdúco diem. 날을 보내다(지내다)/
paucis ante diebus. 며칠 전/paucis post diebus. 며칠 후/
paucos in diebus alci insumo rei.
(누가) 무엇을 만드는데 몇 날 걸리다/
per duos dies. 이틀 동안/
per tres dies. 사흘 동안/
post diem sextum, quam discésserant.
그들이 떠난 지 엿새 만에(quam² 참조)/
postero die. 이튿날/
Præterea, vespere et mane non sufficienter dividunt
diem: cum sint plures partes dies. 그밖에도 저녁과 아침
으로 하루를 구분하는 것은 충분하지 않다. 왜냐하면
하루의 부분들은 다수로 있어야 하기 때문이다/
primo quoque die. 될 수 있는 대로 빠른 시일에/
Quamquam longissimus, dies cito condítur.
날은 제아무리 길다 해도(결국은) 저물고 만다/
reseráta dies. 밝은 새 날/
Salvusconductus datus Germanis in generali
congregatione die 4 martii 1562.
1562년 3월 4일 총회에서 독일인들에게 부여된 안전 통행증/
Singulis diébus.(quotídie, cotídie) 날마다, 나날이/
Ter in die manducámus. 우리는 하루 세 번 먹는다/
trúditur dies die.(trudo 참조) 나날이 지나가다/
Urbs distat iter unius diei. 도시는 하룻길 떨어져 있다/
usque ad diem 5 inclusive. 5일까지(5일도 포함시킴)/
usque ad diem 17 exclusíve. 16일까지(17일은 제외됨)/
usque ad extremum vitæ diem. 생명의 마지막 날까지/

D

명사 제5변화(Quinta declinátio)		
	단 수	복 수
Nom.	dies	dies
Voc.	dies	dies
Gen.	diéi	diérum
Dat.	diéi	diébus
Acc.	diem	dies
Abl.	die	diébus

ácies, -ei, f. 진지, 일선, 전선 glácies, -ei, f. 얼음
effígies, -ei, f. 모습, 초상   merídies, -ei, f. 정오
fácies, -ei, f. 얼굴   planíties, -ei, f. 평지, 평원
fides, fídei, f. 신덕, 믿음   spes, spei, f. 희망, 맹덕

(한동일 지음, 카르페 라틴어 1권, p.58)

dies abstinentiæ. 금육재의 날(영 days of abstinence)
dies academicus. 학문의 날
dies ad deliberandum. 생각할 시간
Dies adimit aegritudinem hominibus(Terentius).
   시일이 사람에게서 번민을 덜어준다.
Dies advénit. 그 날이 왔다
dies agendi. 개정일(법정)
dies Christi. 그리스도의 날
Dies cito conditur. 하루가 빨리도 저문다.
Dies creationis nunc dies factus est "novæ creationis",
dies nostræ liberationis quo Christum commemoramus
mortuum et resuscitatum. 창조의 날은 이제 우리가 돌아
   가시고 부활하신 주님을 기념하는 '새로운 창조'의 날,
   우리의 해방의 날이 되었습니다.
dies depositionis. 사망일(dies obitus)
dies Dierum. 날 중의 날
Dies Domini.(영 Sunday/the Lord's Day) 주님의 날.
                          (1998.5.31. 교황교서).
   Quid Apostolus Thessalonicensibus scripserit de
   manifestatione Antichristi. cujus tempus dies Domini
   subsequetur. 사도가 반그리스도의 출현에 관해
   데살로니카인들에게 뭐라고 썼는가. 반그리스도의
   시대에 뒤이어 그리스도의 날이 온다(신국론. p.2820).
dies Dominica. 일요일(영 Sunday, the Lord's Day),
   주님의 날(he kyriaké hemera, 1코린 11. 20),
   주일(主日.κυριακη.영 Sunday.獨 Sonntag),
   Fui in spiritu in dominica die et audivi post me
   vocem magnam tamquam tubæ. (evgeno,mhn evn pneu,mati
   evn th/| kuriakh/| h`me,ra| kai. h’kousa ovpi,sw mou fwnh,n mega,lhn
   w`j sa,lpiggoj)(영 I was caught up in spirit on the Lord's
   day and heard behind me a voice as loud as a trumpet)
   어느 주일에 나는 성령께 사로잡혀 내 뒤에서 나팔소리
   처럼 울리는 큰 목소리를 들었습니다(성경 요한 묵시록 1. 10).
dies dominica Missionis. 전교주일(傳敎主日)
dies dominica papális. 교황주일(영 Papal Sunday)
Dies Dominicus non est juridicus.
   주일은 법률상(으로 계산되는) 날수에 들어가지 않는다.
dies Ecclesiæ. 교회의 날
Dies erit, cum tam aperta nos nescivisse mirabuntur
posteri nostri. 우리가 그토록 명약관화한 것을
   눈치 채지 못했다는 점을 두고 우리 후손들이
   이상하게 여길 날이 올 것이다.
dies exæresimus.(intercaláris dies.) 윤일(閏日.)
   [태양력에서, 윤년에 드는 날, 곧 2월 29일].
dies expiationum. 속죄일
dies fasti. 길일(吉日-좋은 날), 법정개정일[법정이 열리고, 정무관들과
   심판인들이 사법 활동을 할 수 있는 날들.]
Dies fere nullus est, quin hic ventitet.
   이 사람이 오지 않는 날은 거의 없다.
dies feriatus. 평일, 휴일
dies festus. 축일(영 Feast day). 축제일
dies festus de præcepto.
   의무축일(義務祝日.영 Holy days of obligátĭon)
dies festus et vacationis ab opere(=dies Dominica)
   축제의 날이자 일로부터 쉬는 날/
dies Hominis. 인간의 날

dies imperii. 제국의 날
dies impetrábĭlis. 일이 잘되어 가는 날
dies indulgentiæ. 은사의 날
   (중세기 여러 전례들에는 "성지주일"을 은사의 날로 지칭).
dies infra Octavam. 팔부 내 요일
Dies iræ. 분노의 날(교황 비오 5세가 장례미사에 도입한 노래),
   심판의 날, 진노의 날, 의노(義怒)의 날(사목 13 전례신학. p.185),
   연미사 중 연속송(sequentia).
dies jejunii. 금식재의 날(영 days of fasting), 재일, 단식일
dies Jovis. 목요일(木曜日.feria quinta)
dies lætissimi. 매우 즐거운 날들(negotiosi dies. 일하는 날)
dies legíbĭlis et disputábĭlis. 강독(講讀)과 토론의 날
Dies longissimus non semper optimus est.
   가장 긴 하루가 언제나 가장 좋은 하루는 아니다.
dies lustrális. 재계일(齋械日)
dies lustricus. 아기 탄생 후 8일
Dies mitis est. 날씨가 온화하다
dies natális. 축일(영 Feast day.dies festus),
   탄생일, 생일. 출생일(dies depositionis. 사망일).
dies natális Solici Invicti. 무적의 태양 탄일
dies nefasti. 재판 금지일, 흉일(불길한 날), 법정 비개정일.
dies obitus. 기일(忌日-제삿날), 사망일(dies depositionis)
dies pænitentiæ. 참회(懺悔)의 날(영 days of penance)
dies parentales. 기일(忌日)(교부문헌 총서 15. 신국론. p.908)
dies pecuniarum. 돈 갚을 날
dies primus. 첫째 날
Dies quatuor sunt evoluti. 나흘이나 지나고 말았다
dies resurectionis. 부활의 날(주일)
Dies rogationum. (풍년을 비는) 3일 기도,
   삼천(三天) 기도일(승천 축일 전 3일간), 기원절.
dies sabbati. 안식일(תַּבָּשׁ.σάββατον.영 Sabbath)
dies salutis. 구원의 날
dies silens a véntis. 바람이 잔 날
dies Solis. 일요일(日曜日.dies Dominica), 태양의 날
dies Sortium. 부림절(פּוּרִים.영 Purim)
dies statúta. 정한 날에
dies venerábĭlis solis. 공경하올 태양의 날
dies viridium. 세족 성 목요일, 초록 목요일
diésco, -ére, intr. 밝아오다, 날이 새다.
Díespĭter, -tris, m. Júpiter의 별칭
diétim, adv. 나날이(de die in diem)
diffámátĭo, -ónis, 악평(惡評-남을 나쁘게 비평함),
   중상(中傷-터무니없는 말로 남을 헐뜯어 명예를 손상시킴).
   f. 명예훼손(名譽毀損.영 Detraction).
diffámo, -ávi, -átum, -áre, tr. (dis+fama)
   나쁜 소문을 퍼뜨리다; 명예를 훼손하다.
   중상하다, 퍼뜨리다, 널리 알리다.
díffĕrens, -éntis, p.prœs., a.p.
   다른, 상이한, 차이가 있는, 틀리는.
differéntĭa, -æ, f. 다름, 차이, 차별; 다른 점.
   De differentiis topicis. 상이한 공리론/
   Intellectus cognoscit differentiam inter universale et
   singulare. 지성은 보편자와 특수자 사이를 (차별적으로) 인식한다.
differéntĭa constitutiva. 구성적 차이(構成的 差異)
differéntĭa essentiális. 근본적 차이(根本的 差異)
differéntĭa individuális. 개별적 차이(個別的 差異)
differéntĭa numerica. 수적 차이(數的 差異)
differéntĭa rátĭonális. 이성적 종차(理性的 種差)
differéntĭa simplex. 단순 차이(單純差異)
differéntĭa specifica. (論) 종차(種差.種的差異)
differéntiæ coloris. 색차(色差)
díffĕro, -dístŭli, -dilátum, -férre, anom. (dis+fero)
   tr. 여러 방향으로 가지고 가다, 흩뜨리다, 분산시키다,
   사방에 뿌리다, 여기저기 옮겨 심다, 소문 퍼뜨리다,
   (흔히 pass.) 마음이 산란해지다, 어찌할 바를 모르다, 시달리다,
   연기(延期)하다, 늦추다, 시간 여유를 주다, 미루다, 참다.
   Cur, si quid est animum, differs curandi tempus?.(Horatius).
   어디가 병약하다면 어째서 치료시기를 늦추는가?/

intr. (pf., supín. 없음) 다르다, 틀리다,
차이가 있다, 구별되다. (라틴-한글 사전. p.255).
Pater distulit discessum. 아버지는 출발을 연기했다/
quod differtur non aufertur. 뒤로 미룬 일은 끝난 것이 아니다.
differtus, -a, -um, adj. (dis+fárcio)
꽉 찬, 가득 찬, 충만한(πλήρης).
difficíle, adv. (=difficúlter) 어렵게
Difficile est, ut bono peragantur exitu quæ malo
sunt inchoata principio. 시작을 잘하지 못하고서
끝을 잘 맺는다는 것은 어려운 일이다.
difficílior, -or, -us, adj. difficílis, -e의 비교급
difficílis, -e, adj. (dis+fácilis) ((superl. difficíllimus))
어려운(קָשֶׁה), 힘든, 곤란한, 난처한, (성격이) 까다로운,
다루기 힘든; 무뚝뚝한, 침울한.
difficíle dictu est. 말하기 어렵다/
difficíle est, inf.(acc.c.inf.) = in difficíli est.
…하는 것은(하기가) 어렵다, 힘들다/
difficíllima quæstio. 가장 어려운 문제/
Hoc difficíle dictu est. 이것은 말하기 힘들다/
Ne difficília optémus. 너무 어려운 일은 바라지 맙시다/
res difficilis, atque ómnium difficíllima.
어려운 일, 더구나 제일 어려운 일/
res sane difficilis. 대단히 어려운 일/
Spíritus … sit nec in recéptu difficílis.(recéptus² 참조)
숨을 들이쉬기가 곤란해서도 안 된다.
Difficilis est ars regendæ rei publicæ.(동명사문).
공화국을 통치하는 기술은 어렵다.
difficillimus, -a, -um, adj. difficílis, -e의 최상급
difficúltas, -átis, f. **어려움**(⑨ Tribulátion), **곤란**,
곤경(困境), 난관(難關), 난점(難點), 장애(障碍),
불편(不便); 반대론, 부족(不足), 결핍(缺乏),
까다로운 성격, 다루기 힘든 성격, 무뚝뚝함, 침울함.
in difficultáte esse. 곤경에 놓여 있다/
incúrrere in difficultátem. 곤경에 빠지다/
Iterum redimus ad difficultatem quæstionis.
우리는 다시 어려운 문제로 되돌아왔습니다.
(최익철 신부 옮김. 요한 서간 강해. p.169).
difficultas in *alqā* re. 무슨 일에 있어서의 어려움
Difficultas návigatiónis. = Difficultas návigándi.
항해의 곤란.
difficultas rei frumentáriæ. 식량부족(食糧不足)
difficultas témporis. 난국(難局)
Difficultates in orando.(⑨ Difficulties in praying).
기도의 어려움.
difficúlter, adv. 어렵게, 힘들게
diffídens, -éntis, p.proes., a.p.
믿지 않는, 신용(信用)하지 않는, 자신 없는.
diffidénter, adv. 믿지 않고, 불신을 가지고, 자신 없이
diffidéntia, -æ, f. 불신, 의구심(疑懼心), 의혹(의심), 자신 없음
diffidentia de ratióne. 이성에 대한 불신
(가톨릭 교회의 가르침 제10호. p.104).
diffidentia memóriæ. 자신 없는 기억력(記憶力)
diffídi, "diffíndo"의 단순과거(pf.=perfectum)
diffído, -físus sum -ĕre, semidep., intr. (dis+fido)
[반탈형동사란 현재 어간을 사용하는 시칭(현재.미완료.미래)에서는 능동태
어미활용을 하고, 과거어간을 사용하는 시칭(단순과거.과거완료.미래완료)에
서는 수동태 어미 활용을 하는 동사를 말한다. 뜻은 모두 다 능동의 의미이다.
fideo, confido, diffido, fido, gaudeo, soleo]
믿지 않다, 신뢰하지 않다, 의구심을 품다,
실망하다, 희망을 잃다.
sibi diffido. 자신을 잃다, 자신이 없다.
diffíndo, -fídi -físsum(-físum) -ĕre, tr. (dis+findo)
쪼개다(חתם.חצב), 뻐개다, 가르다(חלק.בקע).
diffindo diem. (法) ((심의.재판 따위를 중단하고))
연기하다, 다른 날로 미루다.
diffíngo, -ĕre, tr. (dis+fingo) 변형시키다, 개조하다,
바꾸다(חלף), 망그러뜨리다 파괴하다(הרס).
diffíssĭo, -ónis, f. (法) 미룸, 연기(延期)
diffíssum, "diffíndo"의 목적분사(sup.=supínum)

diffisum, "diffíndo"의 목적분사(sup.=supínum)
diffísus, -a, -um, p.p. (diffído, diffíndo)
diffitĕor, -éri, tr. (dis+fáteor)
부인(否認)하다, 자백하지 않다, 말하기를 거부하다.
difflo, -ávi, -átum, -áre, tr. (dis+flo)
불어 흩어뜨리다, 불어 날리다.
difflŭo, -flúxi, -flúxum, -ĕre, tr. (dis+fluo)
사방으로 흐르다, 흘러나오다, 새다, 녹다,
녹아 없어지다, 넘쳐흐르다, 탐닉하다.
sudóre diffluo. 땀을 흘리다.
diffluo delíciis. 쾌락에 파묻히다.
difflŭus, -a, -um, adj. 흘러나오는, 새는
diffluxi, "difflŭo"의 단순과거(pf.=perfectum)
diffluxum, "difflŭo"의 목적분사(sup.=supínum)
diffractum, "diffríngo"의 목적분사(sup.=supínum)
diffrēgi, "diffríngo"의 단순과거(pf.=perfectum)
diffríngo, -frégi, -fráctum, -ĕre, tr. (dis+frango)
깨뜨리다, 부러뜨리다.
diffūdi, "diffundo"의 단순과거(pf.=perfectum)
diffūgi, "diffúgio"의 단순과거(pf.=perfectum)
diffúgĭo, -fúgi, -ĕre, intr. (dis+fúgio) 흩어지다,
흩어져 도망하다, 분산하다, 소산(消散)하다.
diffúgĭum, -i, n. 도망; 분산(分散)
diffúndĭto, -ávi, -átum, -áre, tr., freq.
흩뿌리다, 사방으로 흩어뜨리다.
diffúndo, -fúdi -fúsum -ĕre, tr. (dis+fundo)
쏟다, 쏟아져 흐르게 하다, 퍼붓다(יצק), 엎지르다,
흘러 퍼지게 하다, 퍼뜨리다(נגד), 뿌리다.
분산(발산) 시키다, 흩어지게 하다, 번지게 하다,
전파(傳播)시키다, …에 까지 미치게 하다,
확산(충만)시키다, 느긋해지게 하다, 시름 놓게 하다,
명랑해지게 하다, 활짝 퍼지게 하다.
Qua diffunditur ista remissio peccatorum? "Per omnes
gentes, incipiens ab Ierusalem".
죄의 용서는 어디까지 퍼져 나갑니까? "예루살렘에서
부터 시작하여 모든 민족들에게(루카 24, 47)" 퍼져
나갑니다.(최익철 신부 옮김. 요한 서간 강해. p.465)/
Ut in corporibus, sic in imperio gravissimus est morbus
qui a capite diffunditur.(Plinius junior) 몸에서도 그렇지만
통치에서도 머리에서 퍼지는 질병이라면 참으로 심각하다/
Videte qua diffundat corpus suum, videte ubi se calcari
non vult. 어디까지 그분의 몸이 퍼져 나가는지 보십시오.
어디서 당신이 짓밟히기를 원치 않으시는지 보십시오.
(최익철 신부 옮김. 요한 서간 강해. p.459).
diffúsĭo, -ónis, f. 퍼짐, 확산(擴散), 산란(散亂),
전파(傳播), 확대(擴大), 느긋함, 명랑.
Diffusio investigationis biblicæ et ecclesiale
Magisterium(⑨ The development of biblical studies and
the Church's magisterium) 성경연구의 발전과 교회 교도권.
diffúsívus, -a, -um, adj. 퍼뜨리는, 확산적인,
확산성의, 번지는, 산만한, 장황한, 지루한.
Bonum est diffusivum sui.
선은 자기 자신을 확산한다/
diffusivum sui. 자기확산(自己擴散)/
diffusivum sui et esse. 자기 자신과 존재를 확산하는 것(=선).
diffúsum, "diffundo"의 목적분사(sup.=supínum)
diffúsus, -a, -um, p.p., a.p.
광범위한, 넓은, 뻗은, 퍼진, 확산한.
diffútútus, -a, -um, adj.
도락(道樂)에 지친, 방탕으로 기진맥진해진.
dígámĭa, -æ, f. 재혼(再婚); 중혼(重婚)
dígámma, -átis, n. 초기 희랍 자모의 F,
토지 수입(fundórum réditus) 장부(帳簿).
Tuum digamma víderam. 너의 수입 장부를 보았었지.
dígámus, -a, -um, adj. 재혼의; 이중 결혼의
dígástrĭcus, -a, -um, adj. (解) 이복(二腹)의 (근육)
digénĕa, -æ, f. (植) 해인초(海人草)
digénĕsis, -is, f. (生) 세대교번(世代交番)

D

349

Dīgéntĭa, -æ, f. Látĭum에 있는 작은 강
dígĕro, -géssi -géstum -ĕre, tr. (dis+gero)
　여러 곳으로 가지고 가다, 분산시키다, 흩어뜨리다,
　나누다(ɔˀㄱ,ɔˀㄹ), 가르다(ɔˀㄱ,ɔˀㄹ), 분배하다,
　할당하다(ɔˀㄹ), (음식물을) 소화하다, 정돈하다,
　정리하다(ɔˀㄱ), 배열하다(ɔˀㄱ), 배치하다(ɔˀㄱ),
　분류(구분)하다, 순서대로 기입하다(설명하다).
　in númerum digérere. 순서대로 정리하다.
dígessi, "digero"의 단순과거(pf.=perfectum)
dīgésta, -órum, n., pl. (法) Roma 법전
　(6세기에 Justiniánus 1세의 명으로 편집된 50권으로 된 법전).
dīgestíbĭlis, -e, adj. 잘 소화되는, 소화를 돕는
dīgéstim, adv. 순서 있게, 짜임새 있게
dīgéstĭo, -ónis, f. 분배(分配), (음식) 소화(消化),
　정돈(整頓-가지런히 바로잡음), 정리, 배열, 분류(分類).
dīgestívus, -a, -um, adj. 소화의, 소화력이 있는.
　n., (醫) 소화제(消化劑).
dīgestórĭus, -a, -um, adj. 소화의, 소화력이 있는.
　digestórĭum medicaméntum. (醫) 소화제(消化劑).
dīgéstum, "digero"의 목적분사(sup.=supínum)
dīgéstus, -us, m. 분배(分配), 관리(管理), 소화(消化)
dīgĭtábŭlum, -i, n. (올리브 따위 열매 따는) 나무집게
dīgĭtális, -e, adj. 손가락의, 손가락만한
digitárĭa sanguinális, -æ -is, f., pl. (植) 바랭이
dīgĭtátus, -a, -um, adj. 손가락 달린(있는)
digitósus, -a, -um, adj. 손가락 많은
digítŭlus, -i, m. 조그만 손가락
dígĭtus, -i, m. 손가락(오늘날 자주 쓰이는 "디지털 digital"은
　손가락 하나를 의미하는 라틴어 digitus에서 유래).
　발가락, 새 발, 나무의 가는 가지,
　Roma尺(pes= 약 29.5cm)의 16분의 1, 한 치(寸),
　ab alqā re non dígitum discédere.
　무엇에서 한 치도 물러서지 않다/
　Ablŭit et extergit digitos, ac sumit ablutionem: extergit
　os et calicem, quem, plicato corporali, operit et collocat
　in altari ut prius: deinde prosequitur Missam.
　손가락들을 씻고 성작을 씻는다. 손가락과 성작(聖爵)을
　씻고 나서 성체포를 접어 (성작 위에) 덮고 제대의
　제자리에 놓는다. 그리고 미사를 계속 한다/
　ánulum in dígito habére. 손가락에 반지를 끼고 있다/
　attíngere alqm dígito.
　누구를 조금이라도 건드리다, 살짝 닿다/
　Deinde manu dextera accipit inter indicem et medium
　digitos patenam, quam tenens super altare erectam,
　dicit secrete: 그리고 오른손의 중간 손가락들로 성반을
　잡아 제대 위에 세워 들고 조용히 말한다,
　digiti inter se pectine juncti. 깍지 낀 손가락/
　extrémus digitus. 손끝/
　Liber de loquela per gestum digitorum. 수화론/
　libo cibos dígitis. 손가락으로 음식을 찍어 맛보다/
　pollex. 엄지손가락/
　Qui digitus est validíssimus?
　어느 손가락이 제일 힘센가? Dextra. 바른 손이다.
digitus anuláris(mínimo próximus.medicinális)
　약 손가락, 무명지.
dígitus dèmonstrātívus. 둘째손가락(집게손가락)
digitus demonstrátórĭus. 둘째손가락(집게손가락)
digitus index(salutáris)
　집게손가락(digitus demonstrátórĭus).
digitus médĭus(summus, infámis, impudícus)
　가운데 손가락.
digitus mínimus. 새끼손가락
digitus pollex. 엄지(엄지손가락, pollex, -ícis, m.)
digitus salutáris. 집게손가락/digitus index(salutáris)
dīgládĭor, -átus sum, -ári, dep., intr. (dis+gládius)
　무기로 싸우다, 전투(戰鬪)하다, 말다툼하다, 논쟁하다.
digiuno di Mária. 마리아의 단식(斷食)
dīgnánter, adv. 너그러이, 정중하게, 친절히, 호의로써

dīgnátĭo, -ónis, f. 존중(⑨ Respect), 존경(⑨ Respect),
　경의(敬意-존경의 뜻), 평판(評判), 인망, 덕망(德望),
　명성(名聲.⑨ Fame/good reputátĭon), 지위(地位).
dīgne, adv. 품위 있게(urbane, adv.), 점잖게,
　지위에 어울리게, 상응하게, 당연히, 마땅히.
dīgne, attente, ac devote. 합당하고, 주의 깊고, 또한 열심히
dīgnéris, 원형 dīgnor, dígnátus sum, dignári. 탈형동사
　[접속법 현재.
　단수 1인칭 digner, 2인칭 dígneris, 3인칭 dignetur,
　복수 1인칭 dignemur, 2인칭 dignemini, 3인칭 dignentur].
　eamque secundum voluntatem tuam pacificare et
　coadunare igneris(⑨ and graciously grant her peace and
　unity in accordance with your will)
　주님의 뜻대로 교회를 평화롭게 하시고 하나 되게 하소서/
　Súpplices ergo te, Dómine, deprecámur, ut hæc múnera
　quæ tibi sacránda detúlimus, eódem Spíritu sanctificáre
　dignéris - jungit manus. 아버지, 간절히 청하오니, 아버지께
　봉헌하는 이 예물을 성령으로 거룩하게 하시어-손을 모은다.
　　　　　　　　　　　　　　황치헌 신부 지음. 미사 통상문을 위한 라틴어. p.268]
dīgnĭor, -or, -us, adj. dīgnus, -a, -um의 비교급
dīgníssimus, -a, -um, adj. dīgnus, -a, -um의 최상급
　L. Philippus, vir patre, avo majoribusque suis
　dignissimus idem fecit. 루키우스 필리푸스는 자기 아버지
　할아버지 그리고 자기 조상들에게 참으로 떳떳하고
　그야말로 동격의 인물이었다.
dīgnĭtas, -átis, f. 평가 받을만함; 공적, 공로(ἔργον-선업)
　공훈, 자격(있음), 품위, 존중할만한 지위(地位), 신분,
　존엄성(⑨ Dignity -지위나 인품 따위가 높아져 범할 수 없는 성질),
　고관직, 높은 벼슬, 영예직(榮譽職), 위신(威信),
　위엄(威嚴), 체면(體面-남을 대하기에 떳떳한 면목),
　체통(體統-"점잖은 체면"을 이르는 말), 영예(榮譽), 명예,
　늠름함, 위풍(威風-위엄이 있는 풍채나 모양), 고상함,
　웅장함, 수려함, 세련미(洗練味-세련된 맛).
　communis dignitas membrorum.
　지체(肢體)들의 품위가 같다(교회헌장 32항)/
　De hominis dignitate. 인간의 존엄성에 대하여
　(Pico della Mirandola의 1886년 지음)/
　De dignitate Sacramenti, et statu Sacerdotali.(⑨ The
　Dignity of the Sacrament and of the Priesthood) 성체
　성사의 고귀함과 사제의 지위에 대하여(주주성법 제4편 5장)/
　Dignitátis Humánæ, 종교자유에 관한 선언(1965.12.7. 선언)/
　hominis dignitas. 인간의 존엄성(⑨ Dignity of the person)/
　infra dignitátem.
　위엄을 손상하는, 품격을 낮추는, 체면에 관계되는/
　justitia est æquitas jus cuique retribuens pro dignitate
　cuiusque. 정의는 각자의 품위에 따라 각자에게
　자기 것을 돌려주는 행위/
　Non facit ecclesiastica dignitas Christianum.
　교회의 권위가 그리스도인을 만들지 않는다/
　Otium cum dignitate. 명예 퇴임, 품위를 지닌 한가함/
　ubi victoria veritas, ubi dignitas sanctitas, ubi pax
　felicitas, ubi vita æternitas. 거기서는 진리가 승리요,
　거기서는 거룩함이 품위이며, 거기서는 평화가 행복
　이요, 거기서는 삶이 영원이다(교부문헌 총서 15, 신국론, p.19).
dignitas causalitátis. 원인성의 품위
dignitas clericális. 성직자의 품위(尊嚴性)
dignitas Dei. 신적 권능(神的 權能)
dignitas generális. 보편적 존엄성(尊嚴性)
Dignitas hominis. 인간 존엄성(⑨ Human dignity)
Dignitas humana. 인간 존엄성(⑨ Human dignity)
dignitas patris. 성부의 품위(品位)
Dignitas personæ. 인간 존엄성(⑨ Dignity of the person).
　Ex quo ille sensus dignitatis personalis omnium
　hominum semper et amplius diffunditur ac vehementius
　asseveratur(⑨ The sense of the dignity of the human
　person must be pondered and reaffirmed in stronger)
　인간 존엄성의 의미는 진지하게 숙고되어야 하고 또
　강력하게 천명되어야 한다.

dignitas sacerdotális. 사제적 존엄성(尊嚴性),
Nobis sacerdotális dignitas tradita est.
본인의 사제적 존엄성은 전승된 것이다.
dignitas sacramentális. 성사적 품위
dignitas sacramentális matrimonii. 혼인의 성사적 품위
dignitas senátoria. 원로원의 직위
Dignitatis Humanæ.(Declaration on Religious Freedom) 종교 자유에 관한 선언(1965.12.7).
dīgno, -ávi, -átum, -áre, tr. 자격이 있다고 판단하다, 가치가 있다고 인정하다; …할 만한 것으로 생각하다, …려고 하다.
Dignare Domine manere mecum, ego volo libenter esse tecum. 당신은 내 안에 계시고 나는 당신 안에 있게 하소서(준주성범 4권 13장)/
Dignare me laudare te Virgo sacráta. Da mihi virtútem contra hostes tuos. 거룩하신 동정녀여, 삼가 당신을 찬미하오니, 원수들을 물리칠 힘을 주소서.
dīgnor, -átus sum, -ári, dep., tr. 자격 있다고 인정하다, …할 만한 것으로 생각하다, 좋게 생각하다, 호의를 가지다, 몸을 낮추어(자존심을 버리고) …하다, (공대말) …하시다, …하여 주시다.
alqm dignor fílium. 아무를 아들로 인정하다/
Haud tali me dignor honóre. 내가 이런 영광을 받을 자격이 있다고 생각하지 않는다.
dignósco, -gnóvi -gnótum -ĕre, tr. (dis+nosco) 분별(구별)하다, 식별하다, 알아보다.
curvo dignosco rectum. 곧은 것을 굽은 것과 구별하다/
dóminum ac servum dignosco. 주인과 노예를 알아보다.
dignum est. 마땅하다(æquum est), 합당하다(par est.)
Dignum et justum est.
([영] It is Right to Give Him Thanks and Praise)
([獨] Das ist würdig und recht)
([프] Cela est juste et bon)(이탈리아어 E cosa buona e giusta)
마땅하고 옳은 일입니다.
Dignum laude virum Musa verat mori : cælo Musa eum beat.(Horatius). 상찬(賞讚)을 받을만한 사람이 죽어 없어지는 것은 Musa가 금한다. Musa는 그에게 천계의 행복을 준다(cælo beare).
dignus, -a, -um, adj. **자격 있는**, 합당한, 마땅한, 어울리는, 알맞은, (상.벌 따위를) **받을 만한**, 당연한.
alqd históriā dignum. (이야기할 가치 있는) 중요한 것, 특기할만한 사실/
Facite ergo fructum dignum pænitentiæ. 회개에 합당한 열매를 맺어라/
laude dignus. 칭찬 받을 자격 있는 사람/
mentióne dignus. 기억할만한 사람/
qui dignus effectus est. 합당하게 된 사람/
Quid est dignum? 무엇을 해야 마땅합니까?/
Qui modeste paret, videtur dignus esse qui aliquando imperet.(Cicero). 점잖게 복종하는 사람은 언젠가는 명령하기에 합당할 사람으로 보인다/
Qui paret, dignus est, qui aliquándo ímperet. 복종하는 사람은 장차 명령할 자격이 있는 그러한 사람이다.
dignus amári. 사랑 받을만한 사람
Dignus es omni laude. 그대는 온갖 영예를 받을 만하다. [동사와 똑같이 필요와 풍족, 기쁨과 슬픔, 소원(疏遠), 이용을 나타내는 여러 형용사는 그 대상물을 탈격으로 나타낸다. 또는 속격을 다루기도 한다].
Dignus est decipi qui de recipiendo cogitavit cum daret. 줄 때 돌려받을 생각을 하는 사람은 속아 마땅하다.
Dignus est intrare. 들어가는 것이 마땅하다.
Dignus est operarius mercede sua. 일꾼이 품삯을 받는 것은 당연하다(루카 10, 7).
dignus laude. 칭찬 받을 자격이 있는 사람
dignus, qui ímperet. 명령할 자격이 있는
dīgrédĭor, (-dĕris, -dĭtur), grésus sum, grĕdi, dep., intr. (다른 데로) 가버리다, 떠나다, 떨어지다, 빗나가다, 벗어나다, 이탈하다, 멀어지다.
digressa femina a márito. 남편과 이혼한 여자.
dīgrédĭor a causā. 쟁점(爭點)에서 멀어지다
dīgrédĭor e loco. 그곳에서 떠나다
dīgrédĭor offício. 직무에서 이탈하다
dīgréssĭo, -ónis, f. 멀어짐, 떠남, 별리(別離), 벗어남, 탈선(脫線), 이탈(離脫), 일탈(逸脫).
digressio a propositā orātĭone. 주제에서의 이탈
dīgréssus, -us, m. 멀어짐, 떠남, 이탈
dīgrúnnĭo = degrúnnio, -íre, intr. 돼지가 꿀꿀거리다
dĭi[1] = dei, pl. (deus)
dĭi[2] (古) *gen.* (dies)
Dii approbent! 신들의 축복이 있으라!.
Dii averrúncent! 신들은 이 불행을 거두시라!.
dii contaminabiles. 부정 탈 수 있는 신들
Dii immortáles! 오 불멸의 신들이여
dii indigetes. 토속 신 / dii novensides. 외래 신(신국론, p.750).
Dii nec escis nec potionibus vescuntur. 신들은 음식을 먹고 마시며 살지 않는다.
dii novensides. 외래 신 / dii indigetes. 토속 신.
dii quadrivii. 네거리 수호신, 사거리 수호신
Dii te ament! 그대에게 신의 축복이 있기를 바라노라!
diis irátis nátus. 불행하여 아무 것도 잘 되지 않는 사람
diis volentibus(si dii volent) 신들이 원할 것 같으면
dījūdĭcátĭo, -ónis, f. 결정(決定), 판결(判決.הַכְרָעָה), 판단(判斷.[영] Judgment), 판별(判別).
dījúdĭco, -ávi, -átum, -áre, tr. (dis+júdico) 판결하다, 결정하다; 결판내다, 결전하다, 구분(구별)하다, 분별(식별)하다, 판별하다.
vera a falsis dijudico. 참과 거짓을 구별하다.
Dijudico vera et falsa. 참과 거짓을 구별하다.
diju… V. disju…
dīlábor, (-eris, -itur), -lápsus sum, dilábi, intr. (dis+labor[1]) 옆으로 흘러나오다, 새다, 분산하다, 흩어지다, 해산하다, 부서져 떨어지다, 붕괴하다, 무너지다, 없어지다, 멸망하다, 사라지다(גוז.נוד), 분해되다, 녹아 없어지다, (시간이) 지나가다(עבר.ארע).
Male parta, male dilabuntur.(Cicero). 악한 (수단으로) 획득한 것은 악한 절차로 상실하게 마련이다.
dīlăcĕrātĭo, -ónis, f. 산산조각 냄, 갈가리 찢음
dīlácĕro, -ávi, -átum, -áre, tr. (dis+lácero) 갈가리 찢다, 산산조각 내다, 할퀴다, 파괴하다.
dīlámĭno, -áre, tr. (dis+lámina) 둘로 쪼개다
dīlánĭo, -ávi, -átum, -áre, tr. (dis+lánio) 찢다, 조각내다
dīlápĭdo, -ávi, -átum -áre, tr. (dis+lápido) 여기저기 마구 던지다; 낭비하다.
dīlápsus, -a, -um, p.p. (dilábor)
dīlárgĭor, -ítus sum -íri, dep., tr. (dis+lárgior) 듬뿍 주다, 넘치도록 주다, (sensus pass.) 후히 베풀어지다.
Dilata. 교황청 각 부서가 제출 받은 질문이나 청원에 대한 답서로 "이 안건을 더 검토할 필요가 있는데 이번 기회에는 시간이 부족하기 때문에 다음 기회로 미룬다는 뜻"(교회법 해설 [3] 교회의 최고 권위, pp.277~278).
Dilata ad primam. 교황청 각 부서가 제출 받은 질문이나 청원에 대한 답서로 "이 안건을 다음 번 첫 회기에서 다룬다는 뜻"(교회법 해설 [3] 교회의 최고 권위, p.278).
Dilata post Agnos. 교황청 각 부서가 제출 받은 질문이나 청원에 대한 답서로 "이 안건을 부활 대축일 다음에 열리는 회기에서 다룬다는 뜻"이다. (교회법 해설 [3] 교회의 최고 권위, p.278).
Dilata post aquas. 교황청 각 부서가 제출 받은 질문이나 청원에 대한 답서로 "이 안건을 여름휴가 후 가을비가 내린 다음에 열리는 회기에서 다룬다는 뜻". (교회법 해설 [3] 교회의 최고 권위, p.278).
Dilata post Cineres. 교황청 각 부서가 제출 받은 질문이나 청원에 대한 답서로 "이 안건을 재의 수요일 다음에 열리는 회기에서 다룬다는 뜻"이다. (교회법 해설 [3] 교회의 최고 권위, p.278).
Dilata post ignem. 교황청 각 부서가 제출 받은 질문이나 청원에 대한 답서로 "이 안건을 성령 강림

대축일 다음에 열리는 회기에서 다룬다는 뜻"이다.
(교회법 해설 ③ 교회의 최고 권위, p.278).

Dilata post Reges. 교황청 각 부서가 제출 받은
질문이나 청원에 대한 답서로 "이 안건을 주님 공현
대축일 다음에 열리는 회기에서 다룬다는 뜻".
(교회법 해설 ③ 교회의 최고 권위, p.278).

dīlātátĭo, -ónis, f. 팽창(膨脹), 확대(擴大)

dīlātátor, -óris, m. 퍼뜨리는 사람, 선전자, 보급자.
(解) 확장근, (醫) 확장기(擴張器-펴는 기구).

dīlátĭo, -ónis, f. 연기, 미룸, 지연(遲延), 유예(猶豫).
Dilationes in lege sunt odiosæ.
법률에서 지연(遲延)은 혐오(嫌惡)스럽다/
Lex dilationes semper exhorret.
법률은 지연(遲延)을 언제나 혐오한다/
nec recipiénte jam dilatiónem re,
사태가 더 이상의 지연을 허락지 않아서(recipio 참조).

dīláto, -ávi, -átum, -áre, tr. (dis+latus) 넓히다,
펼치다, 크게 하다, 팽창시키다, 확장시키다.

dīláto oratiónem. 연설을 길게 끌다

dīlátor, -óris, m. 꾸물거리는 사람,
시기를 기다리는 사람, 연기(지연)자.

dīlātórĭus, -a, -um, adj. 뒤로 미루는, 연기(지연) 시키는.
exceptio dilátoria. 연기적 항변(延期的 抗辯).

dīlátum, "differo"의 목적분사(sup.=supínum)

dīlātus, -a, -um, p.p. (differo)

dīláudo, -áre, tr. (dis+laudo)
격찬하다, 여러모로 예찬(禮讚)하다.

dilectæ Deo filiæ. 하느님 사랑을 받는 딸들

dilecte, 원형 dilectus, -a, -um, adj.
[명사적 용법. 남성 단수 주격 dilectus. 속격 dilecti. 여격 dilecto.
대격 dilectum. 탈격 dilecto. 호격 dilecte].

O Jesu, mi dilecte. 오 예수님, 나의 사랑하는 분이시여.
[N.B. meus의 호격은 meus 혹은 mi이다].

dilectissime, 원형 dilectus, -a, -um, adj.
[남성 단수 최상급. 주격 dilectissimus. 속격 dilectissimi. 여격 dilectissimo.
대격 dilectissimum. 탈격 dilectissimo. 호격 **dilectissime**].

O Jesu dilectissime. 지극히 사랑하올 예수님.

Dilecti Amici, 전 세계의 젊은이들에게(1985.3.31. 교황교서)

dílectĭo, -ónis, f. 애정, 보살핌, 사랑(히브리).
ㄲ그.ἀγάπη.Φιλος.愛.⑨ Chárity/love),
[diligere는 dilectio의 동사형이고, amare는 amor의 동사형이다. 우리말로는 이 두
명사를 '사랑'으로, 이 두 동사는 '사랑하다'로 옮길 수밖에 없다. 그러나 아우구스
티노 당대의 사람들은 dilectio를 좀 더 영적인 의미로, amare는 좀 더 육적인
의미로 여겼다. 플라톤과 플로티누스가 물려준 그리스철학의 영향으로, dilectio는
그리스어 agape와 더 가깝고, amor는 그리스어 eros와 더 가까운 의미로
받아들이는 경향이 있었기 때문이다. 그러나 아우구스티노는 '사랑'이란 그 용어
(dilectio, amor, caritas)로 구별되지 않고, 어떤 대상을 어떤 동기로 사랑하느냐에
따라 구별된다고 보았다. 라틴어의 이유에서 서로 다른 성향과
동기를 지니고 있던 사랑의 두 개념(eros와 agape)을 하나로, 훌륭하게 종합해 낸
셈이다. 자기중심적인 동기로 말미암아 소유하고 싶어 하는 동경과 열망인 eros
(올라가는 사랑)와 이타적 동기로 말미암아 내놓는 겸손과 자비인 agape(내려
오는 사랑)가 아우구스티노 안에서 종합되는 과정에 관해서는 해제 "아우구스
티노의 사랑의 신학" 참조. 최익철 신부 옮김. 요한 서간 강해. p.350~351].

Amorem et dilectionem indifferenter et in bono et in
malo apud sacras Litteras inveníri. 성서에서 사랑 혹은
좋아함은 선과 악에 차별 없이 서술된다(신국론. p.2792)/
dilectione qua Deus nos diligit.
하느님이 우리를 사랑하시는 그 사랑/
Dilectionis enim nomen magis solet in melioribus rebus
dici, in melioribus accipi. 딜렉씨오라는 낱말은 통상 더
좋은 대상에서 더 많이 불리고 또 그렇게 받아들여집니다/
Ideo non videt Deum, quia non habet dilectionem:
ideo non habet dilectionem, quia non diligit fratrem.
하느님을 못 뵙는 것은 사랑을 지니고 있지 않기 때문
입니다. 형제를 사랑하지 않기에 사랑을 지니지 못합니다.
(최익철 신부 옮김. 요한 서간 강해. p.419)/
Intendite. Hoc mandatum Christi dilectio vocatur:
per hanc dilectionem peccata solvuntur. 잘 들으십시오.
그리스도의 이 계명을 사랑이라 부릅니다. 이 사랑을
통하여 죄가 없어집니다.(최익철 신부 옮김. 요한 서간 강해. p.229)/
Interroga cor tuum: si est ibi dilectio fratris,
securus esto. 그대 마음 안에 형제에 대한 사랑이
있는지 물어보십시오. 그리고 안심 하십시오/
Manet in dilectione mea. 너희는 내 사랑 안에 머물러라.

(성경 요한 15. 1)/
Necesse est qui diligis fratrem, diligas ipsam
dilectionem. 그대가 형제를 사랑하면 필연적으로 사랑 자체
이신 분을 사랑하게 됩니다(최익철 신부 옮김. 요한 서간 강해. p.419)/
Necesse est ut diligat Deum, necesse est ut diligat
ipsam dilectionem. 하느님을 사랑하고, 사랑 자체이신
분을 사랑해야 합니다.(최익철 신부 옮김. 요한 서간 강해. p.419)/
Necesse est ut diligat dilectionem.
사랑을 사랑해야 합니다.(최익철 신부 옮김. 요한 서간 강해. p.419)/
Nemo bis punitur pro eodem delicto.
아무도 동일한 범죄로 두 번 처벌받지 않는다.
Non enim sic debemus diligere homines, aut sic posumus
diligere, vel amare. 우리는 사람을 이렇게 사랑해서도 안
되고, 이렇게 사랑('diligere' 또는 'amare') 할 수도 없습니다.
(최익철 신부 옮김. 요한 서간 강해. p350~351)/
Numquid potest diligere fratrem, et non diligere
dilectionem? Necesse est ut diligat dilectionem.
형제는 사랑하고 사랑은 사랑하지 않을 수 있겠습니까?
사랑을 사랑해야 합니다.(최익철 신부 옮김. 요한 서간 강해. p.419)/
perfectio dilectionis. 사랑의 완성.
plenitudo erga legis dilectio. 사랑은 율법의 완성입니다/
Quæ est perfectio dilectionis? Et inimicos diligere, et ad
hoc diligere, ut sint fratres. 완전한 사랑이 무엇입니까?
원수까지도 사랑하여 형제가 될 수 있도록 사랑하는
것입니다.(최익철 신부 옮김. 요한 서간 강해. p.87)/
Quapropter perfecta dilectio, est inimici dilectio:
quæ perfecta dilectio est in dilectione fraterna.
그러므로 완전한 사랑은 원수 사랑입니다. 완전한 사랑은
형제적 사랑에 있습니다.(최익철 옮김. 요한 서간 강해. p.371)/
Quare non videt Deum? Quia non habet ipsam
dilectionem. 왜 하느님을 못 뵙습니까? 사랑 자체를 지니
고 있지 않기 때문입니다.(최익철 신부 옮김. 요한 서간 강해. p.419)/
Si Deus dilectio, quisquis diligit dilectionem: Deum
diligit. 하느님이 사랑이시라면, 사랑을 사랑하는 사람은
누구나 하느님을 사랑합니다(최익철 신부 옮김. 요한 서간 강해. p.419).

dilectio carnális. 육적(肉的)인 사랑

Dilectio Deus est. 하느님은 사랑이십니다.

Dilectio dulce verbum, sed dulcius factum.
사랑은 달콤한 말이지만 행동은 더 달콤합니다.

**Dilectio ergo sola discernit inter filios Dei et filios
diaboli.** 오직 사랑만이 하느님의 자녀와
악마의 자식을 구별해 줍니다.

Dilectio ex Deo est. 사랑은 하느님에게서 옵니다.

dilectio naturális. 자연적인 즐거움

Dilectio Patri, unde probata est in nos?
우리를 향한 아버지의 사랑은 어디서 드러납니까?.
(최익철 신부 옮김. 요한 서간 강해. p.323).

Dilectio proximo malum non operatur.
사랑은 이웃에게 악을 저지르지 않습니다(성경 로마 13. 10).

**Dilectio sine simulatione. Odientes malum, adhærentes
bono.** 사랑은 거짓이 없어야 합니다. 여러분은 악을
혐오하고 선을 꼭 붙드십시오(성경 로마 12. 9).

dilectio spiritális. 영적(靈的)인 사랑

dīléctor, -óris, m. (남을) 사랑하는 사람, 친구; 애인

dīlectum, "diligo"의 목적분사(sup.=supínum)

dīléctus[1] -a, -um, p.p., a.p.
사랑하는(ἀγαπητὸς), 소중한, 친애하는.

dīléctus[2](=dēléctus) -us, m. 선택(選擇).⑨ choice),
간택(揀擇-분간하여 고름). ((軍)) 선발(選拔), 모병; 징집.

dīlémma, -átis, n. 궁지(窮地), 진퇴양난(進退兩難),
딜레마(⑨ dilemma.兩刀論法) =arguméntum biceps.
(論) 양도론법(어원은 그리스어의 di(두 번)와 lemma(제안·명제)의
합성어-대전제에서 두 개의 가언적 명제를 세우는 특수한 형식의 삼단 논법)

dīléxi, "diligo"의 단순과거(pf.=perfectum)

dīlído, -ěre, tr. (dis+lædo)
부수다(ㅠㄱ.ㄱㅁㄱ.ㄱㄱ), 파괴(破壞)하다.

Diligant amici se invicem. 벗들은 서로서로 사랑하라

dilige, 원형 dílĭgo, deléxi, diléctum -ěre, tr. (dis+lego)
[명령법. 현재 단수 2인칭 dilige, 복수 2인칭 diligite].

Dilige ergo fratrem, et securus esto.(요한 서간 강해. p.419).
그러므로 그대, 형제를 사랑하십시오. 그리고 안심하십시오.
Dilige, et quod vis fac!(최익철 신부 옮김. 요한 서간 강해. p.327).
사랑하십시오. 그리고 그대 원하는 대로 하십시오.
Dilige fratrem. 형제를 사랑하십시오.
Dilige, non potest fieri nisi bene facias.
사랑하십시오. 그러면 선하게 행하는 것 말고는 그 어떤
일도 일어나지 않을 것입니다(최익철 신부 옮김. 요한 서간 강해. p.451).
Diligendo amici facti sumus; sed inimicos ille dilexit,
ut amici efficeremur. 우리는 사랑하면서 벗이 되었습니다.
그러나 그분은 벗이 되게 하시고자 원수를 사랑하셨습니다.
díligens, -éntis, p.prœs., a.p. **주의 깊은**, 세심한,
자상한, 꼼꼼히 돌보는, 정성들이는; 자세(상세)한,
열심한, 열성적인; **근면한**, 부지런한,
성실한, 잘 보살피는, 알뜰한.
Helvetii summa diligentia ad fines Gallorum
pervenerunt. 헬베티아인들은 참으로 부지런히 (행군하여)
갈리아인의 영토에 도달했다/
Homo fervidus et diligens, ad omnia est paratus.
열심하고 부지런한 사람은 모든 일을 행할 마음이 있다.
(준주성범 제1권 25장 11)/
Petre, diligens es! 베드로야, 부지런해라!/
Sitis diligentes! 당신들은 부지런하시오.

	단	수	
	m. (남성)	f. (여성)	n.(중성)
Nom.	diligens	diligens	diligens
Gen.	diligentis	diligentis	diligentis
Dat.	diligenti	diligenti	diligenti
Acc.	diligentem	diligentem	diligens
Abl.	diligenti	diligenti	diligenti
	복	수	
	m. (남성)	f. (여성)	n.(중성)
Nom.	diligentes	diligentes	diligentia
Gen.	diligentium	diligentium	diligentium
Dat.	diligentibus	diligentibus	diligentibus
Acc.	diligentes	diligentes	diligentia
Abl.	diligentibus	diligentibus	diligentibus

diligens et subtilis inquisitio. 힘겹고 까다로운 탐구,
정밀하고 끈기 있는 탐구.
diligenter, adv. (diligentius, diligentissime) 주의하여,
조심스럽게, 신중히, 부지런히, 열심히, 꾸준히, 애써.
Cum puer diligenter laboravisset, tamen a magitro suo
non laudatus est. 소년은 열심히 수고하였으나
자기 선생님한테 칭찬을 받지 못했다/
Hæc omnia quæ requiris procul dubio scies, diligenter
sciendo quod credi, quid sperari debeat, quid amari.
당신은 믿고 소망하고 사랑하여야 할 바를 성실하게 연구함으
로써 이 모든 것을 알게 될 것이다(바티스타 몬딘 지음. 신학사1. p.423)/
Id ut intelligatis, diligenter attendatis.
너희가 이것을 이해하려면 열심히 주의를 기울여라.
Diligenti examini, 성 목요일 미사 거행(1970.3.10. 답신)
dílïgéntïa, -æ, f. 근면(勤勉), 근실, 부지런함, 용의주도,
주의 깊음, 정성, 성실(πιχ.πίστις.ⓖ Fidelity),
자상(仔詳), 열성(熱誠), 열심, 알뜰함, 검약(儉約).
magna sum diligentia. 대단히 부지런히.
Diligentia comparat divitias. 근면이 재산을 마련 한다
Diligéntia in omnibus rebus est nobis adhibenda.
(=Nos adhibere debemus diligentiam in omnibus rebus)
우리는 매사에 근면함을 발휘해야 한다(용장활용 문장).
Diligéntiam adhibéndo étiam difficíles labóres
superábis. 너는 꾸준히 부지런함으로써 어려운
일들이라도 극복하게 되리라.
diligentior, -or, -us, adj. diligens, diligentis의 비교급
diligentissime, adv. diligenter의 최상급,
(= magna cum diligentia).
Quam diligentissime exploratores advenire castra
coeperunt. 정찰병들은 온 힘을 다해 진영에 도달하려 애썼다/

Tu quid agas, ubi sis, fac me quam diligentissime
certiorem. 네가 무엇을 하고 있는지, 어디에 있는지
가능한대로 상세하게(quam diligentissime)
나에게 알려다오(fac me certiorem)!
diligentissimus, -a, -um, adj. diligens, diligentis의 최상급
diligentius, adv. diligenter의 비교급.
Peto a te hoc diligentius quam si mea res esset.
나는 이 일이 내 일일 경우보다도 더 간곡하게
당신에게 부탁하는 바입니다.
Diliges proximum tuum sicut teipsum.(diligo 참조)
(ⓖ You shall love your neighbor as yourself)
네 이웃을 너 자신처럼 사랑해야 한다(성경 로마 13. 9),
네 이웃을 네 몸같이 사랑하라(공동번역 로마 13. 9),
네 이웃을 네 자신처럼 사랑하라(200주년 신약 성서).
diligis, 원형 díligo, deléxi, deléctum -ěre, tr. (dis+lego)
[직설법 현재. 단수 1인칭 diligo, 2인칭 **diligis**, 3인칭 diligit,
복수 1인칭 diligimus, 2인칭 diligitis, 3인칭 diligunt].
diligite, 원형 díligo, deléxi, deléctum -ěre, tr. (dis+lego)
[명령법. 현재 단수 2인칭 dilige, 복수 2인칭 diligite].
Diligite inimicos vestros. 너희의 원수들을 사랑하라
Diligite inimicos vestros et orate pro persequentibus
vos. 너희는 원수를 사랑하여라. 그리고 너희를 박해하는
자들을 위하여 기도하여라.
díligo, deléxi, deléctum -ěre, tr. (dis+lego) 고르다,
간택하다, 사랑하다, 애정을 가지다, 존중하다,
귀중히 여기다, 애착(愛着)을 가지다, 좋아하다.
De diligendo Deo. 주 바라기, 주님 사랑하기/
diligam te, Domine. 주님, 당신을 사랑 하오리다/
Inimicos diligere. 원수를 사랑하라/
nec potest quisquam diligere Patrem, nisi diligat Filium;
et qui diligit Filium, diligit et filios Dei.
아드님을 사랑하지 않으면 누구도 아버지를 사랑할 수
없습니다. 아드님을 사랑하는 사람은 하느님의 자녀들도
사랑합니다.(최익철 신부 옮김. 요한 서간 강해. p.435)/
necesse est ergo ut Deum diligat quisquis diligit fratrem.
누구든지 자기 형제를 사랑하면 필연적으로 사랑 자체
이신 분을 사랑하게 됩니다(최익철 신부 옮김. 요한 서간 강해. p.419)/
Prosus donum Dei est diligere Deum.
한 마디로 사랑은 하느님의 선물(膳物)이다/
Odit populus Romanus privatam luxuriam, publicam
magnificentiam deligit.(Cicero). 로마 국민은 개인의
사치는 미워하나 공공의 호사(豪奢)는 좋아 한다/
Quare diligimus? Quia ipse prior dilexit nos, et donavit
nobis diligere. 우리는 왜 사랑합니까? "그분께서 먼저
우리를 사랑하셨기 때문"이며, 우리에게 사랑을 선사해
주셨기 때문입니다.(최익철 신부 옮김. 요한 서간 강해. p.417)/
quia gratia sanat voluntatem, qua justitia libere
diligatur. 은총은 의지를 고치므로, 이를 통해 자유롭게
의(義)를 즐거워하게 된다/
Utrum Deus æqualiter diligat omnia.
하느님은 모든 것을 균등하게 사랑하는가.
diliquésco, -lícui, -ěre, intr. (dis+liquésco) 녹다, 융해되다
dilóríco, -átum -áre, tr. (dis+loríco) 옷을 헤치다,
갑옷 가슴을 헤치다, 옷자락을 벌리다.
dilúcěo, -ére, intr. (dis+lúceo)
분명하다, 똑똑히 보이다, 드러나다.
dilúcésco, -lúxi, -ére, intr., inch. 날이 밝다, 훤하게 밝아온다,
impers. dilucéscit. 날이 샌다, 동이 튼다.
dilúcídum, -i, n. 새벽, 여명(黎明-날이 샐 무렵),
서광(曙光-동이 틀 때 비치는 빛).
dilúcídus, -a, -um, adj. (dis+lúcidus) 밝은, 빛나는,
선명한, 명확한, 명료한, 분명한.
dilúcŭlat, impers. 날이 새다, 동이 트다
dilúcŭlo, adv. 새벽에
dilúcŭlum, -i, n. (dilúceo, dis+lux) 새벽, 날이 샐 무렵,
서광(曙光-동이 틀 때 비치는 빛), 여명(黎明-날이 샐 무렵).
dilúdídum, -i, n. (dis+ludus) 휴게시간, 휴식(ⓖ Rest),
유예(猶豫-일을 결행하는 데 날짜나 시간을 미루고 끎).

dīlui, "dílŭo"의 단순과거(pf.=perfectum)
dílŭo, -lŭi -lútum -ĕre, tr. (dis+luo) 씻다(סחי,שטף),
씻어 지우다, 깨끗이 빨다, 적시다(בלל), 타다,
섞다(בלל,בלל,מזג,ערב,ערבב), 묽게 하다.
개다, 물에 녹이다, (감정 따위를) 녹이다, 지워버리다.
없애버리다. (권위.힘 따위를) 감소시키다.약화시키다,
변박(반박)하다, 물리치다, 누명(陋名)을 벗다.씻다,
해결하다, 풀다.
dīlūtum, "dílŭo"의 목적분사(sup.=supínum)
dīlútus, -a, -um, p.p., a.p. 물 탄, 섞은, 묽게 만든,
엷은, 약해진, 김빠진.
odor dilutus. 김빠진 향기/rubor dilutus. 연붉은색.
dīlŭviális, -e, adj. 홍수의, 범람의, 홍수의 작용으로 인한,
(地質) 홍적기(鴻績期)의.
dīlúvies, -éi, f. 범람(氾濫-汎溢), 홍수(洪水.⑨ Flood)
dīlúvĭo[1]-áre, tr. 홍수를 일으키다, 홍수로 덮쳐버리다
dīlúvĭo[2] -ónis, f. (=dīlúvĭum, -i, n.)
범람(氾濫-汎溢), 홍수(洪水.⑨ Flood), 참화, 황폐,
파괴, 공격. (聖) 노아의 대홍수. (地質) 홍적물, 홍적층.
An post diluvium a Nœ usque ad Abraham aliquæ
familiæ secundum Deum viventium reperiantur.
대홍수 후 노아부터 아브라함까지 하느님 따라 사는
집안들이 있는가(교부문헌 총서 17. 신국론. p.2800)/
De longa vita hominum, quæ fuit ante diluvium et
de ampliore humanorum corporum forma.
대홍수 전 사람들의 장수와 신체의 거구.(신국론. p.2796)/
Et ingressus est Noe et filii eius, uxor eius et uxores
filiorum eius cum eo in arcam propter aquas diluvii.
(eivsh/lqen de, Nwe kai, oi` ui`oi, auvtou/ kai, h` gunh, auvtou/ kai
ai` gunai/kej tw/n ui`w/n auvtou/ metV auvtou/ eivj th,n kibwto,n dia,
to, u[dwr tou/ kataklusmou/) (獨 Und er ging in die Arche
mit seinen Söhnen, seiner Frau und den Frauen seiner
Söhne vor den Wassern der Sintflut) (⑨ Together with
his sons, his wife, and his sons' wives, Noah went
into the ark because of the waters of the flood)
노아는 아들들과 아내와 며느리들과 함께 홍수를
피하여 방주로 들어갔다(성경 창세 7. 7)/
노아는 아들들과 아내와 며느리들을 데리고 홍수를
피하여 배에 들어갔다(공동번역 창세 7. 7).
dīlúvĭum, -i, n. = dīlúvĭo[2] -ónis, f.
Diluvium Nœ. 노아 홍수(창세 6, 5~9. 17)
dímáchæ, -árum, m., pl. 용기병(龍騎兵), 기마보병
dīmăchǽrus, -i, m. 쌍검(雙劍) 검투사
dīmáno, -ávi, -átum, -áre, intr. (dis+mano)
사방으로 흐르다, 흘러 퍼지다.
dīménsĭo, -ónis, f. 측정, 측량, 길이.폭.높이,
차원(次元-수학에서. 일반적인 공간의 넓이의 정도를 나타내는 수數);
넓이, 면적, 용적, 크기, 부피, 측면(側面-옆면).
Dimensio ecclesiális sacramentorum.(⑨ Ecclesial
dimension of the sacraments) 성사의 교회적 차원.
dimensio externa. 외적 측면
dimensio interna. 내적 측면
dimensiones interminatæ. 불확정적 규모
dīménsum, -i, n. 배급량(配給量), 배당량
dīménsus, -a, -um, p.p. 측정된
dímĕter(=dimetrus), -tra, -trum, adj.
(詩) 2보격(二步格)의, 각운(脚韻) 2개로 되는(시행詩行).
dīmétĭor, -ménsus sum, -íri, dep., tr.
(dis+métior) 재다, 달다, 되다, 측정하다; 측량하다.
sensu pass. 측정되다.
dīméto, -ávi, -átum, -áre, tr. = dēméto[2]
측량하다, 경계(境界)를 정하다
dīmétrĭa, -æ, f. 이보단장격의 시(二步長短格의 詩)
dīmicátĭo, -ónis, f. 전투(戰鬪), 백병전(白兵戰),
투쟁(鬪爭.⑨ Battle), 싸움(⑨ Battle/Conflict), 분투.
dimicátĭo vitæ. 목숨을 건 투쟁
dímĭco, -ávi(-cŭi), -átum, -áre, intr. (dis+mico)
백병전 하다, 접전하다, 전투하다, 투쟁하다, 싸우다,

(특히 검투사들이) 칼을 휘두르며 싸우다.
In deserto cum Christo diavolus dimicat.
사막은 마귀가 그리스도와 투쟁하는 곳이다.
dīmídĭa, -æ, f. 절반(折半), 2분의 1
dimidia hora. 반시간(30분, semi-hora.)
dimidia pars cívium. 시민의 반수
dimidia pars terræ. 지구의 절반
dimidia pars vitæ. 반평생(半平生)
dimidio plus. 반 이상
dīmĭdĭátĭo, -ónis, f. 이등분, 반분
dīmĭdĭétas, -átis, f. 반, 절반
dīmídĭo, -átum -áre, tr. 반분하다, 둘로 나누다, 2등분하다.
dīmídĭum, -i, n. 반, 절반(折半)
dimidio plus. 반 이상/
dimidia pars terræ. 지구의 절반/
Incertus animus dimidium est sapientiæ.
의심하는 마음은 지혜의 절반/
Prudens quæstio dimidium scientiæ. 현명한 질문은
지식의 절반(무엇을 질문해야 할지 아는 것은 이미 반은 알고 있는 것이다).
dimidium animæ suæ. 자신 영혼의 반쪽
Dimídium facti qui cœpit, habet(Horatius). 시작이 반이다/
시작을 한 사람은 일의 절반은 한 셈이다.
Dimidium facti qui coepit habet : sapere aude(Horatius).
시작이 반이다. 용기 있게 판단하라
dimidíum, quam quod accéperat.
그가 받았던 것에 비해 절반.
dīmídĭus, -a, -um, adj. (dis+médius) 절반의, 반 되는,
반분의, 2분의 1, 반쪽만 남은.
Dux dimidiam partem prædæ militibus distribuit.
장군은 전리품의 절반을 병사들에게 나누어 주었다.
dīmínŭo, -ĕre, tr. (dis+mínuo) 조각내다,
부수다(חרב,מחה,נתץ), 깨뜨리다, 감소시키다.
dīmĭnútĭo, -ónis, f. = dēmĭnútĭo 감소, 감축, 축소
dīmĭnūtívus, -a, -um, adj. = dēmĭnūtívus 소형의,
작은(ὀλίγος.μικρὸς,ὀλίγος), 조그마한, 축소형의.
dimisi, "dīmítto"의 단순과거(pf.=perfectum)
dimisit, 원형 dīmítto, -mísi -míssum -ĕre, tr. (dis+mitto)
[직설법 현재, 단수 1인칭 dimisi, 2인칭 dimisisti, 3인칭 dimisit.
복수 1인칭 dimisimus, 2인칭 dimisistis, 3인칭 dimiserunt]
Esuriéntes implévit bónis, et dívites dimísit ináness.
주리는 이를 은혜로 채워 주시고
부요한 자를 빈손으로 보내셨도다.
dīmíssĭo, -ónis, f. 보냄, 파견(派遣.חπικ.ἀποστέλλω),
발송, 내보냄, 해고(解雇), 해산, 퇴학(⑨ dismissal),
제명(除名-명부에서 결격자 등의 이름을 빼어 버림. 割名),
(학교.단체에서의) 제적(除籍.⑨ excardinátĭon).
dimissio e statu clericali. 제명(除名)
dīmissóriæ, -árum, f., pl. ((敎會法))
(다른 관할구에서) 수품 허가장(受品 許可狀),
(다른 관할 성당에서의) 혼인 거행 허가장,
(성직자의) 교적 이전 허가서,
Literæ dimissoriæ. 서품 위임장(교회법 제266, 427조 등).
dīmissórĭus, -a, -um, (=dīmíssóriális, -e) adj.
(다른 관할구에서) 수품을 허가하는,
(타지역에서) 혼인 거행 허가의,
(성직자의) 교적 이전의.
dīmíssum, "dīmítto"의 목적분사(sup.=supínum)
dimitte, 원형 dīmítto, -mísi -míssum -ĕre,
[명령법 단수 2인칭 dimitte, 복수 2인칭 dimittite]
Dimitte turbas. 군중을 해산하십시오(루카 9. 12)
Dimitte eos. 남을 용서하여라. 그러면 너희도 용서받을 것이다.
Dimittite et dimittetur vobis.
dīmítto, -mísi -míssum -ĕre, tr. (dis+mitto)
사방으로 내보내다(ἀπόστολή), 해산 시키다(שלח), 폐회하다,
면직시키다, 해임하다, 해고하다, 내쫓다(חרם),
내보내다, 퇴학시키다, 제적하다, 돌려보내다,
가게 하다, 남겨 놓다, 침투시키다, (사방으로) 방출하다,
포기하다, 버리다, 그만두다, 기권하다, 단념하다.

놓치다, (남에게 억지로) 내어주다, 양보하다,
방면(放免)하다, 해방하다, 면(제)해주다, 용서하다.
Multi ex eis crediderunt, et dimissus est eis fusus saguis
Christi. 그들 가운데 많은 이가 믿고 그리스도께서 흘리신
피로 용서를 받았습니다.(최익철 신부 엮음. 요한 서간 강해. p.87)/
occasiónem dimitto. 기회를 포기하다.
dīmítto *alqm* incólumem. 아무를 무사히 돌려보내다.
dīmorphísmus, -i, m. (生) 양형(兩形), 동종이형(同種二形),
결정(結晶)의 동질이상(同質異像).
dīmōtum, "dīmóvĕo"의 목적분사(sup.=supínum)
dīmóvĕo, -móvi -mótum -ére, tr. (dis+móveo)
헤치다, 벌리다, 가르다(פלג,בקע), 나누다(בקע,פלג),
쪼개다(בקע,גזר), 여기저기 옮기다,
산산이 흩어뜨리다, 해산시키다(פור),
치우다, 멀리하다, 떼어놓다, 분리하다, 구별하다.
dīmóvi, "dīmóvĕo"의 단순과거(pf.=perfectum)
dīnósco = dīgnósco, -gnóvi -gnótum -ĕre,
tr. (dis+nosco) 분별(區別)하다, 식별하다, 알아보다.
dīnóto, -ávi, -átum, -áre, tr. 구별하다
dīnŭmĕrátĭo, -ónis, f. 헤아림, 계수, 셈, 계산;
열거, 매거(枚擧-하나하나 들어서 말함).
dīnŭmĕro, -ávi, -átum, -áre, tr. = dēnúmĕro.
일일이 세어나가다, 손꼽아 세다, 열거(매거)하다,
헤아리다, 계산하다, 셈하여 치르다.
dīŏbŏláris, -e, adj. 두 푼 어치의, 2óbolus(동전) 짜리의
dīœcēsánus, -a, -um, adj. 교구의, 교구 소속의.
dioecesana consociátĭo. 교구차원의 단체/
dioecesanum presbyterium. 교구 사제단/
institutum juris diœcsani. 교구 설립회(設立會)/
Synodus dioecesana. 교구회의.
dīœcēsis, -is, f. 관할(管轄), 관리, 행정권, 관할구역,
행정구역(行政區域), 구획(區劃), 지역(地域),
(교계제도가 수립된 지방의) 교구(διοικησις.® diocese
.獨 Bistum/Diözese).
in favorem diœcesis. 교구를 위하여.

	sg.	pl.
Nom.	diœcésis	diœcéses
Voc.	diœcésis	diœcéses
Gen.	diœcésis(-ĕos)	diœcéseon(-íum)
Dat.	diœcési	diœcésibus
Acc.	diœcésim(-in)	diœcéses
Abl.	diœcési	diœcésibus

(허창덕 지음. 중급 라틴어. p.11)
Diœcesis Andongensis. 안동교구.
[한국 지명의 라틴어명은 불변화 명사로 사용하며, 성은 일반적인 규칙에 따라
여성으로 취급한다. 다만 '서울'은 관습상 Seulum, -i, n.(Seulensis, -e, adj.)으로
하고 형용사는 라틴어 장소 접미사 -ensis를 붙여 제3식 변화를 따른다.
황치헌 신부 지음. 미사 통상문을 위한 라틴어. p.140].
Diœcesis Cheiuensis. 제주교구
Diœcesis Cheongiuensis. 청주교구
Diœcesis Chuncheonensis. 춘천교구
Diœcesis Coreenses. 한국의 교구들/
Archidiœcesis Kvangiuensis. 광주대교구.
Archidiœcesis Seoulensis. 서울대교구.
Archidiœcesis Tæguensis. 대구대교구.
Diœcesis exempta. 면속 교구(免屬 敎區)
Diœcesis Ieoniuensis. 전주교구
Diœcesis Inchonensis. 인천교구
Diœcesis Masanensis. 마산교구
Diœcesis Metropolitana. 수도좌 교구
Diœcesis Pusanensis. 부산교구
Diœcesis suffraganea. 속교구(屬敎區)
Diœcesis Suvonensis. 수원교구
Diœcesis Tæieonensis. 대전교구
Diœcesis Uiiongbuensis. 의정부교구
Diœcesis urbica. 로마 교구
Diœcesis Voniuensis. 원주교구
Diœcesium Circumscriptio. 교구 경계(敎區 境界)
dīœcétes, -æ, m. 재정 관리인, 집사(גזר.執事)

Dĭógĕnes, -is, m. Creta 섬의 Apollónia 출신 철학자,
Sinó 출신의 유명한 견유학파 철학자(c. 412~323. A.C.).
Diogenes liberĭus, ut cýnicus.
Diógenes는 견유학파로서 더 자유주의적이었다.
Dĭóna(-e), -æ(-es) f. Venus 여신의 어머니
Dionysiana Collectio. 디오니시오 법령집
Dionysiana Exiguus. 디오니시오 엑시구우스.
(흑해와 카스피 해 사이의 옛 지방 출신. 수도자로서 로마에 거주. 자기를
보잘 것 없는 자란 뜻으로 Exiguus라는 이름을 가졌다. 연기와 교회법에
공헌한 사람. 당시 사용하던 디오클레시아누스 연기를 파기하고 로마 창건
연대 753년을 그리스도 탄생년으로 해서 그해를 A.D. 기원 1년으로 시작하여
지금에 이른다. 이 그리스도 강생 연대를 서기라 하며 이 연기는 영국에서
664년에 도입했고 그 후 유럽 대륙에서 일반화되었다. 그는 여러 공의회의
의결집과 교령 41개를 수집했다… 백민관 신부 엮음. 백과사전 1, p.856).
Dionysius, -i, m. 디오니시오 폭군(432~368 A.C.).
Duodequadraginta annos Dionysius tyrannus fuit
Syracusæ. 38년 동안 디오니시우스는 시라쿠사의
폭군 노릇을 하였다.
Dionysius, cultores tonsorios timens, candente
carbone sibi adurebat capillum.(cultĕr, -tri, m. 면도칼)
면도칼을 두려워한 디오니소스는 (디오니소스는 면도칼을
두려워한 나머지) 벌겋게 단 숯으로 자기 머리칼을 그을렸다.
Dionysius tyrannus consuetudine amicorum, sermone
familiari carebat. 폭군 디오니시우스는 친구들과의
교제나 친밀한 대화가 결여(缺如)되어 있었다.
dĭópĕtes, -is, m. 청개구리
dĭóptra, -æ, f. (산·탑의 높이나 수심 따위의)
측정기구, 측량기구.
dĭóptrǐca, -æ, f. 굴절(屈折) 광학, 광선 굴절학(屈折學)
dĭóráma, -ātis, n. 투시화(透視畵), 디오라마(반투명한 그림에
여러 색깔의 광선을 투사시키는 요지경 장치).
Dĭoscúri, -órum, m., pl. Castor와 Pollux 쌍둥이
dĭóta(=dyóta), -æ, f. (양쪽 손잡이가 달린) 술항아리
diphthérĭa, -æ, f. (= diphtherítis, -tidĭs, f.)
디프테리아(® diphtheria), 마비풍(痲脾風)
diphthóngus, -i, f. (文法) 중모음(重母音), 복모음,
(간혹) 중자음, 복합자음.
díphyes, -is, f. 이중의 본성을 지닌 자, 兩性소유자
diplásĭus, -a, -um, adj. 2배 되는
diplázĭum Taquétii, -i, n. (植) 섬잔 고사리
díplŏë, -es, f. (解) 판간층(板間層),
해면상(海綿狀) 또는 다공질(多孔質)의 골조직(骨組織).
díplŏis, -ĭdis, f. 망토, 두르는 겉옷
diplóma, -ātis, n. (황제나 고관이 주는) 특권 수여장,
허가서, 인가서, 여권, 통과증, 임명장, 사령장(辭令狀)
공문서, 졸업증서, 학위증서, 자격 면허증,
감사장, 표창장, 상장.
Diplomata regia. 왕(王) 문서.

	sg.	pl.
Nom.	diplóma	diplómata
Voc.	diplóma	diplómata
Gen.	diplómatis	diplómatum(-órum)
Dat.	diplómati	diplómatibus(-is)
Acc.	diplóma	diplómata
Abl.	diplómate	diplómatibus(-is)

(허창덕 지음. 중급 라틴어. p.12)
diplōmárĭus, -a, -um, adj. 특권 수여에 관한, 명장의
diplomatica, -æ, f. 고문서학, 교회사학의 보조학,
(로마인들은 처음 군자 제대 명령서를 사용하기 위해 그리스어 diploma란
말을 차용하여 썼는데 이 말은 접은 종이라는 뜻이다. 이것이 후에 공무여행
(Cursus publicus) 허가서라는 뜻으로 바뀌었다. 중세기에 와서 이 말은 왕이나
교황이 발행하는 공적인 문서라는 뜻으로 쓰이게 되었다. 르네상스 시대에
와서는 Res diplomatica란 말이 생겨 고대 문서 연구라는 뜻으로 사용했다. 이는
다시 교회사, 왕 문서, 사문서로 나뉜다. 백민관 신부 엮음. 백과사전 1, p.858).
De Re Diplomatica libri sex. 고문서 연구 6권.
diplōmáticus, -a, -um, adj. 외교의, 외교적인, 외교관의.
corpus diplomaticum, cœtus diplomaticus. 외교 사절단.
diplomórpha insuláris, -æ -is, f. (植) 강화 산닥나무
dĭplópĭa, -æ, f. (醫) 복시증(複視症)
dĭplópŏda, -órum, n., pl. (動) 배각류(倍脚類)
diplopterýgĭum glaucum, -i, n. (植) 풀고사리
dīpódĭa, -æ, f. (詩) 두 개의 각(脚)이 있는 시, 이보구

dīpondiárĭus, -a, -um, adj.
(동전) 두 푼의; 싸구려의, 무가치한.

dīpóndĭus(-um), -i, m.(n.) 두 푼의 돈, as짜리 돈,
싼값, 헐값, 둘, 2의 수.
dipóndio veníre. 싸구려로 팔리다.

dipsománĭa, -æ, f. 음주광, 발작성 대주증(大酒症)

díptĕra, -órum, n., pl. (蟲) (곤충의) 쌍시류(雙翅類)
(파리, 모기를 포함하는 곤충류의 1목).

diptĕrólogĭa, -æ, f. 쌍시류학(雙翅類學)

díptycum, -i, n. 경첩으로 접을 수 있게 만든 冊子
.서판(書板)-그 안쪽에 밀초를 먹여 철필stylus로 글자를 썼음).
(제단 뒤에 세우는) 둘로 꺾어 접은 성화 조각물,
미사 때 기념할 생사자들로 접을 수 있도록 되어 있었음).

dīra, -órum, n., pl. 불행, 불운, 불길한 일

dīræ[1] -árum, f., pl. 불길한 징후, 흉조, 저주, 증오(憎惡)

dīræ[2] -árum, f., pl.(밤(夜)의 딸[인)복수의 여신(女神)들

directárĭus, -i, m. (남의 집에 침입하는) 절도범

directe, adv. 매개 없이 직접/adv. mediante. 매개적으로.

directilínĕus, -a, -um, adj. 직선의

dīréctim, adv. 똑바로, 곧게, 일직선으로, 일렬로

diréctĭo, -ónis, f. 곧게 함, 방향 잡아줌, 직선, **방향**,
방위, 진로, 지도, 지휘, 지시, 감독.
Regulæ ad directionem ingenii. 정신 지도를 위한 규칙들.
(데카르트 지음).

directio spirituális. 영성지도(영 spiritual direction)

dīrectívus, -a, -um, adj. 방향을 제시하는, 지도적인, 곧은.
interpretátĭo directiva. 지침 해석.

dīrécto, adv. 곧게, 똑바로, 직선으로

dīréctor, -óris. m. 지도자, 관리자, 지배인, 국장, 감독관

Director spirituális. 영적 지도자(靈的 指導者)/
moderátor spirituális. 영성 담당자(擔當者.部長).

director spiritus. 영성 지도신부, 영성 지도자

dīrectórĭum, -i, n. (영 Guideline.獨 Richtlinien)
지침*, 지침서, 지도서, 안내서, 명부, 주소록,
Diretorio ascetico e mistico. 수덕 신비 지침서.

Directórĭum catechisticum generale.(영 General
Catechetical Directory) 교리교육 일반지침.

Directórĭum Commune Missionum Coreæ.
한국 천주교 공용 지도서(총 542條. 1931년).

Directórĭum de Missis cum pueris. 아동미사 지침서.
(1973.11.1. 公布).

Directórĭum de pastorali Ministerio Episcoporum.
주교 사목 지침서(指針書).

Directorium de re œcumenica. 일치 운동 지침서

Directórĭum Eccletiæ Coreæ. 한국 교회 지침서

Directorium inquisitorum. 종교 재판관의 지침서

Directórĭum jussu Synodus Regionális Coreæ.
한국 지역 시노드의 명에 의하여 간행된 지도서.

Directórĭum Missionis Coreæ. 한국 선교지 지도서

Directórĭum Missionis de Daikou. 대구교구 지도서

Directórĭum Missionis de Seoul. 서울교구 지도서.
(1922년 9월 21일 공포).

Directórĭum Missionis Taikou. 대구교구 지도서.
(1912.6.1.성신강림 대축일에 반포된 대구교구 지도서).

Directórĭum Pastorale Coreæ. 한국 천주교 사목 지침서

dīrectórĭus, -a, -um, adj. 지시하는 내용의.
lítteræ directóriæ. 지시서, 발송 통지서.

dīrectum, "dīrigo"의 목적분사(sup.=supínum)

dīréctus, -a, -um, p.p., a.p. 곧은, 똑바른, 직행하는,
직각의, 수직(垂直)의, 수평의, **직접의**, **직접적인**, 솔직한.
fossa diréctis latéribus. 수직으로 파 내려간 호(濠)/
locus directus. 깎아지른 장소, 절벽(絶壁)/
orátio dirécta. 직접화법/
trabes diréctæ. 벽과 직각으로 놓은 들보.

dīrémptĭo, -ónis, f. 갈림, 떨어짐, 분리(分離.χωρισμὸς),
이별(離別), 연기(延期), 미룸.

dīrémptus, -us, f. 분리(χωρισμὸς), 갈라짐, 떨어짐, 이별

dīréptĭo, -ónis, f. 약탈(掠奪), 강탈.強奪-강제로 빼앗음).
Hostes urbem direptioni et incendiis reliquerunt.

적병들은 도시를 약탈(掠奪)과 방화에 내맡겨 두었다.
[타동사의 상당수는 대격으로 나오는 직접 목적어(…을 더불어)와 더불어 간접
목적어(…에게)를 여격으로 갖는다. "주다, 맡기다, 지시하다" 등의 수여동사
verba dandi와 일부 전치사(ad, ante, cum, de, ex, in, inter, ob, post, sub,
super)와 합성된 동사의 여격 목적어를 많이 볼 수 있다.
성 염 지음. 고전 라틴어, p.391].

dīréptor, -óris. m. 약탈자(掠奪者), 강탈자, 강도(強盜)

dīréxi, "dírigo"의 단순과거(pf.=perfectum)

dīríbĕo, -ŭi, -ĭtum, -ére, tr. (dis+hábeo)
투표판을 분배하다, 세다, 헤아리다, 선별(選別)하다.

dīrĭbítĭo, -ónis, f. 투표 선별, 투표 계산

dīrĭbítor, -óris. m. 투표 선별자, 투표 계산 정리자,
(연회석에서 술잔.요리 따위를) 돌리는 사람, 분배자.

dīrĭbítórĭum, -i, n. 투표 선별장소, 군대봉급 지불장소

dīrígĕo, -gŭi, -ére, intr. 굳어지다, 경직(硬直)하다

Dirigite, 원형 dírígo, -réxi -réctum -ére, tr. (dis+rego)
[명령법. 현재 단수 2인칭 dirige, 복수 2인칭 dirigite].

Dirigite viam Domini. 길을 바르게 하라(200주년 요한 1. 23).

dírigo, -réxi -réctum -ére, tr. (dis+rego) 곧게 하다,
일직선이 되게 하다, 줄을 바로 잡다, 정렬시키다(ロ﹁),
수직(垂直)이 되게 하다, 수평이 되게 하다,
(목표를) **향해 가게 하다**, (어느 방향으로) 돌리다,
진로를 잡다, **겨냥하다**, 쏘다, 투사하다,
(화살.창 따위를) 목표물에 겨누다.맞히다,
(무엇을 무엇에) 맞추다. 따르게 하다, 적응(순응)시키다.
맞추어 정하다, 규정하다, 정돈하다, 배치하다(ロ﹁).
정리하다(ロ﹁), **지도하다**, 바로 잡아두다,
다스리다(βασιλεὺω.הﬡﬣ.ﬥﬡﬣ.﹐ﬢﬡﬢ).
지휘 감독하다, 보내다(ἀπόστολή).
Dirigat corda nostra, quæsumus, Domine,
tuæ miserationis operatio: quia tibi sine te placere non
possumus. 주님 비오니, 도우심이 없이는 주님의 뜻을
따르지 못하는 저희의 마음을 자비로이 인도 하소서/
Dirigatur, Domine, oratio mea sicut incensum in
conspectu tuo: elevatio manuum mearum sacrificium
vespertinum. 주여, 저의 기도가 유향처럼 당신 앞에
오르게 하시며, 높이 올린 저의 두 손이 저녁에
바치는 희생물 같게 하소서/
Ut nostri omnes ad Jesum et sensus dirigantur et
actus. 우리들의 모든 생각이나 행위를 예수님께로
향하게 하려고 노력하는가?(성 벨라도).

Dirigo. 내가 이끈다(미국 Maine주 표어)

dirigo equum in *alqm*. 누구한테로 말을 몰다

dirigo se in *alqm* locum. 어디로 가다

dírĭmens, -éntis, p.p., a.p. 혼인을 무효로 만드는.
impedimentum dirimens.
(敎法) 혼인 무효장애, 무효(성) 장애(조당).
Si quis dixerit, ecclesiam non potuisse constituere
impedimenta matrimonium dirimentia, vel in iis
constituendis errasse. 만일 누가 교회는 혼인을 무효로
만드는 혼인장애들을 제정할 수 없다거나 이들을
제정하는 것은 오류를 범하는 것이라고 주장한다면,
그는 파문 받아야 한다.

dírĭmo, -émi -émptum -ére, tr. (dis+emo) 갈라놓다,
쪼개다(ﬡﬤ﹐.ﬡﬢ), 분할(分割)하다; 떼어 내다,
그만 두다(ﬡﬤ), 집어치우다, **중단하다**(ﬣﬢﬥ.ﬣﬤﬥ),
중지하다(ﬣﬤﬡ), 끝내다(ﬣﬤﬥ.ﬣﬤﬥ), **단절하다**;
중단시키다, 무너뜨리다, 없애버리다.
수포로 돌아가게 하다, 허사가 되게 하다, **무효로 만들다.**

dirimo tempus.
(결말이 나지 않아) 연기하다, 다음으로 미루다.

dirípĭo, -pŭi -réptum -ére, tr. (dis+rápio)
잡아 찢다(ﬥﬡﬠ), 조각내다, 깨뜨리다,
약탈하다, 노략질하다, **뺏다,** 잡아채다.
서로 가지려고 하다, 손에 넣으려고 하다.
Urbem diripiendam militibus tradidit.
그는 군인들에게 도시를 약탈하게 내맡겼다.

dírĭtas, -átis, f. 재난(災難), 재앙(災殃), 끔찍한 일,
불운(不運), 불길한 일, 흉악(凶惡-성질이 몹시 악함),

D

잔학(殘虐-잔인하고 포악함), 잔인성(殘忍性),
야만성(野蠻性), 험상궂은 성격(性格).
dirúmpo, -rúpi -rúptum -ěre, tr. = disrúmpo
(dis+rumpo) **깨뜨리다**, **때려 부수다**, 산산조각 내다,
잡아 찢다, **파열시키다**, (유대를) 끊다, 단절하다,
((흔히 pass.)) (희로애락의 감정에) 가슴이 터질 것만 같다,
분통터지다, 마음이 찢어지다, 숨 막히다.
dirúmpi risu. 웃음이 터지다, 우스워 죽다/
Dirumpor dolore. 너무 고통스러워 마음이 찢어진다.
dírŭo, -ŭi -ŭtum -ěre, tr. (dis+ruo) 뒤엎다, 무너뜨리다,
부수다(רתח,רסנ,רבח), 쓰러뜨리다, 헐다, 파괴하다.
homo dirútus. 파산한 사람.
dirúpi, "dirúmpo"의 단순과거(pf.=perfectum)
dirúptĭo, -ónis, f. 파괴(破壞), 파쇄(破碎-깨뜨려 부숨),
파열(破裂-짜개지거나 갈라져 터짐).
dirúptum, "dírumpo"의 목적분사(sup.=supínum)
dirúptus, -a, -um, p.p., a.p. 깨진, 찢어진, 파열한.
homo diruptus dirutúsque. 패가망신한 사람.
dírus, -a, -um, adj. 불길한, 나쁜 징조의, 무서운,
무시무시한, **끔찍스런**, 몸서리나는, **흉악한**, **잔인한**,
야만적인, **모진**, 지독한, 고약한.
dira cupído. 끔찍한 욕망(교부문헌 총서 16, 신국론, p.1448).
dirútĭo, -ónis, f. 파괴(破壞), 폐허(로 만듦)
dirútum, "díruo"의 목적분사(sup.=supínum)
dis-¹ (dif-, di-, dir-) partícula prœfixa
1. 합성된 원말에 "**분리.분할.분산.제거.탈취.**
반대.부정" 따위의 뜻을 부여하는 접두사이다.
e.g. diffúndere(=dis+fúndere) 흘러 퍼지게 하다/
diffídere(=dis+fídere) 믿지 않다/ dissímilis 비슷하지 않은.
2. 합성된 원말의 뜻을 강화하기도 함. e.g. discúpio
매우 열망하다. 3. 합성되는 원말의 첫 글자가 c, h, p,
q. t. s일 경우에는 dis- 그대로 남아 있으나, f 앞에서는
dif-로 바뀌고, 다른 자음 앞에서는 di- 또는 간혹
dir-로 나타나며, j 앞에서는 dis-로도, di-로도 나타남,
s 앞에서도 di-가 되는 예외적인 경우가 있음.
dīs² (m., f.) dīte(n.), gen.= dītis, adj.(dīves) 부유한,
풍부한, 풍요한, 비옥한. dítior aquæ. 물이 더 풍부한.
Dīs³ Dítis, m. 저승의 신, 희랍신화의 Pluto와 동일시 됨
dīs⁴= deis, dat., abl. pl. (deus)
dis auspícibus. 신들의 가호(加護)로
discalcĕáti＊ -a, -um, p.p., a.p. 맨발의, 신발 벗은.
subst. (m., f.) 선족(跣足) 수도회 수사(수녀).
Discalceati＊. 맨발 수도회, 선족(跣足) 수도회
discálcěo, -ávi, -átum, -áre, tr. 신 벗다
discántus, -us, m. 소프라노(soprano최고 성음聲音)
discăpédĭno, -ávi, -átum, -áre, tr.
따로따로 떼다, 분리시키다.
discávěo, -ére, intr. 몹시 조심하다, 사방을 살피다
disce, 동령 disco, díďici, (díscĭtum), disco,
[명령법. 현재 단수 2인칭 disce, 복수 2인칭 discite].
Disce mori! 죽는 것을 배워라!
Disce, puer, virtutem ex me verumque laborem
fortunam ex aliis. 아이야, 용맹은 내게서 배우고 참
수고가 무엇인지는 나한테서 배워라. 그러나 행운은 다른
사람들에게서 보려므나(성 염 지음, 사랑만이 진리를 깨닫게 한다, p.385).
discédo, -céssi -céssum -ěre, tr. (dis+cedo) 분산하다,
해산하다, 무산하다, 나뉘다, 갈라지다,
분열되다, **헤어지다**, **떨어져 나가다**, 분리되다,
관계를 끊다, 이혼하다, **떠나다**, **물러가다**(άνεχωρεῖν),
물러서다, 버리다, 벗어나다, 이탈하다, 멀어지다,
떠나서 다른 데로 가다, **사라지다**, 끝나다, 그치다,
예외로 하다, 제쳐놓다, **빼놓다**.
(軍) 부대를 이동하다, 어디에서 떠나다, 싸움을 끝내다,
(싸움.재판에서 승자.패자로) 돌아오다. 되다.
a se discedo. 정신 나가다, 열이 빠지다/
ab alqā re non dígitum discédere.
무엇에서 한 치도 물러서지 않다/
ab armis discedo. 전쟁을 종식시키다, 무기를 내던지다/

ab re travérsum unguem non discédere.
어떤 일에서 한 치도 물러나지 않다/
Ex ánimo discédit memória.
마음에서(누구에 대한) 기억이 사라진다/
ex vitā discedo. 죽다/
Sollicitúdines discessére. 걱정들이 사라졌다/
Victor discéssit. 그는 승리하였다.
discedo a suā senténtiā. 자기 의견을 버리다
discedo ab urbe. 로마에서 떠나다.
discedo æquo prœlio. 전투를 무승부로 끝내다
discedo in senténtiam *alcjs*. (원로원에서) 누구의
의견에 찬동하다(2. 3명의 의견을 청취한 의원들이 자기 자리에서
일어나 찬성하는 발언자의 자리로 가는 관습이 있었음).
discens, -éntis, m.(p.prœs.) 생도(生徒), 문하생(門下生),
제자(μαθητής.弟子), 견습생(見習生).
disceptátĭo, -ónis, f. 토론(討論), 토의(討議), 논쟁,
언쟁, 경쟁. (法) 심의, 심리(審理), 판결(ייַיחוד).
disceptátĭo judiciális. 심리, 재판 개정(裁判開廷)
disceptátŏr, -óris, m.
(논쟁.분쟁을) 판결(심리.판정)하는 자, 심판(자).
disceptátrix, -ícis, f. 판정하는 여자
discépto, -ávi, -átum, -áre, tr., intr. (dis+capto)
판결하다, 시비를 가리다, 판정하다, 논쟁하다,
토론하다, (분쟁을) 해결하다, 결판내다,
(무엇이) 어디에 달려 있다.
de controvérsiis jure discepto.
분쟁(紛爭)을 법적으로 해결(解決)하다.
discerníctlum, -i, n. 가리마 꼬챙이, 구별, 차이(差異)
discernimentum morale. 도덕적 분별력
discérno, -crévi -crétum -ěre, tr. (dis+cerno)
갈라놓다, 분리하다, 가리다(סכ,נסכ), 분간하다,
구별하다, 식별(판별)하다, 구분하다.
alba et atra discerno. 흑백을 가리다/
Discernenda sunt verba. 이 말씀을 잘 식별해야 합니다/
Id discerni non potest a falso.
그것은 가짜와 구별될 수 없다/
Non ab eo persona in monasterio discernatur.
아빠스는 수도원 안에서 사람들을 차별하지 말 것이다
(성 베네딕도 수도규칙 제2장 16)/
Quomodo intelligimus, vel quomodo discernimus?
어떻게 이해하고 어떻게 식별하겠습니까?/
stultum a sapiénti discerno.
미련한 자를 지혜로운 자와 같이 보지 않다/
Unde discernimus? 어떻게 식별해야겠습니까?.
(최익철 신부 옮김, 요한 서간 강해, p.297)/
Videte quia sola discernit, videte quia facta hominum
sola distinguit. 오직 사랑만이 식별하고, 사랑만이 인간의
행동을 구별한다는 점을 알아두십시오(요한 서간 강해, p.327).
discerno suos. 자기 부하들을 식별하다
discérpo, -cérpsi -cérptum -ěre, tr. (dis+carpo)
갈기갈기 찢다, 조각내다, 여럿으로 나누다,
흩어뜨리다, 흩날리다, 헐뜯다.
discerptum, "discérpo"의 목적분사(sup.=supínum)
discessi, "discédo"의 단순과거(pf.=perfectum)
discéssĭo, -ónis, f. 분열(分裂).⑨ Divisions),
분파(⑨ religious sect), 떠남, 이별(離別), 출발(出發),
이혼(離婚.חור.ἀποστάσιον.⑨ Divorce),
찬성표시(원로원에서 자기가 찬성하는 의견의 발언자 좌석으로 가는
행동으로 이루어지는 찬성표시).
discessiónem fácere. 찬성하다.
discessio ad armis. 군비축소(軍備縮小)
discessum, "discédo"의 목적분사(sup.=supínum)
discéssus, -us, m. 갈라짐, 분리(分離.χωρισμὸς),
이산(離散), 떠남, 자퇴(自退.⑨ leáving), 출발,
귀양 감. (軍) 철수(撤收), 후퇴(後退).
cæli discessus. 번개.
discessus e vita. 사망(死亡).
죽음(dissolutio naturæ.חור.θάνατος.⑨ Death).
discīdi, "discindo"의 단순과거(pf.=perfectum)

discídíum, -i, n. 찢겨나감, 갈라짐, 분리(χωρισμὸς),
   파열(破裂-짜개지거나 갈라져 터짐), 분열(⑩ Divisions),
   불화, 불목, 이혼(חוּתיֹּ.ἀποστάσιον.⑩ Divorce).
discído, -ére, tr. (dis+cædo) 여러 토막으로 자르다.가르다
discínctus, -a, -um, p.p. 소홀한, 무기력한, 긴장을 푼,
   해이된, 아무 것도 안하는, 방종(放縱)한.
discíndo, -scídi -scíssum -ére, tr. (dis+scindo)
   찢다(עזג), 쪼개다(עזג.חֹרַפ), 가르다(עזג.קֹרַפ),
   끊다, pass. 갑자기 끊어지다, 분열이 생기다.
discíngo, -cínxi -cínctum -ére, tr. (dis+cingo)
   허리띠를 끄르다.풀다, 파헤치다, 해결하다.
   ((軍)) (군인의 상징인) 허리띠를 벗기다.뺏다.무장
   해제하다. pass. 허리띠를 끌러 놓다, 긴장을 풀다, 해이되다.
   discínctā túnica. 옷을 풀어 헤친 채.
discinxi, "discindo"의 단순과거(pf.=perfectum)
disciplína, -æ, f. 배움, 공부, 가르침, 교육, 훈련(訓練),
   학문, 학과(목), 지식, 방법, 기술, 학술, (학문의) 체계,
   규율(規律.κανὼν), 규칙, 질서, 통제(統制), 교칙(校則),
   소양(素養-평소의 교양), 배운 것, 예절(禮節), 관습(慣習),
   교양(敎養-학문. 지식. 등을 바탕으로 이루어지는 품위).
   Ad norman ecclesiasticæ disciplinæ.
   교회 규칙이 허용하는 한/
   Audi, fili mi, disciplinam patris tui et ne reicias legem
   matris tuæ. (a:koue ui`e, paidei,an patro,j sou kai, mh, avpw,sh|
   qesmou,j mhtro,j sou) (獨 Mein Sohn, gehorche der Zucht
   deines Vaters und verlaß nicht das Gebot deiner Mutter)
   (⑩ Hear, my son, your father's instruction, and reject
   not your mother's teaching) 내 아들아, 아버지의 교훈을
   들어라. 어머니의 가르침을 저버리지 마라(성경 잠언 1. 8)/
   아들아, 아비의 훈계를 귀담아듣고 어미의 가르침을
   물리치지 마라(공동번역 잠언 1. 8)/
   arcáni disciplina. (초대교회의) 내규제도(內規制度)/
   béllica disciplina. 전법(戰法), 전쟁의 법도/
   De disciplina arcani. 비밀 규범에 대해/
   De disciplina interioris hominis. 내적인간의 규율/
   De Socratica disciplina. 소크라테스의 학설(신국론. p.2768)/
   De tripertita totius philosophiæ disciplina.
   철학 전체의 삼분법(교부문헌 총서 17. 신국론. p.2782)/
   discipinæ auxliares. 보조과목/
   discipinæ principes. 주요과목/
   in alcjs disciplínā educátus. 누구의 교육을 받은/
   In disciplínam convéniunt. 배우러 모여 든다/
   labénte disciplínā. 규율이 해이해지면서(lábor참조)/
   philosophia bene vivendi disciplina.
   철학(哲學)은 선하게 사는 기술(키케로의 '철학' 정의)/
   publica disciplina. 공공의 법도/
   Te in disciplínam meam tradíderas.
   너를 내 지도(指導)에 맡겼다/
   trádere se in disciplínam alcjs. 누구의 가르침을 받다.
disciplina apostolica. 사도적 가르침
disciplina arcani. 비밀 규범, 내밀 교리 규율, 비밀 규율
disciplina auxiliáris. 보조학과
Disciplina cleri. 성직자 규범(聖職者 規範)
Disciplina Clericalis. 성직자 생활 규율
disciplina défluens. 쇠퇴해 가는 규율(κανὼν)
disciplina dicéndi. 웅변술(雄辯術, ars eloquentiæ.)
disciplina disciplinarum. 학문 중의 학문
disciplina ecclesiástica. 교회 규율(교회의 외적 생활에 대하여
   발한 모든 규율의 총체… 백민관 신부 엮음. 백과사전 1. p.860).
Disciplina eray illa, non pœna.
   그것은 벌이라기보다는 훈육이었습니다.
disciplina flagelli. 태형고행(笞刑苦行), 채찍고행
disciplína juridica. 교회법학(jus canonicum)
   (⑩ juridical discipline/canon law).
disciplina juris eruditus. 법학에 능통한
disciplina militári nobilitátis. 군사학에 뛰어난
disciplinā militáris. 군대 규율
disciplina morum. 윤리학 교수

disciplina principális. 주요학과(disciplina auxiliáris. 보조학과)
disciplina rátiónális. 논리학 교수
Disciplina socialis.(⑩ social teaching) 사회 교육
disciplinábĭlis, -e, adj.
   교육(훈련) 받을 만한, 규율을 지킬 수 있는.
disciplináris, -e, adj. 교훈적인, 교육적인, 훈련의, 규율의
disciplináus, -a, -um, adj.(a.p.) ((insut. disciplíno))
   교육이 잘된, 훈련이 잘된.
discípŭla, -æ, f. 여학생, 여생도, 여제자
discĭpŭlátus, -us, m. 학생신분, 문하생 신분, 교육, 훈련
discípŭlus, -i, m. 학생, 제자(弟子.μαθητὴς), 문하생,
   견습생(見習生, tíro, -ónis, m.).
   Christi docentis imago inhæserat in mentibus duodecim
   Apostolorum ac priorum discipulorum(⑩ The image of
   Christ the Teacher was stamped on the spirit of the
   Twelve and of the first disciples) 스승 그리스도의
   모습은 열두 사도들과 첫 제자들의 얼에 깊이 새겨져
   있었습니다(교황 요한 바오로 2세의 1979.10.16. "Catechesi tradendæ" 중에서)/
   Discipuli ad scholam causa discendi venerunt(동명사문).
   (=Discipuli ad scholam discendarum causa venerunt)
   학생들은 배우기 위해 학교로 갔다/
   Discipuli egerant gratias de misericordia magistri.
   학생들은 선생님의 관대한 (처분에 대해서 감사드렸다/
   Discipuli Iesu Nazareni.
   예수님의 제자들(⑩ Disciples of Jesus of Nazareth)/
   Discipuli magistro aliquando laudandi sunt.[수동태 용장활용]
   때때로 학생들은 선생님에게 칭찬받아야 하다/
   discipuli paulo vivacióres. 패기 있는 학생/
   Est discipulus. 그는 학생이다/
   Et hoc autem apparet quomodo sit eadem scientia in
   discipulo et doctore. 이 점으로 보아, 어떻게 학생과
   교사에게 동일한 지식이 있게 되는지가 분명해 진다/
   Interrogátĭo discipulorum. 제자들의 질문/
   Interrogavit ubi discipulus hæc didicisset.
   그 학생이 어디에서 이것을 배웠는지 그가 물었다/
   Nolebamus, discipulos tædéret scholæ.
   우리는 학생들이 수업을 싫어하는 것을 원치 않았다/
   Præest discipulis. 그는 학생들을 통솔 한다/
   Primus discipulórum. 학생 중에 첫째.
Discipulus Christi. 그리스도의 제자(⑩ Disciple of Christ)
discíssĭo, -ónis, f. 분열(⑩ Divisions), 갈라져 나감
disciscum, "discindo"의 목적분사(sup.=supínum)
discissúra, -æ, f. 분리(分離.χωρισμὸς), 찢어짐
Discite a me quia mitis sum et humilis corde.
   나는 마음이 온유하고 겸손하니 내 멍에를 메고 나에게 배워라.
discítum, "disco"의 목적분사(sup.=supínum)
disclúdo, -clúsi, -clúsum, -ere, tr. (dis+claudo)
   따로 가두다, 격리하다, 갈라놓다, 구획하다.
disclúsi, "discludo"의 단순과거(pf.=perfectum)
disclúsum, "discludo"의 목적분사(sup.=supínum)
disco, dídĭci, (díscĭtum), discĕre, tr. 습득하다,
   배우다(אלפ.ךֹרַפ.⑩ learn), 지식을 얻다, 배워 알다,
   (소식 따위를 듣고) 알다, 인식하다, 깨닫다, 경험하다.
   pf. dídĭci (경험.훈련 따위로 어떤 습관이) 몸에 뱄다.
   Ad scholam venitis ut multa discatis.
   너희는 많은 것들을 배우겠다고 학교에 오는 것이다/
   Ab uno disce omne. 하나를 보고 전부를 알라!(어디에서
   유래함을 표현하는 동사는 전치사 ab. ex와 함께 장소를 지배한다. 성 염 996.)/
   고전 라틴어. p.157/한 사람의 언행에서 다른 모든 인간들이
   과연 어떤 사람인지 배우라.[성 염 지음. 고전 라틴어. p.157]/
   Ego confilteor ætatem ad discendum arbitror immaturam.
   나는 배우는 데에 너무 어린 나이는 없다고 생각한다/
   Haud æquum facit, qui quod didicit, id dediscit. 배운 것을
   잊어버리는 사람은 결코 올바른 일을 하는 것이 아니다/
   Hominis mens discendo alitur.
   사람의 지능은 배우면서 발전한다/
   Omnia disce, videbis postea nihil esse superfluum
   Coarctata scientia jucunda non est. 모든 것을 배우도록

하여라. 나중에는 그 어떤 것도 소용없지 않다는 것을
깨닫게 될 것이다. 억지로 하는 학문은 즐거울 리가 없다/
Qui docet discit. 가르치는 자는 배운다/
ut nescire discat. 모르기를 배우겠다.(신국론, p.1262).

disco fídibus.(sc. cánere) lyra 타는 법을 배우다
discóbŏlus(-os), -i, m. 투원반 선수
discóctus, -a, -um, p.p. (díscoquo)
díscŏlor, -óris, (-lórus, -a, -um) adj. (dis+color)
빛깔이 다른, 여러 가지 색의, 잡색(雜色)의, 다른,
틀린, 같지 않은, 각양각색(各樣各色)의.
díscŏlus, -a, -um, adj. = dýscolus (성미가) 까다로운
disconcínnus, -a, -um, adj. 조화되지 않은, 불유쾌한
discontinúitas, -átis, f. 불연속성(가톨릭 신학 제9호, p.43)
discondúco, -ĕre, intr. 이롭지 못하다, 소용 닿지 않다
disconvénĭo, -íre, intr. 불화하다, 맞지 않다.
어울리지 않다, 화합하지 않다.
Discónvenit inter me et te. 너하고 나하고는 맞지 않는다.
discŏŏpérĭo, -rúi, -pértum, -íre, tr. (dis+coopério)
벗기다, 들치다, 덮개를 치우다, 폭로하다, 드러내다.
Deinde discooperit calicem, genuflectit, colligit fragmenta,
si quæ sint, extergit patenam super calicem,
interim dicens: 그 후 성작 덮개를 벗기고 궤배한다.
만일 성체조각들이 있다면 성체조각들을 모아
성작(聖爵) 위에서 성반(聖盤)을 닦고 다시 말한다.
discóphŏrus, -i, m. 접시 나르는 사람
díscŏquo, -cóxi, -cóctum, -ĕre, tr. (dis+coquo)
푹 삶다, 흐무러지게 익히다.
discordábilis, -e, adj. 일치하지 않는, 맞지 않는.
discordes venti. 서로 맞부딪치는 바람
discórdĭa[1]-æ, f. 불목(不睦), 의견차이,
알력(軋轢), 내분(內紛-내흥) 불일치, 부조화(不調和),
induco discórdiam in civitátem. 나라에 불목을 초래하다/
Quæ domus tam stabilis est quæ non discordia possit
everti? 그 어느 집안이 불화로 뒤집어지지 않을 만큼
든든하단 말인가?/
Quæ est tam firma cívitas, quæ discórdiá non
possit evérti. 불목으로써 전복되지 않을 만큼
견고한 국가는 어느 것이냐?/
Tecum mihi discordia est.
너하고 나하고는 의견이 맞지 않는다/
Unde cælestis societas cum terrena civitate pacem
habeat et unde discordiam. 천상 사회와 지상 도성
사이의 평화와 불화(교부문헌 총서 17, 신국론, p.2818).
Discórdĭa[2] -æ, f. 불목의 여신
(지옥의 신 Erĕbus와 암흑의 여신 Nox 사이의 딸).
discordiális, -e, adj. 불목을 가져오는, 알력의
discordiósus, -a, -um, adj.
다투기 좋아하는, 툭하면 불목 하는, 반항적인.
discórdo, -ávi, -átum, -áre, intr. 불목 하다, 불화 하다,
맞지 않다, 다르다(ᴨᴨ), 틀리다(ᴨᴨ), 상이하다, 어긋나다.
discors, -córdis, adj. (dis+cor) 불목 하는, 불화의,
불순종하는, 반항하는, 상충하는.
틀리는, 상이한, 어긋나는, 상반되는.
cívitas secum ipsa. 내분이 일어난 도시/
discordes venti. 서로 맞부딪치는 바람.
discors concordia. 상호견제(相互牽制)
Discorso. 연설(이탈리아어 천주교용어집, p.60)*
discrĕpántĭa, -æ, (= discrĕpátĭo, -ónis) f.
맞지 않음, 상충(相沖), 어긋남, 불일치, 모순(矛盾),
Discrepantiæ et vitæ pericula a Iesu plene suscipiuntur.
예수님께서는 삶의 모순과 위험을 전적으로 받아들이신다.
discrĕpĭto, -ávi, -átum, -áre, intr., freq. 아주 틀리다
díscrĕpo, -pŭi(-pávi) -pĭtum, -áre, intr. (dis+crepo)
소리가 맞지 않다, 서로 맞지 않다, 일치하지 않다,
어긋나다, 다르다, 차이가 있다, (무엇이) 불확실하다.
impers. díscrepat. 불확실하다, 의견이 구구하다.
sibi discrepo. 서로 맞지 않다.
discréte, adv. 따로따로, 조심성 있게

discrétim, adv. 따로 떼어서, 구별하여, 제각기
discrétĭo, -ónis, f. 구별, 식별(識別).③ Discernment),
판별(判別), 분별(分別), 분별력(이 단어는 베네딕도 성인의
중용사상을 잘 나타내는 말로 "과격하거나 지나치지 않음과 깊은
생각에서 나온 절도 있는 태도"를 지칭한다.
사려분별(思慮分別), 신중(φρόνησις.愼重-매우 조심성이 있음).
Magnum indicium, magna discretio.
위대한 표지요, 위대한 식별(識別)입니다.
discretio idonea. 충분한 판별(判別)
discretio méntis. 지성의 분별력(分別力)
discretione præcipuam. 탁월한(뛰어난) 분별력
discretione præcipuam, sermone luculentam.
뛰어난 분별력과 명쾌한 표현.
discrétĭvus, -a, -um, adj. 분별력 있는; 구별의.
discrétor, -óris, m. 식별자, 판별자, 심판자
discrētórĭum, -i, n. (수도회의) 자문회. (解) 횡격막
discrétum, "discérno"의 목적분사(sup.=supínum)
discretum. 단편량(斷片量)(라틴어 철학용어집. 1965년. p.19)
discrévi, "discérno"의 단순과거(pf.=perfectum),
"discresco"의 단순과거(pf.=perfectum).
discríbo, -scrípsi -scríptum -ĕre, tr. (dis+scribo)
배정하다, 지정하다, 분배하다, 분류하다, 구분하다.
discrímen, -mĭnis, n. **분계선**, 경계선; 격벽(隔壁),
칸막이, 간격, 사이, 거리, 틈, 잇새, **가르마**, 밭고랑,
우제류(偶蹄類)의 갈라진 발굽자국. (解) 횡격막.
lyra(7현금)의 각 현의 음정 차이, **구별, 차이**, 구분,
차별(差別).③ Discriminátĭon), 식별(③ Discernment),
판별, **결정적 시기**, 결단의 순간(瞬間), **위기**(危機),
위험한 고비, (운명의) 갈림길, 위급한 경우.
De Justo discrimine theologiæ biblicæ et dogmaticæ.
성경신학과 교의신학의 올바른 구분에 대하여(J. Ph. Gabler 지음)/
Ubi discrimen inter malos bonosque sublatum est,
confusio sequitur et vitiorum eruptio.(Seneca). 선인들과
악인들 사이에 구분이 없어지면 혼란이 따르고 악덕들이 판친다.
discrimen significātĭonis. 의미의 위기
discrimen ultimum. 극도의 위기
discrīmĭnális, -e, adj. 가르마의, 가르는, 구별(구분)하는
discrīmĭnátim, adv. 구별하여
discrīmĭnátĭo, -ónis, f. 구별, 차별(③ Discriminátĭon),
식별(識別).③ Discernment), 판별, 분별(分別), 분간.
discrīmĭnátor, -óris, m. 식별(판별.분별) 하는 사람
discrīmĭnátrix, -ícis, f. 식별하는 여자
discrīmĭnátus, -a, -um, p.p. 구별된, 구분된, 가르마 탄.
cápite discrimináto. 가르마를 타고.
discrímĭno, -ávi, -átum, -áre, tr. 따로 떼어놓다,
갈라놓다, 분리하다, 구분하다, 구별하다.
분별(分別)하다, 가리다(ᴨᴫᴩ.ᴨᴗ).
discríptio, -ónis, f. 분배, 배정, 지정(指定-가리켜 정함), 분류,
정돈(整頓-가지런히 바로잡음), 정리, 처리, 조직, 정의(定義).
juris discriptio. 법 조직.
discrúcĭo, -ávi, -átum, -áre, tr. (dis+crúcio)
사지를 십자가에 묶다, 고문하다, 형고를 주다,
몹시 괴롭히다. pass. 몹시 괴롭다.
Discrúcior ánimi. 나는 마음이 몹시 괴롭다.
discŭ "discurro"의 단순과거(pf.=perfectum)
discŭbĭtum, "discúmbo"의 목적분사(sup.=supínum)
discŭbŭi, "discúmbo"의 단순과거(pf.=perfectum)
discŭcurri, "discurro"의 단순과거(pf.=perfectum)
discúmbo, -bŭi, -bĭtum, -ĕre, intr. (dis+cubo)
식탁 앞에 비스듬히 눕다, 식탁에 둘러앉다, (자려고) 눕다.
discúpĭo, -ĕre, intr. (dis+cúpio)
매우 열망하다, 몹시 …하고 싶다, 싶어 하다.
discursus(rátĭocinium) -us, m. 추리(推理)
discúrro, -cŭ(-cúrri), -ĕre, intr. (dis+ccurro)
사방으로 뛰어가다, 흩어져 달려가다, 분산(分散)하다,
우왕좌왕하다, (무엇이) 여러 곳으로 흩어져 가다,
퍼지다, (무엇에 대해서) 논하다.
discúrsis itinéribus. 길들을 우왕좌왕한 다음/

Fama discúrrit. 소문이 사방으로 퍼졌다/
in tribus discúrrere. 부족(部族) 선거회에 가다/
per silvas discurro. 숲들을 뛰어다니다.
discursátio, -ónis, f. 여기저기 왕래함(찾아다님), 배회
discursátor, -óris, m. 배회자(徘徊者), 왔다 갔다 하는 자
discúrsĭo, -ónis, f.
(아는 진리에서부터 미지의 진리에 이르는) 추리.
discúrso, -ávi, -átum, -áre, intr., freq.
자주 왕래(往來)하다, 왔다 갔다 하다.
이리 뛰고 저리 뛰고 하다, 손짓.몸짓을 많이 하다.
discursum, "discurro"의 목적분사(sup.=supínum)
discúrsus, -us, m. 우왕좌왕 뛰어 돌아다님,
(돈벌이.관직 따위를 위해) 여기저기 찾아다님,
사방으로 뻗어나감, 확산, (누구와) 이야기 함.
(論) 추론(推論), 추리(推理).
discus, -i, m. (경기용) 원반(圓盤); 원판(圓板), 접시.
Volo ut protinus des mihi in disco caput Ioannis
Baptistæ. 당장 세례자 요한의 머리를 쟁반에 담아
저에게 주시기를 바랍니다.(성경 마르 6, 25).
Discus incrépuit.(increpo 참조) 투원반의 소리가 쨍하고 났다
discussi, "discútĭo"의 단순과거(pf.=perfectum)
discússĭo, -ónis, f. 진동(震動-흔들리어 움직임), 동요(動搖),
토론, 토의, 심의; 논쟁, 공동 지출에 대한 검토.심사.
discussum, "discútĭo"의 목적분사(sup.=supínum)
discútĭo, -cússi -cússum -ĕre, tr. (dis+quátio)
분쇄하다, 파괴하다(חרב), 때려 부수다, 부러뜨리다,
깨트리다, 흩어지게 하다, 흩어져 사라지게 하다,
(안개.구름 따위를) 걷히게 하다, 쫓아버리다,
떨쳐버리다, 토론하다, 토의하다, 검토하다.
((醫)) (염증.화농.종기 따위를) 삭이다, 가라앉히다.
dísérte(=dísértim) adv. 명확하게, 분명하게, 똑똑히,
능란한 말솜씨로, 유창하게, 웅변적(雄辯的)으로.
dísertitúdo, -dínis, f. 능변(能辯), 달변(達辯-能辯)
dísértus, -a, -um, adj.(a.p.) 말 잘하는,
구변 좋은, 능변(달변.웅변)의, 명료한, 명확한,
(내용이) 짜임새 있는.알찬.
Pectus est quod disertos facit.
사람들을 감동시키도록 하는 것은 마음이다.
disglútĭno, -áre, tr. (dis+gluten) 떼다
disharmŏnía, -æ, f. (dis+harmonía)
부조화(不調和), 불일치(不一致), 불협화음.
disícĭo = disjícĭo
disinféctĭo, -ónis f. 소독(消毒), 살균(작용)
disjĕci, "disjícĭo"의 단순과거(pf.=perfectum)
disjécto, -áre, tr., freq. 마구 내던지다
disjectum, "disjícĭo"의 목적분사(sup.=supínum)
disjícĭo, -jéci -jéctum -ĕre, tr. (dis+jácio) 사방에 던지다,
던져 흩트리다; 흩어지게 하다, 분산시키다,
패주(敗走)시키다, 뒤엎다, 부수다(חרב.חתת.רצץ.רתב),
무너뜨리다, 허물다, 분쇄하다, 파기하다, 헛되게 하다,
무효화하다, 좌절시키다, 꺾다, 실패하게 하다.
disjŭgátĭo, -ónis, f. 분리(分離)
dísjŭgo, -ávi, -átum, -áre, tr. (dis+jugo)
겨릿소를 갈라놓다; 분리시키다.
disjúncte(=disjúnctim) adv.
따로 떼어서, 분리시켜서, 따로따로.
disjúnctĭo, -ónis, f. 분리(分離.χωρισμòς),
분열(分裂).⑨ Divisions), 끊음, 단절.
(論) 선언(選言), 이접(離接); 선언 명제(命題).
acerba disiunctio. 참혹한 적조(積阻).
disjunctíve, adv. 구별하여, 분리하여, 선언적(選言的)으로
disjunctívus, -a, -um, adj. 분리성의, 분리적인.
(文法) 이접적(離接的)인, 분립의.
(論) 선언(選言)의, 선언적(選言的). adv. **disjunctíve**.
conjúnctio disjunctíva. 이접 접속사, 분리 접속사.
disjúnctus, -a, -um, p.p., a.p. 동떨어진, 멀리 있는,
거리가 먼, 다른(ἕτερος), 딴(다른), 구별된,
따로 떼어낸, 별개의, 반대되는, 모순(대립) 되는.

in locis disjunctíssimis. 가장 먼 곳에.
disjúngo, -júnxi -júnctum -ĕre, tr. (dis+jungo)
(역축의) 멍에나 짐을 벗겨주다, 풀어주다(ἀπολὺω),
분리시키다, 떼어(갈라) 놓다, 유리(遊離)되게 하다,
격리시키다, 구별하다.
oratórem et philósophum disjungo.
연설가와 철학가(哲學家)를 구별하다/
pópulus a senátu disjúnctus. 원로원과 유리된 국민/
Scripsi étiam(nam at oratiónibus disjúngo me fere),
scripsi igitur. 나는 이 글을 또한 썼다(연설하는
일은 거의 중단하고 있지만) 하여간 나는 글을 썼다.
disjungo insániam a furóre.
정신착란(精神錯亂)과 광포(狂暴)를 구별하다.
disjunctum, "disjungo"의 목적분사(sup.=supínum)
disjunxi, "disjungo"의 단순과거(pf.=perfectum)
dislígo, -ávi, -átum, -áre, tr. (매듭을) 풀다, 열다.
dismarítus, -i, m. 2중 남편, 대리 남편
dismembrátĭo, -ónis, f. 분리(分離), 분할(分割).
(敎法) 성당 구역의 할양(割讓), 성당구(본당) 분리.
dismémbro, -ávi, -átum, -áre, tr. (dis+membro)
팔다리를 끊어놓다, 분리하다; 할양하다.
dismótus, -a, -um, adj. 멀리 떨어진
dispălésco, -ĕre, intr., inch. 흩어지다, 누설되다.
퍼지다(אור.נגד.נוב.נוץ).
dispálor, -átus sum -ári, intr. 방황하다(נוע.נוד),
헤매다, 유랑하다, 흩어지다, 퍼지다(נוב.נוד.נוץ).
dispándo, -di, -pánsum(-pénsum, -péssum) -ĕre, tr.
펼치다, 벌리다, 펴다, 여러 갈래를 뻗게 하다,
부연(敷衍-어떤 설명에 대하여 덧붙여서 자세히 설명함)하다.
dispăr, -ăris, adj. (dis+par)
…와 틀리는, 같지 않은, 서로 다른, 불균등한.
Dispar est res; sed, *sicut*, ad similitudinem dicitur.
실재는 다르되, '처럼'은 유사성을 뜻하기 위해 일컬어지는
것입니다.(최익철 신부 옮김, 요한 서간 강해, p.213).
dispărátĭo, -ónis. f. 나눔, 분리(分離)
dispărátus, -a, -um, adj.(a.p.) 공통점이 전혀 없는,
(근본적으로) 다른, 이류(異類)의, 괴리적(乖離的)인.
n. (古修) 정반대의; 모순(개념).
(論) concéptus dispárátus. 괴리개념, 이류개념.
dispárĕo, -ǔi, -ére, intr. 사라지다, 없어지다, 보이지 않다.
dispárgo = dispérgo
dispárĭlis, -e, adj. 같지 않은, 부동의
dispárílĭtas, -átis f. 같지 않음, 불균등, 차이(差異)
dispărĭtas, -átis, f. 상이(相異), 차이(差異)
dispărĭtas cultus. 이종장애(가톨릭 신자와 미신자 사이의 결혼)/
Impedimentum disparitatis cultus. 미신자 혼인 장애.
disparitas cultus. 미신자 장애, 이종 조당(阻擋)
dísparo, -ávi, -átum, -áre, tr. (dis+paro)
가르다(פלג.פלב), 나누다, 분리(分離)하다.
disparti··· V. dispérti···
dispátĕo, -ǔi, -ére, intr. (dis+páteo) 틔어 있다, 통하다
dispectum, "dispicio"의 목적분사(sup.=supínum)
dispectus¹-a, -um, p.p. (díspício)
dispectus² -a, -um, p.p. (inusit. dispángo) 여기 저기 박은
dispectus³-us, m. 검토(檢討), 고찰(考察), 조사(調査)
dispéllo, -pǔli, -púlsum, -ĕre, tr. (dis+pello)
쫓아버리다, 흩트리다.
dispendiósus, -a, -um, adj.
밑지는, 손실(損失)을 가져오는, 손해되는.
dispéndĭum, -i, n. 경비, 비용, 손실, 손해, 밑짐,
(멀고 힘든 길의) 수고와 시간 허비(虛費).
dispéndo¹ -pénsum, -ĕre, tr.
(저울에) 달다, 할당하다, 배당(配當)하다.
dispéndo² = dispándo
dispénno, -ĕre, tr. (팔다리를) 벌리다, 펼치다
dispensárĭum, -i, n. 약국(藥局), 조제실(調劑室),
시약소(試藥所), 진료실(診療室), 양호실(養護室).
dispensátĭo, -ónis, f. 분배, 배급(配給), 배정(配定),

처리, 관리, 운영, 업무집행, 경리(과장)직.
(가) 면제(免除), 관면(寬免).⑨ dispensátĭo-순전히 가톨릭에서
제정한 법률에 대한 개별적인 해제).
ærárii dispensátĭo. 국가 금고 관리/
annónæ dispensátĭo. 식량배급(食糧配給)/
De bonorum ecclesiasticorum dispensatione.
교회의 재산 관리에 대하여.
De dispensatione et mysterio adventus Christi.
구원 경륜과 그리스도의 내림(來臨)의 신비에 대해.
dispensátĭo divina. 신적 안배
dispensátĭo expressa. 명시적 관면(寬免)
dispensátĭo locális. 지역적 관면
dispensátĭo mixta. 겸용 관면
dispensátĭo multiplex. 복수의 관면
dispensátĭo necessária. 필요적 관면
dispensátĭo partiális. 부분적 관면
dispensátĭo personális. 인적 관면
dispensatio sacramenti. 성사의 관리
dispensátĭo successiva. 계속적 관면
dispensátĭo tacita. 묵시적 관면
dispensátĭo temporis. 시간의 경륜(時間 經綸)
dispensátĭo totális. 전면적 관면
dispensátĭo unica. 단수의 관면
dispensátĭo voluntáris. 임의적 관면
Dispensatiónis matrimonii.
미완결 유효 혼인의 소송(1972.3.7. 훈령).
dispensatívus, -a, -um, adj. 가사를 잘 다스리는.관리하는
dispensátor, -óris, m. (고대 Roma의) 재산 관리하는
노예; 마름(예전 지주의 위임을 받아 소작지를 관리하던 사람);
국고 관리인, 재정관, 관리인, 집사; 운영자, 분배인.
fructuum dispensator. 수익 관리자.
dispensátor verbi et sacramenti. 말씀과 성사의 분배자
dispensatórĭum, -i, n. 약 처방법, 약품 해설서
dispensatórĭus, -a, -um, adj. 관리의, 집사의, 분배의
dispensátrix, -ícis, f. 재산 관리하는 여자
dispénso, -ávi, -átum, -áre, tr. (저울에 달아서) 분배하다,
나누어주다, (재정, 가사를) **관리하다,**
다스리다(βασιλεὺω.הדד.לשׁ.גדד.ינד.יני),
처리하다, 준비하다(נוד.יכן), 마련하다(יכן),
정돈하다, 배열하다(ערך), (일의) 원칙(방침)을 세우다,
면제하다, 면제 조치(免除 措置)를 내리다.
dispensum, "dispendo"의 목적분사(sup.=supínum)
dispercútĭo, -ěre, tr. 박살내다, 분쇄하다
disperdĭdi, "disperdo"의 단순과거(pf.=perfectum)
disperdítĭo, -ónis, f. 멸망(滅亡), 파괴(破壞)
disperdĭtum, "disperdo"의 목적분사(sup.=supínum)
dispérdo, -dĭdi -dĭtum -ěre, tr. (dis+perdo)
낭비하다, 탕진하다, 몽땅 잃어버리다,
(화재로) 몽땅 태워버리다, 없애버리다, 망치다.
dispérĕo, -pérĭi, -íre, anom., intr. (dis+péreo)
아주 망하다, 없어져 버리다, 아주 못쓰게 되다,
수포로 돌아가다, 허사가 되다.
dispéream, si(nisi)… …라면(아니라면) 난 천벌 받겠다/
Dispérii! 난 망했다.
dispérgo, -spérsi -spérsum -ěre, tr. (dis+spargo)
사방에 뿌리다, 흩어지게 하다, 분산시키다,
소산(消散-흩어져 사라짐) 시키다, 퍼뜨리다(זרה),
전파하다, 보급시키다, 사방으로 뻗게 하다.
dispérse(=dispérsim) adv. 흩어져서, 여기 저기,
뿔뿔이, 점점이, 단편적으로, 이것저것, 단편적으로.
dispersi, "dispergo"의 단순과거(pf.=perfectum)
dispérsĭo, -ónis, f. 흩어짐, 분산(分散), 이산(離散)
dispersio in unum locum congrego.
흩어진 사람들을 한 곳에 모으다.
dispersit, 원형 dispérgo, -spérsi -spérsum -ěre, tr.
[직설법 현재. 단수 1인칭 dispersi, 2인칭 dispersis, 3인칭 **dispersit**,
복수 1인칭 dispersimus, 2인칭 dispersistis, 3인칭 dispersunt].
Fécit poténtiam bráccĭo súo; dispérsit supérbos
ménte córdis súi. 당신 팔의 큰 힘을 떨쳐 보이시어

마음이 교만한 자들을 흩으셨도다.
dispersum, "dispergo"의 목적분사(sup.=supínum)
dispérsus, -us, m. 분산(分散), 확산(擴散)
dispértĭo, -ívi(ĭi) -ítum -íre tr. (dis+pártio)
여러 부분으로 나누다, 분류하다, 나누어주다, 분배하다.
dispértĭo exércitum per óppida.
군대를 여러 도시에 분산 배치하다.
dispértĭor, -ítus sum, -íri, dep., tr. = dispértĭo
dispertítæ linquæ. 갈라진 말들
dispertítĭo, -ónis, f. 분할, 분배, 멸망, 파괴(破壞)
dispésco, -scŭi, -péstum, -ěre, tr. (dis+pasco)
갈라놓다, 떼어놓다, 분리(分離)하다.
dispésus, -a, -um, p.p. (dispéndo²)
dispícĭo, -spéxi -spéctum -ěre, tr. (dis+spécĭo)
intr. 눈을 뜨다, 똑똑히 보다.
ácie mentis dispicio. 형안(炯眼)으로 명확히 보다.
tr. 알아내다, 분간하다, 식별하다, 통찰하다,
인식하다, 명확히 파악하다, 숙고하다, 검토하다.
displicéntĭa, -æ, f. 싫음, 혐오(嫌惡-싫어하고 미워함),
짜증(마음에 맞지 않아 역정을 내는 짓), 불쾌, 기분이 언짢음,
(醫) 욕지기(토할 것 같은 메슥메슥한 느낌. 역기. 토기), 찌뿌드드함.
displícěo, -cŭi, -cĭtum, -ěre, intr. (dis+plácĕo)
(누구의) 마음에 들지 않다, 뜻에 맞지 않다,
비위에 거슬리다, …하는 것이 불만이다,
건강 상태가 나쁘다, 찌뿌드드하다.
displicet mihi. 뜻에 맞지 않는다/
placet mihi. 내 뜻에 맞는다, 마음에 든다/
Mihi alqs mínime displicébat.
아무가 내 비위에 조금도 거슬리지 않았다/
Vita dísplicet. 생활이 마음에 들지 않는다.
displíco, -ávi, -átum -áre, tr. 펴다
dísplódo, -plósi -plósum, -ěre, tr. (dis+plaudo)
(소리 나게) 터뜨리다, 파열시키다, 폭파하다.
dispŏlĭátĭo, -ónis, f. 약탈(掠奪)
dispólĭo = despólĭo, -ávi, -átum, -áre, tr. 약탈하다, 뺏다
disponibílĭtas absoluta. 절대적 처분권(處分權)
dispóno, -pósŭi -pósĭtum, -ěre, tr. (dis+pono)
사이를 고르게 떼어놓다, 있을 자리에 놓다,
배치하다, **배열하다,** 배정하다, 분류하다.
정리하다, 정돈하다, 정렬시키다, 정비하다,
(머리를) 매만지다, **태세를 갖추게 하다,** 준비시키다,
준비하다, …도록 조치하다, 지시하다, 결정하다.
Homo proponit, Deus disponit. (맹인사득천명)
인간은 계획하고, 하느님께서 이루신다.
dispóno diem. 하루의 시간을 배정(配定)하다.
disporum sessíle, -re -lis, n. (植) 윤판나물
dispósĭte, adv. (dispósĭtus³)
순서 있게, 질서정연하게, 조리 있게.
dispósĭtĭo, -ónis, f. 배열(配列), 배정(配定), **배치**(配置),
정렬(整列), 조화 있는 구조(構造), 구성, 짜임새,
(말, 글의) 조리(條理), **정돈**(整頓-가지런히 바로잡음),
정리, 질서(秩序).⑨ Order), **준비,** 마련, **태세**(態勢),
태도, 상태, 성향, 건강상태, 소질, 체질(體質) 조치(措置),
처리(處理), 지시(指示), 명령(命令).
(建) 평면도(平面圖)· 투시도(透視圖)· 배경도(背景圖).
dispositio materialis. 물질적 성향
dispositio naturalis. 자연적 성향
dispositio propria sensus 감각 고유 성품(性禀)
dispositio sacramentális. 성사 준비(聖事準備)
dispósĭtívus, -a, -um, adj. 요령 있는, 정돈된
dispósĭtor, -óris, m. 배치자, 정돈자(整頓者), 처리자
dispósĭtrix, -ícis, f. 배치(정돈.처리.관리) 하는 여자
dispósĭtum, "dispono"의 목적분사(sup.=supínum)
dispósĭtus¹ -a, -um, p.p., a.p. 정돈된, 정리된, 배치된,
조리 있는, 준비된, 마련된, 태세(채비)를 갖춘.
dispósĭtus² -us, m. = dispósĭtĭo, -ónis, f.
dispósŭi, "dispono"의 단순과거(pf.=perfectum)
díspŭdet, -púdŭit, -ěre, impers. (dis+pudet)

몹시 부끄럽다, 면목(面目) 없다.

dispúli, "dispello"의 단순과거(pf.=perfectum)

dispulsum, "dispello"의 목적분사(sup.=supínum)

dispúlsus, -a, -um, p.p., a.p. (dispéllo)

dispúnctio, -ónis, f. 회계마감, 장부정리.
   수입지출 대조, 決算(redditio rátiōnum), 비교검토.

dispunctum, "dispungo"의 목적분사(sup.=supínum)

dispúngo, -púnxi, -púnctum, -ĕre, tr. (dis+pungo)
   출납계산을 검토하다, 수입 지출을 비교 대조하다,
   셈을 밝히다, 검토하다, 재다, 마감하다.

dispúnxi, "dispúngo"의 단순과거(pf.=perfectum)

Disputa, -æ, f. 성모의 무원죄에 대한 4교부의 논쟁그림.
   [신전교회와 단련교회의 상극도(相克圖), 라파엘의 벽화, 바티칸 소장. 여러
   학자가 신학 논쟁을 하고 있는 머리 위에 하늘이 열려 성령이 거느리시고
   성부의 축복을 받는 예수 그리스도가 속죄의 희생으로 자신을 바치는 그림.
                            백민관 신부 엮음, 백과사전 1, p.863].

dispūtábĭlis, -e, adj. 토론할만한, 토론의 여지가 있는

dispūtáta, -orum, n., pl. 논설집, 토론집(討論集).
   Quæstiones disputatæ de malo. 악에 대한 토론집.

disputata pasquale. 부활 논쟁(paschal controversy)

dispūtátĭo, -ónis, f. 계산(計算), 셈 따짐, **논쟁,**
   토론, 토의, 논설, 강론, 변론＊.
   Commentarii ac Disputationes. 주석과 토론/
   De Deo verax disputatio(⑨ The True Doctrine of God)
   천주실의[예수회 중국 선교사 Matteo Ricci(1552~1610)의 저서]/
   De modo, qui necessitati disputationis adhibendus est.
   토론의 범위에 설정되어야 할 한계.(신국론, p.2746)/
   De quibus causis sequenti disputatione sit disserendum.
   후속 토론에서 다루어질 사안(교부문헌 총서 17, 신국론, p.2744)/
   Disputationes de rebus fidei hoc tempore controversis.
   현대 신앙 토론집(Roberto Bellarmino 추기경 지음)/
   Disputationes de sancto matrimonii sacramento.
   혼배성사에 대한 토론집(Sanchez 지음 1602년)/
   Et in ipsa mensa magis lectionem vel disputationem
   quam epulationemque diligebat.
   식탁에서는 먹고 마시는 일보다 독서나 토론을
   더 즐거워하였다.(이연학 최원오 역주, 아우구스티노의 생애, p.99)/
   ingredior in disputatiónem. 논쟁을 벌이다/
   non ita longa disputátĭo. 그다지 길지 않은 토론.

Disputátĭo copiosa quidem, sed paulo abstrusior.
   내용은 풍부하나 약간 알아듣기 힘든 토론.

disputátĭo de auxiliis. 은총 논쟁, 조력에 관한 쟁론

disputátĭo de fato. 운명에 대한 토론

disputátĭo de quolibet. 임의 토론

disputátĭo generális. 정규 토론(disputátĭo legitima)

Disputátĭo inter clerum et militem.
   성직자와 군인 사이의 논쟁.

disputátĭo legitima. 정규 토론

Disputatio metaphysica de principio individui.
   개체화 원리에 대한 형이상학적 토론.

disputátĭo orális. 구두 변론(⑨ oral debate)

disputátĭo ordináriæ. 정규 토론(현대 가톨릭사상, 제9집 p.21, p.32)

disputátĭo Pussicena. 뿌아시 회담(會談)

Disputátĭones adversus astrogiam. 점성술 반대 토론
   (새로 등장한 자연과학을 옹호한 책 요한 피코 델라 미란돌라 지음. 1463~1494).

Disputátĭones adversus astrogiam divinatricem.
   점성술을 반박하는 토론[별을 다루는 학문을 '점성술'(astrologia)과
   '천문학'(astronomia)으로 나누어 후자의 과학적 성격과 근거를 변론하고 있다.
   요한 피코 델라 미란돌라 저서 중 가장 부피가 나가는 책으로 피코는 새 교황
   알렉산더 6세로부터 자기 사상의 정통성을 인정받았다.
                            성 염 옮김, '피코 델라 미란돌라' p.76, p.107].

Disputátĭones de rebus fidei hoc tempore
   controversis. 현대신학 토론집(Ballarminus 지음 1621년).

Disputátĭones metaphysicæ. 형이상학 토론집,
   형이상학의 쟁론(형이상학적 討論)(1597년 F. Suarez 지음).

Disputátĭones Scholasticæ et morales.
   스콜라 학파의 윤리 문제 토론집(J. de Lugo의 1644년 지음).

Disputátĭones Theologicæ. 신학 토론집

dispūtátĭúncŭla, -æ, f. 작은 토론

dispūtátívus, -a, -um, adj. 토론의, 논쟁의

dispūtátor, -óris, m. 논쟁자(論爭者), 변증가(辨證家),
   토론자(討論者), 토의자(討議者), 이론가(理論家).

díspŭto, -ávi, -átum, -áre, tr., intr. (dis+puto)
   셈을 따지다, 계산하다, 곰곰이 생각하다, 검토하다,
   토론하다, 논쟁하다, 토의하다, 논의하다, 논하다,
   주장하다, 강연하다, 설명하다, 자세히 이야기하다.
   de alqá re in utramque partem disputo.
   무엇에 대해서 찬반양론을 벌이다/
   De gustibus non est disputandum.
   입맛(취미)에 대해서는 시비(是非)를 않는 법!/
   Dic, sis, de quo disputari velis.(si vis: 원한다면)
   그러니까 무엇에 관해서 토론하고 싶은지 말하게나!/
   Neque ullam in partem disputo.
   내 연설은 찬반 어느 한쪽을 위한 것이 아니다.

disquíro, -ĕre, tr. (dis+quæro) 찾다, 살피다, 조사하다,
   따져서 밝히다, 캐다, 탐구하다, 음미하다.

disquīsítĭo, -ónis, f. 조사(調査), 심사(審査), 알아봄

Disquīsítĭo Bibicæ. 성서 탐구

Disquīsítĭo Bibicæ in universorum pentateuchum.
   모세 오경에 나타난 우주론에 대한 성서학적 탐구.

disráro, -ávi, -átum, -áre, tr. (dis+rarus)
   나뭇가지를 치다, 물 타다, 묽게 하다.

disrúmpo = dirúmpo

dissacrátĭo, -ónis, f. 비성별화(非聖別化)

dissæpīméntum, -i, n. 칸막이

dissǽpĭo, -sǽpsi, -sǽptum, -íre, tr. 울타리로 막다,
   칸막이를 하다, 울타리로 가르다, 분리시키다.

dissǽptĭo, -ónis, f. 장벽, 방책, 칸막이, 분리, 격리(隔離)

dissǽptum, -i, n. 칸막이, 샛벽(방과 방 사이를 칸막이한 벽),
   장벽(障壁), 방책(防柵), (解) 횡격막(橫膈膜).

dissávĭor = dissuávĭor 마음껏 입 맞추다

dísseco, -cŭi, -séctum, -áre, tr. (dis+seco)
   둘로 자르다, 두 토막 내다, 양단(兩斷)하다, 분단하다.

dissectum, "disseco"의 목적분사(sup.=supínum)

disséctus, -a, -um, p.p. 분단된, 절개한, 해부한, 해체된

dissédi, pf. (dissídeo, dissído)

dissēmĭnátĭo, -ónis, f. 전파(傳播), 살포(撒布)

dissémĭno, -ávi, -átum, -áre, tr. (dis+sémino)
   사방에 뿌리다, 살포하다, 퍼뜨리다.

dissénsĭo, -ónis, f. 의견차이(대립), 이의(異議),
   감정대립(感情對立), 불화, 갈등(葛藤).(⑨ Conflict),
   알력(軋轢-의견이 맞지 않아 서로 충돌하는 일), 논쟁(論爭),
   불일치, 상충(相冲-어울리지 않고 서로 마주침), 대립(對立).

dissensum, "disséntĭo"의 목적분사(sup.=supínum)

dissensio inter hómines de alqá re.
   무엇에 대한 사람들 사이의 의견차이.

dissentánĕus, -a, -um, adj. 일치하지 않는,
   맞지(어울리지) 않는, 다른.

disséntĭo, -sénsi, -sénsum, -íre, intr. (dis+séntio)
   의견이 다르다, **달리 생각하다,** 마음이 맞지 않다,
   불화하다, 적의를 품다, 대립하다,
   반항하다, 멀다, 틀리다, 다르다.
   a more dissentio. 풍습(風習)과 다르다/
   a se dissentio. 꾸준하지 못하다, 한결 같지 않다/
   Sed potestne rerum major esse dissentio?
   그 일을 두고 이보다 더 큰 의견차이가 있을 수 있을까?

dissep… V. dissæp…

dissĕrēnáscit, -návit, -ĕre, intr., impers. (dis+seréno)
   하늘이 개다, 구름이 걷히다.

disseréno, -áre, intr., impers. disserénat.
   하늘이 개다, 날씨가 좋다. tr. 진정시키다, 가라앉히다.

dísserō¹ -sérŭi, -sértum, -ĕre, tr. (dis+sero²) 논술하다,
   토론하다, 조목조목 따지다, 분석하다, 논증하다.
   præcépta disserendi. 논증법 / rátio disseréndi. 변증법.

dísserō² -sévi, -sítum, -ĕre, tr. (dis+sero²)
   (씨 따위를) 여기저기 뿌리다, 심다, 퍼뜨리다.

dissérpo, -ĕre, intr. (dis+serpo)
   기어 돌아다니다, 퍼져나가다.

dissertátĭo, -ónis, f. 논술(論述), 논문(論文),
　논설(論說), 논평(論評), 변론(辯論), 논증(論證).
Dissertátĭones selectæ in primam ætatem
historiæ ecclesiasticæ. 초기 교회사에 관한 간추린 논평.
　　　　　　　　　　　　(Smedt, 1833~1911 지음)
dissertátor, -óris, m. 논술자, 논설가, 논문 집필자
dissértĭo, -ónis, f. 분해, 와해, 해소. = dissertátĭo
dissérto, -ávi, -átum, -áre, tr., freq. 논술하다,
　논증하다, 토론하다, 토의하다.
dissertum, "díssĕro"의 목적분사(sup.=supínum)
dissérui, "díssĕro"의 단순과거(pf.=perfectum)
dissévi, "díssĕro²"의 단순과거(pf.=perfectum)
dissícĭo = disícĭo
dissidéntĭa, -æ, f. 불일치(不一致), 상이(相異),
　이론(異論), 이설(異說), 신앙이반(信仰離反).
dissídĕo, -sédi, -séssum, -ére, intr. (dis+sédeo)
　떨어져 있다, 헤어져 있다, 멀리 있다, 맞지 않다,
　일치하지 않다, 틀리다, 서로 다르다, 의견차이가 있다.
　불화하다, 사이가 벌어지다, 갈라지다.
　반대하다, 반항하다; 원수지다.
dissídĭum, -i, n. 불목(不睦), 불화(不和), 이론(異論),
　의견 불일치, 이단(異端.αἵρεσις.⑨ heresy).
dissído, -sédi, -séssum, -ére, intr.
　불목(不睦)하다, 의견이 다르다.
dissignátĭo, -ónis, f. = designátĭo 모양,
　형태(形態.εἰκών), 계획, 설계, 임명, 지명.
dissignátor, -óris, m. 정리자, 지휘자(指揮者),
　지시자(指示者), 배정자, 질서 유지자.
dissígno, -ávi, -átum, -áre, tr. (dis+signo) 정리하다,
　표로 구분하다, 명확히 구별하다, 질서 잡다; 배열하다.
dissílĭo, -lŭi, -íre, intr. (dis+sálio) 사방으로 튕겨 나가다;
　쪼개지다, 깨지다, 파열되다, 터지다.
dissílui, "dissilio"의 단순과거(pf.=perfectum)
dissimíllimus, -a, -um, adj. dissímĭlis, -e의 최상급
dissimílior, -or, -us, adj. dissímĭlis, -e의 비교급
dissímĭlis, -e, adj. (dis+símilis)
　같지 않은, 다른(ἕτερος), 틀리는, 닮지 않은.
　Dissimiles, inquis causæ sunt.
　　너는 사안들이 다르다고 하는구나/
　Homines et animália inter se dissimiles sunt.
　　사람과 동물은 서로 다르다.
Dissimilis est militum causa et tua.
　군인들의 사연은 그대의 사연과 다르다.
dissimilitúdo, -dínis, f. 서로 다름(等差), 등차(等差),
　틀림, 상이점(相異點-서로 다른 점), 차이, 닮지 않음.
　In naturis hominum dissimilitudines sunt, ut alii iracundi
　aut crudeles aut superbi sint, alii a talibus vitiis
　abhorrent. 사람들의 성격에는 차이가 있어서, 어떤
　　사람들은 화를 잘 내거나 잔인하거나 오만한 반면, 어떤
　　이들은 그러한 악덕을 혐오한다.[alii… et alii… 상관문에 자주
　　쓰는 용법이다. 성 염 지음. 고전 라틴어. p.308]
dissimulábĭlĭter, adv. 몰래
dissimulántĭa, -æ, f. 위장, 은폐, 가장(假裝-거짓으로 꾸밈)
dissimulátĭo, -ónis, f. 은폐(隱蔽), 위장(僞裝),
　가장(假裝-거짓으로 꾸밈), 반어(反語), 반어법(反語法).
　major dissimilatio. 보다 큰 비유사성.
dissimulátor, -óris, m. 은폐자, 가장(위장) 하는 자,
　허위의사 표시자.
dissimulátus, -a, -um, p.p., a.p. 숨기고 있는.
　Veste virum longā dissimulátus erat.
　　그는 긴 옷으로 자기가 남자인 것을 숨기고 있었다.
dissímŭlo, -ávi -átum -áre, tr. (dis+símulo)
　은폐하다, 숨기다(כסה.ספר.ממר), 가장(假裝)하다,
　위장(僞裝)하다, … (아닌) 체하다,
　모르는 척 하다, 묵과(간과)하다.
dissipábĭlis, -e, adj. 흩어질 수 있는, 분산되는
dissipátĭo, -ónis, f. 분산(分散), 흩어짐, 흩어져 사라짐,
　소실(消失-사라져 없어짐), 소멸(消滅), 낭비(浪費),

산재(散在), 방탕(放蕩.⑨ Lust).
dissipátor, -óris, m. 흩뿌리는 사람, 낭비자(浪費者),
　소비자(消費者), 파괴자(破壞者).
dissipátrix, -ícis, f. 낭비하는 여자
dissípo, -ávi -átum -áre, tr. 흩어지게 하다, 흩뿌리다,
　낭비(浪費)하다, 분산(分散)시키다, 분쇄(粉碎)하다,
　흩어져 사라지게(없어지게) 하다, 소멸(消滅)시키다,
　낭비(浪費)하다, 퍼뜨리다(ㄱㄱㄱ), 번져나가게 하다,
　도주(島主)시키다(擊退)시키다, 쫓아버리다.
dissitum, "díssĕro²"의 목적분사(sup.=supínum)
díssĭtus, -a, -um, p.p. (dissero²)
dissŏcĭábĭlis, -e, adj. 갈라놓는, 나누는, 분리시키는,
　함께 어울릴 수 없는, 서로 화합할 수 없는, 비사교적인.
dissŏcĭátĭo, -ónis, f. 분리(分離.χωρισμὸς), 불상용(不相容)
　양립하기 어려움, 부조화, 상반성, 배척(排斥-물리쳐 버림)
dissŏcĭo, -ávi -átum -áre, tr. (dis+sócio) 떼어놓다,
　가르다(נדד), 나누게 하다, 분리(분열)시키다,
　(관계 따위를) 단절하다, 끊다, 버리다(נדד), 떠나다.
dissŏlúbĭlis, -e, adj. 풀 수 있는, 해소할 수 있는,
　해제할 수 있는, 분리되는, 분해되는, 용해성의.
dissŏlubílĭtas, -átis, f. 융해성(融解性), 용해성(鎔解性),
　분해성(分解性), 해소성(解消性), 해제성(解除性).
　extrinseca dissolubílĭtas. 재판 이혼/
　extrinseca indissolubílĭtas. 외부적 불가 해소성.
dissŏlúte, adv. 소홀히, 등한히, 약하게, 멋대로,
　방종하게. (修) 연결성 없이, 말을 토막토막 잘라서,
　접속사(接續詞)를 생략하고.
dissŏlútĭo, -ónis, f. 분리(分離.χωρισμὸς), 분해(分解),
　용해, 융해(融解-물리학에서 열을 받은 고체가 액체로 되는 현상),
　해소(解消-지워 없앰), 해제(解除-설치하였거나 장비한 것 따위를
　풀어 없앰), 해약(解止), 파괴(破壞), 파멸(破滅.破壞),
　멸망(滅亡), 소멸(消滅), 폐기(廢棄-폐지하여 버림),
　폐지(廢止-그만두거나 없앰), 반박(反駁-반대하여 논박함),
　논박(論駁-상대의 의견이나 說의 잘못을 비난하고 공격함),
　박약(薄弱), 유약(柔弱), 무기력(無氣力), 탄력성 없음,
　무관심, 소홀(疏忽), 등한(等閒-무엇에 관심이 없거나 소홀하다),
　방종(아무 거리낌 없이 함부로 행동함), 방탕(放蕩.⑨ Lust).
dissolutio extrinseca. 혼인의 외부적 해소(解消)
dissolutio intrinseca. 혼인의 내부적 해소(解消)
dissolutio matrimonii. 혼인의 해소(解消)
dissolutio natúræ. 죽음
dissolutio navígii. 파선(破船)
dissŏlútívus, -a, -um, adj. 분해성의, 용해성의
dissŏlútum, "dissolvo"의 목적분사(sup.=supínum)
dissŏlútus, -a, -um, p.p., a.p. 풀린, 이완된, 해이해진,
　연결성 없는, 따로 떨어진, 접속사가 생략된, 무관심한,
　등한한, 소홀한, 유약한, 박약한,
　경박한, 방종한, 방탕한, 타락한.
dissolve, 원형 dissólvo, -sólvi -solútum -ĕre, tr.
　[명령법. 현재 단수 2인칭 dissolve, 복수 2인칭 dissolvite]
Dissolve frigus ligna super foco large reponens(Horatius).
　화덕에 땔나무를 널따랗게 얹어 추위를 녹여라!.
dissolvi, "dissolvo"의 단순과거(pf.=perfectum)
dissólvo, -sólvi -solútum -ĕre, tr. (dis+solve) 풀다,
　분해하다, 녹이다, 지불하다, (빚) 갚다(נכה), 치르다,
　완화하다, 늦추다, 해소하다, 해제하다, 분열시키다,
　폐기(폐지)하다(נכה), 멸어지게 하다, 반박하다,
　논박하다, 해방하다, 자유롭게 해주다.
　Dissolvitur lex, cum fit judex misericors.(Publilius Syrus).
　　재판관이 연민에 사로잡히면 법은 무너진다.
dissolvo pœnam. 형벌(刑罰)을 치르다
dissolvo æs aliénum. 빚을 갚다
dissŏnántĭa, -æ, f. 불협화음(不協和音), 잡음(雜音),
　부조화(不調和), 불균형(不均衡-균형이 잘hermol 있지 않음).
díssŏno, -nŭi, -nĭtum, -áre, intr. (dis+sono)
　다른 소리가 나다, 소리가 맞지 않다, 틀리다,
　맞지 않다, 어긋나다, 조화(調和) 되지 아니다.
dissŏnui, "díssŏno"의 단순과거(pf.=perfectum)

díssŏnus, -a, -um, adj. (dis+sonus) 불협화음의,
소리 맞지 않는, 잡소리 나는, 틀리는, 다른,
조화되지 않는, 불화하는.
gentes díssonæ sermóne. 말이 서로 다른 민족.

dissors, -sórtis, adj. (dis+sors) 추첨에 참여하지 않은,
함께 하지 못한, 운명(運命)을 같이 하지 않는,
한몫 끼지 못한, 협동하지 않는, 반인반수(伴人伴隨)의.

dissuádĕo, -suási, -suásum, -ére, tr. (dis+suádeo)
포기(抛棄)하도록 충고(忠告)하다, 말리다,
타일러서 그만두게 하다, 간(諫)하다.

dissuádĕo legem. 입법을 말리다

dissuásío, -ónis, f. 충고(하여 말림), 간언(間言),
(하지 못하도록 하는) 설득(說得), 제지(制止).

Dissuasio a bello. 전쟁 방지(⑨ Deterrence from war)

dissuasívus, -a, -um, adj.
그만두게 하는, 말리는, 제지하는.

dissuásor, -óris, m. 말리는 사람, 충고자(忠告者),
저지 설득자(沮止 說得者), 간언자(諫言者).

dissuávĭor, -átus sum, -ári, dep., tr. (dis+suávior)
= **dissávĭor** 마음껏 입 맞추다.

dissúlto, -áre, intr., freq.
사방으로 튀다, 파열하다, 사방 터지다.

dissultum, "dissilio"의 목적분사(sup.=supínum)

díssŭo, -sŭi, -sútum, -ĕre, tr.
풀어헤치다, 조금씩 해소시키다, 슬슬 따돌리다.

dissup··· V. **dissip···**

dissýllābus, -a, -um, adj. = **disýllābus**

distābesco, -tábŭi -ĕre, intr. 녹다, 쇠퇴하다

distǽedet, -tǽsum est, -ére, impers. 몹시 싫증나다, 싫다

distális, -e, adj. (解) 말초(末梢)의, 말단(末端)의

distans, -ántis, n. 원급작용(遠及作用)

distántĭa, -æ, f. 거리(距離-서로 떨어져 있는 두 곳 사이의 길이),
(공간적.시간적) 간격(間隔), 원격(遠隔), 차이(差異),
격차(隔差-수준이나 품질.수량 따위의 차이), 다름(相異),
상이(相異), 구별(區別-종류에 따라 갈라 놓음. 차별을 둠).

distantĭa inter fidem et rátĭonem.
신앙과 이성 사이의 격차(隔差).

distantívus, -a, -um, adj. 거리상의

disténdo, -di -tum(sum) -ĕre, tr. 펼치다, 펴다, 벌리다,
전개하다, 확장(擴張)하다, 넓히다, 뻗어 나가게 하다,
부풀게 하다, 채우다, 팽창(膨脹)하다, 붙게 하다,
고문(拷問)하다, 고통을 주다, 쩔쩔매게 하다,
진퇴양난에 빠지게 하다, 갈피를 못 잡게 하다.

distensum, "distendo"의 목적분사(sup.=supínum)

disténtĭo, -ónis, f. 팽창(膨脹.túmor, -óris, m.), 확장.

distentio animi. 정신의 자기 확장, 영혼의 팽창.
(아우구스티노의 'memoria'인 과거, 'contuitus'인 현재, 'expectatio'인 미래
란 세 가지 시간성은 시간의 실체가 아니라 '영혼의 팽창distentio animi'이라고
했다. 그런데 이 정신의 자기 확장은 정신활동이 항상 현재적일 수밖에 없는
불변의 상황에 따라 이중 의미이다. 이 이중 의미란 '정신의 자기 확장'이라는
시간의 체제와 반테제적 의미를 동시에 지닌다고 보았다.
가톨릭 신학과 사상 제59호, 시간이란 무엇인가, 이승자, p.282).

distentum, "distendo"의 목적분사(sup.=supínum).
"distínĕo"의 목적분사(sup.=supínum).

distēntus¹ -a, -um, p.p., a.p. 가득 찬, 부픈, 불은(부풀은)

distēntus² -a, -um, p.p., a.p.
많은 일에 바쁜, 다망한, 종사(從事)하는.

distérmĭno, -ávi -átum -áre, tr. (dis+término)
경계를 정하다, 한정 짓다, 구분(구획)하다, 결정하다.

Disticha Catonis.
카토의 이행시집 수사본, 4권으로 된 윤리 격언집.

dístĭchon(-um), -i, n.
2행시(二行詩), 대구(對句), 대련(對聯).

distillátĭo, -ónis, f. 증류(蒸溜), 증류액, 방울져 떨어짐

distíllo, **distímŭlo** = **destíllo**, **destímŭlo**

distínctĭo, -ónis, f. 구별(區別), 분별, 분간, 식별, 분리,
차이, 상이(相異), 다른 점, 특징, 특이성, 발군(拔群),
탁월(卓越), 우수성, 비범(非凡), 특별대우, (修) 문장 구분,
(文法) 종지부(終止符), 중지부, 휴지부; 구두법 부호.
causa distinctionis. 구분 사유/

Est lex justorum injustorumque distinctio.
의인과 불의한 인간을 구분하는 것은 법률이다.
(성 염 지음, 사랑만이 진리를 깨닫게 한다, p.463).

distinctio adǽquata conceptuum. 개념의 적합적 구별

distinctio attributorum. 신의 속성의 구별

distinctio duplex. 두 가지 구별

distinctio formális. 형상적 구별
[형상적 구별이란 스코투스 당대까지만 해도 존재의 일의성을 주장하던 사람들이
발견하지 못했던 아주 날카로운 문제였다. 두 개의 사물 혹은 두 사람, 예를 들어
소크라테스와 플라톤이 임의로 구별되는 경우, 의심할 여지도 없이 그 두 사람 간
에는 (거기에는) 존재 단독이 아닌 두 개의 존재가 있다는 사실에 기초한 실재적
구별이 있다. 구별을 더 깊이 있게 진행시켜 나갈 때, 소크라테스와 플라톤
사이에는 그들을 공통적이게 하는 어떤 것, 즉 인간성과 그들을 특징짓는 것,
즉 개체성이 있음을 알게 된다. 김현태 지음, 둔스 스코투스의 철학 사상. p.47].
[형상적 구별에 대한 이론은 아우구스티노 학파에서 시작하여 보나벤투라,
헨리쿠스 올리비, 베드로 데 활코 등에서 발견된다. 스코투스는 새로운 관점
에서 이 구별을 주장했기에 우리는 그를 두고 형상적 구별의 창시자라고 부른다.
김현태 지음, 둔스 스코투스의 철학 사상. p.50]

distinctio formális a parte rei.
객관적.형상적 구별(=사물 측에서의 형상적 구별).

distinctio formális a parte rei.
사물 측에서의 형상적 구별(=객관적.형상적 구별).

distinctio formális ex natura rei.
사물의 본성으로부터의 형상적 구별.

distinctio major(perfecta). 대(완전)구별

distinctio metaphysica. 형이상학적 구별

distinctio minor(imperfecta) 소(불완전) 구별

Distinctio peccátorum.(⑨ Distinguishing sins). 죄의 구분

distinctio physica. 물리적(물적) 구별

distinctio rátĭonis(mentális) 사고상의 구별, 이성적 구별

distinctio rátĭonis cum fundamento in re.
실제에 근거를 갖는 사고상의 구별(근거의 개념적 구별)

distinctio rátĭonis sine fundamento in re.
실제의 근거 없는 사고상의 구별(무근거의 개념적 구별).

distinctio reális. 실재적 구별, 실재적 구분

distinctio reális accidéntis a substantĭa.
우유물과 자립물과의 실재적 구별.

distinctio reális actus et potentia.
현실유와 가능유(가성유)와의 실재적 구별.

distinctio reális esse ad existentĭa.
본질과 실재의 실재적 분별, 존재자체와의 실재적 구별.

distinctio reális relátĭonis a fundamento.
관계와 근거와의 실재적 구별.

distinctio reális secundum quid.
본질에 따른 실재적 구별(이차적 실재적 구별).

Distinctio rerum est per formas proprias.
형상의 원인성은 규정한다는 데에 있다.

distinctio scotista. 스코투스의 구별

distinctio specifica. 종적 구별(種的 區別)

distinctio substantĭa. 실체의 구별

distinctio tercia. 세 번째 구분

distinctum, "distinguo"의 목적분사(sup.=supínum)

distínctus¹ -a, -um, p.p., a.p. 다른(ἔτερος), 판이한,
별개의, 구별된, 명확한, 잘 구분된, 분명한, 뚜렷한,
똑똑한, 꾸며진, 장식된, 훌륭한, 여러 빛깔의, 다채로운.
idea clara et distincta. 명석 판명한 이념/
indistinctum in se et distinctum ab aliis.
그 자체로 구별되지 않으면서 다른 것들로부터는 구별되는/
pocula gemmis distincta. 보석으로 장식된 잔들.

distínctus² -us, m. 구별, 차이, 특이성(特異性)

distínĕo, -nŭi, -téntum, -ére, tr. (dis+téneo)
떨어져 있게 하다, 따로따로 해두다, 분리시켜 놓다,
사이를 떼어 붙들어두다.지탱(오래 버티거나 배겨 냄)하다,
(감정.생각을) 갈라놓다, 집중하지 못하게 하다,
분열시키다, 갈피를 잡지 못하게 하다, 방해하다,
저지하다, (방해하여) ···하지 못하게 하다,
(무엇에) 매여 있게 하다, 붙잡아두다, 지연하게 하다.

distínguo, -stínxi, -stínctum, -guĕre, tr.
(dis+tingo, di+stinguo) 가르다, 나누다, **구별하다**,
분별하다, 밝히다, 식별하다, 구분하다, 분류하다,
시비를 가리다, 판결하다, 판정하다, 두드러지게 하다.

(여러 가지로) 장식하다, 다채롭게 하다,
은은한 변화를 주다; 치장하다, 윤색하다.
(文法) 구두법(句讀法) 부호를 찍다.
distinxi, "distínguo"의 단순과거(pf.=perfectum)
disto, -áre, intr. (dis+sto) 멀리 있다, 틀리다,
구별되다, (공간적.시간적으로) 떨어져 있다.
impers. **distat**. 차이가 있다, 다르다.
Turres pedes octoginta inter se distabant.
두 요새는 80피트 떨어져 있다.
dístŏma, -ătis, n. 이구충(二口蟲),
디스토마([영] distoma-흡충류를 통틀어 이르는 말).
dístŏma hepáticum. 간디스토마.
distŏmĭásis, -is, f. (醫) 흡충병, 디스토마 병
distórquĕo, -tórsi -tórtum -ére, tr. (dis+tórqueo)
찌그러뜨리다, 비틀다, 뒤틀다, 비비꼬다,
몸부림치게 하다, 고문하다, 고통을 주다.
distorsi, "distórquĕo"의 단순과거(pf.=perfectum)
distórtĭo, -ónis, f. 비틀기, 뒤틀기, 비비꼼, 찌그러짐,
비틀림, 왜곡(歪曲-사실과 틀리 게 그릇 해석함).
distortum, "distórquĕo"의 목적분사(sup.=supínum)
distórtus, -a, -um, p.p., a.p. 비틀린, 뒤틀린, 꾄,
비뚤어진, 찌그러진, 모호하게 표현된, 풍자된, 비꼬는.
distráctĭo, -ónis, f. **분산**(分散), **헤침**, 분리, 나눔,
불화, 불목, 분열, 잡념, 분심(잡념.[영] distraction),
잡념, 방심, 소매, 산매, 오락, 휴게, 기분전환, 긴장이완.
distractio animi corporisque.
영혼과 육신의 분리, 죽음(תומ.θάνατος.[영] Death).
distractum, "dístrăho"의 목적분사(sup.=supínum)
distractus[1] -a, -um, p.p., a.p. 나누인, 분열된, 분산 된,
긴장을 푼, 여러 가지 일에 붙잡힌, 다망한, 분주한.
distractus[2] -us, m. (法) 해약(해지)
dístrăho, -tráxi -tráctum -ĕre, tr. (dis+traho)
사방으로 잡아당기다; 흩어지게 하다, 분산시키다,
번지게 하다, 소매하다, 산매하다, **분열시키다**,
가르다(פלג.גילפ), 해산(해체)시키다, 파탄을 일으키다,
(분쟁을) 조정하다.해결하다, 깨뜨리다, 부수다(תבר.
ריעבת.ערת), 격파하다, 붕괴시키다, 끊어놓다,
교란시키다, 무효로 만들다, 파기하다, 해약하다,
해소시키다, **마음을 산란해지게 하다**,
(여러 가지 일에) 마음 쓰게 하다, 분심을 일으키게 하다,
떼어(뜯어.찢어) **내다**, 떼어놓다, 떨어져 나가게 하다,
갈라지게 하다, 원수가 되게 하다.
(pass.) dístrahi famā. 나쁘게 소문나다/
Distrahit animum librorum multitudo.
많은 책은 정신을 산란하게 한다/
in contrárias senténtias dístrahi.
상반되는 두 의견으로 분열되다.
distráxi, "dístrăho"의 단순과거(pf.=perfectum)
distríbŭo, -bŭi -bútum -ĕre, tr. (dis+tríbuo)
나누어주다, **분배하다**, 도르다(몫몫이 나누어 돌리다),
살포하다, 나누다, 분류하다.
Distribuo mílites in legiónes.
군인들을 각 군단에 배치하다.
Distribuo pecúnias exercítui.
군대에 돈을 도르다(몫몫이 나누어 돌리다).
Distribuo populum in quique classes.
국민을 다섯 계급으로 분류하다.
distrĭbúte, adv. 논리적으로, 질서 있게, 방법론적으로
distrĭbútĭo, -ónis, f. 분배(分配), 배급(配給), 배부,
배치, 살포, 구분, 분류, 정리. (論) 주연(周延-형식 논리학에서, 어떤 개념의 판단이 그 개념의 외연(外延) 전체에 미칠 때, 그 개념을 이르는 말. [곧, '모든 아버지는 남자이다'에서 '아버지'와 '남자'는 주연 관계에 있음]. divina distributio. 신적 시혜(神的 施惠).
Distributio Communionis.([영] Distribution of Communion
.獨 Kommunionausteilung) 성체 분배.
Distributio et Eucharistiæ receptio.([영] The distribution
and reception of the Eucharist). 성체 분배와 영성체.
Aliud momentum celebrationis, quod memorare oportet,
est distributio et receptio sanctæ Communionis.
여기에서 언급하여야 할 미사 거행의 또 다른 순서는
성체 분배와 영성체입니다.
distrĭbūtívus, -a, -um, adj. 분배의, 배분에 관한,
개별적. (論) 주연(周延)하는.
justítia distributíva. 분배적 정의/
numerália distributíva. 배분 수사(數詞).
distrĭbútus, -a, -um, p.p., a.p.
잘 배치된, 정돈된, 질서 있는.
distrícte(**districtim**), adv. 엄격히, 엄중히
distríctĭo, -ónis, f. 엄격, 엄중(嚴重-엄격하고 정중함), 엄벌
districtum, "dístringo"의 목적분사(sup.=supínum)
distríctus[1] -a, -um, p.p., a.p.
묶인, 방해받은, 분주한, 다망한, 엄격한, 엄중한.
distríctus[2] -us, m. 지역, 관할구역, 사목구역.
distríngo, -strínxi, -stríctum, -ĕre, tr. (dis+stringo)
벌리다, 벌어지게 하다, 분산시키다, 일에 얽매이게 하다,
종사하게 하다, 분주히 지내게 하다, 정신 못 차리게 하다,
못하게 하다, 방해하다, 견제하다, 저지하다.
distríngi offício molestíssimo. 아주 귀찮은 일에 붙들리다/
Ille venit colligere, tu venis solvere. Distringere vis
membra Christi. 그분은 모아들이기 위하여 오셨는데,
그대는 어기려고 옵니다. 그대는 그리스도의 지체를 갈기
갈기 찢어 놓고 싶어 합니다.
(최익철 신부 옮김, 요한 서간 강해, p.303).
distŭli, "differo"의 단순과거(pf.=perfectum)
distúnco, -ávi -átum -áre, tr. (dis+trunco) 둘로 자르다
disturbátĭo, -ónis, f. 파괴(破壞), 붕괴(崩壞),
멸망(滅亡), 혼란(混亂), 질서문란(秩序紊亂),
교란(交欄-뒤흔들어 어지럽게 함), 소동(騷動), 폭동(暴動).
distúrbo, -ávi -átum -áre, tr. (dis+trubo)
폭력으로 분산시키다, 흩어버리다(ןפז.ררד),
(안녕.질서.평화 따위를) 어지럽히다.문란케 하다,
흐트러뜨리다, 무너뜨리다, 쓰러뜨리다, 허물다,
파괴하다(ערז), 멸망시키다, 뒤엎다, 전복시키다(תנר),
망쳐 놓다, 좌절시키다, 실패하게 하다, 방해하다.
Ignis cuncta distúrbat. 화마가 모든 것을 삼키고 있다.
disturbo contiónem. 집회를 강제 해산시키다
distýlĭum racemósum, -i, n. (植) 조록나무
distýllăbus, -a, -um, adj. 2음절의
dítans, 원형 dīto, -ávi -átum -áre, tr. (dīs[2])
[현재분사 단수 **ditans**, 복수 ditantes].
Ditat Deus. 신이 부유케 하신다(미국 Arizona 주 표어)
dītátor, -óris, m. (dito) 부요해지게 하는 자
dīte, n. adj. (dis[2]) = **dīves**, -vĭtis, adj. 부유한, 풍부한.
adv. 부요하게, 풍성하게.
dītésco, -ĕre, intr., inch. (dīs[2]) 부요해지다, 풍부해지다
dīthălássus, -a, -um, adj. 두 바다가(물살이) 합치는
dīthĕísmus, -i, m. 이신론, 양신설(兩神, 남신.여신),
종교 개혁 후 일어난 반 삼위일체론
dīthyrámbĭcus, -a, -um, adj. 주신 Bacchus의 송가(찬가)의
dīthyrámbĭcus, -i, m. 주신(酒神) Bacchus 송가(찬가),
열광적인 시가(詩歌).송가(頌歌).
dítĭæ = **dīvítĭæ** 재산, 재물, 재산, 부, 부유, 풍부, 풍족
dítĭo = **dício** 명령권, 권력, 통치, 지배(κράτος.Governing)
dítĭo pontificia. 교황령
dítĭor, -ĭus, adj., comp. (dīs[2])
(dives의 비교급으로 많이 쓰임) 더 부유한.
ditíssĭmus, -a, -um, adj., superl. (dīs[2])
(dives의 최상급으로 많이 쓰임) 가장 부유한.
Marcus, qui ditissimus esse posset, pauper esse maluit.
마르코는 부자가 될 수 있었지만
차라리 가난하게 되기를 더 바랐다.
dīto, -ávi -átum -áre, tr. (dīs[2]) 부자 되게 하다,
부유하게 하다, 풍부하게 하다. 화려하게(호화롭게) 하다,
짙게 하다, (땅을) 기름지게 하다,
pass. 부유해지다, 치부하다, 풍부해지다, 많아지다.
dĭu, adv. 낮에, 주간(晝間)에, **오래**, **오랫동안**,

D

(가끔 jam과 함께) 오래 전부터.
jam diu. 벌써 오래 전부터/
Non ille diu vixit sed diu fuit.
 그 사람은 오랫동안 살지 못했으나 오랫동안 있었다.
diu desueta arma. 오래 쓰지 않은 무기
dīum(=divum) -i, n. 하늘(□□□.οὐρανός.⑨ Heaven), 노천
dīurésis, -is, f. (醫) 이뇨(利尿), 배뇨(排尿) 과다증
dīurétĭcus, -a, -um, adj. 이뇨의, 배뇨를 촉진하는.
 n. (藥) 이뇨제.
dīúrna, -órum, n., pl. 일일보고, 일기, 일지, 일간신문
diúrna acta. 일지(日誌, diurni commentárii)
diurnale. 성무일도의 일과경(horæ diurnæ) 책,
 즉 독서의 기도를 뺀 모든 일과경.
dīurnátim, adv. 매일(每日)
dīúrno, -áre, intr. 지속되다, 오래가다, 오래 살다
dīúrnum, -i, n. (노예들에게 배급되는) 하루 식량,
 1인분 식량, 일일보고, 일지, 일기, 일간신문. 낮. 주간.
dīúrnus, -a, -um, adj. (diu=die) ((noctúrnus의 반대))
 낮의, 주간의, 매일의, 하루하루의, 하루의, 하루 동안의,
 ((드물게는)) (=diutúrnus) 오랜, 장구한.
 diúrna acta. 일지(日誌)/diúrni commentárii. 일지(日誌)/
 diúrni diébus. 날마다/labóres diúrni. 낮일.
 diurnus cibus. 하루식량(diurnus victus).
dīus, -a, -um, adj. (=dīvus) 신의, 신적인, 신성한,
 신과 같은, 탁월한, 완벽한, 훌륭한, 하늘의, 천상의,
 m. 신(神), 하느님.
dīúscŭle, adv. 약간 오래, 얼마동안(quoddam tempus)
dīútĭnus, -a, -um, adj. 오랜, 장구한, 영속적인
dīútíssĭme, adv., superl. 가장 오래.
 Sæpissime et diutissime juvenes Lacedæmonii corpora
 exercebant. 스파르타 젊은이들은 참으로 자주 그리고
 매우 오래 동안 몸을 단련했다.

※ 원래의 부사로서 비교급과 최상급을 가진 단어		
원 급	비 교 급	최 상 급
diu 오래	diútius	diutíssime
magnópere 대단히	magis 더	máxime 매우, 대단히
nuper 요사이	-	nupérrime 최근에
parum 적게	minus 더 적게, 덜	mínime 가장 적게, 조금도 아니
sæpe 가끔	sæpius 더 가끔	sæpíssime 매우 가끔
satis 넉넉히	sátius 더 잘, 유효하게	
secus 다르게	sétius 더 다르게, 더 적게	

dīútĭus, comp., adv. 더 오래.
 Alienus non diutius. 나는 더 이상 혼자가 아니다.
dĭútŭle, adv. 얼마동안, 잠시 동안, 약간 오래
dīútúrnĭtas, -átis, f. 오랜 시간, 오랫동안, 장시일,
 장구성(長久性), 영속성(永續性).
Dĭuturnum illud, 디우투르눔 일룻(1881년 6월29일 국가 권력에
 대한 입장을 밝힌 교황 레오 13세 1878~1903의 회칙).
dīútŭrnus, -a, -um, adj. 오랜, 장시일의, 오래 걸리는,
 오래 가는, 장수하는, 장구(長久)한, 영속적(永續的)인.
 locátĭo diuturna. 장기간의 임대/
 Novissima hora diuturna est, tamen novissima est.
 마지막 때는 오랫동안 지속되지만, 마지막 때이다.
 (요한 첫 서간 2, 18절의 "자녀 여러분, 지금이 마지막 때입니다"를
 아우구스티노가 주석한 문장)/
 Sic ávide …, quasi diutúrnam sitim explére cúpiens.
 마치 오랜 갈증을 풀고 싶어 못 견뎌 하듯이
 그렇게 열망적으로.
dīva, -æ, f. (dīvus) 여신(女神)
dīvăgátĭo, -ónis, f. 방황(彷徨), 유랑(流浪), 부랑(浮浪)
dīvăgor, -átus sum -ári, dep., intr. (dis+vagor)
 방황하다(□□□.□□), 유랑하다, 떠돌다.
dīvális, -e, adj. 신의, 황제의
dīvārĭcátĭo, -ónis, f. (divárico) 절개(切開)
dīvārĭcátor, -óris, m. (解) 개근(開筋)
 (쌍각류 조개의 껍데기를 벌리게 하는) 폐격근(閉隔筋).

dīvárĭco, -ávi -átum -áre, tr. 가랑이를 벌리(게 하)다,
 두 갈래로 갈라지게(벌어지게) 하다.
dīvélli, "dīvéllo"의 단순과거(pf.=perfectum)
dīvéllo, -vélli(vúlsi) -vúlsum -ěre, tr. (dis+vello)
 잡아 빼다(뜯다), 뽑아내다, 잡아 찢다, 찢어내다,
 중단시키다, (관계를) 끊다, 떼어놓다, 떼 내다,
 갈라놓다, 물러서게 하다.
 divélli dolóre. 고통으로 마음이 찢어지다.
divello líberos a paréntum compléxu.
 자녀를 부모의 품에서 떼어놓다.
dīvéndo, -dĭdi -dĭtum, -ĕre, tr. (dis+vendo) 소매하다
dīvérbĕro, -ávi -átum -áre, tr. (dis+vérbero)
 때리다, 이쪽저쪽 치다, 매질하다, 때려서 갈라놓다.
dīvérbĭum, -i, n. ((dis+verbum)) (연극의) 대화부분
diversa induere. 정반대(正反對)의 생각을 하다
diversa ripa 건너편 강변
diversæ partis advocátus. 반대편 변호사
dīversícŏlor, -óris, adj. 여러 가지 색의, 잡색의
dīversímŏde, adv. 여러 가지 모양(방법)으로
diversissimus, -a, -um, adj. dīvérsus, -a, -um의 최상급.
 [diversus, -a, -um, 서로 다른 - 비교급이 없고 최상급만 있다].
dīvérsĭtas, -átis, f. 상반, 반대, 대립, 모순(점), 다름,
 같지 않음, 상이(점), 차이(점), 불일치, 여러 가지,
 다양, 다양성(⑨ Váriety of creatures),
 잡다함, 형형색색(形形色色), 변화. (哲) 다의성.
 unitas in diversitate. 다양성 안에서의 일치.
diversitas substantiæ. 실체(實體)의 차이성
diverso témpore. 서로 다른 시간에
dīversor… V. deversor…
Diversorum patrum sententiæ. 여러 교부들의 말씀 모음
dīvérsum, -i, n. 반대 쪽(방향), 반대(상대)편, 맞은 편, 다른 곳,
 e divérso. 맞은편에서; 그와 반대로/
 ex divérso. 반대(상대)편에서, 적군 측에서, 각각 다른 곳에서부터/
 in diversum 반대 방향으로, 상반되게/
 per diversum 제각기 다른 곳을 거쳐.
dīvérsus, -a, -um, adj. (divérto) 반대 방향의, 정반대의,
 서로 등지고 있는, 다른 방향의, 상반되는, 반대편의,
 건너편의, 맞은편의, 거스르는, 반대하는, 적대하는, 대립된,
 대치한, 따로따로의, 저마다의, 제각기의, 서로 떨어진,
 멀리 떨어진, 서로 다른, 여러 가지의, 각종의, 가지각색의,
 같지 않은, 우유부단한, 불안정한, 이리저리 동요하는.
 De Diversis Appelationibus. 여러 가지 호칭/
 De diversis motibus naturæ et gratiæ.(⑨ The Different
 Motions of Nature and Grace) 본성과 은총의 작용이
 서로 다름에 대하여(준주성범 제3권 54장)/
 divérsa indúere. 정반대의 생각을 하다/
 divérsa ripa. 건너편 강변/
 Diversæ de homine veritatis facies.
 인간적 진리의 여러 측면들/
 divérsæ partis advocátus. 반대편 변호사/
 De diversis quæstionibus 83. 여든 세 가지 다양한 질문.
 (히포의 성 아우구스티노 지음)/
 Divérsi proficíscuntur. 그들은 따로따로 출발한다/
 divérso témpore. (서로) 다른 시간에/
 ex divérso. 반대(상대) 편에서, 적군 측에서,
 각각 다른 곳에서부터/
 Expositiones Diversarum Causarum. 여러 가지 원인 설명/
 implicátĭo omnium perfectionum diversorum.
 서로 다른 것들의 모든 완전성의 함축(含蓄)/
 habere nos domi diversa genera brutorum.
 우리 집에는 여러 종류의 짐승들이 거처를 정하고 있다/
 Non tamen (sunt) albedo et similitudo eadem,
 immo primo diversa. 그러나 흼과 유사성은 같은 것이
 아니다. 오히려 근본적으로 다르다.
dīvertícŭla ampúllæ, -órum, n., pl. (解) 팽대강(膨大腔)
dīvertícŭlum(=devertículum) -i, n. 옆길, 우회로,
 숙박소(宿泊所), 여관(旅館). (解) 맹낭(盲囊).
dīvértĭum = dīvórtĭum 옆길, 샛길, 우회로, 분기점

dīvérto, -vérti -vérsum -ĕre, intr. (dis+verto) 떠나다,
　갈라지다, 헤어지다, 이탈하다, 이혼하다, (dat.) 다르다.

dives, -um, m., pl. 부자(富者).
　Concedo, sit dives. 그가 부자라고 하자/
　ex inope dives factus. 가난뱅이에서 부자가 된 사람(fio 참조)/
　Repente dives factus est nemo bonus(Publilius Syrus).
　　갑자기 부자가 된 사람은 결코 선량한 사람이 아니다/
　Quis dives salvetur? 어떤 부자가 구원되는가?
　　(알렉산드리아의 클레멘스 지음).

dives, -vĭtis, adj. (abl.; sg. -e; gen.; pl. -um)
　[m., pl. 주격 divetes, 속격 divetum, 여격 divetibus, 대격 divetes, 탈격 divetibus].
　부유한(עשׁיר), 부자의, 많이 가지고 있는, 풍부한,
　풍요한, (무엇이) 많이 있는, 많이 산출하는,
　풍부한 내용의, 기름진, 푸짐한, 값진, 고가의,
　(비교급.최상급은 규칙적 형성 외에, 더 흔히는 dīs,
　dītis에서 형성함) divitĭor, ditĭor 더 부유한.
　Adolescens tam strénue laborávi, ut dives nunc sim.
　　나는 젊어서 그렇게도 모질게 수고했던 결과로
　　지금은 (이렇게) 부자가 되었다/
　divitíssimus, ditíssimus. 가장 부유한.
　Divirum et potentium virorum multi sunt amici,
　sed sæpe fallaces. 부유하고 세도 있는 사람들의 벗들은
　　수가 많지만 흔히는 가짜 친구들이다.
　　[falsus 사물이 '가짜인', fallax 사람을 '기만하는'. 성 염 지음. 고전 라틴어, p.156]/
　Est qui quasi dives habetur, cum nihil habeat; et est
　qui quasi pauper, cum in multis divitiis sit(잠언 13. 7).
　(eivsi,n oi` plouti,zontej e`autou,j mhde.n e;contej kai. eivsi,n oi`
　tapeinou/ntej e`autou,j evn pollw/| plou,tw|) (獨 Mancher stellt
　sich reich und hat nichts, und mancher stellt sich arm
　und hat großes Gut) (英 One man pretends to be rich,
　yet has nothing; another pretends to be poor, yet has
　great wealth) 부자인 체하나 아무것도 없는 자가 있고
　가난한 체하나 재물이 많은 자가 있다(성경 잠언 13. 7)/
　돈 있는 체해도 빈털터리가 있는가 하면 없는 체 해도
　돈 많은 사람이 있다(공동번역 잠언 13. 7)/
　Marcus ex parentibus divitibus nátus est.
　　마르꼬는 부유한 부모에게서 났다/
　Martinus hic pauper et modicus cælum dives
　ingreditur. 가난하고 보잘 것 없는 이 마르띠노는
　　풍요로운 천국으로 들어갔다/
　munus dives. 푸짐한 선물(膳物)/
　Si quis dives est, ille edit, quando vult; si quis pauper
　est, ille edit, quando habet, quod edat.
　　만일 누가 부자라면 그가 먹고 싶을 때 먹는다.
　　그러나 만일 누가 가난하면 먹을 것이 있을 때(먹을
　　것을 가지고 있을 때에나) 먹는다/
　Ut dives sit? quid, si ipsis divitiis excæcabitur?
　　그가 부자가 되게 하려는 것입니까? 그 재산으로 눈이
　　멀어버린다면 무슨 소용이 있겠습니까?
　　(최익철 신부 옮김, 요한 서간 강해, p.367).

dives ager. 비옥한 밭
Dives agris, bubus. 땅 부자, 소(牛) 부자
dives bubus. 소(牛) 부자
Dives est modestia apud Deum, apud quem nemo est
dives. 겸양은 하느님 대전에서 부유한 덕행이다.(하느님
　앞에서는 그 누구도 부유한 사람이 못 되니까).
dives gemma 값진 보석(寶石)
Dives in misericordia, 하느님의 자비.
　(자비로우신 하느님. 1980.11.30. 회칙).
dives lingua. 말 잘하는 혀
dīvéxo, -ávi -átum -áre, tr. (dis+vexo)
　이리저리 잡아 찢다, 여러 가지로 괴롭히다,
　약탈하다, 휩쓸다, 유린하다.
Dívĭco, -ónis, m. Cæsar 시대의 Helvétia인들의 장군
Dívide et ímpera! 분열시켜라, 그리고 통치하라.
dívídĭa, -æ, f. 불화, 불목(不睦), 불쾌, 귀찮음, 괴로움
dívído, divísi, divísum, dividĕre, tr. (dis+vído)
　가르다(פלג.פלס), 나누다(פלג.פלס), 분단하다,
　쪼개다(צזח.בזע), 분열시키다, 나누어 가지다,

분할하다, 분배하다, 분산 배치하다, 소매(小賣)하다,
산매하다, 분양하다, 구분하다, 따로따로 나누다.
분담시키다, 분류하다, 분리시키다, 멀리 떼어놓다,
갈라놓다, 구별(분별)하다, 분간하다, 식별(판별)하다,
돋보이게 하다, 두드러지게 하다, 장식하다, 반주하다.
Cithara carmina divido. 거문고로 노래를 반주하다/
Divide. 개별적으로 설명하라/
Dívide et ímpera! 분열시켜라, 그리고 통치하라/
Divide ut regnes. 통치하려면 나누어라/
dividĕre agros agrícolis. 농토를 농민들에게 나누어주다/
Dividere legem bonam a malā.
　좋은 법을 악법에서 판별하다/
dividĕre nummos in viros. (in`참조)
　사람 수대로 돈을 나누어주다/
Dividere pænam cum áliquo. 아무와 빵을 나누다/
Dividere populum in duas partes.
　국민을 두 부분(부류)로 나누다/
Dividere prædam per milites.
　노획품을 군인들에게 고루 나누어주다/
Divisus est Christus?(英 Is Christ divided?)
　그리스도께서 갈라지셨다는 말입니까?(성경 1코린 1. 13)/
Gállia est omnis divísa in partes tres.
　전 Gállia는 세 지역으로 나누어져 있다/
hereditátem divido cum fratre.
　유산(遺産)을 형제와 나누어 가지다/
legem bonam a malā divido.
　좋은 법을 악법(惡法)과 구별하다/
Massília a Græcórum regiónibus linguáqua divísa.
　희랍인들의 지방과 언어에서 멀리 떨어진 Massília.
Divido agros virítim cívibus.
　땅을 시민들 개개인에게 분배해 주다.
divido equitátem in omnes partes.
　기병대를 각 방면으로 분산 배치하다.
divido genus in spécies.
　유(類)를 여러 개의 종(種)으로 분류하다.
divido senténtiam. (원로원에서) 일괄 제출된 안건을
　분리해서 따로 다루다(설명하다.투표하다).
dívídŭus, -a, -um, adj. 나누이는, 분해할 수 있는,
　분할된, 나누어진, 갈라놓은, 멀리 떨어진.
　coma dívídua. 가르마한 머리.
Divina Comœdia. Dante의 신곡(神曲)
　(Alighieri Dante, 1265~1321的 유명한 종교적 서사시).
Divina e Revelatione "hominis sensum" percipit
Ecclesia. 교회는 "인간의 의미"를 신적 계시로부터 받는다.
Divina eloquia cum legente crescunt.
　하느님 말씀들은 읽는 이와 함께 자란다.
　[Sacra Scriptura crescit cum legente. 이는 "성서는 독자와 함께 자란다." 또는
　"성경을 읽는 이와 함께 자란다."라는 뜻으로, 이 표현은 원래 사라고사의
　타이우스(명제Sententiae, 40: PL 80, 896)가 말했다. 이를 그레고리우스 대교황이
　거의 그대로 인용해서 '에제키엘서 강론'에서 "성경 말씀은 읽는 이와 함께
　자란다.(Divina eloquia cum legente crescunt)"라고 썼다. 때론 약간 변형하여
　"성경 말씀들은 독자들의 정신과 함께 자란다.(Dicta sacri eloquii cum legentium
　spiritu crescunt)."라고 표현하기도 한다. 대 그레고리우스 '에제키엘서 강론
　(Homiliæ in Ezechielem)' Ⅶ 8~9, SCH 327, 244~246 참조].
Divinæ Institutiónis. 하느님의 제도.
　(락탄시우스 지음. 지식인을 위한 그리스도교 진리 탐구서이며 그리스도교를
　세상에 라틴어로 게시한 첫 번째 호교서이다).
divinæ Personæ. 하느님의 위격들.
　Utrum per rationem naturalem possint cognosci divinæ
　Personæ. 하느님의 위격들은 자연적 이성에 의해 인식될
　　수 있는가 /
　Per rationem naturalem potest cognosci Trinitas
　Personarum. 위격들의 삼위성도 자연적 이성에
　　의해 인식될 수 있다.
Divinæ providentiæ Mater.
　하느님 성모의 어머니 성모 마리아 축일.
divinæ quædam apparitiones. 신의 현현
dīvínátĭo, -ónis, f. 예견(豫見.獨 Weissagung),
　예언(נבואה.προφητεια.英 Prophecy),
　예감(ánima divinatio.獨 Ahnung),
　(미신으로서의) 점(占.英 Divinátion), 점복(占卜),

점술, 점복술(占卜術.⑨ divinátĭon.獨 Wahrsagen)
[점이란 어떤 물질이나 기호를 매개로 하여 인간의 지성이 미치지 못하는
사항을 알아맞추는 암술(暗術, Occultism) 행위를 말함 보통은 자연현상의
길흉이나 인간의 생사화복과 관련되어 있다. 점성술, 마술, 십이궁 독해, 점복,
사주팔자 등이 이에 속한다. 점은 윤리적으로 십계명 중 제1계명을 거스리는
죄이다. 백민관 신부 엮음, 백과사전 1, p.865].
  점 막대기에 의한 지하수 또는 광맥의 발견.
  (法) 예심(豫審), 고소자 선정. ars divinatoria. 점술.
Divinatio in labiis regis, in iudicio non errabit os
eius. (mantei/on evpi. cei,lesin basile,wj evn de. kri,sei ouv mh.
planhqh/| to. sto,ma auvtou/) (獨 Gottes Spruch ist in dem
Munde des Königs; sein Mund spricht nicht fehl im
Gericht) (⑨ The king's lips are an oracle; no judgment
he pronounces is false) 임금의 입술에는 신탁이 있어
  판결할 때에 그 입이 그르치지 않는다(성경 잠언 16. 10)/
  임금이 내리는 말은 하느님의 판결이니, 그 입으로
  그릇된 언도를 내릴 수 없다(공동번역 잠언 16. 10).
divinátor, -óris, m. 점쟁이, 점술자.
divinátrix, -ícis, f. 여자 점쟁이, 무당(귀신을 섬기면서 길흉을
  점치고 굿을 하는 여자. 한자를 빌려 '무당'으로 적기도 함. 무녀. 무자. 사무.
divíne, adv. 신적으로, 신답게, 하느님같이,
  하느님에 의해서, 하느님의 힘으로, 점쳐서,
  예언적으로, 훌륭하게, 감탄할 만큼.
divine missions ad extra 하느님의 외향적 파견.
Divini Amoris Scientĭa. 하느님 사랑의 학문(교서 1997.10.19.).
Divini Illius Magistri.(디비니 일리우스 마지스트리, 교황 비오 11세
  회칙 1929년) 젊은이들을 위한 그리스도교적 교육.
Divini Redemptoris. 디비니 레뎀토리스.
  (1937년 구세주 하느님의 무신론적 공산주의를 배척하는 교황 비오 11세의 회칙.
divinior, -or, -us, adj. **divínus,** -a, -um의 비교급
divinissimus, -a, -um, adj. **divínus,** -a, -um의 최상급
divínĭtas, -átis, f. 신성(神性), 하느님의 본성(本性),
  신, 신격, 신격(신격화된 살아있는) 황제, 신의 위엄.권능,
  점쳐 아는 힘, 예언 능력, 탁월(卓越), 완벽(完璧).
  dei statu suo. 천주성(교부문헌 총서 8, p.97)/
  esse omnium est superesse divinitas.
  초존재인 신은 모든 것의 존재이다/
  Novus Christus in carne, sed antiquus in divinitate.
  그리스도께서는 육신으로는 새로운 분이지만 신성으로는
  오래된 분입니다.(최익철 신부 옮김, 요한 서간 강해, p.123).
Divinitas ipsius veritatis vel divinitatis veritas.
  진리 자체의 신성 또는 신성의 진리("진리인 하느님 혹은
  하느님인 진리'라고도 번역 됨. 교부문헌 총서 17, 신국론, p.2586).
divínĭtas loquéndi. 완벽한 웅변(雄辯)
divínĭtus, adv. 신으로부터, 하느님으로부터,
  하느님의 힘(뜻)에 의해서, 하느님의 영감을 받고,
  신으로부터 예지(叡智)의 능력으로,
  탁월하게, 완벽하게, 훌륭하게.
divinizátĭo, -ónis, f. 신성화, 하느님화(신학전망 제135호, p.14)
divíno, -ávi -átum -áre, tr. (영감을 받고) 예언하다,
  예견(예측)하다; 점치다, 점쳐 알다.
Divino Afflante Spiritu. 하느님 성령의 숨결,
  성령의 영감, 성경 연구(디비노 아플란테 스피리투.
  성서 연구에 관한 회칙으로 1943.9.30. 교황 비오 12세 회칙).
Divino Afflatu. 하느님의 숨결(교황 비오 10세 헌장).
divínum, -i, n. 신, 신성; 신에 관한 것, 신적이던 것;
  제사, 신에게 바쳐진 것.
  divína humánăque. 모든 것을 총 망라하여, 무엇이나 다/
  divinorum deus. 신들 중의 신.
Divinum auxilium maneat semper nobiscum.
  천주는 항상 우리를 도우소서.
Divinum illud. 하느님의 직무(회칙 1897.5.9. 공포)
Divinum Illud munus. 신적책무, 성령, 교리와 신앙(1987.3.9.)
  (하느님의 직무. 교황 레오 13세의 성령의 역할에 관한 회칙. 1897년).
Divinum scire. 하느님의 지식(知識)
divinum velle. 하느님의 의지(意志)
divínus, -a, -um, adj. **하느님의, 신의, 신적인,** 신에 관한,
  신성의, **신이 내려준,** 신에게로부터 나온; **신에게 바쳐진,**
  천부의, 신을 찬양하는, 신성한, 종교적인, 신의 충동을 받은,
  (초자연의 힘으로) 예지 능력이 있는, 예언하는,
  신통력 있는, 점치는, 점에 관한, 탁월한, 완벽한, 훌륭한,

귀신같은, 믿어지지 않을 정도의, 황제의, 신성불가침의.
  m., f. 예언자, 점쟁이; 무당(무녀巫女. 무자巫子. 사무師巫).
Antiquitates rerum divinarum. 고전신사론(古典神事論)
  (고제古制에 관한 저서. Marcus Terentius Varro 지음. BC 116~27)/
  cognitio divina. 신적 인식/
De auctoritate canonicæ Scripturæ divino Spiritu conditæ.
  하느님의 영이 지은 성경 정전의 권위(신국론, p.2780)/
  divina animus. 신적 정신/
  Divina Comœdia. Dante의 신곡/
  divina conservatio. 하느님의 세상 유지/
  divina dispensátĭo. 신적 안배(神的 按配)/
  divina distributio. 신적 시혜(神的 施惠)/
  divina domus. 황실(皇室) / divina eloquia 신성한 말씀/
  divina gubernatio. 하느님의 통치/
  divina majestas. 신의 위압성(威壓性)/
  divina mens. 신적 지성 / divina natura. 하느님의 본성/
  divina ministeria. 신적인 직무/
  divina oracula 신성한 신탁(神託)/
  divina Persona. 신격(神格) / divina ratio. 신적 이성/
  divina regenerátĭo. 신적 재생(세례성사를 뜻함-교부문헌 총서 9. p.133)/
  Divina Sapientĭa. 신적 지혜, 하느님의 지혜/
  divina simplicitas. 하느님의 단순성(單純性)/
  divina trinitas. 하느님의 삼일성(三一性)/
  Divina ultio. 하느님의 복수(復讐)/
  Divina unctio. 하느님의 기름 부으심/
  Divinæ consortium naturæ, 견진성사(1971.8.15. 현장)/
  Divinæ institutiones. 하느님의 규범(規範),
    신의 훈시, 하느님의 제도(규범, Lactantius 지음. 7권)/
  divinæ maternitas. 하느님의 모친(神的 母性)/
  Divinarum Institutionum 거룩한 교육/
  Divini Amoris Scientĭa. 하느님 사랑의 학문(교서 1997.10.19.)/
  Divini Illius Magistri.(디비니 일리우스 마지스트리, 교황 비오 11세
    회칙 1929년) 젊은이들을 위한 그리스도교적 교육/
  Divini Redemptóris. 하느님이신 구세주, 무신론 공산주의,
    (무신론적 공산주의에 관해 교황 비오 11세 1937.3.19. 공포)/
  divinorum librorum tractatores. 성경의 주석가들/
  diviníssima dona. 제사에 가장 합당한 선물(膳物)/
  fides divina.(교회법 용어 divine faith)교회법 해설 圖 p.25) 천상적 신앙/
  fides divina et catholica.(⑨ divine and catholic faith)
    천상적 가톨릭 신앙/
  impedimentum juris divini. 하느님 법에 근거한 장애/
  inspirátĭo divina. 하느님의 영감(靈感)/
  jura divina atque humana. 신법과 인간법/
  jus divínum. 자연법; 신법/
  justitia divina. 신적 정의/
  Lex divina. 신법(성서를 통하여 인류에게 제시된 하느님의 계시.
    복음화에서는 그리스도의 가르침이 포함된다. 하느님은 인간이 이성으로
    이 신법에 참여하는 것을 말한다. 백민관 신부 엮음, 백과사전 1, p.867)/
  Non coerceri a maximo, contineri tamen a minimo,
  divinum est. 가장 위대한 것으로도 위압되지 않으면서도
    가장 작은 것에는 담기는 것-이것이 신적이다/
  Non est affirmandum aliquid de divinis, quod auctoritate
  Scripturae sacræ non est expressum.
    신성에 관해서는 권위 있게 성경이 표현하지 않는 만큼
    그것은 확언되지 않는다(S. Tommaso, S. Theol. I, 39, 2, ob. 2.)/
  numen divínum. 신의 뜻(능력); 신성, 신/
  operátĭo divina. 신적 인식/
  res divínæ. (신이 창조한 대로의) 자연(에 관한 것),
    제사; 예배, 종교의식(행사)/
  Scriptum aliquid, sive divinum sive humanum.
    하느님의 말씀이나 인간의 말(하느님이나 인간에 관한 글)/
  unitas divina. 하느님의 일성(일체성).
divinus homor. 신적(하느님)의 영예
divinus impetus. 영감(θεòπνευστος.⑨ Inspirátĭon)
divinus instinctus. 신적인 충동
Divinus perfectionis magister. 완덕의 천상 스승,
  시성 심사 절차(1983.1.25. 교황 요한 바오로 2세 교황령).
divísi, "divido"의 단순과거(pf.=perfectum)
divisíbĭlis, -e, adj. 나누어지는, 나눌 수 있는

divisíbílítas, -átis, f. 나눌 수 있음, 가분성(可分性), 분할성

divísĭo, -ónis, f. 나눔(⑨ distribution), 분할, 분배, 배분, 배당, 할당. (論) 구분, 분류. (數) 나눗셈, 제산(除算).
Divisionis signum. 구분기호(區分記號)/
fundaméntum divisiónis. 구분 원리/
De disruptione regni Isrælitici, qua præfiguratur perpetua divisio Lsrælis spiritalis ab Isræle carnali.
이스라엘 왕국의 분열은 영적 이스라엘과 육적 이스라엘의 영구한 분리를 예표(豫表)한다(신국론. p.2806)/
De diversitate linguarum principioque Babylonis.
언어의 다양함과 바빌론의 기원(신국론. p.2800)/
negatio divisionis. 분리의 부정/
negationem divisionis in ipsomet ente.
존재자 자체 안에서의 구분의 부정.

divisio major. 대구분선
divisio minima. 소구분선
divisio minor. 중구분선
divisio textus. 본문 구분, 본문 분석
divísor, -óris, m. 나누는 자; 분배자.
입후보자의 득표 공작금 배부자.
(數) 나누는 수, 분모, 제수(除數), 약수(約數).
divisúra, -æ, f. 베어진 자리, 상처; 째어진 금, 홈, 틈, 나무의 가랑이, 갈래, 갈라진 데, 균열(龜裂).
divísum, "divido"의 목적분사(sup.=supínum)
divísus, -us, m. 나눔(⑨ distribution), 분할(分割).
divísui habére. 나누어 갖다/
fácilis divísui. 나누기에 쉬운.
divítiæ, -árum, f., pl. 재산(財産.⑨ property), 부(富), **재물**(財物.⑨ Earthly goods/Riches), 재화(財貨), 부유, 풍부, 풍족, 풍요(⑨ Fecundity), 비옥(肥沃), 값진 물건(선물), 패물(貝物), 진주, 보석, 장신구, 천부의 재능, 자질(資質), 천품(天稟).
augeo *alqm* divítiis. 아무의 재산을 더 많아지게 하다/
Divitiarum et formæ gloria fluxa est.
재산과 용모의 영예는 덧없는 것이다(성 염 지음. 고전 라틴어. p.74)/
divítias fácĭo. 재산을 장만하다/
Nemo poterit sine virtute esse beatus, quamvis ei sint divítiæ. 비록 재산이 있다 할지라도,
덕이 없으면 어느 누구도 행복할 수 없다/
Nihil, inquit, prosunt divítiæ.
그는 말했다. 재산은 아무 소용이 없다/
Quis tolerare potest aliis divitias superare, nobis rem, rem familiarem etiam ad necessaria deesse?.(Sallustius)
남들한테는 재산이 넘치는데 우리한테는 생필품마저, 필수적인 가족 생필품마저 없는 상황을 누가 참고 견딜 수 있겠는가?(성 염 지음. 고전 라틴어. p.287)/
Sapiéntium(또는 sapiéntum) est divitias spérnere.
(=Vivórum sapiéntium est divítias spérnere.)
재산을 업신여기는 것은 현자들의 특성이다/
Virtus manet, divítiæ pereunt.
덕행은 남아있고, 재물은 없어진다.
Divitiæ et honores caduca sunt.
재산과 명예는 잠시 지나가는 것이다.
divítiæ ingenii. 천부의 재능(才能)
Divitiæ vestræ putrefactæ sunt,
et vestimenta vestra a tineis comesta sunt.
(o` plou/toj u`mw/n se,shpen kai. ta. i`ma,tia u`mw/n shto,brwta ge,gonen) (獨 Euer Reichtum ist verfault, eure Kleider sind von Motten zerfressen) (⑨ Your wealth has rotted away, your clothes have become moth-eaten)
그대들의 재물은 썩었고 그대들의 옷은 좀먹었습니다(성경)
/당신들의 재물은 썩었고 그 많은 옷가지들은 좀먹어 버렸습니다(공동 번역)/여러분의 재물은 썩었고 여러분의 옷은 좀 먹었습니다(200주년 기념 신약성서 야고 5. 2).
divítias comparo. 재산을 모으다
divítias fácĭo. 재산을 장만하다
dívĭto, -áre, tr. = dito, -ávi -átum -áre, tr.
divórsus, -a, -um, adj. (古) = divérsus

divortium(=dēvórtĭum) -i, n. 옆길, 샛길, 우회로, 분기(分岐), 분기점(分岐點), 분리(分離), **이혼**(離婚.חוֹר.דָּרַת.ἀποστάσιον.⑨ Divorce).
artíssimum inter Európam Asiámque divortium.
유럽과 아시아 사이의 아주 좁은 해협.
divortium a mensa et thoro. 탁상 이혼
divortium fácere. 이혼하다
divortium imperfectum. 불완전한 이혼
dīvulgátĭo, -ónis, f. 공개, 공표, 공표(세상에 널리 알림), 비밀 누설(秘密漏泄), 폭로(暴露), 퍼뜨림, 전파, 보급, 유포(流布-백성들 사이에 새로운 법률의 정보가 널리 전파되는 것).
dīvulgátus, -a, -um, p.p., a.p. 공개된, 발표된, 세상에 드러난; 대중적인, 민중화된, 평범한.
dīvúlgo, -ávi -átum -áre, tr. (dis+vulgo)
공개하다, 세상에 퍼뜨리다, 발표하다, 공표하다, 보급시키다; 소문내다.
dīvulsi, "dīvéllo"의 단순과거(pf.=perfectum)
dīvúlsĭo, -ónis, f. 찢어냄, 떼어냄, 분리, 갈라놓음
dīvulsum, "dīvéllo"의 목적분사(sup.=supínum)
dīvum, -i, n. 하늘, 노천(露天).
sub divo. 노천에서, 야외에서.
dīvus, -a, -um, adj. 신의, 신적인, 신성한, 신과 같은, 탁월한, 완벽한, 훌륭한, 나무랄 데 없는, 하늘의.
m. 신, 하느님, 신령님: divi. 여러 신들.
m. 죽은 황제에게 붙이는(신격화된) 경칭.
divus Thomas. 신학자 토마스
Dixeram aliquando Caritati vestræ, nisi fallor.
제가 틀리지 않다면, 언젠가 사랑하는 여러분께 이런 말씀을 드린 적이 있습니다.(최익철 신부 옮김. 요한 서간 강해. p.369).
dīxi, "dīco"의 단순과거(pf.=perfectum)
Dixi, te ventúrum esse, ut vidéres matrem.
나는 네가 어머니를 보러 올 것이라고 말했다.
dixisti, 원형 dico² dīxi, dīctum, dícĕre,
[직설법 현재완료. 단수 1인칭 dīxi, 2인칭 dixisti, 3인칭 dixit, 복수 1인칭 diximus, 2인칭 dixistis, 3인칭 dixerunt].
Dómine Iesu Christe, qui dixísti Apóstolis tuis.
주 예수 그리스도님 일찍이 사도들에게 말씀하시기를.
Dixisse fetur simius senténtĭam.
원숭이가 의견을 말했다고 한다.
dixit, 원형 dico² dīxi, dīctum, dícĕre, tr.
[직설법 현재완료. 단수 1인칭 dixi, 2인칭 dixisti, 3인칭 dixit.
복수 1인칭 diximus, 2인칭 dixistis, 3인칭 dixerunt].
Dixit autem serpens ad mulierem: "Nequaquam morte moriemini! (kai. ei=pen o` o;fij th/| gunaiki, ouv qana,tw| avpoqanei/sqe) (獨 Da sprach die Schlange zum Weibe: Ihr werdet keineswegs des Todes sterben.)(⑨ But the serpent said to the woman "You certainly will not die!") (창세 3. 4)
그러자 뱀이 여자에게 말하였다. "너희는 결코 죽지 않는다 (성경)/그러자 뱀이 여자를 꾀었다. "절대로 죽지 않는다(공동번역).
Dixit Dominus Domino meo: Sede a dextris meis.
하느님이 내 주께 이르시기를
내 오른편에 앉아 있으라 하셨도다.
Dixitque Lot ad eos: "Non, quæso, Domine.
(ei=pen de. Lwt pro,j auvtou,j de,omai ku,rie)
(獨 Aber Lot sprach zu ihnen: Ach nein, Herr!)
(⑨ Oh, no, my lord! replied Lot. 창세 19. 18)
그러나 롯은 그들에게 말하였다. 나리, 제발 그러지 마십시오(성경)/그러나 롯은 그들에게 간청하였다.
"제발 그러지 마십시오(공동번역 창세 19. 18).
Dixit, quo vellet aurum?
그는 무엇 때문에 금(金)을 원하는지 말했다
Dixitque Deus: "Fiat lux". Et facta est lux.
(kai. ei=pen o` qeo,j genhqh,tw fw/j kai. evge,neto fw/j)
(獨 Und Gott sprach: Es werde Licht! Und es ward Licht)
(⑨ Then God said, "Let there be light," and there was light) 하느님께서 말씀하시기를 "빛이 생겨라" 하시자 빛이 생겼다(성경 창세 1. 3)/하느님께서 "빛이 생겨라!" 하시자 빛이 생겨났다(공동번역 창세 1. 3).

D

D.N. (略) "Dóminus Noster"의 약자(略字)

D.N.J.C. (略) Dóminus Noster Jesus(Iesus) Christus. 우리 주(님) 예수 그리스도.

De compunctione cordis ad pedes crucifici D.N.J.C. 주 예수 그리스도의 십자가 곁에서 마음의 가책에 대하여/ De passione D.N.J.C. júgiter memoranda. 계속적으로 우리 주 예수 그리스도의 수난을 기억함에 대하여.

dō, dédi, dátum, dáre, tr.

[직설법 현재, 단수 1인칭 do, 2인칭 das, 3인칭 dat, 복수 1인칭 damus, 2인칭 datis, 3인칭 dant].

주다(זרק.הבה.זרק), 수여하다, 내주다, 제공하다, 베풀다, 드리다, 바치다; 끼치다. do alci véniam. 용서해주다/ do fíliam in matrimónium alci. 시집보내다/ iter alci per provínciam do. 아무에게 주(州)를 가로지르는 통로를 제공하다/ do alqm alci cómitem. 아무를 누구의 동행자로 딸려 보내/ Do, ut des. 상호이행("네가 주는 것을 나는 준다"와 같이 대등하고 공평한 조건 하에서 주고받는 공평행위) 2. (편지.공문서 따위를) 쓰다, 보내다. 3. (무엇을 누구한테 가져가도록 아무에게) 맡기다, 부탁하다: do mandáta alci ad alqm. 아무를 시켜서 누구한테(ad alqm) 명령을 전달하게 하다. 4. 보여주다, 해 보이다, 제시하다, 내놓다, 내세우다. 5. 지출하다, 지불하다, (벌을) 받다, 치르다, 갚다. Do pœnas temeritátis meæ. 나는 내 경솔함의 대가를 치르고 있다. 6. 허락(승낙)하다(זרק.זרק), 허가하다, (소원 따위를) 들어(풀어) 주다, (…로 하여금) …**게 하다, …도록 내맡기다**, Bíbere da. 마시게 해다오/ Do comam diffúndere véntis. 바람에 머리카락을 나부끼게 하다. 7. 집어(몰아.밀어.던져) 넣다, 넘겨주다, 내맡기다, 내던지다, …에 이르게 하다, …(되)게 하다, ad terram do. 땅에 떨어뜨리다.추락시키다/ do alqm in custódiam. 감옥에 집어넣다/ do urbem ruínis. 도시를 폐허로 만들다/ do se in fugam. 도망하다/ do se alci(in conspéctum) 누구 앞에 나타나다. 8. vela do, vela do ventis. 출범하다, 출항하다. 9. (말.주장 따위를) **인정하다**, 승인하다, 찬동 (동의)하다. Satis mihi dedísti, cum respondísti… 네가 …라고 대답한 것은 곧 내 말을 충분히 인정한 것이다/ Dato hoc, dandum erit illud. 이것을 인정한다면 저것도 인정해야 한다. 10. 호의를 보이다, 양보 하다, 순응하다. 11. (무엇을 누구에게 무엇으로) **돌리다**, 간주하다, 들씌우다, 주다, (무엇이) 되게 하다. alqd álteri crímini do. 남에게 무엇을 죄로 돌리다/ Sola virtus némini datur dono. 덕행만은 아무에게도 선물로 주어지지 않는다. 12. se do alci. **항복하다**, 자신을 내맡기다; 섬기다, 헌신하다, 몰두하다, 정성을 쏟다. An iis me dem? 내가 그런 자들한테 항복한단 말이냐?/ do se stúdiis. 공부에 전념하다. 13. (사물, pass.) dari, se dare 있다. 생기다; 형편이 닿다: Tempus se dat. 시간이 난다/ datá occasióne 기회 있을 때에(있는 대로). 14. óperam do alci rei(ut) …에(…도록) **힘쓰다**, 주력하다, 애쓰다, óperam do virtúti. 덕행에 힘쓰다/ Da óperam, ut váleas. 건강에 꼭 유의해라/datá óperā 애써, 짐짓, 일부러. 15. 말하다, 이야기하다, 설명하다, 전하다: Ænéas eripuísse datur. Ænéas가 구출했다고 전해진다. 16. verba do alci. 속여 넘기다, 말로 얼버무리다. 17. **nomen do. 이름을 걸다. 가입(입단)하다**; 특히 군에 입대하다. 18. manus do (alci) 항복하다, 굴복하다, 두 손 들다. 19. fábulam do 작가가 작품을 연출하다. (배우들에게 연극을) 상연시키다. 20. (소리) 내다.지르다; (눈물을) 보이다.흘리다; 낳다, 산출하다. 21. 선고하다, 판결을 내리다. 22. (축제.경기 따위를) 거행한다, 개최하다, 베풀다. (라틴-한글사전. pp.271~272).

Cur hoc nobis tu crímini das?(crimini: 이해 여격) 왜 너는 그렇게나 우리에게 탓을 씌우는가?/

datis iungit manus, et signat ter super Hostiam, et Cálicem simul, dícens: 손을 모았다가 성체와 성작 (聖爵) 위에 동시에 십자 성호를 그으며 말한다/

Datum Romæ, apud Sanctum Petrum, die XVI mensis Octobris, anno MCMLXXIX, Pontificatus Nostri secundo. (@ Given in Rome, at St. Peter's, on October 16, 1979, the second year of my pontificate) 로마 성 베드로좌에서, 교황 재위 제2년, 1979년 10월 16일 교황 요한 바오로 2세/ Hoc senatui culpæ dederunt. 원로원은 이것에 시비를 걸었다/ Inopi beneficium bis dat, qui cito dat. 궁한 사람에게 도움을 빨리 주는 사람은 두 배로 주는 셈이다/ íntegrum alci dare. 누구에게 자유재량대로 할 수 있게 하다/ Mandatum novum do vobis. 내 너희에게 새 계명을 주노라(세족례 당일 교송)/ Pacem relínquo vobis, pacem meam do vobis. (@ Peace I leave with you; my peace I give to you) 나는 너희에게 평화를 남기고 간다. 내 평화를 너희에게 준다(성경 요한 14, 27)/나는 너희에게 평화를 주고 간다. 내 평화를 너희에게 주는 것이다(공동번역).

do fíliam in matrimónium alci. 딸을 누구에게 시집보내다

Do pœnas temeritátis meæ.
나는 내 경솔함의 대가를 치르고 있다.

do se stúdiis. 공부에 전념하다

Do tibi hunc librum legendum.
이 책을 읽으라고 너한테 주는 것이다.
=Hic liber tibi legendus datus est.
이 책을 읽으라고 너한테 준 것이다.
['do' 등의 동사를 사용한 문장에서는 (앞) 분사가 형용사이므로 단순히 보어로 쓰기도 한다. 성 염 지음. 고전 라틴어, p.248].

Do, ut des. 네가 주는 것을 나는 준다

Do vestem páuperi. 나는 가난한 사람에게 옷을 준다

doce, 원형 dóceo, -cŭi, -ctum, -ēre,
[명령법, 현재 단수 2인칭 doce, 복수 2인칭 docete].
Domine, doce nos orare.(성경 루카 11, 1)
주님, 저희에게도 기도하는 것을 가르쳐 주십시오.

Doce me fácere voluntátem tuam.
주님 제게 당신 뜻을 가르쳐 주옵소서.

Docebo vos natáre.
나는 너희들에게 헤엄치는 것을 가르쳐 주겠다.

Docéndo díscimus. 우리는 가르치고 또 배운다.
(동명사의 탈격은 모양부사어나 원인부사어가 될 수 있다).

dóceo, -cŭi, -ctum, -ēre, tr. **가르치다**(ירה), 수업하다, 강의하다, 교육하다, **일러주다**, **알려주다**, 통지하다, 정보를 제공하다, 증거를 제시하다.

docens movet intelléctum addiscentis. 가르치는 자는 배우는 자의 지성을 움직인다(이상섭 옮김, 신학대전 14, p.157)/ docére fábulam. 극(劇)을 연출하다/ Docere quæ sunt secundum sanam doctrinam. (@ Teaching what befits sound doctrine) 건전한 교리에 부합하는 가르침(티토 2, 1)/ Dócui per lítteras, id nec opus esse. 나는 편지로 그것이 필요하지 않다는 것을 통지했다/ Experiéntia stultos docet. 경험은 어리석은 자들을 가르친다/ fídibus docére alqm. 누구에게 현악기 연주법을 가르치다/ Græce loqui docéndus sum. 나는 희랍어로 회화를 배워야 한다/ Hæc ab his docéntur. 이런 것들을 이 사람들이 가르친다/ Is ómnia docétur. 그는 모든 것을 교육받고 있다/ Nunc dubitánti magis quam docénti assimilatur. 지금 가르치는 사람이라기보다는 회의하는 사람에 가깝다. (지성단일성. p.113)/ puer docéndus artes. 학예(學藝)를 교육받을 소년/ Qui docet discit. 가르치는 자는 배운다.

doceo alqm fídibus. 아무에게 현악기 타는 법을 가르치다

doceo alqm lítteras. 누구에게 글을 가르치다

doceo alqm natáre. 아무에게 수영법을 가르치다

doceo fábulam.
(배우들에게 연기를 가르쳐) 연극을 상연하다, 연출하다.

Dóceo te de morte patris mei.
나는 네게 내 부친의 부고(訃告)를 전한다.

Docete Omnes Gentes. 가서 만백성을 가르쳐라
(초대 조선교구장 바르톨로메오 브뤼기에르(1792~1835) 주교 문장).

D

Docetísmus*, -i, m. 그리스도 가현설
(假現說.도체티즘.[영] docetism.獨 Doketismus).
(초대교회에 나타난 학설로 그리스도의 인성과 수난은 실제로 있은 것이 아니고 있은 것처럼 나타났을 뿐이라는 설. 백민관 신부 엮음, 백과사전 1, p.872).
dóchmĭus, -i, m. 단장장단장(短長長短長)의 시각(詩脚)
dŏcíbĭlis, -e, adj. (dóceo) 쉽게 배우는
dócĭlis, -e, adj. (dóceo) 가르치기 쉬운, 쉽게 배우는, 순응하는, 유순한, 고분고분한, 다루기 쉬운, 나긋나긋한.
dŏcílĭtas, -átis, f. 쉽게 배우는 성질, 쉽게 배움, 순응성, 온순, 유순, 고분고분함, 다루기 쉬움. 길들여지는 것.
docta ignorantia([영] Learned Ignorance)
유식한 무지, 무지의 지,
(박학한 무지. 하느님께 관한 지식은 인간 최고의 지식이지만 불충분하다는 뜻. 니콜라우스 데 쿠사는 스스로 안다고 자부하는 지식을 제거함으로써 참다운 하느님과의 일치를 이루는 지식에 이른다는 지성한 무지(Sacratissima ignorantia)라고 풀이했다. 백민관 신부 엮음, 백과사전 1, p.836).
doctílŏquax, -ácis, adj. 유식하게 말하는
doctílŏquus, -a, -um, adj. 유식하게 말하는
doctior, -or, -us, adj. doctus, -a, -um의 비교급
doctissimus, -a, -um, adj. doctus, -a, -um의 최상급.
In animis doctissimi illi veteres inesse quiddam cæleste et divinum putaverunt.(Cicero). 저 옛날의 식자들은 영혼에 천상적이고 신적인 무엇이 깃들어 있다고 생각했다.
doctĭúscŭle, adv. (doctus) 좀 유식하게
doctor, -óris, m. 스승(διδάσκαλος.[영] Teacher), 선생, 교사, 가르치는 자, 희곡작가 겸 연출가, 의사, 학자, 박사(laurea doctolális) 교사.
Doctoris sancti viæ archicursor et sancti doctoris doctrinæ armarium refertissimus. 거룩한 박사의 대선구자이며 거룩한 박사의 교설이 가득한 장롱.
(백민관 신부 엮음, 백과사전 1, p.876)/
Homiliárĭus doctorum. 박사들의 성서 교훈집/
Rabbi doctorum. 박사들의 랍비/
Si invidus doctor, quomodo eris doctor? 그대가 시기심 많은 스승이라면, 어떻게 스승일 수 있겠습니까?.
(최익철 신부 옮김, 요한 서간 강해, p.363)/
Summus doctorum. 박사 중의 최고 박사/
venerabilis et modernis temporibus doctor admirabilis Beda presbyter.
존경하고 현 시기에도 경탄하올 박사인 사제 베다.
Doctor Amœnus. 매력적(魅力的)인 박사
Doctor Angelicus. 천사적 박사(S. Thomas 지칭. 비오 10세 공포)
doctor maximus in exponendis sacris Scripturis.
성경주해의 최고 학자(성경 번역가이자 최고 주석가인 히에로니무스 지칭).
Doctor Armatus. 무장(武裝) 박사
doctor audientium. 경청(傾聽)하는 이들의 교사
Doctor Authenticus. 진정(眞正) 박사
Doctor Auctoratus. 권위 박사
Doctor Beatus. 복된 박사
Doctor Bonus. 호인(好人) 박사
Doctor Breviloquus. 요령 박사.
(Perpignan의 Gui Terreni 지칭. 백민관 신부 엮음, 백과사전 1, p.873~878).
Doctor Brevis. 단신(短身) 박사
Doctor Bullatus. 과장(誇張) 박사
Doctor Catholicæ veritatia. 가톨릭 진리의 교사
Doctor Christianissimus. 가장 그리스도교적인 박사
[제르송(1363~1429)을 가리킴].
Doctor Clárissimus. 가장 명료한 박사.
Doctor Communis. 공통의 박士(Thomas Aquinas)
Doctor Communis Ecclesiæ. 교회의 공통박사
Doctor Communis Humanitatis. 인류의 공통학자
Doctor Communis seu universális.
보편적이요 세계적인 스승.
Doctor Consummatus. 완성 박사(성녀 데레사의 도미니꼬)
Doctor Copiosus. 풍요 박사(Richard of Meddleton)
Doctor Correctivus. 교정(校定) 박사
Doctor Curialis. 성청(聖聽) 박사
Doctor Decretistarum. 교령(敎令) 박사
Doctor Decretistarum. 법령 박사(peter Quæsuet)
Doctor Decretorum. 원리 박사
Doctor Devotus. 신심박사(Bonaventura O.F.M.)
Doctor Divinitatis. 신학박사(=Doctor Theologiæ)
Doctor Dulcis. 감미(甘味) 박사(Garda의 Humbertus)
Doctor Dulcifluus. 유창(流暢) 박사
Doctor Ecclésiæ. 교회박사([영] doctor of the church)
[모두 32명인데 그중 대 그레고리오, 암브로시오, 아우구스티노, 예로니모는 탁월한(par excellence) '4대 박사'라 한다…. 백민관 신부 엮음, 백과사전 1, p.836].
Doctor Egregius. 탁월 박사(Thomas Aquinas)
Doctor Elegans. 우아(優雅) 박사(peter Aureoli)
Doctor Eminens. 걸출(傑出) 박사(Matha의 요한)
Doctor Eucharisticus. 성체 박사(Thomas Aquinas)
Doctor Excellentissimus. 탁월 박사(Anthony Corsetto)
Doctor Eximius. 특출박사(Thomas Aquinas)
Doctor Eximius ac pius.
탁월하고 신심 깊은 박사(Suarez 지칭).
Doctor Expertus. 전문가 박사(Albertus Magnus)
Doctor Exstaticus. 황홀 박사(Denis of Roermond 지칭)
Doctor Facundus. 능변(能辯) 박사
Doctor Fertilis. 풍요 박사(Candia의 프란치스코)
Doctor Fructuosus. 성과(成果) 박사(La Palu의 베드로)
Doctor Fundamentalis. 기초 박사
Doctor Generosus. 인자(仁慈) 박사
Doctor Gratiæ. 은총 박사(아우구스티노 지칭)
Doctor Gratiosus. 자애(慈愛) 박사
Doctor Centium. 이방인 박사
Doctor Honoris causa. 명예박사
Doctor Humanitátis. 인류의 박사, 인류의 학자
Doctor Illibatus. 무결함 박사(Alexander Alamannicus)
Doctor illuminantissimus et acutus.
대오철저(大悟徹底-크게 깨달아 번뇌나 의혹이 다 없어짐) 박사.
[프란치스코 스코투스의 고족제자(학식과 품행이 우수한 제자) Mayron의 칭호로 '추상 박사magister abstractionum'라고도 한다].
Doctor Illuminatissimus. 최상 조명 박사
Doctor Illuminatus. 조명 박사(Raymond Lull)
Doctor Illustratus. 설명 박사(Adam marsh)
Doctor Illustris. 저명 박사(Adam March)
Doctor In Sacra Theoligia. 신학 박사
(13세기 말부터 일반적으로 사용되기 시작. 토마스 아퀴나스 수사, p.183).
Doctor Inflammatus. 불타는 박사
Doctor Ingeniosissimus. 수재 박사(Novocastro의 안드레아)
Doctor Ingeniosus. 영재 박사,
능란한 박사(Johannes Peckham 1230~1292 지칭).
Doctor Inventivus. 발명 박사(Viterbo의 야고보)
Doctor Invincíbĭlis. 이길 수 없는 박사, 불굴의 박사
Doctor Irrefragíbĭlis. 불패 박사,
불가항의 박사(Bonaventura의 스승 Alexander Halesius를 지칭).
Doctor Lucidus. 선명(鮮明) 박사(교황 Alexander Ⅲ)
Doctor Márianus. 마리아 박사
Doctor Maximus. 최대 박사(예로니모)
Doctor Mellifluus. 감밀(甘蜜) 박사,
성 베르나르도 800주기(1953.5.24.).
Doctor Mellifluus Alter. 제2의 꿀 흐르는 박사,
Doctor Memorialis. 기념할 박사
Doctor Memoriosissimus. 가장 기념할 박사
Doctor Mirábĭlis. 경탄할만한 박사, 놀라운 박사
Doctor Modernus. 신식(新式) 박사, 현대 박사
Doctor Moralis. 윤리 박사
Doctor Mysterium. 신비 박사(십자가의 성 요한 지칭)
doctor mystica. 신비신학의 스승(칼 라너의 별칭)
Doctor Occidentális. 서구의 박사
Doctor Ordinis. 작은 형제회의 박사
Doctor Ordinatissimus. 서열(序列) 박사
Doctor Ornatissimus. 최고 장식(裝飾) 박사
Doctor Ornatus. 장식(裝飾) 박사
Doctor Pacipicus. 평화 박사(Nicholas Bonet)
Doctor Perplexorum. 혼란된 자들의 박사
Doctor Perplexus. 아리송 박사
Doctor Perspicacissimus. 총명(聰明) 박사
Doctor Perspicuus. 투명(透明) 박사
Doctor Planus. 평이(平易) 박사

Doctor planus et perspicuus. 분명한 또는 명료한 박사.
(월터 별리 1275~1344 지칭).

Doctor Præcellentissimus Philosophiæ.
탁월한 철학박사(Siger se Brabant).

Doctor Præclarus. 유명 박사

Doctor Præfulgidus. 눈부신 박사(Franciscus de Marchia 별명)

Doctor Præstantissimus. 뛰어난 박사

Doctor Primus. 첫째 박사

Doctor Proficuus. 유익한 박사

Doctor Profitabilis. 유리한 박사

Doctor Profundissimus. 최고 심오 박사

Doctor Profundus. 심오 박사

Doctor Rarus. 희귀(稀貴) 박사

Doctor Recollectus. 묵상 박사

Doctor Resolutissimus. 결단력의 박사

Doctor Resolutus. 결단 박사

Doctor Reverendus. 경애(敬愛) 박사

Doctor Sanctissimus. 지성(至聖) 박사

Doctor Sanctus. 성인 박사

Doctor Satisfaciens. 충족(充足) 박사

Doctor Scholasticus. 중세기의 박사, 스콜라 박사

Doctor Securus. 안전 박사

Doctor Seraphicus. 세라핌 박사(=보나벤투라), 청순 박사

Doctor Serenus. 평온 박사

Doctor Singularis. 각별 박사

Doctor Solemnis. 성대(盛大) 박사

Doctor Solidus. 견고(堅固) 박사

Doctor Sollers. 노련(老鍊) 박사

Doctor Spectabilis. 존귀 박사

Doctor Specullativus. 정관(靜觀) 박사

Doctor Strenuus. 열성 박사

Doctor Sublimis. 숭고(崇高) 박사

Doctor Subtilior. 가장 섬세한 박사

Doctor subtilis. 명민한 박사, 치밀한 박사,
정교한 박사(복자 Duns Scotus 1265~1308년. 지칭).

Doctor Subtilissimus. 최고 섬세 박사

Doctor Succinctus. 간략 박사(Franciscus de Marchia 별명)

Doctor Sufficiens. 충분 박사

Doctor Summus. 최고 박사

Doctor Supersubtilis. 최고 섬세 박사

Doctor Theologiæ. 신학박사(=Doctor divinitatis)

Doctor universális. 보편적 스승, 만물박사, 보편적 박사
(도미니꼬회 주보 성인인 알베르트 1200~1280 지칭).

Doctor Utilis. 유용 박사

Doctor Venerabilis. 존경 박사

Doctor Venerandus. 공경 박사, 존경하올 박사

Doctor Verbalis. 말 그대로의 박사

Doctor Verbosus. 말 많은 박사

doctŏrális, -e, adj. 박사의, 교수의, 석학의

doctŏrátus, -us, m. 박사 학위

Doctores defensoresque ecclesiæ.
교회의 학자이며 변호자.

Doctores ecclesiæ. 교회의 박사
(라틴 교회의 사대 교부는 암브로시오, 예로니모, 아우구스티노와
그레고리오 대 교황을 꼽으며, 이 네 명은 1295년 교황 Bonifatius 8세로
부터 공적으로 '교회의 박사(doctores ecclesiæ)'라는 칭호를 받았다).

doctrína, -æ, f. 가르침, 교육; 배움, 학과, 학예;
이론, 방법론, 학설, 정설; 교리, 교설; 주장, 주의,
['doctrina'라는 말은 그리스어 didascalia 또는 didache라는 말을 라틴어 불가타
역본에서 '가르침'이란 뜻으로 번역한 말인데, 교리교육(Catechesis) 또는 복음
선포(kerygma)란 말과 밀접한 관련성을 가지고 있다. '교리'란 말은 '가르친다'
는 능동적인 뜻과 '가르침을 받는다'는 수동적인 뜻을 동시에 나타낸다….
                                               백민관 신부 엮음, 백과사전 1, p.876).

Agendi ratio in doctrinarum examine. 교리 검토 규정/
Antiquis temporibus doctrina bene faciendi et bene
dicendi magistra fuit. 옛날에는 행실을 잘하고 말을
잘하는 가르침이 (곧) 교육이었다(성 염 지음. 고전 라틴어. p.247]/
De doctrina christiana. 그리스도교 교양(성 아우구스티노 지음)/
De Doctrina Temporum. 시대를 통한 교리.
(petavius 지음. Scaliger의 De Emendatione Temporum를 교정한 책)/
De errore, in quo Origenis doctrina culpatur.(신국론. p.2782)

오리게네스의 교리(敎理) 중 비판받는 오류/
De paganorum secretiore doctrina physicisque
rationibus. 외교인들의 비교와 자연주의 해석(신국론. p.2764)/
Deos paganorum numquam bene vivendi sanxisse
doctriam. 이교도의 신들은 선하게 사는 도리를
제정한 적이 없다(교부문헌 총서 17. 신국론. p.2746)/
doctrínis alqm impertio. 누구에게 지식을 가르쳐 주다/
doctrina sociale. 사회적 교리/
Hæc doctrina non est corpus veritatum abstractarum,
sed communicatio viventis mysterii Dei.(⑨ This teaching
is not a body of abstract truths. It is the communication
of the living mystery of God.) 이 가르침은 추상적인
진리 체계가 아닙니다. 그것은 하느님의 살아있는 신비를
전달하는 일입니다.(1979.10.16. "Catechesi tradendæ" 중에서)/
nuda doctrina. 깡마른 결론/
Opus de Doctrina Temporum. 세기를 통한 교리/
Socialis Ecclesiæ doctrina.(⑨ The Church's social
teaching) 교회의 사회교리(2007.2.22. "Sacramentum Caritatis" 중에서)/
vera et catholica doctrina de sacramento ordinis
ad condemnandos errores nostri temporis.
우리 시대의 오류들을 단죄하기 위해 천명하는
신품성사에 관한 참된 가톨릭 교리.

Doctrina Apostolorum. 사도들의 가르침

Doctrina christĭana. 가톨릭 교리서, 문답책,
그리스도교 교리.(⑨ Christĭan Doctrine),
천주교 요리 문답(이 책은 루카복음 4장 18절에 근거를 두고 트리엔트
공의회에서 제정. 일반 신자들의 교리 설명용으로 만들었다.
                                               백민관 신부 엮음. 백과사전 1, p.878).

doctrina compendiosa. 교리 요약(敎理 要約)

Doctrina de Communione sub Utraque Specie et
Parvulorum.(DS 1725~1730)
양형 영성체와 어린이 영성체에 관한 가르침(교리).

Doctrina de divina œconomia salutis 하느님의 구원
경륜에 대한 가르침(심상태 지음. 續.그리스도와 구원. p.288).

Doctrina de Institutione Monachorum. 수도회론

Doctrina de sacramento extremæ unctionis.
종부성사에 관한 가르침.

Doctrina de Sacramento Matrimonii.
혼인성사에 관한 가르침, 혼인성사 교리(DS 1797~1800).

Doctrina de Sacramento Ordĭnis. 성품성사에 관한 교리.
(DS 1763~1770. 1563.7.15.).

Doctrina de sanctissimis pœnitentiæ et extremæ
unctionis sacramentis.
지극히 거룩한 고해성사와 종부성사에 관한 가르침.

Doctrina de SS. Missæ Sacrificio.(DS 1738~1750)
지극히 거룩한 미사의 희생 제사에 관한 교리.

Doctrina duodecim Apostolorum. 12사도의 가르침

Doctrina et canones de sanctissimo missæ sacrificio.
지극히 거룩한 미사성제에 관한 교리와 그 법규.

Doctrina et exemplo. 신학생들의 전례교육.
                                               (1965.12.25. 훈령).

Doctrina orthodoxa.(⑨ Orthodoxia).
정통교리. 교리의 정통성(正統性).

Doctrina Patrum de Incarnatĭóne Verbi.
말씀의 육화에 대한 교부들의 가르침(Anastasius 지음).

doctrina sacra 거룩한 학문

Doctrina sacramentorum.(⑨ Doctrine of the sacraments).
성사에 대한 교리.

doctrina secundum revelatĭónem divinam(=신학)
하느님의 계시에 의한 가르침.

Doctrina socialis.(⑨ social doctrine) 사회 교리.
Traditio ac diffusio doctrinæ socialis pars sunt missionis
evangelizandi, quæ est Ecclesiæ propria.(⑨ The teaching
and spreading of her social doctrine are part of the
Church's evangelizing mission) 사회 교리를 가르치고
널리 펴는 일은 교회 편에서는 복음 전파의 사명의 일부
가 된다(교회 요한 바오로 2세의 1987.12.30. "Sollicitudo rei socialis" 중에서).

doctrina sociális ecclesiæ(catholica)
교회의 사회 교리.(⑨ Social doctrine of the Church).

Doctrina Ecclesiæ socialis argumentatur initium sumens a ratione et a naturali iure, id est ab eo quod congruit naturæ cuiusque personæ humanæ.(⑨ The Church's social teaching argues on the basis of reason and natural law, namely, on the basis of what is in accord with the nature of every human being) 교회의 사회 교리는 이성과 자연법을 토대로, 곧 모든 인간 존재의 본성에 부합하는 것을 토대로 삼아 논의합니다(2005.12.25. "Deus caritas est" 중에서)/ Hic reponitur catholica doctrina socialis: quæ non vult Ecclesiæ potestatem inferre in Civitatem.(⑨ This is where Catholic social doctrine has its place: it has no intention of giving the Church power over the State) 가톨릭 사회 교리는 바로 이러한 자리에 있습니다. 이는 국가에 대한 권력을 교회에 주려는 것이 아닙니다. (2005.12.25. "Deus caritas est" 중에서).

Doctrina Ubiquitatis. 그리스도의 인성 편재론(偏在論). (루터와 그 추종자들의 교설).

doctrinæ asceticæ. 수덕 교의(1646년 Nieremberg 사용)

doctrinæ sterilitas. 이론적 불모성(不毛性)

doctrinális, -e, adj. 교리상의, 교의에 관한, 학문의, 학리상의. Doctrinale antiquitatum fidei ecclesiæ. 가톨릭 교회의 고대 신앙 교리(가르멜회 신학자 Netter 지음)/ formátĭo doctrinális. 교리적 양성, 학문적 양성/ institutio doctrinális. 학문 수업.(⑨ doctrinal instruction)/ interpretátĭo doctrinális. 교리 해석.

doctríno, -ávi -átum -áre, tr. 가르치다

doctrix, -ícis, f. 여교사

doctus, -a, -um, p.p., a.p. 배운, 아는, 교육받은, 소양 있는, 유식한, 박학한, 정통한, 전문지식을 가진, 능숙한, 능란한, 지혜로운, 현명한. m. 학자, 식자, 물리를 아는 사람; 감정가, 전문가. docta dicta. 유식한 말/ docta ignorántĭa. 무지의 앎(知), 무지한 앎, 무지의 지, 유식한(박학한) 무지, 아는 무지(가톨릭 신학 제12호, p.191)/ docta ignorantĭa futuri. 미래에 대한 무지의 앎/ Docto homini vivere est cogitare. 학자에게서 산다는 것은 사유한다는 것이다/ Fúeris doctus, fúeris prudens, sed bonus non fuísti. 그대가 아는 것도 많고, 지혜롭기도 하였겠지만 선량하지는 못하였다/ longe doctíssimus. 아주 제일 박학한/ Nemo potest esse doctus sine studio. 공부하지 않고 어느 누구도 교양인이 될 수 없다/ Nemo tam doctus est, ut omnia sciat. 아무도 모든 것을 다 알만큼 박학하지는 못하다/ Omnium hominum doctissimus. 모든 사람 중에 제일 박학한 사람.

Doctus cum libra. 책과 함께 현명한

Dŏcŭméntum, -i, n. 문헌*(文獻), 교훈(教訓), 본보기, 전례(⑨ Liturgy-그리스말 leitourgia에서 유래), 표본(標本), 귀감(龜鑑-본받을 만한 모범), 경고(警告), 증명(의 재료), 기록문서.서류(書類), 증서(證書); 증거(물). Documenta catholica. 가톨릭 교회의 가르침(1996.7.1. C.C.K. 창간)/ documenta communia. 공유의 문서/ documenti conciliorum. 공의회 문헌(文獻)/ Documenti curiæ Romanæ. 교황청 부서의 문서/ Documenti ecclesiæ particuláris. 정교조약 문서, 지역교회 문서/ documenti ecclesiastici.(⑨ ecclesiastical documents) 교회 문헌/ Prorsus non diligis Deum, si odis fratrem. Et modo probo alio documento. 그대가 형제를 미워한다면, 그대는 하느님을 전혀 사랑하지 않는 것입니다. 당장 다른 증거를 하나 대겠습니다.(최익철 신부 옮김, 요한 서간 강해, p.421)/ publica documenta. 사회 문제에 관한 이론. (성 염 옮김, 단테 제정론, p.13)/ Tales estote ad omnes. Videte, fratres, magnum documentum, magnam regulam. 여러분도 모든 이에게 그렇게 되어야 합니다. 형제 여러분 보십시오. 이것이야

말로 위대한 가르침이며 위대한 규칙입니다. (최익철 신부 옮김, 요한 서간 강해, p.335).

documentum apocryphum. 위조된 문서

documentum authenticum. 정본(正本)

documentum concordati. 정교 조약문서

documentum exemplare. 등본(謄本)

documentum falsum 거짓 문서

documentum genuinum. 진정한 문서

documentum illegitimum. 비합법적 文書

documentum integrum. 순수한 문서

documentum legitimum. 합법적 문서

documentum Papale.(⑨ Papal documents) 교황문서(acta R. Pontificis).

documentum publicum civile. 국가 공문서

documentum publicum ecclesiasticum. 교회 공문서

Documentum quod, 비신자와 대화(1968.8.28. 훈령)

documentum verum. 진실된 문서

documentum vitiátum. 변조된 문서

dódrans, -ántis, m. 9 úncĭæ, 12분의 9, 4분의 3. Est hora quinta cum dodrante. 5시 45분이다/ heres ex dodránte. 유산의 4분의 3 상속자.

dodrans horæ. 45분(quadrans horæ. 15분)

dódrantárĭus, -a, -um, adj. 4분의 3의

dogma, -ătis, m. (宗) 신조, 교의(⑨ dogma), 교리, 신앙명제, 교조. (哲) 정론(定論), 정설(定說); 독단설, ('dogma'란 그리스어의 의미는 '좋다고 생각되는 것'이란 뜻이다. 이후 여러 철학학파의 주된 교설, 공적으로 반포된 권위적 명령이란 의미로 쓰이게 되었다. 70인역 성경과 신약에서는 공적인 권위라는 의미로 교부들은 주된 교리라는 뜻으로 썼다. 그리스도교 신학이 발전하면서 'Dogma'란 말은 여러 철학설과 구별된다는 의미로 쓰였고, 신학적 용어로 굳어지면서부터는 계시된 진리와 교회가 규정한 교리라는 뜻으로 사용된다….)
백민관 신부 엮음, 백과사전 1, p.879). De theologicis Dogmatibus. 교리 신학론/ dogmata formalia. 교리의 정식화(교회 선포로 정식화된 교리)/ dogmata generalia. 주요 교리(예: 그리스도의 신성神性)/ dogmata materialia. 비정식 교리(성서와 성전에 내포)/ dogmata mixta. 혼합 교리(계시와 이성으로 확정된 교리)/ dogmata pura. 순수 교리(순수 계시에 의한 교리: 삼위일체교리)/ dogmata specialia. 특수 교리(예수 인성에 대한 경배)/ Dogmatum volumen. 교의론(Sectarum volumen. 분파론)/ historia dogmatum. 교의사(教義史).

	sg.	pl.
Nom.	dogma	dogmata
Voc.	dogma	dogmata
Gen.	dogmatis	dogmatum(-órum)
Dat.	dogmati	dogmatibus(-is)
Acc.	dogma	dogmata
Abl.	dogmate	dogmatibus(-is)

(허창덕 지음, 중급 라틴어, p.12)

dogma catholicum. 가톨릭 교의. (=quod ubique, quod semper, quod ab omnibus creditum est. 어디서나, 항상, 그리고 만인으로부터 믿어지는 것)

dogma divinum, cæleste, ecclesiasticum. 신적이고 천상적이며 교회적 교의.

dogma fidei. 믿을 교리

dogmátĭcus, -a, -um, adj. 신조상의, 교의에 관한, 교조의. (哲) 독단주의의, 독단적인. Constitutio dogmatica de fide catholica. 가톨릭 신앙에 관한 교의 교령(教令)/ Constitutio dogmatica prima de ecclesia Christi. 그리스도의 교회에 대한 제일 교의 법령(法令)/ De Justo discrimine theologiæ biblicæ et dogmaticæ. 성경신학과 교의신학의 올바른 구분에 대하여(J. Ph. Gabler 지음)/ Oratio dogmática. 교리 연설/ (thĕŏlŏgĭa) dogmática. 교의(교리) 신학.

dogmátisátĭo, -ónis, f. (=dogmătĭzátĭo) (가톨릭) 교의의 교권적 결정, 독단, 임의 결정.

dogmátísmus, -i, m. (哲) 독단주의, 독단론(獨斷論), 독단적 주장(獨斷的 主張), 독단적 정신(태도), 도그마티즘(→독단론), 교조주의(→독단론: 권위 있는 교설을 무조건 수용케 하는 주의. 사실 초등교육 대부분은 교조주의적 방법론이라고

할 수 있다. 이것은 아동들의 독립심을 무디게 하는 것이 아니라 오히려
그것을 각성시켜 준다. 그러나 판단 연령에 도달한 후에는 스스로의 판단과
진리 획득의 노력으로 배운 것을 교정해 나가야 진리 탐구의 발전이 있다.
(백과판 신부 엮음, 백과사전 1. p.880).

dogmătísta, -æ, f. 교조주의자(敎條主義者)
dogmătístes, -æ, m. 정설의 창시자, 교조주의자, 독단론자
dogmătízo, -ávi -átum -áre, tr.
  신조(信條)로 만들어 전하다, 교조(敎條)를 창시하다.
dŏlábella, -æ, f. 작은 도끼, 손도끼, 자귀
dŏlábra, -æ, f. 도끼와 곡괭이를 겸한 연장
dŏlátĭlis, -e, adj. (정.도끼 따위로) 다듬기 쉬운
dŏlātúra, -æ, f. 대팻날, 조각칼
dolcissima et soavissima. 가장 감미롭고 달콤했던
dŏlens, -éntis, p.præs., a.p. 아파하는, 슬퍼하는,
  고통을 자아내는, 슬프게 하는.
  Dolentem consolári. 슬퍼하는 사람을 위로하라/
  Dolentium hominum, 인간의 고통(苦痛),
  (교황청 보건 사목 위원회 1985.2.11. 자의교서).
Dolens vultus. 고통에 찬 얼굴
dóleo, -lŭi -lĭtúlus -ére, intr., tr. 아파하다, 아파지다,
  아프다(דואב.m어.יאכ), **고통을 느끼다**, 마음 아파하다,
  슬퍼하다(יכב.אבכ.ל.ה.רוד.יריח.חסד),
  괴로워하다, 통탄(痛嘆)하다, 울다, 참지 못하다, 불평하다,
  고통을 끼치다, 아프게 하다, 슬프게 하다,
  De re irreparabile ne doleas.
  돌이킬 수 없는 것에 대해 슬퍼하지 말라/
  Dóleo me non habére, qui tradam.
  나는 전 해줄 방도가 없는 것이 괴롭다/
  Dólui óculos. 나는 두 눈이 아팠다/
  Ex me doluisti. 너는 나 때문에 고통을 당하였다/
  Inferióres non dolére debent….
  실력 없는 자들은 …하는 것을 불평해서는 안 된다/
  meum casum doleo. 나의 불행을 슬퍼하다/
  Meum casum luctumque doluerunt.
  그들은 내 불운과 비탄을 두고 괴로워하였다/
  Mihi dolet. 나는 아프다 / Pes dolet. 발이 아프다.
Dóleo ab óculis. 나는 두 눈이 아프다
Doleo, ergo sum. 나는 고통스럽다, 고로 존재한다.
doleo laude aliénā. 나는 남이 받는 칭찬에 고통을 느낀다.
Doleo me non habere, qui tradam.
  나는 전해줄 방도가 없는 것이 더 괴롭다.
dólĕum(=dólĭum) -i, n. 큰 술통; 통
dŏliárĭus, -i, m. 술통 제조인(製造人). n. 술광
dŏlĭólum, -i, n. 작은 통
dŏlĭtúlus, "dóleo"의 목적분사(sup.=supínum)
dŏlĭtúrus, "dóleo"의 미래분사(p.fut.=particípium futúrum)
dŏlo, -ávi -átum -áre, tr. (도끼나 자귀 따위로) 깎다,
  다듬다; 건목 치다(거칠게 대강 만들다),
  e róbore dolátus. 참나무를 다듬어서 만든(사람).
dolo in quadrum. 네모지게 다듬다.
dŏlo(n), -ónis, m. 쇠붙이 끝에 달린 장대,
  (곤충의) 살, 자침(刺針), 배 이물의 작은 돛.
dolor, -óris, m. **고통**(苦痛,βάσανος.⑨ suffering),
  아픔(πόνος.⑨ pain), 괴로움(angor, -óris, m.),
  슬픔(λὑπη.비애.⑨ Sadness), 비통(悲痛), 비탄(悲嘆),
  고뇌(苦惱), 고민, 분통(憤痛), 원한, 고통거리,
  골칫거리, 비장(悲壯), 비애(悲哀).
  An consequens sit, ut corporeum dolorem sequatur
  carnis interitus. 육체적 고통에 육신의 소멸이 필히
  뒤따라오는가(교부문헌 총서 17. 신국론. p.2824)/
  B. M. A. Dolores. 성모 통고/
  Dirumpor dolore. 나는 너무 고통스러워 마음이 찢어진다/
  divélli dolóre. 고통으로 마음이 찢어지다/
  Dolore et lacrimis conficior : nihil jam queo dicere.
  고통과 눈물로 나는 지쳤다. 이제 나는 아무 말도 할 수 없다/
  Dolore prohibeor pronúntio, quæ gesta sunt.
  나는 고통 때문에 사건의 경위를 이야기할 수가 없다/
  Dolores et tormenta terribilia pergunt esse ac fere
  intoleranda. 고통과 고문은 여전히 끔찍하고 견디기

힘듭니다(2007.11.30. "Spe Salvi" 중에서)/
Dolores tuos nemo præter te habebit in mundo.
  세상에서 그대 외에 아무도 그대의 고통을 감당하지
  못하리라(성 염 지음. 고전 라틴어. p118)/
dolórem níhili facio. 고통(苦痛)을 무시하다/
Dolent laude aliéná. 그들은 다른 사람이 받는 칭찬에
  참지 못한다(일반적으로 형용사나 현재 상태를 표시하는 과거분사, 또는
  자동사, 특히 감정을 표시하는 동사 및 형용사의 원인을 표시하기
  위해서는 아무런 전치사 없는 탈격을 쓴다)/
Eripe mihi hunc dolorem, aut minue saltem. 이 고통
  을 내게서 제거해주든지 아니면 적어도 덜어다오/
facile pati dolórem. 고통을 기꺼이 참다/
filia longo dolore atrox. 오랜 고통에 험상궂어진 딸/
fortis in dolóre.(in¹참조) 고통 속에서 용감한/
fuga dolórum. 고통을 피함/
Impedit me dolor ánimi, quóminus plura diam.
  마음의 고통이 나로 하여금 더 많은 말을 못하게 한다.
  (방해.저항.제지.거절을 표시하는 방해동사Verba impediéndi에
  속하는 객어문에는 접속사 quóminus는 ne와 함께 접속법을 쓴다)/
Matrum doloris causa fratrum odium erat.
  형제간의 미움은 어머니의 고통의 원인이다.
  (라틴어에서 투어 보이는 강조점에 따라서 위치를 자유로이 바꾼다.
  강조하려는 문구가 첫머리에 놓인다)/
Nascimur in mærore, vivimus in labore,
  morimur in dolore. 우리는 울며 태어나서,
  고생하며 살다가, 슬픔 속에 죽는다/
Ne sit sane summum malum dolor, malum certe est.
  고통이 최대의 악(불행)은 아니라고 하자,
  그러나 악(나쁜 것)임에는 틀림없다
  (양보문은 주문 뒤에도 나올 수 있으나 흔히 주문 앞에나 가운데에
  놓이게 된다. 이런 경우 가끔 tamen, áttamen, sédtamen 따위의 반대
  접속사를 쓴다. 그러나 sed만은 쓰지 않는다. 허창덕 지음, 문장론. p.287)/
Ob dolorem dentis solus ambulare desiderat.
  치통 때문에 (그는) 혼자서 걷고 싶어 한다/
Omnes dolores tempore lenientur et mitigabuntur.
  모든 고통은 시간에 의해 가벼워지고 옅어질 것이다/
propter dolorem. 고통 때문에/
Quem postquam videt non adésse, dolóre ardére cœpit.
  그는 그 사람이 출석하고 있지 않음을 보고(보자),
  큰 고통을 느끼기 시작하였다/
Si non restíterit dolor. 고통이 멎지 않을 경우에/
Sicut opera, dolores quoque ad humanam exsistentiam
  pertinent(⑨ Like action, suffering is a part of our
  human existence). 활동처럼, 고통도 우리 인간 삶의
  한 부분입니다(2007.11.30. "Spe Salvi" 중에서).
Dolor accessit bonis viris.
  착한 사람들에게 고통이 닥쳐왔다.
Dolor acquiéscit. 아픔이 가신다.
Dolor animi multo gravior est quam corporis.
  마음의 고통은 육체의 고통보다 훨씬 힘들다.
Dolor et inflammátion se remisérunt.
  아픔과 염증(炎症)이 가시었다.
dolor immissus a Deo. 하느님이 보내신 고통
dŏlŏrósus, -a, -um, adj. 슬픔(고통)을 가져오는,
  고통스러운; 애절한, 비통한, 비탄에 잠긴.
dŏlósĭtas, -átis, f. 속임수, 간계(奸計-간사한 꾀),
  간교(奸巧-간사하고 교활함), 계략(計略-계획과 책략).
dŏlósus, -a, -um, adj. 교활한, 간사한, 간교한, 사기의,
  속이는, 꾀 많은, 속임수 쓰는.
dolŭi, "dóleo"의 단순과거(pf.=perfectum)
dŏlus, -i, m. 꾀, 간계(奸計-간사한 꾀), 사기(⑨ Fraud),
  교활(狡猾-간사하고 음흉함), 속임수. pl. 올가미, 음모.
  Fraus et dolus alicui patrocinári non debet.
  사기와 범의는 아무도 비호하지 말아야 한다/
  Nec latuére doli alqm. 음모를 아무가 모르지 않았다/
  Nemo videtur dolo facere, qui jure suo utitur.
  자기의 권리를 사용하는 자는
  아무도 범의로 행하는 것으로 간주되지 않는다/
  Nullus videtur dolo facere qui suo jure utitur.
  어느 누구도 자기의 권리를 행사하는 자는

악의로써 한다고 간주되지 않는다.

dolus alternatívus 택일적 간계, 택일적 범의

dolus antecedens. 선행적인 범의(犯意)

dolus bonus. 선의의 범의

dolus causam dans. 원인이 되는 범의

dolus deliberátus. 의도적 범의

dolus determinans. 결정적인 범의

dolus determinátus. 확정적 범의

dolus eventuális. 미필적 범의

dolus generális. 개괄적 범의

dolus impetus. 충동적 범의

dolus incidens. 우발적인 범의

dolus interminátus. 불확정적 범의

dolus malus. 악의의 범의

D.O.M. = Deo Optimo Maximo(지고지선하신 천주께) 약자(略字).
['지극히 위대하신 하느님께'를 뜻함. 축약어인 이 말은 교회를 하느님께
봉헌하는 것을 가리킨다. 박영식 옮김, 전례사전, p.100].

dōma, -átis, n. 집(בָּיִת.οἰκία.οἶκος), 움집, 평평한 지붕

dŏmábĭlis, -e, adj. 제어할 수 있는, 부릴 수 있는,
길들일 수 있는, 훈련시킬 수 있는.

dŏmestícátim, adv. 이 집 저 집에서, 집에서, 집안에서

dŏmestícátus, -us, m. 친위병을 거느리는 지위

dŏméstícus, -a, -um, adj. (자기) 집의(집에 있는), 가내의,
집안의, 가족의, 가정의, 사생활의, 개인적인,
자기 집에 한정된, 자기 나라의, 본국의, 국내의, 내부의.
m., pl. 한 집안 식구, 권속, 가노(家奴), 하인들, 측근자들;
친위대. adv. **dŏméstĭce**, 자기 집에서, 사사로이.
domestica disciplina. 가정교육/
domestica vestis. 실내 옷/
domesticum bellum. 내란(bellum civile)/
Et inimici hominis, domestici eius.
(각) 사람의 원수(怨讐)는 자기 집 식구들일 것입니다/
Prælatus domesticus. (antístes Urbanus)
교황궁 고위 성직자.

Domesticus ótior. 나는 집에서 쉬고 있다.

dŏmi, adv. 집에, 고향에, 본국에.
tenére se domi. 집에 머물러 있다.

domi bellique(militiæque). 평화 시에나 전시에나

Domi forisque. 안에서나 밖에서나(domi의 관용구)

domi militiæque. 집에서나 군대에서나

domi student pueri. 아이들이 집에서 공부한다

dŏmĭcélla[1] -æ, f. 작은 집

dŏmĭcélla[2] -æ, f. 처녀(בְּתוּלָה.⑨ Virgin), 기사의 시녀

dŏmĭcéllus, -i, m. 기사(騎士)의 시노(侍奴), 견습 기사

dŏmĭcílĭum, -i, n. (domus+colo) 주소, 거주지, 주택, 거처,
숙소, 집(בָּיִת.οἰκία.οἶκος), 상주 장소; 법률상 주소.
quasi-domicilium. 준주소(準住所)/
quasi-domicilium paroeciale. 사목구 내 준주소(準住所)/
terréstre domicílium Jovis. Júpiter 신의 지상거처.
(한 교구에 거주하는 사람을 두고 거주하는 사람을 Incola, 잠정적으로 거주
하는 사람을 Advena, 행려자를 peregrinus, 통과자 즉 아무 곳에도 주소나
주거지가 없는 자를 Vagus라 한다. 백민관 신부 엮음, 백과사전 1, p.882).

domicilium coactum. 강요된 주소(교도소나 군인들)

domicilium derivátum. 파생적 주소

domicilium diœcesanum. 교구 내 주소

Domicilium impérii et glóriæ.
권력과 영광의 본거지(Roma를 지칭함).

domicilium individuale. 개인의 주소

domicilium juridicum. 법인의 주소

domicilium legale. 법정 주소

domicilium mutuátum. 차용적(借用的) 주소

domicilium necessárium. 필요적 주소

domicilium paroeciale. 사목구 내 주소

domicilium proprium. 독자적 주소

domicilium voluntárium. 임의적 주소

dŏmĭcœnĭum, -i, n. 자기 집에서의 식사(만찬)

Domidium facti, qui cœpit, habet. 시작이 반이다.

dŏmĭdúcus, -a, -um, adj.
(부모의,남편의) 집으로 데려다 주는.

dómĭna(=dāma[2]) -æ, f. (한 집안의) 안주인, 여주인,
부인(婦人.γυνή), 주부, 아내(⑨ Wife), 여사, 숙녀(淑女),
여왕, 왕후(王后), 여신(女神), 신들의 어머니,
지배하는 여자, 애인(愛人), 애첩(愛妾).
Nec dóminam motæ dedecuére comæ. 약간 흐트러진
머리가 귀부인을 망신스럽게는 하지 않았다/
O Roma nobilis orbis et domina.
숭고한 로마, 세계의 마님인 로마.

domina mater ecclesia. 안주인이며 어머니인 교회

Domina nostra. 우리의 마님(⑨ Our Lady)

dominandi libido. 지배욕(dominatio imperantis)

dómĭnans, -ántis, p.prœs., a.p. dominor의 현재분사,
주인 노릇하는, 다스리는, 출중한, 탁월한, 뛰어난,
지배적인, 우세한, 가장 유력한.
De æquo jure dominandi. 정당한 지배권.(신국론, p.2818).

dŏmĭnátĭo, -ónis, f.(**dŏmĭnátus**, -us, m.) 통치(다스림),
지배(κράτος.Governing.支配-거느려 부림. 다스림), 우세,
주권(主權.⑨ Lordship/sovereignty), 통치권, 권위,
독재(권), 전제. pl. 지배자, 통치자(ἄρχων). (聖) 주품천사.
Quo inter se differant cupiditas gloriæ et cupiditas
dominationis. 명예욕과 지배욕은 어떻게 다른가(신국론, p.2758).

dominatio imperantis. 지배욕(dominandi libido)

dŏmĭnátívus, -a, -um, adj.
지배적인, 주재하는, 주권의; 우세한, 유력한.

dŏmĭnátor, -óris, m. 통치자, 지배자, 주재자, 주권자

dŏmĭnátrix, -ícis, f. 여성 통치자, 여성 지배자

dŏmĭnátus, -us, m. = **dŏmĭnátĭo**, -ónis, f.
통치, 지배, 압제, 폭압.
optimatium dominatus. 귀족 정치체제/
paucorum dominatus. 과두 정치체제/
unius dominatus. 군주 정치체제.

Domine, ad adiuvandum me festina.
야훼님 어서 오사 나를 도우소서(주님 어서 오사 저를 구하소서).

Domine adauge nobis fidem.
주님 우리에게 믿음을 더하여 주소서.

Domine, bonum est nos hic esse.(마태 17, 4)
(⑨ Lord, it is good that we are here)
주님, 저희가 여기에서 지내면 좋겠습니다(성경).

Domine cæli et terræ.(ku,rie tou/ ouvranou/ kai. th/j gh/j)
하늘과 땅의 주님(마태 11, 25와 루카 10, 21에 나옴).

Domine Deus, Agnus Dei, Filius Patris.
주 하느님, 하느님의 어린양, 성부의 아드님!

**Domine, Deus salutis meæ, in die clamavi et nocte
coram te. Alleluja.** 주님, 제 구원의 하느님.
밤낮으로 이 몸은 당신께 부르짖나이다. 알렐루야.

**Dómine, diléxi decórem domus tuæ et locum
habitatiónis glóriæ tuæ.** 주님, 저는 당신께서 계시는 집과
당신 영광이 깃드는 곳을 사랑합니다.

Domine dirige nos. 주여 우리를 이끄소서(London의 표어).

**Domine, Dominus noster, quam admirabile est nomen
tuum in universa terra!** 하느님 내 주시여,
온 땅에 당신 이름 어이 이리 묘하신고(시편 8, 2).

Dómine exáudi oratiónem meam.

Et clamor meus ad te véniat.
주님, 저희의 기도를 들어주소서.
또한 저의 부르짖음이 당신께 다다르게 하소서.

Domine Fili unigenite, Iesu Christe.
외아들 주 예수 그리스도님/
독생 성자이신 주 성자, 예수 그리스도님!

Domine, fac eas, de morte transire ad vitam.
주님, 죽은 이들이 죽음에서 생명으로 건너가게 하여 주소서.

Domine, gratias ago tibi, quia fecit mihi magna.
주님, 주님께서 저에게 큰일을 하셨기에 감사하나이다.

**Domine Iesu Christe, qui dixisti Apostolis tuis:
Pacem relinquo vobis, pacem meam do vobis;
ne respicias peccata nostra, sed fidem Ecclesiæ tuæ;
eamque secundum voluntatem tuam pacificare et
coadunare igneris.** 주 예수 그리스도님, 일찍이 사도들

에게 말씀하시기를 "너희에게 평화를 두고 가며 내
평화를 주노라."하셨으니, 저희 죄를 헤아리지 마시고
교회의 믿음을 보시어, 주님의 뜻대로 교회를 평화롭게
하시고 하나 되게 하소서.

Domine Iesu, suscipe spiritum meum.
주 예수님, 제 영을 받아 주십시오.(성경 사도 7, 59).

**Domine, labia mea aperies. Et os meum anuuntiabit
laudem tuam.** 주님 제 입시울을 열어 주소서.
내 잎이 당신 찬미 전하오리다.

**Domine, libera animam meam a labiis iniquis,
et a lingua dolosa.** "주님, 거짓된 입술에서 속임수 혀에서
제 목숨을 구하소서(성경 119, 2)/야훼여, 나를 건져주소서.
거짓된 입술과 사악한 혀로부터 건져주소서(공동번역)/주시여,
악한 입술에서, 간교한 혀에서 내 영혼을 구하소서(성영).

Domine, mane mecum. 주님, 저와 함께 머무소서.

Domine, non sum dignus. 주님 저는 부당한 자입니다.
(영성체 전 합송으로 1570년 이후에 미사에 들어갔다. 카르투시오회와 도미
니꼬회 미사에서는 이 말을 쓰지 않는다. 백민관 신부 엮음, 백과사전 1, p.882).

**Domine, non sum dignus, ut intres sub tectum meum,
sed tantum dic verbo et sanabitur anima mea,**
주님, 제안에 주님을 모시기엔 합당치 않사오나,
한 말씀만 하소서 제가 곧 나으리이다.
(주님, 주님을 제 지붕 아래로 모시기엔 저는 합당치 않사오나,
한 말씀만 하소서 제 영혼이 나으리이다.)

**Domine, noverim te ut amem, noverim me ut
despiciam.** 주님 당신을 사랑하기 위해 당신을 알고,
나를 낮추기 위해 나를 알기를 원하나이다.

Domine quis credidit auditui nostro?
(Lord, who has believed what was heard from us?)
주님, 저희가 전한 말을 누가 믿었습니까?(성경 로마 10, 16)/
주님, 우리가 일러 준 말을 누가 믿었습니까?(공동번역)/
주님, 우리의 전도를 누가 믿었습니까?(200주년 기념 신약).

Domine, quis similis tibi? 주님, 누가 당신과 같으오니까?

Domine, salvum me fac! (Lord, save me!)
주님, 저를 구해 주십시오.

Domine sancte, Pater omnipotens.

Domine, sancte Pater, omnipotens æterne Deus.
거룩하신 아버지, 전능하시고 영원하신 주 하느님.

Domine, tu mihi lavas pedes? (Master, are you going to
wash my feet?) 주님, 주님께서 제 발을 씻으시렵니까?
[문장의 주어와는 다른 인칭의 인칭대명사의 여격을 말 가운데 집어넣어서, 말하는
사람들 사이에 흥미나 친밀감을 일으키기 위하여 쓰는 것으로, 우리말로는 가끔
번역되지 않거나 또는 감탄사처럼 번역될 때가 있다.
황치헌 신부 지음. 미사 통상문을 위한 라틴어, p.52].

Domine, si in tempore hoc restitues regnum Israeli?
주님, 지금이 주님께서 이스라엘에 다시 나라를 일으키실
때입니까?(사도 1, 6). [간접 의문문은 그 첫머리에 'si'나 의문대명사.
의문형용사, 또는 의문 부사들의 의문사에 의해 이끌어진다. 가끔 직설법 대신에
접속법이 사용된다. 황치헌 신부 지음. 미사 통상문을 위한 라틴어, p.478].

Domine, Tu scis, quia amo te.
=Domine, Tu scis, me amare te.
주님, 제가 당신을 사랑하고 있음을 당신께서는 아시나이다.

Domine, ut videam Te et peccata mea!.
주님 당신을, 그리고 내 죄를 볼 수 있기를!

Domine, ut videam, ut audiam.
주님, 당신을 보고 듣게 하소서.

dŏmĭnélla, -æ, f. (dim. dómina) 미혼부인

Domini canes. 주님의 개
('이교도를 사냥하는 개'라 해서 중세 종교재판을 맡았던 도미니꼬회의 명칭
'Dominicani'를 빗대어 빈정대는 말. 백민관 신부 엮음, 백과사전 1, p.882).

domínĭca, -æ, f. 주일(主日), 일요일(日曜日).
Domini Nostri Jesu Christi Universorum Regis.
온 누리 임금님 예수 그리스도 大祝日(그리스도 왕 축일)
Domini sumus, sive vivimus sive morimur.
우리는 살든지 죽든지 주님의 것이니라.

Dominica Anticipata. 예선(豫先) 주일

Dominica Cena. 주님의 만찬(晚餐)
(⑨ Last Supper.kyriakon deípnon, 1고린 11, 20).

Dominica communis. 보통 주일

Dominica 'Gaudete'. '기뻐하라' 주일(대림 제3주일)

Dominica in albis* (⑨ Law Sunday) 부활 제2주일.

부활 후 첫 주일, 과시모도 주일,
사백 주일(卸白主日-흰 옷 벗는 주일), 백의주일(白衣主日).
[Dominica in albis는 Dominica in albis deponendis 혹은 depositis의 약칭이다.
영어로는 Sunday in White. 혹은 Low Sunday라고도 하는데, 그 전 주일 부활
주일이 높은 주일이기 때문에 이와 비교하여 낮은 주일이란 뜻으로 이렇게
부른다. 또 부활전야에 세례를 받은 교우들이 흰옷을 입고 일주일을 지낸 후,
흰옷을 벗는 날이라 해서 "흰옷을 내린다"는 뜻으로 '사백주일이라' 했다. 또한
이날 미사 입당송이 라틴어로 Quasimodo(어린이와 같이)라는 말로 시작하기
때문에 과시모도 주일이라고 한다. 전례 개혁 이후부터 이 주일의 공식 명칭은
'부활 제2주일'이다. 백민관 신부 엮음, 백과사전 1, p.883, 백과사전 2, p.585].
Sabbatum in Albis. 흰옷 입은 토요일.

Dominica in Octava Paschæ.
부활 팔부 내 주일, 부활 제2주일.

Dominica in palmis(Palmarum) 성지 주일(부활직전 주일)

Dominica in palmis De Passione Domini. 성지주일
(→주님 수난 성지 주일, ⑨ Passion Sunday/Passion Sunday).

Dominica in Quadragesima. 사순(四旬) 주일

Dominica in Quinquagesima. 오순(五旬) 주일

Dominica in septuagesima. 칠순(七旬) 주일

Dominica in sexagesima. 육순(六旬) 주일

Dominica infra Octavam. 팔일 축일 내 주일

Dominica Jus hominis. 인권주일(⑨ human rights Sunday)

Dominica lætare. '즐거워하라' 주일(사순 제4주일)

Dominica Major. 대주일

Dominica Minor. 소주일

Dominica Nova. 새 주일

Dominica Palmarum. 성지 주일(부활직전 주일)

Dominica Paschæ 파스카 주일

Dominica Paschæ in resurrectione Domni.
예수 부활 대축일(주님 부활의 파스카 축일.⑨ Easter Sunday).

**Dominica Paschæ in resurrectione Domni,
Ad missam in die.**
주님 부활 날의 파스카 주일 본일 미사.

Dominica Passionis. 고난주일(성지주일 전 주일)

Dominica Pentecostes. (⑨ Pentecost) 성령 강림 대축일

Dominica Privilegiata. 특권 주일

Dominica Quæ superfuit post Epiphaniam.
삼왕내조 후 남은 주일.

Dominica Quarta Paschæ 파스카 넷째 주일

Dominica Quinta Paschæ 파스카 다섯째 주일

Dominica Resurrectionis. 부활주일(復活主日)

Dominica salus sociális. (⑨ social welfare Sunday)
사회 복지주일.

Dominica Secunda Paschæ 파스카 둘째 주일

Dominica Sexta Paschæ 파스카 여섯째 주일

Dominica Tertĭa Paschæ 파스카 셋째 주일(부활 제3주일)

Dominica vacans. (⑨ Aliturgical Days) 공백 주일,
미사가 없는 주일(⑨ die dominico vacat).

Dominicæ cenæ, 주님의 만찬,
(성체성사의 신비와 공경에 대한 교황 요한 바오로 2세의 1980.2.24. 교서).

Dominicæ Litteræ. 주일 문자

dominicalis, -e, adj. ⑨ of Sunday(Lord's day); of the Lord,
Dominicales congressus absente sacerdote.
(⑨ Sunday assemblies in the absence of a priest)
사제 없는 주일 집회.

Dominicani(Fratres Preadicatores). 도미니꼬 수도회

dominĭcánus, -a, -um, adj. 도미니꼬 수도회의

dŏmĭnĭcárĭus, -a, -um, adj. 일요일의,
cœtus dŏmĭnĭcárĭus. 주일날 미사에 모인 군중.

Dominici scola servitii. 주님을 섬기는 학원

Dominico die temperĭus surgatur ad vigilias.
주일에는 "야간기도"를 위하여 좀 더 일찍 일어날 것이다.
(성 베네딕도 수도규칙 제11장).

Dominicum. 1. 미사의(주일의) 거룩한 집. 2. 교회 재산

dŏmínĭcus, -a -um, adj. 주인의, 군주의, 지배자의.
Dominicus. 주님의. (dies) Dominíca. 주일.

Dominicus Germanus. (1588-1670) 사전 편찬자

Dominicus Loricatus St. (+1060) 베네딕도회 은수 수도자

dominii, -órum, n., pl. 통치자(ἄρχων.統治者)

dŏmínĭum, -i, m. 소유권, 영유권, 지배, 통치(統治),
주권(主權).⑨ Lordship/sovereignty), 소유, 소유지,

영토, 대향연(大饗宴), 주연(酒宴). pl. 통치자, 지배자.

dominium actus sui. 자기 자신에 대한 절대적 주권, 자기 행위에 대한 지배권.

dominium altum. 긴급 영토권(공익상 긴급을 요하는 경우 국가가 행사할 수 있는 국토 내 재산 처분권. 백민관 신부 엮음. 백과사전 1, p.891)/ 드높은 주권(가톨릭 교회의 가르침. 제25호, p.275).

dominium Dei. 신의 주권

dominium in actus suos. 자기행위들에 대한 지배

dominium rerum(=possesiones privatæ). 사유 재산권

Dominium sine possessione acquiri non potest. 소유권은 점유 없이 취득될 수 없다.

dominium spirituális. 영적인 영역(領域)

Dominium sui. 자제력(⑨ Self-mastery-스스로 자기를 억제하는 힘)

dominium temporale. 세속적 영역(世俗的 領域)

dominium terræ. 땅의 통치

dómĭno, -áre, intr. = dominor, -átus sum -ári, dep., intr.

Domino servus contradicere non debet. 무릇 종은 자기 주인의 말을 거슬러서는 아니 될 것이다.

dominor, -átus sum -ári, dep., intr. 주인 노릇하다, 주도권을 잡다, 지배하다, 주재하다, 통치하다(תתת), 다스리다(βασιλεὐω.חדד.שׁלט.משׁל.רדד), 군림하다, 쥐고 흔들다, 판치다, 제압(억제)하다, 가장 큰 구실을 하다, 큰 세력을 갖다.
Ubi saturitas, ibi libido dominatur.
포식이 있는 곳에 음란이 지배된다(성 예로니모).

dŏmínŭla, -æ, f. 젊은(어린) 여주인

dŏmínŭlus, -i, m. 젊은 (어린) 주인

dóminum ac servum dignosco. 주인과 노예를 알아보다

Dominum Deum tuum adorabis et illi soli servies. 주 너의 하느님께 경배하고 그분만을 섬겨라(마태 4. 10).

Dominum et vivificantem, 생명을 주시는 주님,
(교회와 세상의 삶에 있어서의 성령, 1986.5.18. 회칙-2000년 대희년을 앞두고, 하느님을 새롭게 발견하고자 열망하는 오늘날의 그리스도인들에게 '주님이시며 생명을 주시는' 성령에 대한 신앙으로 인류가 회개하고 화해할 것을 촉구하는 교황 요한 바오로 2세 성하의 회칙이다. 성령께서는 교회를 충동시켜, 온 세상의 구원을 위해 그 구원의 원리로 삼으신 하느님의 계획을 온전히 실현하는 데 협조하게 하신다).

dómĭnus¹ -a, -um, adj. 주인의,

dómĭnus² -i, m. (한 집안의) 주인(κύριος), 가장, 남편(בעל,⑨ Husband); 상전(上典-종에 대하여 그 '주인'을 이르는 말), 임자(주인), 소유자, 고용자(雇傭者), 主(κύριος), (만물의) 주재자, 주님(ὁ κύριος,Kyrios.⑨ Lord), 통치자, 집권자, 지배인, 감독, 장, 애인, 님, 씨(氏), (존칭으로서의) 선생, 자유로 처리(좌우) 할 수 있는 사람, 폐하(Tibérius 이후부터 널리 사용된 황제의 칭호).
Amo te Domine. 주님, 저는 당신을 사랑 합니다/
De servo in dóminum ne torméntis quidem quæri potest. 주인에 대해서 종을 고문할 수 없다/
domina sui actus. 자기 활동의 주인/
Domine Quo vadis? 주님? 어디로 가십니까?/
domini, specialiter beni et honesti.
특별히 선하고 청렴한 그들 주인들의/
domino fidelis, fidelis in dóminum. 주인에게 충실한/
Exsurge, Domine. 주님 일어나소서
(1520.6.15. 교황 레오 10세가 루터를 이단자로 파문한 칙서)/
In Cœna Domini. 인 체나 도미니(주님 만찬 파스카 목요일에 연례적으로 발표하였던 교황 칙서로 "Bulla Cœnæ"라고도 함)/
In manus tuas, domine, commendo spiritum meum.
주님의 손에 내 영혼을 맡기나이다/
in sortem Domini vocati. 주님이 부르신 몫/
Res fructíficat dómino.
(소유물에서 나오는) 과실은 주인에게 귀속 된다/
servi ære parati injusta imperia dominorum non perferunt. 무릇 돈으로 산 노예들마저도 주인들의 불의한 통솔은 견뎌내지 못한다(사랑만이 진리를 깨닫게 한다. p.482)/
servi fugítivi a dóminis.
주인에게서 도망쳐 나온 노예들/
transitus Domini. 주님의 발자취/
Ubi unus dominus, ibi una sit religio.
한 통치자가 있는 곳에 한 종교가 있다/

Unus Dominus, una fides, unum baptisma.
주님도 한 분, 믿음도 하나, 세례도 하나입니다.

명사 제2변화(Prima declinatio) 제1식		
	단 수	복 수
Nom.	dóminus	dómini
Voc.	dómine	dómini
Gen.	dómini	dóminórum
Dat.	dómino	dóminis
Acc.	dóminum	dóminos
Abl.	dómino	dóminis

(허창덕 지음, 초급 라전어 변화표 Tabellæ Declinationum에서)

Dominus ac Redemptor Noster.
우리의 주님이신 구세주(1773년. 클레멘스 14세의 예수회 해산에 대한 대칙서. 이 칙서는 스페인 대사 Joseph의 교시를 받은 것으로 그 실행은 지역 주교의 권한에 맡겼다. 백민관 신부 엮음. 백과사전 1, p.891)

Dominus autem Spiritus est; ubi autem Spiritus Domini, ibi libertas.(⑨ The Lord is the Spirit, and where the Spirit of the Lord is, there is freedom)
주님께서는 성령이시고, 주님의 성령이 계신 곳에 자유가 있습니다(2고린 3. 17).

Dominus cum spiritu tuo. Gratia vobiscum.
주님께서 그대의 영과 함께 계시기를 빕니다.
은총이 여러분과 함께 하기를 빕니다.(성경 2티모테오 4. 22).
(주께서 그대의 마음속에 계시기를 빌며 은총을 여러분에게 내려주시기를 빕니다. 공동번역).

Dominus custodiat introitum tuum et exitum tuum.
주님께서 너의 들어옴과 나감을 지켜주신다.

Dominus dat legem. 주님이 법을 주신다.

Dominus Deus Sabaoth(⑨ God of Hosts) 만군의 주 천주

Dominus flevit 주님께서 우셨다(루카 19. 41-44)

Dominus et Deus noster. 우리의 주님이며 하느님

Dominus Iesus. 주님이신 예수님(2000.8.6. 교황청 신앙 교리성 선언).

Dominus illuminátio mea. 주님은 나의 빛(시편 27. 1)
(장인남 대주교 표어.1976.12.17. 수품).

dominus in urbe. 도시에 있는 집

dominus legitimus. 법적 소유주

Dominus legum. 법률의 주인

Dominus lux mea et salus mea.
주는 나의 빛이시며 구원이시다(시편 27. 1).

Dominus meus, Deus meus. 나의 주님, 나의 하느님

Dominus mortificat et uiuificat.
주님은 죽이기도 하시고 살리기도 하신다.

dominus naturális. 자연적 주인

Dominus noster Iesus Christus te absolvat; et ego auctoritate ipsius te absolvo ab omni vinculo excommunicationis (sespensionis) et interdicti in quantum possum et tu indiges. (making the Sign of the Cross:) **Deinde, ego te absolvo a peccatis tuis in nomine Patris, et Filii, †et Spiritus Sancti. Amen.**
인자하신 하느님 아버지, 성자의 죽음과 부활로 세상을 구원하시고, 죄를 용서하시려고 성령을 보내주셨으니, 교회를 통하여 이 교우에게 용서와 평화를 주소서.
(십자성호를 그으며) 나도 성부와 성자와 성령의 이름으로 당신의 죄를 용서합니다. 아멘.

Dominus pascit me, et nihil mihi deerit.
주님께서는 나의 목자 아쉬울 것 없노라.

Dominus pro nobis sanguinem suum fudit, redemit nos mutavit spem nostram. 주님께서는 우리를 위해서 피를 흘리시고, 우리를 구원하시고, 우리의 희망을 새롭게 하셨습니다.
(최익철 신부 옮김. 요한 서간 강해. p.135).

Dominus quasi vir pugnator; Dominus nomen eius!
(⑨ The LORD is a warrior, LORD is his name!)
주님은 전쟁의 용사 그 이름 주님이시다(탈출 13. 3)/
야훼는 용사, 그 이름 야훼이시다(출애굽기).

Dominus regnabit in æternum et ultra!
(⑨ The LORD shall reign forever and ever)
주님께서는 영원무궁토록 다스리신다(탈출 15. 18)/
야훼만이 영원히 다스리실 왕이시어라(출애굽기).

Dominus sit in corde meo et in labiis meis.

하느님께서 네 마음과 네 입술에 계시지어다.

Dominus sit in corde meo et in labiis meis: ut digne et competenter annuntiem evangelium suum. Amen.
(주님께서 그대와 함께 계시어 그대가 복음을 합당하고 충실하게 선포하기를 빕니다.)
(영) The Lord be in my heart and on my lips that I may worthily and fittingly proclaim His Gospel. Amen)
주님, 제 마음과 제 입술을 지켜 주시어,
주님의 복음을 타당하고 정중하게 선포하게 하소서. 아멘.

dominus suorum actuum. 스스로가 자신의 행위의 주인

Dominus vobiscum.(영 The Lord be with you)
주께서 여러분과 함께(계시기를),
주님께서 너희와 함께 계실지어다(전치사 cum이 인칭대명사와 연결될 때에는 그것을 접미어로 하고 그 인칭대명사 꼬리에 붙여준다)
Et ecce ipse veniebat de Bethlehem dixitque messoribus: "Dominus vobiscum". Qui responderunt ei: "Benedicat tibi Dominus(성경 룻기 2. 4). ["주님께서 자네들과 함께 하시길 비네." 하고 수확꾼들에게 인사하자, 그들은 "주님께서 어르신께 강복하시기를 빕니다." 하고 그에게 응답하였다].
Et cum spiritu tuo(영 And with thy spirit)
또한 사제와 함께.

dómĭo, -ítum, -ire, tr. 집으로 날라 오다
dŏmíporta, -æ, f. (domus+porto) 달팽이
dŏmíséda, -æ, f. 집안에 들어앉아 있는 부인
Dŏmĭtiánus, -i, m. Flávĭus Dŏmĭtĭánus. 로마 황제,
[재위기 81-96 P.C.]

Domitianus, cum ob scelera universis exosus esse coepisset, interfectus est suorum coniuratione.
도미티아누스는, 흉악한 짓 때문에 만인의 미움을 사자 자기 부하들의 음모로 살해되었다.

dömítĭus, -a, -um, adj. 집에 머물러 있게 하는
dómĭto, -áre, tr., freq. 길들이다, 억제하다
dómĭtor, -óris, m. 조교, 조련사, 정복자, 압제자
dómĭtrix, -ícis, f. 여조련사, 여조교, 여정복자
dŏmĭtum, "domo"의 목적분사(sup.=supínum)
dŏmĭtúra, -æ, f. (=dŏmĭtús, -ūs, m.)
길들이기, 훈련(訓練), 순치(馴致)
domn… V. domin…

dömo¹ -ŭi -ítum -áre, tr. **길들이다,** 순치(馴致)하다,
온순해지게 만들다, (짐승을) 훈련시키다, 정복하다,
복종(服從)시키다, 억제(제어)하다, **진정시키다,**
(감정 따위를) 억누르다, (토지를) 개간하다.경작하다,
(포도에서) 즙을 짜다; (쇠 따위를) 달구다.

domo² adv. 집에서부터
dŏmui, "domo"의 단순과거(pf.=perfectum)
dŏmŭítĭo, -ónis, f. (=domum ítio) 귀가(歸家)
dŏmum, pl. domos, adv. 집으로(들), 고향으로, 본국으로
domumítio (=dŏmŭítĭo, -ónis, f.) 귀가(歸家)
dŏmúncŭla, -æ, f. 조그마한 집
dŏmus, -us, f. (**dŏmus, -i,** f.) 1. 주택, 거처(居處),
집(히.oikĭa.οῖκος), 숙소, 저택, 궁전. 2. **본국,**
조국, 국내, **고향.** 3. (usus adverbiális: 단독으로 쓸 적
에는 전치사 없이 쓰며, 소재지를 나타내는 일반적으로
gen. locatívus를 씀) **domi.** 집에; 본국에, 국내에/
domi meæ(tuæ, suæ, nostræ, aliénæ), in domo meā ect.
내 집에(네.자기.우리.남의 집에)/domi Cǽsaris.
Cœsar의 집에/ (도착점) **domum.** 집으로/domos suas.
자기 집으로들/ domum revérti. 본국으로 돌아가다/
in domum alcjs. 누구의 집으로/ (출발점) domo.
집에서(부터)/ domo emigráre. 조국에서 떠나다/
(숙어) domi bellíque, domi militǽque. 평화 시에나
전시에나/ domi alqd habére, domi esse alci. (구해
올 필요 없이) 집에 다 가지고 있다, 집에 넉넉히 있다.
4. (동물의) 집, 굴, 보금자리; 미궁; 무덤; (영혼의
거처로서의) 인간의 육체. 5. 가족, 집안 식구, 가정;
가문(家門), 후예(後裔), 철학파(哲學派).
Alius alium domos suas invitat.
그들은 서로서로 자기 집으로 초대 한다/
ampla domus. 드넓은 집/
De domo Sacerdotis. 사제관에 대해서/
divina domus. 황실(皇室)/
domi amíci(in domo amíci). 친구의 집에/

domi amici mei. 내 친구의 집에/
domi bellique. 내정에서나 전쟁에서나/
domi forísque.(관용구)
집에서나 밖에서나/가정에서나 공무에서나/
domi meæ(in domo meā) 나의 집에(소유 속격이나 소유
대명사 또는 aliénus, -a, -um(남의, 다른 사람의)을 부가어로 가졌을
때에는 장소 속격 domi를 쓰거나, in domo를 쓴다. 단 장소 속격으로
쓰는 경우에는 그 부가어의 소유대명사도 속격으로 써야 한다)/
domi militiǽque, domi bellíque.
(여기 militiæ나 belli도 domi를 닮아서 속격을 써서 그 부사어로 만든 것이다).
(관용구) 평화 시에나 전시에나/
domi studére. 집에서 공부하다/
domi student pueri. 아이들이 집에서 공부 한다/
domo expers. 집 없는 자/domum ineo. 집에 들어가다/
domo proficíscí. 집에서 떠나가다/
(아무런 부가어 없이 단독으로 쓸 때에는 ex 등의 전치사 없이
그냥 탈격으로만 쓰고, 부가어를 가졌을 때에는 ex 등의 전치사를 쓴다)
domo proficiscitur. 그는 집에서 떠난다/
domum ítio. (dŏmŭítĭo, -ónis, f.) 귀가(歸家)/
domum periculo subjicio. 온 집안을 위험 앞에 노출시키다/
Domum pestilentum vendo. (그래, 네 말대로) 내가 흑사병
이 전염된 집을 팔아먹으려는 참이다(성 염 지음. 고전 라틴어. p.134)/
Dumum redibo. 나는 집으로 돌아가겠다.[domus, -us. f. 집 가정
고향. humus, -i f. 땅 땅바닥, rus, ruris n. 시골 별장 등은 단독으로 장소를
나타낼 때에 전치사 없이 여러 격을 쓴다. 성 염 지음. 고전 라틴어. p.317]/
domum relinquo. 집을 떠나다/
Domum(domos) reverti. 집으로 (집으로들) 돌아간다.
(단독으로 쓸 때는 전치사 없이 그냥 대격으로 쓴다)/
Domum revertor. 나는 집으로 돌아간다/
Domum suam(in domum suam) 자기 집으로/
E domo Cǽsaris. Cassar의 집으로부터/
Ego domum veni, et tu domo excesseras.
나는 집에 왔고, 너는 집에서 나간 뒤였다/
ejectus domo. 조국에서 추방당한/
ex amplíssimā domo. 매우 광대한 집에서[대명사, 형용사 또는
소유 속격을 부가어로 가졌을 때에는 탈격 앞에 전치사 ex(de, a)를 쓴다/
ex domo amplissima. 매우 광대한 집으로부터/
ex domo Ciceronis. 키케로의 집에서부터/
ex domo tuā(domo tuā) 네 집으로부터[소유대명사를 부가어로
가졌을 때에는 탈격 앞에 전치사 ex, a, de를 쓰든지 말든지 마음대로 한다)/
exspolio domos. 여러 집을 털다/
figo domus. 집들을 짓고 정착하다/
frequénto domum alcjs. 누구의 집에 드나들다/
habere nos domi diversa genera brutorum. 우리 집에는
여러 종류의 짐승들이 거처를 정하고 있다/
hæc, quæ vertice sidera pulsat, domus.
하늘을 찌를 듯이 우뚝 솟은 이 집/
illabóro dómibus. 집 짓는 일을 하다/
in domo áliā. 다른 집에(소유 속격이나 소유대명사 이외의 부가어.
즉 형용사나 다른 대명사를 가졌을 때에는 in domo만 쓴다)/
in domo alta. 높다란 집에, 높은 집에/
in domo Ciceronis (domi Cicerónis) 치체로의 집에)/
in domo inædifico sacéllum. 집안에 사당(祠堂)을 짓다/
In domo iusti divitiæ plurimæ, et in fructibus impii
conturbatio. (evn pleonazou,sh| dikaiosu,nh| ivscu,j pollh, oi`
de avsebei/j o`lo,rrizoi evk gh/j volou/ntai oi;koij dikai,wn ivscu,j
pollh, karpoi. de. avsebw/n avpolou/ntai) (獨 In de Gerechten
Haus ist großes Gut; aber in des Gottlosen Gewinn
steckt Verderben) (영) In the house of the just there are
ample resources, but the earnings of the wicked
are in turmoil) 의인의 집에는 많은 보물이 쌓이지만
악인의 소득에는 불행만 따른다(성경 잠언 15. 6)/
바른 사람의 집안에는 재물이 쌓이고, 악한 사람의
소득에는 걱정이 따른다(공동번역 잠언 15. 6)/
in domo mea (domi mea) 내 집에/
in domo parva. 작은 집에/
in domum excelsam. 드높은 집으로(다른 대명사나 형용사를
부가어로 가졌을 때에는 대격 앞에 전치사 in을 놓는다)/
in hanc domum. 이 집으로(부가어를 가졌을 때에는 in과 함께 대격을
쓴다. 이 경우에도 그 부가어가 소유대명사나 소유 속격이면 in을 뺄 수 있다)/
Manébo te domi. 너를 집에서 기다리겠다(maneo 참조)/
Neque domum ad se filĭum admisit.

D

그는 아들을 자기 집에 들여놓지도 않았다/
Nolite transire de domo in domum.
이 집 저 집으로 옮겨 다니지 마라(성경 루카 10. 7)/
parem habeas in domo. 집안에서들 맞먹어라.
pax domus ordinata imperandi atque obœdiendi
concordia cohabitantium. 가정의 평화는 함께 사는 사람들
사이에 명령하고 복종하는 질서 있는 화합이다(신국론. p.2193)/
Permágni est hæc domus. 이 집은 대단히 비싸다/
pro domo sua. 자기 집을 위하여/
prorúptæ domus. 쓰러진 집들/
Quisquis domo Domini perfectis ordine votis egrederis,
remea corpore, corde mane.
주님의 집에서 충만한 은총을 받고 나가는 사람은
누구든지 몸으로는 돌아가라. 그러나 마음으로는 남아라/
sic Ephesi fui tamquam domi meæ.
나는 마치 내 집에 있는 것처럼 Ephésus에 있었다/
Sit tibi domus Deus, et esto domus Dei; mane in Deo,
et maneat in te Deus. 하느님께서 그대의 집이 되시고,
그대가 하느님의 집이 되기를 바랍니다. 하느님 안에
머무르십시오. 그러면 하느님께서도 그대 안에 머무실
것입니다.(최익철 신부 옮김. 요한 서간 강해. p.387)/
Tota domus superior vacat. 집의 윗 층이 모두 비어있다.

불규칙 변화

	단 수	복 수
Nom.	domus	domus
Voc.	domus	domus
Gen.	domus	dómuum 또는 domórum
Dat.	dómi	dómibus
Acc.	domum	domos(domus)
Abl.	domo	dómibus

(한동일 지음. 카르페 라틴어 1권. p.54)

domus ambigua. 믿지 못할 사람들의 집
domus apparátĭor. 비교적 잘 꾸며진 집
domus aurea(⑨ House of Gold) 황금의 집.
(연송 성모 호칭기도에서 호칭되는 성모 마리아의 상징적 명칭)
Domus cantu personabat.
온 집안에 노래 소리가 울려 퍼지고 있었다.
Domus Dei. 하느님의 집, 하느님의 성전(여기서 성당을 뜻하는
Dome이란 말이 나왔다. 백민관 신부 엮음. 백과사전 1. p.892)
Domus Dei decorem, 2급 대성전의 칭호(1966.6.6. 교령)
domus ecclesiæ. 교회의 집
Domus est patri meo. 이 집은 내 아버지의 것이올시다.
[소유 여격dativus possessivus은 sum 동사와 함께 쓰며, 사물의 소유자를
여격으로 쓴다. 성 염 지음. 고전 라틴어. p.396].
Domus Fabricii, quemadmodum ære et argento et
mancipiis Samnitium vacua, ita gloria ex iis parta
referta fuit. 파브리키우스의 집은 구리와 은(=화폐)
그리고 삼니움 출신 노예(mancipium Samnitium)는
없었지만, 삼니움 사람들에게서 얻은 영광(=그들을 무찔러
얻은 영광)으로 가득 차 있었다.
[Gaius Fabricius Luscinus(+ca.275): 로마의 중군이자 정치가. Pyrrhus와 싸워
이기고 삼니움 종족들(Samnites)을 무찔렀음. 성 염 지음. 고전 라틴어. p.410].
domus filiális. 분원(分院.⑨ filial house)
domus formata. 정규 수도원(적어도 6인의 수도자가 공동생활을
하거나, 사제 수도원의 경우 4인의 사제를 포함하는 집이 형성 발전한
수도원을 정규 수도원. 그렇지 못하면 비정규 수도원이라 한다)
domus formátĭonis. 양성소(養成所)
Domus in qua ad divina vel discenda vel celebranda
convenit multitudo fidelium.
이곳은 거기서 신적인 것들을 배우거나 거행하기 위해서
신자들의 무리가 모이는 집이다.
domus in urbe. 도시에 있는 집
domus instituti religiosi. 수도회의 집
domus locális. 지역 수도원
domus lugubris. 초상집
domus non formata. 비정규 수도원
domus novitiátus. 수련소(修練所.⑨ novitĭate house)
Domus optima. 집이 최고!
domus pauperum 가난한 이들의 집

domus peculiaris. 특별한 집
Domus Pontificia. 교황궁(敎皇宮)
domus princeps. 본원(本院.⑨ principal house)
domus provincia. 관구 본부(管區 本部)
domus, quæ prospicit agros. 밭들이 바라다 보이는 집
domus quidem propria pro formatĭóne candidátorum
sacerdotii. 사제직 후보자 양성을 위한 집.
Domus Regularis. 비자치 수도원
Domus Religiosa＊ 수녀원(修女院), 비자치 수도원,
수도원(⑨ cnvent/monastery/religious house).
(monasterĭum sui juris. 자치 수도원, 자치 수도승원과 대조).
Domus spectat in nos. 온 집안이 우리를 지켜본다.
Domus St. Marthæ. 성녀 마르타의 집.
(1996년 교황 요한 바오로 2세가 2세가 교황 선거를 위한 Conclave에 참석한 추기경
들의 숙소로 지은 집. 성 베드로 대성당 맞은 쪽 Piazza Santa Marta에 있다.
추기경들은 여기서 숙식하며 하루 두 번 Sistina 성당에서 교황 선거 투표를
실시한다. 백민관 신부 엮음. 백과사전 1. p.892).
domus sui juris. 자치 수도원(自治 修道院).
dona, 원형 dōno, -ávi -átum -áre, tr.
[명령법 단수 2인칭 dona, 복수 2인칭 donate]
Dona clandestina sunt semper suspiciosa.
은밀한 선물은 언제나 의심스럽다.
Dona nobis pacem = Dona nos pace.
저희에게 평화를 주소서.[aspergere, donare, impertire 등은
'받는 사람'을 직접 객어로 하고 '주는 물건'을 탈격으로 쓸 수 있다).
dōnábĭlis, -e, adj. 넘겨질 만한, 회부되어야 할,
선물로 주기에 적합한(어울리는.
dōnárĭum, -i, n. 신전의 봉헌물 보관실, 신전, 제단,
성물 보관소, pl. (신전에서의) 봉헌물奉獻物)
dōnátĭo, -ónis, f. 선사, 증여(贈與=寄贈), 기증(寄贈),
기부, 헌납(獻納), 선물(δώρον.εὐλογìα.⑨ Gifts),
기증품(寄贈品), 기부금(寄附金).
De falso Credita et Ementita Constantini Donatione
Declamatio. 콘스탄티누스 황제의 날조된 증여.
(콘스탄티누스 황제의 증여는 사실이 아니라는 것을 증명했고,
교황의 속권에 대해 신랄한 공격을 함. 1440년 Lorenzo Valla 지음).
donátĭo bonorum. 재산 증여(財産贈與)
Donátĭo Constantini. (콘스탄티누스의) 증여문서,
콘스탄틴의 증여(=콘스탄틴 大帝의 황제칙령)(로마의 황제 콘스
탄티누스와 교황 실베스텔 1세(314-335)에게 전 이탈리아와 서부 도시 국가에
대한 영토권과 안티오키아, 콘스탄티노폴리스, 예루살렘 교회에
대한 수위권을 인정했다는 가짜 문서. 백민관 신부 엮음. 백과사전 1. p.892).
donátĭo inter vivos. 생전 증여
donátĭo mortis causa. 사인 증여
Donatio non præsumitur. 증여(贈與)는 추정되지 않는다
Donátismus, -i, m. 도나투스파, 도나투스주의.
(4세기경 아프리카 라틴교회에서 일어난 이교).
Donátístæ, -árum, m., pl. Donátus 이단파 신봉자들
(4세기 초반에 Carthágo 지방교회에 생긴 이교).
dōnátívum, -i, n. (군인들에게 주는) 황제의 하사품
dōnátor, -óris, m. 선물 주는 사람, 증여자(贈與者),
시주(施主=불교에서. 중이나 절에 물건을 바침. 또는 그 사람. 화주).
dōnátrix, -ícis, f. 선사하는 여자
Dōnátus, -i, m. 4세기 초반에 Carthágo 지방교회에서
생긴 이단파의 지도자(指導者).
Ælĭus Dōnátus. 4세기 중엽 Roma의 유명한 문법학자.
dōnec, conj., subord. 1. …하는 동안에는 1) 일반적
으로 주문과 같은 시칭(時稱)을 쓰나 pf., impf.은 주문과
속문의 시간적 내용에 따라 각각 독자적으로 씀.
2) c., subj.: 희망.기대.목적.가능성 따위의 뜻까지
포함되었거나 법의 동화(assimilátĭo modi) 규칙에
해당될 경우에는 시칭관계(consecútĭo témporum) 대로의
prœs. 또는 impf.을 씀. Donec gratus eram tibi,
Persárum vígui rege beátior. 내가 너의 환심을
얻고 있는 동안에는 Pérsia의 왕보다 더 복된 세력자
였다/ Donec eris felix, multos numerábis amícos. 네가
행운아일 동안에는 많은 친구를 가지게 되리라.
2. …할 때까지, …하기까지, …하기 전까지는
…하기 전에는 Non credébam, donec ille fecit…
그가 …할 때까지 나는 믿지 않았다/ Commóverat
quosdam, donec ancílla verum apéruit 그는 하녀가

진실을 폭로하기 전까지는 일부 사람들을 감동시켰었다/
usque eo(eo usque, usque ádeo, usque in tantum),
donec …할 때까지 계속(줄곧.마냥), (결국).하기에
이르기까지 계속. <small>(라틴-한글사전. p.274).</small>
Coquitur radix, donec succum omnem remittat.
진이 다 빠질 때까지 뿌리를 삶는다/
Inquietum cor nostrum donec requiescat in Te.
주님 안에 쉬기까지는 우리 마음 쉬지 못하나이다.
dones, 원형 dōno, -ávi -átum -áre, tr.
[접속법 현재. 단수 1인칭 donam, 2인칭 **dones**, 3인칭 donet,
복수 1인칭 donemus, 2인칭 donetis, 3인칭 donet].
Hóstem repéllas lóngius, pacémque dónes prótinus:
원수를 멀리 쫓아 주시고, 평화를 끊임없이 주소서/
Qui vítam sine término, Nóbis **dónet** in pátria
본향(本鄉)에서 우리에게 끝없이 생명을 주소서.
dónicum, dónique, conj. (古) = donec.
dōno, -ávi -átum -áre, tr. 1. **선물로 주다, 선사하다**,
거저 주다, 후하게 주다, 증정하다, 드리다, 바치다.
alci immortalitátem dono. 아무에게 불멸성을 주다.
2. **허락하다**, …하게 해주다. 3. (무엇을 위해서 무엇을)
희생으로 바치다, 희생하다. 4. **면제해주다**, 탕감해
주다, 용서해 주다, 늦추어주다. mercédes ánnuas
conductóribus dono. 소작인들에게 1년 소작료를 탕감
해주다/ dono fílio patrem. 아들을 봐서 아버지를
용서해주다. 5. **부여하다**, 수여하다, 하사하다, 혜시(惠施)
하다. dono *alqm* civitáte. 아무에게 시민권을 주다.
Iam inhæres illi: inveni melius, et donat tibi. 그대는
이미 그분 가까이 있으니 그대가 더 좋은 것을 찾으면,
그대에게 주실 것입니다.<small>(최익철 신부 옮김. 요한 서간 강해, p.421).</small>
Donorum oblatio.(獨 The presentation of the gifts) 예물봉헌.
Non agitur simpliciter de quodam genere "intervalli"
inter liturgiam Verbi et liturgiam eucharisticam.
이것을 단순히 말씀 전례와 성찬 전례 사이에 있는
일종의 '막간'으로 여겨서는 안 됩니다.
dōnum, -i, n. 선물(膳物.δώρον.εὐλογία.獨 Gifts);
은사, 특은; 예물; 뇌물, (신에게 바치는) 제물, 봉헌물.
diviníssima dona. 제사에 가장 합당한 선물(膳物)/
Dona clandestina sunt semper suspiciosa.
은밀한 선물은 언제나 의심스럽다<small>(성 염 지음. 고전 라틴어. p.68)/</small>
Dona dant amici sibi invicem.
친구들이 서로 선물을 주고 있다/
Dona Dei. 하느님의 선물(膳物.獨 Gifts of God)/
dona gratuita. 은총의 은사(恩賜)/
Dona naturalia. 자연적 은사<small>[dona naturalia는 본성에 주어진
은사이며, dona gratuita는 dona naturalia 위에 더해진 초자연적 은사
(dona superanaturalia)이다.(이상섭 옮김, 신학대전 14, p.283)/</small>
Dona novis pacem. 우리에게 평화를 주소서/
dona præternaturalia. 과성은혜(donum præternaturale)/
Dona spiritualia non accipiuntur nisi desiderata.
영적인 선물은 열망하지 않고서는 받을 수 없다/
Dona Spiritus Sancti. 성령 은사(恩賜), 성령 칠은,
성령의 선물(獨 Gifts of the Holy Spirit).
<small>(지혜sapientia, 통달intellectus, 의견consilium, 지식scientia, 용맹fortitudo,
효경pietas, 두려움 또는 경외timor)-성령 칠은의 열매는 사랑caritas, 기쁨
gaudium, 평화pax, 인내longanimitas, 호의benignitas, 선의bonitas, 성실fides,
온유mansuetudo, 절제continentia 9가지를 꼽는다. 성경 갈라 5, 22~23/</small>
Dona supernaturalia. 초성은혜<small>(인간 본성을 넘어서는 은혜)/</small>
Dona votiva. 특별봉헌, 서원봉헌, 자원 봉헌물<small>[받은 은혜에
감사하기 위해 하느님이나 성인에게 서원한 것을 지키기 위해(ex voto,
votum solvit) 바치는 봉헌물. 백민관 신부 엮음. 백과사전 1, p.892: 3 p.769)/</small>
Donis impii ne placare audeant deos.<small>(Cicero)</small>. 불경한 인간
들로서 예물을 갖고 신들을 무마시키려 하지 말지어다/
Dono accepto, gratias egimus.
선물을 받고 나서 우리는 고마움을 표했다/
dono dare *alci alqd*. 아무에게 무엇을 선물로 주다/
dono gratiæ. 은총의 선물(恩寵 膳物)/
donum pretiosum. 값진 선물/
Et ne forte ipsæ linguæ venerunt ad unum locum,
et non potius donum Christi venit ad omnes linguas.
언어들이 한 장소에 모인 것이 아니라, 오히려

그리스도의 선물이 모든 언어들에게 온 것입니다/
Filia nostra dona tua videre desiderat.
우리 딸은 너의 선물(膳物)들을 보고 싶어 한다/
hæc dona, hæc munera, hæc sancta sacrificia illibata.
이 거룩하고 흠 없는 예물(禮物)/
Hoc est ergo proprium donum; ipse est singularis fons.
이것은 고유한 선물이며 유일한 샘 입니다/
infecta dona fácere. 약속했던 선물을 취소하다/
instauro diem donis. 같은 날 여러 번 제사를 지내다/
Multa sunt dona. 선물들이 많다/
Prorsus donum Dei est diligere Deum.
한 마디로 사랑은 하느님의 선물(膳物)이다/
Sola virtus némini datur dono.
덕행만은 아무에게도 선물로 주어지지 않는다/
última dona. 장례식(葬禮式).

명사 제2변화 3식 중성명사		
	단 수	복 수
Nom.	donum	dona
Voc.	donum	dona
Gen.	doni	donorum
Dat.	dono	donis
Acc.	donum	dona
Abl.	dono	donis

<small>(성 염 지음. 라틴어 첫걸음. p.41)</small>
donum consilii. 의견, 슬기의 은사(恩賜)
Donum cuique dedi. 나는 각자에게 선물을 주었다.
donum divinum. 신적 선물(神的 膳物)
donum gratiæ grátum faciens.
성성의 은총의 은사(恩賜)<small>(신학대전 제5권. p.269~275).</small>
donum gratuitum. 무상의 선물
donum habitualis. 상존적 선물
donum indebitum et superadditum naturæ.
까닭 없이 자연에 거저 보태 주어진 선물
donum linguarum(獨 Gift of Tongues) 언어의 은사
donum magnum. 커다란 선물
Donum miraculorum(獨 Gift of Miracles) 기적의 은사
donum perseverantiæ. 인내의 은사(恩賜)
donum præternaturale. 과성은혜(dona præternaturalia)
donum pretiosum. 값진 선물
donum prophetiæ. 예언의 은사(恩賜)
Donum puellæ mihi valde placet. 아가씨의 선물이
나의 마음에 무척 든다<small>[placeo '누구의(dat.) 마음에 들다'는 주로
비인칭으로 쓰임. 성 염 지음. 고전 라틴어, p.114].</small>
Donum quod exspectabas. 네가 기대하고 있던 선물
Donum rectitudinis. 정기(正氣)의 선물
donum scientiæ(獨 Gift of Knowledge) 지식의 은사
donum septenárium. 성령칠은(sacrum septenárium),
성신칠은(獨 seven gifts of the Holy Spirit).
<small>(sapientĭa, intellectus, consilium, scientĭa, fortitúdo, pietas, timor).</small>
donum spiritális. 영적 선문(靈的 膳物)
donum supernaturale. 초성은혜(超性恩惠), 초본성적 선물
donum timoris. 두려움의 은사(恩賜)
Donum Veritatis, 진리의 선물(신앙교리성 훈령 1990년)
Donum Vitæ,(교황청 신앙교리성 1987.2.22. 훈령).
생명의 선물, 인간 생명의 기원과 출산의 존엄성.
donum vitæ æternæ. 영원한 생명의 선물
dorca, -æ,(dorcas, -ădis) f. (動) 영양(羚羊)
dōris, -ĭdis(-ĭdos), f. 바다의 여신(女神)
dormiérunt, 원형 dormio, -ívi(ĭi) -itum -íre, intr.
<small>[현재. 단수 1인칭 dormivi, 2인칭 dormivisti, 3인칭 dormivit,
복수 1인칭 dormivimus, 2인칭 dormivistis, 3인칭 **dormiverunt**]
dormiverunt는 모음사이에서 V가 모음동화를 일으켜 축약되는 형태를 보인다].</small>
dormio, -ívi(ĭi) -itum -íre, intr. **자다**(nocti cedo),
수면(睡眠)을 취하다, 영면(永眠)하다,
죽다(יר.שׁטעﬦ.ויﬦ.חﬦ.θνήσκω),
아무 것도 하지 않다, 빈둥빈둥 놀다,
무관심(無關心)하다, 태평스럽다. tr. 잠을 자다.
dormíre in utrámvis aurem. 다리 뻗고 자다(속담)/
Dormire me non sinunt cantus.

<small>380</small>

노래들이 나를 자지 못하게 한다/
Dormivit igitur David cum patribus suis et sepultus est in civitate David. 다윗은 자기 조상들과 함께 잠들어 다윗 성에 묻혔다(성경 1열왕 2, 10)/
dormivit in pace. 평화 속에 잠들었다(碑文에 사용)/
Ecce tu dormies cum patribus tuis.
자, 이제 너는 조상들과 함께 잠들 것이다(성경 신명 31, 16)/
Ego dormio. 나는 잔다/
in aurem dormíre, in latus cubáre.(in¹참조)
모로 누워 자다, 모로 눕다/
In mente est mihi dormire. 나는 자려고 한다/
Non ómnibus dórmio. 나는 자는 척 한다/
Nox perpétua una dormiénda. soso 잠자야 할 겨울밤/
Quomodo Dormiant monachi.
수도승들은 어떻게 잠자야 하는가/
sed dormiam cum patribus meis, et auferas me de terra hac condasque in sepulcro maiorum meorum.
내가 조상들과 함께 잠들게 되거든 나를 이집트에서 옮겨 그분들의 무덤에 묻어 다오(성경 창세 47, 30)/
Surge, qui dormis. 잠자는 사람이여, 깨어나라/
Tota mihi dormítur hiems. 나는 온 겨울을 잠잔다.

dormitans lucerna. 깜빡깜빡하며 꺼지려는 등불

dormītātĭo, -ónis, f. 잠, 졸음,
Ne dederis somnum oculis tuis nec palpebris tuis dormitationem. (mh. dw/|j u[pnon soi/j o;mmasin mhde. evpinusta,xh|j soi/j blefa,roij) (獨 Laß deine Augen nicht schlafen noch deine Augenlider schlummern.)
([영] Give no sleep to your eyes, nor slumber to your eyelids) 잠도 자지 말고 졸지도 마라(성경 잠언 6, 4)/
잠잘 궁리도 말고 눈 붙일 생각도 마라(공동번역 잠언 6, 4).

dormītátor, -óris, m. (낮에는 잠자는) 밤도둑

dormitio B. Mariæ Virginis. 성모 마리아의 영면(永眠).
(성모 마리아의 영명축일을 동방교회에서는 서방교회의 성모 승천 축일에 해당되는 중요한 축일로 8월 15일에 지내며 12대 축일 중 하나이다. 성모 마리아가 영면한 최후의 장소는 시온산 북서, 최후의 만찬 건물과 접해 있는 장소라고 전해지고 있다. 백민관 신부 엮음, 백과사전 1, p.895).

Dormitio Matris Domini. 성모의 영면(永眠) 축일

dormītíva, -órum, n., pl. 진정제(鎭靜劑), 수면제, 최면제

dormíto, -ávi -átum -áre, intr., freq.
졸리다, 자고 싶다, 잠들다(ךְ.ךְךְךְ), 졸다,
어물어물 지내다, 활기 없다, 굼뜨다.
dormítans lucerna. 깜빡깜빡하며 꺼지려는 등불/
Tota mihi dormítur hiems. 나는 온 겨울을 잠잔다.

dormítor, -óris, m. 잠자는 사람

dormītōrĭum, -i, n. 침실(寢室.[영] Dorter).
pl. 영면소(永眠所), 묘지([영] Cemetery).

dormītórius, -a, -um, adj.
잠에 관한, 잠자는(데 필요한); 침실의.

dorsális, -e, adj. 등의, 등에 있는, 배면(背面)의

dorsĭlóquĭum, -i, n. 비방(誹謗-남을 비웃고 헐뜯어 말함), 흉봄

dorsŭális, -e, adj. 등의, 등에 있는.
n., pl. (가축의) 등거리.등덮개.

dorsuárĭus, -a, -um, adj. = **dossŭárĭus**

dorsum(-us) -i, n.(m.) 등(背), 등성마루, 배부(背部),
산등성이, 암초, 융기(隆起)한 모래톱, 융기(隆起).
audácĭ seductus in æthera dorso.
하늘을 찌를 듯이 까마득히 솟아있는 (山)/
proprio dorso submisso, ne caderet, sustentabat.
자기 등을 밑에 들이밀어 무너지지 않게 떠받쳤다.
('submittere 밑으로 들어가다'와 'sustinere 떠받치다, 견디다'는 프란치스코 영성에서 매우 중요한 주제이다).

dorsŭósus, -a, -um, adj. 등이 있는, 융기한

dŏrýphŏrus(=dŏrýphŏros), -i, m.
창으로 무장한 군인, 창 든 사람.

dōs, dōtis, f. (gen., pl. dótium)
지참금(持參金), 지참재산, (여자의) 혼수(婚需),
특징, 장기(長技), 재능, 천부적 소질, 자질(資質).
dotem dícere. 지참금을 결정해서 말하다/
doti *alqd* dícere, *alqd* dare in dotem.
무엇을 지참금(持參金)으로 정해주다/
Dotes muliebris naturæ propriæ profecto minores non sunt dotibus virilitatis, sed tantum diversæ sunt.
([영] The personal resources of femininity are certainly no less than the resources of masculinity: they are merely different) 여성의 인격적 특성들은 결코 남성의 특성들보다 열등하지 않다. 그들은 서로 다를 뿐이다/
Est ager sub urbe nobis : eum dabo dotem sorori.
우리에게 그 농지는 도시 아래편에 있다. 나는 그것을 여동생에게 지참금으로 주겠다.(nobis, sorori: 소유 여격)/
Soror illi est adulta virgo grandiis : eam cupio, pater, ducere uxorem sine dote. Sine dote uxorem?
"그 사람한테는 처녀로 다 자란 누이가 있습니다.
아버님, 그 여자를 지참금 없이 아내로 맞고 싶습니다."
"지참금 없이 아내를 (맞는다)?"/

dos beneficii. 교회록, 성직록 재산

dos filiæ nubéntis. 출가 지참금, 결혼녀의 지참금

dos humana. 인간적 자질

dos morális. 윤리적 자질

dos profecticia.
아버지가(친정에서) 직접, 간접으로 마련해 준 지참금.

dos religiosarum([영] Dowry of Religious)
수녀회 입회 지참금, 여자 수도회 지참재산.

dosis, -is, f. 용량(用量)

dosis efficax. 최소 유효량(最小 有效量)

dosis letális. 치사량(致死量)

Dossénnus, -i, m. Roma인의 개인이름,
희극 배우, 익살꾼, 어릿광대.

dossŭárĭus, -a, -um, adj. (=**dorsuárĭus**)
등에 짐 지고 다니는 (짐승).

dōtális, -e, adj. 지참금의, 지참 재산의, 지참금으로 준

dōtátĭo, -ónis, f. 지참금의 부여, 출가(出嫁) 준비,
(교회나 수도원에 대한) 기본재산 기부(寄附).

dōtátus, -a, -um, p.p., a.p. 지참금을 가지고 간,
굉장한 지참 재산을 가지고 있는, 훌륭한 소질을 가진.

dōto, -ávi -átum -áre, tr. 지참금(지참재산)을 주다,
혼수(婚需)를 장만해 주다.

doxología, -æ, f.([영] Doxology.獨 Doxologie)
영광송(榮光頌), 영광경, 송가(頌歌).

doxologia finális. 마침 영광송

doxologia major. 대영광송(大榮光頌. Gloria in excelsis Deo…)

doxologia minor. 소영광송(小榮光頌.[영] Little Doxology)/
[Gloria Patri, et filio, et Spiritui Sancto. Sicut erat in principio, et nunc, et semper, et in sæcula sæculorum. Amen].

drachma(=drachŭma), -æ, f. Athénœ의 무게 단위,
약 4.36 gr., úncia의 8분의 1.

drăchŭmisso, -ávi -átum -áre, intr. drachŭma로 일하다

draba nemorósa, -æ, f. (植) 꽃다지

drăco, -ónis, m. 용(龍.δράκων), 큰 구렁이,
보물의 수호자, 보병부대의 군기(軍旗). (天) 용좌(龍座).

Draco dormiens nunquam titillandus.
결코 잠자는 용(龍)을 건드리지 마라

drăcōnárĭus, -i, m. 보병부대의 군 기수

drăcōnígĕna, -æ, f., m. 용의 소생, 용에게서 유래한 것

drăcontárĭum, -i, n. 사리어 만든 화관(花冠)

dragma = **drachma**

drăma, -ătis, n. 연극(演劇), 드라마([영] drama),
희곡(戲曲-상연을 목적으로 써진 연극의 대본), 극시(劇詩).

drama musicum 가극(歌劇)

Drama religiosum. 종교극(宗敎劇-典禮劇)

drāmátĭcus, -a, -um, adj. 연극의, 극에 관한,
희곡(戲曲)의, 각본의, 劇的인, 감격적(感激的)인.

drápĕta, -æ, m. 탈주 노예(脫走 奴隷)

drástĭcum, -i, n. (藥) 준하제(峻下劑)

drŏmas, -ădis, m. (動) 단봉낙타

drŏmĕdárĭus, -i, m. (動) 단봉낙타

drŏmo(n), -ónis, m. 대형 고속 목조선

drŏmŏs(-us), -i, m. 경주장.
Sparta 가까이에 있는 평야, Sparta인들이 경주하던 곳.

Drum esse quinque viis provári potest.(성 토마스)
하느님이 존재한다는 것은 다섯 가지 길로 증명될 수 있다.
drūpa, -æ, f. 잘 익은 올리브
Dryas, -adis, f. (주로 pl.) 숲의 요정
dryas octopétale, -adis -æ, f. (植) 담자리 꽃나무
drys, dryos, f. (植) 떡갈나무, 떡갈나무 숲.
dryos hýphĕar. (植) 겨우살이.
D.S.H. =Denzinger-A. Schonmetzer, Enchiridion Symbolorum definitionum et declarationum de rebus fidei et morum,
신앙, 도덕에 관한 선언, 규정, 신경 편람; 신앙 규정 편람.
Duabus sellis sedére. 두 걸상에 앉다(속담.양다리 걸치다).
Duábus tribúsve horis.(-ve는 뒷 단어에 붙는 접미어로서 흔히 수사들을 이어준다) 두 시간 내지 세 시간 사이.
duæ civitates. 두 도성(都城)
Duæ epistolæ ad virgines. 동정녀들에게 쓴 두 통의 편지
Duæ feminæ tribus viris decem poma dederunt.
두 여자가 세 남자에게 열 개의 사과를 주었다.
Duæ hic reperiuntur maioris momenti notiones.
([영] Two aspects of this are important).
이 이야기에서 두 가지 측면이 중요합니다.
duæ naturæ in una persona. 한 위격 안의 두 본성.
(칼체돈 공의회 결의사항).
duæ partes. 삼분의 이[⅔. 분자가 분모보다 하나 아래이면 분모는 표시하지 않아도 된다. 이 경우에는 partes를 기본수사 뒤에 써 넣어야 한다) 4/5 quatuor partes/ 7/8 septem partes(=septem octávæ partes)].
Duæ res hic sunt collustrandæ.([영] Two things must be emphasized here) 여기에서 두 가지가 강조되어야 한다.
duæ tertiæ. 삼분의 이(⅔. 분자가 2 이상일 때 분자를 기본 수사로, 분모를 순서 수사로 한다. '분자' 표시에 아래와 같이 partes를 쓰지만 쓰지 않을 때도 가끔 있다. semptem decimæ. 7/10. quindecim vigesimæ. 15/20).
duæ tertiæ partes. 삼분의 이(⅔)
duæ trabes æque longæ. 같은 길이의 두 개의 들보
dŭális, -e, adj. 둘의, 둘을 나타내는, 둘을 포함한. (文法) 2數의.
efficio unam ex duábus legiónibus.
두 군단을 하나로 편성(編成)하다.
dŭális númerus. 2수(數), 2수형(數形.두 개 또는 한 쌍을 나타냄)
dŭálísmus, -i, m. 이원설, 선악 이원론.
(哲.宗) 이원론(二元論.[영] Duálism-이원주의).
(신학적인 이원론은 신의 세계와 악의 세계는 처음부터 별개의 세계로서, 선의 기원과 악의 기원이 서로 다르다고 혹은 같다고 하는 주장. 이와 같은 이원론에서 그리스도 안에는 인간성과 신성이 완전 분리하여 병존(竝存)하여 있다는 네스토리우스파 이단설을 일컫는 말이 되었다. 백민관 엮음, 백과사전 1, p.907).
dŭălĭtas, -átis, f.
두 개 있음, 이중성, 이원성(二元性). (數) 쌍대(雙對).
dubia victoria. 불확실한 승리
dŭbíĕtas, -átis, f. 의심([영] Doubt), 의혹, 반신반의(半信半疑)
dŭbĭósus, -a, -um, adj.
의심스러운, 의심할 여지가 있는, 모호한.
dŭbĭtábĭlis, -e, adj.
의심스러운, 의심할만한, 의심하는, 의심 품은.
dŭbĭtátĭo, -ónis, f. 의심([영] Doubt), 의혹(疑惑-의심),
불확실, 망설임, 서슴거림, 거리낌,
주저(躊躇-머뭇거리거나 나아가지 못하고 망설임).
alcjs rei dubitatio. 무엇에 대한 의심/
dubitatiónem *alci* dare. 누구를 망설이게 하다/
nullā interpositā dubitatióne. 조금도 서슴지 않고/
sine ulla dubitatióne.
아무런 의심도 없이, 조금도 주저(躊躇)하지 않고.
dubitátĭo ad rem públicam adeúndi.
정치에 나서기를 주저함.
dŭbĭtātívus, -a, -um, adj. 의심(의혹)을 나타내는, 의심스러운.
(文法) conjunctívus(subj-) ~ 의혹 접속사.
e.g. Quid dicam? 난 뭐라고 말할까?.
dŭbĭtátor, -óris, m. 의심하는 자
dúbĭto, -ávi -átum -áre, intr., tr. **의심하다, 의혹을 품다,**
숙고하다, 음미하다, 망설이다, 주저하다, 서슴다.
Dubitando enim ad inquisitionem venimus, inquirendo veritatem percipimus. 의심은 탐구를 낳고, 탐구해 나가는 중에 진리를 깨닫게 된다/
Non dubito ire. 나는 가기를 주저(躊躇)하지 않는다/
Non dubito quin, si me adjuves, me ames. 네가 나를 돕는다면 나는 네가 나를 좋아한다는 것을 의심 않겠다/
Non potest de auctóre dubitári.
주모자(장본인)에 대해서 의심할 수 없다/
Numquid dubitas?. 그래 뭘 의심하니?/
Nunc dubitanti magis quam docenti assimilatur.
지금 가르치는 사람이라기보다는 회의하는 사람에 가깝다.
(지성단일성, p.113)/
res mínime dubitánda. 절대로 의심하지 못할 일.
Dubito de tuā erga me benevolentiā.
나에 대한 너의 호의를 나는 의심(疑心)한다.
Dúbito ire. 나는 가기를 주저(躊躇)한다/
Non dúbito ire. 나는 가기를 주저(躊躇)하지 않는다.
Dúbito, num pater vénerit.
아버지께서 오셨는지 나는 의심(疑心)한다.
Non dúbito, quin pater non vénerit.
아버지께서 오시지 않았음을 나는 의심하지 않는다/
Non dúbito, quin pater vénerit.
아버지께서 오신 것을 나는 의심하지 않는다.
Dubito pudicítiam. 정조(貞操)를 의심하다.
dúbĭum, -i, n. 의심(疑心.[영] Doubt), 의혹(疑惑-의심),
의문(疑問.[영] duobt), 회의(懷疑-의심을 품음), 주저,
불확실한 것, 망설임, 위험(危險), 위기, 난관, 역경.
[어떤 명제에 대하여 전혀 모를 때 이것을 '무지(ignorance)'라 하고, 주저함이 없이 긍정하거나 부정할 때 '확신(certitude)'이라 하며, 그 명제를 긍정하거나 부정하지만 혹시 틀릴지도 모른다는 의구심이 있을 때 이것을, '의견(opinion)'이라 하며, 약간의 근거를 가지고 긍정 또는 부정으로 기우는 경향이 있을 때 이것을 '회의(懷疑)' 또는 '혐의(嫌疑.suspicion)'라 한다. 마지막으로 만일 긍정 또는 부정 어느 한 쪽을 선택하지 못할 때 이것을 '의심(疑心.doubt)'이라 한다. 이와 같이 어떤 명제에 대해 그 참과 거짓 아무 쪽도 결정을 내리지 못하는 판단의 미결 상태를 의심이라 한다. 백민관 엮음, 백과사전 1, p.900].
de *alqā* re dubium non est.
무엇에 대해 의심의 여지(餘地)가 없다/
impedimentum dubium. 의심되는 장애/
impedimentum dubium facti. 사실상 의심되는 장애/
impedimentum dubium juris. 법률상 의심되는 장애/
in dúbio esse. 불확실하다/
In dubio pro reo. 의심스러울 때에는 피고인의 이익으로/
in dubium revocáre (devocáre) 위험한 상태에 놓다/
in dubium veníre. 의심스러워지다, 문제가 되다/
in dubium vocáre. 의심을 일으키다(품다)/
In toto partem non est dubium contineri.
전체에 부분이 포함된다는 것은 의심할 여지가 없다/
Non eo dico, quo mihi véniat in dúbium tua fides.
내가 이렇게 말하는 것은 너의 성실성이
의심스러워서가 아니다/
Non est dubium, quin…,
…라는 것에 대해 의심의 여지가 없다/
sine dúbio, procul dúbio. 의심 없이, 확실히.
dubium absolutum. 절대적 의심
dubium facti. 사실에 대한 회의(의심.의혹)
(주교가 어떤 교회법 조항에 대한 효력의 의문이 생겼을 때, 그것이 사실에 대한 의문이면 이를 관면할 수 있다. 백민관 신부 엮음, 백과사전 1, p.908).
(Leges, etiam irritantes et inhabilitantes, in dubio iuris non urgent; in dubio autem facti Ordinarii ab eis dispensare possunt, dummodo, si agatur de dispensatione reservata, concedi soleat ab auctoritate cui reservatur.
법률들은 무효법들과 무자격법들까지도 법률의 의문 중에서 구속하지 않는다. 사실의 의문 중에는 직권자가 이를 관면할 수 있으나, 다만 유보된 관면인 경우에는 이를 유보한 권위자가 통상 허가하는 것이라야 한다(교회법 제14조).
dubium fidei. 신앙의 회의
dubium imprudens. 현명치 못한 의심(疑心)
dubium juris. 법률의 의문, 법 유무에 대한 의심(교회법 제14조),
법의 존재(저촉)에 대한 의혹(疑心.懷疑).
dubium methodicum. 방법적 회의(懷疑)
dubium negativum. 소극적 의심(疑心)
dubium obiectum. 객관적 의심(疑心)
dubium positivum et probabile. 적극적이며 개연적인 의문
dubium positivum. 적극적 의심(회의)
dubium prudens. 현명한 의심
dubium radicale. 근본적 회의(根本的 懷疑)
dubium subjectum. 주관적 의심(疑心)
dúbĭus[1] -a, -um, adj. 이리 쏠리고 저리 쏠리고 하는,

이리저리 흔들리는, **의심하는**, **회의를**(의혹을) **품는**,
망설이는, 주저하는, 어찌할 바를 모르는, 우유부단한,
갈피를 못 잡는, 자신 없는, **의심스러운**, 어찌 될지 모를,
확실치 않은, 잘 모를, 수상한, **위험에 처한**, 위기에 놓인,
염려되는, **위험한**, **어려운**, 힘든, 순조롭지 못한.
An tibi dúbium est, eam esse hanc?
　이 여자가 그 여자라는 것이 의심스러우냐?/
dúbia nisu. 오르기 힘든 곳/
dúbia victória. 불확실한 승리(勝利)/
dubium cælum. 잔뜩 찌푸린 하늘/
Dúbium est, an… 나 아닐까 의심스럽다/
Dubium est, uter nostrum sit…
　우리 둘 중에 누구인지는 불확실하다/
Dubius sum, quid fáciam. 나는 어찌할 바를 모르겠다/
Ego sum vitæ dubius. 나는 생명에 대해 자신이 없다/
haud dubius intérfici posse. 살해당할 수 있음을 의심치 않는/
impotentĭa dubia. 의심되는 불능/
in dúbio esse. 불확실하다/
in dubio facti. 사실의 의심(疑心)/
in dubio juris. 법률의 의심(法律 疑心)/
In dubio, pars mitior est sequenda.
　의심스러울 때에는 관대한 것을 좋아야 한다/
in dubium venire. 의심스러워지다. 의심스러워지다, 문제가 되다/
in dubium vocáre. 의심을 일으키다(품다)/
In necessariis Unitas: in dubiis Libertas: in omnibus
Caritas.(본질적인 것에 있어서 일치를, 의심스러운 것에 있어서 자유를, 모든
것에 있어서 사랑을) 요긴한 일에 있어서 일치하고 확실치 않은
　일에 있어서 각자의 자유를 보장하며, 모든 일에 있어서
　사랑을 보존하라.(성 아우구스티노)/
mors haud dúbia. 확실한 죽음/
res dúbia. 위험한 일/
spem metúmque inter dúbii.
　희망과 공포(恐怖) 사이에서 엇갈린 생각에 잠긴 사람들/
témpora dúbia. 역경(逆境).
dubius æger. 위험한 병자(病者)
dubius senténtiæ. 어느 편을 들지 망설이는
dubius sum, quid fáciam. 나는 어찌할 바를 모르겠다.
dúbĭus² -i, m. Roma인의 씨족명
duc, 원형 dūco, dūxi, ductum, dūcĕre, tr.
　[명령법. 단수 2인칭 duc, 복수 2인칭 ducite]
Duc in altum. 깊은 데로 가라(Duco 참조)
Duc in docendi. 가서 가르치십시오.
Duc in regendo. 가서 다스리십시오.
Duc in sanctificando. 가서 거룩하게 하십시오.
Duc, summe pater altique dominator poli(신국론, p.543).
　지존하신 아버지, 드높은 하늘의 지배자여, 인도하소서.
dŭcális, -e, adj. 장군(將軍)의, 공작(公爵)의
dŭcátus, -i, m. (dux) 사령관직, 최고 지휘관직,
　공작 영토(公爵 領土).
dŭcēnárĭus¹ -a, -um, adj. 200을 포함하는, 200의,
　ducenárium pondus. 200근.
dŭcēnárĭus² -i, m. (軍) 2개 백인대의 지휘관
dŭcéni, -æ, -a, num., distr. 200씩의, 매번 200의
dŭcentésĭma, -æ, f. 200분의 1, 0.5% 세(稅)
dŭcentésĭmus, -a -um, num., ordin. 제200, 200번째의
dŭcénti, -æ -a, num., ordin. (duo+centum) 이 백(200)의, 숱한/
　ad ducentos homines. 200명 가량/
　circa ducéntos occidit. 200명 가량 죽였다/
　Ducéntæ vaccæ. 암소 이백 마리.

	m.	f.	n.
Nom.	ducentī	ducentæ	ducenta
Gen.	ducentum	ducentum	ducentum
Dat.	ducentīs	ducentīs	ducentīs
Acc.	ducentōs	ducentās	ducenta
Abl.	ducentīs	ducentīs	ducentīs

첫 수 centum(100)은 변화하지 않는다. 그러나 다른
모든 100 단위수 ducenti부터 nongenti 까지는 boni,
bonæ, bona와 같이 변화하되 속격만 다르다.
(한동일 지음, 카르페 라틴어 1권, p.94)

dŭcéntĭe(n)s, adv. 이 백 번, 수 없이, 여러 번.
duchésnĕa Wallichiána, -æ, f. (植) 뱀 딸기
dŭcĭánus, -a, -um, adj. 장군의; 부대장의; 두목의.
　m. 장군(부대장)의 부관(副官)
dúcíssa, -æ, f. (dux) 공작부인(公爵夫人)
dŭco, dūxi, ductum, dūcĕre, tr. 1. 끌다, 당기다, 끌어
　(잡아) 당기다. 2. **데리고 오다**(가다), **인도하다**, 안내
　하다, **끌고 가다**, 끌어들이다. Quo ducis me? 나를
　어디로 끌고 가느냐?/ se duco. 가다: 가다: 떠나가다:
　도망치다; se duco foras. 밖으로 나가다. 3. (길 따위
　가) 어디로 가다, 이르게 하다. via, quæ ducit ad
　urbem. 도시로 가는 길. 4. (칼.제비 따위를) **뽑다**,
　뽑아내다. duco ferrum vagínā. 칼을 칼집에서 뽑다/
　Sortes ducúntur. 제비를 뽑는다/ alqd(alqm) sorte
　duco. 무엇을(누구를) 제비로 뽑다/ sorte judex in
　rerum ductus. 제비에 뽑혀 죄인이 된 재판관.
　5. **들이마시다**, 빨아들이다, 흡입하다. spíritum duco.
　숨을 쉬다, 살다/ áërem(ánimam) spíritu duco. 공기를
　들이마시다/ aquam duco. 물을 마시다/ duco pócula.
　술잔들을 단숨에 들이켜다/ oblívia duco. 잊어버리다.
　6. (노를) 젓다 (배를) 저어가다. 7. (실을) 뽑다, 잣다;
　꼬다. 8. (입.얼굴 따위를) 삐쭉거리다, 오므리다.
　찡그리다, 찌푸리다, 씰룩거리다. 9. (法) **연행하다**,
　투옥하다, (형벌에) **처하다**. 10. 장가들다. 11. ((軍))
　(전장에서) **인솔하다**. (이동시켜) 전투에 배치하다.
　지휘하다, 통솔하다, 전투명령을 내리다. 12. **다스리다**,
　거느리다, 이끌어가다, 지도(지휘)하다, 감독하다.
　13. (빛깔 따위를) 띠다. 꼴을 갖추다.지니다, 취(取)
　하다. 14. 구축(構築)하다, 축조하다, (벽.담 따위를)
　쌓다, 파다; 만들다, 형성하다, 다듬어 조각하다, 빚다,
　(줄을) 긋다. 15. (시.노래를) 짓다. 16. (행사나 행렬
　에서, 특히 장례식 때 가족.친지가) 앞서가다. 앞장
　서다, 인도하다. pompam duco. 행렬을 선도하다/
　alci funus(exséquias) duco. 장례 행렬의 선두에 서
　가다. 17. (뺨을) 때리다: cólaphum duco. 뺨치다.
　18. duco alvum. 관장(灌腸)하다. 19. (어떤 상태에)
　이르게 하다, 생기게 하다, 일으키다, 초래하다, 가져
　오다. sopórem duco. 잠들게 하다/ error ad melióra
　ducéndus. 개선되어야할 오류. 20. (마음을) 끌다,
　이끌다, 꾀다, 유치하다, 선도하다, …게 하다.
　Me ad credéndum tua ducit orátio. 네 연설이 나로
　하여금 믿게 해 준다/ (흔히 pass.) duci (alqā re)
　이끌리다, (마음이) 움직이다, (마음에) 사로잡히다,
　매혹되다, 도취하다, 인도되다. 21. 속이다, 걸려들게
　하다, 끌어당기다. 22. (기원.유래.원인.시작 따위
　를 어디서) **끌어오다**, (어디에) 두다, 기원되게 하다,
　(어디에) 기인(起因)되게 하다, 이끌어 내다, 나오게
　하다, (이름 따위를) 따오다, 얻어오다, 파생시키다.
　duco oríginem ab alqo. 누구에게 기원을 두다/ duco
　belli inítium a fame. 기아 때문에 전쟁을 시작하다/
　duco nomen ex alqā re. 무엇에서 이름을 따오다.
　23. 지연시키다, 질질 끌어가다, 계속하다, 연장하다,
　늦추다. bellum duco. 전쟁을 계속하다/ tempus duco.
　시간을 끌다. 24. **살다**, **지내다**, 누리다. vitam duco.
　살다/ duco noctem 밤을 지내다. 25. 늘이다, 뻗게
　하다, (물 따위를) 끌어가다. 26. 계산하다, 따지다.

D

27. **여기다, 생각하다**, 간주하다, 인정하다, 판단하다,
평가하다. néminem duco hóminem. (남을) 아무도
사람으로 여기지 않다/ duco alqm in número hóstium.
아무를 적으로 생각하다/ alqd in bonis duco. 무엇을
좋은 것으로 여기다. alqd parvi duco. 작게 평가하다/
alqd pro níhilo duco. 무시하다. (라틴-한글사전, pp.277~278).
Ducunt volentem fata, nolentem trahunt.(Seneca).
운명은 자원하는 사람을 인솔해가지만
싫어하는 사람은 (억지로) 끌고 간다/
in matrimonium alqam dúcere. 아무를 아내로 맞아들이다.
ductábilitas, -átis, f. 잘 속는 성질(性質)
dúctilis, -e, adj. (금속 따위가) 잡아 늘릴 수 있는,
두들겨 펼 수 있는, 길게 끌 수 있는,
신장성(伸張性) 있는, 유연한, 지도하기 쉬운.
ductim, adv. 단숨에(unā salívā), 한숨에
dúctĭo, -ónis, f. 끌고 옴(감), 인도(引導), 연행(連行)
dúctĭto, -ávi -átum -áre, tr., freq.
끌고 다니며 팔다, 장가들고 싶어 하다, 속이다.
ducto, -ávi -átum -áre, tr., freq. 이리저리 끌고 다니다.
여기저기로 인도하다, 안내하다, (군대를) 지휘하다,
데리고 가다, (첩을) 데리고 살다, 속이다, 속여 넘기다.
ductáre alqm lábiis. 누구를 향해 입술을 비쭉거리다/
frustra dúctáre. 속여 넘기다.
ductor, -óris, m. 인도자(® Leader), 안내자(案內者),
지휘관(指揮官), 부대장(部隊長), 선장, 통솔자.
ductrix, -ícis, f. 여성 지도자, 인도자, 안내자
dúctŭlus, -i, m. ((醫)) (각종 분비액을 운반하는) 관(管)
ductum, "duco"의 목적분사(sup.=supínum)
ductus, -us, m. 1. 늘여 나감, 잡아 늘임, 뻗어 나가게 함.
(연속된 것의) 선(線), 줄, 열(列), **연속**, (칼 따위로
자른) 단면. 2. 윤곽, 외형. 3. **도관**(導管), 수송관.
4. (生理) 관(管). 5. 인도(引導), 안내(案內). 6. **지휘**,
통솔(統率). 7. (연극의) 연결성.
ductus aquarum. 수도(水道-水路)
ductus cochleáris. 와우관(蝸牛管)
ductus ejaculatórius. 사정관(射精管)
ductus oris. 입의 윤곽(輪郭)
Ducunt volentem fata, nolentem trahunt.
운명은 원하는 자를 이끌고 원하지 않는 자를 휩쓸어
간다/운명은 자원하는 사람은 모셔가지만, 싫어하는
사람을 끌고 간다(Seneca)/무릇 운명은 자원하는 자 데려
가고 싫다는 자 끌어가나이다(교부문헌 총서 15, 신국론, p.543).
dúdum, adv. 얼마 전에, 얼마 전부터, 오래 전에(전부터),
벌써부터, 조금 전에, 최근에.
Jam dudum.(iam 참조) 이미 오래 전부터/
quam dudum. 오랫동안, 얼마나 오랫동안, 얼마나 있다가?
dŭélla, -æ, f. úncia의 3분의 1
duéllans, -ántis, m. 격투자, 결투자
duellátor, -óris, m. (古)
= bellátor¹ -óris, m. 군인(στρατιώτης), 투사(鬪士).
Valete, indices justissmi, domi, duellíque duellatores
optumi. 안녕히 계십시오. 집안에서는 지극히 공정하신
심판 여러분! 그리고 싸움터에서는 지극히 훌륭한
투사 여러분!(성 염 지음, 사랑만이 진리를 깨닫게 한다, p.454).
duéllĭcus, -a, -um, adj. (古) = béllicus
duéllis, -is, m. 적(敵)
Dué(l)lĭus = Duí(l)lius
duéllum, -i, n. =bellum, 결투(決鬪)
(duellum은 bellum과 어원상 같은 단어로 원래 뜻은 "한 사람이 다른 한
사람을 상대로 하는 결투. 성 염 옮김, 단테 제정론, p.123).
duétĭa tricúspis, -æ, f. (植) 거북꼬리
duis, adv. ((古)) (=bis) 두 번
dúĭtas, -átis, f. 2의 수(數)
dulce, adv. 달콤하게, 부드럽게, 상냥하게, 기분 좋게, 곱게.
Quod spreto mundo, dulce est servíre Deo.
세속을 떠나 하느님을 섬기는 취미(준주성범 제3권 10장).
Dulce et decorum est pro patria mori.
조국을 위해 죽는 것은 기쁘고 자랑스러운 일이다.

Dulce fugias, fieri quod amarum potest.
달콤한 것을 피하라, 쓰라린 것이 될 수 있으니까.
Dulce pomum cum abest custos.
지키는 사람이 없을 때 과일은 (더) 달다.
dulcédo, -dínis, f. 단맛, 감미(甘味), 좋은 맛, 유쾌함,
즐거움(® Pleasure), 쾌적(快適), 안락(安樂), 상냥함,
부드러움, (목소리 따위의) 고움, 귀염성, 매력(魅力),
아름다움(κάλλος.® Beauty).
dulcedo et humilitas. 유순함과 겸허함
dulcedo pacis omnibus cara est.
감미로운 평화는 모든 사람이 소중히 여기는 바이다.
dulcésco, -cŭi, -ĕre, intr. 단맛을 띠다,
달콤해지다, 담수(淡水)가 되다, 부드러워지다.
dúlcĭa, -órum, n., pl. 과자(菓子), 사탕
dulciárĭus, -i, m. 과자 제조인
dulcícŭlus, -a, -um, adj. 단맛이 있는, 달짝지근한, 달콤한
dúlcĭfer, -fĕra, -fĕrum, adj. (dulcis+fero) 단맛을 지닌
dulcíflŭus, -a, -um, adj. 잔잔히 흐르는
dulcílŏquus, -a, -um, adj.
부드럽게 속삭이는, 다정스럽게 말하는.
dulcímŏdus, -a, -um, adj. 고운 소리 나는.
dulcínérvis, -e, adj. 유연한 힘줄의
dulcíŏla, -órum, n., pl. 사탕과자, 알사탕
dulcior, -or, -us, adj. dulcis, -e의 비교급.
Quid dulcius quam habere amicum quocum omnia loqui
potes?(Cicero). 모든 것을 말할 수 있는 친구를 갖는
것보다 더 즐거운 일은 무엇인가?.
dulcis, -e, adj. 단(甘-달은), 달콤한, 감미로운, 맛있는,
즐거운, 유쾌한, 쾌적한, 안락한, 기분 좋은, 흥미진진한,
(목소리 따위가) 고운, 듣기 좋은, 부드러운, 온화한,
상냥한, 싹싹한, 귀염성 있는, 붙임성 있는, 은근한, 다정한.
dulce cor. 감미로운 마음.
Dulce etiam fugite, quod fieri amarum potest(Publilius Syrus).
달콤한 것도 피하라, 써질 수(쓰게 될 수도) 있으니까!/
dulcia linquimus arva. 사랑하는 전답을 버리고.
(성 염 지음, 사랑만이 진리를 깨닫게 한다. p.392)/
dulcia solacia vitæ. 인생의 달콤한 위안/
Eius dulcis Præsentia. 그분의 감미로운 현존/
Esse cum Jesu dulcis paradisus est.
예수님과 같이 있는 것은 즐거운 낙원이다/
Est dulce esse et bibere. 먹고 마시는 것은 즐거운 일이다/
fortuna dulci ebrĭus. 달콤한 행운에 도취된/
In dulci Jubilo. 큰 기쁨 속에(Jubilum 원본 참조)/
Jesu dulcis. 감미로운 예수/
Jesu dulcis memoria. 예수님에 대한 감미로운 기억/
Quid dulcius dilectione ista, fratres? 형제 여러분, 이
사랑보다 더 달콤한 것이 무엇입니까?.
(최익철 신부 옮김, 요한 서간 강해, p.441)/
Tenete eam, amplectimini eam; dulcius illa nihil est.
그것을 지니시고, 그것을 꼭 껴안으십시오. 그것보다
달콤한 것은 아무것도 없습니다.
(최익철 신부 옮김, 요한 서간 강해, p.333)/
verba dulcia. 즐거운 말.
dulcis vita. 안락한 생활
dulcísŏnus, -a, -um, adj. 고운 소리의.
dulcissimus, -a, -um, adj. dulcis, -e의 최상급
dulciter, dulcius, dulcissime, adv. 감미롭게, 달콤하게,
달게, 향기롭게, 상냥하게, 친절하게, 귀엽게.
dulcĭtúdo, -dínis, f. 단맛, 감미(甘味)
dulco, -átum -áre, tr. 감미롭게 만들다.
dulcor, -óris, m. 감미로움, 향기로움, 방향(芳香-좋은 향기)
dulcóro, -ávi -átum -áre, tr.
달게 하다, 맛있게 하다, 감미롭게 하다.
dulía, -æ, f. (천사·성인에 대한) 숭경, 공경지례.
[그리스어 douleia를 라틴어화 한 말. 신학에서 일반 성인에 대한 공경 예식을
가리키며, 성모 마리아에 대한 드리는 공경을 상경지례(上敬地禮.hyperdulia)
라 하고, 하느님께 드리는 예배, 경배, 숭배를 흠숭지례(欽崇之禮), 즉 Latria라
하여 구별해서 쓴다. 백민관 신부 엮음, 백과사전 1, p.91].
dúlĭce, adv. 노예처럼, 비굴하게
dum¹ conj., subord. 1. …하고 있는 **동안에**(무슨 일이

384

있었다), 즈음에, Dum hæc geruntur, Cǽsari nunciátum est. 이런 일들이 다루어지고 있는 동안에 Cœsar에게 보고되었다. 2. …하는 동안, …하는 한, a) (속문의 시간적 계속과 주문의 시간적 계속이 같을 경우 indic. 의 같은 시칭을 쓰는 것이 일반적임; 태로는 속문에 impf., 주문에는 pf.) Dum vivimus speramus. 우리는 살아 있는 동안에는 희망을 가진다/ Dum tu áberas, nihil fácere volébat. 네가 없는 동안 그는 내내 아무 것도 하지 않으려고 했다/ Dum cívitas erit, judícia fient. 국가가 존속하는 한 재판들이 계속 있을 것이다. b) (목적.지향.희망.기대.가능.이유 따위의 뜻이 포함되었거나, cum narratívum의 뜻으로 쓰였을 때에는 subj.) 하(려)는 동안; (과거에) …할 때에: Dum disputem, tuam mihi dari velim eloquéntiam. 나는 토론하는 동안 너의 웅변을 빌리고 싶다/ Quievére, dum præféctus…inspíceret. 장관이 …시찰하고 있을 때 그들은 쉬었다. 3. (cum temporále처럼 사용되면서 indic.) 하면서, …할 때(주문 뒤에 올 때 "그러나"로 번역될 경우도 있음). 4. …할 때까지, 하기까지(목적. 지향.희망.기대.가능 따위의 뜻이 포함되었을 경우에는 subj. præs., impf., plqpf.) Ego oppérior, dum ista cognósco. 나는 이것들을 알게될 때까지 기다리는 중이다/ Exspécta, dum alqm convéniam. 내가 누구를 만날 때까지 기다려라/ Dum mihi a te lítteræ véniant, in Itáliâ manébo. 나는 너한테서 편지가 오기까지 이탈리아에 머물겠다. 5. (제한조건-때로는 동사를 생략하기도 함) …하기만 하면(한다면), …한 조건에서 만, …경우에만, Dum res máneant, … 내용이 남아 있기만 한다면…/(강조하기 위해서 modo 를 덧붙이기도 하며, 부정에는 ne를 동반함) Dúmmodo potestátem consequántur, 그들은 권력을 잡기만 하면 (…을 소홀히 하더라도)/ dum ne …, dúmmodo ne… 않기만 하면, 아니기만 하면.(라틴-한글사전. pp.278~279).

-dum² adv. 전접어(前接語; Partícula enclítica)
1. 否定의 단어에 붙거나 따르면서 "아직 …아니"의 뜻을 나타냄) non dum 아직 아니/ nihíldum, nihil dum. 아직 아무 것도 아닌. 2. (동사의 명령법, 약간의 부사, 감탄사에 붙거나 따르면서 일종의 "분발.자극" 따위의 뜻을 부여함) Abi dum. 자! 이제 떠나가거라. ágêdum. 자! (라틴-한글사전. pp.278~279)

Dum abs te absum. 내가 너의 집에 있지 않는 동안
Dum canonicarum legum,
수도자들의 참회성사(懺悔聖事)(1970.12.8. 교령).
Dum ego propter te errans patria careo, tu interea me in his deseruisti malis.(Terentius).
너 때문에 내가 고국을 떠나 방랑하는 동안
너는 나를 이 비참한 지경에 그냥 내버려두었단 말이다.
Dum ille rediit, putavimus te Capuæ esse. 그가 돌아올 때 까지는 우리는 네가 카푸아에 있는 줄로 생각하였다.
Dum inter homines sumus, colamus humanitatem(Seneca).
사람들과 더불어 살고 있는 동안이라도,
우리 인간성을 기릅시다(문예를 닦읍시다).
Dum licet, in rebus iucundis vive beatus ; vive memor, quam sis ævi brevis.(Horatius). 허용이 되는 동안이나마
유쾌한 일에 잠겨 행복하게 살라! 그대의 세월이 얼마나 짧은가를(그대가 얼마나 짧은 인생인가를) 기억하고서 살라!
Dum loquimur fugerit invida ætas.(Horatius). 우리가
인생을 논하는 사이에 샘 많은 세월은 흘러 가버렸으리라.
Dum odium timet, bene non regnat.
(정적들의) 증오를 두려워하는 한, 통치를 잘못하는 것이다.
Dum reddit thuribulum Diacono, dicit:
향로(香爐)를 부제(副祭)에게 돌려주는 동안 말한다.
dum se uxor comparat. 아내가 치장(治粧)하는 동안
Dum spiro, spero.(Cicero)
나는 살아 있는 한 希望을 갖는다(Sough Carolina주 표어)/
Semper nobis, dum vivimus, sperandum est.
살아 있는 동안은 언제나 우리는 희망을 가져야만 한다.
Dum tacent, clamant.

입을 다물고 있지만 (사실은) 고함을 지르고 있는 셈이다.
Dum tempus habes, congrega divítias immortales.
시간이 있을 때 불멸(不滅)하는 재물을 쌓아놓아라.
Dum toto terrarum, 성사 양식의 번역(飜譯)(1973.10.25. 회람).
Dum tu áberas, nihil fácere volébat.
네가 없는 동안, 그는 내내 아무 것도 하려고 하지 않았다.
Dum urbem obsidémus, rex mórtuus est.
우리가 도시를 포위하고 있는 동안에 왕이 죽어버렸다.
(속문의 사실이 계속되고 있는 동안에 주문의 사실이 일어났다는 것을 표시하기 위하여서는 접속사 dum과 함께-주문의 시칭을 상관하지 않고-직설법 현재를 쓴다.)
Dum Verbum auditur Dei, fides oritur vel corroboratur.
(⑳ From listening to the word of God, faith is born or strengthened) 하느님의 말씀을 듣는 것에서 신앙이 생겨나거나 강화됩니다(로마 10, 17 참조).
Dum viri pugnant, nautæ ad oppidum festinant.
사람(장병)들이 싸우는 동안, 사공들은 마을로 서둘러간다.
Dum vita est, spes est. 삶이 있으면, 희망이 있다.
Dum vívimus, sperámus.
우리는 살아있는 동안 희망을 가진다.
Dum vívimus vivamus. 목숨이 붙어 있는 한 살아가자.
dūmétum, -i, n. 가시덤불, 덤불(엉클어진 얕은 수풀),
총림(叢林-잡목이 우거진 숲).
dúmmŏdo(dum modo), conj., subord. 하기만 하면.
dummodo ne. 않기만 하면.
Dummodo risum excutiat, sibi non, noncuiquam parcet amico.(Horatius). 자기를 두고도 웃을 만한
사람이라면 어떤 친구도 잃지 않을 사람이다.
Dúmmodo sit dives, bábarus ipse placet.
그가 부유하기만 하다면 야만인이라도 마음에 든다.
dūmósus, -a, -um, adj. 덤불이 우거진, 가시덤불의
dumtáxat(=duntaxat) adv. …만, 다만, 오직(μòνον),
…에 한하여, 따름, 정확히 말해서, 엄밀히,
에누리 없이, 적어도, 최소한, 하다못해, …만이라도.
dumtaxat per biénnium. 2년 동안만
dūmus, -i, m. (植) 가시가 있는 관목, 가시나무,
덤불(엉클어진 얕은 수풀), 가시덤불.
dunbárĭa villósa, -æ, f. (植) 여우 팥
dŭo, -æ, -o, num., card. (δύο) 둘, 2,
gen. -órum(m., n.), -árum(f.); acc. -os(m.), -as(f.)
고대에는 m. n. gen. -uum; m.acc. -o도 있었음.
Abhinc duos annos. 2년 전(1913.10.23. 비오 10세 자의교서)/
Antonio epistolas duas scripsi.
나는 안토니우스에게 편지 두 통을 썼다/
cum duóbus mílibus équitum. 이 천 명의 기병과 함께/
Duas tantum res anxius optat, panem et circenses.
로마 국민은 오로지 두 가지만 걱정하고 바란다,
빵과 서커스(Juvenalis)/
et erunt duo in carne una. 둘이 한 몸을 이룬다/
ex duobus fillius(=duorum filiorum) major natu.
두 아들 중에 큰 놈/
exceptis vobis duobus. 너희 둘을 빼놓고는/
Fecerunt itaque civitates duas amores duo.
두 사랑이 있어 두 도성(都城)을 이룬다/
In duobus certis amicis unus animus.
확고한 두 친구에게 마음은 하나/
In illa urbe duos annos habitabamus.
우리는 그 마을에 이태를 살고 있었다/
melius est duos esse simul quam unum. 하나보다
둘이 동시에 있는 것이 더 낫다(불가타. 코헬렛 4. 9)/
melius est simul esse duos quam unum.
혼자보다는 둘이 낫다.(코헬렛 4. 9)/
Post duos annos. 이태가 지난 다음/
duobus post annis. 이태 후/
quid est homo? tamquam anima corpus sicut anima habens corpus, non facit duas personas, sed unum hominem. '인간이란 무엇인가' 영혼과 육체다.
육체를 가진 영혼이지만 (육체와 영혼이) 두 인격을 만드는 것이 아니라 한 인간을 만들 따름이다.

Res naturalis inter duos intellectus constituta. 사물들이 두 지성들 사이(신과 인간사이)에 놓여 있다(토마스 데 아퀴노)/
Spiritus unus est, etsi codices duo, etsi ora duo, etsi linguæ duæ. 서로 다른 두 책에서, 서로 다른 두 입으로, 서로 다른 두 혀로 쓰여지만 성령은 한 분이십니다/
Sunt duo menses jam.(jam 참조) 어느새 두 달이 된다/
Ubi enim sunt duo vel tres congregati in nomine meo, ibi sum in medio eórum. (ou- ga,r eivsin du,o h' trei/j sunhgme,noi eivj to. evmon o;noma(evkei/ eivmi evn me,swl auvtw/n) (獨 Denn wo zwei oder drei versammelt sind in meinem Namen, da bin ich mitten unter ihnen)
(㊣ For where two or three are gathered together in my name, there am I in the midst of them)
두 사람이나 세 사람이라도 내 이름으로 모인
곳에는 나도 함께 있기 때문이다(성경 마태 18, 20)/
단 두세 사람이라도 내 이름으로 모인 곳에는
나도 함께 있기 때문이다(공동번역 마태 18, 20)/
사실 둘이나 셋이 내 이름으로 모여 있는 거기
그들 가운데 나도 있습니다(200주년 신약 마태 18, 20)/
Una anima in duobus corporibus. 두 몸 안에 있는 한 영혼.

duo, duæ, duo 둘(2)			
	m.	f.	n.
Nom.	duo	duæ	duo
Gen.	duórum	duárum	duórum
Dat.	duóbus	duábus	duóbus
Acc.	duos	duas	duo
Abl.	duóbus	duábus	duóbus

(한동일 지음, 카르페 라틴어 1권, p.94)
Duo autem supra reliquerat indeterminata circa intellectum. 그는 이전에 지성에 대해 두 가지 점을 해결하지 않은 채 남겨 두었다.(이재경 역주, 지성단일성, p.83).
Duo filii ptopter cubantes. 나란히 누워 있는 두 아들
Duo hostium duces cum denis equitibus ad colloquium venerunt. 적군의 장군 두 명이 제각기 10명씩의 기병들을 거느리고 회담장에 왔다.
duo lumina magna. 위대한 두 광채(光彩)
Duo milia annorum continuatur Ecclesia.
교회는 2000년 동안 지속되어 왔습니다.
duo mília equitum. 이천 명의 기병, 기병 이천 명
duo populi in unum confusi. 하나로 통합된 두 민족
duo principia. 두 개의 원리
duo púncta. 포갤 점(:)
duo semis pedes. 두자 반
Duo sunt sacramenta valde inter se vincta, Eucharistia scilicet et Pænitentia.
성체성사와 고해성사는 매우 긴밀하게 연관되어 있습니다.
duo ultima. 이중적인 궁극
Duóbus annis ante meum discéssum.
(=Altero anno ante meum discéssum.
=Biénnio ante meum discéssum) 내가 떠나기 2년 전에.
Duobus annis, postquam discesseram.
(=Post duos annos, quam discesseram)
내가 떠난 지 2년 만에.
duóbus ante mensibus. 두 달 전에
duóbus hujus urbis terróribus depúlsis.(terror 참조)
이 도시를 무섭게 하는 두 원인을 제거하여.
dŭódĕcas, -ādis, f. 12의 수(數).
다스(타打-물품 열두 개를 한 묶음으로 하여 세는 단위).
dŭódĕcénnis, -e, adj. (duódecim+annus) 12세의, 열두 살 된
dŭódĕcénnĭum, -i, n. 12년 간
dŭódécĭe(n)s, adv. 열두 번, 12배.
Tiberis duodecies capum Martium inundavit.
Tíberis 강은 마르스 광장을 열두 번 범람하였다.
dŭódĕcim, num., card., indecl. (duo+decem) 열 둘, 12.
De duodecim abusivus sæculi. 세속의 12가지 남용.
De duodecim gemmis. 열두 보석(살라미스의 에피파니우스 지음:
아론의 사제복을 장식하는 열두 개의 돌에 대한 설명으로 성경 주석에 속함).
explicátĭo duodecim capitum. 12개 조항에 대한 해설
(치릴루스는 감옥에서 이 책을 써서 자기 입장의 정통성과 자기 처신의

올바름에 대해 황제를 설득하였다. 그 후 석방이 되자 수많은 담화와 서한들을 통해 자신의 사상을 밝히고 옹호하다가 444년 선종 하였다.).
duodecim apostoli(δώδεκα ἀπόστολοι)
열두 사도(㊣ twelve apostles)
Christi docentis imago inhæserat in mentibus duodecim Apostolorum ac priorum discipulorum(㊣ The image of Christ the Teacher was stamped on the spirit of the Twelve and of the first disciples) 스승 그리스도의
모습은 열두 사도들과 첫 제자들의 얼에 깊이 새겨져 있었습니다(교황 요한 바오로 2세의 1979.10.16. "Catechesi tradendæ" 중에서).
Duodecim Fructus Spiritus Sancti.
(㊣ The Twelve Fruits of the Holy Spirit)
Caritas(Charity), Gaudium(Joy), Pax(Peace), Patientia(Patience), Benignitas(Benignity), Bonitas(Goodness), Longanimitas(Long-Suffering), Mansuetudo(Mildness), Fides(Faith), Modestia(Modesty), Continentia(Continency), Castitas(Chastity).
duodecim scripturæ. 열두 줄 장기를 두다
duodecim tábulæ. 12동판법(12동표. 451~450. A.C.에 Roma의 10대 판에 의해 일상생활에 가장 중요한 기본법 조항들이 수록된 12매의 청동판).
duodecim tribus. 열두 지파(支派.㊣ twelve tribes)
Duodecim tribus Israël. 이스라엘 12지파
Duodecimum sæculum,
제2차 니케아 공의회 1,200주년에(1987.12.4. 교서).
dŭŏdécĭmus, -a, -um, num., ordin. 열두 (번)째의, 제12.
f. 12분의 1.
Apud vetustissimos Romanos December non duodecimus, sed decimus erat anni mensis.
상고시대의 로마인들에게는 12월이 열두 번째 달이 아니었고 한 해의 열 번째 달이었다/
Mensis est duodecima pars anni.
한 달은 한 해의 12분의 1이다.
dŭŏdēnárĭus, -a, -um, adj. 열둘을 포함하는, 12의
dŭŏdéni, -æ, -a, num., distr. 열 둘 씩의.
(pl., tt. 명사의 기본수 대용) 열둘, 12.
De Jesu Puero duodenni. 12세 소년 예수.
dŭŏdénītis, -tĭdis, f. (醫) 십이지장염(十二指腸炎)
dŭŏdēnōnāgínta, nun., card., indecl. 여든 여덟, 88
dŭŏdénum, -i, n. 십이지장
dŭŏdeoctōgínta, nun., card., indecl. 일흔 여덟, 78
dŭŏdĕquadrāgéni, -æ, -a, num., distr. 서른여덟씩(의)
dŭŏdĕquadrāgésĭmus, -a, -um, num., ordin.
서른여덟(번)째의, 제38.
dŭŏdĕquadrāgínta, nun., card., indecl. 서른여덟, 38
Duodequadraginta annos Dionysius tyrannus fuit Syracusæ. 38년 동안이나 디오니시우스는
시라쿠사의 폭군 노릇을 하였다.
dŭŏdĕquinquāgésĭmus, -a, -um, num., ordin.
마흔 여덟(번)째의, 제48.
dŭŏdĕquinquāgínta, nun., card., indecl. 마흔 여덟, 48
dŭŏdĕsexāgínta, nun., card., indecl. 쉰여덟, 58
dŭŏdĕtrīcésĭmus, -a, -um, num., ordin.
스물여덟(번)째의, 제28.
dŭŏdĕtrícĭes, adv. num. 스물여덟 번
dŭŏdĕtrigínta, nun., card., indecl. 스물여덟, 28
dŭŏdĕvīcéni, -æ, -a, num., distr. 열여덟씩(의)
dŭŏdĕvicésĭmus, -a, -um, num., ordin. 열여덟(번)째의, 제18.
dŭŏdĕvīgínti, num., card., indecl. 십 팔(18)
dŭŏetvīcésĭmáni, -órum, m., pl. 제22군단 병사들
dŭŏetvīcésĭmus, -a, -um, num., ordin.
스물 두 (번)째의, 제22.
Duos qui sequitur lepores, neutrum capit.
산토끼 두 마리를 쫓는 사람은 한 마리도 못 잡는다.
dúóvir, -ri, m. = duúmvir
duplÁris, -e, adj. 2배의
duplex, -plícis, adj. (duo + plico) (㊣ Double.
獨 Verdoppelung) 이중의, 두 겹의, 2배의,
둘로 접는(접은), 둘로 나누인, 두 다의, 兩의,
교활한, 솔직하지 못한, 사기적인, 두 가지 뜻을 가진.

(símplex, -lĭcis 한 겹의 단순한/ duplex, -lĭcis 두 겹의, 이중의/
triplex, -lĭcis 세 겹의, 삼중의/ quádruplex, -lĭcis 네 겹의, 사중의/
décemplex, -lĭcis 열 겹의, 십 배의/ múltiplex, -lĭcis 여러 겹의, 여러 종류
의. 이상의 것은 모든 수에 걸쳐 같은 형식으로 만들어지는 것이 아니고
대략 열거한 것이 제일 많이 쓰이는 배수 형용사이다).

dúplices óculi. 두 눈/
ferraménta dupícia, quam númerus servórum éxigit.
노예들의 명수에 비해 2배나 되는 농기구(quam² 참조)/
Monasterium duplex. (남녀) 병립(竝立) 수도원.
(같은 수도원으로서 남녀 두 수도원이 같은 원장 밑에 한 구역 내에 따로
세워져 같은 규칙 아래 생활한다. 이 제도는 나profile 동방교회에서
시작하여 유럽으로 퍼졌다. 7세기 성 Hilda 원장 밑의 Whitby 수도원이 유명
하다. 9～10세기에 이 제도가 없어졌다. 백민관 신부 엮음, 백과사전 1, 손898)/
Sed duplex est accidens, scilicet necessarium quod non
separata a re, ut risibile ab homine; et non necessarium
quod separatur, ut album ab homine.
그러나 우유에는 두 가지가 있다. 즉 인간에게 '웃을 수
있다'는 것처럼 사물로부터 분리되지 않는 필연적 우유들
과, 인간에게 '희다'는 것처럼 사물로부터 분리되는
비-필연적 우유들이 있다(스콜라 철학에서의 개체화, p.762 참조)/
Veritas duplex. 이중 진리.
duplex I. classis. 제1급의 대축일(1급 복송 축일)
duplex II. classis. 제2급의 대축일(2급 복송 축일)
duplex accusativus. 이중 대격(對格)
duplex actus. 이중적 활동
duplex directivum. 이중 지도(二重 指導)
duplex felicitas. 이중 행복(二重 幸福)
duplex finis. 이중 목적(二重 目的)
duplex maius. 대축일(상급 복송 축일)
duplex minus. 하급 복송 축일(下級 復誦 祝日)
(복송 축일이란 옛 전례의 미사와 성무일도에서 중요한 축일을 구분하는
말인데 이 날 교송(Antiphona)을 두 번 반복하도록 예절 지시가 있어서
붙여진 이름이다. 백민관 신부 엮음. 백과사전 1, p.912).
duplex modus veritátis. 진리의 이중적 방식
duplex natura. 이중 본성(二重本性)
duplex natura in nostris animis sita.
우리 영혼에 이중의 본성이 자리 잡고 있다.
duplĭcárĭus, -i, m. 2배의 급료를 받는 병사
duplĭcátĭo, -ónis, f. 배가(倍加), 2배, 2중, 중복,
이중 지향. (法) 재항변(再抗辯). = **binátĭo**
duplĭcátĭo Missæ.(⑩ Repeat of the Mass.
獨 Meßhäufigkeit) 미사의 반복(反復).
duplĭcatívus, -a, -um, adj. 2중의; 중복된;
adv. **duplĭcátíve ut sic.**
중복적 한정으로(…하는 한에 있어서는).
duplĭcárĭus, -i, m. = **duplĭcárĭus**
duplicato poplite. 무릎을 구부리고
duplices oculi. 두 눈(duplex 참조)
duplícĭtas, -átis, f. 두 배(2배), 2중, 중복, 두 가지 뜻,
표리부동(表裏不同-마음이 음흉맞아서 겉과 속이 다름).
duplícĭter, adv. 2배로, 2중으로, 두 가지로
dúplĭco, -ávi -átum -áre, tr.
갑절하다, 2배로 하다, 두 겹으로 하다, 중복하다,
늘리다, 크게 하다, 구부리다, 굽히다, 꺾다.
Duplicatur bonitas, simul accessit celeritas.(Publilius Syrus)
신속함이 첨가되자마자 선은 배가(倍加) 된다.
dúplĭo, -ónis, f. 갑절, 2배, 두 배
duplo, -átum -áre, tr. 갑절하다
duplum, -i, n. 갑절, 두 배, 2배, 2중, duplo. 2배로,
[(음악사) 두물롬. 제2성부(중세 전례 음악에서 motet라는 성악곡의 전신이다.
음악의 본 선율을 유지하는 것을 정선율(定旋律)이라 하고 이것을 tenor
라고 한다. tenor는 선율을 일정하게 유지한다는 뜻으로 라틴어 'tenere(유지하다)'
에서 나온 말이다. 이 테너 성부에 부과된 제2성부를 'duplum'이라고 한다. 이
duplum에 가사(프랑스어 mots, 즉 말)를 붙여서 노래를 붙이면 duplum 성부는
차차 'motet(가사 붙은 음악)'라는 말로 불리게 되었다.
백민관 신부 엮음. 백과사전 1, p.912]).
duplus, -a, -um, adj. 갑절의, 두 배의, f. 2배의 가격
dupóndĭus, -i, m. (=dispóndĭus) 2as 짜리 돈
dūra, -æ, adj., f. (解) 경(硬)
dura mater. (解) 경막
dura mater encephali. (解) 경뇌막
dura mater spinális. (解) 경척수막
dūrábĭlis, -e, adj. 굳어질 수 있는, 영속성 있는,

계속되는, 지속적인, 오래가는; 내구력 있는.
dūrábĭlĭtas, -átis, f. 영속성(永續性), 지속성(持續性),
내구성(耐久性-물질이 변질되거나 변형되지 않고 오래 견디는 성질).
dūrácĭnus, -a, -um, adj. 껍질이 두꺼운(포도 따위)
dūrámen, -mĭnis, n. 굳음, 단단함, 견고, 전년생 포도가지
dūrámen aquárum. 얼음
dūráméntum, -i, n.
전년생(前年生)의 딱딱한 포도가지, 굳음, 단단함, 견고.
Durant colles. 언덕들이 연속된다.
durante processu. 후발적(後發的) 발생원인
durante vita. 일생동안, 평생(平生)
durate, 원형 **dūro,** -ávi -átum -áre, tr.
[명령법. 현재 단수 2인칭 dura, 복수 2인칭 durate].
Durate et vosmet rebus servate secundis. 마음을 굳게
먹어라! 순경을 내다보면서 그대들 마음을 잘 간직하라!
dūrátĕus, -a, -um, adj. = **dūréus = dūrĭus**
나무의, 나무로 만든(Troja의 목마에 대해서만 씀).
durátĭo, -ónis, f. 지속(持續-끊임없이 이어짐), 냉혹(冷酷),
계속(繼續), 영속(永續-오래 계속함).
durátĭo essendi. 존재의 지속(存在 持續)
Durávi interrogáre. 나는 계속 물었다.
dūre, adv. 거칠게, 딱딱하게, 투박하게, 조야하게,
우둔하게, 엄격하게, 심하게, 모질게, 가혹하게, 냉혹하게.
dūrésco, -rŭi -ĕre, intr. 딱딱해지다, 굳어지다, 얼다.
dūréta, -æ, f. (욕실의) 나무 걸상
dūréus, -a, -um, adj. = **dūrátĕus = dūrĭus**
durior, -or, -us, adj. dūrus, -a, -um의 비교급
durissimus, -a, -um, adj. dūrus, -a, -um의 최상급
dūrĭtas, -átis, f. 굳음, 딱딱함, 견고(堅固), 냉정(冷情),
무정(無情-인정이나 동정심이 없음), 냉혹(冷酷),
냉엄(冷嚴-냉정하고 엄격함), 고됨, 모진 생활.
(醫) 경화(硬化-단단하게 굳어짐), 무감각(ὀπάθεια).
dúrĭter, adv. 엄하게, 가혹하게, 냉혹하게, 모질게.
dūrítĭa, -æ, f.(dūrítĭes, -éi, f.) 굳음, 딱딱함, 견고함,
(술의) 떫은 맛, 모진 생활, 모질음, 고됨, 중압,
무정(無情-인정이나 동정심이 없음), 냉정(冷情),
냉혹(冷酷-인간다운 정이 없고 혹독함), 냉엄(冷嚴-냉정하고 엄격함),
(醫) 경화(硬化-단단하게 굳어짐), 경직(硬直-굳어서 꼿꼿해짐).
duritiam cordis.(⑩ hardness of heart) 마음의 굳어짐.
dúrĭus, -a, -um, adj. = **dūréus = dūrátĕus**
dūro, -ávi -átum -áre, tr. 딱딱(단단)해지게 하다,
굳어지게 하다, 견고해지게 하다, 경화(硬化)시키다,
(피륙 따위를) 이기다, **단련시키다,** 용기를 내게 하다,
(고된 일 고생에) **익숙해지게**(배겨나게.모질어지게)**하다,**
악습에 익숙 되게 하다, 완고하게 하다,
무감각(무자비)냉혹해지게 하다, 고집이 되게 하다,
참다, 견디다, 배겨내다.
quemvis duro labórem. 어떤 일이든지 배겨내다.
intr. **굳어지다,** 단단해지다, 참고 지내다, 견디다,
배겨내다, 아무렇지도 않게 되다, 끈기가 있다, 버티다,
(시간적으로) **오래가다, 지속되다,** 계속되다, 남아있다,
연속되다, **존속하다,** 생존하다, 살다, **계속…하다,**
(공간적으로) 계속 뻗어 나가다, 연속(連續)되다,
무감각(無感覺)해지다, 냉정(냉혹.가혹)해지다.
Durant colles. 언덕들이 연속 된다/
dúránte vita. 일생동안, 평생(平生)/
Durávi interrogáre. 나는 계속 물었다.
dūrui, "dureo"의 단순과거(pf.=perfectum),
"duresco"의 단순과거(pf.=perfectum).
dūrus, -a, -um, adj. **굳은,** 단단한, 딱딱한, 껄껄한,
뻣뻣한, 맛없는, (음식 따위가) 조악한.험한,
(술의) 신, 떫은, 너무 짠, (소리.문체 따위가) **딱딱한,**
귀(눈)에 거슬리는, 부드러운 맛이 없는, 둔감한,
우둔한, 머리 나쁜, **조야한,** 세련되지 못한, 조잡한,
거친, 투박한, 퉁명스러운, 무뚝뚝한, 뻔뻔스러운,
넉살 좋은, 무례한, **냉혹한,** 비정의, 무감각한, 모진,
지독한, 엄한, 완고한, 잔인한, 가혹한, **고된, 힘든,**
견디기 어려운, 괴로운(arduus, -a, -um, adj.), 귀찮은,

용감한, 잘 견디어내는, 배겨내는.
dura memoria. 둔한 기억력(記憶力)/
Dura lex semper lex.(=Dura lex, sed lex.)
악법도 법이다(무정한 법도 언제나 법이다)/
Hanc ego viam si asperam atque duram negem, mentiar.
이 길이 거칠고 험하다는 것을 내가 부정한다면,
나는 거짓말을 하는 셈이리라/
Hieme in agro laboráre valde durum est.
겨울에 밭에서 일하는 것은 대단히 힘든 일이다/
Hoc erit cuipiam durum.
이것은 누구한테도 (감당하기에) 모진 일이다/
os durum. 뻔뻔스러운(말 하는) 입/
Quæ fuit durum pati, meminisse dulce est.(Seneca).
견뎌내기 힘겨웠던 일이 회상하기에는 감미롭다/
Respiciat unusquisque cor suum: non teneat odium contra fratrem pro aliquo verbo duro.
각자 제 마음을 살펴 조심할 일입니다. 좀 모진 말을 들었다고 해서 형제에게 원한을 품지 마십시오.
(최익철 신부 옮김, 요한 서간 강해, p.91)/
ververa dura. 무거운 채찍.
dūrus ad *alqd*. 무엇에 아무런 흥미도 느끼지 못하는
dŭúmvir = dúŏvir, -ri, m. (duo+vir) 이두 정치자의 한사람, 2인 연대직(連帶職) 장관의 한 사람.
dŭúmvĭra, -æ, f. 이두(二頭) 정치자 부인
dŭumvĭrālícĭus, -a, -um, adj. 이두(二頭) 정치자의, 2인 연대직(連帶職) 장관의,
dŭumvĭrālícĭus vir. 전직(前職) 이두(二頭) 정치자
dŭumvĭrális, -e, adj. 이두(二頭) 정치자의, 2인 연대직(連帶職)의. m. 전직(前職) 이두(二頭) 정치자.
dŭumvĭrátus, -a, -um, adj. (고대 로마의) 이두(二頭) 정치, 양두제(兩頭制), 2인 연대직(連帶職).
dŭúmvĭri, -órum(-ŭm), m., pl. 이두 정치자, 2인 연대직 장관.
dŭúmvĭri ædi(sacræ) **faciéndæ**(locándæ)
신전 건설 담당의 2인 연대직 장관.
dŭúmvĭri aquæ perducéndæ. 수도 건설 2인 연대직 장관
dŭúmvĭri naváles. 함대 정비.보수 감독의 2인 연대직 장관
dŭúmvĭri perduelliónis (근친살해.매국행위.내란선동. 장관에 대한 폭행 등을 다스리는) 2인 연대직 사법장관.
dŭúmvĭri (præfécti) juri dicúndo(juris dicúndi)
지방 자치단체나 식민지의 최고 장관.
dŭúmvĭri sacrórum. (Sibýlla의 예언.신탁서를 보관. 해석하며 종교예식 지휘를 담당하는) 2인 연대직 종교장관(후에 인원수 10명을 거쳐 15명에 이르렀음).
dux, dŭcis, m., f. 길잡이, 인도자([영] Leader), 안내자, 지휘자(指揮者), 통솔자, 지도자, 영도자, 사령관, 장군, 부대장(部隊長), 지배자, 군주(君主), Roma 황제(皇帝), 두목(頭目), 영수(領首-우두머리), 선도자(先導者).
An unquam tális dux fuit? 일찍이 이런 將軍이 있었느냐?/
Cum dux exercitum lustraret, hostes aggressi sunt.
장군이 군대를 사열하고 잇을 때 적군들이 공격해 왔다/
extra ducem. 장군을 제외하고는/
Ipse dux cum aliquot principibus capti sunt(caput est)
장군 자신이 몇 명의 제후들과 함께 포로가 되었다/
Ipsíus ducis hoc reférre vidétur, ut …. …하다는
이것은 장군 자신에게 관계되는 것으로 생각 된다/
Militibus cunctantibus, dux jussit eos revocari. 병사들이 망설이고 있는데 사령관이 그들을 퇴각시키라고 명령하였다/
Non draco sit mihi dux.(NDSM., 베네딕도 패 뒷면)
악마가 나의 인도자 되지 않게 하소서/
Studiorum ducem. 연학의 으뜸/
Venietis ad agrum ne videatis ducem.
너희는 장군을 보지 않으려고 들판으로 올 것이다/
Vitæ sequere naturam ducem(Seneca).
자연을 인생의 안내자로 따르라.
Dux certus factus est de adventu hostium.
장군은 적들의 도착에 관해서 확인하였다(Facio 동사 수동태 완료형).
Dux crédidit arma míliti. 장군은 군인에게 무기를 맡겼다
Dux cujus filius est piger. 그의 아들이 게으른 장군
Dux dimidiam partem prædæ militibus distribuit.
장군은 전리품의 절반을 병사들에게 나누어 주었다.
Dux duas legiones eduxit et in barbarorum fines progressus est.[탈형동사 문장] 장군은 두 군단을 인솔하여 야만인들의 지경으로 진군했다.
Dux exercituum pueris persuasit ut aquam ad præsidium portarent. 그 군대의 장군은 그 소년들을 타일러 경비대에 물을 가져다주게 하였다.
Dux imposuit milites in naves.
장군은 군인들을 승선(乘船) 시켰다.
Dux in urbem secrete ducet milites.
장군이 병사들을 도회지로 몰래 데리고 갈 것이다.
Dux mílites hortátus est. 장군은 군인들을 격려 하였다.
Dux milites hortatur ut meminerint se pro patria pugnare. 장군은 병사들에게 조국을 위해서 싸우는 것임을 기억하라고 훈계한다.
Dux mílites in hiberna ducebat, ipse in Italiam veniebat. 장군은 병사들을 겨울병영으로 인솔해 들어갔다. 그리고 자기는 이탈리아로 돌아왔다.
Dux neutrorum sive dubiorum.(이성과 신앙의 조화를 역설함)
주저하는 자들을 위한 안내서(1190년 마이모니데스 지음).
Dux noster tantas res agit ut hostes civitatis non timeamus. 우리 장군은 하도 대단한 업적을 이루어서, 우리가 나라의 적을 두려워하지 않아도 될 정도다.
Dux nuntios in urbem mittebat.
장수가 전령들을 도회지로 보냈다.
Dux præsidio castrorum decem cohortes reliquit.
장군은 요새의 방어에 10개 대대를 남겨 두었다.
Dux propius hostibus exercitum duxit.
장군은 군대를 적군에 보다 가까이 인솔해갔다.
Dux ripæ. 강변의 장수
Dux suum cuique militi locum attribuit.
부대장이 각 사병에게 자기 위치를(suum locum) 배당하였다.
Dux unumquemque nominans hortatur ut meminerit se pro patria, pro liberis certare. 장군은 한 사람 한 사람을 거명하면서, 자신들이 조국을 위하여, 자식들을 위하여 싸우고 있음을 기억하라고 격려한다.
[Dux milites hortatur ut meminerint se pro patria pugnare. 장군은 병사들에게 조국을 위해서 싸우는 것임을 기억하라고 훈계한다. 성 염 지음, 古典 라틴어, p.355].
Dux urbem capere non poterit.
장수는 도읍(都邑)을 점령하지 못하라.
Dux vitæ. 생명의 영도자(사도 3, 15).
duxi, "duco"의 단순과거(pf.=perfectum)
D.V. 1. Dei verbum(하느님의 말씀)의 약자(略字).
2. Deo volente(하느님의 뜻대로)의 약자(略字).
dyas, -ădis, f. 쌍(둘), 둘이 있음
dynámĭca(-e) -æ(-es), f. 역학(力學), 동력학(動力學)
dynámĭce, adv. 역학적으로, 동력적(動力的)으로
dynámĭcus, -a, -um, adj.
역학의, 동력학(상)의, 동적인, 동력의, 역동적.
dýnămis, -is, f. 힘(δνὺαμις.[영] Power), 세력, 역량, 가능성(可能性), 잠재력(潛在力), 동력(動力).
dynămísmus, -i, m. 동력설(動力說), 역본설, 물력론
dynamismus virtutum. 덕의 역동성(逆動性)
dynămométron, -i, n. 검력기(檢力器), 동력계(動力計)
dynástes, -æ, m. 왕자, 지배자, 주권자, 소국의 군주
dynástĭa, -æ, f. 왕가(王家, regia familia), **왕조**(王朝), 왕가의 역대, 왕 시대, 왕당(王黨).
Dynastia Carolina. 카롤링 왕조.
dynástĭcus, -a, -um, adj. 왕조의, 왕가의; 왕시대의, 왕당의
dyónymus, -a, -um, adj. 두 이름을 가진
dyōphysites(그리스어) (duo 둘 + Physis 본성)
그리스도 양성설[Diphyitai라고도 함. Monophysites(단성설)의 반대말로서 단성론자들이 가톨릭을 가리켜 붙인 용어이다. 사실은 니케아 공의회 결의는 그리스도 안에 하느님의 실체(신성)와 인간의 실체(인성)가 동일한 실체라는 Consubstantiality의 표현을 썼다. 백민관 신부 엮음, 백과사전 1, p.915].
dyōphysitísmus, -i, m. (神) 그리스도 복성설(複性說)
dyóta, -æ, f. = **dióta** (양쪽 손잡이가 달린) 술항아리
Dyotheletes(그리스어) (duo 둘+thelema 의지). 양의론.

[양의론이란 Monothelitism(그리스도 단의론)의 반대론자를 가리켜 하는 용어.
그리스도 안에 하느님의 의지와 인간의 의지가 따로 있다는 설).
백민관 신부 엮음. 백과사전 1. p.915).

dyōtheletísmus, -i, m. (神) 그리스도 복의설(復意說)

dyschromatópsĭa, -æ, f. 색맹(色盲),
tritanopia, -æ, f. (醫) 자색 색맹(紫色 色盲).

dýscŏlus = díscŏlus, -a, -um, (성미가) 까다로운, 고약한.

dyscrásĭa, -æ, f. 병약 체질. (醫) 악액질(惡液質)

dysentérĭa, -æ, f. (醫) 이질(痢疾), 적리(赤痢)

dysentérĭcus, -a, -um, adj. 이질의, 적리의. m. 이질 환자

dysesthésĭa, -æ, f. (醫) 감각 지둔(遲鈍)

dyspépsĭa, -æ, f. (醫) 소화불량(증)

dysphágĭa, -æ, f. (醫) 연하곤란, 삼키지 못하는 병.

dysphásĭa, -æ, f. (醫) 부전실어(대뇌의 기능장애에서 오는)

dysphémĭa, -æ, f. (醫) 말더듬기, 흘음(吃音)

dysphórĭa, -æ, f. (醫) 심신위화(心身違和),
불만족감(不滿足感), 불안(獨 die Angst).

dysphrénĭa, -æ, f. (醫) 정신병(精神病), 정신이상

dyspnœa, -æ, f. (醫) 호흡 곤란(呼吸 困難)

dyspnóĭcus, -a, -um, adj. 호흡 곤란에 고생하는

dysteleología, -æ, f. (哲) 불용기관론(不用器官論)

Dysteleology. (그리스어) 맹목론(盲目論)
[목적론(teleology)의 반대말로서, E. Häckel이 자연은 목적 없는 맹목적이라고
주장한 설說. 백민관 신부 엮음. 백과사전 1. p.915).

dystróphĭa, -æ, f. 발육 이상(異狀), 영양실조(營養失調)

dysúrĭa, -æ, f. (醫) 배뇨 곤란(배뇨통)

dysuríăcus, -a, -um, adj. 배뇨 곤란증에 걸린

Dytheismus. (독일어) 양신론[유일신唯一神(Monotheism)의 반대말).

E E E

E, e¹, f., n., indecl. 라틴 자모의 5번째 글자, 에(e)

E, e², (略) 1. egrégius, eméritus; equus, eques, equéstris.
2. (論) E = nego (전칭 부정의) 기호.
3. e.g. = exémpli grátiā. 예컨대.

e³, prœp.c.abl. = ex (e는 자음으로 시작되는 단어 앞에 씀)

e contra. 반대로

e contrário. 그와 반대로, 그러기는커녕

E contrario, verba Concilii Vaticani II maiorem quam
alias conservant sensum(⑨ On the contrary, the Second
Vatican Council's words are particularly significant)
반면에 제2차 바티칸 공의회의 다음과 같은 말씀은 특히
의미심장하다(1988.12.30. "Christifideles laici" 중에서).

E Doctrina Duodecim Apostolorum.
12사도의 가르침으로부터.

e flamma peto cibum. 화염에서 음식을 구해오다

e grávi morbo recreati. 중병에서 회복한 사람들

e medio excedere(abire). 일찍 죽다(obire mortem)

e memóriā ex cédere. 기억(記憶)에서 사라지다

e muro se agjicio in mare.
성(城) 위에서 바다로 몸을 던지다.

E nigro color est mutátus in album.
검은 빛깔이 흰 빛깔로 변했다.

E pluribus unum. 다수에서 하나로, 일치단결(미국의 표어)

e re natā. 형편상

e regione. 직선으로, 곧게, 맞대로, 맞은편에(서),
정면에서(의), 정반대 쪽에서.

e regione nobis. 우리와 정반대 쪽에

e regione oppidi. 도시 맞은편에

e rivo flumen facere. 침소봉대 하다

e suo nómine. 자기 이름을 따라

e terrā corpus relevo. 땅에서 몸을 일으키다

e vestigio. 곧(εὐθέως,εἰθὺς, ex tempore)

e vestigio. 그 자리에서, 즉석에서(velociter, adv.)

eā, adv. (sc. viā) 그 곳을 거쳐서, 그 길로, 그리로 해서

Ea amicitiā non sátis habet firmitátis.
그 우정은 견고성(항구성)이 부족(不足)하다.

ea de re(causa). 그렇기 때문에

Ea dicam, quæ mihi sunt in promptu.
나는 준비되어 있는 것을 말하겠다.

ea ipsa(=eapse) 바로 그 여자

Ea nimia est rátio. 그 수량은 너무 많다.

ea, quæ a naturā monemur.
자연이 우리에게 일러준 것들.

Ea quæ exportantur. 수출품(輸出品)

ea, quæ in rem erant. 그 당시에 이익이 되던 것

Ea, quæ scriptores prodiderunt.
저술가들이 써 남겨 놓은 것.

eā re. 그 이유로, 그 일로 인해

Ea res populo Romano bene atque feliciter evenit.
그 일이 닥친 것은 로마 국민에게 좋고 행운이었다.

ea simia adeo. 과연 그 원숭이가

Ea vestra culpa est. 그것은 너희 잘못이다

eádem, adv. (sc. viā, parte) 같은 곳을 통하여, 같은 길로,
같은 방법으로, 마찬가지로, 동시에.
Idem iis erat pater, eadem mater, idem municipium.
그들에게는 아버지가 같았고 어머니가 같았고
사는 도시가 같았다/
Non est éadem fortúna atque condítio.
행운은 지위와 똑같은 것이 아니다/
Res igitur quibus fruendum est, Pater et Filius et
Spiritus sanctus, eademque Trinitas. 향유해야 할 사물은
아버지와 아들과 성령 그리고 같은 삼위일체이시다/
Tu eadem semper dicis. 너는 언제나 같은 말만 한다.

Eadem aut turpia sunt aut honesta : refert quare

quemadmodum fiant. 같은 것이 수치스러울 수도 있고
명예로울 수도 있다: 그것들이 왜 혹은 어떤 방도로
행해지는가에 달려 있다.[성 염 지음. 고전 라틴어. p.316].

Eadem dico, ne vobis excidant.
여러분이 잊어버릴까 봐 같은 말을 되풀이합니다.

Eadem ratione. 같은(동일한) 이치로.
Pari ratione. 비슷한 이치로/
Ubi eadem rátio, ibi idem jus. 이치가 같으면 법도 같다.

eadem de causa. 같은 이유로

eadem die 같은 날에

eadem mente esse 같은 생각이다.

eádem(unā) opera. 동시에(unaque, adv.), 같은 식으로

eadem tempestate. 같은 시기에

Eam, si opus esse videbitur, convéniam.
필요하다고 생각될 경우 내가 그 여자를 만나겠다.

Eamus in pace Domini. 주님의 평화 속에 갑시다.

Eamus lusum! 놀러가자!(Eámus petitum!)

Eamus, sequere me!. 가자! 넌 나를 따라와!

eaprópter(=proptérea), adv. 그 때문에, 그러므로, 그래서

eápse(=ea ipsa) 바로 그 여자

eas. 지시대명사 ea의 여성 복수 대격.

eas urbes incolo. 그 도시들에서 살다.

Eas video. 나는 그 여자들을 본다

eátěnus, adv. 거기까지, 그때까지, (quátěnus, quoad, quā와
상관적으로) …하는 한도 안에서, 범위에서, …하는 그 만큼.

eátěnus sanguis séquitur, quátenus emíttitur.
피가 나오는 (그) 만큼 흐르고 있다.

eatur. 갈 지어다(비인칭적으로 수동형 단수 3인칭을 쓰기도 한다).

ébdǒmas = hébdomas 일주간, 주간, 칠일.

éběnum, -i, n. (植) 흑단(黑檀) 열매; 그 목재

éběnus, -i, f. 흑단나무(감나무과 상록 활엽 교목), 흑단나무 선반

ēbíbi, "ébĭbo"의 단순과거(pf.=perfectum)

ébĭbo, -bíbi, -bíbĭtum, -ěre, tr. 바닥까지 마시다,
끝까지 삼켜버리다, 바싹 말리다.

Ebionǽi, -órum, m., pl. 에비온파(⑨ Ebionites파)
(초대 그리스도교 시대에 성행던 유다계 그리스도교도들의 일파. 창시자가
Ebion이라는 설이 있지만 히브리어의 '가난한'을 의미하는 Ebjonium에서 온
것이라고 여긴다. 그들은 가난하게 살면서 고행을 했는데, 대부분 빈민 계층으로
극히 엄격한 금욕주의자들이었고, 당시의 한 교파였던 Nazareth파와 같은
교파였는지는 확실히 알 수 없다. 사도행전 15장 1~3절에 바오로와 바르나바가
논쟁을 벌인 유다인들이 에비온파이다. 백민관 신부 엮음, 백과사전 1, p.921).

ébĭto, -ěre, intr. 떠나가다, 나가다(תﬧﬥ)

ēbíbĭtum, "ébĭbo"의 목적분사(sup.=supínum)

eblándĭor, -ítus sum, -íri, dep., tr.
아첨하여(감언이설로) 얻다; 달래서 성취하다.

ébor, -ǒris, n. = ebur 상아(象牙.⑨ ivory)

Ebórăcum(=Eborácum) -i, n. Británnia의 도시(지금의 York)

ebórěus, -a, -um, adj. 상아로 된, 상아 세공의

ebríětas, -átis, f. 술에 취함, 취기(醉氣)
만취(滿醉-술에 잔뜩 취함), 명정(酩酊-술에 몹시 취함).
pl. 폭음(暴飮.⑨ Gluttony), 무절제(無節制).

ebríǒlus, -a, -um, adj. 약간 취한

ebriósĭtas, -átis, f. 음주벽(飮酒癖), 상습적인 음주.
Arcanum demens detegit ebrietas. 폭음은 비밀을 누설한다/
Numquid audisti quia laudat Dominum ebriositas?
술주정이 주님을 찬미한다는 말을 들어 보셨습니까?.
(최익철 신부 옮김, 요한 서간 강해, p.175).

ebriósus, -a, -um, adj. 술 많이 마시는,
상습적으로 술 취하는. m. 대주가, 술꾼; 주정뱅이.

ébrĭus, -a, -um, adj. 흠뻑 머금은, 실컷 마신,
푸짐하게 먹은, 술 취한, 만취한, 도취한.
fortuna dulci ebrĭus. 달콤한 행운에 도취된/
Homo hic ebrius est. Utinam ita essem!.
이 사람 취했소. 나도 그랬으면 좋겠소. (당사자)

ebúllĭo, -íre, intr., tr. 끓어오르다, 내뿜다, 분출하다.
뽐내다, 과시(誇示-자랑하여 보임)하다.

ébŭlum, -i, n. (植) 말오줌나무

ĕbur(=ébor) -óris, n. 상아(⑨ ivory), 상아로 만든 물건.
dens Indus/curulis sella. 상아(象牙) 의자.

eburátus, -a, -um, adj. 상아(象牙)로 장식한

eburnéŏlus, -a, -um, adj. 상아의
ebúrnĕus(-nus), -a, -um, adj. 상아의, 상아로 된
ec-[1] = **ex-**, prœfixa e.g. écfero = éffero
ec-[2] = prœfixa (의문대명사에 힘을 줄 때) ecqui, ecquis?
ecástor! interj. (e+Castor[2])
맹세코! 참으로, 진짜로(여자들의 용어).
ecca, eccam = ecce ea, ecce eam(cf. ecce)
eccĕ, interj., adv. 보라(ἰδοὺ), 보시오(ἰδοὺ→"보라" 참조),
자 여기 있다; 홀연, 문득, 갑자기,
(통속어에서는 지시 대명사와 결합되면서 준말을 이루기도 한다)
e.g. ecca = ecce ea. 그 여자!/
Ecce homo. 이 사람을 보라/
ecce = ecce adsum, ecce me. 나 여기 있다.
Ecce ades. 보아라, 그가 와 있다
ecce adsum, ecce me. 나 여기 있다
Ecce Agnus Dei, ecce qui tollit peccata mundi. Beati qui ad cenam Agni vocati sunt.
(보라) 하느님의 어린양, 세상의 죄를 없애시는 분이시니, 이 성찬에 초대받은 이는 복되도다.
[보라! (이분은) 하느님 어린양(이시다), 보라 (이분은) 세상의 죄를 없애시는 분(이시다). 어린양의 만찬에 초대받은 이들은 복되도다]
Ecce accepit sacramentum nativitatis homo baptizatus; sacramentum habet, et magnum sacramentum, divinum, sanctum, ineffabile. 세례 받은 사람은 탄생의 성사를 받았습니다. 위대한 성사, 거룩하고 신비롭고, 말로 표현할 수 없는 성사를 받은 것입니다.
(최익철 신부 옮김, 요한 서간 강해, p.239).
Ecce ancilla Domini.(루카 1, 38) 여기 주님의 종이 있나이다.
Ecce ancilla Domini, fiat mihi secundum verbum tuum. 님의 여종이오니 당신 말씀대로 내게 이루어지소서.
Ecce audistis Dominum dicentem.
여러분 주님의 말씀을 들어 보십시오.
Ecce Crucem Domini.([영] Behold the Cross of the Lord)
보라 주님의 십자가를!
Ecce Deus vester. 보라 너희의 하느님을![성경 이사 35, 4].
Ecce dico tibi. 자, 그대에게 말씀드립니다.
Ecce dies veniunt. 보라, 그 날이 온다!(성경 예레미아 23, 5).
Ecce Dominus auditum fecit in extremis terræ.
보라, 주님께서 땅 끝까지 선포하셨다(성경 이사 62, 11).
Ecce ego vobiscum sum usque ad consummátĭonem sæculi.
내가 이 세상 끝 날까지 항상 너희와 함께 있겠다.
ecce, en! 자, 보라!
Ecce enim regnum Dei intra vos est.(루카 17, 21)
([영] For behold, the kingdom of God is among you)
보라 하느님의 나라는 너희 가운데에 있다(성경)/
하느님 나라는 바로 너희 가운데 있다(공동번역)/
보시오, 사실 하느님 나라는 (이미) 여러분 가운데 있습니다(200주년 신약성서 루카 17, 21).
Ecce est coram te, Deus meus, viva recordatio animæ meæ. 보소서 내 주님, 내 영혼의 생생한 추억이 당신 앞에 있사옵니다.
Ecce habetis, Scripturas Dei. 여러분은 하느님의 성경을 지니고 있습니다.(최익철 신부 옮김, 요한 서간 강해, p.319).
Ecce hoc novum est([영] See, this is new!)
이걸 보아라, 새로운 것이다.(성경 코헬렛 1, 10.
보아라, 여기 새로운 것이 있구나! 공동번역 1, 10).
Ecce homo. 이 사람을 보라
Ecce homo vorax et potator vini, publicanorum amicus et peccatorum!.([영] 'Look, he is a glutton and a drunkard, a friend of tax collectors and sinners) 보라, 저자는 먹보요 술꾼이며 세리와 죄인들의 친구다(성경 마태 11, 19). 보아라, 저 사람은 즐겨 먹고 마시며 세리와 죄인하고만 어울리는구나(공동번역 마태 11, 19).
Ecce in me quod ab initio audivi custodio, obtempero; pericula, labores, tentationes pro ista permansione sustineo: quo fructu? qua mercede? 처음부터 제가 들은 것을 잘 지키고 순종했습니다. 이를 위해 저는 위험도, 노동도, 유혹도 다 끝까지 견디어 냈는데, 그 결실은 무엇이며 상급은 무엇입니까(최익철 신부 옮김, 요한 서간 강해, p.177).
Ecce lignum Crucis. Venite Adoremus.
보라 십자 나무. 모두 와서 경배하세.
Ecce mater tua. 이분이 네 어머니시다(요한 19, 27).
ecce merces eius cum eo, et præmium eius coram illo.
보라, 그분의 상급이 그분과 함께 오고
그분의 보상이 그분 앞에 서서 온다(성경 이사 62, 11).
Ecce nátus est nobis Salvátor mundi.
보라 세상의 구세주께서 우리에게 탄생하셨도다.
Ecce nova facio omnia.([영] Behold, I make all things new)
보아라, 내가 모든 것을 새롭게 만든다.(묵시 21, 5).
Ecce nunc nos, (1986.3.16. 교서)
모든 사제들의 모범인 성 요한 마리아 비안네.
Ecce odium blanditur, et caritas litigat. 이처럼 미움은 살갑게 굴고, 사랑은 다툽니다.(최익철 신부 옮김, 요한 서간 강해, p.451).
Ecce Pasca est, da nomen ad Baptismum(성 아우구스티노)
이제, 파스카이다. 세례를 위해 당신의 이름을 등록하시오.
Ecce quam bonum et quam jucundum habitare fratres in unum! 형제들이 함께 모여 사는 것이
얼마나 좋으며 얼마나 즐거운가!
Ecce quam bonum et quam jucundum habitare fratres, habitare fratres, habitare fratres in unum
Laudate Dominum omnes gentes.
Laudate eum, omnes populi
Quoniam confirmata est super nos misericordia ejus
Et veritas Domini manet in aeternum.(시편 133)
얼마나 좋고도 즐거운고 형제들이 함께
형제들이 함께 모여 사는 것 얼마나 좋은고
뭇 나라 백성들아 주님을 찬미하라
온 세상 사람들아 주님을 찬미하라
주님 사랑 우리 위에 꿋꿋하셔라
주님의 진실하심 영원하리라.
(황치헌 신부 지음, 미사 통상문을 위한 라틴어, p.538].
Ecce quam civitatem oderunt.
그들이 어떤 도시를 싫어했는지 보십시오.
Ecce quid tibi iussit avaritia: Fac, et fecisti.
탐욕이 그대에게 명한 것을 보십시오. 탐욕이 시키는 대로 그대는 행하였습니다.(최익철 신부 옮김, 요한 서간 강해, p.439).
Ecce salus tua venit. 보라, 너의 구원이 다가온다.
Ecce te! 네 꼴을 좀 봐라!
Ecce tibi núntius. 자! (네게) 소식이다, 통지인이 왔다.
Ecce unde incipit caritas.
자 사랑이 어디서 시작되는지 보십시오.
Ecce unus positus est Christus contemplandus nobis, et dictum est nobis. 우리가 묵상하고 말해야 할 분은 오직 그리스도 한 분이십니다(최익철 신부 옮김, 요한 서간 강해, p.433).
Ecce, ut diligamus Deum, hortationem habemus.
보십시오. 우리는 하느님을 사랑하라는 권고 말씀을 듣고 있습니다.(최익철 신부 옮김, 요한 서간 강해, p.323).
Ecce veniet. 저기 온다.
Ecce venio. 제가 대령했습니다(베타람 예수 성심 사제회 모토).
Ecce venio, ut faciam voluntatem tuam.
보십시오, 저는 당신의 뜻을 이루러 왔습니다.(히브 10, 9).
Ecce vir dolorum! 이 고통의 사나이를 보라!
Ecce Virgo concipiet et páriet Filium.
처녀(젊은 여인)가 잉태하여 아들을 낳다(이사야 7, 14 참조).
eccéntros,(m., f.) -on(n.), adj. 괴벽스러운, 변덕스러운, 별난. ((天)) (궤도가) 편심적(偏心的)인, 이심적(離心的)인, 편심 궤도를 이동하는.
éccĕrē, interj., adv. 참으로, 사실(실지로), 봐라
eccíllam, eccíllum, eccístam, cf. ecce2
ecclesia* -æ, f. 집회(集會), 희랍의 국민회의,
성당([영] church/Sanctuary.[라] ecclesia principális),
교회(εκκλησια.[영] Church.[獨] Kirche).
anima ecclesiæ. 교회의 혼(魂)/
antequam essent Ecclesia: Sumus nos Ecclesia.

E

그들이 교회가 되기 전에는 우리가 교회다/
(성 아우구스티노 교부가 남긴 명구. 교부문헌 총서 17, 신국론, p.2288)/
Christus Ecclesiam suam toto orbe diffudit.
그리스도께서는 당신 교회를 온 세상에 퍼뜨리셨습니다.
(최익철 신부 옮김, 요한 서간 강해, p.463)/
Constitutio dogmatica prima de ecclesia Christi.
그리스도의 교회에 대한 제일 교의 법령/
Corpus christi est ecclesia romana catholica.
그리스도의 몸은 바로 로마 가톨릭 교회다/
cum autem Ecclesia sit in Christo veluti Sacramentum
seu signum et instrumentum intimae cum Deo unionis
totiusque generis humani unitatis. 교회는 그리스도
안에서 성사와 같다. 교회는 곧 하느님과 이루는 깊은
결합과 온 인류가 이루는 일치의 표징이며 도구이다/
De Corruptellis Ecclesiæ. 교회의 부패에 대해/
De Antiquis ecclesiæ ritibus. 고대 교회의 예절에 대하여/
De Extructione ecclesiæ catholicæ. 가톨릭 교회건설에 대하여/
De Gog et Magog, quos ad persequendam Ecclesiam
Dei solutus prope finem sæculi diabolus incitabit.
세말에 하느님의 교회를 박해하라고 마귀가 충동
하리라는 곡과 마곡(교부문헌 총서 17, 신국론, p.2820)/
De luminaribus ecclesiæ. 교회의 등불(호노리우스 지음)/
De monarchia visibili ecclesiæ. 교회의 가견적 원수론.
(1571년 Sanders 지음)/
De omnibus, quæ palam fiunt, judicat Jurisconsultus,
de occultis Ecclesia. 공공연히 일어나는 모든 사건에
관하여는 세속의 법률가가 심판하고,
숨겨진 비의(秘儀)에 관하여는 교회만이 심판 한다/
De Visibili Monarchia Ecclesiæ. 교회의 가시적인 군주론.
(1571년 Sanders 지음)/
De notis Ecclesiæ. 참 교회를 식별하는 표/
De statu ecclesiæ et legitima potestate Romani Pontificis.
교회의 위치와 로마 교황의 권한(1763년)/
De unitate ecclesiæ. 교회의 일치(카르타고의 치프리아누스 지음)/
De viro perfecto, id est Christo, et corpore ejus,
id est Ecclesia, quæ est ipsius plenitudo.
완전한 인간 그리스도와 그의 몸인 교회: 교회는
그리스도의 충만함이다(교부문헌 총서 17, 신국론, p.2828)/
domina mater ecclesia. 안주인이며 어머니인 교회/
Ecclesiæ sanctæ nova inchoatio. 거룩한 교회의 새로운 시작/
ecclesiis apostolicis matricibus et originalibus fidei.
그 교회들이 신앙의 모태이며 원천이다/
ecclesiis patrimonialibus. 세습 성당(보편공의회 문헌집, p.770)/
Ergo et nunc Ecclesia regnum Christi est
regnumque cælorum. 따라서 지금도 교회는 그리스도의
나라이며 하늘나라다(교부문헌 총서 17, 신국론, p.2302)/
ergo talis prædicatio religiosorum periculosa est
Ecclesiæ Dei. 그러므로 탁발 수사들의 설교는
하느님의 교회를 위협하게 된다/
egressus ex ecclesia 교회 이탈/
Est autem mater Ecclesia: et ubera eius duo
Testamenta Scripturarum divinarum. 이 어머니가 교회
입니다. 교회의 젖가슴은 (신약과 구약) 두 성경입니다.
(최익철 신부 옮김, 요한 서간 강해, p.151)/
Estne salus in Ecclesia? 교회 안에 구원이 있는가.
Extra Ecclesiam nulla salus(Cyprianus 200~258년)
교회 밖에는 아무런 구원도 없다/
Estne salus in Ecclesia sine Christo?
그리스도 없는 교회에 구원이 있는가?/
Eucháristía facit ecclesiam. 성체가 교회를 만든다/
ex sese et non ex consensu Ecclesiae.
교회의 동의가 아니라 그 자신에 의해서/
expressa ecclesiæ declarátio. 교회로부터 공식적인 선포/
Extra ecclesiam nullus omnino salvatur.
교회 밖에서는 어떠한 사람도 구원(救援)받지 못 한다/
Habere non potest Deum patrem qui ecclesiam non
habet matrem. 교회를 어머니로 모시지 않는 사람은
하느님을 아버지로 모실 수 없다(카르타고의 주교 치프리아누스)/
Hæc Ecclesia est Ecclesia catholica.

이 교회가 가톨릭 교회이다/
Has porro necessitates omnes convertit Ecclesia in
precationem.(⑨ The Church transforms these needs into
prayer) 교회는 이런 요구들을 기도로 전환 시킨다/
Historia mystica ecclesiæ catholicæ.
가톨릭 교회의 신비로운 역사(콘스탄티노플의 제르마노 지음)/
Hoc vehementer interest ecclesiæ.
이것은 교회에 매우 중요한 일이다/
Illuminátiones Ecclesiæ. 교회의 조명(성 보나벤투라 지음)/
In Ecclesia et pro Ecclesia. 교회 안에서 교회를 위하여/
In Ecclesia variæ sunt traditiones.
(⑨ Different traditions exist within the Church)
교회 안에는 서로 다른 전통들이 존재 합니다/
in medio Ecclesiæ. 교회의 중심에서/
in patrocinium Ecclesiæ. 교회의 보호에/
In quibus et ex quibus una et unica Ecclesia
catholica exsistit. 개별 교회들 안에 또 거기에서부터
유일하고 단일한 가톨릭 교회가 존재 한다/
Manifestum est Christum passum, resurrexisse,
et ascendisse in cælum: manifestata est et Ecclesia.
그리스도께서 고난을 겪으시고 다시 살아나시어 하늘로
올라가신 것은 분명히 드러났습니다. 교회 또한
확연히 드러났습니다.(최익철 신부 옮김, 요한 서간 강해, p.115)/
Membra Ecclesiæ. 교회 구성원/
Moriente Christo, Ecclesis facta est.
그리스도께서 돌아가시면서 교회를 탄생시켰다/
mysterium ecclesiæ. 교회의 신비
natura Ecclesiæ forma est Ecclesiæ.
교회의 자연본성은 곧 교회의 형상이다/
Nutricius ecclesiæ. 교회 보호자(프로테스탄트 황제의 종교적 칭호)/
O Lumen Ecclesiæ. 오 교회의 빛/
Patres ecclesiæ. 교부(教父)/
Præcepta ecclesiæ. 교회 법규(⑨ Commandments of the Church)/
præcipua membra ecclesiæ. 특선된 교회 인원/
Predicaverunt verbum veritatis, et genuerunt ecclesias.
사도들이 진리의 말씀을 전했고, 그리하여 교회를 탄생
시켰다.(시편 상해Enarrationes in Psalmos 44, 23, NBA, XXV, 1108)/
pro ecclesia et Pontifice. 교회와 교황의 공로패/
Qua diligentia et sancto studio multum crevit ecclesia.
이러한 노고와 거룩한 열정 덕분에 교회는 크게 성장
하였다.(이연학 최원오 역주, 아우구스티노의 생애, p.65)/
quam pius in Ecclesiam. 경건한 사람이 교회에 하듯이
(사랑만이 진리를 깨닫게 한다, 성 염 지음, p.233)/
Quod arca, quam Nœ jussus est facere, in omnibus
Christum Ecclesiamque significet. 노아가 명령받고 만든
방주는 모든 면에서 그리스도와 교회를 상징한다.
(교부문헌 총서 17, 신국론, p.2798)/
Quattuor Notæ Veræ Ecclesiæ. 참 교회의 네 가지 표/
reunio ecclesiárum. 교회 통합운동, 이단교파의 복귀운동/
Sancta Ecclesia. 거룩한 교회, 성교회/
Sine offensione estote Iudæis et Græcis et ecclesiæ Dei.
(avpro,skopoi kai. VIoudai,oij gi,nesqe kai. {Ellhsin kai. th/|
evkklhsi,a| tou/ qeou/() (⑨ Avoid giving offense, whether to
Jews or Greeks or the church of God) 유다인에게도
그리스인에게도 하느님의 교회에도 방해를 놓는 자가
되지 마십시오(성경 1 코린 10, 32)/여러분은 유대인들에게도
헬라인들에게도 하느님의 교회에도 장애가 되는 일이
없도록 하시오(200주년 신약)/여러분은 유다인에게나 그리스
인에게나 하느님의 교회에나 어느 누구에게든지 양심의
가책을 받게 하는 일을 해서는 안 됩니다(공동번역)/
Statua Ecclesia Antiqua. 고대 교회 법령집/
Subsistit in Ecclesia Catholica. 가톨릭 교회 안에 존재 한다/
Summa de Ecclesia. 교회 총론(Cologne, 1621년)/
Supplet Ecclesia. 교회의 재치권(裁治權) 보충/
tertia ecclesiarum. 3분의 1세, 3.1 조세(租稅)/
thesáurus Ecclesiæ. 교회의 보고, 공덕의 보고, 대사 보고/
titulus ecclesiæ. 성당(본당) 명의(예: 명동 성당)/
Tota Ecclesia qua talis ad caritatis servitium directe

vocatur.(⊕ The whole Church as such, is directly called
to the service of charity) 교회 전체 그 자체가 직접
사랑의 봉사에 부름 받고 있다/
typus Ecclesiæ. 교회의 전형/
Ubi tres, id est, Pater et Filius et Spritus Sanctus, ibi
ecclesia quæ trium corpus est. 성부와 성자 그리고 성령
이렇게 세 분이 계신 곳에 세 개의 몸인 교회가 존재 한다/
una et unica Dei Ecclesia.
하느님의 그 하나이고 유일한 교회/
Unio ecclesiarum. 교회 합일운동, 그리스도교 합동운동/
Universális Ecclesiæ, (⊕ universal church) 보편교회.
(1624.11.23. 교황교서)/
vir ecclesiæ. 교회의 사람들/
visibílitas ecclesiæ. 교회의 가시성(교회 조직)/
zero solo matris Ecclesiæ.
자모이신 교회에 대한 외곬의 열정.

Ecclesia ab Abel. 아벨로부터의 교회

ecclesia abbatiális. 아빠스좌 성당

Ecclesia abhorret a sanguine. 교회는 피 흘림을 싫어한다.

Ecclesia Abyssinia(⊕ Abyssinian Church)
[아비시니아 교회] 에디오피아의 가톨릭 교회를 지칭한다. 4세기경 티레(Tyre)의
성 프루멘시오(Frumentius)와 에데시오(Edesius)에 의해 아비시니아에 처음
그리스도교가 전파된 데서 유래한다. 아디스아바바에 있는 수도 대주교
(metropolitan bishop)에 의해 이디오피아식 전례 양식에 따른 미사가 행해진다.
가톨릭교회의 전례와 카논법은 아비시니아 교회의 전승들로부터 채택된 것이다.

Ecclesia accipit Verbum.(⊕ The Church receives the
word) 교회는 말씀을 받아들인다.

ecclesia ad extra. 외향적 교회(현대 가톨릭사상 제21집, p.82),
밖으로 향한 교회(가톨릭 신학 제9호, p.19).

ecclesia ad intra. 내향적 교회, 안으로 향한 교회

Ecclesia Angelicana. 성공회(영국 국교회.Anglican Church)

Ecclesia Apostolica(⊕ Apostolic Church) 사도전승 교회

ecclesia archiepiscopális major. 상급 대교구(동방교회)

ecclesia baptismális. 세례성당(洗禮 聖堂)

Ecclesia Byzantina. 비잔틴 교회

Ecclesia cardinalis. 모(母) 성당

ecclesia cathedrális∗(⊕ Cathedral.獨 Kathedrale)
주교좌 성당, 대성당(archibasilica, -æ, f.)

Ecclesia catholica. 천주교회, 가톨릭 교회(훈령. 1949.12.20. 공표)

Ecclesia catholica Romana. 로마 가톨릭 교회

**Ecclesia catholica Romana est Mystici Corporis
Christi Corpus.** 로마 가톨릭 교회는 그리스도의 신비체의 몸.

ecclesia collegialis. 공주 성직자 성당(중세기에 있던 제도로서
성직자들이 수도 규칙생활을 하면서 성당에서 공동생활을 도모하고 한
법인체를 이루었다. 이 제도는 성직록에 얽힌 폐단과 주교로부터의 관할권 문제
등 여러 가지 폐단이 있어 거의 없어졌다. 백민관 신부 엮음, 백과사전 I, p.922).

ecclesia collegiata. 의전 사제단 성당

Ecclesia congregátio. 모임으로서의 교회

Ecclesia de Trinitate. 삼위 일체적 교회

Ecclesia de Euchárstia vivit. 교회와 성체,
교회는 성체성사로 산다. [교황 요한 바오로 2세 회칙. 2003.4.17-
제2차 바티칸 공의회가 `그리스도교 생활 전체의 원천이며 정점'(교회 헌장,
11항)이라고 강조한 성체성사의 핵심을 깊이 성찰하여, 공의회 이후의 문화적
급변과 다양화. 새로운 교회 일치 운동 등으로 나타난 현대의 상황 속에서
성체성사의 참된 본질과 올바른 실현의 의미와 그에 필요한 조건들을 제시하는
교황 요한 바오로 2세의 회칙이다. 교회의 정체성과 기원, 사도 전래성에서
나오는 성체성사의 다양한 특성을 다양한 측면에서 강조하며, 거룩한 성체
성사의 은총과 그 유효성과 관련하여 신자들의 의식이 심화되기를 촉구한다.

ecclesia de Trinitate. 삼위일체의 교회

ecclesia Dei. 하느님의 교회.
Iam quæ sunt membra eius nostis, ipsa est Ecclesia Dei.
여러분은 그분의 지체가 누구인지 이미 알고 게십니다.
바로 하느님의 교회입니다.(최익철 신부 옮김. 요한 시간 강해, p.437).

ecclesia Dei subsistit in Ecclesia Catholica.
하느님의 교회는 가톨릭 교회 안에 존재한다.

ecclesia deorsum. 지상교회(공의회 문헌 해설총서 1, p.222)

Ecclesia digne-casta et cártátis præsidens.
합당하고 순결한, 사랑을 주도하는 교회.

Ecclesia discens. 듣는 교회(평신도 전체를 지적함)

Ecclesia docens. 가르치는 교회(교도권을 가진 교회를 가리킴)

Ecclesia domestica. 가정(가족) 교회

Ecclesia duobus pulmonibus suis respirare debet!

(⊕ the Church must breathe with her two lungs!)
교회는 두 허파로 숨을 쉬어야 한다!.

**Ecclesia est communio. Sed quid communio in hac re
sonat?.**(⊕ The Church is a communion. In this context
what does communion mean?) 교회는 친교입니다.
이러한 맥락에서 친교란 무엇을 의미하겠습니까?

Ecclesia est semper reformanda.
교회는 항상 쇄신(刷新)되어야 한다.

**Ecclesia est signum atque instrumentum præsentiæ
atque actionis Spiritus vivificantis.**(⊕ the Church is
the sign and instrument of the presence and action of the
life-giving Spirit) 교회는 생명을 주시는 영의 표지이며
도구인 것입니다(1986.5.18. "Dominum et vivificantem" 중에서).

ecclesia et civitas. (⊕ Church and State) 교회와 국가

ecclesia et cultura. 교회와 문화

Ecclesia et Mária. 교회와 마리아(⊕ the Church and Mary)

Ecclesia et non christiani. 교회와 비그리스도인
(⊕ the Church and those who are non-Christians)

ecclesia et non-christianismus. 교회와 타종교
(⊕ church and non-christian religions).

**Ecclesia et nonnullarum opinationum theologiæ moralis
hodiernæ discretio.**(⊕ The Church and the discernment of
certain tendencies in present-day moral theology)
오늘의 윤리신학에 나타난 일부 경향에 대한 식별과 교회.

Ecclesia et societas(⊕ the Church and society) 교회와 사회

Ecclesia evangelizandi causa exstat.
교회는 복음화를 위해서 존재합니다.

Ecclesia ex circumcisione. 할례 받은 이들로 이루어진 교회

Ecclesia ex genitibus. 이방인들로 이루어진 교회,
이방인들의 교회(현대 가톨릭사상 제6집, p.157).

Ecclesia exempla non habet quæ proponat.
(⊕ The Church has no models to present) 교회는 제시할
모형을 갖고 있지 않다(1991.5.1. "Centesimus annus" 중에서).

ecclesia filiáles. 자교회(子敎會). 소성당구

Ecclesia Gallicana. 프랑스 교회

ecclesia gloriæ. 영광의 교회

Ecclesia Græcæ Monumenta. 그리스 동방교회 문헌 3권.
(1677∼1686년에 프랑스의 교부학자 Cotelier가 낸 책).

Ecclesia Græco-Catholica. 귀일(歸一) 그리스 교회
(비잔틴 전례의 교회로서 동방 정교회에서 가톨릭 교회로 돌아온
그리스 계통의 교회. 현재는 아테네에 한 교구, 터키계 그리스인들을 위해
콘스탄티노폴리스에 한 교구가 있다. 얼마 전부터 Lyon에는 그리스인들의
가톨릭 단체가 생겼다. 백민관 신부 엮음. 백과사전 2, p.183).

Ecclesia Græco-Orthodoxa. 그리스 정교회,
희랍 정교회(希臘正敎會)(⊕ Greek orthodox church).

**Ecclesia hasce voces ab ipso fidei suæ fonte, Iesu
Christo, accepit.** 교회는 이런 말씀들을 신앙의 원천
자체이신 예수 그리스도에게서 받습니다.

Ecclesia idem ac sanctorum communio est.
(⊕ The meaning of the Church is a communion of saints)
교회라는 말은 성인들의 친교를 의미합니다.

**Ecclesia igitur gratias persolvit ob omnes mulieres et
ob unamquamque mulierem.**(⊕ Therefore the Church
gives thanks for each and every woman)
그러므로 교회는 모든 여성 개개인에게 감사를 드린다.

Ecclesia Imperatrix et Domina. 황제요 주인인 교회

Ecclesia in Africa. 아프리카 교회
(1995.9.14. 카메룬의 수도 Yaoundé에서 발표된 교황 권고).

Ecclesia in America. 아메리카 교회.
(1999.1.22 발표된 교황 권고.총 76개항)

Ecclesia in Asis. 아시아 교회(교황 권고 1999.11.6.발표-
제삼천년기를 맞아 구원으로 선포되는 예수 그리스도와 성령의 활동이 아시아의
현실 속에서 갖는 의미를 밝히고, 새로운 복음화와 선교 사명의 수행을 위한
아시아 교회의 과제를 제시하는 교황 요한 바오로 2세의 권고).

Ecclesia in Europa. 유럽 교회

Ecclesia in Oceania. 오세아니아 교회(2001.11.22.)

**Ecclesia in septem sacramentis suscipitur simul ac
exprimitur.**(⊕ The Church receives and at the same time
expresses what she herself is in the seven sacraments.
교회는 일곱 성사를 통하여 자기 자신을 받아들이는
동시에 이를 표현합니다.

E

ecclesia invisíbilis. 보이지 않는 교회, 불가견 교회
Ecclesia Latina. 라틴 교회, 로마 교회, 서방 교회
ecclesia licita. 합법적인 교회.
ecclesia locális. 지역 교회
Ecclesia Maronea.(⑨ Ecclesia Maronea-로마 가톨릭 교회와
　　친교를 이루면서 온전한 자치를 가지는 동방 가톨릭 교회 중 하나).
　　마론파 교회, (공식명칭) 안티오키아의 마로니타 교회.
Ecclesia matrix. 모교회(母敎會), 주교좌성당, 성당구 성당
Ecclesia Medii ævi. 중세교회
ecclesia metropolitana. 대주교좌 성당
　　대교구.(⑨ Archdiocese-동방교회).
ecclesia militans∗ 싸우는 교회(투쟁교회),
　　신전 교회(지상의 신자들), 신전지회(지상의 교회를 가리킴).
ecclesia minor. 하급성당(=경당 cappella.titulus mino)
Ecclesia nationalis.(⑨ National Church)
　　국가 교회, 국교회, 민족 교회, 애국 교회.
Ecclesia non est quæ non habet sacerdotes.
　　사제 없이 교회란 없다(성 예로니모).
Ecclesia non potest nec debet sibi assumere politicam
contentionem ut societatem quam iustissimam efficiat.
(⑨ The Church cannot and must not take upon herself the
political battle to bring about the most just society
possible) 교회는 가장 정의로운 사회를 이룩하고자 정치
투쟁을 할 수는 없으며 그래서도 안 됩니다.
Ecclesia non sitit sanguinem.
　　교회는 환도(環刀)의 사용을 피해야 한다.
Ecclesia obediens. 순종(순명) 하는 교회
Ecclesia orans. 기도하는 교회
Ecclesia orans, Ecclesia credens.
　　교회가 기도할 때, 비로소 교회는 믿는 것이다.
Ecclesia orientális.(⑨ Eastern Churches).
　　동방교회(Ecclesiæ Orientales.)
Ecclesia, originalis sedes hermeneuticæ Bibliorum.
(⑨ The Church as the primary setting for biblical
hermeneutics). 교회, 성경 해석학의 본래적 장소.
Ecclesia orthodoxa. 동방정교회, 정교회(⑨ Orthodox Church)
Ecclesia Orthodoxa Russiæ.
　　러시아 정교회(⑨ Russian Orthodox Church).
Ecclesia paræcialis. 사목구 성당
ecclesia parochialis. 성당구 성당, 지역구 성당, 본당
ecclesia particuláris. 개별교회(個別敎會), 지역교회
Ecclesia particuláris et universális.(⑨ the particular
Church and the universal Church) 개별교회 보편 교회.
ecclesia patiens(purgans)
　　단련하는 교회, 연옥에서 단련(鍛鍊)되는 교회
ecclesia patriarchális.
　　총대주교좌 성당, 총주교좌 성당, 총대교구(동방교회).
ecclesia peccátorum. 죄인들의 교회
ecclesia peregrinans∗ 순례교회, 순례하는 교회
ecclesia permixta. 뒤섞인 교회(성 아우구스티노 이론)
Ecclesia perseverat in oratione una cum Maria.
(⑨ The Church perseveres in prayer with Mary)
　　교회는 마리아와 함께 꾸준히 기도하고 있습니다.
Ecclesia philosophiæ studiosa. 철학에 대한 교회의 관심
ecclesia prælatitia. 자치 성직구장좌 성당
ecclesia primatiális. 수석 대주교좌 성당
Ecclesia primitiva(⑨ Early Church) 초대교회, 초생교회.
　　[이 시대는 그리스도께서 세상을 떠난 후(30년)부터 황제 콘스탄티누스와
　　Licinius 사이의 밀라노 칙령까지(313년)의 기간을 말한다. 이 기간은 교회의
　　형성, 자기 파악, 문화 속에 동화의 움직임이 있던 시기로 사도시대와 사도
　　직후 시대로 나뉜다. 백민관 신부 엮음. 백과사전 1, p.916).
Ecclesia probat iustas quæstus partes, tamquam
administrationis prosperæ indicem. 교회는 이윤의
　　정당한 역할을 기업체의 번영 지표처럼 인정한다.
ecclesia propria.(⑨ private church.獨 Eigenkirche).
　　사유교회(私有敎會), 영주 사립성당.
ecclesia propriæ hæreditatis. 개인 계승교회
ecclesia publicæ auctoritátis. 국정제도,
　　국교 제도.(⑨ institution for state religion).

ecclesia purgans(patiens). 단련의 교회(연옥을 가리킴),
　　단련지회(鍛鍊之會. 이 세상을 떠나 하늘나라에 들어가기 전 연옥에서
　　벌의 완전 보속을 하며 기다리는 영혼들을 가리려 하는 말.
　　　　　　　　　　　　　　　　백민관 신부 엮음. 백과사전 1, p.1041).
ecclesia purificans∗ 정화교회(淨化敎會-연옥의 교회)-
ecclesia quæ offert. 제헌하는 교회
ecclesia quasi-cathedrális. 준주교좌 성당
ecclesia regenerationis. 재생교회.
　　(러시아 공산 혁명정부가 공산주의풍의 적색교회의 일환으로 조성한 교회.
　　'산 교회', '재생교회', '사도시대의 교회', '노동자 교회' 등을 세웠다.
　　이 교회들은 1925년 모두 해체되었다. 백민관 신부 엮음. 백과사전 1, p.923).
Ecclesia Reipublicae comparatur. 교회는 국가와 비교된다.
ecclesia rituális. 자립 예법의 교회
Ecclesia rituális sui juris. 자율 예법교회
　　(⑨ Ritual church sui juris).
Ecclesia Romana. 서방교회, 로마 교회
Ecclesia Sancta. 성교회
　　(거룩한 교회라는 의미로 천주교회를 높여 부르는 말).
ecclesia semper reformanda. 항상 쇄신되어야 할 교회
Ecclesia sordida. 비천한 교회
ecclesia speciális. 특별한 교회
Ecclesia suburbicária. 로마 근교 교회
Ecclesia supplet. 교회는 보완한다.
ecclesia sursum. 천상 교회(공의회 문헌 해설총서 1, p.222)
Ecclesia tituli.(⑨ Titulus-church.獨 Titelkirchen)
　　명의 교회.
ecclesia titulláris. 명의 성당
Ecclesia triumphális∗ 개선교회(凱旋敎會-승리교회)
ecclesia triumphans 개선한 교회, 개선의 교회,
　　개선지회(천당에 가 있는 신자들의 단체).
Ecclesia Ultraiectensis. 위트레흐트 교회
Ecclesia una et universalis in variis mundi plagis in
Ecclesiis particularibus inest. 하나인 보편 교회는
　　전 세계 도처의 개별 교회들 안에 현존하고 있다.
ecclesia universa. 보편 교회(⑨ universal church)
Ecclesia universale salutis sacramentum.
　　교회는 구원의 보편적 성사이다.
Ecclesia ut communio.(⑨ the Church as communion)
　　친교 교회론, 친교로서 교회.
Ecclesia veterum Catholicorum(Catholicismus liberalis)
(⑨ Old Catholics.獨 Altkatholizismus)
　　자유주의 구(舊)가톨릭(제1차 바티칸 공의회를 반대하던 파로 1871년
　　뮌헨에서 분리. Döllinger와 Schulte 등을 지도자로 하고 교황의 무류지권,
　　성모의 무원죄성, 대사 제도에 반대하고 사제 결혼을 위해서 부지런히 보존하
　　성사론을 지지했다. 백민관 신부 엮음. 백과사전 1, p.94)
ecclesia vetus Apostolica(獨 Apostolische Kirche)
(⑨ Old Apostolic Church) 구(舊) 사도교회(1920년경 러시아
　　공산 혁명정권이 공산풍으로 조정하여 세운 동방교회 일파.
　　　　　　　　　　　　　백민관 신부 엮음. 백과사전 1, p.923).
ecclesia viátorum. 순례자의 교회
ecclesia visíbilis. 가견(可見) 교회, 보이는 교회
Ecclesia vivit jure romano. 교회는 로마법으로 산다.
Ecclesiæ amor. 교회의 사랑(⑨ the Church's love)
Ecclesiæ bibliothecam omnesque codices diligenter
posteris custodiendos semper iubebat. 당신의 모든 저술
　　을 갖춘 교회 도서관을 후대사람을 위해서 부지런히 보존하
　　라고 늘 당부하셨다.(이연학 최원오 역주. 아우구스티노의 생애. p.153).
Ecclesiæ caritas tamquam amoris trinitarii patefactio.
(⑨ The Church's charitable activity as a manifestation of
Trinitarian love) 삼위일체 사랑의 표현인 교회의 사랑.
Ecclesiæ communionis maxima sacramentalis declaratio.
(⑨ the supreme sacramental manifestation of communion
in the Church) 교회 안에서 이루는 친교의 지고한 성사적 표현.
Ecclesiæ consensio. 교회의 합의(敎會 合意)
Ecclesiæ consuetúdo. 교회의 관습(敎會 慣習)
Ecclesiæ de mysterio. 신비의 교회(훈령. 1997.8.15.)
Ecclesiæ doctrina presbyteralem ordinationem dicit
eam esse condicionem quæ prætermitti non potest pro
valida Eucharistiæ celebratione.
　　교회는 사제 서품이 성찬례의 합당한 거행을 위한
　　필수 불가결한 조건이라고 가르칩니다.

Ecclesiæ et mundo vestrum testimonium et intellegens vestra opera, libera et officii conscia, opus sunt. (⊕ The Church and the world have great need of your witness and of your capable, free, and responsible contribution) 교회와 세계는 여러분의 증거 그리고 유능하며 자발적이고 책임 있는 공헌을 절실히 필요로 한다.

Ecclesiæ Fastos, 성 보니파시오의 기념(1954.6.5.)

Ecclesiæ imago. 교회의 모습(1973년 2월 반포)

Ecclesiæ Imago de pastorali ministerio episcoporum. 주교 사목 직무를 위한 지침서(1973.3.22. 지침).

Ecclesiæ missio.(⊕ The Church's Mission) 교회의 사명, Mundo Verbum Dei annuntiare. 하느님 말씀을 세상에 선포하는 것.

Ecclesiæ Orientales Catholicæ. 동방 가톨릭 교회.(⊕ Eastern Catholic Churches).

ecclesiæ particulares. 부분 교회(portiones ecclesiæ)

Ecclesiæ Pastorum, 서적들에 대한 교회의 사목자들의 주의. (1975.3.19. 교령).

Ecclesiæ Patres(⊕ Fathers of the Church) 교부(敎父)

Ecclesiæ patronus temporis nostri.(⊕ Patron of the church in our day) 현대 교회의 수호성인.

Ecclesiæ potestas circa dispensationem sacramenti eucharistiæ. 성체성사의 관리에 관한 교회의 권한.

Ecclesiæ rector. 성당 담임

ecclesiæ ritus. 교회적 예절(敎會的 禮節)

Ecclesiæ Romanæ Episcopus. 로마의 주교(교황 직함), 로마 교회의 감독, 로마 교회의 주교.

Ecclesiæ Sanctæ 거룩한 교회(1966.8.6 자의교서)

Ecclesiæ semper, 공동 집전과 양형 영성체 예식. (1965.3.7. 일반교령).

Ecclesiæ Sorores. 자매 교회들. Appellatio translaticia, id est "Ecclesiæ Sorores", utinam sine intermissione nos comitetur hoc in itinere. "자매 교회들"이라는 전통적인 호칭은 이 길에서 언제나 우리와 함께 해야 합니다.

Ecclesiæ sponsæ efficax imago. 신부인 교회의 살아있는 표상(1996.3.25. "Vita Consecrata" 중에서).

Ecclesiæ Unitatem. 교회일치(교황 베네딕도 16세는 2009.7.2일 성 비오 10세 형제회와 관련된 문제를 다루는 '르페브르의 비오 10세 형제회원 재일치위원회'를 교황청 신앙교리성 산하에 둔다고 발표. '교회일치' 참조).

ecclesiæ universalis fraternitas. 보편교회 안의 형제애

ecclesialis, ecclesialis, ecclesiale, adj. ecclesial, ecclesiastical. (종교적 의미의) 교회의 vita ecclesialis 교회 생활 comumitus ecclesialis 교회 공동체 Verbum Dei in ecclesiali. 교회의 삶 안에서 하느님의 말씀.

Ecclesiam ædificat Eucharistia. 교회를 세우는 성체성사

Ecclesiam Dei. 하느님의 교회(회칙 1923.11.12. 공포)

Ecclesiam esse Corpus Christi mysticum. 교회는 신비로운 그리스도의 몸이다.

Ecclesiam eucharisticam simul Ecclesiam esse missionalem(⊕ an authentically eucharistic Church is a missionary Church) 진정한 성찬의 교회는 선교하는 교회입니다(2007.2.22. "Sacramentum Caritatis" 중에서).

Ecclesiam suam. 에클레시암 수암(교황 바오로 6세가 즉위 후 1964. 8. 6. 자신의 교황직 수행에 관한 first 밝힌 첫 회칙).

Ecclesiástes, -æ, m.(히브리어 Qoheleth) 코헬렛, 전도서

Ecclesiastica Hierarchia. 교회 위계(敎會位階)

ecclesiasticum regimen.(⊕ ecclesiastical governance). 교회 통치.

ecclesiásticus, -a, -um, adj. (기관으로서의) 교회의, 성직의, 종교상의. m. 구약성서의 집회서. Accademia ecclesiastico 바티칸 외교관 학교 ecclesia stica 교파 Ad norman ecclesiasticæ disciplinæ. 교회 규칙이 허용하는 한/ anima ecclesiastica. 교회 영혼/ capacitas ecclesiastica. 교회의 능력/ Computus ecclesiasticus. 교회 연대학(성 막시모 지음)/ De cursibus ecclesiasticis. 교회 역년(曆年)/

De ecclesiasticis officiis. 교회 성무에 관하여/ De pressuris ecclesiasticis. 교회의 압력(Atto 주교 지음)/ dogma divinum, cæleste, ecclesiasticum. 신적이고 천상적이며 교회적 교의/ ecclesiastica hierarchia. 교회의 위계 Ecclesiastica rhetorica. 교회 수사학(Ludovicus 지음 1576년)/ historia ecclesiastica. 교회 역사학(⊕ church history)/ Historia ecclesiastica gentis Angelorum. 영국 교회사(베다 존자 지음)/ Historia ecclesiastica nova. 새 교회사/ historiographia ecclesiastica. 교회사학(⊕ ecclesiastical historiography)/ impedimentum juris ecclesiastici. 교회의 법에 근거한 장애/ In ecclesiasticam futuorum, 신학교의 전례교육(1979.6.3. 훈령)/ institutio ecclesiasticæ.(⊕ ecclesiastical institution) 교회의 제도/ institutum ecclesiasticum. 교회 연구소(研究所)/ institutum ecclesiasticum centrale. 교회의 중앙기관/ jejunium ecclesiásticum. 금식재, 대재(大齋)/ Jus Ecclesiasticum Universum. 교회의 일반법(1700년)/ lex ecclesiástica. 교회법, 교회법률/ Ministerium ecclesiasticum. 교회 직책, 교회 직무/ província ecclesiastica. 관구, 수도회 관구/ Reservatum ecclesiasticum. 교회 보류 사항. ('영주에게 속한 영토는 영주의 종교Cujus regio, ejus relio'라는 아우크스부르크 평화조약에 따라 주교나 수도원의 아빠스가 영주인 지역에서 주교나 영주가 루터교로 개종하면 그의 가톨릭 교회의 성직 지위를 잃는다는 규정이다). Scriptores ecclesiastici. 교회 저술가/ Veritas ecclesiastica. 교회의 진리/ vinculis ecclesiastici regiminis. 교회 통치의 유대/ vir ecclesiasticus. 교회사람

ecclesiasticus advocátus. 교회 변호인

ecclesiola in ecclesia. 교회 안의 교회(수도회의 경우), 교회 안의 독실한 신자(백민관 신부 엮음. 백과사전 1, p.926).

ecclesiologia, -æ, f. 교회론(敎會論.⊕ ecclesiology) (교회에 대한 신학. 교회론은 교회의 성격 규명, 권한, 교계제도, 교회의 조직, 그 사명, 기능, 교회 구성원의 성격 규명 등을 연구대상으로 교회학이다. 백민관 신부 엮음, 백과사전 1, p.926).

ecclesiologia communionis. 친교의 교회론

eccos, eccum = ecce eos, ecce eum. cf. ecce2

écdīcus, -i, m. 검사(檢事); 변호사(辯護士). promotor justitiæ. 교구의 검사(敎區 檢事)

ecdúrus = edúrus, -a, -um, adj. 딱딱한, 굳은, 냉혹한

ecdysis, -is, f. (動) 탈피(脫皮, 허물벗기), 벗은 껍질, 허물

ecésis, -is, f. ((植) (외래식물의) 새 땅에서의 발아 및 토착

Ecétra, -æ, f. Volsci족의 수도

ecf… V. eff…

ecfarcio… V. eff…

Echécrates, -is, m. Phlius인, Platon의 친구

echenéis, -ĭdis, f. 빨판상어(remora, -æ, f.)

echidna¹ -æ, f. Hércules가 퇴치한 Lerna의 물뱀. adj. echidnéus, -a, -um. canis echidna. 머리 셋 달린 개 Cérberus.

echídna² -æ, f. (動) 뱀의 암놈, 독사(毒蛇), 고슴도치의 일종(호주 등지에 서식하는 작은 난생포유동물).

echínades, -um, f., pl. Achelóus 하구(河口)에 있는 군도.

echínus, -i, m. (動) 섬게(극피동물의 성게類에 딸린 동물을 통틀어 이르는 말. 성게), 고슴도치, 밤송이(껍질), 술잔 씻는 그릇, 소금그릇, 술잔 놓는 나무쟁반. (建) Doris인들의 건축 양식의 기둥 관판(冠板)을 바치는 만두형 쇠시리.

Echíon, -ónis, m. 용의 이빨에서 나왔다는 용사의 한사람

Echiónides, -æ, m. Echíon의 아들

ēchō¹ -us, f. 메아리, 산울림, 반향(反響)

Echo² -us, f. 미남 Narcíssus를 사모하여 애만 태우다 말라죽어 바위로 변하고 목소리만 남았다는 님프(nympha).

echóĭcus, -a, -um, adj. 메아리의, 산울림의, 반향성(反響性)의, 의성(擬聲)의.

eclecticismus, -i, m. 절충주의.(⊕ eclecticism) [m. syncretismus -i(교부문헌 총서 8. p.57)]. Error ipsius methodi est eclecticismus, qui tamen in se

opinationes etiam historicismi contegere potest.
절충주의는 방법상의 오류인데, 그 속에는 또한 역사주의
(historicismus)의 주장도 숨어 있을 수 있습니다.

eclípsis, -is, f. (天) 식(蝕), 월식(月蝕),
日蝕(defectio solis/deliquium solis/obscurátĭo solis),
이지러짐, 탈락, 소실(消失), 빛 잃음.

eclípticus, -a, -um, adj. (일.월)식의

éclŏga, -æ, f. 발췌 시, 시선(詩選)

eclogárĭus, -i, m. (écloga) 선문(選文), 발췌(拔萃)

ecnéphĭas, -æ, m. 구름에서 몰아쳐 오는 바람

economia, V. œconomĭa

ecóntra, adv. (cf. contra) 그와 반대로

écphŏra, -æ, f. 돌출부(突出部)

Ecphonesis. (그리스어) 기도의 발성 결어.
(기도의 다른 부분은 속으로 외우고 마지막 결어 부분만 큰소리로 하는 기도 형식.
백민관 신부 엮음, 백과사전 1, p.930).

ecquándo, adv., interr.
일찍이 언제…?, 언제 한번, 도대체 언제?

ecqui, ecquæ(ecqua), ecquod, adj., interr.
도대체 어떤?, 무슨?

ecquid, pron., interr. 도대체 무엇이?
(부사적) 뭐…란 말이냐?

Ecquid honestum erat dominus tuus?
네 주인이 과연 정직한 사람이더냐?

ecquínam, **ecquǽnam**, **ecquódnam**, adj., interr.
= ecqui, ecquæ, ecquod.

ecquis(nam), **ecquid(nam)**, pron., interr.
도대체 누구?, 도대체 무엇이?

Ecquis venit? Nemo. 도대체 누가 오긴 왔나? 아무도 안 왔소

Ecquis vivit hodie fortunatus sicut me?
오늘날 나만큼 운 좋은 사람이 도대체 누구일까?

ecquo, adv. 도대체 어디로?

écstăsis∗ -is, f. 무아(無我)의 경지, 황홀경, 광희(狂喜).
(心.宗) 탈혼 상태(脫魂狀態), 몰아(沒我).
(신비신학 용어로서 기도나 덕성에서 하느님과의 일치 상태에 이르러 자연적인
생활 상태를 벗어나 영혼이 자연적인 장애를 떠난 상태.
백민관 신부 엮음, 백과사전 1, pp.930～931).

écstăsis excessus. 황홀한 탈혼 상태

éctypus, -a, -um, adj. 부각된, 탁본(拓本)의, 탑본(榻本)의.

ecu… V. **equu**…

eczéma, -ătis, n. (醫) 습진(濕疹), 버짐

edacior, -or -us, adj. ĕdax, -ácis의 비교급

edacíssimus, -a, -um, adj. ĕdax, -ácis의 최상급

edácítas, -átis, f. 왕성한 식욕, 대식, 폭식(暴食),
탐식(⑩ Gluttony), 과식(過食-지나치게 많이 먹음).

ĕdax, -ácis, adj. 대식(탐식.폭식) 하는,
파고드는 듯한, 에는 듯한, 쑤시는.
edáces curæ. 쑤시는 듯한 근심/
Tempus edax rerum. 모든 것을 잡아먹는 시간.

ede, 원형 ĕdo¹ ĕdi, ésum, edĕre, tr.
[명령법. 현재 단수 2인칭 ede, 복수 2인칭 edite].
[명령법. 미래 단수 2인칭 edito, 복수 2인칭 editote,
[명령법. 미래 단수 3인칭 edito, 복수 3인칭 edunto]

Ede, dite, lude, post mortem nulla voluptas.
먹어라, 마셔라, 놀아라, 죽은 뒤에는 어떠한 즐거움도 없다.

edénto, -ávi -átum -áre, tr. 이 뽑다

edéntŭlus, -a, -um, adj. 이가 빠진, 이가 없는

édĕpol!, adv.(interj.) ((e+de+Pollux)) 맹세코, 정말!.
Fecisti, edepol, et recte et bene! 자넨 진정 제대로 잘 했어!.

édĕra(=hédera) -æ, f. (植) 담장나무

ēdi, "ĕdo¹"의 단순과거(pf.=perfectum)

ēdíco, -díxi -díctum -ĕre, tr. (ex+dico¹) 공포하다,
(게시판 따위에) 공고(공시)하다, 칙령을 내리다.
(결정하여) 발표하다, 통고하다, 알리다, 권장하다.
규정하다, 명하다, 정하다, 명령하다(חקק), 실시하다.

Edico tibi, ne vim facias.
폭력을 쓰지 말도록 네게 명하는 바이다.

edictális, -e, adj. 포고(布告)의, 칙령(勅令)의

edictális lex. 포고령(布告令)

---

edíctĭo, -ónis, f. 발표, 공고, 명령, 칙령(勅令-임금의 명령)

edícto, -ávi -átum -áre, tr.
발표하다, 고시(告示)하다, 공고(공표)하다.

ēdíctum, "edico"의 목적분사(sup.=supínum)

edíctum, -i, n. 집정관의 행정 명령, 법령(法令.꺼),
(각급 관서.군부대의) 지시.명령, 포고령(布告令),
칙령(勅令-임금의 명령), (원로원의) 회의 소집공고(명령),
(개인적인) 명령, 지시, 발표, 보고, 칙령, 공한(公翰),
설명고시(告示-일반에게 널리 알림).
derogátórĭum edictum. 철폐규정(撤廢規定).

Edictum Mediolanense. 밀라노 칙령(313년 종교자유 칙령)

Edictum Milanensie. (⑩ Edict of Milan) 밀라노 관용론(로마
제국 내에서 그리스도교 신앙의 자유를 허용한다는 포고의 형식으로 발표된 令).

Edictum Namnetense. 낭트 칙령(1598년 4월 13일 앙리 4세 서명)

edictum prætori. 법무관 고시(法務官 告示)

Edictum restitutionis. 복위 칙령(勅令).
(1552년 Passau 협약 이후 프로테스탄트 교회에게 빼앗긴 교회 재산의 반환을
정한 Ferdinand 2세의 1629년 칙령. 백민관 신부 엮음. 백과사전 3, p.324).

Edictum Theodorici. 테오도릭 칙령

Edictum Wormatiense(獨 Wormser Edict) 보름스 칙령

ēdĭdi, "ĕdo²"의 단순과거(pf.=perfectum)

ēdĭdĭci, "edísco"의 단순과거(pf.=perfectum)

edim, (古) =edam, prœ., subj. (edo¹)

edísco, -dídĭci -ĕre, tr. (ex+disco)
외다, 암송(暗誦)하다, 배워 익히다.

edíssĕro, -rŭi, -sértum, -ĕre, tr. 전체를 설명하다,
자세히 설명하다, 명백히 하다, 밝히다.

edissértĭo, -ónis, f. 서술(敍述)

edissérto, -ávi -átum -áre, tr.
자세히 설명(說明)하다.자세히 해석(解釋)하다.

édíta, -órum, n., pl. 명령, 높은 곳

Editæ Sæpe, 성 가롤로 보로메오 300주기(1910.3.26.)

editícĭus, -a, -um, adj. 지명 선발된.

Editícii júdices. 원고 측에 의해 지명 선발된 재판관

edítĭo, -ónis, f. 출판, 간행, 발행, 분만, 출산,
개최(開催), 개정(開廷), 설명(說明), 보고(報告).
editiones sacræ Scripturæ. 성서 출판/
Recipitur vulgata editio bibliæ præscribiturque modus
interpretandi sacram scripturam etc. 라틴어 불가타본
성경의 수용과 성서 해석 방식에 대한 규정들.

editio critica. 비평판(批評板)

editio prima. 제 일판(第一版-초판)

editio princeps. 기본판(基本版)

Editio typica.(⑩ Typical Edition) 표준판(editiones typicæ)

editior, -or, -us, adj. editus, -a, -um의 비교급

editissimus, -a, -um, adj. editus, -a, -um의 최상급

éditor, -óris, m. (edo²) 출판자, 발행인, 개최자

ēdítum, "ĕdo²"의 목적분사(sup.=supínum)

édítus, -a, -um, p.p., a.p. 나온, 출신의, 공표된,
출판 된, 높은, 솟아 있는, 뛰어난, 탁월한. n. 높은 곳.
víribus editus. 힘이 더 센.

edita scripta 간행물(刊行物)

ĕdo¹ ĕdi, ĕsum, edĕre, tr. 먹다(אכל.מאכ), 먹어 치우다,
소비하다, 탕진하다, 침식(侵蝕)하다, 좀먹어 들어가다.
edo sermónem. 말을 정신 차려(놓치지) 않고) 듣다.
변칙 활용의 경우: prœs., indic.: es, est, estis, estur,
= edis, edit, éditis, éditur; impf., subj.: essem etc.
= éderem etc.; imperat.: es, este, esto, estóte, = ede,
édite, édito, editóte; inf.: esse = edere; prœs., subj.
(古) edim, -is etc. = edam, -as etc,
Edisti sermonem tuum. 너는 네 말을 식언했다/
Quasi mures, semper édimus aliénum cibum.
우리는 쥐들처럼 늘 남의 밥만 먹고 있다(quasi 참조)/
Si quis dives est, ille edit, quando vult; si quis pauper
est, ille edit, quando habet, quod edat.
만일 누가 부자라면 그가 먹고 싶을 때 먹는다.
그러나 만일 누가 가난하면 먹을 것이 있을 때(먹을
것을 가지고 있을 때에나) 먹는다.

edo 동사는 규칙적 활용을 하는 제3활용 동사이지만,
직설법 현재, 접속법 미완료, 명령법, 현재부정법에서
esse와 같은 활용을 가지는 수가 있다.

인칭		직설법 현재	접속법 미완료
sg.	1	edo	éderem 또는 essem
	2	edis 또는 es	éderes 또는 esses
	3	edit 또는 est	éderet 또는 esset
pl.	1	édimus	ederémus 또는 essétis
	2	éditis 또는 estis	ederétis 또는 essétis
	3	edunt	éderent 또는 essent
		명령법 현재	명령법 미래
sg.	2	ede 또는 es	édito 또는 esto
	3	-	édito 또는 esto
pl.	2	édite 또는 este	editóte 또는 estóte
	3	-	edúnto

-현재부정법은 édere 또는 esse를 쓴다.
-수동형으로 éditur(estur), ederétur(essétur)도 간혹 있다.
-édo²edīdi, eītum, edère, 와 혼동하지 말 것
(한동일 지음, 카르페 라틴어 부록, p.26)

ĕdo² edīdi, edītum, edēre, tr. (ex+do) **내보내다**, 내놓다,
내다, 배설(排泄)하다, **낳다**(תֹלְדֹ,יָלַד), 산출하다.
출판하다, 발행(간행)하다, 발표하다, 공표(公表)하다,
말(이야기)하다, 설명하다, 알리다, 통보하다, 퍼뜨리다,
신탁(信託)을 알리다, 임명하다, 선정(選定)하다,
(법정에) 제출하다, 제시하다, 고소하다, 선포하다,
결정하다, 명령하다, 거행하다, 개최하다, 드러내다,
보이다, 생기게(일어나게)하다, 벌이다, 저지르다,
(어떤 결과를) 낳다.내다, 자행(恣行-방자하게 행동함. 또는
그 행동)하다, 높이다, 높은 곳에 가져가다.
Edisti sermónem tuum. 너는 네 말을 식언했다/
edo ánimam. 죽다/
edo alqm in lucem(luci) (아기를) 낳다/
edo clamórem. 고함치다/
edo corpus super equum. 말에 오르다/
edo exémplum. 모범을 보이다/
edo júdices. 재판관을 선정하다/
edo pugnam. 전투를 벌이다/
Opínio erat édita in vulgus.
그 소문이 민간에 파다하게 퍼졌다.

ĕdo³ -ónis, m. 대식가(大食家), 폭식가(暴食家)

edocénter, adv. 교훈적으로

edócĕo, -ũi, -ctum, -ére, tr. (ex+dóceo)
(누구에게 무엇을) 철저히 가르치다,
상세히 일러주다, 교훈(敎訓)하다.
ab illo cuncta edóctus. 그한테 모든 것을 교육받은.

édŏlo, -ávi -átum -áre, tr. (ex+dolo) 다듬다, 건목 치다,
깎아서(잘라서) 만들다, 매끈하게 완성하다, 끝손질하다.

Edom, indecl. m. Esāū의 별명(Gen. 36.1)

édŏmo, -mũi -mĭtum -áre, tr. (ex+domo)
완전히 길들이다, 정복하다, 억제(抑制)하다, 억누르다.

ēdórmĭo, -ívi -ítum -íre, intr. 실컷 자다, 늘어지게 자다.
tr. 푹 자면서 술을 삭히다,
잠자면서 시간 보내다.허비(虛費)하다,
(연극에서) 아무가 술 취해서 잠자는 역을 하다.

ēdormísco, -ère, tr., inch. 실컷 자다, 자고 나서 술을 깨다.
edormísco unum somnum. 한잠 푹 자다

ēdŏmĭtum, "edomo"의 목적분사(sup.=supínum)

ēdŏmui, "edomo"의 단순과거(pf.=perfectum)

ēdormívi, "edormio"의 단순과거(pf.=perfectum),
"edormisco"의 단순과거(pf.=perfectum).

ēdŭcátĭo, -ónis, f. 교육(敎育.παιδεία), 훈련(訓練)
어린이 양육(養育), (짐승) 길들임.
In universum affirmari potest catechesim esse
educationem in fide impertiendam pueris, iuvenibus,
adultis(⑨ All in all, it can be taken here that catechesis
is an education of children, young people and adults in
the faith) 대체로 말해서, 교리교육이란 어린이와 젊은이

그리고 어른들에게 신앙을 가르치는 교육이라고 할 수
있겠습니다(교황 요한 바오로 2세의 1979.10.16. "Catechesi tradendæ" 중에서)/
unitas totius processus educationis. 유기적 통일성.

Educátĭo catholica 가톨릭 교육(敎育)

Educátĭo christĭana. 신앙 교육(信仰 敎育)

Educatio liturgica.(⑨ Liturgical Education.
獨 Erziehung liturgische) 전례 교육.

ēdŭcátīvus, -a, -um, adj. 교육적(敎育的)

ēdŭcátor, -óris, m. 교사(διδάσκαλος.⑨ Teacher),
교육자(敎育者), 양육자(養育者), 아버지, 길들이는 자.

ēdŭcátrix, -ícis, f. 교육하는 여자, 양육하는 여자, 어머니.

édŭco¹ -ávi -átum -áre, tr. 양육하다, 가르치다,
기르다(יְרָב.רבה), 교육하다, 길들이다, 훈련시키다
in alcjs disciplínā educátus. 누구의 교육을 받은.

édŭco² -dúxi -dúctum -ĕre, tr. (ex+duco)
끌어(끄집어) 내다, 빼내다, 법정으로 소환하다,
이끌고 나오다, 인솔해(인도해) 나오다,
교육하다, 높이다, 치켜 올리다.
educo aram cælo. 제단을 하늘까지 높이다
educo alqm in jus. 아무를 법관 앞에 나오게 하다
educo cópias (e) castris. 군대를 진막에서 인솔해 나오다
educo gládium e vagínā. 칼을 칼집에서 뽑다
educo in astra. 하늘까지 치켜 올리다, 찬양하다.

ēductum, "éduco²"의 목적분사(sup.=supínum)

ĕdúlis, -e, adj. (edo¹) 먹을 수 있는, 식용의; n., pl. 식료품

ĕdúlĭum, -i, n. 식료품(food.食料品)

ēdúro, -áre, (ex+duro) intr. 계속하다(되다).
tr. 굳게 하다, 힘든 일에 익숙해지다.

ēdúrus, -a, -um, adj. 딱딱한, 굳은, 냉혹한, 무정한

ēduxi, "éduco²"의 단순과거(pf.=perfectum)

edýllĭum(=idýllĭum), -i, n.
소화체 시(小話體 詩), (특히) 목가(牧歌), 전원시.

effábĭlis, -e, adj. 형언할 만한

effarci, 원형 effárcĭo(=effárcĭo), (-férsi), -fér(cī)tum, -íre,
[명령법. 현재 단수 2인칭 effarci = efferci = ecfarci
복수 2인칭 effarcite = effercite = ecfarcite].
Agite, porro pergite : bibite, este, ecfarcite vos!
자, 어서 들어라! 마셔라! 먹어라! 너희 배를 실컷 채워라!

effárcĭo = ecfárcĭo = effércĭo 가득 채우다, 채워 넣다

effascinátĭo, -ónis, f. 마술 걸기, 매혹시킴

effátum, -i, n. 발언, 명제, 예언, 격언(格言), 금언(金言)

effátus, -us, m. 말(λόγος.ρήμα-름), 발언(發言)

effēci, "efficĭo"의 단순과거(pf.=perfectum)

efféctĭo, -ónis, f. 실행, 실현, 완성, 효력, 효과, 동인

effectívus, -a, -um, adj. 효과를 내는, 결과를 가져오는,
실효(實效) 있는, 실지의, 실제의.
effectivum primum. 제일 능동자(能動者)/
qualitas effectiva. 감동적 성질(感動的 性質).

efféctor, -óris, m. 창조자(創造者), 제작자,
효과를 내는 인자(因子); 작동체(作動體).

efféctrix, -ícis, f. 만드는 여자, 창작자, 인자(因子)

effectum, "efficĭo"의 목적분사(sup.=supínum)

Effectum ex opere operato. 사효적(事效的) 효과

effectum infinitum. 무한한 결과

effectum ordinatio. 인과적 안배

efféctus¹ -a, -um, p.p., a.p.
된, 만들어진, 이루어진, 완성된, 성취(成就)된.

efféctus² -us, m. **결과**, 성과, 완성(完成), 실제(實際)
효과, 실효(實效); 효력(效力), 효능(效能), 효험(效驗).
aut effectu aut affectu. 실제로나 마음으로나/
Causa cessante cessat effectus. = Sublata causa tollitur
effectus. 원인이 그치면 그 결과도 그친다/
cum efféctu. 실제로, 결과를 동반하며/
De efféctu huius sacramenti. 이 성사의 효과에 대하여/
De mirabili effectu divini amoris.
천상적 사랑의 기묘한 효과(준주성범 제3권 5장)/
Et huius ratio est quia effectus particularis sunt cause
particulares, et effectus universalis sunt cause

397

universales. 이것이 그런 이유는 특수한 결과에 대해 특수한 원인들이 있고, 보편적 결과에 대해 보편적 원인들이 있기 때문이다(스콜라 철학에서의 개체화, p.619 참조)/
impossibile sit effectum precedere causam in esse. 존재에서 결과가 원인보다 앞설 수는 없다(단테 제정론, p.198)/
in efféctu esse 완성되었다/
multoque pulchriora multoque ornatiora ac longe politiora effecta fuisse. 훨씬 아름답고 훨씬 잘 꾸며지고 훨씬 우아하게 가꾸어진 것/
necesse sit productionem effectus preoperari causam. 결과를 생성해내려면 먼저 원인이 작용해야 한다. (성 염 옮김, 단테 제정론, p.198)/
proprius effectus Dei. 하느님의 고유한 작용/
sine ullo effectu. 아무런 성과(成果)도 없이/
totus prædestinátĭónis effectus. 전체로서의 예정의 결과/
ultimus effectus. 마지막 결과/
Utrum pax sit proprĭus effectus cáritátis? 평화는 애덕의 고유한 결과인가?.

Effectus Baptismi. 세례 효과([영] Effects of Baptism)
Effectus Confirmátĭonis([영] Effects of Confirmátĭon). 견진의 효과.
effectus demonstrans. 증명하여 주는 결과
effectus deveniens ex actione humana. 인간적 행위에서 발생하는 결과.
effectus devolutívus. 집행 진행의 효과
Effectus Euchárístiæ([영] Effects of the Euchárist). 성체성사의 효과.
Effectus fidei. 신앙의 효과([영] Effects of faith)
Effectus gratiæ. 은총의 효과([영] Effects of Grace)
effectus gubernationis. 통치의 결과
effectus peccati. 죄의 결과
effectus per accidens. 부수적 결과, 우유를 통한 작용
effectus per se. 본래적(본연의) 결과
effectus primus. 제1결과
effectus propria. 고유적 결과
effectus rei judicatæ. 기판사항의 효과
Effectus sacramenti Ordĭnis.([영] Effects of sacrament of Holy Order). 성품성사의 효과.
Effectus sacramenti Pœnitentiæ. 고해성사의 효과
Effectus sacramentorum([영] Effects of the sacraments). 성사의 효과.
effectus secundus. 제2결과, 부수적 효과
effectus spirituales. 영적 효과(靈的 效果)
effectus suspensivus. 집행 정지의 효과
effectus visíbĭlis 가시적 결과(可視的 結果)
effeminátus, -a, -um, p.p., a.p. 여자처럼 된, 여성적인, 유약(연약)한. m. 여성화된 자(=**sylla**²-æ, m.).
effémĭno, -ávi -átum -áre, tr. (ex+fémina) 여자로 만들다, 여자같이 만들다, 여자처럼 나약해지다
efferátus, -a, -um, p.p., a.p. 사나와진, 야만스러워진, 야생적인, 야성적(野性的)인, 난폭(亂暴)한, 억센.
efférbŭi, pf. (effervésco)
effércĭo(=effárcĭo), (-férsi), -fér(cĭ)tum, -íre, tr. (ex+fárcio) 가득 채우다, 채워 넣다.
éffĕrens, -éntis, p.prœs, 가지고 나가는. ((解)) (혈관이) 수출성(輸出性)의, 도출(導出)하는.
effĕrĭtas, -átis, f. 야수성(野獸性), 야만성(野蠻性), 잔인(殘忍-인정이 없고 몹시 모짊).
éffĕro¹ -ávi -átum -áre, tr. (ex+ferus) 사납게 만들다, 야성적이 되게 하다, 억세어지게 하다, 야만성을 풍기게 하다, 잔인(殘忍)해지게 하다.
éffĕro² éxtŭli, elátum, -férre, tr., anom. (ex+fero) 가지고 나가다(나오다), 밖으로 내가다. 운반해 나오다, 데리고 나오다, 올려가다, 쳐들다, 높이 올리다, (땅이) 산출하다, 내다, (말로) 표시하다, 발표하다, 설명하다, 표현하다, 털어놓다, 퍼뜨리다, 증가시키다, (값을) 올리다, 들어 높이다, 치켜세우다, 칭찬(격찬)하다, 드러나다, 보이다, 자랑하다, 교만(驕慢)해지다, 우쭐하다, 어떤 감정에 사로잡히다, 들뜨다, 부풀다, 못 견디다, 참다, 견디어 내다.
alqm ad summum impérium effero. 아무에게 최고 통수권(統帥權)을 부여하다/
alqm láudibus effero. 아무를 극구 찬송(讚頌)하다/
clamórem effero. 함성(喊聲)을 올리다/
Comítia ista me lætítiā extulérunt. 그 국민회의가 나를 무척 기쁘게 했다/
eláta manus. 쳐든 손/
eláti spe. 희망에 부푼 사람들/
ex navi effero. 배에서 (짐을) 부리다/
Me magnífice éffero. 나는 굉장히 우쭐 해진다/
singulária pluráliter effero. 단수를 복수로 표시하다/
supérbiā se éfferens. 교만할 대로 교만해진/
Tu iram semper efferis, id ego moleste fero. 너는 항상 화를 쏟아내고, 나는 성가시게도 그것을 당하기만 하는구나/
Vides peccatum tuum esse elatum foras, neque iam id celare posse te uxorem. 너는 네 죄가 밖으로 퍼져나갔음을 알고 있으며 네 아내한테도 숨길 수 없음을 알고 있지/
Virtus se éxtulit. 덕망(能力)이 드러났다.
Effĕro stúdio… vidéndi. 나는 보고 싶어 못 견디겠다.
effértus, -a, -um, p.p., a.p. 가득 찬
efferbui, "effervesco"의 단순과거(pf.=perfectum)
effersi, "effercio"의 단순과거(pf.=perfectum)
éffĕrus, -a, -um, adj. (ex+ferus) 사나운, 야생의, 야생적, 야만의, 가혹(苛酷)한, 잔인(殘忍)한.
effera proles. 맹수(猛獸).
efférvĕo, -ére, intr. (ex+férveo) 끓다, 끓어 넘치다
effervésco, -férvi(-bŭi) -ĕre, intr. (ex+fervésco) 뜨거워지다, 끓어오르다, 격노(격분)하다.
efférvo, -ĕre, intr. 끓어 넘치다, 부글부글 끓다
Effetha, 열려라(아람어)
Effetha-Ritus.([영] Ephphetha Rite.[獨] Effata-Ritus) 열려라 예식.
effétus, -a, -um, adj. (ex+fetus²) 새끼 낳은, 산고(産苦)에 지친; 핍진한, 기진맥진한.
efficácĭa, -æ, f. 효과, 효험(效驗-일의 좋은 보람), 효능(效能), 효력(效力), 주효(奏效-效力이 나타남),
efficácĭa ex opere operantis. 인효적(人效的) 효력
efficácĭa ex opere operato. 사효적(事效的) 효력
efficácĭa moralis. 정신적 효력
efficácĭa physica. 물리적 효력
efficácĭtas, -átis, f. 힘(δνὺαμις.[영] Power), 능력(能力.δνὺαμις), 효력(效力), 영향(影響).
Omnia complectens Eucharistici cultus efficacitas. ([영] The all-encompassing effect of eucharistic worship) 모든 것을 포괄하는 성찬 예배의 효과.
efficaciter, efficacius, efficacissime, adj. 효과적인, 유효한. ([영] effectually, to good effect, so as to take effect in law).
ea verba audire quæ unum sacerdotis os potest efficaciter effari([영] ardently they desire to hear the words that only the lips of a priest can efficaciously utter) 사제의 입으로 선포해야 효력이 있는 그 말씀을 듣고자 하는 그들의 열렬한 바람.
éfficax, -ácis, adj, 효과를 내는, 효과 있는, 유효한, 실효(實效) 있는, 효험 있는, 성공적인, 확실히… 하는, 유능한, 실력 있는.
De vera intelligentia auxilii efficacis. 효과적인 도움의 참다운 인식에 대하여(1655년)/
gratia efficax 효능 은총/
perefficax medium gratiæ unitatis.([영] a very effective means of petitioning for the grace of unity) 일치의 은총을 얻어내는 효과적인 방법.
Effice, frangatur janua. 문을 부수어라(efficio 참조)
effícĭens, -éntis, p.prœs., a.p. 이루는, 결과를 내는, 효과적, 작용적, 만들어 내는 (자), 가져다주는 (자), adv. **effícĭenter**, 능률적(能率的)으로, 효과적으로.

causa efficiens. 능동인, 작용인/
Virtus efficiens est voluptátis.
덕은 즐거움을 가져다주는 것이다.
efficiens est malævoluntatis.(교부문헌 총서 16, 신국론. p.1258)
악한 의지를 만들어내겠는가?.
efficiens fidelitas. 창조적 충실성(1996.3.25. "Vita Consecrata" 중에서)
efficiens primum. 제일 능동자.
Si nwque sic nec sic-quod nec dat esse in virtute
alterius nec capit esse ab alio-ipsum est primum
efficiens. 다른 존재의 능력으로 존재를 부여하지도 않고
다른 존재에 의해 자신의 존재를 취하지 않는다면
그것은 제일 능동자이다(김현태 지음. 둔스 스코투스. p.232).
efficiéntia, -æ, f. 작용, 효과, 주효(奏效-효력이 나타남),
능력(能力.δυναμις), 능률(能率), 효율(效率).
**Efficiéntia potest considerári vel ut est passio
metaphysica vel passio physica.**
능동성은 형이상학적 혹은 물리적 특성으로 고려될 수 있다.
effício, efféci, efféctum, effícere, tr. (ex+fácio)
만들다(ㄱㄷㄱ), 장만하다, **이루다**, 형성하다, 이룩하다, 해내다,
성취하다, 완성하다(ㄱㄷㄴ.ㄱㄷ), 성과를 거두다, **일으키다**,
초래하다, 결과(효과)를 내다, (이익 따위를) 내다,
생기게 하다, (땅이) 생산(산출)하다, 이르게 하다,
(도합 얼마가) 되게 하다, 이행(수행)하다,
실천(실행)하다, …로 **만들다**, 되게 하다,
로 하여금 …**게 하다**, 논증하다, 증명하다, 추론하다.
Aqua túrbida morbos éfficit.
더러운 물이 여러 가지 병(病)을 생기게 한다.
Efficie, frangatur janua. 문을 부수어라/
efficio, ut …게 하다/
effícitur, ut … 결론이 나오다, 결과가 되다, …게 된다/
efficiuntur divínæ consortes naturæ(⑨ become partakers
of the divine nature) 신적 본성에 참여하는 자/
jucúndam senectútem efficio. 노년기를 즐겁게 만들다/
jussa paréntis efficio. 아버지의 명령을 이행하다/
minus efficio. 성과를 덜 거두다(성과가 좋지 않다)/
Nihil est, quod deus effícere non possit.
신이 이루지 못할 것은 하나도 없다/
pontem efficio. 다리를 놓다/
Virtus sola, si adest, vitam effícit beatam.
덕성만이, 만일 있다면, 삶을 행복하게 만든다/
Totam rem efficiamus, quandoquidem coepimus.
일에 손을 댄 이상 전부 끝마치도록 합시다/
virtus motiva efficiens. 작용함으로써 운동시키는 힘.
efficio unam ex duábus legiónibus.
두 군단을 하나로 편성(編成)하다.
efficit, 원형 effício, efféci, efféctum, effícere, tr.
[직설법 현재. 단수 1인칭 efficio, 2인칭 efficis, 3인칭 **efficit**,
복수 1인칭 efficimus, 2인칭 efficitis, 3인칭 efficiunt]
effictio, -ónis, f. 초상(肖像-어떤 사람의 얼굴이나 모습).
(修) 묘사(描寫), 표현(表現).
effictum, "effingo"의 목적분사(sup.=supínum)
effígies, -ei(effigia, -æ) f. 모습(模襲.ㄱㄷㄴ),
모상(ㄱㄷㄱ.ㄷㄷㄱ), 형상(形象), 상(像),
초상(肖像-어떤 사람의 얼굴이나 모습),
우상(ㄱㄷㄷ). ㄷㄱㄷ.ㄹㄴ.ㅇㅁㄷ,
조상(彫像-돌이나 나무.금속 따위에 형체를 조각함), 석상(石像),
동상(銅像), 비슷함, 흡사, 유사(類似), 영상(影像);
유령(幽靈), 기백(氣魄), 기상(氣象), 모범(模範).
effígio, -ávi -átum -áre, tr. 형상(모양을) 만들다
effinxi, "effingo"의 단순과거(pf.=perfectum)
effingo, -fínxi -fíctum -ĕre, tr. (ex+fingo) 표현하다,
모상을 나타내다, **표상하다**, 재생하다, 실상을 그리다,
복사하다, (석상.목상.동상.석고상 등을) 조작하다,
(말.글 따위로) 묘사(표현)하다, 닦아내다.
해면(海綿)으로 씻어내다, 문지르다, 쓰다듬다.
efflāgĭtátĭo, -ónis, f. 간청(懇請), 졸라 댐
efflāgĭtátus, -us, m. 간청(懇請), 강청(强請), 강요
efflágĭto, -ávi -átum -áre, tr. (ex+flágito)

간청하다(ㄱㄷㄴ.ㄱㄷ.προσευχομαι),
끈질기게 요구하다, 조르다, 탄원하다(προσευχομαι).
éfflĕo, -ére, tr. (ex+fleo) 몹시 울다, 눈이 붓도록 울다.
efflíctim, adv. 격렬하게, 심하게, 매우
efflícto, -áre, tr., freq. 때려죽이다
efflictum, "effligo"의 목적분사(sup.=supínum)
efflígo, -flíxi -flíctum, -ĕre, tr. (ex+inusit. fligo)
강타하다, 때려눕히다, 죽이다.
efflíxi, "effligo"의 단순과거(pf.=perfectum)
efflo, -ávi -átum -áre, tr. (ex+flo)
불어 내보내다, 내뿜다. efflo ánimam. 죽다.
efflorésco, -rŭi, -ĕre, intr., inch. (ex+florésco)
만발하다, 피어나다, 꽃이녹다, 번성(번영)하다.
éfflŭo, -flúxi, -ĕre, intr. (ex+fluo) 흘러나오다,
흘러넘치다, 빠져나오다, 미끄러져 떨어지다,
(말.소문 따위가) 퍼져 나가다, 알려지다,
기억에서 사라지다, 잊혀 지다, (때가) 지나가다,
(기운이) 사라지다, 지쳐버리다.
ex ánimo tuo effluo. 네 마음에서 잊혀 지다/
prima effluxio Dei creatum primum.
신의 첫째 발출이요 최초의 피조물.
efflúvĭum, -i, n. 흘러 나감, 호수의 물이 빠져나가는 곳
effluxi, "effluo"의 단순과거(pf.=perfectum)
effluxum, "effluo"의 목적분사(sup.=supínum)
effóco, -áre, tr.[ex+foces(fauces)]
질식(窒息)시키다, 숨 막히게 하다.
effōdi, "effódĭo"의 단순과거(pf.=perfectum)
effódĭo, -fódi, -fóssum -ĕre, tr. (ex+fódio)
파내다(ㄱㄷㄴ), 캐내다, 파서 만들다, 눈알을 도려내다,
에어내다, 파헤치다, 샅샅이 뒤지다, 엄밀히 검열하다.
effor, -fátus sum, -ári, dep., tr.[ex+for(fari)]
격식을 갖추어 말하다, 점쳐주다, 점잖게 말하다,
이야기하다, 형언(形言)하다, 명제를 내놓다.
effor templum. (일정한 형식의 말과 기도로) 신전
자리를 점쳐서 신성하게 하다.
efformátĭo conscientiæ. 양심의 형성(良心形成)
effórmo, -ávi -átum -áre, tr. (ex+formo)
형성하다, 꼴 잡다, 제조(製造)하다.
effossum, "effodio"의 목적분사(sup.=supínum)
effráctor, -óris(=effráctárĭus, -i) m.
(벽.문.자물쇠 따위를) 부수고 침입하는 도둑.
effractum, "effringo"의 목적분사(sup.=supínum)
effrēgi, "effringo"의 단순과거(pf.=perfectum)
effrenátĭo, -ónis, f. 방종, 제멋대로 함, 분방(奔放)
effrēnátus, -a, -um, p.p., a.p. 재갈(굴레) 벗은,
고삐 풀린, 단속되지 않은, 무절제한, 속박을 벗어난,
방종(放縱-아무 거리낌 없이 함부로 행동함)한, 제멋대로의.
effréno, -ávi -átum -áre, tr. (ex+frenum)
재갈을 벗겨주다, 고삐를 풀어주다,
제멋대로 (자유로이) 가게 내버려두다.
effrénus, -a, -um, adj. (ex+frenum) 재갈 벗은,
굴레 없는, 고삐 풀린, 속박을 벗은, 방종(放縱)한.
capitalismus effrenus. 방종한 자본주의.
éffrĭco, -fríxi, -fricátum, -áre, tr. (ex+frico)
문질러 닦아내다, 비벼서 벗기다.
effríngo, -frégi -fráctum -ĕre, (ex+frango)
tr. 깨뜨리다, 부수고 열다; 쳐부수다, 분쇄하다.
intr. 깨어지다, 부서지다.
effrixi, "effrico"의 단순과거(pf.=perfectum)
effrons, -óntis, adj. (ex+frons⁹)
부끄러움을 모르는, 뻔뻔스러운.
effúdi, "effúndo"의 단순과거(pf.=perfectum)
effúdit, 원형 effúndo, effúdi effúsum effúndĕre, tr.
[직설법 현재.
단수 1인칭 effudi, 2인칭 effudisti, 3인칭 **effudit**,
복수 1인칭 effudimus, 2인칭 effudistis, 3인칭 effuderunt]
effugátĭo, -ónis, f. 도피(逃避), 탈주(脫走), 도망
effuge, 원형 effúgĭo, -fúgi, (fugitúrus), -ĕre, (ex+fúgio)

E

[명령법. 현재 단수 2인칭 effuge, 복수 2인칭 effugite].
Effuge qua potes. 너는 도망할 수 있는 데까지 도망해라.
effūgi, "effugio"의 단순과거(pf.=perfectum)
effúgĭo, -fúgi, (fugitúrus), -ĕre, (ex+fúgio)
tr. 피하다, 면하다, 벗어나다.
intr. 달아나다(ערק), 도망가다(ערק), 탈주(脫走)하다,
벗어나다, 빠져나가다.
Alios effugere, te numquam potes. 네가 타인들을 간혹 피할 수 있겠지만 너 자신은 결코 못 피한다.
effúgĭum, -i, n. 도피(逃避), 도주(逃走), 도망, 탈주(脫走), 도피방법(수단), 탈출구(脫出口).
éffŭgo, -ávi -átum -áre, tr. (ex+fugo)
쫓아버리다, 격퇴(擊退)하다.
effúlgĕo, -fúlsi, -ére, intr. (ex+fúlgeo) 빛나다,
번쩍거리다, 찬찬히 비치다, 두드러지다, 돋보이다.
effulsi, "effulgeo"의 단순과거(pf.=perfectum)
effúltus, -a, -um, a.p. …에 기댄, 의지한
effundétur, 원형 effúdi effúsum effundĕre, tr.
[직설법 미래 수동형
단수 1인칭 effundar, 2인칭 effunderis, 3인칭 **effundetur**,
복수 1인칭 effundemur, 2인칭 effundemini, 3인칭 effundentur]
Qui pro vobis et pro multis effundetur in remissionem peccatorum.([영] Which will be poured out for you and for many for the forgiveness of sin)
죄를 사하여 주려고 너희와 모든 이를 위하여 흘릴 피다.
effúndo, effúdi effúsum effundĕre, tr. (ex+fundo²)
엎지르다, **쏟다**, **퍼붓다**(מטר), (눈물 따위를) **흘리다**,
넘쳐흐르게 하다, 내보내다, **쏟아 놓다**, 내던지다,
내쫓다, 낭비하다, 물 쓰듯 하다, 탕진하다,
풍성하게 산출하다(내다), 다량(多量)으로 생산하다,
(생각.감정 따위를) 털어놓다, 터뜨리다, 발산시키다,
(소리를) 내다, 울려 퍼지게 하다, 늦추다, 눅이다,
파묻히다, 몰두(沒頭)하다, 열중하다, 깊이 빠지다,
탐닉(耽溺-어떤 일을 몹시 즐겨서 거기에 빠짐)하다.
effúndere habénas.(habena 참조)
고삐를 늦추어 주다, (말을) 빨리 달리게 하다/
Equus effúndit équitem. 말이 기병을 내동댕이친다/
imber effúsus. 억수같이 쏟아지는 비/
preces effúndo. 기도(祈禱)하다/
se effúndo, effúndi. 넘치다, (군중 따위가) 쏟아져 나오다/
tela effúndo. 화살을 퍼붓다.
effundo extrémum spíritum. 죽다
effundo iram in *alqm*. 누구에게 분노를 터뜨리다
effundo saccos nummórum. 돈주머니를 쏟아놓다
effúsĭo, -ónis, f. 유출(流出), 쏟아져 나옴,
쇄도(殺到-어떤 곳을 향하여 세차게 달려듦), 낭비(浪費),
방종(放縱), 무절제, (기쁨이) 넘쳐흐름, 환락(歡樂).
(醫) 삼출(滲出-액체가 스며 배어 나옴), 누출(漏出).
Effusio Spiritus Sancti([영] Outpouring of the Holy Spirit).
성령 강림.
effūsum, "effundo"의 목적분사(sup.=supínum)
effúsus, -a, -um, p.p., a.p. 흘러넘치는, 풍요한,
넓게 퍼진, 펼쳐진, 확대된, 광대한, 관대(寬大)한,
아낌없는, 헤픈, 씀씀이가 큰, 풀어 헤쳐진, 해이한,
무절제한, 자유분방(自由奔放)한, 구속받지 않은.
effútĭo, -ívi(ĭi) -ítum -íre tr. (ex+inusit. fútio)
경솔히(함부로) 지껄이다, 누설하다, 수다 떨다, 재잘대다.
effútŭo, -fútŭi, -fŭtútum, -ĕre, tr.
(방탕생활로) 낭비하다, 주색에 빠져 체력을 소모하다.
ēgélĭdus, -a, -um, adj. (ex+gélidus)
찬 기운이 가셔진, 시원한.
ĕgens, -éntis, p.prœs., a.p. (무엇이) 없는, 부족한,
결핍(缺乏)한, 빼앗긴, 가난한, 빈곤한.
ĕgénus, -a, -um, adj. (무엇이) 없는, 부족한,
결핍(缺乏)한, 결함(缺陷) 있는, 가난한, 빈곤한.
égĕo, -ŭi -ére, intr. (무엇이) **없다**, 부족하다(חסר),
결핍(缺乏)하다, 궁색(窮塞)하다, 곤궁(困窮)하다,
(무엇이) **아쉽다**, 필요하다(חסר), 원하다, 바라다,
(무엇이) 있어야 한다.
Alterum alterius auxilio eget.
사람마다 타인의 도움이 필요한 법.
Egérĭa, -æ, f. 예언하는 샘의 요정(妖精) 중의 하나.
Numa Pompílius 왕의 고문(顧問).
('나르다 egero' 라는 동사에서 나왔다고 설명. 교부문헌 총서 15, 신국론, p.778).
egérĭes, -éi, f. 배설(排泄), 배설물(排泄物)
égĕro, -géssi, -géstum -ĕre, tr. (ex+gero) 꺼내다,
날라 내다, 약탈(掠奪)하다, 치우다, 내보내다,
내쫓다(תרר), 내몰다, 장사 지내다.
ēgessi, "egero"의 단순과거(pf.=perfectum)
égĕstas, -átis, f. 빈곤(貧困.[영] poverty-가난),
빈궁(貧窮), 궁핍(窮乏), 결핍(缺乏), 부족, 결함(缺陷).
Veritatis esca et egestas hominis.([영] The food of truth and human need) 진리의 양식과 인간의 빈곤/
vis egestas injustitia solitudo infamia. hocin sæclum!
o scelera, o genera sacrilega, o hominem inpium.
폭력에다 가난에다 불의에다 고독에다 수치라!
빌어먹을 세상, 저 못된 짓, 천벌 받을 종자,
양심 없는 남자 같으니!(성 염 지음, 사랑만이 진리를 깨닫게 한다, p.458).
ēgéstĭo, -ónis, f. 반출(搬出-운반하여 냄), 약탈(掠奪),
탈취(奪取-남의 것을 억지로 빼앗아 가짐), 치움, 제거(除去).
ēgestum, "egero"의 목적분사(sup.=supínum)
ĕgestŭósus, -a, -um, adj. 몹시 가난한
ēgi, "ago"의 단순과거(pf.=perfectum)
ēgígno, -ĕre, tr. (ex+gigno) 낳다, 산출하다, 내다
Egiunto a quest Ufficio, (1968.2.2. 서한)
전례 개혁을 위한 기준과 규범(基準 規範).
ego, mei, mihi, me, me, m., f. pron. person.
[Ego는 라틴어 1인칭 대명사 '나'를 가리키는 말로 사람이 자기 자신에 대하여 다른 사람에 대하여 가지는 자아의식의 주체를 말한다. 심층심리학의 비조(鼻祖) Freud가 이 말을 정신분석학에서 처음으로 학문적으로 썼다….
백민관 신부 엮음, 백과사전 1, p.947
주어가 인칭대명사일 경우 일반적으로 생략된다. 특히 1·2인칭 대명사는 특별한 강조나 대조 등의 표현을 나타내지 않는 경우, 대부분 생략한다. 동사의 어미(용장) 활용, 즉 동사의 어미변화 자체가 인칭의 뜻을 내포하고 있기 때문에 문장 안에서 인칭대명사인 주어를 생략할 수 있다.
한동일 지음, 카르페 라틴어 2권, p.3]
나(ἐγὼ), 자아(自我). alter ego. 다른 나, 제2의 나/
Consul ego quæsívi. 집정관인 내가 조사했다/
égomet. 나 자신, 내가 직접/egóne? 나란 말이냐?/
Et ego ad nihilum redactus sum et nescivi. 나는 무로 돌아가 없어졌어도 몰랐사옵니다(최민순 옮김, 어둔 밤, p.44)/
Haud dubie igitur ego etĭam sum. si me fallit.
만일 내가 속는다면, 나는 또한 존재함에 의심의 여지가 없다(데카르트)/
in mei memóriam. 나를 기념하여, 나의 기념으로/
Locutusque est Dominus ad Moysen dicens: "Ego Dominus. (evla,lhsen de. o` qeo.j pro.j Mwush/n kai. ei=pen pro.j auvto,n evgw. ku,rioj) ([獨] Und Gott redete mit Mose und sprach zu ihm: Ich bin der HERR) ([영] God also said to Moses, I am the LORD) 하느님께서 모세에게 이르셨다. 나는 야훼다(성경 탈출 6, 2)/하느님께서 모세에게 말씀하셨다. 나는 야훼다(공동번역 출애굽기 6, 2)/
me cónsule. 내가 집정관으로 있는 동안/
non-Ego, 비아(非我)/
Non sum ego Christus. 나는 그리스도가 아니다(요한 1, 20)/
numquid me morare quin ego liber, ut justi, siem?
그러니까 나더러 자유민, 말하자면 법률상의 시민이 되지 못하는 한 잠자코 있으라는 말인가.
(성 염 지음, 사랑만이 진리를 깨닫게 한다, p.453)/
Proximus sum egomet mihi.
나에게 가장 가까운 사람은 (그래도) 나 뿐!/
quia ipse ego sum!(evgw, eivmi auvto,j)
([獨] ik ben het zelf) ([프] c'est bien moi)
([영] that it is I myself) 바로 나다(성경 루카 24, 39)/
틀림없이 나다!(공동번역)/바로 나입니다(200주년 성서)/
Quod isti et istæ, cur non ego? 이 남자, 저 여자들이 한 것을 나라고 못할 것이냐?(성 아우구스티노)/
Tibi ego rationem reddam?
내가 네게 이유를 설명해야겠느냐?

인칭 대명사

	S. 1	S. 2	S. 3
Nom.	ego	tu	
Gen.	mei(나를, 나에 대한)	tui (너를, 너에 대한)	sui(자기를, -에 대한)
Dat.	mihi	tibi	sibi
Acc.	me	te	se
Abl.	me	te	se

	P. 1	P. 2	P. 3
Nom.	nos	vos	
Gen.	nostri(nostrum) 분할 속격	vestri(vestrum) 분할 속격	sui
Dat.	nobis (우리 중의)	vobis (너희 중의)	sibi
Acc.	nos	vos	se
Abl.	nobis	vobis	se

N.B. • 인칭대명사의 속격 mei, sui, nostri, vestri, sui는 객어적 속격 (gen. objectívus)이라는 것으로서, '를, 에 대한'의 뜻을 가진다.
• 분할 속격(gen. partitívus)은 복수 1,2 인칭에만 있다
(한동일 지음, 카르페 라틴어 부록, p.9)

Ego a meis me amári póstulo.
나는 내 가족들에게 사랑 받기를 원한다.

Ego autem in medio vestrum sum sicut qui ministrat.
(觉 I am among you as one who serves).
나는 섬기는 사람으로 너희 가운데에 있다.(루카 22, 27).

Ego autem sum vermis et non homo opprobrium hominum et abiectio plebis. 나는 사람도 아닌
구더기, 세상에도 천더기, 사람들의 조롱거리.

ego cogitans. 사고하는 나

Ego dico: contemne; Evangelium loquitur: cave.
제가 말하는 것이라면 멸시하십시오. 그러나 복음서가
말하고 있다면 조심하십시오(최익철 신부 옮김, 요한 서간 강해, p.463).

Ego dormio. 나는 잔다.

Ego dormio et cor meum vigilat.
나는 잠자리에 들었어도 정신은 말짱하다.

Ego ei respondissem, si mihi repondisset.
그가 나에게 답신했더라면 나도 그에게 답신했을 텐데.

Ego enim per legem legi mortuus sum, ut Deo vivam. Christo confixus sum cruci.(觉 For through the law I died to the law, that I might live for God. I have been crucified with Christ) 나는 하느님을 위하여 살려고,
율법과 관련해서는 이미 율법으로 말미암아 죽었습니다.
나는 그리스도와 함께 십자가에 못 박혔습니다(갈라 2, 19).
[동작 또는 행동으로써 '누구에게 또는 무엇에' 어떤 이익이나 편리 또는 손해가
미침을 표시하기 위하여 쓰는 때가 많다. 이해관계를 당하는 이러한
여격을 '이해 여격'이라 한다. 우리말로는 가끔 '누구를(무엇을) 위하여,
…때문에, 대하여' 등으로 번역하게 되는 것이며, 라틴어에 있어서도 그 여격
대신에 가끔 pro를 쓰기도 한다.
황치헌 신부 지음, 미사 통상문을 위한 라틴어, p.52].

Ego et Pater unum sumus.아버지와 나는 하나다(성경 요한 10, 30)

Ego et tu díscimus. 나와 너는 배우고 있다

Ego factus sum opprobrio illis.
나는 그들에게 치욕이 되었도다(시편).

Ego hominem feci, non adulterium.
나는 사람을 만들었지 간음을 만들지는 않았다.

Ego hominem feci, non avaritiam.
나는 사람을 만들었지 탐욕을 만들지는 않았다.

Ego hominem feci, non latrocinium.
나는 사람을 만들었지 강도질을 만들지는 않았다.

Ego ibo pro te. 내가 너 대신에 가겠다.

Ego ille ipse factus sum.
내가 바로 그 사람이 되었다(내가 그 꼴이 되었다).

Ego illi et vos et nos omnes équidem moriémur.
그들도, 너희들도, 그리고 우리들도 다 확실히 죽을 것이다.

Ego illud ita feci ac lubens.
나는 그것을 이렇게 했으며 그리고 기꺼이 했다.

Ego in verba nullius magistri jurare addictus sum.
나는 그 어느 스승의 말을 빌려 맹세할 의무가 전혀 없다.

Ego in Patre, et Pater in me est.
내가 아버지 안에 있고 아버지께서 내 안에 계신다.

Ego ipse veniam. 내 몸소 오겠다.

Ego istuc sátis scio. 나는 그것을 충분히 잘 알고 있다.

Ego jam prospiciam mihi. 나 이제는 몸조심 하련다.

Ego male, ille bene; et quod ego bene, ab illo bene; nam a me quidquid ago male.
나는 악하게 행동하고, 그분께서는 선하게 일하십니다.
내가 선하게 행한 것이 있다면 그것은 그분으로
말미암은 것입니다.(최익철 신부 옮김, 요한 서간 강해, p.345).

Ego me amare hanc fateor ; si id peccare est, fateor id quoque. 나는 이 여자를 사랑한다고 고백한다.
그것이 잘못하는 것이라면 잘못이라고 고백하리라.

Ego medicus curo, Deus sanat.
의사인 내가 돌보니 하느님이 낫게 하시더라.

Ego mihi placui. 나는 내 자신이 대견했다.

Ego nunc fácio, quod tu post annum fácies.
나는 네가 1년 후에나 할 것을 지금 하고 있다.
(속문의 내용이 주문의 내용보다 나중에 되는 것임을 표시하기 위해서는 그
논리적 의미에 따라서 주문의 시칭보다 후에 있는 시칭을 쓰면 된다. 이와
같이 직설법 속문의 시칭이 그 지배주문과의 관계에서 보다 그 속문
자체가 지니는 논리적 의미, 또는 접속사의 요구에 따라서 결정되어야 하는
경우도 가끔 있다. 이것은 곧 직설법 시칭의 자립용법인 것으로서, 특히
관계문이나 직설법 의문문의 시간 같은 데서 가끔 만나게 된다).

Ego occidam et ego vivere faciam.
나는 죽이기도 하고 살리기도 한다(신명 32, 39).

Ego pars et hereditas tua.(민수 18, 20)
네가 받을 몫과 상속 재산은 바로 나다(성경 민수 18, 20)/
네가 차지할 몫이요, 유산이다(공동번역 민수 18, 20).

Ego peccator homo sum, sed iniquus non sum.
누구도 '나는 죄인이지만 악인은 아니다'고 말해서는
안됩니다.(최익철 신부 옮김, 요한 서간 강해, p.209).

Ego philosophíæ semper vaco.
나는 언제나 철학연구에 종사하고 있다.

Ego plantavi, Apollo rigavit.
나는 심고 아폴로는 물을 주었다.

Ego primus et ego novíssimus, et absque me non est Deus.(성경 이사 44, 6)
나는 처음이며 나는 마지막이다. 나 말고 다른 신은 없다.

Ego quasi agnus mansuetus.
나는 온순한 어린 양(고양)과 같다.

Ego qui hoc sciébam. 이것을 알고 있던 내가.
Tu, qui hoc sciébas. 이것을 알고 있던 네가.
(1. 2인칭의 인칭대명사가 선행사인 경우에는 그것을 따라가는 주격
관계문의 인칭도 인칭대명사에 일치되어야 한다).

Ego quoque aliquid sum
나도 어느 정도 가치 있는 존재이다.

Ego sédeo, tu ámbulas. 나는 앉아 있고, 너는 거닐고 있다

Ego sum Alpha et Omega, primus et novíssimus, principium et finis. 나는 알파이며 오메가요,
처음이며 마지막이요, 시작이며 끝이다.

Ego sum Deus Abraham et Deus Isaac et Deus Iacob.
[I am the God of Abraham, (the) God of Isaac, and (the) God of Jacob] 나는 아브라함의 하느님, 이사악의 하느님,
야곱의 하느님이다(성경 마르 12, 26).

Ego sum, ego existo, quoties a me profertur, vel mente concipitur, necessario esse verum.
내가 있다, 내가 존재한다는 것은 그것이 나에 의해 말해
지고 정신에 의해 파악될 때마다 필연적으로 참이다.

Ego sum, esti me fallit.
나를 속이고 있다 해도 나는 존재 한다.

Ego sum lux mundi.(觉 I am the light of the world)
나는 세상의 빛이다.(요한 8, 12)

Ego sum ostium; per me, si quis introierit, salvabitur.
나는 문이다. 누구든지 나를 통하여 들어오면 구원을 받는다.

Ego sum panis vivus, qui de cælo descendi.
(觉 I am the living bread that came down from heaven)
나는 하늘에서 내려온 살아 있는 빵이다

Ego sum puer, tu es vir. 나는 아이고 당신은 어른이오!

Ego sum qui sum. (觉 I am who am) (我是自有者)
(獨 Ich bin, der ich bin) (프 JE SUIS QUI JE SERAI)
"나는 '있는 나'다"(성경 탈출기)/나는 곧 나다(공동번역 출애 3, 14).

Ego sum resurrectio et vita. Qui credit in me, etsi mortuus fuerit, vivet.(⑨ I am the resurrection and the life; whoever believes in me, even if he dies, will live)
　나는 부활이요 생명이다.
　나를 믿는 사람은 죽더라도 살 것이다(요한 11. 25).
Ego sum via, veritas et vita.
(⑨ I am the way and the truth and the life)
　나는 길이요 진리요 생명이다(성경.공동번역 요한 14. 6)
Ego sum vitæ dubius. 나는 생명에 대해 자신이 없다.
Ego sum vitis, vos palmites.(⑨ I am the vine, you are the branches) 나는 포도나무요 너희는 가지다(요한 15. 5).
Ego te absolvo. 내가 너를 사하되
Ego te Baptizo. 내가 너를 씻기되
Ego te Baptizo in nomine Patris et Filii et Spiritus Sancti. Amen. 나는 성부와 성자와 성령의 이름으로
　당신에게 세례를 줍니다. 아멘.
Ego te intus et in cute novi.
　나는 너를 안팎으로 잘 알고 있다.
Ego te linio (가슴과 두 어깨 사이에 예비신자 성유를
바르며) + oleo salutis in Christo (목례하며) Iesu Domino nostro, ut habeas vitam æternam.
　나는 그대가 영원한 생명을 얻게 하기 위하여 우리 주
　(목례하며) 예수 그리스도를 통하여 그대에게 구원의
　성유를 (가슴과 두 어깨 사이에 예비신자 성유를 바르며)
　+ 바릅니다. [출처] 라틴·한글 전통 유아 성세성사 예식서.
Ego te, quális sis, scio.
　나는, 네가 어떤 (性稟의) 사람인지를 안다.
Ego tibi a vi nihil præsto possum.
　나는 폭력에 대해서 네게 아무 것도 책임질 수 없다.
Ego tibi ea narro quæ tu melius scis. 나는 네가
　(나보다) 더 잘 아는 바를 너한테 이야기하는 중이다.
　[타동사의 상당수는 대격으로 나오는 직접 목적어(…을 더불어)와 더불어 간접
　목적어(…에게)를 여격으로 갖는다. "주다, 맡기다, 지시하다" 등의 수여동사verba
　dandi와 일부 전치사(ad, ante, cum, de, ex, in, inter, ob, post, sub, super)와
　합성된 동사의 여격 목적어를 많이 볼 수 있다. 성 염 지음, 고전 라틴어, p.391].
Ego tibi videor damnandus esse eo crimine.
　네게는 내가 그 죄목으로 단죄되어야할 자로 생각되는
　모양이다. (인칭적으로 활용된 연계동사로서의 vidéri는 다른 동사의
　부정법을 주격으로 지배한다. 그러므로 'esse+분사' 또는 동사활용의 부정법
　에 있어서는 그 분사들은 부설명어의 규칙대로 주어의 성, 수를 따르는 주격
　으로 써야 하는 것이다. 이런 경우의 부정법에서는 가끔 조동사 esse앞이
　주격의 분사만 쓰는 수가 있다. 허창덕 지음, Syntaxis Linguæ Latinæ, p.333).
ego trascendental. 초절적 자아(超絶的 自我)
ego tribus primis verbis. 나는 첫마디부터
Ego tu sum, tu es ego: unanimi sumus.
　나는 너고 너는 나다. 우리는 한마음이다.
Ego veni, ut vitam habeant.
　나는 그들이 생명을 얻게 하려고 왔다.
Ego vero cupio. 나는 진정으로 원한다.
Ego vero Evangelio non crederm, nisi me catholicæ Ecclesiæ commoveret auctoritas.
　가톨릭 교회의 권위가 나를 움직이지 못한다면,
　아무리 참된 복음이라 해도 나는 그것을 믿지 않으리라.
Ego vero exspectábo ea, nec exigam.
　나는 그것들을 기다리기는 하겠지만 강요하지 않겠다.
Ego vero fâteor. 그러나 나는 고백한다.
Ego vivo. 나는 살아 있다.
Ego vobis Romæ propitius ero.
　내가 로마에서 너희를 돕겠다.(이나시오는 조국 스페인을 위해 싸우다
　가 부상을 입고 병원에 입원 중 '그리스도의 생애'와 '성인들의 꽃'을 읽고 회심
　하여 '영성 수련Exercitia Spiritualia'이란 묵상 지침서를 썼다. 그 후 파리에서
　수학하던 중 친구들을 모아 영성 수련을 시킨 후 동지로 삼고, 청빈과 정결
　서원을 한 후 교황을 위한 사도직에 투신하기로 결심하고 그들과 영원한 동지로
　결속되어 로마로 가던 중 로마 북쪽 9마일 La Storta에서 "Ego vobis Romæ
　propitius ero"라는 환청을 듣고 로마에 가서 '예수회'라는 수도회를 창설하였다.
　그리스도교 영성 역사, p.108).
Ego vos salvos sistam. 내가 너희를 안전하게 해주겠다.
egoísmus, -i, m. (倫) 이기주의(⑨ Selfishness),
　이기설(利己說), 이기심, 자기중심, 자기 본위.
　adj. egoístĭcus, -a, -um. 이기주의적.
egoísta, -æ, m. (f.) 이기주의자
egomet, 나 자신(내가 직접),

Hæc egomet sæpe mecum.(교회문헌총서 1. 치쁘리아누스, p.35).
　이런 것들이 자주 내 주위를 맴돌고 있었어.
Egomet mihi ignosco(Horatius).
　내 스스로 내 자신에게 관용하는 법을 배우노라.
Egóne? 내가?, 나란 말이냐?(-ne⁶참조)
Egone gloriæ cupidus sum?
　영광을 탐하는 것이 그래 나란 말이냐?
Egone ut te interpellem? 내가 너한테 호소를 해?
　(놀라움이나 억울함 등을 표시하기 위해서, 어떤 드러난 주문의 지배를 받지
　않고 독립적으로 ut와 함께 접속법을 쓰는 수가 있다.)
egredere, 원형 égrédĭor, dep. (ex+grádior)
　[명령법. 현재 단수 2인칭 egredere, 복수 2인칭 egredimini].
Egrédere, egredere, vir sanguinum et vir Belial!.
　꺼져라, 꺼져! 이 살인자야, 이 무뢰한아!.(성경 2사무 16. 7).
Egredere ex urbe, Catilina! 카틸리나여, 로마를 떠나라!
égrédĭor, (-děris, -dĭtur), egréssus sum, egrédi,
　dep. (ex+grádior)
　intr. 걸어 나오다, 나가다(בכו), 상륙(上陸)하다,
　　배에서 내리다, 올라가다(סלק.רום.אלה.עלה).
　　(修) 이탈(離脫)하다, 벗어나다.
　　(軍) 출전하다, 전장으로 나가다, 행군하다, 출동하다.
　Egredi cum copiis. 군대를 거느리고 출동하다/
　egredior a propósito. 주제에서 이탈(離脫)하다/
　egredior ex navi. 배에서 나가다(egredior navi)/
　egredior in terram. 상륙(上陸)하다.
　tr. 지나가다(עבר.חלף), 넘다, 넘어가다,
　　추월(追越)하다, 초과(超過)하다.
　fines egredior. 국경선(國境線)을 넘다/
　egredior modum. 도를 넘다/
　Egrediamur foras. 들에 나가자(창세 4. 8)/
　Fratrem interfecit frater. 형이 아우를 죽입니다.
egrégĭum, -i, n. 명예(名譽.⑨ Honor), 위대한 업적,
　영광(דובֿכֿ.δόξα.⑨ glory), 탁월성, 비범한 공로.
egrégĭus, -a, -um, adj. (ex+grex) 고른, 뽑아낸,
　선택된, 뛰어난, 탁월(卓越)한, 우수(優秀)한, 훌륭한,
　절묘(絶妙)한, 완벽한, 영광스러운, 존경 받을만한.
　egregia forma. 빼어난 용모(容貌)
Egrégĭus Versificator. 탁월한 시인
egréssĭo, -ónis, f. 나감, 외출, 출발, 상륙, 탈선, 여담.
　Qualis futura sit egressio sanctorum ad videndas
　pœnas malorum. 악인들의 죄벌을 보려고 성도들이
　나오는 정경은 어떠할 것인가(교부문헌 총서 17. 신국론. p.2822).
egréssus, -us, m. 나오는 것, 출발, 떠남, 출구, 결과,
　(배에서의) 상륙, 탈선, 본론에서의 이탈, 퇴회(退會).
egressus coactus. 강요된 퇴회
egressus e religione. 수도원 이탈 거주, 수도원 퇴거
egressus ex ecclesia. 교회 이탈.
　(배교, 분리교, 이단 그 밖의 이유로 세례 받은 신자가 교회의 성원이
　되었다가 교회를 이탈하는 것을 말함… 백민관 신부 엮음. 백과사전 1. p.948).
egressus illicitus. 불법의 퇴회
egressus licitus. 허가된 퇴회
egressus voluntárĭus. 자의의 퇴회
égui, "egeo"의 단순과거(pf.=perfectum)
egúrgĭto, -áre, tr. (ex+gurges) 토하다, 내 쏟다, 내던지다
ehem, interj. 거 참!(기쁨과 놀람의 표시)
Ehem mi vir! Ehem mea uxor! Te ipsum quæro.
　"아이고, 내 남편!" "아이고, 내 아내!"
　"내 바로 당신을 찾던 중이라오"(성 염 지음. 고전 라틴어. p.365].
ěheu, interj. (슬픔.고통의 표시) 아이고!, 아아 슬프도다!.
ěheu, me míserum. 가련하다, 내 신세여!
ei, interj. = hei
Eia, fratres, omnes peccatores ex diabolo nati sunt,
in quantum peccatres. 그렇습니다. 형제 여러분.
　죄인들은 누구나 다 악마로부터 났습니다.
　그래서 죄인들입니다.(최익철 신부 옮김. 요한 서간 강해. p.215).
Eia, fratres, opera adtendamus, non strepitum linguæ.
　자, 형제 여러분, 수다스러운 말이 아니라 행동을 유심히
　봅시다.(최익철 신부 옮김. 요한 서간 강해. p.299).
eícĭo = ejícĭo

eicite, 원형 ejícĭo, -jéci -jéctum -cĕre, tr. (ex+jácio)
[명령법. 현재 단수 2인칭 eice, 복수 2인칭 ecite].
Eicite grátis accepistis grátis date.
너희가 거저 받았으니 거저 주어라.(성경 마태 10, 8)/
여러분은 거저 받았으니 거저 주시오(200주년 신약).
eja, interj. 그래?!(경탄), 자! …해라!(격려)
Eia, age, rumpe moras!. 아이고, 자 이제 그만 꾸물거려!
ejaculátĭo, -ónis, f. 갑작스러운 부르짖음, 절규(絶叫),
(가) 화살기도([영] ejaculátory prayer/aspirátĭon).
ejaculatórĭus, -a, -um, adj.
부르짖는 듯한, 호소의, (生理) 사정(射精)의.
ejácŭlor, -átus sum, -ári, dep., tr.
세게 던지다, 앞으로 쏘아 보내다, 내뿜다.
ējēci, "ejícĭo"의 단순과거(pf.=perfectum)
ejectāméntum, -i, n. 못 쓸 것, 폐물(廢物-못 쓰게 된 물건),
버려진 것, 방기물(放棄物), 분출물(噴出物).
ejéctĭo, -ónis, f. 밖으로 던짐, 내던짐, 제거(除去),
분출(噴出), 배설(排泄), 추방(追放.כְּרִתוּת), 쫓아냄.
(醫) 탈구(脫臼-뼈마디가 접질리어 어긋남. 삠).
ejécto, -ávi -átum -áre, freq., tr. 세게 내던지다,
쫓아내다, 몰아내다, 토하다, 뿜어내다, 분출하다(נבע)
ējectum, "ejícĭo"의 목적분사(sup.=supínum)
ejéctus, -a, -um, p.p., a.p. 내던져진, 추방(追放)된,
파선(破船) 당한, 조난(遭難) 당한, 빈털터리가 된.
m. 추방된 자, 유배자, 거지꼴이 된 자.
n. (건물의) 돌출부, 튀어나온 곳.
ejéro = ejúro, -ávi -átum -áre, tr.
ejícĭo, -jéci -jéctum -cĕre, tr. (ex+jácio)
(밖으로) **내던지다, 내쫓다**(הדח), 추방하다(הדח),
토하다, 분출하다, 유산(流産)하다, 삐다, 뛰어 내리다,
쏟아져 나가다(나오다), 돌진하다, 출격하다,
배를 대다, 상륙시키다, 난파(하게)하다, 조난하다,
내동댕이쳐지다, 암초에 부딪치다, 비난하다, 배척하다.
coxas ejicio. 허리를 삐다/
de civitate ejícere. 도시에서 추방하다/
ejécti. (파선으로 인한) 조난자들/
ejectus domo. 조국에서 추방당한/
eum ego hinc ejeci miserum injustitia mea.
고 가엾은 것을 이 집에서 쫓아내 버렸지.
내 불의한 소치로(성 염 지음, 사랑만이 진리를 깨닫게 한다, p.458)/
in terram navem ejicio. 배를 육지에 대다/
Naves in líttore ejéctæ sunt.
배들이 바닷가에서 난파(難破)하였다.
ējicio *alqm* in exsílium. 아무를 귀양 보내다.
ējicio curam ex ánimo. 마음에서 걱정을 몰아내다
ejŭlátĭo, -ónis, f. 비탄(悲嘆), 통곡(慟哭), 울부짖음
ejulátus, -us, m. 비탄(悲嘆-슬퍼하여 탄식함), 통곡(慟哭).
totam ejulatu persono régiam.
온 궁중에 통곡소리를 울려 퍼지게 하다.
ejŭlo, -ávi -átum -áre, intr. 비탄하다, 통곡하다, 크게 울다
ejúncĭdus, -a, -um, adj. (ex+júncidus) 가냘픈, 파리한
ejūrátĭo, -ónis, f. 사직(辭職-직무를 그만두고 물러남),
퇴직, 포기(抛棄.[영] Abandonment-버리고 돌아보지 아니함).
ejúro(=ejéro), -ávi -átum -áre, tr. (ex+juro)
맹세로써 거절(거부.반대.기피)하다,
맹세하며 부인하다, (직무를 충실히 이행하였음을
맹세하면서) 관직을 사퇴(辭退)하다, 퇴직(退職)하다,
포기(抛棄)하다, 버리다, 단절하다, 단념(斷念)하다.
ejus, 원형 is, ea, id, pron., demonstr.
[m. 단수 주격 is, 속격 **ejus**, 여격 ei, 대격 eum, 탈격 eo.
N.B. '그의, 그들의"라고 표현할 때에는 지시대명사 is, ea, id의 속격인 ejus,
eorum, earum을 쓴다. 이때에 소유되는 사물의 성, 수, 격을 따르지 않고,
소유주의 수와 성을 따른다. 황치헌 신부 지음, 미사 통상문을 위한 라틴어, p.392].
Ejus accidens per accidens. 우유적인 우유
Ejus artus laborábant. 그는 관절염(關節炎)을 앓는다.
ejus causa. 그 사람 때문에
Ejus in obitu nostro presentĭa muniamur.
우리 임종 때에 성 베네딕도께서 함께 하시어 보호하소서.
Ejus rei testimónio est, quod bellum non íntulit.
그것의 증거는 그가 전쟁을 초래하지 않았다는 것이다.
Ejusdem fárinæ 같은 통속이다(같은 밀가루의)
eiusdem sacramenti una traditio.
동일하고 거룩한 위탁에서 유래하는 유일한 전승.
ejusdémmŏdi, gen. qualit. (idem+modus)
같은 모양의, 같은 종류의.
ejúsmŏdi, gen. qualit. (is+modus) 이러한, 그러한,
reduco ejúsmodi exémplum. 그런 전례를 다시 끌어들이다.
Eiusmodi exsultatio Iesum quodammodo inducit ut etiam plura dicat([영] This 'rejoicing' in a certain sense prompts Jesus to say still more) 기쁨에 그토록 마음이
설레게 되었을 때 예수님께서는 한 걸음 더 나아가
이렇게 말씀하셨습니다(1986.5.18. "Dominum et vivificantem" 중에서).
eklámpsĭa, -æ, f. (醫) 갑작스러운 경련, 급성 간질병
El(히브리어.[영] God.[라] Deus) 하느님(한글-라틴사전 참고)
elábor, (-ĕris, -ĭtur) -lápsus sum -lábi, intr.
빠져나가다, 미끄러져 나가다, 도망치다, 탈주하다,
(법망 따위를) 벗어나다, (벌 따위를) 면하다, 피하다,
떨어지다, 빠지다, 사라지다, 없어지다, 지나가다,
tr. 도망치다, 빠져나가다, 피하다.
ēlābōrátĭo, -ónis, f. 공들여 만듦, 세밀한 손질, 정성들임,
애쓴 작품, 노작(勞作-힘들여 만듦), 역작(力作-힘들여서 만든 작품).
ēlābóro, -ávi -átum -áre, (ex+labóre)
intr. 열심히 일하다, 애쓰다, 노력하다.
tr. 정성 들여(공들여) 만들다, 애써 해내다,
정교하게 고안하여 만들어내다,
(문장 따위를) 다듬어 작성하다.
ĕlæempórĭa, -æ, f. 식용유 장사(기름 파는 직업)
elæosácchăra, -órum, n., pl. (藥) 유당제(乳糖劑)
elamentábĭlis, -e, adj. 비탄할, 울어야 할, 한심한
ēlanguésco, -gúi, -ĕre, intr., inch. (ex+lángueo)
쇠약해지다, 힘이 빠지다(풀리다).
ēlangui, "ēlanguésco"의 단순과거(pf.=perfectum)
ēlánguĭdus, -a, -um, adj.
쇠약(衰弱)한, 몹시 피로해진, 병에 시달리는.
ēlăpĭdátus, -a, -um, adj. (ex+lapis)
밭에서 돌을 골라낸, 돌을 제거(除去)한.
ēláquĕo, -ávi -átum -áre, tr. (ex+láqueus)
올가미를 풀어주다, 석방(釋放)하다.
ēlárgĭor, -ítus sum, -íri, dep., tr. (ex+lárgior)
후하게(듬뿍) 주다.
elástĭcus, -a, -um, adj.
신축성(伸縮性) 있는, 융통성(融通性) 있는, 탄력성의.
élăta, -æ, f. 나뭇가지 끝, 우듬지(꼭대기),
elata palmarum. 종려나무가지 화관(花冠)
elátĭo, -ónis, f. 들어 올림, 상승(上昇), 고상함,
고양(高揚-정신이나 기분 따위를 드높임), 향상(向上),
위대함(גָּדֵל), 숭고(고상)함, 마음의 흥분, 열광(熱狂),
부풀어 오름, 고조(高潮), 우쭐함(驕慢),
교만(驕慢-잘난 체하여 뽐내고 버릇이 없음.[영] pride).
Elátĭonem fugere. 자만심(自慢心)을 멀리하라.
elátĭo et inflátĭo. 교만과 불손(不遜).
élătro, -ávi -átum -áre, tr. (ex+latro[1]) 짖어대다, 소리 지르다
ēlātum, "effero"의 목적분사(sup.=supínum)
elátus[1] -a, -um, p.p., a.p. (소리가) 높은), 격조 높은,
부풀어 오른, 고상한, 교만한, 우쭐해진.
eláta manus. 쳐든 손/eláti spe. 희망에 부푼 사람들/
Quid est Paulus? Modicus. Ergo quando Saulus, superbus, elatus; quando Paulus, humilis, modicus.
바오로란 무슨 뜻입니까? '작다'는 뜻입니다. 그가 사울
이었을 때는 교만하고 거만했습니다. 그러나 바오로가
되었을 때는 겸손하고 보잘 것 없었습니다.
[아우구스티노는 '조금'이라는 뜻을 지닌 부사 '파울로(paulo)'와 '작은'이라는
뜻을 지닌 형용사 '파울루스(paulus)'를 바오로의 이름 'paulus)' 연계하여
수사학적으로 설명하고 있다. 최익철 신부 옮김, 요한 서간 강해, p.347].
Elea schola. 엘레아학파([영] School of Elea)(기원전 5세기
초 이탈리아 남부의 엘레아에서 생겨난 철학 학파. Xenophanes 주도).
ēlécĕbra, -æ, f. 손님 끄는 여자
electárĭum, -i, n. (藥) 연고(軟膏-반고체 상태의 외용약)

ēléctilis, -e, adj. 선발의, 뽑힌, 선택된

ēléctĭo, -ónis, f. 선택(選擇.⑨ choice), 선거(選擧).
　forma electionis. 선거 방식(選擧方式),
　De electione diei, quo uxor ducitur quove in agro
　aliquid plantatur aut seritur. 아내를 맞거나 나무를
　심거나 씨앗을 뿌리는 날의 택일(교부문헌 총서 17, 신국론, p.2758)/
　Electiones et nominationes fiant in fine Conventus.
　Electiones fiant per suffragia secreta. 선거와 임명은
　총회 끝에 이루어진다. 선거는 비밀 투표로 이루어진다.
electio Canonica. 교회법상 선거, 천거(薦擧)
　[공석으로 있는 교회 직위에 대하여 적당한 후보자 중 선거인단의 자유, 비밀,
　무조건, 확정적 투표로(Per scrutinium) 하는 것, 전원 일치 천거(acclamatio)에
　의한 선거는 교황 선거 때만 할 수 있다. 선거인은 1인1표만 유효. 자선은
　무효이다. 보통 절대다수로 결정되며 교황과 주교좌 성당 참사회 대표의
　선거를 제외하고는 선거결과는 8일 이내에 수락해야 하며 그 기간 중에 재가
　(裁可)되어야 한다. 백민관 신부 엮음, 백과사전 1, p.956].
electio papális. 교황 선거(⑨ Papal election)
electio per acclamátĭonem seu inspirátĭonem*
　전원 일치 호명 선출(全員 一致 呼名 選出).
electio per compromissum*
　대표 위임 선출, 타협에 의한 선거.
electio per quasi-inspirátĭonem. 영감에 의한 선거
electio per scrutinium*
　투표에 의한 선거, 비밀투표 선출(秘密投票 選出).
electio quæ indiget confirmátĭone. 추인이 필요한 선거
electio quæ non eget confirmátĭone.
　추인이 필요하지 않은 선거.
electio simplex. 단순한 선거
electio sollemnis. 성대한 선거
electissimi viri civitátis. 나라의 선량들
ēlectívus, -a, -um, adj. 선거의, 선거에 관한(의한).
　præsciéntĭa electivus. 선택적 예지.
ēlécto¹-áre, freq., tr. 꾀다, 유인(誘引)하다
electo²-áre, freq., tr. 고르다, 선택하다(ᵇᵃᵃᵛ.ᵇᵃᵃᵗ)
elector, -óris, m. 선거인(選擧人)
electrícĭtas, -átis, f. 전기(電氣)
eléctris, -ídis, adj. 호박(琥珀)의
electrólysis, -is, f. (化) 전기분해, 전해(電解-전기분해 준말)
éléctrum, -i, n. (鑛) 황호박, (금과 은의 합금인) 호박금
ēlectum, "eligo"의 목적분사(sup.=supínum)
eléctus¹-a, -um, p.p., a.p. 뽑힌, 선택된, 훌륭한, 기묘한.
　elécti ex cívibus. 시민 중에서 선출된 사람/
　electissimi viri civitátis. 나라의 선량들.
　m. 피선자, 선민(γένος ἐκλεκτὸν.⑨ chosen race),
　그리스도교 신자(로마 8장: 1베드 2, 9-10),
　초대교회에서 영세 지원자가 준비기를 끝내고 이르는 단계,
　즉 유자격자로 뽑힌 사람. 백민관 신부 엮음. 백과사전 1, p.956).
　n., pl. 책에서 발췌한 중요한 대목(이야기나 글 따위의 특정한 부분).
eléctus² -us, m. 선거(選擧), 선택(選擇).
　De paucitate electorum. 간선자(揀選者)가 적음에 대하여.
ēlĕémósyna, -æ, f. 시주(施主) 희사(喜捨-은덕을 베풀어 줌), 애긍(哀矜),
　자선(⑨ Almsgiving/Chárity.ἐλεημοσύνη에서 유래),
　희사금(喜捨金), 구휼금(救恤金-자선금), 헌금(alms의 원이),
　Bonum est facere eleemosynam magis quam thesauros
　auri condere.(⑨ It is better to give alms than to store
　up gold) 금을 쌓아 두는 것보다 자선을 베푸는 것이
　낫다(성경 토빗 12, 8)/
　Contra eorum persuasionem, qui putant sibi non offutura
　peccata, in quibus, cum eleemosynas facerent,
　perstiterunt. 자선을 행하는 한 저지른 죄도 본인에게 해
　롭지 않으리라는 맹신을 반박함.(교부문헌 총서 17, 신국론, p.2826)/
　De opere et eleemosynis. 선행과 자선(Cyprianus 지음)/
　Quod supěrest, date eleemosynam.
　남은 것으로 자선을 베풀어라/
　theca eleemosynarum. 기부금 통/
　ut peccata quæ sunt baptismi aquis, aut pænitentiæ
　lacrymis abluuntur, etiam eleemosynis deleantur.
　세례의 물과 참회의 눈물이 죄를 씻어주지만,
　자선도 죄를 없애줍니다/
　Te eleemosynam, nesciat sinistra quid faciat dextera

tua. 네가 자선을 베풀 때에는 오른손이 하는 일을
　너의 왼손이 모르게 하라/
　Verumtamen, quæ insunt, date eleemosynam.
　그러니 그 속에 담긴 것으로 자선을 베풀어라.
Eleemosynária Apostolica. 사도좌 자선소(慈善所)
　[사도좌 자선소는 교황 직속 기관으로서 교황의 이름으로 가난한 이들을 지원하는
　일을 수행한다(착한목자 제193조). 이곳에서 일정 금액을 however 주요 유럽어로 교황의
　강복장을 신청하여 발급받을 수 있다. 교황 강복장을 발급받기 위해 낸 돈은
　자선활동을 하는 기금으로 사용된다.]
ēlĕémosyrárĭus, -i, m. 시주(施主), 시사(施捨)하는 사람
élĕgans, -ántis, adj. 뛰어난, 훌륭한, 품위 있는, 고상한,
　기품 있는, 정교한, 섬세한, 세련된, 우아(優雅)한,
　(글, 말이) 잘 다듬어진, 적확(的確)한.
　Orátĭo quædam elegantissima. 극히 우아한 연설문.
eleganter, adv. 우아하게 품위 있게
elegántĭa, -æ, f. 뛰어남, 훌륭함, 품위 있음, 우아(優雅),
　기품(氣稟), 고상(高尙-인품이나 학문 정도가 높으며 품위가 있음),
　De elegantiis linguæ latinæ. 라틴어의 우아성(Laurentius Valla 지음)/
　loquendi elegántĭa. 품위 있는 말씨/
　Orationis elegántĭa augetur poëtas legendo.
　연설의 세련미는 시인들의 글을 읽음으로서 향상될 것이다.
elegantia artificia. 미적예술(美的藝術)
elegantissime, adv. eleganter의 최상급.
　Martialis composuit versus elegantissime omnium corpora
　exercebant. 마르티알리스는 모든 라틴 시인들 중 가장
　우아하게 시문을 지었다(성 염 옮김. 고전 라틴어. p.267].
　[Marcus Valerius Martialis: 서기 1세기의 로마 단구시(短句詩)의 대가].
elegantius, adv. eleganter의 비교급
élěgéus(=élěgíus), -a, -um, adj. 애가(哀歌)의
élĕgi, "eligo"의 단순과거(pf.=perfectum)
élĕgi¹-órum, m., pl. 애가(哀歌-슬픈 마음을 읊은 시가. 비가),
　비가(悲歌), 만가(輓歌.挽歌)
élĕgi² pf. (éligo)
élĕgía, -æ, f. 애가(哀歌), 비가(悲歌), 만가(輓歌.挽歌)
élěgíacus, -a, -um, adj. 애가(哀歌)의, 비가(悲歌)의,
　애조(哀調)를 띤, 애수적인.
Eleison. (그리스어) 불쌍히 여기소서, 자비를 베푸소서.
Eleléides, -um, f., pl. Bacchus 신의 여신들
Eléleus, -i, m. Bacchus 신의 별칭
elementárĭus, -a, -um, adj. 초보의, 기초적, 근본원리의
eleméntum, -i, n. 원소(元素), 요소, 성분, 지점(支點),
　(古哲) 주로 pl. (자연계 구성의) 기본요소,
　4대 원소(=ignis, aqua, aër, terra). pl. 자모, 알파벳.
　pl. (학문.예술.기술의) 원리, 원칙; 기초, 초보.
　De mixtione elementorum. 원소들의 혼합론/
　Elementa celebrátĭonis euchárĭsticæ Missa.
　성찬례의 요소들.(⑨ Elements in the Mass)/
　Elementa celebrátĭonis liturgicæ. 전례 거행의 요소들
　(⑨ Elements of liturgical celebrátĭon)/
　elementa essentĭália materialia. 질료적 본질요소/
　elementa linguæ Latinæ. 중급 라틴어/
　Elementa philosophiæ Aristotelico Thomisticæ.
　아리스토텔레스와 토마스 철학의 근본 요소/
　elementa rerum. 원소(元素)/
　elementa sanctificationis et veritatis.(⑨ the elements of
　sanctification and truth) 성화와 진리의 요소들/
　Elementa theologicæ. 신학요강/
　elementária schola.
　초등학교(ludus litterarius/schola primária)/
　Liber physicæ Elementorum. 기본 자연과학.
　(Hildegard 1098～1179.9.17. 지음)/
　plura elementa sanctificationis et veritatis.
　성화와 진리의 많은 요소들.
elementum constitutivum objectivum delicti.
　범죄의 객관적 구성요소.
elementum constitutivum subjectivum delicti.
　범죄의 주관적 구성요소.
elementum corporale. 신체적 요소
elementum essentĭale formale. 형상적 본질요소
elementum eucharistica. 성체 축성에 사용하는 빵과 포도주

E

elementum formale. 형상적 요소
elementum invisibile. 불가견적 요소
elementum Juris Canonici. 교회법 요록
elementum materiale. 질료적 요소
elementum mundi. 세계의 요소
elementum spirituale. 영적 요소(substantĭa spirituális)
elementum visibile. 가견적(눈에 보이는) 요소
elénchus, -i, m. 귀고리, 색인(索引), 목록(目錄), 표.
(論) 반대 논증. ignorantĭa elenchi. 논점상위의 오류/
mutáto elenchi. 논점변경의 오류(誤謬).
ĕlĕphantíăsis, -is, f. (醫) 상피병(象皮病),
Græcórum. 희랍 상피병, 나병(癩病).
ĕlĕphantínus, -a, -um, adj. 코끼리의, 상아로 만든(장식된)
ĕlĕphantus, -i, m. [=ĕlĕphas, -ántis, m.]
(動) 코끼리, (시어) 바다괴물, 상아(象牙).
Elephantum ex musca facis.[성 염 지음, 고전 라틴어, p.93]
그대는 파리로 코끼리를 만드는구먼(針小棒大)/
Et erat numerus exercitus eius centum milia peditum
et viginti milia equitum, et elephanti triginta duo docti
ad pr lium.(kai. h=n o` avriqmo,j tw/n duna,mewn auvtou/ e`kato,n
cilia,dej pezw/n kai. ei;kosi cilia,dej i`ppe,wn kai. evle,fantej du,o
kai. tria,konta eivdo,tej po,lemon.. 그 군대는 보병 십만, 기병
이만, 전쟁 훈련을 받은 코끼리가 삼십이 마리였다.(성경)/
그의 군대 수는 보병 십만, 기병 이만, 그리고 전투에 익
숙한 코끼리가 서른 두 마리였다.(공동번역 마카베오 상 6, 30).
ĕlĕphas(=ĕlĕphantus), -ántis,
m. (動) 코끼리(atra fera/bos lucas).
magnitúdine infra elephántos. 크기가 코끼리보다 작은.
ĕlĕphas femina. 암코끼리.
Elevátĭo, -ónis, f. 들어 올림, 높임(® Lifting up),
고양(高揚-정신이나 기분 따위를 드높임), 승급(昇級), 상승,
풍자적인 찬양(讚揚), 비꼬아서 치켜세움.
(가) 거양성체(擧揚聖體.® elevation.獨 Elevation).
[거양 성체 → 성체 거양. 성체 거양은 이 제물을 성부께 바친다는 뜻과 교우들로
모두 경배하도록 하는 두 가지 목적이 있다. 성체를 거양하는 것은 13세기에
프랑스에서 시작했는데, 이는 포도주가 축성되기 전에는 축성된 빵이 실체변화를
하지 않았다고 주장하는 신학자들을 거부하기 위한 것이었다. 옛날 로마 예식,
암브로시오 예식, Mozarabic 예식에서는 성찬기도 끝에 다시 한 번의 성체거양이
있었다. 지금은 "그리스도를 통하여…" 할 때 약간 올린다. 이것을 소거양(elevatio
minor)이라고 한다. 백민관 신부 엮음, 백과사전 1, p.958].
De elevátĭone méntis ad inquirendum Summum Bonum.
최고의 선을 추구하려는 정신의 상승(上昇)/
Elevatio hominis in ordinem supernaturalem.
초자연적 지위로 인간을 높임, 은총의 세계로의 인간의 고양.
elevatio supernaturalis. 초본성적 고양
elevatio supernaturalis et transformativus.
초본성적 변모적 고양.
ĕlĕvi, "elino"의 단순과거(pf.=perfectum)
ĕlĕvo, -ávi -átum -áre, tr. (ex+levo) 들어 높이다,
떠받들다, 일으켜 세우다, 가볍게 하다, 완화하다,
(고통 따위를) 경감하다, 근심을 덜어주다, 낮추다,
깎아 내리다, 비하(卑下)시키다, 약화(弱化)시키다,
(하고 싶은 말을) 참다, 삼키다.
elevans parum Calicem cum Hostia, dicit:
성작(聖爵)과 성체를 약간 들어 올리며 말 한다/
elevat oculos ad cælum. 시선을 위로 향 한다/
Iustitia elevat gentem, vituperium autem populorum
est peccatum. (dikaiosu,nh u`yoi/ e;qnoj evlassonou/si de.
fula,j a`marti,ai) (獨 Gerechtigkeit erhöht ein Volk; aber
die Sünde ist der Leute Verderben) (® Virtue exalts a
nation, but sin is a people's disgrace.)
정의는 나라를 드높이지만 죄악은 민족의 치욕이 된다.
(성경)/어느 민족이나 정의를 받들면 높아지고 어느 나라나
죄를 지으면 수치(羞恥)를 당한다(공동번역 잠언 14. 34).
ĕlĕxi, "elicio"의 단순과거(pf.=perfectum)
Eli, Eli, lema sabacthani?(® Eli, Eli, lema sabacthani?)
(hli hli lema sabacqani)(마태 27, 46)
Heloi, Heloi, lema sabachthani?(® Eloi, Eloi, lema
sabachthani? (elwi elwi lema sabacqani) (마르 15, 34)
내 하느님, 내 하느님, 어찌하여 나를 버리시나이까?

Elias, -æ, m. 엘리야(아고.'Hλìαç.히브리어 Elijah)
'야훼는 하느님'의 뜻, 구약시대 초기의 대예언자.
Ecce ego mittam vobis Eliam prophetam, antequam
veniat dies Domini magnus et horribilis.
보라, 주님의 크고 두려운 날이 오기 전에 내가 너희에게
엘리야 예언자를 보내리라(성경 말라 3. 23).
Eliæ Apocalypsis. 엘리야 묵시록(僞經)
elíces, -um, m., pl. 하수구(下水溝), 하수도(下水道)
elícĭo, -cúi -cítum -ĕre, tr. (ex+lácio) 끌어내다,
나오게 하다, 꾀어내다. 자아내다, 일으키다.
야기 시키다, 주문(呪文)을 외어서 불러내다, 내다,
산출하다, 생각해내다, 뽑아내다, 뜯어내다, 얻어내다.
ēlĭcítum, "elícĭo"의 목적분사(sup.=supínum)
elicítus, -a, -um, p.p. 끌어내어진, 야기(惹起)된.
actus elicitus. 야기된 행위, 유발된 행위/
actus voluntatis elicitus. 의지 선택의 행위/
appetitus elicitus. 지각적 욕구(知覺的 慾求).
Elicius, -i, m. Júpiter의 별칭
ēlĭcui, "elícĭo"의 단순과거(pf.=perfectum)
elido, -lísi, -lísum -ére, tr. (ex+lædo)
밀쳐내다, 때려 내쫓다, 퉁기다, 떨어내다, 짜내다,
부딪쳐 소리 나게 하다, 소리 내다, 깨뜨리다,
깨부수다, 분쇄(粉碎-가루가 되도록 부서뜨림)하다,
취소하다, 무효하게 하다.
ĕlĭgo, -légi -léctum -ĕre, tr. (ex+lego)
(털.잡초 따위를) 뽑다, 뽑아내다, 따버리다, 제거하다,
걷어내우다, 고르다, 뽑다, 선택(선발)하다, 선거(선출)하다.
Animo virum pudicæ, non oculo eligunt.
정숙한 여인은 눈이 아니라 마음으로 남자를 선택 한다/
De duobus malis, minus est semper eligendum.
두 가지 악 가운데 언제나 작은 편을 택해야 한다/
ex malis eligo mínima.
여러 악 중에서 최소의 악을 택하다/
miserando atque eligendo. 자비로이 부르시니.
(제266대 교황 프란치스코 사목표어. 1936.12.17생. 1969년 수품. 2001년 추기경)/
Non potest ergo separari dilectio. Elige tibi quid diligas;
sequuntur te cetera. 사랑은 갈라질 수 없는 것입니다.
그대가 사랑해야 할 것을 선택하십시오. 그러면 나머지는
저절로 따라옵니다.(최익철 신부 옮김. 요한 서간 강해. p.437)/
quo bonum eligitur gratia assistente et malum gratia
desistente. 은총이 도우면 선을 택하고,
은총이 떠나면 악을 택하는 그것
Eligo in Summum Pontificem. 나는 교황으로 뽑는다
ēlímĭno, -ávi -átum -áre, tr. (ex+limen)
밖으로 내쫓다, 몰아내다, 제거하다, 배제(排除)하다,
실격(失格)시키다, 입 밖에 내다, 누설(漏泄)하다.
ēlímo, -ávi -átum -áre, tr. (ex+lima) 갈다(磨),
줄로 쓸다, 닦다, 다듬다, 완성하다.
ēlíngŭis, -e, adj. (ex+lingua) 말없는, 할 말이 없는,
벙어리 같은, 말 잘못하는, 눌변(訥辯)의.
ēlíngŭo, -ávi -átum -áre, tr. (ex+lingua)
혀를 잘라내다(뽑아내다).
ēlĭquésco, -ĕre, intr. 녹다, 녹아 흐르다.
ēlíquo, -ávi -átum -áre, tr. (ex+liquo)
용해(溶解)하다, 깨끗하게 거르다.
Elisa(=Elíssa), -æ, f. Dido 여왕의 별칭
Elisabeth, -æ, f. 엘리사벳
ēlísi, "elido"의 단순과거(pf.=perfectum)
elísĭo, -ónis, f. 짜냄, (文法) 글자(모음)의 생략
ēlísum, "elido"의 목적분사(sup.=supínum)
elix, -ícis, m. 하수구, 하수도(exitus profluentes)
elíxo, -ávi -átum -áre, tr. 삶다, 끓이다.
elíxus, -a, -um, adj. (e+lix) 끓인, 삶은
ellam = en illam(=ecce illam)
elleboru… V. helleboru…
ellípsis, -is, f. (文法) 생략법(省略法)
ellíptĭcus, -a, -um, adj. 타원(형)의, 생략(법)의
el(l)ops(=f. helope, -es), -ŏpis, m. (魚) 철갑상어

ellum = en illum(=ecce illum)

ellýchnĭum, -i, n. (등잔의) 심지. (植) 등심초.
  fungus, -i, m. 초의 타고남은 심지.

élŏco, -ávi -átum -áre, tr. (ex+loco)
  세(貰) 놓다, 임대(賃貸)하다, 소작(小作) 주다.

elocútĭo, -ónis, f. 연설, 말(λòγος.ῥῆμα-言), 웅변술,
  연설 태도(양식), 연설(낭독)법, 말솜씨, 문장 표현법.
  Postrema elocutio. 짧은 마침 기도.

elógĭum(=eulógĭum) -i, n. 명제, 제명(題銘), 제명(題名),
  찬사, 찬양(εὐλογία.頌揚.讚揚.⑨ Praise),
  묘비명(墓碑銘), 조사(弔辭), 애도사(哀悼辭),
  유언 추가서, 유언 단서(특히 상속 배제의 유언단서).
  elógia funébria. 조사(nugæ, -árum, f., pl.), 애도사/
  Tractátus ad Eulogium. 송덕문(頌德文).

Elohim(히브리어) 엘로힘(אֱלֹהִים.⑨ Elohim).
  (불가타에서는 Elohim을 Deus, 즉 '하느님'으로 Yahweh를 Dominus, 즉 '주님'
  으로 번역했다. 이 두 말을 함께 겹쳐서 'Yahweh Elohim'이라고 쓴 것이
  구약에 21번 나온다. 백민관 신부 엮음. 백과사전 1. p.963).

élóngo, -ávi -átum -áre, tr. (ex+longus) 길게 끌다,
  지연(遲延)시키다, 미루다, 멀리하다, 물리치다.

élŏquens, -éntis, p.prœs., a.p.
  웅변의, 능변(能辯)의, 달변의, 구변 좋은, 유창한.

eloquéntĭa, -æ, f. 웅변(雄辯), 능변(能辯), 구변(口辯),
  말솜씨, 언변(言辯), 웅변술(雄辯術), 수사법(修辭法).
  armo se eloquéntĭa. 웅변을 갖추다/
  De vulgari eloquentia. 민중적 웅변/
  Dum dísputem, tuam mihi dari velim eloquéntĭam.
  나는 토론하는 동안 너의 웅변을 빌리고 싶다/
  Eloquentiam sine ulla dubitatione confirmaverim rem
  unam esse omnium difficillimum.
  연설에서 우아함이 모든 기교들 가운데 가장 어려운 일
  이라고 나는 조금도 주저하지 않고 단언 하겠다/
  Filium tuum, faventibus diis, trade præceptori a quo
  mores primum, mox eloquentiam discat, quæ male sine
  moribus discitur. 신들이 호의를 베푸시니, 그대 아들을
  선생에게 맡겨, 그에게서 먼저 도덕을, 그 다음으로
  언변을 배우게 하시라. 무릇 언변은 도덕 없이는
  잘못 배우기 십상이다.[성 염 지음. 고전 라틴어. p.314]/
  Non delectent verba nostra, sed prosint. Eloquentia res
  potius quam se ostendat. 우리의 말이 재미를 주기보다는
  유익함을 주게 하라. 연설의 유창함은 기교 그 자체보다
  는 사실(내용)을 드러내야 하리라/
  Prima est eloquentiæ virtus perspicuitas.(Quintilianus).
  웅변의 첫째가는 덕목은 명료함이다/
  Quis enim sufficit quantouis eloquentiæ flumine uitæ
  huius miserias explicare? 제아무리 언변이 유창하더라도
  현세 생활의 비참함을 일일이 열거하기에 충분한 언변을
  지녔다고 할 수 있을까?(교부문헌 총서 17. 신국론. p.2149)/
  Satis eloquentiæ, sapientiæ parum erat in Catilina.
  카틸리나에게는 웅변은 넉넉한데 지혜가 부족하였다.

eloquentia infra me est. 웅변으로는 나에게 뒤진다.
eloquentĭa, unde(=a quiâ) longe absum.
  나와는 거리가 먼 웅변.
Eloquia Domini eloquia casta,
argentum igne examinatum.
  주님의 말씀은 순수한 말씀, 정제된 순은이로다.

elóquĭum, -i, n. 웅변, 말재주, 사상 표현, 연설, 진술, 말씀.
  Dicta sacri eloquii cum legentium spiritu crescunt.
  성경 말씀들은 독자들의 정신과 함께 자란다/
  divina eloquia 신성한 말씀/
  Divina eloquia cum legente crescunt.
  하느님 말씀들은 읽는 이와 함께 자란다/
  eloquia divina. 하느님의 말씀.
  [Sacra Scriptura crescit cum legente. 성서는 독자와 함께 자란다/성경은 읽는
  이와 함께 자란다. 이 표현은 원래 사라고사의 타이우스(명제Sententiæ. 40:
  PL 80, 896)에서 나왔다. 그레고리우스 대 교황은 이 문장을 거의 그대로 받아
  "에제키엘에서 강론"에서 '하느님 말씀들은 읽는 이와 함께 자란다 Divina eloquia
  cum legente crescunt'라고 쓰기도 하고, '성경 말씀들은 독자들의 정신과 함께
  자란다 Dicta sacri eloquii cum legentium spiritu crescunt'라고 표현하기도 한다.
  대 그레고리우스 '에제키엘'에서 강론
  Homiliae in Ezechielem VII 8~9. SCH 327, 244~246 참조].

élŏquor, (-ĕris, -ītur), -cútus(-quútus) sum -qui,
  dep., tr., intr. (ex+loquor) 터놓고 이야기하다,
  말하다(רבד.אמר.ללמ.יטר), 생각을 표현하다,
  설명하다, 진술하다, 보고하다, 웅변적으로 말하다.
  Quid faciam? Eloquar an taceam?
  나는 무엇을 해야 할까? 말해 버릴까, 아니면 침묵할까?.

ēlúcĕo, -lúxi -ére, intr. (ex+lúceo)
  비치다, 빛나다(רהנ), 반짝이다, 찬란하다,
  드러나다(הלג.ילג), 두드러지다, 명성 떨치다.

ēlūcésco, -lúxi -ĕre, intr., inch. 빛나기 시작하다, 빛나다

ēlúcĭdo, -ávi -átum -áre, tr.
  밝히다, 빛나게 하다, 찬미하다.
  De elucidatio mysticæ theologiæ. 신학 신비의 해명.

ēluctábĭlis, -e, adj. 극복할 수 있는, 억제할 수 있는

ēlúctor, -átus sum, -ári, dep.,
  intr. 겨우 나오다, 힘들여 빠져나오다.
  Aqua eluctábitur. 물이 제 길을 뚫을 것이다.
  tr. 어려움을 싸워 극복하다, 난관을 뚫다.
  elúctor nives. 눈길을 헤치고 나가다.

ēlúcŭbro, -ávi -átum -áre, tr. (등잔 밑에서) 작성하다,
  밤새워 쓰다, 힘써 공부하다, 깊이 연구하다.

ēlúcŭbror, -átus sum, -ári, dep., tr. = ēlúcŭbro

ēlūdíficor, -ári, dep., tr. 놀림감으로 만들다

ēlúdo, -lúsi, -lúsum, -ĕre, (ex+ludo)
  intr. 농담하다, 장난하다; (욕망을) 만족시키다,
  놀기를 마치다, 경기를 승리로 끝내다.
  tr. 피하다, 도망가다, 경기에 이기다, 내기에 이기다,
  조롱(우롱)하다, 비웃다, 무시하다, 골탕 먹이다,
  검투(劍鬪)에서 몸을 구부려 적의 공격을 피하다, 속이다.

ēlui, "eluo"의 단순과거(pf.=perfectum)

ēlúgĕo, -lúxi -ére, tr. (ex+lúgeo) 상(喪)을 지내다,
  몽상(夢想)하다, 탈상(脫喪)하다, 애도하다(דפס)
  슬퍼하다(רבק.אכב.לבא.ררמ.דירימ.דפס).

ēlúmbis, -e, adj. (ex+lumbus) 허리 힘없는,
  허리 못쓰는, 기운 없는, 약한, 활기 없는, 가냘픈.

ēlúo, -lúi -lútum -ĕre, tr. (ex+lavo, luo) 헹구다, 빨다,
  씻다(אחם.אטם), 깨끗하게 하다, 지우다, 오점을 벗다.

ēlúsi, "eludo"의 단순과거(pf.=perfectum)

ēlūsum, "eludo"의 목적분사(sup.=supínum)

ēlútum, "eluo"의 목적분사(sup.=supínum)

ēlútus, -a, -um, p.p., a.p.
  물에 탄, 싱겁게 된, 내용 없는, 약해진.

ēlúvĭes, -éi, f. 침수(浸水), 넘침, 홍수(洪水.⑨ Flood),
  범람(氾濫-汎溢), 씻어냄, (급류의 침식으로 생긴) 협곡,
  (나라의) 멸망, 패망(敗亡), 몰락(沒落).

ēlúvĭo, -ónis, f. 홍수(洪水.⑨ Flood), 침수(浸水),
  넘침, 범람(氾濫-汎溢), 침식(侵蝕).

ēlúvĭum, -i, n. 잔적층(殘積層).

elúxi, "elucésco"의 단순과거(pf.=perfectum),
  "elúceo"의 단순과거(pf.=perfectum),
  "elúgeo"의 단순과거(pf.=perfectum).

Elýsĭum, -i, n. 극락세계. adj. -sĭus, -a, -um

em, interj. 자! 여기 있다, 자 봐라.

Em tibi hominem! 너한테 딱 맞는 작자다!

ēmăcĕrátus, -a, -um, adj. 쇠약해진, 수척해진, 파리한

ēmacésco, -cŭi -ĕre, inch., intr. 야위다, 파리해지다

ēmacĭo, -átum -áre, tr. (ex+mácies) 파리해지게 하다,
  깡마르게 하다, 야위게 하다, 쇠약(衰弱)해지게 하다.

ēmácĭtas, -átis, f. 구매욕(購買慾), 사들이는 버릇

ēmácŭlo, -ávi -átum -áre, tr. (ex+máculo)
  닦아내다, 청소(淸掃)하다, 씻어내다.

ēmānátĭo, -ónis, f. 흘러나옴, 유출(流出),
  발출(獨 Ausgang), 분출(噴出), 방사(放射), 발산(發散).

ēmānátĭo personarum. 위격들의 유출(流出)

ēmānátĭo universalis. 보편적인 유출(流出)

emanátĭonismus, -i, m. 유출주의(복음과 문화 제3권. p.42),

emanatísmus, -i, m. (哲) 유출설(⑨ emanátĭonism)
  (피조물은 신의 실제에서 유출되었다는 Plotinus의 철학).

ēmancĭpátĭo, -ónis, f. 해방(解放.㉾ Liberátĭon),
이탈(離脫), 해탈(解脫). (法) 부권면제, 친권해제.
ēmáncĭpo(=ēmáncŭpo), -ávi -átum -áre, tr.
(ex+manus+cápĭo) ((法)) 자식에 대한 친권을 해제하다;
노예를 해방하다; (일반적으로) 속박에서 해방하다,
(무엇의) 소유권을 양도(讓渡)하다.

ēmáncĭpo se alci.
남에게 자신을 온전히 내맡기다, 예속(隸屬)되다.

ēmánco, -ávi -átum -áre, tr. (ex+mancus)
손을 자르다, 불구(不具)로 만들다.

ēmáno, -ávi -átum -áre, intr. (ex+mano) **흘러나오다**.
스며 나오다, 유출(流出)하다, 발생하다, 생기다,
발출(發出)하다; …에서 유래하다, 소문나다, 전파되다,
퍼지다(ฉาว,ฉาว), 유포되다, 두루 알려지다.
ex monte emanáre. 산(속)에서 흘러나오다.

ēmarcésco, -cŭi, -ěre, intr. 시들다, 마르다, 조락하다
Emas, quod necesse est. 꼭 필요한 것만 사라

ēmascŭlátĭo, -ónis, f. 거세(去勢)

ēmáscŭlo, -ávi -átum -áre, tr. (ex+másculus) 거세하다

ematoma subdurale. 뇌출혈(腦出血-뇌일혈)

ēmātŭrésco, -rŭi, -ěre, intr., inch.
익다, 무르익다, 누그러지다, 무르익어지다.

ēmax, -ácis, adj. 구매욕 있는, 사들이는 데 정신없는

embléma, -ătis, m. 쪽매 세공(細工), 상안(象眼) 세공,
상감세공(象嵌細工→모자이크), 모자이크 (㉾ mosaic),
표장(어떤 표식으로 나타내 보이는 부호나 그림), 우의도(寓意圖).

	sg.	pl.
Nom.	embléma	emblémata
Voc.	embléma	emblémata
Gen.	emblématis	emblématum(-órum)
Dat.	emblémati	emblématibus(-is)
Acc.	embléma	emblémata
Abl.	emblémate	emblématibus(-is)

(허창덕 지음. 중급 라틴어, p.12)

embŏlĭfórmis, -e, adj.
마개 모양의. (醫) 색전(塞栓) 증상의.

embŏlísmus, -i, m. 삽입(揷入), 부가(附加), 삽입구,
윤년(달.일)을 넣음. (醫) 색전증(塞栓症).
(가) 후속기도*(後續祈禱), 부속기도(㉾ embolism),
(가) 미사 때 주의 기도 직후에 삽입된 기도(Líbera
nos, quǽsumus, …로 시작됨).
(embŏlísmus란 말은 비종교적으로 양력 365⅓일과 음력 354일의 차이 11일을
가리키는 말로도 쓰인다. 백민관 신부 엮음. 백과사전 1, p.965).

embŏlĭum, -i, n. 간극(間隙-막간에 상연하는 무언극),
막간(幕間), 막간에 상연되는 무언극. pl. 정사(情事).

émbŏlus, -i, m. 쐐기, 마개, (醫) 색전물(塞栓物);
삽입물(揷入物), 피스톤(㉾ piston).

émbryo, indecl. émbryo, -ónis, m.(-ónii -órum, m., pl.)
(植) 배아(胚芽.㉾ Human embryo-씨눈, Embryon
humanus.). (動) 배(胚), 태아(胎芽).
(일반적으로) 싹; 미발달 단계.

embryológia, -æ, f. (動) 발생학. (醫) 태생학(胎生學)
Embryon humanus.
태아(㉾ Human embryo)/infans, -ántis, m., f.

embryophýta, -órum, n., pl. (植) 유배(有胚) 식물류

ēmendábĭlis, -e, adj.
고칠 수 있는, 개선 할 수 있는, 교정할 수 있는.

ēmendátĭo, -ónis, f. 고침, 교정(矯正), 수정(修正),
정정(訂正-잘못을 고쳐 바로잡음), 개선(改善).
De discussione propriæ conscientiæ et emendationis
proposito.(㉾ The Examination of Conscience and the
Resolution to Amend) 자기 양심을 살피고
죄를 고치기로 결심함(준주성범 제4권 7장)/
De Emendatione Temporum.
시대의 변혁에 대해, 시대에 따른 교정.
(Scaliger 1583년 지음-이 책으로 연대기를 현대적으로 끌어올림)/
De ferventi emendatione totius vitæ.
우리의 온 생활을 열심히 개선할 것/

ignis emendatiónis. 교정하는 불(=煉獄 불)/
Emendatio vitæ. 생활의 개선(14c 영국의 신비가 리처드 롤 지음).

emendátĭo libelli. 소장(訴狀)의 보정(補正)

ēmendátor, -óris, m. 교정자, 교정자, 개량자

ēmendátrix, -ícis, f. 여교정자, 여교정자, 여개량자

ēmendátus, -a, -um, p.p., a.p. 개량된, 개선된,
결함 없는, 고쳐진, 교정된, 완전한, 정확한.

ēmendíco, -ávi -átum -áre, tr. 동냥하다, 구걸하다, 빌어먹다

ēméndo, -ávi -átum -áre, tr. (ex+mendum)
(잘못을) 고치다, 바로 잡다, 교정하다, 수정하다,
병을 고쳐주다, 치료(治療)하다, 징계하다.
Consilium de emendanda ecclesia. 교회 개혁안.

ēménsĭo, -ónis, f. (천체의) 회전(回轉)

ēméntĭor, -tíus sum, -íri, dep., tr. 거짓말하다, 속이다,
날조(捏造)하다, 사기하다, 누구인체 하다, 가장하다.
p.p. ementítus, -a, -um, 날조의, 거짓의.

ēmércor, -átus sum, -ári, dep., tr. (ex+mercor) 사다

ēméreo, -rŭi, -rĭtum, -ére, tr. 공로 세우다, 벌다,
마땅히 받을 만한 일을 하다, (무엇에) 합당하다,
누구에게 봉사하다, 보살피다, 돌보아주다,
군복무를 채우다, 임기를 채우다, 직책을 다하다.
eméritis stipéndiis. 군복무를 마치고.

ēmérěor, -rítus sum, -éri, dep., tr. = eméreo

ēmérgo, emérsi, emérsum -ěre, (ex+mergo)
tr. 떠오르게 하다,
refl., pass. se emergo, emérgi. 떠오르다, 부상하다, 헤어나다.
intr. 떠오르다, …에서 나오다, 나타나다, 출현하다,
불쑥 일어나다, 올라오다(יסק,יסק, לסק), 나다,
출생하다, 발생하다, 돌아나다, (악습을) 버리다,
(가난.낮은 신분 따위에서) 벗어나다, 면하다.

emérgo mendicitáte. 거지 신세를 면하다.

emérĭtus, -a, -um, p.p., a.p. 복무를 끝낸(마친), 은퇴한.
m. 병역을 마친 군인, 퇴역군인(退役軍人), 은퇴사제.
n. (군복무를 마친 자에게 주는) 상여금, 퇴직금.

emérsi, "emérgo"의 단순과거(pf.=perfectum)

emérsus, -us, m. 부상(浮上), 헤어남,
(해.달.별 따위의) 떠오름; 동면에서 깨어 나옴.

émesis, -is, f. (醫) 구토(嘔吐)

ēmersum, "emérgo"의 목적분사(sup.=supínum)

ēmétĭcum, -i, n. (藥) 구토제, 최토제(催吐劑-구토제)

ēmétĭcus, -a, -um, adj. 구역질나게 하는,
구토를 일으키는, 구토작용이 있는, 메스꺼워지는.

ēmétĭor, -ménsus sum, -íri, dep., tr. (ex+métior)
재다, 측정(측량)하다, 전진하다, 횡단하다, 통과하다,
답파(踏破)하다, 두루 돌아다니다, 편력하다, 답사하다,
(시간) 지내다, 보내다, 주다, 베풀다.
(p.p.는 passive로 씀) itínere eménso. 길을 답파하고 나서.

ēméto, -méssum, -ěre, tr. (ex+meto) 거두어들이다, 수확하다.

émi, "emo"의 단순과거(pf.=perfectum)

ēmĭcatum, "emico"의 목적분사(sup.=supínum)

émĭco, -cŭi -cátum -áre, intr. (ex+mico)
비쳐 나오다, 번쩍이다, 번뜩이다, 솟구쳐 나오다,
분출하다(נזה), 훌쩍 뛰어오르다, 뛰어나오다,
날아들다, (초목.열매 따위가) 자라나다, 눈에 띄다,
돋보이다, 드러나다(לה.גלה), 두드러지다.
뛰어(빼어)나다, 우수(優秀)하다.

ēmĭcui, "emico"의 단순과거(pf.=perfectum)

ēmĭgrátĭo, -ónis, f. 이주(移住), 이사(移徙),
이민(移民.㉾ emigrátĭon/migrátĭon).

émĭgro, -ávi -átum -áre, intr. (ex+migro)
옮겨가다, 이사 가다, 이주하다, 이민 가다, 떠나가다.

emigro e vita. 일찍 죽다(fato cedo)

ēmĭnátĭo, -ónis, f. 협박(脅迫)

émĭnens, -éntis, p.prœs., a.p.
우뚝 솟은, 두드러진, 돌출한, 불쑥 내민, 독특한,
현저한, 뛰어난, 탁월(卓越)한, 우수한, 특출(特出)한.
m., pl. eminéntes. 높은 사람들, 고관(高官).
eminéntes óculi. 툭 튀어나온 눈.

E

eminenter. 탁월하게, 우월하게(백민관 신부 엮음. 백과사전 3. p.446)

ēmĭnéntia, -æ, f. 돌출(突出-돌기), 돌기(突起), 융기(隆起), 돌출부, 두드러진 곳, 그림의 가장 밝은 부분, 탁월(卓越), 발군(拔群-여럿 가운데서 특히 뛰어남), 걸출(傑出), 신분.지위의 높음, 고위.
((가)) (추기경에 대한 존칭) 전하(殿下).

eminentia in bonitate. 선에 있어서의 탁월성(卓越性)

eminentiæ Via. 탁월(卓越)의 길(하느님 존재를 증명하는 데 있어서
세상에서 인지할 수 있는 완전성을 극대화할 수 있어 올려, 하느님의 품성으로
돌리는 방법. 예: 세상의 선은 한계가 있으므로 최고의 선, 무한 선, 최대의 선이
필요하며 이것은 하느님의 품성이다. 이 논법은 토마스 아퀴나스의 신 존재
논증(Argument) 5가지 길 중 하나이다. 백민관 신부 엮음. 백과사전 1, p.966).

eminentior, -or -us, adj. éminens의 비교급

Eminenssime [Sua(Vestra) Eminentia] 추기경님.
(1630년 우르바노 8세의 교령은 추기경, 황제 선거후(選擧侯), 그리고 예루살렘
의 성 요한 기사회 총장(Grand Master)에게 이 존칭을 붙이도록 했다. 그
전에는 추기경을 Illustrissime로 불렀다. 백민관 신부 엮음. 백과사전 1, p.966].

eminentissimus, -a, -um, éminens의 최상급

ēmíněo, -nŭi -ére, intr. (ex+máneo) 높이 있다,
솟아 있다, 튀어나오다, 돌출(突出)하다, 눈에 띄다,
돋보이다, 두드러지다, 드러나다, 나타나다.
뛰어(빼어)나다, 월등(越等)하다, 탁월(卓越)하다.

ēmíníscor, (-ěris, -ĭtur), -méntus sum, -sci, dep., tr.
고안(考案)하다, 생각해내다.

ēmínor, -ári, dep., tr. 위협하다(גרה)

ēmínŭlus, -a, -um, adj. 앞으로 좀 나온, 약간 내민(솟은)

éminus, adv. (ex+manus) 떨어져서, 멀리서(ex longinquo)

ēmíror, -átus sum, -ári, dep., tr. (ex+miror)
놀라다, 경탄(敬歎)하다, 놀랍게 생각하다.

ēmísi, "ēmítto"의 단순과거(pf.=perfectum)

emisit spiritum.(⑨ gave up his Spirit) 숨을 거두셨습니다.

ēmissárĭum, -i, m. 배수구, 하수도, 도혈관(導血管)

ēmissárĭus, -i, m. 밀사(密使), 탐정(探偵), 밀정(密偵),
간첩(間諜.spy), 척후병(斥候兵),
싹에서 나와 뻗는 포도가지. ((聖)) 구약시대에 백성의
죄를 걸머지고) 사막(沙漠)으로 추방되던 숫염소.

Emissem pallium, si nummos haberem.
나는 돈이 있다면 외투(外套)를 샀을 것이다.

ēmissícíus, -a, -um, adj. 두리번거리는, 여기저기 찾는

ēmíssĭo, -ónis, f. 내보냄, 파송(派送), 파견(派遣),
발사(發射), 쏘아 보냄, 방사(放射), 방출(放出).

ēmissum, "ēmítto"의 목적분사(sup.=supínum)

Emit tanti, quanti vóluit
그는 자기가 원하는 만큼의 값으로 샀다.

ēmítte, 원형 ēmítto, -mísi -míssum -míttĕre, tr. (ex+mitto)
[명령법, 단수 2인칭 emitte, 복수 2인칭 emittite].
Vide Dómine afflictiónem pópuli túi, et mítte quem
missúrus es: emítte Agnum dominatórem térræ.
주님, 당신 백성의 괴로움을 쳐다보소서.
그리고 당신이 보내실 분을 보내소서.
땅의 지배자이신 어린 양을 파견하소서.

Emitte lucem tuam et veritatem tuam:
ipsa me deduxerunt et adduxerunt in montem sanctum
tuum, et in tabernacula tua.(⑨ Send forth Thy light
and thy truth: for they have led me and brought me to
thy holy hill and Thy dwelling place).
당신의 빛과 당신의 진실을 보내소서. 그들이 저를
인도하게 하소서. 그들이 저를 당신의 거룩한 산으로,
당신의 거처로 데려가게 하소서.

ēmítto, -mísi -míssum -míttĕre, tr. (ex+mitto)
내보내다, 방출하다, 빠져나가게 하다, 석방(釋放)하다,
파견하다(πέμπω), 특파(特派)하다, 파송(派送)하다,
(군대를) 출동시키다, 발사(發射)하다, 쏘다, 던지다,
(무기를) 내던지다, 내려놓다, (액체를) 흘려보내다,
흘리다, 쏟다, 배설하다, (식물이 잎.가지 따위를) 내밀다,
내다, 소리를 내다, 터뜨리다, 책을 출판(出版)하다.
내놓다, 보급(普及)시키다.

Emittes spiritum tuum, et creabuntur, et renovabis
faciem terræ.(⑨ When you send forth your breath,
they are created, and you renew the face of the earth)

당신의 숨을 내보내시면 그들은 창조되고 당신께서는
땅의 얼굴을 새롭게 하십니다.(성경 104, 30)/
보내시는 당신 얼에 그들은 창조되어,
누리의 모습은 새롭게 되나이다(최민순 옮김)/
당신께서 입김을 불어넣으시면 다시 소생하고
땅의 모습은 새로워집니다(공동번역)/

manu emitto alqm.
(특히 노예를) 해방시키다, 아무에게 자유를 주다.

Semel emissum volat irrevocabile verbum.(Publilius Syrus).
한 번 발설된 말은 돌이킬 수 없게 날아가 버린다.

Emmanuhel. (그리스어) 임마누엘(우리와 함께 계시는 하느님)
(אל עמנו. Ἐμμανουηλ=Deus cum nobis).

emmenagógum, -i, n. (醫) 통경제(월경이 나오게 하는 약제).

ĕmo, ĕmi, emptum, émĕre, tr.
(무엇을 누구에게서) 사다(זבן.זבין), 매수하다,
매입하다, 구매하다, 고용(雇傭)하다, 환심을 사다.

Nemo vatat quin emas.
네가 사는 것을 아무도 금하지 않는다.

emo bene. 잘 사다, 싸게 사다.

ēmōlĭméntum, -i, n. 기획, 기도(일을 꾸며내려고 피함), 이익, 유익

ēmólĭor, -ítus sum, -íri, dep., tr. (ex+mólior)
노력하여 달성하다, 이루다, 완수(完遂)하다,
기침을 해서 내보내다(내뱉다).

emóllĭo, -ívi(ĭi) -ítum -íre, tr. (ex+móllio)
무르게 하다, 부드럽게 하다, 유약하게 만들다.
약화(弱化)시키다, 늦추다, 녹이다, 누그러뜨리다.

ēmōlŭméntum, -i, n. 이익, 유리함, 소득, 수익, 수입,
이득(이윤), 이문(利文-이가 남은 돈), 기도(일을 꾸며내려고 피함).

emoluménto esse alci. 누구에게 이익이 되다.

ēmórĭor, (-rĕris, -rĭtur), -mórtuus sum, -mŏri,
dep., intr. (ex+mórcor) 죽어 없어지다, 죽다; 사라지다.

risu émori. 우스워 죽다.

ēmótĭo, -ónis, f. 정서(情緖.⑨ affectivity/emotion),
감격(感激), 감동(感動), 감정(感情.στενοχωρέω).

ēmotĭōnális, -e, adj. 감정의, 정서적인, 감정적인,
감동하기 쉬운, 정에 끌리기 쉬운, 감정에 호소하는.

ēmótum, "ēmoveo"의 목적분사(sup.=supínum)

ēmóvĕo, -móvi -mótum -ére, tr. (ex+móveo)
자리를 뜨게 하다, 옮겨 놓다, 치우다, 물러가게 하다,
일으키다, 야기 시키다, 뒤흔들다, 몰아내다, 제거하다.

emoveo curas. 근심을 몰아내다

ēmóvi, "ēmoveo"의 단순과거(pf.=perfectum)

émphăsis, -is, f. (⑨ stress) 강조(强調), 역설(力說),
강세(强勢), 어세(語勢). (修) 강세법.

emphátĭcus, -a, -um, adj. (말에) 힘을 준,
어세(語勢)가 강한, (표현이) 힘 있는, 강조된, 역설한.

emphyséma, -ătis, n. (醫) 기종(氣腫)

emphytéusis, -is(-eos), f. (法) 영대차지, 영차권.

emphytéuta, -æ, m. (法) 영대차인(永代借人)

emphytéutĭcus, -a, -um, adj. 영대차인(永代借)의.

empírĭca(=empírĭce), -æ(-es), f.
경험, (경험에만 의존하는) 의술(醫術)

empírĭcus, -a, -um, adj. 경험적, 경험에 의한,
m., pl. (경험에만 의존하는 돌팔이) 의사.

empirísmus, -i, m. (哲) 경험론(經驗論), 경험주의.
[인식은 감각이나 감각적 경험에서 온다고 주장하는 학설. 이 학설에 따르면
보편적인 개념의 실재성(Reality)이나 진리의 필연성. 그리고 선천적인 개념
같은 것은 부인한다. 경험이란 무엇을 말하는가 하는 것은 경험론자에 따라
오로지 당장에 주어진 감각이라 하기도 하고, 외부접촉에서 오는 경험
이라 하기도 한다... 백민관 신부 엮음. 백과사전 1, p.96].

emplástro, -ávi -átum -áre, tr. 아접(芽接)하다, 접붙이다

emplástrum, -i, n. (藥) 고약(膏藥),
(나무) 접붙이기, 아접(芽接)

emporétĭcus, -a, -um, adj. 장사(상업)에 관한. f. 포장지

empórĭum, -i, n. 시장(市場)

Emporium Theologiæ 신학 시장

émpŏrus, -i, m. 상인(商人), 장사꾼

emptícĭus, -a, -um, adj. 사 놓은, 구매되는

émptĭo, -ónis, f. 구매(購買), 매입(買入).

matrimonĭum per emptionem. 매매 결혼.
Emptĭo ámbulat per plures persónas.
구매(購買)는 여러 사람을 거쳐 간다.
émptĭto, -ávi -átum -áre, tr., freq. 자주 사다, 사다
emptor, -óris, m. 구매자, 구입자, 사는 사람,
경매장에서 사들이는 사람.
Caveat emptor. 사는 사람을 조심하라.
emptum, "emo"의 목적분사(sup.=supínum)
emptum, -i, m. 구매(購買), 구입(購入), 구매계약
empyéma, -ātis, n. (醫) 축농(蓄膿), 농흉(膿胸)
empyésis, -is, f. (醫) 화농(化膿-종기가 곪아 고름 생김)
empýrĭus, -a, -um, adj.
불의, 불빛처럼 반짝이는, 아주 높은 하늘의.
ēmúlgĕo, -múlsi, -múlsum, -ére, tr. (ex+múlgeo)
(젖 따위를) 짜내다, 완전히 퍼내다(길어내다).
ēmulsi, "ēmúlgĕo"의 단순과거(pf.=perfectum)
emúlsĭo, -ónis, f. 젖 같은 액체, (藥) 유제(乳劑)
ēmulsum, "ēmúlgĕo"의 목적분사(sup.=supínum)
emunctæ náris homo. 날카롭고 총명하고 똑똑한 사람
ēmúnctĭo, -ónis, f. 코풀기
ēmunctum, "ēmúngo"의 목적분사(sup.=supínum)
emundate, 원형 ēmúndo, -ávi -átum -áre, tr. (ex+mundo)
[명령법. 현재 단수 2인칭 emunda, 복수 2인칭 emundate].
Emundate manus, peccatores.(⑨ Cleanse your hands,
you sinners) 죄인들이여, 손을 깨끗이 하십시오(성경 야고 4, 8).
ēmúndo, -ávi -átum -áre, tr. (ex+mundo)
청소(淸掃)하다, 정화(淨化)하다, 깨끗하게 하다.
ēmúngo, -nxi -nctum, -ĕre, tr. (ex+mungo)
코를 풀다, 빼어내다, 등쳐먹다, 속여먹다.
emunctæ náris homo.(예민한 코를 가진 사람)
날카롭고 총명하고 똑똑한 사람.
ēmúnĭo, -ívi(ĭi) -ítum -íre, tr. (ex+múnio) 강화하다,
방위를 튼튼히 하다, 견고하게 하다, (진펄을 말리고
다져서.숲에 길을 개척하여) 다닐 수 있게 만들다.
ēmunxi, "ēmúngo"의 단순과거(pf.=perfectum)
emussitátus, -a, -um, adj.
먹줄을 친; 줄친 듯이 정확한, 완전한.
en, interj. (주의환기.경탄표시) 봐라! 자! 여기(저기) 있다!
(의문강화) 도대체…냐? …단 말이냐?
**En ergo, hac ineunte peregrinatione Mariæ fides
fidem Iosephi convenit.** 이제 이 신앙 여정의 시초에
마리아의 신앙은 요셉의 신앙과 마주치게 된다.
en unquam…? 도대체 언제…?
ēnárrábĭlis, -e, adj. 말할 수 있는, 표현할 수 있는, 형용 가능한.
ēnárrátĭo, -ónis, f. 설명, 해설, 상해(詳解-자세히 해석함).
ratio loquendi ̄et enarratio auctorum. 말하는 이치와
작가들의 화술(성 염 지음, 사랑만이 진리를 깨달게 한다. p.485).
Enarrátĭonis in Psalmos. 시편 상해.
(392～416년 히포의 아우구스티노 지음).
ēnárrátor, -óris, m. 자세히 설명하는 자, 해설자
ēnárro, -ávi -átum -áre, tr. (ex+narro) 해설하다,
충분히 말해주다, 자세히 설명하다, 풀어서 이야기하다.
Mane : hoc, quod coepi primum enarrare, enarrarem,
Clitipho ; post istuc veniam. 가만! 클리티포, 내가 먼저
얘기를 시작한 걸 마저 하겠네. 그 담에 그리로 내가 가지.
enarxis. (그리스어) ["시작"] 예비자 미사(비잔틴 예식).
[제물준비(Prothesis)와 소입장(Lesser Entrance), 복음성경(입장행렬) 사이를 말
한다. 이 식은 부제가 연송(Litania) 세 개를 부르는데 교우들은 이 여러 가지
교송으로 답한다. 그동안 주례자는 교송기도(Prayers of Antiphon)를 속으로
바친다. 이 예식은 9세기에 도입되었다. 백민관 신부 엮음, 백과사전 1, p.969].
enarthrósis, -is, (解) 구와관절(球窩關節)
ēnáscor, -(ĕris, -ĭtur), nátus sum, násci, dep., intr.
나다, 생겨나다, 싹터 나오다, 돋다.
ēnáto, -ávi -átum -áre, tr. (ex+nata) 헤엄쳐 나오다,
파선에서 구조되다, 피하다, (난관에서) 빠져나오다.
ēnávĭgo, -ávi -átum -áre, tr. 배로 건너다, 도항(渡航)하다.
intr. 항해하다, 배타고 건너다, 배를 타고 빠져나가다.
ēnávo, -ávi -átum -áre, intr. 진력(盡力)하다, 힘쓰다
Encaénĭa, -órum, n., pl. (그리스어) 성전 봉헌 기념제,

봉헌절(ἀγκσὶνια.⑨.Dedicátĭon), 부활절, 콘스탄티누스
황제 건립의 부활 성전 봉헌 기념일(동방교회 9월 13일).
encáenĭo, -ávi -átum -áre, tr.
새로이 봉헌(奉獻)하다, 새 옷을 입다.
encáustĭcus, -a, -um, adj. 납화(蠟畵)의.
f. 납화법(蠟畵法-달군 쇠로 채색한 밀랍을 녹여 붙임].
encáustus, -a, -um, adj. 납화(蠟畵)의
인두로 지져서 그린. n. 납화(蠟畵)
encephalítis, -tidis, f. (醫) 뇌염(腦炎), 뇌수염
encéphalon, -i, n. (解) 뇌(腦.⑨ brain), 뇌수(腦髓)
enchīrídĭon, -dĭi, n. 편람(便覽-보기에 편리하도록 간명하게 만든 책),
(보기에 편리하도록) 간명하게 만든 책; 안내서,
총람(總攬), 교본, 원전 자료집, 장도칼.
Musica Enchiriadis. 무시카 엔키리아디스.
(9세기 카를로 왕조 부흥시대에 전례개혁과 더불어 나온 익명의 음악책.
대위법이 여기서 처음 등장한다. 이 형식의 음악을 1250년까지 Organum이라
했다. 백민관 신부 엮음, 백과사전 2, p.831).
Enchiridion(ad Laurentium) de fide spe et caritate.
(라우렌티우스에게 보낸) 믿음과 희망과 사랑의 길잡이.
[특별히 교리교육을 목적으로 하지 않고 Lorenzo라는 이름의 제자가 던진 물음에
대답하는 형식으로 작성한 책. 421～422년 히포의 아우구스티노 지음].
Enchiridion indulgentĭa. 대사편람(총람)
Enchiridion Indulgentĭarum. 은사 지침서(恩赦 指針書).
(1986.5.18. 제3판 출판).
Enchiridion locorum communium adversus Lutheros.
루터파를 반대하는 신학의 공통 사항 논거 전집.
Enchiridion militis Christĭani. 그리스도 군인의 소교본.
(Erasmus 지음, 1504년).
Enchiridion Patristicum. 교부 편람(便覽)
Enchiridion Symbolorum et Definitionum.
신경과 공의회 결의문의 원전 자료집(Denzinger 지음. 이 분야의
기념비적 저작이다. 이 책은 교회사상, 공의회 결의문과 이단설을 단죄한 판결
문들을 총망라한 교리원전 자료집이다. 백민관 신부 엮음, 백과사전 1, p.970).
**Enchiridion Symbolorum et Definitionum de rebus
fidei et morum.** 신앙과 윤리에 관한 신조, 정의 모음집.
**Enchiridion Symbolorum, Definitionum et
Declarátĭonum de Rebus Fidei et Morum.**
덴징거-신경에 관한 편람. 신앙과 윤리에 관한 정의와 선언
(1854년 H. Denzinger 지음 → 덴징거에 의해 다양한 교회 진술들을 대부분
라틴어와 희랍어로 편집한 것으로 그냥 '덴징거'로 불린다.
1963년 Karl Rahner에 의해 다시 편집되어 출판되었다].
Enchiridion Theologiæ pastoralis. 사목신학 편람
Enchiridion Theologicum Sancti Augustini.
아우구스티노 성인 신학 총람.
enclítĭcus, -a, -um, adj. (文法) 전접적(前接的)인,
전접어(前接語)의(-que, -ve, -ne 따위와 같이 자체에는 악센트가
없고 바로 앞말의 일부분처럼 다루어지는).
encómĭum, -i, n. 찬사(讚辭), 칭찬하는 말
enconomus, -i, m. (=procurator) 당가(當家)
(경리 책임자. 교구, 신학교, 수도원의 경리. 재산을 책임지는 사람을 가리키는
교회법 용어. 영어와 프랑스어에서는 économe로 쓴다. '당가'란 말은 천주교가
중국을 통해서 들어오면서 이 용어를 그대로 썼고, 지금까지 교회 계통 단체의
경리 책임자를 이렇게 부른다. 백민관 신부 엮음, 백과사전 1, p.929).
Encyclica* -æ, f. 회칙(回勅), encýclicæ lítteræ)
encyclica de educatione. 교육에 관한 회칙
encyclicæ de matrimonia. 혼인에 관한 회칙
encyclicæ de missione.(⑨ mission encyclicals) 선교회칙.
Encyclicæ sociales(⑨ social encyclicals).
사회회칙(교황의 社會回勅).
encýclĭcus, -a, -um, adj. 동문통달(同文通達)의,
회장(回章)의, 일반에게 보내는.
encýclica(n., pl.) lítteræ encýclicæ. 교황의 회칙(回勅).
encyclopédĭa, -æ, f. 백과전서, 백과사전.
(Encyclopedia란 말은 '전반적인 교육'이란 뜻으로 아리스토텔레스가 인간이
알 수 있는 모든 방면의 지식을 한데 모으려는 시도에서 시작되었다.
백민관 신부 엮음, 백과사전 1, p.970).
endémĭa, -æ, f. (醫) 지방병(地方病), 풍토병(風土病)
endo¹ præp = in¹
endo-² "안의, 내부, 내(內)"라는 뜻을 주는 접두사.
(解) endocárdium 심내막(心內膜),
endolýmpha 내임파. endothélium. 내피, 내피세포.
endodérmis, -idis, f. (植) 내피(內皮)
endomíxis, -is, f. 단순 혼합(單純 混合)
endoplóro = implóro 탄원하다, 간청하다, 애원하다

endospórĭum, -i, n. (生) 내포자피(內包子皮),
내생포자(內生胞子), (植) 내막(內膜)

endóstĕum, -i, n. (解) 골내막(骨內膜)

endothélĭum, -i, n. (植) 내피, 내피 세포(細胞),
ciccum, -i, n. 과일의 내피.

éndrŏmis, -ĭdis, f. (경기자들이 연습 후에 체온 보존을
위해 걸치는) 털 망토.

Endýmĭon, -ónis, m. 달의 여신(女神) Luna의 사랑을 받아
영원히 잠들게 된 희랍의 목동 미소년(美少年).

énĕco(énĭco), -cŭi, -néctum, -áre, tr. 아주 죽여 버리다,
녹초 되게 하다, 기진맥진(氣盡脈盡)하게 하다,
몹시 귀찮게 굴다, 지치게 하다.
enéctus fame. 굶주림에 지쳐 허덕이는.

enectum(énĕco(énĭco)의 목적분사(sup.=supínum)

ĕnĕcui, "énĕco"의 단순과거(pf.=perfectum),
"énĭco"의 단순과거(pf.=perfectum).

energia actuális. 현실적 에너지(철학여정, p.162)

energia existentiális. 실존 에너지

énergĭa, -æ, f. 힘(δνὰμις.⑨ Power), 세력(勢力),
정력(精力), 활력, 원기, 에네르기, 에너지.

energísmus, -i, m. 정력주의, 활동주의

ĕnergúmĕnus, -a, -um, adj.
마귀(귀신) 들린, 부마(付魔)한 (사람).

ēnérvis, -e, adj. (ex+nervus)
힘없는, 연약(軟弱)한, 무기력한, 여자처럼 나약한.

ēnéro, -ávi -átum -áre, tr. (ex+nervus)
힘줄을 빼다, 힘을 약하게 하다, 기운을 빼다,
무기력하게 하다, 나약하게 하다, 거세(去勢)하다.

Enĕti = Vénĕti

Enhypostasia, 그리스어 (en='in'+hypostasia='person')
그리스도의 양성 일위 내 합일설(兩性一位內合一說)
[비잔틴교의 Leontius와 다마스쿠스의 요한이 주장한 설로서 그리스도의 온전
한 인성이 신성의 안에 포함되어 있다는 설. 알렉산드리아의 치릴로는 그리스도
의 인성에 강세를 둔 표현으로 그리스도 인성 내 신성 합일설(人性 內 神性
合一說)을 주장한 바 있다. 백민관 신부 엮음. 백과사전 1, p.977].

énĭco = énĕco

enigmátum syrpis. 얽히고설킨 수수께끼
(scirpus, sirpus '넝쿨'을 뜻하며 그리스도인들에게는 수수께끼와
동의어였으고 함. 중세철학 제2호, p.273).

enim, conj. (일반적으로 뒤따르는 문장의 둘째 또는
셋째 자리에 놓음) 1. (긍정·부정의 강조) 물론,
암, 사실, 실제로, 과연, 틀림없이. 2. (반대 이야기를
시작할 때) 그렇지만, 실은: at enim, sed enim 그러나
사실은. 3. (이유 제시 =nam) 왜냐하면(ὅτι.γὰρ),
그것은 … 때문이다. 4. (설명 = id est, scílicet) 즉,
바꾸어 말하자면, 다시(자세히) 말하자면,
In ipso enim vivimus, movemur et sumus.
우리는 그분 안에서 숨 쉬고 움직이며 살아간다/
in quantum sunt, in tantum enim et vera sunt. 존재를
하는 한에서는 진실하다(성 염 지음. 사랑만이 진리를 깨닫게 한다. p.55)/
quia enim (Deus) bonus est sumus.
신이 선하셔서 우리가 존재한다.

ĕnimvéro, conj. (enim+vero)
확실히, 틀림없이, 꼭, 사실상, 보나마나, 그렇긴 해도.

Enimvero inde a Pentecoste omnibus hominum linguis
locuta et precata est Ecclesia(⑨ Indeed the Church has
spoken and prayed in the languages of all peoples since
Pentecost) 사실, 성령 강림 이래 교회는 모든 인간의
언어로 말하고 기도해 왔습니다.
(2012.11.10. 교황 베네딕도 16세 자의교서 'Latina Lingua' 중에서).

ēnítĕo, -tŭi, -ére, intr. (ex+níteo) 빛나다, 찬란하다,
혁혁(赫赫)하다, 드러나다, 두드러지다, 유명하다.

ēnítésco, -tŭi, -ĕre, intr., inch. 빛나기 시작하다, 번뜩이다

ēnítor, (-ĕris, -ítur), -nísus(-níxus) sum, -níti, dep.
(ex+nitor) intr. 나가려고 힘쓰다, 빠지려고 노력하다,
높아지려고 애쓰다, 오르려고 노력하다, 발 돋음 하다,
힘쓰다, …도록(않도록) 노력하다.
tr. 기어오르다, 애써 도달(성취)하다, 낳다, 분만하다.

eníxa. 해산한, 새끼 낳은; 산모(産母).

ēnítui, "ēnítĕo"의 단순과거(pf.=perfectum),

"ēnítésco"의 단순과거(pf.=perfectum).

eníxe, adv. 노력하여, 힘써, 애써, 간곡히(교회법 제904조)

eníxus, -us, m. 분만(分娩), 해산(解産-출산)

Enkyklion, (그리스어) 엔키클리온.
(칼체돈 공의회 결정을 거부하고 그리스도 단성설파를 국교로 승격시킨
476년의 황제 찬달자 Basiliscus의 칙서. 백민관 신부 엮음. 백과사전 1, p.978).

Enna = Henna

Enneagram ⑨ 애너어그램(그리스어로 9를 뜻하는 ennéa와
표시를 뜻하는 gramma가 합성된 단어이다.

énnĕas, -ādis, f. 아홉(의 수)

Ennĭus, -i, m. 로마 서사시의 아버지로 불리는 대시인.
Calabria의 Rudioe 출신(239~169 A.C.)
Animus æger, ut ait Ennius, semper errat, neque pati
neque perpeti potest ; cupere numquam desinit.
엔니우스가 하는 말대로, 마음이 병들면, 늘 방황하고 무엇을
견디내지도 참지도 못한다. 끊임없이 무엇을 탐한다.

Ennĭus duodeviginti Annalium libros composuit.
엔니우스는 18권의 연대기를 작성하였다.

Ennŏsĭgæus, -i, m. ("땅을 진동시키는 자"라는 뜻)
해신(海神) Neptúnus.

ēno, -ávi -átum -áre, (ex+no) intr. 헤엄쳐 나오다,
헤엄쳐 육지에 도달하다, 헤엄쳐 도망치다; 날아 달아나다.
tr. 배로 건너다, 두루 다니다.

ēnodátĭo, -ónis, f. 설명(說明), 해설(解說)

ēnódis, -e, adj. (ex+nodus) 마디 없는, 매듭 없는,
미끈한, 명백한, 분명(分明)한, 쉬운, 어려움 없는.

ēnódo, -ávi -átum -áre, tr. (ex+nodus) 마디를 없애다,
매듭을 풀다, 설명하다, 상세히 풀이하다, 명백히 하다.

ēnórmis, -e, adj. (ex+norma) 파격적인, 거대한(ἄταξ),
과도하고, 규격에 맞지 않는, 불규칙한,
어마어마하게 큰, 엄청난, 지나치게 큰.

ēnórmĭtas, -átis, f. 불규칙함, 엄청남, 어마어마함,
막대(莫大), 거대(巨大), 과도(過度).

ēnótésco, -tŭi, -ĕre, intr.
일반에게 알려지다, 드러나다, 퍼지다.

ēnóto, -ávi -átum -áre, tr. (ex+noto)
적어 두다, 표해놓다, 기입(記入)하다.

ens, entis, n. (哲) 유(有.⑨ being), 있는 것, 존재자.
[스콜라 철학에서는 존재론의 라틴어 용어들을 다음과 같이 번역하여 사용한다.
ens(τὸ ὄν) 존재자, 존재 사물, 유(有) / esse(εἶναι, 있음) 존재, 존재함, 있음 /
essentia (아우구스티노의 용어로는) 존재, 존재자. (스콜라 철학에서는) 본질 /
existentia 실재, 실존, 존재 / natura (아우구스티노의 용어로는 '존재자'를
가리키는) 자연 본성, 자연 사물 / substantia 실체, 본체.
성 염 지음, 사랑만이 진리를 깨닫게 한다. p.26].

anima nata est convenire cum omni ente.
영혼은 모든 존재자와 부합하게 되어 있다/
cuiusque substantia unum est non secundum accidens,
nihil est aliud unum præter ens. 사물 저마다의 실체는
하나이지만 우유적 방식으로 하나가 아니면, 하나는
존재자 이외에 다른 어떤 것도 아니다.(지성단일성, p.199)/
éntis ens. 유(有)와 유(有)(존재의 근거문제. p.50)/
Ex nihilo omne ens qua ens fit.(하이데거)
무로부터 모든 존재자는 존재자로서 생성 된다/
Ille qui habet plenitudinem entis.
존재자의 충만함을 가지고 계신 분/
Individuum est verissime ens et unum(scotus)
개체는 가장 참되고 유일한 존재이다/
negationem divisionis in ipsomet ente.
존재자 자체 안에서의 구분의 부정/
Potentĭa et actus dividunt omne ens.
있는 모든 것은 가능성과 현실성으로 나누어져 있다/
primum quod in mente cadit ens.
정신 안에 떠오르는 최초의 것은 존재자다/
privátĭo entis. 존재의 결핍(存在 缺乏.缺如)/
sub ratione entis. 존재의 관점 아래/
subjectum metaphysicæ est ens.
형이상학의 주제(대상영역)는 존재자다/
Summa de Ente. 존재체에 관한 총서/
verum actuale ens. 현실적인 본질.

ens a se. 자유자재(주제용 신부의 지성인을 위한 교리해설. 2002년. p.129).

스스로 존재를 갖는 자존재(심상태 지음. 續.그리스도와 구원. p.24)
자존유(⑨ substantial being/self-existence, 스콜라 철학에
　서 사용하기 시작한 "Ens a se"의 번역어로서 원인과 시종이 없이 자립적
　으로 존재하는 유 sein을 지칭하는데, 이는 곧 "천주"를 말한다. "ens a se"
　는 "자존" 즉 자기에 의한 존재자. 자기의 존재의 원인=하느님이다).
ens ab álio. 의타 유(依他 有-다른 것에 의하여 즉 다른 것이
　원인이 되어 존재하는 유(有). 백민관 신부 엮음. 백과사전 1. p.979).
ens absolutum. 절대 유(絕對 有)
ens accidens. 우유적 유(有)
Ens actu. 현실 유(현실적으로 있는 것)
ens actuale. 현실 유
Ens Causa sui. 자기 원인자(自己 原因者)
ens collectivum. 집합물(集合物)
ens commune. 공통 존재자
ens compositum. 복합 존재자, 합성 유
ens contingens. 우유적 유(遇有的 有),
　우연적 유(우연 유), 우연적인 존재.
　Omne ens contingens habet causam efficientem.
　모든 우연적 유(有)는 능동인(산출인)을 갖는다.
Ens eminentissimum et perfectissimum.
　가장 탁월하고 가장 완전한 유(有).
ens essentialiter. 본질적인 유(有)
Ens est. 존재는 존재한다(중세철학 제2호. p.70)
Ens est ens. 존재는 존재이다.
ens est id quod est. 존재란 존재하는 어떤 것이다
Ens est id quod existit vel existit vel existere potest.
　유란 실존하고 있거나 실존할 수 있는 것이다(Christian Wolff)
Ens est infinitum. 유(有)가 유한하다
Ens est intelligibile.
　존재는 가지적이다, 존재는 알려질 수 있다.
Ens et bonum convertuntur. 유와 선은 환치(換置)된다,
　존재자와 선은 치환된다.
　(⑨ Being and the good are convertible).
ens et non ens. 유와 비유(有와 非有)
Ens et unum convertuntur.
　유와 단일은 서로 환위된다, 있음과 하나는 서로 교환된다.
Ens et verum convertuntur. 유와 진은 서로 환위된다,
　존재와 진리는 서로 서로 바꾸어 놓을 수 있다,
　존재와 진리는 서로 교환(交換)된다.
ens finitum. 유한유
ens generálissimum. 가장 일반적 존재자
ens historicum. 역사적 존재(인간이란 무엇인가. p.285)
ens illimitatem. 무한 유(철학여정. p.213)
ens in actu. 현실적 존재
ens in álio. 어타(於他) 有, 다른 것 안에 존재하는 것,
　부수적으로 있는 존재, 우연유(偶然有).
ens in natura. 자연적 존재자
ens in potentia. 가능적 존재, 가능적 존재자
ens in potentia subjectiva. 주관적 가능태에 있는 존재
ens in quantum ens. 존재자로서의 존재자
ens in quantum est ens. 있다는 관점에서만 본 존재,
　존재인 한에서 존재/ 존재자인 한에 있어서의 존재자,
　형이상학의 대상으로 모든 존재가 포함된다.
ens in se. 자체 내의 유, 자체 안의 유, 자재체,
　스스로가 실체인 유(有), 유한 무한의 모든 실체를 말한다.
ens incausata. 무원인적 원인
ens increátum. 비피조물(非被造物)
ens individual 개격적 존재(선유의 천주사상과 제사문제. p.106)
ens infinitum. 무한 현실(가톨릭 신학과 사상 제12호. p.211),
　무한자(가톨릭 철학 제4호. p.20).
ens infinitum est. 무한자가 존재한다.
ens inquantum ens.(το ὄν ἡ ὄν).
　존재로서의 존재, 존재인 한해서 존재.
Ens inquantum ens est univocum.
　존재인 한에서 존재는 일의적이다.
ens ipsum infinitum. 무한한 자체 유(有)
ens juridicum. 법률적 인격체(한국가톨릭대사전. p.716)
ens materiale. 물질적 존재자
ens mathematicum. 수학적 유(數學的 有)

ens maxime. 최고로 존재하는 것
ens mobile. 운동하는 유(有), 운동하는 존재자
ens necessárium. 필연 유(有), 필연적 유, 필연적 존재자
ens necessárium a se. 자존적 필연 유(有)
ens necessárium per se.
　자체 필연 유(entia necessária a se).
ens nominaliter sumptum(⑨ being taken as nonu).
　명사적 유.
Ens non est genus. 유(有)는 유(類)가 아니다
Ens non est non ens. 존재는 비존재가 아니다
Ens non-æternum est. 비영원적 존재가 존재한다.
　Aliquid ens est non-æternum. 어떤 것은 비영원적이다.
ens participaliter. 실존하는 것(인식의 근본문제. p.281)
ens participaliter sumptum.
　분사적 유(⑨ being taken in it's participal use),
　분유된 의미로 사용된 존재자(토마스 아퀴나스의 형이상학. p.79).
ens participátum. 참여된 존재, 현실적 존재자,
　존재를 수용한 현실(가톨릭 신학과 사상 제12호. p.211).
ens per accidens. 우유적인 존재자, 우연유
ens per essentiam. 본질에 의한 유(존재)
ens per participátionem. 분유에 의한 유(존재),
　참여를 통한 존재자, 참여함으로써 존재하는 것.
ens per se. 그 자체로서의 존재자, 본래의 유, 자립 유
Ens per se necessárium est esse subsistens.
　자체 필연 유는 자립적 존재이다.
ens perfectissimum. 가장 완전한 존재, 절대 완전자
ens perfectum. 완전자(가톨릭 철학 제8호. p.20)
Ens personal 개인(箇人)(선유의 천주사상과 제사문제. p.261)
Ens potentia. 가능 유(가능성이 있는 것)
Ens primo modo dictum,
　est quod significat substantíam rei. 첫째 양태로
　파악되는 유(본질)는 사물의 실체를 의미하는 것이다.
ens Primordial. 태극(선유의 천주사상과 제사문제. pp.239~240)
ens primum. 제일 존재
ens primum cognitum. 최초로 알려진 존재자.
　　　　　　　　　　　(토마스 아퀴나스의 형이상학. p.64).
ens prium. 제일 유
ens purum. 단순 존재(esse simpliciter)
ens qua ens. 존재로서의 존재, 존재자로서의 존재자
ens quantum. 양적 유
ens rátionis.(獨 Gedankendin) 논리적 존재자,
　사고상의 존재, 사고상의 유(有), 이성의 존재자들,
　이성적 존재, 사고상의 대상(토마스 아퀴나스의 형이상학. p.141).
Ens rátionis cum fundamemto in re.
　실재에 근거를 둔 사고상의 유.
ens rátionis et ens rátionis. 두 개의 이성의 존재자들.
　(가톨릭 신학과 사상 제38호. p.165).
Ens rátionis sine fundamemto in re.
　실재에 근거를 두지 않은 사고상의 유.
ens reale. 실재적 유, 실재적 존재자, 실재적 존재,
　실재(⑨ Realities.獨 Realität, præsentía reális).
ens realie et ens rátionis.
　어떤 실재적 존재자와 어떤 이성의 존재자.
ens secundum rátionem. 유의 개념
ens simplex. 단순 존재자
ens sociale. 사회적 존재(인간이란 무엇인가. p.285)
ens spirituale(substantia spiritualis) 영적 존재
ens substantíale. 실체적 유(實體的 有)
Ens summe perfectum. 최고 완전자
ens summum. 최고 존재
ens totum. 전존재
ens ut nomen. 명사로서의 존재자
ens ut participium. 분사로서의 존재자
ens ut sic. 유로서의 유
ensículus, -i, m. 작은 검, 작은 군도
énsifer(=énsiger), -ěra, -ěrum, adj. (ensis+fero, gero)
　패검(佩劍)한, 대검(帶劍)의, 칼 찬, 칼 든.
ensis, -is, m. 검(劍), 軍刀, 긴 칼, 전투.

E

411

Conflo falces in ensem. 낫들을 녹여서 검을 만들다/
Ense et aratro. 칼과 쟁기로써/
Ense petit placidam sub libertate quietem.
칼에 의한 자유 아래서 안식을 구한다(Massachusetts州 표어)/
ensem recludo. 칼을 뽑다/
exuo vaginā ensem. 칼집에서 칼을 뽑다/
nudus ensis. 칼집에서 뽑은 칼/
recondo ensem in pulmóne. 칼로 폐를 찌르다/
transigo ensem per péctora. 칼로 가슴을 꿰뚫다/
transverberátus ense in látus. 칼에 옆구리를 찔린 사람.

ensis super cervice pendet. 목에 칼이 닿다

Entelecheia, 그리스어([영] Entelechy) 사물의 직접적이고 현실적인 완전상태[아리스토텔레스의 용어. 원질(Materia)이 체형(forma)을 얻어 완성되는 현실태(Actuality). 백민관 신부 엮음, 백과사전 1, p.979].

entĕrŏcéle, -es, f. (醫) 탈장(脫腸-헤르니아)

éntĕron, -i, n. (解) 장(腸), 창자(小腸과 大腸을 아울러 이르는 말)

enthĕátus, -a, -um, adj. 신들린, 신접한, 영감 받은

enthéca, -æ, f. 자금(資金), 금고(金庫)

Entheismus, -i, m. 만유신론(만물에 신성이 있음을 인정함)

Entheiticus. (라틴어.그리스어) 접붙이, 병균 만연.
[Salisbury의 Jhon 샤르뜨르의 주교(+1180)의 저서(1155). 성직자들과 영국 정부에 만연된 사악에 대한 그리스도교적 권고를 더룬 철학적 교훈 시문. 이 책은 Policraticus sive de nugis et vestigiis curialium(국가론, 혹은 철학자의 유산이 관료의 헛소리보다 낫다)이란 제목으로 바꾸어 1159년에 개정판을 냈다. 교회법과 시민법을 잘 운영하여 좋은 정치를 할 것을 촉구한 책이다. 백민관 신부 엮음, 백과사전 1, p.979].

énthĕus, -a, -um, adj. 신들린, 신접한, 영감을 받은

enthusĭásmus, -i, m. (불타는 듯한) 감격, 열광, 열중, ([영] Rapture) 도취신심[그리스 원어의 뜻은 '신들린 자'란 뜻이다. 17세기에는 하느님과 접촉하고 있다는 착각에 빠져 있는 것을 뜻했고, 18세기에는 광신을 뜻했다. 교회에서는 성령의 힘으로 그리스도와의 일치에 몰입하여 인간적인 상태 이상의 희열을 추구하는 것을 뜻한다. 바오로 6세는 그리스도 공동체 회원은 그리스도를 믿고 그와 함께 생활함으로써 기쁨에 젖어 살기를 원하는 신자들이라고 표현했다(1974). 그 방법은 사랑의 실천이라고 제2차 바티칸 공의회는 언명했다. 백민관 신부 엮음, 백과사전 1, p.980].

enthusĭásta, -æ, m. 열광자(熱狂者), 광신자(狂信者)

enthusiástĭcus, -a, -um, adj. 광신적인, 열광적인, 열렬한

enthyméma, -ătis, 반성(反省), 사색(思索-줄거리를 세워 깊이 생각함). (論) 생략 삼단논법, 약식 삼단논법.

entĭa necessária a se. 자체 필연 유(ens necessária a se)

entĭa possivilia. 가능 유(ens potentĭale)

entĭa rátĭonis. (ens rátĭonis)
이성의 존재자들, 이성적 존재, 이성적 존재성, 사유사물(사유할 수 있지만 현실적 현존이 불가능한 '대상들'을 지칭함).

éntĭtas, -átis, f. (哲) 유성, 존재성, 유태성(有態性), 실재, 존재, 본체, 실체, 본질; 실재물.
unamquanque entitatem per seipsam esse suæ individuationis principium. 그것의 개체화 원리는 그 자체를 통한 각각의 존재성이다(스콜라 철학에서의 개체화, p.919 참조).

entitas accidentalis. 우연적 실체

entitas (est) **quasi entis quantitas**.
존재성은 존재의 양과 같은 (것이다).

entitas formaliter sumpta. 형상적으로 취해진 존재성.
(이재룡 이재경 옮김, 조지 그라시아 지음, 스콜라 철학에서의 개체화, p.913).

entitas reális. 실재적 존재성(實在的 存在性)

entitas rerum. 사물의 존재성(事物 存在性)

entitatívus, -a, -um, adj. (哲) 유적(有的), 존재적(存在的), 유태적(有態的), 본질적인, 실체적인.

entus amnis 천천히 흐르는 강

ēnúbo, -núpsi, -núptum, -ĕre, intr. (ex+nubo)
자기 계급 외의 남자와 결혼하다, 평민과 결혼하다, 시집가다, 출가(出嫁)하다.

ēnuclĕátus, -a, -um, p.p., a.p.
가식이 없는, 솔직한, 분명한, 소박(素朴)한, 평이한.

ēnúclĕo, -ávi -átum -áre, tr. (ex+núcleus)
알맹이를 꺼내다(빼내다), 껍질을 벗기다, 골라내다, 선별(選別)하다, 자세히 설명하다, 깊이 파고들다, (숨어 있는 뜻을) 분명히 하다.

ēnúdo, -ávi -átum -áre, tr. (ex+nudo) 옷 벗기다, 벌거숭이로 만들다, 적나라하게 드러내다, 탈취하다, 뺏다.

ēnūmĕrátĭo, -ónis, f. 세어봄, 손꼽음, 계산(計算), 열거(列擧), 매거(枚擧-하나하나 들어서 말함), 요약(要約),
inductio per enumerationem simplicem.
개별적 경우의 단순한 산출을 통한 귀납법(인식의 근본문제, p.215).

ēnúmĕro, -ávi -átum -áre, tr. (ex+número)
세다(מנא.מני), 셈하다, 계산(計算)하다, 빠짐없이 수에 넣다, 손꼽다, 점검(點檢)하다, 열거(列擧)하다, 차례차례 대로 자세히 설명하다.

enúncĭo = enúntĭo

enúnquam, adv. (=ecquándo) 일찍이 언제? 도대체 언제?

ēnuntĭátĭo, -ónis, f. 명제(命題), 판단표현(判斷表現), 언명(言明-분명히 말함), 발표, 성명(聲明), 설명(說明).

ēnuntĭatívus, -a, -um, adj.
언명적(言明的)인, 서술적(敍述的)인; 드러내는, 표시하는.

ēnuntĭátum, -i, n. 발언, 명제(命題), 표현된 것.

ēnúntĭo, -ávi -átum -áre, tr. (ex+núntio)
(입 밖에 내어) 말하다(ימ׳.אמ׳.ללמ.דבר), 털어놓다, 일러주다, 누설하다, 전하다(παραδιδωμι), 발표하다, 공표(公表)하다, 말로 표현하다, 설명하다, 진술(陳述)하다, 단정하여 말하다, 판단을 내리다, 서술(敍述)하다, 똑똑히 발음(發音)하다.
Omne enuntiatum aut verum aut falsum est.(Cicero).
모든 진술은 참이거나 거짓이거나 둘 중의 하나다.

ēnupsi, "ēnúbo"의 단순과거(pf.=perfectum)

ēnúptĭo, -ónis, f. 다른 종족(씨족)에게 시집 감, 신분이 낮은 사람과의 결혼, 출가(出稼).

ēnuptum, "ēnúbo"의 목적분사(sup.=supínum)

ēnútrĭo, -ívi(ĭi) -ítum -ĭre, tr. (ex+nútrio)
먹여 살리다, 기르다, 양육(養育)하다.

ĕō[1] adv. (dat. antiq.) ((is, id)) 그곳으로, 그리로, 그 정도까지, 그 만큼: eo (usque eo), ut… …할 정도까지, …할 만큼, eo usque, dum(donec, quámdiu, quoad)…할 때까지, …하기까지, eo, ut(ne) …하기(않기) 위해서, …목적으로.

ĕō[2] adv. (abl.) ((is, id)) 1. 그것 때문에, 그것으로 인하여, 그 이유로, 그래서: eóque. 그래서, 따라서/ eo, quod (quia). …하는 이유로. 2. 그 만큼 더(덜): eo minus. … 그만큼 덜/ eo magis. 그 만큼 더/ eo minus quod. …하는 만치 그 만큼 덜/ eo magis quoed. …하는 만치 그 만큼 더/ eo+비교급, quo+비교급 …하면 할수록 (그 만큼) 더(덜). 3. (드물게는 장소부사) eo, eo loci. 거기에, 그 곳에.

ĕō[3] ívi(ĭi) ítum, īre, anom., intr. 1. **가다**, 걸어가다, 나아가다, 전진(행진)하다. cúbitum eo. 자러가다/ Via, quā Assóro itur Hennam. Assórum에서 Henna로 가는 길/ Itque redítque viam. 갈 길을 왔다 갔다 한다/ pédibus eo, eo equis. 걸어서 가다, 말 타고 가다. 2. 오다: Unde is? 너 어디서 오느냐?. 3. 물러가다, 떠나다, 나가다. 4. (軍) eo ad arma. 무기를 잡다(들다), 무기를 가지고 전투하다. 5. 누구를 공격하다, 누구에게 덤벼들다. 6. (강.액체 따위가) **흐르다**. 7. 움직여가다, (천체가) **운행하다**. 8. (초목이) 자라다; 무엇이 되다, 무엇으로 변하다. 9. 죽다, 사라지다, 없어지다. 10. 계속하다, 퍼지다. 11. (어떤 상태에) **이르다**, 넘어가다: Puélla it in matrimónium sine dote. 소녀가 지참금 없이 시집간다/ eo in créditum. 빚을 걸머지다/ eo in somnum. 졸다, 잠들다/ eo (pédibus) in senténtiam. (원로원에서 누구의) 정견(제안)에 찬동(찬성)하다, 동의하다. 12. (물건이) 팔리다, 팔려 나가다. 13. **진전되다**, 진행되다, **일이 돼가다**: Incĭpit res mélius īre. 일이 더 잘되기 시작한다. 14. (시간이) **지나다**, (세월이) 흐르다.
15. (권고.격려.재촉.비꼼 표시) imper.
I, ite. 자 할테면 해라:
I, séquere Itáliam. 자. Itália로 따라오너라.
(라틴-한글사전, p.294)
Cum eo nunc eo. 나는 그와 함께 지금 간다.
[cum eo(←is, ea, id) … eo(←eo, ii, itum, ire). 성 염 지음, 고전 라틴어, p.181]/
Eatur, quo deorum ostenta et inimicorum iniquitas me vocat. Lacta est alea! 가거라, 신들의 계시와 적들의

불의가 나를 부르는 곳으로! 주사위는 던져졌다!
[Eatur 갈지어다. 성 염 지음. 고전 라틴어, p.182]/
Eo ad urbem. 나는 도시로 향하여(도시 쪽으로) 간다/
Eo in urbem. 나는 도시로 간다/
Eundum est[수동태 용장활용]. 가야만 한다/
Euntes in mundum universum prædicate Evangelium.
너희는 온 세상을 두루 다니며 이 복음을 선포 하여라/
Tu ne cede malis, sed contra audentior ito.(Vergilius).
그대는 악에 굽히지 말고 보다 결연히 앞으로 나아가라!

직 설 법					
	미완료시제			완 료 시 제	
	현재	미완료	미래	단순 과거	과거 완료	미래 완료

		현재	미완료	미래	단순 과거	과거 완료	미래 완료
Sg.	1	eo	ibam	ibo	ii	ieram	iero
	2	is	ibas	ibis	isti	ieras	ieris
	3	it	ibat	ibit	iit	ierat	ierit
Pl.	1	imus	ibamus	ibimus	iimus	ieramus	ierimus
	2	itis	ibatis	ibitis	istis	ieratis	ieritis
	3	eunt	ibant	ibunt	ierunt	ierant	ierint

명령법 i! 가라(단수), ite! 가라(복수)
부정사 ire(현재), isse(iisse, ivisse) [과거]
N.B. 현재 완료의 경우 ii와 더불어 ivi, ivisti…등이 함께 쓰이고
과거완료, 미래완료로 iveram, ivero 형태가 함께 쓰인다.

접 속 법				
		현재	미완료	미 래
sg.	1	eam	irem	itúrus(-a, -um) sim
	2	eas	ires	itúrus(-a, -um) sis
	3	eat	iret	itúrus(-a, -um) sit
pl.	1	eámus	irémus	itúri(-æ, -a) simus
	2	eátis	irétis	itúri(-æ, -a) sitis
	3	eant	irent	itúri(-æ, -a) sint

현재분사: iens, eúntis etc.
미래분사: itúrus, -a, -um
당위분사: eúndus, -a, -um
동 명 사: eúndi, eúndo, ad eúndum, eúndo
(한동일 지음, 카르페 라틴어 부록, p.21)

* ire동사는 본시 자동사이지만 타동사처럼 대격을 지배할 수 있다
e.g. ire longam viam. 먼길을 가다/ suppétias ire. 도우러 가다.
* 비인칭적으로 수동형 단수 3인칭을 쓰기도 한다.
e.g. itur. 간다 / eátur. 가야 한다 / ibátur. 가고 있었다/
itum est. 갔다 / eúndum est. 가야 한다.
* ire의 합성동사들도 ire와 같이 활용한다.
ábeo, ábii, ábitum, abíre. intr. 떠나가다, 물러가다, 떨어져 있다
ádeo, ádii, áditum, adíre, (ad. 또는 in+acc.) tr.
…에게로 나아가다, 가까이 가다; 방문하다, 찾아가다.
antéeo, antéii, - anteíre. intr., tr. 앞서가다, 앞서다.
circúmeo, circúmii, circúmitum, circumíre. intr., tr.
두루 다니다, 둘러싸다, 포위하다, 주위를 돌다.
cóeo, cóii, cóitum, coíre. intr. 함께 가다, 모이다, 교접하다, 맺다.
éxeo, éxii, éxitum, exíre. intr. 나가다
íneo, ínii, ínitum, iníre. intr., tr.
들어가다: 시작하다, 착수하다, 가입하다, 취임하다, 맺다.
intéreo, intérii, intéritum, interíre. intr. 죽다, 망하다
intróeo, intróii, intróitum, introíre. intr., tr. 들어가다, 안으로 가다.
óbeo, óbii, óbitum, obíre. intr., tr.
돌아다니다, 방문하다, (위험을) 무릅쓰다, 없어지다, 죽다.
péreo, périi, péritum, períre. intr. 없어지다, 죽다, 멸망하다.
práeeo, práeii, práeitum, præíre. intr., tr. 먼저(앞에) 가다.
prætéreo, prætérii, prætéritum, præteríre. intr., tr. 지나가다, 통과하다.
pródeo, pródii, próditum, prodíre. intr. 나아가다, 나오다, 진전하다, 나서다.
rédeo, rédii, réditum, redíre. intr. 돌아가다(오다).
súbeo, súbii, súbitum, subíre. intr., tr. 밑으로 가다, 당하다, 겪다.
tránseo, tránsii, tránsitum, transíre. intr., tr. 통과하다, 넘어가다, 지나가다
véneo, vénii, - veníre. intr. 팔리다.
N.B. 1) adíre, iníre, prætéríre, transíre는 수동형으로 활용되어 쓰인다.
2) veníre는 véndere(팔다)의 수동형 대신에 쓰인다.
3) véneo, vénii, -, veníre (팔리다)와
venio, véni, ventum, veníre (오다)를 혼동하지 말 것.
e.g. véneunt 그것들은 팔린다.   véniunt 그들은 온다.
veníbant 팔리고 있었다   veniébant 오고 있었다
veníbunt 팔리겠다   vénient 오겠다.
veníerunt 팔렸다   venérunt 왔다.
4) ámbio, ambívi(ámbii), ambítum, ambíre(순회하다, 얻으려고
노력하다)는 audíre와 같이 활용하는 동사다.
(미완료 같은 데서 ire처럼 활용하는 수도 있다)
(한동일 지음, 카르페 라틴어 2권, p121-123)

* Eo 동사의 합성어 가운데 nequeo, nequívi, nequíre '할 수 없다'와 그
것의 변형인 queo, quívi, quíre '할 수도 있다'라는 특이한 동사가 있다.
모든 시제와 인칭이 다 있는 것은 아니고 queunt, nequit, nequeunt,
queam, nequírem 등이 특히 많이 쓰여 왔다.
(한동일 지음, 카르페 라틴어 2권, p.123)

eo decúrsum est, ut…, …하기에 이르렀다
eo in somnum. 잠들다(מויט), 졸다
eo ipso die. 바로 그 날에
eo modo aliquid operatur quo est. 사물은 존재하는
방식대로 작용한다(성 염 지음. 사랑만이 진리를 깨닫게 한다. p.165).
Eo quod de "meo" accipiet, propterea hauriet de iis
"quæcumque habet Pater".(ⓖ By the very fact of taking
what is "mine," he will draw from "what is the Father's")
"나로부터 받은 것"은 바로 "아버지께서 가지고 계신 것"
입니다.(1986.5.18. 교황 요한 바오로 2세의 "Dominum et vivificantem" 중에서).
eódem, adv. 같은 곳으로, 같은 곳을 향해서.
delabor eodem. 같은 곳에 빠지다, 같은 잘못을 저지르다/
eódem tenóre. 같은 속도로, 계속, 같은 견해로, 같은 정신으로/
in eodem scilicet dogmate, eodem sensu,
eademque sententia. 동일한 교의에서, 동일한 의미에서
그리고 동일한 해석에 따라.
Eodem anno Galli Transalpini locum idoneum oppido
condendo ceperunt.(당위분사문. (=Eodem anno Galli
Transalpini locum idoneum ad condendum oppidum
ceperunt-동명사문) 같은 해에 알프스 넘어 갈리아인들은
성읍을 건설하기 적합한 지역을 차지하였다.
[성염 지음, 고전 라틴어, p.248].
eodem, eodem loci. 같은 곳에
eodem ictu temporis. 같은 순간에
Eodem itaque tempore in ecclesia Hipponiensi
catholica Valerius sanctus episcopatum gerebat.
그 즈음 히포의 가톨릭교회에는 거룩하신 발레리우스께서
주교직을 수행하고 계셨다.(이연학 최원오 역주. 아우구스티노의 생애. p.39).
eodem sensu eademque sententia.
같은 취지(趣旨), 같은 의미(意味).
eodem tenore. 같은 속도로
eorum, 원형 is, ea, id, pron., demonstr.
[남성과 중성의 복수 속격(=2격)]
eorum cornando merita tua dona cornas.
성인들의 공로를 갚아 주시어 주님의 은총을 더욱 빛내시나이다.
eorum esse est eorum cognosci. 그것들의 존재는
그것들의 인식됨인 것이다(스콜라 철학에서의 개체화. p.670).
Eorum magis nos miseret quam nostri.
우리는 우리 자신보다 저 사람들을 더 불쌍히 여기다.
Eorum nos miseret. 우리는 그들을 불쌍히 여긴다.
Eorum una pars vergit ad septemtriónes.
그들의 일부는 북쪽을 향하고 있다.
Eos. f., indecl. 서광(曙光), 여명, (=Auróra) 여명의 여신
eos. 지시대명사 is의 남성 복수 대격(=4격)
Eos, ad eas res conficiendas, duces deligunt.(동명사문).
이 일을 수행하기 위해서 (사람들은) 그들을 지도자로 선출했다.
Eos bellum Romanum urébat.
로마전쟁은 그들의 나라를 황폐케 했다.
eos in grátiam reconcilio. 그들을 화해시키다.
Eos laudo, idque merito. 나는 그들을 칭찬한다,
그것도 의당 칭찬할 만해서 하는 것이다.
Eos pudet impudentiæ suæ.
그들은 자기들의 몰염치함을 부끄럽게 생각한다.
Eóus, -a, -um, adj. 새벽의, 여명의, 서광의, 동방의.
m. (天) 샛별, 금성. m. (pl.) 동방사람, 동양인.
Non Venus affúlsit. 찬란한 금성이 나타나지 않았다.
ĕoúsque, adv. 거기까지, 그 정도까지; 그때까지,
ĕpáctæ, -árum, f., pl. 양력 1년과 음력 1년과의 차이
[양력이 11일 내지 30일 많음. 라틴-한글 사전, p.294].
태음지표(太陰指標)[알렉산드리아 축일표에서 부활절일을 계산하는
기초 일을 잡기 위해 3월 22일에 달이 차고 기우는(盈虧 영휴) 날짜.
백민관 신부 엮음. 백과사전 1, p.980].
Epaminondas, -æ, m. 에파미논다스(ca.418~362 B.C.).
(Theboe의 유명한 장군. leuctra 전투(371 A.C.)와 Mantinea 전투(362 A.C.)에서
스파르타군을 쳐 이겨 Theboe에 승리를 안겨주고 전사함).
Epaminondas fuit etiam disertus, ut nemo Thebanorum

ei par esset eloquentia. 에파미논다스는, 테베인들 중 어느 누구도 웅변술에 있어서 맞수가 없을 정도로 언변이 좋았다.

Epaminondas imperium non sibi, sed patriæ semper quæsivit, et pecuniæ adeo parcus fuit, ut sumptus funeri defuerit. 에파미논다스는 자신을 위해서가 아니라 조국을 위해서 통수권을 요구했다. 또 그는 자기 장례 비용이 없을 만큼이나 돈에 검약하였다.

Epaminondas patiens fuit injuriarum civium, quod se patriæ irasci nefas esse ducebant. 에파미논다스는 시민들의 불의에 대해 참아내었다. 왜냐하면 조국에 대하여 분노하는 것이 불가하다고 여겼기 때문이다.
[Epaminondas(ca.418~362 B.C.): 테바이의 장군이자 정치가. 스파르타를 격퇴함. 성 염 지음, 고전 라틴어, p.395].

ēpástus, -a, -um, adj. 먹은, 양육된.
epencéphălon, -i, n. (解) 후뇌(後腦). (動) 상뇌(上腦)
ependýma(ventriculórum) **-ātis,** n. (解) 뇌실상피(腦室上皮), 수강상피(髓腔上皮).
ĕpénthĕsis, -is, f. 삽입자(挿入字), 삽입음(挿入音)
Epéus, -i, m. Troja 목마의 창안자(木馬 創案者)
ĕpexĕgĕsis, -is, f. (修) 설명적 보충(說明的 補充)
ĕphēbéum(-íum) **-i,** n. 청소년 훈련소(青少年 訓鍊所)
ĕphébĭa, -æ, f. 청년기 시작, 소년기 마지막, 청소년 도장(青少年 道場), 청소년 훈련소.
ĕphebogénĕsis, -is, f. (生) 동정발생(同情發生)
ĕphébus, -i, m. (희랍의) 16~20세의 청소년.
ephebus honorárius. 귀족의 청소년
ephémĕris, -ĭdis, f. 일기장, 일지(日誌). 일간신문(publicátĭo diárĭus); 잡지(雜誌).
Ephesínus, -a, -um, adj. 에페소의
Ephesus, -i, f. 에페소.
   Concilium Ephesinum. 에페소 공의회/
   Epistola ad Ephesios. 에페소 신자들에게 보낸 서간/
   Latrocinium Ephesinum. 에페소 강도(强盜) 공의회/
   Hoc peculiari modo testatur Epistula ad Ephesios. (영) This is attested to especially in the Letter to the Ephesians) 에페소인들에게 보낸 편지는 이를 특히 잘 입증합니다(에페 1. 3~14 참조).
Ephemeroptera, -árum, f., pl. (蟲) 하루살이목(目)
ĕphippĭárĭus, -a, -um, adj. 말안장 제조(판매) 하는
ĕphippĭátus, -a, -um, adj. 말안장을 놓고 올라탄
ĕphíppĭum, -i, n. 말안장.
   Optat ephippia bos piger. 게으른 황소가 말안장을 원한다(자기 분수에 만족치 않는다).
ephod, indecl., n. (히브리어) (영 Humeral Veil.영 Humerale] (유태인 제관.제관장이) 어깨에 걸치는 제복.
Ephpha(e)tha (히브리어) 에파타, 에페타. '열려라' (세례식 때 지금까지 하느님의 말씀을 듣지 못하고 말하지 못하던 것을 귀가 열리고 입이 열리라는 뜻으로 사제가 예수께서 하셨듯이 침을 귀와 입에 바르는 예식이 있었다. 이 예식은 초대교회의 관습이었던 것이었으나 지금은 세례식에서 삭제되었다. 백민관 신부 엮음. 백과사전 1, p.982].
   et suspiciens in cælum ingemuit et ait illi: "Effetha", quod est: "Adaperire". (kai. avnable,yaj eivj to.n ouvrano.n evste,naxen kai. le,gei auvtw/|\ Effaqa(o[evstin dianoi,cqhti) [영 then he looked up to heaven and groaned, and said to him, "Ephphatha!" (that is, "Be opened!")]. 그리고 나서 하늘을 우러러 한숨을 내쉬신 다음, 그에게 "에파타!" 곧 "열려라!" 하고 말씀하셨다(성경 마르 7. 34).
Ephpheta, quod est, Adaperire. '에파타'는 '열려라'라는 뜻입니다.
epíbăta, -æ, m. 수병(水兵), 해군(海軍), 수군(水軍)
epicárdĭum, -i, n. (解) 심외막(心外膜)
ĕpĭcédĭum, -i, n. 장송가, 조가(弔歌)-(죽음을 슬퍼하는 노래. 애가)
ĕpĭchĕréma(-íma) **-ātis,** n. (論) 대증식(帶證式) (복합적 삼단 논법의 한 특수 형식. 대소 전제 중 한쪽. 또는 양쪽에 이유가 붙은 추론식).
ĕpíchysis, -is, f. 다른 잔에 술을 따르는 그릇, 주전자
epiclérus, -i, f. 상속 자격이 있는 여자
epiclésis, -is, f. 성령 청원 기도*(영 Epiclesis), 성령을 청하는 기도(祈禱), 기원, 기원문, 초령 기도. (주로 동방교회에서 미사 때 성체 변화 직전 빵과 포도주 위에 성령의 능력이 내리기를 성부와 성자께 기구하는 기도. 라틴-한글 사전, p.295).

Epiclesis communionis. 일치 기원
Epiclesis consecrátĭonis. 성령기원, 축성기원
epicóndylus, -i, m. (解) 상과(上髁-윗 무릎 뼈)
ĕpĭcópus, -a, -um, adj. 차바퀴 달린
ĕpĭcránĭum, -i, n. (解) 두개정(頭蓋頂-정수리), 정수리(머리 위의 숫구멍이 있는 자리. 뇌천腦天. 정문頂門).
ĕpícrŏcus, -a, -um, adj. 투명한, 비치는, 멀건. n. 얇고 비치는 겉옷.
épĭcus, -a, -um, adj. 서사적(敍事的)인, 서사시(敍事詩)의, 사시(史詩)의. m. 서사시인. **epicum Romanum.** 로마 서사시.
epícyclus, -i, m. (그 중심이 다른 큰 원의 원주 위를 따라 도는) 작은 원, 주전원(周轉圓).
Epĭdámnus, -i, m. Dyrrháchium의 옛 이름
Epĭdáurus(-um) -i, f.(n.) Argŏlis의 도시, 의신(醫神) Æsculápĭus의 유명한 신전이 있었음. adj. **-rĭus, -a, -um; m.** 그곳 사람.
ĕpĭdémĭa, -æ, f. (醫) 유행병(流行病), 전염병(傳染病)
ĕpĭdémĭus, -a, -um, adj. 유행병의, 유행성의
ĕpĭdérmis, -ĭdis, f. (解.動.植) 표피(表皮), 상피(上皮)
ĕpĭdíctĭcus, -a, -um, adj. 과시적(誇示的)인, 번지르르한
ĕpĭdídymis, -ĭdis, f. (解) 부고환(副睾丸)
ĕpĭgástrĭum, -i, n. (解) 상복부(上腹部), 윗배, 위부(胃部), 복벽(복강을 둘러싸고 있는 안쪽 바닥. 피부.근육.복막 등으로 이루어져 있음).
ĕpĭgénĕsis, -is, f. (地質) 후성(後成). (生) 후생설(後生說), 점생설(漸生說)
ĕpĭglŏttis, -ĭdis, f. (解) 회염연골(會厭軟骨), 후두개(喉頭蓋)
ĕpígŏnus, -i, m. 유복자(遺腹子)
ĕpĭgrámma, -ătis, f. 명(銘), 제자(題字), 제명(題銘-책머리에 쓰는 제사題詞와 기물器物에 새기는 명), 비명(碑銘), 비문(碑文), 짧은 풍자시(諷刺詩), 경구(警句), (그리스어) 경구집(Damasus 지음).
   Epigrammata in obtrectorem Augustini. 아우구스티노를 비방하는 풍자시(아키텐의 프로스페로 지음).

	sg.	pl.
Nom.	epigrámma	epigrámmata
Voc.	epigrámma	epigrámmata
Gen.	epigrámmatis	epigrámmatum(-órum)
Dat.	epigrámmati	epigrámmatibus(-is)
Acc.	epigrámma	epigrámmata
Abl.	epigrámmate	epigrámmatibus(-is)

(허창덕 지음, 중급 라틴어, p.12)
ĕpĭgráphe, -es, f. 명(銘), 제명, 비명(碑銘), 비문(碑文)
ĕpĭgráphĭa, -æ, f. 금석문학, 비명학(碑銘學), 제명학
Epigraphica Christiana. 그리스도교 비문학.
(돌, 쇠, 흙, 뼈, 나무 등 딱딱한 물체에 새긴 옛글의 기명은 Epigraphica라 한다. 그리스도교 비문들은 2세기에서 7세기에 라틴어와 그리스어로 쓰였다. 지금까지 알려진 그리스도교 비문은 약 50,000개에 달하며 그중 5대1꼴로 라틴어가 그리스어보다 많고 대개는 로마를 중심으로 그 근교에서 발견되었다… 백민관 신부 엮음. 백과사전 1, p.983).
ĕpĭkéĭa(ĕpĭkĭa) -æ, f. 법률의 관해(寬解→"에피케이아" 참조), 형평(衡平), 에피케이아(έπιείκεια)(법률의 관대해).
   이치에 맞음, 균등, 관용적 법 해석.
(epikeia야말로 적정의 본성이고, 법률이 보편성을 표명하기에 불충분할 경우에 법률을 개정하는 기준이다. Aristoteles)
(법의 자구 해석을 이탈하여 입법정신을 살린 법해석. 입법자가 법을 만들 때 내다보지 못했을 경우 그 법조문을 현실에 적용하여 해석할 때 쓰는 윤리학 용어… 백민관 신부 엮음. 백과사전 1, p.985).
ĕpĭlépsĭa, -æ, f. (醫) 간질병, 지랄병
ĕpĭléptĭcus, -a, -um, adj. 간질병의, 간질병에 걸린. m. 간질병자.
ĕpílŏgus, -i, m. 結論, 끝맺는 말(conclusio, -ónis f.), 에필로그(시가.소설.연주 따위의 끝 부분), 폐막사(廢幕舍).
Epiklesis. (그리스어) 에피클레시스, 성령을 구하는 기도
ĕpiménĭa, -órum, n., pl. 1개월 분 식량, 배급(配給)
ĕpĭnéurĭum, -i, n. (解) 신경외막(神經外膜)
epiníctium, -i, n. 승리의 노래
Epipactis thunbergii. (植) 닭의 난초
Epiphanes. (그리스어) 현현신(顯現神).
(시리아 왕이 가졌던 호칭. 일본 군국 시대에 국수주의자들이 일본 천황을

이렇게 부르기도 했다. 백민관 신부 엮음, 백과사전 1, p.986).

ĕpĭphănĭa, -æ, f. 출현(出現.ἐπιΦάνεια), 발현(發顯),
현현(顯現→發顯), 예수 공현(公顯.⑨ epiphany.
獨 Epiphanie/Erscheinung des Herrn),
주님 공현(公顯.⑨ Epiphany) 축일(1월 첫 주일).
(옛 성왕내조 축일. 3세기부터 동방교회에서 시작된 축일로서 주님의 성탄과
세례를 기념하는 축일로 시작했다…. 백민관 신부 엮음, 백과사전 1, p.986).

ĕpĭphănĭa Domini. 주님의 나타남

ĕpĭphárynx, -ncis, f. (解.動) 상인두(上咽頭)

ĕpĭphenómĕnon, -i, n. 부현상(副現象), 부대(附帶) 현상.
(醫) 우발증상, 여병(餘病), 객증(客症→합병증: 어떠한 병에
관련 하여서 일어나는 다른 병. 객증客症. 여병餘病)

ĕpĭphŏra, -æ, f. (醫) 코감기. (修) 중복(重複)

ĕpĭphysis, -is, f. (解) 골단(骨端), (腦의) 송과체(松果體)

ĕpĭploïcus, -a, -um, adj. (解) 망막(網膜)…

ĕpĭrhédĭum, -i, n. 말을 수레에 매는 가죽 띠,
봇줄(써레나 쟁기 따위를 마소에 매는 줄).

episcænĭum, -i, n. 무대의 상충부

episclerális, -e, adj. (解) 공막상(鞏膜上)의

episcŏpális, -e, adj. 주교의.
consecratio episcopalis. 주교 축성/
mensa Episcopalis(⑨ Mensal Fund) 주교 생활비.

episcopális Audientia. 주교의 심문

episcopális consociátĭo. 교구 설립단체(敎區 設立團體)

Episcopális potestátis, 동방교회 주교들의 관면 권한.
(1967.5.2. 자의교서).

ĕpiscŏpalísmus, -i, m. 주교.교황 동렬설(同列說),
주교주의(주교 전체 또는 공의회를 교황권 위에 두려는 주장),
주교단 지상주의, (개신교에서) 주교권은 종교개혁에
의해서 교황에게 양도되었다고 하는 설, 주교 중심주의,
에피스코팔리즘(⑨ episcopálism.주교 우위설로 번역. 주교단 우위설).

ĕpiscŏpátus, -us, m. 주교직(主教職.⑨ Episcopacy),
주교의 재직기간, 주교 전체. 일국의 주교단.
Eodem itaque tempore in ecclesia Hipponiensi catholica
Valerius sanctus episcopatum gerebat. 그 즈음 히포의
가톨릭 교회에는 거룩하신 발레리우스께서 주교직을
수행하고 계셨다.(이연학 최원오 역주, 아우구스티노의 생애, p.39).

Episcopatus unus est. 주교직은 하나다.

Episcopi Coadiutores et Auxiliares.
대리 주교와 보좌 주교(代理主教 補佐主教).

Episcopi Diœcesani in munere pastorali Cooperátores.
교구장 주교의 사목 협력자.

Episcopi emeriti sunt quasi-membri.
은퇴한 주교들은 준회원이다(한국 주교회의 정관 제3조 2항).

episcopi immunitate. 타지방 주교의 사유교회

Episcopi munere interdiœcesano fungentes.
초교구적 임무를 수행하는 주교.

Episcopi qui alios, 탁덕과 주교들의 관면 권한(寬免 權限).
(1976.9.17. 교령).

Episcopi suburbicarii. 로마 근교 주교

Episcopi vagantes. 방랑 주교(불법적으로 주교가 되었거나 혹은
파문 또는 성무 박탈 처분을 받고 일정한 교구를 가지고 있지 않은 주교.
혹은 교회에서 분리되어 자기 이름으로 교회를 가지고 있는 분리주교.
American Catholic Church, Old Roman Catholic Church, Negro Orthodox
Church 등이 이에 속한다. 백민관 신부 엮음, 백과사전 1, p.988).

**Episcopi vera potestas luce Pastoris Boni illuminatur
atque eius exemplo formatur**.
주교의 권력은 참된 권력이지만, 착한 목자이신 예수님의
빛을 발하고 그분을 본받아 행사되는 권력입니다.

ĕpiscópĭum, -i, n. 주교관(主教館)

ĕpíscopus*, -i, m. 감독(監督.ἐπίσκοπος),
주교(ἐπίσκοπος.⑨ bishop.이탈리아어 vescovo.
스페인어 obispo.프랑스어 evêque.독일어 Bischof),
Causæ episcoporum(cum pro criminis objecti qualitate
comparere debeant) coram pontifice maximo referantur
ac per ipsum terminentur. 주교를 재판하는 사건(그들이
기소 당하게 한 과오의 본성상 재판관 앞에 본인이 출두
해야 하는 경우)은 교황에게 보내야 하고, 교황에 의해서
마감되어야 한다.(보편 공의회 문헌집 제3권, p.701)/
decretum Episcopi. 교구장의 재결(敎區長 裁決)/
Episcopi est vigilare super bonis ecclesiasticis

institutionum caritatis ipsius auctoritati submissarum.
주교는 자기 권위에 예속된 사랑 실천 기구들의 교회
재산에 대하여 감독할 책임이 있다(베네딕도 16세 교황의
2012.11.11. 자의교서 "Intima Ecclesiæ Natura" 중에서)/
Episcopi per semetipsos ordines conferant.
Quodsi ægritudine fuerit impediti, subditos suos non
aliter quam iam probatos et examinatos ad alium
episcopum ordinandos dimittant. 주교들은 서품들을 직접
거행해야 한다. 질병으로 거행하지 못하게 되면,
이미 입증되고 검증된 자기 수하들을 다른 주교에게
보내어 서품을 받을 수 있게 해야 한다/
Episcopos libere Summus Pontifex nominat, aut legitime
electos confirmat. 교황이 주교들을 임의로 임명하거나
합법적으로 선출된 자들을 추인한다(교회법 제337조 제1항)/
Epistola ad Cæcilianum, de Sacramento calicis.
잔의 성사에 대해 체칠리아누스에게 보낸 서한/
Ergo episcopi et præpositi non petunt pro populo?
주교들과 교회 지도자들도 백성을 위해서 기도하지
않습니까?.(최익철 신부 옮김, 요한 서간 강해, p.83)/
In communione cum cunctis orbis episcopis/
세계 모든 주교와의 일치 안에서/
Nihil sine Episcopo. 주교가 없으면 아무것도 없다/
populorum præpositi. 주교(교부문헌 총서 15 신국론, p.136)/
Sancto fratri et cœpiscopo Honorato Augustinus in
Domino saltem. 나 아우구스티노는 거룩한 형제이며
동료 주교인 호노라투스에게 주님 안에서 문안합니다.
(이연학 최원오 역주. 아우구스티노의 생애, p.127)/
Si quis dixerit, episcopos, qui auctoritate Romani
pontificis assumuntur, non esse legitimos et veros
episcopos, sed figmentum humanum. 만일 누가 로마
교황의 권위에 의해 선발된 주교들이 적법하고 참된
주교들이 아니라 인간적 조작의 산물이라고 주장한다면
그는 파문 받아야 한다(보편 공의회 문헌집 제3권, p.744)/
territoriales episcoporum cœtus. 지역 주교들의 단체/
Unde illud, quod episcopum quemdam dixisse audivimus.
우리는 다음과 같이 말하는 어떤 주교의 이야기를 들은
적이 있습니다.(이연학 최원오 역주. 아우구스티노의 생애. p.133).

Episcopus auxiliáris*. 보좌주교(⑨ auxiliary bishop)

Episcopus castrénsis. 군목 주교, 종군 주교

Episcopus co-consecrátor. 공동 축성 주교

Episcopus coadiutor. 부주교(⑨ bishop coadjutor)
부교구장 주교*, 협동 주교*(→부교구장 주교), 보좌주교

Episcopus coadiutor cum jure successionis.
계승 보좌 주교.

Episcopus competens. 관할 주교

Episcopus coram hodiernis provocationibus.
오늘날의 도전에 직면한 주교.

Episcopus consecrátor principális. 주례 축성 주교

Episcopus consecrátus. 축성된 주교

Episcopus diœcesanus*. 교구장 주교,
교구장(⑨ diocesan bishop.⑨ ordinárĭus² -i, m.).

Episcopus electus. 선임된 주교

Episcopus emeritius. 은퇴 주교(隱退 主教), 퇴임 주교.

Episcopus episcoporum. 주교들의 주교

Episcopus est primus, qui in sacerdotiali.
사제양성에 있어서 그리스도의 제1대리자는 주교.

Episcopus exemptus. 성좌 직속 주교

Episcopus in Ecclesis et Ecclesia in Episcopo.
교회 안에 주교가 있고, 주교 안에 교회가 있다(치프리아노).

Episcopus in partibus infidelium.
미신자들 지역에서의 주교, 이교도 지방에 파견된 주교.
[1882년 교황 레오 13세는 이 명칭을 바꾸어 명의(titularis) 주교라고 했다].

Episcopus in partibus prævia commendátĭone.
미신자들에 대한 주교, 전교지방 주교.

Episcopus in terra missionum. 전교 지방 주교

**Episcopus minister Evangelii Iesu Christi propter
spem mundi**. 세상의 희망을 위하여 예수 그리스도의
복음을 선포하는 주교.

Episcopus moderator liturgiæ sicut artis educandæ

fidei. 신앙을 교육하는 전례의 조정자인 주교.
Episcopus, præcipuus liturgus.(@ The Bishop, celebrant par excellence) 탁월한 전례가인 주교.
Episcopus præconizátus. 추인된 주교
Episcopus Præses. 주교회의 의장
Episcopus Pro-Præses. 주교회의 부의장
Episcopus proprĭus. 소속 주교
Episcopus regionarius. 순회 주교
Episcopus religiosus. 수도자 주교
Episcopus residentiális. 교구 정주주교, 정임주교.
Episcopus Romanus. 로마의 주교.(@ Bishop of Rome).
  Sollemnis hæc est cura Episcopi Romani qua Apostoli Petri successoris. 이는 베드로 사도의 후계자인 로마 주교의 특수한 의무입니다.
Episcopus Romanus ad eorum "collegium" pertinet et ii in ministerio sunt eius fratres.(@ Bishop of Rome is a member of the "College", and the Bishops are his brothers in the ministry). 교황은 "주교단"의 일원이며, 주교들은 직무에서 그의 형제들입니다.
Episcopus Romanus Episcopus est Ecclesiæ quæ Petri Paulique martyrii servat vestigia.(@ The Bishop of Rome is the Bishop of the Church that preserves the mark of the martyrdom of Peter and of Paul)
  교황은 베드로와 바오로의 순교 자취를 보존하고 있는 교회의 주교입니다(1995.5.25. 'Ut Unum Sint' 중에서).
Episcopus sæculáris. 재속자 주교
Episcopus Secretárĭus. 주교회의 총무(總務)
Episcopus Suffraganeus. 속주교(屬主敎)
Episcopus suo cum presbyterio. 사제단과 함께 하는 주교
Episcopus tituráris.(@ titular bishop)
  명의주교(古 Episcopus in partibus infidelium).
ĕpístăsis, -is, f. ((生)) (유전자의) 上位, 우세(優勢)
ĕpístáxis, -is, f. (醫) 코피, 비출혈(鼻出血)
ĕpistéma, -æ, (episteme, -es) f. (哲) 학문적 지식, 학적 인식지
epistemologĭa, -æ, f. 인식론
  (認識論.@ theory of knowledge/epistemology).
ĕpistérnum, -i, n. (動) 상흉골, (곤충의) 전측판(前側板).
  (解) 흉골병(胸骨柄-흉골의 상단부).
ĕpístŏla, -æ, (=ĕpístŭla.@ Epistle.獨 Epistel)
  f. 편지, 서신, 서간, 서한(書翰), (=lítteræ) 문서, 공문서, Antonio epistolas duas scripsi.
    나는 안토니우스에게 편지 두 통을 썼다/
  ascribo diem in epístulā. 편지에 날짜를 추가 기입하다/
  Caritatem ergo commendamus: caritatem commendat hæc Epistola. 저희가 여러분에게 당부하는 것이 바로 사랑 이며 이 편지가 여러분에게 당부하는 것도 사랑입니다/
  Cornu epistolæ. 서간 쪽(제대 우측)/
  Epistolam hanc a me áccipe. 나한테서 이 편지를 받아라/
  evólvere volumen epistulárum 편지뭉치를 펴다/
  Hæc epistula est ex "inferno".
    이것은 '지옥'에서 쓴 편지입니다/
  Hæc epístola est prídie data quam illa. 이 편지가 그 편지보다 하루 전에 발송된 것이다(quam² 참조)/
  Hæc negótia quomodo se hábeant, ne epístolā quidem narráre áudeo. 이 난처한 사정이 어떠한지를 나는 편지로도 감히 이야기할 수 없다/
  Heri duas epístolas recépi. 어제 나는 편지 두 장을 받았다/
  in epístolā. 편지에(서)/
  publica epistularum et telegraphiæ mensa.
    전신소(státĭo telegraphi)/
  Quæstiones de epistolis Pauli.
    바오로 서간 목록(멜런의 로베르토 지음)/
  recíprocæ epístolæ. 서신 교환(書信 交換)/
  Recita de epistola reliqua. 편지의 나머지 부분을 낭독해라/
  texo epístulas cottidiánis verbis. 일상어로 편지를 쓰다/
  Ut quid talem epistolam fecisti?.
    그렇다면 이 편지는 뭣 때문에 쓰신 것입니까?/
  verbósior epistula 장황한 편지.

Epistola Apostolorum. 사도들의 편지, 사도 서간
Epistola ad Colossenses. 골로사이인들에게 보낸 편지
Epistola ad Corinthios. 고린토인들에게 보낸 편지
Epistola ad Ephesios. 에페소인들에게 보낸 편지
  (@ Letter of Paul to the Church at Ephesus).
Epistola ad Fratres de Monte Dei de Vita Solitaria.
  독거 생활을 하는 하느님의 산의 형제들에게 쓰는 편지.
Epistola ad Galatas. 갈라디아인들에게 보낸 편지
Epistola ad Hebræos. 히브리인들에게 보낸 편지
  (@ Epistle to the Hebrews).
Epistola ad Monachos de Virtutibus et ordine Doctrinæ Apostolicæ.(Valerianus 지음)
  덕행과 사도 교리규정에 관하여 수도자들에게 보낸 편지.
Epistola ad Philemonem. 필레몬인들에게 보낸 편지
Epistola ad Philippenses. 필립비인들에게 보낸 편지
epistola ad quondam ministrum.
  어느 봉사자 형제에게 보낸 편지.
Epistola ad Romanos. 로마인들에게 보낸 편지
Epistola ad Thessalonicenses.
  데살로니카인들에게 보낸 편지.
Epistola ad Titum(@ Epistle of Titus) 띠토서
Epistola ad Trajanum de institutione Principis.
  군주 설정에 관해 트라야누스에게 보낸 편지.
Epistola apostolica* 사도 서한(使徒書翰)(略:Ep. ap)
Epistola Barnabæ. 바르나바 편지(@ Epistle of Barnabas)
Epistola Catholica Beati Jacobi Apostoli. 야고보의 편지
Epistola Catholica Beati Joannis Apostoli.
  요한의 편지(便紙.@ Letters of John).
Epistola Catholica Beati Judæ Apostoli.
  유다의 편지(@ letter of Jude).
Epistola Catholica Beati Petri Apostoli.
  베드로의 편지(@ Epistles of Peter).
epistola circuláris. 회장(回章-여럿이 차례로 돌려보도록 쓴 글. 회문)
Epistula de mortalitate. 죽음에 관한 편지
Epistula de Tolerantĭa. 관용에 관한 편지(1688년)
Epistola de vita contemplativa. 관상생활에 대해 쓴 편지
Epistola mihi scribénda est.
  편지는 나한테 쓰여져야 한다(나는 편지를 써야 한다).
  [수동형 용장활용에 있어서는 능동주 부사어로 탈격을 쓰지 않고 여격을 쓰는 것이 원칙적이다. 이런 여격을 능동주 여격이라 한다. 그러나 여격 지배의 동사에 있어서는 뜻을 분명히 하기 위하여 능동주 여격을 쓰지 않고 제대로 (전치사 a를 가진) 능동주 탈격을 쓴다.]
Epistola non erubescit. 편지는 낯을 붉히지 않는다.
  (글로ват 못 쓸게 뭐가 있겠는가?. 성 염 지음. 고전 라틴어, p.93).
epistola obscurorum virorum. 우매 풍자서(愚昧諷刺書),
  어두운 사람들의 글(1515~1517. 독일 쾰른의 도미니꼬회가 유다교 서적을 없앤 데 대해 반대를 한 인문주의자 Reuchin, Huttem과의 논쟁에서 주고받은 토론문. 이 글은 도미니꼬회에서 그들에게 보낸 밝은 사람들의 글(Clarorum virorum epistolæ)에 대한 답변으로 나온 글로서 풍자적으로 붙인 이름. 수도자적 라틴어로 풍자한 글로서 후기 스콜라 철학의 방법론과 그 당시 종교행사 등 교회의 제도와 교리를 풍자한 글이다. 백민관 신부 엮음, 백과사전 1, p.990).
epistola plena. 길고 자세한 편지
epistola recéntissma. 가장 최근의 편지
epistola tractoria. 회칙(回勅)
Epistolæ ad Romanos inchoata expositio.
  로마서 서두 해설(394년 히포의 아우구스티노 지음).
Epistolæ Canonicæ. 공식 서간
Epistolæ captivitatis. 옥중 서간
Epistolæ catholicæ. 가톨릭 서간
Epistolæ ecclesiasticæ. 서한, 교서, 교령
Epistolæ heortasticæ. 축일 서간(아타나시우스 지음)
Epistolæ Obscurorum Virorum. 우매한 자들의 글(1515~1517년)
Epistolæ pastorales. 사목 서간(司牧 書簡)
  (@ pastoral letters.pastoral epistles).
ĕpistŏláris, -e, adj. 편지(서간.서한)의, 편지에 관한.
  m., pl. 황제의 서한 담당관. 편지집(書簡集),
  f. Júpiter의 명령을 인간에게 전하는 여신(女神).
ĕpistŏlárĭus, -a, -um, adj. 편지(서간.서한)에 관한.
  m. 편지 전달자, 우체부(郵遞夫).
ĕpistŏlĭum, -i, n. 자그마한 편지, 소문서.
ĕpistómĭum, -i, n. 수도전(水道栓), 수도꼭지,

고동(기계 따위를 움직여 활동시키는 장치).

ĕpístŭla, -æ, (=ĕpístŭla) f. 편지, 서신, 서간, 서한.
Epistulae ad Serapionem. 세라피온에게 보내는 서간들.
(아타나시우스 지음)/
Epistulae Morales.(세네카 지음) 도덕적 서한(書翰).
Epistula de vita contemplativa. 관상생활에 대해 쓴 편지
ĕpístrŏphe, -es, f. (修) 결구반복(연결된 글 끝에서 같은 말을 반복함)
ĕpistróphĕus, -i, m. (解) 제2경추(頸椎), 추축(樞軸)
ĕpistýlĭum, -i, n. ((建)) (기둥머리의) 대륜(臺輪).
치마도리 도리(모조 건물의 골격이 되는 부재部材의 한 가지. 들보와 직각
으로 기둥과 기둥을 건너서 위에 얹는 나무. 서까래를 받치는 구실을 함).
ĕpĭtáphĭum, -i, n. 비명(碑銘), 비문(碑文), 비석(碑石).
ĕpĭtáphĭus, -i, n. 조사(弔辭-남의 상사喪事에 조의를 나타내는 글이나 말)
ĕpĭthālámĭum, -i, n. 결혼 축하시(祝賀詩), 혼례 축가
ĕpĭthálămus, -i, m. (解) 시구상부(視丘上部)
ĕpĭthélĭum, -i, n. (解) 상피세포, 상피.
(植) 신피(新皮), 피막 조직(皮膜組織), 상피.
ĕpĭthĕton(=ĕpĭthĕtum) -i, n. 형용어, 부가 형용사,
뜻을 가진 이름, 별명(別名).
Epithymia. (그리스어.⑨ Concupiscence) 정욕, 욕정
ĕpĭtógĭum, -i, n. 고대 Roma의 외투(toga 위에 입었음)
ĕpĭtome, -es(=ĕpĭtŏma, -æ,) f. 개요(槪要), 발췌(拔萃)
적요(摘要-중요한 부분을 뽑아내어 적음. 또는 그렇게 적어 놓은 것),
약사(略史), 축도(縮圖-본디 모양을 줄여서 그린 그림이나 도면).

*희랍어 혹은 그 밖의 외래어로서 단수 주격에 -as, -es(남성 어미) 혹은 -e(여성 어미)를 가진 것은 불규칙적으로 변화함		
Nom.	epitome	*불규칙 변화에 속하는 몇 가지 예
Voc.	epitome	ænéas, -æ, m.
Gen.	epitomes	áloë, -es, f. 노회(蘆薈-植物名)
Dat.	epitomæ	Ananías, -æ, m.
		cométes, -æ, m. 혜성, 꼬리별
Acc.	epitomen	Isaías, -æ, m. Lucas, -æ, m.
		pyrít, -es, m. 부싯돌
Abl.	epitome	Thomas, -æ, m.

(한동일 지음, 카르페 라티언 1권, p.24)

Epitome. 요약(要約-Lactantius 지음)
Epitome Divinarum Institutionum. 하느님의 제도 약사
(락탄시우스 지음. 지식인을 위한 그리스도교 진리 탐구서이며 그리스도교를
세상에 라틴어로 게시한 첫 번째 호교서이다.).
Epitome Historiæ Sacræ. 구약 역사 약사
Epitome in philosophiam. 철학 입문(생빅토르의 후고 지음)
ĕpĭtónĭum, -i, n. 수도꼭지, 고동,
현(弦)을 걸어서 팽팽하게 하는 고동.
Epĭtrĕpóntes, -um, m., pl. 위임자(Menánder의 희곡명)
ĕpĭtympánĭcus, -a, -um, adj. (解) 고실상(鼓室上)
ĕpĭtyrum, -i, n. 기름과 초에 담근 올리브
ĕpódus(=ĕpódos), -i, m. 장단구교호(長短句交互)의 서정시.
(긴 행과 짧은 행이 번갈아 있음).
Epōna, -æ, f. 노새몰이의 여신(女神)
epoophoron, -i, n. (解) 부난소(副卵巢)
ĕpops, -ŏpis, m. (鳥) 오디새(후투팃과의 새), 후투티.
(動) 대승(戴勝-오디새).
ĕpos, (nom., acc. sg. tt.) n. 구전된 원시적 (영웅) 서사시,
(일반적) 서사시, (서사시에 알맞은) 연속적 大사건.
epops, -ŏpis, m. (鳥) 후투티(후투팃과의 새. 오디새)
ĕpóto, -ávi, ĕpótum, -áre tr. 다 마셔버리다,
집어삼키다, 쭉 마시다, 흡수(吸收)하다.
ĕpúlæ, -árum, f., pl. 음식(飮食, res cibi), 요리(料理),
연회(宴會), 잔치(⑨ Banquet), 축연(祝宴-축하 연회),
향연(饗宴), 이목(耳目)을 즐겁게 하는 것, 환락(歡樂).
epularum apparátus. 호화로운 잔치/
Ignominiosum est clericis affluere epulis.(성 토마스)
잔치를 좋아하는 것은 성직자에게 모욕이 된다.
Epulæ pro stipendio cedunt.
연회(宴會)는 돈 낸 만큼의 값어치가 있다.
ĕpŭláris, -e, adj. 요리의, 연회의, 향연의.
ĕpŭlátĭo, -ónis, f. 잔치(⑨ Banquet), 연회(宴會).
Et in ipsa mensa magis lectionem vel disputationem
quam epulationemque diligebat. 식탁에서는 먹고 마시는
일보다 독서나 토론을 더 즐거워하였다.
(이연학 최원오 역주, 아우구스티노의 생애, p.99).

epulatórĭus, -a, -um, adj. 향연의
ĕpŭlo[1]-áre, tr. = épulor
ĕpŭlo[2]-ónis, m. 잔치 손님, 미식가(美食家),
연회 베푸는 사람, 연회 주관자(主管者).
pl. (고대 Roma의) 축제 때 제상(祭床)을 주관하던 신관(神官).
ĕpŭlor, -átus sum -ári, dep.
intr. 음식 먹다, 잔치하다, 연회(宴會)를 베풀다.
tr. 먹다(שִׁ.ox), 연석에 앉히다, 음식 대접하다.
먹게 하다, 먹이다(ox.שִׁ.ox).
ĕpŭlum, -i, n. 성찬(聖餐), 축연(祝宴-축하 연회)
epulum funebre. 장례 식사(葬禮 食事)
ĕqua, -æ, f. 암말(חֹ).
equárum grex quinquagenárius. 50마리의 암말 떼.
ĕquárĭus, -a, -um, adj. 말(馬)의. m. 말 사육자. f. 말떼.
ĕques, équĭtis, m. 말 타는 사람, 기수, 기병, 기병대, 기사, 말.
(흔히 pl.) 기사계급(원로원 의원 또는 지방의회 의원과 평민 중간 계급).
Equites præda famaque onusti ad montem Taunum
revertuntur. 기병들은 노획물과 명성을 가득 안고서
타우누스 산으로 돌아왔다/
magister equitum. 기병 대장/
tria milia equitum. 기병 삼천 명/
Rex Iuba quadringentos pedites et sescentos equites
misit. 유바 왕은 보병 400명과 기병 600명을 보냈다.
ĕquéster, -stris, -e, (=ĕquéstris, -e,) adj. 기수의,
말 탄, 기병의, 기병대의, 기사의, 기사계급의.
equéstres cópiæ. 기병대(騎兵隊).
ĕquéster ordo. 기사 계급
équĭdem, adv. 1. (가끔 강조, 맹세 표시의 부사와 함께 씀)
물론, 아무렴, 정말로, 말할 것도 없이, 확실히.
Equidem certo idem sum, … 나는 정말로 (예나) 다름없다.
2. (긍정과 더불어 양보 표시로 sed, verum, céterum,
tamen 따위 접속사 앞에) …하지만.
Dixi equidem, sed… 내가 말했지만 그러나…/
Non equidem recúso, sed…
내가 거절하는 것은 아니지만…
3. 나로 말하자면, 나 개인으로는, 내 편에서는.
ĕquíférus, -i, m. (動) 야생말
ĕquíle, -is, n. 마구간
equínus, -a, -um, adj. 말(馬)의. m., f. (動) 말(חֹ).
pullus equinus. 망아지(갓 태어나거나 덜 자란 어린 말).
ĕquíria, -órum, n., pl. 경마(競馬).
(특히 2월 27일과 3월 14일에 Mars 軍神 기념 축제에 하는 경마).
Equisetum arvense. (植) 쇠뜨기
ĕquíso, -ónis, m. 말 조련사(훈련사), 마부(馬夫)
ĕquĭtábĭlis, -e, adj. 말 타고 갈만한
ĕquĭtárĭus, -i, m. 기사(騎士)
equitas canonica. 교회법적 형평
ĕquĭtátĭo, -ónis, f. 승마(乘馬), 승마술(乘馬術)
Equitátum trajécit.(trajicio 참조) 기병대를 건넸다
ĕquĭtátus, -us, m. 승마(乘馬), 승마술(乘馬術),
기병대(騎兵隊, equestres cópiæ) 기마대, 기사계급.
equites Apocalypsis. 묵시록의 기사.
Equites Melitenses. 몰타의 성 요한 기사 수도회
equites peditesque. 귀족과 서민(全國民)
ĕquĭto, -ávi -átum -áre, tr. 말 타고 건너다.
intr. 말 타고 가다, 승마하다, 기병으로 복무하다,
공무로 역마를 타다, 바람이 돌진하다, 몰아치다.
ĕquŭla, -æ, f. 암 망아지
ĕquŭléus, -i, m. 망아지, 말 모양으로 만든 고문대.
(天) 망아지좌(복쪽 하늘에 있는 작은 별자리. 페가수스자리의 서남쪽에
있으며, 10월 상순 저녁에 남중南中한다).
in equuleus imponi. 고문당하다.
équŭlus, -i, m. 망아지(갓 태어나거나 덜 자란 어린 말), 작은 말
ĕquus, -i, m. (動) 말(馬,חֹ), 기병, 기병대의 말,
경주용 말, 전차 끄는 말. (天) Pégásus좌. pl. 전차.
성 지오르지오(George 270?)의 표상.
Ad cursum equus natus est.
말은 달리기 위해서 생겨난 것이다/

E

dēmo juga equis. 말에게서 멍에를 벗기다/
edo corpus super equum. 말에 오르다/
equi impotentes regéndi. 제어할 수 없는 말들/
equi sudore fumantes. 땀을 흘려 김이 나는 말/
equis virísque. 기병대와 보병대를 동원하여/
equo loca pervia. 말이 지날 수 있는 곳/
equo merére. 기병대에 복무(服務)하다/
equos permitto in hostem. 말들을 적진으로 돌진시키다/
escendo in equum. 말에 올라타다/
Fluminis altitúdo equórum pectora adæquábat.
  강물이 말들 가슴까지 찼다/
funales equi. 봇줄 맨 말들/ 서
hǽreo equo. 말안장에 착 붙어 앉아 있다/
hǽreo in equo. 말안장에 착 붙어 앉아 있다/
Homo sine religione est sicut equus sine freno.
  종교심을 갖지 않은 인간은 재갈을 물리지 않은 말과 같다/
Ille vir tot equos habet ut ab omnibus amicis suis
invideatur. 저 사람은 자기 모든 친구들로부터 부러움을
  살 정도로 많은 말(馬)을 갖고 있다/
in hostes equos admitto. 적진으로 말들을 달리다/
inscendo equum. 말을 타다/
instar montis equus. 산같이 큰 말/
instráti equi. 안장 올린 말/
rheda equis juncta. 말 메운 사륜마차/
transeo equum cursu. 뛰어서 말을 앞지르다/
vectari equis. 말 타고 산책하다(vecto 참조)/
vétuli équi. 이미 늙은 말.
equus albus. 흰말, 백마(개선장군의 馬)
equus bipes. 해마(海馬, campus, -i, m.)
Equus effundit equitem. 말이 기병을 내동댕이친다.
Equus excússit équitem.
  말(馬)이 기병을 흔들어 내동댕이쳤다.
Equus fontes avertitur. 말이 샘물을 외면하고 있다
equus ligneus. 선박(船舶, návis, -is, f.)
Equus mihi sub feminibus occisus est.
  말이 내 발치에서(mihi sub feminibus) 죽임을 당했다.
Equus peccat, asinus punitur.
  실수는 말이 하는데 벌은 당나귀가 받는다.
equus rectus in pedes. 뒷발로 일어선 말(앞발을 처들고)
equus submersus voraginibus.
  소용돌이 물속에 빠진 말(馬).
Equus tremit artus(=artubus) 말은 사지를 떨고 있다.
  (시문ён文이나 문학적인 산문에는 그리스 말을 본 제4 탈격 대신에
  대격을 쓴 것도 있다. 그리스 대격은 제한 탈격 대신에 뿐만 아니라 약간의
  타동사의 수동형, 과거분사, 또는 재귀대명사 등에 써야 할 제2객어로서의
  탈격 대신에도 쓰는 수가 있다. 허창덕 지음. Syntaxis Linguae Latinae, p.134).
Equus Troja. 트로이야 목마(즉 "숨겨진 위험")
Equus vehendi causa generátus est.
  말(馬)은 끌기 위해서 났다.
era(=hěra¹) -æ, f. 마님, 여주인, 주부(主婦),
  땅(ʔ. אֶרֶץ.יחי.γñ.㉇ Earth), 지구(地球).
eradícĭtus(=exradícĭtus) adv. 근본적으로, 송두리째
ērādĭco, -ávi -átum -áre, tr. (ex+radix)
  뿌리 뽑다, 근절(根絶)하다, 전멸하다, 없애버리다.
  Eradicare et transplantare in mare.(㉇ Be uprooted and
  planted in the sea) 뽑혀서 바다에 심겨라(성경 루카 17, 6)/
  뿌리째 뽑혀서 바다에 그대로 심어져라(공동번역 루가 17, 6)/
  뿌리째 뽑혀 바다에 심어져라(200주년 기념 신약 루가 17, 6).
ērádo, -rási -rásum -ěre, tr. (ex+rado)
  깎아 버리다, 긁어 없애다, 지워버리다, 잘라버리다,
  없애버리다, 말소하다, 삭제(削除)하다, 제명하다.
Eranthis stellata Maxim. (植) 너도 바람꽃
ērānus -i, m. 빈민 구제금(貧民 救濟金),
  (빈민.고아.양로.재해 구제를 위한) 의연금(義捐金).
ērāsi, "ērádo"의 단순과거(pf.=perfectum)
ērāsum, "ērádo"의 목적분사(sup.=supínum)
Erat historia nihil aliud nisi annalium confectio.
  역사란 것은 연대기(年代記)의 작성에 지나지 않았다
  (주문主文의 부정사에 álius -a -ud 따위의 말이 덧붙으면
  nisi의 배타적인 뜻이 더 분명해지는 경우가 많다).

Erat ille Romæ frequens. 그는 자주 로마에 왔다
Erat tempus, quando nullum erat tempus.
  시간이 존재하지 않던 때 시간은 존재하고 있었다.
  (아무 시간도 존재하지 않던 때가 있었다. 교부문헌 총서 16, 신국론, p.1292).
Erắto, -us, f. 서정시.연애시의 여신(女神)
ercísco = hercísco
Erĕbus, -i, m. 암흑세계의 신, 혼돈의 신 Chaos의 아들,
  Nox(밤) 신의 형제.
ērectĭo, -ónis, f. 일으켜 세움, 직립, 건립, 설치, 건설,
  설립, 창설, 수립. (生理) 발기(勃起).
  Universitatis Catholicæ erectio.(㉇ The Establishment of
  a Catholic University) 가톨릭 대학교의 설립.
ērectum, "érĭgo"의 목적분사(sup.=supínum)
eréctus, -a, -um, p.p., a.p. 일으켜 세워진, 꼿꼿이 선,
  우뚝 솟은, 높은, 고상한, 숭고한, 콧대 높은, 교만한,
  거만한, 긴장해 있는, 귀를 기울이고 있는, 용기 있는,
  활기 있는, 의기 왕성한, 자신감 넘치는.
  Pithecanthropus erectus. 직립 유인원(자바 원인).
eredii doctores ecclesiæ. 교회에 뛰어난 학자
ěrēmícŏla, -æ, m. (erémus+cola) 외톨이 수도자(은거자),
  은수자(隱修者.㉇ anchorite/hermit.ἐρεμίτης에서 유래).
ěrēmíta*, -æ, m. 은둔자, 은수자, 외톨이 수도자(은거자)
ěrēmítĭcus, -a, -um, adj. 은둔의, 은거의.
  regula pro eremitoriis data. 은수자를 위해 쓴 회칙.
ěrémus¹ -a, -um, adj. 주인 없는, 아무도 살지 않는,
  인기척 없는, 쓸쓸한, 황량(荒凉)한.
ěrémus² -i, m. 고독(孤獨-외로움), 독거(獨居-혼자 삶),
  쓸쓸한(황량한) 곳, 황야(荒野), 벽지(僻地), 은둔자.
  De religiosa habitatione in eremis.
  은수처에서의 수도자들의 머무름/
  Mundus iste omnibus fidelibus quærentibus patriam sic
  est, quomodo fuit eremus populo Israël.
  본향을 찾는 모든 이에게 이 세상은 이스라엘 백성이
  살았던 광야 같습니다.(최익철 신부 옮김. 요한 서간 강해, p.309).
ērépo, -psi, -ptum, -ěre, (ex+repo)
  intr. 기어 나오다, 기어오르다, 슬슬 높아지다.
  tr. 기어서 넘다, 기어서 지나가다.
ērepsi, "érépo"의 단순과거(pf.=perfectum)
ēréptĭo, -ónis, f. 탈취(奪取-남의 것을 억지로 빼앗아 가짐),
  약탈(掠奪-폭력으로 빼앗음), 강탈(强奪-강제로 빼앗음).
ēréptor, -óris, m. 강탈자, 탈취자, 노상강도(路上强盜)
ēreptum, "érépo"의 목적분사(sup.=supínum)
eres = heres
Erétum -i, n. Sabíni인들의 옛 도시
ērexi, "érĭgo"의 단순과거(pf.=perfectum)
erga, prœp.c.acc. 1. (사람이나 사물에 대한 우의적
  감정.태도: 때로는 적대적 의미로도 씀)
  …에 대하여, …에 대한, 2. (장소적) 맞은편에, 마주.
  amor parentum erga filios. 자식에 대한 부모의 사랑/
  benevoléntia erga alqm. 아무에게 대한 호의(好意)/
  fides erga pópulum Románum. 로마 국민에게 대한 충성/
  Fortis sed tenera devotio erga Christi Cor.
  예수 성심께 대한 올바르고 열정적인 신심/
  Ingratitúdo erga Deum.(㉇ Ingratitude to God)
  하느님께 대한 배은망덕/
  pietas erga fatum. 운명에 대한 경건한 복종.
  (성 염 זּ음, 사랑만이 진리를 깨달게 한다. p.402)/
  píetas erga paréntes. 부모께 대한 효성/
  sermo erga alqm revérens.
  아무에게 대하여 정중하게 하는 연설(말).
Erga Migrantes Cáritas Christi.(2004.5.3. 문헌은 서론과 결론,
  그리고 총 3부로 구성된 본론 이외에도 마지막에 사목법규까지 첨가되어 있다.
  문헌에 나타나는 이민들에 대한 환대가 가톨릭 이민들뿐만 아니라 동방예법
  가톨릭 이민들, 다른 교회와 교회 공동체에서 온 이민들, 일반적으로 다른
  종교의 이민들, 그리고 무슬림 이민들에게까지 확장되어 있는 것이 큰 특징).
  이주민을 향한 그리스도의 사랑(교황교서).
erga populum fides. 국민에 대한 신의
ergástŭlum, -i, n. 강제노동 수용소,
  노예 감옥(시골에서 강제 노동 후 밤에 가두어 두던 곳).
  pl. 노예들(강제 노동 수용소에 갇혀 있던 노예들).

ergástŭlum, -i, m.
(수용소에서) 족쇄나 쇠사슬을 차고 노동하던 노예.
Ergismus, -i, m. 선업론(善業論)(선업에 대한 신심)
ergo[1] adverbiále genitívo postpósitum, 때문에.
victóriæ ergo. 승리 때문에.
ergo[2] conj., coord. (삽입어) 말하자면,
(결론) 그래서, 그러므로, 따라서, 결국,
(의문과 함께) 그렇다면, 그런데, 그러니까,
(명령법과 함께 재촉 표시) 자, 그러니.
Facite ergo fructum dignum pænitentiæ.
회개에 합당한 열매를 맺어라(facio 참조)/
Nemo ergo se odit. 아무도 자신을 미워하지 않는다/
O Deus, ergo amo te!
오 천주여, 나는 당신을 사랑하옵나이다/
post hoc, ergo propter hoc. 오비이락(烏飛梨落)/
Unde ergo potes gloriári?
그대는 무엇을 가지고 자랑할 수 있겠습니까?/
Veritas Deus est. deinde Veritas est. ergo Deus est.
진리는 하느님이다. 그런데 진리가 존재한다.
따라서 하느님이 존재한다/
Veritas est ergo Deus est.
진리가 존재한다. 따라서 신은 존재한다/
Victóriæ ergo. 승리 때문에(causā, grátiā 대신에 쓴 ergo도 명사의 속격과 함께 원인 부사어 노릇을 하는 수가 간혹 있다).
Ergo angeli tristantur de malis hominum quos custodiunt. 따라서 천사들은 그들이 보호하는 인간들의 악 때문에 슬퍼한다.(이상섭 옮김, 신학대전 14, p.481).
Ergo dæmones vera miracula facere non possunt.
마귀들은 참된 기적들을 행할 수 없다.
Ergo, debitores sumus, non, carni, ut secundum carnem vivamus([영] So then, brethren, we are debtors, not to the flesh, to live according to the flesh)
그러므로 우리는 과연 빚을 진 사람들입니다.
그러나 육체에 빚을 진 것은 아닙니다.
Ergo dedit tibi Deus omnia ista, ama illum qui fecit.
하느님께서 이 모든 것을 그대에게 다 주셨으니 이것들을 만드신 분을 사랑하십시오.(최익철 신부 옮김, 요한 서간 강해, p.139).
Ergo episcopi et præpositi non petunt pro populo?
주교들과 교회 지도자들도 백성을 위해서 기도하지 않습니까?.(최익철 신부 옮김, 요한 서간 강해, p.83).
Ergo impossibile est quod sint duo intellectua in numero in me et in te; est ergo unum tantum, Et unus intellectus numero tantum in omnibus.
사고 대상들이 나 안에 그리고 너 안에 수적으로 둘이 되는 것은 불가능하다. 그렇다면 사고 대상은 단 하나이며, 그 결과 지성은 모든 인간에게 수적으로 오직 하나뿐이다.
[토마스 아퀴나스는 이 논리에 대해 "아베로에스는 이 논변에 특별한 강조점을 두는 것처럼 보인다(In hac ratione preacipuam vim videtur Averroes constituere)"라고 말했다].(지성단일성, p.207).
Ergo inproba voluntas malorum omnium causa est.
부정한 의지야말로 모든 악(惡)의 원인이다.
Ergo intellectus cognoscit individuum sub propria ratione individui. 그러므로 지성은 그것의 고유한 개념 아래 있는 개별자를 인식한다.
Ergo intellectus distincte cognoscit.
그러므로 지성은 특수자를 차별적으로 인식한다.
Ergo nihil operi Dei præponatur. 그러므로 아무 것도 하느님의 일보다 낫게 여기지 말아야 한다.
(성 베네딕도 수도규칙 제43장 3).
Ergo nomine trinitátis non est utendum in divinis.
삼일성(三一性) 즉 삼위일체의 명칭이 하느님 안에서 사용되지 말아야 한다.(신학대전 제4권, p.42).
Ergo non sunt ponendæ notiones in divinis.
그러므로 하느님 안에 인식적 표징들을 조정할 것이 아니다.
Ergo qui diligit filios Dei, Filium Dei diligit; et qui diligit Filium Dei, Patrem diligit.
하느님의 자녀들을 사랑하는 사람은 하느님의 아드님을 사랑합니다. 하느님의 아드님을 사랑하는 사람은 아버지를 사랑합니다.(최익철 신부 옮김, 요한 서간 강해, p.435).
Ergo si vis nosse quia accepisti Spiritum, interroga cor tuum: ne forte sacramentum habes, et virtutem sacramenti non habes. 그러므로 그대가 성령을 받았는지 알고 싶으면, 그대 마음에 물어보십시오. 성사는 지니고 있지만 성사의 힘은 지니지 못한 것이 아닌지 물어보십시오.
[아우구스티노에 따르면, 심지어 이단자와 열교자도 유효한 성사를 베풀 수 있다. 성사를 베푸는 이는 집전자가 아니라 그리스도 자신이고, 성사의 '유효성'(validitas)은 전적으로 그리스도에게 달려 있기 때문이다. 그러나 비록 유효한 성사를 지니고 있고, '성사의 친교'(communio sacramentorum)를 누리고 있다 하더라도, 사랑이 없으면 성사의 참된 '효력'(effectus)을 누릴 수 없다. 성사의 본질은 사랑이며, 성사는 사랑과 일치 안에서만 그 힘을 지니기 때문이라는 것이다. 최원오 '교부들의 교회론' "가톨릭 신학과 사상" 50 (2004년) pp.154~159 참조. 최익철 신부 옮김, 요한 서간 강해, p.288].
ergo talis prædicatio religiosorum periculosa est Ecclesiæ Dei. 그러므로 탁발 수사들의 설교는 하느님의 교회를 위협하게 된다.
Ergo ubi est invidia, amor fraternus esse non potest.
시기가 있는 곳에 형제적 사랑이 있을 수 없습니다.
Ergo ut solvat peccata ille qui non habet peccatum.
그러니까 죄 없는 분이 이 세상에 오신 것은 죄를 없애기 위해서였습니다.(최익철 신부 옮김, 요한 서간 강해, p.227).
ericáceæ, -árum, f., pl. (植) 진달래과(科) 식물
ērícĭus(=**herícius**) -i, m. (動) 고슴도치,
(적의 騎兵을 막기 위해 가시줄처럼 만든) 방책(防柵).
ĕrífŭga, -æ, adj., m., f. (erus+fúgio) 주인을 피하는 (자)
érĭgo, -réxi -réctum -ĕre, tr. (ex+rego)
(**일으켜**) **세우다**(נצב.אנב.עמד.כון),
똑바로(곧추) 세우다, 높이 올려 보내다,
(남이) 보도록 내 세우다, 쳐들다, (눈을) 뜨다,
짓다(נצב.אנב), **세우다**, 쌓아올리다, 건설하다,
설립(設立)하다, 창설(創設)하다, 긴장(緊張)시키다,
주의를 기울이(게 하)다, 정신 차리(게 하)다,
환기(喚起) 시키다, 격려(激勵)하다, 분발(奮發)시키다,
(힘.용기.희망을) 북돋다, 들고일어나다, 거역하다.
(軍) 군대를 언덕(산) 위로 오르게 하다, 高地에 배치하다.
pass., refl. **se erigo**, **érigi**. 일어서다, 우뚝 서다,
분발(奮發)하다, 용기(勇氣)를 얻다, 기운을 내다.
aures erigo. 귀를 기울이다, 경청(傾聽)하다/
Erigite aures cordis. 마음의 귀를 기울이십시오/
províncìam afflíctam et pérditam erígere atque recreo.
시달려 비참해진 주(州)를 일으켜 부흥시키다/
Quasi eriguntur aures ad discernendos spiritus.
영을 식별한다는 말에 귀가 번쩍 뜨입니다/
Sacerdos dicit: Amen, et erigit se.
사제는 '아멘'이라고 말하며 몸을 세운다/
Victum erígere, affligo victórem.
패자(敗者)를 일으키고 승자(勝者)를 넘어뜨리다.
erílis, -e, adj. (=**herílis**) 주인의
Eríllus = Heríllus
ērináceus(=**hērináceus**), -i, m. 고슴도치
Erínys, -yos, f. 악귀 Fúriæ 중의 하나, 복수의 여신, 광포
eripe, 원형 ērípĭo, -pui -reptum -ĕre,
[명령법. 현재 단수 2인칭 eripe, 복수 2인칭 eripite].
Eripe me de inimicis meis, Domine, ad te confugi.
([영] Rescue me, LORD, from my foes, for in you I hope).
원수들에게서 저를 구하소서, 주님. 당신께 피신합니다.(성경 시편 143, 9). 야훼여, 당신께로 피합니다. 원수의 손에서 건져 주소서.(공동번역) 주여, 원수들에게서 나를 건져 내소서, 당신을 바라옵는 이 몸이오이다(최민순 옮김).
주시여, 나의 원수들에게서 나를 빼내소서. 나는 당신께 희망을 두나이다.(성영, 선종완 신부 옮김).
Eripe mihi hunc dolorem, aut minue saltem.
이 고통을 내게서 제거해주든지 아니면 적어도 덜어다오.
ērípĭo, -pui -reptum -ĕre, tr. 1. **빼내다**, 뽑다, 들어내다, 뺏다, 탈취(奪取)하다, 잡아채다, vagina eripio ensem. 칼집에서 칼을 뽑다. 2. 구출하다, 구조하다, 건져내다, 빠져나오게 하다, 무사히 保存하다, eripio *alqm* ex perículo. 위험에서 구해주다, **se eripio**. 잽싸게 도망치다, 빠져나오다/ Se erípuit flammā. 그는 화염에서 재빨리 빠져나왔다. 3. …할 의무를 면해주다, 하지 않도록 해주다:

Ne causam díceret, se erípuit. 그는 자기변호를 하지
않아도 되게 되었다. 4. 날째게 잡다, 포착하다. Eripe fugam.
어서 도망가거라. 5. 납치해가다. 6. 사라지게 하다, 제거
하다, 덜어주다. *alci* timórem eripio. 아무에게서 공포를
없애주다. 7. pass. éripi. 죽다. 일찍 죽다, 요절(夭折-젊어서
일찍 죽음. 단절. 요사夭死. 요서夭逝)하다. (라틴-한글사전. p.298)
Tyrannus libertatem nobis eripere conatus est.
폭군이 우리한테서 자유를 빼앗으려고 애썼다.

ērípui, "ērípĭo"의 단순과거(pf.=perfectum)
"Eritis mihi testes" in Africa.
(③ "You shall be my witnesses" in Africa).
아프리카에서 "너희는 나의 증인이 되어라".
Eritis mihi testes usque ad ultimum terræ.
너희는 땅 끝까지 나의 증인(證人)이 되리라.
너희는 땅 끝에 이르기까지 어디에서나 나의 증인이 되어라.
ēro, -ónis, m. 버들로 만든 채롱.
(껍질을 벗긴 싸릿개비로 함처럼 걸어 만든 채그릇의 한 가지).
Laudans invocabo Dominum, et ab inimicis meis
salvus ero. 내가 주를 높이 부르며 찬양하리니,
주께서 나를 원수들에게서 구원하시리라.
ērŏdo, -rósi -rósum -ĕre, tr. 갉아먹다, 쏠다,
뜯어먹다, 침식(侵蝕)하다, 부식(腐蝕)하다.
erŏgátĭo, -ónis, f. 지불(支佛), 지출(支出), 시사(施捨),
경비(經費-비용), 비용(費用), 공급(供給),
(수도물의) 배급, 법의 폐지(廢止-그만두거나 없앰).
ērŏgo, -ávi -átum -áre, tr. (ex+rogo) 지출하다,
지불하다, 충당하다, 쓰다, 공급하다, 지급(支給)하다,
주다(חוֹ.חֹ.חוֹ), 수여하다, 누구를 위해 내놓다(쓰다),
시사(施捨)하다, 소비(消費)하다, 다 써버리다.
pecúniam ex ærário erogatio in classem.
국고에서 함대(艦隊)를 위해 공금(公金)을 지출하다.
Eros[1] -rótis, m. Aphrodíte와 Ares의 아들로 사랑
(연애)의 신(神), 성적(性的) 사랑.
Eros[2] -rótis, m. Róscius와 동시대의 희극시인
ērósi, "ēródo"의 단순과거(pf.=perfectum)
ērósĭo, -ónis, f. 쏠기; 침식(侵蝕), 부식(腐食).
(醫) 미란(糜爛-썩어 문드러짐).
ērósum, "ēródo"의 목적분사(sup.=supínum)
ĕrótĭcus, -a, -um, adj. 연애의, 성애(性愛)의, 색정적인
Errabas, et quidem vehementer errabas. 너는 오류를
범하고 있었다. 그것도 아주 큰 오류(誤謬)를 말이다.
errābúndus, -a, -um, adj. 방랑하는, 방황하는, 떠도는
errando discimus. 실패하면서 배우는 존재
errănĕus, -a, -um, adj. 떠도는, 헤매는
errare, 원형 erro[1] -ávi -átum -áre, intr.
[명령법. 수동형 현재 단수 2인칭 errare, 복수 2인칭 erramimini.
능동형 현재 단수 2인칭 erra. 복수 2인칭 erráte].
Nolite errare, fratres mei dilectissimi.
나의 사랑하는 형제 여러분, 착각하지 마십시오(성경)/
나의 사랑하는 형제 여러분, 속지 마시오(200주년 야고 1. 16)/
나의 사랑하는 형제 여러분 속지 마십시오(공동번역).
Errare est humanum. 실수하는 것은 사람의 일이다.
과오(過誤)를 범하는 것은 인간의 것이다.
잘못하는 것은 인간의 본성(本性)이다.
실수는 인간상사이다(동사 부정사는 중성명사로 간주한다).
(부정법은 명사적으로 사용되므로 주어 또는 부설명어 노릇을 할 수 있다.
명사적으로 사용되는 부정법은 단수 중성으로 간주한다).
errátĭcus, -a, -um, adj. 방랑하는, 떠도는, 자리를 옮기는,
제멋대로 뻗는(나무 가지 따위).
stellæ erráticæ. 유성(遊星), 혹성(惑星).
errátĭo, -ónis, f. 틀림, 오류(誤謬), 상규(常規)를 벗어남,
탈선(脫線), 길 잃고 헤맴, 방황(彷徨).
errátor, -óris, m. 방황자(彷徨者), 실수하는 자
errátum, -i, n. 잘못, 오류, 틀림, 잘못된 생각, 허물, 실수.
errátus, -us, m. 방황(彷徨), 길 잃음, 잘못,
실수(失手), 착오(錯誤-착각으로 말미암은 잘못).
erro[1] -ávi -átum -áre, intr. **길을 잃다, 헤매다,**
방황하다(יעה,ועה), 떠돌아다니다, 방랑(유랑)하다,
빗나가다, 벗어져(떨어져) 나가다, 비틀거리다,

흔들리다, 불안정하다, 확실하지 못하다, 망설이다,
우왕좌왕하다, 단정을 내리지 못하다, 잘 알지 못하다.
그르치다, 잘못을 저지르다, 실수하다, 오류를 범하다.
잘못 생각하다, 착각(錯覺)하다, 실패하다, 죄짓다.
Cujúsvis hóminis est erráre.(직역: 실수하는 것은 누구든지의
것이다). 어떠한 사람이든지 다 잘못할 수 있다/
errátæ terræ. 떠돌아다닌 여러 지방들/
Errati veniam impetrare. 잘못의 용서를 청하다/
Nunc videmus erravisse.
이제는 우리가 과오(過誤)를 범한 것으로 보인다/
Quis errat in hoc monte. 누가 이런 산에서 헤매겠습니까?/
Sed cum eius victoria clare etiam animadversus est
præcipuus Marx error. 그러나 혁명의 승리와 더불어
마르크스의 근본적인 오류도 입증(立證)되었습니다/
Si quis dixerit, ecclesiam non potuisse constituere
impedimenta matrimonium dirimentia, vel in iis
constituendis errasse. 만일 누가 교회는 혼인을 무효로
만드는 혼인장애들을 제정할 수 없다거나 이들을
제정하는 것은 오류를 범하는 것이라고 주장한다면,
그는 파문 받아야 한다.
erro[2]-ónis, m. 방랑자, 떠돌이, 헤매는 사람, 유성(遊星)
errónĕus, -a, -um, adj. 잘못된, 틀린, 방랑하는,
떠도는, 우왕좌왕(右往左往) 하는,
consciéntia errónea. 올바르지 않은 양심,
그릇된 양심, 잘못된 판단을 내리는 양심/
Sed quidam erronee posuerunt dæmones nihil aliud esse
quam animas defunctorum. Et hoc Chrysostomus repobat.
그러나 어떤 사람들은 마귀는 다름 아닌 죽은 사람들의
영혼이라고 잘못 생각한다. 이러한 생각을 크리스토무스
가 반박했다.(이상섭 옮김. 신학대전 14. p.329).
error, -óris, m. 방황, 헤맴, 방랑, 표류, 떠돌아다님,
정도에서 벗어남, 일탈(逸脫), 불확실, 자신 없음, 우왕좌왕,
불안정, 흔들림, 미결정, 무지, 그르침, 잘못, 오류(誤謬),
틀림, 착오(錯誤), 실수, 실책, 잘못된 생각, 착각(錯覺),
오해, 마음의 혼란, 광란, 정신착란(精神錯亂), 속임수,
올가미, 죄과(罪過), 과실, 과오(過誤), 탓, 허물.
avello ab erróre *alqm*. 오류에서 아무를 떼어놓다/
De errore himanorum judiciorum, cum veritas latet.
진리가 감추어져 있을 때 인간적 판단의 오류.
(교부문헌 총서 17. 신국론. p.2816)/
De origine erroris. 오류의 기원에 대하여(락탄티우스 지음)/
indúcere *alqm* in errórem. 아무를 오류에 빠뜨리다/
induco *alqm* in errórem. 누구를 오류에 빠뜨리다/
insanio errórem símilem. 같은 실수에 빠지다/
magni errores. 중대한 오류(誤謬)/
Non omnis error dicendus est stultitía.
(=Non omnis error stultitía dicenda est)
(=Non est dicendus omnis error stultitía)
모든 실수(오류)를 다 어리석음이라고 해서는 안 된다/
opinióbus vulgi rapi in errórem.
대중의 여론 때문에 오류(誤謬)에 빠지다/
Parvus error in principio magnus est in fine.
시작에 있어 작은 오류가 끝에 가서는 큰 오류가 된다/
revoco *alqm* ab errore ad rectiorem viam. 아무를
오류(誤謬)에서 벗어나 바른 길로 들어서게 하다/
Váriis imbúimur erróribus.
우리는 여러 가지 오류(誤謬)에 물들고 있다.
error accidentális. 부수적 착오(附隨的 錯誤)
error ad meliora ducendus. 개선되어야 할 오류
error antecedens. 선행적 착오, 사전의도 착오
(만일 행위자가 진실을 사전에 파악했더면 저지르지 않았을 착오)
error causam dans. 원인이 되는 착오
error concomitans. 동시적 착오, 동행적 착오
error conditionis. 신분에 대한 착오(현대 가톨릭사상 제12집. p.144)
error conditionis servitutis. 노예 신분에 대한 착오.
(현대 가톨릭사상 제13집. p.126).
error culpábilis. 자신의 탓에 의한 착오
error facti. 사실의 착오(한 사실의 유무와 상황에 관한 오류)
error in nomine. 이름에 대한 착오

E

420

error in objecto. 객체의 착오
Error in persona. 사람에 대한 착오
Error in persona invalidum reddit matrimonium.
사람에 대한 착오는 혼인을 무효로 한다(교회법 제1097조 제1항).
Error in qualitate personæ. 사람의 자질에 대한 착오
error incidentális. 우발적 착오(error causális)
error inculpábĭlis. 자신의 탓이 없는 착오
error invincíbĭlis. 불가피적 오류
error juris. 법률의 착오(錯誤)
error legis. 법률의 오류, 법의 유무를 모르는 오류,
법의 기본정신에 대한 오류, 법의 적용범위에 대한 오류.
error juris theoreticus. 이론적인 법률에 대한 착오
error méntis inhærens. 정신 속에 간직하고 있는 착오
error non practicus. 실현되지 않은 착오
error ostativo. 표명의 착오
error pervicax. 완고한 착오(錯誤)
error pœnæ. 처벌의 착오, 형벌의 착오
error privátus. 개인적인 착오(錯誤)
error qualitátis causam dans contractui.
혼인 거행의 원인이 되는 자질에 대한 착오.
error qualitátis directe et principaliter intenta.
직접 주요하게 지향된 자질에 대한 착오.
error qualitátis redundans in errorem personæ.
사람에 대한 착오를 유발시키는 자질에 대한 착오.
error radicaus. 근본적인 착오
error simplex dans causam contratui.
혼인 거행의 원인을 주는 단순 착오.
error sine malitĭa. 악의 없는 착오
error specultívus. 사색적인 착오
error substantiális. 본질적인 착오, 실질적 착오,
법률행위의 본질에 관련되는 착오.
error vincíbĭlis. 가피적 오류
ērŭbescéntĭa, -æ, f. 부끄러움, 수치(羞恥-부끄러움)
ērŭbésco, -bŭi, -ĕre, (ex+rubésco) tr. 부끄럽게 생각하다.
intr. 붉어지다, 부끄러워지다, 수치스럽다.
Epistola non erubescit. 편지는 낯을 붉히지 않는다.
(글로야 못 쓸게 뭐가 있겠는가?)/
Non enim erubesco evangelium.
나는 복음을 부끄러워하지 않습니다(성경 로마 1, 16)/
Quicumque illum fide exspectant, cum venerit gaudebunt; qui sine fide sunt, cum venerit quod nunc non vident, erubescent. 신앙으로 그분을 기다리는 이는 누구나 그분이 오실 때 기뻐할 것입니다. 그러나 믿음이 없는 사람은 지금 보이지 않는 그분이 오실 때 부끄러움을 당할 것입니다.(최익철 신부 옮김, 요한 서간 강해, p.191).
ērŭbui, "ērŭbésco"의 단순과거(pf.=perfectum)
ērúca, -æ, f. (蟲) 배추벌레. (植) 양배추
ēructátĭo, -ónis, f. 구토(嘔吐), 토함, 트림
ērúcto, -ávi -átum -áre, tr. (ex+ructo)
내뱉다, 토하다, 내뿜다, 분출(噴出)하다(נבע).
ērúdĕro, -ávi -átum -áre, tr. (ex+rudus)
먼지 털다, 청소하다, 말끔히 치우다.
ērúdĭo, -ívi(ĭi) -ítum -íre, tr. (ex+rudis) 교육하다,
가르치다(ירה), 양성하다, 알리다, 통지하다, 다듬다.
De pauperibus et rudibus erudiendis.
가난하고 무지한 이들의 교육에 대하여/
Tuæ lítteræ me erúdiunt de omni re.
(나는 네 편지로 모든 것을 안다)
네 편지는 내게 모든 사정을 알려준다.[erudíre가 '가르치다, 교육하다'의 뜻을 가질 때에는 제2객어로 탈격 또는 그 대신으로의 in(abl.)을 가지지만, '알려주다, 통지하다' 등의 뜻을 가질 때에는 de(abl.)를 가진다].
Erúdio áliquem in jure civíli.
나는 아무에게 민법을 가르친다.
Erúdio alúmnos ómnibus ártibus.
나는 학생들에게 모든 학예를 다 가르치고 있다.
ērŭdítĭo, -ónis, f. 교육(παιδεία), 양성(영 Formátĭon),
지식(영 Intellect/Knowledge/Science), 학식(學識),
박학(博學), 교양(학문, 지식, 등을 바탕으로 이루어지는 품위).
Christiana eruditio. 그리스도교 지식/
De eruditione filiorum regalium. 귀공자들의 교육/
expers eruditiónis. 교양(敎養)이 없는.
eruditio humani generis. 인류의 교육
eruditio liberalis. 자유학문
Eruditio religiosorum prædicatorum. 설교 수도자의 교육
eruditio sæcularis. 세속지식
ērŭdítŭlus, -a, -um, adj. 약간 교육받은, 좀 배운
ērŭdítus, -a, -um, p.p., a.p. 교육받은, 양성된,
잘 훈련된, 조예(造詣)가 깊은, 박학한, 교양 있는.
disciplínā juris eruditus. 법학에 능통한/
erudítæ aures. 예민한 귀 / sǽcula erudíta. 문명시대/
Sol Demócrito magnus vidétur, quippe hómini erudíto.
*Demócritus*에게는 태양이 크게 보인다. 과연 박학한
사람인 그에게는 말이다(quippe 참조. 비꼬는 뜻이 있음).
eruditus sic, ut nemo magis.
아무도 더 유식(有識) 할 수 없을 만큼 유식한.
ērúgo, -ávi -átum -áre, tr. (ex+ruga) 주름을 펴다
ēruĭtūrus, "érŭo"의 미래분사(p.fut.=particípium futúrum)
ērúmpo, -rúpi -rúptum -ĕre, (ex+rumpo)
tr. 분출시키다, 쏟아져(터져) 나오게 하다, 파열시키다,
부수고 나오다, (감정.격정 따위를) 터뜨리다,
뚫고 나가다, 쏟아놓다, 드러내다, 토로하다.
in *alqm* stómachum erumpo. 누구에게 화를 내다/
in naves iracúndiam erumpo.
(나포한) 배들에 대해 분풀이를 하다/
se erumpo, erúmpi
쏟아져(터져) 나오다, 돌진하다, 별안간 나타나다.
intr. **분출하다**(נבע), **쏟아져(터져) 나오다**, 몰려나오다,
튀어나오다, (군대가) 출격하다, 터지다, 폭발하다,
(감정이) 치밀다, (감정.결과 따위에로) 치닫다,
(어떤 결과.상태에) 이르다, **나오다**, 돋아나다, 발생하다,
(소리.말 따위가) 나오다, 돌발하다, 폭로되다,
별안간 나타나다(일어나다), 드러나다(ילך.הלך).
Lácrimæ erúmpunt. 눈물이 쏟아진다/
Risus erúmpit. 웃음이 터져 나온다.
érŭo, -rŭi -rútum -ĕre, tr. (ex+ruo) 파내다(חפר),
발굴하다, 캐내다, 뽑아내다, 도려내다, 파 일으키다,
발견하다(מצא), 찾아내다, 끌어내다, 들추어내다,
송두리째 없애다, 뒤엎다, 파괴하다(נתץ).
ērūpi, "erumpo"의 단순과거(pf.=perfectum)
ērúptĭo, -ónis, f. 분출(噴出), 쏟아져 나옴, 폭발(爆發),
터짐, 파열(破裂-짜개지거나 갈라져 터짐), 돌발(突發),
돌진(突進), 돌파(突破), 출격(出擊). (醫) 발진(發疹).
ēruptum, "erumpo"의 목적분사(sup.=supínum)
erus(=herus), -i, m. 가장, 주인(κύριος), 소유자, 지배자.
Ero mors tua, o mors(영 I will be your death, O death)
오 죽음이여, 나는 그대의 죽음이 되겠노라/
Huius ero vivus mortuus huius ero.
나는 살아서도 죽어서도 이 사람의 것이 될 것이다.
ervum, -i, n. (植) 제비콩
ĕrysípĕlas, -ătis, n. (醫) 단독(丹毒.風丹)
ĕrythema, -átis, n. (醫) 홍진(紅疹), 홍반(紅斑)
ĕrythínus, -i, m. ((動)) (불그스름한 바닷물고기로서)
노랑 촉수 또는 숭어의 일종.
Eryx, -ycis, m. Venus 여신(女神)의 아들(Hércules에게 살해되어 Eryx 산 밑에 묻힘), Sicília 서해안에 있는 산,
Venus의 신전으로 유명. f. Eryx 산에 있는 도시.
es, 원형 sum[1] fŭi, esse,
[명령법. 현재 단수 2인칭 es, 복수 2인칭 este].
Bono animo es.(Terentius).
마음을 단단히 먹어라.(용기를 가져라, 걱정하지 마라).
Es paulo minus quam potes esse!
당신이 먹을 수 있는 양보다 약간 적게 먹어라!.
esca, -æ, f. 먹을 것, 식료품, 식량, 음식(res cibi),
모이, 먹이, 사료(飼料), 미끼.
Dii nec escis nec potiónibus vescúntur.
신(神)들은 음식을 먹고 마시며 살지 않는다/
in sterquilínio escam quæro.

E

(병아리가) 두엄더미에서 먹이를 찾다/
Plato escam malorum appellat voluptatem.
플라톤은 정욕(情慾)을 악(惡)의 미끼라고 부른다/
Veritatis esca et egestas hominis.(⑨ The food of truth
and human need) 진리의 양식과 인간의 빈곤.
escális, -e, adj. 먹는 데 관한, 음식 담는, 불쏘시개의, 연료의
escáríus, -a, -um, adj.
  식사에 관한, 음식 담는, 미끼의. n., pl. 식기(食器).
escéndi, "escéndo"의 단순과거(pf.=perfectum)
escéndo, -di, -scénsum, -ĕre, (ex+scando)
  tr. 올라타다, escendo vehículum. 수레에 올라타다.
  intr. 오르다, 올라가다, 상륙(上陸)하다.
  escendo in equum. 말에 올라타다.
escénsío, -ónis, f. 올라감, 상승, 하선(下船), 상륙(上陸)
escénsum, "escéndo"의 목적분사(sup.=supínum)
Eschatología, -æ, f. 종말론(⑨ End of the World.
  (ἔσχατος.獨 Eschatologie.⑨ Eschatology)/
  인간 개인과 인류 전체의 종말에 관한 교리신학의 일부.
  De quibusdam quæstionibus actualibus circa eschatologiam.
  종말론에 관한 오늘날의 몇 가지 문제점에 대하여.
eschatologicus, -a, -um. adj. 종말론적인, 종말론의,
  [⑨ eschatological, pertaining to end (of world)].
  eschatologica vitæ consecratæ ratio.
  봉헌생활의 종말론적 차원.
Eschaton 완세(→종말)(그리스어.천주교 용어집, p.63)
escit, escunt, (古) = erit, erunt, fut. (sum)
éscŭla, -æ, f. 먹을 것, 음식(飲食, res cibi)
escŭléntĭa, -æ, f. 요리(料理), 기름진 음식(飲食)
escŭléntus, -a, -um, adj. 먹을 수 있는, 식용의, 맛있는.
  n., pl. 음식(飲食, res cibi), 영양물(營養物).
  frusta esculenta vinum redolentía.
  술 냄새나는(토해 놓은) 음식물.
escul… V. æscul…
ésĭto, -ávi -átum -áre, tr., freq. 줄곧 먹다
esor, -óris, m. 많이 먹는 사람
Esotericismus, -i, m. (라.獨) 밀교(密敎), 비교(秘敎)
ĕsox, -ŏcis, m. (魚) 연어
Esquíliæ, -árum, f., pl. Roma시 일곱 언덕 중 하나
esse, inf., præs. (sum), n., indecl.
  (哲) 유(有), 존재(獨 Das Sein.⑨ Existence)/
  [스콜라 철학에서는 존재론의 라틴어 용어들을 다음과 같이 번역하여 사용한다.
  ens(τò ὄν) 존재자, 존재 사물, 유(有) / esse(εἶναι) 존재함, 있음 /
  essentia (아우구스티노의 용어로는) 존재, 존재자, (스콜라 철학에서는) 본질 /
  existentia 실재, 실존, 존재 / natura (아우구스티노의 용어로는 '존재자'를
  가리키는) 자연 본성, 자연 사물 / substantia 실체, 본체.
                    성 염 지음, 사랑만이 진리를 깨닫게 한다. p.26].
  A posse ad esse non valet illatio.
  존재 가능성에서 존재를 추론하는 것은 타당하지 않다/
  Ab esse ad posse valet illatio.
  현실유에서 가능유로의 추리는 가능하다/
  Amo me esse et nosse.
  내가 존재하고 인식(認識)함을 나는 사랑 한다/
  apud se esse. 제 정신이다. 자신을 통제하다/
  cum alqd in grátiá esse. 누구와 사이좋게 지내다/
  Debetis industrii esse. 너희는 부지런해야한다/
  Forma dat esse. 형상이 존재를 부여(附與)한다/
  frustra esse. 속다, 실수(失手)하다/
  fundus esse(fíeri) 보증인이 되다, 뒷받침해주다/
  habens esse. 존재를 가짐/
  Ibi esse. [숙어] 그 일을 하고 있다; 생각하고 있다/
  Id quod de facto est, sed potest non esse.
  실제로 있을 수도 있고,
  있지 않을 수도 있는 것(=우연적인 것 contingens)/
  idem est unicuique rei esse et bonum esse.
  모든 사물에 있어서 존재와 선은 동일한 것/
  impossibile est idem esse et non esse.
  동일한 사물이 존재이고 비존재라는 것은 불가능하다/
  impossibile sit effectum precedere causam in esse.
  존재에서 결과가 원인보다 앞설 수는 없다.
                    (성 염 옮김, 단테 제정론. p.198)/

in armis esse. (in¹참조) 전장에 있다/
in cervicibus esse.(cervix 참조) 임박하다, 가까이 있다/
in difficultáte esse. 곤경에 놓여 있다/
in dúbio esse. 불확실하다/
in efféctu esse 완성되었다/
in expedíto esse. 언제든지 …할 수 있는 상태에 있다/
in fide alcjs esse. 누구의 보호(保護) 아래 있다/
in herbis esse. 곡식이 아직 익지 않았다/
in ipso ætatis flore esse. 꽃 같은 나이다/
in médio esse. 있다, 살아 있다, 와 있다/
in non esse. 비존재(非存在)에로/
in propinquo esse. 가까이 있다/
in rem alcjs esse. 누구의 이익이 되다/
in tutéla alcjs esse. 누구의 보호를 받고 있다/
in tutela esse. 후견을 받다/
in tuto esse 안전하다(tuto esse)/
Individuum enim habet esse, habet etiam exsistere.
  한 개체는 존재를 가지고 또한 존재함도 가진다/
infra alqd esse. 무엇보다 못하다/
infrácto ánimo esse. (infringo 참조) 의기소침해 있다/
integra ætate esse. 다 컸다(다 큰 사람이다)/
ipsum esse. 순수 실존, 존재 그 자체, 존재 자체/
ipsum esse per se subsistens. 자립적 존재자체.
  자립하는 존재 자체, 자존하는 실존 그 자체(自體)/
ipsum esse rei. 사물의 존재 그 자체(自體)/
Ipsum Esse subsistens. 자립하는 존재자체/
Ipsum esse subsistens per se.
  그 자체로 자립적인 존재 자체/
ipsum non esse. 비존재 자체(非存在 自體)/
ipsum suum esse. 자기 존재 자체/
Ipsum suum esse subsistens irreceptum.
  신은 자신의 자립적 존재 자체이다/
irrísui esse. (irrísus 참조) 비웃음거리가 되다/
magni esse. 값이 비싸다, 가치가 크다, 중요하다/
milius esse. 더 낫게 존재함(성 아우구스티노는 하느님께
  나아감을 '더 낫게 존재함'으로 인간 자아에로 집착함을 '덜 존재함
  minus esse'으로 규정한다. 교부문헌 총서 16, 신국론, p.1492)/
minus esse. 존재의 감소, 덜 존재함/
multiplex esse. 다겹의 존재(가톨릭 신학과 사상 제38호, p.169)/
Nihil esse. 아무 가치도 없다/
operatio sequitur esse. 작용은 존재를 따른다/
plenum esse. 충만한 존재/
posse non esse. 존재하지 않을 수 있음.
  ('존재하지 않을 수 있음'은 존재할 수도 존재하지 않을 수도 있음 즉 '우유적
  으로 존재함'을 의미함. 이상섭 옮김, 신학대전 14, pp.103~105)/
purum esse. 순수한 존재/
Quam magnum bonum sit ipsum esse.
  존재한다는 그 자체가 얼마나 위대한 선언가!/
sui juris esse. 자주 독립적이다, 자립하여 있다/
Tanti esse. 이 만큼 한 가치가 있다/
Theoremata de esse et essentia. 존재와 본질의 공리들/
timóre esse. 무서워하다
tuto esse. 안전하다(in tuto esse)/
unum esse. 한 존재/
vere esse quia immutabilis est.
  불변하기 때문에 참으로 존재하는 분.

esse(있다, …이다, …다)의 직설법 활용					
	단 수			복 수		
	현 재	미완료	미래	현 재	미완료	미 래
1인칭	sum	eram	ero	sumus	erámus	érimus
2인칭	es	eras	eris	estis	erátis	éritis
3인칭	est	erat	erit	sunt	erant	erunt

	단 수			복 수		
	단순과거	과거완료	미래완료	단순과거	과거완료	미래완료
1인칭	fui	fúeram	fúero	fúimus	fuerámus	fuérimus
2인칭	fuísti	fúeras	fúeris	fuístis	fuerátis	fuéritis
3인칭	fuit	fúerat	fúerit	fúerunt	fúerant	fúerint

(한동일 지음, 카르페 라틴어 부록, p.10)

esse(있다, …이다, …다)의 접속법 활용

	단 수		복 수	
	현 재	미완료	현 재	미완료
1인칭	sim	essem(forem)	simus	essémus
2인칭	sis	esses(fores)	sitis	essétis
3인칭	sit	esset(foret)	sint	essent(forent)

	단 수		복 수	
	단순과거	과거완료	단순과거	과거완료
1인칭	fúerim	fuíssem	fuérimus	fuissémus
2인칭	fúeris	fuísses	fuéritis	fuissétis
3인칭	fúerit	fuisset	fuérint	fuíssent

(한동일 지음, 카르페 라틴어 부록, p.10)

명 령 법	부 정 법
현 재 단수 2인칭 es 복수 2인칭 esto 미 래 단수 2인칭 esto 단수 3인칭 esto 복수 2인칭 estote 복수 3인칭 sunto	현 재 esse 미 래 futúrus, -a, -um　　esse 　　　futúri, -æ, -a　　esse 　　　futúrum, -am, -um　esse 　　　futúros, -as, -a　　esse (미래부정법은 위 네 가지 대신에 그저 fore 로만
미 래 분 사	쓸 수도 있다)
futúrus, -a, -um (장차 있을 미래의)	과 거 fuísse

(한동일 지음, 카르페 라틴어 부록, p.10)

*esse의 합성동사는
다음과 같은 뜻으로 사용될 때 여격을 지배한다. absum, abfui, abesse 없다, 결핍되다. adsum, adfui, adesse 도와주다, 출석하다 insum, inesse 안에 있다, 내재하다 prosum, profui, prodesse 유익하다 subsum, subesse 밑에 있다, 속하여 있다.

(한동일 지음, 카르페 라틴어 1권, pp.212-213)

esse a Deo. 신에 의해서 존재하는 것
esse absconditum. 감추어진 존재
esse absolute. 있음 자체(중세철학 창간호, p.28)
esse absolutum. 절대 존재
esse accidentale. 우유적 존재
esse actu. 현실 존재
esse actualis existentiæ. 현실적 실존의 존재
esse ad. 옮겨가고 있음.(김 율 옮김, 은총과 자유, p.121).
esse aliquam formam æternam et incommutabilem.
　영원하고 불변하는 형상이 따로 존재함.
esse animatum. 생명 존재(성 염 옮김, 단테 제정론, p.22)
esse apparens. 외양적 존재, 현상되는 존재
esse apprehensivum. 지각 존재
esse apprehensivum per intellectum possibilem.
　가능지성에 의한 지각적 존재.
Esse autem per se consequitur ad formam; quia unumquodque secundum hoc est ens actu, quod habet formam. 존재는 그 자체로 형상을 따른다. 왜냐하면 모든 것은 형상을 갖는 한에서 현실태에 있는 유(有)이기 때문이다.(이상섭 옮김, 신학대전 14, p.105).
esse calefactibile. 가열적 존재
esse capite operto 머리를 가리고 있다
esse commune. 공통 존재, 일반 존재
esse completum. 완전한 실존
esse complexionatum. 합성 존재
esse compositum. 합성된 존재
esse creátum. 창조된 것, 창조된 존재, 창조 받은 존재
esse cum deo. 하느님과 함께 있음
Esse cum Jesu dulcis paradisus est.
　예수님과 같이 있는 것은 즐거운 낙원이다.
esse Dei(=causa omnis esse)
　하느님의 존재(Ⓔ Existence of God).
esse determinátum. 한정된 존재, 규정된 존재성
esse divinum.(Ⓔ Existence of God)

하느님의 존재(esse ejus).
esse essentiæ. 본질의 존재
Esse est aliud ab essentia vel quiddidate.
　존재는 본질과 실재적으로 구별(區別)된다.
　존재는 본질이나 통성 원리와는 다른 것.
Esse est cognoscere. 존재는 인식함이다.
　Cognoscere est esse. 인식함이 존재이다.
Esse est Deus. 있음(存在)은 신이다.
　존재는 신이다(獨.Sein ist Gott).
Esse est essentia dei. 존재는 신의 본질이다
Esse est id quo aliquid actu est(=存在)
　어떤 것이 그것으로 인해 현실적으로 있는 것.
esse est manere. 존재는 항속함이다(신국론, p.1150).
Esse est percipere. 존재하는 것은 지각하는 것이다.
Esse est percipi. 존재는 지각되는 것이다.
(Ⓔ Tobe is tobe perceived. 1685~1753 G. Berkeley).
　있다는 것은 지각되는 것이다.
　존재하는 것은 지각(知覺)되는 것이다.
Esse est percipiist. 존재한다는 것은 지각되는 것이다.
esse et debere esse. 존재와 당위(當爲)
esse existentiæ. 실존의 존재, 존재의 존재
esse fixum. 고정된 존재
esse fluens. 유동적 존재
esse formale. 형상적 존재
esse hoc et hoc. 이런 저런 존재
esse immateriale. 비질료적 존재
esse immateriale et intelligibile. 비질료적이며 가지적 존재.
esse in. 안에 있음.(김 율 옮김, 은총과 자유, p.121).
esse in actu. 현실성 속의 존재,
　현실태로 있는 존재(중세철학 제5호, p.152).
esse in alqm locum. 어디를 향하여 가고 있다
esse in alqo. 아무를 꼭 닮았다
esse in alqo loco. (독서에서) 어디를 읽고 있다
esse in amóre et delíciis alci. 아무와 사랑에 빠져있다
Esse in commeatu. 휴가(休暇) 중이다
esse in crímine. 고소(告訴) 당하다
esse in mæróre. 슬픔에 잠겨 있다
esse in óculis alcjs. 누구 앞에 나타나다,
　아무의(alcjs(alci))눈에 들다, 사랑 받다.
esse in óperis. 공무에 종사(從事)하다
Esse in ore et sermone omnium.
　이야깃거리가 되다, 뭇 사람의 입에 오르내리다.
esse in prospectu. 시야(視野)에 들어오다
esse in rerum natura. 사물들의 본성 안에 있는 존재
esse in se. 자기 내유(自己 內有)
Esse in veste doméstica. 집에서 입는 옷을 걸치고 있다
esse increátum. 창조되지 않은 존재
esse individuátum. 개체화된 존재
esse infinitum. 무한존재
esse incompletum. 불완전한 존재
esse intelligibile. 가지적 존재
esse intentionale. 지향적 존재
esse intransmutabile. 불변전적 존재
esse ipsum subsistens. 자립하는 존재 자체
Esse ita vincam. 그렇다는 것을 증명해 보이겠다.
esse locale. 장소적 존재
Esse malignum non est jocus.(성 염 지음, 고전 라틴어, p.68)
　악의로 하는 행위는 장난이 아니다(장난은 악의로 하는 것이 아니다).
esse materiale. 질료적 존재.
esse materiale et sensibile. 질료적이며 감각적인 존재
esse naturale. 자연적 존재(신학대전 제2권, p.60)
esse necessárium. 필연적(인) 존재
esse nobilissimum. 가장 고상한 존재
Esse, nomen est incommutabilitatis.
　존재함, 이것이 불변의 이름이다.
esse obiectale. 대상적 존재
esse omnium est superesse divinitas.
　초존재인 신은 모든 것의 존재이다.

(초실존인 신이 모든 실존하는 자들의 실존이다. 爲디오니시우스의 명제).

esse positum. 정착된 존재성

esse possibile. 가능한 존재

esse præter formam. 형상 외의 존재

Esse primo convenit huic essentiæ divinæ.
존재는 일차적으로 신의 본성에 합당한 것이다.

esse proprium. 고유의 존재

Esse quasi constituitur per principia essentiæ.
존재가 마치 본질의 원리들을 통해서 구성된다.

esse quidditativum. 하성(何性)의 존재

esse quod est majus quam non esse.
비존재보다 더 큰 존재.

esse rei. 사물의 존재.
　ipsum esse rei. 사물의 존재 그 자체.

esse rei, non veritas ejus, causat veritatem intellectus.
한 사물의 진리가 아니라, 그 존재가 지성의 진리를 야기한다.

esse rei vel non esse. 그 사물의 존재 혹은 비존재에 따라서

esse Romæ. *Roma*에 살고 있다

esse secundum quid.
부차적 존재, 이차적 존재, 한정된 의미의 존재.

esse sensibile. 감각적인 존재

esse separátum subsistens. 분리된 자존적 존재

esse sequitur operari. 존재는 작용을 따른다

esse simpliciter. 단순 존재(ens purum),
　단순하게 존재함, 단적(端的) 존재.

esse simpliciter sumptum. 단순히 말하는 존재

esse spirituale. 영적 존재성, 정신적 존재

esse suæ potestátis. 자제력이 있다

Esse subsistens. 자립적 존재, 자존적 존재

esse substantiále. 실체적 존재

esse tale. 존재 그것

esse ut actus. 현실력으로서의 존재

esse verum reale. 실재적 존재

esse, vivere et discernere. 존재하고 살아있고 식별한다는 것
　(보나벤뚜라는 "하느님께 이르는 영혼의 순례기"에서 존재, 생명, 이성은
　esse, vivere et intelligere 즉 "존재하고 살아있고, 이해한다"라는
　신(新) 플라톤주의의 3중 구도를 명확히 답습하고 있다).

ésséda, -æ, f. = **éssedum**

essedárĭus, -i, m. 전차의 전사(戰士)

éssédum, -i, n. *Gállia*인들의 전차, 여행용 마차

essem(=forem), esse 동사의 접속법 미완료 단수 1인칭.

essémus, esse 동사의 접속법 미완료 복수 1인칭.

essendi principium. 존재의 근원

Esseni, -órum, m., pl. 에세네파(☺ Essenes派)

essent(=forent) esse 동사의 접속법 미완료 복수 3인칭.

esséntĭa* -æ, f. (哲.神) **본질**(τὸ τι ἐν εἰναι.εἶδος),
　본성(φὺσις.☺ nature), 실체(ούσἰα.☺ Substance),
　요소(要素), 진수(眞髓), 정수(精髓)
　[스콜라 철학에서는 essentĭa의 라틴어 용어들을 다음과 같이 번역하여 사용한다.
　ens(τὸ ὄν) 존재자, 존재 사물, 유 / esse(εἶναι) 존재, 존재함, 있음 /
　essentĭa (아우구스티노의 용어로는) 존재, 존재자, (스콜라 철학에서는) 본질 /
　existentĭa 실재, 실존, 존재 / natura (아우구스티노의 용어로는 '존재자'를
　가리키는) 자연 본성, 자연 사물 / substantĭa 실체, 본체.
　　　　　　　　　성 염 지음, 사랑만이 진리를 깨닫게 한다. p.26]

De essentia et scientia et utriusque amore.
　존재와 인식 그리고 양편의 사랑.(신국론, p.)

Deus est sua essentia. 신의 본질이 곧 존재이다/

et ideo sola est incommutabilis substantia vel essentia,
qui Deus est, cui profecto ipsum esse, unde essentia
nominata est, maxime ac verissime competit.(De Trinitate
5. 2. 3) 홀로 불변하는 실체 혹은 존재자, 그가 곧 신인데,
　그에게는 존재라는 명사가 최고로 가장 참되게 해당한다.
　　　　　　　　　성 염 지음, 사랑만이 진리를 깨닫게 한다. p.32/

Hoc per quod aliquid habet esse quod. 그것에 의해
　어떤 것이 일정한 존재를 갖는 것(=본질)/

id ergo quod subsistit in Deo, est suum esse.
　신에게서 자존하는 바로 그것이 그의 존재함이다/

in Deo idem est esse et essentia.
　신에게는 존재와 본질이 동일하다/

in ipsa essentia. 본질 자체 안에 있는/

intellectus essentiæ. 본질 이해(本質 理解)/

ipsa essentia. 본질 자체/

non ob aliud essentia est, nisi quia est.
　모든 존재자는 그것이 존재한다는 사실이 아닌 다른
　이유에서 존재자가 아니다(교부문헌 총서 15. 신국론, p.47)/

non operatio propria propter essentiam, sed hæc propter
illam habet ut sit. 작용(활동)이 본질을 위해서 존재하는
　것이 아니고 본질이 작용(활동)을 위해 존재 한다/

Quidquid est in aliquo quod est præter essentiam ejus
oportet esse causatum. 자기 본질의 바깥에 속하는
　어떤 것 안에 있는 것은 무엇이든지 원인을 통해 야기된
　것이어야만 된다(토마스 아퀴나스의 형이상학, p.303)/

Theoremata de esse et essentia. 존재와 본질의 공리들/

una essentĭa tres personæ. 하나의 본체와 세 위격/

unitas essentĭæ. 본질의 일성(본질의 동일성)/

Utrum essentia animæ sit ejus potentia.
　영혼의 본질 자체가 곧 영혼의 능력인가/

Utrum suppositum addat aliquam rem supra essentiam
vel naturam. 기체(基體)는 본질이나 본성에다
　어떤 실재성을 덧붙이는가.

essentĭa actuális. 현실적 본질
　(정신 밖에 현재하여 존재하는 본질과 같이 있는 본질).

essentĭa communis. 공통의 본질

essentĭa Dei. 신의 본질

essentĭa divina. (獨 das göttliche Sein) 신적 본질, 하느님의 본질

essentĭa éntis. 유(有)의 본질

essentĭa logica. 논리적 본질

essentĭa metaphysica. 형이상학적 본질

essentĭa Patris. 성부의 본질

essentĭa per existentĭam existens.
　존재로 하여 존재하는 본질(존재의 근거문제, p.74).

essentĭa physica. 물리적 본질

essentĭa possíbĭlis 가능적 본질

Essentĭa quæ repræsentat distincte plura,
erit perfectior illa quæ tantum repræsentat unum.
　여러 개를 분명하게 나타내는 본질은 오직 하나만을 나타내는
　본질보다 더 완전할 것이다.(김현태 지음, 둔스 스코투스의 철학 사상, p.245).

essentĭa rei. 사물의 본질

essentĭa rerum materialium. 물질적 사물의 본질

essentĭa separata. 분리된 본질

essentĭa substantĭæ compositæ. 합성실체의 본질

essentĭa substantĭæ simplicis. 단순실체의 본질

essentĭæ nominales. 명목상의 본질들

essentiale attributum. 본질적 속성

essentiális, -e, adj. 본질의, 본질적.
　beatitúdo essentiális. 본질적 복락(本質的 福樂)/
　gloria essentiális. 본질적 영광.

In hoc ipso autem essentiale mysterium Ecclesiæ
consistit, ut Concilium profitetur.(☺ Precisely this is the
essential mystery of the Church, as the Council
professes) 공의회가 선포하는 바에 따르면 이것이 바로
　교회의 본질적 신비입니다(1986.5.18. 'Dominum et vivificantem' 중에서).

essentiális distantĭa. 본질적 거리(本質的 距離)

essentiáliter, adv. 본질적으로

Nostra nempe spes essentialiter ceteris quoque semper
est spes. hoc modo tantum ipsa etiam mihi revera est
spes.(☺ Our hope is always essentially also hope for
others; only thus is it truly hope for me too) 우리의
희망은 언제나 본질적으로 다른 이들을 위한 희망이기도
합니다. 그럴 때에만 그것은 나를 위한 희망도 됩니다.

esses(=fores), esse 동사의 접속법 미완료 단수 2인칭.

esset(=foret), esse 동사의 접속법 미완료 단수 3인칭.

essétis, esse 동사의 접속법 미완료 복수 2인칭.

est¹ 3 pers. sg. pręs. indic. (sum) (그는) 있다; …이다.
　hoc est. 즉(略 h.e.), 다시 말하면(略 h.e.)/
　Hoc est vivere. 이것이 사는 것이다/
　Homo, qui Dei mandata servat, beatus erit.
　주님의 계명을 지키는 사람은 복되게 되리라/
　in diis est. 신들의 손에 달렸다/

id est.(=idest) 말하자면(ut ita dicam), 다시 말하면(略 i. e.)/
id est, hoc est, 즉, 다시 말하면/
irrátĭonabile est. 불합리하다/
Omnino ita est. 정말 그렇습니다/
Qui est(Yahweh) 있는 자(야훼), 존재하는 분/
Tácito usus est. 침묵(沈默)이 필요하다/
Unde est? 어디서 왔는가?/
Unde id verbum traductum est?
이 말은 어디에서 왔느냐?

est² 3 pers. sg. prœs. indic. (edo¹) (그가) 먹는다.

Est autem alia senténtia, quæ, vidétur huic esse contraria, si non hábeat intellectórem.
잘못 이해하면 우리가 말한 것과 반대되는 것 같은 다른 구절이 있습니다.(최익철 신부 옮김. 요한 강해. p.401).

Est autem sciendum quod hæc ratio plúrimos movit.
이런 논변이 여러 사람에게 영향을 미쳤다는 사실에 주목해야 한다.(지성단일성. p.107).

Est ejus medici ægrotos sanare.
병자를 고치는 것은 의사인 그의 본분이다.

Est enim Deus pater et Fílius et Spíritus Sanctus.
하느님은 성부와 성자와 성령이십니다.

Est hoc áliquid. 이것도 가치 있는 일이다

Est hoc áuribus hóminum absúrdum.
이것은 사람들 귀에 거슬리는 것이다.

Est 'hoc' ita quod non áliud.
다른 식으로가 아닌 이런 식으로서 이것이다.

Est hómini similitúdo cum deo.
사람에게는 신을 닮은 데가 있다.

Est ítaque bonum solum simplex et ob hoc solum incommutábile, quod est Deus.
유일하게 단순한 선, 그 점에서 유일하게 불변하는 선이 존재하니, 곧 하느님이다.

Est justus autem ex fide vivit.(⑨ The one who is righteous by faith will live) (로마 1. 17) 의로운 이는 믿음으로 살 것이다(성경)/믿음을 통해서 하느님과 올바른 관계를 가지게 된 사람은 살 것이다(공동번역)/신앙으로 말미암은 의인은 살 것이다(200주년 기념 성서).

Est lex justórum injustorúmque distínctio.
의인과 불의한 인간을 구분하는 선은 법률이다.
(성 염 지음. 사랑만이 진리를 깨닫게 한다. p.463).

Est libertátis lex, lætítiæ et beatitúdinis.
이것은 자유와 기쁨과 축복의 법입니다.

Est mihi nomen Marcus.
나는 Marcus라는 이름을 가지고 있다.

Est modus in rebus.
만물에는 한도가 있다(절도가 있어야 한다).

Est mora. 이야기가 길어진다.

Est quiddam, ut amicítĭa, bona existimátĭo.
어떤 것은, 예를 들면 우정같이 높이 평가 받는다.

Est regis tuéri súbditos.
부하들을 보호하는 것은 왕의 본분이다.

Est ubi plus tepeant híemes? 더 따뜻한 겨울이 있는 곳이 어디 있느냐?(겨울이 더 따뜻한 곳이 있느냐?).

Est, ut dicis. 네 말대로 이다.

esti Deus non darétur. 비록 신이 없더라도.
("우리는 비록 神이 없다고해도 이 세상에서 살아야 한다는 뜻).

Esti fallor, sum. 내가 착각에 빠진다면, 나는 존재한다.

Estne salus in Ecclésia? 교회 안에 구원이 있는가.
Extra Ecclésiam nulla salus(Cyprianus 200~258년)
교회 밖에는 아무런 구원도 없다.

Estne Salus in Ecclésia sine Christo?
그리스도 없는 교회에 구원이 있는가?

esto, esse(있다, …이다, …다) 동사의 명령법 미래 단수 2인칭.
Caius heres mihi ex asse esto.
가이우스는 내 유산의 ⅓을 차지하라/
Forti ánimo esto. 용기를 내시오.

esto quod es. 되어야 할 모습이 되어라.

Esto vígilans et díligens in Dei servítĭo.

너는 삼가 하느님을 섬기는 데 부지런 하라.

estóte, 원형 sum¹fúi, esse, intr. (옛 형태 esum = sum)
[명령법. 미래 단수 2인칭 esto, 복수 2인칭 estóte].
Et vos estóte paráti(⑨ You also must be prepared)
너희도 준비하고 있어라(성경 루카 12. 40)/
Míseri estóte et lugéte et ploráte(⑨ Begin to lament, to mourn, to weep) 탄식하며 슬퍼하며 우십시오(성경 야고 4. 8).

Estóte autem factóres verbi et non auditóres tantum falléntes vosmetípsos.(⑨ Be doers of the word and not hearers only, deluding yourselves). (i,nesqe de. poihtai. lo,gou kai. mh. mo,non avkroatai. paralogizo,menoi e`autou,j)
말씀을 실행하는 사람이 되십시오. 말씀을 듣기만 하여 자신을 속이지 마십시오.(성경 야고 1. 22)/그러니 그저 듣기만 하여 자기 자신을 속이는 사람이 되지 말고 말씀대로 실천하는 사람이 되십시오(공동번역).

estóte ergo imitatóres Dei sicut fílii caríssimi.
(Gi,nesqe ou=n mimhtai. tou/ qeou/ w`j te,kna avgaphta.)
(獨 So folgt nun Gottes Beispiel als die geliebten Kinder)
(⑨ So be imitators of God, as beloved children)(에페 5. 1)
그러므로 사랑 받는 자녀답게 하느님을 본받는 사람이 되십시오(성경)/여러분은 하느님의 사랑을 받는 자녀답게 하느님을 닮으십시오(공동번역)/그러므로 여러분은 사랑스러운 자녀답게 하느님을 본받는 사람들이 되시오(200주년 신약).

Estóte ítaque prudéntes et vigiláte in oratiónibus.
(⑨ Therefore, be serious and sober for prayers)
그러므로 마음을 가다듬고 정신을 차려 기도하십시오(성경)/그러므로 여러분은 기도하기 위하여 마음을 가다듬고 정신을 차리시오(200주년 기념 신약성서. 1베드 4. 7)/정신을 차려 마음을 가다듬고 기도하십시오(공동번역).

Estóte misericórdes, sicut et Pater vester miséricors est[⑨ Be merciful, just as (also) your Father is merciful]
너희 아버지께서 자비하신 것처럼 너희도 자비로운 사람이 되어라(성경 루카 6. 36).

Esui potuíque esse. 먹고 마시기에 좋다

ēsum, "edo"의 목적분사(sup.=supínum)

ēsuriális, -e, adj. 배고픔, 기아(飢餓-굶주림)

esuriéntes, (원형 ēsúrĭo¹ -ívi(ĭi) -íre, intr. 배고프다)
[현재분사의 명사적 용법. 남성 복수 주격 esurientes, 속격 esurientium, 여격 esurientibus, 대격 esurientes, 탈격 esurientibus].
Esuriéntes implévit bónis, et dívites dimísit ináneis.
주리는 이를 은혜로 채워 주시고,
부요한 자를 빈손으로 보내셨다.

ēsúrĭes, -éi, f. 배고픔, 굶주림(חֵרָפוֹן.λιμὸς.⑨ hunger),
기아(飢餓-굶주림), 빈궁(貧窮-가난하여 생활이 몹시 어려움).

ēsúrĭo¹ -ívi(ĭi) -íre, intr. 먹고 싶다, 배고프다,
굶주리다, 시장기를 느끼다, 허기지다,
몹시 탐내다, 갈망(渴望)하다(חֶרְפָּה.חָרַף.חֶרְפָּה).
Das panem esuriénti: sec mélius nemo esuríret, et nulli dares. 그대는 굶주린 사람에게 빵을 주지만, 아무도 굶주리지 않고 그대가 베풀 대상이 없는 것이 더 좋습니다.(최익철 신부 옮김. 요한 서간 강해. p.353)/
Esurívi enim, et dedístis mihi manducáre.
(⑨ For I was hungry and you gave me food).
너희는 내가 굶주렸을 때에 먹을 것을 주었다.(마태 25. 35).

ēsúrĭo²-ónis, m. 배고픈 사람, 굶주린 사람

ēsurítĭo, -ónis, f. 기아, 굶주림(⑨ hunger)

Jesus Hóminum Salvátor. 인류의 구세주 예수(略.I.H.S.).

esus, -us, m. 먹는 것, 먹음.
ésui esse. 먹을 만하다, 먹음직하다.

et, I. conj., coord., copulatíva. 1. 와(과), 및 그리고, 또.
2.(망라(網羅))et…et…도…도. 3. (긍정과 부정 대립.연결)
et … nec(neque)…이고 …가 아니(다), …지만 …는 아니;
뿐 아니라 또한 아니; nec(neque) … et 아니고 오히려:
Ego vero exspectábo ea, nec exígam. 나는 그것들을 기다리기는 하겠지만 강요하지는 않겠다/ … nec miror, et gáudeo. 나는 이상히 여기지 않고 오히려 기뻐한다.
4. (부가적 설명.천명.한정. 특히 etquidem, et + pron., demonstr.) 그것도…: Errábas, et quidem veheménter

errábas. 너는 오류를 범하고 있었다. 그것도 아주 큰
오류를 말이다/ et máxime. (그것도) 특히. 5. (반복.강조)
…고 또: vives, et vives. 너는 살고 또 살리라. 6. (대조.
대립.번복.교정) 그러나. 그렇지만, 그런데, 그러면서도,
도리어. 7. (동시적 상황) 와 동시에, …하자마자.
8. (명령형 뒤에) **그러면**: Dic, et eris magnus. 말해라,
그러면 위대한 자 되리라. 9.(비교 연결)(cf. atque) 와
(는)…: æque et et 똑같이/ áliter et 와는 달리/ áliud et
와는 다른 것. 10. (의문.경탄) 그래…란 말이냐?
얼마나 …냐?
Ⅱ. adv. 1. …도, 도 또한, 더구나 …도: Gere et tu
tuum bene. 너도 네 일을 잘 처리해라. 2. 사실, 과연,
정말로, …야말로, 확실히. _{(라틴-한글사전, p.300).}

et ad hanc solvendam intentam Caritatem
vestram. In nomine Domini cras quod inde dederit,
disseremus. 사랑하는 형제 여러분, 여러분이 이 문제를
풀어보시기 바랍니다. 주님께서 주시는 바를 주님의 이름
으로 내일 다루어 보겠습니다.[아우구스티노는 설교나 강해 끝에
해결되지 않은 문제를 더러 남겨 놓기도 했는데, 이는 청중으로 하여금 다음
설교나 강해 주제에 관하여 미리 생각하고 준비할 수 있도록 배려하는 아우구스
티노다운 교육 방식이었다. 참조 "시편 상해" 126, 13: "요한 복음 강해" 4, 16:
최익철 신부 옮김, 요한 서간 강해, p.219)].

Et ad minus semel in die,
mane videlicet aut vespere. 하루 동안 적어도 아침
이나 저녁에 한 번은 반성하라(주주성법 제1권 19장 4).

Et advérsus et aversus impúdicus es.
너는 앞 뒤 어느 모로나 뻔뻔하다.

et æquum et rectum est quod tu postulas.
귀관이 소청하는 바는 공평하고 정대한 일이요.
(성 율 지음, 사랑만이 진리를 깨달게 한다, p.450).

Et aperuit eis sensum, ut intellegerent Scripturas.
그분께서는 성경을 깨닫도록 그들의 明悟(명오)를
열어 주셨습니다.(최익철 신부 옮김, 요한 서간 강해, p.111).

Et capilli capitis vestri omnes numerati sunt.
(영 Even the hairs of your head have all been counted)
하느님께서는 너희의 머리카락까지 다 세어 두셨다(성경
루카 12, 7)/하느님께서는 너희의 머리카락까지도 낱낱이
다 세어두셨다(공동번역 루카 12, 7)/그분은 여러분의 머리
카락 까지도 다 셈하고 계십니다(200주년 신약성서 루카 12, 7).

Et carnis curam ne feceritis in desideriis.
(영 make no provision for the desires of the flesh)
욕망을 채우려고 육신을 돌보는 일을 하지 마십시오(성경)/
육체의 정욕을 만족시키려는 생각은 아예 하지 마십
시오(공동번역)/욕정(欲情)을 만족시키려고 육신을
돌보는 일이 없도록 하시오(200주년 신약성서 로마 13, 14).

Et caveant multum a pecunia.
돈을 극히 조심할 것입니다(성 프란치스코 수도 3회 회칙 21).

Et circa hoc quæruntur quinque.
이 점에 대해서는 다섯 가지 문제가 제기된다.

Et credimus in eum quem non vidimus, et venturum
eum exspectamus. 우리는 직접 뵈옵지도 못한 그분을
믿습니다. 그리고 장차 오실 그분을 기다리고 있습니다.
_{(최익철 신부 옮김, 요한 서간 강해, p.191).}

Et, cum esset fortis, non timuit.
그리고 그는 용감하였기 때문에 무서워하지 않았다.

Et cum frátribus nostris absentibus.
또한 여기 없는 우리 兄弟들도 도우소서.

Et cum spiritu tuo. 또한 사제와 함께

Et de ipso cælo quare? quia membra calcabantur in
terra. 그런데 왜 하늘에서 말씀하십니까? 당신 지체가
땅에서 짓밟히고 있었기 때문입니다.
_{(최익철 옮김, 요한 서간 강해, p.459).}

Et de plenitudine eius nos omnes accepimus,
et gratiam pro gratia. (Kai. evk tou/ plhrw,matoj auvtou
h`mei/j pa,ntej evla,bomen(kai. ca,rin avnti. ca,ritoj) (獨 Und von
seiner Fülle haben wir alle genommen Gnade um Gnade)
(영 From his fullness we have all received, grace
in place of grace) 그분의 충만함에서 우리 모두 은총을
받았다(성경 요한 1, 16)/우리는 모두 그분에게서 넘치는
은총을 받고 또 받았다(공동번역)/과연 그분의 충만함에서

우리는 모두 은총에 은총을 받았다(200주년 신약성서 요한 1. 16).

Et diligendo fit et ipse membrum, et fit per
dilectionem in compage corporis Christi.
사랑하면서 그분의 지체가 되고, 사랑을 통하여 그리스도
의 몸과 일치됩니다.(최익철 신부 옮김, 요한 서간 강해, p.435).

Et dixit fiat lux et facta est lux.
하느님이 빛이 생겨라! 하시자 빛이 생겨났다.

Et ecce ego vobiscum sum omnibus diebus usque ad
consummationem sæculi.(영 Lo, I am with you always,
until the end of the world) 보라, 내가 세상 끝 날까지
언제나 너희와 함께 있겠다(마태 28. 20).

Et ego ad nihilum redactus sum et nescivi. 나는
무(無)로 돌아가 없어졌어도 몰랐사옵니다(최민순 옮김, 어둔 밤, p.44).

Et ego N. Cardinalis N. spondeo, voveo ac iuro.
(영 And I, N. Cardinal N., so promise, pledge and swear)
나 추기경 ○는 그와 같이 약속하고 서약하며 맹세합니다.

Et emitte cælitus lucis tuæ radium.
당신의 빛, 그 빛살을 하늘에서 내리소서.

Et eorum, ut voluerunt, completum est desiderium.
이리하여 사람들이 원했던 바대로 그 소원이 이루어졌다.
_{(이연학 최원오 역주, 아우구스티노의 생애, p.41).}

Et erat titulus causæ eius inscriptus : Rex Iudæorum.
그분의 죄목 명패에는 "유대인들의 왕"이라고 적혀 있었다.

et erit unus Christus amans seipsum. 당신 자신을 사랑
하시는 분은 그리스도 한 분뿐일 것입니다(요한 서간 강해, p.435).

et erunt duo in carne una. 둘이 한 몸을 이룬다

Et factum est vespere et mane, dies tertius.
(kai. evge,neto e`spe,ra kai. evge,neto prwi, h`me,ra tri,th)
(獨 Da ward aus Abend und Morgen der dritte Tag)
(영 Evening came, and morning followed–the third day)
저녁이 되고 아침이 되니 사흗날이 지났다(성경)/
이렇게 사흗날도 밤, 낮 하루가 지났다(공동번역 창세 1. 13).

Et habeo claves mortis et inferni.
죽음과 지옥의 열쇠를 내 손에 쥐고 있다.

Et hoc autem apparet quomodo sit eadem scientia in
discipulo et doctore. 이 점으로 보아, 어떻게 학생과
교사에게 동일한 지식이 있게 되는지가 분명해진다.

Et hoc etiam patet solutio alterius rationis. 또한 이것
에서 나머지 논변의 해결책도 드러난다.(지성단일성, p.119).

et hoc est quod omnes dicunt Deum.
바로 이 존재를 모든 사람이 신(神)이라고 부른다.

Et hoc manifestum est. 그것도 분명합니다.

Et hoc recordor. 그것도 기억합니다.

Et hoc signum sanctæ (이마에 십자 표지를 그으며)
Cru+cis, quod nos fronti eius damus, tu,
maledicte diabole, numquam audeas violare.
Per eundem Christum Dominum nostrum.
우리는 그의 이마에 (이마에 십자 표지를 그으며) 십자+
인호를 새기니, 재앙을 받은 신(神)아 한 번도 이 사람에게
침범하지 말지어다. 우리 주 그리스도를 통하여 비나이다.

Et huius ratio est quia effectus particularis sunt
cause particulares, et effectus universalis sunt cause
universales. 이것이 그런 이유는 특수한 결과에 대해
특수한 원인들이 있고, 보편적 결과에 대해 보편적
원인들이 있기 때문이다(스콜라 철학에서의 개체화, p.619 참조).

Et id agebat in die laborans et in nocte lucubrans
이렇게 낮에는 일하고 밤에는 깨어 지내셨다.
_{(이연학 최원오 역주, 아우구스티노의 생애, p.105).}

Et ideo ex deo non est mores.
죽음은 하느님께로부터 유래하지 않는다.

Et illi et vos et nos omnes équidem moriémur. 확실히
그들도, 너희들도, 그리고 우리들도 다 확실히 죽을 것이다.

et in bello et in pace utilis.
전시에도 평화시에도 유용한 것(Aristoteles).

et in hac presenti et in futura vita semper et
omni quidem tempore felix beatusque habetur.
그리하여 현세생활에서든 미래 생활에서든
그리고 어느 시기에도 인간은 행복하고 유복해야한다.

Et in hoc sæculo quis nobis nocebit plenis caritate?
이 세상에서 누가 사랑으로 가득 찬 우리를 해치겠습니까?

Et in nomine eius gentes sperabunt.
(kai. tw=| ovno,mati auvtou/ e;qnh evlpiou/sin)
(獨 und die Heiden werden auf seinen Namen hoffen)
(㊀ And in his name the Gentiles will hope)
민족들이 그의 이름에 희망을 걸리라(성경 마태 12. 21).

Et in terra pax hominibus. 땅에서는 사람들에게 평화
et in terra pax hominibus bonæ voluntatis.
땅에서는 선한 의지의 인간들에게 평화.

Et in testamento uetere obumbratur nouum.
Quid est enim quod dicitur testamentum uetus nisi
noui occultatio? Et quid est aliud quod dicitur nouum
nisi ueteris reuelatio? 구약에서 신약이 어렴풋이 드러
난다. 구약이라고 하는 말은 기실 신약의 은덕이 아니고
무엇인가? 또 신약이라고 하는 말은 구약의 공개가
아니고 무엇인가?(교부학에서 신구약의 상관관계를 한마디로 간추린 명제).

Et in umbra alarum tuarum sperabo donec
transeat iniquitas. 당신 날개의 그늘에 나는 숨나이다.
   * 재앙이 지나갈 그 때까지.

Et inimici hominis, domestici eius.
(각) 사람의 원수는 자기 집 식구들일 것입니다.

Et introibo ad altare Dei; ad Deum qui lætificat
juventutem meam.(㊀ And I will go to the altar of god,
to God, the joy of my youth). 하느님의 제단으로 나아
가오리다. 제 기쁨과 즐거움이신 하느님께 나아가오리다.

Et ipse docebat in synagogis eorum,
et magnificabatur ab omnibus. 그분은 그 여러 회당
에서 가르치시며 모든 사람에게 찬양(讚揚)을 받으셨다.

Et ipse est caput corporis ecclesiæ.
(㊀ He is the head of the body, the church)
   그분은 또한 당신 몸인 교회의 머리이십니다(성경 골로 1. 18)/
   그리스도는 또한 당신의 몸인 교회의 머리이십니다(공동번역)/
   그분은 몸의 머리, 교회의 머리시로다(200주년 신약성서).

Et iterum unde cognovisti? 다시 묻지만, 그대는 어떻게
알게 되었습니까?(최익철 신부 옮김. 요한 서간 강해. p.379).

Et manducaverunt omnes et saturati sunt.
(kai. e;fagon pa,ntej kai. evcorta,sqhsan)
(獨 Und sie aßen alle und wurden satt)
   (㊀ They all ate and were satisfied)
   사람들은 모두 배불리 먹었다(성경. 공동번역 마르 6. 42)
   그리하여 모두 먹고 배가 불렀다(200주년 신약성서).

et maxime. 그리고 특히

Et mea omnia tua sunt, et tua mea sunt.(요한 17. 10)
(㊀ and everything of mine is yours and everything of
yours is mine) 저의 것은 다 아버지의 것이고 아버지의
   것은 제 것입니다(성경)/나의 것은 다 아버지의 것이며
   아버지의 것은 다 나의 것입니다(공동번역)/제 것은
   모두 아버지의 것이요 아버지의 것은 제 것입니다(200주년).

Et mens et rédiit versus in ora colo.
정신이 들며 입가에 혈색이 돌았다.

et miratur alia, cum sit ipse mirator magnum
miraculum. 다른 것들을 두고 경이로워 하는데
경이로워 하는 당사자야말로 위대한 기적이다.

Et modo probo alio documento. 당장 다른 증거를 하나
대겠습니다.(최익철 신부 옮김. 요한 서간 강해. p.421).

Et non ibi cessavit, non ibi finem fecit; sed addidit.
그분께서는 여기에 그치지도 끝맺음을 하지도 않으시고,
이렇게 덧붙이십니다.(최익철 신부 옮김. 요한 서간 강해. p.345).

Et nos credimus. 우리는 믿습니다.

Et nox illuminátio mea in deliciis meis.
나의 기쁨이 겨워 밤도 내게는 광명이로소이다.

et omne quod ad istud officium spectabit solvere
poteris et ligare. 풀고 맺을 수 있는 바는 문지기로서의
   직책에 해당하는 모든 것(성 염 옮김. 단테 제정론. p.175).

et omni miraculo quod fit per hominem, majus
miraculum est homo. 인간을 통해서 이루어지는 그 모든

기적보다도 인간이야말로 훨씬 위대한 기적이다.

Et os meum non interrogastis.
너희는 내 입에 묻지(물어 보지) 아니했다(갈멜의 산길. p.213).

Et persevera in ambulando, ut pervenias; quia quo
tendis, non migrabit. 목표에 도달하도록 꾸준히 걸어
가십시오. 그대가 향해 가는 목표는 옮겨 다니지 않을
것입니다.(최익철 신부 옮김. 요한 서간 강해. p.207).

et pie moriens celi possessor efficitur.
또 경건하게 죽어서는 천국의 소유자가 된다.

Et Plato posuit diversas esse animas in homine,
secundum quas diversæ operationes vitæ ei
conveniant. 플라톤은 다양한 생명 작용이 인간에게 속하는
한 인간에게 다양한 영혼이 있다고 주장했다(지성단일성. p.73).

Et quæ sunt præcepta Dei? 하느님의 계명은 무엇입니까?
et quicumque voluerit in vobis primus esse,
erit omnium servus. (kai. o]j a'n qe,lh| evn u`mi/n ei=nai
prw/toj e;stai pa,ntwn dou/loj\) (獨 und wer unter euch der
Erste sein will, der soll aller Knecht sein)
   (㊀ whoever wishes to be first among you will be the
slave of all) 또한 너희 가운데에서 첫째가 되려는 이는
   모든 이의 종이 되어야 한다(성경)/으뜸이 되고자 하는
   사람은 모든 사람의 종이 되어야 한다(공동번역)/
   또한 여러분 가운데서 첫째가 되고자 하는 사람은 모든
   이의 종이 되어야 합니다(200주년 신약성서 마르 10. 44).

Et quia ipsa est lex Christi. 바로 이것이 그리스도의
법입니다.(최익철 신부 옮김. 요한 서간 강해. p.99).

Et quid ait Scriptura? 이에 대해서 성경은 뭐라고 했습니까?

Et quid est hoc? 그분은 누구십니까?

Et quid facimus de peccatis? 죄는 어떻게 할 것입니까?

Et quid magnum societatem habere cum hominibus?
사람들과 친교를 나누는 것이 뭐 그리 대단합니까?

Et quid tibi donat fides? Vitam æternam.
신앙은 그대에게 무엇을 줍니까? 영원한 생명을 줍니다.

Et quidem merito(㊀ And rightly so)

et quoad substantiam et quoad formam.
본질적인 면에서나 형식적인 면에서.

Et quod sibi quis fieri non vult, alio ne faciat.
자기에게 되기를 원하지 않는 바를 남에게
   행하지 마라(성 베네딕도 수도규칙 제4장 9).

Et quomodo? 어떻게 말입니까?(최익철 신부 옮김. 요한 서간 강해. p.437).

Et quomodo probantur antichristi? ex mendacio.
그리스도의 적들은 어떻게 증명됩니까?
   거짓말로써 증명됩니다.(최익철 신부 옮김. 요한 서간 강해. p.165).

Et quoniam hæc faciunt, certum est quod in
perditionem dabantur. 그들이 이런 일을 하므로
멸망할 것이 확실 하옵니다(갈멜의 산길. p.209).

Et quos dixit non pati scandalum, aut non facere?
diligentes legem Dei. 걸림돌에 시달리지도 않고 걸림돌을
   놓지도 않는 사람은 누구이겠습니까? 하느님의 법을
   사랑하는 사람입니다.(최익철 신부 옮김. 요한 서간 강해. p.99).

et re et ex témpore. 사정과 때에 따라

Et relinquentes eum omnes fugerunt.
(=tunc discipuli eius relinquentes eum omnes fugerunt)
(Kai. avfe,ntej auvto,n e;fugon pa,ntej) (㊀ And they all left
him and fled)(마르 14. 50) 제자들은 모두 예수님을
   버리고 달아났다(성경)/그 때에 弟子들은 예수를
   버리고 모두 달아났다(공동번역)/그러자 (제자들은)
   모두 그분을 버리고 도망갔다(200주년 기념 신약성서).

Et seniores venerare. 연노(年老)한 이들을 공경하라.
   (성 베네딕도 수도규칙 제4장 70).

Et sequitur. 그리고 이렇게 이어 집니다.

Et sic ei tamquam ignoto conjungamur.
아, 우리가 하나라는 걸 그토록 모르는가!.

Et sic patet scientiam esse formam animæ,
et sanitatem corporis. 그래서 건강이 신체의 형상이듯이
지식은 영혼의 형상임이 분명하다.(지성단일성 p79).

Et sint in signa et in tempora et in dies et in annos.
시간과 나날과 해를 나타내는 표가 되어라.

E

(공동번역 '절기와 나날과 해를 나타내는 표가 되어라' 창세 1, 14 참조).

et témpore. 불시에, 예고 없이

Et tu Brute! 브루투스 너마저도!(줄리어스 시저가 최후로 한 말)

Et unde cognoscimus quia diligimus filios Dei?
우리가 하느님의 자녀들을 사랑한다는 것을
무엇으로 알 수 있습니까?

Et unde non est cognitus? Quia omnia peccata
arguebat in hominibus. 그런데 왜 그분은 알려지지
않았습니까? 사람들 안에 있는 모든 죄를 드러내셨기
때문입니다(최익철 신부 옮김. 요한 서간 강해, p.199).

Et unde vicerunt. 어떻게 이겨 냈습니까?

Et veritas Domini manet in æternum.
주님의 진실하심 영원하여라.

Et videbit omnis caro salutare Dei.
(kai. o;yetai pa/sa sa.rx to. swth,rion tou/ qeou)
(獨 Und alle Menschen werden den Heiland Gottes
sehen) (영 and all flesh shall see the salvation of God).
모든 사람이 하느님의 구원을 보리라(성경 루카 3. 6).

Et vidit Deus omnia, quæ fecit, et ecce bona valde.
(영 God looked at everything he had made, and he
found it very good) 하느님께서 보시니 손수 만드신
모든 것이 참 좋았다(성경)/이렇게 만든 모든 것을
하느님께서 보시니 참 좋았다(공동번역 창세 1, 31)

Et vidit Deus, quia bonum est.(성경.공동번역 창세 1. 10)
하느님께서 보시니 참 좋았다(영 God saw how good it was).

Et vita hominis Dei est visio.(영 And the life of man is
the vision of God) 인간의 생명은 하느님의 영상입니다.

eténim, conj. (et+enim)
사실은, 즉, 왜냐하면(ὅτι.γὰρ), 그것은, 그렇다함은,

Etenim audite, et videte. 여러분, 듣고 또 보시기 바랍니다.

etenim, quod factum est, cum illo, qui fecit,
tormenta patietur(and the thing made shall be
punished with its contriver) 그 물건은 그것을 만든
자와 함께 징벌을 받을 것이다(성경 지혜 14, 10)/그 물건과
그것을 만든 자를 똑같이 벌하신다(공동번역 지혜 14, 10).

Etenim species est pulchris corporibus et auro et
argento et omnibus. 아름다운 것들, 이를테면 금이나
은이나 모든 것엔 맵시가 있습니다.(고백록 2.5.10.).

etenímvero, adv. 사실(실지로), 확실히

etésiæ, -árum, m., pl. 계절풍(몬순, monsoon),
무역풍(貿易風-계절풍), 지중해 지방에서 여름철에
북쪽과 남쪽에서 번갈아 불어오는 바람.

ethica, -æ, f. (=ethice, -es) 윤리학(영 Ethics), 도덕학.
(윤리는 인간 행위의 선악의 정도를 인간 생존의 목적과 견주어 가능하고, 실제
생활에 어떻게 적용시키느냐하는 문제와 종교적으로는 인간 생존 전체를 어느
방향으로 이끄느냐 하는 문제를 연구하는 철학부분이다).

ethica ad rem. 사물들에 관련된 윤리

ethica conscientĭa. 도덕적 양심

ethica facie ad faciem.
얼굴과 얼굴을 맞댄 윤리(가톨릭 철학, 제2호, p.256).

ethica hospitális 간호 윤리(영 nursing ethics)

ethica inter homines. 사람들 사이의 윤리

ethica inter homines invisibiles.
보이지 않는 사람들 사이의 윤리.

ethica laboris catholica 가톨릭 노동윤리

Ethica Medicina. 의학 윤리(영 Medical Ethics)

Ethica more geometrico demonstrata.
수학적 방법으로 논증된 윤리학(Spinoza 지음).

Ethica Nicomachea. 니코마코스 윤리학(아리스토텔레스 지음)

ethica œconomica. 경제윤리(經濟倫理)

Ethica ordine geometirco demonstrata.
기하학적 방법으로 증명된 윤리학(1677년 스피노자 지음).

ethica sexuális. 성(性) 윤리(영 sexual ethics)

ethica situátĭonis. 상황윤리(狀況倫理.영 situátĭon ethics)

ethica sociális. 사회윤리(社會倫理.영 social ethics)

ethmoidális, -e. adj. (解) 사골(篩骨)의

éthnĭcus, -a -um, adj. 이교도의, 이방인의.
m. 이교도(異敎徒), 이방인(異邦人).
Nonne et ethnici hoc faciunt?(마태 5. 47)

(영 Do not the pagans do the same?)
그런 것은 다른 민족 사람들도 하지 않느냐?.(성경)

ethno-christiani. 이민족 그리스도교인.

ethnográphĭa, -æ, f. 민속학(民俗學), 토속학(土俗學)

ethnolŏgĭa, -æ, f. 인종학(人種學), 민족학(民族學)

ethŏlŏgĭa, -æ, f. 흉내(남이 하는 말이나 행동을 그대로 옮겨 하는 짓),
시늉, 무언극. 인성학(人性學). (動) 동물생태학.

ethŏlŏgus, -i, m. 무언극 배우; 풍자 희극배우

éthos, -i, n. 풍속, 특성(特性-특수한 성질), 성격(性格), 민속,
에토스, 윤리적 성향(性向), 윤리성, 관습(慣習).

étĭam, (adv.) conj. (et+jam) 1. 도 또한, 까지도, …마저:
non solum(modo)…, sed(verum) etiam 뿐 아니라
…도 또한/ atque etiam 그리고(그뿐 아니라) 또한.
2. (비교급 강화) 한층(더), 더욱(더): etiam clárĭus.
한층 더 분명하게. 3. (지금 또는 그 당시) 아직, 여태:
그저; 아직도, 여전히: Etĭámne adstas? 너 여태 그냥
서 있느냐?. 4. (반복) 또(다시) 한번. 재차: Círcum-
spĭce atque etiam. 주위를 다시 한 번 살펴봐라/
etiam atque etiam. 재삼(再三), 다시금, 몇 번
이고 반복해서. 5. (부정문 다음에서) 더구나, 오히려.
6. (단순 의문문에 대한 긍정적 대답) 예; 그렇다,
아무렴, 물론: Respóndit, Etiam. 그는 그렇다고 대답
했다. 7. (분개.원망.힐책 따위의 뜻을 포함한 물음)
(아니) 그래 정말…? 까지 한단 말이냐?.
Etiam pater venit. = pater quoque venit. 아버지도 오셨다/
Etĭam rides? 네가 웃기까지 해?/
Etĭamne abis? 네가 그래 정말 떠난단 말이냐?/
Quidquid est in territorio est etiam de territorio.
영토 내에 있는 것은 또한 영토의 것이다/
Scripsi étĭam(nam at oratiónibus disjúngo me fere),
scripsi igitur. 나는 이 글을 또한 썼다(연설하는 일은
거의 중단하고 있지만) 하여간 나는 글을 썼다/
Si venisset, etiam venissem.
그가 왔더라면 나도 왔을 것이다/
Vivit? Immo vero étiam in senátum venit.
살아 있어? (살아있다 뿐인가) 오히려 원로원에
까지도 나오고 있는 걸!.

Etĭam atque etĭam. 재삼(再三-두세 번. 거듭. 여러 번)

Etĭam atque etĭam considerate, quia juvenes estis:
pugnate, ut vincatis; vincite, ut coronemini.
여러분이 젊은이라는 것을 깊이 생각하고 또
생각하십시오. 이기기 위해서 싸우고 월계관을 쓰기
위해서 이기십시오.(최익철 신부 옮김. 요한 서간 강해, p.127).

etĭam clárĭus. 한층 더 분명하게

etĭam dum(=etĭamdum) 그때도 아직

etiam futura iam fecit. 미래의 것을 이미 이루었다(이 역설적
표현은 신이 초시간적 존재라는 관점에서 이해한 것이다. 신국론, p.2566)

étĭam mélĭor. 한층, 훨씬 더 좋은

Etĭam nunc résidet spes in virtúte tuă.
지금도 너의 용기에는 희망이 건재 한다.

étĭam post annum repreæsento víridem sapórem.
일 년 후에도 싱싱한 맛을 지니다.

Etĭam qui cum solo originali peccato mortem
obeunt beata Dei visione in perpetuum carebunt.
원죄만 지니고 죽은 이들은 하느님을 빕는 행복을
영원히 누리지 못한다.

Etĭam rides? 네가 웃기까지 해?

Etĭam sine magístro vítĭa discúntur.
교사(선생님) 없이도 악습은 배워진다.

ĕtĭámdum(=étĭam dum) adv. 그때도 아직

Etĭamne abis? 네가 그래 정말 떠난단 말이냐?

Etĭamne adstas? 너 여태 그냥 서 있느냐?

ĕtĭámnum(=ĕtĭamnunc), adv. 지금도(hodieque), 지금까지도

ĕtĭámsi(=ĕtĭam si) conj., subord. (실제에 대한 양보에는
indic.; 때로는 verbum finítum 없이) 비록 …하더라도,
할지라도: etiamsi non perféct, tamen…
완전하게는 아니더라도 그러나….
Esse equidem, etiamsi oppetenda mors esset, domi atque

in patria mallem quam in externis atque alienis locis. 비록 죽음을 자초하게 될지 모르더라도, 머나먼 타국 땅에 있느니 차라리 내 집, 내 나라에 있고 싶다(Cicero)/ Numquam tibi credam, etiamsi te jurisiurando obstringas.(juris+iurando) 비록 네가 맹세를 함으로써 압박한다고 할지라도 나는 결코 너를 안 믿겠다.

ětiámtum(=etiámtunc)
adv. (과거) 그때에도, 그때까지 만해도.

etsi, conj. 마치 …하더라도, 할지라도(cf. etiámsi)

Etsi consilia tua nota esse sciebant, simulabant tamen se insontes esse. 비록 너의 결단이 알려 졌다는 사실을 알고 있었음에도 불구하고, 그들은 자기들이 무죄한 척했다.

etsi Deus non daretur.(ⓔ as if God did not exist)
마치 하느님이 존재하지 않는 것처럼.

etsi non auctor, at cónscius fuit.
그가 장본인은 아니라 하더라도 알고는 있었다.

Etsi Pastoralis, 엣시 빠스또랄리스(1742년. 사목자는 비록. 베네딕또 14세 교황의 동방교회 전례에 관한 교황령).

Etsi quæ est hæc sérvitus?
아무리 그렇다하더라도 이 굴욕은 무엇이란 말이냐?

etsi scio, tamen… 내가 알기는 하지만 그러나…

Etsi taceas, palam id quidem est.
당신이 아무리 입을 다물고 있어도 사실은 명료하다.

ětymōlǒgía, -æ, f. 어원학(語源學), 어원연구, 어원.
Originum sive Etymologiarum libri XX. 기원 혹은 어원론.

Etymologíorum. 어원(語源)(세비야의 주교 이시도루스 지음 †636)

ětymōlǒgícus, -a, -um, adj. 어원의, 어원학상의.
figura etymologica. 어원학적 말놀이(→파로노마시아).

ětymōlǒgus, -i, m. 어원학자(語源學者)

étymon, -i, n. 어원(語源)

eu, interj. (기쁨.찬탄.동의 표시) 좋아! 잘한다! 잘됐다! 훌륭하다!

Euádne, -es, f. Iphis의 딸, Capáneus의 아내

Euágǒras, -æ, m. Cyprus섬 Sálamis市의 지배자

euán, interj. (Bacchus신 신도의 환호성) 만세! 와!

Euánder(=Evándus) -i, m. Mercúrius신의 아들

euans(=evans) -ántis, adj. (euan) (Bacchus 신도들이) 환호성 울리는, 광란적으로 떠들어대는.

euax, interj. 만세! 와!

Eubœa, -æ, f. Ægœum해의 제일 큰 섬(지금의 Negroponte)

Eubúlěus, -i, m. Dioscúri의 별명("좋은 충언자"라는 뜻)

Eucărístia, -æ, f. (獨 Eucharistie.ⓔ Eucarist) 사례(謝禮), 감사의 기도, 성찬례, 성체(Corpus Domini), 성체성사, 에우카리스티아(Εὐχαριστία-"미사"를 뜻하는 용어.
"감사기도 또는 Prex Eucárística"를 지칭하는 의미로 사용되기도 한다).

Adoratiónis eucharísticæ usus. 성체 조배의 실천/
benedíctio Eucharístiæ. 성체강복(ⓔ Eucharistic benedíctio/Benediction of the Blessed Sacrament)/
De excellentia sanctissimæ eucharístiæ super reliqua sacramenta. 여타 성사들에 대한 지극히 거룩한 성체성사의 탁월성에 대해/
De reali præsentia domini nostri Iesu Christi in sanctissimo eucharístiæ sacramento.
지극히 거룩한 성체성사 안에 우리 주 예수 그리스도 께서 실제로 현존하심에 대해/
Decretum de sanctissimo eucharístiæ sacramento.
지극히 거룩한 성체성사에 관한 교령/
Devotiónis eucharísticæ genera. 성체 조배의 형태/
Ecclesia, eius Sponsa, ad convivium eucharísticum celebrandum in singulos dies in Eius memoriam vocatur. 신부인 교회는 날마다 그분을 기억하며 성찬의 잔치를 거행하도록 부름 받습니다(2007.2.22. "Sacramentum Caritatis" 중에서)/
Ecclesiæ eucharística fides.(ⓔ The Church's eucharistic faith). 교회의 성찬 신앙(2007.2.22. "Sacramentum Caritatis" 중에서)/
Etenim sacerdotalis spiritalitas suapte natura est eucharística. 사제 영성은 본질적으로 성찬의 성격을 지닙니다/
Expositio Eucharístiæ. 성체 현시(ostensio, -ónis, f.)/
fons Eucharístiæ est cuiusque formæ sanctitatis et nostrum unusquisque ad vitæ destinatur plenitudinem in Spiritu Sancto. 성찬례는 모든 거룩함의 근원이며 우리는 각자 성령 안에서 충만한 삶을 살도록 부름 받았습니다/

Historia Eucharístiæ.(ⓔ History of the Eucharist) 성체성사의 역사/
Identitas Eucharístiæ.(ⓔ Identity of the Eucharist) 성체성사의 정체성/
In Eucharistia amoris consilium ostenditur, qui omnem salutis historiam dirigit. 성찬례는 구원 역사 전체를 이끄는 사랑의 계획을 보여 줍니다/
In Eucharistia enim Filius Dei obviam venit nobis et desiderat nobiscum sociari.(ⓔ In the Eucharist, the Son of God comes to meet us and desires to become one with us) 성찬례에서 하느님의 아드님께서는 우리를 만나러 오시고 우리와 하나 되기를 바라십니다/
in Eucharistia Verbum caro factum nobis veluti spiritalis datur cibus.(ⓔ in the Eucharist the Word made flesh gives himself to us as our spiritual food) 성찬례에서 강생하신 말씀은 당신을 우리의 영적 양식으로 주십니다/
Institutio Eucharístiæ.(ⓔ Institution of the Eucharist) 성체성사의 제정/
Necesse est summatim ut in omnibus rebus quæ Eucharistiam spectant gustus habeatur pulchritudinis. 성찬례와 연관된 모든 것은 미적 감각을 나타내어야 합니다/
Numquam enim obliviscendum Eucharistiæ respectu est baptizari nos et confirmari.(ⓔ It must never be forgotten that our reception of Baptism and Confirmation is ordered to the Eucharist) 세례성사와 견진성사를 받는 것은 성체성사를 받기 위한 것임을 잊어서는 안 됩니다/
Primum eucharísticæ fidei obiectum ipsum est Dei mysterium, trinitarius amor. 성찬 신앙의 첫 요소는 바로 하느님의 신비, 삼위일체의 사랑입니다/
Quod Ecclesia Eucharistiam "facere" potest id totum in donatione fundatur, quam, ei se tradens, ipse fecit. 교회가 성찬례를 "이룰" 수 있는 것은 그리스도께서 교회에 당신 자신을 주신 것에 온전히 뿌리박고 있습니다/
Sine dubio plena participatio Eucharístiæ habetur cum quis accedit etiam personaliter ad altare Communionis recipiendæ gratia. 분명히 성찬례에 온전히 참여하는 일은 신자들이 영성체를 하려고 제대에 몸소 나아갈 때 이루어집니다(2007.2.22. "Sacramentum Caritatis" 중에서)/
Socialia eucharistici Mysterii consectaria.
(ⓔ The social implications of the eucharistic mystery) 성찬 신비의 사회적 의미(2007.2.22. "Sacramentum Caritatis" 중에서)/
Spiritus Sanctus et eucharística Celebratio.
(ⓔ The Holy Spirit and the eucharistic celebration) 성령과 성찬례 거행/
Sub ipsis Ecclesiæ originibus subest causalis Eucharístiæ impulsus.(ⓔ there is a causal influence of the Eucharist at the Church's very origins)(2007.2.22. "Sacramentum Caritatis" 중에서). 성체성사가 교회의 기원 자체에 영향을 미친 원인.

Eucharistia ac sacerdotalis spiritalitas.(ⓔ The Eucharist and priestly spirituality) 성찬례와 사제 영성.

Eucharistia ac testificatio.(ⓔ The Eucharist and witness) 성찬례와 증언(2007.2.22. "Sacramentum Caritatis" 중에서).

Eucharistia atque culturarum evangelizatio.
(ⓔ The Eucharist and the evangelization of cultures). 성찬례와 문화의 복음화.

Eucharistia atque vita consecrata.(ⓔ The Eucharist and the consecrated life) 성찬례와 봉헌 생활.

Eucharistia, caritatis sacramentum, peculiarem demonstrat necessitudinem cum amore inter hominem et feminam, matrimonio coniunctos.
사랑의 성사인 성체성사는 혼인으로 결합된 남녀의 사랑과 특별한 관계를 맺고 있습니다.

Eucharistia, causale Ecclesiæ principium.
(ⓔ The Eucharist, causal principle of the Church) 성찬례, 교회가 시작된 원리.

Euchárístia christíana. 그리스도교 성찬례(聖餐禮)

E

Eucharistia, christianæ initiationis plenitudo.
(֎ The Eucharist, the fullness of Christian initiation)
성체성사, 그리스도교 입문의 완성.
Eucharistia Dominici diei. 주일 성찬례
Eucharistia: donum homini in itinere.
(֎ The Eucharist: a gift to men and women on their journey)
성찬례, 여정 가운데 있는 인간을 위한 선물.
Eucharistia ecclesialisque communio.(֎ The Eucharist
and ecclesial communion). 성찬례와 교회의 친교.
Eucharistia est igitur pars constitutiva Ecclesiæ
essentiæ actionisque.(֎ The Eucharist is thus constitutive
of the Church's being and activity)
그러므로 성찬례는 교회의 존재와 활동을 이룹니다.
Eucharistia et matrimonii indissolubilitas.
(֎ The Eucharist and the indissolubility of marriage)
성찬례와 혼인의 불가 해소성.
Eucharistia et matrimonii unitas. 성찬례와 혼인의 단일성.
(֎ The Eucharist and the unicity of marriage).
Eucháristia facit ecclesiam. 성체가 교회를 만든다
Eucharistia fons ac communionis Epiphania.
친교의 원천이며 현현인 성체성사.
Eucharistia in actu oblationis Iesu nos trahit.
(֎ The Eucharist draws us into Jesus' act of self-oblation)
성체성사는 예수님께서 당신 자신을 바치시는 행위에
우리를 끌어들입니다(2007.2.22. "Sacramentum Caritatis" 중에서).
Eucharistia: Iesus verus Agnus immolatus.
(֎ The Eucharist: Jesus the true Sacrificial lamb)
성찬례, 희생 제물이신 참된 어린양 예수님.
Eucharistia laicique fideles.(֎ The Eucharist and the
lay faithful) 성찬례와 평신도.
Eucharistia morumque conversio.(֎ The Eucharist and
moral transformation) 성찬례와 도덕적 회개.
Eucharistia, Mysterium celebrandum.
(֎ The Eucharist, A mystery to be celebrated)
성찬례, 거행하여야 할 신비(2007.2.22. "Sacramentum Caritatis" 중에서).
Eucharistia, Mysterium credendum.
(֎ The Eucharist, A mystery to be Believed)
성찬례, 믿어야 할 신비(2007.2.22. "Sacramentum Caritatis" 중에서).
Eucharistia, Mysterium vivendum.
(֎ The Eucharist, A mystery to be lived)
성찬례, 살아야 할 신비(2007.2.22. "Sacramentum Caritatis" 중에서).
Eucharistia, nuntiandum mysterium.
(֎ The Eucharist, a mystery to be proclaimed)
성찬례, 선포되어야 할 신비.
Eucharistia, orbi offerendum mysterium.
(֎ The Eucharist, a mystery to be offered to the world)
성찬례, 세상에 주어야 할 신비.
Eucharistia principium et propositum "Missionis".
"선교"의 원리이며 계획인 성체성사.
Eucharistia, pro mundi vita fractus panis.
(֎ The Eucharist, bread broken for the life of the world)
성찬례, 세상에 생명을 주는 쪼개진 빵.
Uniuscuiusque nostrum vocatio est ut una cum Iesu
panis pro sæculi vita fractus exsistamus. 우리 각자는
참으로 예수님과 함께 세상에 생명을 주는 쪼개진 빵이
되도록 부름 받았습니다(2007.2.22. "Sacramentum Caritatis" 중에서).
Eucharistia ratione inexhausta unitatem amoremque
indissolubiles cuiusque Matrimonii christiani
corroborat. 성찬례는 모든 그리스도교 혼인의 불가
해소적인 일치와 사랑을 끝없이 강화해 줍니다.
Eucharistia reapse excellentem in modum "mysterium
fidei" est: "Eucharistia est nostræ fidei compendium
et summa". 성체성사는 탁월한 "신앙의 신비'로서 "우리
신앙의 요약이고 집약"입니다(2007.2.22. "Sacramentum Caritatis" 중에서).
Eucharistia suapte natura pacis est Sacramentum.
(֎ By its nature the Eucharist is the sacrament of peace)
성찬례는 본질적으로 평화의 성사입니다.
Eucharistiæ celebratio tamen non potest esse

principium communionis.
성찬례 거행이 친교의 출발점이 되어서는 안 됩니다.
Eucharistiæ Ecclesiæque apostolica indoles
성체성사와 교회의 사도 전래성.
Eucharistiæ gratia iterum iterumque nascitur Ecclesia.
(֎ thanks to the Eucharist, the Church is reborn ever
anew!) 성찬 덕분에 교회는 언제나 새롭게 탄생합니다.
Eucharistiæ institutio(֎ The institution of the Eucharist)
성체성사의 제정.
Eucháristiæ participátionem, 성찬례 참례(參禮),
성찬기도(→감사기도)(1973.4.27. 권람).
Eucháristiæ præco et vates maximus.
성체의 전령이며 대도사(大道士).
Eucháristiæ sacramentum.
미사 밖에서 하는 영성체와 성체조배(1973.6.21. 교령).
Eucháristíam participantes. 성찬례 거행(擧行)
eucháristíam recipio. 성체를 받아 모시다
Eucharistica spiritalitas non modo participatio in
Missa et devotio erga Sanctissimum Sacramentum
est, sed universam vitam attingit. 성찬 영성은 미사
참여와 성체 신심만이 전부가 아닙니다. 성찬 영성은
삶 전체를 끌어안습니다(2007.2.22. "Sacramentum Caritatis" 중에서).
Eucháristícon, -i, n. 감사, 사의(謝意)
Eucháristicum mysterium.
성체성사 신비의 공경(1967.5.25. 훈령),
성체신비 거행과 공경에 관하여(1967. 5.25.).
Intra eucharisticum mysterium profunda intellegitur
communionis sanctorum significatio.(֎ The eucharistic
mystery helps us to understand the profound meaning of
the communio sanctorum) 성찬의 신비는 우리가 성인의
통공(communio sanctorum)이 지닌 심오한 의미를 이해
하도록 돕습니다(2007.2.22. "Sacramentum Caritatis" 중에서)/
Semper secum adfert communio inseparabilem rationem
tum verticalem tum horizontalem. 이 친교는 언제나
불가분하게 수직적 의미와 수평적 의미를 함께 지니고
있습니다(2007.2.22. "Sacramentum Caritatis" 중에서).
eucáristícus, -a, -um, adj. (가) 성체의, 성체에 관한.
Congréssus Eucáristícus. 세계(만국) 성체대회.
(모든 신자들과 성직자가 한자리에 모여 성체께 대한 흠숭과 영성체로서
하느님께 영광을 드리는 성체 현양대회. 미사, 성체행렬, 학술토론 등을
주된 행사로 한다…)/
Canones de sacrosancto eucharistiæ sacramento.
지극히 거룩한 성체성사에 관한 법규/
De asservando sacræ eucharistiæ sacramento et ad infirmos
deferendo. 거룩한 성체를 보관하고 환자들에게 모셔감/
Eucharistica Prex.[獨 Hochgebet(eucharistisches).
֎ Eucharistic Prayer]. 감사 기도, 성찬 기도/
Eucharistica vitæ christianæ forma.(֎ The eucharistic
form of the christian life) 그리스도인 삶의 성찬적 모습/
Eucharisticæ celebrationis minister Episcopus.
성찬례 거행의 봉사자인 주교/
Eucharistici ritus progressus. 성찬 예식의 발전/
jejunium eucharísticum. (성체성사 받기 전의) 공복재,
(→공심재.֎ Eucharistic fast.)/
Motus eucharisticus. 성체신심 운동/
Omnes lætanter agnoscimus hæc instrumenta novas
opportunitates offerre etiam quoad eucharisticam
Celebrationem. 우리는 모두 미디어가 성찬례 거행의
새로운 가능성을 열어준 것을 기쁘게 받아들입니다/
Omnia complectens Eucharistici cultus efficacitas.
모든 것을 포괄하는 성찬 예배의 효과/
Oratio eucharistica. 성찬기도, 감사의 기도/
Societas nationum eucharistica. 성체 국제 연맹
("성령으로 인류를 그리스도 안에 하나로"라는 기치를 들고 조직한 단체.
1920년 비엔나에서 예수회원 Anton Puntigam이 조직한 신심회로서 같은
이름의 잡지도 냈다…. 백민관 신부 엮음, 백과사전 1, p.1012).
Euclídes, -is, m. Alexandría의 유명한 수학자
eudǽmon, -ónis, adj. 풍요한, 풍부한
eudæmǒnía, -æ, f. (felícǐtas¹ -átis, f.)
복리(福利), 행복(幸福, יַעְוֹ.֎ Happiness)

eudæmŏnísmus, -i, m. 행복론(행복주의), 행복설.
[행복(eudaimonia)이 선(善)이고 인생의 궁극적 목적이라고 하는 윤리설. 어떤 상태를 행복이라고 할 수 있는가에 따라 다양한 입장이 있다. 키레네학파, 에피쿠로스, 홉즈, 공리주의자들은 행복을 쾌락과 동일시하였지만 이 경우에도 찰나적이고 감각적 쾌락을 행복이라고 보는 입장, 보다 지속적이고 안정적이며 정신적인 쾌락이 행복이라는 입장, 양과 질을 고려한 쾌락이 진정한 행복이라는 입장 등으로 구별된다. 여기에 비해 플라톤은 쾌락 이외에도 영지(英知), 지식, 지혜를 얻는 것이 진정한 행복이라 했고, 아리스토텔레스는 모든 사물과 인간이 지향하는 최고선으로서의 행복은 덕을 좇아 살아가는 영혼적인 생활이라고 하였다.
한편 희로애락 등의 정념에 사로잡히지 않고 마음의 안정을 얻은 상태를 행복이라고 생각하는 스토아학파의 쇼펜하우어, 법열(法悅)의 상태가 가장 행복한 상태라고 주장하는 여러 종교적 입장 등은 쾌락주의의 반대의 입장에 속한다.].
Euénus, -i, m. Ætólia의 강(江)
Euérgĕtæ, -árum, m., pl.
Arimáspi족의 별명("친절한 사람들"이란 뜻).
euge, interj. 1. (기쁨.축하.칭찬.만족.충고 따위 표시) 좋아! 잘했다, 잘해봐, 2.(비꼬는 뜻으로도 쓰며, 가끔 euge papæ, éugĕpæ) 그래 잘했군!
Euge, serve bone et fidelis. Super pauca fuisti fidelis; supra multa te constituam: intra in gaudium domini tui. (Well done, my good and faithful servant. Since you were faithful in small matters, I will give you great responsibilities. Come, share your master's joy)
잘하였다, 착하고 성실한 종아! 네가 작은 일에 성실하였으니 이제 내가 너에게 많은 일을 맡기겠다. 와서 네 주인과 함께 기쁨을 나누어라(성경 마태 25, 21).
euhan, euhans = euan, euans.
Euhémĕrus, -i, m. 희랍의 철학자(C. 300AC)
Eu(h)ĭas, -ădis, f. Bacchus신의 여신도
Eu(h)ĭus, -i, m. Bacchus신의 별명
euhœ(=euœ) interj. (Bacchus신 신도들의 함성) 만세!
Euhoe! Euhie! quo me in silvam venatum vocas?.
야호, 야호! 그대는 어이 사냥하러 숲으로 나를 부르나!
eulógĭa, -æ, f. 찬미, 축복, 강복한 빵, 축복의 빵
[Eulogia는 당초 '축복'이란 뜻으로 라틴어 Benedictio와 같은 뜻으로 썼다. 특히 예비 교우들에게 빵을 축복하여 주면서 하는 기도(현재의 식사 전 기도), 미사 후에 교우들에게 빵을 축복하여 주며 하는 기도(식사 후 기도)를 가리킨다. 백민관 신부 엮음, 백과사전 1, p.1015].
Bibas cum eulogia. 축복하면서 마시라.
eulógĭum. -i, n. = **elógium**
Tractátus ad Eulogium. 송덕문(頌德文).
eum = **im**
eum, 원형 is, ea, id, pron., demonstr.
[m. 단수 주격 is, 속격 ejus, 여격 ei, 대격 **eum**, 탈격 eo].
Et misericórdia éius a progénie in progénies timéntibus eum. 그 인자하심은 세세 대대로 당신을 두려워하는 이들에게 미치시리라.
Eum ad urbem delendam mittent(당위분사문)
(=Eum ad delendum urbem mittent-동명사문)
그들은 도시를 멸망시키기 위해 그를 보낼 것이다.
eum ego hinc ejeci miserum injustitia mea.
고 가엾은 것을 이 집에서 쫓아내 버렸지. 내 불의한 소치로. (성 염 지음, 사랑만이 진리를 깨닫게 한다, p.458).
eum insto. (최후가) 그에게 임박하다
Eum locum domicilio delegit. 그는 그 장소를 거주지로 골랐다.[목적 여격dativus finalis으로 행위를 하는 목적을 여격으로 지칭한다].
Eum non laudamus, cui omnia placent.
모든 것이 마음에 드는 사람을(cui) 우리는 칭찬하지 않는다.
Eum qualibet poena dignum existimo.
나는 그 자가 어느 형벌을 (받아도) 마땅하다고 여깁니다.
Eum qui certus est certiorári ulterĭus non oportet.
이미 확실한 것은 더 이상 확실해질 필요가 없다 (확실히 알고 있는 이에게는 더 이상 확실히 통지해야 할 필요는 없다).
Eum qui judicat eo de quo judicat esse meliorem.
판단하는 자가 판단 받는 자보다 훌륭하다.
Eum scire opórtet. 그는 알아야 한다.
Eum suo sanguine ab Acherónte redimo.
자기 피로 그를 황천(죽음)에서 구해내다.
Eum video. 나는 그를 본다(Eas video. 나는 그 여자들을 본다)
Eum virorum bonorum benevolentiā prosecuta est.
착한 사람들의 호의가 그에게 대해 끊이지 않았다.
Eumélus, -i, m. *Thebœ*인, 홧김에 자기 아들을 죽인 자
Euměnes, -is, m. *Alexánder* 대왕의 유명한 장군
Euménĭdes, -um, f. ('친절한 자들'이란 뜻).
Fúriœ (복수의 여신(女神))의 완곡(婉曲)한 이름.
Eumólpus, -i, m. *Ceres* 여신(女神)의 신관(神官), *Attĭca*에 *Eléusis* 비교(秘敎)를 가져온 자.
m., pl. **Eumólpĭdæ**, -árum, Eumólpus의 자손.
eumpe = eum ipsum
eúndum est. 가야 한다(비인칭적으로 수동형 단수 3인칭을 쓰기도 한다).
eúndus, -a, -um, gerundív. 가야 할, 걸어가야 할, 따라야 할.
eúndæ vitandǽque viæ. 가야 할 길과 피해야 할 길.
Eunomianismus, -i, m. 에우노미우스주의(→아리우스주의)
Euntes prædicate evangelium.[ĕō³ívi(ĭi) ítum īre, anom., intr 참조].
([영] Go and preach the Gospel) 가서 복음을 선포하라.
Euntes docete omnes gentes.[ĕō³ívi(ĭi) ítum īre, anom., intr 참조].
너희는 가서 세상 모든 백성을 가르쳐라.
Euntes in mundum. 너희는 온 세상에 가라.
[1988.1.25. 키에프-러시아인들의 영세 1000주년의 기회에 반포된 교황 요한 바오로 2세의 사도적 서한].
Euntes renuntiate Ioanni, quae auditis et videtis.
요한에게 가서 너희가 보고 듣는 것을 전하여라.
eunuchínus, -a, -um, adj. 고자의, 거세된 사람의
eunúchus, -i, m. ([영] Eunch) 거세된 남자, 고자(鼓子), 환관, 내시, 대신(大臣), (은유적으로) 고관.
euœ(=euhœ) interj. (*Bacchus*신 신도들의 함성) 만세!
euphēmísmus, -i, m.
(修) 완곡어법(婉曲語法), 점잖게 에둘러 말하는 것.
euphónĭa, -æ, f. 듣기 좋은 음조; 발음의 낭랑함
euphórbĭa, -æ, f. (植) 버들 옷(大戟)
Euphórbus, -i, m. *Panthus*의 아들, *Troja* 사람
euphórĭa, -æ, f. 행복감(幸福感), 다행증(多幸症), 마약에 의한 도취감(陶醉感).
Eurípus[1](=Eurípus), -i, m. *Bœótia*와 *Eubœa* 사이의 해협
Eurípus[2] -ī, m. 해협, 수로(水路), 운하(運河), 도랑
Euprepocnemis shirakii. (蟲) 등 검은 메뚜기
euroáquĭlo, -ónis, m. (지중해의 동북에서 불어오는) 태풍
euroáuster, -stri, m. 동남풍(東南風)
Európa, -æ(=**Európe**, -es) f. *Phœnícia*의 *Agénor* 왕의 딸, Júpiter 신의 사랑을 받아 *Sarpédon*과 *Minos*를 낳음, 유럽대륙, 구라파(歐羅巴-'유럽'의 한자음 표기).
Exercítibus Európa inundáta est.(inundo 참조)
군대들이 유럽에 밀려닥쳤다.
Europam appeto. 유럽으로 향해 오다
Europǽus, -a, -um, adj. 유럽의; 유럽인(의),
euróus, -a, -um, adj. 동쪽의, 남동의
eurus, -i, m. 남동풍(南東風), 동풍(東風), 바람
Eurýălus, -i, m.
*Ophéltes*의 아들, *Troja*의 젊은이로서 *Nisus*의 친구.
Eurýdĭce, -is, f. *Orpheus*의 아내
Eurymus, -i, m. 예언자 *Télemus*의 아버지
Eurýnŏme, -es, f. *Océănus*의 딸, *Leucóthŏë*의 어머니
Eurýsthĕnes, -is, m. *Procles*와 쌍둥이, *Sparta*의 왕
euschéme, adv. (옷 따위를) 어울리게, 고상하게, 세련되게
Eusebius de Cæsarea. 에우세비오.
(260-340. Cæsarea의 주교. 교회사의 시조로 불린다).
eusporangiátæ, -árum, f., pl.
(植) 진정포자낭(眞正胞子囊)을 가진 양치류(羊齒類).
eusporángĭum, -i, n. (植) 진정포자낭(眞正胞子囊)
Eutérpe, -es, f. 아홉 *Musœ*(예술의 여신 중 음악의 여신)
euthanasía, -æ, f. (희랍어 eu+thanatos 합성어), 고통 없는 죽음, 안락사(安樂死.[영] Euthanasia).
[영] active Euthanasia 적극적 안락사
[영] beneficient Euthanasia 자비적 안락사
[영] euthanasia exterior 외적인 안락사
[영] Indirective Euthanasia 간접적 안락사
[영] involuntary Euthanasia 타의적 안락사
[영] nonvoluntary Euthanasia 임의적 안락사
[영] passive Euthanasia 소극적 안락사
[영] selective Euthanasia 도태적(포기적) 안락사
[영] voluntary Euthanasia 자의적 안락사.

E

Ab ea separetur oportet consilium illud, quo quis tractationem reiciat sic dictam "vehementiam therapeuticam" 안락사는 이른바 '과도한 의학적 치료'를 그만두는 것과는 반드시 구별하여야 합니다/
Sub nomine euthanasiæ vero proprioque sensu accipitur actio vel omissio quæ suapte natura et consilio mentis mortem affert ut hoc modo omnis dolor removeatur. 엄밀한 의미의 안락사는 모든 고통을 제거하려는 목적으로, 그 자체로 그리고 의도적으로 죽음을 야기 시키는 작위 또는 부작위라고 이해할 수 있습니다.
(1995.3.25. "Evangelium Vitæ" 중에서).

euthanasiæ tragoedia.(⑳ the tragedy of euthanasia) 안락사의 비극.

Euxínus, -a, -um, adj. 흑해의.
immórřïor Euxínis aquis. 흑해에 빠져 죽다.

Euxinus Pontus. 흑해(黑海.Sarmaticum mare)

evácŭo, -ávi -átum -áre, tr. 비우다(רקד.רקב.בקק); 치우다; 배설하다; 명도(明渡)하다, 약화시키다.
동이 나게 하다, 없애다, 무효(無效)로 만들다.
Liberum ergo arbitrium evacuamus per gratiam? absit, sed magis liberum arbitrium statuimus. 그러면 은총을 위해 자유의지를 포기하겠는가? 절대 그럴 수 없다. 오히려 우리는 자유의지를 더욱 온전케 한다.

Evádne = Euádne

evádo, -vási -vásum -ĕre, (ex+vado)
intr. 나오다(רקד), 나가다(רקד); 기어오르다, 벗어나다.
빠져나오다, 도망쳐 나오다, 탈출(脫出)하다.
~에서 살아나다, ~가 되다, 되고 말다, 실현되다.
결과(상태)에 이르다, 어떤 형편으로 진전되다.
(軍) 퇴각(후퇴)하다, 물러나다.
evado in muros. 성벽(城壁)으로 기어오르다/
Si quando sómnium verum eváserit.
만일 꿈이 실현(實現)된다면/
Tales evádunt. 그들은 결국 이런 사람이 된다.
tr. 통과하다, 지나가다(רקד.רקד), 끝까지 해내다.
올라가다, 도망하다, 벗어나다, 빠져나가다.
피해 달아나다, 면하다. evado viam. 갈 길을 다가다.

ēvăgátĭo, -ónis, f. 방황(彷徨), 떠돌아다님

ēvagíno, -ávi -átum -áre, tr. (ex+vagíno)
(칼집에서) 칼을 빼다.

ēvágor, -átus sum -ári, dep., intr. (ex+vagor)
나돌아 다니다, 떠돌다, 헤매다; 유랑(流浪)하다.
번지다, 옆길로 나가다, 빗나가다, 선회(旋回)하다.
tr. 한도를 넘다, 지나치다, 일탈(逸脫)하다.

ēvalésco, -lŭi, -ĕre, intr. (ex+valésco) 크게 힘을 얻다.
자라다, 강해지다, 가치가 있다, 값나가다, 성행(盛行)하다.
우세(優勢)해 지다, 뻗어나가다. pf. 할 수 있었다.

ēválĭdus, -a, -um, adj. 강한, 힘 센

ēválui, "ēvalésco"의 단순과거(pf.=perfectum)

Evánder = Euánder m. Mercúrius신의 아들

ēvănésco, -nŭi -ĕre, intr. (ex+vanésco) 없어지다.
사라지다(רקד.רקד), 소실(消失)되다, 꺼지다.
증발하다; 빈망이 되다, 김빠지다, 힘(빛)을 잃다.

Evangeliarium(⑳ Evangeliary.獨 Evangeliar) 복음집

evangélĭcus, -a, -um, adj. 복음의, 기쁜 소식의; 복음서의.
concordia evangelica = Harmonia Evangelica.
화합 복음서, 합본 복음서/
Evangelica novitas(⑳ The Gospel "innovation")
복음적 '쇄신'(1988.8.15. "Mulieris dignitatem" 중에서)/
Evangelica paupertas in pauperum ministerium.
가난한 사람들에게 봉사하는 복음적 청빈/
Evangelica Testificátĭo, 수도생활 쇄신(1971.6.19.).
복음의 증거(교황 바오로 6세. 수도생활의 쇄신에 관한 사도적 권고)/
evangelicæ vitæ nova genera. 새로운 형태의 복음생활/
Instinctus evangelicus(⑳ Evangelical instinct) 복음적 직관/
Mutuum hoc adiumentum in veritate perquirenda forma est suprema evangelicæ caritatis.
진리를 추구하는 상호협력은 숭고한 복음적 사랑입니다/

Nuntii evangelici custodes(⑳ Guardians of the Gospel message) 복음 메시지의 수호자들/
Per evangelica dicta deleantur nostra delicta.
(⑳ May the words of the gospel wipe away our sins).
이 복음의 말씀으로 저희 죄를 씻어 주소서.

evangelísmus, -i, m. 복음주의(⑳ evangelicálism/evangelism)

evangēlísta, -æ, m.
복음사가(εὐαγγελιστὴς.⑳ evangelist); 복음 선교자.
De consensu evangelistarum.
복음사가들의 공통의도에 대하여.

Evangēlium, -i, n. 복음(εὐαγγέλιον.⑳ Gospel-복음서).
기쁜 소식(εὐαγγέλιον.⑳ Good News)(=복음).
복음서(⑳ Gospel), 좋은 소식(εὐαγγέλιον=복음)
[Evangelium은 그리스어(Eu "좋은" + aggello "전하다")에서 왔다.
영어 Gospel은 God("하느님") + spell("똑똑하게 말하다")에서 왔다.
에반젤리움이란 맡은 처음에는 기쁜 소식을 전하는 사람에게 주는 사례금 또는 기쁜 소식 자체를 뜻하였다. 그리스도교에서는 초기시대부터 이 말로 예수께서 공생활 시작부터 전하신 저 가장 중요하고 진귀한 '복음'을 뜻하는데 사용해 왔다-가톨릭 청년 1948.1.2월 합병, 말씀으로 산 사제, p.141].
Apocrypha Evangelium. 외경 또는 위경 복음서/
Beatitudines Evangelicæ. 복음 선언(⑳ Gospel Beatitudes)/
Bonus Nuntius. 좋은 소식(εὐαγγέλιον=복음福音)/
De prædicatione Evangelii, quæ per passiones prædicantium clarior et potentior facta est.
복음의 설교는 설교자들의 수난을 통해 더 유명해지고 더 강해졌다.(교부문헌 총서 17. 신국론, p.2814)/
et sacerdos osculatur Evangelium, dicens:
"Per evangelica dicta, ut supra"
그리고 사제는 복음서에 친구한 후 "이 복음의 말씀으로 저희 죄를 씻어주소서" 하고 말한다/
Evangelii Gaudium. 복음의 기쁨.
(교황 프란치스코의 교황권고. 2013.11.26. 발표 5장 288항)/
Evangelii nuntiandi, 현대의 복음 선교.
현대 세계에서의 복음선포(1975.12.8. 교황권고-성년 폐막에 즈음하여.
그리고 바티칸 공의회 폐막 10주년과 세계주교대의원회의 제3차 정기 총회 폐막 1주년을 기념하여, 현대인이 쉽게 이해할 수 있는 방법으로 복음을 선포하도록, 복음 선교의 내용, 복음 선교의 방법, 복음 선교의 대상 등을 제시한 교황 바오로 6세의 권고이다)/
Evangelii Præcones, 복음의 전파자들(1951.6.2.).
보다 큰 선교 노력의 요청(비오 11세. 1951.6.2.)/
Evangeliorum testimonium. 복음서들의 증언/
Hypothesis evangelii primitivi. 원초 복음서 설/
iam tum Evangelii non surdus auditor.
그는 복음을 듣고 마는 귀머거리가 아니었다/
In evangelio est Dei regnum Christus ipse.
복음에 있어서 하느님의 나라는 곧 그리스도 자신이다/
integri et incorrupti evangelii.
완전하고 변질되지 않는 복음서/
Nemo me interroget; Evangelium interroga. 아무도 저에게 물어보지 마시고, 복음사가에게 여쭈어 보십시오.
(최익철 신부 옮김. 요한 서간 강해. p.291)/
Omnia autem facio propter evangelium(성경 1코린 9. 23).
나는 복음을 위하여 이 모든 일을 합니다.
Paternum vero Iosephi erga Iesum officium in Evangeliis luculenter proponitur.(⑳ The Gospels clearly describe the fatherly responsibility of Joseph toward Jesus)
복음서들은 예수에 대한 요셉의 부성적 책임을 명확히 묘사한다(1989.8.15. "Redemptoris custos" 중에서)/
Ultimum Evangelium. 끝 복음.

Evangelium ægyptiorum. 이집트 복음서(위경僞經)

Evangelium æternum. 영원한 복음

Evangelium arabicum de Infantia.(시리아어로 55장으로 구성)
아라비아어 유년 시대 복음서(위경).

Evangelium arabum Infantiæ Jesu.
예수의 유년기 아랍 복음서

Evangelium de Infantia Thomæ. 토마스의 유년 복음서

Evangelium de nativitate Mariæ.(위경僞經)
마리아 탄생 복음서(가명 마태오 복음서의 복제판으로 예수 탄생 전까지의 마리아의 생활을 기술한다. 수려한 문장 속에 라틴어 문장을 사용하고 있다.)

Evangelium duodecim Apostolorum. 12사도 복음서(위경)

evangelium et mandatum. 복음과 계명

Evangelium in finem Missæ.(⑳ Ending Gospel.

獨 Schlußevangelium) 끝 복음(福音).

Evangelium Infantiæ secundum Thomam.
토마스에 의한 유년기 복음.

Evangelium Mariæ. 마리아 복음서(그노시스파 계통의 위경으로
3세기 그리스어 원본 두 면이 남아 있다. 현재 맨체스터 요한 도서관 소장).

Evangelium me terret(⑨ The Gospel terrifies me)
복음이 저를 두렵게 합니다.

Evangelium nativitatis et Transitus Mariæ.
마리아 탄생과 세상 하직 복음서.

Evangelium Nazarænorum. 히브리인들의 복음서

Evangelium Nicodemi. 니코데모 복음(=Acta Pilati).

Evangelium Petri. 베드로 복음.(초대교회의 외경 복음서 중 하나로
8세기의 사본으로 그 일부분이 살아남아 있다. 이 사본은 1886~1887년
이집트 카이로에서 발견되었다. 백민관 신부 엮음, 백과사전 3. p.146).

Evangelium revelátum. 계시된 복음.

Evangelium secundum Joannem.(⑨ The Gospel of
Saint John). 요한복음(Κατα Ἰωάννην).

Evangelium secundum Lucam.(⑨ Gospel according
to Lucam) 루카 복음.

Evangelium secundum Marcum.(⑨ The Gospel according
to Saint Mark). 마르코 복음.

Evangelium secundum Matthæum.(⑨ Gospel according
to Matthew) 마태오 복음.

Evangelium Thomæ. 토마스 복음

Evangelium Veritatis. 진리의 복음서(⑨ Gospel of truth)
(이집트에서 발견된 영지주의 작품. 2세기 Valentinus 지음. 정전에 나오는 복음서
와는 전혀 다르며, 영지주의를 바탕으로 그가 조작해 낸 복음서. 여기에는
발렌티누스의 이단에 기초가 되는 '에온설'이 나타나지 않은데, 그것은 아마 그의
이단이 아직 체계화되기 전 초기 작품으로 보임. 이 책은 상실된 것으로 알려져
왔으나 1945년 12월 Nag Hammadi에서 발견되어 본문 전체가 출판되었다).

Evangelium Vitæ, 생명의 복음(1995.3.25. 반포.
생명에 관한 기본권이 짓밟히고 있고 세계 곳곳에서 통탄할 불의와 억압이
더욱 심화되고 있는 오늘날, 교황 요한 바오로 2세의 이 회칙은 인간 생명의 가치
와 불가침성을 분명하고 단호하게 재천명하며, 인간 생명을 존중하고 보호하고
사랑하며 이를 위해 인간 생명에 봉사하는 새로운 문화를 건설하라고 촉구한다).
super crucis arborem evangelium vitæ perficitur.
(⑨ the Gospel of life is brought to fulfilment on the
tree of the Cross) 생명의 복음은 십자 나무 위에서
완성에 이르렀다(1995.3.25. "Evangelium Vitæ" 중에서).

Evangelium vitæ civitati hominum favet.
(⑨ The Gospel of life is for the whole of human society)
생명의 복음은 인간 사회 전체를 위한 것입니다.

Evangelium vitæ non tantum christianos respicit;
omnibus destinatur. 생명의 복음은 비단 믿는 이들만을
위한 것이 아닙니다. 그것은 만인을 위한 것입니다.

Evangelium Vitæ penitus implicatum insidet in Iesu
nuntio. 생명의 복음은 예수님께서 전파하신 메시지의
핵심입니다(1995.3.25. "Evangelium Vitæ" 중에서).

evangelizátio• -ónis, f.
복음선포(⑨ Evangelizátion.獨 Verkündigung),
복음화(⑨ Evangelization.獨 Evangelisierung).

evangelizátio mundi hujus temporis. 현대세계의 복음화

Evangelizatio prima. 일차적 복음화

evangelizátio-sacramentalizátio. 복음화-성사화

evangelizátor, -óris, m. 복음 전파자

evangelízo, -ávi -átum -áre, tr., intr.
복음(기쁜 소식)을 전하다(펴다),
복음을 가르쳐 그리스도교를 믿게 하다.
Ad mundum evangelizandum ante omnia evangelizatores
requiruntur(⑨ What is first needed for the
evangelization of the world are those who will
evangelize) 세계의 복음화를 위하여 가장 먼저 필요한
것은 복음을 전하는 사람들이다/
evangelizare pauperibus. 가난한 사람들의 복음화.

ēvánĭdus, -a, -um, adj. 힘 잃은, 항구력 없는,
단단하지 못한, 잠시의, 사라지는, 소실(消失)되는.

evans = euans, -a, -um, adj.

ēvānui, "ēvanésco"의 단순과거(pf.=perfectum)

ēvăpŏrátĭo, -ónis, f. 기화(氣化), 증발(蒸發), 발산(發散)

ēvăpóro, -ávi -átum -áre, tr. (ex+vapor)
발산(發散)시키다, 증발(蒸發)시키다, 수분을 빼다.

ēvāsi, "evado"의 단순과거(pf.=perfectum)

evásĭo, -ónis, f. 도주(逃走-도망), 사라짐, 탈주(脫走)

ēvāsum, "evado"의 목적분사(sup.=supínum)

evásto, -ávi -átum -áre, tr. (ex+vasto)
멸망시키다, 황폐케 하다, 완전히 파괴해버리다.

evéctĭo, -ónis, f. 들어 올림, 상승(上昇),
국가 교통기관(역마.차량) 사용 허가장(許可狀).
(天) 달의 출차(出差-달이 태양의 영향으로 궤도 운행의 속도가
주기적으로 달라지는 일).

ēvectum, "évĕho"의 목적분사(sup.=supínum)

evéctus, -us, m. 운반(運搬)

évĕho, -véxi -véctum -ère, tr. (ex+veho)
운반(運搬)하다, 실어 나르다, 들어 높이다(올리다);
승진(昇進)시키다, 어떤 지위에 앉히다. 벗어나다.
pass. (말.배 따위를) 타고 나가다, 출항(出航)하다,
앞으로 나아가다, 전진하다, 올라가다; 지나치다,
벗어나다, 정도를 넘다.
evéctus os amnis. 하구(河口)를 벗어나다.

ēvelli, "evéllo"의 단순과거(pf.=perfectum)

evéllo, -vélli(vúlsi) -vúlsum -ère, tr. (ex+vello)
뽑(아 내)다, 빼내다, 캐내다; 쥐어뜯다,
떼어 내다, 잡아채다, 제거하다, 없애버리다.

ēvēni, "evénĭo"의 단순과거(pf.=perfectum)

evénĭo, -véni -véntum -íre, intr. (ex+vénio) 나타나다,
나오다(רבד), (어떻게) 되다, (결과로서) 나타나다,
(어떤 결과를) 가져오다(ןוכ); 이루어지다, 실현되다,
(우연히) 일어나다(רבד),
(רמג.רמא.םוק,) 닥치다, (신상에) 미치다, (누구의) 차지가 되다,
(누구에게) 돌아가다(הנק), (…한 일이) 있다,
일어나다. 생기다, 발생하다, …게 되다.
bene evenio (일 따위가) 잘되다/
évenit, ut… …한 일이 생긴다/
quod ferme évenit. 보통 일어나는 일/
Si quid mihi evéniat(eveníret)
내게 무슨 일이 닥친다면, 내가 만일 죽게 되면/
ut plérumque évenit. 흔히 있는 대로.

ēvéntĭlo, -ávi -átum -áre, tr. (ex+véntilo)
바람을 일으키다, 부채질하다, 키질하다, 흩어뜨리다.

evéntum, -i, n. ((흔히 pl.로)) (우연한) 일,
된(벌어진) 일, 사건, 결과, 결말(結末), 경험한 일,
장차 일어날 일, 역사적 사건(事件.⑨ Events).

eventus, -us, m. (일어난) 일, 사건(事件), 행사,
(짐작하지 못할) 결과(結果), 결말(結末),
숙명(宿命.獨 Geschick), 운명(運命.κλῆρος).
ab imprudentia evéntus. 사건을 몰랐기 때문에/
historicus eventus. 사건으로서의 역사.

Eventus hic inter personas fit: colloquium est.
(⑨ This event is clearly interpersonal in character:
it is a dialogue) 이 사건은 분명히 상호 인격적인 특성을
지닌다. 그것은 대화이다(1988.8.15. "Mulieris dignitatem" 중에서).

eventus rei. 사태(事態)

eventus salutis. ⑨ Sáving events
구원사건[Eventus salvifici(C.C.K.)].

eventus temporalis. 시간적 사건

ēvérbĕro, -ávi -átum -are, tr. (ex+vérbero)
매질하다, 세게 치다, 내려치다, 떨어내다, 자극하다.

ēvérgo, -ère, tr. 쏟다, 쏟다, 붓다(ךפש)
흘리다, 생기게 하다, 발하다, 발행(發行)하다.

ēverri, "evérro"의 단순과거(pf.=perfectum)

everrícŭlum, -i, n. (고기 잡는) 그물, 어망(魚網),
(Verres를 지칭하는 말로서) 약탈자, 수탈자,
일소(一掃-남김없이 모조리 쓸어버림).

evérro, -ri -rsum -ère, tr. (ex+verro)
쓸다, 청소(淸掃)하다, 휩쓸다, 약탈(수탈)하다.

evérsĭo, -ónis, f. 뒤엎음, 넘어뜨림,
전복(顚覆-뒤집어 엎어짐), 붕괴(崩壞), 파괴(破壞)
멸망(滅亡), 축출(逐出-쫓아내. 몰아냄).
De vitiis Romanorum, quos patriæ non correxit eversio.

조국의 멸망도 로마인들의 악덕을 제거하지 못했다.
(교부문헌 총서 17, 신국론. p.2744).

eversio omnium opiniónum. 모든 의견들의 붕괴,
　일체의 의견의 전도(성 염 지음. 사랑만이 진리를 깨닫게 한다. p.317).

evérsor, -óris, m. 넘어뜨리는 자, 전복자, 파괴자

ēvérum, "evérto"의 목적분사(sup.=supínum),
　"evérro"의 목적분사(sup.=supínum)

evérsus¹ -a, -um, p.p. (evérro) 쓸어버린, 일소된

eversus² -a, -um, p.p. (evérto) 뒤엎인, 전복된

ēvérti, "evérto"의 단순과거(pf.=perfectum)

evérto, -verti -vérsum -ĕre, tr. (ex+verto)
　반대쪽으로 돌리다; 뒤집어엎다; 휘젓다, 쓰러뜨리다,
　거꾸로 넘어뜨리다, 무너뜨리다, 전복시키다(הרס),
　파괴하다(חרב), 멸망시키다, 몰락하게 하다, 없어지게 하다,
　(소유한 것을 뺏고) 내쫓다, 몰아내다, 몰수(沒收)하다.
　agris everto *alqm.* 누구의 땅을 빼앗고 내쫓다.

ēverxi, "évého"의 단순과거(pf.=perfectum)

evestigátus -a -um, p.p. 들춰진, 발견된, 탐지된

ēvíci, "evinco"의 단순과거(pf.=perfectum)

evíctĭo, -ónis, f. ((法)) (재판을 통한) 소유권 회복

ēvíctum, "evinco"의 목적분사(sup.=supínum)

evídens, -éntis, adj. (ex+vídeo) 보이는, 나타나는,
　분명한, 명백한, 자명한, 믿을만한, 신빙성 있는.

evidéntĭa, -æ, f. 분명(명백)함, 명료(明瞭).
　(哲) 명증(明證), 자명성(自明性), 직증(直證).
　Evidentiæ contra Durandum.
　　두란두스에 반대하는 증거들(Durandellus 지음).
Evidentia criterium certitudĭnis.
　자명성은 확실성의 기본이다.

evigilátus, -a, -um, p.p. 뜬눈으로 있는, 밤샘하는

evígĭlo, -ávi -átum -áre, intr. 깨다, 눈뜨다,
　깨어 있다, 자지 않다, 전념하다, 몰두하다.
　tr. 밤샘하다, 밤을 새우다(כלה),
　밤새워 쓰다(작성하다), 애써(열심히) 만들다,
　공들여 해내다; 심사숙고(深思熟考)하다.

evigilo libros. 밤새워 책을 쓰다

evigorátus, -a, -um, p.p. (inusit. evigóra) 기운 빠진

evilésco, -lŭi, -ĕre, intr. 천해지다, 가치를 잃다

evíncĭo, -vínxi -vínctum -íre, tr. (ex+víncio)
　둘러 감다, 싸매다, (죄인을) 결박(結縛)하다,
　(죄인을) 묶다(חזק.קטר.רתק.רשׁב,
　אסר.חזק.קטר.רתק.רשׁב).

evínco, -víci -víctum -ĕre, tr. (ex+vinco) 승리하다,
　완전히 이기다, 정복하다, 마음을 움직이게 하다,
　설득하다, (난관 따위를) 극복하다, …보다 우세해 지다,
　성취하다, 해내다, (꼼짝 못하게) 증명하다, 입증하다.
　((法)) (재판을 통해서) 소유권(所有權)을 도로 찾다.
　pass. **evínci** …않을 수 없게 되다, 지고 말다,
　　결국 …하게 되다.

evinco ad miseratiónem. 연민의 정을 갖지 않을 수 없다

evinco in lácrimas. 눈물을 흘리고야 말다

ēvínctum, "evincio"의 목적분사(sup.=supínum)

ēvínxi, "evincio"의 단순과거(pf.=perfectum)

ēvíro, -ávi -átum -áre, tr. (ex+vir)
　거세하다; 유약하게 만들다.

ēvíscĕro, -ávi -átum -áre, tr. (ex+víscera)
　내장을 드러내다, 창자를 꺼내다, 발기다, 발기발기 찢다.

ēvitábĭlis, -e, adj. 피할 수 있는, 면할 만한

evitátĭo, -ónis, f. 모면함, 도피(逃避-도망하여 피함),
　회피(回避-책임을 지지 않고 꾀를 부림).

ēvíto¹ -ávi -átum -áre, tr. (ex+vito) (⑨ shun, avoid)
　피하다, 회피(도피)하다, (모)면하다, 벗어나다.

evito² -ávi -átum -áre, tr. (ex+vita) 생명을 뺏다

evocátĭo, -ónis, f. 불러 냄, 호출, 소환(召喚), 소집,
　군인 징모(徵募-불러 모음), 선동된 동원(動員),
　초혼(招魂-魂을 불러들임), 강신(降神-神을 청하여 내리게 함).
　De evitatione curiosæ inquisitionis super alterius vita.
　　남의 생활에 대해 지나친 관심을 갖고 캐물음을 피함에
　대해서.

evocátor, -óris, m. 불러내는 자; 소집자,
　군인 징모자; (선동하여) 동원시키는 자.

ēvóco, -ávi -átum -áre, tr. (ex+voco) **불러내다(오다)**
　소환하다, 호출하다, 나오게 하다, (죽은 사람을) 불러내다,
　초혼(招魂)하다, **불러일으키다,** 자아내게 하다,
　자아내게 하다, 야기(惹起)시키다, 유발(유치)하다,
　(어떤 상태.결과가) 생기게 하다.
　(軍) 소집하다, 징모(徵募)하다.
　evocáti. 소집된 재향군인들/
　evocatus a Domino. 주님의 부르심을 받고(비문에 사용)/
　iram *alcjs* evoco. 누구의 분노를 유발(誘發)하다.

evoco *alqm* **in lætítiam.** 아무를 기쁘게 하다

evœ, interj. = euhœ (Bacchus神 신도들의 함성) 만세!

ēvŏlo, -ávi -átum -áre, intr. (ex+volo) 날아가다,
　날아서 달아나다, 급히 빠져나가다(나오다), 피하다,
　급히 달아나다, 도망하다, 탈출하다, 튀어나오다,
　사라지다(חגר.חרד), 갑자기 나타나다, 높이 올라가다.

evólsio = **ēvúlsĭo** 잡아 뽑음, 뿌리 뽑음

ēvólsum, "evéllo"의 목적분사(sup.=supínum) =evulsum

ēvolútio, -ónis, f. (두루마리.책 따위를) 펼침,
　독서, 읽음, 전개, 발전, 진전. (生) 진화(進化).
　poëtárum evolutio. 시(詩)를 읽음.

ēvŏlūtĭónísmus, -i, m. 진화론(⑨ evolutionary theory)

evolutionismus logicus. 논리적 진화론

evolutionismus scientificus. 과학적 진화론

ēvŏlūtum, "evolvo"의 목적분사(sup.=supínum)

ēvólvi, "evolvo"의 단순과거(pf.=perfectum)

ēvólvo, -vólvi -volútum -ĕre, tr. (ex+volvo)
　굴려내다, 굴려 가져가다, 멀리 굴려 버리다, 밀쳐버리다,
　떨어뜨리다(חרד,חתר), 몰아내다, 내쫓다(חרד),
　축출(逐出)하다, 떨어뜨리다, (물을) 흘려보내다,
　흘러들게 하다, (소식 따위를) 퍼뜨리다, 유포하다,
　(만 것).접은 것 따위를) **펴다,** 펼치다,
　(얽힌 것을) 풀다, 끄르다, 벗기다, 뺏다, 내놓게 하다,
　구해내다, 탈출시키다, (시간을) 지내 보내다,
　흘러가게 하다, (책을) **펴서 읽다,** 열람(閱覽)하다,
　(끝까지) 짜다(ארג), 길쌈하다, 설명하다, 풀어 나가다,
　자세히 이야기하다, 해명(解明)하다, 털어(쏟아) 놓다,
　숙고하다, 궁리하다, 밝혀내다, 발전(전개) 시키다.
　pass., refl. **se evolvo, evólvi**
　구르다, 굴러 나오다(가다), 구르듯 흐르다, 흘러들다.
　refl. **se evolvo.** 빠져 나오다.
　Ad aures mílitum dicta evolvebántur.
　　군인들의 귀에까지 그 말들이 퍼져나가고 있었다/
　Dies quátuor sunt evolúti. 나흘이나 지나고 말았다/
　evólvere volumen epistulárum 편지뭉치를 펴다.

ēvŏmĭtum, "evŏmo"의 목적분사(sup.=supínum)

évŏmo, -vómŭi -vómĭtum -ĕre, tr.
　게우다, 토하다, 물리치다, 되돌리다,
　내놓다, 쏟아(토해)놓다, (말 따위를) 퍼붓다.

évŏmui, "evŏmo"의 단순과거(pf.=perfectum)

evor… V. ever…

ēvulgátĭo, -ónis, f. 공개, 공표, 대중에게 알림

ēvúlgo, -ávi -átum -áre, tr. (ex+vulgo)
　세상에 퍼뜨리다, 공포(公布)하다.

ēvulsi, "evello"의 단순과거(pf.=perfectum)

ēvúlsĭo(=evólsio) -ónis, f. 잡아 뽑음, 뿌리 뽑음

ēvulsum, "evello"의 목적분사(sup.=supínum)

ex◑(e) praep.cum.abl. (e는 자음 앞에서만 씀)
　I. 장소 부사어 (adverbiále loci) 1. (넓은 의미의 출발점)
　에서(부터), (어디를) 출발하여. exíre ex urbe. 도시에서
　나가다/ exíre ex vitā. 죽다/ ex Asia in Európam. 아시아
　에서 유럽으로/ péndere ex árbore. 나무에 매달려 있다.
　2. (기원.계통.출처.출생) **에서, 에게서, 한테서.** natus ex
　servā. 여종의 몸에서 난 자식/ Cícero ex Arpíno.
　Arpínum 출신 Cicero/ oríginem dúcere(habére) ex …에서
　기원하다, 기원 되어 나오다/ ex te audíre 너한테서 듣다/
　quǽrere ex *alqo.* 아무한테 묻다.

434

Ⅱ. 시간 부사어 (adverbiále témporis) 1. **부터**, 이래로 줄 곳, ex eo die. 그 날부터/ex illo, ex eo. 그 때부터/ ex adolescéntiā. 젊은 시절부터. 2. **…하자 곧**, 후부터 즉시(갑자기): statim e somno. 잠에서 깨어나자 곧/ ex máximo bello 큰 전쟁이 끝난 다음 곧. 3. 전직(前職), 경력이 있는: ex cónsule 전(前) 집정관. 4. (잇따름.계속.반복표시; 흔히 앞뒤에 같은 명사. 대명사를 씀) …**다음**, **뒤에**, 끝에, 에 겹쳐: ótium ex labóre. 수고 뒤에 한가함/ diem ex die exspectáre. 나날이 기다리다/ diem ex die dúcere. 나날을 지내다/ áliud ex álio 하나가 지나면 또 하나.

Ⅲ. 재료 부사어 (adverbiále matério) 1. (원료.재료 표시) …로 **만든**(만들다), …제(製): ánulus ex auro 금반지/ státua ex ære facta. 동상(銅像) ex níhilo. 무로부터. 2. (음식.음료.약재.색깔.맛 따위의 성분.혼합 표시) …**로 만든**, 섞은, …로 조제한: pótio ex absínthio. 쑥차. 3. (구성요소 표시) …**로**(이루어지다, 구성되다) Homo ex ánimā et córpore constat(compósitus est) 사람은 영혼과 육신으로 이루어졌다.

Ⅳ. 그 밖의 부사어. 1. (여럿.전체) **중에서**, …중의, 가운데서: unus ex illis. 그들 중 하나. 2. (원인.이유 .기회.계기 따위) **에서**, 로써, …로 **인해**, 때문에, …의 결과로: ex eádem causā. 같은 이유로서/ laboráre ex dente. 이(齒) 때문에 고생하다, 이를 앓다/ períre ex vulnéribus. 상처들로 인해 죽다. 3. (기준. 근거.비례 따위) **따라**, **대로**, **의해서**, …으로: e suo nómine. 자기 이름을 따라/ et re et ex témpore. 사정과 때에 따라/ et témpore. 불시에, 예고 없이/ ex consuetúdine. 습관에 따라, 관례대로/ ex edícto. 명령에 의해. 4. 분리 부사어 (adverbiále separatiónis): (상태.형편.지위.조건 따위에서의 변화.추이) **에서**, …**로부터**: tranquíllum fácere ex irāto *alci*. 화난 사람에게서 평온을 되찾게 하다/ ex beáto miser. 복되게 지내다가 가련한 신세가 된/ liberáre ex …에서 구출하다. 5. (관점.입장 기타) …**로**, **에서**: ex advérso 반대편에서/ e contra. 반대로/ ex improvíso. 뜻하지 않게도, 갑자기/ ex memóriā 암기로, 보지 않고, 기억을 더듬어서/ ex parte. 부분적으로/ magnā ex parte. 대부분/ e retióne libertátis. 자유라는 점에서.

ex-², prœvérbium(접두사) 합성단어에서 "**안에서 밖으로** .**아래서 위로.본연의 상태에서 벗어남.결여**" 따위의 뜻 및 "**완성.철저히**" 따위의 뜻을 드러내는 접두어로서: 모음과 c, h, p, q, s, t의 자음으로 시작되는 말 앞에서는 ex-로, f 앞에서는 e-로 복합됨, 간혹 예외적인 경우도 있음.

Ex (Ab) abrupto. 갑자기, 준비 없이
ex abundanti. 남아돌아갈 정도로, 필요 이상으로
ex actione Christi. 그리스도의 행위로서
ex æquo. 평등하게
ex ære alieno laboro. 빚에 시달리다
ex æternitate. 영원으로부터(omni æternitate)
ex agris advenerunt. 밭에서 오는 참 이었다
ex alia parte. 다른 한편으로는
ex aliéno largior. 남의 것으로 생색내다
ex aliis causis. 다른 이유로
ex aliqua parte. 부분적으로(partĭatim, adv.), 다소간(aliquid, adv.), 어느 정도(quodammodo, adv.).
ex alto repétere. 처음부터 다시 장황하게 말하다
Ex amicis inimici existunt. 친구들이 원수로 변하다
ex ánimo dícere. 마음에서부터 말하다
Ex ánimo discédit memória.
마음에서(누구에 대한) 기억이 사라진다.
ex ánimo tuo effluo. 네 마음에서 잊히다
ex aperto. 노골적으로(candidule, adv.)
ex arbore prolabor. 나무에 미끄러져 떨어지다
Ex arena funem efficere.(격언)
모래로 밧줄을 꼬다(불가능한 일을 시도하다).
Ex Asiādomum versus. 아시아에서 본국을 향해 출발하다
ex beneficentĭa veniens amor in opera sua.

오로지 호의에서 우러나 당신의 작품에 부어지는 사랑.
ex capitali morbo revalesco. 죽을병에서 살아나다
Ex cathedra. 권위 있게, 설교단의 높이로부터, 성좌 선언.
(교회의 최고 목자로서, 베드로의 후계자로서 교황이 신앙교리와 윤리문제에 대하여 온 세상에 교회의 공식 교리로 선포하는 양식을 말한다. 성좌 선언은 무류하다고 주장한다. 백민관 신부 엮음, 백과사전 1, p.1026).
Ex communiter contingentibus prudens fit præsumptio.(⑨ From what commonly occurs a prudent presumption can be drawn)
흔히 일어나는 일에서 지혜로운 추정이 발생한다.
ex confesso. 토론의 여지없이
ex consilio tuo. 네 충고에 따라
ex consuetudine. 관례대로(sollemniter, adv.), 늘 하던 대로, 습관대로(rite, adv.).
ex(in) continenti.
즉각(confestim, adv.), 즉시, 지체 없이(sine mora)
ex conventu. 협정에 의해서
Ex Corde Ecclesiæ. 교회의 심장부로부터.
(1990.8.15. 가톨릭대학교에 관한 교황령).
Ex Deo nascimur, in Jesu morimur, per Spiritum reviviscimus. 하느님에게서 태어나, 예수 안에서 죽으니, 성령에 의해 새로 태어나도다.
Ex Deo non est peccatum.
죄는 하느님으로부터 오지 않습니다.
ex destináto. 고의로
ex divérso.
반대(상대)편에서, 적군 측에서, 각각 다른 곳에서부터.
ex duobus fillius(=duorum filiorum) **major natu**.
두 아들 중에 큰 놈.
ex edito monte cuncta prospicio.
높은 산에서 전체를 내려다보다.
ex eo die. 그 날부터
ex eo témpore. 그때부터
ex eodem patre natua. 같은 아버지에게서 난 아들
ex gubernatione rerum. 사물들의 통치에서부터
ex hoc die. 오늘부터
Ex hoc fit ut fiat in te quod sequitur.(요한 서간 강해, p.445).
이렇게 하면 그대 안에서 이어지는 말씀이 이루어집니다.
ex hominum institutione. 인간의 제도로부터
ex humili loco. 천한 가문에서
ex igni atque ánima temperátus. 불과 기(氣)로 배합된
ex illo, ex eo. 그 때부터
ex illo (témpore) 그 때부터
Ex imbribus aqua perpluit. 소나기로 물이 샌다.
ex imo péctore.
가슴속에서 (우러나오는), 가슴속으로부터, 진정으로.
ex improvíso. 갑자기
ex industria. 계획적으로, 고의로(consulte, adv.), 일부러(de improviso).
ex inferióre loco dícere. (법정) 단하(壇下)에서 변론하다.
ex informata conscientia. 양심상 아는
ex ínope dives factus. 가난뱅이에서 부자가 된 사람
ex inopináto. 뜻밖에(ex insperáto), 불시에.
Ex insídiis erípior et érúpit. 나는 모략에서 빠져나온다.
ex insperáto. 뜻밖에
ex institúto. 계약대로
ex íntegro.(integer 참조) 다시(πάλιν), 새로이(A novo), 온전히 새로이, 처음부터 다시.
ex intervallo. 얼마 지나서, 잠시 후에(exiguo post)
ex ipsius facto cœpit esse fatale.
본인의 행위에 의해 운명적인 것이 존재하기 시작했다.
ex ipso et in ipso et ad ipsum.
그분으로부터 그분 안에서 그리고 그분에게.
Ex iis quæsivi quid mallent.
그자들이 무엇을 더 바라는지 그들에게 내가 물었다.
ex justa causa. 정당한 이유
ex lætitĭa ad luctum recido. 기쁨에서 슬픔으로 전락하다
ex longinquo. 멀리서(eminus, adv.)
ex magnā(máximā) **parte**. 대부분

ex malis eligo mínima.
여러 악 중에서 최소의 악을 택하다.
ex Mária virgine Dei genitrice secundum humanitatem.
인성으로는 천주의 모친 동정녀 마리아에게서 나셨다(DS 301).
ex maximo bello. 큰 전쟁이 끝난 다음 곧
Ex me doluísti. 너는 나 때문에 고통을 당하였다
ex memóriã. 암기로, 보지 않고, 기억을 더듬어서
ex merito. 공덕으로 보아 당연히
ex meo rure. 나의 시골집으로부터
ex monte emanáre. 산(속)에서 흘러나오다
ex morbo convalescere. 앓다가 건강이 회복되다
ex natura lege. 자연 법칙상
ex natura potentiæ 가능태의 본성으로부터
ex natura rei. 본성적으로, 사물의 본성으로부터
ex natúra sua. 자기 본성대로, 자기 본성에서
ex navi effero. 배에서 (짐을) 부리다
ex necessitáte. 필요에 의하여
ex necopináto. 뜻밖에, 갑자기
ex nihilo. 무(無)로부터, 무에서부터
ex nihilo aliquid facere. 무로부터 어떤 것을 만드는 것
Ex nihilo nihil fit. 무에서는 아무 것도 나오지 않는다.
무에서는 아무 것도 이루어지지 않는다.
Ex nihilo omne ens qua ens fit.(하이데거)
무로부터 모든 존재자는 존재자로서 생성된다.
ex nihilo sui et subjecti. 무에서 유(有)를 이끌어 낸다
ex nomine suo. 자기 이름을 따라
Ex nudo pacto non oritur actio.
단순 합의는 소권(訴權)이 발생하지 않는다.
ex offico. 직책상, 직권상
ex ómnibus Affictionibus. (몹시 아픈 마음으로)
교황 비오 5세(1566~1572)의 대칙서[1567년 10월 벨기에 Louvain
대학교 신학대학 교수 Michel Baius(1513~1589)의 자연과 초자연, 자유,
원죄에 관한 교설을 단죄한 대칙서. 백민관 신부 엮음, 백과사전 1, p.1027].
ex ómnium senténtia. 모든 이의 의견(뜻)을 따라
ex opere Christi. 그리스도의 행위에 의해서
ex opere operántis. (神) 인효효론으로, 인효론(성)
인효효(人效的), 엑스 오페레 오페라토.
(성사가 지닌 유효적 성질 또는 인효론을 의미하는 신학용어).
ex opere operato. 사효론(事效論), 사효성(事效性),
자효적(自效的). ad instar operis operati. 준자효적.
Ex ore tue te judico, serve nequam.
네 말대로 너를 심판하리라.
ex pári 같은 입장에서
ex parte. 부분적으로 / magnã ex parte. 대부분.
ex parte assuméntis. 수용하는 쪽
ex parte assumpti. 수용 당한 쪽, 수용하는 쪽
ex privilegio fidei. 신앙의 특전으로
ex professo. 전문자격으로, 직업적으로,
공공연하게(coram populo), 솔직하게, 적임자로서.
ex propinquo 가까이서
ex proximo 아주 가까이에서
Ex quibus requíram, quonam modo latúerint.
나는 그들에게 어떻게 숨었는지 알아보겠다.
ex quo …한 이래, …후부터, …때부터, …한지.
[주문의 사실이 성립되는 시간의 시작을 표시하기 위해서는
ex quo(=ex quo témpore), cum(드물게 ut) 등의 접속법을 쓴다].
Quinque anni sunt, ex quo (또는 cum) te non vidi.
내가 너를 못 본지(못 본때부터) 5년 된다/
Véniet twmpus, quale non fuit, ex quo gentes esse
cœpérunt, usque ad illud. 백성들이 있기 시작한 때부터
그때까지 없었던 그러한 시대가 올 것이다.
ex quo nobis fiet panis vitæ. 생명의 양식이 되게 하소서,
이것이 저희에게 생명의 빵이 되게 하소서.
ex quo nobis fiet potus spiritalis. 구원의 음료가 되게
하소서, 이것이 저희에게 신령한 음료가 되게 하소서.
Ex quo numero incipiam?
어떤 종류의 사람부터 시작할까?
Ex quo singulari. (어떤 특별한 …에서)
교황 베네딕도 14세의 대칙서(중국예식을 따르지 않고 교황청의 명을
따르겠다는 선서를 중국에서 활동하는 선교사에게 요구한 대칙서).

ex rationis inquisitione. 이성적 탐구
ex re decerpo fructus. 일에서 이득을 얻다
ex re et ex tempore. 사정과 때에 따라
ex senténtia. 다행스럽게(prospere cedo. 다행스럽게 되다),
소원대로(optato, adv.), 순조롭게(secunde, adv.).
ex sese et non ex consensu Ecclesiæ.
교회의 동의가 아니라 그 자신에 의해서.
ex sextante heres. 전체 유산의 1/6을 받는 상속자
ex silvis propugno. 숲 속에서 튀어나와 싸우다
Ex studiis gaudium provenit. 노력에서 기쁨이 나온다
ex summo se permitto. 꼭대기에서 뛰어내리다
ex superioribus locis prospicio.
높은 곳에서 도시를 바라보다.
ex tempore. 그때그때, 곧(εὐθέως.εἰθὺς, e vestigio).
그 자리에서, 예고 없이, 즉석에(illico=ilico), adv..
ex terminis notæ. 개념으로부터 알려진 명제들
ex toto(=omníno) 전혀(in toto)
ex toto corde. 온 마음을 다해
Ex tua re non est, ut emoriar.
내가 죽어 버리는 것이 너한테 이로울 것 없다.
Ex turpi causa non oritur actio.
불륜한 원인으로부터는 소권이 발생하지 않는다.
ex una parte. 한편으로는(ex alia parte. 다른 한편으로는)
Ex uno non provenit nisi unum. 일자에서는 오직
그 자체가 하나인 것만이 발생할 수 있다.
ex urbe péllere. 도시에서 내쫓다
ex urbe venit. 그는 도시에서 왔다
Ex usu est prœlium committi. 전투하는 것이 유리하다
ex vino vacillo. 술에 취하여 비틀거리다
ex virtute Christi. 그리스도의 힘으로써
ex vitã discedo. 죽다
ex voto. '서약에 따른', 서약 봉헌물, 밀초, 제단, 장식 등
exacerbátio, -ónis, f. 덧높임, 쓰라리게 함.
분격(憤激-매우 노엽고 분하여 크게 성을 냄. 격분激憤) 시킴.
exacérbo, -ávi -átum -áre, tr. 화나게 하다, 덧높이다,
자극하다, (병.고통.감정 따위를) 격화시키다,
악화시키다, 몹시 고통스럽게 하다, 쓰라리게 하다,
가혹(苛酷-매우 모질고 독함) 하게 하다.
exáctio, -ónis, f. 추방(追放.תחוח), 제거(除去),
강청(强請), 강요, 부당한 요구, (세금) 징수(徵收),
(빚 따위를) 받아냄, 과업(청부)에 대한 감독.독려(督勵),
완성(ロ?w.⑨ Consummátion/Fullness), 준공(竣工).
exactis sideribus. 지나간 며칠 밤에
exáctor, -óris, m. 제거자(除去者), 추방자(追放者)
구제자(驅除者), 수행자(遂行者), 완수자(完遂者),
징세관(徵稅官), 강제 징수자(强制 徵收者),
빚 받아 내는 사람, 독려자(督勵者), 감독자(監督者).
exagitátor, -óris, m. 끈질긴 징수자.
exáctrix, -ícis, f. 재촉하는 여자, 강청하는 여자
exactum, "exigio"의 단순과거(pf.=perfectum)
exáctus¹ -a, -um, p.p., a.p. 이루어진, 지나간, 완료된,
완성된, 결정된, 정확한, 적확한, 틀림없는, 엄밀한,
정밀한, 면밀한, 완벽한, futurum exactum. 미래완료.
exáctus² -us, m. 매각(賣却-팔아 버림)
exacutio, -ónis, f. 연마(硏磨-갈고 닦음)
exácui, "exácŭo"의 단순과거(pf.=perfectum)
exácŭo, -ŭi - útum, -ěre, tr. (ex+ácŭo) 뾰족하게 하다,
날카롭게 갈다, 날 세우다; 연마(鍊磨)하다,
자극(刺戟)하다, 예민해지게 하다, 분기(分岐)시키다.
고무(鼓舞)하다, 강렬해지게 하다.
exacútĭo, -ónis, f. 예리하게 함, 연마(鍊磨)
exadversum(=exadversus) adv. 마주, 맞서, 맞은편에.
p.prœp. c. acc. 맞은편에, 대고.
exædificátio, -ónis, f. 건축, 건설; 완공, 준공(竣工),
완성(ロ?w.⑨ Consummátion/Fullness), 연설의 구성.
exædífico, -ávi -átum -áre, tr. 건설하다(רבנ),
건축하다, 완공(준공)하다, 완성하다(בבל.זמר),
마치다, (alqm ex abl.) 집에서 내쫓다.

exæquátĭo, -ónis, f. 균등(均等), 대등(對等), 동등(同等),
  등분(等分), 양쪽을 같게 함.
exǽquo, -ávi -átum -áre, tr. 평평하게 만들다,
  같은 수중에 이르게 하다, 같아지게 하다.
  동등(균등)하게 하다, 대등하게 하다, 동렬(同列)에 두다,
  상대가 되게(필적하게) 하다, 견주다, 관련시키다,
  같이 나누다, 동등(대등)하다, 필적(匹敵)하다.
  exæquáto perículo. 위험을 같이 나누고.
exærésĭmus, -a, -um, adj. 생략될 수 있는, 빼도 좋은.
  dies exærésĭmus. 윤일(閏日).
exǽstŭo, -ávi -átum -áre, tr. 분출하다, 내뿜다,
  intr. 끓어오르다, 비등(沸騰)하다, 뜨거워지다,
  작렬(炸裂-터져서 산산이 퍼짐)하다, 더위에 고생하다,
  신경이 곤두서 있다, 몹시 흥분(興奮)하다.
exǽvĭo = exsǽvĭo 진정하다, 가라앉다
exaggerátĭo, -ónis, f. 흙을 쌓아 올림, 퇴적(堆積),
  고양(高揚), 기고만장(氣高萬丈), 과장(誇張).
exággĕro, -ávi -átum -áre, tr. 흙을 쌓아올리다,
  돋구다, 메워 올리다, 부피를 크게 하다, 증가시키다,
  불리다, 늘리다, 확대하다, 과장하다, 치켜 높이다.
exagitátor, -óris, m.
  끝까지 따라 다니는 자, 끈질긴 징수자, 추적자.
exágĭto, -ávi -átum -áre, tr. 몰다, 몰아내다,
  내쫓다(ггл), 뒤흔들다, 흔들어대다, 동요시키다,
  일으키다, 끈질기게 따라다니다, 뒤쫓다,
  몹시 귀찮게 굴다, 괴롭히다, 시달리게 하다, 들볶다,
  못살게 굴다(гтл), 헐뜯다, 나무라다, 비난하다,
  혹평(酷評)하다, 자극하다, 선동하다, 흥분(興奮)시키다.
exágĭum, -i, n. 계량(計量-분량이나 무게 따위를 잼)
exagóga, -æ, f. 반출(搬出-운반하여 냄)
exagoga, -æ, (=exagoge, -es,) f. 수출, 반출(搬出)
exalbésco, -bŭi, -ĕre, intr.
  희어지다, 창백해지다, 파랗게 질리다.
exaltátĭo, -ónis, f. 높임(⑨ Lifting up), 숭고하게 함,
  드높임(⑨ Lifting up), 현양(顯揚.獨 Verherrlichung-
  이름이나 공적 따위를 드러내어 드날림), 선양(宣揚-널리 떨침),
  찬양(εὐλογια.רקדτ.讚揚.⑨ Praise),
  격찬(激讚-매우 칭찬함), 뽐냄, 우쭐함(교만驕慢).
exaltátĭo Crucis.(⑨ Trium of the Cross.
  獨 Kreuzerhöhung) 십자가 현양 축일(축일 9월 14일).
exaltavit, 원형 exálto, exaltávi, exaltátum, exaltáre,
  [직설법 현재완료. 단수 1인칭 exaltavi, 2인칭 exaltavisti, 3인칭 exaltavit,
  복수 1인칭 exaltavimus, 2인칭 exaltavistis, 3인칭 exaltaverunt]
  Depósuit poténtes de séde, * et exaltávit húmiles.
  권세 있는 자를 자리에서 내치시고 미천한 이를 끌어 올리셨도다.
exálto, exaltávi, exaltátum, exaltáre, tr. (ex+altus⁹)
  높이다, (추어) 올리다(гтл.пл), 치키다, 길게 하다,
  현양(顯揚.獨 Verherrlichung)하다, 높여 주다.
exálto fossam. 도랑을 깊이 파다
exáltus, -a, -um, adj. (altus⁹) 아주 높은
exalūmĭnátus, -a, -um, adj. 명반(明礬) 색의
exámen, -mĭnis, n. (ex+ago) 벌 떼, 떼,
  군중(群衆.ὄχλος.πλήθος), (동물.사람의) 무리,
  저울의 지침(指針), 조사(調査), 검사(檢査), 찰고(察考),
  시험(試驗), 심사, 심문(審問), 재판, 규명(糾明),
  성찰(⑨ Reflection/examinátĭon of conscience).
  De examine vespertino. 저녁 성찰에 대하여.
examen consciéntiæ(⑨ examinátĭon of conscience).
  양심성찰.
examen generale. 전반 성찰, 일일 성찰, 일반적 조사
examen in scripto. 필기시험(筆記試驗)
examen particulare. 특별 성찰, 부분 성찰, 개인 성찰
examen speciale. 특수한 조사
examen sponsorum.(獨 Brautgespräch)
  혼인 전 찰고(察考), 혼인 상담.
examen testium. 증인 심문(證人 審問)
examinate, adv.
  두루 살펴서, 신중하게, 용의주도하게, 주의 깊게.

examinátĭo, -ónis, f. 저울에 무게를 달아 봄,
  계량(計量), 검사(檢査), 조사(調査), 심사(審査),
  시험(試驗), 고사(考査), 검토(檢討), 고찰(考察),
  음미(吟味); 검진(檢診), 진찰(診察).
examinátor, -óris, m.
  저울질하는 사람, 검사자(檢査者), 시험관(試驗官).
  examinatores synodales. 교구의 신학 시험 위원(사목활동
  자격을 시험하는 주교 임명의 시험관. 1917년 교회법 제385조에 규정되어
  있었으나 1983년 교회법에서 폐기되었다. 백민관 신부 엮음, 백과사전 1, p.1027).
examinátrix, -ícis, f. 검사하는 여자, 여성 시험관
examinátus, -a, -um, p.p., a.p. 시험 거친, 두루 살핀,
  면밀한, 정확한. adv. examinate.
exámĭno, -ávi -átum -áre, intr. (벌들이) 분봉(分蜂)하다,
  tr. 저울에 달다, 무게를 달아보다, 조사(심사)하다,
  검사(검열)하다, 심문하다; 시험하다(ιιτλ.ιιιλ),
  검토하다, 고찰하다, 음미하다, (가) 성찰(省察)하다.
examússim, adv. (ex+amússis)
  정확히, 엄밀하게, 조금도 틀림없이, 꼭.
exánclo, -ávi -átum -áre, tr. (=exántlo)
  다 퍼내다, (그릇을) 비우다, 견디 내다.
exángŭis = exsángŭis 기절한, 창백한, 맥 못 추는
exanimális, -e, adj.
  죽은, 치명적인, 죽게 하는, 죽을 지경의.
exanimátĭo, -ónis, f. 숨 막힘, 질식(窒息-숨이 막힘),
  기절(氣絶), 공포(⑨ terror.獨 die Furcht),
  소름끼치는 무서움.
exánĭmis, -e, (=exanimus, -a, -um,) adj. (ex+ánima)
  기절한, 실신한, 혼이 나간; 죽은(νεκρός), 공포에 질린,
  몹시 놀란, 긴답이 서늘해진, 대경실색(大驚失色)한,
  파랗게 질린, 핏기가 가신.
exánĭmo, -ávi -átum -áre, tr. (ex+ánima)
  바람을 빼다, 숨차게(가쁘게)하다, 헐떡거리게 하다,
  숨 막히게 하다; 기절(氣節)하게 하다, 목숨을 뺏다,
  죽게 하다, 공포에 질리게 하다, 대경실색케 하다,
  긴답을 서늘하게 하다, 마음 아파 못 견디게 하다,
  기막힌 고통(苦痛)을 주다, 힘없게 만들다.
  (흔히 pass.) gravi vúlnere exanimári. 중상으로 죽다.
  hoc eris exanimatus, quod eras antequam esses
  animatus. 너는 네가 혼을 받기 전에 있었던, 혼(魂)
  없는 존재가 되리라.(교부문헌 총서 17. 신국론, p.2353).
exanthéma, -átis, n. (醫) 발진(發疹), 피진(皮疹)
exántlo, -ávi -átum -áre, tr. 바닥까지 퍼내다,
  길어내다, (그릇 따위를) 비우다, 바닥나게 하다,
  뽑아내다, 견뎌내다, 참다, 당해내다, 배기다.
exapérĭo, -íre, tr. 활짝 열다, (매듭 따위를) 풀다
Exapostilarion. (그리스어)
  '내보내다', 동방교회 새벽기도 끝기도.
  (서방교회 Ite missa est에 해당. 백민관 신부 엮음, 백과사전 1, p.1027).
exarcha. 준교구장 주교(동방교회)-천주교 용어집, p.25
exarchátus, -us, m. (동로마 제국의) 태수직(太守職),
  총독직(總督職); 그 관할구역, 태수 주교의 직.교구.
exarchia. 준(準) 교구(동방교회)
exárchus, -i, m. (동로마 제국의) 태수 총독,
  태수(太守) 주교. 수좌(首座) 주교(⑨ exarch).
exardésco, -ársi, -ársum, -ĕre, intr., inch.
  (ex+ardésco, árdeo) 불붙다(타다), 발화되다,
  열나기 시작하다, (어떤 감정에) 불타다, 간절해지다,
  격분하다, …에 마음이 부풀다, 불타오르다,
  (감정.사건 따위가) 일어나다, 격렬해지다.
  Exársit iracúndiā. 그는 화가 몹시 치밀었다.
Exardesco ad spem libertátis.
  자유에 대한 희망에 부풀다.
exarefío, -fáctus sum, -fíeri, anom., intr.
  마르다, 말라 버리다.
exarésco, -rŭi, -ĕre, intr. 마르다, 말라 버리다. 고갈하다
exarmátĭo, -ónis, f. 군비철폐(軍備撤廢), 무장해제
exármo, -ávi -átum -áre, tr. (ex+armo)
  무장해제(武裝解除) 시키다, 군비를 철폐(撤廢)하다,
  배의 의장(艤裝)을 해제하다, 배의 장비를 제거하다.

약하게 만들다, 세력을 제거(除去)하다.

éxăro, -ávi -átum -áre, tr. (ex+aro)
(땅을) 갈아 넘기다, 파 일구다, 파 뒤집다,
파내려(땅), 경작하다, 밭을 가꾸다, 재배하다,
농작물을 재배하여 수확하다, 결실을 거두다,
주름살이 지게 하다, 글을 쓰다; (서류 따위를) 작성하다.

exarsi, "exardésco"의 단순과거(pf.=perfectum)

exarticulátĭo, -ónis, f. (醫) 관절을 뺌, 탈골(奪骨)
(醫) 탈구(脫臼-빠다다가 집질리어 어긋남, 뺌).

exárui, "exarésco"의 단순과거(pf.=perfectum)

exáscĭo, -átum -áre, tr. 도끼(자귀)로 깎다(다듬다)

exasperátĭo, -ónis, f. 조잡(粗雜), 자극시킴, 격분시킴

exáspĕro, -ávi -átum -áre, tr. (ex+aspero)
거칠게 만들다, 울퉁불퉁하게 하다, 더치게 하다,
덧들이다, 악화시키다, 자극하다, 신경을 건드리다,
화나게 하다, 분통이 터지게 하다, 날카롭게 갈다, 버리다.

exauctóro, -ávi -átum -áre, tr. 제대시키다, 해임하다.
se exauctóro. 제대하다.

exáudi, 원형 exáudĭo, -ívi -ítum -íre, tr. (ex+áudio)
[명령법 단수 2인칭 exaudi, 복수 2인칭 exaudite].
Exaudi, Deus. væ peccatis hominum!(고백록 1.7,11)
천주여 들으소서, 앙화로다, 사람의 죄악이여!

Exaudi nos(@ Hear us)
Exáudi nos, Dómine sancte, Pater omnípotens,
ætérne Deus: et míttere dignéris sanctum Ángelum
tuum de cælis; qui custódiat, fóveat, prótegat,
vísitet, atque deféndat omnes habitántes in hoc
habitáculo. Per Christum Dóminum nostrum. Amen.
전능하시고 영원하신 천주 성부, 거룩하신 주님, 저희의
기도를 들어주시고, 하늘로부터 당신의 거룩한 천사를
보내시어, 이 집에 머무는 모든 이들을 지켜주시고
품으시고 보호하시고 심방(尋訪)하시어 호위하게 하소서.
우리 주 그리스도를 통하여 비나이다. 아멘.

Exáudi nos, miséricors Deus: et méntibus nostris
grátiæ tuæ lumen osténde.
자비하신 천주님, 천주 대전에 저희의 기도를 들어 허락
하시어, 주님 성총의 빛으로 저희 영신을 비추소서.

exáudĭo, -ívi -ítum -íre, tr. (ex+áudio) 잘 듣다,
정확히 듣다, 끝까지 듣다, 요청을 들어주다, 청허(聽許)하다.

exaudítĭo, -ónis, f. 청을 들어 줌, 청허(聽許)
Sed discernamus exauditiones Dei.
그러나 하느님께서 들어주시는 것들을 식별해야 합니다.

exáugĕo, -ére, tr. (ex+áugeo) 증가시키다, 많이 불리다

exaugurátĭo, -ónis, f. 성역폐지(聖域廢止),
세속화(@ seculárizátĭon), 신성 모독(חלל.@ Blasphemy).

exáugŭro, -ávi -átum -áre, tr. (ex+áuguro)
속되게 하다, 신성(神聖)한 것을 더럽히다.

exáuspĭco, -ávi -átum -áre, intr. 어떤 것으로 점치다

exballísto, -áre, tr. (ex+ballísta)
투석기(投石器)로 쏴서 넘어뜨리다.

excæcátĭo, -ónis, f. 눈멀게 함.
((神)) (초자연적 조명에 의한) 현혹(眩惑).

excæcátor, -óris, m. 눈멀게 하는 자

excǽco, -ávi -átum -áre, tr. (ex+cæco)
눈멀게 하다; 현혹(眩惑)시키다, 물구멍을 막다.
Ut dives sit? quid, si ipsis divitiis excæcabitur?
그가 부자가 되게 하려는 것입니까? 그 재산으로 눈이
멀어버린다면 무슨 소용이 있겠습니까?(요한 서간 강해, p.367).

excálcĕo, -ávi -átum -áre, tr. (ex+cálceus)
신 벗기다, 신 벗다, 발 벗다.

excáldo, -ávi -átum -áre, tr. (caldus)
더운물로 씻다(목욕하다).

excal(e)fácĭo, -féci -fáctum -cĕre, tr.
덥히다, 뜨겁게 하다, 열을 가(加)하다(חלל).
pass. **excalfío**, -fáctus -fíeri. 더워지다, 뜨거워지다.

excalfáctĭo, -ónis, f. 데움, 뜨겁게 함

excalfactórĭus, -a, -um, adj. 덥게 하는, 뜨겁게 하는

excandescéntĭa, -æ, f.

발끈함, 불끈함, 성미 급함, 성 잘 내는 기질(氣質).

excandésco, -dŭi, -ĕre, intr. (ex+cándeo) 벌겋게 달다,
불붙다, 불끈(발끈)하다, 격노하다, 격앙(激昻)하다.

excandui, "excandésco"의 단순과거(pf.=perfectum)

excánto, -ávi -átum -áre, tr. (ex+canto)
주문을 외워 불러내다(내보내다).

excardinátĭo, -ónis, f. 성직자의 교구 이전.이적.
교구 제적(敎區除籍.@ excardinátĭon).

excardíno, -ávi -átum -áre, tr. 이적(移籍)시키다,
(다른 교구에 입적할 수 있도록) 성직자에게 자기
교구에서 제적 증명을 해주다.

excarnífico, -ávi -átum -áre, tr. 찢어 죽이다,
살을 찢다(에다.헤어지게 하다), 고문하다, 고통 주다.

excavátĭo, -ónis, f. 구멍 뚫음, 도려 냄; 발굴, 구멍, 파인 곳

excávo, -ávi -átum -áre, tr. (ex+cavus)
속을 파내다, 움푹하게 하다, 도려내다; 구멍을 뚫다.

excédo, -céssi -céssum -ĕre, (ex+cedo) intr. 나가다,
물러가다(ἀνεχωρείν), **떠나다, 죽다, 없어지다,**
사라지다(חלף.חלל), 나아가다, 비죽이 내밀다.
퉁겨 저 나오다; 벗어나다, (본론에서) 떠나다,
일탈(逸脫)하다, (다른 데로) 넘어가다, 지나다,
(시간이) 경과하다, (시기를) 넘기다, 지내다, 보내다,
마치다, …(하기)에 이르다, …로 끝나다(번지다),
한계를 벗어나다, 지나치다, 초과하다, 두드러지다.
Clades magnitúdine excéssit.
그 재난(패전)은 두드러지게 큰 것 이었다/
Cura ex corde excéssit. 걱정거리가 마음에서 없어졌다/
e médio excédere(abíre) 죽다/
ex e memória. 기억에서 사라지다/
ex púeris excedo. 소년시대를 넘기다/
Milites saucii pugna excedebant. 부상당한 병사들은
전쟁터에서 물러섰다.[분리. 제거. 결여. 박탈. 면제. 부재. 혹은 단념을
뜻하는 동사는 전치사 ab, ex와 함께, 혹은 전치사 없이 탈격을 취한다].
tr. 떠나다, (수량.범위.한도 따위를) 넘다, 초과하다,
지나치다, (기한.시기 따위를) 넘기다,
(힘에) 부치다(겹다), 능가하다, 월등하다, 뛰어나다.
modum excedo. 과도하게 하다.

excéllens, -éntis, p.prœs., a.p.
높은, 솟은, 높은, 월등한, 탁월한, 우수한, 훌륭한, 고귀한.

excellens principium. 탁월한 근원

excellenter, adv. 탁월하게

excelléntĭa, -æ, f. 우위(優位), 고위(高位), 탁월(卓越),
우수(優秀), 고상(高尙-인품이나 학문 정도가 높으며 품위가 있음)
각하(閣下, 장관.대사.사절.주교에 대한 존칭).
Excelléntissimus ac Reverendíssimus dominus.
지극히 존귀하신 주교 각하.

excellentia hominis. 인간의 탁월성

excellentia omnium simpliciter perfectione.
(ἡ ὑπεροχὴ τού πάντων ἁπλῶς ἀπολυμένου)
순수 완전성에 있어 모든 것 중 탁월함.

excellentiori modo. 더 탁월한 양태로.

modo excellentiori omnibus rebus.
모든 사물들보다 훨씬 탁월한 양태로.

excéllĕo, -ŭi, -ére = **excéllo**

excelli, "excéllo"의 단순과거(pf.=perfectum) = **excellui**

excéllo, -céllŭi, -célsum, -ĕre, intr. (ex+cello)
두드러지다, 뛰어나다, 탁월하다, 출중하다, 높이 있다.
Excellebat Aristides abstinentia. 아리스티데스는 절제에
있어 탁월하였다.[제한 탈격abulativus termini은 동사나 형용사로
상황을 평가하는 탈격이다.

excellui, "excéllo"의 단순과거(pf.=perfectum)

excélsĭtas, -átis, f. 높음, 높이, 고도(高度);
고지(高地), 탁월(卓越), 우수성, 고상(高尙)함.

excelsum, -i, n. 높은 곳, 우뚝 솟아 있는 곳.
높은 지위, 우수함, pl. 고조(高潮), 홍수, 하늘.
Excelsa(@ High Places.프 Hauts lieux) 산당, 신당.

excélsus, -a, -um, p.p., a.p. 높은, 드높은, 우뚝 솟은,
두드러진, 고귀한, 고상한, 고결한, 숭고한, 위대한,

(장관 기타 고위 인사에게 붙이는 존칭 형용사).
in domum excélsam. 드높은 집으로(다른 대명사나 형용사를
  부가어로 가졌을 때에는 대격 앞에 전치사 "in"을 놓는다)/
gradus magnus et excélsus.
  위대하고 고귀한 직급(히롤리로가 "부제직"을 표현).
excélsus præféctus prætório. 근위대 사령관 각하
excépi, "excípio"의 단순과거(pf.=perfectum)
exceptáculum, -i, n. 받아들이는 기관
excéptio, -ónis, f. 예외(例外), 예외 규정(사항),
  제외(⑨ Exclusion), 빼놓음, 제외 약관(約款), 조건.
  (法) 이의, 이의신청(異議申請), 항변(抗辯-항거하여 변론함).
cum exceptióne. 제외하고, 빼놓고, 예외로 하여/
exceptiónes dilatóriæ. 연기적 항변
  (청구권의 행사를 일시적으로 저지하는 이의권으로 그 일시적 사유가
  소멸된 후에는 더 이상 청구권 행사를 저지할 수 없다)/
omni exceptióne major. 모든 이의(異議)를 초월하는/
sine(ulla) exceptióne. 어떤 예외도 없이, 무조건, 무제한.
exceptio dilatória. 연기적 항변(延期的 抗辯)
exceptio incompetentiæ. 관할권(管轄權)에 대한 항변
exceptio peremptoria. 소멸적 항변(消滅的 抗辯)
exceptio peremptoria facti. 사실의 소멸적(消滅的) 항변
exceptio peremptoria litis finitæ.
  소송 종결의 소멸적 항변(消滅的 抗辯)
Exceptio probat regulam. 예외는 규칙이 있는 증거이다
exceptio soluti. 채무(債務) 변제의 항변(抗辯)
exceptio suspicionis. 불신임(不信任)의 항변
exceptio usucapti. 시효 취득의 항변(時效 取得 抗辯)
exceptionális, -e, adj. 각별한, 이례(異例)의, 예외적인
exceptiúncula, -æ, f. 조그마한 예외, 대단치 않은 조건
excépto, -ávi -átum -áre, freq., tr. 받아들이다.
  수용(受容)하다, 맞아들이다, 거둬들이다,
  (코로) 들이쉬다, (공기 따위를) 들이마시다.
exceptórium, -i, n. 용기(容器)
exceptum, "excípio"의 목적분사(sup.=supínum)
excérebro, -átum -áre, tr. (ex+cérebrum)
  골을(뇌수를) 빼내다, 무감각하게 만들다.
excérno, -crévi -crétum -ère, tr. (ex+cerno)
  갈라놓다, 따로 떼어놓다, 골라내다, 가려내다,
  채로 치다, 키질하다, 엄선하다, 배설하다.
excérpo, -psi -ptum -ère, tr. (ex+carpo) 뽑아내다,
  뜯어내다, 골라내다, 골라 모아 놓다, 가려내다,
  정선(精選)하다, 발췌하다, 제거(除去)하다, 분리하다.
excerpsi, "excérpo"의 단순과거(pf.=perfectum)
excérpta, -órum, n., pl. 발췌(拔萃), 선집(選集),
excérpta ex Theodoto. 테오도투스 저서 발췌
excérptim, adv. 가려서, 정선(精選)하여
excérptĭo, -ónis, f. 발췌(拔萃), 발초(拔抄)
excerptum, "excérpo"의 목적분사(sup.=supínum)
excessa ad exedens. 출중한 사물(Scotus)
excessi, "excédo"의 단순과거(pf.=perfectum)
excessívus, -a, -um, adj. 과다한, 과도의, 엄청난
excessum, "excédo"의 목적분사(sup.=supínum)
excéssus, -us, m. 퇴거(退去), 출발(出發), 이별(離別),
  사거(死去-죽어서 세상을 떠남), 죽음(חוֹ,θάνατος,⑨ Death),
  지나침, 과잉(過剩), 과다(過多), 초과(超過),
  탈선(脫線), 일탈(逸脫-어떤 사상이나 조직.규범 등에서 빠져나감),
  죄(κֶ֗חֵ.חֹ,ἁμαρτία.ἀσέβεια.⑨ sin).
  écstăsis excessus. 황홀한 탈혼 상태.
excessus e vitā. 사망
excessus mentalis. 정신적 황홀
excessus vitæ. 사망
excétra, -æ, f. (動) 독사; 살무사, (욕설) 악독한 년
excídi, "excido²"의 단순과거(pf.=perfectum)
excídĭo, -ónis, f. 파괴(破壞)
excidionális, -e, adj. 멸망의, 파괴의
excídĭum, -i, n. (exscíndo, éxcido¹) 파괴(破壞),
  멸망(滅亡), 황폐(荒廢), 폐허(廢墟-파괴당하여 황폐하게 된 터),
  몰락(沒落-쇠하여 보잘것없이 됨), 절멸(絶滅-완전히 멸하여 없앰),
  패망(敗亡, intéritus, -us, m.), 멸망(滅亡), 일몰(日沒).

De excidia et conquestu Britanniæ. 5세기의 영국 정복사/
De excidio urbis Romanæ. 로마 시 함락.
  (411년 히포의 아우구스티노 지음).
éxcido¹excídi, excídere, intr. (ex+cado) 추락하다,
  떨어지다(בֹל.קֵיֽ.קֵרֽ) 미끄러져 떨어지다(빠지다),
  떨어져 나가다, 당첨하다, 제비가 뽑히다.
  본의 아니게 (말 따위가) 나오다, 새어 나오다.
  그만 어떻게 해서 …게 되다, 되어 버리다, 결과가 되다,
  …로 끝나다, 기억에서 사라지다, 기억이 사라지다.
  잊히다, 없어지다, 사라지다, 떠나가다; 죽다,
  잃어버리다, (직분에서) 떨어지다, 뺏기다, 쫓겨나다.
excido de memóriā. 기억에서 사라지다/
In vítium líbertas éxcidit.
  자유는 악습(惡習)으로 기울어져 버렸다/
Mihi ista excíderant. 나는 그 말들을 잊었었다/
Quod verbum tibi non éxcidit.
  그 말은 네가 우연히 한 것이 아니다/
Verbum ex ore éxcidit. 말이 입에서 새어 나오다.
éxcido² excídi, excísum, excídere, tr. 베어 내다(גֹד),
  잘라내다, 절단(切斷)하다, 캐내다, 떼어내다,
  파서(뚫어서) 만들다, 개척(開拓)하여 만들다,
  (도시.건물 따위를) 파괴하다, 붕괴시키다, 허물다,
  휩쓸어 버리다, 황폐케 하다, 패망(敗亡)시키다,
  몰아내다, 제거하다, 없애버리다, 떨쳐버리다.
latus rupis excísum in antrum.
  굴을 뚫은 바위 옆 대기.
excíĕo, (ívi) -ítum -ĕre, tr. = éxcio
éxcio, -ívi(ĭi) -ítum -íre, tr. 불러내다, 나오게 하다,
  이끌어내다, 소집하다, 집집어까다, 깨우다, 깨나게 하다,
  (도움.원조를) 요청하다, 일으키다, 나게(생기게) 하다,
  자아내다, (마음을) 자극(刺戟)하다, 불러일으키다,
  분발(분기) 시키다, 유발(誘發)하다, 선동(煽動)하다,
  놀라게 하다, 뒤흔들어 놓다, 격동(激動)시키다.
alci excio lácrimas. 누구의 눈물을 자아내다.
excio alqm ex somno. 누구를 잠에서 깨우다
excípĭo, -cépi -céptum -ère, tr. (ex+capio) 끌어내다.
  빼내다, 구출하다, 제외하다, 빼놓다, 예외로 하다(삼다),
  자유로이 해주다, 면해주다, 해방(解放)하다,
  …하도록(못하도록) 규정하다, 받다, 얻다, 획득하다,
  당하다, 받다, 만나다, 입다, 떠받(들)다, 버티다,
  받아(맞아) 들이다, 영접(환영)하다, 환대(歡待)하다,
  듣다, 얻어듣다, (누구의 alqs) 귀에 들어가다,
  엿보다, 받아쓰다, 뒤따르다, 뒤잇다, 계승하다,
  계속하다, 물려받다, (남이 하던 것을) 떠맡다,
  이어가다, 마주 향해 있다, 대면(面)하다.
  exceptis vobis duobus. 너희 둘을 빼놓고는/
  excéptum est, ne… …않도록 약정되었다/
  Híemem æstas excépit. 겨울이 지나고 뒤이어 여름이 왔다/
  Lex excépit, ut… 법은 …하도록 규정 한다/
  Verbum Dei excipientes. 하느님 말씀의 경청.
excipio alqm e mari. 아무를 바다에서 건져내다
excipio ímpetus. 공격을 받다
excipio labéntem. 미끄러져 떨어지는 사람을 떠받들다
excipio plagas(vúlnera). 상처 입다
excipio sánguinem páterā. 피를 접시에 받다
excipio se in pedes. 일어서다, 버티고 서다
excipio vim frígorum. 혹독한 추위를 당하다
excípŭla, -æ, f. (excípŭlum, -i, n.)
  용기(用器), 받아(담아) 넣을 그릇(곳), 고여 든 자리.
excísĭo, -ónis, f. (excído²)
  파괴(破壞), 괴멸(壞滅-파괴되어 멸망함), 멸망(滅亡).
excísum, "excido²"의 목적분사(sup.=supínum)
Excitare fluctus in simpulo. 평지풍파를 일으키다(속담)
excitare lacrimas. 눈물 나게 하다
excitátĭo, -ónis, f. 잠 깨움, 각성시킴, 자극(刺戟),
  흥분(興奮-자극을 받아 감정이 북받치거나 분기함. 또는 그 감정).
excitátor, -óris, m. 깨우는(각성시키는) 자,
  소생시키는 자, 고무(鼓舞)하는 자, 충동자(衝動者).

E

excitátórĭus, -a, -um, adj.
힘을 북돋는, 자극성의, 흥분(興奮)시키는, 선동적인.
Horologia excitatoria. 깨우는 시계.

excitátus, -a, -um, p.p., a.p. 격렬한, 강렬한, 자극적인.
odor excitatíssimus. 대단히 강렬한 냄새.

éxcĭto, -ávi -átum -áre, tr., freq. 불러내다, 나오게 하다.
(사냥감을) 몰아내다, 깨우다, 일어나게 하다.
소생(蘇生)시키다, 법정으로 소환하다, 세우다, 일으키다.
(불·물 따위를) 일게 하다, 피어오르게 하다, 건립하다,
건축물을 세우다, 만들어 내다, (초목을) 나게 하다,
돌게 하다, 자아내다, (감정 따위를) 일으키다, 자극하다,
흥분시키다, 고무(鼓舞)하다, 분기(분발)시키다,
격려(激勵)하다, 야기(惹起)시키다.

excito testes. 증인들을 기립(起立)시키다

excivi, "excído"의 단순과거(pf.=perfectum),
"éxcio"의 단순과거(pf.=perfectum).

exclamátĭo, -ónis, f. 절규(絶叫 -힘을 다하여 부르짖음), 외침,
고함소리, 환호(歡呼)⑨ Acclamátĭon), (修) 감탄(문).

exclamatórĭus, -a, -um, adj.
외치는, 절규적인, 영탄적(詠嘆的)인, 감탄조(感歎調)의.

exclámo, -ávi -átum -áre, intr. 소리 지르다.
고함치다, 부르짖다, 절규하다, 외치다, 탄성을 울리다.
tr. 소리 질러 부르다, 큰소리로 읽다(낭독하다), 외치다.
Hoc sane extollitur in hoc primo sermone, cum Petrus
exclamat(⑨ This is emphasized in this first discourse,
when Peter exclaims) 이 점은 베드로의 첫 설교에서
강조된 바 있습니다(1986.5.18. "Dominum et vivificantem" 중에서).

exclamo Cicerónem. "Cicero"라고 외치다

exclaustrátĭo, -ónis, f. 봉쇄 해제(封鎖解除).
((敎法)) (수도회의) 봉쇄 구역법 면제(免除).
((敎法)) (수도원에서의) 거주허가(居住許可).
수도원 거주 의무 해제, 임시 원외 거주 허가(교회법 제686-693조).

exclúdo, -clúsi -clúsum -ĕre, tr. (ex+claudo⁴)
들여놓지 않다, 못 들어오게 하다, 갈라놓다,
제외(除外)하다, 배제(排除)하다, 빼놓다, 제거하다,
쫓아내다, 추방(追放)하다(חרם), 몰아내다, 물리치다,
배척(排斥)하다, 멀리하다, 방해(妨害)하다(נטל),
막다(גדר.אלה.כלא), 차단(遮斷)하다.
anni témpore a navigatióne exclúdi.
계절 때문에 항해(航海)를 못하게 되다/
Exclude malum amorem mundi, ut accipias Dei.
하느님에 대한 사랑을 마음에 가득 채우려거든 세상에
대한 나쁜 사랑을 몰아내십시오/
témpore exclúsus. 시간이 없어서 저지된.

exclúsi, "éxclo⁴"의 단순과거(pf.=perfectum)

exclúsĭo, -ónis, f. 제외(除外.⑨ Exclusion),
배제(排除).⑨ Exclusion-물리쳐서 없앰), 배타(排他),
제명(除名-명부에서 결격자 등의 이름을 빼어 버림. 할명割名),
배척(排斥)하다, 제척(除斥), 거절(拒絶).
Exclusio ab ecclesisiasticis exequiis deneganda
quoque est quælibet Missa exequiális.
교회의 장례식에서 제외된 자에게는
어떠한 장례미사도 거부되어야 한다(교회법 제1185조).

exclusívus, -a, -um, adj. 제외하는, 배타적, 독점적.
adv. **exclusíve**. 배타적으로, 독점적으로, 오로지 뿐,
제외하고, 계산에 넣지 않고,
exclusívum textuum biblicorum jus in liturgia.
(⑨ The exclusive use of biblical texts in the liturgy)
전례에서 성경 본문들의 배타성/
usque ad diem 17 exclusíve. 16일까지(17일은 제외됨).

exclusórĭus, -a, -um, adj. 서로 용납할 수 없는, 배타적.
n. 낙태 약(落胎 藥).

exclúsum, "excludo"의 목적분사(sup.=supínum)

exclúsus, -a, -um, p.p., a.p. 못 들어간, 제외된, 쫓겨난

excoctum, "excoquo"의 목적분사(sup.=supínum)

excogitátĭo, -ónis, f. 생각해 냄, 안출(案出-생각해 냄),
고안(考案, repertio, -ónis, f.), 창안(創案) 발명(發明).

excógĭto, -ávi -átum -áre, tr. (ex+cógito) 발명하다,

생각해 내다, 고안(創案.案出)하다, 착상(着想)하다.

excólo¹ -áre, tr. 거르다, 여과하다, 밭다, 건져내다

éxcolo² -lŭi, -cúltum, -ĕre, tr. (ex+colo⁴) 공들여 재배하다,
정성 들여 가꾸다, 공들여 만들다, 아름답게 가꾸다(꾸미다),
완성하다, 끝마무리하다, 교화하다, 교양하다, 수양하다,
세련(洗鍊)되게 하다, 품위 있게 하다, 늘리다,
더하다, 보태다, 공경(恭敬)하다, 숭배(崇拜)하다.

excólui, "éxcolo²"의 단순과거(pf.=perfectum)

excommunicátĭo, -ónis, f. ["교회의 친교를 박탈한다"는 뜻. ex(밖으로)와
공동체(communicatio) 혹은 친교(communio)의 합성어로서, "공동체로부터
혹은 (공동체) 친교로부터의 배제"라는 뜻 이성과 신앙, 제35호, p.191].
파문(破門), 제재, 제명처분; 절교(絶交), 파문제재,
기절 벌(棄絶罰→파문), 파문 처벌(破門 處罰).
De sentential excommunicationis. 판결 파문에 대하여.

excommunicátĭo ad incertum tempus. 무기한의 파문

excommunicátĭo ferendæ sententiæ.
의법 판결 파문(1917년 교회법 1576조, 1933조).

excommunicátĭo latæ sententiæ.(ipso facto)
자동 부과 파문.

excommunicátĭo major. 정식 파문 대(大)파문

excommunicátĭo minor. 비정식 파문, 소(小)파문
[주교용 예식서]Pontificále Románum에서는 excommunicátĭo minor는 성사를 박탈
하는 처벌로, excommunicátĭo major는 신자들의 친교를 주교용 예식서에 있는
장엄한 예식 없이 박탈하는 처벌, Anathema는 신자들의 친교를 주교용 예식서에
있는 장엄한 예식으로 박탈하는 처벌로 구별하였다. 교회형법 해설. p.143 참조].

excommunicátĭo perpetua 종신적 파문

excommunicátus, -i, m. 파문처분 받은 자

excommunicátus tolerátus. 인용된 파문.
관용되는 파면처분 받은 자, 반(半) 제명자.

excommunicátus vitándus. (교황청의 공식선언에 의한)
절대 파문 처분 받은 자(피해야 할 제명자), 배척된 파문.

excommúnĭco, -ávi -átum -áre, tr.
(교회로부터) 파문하다, 제명 처분하다.

excónsul, -lis, m. 전직 집정관

exconsuláris, -is, m. 전직 집정관, 전직 지방장관

éxcŏquo, -cóxi -cóctum -ĕre, tr. (ex+coquo)
푹 삶다(끓이다), 잘 굽다, (불 따위로) 깨끗이 하다,
녹여 버리다, 정제(精製)하다, 녹여서 만들다,
구워낸다. 완전히 소화(消化)하다.

excórĭo, -ávi -átum -áre, tr. (ex+córium)
가죽(껍질)을 벗기다.

excors, excórdis, adj. (ex+cor)
어리석은, 우직한, 바보 같은; 정신 나간, 미친.

excoxi, "excoquo"의 단순과거(pf.=perfectum)

excreméntum¹ -i, n. 겨(糠-벼과의 곡식을 찧어서 벗겨 낸 껍질을
통틀어 이르는 말), 싸라기(쌀의 부스러진 조각), 포도의 찌꺼기,
(가래.침.콧물 따위) 분비물(分泌物), 배설물, 똥.

excreméntum²-i, n. 혹(瘤-살가죽에 내민 기형의 군더더기 살덩이)

éxcrĕo, -ávi -átum -áre, tr. = **éxscrĕo** 가래침 뱉다

excrescéntĭa, -īum, n. pl. 군더더기 살, 굳은 살, 혹(瘤)

excrésco, -évi -étum -ĕre, intr. (ex+cresco) 커지다,
자라다(קסם.אסם.סף), 성장하다,
(병적으로) 살이 두드러져 나오다, 군더더기 살이 생기다.

excretórĭus, -a, -um, adj.
배출하는, 배설 기능을 가진, 배설(排泄)의.

excrētum, "excerno"의 목적분사(sup.=supínum),
"excresco"의 목적분사(sup.=supínum)

excrétus¹ -a, -um, p.p. (**excérno**)

excrétus² -a, -um, p.p. (**excrésco**) 성장한, 자란, 다 큰

excrēvi, "excerno"의 단순과거(pf.=perfectum),
"excresco"의 단순과거(pf.=perfectum).

excríbo = **exscríbo** 닮다, 모사(模寫)하다

excruciábĭlis, -e, adj.
고문 당할만한, 고문하는, 심한 고통을 주는.

excruciátĭo, -ónis, f. 고문(拷問), 형벌(⑨ Punishment),
가책(呵責), 심한 고통, 고뇌, 고민(苦悶-괴로워하고 속을 태움).

excrúcĭo, -ávi -átum -áre, tr. (ex+crúcĭo) 고문하다,
혹독하게 괴롭히다, 형벌하다, 심한 고통을 주다.
Abige a me hanc vim, quæ me excrúciat.
나를 몹시 괴롭히는 이 폭력을 내게서 제거해 다오.

440

excubátĭo, -ónis, f. 깨어있음([영] Vigilance), 밤새움, 야경(夜警), 야간보초, 파수(φυλακὴ.把守-경계하여 지킴).
excúbĭæ, -árum, f., pl. 파수(φυλακὴ), 보초(步哨), 경비(警備-지킴), 감시, 야경, 숙직, 불침번(不寢番), 보초병, 파수병(把守兵), 경비원(警備員), 야경꾼.
excúbĭtor, -óris, m. 보초병, 불침번, 경비원, 파수꾼
excubitórĭum, -i, n. 감시소, 초소, 파수막(把守幕)
excŭbĭtum, "excubo"의 목적분사(sup.=supínum)
excúbĭtus, -us, m., n. 보초(步哨), 경비(警備-지킴), 야경(夜警), 파수(φυλακὴ.把守-경계하여 지킴).
éxcŭbo, -bŭi -bĭtum -áre, intr. 야숙(노숙)하다, 보초 서다, 파수보다, 숙직(宿直)하다, 깨어 지키다, 경계하다, 세심(細心)하게 돌보다, 감시(감독)하다.
excŭbui, "éxcŭbo"의 단순과거(pf.=perfectum)
excŭcurri, "excurro"의 단순과거(pf.=perfectum)
excūdi "excúdo"의 단순과거(pf.=perfectum)
excúdo, -di, -sum -ĕre, tr. (ex+cudo[1]) 끌어내다, 두들겨 일으키다, (새.닭이) 알을 까다, 새끼를 까다, 두드려서(쪼아서) 만들다, 벼려서 만들다, 만들어 내다, 글을 짓다; 애써 찾아내다. sílicis scintíllam excudo. 차돌을 때려서 불꽃을 튀게 하다.
exculcátus, -a, -um, p.p., a.p. 페지된, 쓸모없게 된, 낡아빠진, 버려진. verba exculcáta. 오래되어 안 쓰는 말.
excúlco, -ávi -átum -áre, tr. (ex+calco) 짓밟아서 짜내다, 밟아서 다지다.
excúlpo = **exscúlpo**
excúltor, -óris, m. (éxcolo[2]) 재배자(栽培者), 가꾸는 사람
excultum, "éxcolo[2]"의 목적분사(sup.=supínum)
excúltus, -a, -um, p.p. 세련된, 교양 있는, 다듬어진
excurátus, -a, -um, p.p. (inusit. excúro) 공들인, 정성 들여 보살핀.
excúrĭo, -áre, tr. (고대 Roma) 원로원에서 내쫓다
excurri, "excurro"의 단순과거(pf.=perfectum)
excúrro, -cúrri(cucúrri) -cúrsum -ĕre, tr. (세월을) 지내다, (언급하지 않고) 지나가다. intr. 뛰어 나가다, 급히 나가다, 달려가다, 침입해 들어가다, 출격하다, 원정(遠征)하다, 뻗쳐 나오다, 퍼져 나가다, 길게 뻗다, 앞으로 나가다, 마음껏 뻗다, 펼쳐지다, 전개되다, 발휘되다. Campus, in quo excurro virtus potest. 능력(能力)이 마음껏 발휘될 수 있는 분야/ Pæninsula excurrit. 반도(半島)가 뻗어있다.
excursátĭo, -ónis, f. 침공(侵攻), 침략(侵略) 공격(攻擊), 본 제목에서의 이탈(離脫-떨어져 나가거나 떨어져 나옴), 일탈(逸脫-어떤 사상이나 조직.규범 등에서 빠져나감).
excúrsĭo, -ónis, f. 달려 나감, 전진(前進), 배회(徘徊), 소풍(消風.원족遠足.[영] picnic), 짧은 여행, 유람(遊覽), 능력 발휘(能力 發揮), 활동 전개. (天) 일탈(逸脫). (軍) 출격(出擊), 급습(急襲), 출정, 원정, 침입, 침략.
excúrso, -áre, freq., tr. (excúrro) 자주 뛰어 나가다
excúrsor, -óris, m. 척후(斥候-적의 형편이나 지형 등을 살핌), 정찰병(偵察兵), 수색병(搜索兵), 산병(散兵-散卒), 뛰어 다니는 사람, 심부름꾼.
excursum, "excúrro"의 목적분사(sup.=supínum)
excúrsus, -us, m. 돌아다님, 여행, 윤리적 탈선(脫線), (지형의) 돌출(突出-돌기), 뻗어 나간 곳. (修) 주제(본론)에서의 이탈(일탈). (軍) 출격(出擊), 급습(急襲), 침입(侵入), 침공(侵攻).
excurus (증세) 전문의(1309년 9월 8일 교황 클레멘스 5세의 칙서에 의해 6년간의 교육과정들 밟도록 했다.
excusábĭlis, -e, adj. (excúso) 용서할 만한, 변명이 서는, 이유가 닿는.
excusáte, adv. 상당한 이유가 있어서, 용서를 받을 만하게
excusátĭo, -ónis, f. **변명**(辨明), 해명(解明), 사과, 변명의 이유, **핑계**, **구실**, (의무 따위의) 면제(사유). Stultítia excusatiónem non habet. 미련함은 변명의 여지가 없다.
excusátĭo adolescéntiæ. 젊다는 구실
excusátĭo oculórum. 눈 때문이라는 이유
excusátĭo peccati. 범죄(잘못)에 대한 변명
excúso, -ávi -átum -áre, tr. (ex+causa) **변명하다**, 잘못이 아님을 밝히다, 용서(받게)하다, 사과하다, 용서받다, (사양.거절하면서) 양해를 구하다, **핑계하다**, 핑계(구실)로 내세우다, (의무 따위를) **면제하다**, (아무에게 무엇을) 면제해 주다. *Alci* me ita excúses, ut omnem culpam in te tránsferas. 모든 탓이 네게 돌아가도록(네게 있다고) 아무에게 나를 변명해다오/ Cura, ut excúser morbi causā. 건강상 이유이니 제발 사양하게 해다오/ Excusátum hábeas me, rogo. 대단히 죄송합니다, 사양 하겠습니다/ excusátum habére *alqm*(*alqd*). 누구를(무엇을) 용서하다, 양해하다/ Uxóri excúses te. 아내에게 사과해라.
excuso inópiam. 가난을 핑계 대다
excussi, "excutio"의 단순과거(pf.=perfectum)
excússĭo, -ónis, f. 떨어 냄, 탈취(奪取), 약탈(掠奪), 심문(審問), 음미(吟味), 연구(硏究).
excussum, "excútĭo"의 목적분사(sup.=supínum)
excūsum, "excudo"의 목적분사(sup.=supínum)
excútĭo, excússi, excússum, excutĕre, tr. (ex+quátĭo) **흔들어 떨어뜨리다**, 흔들어 나오게 하다. Equus excússit équitem. 말(馬)이 기병을 흔들어 내동댕이쳤다/ Tremor éxcutit póculum e mánibus. 손이 떨려서 잔을 떨어뜨린다/ (먼지.옷 따위를) **털다**, 떨어내다, (몸을 흔들어) 툭툭 털다, (새.닭이) 홰치다, 흔들어 깨우다. excússus somno. 흔드는 바람에 깨어난/때려서 뽑아내다, 강제로 떼 내다, 쳐서(발길로 차서) 쫓아버리다, 추방하다 (נדה), 내쫓다(נדה), 몰아내다, 물리치다. excússus pátriā. 조국에서 추방된/ (병.악습 따위를) 떨어지게 하다, 없애다, (화살 따위를) 쏘다, 발사하다, 던지다, 쏟아지게 하다, 흐르게 하다, 터뜨리게 하다, (억지로) **일으키다.자아내다**. lácrimas excutio *alci*. 누구를 눈물 나게 하다/excutio sudórem. 땀나게 하다/excutio risum *alci*. 웃음을 터뜨리게 하다/ 뒤지다, 샅샅이 들추어 찾다, 몸수색하다. excutio pállium. 외투를 뒤지다/ **조사하다**, 검사(검색)하다 (בקר), 검토하다, 구명.규명(糾明)하다, 자세히 살피다, 성찰(省察)하다, **못하게 하다**, 집어치우게 하다, 내버리(게 하)다, 손을 떼게 하다, 눌러 버리다, 빼어내다, 잡아채다, 박탈하다, 뜯어내다, 강요하다, 강탈하다, 털다, 뒤흔들어 놓다, 뒤뚝거리게 하다, 갈팡질팡하게 하다, 정신 못 차리게 하다, 교란시키다. Risum multum aut excussum non amáre. 많은 웃음이나 지나친 웃음을 좋아하지 말라.
exdórsŭo, -áre, tr. (ex+dorsum) (물고기의) 등뼈(가시)를 발라내다, 등뼈를 빼내다.부러뜨리다.
exēdi, "exedo"의 단순과거(pf.=perfectum)
éxĕdo, -édi, -ésum, -ĕre, tr. (ex+edo[1]) 먹어치우다, 먹다; 갉아(쏠아) 먹다, 없애버리다, 소모(消耗)시키다, 말려버리다, 기진맥진하게 하다, 지쳐버리게 하다.
éxĕdra, -æ, f. 방(私室), 응접실(應接室), 회의실, 담화장소, (회랑이나 노천에 많은 좌석을 비치해 놓은) 집회장소, 성당의 반원형 옆방, 바실리카 성당의 옆방.
exédrĭum, -i, n. 작은 응접실(應接室), 작은 회의실. auditórĭum, -i, n. 대회의실.
exeffícĭo, -cĕre, tr. 일을 완전히 마치다, 완성하다, 완료하다.
exegésis, -is, f. 성서 주석(聖書註釋.[영] exegesis), 성서 해석, 주석(註釋.[영] Exegesis-알기 쉽게 풀이함), 주해([영] Exegesis-註釋), 석의(釋義-글의 뜻을 해석함).
exegésis pneumatica. 영기(靈氣)에 의한 성서 해석학 (성서는 하느님의 계시로 쓰인 책이 아니라, 고도로 경건한 종교체험으로 쓴 것이라고 주장하는 프로테스탄트 일파의 경건주의적 성서 해석설로 K. Barth, Seeberg 등이 주장했다. 백민관 신부 엮음, 백과사전 1, p.1029).

E

exegéta, -æ, m. 성서 주석학자(聖書 註釋學者),
Dialogus inter pastores, theologos et exegetas.
([영] Dialogue between pastors, theologians and exegetes) 목자, 신학자, 주석자들 사이의 대화.
exegétĭca, -æ, (=**exegetice**, -es,) f. 문법 해석.
(聖) 성서 주석학.
exegétĭcus, -a, -um, adj.
주석(註釋)의, 해석(解釋)의, 성서 주석학상의.
exēgi, "exigo"의 단순과거(pf.=perfectum)
Exegi monumentum ære perennius.
나는 청동보다 더 영속적인 기념물(작품)을 완성했다.
exēmi, "eximo"의 단순과거(pf.=perfectum)
exémplār(-áre) -is, n. **모범**(模範.[영] Example),
본보기, 표준; 원형, 전형, 범형(範型), 원본, 본(本),
표본, 견본; 유례(類例), 사본(寫本), 복사, 모사(模寫),
초상(肖像), (같은 책.잡지 따위의) 부(部), 권(卷),
흡사한 것, 꼭 닮은 것.
Contemplationis exemplar Maria. 관상의 모범이신 마리아/
Deus est exemplar mundi. 신은 세계의 모범이다/
exempla apostolorum. 사도들의 모범(模範).

명사 제3변화 제3식			
	단 수	복 수	
Nom.	exemplar	exemplar**ia**	
Gen.	exemplar**is**	exemplar**ium**	특징 단수 탈격 -i, 복수 주격 -ia, 속격 -ium
Dat.	exemplar**i**	exemplar**ibus**	
Acc.	exemplar**em**	exemplar**ia**	
Abl.	exemplar**i**	exemplar**ibus**	
Voc.	exemplar	exemplar**ia**	

(한동일 지음, 카르페 라틴어 1권, pp.45-46)

Exemplar-normale. 정통 표준사본
Exemplar vitæ pro fidelibus*([영] Model of life for the faithful) 신앙생활의 모범.
exempláriа authentica. 공증된 등본(公證 謄本)
exempláris, -e, adj. 모범적인, 모범이 되는,; 표본의; 사본의.
forma exempláris. 원형적 형상.
exemplarísmus, -i, m. 모범주의, 윤리주의, 주관주의.
(哲) 神的인 모형론(模型論), 범형론(範型論).
exémplo, -ávi -átum -áre, tr.
모범(模範)으로 보여주다, 베끼다, 사본(寫本)을 뜨다.
exémplum, -i, n. **보기**, **예**(例), 실례, 사례, 예증(例證),
모범(模範.[영] Example), **본보기**, 귀감(龜鑑), 전형,
일벌백계의 본보기, 본때, 유례(類例); 전례(前例),
원물(原物), 원형(原型), 견본, 표본(標本), 모형(模型),
모본(模本); 형(型), 초상(肖像), 사본(寫本), 복사한 것,
원본(原本), 본문, 원문(原文), 양식(樣式), 모양(模樣),
표양(表樣-겉으로 드러난 表情이나 양자(樣姿).[영] Example),
(글.편지 따위의) 내용, 취지(趣旨), 주지(主旨).
De exemplo Sanctorum Patrum.
거룩한 교부들의 행적에 대하여/
De naturalibus exemplis, quorum consideratio doceat posse inter cruciatus viventia corpora permanere.
불 속에서도 육체가 타지 않고 존속할 수 있음을 보여주는 자연현상들(교부문헌 총서 17, 신국론, p.2824)/
edo exémplum. 모범(模範)을 보이다/
exempli causa(略 e.c.) 예를 들면(들어서), 예컨대/
exempli gratĭa(略 e.g.) = verbi grátia.
예를 들면(들어서), 예컨대/
Et hoc est exemplum epistularum, quas scripsit Ionathas Spartiatis. (kai. tou/to to. avnti,grafon(tw/n evpistolw/n w-n e;grayen Iwnaqan toi/j Spartia,taij) ([영] This is a copy of the letter that Jonathan wrote to the Spartans)
다음은 요나탄이 스파르타인들에게 써 보낸 편지의 사본이다.(성경 1 마카베오 12, 5) 요나단은 스파르타 사람들에게도 편지를 써 보냈는데 그 내용은 다음과 같다(공동번역)/
Exemplo omnibus profuisti.
모범을 보임으로써 나는 모든 이들을 이롭게 하였노라!/
litterárum exemplum compónere.
서류(편지)의 원본을 작성하다/
Omnibus exemplo esse debetis. 너희는 모든 이에게 모범이 되어야 한다.(exemplo: 이해 여격. 성 염 지음. 고전 라틴어, p.397)/
Quot exempla proferri possunt ad illustranda quæ diximus! 이것을 입증할 수 있는 예들은 얼마든지 있습니다/
reduco ejúsmodi exémplum.
그런 전례를 다시 끌어들이다/
verbi causa(略 v.c.) 예를 들면(들어서), 예컨대/
verbi gratĭa(略 v.g.) 예를 들면(들어서), 예컨대.
exemplum ad imitandum. 본 받아야 할 모범
exemplum epístolæ. 편지의 사본(便紙 寫本)
exemplum probitátis et fidei. 정직과 성실의 본보기
Exemplum quidem est hoc.([영] This is just one example)
그것은 다만 하나의 예일 뿐입니다.
exémptĭo, -ónis, f. 빼냄, 제거(除去), 면속(免屬),
해제(解除-설치하였거나 장비한 것 따위를 풀어 없앰), 면제(免除),
(수도원 따위의) 면속권(免屬權-주교의 관할권에서 제외되는 규정),
독립 관할권(獨立 管轄權).
exemptionis Privilegium. 수도원 면속 특권.
exemptio activa minus plena. 불완전 능동적 면속.
exemptio activa plena. 완전한 능동적 면속(免屬)
exemptio activa. 능동적 면속(免屬)
exemptio dativa. 부여된 면속(免屬)
exemptio locális. 장소적 면속(場所的 免屬)
exemptio mixta. 겸용 면속(免屬)
exemptio nativa. 본래의 면속, 생득적 면속(免屬)
exemptio partális. 부분적 면속(免屬)
exemptio passiva. 수동적 면속(受動的 免屬)
exemptio personális. 인적 면속(人的 免屬)
exemptio præscriptiva. 취득적 면속(免屬)
exemptio præscriva. 시효상 면속(時效上 免屬)
exemptio totális. 전적 면속(免屬)
exemptum, "eximo"의 목적분사(sup.=supínum)
exemptus, -i, m. (1) (주교구) 면속 수도회(성대서원 수도회는 모두 면속 수도회). (2) 교황청 직속 교구. (3) 수도 대교구에서 면속된 교구. 스위스의 모든 교구, 이탈리아의 몇몇 특권 교구, 유고슬라비아, 브라질의 교구는 다 면속교구이다.(백민관 신부 엮음, 백과사전 1, p.1030).
exénĭum(=xénĭum) -i, n.
초대받은 손님이 주인에게 바치는 선물(膳物).
exéntěro, -ávi -átum -áre, tr.
창자를 끄집어내다, 끄집어내다, 비우다, 괴롭히다.
éxěo, éxĭi(-ívi), exĭtum -íre, tr. 넘어가다,
지나가다(ידע.ארע), 교묘하게 피하다, 막아내다,
(시간.세월을) 다 보내다, 지내다.
intr. **나가다**(קפן), 나오다, exeo e navi. 배에서 내리다/
exeo in terram. 상륙하다. (투표에서 표.이름이) 나오다,
(물이) 바다로 흘러들다, (말.돈 따위가) 나오다.
exeo ex ore (말이) 입에서 나오다/ (말.글자.초목 따위가 어떤 모양으로) 끝나다, 그치다, (軍) 병영에서 나가다, 행군하다, 출동(출전.출격)하다, 사라지다,
떠나다. exeo de(e) vitā. 죽다. (결과로서) 나오다.
나타나다, (책이) 발간되다, (식물의) 싹이 트다, 돋아나다,
뻗다, 번지다; (불길 따위가) 오르다, 벗어나다,
면하다, 해방되다, (소문 따위가) **퍼져나가다**,
널리 알려지다, (시간이) **끝나가다**, 다 지나가다,
저물다, 만기가 되다, (기억에서) 사라지다(נגיד.נגד),
잊혀 지다. a memóriā hóminum exeo 사람들의 기억에서 사라지다. (한도.경계를) 넘다, 지나치다,
초과하다, (어떤 상태로) 넘어가다, 변해버리다.
exeo in iram. 화를 내고 말다/
exeo in terram. 상륙(上陸)하다/
Exi a me, quia homo peccator sum, Domine(성경 루카 5, 8).
([영] Depart from me, Lord, for I am a sinful man)
주님, 저에게서 떠나 주십시오. 저는 죄 많은 사람입니다/
Exiit seminans ad seminandum.
씨 뿌리는 사람이 씨를 뿌리러 나갔다(마르 4, 3)/Exire Alii.
다른 사람이 되어 나가라.
exequ··· V. **exsequ**···

Exequatur(Regium Placet) 교황 교서의 국왕 찬동 제도.
[어떤 속권 영토 안에 교황 교서가 나갔을 때, 왕의 찬동을 받는 제도. 17세기와 18세기 프랑스의 얀세니즘과 갈리까니즘에 제동을 거는 교황교서가 나갔을 때 이 제도의 문제가 야기되었다. 비오 9세(1846~1878) 교황은 왕의 찬동 제도를 없애려고 Syllabus(오류 선언. 1864)를 냈지만 큰 성과는 거두지 못했다. 백민관 신부 엮음. 백과사전 1, p.1030].

exequiæ ecclesiasticæ. 교회 장례식(敎會葬禮式)

Exequiæ Episcopi diœcesani in propria ecclesia cathedrali celebrentur. 교구장의 장례식은 소속 주교좌 성당에서 거행되어야 한다. (교회법 제1178조).

exérceo, -cŭi -cĭtum -ére, tr. (ex+árceo)
줄곧 움직이게 하다, 쉴 새 없이 일하게 하다, 구사(驅使)하다, 몰아치다. exerceo tauros. 소들을 계속 부리다. (밭.땅을) 갈다, 개간(開墾)하다,
연습시키다, 훈련(단련)시키다: 연습하다. 수업하다.
연마(練磨)하다. exerceo corpus. 몸을 단련하다/
exerceo mílites in alqa re. 군인들에게 무엇을 훈련시키다. …에 종사(從事)하다, (직업을) 경영하다.
…노릇하다: …직에 있다, (무슨) 임무를 맡고 있다; …하다. exerceo medicínam. 의사로 개업하고 있다/
exerceo commércium turis. 향료장사를 하다.
실천하다, 실행에 옮기다, 행사하다, 집행하다,
이행(履行-실제로 행함. 말과 같이 함)하다, 드러내다, 보이다; (영향.힘 따위를) 미치다.끼치다. exerceo avarítiam in sócios. 동료들에게 인색하다. 괴롭히다, 시달리게 하다, 귀찮게(성가시게) 하다, 고통 끼치다: 불안케 하다.
influxum exercére in alqd. 무엇에 영향을 끼치다.

exercitátĭo, -ónis, f. 연습(練習), 실습(實習), 훈련, 단련, 수련(修錬), 숙련(熟練-무슨 일에 숙달하여 능숙해짐),
연마: 경험(經驗), 습관(習慣), 실천(實踐), 실행(實行).
De Monastica exercitatione. 수도원 생활 수련에 대해/
De quadripartito exercitio cellæ.
수도 독방의 네 가지 수련에 대하여/
Febris in tempus exercitatiónis incurrit.
훈련시간과 같은 시간에 열이 났다.

Exercitatio amoris in ecclesia veluti "Communitate Amoris". '사랑의 공동체'인 교회의 사랑 실천.

exercitátĭo mentis. 사유의 훈련

exercitátĭo muneris sacerdotális Iesu Christi.
예수 그리스도의 사도직 수행.

exercitátor, -óris, m. (exército)
연습시키는 자, 훈련시키는 자, 교사(διδάσκαλος).

exercitátrix, -ícis, f. (exercitátor)
연습시키는 여자 여교사.

exercitátus, -a, -um, p.p., a.p. (exército)
연습을 쌓은, 훈련된, 단련된, 습관화된, 숙련된,
시달린, 시련(試鍊) 겪은, 걱정스러운, 불안한.

exercítĭo, -ónis, f. (exérceo) 연습, 훈련, 처리(處理).
tyrannis exercítĭo.
처음에는 정당하였으나 후에 폭군으로 타락한 지배자.

Exercitibus Europa inundata est.
군대들이 유럽에 밀려닥쳤다.

exercitio pietátis. 신심행위(⑨ Devotion)

exercítĭum, -i, n. (exérceo)
연습(練習), 훈련(訓練), 단련(鍛錬), 실천(實踐),
행사(⑨ celebrátĭon). pl. 연습과제(문제).
De exercitiis boni Religiosi. 착한 수도자의 수업에 대하여/
exercítĭa corporália. 제조(體操), 육체단련/
Exercítĭa pietátis. 신심 수련(信心修練)/
exercítĭa spirituália. 피정(避靜)(1코린 9, 24~26),
심령수업, 종교적 훈련, (기도를 포함하는) 묵상회,
영성수련, 영신수련(⑨ Spiritual exercise)/
Interrogatio de exercitio ante communionem.(⑨ An Inquiry on the Proper Thing to Do Before Communion)
영성체하기 전에 할 수업에 대한 질문(준주성범 제4권 6장)/
Soliloquium de quattur mentalibus exercitiis.
네 가지 정신 수련에 대한 독백(성 보나벤뚜라 지음).

exercitium cogitatĭonis. 사고훈련(思考訓練)

exercitium essendi. 존재의 실천

exercitium Pœnitentiæ(⑨ Penitential exercise) 보속 고행

exercitium pro castris posuit.
그는 군대를 진지 전방에 배치하였다.

Exercitium Sanctæ Viæ Crucis.(⑨ A Franciscan Way of the Cross) 십자가의 길.

exercitium spirituále(recessus spirituális)
피정(避靜).⑨ retreat).

Exercitium spirituális*
영성수련(⑨ exercise of spirituality)(교리서 1438항).

exércĭto, -ávi -átum -áre, tr.
끊임없이 훈련(연습.단련) 시키다.

exércĭtor, -óris, m. 경영주(經營主), 훈련자(訓練者)

exercitor caupónæ. 주점 주인(酒店主人)

exercitum alo. 군대를 유지하다

Exercitum fames affecit. 기근(饑饉)이 군대를 약화시켰다

exércĭtus¹ -a, -um, p.p., a.p.
훈련받은, 단련된, 시달린, 고된, 혹독한.
exércĭta æstas. 몹시 더운 여름/
exércĭta militĭa. 고된 군대생활.

exércĭtus² -us, m. 훈련(訓練), 군대; 보병대, 떼(우리),
무리(ὄχλος.πλήθος.זָבָא.⑨ Flock).
Cum exercitu Romam se recepit.
그는 군대를 거느리고 로마로 퇴각했다/
cum utérque utríque exércitus esset in conspéctu.
두 군대는 서로 대치해 있었기 때문에/
dispértĭo exércitum per óppida.
군대를 여러 도시에 분산 배치(配置)하다/
Distribuo pecúnias exercítui.
군대에 돈을 돌리다(뭉뚱이 나누어 돌리다)/
Exercítibus Európa inundáta est.(inundo 참조)
군대들이 유럽에 밀려닥쳤다/
Imperator exercitum in urbe reliquit civibus præsidio.
사령관은 시민들을 보호하기 위하여
군대를 도시에 남겨 두었다/
in exercituum supplementum. 보충병으로/
In via, qua transducebatur exercitus, non apparuit ullus homo. 군대가 가로질러 가던 길에는 사람이
하나도 나타나지 않았다.(성 염 지음. 고전 라틴어. p.316]/
incruénto exércitu. 군대가 한 명의 사상자도 없이/
induco exércitum in agrum.(induco 참조)
군대를 이끌고 밭으로 들어가다/
pro império, pro exércitu, pro província, etc., pro his igitur ómnibus rebus. 나라를 위해, 군대를 위해,
지방을(州를) 위해, 요컨대 모든 것을 위해서/
Si venisses ad exercitum, a tribunis militaribus visus esses ; non es autem ab his visus.
네가 군대에 갔더라면 군정관 눈에 띄었어야 한다.
그런데 너는 이 사람들 눈에 띈 적이 없었다/
uterque exércitum eórum exércitum edúcunt.
그들은 둘 다 자기 군대를 이끌고 나온다.

exercitus corvórum. 까마귀 떼

Exercitus e castris egressus est.[탈형동사 문장]
군대가 진영(陣營)에서 나왔다.

exercitus victor. 승리한 군대

exérro, -áre, intr. 방황하다(שוט.שוח), 길 잃다

exésor, -óris, m. 낭비자(浪費者), 먹어 치우는 자

exfórnĭcor, -átus sum, -ári, dep., intr. 자주 간음하다

exhære… V. exhere…

exhalátĭo, -ónis, f. 숨을 내쉼, 호기(呼氣), 증발(蒸發),
발산(發散): 증기(蒸氣), 증발한 기체(발산물).

exhálo, -ávi -átum -áre, intr. 증발(蒸發)하다.
발산(發散)하다, 숨을 쉬다. 숨을 거두다.
tr. 내뿜다, 발산시키다, 증발시키다: 풍기다.

exháurĭo, -háusi -háustum -íre, tr. (ex+háurio)
물을 다 퍼내다(길어내다); 바닥이 드러나게 하다.
말라붙게 하다, 다 마셔 버리다, 쭉 들이켜다,
(잔을) 비우다(תַּעַר.זָקַק), 끄집어내다, 파내다(חפר),
제거(除去)하다, 다 써버리다, 바닥내다, 고갈시키다.

빈털터리로 만들다, 뺏어버리다, 앗아가다,
힘을 다 빼다, 힘을 소모시키다, 기진맥진하게 하다,
녹초가 되게 하다, 끝내다, 끝장나게 하다,
핍진(乏盡)하게 하다, 남김없이 이행하다, 완수하다,
(수고.위험 따위를) 참다, 당해내다, 배겨내다,
견디어 내다, 감당하다. pass. 시간이 다 지나다.
exháusta lácrimis. 울다가 지친 여자/
Exháustæ erant vires. 기운이 다 빠졌다/
exháustum ærárium. 바닥난 금고/
mánibus terram exhaurio. 손으로 흙을 파내다/
omnem pecúniam ex ærário exhaurio.
　국고금을 다 써버리다/
vitam sibi manu exhaurio. 제 손으로 목숨을 끊다.
exhausi, "exháurĭo"의 단순과거(pf.=perfectum)
exhaustum, "exháurĭo"의 목적분사(sup.=supínum)
exhedr… V. **exedr**…
exheredátĭo, -ónis, f. 상속권 폐제(廢除).박탈, 폐적(廢嫡)
exheréd(ĭt)o, -ávi -átum -áre, tr. 상속권을 박탈하다,
　상속인(相續人)의 자격을 폐제하다.
exhéres, -rédis, adj. (ex+heres)
　상속권을 잃은(박탈당한), 상속권이 없는.
exhíbĕo, -bŭi -bĭtum -ēre, tr. (ex+hábeo)
　(⑨ present; furnish; exhibit; produce) **내세우다**,
　제시하다, 제출하다, 입증하다(סהד.סהד), 끌어대다,
　전시하다, 진열하다, 펴 보이다, 드러내다, 과시하다,
　제공하다, 내놓다, 내주다, 일으키다, 생기게 하다,
　자아내다, 끼치다, 부양(扶養)하다(זון), 부지하다.
　Quod magna charitas(bonitas) et bonitas Dei in
　Sacramento exhibetur homini.(⑨ God's Great Goodness
　and Love is Shown to Man in This Sacrament).
　성체에 드러나는 하느님의 위대한 어지심과 사랑
　　　　　　　　　　　　　　　　(준주성범 제4권 2장).
exhibítĭo, -ónis, f. 제시(어떠한 의사를 말이나 글로 나타내 보임),
　제출(提出), 진열(陳列-羅列), 전시(展示), 전람(展覽),
　드러냄, 영양물(營養物), 식량(食糧).
exhíbĭtor, -óris, m. 주최자, 개최자, 연회 베푸는 사람
exhilarátĭo, -ónis, f. 즐겁게(흥겹게) 함; 명랑, 유쾌(愉快)
exhíláro, -ávi -átum -áre, tr.
　즐겁게(흥겹게) 하다, 유쾌(명랑)하게 하다.
exhinc, adv. 이때(그때) 부터; 거기서부터, 그 다음에
exhonorátĭo, -ónis, f. 명예 추락, 명예손상(名譽損傷)
exhonóro, -ávi -áre, tr. 명예를 손상시키다, 업신여기다
exhorrésco, -rŭi, -ēre, (ex+horrésco)
　intr. 무서워 떨다, 전율(戰慄)하다.
　tr. 무서워하다, 두려워하다.
　Exhorresce quod minatur Omnipotens, ama quod
　pollicetur Omnipotens; et vilescit omnis mundus,
　sive promittens, sive terrens. 그대는 전능하신 분께서
　위협하시는 것을 두려워하고, 전능하신 분께서 약속하시든
　바를 사랑하십시오. 그러면 온 세상이 약속하든 위협
　하든 하찮아질 것입니다(최익철 신부 옮김. 요한 서간 강해. p.181).
exhortámen, -mĭnis, n. 장려(奬勵), 격려(激勵), 권고(勸告)
exhortátĭo, -ónis f. 권장(勸獎-권하고 奬勵함), 격려(激勵),
　독려(督勵-감독하며 격려함), 권고(勸告), 훈계(訓戒), 훈화.
　De exhortatione castitatis. 정결에 대한 권고(부인을 잃고
　재혼할 생각을 가진 친구의 마음을 바꾸려는 의도로 테르툴리아누스 지음).
Exhortátĭo ad Laudem Dei. 하느님 찬미에의 초대
Exhortátĭo ad martyrium. 순교(殉敎)에 대한 권고
　(Εἰς μαρτύριον προτρεπτικός)(오리게네스 지음. 모두 50장).
Exhortátĭo de distributione cleri.
　성직자 배치에 대한 권고(勸告).
Exhortátĭo et benedictio. 격려와 축복(激勵 祝福)
Exhortátĭo virginitátis, 동정생활의 권고,
　동정을 권함, 동정성의 권면(393년 Ambrosius 지음).
exhortatívus, -a, -um, adj. 장려의; 권고적인, 권유적인.
　(文法) conjunctívus exhortatívus. 권고 (권유) 접속사.
exhortátor, -óris, m. 권고자, 격려자, 위로자(慰安者)
exhórtor, -átus sum -ári, dep., tr. (ex+hortor)

격려하다, 고무하다, 권고하다(παρακαλέω), 권장하다,
훈계하다, (용기 따위를) 북돋아 주다, 고취(鼓吹)하다.
exhumátĭo, -ónis, f. 파냄, 발굴, 시체(묘지) 발굴
exhumo, -ávi -átum -áre, tr. (땅에서) 파내다, 발굴하다
exi, 원형 éxĕo, éxĭi(-ívi), exítum -íre,
　[명령법. 현재 단수 2인칭 exi, 복수 2인칭 Exíte].
Exi ab eo (ea), immunde spiritus, et da locum
Spiritui Sancto. 이 사람에게서 부정한 신(神)은 나가고
위로자이신 성령께 자리를 내어 드릴지어다.
　　　　　　　　　[출처] 라틴·한글 전통 유아 성세성사 예식서.
exigéntĭa, -æ, f. 필요, 요구; 요청(要請), 청구(請求),
　긴요(緊要); 긴박한 사정(형편).
éxĭgo, -égi -áctum -áre, tr. 내몰다, 내쫓다(הוו),
　내보내다, 축출하다, 격퇴(擊退)하다, (칼을) 뽑다,
　빼다; (무기로) 꿰찌르다, 꿰뚫다, (돈.물품을) **받아내다**,
　징수하다, 거두어들이다, 청구하다, 요청하다(αἰτέω),
　요구하다(ʾʂʾʂ.ʾʂʾʂ.ἐρωτάω), 조르다, 얻어내다,
　필요로 하다; **강요(强要)하다**, 억지로...시키다,
　무조건 ...하게 하다, 묻다, 질문하다, 답변을 요구하다,
　(시간을) 지내 보내다, 채우다, 다하다, 마치다,
　끝내다(ɔɔ'ɔ.ɔɔ'.ʊʊ), 끝내다, 끝마치다, 끝막다,
　성취(成就)하다(ʊʊʊ), 완성하다(ʊʊʊ), 참아내다,
　견디어(배겨) 내다, (무엇을 표준으로) 판단하다(ʊʊʊ),
　규정하다, (무엇에) 비추어(견주어) 보다, 검토하다,
　정확히(엄밀히) 측정하다, 의논(상의)하다, 토의하다,
　곰곰이 생각하다, 숙고하다, (누구를=cum algo) 상대하다,
　다루다. pass. 확실해지다, 결정되다, 작정되다.
　exáctā ætáte. 생애(生涯)를 마치고/
　Exáctum est ab algo, cur…
　왜 ...했느냐고 아무에게 물었다/
　Exígam a te, ut áudias me.
　나는 네가 내 말을 듣도록 만들테다/
　Non satis exáctum, quid agam.
　나는 아직 어떻게 할지 결정하지 못했다/
　secum algd exigo. 무엇을 혼자 깊이 생각하다/
　ut res exígit. 형편상 필요한 대로.
exigúĭtas, -átis, f. 미소(微小)함, 사소함, 협소(狹小),
　짧음, 근소(僅少-얼마 되지 않을 만큼 아주 적음),
　극소수(極少數), 빈약(貧弱), 미천(微賤-보잘 것 없고 천함).
exígŭo, adv. 잠시, 잠깐 동안
exiguo post. 잠시 후에(ex intervallo)
exígŭus[1] -a, -um, adj. 작은(ʊʊʊ.μικρὸς.ὀλίγος),
　미소(微小)한, 사소한, 보잘 것 없는, 빈약한,
　적은(ὀλίγος.μικρὸς), 얼마 안 되는, 근소한,
　조금밖에 안 되는, (시간) 짧은, 잠깐의,
　adv. **exígŭe**. 조금, 약간, 적게, 겨우 될까 말까하게; 옹색하게.
　Lector exiguus. 보잘 것 없는 독경자.
exiguum, -i, n. 근소(僅少-얼마 되지 않을 만큼 아주 적음),
　미소한 것, 소량(小量), 협소(狹小).
exiguus spatii. 좁은 공간
exii, "exeo"의 단순과거(pf.=perfectum)
exilis, -e, adj. 작은(ʊʊʊ.μικρὸς.ὀλίγος), 빈약한,
　보잘 것 없는, 가난한, 얇은, 박약한, 가는, 가냘픈,
　호리호리한, 야위; 메마른, 짧은.
exílĭtas, -átis, f. 빈약(貧弱), 가냘픔, 허약, 메마름, 짧음
exílĭum, -i, n. = exsílĭum 귀양, 유배, 유형, 추방, 망명
exim(=exin, =exínde) adv. 거기서부터(ἐκεῖθεν)
eximíĕtas, -átis, f. 탁월성(卓越性), 우수성(優秀性)
exímĭus, -a, -um, adj. 특출한, 두드러진, 예외적인,
　탁월한, 비상한, 비범한, 훌륭한.
Exímĭus et Pius. 훌륭하고 열심한 분
exímo, -émi -émptum -ēre, tr. (ex+emo) **뽑(아 내)다**,
　꺼내다, 빼다, 감(減)하다, 구출하다, 빼내다, 해방시키다,
　면하게 하다, 면제하다, 제거하다, 떼어놓다, 뺏다,
　없애주다, 해소시키다, 말소시키다, 시간을 낭비하다,
　시간을 끌다(지연시키다), (시간을) 보내다,
　지내다, 경과(經過-시간이 지나감) 시키다.
　alci eximo curas. 누구의 걱정거리를 없애주다/

anno exémpto. 1년이 지나서.

eximo *alci* dentem. 누구의 이를 뽑다

eximo *alqm* ex anno unum mensem.
일 년에서 한 달을 빼다

eximo *alqm* ex vínculis. 감옥에서 빼내다

eximo *alqm* morti. 누구에게 죽음을 면하게 하다

exin(=exim, =exínde) adv. 거기서부터(ἐκείθεν)

exinánĭo, -ívi -ítum -íre, tr. (ex+inánis)
비우다(רוק,וצר), 공허해지게 하다,
(배.수레의) 짐을 다 부리다, 휩쓸다, 약탈하다.
탕진(蕩盡)하다, 힘을 다 써버리다.

exinanítĭo, -ónis, f. 비움(κενόω), 공허하게 함,
자기 비움(그리스도의 용어로는 κένωσις) kenosis/self-emptying)(교리서 2103항),
(식물이 꽃을 피움으로) 쇠약해짐.

exinanitio alvi. (醫) 배변(排便, catharsis, -is, f.)

exínde(=exim, =exin), adv. (장소) 거기서부터(ἐκείθεν),
(시간) 그리고서, 그 후에, 그 다음에, 그래서, 그로 인하여.

exire ex(de) potestate. 제정신이 아니다, 이성을 잃다

existéntĭa, -æ, f. = ex(s)isténtĭa, -æ, f.
존재(獨 Das Sein.(獨) Existence), 생존.
실존(관념이나 인식에 의한 허상과는 상관없이 실제로 존재하는 일)
[스콜라 철학에서는 존재론의 라틴어 용어들을 다음과 같이 번역하여 사용한다.
ens(τὸ ὄν) 존재자, 존재 사물, 유 / esse(εἶναι) 존재, 존재함, 있음 /
essentia (아우구스티노의 용어로는) 존재, 존재자, (스콜라 철학에서는) 본질 /
existentia 실재, 실존, 존재 / natura (아우구스티노의 용어로는 '존재자'를
가리키는) 자연 본성, 자연 사물 / substantia 실체, 본체.
                                    성 염 지음. 사랑만이 진리를 깨닫게 한다. p.26]
argumenta exsistentiæ Dei. 신 존재증명/
De existentia substantiorum intellectualium.
지성적 실체들의 실존에 대하여(P. Zummitt의 논문)/
esse actualis existentiæ. 현실적 실존의 존재/
incommunicábĭlis existensia. 나눌 수 없는 존재./
pro-existentia. 위존(爲存)

existentĭa animi. 정신의 실존(實存)

existentĭa essentiális. 본질적인 실존

existentĭa humana. 인간실존

existentia supernaturalis. 초본성적 실존

existentĭa universálíssima. 가장 보편적 유(有)

existimábĭlis, -e, adj. 있을 법한, 생각할 수 있는,
그럴싸한; 존중할 만한, 평가할만한, 가치 있는(ἱκανὸς).

existimátĭo, -ónis, f. 평가, 판단, 견해, 의견, 평판,
존경, 존중(尊重), 영예(榮譽), 명성(名聲).
Est quiddam, ut amicítĭa, bona existimátĭo.
어떤 것은, 예를 들면 우정같이 높이 평가 받는다/
vendito se existimationi hóminum. 자기를 공천하다.

existimátĭo hóminum. 여론(opinio publica)

existimátor, -óris, m. 판단자(æstimátor, -óris, m.),
감정인; 평론가, 비평하는 사람, 평가자(評價者)

existímo, -ávi -átum -áre, tr. (ex+æstimo)
여기다, 생각하다(δοκέω), 판단하다(שֹׁבַּה), 헤아리다,
짐작하다, 평가(評價)하다, 존경(尊敬)하다.
alqm avárum existimo. 누구를 인색한 자로 여기다/
in hóstium número existimári. 적군의 하나로 여겨지다/
Malet existimári bonus vir, ut non sit, quam esse,
ut non putétur. 그는 호평을 받지 못하는 선인보다는
선인이 아니더라도 선인으로 평가받기를 더 원 한다/
Remittendum de celeritate existimabat.
그는 속도를 줄여야 할 것으로 생각하였다.
intr. 판단하다, 평가하다, 여기다, 생각하다,
(좋게.나쁘게) 말하다,
De iis male exístimant.
그들에게 대한 사람들의 평판은 나쁘다/
Non me vixisse pænitet, quoniam ita vixi ut non frustra
me natum esse existimem.(Cicero).
한 생을 산 것을 나는 후회 않는다. 나는 내가 태어난
것이 무익하지 않았다고 여기니끔 살아왔다/
Rideo istos, qui turpe existimant cum servo suo canare.
자기 노예와 저녁을 드는 것을 더럽다고 여기는
사람들을 나는 조소한다!(Seneca).

existum… V. existim…

exite, 원형 éxĕo, éxī(-ívi), exítum -íre,
[명령법. 현재 단수 2인칭 exi, 복수 2인칭 exite].

Exite, si vultis. 나가고 싶으면 나가라!

exitiá(bǐ)lis, -e, adj. 불행한, 처참한, 파멸적인,
가공(可恐)할, 위험한, 유해(有害)한.

exitiá(bǐ)lis superstitio. 위험한 미신(迷信)

exítĭo, -ónis, f. 나감, 나옴

exitiósus, -a, -um, adj.
불행한, 처참한, 파멸적인, 치명적인, 애통할.
Id fieri posse st, si evenisset, exitiosum futurum esse
videbam, et ne accideret timebam. 그 일이 일어날 수
있고 또, 만일 그런 일이 일어난다면, 파괴적이 될 것이
라고 나는 생각하고 있었다. 그러나 나는 그 일이 일어
나지 않을까 두려워하고 있었다.[성 염 지음. 고전 라틴어. p.353].

exítum, "éxeo"의 목적분사(sup.=supínum)

exítĭum, -i, n. 재난, 재해(災害-재앙으로 말미암은 피해),
멸망, 파괴(破壞), 파멸(破滅.피양破壞); 재해의 원인.

éxĭtus, -us, m. 나감, 출발, 처참한, 출구, 탈출구.
배수구(排水口), 끝, 종말(終末.(獨) end of the world),
말로(末路-인생의 끝판), 죽음(חַיַה.θάνατος.(獨) Death
-특히 성인의 죽은 날을 표시할 때 쓴다. 다만 성모님의 하직은 Transitus
라고 한다. 백민관 신부 엮음. 백과사전 1. p.1034)/
몰락(沒落-쇠하여 보잘것없이 됨), 결말(結末), 결과(結果).
informis exitus. 끔찍한 최후/
perversum exitum(獨 perverse end) 전도된 전말(顚末)

Exitus a Deo. 하느님으로부터 나감.
Reditus ad Deum. 아버지께로 되돌아감. 신께로의 귀환.

Exitus acta probat. 결과는 행위를 정당화한다(워싱턴의 좌우명)

exitus profluentes. 하수구(下水溝, elix, -ícis, m.)

exitus-reditus. 발원과 귀환(歸還)

exívi, "exeo"의 단순과거(pf.=perfectum)

exlex, -légis, adj. 법의 구속을 받지 않는; 방종한

exnunc. adv. 지금부터(dehinc, adv.)

exóbsĕcro, -áre, intr. 간절히 원하다, 애걸하다

exóccŭpo, -ávi -átum -áre, tr. (ex+óccupo')
독점하다; 거주장소스러운 것들을 떨쳐버리다.

exochádĭum, -i, n.(éxóchas, -ădis, f.) (醫) 치질

exócŭlo, -ávi -átum -áre, tr. (ex+óculus)
눈알을 빼다; 소경이 되게 만들다.

exodérmis, -ídis, f. ((植) (뿌리의) 외피층(外皮層)

exódĭum, -i, n. 종말(結末), 종말(獨 end of the world),
종국(終局-끝판. 마지막 판), 최후(最後), 해결(解決).

Exodus, -i, f. 탈출기(Liber Exodus), 출애굽기

éxŏdus, -i, f. 이스라엘 백성의 이집트 출국(出去)

exogámĭa, -æ, f. 이족(異族) 결혼, 족외(族外) 결혼.
(生) 이종(異種) 생식 세포의 결합.

exolésco, -évi -étum -ĕre, intr. 다 자라다,
완전히 피다, 시들어지다, 사라져 가다, 감퇴하다.
사그라지다, 쇠약(衰弱-쇠하여 약함)해지다.
exoletum jam vetustate odium.
이미 오래되어 사그라진 미움.

exolétus, -a, -um, p.p., a.p. 다 자란, 장성한,
남창(男娼)이 될 만큼 성숙한 (소년), 방탕한,
시들어 가는, 기억에서 사라져 가는, 사그라진.

exŏlévi, "exolesco"의 단순과거(pf.=perfectum)

exómis, -ĭdis, f. 한쪽 어깨와 흉부가 드러나는 옷,
태조 주교의 어깨 옷(백민관 신부 엮음. 백과사전 1, p.1040).

exomológésis, -is, f. (그리스어) 뉘우침,
통회(獨 contrition), 참회(懺悔.獨 Penance/Penitence),
동방교회의 공적 고해성사.

exonerátĭo, -ónis, f. 짐 부림, 노임 지불

exónĕro, -ávi -átum -áre, tr. (ex+ónero) 비우다,
…에서 짐을 내리다(부리다), 짐(부담)을 덜어주다,
가볍게 해주다, 경감(輕減)하다, 면제(免除)하다, 풀어주다.

exónĕro alvum. 배설(排泄)하다

exónĕro ánimum sollicitúdine. 마음 걱정을 덜다

exophthálmĭa, -æ, f. (醫) 안구 돌출증(眼球 突出症)

exophthalmus, -i, m. (醫) 안구 돌출증(眼球 突出症)

exoptábilis, -e, adj. 간절히 바랄만한, 바람직한
exoptátĭo, -ónis, f. 간절히 바람, 간원(懇願), 열망(熱望)
exópto, -ávi -átum -áre, tr. (ex+opto)
   간절히 바라다, 열망(熱望)하다.
exorábilis, -e, adj. 간청으로 굽힐 수 있는, 청원할 만한,
   간구 할만한, 달랠 수 있는, 마음 돌리게 할 수 있는.
exorátĭo, -ónis, f. 간청(懇請), 간구(懇求-간절히 요구함),
   애원(哀願-통사정을 하며 애절히 바람), 청하여 얻음.
exorátor, -óris, m. 간구자, 간청자, 청하여 얻는 자
exórbĭto, -ávi -átum -áre, (ex+órbita)
   intr. 이탈하다, 궤도에서 벗어나다, 빗나가다, 멀어지다.
   tr. 이탈하게 하다, 벗어나게 하다, 빗나가게 하다.
exorcísmus, -i, m. (⑨ Exorcism.獨 Exorzismus)
   구마(驅魔)*, 악령추방(惡靈追放)*.
   (가) 구마사식(adjurátĭo dæmonum. 라틴 예식에서는 세례식 때
   예비자가 세례를 받기 전에 세례식일 일반으로 행했는대. 오늘날에는 순수
   예절로 불과하다. 1972년 이후 이 예식이 간결해져서 마귀의 권세를 물리
   치는 기도만 한다. 오늘날 마귀 들린 사람을 구마하는 예식은 주교의 허가가
   있어야 한다. 백민관 신부 엮음. 백과사전 1. p.1040).
   exorcismi oleum. 구마(驅魔)의 기름.
exorcismus extraordinárĭus. 이례적 구마(異例的 驅魔)
exorcismus Magnus. 장엄 구마(교리서 1673항)
exorcismus ordinárĭus. 통상적 구마
exorcismus privátus. 사적 구마
exorcismus publicus. 공적 구마
exorcismus simplex. 단순한 구마
exorcismus sollemnis. 장엄한 구마
exorcísta, -æ, m. (⑨ Exorcist.獨 Exorzist)
   구마품(직) 받은 하급 성직자.
exorcistátus, -i, m. 구마직, 구마품(⑨ exorcistate)
   (소품 중 제2품. 하급 성직으로 1973년부터 폐지).
exorcízo, -ávi -átum -áre, tr.
   악마(惡魔)를 쫓아내다, 구마(驅魔)하다.
exórdĭor, -órsus sum -díri, tr. (ex+órdior)
   짜다(ⴽⴷⴷ.織), 꼬다, 엮다(πⴷⴷ), 시작하다,
   착수하다; 연설을 시작하다, 말머리를 꺼내다.
exórdĭum, -i, n. 시작, 기원, 원천, 근원(根源.ἀρχὴ),
   처음(πρῶτος.ἀρχὴ), 연설의 시작, 서두(序頭), 벽두.
   translátum exórdium. 뜻을 빌려 쓴 머리말.
Exordium Cisterciensis Cœnobii. 시토 수도회의 기원
exórĭens, -éntis, m. 동방, 솟아오르는 태양(sol nascens)
exórĭor, (-rĕris, -rítur) -órtus sum -oríri, dep., intr.
   (해.달.별이) 돋다, 솟아오르다, 나타나다,
   일어나다(ⴷⴷⴷ.ⴷⴷⴷ), 발생하다, 생기다.
   분출하다(ⴷⴷⴷ), …에서 나오다, 시작하다.
exornátĭo, -ónis, f. 꾸밈, 장식(裝飾), 미화, 수식(修飾)
exornátor, -óris, m. 장식가(裝飾家), 수식가(修飾家)
exórno, -ávi -átum -áre, tr. (ex+orno) 장식하다,
   꾸미다(ⴷⴷⴷ.ⴷⴷⴷ), 미화하다, 수식(修飾)하다,
   장비(裝備)를 갖추다, 필요한 것을 갖추다,
   설비(設備)하다, 설치(設置)하다.
   Tibi me exorno. 난 당신을 위해 치장을 하는 거예요.
   [관심 여격dativus ethicus 문장으로 관심 여격은 동사가 표현하는 행위에 대해
   화자나 필자의 관심을 나타내기 위해 여격 인칭대명사와 함께 사용되는데.
   이때 사용된 여격 인칭대명사를 관심 여격이라고 한다.
   한동일 지음. 카르페 라틴어 2권. p.210).
exóro, -ávi -átum -áre, tr. (ex+oro)
   (누구에게) 간청하다(ⴷⴷⴷ.ⴷⴷⴷ.προσεύχομαι),
   탄원하다(προσεύχομαι), (누구에게 무엇을) 간청하여 얻다,
   간구(懇求)하다, …하도록(못하도록) 탄원(간청)하다,
   마음을 돌리게 하다, 누그러지게 하다, 납득시키다,
   alqm a fílii cæde exoro.
   아무에게 타일러 아들을 죽이지 못하게 하다/
   exorátus. 간청에 못 이겨.
exórsa, -órum, n., pl.
   시작; 머리말, 말의 실마리, 서두(序頭), 서론(序論).
exórsus, -us, m. (=exórdĭum)
   시작, 처음(πρῶτος.ἀρχὴ), 벽두, 서두, 서론, 머리말.
exortívus, -a, -um, adj. 동방의, 동녘의
exórtus, -us, m. 해돋이, 일출: 돋음, 동방, 동쪽, 원천, 수원

exos, -óssis, adj. 무골의, 뼈 없는, 연체(軟体)의, 유연한
exosculátĭo, -ónis, f. (비둘기 따위의) 애정 깊은 입맞춤
exósculor, -átus sum -ári, dep., tr. (ex+ósculor)
   뜨겁게 입 맞추다, …에 키스하다, 극진히 사랑하다,
   소중히 여기다, 애지중지(愛之重之)하다.
exospórĭum, -i, n. (生) 외생포자(外生胞子).
   (植) 아포외막(芽胞外膜), 포자외막.
exósso, -ávi -átum -áre, tr. 뼈를 발라내다, 뼈를 추려내다
exóstra, -æ, f. 회전무대 장치,
   무대 내부를 관객에게 돌려 보여주는 기계장치,
   포위된 성벽으로 건너지르는 이동다리.
exósus, -a, -um, p.p. 몹시 미워하는, 혐오하는, 마음 받는
exotéricus, -a, -um, adj. 공개적인, 대중적인
exótĭcus, -a, -um, adj. 외래의, 외국산의, 진귀한
exoukontiani(⑨ Anomoeans) 4세기 아리우스파의 극단론자.
   [성자는 무에서부터 창조되었다는 그리스어 ex ouk onton(ex nihilo esse)이란
   말에서 그 이름이 유래한다. 그 주도자는 Aëtius이기 때문에 ætianista라고 부른다.
   백민관 신부 엮음. 백과사전 1. p.1041].
expallésco, -llŭi, -ĕre, intr. 창백해지다.
   tr. 무서워 움츠리다.
expalliátus, -a, -um, p.p. 외투를 벗기 운(벗긴)
expállĭdus, -a, -um, adj. 창백한, 핏기 없는, 핼쑥한
expallui, "expallésco"의 단순과거(pf.=perfectum)
expálmo, -ávi -átum -áre, tr. (ex+palma)
   뺨치다, 따귀(“뺨따귀”의 준말)를 때리다.
expálpo, -ávi -átum -áre, (expálpor, -ári, dep.) tr.
   (ex+palpo) 아첨하여 얻다, 꾀어서 얻다.
expandi, "expándo"의 단순과거(pf.=perfectum)
expándo, -di -pánsum(-pássum) -ĕre, tr. (ex+pando⁹)
   펼치다, 펴다, 널어놓다, 벌려놓다; 전개시키다;
   열어놓다, 설명하다, 밝히다.
   Erectus expandit manus, easque in altum porrectas
   jungens, elevatis ad cœlum oculis et statim demissis,
   dicit. 손을 펴며 하늘을 향하여 손과 시선을 올리고
   모으며 말한다/
   Tenens manus expansas super oblata, dicit:
   모아진 손을 봉헌물 위에 펴고 말한다.
expánsĭo, -ónis, f. 폄, 펼침, 늘림, 뻗음; 팽창(膨脹),
   신장(伸張), 전개(⑨ Advancement), 확장(擴張),
   발전(⑨ Advancement/Growth), 확대(擴大).
expansum, "expándo"의 목적분사(sup.=supínum)
expassum, "expándo"의 목적분사(sup.=supínum)
éxpătro, -ávi -átum -áre, tr.
   낭비(浪費)하다, 마구 써버리다, 탕진(蕩盡)하다.
expavefácĭo, -féci, -fáctum, -cĕre, tr. (ex+páveo+fácio)
   몹시 놀라게 하다, 공포감(恐怖心)을 주다.
expávĕo, -ēre, tr. 두려워하다(ⴷⴷⴷ.ⴷⴷⴷ.ⴷⴷ),
   몹시 무서워하다, 무서워 떨다, 공포심을 갖다.
expavésco, -pávi -ĕre, tr. 무서워하다, 겁내다.
   intr. 무서워하다, 겁내다, 떨다(ⴷⴷⴷ.ⴷⴷⴷ.ⴷⴷⴷ.ⴷⴷ).
expect… V. exspect…
Expectetur, Spectare ad Episcompum.
   교황청 각 부서가 제출 받은 질문이나 청원에 대한
   답서로 “교구장 주교에게 관할권이 있으니, 그에게
   청원하시라”는 뜻이다(교회법 해설 ③ 교회의 최고 권위. p.279).
expavesco, -pávi -ĕre, intr. 겁내다
expectativa juris acquirendi. 기대권(期待權)
expéctŏrans, -ántis, n. (醫) 거담제(가래를 삭게 하는 약).
   (醫) 가래 삭이는(나오게 하는) 약(藥).
expéctŏro, -ávi -átum -áre, tr. (ex+pectus)
   가슴 밖으로 내보내다; 가슴속에서(공포 따위를) 몰아내다.
expeculiátus, -a, -um, adj. (ex+pecúlium) 재산을 빼앗긴
expediéntĭa, -æ, f. 유익, 이익(利益), 유리(有利-이로움)
expediméntum, -i, n. (어려운 것의) 해결(解決);
   성취(成就.⑨ Consummátĭon/Fulfillment).
   수행(遂行-일을 계획한 대로 해냄), 실현(實現).
expédĭo, -ívi(ĭi) -ítum -íre, tr. (ex+pes, cf. pédica)
   풀다, 풀어주다(ἀπολὺω), 놓아주다, 벗어나게 하다,
   면하게 하다, **자유롭게 해주다, 해방하다**(ⴷⴷⴷ),

석방하다, (위험.어려움.장애물 따위에서) 구해내다.
Hic nodus expediátur. 이 매듭을 풀어야 한다/
expedio *alqm* omni moléstiā. 모든 성가신 일에서
해방시켜 주다/ se expedio. 풀려나다, 면하다, 피하다/
(장애물.난관 따위를 제거하고) 개척하다, 개간하다.
áditus expedio. 돌파구를 개척하다/ rátio expediéndæ
salútis. 살 길을 모색하는 방법/ 가지런히 하다,
정돈(정리)하다(ㄸ), 처리하다, 해결하다, 극복하다,
이행(이행)하다, 완수하다, 실현하다, 마치다, rem expedio.
일을 해결하다(마치다)/ 준비하다(ㅁㄸ.ㄸ), 마련하다,
채비를 하다, 차려(갖추어) 놓다, 꺼내 놓다,
각오하게 하다, 용의 있게 하다, Virgas expediri jubet.
그는 곤장을 준비하라고 명 던지다.
전투태세를 갖추다/ (원반 따위를) 앞으로 내던지다.
내쏘다, 발사하다, 설명하다, 해결(解決)하다, 밝히다,
말해주다. Hoc éxpédi primum. 이것을 먼저 밝혀라/
Expedi, quid fecerim. 내가 뭘 어쨌다는 거냐 말해 봐.
intr. (무엇이 누구에게) 이롭다, 유리, 유익(有益)하다,
유리(하다. cum aliis aliud expediat.
각자에게 서로 다른 것이 유익하기 때문에/
Expĕdit cédere. 물러서는 것이 낫다/
Expedit esse deos, et, ut expedit, esse putemus.(Ovidius)
신들이 존재하는 것이 이롭다. 이로운 만큼,
존재한다고 여기자![성 영 지음, 고전 라틴어, p.309]/
Expedit vobis, ut ego vadam(㊙) It is to your advantage
I go away) 내가 떠나가는 것이 너희에게는 더 유익하다/
Ut sanus sit in hac vita? quid, si non illi expedit?
그가 이승의 삶에서 건강해지기를 바라서입니까?
건강이 그에게 도움이 안 된다면 무슨 소용이
있겠습니까?.(최익철 신부 옮김. 요한 서간 강해, p.367).
expedítio, -ónis, f. 출정, 원정(遠征), 출병, 토벌(討伐),
군대 파견(軍隊派遣), 탐험(여행), 해결(解決), 처리(법).
expeditio cruciata. 십자군 원정(十字軍 遠征)
expeditioális, -e, adj. 원정에 관한, 토벌의, 전장에 나가는
expedítus, -a, -um, p.p., a.p. 매이지 않은, 풀려난,
자유로워진, 구애되지 않는, 가뜬해진, 경무장한,
배낭 없는, 준비가 되어 있는, 태세를 갖춘, 민첩한,
용의가 있는, 재빠른, 쉽게…할 수 있는, 손쉬운,
용이한, 손 가까이 있는, 거침없는, 유창한, 확실한.
m. 경무장(輕武裝)한 병사(兵士).
in expedíto esse. 언제든지 …할 수 있는 상태에 있다.
expéllo, -pŭli -púlsum -ĕre, tr. (ex+pello)
쫓아내다, 밀어내다, 축출하다, 추방(追放)하다(ㄲㄲ),
제명(除名)하다, 격퇴(擊退)하다, 뺏어가다,
(어떤 상태를) 일소(一掃)하다, 몰아내다.
Aristidem ob eam causam Athenienses ex patria
expulerunt, quod præter modum justus esset.
아테네인들은 아리스티데스를, 그가 정도 이상으로
의롭다는 바로 그 이유로 조국으로부터 추방했다/
Tyranni expulerunt multos cives de paria.
전제자들은 많은 시민들을 조국에서 추방(追放)했다/
Unguentarios Lacedæmonii urbe expulerunt, quia oleum
disperderent. 스파르타인들은 기름을 허비한다 해서
향수 장사들을 도성에서 추방해버렸다.
expello quiétem. 고요를 깨뜨리다
expello tuos somnos. 너의 잠을 달아나게 하다
expéndi, "expéndo"의 단순과거(pf.=perfectum)
expéndo, -di -pénsum -ĕre, tr. (ex+pendo)
무게를 달다, 곰곰이 생각하다, 심사숙고(深思熟考)하다,
검토하다, 평가하다, 판단하다.
계산해서 지불하다, 돈을 치르다(내다.주다),
지출하다, 대가를 치르다, 죄 값을 치르다.
pecúniam expénsam ferre *alci*.
누구 앞으로 된 돈 지출을 (장부 따위에) 기입하다,
누구에게 돈을 맡기다, 꾸어주다/
pœnas expendo. 벌을 받다.
expéndo scelus. 죄의 대가를 치르다
expénsa, -æ, f. 비용(費用), 경비(經費-비용)

expensa judiciális. 재판 비용(裁判費用)
expensa necessária. 필요한 비용
expensa superflua. 과도한 비용
expensa utilis. 유용한 비용
expensa voluptuária. 사치(奢侈)한 비용
expénse, adv. 몹시, 심히, 대단히
expénsio, -ónis, f. 비용(費用), 경비(經費-비용)
expénso, -ávi -átum -áre, tr.
헤아리다, 치르다, 지불하다, 비용 쓰다, 보상하다.
expénsum, "expendo"의 목적분사(sup.=supínum)
expénsum, -i, n. 비용, 경비(經費-비용), 지출, 지불.
codex accépti et expénsi. 출납부/
alci expénsum fero.
지출(支出)을 누구 앞으로 장부에 올리다.
expergefácio, -féci -fáctum -ĕre, tr. (expérgo+fácio)
깨우다, 눈뜨게 하다, 정신 들게 하다.
expergefáctus e somno. 잠에서 깨어난.
expergíscor, (-ĕris, -ítur), -perréctus sum, expergísci,
dep., intr. (expérgo) 눈뜨다, 잠 깨다, 정신 차리다.
expérgīte, adv. 깨어서, 주의해서, 정신 차려서
expérgo, -gi -gītum -ĕre, tr. (ex+pergo)
깨우다, 눈뜨게 하다, 정신 차리게 하다.
자극(刺戟)하다, 각성(覺性)시키다, 환기(喚起)시키다.
expériens, -éntis, p.præs., a.p. 경험 많은, 숙련된,
행동적인, 진취적인, 대담한, 모험을 즐기는, 견디어내는.
experiéntia, -æ, f. 시도, 시험, **경험**(經驗), 체험(體驗).
multilátio experientiæ. 경험의 unit구화.
Experiéntia est magistra stultorum.
경험은 어리석은 자들의 선생이다.
experiéntia externa. 외적 경험
experiéntia integrális. 통전적 경험(通全的 經驗)
experiéntia intellectuális. 지성적 체험(知性的體驗)
experiéntia interna. 내적 경험
experiéntia mystica. 신비체험(神秘體驗)
Experiéntia stultos docet.
경험은 어리석은 자들을 가르친다.
experimentális, -e. adj. 실험의, 실험적(實驗的),
실험을 기초로 하는, 경험상의, 경험에서 오는.
cognitio experimentalis habita de Deo.
하느님에 대한 체험적 인식/
Theologia Experimentalis. 체험신학.
Experimentalis cognitione cognoscimus.
경험적 인식을 통해 인식한다.
experimentálismus, -i, m. 경험주의(經驗主義)
experiméntum, -i, n. 시도(試圖), 시험(試驗),
실험(實驗), 경험(經驗), 체험(體驗), 증거(證據).
Experimenta circa regiminis.
수도회의 통상관리의 양식(1972.2.2. 교령).
experimentum crucis. 십자가의 실험, 결정적 실험
experimentum in corpore vivo animalium. 동물실험
experimentum rátiónis. 이성의 체험(體驗)
expérĭor, -pértus sum, experíri, dep., tr. 시험해보다,
시험하다 보다, 실험하다, 음미(吟味)하다,
시도하다, 해보다, 모험하다, …도록 노력해 보다.
경험하다, 경험해서 알다(배우다), 체험하다,
(어려움을) 겪다, 당하다, 참아내다, 견디다.
intr. (cum *alqo*) 겨루다, 다루다,
Extrema ómnia experior. 마지막으로 모든 것을 해보다.
Experior deos iníquos.
신들이 고약하다는 것을 경험하다.
expérĭor jus. 재판에서 자기 권리를 주장하다.
Expérior, ut hinc ávolem.
여기서 급히 떠날 수 있도록 힘써 보겠다.
experréctus, -a, -um, p.p., a.p. 정신을 바짝 차린
expers, -pértis, adj. (ex+pars) 몫을 차지하지 못한,
끼지 못한, 참여(관여) 하지 않은, (무엇이) 없는,
결여된(inops -ōpis, adj.), 부족한, 면된된, 관계없는.
domo expers. 집 없는 자.

expértus, -a -um, p.p., a.p. 시험 거친, 실험 끝난,
훌륭히 증명된, 정평 있는, 경험 많은(있는), 정통한,
익숙한, 노련한, 숙련된, 전문지식 있는.
expérta medicína. 실험으로 입증된 약.

expertus belli. 전쟁 경험이 있는

expetésso, -ĕre, intens., tr.
갈망하다(ﬧ ﬦ ,ﬦﬡﬢ ,ﬧ), 열망하다.

expetíbilis, -e, adj. 바람직한, 열망할 만한

expetítor, -óris, m. 청구자(請求者)

éxpĕto, -ívi(ĭi) -ítum -ĕre, tr. (ex+peto) 열망하다,
간절히 바라다, 갈구하다, 탐내다(ﬧﬡﬡ), 추구하다,
얻으려고 노력하다, 몹시…하고 싶다, 요구하다,
청구하다, (바다 따위가) 침식하다, (조금씩) 침입하다,
잠식(蠶食-초창식지稱蠶食之의 준말)하다, 누구한테로 가다.
ætátem éxpeto. 언제까지고 지속되다, 오래가다/
Videre te éxpeto. 나는 네가 몹시 보고 싶다.
intr. (누구에게) 닥치다, 미치다(及), 돌아가다, 일어나다.

expiátĭo, -ónis, m. 속량(ἐξαγορὰζειν.贖良→대속),
속죄(獨 Sühne.ⓖ Atonement/Expiátĭon),
보상(ⓖ Reparátĭon), 보속, 화해(ⓖ Reconciliátĭon).

expiátor, -óris, m. 보속자(補贖者), 속죄자(贖罪者)

expiátrix, -ícis, f. 보속하는 여자, 속죄하는 여자

expilátĭo, -ónis, f. 약탈(掠奪), 강탈(强奪-강제로 빼앗음),
탈취(奪取-남의 것을 억지로 빼앗아 가짐), 휩쓸어 감.

expilátor, -óris, m. 약탈자, 강탈자, 강도(强盜), 도둑

expílo, -ávi -átum -áre, tr.
강탈(强奪)하다, 약탈(掠奪)하다; 뺏다, 도둑질하다.

expíngo, -pínxi -píctum -ĕre, tr. (ex+pingo)
그리다(γραφήν), 단장하다, 묘사(描寫)하다, 표현하다.

expínso, -ĕre, tr. 부수다(ﬧﬡﬢ ,ﬧﬡ ,ﬧﬡﬡ)
찧다, 빻다, 가루로 만들다.

éxpĭo, -ávi -átum -áre, tr. (ex+pio) 속죄하다,
보속(補贖)하다, 누그러뜨리다, 죄 값을 치르다,
죄를 갚다, 보상하다, 속죄식을 거행(擧行)하다,
죄로 더럽혀진 것을 깨끗이 하다, 누그러뜨리다,
가라앉히다, 달래다, 만족(滿足)시키다.

expíscor, -átus sum, -ári, dep., tr. (ex+piscor)
열심히 찾다, 찾아내다, 뒤지다, 캐내다, 탐구하다.

explanábĭlis, -e, adj. 명료한, 명확한, 알아들을 수 있는

explanátĭo, -ónis, f. 설명(說明), 풀이, 해설(解說),
해석(ﬧﬡﬡ.ⓖ Interpretátĭon), 생생한 묘사(描寫).

Explanátĭo symboli. 신경 설명

Explanátĭo symboli initiándos. 신경 주해
(Ambrosius 지음. 현대 가톨릭사상 제16집, p.200).

explanátor, -óris, m. 설명자(說明者), 해석자(解釋者)

explanatórĭus, -a, -um, adj. 설명하는, 해석하는

explanátus, -a, -um, p.p., a.p.
똑똑한, 명확한, 분명한, 알아들을 수 있는.

expláno, -ávi -átum -áre, tr. (ex+planus¹) 펴다,
평평하게 만들다, 설명하다, 해석하다(ﬧﬡﬡ). 밝히다.

explánto, -ávi -átum -áre, tr. (ex+planto)
뿌리째 뽑다, 뽑아내다, 제거(除去)하다.

expláudo = explódo

explēméntum, -i, n. 충전(充塡), 보충(補充), 음식물,
먹을 것, 용장문(冗長文-쓸데없이 길게 늘어놓은 글),
(글의) 군더더기, 불필요한 부록, 충족, 만족(滿足).

expléo, -plévi -plétum -ére, tr. (ex+inusit. pleo)
가득 채우다, 충만(充滿)케 하다, 배를 채우다,
배불리 먹이다, (욕망을) **만족시키다**, **충족시키다**,
(갈증 따위를) 풀다, (수를) **채우다**, 보충(補充)하다,
한도(限度)에 달하게 하다, 어떤 수에 달하다,
(시간을) 채우다(ﬧﬡﬡ), 완료하다, 마치다, 다하다,
만기(滿期)가 되게 하다, 완성되게 하다, 이행(遂行)하다,
Explétum annum habéto. 생애가 끝난 줄로 여겨라/
Sic ávide ﬧﬡﬡ, quasi diutúrnam sitim expléré cúpiens.
마치 오랜 갈증을 풀고 싶어 못 견뎌 하듯이
그렇게 열망적(熱望的)으로.

expleo se. 배불리 먹다

explétĭo, -ónis, f. 만족(滿足), 충족(充足), 보충(補充)

expletívus, -a, -um, adj.
보충적인, 부가적인, 보완하는, 만족(充足)시키는.

explétus, -a, -um, p.p., a.p. 완료된, 완성된, (數가) 다 찬

explicábĭlis, -e, adj. 실마리를 풀 수 있는,
설명(說明)할 수 있는, 해결(解決)할 수 있는.

explicátĭo, -ónis, f. 펼침, 폄, 전개(ⓖ Advancement),
설명, 해설, 해석(ﬧﬡﬡ.解釋.ⓖ Interpretátĭon)

explicátĭo duodecim capitum. 12개 조항에 대한 해설.
(치릴루스는 감옥에서 이 책을 써서 자기 입장의 정통성과 자기 처신의 올바름에
대해 황제를 설득하였다. 석방이 된 이후 수많은 담화와 서한을 통해
자신의 사상을 밝히고 주장하는데 444년 선종하였다.).

explicatívus, -a, -um, adj. 설명의, 해설적인.
interpretátĭo explicativa. 설명적 해석.
nota explicativa prævia. 예비 주해

explicátor, -óris, m. 설명자(說明者), 해설자(解說者)

explicátrix, -ícis, f. 설명하는 여자, 해설하는 여자

explicátus¹ -a, -um, p.p., a.p. 잘 정돈(整理) 된,
실마리를 찾은, 해결된, 명료한, 밝혀진.

explicátus² -us, m. 폄, 펴는 행동.
pl. 설명; 해결, 해석, 주해(註解.ⓖ Exegesis-주석).

Explicit. 끝, 마감(책 혹은 어떤 시기가 끝남을 표시하는 말)

Explicit Actus militæ cordis. 심적 투쟁 행위들의 끝

Explicit Regula quadragesimális. 사순절 규칙의 끝

Explícit tempus paschále. 부활시기 끝남

explicĭtum, "explico"의 목적분사(sup.=supínum)

explicĭtus, -a, -um, p.p., a.p. 명백히 드러낸(드러난),
(암시적.함축적이 아니고) 명시된, 숨기지 않은,
(뜻이) 충분히 표현(발표) 된, 솔직(率直)한,
노골적(露骨的), 쉬운, 구애(拘碍)되지 않은.
Explicitum est(=Explicit) 사본의 각필어(擱筆語), 끝말.
(두루마리 책을 끝까지 썼다. '해석하다'라는 뜻으로 쓰는 말.
백민관 신부 엮음, 백과사전 1, p.1044)/
intentio explicita. 현재적 지향.

éxplĭco, -ávi(-cŭi) -átum(-cĭtum) -áre, tr. (ex+plico)
펴다, 펼치다, **풀다**, 끄르다, 넓히다, 확장하다, 뻗치다,
(밀집한 대열을) 전개하다, 뻗어나가다, 구해내다,
꺼내다, 풀려나게 하다, 자유롭게 하다, 해결하다,
처리하다, 정리하다, 완수(完遂)하다, 이행(遂行)하다,
성취(成就)하다, 완성하다, (경비 따위를) 지출하다,
빚진 돈을 갚다, **설명하다**, 해설하다, 밝히다, 진술하다,
서술(敍述)하다, 표명(의사나 생각 따위를 드러내어 명백히 함)하다,
(의견 따위를) 말하다(ﬧﬡﬢ).'ﬧﬡ .ﬡﬡﬢ .ﬡﬡ'.
se ex láqueis explico. 올가미에서 빠져나오다/
se explico, explicári. 전개되다, 뻗어나가다/
Unam rem explicabo et maximam. 나는 한 가지 일을,
하지만 매우 중요한 일을 설명 하겠다/
volumen explicáre. 두루마리를 펴다.

explódo(=**expláudo**), -plósi -plósum -ĕre, tr.
(ex+plaudo) 야유(揶揄-남을 빈정거리며 놀리는 말이나 짓)하다,
(손뼉을 치거나 고함을 질러서) 내쫓다(퇴장시키다),
배척하다, 물리치다, 타파하다, 나무라다(ﬧﬡﬡ.ﬡﬡﬢ),
비난하다(ﬧﬡﬢ.ﬡﬡ), 폭발시키다, 파열(破裂)시키다.

explorátĭo, -ónis, f. 답사(踏査), 정찰(偵察), 탐사(探査),
탐색(探索), 탐험, 살핌, 관찰(觀察), 엄밀한 조사.

explorátor, -óris, m. 답사자, 탐험가(探險家),
정탐자(偵探者), 정찰자(偵察者). pl. 탐색대(探索隊)
Per exploratores Cæsar certior factus est tres jam partes
copiarum Helvertios flumen Ararim traduxisse, quartam
fere partem citra flumen reliquam esse.
정찰병들을 통해 카이사르는 헬베티아인들의 군대 4분의
3이 아라르 강을 벌써 건넜으며 대략 4분의 1이 강가에
남겨져 있음을 알았다.[성 염 지음, 고전 라틴어. p.404]/
Quam diligentissime exploratores advenire castra
coeperunt. 정찰병들은 온 힘을 다해 진영에 도달하려 애썼다.

explorátórĭus, -a, -um, adj. 답사(踏査)의, 탐험의,
정찰(探索)하는, 탐색(探索)하는, 탐지(探知)의.

explorátus, -a, -um, p.p., a.p. 확실한, 틀림없는,
확인된, 확정된, 안전한. exploráto. 확인하고 나서.

explóro, -ávi -átum -áre, tr. 살피다, 탐구(探求)하다,
　자세히 조사하다(알아보다), 탐지(探知)하다,
　정탐(정찰)하다(אָרַב), 탐색(探索)하다, 검사하다(בָּקַר),
　시험하다(בָּחַן.נִסָּה), 실험하다, 분석(分析)하다.
　gustu exploro. 맛보다, 시음(試飮)하다.
explŏsi, "explódo(=expláudo)"의 단순과거(pf.=perfectum)
explŏsĭo, -ónis, f. 배우를 (무대에서) 들이 쫓음,
　야유(揶揄), 비난(非難), 조소(嘲笑-비웃음), 폭발(暴發)
explŏsum, "explódo(=expláudo)"의 목적분사(sup.=supínum)
expŏlĭo, -ívi -ítum -íre, tr. (ex+pólio) 매끈하게 하다,
　다듬다, 연마(鍊磨)하다, 닦다, 광채(光彩)나게 하다,
　장식하다, 꾸미다(נָוָה.בְּבַס.עדה), 가꾸다(עֲדָה.בֵּרֵא),
　세련(洗鍊)하다, 교양(敎養)하다, 완성시키다.
expŏlítĭo, -ónis, f. 다듬음, 닦음, 연마(鍊磨-갈고 닦음),
　장식(裝飾-치장함), 윤색(潤色-광택을 내고 색칠함), 세련(洗鍊),
　교양教養-학문, 지식, 등을 바탕으로 이루어지는 품위).
expóno, -pósŭi -pósĭtum -ĕre, tr. (ex+pono)
　내놓다, 펴놓다, 진열(陳列)하다, **전시하다**, 공개하다,
　노출(露出)시키다, 드러나게 하다, 쏘이다, 맞히다,
　(아이를) 내어버리다, 유기(遺棄)하다, 상륙(上陸)시키다,
　양륙(揚陸)시키다, 짐 부리다, 제시하다, 제출하다,
　설명하다, 진술하다, 이야기하다(מְרָא.מְרָ), 밝히다.
　표명(의사나 생각 따위를 드러내어 명백히 함)**하다**, 털어놓다.
　alqd in sole expono. 햇볕에 내놓다/
　Quod exponere non est. 설명할 것이 없습니다/
　Sequitur, et exponit. 이어서 이렇게 설명합니다.
expŏposci, "expósco"의 단순과거(pf.=perfectum)
exporrectum, "expórrĭgo(=expórgo)"의 목적분사(sup.=supínum)
exporrexi, "expórrĭgo(=expórgo)"의 단순과거(pf.=perfectum)
expórrĭgo(=expórgo) -réxi -réctum -ĕre, tr.
　(ex+pórrigo) 펼치다, 펴다, 뻗치다, 전개하다.
exportátĭo, -ónis, f. 수출(輸出), 유배(流配)
exporto, -ávi -átum -áre, tr. (ex+porto) 내가다(내오다),
　운반(運搬)해 가다, 수출하다, 유배하다, 귀양 보내다.
exposcĭtum, "exposco"의 목적분사(sup.=supínum)
expósco, -pŏposci, -ĕre, tr. (ex+posco) 간청하다,
　집요(執拗)하게 요구하다, 내달라고 청하다,
　(처벌을 위해 누구의) 인도를 요구하다.
exposite, adv. 명백하게, 분명하게
expositícĭus, -a, -um, adj. 드러난, 노출된, 내버려진
expositĭo, -ónis, f. 내어 버림, 유기(遺棄-내버리고 돌아보지 않음),
　설명, 해설, 해석, 주해(註解). ⑨ Exegesis-주석),
　진술(陳述), 서술, 진열(陳列-나열), 출품, 전시, 전람회,
　박람회(博覽會). (修) 자문자답(自問自答).
　(성체의) 현시(顯示), 성해(聖骸) 따위의 유물전시.
　Expositiones áristoteles. 아리스토텔레스 주해서/
　Expositiones Diversarum Causarum. 여러 가지 원인 설명/
　In libros De anima expositio. 영혼론 주해(註解)/
　In libros De et corruptione expositio. 생성소멸론 주해/
　In libros De memoria et reminiscentia expositio.
　　기억과 상기론 주해/
　In libros De sensu et sensato expositio 감각론 주해/
　In libros Peri hermeneias expositio. 명제론 주해/
　In libros Politicorum expositio. 정치학 주해(註解)/
　In librum De causis expositio. 원인론 주해(註解)/
　secundum propriam, non secundum allegoricam
　expositionem. 알레고리적 해석을 따르지 않고도
　본문 자체의 문맥에 따라서.
Expositio Dionysii de Angelica Hierarchia.
　디오니시오의 천사 위계론(Olivi 1248-1229 지음).
Expositio Epistolæ ad Galatas. 갈라디아서 해설.
　(394~395년 히포의 아우구스티노 지음)
Expositio Epistolæ Iacobi ad duodecim tribus.
　열두 지파에게 보낸 야고보서 해설(소실 됨).
Expositio Eucháristiæ.(⑨ Exposition of the Holy
　Eucharist.獨 Aussetzung des Allerheiligsten.)
　성체 현시(ostensio, -ónis. f.)
Expositio evangelii secundum Lucam. 루카복음 해설

Expositio fidei. 신앙의 진술, 신앙의 설명(Ambrosius 지음)
Expositio fidei, De fide orthodoxa.
　올바른 신앙에 대한 해설(다마스커스의 요한 지음)
Expositio in beatum Job. 욥기 주해서(대 그레고리오 지음)
Expositio Isaiæ prophetæ. 이사야 예언서 해설
expositio magistrális. 교수의 주해
expositio ordinária. 정규 주해(定規 註解)
Expositio psalmorum. 시편 주석서(카시오도루스 지음)
**Expositio quarundam propositionum ex Epistula
apostoli ad Romanos.** 로마서 명제 해설(394년 아우구스티노 지음).
Expositio Sanctissimæ Eucháristiæ. 성체 현시.
　[감실문을 열고 성체조배 하는 약식 현시(privata)와 현시대(monstrantia)에
　모시는 정식 현시(publica)는 두 가지이다. 성체현시는 필요에 따라 이상
　두 가지 방법 중 자유롭게 할 수 있다. 성체 현시에 따른 예식은 성체강복과
　비슷하나 더 약식으로 할 수 있었다. 이 신심은 14세기부터 시행되어 왔다.
　교회법 제941-943조. 백민관 신부 엮음, 백과사전 1, p.1044].
Expositio super Regulam S. Benedicti.
　성 베네딕도 수도 규칙 설명.
Expositio Symboli. 신경 해설
expositiúncŭla, -æ, f. 자그마한 해설(해석)
expositívus, -a, -um, adj. 설명(해명) 되어야 할, 설명적인
expósĭtor, -óris, m. 설명자, 해설자, 해석자
Expósĭtura, -æ, f. 지성당구(백민관 신부 엮음, 백과사전 1, p.1044)
expósĭtum, "expono"의 목적분사(sup.=supínum)
expósĭtus, -a, -um, p.p., a.p. 열려 있는, 개방된, 공개의,
　접근할 수 있는, 상냥한, 이해할 수 있는, 일반적인,
　쉬운, 일상적인, 평범한, 대중적인, 버려진, 노출된.
　m. 지성당 또는 공소 성당 담당 보좌신부(Curatus, Vicarius
　parochialis. Associate Pastor. 백민관 신부 엮음, 백과사전 1, p.1044).
　m., pl. 진술, 설명. adv. **expósĭte** 명백하게, 분명하게.
expŏsĭvi, "expono"의 단순과거(pf.=perfectum)
expostulátĭo, -ónis, f. 집요한 요구; 설의(說諭-말로써 타이름),
　불평(不平), 불만(不滿), 불평(不平) 섞인 호소(呼訴).
expostulátus, -us, m. 불평, 호소(呼訴 ⑨ Invocátĭon)
expóstŭlo, -ávi -átum -áre, tr. (ex+póstulo)
　집요하게 요구하다, (당연한 권리로서) 청구하다,
　(처벌할 수 있도록) 인도를 요구하다, 잘못을 지적하다,
　부당함(불만)을 호소하다, 이의(항의)를 제기하다.
expŏsui, "expono"의 단순과거(pf.=perfectum)
expótus, -a, -um, adj. 쭉 마셔버린, 비운(空)
exprésse, adv. 단호히, 명백하게, 명확하게
expréssi, "éxprĭmo"의 단순과거(pf.=perfectum)
expréssim, adv. 명백하게, 명확하게
expréssĭo, -ónis, f. (펌프 따위로 물을) 빨아올림,
　밀어 올림, 짜냄, **표현**(表現 ⑨ Manifestátĭon), 표출,
　표시, 명시, **표정**, (말의) 표현(법), 말투, 어투.
Expressio externa orántis(⑨ External expression).
　기도의 외적 표현.
Expressio Trinitátis.(⑨ Expression of the Trinity)
　삼위일체의 표현.
Expressiones et formæ orátĭonis(⑨ Expressions and
　forms of prayer). 기도의 형태와 표현.
expressívus, -a, -um, adj.
　표현의, 표현적인, 표정이 풍부한, 의미심장한.
expréssor, -óris, m. (기름 따위를) 짜는 사람,
　표현하는 사람, 드러내는 사람.
expréssum, "éxprĭmo"의 목적분사(sup.=supínum)
expréssus, -a, -um, p.p., a.p. 불쑥 나온, 돌출한,
　두드러진, 명확한 발음의, 의사 표시가 명확한.
　adv. **exprésse**, 명백하게, 명확하게; 단호히.
　expressa conclusio in causa. 증거 제출 명시적 마감/
　expressa ecclesiæ declarátĭo. 교회로부터 공식적인 선포/
　expressa similitudo. 명백한 유사함.
éxprĭmo, expréssi expréssum -ĕre, tr. (ex+premo)
　짜내다, 누르다, 눌러 짜다, 발음하다, 튀어나오게 하다,
　돌출(突出)시키다, 솟게 하다, (금전 따위를) 우려내다,
　빼어내다, 착취(搾取)하다, (예술적으로) 나타내다,
　(글·말로) 표현하다, 묘사하다, 표시하다, 번역하다,
　옮겨 놓다, 모방(模倣)하다, 베끼다, 흉내 내다.
exprobrábĭlis, -e, adj. 비난할 만한, 경멸할

exprobrátĭo, -ónis, f. 나무람, 비난, 힐책(詰責-따져서 꾸짖음),
 힐난(詰難-개고 따져서 비난함), 책망(責望-잘못을 꾸짖고 나무람).
exprobrátor, -óris, m. 비난자, 책망하는 자
exprobrátrix, -ícis, f. 비난하는 여자
éxprŏbro, -ávi -átum -áre, tr. (ex+probrum)
 나무라다(בוֹ,ירב), 비난하다(ירב,ירב), 힐책하다,
 꾸짖다(ירא,ירב), 장황하게 책망(責望)하다,
 비난조로 말하다, 경멸(輕蔑-남을 깔보고 업신여김)하다.
expromíssor, -óris, m. 보증인, 약속한 사람,
 (로마법) 당사자 변경 약속자.
exprómítto, -mísi -míssum -ĕre, tr. (ex+promítto)
 보증(保證)하다, 책임(責任)지다, 약속(約束)하다.
exprómo, -próm(p)si -próm(p)tum -ĕre, tr. 꺼내다,
 끄집어내다, 내놓다, 드러내다, 보이다, 발휘(發揮)하다,
 이야기하다, 털어 놓다, 들어내어 밝히다, 표명(表明)하다.
exprompsi, "exprómo"의 단순과거(pf.=perfectum)
expromptúm, "exprómo"의 목적분사(sup.=supínum)
expromsi, "exprómo"의 단순과거(pf.=perfectum)
expropriátĭo, -ónis, f. 수용(收用), 강제수용(强制收用),
 징수(徵收-세금이나 수수료 따위를 거두어들임).
expudorátus, -a, -um, adj. (ex+pudor)
 부끄러움을 모르는, 철면피(鐵面皮)의.
expugnábĭlis, -e, adj.
 점령 가능한, 탈취할 수 있는, 함락될 수 있는.
expugnátĭo, -ónis, f. 점령(占領), 공략(攻略), 함락(陷落)
expugnátor, -óris, m. 공략자, 점령자, 함락시키는 자
expugnátrix, -ícis, f. 함락(陷落)시키는 여자
expúgnax, -ácis, adj. (expúgno) 정복하는
expúgno, -ávi -átum -áre, tr. (ex+pugno) 공략하다,
 공격하다(ירב,ירב), 점령(占領)하다, 함락시키다,
 정복(征服)하다, 극복(克服)하다, 사로잡다, 압도하다,
 누르다(ירב,ירב), 굴복(屈服)시키다, 유린하다,
 이루다, 이룩하다, 달성(達成)하다.
expŭli, "expello"의 단순과거(pf.=perfectum)
expúllŭlo, -áre, intr. 싹이 많이 돋다
expulsĭo, -ónis, f. 쫓아냄, 축출(逐出), 추방(추방),
 구축(驅逐-몰아서 쫓아냄), 제명(除名-명부에서 이름을 빼어 버림).
expúlso, -ávi -átum -áre, freq., tr. 내쫓다(ירב), 축출하다
expúlsor, -óris, m. 추방자(追放者), 축출자(逐出者)
expulsum, "expello"의 목적분사(sup.=supínum)
expúltrix, -ícis, f. 축출(추방) 하는 여자
expúnctĭo, -ónis, f. 실행, 이행(履行).⑨ Fulfillment),
 수행(遂行), 성취(成就).⑨ Consummátĭon/Fulfillment).
expúnctor, -óris, m. 말살자(抹殺者), 말소자(抹消者)
expúnctrix, -ícis, f. 말소(말살)하는 여자
expúnctum, "expúngo"의 목적분사(sup.=supínum)
expúngo, -púnxi -púnctum -ĕre, tr. (ex+pungo)
 말살하다, 지우다, 삭제하다, 말살하다, 결산(청산)하다,
 이루다, 완성하다(ירב), 마지막 단계를 끝마치다.
expunxi, "expúngo"의 단순과거(pf.=perfectum)
expurgátĭo, -ónis, f. 변호, 변명, 해명; 입증, 증명.
expúrgo, -ávi -átum -áre, tr. (ex+purgo) 정화하다,
 깨끗이 씻다, 고치다, 바로잡다, 교정하다, 변호하다,
 변명(해명)하다, 누명을 벗기다, 무죄를 입증하다.
exputésco, -ĕre, intr. 썩어버리다, 낡아지다
éxpŭto, -ávi -átum -áre, tr. (ex+puto)
 (나무를) 가지 치다, 전지(剪枝-가지자르기, 가지치기)하다
 심사숙고하다, 연구하다; 이해하다, 깨닫다(ירב,ירב).
exputrésco, -ĕre, intr. 썩어버리다
exquíro, -sívi sítum -ĕre, tr. (ex+ quæro) 찾아내다,
 열심히 찾다, 탐구하다, 모색하다, 선택하다(ירב),
 선발하다, 골라 뽑다, 조사하다, 음미하다,
 검토하다, 검사하다(ירב), 물어보다,
 요구하다(ירב,ירב,ירב.ἐρωτάω), 기대하다.
exquisítim, adv. 주의 깊게, 마음 써서, 더할 나위 없이
exquisítĭo, -ónis, f. 안출(案出-생각해 냄), 발견(發見)
 연구(研究), 탐구(探究), 모색(摸索-더듬어 찾음).
exquisítor, -óris, m. 연구자(研究者), 탐구자(探究者)

exquisítus, -a, -um, p.p., a.p. 열심히 찾아낸,
 선발(선택)된, 탐구하여 얻은, 탁월(卓越)한, 뛰어 난,
 더할 나위 없이 훌륭한, 맛좋은, 일미(一味)의,
 절묘(絶妙)한, 정교(精巧)한, 섬세한, 우아한; 정성들인.
exradícĭtus(=eradícĭtus) adv. 근본적으로, 송두리째
exsacrífĭco, -ávi -átum -áre, tr.
 희생물(犧牲物)을 바치다, 제사(祭祀)지내다.
exsǽvĭo, -íre, intr. (ex+sǽvio)
 진정(鎭定)하다, 가라앉다, 광란(狂亂)이 멎다.
exsanguésco, -ĕre, intr., inch.
 핏기가 가시다, 무력해지다, 기력(氣力)이 없어지다.
exsánguĭs(=exánguĭs), -e, adj. (ex+sánguis) 피 없는,
 기절한, 실신한, 핏기 없는, 창백한, 힘없는, 맥 못 추는.
exsánĭo, -ávi -átum -áre, tr. (ex+sánies)
 고름을 닦아내다, 깨끗해지게 하다.
exsárcĭo(=exsércĭo) -sártum -íre, tr. (ex+sárcio)
 깁다, 때우다, 수선(修繕)하다, 보상하다, 배상하다.
exsátĭo, -ónis, f. (ex+sátio) 배불리다, 만족시키다
exsaturábĭlis, -e, adj. 만족해질 수 있는
exsaturátĭo, -ónis, f. 배부름, 포식(飽食-배부르게 먹음), 대만족
exsátŭro, -ávi -átum -áre, tr. (ex+sáturo)
 배부르게 하다; 한껏 만족시키다.
exscálpo, -psi, -ptum, -ĕre, tr. 조각하다, 새기다
exscen… V. escen…
exscídi, "exscíndo"의 단순과거(pf.=perfectum)
exscídĭum, -i, n. 파괴(破壞), 멸망(滅亡), 괴멸(壞滅)
exscíndo, -scídi -scíssum -ĕre, tr. 무너트리다,
 괴멸시키다, 파괴하다(ירב), 섬멸(殲滅)하다, 전멸시키다.
exscissum, "exscíndo"의 목적분사(sup.=supínum)
exscreábĭlis, -e, adj. 가래를 뱉을 수 있는
exscreaméntum, -i, n. 가래(침), 침(가래)
exscreátĭo, -ónis, f. 가래.침 따위를 뱉음, 거담(祛痰)
 각혈(咯血-略血), 객혈(喀血-결핵이나 폐암 따위로 피를 토함).
exscreátus, -us, m. 거담(祛痰), 각혈(咯血-略血)
éxscrĕo(=éxcrĕo) -ávi -átum -áre, tr. (ex+screo)
 가래(침) 뱉다, 소리 내며 내뱉다, 각혈(咯血)하다.
exscríbo(=excríbo), -ípsi -íptum -ĕre, tr. (ex+scribo)
 베끼다, 옮겨 쓰다, 복사하다, 모사(模寫)하다,
 (누구를) 닮다(ירב,ירב), 기록(記錄)하다.
exsculpo(=excúlpo), -psi -ptum -ĕre, tr. (ex+sculpo)
 조각하다, 새기다, 부각시키다, 파서 만들다, 쫓아내다.
 우벼내다, 도려내다, 갉아(깎아) 지워 버리다.
exsecátĭo(=exséctĭo) -ónis, f. 절제(切除), 잘라 버림
éxsŏco, -sécŭi -sécĭum -áre, tr. (ex+seco) 잘라내다,
 베어 내다(ירב), 절단하다, 절개하다, 거세(去勢)하다.
exsecrábĭlis, -e, adj. 가증스러운, 저주스러운,
 저주(미운 이에게 재앙이나 불행이 닥치기를 빌고 바람)하는, 치명적인.
 exsecrabile carmen. 주문(呪文).
exsecrabílĭtas, -átis, f. 저주(詛呪.ירב.ירב.ירב.ירב
 ירב.ἀρά.κατάρα.ἀνάθεμα.⑨ curse),
 악담(惡談-남을 비방하거나 저주함. 또는 그 말), 가증스러움.
exsecraméntum, -i, n. 저주(詛呪.ירב.ירב.ירב.ירב
 ירב.ἀρά.κατάρα.ἀνάθεμα.⑨ curse), 악담(惡談).
exsecrátĭo, -ōnis, f. (consecrátĭo와 반대)
 저주(詛呪.⑨ curse), 악담(惡談), 저주 섞인 맹세,
 증오, 독성(瀆聖), 신성모독, 성별 상실. 축성 효력 상실.
 (축성 또는 강복된 장소는 경신예절을 하기 위해 주교나 주교의 위임을
 받은 사제가 재축성해야 한다. 백민관 신부 엮음. 백라사전 1. p.1044)
 Dedicationem vel benedictionem amittunt loca sacra,
 si magna ex parte destructa fuerint, vel ad usus
 profanos permanenter decreto competentis Ordinarii
 vel de facto reducta. 거룩한 장소는 그 대부분이 파손
 되거나 또는 관할 직권자의 교령으로나 사실상으로
 영구적으로 속된 용도로 격하(格下)되면 봉헌(奉獻)이나
 축복을 상실한다.(교회법 제1212조).
exsecrátus, -a, -um, p.p., a.p.
 저주받은, 가증스러운, 성별 효과를 상실한.
éxsĕcro = éxsĕcror

éxsĕcror, -átus sum -ári, dep., intr., tr. (ex+sacer[1]) (누구에게) 저주하다, 악담하다, 증오하다.
exséctĭo, -ónis, f. 절단(切斷), 제거(除去)
exséctor, -óris, m. 잘라버리는 자, 거세하는 자
exsectum, "exseco"의 목적분사(sup.=supínum)
exsĕcui, "exseco"의 단순과거(pf.=perfectum)
exsecútĭo, -ónis, f. 실행, 수행(遂行-일을 계획한 대로 해냄), 실천(實踐), 완수(完遂), 집행(執行), 시행(施行), 처분(處分), 처리(處理), 관리(管理), 가처분(假處分), 가집행(假執行). (修) 변론(辯論.dictio causæ).
exsecutio piarum voluntátum. 신심 의사의 집행
exsecutio provisoria 가집행(假執行)
exsecutio sententiæ. 판결의 집행(判決執行)
exsecutívus, -a, -um, adj. 실행(실시)상의, 집행의, 집행력(권) 있는.
exsecútor, -óris, m. 실행자, 실시자(實施者), 수행자(遂行者), 판결의 집행인(判決 執行人).
exsecutor delegátus. 위임된 집행자
exsecutor nátus. 본래의 집행자
exsecutor necessárĭus. 필요적 집행자
exsecutor voluntárĭus. 임의적 집행자
exsénsus, -a, -um, adj. 감각 없는, 무분별(無分別)한, 몰상식(沒常識-상식에 벗어나고 사리에 어두움)한, 우둔한.
éxsĕquens, -éntis, p.prœs., a.p. 열심히 연구하는(찾는)
exsequiarum Ordo. 장례 예식
exséquĭæ, -árum, f., pl. 초상(初喪), 장례([영] Burial), 장례 행렬, 장례식(葬禮式.[영] Funerals).
[죽은 신자의 시체를 정해진 종교예식을 통해 교회 묘지에 묻는 장례식. 교회 장례예식의 가장 오랜 문헌은 4세기로 소급되는데 그때의 신앙으로 장례식을 하나의 잔치로 생각, 기쁨의 상징으로 흰옷을 입었다. 교회 장례 예식이 죽은 자의 연옥생활을 단축시키는 기도로 생각해 슬픔을 나타내는 검은 색의 장례식이 된 것은 8세기부터이다. 중세기 말부터는 장례일 전야기도(vseperæ)로 시작해 새벽기도(Matutinum), 아침 찬미기도(Laudes)를 하고, 연령미사(Requiem)를 드리고, 사도예절(Libera me)로 시작하는 고별식(absolutio)을 한 다음 장지로 향했다… 백민관 신부 엮음, 백과사전 2, p.103].
exsequiæ ecclesiasticæ. 교회 장례식(教會 葬禮式)
Exsequiæ Episcopi diœcesani in propria ecclesia cathedrali celebrentur. 교구장의 장례식은 소속 주교좌 성당에서 거행되어야 한다(교회법 제1178조).
exsequiális, -e, adj. 정례의, 장례식에 관한
exséquĭor, -átus sum, -ári, dep., tr. 장례식을 거행하다
éxsĕquor, (-ĕris, -ĭtur), -secútus sum, -sĕqui, dep., tr. (ex+sequor) 끝까지 따라가다, 뒤따르다, 장례식에 따라가다, 지속하다, 유지하다, 끝까지 끌고 가다, 추구하다, 얻으려고 노력하다, 응징(膺懲)하다, 처벌하다, 보복하다, 앙갚음하다, 복수하다, 실행하다, 실시하다, **집행하다**, 달성하다, 다하다, **완수하다**, 끝까지 설명하다, 진술하다, 보고하다, (불행.따위를) 견디어내다, 이겨내다.
exsércĭo, -íre, tr. **exsárcĭo** 수선하다, 보상하다
éxsĕro, -sérŭi, -sértum, -ĕre, tr. (ex+scro[3]) 내밀다, 뻗치다, 보이다, 드러내다, 노출시키다, 빼다, 뽑다, 꺼내다.
exsĕrui, "exsero"의 단순과거(pf.=perfectum)
exsérte, adv. 결연히, 과감히, 우렁차게, 힘차게
exsérto, -ávi -átum -áre, tr., intens. 힘껏 내밀다, 뻗치다; 뽑다, (옷을 벗어) 드러내다, 노출시키다.
exsérto húmeros. 두 어깨를 드러내다
exsertum, "exsero"의 목적분사(sup.=supínum)
exsértus, -a, -um, p.p., a.p. 빼낸, 벗은, 드러낸, 과격한, 보복한. exserti dentes apro. 산돼지에게서 빼낸 이빨.
exsíbĭlo, -ávi -átum -áre, tr. (ex+síbilo) 휘파람 불다, 휘파람 소리 내다, (바람이) 씽 불며 날려 보내다, (무대의 배우를) 야유(揶揄)하여 들이 쫓다.
exsiccátĭo, -ónis, f. 건조시킴
exsiccátus, -a, -um, p.p., a.p. 바싹 마른, 쭉 마셔버린, 무미건조(無味乾燥)한.
exsiccésco, -ĕre, inch., intr. 마르다(גוּז.בּנּגּ), 건조(乾燥)하다.
exsícco, -ávi -átum -áre, tr. (ex+siccus) 건조시키다, 바싹 말리다, (잔을) 비우다, 쭉 마셔버리다.

exsígno, -ávi -átum -áre, tr. (ex+signo) 적어 놓다, 기록하다, 표해놓다.
exsílĭo, -lŭi(-lĭi), -súltum, -íre, intr. (ex+sálio[1]) 뛰어 나가다, 뛰어 오르다(내리다); 뛰어 들다, 덤벼들다, (감정이 솟구쳐서) 어쩔 줄을 모르다, 솟아오르다, 솟구치다; 튀어 나오다.
exsílĭor, -ári, dep., intr. 귀양살이하다
exsílĭum(=exilium) -i, n. **귀양**(←원말은 귀향歸鄕), 유배(流配), 유형(流刑), 정배(定配-배소配所를 정하여 귀양 보냄), 망명, 추방(追放.כְּרִיתוּת), 귀양살이([영] Exile), 유배지. pl. 유형 받은 사람들, 망명객(亡命客).
pœnas exsílio dependo. 벌을 유형(流刑)으로 치르다/ reduco *alqm* de exsilio. 아무를 유배지에서 귀국시키다/ Vitia hominum atque fraudes damnis, ignominiis vinclis, verberibus, exsiliis, morte multantur. 사람들의 악덕과 사기는 벌금과 수치, 투옥과 체형, 추방과 사형으로 벌한다.[이 여섯에 동해복수(同害復讐) talio와 노예처분(servitus)을 더하면 전형적인 로마 형벌 여덟 가지가 된다. 성 염 지음, 고전 라틴어, p.413].
Exsilium quinque annorum. 5년 유형(계량.시간.연령.모양.등급 같은 것을 표시하기 위해서는 반드시 형용 속격을 쓴다).
exsĭlui, "exsilio"의 단순과거(pf.=perfectum)
exsínŭo, -ávi -átum -áre, tr. (ex+sínuo) 드러내다, 벌리다, 펼치다, 터놓다, 열다(פָּתַח.אֶתְפַּח), 발휘하다.
ex(s)isténtĭa, -æ, f. 존재(獨 Das Sein.[영] Existence), 실존(관념이나 인식에 의한 허상과는 상관없이 실제로 존재하는 일), 생존. argumenta exsistentiæ Dei. 신 존재증명/ incommunicábĭlis existensia. 나눌 수 없는 존재.
exsistentĭa Dei. 신의 존재
exsistentĭa essentiális. 본질적인 실존
exsistentĭa humana. 인간 실존(人間 實存)
exsistentĭa universálissima. 가장 보편적 유
ex(s)istentialísmus, -i, m., f. 실존주의, 실존철학
ex(s)ísto, -stĭti, -stĭtum, -ĕre, intr. (ex+sisto) 나오다, 튀어나오다, 솟아나다, 나타나다, 일어나다, 발생하다, 생겨나다, 나다, 싹이 트다, 기원(起源)되다, 되다, …하게 되다, 결과에 이르다, **있다, 존재하다, …이다**.
Ex amícis inimíci exístunt. 친구들이 원수로 변하다/ exsistere ad moriendum.([영] existence in order to die) 죽기 위해서 사는 것/
Materia dat exsistĕre. 질료가 존재함을 부여한다. (이재룡 이재경 옮김, 조지 그라시아 지음, 스콜라 철학에서의 개체화, p.269).
exsolésco, -ĕre, intr. 버릇을 고치다, 습관을 버리다.
exsolútĭo, -ónis, f. 해방(解放.[영] Liberátĭon), 석방, 방면(放免-석방), 채무상환(債務償還), 설명, 해명.
exsŏlūtum, "exsolvo"의 목적분사(sup.=supínum)
exsólvi, "exsólvo"의 단순과거(pf.=perfectum)
exsólvo, -vi -solútum -ĕre, tr. (ex+solvo) 풀다, 벗다(עָרָא.יְדַע), 열다(פָּתַח.אֶתְפַּח), 개봉하다, 절개하다, 녹이다, 용해하다, 해방(석방)하다(פטר), 풀어주다(ἀπολύω), **벗어나게 하다**, 면하게 하다, (빚을) **갚다**(שׁלם), (값을) **치르다**, 죄의 값을 치르다, 벌을 받다, (은혜를) 보답하다, 감사하다, (경의를) 표시하다, 의무를(책임을) 다하다, 이행하다, 약속을 지키다.
fidem exsólvere. 약속을 이행(履行-실제로 행함)하다.
exsómnis, -e, adj. (ex+somnus) 깨어 있는, 자지 않는, 잠 못 이루는.
éxsŏno, -nŭi, -áre, intr. (ex+sono) 울려 퍼지다, 소리 내다
exsŏnui, "exsóno"의 단순과거(pf.=perfectum)
exsórbĕo, -bŭi, -ére, tr. (ex+sórbeo) 다 빨아 먹다(내다), 뽑아내다, 마셔 버리다, 먹어 치우다, 삼키다, 빼어버리다, (근심 따위를) 덜어주다, 당하다, 겪다. ánimam exsórbĕo. 죽여 버리다.
exsordésco, -ĕre, intr. 몹시 더러워지다; 오명(汚名)을 지니다
exsors, -sórtis, adj. 추첨대상이 아닌, 예외의 특권이 있는, 특별히 선발된, 비범한, 제외된, 빼놓은, 참여하지 못한, 관여하지 않은.
exspárgo = **exspérgo**
exspátĭor, -átus sum, -ári, dep., intr. 길에서 벗어져 나가다, 탈선하다, 멀리 돌아다니다,

E

넓어지다, 번져나가다, 뻗다, (강물 따위가) 넘치다.
exspectábilis, -e, adj. 기대할 만한, 기다려지는
Exspectabo, dum venit. 나는 그가 올 때까지 기다리겠다.
exspectantes, 원형 ex(s)pécto, -ávi -átum -áre.
[현재분사. 단수 exspectans, 복수 exspectantes]
exspectántes beátam spem et advéntum Salvatóris
nostri Iesu Christi. 복된 희망을 품고 구세주
　예수 그리스도의 재림을 기다리게 하소서
Exspectare sat est. 기다리는 것으로 족하다
exspectátio, -ónis, f. 기다림, 대망(待望), 기대, 예기, 예상.
　exspectatióne celérius. 예상외로 빠르게, 뜻밖에도 빠르게/
　moveo alci exspectatiónem de alqa re.
　누구로 하여금 무엇에 대해 기대를 가지게 하다/
　præter exspectatiónem. 예기치 않게.
Exspectátio Partus B. Mariæ V.
　동정 성 마리아의 해산 기다림 축일(12월 18일. 1573년 스페인에서
　시작. 1725～1913년에 온 교회에서 시행. 현재는 폐기됨).
exspectátor, -óris, m.
　기대하는(희망하는) 사람, 지켜보는 사람.
exspectátrix, -ícis, f. 기다리는(기대하는 사람) 여자
exspectátum, -i, n. 기대하는(바라는) 것, 예상.
　exspectato maturíus. 예상보다 일찍.
Exspectávimus pacem, et non erat bonum.
　평화를 기다렸건만 좋은 것이 없더라(갈멜의 산길. p.189).
ex(s)pécto, -ávi -átum -áre, tr. (ex+specto) **기다리다,**
　기대하다, 미리 내다보다, **예기(예상)하다,** 지켜보다.
　고대(苦待)하다, 몹시 바라다, 염려하다, 걱정하다.
　두려워하다(יִרְא.יָרֵא.גּוּר), (시간을) 빈둥빈둥 보내다.
　Expectavi, dum abiret. 나는 그가 떠나기까지 기다렸다/
　ex(s)pecto, si quid dicas.
　네가 무슨 말을 하는지 안하는지 지켜보겠다.
　Gálliæ motum exspecto. Gallia 봉기(蜂起)를 염려하다/
　Hoc a te exspectant. 그들은 이것을 너한테 기대하고 있다/
　Quem exspectabas? Aliquis pulsat fores.
　네가 누굴 기다리던 참이었나? 누군가 문을 두드리고 있다.
exspérgo(=exspárgo) -spérsi -spérsum -ěre, tr.
　(ex+spargo) 흩뿌리다, 확산시키다, 분산시키다.
　(액체를 뿌려) 적시다.
exspérsi, "exspérgo(=exspárgo)"의 단순과거(pf.=perfectum)
exspérsum, "exspérgo(=exspárgo)"의 목적분사(sup.=supínum)
exspérsus, "exspérgo(=exspárgo)"의 과거분사(p.p.)
exspes,(nom., tt.) adj. (gen.) 희망 없는, 가망 없는
exspirátio, -ónis, f. 숨을 내쉼, 호기(呼氣), 증발(蒸發),
　발산(發散), 방산(放散), 죽음, 숨 끊어짐, 절명(絶命),
　기한만료(期限滿了), 소멸시효(præscriptio liberativa).
ex(s)píro, -ávi -átum -áre, tr. (ex+spiro)
　tr. 숨을 내쉬다, 입김 불다, 방산(발산)하다,
　증발(蒸發)시키다, 내뿜다, 배출(排出)하다.
　intr. 숨을 내쉬다, 분출(噴出)하다, 새어(빠져) 나오다.
　발산(방산)하다, 죽다, 숨지다, 절명하다, 망하다.
　소멸(消滅)하다, 기한이 지나다, 시효(時效)가 지나다.
exsplendésco, -dúi -ěre, intr. (ex+splendésco)
　번쩍 빛나다, 광채(光彩)나다; 번득이다; 혁혁하다.
exspoliátio, -ónis, f. 약탈(掠奪), 탈취(奪取)
exspoliátor, -óris, m. 탈취자(奪取者), 약탈자(掠奪者)
exspólio, -ávi -átum -áre, tr. 몽땅 털다, 약탈하다,
　탈취하다, 벗겨내다(קֵלַ), 박탈(剝奪)하다.
exspolio domos. 여러 집을 털다
exsprétus, -a, -um, adj. (ex+sperno) 멸시(조롱) 당한
exspuítio, -ónis, f. 침 뱉음
exspúmo, -áre, intr. 거품이 흐르다; 고름 나오다
éxspŭo, -ŭi -útum -ěre, tr. 침 뱉다, **뱉어 버리다,**
　토하다, 힘차게 내던지다; 떼어버리다, 몰아내다.
exstántia, -æ, f. (exsto) 두드러짐, 돌출(부); 뛰어남
éx(s)tăsis, -is, f. 망아(忘我), 황홀(경), 무아(無我)의 경지,
　법열(法悅-깊은 이치를 깨달았을 때의 사무치는 기쁨). (가) 탈혼상태.
　De exstasi. 초탈(떼르툴리아누스 지음).
ex(s)táticus, -a, -um, adj.

무아경(無我境)의, 황홀경(恍惚境)의, 탈혼 상태의.
extérno, -ávi -átum -áre, tr.
　(ex+sterno, cf. constérno) 정신(얼) 빠지게 하다,
　깜짝 놀라게 하다, 아연실색(啞然失色)케 하다.
exstillésco, -ěre, intr., inch. (exstíllo)
　조금씩 흐르다, 방울져 흐르다.
exstíllo, -ávi -átum -áre, intr. (ex+stillo)
　방울져(똑똑) 떨어지다, 찔끔찔끔(쭈룩쭈룩) 흐르다.
exstimulátor, -óris, m. 선동자(煽動者), 주모자, 충동자
extímŭlo, -ávi -átum -áre, tr. (ex+stímulo)
　자극하다, 콕콕 찌르다, 쑤석거리다, 충동하다, 선동하다.
ex(s)tínctio, -ónis, f. 불끔(熄火), 진화(鎭火), 소등(消燈),
　소멸(消滅), 전멸(全滅), 절멸(絶滅-완전히 滅하여 없앰),
　사멸(死滅-죽어 없어짐), 멸종(滅種-생물의 한 종류가 아주 없어짐).
　ex(s)tinctio actionis. 소권의 소멸(訴權消滅)
　ex(s)tinctio instantiæ. 소송의 소멸(訴訟 消滅).
exstinctívus, -a, -um, adj. 소멸성의, 소멸적인
ex(s)tínctor, -óris, m. 불 끄는 사람; 소방수(消防手),
　말살자(抹殺者), 근절자; 전복자.
exstínctum, "exstinguo"의 목적분사(sup.=supínum)
exstínctus, -us, m. 불 꺼짐, 진화, 소멸, 사망(θάνατος)
exstinguíbilis, -e, adj. (exstínguo)
　꺼버릴 수 있는, 근절할 수 있는, 소멸할 수 있는
ex(s)tínguo, -stínxi -stínctum -ěre, tr.
　(불·빛을) **끄다,** 진화(鎭火)하다, 죽여 버리다,
　말살(抹殺)하다, 지워 버리다, 사라지게 하다.
　없애 버리다, 근절시키다, 소멸시키다, 폐지(폐기)하다,
　진압(鎭壓)하다, 단절(斷絶)하다, 기운을 빼버리다.
　Bonum supprimitur, numquam extinguitur.
　선은 억압을 받을 뿐 결코 말살되지 않는다(Publilius Syrus)/
　Caritas exstinguit delicta. 사랑은 죄를 없애줍니다.
　　　　　　　　　　　(최익철 신부 옮김, 요한 서간 강해. p.77)/
　Exstincto animo in corpore nullum residet sensus.
　영혼이 소멸되고 나서 감각은 어느 것도 몸 안에 머물지 않는다/
　Spiritum nolite exstinguere(ⓖ Do not quench the Spirit)
　성령을 끄지 마시오(라틴 사전 spíritus¹참조).
exstinxi, "exstinguo"의 단순과거(pf.=perfectum)
exstirpátio, -ónis, f. 뿌리 뽑음, 근절(根絶-뿌리째 없애 버림),
　박멸(撲滅), 절멸(絶滅-완전히 멸하여 없앰)
exstirpátor, -óris, m. 근절자(根絶者)
exstirpátrix, -ícis, f. 근절시키는 여자
exstírpo, -ávi -átum -áre, tr. (ex+stirps)
　(뿌리째) 뽑아 버리다, 근절(根絶) 시키다,
　농토에서(=acc.) 잡초 따위를(=abl.) 뽑아버리다.
　제초(벌목)하다, 제거(除去)하다.
　Exstirpate silvas. 수풀을 뽑아 버리십시오.
exstíti, "exsisto"의 단순과거(pf.=perfectum),
　"exsto"의 단순과거(pf.=perfectum)
exstítum, "exsisto"의 목적분사(sup.=supínum)
exsto, (-stíti, -státum), -áre, intr. (ex+sto)
　밖에 드러나 있다, 솟아 있다, 돌출하다, 눈에 띄다,
　드러나 있다, 두드러지다; 우세하다,
　…것이 분명히 드러난다, 명백하다, (아직도) **남아 있다,**
　살아(생존해) 있다; **존재하다**(קוּם), 있다, 남아있다.
　Cápite solo ex aquā exstábant.
　그들은 머리만 물 위에 내놓고 있었다/
　Exstant lítteræ alcjs. 누구의 편지가 지금도 남아 있다/
　Nemo exstat, qui ibi sex menses víxerit.
　거기서 여섯 달을 산 사람은 아무도 없다.
exstrúctio, -ónis, f. (exstruo) 건립(建立), 건설(建設),
　건축(建築), 가설(架設-건너질러 시설함).
exstrúctor, -óris, m. (exstruo) 건축자(建築者)
exstructum, "exstruo"의 목적분사(sup.=supínum)
éxstrŭo, -úxi -úctum -ěre, tr. (ex+struo) 쌓다,
　쌓아 올리다; 축적(蓄積)하다, 짓다(בָּנָה.גָּדַר), 건축하다,
　건립하다, 건설(가설)하다, 구축(構築)하다,
　구성(構成)하다, 확대(擴大)하다, 과장(誇張)하다.
exstruxi, "exstruo"의 단순과거(pf.=perfectum)

452

exsúco(=exsúcco), -ávi -átum -áre, tr.
즙을 짜내다, 진을 뽑다, 물기 없게 하다.
exsúctus, -a, -um, p.p. (exsúgo)
exsúcus(=exsúccus) -a, -um, adj.
물기 없는, 말라빠진, 메마른; 쇠약해진.
exsudátĭo, -ónis, f. 땀 흘림, 발한(發汗)
exsúdo, -ávi -átum -áre, intr., tr. (ex+sudo)
땀 흘리다, 땀으로 나오다; 스며 나오다; 발산하다,
스며 나오게 하다, 땀 흘려 해내다(이루다)
수고 들여 …하다.
exsúdo causas. 땀 흘려 변호(辯護)하다.
exsufflátĭo, -ónis, f. 불어서 털어 버림,
입김 부는 예식(옛 세례식 예절-초대교회 때부터 영세 지원자에게 안수와
소금을 넣는 예식과 더불어 입김을 부는 예식을 행했다. 그 후에 다른 여러 가지
모든 예식을 영세식에서 한꺼번에 했으나 새 세례식 개정으로 이 예식은 없어
졌다. 백민관 신부 엮음. 백과사전 1, p.1045).
exsúfflo, -ávi -átum -áre, tr. 혹 불다, 불어서 털다.
Occiderunt Iudæi quem invenerunt in terra, exsufflant
isti eum qui sedet in cælo. 유대인들은 그들이 지상에서
만난 분을 죽였고, 이제는 하늘에 앉아 계시는 분을
조롱하고 있습니다.(최익철 신부 옮김. 요한 서간 강해, p.115).
exsúgo, -súxi, -súctum -ĕre, tr. (ex+sugo)
빨아내다, 흡수하다; 다 빨다.
exsul, exsúlis, adj. (ex+solum) 쫓겨난, 유배당한,
귀양살이하는, 박탈당하는, 가지지 못한.
m., f. 유배자, 추방된 자.[m. pl. 주격 exsules, 속격 exsulum,
여격 exsulibus, 대격 exsules, 탈격 exsulibus].
Ad te clamámus éxsules fílii Hévæ. Ad te suspirámus,
geméntes et fléntes in hac lacrimárum válle.
귀양살이하는 하와의 자손들인 우리가 당신께
부르짖습니다. 우리는 이 눈물의 골짜기에서 슬퍼하고
눈물을 흘리면서 당신께 탄식합니다.
Exsul Familia, 피신하는 성가정(1952년 비오 12세 교황령)
exsuláris, -e, adj. 유배의, 추방의
exsulátĭo, -ónis, f. 유형(流刑), 유배(流配.⑨ Exile),
추방(追放.דַרְחָא), 망명(亡命)
exsulátus, -us, m. 유형, 유배(⑨ Exile), 추방(דַרְחָא)
éxsŭlo(=éxŭlo) -ávi -átum -áre,
tr. 유배하다, 귀양 보내다, 추방하다(דרר).
intr. 유배당하다, 귀양 가다, 귀양살이하다,
추방(追放)되다, 망명(亡命)하다.
exsultabúndus, -a, -um, adj. 기뻐 날뛰는,
기뻐 어쩔 줄을 모르는, 미칠 듯이 기뻐하는.
exsulto, s, -avi, atum, -are, intr. 뛰다 매우 기뻐하다
exsúltans, -ántis, p.proes., a.p.
기뻐 날뛰는, 용약 하는, 제멋대로 날뛰는, 방자한.
exsultántĭa, -æ, f.
깡충깡충 띔, 뽐냄, 우쭐거림, 맹렬함, 맹위(猛威).
Exsultate Deo. 하느님 찬미(1439년. 피렌체 공의회 칙서)
exsultátĭo, -ónis, f. 깡충깡충 띔, 날뜀, 기뻐 날뜀,
용약(踊躍-기뻐거나 좋아서 띔), 환희(歡喜)
미칠 듯이 기뻐함, 의기양양(意氣揚揚), 뽐냄.
Exsultavit, 원형 exsúlto, -ávi -átum -áre, intr. (ex+salto)
[직설법 현재. 단수 1인칭 exsultavi, 2인칭 exsultavisti, 3인칭 exsultavit,
복수 1인칭 exsultavimus, 2인칭 exsultavistis, 3인칭 exsultaverunt]
Exsultet. 부활찬송(præconium paschale/laus paschalis)
(⑨ Paschal Proclamation)[7세기에 와서 지금의 형식으로 공식화
되었다. 이 예식은 전례에서 가장 아름다운 것 중 하나이다. 10-13세기에
이탈리아에서 부활 찬송가를 여러 두루마리에 쓰고, 끝을 말았다가 펴면
그려 독경대에서 창하면서 두루마리를 한 장씩 넘기면, 그 뒷면에는 그림이 그려
져 있고 거기에 조명을 하는 등 화려하게 예식을 했다. 부활찬송은 예수의 부활로
인류가 구원되었음을 백성에게 알리는 것을 내용으로 한다. 교황 그레고리오 1세
(590~604)의 작품으로 알려져 있다. 백민관 신부 엮음, 백과사전 1, p.1045].
exsúltim, adv. 날뛰면서, 용약(踊躍)하면서
exsúlto, -ávi -átum -áre, intr. (ex+salto) 도약하다.
뛰어오르다, 뛰놀다, 날뛰다, 솟아오르다, 튀어 오르다,
굽이치다, 울렁거리다, 춤추다, 용약(踊躍)하다,
기뻐 날뛰다, 환성(歡聲) 올리다, 제멋대로 놀다,
우쭐대다, 뽐내다, 빼기다.
exsúltus, -a, -um, p.p.(exsílio)
exsuperábĭlis, -e, adj. 극복할만한, 이길 수 있는

exsuperántĭa, -æ, f. 우월(優越), 우위, 뛰어남, 탁월
exsuperátĭo, -ónis, f. (修) 과장법(hyperbola, -æ, f.)
exsúpĕro, -ávi -átum -áre, (ex+súpero)
intr. 솟아오르다, 뛰어나다, 두드러지다,
탁월(卓越)하다, 월등(越等)하다, 우위에 있다.
tr. 올라가다(יטמ.יממ.אלע.קלס), 능가(凌駕)하다.
초월(超越)하다, 정복(征服)하다, 극복(克服)하다.
Exsurge, Domine. 주님 일어나소서.
(1520.6.15. 교황 레오 10세가 루터를 이단자로 파문한 칙서.
루터는 이 칙서를 Wittenberg에서 태워버리고 교회를 완전히 떠났다).
Exsurge in auxilium nobis.
일어나시어 우리를 도와주옵소서.
exsúrdo, -ávi -átum -áre, (ex+surdus)
귀머거리로 만들다; 둔하게 하다.
exsúrgo, -surréxi -surréctum -ĕre, intr. (ex+surgo)
일어서다(קום), 일어나다,; 일어서 나가다, 솟아오르다,
치솟다; 들고 일어나다, 기운 차리다, 회복(回復)되다.
되살아나다, 소생(蘇生)하다, 부흥(復興)하다.
exsurréctĭo, -ónis, f. 일어남, 부활(復活), 부흥(復興)
exsurrectum, "exsurgo"의 목적분사(sup.=supínum)
exsurrexi, "exsurgo"의 단순과거(pf.=perfectum)
exsuscitátĭo, -ónis, f. 격려(激勵), 고무(鼓舞-격려),
주의를 환기(喚起) 시킴.
exsúscĭto, -ávi -átum -áre, (ex+súscito) 잠 깨우다,
(불을) 일으키다.붙이다, 일깨우다, 환기(喚起)시키다
(기억을) 되살리다; 분발시키다, 자극(刺戟)하다.
ext…(이하에 없는 단어는) V. exst…
exta, -órum, n., pl. (주로 動物의) 내장(특히 염통, 허파.
간, 지라를 가리키며 흔히 제사와 정치는 데 씀)
tristíssima exta.(tristis 참조) 흉조의 창자.
extabésco, -bŭi -ĕre, intr. (ex+tabésco)
시들다(יקד.אקד), 마르다(בגנ.בונ),
사라져가다, 쇠약(衰弱-쇠퇴하여 약함)해지다.
extális, -is, m. (解) 직장(直腸)
extáris, -is, adj.
(동물의) 내장에 관한, 내장 요리할 때 쓰는 (기구).
extémplo, adv. (ex+tempus)
즉시, 즉석에서, 그 자리에서, 당장.
extemporális, -e, adj. (ex+témpore) 준비 없이 하는,
즉석의, 즉흥적인; 돌연한, 예고 없이 하는, 불시의,
예기치 않은. adv. extemporaliter, 아무런 준비 없이,
즉석에서, 즉흥적으로.
extemporálĭtas, -átis, f. 卽席 연설, 즉석 작시,
준비 없이 즉석에서(즉흥적으로) 함.
Extende manum.(⑨ Stretch out your hand)
손을 뻗어라(성경 마르 3, 5). 손을 펴라(공동번역 마르 3, 5).
exténdi, "exténdo"의 단순과거(pf.=perfectum)
exténdo, -téndi -ténsum(-téntum) -ĕre, tr. (ex+tendo)
펴다, 펼치다, 벌리다, 뻗다(חרנ.חרב), 늘리다,
연장하다(חרא.חורא), 팽팽하게 잡아당기다, 넓히다,
확장(확충)하다, 퍼뜨리다(חרד), 전파하다, 계속시키다,
(시간적으로) 끌다, 천연(遷延-일을 지체하거나 미룸)시키다.
(軍) 산개(散開-흩어져 벌림)하다.
Et extendens ac junges manus, clara voce dicit.
손을 펴며 명확한 목소리로 말한다/
Extende caritatem per totum orbem, si vis Christum
amare; quia membra Christi per orbem iacent.
그대, 그리스도를 사랑하고 싶다면 온 세상에 사랑을
펼치십시오. 그리스도의 지체가 온 세상에 퍼져 있기
때문입니다.(최익철 신부 옮김. 요한 서간 강해, p.455)/
Extensis manibus prosequitur: 손을 벌리고 계속 한다/.
extensis manibus ut prius, secrete prosequitur:
손을 이전처럼 벌리고 조용히 말한다.
exténsĭo, -ónis, f. 펼침, 펼침, 늘임, 늘임, 연장(延長),
연장성(延長性)(신학대전 제2권 p.32), 신장(伸張), 확장(擴張),
확충(擴充), 전파(傳播), 퍼져 나감.
(論) 외연(外延-논리학에서, 어떤 개념이 적용되는 명제나 사물의 범위.
동물이란 개념의 외연이 개.물고기.인간이 되는 따위).
Accusatívus extensiónis. 연장 대격(길이, 넓이, 높이, 깊이,

E

두께 등을 표시하기 위하여 그 측정의 단위를 기본수사와 함께 대격으로
쓴 것을 말함. 이 대격은 '긴longus', '넓은latus', '높은.깊은altus',
'굵은.두꺼운crassus' 등의 형용사가 대신 올 수 있다.

extensio appellatiónis. 상소의 외연(上訴 外延)
Extensio ejusdem salviconductus ad alias nationes.
다른 국가들에 대한 안전 통행증의 확대.
extensio gratiæ. 은총의 확대(恩寵 擴大)
extensio gratiæ. 양손 펼침, 기도할 때 두 팔을 펼치는 예절
extensivus, -a, -um, adj. 넓은, 넓이가 있는, 넓혀진,
늘어난, 다른 데까지 미치는, 광범위에 걸친,
광대한(ávidus, -a, -um, adj.), 연장되는. (論) 외연적.
interpretátio extensiva. 확장 해석.
exténsor, -óris, m. 보고 작성자,
고문(拷問)하는 자(cruciátor, -óris, m.). (解) 신근(伸筋).
exténsum, "extendo"의 목적분사(sup.=supínum)
exténsus(=exténtus)¹ -a, -um, p.p., a.p. (exténdo)
넓혀진, 확장된, 벌린; 잡아 늘린, 길게 뻗은.
exténsus(=exténtus)² -us, m.
펼쳐짐, 뻗음, 연장, 광대(廣大)함.
extentio, -ónis, f. 발산, 보급, 유포, 전파.
exténto¹ -ávi -átum -áre, tr. (ex+tento)
시도(試圖)하다, 해보다, 시험하다(נסה,נסה)
exténto² -áre, tr., intens. (exténdo)
힘껏 늘이다, 팽팽하게 하다, 내 뻗다, 쫙 펴다.
extentum, "extendo"의 목적분사(sup.=supínum)
extenuátio, -ónis, f. 줄임, 가늘어지게 함, 감소(減少),
축소(縮小), 완화(緩和), 경감(輕減-덜어서 가볍게 함).
extenuatórius, -a, -um, adj. (쇠)약해지게 하는
extenúo, -ávi -átum -áre, tr. (ex+ténuo)
가늘어(얇아) 지게 하다, 날씬(홀쭉) 하게 하다,
쪼그라들게 하다; 깎다, 지치게 하다, 쇠약해지게 하다,
약화(弱化)시키다, 줄이다, 감소(減少)하다, 축소시키다,
완화(緩和)하다. (軍) 산개(散開)하다.
exter = éxterus
exter, -ĕra, -ĕrum, adj. = **éxterus**
extérĕbro, -átum -áre, tr. (ex+térebro) 우벼내다.
파내다, 도려내다, 우려내다, 강요하다, 되지꼬지 캐내다.
extérgĕo, -térsi -térsum -ére, tr. 닦(아 내)다, 훔치다,
깨끗이 씻다. 청소하다, 털어가다, 훔쳐가다, 약탈하다.
extérĭor, -íus, adj., comp. (gen. -óris)
extérnus, -a, -um의 비교급(exter, -ĕra, -ĕrum의 비교급).
밖의, 바깥쪽의, 외부의, 외면의.
adv. **extérius,** 밖에(서), 외부적으로.
De non attrahendo sibi res exteriores
(⑨ Do Not Be Concerned About Outward Things)
바깥일에 관심치 말 것에 대하여(준주성범 제3권 44장)/
exterius ministerium. 외적인 직무/
Intima per mores cognoscimus exteriores.
우리는 겉으로 드러난 성격으로 속을 안다.
exterior locutio. 외적인 말
exterminátio, -ónis, f. (extérmino) 퇴치(退治), 박멸(撲滅),
근절(根絕-뿌리째 없애 버림), 절멸(絕滅-완전히 滅하여 없앰),
구축(驅逐-어떤 세력이나 해로운 것을 몰아냄), 축출(逐出-몰아냄),
추방(追放,חרם), 파괴(破壞).
exterminátor, -óris, m. 근절(박멸)하는 사람;
축출(추방)하는 자; 파괴자(破壞者),
죽음의 천사, 진멸(盡滅)의 천사(탈출 12, 23; 1코린 10, 10;
히브 11, 28; 창세 19, 1; 2사무 24, 16; 2열왕 19, 35).
extermínĭum, -i, n. 파괴(破壞); 축출(逐出)
extermíno, -ávi -átum -áre, tr. (ex+términus)
쫓아내다, 몰아내다, 추방(追放)하다(חרם), 유배하다,
치워버리다, 제거하다. 말살(抹殺)하다, 멸망시키다.
extermínus, -a, -um, adj. 멀리 떨어진, 쫓겨난
extérnus, -a, -um, adj. 밖의, 외부의, 외적, 외면적;
밖에서 오는: 표면(表面)의, 외국의, 타국(他國)의;
외래의, 다른 고장의, 남의.
m.(pl.) 외국인(⑨ Foreigner), 타국인; 외래인; 남(타인),
n.(pl.) 외부적인 것; 외래의 사물; 외계의 사물.
experientĭa externa. 외적 경험/

Expressio externa orántis.(⑨ External expression)
기도의 외적 표현/
externa superstitio. 미신 행위/
forum extérnum. (교회 또는 신자의 공익.사회
생활에 관한 것을 다루는) 외적 법정, 외법정(外法廷).
éxtĕro, -trívi, -trítum, -ĕre, tr. (ex+tero)
(곡식 따위를) 떨다, 털다, 짓밟아 떨다, 떨어내다.
비벼서 빼내다, 문질러 닦아내다.
닳게 하다, 마멸(磨滅)시키다; 분쇄(粉碎)하다.
extérrĕo, -ŭi, -itum, -ére, tr. (ex+térreo)
몹시(깜짝) 놀라게 하다; 공포심을 일으켜 …못하게 하다.
extérsi, "extérgĕo"의 단순과거(pf.=perfectum)
extérsum, "extergeo"의 목적분사(sup.=supínum)
extérsus, -us, m. (extérgeo) 닦아 냄
éxtĕrus, -a, -um, adj. (comp. -rĭor, -íus;
superl. -trémus 혹은 -tímus, -a, -um)
밖의, 외부의, 외적인, 외국의, 외국인의.
extéxo, -ŭi, -xtum, -ĕre, tr. (ex+texo)
(편직물.엮은 것을) 풀다, 끄르다, 뺏다, 뒤엎어 놓다.
extimésco, -mŭi, -scĕre, (ex+timésco)
intr. 몹시 무서워하다: (ne) …할까 겁내다, 두려워하다.
tr. 두려워하다, 겁내다.
extimmus, -a, -um, adj. extérnus, -a, -um의 최상급
éxtĭmus(=éxtŭmus) -a, -um, superl., adj.
제일 바깥의, 가장 멀리 있는, 맨 끝에 있는.
extinctio(exstinctio) actionis. 소권의 소멸(訴權 消滅)
extinctio(exstinctio) instantiæ. 소송의 소멸(訴訟 消滅)
Extinguas. 촛불을 끄시오.
**Extinguitur christifidelium consociátio privata ad
normam statutorum.** 그리스도교 신자들의 사립
단체는 정관의 규범에 따라 소멸된다(교회법 제326조).
extinguo = ex(s)tinguo, -stínxi -stínctum -ére, tr.
(불.빛을) 끄다, 진화(鎮火)하다, 죽여 버리다,
말살(抹殺)하다, 지워 버리다, 사라지게 하다,
없애 버리다, 근절시키다, 소멸시키다. 폐지(폐기)하다;
진압(鎮壓)하다, 진정(鎮靜)하다, 기운을 빼버리다.
Bonum supprimitur, numquam extinguitur.
선은 억압을 받을 뿐 결코 말살되지 않는다(Publilius Syrus).
extíspex, -pĭcis, m. (exta+spécio) 장복(臟卜) 점쟁이,
(희생동물의) 내장 검시자(犧牲祭物 內臟 檢視者).
extispícĭum, -i, n. (희생동물의) 내장 검사(檢査)
extíspĭcus, -i, m. = **extíspex,** -pĭcis, m.
exto, -as, exsto를 보시오.
extolléntĭa, -æ, f. (눈을) 치뜸, 우쭐함(驕慢)
extóllo, éxtŭli, (elátum), -ĕre, tr. (ex+tollo)
쳐들다, 들어 올리다(נטל,נשא,נוס,נוב,נעל)
들어 높이다, 높이 세우다, 찬양(讚揚)하다, 칭찬하다,
예찬(禮讚)하다; 치켜 올리다, 우쭐하게 하다, 높이다.
과장하다, 일으켜 세우다, 격려하다, 미루다, 연기하다.
alqd verbis in majus extollo. 무엇을 과장해서 말하다/
De occultis Dei iudiciis considerandis ne extollamur in
bonis. 선행을 하였다고 교오할까 하느님의 은밀한 심판을
살핌에 대하여(선행에 교만하지 않도록 하느님의 심판을 살핌)/
Noli te extollere, vide quis in te vicit. Quare vicisti?
우쭐거리지 말고 누가 그대 안에서 이겼는지 보십시오.
어떻게 여러분이 이겨냈습니까?(최익철 신부 옮김, 요한 서간 강해, p.313).
extollo ánimos. 용기를 북돋아주다.
extollo se. 우쭐하다, 교만(驕慢)해지다
extorpésco, -pŭi -ĕre, intr. 마비되다, 저리다
extórquĕo, -tórsi -tórtum -ére, tr. (ex+tórqueo)
비틀다, 비틀어 빼다(떼다.돌리다), **뒤틀다,** 빼다,
삐게 하다, **주리 틀다**(지난날 죄인을 심문할 때 두 다리를 한데
묶고 그 사이에 두 개의 주릿대를 끼워 비틀던 형벌),
고문(拷問)하여 실토하게 하다(자백시키다), 뺏어내다,
(금품 따위를) 우려내다, 강요(強要)하다,
탈취(奪取)하다, 강제(強制)로 얻어내다.
extórris, -e, adj. (ex+terra)
추방된, 유배당한, 귀양 간, 고향 떠난, 망명한.

Extorris patria(domo) 조국으로부터 추방당한 사람

extórsĭo, -ónis, f. 강요(强要), 강탈(强奪-강제로 빼앗음),
　수탈(收奪-빼앗음).

extortor, -óris, m. 강탈자(强奪者), 수탈자(收奪者)

extra(exter) Ⅰ. adv. 밖에, 밖으로; 외부에.
　extra quam. …를 제외하고, 빼놓고/
　extra quam qui. …사람을 제외하고/
　extra quam si. …한 경우를 제외하고.
　Ⅱ. prœp.c.acc. 밖에, 넘어, 지나서, 이외에, 없이,
　…가 아니고, 빼고, 제외하고.
　ad extra. ～의 끝에/
　extra fines. 한계선을 넘어서/
　extra jocum. 농담이 아니고/extra murum. 성 밖에(서)/
　extra ordinem. 기이한, 보기 드문.
extra actum sacramentális confessionis.
　성사적 고백 밖의 법정.
extra Christum nulla revelátĭo.
　그리스도 밖에는 계시(啓示)가 없다.
extra ducem. 장군을 제외하고는
Extra ecclesiam nulla salus.(Cyprianus 200~258년)
　(㉺ Outside the Church no salvátĭon).
　교회 밖에서는 구원이 없다.
　Estne salus in Ecclesia? 교회 안에 구원이 있는가?
Extra ecclesiam nullus omnino salvatur.
　교회 밖에서는 어떠한 사람도 구원받지 못한다.
　Estne salus in Ecclesia? 교회 안에 구원이 있는가?.
extra jocum. 농담 없이, 농담은 그만두고
Extra mundum nulla salus. 세상 밖에는 구원이 없다.
extra muros. 벽을 넘어서
Extra Omnes. 외부인 전원 퇴장(外部人 全員退場)
extra ordinem. 변칙적으로, 예외로, 순서 없이
extra provinciam. 그 지방 밖으로
extra sortem. 추첨하지 않고
extra tempus Paschale. 부활 외적 시기
extra urbem. 도시 밖에(으로)
extraclúsus, -a, -um, p.p. (*inusit.* extraclúdo)
　제외된, 배제된.
extráctĭo, -ónis, f. 뽑아냄, 발췌(拔萃), 채취(採取).
　(化) 추출(抽出), 엑스(化-추출물)로 만듦.
extractórĭus, -a, -um, adj. 빼는, 뽑는
extractum, "extraho"의 목적분사(sup.=supínum)
extráctum, -i, n. 발췌(拔萃), 초록(抄錄), 초본(抄本).
　(化) 추출물(抽出物), 엑스(추출물).
　extracta fluida. 유동 엑스제.
extradiœcesánus, -a, -um, adj. (가) 타교구에서 온
éxtrăho, -tráxi -tráctum -ĕre, tr. (ex+traho)
　뽑아내다, 빼내다, 꺼내다, 끌어내다, 데려 내오다,
　뽑아 버리다, 떼 내다, 드러나게 하다, 공개되게 하다,
　구출(救出)**하다**, 건져내다, 질질 끌다, **천연**(遷延)**하다**,
　연장(연기)하다, (시간을) 지내다, 소비하다, 낭비하다,
　diem de die extraho. 그 날 그 날을 지내다/
　extractum bellum in tertium annum.
　삼 년 째 끌어 온 전쟁(戰爭).
extrajudiciális, -e, adj. 법정 밖의, 재판 밖의.
extramundánus, -a, -um, adj.
　지구 밖의, 현세 밖의, 이 세상이 아닌.
extramuránus, -a, -um, adj. (extra+murus)
　성 밖에 있는, 성 밖의, 교외(郊外)의, 시외(市外)의.
extranaturális, -e, adj. 자연 밖의, 외자연적, 자연외적
extraneæ, -árum, f., pl.(㉺ Extern Sisters.프 Tourières)
　외부 수녀, (가르멜회, 글라라회 등 관상 수도원 內 봉쇄
　구역 밖에서 활동할 수 있는) 접수계(안내실) 수녀.
extránĕo, -ávi, -áre, tr.
　외부사람으로 다루다, 상속에서 제외(除外)하다.
extránĕus, -a, -um, adj. 밖의, 외부의, 외적인, 외래의;
　외국의, 외국인의, 남남의, 상(관계) 없는, 권리 없는.
　m. 외국인(㉺ Foreigner), 이방인(㉺ gentiles/Pagans)
extraordinárĭus, -a, -um, adj. 보통이 아닌, 비상한,

비범한; 희유(稀有-흔하지 아니함. 드물게 있음)의, 이상한,
　부자연스러운, 엄청난, 터무니없는, 비정규적인,
　임시의, 특별의, 특별히 선발된(임명된), 특파(特派)의.
extrárĭus, -a, -um, adj. 외부의, 밖의, 집안 식구가 아닌,
　남의, 상관없는; 외국(인)의, 이민족(移民族)의.
extraterritoriális, -e, adj. 치외법권의
extravagántes, -ium, f., pl. (12, 13세기의) 교회법 부록서,
　누락된 법조문 법령집들(Extravagantes라는 말은 "밖에서 떠돌아
　다니는 것들"이라는 뜻이다. 즉 공식 법령집에 수록 되지 않은
　교황 칙령을 통틀어 가리키는 말이다. 정진석 지음, 교회법원사, p.141).
extravagántĭa, -æ, f. 방일(放逸-제멋대로 거리낌 없이 방탕하게 놂),
　무절제(無節制), 옛 교회법의 부록서.
extraxi, "extraho"의 단순과거(pf.=perfectum)
extrémĭtas, -átis, f. 끝, 첨단(尖端-맨 앞쪽), 가, 가장자리,
　말단(末端), 최후, 극(한), 극도(極度-더할 수 없는 정도),
　극단(極端-중용을 잃고 한쪽으로 치우침), 궁지(窮地), 경계,
　변경(邊境), 주변(周邊), (解) 단(端), 지(脂).
extremitas inférior. 하지(下肢)
extremitas sternális. 흉골단(胸骨端)
extrémum, -i, n. 끝, 종말(ἒσχατος), end of the world),
　마지막(ἒσχατος), 최후(부분), 극도(極度-더할 수 없는 정도),
　극단(極端-중용을 잃고 한쪽으로 치우침), 위기(危機).
　ad extremum. 최후로, 마지막으로/
　extrémo. 결국, 끝내; 끝으로, 마지막으로/
　Extrema gaudii luctus occupat.
　　환희의 종말에는 슬픔이 따라 온다/
　quasi in extrémā página. 거의 마지막 페이지에/
　testis ad extremum reservátus.
　　마지막으로 남겨둔 증인(證人).
extrémus, -a, -um, adj., superl. (exter, -ĕra, -ĕrum의 최상급)
　(중심.중요부에서) **가장 먼, 제일 외부의**,
　맨(앞.뒤) 끝의, 말단의, **최후의**, 최종의, **마지막의**,
　극단의, 극도의, 과격(過激)한; 가장 중대(重大)한,
　가장 위급(危急)한, 절망적(絶望的)인; 최고의, 최대의;
　최악(最惡)의; 최하(最下)의, 최저의, 보잘것없는
　extrema India. 인도의 오지(奧地)/
　Extrema omnia experior. 마지막으로 모든 것을 해보다/
　extrema únctio* (마지막 기름 바름) 종부(終傳) 성사
　(지금은 sacraméntum infirmórum-병자성사라 함)
　　병자성사(㉺ Anointing of the Sick), 최후의 도유(塗油)/
　extremas sýllabas non profero.
　　마지막 음절들을 발음(發音)하지 않다/
　extrémi latrónes 극악무도(極惡無道)한 강도들/
　extremo anno. 연말에/
　in extrémā spe salútis. 구원의 희망이 없는 상태에서/
　necéssitas extréma. 초긴급 필요, 극도의 위급 상태/
　testis ad extrémum reservátus.
　　마지막으로 남겨둔 증인/
　usque ad extremum vitæ diem. 생명의 마지막 날까지.
extremus digitus. 손 끝
extremus liber. 책의 마지막 부분, 마지막 책.
extríco, -ávi, -átum -áre, tr. (ex+tricæ) 풀어내다,
　끄르다; 빠져 나오게 하다, 헤어나게 하다, 구출하다,
　힘들여 얻다, 장만하다, 마련하다; 겨우 완성하다,
　해결하다, 청산하다, (장애물 따위를) 치우다, 떨쳐버리다,
　(물건을) 깨끗이 하다, (밭을) 일구어 가꾸다.
extrílĭdus, -a, -um, adj. 불굴의, 무서워하지 않는
extrínsĕcus¹, adv. (exter+secus) 외부에(서),
　외부로부터(Ab extra), 외면적(外面的)으로,
　외적으로; 겉은, 표면(表面)은, 밖에(ἒξω).
extrínsĕcus², -a, -um, adj. 외부의, 외부로부터의,
　외적(外的), 비본질적(非本質的)인.
　extrinseca dissolubílitas. 재판 이혼/
　extrinseca indissolubílitas. 외부적 불가 해소성/
　Ergo finis gubernationis rerum non est aliquod bonum
　extrinsecum, sed aliquod bonum in ipsis rebus existens.
　　따라서 사물들의 통치의 목적은 어떤 외적인 선이 아니
　라 그 사물들 자체 안에 존재하는 선이다(신학대전 14. p.61).
extrinsecísmus, -i, m. 외형주의(外形主義)

E

455

extrītum, "extero"의 목적분사(sup.=supínum)
extrītus, -a, -um, p.p. (éxtero)
extrīvi, "extero"의 단순과거(pf.=perfectum)
extro, -áre, tr. 나가다, 나가 버리다
extrórsus(=extórsum) adv. (extra+versus) 밖으로
extrúdo, -trúsi -sum -ĕre, tr. 밀쳐 내쫓다,
  쫓아버리다, 격퇴하다, 밀어내다, 내밀다(내놓다),
  억지로 떠맡기다, 강매(强賣)하다.
exuberátĭo, -ónis, f. 종기(腫氣-부스럼), 부어 오른 데,
  뾰루지(뾰족하게 부어오른 작은 부스럼. 뾰두라지), 종양(腫瘍),
  멍울(림프샘이 부어오른 자리를 흔히 이르는 말), 응어리.
extúbĕro, -ávi -átum -áre, (ex+tuber)
  intr. 부어오르다; 혹이 생기다.
  tr. 부어오르게 하다, 불룩 나오게 하다, 불거지게 하다.
extúdi, "extúndo"의 단순과거(pf.=perfectum)
éxtŭli, "éffero"의 단순과거(pf.=perfectum),
  "extóllo"의 단순과거(pf.=perfectum).
extúmĕo, -ére, (extumésco, -ĕre) intr. 부풀어 오르다,
  붓다(יךר.וס.וסר.וש), 팽창(膨脹)하다.
extúmĭdus, -a, -um, adj. 부어오른, 불룩 나온, 불거진
extúmui, "extumeo"의 단순과거(pf.=perfectum),
  "extumesco"의 단순과거(pf.=perfectum).
éxtŭmus = éxtĭmus -a, -um, superl., adj.
extunc(=ex tunc), adv. 그때부터
extúndo, -tŭdi, -túsum, -ĕre, tr. (ex+tundo) 때려 내쫓다,
  몰아내다, 두드려서 만들어 내다, 억지로 얻어내다,
  힘들여 얻다, 성취(成就)하다, 생각해내다,
  머리를 짜내어 궁리하다, 발명하다, 힘들여 만들어내다.
extúrbodo, -ávi, -átum, -áre, tr. (ex+turbo)
  강제로 나가게 하다, 내쫓다, 추방하다, 박탈하다,
  뽑아내다; 사라지게 하다, 혼란시키다, 당황케 하다,
  정신 못 차리게 하다, (평온 따위를) 깨뜨리다.
extrūsi, "extrudo"의 단순과거(pf.=perfectum)
extússĭo, -tussítum, -íre, tr. (ex+tússio)
  가래침 뱉다, 기침하여 뱉어내다.
extrūsum, "extrudo"의 목적분사(sup.=supínum)
exu…(이하에 없는 단어는) V. exsu…
exuberántĭa, -æ, f. 풍부(豊富), 충일(充溢-가득 차서 넘침);
  과다(過多), 과잉(過剰-필요 이상으로 많음. 지나침).
exuberátĭo, -ónis, f. 과다(過多), 과잉(過剰)
  풍부(豊富), 충일(充溢-가득 차서 넘침), 넘쳐흐름.
exúbĕro, -ávi, -átum, -áre, (ex+úbero)
  intr. 넘쳐흐르다, 넘치다, 충만하다, 풍부(豊富)하다,
  우거지다, 거침없이 흘러나오다.
  tr. 풍부(豊富)해지게 하다, 우거지게 하다.
exui, "éxŭo"의 단순과거(pf.=perfectum)
exulcerátĭo, -ónis, f. 종기(腫氣-부스럼), 궤양(潰瘍),
  화농(化膿-종기가 곪아 고름 생김), 덧들임, 쓰라리게 함.
exúlcĕro, -ávi -átum -áre, (ex+ulcus)
  헐게 하다, 헌 데가 생기게 하다, 덧들이다,
  성나게 하다, 약화(弱化)시키다, 더욱 심해지게 하다.
éxŭlo = éxsŭlo 유배당하다, 귀양 가다, 추방되다
exultet, → exsultet
exūlŭlátus, -a, -um, p.p., dep. 부르짖는, 울부짖는,
  pass. 부르짖는 소리로 불리 운(부름 받은).
exúlŭlo, -ávi, -átum, -áre, intr. (ex+úlulo)
  부르짖다, 울부짖다, 아우성치다.
exunctum, "exúngo"의 목적분사(sup.=supínum)
exundántĭa, -æ, f. 넘쳐흐름, 창일, 범람(氾濫-汎溢)
exundátĭo, -ónis, f. 넘쳐흐름, 범람, 창일(漲溢), 홍수
exúndo, -ávi, -átum, -áre, intr. (ex+undo)
  넘쳐흐르다, 범람하다, 넘쳐 나오다, 먼저 나가다,
  흘러 퍼지다, 북받치다, 치밀어 오르다.
exúngo, -únctum -ĕre, tr. (ex+ungo) 칠하다,
  (향유 따위를) 많이 바르다, 화장품에 (돈을) 낭비하다.
exúnguis, -e, adj. 발톱 없는
exúngŭlo, -áre, intr. 발굽 빠지다
éxŭo, -ŭi -útum -ĕre, tr. 벗다(זרא.זרר), 벗어놓다,

뽑다, 빼내다, 벗기다(זרר.זרא), 벗겨내다,
벗어나게 하다, 탈피시키다, 빠져 나오게 하다,
뺏다, 탈취(奪取)하다, 박탈(剝奪)하다, 벗어 던지다,
내던지다, 내버리다, 집어(걷어) 치우다, 일소(一掃)하다,
떼어버리다, 몰아내다, (걱정 따위를) 잊다, 포기하다.
Cæsar hostes omnes armis exuit.
  카이사르는 모든 적병에게서 무장을 해제시켰다/
exúta pudórem. 정숙함을 잃어버린 여자/
humanitátem omnem exuo. 모든 인간미를 벗어 던지다/
Mihi ex ánimo éxui non potest, esse deos.
  신들이 있다는 생각(확신)을 나는 버릴 수 없다/
Serpens éxuit in spinis vestem.
  뱀은 가시덤불에서 허물을 벗는다/
veste alqm exuo. 아무의 옷을 벗기다/
vittis exúta comam. 댕기를 풀어 놓은 여자.
exuo ánimam. 죽다
exuo hostem armis. 적군에게서 무기를 뺏다
exuo manticam humero. 어깨에서 바랑을 벗어(내려)놓다
exuo metum. 공포(恐怖)를 몰아내다
Exuo obséquium in matrem. 어머니에게 불충명하다
exuo se ex láqueis. 올가미에서 빠져나오다
exuo se jugo. 멍에를 벗다(exuo jugum)
Exuo se ómnibus vítiis. 온갖 악습에서 헤어나다.
exuo se vestiméntis. 옷을 벗다/
exuo vagínā ensem. 칼집에서 칼을 뽑다
exuper… V. exsuper…
exúrgĕo, -ére, tr. (ex+úrgeo) 눌러서 짜내다
exúro, -ússi, -ústum, -ĕre, tr. (ex+uro) 태워버리다,
  태우다, 불사르다, 불 지르다, 그을리다, 말려버리다,
  고갈(枯渴)되게 하다, 소멸하게 하다, 없어지게 하다,
  부식(腐食-썩어 문드러짐)하다, (감정 따위를) 불 지르다,
  (감정에) 불타게 하다: 고통스럽게 하다,
  괴로움 당하게 하다.
exústus ager. 말라붙은 밭(exúro 참조)/
exustus sideribus axis.(exúro 참조) 열대(熱帶)/
Sitis exúrit fatigátos.(exúro 참조)
  지친 사람들이 갈증에 목이 타고 있다.
exussi, "exúro"의 단순과거(pf.=perfectum)
exústĭo, -ónis, f. 소각(燒却), 불태움;
  연소(燃燒-불이 붙어서 탐), 화재(火災)
exutum, "exúo"의 목적분사(sup.=supínum)
exustum, "exúro"의 목적분사(sup.=supínum)
exútus, -a, -um, p.p. 벗은; 뺏긴
exúvĭæ, -árum, f., pl. (exúvĭum, -i, n.)
  (몸에 지녔던 물건 특히) 옷, 장신구(裝身具), 유물(遺物),
  (동물에게서 벗겨낸) 가죽, 껍질,
  (살아 있는 적에게서 뺏은) 전리품, 노획물.
  pósitis exúviis. (뱀이) 허물을 벗고/
  tigridis exuviæ. 호랑이 가죽.
exuviæ capitis. 머리털(exuviæ vérticis)

F F F

F, f. f., n., indecl. 라틴 자모의 6번째 글자, 에프(ef)
略 **F.** = filius(아들), fecit(만들었다).

Fab. = Fábiă(tribu), Fábius 씨족에서(나온)

faba, -æ, f. (植) 콩: 잠두(蠶豆)

fabácĕus(fabácĭus), -a, -um, adj. 콩의, 콩으로 만든.
(植) 콩과의, f. 콩죽: f., pl. 콩꼬투리.

fabágĭnus, -a, -um, (**fabális**, -e) adj. 콩의, 잠두의

fabális(=fabúlis) -e, adj. 콩의, 잠두(蠶豆)의, 강낭콩의

fabárĭus, -a, -um, adj. 콩의, 콩으로 된 콩 장수.
m.(pl.) (목소리 좋아지도록) 콩 먹던 가수(歌手).

fabáriæ kaléndæ. (해콩을 제사에 쓰는) 6월 초하루.

fabatárĭum, -i, n. 접시의 일종

fabátus, -a, -um, adj. 콩으로 만든. n. 콩알

fabélla¹-æ, f. 짤막한 실화, 동화(童話), 희곡(戲曲).
우화(寓話-교훈적.풍자적인 내용을 동식물 등에 빗대어 엮은 이야기).

fabélla²-æ, f. 작은 콩(**fabula¹**-æ, f.)

fáber¹-bra -brum, adj. 솜씨 있는, 손재간 있는, 숙련된,
adv. **fábre**, 정교하게, 솜씨 있게, 교묘하게.

fáber²-bri, m. (gen., pl. 흔히 -um) 공인(工人), 기술자,
(딱딱한 재료를 가지고 일하는) 기사(技士), 기능공,
세공인, 장인(匠人), 목수(τὲκτων.木手-목공.대목),
석수(石手), 대장장이(대장일을 업으로 하는 사람. 冶工. 야장冶匠).
homo faber. (哲) 공작인(工作人)/
Historia Fabri Joseph. 목수 요셉의 이야기/
præféctus fabrum. 기능공 십장, 목수 감독(faber 및 sócius는
præféctus라는 명사와 연결되면 그 복수 속격 어미가 -um이 되기도 한다)/
Quasi lignum de silva vidit nos faber, et cogitavit
ædificium quod inde facturus est, non silvam quod erat.
목수께서는 우리를 마치 숲에서 베어 온 나무처럼
보십니다. 숲에 있던 나무가 아니라, 앞으로 만드실
작품을 생각하시는 것입니다(최익철 신부 옮김. 요한 서간 강해, p.369).

명사 제2변화 제2식 B		
	단 수	복 수
Nom.	faber	fabri
Voc.	faber	fabri
Gen.	fabri	fabrórum
Dat.	fabro	fabris
Acc.	fabrum	fabros
Abl.	fabro	fabris

(허창덕 지음, 초급 라전어 변화표Tabellæ Declinationum에서)

faber ærárĭus. 구리 공인(工人)

faber aurárĭus. 금공(金工)

Faber est suæ quisque fortunæ.
운명을 만드는 사람은 바로 자신이다.

Faber fabricando fit faber.
목수는 목수의 일을 함으로써 목수가 된다.

faber lignárĭus. 목공(木工)

faber vasculárĭus. 도공(陶工.tector, -óris, m.)

fábre, adv. 정교하게, 솜씨 있게, 교묘하게.

fabrefácĭo, -féci, -fáctum, -cĕre, tr. (faber¹+fácio)
(선박을) 정교(精巧)하게 건조(建造)하다,
(수공예품 따위를) 교묘하게(예술적으로) 만들다.

Fabri cando fit faber. 만들면서 장인(匠人)이 된다.

fabri filius.(⑨ the carpenter's son) 목수의 아들

fábrĭca, -æ, f. (faber³) (목재.금속 가공의) 공장,
제작소, 작업장, 정교한 기술(기능), 수공기술: 건축술,
간계(奸計), 계교(計巧), 구조물, 건축물(建築物).
birotarum fabrica. 자전거 제작 공장,
Mundus enim appellatur non solum ista fabrica quam
fecit Deus, cælum et terra, mare, visibilia et invisibilia.
하느님께서 만드신 이 작품, 곧 하늘의 땅, 바다, 보이는
것과 보이지 않는 것뿐만 아니라, 세상에 사는 사람들을
일컬어 '세상'이라고 합니다(최익철 신부 옮김. 요한 서간 강해, p.139).

fabrica ecclesiæ. (教法) 교회 건축위원회,

교회 기본재산(건물과 부속물) 유지재단.

fabrica membrorum. 지체들의 구조

Fabrica Sancti Petri. 성 베드로 대성전 보선처(補繕處)
[대성전 건물의 보존과 장식에 관하여서나 관리인들과 대성전을 방문하거나 위하여
출입하는 순례자들에 관한 내부 규율을 위하여서나 사도들의 으뜸의 대성전에
속한 일을 고유법에 따라 계속 수행한다. 대성전 보선처의 장상들은 협조나
필요한 모든 일을 대성전의 의전 사제단과 합심하여 행한다].

fábricátĭo, -ónis, f. 제조(製造), 제작(制作), 건축, 창작,
구성, 조립(組立), 기교(技巧-기술이나 솜씨가 아주 교묘함).

fabricátor, -óris, m. 제조인, 제작자, 작성인: 창조자,
창작자, 고안자(考案者), 만들어내는 사람, 장본인.

fabricatórĭus, -a, -um, adj. 만들어 내는, 창조하는

fabricátrix, -ícis, f. 만들어 내는(제작하는) 여자

fabricénsis, -is, m. 무기 제조인(武器 製造人)

fábrĭco, -ávi, -átum, -áre, tr. = **fábrĭcor**

fábrĭcor, -átus sum, -ári, dep., tr.
정교하게 만들다, 제작(제조)하다, 창작(창조)하다;
짓다, 건축(축조.건조)하다; 엮다; 형성(形成)하다,
생각해(만들어) 내다, 계교(간계)를 꾸미다,
마련하다, 준비(準備)하다.

fabrícŭla, -æ, f. 작은 공장, 작업장(作業場)

fabrificátĭo, -ónis, f. 제작(制作); 창조물(創造物),
창조(κτίσις.創造.⑨ Creátion).

fabrília, -íum, n., pl. 조형(미술), 조각, 연장, 도구, 공구

fabrílis, -e, adj. 공인(工人)의, 목수의, 대장장이의,
연기를 쐬어 말린 (포도).

fábrĭo, -ívi, -íre, tr. (faber¹) = fábricor

fabula¹-æ, f. 작은 콩

fabula²-æ, f. 떠도는 이야기, 자자한 소문, 이야깃거리,
화젯거리, 일상대화, 화제(話題), 전설(傳說), 설화,
신화(神話.μύθος.⑨ Mythology/Myth), 소설(小說),
희곡(戲曲), 서사시, 동화(童話), 우화(寓話.꾛),
옛이야기, 고담(古談), 야담(野談): 꾸며 낸 이야기.
Antíquitas recépit fábulas, hæc autem ætas réspuit.
신화들을 옛 시대는 용납하였으나 현대는 배척하고 있다/
conviváles fábulæ. 식탁에서의 이야기/
docére fábulam. 극(劇)을 연출하다/
fábulam dare. 연극을 하다/
Fabulam tam bene narravit ut nos ei facile crederemus.
그는 우리가 그를 쉽사리 믿을 만큼 그렇게 옛 얘기를 잘 했다/
fabulas nátionum. 여러 나라의 신화(神話)들/
Hæreticarum fabularum compendium.
이단설 요약, 이단적 허구의 개요(概要)/
Impios homines agitant insectanturque furiæ, non
ardentibus tædis, sicut in fabulis, sed angore conscientiæ
fraudisque cruciatu.(Cicero). 불측한 인간들을 복수의
여신들이 들쑤시고 추격한다. 그것도 신화에 나오듯이
불붙는 듯한 혐오로 하는 것이 아니고 양심의 가책과
속임수에 대한 번뇌로 들쑤신다(성 염 지음. 고전 라틴어, p.414)/
lupus in fábula. 동화 속의 늑대/
Qualium fabularum figmenta exorta sint eo tempore,
quo Hebræis Iudices præesse cœperunt.
히브리인들을 판관들이 통치하기 시작할 시기에
어떤 신화들이 생겨났는가.(교부문헌 총서 17. 신국론. p.2810)/
Ut a fabulis ad facta veniámus.
꾸며낸 이야기에서 실제 사실로 말머리를 돌리자면/
Ut jam a fabulis ad facta veniamus.
이제 우리는 전설에서 실제로 옮가 갈 단계에 이르렀다/
Vir fabulam pueris narrat.
어른이 아이들에게 동화를 들려준다.

fabula a veritate remota. 진실과는 거리가 먼 전설

Fabula nunc ille est. 그는 지금 이야깃거리가 되어있다

Fabula pelagiana. 펠라지우스의 허구

fabula romanensis catholica 가톨릭 소설

fabuláris, -e, adj.
전설적인, 꾸며낸 이야기의, 신화적인: 동화적인.

fabulátĭo, -ónis, f. 이야기, 동화 같은 이야기를 함; 담화

fabulátor, -óris, m. 이야기꾼, 고담가(古談家),
만담가(漫談家), 동화(우화) 작가.

fabúlis = fabális
fábŭlo¹ -ávi, -átum, -áre, tr., intr. = fábŭlor
fábŭlo² -ónis, m.
농담친구, 이야기 친구, 설화(동화.우화) 작가.
fábŭlor, -átus sum -ári, dep., intr., tr.
이야기하다(πκ.πr), 담화(談話)하다,
터무니없는 말을(허튼 소리를) 지껄이다,
꾸며낸 이야기를 하다, 없는 사실을 말하다.
fabulósĭtas, -átis, f. 우화(שַׁ.寓話), 전설, 허풍,
허구(虛構), 신화(神話-μύθος.⑨ Mythology/Myth).
fabulósus, -a, -um, adj. 전설(傳說)로 유명한,
우화(동화)에 흔히 나오는, 전설적인, 신화적(神話的)인,
설화적(說話的)인, 동화(童話) 같은; 터무니없는.
adv. fabulóse, 전설적으로, 가공적(架空的)으로,
De fabulosæ et civilis theologiæ similitudine atque
concordia. 설화신학과 민간신학의 유사성과 일치점.
(교부문헌 총서 17, 신국론, p.2762).
mundum fabulosum. 공상적 세계(이재룡 옮김 인식론의 역사, p.256).
fábŭlus, -i, m. 작은 콩; 콩알
fac, 원형 fácĭo, feci, factum, facĕre,
[명령법. 단수 2인칭 fac, 복수 2인칭 facite]
Domine, fac me flere!(Domine, fac me flentem!/
Domine, fac me ut fleam!) 주님, 나를 울게 하소서.
Fac, amabo. 제발, 해주시오
Fac, cógites. 꼭 생각하도록 해라(facio 15. 참조)
Fac, illa ut placétur nobis.
그 여자로 하여금 우리와 화해(和解)하게 하라.
Fac illum oblitum mercedem suam, deficiunt manus.
자기 보수를 잊어버리게 하면 손에 힘이 빠질 것입니다.
Fac ne ames! 사랑 놀음을 하지 말도록 하라!
Fac ne quid aliud cures. 딴 일 부리지 말아라!
[aliud curare: 딴 일을 하다. 성 영 지음, 고전 라틴어. p.363].
Fac nos, quǽsumus, Dómine, his munéribus offeréndis
conveniénter aptári: quibus ipsíus venerábilis
sacraménti celebrámus exórdium.
주님, 이 공경하올 성사의 건립을 축성하나이다. 비오니,
저희로 하여금 이 예물을 드리기에 합당한 자 되게 하소서.
Fac nos tibi semper magis credete, in sempe
habere, te diligere. 우리로 하여금 끊임없이 더욱 더 당신
을 믿고, 당신 안에서 희망하고, 당신을 사랑하게 하소서.
Fac, potuísse. 할 수 있었다고 하자
Fac ut, remóto velo, Post líbera in coelo, cernámus fácie.
멀리 떨어진 장막 안에(계시지만), 나중에 하늘에서는
벗으신 얼굴로 우리가 (당신을) 알아 뵈올 수 있게 하소서.
[cernámus, 원형 cerno, crévi, crétum(certum), -ĕre, tr.
접속법 현재. 단수 1인칭 cernam, 2인칭 cernas, 3인칭 cernat,
복수 1인칭 cernamus, 2인칭 cernatis, 3인칭 cernant.
황치헌 신부 지음, 미사 통상문을 위한 라틴어. pp.531-532].
Fac, ut (tibi) videtur. 너 좋을 대로해라.
(vidéri는 형태들을 이루는 접속사 ut나, 조건 접속사 si를 쓴 삽입문의
설명어로도 사용된다. 이때에는 보통 주문 주어를 따라
인칭적으로 사용되지만 뜻에 따라 비인칭적으로도 사용된다).
Fac ut vis(Ut tibi videtur)
네 생각대로 해라, 너는 네가 원하는 대로해라.
Fac, velit. 그가 원한다고 하자
Fac venias. 너 꼭 오너라.
face, 원형 fácĭo, feci, factum, facĕre,
[명령법. 현재 단수 2인칭 face, 복수 2인칭 facite].
facere, 원형 fácĭo, feci, factum, facĕre,
[명령법. 수동형 현재 단수 2인칭 facere, 복수 2인칭 facimini].
Facere non possum, quin ad te mittam.
(=Non possum ad te non mittĕre.)
나는 너한테 보내지 않을 수 없다.("하지 않을 수 없다"와 같이
주문과 속문의 주어가 같은 것인 경우에는 주문의 주문 보조동사에다
속문의 동사를 현재부정법으로 해서 그 앞에 역시 non을 붙여주면 quin을 쓴
객어문과 같은 뜻이 된다).
Facere veritatem. 진리를 행한다(facio 참조)
fǎcessi, "facésso"의 단순과거(pf.=perfectum)
fǎcessĭtum, "facésso"의 목적분사(sup.=supínum)
fǎcessívi, "facésso"의 단순과거(pf.=perfectum)
facésso, -céssi(-cessívi), -ssítum, -ĕre, intens.,

intr. 떠나가다, 물러가다, 멀어지다, 내뱉다.
tr. 열심히 실행하다, 이행하다, (임무를) 다하다,
(걱정.괴로움.수고.불편 따위를) 가져오다,
끼치다, 일으키다, 만들다.
jussa facesso. 명령을 실행하다
facésso negótium alci. 누구를 난처하게 만들다
facéte, adv. 훌륭하게, 멋지게, 우아하게; 적절하게,
썩 잘, 재미있게, 우습게, 재치 있게, 익살맞게.
facétĭa, -æ, f. (흔히 pl.) 재치(눈치 빠르고 재빠르게 응하는 재주),
세련된 농담, 재담, 해학(諧謔-익살스러우면서 풍자적인 말이나 짓),
약삭빠름, 익살(남을 웃기려고 일부러 하는 우스운 말이나 짓),
풍자(諷刺-무엇에 빗대어 재치 있게 깨우치거나 비판함).
facétus, -a, -um, adj. 훌륭한, 멋진, 점잖은, 세련된,
품위(品位) 있는, 우아(優雅)한, 상냥한, 재치 있는,
재미있는, 익살스러운.
fácĭa, -æ, f. 초상화(肖像畵)
faciálĭa, -íum, n., pl. 세수수건
Faciam te in gentem magnam. 나는 너를 큰 백성이
되게 하리라.(어떤 동사는 부설명어적 제2객어 대신에 그 앞에 전치사
in을 붙여서 그것을 목적 부사어로 가지는 경우도 있다.)
Faciamus hominem ad imaginem et similitudinem
nostram. 우리와 비슷하면서 우리 모습으로 사람을 만들자.
(성경 창세 1. 26)/우리 모습을 닮은 사람을 만들자(공동번역).
Faciamus insuper fructus dignos pœnitentiæ.
이 외에도 "회개했다는 증거를" 행동으로 보입시다.
faciatis, 원형 fácĭo, feci, factum, -ĕre,
[접속법 현재. 단수 1인칭 faciam, 2인칭 facias, 3인칭 faciat,
복수 1인칭 faciamus, 2인칭 faciatis, 3인칭 faciant].
Fratres, magis satagite, ut firmam vestram vocationem
et electionem faciatis. 형제 여러분, 여러분이 받은
소명과 선택이 굳건해지도록 애쓰십시오(성경 2베드 1. 10)/
Ut certam vocationem sicut et electionem, faciatis,
satagite, et a peccatis estote. 너희들은 성소와 선택을
확실히 얻기 위하여 애쓰고, 죄에서 벗어나도록 하라.
fácĭes, -ei, f. [단수 주격 facies, 속격 faciei, 여격 faciei,
대격 faciem, 탈격 facie] 얼굴(מֹב.πρòσωπον), 낯, 안면;
용모, 미모; 얼굴표정, 안색, 외관(外觀), 외양, 외형, 외견;
모양, 형상, 모습, 면모(面貌), 자태, 종류(種類), 성질,
겉모양, 구경거리, 광경(光景), 장관(壯觀).
Decóra facies! 장관(壯觀)이다/
Deos conflatiles non facies tibi.(탈출 34. 17)
(kai. qeou.j cwneutou.j ouv poih,seij seautw/|)
(獨 Du sollst dir keine gegossenen Götterbilder machen)
(⑨ You shall not make for yourselves molten gods)
너희는 신상들을 부어 만들어서는 안 된다(성경 탈출)/
너희는 신상을 부어 만들지 마라(출애굽기 34. 17)/
ethica facie ad faciem. 얼굴과 얼굴을 맞댄 윤리.
(가톨릭 철학 제2호, p.256)/
fácie ad fáciem. 얼굴을 맞대고, (누구를) 마주 대하고/
Facie ad faciem locutus est vobis in monte de
medio ignis. (pro,swpon kata. pro,swpon evla,lhsen ku,rioj
pro,j u`ma/j evn tw/| o:rei evk me,sou tou/ puro,j)(獨 Er hat von
Angesicht zu Angesicht mit euch aus dem Feuer auf
dem Berge geredet)(⑨ The LORD spoke with you face
to face on the mountain from the midst of the fire)
주님께서는 그 산 위 불 속에서 너희와 얼굴을 마주보고
말씀하셨다(성경 신명 5. 4)/야훼께서는 그 산 위 불길 속에서
너희와 서로 얼굴을 마주보면서 말씀 하셨다(공동번역)
Facienti quod est in se, Deus non negat gratiam.
하느님은 스스로 돕는 자를 돕는다.
[라틴어 금언. 자구해석: 하느님은 자기 안에 있는 것을(스스로 할 수 있는
것을) 하는 자에게 은총을 거부하지 않는다. Hales(1186-1246)와 토마스
아퀴나스(1224-1274) 가 이 금언을 즐겨쓰면서 풍자해의 도움을 받아서 스스로
선행을 한다는 뜻으로 받아들였다…. 백민관 신부 엮음, 백과사전 2. p.4]/
Ferrum ferro acuitur et homo exacuit faciem amici sui.
쇠는 쇠로 다듬어지고 사람은 친구의 얼굴을 다듬는다/
Filii facies. 성자의 얼굴/
Illuminet Dominus faciem suam super te et misereatur
tui! 주님께서 그대에게 당신 얼굴을 비추시고
그대에게 은혜를 베푸시리라.(성경 민수 6. 25)/

lino fáciem. 얼굴 화장을 하다/
Nolite iudicare secundum faciem. 겉모습을 보고 판단하지 마라/
O faciem pulchram! 오 아름다운 얼굴!/
perfricáre(confeicáre) fáciem.
체면을 버리다, 파렴치한 짓을 하다/
Quæ scélerum fácies? 어떤 종류의 범죄(犯罪)/
Quare defigis óculos in fácie meã?
너 왜 내 얼굴을 뚫어지게 보느냐?/
Quod cum audisset Moyses, cecidit pronus in faciem.
(kai. avkou,saj Mwush/j e;pesen evpi. pro,swpon)
(獨 Als Mose das hörte, fiel er auf sein Angesicht)
(⑳ When Moses heard this, he fell prostrate)
이 말을 듣고 모세는 얼굴을 땅에 대고 엎드렸다(성경)/
이 말을 듣고 모세는 땅에 엎드려(공동번역 민수 16. 4)/
Splendida facies sicut sol. 태양처럼 빛나는 얼굴/
vacca faciem tauro propior. 얼굴이 황소같이 생긴 암소.
fácĭle, adv. **쉽게**, 어려움(수고.고통)없이, 안전하게,
의심 없이, 확실히, 틀림없이, 분명히, 기꺼이, 즐겁게,
태연하게, 마음 편하게, 편안하게, 안락(安樂)하게.
Et facile est peccatum in hominem, in Deum solum non
peccem. Quomodo non peccas in Deum, quando in
dilectionem peccas?. 그대는 사람에게는 죄짓기 쉽지만
하느님께만큼은 죄를짓지 않는다고 합니다. 사랑을 거슬러
죄를 지으면서, 어떻게 하느님께는 죄를 짓지 않는다는
것입니까?.(최익철 신부 옮김. 요한 서간 강해, p.319)/
Hæc res facile cognoscitur. 이 일은 알기 쉽다/
non(haud) facile. 간신히, 겨우/
Non facile credimus semel mentito.
우리는 한 번 거짓말한 사람을 쉽게 믿지 않는다/
Non facile dixerim. 나로서는 얘기하기가 쉽지 않을지 모른다/
patior facile injuriam, si est vacua a contumelia.
욕되는 것만 없다면 불의도 기꺼이 참겠어요.
(성 염 지음. 사랑만이 진리를 깨닫게 한다, p.450)/
quam facile sacrifícĭum.
가장 실천하기 쉬운 전례(성 아우구스티노)/
Si non est facile, at certe fieri potest.
쉽지는 않겠지만 그래도 이루어질 가능성은 분명히 있다/
Tardis mentibus virtus non facile comitatur.
무딘 정신에는 덕이 따르지 않는다.
facile ærumnarum ferre possunt si inde abest injuria;
etiam injuriam, nisi contra stant contumeliam.
불의에서 오는 것이 아니라면 사람들은 고난을 쉽사리
참을 수 있다네. 그리고 불의도 견뎌낼 수 있다. 모욕을
당하지 않는다면 말일세(성 염 지음. 사랑만이 진리를 깨닫게 한다. p.450)/
Facile assentior tuis litteris.
나는 기꺼이 그대 편지에 동의하오.
Facile est largiri de alieno.
남의 것을 갖고 인심 쓰기는 쉬운 노릇이다.
Facile omnes cumvalemus, recta consilia ægrotis
damus(Terentius). 우리 누구나 건강할 때면 아픈 사람
들에게 그럴싸한 충고를 (곧잘) 내린다.
Facile probatur, quis mundum creaverit.
누가 우주를 창조하였는지는 쉽게 증명된다.
facílior, -or, -us, adj. fácĭlis, -e의 비교급
fácĭlis, -e, adj. (superl. facíllimus) **쉬운**, 수월한, 평이한,
용이한; 힘들지 않는, 편한, 적합한, 알맞은, 유리한,
(적합하서) …**하기 쉬운**; …할 용이가 있는,
…할 준비(각오)가 되어 있는, 부지런히 움직이는,
빨리(활발히.쉽게) 움직이는, 숙련된, 척척 해내는,
유창한, **다루기 쉬운**, 시키는(부탁하는) 대로 하는,
고분고분한, 유순한, 까다롭지 않은, 잘 순응하는,
솔깃한, 쉽게 믿는, 남을 잘 돌봐주는, 남에게 잘해주는,
친절한, 상냥한, 순조로운, 잘되어 가는.
ascénsus facilis. 쉬운 등반/
Facile est, hanc rem cognoscere. 이일은 알기 쉽다/
Fácile est perfícere. 완성하는 것은 쉽다/
facile misérrimus. 확실히 제일 불쌍한 사람/
facile pati dolórem. 고통(苦痛)을 기꺼이 참다/

Facilia ex difficillimis animi magnitudo reddit.
마음의 도량은 지극히 어려운 일에서 쉬운 일을 만들어낸다.
(지극히 어려운 일도 쉽게 만들어낸다)(성 염 지음. 고전 라틴어, p.260)/
facúndus et amicítia. facilis.
구변(口辯) 좋고 쉽게 친구 사귀는 사람/
Hæc res facile cognoscitur. 이 일은 알기 쉽다/
Hæc res facilis est ad cognoscendum. 이 일은 알기 쉽다/
Hæc res facilis est cógnitu. 이 일은 알아보기 쉽다/
Hujus rei cognitio facilis est. 이 일은 알기 쉽다/
júvenis facilis inánibus. 허황된 것에 마음 쏠리는 젊은이/
morti fáciles ánimi. 죽을 각오가 되어 있는 마음들/
nímium fáciles aurem præbére puéllæ.
너무도 쉽게 귀를 기울이는 소녀들/
Multæ res faciles dictu, difficiles factu sunt.
많은 일들은 말하기는 쉽고 행하기는 어렵다/
Res est facilis dictu. 말로 하기는 쉬운 일이다/
palmæ facilis ad scandendum. 오르기 쉬운 종려나무/
Quod sacra Communio de facili non est relinquenda.
영성체를 함부로 궐하지 말 것/
res factu facilis. 하기 쉬운 일/
terra facile pécori. 목축(牧畜)에 알맞은 땅.
fácĭlis divísui. 나누기에 쉬운
fácĭlis fatu. 말하는 쉬운
facilis trámite.(trames 참조) 쉬운 길로
facílĭtas, -átis, f. 쉬움, 용이성(容易性), 평이(平易),
쉽게 …하는 능력, 적성(適性), 재능(才能), 능란(能爛),
(말.글 따위가) 거침없음, 유창함, 상냥함, 친절함,
까다롭지 않음, 대하기 쉬움, 다루기 쉬움; 기꺼이 함,
쾌락(快諾-선선히 승낙함), 남에게 잘해줌, 경솔, 변덕.
Philippum, Macedonum regem, rebus gestis et gloria
superatum esse a filio, facilitate et humanitate video
superiorem fuisse. 필리푸스는 마케도니아의 왕으로서
행적과 영광에 있어서 아들 알렉산더 대제에게 압도
당하기는 했지만, 친절과 교양에 있어서는 아들을 능가
하였다고 나는 생각한다(성 염 지음. 고전 라틴어, p.4).
facilitas oris. 쉽게 발음함
faciliter posse. 쉽게 할 수 있다.
simpliciter posse 할 수 있게 되었다.
facilius, adv. fácĭle의 비교급
facillime, adv. fácĭle의 최상급
Pares cum paribus facillime congregantur.
같은 사람들은 같은 사람들과 모이기 쉽다.(類類相從).
facillimus, -a, -um, adj. fácĭlis, -e의 최상급
facinorósus(=facinerósus) -a, -um, adj. 범죄적인,
죄악적인, 파렴치한, 악랄한; 악한의, 무법자의.
fácĭnus, -nóris, n. 해놓은 일, 저지른 일,
(이목을 끄는) 행동(행위.행실), 업적, 공적, 위업,
범죄, 죄악(⑳ Lawlessness), 악행(⑳ evil deed),
대죄(大罪⑳ Mortal sins), 사실, 된(있는) 것,
범행(犯行)의 도구, 범죄자(犯罪者), 죄인(罪人).
facinora manifestiora. 입증된 범죄들/
occulta facinora. 입증되지 않은 범죄들/
Fatetur facinus quisquis judicium fugit.(Publilius Syrus).
누구든 재판을 피하려는 사람은 (스스로) 죄를 자백하는 셈이다/
Hæc facinora evidentissimam efficiunt picturam.
(⑳ These episodes provide a very clear picture)
이 이야기들은 매우 명확한 메시지를 전달한다/
id facinus natum a cupiditate.
탐욕에서부터 생겨난 그 악행/
Quæ poena huic facinori par est?
이 행악(行惡)에는 어떤 형벌이 맞갖을까?/
truculéntissimum facinus.(truculéntus 참조) 야만적인 범죄.
Facinus quos inquinat, æquat.
사악은 타락시킨 자들을 똑같이 (사악하게) 만들어 버린다.
[동사 æquare가 'solo æquare(땅바닥과 같게 만들다. 무너드리다)'로 쓰면
'파멸시키다'라는 의미. 성 염 지음. 고전 라틴어, p.173].
fácĭo, feci, factum, facĕre,
(imper. sg. 2. fac; pass.: fio, factus sum, fíeri)

F

459

Ⅰ. 1. (무슨 행동.무엇을) 하다. hoc facio. 이것을 하다/ iter fácĭo. 여행하다, 길을 가다/ furtum facio. 도둑질을 하다. 2. **만들다**(עבד), 제조(製造)하다, 짓다(אנב.ינב), 건설(건조)하다, (다리를) 놓다, 구축하다. ignem ex lignis virídibus facio. 생나무에서 불을 일으켜 내다/ castra facio. 진막(陣幕)을 치다. 3. 낳다, 새끼 치다, 까다; 생산하다, 내다, 만들어 내다. factus ad dicéndum. 말하기 위해 태어난/ Fáciunt vólucres pullos. 새들이 새끼를 깐다. 4. (글.문서.편지 따위를) 짓다, 작성하다, 쓰다. 5. 실행(이행.수행)하다, 시행(거행)하다, 실현하다. ludos facio. 경기대회를 개최하다. 6. 일으키다, 야기 시키다, 자아내다. controvérsiam facio. (무엇이) 논쟁을 불러일으키다. 7. **끼치다**, (상처 따위를) 입히다, (싸움을) 걸다. 8. 주다, 해주다, 제공하다, 허용(허락)하다. nobis hæc ótia fácĭo. 우리에게 이 평화시대를 허락하다. 9. 모집하다, 모으다, 소집하다, 징수하다. pecúniam fácĭo. 돈을 징수하다/ fácĭo pópulum. 민중을 소집하다/ facio cohórtes. (징집하여) 보병대를 편성하다. 10. **얻다**, **벌다**, 장만하다. facio lucrum. 이익 남기다/ divítias fácĭo. 재산을 장만하다. 11. 붙여주다, 보태다, 더해주다. cognómen fácĭo. 별명을 붙여주다. 12. 살다, 지내다. annum fácĭo. 일 년을 지내다. 13. 당하다, 겪다. facio damnum. 손해보다, 잃다. 14. (각 목적어objéctum에서 적절한 번역 말을 찾아내야 할 경우가 많음) e.g. æs aliénum facio. 빚지다/ cœnam facio. 만찬을 베풀다. 15. …하게(못하게) 하다, …하도록(못 하도록) 하다. Fáciam, ut …memínerit. 나는 그가 기억하도록 해 주겠다/ (엄중한 또는 친밀한 명령) Fac, cógites. 꼭 생각하도록 해라/ Fácito, ut sciam. 부디 내가 알도록 해다오. 16. facio non possum, quin c. subj. 나는 …하지 않을 수 없다. 17. **…로 선출하다**, 뽑다, 선정하다, **세우다**(כון.יעד.אנב.ינב), **삼다**, **만들다**, **되게 하다**. *alqm* facio cónsulem. 아무를 집정관으로 뽑다/ *alqm* delícias fácere. 아무를 웃음거리로(놀림감으로) 삼다/ certiórem facio *alqm alcjs* rei(de *alqā* re) 누구에게 무엇을 알려주다/ facio *alqm* suum. 아무를 자기편으로 만들다. 18. (누구의) 것으로 만들다, 예속시키다. 19. (어떻게) **여기다**, **평가(評價)하다**, 판단하다, 간주하다. dolórem níhili facio. 고통(苦痛)을 무시하다/ *alqm* pluris facio. 아무를 더 존중하다. 20. (그림.말.조각.연극 따위로) 표현하다, 표상하다, 묘사하다, 나타내다, 그리다. Laértam coléntem agrum facio. *Laérta*를 밭 경작자로 묘사하다. 21. 겉꾸미다, …체(척)하다. Fácio, me álias res ágere. 나는 다른 일을 하는 척한다. 22. (흔히 fac으로 가정.용인 따위를 표시함) …라고 **가정하다**. Fac, potuísse. 할 수 있었다고 하자/ Feci, sermónem inter nos hábitum(esse). 나는 우리 사이에 대화가 오간 것으로 가정했다/ Fac, velit. 그가 원한다고 하자. 23. (무슨) 직업에 종사하다, (무슨) 직업을 가지다, (무슨) 일을(수행)하다. facio argentáriam. 환전상을 하다. 24. 제물을 바치다. 제사 지내다. 25. (文法) 격변화를 하다. 26. (의혹의문) Quid fáciam? 무엇을(어떻게) 할까?/ Quid hoc hómine fácias? 이런 자를 가지고 뭘 할 거냐?/ Quid huic hómini fácias? 이 사람에게 어떻게 하겠다는 거냐?.

Ⅱ. intr. (어떻게) 하다, (어떻게) 하는 것(일.짓)이다. pérperam facio. 잘못하는 짓이다/ Fecit humániter, quod venit. 그가 온 것은 친절을 베푼 것이었다/ Fáciunt imperíte, qui …. …하는 자는 무지한 행동을 하는 것이다/ Facis injúste, si putas…. 네가 …줄로 생각하면 그것은 옳지 못한 생각이다/ facio bene(male) *alci*. 누구에게 이롭게(해롭게) 하다/ Bene facis! (찬동.찬탄의 표시로) 좋다! 잘한다!. 2. 누구의 편을 들다. …편에 서다, 지지하다. Véritas cum illo facit. 진리는 그의 편에 있다. 3. 반대편에 서다(있다), 불리하다. 4. 도움이 되다, 이바지하다, 유익하다, 좋다, 효험(효능)이 있다, 적합하다, 어울리다. Miríꞏfice pulmóni facit. 그것은 폐에 신통하게 좋다/ facio ad mores. 관습에 어울리다. 5. 제사지내다: facio vítulā pro frúgibus. 농산물 대신 암송아지로 제사 지내다. (라틴-한글사전, p.327)

Ⅲ. fácio, feci, factum, fácere(하다, 만들다)의 합성동사는 두 가지가 있다.

A. 다른 동사나 부사와 합성되어 그 수동형을 fíeri와 같이 활용하는 동사.

assuefácere(tr.) [alqm ad alqd]
길들이다, 습관들이다, 익숙해지게 하다.
calefácere(tr.) 덥게 하다, 따뜻하게 하다.
commonefácere(tr.) 생각나게 하다, 주의를 환기시키다.
madefácere(tr.) 적시다, 젖게 하다.
patefácere(tr.) 공개하다, 드러나게 하다
satisfácere(tr.) [dat.] 만족시키다.
N.B. 수동형의 예:
assuefío, assuefáctus sum, assuefíeri. 익숙해지다.

B. 전치사와의 합성동사(-fício, -féci, -féctum, -fícere) 다음 동사들의 수동형은 제3활용 B식(cápere)대로 규칙적인 활용을 한다.

affícere(tr.) [alqm alqa re] 작용하다, 끼치다, (감정, 병을) 일으키다.
confícere(tr.) 만들다, 제조하다, 작성하다, 완성하다.
defícere(intr.) 부족하다; (a re) 배반하다.
(tr.) 떨어져 나가다, 내버리다.
ánimo defícere(intr.) 낙담하다.
Vires me defíciunt. 나는 힘이 모자란다.
De fícior (ab) áliqua re. 나는 무엇이 없다.
effícere(tr.) 만들다 (ut) 하게 하다, 되게 하다.
infícere(tr.) 물들게 하다, 감염시키다.
interfícere(tr.) 죽이다.
offícere(intr., tr.) [dat.] 막다, 방해하다, 손해를 끼치다
perfícere(tr.) 완성하다, 마치다.
præfícere(tr.) 지휘하게 하다, 감독하게 하다.
profícere(tr.) [in+abl.] 진보하다, 향상하다.
refícere(tr.) 다시 만들다, 수리하다, 소생시키다.
suffícere. 아래에 두다 (tr.) 대신 세우다.
(dat., ad) (intr.) 넉넉하다, 족하다.
NB. 수동형: effícior, efféctus sum, éffici 는 cápere의 수동형과 같이 활용한다.(허창덕 지음, 중급 라틴어, pp.112~113).

Cum Midas tetigit qyuidquid, factum est aurum! 미다스가 만진 것은 무엇이나 금이 되었다!/
facite vobis. 너희들이 행하라/
Factum est, illud : fieri infectum non potest. 그 일은 (이미) 일어났다: (이미 일어난 일이) 안 일어난 것처럼 될 수는 없다.[성 염 지음, 고전 라틴어, p.205]/
Factum hoc est, Dave? Factum. Hem, quid ais? 다부스, 일이 그리 되었냐? 그리 됐어. 흠, 그래 할 말은?/
Fecisti nos ad te et inquietum est cor nostrum, donec requiescat in te(영 You have made us for yourself, O Lord, and our hearts are restless until they rest in you) 주님, 주님을 위하여 저희를 내셨기에, 주님 안에 쉬기까지는 저희 마음이 찹찹하지 않나이다.
(S. Augustini Confessiones, I, 1)/
Ista sunt in mundo, Deus illa fecit. 세상 안에 있는 이런 것들은 하느님이 만드셨다/
Ne videam quæ fecisti. 너희가 한 일을 내가 보지 않도록 하라/
Quid me fecisti sic. 나를 왜 이렇게 만들었소?(성경 로마 9, 20)/
Quod factum est infectum reddere nequimus. 우리는 이미 행해진 것을 행해지지 않은 것으로 돌이키지 못 한다/
Si id facis, hodie postremum me vides. 네가 그 짓을 한다면, 다시는 날 못 봐/
Si nos monuissent, id non fecissemus. 만약 그들이 우리에게 일깨워 주었더라면, 우린 그 짓을 안했을 텐데/
Si vos in eo loco essetis, quid aliud fecissetis? 너희가 그 자리에 있었다면 달리 무엇을 했을까?/
Te plurimi facio. 나는 너를 대단하게 평가 한다/
Time ne propterea facias, ut tu lauderis: nam videat alter, ut Deus laudetur. 단지 그대 자신이 칭송 받기

위해서 행동하는 것을 두려워하십시오. 남에게 보이되,
하느님께서 찬미 받으시도록 하십시오(요한 서간 강해. p.365)/
Totus universus a Deo factus est.
전우주가 신에 의해서 만들어졌다(Facio 동사 수동태 완료형)/
usurpatio enim juris non facit jus.
권리의 행사가 권리를 발생시키지 못한다.

facit esse. 있게 함

Facit quidquid vult, ipsa est omnipotentĭa.
원하는 바를 하는 것이 곧 전능(全能)이다.

Fácit vero. 물론입니다(Certum est).

facite, 원형 fácĭo, feci, factum, facére,
[명령법. 현재 단수 2인칭 face, 복수 2인칭 **facite**].
Hoc fácite in meam commemorátĭonem.
(⑨ Do this in memory of me.) (루카 22, 19)
너희는 나를 기억하여 이를 행하여라(성경).

Fácite ergo fructum dignum pænitentiæ.
회개(悔改)에 합당한 열매를 맺어라(성경 마태 3, 8).

Fácite, quod libet. (너희는) 마음대로 하여라.

facitérgĭum, -i, n. (fácies+térgeo) 세수수건

facito, 원형 fácĭo, feci, factum, facére,
[명령법. 미래 단수 2인칭 facito, 복수 2인칭 facito].

Facito aliquid operis ut te semper diabolus inveniat
occupatum. 악마에게 네가 항상 바쁘게 보이도록 무슨
일을 하여라(틈을 보이지 마라).

Facito, ut sciam. 부디 내가 알도록 해다오(facio 참조)

Fáciunt vólucres pullos. 새들이 새끼를 깐다(facio 참조)

Facta est nox; sed: 'Facta est uespera et factum
est mane dies unus. '밤이 되었다'라고는 하지
않았고 '저녁이 되고 아침이 되니 하루였다'고 했다.

Facta sunt verbis validiora.
행위가 말보다 더 강한 호소력을 갖는다.

factícĭus(=factítĭus), -a, -um, adj. 인조의, 모조의,
인위적인, 인공적인, 지어낸, 꾸민; 부자연스러운, 억지의.
facticium nomen. (文法) 의성어(擬聲語)/
idea facticiæ. 조작된 관념, 인공적 관념
[데카르트에게 이 개념은 인간 의지행위로 만들어지는 관념으로 어떤 경험에서
형성되는 것이 아니라 나에 의해서 만들어진다고 봄].

fáctĭo, -ónis, f. Wxor(ἐργον.⑨ Gesture), 활동, 능력,
할 권리, 단체, 조합, 협회, 집단, 도당(徒黨), 작당(作黨),
정당, 당파, 분파, 고대 Roma의 과두정치(寡頭政治),
마차 경주 선수의 조(組)(네 개의 조가 Circus 즉 타원형 대경기장에
출전하였으며 그 조를 빛깔이 달랐음 백색조 factio Albata,
녹색조 factio Prasina, 홍색조 factio Russata, 청색조 factio Veneta).
áltera factio. 반대당, 야당/
forensis fáctĭo. 광장 건달패.
Cato certabat non divitiis cum divite, neque factione
cum factioso, sed cum strenuo virtute, cum modesto
pudore, cum innocente abstinentia.(Sallustius).
카토는 부유한 사람과 재산으로 겨루거나 파당을 좋아
하는 사람과 당파로 싸우지 않았고, 강직한 덕성으로,
온건한 겸손으로, 무후한 절제로 맞섰다.
[성 염 지음. 고전 라틴어. p.414].

factio testaménti. 유언 작성(의 권한)

factionárĭus, -a, -um, adj. 마차경주 선수 조(組)의 감독,
검투사단(劍鬪士團)의 감독(監督).

factiósus, -a, -um, adj. 많이 하는, 활약(活躍)하는,
세력 있는, 당파를 주도하는, 파벌(派閥)을 형성하는,
음모(陰謀)에 가담(加擔)하는. m. 당파심이 강한 사람.

factitátĭo, -ónis, f. 버릇이 된 행동, 태도; 만들어 냄

factitátor, -óris, m. 제작자(製作者), 실천자(實踐者)

factítĭus = factícĭus

factitívus, -a, -um, adj. (文法) 작위(作爲)의,
alqm(alqd) c.acc.præd.를 지배하는 (동사), 사실 표시의.

fáctĭto, -ávi, -átum, -áre, tr., freq. 늘(습관적으로) 하다,
자주(가끔)하다, (누구를) ···로 삼다, 만들다, 세우다,
되게 하다, 실행하다, 하고 있다, 업으로 하다,
···에 종사(從事)하다, ···노릇하다.

fáctĭto medicínam. 개업의(開業醫)로 지내다

Facto opus est. 실행해야 한다.

Facto verbo cum SS.mo. 교황청 각 부서가 제출 받은
질문이나 청원에 대한 답서로 "심의회의 관할권에 대한
의문이 있을 경우, 또는 관할권이 없음이 확인되는
경우를 뜻"한다(교회법 해설 ③ 교회의 최고 권위. p.279).

factor, -óris, m. 제조인(製造人), 창조자, 행위자,
범법자(犯法者), 올리브기름 짜는 사람, 요인(要因),
소인(素因), 인자(因子). (數) 인수(因數).

factor omnium. 만물의 제조자(萬物 製造者)

factum, "fácĭo"의 목적분사(sup.=supínum)

factum, -i, n. **사실**(Juris와 대조), 행위, 실제 행동, 된 일,
사건, 결과; 업적, 공적, 공훈, 규정, 결정, 칙령(勅令).
bene facta. 좋은 행동, 잘된 일들/
de facto. 사실상, 실제로; 사실상의/
De operibus ex charitate factis. 애덕으로 인한 행동/
Dicta factis deficientibus, erubescunt.
실행이 없으면 말한 바가 도리어 수치(羞恥)이다/
Ducunt volentem fata, nolentem trahunt.(Seneca).
운명은 자원하는 사람을 인솔해가지만
싫어하는 사람을 (억지로) 끌고 간다/
Facta sunt! Ego sum Alpha et Omega, principium
et finis. [They are accomplished. I (am) the Alpha
and the Omega, the beginning and the end]
다 이루어졌다. 나는 알파이며 오메가이고 시작이며
마침이다(성경 요한 묵시록 21. 6)/이제 다 이루어졌다. 나는
알파와 오메가, 곧 처음과 마지막이다(공동번역)/
다 이루어졌다. 나는 알파이며 오메가요 처음이며
마지막이다(2007년 신약 요한 묵시록 21. 6)/
Facto opus est. 실행해야 한다/
forma facti. 동작이라는 형상(교회와 성사. p.116)/
fortĭa facta. 용감한 행위(fortis 참조)/
Hæc facta ab illo oportébant.
이 일들은 그가 했어야 했다(oportet 참조)/
ignorantĭa facti. 사실의 무지/
Ignorantĭa facti non juris excusat.
사실의 부지는 죄책을 면제하여 주지만
법률의 부지는 죄책을 면제하지 않는다/
impedimentum dubium facti. 사실상 의심되는 장애/
insto factum(esse) 그 일이 있었다고 우기다(insto 참조)/
narra mihi factum, narro tibi jus. 너는 나에게 사실을
말하라, 그러면 나는 너에게 권리를 말하겠노라/
Nemo contra factum suum venire potest.
아무도 자기 행위를 걸어서(contra factum suum)
소(訴)를 제기할 수 없다. [성 염 지음. 고전 라틴어. p.149]
(venire = in ius venire 법정에 가다. 소송을 제기하다)/
Omne factum præsumitur rite factum. (Everything
done is presumed to have been rightly done).
이미 이루어진 모든 사실은 올바로 된 것으로 추정 한다/
Quæstio facti. 사실상 문제(Quæstĭo Juris 법률상 문제와 대조)/
recte facta. 잘한 일들/
Ut a fabulis ad facta veniámus.
꾸며낸 이야기에서 실제 사실로 말머리를 돌리자면/
Ut jam a fabulis ad facta veniamus.
이제 우리는 전설에서 실제로 옮겨 갈 단계에 이르렀다.

factum divinum. 계시 사실, 기적 사실

factum dogmaticum.
신앙 교리 사실, 계시내용과 밀접하게 관련된 사실.

factum essendi. 실존 사실(factum existentiæ)

Factum est. 일어났다, 발생했다
[히브리어 관용구 έγένετο. 성경 서두의 표현법].

Factum est ita. 그렇게 되었다

Factum est, ego sum Alpha et Omega, initium et finis.
다 이루어졌다. 나는 알파이며 오메가요 처음이며 마지막이다.

Factum est verbum Domini ad me dicens,
(⑨ The word of the LORD came to me thus)
내가 받은 야훼의 말씀은 이러하였도다.(공동번역 예레미야서 1. 4)/
주님의 말씀이 나에게 내렸다(성경 예레미야서 1. 4).

factum historicum. 역사적 사실

factum malum. 악행(惡行.⑨ evil deed)

461

F

factum notórĭum. 공연한 사실
factum occultum. 은밀한 사실
factum publicum. 공개된 사실
factum revolutiónis cosmícæ. 천지운수(天地運數).
(선유의 천주사상과 제사문제, p.91).
factúra, -æ, f. 제조, 제작; 제작법, 만들새, 제품, 작품.
Ipsius enim sumus factura(⑨ For we are his handiwork)
우리는 하느님의 작품입니다(성경 에페 2, 10).
factus¹ -a, -um, p.p., a.p. 된, 이루어진, (일이) 일어난,
생긴, 만들어진, 마련된, 작성된, 가공된,
적합한; 태어난, 교육받은, 양성(養成)된,
ad uguem factus homo. 완성된 인간/
Deus homo factus est ut homo ieret Deus. 신이 인간이
되신 것은 인간으로 하여금 신이 되게 하기 위해서이다/
Ego ille ipse factus sum.
내가 바로 그 사람이(그런 꼴이) 되었다/
fecit fatum. 운명을 만들어 냈다/
Ideo sumus, quia facta sumus.
만들어졌기에 우리는 존재한다/
in dubio facti. 사실의 의심(疑心)/
unus cum Deo spiritus factus. 하느님과 한 영(靈)이 되다.
factus² -us, m. 구조(構造), 작업과정, 공정(工程)
Factus est Dominus protector meus,
et eduxit me in latitudinem: salvum me fecit,
quoniam voluit me. 주님께서 나에게 의지가 되어 주셨네.
넓은 곳으로 이끌어 내시어 나를 구하셨으니
내가 그분 마음에 들었기 때문이네.
Factus obediens usque ad mortem, mortem autem
crucis. (evtapei,nwsen e`auto.n geno,menoj u`ph,kooj me,cri
qana,tou(qana,tou de. staurou/) (獨 Er erniedrigte sich selbst
und ward gehorsam bis zum Tode, ja zum Tode am
Kreuz) (⑨ becoming obedient to death, even death on
a cross) 죽음에 이르기까지, 십자가 죽음에 이르기까지
순종하셨습니다(성경 필리피 2, 8)/죽기까지 십자가에 달려서
죽기까지 순종하셨습니다(공동번역 필립 2, 8).
facul, adv. (古) 쉽게
fácŭla, -æ, f. (dim. fax) 작은 횃불, 기회, 서광(瑞光)
facúltas, -átis, f. 할 수 있음, 가능성; 능력(δύναμις),
기능(機能), 성능(性能); 재능(才能.⑨ Talents),
재간(才幹-일을 적절하게 잘 처리하는 능력), …할 여유(기회),
구변, 웅변; 웅변술; 권한(ἐξουσία); 특별능력, 특별권,
자격, 인가, (약학적) 효력, 효능, 많음, 다량, 다수,
재산 정도, 능력의 한도, (대학의) 분과(分科), 학부,
특별권한.[관할권이 있는 교회 장상이 서면으로 어떤 분야의 교회법상 권한을
허가하는 것을 말한다. 사제가 신품성사를 받은 것만으로는 교회 안에서 성직
집행을 할 수 없으며, 소속 교구장의 권한을 위임받아야 한다. 옛날에는 새 신부
가 이 권한을 받기 위해 교구 시험관들(Examinatores Synodales)의 사목 적격
시험을 치렀으나 한국에서는 신품성사를 받으면 전국 공용 교구사제 특별권한을
받는다…백민관 신부 엮음, 백과사전 2, pp.4~5].
pl. 재산(財産), 재력(財力), 재원(財源), 자금(資金).
Facultates Quinquennales.
(교황 보류사항의 특별사면을 주는) 주교의 5년 한정 특별권한/
Facultates Decennales. 10년 기한부 권한/
facultatis humanæ. 인간적 자원(1991.5.1. "Centesimus annus" 중에서)/
Jus Facultatum. 특별 권한/
licentia in theologiæ facultate docendi.
신학부 교수 자격증/
Suis facultátibus captos a prædónibus rédimunt.
그들이 자기 재산을 털어서 몸값으로 치르고
납치된 자들을 강도들로부터 구해낸다(Redimo 참조).
Facultas Apostolica. 교황의 권한(教皇의 權限)
Facultas Artium Liberalium. 문과대학
facultas bellandi. 전쟁할 능력(戰爭할 能力)
Facultas Concionandi. 강론 허가
Facultas Delegata. 위임된 권한(委任된 權限)
facultas dicendi. 말재간(웅변술), 말하는 능력
facultas in theologia. 신학대학교(가톨릭 신학 창간호, p.39)
Facultas Medicinalis. 의과대학
facultas naturæ. 자연의 능력
facultas návium. 많은 선박(船舶)

Facultas Reservata. 보류된 권한(保留된 權限)
Facultas Theologica. 신학과, 신학부, 신학대학
Facultas Universitária. 대학 학부.
(univérsĭtas, -átis, f. 대학)
Facultas utriusque. 법학대학
facultatívus, -a, -um, adj.
권능을 주는, 허용의, 임의(任意)의, 임의 선택적인.
facultátŭla, -æ, f. 작은 재력, 재산 정도
facúlter, adv. (古=fácile) 쉽게
facúlto, -áre, tr. 가능하게 하다, 능력을 부여하다
facúndĭa, -æ, f. 구변(口辯), 언변(言辯), 능변(能辯),
말재주(ars dicendi), 말솜씨.
facúndĭtas, -átis, f. 구변(口辯), 언변(言辯), 능변(能辯)
facúndus, -a, -um, adj. 구변(말솜씨) 좋은, 말재간 있는,
능변의, 달변의, 웅변적, 유창(流暢)한; 표현이 풍부한.
Facundus Apollo. 능변(能辯) 아폴로
facundus et amicitĭa facilis.
구변(口辯) 좋고 쉽게 친구 사귀는 사람.
fæcárĭus, -a, -um, adj.
찌끼(재강)에 관한, 찌끼를 담는 (그릇).
fæcátus, -a, -um, adj. 재강으로(지게미에서) 만든
fæcem in summum recudo. 찌꺼기를 위로 떠오르게 하다
fæcěus, -a, -um, adj. 순수하지 못한, 찌끼 같은
fæcŭla, -æ, f. 지게미(술을 거르고 난 찌끼. 주박酒粕), 술찌끼(지게미)
주석(酒石-포도주를 만들 때 알코올이 증가됨에 따라 발효액 중에서
생기는 침전물), 젓 갈(젓으로 담근 음식).
fæculéntus, -a, -um, adj. 찌꺼기가 많은, 불순한
fæl… V. fel…
fæn… V. fen…, fœn…
fænus ex tribus et semis pro centum. 이자 3.5%
fænus ex uno pro. 이자 1%
fæx¹ fæcis, (=fex) f. 찌꺼기, 앙금(침전물), 침전물(沈澱物),
재강(술을 거르고 남은 찌끼), 지게미(술을 거르고 난 찌끼. 주박酒粕),
술찌끼(지게미), 버캐(간장이나 오줌 따위 액체 속에 섞여 있던
소금기가 엉기어서 뭉쳐진 찌끼), 젓갈(젓으로 담근 음식),
멸치 젓, 인간쓰레기, 최하층의 사람, (돈지갑의) 바닥,
fæcem in summum recudo. 찌꺼기를 위로 떠오르게 하다.
fæx²medicinális, -cis -is, f. (藥) 약용효모
fagaceæ, -árum, f., pl. (植) 너도밤나무 과(科) 식물
fágěus, -a, -um, adj. 너도밤나무의
fagíněus(=fágĭnus) -a, -um, adj.
너도밤나무의, 너도밤나무로 만든.
fagus, -i(-us) f. (植) 너도밤나무
fagutális, -e, adj. 너도밤나무에 관한,
Júpiter에게 봉헌된 너도밤나무 숲의.
fala, -æ, f. 창.화살 따위를 던지거나 쏘는 목재망대,
pl. 원형 경기장의 경주로 표시 기둥 위에 세운 작은 원추탑.
falárĭca, -æ, f. 역청 바른 삼실을 감은 창(불을 붙여 던졌음),
화전(火箭), fala에서 던진 창(끝에 쇠붙이가 달렸음).
falcárĭus, -i, m. 낫 만드는 사람
falcátus, -a, -um, adj.
낫으로 무장한, 낫 모양의, 낫처럼 생긴.
falcícŭla, -æ, f. 작은 낫
Falcidia Lex. 팔치(キ)디우스 법(우리 민법의 유류분 제도의 기원)
[Cicero와 동시대인 집정관 Falcidius의 이름으로 된 유증법(遺贈法). 유언
또는 신심의 이유로(ad pias causas) 유산을 증여할 때는 특정 수증자(受贈者)를
지시하지 않아도 유효하며 상속인에게 상속재산의 4분의 1은 남겨 두어야
한다고 되어 있다. 백민관 신부 엮음, 백과사전 2, p.8].
fálcĭfer(=fálcíger), -ěra, -ěrum, adj.
(falx+fero, gero¹) 낫을 든.
falcifórmis, -e, adj. (falx+forma) ((解)) 낫 모양의
fálcĭto, -áre, tr. 쓸데없는 가지를 치다
falco, -ónis, m. (鳥) 매
falconárĭus, -i, m. 매 사냥꾼
fálcŭla, -æ, f. 작은 낫, (고양이.맹수의) 날카로운 발톱
faldistórĭum, -i, n. (⑨ Faldstool.獨 Faldistorium)
(주교용 등받이 없는) 팔걸이의자.
[주교가 주교좌에 앉지 않는 전례행사에서 사용하는 등받이 없는 의자이며
팔걸이가 달려 있고 접은 상태로 이동할 수 있다. 주교가 무릎을 꿇을 때에는
이를 지지목으로 사용할 수도 있다. 박영식 옮김, 전례사전, p.98].

Falérĭi, -órum, m., pl. Falísci 族(족)의 수도(首都)

falíscæ, -árum, f., pl. (격자 모양으로 얽어서 칸막이를 한) 꼴 담아주는 여름용 긴 구유.

falla, -æ, f. = **fallácĭa**

fallácĭa, -æ, f. [라틴어 fallax 거짓된, fallere(속이다)에서 온 말] 기만(欺瞞).⑨ Fraud-남을 그릇되게 속임), 속임수, 사기(詐欺. ⑨ Fraud), 협잡(挾雜-옳지 않은 짓으로 남을 속임. 또는 그 짓), 모략(謀略-남을 해치려고 속임수를 써서 일을 꾸밈), 간계(奸計-간사한 꾀. 교활한 계략. 간모奸謀. 간책奸策). (論) 허위(虛僞), 오류(誤謬), 오류추론(신학대전. 제2권, p.50). Est præceptor tuus, qui te hanc fallaciam docuit. 이런 거짓술수를 너한테 가르쳤다니 과연 네 선생이로구나!.

fallacílŏquus, -a, -um, adj. (fallax+loquor) 말로 속여 넘기는.

fallaciósus, -a, -um, adj. 사기의, 협잡의; 허위의, 오류의, 그릇된.

fallax, -ácis, adj. 속이는, 속임수 쓰는, 현혹시키는, 사기(詐欺)하는, 기만적인, 거짓말하는, 약속 안 지키는, 배신(背信)하는, 기대(期待)에 어긋나는, 실속 없는. sin fallax gratia et vana est pulchritudo mulier timens Dominum ipsa laudabitur. (yeudei/j avre,skeiai kai. ma,taion ka,lloj gunaiko,j gunh. ga.r suneth. euvlogei/tai fo,bon de. kuri,ou au[th aivnei,tw) (⑨ Charm is deceptive and beauty fleeting; the woman who fears the LORD is to be praised) 우아함은 거짓이고 아름다움은 헛것이지만 주님을 경외하는 여인은 칭송을 받는다(성경 잠언 31, 30)/ 아름다운 용모는 잠깐 있다 스러지지만 야훼를 경외하는 여인은 칭찬을 듣는다(공동번역 잠언 31, 30).

fallíbĭlis, -e, adj. 오류에 빠지기 쉬운, 틀릴 수 있는; 속을 수 있는.

fallibílĭtas, -átis, f. 오류 가능성(誤謬 可能性), 틀릴 수 있음, 속일 수 있음.

fállĭtur, 원형 fallo, fefélli, falsum, -ĕre, tr. [수동형 직설법 현재. 단수 1인칭 fallor, 2인칭 falleris, 3인칭 fallitur, 복수 1인칭 fallimur, 2인칭 fallimini, 3인칭 falluntur] Vísus, táctus, gústus in te fállitur, sed audítu sólo tuto créditur; 보고 맛보고 만져 봐도 알 길 없고 다만 들음 으로써 믿음 든든해지오니.(봄과 만져봄과 맛봄은 당신을 모르게 하고, 다만 들음으로써 든든히 믿어지오니)

fallo, fefélli, falsum, -ĕre, tr. **속이다**, 현혹(眩惑)시키다, 그르치게 하다, 사기(詐欺)하다, 배신하다, 저버리다, 기대에 어긋나게 하다: 감시를 피하다, 눈에 띄지 않다, 눈치 못 채게 하다, 들키지 않게, **몰래…하다**, 모르게 하다, 분간 못하게 하다, (누구에게) 알려지지 않다, 지루한 줄 모르게 하다, (시간.걱정 따위를) 잊게 하다, 어느새 지나가게 하다: 잊고 지내다. fidem fállere(frángere) 약속(신의)을 어기다(깨다)/ me fallit. 나는 도망간다/ ni fallor. 내가 속이는 것이 아니라면, 내가 아는 한에서는/ nisi me fallit memória. 내 기억이 틀림없다면/ spem alcjs. 누구를 실망(失望) 시키다/ Spes eum feféllit. 그는 희망에 속았다. 기대에 어긋났다.

falsárĭus, -i, m. 문서 위조자

falsátĭo, -ónis, f. 위조(僞造-물건이나 문서 따위의 가짜를 만듦)

falsátor, -óris, m. 위조자(僞造者)

falsidicéntĭa, -æ, f. 거짓말

falsidícus, -a, -um, adj. 거짓말하는

falsificátĭo, -ónis, f. 날조(捏造), 허위, 위조(僞造)

falsificátus, -a, -um, adj. (falsus+fácio) 속이는, 사기(詐欺)하는; 위조(僞造)의.

falsijúrĭus, -a, -um, adj. 거짓 맹세하는

falsilóquĭum, -i, n. 거짓말

falsílŏquus, -a, -um, adj. (falsus+loquor) 거짓말하는, 기만적(欺瞞的), 사기(詐欺)의.

falsimónĭa, -æ, f. 속임, 기만(欺瞞).⑨ Fraud-남을 그릴 듯 하게 속임), 사기(詐欺.⑨ Fraud), 속임수.

falsípăres, -éntis, adj. 가짜(추정상의) 아버지를 가진

falsissimus, -a, -um, adj. falsus, -a, -um의 최상급. [falsus, -a, -um 가짜의, 거짓의 - 비교급이 없고 최상급만 있다.]

fálsĭtas, -átis, f. 거짓, 허위, 허위(성), 가짜, 틀림, 진리와 진실의 반대, 부정(바르지 않음), 부정직; 그릇됨. De falsitate ejus historiæ, quæ multa millia annorum præteritis temporibus ascribit. 과거시기에 수천 년을 할당하는 역사의 허위(교부문헌 총서 17. 신국론. p.2784).

falso¹ adv. 거짓으로, 속여; 틀리게, 잘못, 근거 없이

falso² -ávi, -átum, -áre, tr. 속이다, 꾸며내다, 그릇되게 하다, 위조(僞造)하다.

falsum¹ -i, n. 거짓, 허위(虛僞), 허위진술(虛僞陳述), 위조, 날조(捏造-사실이 아닌 것을 사실인 양 거짓으로 꾸밈); 표절, Aliquid falsi. 어느 정도의 거짓/ falsa species idealistica(⑨ idealistic illusion) 관념론적 환상/ Hæc vera an falsa sunt? 이것들이 진실이냐 거짓이냐?/ Hoc est verum, an falsum? 이것은 정말이냐 거짓말이냐?/ Illorum verbis falsis acceptor fui. 나는 그들의 거짓을 인정하는 자가 되고 말았다/ Quæro, utrum hoc vĕrum an falsum sit. 나는 이것이 참된 것인지 혹은 거짓된 것인지 물어 본다/ Te rogo, ne quid falsi dicas neu scribas. 나는 무슨 허위를 말하거나 쓰지 말기를 네게 청한다.

falsum argentum. 가짜 은(銀)

falsum² adv. 거짓으로; 틀리게, 잘못

falsus, -a, -um, p.p., a.p. 거짓의, 허위의; 가짜, 사이비(似而非), 위조의, 날조(捏造)의, 근거(根據)없는, 잘못된, 그릇된, 틀린, 속이는, 사기 치는, 거짓말하는. Liber de vera et falsa philosophia. 참 철학과 거짓 철학/ dei falsi fallacesque. 가짜이면서 (인간을) 기만하는 신들/ falsa fama. 근거 없는 소문/ falsæ litteræ. 위조된 편지/ falsi circuitus a falsis fallacibusque comperti.(신국론. p.1282) 거짓되고 남을 기만하는 자들이 착상해낸 거짓 순환/ Hæc vera an falsa sunt? 이것들이 진실이냐 거짓이냐?/ Patiens esto; si falsum audisti, gaude mecum, quia et ego falsa ab antichristis audio. 참아라, 네가 거짓을 듣고 있다면 나와 함께 기뻐하여라. 나도 그리스도의 적들로부터 거짓을 듣고 있기 때문이다.(최익철 신부 옮김, 요한 서간 강해, p.177)/ Quod quædam sanctorum scripta ecclesiasticus canon propter nimiam non receperit vetustatem, ne per occasionem eorum falsa veris insererentur. 성도의 어떤 저작은 너무 오래되어 교회의 정전 목록에 받아들여지지 않았으니, 우발적으로라도 그들의 위서가 진서에 삽입되지 않기 위해서였다.(신국론. p.2812)/ Reus qui est falsus in uno, falsus in omnibus. 한 가지 사안에서 거짓말을 한 죄인은 모든 일에 거짓말을 할 수 있다.

falx, falcis, f. (pl., gen. -ĭum) 낫, 밀 낫; (자루가 긴) 큰 낫, 낫처럼 생긴 무기, 전투용 갈고랑이; 전차바퀴에 단 낫.

falx vineática. 포도가지 치는 낫

fama, -æ, f. 평판(評判); 풍문, 소문(所聞), 명성(名聲.⑨ Fame/good reputátĭon), 명예(名譽.⑨ Honor), 불명예, 악평, 여론(輿論), 세평(世評),; 정평(定評), 전설(傳說), 구전(口傳), (F-) Terra의 딸, 소문의 여신(女神). alci famam supérbiæ inuro. 누구에게 교만한 자라는 낙인(烙印)을 찍다/ deperdo bonam famam. 좋은 평판을 망쳐놓다/ détrăho de famā alcjs. 아무의 명성을 떨어뜨리다/ dístrahi famā. 나쁘게 소문나다/ Ferre in majus incertas res fama solet(Livius). 소문은 확실치도 않은 일을 크게 확대하는 것이 예사다/ Hæc fama mihi audíta est. (=a me) 이 소문이 나에게 들려왔다/ insero nomen famæ. 자기 이름을 빛내다/ It fama per urbes. 여러 도시로 소문이 퍼지고 있다/

463

O fama ingens, ingentior armis. 오, 명성이 위대하고
군사로 더욱 위대한 이여!(성 염 지음. 사랑만이 진리를 깨닫게 한다. p.397)/
pro suā famā decerno. 자기 명예를 위하여 싸우다/
sinistra fama. 나쁜 평판/
testis de fama. 전문 증인(專門 證人).

fama ac litteris victoriam concelebro.
말과 글로 승리를 널리 알리다.

Fama crescit eundo.(Cf. Vergilius) 소문은 퍼지면서 커진다.

Fama discurrit. 소문이 사방으로 퍼졌다.

Fama est, Gallos peremptos esse.
Gallia인들이 전멸되었다는 소문(所聞)이 있다.

Fama pervasit urbem. 소문이 시내에 쫙 퍼졌다.

Fama volat. 소문은 날아간다(발 없는 말이 천리 간다).

Fama áccidit, classem adventare.
함대가 다가온다는 소문이 들려왔다.

famátus, -a, -um, adj. 소문난, 이름난; 악명 높은

famélĭco, -ávi, -áre, tr. 굶주리게 하다

famélĭcus, -a, -um, adj. 배고픈, 굶주린,
(소문난 잔치에) 먹을 것 없는.

fames, -is, f. 배고픔, 굶주림(ՍՊ.λιμὸς.⑨ hunger),
기아(飢餓-굶주림), 시장기(배가 고픈 느낌), 공복(空腹),
허기(虛飢-배가 몹시 고픔), 기근(飢饉-흉년으로 식량이 모자라서
굶주리는 상태. 飢餓), 흉년, 빈곤(貧困.⑨ poverty-가난),
탐욕(貪慾.⑨ Concupiscence/Gluttony. 탐내는 욕심),
결핍(缺乏-있어야 할 것이 없거나 모자라거나 함), 갈망(渴望).
(F-) 굶주림의 여신(女神).
auri sacra fames. 황금에 대한 저주스런 탐욕(貪慾)/
Cibi condimentum est fames. 시장이 반찬이다/
duco belli inítium a fame. 기아 때문에 전쟁을 시작하다/
enéctus fame. 굶주림에 지쳐 허덕이는/
Exercitum fames affecit. 기근(飢饉)이 군대를 약화시켰다/
fame consumptus. 굶어 죽은/
famem alqā re toleráre. 무엇으로 허기를 채우다/
famem depéllere. 시장기를 메우다/
Famem patientur ut canes, et circuibunt civitatem.
그들은 개들처럼 허기져 못 견디고
읍내를 여기저기 싸다니리라/
Fames est optimus coquus. 시장이 반찬이다/
obsono famem. 식욕을 돋우려고 굶다/
vesana fames. 미칠 듯한 배고픔.

fâmex(=famix) -ĭcis, m. (醫) 타박상(打撲傷), 피하일혈.
(皮下溢血-심한 타박으로 혈관이 터져 살가죽 밑에서 피가 나오는 것).

fámĭdus, -a, -um, adj. 굶주린

famigerábĭlis, -e, adj. (fama+gero')
유명한, 저명한, 정평 있는.

famigerátĭo, -ónis, f. 평판(評判); 풍문(風聞)

famigerátor, -óris, m. 소문 퍼뜨리는 자

famígĕro, -ávi, -átum, -áre, tr. (fama+gero')
유명하게 하다, 소문내다.

familĭa, -æ, f. 한 집안 권속으로서의 노예무리,
가정, 가족, 집안, 식구, 식솔, 권속(眷屬), 세대(世帶),
(gens의 분파로서) 가문, 가계(家系), 문중, 문족(門族),
한 집안의 재산, 파(派), 학파; 단(團), 집단, 모임.
(언어) 어족(語族). (生) 과(科).
(부모 자식에 붙는 gen.는 일반적으로 -as).
Adversus culturam mortis, quæ dicitur, familia culturæ
ipsius vitæ est sedes. 가정은 죽음의 문화라고 불리는
것에 반대하여 생명 문화의 중심을 이룬다/
Exsul Familia. 피신하는 성가정(1952년 비오 12세 교황령)/
famíliam dúcere. 우두머리 노릇하다, 모임을 이끌어가다/
familiárum vetustátis. 오래된 가문/
ipsa familia in matrimonio innixa inter virum ac
feminam. 남녀의 혼인으로 세워진 가정/
materfamílias(mater famílias) 주부(主婦)/
paterfamílias(pater famílias) 가장, 호주(戶主)/
Sancta familia. 성가축일/
Ut matrem áddĕcet famílias.
가정주부에게 어울리는 바와 같이/

Uxor familiæ suæ et caput et finis est.
아내는 그 가족의 처음이며 마지막이다.

Familia a Deo instituta, '하느님이 설정한 가정',
교황청 가정위원회의 신설(1981.5.9. 자의교서).

familia ad paucos redácta.(redigo 참조)
소수의 식구로 줄어든 가정.

familia Dei. 하느님의 가족(家族)

familia patriciana 가문(家門)

familia rustica 농장노예무리(노예들이 모여사는 집단)
농장식솔

familiārésco, -ĕre, intr. 친숙해지다

familia urbana (도시에서 생활하는 노예) 도시 식솔(노예무리)

familiáris, -e, adj. 한집안 노예무리에 속하는, 가정의,
가족의, 집안의, 잘 아는, 친근한, 친분이 두터운,
친밀한, 친절한; 화기애애(和氣靄靄)한, 거북하지 않은,
흔히 하는, 습관화(習慣化)된, (눈.귀에) 익은,
낯설지 않은, 친숙(親熟)한; 토착화(土着化)된.
m. 노예, 종, 친구, 친지,
res familiáris. 집안 일, 가산(家産)/
De familiari amicitia Jesu. 예수와 더불어 친밀한 지냄.

Familiáris Consortio 가정 공동체(1981.11.22. 교황권고).
현대 세계의 그리스도교 가정의 역할(1981.11.22. 교황권고).
[현대 세계 안에서 가정의 문제에 대하여 여러 각도에서 살펴보면서
그리스도교적 가정의 의미와 역할에 대하여 고찰하는 교황 권고이다. 이는 가정
사목의 주제를 본격적으로 다루는 첫 교황 문헌이라 할 수 있다.
가톨릭신문 2014.1.12일자. 박준양 신부].

familiárĭtas, -átis, f. 친숙(親熟-친밀하고 흉허물이 없음),
친밀(親密), 밀접(密接)한 관계, 가까운 사이,
친분(親分-친밀한 정분), 친교(親交-친밀한 교분).

Familiaritas cum morte. 죽음을 친구로 대한다.

familiis. 가정들에게.(1996.3.25. "Vita Consecrata" 중에서).
Ad vos Nos convertimus, christianæ domus.
Gratias Domino, parentes, habetote si ad consecratam
vitam aliquem vestrum filium filiamve vocavit.
저는 그리스도인 가정들에게 당부합니다.
주님께서 여러분의 자녀들 가운데 한 사람을 봉헌생활로
부르신다면, 주님께 감사를 드리십시오.

familĭŏla, -æ, f. 작은 가족.가정

familĭósus, -a, -um, adj. 가족이 많은

famósĭtas, -átis, f. 불명예, 치욕(恥辱-부끄러움과 욕됨), 악명

famósus, -a, -um, adj. 유명한, 이름난, 유명한, 소문난,
두루 알려진, 악명 높은, 평판 나쁜, 불명예스러운,
명예를 훼손(名譽毁損)하는, 중상적인.

Famosus expositor. 유명한 해설자

famul, -i, m. = fámulus² 종(δοúλος.⑨ Servant.下人)

famula, -æ, f. 하녀(시녀侍婢), 여종(ㅈㄷㅁ), 시비(여자 종), 시녀

famulámen, -mĭnis, n. (famulus') 섬김, 시중

famuláris, -e, adj. 노복(奴僕)의, 종의, 하인의

famulatórĭus, -a, -um, adj.
하인의, 노복(奴僕)의, 노예 같은, 비굴한.

famulátrix, -ícis, f. (famulor) 하녀(下女-시녀侍婢)

famulátus, -us, m. 종의 신분(신세), 종노릇, 섬김,
봉사; 예속(隸屬), 노예제도(奴隸制度.⑨ slavery).

famulis et famulabus. 남녀종들에게.
(제1변화 명사 일부는 복수 여격과 탈격이 -abus로 쓰인다. 이것은 고대
인도유럽어의 본디 어미였는데, 후대에는 동일한 의미의 남성명사와
구분하는 용도로 쓰여 왔다. 성 엄 지음, 고전 라틴어, p.44).

famulítĭum, -i, n. 종살이(신세.처지), 노예무리

fámŭlo, -ávi, -átum, -áre, tr. 하인으로 쓰다(만들다)

fámŭlor, -átus sum -ári, dep., intr. 시중들다,
섬기다(ㄲㄲㄱ), 봉사하다, 종노릇하다, 공급하다, 마련해주다.
consecrata vita Dei regno famulans.
하느님 나라에 봉사하는 봉헌생활.

fámŭlus¹ -a, -um, adj. 하인의, 노복(奴僕)의;
시중드는, 섬기는, 복종(服從)하는.

fámŭlus²-i, m. 하인(下人.δοúλος), 머슴, 고용인,
종(δοúλος.⑨ Servant.하인), 신(神)의 봉사자,
(훌륭한 일을 해내는) 일꾼, (교수를 돕는) 조교.
[성서에서 하느님의 종, 메시아는 고통 받는 종이라고 했다. 이사야 53장 참조].

famulus Dei. 하느님의 종(παῖς θεού)

fanále, -is, n. 횃불
fanátĭcus, -a, -um, adj. 사당(祠堂)의, 신전(神殿)의, 신들린, 신이 접한, 열광적인, 광란(狂亂)의, 광신적인. m. 광신자(狂信者, enthusiasta, -æ, m.).
fanátísmus, -i, m. 광신주의(狂信主義.[영] fanaticism), 광신(어떤 사상이나 종교 따위를, 미치다시피 덮어놓고 믿음), 열광.
fando. 말함으로; 풍문으로(for 참조)
fando accípere. 소문으로 듣다(for 참조)
fandum, -i, n. 정당함, 도리(道理)에 맞음.
fandus, -a, -um, gerundiv. 말할 수 있는, 언급될 수 있는, 허가된, 허용된, 적법적(適法的), 정당한, 가당한.
dei mémores fandi atque nefándi.
선행과 악행을 기억(記憶)하는 신들/
Fando audívi. 나는 풍문(風聞)에 들었다.
fāno, -áre, tr. 봉헌(奉獻)하다, 신성(神聖)하게 하다.
fānor, -átus sum, -ári, dep., intr.
미친 듯이 날뛰다, 광란(狂亂-미쳐 날뜀)하다.
fans, fantis, p.prœs. (for)
fanum[1] -i, n. 성역(聖域.holy places), 신성한 곳, 신전(神殿), 사당(祠堂-신주를 모신 집).
fanum[2] -i, n. F. Fortúnæ, Umbrĭa의 항구
far, farris, n. 스펠트 밀, 낟알, 곡식(穀食), 밀가루, 빵([영] bread, food), (혼인 때 쓰던) 소금 알갱이.
far pium. 제사용 빵
farcímen, -mĭnis, n. 순대, 서양 순대
farcímĭnum, -i, n. (fárcio) 마비저(馬鼻疽).
(마소 따위가 걸리는 전염성 종양).
fárcĭo, farsi, fartum(farctum) -íre, tr. 채워넣다, 다져 넣다, 처넣다, 집어넣다, 살찌우다, 틀어막다.
farédo, -dĭnis, f. (醫) 농양(膿瘍).
(세균의 침입으로 신체의 조직 속에 고름이 괴는 증세).
fárfărus, -i, m. (植) 머위
Farfugium japonicum. (植) 털머위(상록성 여러해살이풀)
fari, inf., prœs. (for) 말하다.
* 미 래: fabor, (fáberis), fábitur
* 단순과거: fatus sum, etc.
* 과거완료: fatus eram, etc.
* 부정법: fari
* 명령법: fare!(단수 2인칭)
* 현재분사: (fans), fantis
* 과거분사: fatus, -a, -um,
* 수동형 목적분사: fatu (말하기에)
* 동명사 fandi, fando.
  Fando audívi. 나는 풍문에 들었다.
* 당위분사: fandus -a, -um(중성만 나타날 정도이다)
  fanda atque nefánda. 말할 것과 말 못할 것.
* fari의 합성동사로는 다음과 같은 것들이 있다.
  affári. 말을 걸다, 향하여 말하다.
  præfári. 머리말을 하다.
  profári. 말하다, 솔직히 말하다, 예언하다.
farína, -æ, f. 밀가루(molita cibária); 가루, 분말(粉末).
hórdeum in farínam molo. 보리를 빻아 가루로 만들다/
tero *alqd* in farínam. 무엇을 가루로 빻다.
farinárĭus, -a, -um, adj. 가루의; 밀가루의
fárínŭla, -æ, f. 고운 밀가루(similago, -ginis, f.)
fárĭo, -ónis, m. 송어(松魚-연어과의 바닷물고기)
fárnĕus, -a, -um, adj. 물푸레나무의
farnus, -i, f. (植) 물푸레나무
farrácĕus(=**farrácĭus**) -a, -um, adj. 밀의, 곡물의
farrágo, -gĭnis, f. (for) 혼합물(混合物), 보잘 것 없는 것, (패기 전에 곡식.초본으로 만든 겨울용) 혼합사료.
farrárĭus, -a, -um, adj. (far) 밀의, 곡식의.
n. 가축사료 창고, 사료 저장 헛간.
farrátus, -a, -um, adj. 곡물이 담겨 있는, 곡물로 만든
fárrĕus, -a, -um, adj. (far) 밀의, 곡식의.
n. (밀을 재료로 하여 만든) 제사 떡.
fars, fartis, f. 잘게 다진 고기
farsúra, -æ, f. 살찌움; 가득 채움, 다져 넣음
fártĭlis, -e, adj. 살찌는, (사료를 먹고) 비대해지는
fartor, -óris, m. 가축 사료 제조인(家畜 飼料 製造人), 가금 비육자(家禽 肥肉者), 양계업자(養鷄業者).
fartum, -i, n. (=**fortus**, -us, m.) 채우는 데 쓰이는 재료, 속에 넣는 내용물; (만두.순대 따위의) 요리의 소(내용물).
fartúra, -æ, f. 속에 넣는 내용물(內容物), 가금(家禽)의 살찜; 비육(肥肉).
fas, n., indecl. 신의 계명, 신법, 종교적 계율, 신의 뜻, 천심, 천명(하늘의 명령), 신(神), **가(可)함**, 가당(可當), **정당**(正當), 적법(適法), 합법, 자연법에 허용된 것, 천륜(天倫), 인륜(人倫)-사람으로서 마땅히 지켜야 할 도리), **도리에 맞음**, 길일(吉日- 길한 날. 좋은 날. 길신吉辰), nefas est 불가(不可)하다.
fas est 정당하다, 가하다, …해도 좋다.
nefas, n. 불가(不可), 부당/ Nefas est. 불가하다/
per eam te obsecramus ambæ, si jus si fas est.
우리 모녀가 자네에게 비는 바이네. 그게 가당하다면 말일세…(성 염 지음. 사랑만이 진리를 깨닫게 한다. p.455).
Fas est ab hoste doceri. 적에게도 배울 수 있다.
fas pátriæ. 조국의 정당한 권리
fasce… V. **fasci**…
fasces, -ium, m., pl. 집정관 패찰봉
fascĭa, -æ, f. 끈, 띠, 리본([영] ribbon), 옷끈, (여자의) 허리띠, 각반(脚絆), 감발(발감개. 또는 발감개를 한 차림새), 기저귀, 붕대, 침대 요를 붙들어 매는 끈, 왕족의 머리띠, 새털구름, 권운(卷雲), 권운층(卷雲層). (가톨릭) 주교관(主敎冠)의 장식 띠. (解) 인대(靭帶). (建) 띠 모양의 쇠시리, 돌림 띠. (動) 근막(筋膜).
fasciátim, adv. 다발로 묶어, 단으로 묶어
fascícŭlus, -i, m. 작은 묶음(다발.단.뭉치.꾸러미), 分冊.
Fasciculi Zizaniorum. 가라지 한 묶음.
fascinátĭo, -ónis, f. 매혹(魅惑), 미혹(迷惑), 현혹(眩惑), 호림, (호리려고) 노려봄.
fáscĭno, -ávi, -átum, -áre, tr. 황홀하게(미혹하게) 하다, 매혹(魅惑)하다, 호리다, 요술 걸다.
Fascinosum, -i, n. 법열, 신비적 황홀(공포 tremendum과 대조)
fáscĭnum, -i, n. (=**áscĭnus**, -i, m.) 마력(魔力), 요술(妖術), 주문, 매혹, 매력, 음경(陰莖), 음부(陰部).
fáscĭo, -ávi, -átum, -áre, tr. 끈으로 묶다, 기저귀로 싸다
fascíŏla, -æ, f. 작은 띠, 리본([영] ribbon), 가는 끈, 붕대(상처나 헌데 따위에 감는, 소독한 얇은 헝겊 띠), 각반(脚絆).
fascis, -is, m. 묶음, 뭇, 단(束-묶음), 다발, 꾸러미.
pl. 집정관직(執政官職), 고관직(高官職).
pl. 고대 Roma의 권표(權標-도끼날을 삐죽 나오도록 동여맨 막대기로 집정관 등 고관의 길라잡이licor들이 왼쪽 어깨에 받쳐 들고 다녔음).
fasces submíttere. 자기의 하위(下位)를 인정하다, (경의의 표시로) 권표(權標)를 내리다(낮추다)
fase… V. **phase**…
fassus, -a, -um, p.p. (fáteor)
fasti, -órum, m., pl. 공판일(公判日), 개정일(開廷日), 재판할 수 있는 날(fastus dies), (고대 Roma의) 연중행사의 책력(冊曆), 연중 행사력, (축제.행사.사건.개정일정.집정관 등 고관 명단 따위가 기록된) 연감, 연표, 연대기(年代記.χρονικὸν-역사상의 사건을 연대순으로 기록한 것. 기년체사기紀年體史記).
Fasti Romani ordinem exhibent dierum fastorum et nefastorum. 로마의 책력(冊曆)은 길일(吉日)과 흉일(凶日)들의 순서를 나타내주었다.
Fasti Sanctorum. 성인들의 연대기(年代記)
fastídĭo, -ívi(ĭi), -itum, -íre, intr. **싫증나다**, 물리다, 지긋지긋해 지다, 진저리(넌더리) 나다, 욕지기나다, 혐오감(嫌惡感)을 가지다, (냄새를) 역하게 느끼다.
Fastídit mei. 그는 나한테 싫증이 났다.
tr. **싫증내다**, 질리다, 싫어하다(ים.אנס), 몹시 귀찮아하다, 혐오(嫌惡)하다, 반감을 가지다, 배척(排斥)하다, 경멸(輕蔑)하다.
fastidiósus, -a, -um, adj. 싫증을 느끼는, 싫어하는, 몹시 귀찮아하는, 질린, 진저리(넌더리) 난, 까다로운,

F

경멸(輕蔑)하는, 싫증나게 하는, 진저리나게 하는, 지긋지긋한, 욕지기(토할 것 같은 메슥메슥한 느낌) 나게 하는.

fastidiosus terræ. 육지를 싫어하는

Fastidit mei. 그는 나한테 싫증이 났다(fastídĭo 참조)

fastídĭum, -i, n. 넌더리(몹시 물리어 지긋지긋하게 느껴지는 생각), 싫증, 욕지기(토할 것 같은 메슥메슥한 느낌. 역기逆氣. 토기吐氣), 진절머리('진저리'를 속되게 이르는 말), 아니꼬움, 지긋지긋함, 혐오(嫌惡-싫어하고 미워함), 반감, (구미 따위의) 까다로움, 오만불손, 거드름(거만스러운 태도), 경멸(輕蔑-남을 깔보고 업신여김), fastidium tenere + acc.(주어) 싫증을 느끼다.

fastigátĭo, -ónis, f. 뾰족하게 함

fastigátus, -a, -um, p.p., a.p. (뾰족하게) 높이 솟은, 절정에 이른, 경사진, 올리받이의, 내리받이의.
Collis léniter fastigátus paulátim ad planítiem redíbat. 완만하게 경사져 올라갔던 언덕이 다시 비스듬히 내려가 평지에 가 닿았다.

fastígĭum, -i, n. 맞배지붕 꼭대기, 양쪽으로 경사진 지붕, 경사(傾斜-비스듬히 기울어짐), 물매(句配-지붕이나 낟가리 따위의 비탈진 정도), 기울기, 경사면(傾斜面), 표고(標高), 고도(高度), 깊이, 깊은 정도, 꼭대기, 정상(꼭대기), 절정(絶頂), 높은 지위(벼슬.위치); 신분(身分), 계급(階級), 요점(要點), 대강(大綱-"대강령"의 준말), (文法) 억양(표).

fastígo, -ávi, -átum, -áre, tr. (fastus[2]+ago) 뾰족하게 만들다, 정점을 향해 솟게 하다, 경사지게 하다, 지위를(신분을) 높이다, 승진시키다. (文法) 억양표(抑揚標)를 찍다.

fast(u)ósus, -a, -um, adj. (fastus[2]) 멸시(蔑視)에 찬, 오만불손(傲慢不遜)한.

fastus[1] -a, -um, adj. 길일(吉日)의, 개정일의.
fasti dies(fastus dies) 재판할 수 있는 날, 법을 집행(執行)할 수 있는 날/
fastum memoriæ. 기념축일(記念祝日).

fastus[2] -us, m. 오만불손, 자만(自慢.[영] Presumption), 방약무인(傍若無人-의기양양한)한 태도(態度).

fastus[3] -ŭus, m., pl. **fasti**. 축일표, 연표(年表), 로마 시대의 법정 개정(開廷) 가능일, (법정 개정이 불가능한 날을 nefasti라고 했다).

Fata, -æ, f. 운명의 여신(女神)

Fata obstant. 하늘이 돕지 않는다.

Fata regunt orbem! Certa stant omnia lege! 불확실한 것은 운명이 지배하는 영역, 확실한 것은 사람의 재주가 관여하는 구역.

Fata viam invenient.(Vergilius) 운명은 길을 발견할 것이다, 운명이 길을 찾아가리라, 운명이 (각자에게) 길을 찾아내는 법이거늘…….

fatalia ad inchoandam. 상소 제기 기한(期限)

fatalia ad prosequendam. 상소 수속 기한(期限)

fatalia legis. 법정 최고 기한(法廷 最高 期限)

fatális, -e, adj. 운명(運命)의, 운명을 결정하는, 천명의, 숙명적(宿命的)인, 팔자(八字)의, 운수(運數)의; 헛되이, 운명(運命)을 예언하는, 치명적인, 불운한, 불길한. m., pl. (죽을 운명에 있는) 인간들.
Cur ego non læter meum consulatum ad salutem populi Romani prope fatalem exsistitisse? 나의 집정관직이 하필 로마 국민의 안전이 거의 치명적이던 무렵이었다는 사실을 내가 왜 기꺼워하지 하지 않으랴?.[성 염 지음, 고전 라틴어, p.298]/
ex ipsius facto cœpit esse fatale. 본인의 행위에 의해 운명적인 것이 존재하기 시작했다/
fatale pignus 볼모(약속을 지키는 것에 대한 담보가 되어 상대편에게 억류된 사람)/
fatáles libri. 고대 Roma의 운명 예언집.

fatalis causa. 숙명적 원인

fatális mors. 숙명적인 죽음, 자연사(自然死)

fatalísmus, -i, m. (哲) 숙명론(宿命論). (哲) 운명론(運命論.De sortibus.[영] fatalism).

fatálĭtas, -átis, f. 운명(運命.κλῆρος), 불운(不運)

fatátus, -a, -um, adj. 숙명의, 운명적으로 정해진

fátĕor, fassus sum, fatéri, dep., tr. 인정(시인)하다, 고백하다(הרי.ירי.δοκὲω), 실토(實吐-說吐)하다 자백(自白)하다, 승복(承服)하다, 드러내다, 공언하다.
Ego vero féteor. 그러나 나는 고백 한다/
Fatetur facinus quisquis judicium fugit.(Publilius Syrus). 누구든 재판을 피하려는 사람은 스스로 죄를 자백하는 셈이다.

fatícănus(=fatícĭnus) -a, -um, adj. (fatum+cano) 예언의, 예언(豫言)하는.

fatídĭcus, -a, -um, adj. (fatum+dico[2]) 운명을 예언하는, 점(占)치는, 예언적; 예언을 적은. pass. 운명으로 정해진. m. 예언자(נָבִיא.προφὴτης.[영] Prophet), 점쟁이.

fátĭfer, -ĕra, -ĕrum, adj. (fatum+fero) 죽음을 초래(招來)하는, 치명적(致命的).

fatigábĭlis, -e, adj. 피로해지는, 지치는.

fatigátĭo, -ónis, f. 피로(疲勞), 피곤(疲困), 지쳐버림, 익살, 짓궂음; 빈정거림, 야유(揶揄-남을 빈정거리며 놀림).
ánimum a fatigatióne renovo. 정신의 피로를 회복시키다.

fatigátĭone resolutus. 피로에 지쳐버린

fatígo, -ávi, -átum, -áre, tr. 지치게 하다, 피로하게 하다, 기진맥진(氣盡脈盡)하게 하다, 괴롭히다, 못살게 굴다, 귀찮게 하다, 불안(不安)하게 하다, 뒤흔들다, 청을 들어주기까지 끈질기게 졸라대다, 쉴 새 없이 뒤쫓다, 익살부리다, 빈정대다, 야유(揶揄)하다.
fatigáta membra rejicio. 지쳐버린 나머지 벌렁 나자빠지다/
Pastor fatigatus cum sub arbore obdormuisset, serpens ad eum prorepsit. 목동이 지친 나머지 나무 아래에서 깊은 잠에 빠지자 뱀이 기어왔다.

fatílĕgus, -a, -um, adj. (fatum+lego) 죽음을 걷어 모으는, 독초(毒草)를 따는.

fatilóquĭum, -i, n. 예언(נְבוּאָה.προφητεὶα.[영] Prophecy)

fatílŏquus, -a, -um, adj. (fatum+loquor) 운명(運命)을 예언하는, 예언(豫言)하는, 점치는. f. 예언녀, 점치는 여자. m. 예언자(נָבִיא.προφὴτης.[영] Prophet), 점쟁이.

fatim, adv. 실컷, 충분히(non parum), 풍부하게

fátísco, -ĕre,〔**fátíscor**, (ĕris, ĭtur) -sci, dep.〕intr. (fatim+hisco) 쪼개지다, 갈라지다, 벌어지다, 틈이 나다, 열리다, 지치다(יאל), 녹초가 되다; 힘 빠지다, 약해지다(ילח.אלח.ערמ), 누그러지다.
Haud fartíscar, quin…. 나는 …하기를 그만두지 않겠다.

fátor[1] -ári, dep., tr. 자주 말하다, 거듭 이야기하다

fátor[2] -óris, m. 말하는 자, 연사(演士)

Fátua, -æ, f. Faunus 신(神)의 아내

fatuína rosa, -æ, f. (=pæónia) (植) 모란, 작약(미나리아재비목 미나리아재비 과의 한 속. 함박꽃).

fatúĭtas, -átis, f. 우직(愚直-어리석고 고지식함), 우둔(愚鈍), 미련, 백치(白痴-뇌에 질환이 있어 지능이 아주 낮은 상태. 또는 그런 사람을 낮잡아 이르는 말. 유의어는 바보. 천치).

fátum, -i, n. (for, fari) 예언(נְבוּאָה.προφητεὶα), 신탁, 운수, 운명(運命.κλήρος), 숙명(宿命.獨 Geschick), 신의 뜻, 천명, 철칙(鐵則), 필연성, 생애(生涯), 천수(天壽), 죽음, 불행, 재앙, 비명횡사(非命橫死).
De fato. 숙명론(Ammonius 지음)/
De providentia et fato et eo quod in nobis. 섭리와 숙명, 그리고 우리 안에 있는 것에 대해/
Ducunt volentem fata, nolentem trahunt. 운명은 원하는 사람은 이끌어 주지만, 싫어하는 사람은 끌고 간다/
fata viam invenient. 운명이 길을 찾아가리라/
fato cédere. 죽다 / fato fungi. 생애를 마치다/
fatorum ordo. 운명의 질서/
vel quæ portenderet ira magna deum vel quæ fatorum posceret ordo. 신들의 엄청난 분노가 예고하는 바가 무엇인지 운명의 질서가 요청하는 바가 무엇인지/
In novissimo fati stamus abrupto. 우리의 운명은 마지막 고비(파멸 직전)에 서있다/
pietas erga fatum. 운명에 대한 경건한 복종. (성 염 지음, 사랑만이 진리를 깨닫게 한다. p.402)/
Quo fata trahunt retrahuntque sequimur ; quidquid erit,

superanda omnis fortuna ferendo est.(Vergilius).
운명이 어디로 잡아끌고 뒤로 끌든 우리는 따르겠노라.
무슨 일이 닥치든 온갖 운명을 인종함으로써 극복해야 하리라/
Quo fata trahunt, virtus secura sequetur. 운명이 이끌어 가는 곳이라면 덕성은 확실하게 따라와 줄 것이다.(Lucanus)/
vel quæ portenderet ira magna deum vel quæ fatorum posceret ordo. 신들의 엄청난 분노가 예고하는 바가 무엇인지 운명의 질서가 요청하는 바가 무엇인지.

Fatum dicunt esse quidquid dii fantur, quidquid Juppiter fatur. 무엇이든 신들이 하는 말, 유피터가 하는 말 그것을 "fatum(발설된 것: 운명)"이라고들 한다.

fatum sequi. 운명을 따름

fátŭor[1] -ári, intr. (fátuus[1])
dep. 바보 소리하다, 엉뚱한 말(짓)을 하다.
pass. 쇠약해지다, 무기력해지다.

fátŭor[2] -ári, dep., intr. (Fátuus[2])
영감을 받고(신들려) 이야기하다.

fatus, -us, m. (for) 예언(נְבוּאָה.προφητεὶα.[영] Prophecy), 신탁(神託), 운명(κλήρος), 숙명(宿命.獨 Geschick).
disputátĭo de fato. 운명에 대한 토론.

Fátus est judex qui ultra petita judicat.
청구된 것 이상을 재판하는 재판관은 미련한 자이다.

fátŭus[1] -a, -um, adj. 어리석은, 미련한, 바보 같은, 멍청한, 정신 나간, 맛없는, 김빠진, 무미건조한, 싱거운.
m., f. 바보, 멍청이.
Circulus aureus in naribus suis mulier pulchra et fatua. (w[sper evnw,tion evn r`ini. u`o,j ou[twj gunaiki. kako,froni ka,lloj.) ([영] Like a golden ring in a swine's snout is a beautiful woman with a rebellious disposition)(잠언 11, 22)
예쁘지만 무식한 여자는 멧돼지 코에 금 고리 격이다(성경)/
예쁜 여자가 단정하지 못한 것은 돼지 코에 금 고리다(공동번역)/
qui autem dixerit fratri suo: Racha, reus erit concilio; qui autem dixerit: Fatue, reus erit gehennæ ignis.
자기 형제에게 '바보!'라고 하는 자는 최고 의회에 넘겨지고, '멍청이!'라고 하는 자는 불붙는 지옥에 넘겨질 것이다(성경 마태 5, 22).

fatuus[2] -i, m. 예언하는 Faunus 신의 별명

fauces, -cĭum, f., pl. 목구멍, 인후(咽喉), 구협부(口峽部), 식도(食道), 좁은 통로, 협곡(峽谷), 해협(海峽), 지협(地峽-두 육지를 잇는 다리 모양의 좁고 잘록한 땅), 입구, 출구(出口); 하구(河口), 구렁텅이, 심연(深淵).

fauces portus. 항만(港灣)의 좁은 입구

Fauna[1] -æ, f. Faunus의 자매이며 아내, Bona Dea라고도 함

Fauna[2] -æ, f. (한 지역 또는 한 시대의) 동물의 무리, 동물상(動物相); (분포상의) 동물 구계(區系), (어떤 지역.시대의) 동물지(動物誌).

Faunálĭa, -ĭum, n., pl. Faunus 신(神) 축제

Fauni, -órum, m., pl. 삼림(숲)의 신(神)들

Faunígĕna, -æ, m. (Faunus+gigno) *Faunus*의 아들(=Latínus).

Faunus, -i, m. *Latínus*의 부(父), *Picus*의 자, *Satúrnus*의 손자, Látium의 옛 왕, 죽은 후 농산물.가축 수호의 신(神)이 됨.

Fausta, -æ, f. *Sulla*의 딸, *Milo*의 아내

fáustĭtas, -átis, f. 풍요(豊饒.[영] Fecundity), 번영(繁榮), 행복(שָׁלוֹם.幸福.[영] Happiness).

Fáustŭlus, -i, m. *Rómulus*와 *Remus* 형제를 양육한 목자

faustus[1] -a, -um, adj. 다행한, 행운의, 순조로운, 번영하는, 축복 받은, 상서로운, 길한/
Quod bonum, felix, faustum fortunátumque sit!
이일이 잘되고 무사하고 다행하여 좋은 결과를 가져오기를!(행사 전 축원의 말씀).

faustus[2] -i, m. *Cornélius*의 별명, =*Fáusulus*

fautor, -óris, m. 두호자(斗護者-두둔하는 자), 후원자(後援者), 보호자(προστὰτις), 지지자, 편드는 사람, 방조자(傍助者), 박수(拍手)치는 사람(돈 받고 극장이나 경기장에서 박수치는 사람).

fautrix, -ícis, f. 보호하는 여자, 지지하는 여자, 편드는 여자

fautum, "fávĕo"의 목적분사(sup.=supínum)

faux, faucis, f. (gen., pl. fáucium. 목구멍), (실제로는 abl.만 나타남) fauces의 단수.

fávĕa, -æ, f. 시중드는 하녀, 충실한 몸종

Faveas legere. 읽으십시오,

Faveátis legere. 당신들은 읽어보시기 바랍니다.

Faveátis venire. 오십시오.

favéntĭa, -æ, f. (종교예식에서 침묵을 지키며) 얌전하게 있음, 경건한 침묵.

fávĕo, fāvi, fautum, -ére, intr. 호의를 보이다, 좋아하다, 총애하다, 은혜를 베풀다, 돕다(עזר.עזר), 후원하다, 편들다, (종교예식에서) 경건하게 침묵 지키다, 조용히 있다, 엄숙(嚴肅)하게 참석(參席)하다, (경기장 극장 따위에서) 박수갈채(拍手喝采)하다.
Pro certo habeto omnes tibi favere. 모든 사람이 그대에게 호의를 갖고 있음을 확실히 아시라!/
ventis faventibus. 순풍이 불어서.

faveo linguis(linguā, ore, ánimis) 경건한 침묵을 지키다, 주례자의 예식(기도) 진행에 정신 차려 따라가다.

fāvi, "fávĕo"의 단순과거(pf.=perfectum)

favílla, -æ, f. 고운(부드러운) 재(灰), 뜨거운 재, (시체) 화장(火葬)한 재, 불티, 불씨; 불티 섞인 재, 재에 붙은 숯불, 소금 가루.
virgínea favilla. 처녀화형(處女火刑).

favillácĕus(=favillátĭcus), -a, -um, adj. 재의, 불티의

fávĭsor(=fávĭtor) = **fautor** 두호자(斗護者), 후원자(後援者), 보호자(προστὰτις), 지지자, 편드는 사람, 방조자(傍助者), 박수(拍手)치는 사람(돈 받고 극장이나 경기장에서 박수치는 사람).

faví(s)sæ, -árum, f., pl. 신전(神殿)의 지하창고

favoniális, -e, adj. 서풍의, 봄바람의

favónĭus, -i, m. = **híppălus**
봄바람, 서풍, 하늬바람('서풍'의 뱃사람 말).

favor, -óris, m. 친절(χηστὸς.[영] Benevolence), 애호, 호의(חן.εὔνοια.χηστὸς.[영] Benevolence), 총애(寵愛-남달리 귀여워하고 사랑함), 애고(愛顧-아끼고 돌보아 줌), 은혜, 우대(優待), **보호**(保護.[영] Defense), 박수, 갈채(喝采-크게 소리 지르며 칭찬함), **도움**, 지지(支持), 경건한 침묵(沈默), 종교적 엄숙(嚴肅).

favor juris. 법의 보호, 법의 혜택(惠澤)

favorábĭlis, -e, adj. 호의적(好意的), 친절한, 돌봐주는, 도와주는, 지지(支持)하는, 순조로운, 유리한, 알맞은, 환영받는, 인기 있는, 대중의 지지를 받는, 사랑 받는.
Favorabiliores rei potius quam actores habentur.
피고가 원고보다 더 유리한 것으로 간주된다.

favus, -i, m. 꿀벌의 집, 벌집(벌통), 개 꿀, 육면체(六面體)의 집. (醫) 백선(白癬-쇠버짐), 버짐.

fax, facis, f. (gen., pl. -um외에, -ĭum도 간혹 있음) 횃불, 관솔불(관솔에다 붙인 불), 결혼 횃불, 장례횃불, 유성(流星), 별똥, 혜성의 꼬리, 태양 빛, 별 빛; 광명, 아름다운 눈, 자극(刺戟), 유혹(誘惑), 선정(煽情), 정열, (욕망.감정 따위의) 불길, 주동자, 장본인, 파멸(破滅).
inter utrámque facem. 결혼해서 죽을 때까지.

faxim(=faxo), -is, -it, (古) (fácio)
=fáciam, -as, -at; fécerim, fécero, -is, -it.

fáxĭtur, (古) (fácio) = factum erit

FCR Filiæ Sanctæ Crucis. 성 십자가의 딸 수녀회

feber, -bri, m. (動) 바다 삵(海狸), 해리(海狸.[영] beaver, 바다 삵)

febrésco, -ĕre, intr. 열병(熱病)을 앓다

febríbĭlis, -e, adj. (febris) 열나는, 열을 일으키는

febrícĭto, -ávi, -átum, -áre, tr. (febris) 열나다, 학질 앓다

febricósus, -a, -um, adj. (febris) 열기 있는, 열나는

febrícŭla, -æ, f. 미열(微熱), 가벼운 열

febriculósus, -a, -um, adj. 자주 열나는, 열병을 일으키는

febrifúgĭa, -æ, f. (febris+fugo) (植) 버꾹채의 일종, 해열제

fébrĭo, -íre, intr. (febris) 열이 있다(나다) 열병 앓다

febris, -is, f. (acc. -em, -im; abl. -e, -i) 열, 발열, 병으로 인한 높은 체온, 고열, 학질(말라리아), 열병.
cum febri. 학질(瘧疾-말라리아)에 걸려 가지고
Cum febri domum redire. 열병에 걸려 가지고 집에 돌아오다.(동반부사어는 전치사 cum과 함께 탈격으로 표시한다)/
Decedunt córpore febres. 몸에서 열이 떨어진다/

Illi amando delectationes peccatorum, non agnoscebant Deum: amando quod febris suadebat, iniuriam medico faciebant. 사람들은 죄의 쾌락을 사랑하면서 하느님을 알아 뵙지 못했습니다. 열병의 꼬드김은 사랑하면서 의사에게는 모욕을 퍼붓는 격입니다.(최익철 신부 옮김. 요한 서간 강해, p.199)/

transmitto fébrium ardórem. 열(熱)을 감수하다.

Febris in tempus exercitatiónis incurrit.
훈련시간과 같은 시간에 열이 났다.

Febronianísmus, -i, m. 페브로니우스 주의(主義),
속권에 대해서 교황 불간섭을 요청한 주장.
(18세기 독일 교회와 국가 사이의 입법에 대한 이론).

fébrŭa, -órum, n., pl. ((fébruum)) (고대 Roma에서 2월 15일에 거행된) 속죄(贖罪)의 제사, 청정(淸淨) 예식.

Februális(=Februlis) -is, f. 속죄의 여신, *Juno*의 별명

Februárĭus, -a, -um, adj. 2월의. m. 이월(2月).
ante diem tértium Nonas Februárias.
(a.d. III Non. Feb. 혹은 III Non. Feb.) 2월 3일.

februátĭo, -ónis, f. (februo) 종교상의 속죄,
정결 예식(淨潔禮式), 재계(齋戒-제察를 지낼 사람이, 몸과 마음을 깨끗이 하고 음식과 언행을 삼가며 부정을 멀리하는 일).

fébrŭo, -átum -áre, tr. (종교적으로) 깨끗해지게 하다,
정결례(淨潔禮)를 행하다, 속죄(贖罪)하다.

fébrŭum, -i, n. 청정(淸淨-맑고 깨끗함), 재계, 정결방법

fébrŭus, -a, -um, adj. 정화하는, 속죄의, 정결례의

Fecerunt itaque civitates duas amores duo.
두 사랑이 있어 두 도성을 이룬다.

fēci, "fácĭo"의 단순과거(pf.=perfectum)

Feci sedulo. 하느라 고는 했는데, 최선을 다했지만

Feci, sermonem inter nos habitum(esse)
나는 우리 사이에 대화가 오간 것으로 가정했다(facio 참조)

feciális = fetiális, -e, adj.

fecit, 원형 fácĭo, feci, factum, -ĕre
[직설법 현재. 단수 1인칭 feci, 2인칭 fecisti, 3인칭 fecit,
복수 1인칭 fecimus, 2인칭 fecistis, 3인칭 fecerunt].

fecit fatum. 운명을 만들어 냈다

Fecit mihi magna, qui potens est.(⑨ He who is mighty has done great things for me) 전능하신 분께서 나에게 큰일을 하셨기 때문입니다(루카 1, 49).

Fecit mihi qui potens est, et sanctum nomen ejus.
내게 베푸신 분은 능하신 분이시니
그분의 이름은 거룩하시도다.

Fécit poténtiam bráccio súo; dispérsit supérbos ménte córdis súi. 당신 팔의 큰 힘을 떨쳐 보이시어
마음이 교만한 자들을 흩으셨다.

fecundátĭo, -ónis, f. 수태작용; 수태, 수정(⑨ fertilizátĭon)
fecundátĭo artificiális. 인공착상(人工着床),
인공수정(人工受精).⑨ artificial inseminátĭon).

fecundátor, -óris, m. (fecúndo) 수태시키는 자

fecúndĭtas, -átis, f. 풍부(豊富), 풍요(豊饒), 다산(多産)
비옥(肥沃-땅이 걸고 기름짐), 다산성, 수태능력(受胎能力).

fecúndo, -ávi, -átum, -áre, tr. (fecúndus) 비옥하게 하다,
풍요하게 하다, 열매 맺게 하다, 수태(수정)시키다.

fecúndus, -a, -um, adj. 비옥한, 기름진, 풍요한,
많이 낳는, 다산의, 잘 열리는, (산물이) 많이 나오는,
풍부한, 넘치는, 충만한, 비옥하게 하는, 풍작을 가져오는.
Cum hac præclara traditione consortio fecunda est pro Ecclesia.(⑨ Contact with this glorious tradition is most fruitful for the Church). 이러한 영광스러운 전통과 만나는 것은 교회에 매우 유익한 일입니다/
Fecunda ratis. 풍요로운 뗏목(Liège의 Egbert 지음).

fefélli, pf. (fallo)

fel, fellis, n. 쓸개(膽囊, bilis, -is, n. 쓸개즙.
담낭(膽囊-쓸개); 담즙, 독즙, 독액(毒液); 뱀의 독(毒)
몹시 쓴 것, 쓴 맛; 쓰라림, 고통(βάσανος.⑨ suffering),
분노(⑨ Anger), 분통(憤痛-몹시 분하여 마음이 쓰리고 아품).
(植) 서양 현호색.

Fel columba non habet: tamen rostro et pennis pro nido pugnat, sine amaritudine sævit. 비둘기는 독을

지니고 있지 않습니다. 그럼에도 둥지를 지키기 위하여 부리와 깃털로 싸우고 아프지 않게 쪼아댑니다.
(최익철 신부 옮김. 요한 서간 강해, p.335).

feles(=felis) -is, f. (動) 고양이, 담비, 족제비, 도둑.
Canem et felem ut deos colunt.
그들은 개와 고양이를 신처럼 모신다/
Fele absente, mures saltant.
고양이가 없으면 생쥐들이 날뛴다/
Félium in ténebris rádiant óculi.
고양이 눈이 어둠 속에서 번득이다.

felicátus, -a, -um, adj. = filicátus

felícĭtas¹ -átis, f. (eudæmónia, -æ, f.)
비옥(肥沃-땅이 걸고 기름짐), 풍요(豊饒.⑨ Fecundity),
행복(זמ.⑨ Happiness), 복, 행운, 다행(多幸); 성공.
[영어 'happiness'의 본뜻은 '행운'이었다고 한다. 저자는 영국 철학자이자 법학자 제러미 벤담이 1789년 저서에서 공리주의를 주장하면서 행복을 쾌락과 같은 의미로 처음 사용했다는 것을 발견한다. 바로 '최대 다수의 최대 행복'이다. 아시아에서 행복은 1860년대 이후 일본에서 처음 쓰였다. '최대 다수의 최대 행복'이라고 번역하면서 '행'과 '복'을 합성해 빚어진 일이다. 일본어에 'happiness'나 불어의 'bonheur'에 해당하는 단어가 없었기 때문이다. 한국에서는 1886년 10월 4일자 한성주보(漢城週報)에 '행복'이란 낱말이 처음 등장했다].
De æterna felicitate civitatis dei sabbatoque perpetuo.
하느님 도성의 영원한 행복과 끝없는 안식일(신국론. p.2830)/
Lætatus sum felicitate navigationis tuæ.
너의 항해가 행복하였다니 나도 기뻤다/
Nihil dii possunt ad veram felicitatem.
참 행복에 아무 도움도 못 되는 신들(신국론 제6권)/
per easdem artes patere viam mortalibus ad felicitatem.
이 모든 학문들을 거처서 사멸할 인간들에게는
행복에 이르는 길이 열린다/
Physicorum ratione de diis selectis nihil quod ad veram felicitatem pertineat continetur.
신들에 관한 자연주의 해석과 참 행복(신국론. 제7권)/
Quæ sit Christianorum Imperatorum et quam vera felicitas. 그리스도인 황제들의 행복은 어떤 것이며
무엇이 참된 행복인가(교부문헌 총서 17. 신국론. p.2760)/
quod ultima hominis felicitas non sit in hac vita.
인간의 궁극 행복이 이 세상에는 없다/
Res est inquieta felicitas. 사물은 불안한 행복이다.
(눈에 보이는 것을 행복의 기준으로 삼을 수 없다)/
Ubi est tristitia et dolor, non est perfecta felicitas.
슬픔과 고통이 있는 곳에 완전한 행복은 없다/
ubi victoria veritas, ubi dignitas sanctitas, ubi pax felicitas, ubi vita æternitas. 거기서는 진리가 승리요,
거기서는 거룩함이 품위이며, 거기서는 평화가 행복
이요, 거기서는 삶이 영원이다(교부문헌 총서 15. 신국론. p.19)/
ultima felicitas. 궁극적 행복.

Felícĭtas²-átis, f. 행운의 여신(女神)(Fortis Fortunæ)

felicitas æterna ut finis ultimus.
영원한 행복만이 궁극적 목적이 된다.

felicitas duratura. 영속하는 행복(finis sine fine)

Felícĭtas multos habet amicos.(로마인의 속담)
행운(번영)은 많은 친구를 거느리게 해 준다.
[명사와 수식 형용사(multos amicos) 사이에 다른 문장소가 삽입되는 경우가 흔히 있다: multos habet amicos. 성 염 지음. 고전 라틴어, p.85].

felicitas terræ. 비옥한 땅(genialia arva)

felíciter, adv. 풍요(豊饒)하게; 다행하게, 성공적으로;
행복(幸福)하게, 행복이 있기를!

Feliciter quod agis. 성공하기를!

felícĭto, -áre, tr. 복되게 하다

felín(ĕ)us, -a, -um, adj. 고양이의, 고양이 성질의

félĭo, -íre, intr. 표범이 울다

Felix, Sylla의 별칭

fēlix, -ícis, adj. 비옥(肥沃)한, 풍요한, 많이 산출되는,
행복한(μακάριος), 복된(ךְרֵב.μακάριος), 다행한,
운 좋은; 성공한, 번영하는, 상서로운, 길조의;
가호하는, 행복을 가져다주는, 유리한, 순조로운.
Arabia felix. 복된 아라비아/
Bis ille miser, qui ante(=antea) felix fuit.(Publilius Syrus).
(잃었다) 되돌아온 물건은 두 배로 마음에 드는 법이다/
Deo solo inhabitante anima fit felix.(아우구스티노 행복론의 골간)

그 분이 영혼에 내재함으로써만 영혼은 행복해진다/
Donec eris felix, multos numerábis amícos.
네가 행운아일 동안에는 많은 친구들을 가지게 되리라/
et in hac presenti et in futura vita semper et omni
quidem tempore felix beatusque habetur. 그리하여 현세
생활에서든 미래 생활에서든 그리고 어느 시기에도
인간은 행복하고 유복해야한다(성염 옮김, 피코 델라 미란돌라. p.119)/
Felium in tenebris rádiant óculi.
고양이들의 눈이 어둠 속에서 번득인다/
Germanius amas felicem hominem, cui non habes quod
præstes; purior ille amor erit, multoque sincerior. 그대가
아무 것도 베풀지 않아도 되는 그런 행복한 사람을 사랑
하는 것이 더 참된 사랑입니다. 그 사랑은 더 순수하고
더욱더 진실할 것입니다. (최익철 신부 옮김, 요한 서간 강해, p.353)/
Hominibus felicibus tempus breve est, infelicibus longum.
행복한 사람들에게는 시간이 짧고, 불행한 사람들에게는 길다/
Minus ergo sumus felices quam illi qui viderunt et
audierunt? 우리가 직접 보고 들은 사람들보다
덜 행복하다는 것입니까??
Nemo potest mortem metuens esse felix.
아무도 죽음을 두려워하면 행복한 자 될 수 없다/
O Felix culpa! 오, 복된 탓이여!(오, 복된 죄여!)/
O felix culpa, quæ talem ac tantum meruit habére
redemptorem! 오! 이처럼 위대한 구속자를 가질 수
있었던 복된 죄여!(성 Augustinus).
O felix hominum genus / si vestros animos amor, /
quo celum regitur, regat.
오, 인류는 행복하여라, 하늘을 다스리는 사랑이
그대들 마음을 다스릴 제(성 염 옮김, 단테 제정론. p.37)/
Quod bonum, felix, faustum fortunátumque sit!
이일이 잘되고 무사하고 다행하여 좋은 결과를
가져오기를!(행사 전 축원의 말씀)/
semper felix beatusque habetur. 항상 행복할 권리/
Si hic vir non felix est, tristis est.
이 사람이 행복하지 않다면 슬픈 일이다.

형용사 제3변화 제3식 [단수 주격이 남성.여성.중성에서 모두 같은 중음절 형용사]		
단 수		
번 역	m., f.	n.(중성)
Nom.	가, 은, 는, 께서	felix	felix
Voc.	…아, …야, …여	felix	felix
Gen.	…의	felícis	felícis
Dat.	…게, …에게	felíci	felíci
Acc.	…를, …을	felícem	felix
Abl.	…로써, 으로써	felíci	felíci
복 수		
번 역	m., f.	n.(중성)
Nom.	가, 은, 는, 께서	felíces	felícia
Voc.	…아, …야, …여	felíces	felícia
Gen.	…의	felícium	felícium
Dat.	…게, …에게	felícibus	felícibus
Acc.	…를, …을	felíces	felícia
Abl.	…로써, 으로써	felícibus	felícibus

(허창덕 지음 초급 라전어 변화표 Tabellae Declinationum에서)
felix culpa. 복된 죄
Felix es, sacra Virgo Maria, et omni laude
dignissima: quia ex te ortus est sol justitiæ,
Christus, Deus noster.
동정이신 성모 마리아님, 당신께서는 복되시고
모든 찬미를 받으시기에 합당하시니, 의로움의 태양이신
우리 주 그리스도 당신에게서 탄생하셨나이다.
Felix est, qui didicit contentus vívere parvo.
작은 것에 만족하면서 살줄을 배운 사람은 행복하다.
(객어문 노릇을 할 때에는 그 부정법과 함께 쓴 부설명어는 주격으로 쓴다.
객어문의 부정법문을 지배하는 주문의 동사는 대부분 보조동사이다.
그러므로 보조동사가 지배하는 부정법과 함께 쓰는 부설명어는
주격으로 쓴다. 허창덕 지음. Syntaxis Linguae Latinae. p.328).
Felix lingua quæ non novit nisi de divinis habere
sermonem. 하느님의 일 이외에는 말하지 아니하는

입은 복되도다(성 예로니모).
Felix qui potuit rerum cognoscere causas.
만물의 원인을 인식(파악)할 수 있었던 사람은 행복하다,
사물의 원인을 알아낼 수 있었던 사람은 행복하여라.
félleus, -a, -um, adj. (fel) 담즙(膽汁)의
féllico, -áre, tr. 젖 빨다
fellícŭla, -æ, f. (醫) 콜레라, 호열자(虎列刺-"콜레라"의 한자음 표기)
féllito, -áre, tr. 젖을 계속 빨다
fellítus, -a, -um, adj. 담즙(膽汁) 많은, 쓴
fel(l)o, -ávi, -áre, tr. 젖 빨다
fellósus, -a, -um, adj. 담즙(膽汁) 많은
Félsĭna, -æ, f. Bonónia 시(市)의 옛 이름
femélla, -æ, f. (dim. fémina) 소녀, 아가씨, 젊은 여자
femellárĭus, -i, m. 처녀 뒤를 따라 다니는 자
fémen, -mĭnis, n.(=femur, -mŏris) 넓적다리, 대퇴부
fémĭna, -æ, f. 여자(וֹשָׁה.γυνή.⑨ Woman), 부인(γυνή),
여성(הבְקָה.אִשָּׁה.γυναικείος/γυνή.⑨ famale/woman),
(동물의) 암컷. adj. 암(컷), 자성(雌性)의
De cultu feminarum. 여성들의 교양에 관하여(Tertullianus 지음)/
léctior fémina. 더 뛰어난 여자(léctus¹ 참조)/
porcus femina. 암퇘지/
An in suo resuscitanda atque mansura sint corpora
feminarum. 여자들의 육체는 자기 고유한 성(性)으로 부활
하고 그 성(性)으로 머물 것인가.(교부문헌 총서 17, 신국론. p.2828)/
Quam feminam inducĕre optas uxorem?
당신은 어떤 여자를 아내로 맞아들이고 싶은가?/
Quando conveniunt feminæ, garrire incipiunt et ab hoc
et ab hac. 여자들이 모여 앉으면, 이 남자 저 여자
이야기를 지껄이기 시작 한다/
regnáta féminis gens. 여자들의 통치를 받는 종족/
sanctissima femina. 가장 거룩하게 산 여자(비문에 사용)/
Sus fémina quanto fecúndior est, celérius senéscit.
암퇘지는 다산형일수록 더 빨리 늙는다/
Várium et mutábile semper fémina.
여자란 언제나 들뜨고 변하기 쉬운 것이다.
(부설명어가 명사적으로 사용된 형용사로서 보편적 또는 추상적 개념을
가졌을 때에는 남성, 여성 명사가 주어이더라도 부설명어는 단수 중성 형용사를
쓴다. 우리말의 '…한 것'으로 옮긴다).
Femina Deo devota. 하느님께 봉헌된 여자
Femina pulchra in horto nostro ambulat sine amica.
아름다운 여인이 우리 정원에서 친구도 없이 거닐고 있다.
femina sexu infirma. 약한 성(性)의 여자(신국론. p.680).
femina sapientior(⑨ the wiser woman) 더 현명한 여인
fémĭnal, -ális, n. 여자 생식기
feminálĭa, -ĭum, n., pl. =fermorálĭa 여자 속바지, 속속곳
Feminarum autem monasteria nonnisi urgentibus
necessitatibus visitabat. 그러나 급하게 필요한 경우가
아니면 여자 수도원은 방문하지 않았다.
feminarum theologia. 여성신학(⑨ feminist theology).
motus feminarum. 여성 운동.
fémĭnĕus, -a, -um, adj. 여자의, 부인의, 여성의; 여자다운,
여자들이 하는(당하는), 여자 같은, 가냘픈, 유약한.
femininum(=f.), genus, (명사의 성) 여성
feminínus, -a, -um, adj. (fémina) 여자의, 부인의, 여성의,
여자다운, 여자 같은, 가냘픈, 유약한. (文法) 여성의.
feminísmus, -i, f. 여권론, 남녀 동등권주의, 여성해방론
fémĭno, -átum -áre, tr., intr. (fémina)
자독(自瀆-수음을 달리 이르는 말) 행위를 하다,
여자 행세를 하다, 여자처럼 만들다,
유약(幼弱)해지게 하다.
fermorálĭa, -ĭum, n., pl. (femur) =feminálĭa
fermorális, -e, adj. (femur) 넓적다리의.
(解) 대퇴부(大腿部)의, 고(股.정강이).
fēmŭr(=fēmŭs, fēmĕn), -ŏris, -ĭnis, n.
(解) 대퇴골, 넓적다리, 대퇴부(大腿部).
alci femur trágula trajícitur. 누구의 다리가 창에 찔리다/
ictus femur jaculo.
넓적다리에 창을 찔린 사람, 다리에 창을 찔린 사람/
Posuit ergo servus manum sub femore Abraham

F

domini sui et iuravit illi super hac re. (kai. e;qhken o` pai/j th.n cei/ra auvtou/ u`po. to.n mhro.n Abraam tou/ kuri,ou auvtou/ kai. w;mosen auvtw/| peri. tou/ r`h,matoj tou,tou) (獨 Da legte der Knecht seine Hand unter die Hüfte Abrahams, seines Herrn, und schwor es ihm) ([영] So the servant put his hand under the thigh of his master Abraham and swore to him in this undertaking)
그래서 그 종은 자기 주인 아브라함의 샅에 제 손을 넣고, 이 일에 대하여 그에게 맹세하였다(성경)/
그 종은 주인 아브라함의 사타구니에 손을 넣고 시키는 대로 하겠다고 맹세하였다(공동번역 창세 24, 9).

fenárĭus, -a, -um, adj. 짚의, 마른 풀의

féndĭcæ, -árum, f., pl. 창자(소장과 대장을 아울러 이르는 말)

fénĕbris, -e, adj. (fenus) 이자(利子)의, 고리(高利)의

fenerárĭus, -i, m. 고리대금업자(高利貸金業者)

fenerátĭo, -ónis, f. 돈놀이([영] Usury), 고리대금

fenerátor, -óris, m. 돈놀이꾼, 고리대금업자
Quotquot enim habet Eccclesia periuros, fraudatores, maleficos, sortilegorum inquisitores, adulteros, ebriosos, fœneratores, mangones, et omnia quæ numerare non possumus! 얼마나 많은 위증자, 사기꾼, 악행을 일삼는 이, 점집 찾는 이, 간음하는 이, 술 취한 이, 고리대금업자, 노예 상인, 그리고 이루 헤아릴 수도 없는 무리들이 교회 안에 있습니까?.(최익철 신부 옮김, 요한 서간 강해. pp.171~172).

fenerátórĭus, -a, -um, adj. 고리대금업의

fenerátrix, -ícis, f. 돈놀이하는 여자

fénĕro, -ávi, -átum, -áre, tr. = **fénĕror**

fénĕror, -átus sum, -ári, dep., tr. (fenus) 돈놀이하다, 이자를 정하여 돈을 빌려주다, 대부하다, 고리대금하다, 이자로 망하게 하다, 파산시키다, 이자 내고 얻어 쓰다, (이자 없이도) 꾸어주다, 빌려주다; 받아 가지도록 내어주다, 이자를 붙여 돌려주다, 불려서 갚다.
binis centésimis feneror.
월 2% 또는 연 24%의 이자로 대부하다.

fenestélla, -æ, f. 작은 창문, 들창

fenéstra, -æ, f. **창**, **창문**(窓門), 유리창(琉璃窓), 구멍, 창구(窓口), (들어가는) 좁은 길, 입구(入口). (pl.) 성벽(城壁)에 마련한 총안(銃眼).
Aperite, ancillæ, portas fenestrasque.!
하녀들아, 문들과 창문들을 열어라!(성 염 지음, 고전 라틴어, p.105).
(que = et: 두 번 째 단어 바로 뒤에 붙인다).

Fenestra clausa est. 창문이 잠겨 져 있다.
(과거분사는 가끔 과거에 이루어진 어떤 행동의 결과로 남겨진 상태를 표시하기도 한다. 그래서 타동사의 수동형 및 탈형동사의 단순과거 중에는 현재의 상태를 표시하는 뜻을 가지는 때가 있다).

fenéstro, -ávi, -átum, -áre, tr. (fenéstra) 창(窓)을 내다, 창(窓)을 달다.

fenéstrŭla, -æ, f. 작은 창문, 들창

fénĕus, -a, -um, adj. 건초(乾草)의, 지푸라기의.
feneus custos. 허수아비.

feniculárĭus, -a, -um, adj. (fenículum) 회향풀의

fenícŭlum, -i, n. (植) 회향풀(茴香)(마태 23, 23)

feníle, -is, n. ((fenum)) (주로 pl.) 건초 저장소(헛간)

fenísĕca, -æ, (**feníséx**, -ĕcis) m. 풀 베는 사람(벌초자)

fenisícĭa, -æ, f. (**fenisícĭum**, -i, n.) 풀 벰, 제초(除草), 벌초(伐草-봄과 가을에 무덤의 잡풀을 베어서 깨끗이 함).

fenum(=fænum=fœnum) -i, n.
건초(乾草), 풀, 검불(마른풀이나 낙엽.지푸라기 따위).

Fenum habet in cornu. 그는 危險 인물이다
(사나운 소의 뿔에 동여맨 검불단에서 유래되었음).

fenus, -nŏris, n. 이자([영] interest), 변리(辨理-변돈에서 느는 이자), 길미(빚돈에 덧붙어 일정한 푼수로 느는 돈. 변리. 이식利息, 이자, 이전); 고리(高利), 이익(利益), 이윤(利潤), 수입, 수확(水廓), 투자한 자본, 밑천, 빚, 부채; 빚더미.
unciárium fenus. 월 십이분의 일 이자.

fenus ex tribus et semis pro centum. 이자 3.5%

fenus ex uno pro. 이자 1%

fenúscŭlum, -i, n. 얼마 안 되는 이자; 조그마한 이익

fer, 원형 fĕro, tŭli, lātum, ferre, tr., anom.
[명령법. 단수 2인칭 fer, 복수 2인칭 ferte]
Da róbur, fer auxsílium. 힘을 주시고, 도와주소서.

fera, -æ, f. 사나운 짐승, 맹수(猛獸, rigidæ feræ), 야수.
Candida pax homines, trux decet ira feras.(Ovidius).
인간들한테는 드맑은 평화가 어울리고
사나운 분노는 짐승들에게나 어울린다/
ferarum rex. 맹수들의 왕(사자).
Rugit et pavida stupuerunt corda ferarum Pastorisque sui jussa sequuntur oves. (사자가) 포효하자 맹수들이 겁에 질리어 전전긍긍하였다. 양들은 목자의 명령에 따랐다.
(461년 11월 10일에 레오 교황이 별세하자 그의 시신은 베드로 대성당의 회랑에 안치되었고, 688년 6월 28일 교황 세르지우스 1세가 다시 대성당 안에 안치하였는데 그의 묘비에 위와 같은 글귀를 새겼다).

ferácĭtas, -átis, f. (ferax) 풍요(豊饒.[영] Fecundity), 비옥(肥沃-땅이 걸고 기름짐), 다산(多産).

ferálĭa, -ĭum, n., pl. 2월에 있던 망혼신 축제(亡魂神 祝祭)

ferális[1] -e, adj. 죽은 사람에 관한; 장례식(葬禮式)의, 장례식에 쓰는, 망혼신(亡魂神)의, 혼백신(魂魄神)의, 치명적(致命的)인, 불길한, 슬픈, 음울한.

ferális[2] -e, adj. 야수의, 맹수의; 야생의, 사나운, 포악한

ferámĭna, -um, n., pl. 사냥한 짐승(새)의 총수(總數)

ferárĭum, -i, n. 수렵구역(sæptum venátĭonis)

fĕrax, -ácis, adj. (fero) 비옥한, 풍요한, 많이 생산하는, 풍성한

ferax uvis. 포도가 많이 나는

ferbe··· V. **ferve**···

férbŭi, "férveo"의 단순과거(pf.=perfectum)

ferctum = **fertum**, -i, n.
(기름과 꿀을 섞어서 만든 제사용) 과자.떡.

fércŭlum, -i, n. 축제 때 신상(神像)을 운반하는 가마(들것), 상여(喪輿-시체를 묘지까지 나르는 제구), 유골.조상의 초상 따위를 나르는 들것, 개선식에서 전리품.전승 기념품 따위를 운반하던 들것(장대), 요리 나르는 쟁반, 상에 나오는 요리접시; 요리.
[**fércŭla**: 신상神像을 모시는 수레나 가마 혹은 축전음료를 진설 하는 좌판이나 큰 쟁반plena pulmentariorum in canistris.(교부문헌 총서 15, 신국론, p.224].

fere, adv. **거의**, 거지반, 대개, 대략(大略-대체의 개략. 개요), 약(約.ὡς), 보통, 일반적(一般的)으로.
hora fere tértia. 세시쯤(에)/
nihil fere. 거의 아무것도 아니/
omnes fere, fere omnes. 모두가 거의 다.

Fere libenter homines id quod volunt credunt.
일반적으로 사람들은 원하는 바를 기꺼이 믿는다.

ferendæ pœna sententiæ. 판결 처벌(判決處罰)

ferendæ sententiæ.(pœna ferendæ sententiæ) 판결 처벌. (latæ sententiæ. 자동 부과 징벌과 대조).

ferentárĭus, -i, m. (fero) 경무장병; 저격병(狙擊兵)

ferentína[1] -æ, f. 고대 Roma의 여신(女神)

ferentína[2] **Aqua**, -æ, f. Alba Longa 부근에 있던 개울

Feréntum = **Foréntum**

Ferétrĭus, -i, m. 전승 기념으로 공경하던 Júpiter 신의 별칭

férĕtrum, -i, n. 상여(喪輿-시체를 묘지까지 나르는 제구), 널 틀, (시체 운반용) 들것; 관, 관곽(棺槨-시체를 넣는 속 널과 겉 널), 영정(影幀)이나 초상 운반대, 전리품을 운반하는 들것.

feria, -æ, f. 제일, 축제일, 휴일, 평일, (주간의) 요일.
pl. 휴가(休暇), 방학, 한가(閑暇), 태평세월.
denicáles fériæ. 죽은 사람의 집을 깨끗하게 하는 의식/
fériæ præcidáneæ. 본 축제일 전에 미리 지내는 휴가(휴일)/
profestus dies. 평일(平日).

feria quarta. 수요일(水曜日)

Feria quarta Cinerum.([영] Ash Wednesday. 獨 Aschermittwoch) 재의 수요일.

Feria Quarta Quatuor Temp. Septembris.
사계의 재일 중 추계 수요일.

feria quinta. 목요일(木曜日, dies Jovis).
Reverendissimi ac reverendi patres: placetne vobis proximam futuram sessionem celebrari die iovis, feria quinta post primam dominicam subsequentis quadragesimæ, quæ erit dies tertia mensis martii? [Responderunt: placet] 지극히 존경하올 교부들이여,

다가오는 사순 제1주일 바로 다음 목요일인 3월 3일에
다음 회기를 거행하는 데에 찬성하십니까?
[그들은 대답하였다: 찬성합니다].

Feria quinta in Cœna Domini.(⑭ Feria V in Passione
Domini.⑭ Holy Thursday/Maundy Thursday.
獨 Gründonnerstag). 주님 만찬 성 목요일,
성 목요일, 주님의 만찬 기념일.

feria secúnda. 월요일[죽은 이를 위한 연미사를 봉헌 미사(missa votiva)
로 드리는 특별 신심일. 비오 5세(1566~1572년)의 결정.
백민관 신부 엮음, 백과사전 2, p.789].

feria sexta(⑭ Friday.獨 Freitag) 금요일(金曜日)

Feria sexta in Parasceva.(Feria VI in Passione Domini..
⑭ Good Friday.獨 Karfreitag). 성 금요일(Parasceve, -es, f.).

Feria sexta in Passsione Domini. 주님 수난 성 금요일

Feria sexta in Passsione et Morte Domini.
성 금요일, 주님의 수난과 죽음을 기념하는 금요일.
(1955년 비오 12세의 로마 전례서 개혁 이후, 주의 수난과 죽음을 기념하는
금요일로 명칭이 바뀌었지만 그 이전에는 안식일을 준비하는 날이란 뜻으로
준비의 날이라고 함. 백민관 신부 엮음, 백과사전 2; 3 p.90).

Feria sexta Prima. 첫 금요일(古.첫 첨례 육)

feria tértia. 화요일(火曜日.Martis dies).

Feria V in Cena Domini. 성주간의 다섯 번째 날,
주님 만찬(晩餐)의 주간 다섯 번째 날.

fériæ æstívæ. 여름방학

fériæ belli. 휴전(休戰, laxáta pugna)

feriæ legitimæ. 법정 재개일(초대교회에서 단식일로 정했던
월.수.금요일. 백민관 신부 엮음, 백과사전 2, p.23)

feriæ majores. 대요일(大曜日)

feriæ minores. 소요일(小曜日.보통 요일)

feriæ præcidaneæ. 본 축제일 전에 미리 지내던 휴가(휴일)

feriális, -e, adj. 평일의, (주간) 요일의; 휴일의.
Preces feriales. 매일 기도.

feriátus, -a, -um, p.p., a.p. (férior) 공휴일의, 축일의;
아무 것도 안하는, 놀고 있는, 한가한; 안온한;
(사용하지) 않는, 유휴(遊休)의. feriati dies. 휴일, 공휴일.

ferícŭlus, -a, -um, adj. 좀 사나운, 야성의, 조야(粗野)한

ferínus, -a, -um, adj. 산(들) 짐승의, 야수의, 맹수의,
야수 같은; 산짐승 가죽으로 만든. f. 산양 짐승고기.
ritu feríno. 들짐승 모양으로.

fério, -íre, tr. 때리다, 치다, 두드리다; (발길로) 차다,
죽이다, 무찌르다; (짐승을) 잡다, 도살하다(בוג.וסב),
(짐승을) 희생물(犧牲物)로 바치다: (계약을) **맺다**,
체결하다(계약 맺을 때 희생물을 잡는 풍습이 있었음),
(금속을 두들겨서 돈을) 찍어내다, 닿다,
감각에 도달하다, 눈을 부시게 하다; 느끼게 하다,
감정을 일으키다, 속여 넘기다, 벌하다.
Ferit æthera clamor. 고함소리가 하늘까지 닿는다/
fœdus ferio. 계약(동맹조약)을 맺다/
hostem mediam ferire sub alvum.
적(敵)을 복부 한가운데를 쳐서 거꾸러뜨리다/
secúri ferio. 도끼로 쳐 죽이다, 참수형에 처하다.

ferio mare. (바다를 쳐서) 노질한다

férĭor, -átus sum, -ári, dep., intr. (féria) 휴식하다,
일을 쉬다(그만두다), 휴일로 지내다, 놀고 있다.

férĭtas, -átis, f. 미개함, 야만성(野蠻性), 야성(野性),
잔인(殘忍-인정이 없고 몹시 모질), 잔학(殘虐),
(지형의) 험난(險難), 황량(荒凉), 조악(粗惡-거칠고 나쁨).

feritas rebellandi. 복복하려는 야심(野心)

ferme, adv. 거의, 약(約.ὡς), 대개, 대략, 보통,
일반적으로, 상식적(常識的)으로, 대부분, 거의 모두.
per annos ferme decem. 대략 10년 동안/
quod ferme évenit. 보통 일어나는 일/
Iam nona ferme diei hora erat, cum dux Romanus
signum dedit. 로마 장군이 공격 신호를 보냈을 때는 이미
낮 아홉시 경이었다.[로마인들은 일출(ab ortu solis)부터 일몰(ad
occasum solis)까지를 12등분하여 열 두(XII) 시간으로 나누었다. 따라서 여름은
같은 시간이 겨울보다 길었다. 밤도 열 두 시간으로 나누었지만, 군대에서는
사경(사경 vigiliae: 야경)으로 나누어 한 야경은 세 시간에 해당하였다.
따라서 '낮 아홉시'(nona diei hora)는 지금의 오후 3시경에 해당한다.
성 열 지음, 고전 라틴어, p.375]/
Saguntum erat civitas sita passus mille ferme a mari.

사군툼은 바다에서 거의 1000보 가량 떨어진 곳에
자리 잡고 있었다.

ferme annis quadraginta. 거의 사십 년 동안.

fermentátĭo, -ónis, f. 발효(醱酵)

Fermentárii(⑭ Prozymites). 유효(有酵) 빵 사용 파(派).
(누룩 있는 빵을 미사 때 사용하는 교파).
Infermentarii(⑭ Azymites). 무효 빵 사용 파[1054년 동방
분리교로 나뉘는 동기가 됨 백민관 신부, 백과사전 1, p.244: 3, p.262).

fermentátus, -a, -um, p.p., a.p.
발효(醱酵)된, 부풀어 연해진, 부드러운.

fermentátus, -a, -um, p.p., a.p.

fermentésco, -ĕre, intr., inch. 발효하다, 부풀기 시작하다.

ferménto, -ávi, -átum, -áre, tr. (효모로 빵을) 부풀리다,
발효시키다, (술을) 괴게 하다, (재미 따위를) 잡처놓다,
(땅에 거름을 주어) 부드러워지게 하다.

ferméntum, -i, n. 효소, 효모, 발효소, 누룩, 누룩성체,
맥주의 일종, 분노(忿怒), 울화(鬱火); 원통한 일.
Modicum fermentum totam massam corrumpit.
(mikra. zu,mh ｏllon to. fu,rama zumoi)(갈라6,5. 9)
(獨 Ein wenig Sauerteig durchsäuert den ganzen Teig)
(⑭ A little yeast leavens the whole batch of dough)
적은 누룩이 온 반죽을 부풀게 합니다(성경 갈라티아 5. 9).

féro, tūli, látum, ferre, tr., anom. 1. **운반하다**, 나르다,
메고(지고.이고.업고.끼고.들고…) 가다(오다.있다),
가져가다(오다), 지니다, 가지다: arma fero. 무기를 잡다/
alci auxílium fero. 누구를 도와주다/ nomen alcjs fero.
누구의 이름을 따 가지다, 같은 이름을 가지다/
fero alqm in óculis. 누구를 대단히 사랑하다/ ventrem
(partum, útero) fero. 임신 중이다, 임신하고 있다.
2. 처들다, 들어 올리다, 오르게 하다; 치켜 올리다,
찬양하다. Flamma ad cælum fertur. 화염이 하늘까지
치솟는다/ láudibus in cælum alqm fero. 아무를 하늘
까지 치켜세우다. 3. 옮기다, 움직여 가져가다: manus
fero. 두 손을 …로 가져가다/ fero manum. 손을 내밀다/
fero pedem. 가다(오다), 발걸음을 옮기다/ signa fero.
(군기를 즉) 진영을 옮기다/ fero se. 가다.
pass., refl. **ferri**. 가다, 다니다; 빨리 움직이다, 돌진
하다; 흐르다. 4. 데려가다, 이끌고 가다, 이르게 하다;
(발.길.바람 따위가 어디로 향해) 가다: via in Pérsidem
ferens. Pérsia로 가는 길. 5. (pass., abl.) ferri (감정
따위에) **사로잡히다**, 노예가 되다, 탐닉하다, (방종에)
흐르다, 이끌리다, (생각.정신 따위가) 쏠리다: ódio
fero in alqm. 누구를 몹시 미워하다. 6. **가져가 버리다**,
뺏어(휩쓸어) 가다, (물건을) 약탈하다: Omnĭa fert ætas.
시대는 모든 것을 가져가 버린다. 7. (신에게) 바치다:
sacra fero. 제사 지내다. 8. **내다**, **산출하다**: (꽃을) 피우다,
(열매를) 맺다. 9. 얻다, 획득하다, 손에 넣다, 받아
가지다: fero victóriam ex alqo. 누구에게 승리하다/
A pópulo repúlsam fero. 국민 투표에서 낙선되다.
10. **끼치다**, 일으키다, 자아내다; 주다: alci fero dolórem.
고통을 끼치다. 11. **드러내다**, 나타내다, 보이다; 공표
하다, 공개하다: lætítĭam vultu fero. 기쁨을 얼굴에
드러내다/ præ se fero. 드러내다, 내세우다. 12. **참다**,
받다, **당하다**, 겪다, 고생하다, 견디어내다, 감수하다,
받아들이다, 용납하다: contuméliam fero. 모욕을 당하다/
alqd fero ánimo æquo. 불평 없이 참다/ ægre(moléste,
indígne, gráviter, acérbe) fero. 싫어.억지로.어렵게,
고통스럽게) 참다, 분하게(귀찮게.언짢게.못마땅하게)
원통하게 여기다/ si quis ægre ferat, se páuperem esse.
자기의 가난함을 몹시 괴로워한다면. 13. **말하다**, 이야기
하다, 전하다, (소문 따위를) 퍼뜨리다; 소문이 나다:
si vera feram. 내가 진실을 말한다면/ Fama tulit.
acc. c. inf. …하였다는 소문이 있었다: ferunt(사람들이)
…라고들 말한다/ fertur, ferúntur …다고(라고) 한다,
…말이 있다, …라고 전해 내려온다/ Dixísse fertur símius
senténtiam. 원숭이가 의견을 말했다고 한다. 14. **ferri**
사람들의 입에 오르내리다, (책.글 따위가) 많이 퍼지다.
15. 떠들어대다, 뽐내다, 자랑하다: Fers te nullius

egentem. 너는 아무 것도 부족한 것이 없노라고 떠들어대고 있다. 16. (法) fero suffrágium. 선거하다, 투표하다: fero senténtiam. 가결하다, 판결(선고)하다/ fero legem. 법률안을 (심의.의결하도록) 제출하다; 법을 제정하다/ fero ad pópulum. 안건을 국민 앞에 제출하다/ *alqm* fero júdicem. 아무를 재판관으로 선정하다.
17. (사정.형편.뜻 따위가) 요구하다, 요청하다, 필요로 하다: ut res feret, 앞으로의 형편대로/ natúra fert, ut …. 일의 성질상 …하게 마련이다. 18. 장부에 기입하다(올리다): *alci* expénsum fero 지출(支出)을 누구 앞으로 장부에 올리다.

(라틴-한글사전. p.335).

Ames parentem, si æquus est: si aliter, feras.
부모가 공정하면 그를 사랑하라. 그렇지 않더라도 참아라/
Deum Mercurium omnium inventorem artium ferunt.
메르쿠리우스(헤르메스) 신이 모든 기술의 발명자라고들 한다(ferunt Mercurium (esse) inventorem… 대격부정법문)/
Elephanti onera, quæ equi ferre non possunt, ferunt.
코끼리들은 말이 나를 수 없는 짐들을 나른다/
Ferunt Homerum cæcum fuisse.
(=Traditur Homerus fuisse cæcus)
호메로스는 장님이었다고 전해진다('…라고 전한다'. '…라고 보인다' 등의 지각동사와 설화동사가 수동태로 나올 때에 그 주어 역할을 하는 부정법문은 주격 부정법문이 된다. 이 경우에는 주문의 주어와 속문, 즉 부정법문의 주어가 달라도 된다. 성 염 지음, 고전 라틴어, p.244]/
Ferre in majus incertas res fama solet(Livius).
소문은 확실치도 않은 일을 크게 확대하는 것이 예사다/
ferre jugum páriter. 고생을 같이하다/
Ferunt Homerum cæcum fuisse.
호메로스는 장님이었다고 전해 온다/
Hæc quoque, Naso, feres : etenim pejora tulisti.
나소여, 그대는 이것도 참아내야겠다. 그대는 (그보다) 더 나쁜 일도 참아냈으니까.(성 염 지음. 고전 라틴어, p.283)/
Hæc via fert ad litus. 이 길은 해변으로 나 있다/
Ratem unam ducentos longam pedes, quinquaginta latam a terra in amnem porrexerunt. 그들은 길이 200보에 넓이 50보의 뗏목을 땅에서 강에 펼쳐놓았다/
Magnum fers onus, o senex.
노인장, 큰 짐을 지고 가시는군요!/
Minerva, ut fertur, fuit belli inventrix(Fero 동사 수동태).
전하는 바에 의하면(ut fertur), 미네르바는 전쟁의 발명자였다/
Multa tulit et fecit. 그는 하고 많은 일을 당했다 또한 행했다/
Nemo potest personam die ferre(Seneca).
아무도 두고두고 가면을 쓰지는 못하다/
Puer dolorem ferre non potuit. 아이는 고통을 견딜 수 없었다/
Quæ mutare non potestis, æquo animo ferte!
그대가 변화시킬 수 없는 것들이면 고요한 마음으로 견대내라!/
Quod fortuna fert, fer! 운명이 가져다주는 그것을 짊어져라!/
Quod temporales miseriæ Christi exemplo æquanimiter sunt ferendæ.
그리스도의 표양을 따라 현세의 곤궁을 즐겨 참음.

		미완료시제			완료 시제		
		현재	미완료	미래	단순과거	과거완료	미래완료
sg.	1	fero	ferebam	feram	tuli	tuleram	tulero
	2	fers	ferebas	feres	tulisti	tuleras	tuleris
	3	fert	ferebat	feret	tulit	tulerat	tulerit
pl.	1	ferimus	ferebamus	feremus	tulimus	tuleramus	tulerimus
	2	feritis	ferebatis	feretis	tulistis	tuleratis	tuleritis
	3	ferunt	ferebant	ferent	tulerunt	tulerant	tulerint

명령법 fer!, ferte! 가져가라, 가져오라
부정사 fere(현재), tulisse(과거).

(한동일 지음, 카르페 라틴어 2권, pp.118-119)

직설법 현재					
		능동형		수동형	
1		fero	férimus	feror	férimur
2	sg.	fers	pl. fertis	sg. ferris	pl. ferímini
3		fert	ferunt	fertur	ferúntur

접속법 미완료					
		능동형		수동형	
1		ferrem	ferrémus	ferrer	ferrémur
2	sg.	ferres	pl. ferrétis	sg. ferréris	pl. ferrémini
3		ferret	ferrent	ferrétur	ferréntur

명 령 법					
		현재		미래	
2	sg.	fer	pl. ferte	sg. ferto	pl. fertóte
3		-	-	ferto	ferúnto

• 직설법 미완료와 접속법 현재에서는 규칙대로의 활용을 한다 따라서 다음과 같은 경우에는 특히 주의해야 한다
e.g. feres   (능동형 직설법 미래 s.2)
ferres (능동법 접속법 미완료 s.2)
feréris (수동형 직설법 미래 s.2)
ferréris (수동형 접속법 미완료 s.2)

*ferre의 합성동사들도 모두 ferre와 같이 활용한다.
antéfero, antétuli, anteférre. tr.
(álqd alci rei) 무엇보다 낫게 여기다. 더 중히 여기다/
circúmfero, circúmtuli, circumlátum, circumférre. tr.
두루 가지고 다니다. 전파하다/
confero, contuli, collatum, conferre. tr. 기여하다, 참조하다, 비교하다/
défero, détuli, delátum, deférre. tr. 내려놓다, 가져가 버리다, 이끌어가다.
differo, distuli, dilatum, differre. tr. 미루다, 연기하다
differo, … … differre 다르다, 구별되다
effero, extuli, elatum, efferre. tr. 가지고 나가다, 끌어내다
infero, intuli, illatum, inferre tr. 가지고 들어오다, 끌어들이다, 끼치다
offero, obtuli, oblatum, offerre 바치다, 봉헌하다, 드리다
pérfero, pértuli, perlátum, præférre. tr.
목표에까지 가져가다. 견디어 내다
præfero, prætuli, prælátum, præférre. tr. (álqd alci rei) 낫게 여기다
prófero, prótuli, prolátum, proférre. tr. 내놓다, 끄집어내다.
réfero, réttuli, relátum, reférre. tr.
도로 가져오다. 갚다: 보고하다, 말하다, 전하다.
suffero, sustuli, sublatum, sufferre 지탱하다, 견디다, 참다
tránsfero, tránstuli, translátum, transférre. tr.
운송하다, 이동하다, 번역하다.

(한동일 지음, 카르페 라틴어 2권, pp.118-120)

ferócĭa, -æ, f. 사나움, 거셈, 우락부락함, 난폭(亂暴)용기(勇氣.ἀνδρεία.⑨ Fortitude), 용감(勇敢), 과감(過感), 대담(大膽-용감하고 담력이 큼); 기대(期待)기백(氣魄-씩씩한 기상과 늘품이 있는 정신), (포도주의) 신맛.
acetum acre. 톡 쏘는 신맛.
ferócĭo, -ívi(ĭi), -íre. intr. 사납다, 거칠다, 난폭(亂暴)하다
ferócĭtas, -átis, f. 사나움, 야성(野性), 난폭성(亂暴性), 잔혹성(殘酷性), 오만불손(傲慢不遜), 용기(勇氣), 용맹(勇猛), 용감(勇敢), 꿋꿋함, 대담(大膽).
ferócŭlus, -a, -um, adj. 약간 난폭한, 좀 사나운
Ferónĭa, -æ, f. 고대 *Itália*의 해방된 노예들의 수호여신
fĕrox, -ócis, adj. 격렬한, 과격한, 대담한, 과감한, 사나운, 난폭한, 가혹한, 잔인한, 거만한, 오만불손한.
Tam ferox hostium impetus erat ut muri pæne jam capti essent. 적병들의 공격은, 성벽이 거의 다 점령될 뻔했을 정도로 격렬했다.
ferramentárĭus, -i, m. 대장장이, 철공(鐵工)
ferraméntum, -i, n. (주로 pl.) 철기구류(鐵器具類), 쇠로 만든 도구(연장.工具), 농사도구; 이발 기구; 철제무기.
ferraménta dupícia, quam númerus servórum éxigit. 노예들의 명수에 비해 2배나 되는 농기구(quam² 참조)/
Quodammodo ferramentum Dei est quo saneris, ipse inimicus tuus. 그대의 원수는 하느님의 수술 도구와 같아, 그로 인해 그대가 치유될 것입니다.(요한 서간 강해. p.375).
ferramentum, -i, n. 농사 도구(農事道具)
Ferraria, -æ, f. 페라라[이탈리아 북부 에밀리아로마냐 지방 페라라 주의 주도. 볼로냐 북동쪽이며 포 강의 지류인 포디볼라노 강 연안에 있다. 고대에 포를 알리에나(외국인 광장)가 있었던 곳으로 페라라라는 이름도 거기서 유래했다. 문헌에 처음 등장한 것은 롬바르드족이 라벤나의 총주교 대리한테서 페라라를 빼앗은 753년이며, 그 이전의 문헌에는 기록이 없다.]

Ferrariensis, -e, adj. 페라라의.
  Consilium Ferrariense. 페라라 공의회(1437.9.28).
ferrárĭus, -a, -um, adj. 쇠의, 철에 관한.
  m. 대장장이, 철공. f. 철광산.
ferrátĭlis, -e, adj. 쇠붙이가 붙어 있는, 사슬에 묶인
ferrátus, -a, -um, adj. 쇠고 씌운, 쇠를 붙인,
  쇠테를 두른, 철재 장비의, 쇠사슬에 묶인.
  m., pl. 장갑병(裝甲兵), 철갑을 입은 군인.
férrĕus, -a, -um, adj. 쇠의, 철제의, 인정 없는, 딱딱한,
  무자비(無慈悲)한, 냉혹한, 무감각(無感覺)한,
  철면피(鐵面皮)의, 무거운(ㄲㄲ), 건장한, 강한, 힘센.
ferreus imber. 비 오는 듯한 창(槍)
ferreus somnus. 깊은 잠(somnus altus).
ferricrepĭnus, -a, -um, adj. (ferrum+crepo)
  족쇄(足鎖 -지난날, 죄인의 발목에 채우던 쇠사슬) 소리 나는.
ferrifodína, -æ, f. (ferrum+fodína) 철광(鐵鑛)
ferritérĭum, -i, n. (ferrum+tero)
  족쇄 찬 노예(奴隸)들이 일하는 곳.
ferrítĕrus, -a, -um, (=**ferrítrĭbax, -ácis**) adj.
  (ferrum+tero) (발목을) 쇠사슬로 묶은, 족쇄 찬.
ferróvĭa, -æ, f. 철도(鐵道)
ferrugínĕus, -a, -um, adj. 녹슨 쇠 빛의, 암갈색의;
  거무스름한, 쇠 비린내 나는, 철분이 함유된.
ferrúgo, -gĭnis, f. (ferrum, cf. ærúgo) 쇠의 녹,
  암갈색, 짙은 밤색; 짙은 갈색의 물건,
  시기(猜忌).⑨ Envy -생겨서 미워함),
  질투(嫉妬).⑨ envy/Jealousy).
ferrum, -i, n. **쇠(鐵), 철(鐵),** 철제기구: 보습, 도끼, 낫;
  머리 가위, 인두(재래식 바느질 도구의 한 가지. 불에 달구어 솔기를
  꺾어 누르거나 구김살을 눌러 펴는 데 쓰임); **철필(鐵筆);** 쇠사슬,
  쇠바퀴 테; 사냥 작살; 수술기구: 무기, 화살촉, 칼,
  검(劍), 단도(短刀), 전쟁(戰爭), 전투(戰鬪), 무력(武力),
  무정(無情), 비정(非情), 냉혹(冷酷), 잔인(殘忍),
  (금.은.동.철의 네 시대로 나누었던) 철 시대, 타락시대,
  acies mera. 강철(鋼鐵)/
  demitto ferrum júgulo. 멱에다 칼을 꽂다/
  duco ferrum vagínā. 칼을 칼집에서 뽑다/
  ferro ignĭque. 무기와 화염으로,
  (현 관용구 숙어에만이 ignis의 단어 탈격은 igni가 된다)
  ferrum redúctum. (化) 환원철(還元鐵)/
  Ignis probat ferrum, et tentátĭo hominem justum.
  불은 쇠(鐵)를 증명해 주고 시련은 의인을 증명해 준다.
  (준주성범 제1권 13장 5)/
  Imitor ferrum sudibus. 막대기로 쇠(무기)를 대체하다/
  Inutile ferrum cingitur. 그는 쓸데없는 무기를 몸에 지닌다/
  jácula præfíxa ferro. 쇠 칼날을 붙인 투창/
  magnes raptor ferri. 쇠를 끌어당기는 자석/
  Maior est machæra linguæ quam ferri.
  '혀 칼'이 '쇠 칼'보다 더 날카로운 법입니다.
  (최익철 신부 옮김. 요한 서간 강해. p.463)/
  Nulla est tanta vis, quæ non ferro frangi possit.
  쇠로 무찌를 수 없을 만큼 센 힘은 없다/
  recíngi ferrum. 찼던 검을 내려놓다/
  Récipe ferrum. 칼 받아라!(쓰러져 시합중지 처분을 간청하는
  검투사에게 이를 허용하지 않던 관중의 고함소리)/
  transádĭno ferro *alqm.* 아무를 창으로 찌르다/
  Vita humana prope uti ferrum est. Si exerceas,
  conteritur ; si non exerceas, tamen rubigo interficit.
  Itidem homines exercendo videmus conteri. Inertia atque
  torpedo plus detrimenti facit, quam exercitatio.(Cato)
  인생은 쇠와 흡사하다. 그것을 쓰면 닳아지고 쓰지
  않으면 녹이 슨다. 우리가 보기에도 사람은 활동하면서
  소진한다. 그렇지만 타성과 나태는 활동보다 더 큰 해를
  끼친다.[성 염 지음. 고전 라틴어, p.356].
ferrum conduro 강철(鋼鐵)을 만들다
ferrum contactum sanguine. 피 묻은 무기
ferrum demíssum in aquâ. 물에 잠근 쇠.
Ferrum, dum in igne candet, cudendum est.(Publilius Syrus)
  쇠는 불에 달구어졌을 때에 두들겨야 한다.

Ferrum est minus pulchrum quam utile.
  쇠는 유익한데 비해서 아름다움은 덜하다.
Ferrum et æs seræ tuæ, sicut dies tui robur
tuum. (si,dhroj kai. calko.j to. u`po,dhma auvtou/ e;stai kai. w`j ai`
  h`me,rai sou h` ivscu,j sou) (獨 Von Eisen und Erz sei der
  Riegel deiner Tore; dein Alter sei wie deine Jugend!)
  (⑨ May your bolts be of iron and bronze; may your
  strength endure through all your days!) 너의 빗장은 쇠와
  구리 너는 한평생 평안하리라(성경 신명 33. 25)/
  쇠 빗장, 놋 빗장으로 문을 잠그고 길이길이 태평성대를
  누리어라(공동번역 신명 33. 25).
Ferrum ferro acuitur et homo exacuit faciem amici sui.
  쇠는 쇠로 다듬어지고 사람은 친구의 얼굴을 다듬는다.
ferrum lácticum. (化) 유산철(乳酸鐵 -젖산 철)
ferrum pulverátum. 쇳가루, 철분(鐵粉)
ferrum redúctum. (化) 환원철(還元鐵)
ferrum rubens igne. 불에 벌겋게 단 쇠
ferrum sesquichlorátum. 염화 제2철
ferrum sulfúricum. 유산철(硫酸鐵)
ferrúmen, -mĭnis, n.
  땜납; 접합제(接合劑), 시멘트(⑨ cement), 쇠의 녹.
ferruminátĭo, -ónis, f. 용접(鎔接)
ferrúmino, -ávi, -átum, -áre, tr. 땜질하다, 때우다, 용접하다.
Fers te nullius egentem.(fero 참조)
  너는 아무 것도 부족한 것이 없노라고 떠들어대고 있다.
fértĭlis, -e, adj. (fero) 비옥한, 풍요한; 산출하는,
  다산의, 열매 많이 맺는 (풍요.풍요)하게 하는.
  fertilis et apte composita ecclesialis communio.
  유익하고 질서 정연한 교회적 친교.
fertílĭtas, -átis, f. 비옥(肥沃-땅이 걸고 기름짐).
  풍요(豊饒.⑨ Fecundity), 풍부(豊富), 다산성,
  Venitque fertilitas septem annorum, et segetes
  congregavit in horrea ægypti. (kai. evpoi,hsen h` gh/ evn
  toi/j e`pta. e;tesin th/j euvqhni,aj dra,gmata) (獨 Und das Land
  trug in den sieben reichen Jahren die Fülle) (⑨ During
  the seven years of plenty, when the land produced
  abundant crops) 대풍(大豊)이 든 일곱 해 동안 그 땅은
  풍성한 곡식을 내었다(성경 창세 41. 47)/칠 년 동안 풍년이
  들어 땅에서는 많은 소출이 났다(공동번역 창세 41. 47).
fertilizátĭo* -ónis, f. 임신(妊娠.⑨ Conception).
fertor, -óris, m. (fero) 운반자, **fertum** 빵을 제헌하는 자
fertum(=**ferctum**) -i, n. (fero, fá)
  기름과 꿀을 섞어서 만든 제사용 과자.떡.
fertúra, -æ, f. 제물(祭物), 제사(祭祀)
férŭla, -æ, f.
  (植) 큰 회향 풀, 인도산 야생 갈대, 막대기, 회초리.
  Contra retiárium férulā.(속담.바늘로 몽둥이 막는다).
  회초리로 투망 검투사와 대항하다/
  ferulæ tristes sceptra pædagogorum.
  선생님들의 서러운 회초리며 막대기(신국론. p.2484).
Ferula galbaniflua. 풍자향(출애 30.34 : 집회 24,15)
ferulácĕus, -a, -um, adj.
  큰 회향 풀의, 야생갈대의, 막대기의.
ferulágo, -gĭnis, f. (植) 작은 회향 풀, 회초리, 작은 막대기
férus, -a, -um, adj. **야생의; 사나운,** 길들지 않은,
  (동물.초목 따위가) 들에서 자란, 황무지의, 황량한,
  (토지가) 경작되지 않은, 미개한, 야만의, 교양 없는,
  우악스러운, 야성적인; 난폭한, 잔학(殘虐)한, 잔인한,
  용감한, 대담(大膽)한, 확고한.
  f. (sc. béstia) 맹수(猛獸), 야수(野獸).
  m. (남성명사로 표시되는 맹수.야생동물) 사자, 멧돼지,
  야생마, 사슴.
  ferárum rex. 맹수들의 왕(사자)
  Neque longius absumus a natura ferárum.
  우리는 야수들의 성품(性稟)과 별로 다를 바 없다.
fervefácĭo, -féci -factum -ĕre, tr. (férveo+fácio)
  덥히다, 뜨겁게 하다, 끓이다(삶다).
fervens, -éntis, p.prœs., a.p. 끓는, 뜨거운, 열렬한;

473

F

격앙된, 흥분(興奮)한, 격분(激憤)한; 저돌적(猪突的).

férvĕo, férbŭi, -ére, (fervo, -vi -ére,) intr. 끓다,
비등(沸騰)하다, 뜨거워지다, 우굴(득실)거리다.
뒤끓다, 들끓다, 열렬해지다, 격앙(激昂)하다, 흥분하다,
북받치다, 격분하다, 치열해지다, 가열(加熱)되다.
De ferventi emendatione totius vitæ.
우리의 온 생활을 열심히 개선할 것/
fervente aqua. 물이 끓고 있을 때에/
ferventi aqua. 끓는 물로/
Fervet olla, vivit amicitia. 뚝배기가 끓으면 우정이 살아난다.

fervésco, -ĕre, intr., inch. 끓기 시작하다, 뜨거워지다

fervi, "fervo"의 단순과거(pf.=perfectum)

férvĭdus, -a, -um, adj. 뜨거운, 끓는, 불타는,
열렬(熱烈)한, 맹렬(猛烈)한, 격앙(激昂)된,
북받치는, 흥분(興奮)한, 격분(激憤)한, 눈부신, 밝은,
Homo fervidus et diligens, ad omnia est paratus.
열심하고 부지런한 사람은 모든 일을 행할 마음이
있다(준주성범 제1권 25장 11).

fervo, -vi -ĕre, (**férvĕo**, férbŭi, -ére,) intr.

fervor, -óris, m. 끓음, 비등(沸騰-물 끓듯 세차게 일어남)
뜨거움, 염열(炎熱-심한 더위. 염서炎暑), 열화(熱火),
열성(熱誠-일정에 찬성의), 열심(熱心), 정열(情熱).

fervor cáritátis. 애덕의 열정(愛德 熱情)

fervúncŭlus(=fŭrúncŭlus) -i, m. (醫) 종기(腫氣-부스럼)

Fessónĭa, -æ, f. 지친 여행자의 보호 여신(女神)

féssŭlus, -a, -um, adj. 좀 피곤해진, 지친

fessus, -a, -um, adj. 지쳐버린, 피로(疲困)해진,
녹초가 된, 노쇠한, 쇠약(衰弱)해진, 쇠진한, 기진맥진한.
bello fessi. 전쟁에 지친 사람들 / fessa ætas. 노년기/
fessi utpote longum carpéntes iter.
기나긴 여행을 해서 지친.

fessus belli viæque. 전쟁과 강행군으로 지쳐버린

Festa Beatæ Máriæ Virginis.
마리아 축일(⑨ Márian Feasts).

Festa Beatæ Máriæ Virginis. 성모축일

festa immobilia. 고정 축일

festina, 원형 festíno, -ávi, -átum, -áre, tr., intr.
[명령법. 단수 2인칭 festina, 복수 2인칭 festinate].
Domine, ad adjuvandum me festina.
주님 어서 와 오사 저를 도우소서.[N.B. 전치사 ad와 함께 쓴
동명사 또는 수동형 당위분사의 대격은 목적부사어로 "하기 위하여"라는
뜻이 된다. 황치헌 신부 지음, 미사 통상문을 위한 라틴어, p.543].

Festina ad me venire cito.
그대는 빨리 내게로 오도록 서두르시오.

Fastina lente! 천천히 서둘라!(급할수록 돌아가라)

festinabúndus, -a, -um, adj. 급한, 바삐 서두르는

festínans, -ántis, p.prœs., a.p 급히 서두르는.
adv. festinanter, 바삐, (황)급히, 서둘러, 허겁지겁.

festinate, 원형 festíno -ávi, -átum, -áre, tr., intr.
[명령법. 단수 2인칭 festina, 복수 2인칭 festinate].

Festinate egredi. 서둘러 떠나시오.(성경 2사무 15. 14).

festinatim(=festinate=festinato) adv. 바삐, 서둘러, 황급히

festinátĭo, -ónis, f. 서두름, 급히 함; 급속(急速),
황급(遑急), 졸속(拙速-'지나치게 서둘러 함으로써 그 결과나
성과가 바람직하지 못함'을 이르는 말.)

festíno, -ávi, -átum, -áre, tr., intr. **서두르다**(דד),
급히 하다, 바삐 가다(오다); 바빠하다, 바삐 굴다;
(동작을) 재촉하다, 부지런히 하다.
Cum naves parat sint, ad insulam festinemus!
배들이 마련되었으니 섬으로 서둘러 가자!/
Festína lenter. 천천히 서둘러라, 차근차근히 빨리 해라(격인)/
Festino fugam. 급히 도망가다/
Finem impónere festíno. 나는 빨리 끝장내려고 한다.

Festino fugam. 급히 도망가다

festinus, -a, -um, adj. 급히(바삐) 하는, 서두르는; 바쁜, 급한.

festive(=festivĭter) adv.
즐겁게, 축제 기분으로, 기분 좋게, 멋있게, 재치 있게.

festivior, -or -us, adj. festivus의 비교급

festivissimus, -a, -um, adj. festivus의 최상급

festívĭtas, -átis, f. 축제 기분, 즐거움(⑨ Pleasure),
명랑(明朗); 흥겨움, 떠들썩함, 우아(優雅), 세련미,
멋(태도나 차림새 등에서 풍기는 세련된 기품), 귀염성, 재담(才談),
재치(눈치 빠르고 재빠르게 응하는 재주), 재치 있는 말,
축일(⑨ Feast day, duplex maius. 대축일)
축제(祝祭.זה.היгח.⑨ Feast day). 경사(慶事)

festivitas paschális. 빠스카 축제(→빠스카 축제)

Festivitas sanctæ Máriæ. 성모 마리아 축일

festívus, -a, -um, adj. 축제의, (경)축일의, 경사로운,
축제 기분의, 흥겨운, 즐거운, 기쁜, 명랑한, 귀여운,
예쁜, 우아한, 멋있는, 세련된, 재치 있는.
n. 축일(祝日), adv. **festive**(=festivĭter).
homo festivus. 축제인(祝祭人).

festua immobilia. 고정축일(festum immobile)

festúca¹ -æ, f. 지푸라기(짚의 오라기나 부스러기. 초개草芥),
검불(마른풀이나 낙엽.지푸라기 따위), 티,
짚(벼.밀.조.보리 따위의 이삭을 떨어낸 줄기), (초본의) 줄기.대.
노예를 자유인으로 석방시킬 때 살짝 때리던 막대기.

festúca² -æ, f. 말뚝(무엇을 치거나 박을 때 쓰는 나무나 쇠로 만든 방망이),
크고 무거운 방망이, 망치, 달구(집터 따위를 다지는 데 쓰는 기구).

Festuca et Trabs. 티끌과 대들보..
Quid autem vides festucam in oculo fratris tui, et
trabem in oculo tuo non vides? (ti, de. ble,peij to. ka,rfoj
to. evn tw/| ovfqalmw/| tou/ avdelfou/ sou(th.n de. evn tw/| sw/|
ovfqalmw/| doko.n ouv katanoei/j) (⑨ Why do you notice the
splinter in your brother's eye, but do not perceive the
wooden beam in your own eye?) 너는 어찌하여 형제
의 눈 속에 있는 티를 보면서, 네 눈 속에 있는 들보는
깨닫지 못하느냐?(성경 마태 7. 3)/어찌하여 너는 형제의 눈
속에 있는 티는 보면서 제 눈 속에 들어 있는 들보는
깨닫지 못하느냐?(공동번역 마태 7. 3).

festúco = **fistúco** 달구질하다, 땅을 고르다

festum, -i, n. 축일(⑨ Feast day), 경축일(慶祝日),
대례(大禮), 대축일(大祝日.⑨ Solemnity),
축제(祝祭.זה.היгм.⑨ Feast.獨 Fest.프 fêtes),
Festa B. Mariæ V.(⑨ Feasts of Our Lady) 마리아 축일/
Festa Domini(⑨ Feasts of Our Lord) 주님의 날/
Festa Ecclesiæ. 교회 축일(古.첨례瞻禮)/
Festa Mariæ(⑨ Feasts of Mary) 마리아 축일/
Festa Sanctorum(⑨ Feasts of Saints) 성인 축일/
In festo Annuntiátiónis beatæ Mariæ Virginis.
복되신 동정 마리아 예고축일/
instituo diem festum. 축일을 제정하다.

Festum Angeli.(⑨ Feast of the Angels.獨 Engelfeste)
천사축일(天使祝日)

Festum Apostoli.(⑨ Feast of Apostles.獨 Apostelfeste)
사도축일(使徒祝日)

Festum asinorum. 당나귀 축제(중세기에 '바보들의 축제'를 가리키는
말. 이 축제는 할손례 축일(인 1월1일 또는 주님의 이집트 피난 축일인 1월 6일
예수 공현 축일 8부세에 지냈다…. 백민관 신부 엮음. 백과사전 1. p.206)

Festum B. Mariæ V. de Mercede.
입속노회(立贖盧會)의 성모 마리아 축일(1969년 폐기).

Festum B. Mariæ V. Perdolentis. 성모 칠고 축일.
[Septem Dolores B. Mariæ V.을 1969년 Festum B. Mariæ V. Perdolentis로
개칭. 성모 마리아의 고통, 성모 통고(痛苦) 첨례(瞻禮). 고난주일/성지주일 전
주일 후 금요일. 구세주 예수의 고난을 함께 한 성모의 고통 일곱 가지를
기념하는 축일. 백민관 신부 엮음. 백과사전 2, p.641].

Festum Baptismátis Domini.(⑨ Baptism of the Lord
feast.獨 Taufe des Herrn Fest) 주님 세례 축일.

Festum Beatæ Máriæ Virginis a Rosário.
로사리오의 성모축일(묵주기도의 성모 축일).

Festum comitatum.(⑨ Feast accompanied.
獨 Begleitfest) 동반 축제.

festum de præcepto(⑨ Holy days of obligátĭon).
의무축일(1년 중 중요한 축일에 성직자와 평신도 모두 미사 참례와 파공
(罷工)을 지켜야 하는 축일. 백민관 신부 엮음. 백과사전 2. p.18).

Festum dedicátĭonis Ecclesiæ.(⑨ Feast of Dedication.
獨 Kirchweihfest) 성당 축성(봉헌) 축일.

festum duplex. 祝日(⑨ Feast day)/dies festus.

festum duplex majus. (1968 이전 전례의) 상급 복송 축일

festum duplex minus. (1968 이전 전례의) 하급 복송 축일
festum duplex primæ(secudæ) classis. 1급(2급) 복송 축일
festum fori(@ Feasts of Obligation) 의무 축일
festum fori de præcepto. 의무적 축일(祝日)
Festum gratias agendi.(@ Thanksgiving.獨 Erntedank)
　추수 감사.
Festum ideale(@ Feast of Idea.獨 Ideenfeste) 이념 축일
Festum immobile. 불변축일, 고정축일
Festum in Baptismate Domini(@ Baptism of the Lord
　feast). 주님 세례 축일.
Festum in Conversione S. Pauli Apostoli*
　성 바오로 사도의 개종 축일.
Festum in Exaltatióne Sanctæ Curcis.
　성 십자가 현양 축일.
Festum in Nativitate Beatæ Máriæ Virginis*
　복되신 동정 마리아 탄신 축일(誕辰祝日).
Festum in præsentatióne B.M.V. 성모 자헌 축일
Festum in præsentatióne Domini. 주님 봉헌 축일
　(축일 2월 2일.@ Feast of Presentátion of the Lord).
Festum in Transfigrátióne Domini.(@ Fest of
Transfigurátíon of Our Lord) 예수의 거룩한 변모 축일.
Festum liturgicum.(@ Liturgical Feast.
　獨 Feier liturgische) 전례적 축제.
Festum mobile. 이동축일(celebrátío mobilis), 가변축일
Festum Nativitátis Máriæ(@ Feast of Birth of Mary).
　성모 성탄 축일.
Festum Nativitátis Domini Nostri Jesu Christi.
　(@ Chrismas.프 Noël) 성탄 축일.
festum nominis baptismális.(@ feast of baptismal name
　.獨 Namensgebung/Namenstag).
　영명축일(festum nominis/festum nominis baptismalis/
　nomen báptismátis).
Festum omnium Sanctorum(@ All Saints' Day)
　모든 성인의 날(古.제성 첨례).
Festum primarium. 제1차 축일
Festum purificátionis B. Máriæ Virginis.
　성모 정결례(淨潔禮) 축일("주의 봉헌 축일"의 옛 말).
Festum Reginæ B. Mariæ V. 성모 마리아 여왕 축일
Festum Resurrectionis. 부활 축일(@ Easter Sunday)
Festum Sanctissimi Cordis Jesu. 예수 성심 축일
Festum Sanctissimi Nominis B. Mariæ V.
　성모 마리아 성명 축일(1969년 전례 개혁 때 폐기).
Festum Sanctissimi Nominis Jesu. 예수 성명 축일
Festum Sanctissimæ Trinitatis. 삼위일체 축일. 성삼일
Festum Sanctæ Familiæ Iesu Máriæ et Josephi.
　(@ Feast of the Holy Family.Holy Family.
　獨 Familie/Fest der Heiligen.)
　성가정 축일, 예수 마리아 요셉의 성가정 축일.
Festum secundæ classis. 2급 대축일
Festum secundarium. 제2차 축일
Festum semiduplex. 반복송(半復誦) 축일
Festum Septem Gaudiorum B. Mariæ V.
　(@ Seven Joys of the Blessed Virgin Mary)
　성모 마리아 칠락(七樂) 축일(8월 27일).
festum simplex. 단순 축일, 단송(單誦) 축일
Festum Ss. Angelorum custodum.
　수호천사 기념일(守護天使 記念日).
Festum Ss. Apostolorum Petri et Pauli.
　성 베드로 바오로 사도 축일(두 사도가 로마에서 순교한 날을 기념
　하는 축일. 옛날에는 로마의 성 베드로 대성당과 성 바오로 대성당에서 미사가
　따로 봉헌됐는데, 두 성당 사이의 거리가 멀어서 6월 29일 공식적으로 성
　베드로 축일로, 6월 30일을 성 바오로 축일로 했다. 지금은 6월 29일을 두 사도의
　공동 축일로 지낸다. 백민관 신부 엮음. 백과사전 2, p.25).
Festum Ss. Corporis Christi.(獨 Fronleichnam)
　지극히 거룩한 그리스도의 성체 축일(Corpus Christi).
Festum Ss. Innocentium Martyrum(@ Holy Innocents
　Martyrs.獨 Unschuldige Kinder Fest).
　무죄한 어린이들의 순교축일(12월 28일).
Festum Suppressum(@ suppressed Feast) 폐기 축일

Festum Titularis.(@ Feast of Titular.獨 Titularfest)
　명의 축제.
Festum Valentini. 발렌타인 축일(@ Valentine Day. 2월14일).
festus, -a, -um, adj. 축일의, 축제의, 경축의, 경사로운,
　장엄한; 공휴일(公休日)의, 즐거운, 기쁜, 유쾌한,
　dies festus. 祝日(@ Feast day). 축제일.
fet… (이하에 없는 것은) V. foet…
fetália, -íum, n., pl. 양 새끼의 출생을 기리는 축제, 탄생일
fetális, -is, m. (고대 Roma에서 국민의 대표로 전쟁의
　타당성 여부를 검토한 다음) 선전포고.강화(講和)를
　결정.지시하던 제관, pl. (20명으로 구성된) 제관단.
　adj. fetális, -e, (선전포고.평화조약을 관할하는) 제관단.
fétifer, -ĕra, -ĕrum, adj. (fetus¹+fero)
　비옥(肥沃)하게 하는, 생산력을 증가시키는.
fetífico, -áre, intr. (새가) 알 낳다(까다); (물고기가) 알배다
fetíficus, -a, -um, adj. 비옥하게 하는, 많이 낳게 하는
fetiscísmus, -i, m. 배물교, 주물숭배(@ Fetishism)
　[포르투갈어 feitiço('만든 물건')에서 온 말. 손으로 만든 우상이나 부적(符籍)에
　마력이 있다고 생각해 신봉하는 행위. 마력이 물체 자체의 활력이 아니고
　밖에서 잠입하는 것으로 생각하는 것을 교령술(交靈術)이라 하고, 우상 자체를
　신의 화신으로 생각하는 것을 우상숭배(偶像崇拜)라고 한다.
　　　　　　　　　　　　　　　　　백민관 신부 엮음. 백과사전 2, p.26].
fēto, -áre, (fetus¹) tr. 수태케 하다,
　intr. 알 낳다, 알 까다, 새끼 치다.
fet(u)ósus, -a, -um, adj. (fetus²) 많이 낳는
fetúra, -æ, f. (fetus²) 임신(妊娠.@ Conception),
　임신기간, 생식(生殖), 분만(分娩),
　동물의 새끼; 포도의 새싹, 출판되는 책.
fetus¹ -a, -um, adj. 새끼 밴, 임신한, 비옥(肥沃)한,
　곡식이 잘되는, (열매가) 잘 열리는, 충만한(πλὴρης),
　가득 찬, 잔뜩 부픈, 해산(解散)한, 분만한, 새끼 낳은,
　(우글우글하게) 많은(ὕϋϋ.πολὺς.ἱκανὸς).
　terra feta frúgibus. 곡식이 잘 되는 땅.

Fetus abortivi, si vivant, quatenus fieri potest,
baptizentur. 유산된 태아가 살아 있다면 될 수 있는
　대로 세례 받아야 한다(교회법 제871조).

fetus furóre. 잔뜩 성난
fetus² -us, m. 해산(解産-출산), 분만(分娩),
　(식물의) 결실(結實.καρπὸς), 열매 맺음, 산출(産出),
　태아(@ Human embryo), 자식, 새끼; 한배의 새끼들,
　열매, 과실, 소출, 산물; 새싹, 새로 돋은 가지, 배출,
　ovium teneros fetus. 양들의 가냘픈 새끼들.
　　　　　　　　　　(성 옵 지음. 사랑만이 진리를 깨닫게 한다. p.427).
fetus orátorum. 웅변가들의 배출(輩出)
feudális, -e, adj. 봉토(封土)의, 봉강(封疆)의,
　봉건적인, 봉건제도의 영지(領地)의.
feudalísmus, -i, m. 봉건제도, 봉건정치,
　봉건주의(封建主義@ feudálism).
feudum, -i, n. 영지, 봉토, 봉건 도시.(feudum 봉지封地는 중세에
　영주가 신하인 종에게 잠시 동안 주는 부동산이다. 그동안에는 추수한 것을
　종이 소유해도 된다. 이재성 옮김. 아씨시 성 프란치스코의 생애, p.325).
fex = fæx
fi¹, interj. (혐오.불쾌 표시의 감탄사) 피!
fi², imper., sg. 2 (fio) 되어라
fiant, 원형 fio, factus sum, fieri.
　[접속법 현재. 단수 1인칭 fiam, 2인칭 fias, 3인칭 fiat,
　복수 1인칭 fiámus, 2인칭 fiátis, 3인칭 fiant]
　ut nobis Corpus et + Sanguis fiant Domini nostri Iesu
　Christi. 우리 주 예수 그리스도의 몸과 + 피가 되게 하소서.
Fiat. 그래 좋아(양보.허가.긍정 따위의 표시)(Fio 참조)
Fiat ergo in nobis beatitudo quam Dominus prædixit
futuram. 주님께서 앞날을 내다보고 말씀하신 이 행복이
　우리에게서 이루어지기를 바랍니다.
Fiat justitía ruat cœlum. 하늘이 무너져도 정의는 세워라,
　하늘이 무너져도 나를 굽히지 마라.
　(중국어: 雖然天崩, 也伸正義. 서울대학교 법과대학 정의의 종 명문)
Fiat lux!.(@ Let there be light) 빛이 있어라(창세기 1, 3)
Fiat mihi secundum verbum tuum(루카 1, 38).
　그대로 제게 이루어지소서(정명조 주교 사목지표)
Fiat voluntas tua(노기남 1902.1.22.~1984.6.25. 대주교 문장)

F

당신의 뜻(하느님의 뜻)이 이루어지소서(마태 6, 10).
Fiat voluntas tuus. 당신 뜻대로 하소서
fiber, -bri, m. (動) 비버, 해리(海狸), 바다 삵
fibl… V. **fibul**…
fibra, -æ, f. (cf. fímbria) 섬유(纖維), 섬조(纖條), 가는 줄; (植) 인피(靭皮) 섬유, 수근(鬚根), 간엽(肝葉), 폐엽(肺葉-포유류의 폐를 이루고 있는 각 부분), 내장(內臟).
fibrátus, -a, -um, adj. 섬유(纖維)를 가진
fibrínus, -a, -um, adj. 비버의, 해리(海狸)의, 바다 삵의
fibrocartilágo, -gĭnis, f. (cartilago fibrosa) (解) 섬유연골(纖維軟骨).
fibrósus, -a, -um, adj.
섬유(纖維)가 많은, 섬유 모양의, 섬유성의.
fíbŭla, -æ, f. 머리핀, 리본([영] ribbon), 댕기, 끈, 단추, 똑딱단추; 버클([영] buckle-가죽 허리띠 따위를 죄어 고정시키는 장치가 되어 있는 장식물), 묶거나 매거나 거는 데 쓰는 것, 꺾쇠, 죔쇠, 물림쇠, 걸쇠. (解) 비골(腓骨-종아리뼈). (환자.배우.가수 등이 사용한) 코르셋([영] corset).
fibulatórĭus, -a, -um, adj. 단추 달린
fíbŭlo, -ávi, -átum, -áre, tr.
꺾쇠 따위로 연결시키다: 단추 끼우다.
ficárĭus, -a, -um, adj. 무화과의, 무화과나무의, 무화과에 관한. m. 무화과 상인(商人). f. 무화과 밭(과수원).
ficátum(=sycótum) -i, n.
무화과 먹고 살찐 짐승 특히 거위의 간.
ficédŭla(-célla), -æ, f. (動) 연작류(燕雀類)의 새, 베까피꼬(beccafico-伊 무화과.포도 따위를 먹는 작은 철새).
ficétum, -i, n. 무화과 밭, 헌 데, 부스럼. (醫) 치질.
fícĭtas, -átis, f. 무화과 풍년, 풍성한 무화과
fícĭtor, -óris, m. 무화과 따는 사람, 무화과 재배인
ficósus, -a, -um, adj. 치질(痔疾) 투성이의
fictícĭus(=fictítĭus), -a, -um, adj. 가장(假裝)한, 거짓의, 가짜의; 지어낸, 꾸며낸, 허구의, 상상의, 가상적(假想的)인, 가공적(架空的)인.
fictiliárĭus, -i, m. 도기공(陶器工), 옹기장이, 토기장이(토기를 만드는 일을 직업으로 하는 자).
fíctĭlis, -a, -um, adj. (fingo)
진흙으로 만든; 질그릇의, 토기의, 옹기의.
n. 옹기(甕器-질그릇), 질그릇, 토기(土器).
fíctĭo, -ónis, f. 조형(造形), 형성(形成), 공작(工作), 상상, 허구(虛構), 가상(假想); 지어낸 것, 꾸며낸 이야기, 가장(假裝), 위장(僞裝), 위조(僞造). (修) 가설(假說), 가정, (法) 의제(擬制.[영] fiction).
fictio juris. 법률의 의제(法律 擬制), 법률의 허구
ficto languore. 꾀병으로
fictor, -óris, m. (fingo) 조상사(彫像師), 조각가(彫刻家), 석상(동상) 제작자, 모형 제작자; 옹기장이, 제사용 빵.과자류 제조인, 창조자(創造者), 창안자, (법률의) 제정자, (그럴듯한 말로) 계략을 은폐하는 자.
tui ipsius plastes et fictor. 네 자신의 조형자요 조각자.
fictórĭa, -æ, f. 소조술(塑造術)
fictrix, -ícis, f. 만들어 내는(조성하는) 여자
fictum, "figo"의 목적분사(sup.=supínum)
fictum, -i, n. 가상(假想), 허위(虛僞-허세), 거짓말, 허식(虛飾-실속 없이 겉만 꾸밈).
fictúra, -æ, f. (fingo) 형성(形成), 조성(造成); 구상(構想), 어휘의 파생.형성.
fictus, -a, -um, p.p., a.p. (fingo)
허식의, 가장된, 날조(捏造)된, 거짓으로 만들어진.
ficta imago. 조각상(彫刻像)/
ficta recidivitas. 가장된 누범(累犯)/
ficta residentĭa. 가장된 상주/
ficto languóre. 꾀병으로(languor 참조).
fícŭla, -æ, f. 작은 무화과(無花果)
ficúlnĕus(=ficúlnus) -a, -um, adj. (fícula) 무화과나무의.
f. (植) 무화과나무.
ficus, -i(-us), f. (植) 무화과나무, 무화과(쐐기풀목 뽕나무과 낙엽 활엽 관목. 창세 3, 7), 부스럼; 무사마귀.

fidámen, -mĭnis, n. 믿음(πὶστις), 신앙(信仰.חָמָן.כְּטָא.πὶστις.[영] faith).
fide, adv. (superl. fidíssime) 신용 있게
Fide et de futuris benedixit Isaac Iacob et Esau.
(Pi,stei kai. peri. mello,ntwn euvlo,ghsen VIsaa.k to.n VIakw.b kai to.n VHsau/) (獨 Durch den Glauben segnete Isaak den Jakob und den Esau im Blick auf die zukünftigen Dinge) ([영] By faith regarding things still to come Isaac blessed Jacob and Esau) 믿음으로써, 이사악은 장래의 일을 두고 야곱과 에사우에게 축복해 주었습니다(성경 히브 11, 20)/ 이사악은 믿음으로 야곱과 에사오의 장래를 축복해 주었습니다(공동번역)/믿음으로, 이사악은 장래 일을 두고 야곱과 에사오를 축복해 주었습니다(200주년 신약성서 히브 11, 20).
fide et gratĭa. 믿음과 은총으로(김창렬 주교 문장)
fidedíctor, -óris, m. 보증인(保證人)
fidei, 원형 fides[1] -ĕi, f.
Mystérium fidei!([영] The mystery of faith) 신앙의 신비여!
Fidei Actus(Virtus) 신덕(信德), 신덕송([영] Act of Faith)
Fidei Catholicæ. 보편 신앙(비엔 공의회 헌장. 1312년)
Fidei Catholicæ Fundamenta. 가톨릭 신앙의 근거
fidei communio. 신앙 공동체.
Ex ipsa enim evangelizatione Ecclesia erigitur atque conflatur veluti fidei communio.
복음 선포를 통하여 교회는 신앙 공동체로 건설된다.
fidei cultor. 신앙의 수호자(信仰의 守護者)
Fidei custos, 예외적 성체 분배자(1969.4.30. 훈령)
Fidei defensor. 신앙의 옹호자(信仰 擁護者)
(교황 Leo 10세가 영국의 Henry 8세에게 주었던 칭호).
Fidei Depositum,
가톨릭 교회 교리서의 出版承認(1992.10.14. 교황령).
Fidei Depositum, 信仰의 遺産(교황령 1992.10.11.발표)
Fidei Donum, 신앙의(믿음의) 膳物(1957.4.21. 교황문헌)
fidei fiduciális. 信賴的 신앙
fidei implicita. 暗黙的 신앙
fidei inculturátĭo. 신앙의 토착화(信仰 土着化)
fidei mensa intellectuális. 신앙의 지성적 식탁
fidei ordinátĭo. 신앙의 명령
Fidei Privilegium([영] Pauline Privilege)
바오로 특전, 신앙 특전.
Fidei Proximum. 신조에 가까운 진리, 확실한 신학적 귀결.
(빵과 포도주의 한 조각 한 방울 안에도 성체 변화 이후에는 그리스도 전체가 현존한다는 교리. 이는 선언한 성체 교리 신조에서 나온 신학적 귀결이다. 백민관 신부 엮음, 백과사전 2, p.27).
fidei quā creditur. 태도로서의 신앙
Fidei scientia atque philosophicæ rationis postulata.
신앙의 지식과 철학적 이성의 요구들.
Fidei semita. 신앙생활
Fidei speique christianæ transfiguration recentioribus temporibus.([영] The transformation of Christian faith-hope in the modern age) 현대에서 그리스도교 신앙과 희망의 변화.
Fidei testes. 신앙의 증인들
fideicommissárĭus, -a, -um, adj. (法) 신탁(信託)의, 신탁 유증의, m. 신탁 수익자(信託 受益者).
fideicommíssum, -i, n. (法) 신탁 유증(信託 遺贈)
fideicommítto, -mísi -míssum -ĕre, tr.
(fídei+commítto) 신탁유증(信託遺贈)하다.
fideísmus, -i, m. 신앙 절대론
[신앙은 철학의 기초가 된다는 설로 계시를 떠나서는 인간 이성은 진리를 인식할 수 없다고 하는 주장이다. 이 설은 파리의 프로테스탄트 신학자 Sabatier와 Menegoz(1838~1921)가 주장했다. 그러나 이 모두는 그레고리오 16세(1831~1846)의 회칙으로 배척을 당했다. 백민관 신부 엮음, 백과사전 2, p.28].
fidejúbĕo, -jússi, -jússum, -ére, intr.
(fidei+júbeo) 보증(保證) 서다.
fidejússĭo, -ónis, f. 담보(擔保), 보증(保證)
fidejússor, -óris, m. 담보인(擔保人), 보증인(保證人)
fidejussórĭus, -a, -um, adj. 보증의, 보증하는(서는)
fidéle, adv. 믿음성 있게
fidélĭa, -æ, f. 도기(陶器), 옹기(甕器-질그릇), 독, 항아리
fidélis, -e, adj. (fides[1]) 믿음성 있는, 미더운, 확실한, 신의가 있는, 진실한(ὀρθὸς), 성실한, 충성을 다하는,

충실한, 믿음 있는, 신앙심 있는, 견고한, 굳은, 오래가는,
m., f. 신자, 신도, 교우, 교도.
Adeste Fideles. 형제 교형네여(17~18세기에 가장 알려진 찬미송)/
De spe fidelium. 신자들의 희망/
domino fidelis, fidelis in dóminum. 주인에게 충실한/
Fideles induci debent ad illas æstimandas.
신자들은 이 부요함을 제대로 이해할 수 있어야 합니다/
Gaude cetus fidelium. 신자들이여 기뻐하라/
loríca fidelis. 견고한 갑옷/ navis fidelis. 튼튼한 배/
Semper fidelis. 언제나 충실한.
fidelis ignoratia. 신실한 무지
fidelis vir. 열심한 신자(信者)
fidelísmus, -i, m. 맹신주의(가톨릭 교회의 가르침 제10호, p.99)
fidélĭtas, -átis, f. 신의(信義.πìστις), 충실성(忠實性),
충실(אֱמֻה.[영] Fidelity-충직하고 성실함), 정직(착함),
성실(אֱמֻה.πìστις.[영] Fidelity), 항구성(恒久性).
ad martyrium usque fidelitas. 순교에 이르는 충실성/
in fidelitatis dynamica virtute. 끊임없이 추구하는 충실성.
fidelitas erga charisma. 은사에 대한 충실성
fidelitas erga christianum nuntium ita profecto ut ab Ecclesia explicatur.([영] fidelity to the Christian message as it comes to us through the Church) 교회를 통하여 우리에게 전해지는 그대로의 그리스도교 메시지를 존중해야 한다(1990.8.15. "Ex corde ecclesiæ" 중에서).
fideliter, fidelius, fidelissime, adv. [영] faithfully, constantly, loyally; earnestly; reliably, accurately; securely, firmly.
fideliter credenti. 열심한 신앙인들.
Fidelium animæ per misericordiam Dei requiéscant in pace. 모든 믿는 이들의 영혼이 천주의
인자하심으로 평화의 안식을 얻게 하소서.
Fidelium Missa.([영] Mass of the Faithful) 신자들의 미사
Fidelium participátĭo in oblátĭone sacrificii eucháristici.
미사성제에서 신자들의 참여(參與).
fidem abrogo orátori. 연설가에게서 신용을 떨어뜨리다
fidem rátĭonemque coniunge. 신앙과 이성을 결합하라.
fidens, -éntis, p.prœs., a.p. 믿는(πιστὸς),
신뢰하는, 자신 있는, 자신만만한, 대담한, 용감한.
fidéntĭa[1] -æ, f. 자신(自信.αὐτὸς), 확신(確信), 신념,
과감(過感), 용감(勇敢), 용단(勇斷-용기 있게 결단을 내림).
fidéntĭa[2] -æ, f. Gállia Cisalpína의 도시
Fidentum Piumque Animum, 로사리오 기도(1896.9.20.)
fidepromíssor, -óris, m.
보증인(保證人), (약속을) 다짐하는 사람.
fides[1] fidĕi, f. **믿음**(πìστις), 신뢰(אֱמֻת.[영] Trust-신임),
신임(信任-믿고 일을 맡김), 확신, **신용**, 외상, 신용거래,
신용대부, 충실(忠實), 충성, 신의(信義), 성실(誠實),
믿음성, 정직, 양심적임, 거짓 없음, 마음.뜻, 성심,
성의(誠意), **선의**(εὐδοκìα), 약속이행(실행.실천),
(예언 따위의) 실현(實現), 적중(的中), 성취(成就),
신빙성(信憑性), 근거 있음, 확실함, 진실성(眞實性),
진짜, 믿어야할 일, 믿지 않을 수 없음, 신통함, 약속,
언질(言質-나중에 증거가 될 말), 서약(誓約), 보증(保證),
장담, 볼모(어떤 약속을 보증하는 뜻으로 이편 사람을 상대편에게 넘겨 주어, 거기서 머물러 있게 하는 일), 인질(人質-볼모),
담보물, 수령액, (정부나 사법부에서) 불문에 붙임,
(처벌하지 않는다는) 안정보장, 보호(保護), 수호(守護),
후원, 도움, (종교적인) **믿음**, 신덕([영] virtue of faith),
신앙(信仰.חטן.כטא.πìστις.[영] faith.프 foi
.獨 Glauben), 신앙심(信仰心),
a fide catholica notorie defecerit.
가톨릭 신앙에서 공공연하게 떠난 자/
Actus(virtus) Fidei. 신덕, 신덕송/
Ænigma Fidei. 신앙의 수수께끼(생티에리의 윌리암 지음)/
auditus fidei. 신앙의 청중/
bonā fide. 선의로/
bonā fide tutóris. 후견인의 성의로/
bona fides juridica. 법률적 선의/
bona fides theologica. 신학적 선의/
Cum dilectione fides christiani, sine dilectione fides dæmonis. 그리스도인의 믿음은 사랑과 함께 있고,
마귀의 믿음은 사랑 없이 있습니다/
distantĭa inter fidem et rátĭonem.
신앙과 이성 사이의 격차(隔差)/
dogma fidei. 믿을 교리/
Domine adauge nobis fidem.
주님 우리에게 믿음을 더하여 주소서/
erga populum fides. 국민에 대한 신의/
Est autem fides sperandarum substantia rerum, argumentum non apparentium. 믿음은 우리가 바라는
사정의 실체이며 드러나지 않는 것들의 증명입니다/
exémplum probitátis et fídei. 정직과 성실의 본보기/
Expositio fidei. 신앙의 설명(Ambrosius 지음)/
fidem exsólvere. 약속을 이행(履行-실제로 행함)하다/
fidem fállere(frángere) 약속을 어기다(깨다)/
fidem habére *alci*. 누구를 믿다(신용하다)/
fidem libero. 약속을 이행하다/
fidem suam interpono in *alqd*(in *alqā* re).
언질을 주다, 보장하다/
Hæc est victoria quæ vincit mundum fides nostra.
세속을 이기는 승리가 우리의 신앙이다/
Id pronius ad fidem est. 그것은 더 믿을 만하다/
ille qui vivit alteri fidens. 믿음으로 사는 사람
(=인간, Fides et Rátĭo 1998.9.14. 회칙)/
in fide *alcjs* esse. 누구의 보호(保護)에 있다/
in fide permanére. 약속(約束)을 충실히 지키다/
In mális promissis fides non expedit observari.
악한 약속에서는 신의가 지켜지지 않는 것이 낫다/
intellectus fidei. 신앙의 이성(rátĭo fidei), 신앙의 지성,
신앙의 이해(가톨릭 교회의 가르침, 제10호, p.107)/
intellectus quærens fidem. 신앙을 추구하는 이해/
Iustitia modo nostra ex fide.
우리의 의로움은 믿음에서 오는 것입니다/
liberáre fidem. 약속을 이행하다/
Mala fide. 악의(惡意)/
mira fides! 신통하게도, 놀랍게도!/
Non eo dico, quo mihi véniat in dúbium tua fides.
내가 이렇게 말하는 것은 너의 성실성(誠實性)이
의심스러워서가 아니다/
obœdítĭo fidei. 신앙의 복종, 신앙의 순종/
Opus autem fidei ipsa dilectio est, dicente Paulo apostolo: Et fides quæ per dilectionem operatur. 믿음의 실천이
바로 사랑입니다. 바오로 사도는 "사랑으로 행동하는
믿음"이라고 했습니다.(최익철 신부 옮김, 요한 서간 강해, p.427)/
Pro deórum atque hóminum fidem!
신들과 인간들의 도움으로! 천우신조(天佑神助)로!/
Pro deum fidem! 신의 있는 신이여!.
(감탄문에서 대격만 사용되는 용례가 자주 있다)/
Quolibet peccato mortali amitti gratiam, sed non fidem.
온갖 종류의 대죄로 신앙을 잃지는 않아도 은총은 잃음/
Quomodo intelligatur, impium per fidem et gratis justificari. 믿음을 통하여 무상으로 주어지는
죄인의 의화를 어떻게 이해할 것인가/
sola fide. 믿음만으로/
tabulárum fides. 문서의 진실성(眞實性)/
Unus Dominus, una fides, unum baptisma.
주님도 한 분, 믿음도 하나, 세례도 하나입니다/
virginitas fidei. 믿음의 동정성/
Vix fides fit, eas res hómines passos esse.
사람들이 그 일을 감당했다는 것은 믿기 어려울 정도다.
fides acquirenda, conservanda et pacifice exercenda.
보존하고 진보하는 신앙, 실천하는 평화(사목연구 제18집, p.261)
fides anonyma. 익명의 믿음
fides cáritate formata. 사랑에 의해 형성된 믿음/
믿음조차도 사랑에 의해서 제 형상을 얻는다.
fides caritate informata.

믿음은 사랑을 통해서 형성되어야 한다.

fides catholica. 공번 된 신앙

fides catholicus. 가톨릭 신앙

Fides concidit. 신용이 떨어졌다.

Fides concido. 신용이 떨어지다.

fides cum hoste servanda. 적에 대하여 지켜야 할 신용

Fides Damasi. 다마소 신조

fides divina. 신적 신앙, 계시적 신앙, 하느님의 계시신앙, 천상적 신앙.(⑨ divine faith)(교회법 해설 ⑥ p.25).

fides divina et catholica.(교회법 해설 ⑥ p.26)
천상적 가톨릭 신앙(⑨ divine and catholic faith),
하느님의 계시와 교회 결정의 신조(하느님의 계시가 명확한 것을 교회가 계시 진리로 결정 선포한 것(교회법 제750조).

fides divina infusa. 천혜적(天惠的) 하느님의 계시 신앙.
(계시하신 진리를 하느님의 은총으로 받아들이고 믿는 신앙).

fides ecclesiastica. 교도권적 신조, 교회 가르침의 교리

fides erga pópulum Románum. 로마 국민에 대한 충성

fides est fortes esse in rebus sperandis, persuasos esse in rebus quæ videri nequeunt. 믿음은 우리가 바라는 것에 굳건히 서고, 보지 못하는 것을 확신하는 것입니다.

fides et Inculturátio. 신앙과 토착화(1987년)

fides et rátio. 신앙과 이성(교황 요한 바오로 2세 1998.9.14.).
De habitudine inter fidem et rationem.
신앙과 이성의 관계/
Fides et rátio binæ quasi pennæ videntur quibus veritatis ad contemplationem hominis attollitur animus.
신앙과 이성은 인간 정신이 진리를 바라보려고 날아오르는 두 날개와 같습니다/
Præcipui gressus in occursu fidei rationisque.
신앙과 이성이 만나게 되는 주요 계기들/
Seiunctæ a ratione fidei tragoedia.
신앙과 이성의 분리의 역사.

fides et rátio ad Scripturam conveniendam.
(⑨ Faith and reason in the approach to Scripture)
성경에 대한 접근에서 신앙과 이성.

fides ex auditu. 들음에서 비롯하는 믿음,
들음으로부터의 신앙(사목 13 전례신학. p.172).

fides explícita. 명시적 신앙(fides implícita와 대조)

fides fiduciális. 신뢰하는 믿음,
(Luther의) 신뢰적 신앙, 의지하는 신앙.

fides formalis. 정식에 따른 (교도적) 신앙

fides formata caritate(⑨ Faith formed by love)
사랑으로 완성된 믿음.

fides futuræ. 내세 신앙(來世 信仰)

fides historica. 역사적 신앙

fides implícita. 함축적 신앙, 암묵적(暗黙的) 신앙

Fides in regula cogita est. 신앙은 규범 안에만 있다

Fides in ritu exprimitur et ritus fidem roborat et fortificat. 믿음은 예식 안에서 표현되고, 예식은 믿음을 강화하고 굳건하게 합니다(2007.2.22. "Sacramentum Caritatis" 중에서).

fides informis(⑨ unformed faith)
미완성의 믿음, 미형성 신앙

fides infusa. 천혜(天惠)의 신앙

Fides Justificationis. 의화 신앙

fides mortua. 죽은 신앙(사랑 없는 신앙)

Fides nominum salus est proprietatum. 명칭들에 충실 하는 것은 본래 지니고 있는 특성들을 살리는 길이다.

fides propaganda. 신앙의 전파

fides publica. 공신력(公信力), 국가의 보장

fides qua craditur. 신앙 대상(信仰 對象), 믿음의 덕성, 주체적 신앙, 신앙 태도, 신앙 행위(내용)/
그것으로 믿어지는 신앙(행동, 태도로서의 신앙, 믿음의 행위).
[아우구스티노, 때부터 믿음의 행위(qua)와 믿음의 내용(quæ)을 구별하였다. 믿음의 내용(fides quæ)은 성경, 성전, 교리 등의 믿음을 객관화하는 과정에서 자신을 계시하시는 하느님 자신의 말씀으로 이해되었다. 반면 인간은 자신의 믿음의 행위(fides qua) 안에서 하느님의 원리이고, 믿음을 실행시키는 힘이며, 하도록 초대된 말씀의 청종이다. 따라서 믿음의 행위는 자신과 관련된 행위가 아니라, 하느님을 건네받음으로 축복받은 믿음을 건네받으며, 예수 그리스도를 고백하면서 하느님의 뜻에 순명하는 행위이다. fides qua는 fides quæ를 습득하는 것으로써 교회에서 선포되는 당신의 말씀 안에서 자신을 계시하는 하느님을 향하는 것이며, 교회를 신앙인들의 공동체로 만드는 것이다. 응답의 행위는

들음이며 고백과 순명하는 것, 그것이 나의 신앙이다. 즉 하느님 편에서의 신앙 (신앙의 내용). 그리고 인간 편에서의 신앙(신앙의 응답행위)을 구별할 수 있다.
황치헌 신부 지음, 미사 통상문을 위한 라틴어, p.238].

fides quæ creditur. 대상적(객체적) 신앙, 믿음의 내용.
믿어지는 신앙(고백으로서의 신앙, 믿음의 내용).
[칼 라너는 믿음의 내용(fides quæ)과 믿음의 행위(fides qua)는 그 기원 면에서 동일하다고 주장한다. 왜냐하면 근본적으로 믿어지는 실체, 즉 하느님의 자기 양여와 성령이 또한 똑같은 믿음의 원리이고, 믿음을 실행시키는 힘이며, 믿음의 원동력이기 때문이다. 프란치스칸 삶과 사상 제32호, p.166]

fides quærens cor. 마음에 의지한 신앙

fides quærens intellectum. 신앙은 이해를 추구한다.
신앙은 지성을 요청한다, 신앙은 지성을 필요로 한다.
알고 있는 것도 물어보는 신앙(이성적으로 물어 보는 신앙.
현대 가톨릭사상 제9집 p12), 이성과 신앙의 조화(調和),
이해(지성)를 추구하는 신앙(성 안셀모.
지성에 의지하는 신앙(바티스타 몬딘 지음. 신학사 1. p.756).

Fides quid tibi præstat? Vitam æternam.
신앙이 그대에게 무엇을 줍니까? 영원한 생명을 줍니다.

Fides salvifica. 구원의 신앙

Fides si non intelligitur nulla est.
설명할 수 없는 신앙은 아무 것도 아닌 것이다.

fides sine operibus. 행실 없는 믿음

fides sola justificat, sed nunquam est sola.
오직 믿음만이 의화(칭의)시키지만, 결코 그것만이 유일한 것은 아니다.(P. Althaus).

Fides spes est. 신앙은 희망이다.

Fides, Spes, Caritas. 신망애 삼덕, 향주 삼덕(1고린 13. 13)

Fides, Spes, et Caritas cum Christo.
그리스도와 함께, 믿음.희망.사랑
(수원교구 이성효 주교 문장. 1957년생. 아주대학교. 서울대 대학원 전자공학. 독일 트리어대 교부학 박사. 1992.4.9. 사제수품. 2011. 3.25일 주교품).

Fides, spes et caritas coniunguntur.(⑨ Faith, hope and charity go together) 믿음과 희망과 사랑은 함께 갑니다.

Fides Specialis. 특별한 신앙(루터의 說)

Fides suadenda, non imponenda.
신앙은 설득할 일이지 강제할 일이 아니다(성 베르나르도).

Fides tua te salvam fecit; vade in pace!.
(⑨ Your faith has saved you; go in peace)
네 믿음이 너를 구원하였다. 평안히 가거라(루카 7. 50).

Fides virtualis. 잠재적 신앙

fides vitans intellectum. 이해를 회피하는 신앙

Fides viva. 산 신앙

fides² -is, f. (흔히 pl.로) (현악기의) 현(絃).줄,
(lyra, cíthara 따위의) 현악기(絃樂器), 칠현금(七絃琴).
(F-) ((天)) 금좌(琴座-銀河水 서쪽 가에 있는 별자리).
fídibus cánere. lyra를 타다/
fídibus docére alqm. 누구에게 현악기 연주법을 가르치다/
In fidibus musicorum aures vel minima sentiunt.(Cicero).
음악가의 귀는 현에서 아무리 작은 소리라도 감지해낸다.

fīdi, "findo"의 단순과거(pf.=perfectum)

fidícen, -cĭnis, m. (fides⁴+cano)
lyra(cíthara) 연주자, 서정시인(抒情詩人).

fidicĭna, -æ, f. 여자 lyra(cíthara) 연주자

fidícŭla, -æ, f. (흔히 pl.로) 가는 심줄,
(현악기의) 현(絃).줄, 작은 lyra(cíthara),
(죄인을 고문대에 결박하는) 오랏줄; 형틀.

fidis, -is, f. = fides²

fidissimus, -a. -um, adj. fidus, -a -um의 최상급.
[fidus -a. -um 성실한 - 비교급이 없고 최상급만 있다].

Fídĭus, -i, m. 진실(성실)의 神(주로 Júpiter의 별칭)

fido, fisus sum, fídĕre, intr., semidep.
[반탈형동사란 현재 어간을 사용하는 시칭(현재.미완료.미래)에서는 능동태 어미 활용을 하고, 과거 어간을 사용하는 시칭(단순과거.과거완료.미래완료) 에서는 수동태 어미 활용을 하는 동사를 말한다. 뜻은 모두 다 능동의 의미이다. audeo, confido, diffido, fido, gaudeo, soleo].
신뢰하다, 믿다(אמן.δοκέω), 신임하다, 희망을 걸다.
sibi fido. 자신을 가지다/
Tibi uni fidebam : nemini unquam magis fisus eram quam tibi.(반탈형동사 문장) 나는 너 하나만을 믿고 있었다: 그 누구도 너보다 더 믿지를 않았었다.

fidúcĭa, -æ, f. 믿음(πίστις), 신뢰(חαא.⑨ Trust),
신임(信任-믿고 일을 맡김), 자신(αὑτὸς), 자부심(自負心),

신탁(信託)(교회법 제1302조), (法) 저당(抵當-채무의 담보로 삼음),
담보물(擔保物), 공탁물(供託物-공탁한 물건).
De fiducia in Deo habenda.
　하느님께 대한 신뢰를 가질 것에 대하여/
Quare habebimus fiduciam? Quia sicut ille est, et nos
sumus in hoc mundo. 왜 우리는 확신을 가집니까?.
　우리도 이 세상에서 그분처럼 살고 있기 때문입니다.
　　　　　　　　　　　(최익철 신부 옮김, 요한 서간 강해, p.393)/
Quid est habere fiduciam in die iudicii? Non timere ne
veniat dies iudicii. 심판 날에 확신을 가진다는 것은 무슨
　뜻입니까? 심판 날이 와도 두려워하지 않는다는 것입니다.
　　　　　　　　　　　(최익철 신부 옮김, 요한 서간 강해, p.389)/
Quod omnis spes et fiducia in solo Deo est figenda.
　하느님께만 모든 희망과 미쁨을 둘 것(주주성법 제3권 59장).
fiducia alcjs. 누구에게 대한 신뢰심(信賴心)
Fiducia filiális. 자녀다운 신뢰(㉭ Filial trust)
fiducia formæ. 용모(容貌)에 대한 자신
fiducia renovata. 새로운 신뢰(1996.3.25. "Vita Consecrata" 중에서).
fiducia sui. 자신(αὐτὸς)
fiduciális, -e, adj. 신뢰심을 가지는, 굳게 믿는; 신탁의.
fiduciárĭus, -a, -um, adj. 위탁한, 신탁의, 신탁유증의.
fidúcĭo, -ávi, -átum, -áre, tr. 저당 잡다, 저당 잡히다
fidus, -a, -um, adj. 믿을 수 있는, 믿음직한, 안전한, 성실한,
　신실한(πιστὸς), 확실한, 보증(보장)된, 마음 놓을 수 있는.
Fidus Achates. 의리 있는 친구
fíĕri, inf. (fio) pass. (fácio) 되다.
　n., indecl. (哲) 생성(生成), 유전(流轉).
　in fieri. 생성과정(에 있는).
Fieri aliter non potest. 달리 될 수 없다.
fieri fácias. (法) 강제집행 영장(令狀)
Fíeri non pótuit áliter. 달리는 될 수 없었다(fio 참조)
fíeri potest. ut… 일이 있을 수 있다(fio 참조)
fíeri non potest. quin(=ut non)
　…게 되지 않을 수 없다, 될 수밖에 없다(fio 참조).
fiet, 원형 fio, factus sum, fíĕri, anom., pass. (fácio)
　[직설법 미래. 단수 1인칭 fiam, 2인칭 fies, 3인칭 fiet,
　복수 1인칭 fiemus, 2인칭 fietis, 3인칭 fient].
Fiet aliquid. 어떻게 될 거다
Fiet quando Deus uoluerit.
　하느님이 원하시는 때에 이루어지리라.
Fiet, si Deus uoluerit. 만일 하느님이 원한다면
　이루어질 것이다.(교부문헌 총서 17, 신국론, p.2566).
Figere in terra. 땅에 박다
figlínus, -a, -um, adj. 흙으로 빚은; 질그릇의, 옹기의,
　도기(陶器)의. n. 질그릇, 옹기(甕器-질그릇), 도기(陶器).
　f. 옹기기술(제조법); 옹기공장.
figmen, -mínis, =(figmentum, -i) n. 만들어 냄,
　제조, 제작, 조형, 제작품, 가상(假想), 상상(想像),
　우상(偶像, ?????. ????. ????. ????. ????).
figo, fixi, fixtum, -ĕre, tr. 박다, 꽂다; 고착시키다.
　부착시키다, 붙들어 매다, 매달다, 자국을 남기다,
　(게시하여) 발표하다, 공포(公布)하다, 세우다, 짓다,
　건립하다, 정착(定着)하다, 설정하다, 견고히 하다,
　(발걸음 따위를) 잘 가누다, (깊숙이) 찌르다, 꿰뚫다,
　상처 입히다, (짐승을) 도살(盜殺)하다; 헐뜯다,
　비난(공격)하다, 경주(傾注-정신이나 힘을 한곳에만 기울임)하다,
　(마음 속) 깊이 간직하다, (기억 속에) 남겨 주다.
　Quod omnis spes et fiducia in solo Deo et figenda.
　(㉭ All Hope and Trust Are to Be Fixed In God Alone)
　　하느님께만 모든 희망과 미쁨(믿음)을 둘 것/
　Pénitus se malum fixit. 악이 뿌리 깊이 박혔다/
　sedem figo. 자리 잡고 살다.
figo alqm cruci. 아무를 십자가에 못 박다(매달다)
figo domus. 집들을 짓고 정착하다
figo óculos in alqd. 뚫어지게 보다, 응시(주시)하다
figo tábulas legis(=figo leges)
　법을 공포하다, 포고령(布告令)을 게시하다
figrarum usus. 문체의 활용(文體 活用)

figuláris, -e, adj. 도공의, 옹기장이의; 옹기 만드는 데 쓰는
figulátĭo, -ónis, f. 형성, 합성
figulínus = figlínus
fígŭlo, -ávi, -átum, -áre, tr. 흙으로 빚다, 만들다, 형성하다
fígŭlus, -i, m. 토기장이(토기를 만드는 일을 직업으로 하는 자),
　옹기장이, m. 도기 제조공.
figúra, -æ, f. 모양, 생김새, 형상, 형태, 형체; 외관,
　외형, 모양새, 자태(姿態), (뚜렷한) 모습; 탈, 허울,
　(그림.조각 따위의) 인물(人物), 상(像), 조상(彫像),
　초상(肖像), 그림, 도형(圖形), 도해(圖解), 삽화(揷畵),
　죽은 사람의 그림자, 유령(幽靈), 환영(幻影),
　종류(種類), 유형(類型), (사물의) 성질.성격(性格),
　((文法) (격.인칭 따위의) 어미(語尾); 어형(語形).
　((論) (삼단논법의) 격(格-매개념의 위치에 따라 생기는 형식),
　(哲.神) 표상(表象); 전형(典型), (구약성서에서 성령에
　의한) 장래의 예시(像示)로서의 인물.물건.사건.
　compositum ex figura et corpore. 형태와 물체의 합성체/
　Dat figuris terminum. 형상들을 완성 하십니다/
　Gloria virtutem sequitur, tamquam umbra figúram.
　　그림자가 형상을 따르듯이, 영광은 덕행을 따른다/
　Gloria virtutem sequitur, ut umbra figuram sequitur.
　　형체에 그림자가 따르듯, 덕에는 영광이 따른다/
　induo figuras hóminum. 인간의 형상을 가지다.
figura corporis et sanguinis Domini.
　주님의 몸과 피의 형상(形象).
figura etymologica. 어원학적 말놀이(→파로노마시아)
figura pœtica. 시적 형상(성염 지음, 사랑만이 진리를 깨닫게 한다. p.403)
figura sententiárum. 문장의 채색(彩色)
figura Synagogæ. 교회의 표상(고대의 해석 전통은 가나의
　성모님을 "교회의 표상" 혹은 "교회의 시원" inchoátio Ecclesiæ 으로 봄).
Figura transit in veritatem. 형상이 진리로 변화 하다
figura-typus. 표상(表象, sumbolum, -i, f.)
figura verborum. 어휘의 채색(語彙의 彩色)
figurális, -e, adj. 비유적, 표상적, 그림으로 표시된
figurálĭtas, -átis, f. 비유적 표현, 표상적 표현
figurátĭo, -ónis, f. 형성, 조형(造形), 모양, 형상,
　생김새, 형태, 공상, 상상(想像), (文法) 어형(語形).
　(修) 사조(詞藻-뛰어난 시문. 또는 시문에 대한 뛰어난 재능), 문채,
　수식(修飾-체언이나 용언에 딸리어 그 뜻을 꾸미거나 한정하는 일).
figuratívus, -a, -um, adj. 비유적인, 형용적인, 수식적인,
　비유가 많은, 표상(상징)적인, 형상묘사의, 조형의.
　lectio figurativa. 예형적 해석(교부문헌 총서 16, 신국론, p.1678).
figuro, -ávi, -átum, -áre, tr. (figúra) 모양을 만들다,
　빚다, 형성하다, 만들다, 상상하다, 마음에 그리다, 그리다,
　형용하다, 비유하여 표현하다, 표상하다, 상징하다.
　Quid in filiis Nœ prophetice fuerit figuratum.
　　노아의 아들들에게서 예언적으로 표상 되는 바는
　　무엇인가.(교부문헌 총서 17, 신국론, p.2800).
Filiæ Crucis Leodiensis. Liège의 십자가의 딸 수녀회.
　(1833년 벨기에 Liège에 창설한 수녀회. 교육과 병자와 노인 간호를 한다).
filaméntum, -i, n.
　섬조(纖條-금속 등의 가는 줄). (植) 수꽃술의 화사(花絲-꽃실).
filátim, adv. 실 한 오라기씩, 실오라기 모양으로
Fili, dimittuntur peccata tua(㉭ Child, your sins are
forgiven) 얘야, 너는 죄를 용서받았다(성경 마르 2. 5).
fili mi, 내 아들아(meus의 호격은 mi 혹은 meus이고 tuus, suus의 호격은 없다)
Fili mi, noli ducere vitam in vitiis.
　내 아들아, 악덕 속에서 인생을 보내지 말아라!
　[문장 분석에서 호격은 동사와 동격으로 취급한다. 성 염 지음, 고전 라틴어. p.92].
Fili mi, si te lactaverint peccatores, ne acquiescas
eis. (ui`e, mh, se planh,swsin a'ndrej avsebeii] mhde. boulhqh/|j eva.n
parakale,swsi se le,gontej) (獨 Mein Sohn, wenn dich die
bösen Buben locken, so folge nicht) (㉭ My son, should
sinners entice you.)
　내 아들아, 죄인들이 너를 유혹하여도 따라가지 마라(성경)
　아들아, 죄인들이 꾀더라도 따르지 마라(공동번역 잠언 1. 10).
Fili, vade hodie, operare in vinea mea.
　(㉭ Son, go out and work in the vineyard today)
　얘야, 너 오늘 포도밭에 가서 일하여라(마태 21. 28).

F

fílĭa, -æ, f. (pl., dat., abl.: filábus, 간혹 fíliis) 딸(גן).
alumna, -æ, f. 주워 다 기른 딸/
Filiæ regis erant pulchriores. 왕의 딸들은 상당히 예뻤다/
Filiam tuam mihi posco uxórem
당신의 딸을 저의 아내로 삼게 해주십시오/
Fílii filiæque amántur a mater. 아들과 딸들은 어머니
한테 사랑을 받는다.(타동사의 직접 객어는 그 수동형에서 주어가
되고, 능동형에서의 주어는 수동형에서 원칙적으로 능동주 부사어가 된다)/
herilis filia. 친딸/
Ut mihi mea filia maxime cordi est, sic unusquisque
vestrum indulgentia filiarum commovetur. 내게는 내 딸이
마음을 극진히 차지하고 있는 만큼 여러분 각자는 딸들의
애교에 마음이 움직이게 마련이오.(cordi: 이해 여격).

> ★ 다음과 같은 약간의 여성명사는 그 복수 여격과 탈격의
> 어미가 -ábus로 된다.
> ánima, -æ, f. animábus   dea, -æ, f. deábus
> fámula, -æ, f. famulábus   fília, -æ, f. filiábus
> 이 불규칙 어미는 이상의 여성 명사들과 그에 상대되는 남성
> 명사들을 구별하기 위하여 -ábus로 된 것이다.
> e.g. filiis et filiábus. 아들과 딸들에게.

filia decem annos nata. 열 살 된 딸
Filia est pulchrior sua matre. 딸은 자기 엄마보다 더 예쁘다
filia longo dolore atrox. 오랜 고통에 험상궂어진 딸
fília, quæ pátrii signátur imágine vultus.
쏙 뺀 듯이 아버지 얼굴을 닮은 딸.
filia quinquennis. 다섯 살 된 딸
filiális, -e. adj. 아들의, 자식으로서의, 자식다운;
자식의 위치에 있는. f. 모교회에 딸린 자교회(子敎會).
píetas filialis. 효성(孝誠)
Filiarum B. Máriæ Virginis.(⑩ Daughters of Mary
Immaculate) 티 없으신 마리아의 딸 수녀회.
filiálîtas, -átis, f. (아들 입장에서) 부자관계, 자손; 효성심
filiáster, -tri, m. 의붓아들, 전실 아들
filiástra, -æ, f. 의붓딸, 전실 딸
filiátĭo, -ónis, f. (자식이 어버이에 대한) 친자관계,
부자관계, 자식의 위치(권리), 하느님의 아들 됨.
(삼위일체 발출에서 제1위 성부께서 참으로 제2위 성자를 낳아 제2위는 성자가
되었다는 교리를 설명하는 신학용어. 백민관 신부 엮음, 백과사전 2, p.32).
filiátĭo adoptíva. (민법상의) 양자결연; 하느님의 양자,
신(神) 은총으로 하느님의 자식이 됨, 하느님의 자녀.
filiátĭo divina. 신자성(神子性-예수 그리스도의 신자성)
filiátĭo ex merito. 공덕 보상의 부자관계.
(초대 안티오키아학파의 오류로서 그리스도가 죄를 범할 수도 있었지만
시련을 거쳐 화를 입을 수 없는 공덕으로 하느님의 아들 자격을 얻었다는 설).
filicáles, -íum, f., pl. (植) 양치류(羊齒類-고사리류)
filícŭla, -æ, f. (植) 다시마 일엽초, (작은) 고사리
filiétas, -átis, f. = filiátio, -ónis, f.
Filii Dei. 하느님의 자녀(⑩ Children of God)
Filii ejusdem matris sunt.
(그들은) 같은 어머니(배가 같은)의 아들들이다.
Filii Mariæ Immaculatæ(F.M.I.) 마리아의 딸 수녀회
Filii Mariæ salutis Infirmorum(F.M.S.I.)
병자의 나음이신 마리아의 아들들 수도회(1952년 미국에서 창립).
Filii sinu matris avulsi. 어머니 품에서 떼어낸 자식들
filii tenebrarum. 어둠의 자식(子息)
filíŏla, -æ, f. 어린 딸, 귀여운 딸, 계집애 같은 사람
Filioli, custodite vos a simulacris(성경 1요한 5, 21).
어린-친구-여러분, 우상들을 조심하시오.
Filioli, novissima hora est.(1요한 2, 18).
자녀 여러분 지금이 마지막 때입니다.
Proficite, currite, crescite, novissima hora est. 마지막 때
가 왔으니 앞으로 나아가고 뛰어가고 성장하라는 뜻입니다.
filíŏlus, -i, m. 어린 아들, 귀여운 아들, 아들 녀석.
Filioque. [fílĭus, -i, m. 아들(ㄱ.υὶòς)]
(filio + que 성자와 함께, que est, ac, atque와 같은 뜻을 가진 전접前接
연계접속사로서 그 이어주는 단어 꼬리에 붙임. 전치사 뒤에서는 하나 더 뒤로
물러나기도 하고, 여러 단어를 나열할 경우에는 맨 끝에만 붙이기도 한다).
filium in adoptionem dare. 자기 아들을 양자로 주다
filium obiisse falso præsumo.
아들이 죽은 줄로 잘못 짐작하다.

filium pater male contra pietatem afficiébat.
아버지가 아버지답지 않게 자식을 학대(虐待)하였다.
fílĭus, -i. m. 아들(ㄱ.υὶòς), 자식, 소생.
(神) 성자(聖子). pl. 자녀(자녀란 뜻으로도 쓰임).
alqm dignor fílium. 아무를 아들로 인정하다/
alqm a filii cæde exoro.
아무에게 타일러 아들을 죽이지 못하게 하다/
cellæ filius. 창녀(娼女)의 자식/
conuertet cor patris ad filium.
아버지의 마음을 자식에게 돌리리라/
De filiis carnis et filiis promissionis.
육의 자식과 약속의 자식(교부문헌 총서 17, 신국론, p.2796)/
Deus filius. 하느님의 아들, 천주 성자/
Dilectio ergo sola discernit inter filios Dei et filios diaboli.
오직 사랑만이 하느님의 자녀와 악마의 자식을 구별해 줍니다/
Ecce hereditas Domini filii, merces fructus ventris.
아들들은 주님의 선물이요, 몸의 소생은 그분의 상급이다/
Est vestrum filiórum amáre paréntes. 부모를 사랑하는
것은 자식 된 너희들의 본분이다(여기의 vestrum은 인칭대명사의
분할 속격이 아니라 소유대명사의 단수. 중성 주격이어)/
et cor filiorum ad patres eorum.
자식들의 마음을 조상들에게/
Et ideo dicimus Filium alium a Patre, licet non dicamus
alienum. 그러므로 우리는 성자가 성부께 대해 전혀 다른
것이라고 하지 않고 타자라고 한다
[정의채 옮김, 신학대전 제4권, p.56]/
Fili mi! 내 아들아/
Fili mi, si te lactaverint peccatores, ne acquiescas eis.
(⑩ My son, should sinners entice you)
아들아, 죄인들이 꾀더라도 따르지 마라(공동번역 잠언 1, 10)/
내 아들아, 죄인들이 너를 유혹하여도 따라가지 마라(성경)/
Fili, miserere mei.(⑩ Son, have pity on me)
아들아, 나를 불쌍히 여겨 다오(2마카 7, 27)/
filii pestilentiæ. 염병할 자식들, 재앙의 자식들(신국론, p.1710)/
filii tenebrárum. 어둠의 자식/
filis filiabusque. 아들과 딸들에게.
(제1변화 명사 일부는 복수 여격과 탈격이 -abus로 쓰인다. 이것은 고대
인도유럽어의 여미였는데 후대에는 동일한 의미의 남성명사와
구분하는 용도로 쓰여 왔다. 성 염 지음. 고전 라틴어, p.44)/
Hic est filius meus dilectus: Ipsum audite!
"이는 내 사랑하는 아들"이니, 그의 말을 들어라!
generátĭo temporális Filii. 성자의 시간적 출생/
imago Filii. 성자의 모상/
In nomine summæ Trinitatis et sanctæ Unitatis Patris et
Filii et Spiritus Sancti. Amen. 지존하신 삼위이며 거룩한
일체이신 성부와 성자와 성령의 이름으로. 아멘/
in Spiritu per Filium ad Patrem.
성령 안에서 성자를 통하여 성부께(사목 13 전례신학, p.184)/
Major (minor) fílius. (두 아들 중에) 큰아들(작은아들)
(형용사가 frater, soror, filius 등 명사의 부가어로 사용된 경우에는
natu를 쓰지 않는 것이 원칙이다)/
Neque quicquam respondeo, priusquam filium meum
videro. 내 아들을 보기 전에는 나는 아무 대답도 않겠소/
Quærámus, quæ tanta vítia fúerint in único filio,
quare is patri displicéret. 그 외아들이 아버지의 마음에
들지 못할 만한 큰 악습들이 무엇이었는지 알아보자/
Quem dicunt homines esse Filium hominis?(마태 16, 13)
(⑩ Who do people say that the Son of Man is?)
사람의 아들을 누구라고들 하느냐?(성경 마태 16, 13)/
사람의 아들을 누구라고 하더냐?(공동번역 마태 16, 13)/
사람들이 인자(人子)를 누구라고 합디까?(200주년 신약)/
사람들이 인자(人子)를 누구라 하느뇨?(일반 번역).
Silebítne fílius? Immo vero obsecrábit patrem···.
아들 녀석이 잠잠할까?
잠잠하기는커녕 오히려 아버지에게 간청할거야/
Tális est filius, quális est mater.
아들이 어머니의 성질을 닮았다/
terræ filius. 하찮은 사람, 무명인사/
tuus natúrâ fílius. 너의 친아들(fílius naturális. 친아들)/
Unusquisque habet filios, aut habere vult.

여러분은 저마다 자녀를 두고 있거나 자녀를 가지기를
원합니다(최익철 신부 옮김, 요한 서간 강해, p.335)/
Ut filios habeat? quid, si mali erunt?
그가 자녀를 가졌으면 해서입니까? 자녀가 악하게 되면
무슨 소용이 있겠습니까?(최익철 신부 옮김, 요한 서간 강해, p.367)/
Utrum Spiritus Sanctus procedat a Filio.
성령은 성자로부터 발출(發出) 하는가.

Filius a patre pecuniam petit.
아들이 아버지에게 돈을 청했다.

filius adoptátus. 양자(養子, filius adoptívus)

filius adoptívus. 입양된 아들

Filius æternus Dei.(㉰ Eternal Son of God)
하느님의 영원한 아들.

Filius agricolæ donum in ara ponit.
농부의 아들이 예물을 제단에 올려놓는다.
[소유 속격(여기서 agricolæ)은 보통 수식어 뒤에 놓이므로 filius agricolæ
donum은 '아들이 농부의 예물을'이라는 번역보다 '농부의 아들이 예물을'이라는
번역이 더 무난하다. 성 염 지음, 고전 라틴어, p.92]

Filius Altíssimi.(㉰ Son of the Most High)
지극히 높으신 분의 아들(루카 1, 32).

Filius Dei. 하느님의 아들(㉰ Son of God)

Filius Dei glorificétur per eam.(요한 11, 4)
그것으로 하느님의 아들이 영광을 받게 될 것이다

**Filius Dei incarnátus est propter salutem generis
humani.** 하느님의 아들은 인간구원을 위하여 육화하셨다.

**Filius Deus, Deus ex Deo; Spiritus Sanctus,
Deus ex Deo; et hi tres unus Deus, non tres dii.**
성자는 하느님에게서 나신 하느님이고, 성령도
하느님에게서 나신 하느님이십니다. 이 세 분은
한 분이신 하느님이시지 세 하느님이 아닙니다.

Filius est alius a Patre. 성자는 성부께 대한 타자이다.

Filius est persona subsistens in divinis.
성자는 하느님 안에서 자존하는 위격이다.

filius fortunæ. 행운아(幸運兒, gallinæ albæ filius)

Filius hominis. 인자(人子-사람의 아들),
사람의 아들(ὁ υἱὸς τοῦ ἀνθρωπου.㉰ Son of Man)
(복음서에서 예수 그리스도가 자기 자신을 가리켜 일컬은 용어)
Venit enim Filius hominis quærere et salvum facere,
quod perierat.(㉰ For the Son of Man has come to seek
and to save what was lost) 사람의 아들은 잃은 이들을
찾아 구원하러 왔다(성경 루카 19, 10).

filius illegitimus.(㉰ illegitimate child) 불법의 아들
사생아, 서출자(filius legitimus. 적출자), 비적자.

filius imitátur patrem. 아들은 아버지를 본받는다.
(직접 객어가 되는 명사. 대명사는 언제나 대격으로 쓴다).

filius interitus. 멸망의 아들

filius legitimátus. 합법화된 아들(㉰ legitimized child)

filius legitimus. 적출자(嫡出子)/filius illegitimus. 서출자

filius legitimus. 합법의 아들(㉰ legitimate child), 적출자.
filius illegitimus. 서출자(庶出子).

Filius Máriæ Virginis. 동정 마리아의 아들

filius meus es tu, ego hódie genui te.
너는 내 아들, 오늘 너를 낳았노라.″(성탄 밤 미사 입당송).

filius naturális. 친아들(herilis filius)

Filius parentibus obœdiens. 부모에게 순명하는 아들.
[oboedio는 여격을 지배하는 동사로서 분사(형용사) 역할을 하면서도 자기 목적어
를 갖추어 parentibus obœdiens(부모에게 순종하는)가 되었다.

filius prodigus. 탕자(蕩子-방탕한 사나이. 탕아蕩兒)

**Filius sapiens lætificat patrem, filius vero stultus
mæstitia est matris suæ.**(㉰ A wise son makes his
father glad, but a foolish son is a grief to his mother)
지혜로운 아들은 아버지를 기쁘게 하고
우둔한 아들은 어머니의 근심거리가 된다(잠언 10, 1).

filius similis est patri. 아들은 아버지와 비슷하다

filiusfamílias, filiifamilias, m.
친권(親權)에 속한 아들, 슬하(膝下)의 아들.

filix, -ícis, f. (植) 고사리(양치식물 무리)

filum, -i, n. 실, 양털(무명.명주) 실, 가는 줄.
섬조(纖條), 섬유; 거미줄; 현악기의 줄, 직물(織物).
실로 짠(뜬) 것, 모양(새), 생김새, 자태(姿態); 상태.

(연설.문장의) 짜임새, 구성, 구조; 성격, 문체.
Roma의 祭官들이 평소에 모자 대신에 사용하던 털실
머리 띠. (神話) 인간 수명의 실(Parcœ라는 운명의 세 여신 가운데
하나는 그 실을 잣고, 하나는 그 길이를 정하고 하나는 그것을 끊는다. 함).
filo regegáto. (늘여놓았던) 실을 다시 감아 가지고.

Filum in acum conjicio. 바늘에 실을 꿰다.

fímbrĭa¹ -æ, f. (주로 pl.) 맨 끝, 가장자리, 웃단, 웃자락,
(띠.옷단 따위의) 술; 곱슬머리의 끝.
(動.植) 톱쭉날쭉한 가장자리, 주름 모양의 가장자리.

fímbrĭa² -æ, m. Flávius 씨족의 가문명(家門名)

fimbriátus, -a, -um, adj. 좁은 띠 모양의 선을 두른,
술 달린. (動.植) 가장자리가 들쭉날쭉한,
가장자리에 털이 난, 파뿌리 모양의.

fimétum, -i, n. 똥거름 구덩이, 두엄자리

Fimoteca Vaticana. 바티칸 영화 사무국

fimum, -i, n.(fimus, -us, m.) 동물의 똥, 두엄(거름),
(거름으로 쓰이는) 인분(人糞), 흙탕, 진창.
aliquantulus fimi. 소량의 비료(肥料).

fimus pinguis. (땅을) 기름지게 하는 두엄

finális, -e, adj. 경계(境界)에 관한, **최종의**, 최후의,
결말의, 종국적, 목적의, 목적에 관한, 목적을 나타내는.
(哲) causa finalis. 목적인(目的因).
(文法) datívus finalis. 목적 3격, 여격(與格).
bonum finale. 최종 선.

finális purificátĭo seu purgatórĭum*
마지막 정화, 연옥(煉獄.㉰ purgátory).
정화(淨化.㉰ Purificátĭon.獨 Fegfeuer).

finálĭtas, -átis, f. 최종적인, 종국성(終局性), 일의 끝장.
(哲) 목적성(目的性), 합목적성(合目的性).

finaliter, adv. 최종적으로

findo, fidi, fissum, -ĕre, tr. 쪼개다(צבח.בקע), 뻐개다,
찢다(בקע), 가르다(פלג.פלגא), 나누다(פלג.פלגא),
벌어지게 하다, (물결을) 헤치다: 밭고랑을 내다,
파헤치다. (pass) findi. 화가 치밀다, 분노를 터뜨리다.

Finem imponere festino. 나는 빨리 끝장내려고 한다.

fines, -íum, m., pl. (복수에서는 단수보다 다른 뜻 더 가짐)
목적; 경계(境界); 영역(領域), 영토.

fines intrinseci sed accidentales. 내적이며 은유적인 목적

fines intrinseci sed essentíales.
결혼의 내적이며 본질적인 목적.

Fines Matrimonii(㉰ Purpose of marriage). 혼인의 목적

fingo, finxi, fictum, -ĕre, tr. **빚다, 모양을 만들다,**
만들어 내다, (집을) 짓다(בנה.גשר),
(그림 따위를) 그리다(γραφήιν), 조각(彫刻)하다,
수공품을 만들다, 제작하다, 가지런히 하다, 정돈하다,
손질하다, **매만지다,** (머리를) 빗다(빻다); 다듬다,
(어떤) 얼굴을 짓다, 표정을 짓다, 짐짓(애써) …되 하다,
가장(假裝)하다; …한 태도를 하다, **만들다,** 작성하다,
(글.시를) 짓다; 되게 하다, 형성하다, …에 맞추다,
교육하다, 훈련시키다, 생각해 내다, (속으로) 계획하다,
꾸며내다, 날조(捏造)하다, 상상하다, 마음속에 그리다,
표상(表象)하다, 생각해 보다, 짐작하다.
ad alcjs arbítrium totum se fingo.
자신을 온전히 누구의 뜻대로 되게 하다(뜻을 맞추다)/
alqm mendácem fingo. 누구를 거짓말쟁이로 만들다/
Finge, nunc fíeri sapiéntem.
누가 지금 현자(賢者)가 된다고 상상해 봐라/
fingéndi imágo. 조각상(彫刻像)/
neque vultum fingo. 얼굴 표정을 숨기지 않는다/
vitem fingo putándo. 포도나무를 가지 쳐 다듬다.

fingo ánimo(cogitatióne) alqd. 무엇을 상상하다

fingo crímina in alqm. 누구에게 대한 죄상을 날조하다

fingo nidos. (새들이) 보금자리를 짓다

fingo pastíllos. 환약을 빚다

fíniens, -éntis, m. 지평선(地平線), 수평선(水平線)

fínĭo, -íví(ĭi), -ítum, -íre, tr. 경계를 정하다(이루다),
한계 짓다, 한정(제한)하다, 자세하게 선(線)을 긋다,
규정하다, 결정하다, 정의하다, 풀이하다, **마치다,**

F

481

끝내다(רעז.סלכ.ליסח), 끝나게 하다, 완성하다, (병 따위가) 죽게 하다, 없애버리다, 멸망시키다, (드물게) intr. 끝나다, 말을 마치다, 죽다. (pass.) **finíri**. 끝나다, 죽다.
Rahner locutus est, causa finita. 라너의 말 한마디면 그것으로 끝이다/
Sic *alqs* finívit. 이렇게 아무는 죽었다/
terræ potestas finitur ubi finitur armorum vis. 영토권은 무력이 끝나는 곳에서 끝난다/
Vitam(ánimam, spíritum) finio. 죽다.

finio spátia témporis número nóctium. 밤의 수효로 시간의 간격(間隔)을 규정하다.

finis, -is, m.(f.) (abl., sg.로 -i를 쓰는 경우가 있음) **경계(선)**, 한계(선); 한도; **끝**, 마침, 마지막(ἔσχατος), 결말(結末), 종말(終末), 종국(終局); 결미(結尾), 몰락(沒落), 파멸(破滅), 목적(τέλος.[영] Destiny), 목표(目標); 의도, 죽음(מוּת.θάνατος.[영] Death), 극도(極度), 절정(絶頂). (修) 규정(規定), 정의(定義). (法) 정도, 비례(比例), 비율(比率). pl. **영토**, **영역**(領域), 판도(版圖), 국토; 지역, 지방.
De finibus bonorum(Cicero 지음). 착한 이들의 종미(終尾)/
dempto fine. 끝없이/
Deum velle non esse finem naturæ. 신은 자연의 목적이 없기를 바란다/
Et quid est finis Christus? quia Christus Deus, et finis præcepti caritas, et Deus caritas. 끝이신 그리스도는 무슨 뜻입니까? 그리스도께서는 하느님이시고, 계명의 끝은 사랑이며, 하느님은 사랑이시라는 뜻입니다.(최익철 신부 옮김, 요한 서간 강해, p.443)/
extra fines. 한계선을 넘어서/
Factum est, ego sum Alpha et Omega, initium et finis. 다 이루어졌다. 나는 알파이며 오메가요 처음이며 마지막이다/
fine *alcjs* rei(속어) (무엇.어디) 까지/
fine dei tempi. 시간들의 끝/
finem fácere *alcjs*(*alci*) rei. 무엇을 끝내다/
finem impónere *alci* rei. 무엇을 끝내다/
Finem impónere festíno. 나는 빨리 끝장내려고 한다/
fines egredior. 국경선을 넘다/
impedimentum finis. 목적의 장애(성 염 옮김, 단테 제정론, p.147)/
impono finem(manum) *alci* rei. 끝내다, 손 떼다, 마무르다(물건의 가장자리를 꾸며서 일을 끝맺다)/
In quem finem venturus sit exitus impiorum. 불경스런 인간들의 결과는 어떤 종말을 맞을 것인가. (교부문헌 총서 17, 신국론, p.2818)/
nullo(cum) fine. 끝없이/
perventio in finem. 목적에의 도달/
primo et principaliter dicitur bonum ens perfectivum alterius per modum finis. 일차적이고 근본적으로 선은 목적의 형태를 통해 다른 것을 완성시키는 존재를 뜻 한다/
prolátĭo finium. 영토확장(領土擴張)/
Quem ad finem? 언제까지/
quicumque intendit finem juris intendit cum jure graditur. 누구든지 법정의의 목적을 도모하는 자는 정당하게 처신하는 것이다.(성 염 옮김, 단테 제정론, p.103)/
Quod omnia ad Deum, sicut ad finem ultimum sunt refĕrenda.(준주성범 제3권 9장). 모든 것을 최종 목적인 하느님께 돌림/
ratio ordinandorum in finem. 목적을 향한 질서 지음의 근거/
Réspice finem. 끝을 내다봐라, 결과를 생각해라/
sine fine. 끝없이/
Ubi semel cœptum est judicĭum ibi et finem accipĕre debet(30.D. 5. 1) 재판이 시작한 곳에서 종결을 지어야 한다/
ulterior finis. 궁극의 목적(窮極 目的)/
ultimus finis. 궁극의 목적, 최종목적/
ultimus finis homĭnis. 인간의 최종 목적/
ultimus finis movet agentem. 최종 목적이 행위자를 움직인다/
universális rerum finis. 사물의 보편적인 목적/
Uxor familiæ suæ et caput et finis est. 아내는 그 가족의 처음이며 마지막이다.

finis adsolute ultimus. 절대적 최후 목적
finis auxiliarius. 부수적 목적
finis bonorum. 최고의 선, 최고선(summum bonum)
finis cáritátis. 애덕의 목적
Finis concilio. 공의회 후속 위원회들(1966.1.3. 자의교서)
Finis coronat opus. 일솜씨는 끝손질을 보아야 안다.
finis duplex. 이중 목적
Finis enim respondet principio. 사실 끝은 시작과 대응한다.
Finis est prima causa in causando. 목적은 원인을 주는 제일 원인이다.
finis excidens res creatas. 창조물들을 초월하는 목적
finis intentus. 의도된 목적
finis intermedis. 중간 목표
finis matrimonii. 결혼의 목적
finis mundi. 世末(→종말), 완세(完世-세상의 완성이라는 의미), 종말([영] end of the world.terminus, -i, m.).
finis naturális. 자연적 목적
finis operántis. 주관적 목적(외적 목적), 행위자의 목적; 혼인의 부차적 목적.
finis operantis externus. 행위자의 목적
finis operis. 객관적 목적(내적 목적), 행위 자체의 목적, 행위의 목적; 혼인의 본질적 목적(혼인의 성격 자체로 지향되는 것. 즉 자녀의 출산과 교육, 배우자 간의 협력과 성실을 의미함).
finis pietátis. 신심의 목적
finis primus. 주목적
finis principális et summus. 최고의 목표(目標)
finis proximus. 경과 목적(중세철학 제8호, p.123)
finis rátĭonális naturæ ultimus. 이성적 본성의 최종목적
finis regni christi non erit! 그리스도 나라의 끝은 없으리라(finis가 속문의 주어가 되며, cujus regni는 앞문의 주어를 받고 속문의 주어인 finis를 꾸며준다).
finis secundarius. 부수적 목적
finis sine fine. 영속하는 행복(felicitas duratura)
finis specifice ultimus. 지정적 최후 목적
Finis spiritualis. 영적 목적
finis supernaturális. 초본성적인 목적
finis totius humanæ civilitas. 전체 인류사회의 목적
finis totius mundi. 세계의 목적
finis Ultimus. 최후 목적, 궁극 목적. ulterior finis. 더 궁극의 목적.
Finis unius diei est principium alterius. 하루의 끝은 또 다른 시작이다.
finis universalis. 보편 목적

fínite, adv. 한계(限界) 있게, 유한하게, 자세하게

finítĭmus, -a, -um, adj. (=**finítŭmus**) **인접한**, 붙어(닿아) 있는, 인근의, …와(에) 가까운, 비슷한, 닮은; 관련된. m., pl. 인접 국민.

finítĭo, -ónis, f. 경계(境界)를 정함, 한정(限定), 규정, 정의(定義), 법칙, 규칙, 끝냄, 완결, 완성, 끝손질, 죽음.

finitívus, -a, -um, adj. 끝내는, 마지막의. (修) (누가 무엇을 했는지를) 결정짓는.

finitívus modus. (文法) 직설법

Finito Tractu, Sacerdos in cornu Epistolæ dicit: Oremus, Diaconus: Flectamus genua, et Subdiaconus: Levate. 연경을 마치면, 사제는 서간 편에서 '기도 합시다' 하고 말한다. 이어서 부제는 '장궤 하십시오' 라고 말하고, 차부제는 '일어서십시오'라고 말한다(finito의 원형은 finio).

finítor, -óris, m. 한계선을 긋는 자, 측량사(測量士), 일주(一周) 완성자.

Finitum capax aut non capax infiniti. 유한은 무한(無限)을 포함할 수 있는가 없는가.

Finitum est istud bellum cum clade turpi. 그놈의 전쟁은 수치스러운 참패로 끝이 났다(4활용 수동태 완료시제).

finítŭmus, -a, -um, adj. = **finítimus**

finítus, -a, -um, p.p., a.p.

경계 지어진; 한정된, **유한한**, 끝난, 종결된.
(修) 인물.시간이 확정된, 특정의; (말소리가) 적절한.
(文法) (법.시칭 시제.數.인칭이 갖추어진 형태의)
　한정된: verbum finítum. 종결동사, 정(형)동사,
intelléctus finitus. 유한한 지성/
infinítum non capitur a finito.
　무한자는 유한자로부터 파악되지 않는다/
libertas finita. 유한한 자유/
Quid tam finítum et terminatum quam plenitudo?
　완성보다 더 최종적이고 완결적인 것이 무엇이겠습니까?.
finxi, "fingo"의 단순과거(pf.=perfectum)
fio, factus sum, fíeri, anom., pass. (fácio)
　1. 되다, 이루어지다, 생기다, 생성하다, **일어나다**,
저질러지다.Fit strépitus. 요란한 소리가 일어난다/
Nihil fíeri potest. 아무 것도 될 수 없다/ Fiet áliquid.
어떻게 될 거다. 2. …가(…로) **되다**, …이다; 선출되다,
임명되다: Mélior fis. 너는 더 좋은 사람이 된다/
Hi cónsules facti sunt. 이들이 집정관으로 선출되었다/
Ter quinquagínta fiunt 150. 50의 3배는 150이다/
ex ínope dives factus. 가난뱅이에서 부자가 된 사람/
alci fio ludíbrio. 누구에게 조소거리가 되다.
3. 제조되다, 만들어지다, Matéria a Deo Facta est.
물질은 하느님에 의해 창조되었다. 4. 평가되다, 존중
되다, 여겨지다. tanti fio ab amícis. 친구들한테 그만큼
존중되다. 5. 누구의 것이(소유가) **되다**, …에게 **귀속**
하다. 6. (시간) 지나다: Biénnium jam factum(est).
2년이 지났다. 7. …한 이야기가 있다. Nihil te fíeri
posse jucúndius, dicunt. 사람들은 네게 대해 더 기분
좋은 이야기가 있을 수 없다고 한다. 8. **되다, 있다**:
ut fíeri solet(ut fit plerúmque) 흔히 되는(있는) 바와
같이/ Fíeri non pótuit áliter. 달리는 될 수 없었다/
Fiat. 그래 좋아(양보.허가.긍정 따위의 표시).
9. …일이(때가) 있다, …게 되다. …게 되는 수가 있다:
Raro fit, ut omnes idem séntiant. 모든 사람들이
같은 것을 생각하는 일은 드물다/ Ita fit, ut… 이렇게
해서 …게 된다/ Quo factum est, ut… 이로 말미암아
…게 되었다/ fíeri potest. ut… 일이 있을 수 있다/ fíeri
non potest. quin(=ut non) …게 되지 않을 수 없다,
될 수밖에 없다. 10. (잃어버린 것에 대한 질문으로서)
Quid factum est, alqo(alqā re)? (누가) 어떻게 됐느냐?/
Quid est argento factum? 그 은화는 어떻게 됐지?/
11. Si quid me(alqd) factum sit, 내게(누구에게) 무슨
일이 일어나거든(혹시라도 죽는다든지 하면). (라틴-한글사전).
Ad quod bellum gerendum Themistocles prætor a populo
fit. 들판이 병기로 불타오르던 때에 테미스토클레스는
　국민에 의해서 집행관이 된다/
Cum clade omnia nostra fient inimicorum..
　적병들의 패배로 모두가 우리 것이 될 것이다.
　(속격은 원래 바로 앞의 단어를 수식함. 그러나 "패배로 더불어 우리 것이 모두
　적병들 것이 되리라"는 번역도 가능함. 성 염 지음. 고전 라틴어, p.196)/
Ex hoc fit ut fiat in te quod sequitur.
　이렇게 하면 그대 안에서 이어지는 말씀이 이루어집니다/
fieri aliud in quantum aliud.
　인식은 자기와는 다른 것이 됨이다/
Fies deinde certus de discessu patris
　그러고 나면 너는 아버지의 출발에 관해서 확실해질 것이다/
Ignis fit prima causa culturæ humanæ.
　불은 인류 문명의 첫 번째 원인이 된다/
Ille numquam ulla vi, ullis minis, ulla invidia labefiet.
　여하한 폭력으로도, 여하한 위협으로도, 여하한 반감으로
　도 그는 결코 동요되지 않으리라. 성 염 지음. 고전 라틴어, p.196.
　[numquam ullus(X nullus)… 이중부정은 긍정이 됨을 유의할 것)/
Jubebo cellam calefieri. 안주인의 방은 벌써 덥혀져 있었다/
Magnus terræ motus fiebat juxta pedem montis.
　땅의 거대한 지진이 산발치에서 일어나곤 했다/
Quod de Tulliola mea fiet?
　나의 툴리올라에게 무슨 일이 일어날 것인가?
Sepulcra locus sanctus fit Romanis.
　무덤은 로마인들에게 신성한 장소가 된다/

	직설법 현재		접속법 현재	
	sg.	pl.	sg.	pl.
1	fio	firmus	fiam	fiámus
2	fis	fitis	fias	fiátis
3	fit	fiunt	fiat	fiant

	직설법 미완료		접속법 미완료	
	sg.	pl.	sg.	pl.
1	fiébam	fiebámus	fierem	fierémus
2	fiébas	fiebátis	fíeres	fierétis
3	fiébat	fiébant	fíeret	fierent

	직설법 미래		접속법 미래	
	sg.	pl.	sg.	pl.
1	fiam	fiémus	futúrus(-a, -um) sim	futúr(-æ, -a) simus
2	fies	fiétis	futúrus(-a, -um) sis	futúr(-æ, -a) sitis
3	fiet	fient	futúrus(-a, -um) sit	futúr(-æ, -a) sint

- 현재 명령법 fi, (단수 속격) fite! (복수 속격)
- fio는 fácere의 수동형이다
Beátus fio. 나는 복된 사람이 된다.
Omnia Fiunt. 모든 것이 된다.

	직설법 단순과거 perf.		
	sg.		pl.
1	factus -a, -um, sum	facti -æ, -a, sumus	
2	factus -a, -um, sim	facti -æ, -a, estis	
3	factus -a, -um, est	facti -æ, -a, sunt	

	직설법 과거완료 plusq.		
	sg.		복수 pl.
1	factus -a, -um, eram	facti -æ, -a, eramus	
2	factus -a, -um, eras	facti -æ, -a, eratis	
3	factus -a, -um, erat	facti -æ, -a, erant	

	직설법 미래완료 fut. ex.		
	sg.		pl.
1	factus -a, -um, ero	facti -æ, -a, erimus	
2	factus -a, -um, eris	facti -æ, -a, eritis	
3	factus -a, -um, erit	facti -æ, -a, erunt	

(한동일 지음. 카르페 라틴어 2권, pp.125-127).

Firma in traditione, 미사 헌금에 관한 권한(權限)
(1974.6.13. 자의교서).
firmámen, -mínis, n. 지주(支柱), 버팀목; 고임 돌(굄돌)
firmaméntum, -i, n. n. 버티는 수단, 확립방도, 기둥,
견고히 하는 것, 흔들리지 않는 힘, 확고성(確固性);
증거(證據.μαρτυρία.μαρτύριον.⑨ Witness), 확증,
확고한 근거, 궁창(穹蒼-높고 푸른 하늘. 蒼天), 창공(푸른 하늘).
in firmamento virtutis ejus!
　그분의 권능의 창공에서!(그분의 확고한 권능에서/)
Et fecit Deus firmamentum divisitque aquas, quæ erant
sub firmamento, ab his, quæ erant super firmamentum.
Et factum est ita. (God made the dome, and it separated
the water above the dome from the water below it)
(kai. evpoi,hsen o` qeo.j to. stere,wma kai. diecw,risen o` qeo.j avna
me,son tou/ u[datoj o] h=n u`poka,tw tou/ sterew,matoj kai. avna.
me,son tou/ u[datoj tou/ evpa,nw tou/ sterew,matoj) (獨 Da machte
Gott die Feste und schied das Wasser unter der Feste
von dem Wasser über der Feste. Und es geschah also).
　하느님께서 이렇게 궁창을 만들어 궁창 아래에 있는
　물과 궁창 위에 있는 물을 가르시자, 그대로 되었다(성경/)
　하느님께서는 이렇게 창공을 만들어 창공 아래 있는
　물과 창공 위에 있는 물을 갈라놓으셨다(공동번역 창세 1. 7).
**Firmamentum autem stabilitatis constantiæque est
eius, quam in amicitia quærimus, fides; nihil est enim
stabile, quod infidum est.**(Cicero) 우리가 우정에서 찾는
변함없고 굳건한 관계의 지주는 신의이다. 신의가 없는
것은 어떤 것도 확고할 수 없기 때문이다.
Firmamentum est cælum. 하늘은 창공이다.
(하늘은 굳건한 덮개다. 교부문헌 총서 17, 신국론. p.2314).
Firmamentum salutis est, habere radicem caritatis,

483

habere virtutem pietatis, non formam solam.
구원의 토대란 사랑의 토대를 지니는 것이며 신심의 덕을
간직하는 것인데, 그것은 겉모양만으로 되는 것이 아닙니다.
(최익철 신부 옮김, 요한 서간 강해, p.131).

firmandum, 동명사. 원형 firmo, -ávi, -átum, -áre

firmans, 원형 firmo, -ávi, -átum, -áre, tr.
[현재분사. 단수 firmans, 복수 firmantes].
Accénde lúmen sénsibus, infúnde amórem córdibus:
infírma nóstri córporis virtúte fírmans pérpeti.
우리 명오 비추시고, 우리 맘에 사랑주사.
우리들의 질병고통 즐겨 참게 하옵소서.
[명오에 빛을 비추어 주시고, 마음들에 사랑을 부어 주소서.
저희 육신의 나약함을 끊임없는 힘으로 굳세게 하소서]

firmátor, -óris, m. 공고히 하는 자, 확립자(確立者)

firmior, -or, -us, adj. firmus, -a, -um의 비교급

Firmissimam Constantiam, 멕시코의 현실(1937.3.28.)

firmissimus, -a, -um, adj. firmus, -a, -um의 최상급.
Consul patiens erat laborum, belli haud ignarus,
firmissimus contra pericula. 집정관은 수고를 견디냈고,
전쟁을 모르지 않았으며, 위험에 처하여 지극히 굳건했다/
Firmissimum hoc adferri videtur, cur deos esse
credamus, quod nulla gens tam fera nemo omnium tam
est immanis, cujus mentem non imbuerit deorum
opinio.(Cicero). 신이 있다는 것을 왜 믿느냐는 물음에
이것이 가장 강력한 논리라고 보인다. 그것은 그 정신이
신들에 대한 생각에 젖어있지 않을 만큼 야만적인
종족이 하나도 없고 그럴 만큼 야성적인 인간이 하나도
없다는 사실이다.(성 염 지음. 고전 라틴어. p.316)/
Maximum et firmissimum vinculum amicitiæ est morum
similitudo. 유사한 행동거지가 우정의 가장 크고 강한
사슬이다(라틴어 문구에서 예를 들어, morum similitudo는 '행동거지의
유사성' 보다는 '유사한 행동거지'로 번역함이 훨씬 무난하다).

firmĭtas, -átis, f. 튼튼함, 견고성(堅固性), 굳건함,
견실; 강력함; 확고부동, 불변, 항구함(@ Perseverance).
항심(늘 지니고 있어 변함이 없는 올바른 마음. 흔들리지 아니하는 마음).
Ea amicitia non sátis habet firmitátis.
그 우정은 견고성(항구성)이 부족하다.

fírmĭter, adv. 튼튼히, 단단히, 견고히, 굳게, 굳건히

firmiter insisto. 굳건히 버티고 서 있다

firmitúdo, -dĭnis, f. 견고(堅固)함, 굳음, 확고함.
단호함, 강력함, 항구성(恒久性).

firmo, -ávi, -átum, -áre, tr. 튼튼하게 하다, 굳히다.
견고(공고)하게 하다, 다지다, 안전하게 방비하다.
강화(强化)하다, 용기(사기)를 돋우어 주다, 격려하다,
자신을 갖게 하다, 고무하다, 확실하게 하다, 확인하다.
증명(확증)하다, 확언(단언)하다, 다짐하다, 보증하다.

firmo consisto gradu. 굳건히 (버티고) 서있다

firmus, -a, -um, adj. **튼튼한**, 견고한; 굳은, 단단한,
오래 가는, 지속되는; 견디어 내는, 굳센, 확고한, 힘찬,
강력한, 흔들리지(움직이지) 않는, 확실한, 믿음직한.
cantus firmus. 지속되는 노래/
Idem velle atque idem nolle, ea demum firma
amicítia est.(is 참조) 같은 것을 원하고 같은 것을
싫어하는 그것이야말로 확고한 우정이다/
Nam idem velle atque idem nolle, ea demum firma
amicitia. 한마음 한 뜻이면 이것으로 결국
참다운 우정이 성립 된다/
Sententia ista vera est, firma est. 이 말씀은 참되고
확실합니다.(최익철 신부 옮김. 요한 서간 강해. p.313).

firmus Cantus. 기초 선율(그레고리오 성가 용어)

fiscális, -e, adj.
국고의, 국고 수입상의, 국가 재정의; 국가 소유의.

fiscárĭus, -i, m. 국고의 채무자

fiscélla, -æ, f. 작은 바구니, 채롱

fiscéllus, -i, m. 작은 바구니, 연한 치즈를 즐겨 먹는 사람

fiscĭna, -æ, f. 바구니, 채롱(껍질을 벗긴 싸릿개비로 함처럼
결어 만든 채그릇의 한 가지).

fiscus, -i, m. 바구니, 광주리, 채롱, 돈바구니, 돈 궤,
금고(金庫), 국고(國庫), 국고금(國庫金), 공금(公金),

국유재산(國有財産), 황제의 개인금고, 세금(稅金); 돈.

fiscus Judaicus. 유대인세(稅)

fissĭlis, -e, adj.
쉽게 쪼개지는, 갈라지는; 나누어지는, 쪼개진, 갈라진.

fissĭo, -ónis, f. 쪼갬, 가름, 나눔(@ distribution),
열개(裂開)-찢어서 벌림. 쪼개어 열), 분열(分裂)

fissĭpes, -pĕdis, adj.
갈라진 발굽을 가진, 우제류(偶蹄類)에 속하는.

fissum, "findo"의 목적분사(sup.=supínum)

fissum, -i, n. 균열(龜裂-거북의 등딱지 모양으로 갈라짐),
갈라진(터진) 틈, 틈새기(틈의 극히 좁은 부분), 찢어진 상처,
간엽(肝葉-우엽右葉·좌엽左葉으로 나뉜 간장의 그 한쪽 부분. 간잎).

fissúra, -æ, f. 균열(龜裂-거북의 등딱지 모양으로 갈라짐),
갈라진(터진) 틈, 찢어진 곳.
(解.醫) 파열(破裂-짜개지거나 갈라져 터짐),
열구(裂溝), 열창(裂瘡-피부 따위가 찢어진 상처).

fissus, -a, -um, p.p. (findo)

fistúca, -æ, f. (=festúca) 달구(집터 따위를 다지는 데 쓰는 기구),
(크고 무거운) 망치, 공이, 메(무엇을 치거나 박을 때 쓰는
나무나 쇠로 만든 방망이).

fistucátĭo, -ónis, f. 달구질, 땅 고르기, 망치로 박음

fistúco(=festúco) -ávi, -átum, -áre, tr.
달구질하다, 다지다, (땅을) 고르다; 말뚝 박다.

fístŭla, -æ, f. 관(管), 도관(導管), 파이프; 수도관,
(갈대.대나무의) 대롱, 대통; 식물 줄기(꽃꼭지)의 구멍,
음계(音階) 피리, 목적(牧笛); (특히) 목신(牧神) Pan의
피리(=syrinx: 길고 짧은 여러 개의 대롱을 길이의 순서대로 나란히 엮은
취주악기). 해면(海綿)의 구멍, (파리 따위 곤충의) 주둥이,
고래의 숨구멍(분수 구멍), 펜대, 붓대,
(옛날 교황 미사 때) 성혈 영성체 빨대.
(解) 기관지(氣管支); 요도(尿道-오줌길).
(醫) 누(瘻-筆), 누관(瘻管)

fistula ani. 치루(痔漏-치질의 한 가지 누치瘻痔)

fistuláris, -e, adj. 도관(導管)의

fistulárĭus, -i, m. 목적(牧笛) 부는 사람, 피리 부는 자

fistulátim, adv. 도관(導管)을 통하여, 도관 모양으로

fistulátor, -óris, m. Syrinx 피리(牧笛) 부는 사람

fistulatórĭus, -a, -um, adj. 목적(牧笛) 부는

fistulátus, -a, -um, adj.
도관(導管)이 장치된; 대통 모양의, 관상(管狀)의.

fistulósus, -a, -um, adj. 관(管) 모양의, 대통 모양의,
속이 빈, 관(管)이 많은, 구멍 많은, 누성(瘻性)의.
(植) állium fistulósum. 파.

fisus, -a, -um, p.p. (fido) (무엇을) 믿은, 믿고

fit, 원형 fio, factus sum, fĭĕri, anom., pass. (fácio)
[직설법 현재. 단수 1인칭 fio, 2인칭 fis, 3인칭 fit,
복수 1인칭 fimus, 2인칭 fitis, 3인칭 fiunt].

Fit strepitus. 요란한 소리가 일어난다(fio 참조)

fite, 원형 fio, factus sum, fĭĕri, anom., pass. (fácio)
[명령법. 현재 단수 2인칭 fi, 복수 2인칭 fite].

fitílla, -æ, f. 제사 때 쓰던 죽(粥)

fixátor, -óris, m. (figo) (解) 고정근(固定筋)

fixi, "figo"의 단순과거(pf.=perfectum)

fixum, "figo"의 목적분사(sup.=supínum)

fixúra, -æ, f. (못 따위를) 박음; 못 박은 자리

fixus, -a, -um, p.p., a.p. 박힌, 꽂힌, 고정 된,
붙어 있는, 움직이지 않는, 변동(變動) 없는,
불변(不變)의, 결정(決定)된, 확정(確定)된.

**Fixus in cruce erat, et in ipsa via ambulabat: ipsa
est via caritatis**. 십자가에 달려서도 걸어가신 길,
바로 이 사랑의 길입니다.(최익철 신부 옮김. 요한 서간 강해. p.89).

flabellĭféra, -æ, f. 부채 들고 다니는 시녀

flabéllo, -áre, tr. 부채질하다, 바람을 불어 넣다

flabéllŭlum, -i, n. 작은 부채

flabéllum, -i, n. 부채, 풍구(바람을 일으켜 곡물에 섞인 겨.먼지
.쭉정이 따위를 날려 보내는 농구), 공작새의 꼬리,
(교회의 공식 행렬 때 쓰는) 의식용 우선(羽扇), 성선(聖扇),
예식용 부채, 전례용 부채(동방교회에서는 ripidion이라 함. 세라핌

천사가 그려져 있는 이 부채는 4세기부터 동방교회에서 미사 때 파리나
버러지를 쫓기 위해 쓰여 전례용구가 되었다. 서방교회에서는 14세기까지 사용
되었다. 지금도 그리스 교회, 아르메니아교회의 주교미사 때 상징적으로 사용한다.
영예의 표로 교황이 교황 연(輦)을 타고 거동할 때에는 두 개의 부채를 사용한다.
(백민관 신부 엮음, 백과사전 2, p.10).

flábĭlis, -e, adj. (flo)
　바람의, 기체의, 날려갈 수 있는, 가벼운, 영신적.

flabra, -órum, n., pl. (flo) (바람이) 불어 옴, 바람결; 바람.

flabrárĭus, -i, m. 시체 옆에서 부채로 파리 쫓는 사람

flácceŏ, -ére, intr. 느른해지다, 축 늘어지다,
　시들다(אבל, חלה); 힘 빠지다, 활기가 없다.

flaccésco, -cŭi -ĕre, inch., intr. 축 늘어지다,
　시들어지다, 마르다(כמש, נבל); 연해지다,
　기운 빠지다, 약해지다(חלה, אמלל, נבל).

fláccĭdus, -a, -um, adj. 축 늘어진, 처진, 시든, 무른,
　연한; 연약한, 쇠약한, 무기력한, 활기 없는.

flaccus¹ -a, -um, adj. **축 늘어진, 처진**, 느른한, 시든;
　귀가 늘어진, 耳 늘어진 사람.

Flaccus² -i, m. Roma인의 가문명

flagellátæ, -árum, f., pl. (植)
　(딸기처럼) 포복지(匍匐枝)가 있는 식물.

flagellántes, -ĭum, m., pl. 편태 고행자(苦行者)

flagellátĭo, -ónis, f. 매질, 편태(鞭笞),
　태형(笞刑).笞刑-五刑의 하나. 매로 볼기를 치던 형벌).
　징계(懲戒), 견책(譴責-잘못을 꾸짖고 나무람).

flagéllo, -ávi, -átum, -áre, tr. 채찍질하다, 매질하다,
　편태(鞭笞)질하다, 도리깨질하다.

flagéllum, -i, n. 채찍, 편태(鞭笞), 태형(笞刑),
　(투창에 달린) 가죽 끈(=améntum), 새로 돋은 포도가지,
　나긋나긋한 나뭇가지, 도리깨, 양심가책(良心苛責).
　Flagelli plaga livorem facit, plaga autem linguæ
　comminuet ossa. 매에 맞으면 자국이 남지만,
　　혀에 맞으면 뼈가 부서진다.

flagéllum Dei.(⑨ Scorge of God) 하느님의 매

flagitátĭo, -ónis, f. 재촉, 졸라 댐, 애원(哀願),
　탄원(歎願).⑨ Supplicátĭon), 청원(請願).⑨ Petition).

flagitátor, -óris, m. 집요하게 요청하는 자, 재촉자,
　애원자(哀願者), 탄원자(歎願者), 청원자(請願者), 청구자.

flagitiosior, -or, -us, adj. flagitiósus, -a, -um의 비교급

flagitiosissimus, -a, -um, adj. flagitiósus, -a, -um 최상급.
　Res pública paulatim ex pulcherrima et optima
　pessima ac flagitiosissima facta est. 공화국이 지극히
　아름답고 훌륭한 공화국에서 가장 사악하고 재난이
　심한 공화국이 되고 말았다(성 염 지음. 고전 라틴어, p.260].

flagitiósus, -a, -um, adj. 불명예(창피.망신)스러운,
　수치스러운, 파렴치한, 방탕한, 추잡한, 외설한; 치욕적인.

flagítĭum, -i, n. 파렴치한 행동; 방탕(放蕩.⑨ Lust),
　난잡(추잡)스러움, 외설(猥褻-성욕을 자극하거나 하여 난잡함),
　추행(醜行-도의에 벗어나 추잡하게 행동함. 음란한 짓. 難行), 악습,
　악행(⑨ evil deed), 죄악(罪惡.⑨ Lawlessness),
　수치(羞恥-부끄러움), 불명예, 치욕(恥辱-부끄러움과 욕됨),
　파렴치한(破廉恥漢-염치를 모르는 뻔뻔스러운 사람).

flagíto, -ávi, -átum, -áre, tr. 집요하게 청하다, 조르다,
　탄원하다(προσεὐχομαι), 강요하다, 요청하다,
　간청하다(בעא, בעי, προσεὐχομαι),
　요구하다(תבע, בעא, בעי, ἐρωτάω),
　청하다(αἰτέω), 알려고 하다, (법정으로) 소환하다.

Flagrábant vítĭa apud illum.
　그에게는 강렬한 악습들이 있었다.(flagro 참조)

flagrans, -ántis, p.præs. 불타는, 타오르는, 빛나는,
　반짝이는, 찬란한, 혁혁한, 명백한,
　(감정.욕망 따위가) 타오르는, 열렬한, 강렬한,
　북받치는: 열성적(熱誠的)인. adv. **flagránter**.

flagránti stúdio. 불타는 열성으로.
　[형용사로 쓰는 현재분사는 제3변화 형용사(제3식)대로 변화한다.
　단수 탈격 어미로 -i, 복수 속격 어미로 -ĭum을 가진다].

flagrántĭa, -æ, f. 뜨거운 열, 염열(炎熱-심한 더위. 염서炎暑),
　타오르는 불, 불길, 열정(熱情), 뜨거운 사랑, 열망.

flagrítrĭba, -æ, m. 채찍 소모자, 늘 매 맞는 노예(奴隷)

flagro, -ávi, -átum, -áre, intr. **불타다, 타오르다**;

도가니 속에 있다, **빛나다**(זהר), 찬란하게 나타나다,
열렬하다. (감정.욕망 따위에) 불타다, 열중하다,
몹시 원하다, (감정.욕망 따위가) **타오르다**. 치열하다,
치밀다, 강렬하다. (무엇에) 몹시 고생하다, 시달리다.
　tr. 누구에 대한 사랑에 타오르다.
　Flagrábant vítĭa apud illum.
　그에게는 강렬한 악습들이 있었다/
　ut semper fraterno amore flagretis, sive in fratrem
　factum, sive in inimicum, ut frater fiat diligendo.
　이미 형제가 된 사람을 향해서나, 원수를 향해서나 항상
　형제애로 불타도록 하십시오(최익철 신부 옮김. 요한 서간 강해. p.453).

flagrum, -i, n. 채찍, 편태(鞭笞)

flāmen¹ -mĭnis, m. 고대 Roma의 제관(신관)
　(처음에는 Júpiter, Mars, Quirínus 신에게 각각 봉사하도록 3명이 있었으나,
　후에 차차 다른 여러 신들의 수효대로 그 수가 많아졌음; 이들은 늘
　모자를 쓰고 있어야 했으나 축제일이 아닌 때에는 모자 대신 양털 실로 만든
　머리띠를 사용하기 시작하였음. [어원은 flmen(제관의 '양털' 머리띠),
　flare('입으로 불어' 성화를 지피던 의식)에 두기도 한다. (신국론, p.254)

flāmen diális. Júpiter 신의 제관

flāmen² -mĭnis, n. (바람이) 붊, 바람결, 바람, 미풍, 숨결,
　영감, 성신, 성령(רוח.πνεῦμα.γιον.⑨ Holy Spirit).
　baptísmus fláminis. 성령의 세례, 화세(火洗).

flámĭna, -æ, f. 제관직(祭官職)을 얻은 여자

flaminális, -e, adj. flāmen¹제관직을 이행(履行)하는

flaminátus, -a, -um, adj. flāmen¹제관직

flamínĭa, -æ, f. 제관(flāmen¹)의 아내, 제관 관저(官邸)

flamínĭca, -æ, f. 제관(祭官) 부인

flamínĭca diális. Júpiter 신의 제관 부인

flamínĭum, -i, n. (flāmen¹) Roma 제관의 제관직

flamínĭus, -a, -um, adj. 제관(flāmen¹)의

flamma, -æ, f. 불길, 화염(火焰), 불꽃(stella comans),
　불빛, 불, 횃불, 광채, 섬광(閃光-순간적으로 번쩍 빛나는 빛);
　별빛, 눈부신 빛깔, 눈빛(眼光), 열정(熱情), 정열(情熱),
　타오르는 사랑(戀情), 정화(情火), 등등한 노기(怒氣),
　파멸(破滅), 와중(渦中-"물이 소용돌이치는 가운데"라는 뜻).
　circumventi flamma. 불길에 휩싸인 사람들/
　flammæ trepidant. 불꽃이 춤추다/
　flammam concípere. 불붙다/
　Se erípuit flammā. 그는 화염에서 재빨리 빠져나왔다/
　téndere de fumo ad flammam. 바늘 도둑이 소도둑 된다.

Flamma ad cælum fertur.
　화염이 하늘까지 치솟는다(fero 참조).

flamma crepitans. 탁탁 튀는 불꽃

Flamma fumo est proxima.
　불꽃은 연기에 아주 가깝다.(아니 땐 굴뚝에 연기 나랴?).

flammabúndus, -a, -um, adj. 불타오르는

flammántĭa lúmĭna. 불타는(부리부리한) 두 눈(flammo 참조)

flammátrix, -ícis, f. 불태우는 여자

flammeárĭus, -i, m. 주홍색 면사포 제조인(상인)

flamméŏlus, -a, -um, adj. 주홍색의.
　n. 작은 면사포(面紗布).

flammésco, -ĕre, intr. 불타다, 불붙다.

flámmĕum, -i, n. 불빛, 불꽃, 주홍색, 주홍색 면사포,
　결혼식 때 집에 세우는 불기둥.

flámmĕus, -a, -um, adj. 불꽃의, 화염(火焰)의; 불타는;
　불같은, 불빛의, 주홍색의, 열화 같은, 정열적인; 격렬한.

flammícrĕmus, -a, -um, adj. 불길에 휩싸인

flámmĭdus, -a, -um, adj. 화염의, 불타는, 주홍색의

flámmĭfer(-ger) -ĕra -ĕrum, adj. (flamma+fero, gero⁴)
　불타는, 불길 같은, 횃불 밝혀 든.

flammígĕna, -æ, m. 불에서 난 자(=Vulcánus의 아들 Cacus)

flámmĭgo, -áre, intr. (flamma+ago) 불길을 내뿜다

flámmĭpes -pĕdis, adj. 불붙은 발의, 불난 듯 빠른

flammípŏtens -éntis, adj. 불을 다스리는, Vulcánus의 별명

flammívŏmus, -a, -um, adj. 불을 내뿜는(토하는)

flammo, -ávi, -átum, -áre, intr. 불타다,
　flammántĭa lúmĭna. 불타는(부리부리한) 두 눈.
　tr. 불태우다, 불붙이다, 타오르게 하다, 빨개지게 하다,
　붉히게 하다, 격렬한 감정을 일으키게 하다.

자극(刺戟)하다, 덧들이다.
flammósus, -a, -um, adj. 달아오르는, 불타는
flámmŭla, -æ, f. 작은 화염(불꽃.불길)
flamónĭum, -i, f., n. (flāmen¹의) 제관직
flasca, -æ, f. (=**phlasca**) 술병.
flasco, -ónis, m. 술병, 플라스크 ([영] flask)
flátĭlis, -e, adj. 입김(바람) 불어서 만들어지는, 날려서 들어가는, 녹여(부어) 만든, 주조(鑄造)된.
flatilis línea. 쉼표(,)/submedius distinctio.
flator, -óris, m. 피리 부는 자, 주조자(鑄造者)
flatúra, -æ, f. 입김, 바람, 녹여(부어) 만듦, 주조(鑄造-쇠붙이를 녹여 물건을 만듦).
flaturárĭus, -i, m. 녹여(부어) 만드는 사람, 주조자
flatus, -us, m. 호흡(呼吸), 숨(רוּחַ.[영] Breath), 숨결, (바람이) 붊; 바람소리, 바람결; 바람, 미풍(微風), 피리(퉁소)의 음향(音響), 행운(幸運).
(흔히 pl.) 오만(傲慢), 거만(倨慢), 건방짐.
flatus vocis. 말(소리)의 발성(發聲), 소리의 숨결
flávĕo, -ére, intr. (flavus) 노랗다, 누렇다, 황금색이 나다.
flavens. 노란.
flavésco, -ĕre, intr., inch. (flávĕo) 노란(금) 빛이 되다, 누렇게 되다.
flavícŏmans, -ántis, (=**flavícŏmus**, -a, -um) adj. 금발의
flávĭdus, -a, -um, adj. 노란; 누런
Flavius, -i, m. Roma인의 씨족명, Vespasianus.Titus. Odomitianus 황제 등은 이 씨족 출신.
Si Flavius viveret, verba ejus audiretis. 만일 플라비우스 가 살아 있다면, 여러분은 그의 발언을 들을 수 있을 텐데.
flāvus, -a, -um, adj. 노란, 황색의, 금빛의; 누런
flava arva. 황금 물결치는 밭
Flebat de filii morte. 그는 아들이 죽어서 울고 있었다.
flébĭlis, -e, adj. (fleo) 눈물겨운, 슬픈, 비통한, 통탄할, 눈물 나게 하는, 울게 하는, 몹시 우는, 눈물 흘리는.
Flectamus genua. Levate. 무릎을 꿇읍시다. 일어나십시오.
flecto, flexi, flexum, adj. 굽히다, 구부리다, 꺾다, 꿇다, 만곡(彎曲)시키다, 돌리다, 우회시키다, 회전시키다, 전향(轉向)시키다, (음정.목소리 따위를) 바꾸다, 바꿔서 …하다, (정신.생각.성격.모양을) 변화시키다, 향하게 하다, 기울어지게 하다, 감동(感動)케 하다, 움직이게 하다, (마음 따위를) 돌이키게 하다, 피하다, 벗어나다. (文法) 단어의(격.인칭) 어미를 변화하다.
flexa sýllaba. 악센트 받는 긴 음절,
intr. 돌다, 돌아가다, (방향을) 돌리다, 향해 가다, 꺾이다, 구부러지다.
Flectamus genua. 무릎을 꿇읍시다.
flecto verbum. 외국어에서 말을 가져오다, 파생시키다
flegma, -átis, n.(=**phlegma**) 점액질(粘液質), 담, 가래
flémĭna, -um, n., pl. (醫) 정맥류(靜脈瘤)
flendus, -a, -um, gerundív. 슬퍼해야(울어야) 할 (대상물), 비탄(통탄)할.
flentes, 원형 flĕo, flēvi, flētum, flēre, intr. [현재분사. 단수 flens, 복수 **flentes**]. [예문 exsules 참조]
flĕo, flēvi, flētum, flēre, intr. 울다(יכב.אכב), 눈물 흘리다, 이슬 맺히다, 방울져 떨어지다.
tr. 슬퍼하다(יכב.אכב.לבא.ררמ.מרירמ.דפס), 비탄하다, …에 울다, 방울져 떨어지게 하다, 흘리다.
Cum ea puella tristis esset, flevit. 여자는 슬퍼서 울었다/
Desine flere. 그만 울어라/
Domine, fac me flere!(Domine, fac me flentem!/ Domine, fac me ut fleam!) 주님 나를 울게 하소서/
Dominus flevit. 주님이 우셨다/
flĕo *alci*. 누구 앞에서 울다/
Iste puer flere solet. 저 애는 울기를 잘한다/
Nulla flendi est major causa, quam flere non posse. 울 수 없는 것보다 울어야 할 큰 이유가 또 없다(Seneca)/
Quid est, quod (cur) fleas? 네가 우는 이유가 무엇이냐?/
Si vis me flere, dolendum est primum ipsi tibi.(Horatius). 나를 울리고 싶거든 그대가 먼저 괴로워야 마땅하리라.
[dolendum est: 수동태 용장활용. tibi가 의미상의 주어. 고전 라틴어, p.336].
flétĭfer, -ĕra, -ĕrum, adj. (fletus¹+fero) 눈물 흘리는, 우는, 이슬 맺힌, 방울져 떨어지는.
fletu scindo verba. 흐느낌으로 말을 중단하다
fletu signata genas. 두 볼에 눈물자국이 나 있는 여자
fletum resorbeo. 복받치는 설움을 꾹 참다
fletus¹ -a, -um, p.p., a.p. (fieo) 슬픔(비탄)의 대상이 된, 울린, 몹시 운, 슬퍼한, 비탄(悲嘆)에 잠긴, 이슬 맺힌, (액체를) 흘리는.
fletus² -us, m. 울음, 체읍(涕泣-눈물을 흘리며 슬피 욺), 통곡(慟哭), 비탄(悲嘆-슬퍼하여 탄식함), (넘쳐흐르는) 눈물.
fletum movére *alci*. 누구를 울리다/
Fletus fregére virum. 눈물이 (완고한) 사나이를 꺾었다/
Heredis fletus interdum risus est. 유산상속자의 울음은 때때로 웃음이기도 하다/
Sed fletus est signum doloris et tristitiæ. 그런데 울음은 비탄(悲嘆)과 슬픔의 표시이다.
Fletus fregere. 눈물이 (완고한) 사나이를 꺾었다
flexánĭmus, -a, -um, adj. (flecto+ánimus) 마음을 움직이게 하는, 감동적인, 감동된.
flexi, "flecto"의 단순과거(pf.=perfectum)
flexíbĭlis, -e, adj. 굽히기(구부리기) 쉬운, 휘기 쉬운, 유연한, 꺾이는, 유순한, 고분고분한, 다루기 쉬운, 융통성 있는, 적응성 있는, 변덕스러운, 항구치 못한.
flexibílĭtas, -átis, f. 구부리기 쉬움, 휘는 성질(性質), 굴곡성, (빛의) 굴절성(屈折性), 유순(柔順-성질이 부드럽고 순함), 고분고분함, 다루기 쉬움, 융통성(融通性), 적응성.
fléxĭlis, -e, adj. 꺾이는, 굽어지는, 휘기 쉬운, 휘청휘청하는, 유연한, 유순한, 부드러운, 다루기 쉬운.
flexílŏquus, -a, -um, adj. (flexus+loquor) 애매한, 모호한
fléxĭo, -ónis, f. 굽힘, 구부림, 꿇음, 꺾음; 굽음, 만곡; 굴곡(屈曲), 굴절(屈折-휘어서 꺾임), 억양, 음성의 고저, (음의) 변조, 돌아감, 우회; 빠져나감, 도피(구), 구실.
fléxĭpes, -ĕdis, adj. (flexus+pes) ((植)) 덩굴손을 가진
flexor, -óris, m. (解) 굴근(屈筋)
flexum, "flecto"의 목적분사(sup.=supínum)
flexuósus, -a, -um, adj. 꾸불꾸불한, 굴곡 많은, 들쭉날쭉한
flexúra, -æ, f. (flexus) 屈曲, 만곡(彎曲), 꾸불꾸불함. ((文法)) (名詞.形容詞의) 변화, (動詞의) 활용. (數) 쏠림, (地質) 지층의 요곡(撓曲).
flexus, -us, m. 굴곡, 만곡, 굴절(屈折), 굽음, 휨; 굽힘, 모퉁이, 굽어지는 어귀, 다른 데로 꼬부라져 가는 길, 변화, 교체, 전환기, (연설에서) 목소리의 변화, 억양, 완곡(婉曲), 교묘한 회피.
(文法) (품사의) 변화, 활용(活用).
flexus ætátis. 인생의 전환기(轉換器)
flexus autúmni. 가을이 끝날 무렵
flictum, "fligo"의 목적분사(sup.=supínum)
flictus, -us, m. 충격(衝擊), 충돌, 부딪침
fligo, flixi, flictum, -ĕre, tr. 치다, 때리다, 부딪치다
flixi, "fligo"의 단순과거(pf.=perfectum)
flo, -āvi -ātum -āre, intr. (바람이) **불다**, 불어오다, (피리.퉁소 따위를 부는) 소리가 나다(울려 퍼지다).
tr. 후후 불다, 불어 일으키다, 내뿜다, 불어 날리다, 풀무로 바람을 보내다; (악기를) 불다, 녹여서 만들다, (돈을) 주조하다, 과장하여 말하다, 얕잡다, 경멸하다.
Tíbia flatur. 피리(퉁소) 소리가 난다.
floccósus, -a, -um, adj. 양털로 덮인(가득 찬)
flóccŭlus, -i, m. 작은 양털 송이(송아리), 솜털(小葉)
floccus, -i, m. 양털 송이(송아리); 털(실) 부스러기, 실밥; 청과물 부스러기, 사소한(시시한) 것, 그까짓 것, 보잘것없는 것, 지푸라기(짚의 오라기나 부스러기).
Flocci fácere. 대수롭지 않게 생각하다/
Flocci non fácere(Non flocci facere.) 무시해 버리다, 일고의 가치도 없는 것으로 생각하다.
floces, -um, f., pl. 술지게미, 술찌끼(지게미)
Flora, -æ, f. (flos) 꽃(과 봄)의 여신(f. Chlōrĭs, -ĭdis)
florális¹ -e, adj. 꽃의, 꽃을 사용한; 꽃 같은. n., pl. 꽃밭.

Florális² -e, adj. Flora 여신(女神)의,
n., pl. Flora 여신(女神)의 제전(4월말~5월초).
floralis lúdere. 아이들이 성행위(性行爲) 장난을 하다.
florens, -éntis, p.prœs., a.p. 꽃 피는, 꽃이 만발한,
무성한, 찬란한, 혁혁한, 번쩍이는,
(여러 가지 색채로) 아롱진, 꽃 같은, 피어오르는,
한창인; 번영(번창.번성.흥왕) 하는,
세력이 뻗치는, 혈기왕성(血氣旺盛)한.
Valeant, valeant cives mei, sint florentes, sint beati!.
평안하시라, 평안하시라, 나의 시민들이여!
부디 융성하시라! 행복하시라!.
florens ætas. 꽃다운 나이
florens ætáte. 한창 나이의(젊은이)
florens arbor. 꽃 피는 나무, 무성한(꽃피는) 나무
Florentia, -æ, f. 피렌체
Florentinus, -a, -um, adj. 피렌체의.
Consilium Florentinum. 피렌체 공의회(1439.1.16).
florentior, -or, -us, adj. florens, -éntis의 비교급
florentissimus, -a, -um, adj. florens, -éntis의 최상급
flórĕo, -rŭi -ére, intr. **꽃피다**(נוץ.ניץ), **만발하다**,
무성(번성)하다, 우거지다, **번영(번창.흥왕)하다**,
경기가 좋다; 이름을 떨치다, 빛나다;
원기(혈기) 왕성하다, 한창이다.
flóruit(略 flor. fl.) (출생, 사망 연월이 분명치 않은
사람에 대해서 언제쯤) 살았다,
재세(在世) 기간이 (언제쯤) 이다, 활약기가 (언제쯤) 이다.
florésco, -ĕre, intr., inch. 꽃피기 시작하다,
꽃봉오리 지다, (혈색이) 피기 시작하다,
혈기가 왕성해지다, 번창(繁昌)하기 시작하다.
Florete flores martyrum. 피어라, 순교자의 꽃이여!.
(순교자들의 꽃을 피워라. 순교자들의 꽃을 피어나게 하라)
(뮈텔. 민덕효 1854~1933.1.23. 대주교 사목표어).
flórĕus, -a, -um, adj. 꽃으로 된(만든), 꽃이 만발한,
꽃으로 뒤덮인, 눈부시게 아름다운, 화려한.
florídŭlus, -a, -um, adj. (floridus) 곱게 핀
flórĭdus, -a, -um, adj. 꽃핀, 꽃이 만발한, 꽃으로 뒤덮인,
꽃으로 만든(장식한), 꽃다운, 청춘의, 청신한, 발랄한,
눈부시게 아름다운, 찬란한, 화려한; 아롱진.
flórĭfer(-ger) -ĕra, -ĕrum, adj. (flos+fero, gero¹)
꽃이 피는, 꽃이 달린, 꽃을 지닌.
florilégĭo biblico. 성경 전집류
florilégĭum, -i, n. 교부들의 문헌 발췌집(拔萃集)
발췌록, 사화집(詞華集), 선집(選集).
florilégĭum Patristica. 교부 문집, 사화집(詞華集-그리스
교부 문학의 꽃), 연쇄식 성서 해설집.
florílĕgus, -a, -um, adj. (flos+lego²)
꽃 수집하는, 꽃을 찾아(따라) 다니는.
floríDărus, -a, -um, adj. (flos+pário)
꽃을 피우는(피게 하는), 꽃피는.
floríparum ver. 꽃피는 봄철.
florítĭo, -ónis, f. 개화(開花), 만발(滿發)
florósus, -a, -um, adj. 꽃이 만발한, 꽃으로 뒤덮인
floruléntus, -a, -um, adj.
꽃이 만발한, 꽃으로 뒤덮인, 젊디젊은.
Florum coloribus almus ridet ager.
자애로운 대지가 아롱진 꽃들로 곱게 단장되어 있다.
florus, -a, -um, adj. (flos) = **flóreus**
flos, flōris, m. 꽃(영 flower), 꽃다발, 화환(花環), 화관,
꽃의 즙액, 꿀, 으뜸가는 것(부분), 절정, 진수(眞髓),
정화(精華), 아름다움, 청춘, 혈기, 한창(때), 전성기,
청소년의 정조, 처녀성, 수식, 미사여구(美辭麗句).
(建) 원형 천정의 꽃 장식.
Apes flóribus insídunt váriis.
벌들이 여러 가지 꽃에 앉는다/
flores fundo. 꽃을 많이 피우다(fundo² 참조)/
Flores Historiarum. 역사의 꽃(Roger of Wendover 지음)/
in ipso ætátis flore esse. 꽃 같은 나이다/
in flore vírium. 힘이 한창 일 때/
Odores afflantur ex floribus. 꽃에서 향기가 풍겨온다/
Quis vestit flores campi sub sole?
누가 천하의 들꽃들을 옷 입혀 주는가?.
flos ætátis. 꽃다운 나이
Flos Mundi. 세상의 꽃
Flos Omnium artistarum. 모든 예술가들의 꽃
Flos Omnium Modernorum. 모든 현대인의 꽃
Flos Sanctorum. 성인전(聖人傳),
성인들의 꽃(13세기 도미니꼬 회원 Jacobus de Voragine 지음).
flos serotinus. 늦게 피는 꽃
flos violæ. (植) 제비꽃, 오랑캐꽃(víolæ는 그것이 어떤 종류의
꽃인가를 규정하여 주는 말로 이를 설명 속격 또는 정의 속격이라고 한다.
허창덕 지음, 라틴어 문장론, p.96).
floscéllus, -i, m. 조그마한 꽃, 아주 작은 꽃
flóscŭlus, -i, m. 작은 꽃, 어린 꽃, 장식, 영예(榮譽),
자랑, 긍지(矜持), 수식(修飾), 미사여구(美辭麗句).
ficta ómnia celériter tamquam flósculi decídunt.
거짓 꾸민 것은 꽃송이처럼 빨리 없어진다.
fluctícŏla, -æ, adj.(m., f.) ((fluctus+colo²))
파도 속에서 사는 (것).
fluctícŏlor, -óris, adj.(m., f.) ((fluctus))
파도 빛깔의, 푸른빛의.
fluctícŭlus, -i, m. 잔잔한 물결
fluctífrăgus, -a, -um, adj. (fluctus+frango)
파도를 가르는, 물결을 헤치는.
fluctígĕnus, -a, -um, adj. (fluctus+gigno)
파도에서 난(출생한), 바다에서 생겨난.
flúctĭo, -ónis, f. (fluo) 흐름, 유출(流出)
fluctísŏnus, -a, -um, adj. 물결 소리 나는
fluctívăgus, -a, -um, adj.
물결에 방황하는; 바다 위에서 움직이는(활동하는).
fluctuabúndus, -a, -um, adj. 떠있는, 비틀거리는, 흔들리는
fluctuátim, adv. 거드럭거리며, 거드름스레
fluctuátĭo, -ónis, f. 흔들림, 동요(動搖), 불안정(不安定),
변동(變動), 우유부단(優柔不斷).
flúctŭo, -ávi, -átum, -áre,
(=**flúctŭor**, -átus sum, -ári, dep.) intr. 물결치다,
파도가 일다, 흔들리다, 요동(동요)하다, 꿈틀꿈틀하다,
(파도처럼) 굽이치다; 이리저리 쏠리다,
밀려(몰려) 다니다; 표류(漂流)하다, 기체가 유동하다,
(움직이는 물체를 따라) 빛이 물결처럼 반사하다,
머리카락이 흩어져 나부끼다, 설레다, 뒤흔들리다,
(마음이) 동요하다(טרף.טרף), (마음을) 걷잡지 못하다,
안정을 잃다; 갈피를 못 잡다, 망설이다,
결단을 내리지 못하다. ((軍)) (전선이) 무너지다, 기울다.
Fluctuat nec mergitur. 흔들리지만 가라앉지는 않는다/
물결이 요동하나 침몰(沈沒)하지 않는다.
fluctuósus, -a, -um, adj. 파도(波濤-큰 물결)가 몰아치는,
풍랑(風浪)이 이는, 심한 풍파(風波)의, 물결무늬의.
fluctus, -us, m. (물의) 흐름, 조류(潮流); **파도**, **물결**,
바다, 강, 동요(動搖), 불안정, 소란, 소동(騷動), 풍파.
ad fluctum declamo. 파도를 향해 큰소리로 낭독하다/
in médiis flúctibus. 파도 한 복판에/
Saxa ingéntia fluctus trahunt.
파도가 큰 바위를 휩쓸어 간다/
sedati fluctus. 잔잔해진 물결.
fluctus, -us, m. 파도(波濤-큰 물결)
fluctus plangentes saxa 바위에 부딪치는 파도
fluctus qui erat ingens. 거대했던 파도
fluens, -éntis, p.prœs., a.p. 유창한, 미끈히 흐르는,
늘어진, 풀린; 무기력한, 단조로운, 특징 없는, 유동적인.
adv. **fluenter**, 유창하게.
fluéntĭa, -æ, f. 흐름; (말의) 유창(流暢)
fluentísŏnus, -a, -um, adj. (fluéntum+sono) 파도소리 나는
fluénto, -áre, tr. 적시다, 담그다, 물을 대다(공급하다)
fluéntum, -i, n. (흔히 pl.로) 흐르는 물, 물줄기,
하류(河流); 강(江), 젖, 불길.
fluésco, -ĕre, intr. (물에) 녹다, 유동체(액체)가 되다

flúĭdo, -áre, tr. 유동체가 되게 하다, 액체로 만들다

flúĭdus, -a, -um, adj. 흐르는, 액체(液體)의, 유동성의,
(창자가) 이완(弛緩)한, 설사하는, 무른, 연한, 녹은;
문드러진, 축 늘어진, 노곤해진, 힘없는, 항구성 없는,
유동적인, (active) 물러지게(늘어지게) 하는, 노곤하게 하는.

flúĭto, -ávi, -átum, -áre, intr., freq. 이리저리 흐르다,
물에 떠있다, 부유(浮遊)하다, 떠내려가다, 표류하다,
펄럭이다, 나부끼다, 휘날리다, (안정을 잃고) 흔들리다,
비틀거리다; 망설이다, 우유부단(優柔不斷)하다.

flumen, -mĭnis, n. 흐르는 물, 하류(河流), 조류(潮流)=
강, 운하(運河), (피.눈물.비 따위의) 흐름, 쏟아짐,
퍼부음, (말의) 도도(滔滔)함, 유창, (어휘가) 풍부함.
bibo flumen(aquam *alqam*)
강가에(무슨 물 있는 지방에) 살다/
cópias flumen traduco. 군대를 강을 건너게 하다/
Cum flumen altum non sit, liberi transire poterunt.
강물의 수심이 깊지 않아서 아이들이 건널 수 있겠다/
dejectus flúmĭnum. 강의 급류/
e rivo flumen fácere. 침소봉대(針小棒大)하다/
Flumina ex montibus emanant. 강은 산에서 발원 한다/
Flumina Galliæ non sunt altiora quam flumina Italiæ.
갈리아의 강들은 이탈리아의 강들보다 더 깊지 않다/
flúmine interveniénte. (intervénio 참조) 중간에 강이 있어서/
Fluminis altitúdo equórum pectora adæquábat
강물이 말(馬)들 가슴까지 찼다/
in adversum flumen. 강물을 거슬러/
Incréscunt flúmina lácrimis.
눈물로 강물이 붙는다(강물을 이룬다)/
**multæ guttæ implent flumen; multa grana faciunt
massam.** 많은 물방울이 강을 이루고, 많은 낟알이 곡식
더미를 만드는 법입니다.(최익철 신부 옮김. 요한 서간 강해, p.77)/
pontem fácere in flúmine. 강에 다리를 놓다/
propter flumen. 강 가까운데/
secundum flumen. 강을 따라가면서/
Tam altum fuit flumen, ut nemo id transire potuerit.
그 강은 하도 깊어서 아무도 건널 수 없었다/
trano flumen. 강을 헤엄쳐 건너다/
transcendo flumen. 강을 넘다/
transgrédĭor flumen. 강을 건너다/
Una pars attingit flumen Rhenum.
일부는 Rhenus 강과 인접(引接)해 있다.

명사 제3변화 제1식(중성명사)		
	단 수	복 수
Nom.	flumen	flúmina
Voc.	flumen	flúmina
Gen.	flúminis	flúminum
Dat.	flúmini	flúminibus
Acc.	flúmen	flúmina
Abl.	flúmine	flúminibus

(허창덕 지음, 초급 라전어 변화표Tabellae Declinationum에서)

Flumen incredíbili celeritáte 굉장히 빨리 흐르는 강.
(신체상의 특성이나 잠시 지나가는 일시적인 특성에 대해서는 형용 달격만 쓴다).
Flumen oppidum circumibat 강이 마을을 휘돌아가고 있었다
flumen repo. 강을 헤엄쳐 다니다
Flumen subito accrevit. 강물이 갑자기 불어났다
flumicéllum, -i, n. 작은 강(江), 내(개천)
fluminális, -e, (=fluminéus, -a, -um) adj. 강의, 강물의.
fluminía, -æ, f. 작은 강, 내(개천)
fluo, fluxi, fluxum, -ĕre, intr. **흐르다**(ווו,ווו),
…에서 무엇이(abl.) 흐르다, 무엇을(abl.) 흘리다,
(흘러) 퍼지다(ווו,ווו,ווו), 퍼져 나가다;
풍기다, (불길이) 번져나가다, 밀려(몰려) 나오다,
쏟아져 나오다, 헐겁다, 느슨해지다, 헐거워지다,
(머리채.옷자락 따위가) 흘러내리다, 처지다,
(제자리에서) 빠지다, 떨어지다; 흩어지다, 사라지다,
흘러가 버리다, (시간 따위가) 지나가다, 유약해지다,
힘이 빠지다; 줄어들다, 풀어지다, (말이) 유창하게 나오다,
한결같이(거침없이) 흐르다, (글이) 술술 내려가다;

순조롭게 진행되다, 잘 되어(풀려) 나가다,
(말의 내용이) 갈팡질팡하다, (흘러) 나오다, 유래하다,
기원(시작)되다, 파생하다, …에 까지 이르다(미치다),
…로 끝나다. tr. 흐르게 하다: 쏟다, 붓다.
Capílli fluunt. 머리카락들이 빠진다/
Fluunt sudóre membra. 온몸에서 땀이 흐르고 있다/
**Quæ est enim ista salus corporis, quæ morte perimitur,
quæ ægritudine debilitatur, frivola, mortalis, fluxa?**
사실, 몸의 건강이란 죽음으로 부서지고 병으로
약해지며, 덧없이 죽어 없어지고 흘러가 버리는 것이
아닙니까?.(최익철 신부 옮김. 요한 서간 강해, p.445)/
Undecumque causa fluxit. 사건은 어디에서든지 흘러 나왔다.

fluor, -óris, m. (fluo) 흘러나옴(내림), 유출(流出).
(醫) 설사(泄瀉), 월경(月經).
fluor albus. (醫) 백대하(白帶下)/leucorrhœa, -æ, f.
flustra, -órum, n., pl. 바다의 고요.정적.평온
fluto = **flúĭto**, -ávi, -átum, -áre, intr., freq.
flúvĭa, -æ, f. 강(江)
fluviális(=fluviátilis) -e, (=fluviátĭcus, -a, -um)
adj. (flúvius) 강의, 강물의; 강가의; 강가에 나는.
fluviátus, -a, -um, adj.
여러 갈래로 갈라진, 강물에 적셔진(담근).
flúvĭdus, -a, -um, adj. = **flúĭdus**
fluvíŏlus, -i, m. 작은 강(江, tenuis rivulus), 시내(내)
flúvĭus, -i, m. 강(江), 강물, 흐르는 물.
citra fluvium. 강 이편에/
fluvii pisculenti. 물고기 많은 강들/
fluviórum rex Erídanus. 강 가운데 으뜸인 Eridanus강/
hostes ad (apud) flúvium victi sunt.
적군들은 강 부근에서 패하였다.
fluvius Cæruleus. (중국) 양자강
fluvius Han. 한강
Flúvius inundáverat. (inundo 참조) 강물이 범람했었다.
fluvius Yalu. 압록강
fluxe, adv. 등한히, 소홀히
fluxi, "fluo"의 단순과거(pf.=perfectum)
flúxĭlis, -e, adj. 흐르는, 유동성(流動性)의
flúxĭo, -ónis, f. 흐름, 유출(流出)
fluxum, "fluo"의 목적분사(sup.=supínum)
fluxum, -i, n. (fluxus¹) 변화(變化), 소멸성(消滅性)
fluxúra, -æ, f. 즙(액); 포도즙, 관능적 쾌락(快樂)
fluxus¹ -a, -um, p.p., a.p. 흐르는, 액체의, 유동성의,
늘어진, 처진, 느슨한, 헐거운, 질질 끌리는, 약한,
무기력한; 허둥거리는, 우유부단한, 해이한, 산만한,
소홀히 하는, 덧없는, 잠깐의, 사라지는, 헛된,
무너지는; 미덥지 못한. adv. **fluxe**, 등한히, 소홀히.
fluxus² -us, m. 흐름, 유출(流出), 유동(작용).
(옷이) 헐거움, 흘러내림.
fluxus naturæ. 자연의 유동작용(流動作用)
FMS Institutum Fratrum Maristarum a Scholis,
Maristenbruder. 마리아 교육 수사회, 마리아의 작은 형제회.
focácĭus, -a, -um, adj. ((focus)) (벽) 난로의, 화로의.
n. 난로에 구운 빵.
focále, -is, n. 목도리(목에 두르는 천이나 뜨갯것.털가죽 따위)
focánĕus, -a, -um, adj. (faux) 목구멍 같이 생긴
focárĭa, -æ, f. 식모(食母), 여자 요리사
focáris, -e, adj. 난로(煖爐)의, 화로(火爐)의, 풍로(風爐)의
focárĭus, -i, m. 남자 요리사(料理師)
fócĭlo(=fócĭllo), -ávi -átum -áre, tr. (focus)
데우다, 따뜻하게 하다, 다시 살리다,
소생(蘇生)시키다, 기운 차리게 하다.
fócŭla, -órum, n., pl. 작은 화로, 난로, 땔감.
fócŭlo, -áre, tr. 난로(화로)를 덥게 하다
fócŭlus, -i, m. 작은 난로(煖爐)
작은 화로(火爐·숯불을 담아 놓는 그릇), 화로 불,
(풍로 달린) 식탁용(또는 제사용) 냄비, 제단용 향로.
focus, -i, m. **벽로(壁爐)**, **난로**, 화로(숯불을 담아 놓는 그릇),
아궁이, 집, 가호; **가정**, 가족, 집안, 제단용 향로; 제단,

화장터의 장작더미(불가마), 냄비, 솥(쇠붙이나 오지 따위로
만들어. 밥을 짓거나 음식을 끓이는 데 쓰는 그릇), 뚝배기.
apud focum. 화덕 근처에/
cúcumam foco appono. 냄비를 화덕에 갖다 놓다.
Pro patria, pro liberis, pro aris atque focis suis certant.
  조국을 위하여, 자녀들을 위하여,
  자기 가정과 신주(神主)를 위하여 싸운다(Sallustius).
fŏdi, "fódĭo"의 단순과거(pf.=perfectum)
fódĭco, -ávi, -átum, -áre, tr. (fódĭo)
  찌르다, 꿰뚫다; (주의 환기로) 옆구리를 찌르다,
  고통(苦痛)을 주다, 아프게 하다.
fodína, -æ, f. 광산(鑛山), 갱(坑), 갱도(坑道)
fódĭo, fodi, fossum -ěre, tr. 파다(רכ,רפח)
  파내다, 캐내다, 채굴하다, 파 뒤집다(헤치다);
  (밭 따위를) 갈다, 찌르다, 꿰뚫다, 관통(貫通)하다,
  (주의 환기로) 옆구리를 찌르다, 눈을 도려내다,
  자극(刺戟)하다, 아프게 하다.
  Fodere non valeo, mendicare erubesco.(⑳ I am not
  strong enough to dig and I am ashamed to beg)
  땅을 파자니 힘에 부치고 빌어먹자니 창피한 노릇이다.
  (성경 루가 16, 3) 땅을 파자니 힘이 없고 빌어먹자니 창피한 노릇이구나.(공동
  번역) 땅을 파자니 힘에 부치고 빌어먹자니 창피하구나(200주년 신약성서).
fodio remis. 노질하다, 노(櫓)를 젓다.
fœcund… V. fecund…
Foeda est; nolo in eam intendere, nolo eam videre.
  더럽습니다. 들여다보기 싫고, 거들떠보기도 싫은 지경입니다.
fœderati, -órum, m., pl.
  동맹자(同盟者), 반려자(伴侶者-짝), 협약자(協約者).
fœderátĭo, -ónis* f. 연합, 동맹, 연맹(聯盟), 연방(聯邦),
  연합회(聯合會)/confœderátĭo, -ónis, f. 총연합회.
Fœderátĭo Universitátum Catholicarum.
  가톨릭대학교 연합회.
fœderátus, -a, -um, p.p., a.p. 동맹한, 연합한, 연맹의; 연방의
fœděro, -ávi, -átum, -áre, (fœdus⁹)
  tr. 연합시키다, 우호관계를 맺다(공고히 하다).
  dep., intr. fœderári. 동맹 맺다, 연합하다, 우호관계를 맺다.
fœdífrăgus, -a, -um, adj. (fœdus²+frango)
  계약(조약)을 위반하는, 동맹을 파기(破棄)하는.
fœdĭtas, -átis, f. (fœdus¹) 더러움, 추악(醜惡)
  추태(醜態-추저분하고 창피스러운 짓거리), 보기 흉함,
  흉측함, 끔찍스러운 광경.
fœdo, -ávi, -átum, -áre, tr. (fœdus¹) 더럽히다(חרפ)
  불결하게 하다, 오염(汚染)시키다, 추(악)하게 하다,
  흉하게 하다, 망그러뜨리다, 병신(기형)으로 만들다;
  소름끼치게 하다, 욕되게 하다, 망신시키다,
  이름을 더럽히다, 불명예스럽게 하다.
fœdus¹ -a, -um, adj. 더러운, 추(악)한, 흉한, 보기 싫은,
  끔찍한, 소름끼치는, 수치(망신)스러운, 치욕이 되는,
  res visu fœda. 보기에 끔찍한 것.
fœdus² -ěris, n. 조약(條約.⑳ treaty), 맹약(盟約),
  서약(誓約.חרב-맹세하고 약속함), 언약, 협약, 약조,
  계약(契約.חרב.⑳ covenant), 동맹, 연합(聯合),
  법칙, 규칙(規則.⑳ rule), (자연의) 조화(調和).
  amor non æquo fœdere(성 염 지음, 사랑만이 진리를 깨닫게 한다. p.400)
  떳떳지 못한 연분으로 맺어진 사랑/
  ico fœdus. 조약을 체결하다/
  In Novo Foedere Petri persona præstantem tenet locum.
  (⑳ In the New Testament, the person of Peter has an
  eminent place) 신약성서에서 베드로라는 인물은 뛰어난
  위치를 차지합니다(1995.5.25. "Ut Unum Sint" 중에서)/
  matrimoniális fœdus. 혼인서약/
  Novum æternumque in Agni sanguine fœdus.(⑳ The
  new and eternal covenant in the blood of the Lamb)
  어린양의 피로 맺은 새롭고 영원한 계약.
  fœdus arca(Ark of Convenant) (古.結約의 櫃)
  성약(聖約)의 궤(櫃).
fœdus certum natúræ. 자연의 법칙(조화)
fœdus conjugii. 부부의 서약, 혼인의 은약(婚姻 恩約)

fœdus cum Deo. 성약(聖約), 하느님의 성약(聖約)
fœdus fácere(feríre, ícere) cum alqd.
  누구와 조약 맺다.동맹(同盟)하다.
fœdus fácere inter se. 약조(約條)하다
fœdus ferio. 계약(동맹조약)을 맺다
fœdus interpersonális. 상호 인격적 언약
fœdus matrimonii. 혼인의 은약(婚姻 恩約)
Fœdus Novum. 새 계약(⑳ New Covenant)
Fœdus Sanctum(獨 Heilige Allianz.⑳ Holy Alliance)
  신성 동맹(同盟).
fœn… V. fen…
fœnus(=fēnus) -ŏris, n. 고리, 이자(⑳ interest), 빚더미
fœnus ex tribus et semis pro centum. 이자 3.5%
fœnus ex uno pro. 이자 1%
fœtális(=fetális) -e. adj. 태아의
fœtĕo, -ére, intr. 고약한(썩는) 냄새가 나다,
  악취(惡臭)를 풍기다; 썩다.
fœtésco, -ěre, intr. 악취가 나기 시작하다, 썩어가다
fœtído, -áre, tr. (fœtidus) 썩게 하다
fœtídus, -a, -um, adj. (fœteo)
  고약한 냄새나는, 구린내 나는, 악취 풍기는.
fœtor, -óris, m. (fœteo) 고약한 냄새, 썩은 내, 구린내, 惡臭
fœtutína, -æ, f. (fœteo) 악취(惡臭) 풍기는 곳.
  pl. 쓰레기, 오물(汚物-대소변 따위의 배설물).
foliácěus, -a, -um, adj. (fólium)
  잎의, 잎으로 된; 잎 모양을 한.
foliátĭlis, -e, adj. (foliátus) 잎의, 잎들로 이루어진
foliatúra, -æ, f. (foliátus)
  (한 나무 전체의) 잎, 우거진 잎사귀; 잎사귀의 모양새.
foliátus, -a, -um, adj. 잎이 있는; 잎이 무성한,
  감송향(甘松香) 잎에서 짜낸.
  n. (감송향 따위 초목의 잎사귀에서 추출한) 향료.
foliósus, -a, -um, adj. (fólium) 잎이 많은, 잎이 무성한
fólĭum, -i, n. 잎(잎새); 나뭇잎, 풀잎, 꽃잎.
  Sibýlla가 자기의 예언(信託)을 기록하던 팔마 나뭇잎,
  종이, 종이의 낱장(帳), (醫) …엽(葉).
  (建) pl. 기둥머리의 나뭇잎 장식.
  folia stricta ex arbóribus. 나무에서 딴 잎/
  folia tremefacta noto. 남풍에 흔들리는 나뭇잎/
  perizóma foliorum. 나뭇잎 두렁이(성인의 표상)/
  trunco olus fóliis. 야채껍질을 벗기다/
  Qui confidit in divitiis suis, corruet,
  iusti autem quasi virens folium germinabunt.
  자기 재산에 의지하는 자는 넘어지지만
  의인은 나뭇잎처럼 번성한다(성경 잠언 11. 28).
folleátus, -a, -um, adj. (follis) 헐거운, 늘어나는
fóllĕo, -ére, intr. (follis)
  가죽부대가 풀무처럼 움직이다. 늘어나다, 헐겁다.
fóllĭco, -átum -áre, intr. (follis)
  (풀무처럼) 늘었다 줄었다 하다, 헐겁다.
folliculósus, -a, -um, adj. (follículus)
  깍지 달린(많은), 껍질 있는.
folliculus, -i, m. 작은 가죽 주머니, 풀무(불을 피울 때
  바람을 일으키는 기구, 야로冶爐. 풍구. 풍상風箱), (콩)깍지, 칼집,
  가죽(축구)공, 창자, 위주머니.
  (動.解) 소낭(小囊), 난포(卵胞-난소卵巢 속에서 성장 과정에
  있는 세포성細胞性의 주머니. 여포濾胞), 누에고치.
folliculus pili. 모낭(毛囊-털주머니)
follis, -is, m. 가죽 주머니, (가죽부대) 풀무, 송풍기,
  풍구(바람을 일으켜 먼지.쭉정이 따위를 날려 보내는 농구),
  가죽(축구)공, 바람 넣는 방석, 폐(肺), 위주머니,
  돈주머니(자루), 돈, 화폐(貨幣).
follítus, -a, -um, adj. 돈주머니를 가지고 있는
fomentátĭo, -ónis, f. (醫) 찜질
foméntum, -i, n. 진정(鎭靜), 완화(緩和), 위안(慰安),
  불쏘시개, 관솔, 부싯깃, 음식물, 사료. ((醫)) pl.) 찜질,
  붕대(繃帶-상처나 헌데 따위에 감는, 소독한 얇은 헝겊 띠).
fomes, -mĭtis, m. 불쏘시개, 관솔, 대팻밥; 부싯깃,

먹이, 자극제(刺戟劑), 도화선(導火線), 근원(根源), 계기,
불씨, 정욕(情慾), 유인하는 물건,
fomes peccati. 죄의 도화선, 죄로 이끄는 유도인.
[윤리신학에서 죄의 도화선은 욕정이라고 한다. 이것은 교부의 문헌과 스콜라학파
의 공통된 견해이고, 교회 교도직의 용어에서는(Denz., 743) 욕정은 원죄의 결과
로서 각 사람의 이성을 흐리게 해 죄로 유인한다고 한다….
백민관 신부 엮음. 백과사전 2, p.50].

Fondazione Latinitas* 라틴어 재단(財團)
Fondazione Populorum Progressio* 민족발전 재단
fons, fontis, m. (fundo⁹) 샘(水), 분천(噴泉), 샘물, 물,
기원, 근원, 본원, 원인, **원천**(源泉), 자료(資料).
　Avarítia sæpe scelerum fons est.
　　탐욕(貪慾)이 흔히 범죄들의 원천이 된다/
　De fonte alieno ne biberis? 이상한 샘에서 마시지 마라.
　(칠십인역 잠언 9. 18). Quid est: 'De fonte alieno ne biberis?'.
　Spiritui alieno ne credideris. '이상한 샘에서 마시지
　마라'는 것은 무슨 뜻입니까? 이상한 영을 믿지 말라는
　말입니다.(최익철 신부 옮김. 요한 서간 강해, p.293)/
　Dere liquerunt me fontem aquæ vivæ.
　　생명수의 샘인 나를 그들은 버렸다/
　Equus fontes avértitur. 말이 샘물을 외면하고 있다/
　fontem omnis et salutáris veritátis et morum
　disciplínæ. 생활한 모든 구원의 진리의 원천(源泉),
　　그리고 모든 관습적 계율의 규범/
　fonte aquæ salientis in vitam æternam
　　(⑨ a spring of water welling up to eternal life)
　　샘물처럼 솟아올라 영원히 살게 할 그 물/
　Fontes ex montibus emanant. 샘들은 산에서 흘러나온다/
　fontes formale. 형상적 원천, 윤리성의 원천/
　fontes juris divini. 하느님의 법의 원천/
　fontes juris humano-ecclesiastici. 인간-교회의 법의 원천/
　fontes materiales. 질료적 원천/
　fontes revelationis. 계시의 원천(즉 성서와 성전)/
　Hoc est ergo proprium donum; ipse est singularis fons.
　　이것은 고유한 선물이며 유일한 샘 입니다/
　Hortus fonte rigátur aquæ. 동산에 샘물을 대주다/
　Quid est: 'De fonte alieno ne biberis?'. Spiritui alieno ne
　credideris. '이상한 샘에서 마시지 마라'는 것은 무슨
　뜻입니까? 이상한 영(靈)을 믿지 말라는 말입니다.
　　　　　　　　　　　　　　　(최익철 신부 옮김. 요한 서간 강해, p.293)/
　Romanum imperium de fonte nascitur pietatis.
　　로마 제국은 경건(敬虔)의 샘에서 탄생 한다/
　secundum fontem. 샘 옆에서/
　sed fons ascendebat e terra irrigans universam
　superficiem terræ. (but a stream was welling up out of
　the earth and was watering all the surface of the
　ground) 그런데 땅에서 안개가 솟아올라 땅거죽을
　　모두 적셨다(창세 2. 6)/마침 땅에서 물이 솟아
　　온 땅을 적시자(공동번역 2. 6).
　Vere Sanctus es, Domine, fons omnis sanctitatis.
　(You are indeed Holy, O Lord, the fount of all holiness)
　거룩하신 아버지, 아버지께서는 모든 거룩함의 샘이시옵니다.
fons aquæ salientis in vitam æternam.
(⑨ a spring of water welling up to eternal life)
　영원한 생명으로 솟아오르는 물의 샘.
fons baptismális. 세례대*(洗禮臺.⑨ Baptistry/baptismal
font.獨 Taufbrunnen), **세례소***, 성세수반(聖洗水盤),
세례반(洗禮盤.⑨ baptismal font)('세례당'이나 '세례반'.
'성세수반'을 모두 '세례대'나 '세례소'로 통일. 2002년 천주교 용어집, p.52).
fons bonitátis. 선의 원천.
Fons Canonum. 교회법의 원천.
Fons Doctorum. 박사들의 원천
Fons est quem voluit Dominus hic ponere,
ne deficiamus in via: et abundantius eum bibemus,
cum ad patriam venerimus. 사랑이란 우리가 길에서
　지쳐 쓰러질세라 주님께서 이 세상에 마련하신고 싶어
　하셨던 샘입니다. 우리가 본향에 다다를 때면 사랑을 실컷
　마시게 될 것입니다.(최익철 신부 옮김. 요한 서간 강해, p.309).
fons et judex. 원천과 척도, 원천이요 척도
fons gratiæ. 은총의 원천

fons perennis. 고갈되지 않는 샘
Fons philosophiæ. 철학의 원천
Fons vitæ. 생명의 원천
Fons vitæ eruditio possidentis; pœna stultorum
stultitia. (phgh. zwh/j e;nnoia toi/j kekthme,noij paidei,a de.
　avfro,nwn kakh,) (Klugheit ist ein Brunnen des Lebens
　dem, der sie hat; aber die Strafe der Toren ist ihre
　Torheit) (⑨ Good sense is a fountain of life to its
　possessor, but folly brings chastisement on fools)
　식견은 그것을 지닌 이에게 생명의 샘이 되지만 미련
　한 자들의 교훈은 미련할 뿐이다(성경 잠언 16. 22)/
　슬기로운 사람에겐 슬기가 생명의 샘이 되나 어리
　석은 사람에겐 그 어리석음이 벌이 된다(공동번역).
fontána, -æ, f. 샘터, 분수(噴水)
fontani, -órum, m., pl. 분수 관리인, 수도 관리인.
fontánus(=fontáneus), -a, -um, adj. (fons)
　샘의, 수원의, 분천(噴泉)의, 분수(噴水)의.
fonticõla, -æ, adj. (m., f.) (fons+colo⁹)
　우물가에(샘터 옆에) 사는.
fontículus, -i, m. 작은 샘, 작은 분수(噴水)
fontígena, -æ, adj. (m., f.) 샘터에서 태어난
fontinális, -e, adj. 샘의. (F-) 샘들의 신(神)
Fontinális porta. f. 로마의 한 성문(城門)
for, (fáris, fátur), fátus sum, fari, dep., tr.
　(def. 부분적인 활용이 있을 뿐이다).
　1. (아기가) 말을 하다; (일반적으로) 말하다, 이야기하다.
　Tália fatur. 그는 이런 이야기를 한다/ cópia fandi.
　말할 능력/ fando. 말함으로; 풍문으로/ fando accípere.
　소문으로 듣다/ fatu (supin. pass.) 말하기에.
　2. 예언하다. 3. 읊다, 찬양(찬미)하다. [라틴-한글사전. p.347].
　fanda atque nefanda. 할 말과 못할 말.[fari 항목 참조]/
　Fando audivi. 나는 풍문에 들었다.[fari 항목 참조].
forábilis, -e, adj. (foro)
　뚫을 수 있는, 구멍 낼 수 있는, 찌를 수 있는.
forágo, -gĭnis, f. (직조공이 당일 짠 데를 표시하는) 색실
foramen, -mĭnis, n. (foro) 구멍, 틈, 통로(通路), 입구,
　(귀.눈 따위 사람 몸의) 구멍 난 곳, 바늘귀, 하수도,
　하수구, 우물. (植) 소공(小孔), 주공(珠孔).
foraminárius, -i, m. (鳥) 구멍(틈) 속에 사는 제비
foraminátus, -a, -um, adj. 구멍 뚫린
foraminósus, -a, -um, adj. (forámen) 구멍 많은
foráneus, -a, -um, adj. (foras) 집밖의, 시골의, 외부의.
　((敎法)) (행정) 지구의.
　Vicárius foráneus. 지구대리, 지구장.
foras, adv. (foris²) (집)밖으로.
　I foras. 밖으로 나가라, 너하고 이혼이다(이혼하는 남자의 용어)/
　Malum foras. 액운(厄運)은 물러가라.
　(드물게는 c. gen. c. acc.)
　(때로는 c. gen. c. acc.) 밖으로; 밖에;
　foras córporis. 신체 외부에 / foras portam. 성문 밖으로/
　Jubeto, istos foras exire.
　　저 사람들에게 밖으로 나가라고 해라.
forasgerónes, -um, m., pl. (foras+gero⁹) 밖으로 내가는 자들
forásticus, -a, -um, adj. (foras)
　집밖의, 바깥쪽의, 외부의, 외국의.
forátus, -us, m. 구멍 뚫음
forceps, -cípis, f., m. (gen., pl. -um, -íum)
　집게, 부집게, 방울집게; 족집게, 핀셋, 펜치;
　(외과.치과.산과용) 집게, 겸자(鉗子);
　집게발, 고문도구(의 일종). (軍) 학익진(鶴翼陣).
forcíllo = furcíllo 버티다, 지탱하다
fordicídia, -órum, n., pl. 새끼 밴 암소를 잡아 지내는 제사.
fordus, -a, -um, adj. (fero) 새끼 밴(동물). f. 새끼 밴 암소
fore, inf. fut. (sum)
forem = essem, impf. subj. (sum)
　esse(있다, …이다, …다) 동사의 접속법 미완료 단수 1인칭.
forénsia opera(⑨ Official Works) 공공업무, 공사(公事)
forénsis, -e, adj. (forum¹) 공공장소(forum)의, 광장의,

490

재판소의, **법정의**, 법정에 관한; 법정 변론의, **시장의**,
밖의, 외출에 관한. m. 변호사. n., pl. 외출복, 제복.
justitĭa forensis. 법정 선언/
vestítus forensis. 나들이 옷, 외출복, 공회장용 의복.
[로마 시민이 포룸(공회장)에 나갈 때 착용한 의복.]

forensis fáctio. 광장 건달패
fores(=esses) (esse 동사표 참조)
esse(있다, …이다, …다) 동사의 접속법 미완료 단수 2인칭.
forestárĭus, -i, m. (foréstis) 숲 사람, 산림간수, 산림관
foréstis, -is, f. 숲(⑨ a wood, a forest, a grove)
foret(=esset)
esse(있다, …이다, …다) 동사의 접속법 미완료 복수 3인칭.
forfex, -fícis, f. (forus+fáctio) 쌍날가위, 집게발,
(가위 모양의) 전투대열, 학익진(鶴翼陣)
forfícŭla, -æ, f. 작은 집게발, 작은 가위
fórĭa, -æ, f. (fórĭa, -órum, n. pl.) 돼지 병, 설사(泄瀉)
fórĭca, -æ, f. 공중 화장실, 세관(稅關)
foricárĭus, -i, m. 공중 화장실 관리인
foricŭla, -æ, f. (창문에 달린) 작은 창문, 작은 공중변소
foriculárĭum, -i, m. 관세(關稅)
forínsĕcus, adv. (foris² + secus) 밖으로부터, 밖에, 밖으로
fórĭo, -íre, intr. 설사(泄瀉)하다
forĭŏlus, -a, -um. adj. 설사(泄瀉)하는
foris¹ -is, f. (gen., pl. -um, -ĭum; 흔히 pl.) 현관문,
방문, 출입문; 문짝, 입구, 통로, 들어가는 구멍. pl. 쌍문짝.
foris² adv. (소재지) 밖에(서); 외국에, 싸움(터)에(서),
(외래의 뜻으로) a foris. 밖에서부터.
intus monachus, foris apostolus.
안으로는 수도승(修道僧), 밖으로는 선교사(宣敎師)/
loquens qui personat foris.
밖으로 울려 퍼지도록 말하는 사람/
Multi intus, quasi intus sunt; nemo autem foris,
nisi vere foris. 많은 사람이 안에 있고, 안에 있는 것처럼
보이나, 참으로 밖에 있는 사람이 아니라면, 아무도 밖에
있지 않습니다.[아우구스티노는 교회 '안'(intus)과 '밖'(foris)을 물리적,
공간적/가시적 개념이 아니라, 영적이며 비가시적인 개념으로 받아들인다. 그
까닭에 '사랑'으로 참되게 교회 '안'에 머무는 일이야말로, 세례로써 제도 교회
'안'에 소속되는 일보다 훨씬 중요하다. 아우구스티노의 이러한 교회론적 전망
은 다음 문장에 함축적으로 담겨 있다. "앞을 훤히 내다보시는 하느님의 이루
말할 수 없는 예지의 눈으로 볼 때, 교회 밖에 있는 듯 보이지만 교회 안에 있는
사람이 있고, 교회 안에 있는 듯 보이지만 교회 밖에 있는 사람이 있다"(아우구
스티누스 '세례론' 5,27,38). 그러므로 눈에 보이는 것만으로는 누가 참으로 교회
안에 있고 교회 밖에 있는지 판단할 수 없다. 교회 안에 있지만 악마의 자녀로
단죄 받을 수도 있듯이, 그리스도의 것이 교회 밖에도 있을 수 있기 때문이다
('세례론' 4,9,13 참조). 오직 하느님만이 어떤 양이 울타리 밖에 있으며, 어떤
늑대가 울타리 안에 있는지 아신다. '세례론' 6,1,1 참조. (요한 서간 강해, p.301).
Noli adtendere quod floret foris, sed quæ radix est
in terra. 밖에 핀 꽃을 보지 말고, 땅 속에 있는 뿌리를
눈여겨보십시오.(최익철 신부 옮김. 요한 서간 강해, p.365).
forma, -æ, f. (forma라는 말은 본래 그리스 철학, 특히 아리스토텔레스의 철학
용어로서, 한 사물이 변화 속에서도 불변의 실체성을 견지하는 요소를 말한다.
한 사물의 변화 가능성을 설명하는 원리를 Materia라 하며 이것을 원질 또는
질료라 하고, forma와 더불어 한 사물의 구성원리가 된다….
[백민관 신부 엮음. 백과사전 2, p.56).
모양, 형상(形相), 형태(形態), 외관, 외형, 외모(外貌),
모습, 아름다움, 미(美); 미모, 고운 몸매, 몸집, 도량,
설계도, 도면, 약도, 본보기, 형(型), 모형, 나무 골, 틀,
유형(類型), 양식, 형식, 서식, 체제, 짜임(새), 구성,
구조; 테두리, 윤곽, 상(像), 모상, 초상(肖像), 조각상,
석상, 성상(聖像), 이상형, 전형(典型), 개념, 표현.
(哲) 형상(形相-materia 질료의 대어), 체형(體刑).
(論) 종(種), 종개념; 인식(사유)의 형식.
(文法) 어미변화.활용의 양식; 성의 구별; 문법형식.
anima unica forma corporis. 영혼이 몸의 유일한 형상/
defectus formæ. 형식의 결함(缺陷)/
Deus est forma, suprema forma. deinde veritas est aliqua
forma. ergo verum esse indicat Deum esse. 신은 형상,
최고의 형상이다. 그런데 진리라는 것은 하나의 형상이다.
그러므로 진리가 있다는 것은 신이 존재함을 지시 한다/
Divitiarum et formæ gloria fluxa est.(성 염 지음. 고전 라틴어, p.74)
재산과 용모의 영예는 덧없는 것이다/
egregia forma. 빼어난 용모/

esse præter formam. 형상 외의 존재/
formæ assistentes. 도와주는 형상들/
formæ completívæ. 완성적인 형상들/
formæ inhærentes. 내재하는 형상들/
formæ irreceptæ. 수용되지 않은 형상들/
formæ sine materia. 질료 없는 형상들/
Formam populabitur ætas.
나이는 용모를 볼품없이 만들 것이다/
incohatio formæ. 형상의 발단/
infinita forma. 무한한 형상/
ita ut facti sitis forma omnibus credentibus in
Macedonia et in Achaia. (w[ste gene,sqai u`ma/j tu,pon pa/sin
toi/j pisteu,ousin evn th/| Makedoni,a| kai. evn th/| VAcai<a| ')
(⑨ so that you became a model for all the believers in
Macedonia and in Achaia) 그리하여 여러분은 마케도니아
와 아카이아의 모든 신자에게 본보기가 되었습니다(성경)/
그래서 여러분은 마케도니아와 아카이아에 있는 모든
믿는 이들에게 모범이 되었습니다(200주년 신약)/
그래서 여러분은 마케도니아와 아카이아에 있는 모든
신도의 모범이 되었습니다(공동번역 데살 1, 7)/
naturæ intellectuales sunt formæ subsistentes.
지성적 본성(사물들)은 자립하는 형상들이다/
Nihil ad nostram formam.
그것은 우리 꼴에 비하면 아무 것도 아니다/
rerum incommutabilis forma. 사물의 불변하는 형상/
species boni apprehensi forma est voluntatis.
선의 형상(形象)이 곧 의지의 형상(形相)이다.
[인간 지성이 파악한 선의 종류(species:형상)로 번역된다가 의지를
구체적으로 움직이는 형상(forma)이 된다. 성 염 옮김. 단테 제정론. p.63]/
substantia dividitur in materiam et formam.
실체는 질료와 형상으로 분리 된다/
Tractatus de formis. 형상들에 대한 논고(월터 버얼리 1275～1344 지음)/
Tractatus de materia et forma.
질료와 형상에 대한 논고(월터 버얼리 1275～1344 지음)/
unde oportet illud quo primo aliquid agit esse formam.
그러므로 어떤 것을 우선적으로 활동하게 하는 것은
형상이다(이재경 역주. 지성단일성. p.145)/
unitas formæ. 형상의 통일성(統一性)/
universalitas formæ intellectivæ. 지성적 형상의 일성/
Utrum formæ corporum sint ab angelis.
물체들의 형상들은 천사들로부터 존재 하는가/
Utrum lux sit corpus, vel forma corpóris?
빛은 유형체인가, 유형체의 형상(形相)인가?/
Utrum lux sit forma substantiális, vel accidentális?
빛은 실체적 형상(形相)인가 혹은 우유적 형상인가?.
Videtur quod formæ corporum sint ab angelis.
물체들의 형상들은 천사들로부터 존재한다고 생각된다.
forma absolutiónis. 사죄경(赦罪經)
forma accidentális. 우유적 형상,
부수적 형식.(⑨ accidental formality),
forma æterna et immutábĭlis. 영원하고 불변하는 형상
forma artificiati. 제작품의 형상
Forma bonum fragile est(Ovidius). 용모(容貌)라는 것은
부서지기 쉬운 보물(선, 재산)이다[성 염 지음. 고전 라틴어, p.157].
forma canonica. 교회법적 형식, 혼인형식
Forma caritatívæ actuositatis Ecclesiæ propria.
(⑨ The distinctiveness of the Church's charitable activity)
교회의 사랑 실천의 고유한 형태.
forma coloris. 색의 형상
forma commissoria libera(voluntária)
자유재량 위임 형식,
forma commissoria necessária. 필수적 위임 형식
forma complexionis. 복합 형상
forma corporális. 물체적 형상
forma corporeitátis. 신체적 형상
육체성의 형상, 육체의 형상, 육체적 형상,
forma corporis. 신체의 형상,
질료적 존재(獨 Sein der materia).

F

Nihil autem potest esse sine eo quod inest ei per se; ergo forma corporis non potest esse sine corpore. 어떤 것도 자신 안에 본질적으로 내재하는 것 없이는 존재할 수 없다. 따라서 신체의 형상은 신체 없이 존재할 수 없다. Si ergo corpus sit corruptibile, sequitur formam corporis corruptibilem. 그러므로 신체가 소멸한다면 신체의 형상도 당연히 소멸하게 된다.(지성단일성. p.105)/

Forma dat esse. 형상이 존재를 부여(附與)한다.
[존재가 형상에 따르고, 형상에 부합하며, 형상의 현실성이라는 의미로 이해되어야 한다. 그래서 토마스는 빛이 비춤에, 또는 하양이 '하얗다'에 관계하는 것처럼, 형상이 존재에 대해서 관계를 맺는다고 말할 수 있다.
토마스 아퀴나스의 형이상학. p.503].

forma electionis. 선거방식(選擧方式)
forma et sollemnitas. 요식행위(要式行爲)
forma exempláris. 원형적 형상
forma exempláris rerum. 사물들의 원형적 형상
Forma extraordinaria. 특별양식/Forma Ordonaria 일반양식
forma extrinseca. 외적 형식
forma facti. 동작이라는 형상(교회와 성사. p.116)
Forma Factus Gregis. 회중에 모범이 될지니라.
(1966.511. 제2대 춘천교구장 Stewart 박 토마 주교의 사목표어).
forma formarum. 형상들의 형상(εἶδος εἰδῶν)
forma generati. 낳음을 받는 자의 형상
forma gubernátionis. 정치체제(政治體制)
forma immaterialis. 비물질적 형상
forma in se subsistens(獨 Vorgriff auf Sein schlechthin). 존재에로의 선취.
forma incorruptíbilis. 불멸적 형상
Forma indicativa(ego te absolvo). 직설적(直說的) 양식
forma individuális. 개체적 형상
forma intellectus. 지성적 형상
forma intelligíbilis. 가지적 형상
forma intelligíbilis intellectus. 지성의 가지적 형상
forma intrinseca. 내적 형식
forma liturgica. 전례적 형식
forma materiális. 물질적 형상
forma mentis. 사고방식
forma merit. 공로의 형상
forma Missæ.(⑨ Form of the Mass.獨 Meßformem) 미사 양식(Formula Missæ).
forma mixtionis. 혼합된 형상
forma naturæ humanæ. 인간 본성의 형상
forma naturæ individus substantia. 이성적 본성을 갖는 개체적 실체.
forma naturális. 본성적 형상, 자연적 형상
Forma nosci non quita est. 형상은 알아 볼 수가 없었다.
Forma optativa. 청원의 양식(請願 樣式)
Forma orátionis et meditátionis. 기도와 묵상의 형식(1523년 바르보 논문).
Forma ordinaria. 일반 양식.
Forma extraordinaria. 특별 양식.
forma participata. 분유된 형상
forma particuláris. 개별적 형상
forma partis. 부분의 형상, 부분적 형상
forma Patris. 성부의 형상
forma per se substantiális. 그 자체 자립적 형상
forma quantitatis. 양적 형상
forma quædam non formata. 형성되지 않은 형상
forma recepta in sensu 감각 속에 받아들여진 형상
forma regiminis. 정체(政體-국가의 통치 형태)
forma sacraménti. 성사의 본질 구성적 경문(요식경문)
forma sensibilium. 성질들의 형상
forma sensitiva. 감각적 형상
forma separata. 분리된 형상
forma simplex. 단순 형상
forma speciális. 특별 형상, 특수 형상
forma spirituális. 영적 형상
forma subsistens. 자립적(자존적) 형상, 자립적인 형상
forma substantiális corporis. 육체의 실체적 형상

forma substantiális. 실체 형상, 실체적 형상, 실질적 형식(실제적 형식.⑨ substantīal formality).
Forma supplicativa. 간구의 양식(懇求 樣式)
forma totius. 전체적 형상, 총체적 형상
forma universális. 보편적 형상
forma vegetativa. 생장적 형상
forma vel formositas. 형상 또는 아름다움
forma verborum. 말씀이라는 형상(교회와 성사. p.116)
forma virtutem. 덕의 형상
forma vitæ. 생활양식(生活樣式.secta vitæ).
formábilis, -e, adj. (formo) 형성될 수 있는
formáceus, -a, -um, adj. 토벽한
formale objectum fidei. 신앙의 형식적 대상
formale principium cognitionis. 형식적 인식의 원리
formális, -e, adj. 형상(形狀)의, 형태상의, 꼴을 이루는, 형식을 갖춘, 일정한 형식의, 공동형태의, 표준형의, 모형의 모형의, 형식적인, 표면상의, 정상의, 규격대로의. (哲) 형상적.
beatitúdo formális. 형상적 복락/
causa formalis. 형상인/
fontes formale. 윤리성의 원천/
gloria formális. 형상적 영광/
infinitas formális. 형상적 무한성(無限性)/
ratio formalis. 형상적 근거/
unitas formális. 형상적 단일성/
hominem formalissimum, ingeniosissimum, sapientissimum, opulentissimum ac denique potentissimum efficere.(성 엄 옮김. 피코 델라 미란돌라. p.118)
인간을 가장 아름답고 가장 재주 있고 가장 지혜롭고 가장 자질 있고 가장 능력 있는 존재로 만들었다.
formális epistola. 회람(回覽.Litteræ Circulátis*).
formális incardinátio. 명시적(정식) 입적
formálismus, -i, m. 형식론; (칸트의) 형식주의
formálitas, -átis, f. 형식, 형식적 행위, 의식(儀式), 요식(要式)(일정한 규정이나 방식에 따를 것을 필요로 하는 양식), 정식.
formálitas quidditatis. 본질적 형태
formaliter. 형상적으로, 내적 형상을 따라
formaliter revelatum. 명시적 계시(성서와 성전에 명백히 계시된 진리. Virtualiter revelatum 잠재적 계시와 대조).
formaméntum, -i, n. 형상, 모형; 형성된 것
formátio, -ónis, f. 형성(形成), 구성(構成), 작성, 조립, 성립, 교육, 훈련, 훈도(薰陶), 교양(敎養), 교화, 훈육, 모형(模型.τὺπος), 인간 양성, 양성(⑨ Formátĭon). Christianorum biblica formatio. 그리스도인들의 성경 교육/ cordis formatio. 마음의 양성/ Ratio Formationis Franciscanæ. 프란치스칸 양성 지침서. [formatio는 formare에서 나온 것으로 어떤 꼴(form)을 만드는 것을 의미한다. 즉 꼴을 만드는 과정을 말하거나 그 방법을 표현하는 말이다]
formátio doctrinális. 교리적 양성, 학문적 양성
formátio formátorum. 양성자들의 양성(養成)
Formatio non est quorumdam privilegium, sed omnium ius et officium.(⑨ Formation is not the privilege of a few, but a right and duty of all) 교육은 소수의 특권이 아니라 모든 사람의 권리이며 의무다.
formátio pastorális. 사목적 양성
formátio permanens. 계속 교육
formátio qidditătum. 하성(何性)의 형성
formátio sacerdotis indigeni(⑨ training of indigenous priest). 현지인 성직자 양성.
formátio spirituális. 영성 교육(靈性 敎育), 영적 양성(靈的養成.⑨ spiritual formátĭon).
formátor, -óris, m. 형성자, 창조자, 창건자(創建者), 훈련(訓練)시키는 사람, 교화자(敎化者).
formatúra, -æ. f. 형성(形成); 형태
formatus iste pulvis. 형체를 갖춘 그 먼지.(신국론. p.1414).
formélla, -æ, f. 소형(小型)
formíca, -æ, f. (蟲) 개미.
Formicæ sunt diligentia animalia. 개미들은 부지런한 동물들이다/
In silvis formícæ sunt. 숲에 개미들이 있다/

Vade ad formicam, o piger, et considera vias eius et disce sapientiam. (i:qi pro.j to.n mu,rmhka w= ovknhre, kai. zh,lwson ivdw.n ta,j o`dou,j auvtou/ kai. genou/ evkei,nou sofw,teroj) (獨 Geh hin zur Ameise, du Fauler, sieh an ihr Tun und lerne von ihr!) (⑨ Go to the ant, O sluggard, study her ways and learn wisdom!) 너 게으름뱅이야, 개미에게 가서 그 사는 모습을 보고 지혜로워져라(성경 잠언 6, 6)/게으른 자는 개미에게 가서 그 사는 모습을 보고 지혜를 깨쳐라(공동번역).

Formica et musca contendebant acriter quæ pluris esset. 개미와 파리가 누가 더 훌륭한지를 두고(quæ pluris esset) 맹렬히 다투고 있었다.[성 영 지음, 고전 라틴어, p.387].

formicá(bi)lis, -e, adj. 개미가 기는 것 같은, 개미가 기는 것처럼 가려운, 의주감(蟻走感).

Formicarius. 개미 인생(독일 신비가 Golan Nider의 저서. 모범적 생활의 표본으로 개미생활을 비겨 설명하는 윤리서. 백민관 신부 엮음, 백과사전 2, p.56)

formicátĭo, -ónis, f. 근질거림, 가려움 의주감(蟻走感-가려움)

formíco, -áre, intr. 개미처럼 기다(뛰다); 맥박이 약하게 자주 뛴다, 개미가 기어 다니는 듯이 가렵다(간지럽다).

formicósus, -a, -um, adj. 개미가 득실거리는, 개미떼의

formícŭla, -æ, f. 작은 개미

formidábĭlis, -e, adj. 무서운, 무시무시한

formídam, -mínis, n. 무서운 형상, 요괴(妖怪)

formído¹ -ávi, -átum, -áre, tr., intr. 몹시 무서워하다, 무서워(벌벌) 떨다. ne formidetis. 두려워하지 마십시오.

formído² -dínis, f. 공포.(⑨ terror.獨 die Furcht), 무서움, 전율(戰慄-심한 두려움이나 분노 따위로 몸을 떪), 경외심(敬畏心.⑨ Awe to God.獨 Ehrfurcht), 두려움, 무서운 광경, 무시무시한 것; 도깨비.

formidolósĭtas, -átis, f. 무서운 광경, 무시무시함

formidolósus, -a, -um, adj. 무서운, 두려운, 무시무시한, 끔찍한, 소름끼치는, 무서워하는, 벌벌 떠는.

fórmĭdus, -a, -um, adj. 따뜻한(㎜)

formo, -ávi, -átum, -áre, tr. (forma) 모양을 만들다, 형성하다, 구성하다, 빚다, 그리다(γραφήιν), 제작하다, 윤곽을 잡다, 만들다(㎜), 창조하다; 맞추다, 조직하다, 말을 (또렷하게) 발음하다, (글.시 따위를) 짓다, 쓰다, 작성하다, 교육하다, 가르치다, 형성시키다, 훈련(訓練)시키다, 길러내다, 양성(養成)하다.

Formósa, -æ, f. (sc. insula) 대만(臺灣)

formosior, -or, -us, adj. formósus, -a, -um의 비교급

formosissimus, -a, -um, adj. formósus, -a, -um의 최상급

formósĭtas, -átis, f. 아름다움(κάλλος.⑨ Beauty), 미모(美貌-아름다운 얼굴모습), 잘 생김, 균형 잡힘, 조화(調和.⑨ Harmony), forma vel formositas. 형상 또는 아름다움.

formositas actualitatis. 현실태의 미모, 실제의 아름다움

formósŭlus, -a, -um, adj. 아름다운(㎜.καλός), 예쁘장한.

formósus, -a, -um, adj. 잘 생긴, 아름다운(㎜.καλός), 예쁜, 고운, 반듯한, 모양이 단정한, 우아한, 준수한. Formosa facies muta commendatio est(Publilius Syrus). 아름다운 얼굴 그 자체가 말없는 추천장이다/ Numquid amando poterit esse pulchra? Numquid et ille amando poterit esse formosus? 사랑한다고 해서 미녀가 될 수 있습니까? 사랑한다고 해서 미남이 될 수 있습니까?.(최익철 신부 옮김. 요한 서간 강해, p.411)/ Sit formosa, decens, dives : quis feret uxorem cui constant omnia?.(Juvenalis). 그녀가 아름답고 우아하고 고상하다고 합시다. 그런데 그처럼 모든 것이 완벽하게 갖추어진 여자를 누가 아내로 맞겠소이까?.

fórmŭla, -æ, f. (forma) 예쁘장함, 도면(圖面), 설계(도); 처리(제조) 방법; (설계대로 만들어진) 물건, (특히) 수도, 형식, 서식, 양식; (數.化) 공식, 식, 화학식, (의식 따위에서 쓰이는) 일정한 형식의 글(경문), 법률상의 서식(양식.규정.방식서), 법규(法規); (계약.유언 따위의) 조문, (형식을 갖춘) 계약, 조약; 정관, (일반적인) 규정, 규칙, 법칙, 원칙, 세율(稅率), (일정한 형식으로 표현된 개신교파의) 신조(信條),

신경, 격식, 경문(⑨ Formulas), 기도문(⑨ Formulas). Formulæ et Symbolum fidei.(⑨ Creeds and formulas of belief) 신경과 조문/ formulæ liturgicæ. 전례양식(典禮樣式)/ Hormi(s)dæ formula. 호르미스다스 교황 신조.

formula Absolutionis. 사죄의 말씀, 사죄 정식서(고해성사에서 사죄하는 고해신부가 하는 말. "주 예수 그리스도의 권한을 받은 나는 당신의 죄를 사합니다"가 그 요지이다. 백민관 신부 엮음, 백과사전 2, p.57).

formula concordiæ. (Luther파의) 화해신조(和解信條)

formula dogmatica. 교의정식(教義定式)

formula dubii. 시비점(다툼)의 서식(書式), 쟁점의 양식

Formula Fedes Damasi. 다마소 신경

Formula Hormisdæ. 교황 호르미스다스 정식서(신경)

formula missæ. 미사 양식(樣式)

Formula Missæ et Communionis. 미사와 영성체 예식서. (루터가 1523년 마련한 예식서로 라틴어로 썼다. 신경과 함께 기존 로마 예식서의 내용을 약간 변경했다… 이 예식서를 바탕으로 루터의 "독일미사서"가 나왔고, 루터의 전례서가 되었다. 백민관 신부 엮음, 백과사전 2, p.57).

Formula salutationis. 인사(人事)

Formula vitæ honestæ. 올바른 생활의 규범

formulárĭus, -a, -um, adj. 법규(규정.서식)에 관한. m. 대서사(代書士-남의 부탁을 받아 관공서에 낼 서류 따위를 써 주는 것을 업으로 하는 사람. 대서인).

Fornacália, -ĭum, n., pl. Fornax 신의 축제

fornacális, -e, adj. (fornax) (빵 굽는) 가마의, 화덕의, (가마의 여신) Farnax에 관한.

fornacárĭus, -a, -um, adj. 가마의, 화덕의

fornacátor, -óris, m. 목욕탕 화부(火夫)

fornácŭla, -æ, f. 작은 가마(화덕); 난로(煖爐), 화로(火爐-숯불을 담아 놓는 그릇).

fornax, -ácis, f. 아궁이, 노(爐-화로), 도가니, (석회.벽돌.그릇.숯.빵 따위를 굽는) 가마, 화덕(솥을 걸 수 있도록 쇠나 흙으로 아궁이처럼 만든 물건), 분화구.

Fornax, -ácis, f. 가마(화덕)의 여신(女神)

fornicárĭa, -æ, f. 창녀, 창부, 간음한(미혼.독신) 여자

fornicárĭus, -i, m. (fórnicor) 방탕아(放蕩兒); 사통자(私通者), (미혼.독신의) 간음자(姦淫者).

fornicátim, adv. (fornix) 궁륭형으로

fornicátĭo¹ -ónis, f. 궁륭형으로 만듦; 둥근 천장

fornicátĭo² -ónis, f. 매음(賣淫), 사통(私通), 사음(邪淫-독신자나 미혼자 남녀 사이의 음행), 음행(πορνεια). ((倫神)) (미혼자.독신자의) 간음(姦淫.⑨ adultery). Manifesta autem sunt opera carnis, quæ sunt fornicatio, immunditia, luxuria. (fanera. de, evstin ta. e:rga th/j sarko,j(a[tina, evstin pornei,a(avkaqarsi,a(avse,lgeia) (⑨ Now the works of the flesh are obvious immorality, impurity, licentiousness) 육의 행실은 자명합니다. 그것은 곧 불륜, 더러움, 방탕(성경 갈라 5. 19)/육정이 빚어 내는 일은 명백합니다. 곧 음행, 추행, 방탕(공동번역)/ 그런데 육(肉)의 행실들이란 뻔하지 않습니까? 그것은 음행, 부정, 방탕(200주년 신약 갈라 5. 19)/ Non vult pœnitere a fornicatióne suâ. 그 여자는 자기의 음행을 뉘우치려 하지 않는다.

fornicátĭo animæ. 영혼의 사통(靈魂 私通)

fornicátor, -óris, m. 방탕자, (미혼.독신의) 간음자

fornicatrix, -ícis, f. 창녀, (미혼.독신의) 간음녀

fornicátus, -a, -um, adj. (fornix) 활 모양의, 궁륭형(반원형)으로 된; 둥근 천장의.

fornicor, -átus sum -ári, dep. (fórnico, -áre,) intr. 매음하다, (특히 미혼 .독신으로) 간음(姦淫)하다, 사통(私通)하다, (하느님을 배신하여) 우상숭배 하다. Et qui sunt qui fornicantur? Qui discedunt, et amant mundum. Tu autem quid? 누가 매음하는 자입니까? 하느님을 떠나서 세상을 사랑하는 사람들입니다. 그렇다면 그대는 어떤 사람입니까?(최익철 신부 옮김. 요한 서간 강해. p.421).

fornix, -ícis, f. 활, 궁형(弓形), 궁륭; 둥근 천장; 반원형 지붕이 있는 통로, 궁형으로 만든 수로(水路), 창궁(蒼穹-맑게 갠 새파란 하늘), 개선문(凱旋門); 유곽(遊廓-창녀가 모여서 몸을 팔던 집이나 그 구역), 매음굴. (解) 뇌궁(腦弓-큰골반구behalf의 안쪽 면과 사잇골에 달린 활꼴 조직組織).

493

원개(圓蓋-둥dome의 역어譯語).

fornix pharýngis. (解) 인두 원개(人頭 圓蓋)

fornus(=furnus), -i, m. 빵 굽는 가마; 화덕

foro, -ávi, -átum, -áre, tr. 구멍 뚫다, 꿰뚫다, 파다

forpex, -pīcis, f. 이발 가위, 족집게

fors, abl. forte f. (nom., abl. tt.) 운수, 재수, 우연,
  (우연한) 기회. adv. (=forsit) 아마(도) 어쩌면,
  ædes Fortis Fortúnæ. 행운의 여신(女神) 신전/
  fors fuit, ut…. 우연히 …하게 되었다/
  forte, forte fortúnā. 우연히/
  forte quádam. 특별히 재수가 있어서/
  si forte… 혹시라도 …면.

Fors Fortúna. 행운[幸運.fortuna secunda(próspera)].

forsan, adv. (fors+sit+an) 아마(도),
  어쩌면, 두리 건대, 혹시, 혹시라도, 우연히, 재수 좋게도.

Forsan et hæc olim meminisse juvabit.(Vergilius).
  혹시 이것도 미리 기억해 두면 도움이 되겠지(될 것이다).

forsit, adv. (fors+sit+an) 아마(도),
  어쩌면, 두리 건대, 혹시, 혹시라도, 우연히, 재수 좋게도.

fórsitan, adv. (fors+sit+an) 아마(도),
  어쩌면, 두리 건대, 혹시, 혹시라도, 우연히, 재수 좋게도.

Fórsitan audíeris, áliquam velóces superásse viros.
  어떤 여자가 (경주에서) 빠른 남자들을 이겼다는 말을
  네가 혹 듣게 될지도 모르겠다.

Forsitan hoc tibi veniat in mente.
  혹시 이런 생각이 네 머리에 떠오를지도 모른다.

Forsitan nobis quærendum est an talis agendi modus etiam pro nobis prospectus sapiens rursus fieri possit.
  아마 우리는 이러한 신심을 되살리는 것이 적절한지
  그렇지 않은지 고려해 보아야 할 것입니다.

Fórsitan quíspiam díxerit. 누가 혹 말할는지도 모르겠다.
  [불확실한 사실에 대한 가능을 표시하기 위해서는
  가끔 fórsitan(아마, 혹)을 접속법 앞에 쓰기도 한다].

Fórsitan quærátis, qui iste terror sit. 이 공포는
  어떤 것이냐고 혹시 누가 물어 볼지도 모르겠다.

fortásse(=fortassis) adv. 아마, 모르면 모르되, 어쩌면,
  (대략적인 수의 표시) 대개(대략), 약(約), …쯤.
  nobis fortasse ipsa spei decretoria imago.
  우리에게는 결정적인 희망의 장면일지도 모릅니다/
  Vendo meum non pluris quam ceteri, fortasse etiam minoris. 저는 제 물건을 남보다 비싸진 않게,
  그러나 아마도 더 싸게도 팝니다.

forte, adv. 우연히, 우연한 기회에, 그만 어떻게 돼서,
  (가끔 조건 접속사 si, nisi 등과 함께 씀) 혹시(라도).

Forte hoc nos monet, ut ambulemus in mari? absit?
Hoc ergo, ut ambulemus in via justitiæ. 혹시 우리더러
  바다 위를 걸으라고 권고합니까? 아닙니다. 정의의 길을
  걸으라는 것입니다.(최익철 신부 옮김. 요한 서간 강해, p.89).

Forte íncidit, ut…. 아마도 …한 일이 생겼다

Fortes creantur fortibus et bonis.(Horatius).
  용감하고 선량한 사람들에 의해서 용감한 사람들이 생겨난다.
  (fortibus et bonis: 행위자 여격. 성 염 지음. 고전 라틴어, p.196).

Fortes fortuna adjuvat.
  운명(행운)은 용감한 자들을 돕는다(fortis 참조).

Forti animo esto. 용기를 내시오.
  (Bonum habe animum = Macte animo!).

fortia facta. 용감한 행위(fortis 참조)

fortículus, -a, -um, adj. 꽤 용감한, 좀 용기 있는

fortificátĭo, -ónis, f. 튼튼하게 함, (체력) 강화

fortífico, -áre, tr. (fortis+fácio)
  튼튼하게 하다, 굳게 하다, 강하게 하다.

fortior, -or, -us, adj. fortis, -e의 비교급

Fortior in re, suaviter in modo.
  일은 강력하게, 방법은 유순하게(추진하라!).

fortis, -e, adj. 건장한, 힘센, 튼튼한, 든든한, 단단한,
  강한, 강력(强力)한, 강렬한, **용감**(勇敢)**한, 용맹한**,
  용기 있는, 씩씩한, 꿋꿋한, 강인한, 정력적(精力的)인.
  citius altius fortius. 더 빠르게 더 높게 더 힘차게/
  Cum fortis armatus custodit atrium suum, in pace sunt

---

ea, quæ possidet. (o[tan o` ivscuro.j kaqwplisme,noj fula,ssh| th.n e`autou/ auvlh,n(evn eivrh,nh| evstin ta. u`pa,rconta auvtou/\)
(㉭) When a strong man fully armed guards his palace, his possessions are safe) 힘센 자가 완전히 무장하고
  자기 저택을 지키면 그의 재산은 안전하다(성경 루카 10, 21)/
  힘센 자가 무장하고 자기 저택을 지키는 동안 그의
  재산은 안전합니다(200주년 신약)/힘센 사람이 빈틈없이 무장
  하고 자기 집을 지키는 한 그의 재산은 안전하다(공동번역)/

Fortes fortuna adjuvat.
  운명(행운)은 용감한 자들을 돕는다/

Forti et fideli nihil difficile est.
  굳건하고 충직한 사람에게는 어려울 것이 없다/

fortia facta. 용감한 행위/

fortissimus ex ómnibus. 모든 이 가운데 제일 용맹한/

Ignis aurum probat miseria fortes viros.
  불은 금을 시험하고 불행은 강한 사람을 시험 한다/

Vir ad pericula fortis. 위험에 용감한 사나이/

Virorum est fortium toleranter dolorem pati.
  고통을 의연히 감수하는 것은 강자의 일이다.

형용사 제3변화 제2식
[단수 주격 어미: 남성, 여성 -is, 중성 -e]

		단 수	
	번 역	m., f.	n.(중성)
Nom.	가, 은, 는, 께서	fortis	forte
Voc.	…아, …야, …여	fortis	forte
Gen.	…의	fortis	fortis
Dat.	…게, …에게	forti	forti
Acc.	…를, …을	fortem	forte
Abl.	…로써, 으로써	forti	forti

		복 수	
	번 역	m., f.	n.(중성)
Nom.	가, 은, 는, 께서	fortes	fórtia
Voc.	…아, …야, …여	fortes	fórtia
Gen.	…의	fórtium	fórtium
Dat.	…게, …에게	fórtibus	fórtibus
Acc.	…를, …을	fórtes	fórtia
Abl.	…로써, 으로써	fórtibus	fórtibus

(한동일 지음. 카르페 라틴어 1권, p.80).

Fortis cadere cedere non potest.
  용감한 자는 넘어져도 굴하지 않는다.

fortis in dolóre. (in'참조) 고통 속에서 용감한

Fortis sed tenera devotio erga Christi Cor.
  예수 성심께 대한 올바르고 열정적인 신심.

fortissimum genus. 가장 굳센 종류

Fortissimum ómnium animalium est leo.
  사자는 모든 동물들 가운데 제일 용맹하다.
  (부설명어가 앞설는 때에는 그 성은 분할 속격의 성을 따라 간다).

fortissimus, -a, -um, adj. fortis, -e의 최상급.
  Cum milites quam fortissime pugnent, hostes sævos vincere non possunt. 군인들이, 극히 용맹하게 싸웠지만,
  사나운 적들을 제압할 수 없었다(속문의 내용과 반대되는 주문.
  접속법. 주문과 같은 시제. "…도 불구하고"의 시제는 역사적 현재(praesens historicum)로 간주하여 단순과거로 번역한다. 성 염 지음. 고전 라틴어, p.328].

fortiter, adv. (=cum fortitudine) 힘껏, 용맹하게(제3변화의 형용사를 가지고 부사를 만들려면 속격 어미 -is 대신에 -iter를 붙인다).
  Clama fortiter, ne cesses.(성경 이사 58, 1)
  목청껏 소리쳐라, 망설이지 마라/
  Id ætatis jam sumus, ut omnia fortiter ferre debeamus.
  우리는 이미 모든 것을 용감하게 견디어내야 할 나이에 와 있다/
  Si ita res se habet, fortiter feramus.
  사정이 그렇다면, 용감하게 견뎌나가자!

fortiter, fortius, fortissime, adv. 용감히, 더 용감히, 아주 용감히.

Fortiter in re suáviter in modo.
  (할 때는 용감히 태도는 부드럽게 / 태도는 부드럽게 행동은 꿋꿋하게/
  행동은 단호하게 태도는 부드럽게 / 일 자체는 강력하게 방법은 유연하게).
  사건 자체에 있어서는 단호하게, 방법에 있어서는 유연하게.

Fortiter pugna, ne ignavum te putent!
  그들이 너를 비겁하다고 생각지 않게 용감하게 싸워라!.

Fortitudinem meam ad te custodiam.
  당신을 위하여 내 힘을 간직하나이다.

fortitúdo, -dĭnis, f. 강한 체력(體力), **용맹**(勇猛), 씩씩함,
　용기(ἀνδρεία.勇氣.⑨ Fortitude), 꿋꿋함, 굳셈, 힘.
　pl. 용감한 업적(業績).
　Accinxit fortitudine lumbos suos.
　　그(여인)는 허리에 능력의 띠를 띠었도다/
　Itaque probe difinitur a Stoicis fortitudo, cum eam
　virtutem esse dicunt propugnantem pro æquitate.(Cicero).
　　스토아학자들은 용덕이라는 것을 옳게도 정의하였다.
　　그들은 용기란 '공정을 위하여 싸우는 덕'이라고 말한다/
　Perfecte a Stoicis definitur fortitudo : ea enim virtus est
　pro æquitate pugnans. 용맹이라는 것은 스토아 철학자
　　들에 의해 완벽하게 정의되었으니, 그것(勇猛)은 '공정을
　　위하여 싸우는 용기(덕성)'다/
　Quid est áliud fortitúdo nisi virtus?
　　용맹은 덕행이 아니고 무엇이냐?.
　　(Nisi는 주문의 quid áliud에 연결되면서, 결론의 타당성을 드러내기도 한다/)
　Tracta definitĭones fortitúdĭnis.(tracto 참조)
　　용기에 대한 정의(定義)를 설명하라.
fortuíto(=fortuítu) adv.
　우연히, 우발적으로, 예기치 않게, 불시에.
fortuitus, -a, -um, adj.
　우연한, 우발적인, 예기치 않은, 불시의.
　fortuita temeritas. 우발적인 의욕(중세철학 제4호, p.44).
fortúna, -æ, f. 운(運-運數의 준말), 운명(運命.κλήρος),
　운수, 팔자, 숙명(宿命.獨 Geschick), 재수, 우연,
　행운, 요행(僥倖-뜻밖의 행운), 좋은 기회 ; 행복, 성공,
　번영(繁榮), 불행, 지위, 신분, 처지, 형편, 상태, 조건.
　pl. 재산(⑨ property), 재물, 부, Fortuna. 운명의 여신.
　atrox fortúna 가혹한 운명(運命)/
　Audaces fortuna juvat.(Vergilius).(천운은 과감한 자들을 돕는다)
　　행운은 용기 있는 자들을 돕는다/
　Audaces fortuna juvat timidosque repellit.
　　행운은 과감한 사람들을 돕고 겁 많은 사람들을 멀리 한다/
　Commiseror fortunam Græciæ. 희랍의 운명을 슬퍼하다/
　De Remediis Utriusque Fortunæ. 두 운명의 치유에 대하여.
　　(Petrarca 만년의 시집으로 인간 현세 생활의 덧없음을 명상함)
　Disce, puer, virtutem ex me verumque laborem fortunam
　ex aliis. 아이야, 용맹은 내게서 배우고 참 수고가
　　무엇인지는 나한테서 배워라. 그러나 행운은 다른 사람
　　들에게서 보려므나(성 염 지음, 사랑만이 진리를 깨닫게 한다. p.385)/
　Erant Crasso amplissimæ fortunæ. 크라수스에게는 막대한
　　재산이 있었다.[소유 여격dativus possessivus은 sum 동사와 함께 쓰며.
　　사물의 소유주를 여격으로 쓴다. 성 염 지음, 고전 라틴어, p.396)/
　Fortes fortuna adjuvat.
　　행운은 용감한 자들을 돕는다(fortis 참조)/
　Fortunæ ludi. 도박(賭博.⑨ Games of chance)/
　fortunæ(tela) verbera. 운명의 타격/
　fortunæ vicissitudines. 운명의 변천/
　Fortunam citius reperies quam retineas.(Publilius Syrus).
　　행운을 붙잡기보다는 더 빨리 되찾도록 하라!/
　Fuit hoc quondam proprium populi Romani, longe a
　domo bellare et sociorum fortunas non sua tecta
　defendere. 집으로부터 멀리 떨어져 전쟁을 치루고,
　　자신들의 집안만 아니라 동맹들의 재산도 지켜 주는
　　것이 로마 국민의 특기라오[성 염 지음, 고전 라틴어, p.387)/
　Hæc tanta fortuna nobis non neglegenda est[수동태 용장활용].
　　이렇게 큰 행운이 우리에게 간과되어서는 안 된다/
　hómines módicæ fortúnæ. 중산계급/
　Ignavis precibus Fortuna repugnat.
　　행운의 여신(女神)은 터무니없는 기도를 뿌리친다/
　Licet superbus ambules pecunia, fortuna non mutat
　genus.(Horatius). 그대가 돈으로 으스대며 돌아다닐지라도,
　　행운이 핏줄을 바꿔놓지는 못하지(성 염 지음, 고전 라틴어, p.345)/
　Major sum, quam cui possit fortúna nocére.
　　운명이 나를 해할 수 있기에는 나는 너무 위대하다/
　Minime amicus sum, fortúnæ particeps nisi tuæ.
　　너의 운명에 동참하지 않는다면,
　　나는 결코 우호적이라 할 수 없을 것이다/
　Nihil fortuna affulsit. 나에게 행운이 비쳐왔다/

Non est eadem fortúna atque condítio.
　행운은 지위와 동일한 것이 아니다/
prospera adversaque fortúna. 행운과 불행/
quæ cuique est fortuna hodie, quam quisque secat spem.
　각자가 오늘 맞고 있는 운명이 어떤 것이든, 각자가 품는
　희망이 무엇이든(성 염 지음, 사랑만이 진리를 깨닫게 한다. p.382)/
Quis umquam fortunæ stabilitate confisus est?[반달형동사 문장]
　도대체 누가 행운의 확고함을(행운이 확고하다고) 믿었단 말인가?/
Quisque fortunæ suæ faber est.(Sallustius)
　각 사람이 자기 운명(運命)의 창조자다/
Quod fortuna fert, fer! 운명이 가져다주는 그것을 짊어져라!/
Simul ac fortuna dilapsa est, devolant omnes amici.(Rhet.
ad Herenn). 행운이 사라지자마자 친구들이 모조리 떠나간다/
Stulti timent fortunam, sapientes ferunt. 어리석은 자들은
　운명을 두려워하고, 현자들은 운명을 견뎌낸다/
Stultum facit fortuna quem vult perdere.(Publilius Syrus).
　행운은 누구를 파멸시키기 바라면,
　그 자를 행운으로 어리석게 만든다/
　행운은 누가 망하길 바라면 그 자를 어리석게 만든다/
tela fortunæ. 운명의 장난(打難)/
tormenta fortunæ. 운명의 고통/
Vitam regit fortuna, non sapientia. 인생을 좌우하는 것은
　지혜(知慧)라기보다는 차라리 운수라고 하겠다.
fortuna advérsa. 불운(不運), 불행(不幸)
fortuna desperata. 포기한 운명.
　(플랑드르 출신의 Obrecht, Jacob 신부 미상곡. 4성부 미사곡)
fortuna dulci ebrĭus. 달콤한 행운에 도취된
Fortuna fortes ádjuvat. 행운은 용감한 자들을 도와준다.
Fortuna in omni re dominatur.[탈형동사 문장]
　매사에서 운수가 지배한다.
Fortuna multis nimis dat, satis nulli.
　행운이 많은 사람들에게 지나치게 많은 것을 베푸는데
　그 누구에게도 만족할 만큼 주지는 않는다.
　(아무리 많이 받아도 만족할 사람은 없다). [성 염 지음, 고전 라틴어, p.110].
Fortuna nimium quem fovet, stultum facit(Publilius Syrus).
　행운은 너무 총애하는 사람을 어리석은 자로 만들고 만다.
Fortuna opes auferre, non animum potest(Seneca).
　운수가 재산을 앗아갈 수는 있어도 정신을 앗아갈 수는 없다.
fortuna secunda(próspera) 행운(幸運), 다행(多幸)
fortuna suffragante. 운명이 도와서
Fortuna vitrea, tum cum splendet, granditur.(Publilius Syrus)
　행운은 (유리처럼) 투명하다. 반짝이는 그만큼 커진다(커 보인다).
fortúnæ, -árum, f., pl. (복수에서는 단수보다 다른 뜻 더 가짐) 재산.
　P. Iunius Verris bonis patriis fortunisque omnibus
　spoliatus est. 푸블리우스 유니우스 베리스는
　　모든 유산과 재산을 몰수당했다.
fortunate senex, ergo tua rura manebunt.
　운수도 좋지 영감. 그래서 자네 전답은 남는구먼.
fortunate senex, hic inter flumina nota et fontis
sacros frigus captabis opacum. 재수도 좋은 늙은이, 여기
　낯익은 강물이며 성스러운 샘가에서 자넨 시원한 그늘을
　맛보며 살겠네 그려(성 염 지음, 사랑만이 진리를 깨닫게 한다. p.400).
fortunátim, adv. 다행하게, 운 좋게
fortunatior, -or, -us, adj. fortunátus, -a, -um의 비교급
fortunatissimus, -a, -um, adj. fortunátus, -a, -um의 최상급
fortunátus, -a, -um, p.p., a.p.
　다행한, 행운의, 부유한(夺財), 부자의.
fortúno, -ávi, -átum, -áre, tr. 운 좋게 만들다,
　행운을 차지하게 하다, 다행스러워지게 하다,
　복(福)받게 하다, 순조로워지게 하다, 번영케 하다.
　O fortunatam natam, me consule, Romam!.(Cicero).
　　오, 내가 집정관을 하는 시기에 태어나는 행운을 잡은 로마여!.
fórŭli[1] -órum, m., pl. 서가(書架), 책장(冊張),
　타원형 경기장의 관람석(觀覽席).
fórŭli[2] -órum, m., pl. Sabíni족의 옛 도시(現 Tommasa)
forum[1] -i, n. (foras, foris⁹)
　(고대어에서는 forus, -i, m. 도 간혹 있음)

F

1. 시장, 장터: forum bo(v)árium. 우(牛)시장/ forum (h)olitórium. 야채시장/ forum piscárium. 생선시장. 2. (가끔 시장과 동일한 장소로서 민중연설.정치 활동.재판 따위에 관한 집회장소로 쓰이던) 광장: forum. forum Románum, forum magnum, forum vetus. Roma 대광장(Capitólium 언덕과 Palátium 언덕 사이에 있던 Roma의 대표적인 광장으로서 그 주변에는 원로원 의사당.국민회의장.공화당.금융기관.신전 따위가 들어서 있었음). 3. 정치생활, 공직생활, 벼슬, 공무원직, 변론활동, 경제활동: forum attíngere. 공직생활을 시작하다. 4. 법정([영] Court), 재판소: forum ágere. 소송사건을 심리하다, 재판권을 행사하다/ (敎法) forum extérnum. (교회 또는 신자의 공익.사회 생활에 관한 것을 다루는) 외적 법정, 외법정/ forum intérnum(consciéntiæ) (개인의 양심에만 관계되는 사건을 다루는) 내적법정, 내법정/ forum intérnum sacramentále(non sacramentale, extrasacramentále). (고해 성사에서 이루어지는) 성사적 내(內)법정(성사 이외의 사항에 관한 것을 다루는 즉 비성사적 내법정)/ forum cómpetens. 관할 재판소. 5. (F-) (상업.교역의 중심지, 행정.사법기관의 소재지로서의) 지방도시: forum Appĭi, Via Appĭa에 있던 도시 (라틴-한글사전. p.350).

Cum a foro revértor,
내가 법정(法廷)에서 돌아오고 있을 때에/
Cum istis in forum istis. 너희는 저들과 함께 광장으로 간다.
[cum istis(←is, ea, id) … istis(←eo, ii, itum, ire). 성 염 지음, 고전 라틴어, p.181]/
habito in foro. 광장에 선 채 움직이지 않고 있다/
in forum insinuo. 법정 안으로 슬그머니 들어가다/
Vive non aliter in solitudine, aliter in foro.
혼자 있을 때 다르고 시중에 있을 때 달리 살지 말라!.

forum² -i, n. 포도나 올리브를 넣고 밟아서 짜는 일종의 큰 통
forum administrativum. 행정 법원
forum competens. 관할 재판소, 관할 법정(사건이나 사람 즉 피고에 대하여 사법권을 가지는 법원).
forum competens commune. 공통 관할 법정
forum competens conventionale seu prorogátĭonis. 합의 관할 법정.
forum competens extraordinárium. 예외적 관할 법정.
forum competens generale. 일반 관할 법정.
forum competens legale. 법정 관할 법정
forum competens necessárium. 필요적 관할 법정
forum competens ordinárium. 통상적 관할 법정
forum competens particulare 개별 관할 법정
forum competens singulare. 특수 관할 법정
forum competens speciale. 특별 관할 법정
forum competens universale. 보편 관할 법정
forum connexionis.(continentiæ, reconventionis) 사건 관련의 법정.
forum conscientiæ. 양심의 법정
forum contractus. 계약 체결지의 법정
forum conventionale. 합의된 법정
forum delicti. 범행 장소의 법정
forum externum. 외적 법정, 외부 법정
forum externum sacramentale. 성사 외 법정
forum holitorrium. 야채 시장
forum interno extrasacramentale. 비성사적 내적 법정
forum interno sacramentale. 성사적 내적 법정
forum internum(=forum conscientæ) 내적 법정, 양심 문제의 법정.
forum internum non sacramentale. 성사 외 법정
forum internum sacramentale. 성사 내 법정
forum judiciárium. 사법 법정
forum olitórĭum. 야채 시장(n. macellum, -i 육류 시장)
forum piscárium. 생선 시장, 어물시장(魚物市場)
forum præventionis. 선착수의 법원
forum prorogátum. 합의 관할(合意 管轄)
forum (quasi) domicilii. (준) 거주지 법정
forum rei sitæ. 사건 발생지의 법정
forum Romanum. 로마 광장
forus, -i, m. 갑판(甲板), 선실통로.

pl. 타원형 경기장의 계단식 관람석, 벌집.
fossa, -æ, f. 도랑(폭이 좁은 작은 개울), 밭(논)도랑; (성벽 주위에 도랑처럼 파서 물을 괴게 한) 호(濠), 운하, 여자의 음부, 무덤(μνημεῖον.[영] Tomb), 한계선. ((解)) (뼈 따위의) 작은 구멍, 소와(小窩).
exálto fossam. 도랑을 깊이 파다/
Fossam aggere explent. 도랑을 흙더미로 채운다/
transitus fossæ. 참호의 통로.
fossa derectis lateribus. 수직으로 파 내려간 호(濠)
fossa vastissima. 굉장히 큰 호(壕)
fossárĭus, -i, m.
지하묘소를 파고 손질하던 초대교회의 성직자.
fossátum, -i, n. 도랑(폭이 좁은 작은 개울), 호(濠), 참호(塹壕-지난날, 성 둘레에 파 놓았던 구덩이).
fossátus, -i, m. 경계를 이루는 밭도랑
fossíbĭlis, -e, adj. 호(壕)를 팔 수 있는
fossícĭus, -a, -um, adj. (fódio) 땅에서 파낸, 캐낸
fóssĭlis, -e, adj. 땅에서 파낸, 캐낸; 화석의, 화석이 된
fóssĭo, -ónis, f. (땅, 구덩이, 구멍 따위를) 팜, 굴착(掘鑿-땅을 파거나 바위 등을 뚫음), (밭) 갈아엎기
fosso, -ávi, -átum, -áre, intens., tr. 파다(כרה.ארכ.רפח), 굴착(掘鑿)하다.
fossor, -óris, m. (fódio) 땅 파는 사람, 경작자, 농부, 광부(鑛夫), 예모(교양) 없는 자, 계간자(鷄姦者), (지하묘소에서) 산역(山役) 일하던 초대교회 성직자.
fossórĭum, -i, n. 삽, 곡괭이
fossórĭus, -a, -um, adj. 땅 파는, 땅 파는 데 쓰는
fóssŭla, -æ, f. 작은 구덩이, 도랑(폭이 좁은 작은 개울)
fossum, "fodio"의 목적분사(sup.=supínum)
fossúra, -æ, f. 땅 파기, 도랑, 구덩이
fotus, -us, m. 따뜻하게 함, 부화(孵化), 찜질
fóvĕa, -æ, f. 함정(陷穽-허방다리), 허방다리, 구덩이, 암계
fovéla, -æ, f. 쓰다듬음, 위로(慰勞-위안), 위안(慰安), 위무(慰撫-위로하고 어루만져 달램)
fóvĕo, fovi, fotum, -ére, tr. (cf. fáveo)
따뜻하게 하다, 데우다; 따뜻하게 감싸다, **품다**, 찜질하다, 환부(患部)를 덥게(시원하게) 하다, 약(藥)을 발라서 아픔을 가라앉히다, 껴안다(חפן), 쓰다듬다, 착 달라붙어 있다, (자리를) 떠나지 않다, 소중히 여기다, 귀여워하다; 돌봐주다, 보살피다, 기르다(רבי.אבר), 조장하다, 육성하다, 도와주다, 지원하다, 지지하다, 성원(응원)하다, 용기를 북돋아주다, 마음에 품다, 간직하다, 생각하다.
alqm clamóre et plausu foveo.
아무를 박수갈채(拍手喝采)로 응원(應援)하다/
castra foveo. 진중(陣中)에서 꼼짝 않고 있다/
pullos pennis foveo. 병아리들을 날개로 품다.
fōvi, "fóvĕo"의 단순과거(pf.=perfectum)
Fr. = Fratres. 수사(修士)의 약자(略字)
frácĕo, -ére, intr. 썩다, 악취(惡臭)나다.
fraces, -um, f., pl.
(올리브) 기름 찌꺼기(油粕), 유박(油粕-깻묵).
fracésco, -cŭi -ěre, inch., intr. (fráceo)
물크러지다, 썩어 들어가다, 나쁜 냄새나다.
frácĭdus, -a, -um, adj. 물크러진, 썩는
fráctĭo, -ónis, f. 깨트림, 파쇄(破碎-깨뜨려 부숨), 부러뜨림, 꺾음, 쪼갬, 나눔([영] distribution), 파기(破棄-깨뜨리거나 찢어서 없애 버림).
(미사 때) 성체를 쪼개는 예식; 빵을 나눔.
Fractio juramenti(peniurium) 선서 파기(破棄)
Fractio panis. 빵 나눔, 빵 쪼갬([영] Fraction/Breaking of Bread.獨 Brotbrechen), 성찬예식.
fractor, -óris, m. (frango) 깨는(부러뜨리는.꺾는) 사람
fractm, "fraango"의 목적분사(sup.=supínum)
fractúra, -æ, f. 깨진 금(틈), 부러진(꺾어진) 자리, 갈라진 틈, 파열구, 단편(斷片), 조각. (醫) 골절(骨折-뼈가 부러짐), 좌상(挫傷).
fractus, -a, -um, p.p., a.p. 깨진, 부러진, 꺾여 진,

조각난, 파괴된, 녹초가 된, 약해진, 쓰러진, 낙담한.

fræn… V. fren…

fraga, -órum, n., pl. (植) 딸기

Fragária nipponica Makino. (植) 흰닷 딸기

fragésco, -ěre, intr., inch. (frango) 깨지다, 꺾이다.

frágilis, -e, adj. (frango) 깨지기 쉬운, 깨지는,
 깨지는(꺾어지는·부러지는·튀는) 소리 나는,
 쉬 없어지는, 오래가지 못하는, 죽어 없어질·덧없는,
 연약(軟弱-무르고 약한)한, 나약한.

 fragilis et indignæ auctoritatis exemplum.
 허약하고 비속한 권위 추정[Ignorantia humana 인간의 무지 참조].

fragílitas, -átis, f. 깨지기 쉬움, 허약(虛弱), 연약(軟弱),
 나약(懦弱-의지가 약함), 인생의 약점, 덧없음, 무상.

fragmen, -mínis, n. (frango) 깨짐, 부러짐, 꺾어짐,
 조각(부스러기), 파편(破片), 단편(斷片-부스러기),
 잔해(殘骸-부서지거나 못 쓰게 되어 남아 있는 물체); 나무토막.

fragmentum, -i, n. 부서진 조각, 단편(斷片-부스러기),
 파편(破片); 잔해(殘骸-부서지거나 못 쓰게 되어 남아 있는 물체).
 Fragmenta historica. 역사단편(프와티에의 힐라리우스 지음 †367).

Fragmentm Muratóri(Muratoriánum)
 무라토리의 단편(이탈리아 학자 신부인 무라토리(1672~1750)가
 발견한 신약성서 정경 목록. 2세기경 로마교회에서 공식적으로 낭독된
 신약의 정경을 열거하고 있음. 한국 가톨릭 대사전, p.3508).

fragor, -óris, m. 깨짐, 부러짐, 꺾어짐; 파괴(破壞),
 깨지는 소리, 요란한(우지끈 하는) 소리, 굉음(轟音),
 뇌성(雷聲), 천둥, 잡음(雜音), 헛소문.

fragósus, -a -um, adj. (fragor) 깨지기 쉬운, 무른,
 거친, 험한, 울퉁불퉁한, 투박한, 시끄러운, 소란(騷亂)한.

fragrántia, -æ, f. 향기(香氣), 방향(芳香-좋은 향기)

fragratior, adj. 더 향기로운.
 Rosa, quo spinosior, fragrantior.
 가시 많은 장미가 더 향기롭다.

fragro, -ávi, -átum, -áre, intr. 향기 나다, 향기롭다,
 방향(芳香)을 풍기다, 고약한 냄새가 나다.
 p.prœs. 냄새 좋은, 향기로운, 방향성(芳香性)의.

fragum, -i, n. (植) 딸기

frámĕa, -æ, f. 긴 창, 장창(長槍), 넓적한 쌍날 검

Franci, -órum, m., pl. 프랑크족(族)
 (라인 강 하류지방에 있던 게르만 민족의 한 부족)

Fráncia, -æ, f. (Gallus, -i. m.) 프랑스, 프랑크족(族)
 (라인 강 하류지방에 있던 게르만 민족의 한 부족)

Franciscánus, -i, m. 프란치스꼬 수도회원

Franciscaines missionnaires de Máriæ.
 마리아의 전교자 프란치스코 수녀회.
 (ⓖ) Franciscan Missionaries of Mary. F.M.M.)
 (Márie de la Passion 1839~1904 수녀가 세계선교를 목적으로 1877.1.6일
 인도 Ootacamund에서 창립. 1958.6.26. 한국진출).

Franciscus Xaverius, -i, m. 프란치스코 하비에르

frangíbilis, -e, adj. (frango) 깨지기 쉬운.
 Forma bonum fragile est(Ovidius). 용모(容貌)라는 것은
 부서지기 쉬운 보물(선, 재산)이다(성 염 지음. 고전 라틴어, p.157).

frango, frégi, fractum, -ěre, tr. 꺾다, 부러뜨리다,
 깨뜨리다, 조각내다, 부수다, 가루로 만들다, 파쇄하다,
 약하게 하다, 완화하다, 파기하다, 끊다, 없애버리다,
 굽히게 하다, 유연(柔軟)하게 하다. intr. 부서지다.
 Color se frangit. 더위가 좀 누그러진다.
 Fletus fregére virum. 눈물이 (완고한) 사나이를 꺾었다/
 Nam et de vasis dominicis propter captivos et
 quamplurimum indigentes frangi et conflari iubebat et
 indigentibus dispensari. 갇힌 이들과 수많은 가난한
 이들을 돕기 위하여 성물마저 쪼개고 녹이게 하셔서
 필요한 이들에게 나누어 주셨다.(아우구스티노의 생애, p.107).

Fransciscanum vitæ propositum. 프란치스칸 생활양식.
 (1982.12.8. 회칙).

frater, -tris, m. (남자) **형제**(兄弟.ℵ.(ⓖ) Brother),
 형(兄), 동생; 오빠, 오라비, (형제 같은) 친구(親舊),
 수도자*(修道者 (ⓖ) religious), 평수사(平修士).
 Ad fratrem Reginaldum, socium suum carissimum.
 친애하는 친구 레지날도 형제에게/
 Canticum Fratris Solis. 형제 태양의 노래(성 프란치스코 1225년 지음)/

fratres consanguínei. (아버지는 같은) 이복형제/
fratres gémini. 쌍둥이 형제 / fratres germáni. 친형제/
fratres prædicátores. 설교자 형제들/
Fratres sejuncti. 갈라진 형제/
fratres seniores. 연로한 수사들/
fratres uteríni. (어머니만 같은) 동복형제(同腹兄弟)/
Fratribus etiam nostris ac sororibus posse nos ex animo
dicere debemus. 우리도 확신을 가지고 우리 형제자매
 에게 다음과 같이 말할 수 있어야 합니다/
fratri Francisco et aliis fratribus de ordine fratrum
Minorum. 프란치스코 형제와 작은 형제회의 다른 형제들/
fratrum domus. 형제들의 집/
gratiam cum fratre reconcilio. 형제와의 우애를 회복하다/
Habeo tot sorores quot fratres.
 나는 형제나 자매의 숫자가 같다/
Heu miser frater, in perpetuum ave atque vale!.
 아아, 불쌍한 오빠, 길이 안녕, 잘 가!/
Itisne ob viam fratri vestro?
 당신네 형을 마중하러 가는가요?
major fratrum. (두) 형제 중에 큰 이, 형(兄)/
máximus fratrum. (셋 이상의) 형제 중에서 맏형/
hereditátem divido cum fratre.
 유산(遺産)을 형제와 나누어 가지다/
Num custos fratris mei sum ego?
 제가 아우를 지키는 사람입니까/
Pete et roga pro fratribus et sodalibus tuis.
 형제들과 친지들을 위해 기도하고 청원해 달라/
Potest esse maius opus, quam mori pro fratribus?
 형제를 위해서 죽는 것보다 더 큰 행동이 있을 수
 있습니까?.(최익철 신부 옮김. 요한 서간 강해, p.263)/
Quia qui diligit fratrem, tolerat omnia propter unitatem;
quia in unitate caritatis est fraterna dilectio.
 형제를 사랑하는 사람은 일치를 위해서 모든 것을
 견디어 내기 때문입니다. 형제적 사랑은 사랑의 일치
 안에 있기 때문입니다.(최익철 신부 옮김. 요한 서간 강해. p.97)/
Quibus hóris oportet reficére Fratres.
 형제들이 어느 시간에 식사해야 하는가/
Si autem diligis fratrem, forte fratrem diligis, et
Christum non diligis? 그대가 형제를 사랑하면서도 그리
 스도는 사랑하지 않겠습니까?(최익철 신부 옮김. 요한 서간 강해, p.435)/
Si autem fratrem non diligis; quomodo eum diligis, cujus
mandatum contemnis? 그러나 형제를 사랑하지 않는다면,
 그대가 멸시하는 계명을 주신 분을 어떻게 사랑
 하겠습니까?.(최익철 신부 옮김. 요한 서간 강해, p.423)/
Si autem non diligis fratrem quem vides, Deum quem
non vides quomodo potes diligere? 그러나 그대가 눈에
 보이는 형제를 사랑하지 않는다면, 빌 수 없는 하느님을
 어떻게 사랑할 수 있겠습니까?(최익철 신부 옮김. 요한 서간 강해, p.419)/
si diligit fratrem, manet Spiritus Dei in illo.
 형제를 사랑하면 성령께서 그 안에 머물러 계십니다/
Tu dilige, et fraterno amore dilige: nondum est frater,
sed ideo diligis ut sit frater. 사랑하되 형제적 사랑으로
 사랑하십시오. 아직 형제가 아니더라도, 형제가 될 수
 있도록 사랑하십시오.(최익철 신부 옮김. 요한 서간 강해, p.453)/
uteríni fratres. 한 배의 형제/
Vox sanguinis fratris tui clamat ad me de agro.
 네 아우의 피가 땅바닥에서 나에게 울부짖고 있다.

Frater barbatus. 분도회 회계 수사, 삭발하지 않은 수사
Frater convérsus(láicus)
 제3회 수사, (수도원의 성직자 아닌) 수사(修士).
Frater illiteratus(idiota) 무학(無學)의 수사
Frater láicus. 평수사
Frater Mariæ scholarum. 마리스트 교직 수도회.
 =Institutum Parvulorum Fratrum Mariæ(P.E.M.)
 =Institutum Fratrum Maristarum Scholarum(F.M.)
frater patruélis. 친사촌 형제
fratércŭlo, -áre, intr. (곡식의) 이삭이 함께 자라다,
 아이들의 젖꼭지가 (형제처럼) 부풀어지다(함께 자라다).

F

fratércŭlus, -i, m. 어린 형제, 귀여운 형제
fraterna acies. 형제들의 진지(陣地)
Fraterne venit? 형이 왔느냐?/
　　Frater utique. 물론 형이 왔다.
fratérnĭtas, -átis, f. 형제관계, 형제 간,
　　형제애(ΦιλαδελΦία.⑨ Fraternity.brotherly love/
　　fraternal love.獨 Brüderlichkeit),
　　우애, 우의(友誼-친구 사이의 정분. 友情), 동포애(同胞愛).
　　Unde probatur quia amamus fraternitatem? quia non
　　scindimus unitatem, quia tenemus caritatem.
　　　우리가 형제들을 사랑한다는 것은 어디에서 증명됩니까?
　　　일치를 깨지 않는 것, 사랑을 간직하는 것이 바로
　　　그 증거입니다.(최익철 신부 옮김, 요한 서간 강해, p.103).
Fraternitas Franciscana Sæculáris.
　　재속(在俗) 프란치스코 형제회.
fraternitas monastica. 수도 형제회(修道 兄弟會)
fratérnus, -a -um, adj. (frater) 형제의, 형제적,
　　형제관계의, 우애(友愛)있는, 우의 깊은, 친척관계의.
　　Fraterno primi maduerunt sanguine muri. 첫 성벽은
　　　형제의 피로 젖었느니라.(교부문헌 총서 16. 신국론. p.1555)/
　　insons fraterni sanguinis. 형제 살해에 대해 결백한.
Fratres, agnoscamus peccata nostra, ut apti simus ad
sacra mysteria celebranda. 형제 여러분, 구원의 신비를
　　합당하게 거행하기 위하여 우리 죄를 반성합시다.
　　[형제들이여, (앞으로) 거행되어야할 거룩한 신비에 (우리가) 합당하도록.
　　우리의 죄들을 알아봅시다.
Fratres, cogitate visceribus christianis.
　　형제 여러분, 그리스도인다운 마음으로 생각해 보십시오.
fratres enim sumus. 우리는 형제간이 아니냐?(창세 13. 8 참조)
Fratres de Victoria(Minimi) 승리의 수도회
Fratres diligitis. 형제를 사랑하십시오.
Fratres Eremitæ Ordĭnis Sancti Augustini.
　　성 아우구스티노 수도회의 은수자(隱修者).
Fratres Máristæ a Scholis. 마리스타 교육 수사회.
　　(⑨ Márist Teaching Brothers, 프 Institut des Frères Máristes des
　　Ecoles. 1817.1.2. Champagnat 신부 설립)(F.M.S)-1971.9.13. 한국진출).
Fratres Máriæ Scholarum. = Parvuli Fratres Mariæ.
　　마리아의 교직 수도회(백민관 신부 엮음. 백과사전 3. p.95).
Fratres mei. 나의 형제들
Fratres mei benedicti. 나의 축복된 형제들
Fratres Militiæ templi. 성전 기사 수도회
Fratres Minores. 작은 형제회
Fratres Missionarii sancti Francisci de Sacratissimo
Corde Jesu. 예수 성심의 프란치스코회 선교 형제회.
　　(1922년 폴란드 Lutsk-Zhitomir의 주교 Ignatius Dubowski가 창립).
Fratres Scholarum Christianarum(FSC)
　　그리스도교 교직자 수도회(1684년 성 요한 밥티스트 드 라살 설립).
Fratres Societatis Mariæ. 마리아 형제회(F.S.M.)
Fratres vitæ communis. 공동생활 형제회
frátrĭa(=fratríssa) -æ, f.
　　제수(弟嫂-아우의 아내. 계수), 형수(兄嫂-형의 아내).
fratricída, -æ, m., f. (frater+cædo) 형제 살해범
fratricídĭum, -i, n. 형제살해(죄)
fratruélis, -is, m. 이종사촌 형제
fraudábĭlis, -e, adj. 사기의, 협잡의
fraudáta, -órum, n., pl. 횡령금액(橫領金額)
fraudátĭo, -ónis, f. 사기(詐欺.⑨ Fraud), 사해(詐害),
　　속임수, 협잡(挾雜), 기만(欺瞞.⑨ Fraud-남을 그럴듯하게 속임).
fraudátor, -óris, m. 속이는 자, 사기꾼, 협잡꾼.
　　Quotquot enim habet Eccclesia periuros, fraudatores,
　　maleficos, sortilegorum inquisitores, adulteros, ebriosos,
　　fœneratores, mangones, et omnia quæ numerare non
　　possumus! 얼마나 많은 위증자, 사기꾼, 악행을 일삼는
　　　이, 점집 찾는 이, 간음하는 이, 술 취한 이, 고리대금
　　　업자, 노예 상인, 그리고 이루 헤아릴 수도 없는 무리들이
　　　교회 안에 있구나?.(최익철 신부 옮김, 요한 서간 강해. p.171~172).
fraudátrix, -ícis, f. 사기(詐欺)하는 여자
fráudĭger, -ĕra, -ĕrum, adj. (fraus+gero⁶)
　　사기하는, 사기적인.

fraudo, -ávi, -átum, -áre, tr. (fraus) 속이다,
　　속여 넘기다(먹다), 사기하다, 속여 뺏다, 횡령하다,
　　편취(사취)하다, 사욕을 채우다, 회피(기피)하다.
fraudulénter, adv. (fraudulentus) 속여서, 사기수단으로
frauduléntĭa, -æ, f. (fraudulentus) 속임수, 부정수단,
　　사기(詐欺.⑨ Fraud), 책략(策略-일을 처리하는 꾀와 방법),
　　협잡(挾雜.⑨ fraud, trickery), 간계(奸計-간사한 꾀),
　　기만(欺瞞.⑨ Fraud-남을 그럴듯하게 속임).
frauduléntus, -a -um, adj. 속이는, 정직(正直)하지 못한,
　　협잡하는; 사기적인, 기만적인, 사기수단으로 행해진.
fraus, fraudis, f. 사기(詐欺.⑨ Fraud), 속임수,
　　기만(欺瞞.⑨ Fraud), 背反(배반), 편취(騙取-사기),
　　사취(詐取-거짓으로 속여서 남의 것을 빼앗음), 범죄(犯罪),
　　손해(損害), 화(禍), 불리; 속음, 착각, 오해, 틀린 생각,
　　편견, 오류(誤謬.⑨ a mistake, an error, a fallacy).
　　fraudi(=dat. finális) esse alci. 누구에게 손해가 되다/
　　Duobus modis, aut vi aut fraude fit injuria.
　　불의는 두 가지 방법으로 가해진다. 강제로 아니면 사기로/
　　in fraudem alcjs. 누구를 속이려고/
　　induo se in fraudem. 사기(詐欺)에 걸려들다/
　　Patronus si clienti fraudem faxit(=fecit), sacer esto.
　　후견인에게 사기를 행한 보호자는 죽여 신에게 바치도록 하라/
　　sine fraude. 성실하게, 신의를 가지고/
　　Vitia hominum atque fraudes damnis, ignominiis vinclis,
　　verberibus, exsiliis, morte multantur. 사람들의 악덕과
　　　사기는 벌금과 수치, 투옥과 체형, 추방과 사형으로
　　　벌한다.[이 여섯에 동해복수(同害復讐) talio와 노예처분(servitus)을 더하면
　　　전형적인 로마 형벌 여덟 가지가 된다. 성 염 지음. 고전 라틴어. p.413].
Fraus est celare fraudem.(사기란 사기를 숨길 때에 성립한다)
　　사기를 숨기는 것도 사기이다.
Fraus et dolus alicui patrocinári non debet.
　　사기(詐欺)와 범의는 아무도 비호(庇護)하지 말아야 한다.
Fraus rem inclinávit. 속임수가 일을 악화시켰다
frausus, -a, -um, adj. (fraudo) 사기(詐欺)를 꾸미는
fraxínĕus(=fráxinus), -a, -um, adj.
　　물푸레나무의, 물푸레나무로 만든.
fráxĭnus, -i, f. (植) 물푸레나무, 물푸레나무로 만든 창(槍)
fraxo, -áre, intr. 야경 돌다
frēgi, "frango"의 단순과거(pf.=perfectum)
fregit, 원형 frango, fregi, fractum, frangere.
　　[직설법 현재완료 단수 1인칭 fregi, 2인칭 fregisti, 3인칭 fregit.
　　복수 1인칭 fregimus, 2인칭 fregistis, 3인칭 fregerunt].
Fregit, dedítque discípulis suis, dicens.
　　(⑨ broke it, and gave it to his disciples, saying)
　　쪼개어 제자들에게 주시며 말씀하셨나이다.
fremebúndus, -a, -um, adj.
　　요란스러운; 으르렁대는, 포효(咆哮)하는.
frémĭdus, -a, -um, adj. 요란스러운
frĕmĭtum, "fremo"의 목적분사(sup.=supínum)
frémĭtus, -us, m. 으르렁거림, 포효(咆哮-크게 울부짖음),
　　말울음 소리; 붕붕거림, 윙윙 소리, 씽 하는 바람소리,
　　성난 파도소리, 뇌성(雷聲-우렛소리. 천둥소리), 굉음(轟音)
　　우르르하는(요란한) 소리, 웅성거림, 떠들썩한 소리,
　　법석(여러 가지 소리를 내어 시끄럽게 떠듦), 아우성.
　　(醫) 진음(震音), 진전(振顫), 진전(震顫-무의식적으로. 머리손
　　몸에 일어나는 근육의 불규칙한 운동).
fremo, -mŭi -mĭtum -ĕre,
　　intr. 둔탁한 소리가 울리다, 진동소리가 나다(울려 퍼지다),
　　세찬 바람소리가 나다, 철썩거리다, 으르렁거리다,
　　포효(咆哮)하다, (말이) 울다, 윙윙(붕붕)거리다,
　　웅성거리다, 술렁거리다, 법석하다, (소문이) 자자하다,
　　야단치다, 노호(怒號)하다, 맹위를 떨치다.
　　tr. 투덜거리다, (무엇에 대해) 불평(분통)을 터뜨리다,
　　원성이 자자하다, (중얼거리며) 거절하다.반대하다,
　　…라고 고함(高喊-크게 외치는 목소리) 지르다.
　　Fremant omnes licet, dicam quod sentio. 비록 모두가
　　　들고 일어난다 할지라도 나는 느낀 바를 말하겠소.
fremor, -óris, m. 으르렁 소리, 포효(咆哮-크게 울부짖음),
　　노호(怒號-성내어 소리 지름); 아우성, 함성(喊聲), 중얼거림.

frenátĭo, -ónis, f. 제어(制御), 억제(抑制), 견제(牽制), 제지(制止-말려서 못하게 함).

frenátor, -óris, m. 제어자, 짐승 훈련사, 동물을 부리는 자

frendo, fre(s)sum, -ĕre, ĭ, 이를 갈다, 치를 떨다.
tr. 까다, 깨다, 찧다, 바수다, 통분하게 여기다.

frendor, -óris, m. 절치(切齒-분하여 이를 갊), 이를 갊(切齒)

frenétĭcus, -a, -um, adj. 정신착란의, 광란의, 미친, 열광적(熱狂的)인, 광신적(狂信的)인.

frénĭger, -a, -ĕrum, adj. (frenum+gero¹) 재갈물린, 말의. frenígera ala. 기병대.

freno, -ávi -átum -áre, tr. (frenum) 재갈물리다, 굴레 씌우다, 어거하다(데리고 있으면서 바른길로 나가게 하다), 억제하다, 억누르다, 제한하다, 견제하다, 통제하다.

frénŭlum, -i, n. (解.動) 소계대(小繫帶)
((動)) (곤충의) 계모(繫毛)

frenum, -i, n. (pl.에서 m.으로 freni, -órum도 더러 있음)
재갈(소리를 내거나 말을 하지 못하도록 사람의 입에 물리는 물건),
굴레; 고삐, 억제, 제어, 견제수단, 제한, 통제(統制),
속박(束縛), 말(馬). (解.動) 소대(小帶).
Homo sine religione est sicut equus sine freno.
종교심을 갖지 않은 인간은 재갈을 물리지 않은 말과 같다/
immissis frenis. 고삐를 늦추어서, 말들을 달려서/
retento frena. 고삐를 잡아당기다.

frenúscŭli, -órum, m., pl. 입가의 찰과상

frequens, -éntis, adj. 늘 참석하는, **늘(자주) …하는**,
자주 드나드는(찾아가는.오는.만나는.모이는),
잦은, 빈번한, 흔한, 자주 일어나는, 흔히(늘) 있는,
거듭되는, (인원수가) 매우 많은, 수많은, 상당수의,
(장소적으로) 많이 모인(모이는), 인구 많은(조밀한),
만원의, 가득 들어찬(들어선).
De frequenti confessione. 잦은 고백에 대하여/
De frequenti Sacrificii oblatione. 잦은 미사 봉헌에 대하여/
Erat ille Romæ frequens. 그는 자주 로마에 왔다/
frequéntia ædifíciis loco. 건물들이 가득 들어선 지역/
frequentíssimum theátrum. 초만원을 이룬 극장.

frequens auditor 꾸준한 청강생(聽講生)

frequens Communio.(⑨ frequent Communion)
재영성체(再領聖體)

frequens Confessio.(⑨ frequent confession) 재고해

frequentaméntum, -i, n. 자주 거듭함, 심한 반복

frequentátĭo, -ónis, f. 잦음, 빈번(頻繁-일이 매우 잦음),
반복(反復), 빈도(頻度-어떤 일이 되풀이되어 일어나는 정도),
잦은 방문(왕래.교제); 많이 모임.

frequentatívus, -a, -um, adj. 반복적인, 반복을 표시하는

frequentátor, -óris, m.
단골손님, 자주 참석하는 사람; 늘 하는 사람.

frequentátus, -a, -um, p.p., a.p. …로 가득 찬, 많이 모인,
상용의, 많은 사람이(많이) 사용하는, 왕래가 빈번한.

frequenter, adv. 흔히, 자주, 종종, 빈번히
Frequenter de patre tuo loquere et ejus memoriam celebra, quantum potes.[탈형동사 문장]
그대가 할 수 있는 대로 자주자주 그대 부친에 관해서
말하고 그분에 대한 추억을 살리도록 하라!

frequéntia, -æ, f. 많이 모임, 군집(concursus, -us, m.),
쇄도(殺到-어떤 곳을 향하여 세차게 달려듦), 운집(雲集),
폭주(輻輳), 군중(群衆.ὄχλος.πλῆθος), 많음, 다량,
다수(多數.πλῆθος), 누적(累積-포개져 쌓임).
frequentissimum collegium inter hæreticos.
이단자들 중 가장 많은 사람들이 모인 단체.

frequénto, -ávi, -átum -áre, tr. …에 자주(늘) 가다,
늘 드나들다, (정해놓고) …에 다니다; 자주 찾아가다,
빈번히 하다, 반복(反復)하다,; 늘(많이) 사용하다,
많이 모이게 하다, 많아지게 하다,
모여서 (축제 따위를) 지내다(거행하다).
scholam frequénto. 학교 다니다.

frequénto *alqm*. 누구를 자주 찾아가다

frequénto domum *alcjs.* 누구의 집에 드나들다

fre(s)sus, -a, -um, p.p. (fendo)

fretále, -is, n. 반찬 지지는 냄비, 번철(燔鐵), 프라이팬

fretális, -e, adj. 해협(海峽)의

freténsis, -e, adj. (fretum) 해협(海峽)의, 협로(狹路)의.
freténse mare. Sicília 해협(海峽)/
légio X fretensis. 로마 제10군단.

frĕtum, -i, n. (=fretus³) **해협**(海峽), 바다, 봄철

Fretum, -i, n. Sicília와 이탈리아 본토 사이의 해협(海峽).
recens fretum. 흐르고 있는 해협(海峽).

frētus¹ -a, -um, adj.
믿는(πιστός), 의지하는, 신뢰(信賴)하는, 기대를 거는.

frētus² -us, m. 신뢰(信賴.חנה.⑨ Trust -신임),
신용(信用), 의지(依支 -다른 것에 몸을 기댐).

frētus³ -us, m. 해협(海峽, ostium Oceani), 봄철

friábĭlis, -e, adj. 부서지기 쉬운, 바술 수 있는

fribúscŭlum, -i, n. 부부사이의 하찮은 일, 말다툼

fricábĭlis, -e, adj. 깨지기 쉬운, 부서지기 쉬운

fricaméntum, -i, n. 마찰(摩擦), 문지름, 안마(按摩)

fricátĭo(=fricátus) -ónis, f. 문지름, 비빔, 긁음,
마찰(摩擦), 안마(按摩.⑨ massage).

fricátor, -óris, m. 문지르는(비비는) 사람, 안마하는 사람

fricatúra, -æ, f. 문지름, 비빔, 마찰(摩擦), 긁음

fricátus, -us, m. = fricátĭo

frícĭum, -i, n. (frico) 치약(齒藥)

frico, -cŭi -cátum(-ctum) -áre, tr. 비비다, 비벼 대다,
문지르다, 긁다, 마찰하다, 닦다, 갈다.

frictrix, -ícis, f. (frico) 동성애에 빠진 여자(女子)

frictum, "frico"의 목적분사(sup.=supínum)

frictus, -us, m. 비빔, 문지름, 마찰(摩擦)

frícui, "frico"의 단순과거(pf.=perfectum)

frigdor, -óris, m. (=frigor) 냉기(冷氣), 한기(寒氣)

frigédo, -dĭnis, f. (frigus) 추위

frigefácto, -áre, tr. (frígeo+fácio) 얼게 하다, 동결시키다

frígĕo, -gŭi(frixi) -ére, intr. 식다, 차지다, 싸늘하다,
춥다, 시리다, 약해지다, 활기가 없다, 무력하다,
냉대 받다, 소외되다, 인기가 없다.

frígĕro, -áre, tr. (frigus)
시원하게(서늘하게.차게) 하다, 식히다, 얼리다.

frigésco, frixi -ĕre, intr., inch. (frígeo)
식다, 시려오다, 차가와(싸늘해) 지다, 생기가 없어지다,
무력(無力)해지다, 약해지다; 푸대접받다, 소외되다.

frigidárĭus, -a, -um, adj. 식히는, 차게 하는, 냉각시키는.
n. (목욕탕에서) 몸 식히는 방, 냉탕(冷湯).
n., pl. (음식) 냉장실, 냉장고(冷藏庫).

frigíditas, -átis, f. (frígidus) 추위, 냉기(冷氣), 한랭(寒冷)

frigidiúscŭlus, -a, -um, adj. (frígidus)
조금 찬; 대단치 않은.

frígĭdo, -ére, tr. (frígidus) 식히다, 차게 하다

frigídŭlus, -a, -um, adj. (frígidus)
조금 찬, 약간 싸늘해진, 좀 추운, 움츠린.

frígĭdus, -a, -um, adj. (frigeo) 추운, 찬, 싸늘한,
식은; 겁에 질린, 무서운, 냉혹한, 생기(힘) 없는,
느린, 둔한, 무감각한, 무미건조(無味乾燥)한.
f. 냉수(冷水), 찬물. 추위, 한기(寒氣), 냉기(冷氣).
aqua frigida. 냉수(冷水)/
asperitas frigoris. 심한 추위/
frígida mors. 무서운 죽음/
frigidi potus appetitio 시원한 음료에 대한 갈망/
prægelidus, -a, -um, adj. 몹시 추운.

frigo¹ frīxi, fríctum(-xum), -ĕre, tr.
튀기다, 굽다, 볶다, 지지다.

frigo² -ĕre, intr. 구슬프게 울다, 흐느껴 울다.

frigor, -óris, m. 추위, 추움.
frigoris tolerantior. 추위를 더 잘 참는/
tempero frígoris et calóris modum.
추위와 더위를 고르게 하다.

frigórĕus, -a, -um, adj. 찬, 냉(冷)

frigoríficus, -a, -um, adj. (frigus+fácio)
차게 하는, 냉각(冷却)시키는.

F

frīgui, "frigeo"의 단순과거(pf.=perfectum)
frīgus, -gŏris, n. 추위, 냉기, 한랭, 서늘함, 신선함, 겨울, 죽음(חוּם.θάνατος.[영] Death), 전율(戰慄), 공포([영] terror.[獨] die Furcht), 쌀쌀함, 냉대(冷待), 무관심(無關心), 무기력, 둔감(鈍感).
excipio vim frígorum. 혹독한 추위를 당하다/
frigori resísto. 추위를 이겨내다/
opacum frigus. 그늘로 인한 냉기/
remissióra frígora. 좀 누그러진 추위(remissus 참조).
Frigus caritatis, silentium cordis: flagrantia caritatis, clamor cordis est. 사랑이 식는 것은 영혼이 침묵하는 것이요, 사랑의 열정은 영혼의 탄원입니다.
frigus magnum. 큰 추위
frigúscŭlum, -i, n. 서늘함
frigút(t)ĭo, -íre, tr., intr.
참새 따위가 지저귀다, 재잘거리다.
fri(n)gĭlla, -æ, f. (鳥) 되 새, 참새
frĭmui, "fremo"의 단순과거(pf.=perfectum)
frĭo, -ávi, -átum -áre, tr. 부수다(רבת.רישבת.עררת), 빻다, 찧다, 갈다, 분쇄(粉碎)하다.
frit, indecl., n. 작은 낟알, 이삭 끝의 알갱이
fritílla, -æ, f. 제사에 쓰던 죽, 빵 넣은 죽(粥)
fritíllus, -i, m. 주사위통, 주사위를 넣고 흔드는 둥근 통
fritínnĭo, -íre, intr.
지저귀다, (말 배우는 아기들이) 종잘거리다.
frivolus, -a, -um, adj. 값싼, 보잘 것 없는, 하찮은, 사소한, 시시한, 가벼운, 경솔(輕率)한, 덤벙대는.
n. 부부사이의 하찮은 일(말다툼).
n., pl. 보잘 것 없는 가재도구.
Quæ est enim ista salus corporis, quæ morte perimitur, quæ ægritudine debilitatur, frivola, mortalis, fluxa? 사실, 몸의 건강이란 죽음으로 부서지고 병으로 약해지며, 덧없이 죽어 없어지고 흘러가 버리는 것이 아닙니까?.(최익철 신부 옮김, 요한 서간 강해, p.445).
frixi, "frigeo"의 단순과거(pf.=perfectum), "frigo"의 단순과거(pf.=perfectum).
frixóríum, -i, n. 요리 냄비, 번철(燔鐵), 프라이팬(tegula, -æ, f.), 튀김냄비.
frixúra, -æ, f. 요리 냄비, 번철(燔鐵)
frondáríus, -a, -um, adj. 잎의
frondátĭo, -ónis, f. 가지치기, 전정(剪定-가지치기), 이파리 따주기, 적엽(摘葉-잎 따기).
frondátor, -óris, m. 가지 치는(剪定) 하는 사람, 나뭇잎 사이에 깃들이는 새.
fróndĕo, -ŭi, -ĭtum, -ére. intr.
잎이 (돋아) 있다, 잎이 무성하다.
fronde super viridi. 나뭇잎 침대 위에
Fronde virére nova. 새 잎사귀로 푸르게 되다
frondésco, -ĕre, intr., inch.
잎으로 덮이다, 잎이 나다(피다.우거지다).
fróndĕus, -a, -um, adj. 잎의, 잎이 무성한; 잎으로 만든.
fróndĭfer, -ĕra -ĕrum, adj. (frons¹+fero)
잎으로 덮인, 잎이 우거진.
frondósus, -a, -um, adj. (frons¹) 잎이 우거진, 잎이 많은
frons¹ frondis, f. 잎(잎사귀), 나뭇잎, 풀잎, 우거진 잎, 잎이 무성한 나뭇가지, (잎 달린) 나뭇가지 화관.
colles fróndibus læti. 나무가 울창한 언덕/
In frondem crines crescunt.
머리카락들이 잎사귀로 변한다/
instrata cubilia fronde. 나뭇잎을 깐 침대.
frons² frontis, m. 이마, 기색, 얼굴, 전면, 앞, 정면, 일선, 전선, (도로.물가 따위에 면한) 임계지(臨界地), 책의 (앞)표지, 책의 첫머리, 외관(外觀), 첫 눈에 비치는 겉모양, 겉보기; 표면(表面).
Aperte odisse magis ingenui est quam fronte occultare sententiam.(Cicero). 면전에서 자기 생각을 슬쩍 감추는 것보다는 노골적으로 미워하는 것이 차라리 순수하다/
aro frontem rugis. 이마에 주름살을 짓다/
ínspŭo *alci* in frontem. 누구의 이마에 침을 뱉다.
frons astrictus. 주름살 잡힌 이마
frons obducta. 찌푸린 이마
frons tranquilla et serena. 평온하고 명랑한 얼굴
frontális, -e, adj. (frons²) 이마의; 정면의, 전면의. (解) 전두부(前頭部)의, 앞이마의.
n., pl. 말.코끼리의 장식 굴레(이마 장식 띠).
frontáti, -órum, m., pl. (sc. lápides) 벽 전면의 큰 규격 돌
frontispícĭum, -i, n.
(건물의) 앞면.정면, 책의 내제(內題), 안겉장.
fronto, -ónis, m. 이마 큰(넓은) 사람(짐승)
frontósus, -a, -um, adj. (frons²) 이마가 여럿 있는, 의연(毅然-의지가 굳세고 태도가 꿋꿋하며 단호함)한, 대담한.
frúctĭfer, -ĕra, -ĕrum, adj. (fructus²+ fero) 열매 맺는
fructificátĭo, -ónis, f. (fructífico) 결실(結實.καρπὸς)
fructífico, (-ávi, -átum) -áre, intr. (fructus²+fero) 결실(結實)하다, 열매 맺다(열리다), 이익을 내다.
Res fructíficat dómino.
(소유물에서 나오는) 과실은 주인에게 귀속된다.
fructuáríus, -a, -um, adj. (fructus²) 열매를 잘 맺는, 결실 많은, 과일의, 과일에 관한, 용익권의.
m., f. 용익권자(用益權者).
fructuose, adv. 효과적으로(가톨릭 신학 제4호, p.308)
fructuósus, -a, -um, adj. (fructus²) 결실 많은, 열매를 잘 맺는, 수확고가 큰, 풍작을 가져오는, 비옥한, 풍요한, 효과가 큰, 좋은 효과가 있는, 성과 있는, 유익한, 이용가치가 있는.
fructus¹ -a, -um, p.p. (fruor)
fructus² -us, m. (fruor) 용익권(用益權), 이용(利用), 향유(享有), 향수(享受); 유쾌(愉快), 즐거움, **열매**(καρπὸς), **과실**(果實), (식물의) 결실(καρπὸς), 수확물, 소산, 소출(所出-논밭에서 생산되는 곡식. 또는 그 곡식의 양), (동물의) 새끼; 자식, 아들, 수입, 수익(收益), 이익, 이윤, 이자([영] interest), 편익, **편의**(便宜), 효과, 효력(效力).
Amor præter se non requirit causam, non fructum fructus ejus, usus ejus. 사랑은 자기 이외의 어떠한 원인이나 결과를 필요로 하지 않는다. 그 자체가 결과요 그 자체가 수단인 것이다/
Arbor aspectu jucunda et fructus gustu suavis. 보기 좋은 나무와 맛있는 열매/
Ecce in me quod ab initio audivi custodio, obtempero: pericula, labores, tentationes pro ista permansione sustineo: quo fructu? qua mercede? 처음부터 제가 들은 것을 잘 지키고 순종했습니다. 이를 위해 저는 위험도, 노동도, 유혹도 다 끝까지 견디어 냈는데, 그 결실은 무엇이며 상급은 무엇입니까.(최익철 신부 옮김, 요한 서간 강해, p.177)/
ex re decerpo fructus. 일에서 이득을 얻다/
Facite ergo fructum dignum pænitentiæ.
회개에 합당한 열매를 맺어라(facio 참조)/
Fructu arbor cognoscitur. 나무는 열매로 알아본다/
Fructu, non foliis, arborem æstima(Phædrus).
잎이 아닌 열매로 나무를 평가하라/
fructu non respondénte labóri.
수고한 만큼의 수입이 따르지 않아서/
fructuum dispensator. 수익 관리자/
In fructibus multis, 교황청 사회 홍보위원회(1964.4.2. 자의교서)/
Maximum fructum consecuturus esse dicebar.
내가 막대한 이득을 갈취하리라는 말이 있었다.
['…라고 전한다', '…라고 보인다' 등의 지각동사와 설화동사가 수동태로 나올 때에 그 주어문 역할을 하는 부정법문은 주격 부정법문이 된다. 이 경우에는 주문의 주어와 속문, 즉 부정법문의 주어가 달라도 된다. 고전 라틴어, p.244]/
Opus iusti ad vitam, fructus autem impii ad peccatum. (e;rga dikai,wn zwh.n poiei/ karpoi. de. avsebw/n a`marti,aj) ([獨] Dem Gerechten gereicht sein Erwerb zum Leben, aber dem Gottlosen sein Einkommen zur Sünde) ([영] The just man's recompense leads to life, the gains of the wicked, to sin) 의인의 소득은 생명에 이르고 악인의 소출은 죄악에 이른다(성경 잠언 10, 16)/착한 사람은 복된 삶을 상급으로 받지만 나쁜

사람은 죄밖에 받을 것이 없다(공동번역 잠언 10, 16)/
parte áliquā suórum frúctuum pacem sibi sempitérnam redimo. 자기 수입의 일부를 들여 영구한 평화를 얻다/
Quis fructus sanctis de superata hujus vitæ tentatione pariatur. 이승살이의 유혹을 이긴 데 대해 성도에게 무슨 결실이 마련되는가(교부문헌 총서 17, 신국론, p.2816)/
Unaquæque enim arbor a fructu cognoscitur. 모든 나무는 그 열매로 알아보는 법입니다(최익철 신부 옮김, 요한 서간 강해, p.171)/
usus et fructus. 용익권(用益權)/
usus fructus. 용익권(用益權)/
usus fructúsque. 용익권(用益權).

명사 제4변화 제1식(남성, 여성명사)		
	단 수	복 수
Nom.	fructus	fructus
Voc.	fructus	fructus
Gen.	fructus	frúctuum
Dat.	frúctui	frúctibus
Acc.	fructum	frúctus
Abl.	fructu	frúctibus

cantus, -us, m. 노래 occásus, -us, m. 일몰
crusus, -us, m. 궤도, 진로 ortus, -us, m. 일출
fluctus, -us, m. 파도 portus, -us, m. 항구
lacus, -us, m. 항구 senátus, -us, m. 원로원, 의회
lex, legis, f. 법률 venter, -ris, m. 배, 태(胎)

(한동일 지음, 카르페 라틴어 1권, pp.53-54).

Fructus capio. 이익을 얻다.
fructus amoris. 사랑의 열매.
Etiam pax est fructus amoris([영] Peace too is the fruit of love) 평화도 역시 사랑의 열매입니다.
[교황 요한 바오로 2세의 1986. 5. 18. "Dominum et vivificantem" 중에서].
Fructus et usuræ legatorum a tempore moræ debentur. 유증의 과실과 이자는 지체의 시점부터 부담된다.
fructus generális. (미사의) 일반적 효과
Fructus Missa([영] Fruits of Mass) 미사의 효과
fructus ordĭnis. 질서의 열매
Fructus pendentes pars fundi videntur. 미분리 과실은 토지의 일부로 간주된다.
Fructus primi anni. 첫해 수입
fructus redigo. 과실(果實)을 거두어 모으다
Fructus sacrificii. 희생제물의 효과
fructus speciális. (미사의) 특수 효과(特殊 效果)
Fructus Spiritus Sancti. 성령의 열매, 성령의 효과. (καρπὸς τοῦ πνεὺματὸς.[영] fruit of the Spirit),
Fructus autem Spiritus est caritas, gaudium, pax, longanimitas, benignitas, bonitas, fides, mansuetudo, continentia. (o` de. karpo.j tou/ pneu,mato.j evstin avga,ph cara. eivrh,nh(makroqumi,a crhsto,thj avgaqwsu,nh(pi,stij prau<thj evgkra,teia) ([영] In contrast, the fruit of the Spirit is love, joy, peace, patience, kindness, generosity, faithfulness, gentleness, self-control) 그러나 성령의 열매는 사랑, 기쁨, 평화, 인내, 호의, 선의, 성실, 온유, 절제입니다.
(성경 갈라 5, 22~23).
fruendis frui et utendis uti. 향유할 사물을 향유하고 사용할 사물을 사용한다(교부문헌 총서 16, 신국론, p.1206).
fruens Deo sit beatus qui Deum amaverit.
(플라톤주의 철학의 골간이요, 아우구스티노의 기조사상이기도 하다).
하느님을 사랑하는 사람이라면 하느님을 향유함으로써 행복해지기 때문이다.
frugális, -e, adj. 곡식의, 농작물의, **검소한**, **알뜰한**, 절약(節約)하는; 절제(節制) 있는, 소박한; 건실한.
frugálĭtas, -átis, f. 농작물(農作物), **절약**(節約), 검약(儉約-낭비하지 않고 검소하며 절약함), 검소(儉素), **알뜰함**, 건실(健實-건전하고 착실함), 절제(節制).
fruges, -um, f., pl. (frux) 농산물, 곡물(穀物), 곡식(穀食, árista, -æ, f.), 채소(菜蔬-푸성귀. 소채), 과일.
facio vítulā pro frúgibus.
농산물 대신 암송아지로 제사 지내다/
Omnes arbores tuas et fruges terræ tuæ locusta consumet. (pa,nta ta. xu,lina, sou kai. ta. genh,mata th/j h/j sou evxanalw,sei h` evrusi,bh) ([영] Buzzing insects will infest all your trees and the crops of your soil)
너희 땅의 나무와 열매는 모두 벌레가 차지하고 말 것이다(성경 신명 28, 42)/너희가 가꾸는 나무나 밭에 익은 곡식은 해충이 모조리 갉아먹으리라(공동번역 신명 28, 42)/
optima frugum copia. 풍성한 추수/
terra feta frúgibus. 곡식이 잘 되는 땅(fetus¹참조).
frugésco, -ĕre, intr., inch. (frux) 결실(結實)하다
frugi[1] adj., indecl. (frux) **쓸모 있는**, **알뜰한**, 검소한, 건실한, 착실한(bonæ frugi), 얌전한, 신중한, 자제심(自制心) 있는, 절제하는, 절도(節度) 있는.
homo frugi. 쓸모 있는 사람/
homo frugi nulla. 아무 데도 쓸모없는 사람(인간).
frugi[2] adj., indecl.
(건실한 사람의 대명사로서) 많은 Roma인의 별호.
frúgĭfer, -ĕra -ĕrum, adj. (=**frugifĕrens**, -éntis) (frux+fero) 결실 많은, 풍요한, **비옥한**, 기름진, 유익(有益)한, 이로운, 성과(成果) 있는.
frugílĕgus, -a, -um, adj. (frux+lego²) 열매를 모아들이는, 수확(收穫)하는.
frugípărens, -éntis, (**frugípărus**, -a, -um) adj. (frux+pário) 결실(結實)하는, 생산하는, 풍요한.
frugípérd(ĭ)a, -æ, adj., f. (frux+perdo) 결실하지 못하는
frugum copia. 풍성한 농작물(frux 참조)
frui Deo. 하느님에 대한 향유(fruor 참조)
(하느님에 대한 향유는 아우구스티노에게 철학하는 이유이자 인생자체의 최종목적에 해당한다. 교부에게 신(神) 이외의 모든 것은 궁극적 '향유'의 대상이 아니라 '사용usus'의 대상일 따름이다. 교부문헌 총서 15, 신국론, p.836).
(사물을 대할 때 인간은 두 가지 형태의 태도를 취한다. 그 하나는 사물의 있음 자체를 '향유'하는 것이고, 다른 하나는 그 '향유'에 도달하기 위한 방편으로 사물을 '사용'하는 것이다. 아우구스티노에게 향유의 대상은 오직 하느님과 그분에 관련된 것에 국한되며, 나머지 모든 것은 그 '향유'를 위한 수단으로서 '사용'의 대상일 뿐이다. 이상규 옮김, 교부들의 사제 영성, p.60).
[향유(frui, 즐거움)의 영역은 신학에, 더 정확히 말하면 하느님과 삼위일체에 대해서 다루는 신학의 부분에 속한다. 그것은 삼위일체 하느님이야말로 그 자체로 요구되는 것이요, 그를 바라보고 사랑하는 사람에게는 행복한 삶의 진정하고도 충만한 원천이 되는 유일한 실재이기 때문이다.(바티스타 몬딘 지음, 신학사 I, p.655)].
fruítĭo, -ónis, f. 누림(享有), 향유([영] Enjoyment-누려서 가짐), 수익(收益); (소유의) 기쁨(χαρὰ.[영] Enjoyment).
Non ergo ultimus finis multitudinis congregatæ vivere secundum virtutem, sed super virtutosam vitam pervenire ad fruitionem divinam. 그러니까 덕에 따라 사는 일이 조직사회의 궁극 목적이 아니라, 덕스러운 삶을 통해서 하느님을 향유하는 경지에 도달함이 조직사회의 궁극 목적이다.(성 염 지음, 사랑만이 진리를 깨닫게 한다, p.241)/
Illæ quibus fruendum est, nos beatos faciunt.
향유하기 위한 것은 우리를 행복하게 만든다.
frumen, -mĭnis, n. 제사용 죽, 식도(食道), 목구멍
frumentácĕus, -a, -um, (=**frumentális**, -e) adj. 곡물(穀物)의, 곡식(穀食)으로 만든.
frumentárĭus, -a, -um, adj. (fruméntum) 곡식(밀)의, 곡식(밀)에 관한, 양곡(糧穀)의, 식량의.
m. 곡물상인, 군량조달 군인.
difficultas rei frumentáriæ. 식량부족(食糧不足)/
res frumentária. 군량조달(軍糧調達).
frumentátĭo, -ónis, f. (fruméntor) 곡물구입(穀物購入) 군량조달, 식량배급(食糧配給, annonæ dispensátĭo).
frumentátor, -óris, m. 양곡 상인(양곡상.糧穀商人), 곡물상(穀物商), 군량 조달병(軍糧 調達兵).
fruméntor, -átus sum, -ári, dep., intr. (fruméntum) 양곡(糧穀)을 마련하다, 군량조달(軍糧調達)하다.
tr. frumentor provínciam. 지방의 양곡을 풍족히 마련하다.
fruméntum, -i, n. 곡식(穀食, árista, -æ, f.), 알곡(쭉정이나 잡것이 섞이지 않은 곡식), 곡물(穀物-곡식), 양곡(糧穀); 밀, 소맥(小麥-밀).
a fructu frumenti, vini et olei multiplicati sunt.
곡식 하나로부터 포도주들과 올리브유들로 다수화했다.
(성 염 옮김, 단테 제정론, p.62)/
amoveo frumentum. 곡식을 몰래 빼돌리다/
frumento ac commeatu abstractus.
식량과 보급을 받지 못하게 된 군대/

intercludo fruménto *alqm*. 누구에게 식량보급을 차단하다/
Milia frumenti tua trivertit area centum : non tuus hoc
capiet venter plus ac meus. 자네 타작마당이 곡식
십만 말(= 만석)을 털었다 하세. (그렇다고) 자네 배가
내 배보다 더 들어가지는 않겠지.[성 염 지음, 고전 라틴어, p.2]/
Non materia multitudine arborum, non frumentum, cujus
erant plenissimi agri, deficere poterat.
나무들이 많아서 자재도 부족할 리 없었고, 또 들판이
곡식으로 그득하였으니까 곡식도 부족할 리 없었다/
naves onustæ frumento. 곡식(穀食) 실은 배.

Frumentum deerat exercitui eorum.
그들의 군대에는 식량이 부족했다.
Fruméntum návibus. 곡식을 배로 실어가다.
Fruméntum návibus portabatur. 곡식은 배로 날라지곤 했다
Frumentum tanti fuit, quanti iste æstimávit.
곡식(穀食)은 그 사람이 평가한 만큼의 값이었다.
frumentum vilius. 값싼 보리
fruor, (frúeris, -ītur) fructus(frúitus) sum, frui,
dep., intr. 이용하다, 사용하다, 차지하다, 누리다,
향유(享有)하다, 누구와 함께 지내다, 사귀다.
tr. (주로 gerundív.) fruéndus, -a, -um,
이용해야 할, 누릴, 누리는.
frui trinitate deo ad cuius imaginem facti sumus.
우리를 당신 모상대로 지으신 '하느님-삼위일체'를
향유하는 것이다(=충만한 기쁨 plenum gaudium)/
Novis hæc fruenda reliquit.
그는 우리에게 이것들을 누리도록 남겨놓았다/
Res igitur quibus fruendum est, Pater et Filius et
Spiritus sanctus, eademque Trinitas. 향유해야 할 사물은
아버지와 아들과 성령 그리고 같은 삼위일체이시다/
una quædam summa res, communis omnibus fruentibus
ea. 하나밖에 없는 최고의 사물이시면서 그를 향유하는
모든 이에게 공유되는 사물이시다/
voluptátis fruéndæ modus. 쾌락을 누리는 방식.
Fruor otio. 나는 한가롭게 지내고 있다
frusta esculenta vinum redolentia.
술 냄새나는(토해 놓은) 음식물.
frustátim, adv. 조각을 내어, 조각조각
frustillátim, adv. 아주 작은 조각으로, 조금씩
frustíllum, -i, n. 작은 조각, 작은 파편
frustra, adv. (fraus) 속여, 속아, 헛되이, 공연히,
쓸데없이, 보람 없이, 까닭 없이, 목적 없이.
alqm frustra habére. 누구를 속이다/
Incéptum nullum frustra erat.
시작한 일은 하나도 헛되지 않았다/
natura nec facit quidquam frustra.
자연은 불필요하게 산출하지 않는다/
Scire cupio quamdiu Romæ futurus sis, ut aut quo dem
posthac litteras sciam, aut ne dem frustra.
나는 네가 얼마나 오랫동안 로마에 머물지 알고 싶다.
이후에 어디로 편지를 보내야 할지 알기 위함이기도
하고, 공연히 보내는 일이 없기 위함이기도 하다.
frustra, 원형 frustro, -ávi, -átum, -áre, tr. = frustror.
[명령법. 현재 단수 2인칭 frustra, 복수 2인칭 frustrate].
Frustra autem iacitur rete ante oculos pinnatorum.
(ouv ga.r avdi,kwj evktei,netai di,ktua pterwtoi/j)
(獨 Man spannt das Netz vor den Augen der Vögel,
doch lassen sie sich nicht warnen)
(쪵 It is in vain that a net is spread before the eyes
of any bird. 잠언 1. 17) 무슨 날짐승이든 그 눈앞에서
그물을 치는 것은 헛된 일이건만(성경 잠언 1. 17)/
새가 보는 데서 그물을 치는 것은 헛된 일이다(공동번역).
frustra ductáre. 속여 넘기다.
frustra esse. 속다, 실수하다
Frustra laborat qui omnibus placere studet.
모든 사람의 마음에 들도록 하려는 것은 헛수고이다.
Frustra rogatur, qui misereri non potest.(Publilius Syrus).
연민의 정을 품을 줄 모르는 사람은 애걸해봐야 소용없다.

[비인칭 용법으로: "남에게 연민의 정을 품을 줄 모르는 사람은 남에게 무엇을
애원할 자격이 없다."라는 번역도 가능하다. (is) rogatur라는 주문으로 미루어,
애원하는 대상이 주어임을 알 수 있다. 성 염 지음, 고전 라틴어, p.287].)
Frustra sum gavisus, miser!.[반탈형동사 문장]
나는 헛되이 기쁨을 누렸구나, 아 비참한 신세여!
frustrábilis, -e, adj. 속기 쉬운, 헛된
frustrámen, -minis, n.(frustro(r)?)
오류(誤謬), 기만(欺瞞).® Fraud-남을 그럴듯하게 속임),
착각(錯覺-실제와는 다른데도 실제처럼 깨닫거나 생각함).
frustrátio, -ónis, f.(frustro(r)?)사기(詐欺).® Fraud),
속임, 농간(속임수), 기만술책(欺瞞術策), 우롱(愚弄),
기대에 어긋남, 실망시킴, 실패(뜻을 이루지 못함), 허탕.
(法) 연체(延滯-금전의 지급이나 납입 따위를 기한이 지나도록 지체함).
frustrátor, -óris, m.(frustro(r)?)사기한, 연체자
frustratórius, -a, -um, adj. 속이는, 헛된
frustrátus, -us, m.(frustro(r)?)사기(詐欺), 속임
frustro, -ávi, -átum -áre, tr. = frustror
Non me vixisse pænitet, quoniam ita vixi ut non frustra
me natum esse existimem.(Cicero).
한 생을 산 것을 나는 후회하지 않는다. 나는 내가 태어난
것이 무익하지 않았다고 여기게끔 살아왔다.
frustror, -átus sum -ári, dep., tr.
속이다, 우롱하다, (누구의) 기대를 어기다,
(계획.노력.희망 등을) 헛되게 하다, 보람 없게 하다.
frústŭlum, -i, n. (frustum) 작은 조각, 단편(斷片),
소량; 소량의 간식(間食-끼니와 끼니 사이에 음식을 먹음),
요기, 소량의 식사.
frustum, -i, n. 조각, 단편(斷片), 작은 덩어리,
(음식물의) 한 입, 소량(小量), 얼마 안 되는 것.
frute(c)tósus, -a, -um, adj. (frutéctum) 관목이 많은,
덤불의, 총림(叢林)의, 잔가지 많은 (나무).
fruté(c)tum, -i, n. 관목 숲, 덤불(엉클어진 얕은 수풀)
frutex, -tīcis, m. 관목(灌木), 덤불(엉클어진 얕은 수풀)
총림(叢林-잡목이 우거진 숲), 가지, 줄기, 바보, 멍청이.
fruticétum, -i, n. 관목 숲, 덤불(엉클어진 얕은 수풀)
frútico, -ávi, -átum -áre, (**frútĭcor,** -ári, dep.)
intr. (frutex) 새순이 나다, 가지들이 돋아나다.
fruticósus, -a, -um, adj. (frutex) 잡목으로 덮인,
새순이(가지가) 많이 돋은; 덤불 투성이의.
frux, frugis, f. (주로 pl.) 농산물, 추수한 것; 곡식(穀食),
채소, 과일, 원숙한 재능의 (정신적) 소산(결실),
(근면.연구 따위의) 성과.업적.좋은 결과, 이익, 이득,
(가끔 형용사 bona 를 동반하면서) 건실, 착실; 향상, 개선.
ad (bonam) frugem se recipere. 개과천선하다/
homo frugis bonæ. 착실한 사람/
(frugi; bonæ를 함께 쓰기도 함) **bonæ frugi.** 착실한.
FSP Filiæ Sanctæ Pauli,
Paulus-Schwestern. 바오로 딸 수녀회.
fu, interj. (혐오.불쾌 따위 표시) 체! 저런 고약한!
fuam, fuas, fuat… (古) = sim, sis, sit… subj. præs. sum
fucátĭo, -ónis, f. 색칠, 착색, 화장(化粧), 분장(扮裝)
fucátus, -a, -um, p.p., a.p. 염색한, 색칠한, 분 바른,
화장한, 겉꾸민, 속이는, 가장(假裝)한, 위장한, 모조의.
Fucínus, -i, m. 중부 이탈리아의 호수(지금의 Lago Fucino)
fuco, -ávi, -átum -áre, tr. (fucus) 색칠하다, 물들이다,
염색(착색)하다, 화장하다, 연지 바르다, 윤색(潤色)하다.
fucósus, -a, -um, adj.
분장한, 화장한, 가장(假裝)한, 위장한, 모조의.
fucus, -i, m. (植) 모자반(붉은 빛깔의 해초), 빨강, 자홍색,
분(粉), 연지(臙脂-잇꽃의 꽃잎에서 뽑아낸 자주와 빨강의 중간 색
으로 붉은 물감. 여자의 얼굴 화장에 쓰였음), 화장품; (얼굴) 화장,
겉꾸밈, 허식, 가장, 위장(僞裝), 모조. (蟲) 무늬말벌.
fūdi, "fundo"의 단순과거(pf.=perfectum)
fue, interj. (혐오.아니꼬움 따위 표시) 체!
Fúfius, -i, m. Roma인의 씨족명
fuga, -æ, f. 도망, 도주(逃走-도망), 도피(逃避), 탈주,
탈출; 탈출구, 귀양(←원말은 歸鄕), 유배(流配)® Exile),
추방(追放, ㎞㏗),: 유배지(流配地), 도망자, 도주자,
재빠른 걸음, 뛰어감; 빠름, 속력, 회피(回避-책임을 지지

않고 피를 부림), 기피(忌避-꺼리거나 싫어하여 피함), 피함.
De Fuga et Inventione. 도주와 발견(Alexandria의 Philo 지음)/
De fuga in persecutione. 박해 중의 피신(避身)
 (Florens Tertullianus 지음. 박해 중 도망가는 사람들을 책망하는 내용)/
De fuga sæculi. 세속에서의 도피(밀라노의 암브로시우스 지음)/
do se in fugam. 도망하다/
Eripe fugam. 어서 도망가거라/
Festino fugam. 급히 도망가다/
fugæ se mandare. 도망치다/
in Ægyptum fuga(⑩ The Flight into Egypt)
 이집트로의 피난/
ira fugæ. 도주(逃走)로 인한 분통/
mando se fugæ. 도망하다/
Nemo ullius nisi fugæ memor. 누구를 막론하고 오로지
 도망질 칠 것 외에는 다른 아무 것도 생각하지 않았었다/
Nihil relinquitur nisi fuga. 도망하는 수밖에 없다/
Orate autem, ut non fiat fuga vestra hieme vel sabbato.
 (proseu,cesqe de. i[na mh. ge,nhtai h` fugh. u`mw/n ceimw/noj mhde.
 sabba,twl)(⑩ Pray that your flight not be in winter or on
 the sabbath) 너희가 달아나는 일이 겨울이나 안식일에
 일어나지 않도록 기도하여라(성경 마태 24. 20)/여러분이 도망
 치는 일이 겨울이나 안식일에 일어나지 않도록 기도
 하시오(200주년 신약)/겨울이나 안식일에 피난 가는 일이
 없도록 기도하여라(공동번역 마태 24. 20)/
Profectio verius quam fuga est.
 도망이라기보다는 차라리 출발이다/
rapio fugam. 즉시 도망하다/
terga fugæ præbeo. 도망가다/
vito mortem fugā. 도망쳐서 죽음을 면하다.
fuga dolórum. 고통을 피함
fuga mundi. 세상으로부터의 도피(逃避)
fuga sæculi. 세상의 도피(逃避)
fugátor, -óris, m. (fugatrix, -ícis, f.)
 쫓아 버리는 사람, 격퇴자(擊退者)
fugax, -ácis, adj. 쉽게(잘) 달아나는, 도망질치는,
 도주성(逃走性)의, 도망(도주·탈주) 하는, 비겁한, 달리는,
 뛰는, 빠른, 회피(기피)하는, 거절하는, 마다하는,
 잠시 지나가 버리는, 덧없는, (植) 빨리 지는, 쉬 떨어지는.
Fuge quærere. 묻지 마라, 찾지 마라(fugio 참조)
Fugere an mori vultis?
 너희는 도망갈 테냐 그렇지 않으면 죽을 테냐?(fugio 참조).
fûgi, "fugio"의 단순과거(pf.=perfectum)
fugiens¹ -éntis, p.proes., a.p. 사라지는, 없어지는,
 얼마 못 가는, 회피(기피) 하는, 거절하는.
fugiens² -éntis, m. 도망자, 기피자(忌避者), 피고(被告),
 피의자(범죄의 혐의는 받고 있으나 아직 기소되지 않은 사람. 용의자).
 Ista delectatio manet. Non solum manet quo venias,
 sed etiam revocat fugientem. 이 쾌락은 남아 있습니다.
 쾌락은 그대가 오기까지 머물러 있을 뿐 아니라, 피해
 가는 사람마저 불러 댑니다.(최익철 신부 옮김. 요한 서간 강해, p.449).
Fugiéntis ago costis telum. 도망자의 옆구리에 창을 꽂다
fúgio, fûgi, fúgitum, fugĕre, intr. tr. 달아나다(קרב),
 도망하다, 도주(탈주·도피·패주)하다; 피신하다,
 귀양 가다, 쫓겨나다, 망명하다, 뛰다, 달음질치다,
 빨리 지나가다(흘러가다), 시야(視野)에서 멀어지다,
 없어지다, 사라지다, 시들다(דכא.בלה), 한물가다.
 tr. 피해 달아나다, 피하다, 멀리 가다, 떠나다,
 지나가다, 시야를 벗어나다, 모면하다, 벗어나다,
 들키지 않다, 망명(亡命)하다; 귀양 가다, 거절하다,
 회피(기피)하다, 배척하다, 삼가다, …하지 않다,
 그만두다, 모르다, 생각나지 않다, 잊다.
 De vana spe et elatione fugienda.
 헛된 희망과 교만(驕慢)을 피함에 대하여/
 Elátionem fugere. 자만심을 멀리하라/
 Fuge quærere. 묻지 마라, 찾지 마라/
 Fugit hora. 세월은 쏜살같다/
 Fugit irreparabile tempus.
 시간은 다시 돌이킬 수 없게 지나간다/

Fugit me ad te scríbere.
 나는 네게 편지 쓰는 것을 잊어버렸다/
Hoc me(te, eum…) fugit. 나는(너는, 그는…) 이것을 모른다/
Lupus me fugit. 늑대가 나를 피해 달아났다/
Omnia quæ vindicaris in altero tibi vehementer fugienda
 sunt. 그대가 다른 사람에게서 질타하는 모든 것을 그대
 자신으로서는 극력 피하도록 하지 않으면 안 된다/
sine respéctu fúgere. 뒤도 돌아보지 않고 도망하다/
vitaque cum gemitu fugit ingignata sub umbras.
 (투르누스의) 넋은 한 맺힌 절규 속에 어둠 속으로
 달아났다(성 염 지음. 사랑만이 진리를 깨닫게 한다. p.410).
fugio áciem(visum). (시야에서 벗어나) 알아볼 수 없다.
fugite, 원형 fúgio, fûgi, fúgitum, fugĕre, intr.
 [명령법. 현재 단수 2인칭 fuge, 복수 2인칭 fugite].
 Ne fugite hospitium neve ignorate Latinos, Saturni
 gentem. 손님에게 드리는 이 환대를 저버리지 마시오.
 사투르누스의 종족 라틴인들을 무시하지 마시오.
fugitívus, -a, -um, adj. (fúgio) 도망하는,
 도망(도주·탈주)하는, 덧없는, 잠시의, 한때의.
 m. 도망자, 도망친 노예, 탈주병(脫走兵).
 servi fugitívi a dóminis. 주인에게서 도망쳐 나온 노예들.
fúgito, -ávi, -átum, -áre, intr. 서둘러(이리저리) 도망치다.
 tr. 피하다, 피해 달아나다, 회피하다.
fúgitor, -óris, m. 도망자, 탈영병(脫營兵)
fugo, -ávi, -átum, -áre, tr. (fuga)
 쫓다, 격퇴하게 하다, 도망가게 하다, 추방하다(חרם),
 유배(流配)하다, 몰아내다, 물리치다.
 Fugere an mori vultis?
 당신들은 달아나고 싶소? 아니면 죽고 싶소?
fui, esse(있다, …이다, …다) 동사의 직설법 단순과거 단수 1인칭
Fui non sum, estis non eritis, nemo immortalis.
 나 일찍이 존재했거니와 지금은 존재하지 않노라.
 그대들 지금은 존재하지만 언젠가는 존재하지 않으리라.
 그 누구도 불멸하지 못하느니(어느 묘비명, 성 염 지음. 고전 라틴어, p138).
Fui puer, sum adulescens et ero juvenis. (나는) 어린
 애였고 (지금은) 청년이며 (머지않아) 장년이 되겠소.
fúimus, esse(있다, …이다, …다)
 동사의 직설법 단순과거 복수 1인칭
fuísti, esse(있다, …이다, …다)
 동사의 직설법 단순과거 단수 2인칭
fuístis, esse(있다, …이다, …다)
 동사의 직설법 단순과거 복수 2인칭
fuit, esse(있다, …이다, …다)
 동사의 직설법 단순과거 단수 3인칭
Fuit ad me sane diu. 그는 내 집에 꽤 오래 머물러 있었다.
Fuit aliquando tempus. 옛날에
Fuit Ilium. 일리움(트로이)이 있었다(지금은 없다).
Fuit olim senex. 옛날에 한 노인이 있었는데
fulcímen, -mínis, (fulcíméntum, -i) n. 버팀목, 기둥,
 지주, 지탱(支撐-오래 버티거나 배겨냄), 의지(다른 것에 몸을 기댐).
fúlcĭo, fulsi(-locívi), fultum(-lcítum), -íre, tr.
 떠받치다, 버티다, 괴다, 지지하다, 후원하다, 보강하다,
 튼튼하게 하다, 안전하게 하다, 오구하다, 격려하다.
fulcrum, -i, n. (fúlcĭo) 침대다리; 침대, 침상
Fúlfúlæ, -árum, f., pl. Sámnium의 도시
fulgens, -gentis, fulgeo의 현재분사, 빛나는, 화려한,
 빛이 빛나는; 유명한, 저명한.
Fulgens Corona. 찬란한 화관(비오 12세 회칙)
fúlgĕo, fulsi, (sum), fulgére, intr. 번쩍이다, 번개 치다,
 환하게 비치다, 번득이다, 광채(光彩)나다, 빛나다(נהר),
 혁혁하다, 유명해지다, 명성 떨치다, 저명해지다.
 cælo fulgénte. 하늘에서 번개 칠 때.
fulgésco, -ĕre, intr., inch. (fúlgeo)
 번쩍 비치다, 밝아지다, 빛나다(נהר).
fulgétra, -æ, f. (fulgetrum, -i, n.)
 번개, 섬광(閃光-순간적으로 번쩍 빛나는 빛).
fúlgĭdus, -a, -um, adj. (fúlgeo) 번쩍이는, 빛나는.
fulgo, -ĕre, = fúlgĕo, fulsi, (sum), fulgére, intr.

503

F

fulgor, -óris, m. (fulgur, -ŭris, n.) [fúlgeo]
번개, 벼락, 섬광(閃光-순간적으로 번쩍 빛나는 빛),
광채, 빛, 광휘(光輝-환하게 빛남, 또는 그 빛).
Urit fúlgore suo.(uro 참조) 명성으로 불태우다(시기하다)/
vibrátus ab æthere fulgor. 상공에서 내리친 번개.
fulgurális, -e, adj. (fulgur) 번개의, 전광의, 번쩍이는; 빛나는
fúlgŭrat, -ávat -ávit -áre, impers. (fúlguro)
번개 치다, 빛나다(ㄲㄲ), 번뜩이다, 찬란히 빛나다.
fulgurátĭo, -ónis, f. (fúlguro) 번개질; 번개
fulgurátor, -óris, m.
번개를 던지는 자, 벼락 때리는 자, 번개 점술가(占術家).
fulguratúra, -æ, f. (fúlgro) 번개질; 번개 점(占)
fulgúrĕus, -a, -um, adj. 번개의
fulgúrĭo, -ívi -ítum -íre, (fulgur) intr. 번개 치다,
tr. …에 벼락 치다; p.p. fulgurítus, -a, -um 벼락 맞은.
fulgurítum, -i, n. 낙뢰한 자리, 벼락 친 자리
fúlgŭro, -ávi -átum -áre, intr. (fulgur) 번개 치다,
벼락 치다, 빛나다(ㄲㄲ), 찬란하다, 번쩍이다,
(연사가) 포문을 열다, 일갈(一喝)하다.
Sine tonítribus fúlgurat. 천둥소리 없이 번개 치다.
fúlĭca, -æ, (=fulix, -ĭcis) f. (動) 물 닭(검둥오리), 검둥오리
fuliginátus, -a, -um, a.p. (inusit. fulígino)
검정으로 칠한, 매연에 그을린.
fuliginĕus, -a, -um, adj. 검정의, 매연의
fuliginósus, -a, -um, adj. 검정(그을음) 투성이의
fulígo, -gĭnis, f. 그을음, 매연(煤煙-그을음), 검정, 눈썹먹
fullo, -ónis, m. (⑨ fuller) 축융공(縮絨工),
마전장이(피륙을 삶거나 빨아서 바래는 일을 하는 사람).
Petrus fullo. 마전장이 베드로.
fullónĭ(c)a, -æ, f. (fullónĭca, -órum, n., pl.)
직물 표백 기술(직업), 마전(피륙을 삶거나 빨아서 바래는 일).
fullónĭ(c)us, -a, -um, adj. (fullo)
마전의, 직물을 바래는(표백하는).
fullónĭum, -i, n. 마전공장
fulmen, -mĭnis, n. (fúlgeo) 벼락, 벽력; 천둥, 재앙,
비운, 참화, 맹렬한 힘, 불가항력, 무서운 눈초리.
brutum fulmen. 허장성세(虛張聲勢-실력이 없으면서 虛勢로 떠벌림)/
fúlmine ictus(percússus) 벼락 맞은(ictus e cælo)/
fulminis afflati telis. 벼락에 얻어맞은/
Homo si fulmine occisus est, ei justa nulla fieri oportet.
벼락을 맞아 죽는 자는 장례를 치러주지 말라/
ictus fúlminis. 벼락 때림, 낙뢰(落雷-벼락이 떨어짐).
fulménta, -æ, f. 버팀목, 지주(支柱), 신 뒤축
fulméntum, -i, n. 지주(支柱), 지탱(支撑), 침대다리
fulminátĭo, -ónis, f. 벼락 침, 뇌성벽력, 위협선언.
fulminátor, -óris, m. (fulminatrix, -ícis, f.)
벼락 때리는 자.
fulmínĕus, -a, -um, adj. (fulmen) 벼락의, 전광의,
전광석화(電光石火)의, 벼락같은, 맹렬한, 살인적인.
fúlmĭno, -ávi, -átum, -áre, (fulmen)
intr. 벼락 치다, 천둥치다; 벼락 치는 소리 나다.
tr. 벼락으로 때리다, …에 낙뢰(落雷)하다.
(impers.) Fúlminat. 벼락 친다.
Fulminat illa oculis. 저 여자 눈에서 번개가 번쩍이고 있다.
fulsi, "fúlcio"의 단순과거(pf.=perfectum),
"fúlgeo"의 단순과거(pf.=perfectum).
fultor, -óris, m. (fultrix, -ícis, f.) ((fúlcio))
지지자(支持者), 부조자(扶助者), 지원자(支援者).
fultum "fulcio"의 목적분사(sup.=supínum)
fultúra, -æ, f. (fúlcio) 지주(支柱), 버팀, 떠받침,
지탱(支撑-오래 버티거나 배겨 냄), 보강(補强).
fultváster, -tra, -trum, adj. 다갈색의
Fúlvĭus, -i, m. Roma인의 씨족명
fulvus, -a, -um, adj. 황갈색의, 사자 빛깔의; 금빛의.
fumaríŏlum, -i, n. 작은 굴뚝; 분화구(噴火口)
fumárĭum, -i, n. 훈증(燻蒸)으로 포도주 양조하던 방,
장작 건조실(乾燥室), 굴뚝, 연통(양철 따위로 둥글게 만든 굴뚝)
fumátĭo, -ónis, f. 연기 피움, 향 피움, 분향(焚香)

fumátor, -óris, m. 포도주의 훈증 양조자, 속이는 사람
fumésco, -ĕre, intr., inch. (fumus) 연기 나다; 김이 서리다
fúmĕus, -a, -um, adj. (fumus)
연기 나는, 연기가 자욱한, 연기로 익힌(포도주), 그을린.
fúmĭdus, -a, -um, adj. (fumus) 연기 나는, 연기 낀,
연기가 자욱한, 연기 빛깔의, 연기 냄새나는.
fúmĭfer, -ĕra -ĕrum, adj. (fumus+fero)
연기 나는, 연기 피우는.
fumífĭco, -áre, intr. (fumus+fácio)
연기 나다; 분향으로 연기일게 하다.
fumíficus, -a, -um, adj. 연기를 내는(뿜는)
fumigabúndus, -a, -um, adj. (fúmigo) 연기가 자욱한
fumígĭum, -i, n. (fúmigo) 분향(焚香),
훈증(薰蒸-더운 연기에 쐬어서 찜), 증기요법.
fúmĭgo, -ávi, -átum, -áre, (fumus+ago)
intr. 연기 나다, 연기가 자욱하다,
tr. 연기 내다, (향.담배를) 피우다; 연기를 쐬다.
fumo, -ávi, -átum, -áre, intr. (fumus)
연기가 나다, 연기를 뿜다; 김이 나다, 김을 내다.
equi sudóre fumántes. 땀을 흘려 김이 나는 말.
tr., p.p. fumátus, -a, -um, 연기 쐰.
Noli fumare. 금연(禁煙.⑨ No smoking).
fumósus, -a, -um, adj. (fumus) 연기 자욱한,
연기 나는, 그을린, 연기 쐰, 연기 냄새나는.
fumus, -i, m. 연기(증기); 김, 증기.
téndere de fumo ad flammam. 바늘 도둑이 소도둑 된다.
funále, -is, n. (funális)
줄팔매 끈, 밀초 심지; 횃불 초, 촛불, 촛대.
funális, -e, adj. (funis) 밧줄의, 끈의, 새끼의.
funales equi. 봇줄 맨 말들.
funális céreus. 밀초의 심지; 밀초 햇불
funámbŭlus, -i, m. (funis+ámbulo)
줄타기 곡예사(曲藝師), 줄광대.
fúnctĭo, -ónis, f. 이행(履行.⑨ Fulfillment),
수행(遂行-일을 계획한 대로 해냄), 기능(機能), 직무(職務),
직분, 임무(任務), 예식거행, 의식, 세금납부,
죽음(ηπ.θάνατος.⑨ Death), 사망(θάνατος).
(法) functiónem recípere. 대체(代替)하다, 대용되다.
functio docendi. 교도 직무
functio múneris. 직무수행(職務遂行)
functio sanctificandi. 성화 직무
functus, -a, -um, p.p. (fungor)
Functus officio. 임무를 수행하고
Functus officio. 퇴직해서
funda, -æ, f. (무기로서의) 줄팔매; 투석기(投石機)
줄팔매의 돌(탄환), 三段그물, (가난한 사람의) 돈주머니,
반지의 (보석을 물리는) 거미발.
Fundæ saxa pluunt. 많은 줄팔매가 돌을 비처럼 내리 퍼부었다.
fundábĭlis, -e, adj. 기초될 만한
fundális, -e, adj. 줄팔매의
fundámen, -mĭnis, n. (fundoⁱ)
토대(土臺), 기반(基盤-사물의 토대), 기초(基礎), 근본.
fundamentális, -e, adj. (fundaméntum)
기초적인, 근본(기본)적인, 본원적인, 근원적인.
De studio fundamentalium virtutum.
기초 덕목들의 연구에 대하여/
optio fundamentalis. 근본 선택/
theología. fundamentális. 기초 신학.
fundamentalismus, -i, n. 근본주의(根本主義)
fundaméntum, -i, n. (fundoⁱ) 기반(基盤-사물의 토대),
기초(基礎), 토대, 기본, 근본(根本), 바탕; 근거(根據).
Contra epistulam fundamenti. (마니의) 기초서간 논박/
Ista confessio firmat cor, et facit dilectionis
fundamentum. 이런 고백이 마음을 든든하게 하고,
사랑의 기초를 놓아줍니다.(최익철 신부 옮김. 요한 서간 강해. p.343)/
jacio fundaménta. 기초를 놓다.
fundamentum divisiónis. 구분원리(區分原理)
Fundamentum enim aliud nemo potest ponere præter

504

id, quod positum est, qui est Iesus Christus.
아무도 이미 놓인 기초 외에 다른 기초를 놓을 수 없기
때문입니다. 그 기초는 예수 그리스도이십니다(1코린 3. 11).

fundamentum fidei christianæ. 그리스도교 신앙의 기초
Fundamentum Theologiæ. 윤리신학의 기초(基礎)
Fundamentum Theologiæ Morális. 기초 윤리신학
Fundamentum trinitarium episcopalis ministerii.
주교 직무의 삼위일체적인 토대.

Fundánĭus, -i, m. Roma인의 씨족명
fundátĭo, -ónis, f. 기초(공사), 기초 다짐, 창설(創設).
창건(創建), 건설, 설립, 창립, 기금(基金), 교회기금.
pia voluntas et pia fundatio. 신심의사와 신심기금.

fundátĭo Ecclesiastica. 본당 기금
fundátĭo Missæ. 미사 기금(基金), 영정(永定) 미사
fundátĭo pro clericis emeritis. 은퇴 성직자 연금.
은퇴 성직자 생활보장 기금, 공제회 기금.

fundátĭo pro seminario. 신학교 기금(⑩ Seminary Fund)
fundátor*, -óris, m. (fundatrix, -ícis, f.) ((fundo⁹))
창설자, 창건자, 창립자; 설립자(設立者), 개조(開祖)
시조(始祖), 원조, 비조(鼻祖-어떤 일을 가장 먼저 시작한 사람.
원조. 사람은 태내에서 맨 먼저 코부터 모양을 이룬다는 설에서 비롯된 말)
재건자, 기금 갹출자, 재단 설립자(창설자).

fundátus, -a, -um, p.p., a.p. (fundo⁹)
…에 기반을(근거를) 둔; 확고한; 설립된.

Fundi, -órum, m., pl. Látium의 도시
fundibalárĭus(=fundibulárĭus) -i, m. (funda)
노포(弩砲-쇠뇌) 사수(射手).

fundíbalum, -i, n. (fundibalus, -i, m.) 암석 투석기.
노포(弩砲), 쇠뇌(여러 개의 화살이 잇달아 나가게 만든 활의 한 가지)

fundíbŭlum, -i, n. (fundo⁹) 투석기, 줄팔매, 깔때기
fúndĭto, -áre, tr., freq. (fundo⁹)
투석기(줄팔매)로 쏘다, (말을) 퍼뜨리다.

fúndĭtor, -óris, m. (funda) 줄팔매 사수, 투석기 사수
fúndĭtus, adv. (fundus) 뿌리째, 밑바닥까지,
근본적으로, 철저하게; 송두리째, 온전히, 몽땅.

fundo¹ -ávi, -átum, -áre, tr. (fundus) 토대를 세우다,
기초를 다지다(놓다.두다), 견고게 하다, 확립하다,
튼튼히 세우다(קון.תקף.בנא.בני);
근거를 두(게 하)다, 설립(창립.창설.창건)하다.

fundo² fúdi, fúsum, -ĕre, tr. 쏟다, 퍼붓다(יצק.רעף,
붓다(יצק.שפך.רעף.יצוק), 흘리다, 녹이다.
거푸집에 붓다, 주조하다, (씨 따위를) 뿌리다,
흩뜨리다, 퍼뜨리다(יבר), 전파하다; (냄새를) 풍기다,
발산(發散)하다, 말을 퍼뜨리다, 발설하다, 소문내다,
펴다, 펼치다, 전개시키다, 뻗치다, 내던지다, 발사하다,
많이 내다(산출하다), 다량으로 생산하다; 많이 낳다,
번식시키다, 넘어(자빠)뜨리다, 쓰러뜨리다, 떠밀다,
밀어젖히다, 쫓다, 격퇴하다, 내보내다; 쏟아 놓다,
늘이다, 확대시키다, 확장하다, (연설 따위를) 길게 끌다,
말을 하다(쏟아 놓다), 소리를 내다; 읊다.
((醫)) (대변 따위를) 묽게 하다.
ánimam fundo. 숨을 거두다/
flores fundo. 꽃을 많이 피우다/
fusi crines. 늘어뜨린 머리/
multum sanguinis fundere. 많은 피를 흘리다/
se fundo. 밀려(몰려) 나오다(가다), 쏟아져 나오다/
ridiculária fúndere. 익살부리다(ridiculárĭus 참조)/
Vitis fúnditur. 포도넝쿨이 뻗어 나간다.

fundo mendácia. 거짓말을 하다
fúndŭla, -æ. f. 막다른 골목
fundulus, -i, m. 순대 (돼지의 창자 속에 쌀.두부.파.숙주나물.
표고버섯 따위를 양념하여 이겨서 넣고 끝을 동여 맨 음식.
fundullus ambulatilis. 피스톤 (⑩ piston)

fundus, -i, m. 바닥, 밑바닥, 밑, 그릇, 잔, 토대(土臺),
기초(基礎), 기본, 농토, 전답(田畓), 보증인(保證人), 뒷받침.
소유지, 농장; 부동산(不動産), 보증인(保證人), 뒷받침.
Fructus pendentes pars fundi videntur.
미분리 과실은 토지의 일부로 간주 된다/

fundum non habere. 밑 빠진 독에 물 붓기/
In fundum árbores transferebántur.
나무를 소유지로 옮겨 심었다.

fundus animæ. (神) 영혼의 기체(신비사상의 심리학에서 육신에서
독립적으로 존재하는 영혼이다. 이는 순수 영체인 영혼과 육신과 결합되어 있는
영혼, 즉 정신으로서의 영혼을 구별한다. 바오로는 이 구별을 psyche와 pneuma로
구별하고, 성 아우구스티노는 anima와 mens로 구별한다. 중세에는 anima와
spiritus로 구별한다. 한편 신비사상은 영혼의 섬광閃光과 영혼의 기체로
구별한다. 스페인 신비사상은 alma와 espiritu의 구별이며, 프랑스 신비사상은
deux portions l'âme 즉 영혼 안의 두 국면이라 한다.
백민관 신부 엮음, 백과사전 2, p.103).

fundus esse(fíeri) 보증인이 되다, 뒷받침해주다.
fúnebrĭa, -ĭum, n., pl. 장례식을(葬禮式.⑩ Funerals)
fúnebris, -e, adj. (funnus) 장례의, 초상의, 불행한,
비참한, 처절한, 유해한, 비통한, 치사의, 치명적(致命的).
n., pl. fúnebrĭa, -ĭum, 장례식을(葬禮式.⑩ Funerals).
pompa funebris. 장례 행렬.

funerális, -e, adj. (funus) 장의(葬儀)의, 장례식의.
n. 만가(輓歌.挽歌), 장송가(葬送歌).

funerárĭus, -a, -um, adj. (funus) 장례에 관한, 장례식의.
m. 장례식 지도자.

funeratícĭus, -a, -um, adj. (funus) 장례에 관한.
n. 장례비용(葬禮費用).

funerátĭo, -ónis, f. (fúnero) 장례(葬禮.⑩ Burial).
매장(埋葬-시체나 유골을 땅에 묻음), 장례식(葬禮式).

funerépus, -i, m. 줄타기 곡예사(曲藝師)
funérĕus, -a, -um, adj. (funus) 장례(식)의, 초상의,
비통(悲痛的), 치사(致死的)의, 치명적(致命的)의.

fúnĕro, -ávi, -átum, -áre, (fúnĕror, -átus sum, -ári, dep.)
tr. (funus) 장례식을 거행하다, 매장하다. p.p. 죽은.

funerum nulla ambitio. 장례에는 어떤 과시(誇示)도 없다.
funésto, -ávi, -átum, -áre, tr. (funéstus) 더럽히다,
살인(殺人)으로 더럽히다(부정 타게 하다.모독하다).

funéstus, -a, -um, adj. (funus) 치명적인, 불행한,
불길한, 화를(파멸.죽음을) 가져오는, 비통한, 슬픈,
비애에 가득 찬, (초상.살인 따위로) 부정 탄.더럽혀진.
O tempus miserum atque acerbum provinciæ Siciliæ!
O casum illum multis innocentibus calamitosum atque
funestum! O istius nequitiam ac turpitudinem singularem!
오, 시칠리 지방에 닥친 저 가련하고 쓰라린 세월이여!
오, 무죄한 다수 인간들에게 재앙과 비통을 초래한 사건이여!
오, 저자의 사악함과 유례없는 파렴치여!.
[성 염 지음, 고전 라틴어, p.406].

funétum, -i, n. (funis)
포도나무나 등나무 등을 없는 받침대, 포도덩굴 시렁.

fungíbĭlis, -e, adj. (fungor) 대체(代替)의,
(다른 것으로) 대체(대용)될 수 있는.

fúngĭnus, -a, -um, adj. (fungus) 버섯의
fungor, functus sum, fungi, intr. (+abl.) 이행하다, 채우다,
(임무.기능 따위를) 다하다, 완성(완수)하다,
실행하다, 행사하다, 죽다, 생애를 마치다, 보존하다,
지키다, (세금 따위를) 납부하다, 치르다, 당하다, 겪다.
functus dápibus. 저녁 식사를 마친/
fungor examine. 시험을 치르다/
fungor múnere. 직무를 수행(遂行)하다.
Marcus optime officio fungitur. 마르쿠스는 훌륭하게 직무
를 수행하는 중이다(필요와 풍족. 기쁨과 슬픔. 소원(疏遠), 이용을 나타내는
여러 동사는 그 대상을 탈격으로 나타낸다. 여러 탈형동사가 여기에 해당한다).
tr. (고전 초기에는 gerundiv.으로; 고전 후기에는 alqd)
이행(수행)하다, 다하다, 마치다, 당하다, 겪다, 견디다, 참다.
diem fungor. 죽다/
múneris fungéndi grátiâ. 직무를 수행하기 위하여.

fungósus, -a, -um, adj. (fungus)
작은 구멍이 많은, 해면질의.

fúngŭlus, -i, m., dim. (fungus) 작은 버섯
fungus, -i, m. 바보, 진균식물(眞菌植物), 육종(肉腫).
혹, 균종(菌腫), 용류(茸類), (초의) 타고 남은 심지, 바보.

funícŭlus, -i, m. 노끈, 가는 밧줄, 몫, 배당, 바닷가.
(解) 색(索), 대(帶). (植) 주병(珠柄).
funiculus cuneátus. 설상색(楔狀索)

505

funiculus umbilicális. 제대(臍帶-탯줄), 탯줄

funirépus, -i, m. 줄 타는 광대, 줄 타는 곡예사(曲藝師)

funis, -is, m. 줄, 밧줄, 노끈.
　ex arénā funem effícere.
　모래로 밧줄을 꼬다(불가능한 일을 시작하다).

funus, -něris, m. (=Sepultura) 장례식(葬禮.⑨ Burial);
　매장식, 화장(火葬), 시체, 곡두, 망령(亡靈), 환영(幻影),
　죽음; 변사, 살해, 멸망(滅亡), 폐허(廢墟), 몰락(沒落).
　Epaminondas imperium non sibi, sed patriæ semper
　quæsivit, et pecuniæ adeo parcus fuit, ut sumptus funeri
　defúerit. 에파미논다스는 자신을 위해서가 아니라 조국을
　위해서 통수권을 요구했다. 또 그는 자기 장례비용이
　없을 만큼이나 돈에 검약하였다/
　instauro funus. 장례식을 치르다/
　justa funera. 상례(喪禮)를 갖춘 장례.

funus censórium. 국장(國葬)

funus Scoti et Scotistarum.
　스코투스와 모든 스코투스 추종자들의 매장식.

fŭo, fŭi, futúrus, -ěre, intr.
　(sum의 과거형을 이루는 어원적인 형태) 되다, 있다.

fūr, fūris, m., f. 도둑, 절도(竊盜.⑨ theft), 표절자,
　(노예에 대한 욕설로) 도둑놈, 무늬말벌.
　devenio ad furem. 도둑을 만나다/
　Hac nocte fur veniat; cave!.
　오늘밤에 도둑이 올지도 모르니 조심해라!/
　homo trium litterárum. 세 글자의 사람(fur) 즉 도둑/
　Mites canes furem quoque adulántur.
　순한 개들은 도둑놈보고도 꼬리 친다/
　Prehende furem! 도둑놈 잡아라!/
　Sit fur, sit sacrilegus, sit flagitiorum omnium
　vitiorumque princeps ; at est bonus imperator, at felix
　et ad dubia rei publiæ tempora reservandus.
　그 자가 도둑이고 신성모독자이고 온갖 파렴치와 악행의
　두목이라고 하자. 그러나 그는 훌륭한 전투사령관이다.
　그러니 공화국의 위태로운 시기를 생각해서 그가 운이
　좋은 사람이려니 하고 그냥 남겨 둘 만하다.
　　　　　　　　　　　　　[성 염 지음, 고전 라틴어. p.299]/
　thesaurárĭus fur. 보물도둑/
　Timeo furem cáulibus et pomis.
　배추와 과일 때문에 도둑을 두려워하다/
　Tu fur vidéris. 너는 도둑으로 보인다.

Fur pecúniæ aliénæ ávidíssimus est.
　도둑놈은 남의 돈을 몹시 탐낸다.

furácĭtas, -átis, f. 도벽(盜癖-훔치는 버릇), 훔치는 버릇

fūrātrína, -æ, f. 도둑질(⑨ Theft), 절도행위.

furatrina conjugális. 간통(姦通)

fūrax, -ácis, adj. (furor¹) 훔치는 버릇 있는,
　훔치기 잘하는, 손버릇이 나쁜, 도둑질하는,
　adv. furacíssĭme. 대단한 도둑질 솜씨로.

furca, -æ, f. 두 가닥 갈퀴(쇠스랑.작살),
　(Y字형으로 가랑이진 기둥머리에 노예나 죄인의
　목을 달아 걸어 벌이던) 형틀, (일종의) 교수대,
　지게 작대기, 끝이 갈라진 버팀목: 까치발,
　어린 소 길들이는 멍에, (게 따위의) 집게발,
　(사람의) 다리 가랑이, 협곡(峽谷), 협로(夾路),
　갈퀴(낙엽.검불.솔가리 따위를 긁어모으는 데 쓰는 기구),
　Naturam expelles furcam tamen usque recurret.
　타고난 성질(性質)은 어쩔 수 없다.

fúrcĭfer, -ěri, m. (furca+fero)
　(노예에 대한 욕설) 교수대에 매달 놈: 깡패, 망나니.

furcílla, -æ, f. ((furca)⑨ fork),
　(가랑이진) 작은 갈퀴(쇠스랑.작살),
　(지게 작대기처럼 생긴) 막대기.

furcillátus, -a, -um, adj. (furcílla)
　가랑이진, 두 가닥으로 갈라진, 분기(分岐)된.

furcíllo(=forcíllo), -ávi, -átum, -áre, tr. (furcílla)
　버티다, 지탱(支撐)하다.

furcósus, -a, -um, adj. 분기(分岐)된.

　두 가닥으로 갈라진; 여러 개의 가랑이가 있는.

fúrcŭla, -æ, f. (furca) 협곡(峽谷), 협로(夾路),
　(지게 작대기처럼 생긴) 가랑이진 버팀목.

Fúrculæ Caudínæ. Cáudium 협곡(峽谷)

furéns, -éntis, a.p. (furo¹)
　정신 나간, 미친, 광증(狂症)의, 발광(發狂)하는.

furfŭr, -ŭris, m. 겨(糠), 왕겨(벼의 겉겨),
　밀기울(밀을 빻아 체로 가루를 내고 남은 찌끼. 麥麩. 麥皮),
　비듬(머리의 살갗에서 생기는 허연 작은 비늘. 두구頭垢. 풍설風屑).

furfuráceus, -a, -um, adj. (furfur)
　겨의, 밀기울의; 겨 모양의, 비듬 많은.

furfurácŭlum, -i, n. (植) 권수(卷鬚), 덩굴손

furfurárĭus, -a, -um, adj. 겨의, 밀기울의

furfúrĕus, -a, -um, adj. (furfur) 겨(밀기울)로 만든

furfurósus, -a, -um, adj. (furfur)
　밀기울 섞인: 겨와 비슷한, 겨 빛깔의.

fúrĭa, -æ, f. (furo¹) ((흔히 pl.로 씀)) 광증(狂症)
　미침(狂症-정신이상), 발광(發狂), 광란(狂亂),
　맹렬(猛烈), 맹위(猛威), 노발대발(怒發大發),
　격노(激怒), 격분(激憤), 복수심(復讐心), 흑사병.

Fúrĭæ, -árum, f., pl. (머리털이 뱀인) 복수의 3여신(女神)

furiæ vindices scelerum. 흉악범에 대한 광적인 복수

furiális, -e, adj. (fúria) 미친 듯한, 미치광이 같은,
　광란의, 광포한, 맹렬한, 미치게 하는, 격정을 일으키는.
　Fúrĭæ(복수의) 여신(女神)의.
　adv. furiále, furiálĭter. 미친 듯이, 맹렬히.

furiátĭlis, -e, adj. (fúria) 몹시 성난, 광포한

furibúndus, -a, -um, adj. (furo¹) 몹시 성난, 광포한,
　맹렬한, 미친 듯이 날뛰는, 제 정신이 아닌, 열광하는.

Furína, -æ, f.
　죽음과 지옥을 관할하며 공포를 주는 고대 Itália의 여신(女神)
　adj. **Furínális,** -e.
　n., pl. Furína 여신(女神)의 축제(7월25일).

fuínus, -a, -um, adj. (fur) 도둑의, 절도의

fúrĭo¹ -ávi, -átum, -áre, tr. (fúria)
　미치게 하다, 광란시키다: 분격하게 하다.

fúrĭo² -íre, intr. (fúria) 미쳐 날뛰다, 격노하다, 발광하다

fŭrĭósē, adv. (비교급 furiosius, 최상급 furiosissime)
　미친 듯이, 맹렬하게, 무분별하게.

furiósus, -a, -um, adj. (fúria) 미친, 발광하는, 실성한,
　제정신이 아닌; 미쳐 날뛰는, 광란하는: 광포(狂暴)한,
　맹렬한, 맹위를 떨치는, 무분별한, 어리석은.

furnárĭa, -æ, m. 빵 제조업, 제과점

furnárĭus, -i, m. 빵 제조인, 빵 장수

furnus(=fornus), -i, m. 빵 굽는 가마, 화덕,
　난로(煖爐), 화로(火爐-숯불을 담아 놓는 그릇).

fŭro¹ -rŭi -ěre, intr. 미치다, 실성하다, 제정신이 아니다,
　미쳐 날뛰다, 격정에 사로잡히다, 격분(激憤)하다;
　열광(熱狂)하다, 맹렬(猛烈)하다, 맹위(猛威)를 떨치다.

fŭro² -ónis, m. (動) 흰 족제비

fŭror¹ -átus sum, -ári, dep., tr. (fur) 도둑질하다, 훔치다,
　절취하다, 표절하다, 뒤로 빼돌리다, 착복하다, 詐取하다,
　(본색을) 감추다, …인 체하다, (누구) 행세를 하다.
　Insanus omnis furere credit ceteros.(Publilius Syrus).
　이상한 사람은 (자기를 빼놓고) 모든 사람이 미쳤다고 믿는다.

fŭror² -óris, m. (furo¹) 미침, 정신착란(精神錯亂), 失性,
　미쳐 날뜀, 격정(激情-격렬한 감정), 격분(激憤),
　걷잡을 수 없는 연정(戀情): 벅찬 감격, 열광(熱狂),
　미칠 듯한 열중, 반란, 소동, 맹렬, 맹위, 어리석은 행동.
　A dis immortalibus quæ potest homini major esse poena
　furore atque dementia? 불사의 신들로부터 인간에게 오는
　죄벌로서 광기와 노망보다 큰 벌이 있을 수 있을까?/
　Ira furor brevis est(Hopratius). 분노란 짤막한(잠깐의) 광기다/
　Ut primum cessit furor, 미치광이 짓이 그치자마자.

Furor revisit. 광기(狂氣)가 재발하였다.

furtíficus, -a, -um, adj. 도벽(盜癖)이 있는, 도둑질하는

furtim, adv. (fur) 몰래, 숨겨, 슬쩍, 비밀히, 은밀히

furtívus, -a, -um, adj. 훔친, 훔쳐온, 몰래하는, 숨긴,

비밀(리)의, 은밀한, 내밀(內密)의.
furtiva res. 도난품(盜難品),
장물(臟物-범죄 행위로 부당하게 취득한 남의 물건).
furto, adv. (furtum) 몰래, 숨겨, 슬쩍, 비밀히
furtum, -i, n. (fur) (절도죄의 경중은 절도 물건의 경중에 의해 가려지지만 본질적으로 절도는 대죄이다. 1코린 6, 10; 묵시 9, 21)
도둑질([영] Theft), 절도(죄), 절도(竊盜.[영] theft),
사기(詐欺-나쁜 꾀로 남을 속임), 음모(陰謀),
흉계(凶計); 우물쩍 넘기는 구실(핑계), 밀통(密通).
pl. 장물(臟物-강도.절도 등 범죄 행위로 부당하게 취득한 남의 물건), 도난품(盜難品). furta reperta. 발견된 도난품/
neque fures neque avari, non ebriosi, non maledici, non rapaces regnum Dei possidebunt. (ou;te kle,ptai ou;te pleone,ktai(ouv me,qusoi(ouv loi,doroi(ouvc a[rpagej basilei,an qeou/ klhronomh,sousin) 도둑도 탐욕을 부리는 자도 주정꾼도 중상꾼도 강도도 하느님의 나라를 차지하지 못합니다(성경)/
도둑질하는 자나 탐욕스러운 자는 물론 술주정뱅이도 중상을 하는 자도 등쳐먹는 자도 하느님의 나라를 상속 받지 못할 것입니다(200주년 신약)/도둑질하는 자나 탐욕을 부리는 자나 술주정꾼이나 비방하는 자나 약탈하는 자들은 하느님의 나라를 차지하지 못합니다(공동번역 1 코린 6, 10)/
Non facĕre furtum(성 베네딕도 수도규칙 제4장 5)
도둑질을 하지 마라([영] Thou shalt not steal)/
Non furtum facies.(ouv kle,yeij)(십계명 7. 출애 20, 15)/
도둑질을 하지 마라([영] Thou shalt not steal).
furtum conceptum. 장물죄(臟物罪)
furtum fácĭo. 도둑질을 하다
Furtumque non facies. (ouv kle,yeij) (신명 5, 19)
(獨 Du sollst nicht stehlen) ([영] You shall not steal)
도둑질해서는 안 된다(성경) / 도둑질하지 못한다(공동번역).
fŭrui, "furo"의 단순과거(pf.=perfectum)
fūrúncŭlus[1] -i, m. 좀도둑, 바늘도둑
furunculus[2](=fervunculus) -i, m. 종기(腫氣-부스럼),
뾰루지(뾰족하게 부어오른 작은 부스럼. 뾰두라지), 쓸모없는 포도가지.
furvus, -a, -um, adj. 거무스름한, 검은, 어두운,
컴컴한; 지하 세계의, 우울한.
fuscátor, -óris, m. 어둡게 하는 자
fúscĭna, -æ, f. 작살, 삼지창(三枝槍), Neptúnus 신의 삼지창
fuscínŭla, -æ, f. 작은 삼지창(三枝槍), 포크([영] fork)
fusco, -ávi, -átum, -áre, tr. (fuscus) 갈색으로 만들다,
거무스름하게(검게) 하다; 어둡게 하다.
fuscus, -a, -um, adj. 거무스름한, 갈색의,
햇볕에 그을린; 검은, 어두운, 어둠침침한, 흐린,
(목소리가) 쉰 듯한, 가뭇한("가무스름한"의 준말),
(새로 보는 점에서) 불길한, 나쁜 징조의.
Terentius fuisse dicitur mediocri statura, gracili corpore, colore fusco. 테렌티우스는 중키에, 호리호리한 몸매에,
가무잡잡한 피부색이었다고 전한다.
fusi crines. 늘어뜨린 머리(fundo[2] 참조)
fusífŏrmis, -e, adj. (fusus[2]+forma)
(양끝이 가늘게 된) 방추형(紡錘形)의.
fúsĭlis, -e, adj. 묽은; 녹은, 용해된, 부어서 만든, 주조한.
fúsĭo, -ónis, f. (fundo[2]) 쏟음, 부음(注), 흘림, 퍼짐,
확산, 융해(融解-물리학에서, 열을 받은 고체가 액체로 되는 현상),
용해(금속이 열에 녹아 액체 상태로 됨, 또는 그런 상태로 되게 함),
주조, 채무상환(債務償還), 빚 갚음.
fúsĭtrix, -icis, f. 술 따르는 여자
fusor, -óris, m. (fundo[2])
(액체를) 붓는(쏟는) 사람, 주물사(鑄物師).
fusórĭum, -i, n. (fundo[2]) 수채(통), 상(하)수도,
개천(개골창 물이 흘러가도록 길게 판 내).
fusórĭus, -a, -um, adj. 주조(鑄造)의
fustíbălus, -i, m. 투석기(옛날 무기).
manuballistárĭus, -i, m. 작은 투석기.
fústĭgo, -átum, -áre, tr. (fustis)
몽둥이로 때리다(때려죽이다).
fustim, adv. 몽둥이로, 곤봉으로
fustis, -is, m. (abl. -i, -e) 막대기, 지팡이, 몽둥이,
방망이, 곤봉(הלא.[영] club.棍棒-짤막한 몽둥이), 말뚝.
도리깨(재래식 타작 농구의 한 가지. 긴 작대기 끝에 회초리를 잡아매고 휘둘러 곡식을 두들겨 떪. 연가連枷).
Tamquam si claudus sim cum fusti est ambulandum.
나는 마치 절름발이처럼, 지팡이를 짚고 걸어 다녀야만 한다/
vapulo fustibus. 몽둥이찜질 당하다.
fustuárĭus, -a, -um, adj. 몽둥이의.
n. 태형(笞刑); 몽둥이로 때려죽임.
fusúra, -æ, f. (fundo[2]) 용해, 주조(鑄造.[영] casting),
융해(融解-물리학에서, 열을 받은 고체가 액체로 되는 현상),
흐르는 물, 유수(流水).
fūsum, "fundo"의 목적분사(sup.=supínum)
fusus[1] -a, -um, p.p., a.p. (fundo[2]) 쏟아진, 흘린; 부은,
퍼진, 확산된, 흩어진; 펼쳐진, 전개된, 뻗어나간, 풀린,
느슨한; 늘어뜨린, 드리워진, 펑퍼짐한; 널따란,
상세한, 내용 풍부한, 장황한.
Tu autem removebis innocentem cruorem, cum feceris, quod rectum est in oculis Domini. (su. de. evxarei/j to. ai-ma to. avnai,tion evx u`mw/n auvtw/n eva.n poih,sh|j to. kalo.n kai. to. avresto.n e;nanti kuri,ou tou/ qeou/ sou)([영] and you shall purge from your midst the guilt of innocent blood, that you may prosper for doing what is right in the sight of the LORD) 이렇게 너희는 주님의 눈에 드는 옳은 일을 하여,
너희 가운데에서 무죄한 이가 흘린 피에 대한 책임을
치워 버려야 한다(성경 신명 21, 9)/이렇게 너희는 너희 가운데서, 죄 없는 자의 피를 흘리는 일을 송두리째 뿌리 뽑아야 한다. 야훼께서 보시기에 옳은 일을 해야 한다(공동번역).
fusus[2] -i, m. (fusum, i, n.) 물레 가락(紡錘), 방추(紡錘),
(Parcœ라는) 운명의 여신(女神)들이 잣는 운명의 물레.
fusus[3] -us, m. (fundo[2]) 쏟음, 부음(부풀음), 유출, 흘러나옴.
futátim, adv. 쓸데없이, 공연히, 헛되이
fútĭle[1](=futtile), adv. 쓸데없이, 공연히, 헛되이
fútĭle[2] -is, n. (vesta 여신(女神) 제사 때 쓰던)
아가리가 넓고 밑굽이 짧고 좁은 그릇.
fútĭlis(=futtilis) -e, adj. (그릇 따위가) 새는, 투과성의,
쉽게 깨지는, 취약한, 헛된, 쓸데없는, 헛수고의,
효과(소용)없는, 경박한, 경망한, 경솔한, 입이 가벼운.
futílĭtas(=futtilĭtas) -átis, f. (fútilis) 쓸모없음, 무익,
무가치(無價值), 경망(輕妄-언행이 가볍고 방정맞음),
경박(輕薄-진중하지 못하고 가벼움).
futis, -is, f. (acc. -im) ((fundo[2]))
귀때 그릇(귀때가 달린 그릇); 주전자.
fútŭo, -ŭi, -útum, -ĕre, tr. 여자와 동침하다.교접하다
futuribilia. 미래의 자유행위(중세철학 용어. 하느님의 전지의 지식은 미래에 있을 인간의 조건적 자유 행위에 대해서 안다는 이론. 이러한 인간의 조건적 자유 행위는 미래의 행위로서 futuribilia라고 한다. 하느님의 전지의 대상인 미래의 자유 행위에 관한 문제는 16세기 말에 스콜라 철학의 인식 문제로 등장했다. 백민관 신부 엮음, 백과사전 2, p.105).
futura inspectanda.([영] look to the future)
미래를 바라보도록.
futúrum, -i, n. (futúrus) 미래(未來.[영] Future),
장래(將來-앞으로 닥쳐올 날). (文法)〔시칭(시제)의〕미래.
et in hac præsenti et in futura vita felix beatusque habetur. 현세생활에서든 미래생활에서든 항상 그리고
어느 시기에도 인간은 행복하고 유복해야 한다.
(성 염 옮김, 피코 델라 미란돌라 지음, p.119)/
etiam futura iam fecit. 미래의 것을 이미 이루었다.
(이 역설적 표현은 하느님이 초시간적 존재라는 관점에서만 이해된다. 교부문헌 총서 17, 신국론, p.2566)/
fides futuræ. 내세 신앙(來世 信仰)/
futura contigentĭa. 미래에 나타날 우연적인 것들.
(신학대전 제1권, p.211)/
In ecclesiasticam futuorum,
신학교의 전례교육(典禮敎育) (1979.6.3. 훈령)/
in futúro, in futurum, 미래에, 장차, 앞으로/
Nunc futurum tempus spectare debemus.
이제 우리는 미래를 바라보아야 합니다/
Utrum angeli cognoscant futura.
천사는 미래의 것들을 인식 하는가/
Videtur quod angeli cognoscant futura.

F

천사는 미래의 것들을 인식하는 것으로 생각된다.
futúrum exáctum(prætéritum) ((文法)) 미래완료
Futurum Liturgiæ.(⑨ Future of Liturgy.
獨 Zukunft der Liturgie) 전례의 전망.
futurum præteritum. (文法) 완료미래
futúrus, -a, -um, p.fut., a.p. (sum)
미래의, 장래의, 앞으로의, 앞으로 있을.
m., pl. 장차 있을 사람들, 미래의 후손.
n. 미래(未來.⑨ Future), 장래(일).
futútĭo, -ónis, f. 교접(交接-남녀 또는 암수의 성적인 접촉. 성교性交)

G G G

G¹ g, f., n., indecl. 라틴자모의 일곱 번째 문자:(제),
　[고전 라틴어] (게) [gē] (본시 C로 표기되었으나
　Roma 기원 520년경부터 라틴 자모에 편입되었슴).
G² 略 G. = Gajus, Gállica, Gémina, Génius, Germánia;
　G.L. = Germánia inférior 남부 Germánia;
　G.S. = Germánia supérior 북부 Germánia.
gabálĭum, -i, n. (植) Arábia의 향목(香木)
gábălus, -i, m. 십자가, 교수대(絞首臺).⑨ arbor infelix)
　사형대, 악한(惡漢). 불량배
gábăta, -æ, f. 사발(사기로 만든 밥그릇이나 국그릇), 주발, 대접
gábbăræ, -árum, f., pl. 이집트 미라(⑨ mirra)
Gabriel, m. 가브리엘.
Gabriel Archangel. (히브리어) '하느님의 사람', '하느님의 힘',
　가브리엘 대천사(古.가별. 축일 9월29일), 일곱 대천사 중 하나.
gæsáti, -órum, m., pl. gæsum 창(槍)으로 무장한 군인
gæsum, -i. n. Gállia의 알프스 종족의 크고 긴 투창
gagátes, -æ, m. (鑛) 흑옥(黑玉)
galáctĭcus, -a -um, adj. 유질(乳質)의
galáctĭtes, -æ, m. (galáctĭtis, -títĭdis, f.) 유석(乳石)
Galánthis, -ídis, f. Alcména의 시녀(侍女).
　(Lucína 여신에 의하여 족제비로 변형됨).
galatéa, -æ, f. Néreus와 Dóris의 딸인 바다의 요정
　(애꾸눈 거인 Polyphémus의 강제 청혼을 거절하고 바다로 뛰어들었음.
　화가 난 애꾸는 거인은 Galatéa의 애인 Acis를 돌로 쳐 죽였음)
galátĭcor, -ári, dep., intr.
　Gálatœ인들처럼 유태 예식을 그리스도교 의식에 혼합하다.
galáxĭas, -æ, m. 유석(乳石), 은하수(銀河水)
galba¹ -æ, f. 떡갈나무의 벌레,
　(=calva nux) 호도의 일종(매끈매끈한 호도).
galba² -æ, m. 뚱뚱한 배(腹)-나중에 Roma인들의 별명이 됨.
galbánĕus, -a -um, adj. gálbanum)
　풍자향의(楓子香)의, 풍자내 나는.
gálbănus, -i, n. 화사한 초록빛 옷.
　(植) Sýria産 풍자향(楓子香-일종의 고무질 나뭇진)
gálbănus(gálbĭnus), -a -um, adj. 초록빛의, 여성적인
gálbĕus, -i, m. (gálbĕus, -i, m.)
　개선장군(凱旋將軍).군인 무훈(武勳) 표시의 완장,
　(팔찌 비슷한) 장식용 완장.
　약.호부(護符) 따위를 넣어 팔에 감고 다니는 띠.
gálbĭna, -órum, n., pl. (여자용) 초록빛 의복(의상).
galbínĕus, -a -um, adj. 초록빛의
gálbŭla, -æ, f. (gálbŭlus, -i, m.) (鳥) 꾀꼬리(의 일종)
gálĕa, -æ, f. (cf. cassis) (가죽으로 만든) 투구(나중에는
　청동으로도 만들었고 물그릇 또는 제비 뽑을 때의 그릇으로도 사용되었음).
　(植.動) 투구꼴 돌기, (새의) 도가머리(새의 머리에 길고
　더부룩하게 자란 털 또는 그런 털을 가진 새). (解) 모상건막(帽狀腱膜).
galeáris, -e, adj. 투구의
galeárĭus, -i, m. (주로 pl.) 투구 쓴 병사
galéna, -æ, f. (鑛) 방연광(方鉛鑛)
gálĕo, -ávi -átum -áre, tr. (gálea)
　투구를 씌우다. (pass) 투구를 쓰다.
　galeátus, -a -um, p.p. 투구를 쓴.
　prólogus galeátus. 저자가 자기 변론하는 서론.
galeóbdŏlon, -i, n. 고양이 방귀 = galeópsis.
　(植) 쐐기풀, 야생마(野生麻)
galeóla, -æ, f. dim. (gálea) 작은 투구, 투구모양의 그릇
galeópsis, -is, f. (植) 야생마(野生麻), 쐐기풀
Galeótæ, -árum, m., pl. Sicília의 예언자(점쟁이) 단체
galeótes, -æ, m. (動) 도마뱀의 일종
galerícŭlum, -i, n. dim. (galérum) 작은 모피 모자,
　두건(頭巾-모자), 가발(假髮), 작은 투구.
galerítus, -a -um, adj. (galérum)
　모피 모자를 쓴, 도가머리의, 관모(冠毛)의.
　galeríta avis. 도가머리 종달새.
galerum rubrum. 붉은 베레모(추기경께서 착용함)

galérus, -i, m. (galérum, -i, n. 모피모자, 둥근 모자,
　베레모(프.beret모帽-천, 가죽 등으로 만든. 차양이 없고 동글납작한 모자).
galla, -æ, f. (植) 몰식자(沒食子), 무식자(無食子-너도
　밤나무과 식물에 소아시아·시리아·이란 등지가 주산지이다)
　오배자(五倍子-몰식자), 충영(蟲慶-벌레 혹).
gallárĭus, -i, m. (구두) 수리공, 수선공(修繕工)
Galli Cantu. 닭 울 때[Prudentius(348-410경)의 아침 찬미가. 구세주
　께서 암흑의 세상을 비추고 무서움을 깨고, 죄의 장에서 깨어나 광명의 대낮의
　일을 하라고 일깨우는 내용… 백민관 신부 엮음. 백과사전 2, p.11].
Galli erant fortiores quam hostes ceteros.
　갈리아인들은 다른 적병들보다 더 강했다.
Gállĭa, -æ, f. (지금의 북부 이탈리아.프랑스.벨기에의
　전부와 네델란드.독일.스위스의 일부를 포함하는)
　서구의 대(大) 지역(때로는 Alpes 산맥 이북지방만 지칭하기도 함).
　프랑스(⑨ France), 불란서(佛蘭西- '프랑스'의 음역어).
　Flumina Galliæ non sunt altiora quam flumina Italiæ.
　갈리아의 강들은 이탈리아의 강들보다 더 깊지 않다/
　galliæ motum exspecto. Gallia 봉기를 두려워하다/
　Gálliæ tument. Gállia인들이 위험하다.
galliámbus, -i, m. Cýbele 여신(女神)의 제관들이 부르는 노래
gállĭcæ, -árum, f., pl. Gállia인들의 신발, 덧신
gallicana liturgia 갈리아 전례
Gallicanismus, -i, m. 갈리카니즘, 갈리아주의,
　프랑스에 있어서의 교황권 제한주의(1682년 선언),
　(일반적으로) 교황청에 대하여 국내(자국) 교회의
　독립 자치권을 주장하는 설(說)
Gallicárĭus, -i, m. gallia인들의 덧신(신발) 제조인
Gállĭce, adv. Gállia식(式)으로, Gállia 사람처럼,
　Gállia어로, 불어(佛語)로.
gallicínĭum, -i, n. (gallus+cano) 닭이 첫 홰 우는 시간
gállĭcrus, -úris, n. (植) 미나리아재비
gallicŭlæ, -árum, n., pl. (gállicæ) 작은 덧신
Gállĭcus, -a, -um, adj. (Gállia)
　Gállia의, Gállia인의, 프랑스의, 프랑스인의.
gallína, -æ, f. (gallus¹) (動) 암탉
　gallinæ Africæ in mensas receptæ.
　요리에 쓰여 지는 Africa 암탉/
　gallínæ albæ filius. 행운아(幸運兒.⑨ filius fortunæ)/
　Gallínæ pennis fovent pullos, ne frígore lædántur.
　암탉들은 병아리들을 추위에 상하지 않도록 날개로 품어준다.
gallinácĕus(=gallináciŭus), -a, -um, adj. (gallínæ) 닭의.
　gallus gallinácĕus. 수탉/
　gallinaceum ovum. 달걀(기끄.⑨ ovum, -i, n.).
gallinárĭus, -a, -um, adj. (gallína) 닭의, 닭에 관한.
　m. 닭치는 사람. n. gallinárĭum, -i, n. 닭장.
　gallinária scala. 홰로 오르는 작은 사다리.
gallínŭla, -æ, f. dim. (gallína) (動) 암평아리
Gállĭo, -ónis, m. Roma인의 가문명; (때로는) 씨족명
Gállĭus, -a, -um, adj. Gállia의, Gállia인의
Gallónĭus, -i, m. Roma인의 씨족명
gallŭla, -æ, f. dim. (galla) (植) 작은 오배자(五倍子)
gallulásco, -ĕre, intr., inch. (gallus¹)
　변성(變聲)하다, 목소리가 패다.
Gállŭlus, -a, -um, adj. Gállia의, Gállia인의
gallus¹, -i, m. 수탉(capus, -i, m. 거세된 수탉).
　Galli cum sole eunt cubitum.(목적분사문).
　닭들은 태양과 함께(= 해가 지면서) 잠자러 간다/
　Iterum ergo negavit Petrus; et statim gallus cantavit.
　(pa,lin ou=n hvrnh,sato Pe,troj(kai. euvqe,wj avle,ktwr evfw,nhsen)
　(獨 Da leugnete Petrus abermals, und alsbald krähte der
　Hahn) (⑨ Again Peter denied it. And immediately the
　cock crowed) 베드로가 다시 아나라고 부인하자 곧
　닭이 울었다(성경)/베드로가 또 아나라고 부인하자 곧
　닭이 울었다(공동번역)/그래서 베드로는 다시 부인했다.
　그러자 곧 닭이 울었다(200주년 기념 신약 요한 18, 27)/
　quis dedit gallo intellegentiam?
　(獨 Wer gibt verständige Gedanken?)
　(⑨ and gives the cock its understanding?)
　누가 수탉에게 슬기를 주었느냐?(성경 욥기 38, 36).

누가 닭에게 슬기를 주었느냐?(공동번역 욥기 38. 36)/
sub galli cantum. 닭이 울 무렵에.

Gallus², -i, m. (흔히 pl.) Cýbele의 제관,
(흔히 pl.) (옛적) Gállia인, (현대의) 프랑스인,
로마인의 씨족 가문명, Phrýgia의 강.
Galli, ubi prima impedimenta nostri exercitus ab iis,
qui in silvis abditi latebant, visa sunt, subito omnibus
copiis provolaverunt impetumque in nostros equites
fecerunt. 갈리아인들은, 숲에 매복하고 있던 자기들의
눈에 우리 군대의 보급부대가 보이자마자 모든 병력으로
쏟아져 나오더니 우리 기병들을 공격했다/
Romani cum Gallis acribus sæpissime pugnabant.
로마인들은 완강한 갈리아인들과 정말 자주(sæpissime)
싸움을 치르곤 했다.

gamba, -æ, f. 네발짐승의 오금.정강이;
가축의 발회목.과관절(踝關節).

gambósus, -a, -um, adj. 부은 오금(발회목)의.

gamélio(n), -ónis, m. Attĭca력의 달 이름(지금의 1월.2월에 해당).

gamélius, -a, -um, adj. 혼인을 관장하는

gaméta, -æ, f. (生) 생식세포(生殖細胞), 배우자(配偶者)

gametángĭum, -i, n. (生) 배우자낭(配偶者囊)

gametogénĕsis, -is, f. (生) 배우자 형성,
난(卵)이나 정자가 생기는 일.

gamma, -æ, f. 희랍 자모의 세 번째 문자 Γ, γ.

gammátus, -a, -um, adj. gamma(Γ)형의

gandéja, -æ, f. (Afrĭca인들의 특유한) 작은 배(船)

gánĕa, -æ, f. (gánĕum, -i, n.) 술집, 가생집,
유곽(遊廓-창녀가 모여서 몸을 팔던 집이나 그 구역), 방탕생활.

ganeárĭus, -a, -um, adj. 술집의, 유곽의. 술집 출입자.

gánĕo, -ónis, m. (gánea) 난봉꾼, 방탕아(放蕩兒)

gángãba, -æ, m. (Pérsia어) 짐꾼, 수하물 운반인

Ganges, -is, m. 인도의 Ganges 강.
(adj.) **Gangétĭcus**, -a, -um, (adj., f.) **Gangétis**, -tĭdis.

gangræna, -æ, f. (醫) 탈저(脫疽-괴저),
(醫) 괴저(壞疽-신체 조직의 일부가 썩어 기능을 잃는 병).

gánnĭo, -íre, intr. (강아지.여우 따위가) 우짖다.
깽깽거리다, 중얼대다, 투덜대다, 까불다, 장난치다.

gannítĭo, -ónis, f. (gánnio) (강아지의) 우짖음, 깽깽거림

gannítus, -us, m. (gánnio) 강아지 울음, 깽깽거림,
새의 지저귐, 투덜댐, 중얼댐, 울부짖음.

ganta, -æ, m. (Germania 지방의) 기러기, 거위

Ganymédes, -is, m. Troja의 Tros왕의 아들(Júpiter의
독수리에게 납치되어 신들에게 술을 따르는 직책을 맡게 된 미소년美少年).
(天) 수병좌(水瓶座), 보병궁(寶瓶宮).

garcio 부엌데기(중세 때 기술 없는 노동자 계급을 하대하여 칭하는 말)

Gárgãra, -órum, n., pl. Troas에 있는 Ida산의 최고봉

gargarísma, -ãtis, n. (藥) 양치질 약, 함수제(含漱劑).

gargarismátĭum, -i, n. 양치질

gargarizátĭo, -ónis, f. (gargarízo) 양치질

gargarízo, -ávi -átum -áre, tr., intr. 양치질하다

gárrĭo, -ívi(-ĭi) -itum -íre, tr. 지껄이다, 수다 떨다,
재잘거리다, (새들이) 지저귀다. (개구리가) 개굴개굴하다.

garrúlĭtas, -átis, f. (gárrulus) 재깔임, 수다스러움,
지껄임, 재잘거림, 요설(饒舌), 지저귐, 지저거림.

gárrǔlus, -a, -um, adj.
수다스러운, 재깔(지껄)이는, 말 많은, 재잘대는,
시끄러운, 지저귀는, 졸졸 소리 나는, 솨솨 소리 나는.
garrulus rívus 졸졸 흐르는 개울.내(川).도랑.시내

garum, -i, n. (= garon, -i, n.)
어즙(魚汁), 물고기 즙으로 만든 소스.

garus, -i, m. (=garos, -i, m.)
garum 소스를 만드는 바닷물고기.

gaster, -tĕris, f. 배(腹)

gastrálgĭa, -æ, f. (醫) 위경련(胃痙攣)

gástrĭcus, -a, -um, adj. (gaster) (醫) 위의, 위에 관계되는.
ulcus gástricum. 위궤양(胃潰瘍).

gastrimárgĭa, -æ, f. (gaster) 많이 먹음, 폭식(暴食)

gastrimárgus, -i, m. 대식가(大食家), 폭식가(暴食家)

gastrítis, -tĭdis, f. (醫) 위염(胃炎).
adj. **gastrítĭcus**, -a, -um,

gastrocólĭcus, -a, -um, adj. (解) 위결장(胃結腸)의

gastroduodenális, -e, adj. (解) 위 십이지장의

gastrodýnĭa, -æ, f. 위통(胃痛)

gastroënterologĭa, -æ, f. (醫) 위장병학, 소화기병학

gastrologĭa, -æ, f. (醫) 위(병)학, 미식학, 요리학

gastronomía, -æ, f. 요리법, 미식법(美食法), 식도락(食道樂)

gástrŭla, -æ, f. (生) 장배(腸胚), 낭배(囊胚)

gastrum, -i, n. (gaster) 항아리

gau = gáudium

Gaude, Maria Virgo, cunctas hæreses sola interemisti
in universo mundo. 동정녀 마리아여, 기뻐하소서.
당신만이 온 세상의 모든 이단을 쳐부수셨나이다.

Gaudeas! 즐거라!(접속법 현재 단수 2인칭)

Gaudeat impetrais. 교황청 각 부서가 제출 받은 질문으로
나 청원에 대한 답서로 "이 안건에 대하여는 이미 지난
번 답서에 충분히 허락하였기 때문에 더 이상은 허락되지
않는다는 뜻"이다(교회법 해설 ③ 교회의 최고 권위, p.278).

Gaudebis semper de vespere, si diem expendes
fructuose. 네가 하루를 유익하게 잘 보내었으면
저녁때에는 항상 즐거워하리라(준주성범 제1권 25장 11).

gáudĕo, gavísus sum, -ére, intr.(tr.) 즐거워하다, 기뻐하다
무척 좋아하다, 문안(問安)하다, 향유하다, 누리다
(특권 따위를)부여 받아 가지고 있다.
(사물이 무엇을) 좋아하다, …하는 성질(경향)이 있다.
[반탈형동사란 현재 어간을 사용하는 시칭(현재.미완료.미래)에서는 능동태 어미
활용을 하고, 과거 어간을 사용하는 시칭(단순과거.과거완료.미래완료)에서는
수동태 어미 활용을 하는 동사를 말한다. 뜻은 모두 다 능동의 의미이다.
audeo, confido, diffido, fido, gaudeo, soleo].
Duobus litigantibus, tertius gaudet.
둘이 다투면 제삼자가 즐거워한다/
Et nos gaudemus quando Scipio natus est.
스키피오가 태어나서 우리도 기쁘다(quando=이유 quod)/
Hæc perfecta esse gaudeo.
이것들이 완성된 것을 나는 기뻐한다/
Hæc perfecta esse gavisus sum et gaudeo.
이 일이 완결되었음을 두고 나는 기뻤고 지금도 기쁘다/
Frustra sum gavisus, miser!.
나는 헛되이 기쁨을 누렸구나, 아 비참한 신세여!/
Videmúsne, ut púeri áliquld scire se gáudeant?
어린이들이 무엇을 좀 안다고 얼마나 기뻐하는지 보느냐?
Gáudeo dono tuo. 나는 너의 선물을 받고 기뻐한다/
Hoc gáudeo. 나는 이것을 기뻐한다.
Gaudeo, ergo sum. 나는 즐겁다, 고로 존재한다.
Gaudeo in sinu, Gaudeo in se. 혼자 은근히(속으로) 좋아하다
Gaudeo tua gloria, cujus ad me pars aliqua redundat.
내게도 그 한몫이 돌아오는 너의 영광을 나는 기뻐한다
Gaudet mater ecclesia, 공의회의 장엄한 개막(1962.10.11. 연설)
Gaudete in Domino semper, iterum dico gaudete.
(Cai,rete evn kuri,wl pa,ntote\ pa,lin evrw/(cai,rete) (獨 Freuet
euch in dem Herrn allewege, und abermals sage ich:
Freuet euch!) (㊤ Rejoice in the Lord always. I shall say
it again rejoice!) 주님 안에서 늘 기뻐하십시오. 거듭 말합니다.
기뻐하십시오(성경 필리피서)/주님과 함께 항상 기뻐하십시오.
거듭 말합니다. 기뻐하십시오(공동번역)/주님 안에서 항상
기뻐하십시오. 또다시 말하거니와 기뻐하십시오(200주년 필립비 4. 4).
Gaudete in Domino, 그리스도교적 기쁨(1975.5.9. 교황권고).
그리스도인의 기쁨(크리스천의 기쁨)(사도적 권고 1975.5.9.).

gaudimónĭum, -i, n. 즐거움(㊦ Pleasure)

gáudĭum, -i, n. (gáudeo) 즐거움(㊦ Pleasure), 환희(歡喜),
(내면적인) 기쁨(χαρά.㊦ Enjoyment), 행복감, 복락,
기쁘게 해주는 것, 즐거움의 원천(근원), 관능적 쾌락(기쁨).
alqm gáudio affícere. 누구를 기쁘게 하다/
attingo gáudia. 즐거움을 누리다/
Cum ratione animus movetur placide atque constanter,
tum illud gaudium dicitur. 이성적이며 고요하고 지속적인

만족감의 어떤 움직임을 gaudium이라 한다(Cicero)/
Ex studiis gaudium provenit. 노력에서 기쁨이 나온다/
Extrema gaudii luctus occupat.
　환희의 종말에는 슬픔이 따라 온다/
Gaudia non manent, sed fugitiva volant.
　기쁨은 남아 있지 않고 오히려 도망가듯이 날아가 버린다/
Mala mentis gaudia. 지성의 사악한 즐거움이여(신국론. p.1460)/
O tardum gaudium meum.(고백록 2,2,2:)
　오, 늦게 야 찾아온 나의 기쁨이여!
Oh lacrimo gaudio!. 오, 눈물겹게 기쁘오/
restituo alqm in gáudia. 아무를 다시 기쁘게 만들어주다/
solutus gáudio vultus. 희색만면(喜色滿面).

gaudium æternitatis. 영원한 기쁨
gaudium de veritate. 진리로 말미암은 기쁨
Gaudium et spes, 기쁨과 희망, 사목헌장(1965.12.7.반포)
gaudium hominis. 인간의 기쁨
gaudium paschale. 파스카적 기쁨
gaudium plenum. 충만한 기쁨
gaudívĭgens, -géntis, a.p. (insusit. gaudivígeo) 기뻐 뛰는
gaulus, -i, m. 달걀 모양의 배(船), 작은 배 모양의 단지,
　(鳥) 깨 새("박새"의 잘못. 참새목 박새과에 속하는 새의 총칭).
Gaurus, -i, m. Campánia에 있는 화산
gáusăpa, -æ, f. (=gáusăpe, -is, n., gáusăpes, -is, m.,
　gáusăpum, -i, n.) 양탄자(⑨ carpet), 털 망토, 턱수염,
　(한쪽만 보풀을 세워 거칠게 짠) 나사(螺絲).모직물.
gausapátus, -a, -um, adj. (gáusapa)
　털 망토를 입은, 긴 턱수염의.
gávĭa, -æ, f. (鳥) 갈매기
gavísus, -a, -um, p.p. (gáudeo)
gaza¹, -æ, f. (Persia어) 왕실금고, 재산(⑨ property),
　부(富), 재물(財物.⑨ Earthly goods/Riches),
Gaza,² -æ, f. Palœstína 서남부의 항구도시
gazophylácĭum, -i, n. 성전 금고(聖殿金庫), 자선상자,
　제의실, 제의방.[armarium/ gazophylacium/ paratorium/ sacrarium/
　sacretarium/ sacristaria/ sacristia/ salutatorium/ vestiarium/ ⑨ Sacristy/
　그리스어 diakonikon/ 시리아어 Prothesis. 백민관 신부 엮음. 백과사전 3, p.392]
Gebénna = Cebénna 남부 Gállia의 산맥
ge(h)énna, -æ, f. 예루살렘 근처의 골짜기(쓰레기 버리던
　곳으로서 더러운 공기를 없애려고 늘 불태우고 있었음).
　지옥(⑨ Hell/Realm of the dead), 게헨나, 계곡.
De gehenna et æternarum qualitate pænarum.
　지옥과 영원한 형벌의 성격(교부문헌 총서 17, 신국론. p.2824).
gehennális, -e, adj. (gehénna) 지옥의
Gehennam expavescere. 지옥을 무서워하라.
　(성 베네딕도 수도규칙 제4장 45).
gelásco, -ěre, inch., intr. (gelo) 얼다, 엉기다
gelasínus, -i, m. 보조개(⑨ dimple)
　(웃을 때 볼에 오목하게 우물져 들어가는 자리. 볼우물)
gelatína alba, -æ, f. (化) 젤라틴, 정제 아교(阿膠)
gelatinósus, -a, -um, adj. 젤라틴으로 된,
　젤라틴(아교) 모양의, 아교질의.
gelátĭo, -ónis, f. (gelo) 빙결(氷結-얼음이 얼어붙음.동결凍結),
　엉김, 얼어붙음, 동결(凍結-추위나 냉각으로 얼어붙음.빙결氷結)
gelefáctus, -a, -um, adj. (gelum+fio) 얼어붙은, 결빙한
gelicídĭum, -i, n. (gelu+cado) 서리(霜), 서릿발
gelide, adv. 싸늘하게, 차게
gélĭdus, -a, -um, adj. (gelu) 얼음의, 얼음 같이 찬,
　얼어붙은, 싸늘한, 오싹하는, 쌀쌀한. adv. gelide.
　aqua gélida, gélida. 얼음물.
gelidus tremor. 오싹하는 무서움(공포)
gelo¹, -ávi -átum -áre, (gelu) intr. 얼다.
　tr. 얼게 하다, 얼리다.
Gelo²,-ónis, m. Syracúsœ의 폭군
Gelon, -óntis, m. Phrýgia의 샘(그 물을 마시면 웃음이 나온다고 함)
gelu, -us, n. (=gelum, -i, n., gelus, -us, m.)
　얼음, 결빙(結冰-얼어붙음), 한랭(寒冷), 추위,
　(노령.죽음.공포 따위로 인한) 소름.오싹함.싸늘함.

명사 제4변화 제2식(중성명사)		
	단 수	복 수
Nom.	gelu	gelua
Voc.	gelu	gelua
Gen.	gelus	geluum
Dat.	gelu	gelibus
Acc.	gelu	gelua
Abl.	gelu	gelibus

* 주격 어미가 -u인 것은 모두 중성 명사이다.
　이러한 중성 명사는 넷뿐이다.
* cornu, -us, n. 뿔/　gelu, -us, n. 빙결(氷結), 한냉
　genu, -us, n. 무릎/　veru, -us, n. 적쇠, 석쇠
　　　　　　　　　　　　(허창덕 지음, 중급 라틴어, p.13)
gelum, -i, n. (=gelu, -us, n., gelus, -us, m.)
gelus, -us, m. (=gelu, -us, n., gelum, -i, n.)
gemebúndus, -a, -um, adj. (gemo) 탄식하는, 신음하는
geméllar, -áris, n. (=gemellárĭa, -æ, f.) (geméllus)
　(칸막이가 있는) 기름그릇.
gemellípăra, -æ, f. (geméllus+pário) 쌍둥이의 어머니
　(특히 Apóllo와 Diána 쌍둥이 오누이의 어머니 Latóna의 별명).
gemellus¹, -a, -um, adj. 쌍둥이의, 쌍생(雙生)의,
　짝(쌍)을 이룬, 쌍둥이처럼 서로 닮은.
gemellus², -i, m. (解) 쌍자근(雙子筋)
gementes, 원형 gemo, -ūi -ĭtum -ěre, intr.
　[현재분사. 단수 gemens, 복수 gementes]
Ad te clamámus éxsules fílii Hévæ. Ad te suspirámus,
geméntes et fléntes in hac lacrimárum válle.
　귀양살이하는 하와의 자손들이 우리가 당신께
　부르짖습니다. 우리는 이 눈물의 골짜기에서 슬퍼하고
　눈물을 흘리면서 당신께 탄식합니다.
gemibílis, -e, adj. (gemo) 통탄할, 한심스러운
geminæ æquo sidere natæ. 같은 별을 타고난 딸 쌍둥이
geminátĭo, -ónis, f. (gémino) (말의) 반복, 중복(重複),
　이중(二重), 배가(倍加-갑절로 늘어남).
gémĭni, -órum, m., pl. (géminus¹)
　쌍둥이 형제(fratres gémini). (天) 쌍둥이 좌, 쌍자궁.
gémĭno, -ávi -átum -áre, tr. (géminus¹) 두 배로 하다,
　반복하다(תאה.תאנ), 이중으로 하다, 겹으로(쌍으로) 하다,
　짝짓다, 결합시키다, intr. 겹(이중)으로 되다.
Geminat peccatum (is) quem delicti non pudet.
　범죄를 부끄러워하지 않는 사람은 죄과를 배가하는 셈이다.
géminus,¹ -a, -um, adj. (geno, gigno) 쌍둥이의, 짝의,
　짝지은, 쌍의, 이중의, 겹으로 된, 같이 생긴.
　엇비슷한, 어울리는, 견줄 수 있는, 쌍벽을 이루는.
　prædestinátĭo gémina. 이중예정(절대 이중예언).
geminus, -i, f., m. 쌍둥이, 쌍생아(雙生兒)
De Esau et Iacob geminis multum inter se morum et
actionum qualitate disparibus. 에사오와 야곱은 쌍둥이
로서 성품과 행동이 많이 달랐다(신국론. p.2758)/
De geminis adhuc in utero Rebeccæ matris inclusis
quid indicaverit divina responsio. 어머니 리브가의 품속
　쌍둥이에게 내린 신탁(신국론. p.2802)/
De geminis disparis sexus.
　성(性)이 다른 쌍둥이(신국론. p.2758)/
De geminorum simili dissimilique valetudine(신국론. p.2758).
　쌍둥이의 건강이 비슷하거나 그렇지 않은 경우/
Geminam germanam meam veni quæsitum.
　나는 내 쌍둥이 누이를 찾으러 왔소!/
Iam tempus pariendi venerat, et ecce gemini in utero
eius. (kai. evplhrw,qhsan ai` h`me,rai tou/ tekei/n auvth,n kai. th/| de
h=n di,duma evn th/| koili,a| auvth/j) (獨 Als nun die Zeit kam,
daß sie gebären sollte, siehe, da waren Zwillinge in
ihrem Leibe) (⑨ When the time of her delivery came,
there were twins in her womb)
　달이 차서 몸 풀 때가 되고 보니, 레베카의 배 속에는
　쌍둥이가 들어 있었다(성경 창세 25, 24)/
　달이 차서 몸을 풀고 보니 쌍둥이였다(공동번역 창세 25, 24).
Geminus², -i, m. Servília족의 가문명

gemitum, "gemo"의 목적분사(sup.=supínum)

gémĭtus, -us, m. (gemo) 탄식(歎息), 한탄(恨歎), 신음,
한숨, 불평, 고통(苦痛,βάσανος.⑨) suffering-병고),
슬픔(λύπη.비애悲哀.⑨) Sadness), (사물의) 요란한 소리.
De gemitu Sacerdotis in inferno.
지옥에서의 사제의 통곡(痛哭)에 대하여/
vitaque cum gemitu fugit ingignata sub umbras.
(투르느스의) 넋은 한 맺힌 절규 속에 어둠 속으로
달아났다(성 염 지음. 사랑만이 진리를 깨닫게 한다. p.410).

gemitus alto de corde petiti.
마음속으로부터 우러나온 탄식(歎息).

gemitus orationis. 탄식 기도

gemma, -æ, f. 식물의 새싹(눈), 움(풀이나 나무에 새로 돋아
나오는 싹), 값진 보석, 보옥(寶玉), 진주(珍珠.眞珠), 미(美),
아름다움, 장식, 보석으로 꾸민 술잔, 인장으로 쓰는 반지.
pl. gemmæ. 공작 꼬리의 눈알 모양의 무늬.
pocula gemmis distincta. 보석으로 장식된 잔들.

gemma animæ. 영혼의 진주(보석)

Gemmæ se trudunt.(trudo 참조) 봉오리가 돋아난다(움, 눈, 새싹)

gemmásco(-mésco) -ĕre, inch., intr. (gemma)
싹 나기(싹트기) 시작하다.

gemmátus, -a, -um, p.p., a.p. (gemmo)
싹 난, 싹 튼, 보석이 박힌, 보석(寶石)으로 장식된,
보석 제품의, 빛나는, 광채 있는.

gémmĕus, -a, -um, adj. (gemma)
보석(寶石)의, 보석처럼 생긴, 반짝이는, 빛나는.

gémmĭfer, -ĕra, -ĕrum, adj. (gemma+fero)
보석이 나는, 보석을 생산하는, 주옥(珠玉)을 지닌.

gemmo, -ávi -átum -áre, intr. (gemma)
싹이 트다(כוה), 발아(發芽)하다,
보석(寶石)으로 장식되다, 보석처럼 반짝이다.

gemmo, -ávi -átum -áre, intr.

gémmŭla, -æ, f. dim. (gemma)
작은 싹, 작은 보석, 주옥(珠玉-구슬과 옥을 아울러 이르는 말).

gemo, -ŭi -ĭtum -ĕre, intr. 한숨 쉬다, 탄식(歎息)하다,
신음(呻吟)하다, (짐승이) 울다, 포효(咆哮)하다,
으르렁거리다, (사물이) 소리 내다,
슬퍼하다(תספד,רחם,ובאל,רים,נכב,יכב),
tr. [무엇을(에 대해)] 슬퍼하다, 가련히 여기다.

gĕmui, "gemo"의 단순과거(pf.=perfectum)

gemúrsa, -æ, f. 티눈, 살에 박힌 못

gena, -æ, f.(흔히 pl.) 뺨, 볼, 턱, 눈꺼풀, 안과, 눈

Genáva, -æ, f. 제네바(Geneva, -æ, f.)

Gendarmeria Pontifica. 교황청 근위병(近衛兵)

genealogía, -æ, f. 가계, 혈통, 족보(族譜), 계보(系譜).

geneálŏgus, -i, m. 계보학자, 족보학자, 계도가(系圖家).

gener, -ĕri, m. (geno, gigno)
사위(딸의 남편), 손녀사위, 매부(妹夫).
Ordo generis Cassiodorum. 까씨오도루스 가문 족보.

genera literaria. 문학유형(⑨ Literary genre)

genera suprema. 최고류(最高類)

generábĭlis, -e, adj. (género)
만들 만한, 창조력 있는, 만들어질(일어날) 수 있는.

Generália specialibus non derogant.
일반법은 특별법을 개정하지 않는다.

Generalibus speciália derogant.
특별법은 일반법을 개정한다.

generális, -e, adj. (genus) 종류의, 종족의, **일반적**,
보통의, 개략적(槪略的)의, 보편적, 전반적, 전체적인,
총체적인, 총(總), 대개의, 개략적, 개괄적(槪括的).
m. 수도회 총장(修道會 總長).
adv. **generálĭter** 보통으로, 일반적으로, 대체로.
disputátĭo generális. 정규 토론(disputátĭo legitima)/
Institutio generális, 미사 전례서 총지침(總指針)/
로마 미사 경본의 사용원칙과 규범(1969.11.18. 선언)/
Institutio Generális de Liturgia Horarum.
성무일도에 관한 총지침(교황청 경신성사성)/
Institutio Generális Missális. 미사 경본의 총지침/

intentio generális. 일반적인 의향/
interdictum generale. 전반적 금지 처벌/
Pater generalis. (예수회) 총장/
præsciéntĭa generalis. 일반적 예지/
specialis derogat (legi) generali.
(Lex specialis derogat(legi) generali)
특별법은 일반법에 우선한다.

generális confessio et absolutio. 일괄고백과 일괄사죄
Generális Rátĭo Rmnanæ Curiæ Administrandæ.
교황청 직무 수행 총지침(1968.2.22.).

generális remissio. 일괄사면(一括赦免)

generalisátĭo, -ónis, f. 일반화(一般化), 보편화(普遍化),
개괄(槪括-대강을 간추려. 요점이나 줄거리를 뭉뚱그림).

generálĭtas, -átis, f. (generális) 일반성, 보편성

generans. 출생자(出産者)(신학대전 제3권. p.177)

generásco, -ĕre, intr. 출생하다, 나다, 생기다

generatianísmus, -i, m. (神) 영혼 출생(생식)설

generátim, adv. (genus) 종류별로, 종족별로,
일반적으로, 보통으로, 주로(주되게), 흔히.

generátĭo, -ónis, f. (género) 발생, 출생, 생식(生殖),
출산(⑨ Fecundity/Procreátĭon), 종류, 혈통,
(혈통의) 대(代), 세대(世代): 시대(時代).
De duobus ordinibus generationis in diversos fines
ab initio procurrentis. 인간 세대의 두 계보와 처음부터
다른 종말을 향하는 진로(교부문헌 총서 17. 신국론. p.2796)/
De generátĭone et Corruptione. 생식(生殖)과 부패.
De generationibus trium filorum Nœ.
노아의 세 아들의 계보/
Generationis enim iniquæ diræ sunt consummationes.
(genea/j ga.r avdi,kou calepa. ta. te,lh)
(獨 Denn die Ungerechten nehmen ein schlimmes Ende)
(⑨ for dire is the end of the wicked generation)
불의한 족속의 끝은 이처럼 비참하게(성경 지혜 3. 19)/
불의한 족속들의 운명은 이토록 처참하다(공동번역)/
Liber de Generatione verbi Divini.
하느님 말씀의 탄생에 관하여/
Quot generationes, tot gradus.
세대수가 친등(親等)이다(세대수만큼 친등이다).

generátĭo activa. 능동적 출산
generátĭo actuális. 현실적 출산
generátĭo æquivoca. 자연(적인) 발생, 우연 발생
generatio animalis. 동물의 생식
Generátĭo fit in instanti. 생성은 순간적이다.
[질료 형상론에서 체형(體形 Substantial form)의 역할].
Generatio hæc generatio nequam est.
이 세대는 악한 세대다(성경 루카 11. 29).
generátĭo passiva. 수동적 출산
generátĭo primaria. 자연 발생, 우연 발생
generátĭo spontanea. 우연 발생(偶然 發生)
generátĭo temporális Filii. 성자의 시간적 출생
Generátĭo unius est corruptio alterius.
한 사물의 생겨남은 다른 것의 소멸이다.
generátĭónismus spirituális. 영혼 유전설(교부문헌 총서 10. p.60)
generatívus, -a, -um, adj. 발생하는, 산출하는, 생식(력)의
generátor, -óris, m. (género) 낳아준 어버이, 부(父)
아버지(אב.πατήρ.아빠), 발생시키는 자, 생산자.
generatórĭus, -a, -um, adj. (generátor) 창조의, 생산의
n. **generatórĭum, -i,** 생산수단(生産手段).
género, -ávi -átum -áre, tr. (genus) 낳다(ילד.דלי),
생식(生殖)하다, 존재케 하다, 발생시키다, 생산하다,
(곡식을) 내다, 만들어내다, 제조하다, 창작(創作)하다.
generósĭtas, -átis, f. (generósus) 고귀함, 귀족(貴族),
선량(착하고 어짊), 최고품, 아량(雅量-깊고 너그러운 마음씨),
관대(寬大.συνκατάβασις-마음이 너그럽고 큼), 도량이 큼,
활발함, 용기(άνδρεία.⑨ Fortitude), 대담(對談).
generósus, -a, -um, adj. (genus)
귀족 출신의, 고귀한, 우수한, 고급의, 품종이 좋은,

도량이 넓은, 관대한, 아량 있는, 고결(高潔)한.
Habet enim hoc optimum in se generosus animus,
quod concitatur ad honestia.(세네카)
　고결한 정신에는 오히려 영예가 되기 때문에
　모욕을 그 자체로 최상의 것이다.
genesália, -íum, n., pl. (génesis) 생일잔치, 축제
génĕsis, -is, f. (acc. -im) 탄생(誕生), 출생, 발생,
　생성, 사람의 출생과 그에 따른 운명을 관장하는 별.
　Genesis. 천지창조 ; (성서의) 창세기(略: Gen.).
　De Genesi ad litteram. 창세기 문자적 해설.
　　(401~405년 히포의 아우구스티노 지음)/
　De Genesi adversus Manicæos. 마니교도 반박 창세기 해설.
　　(388~389년 히포의 아우구스티노 지음).
　　Incipit liber Bresith id est Genesis(불가타 성경) 브레싯이라고 시작하는 책 곧
　　창세기(브레싯 히브리어로 '한 처음'이란 뜻으로 모세오경을 첫 책을 브레싯이
　　라 불렀다

	sg.	pl.
Nom.	génesis	géneses
Voc.	génesis	géneses
Gen.	génesis(-ēos)	géneseon(-īum)
Dat.	génesi	génesibus
Acc.	génesim(-in)	géneses
Abl.	génesi	génesibus

　　　　(허창덕 지음, 중급 라틴어, p.11)
genésta = genísta, -æ, f. (植) 금작화(金雀花)
genethlíăce, -es, f. 점성술(占星術.⑨ astrology)
genethlíăcon, -i, n. 탄생일의 예찬 노래
genethlíăcus, -a, -um, adj. 출생 예지(叡智)에 관한,
　출생 점지(出生 點指)의. m. 점성가(占星家).
genethlialŏgia, -æ., f. 점성술(占星術.⑨ astrology)
genetívus(=genitívus) -a, -um, adj. (geno) 선천적인,
　타고난, 고유한, 낳는, 산출하는, 본토박이의.
　(文法) 속격(屬格)의, 제2격의.
　genetívus (sc. casus) 속격(屬格), 제2격/
　genetívus qualitátis. 형용 2격(속격),
　　e.g. hujúsmodi. 이러한.
genetívus absolutus. 절대 소유격
génĕtrix(=génĭtrix) -ícis, f. (génitor) [단수 주격 genetrix.
　속격 genetricis, 여격 genetrici, 대격 genetricem, 탈격 genetrice, 호격 genetrix].
　생모(生母), 어머니(μἠτηρ), (동물의) 어미,
　만들어 내는 여자, 생산자(生産者), Cýbele의 별명.
genetrix frugum. 수확(收穫)의 어머니
Genevensium Civitas. 제네바
geni… V. gene…
geniália, -íum, n., pl. (geniális) 부부침상(夫婦寢牀),
　Roma 국민의 수호신 축제(守護神 祝祭).
geniális, -e, adj. (génius) 혼인의, 결혼의, 부부의,
　출산에 관한, 다산의, 비옥한, 축제의, 즐거운, 흥겨운.
　geniália arva. 비옥한 땅(felicitas terræ).
geniális dies. 축제일(祝祭日.⑨ dies festus).
geniális torus. 부부침상(夫婦寢牀),
　부부생활(⑨ Conjugal life.⑨ Vita coniugális).
geniátus, -a, -um, adj. (Génius)
　즐거운, 기쁜, 유쾌한, 흥겨운, 사랑스러운, 귀여운.
geniculátim, adv. 마디마디, 매듭처럼, 매듭지어
geniculátĭo, -ónis, f. 무릎 꿇음
genículus, -a, -um, adj. (genículum)
　무릎 꿇은, 만곡(彎曲)한, 매듭이 많은.
genícŭlo, -ávi -átum -áre, (geniculor, -ári, dep.)
　intr. (genu) 무릎 꿇다(ㄱㅠ); 마디가 생기다.
genícŭlum, -i, n. dim. (genu)
　무릎, 작은 무릎, (초본식물의) 마디.
genícŭlus, -i, m. dim. (genu) (건축에서) "ㄱ"자형의 부분
génĭmen, -mĭnis, n. (gigno) 과일(frux, frugis, f.),
　생산물, 싹(순), 자손(⑨ sons and grandsons), 혈족.
genísta = genésta, -æ, f. (植) 금작화(金雀花)
genitábĭlis, -e, adj. (génitus[1], gigno)
　생산력이 있는, 비옥(肥沃)한, 풍요한.
genitális[1], -e, adj. (génitus[1], gigno) 출생의, 출산의,

생식(生殖)의, 생식기의, 다산의, 풍요한, 비옥한.
genitale arvum. 생식하는 토양(교부문헌 16, 신국론. p.1522).
Genitális[2], -is, f. 출산을 주관하는 Diána 여신(女神)
genitívus = genetívus 타고난, 선천적인, 고유한
genitívus objectívus. 대상적 소유격(所有格)
genitívus partitívus. 분할 속격
genitofemorális, -e, adj. (解) 음부고(陰部腿)의
génĭtor, -óris, m. (geno, gigno) (가변적 명사)
　(자식을 낳은.낳아준) 아버지, 만들어 내는 자,
　창조자(創造者), 생산자(生産者), 저자(著者),
　matrem ob jure factum incilas genitorem injustum
　adprobas. 너는 어미가 정당하게 행한 바를 두고서
　　어미를 힐난하고 불의한 아비는 옳았다고 우기는구나.
　　　　(성 염 지음, 사랑만이 진리를 깨닫게 한다. p.451).
génĭtor deorum. 신(神)들의 아버지
Genitori, Genitoque laus et iubilatio,
salus, honor, virtus quoque sit et benedictio:
procedenti ab utroque compar sit laudatio.
　영원하신 성부 자자, 위로자신 성령께
　구원받은 환희로써 영광 찬미 드리세
　무한하신 권능 권세 영원무궁하리라.(성가 192번)
　[성부와 성자께, 찬미와 환희와 구원과 영예와 권능과
　축복이 있나이다. 그리고 양위에서 발하시는 성령께 같은
　찬양이 있나이다. 황치헌 신부 지음, 미사통상문을 위한 라틴어. p.426]
génĭtrix(=génetrix), -ícis, f. [génitor] 모친, 어머니, 어미.
Genitrix Dei Filii.
　천주 성자의 모친, 하느님의 아들을 낳으신 분.
génĭtum, "gigno"의 목적분사(sup.=supínum)
genitúra, -æ, f. (geno, gigno) 생식(生殖-낳아서 불림),
　출산(⑨ Fecundity/Procreátion), 출생(⑨ birth),
　출산(출생)한 것, (동물의) 새끼,
　출생을 주관하는 성좌(星座); 점성(占星).
génĭtus[1], -a, -um, p.p. (gigno) m. 아들, 자식
génĭtus[2], -us, m. (gigno) 출생, 발생, 생산
genitus Creator. 낳아진 창조조
genium aliquem malignum. 어떤 교활한 악령
Génĭus, -i, m. (geno) 출생을 주관하는 신,
　사람.가족.도시 나라의 수호신(守護神),
　재능(才能), 천재(天才), 축제, 취미(趣味); 쾌락(快樂).
　Illi sunt alio genio atque tu.
　저 사람들은 너와는 다른 재능의 소유자다.
geno, -ĕre, tr. ((古)) (gigno) 낳다
genome✶ 유전체, 게놈(가톨릭용어집 p.7)
gens, gentis, f. (geno) [⑨ Nation, Nations.그리스어
　ethnos, ethnel]. [복수 주격 gentes, 속격 gentium,
　여격 gentibus, 대격 gentes, 탈격 gentibus]
　1. (고대 Roma인의) 씨족(같은 조상에서 나와 같은 본을 가진 가문
　　들의 총칭. 원래는 귀족에게만 쓰다가 나중에 평민에게도 쓰였음).
　　일문(一門), gens Cornélia. Cornélia 씨족.
　2. 후손(後孫), 자손(子孫), 후예(後裔).
　3. 종족(種族.γὲνος), 부족; gens Sabína. Sabína족.
　4. 도시의 전체 시민; 주(州).지방의 주민(전체); 백성,
　　민족(צַּדִ‬.ⵎ.ἔθνος.γὲνος), 국민. 5. (adv. loci+
　　géntium) 세상…: nusquam géntium. 세상 아무데도
　　아니; (adv. negatívum) mínime géntium. 절대로 아니.
　6. 인종(⑨ Race), (동물의) 종(류), 계통(系統).
　7. (pl.) 외국인, 이방인, 이교도.　　(라틴-한글사전. p.365).
　De Procuranda salute omnium gentium.
　만민의 구원을 도모함(Antwerp. 1613년)/
　De vocatione omnium gentium. 만민의 부르심에 대해/
　Faciam te in gentem magnam.
　나는 너를 큰 백성이 되게 하리라/
　fit reus magis ex æquo bonoque quam ex jure gentium.
　범죄자로 기소되는 것은 만민법에 의해서라기보다는
　공정과 도리에 의해서다.
　　　　(성 염 지음, 사랑만이 진리를 깨닫게 한다. p.479)/
　gentibus annuntiare Christum.
　모든 민족들에게 그리스도를 선포함/
　gentium historia. 제(諸) 민족의 역사/

G

513

Historia ecclesiastica gentis Angelorum.
영국 교회사(베다 혼자 지음)/
Nemo dubitet de Ecclesia, quia per omnes gentes est.
교회가 모든 민족들에게 두루 퍼져 있다는 사실을
아무도 의심하지 마십시오.(최익철 신부 옮김, 요한 서간 강해, p.113)/
Nemo dubitet, quia ab Ierusalem cœpit, et omnes gentes
implevit. 교회가 예루살렘에서부터 시작하여 모든 민족을
가득 채웠다는 사실을 아무도 의심하지 마십시오.
(최익철 신부 옮김, 요한 서간 강해, p.113)/
Non usus sed utilitas gentium jus gentium constituit.
민족들의 관행이 아니라 유익이 만민법을 이룩하였다/
O Rex gentǐum. 오 만민의 임금이여/
Omnes gentes linguā, légibus moribúsque par est.
모든 민족은 언어, 법률, 풍속에 있어서 서로 다르다/
Orátio Contra Gentes. 이방인 논박(성 아타나시오 지음)/
pleræque gentium. 대부분의 인종/
regnáta féminis gens. 여자들의 통치를 받는 종족(種族).
Gens enim absque consilio est et sine prudentia.
(o[ti e:qnoj avpolwleko.j boulh,n evstin kai. ouvk e:stin evn auvtoi/j
evpisth,mh) (獨 Denn Israël ist ein Volk, dem man nicht
mehr raten kann, und kein Verstand wohnt in ihnen)
(영 For they are a people devoid of reason, having no
understanding) 정녕 그들은 소견이 없는 백성이며
슬기가 없는 자들이다(성경 신명 32, 28)/
이 생각 없는 민족, 철없는 것들(공동번역 신명 32, 28).
gens primitiva. 미개(原始) 민족
gentes dissonæ sermone. 말이 서로 다른 민족
gentes triumphatæ. 정복된 민족
Gentes, quæ mare illud adjacent. 그 바다에 인접한 민족들
gentiána, -æ, f. (植) 용담(龍膽-용담과의 다년초), 과남풀
gentianáceæ, -árum, f., pl. (植) 용담과(科) 식물
génticus, -a, -um, adj. (gens) gender
국민의, 민족의, 이방인의, 이교도의.
gentilícǐus(=gentilítǐus), -a, -um, adj. (gentílis)
씨족의, 종족의, 국민의, 이교도의.
gentílis, -e, adj. (gens) 1. 씨족의; 같은 씨족의(씨족명
을 가진): gentile nomen. 씨족명; m. 같은 씨족(문중)의
사람. 2. 상전의 씨족명을 가진 (노예). 3. 같은 지방
(고향.민족.나라)에 속한; m. 동향인, 동포(同胞).
4. (Roma인 편에서) 오랑캐의, 야만의, 외국인의;
이방인(異邦人)의, 이교도의, 비그리스도교인의.
m. 이방인(영 gentiles/Pagans.그리스어 ethne)
이교도(異教徒.영 Pagans-이교를 신앙하는 신자).
In libris gentilium non studeant.
이방인들의 책들을 공부해서는 안 된다/
Multis gentilium facta fuit revelátio.
계시는 수많은 이교인들에게도 주어져 있다.
gentilísmus, -i, m. (종교로서) 이교, 이교신봉
gentilítas, -átis, f. (gentílis) 1. in gens를(씨족을)
이루는 동족관계, 동족성. 2. 같은 씨족의 사람, 친족.
3. 가문들의 집단; 가풍(家風). 4. 식물의 아문(亞門).
5. (그리스도교에서) 교외자 전체, 이교(異敎).
gentilítus, adv. (gentílis)
이교식으로; 야만족 풍습에 따라서, 그 나라 풍속대로.
genu, -us, n. (간혹 **genus**, -us, m.) us, n.
무릎(기기).(영 knee.獨 Knien),
(解) 오금(무릎의 구부러지는 안쪽), 초본식물의 마디,
genua flectantes. 꿇어서 하는 자(공개적 속죄는 세례 예비자와
함께 사순절보다 시기적으로 훨씬 그 이전부터 실시되었다는 것은 확실하
다. 죄의 경중, 따라서 속죄행위의 경중은 사적인 행위에서 보다는 미사성제나
공동체적 전례행사에 참여 여부로 표현되는 공적인 행위에서 드러났다.
대개 4개의 유형으로 구별됐다. 1. 성당 안에도 들어올 수 없는 "속죄 예비자"
(pro foribus Ecclesiæ). 2. 예비신자의 상태로 전락되어 말씀의 전례에만 참여
하고 돌아가야만 하는 자(Audientes). 3. 일정한 장소에서 미사성제에 참여는
하지만 "꿇어서 하는 자"(genua flectantes). 4. '서서 하는 자(Consistentes)'
들로 구분됐으며 마지막 두 부류의 속죄자들은 제물봉헌이나 영성체를 할 수
없었고 미사 끝에 주교에게 강복을 받았다.
최윤환 신부, 가톨릭대학 신학부 논문집 제4집, p.12)/
flectamus genua. 무릎을 꿇읍시다/
Nítimur génibus. 우리는 무릎을 꿇고 있다/
Oremus. Flectamus genua. 기도합시다. 장궤 하십시오/

Post Kyrie, eleison dicitur Oremus, sine Flectamus genua.
자비경 후에 '기도 합시다'라고 말한 후, 장궤 하십시오.
genu largum. 넓은 무릎
Génŭa, -æ, f. Ligúria의 항구도시(현 Genoa)
genuále, -is, n. (genu) [주로 pl.]
(갑옷의) 무릎덮개, 무릎 가리개, 정강이 받이.
genuflécto, -fléxi, -fléxum, -ĕre, intr. (genu+flecto)
무릎을 꿇다.
Genuflectit, surgit, et dicit: 장궤하고 일어서서 말 한다/
Hoc genuflecitur. 여기서 무릎 꿇는다.
genuflectorium, -i, n. 장궤틀(17세기부터 나타남. 백과사전 3, p.237)
genufléxǐo*, -ónis, f. (genuflécto) 무릎 절, 무릎 틀,
궤배(跪拜), 장궤(→무릎 절).(영 genuflection), 장궤틀,
무릎 꿇음(獨 Kniebeuge).
inclinatio. 국궁(鞠躬-머리 숙임),
prostratio. 부복례(俯伏禮-엎드림).
génŭi, "gigno"의 단순과거(pf.=perfectum)
genuínǐtas, -átis, f. 순정성(純正性), 정명성(正名性)
진실성, 진정성(眞正性-믿음의 근거), 진짜임, 순종(純種).
genuínus¹, -a, -um, adj. (geno, gigno) 날 때부터의,
타고 난, 자연의, 본래(本來)의, 진짜의, 진정(眞正)한,
정명(正名)의, 순수(純粹)한; 순종(純種)의.
genuina significatio vinculorum, quibus catholici cum
fratribus seiunctis adhuc coniunguntur.(영 a genuine
expression of the ties which even now bind Catholics
to their separated brethren) 가톨릭 신자들과 갈라진
형제들을 지금도 결합시켜 주는 유대의 진정한 표현.
genuinus², -a, -um, adj. (gena) 뺨의, 볼의,
génŭini dentes. 사랑니(성년기에 입 안쪽 끝에 새로 나는 작은 어금니).
genuísti, 원형 gigno, génŭi, génĭtum, -ĕre, tr.
[직설법 현재완료. 단수 1인칭 genui, 2인칭 genuisti, 3인칭 genuit,
복수 1인칭 genuimus, 2인칭 genuistis, 3인칭 genuerunt].
-예문 cadénti, 혹은 succúrre 참조.
황치헌 신부 지음, 미사통상문을 위한 라틴어, p.445].
genus, -nĕris, n. 1. 태생, **혈통**, 귀족혈통, 가문, 가계,
출신: patrícium genus, plebéjum genus. 귀족
출신, 평민출신/ nóbili génere natus. 귀족가문 출신.
2. **민족**(5873, 7T.ἔθνος, γἐνος), **종족**(5873),
국민.(영 Citizen): genus Románum. Roma 민족.
3. 자식, 자녀; 자손, 후예(後裔). 4. **종류**(種類.γἐνος),
부류, 족속, 계급, 유(類): genus humánum. 인류
(78W.영 Human race/Humanity)/omnis géneris
hómines. 모든 종류의 인간들/ genus irritábile vatum.
민감하여 흥분하기 쉬운 시인(문인) 족속. 5. 모양,
양식(樣式), 방법, 형태: genus vitæ. 생활양식.
6. ((文法)) (명사.형용사 따위의) 성(性): (동사의) 형(形).
태(態): genus masculínum(=m.) 남성/ genus
feminínum(=f.) 여성/ genus néutrum(=n.) 중성/
genus actívum. 능동형(태)/ genus passívum. 수동형(태).
7. (論) 유(類) 유개념. 8. (生) 속(屬) (라틴-한글사전. p.365).
civilitas humani generis. 인류 사회/
divido genus in spécies.
유(類)를 여러 개의 종(種)으로 분류하다/
filius meus es tu, ego hódie genui te.
너는 내 아들, 오늘 너를 낳았노라(성탄 밤 미사 입당송)/
fortissimum genus. 가장 굳센 종류/
generum hominum. 인류 신비주의/
habere nos domi diversa genera brutorum.
우리 집에는 여러 종류의 짐승들이 거처를 정하고 있다/
idem genus. 동일한 유(類)/
istuc generis. 종류의/
Multa omne genus in usum inductæ fuere.
모든 종류의 기계들이 실용되게 되었다/
Nova consecratæ vitæ genera. 봉헌생활의 새로운 모습/
publica pro salute humani generis.
인류의 공공복지를 위하여/
Qui genus iactat suum, aliena laudat(Seneca).
자기 혈통을 뽐내는 사람은 남의 것을 칭찬하는 셈이다/
tertium genus. 셋째 계급/

514

universalis civilitas humani generis. 전 인류의 보편 사회.
genus apotelesmaticum. 신성과 인성이 결합한 구세사업.
그리스도의 구세 사업에 있어서 신성과 인성의 결합.
genus deliberativum. 의회연설(議會演說)
genus demonstrativum. 축문 연설
genus detesabile monachorum. 가증스런 수도승 일당
genus electum. 선민(γὲνος ἐκλεκτὸν.⑨ chosen race).
**genus electum, regale sacerdotium, gentem sanctam,
populum in acquisitionem Dei**.(⑨ a chosen race, a royal
priesthood, a holy nation, God's own people)
선택된 민족이고 왕의 사제들이며 거룩한 겨레이고
하느님의 소유가 된 백성(공동번역 1베드 2, 9).
Genus est mortis male vivere.
약하게 사는 것은 일종의 죽음이다.
genus grande. 장엄체(莊嚴體)
Genus homanum compositum est ex animo et corpore.
인간은 영혼과 육체로 이루어져 있다.
Genus humanum arte et ratiōne vivit.
인류는 文化(藝術)와 이성으로 산다(토마스 데 아퀴노).
**genus humanum maxime Deo assimilatur quando
maxime est unum**. 인류가 최고로 하나가 될 때에
하느님과 최고로 비슷해진다.
genus idiomaticum. 그리스도 안에 신성과 인성의 일치
genus judiciale. 공판연설(公判演說)
genus majestaticum(=genus auchematicum)
구세 사업을 하는 그리스도의 인성 안에서 신성의 일치.
genus malum. 나쁜 족속(族屬.γὲνος)
genus proximum. 유사류, 근류(近類)(철학여정, p.19)
genus quantitatis. 양(量)의 유(類)
genus submissum. 진술체(陳述體)
genus temperatum. 완만체(緩慢體)
geodesía(=geodǽsía), -æ, f. 측지학(測地學)
geographía, -æ, f. 지리학(地理學)
geográphĭcus, -a, -um, adj. 지리학적, 지리적
geográphus, -i, m. 지리학자(地理學者)
geología, -æ, f. 지질학(地質學)
geológĭcus, -a, -um, adj. 지리학(상)의
geomántĭa, -æ, f. 흙 점(占–한 줌의 흙을 던져서 그 모양 또는
땅위의 점(點).선(線) 따위로 치는 점).
geómĕtres(=geómĕtra), -æ, m. 측량기사, 기하학자.
geométría, -æ, f. 기하(학), 측량(測量.חוזה), 측량학
geométrĭcus, -a, -um, adj. 기하학(상)의, 기하학적.
m. 기하학자. n., pl. 기하학적 문제, 기하학(幾何學).
Ethica ordine geometirco demonstrata.
기하학적 방법으로 증명된 윤리학(1677년 스피노자 지음).
geomorphología, -æ, f. 지형학(地形學)
geórgĭcon, -i, n. (geórgicus) 농업론(農業論).
n., pl. **Geórgĭcon**. Vergílius의 농경시(農耕詩).
(고유명사로서의 책 이름을 표시하기 위하여 중성 복수 속격 어미 -órum 대신에
희랍어의 격어미 -on을 쓰는 것도 있다. Geórgicon libri. Vergílius가 지은
농사 시집. 그러나 bucolicórum auctor와 같이 bucolicórum을 쓰는 경우도 있다).
Geórgicon libri. Vergílius가 지은 농사 시집.
geórgĭcus, -a, -um, adj. 농사의, 농경의, 농업의, 전원의.
f. 농업, 농경법, 농경지.
geotáxis, -is, f. (生) 주지성(走地性)
geraniáceæ, -árum, f., pl. (植) 쥐손이풀과(科) 식물
geránĭum, -i, n. (植) 쥐손이풀, 이질풀(쥐손이풀과의 다년초)
gérdĭus, -i, m. 직조공(織造工)
Gere et tu tuum bene. 너도 네 일을 잘 처리해라
Geri sine justitĭa non posse respublicam.
정의 없이 공화국이 성립되지 못한다.
gerítĭo = géstĭo¹ -ívi(ĭi) -ítum -íre, intr.
Gérmălus, -i, m. Roma의 Palatínus 언덕의 일부
germána, -æ, f. (germánus) 같은 부모에게서 난 친자매.
Geminam germanam meam veni quæsitum.
나는 내 쌍둥이 누이를 찾으러 왔소!.
germana soror. 친누이, 친자매(親姉妹).
minima natu trium sororum. 삼형제 중 막내 누이동생/
minima soror. 막내 누이동생/

sororcula, -æ, f. 누이동생.
Germani, -órum, m., pl. 게르마니아인, 독일인
Germani liberi erant nec cujquam parebant. 게르마니아
인들은 자유민이었고 어느 누구한테도 예속된 바 없었다.
**Germani non prius fugere destituerunt quam ad
Rhenum pervenerunt**. 게르마니아인들은 레누스 강에 도착
하기 전까지는 도망치는 것을 포기하지 않았다.
(게르마니아인들은 줄곧 도망을 쳐서 라인 강에까지 이르렀다).
Germánĭa, -æ, f. 독일(獨逸.獨 Deutschland).
m., pl. **Germánĭa**인; 독일인(獨逸人).
adj. Germanus(germanicus), -a, -um.
De viris illustribus Germaniæ. 독일의 유명 인사록/
Præceptor Germaniæ. 독일의 교사/
Salvusconductus datus Germanis in generali
congregatione die 4 martii 1562.
1562년 3월 4일 총회에서 독일인들에게 부여된 안전 통행증/
Salvusconductus datus protestantibus Germanis.
독일 프로테스탄트들에게 주어진 안전 통행증.
Germánĭcus, -i, m.
Germánĭa인을 정벌한 Roma 장군의 별명.
germánĭtas, -átis, f. (germánus) 친형제(친자매) 관계,
같은 기원에서 나온 여러 도시국가들의 유대관계,
(사물.동식물의) 유사성(⑨ similarity.獨 Affinität),
계보관계(系譜關係).
germánĭtus, adv. 친형제(친자매)처럼, 우애가 두텁게
germánus, -a, -um, adj. (geno, gigno) 친형제(자매)의,
같은 부모에게서 난, (적어도) 한쪽 어버이가 같은,
형제(자매) 다운, 우애(友愛)가 두터운, 참된, 진실 된,
진짜의, 순수한. m. 친형제. f. 친자매.
ásinus germanus. 진짜 바보.
Germanis, a, -um. adj. 독일의
Germani, -arum, m. pl. 독일사람의 게르문 민족
germen, -mĭnis, n. (gero⁷) 새싹, 눈, 순(쌕), 새 가지,
씨(씨알), 배자(胚子), 종자, 자식, 자녀, 새끼, 산물.
autúmni gérmina 가을추수(물).
germinábĭlis, -e, adj. 싹 날만한, 싹 나는
germinátĭo, -ónis, f. (germinátus, -us, m.) (gérmino)
싹 돋음, 눈 틈, 발아(發芽–쌕틈), 발생, 싹튼 초목(농작물).
germinatívus, -a, -um, adj. (germen) 움트는, 발아성의
germinátor, -óris, m. (gérmino) 싹트게 하는 사람(것)
germinátus, -us, m. = **germinátĭo**, -ónis, f.
gérmĭno, -ávi -átum -áre, (germen)
intr. 싹트다(חאר.חמצ), 순이 돋다.
tr. 생산하다(ופר), 나게 하다, 내다, 낳다.
et rursum oravit, et cælum dedit pluviam, et terra
germinavit fructum suum(⑨ Then he prayed again, and
the sky gave rain and the earth produced its fruit)
그리고 다시 기도하자, 하늘이 비를 내리고
땅이 소출을 냈습니다.(야고 5. 18).
gero¹, gessi, gestum, -ěre, tr. 1. (몸에) 지니(고 있)다,
가지(고 있)다. 2. 나르다(בע.לבה.שׂמ), 운반하다.
3. 낳다, 생산하다. 4. (감정.정신.태도 따위를)
지니다, 품다, 보이다, 드러내다: fortem ánimum gero.
용기를 보이다/ gero ódium in alqm. 아무에게 대한
미움을 품고 있다. 5. 노릇(구실)하다, 대표하다,
대리역을 맡다: gero persónam alcjs. 누구 역할을
하다/ gero regem. 임금 노릇(구실)을 하다. 실행하다,
처리하다, 다스리다(βασιλευὼ.חדי.שׂע.בבס.בב.דדכ),
관리하다, 수행(이행.거행)하다, 완수하다.
해내다, 경영하다, 치르다, rem bene gero. 일을 잘
처리하다(돌보다), 성공하다/ bellum gero, rem gero.
전쟁하다, 전쟁을 수행하다/ gero rem públicam. 국정을
맡아 다스리다/ res gestæ. 공적(功績), 공훈(功勳), 전공.
7. morem gero alci(in alqa re). 순종하다, 따르다.
8. (ætátem, annum, tempus, vitam) 지내다, 살다.
9. se gero alqo modo. 어떻게 행동하다, 처신하다, 태도를
가지다(드러내다): se gero honéste. 단정하게 행동하다/
se gero pro cive. 시민으로 처신하다. (라틴-한글사전. p.366).

515

De tempore adeundi sacrum secessum,
et modo se in eo gerendi. 피정 하는 시기와
거기서 가져야 할 태도에 대하여/
Ita se gessit ut omnes eum laudent.
그는 모든 이가 칭찬할 만큼 처신하였다/
Liber de loquela per gestum digitorum. 수화론/
res gestæ. 행적/
Vere Fraciscus qui super omnes cor francum et nobile
gessit. 실로 프란치스코는 누구보다도 대범하고 숭고한
마음을 지녔다.
gero², -ónis, m. 짐꾼, 운반자(運搬者)
gerontéa, -æ, f. (植) 개쑥갓
gerontocómĭum, -i, n. 양로원(養老院)
gerontocrátĭa(-tía) -æ, f. 노인 정부, 노인 정치
gerræ, -árum, f., pl. 버들가지로 엮은 발,
시시한 일, 되지도 않는 말, 되지도 않는 생각.
gerro, -ónis, m. (gerræ) 농지거리하는 사람, 빈둥거리는 사람
gerula, -æ, f. 짐꾼
gerulifígŭlus, -i, m. (gérulus)
선동자(煽動者.⑩ instigator), 교사자(敎唆者).
gérŭlus, -a, -um, adj. (gero') 운반하는, 짐 나르는,
운반에 사용되는: m. 짐꾼, 운반인(運搬人).
f. 여자짐꾼, 운반부(運搬婦)
gerúndĭum, -i, n. (gero') [文法] 동명사, 동사적 중성명사
gerundívum, -i, n. (文法) 수동 당위분사, 수동 형용사,
(때로는) 수동형 미래분사(受動形 未來分詞).
amándus, -a, -um, adj. 마땅히 사랑 받아야 할.
gerúsĭa, -æ, f. 원로원 의사당, 유공원로 양로원
gessi, "gero"의 단순과거(pf.=perfectum)
gesta, -órum, n., pl. (gero') 행적(res gestæ),
공적(功績), 업적(業績.ἔργον.⑩ Work/Opus).
Quæ duabus æstatibus gesta. 이년에 걸쳐 이루어진 역사/
Romanorum res gestæ judicio percurruntur.
로마사의 비판적 회고(신국론 제3권)/
Tribuo suæ magnópere virtúti.
자기의 공적을 매우 높이 평가(評價)하다/
Utrum rerum gestarum ratio sit an non.
운세의 이치가 있는가 없는가(신국론 제5권).
Gesta Amalrici. Amaury 왕조실록(티로의 윌리암 지음).
Gesta Chuonradi Imperatoris. 콘라드 황제의 전기
Gesta Concilii Chalcedonensis. 칼체돈 공의회 결의록
Gesta cum Emerito Donatistarum episcopo.
도나투스파 주교 에메리투스와의 논쟁(418.9.20. 아우구스티노 지음).
gesta Dei. 하느님의 위업
Gesta Orientalium Principum. 중동 군주들의 역사.
(티로의 윌리암 지음. 현재 소실되었음).
Gesta Pontificum Anglorum. 영국 주교들의 역사(1125년)
Gesta Regum. 일어난 일들
Gesta Regum Anglorum. 영국의 왕정사(1120년)
gestábĭlis, -e, adj. (gesto) 운반할 수 있는, 휴대용의
gestámen, -mĭnis, n. (gesto) 운반용으로 쓰이는 것,
들것, 수레, 마차(馬車), 가마(敎輿-들 것),
(옷.장신구.무기 따위) 몸에 지닌(걸친) 것.
gestátĭo, -ónis, f. (gesto) 운반(運搬), 나르기, 임신기간,
(말.가마.수레.배 따위를) 타고 다님, 운반되어 감,
(가마 타고) 소풍하는 그늘진 숲, 가마 타고 다니는 길.
gestátor, -óris, m. (gesto) 운반자(運搬者), 나르는 사람,
휴대자, (말.가마.수레.배 따위를) 타고 다니는 사람.
gestatórĭus, -a, -um, adj. (gesto) 운반에 사용되는, 가마의.
gestatoria sella. f., n. 교자(轎子), 남녀(藍輿)
떠받들고 가는 의자, 가마(.⑩ sedan chair).
gestátrix, -ícis, f. (gesto) 운반자(運搬者),
휴대자, 들고(지니고) 다니는 여자; 나르는 여자.
gestátus, -us, m. (gesto) 운반(運搬), 나르기
gesticulárĭus, -a, -um, adj. (gesticularia, -æ, f.) (gesticulor)
남자(여자) 무언극 배우(俳優).
gesticulátĭo, -ónis, f. (gestículor)
몸짓.손짓(하기), 무언극의 동작(無言劇 動作).

gesticulátor, -óris, m. (gestículor) 무언극 배우(俳優)
gestícŭlor, -átus sum, -ári, dep. (gestus)
intr. 몸짓(손짓)하다, 무언극을 하다.
(tr.) p.p. 몸짓(손짓)으로 표시된.
gestícŭlus, -i, m. 몸짓, 손짓
géstĭo¹, -ívi(ĭi) -ítum -íre, intr. (gestus) 몸짓하다,
손짓하다, (몸짓.손짓.눈짓 따위로) 기쁨을 드러내다,
기뻐하다, 작약(雀躍)하다, 몹시 원하다, …하고 싶다,
열망(熱望)하다, …에 불타다.
Géstiunt mihi pugni. 나는 주먹이 근질근질하다.
géstĭo², -ónis, f. (gero') 처리(處理), 관리(管理),
이행(履行.⑩ Fulfillment), 실행(實行),
수행(遂行-일을 계획한 대로 해냄), 거동(擧動), 행동(行爲).
géstĭto, -ávi -átum -áre, freq., tr. (gero')
늘 지니고(가지고) 다니다. 몸에서 떼지 않다.
(나무가) 열매를 맺다.
gesto, -ávi -átum -áre, tr. intens., (gero')
들고(지니고) 다니다, 휴대(携帶)하다, 안고 다니다.
업고(짊어지고) 다니다, 가지고 있다, 지니다,
(짐승이) 새끼를 배어 가지고 있다, 실어 나르다,
태워 나르다, (말을) 퍼뜨리다, 전파(傳播)하다.
pass. gestári
(말.가마.수레.배 따위를) 타고 가다, 여행하다.
intr. (말.가마.수레.배 따위를) 타고 가다.
gestor, -óris, m. [gero'] (일을) 처리(관리)하는 사람,
(말.소식 따위를) 전하는 사람.
gestósus, -a, -um, adj. (gestus) 몸짓을 많이 하는
gestum, "gero"의 목적분사(sup.=supínum)
gestus, -us, m. (gero') 손짓, 몸짓, 몸동작(動作),
걸음걸이(trepidus cursus. 몹시 바쁜 걸음걸이),
거동(擧動), 자세, 태도, (배우의) 연기, 일, 처리, 관리.
gestus cum sententiis congruens. 내용과 일치하는 몸짓
gesum = gæsum. -i, n. Gállia의 알프스 종족의 크고 긴 투창
Gethsemani. 겟(젯)세마니 동산,
올리브 산(Géy(히브리어) "계곡"+Sh'e màny "올리브"]
주님께서 최후의 만찬을 마치고 제자들과 퇴거했던 곳.
géthyum(=gétĭum) -i, n. (植) 골파
Getúli, -órum, n., pl. Gœtúlia의 주민
gétĭum(=géthyum) -i, n. (植) 골파
gĕum, -i, n. (植) 뱀 무
gibba, -æ, f. [gibbus] (등이나 가슴의) 혹(瘤-살가죽에 내민
기형의 군더더기 살덩이), 육봉(肉峰-낙타 등의 불거진 큰 혹. 단봉과
쌍봉雙峯이 있음), 구루병(佝僂病-곱사병), 곱사 등.
gibber, -ĕra, -ĕrum, adj. (gibbus)
곱사 등의, 등이 굽은, 혹이 난, 불룩한. m. 곱사 등.
gibberósus(=gibbósus), -a, -um, adj. 곱사 등의
gibbósus(=gibberósus), -a, -um, adj. 곱사 등의
gibbus, -us, -um, adj. 볼록한, 도로록한, 철상(凸狀)의.
m. 혹, 곱사등, 육봉(낙타 등의 불거진 큰 혹. 단봉과 쌍봉이 있음)
곱사병, 구루병(佝僂病-등뼈나 가슴뼈 따위가 굽는 병. 곱사병).
gigans, -ántis, m. (acc., sg.: -ta; gen., pl. -tum; acc.,
pl. -tas도 있음) 1. 거인.
2. pl. Gigas, 거인족(하늘나라의 Olýmpus'를 습격하려다가 Júpiter에게
벼락을 맞고 Ætna 화산 및 그 밖의 많은 화산 밑에 묻힘).
nanos gigantium humeris insidentes.
거인의 어깨 위에 서있는 소인.
gigantéus, -a, -um, adj. 거인의, 거인족의
gigéria, -órum, n., pl. = gizéria
모래주머니, 새의 사냥(沙囊-모래주머니).
gigno, génŭi, génĭtum, -ĕre, tr. (geno) 낳다(תֹלד.תֹלד),
내다, 나게 하다, 만들다, (열매를) 맺다, 산출하다,
소출을 내다, 일으키다, 야기 시키다, 자아내다,
(결과로서) 초래하다, (pass.) 나다, 태어나다.
Ab æterno Patre genitus, ex æternitate genitus,
in æternitate genitus. 그분은 영원하신 아버지에게서
나셨고, 영원으로부터 나셨고, 영원 속에서 나셨습니다.
gillo, -ónis, m. 물병, 술병
gilvus, -a, -um, adj. 담황색의, 회색에 가까운 (빛깔의)

gingídĭon, -i, n. (植) 야생 인삼, 산삼(山蔘)

gingíva(=gingívŭla), -æ, f. (解) 잇몸, 치은(齒齦)

gínglýmus, -i, m. (解) 경첩 관절

gingrína, -æ, f. 작은 피리

gíngrĭo, -íre, intr. (거위.기러기 따위가) 꺽꺽 울다

gíngrītus, -us, m. 거위(기러기) 울음소리

ginnus, -i, m. (=hinnus) 조랑(왜소한) 노새

gípsĕus, -a, -um, adj. 석고(石膏)의

giro, -ávi -átum -áre, = gyro
intr. 돌다(סבב), 회전하다(סבב).
tr. 빙빙 돌리다, 회전시키다.

Girovagus, -i, m. 베네딕도 성인 당시 이 수도원 저
수도원을 떠돌아다니며 많은 폐해를 끼쳤던 수도자들.
[girovagus란 단어는 '원', 또는 '회전'을 뜻하는 그리스어 키로스(gyros)와
'떠돌아다니다', '배회하다'를 뜻하는 라틴어 바가리(vagari)의 합성어이다. 스승의
규칙(RM)은 이들에 대해서 매우 길게 풍자적으로 묘사하고 있다(RM 1, 13-74).
반면 베네딕도는 이들에 대해 침묵을 지키는 것이 더 낫다고 하며 단지 두 개의
절로 요약해서 언급하고 있다. 허성석 지음. 하느님 찾는 삶. 들숨날숨, p.88].

gith(=git), n., indecl. 선옹초(仙翁草)
(Agrostemma githago-중심자목目 석죽과에 속하는 한해살이꽃.)

gizérĭa, -órum, n., pl. =gigérĭa 모래주머니, 사낭(沙囊)

Gl. 略 = Glória (가톨릭) 영광송

gl. 略 = glándula 편도선

glabélla, -æ, f. [glabéllum, -i, n.]
(解) 미간[眉間-"양미간兩眉間"의 준말. 두 눈썹 사이).

glabéllus, -a, -um, adj. 매끈매끈한, 털이 없는, 빤질빤질한

glaber, -bra -brum, adj. 털이 없는, 매끈매끈한, 빤질빤질한.
m. 홍안의 미소년, 소년 노예(奴隷).

glabrárĭa, -æ, f. 어린 미소년을 사랑하는 여자

glabrésco, -ěre, inch., intr. 털 빠지다, 대머리가 되다

glabréta, -órum, n., pl. 불모지(不毛地)

glábrĭtas, -átis, f. (살갗이) 매끈매끈함, 털 나지 않음, 불모지

glabro, -áre, tr. (glaber) 털 뽑다, 털 벗기다

glaciális, -e, adj. (glácies) 얼음의, 얼음으로 덮인, 혹한의

glaciális hiems. 몹시 추운 겨울

glácĭes, -ei, f. 얼음(duramen aquarum), 얼음덩어리,
냉혹(冷酷-차갑고 혹독함), 무정(無情).

glaciésco, -ěre, intr. (glácies) 얼다, 결빙하다

glácĭo, -ávi -átum -áre, (glácies) tr. 얼리다, 굳히다,
얼음이 되게 하다, 응고시키다, 소름끼치게 하다.
intr. 얼다, 굳어지다, 엉기다.

gladiárĭus, -a, -um, adj. (gládius) 칼(검)의, 칼에 관한.
m. 칼 만드는 사람, 검 제조인(劍 製造人).

gladiátor, -óris, m. (gládius) 검투사(보통 노예나 포로 중에서
선발된 자들이 관중 앞에 모래 경기장에서 서로 싸우거나 맹수와 격투하였음).
검투경기, 산적, 검 제조인. pl. 검투사(劍鬪士)들.
Ad certandum paratus erat gladiator.
검투사는 싸울 준비가 되어 있었다/
De fugitivis gladioribus, quorum potentia similis fuerit
regiæ dignitati. 도주한 검투사들의 세력도 왕권과 흡사했다.
(교부문헌 총서 17, 신국론, p.2754)/
In gladiatoriis pugnis eorum nos magis miseret qui
nostram misericordiam non requirunt quam qui illam
efflagitant.(Cicero). 검투사 시합에서는 우리의 자비를
애걸하는 사람들보다는 우리 자비를 청하지 않는 사람들
에게 우리는 더욱 연민을 느낀다(성 염 지음. 고전 라틴어, p.309)/
Morituri morituros salutant!(검투사들의 경기 전 상호인사).
죽을 사람들이 죽을 사람들에게 인사합니다/
Morituri te salútant(salutámus)
목숨 바치려는 자들이 폐하께 인사드립니다.
(로마의 검투사들이 경기장에서 황제 앞을 행진하면서 외친 말)/
Unus furiosus gladiator contra patriam gerit bellum.
Huic cedam? Huius condiciones audiam.
Cum hoc pacem posse fieri credam.
미쳐 날뛰는 칼잡이가 하나가 조국에 전쟁을 걸고 있다.
이 자에게 내가 굴복할 것인가?
이 자의 협상조건에 귀 기울일 것인가?
이 자와 화평할 수 있다고 내가 믿을 것인가?.
[성 염 지음. 고전 라틴어, p.298].

gladiatórĭus, -a, -um, adj. (gladiátor)
검투사의, 검투사에 관한. n. 검투사 급료(給料).

gladiatoria sagina. 검투사 영양식(劍鬪士 營養食)

gladiatúra, -æ, f. (gladiátor) 검투사 신분(직업),
검투, 검투사들의 시합(경기).

gladíŏlus, -i, m. dim. (gládius) 작은 칼, 소검(小劍).
(解) 검상연골(劍狀軟骨). (植) 글라디올루스.

gladium, -i, n. 칼(劍.חרב.⑨ dagger/sword), 검(劍),
Hic priceps gladium magnum habet. Is id habet.
이 군주는 커다란 검을 갖고 있다. 그가 그것을 갖고 있다.
[gladius n.이면 Is eum habet.
gladium n.이면 Is id habet. 성 염 지음. 고전 라틴어, p.100)/
Qui gladio ferit gladio perit. 칼로 죽인 자 칼로 망한다/
Si gladium quis insaniens apud te deposuerit, reddere
peccatum sit. 어느 미치광이가 너한테 검을 맡겼다면,
그것을 돌려줌은 곧 죄이다.(성 염 지음. 고전 라틴어, p.348)/
Ubi est gladium illius? 저 사람의 검이 어디 있는가?
[라틴어로 '칼'은 gladius, ii m; gladium, ii n. 두 형태가 있다. 고전 라틴어, p.98]

gládĭus, -i, m. 칼(劍.חרב.⑨ dagger/sword), 검(劍), (일상어에
서는 '칼'이라는 의미이고, 시어에서는 '검'이라는 의미로 사
용됨. 무력, 검투사의 신분: 검투경기, 살육(殺戮), 쟁기의 보습.
군도(軍刀.⑨ ensis, -is, m.). (魚) 갈치.
alcjs latus gládio haurio. 아무의 옆구리를 칼로 찌르다/
brevitate habiles gladii. 짧아서 다루기 쉬운 칼/
condo gladium. 검을 칼집에 꽂다/
Defende me gladio, te defendam verbo.
칼로 나를 보호하면 나는 당신을 말로 보호하리라/
Domine, ecce gladii duo hic(성경 루카 22. 38)
주님, 보십시오. 여기에 칼 두 자루가 있습니다/
educo gládium e vagínā. 칼을 칼집에서 뽑다/
gladiis accíncti. 군도(軍刀)로 무장한 군인들/
gládium in vaginam recondo. 칼을 칼집에 다시 꽂다/
gládium stríngere. 칼을 뽑다/
Me defende gladio, te defendam calamo.
칼로 나를 보호해 달라. 붓으로 당신을 보호 하겠다/
Quid gladii volunt? 이 칼들은 무엇을 뜻하느냐?/
Romani Germanique gladiis pugnabant.
로마인들과 게르만인들은 칼로 싸웠다.[수단 탈격abulativus medii
은 어떤 행위를 하기 위해 사용하는 수단을 나타내는데 전치사 없이 쓰인다/
tuam ipsius animam pertranseit gladius.
당신의 영혼을 칼이 꿰뚫을 것입니다(200주년 신약 루가 2, 35)/
tránsigo alqm gládio. 누구를 칼로 찌르다.

gladius Domini 주님의 검(劍)
(사를 8세를 칭송하여 Savonarola 1452~1498가 한 말).

gladius e lacunari aptus. 천장에 매달려 있는 검(칼)

gladius intra vaginam suam hærens.
칼집에 꽂혀 있는 칼.

glæb… V. gleb…

glæsárĭus, -a, -um, adj. (glæsum) 호박(琥珀)의

glæsum, -i, n. (=glesum) ((鑛)) 호박(琥珀)

glándĭfer, -ěra, -ěrum, adj. (glans+fero) 도토리 열리는

glandiónĭda, -æ, f.
돼지나 멧돼지의 멱(목덜미) 고기. (解) 소선(小腺).

glándĭum, -i, n.
훈제(燻製)한 돼지 멱(목덜미) 고기. (解) 소선(小腺).

glándŭla, -æ, f. [glans] (주로 pl.) (解) 선(腺), 편도선,
편도선염(扁桃腺炎). 돼지 멱(목덜미) 고기.

glanis, -is(-ĭdis), m. (魚) 메기

glans, glandis, f. 도토리, 도토리처럼 생긴 열매,
(납이나 찰흙으로 만든) 줄팔매 탄환, 포탄(砲彈).
(解) 귀두(龜頭-남자의 생식기의 음경의 끝 부분).
plumbeus glans. 탄환(彈丸).

glans libráta. 발사된 포탄

glárĕa, -æ, f. 자갈, 조약돌(작고 둥글둥글한 돌)

glareósus, -a, -um, adj. (glárea) 자갈 많은, 자갈투성이의

glastum, -i, n. (植) 대청(大靑)

glaucéum(=glaucĭon), -i, n. (植) 양귀비(의 일종)

gláucĭto, -áre, intr. 강아지가 짖다

glaucóma, -átis, n. (=glaucúma, -æ, f.) (醫) 녹내장

glaucus,[1] -æ, f. 회청색(灰靑色)의, 녹색과 회색이 섞인

glaucus,[2] -i, m. 해신(海神)이 된 Anthédon의 어부(fisherman)

glêba(=glæba) -æ, f. 흙덩이, 시체 묻는 흙, 밭(άγρὸς), 전답(田畓), 땅, 토지(土地), 덩이, 덩어리, 알맹이. sevi gleba. 비계덩이/ turis glebæ. 향 알맹이.

glebális, -e, adj. (gleba) 흙덩이의, 토양의

glebárĭus, -a, -um, adj. 흙덩이의

glebátim, adv. 흙덩이 모양으로

glebósus, -a, -um, adj. (gleba) 흙덩이가 많은, 흙덩이처럼 생긴. n., pl. 울퉁불퉁한 곳(길).

glébŭla, -æ, f. dim (gleba) 작은 흙덩이, 땅(밭)떼기, 작은 덩이, 작은 덩어리.

glesum, -i, n. (=glæsum) ((灝)) 호박(琥珀)

glirárĭum, -i, n. (다람쥐 비슷한) 들쥐의 사육장(飼育場)

glis¹, -íris, m. (gen., pl. glírium), (다람쥐 비슷한) 들쥐(의 일종). pullus glirium. 들쥐새끼.

glis², -ítis, f. 점토(粘土), 진흙

glisco, -ěre, intr. [cf. cresco] (불이) 피어오르다, 붓다, 부어오르다, 살찌다, 비대해지다, 점점 커지다, 확대(擴大)되다, 더해가다, 성장하다, 부풀어 오르다, 기뻐 날뛰다, 열망(熱望)하다, 몹시 …하고 싶어 하다.

glit(t)us, -a, -um, adj. 착 달라붙은

globátim, adv. (globus) 떼 지어, 무리 지어

globo, -ávi -átum -áre, tr. (globus) 둥글게 하다, 뭉치게 하다, (흔히 pass.) (공처럼) 둥글어지다, 뭉치다.

globósĭtas, -átis, f. 구형(球形), (공처럼) 둥근 형상

globósus, -a, -um, adj. (globus) 구형의, 공 모양의, 둥근, 둥그스름한.

glóbŭlus, -i, m. dim. (globus) 작은 구형체(求刑體), 소구(小球), 둥글게 빚은 음식물, 단자(團子), 알약, (액체의) 작은 방울, 혈구(血球).

globulus ígneus. 총탄(銃彈·총알)

globus, -i, m. 공(球), 구체(球體), 구형(球形), 천구(天球), 둥근 덩이(덩어리), 뭉치, 둥글게 빚은 음식물, 만두, 단자, 무리, 떼, 군중, 집단, 일단. (軍) 둥근 전투대열.

globus nubium. 구름장

globus terræ. 지구(地球).⍓ orbis terrarum

glomerábĭlis, -e, adj. (glómero) 뭉쳐지는, 뭉치는

glomerámen, -mĭnis, n. (glómero) 둥근 덩어리, 구체(球體). (pl.) 유동체의 분자(들); 염소 똥.

glomerátim, adv. 집단으로, 무리 지어서

glomerátĭo, -ónis, f. (glómero) 말(馬)의 속보(速步), 구보(驅步-틥·달음박질), 포족(跑足-말이 약간 빨리 달리는 일).

glómĕro, -ávi -átum -áre, tr. (glomus) 둥글게 감다, 공 모양으로 둥글게 만들다, 모아 놓다, 뭉치게 하다, 무리를 형성하다, 한 덩어리가 되게 하다, 말이 포족(跑足)으로 달리다, 구보(驅步)하다. pass., refl. se glomero, glomerári. 뭉치다, 한 덩어리가 되다, 뭉치게 하다.

glomerósus, -a, -um, adj. (glomus) 둥근, 뭉쳐진

glomérŭlus, -i, m. dim (glomus) (醫) 사구체(四丘體-신장의 피질부에 있는, 공 모양의 작은 모세 혈관 덩어리), 신(腎) 사구체.

glomus, -měris, n. 실 뭉치, 양털뭉치, 실꾸리(동그랗게 감아 놓은 실몽당이), 둥글게 뭉침.

glórĭa, -æ, f. (clarus) 영광(יקר·δόξα.⍓ glory), 광영(光榮), 명성(名聲), 영예(榮譽), 글로리아, 영광송, (가톨릭) Gloria in excélsis. (미사 때의) 대영광송. Afferte Domino, familiæ populorum afferte Domino gloriam et imperium. (do,te tw/| kuri,w| patrai. tw/n vqnw/n do,te tw/| kuri,w| do,xan kai. ivscu,n) (獨 Bringet dar dem HERRN, ihr Völker, bringet dar dem HERRN Ehre und Macht!) (⍓ Give to the LORD, you families of nations, give to the LORD glory and praise) 주님께 드려라, 뭇 민족의 가문들아. 주님께 드려라, 영광과 권능을(성경 1역대기 16. 28)/야훼는 힘 있고 위엄 차시다, 찬양하여라. 민족들아, 지파마다 야훼께 찬양을 올려라(공동번역 1역대기 16. 28)/ Appetens gloriæ. 영광을 탐하는 사람/ Gaudeo tua gloria, cujus ad me pars aliqua redundat. 내게도 그 한몫이 돌아오는 너의 영광을 나는 기뻐한다/

gloriæ avidior. 영광을 더 탐하는/
gloriæ lumen intelligibile. 가지적 빛/
gloriam reginis. 여왕들에게 영광을/
homo volitans gloriæ cupiditate. 명예를 좇아 날뛰는 사람/
Hymnus Gloria Domini. 주님의 영광 찬송가/
Imago gloriæ. 영광의 모상/
In Gloriam Confessorum. 증거자들의 영광/
Lumen gloriæ. 영광의 빛/
Mors sine gloria. 영광 없는 죽음/
Mulier gratiosa inveniet gloriam, et robusti habebunt divitias. (⍓ A gracious woman wins esteem, but she who hates virtue is covered with shame). 품위 있는 여자는 존경을 받고 억척스러운 남자는 재산을 얻는다(성경 잠언 11. 16)/어진 여인은 칭송을 받지만 바른 일 싫어하는 여인은 금방석에 앉아 욕을 먹는다(공동번역)/
Nemo cognoscit tuam gloriam. 아무도 너의 영광을 인정해주지 않는다/
Nos autem gloriari opportet in cruce Domini nostri Jesu Christi. 우리 주 예수 그리스도의 십자가만이 우리의 자랑입니다(갈라 6. 14)/
O quam cito transit gloria mundi! 오! 세상의 영화는 그 얼마나 빨리 지나 가는가!/
Sic transit gloria mundi. 세상의 영광은 이렇게 지나간다/
vera gloria. 참다운 영광.

Gloria bónis homínibus testimonium bonæ conscientiæ. 착한 사람의 영광은 어진 양심이 증명하여 주는 데 있다.

Gloria cœlestis. 천상의 영광

Gloria Dei. 하느님의 영광(榮光). Omnes enim peccaverunt et egent gloria Dei(로마 3. 23) 모든 사람이 죄를 지어 하느님의 영광을 잃었습니다.

Gloria Dei homo vivens!.(⍓ The glory of God is the living man) 하느님의 영광은 바로 살아 있는 인간이다. 살아 있는 사람은 하느님의 영광입니다.

gloria dei super hominis vultum resplendet. (⍓ God's glory shines on the face of man) 하느님의 영광이 인간의 얼굴에서 빛난다.

Gloria Deo, Pax hominibus.(2006.1.25. 서임된 조규만 주교 사목표어) 하느님께 영광, 사람들에게 평화.

Gloria doxologia. 영광송

Gloria enim Dei vivens homo, vita autem hominis visio Dei(⍓ the glory of God is the living man, yet man's life is the vision of God) 살아있는 인간은 하느님의 영광이며, 하느님의 모습은 인간의 생명이다.

gloria essentiális. 본질적 영광

Gloria et divitiæ in domo ejus: et justitia ejus manet in sæculum sæculi. 부와 재물이 그의 집에 있고 그의 의로움은 길이 존속하리라.

gloria externa. 피조물에 나타난 하느님의 영광, 외적 영광

gloria extrinseca. 외적 영광

gloria formális. 형상적 영광, 인정된 하느님의 영광

Gloria in excelsis Deo. 대영광송, 하늘에는 주님(천주)께 영광, 하늘에는 하느님께 영광, 지극히 높은 곳에 하느님께 영광이 있기를!. Non dicitur Gloria in excelsis. 대영광송 바치지 않음.

Gloria in excelsis Deo. et in terra pax hómínibus bonæ voluntátis. 하늘 높은 데서는 하느님께 영광. 땅에서는 주님께서 사랑하시는 사람들에게 평화.
[기존 우리말 번역문은 선의의 주체를 사람으로 간주하여 "땅에서는 마음이 착한 이에게 평화"로 번역하였다. 그런데 꿈란 유적지에서 발견된 '시가' 4. 32 ~33; 11. 9를 보면 대영광송 본문과 거의 같은 표현이 나오는데, 이 '시가'에서는 선의의 주체가 분명히 하느님이다. '그분(하느님)의 선의의 아들'. 따라서 천사의 노래에서도 선의를 지닌 사람들이 평화를 누린다는 말이 아니라, 하느님의 선의를 베푸는 사람들이 평화를 누린다는 말이다.
황치헌 신부 지음, 미사통상문을 위한 라틴어, p.113].

gloria inanis. 허영(虛榮.⍓ stultus gloria)

gloria interna. (삼위일체 내부의) 내적 영광

gloria intrinseca. 내적 영광

Gloria, laus et honor tibi sit, Rex Christe, Redemptor: Cui puerile decus prompsit Hosanna pium.

영광, 찬미, 영예, 모두 임의 것, 그리스도 임금님 구세주!
아이들의 기쁜 노래 또한 호산나로다.
Gloria, laus et honor tibi sit, Rex Christe, Redemptor:
Cui puerile decus prompsit Hosanna pium.
  R. Gloria, laus, etc.

Israel es tu Rex, Davidis et inclyta proles:
Nomine qui in Domini, Rex benedicte, venis.
  R. Gloria, laus, etc.

Coetus in excelsis te laudat caelicus omnis,
Et mortalis homo, et cuncta creata simul.
  R. Gloria, laus, etc.

Plebs Hebraea tibi cum palmis obvia venit:
Cum prece, voto, hymnis, adsumus ecce tibi.
  R. Gloria, laus, etc.

Hi tibi passuro solvebant munia laudis:
Nos tibi regnanti pangimus ecce melos
  R. Gloria, laus, etc.

Hi placuere tibi, placeat devotio nostra:
Rex bone, Rex clemens, cui bona cuncta placent.
  R. Gloria, laus, etc.
이스라엘 임금이요, 다윗 임금의 후예시로다.
주님의 이름으로 오시는 복되신 임금님, 오소서.
하늘 천사들이 주님을 함께 찬미하고, 인간과 조물이 주님을 같이 기리도다.
히브리 백성이 팔마 들고 마중 가니, 기도와 노래 불러 함께 기리나이다
수난하실 주님께 찬미 예물 드리오며, 하늘나라 임금께 찬송 드리나이다.
그들의 찬미같이 저희 정성 받으소서. 모든 선의 근원, 만선미호의 임금님.
gloria objectiva. 하느님의 영광 자체, 객관적 영광
Gloria Patri. (삼위일체께 드리는) 영광송
  Glória Patri, et Filio, et Spiritui Sancto.
  Sicut erat in princípio, et nunc,
  et semper, et in saécula saeculórum. Amen./
  영광의 성부와 성자와 성령께
  처음과 같이 이제와 항상 영원히. 아멘.
Gloria Patri et Filio et Spiritu Sancto.
  성부와 성자와 성령께 영광!
Gloria Patri per Filium in Spiritu Sancto.
  성자를 통하여 성령 안에서 성부께 영광,
  성령 안에서 성자를 통하여 성부께 영광이!
gloria subjectiva. 주관적(主觀的) 영광
Gloria tibi Domine. 주님께 영광
Gloria tibi Domine, qui surrexisti a mortuis.
  죽은 이들로부터 부활하신 주님께 영광!
Gloria victis! 패자에게 영광을.
  Victis honos. 패자에게 명예를.
Gloria virtutem sequitur, tamquam umbra figúram.
  그림자가 형상을 따르듯이, 영광은 덕행을 따른다.
Gloria virtutem sequitur, ut umbra figuram sequitur.
  형체에 그림자가 따르듯, 덕에는 영광이 따른다.
Gloria virtutem tamquam umbra sequitur.(Cicero)
  영광은 그림자처럼 덕성(德性)을 따른다.
Gloria virtutis umbra. 영예는 덕의 그림자, 음덕양보.
gloriabúndus, -a, -um, adj. (glórior)
  자랑스러워하는, 우쭐하는.
gloriae avidior. 영광을 더 탐하는
gloriam reginis. 여왕들에게 영광을
gloriátĭo, -ónis, f. (glórior)
  자랑함, 뽐냄, 뻐김(자랑), 자만(自慢), 과시(誇示).
  Ubi est ergo gloriatio? Exclusa est(로마 3, 27)
  그러니 자랑할 것이 어디 있습니까? 전혀 없습니다(성경)/
  그러니 우리가 내세울 만한 것이 무엇입니까?
  아무것도 없습니다(공동번역 로마 3, 27).
gloriátor, -óris, m. (glórior) 자랑으로 여기는 사람,
  자랑하는(뽐내는) 사람, 뻐기는 사람, 뽐내는 사람.
glorificátĭo, -ónis, f. (glorífico) 영광의 찬미, 칭송,
  (흔히 하느님의 영광에 대한) 찬미·찬송·찬양·송덕(頌德),
  ((神)) (구원받은 사람에게 주시는 하느님의)
  영원한 행복을 수반하는 영광 수여,
  De Ecclesiae glorificatione sine fine post finem.
  종말 후 교회의 끝없는 영광(교부문헌 총서 17, 신국론. p.2820).

glorificémus, 원형 glorífico, -ávi -átum -áre.
  [접속법 현재.
  단수 1인칭 glorificem, 2인칭 glorifices, 3인칭 glorificet,
  복수 1인칭 glorificemus, 2인칭 glorificetis, 3인칭 glorificent].
glorífico, -ávi -átum -áre, tr. (glória+fácio)
  칭송하다, 표창하다, 찬양하다(יה.דה),
  (하느님의) 영광을 찬송(찬양.찬미)하다,
  (일반적으로) 칭송(칭찬.찬양)하다,
  …에게 영광을 더하다(드리다), …의 이름을 드높이다.
  De omni Sanguine Christi Glorificato.
  그리스도의 영광스러운 성혈(보헤미아파 종교 개혁자 Huss 지음)/
  Ut in omnibus glorificetur Deus.
  하느님은 모든 일에서 영광을 받으소서.
glorificus, -a, -um, adj. (glorífico) 영광스러운, 영광된
gloríŏla, -æ, f. dim. (glória) 조그마한 영광; 자랑, 환광
  [環光-교회에서 성인은 그 상본에 그의 머리를 배후에서 둥글게 비추는 후광(後光, aureola)을 그릴 수 있다. 복자의 상본에는 머리 뒷부분만을 둥글게 비추는 환광을 그릴 수 있다. 백민관 신부 엮음, 백과사전 2, p.158].
glórĭor, -átus sum -ári, dep., intr., tr. (glória)
  (abl.; de, in abl.; alqd, acc. c. inf.; absol.)
  영광(자랑)으로 생각하다, 자랑하다, 뽐내다, 빼기다.
  Id glorior. 나는 그것을 자랑 한다/
  Qui gloriatur, in Domino glorietur.(1 고린 1, 31)
  (웹 Whoever boasts, should boast in the Lord)
  자랑하려는 자는 주님 안에서 자랑하라(성경 1 고린 1, 31)/
  누구든지 자랑하려거든 주님을 자랑하십시오(공동번역)/
  누구든지 자랑하려거든 주님 안에서 자랑하라(200주년)/
  Unde ergo potes gloriári?
  그대는 무엇을 가지고 자랑할 수 있겠습니까?
gloriosissima civitas. 지극히 영화로운 도성
gloriósus, -a -um, adj. (glória) 영광스러운, 명예로운,
  훌륭한, 빛나는, 뽐내는, 우쭐하는, 자랑하는, 자부하는,
  자만하는, 허영심(虛榮心) 많은, 야심적인.
  Gloriosa dicta sunt de te, ciuitas Dei. 하느님의
  도성아, 너를 두고 영광스러운 일들이 일컬어지는도다/
  homo non sunt, gloriósus.(quam² 참조)
  저 사람들처럼 우쭐하지 않는 사람.
glos, glöris, f. 시누이(남편의 누이), 형수(兄嫂-형의 아내),
  제수(弟嫂-아우의 아내. 계수).
glossa, -æ, f. (설명이 필요한) 난해한 어휘(語彙), 주석,
  해설, 용어해석(用語解釋), 난해 어휘 소사전(小辭典).
  (解) 중설(中舌-重舌-중 혀).
  [원서에 대한 학술상 난해한 말을 쉬운 말로 풀이한 글. 호메로스의 해석상 난해한 말을 풀이하는 데서 생겼다. glossa는 '혀'라는 뜻에서 '말로 풀다'라는 뜻이 있다. 주해서는 알파벳 순(順)으로 편찬되어 학문 학술을 위한 백과사전 저작의 효시가 되었다. 교회에는 성서 주해서와 교회법전 주해서가 있다. 백민관 신부 엮음, 백과사전 2, p.159].
  Glossæ extrinsecæ(marginales). 행간 주석/
  Glossæ intrinsecæ(interlineares). 난외 주석/
  Quidquid non agnoscit glossa, non agnoscit Curia.
  주해서가 인정하지 않으면 로마 성청도 인정하지 않는다.
Glossa Biblia(Sacra) 성서 주해집
Glossa Canonica. 교회법전 주해집
Glossa Communis(=Ordinaria)
  (여러 주해자를 거쳐 종합된) 주해서.
Glossa interlinearis. 행간 난외 주석, 행간 성서 주해
  [중세에는 두 가지 형태의 라틴어 '주석(Glosse: 성서 본문에 대한 지속적 주석들로서 12세기 라온의 안셀모 학파에서 수집하였음)'이 있었다. 그것은 '난외 주석(Glossa ordinaria)'과 '행간 주석(Glossa interlinearis)'이다.
  Glossa interlinearis는 르네상스의 큰 출판본에서만 볼 수 있다. 지면 중앙에 더 큰 글씨로 성서 본문을 기록하고 있는 낱장으로 된 책이다. Glossa ordinaria는 본문 여백에서 볼 수 있으며, 한 단어나 두세 단어의 성서 주해는 문구들을 작은 글씨로 성서 본문의 줄 사이에 써 넣은 일종의 성서주석이다. Glossa interlinearis에서 교회 교부들 시기부터 중세 초에 이르기까지 전통 안에서 수집된 핵심을 찾아 볼 수 있다. 계약의 신비 안에 계시는 마리아, p.348].
glossa ordinaria. 난해 소사전, 난외주석, 표준주석(12세기부터 도입되어 본문이나 성서들의 페이지 하단이나 좌우측 여백에 어려운 어휘나 중요 신학자들의 견해를 적어 넣어 설명한 것. 이는 성경만의 특수한 학문적 방식이 아니라 중세시대에 법학을 비롯한 모든 학문에 널리 퍼진 방식이었음).
  표준성서 주해[9세기 초반 Walafrid Strabo가 주로 라틴교부들과 그의 스승 Rabanus Maurus의 글을 토대로 작성한 성서주해다. 중세 전반을 걸쳐 이 주해와 더불어 가장 큰 권위를 인정받았던 성서주해는 라온의 안셀무스(Anselm of Laon, +1117)의 '행간 성서 주해(Glossa interlinearis)'가 있다. 12세기 이후, 실제적으로 이 두 주해를 나란 같이 사용되었다.
  즉 불가타 성서 본문의 측면에 발라프리드의 주해를 쓰고, 행간에 안셀무스의

G

주해를 써넣은 책이 통용되었다. 14세기 이후에는 리라의 니콜라우스(Nicholas of Lyra)가 저술한 상세주해(Postilla)도 본문 하단에 함께 배치하였다.
토마스 아퀴나스가 '표준 성서주해'와 '행간 성서주해'에 커다란 권위를 부여해서 아주 자주 인용하는 출처가 되었다. 이 두 성서 주해가 사실상 하나의 작품처럼 늘 같이 사용되었지만, Lonergan은 이 두 성서 주해를 언급하면서 그것이 둘 중의 어느 것인지를 명확히 하지 않고 단순히 성서주해(Glossa)라고만 쓰는 경우가 종종 있다. 그것은 토마스 역시 마찬가지였다. 김 율 옮김, 은총과 자유, p.24].

glossalália∗ 방언(方言.⑨ dialect), 신령한 언어,
   이상한 언어(그리스어.가톨릭용어집. p.56, p.66).
glossator, -óris, m. 주석학자[첫 주석학자 Walafrid Strabo(+849년)]
glossárĭum, -i, n. (해석 붙인) 난해 어휘사전, 고어사전,
   (일정한 저자에 한정된) 주해서.
glosséma, -ătis, n. (pl., gen. -tum, -tórum)
   (설명이 필요한) 고어.외래어, 난해한 말.
   pl. 고어사전, 난해 어휘사전.
glossemátĭcus, -a, -um, adj. (glosséma) 고어의, 난해어의
glossolalia. (glossa '혀'+lalia '말하다') 설변(舌辯), 지껄임,
   언어의 특은, 방언(glossolalia는 19세기 조어造語이다).
glóssŭla, -æ. f. dim. (glossa) 주해 붙인 작은 난해어
glottis, -tĭdis, f. (鳥) 메추라기(의 일종). (解) 성문(聲門).
glubo, (upsi, uptum), -ĕre,
   intr. 껍질을 벗다, 껍질이 벗어지다.
   tr. 나무껍질을 벗기다, 가죽 벗기다.
glucósum, -i, n. (化) 포도당(葡萄糖)
glūma, -æ, f. (glubo) 나무껍질, 왕겨(벼의 겉겨), 곡물의 겉겨.
glus, glutis, f. (=gluten, -tīnis, n.) 아교(阿膠), 풀(糊)
glut glut, (adv.) 꼴깍꼴깍.
   n., indecl. (병목에서 물 나오는) 꼴깍꼴깍 소리.
gluten, -tīnis, n. (=glus, glutis, f.) 아교(阿膠), 풀(糊)
glutéus, -i, m. (解) 둔근(臀筋).
   musculus glutæus maximus. 대둔근(大臀筋).
glutinaméntum, -i, n.
   교착(膠着-단단히 달라붙음), 붙임, 붙인 자리.
glutinárĭus, -i, m. 풀(糊) 만드는 사람, 아교 제조인.
glutinátĭo, -ónis, f. (glútino) 교착(膠着-단단히 달라붙음),
   점착(粘着-끈끈하게 달라붙음), 부착(附着-들러붙어서 떨어지지 아니함),
   (상처의) 유착(癒着), 응고(凝固), 굳어짐.
glutinatívus, -a, -um, adj. 부착시키는, 풀로 붙이는
glutinátor, -óris, m. (glútino) 책 제본상(製本商),
   풀로 붙이는 자, 제본업자, 제본인(製本人).
glutinatórĭus, -a, -um, adj. 부착시키는, 풀로 붙이는
glútĭno, -ávi -átum -áre, tr. (gluten) 접착시키다,
   풀(아교)로 붙이다, 아물게 하다, 유착시키다.
glutinósus, -a, -um, adj. (gluten)
   풀기 있는, 접착성의, 끈끈한, 차진.
glútĭnum, -i, n. = glus, glutis, f. (=gluten, -tīnis, n.)
glút(t)ĭo, -ívi(ĭi) -ítum -íre, tr.
   꿀꺽 삼키다, 게걸스레 먹다, 쭉 들이켜다.
glut(t)o, -ónis, m. 대식가, 폭식가, 탐식자(貪食者)
glut(t)us¹, -a, -um, adj. (glus) 착 붙은
glut(t)us², -i, m. (解) 목구멍, 식도, 한 입 삼킴
glycérĭa acutiflóra, -æ, f. (植) 육절 보리풀
glycerínum, -i, n. (化) 글리세린
glycýrrhĭza, -æ, f. (植) 감초
glycysíde, -es, (=glycysis, -ĭdis,) f. (植) 모란,
   (植) 작약(미나리아재비목 미나리아재비과의 한 속. 함박꽃).
gnaphálĭum luteoálbum, -i, n. (植) 흰떡쑥
gnare, adv. 유식하게
gnárĭtas, -átis, f. (gnarus) 인식(認識.⑨ Knowledge),
   지식(⑨ Intellect/Knowledge/Science).
gnárŭris, -e, adj. (古) = gnarus
gnarus, -a, -um, adj. (cf. gnosco, nosco)
   (gen., acc.c. inf.: interr. indir.)
   (무엇을) 잘 알고 있는, 정통한, 유식한, 알려진.
Gnatho, -ónis, m. Teréntius의 희극에 나오는 식객의 이름
Gnátĭa = Egnátia
gnat···, gnav··· V. natu···, nav···
Gnid··· V. Cnid···
gnob··· V. nob···
gnavus(=navus), -a, -um, adj.

열심한, 근면한, 공들이는; 악착같은, 끈기 있는.
gnôme, -es. f. 격언, 금언, 잠언(箴), 경귀, 의견, 사상
gnômon, -ŏnis, m. 해시계의 바늘
gnomónĭca, -æ, f. (=gnomónĭce, -es.) 해시계 제작법.
gnomónĭcus, -a, -um, adj.
   해시계에 대한, 해시계 제작법에 정통한.
Gnósĭa, -æ, [Gnó(s)sĭas, -ādis; Gnó(s)sis, -ĭdis,] f.
   (Gnósius) Creta 여자(=Ariádne 지칭).
gnoseologia, -æ, f. 인식론(⑨ theory of knowledge)
gnoseologia pura. 순수 인식론(純粹 認識論)
gnôsis, -is, f. 그노시스(γνώσις.⑨ gnosis), 영지(靈知),
   학식(學識), 인식(認識.⑨ Knowledge), 구원 신앙,
   구원(救援.σωτηρία.⑨ salvátĭon) 인식(認識).
gnôsis falsa. 허위의 지식(2티모 6, 20)
gnôsis vera. 진실한 지식
gnóstĭci, -órum, m., pl.
   gnosis파 이단자들, 영지주의 이단자들.
Gnosticísmus, -i, m. 그노시스설, 그노시스파,
   영지주의(靈知主義), 그노시스주의(獨 Gnostismus)
   (그리스도교 초기인 2, 3세기에 발전하여 4세기까지 영향을 끼쳤던 교설).
Gnôsus(=Gnôsos, =Gnôssus) -i, f.
   Creta섬의 고도, Minos왕의 거주지, 미궁으로 유명 함.
góbĭo, -ónis, m. (魚) 모샘치(민물고기)
gœtia 마술[악마의 효험을 얻어내기 위해 악령을 동원하는 주술]
   (교부학문 총서 15. 신국론, p.1016).
Golgotha. (아람어) 골고타, 해골바가지[Γολγοθα.그리스도
   가 십자가에 못 박힌 곳으로 Jerusalem 부근 언덕. 마르 15, 22: 요한 19, 17].
   [골고타는 '해골' 또는 '머리털이 없는 두개골'을 의미하는 아람메아어 '골골타'나
   히브리어 '골골레트'가 희랍어 식으로 발음된 것이며 라틴어로는 calvária
   갈바리아라고 부른다.]
Goliath. (히브리어) 필리스테(불레셋)인들이 자랑하던 거인.
   (Goliath이란 이름은 본래 그 사람의 이름이 아니고 '과시하는 자'란 뜻으로
   전해졌다는 설도 있다. 백민관 신부 엮음, 백과사전 2, p.173).
gommi = gummi
gomphósis, -is, f. (解) 정식(釘植), 설상봉합(楔狀縫合)
gomphus, -i, m. 못(釘), 나무못, 쐐기
góngylis, -ĭdis, f. (植) 둥근 무, 순무, 무청(蕪菁-무의 잎과 잎줄기)
gónĭum, -i, n. (生) 생식원 세포
gonorrhéa(=gonorrhea), -æ, f. (醫) 임질(陰疾)
gonothéca, -æ, f. (生) 생식제포(生殖體胞)
Gorgo(n), -ónis, f. (흔히 pl.로 씀) Phorcus의 세 딸을
   (Stheno, Euryále, 특히 Medúsa을) 지칭하는 말[이들은
   머리털이 뱀으로 되어 있는 괴물로서 이들을 보는 사람은 돌이 되었다고 함.
   Pérseus가 Medúsa을 죽여 그 머리를 Minérva의 방패 위에 올려놓았음].
gorýtus, -i, m. (=corýtus) 화살 통
gossípĭon(=gossípĭum, =gossýpĭum) -i, n.
   (植) 면화, 목화, 솜.
gossípĭum,(=gossípĭon =gossýpĭum) -i, n.
gossipium dupurátum. 탈지면(약솜)
gossýmpĭon, -i, n. (=gossýmpĭnus, -i, f.) (植) 목화, 면화
gossýmpĭnus, -i, f. = gossýmpĭon, -i, n.
Góthica architectonica forma. 고딕 건축 양식
grabatárĭus, -i, m. 이동식 간이침대 제조인
grabátŭlus, -i, m. 작은 침대, 들것
grabátus, -i, m. 초라한 침상, 휴대용(携帶用) 침대,
   (접게 되어 있는) 이동식 간이침대, 병상(病床).
   se in grabátum rejicio. 침상에 드러눕다.
Gracchus, -i, m. Semprónia 씨족의 한 가문[유명 인물은
   대 Tibérius Semprónius Gracchus와 그의 두 아들 Tibérius Semprónius
   Gracchus(133 A.C. 호민관) 및 Cajus Semprónius Gracchus(123 A.C. 호민관)].
   Non sum ego is consul, qui nefas esse arbitror
   Gracchos laudare. 나는 그라쿠스 형제를 칭송해서는
   안 된다고 생각할 그런 집정관이 아니다.
Gracchus, tam diu laudabitur, dum memoria rerum
Romanarum manebit. 로마인의 역사가 기억되는 한,
   그라쿠스는 길이 칭송을 받으리라.
gracilésco, -ĕre, intr. 가늘어지다
gracílĭpes, -ĕdis, adj. 가늘고 긴 다리의, 날씬한 다리의
gracilior, -or, -us, adj. grácĭlis, -e의 비교급
grácĭlis, -e, adj. **가늘고 긴**, 가느다란, 홀쭉한, 날씬한,
   호리호리한, 가냘픈, 얇은, 야윈, 마른, 약한, 섬약한,

빈약한, 간단한, 소박한. (解) 박고근(薄股筋)의.
Terentius fuisse dicitur mediocri statura, gracili corpore,
colore fusco. 테렌티우스는 중키에, 호리호리한 몸매에,
　가무잡잡한 피부색이었다고 전한다.
gracílĭtas, -átis, f. (grácilis)
　가늘고 긴 모양, 가느다라 함, 길쭉함, 홀쭉함.
　날씬함, 가냘픔, 빈약(貧弱), 섬약(纖弱-가늘고 약함).
gracíllimus, -a, -um, adj. grácĭlis, -e의 최상급
gracíllo, -ávi -átum -áre, intr. 암탉이 꼭꼭 거리다
grácŭlus, -i, m. (=grácŭla, -æ, f.) (鳥) 갈가마귀
gradálĭs, -e, adj. (gradus)
　점진적인, 단계적인, 한 걸음 한 걸음씩 다가서는.
gradárĭus, -a, -um, adj. (gradus)
　한 걸음 한 걸음씩 나가는 (연설 따위가) 또박또박한.
gradátim, adv. (gradus) 한 걸음 한 걸음, 천천히,
　단계적으로, 점진적으로, 점차로.
gradátĭo, -ónis, f. (gradus) (좌석 따위의) 단(계),
　층계, 등급, 순서. (修) 점층법(漸層法), 점차적 이행.
gradáts, -a, -um, adj. (gradus)
　단계적으로 된, 층으로 된, 점진적.
grádĭlis, -e, adj. 계단이 있는, 단계적인, 빈민계급에게 주는
grádĭor, (-déris, -dítur), gressus sum, grǎdi, dep.,
　intr. (gradus) 걷다(가구), 보행하다, 나아가다, 전진하다.
　viam recte gradior. 길을 똑바로 걷다.
Gradivícŏla, -æ, m. (Gradívus+colo³) 군신 Mars 숭배자
Gradívus, -i, m. 군신(軍神) Mars의 별명
graduale, -is, n. (gradus)
　[가톨릭] (미사 때의) 층계송(層階誦), 화답송.
　Psalmi graduales. 층계 시편, 등정(登程) 시편.
Graduale Romanum. 로마 성가집(聖歌集).
　[바티칸본이며 공식 성가집이 로마 성가집의 선율은 비교적 정확하나 리듬이나
　악상 표현에 부족한 면이 없지 않다. Graduale Simplex는 소(小)성가집이라고도
　하며 원래 독창자용이다. 김건정 지음, 교회전례음악, 2011년, p.55].
Graduale Sacrosanctæ Romanæ Ecclesiæ.
　층계송(層階誦), 화답송(和答誦).
Graduale Sacrosanctæ Romanæ Ecclesiæ De Tempore
et De Sanctis. 시기별, 성인 축일별 로마 성교회 통용 성가집.
Graduale Simplex. 단순 응송집, 단순 화답송집
Graduale Triplex : 3중 기호표기 악보[기본 바티칸 본에
　생갈(St. Gall) 수도원본과 라옹(Laon) 수도원본의 수사본이 병기된 3중 기호
　표기 악보로 미사 전례 성가집이다. 김건정 지음, 교회전례음악, 2011년, p.55].
gradus, -us, m. (gradior) 1. 걸음, 보(步), citáto gradu.
　빠른 걸음으로. 2. 전진, 진행, 접근: gradum fácere.
　전진하다/ gradus ad consulátum. 집정관직을 향한
　일보 전진. 3. 위치, 태세. stábili gradu. 굳건한 태세
　로 버티고 서서/ stare in gradu. (싸움에서) 한 자리
　에서 버티고 서있다. manére gradu. 항구하다.
　4. 단(段), 계단(階段), 층계(層階), 층(層). 5. 계급(階級),
　지위, 등급. 6. 단계; 음계: sonórum gradus. 음계.
　7. 촌수(寸數-親族 간의 멀고 가까운 관계를 나타내는 수).
　8. 땋은 머리가닥. 9. [文法] (형용사의) 급. (라틴-한글사전. p.370).
　Canticum graduum. 계단의 노래/
　corripio gradum. 걸음을 빨리 하다/
　De gradibus formarum. 형상 등급론/
　impedimentum gradus majoris. 중급의 장애/
　impedimentum gradus minoris. 경급의 장애/
　Quot generationes, tot gradus.
　　세대수가 친등(親等)이다(세대수만큼 친등이다)/
　revoco gradum. 발길을 되돌리다.
gradus abstractiónis. 추상의 등급
gradus academicus. 학위(學位)
gradus altaris. 제단의 층계
gradus comparatívus. 비교급(比較級)
gradus episcoporum. 주교들의 직급
gradus heroicus virtutum. 영웅적 덕행의 단계(시복식 수속
　절차 중 성자의 덕행을 조사하는 절차. 해당수준 이상이 되어야 한다는 것을 검토
　하는 것은 죽은 후 50년이 지나야 한다. 백민관 신부 엮음, 백과사전 2, p.183).
gradus judicii(⑨ instance of court.⑨ instantĭa, -æ, f.).
　(法) 심급(審級).
gradus magnus et excelsus. 위대하고 고귀한 직급.

(히뽈리도가 '부제직'을 표현한 말).
gradus memoriæ∗ 기념일의 등급(等級)
gradus metaphysicus. 형이상학적 세계(序階)
gradus naturæ. 자연의 등급
gradus ordinis. 계층(階層)
gradus ordinum. 질서의 등급
gradus positívus. (文法) 원급(原級)
gradus superlatívus. 최상급(最上級).
　superlatívus absolútus. 절대적 최상급/
　superlatívus relatívus. 상대적 최상급.
Grææ, -árum, f., pl. Phorcus의 세 딸의 총칭으로서
　Górgones 자매이며 "늙은 여자들"이라는 뜻(이들은 날 때부터
　회백색 머리에 눈 하나, 이 하나를 공유하였다는 3자매).
　Græcarum Affectionum Curatio. 그리스인들의 정서 치유.
　(테오도레투스 지음).
Græcánĭcus, -a, -um, adj. (Græcus)
　희랍식의, 희랍풍의, 희랍어의.
Græcátim, adv. 희랍인 식으로
græcátus¹, -a, -um, adj. (græcor)
　희랍 식을 본 딴, 희랍 식으로 쓰인.
græcátus², -i, m. 희랍식, 희랍 풍속(希臘 風俗)
Græce loqui docéndus sum. 나는 희랍어 회화를 배워야 한다
Græci versus. 희랍시
Græcia, -æ, f. 희랍(希臘-그리스), 그리스.
　Commiseror fortunam Græciæ. 희랍의 운명을 슬퍼하다.
græcísmus, -i, m. 희랍어식의 표현
græcissátĭo, -ónis, f. (græcísso) 희랍인 모방, 희랍화
græcisso, -áre, intr. 희랍인을 모방하다, 희랍화하다
Græcĭtas, -átis, f. (Græcus) 희랍어(希臘語), 희랍어학
græcor, -átus sum, -ári, dep., intr. (Græcus)
　희랍인을 모방하다, 희랍 식으로 살다.
Græcóstăsis, -is, f. (acc. -im; abl. -i,) 희랍 기타 외국
　사절들이 체류하던 Roma 시내 Cúria 옆의 건물.
Græcŭlus, -a, -um, adj. dim. (Græcus)
　(빈정대는 의미로) 희랍(인)의, 희랍 놈의.
Græcus, -a, -um, adj. 희랍의, 희랍어의, 희랍인의.
　m., f. 희랍인. n. 희랍문학. adv. **Græce**.
　Græcâ fide mercári. 현금으로 거래하다/
　Græcorum affectionum curatio. 그리스인들의 정서 치유,
　이교인의 질병치유(테오도레투스가 지은 그리스도교 사상의 호교론서).
　그는 이 책에서 열두 연설을 통해 철학의 근본적인 문제에 대한 이교와
　그리스도교의 대답을 비교하였다)/
　Pomponius Atticus sic Græce loquebatur, ut Athenis
　natus videretur. 폼포니우스 아티쿠스는 아테네에서
　태어난 것처럼 보일 정도로 그리이스어를 잘 했다/
　Qua dispensatione providentiæ Dei Scripturæ sacræ
　veteris Testamenti ex hebræo in græcum eloquium
　translatæ sint, ut Gentibus innotescerent.
　　구약성경이 이방인도 알도록 하느님 섭리로 히브리어
　에서 그리스어로 번역된 내력.(교부문헌 총서 17, 신국론, p.2814).
Grăgus(=Crăgus) -i, m. Lýcia의 산악지대
Græcus Venetus. 베네치아의 그리스어역 성서
Grajúgěna, -æ, m. (Grajus+geno) 희랍 태생 사람
Grájus, -a, -um, adj. 희랍의: Alpes Grajæ,
　희랍 Alpes(라고 불리는 일부 산맥). m.(pl.) 희랍인.
grallæ, -árum, f., pl. (gradus) 죽마(竹馬), 대말
grallátor, -óris, m. (grallæ) 죽마(竹馬) 타는 사람
grāmen(=unĭóla, -æ, f.) -mĭnis, n. (cf. germen)
　풀(草), 잔디; 꼴꼴(馬草-마소에 먹이는 풀), 목초, 초목,
　식물(植物), 갈대, 초본식물. (植) 갯보리(褲-볏과의 다년초).
grámĭæ, -árum, f., pl. 눈꼽('눈곱'의 잘못-눈에서 나오는
　진득진득한 즙액, 또는 그것이 말라붙은 것).
gramíněus, -a, -um, adj. (gramen) 풀(草)이 있는, 목초의,
　잔디의, 풀로 덮인, 풀로 만든, 인도 갈대의, 대나무의.
　graminea coróna obsidionális. 풀로 엮은 화관.
　(적의 포위部隊를 물리친 장군에게 주는 영예의 관).
gramíneus hasta. 죽창(竹槍)
graminósus, -a, -um, adj. (gramen) 풀이 무성한
gramiósus, -a, -um, adj. 눈곱 낀
gramma¹, -æ, f. 선(線), 책의 한줄, 행(行)

gramma², -átis(-átos), n. 알파벳 문자, 글자(말을 눈으로
볼 수 있도록 나타낸 기호), 무게 단위 그램(gr.).

grammtátĕus, -i, m. (acc. -ea) 서기(書記),
기록 담당자(記錄 擔當者, libellio, -ónis, m.).

grammátĭca, -æ, (=grammatice, -es,) f. 문법(文法).
A nobis studétur grammáticæ. 우리는 문법을 공부 한다/
A nobis studéndum est grammáticæ.
우리는 문법을 공부해야 한다/
Grammáticæ hebricæ libri tres. 히브리어 문법 3권/
Institutiones grammaticæ. 라틴어 문법 총서(총18권).

grammatica notionalis. 개념문법

grammátĭca Speculativa. 사변적인 문법학, 반사문법론

grammaticális, -e, adj. (grammática)
문법상의, 문법에 관한, 문법적(文法的).
interpretátĭo grammaticális. 문리 해석.

grammátĭcus, -a, -um, adj. (gramma²)
문법(상)의, 문법적, 문법에 관한.
f. 문법(학), m. 문법교사, 어학교사, 문법학자.
n., pl. 문법 교재, 문법지식(연구). m. (중등) 교사.
artes grammatica. 문법학(文法學)/
Liber contra impium Grammaticum. 불의한 문법가 논박/
Staberius grammaticus tanta honestate præditus fuit ut
proscriptorum liberos sine mercede ulla in disciplinam
receperit. 문법교사 스타베리우스는 탁월한 청렴을 갖추고
있어서(præditus honestate) 보수를 한 푼도 받지 않은 채,
재산몰수를 당한 사람들의 자제들을 문하에 받아 들였다.

grammatísta, -æ, m. 문법교사, 어학교사, (초급) 선생

grammatophylácĭum, -i, n. 기록(공문서) 보관소

grámmĭcus, -a, ¯um, adj. (gramma¹) 선(線)의, 줄의, 행의

Grámpĭus mons = Gráupius mons

granárĭa, -órum, n., pl. (granum) 곡물창고(穀物倉庫)

granátim, adv. (granum) 한 알씩

granátum, -i, n. (granátus) (植) 석류열매

granátus, -a, -um, adj. (granum) 알맹이가 많은, 알곡이 풍성한

grandævus, -a, -um, adj. (grandis+ævum)
나이 많은, 연로한, 고령의

grandésco, -ĕre, inch., intr. (grandis)
커지다, 증대(增大)하다, 성장하다.

grandícŭlus, -a, -um, adj. dim. (grandis) 꽤 잘 자란, 꽤 큰

grándĭfer, -ĕra, -ĕrum, adj. (grandis+fero)
큰 이익을 내는, 큰 이득을 주는, 수익(수입)이 큰.

grandílŏquus, -a, -um, adj. (grandis+loquor) 허풍 떠는,
거창하게 말하는, 호언장담하는, 과장된 표현을 쓰는.

grándĭnat, -áre, impers. (grando) 우박이 오다.
Grandinat, fulgurat : reducite greges ad ovilia!.
우박이 오고 번개가 친다. 양떼를 다시 우리로 몰아가거라!

grandínĕus, -a, -um, adj. 우박의, 우박이 많은

grandinósus, -a, -um, adj. 우박이 많이 오는

grándĭo, -íre, (grandis)
tr. 크게 만들다, 커지게 하다, 자라게 하다.
intr. 커지다, 확대(擴大)되다; 자라다, 성장(成長)하다.

grandis, -e, adj. 큰(ᒃ:ϧϧ,μέγας.πολὺς), 커다란,
큼직한, 거대한(ᒃ:ϧϧ), 기다란, 장신의, 한껏 자란,
(곡식.열매 따위가) 다 큰, 나이 많은, 연장(年長)의,
연만한, 우렁찬, 대단한, 굉장한, 중대한, ˙방대한,
막대한, 웅장한, 장중한, 숭고(崇高)한, 고상(高尙)한.
Attalus sacrum Apollinis agrum grandi pecunia
redemerat. 앗탈루스는 아폴로의 성스러운 밭을
큰돈에 사들였다/
Cibus sum grandium; cresce, et manducabis me.
(⑨ I am the food of grown men; grow, and you shall
feed upon me) 나는 장성한 자의 양식이다. 커라. 그러면
너는 나를 먹게 되리라(2007.2.22. "Sacramentum Caritatis" 중에서)/
grande allegoria. 거대한 유비/
grandibus litteris. 커다란 글자로.

grandis ætas. 노년(老年)

grandis natu. 고령자(高齡者), 연장자(年長者), 늙은이

grandíscápĭus, -a, -um, adj. (grandis+scapus)

아름드리의, 거대한 체구의.

grandísŏnus, -a, -um, adj. 요란한, 큰소리 나는

grándĭtas, -átis, f. (grandis)
나이 많음, 연만(年滿.年晚-나이가 많음), 큼, 위대(偉大),
웅대(雄大), 장중(莊重), 숭고(崇高), 고상(高尙)

grandiúscŭlus, -a, -um, adj. (grandis) 꽤 큰, 좀 큰

grando, -dínis, f. 우박(雨雹), 우박처럼 쏟아지는 것

gránĕus, -a, -um, adj. (granum) 밀알의, 낟알의, 알맹이의

grangium, -i, n. 곳간/cella, -æ, f./thesaurus, -i, m.

gránglum, -i, n. 창고(倉庫)

gráni, -órum, m., pl. 코밑수염, 콧수염

gránĭfer, -ĕra, -ĕrum, adj. (granum+fero)
낟알을(알맹이를) 나르는.

granósus, -a, -um, adj. (granum) 알맹이 많은, 낟알이 많은

granulósus, -a, -um, adj. (granum)
세립상(細粒狀)의, 과립(顆粒)의.

gránŭlum, -i, n. 작은 알맹이, 미립(微粒-아주 작은 알갱이),
묵주 알, 염주의 구슬 알.

granum, -i, n. 씨, 씨알, 낟알, 밀 알, 알맹이, 낟알,
포도 알, 장과(漿果), 진주(보석) 알.
Levia multa faciunt unum grande; multæ guttæ implent
flumen; multa grana faciunt massam.
많은 가벼운 것들이 하나의 큰 덩어리를 만들어 냅니다.
많은 물방울이 강을 이루고, 많은 낟알이 곡식더미를
만드는 법입니다.(최익철 신부 옮김. 요한 서간 강해. p.77).
Quando illis tentatio venerit, velut occasione venti,
volant foras; quia grana non erant. 시련이 닥치면 그들은
바람처럼 밖으로 날아가 버립니다. 알곡이 아니기 때문
입니다.(최익철 신부 옮김. 요한 서간 강해. p.159)/
Vos grana adloquitur; et qui palea erant, audiant,
et grana fiant. 이 말씀은 여러분에게 주는 말씀입
니다. 가라지인 사람들은 잘 듣고 밀이 되기를 바랍니다.
[교회는 거룩한 삶과 죄스런 사람이 섞여 있는 '뒤섞인 몸'(corpus permixtum)과
같다는 아우구스티노의 '뒤섞인 교회(ecclesia permixta)' 이론이다.
-그리스도교 교양 3.32.45 참조-. 교회는 밀과 가라지가 뒤섞여 있는 밭과 같고
(마태 13, 24-30), 좋은 물고기와 나쁜 물고기가 섞여 있는 타작마당과 같으며(마태 3, 12), 금 그릇과
질그릇이 뒤섞여 있는 집안과 같다(2티모 2, 20), 가라지를 뽑아내거나, 나쁜
물고기를 골라낼 수 있는 권한은 오로지 하느님께 있고, 가라지를 불태우고 나쁜
물고기를 내버리는 일은 세상 마지막 날에 주님 몸소 하실 몫이라는 것이다.
(최익철 신부 옮김. 요한 서간 강해. pp.174~175).

granum frumenti. 밀 씨, 한 알의 밀(요한 12, 24)

graphiárĭus, -a, -um, (gráphim)
adj. 첨필의, 철필의, 붓의. n. 필갑(筆匣), 필통(筆筒).

graphia illegíbilis, 판독할 수 없는 글씨(토마스 아퀴나스 수사. p.89)

gráphĭce, -es, f. 화법, 제도술(製圖術), 서예(書藝)

gráphĭcus, -a, -um, adj. 솜씨 좋게 끝낸, 완성된,
완전한, 더할 나위 없는, 그림 같은, 미술적인,
능숙한, 능란한, 솜씨 좋은, 숙련된.

graphíŏlum, -i, n. dim. (gráphim) 작은 첨필(철필),
접지(接枝-나뭇가지를 접붙이는 일)/접수(椄穗-椄枝).

gráphis, -ídis, f. 철필(鐵筆), 석필(石筆), 연필,
화필, 화법(畵法), 제도술, 소묘(素描), 도안(圖案).

gráphĭum, -i, n. 첨필(尖筆), 철필(鐵筆), 석필(石筆)

graphología, -æ, f. 필적학(筆跡學)

grassátĭo, -ónis, f. (grassor) 부랑(浮浪), 방랑(放浪),
빈둥거림, (아부하며) 돌아다님, 횡행, 노상강도질(약탈).

grassátor, -óris, m. (grassor) 빈둥거리는 자,
부랑객(浮浪客), 노상강도(路上强盗).

grassatúra, -æ, f. 부랑(浮浪), 노상약탈(路上掠奪)

grassor, -átus sum -ári, intr. (grádior) 활보하다,
횡행하다, (환심 사려고.아부하며) 돌아다니다(ᑐ),
여기저기 밀려다니다, 노상에서 강탈(약탈)하다.
항해하다, 매진(邁進)하다, (어떤 모양으로) 나아가다.
행동하다, 처신하다, 착수하다, 덤벼(달려)들다.
적대행위를 하다, (전염병 따위가) 창궐(猖獗)하다.

Grata Recordátĭo. 로사리오(1959.9.26.)

grata recordátĭo. 즐거운 추억(追憶), 즐거운 회상.
acerba recordátĭo. 쓰라린 회상(回想).

grata recordátĭonis memorativa. 즐거운 기억(記憶)

gratánter, adv. 기꺼이, 고마운 마음으로, 즐거이

G

gratatórĭus, -a, -um, adj. 축하의
grate, adv. 기꺼이, 즐거이, 고마운 마음으로
grates, f., pl., indecl. 감사(感謝), 사례(謝禮)
grates *alci* ágere(habére, persólvere, reférre, debére) 감사(사례)하다.
grates rependo. 감사하다
Grates sunt Deo habendæ de omnibus sacerdotibus qui usque ad vitæ sacrificium passi sunt ut Christo servirent. 목숨을 바치기까지 그리스도를 섬긴 모든 사제를 생각하며 하느님께 감사드립시다.
grátĭa, -æ, f. (gratus) 1. 사랑, 애호, 총애, 호의, 후의, 친절. *alci* grátiam dare. 누구에게 친절을 베풀다. 2. 우정, 우애, 친분, 사이좋음, 우호, 마음 맞음, 이해, 화해, 신임. cum *alqd* in grátiā esse. 누구와 사이 좋게 지내다/ pónere *alqm* in grátiā. 누구를 친구로 삼다/ *alqm* restitúere(redúcere) in grátiam, in grátiam cum *alqo* redíre. 누구와 화해(和解)하다. 3. 은혜(恩惠), 혜택(惠澤), 성은(聖恩), **은총**(χάρις.獨 Gnade.[영] Gifts-"은총"이란 무상으로 주어진 은혜), **성총**(聖寵.[영] grace). [단수 주격 gratia, 속격 gratiæ, 여격 gratiæ, 대격 gratiam, gratia 복수 gratiæ, 속격 gratiarum, 여격 gratiis, 대격 gratias, 탈격 gratiis].
grátia actuális. 조력 성총(힘을 써 도와주는 은총), 도움의 은총/ gratĭa habituális. 상존 은총(常存恩寵), 생명의 은총/ gratĭa sanctíficans. 성성(성화)의 은총(상존 은총)/ gratĭa gratum faciens. 하느님의 마음에 들게 하는 은총/ gratĭa éfficax. 효과적(효능) 은총/ gratĭa sacramentális. 성사적 은총, 성사의 은총. 4. 관용, 용서, 사면(赦免): *alci* delícti grátiam fácere. 누구의 죄를 용서하다. 5. 고마워하는 마음, **감사**(感謝), 사은(謝恩), 사례(謝禮), grátias ágere *alci*[pro (in) *alqā* re] 누구에게 감사하다/ grátiam(grátias) *alci* reférre(réddere). 사례하다, 은혜를 갚다(보답하다)/ *alci* refero grátĭam[드물게는 grátĭas] (수고.신세.은혜 따위를) 실제행위로 보답하다/gratiárum áctio. 감사; 감사의 기도. 6. 신임으로 얻은 영향력, 세력(勢力), 권력. 7. 매력(魅力), 귀여움, 사랑스러움, 미(美), 우아(優雅), 고상: grátia córporis. 육체미. 8. 유쾌(愉快), 즐거움. 9. (원인.목적 부사어) gen.(abl. pron. poss.) + **grátiā**. 때문에, 위하여, …목적으로: hóminum grátia. 인간을 위해서/ exémpli(verbi) grátia. 예를 들면, 예컨대(略 e.g., v.g.)/ voluptátum adipiscendárum grátia. 쾌락(즐거움)을 얻기 위하여/ meā grátiā. 나 때문에. 10. (adv.) abl., pl. (본래의 옛 형태는) grátiis, gratis. 거저, 공으로. (라틴-한글사전, p.372).
An gratia comparetur ad animam in ratione motoris. 은총은 기동자의 의미로서 영혼에 관계 하는가/
augmentum gratiæ. 은총의 증가/
Cum uos mutauerit et in deterius culpa uestra et in melius gratia mea, ego non mutor. 너희 죄과가 너희를 변화시키고 더 못되게 만들거나 나의 은총이 너희를 변화시키고 더 좋게 만들거나 어느 때에도 나는 변하지 않는다. (교부문헌 총서 17, 신국론, p.2395)/
De gratia Christi et de peccato originali. 그리스도의 은총과 원죄(418년 히포의 아우구스티노 지음)/
De gratia habituali. 상존 은총에 대하여(1619년)/
De necessitate gratiæ. 은총의 필요성에 대하여(1619년)/
De veritate prædestinationis et gratiæ. 예정과 은총의 진실에 대해(성 Fulgentius 1612년 지음)/
Domine, gratias ago tibi, quia fecit mihi magna. 주님, 주님께서 저에게 큰일을 하셨기에 감사 하나이다/
eos in grátĭam reconcilio. 그들을 화해시키다/
Et de plenitudine eius nos omnes accepimus, et gratiam pro gratia. (o[ti evk tou/ plhrw,matoj auvtou/ h`mei/j pa,ntej evla,bomen kai. ca,rin avnti. ca,ritoj\) ([영] From his fullness we have all received, grace in place of grace) 그분의 충만함에서 우리 모두 은총에 은총을 받았다. (성경)/우리는 모두 그분에게서 넘치는 은총을 받고 또 받았다(공동번역)/과연 그분의 충만함에서 우리는 모두 은총에 은총을 받았다(200주년 기념 신약성서 요한 1, 16)/
extensio gratiæ. 은총의 확대/
facienti quod est in se Deus non denegat gratiam. 하느님은 스스로 행하는 이에게 은총을 거절하지 않으신다/
gratiæ gratis datæ. 비상 은총/
gratiæ manifestatio. 은총의 현시(顯示)/
Gratiæ principatus. 은총의 우위성/
gratiam colligo. 총애(寵愛)를 받다/
gratiam cum fratre reconcilio. 형제와의 우애를 회복하다/
Gratĭam recipere. 은총을 받다([영] Receiving grace)/
gratĭam *alci* reddo. 누구에게 사례(감사)하다/
Grátias agamus Domino Deo nostro! 우리 주 하느님께 감사 합시다/
Grátias agamus tibi propter magnam gloriam tuam. ([영] We give you thanks for you great glory) 주님 영광 크오시니 감사 하나이다/
Grátias tibi ago, quod me ab omni moléstiā liberásti. 저를 모든 걱정으로부터 벗어나게 해주셔서 감사 합니다/
gratiarum actio. 감사(感謝), 감사기도(感謝祈禱)/
gratiarum actio. 감사기도(prex eucharistica)/
Gratiarum omnium, 모든 사람의 은총. (1216년 12월22일 호노리오 3세 칙령)/
gratias agimus tibi propter magnam gloriam tuam. 당신의 영광 크시오니 (저희는) 당신께 감사드리나이다/ 주님 영광 크시오니 감사 하나이다/
Gratias ago. Tibi quoque! 고맙습니다. 천만에!(당신에게도 고맙습니다)/
hóminum grátia. 인간을 위해서/
ineo grátiam. 호감을 사다/
Inimíci in grátĭam reconcílĭabántur. 원수졌던 사람들이 화해하고 있었다/
Mater gratiæ. 은총의 어머니/
miraculum gratiæ. (사람을 구해 끌어올리는) 은총의 기적/
Novéna gratiæ. 감사 9일 기도/
Nunc si me amas, mi amice, auctoritate tua nobis opus est et consilio et etiam gratia. 나의 친구여, 그대가 만일 나를 아낀다면, 지금 우리에게는 그대의 지도와 고견과 호의가 절실 하다오/
œconomia gratiæ. 은총의 경륜/
Per gratiam sanatio animæ a vitio peccati, per animæ sanitatem libertas arbitrii. 은총을 통해 영혼은 죄악으로부터 고침을 받고, 영혼의 고침을 통해서는 의지가 자유로워진다/
Quantas maximas possum gratĭas ago. 나는 최대한의 감사를 드린다/
Quolibet peccato mortali amitti gratiam, sed non fidem. 온갖 종류의 대죄로 신앙을 잃지는 않아도 은총은 잃음/
Quomodo intelligatur, impium per fidem et gratis justificari. 믿음을 통하여 무상으로 주어지는 죄인의 의화를 어떻게 이해할 것인가/
redigo *alqos* in grátĭam. 어떤 사람들을 화해시키다/
reduco *alqm* in gratĭam cum *alqo*. 아무를 누구와 다시 화해시키다/
Si id féceris, magnam habébo grátiam; si non féceris, ignóscam. 만일 네가 그것을 한다면 나는 크게 감사하리라. 그러나 만일 하지 않는다 하여도 나는 악의(惡意)를 품지는 않으리라/
Si Lesbiæ rosas daretis, vobis gratias ageret. 너희가 레스비아에게 장미를 선사한다면 그녀는 너희에게 고마워할 텐데/
Tibi ago grátĭas, quod me vívĕre coëgísti. 나를 억지로라도 살게 해주어서 네게 감사 한다/
Utinam illum diem videam, cum tibi agam gratias. 제발 내가 너에게 고맙다는 인사를 올리게 될 그 날을 보았으면 한다/
Utrum angeli cognoscant mysteria gratiæ. 천사는 은총의 신비들을 인식 하는가/
Utrum gratia dividatur in gratiam operantem et cooperantem. 은총이 자력은총과 조력은총으로 나뉘는 것이 적합 한가/

Utrum gratia sit multiplex in anima?.
은총은 영혼 안에서 다양한가?/
vehículum gratiæ. 은총 전달자.
Videtur quod angeli mysteria gratiæ cognoscant.
천사는 은총의 신비들을 인식하는 것으로 생각된다.
gratia actuális* 현행은총(現行恩寵), 도움의 은총,
현존 은총, 조력성총(助力聖寵)(⑨ actual grace).
　현실적 은총(란트 그라프는 현실적 은총이라는 용어가 초기 스콜라 철학
　어디서도 나타나지 않으며, 자력은총이나 선행은총(gratia præveniens)과 같은
　일체의 용어들은 모두 예외 없이 의화칭의의 개념과 관련되어 있다는 사실을
　확인했다. 김 율 옮김, 은총과 자유, p.15].
gratia adjuvans = gratia actuális = gratia auxiliaris
gratia antecedens. 선행 은총
Gratia atque legi Dei oboedientia.(⑨ Grace and
obedience to God's law) 하느님의 법에 대한 복종과 은총.
gratia capitális. 주요 은총
gratia Christi. 그리스도의 은총
gratia concomitans. 동반 은총/병행(竝行) 은총
gratia congrua. 적정 은총
gratia consequens. 후행 은총
gratia cooperans. 공동 협력하는 은총, 협력은총
gratia corporis. 육체미(肉體美)
gratia cosequens. 후행 은총
gratia creata. 창조된 은총, 창조 은총.
　[창조된 은총(gratia creata)과 창조되지 않은 은총(gratia increata)은 실제로 서로
　다른 두 개의 은총을 의미하는 것이 아니다. 이 둘은 동일하고 유일한 하나의 은총
　이 갖는 두 가지 측면일 뿐이다. 이는 하느님이 우리 안에 거하시며 우리 존재의
　심오한 변모를 전제로 한다. 윤주현 옮김, 호세 안토니오 사예스 지음, 교회론, p.60].
Grátia Dei reddit nos beátos.
　하느님의 은총은 우리를 복되게 해준다.
gratia deificans. 신화 은총(인간이 하느님을 닮아 가는 것에
　초점을 맞추는 가톨릭 교회가 사용하고 있는 용어이다. 이는 '성화은총'의
　또 다른 표현이다. 가톨릭 신학과 사상 제58호, p.125).
Grátia Domini nostri Iesu Christi cum omnibus vobis.
(~H ca,rij tou/ kuri,ou h`mw/n VIhsou/ Cristou/ meta. pa,ntwn u`mw/n)
(獨 Die Gnade unseres Herrn Jesus Christus sei mit euch
allen!) (⑨ The grace of our Lord Jesus Christ be with all
of you) (2데살로니카 3. 18) 우리 주 예수 그리스도의 은총이
　여러분 모두와 함께 하기를 빕니다(성경)/우리 주 예수
　그리스도께서 여러분 모두에게 은총을 내려주시기를
　빕니다(공동번역)/우리 주 예수 그리스도의 은총이 여러분
　모두와 함께(있기를 빕니다)(200주년 성서 2데살로니카 3. 18).
**Gratia Domini nostri Iesu Christi, et caritas Dei, et
communicatio Sancti Spiritus sit cum omnibus vobis.**
　(우리 주 예수 그리스도의 은총과, 하느님의 사랑과,
　성령의 일치가 여러분 모두와 함께 하기를)/
　사랑을 베푸시는 하느님 아버지와, 은총을 내리시는
　우리 주 예수 그리스도와 일치를 이루시는 성령께서
　여러분과 함께(로마 미사 전례서; 2고린 13,13 참조).
Gratia Domini nostri Jesu Christi vobiscum.
　우리 주 예수 그리스도의 은총이 여러분에게.
gratia éfficax. 효능 은총(효과적 은총), 유효 은총
gratia elevans.
　증대 은총, 고양(高揚) 은총, 고양시켜 주는 은총.
Gratia enim estis salvati per fidem.(성경 에페 2. 8).
(⑨ For by grace you have been saved through faith)
　여러분은 믿음을 통하여 은총으로 구원을 받았습니다.
Gratia est una. 은총은 하나이다(스코투스)
gratia excitans. 격려 은총, 고양적 은총
gratia extollit, perficit, non destruit naturam.
　본성 위에 확립되는 은총.
Gratia gratiam parit. 사랑은 사랑을 낳는다.
gratia gratis dans. 거저 주는 은총
gratia gratis data. 거저 주어진 은총, 무상은총
gratia gratum faciens. 하느님의 마음에 들게 하는 은총,
　성화은총(사목연구 제9집, p.140), 무상으로 행하는 은총.
gratia habituális* 늘 있는 은총, 언제나 있는 은총, 상습적 은총,
　상존 은총, 생명은총, 성화 은총(⑨ sanctifying grace).
gratia illuminans. 조명 은총
gratia inchoátio gloriæ. 은총은 영광의 시작이다

gratia incongrua. 부적당한 은총
gratia increata. 창조되지 않은 은총, 비조성적 은총
gratia infusa. 천부 은총
gratia inhærens. 내재적 은총
gratia irresistibilis. 불가항력 은총
gratia justificans. 의화된 은총(義化 恩寵)
gratia justificátiónis. 하느님의 의화 은총
**Gratia iustitiam non repellit. Iniustitiam in ius non
mutat.**(⑨ Grace does not cancel out justice. It does not
make wrong into right) 은총은 정의를 배제하지 않습니다.
　은총은 그른 것을 옳게 만들지 않습니다.
gratia medicinalis. 치유 은총
gratia more sufficiens. 단순 충분 은총
gratia motus. 이끌어진 은총
gratia movens. 이끌어 주는 은총
gratia naturalis. 자연 은총
**Gratia non destruit naturam, sed supponit et
perficit naturam.** 은총은 자연을 파괴(破壞)하지
　않고 자연을 전제하고 이를 완성한다.
Gratia non negat naturam, sed elevat eam.
　은총은 자연을 물리치는 것이 아니라 자연을 드높인다.
　[죄로 손상된 인간성이 구원되기 위해 은총이 필요하다. 가톨릭 신학은 은총과
　자연의 관계를 다음 세 가지로 종합한다. 1. 은총은 자연의 품위를 드높인다.
　2. 은총은 자연의 상처를 고쳐준다. 3. 은총은 자연과 조화를 도모한다.
　백민관 신부 엮음, 백과사전 2, p.182].
Gratia non tollit naturam, sed perficit.
　은총은 자연을 파괴하지 않고 완성한다.
gratia operans. 자력은총(작용하는 은총), 작용 은총
gratia ordinaria. 통상적 은총
gratia originalis. (원 타락 이전의) 원초 은총
Gratia perficit naturam. 은총이 자연을 완성한다.
gratia perseverantiæ. 인내(항구)의 은총
Gratia præsupponit naturam. 은총은 본성을 전제한다.
gratia præveniens. 선행 은총(先行 恩寵)
**gratia præveniens hominis voluntatem liberat et
præparat, subsequens vero inquantum eadem adjuvat.**
　선행하는 은총은 인간의 의지를 자유롭게 만들고 준비
　시키며, 이에 비해 은총이 인간의 의지를 돕는 한에서
　은총은 후속하는 은총이다.(김 율 옮김, 은총과 자유, p.56).
**gratia præveniens prævenit voluntatem ut sanemur,
et subsequitur ut sanati vegetemur.** 선행은총은 우리가
　치유되도록 의지에 선행하며, 후속 은총은 치유됨으로써
　생명력을 얻도록 후속한다.(김 율 옮김, 은총과 자유, p.56).
**gratia prævenit ut sanemur et subsequitur ut sanati
vegetemur.** 은총은 우리가 치유되도록 선행하고, 치유되고
　나서 노력할 수 있도록 후속한다.(김 율 옮김, 은총과 자유, p.60).
**gratia prævenit voluntatem ut velit bonum;
subsequitur ut compleat.** 은총은 의지가 선을 원욕할 수
　있도록 의지에 선행하며, 그 선한 원욕(願慾)이 완성될 수
　있도록 의지에 후속한다.(김 율 옮김, 은총과 자유, p.59).
**gratia prævenit voluntatem ut velit, et subsequitur ne
frustra velit.** 은총은 의지가 원욕할 수 있도록 의지에 선행
　하며, 의지가 헛되게 원욕하지 않도록 의지를 뒤따른다.
gratia proveniens. 유래 은총
gratia ratum faciens. 흡족 은총
Gratia referenda. 은혜는 갚아야 한다(referre의 당위분사)
gratia sacramentális. 성사적 은총, 성사의 은총,
　성사은총(gratia sacramentum).
gratia sanans. 치유 은총, 치유(治癒)하는 은총
gratia sanctificans. 거룩하게 하는 은총,
　성성 은총, 성화 은총, 상존 은총, 생명의 은총.
**Gratia sanctificans est in homine principium et fons
vitæ novæ: vitæ divinæ, supernaturalis.**(⑨ Sanctifying
grace is the principle and source of man's new life:
divine, supernatural life) 성화 은총은 인간 안에서 신적
　생명, 초자연적 생명이라고 하는 새로운 생명의 원리요
　원천입니다(1986.5.18. 요한 바오로 2세의 "Dominum et vivificantem" 중에서).
gratia sequens. 후행 은총
gratia Spiritus Sancti. 성령의 은총(영감 은총)

Gratia subsequens. 후행 은총(Gratia præveniens과 대조)

gratia sufficiens. 충족은총(신학에서 '효과은총'과 대조해 말하는 은총론)

Gratia supernaturalis. 초자연적 은총

gratia supponit naturam. 은총은 자연을 전제(로) 한다

Gratia supponit naturam et perficit illam.
　은총은 본성을 전제하며 이를 완성한다.

Gratia supponit perficitque naturam.
　은총은 본성을 전제하고 완성한다.

Gratia terna. 미의 3여신(女神)

gratia uniónis. 결합의 은총, 일치의 은총

Gratia vobis et pax a Deo patre nostro et Domino
Iesu Christo. 은총과 평화를 내리시는 하느님 아버지와
　주 예수 그리스도께서 여러분과 함께.(우리의 아버지이신 하느님과
　주님이신 그리스도로부터의 은총과 평화가 여러분에게).

Grátiæ, -árum, f., pl. (=chárites) 미의 3여신(Euphrósyne,
　Aglàia, Thalía: 각각 기쁨, 광휘光輝, 개화開花를 상징: s.g. 이들 중 하나).

Gratias agamus Domino Deo nostro.
　(⑨ Let us give thanks to the Lord our God)
　(獨 Lasset uns danken dem Herrn, unserrm Gott)
　우리 주 하느님께 감사합니다.
　Dignum et iustum est. 마땅하고 옳은 일입니다.

Gratias tibi, dulcedo mea et honor meus et fiducia
mea, deus meus. 감사합니다. 내 감미, 내 보람,
　내 미쁨이신 하느님이여(고백록 1.20.31.).

gratificátio, -ónis, f. (gratificor)
　(남을) 돌봐줌, 친절(χηστὸς.⑨ Benevolence)
　호의(好意.㎜.εὔνοια.χηστὸς.⑨ Benevolence).

gratifíco, -áre, tr. (gratus+fácio)
　감사의 뜻으로 주다; 기뻐하다

gratifícor, -átus sum -ári, dep., intr. (gratus+fácio)
　(간혹 -fíco도 있음) intr. 흐뭇하게 해 주다,
　만족하게 해주다, 기쁘게 하다, 마음에 들게 하다,
　호의(은혜)를 베풀다(㎜.㎜), 친절하다,
　tr. 후하게 주다, 거저 주다, 베풀다, 희생하다, 양보하다.

gratíficus, -a, -um, adj. (gratus+fácio) 친절한

gratíola, -æ, f. dim. (grátia) 은고(恩顧-특별히 아끼어 돌보아 줌)

grátiola violacea. 진땅 고추풀

gratior, -or, -us, adj. grātus, -a, -um의 비교급

grátiósus, -a, -um, adj. (grátia) 호감 사는, 인심 얻는,
　인기 있는, 신용(신임信任.혜택惠澤) 받는, 귀여운,
　사랑스러운, 호의를 보이는, 친절한.

gratis, adv. (grátia) 거저, 공짜로, 무료로, 무보수로

gratis constat. 공짜입니다. (최익철 신부 옮김. 요한 서간 강해, p.333).

Gratis pro Deo. 은총으로 하느님을 위해

gratissimam Sane. 가정교서(家庭敎書)(1994.2.2.)

gratissimus, -a -um, adj. grātus, -a, -um의 최상급

gratitúdo, -dĭnis, f. (gratus)
　고마움, 감사하는 마음, 사은의 정.
　De gratitudine pro gratia Dei. 하느님의 은혜에 감사함.

grátor, -átus sum -ári, dep., intr. (gratus) 축하하다,
　기쁨을 표시하다, 기뻐하며 고맙게 여기다,
　(refl.) sibi grator. 혼자 기뻐하다.

gratuita. 무상으로 얻은 것들.(김 율 옮김. 은총과 자유, p.33).
　dona gratuita. 은총의 은사.

gratuita Dei voluntas. 하느님의 무상의 의지

gratuita donátĭo. 무상의 증여

gratúĭtas, -átis, f. (gratúĭtus) 무상수여, (은총의) 무상성.
　gratuitatis superabundantia. 가없는 헌신.

Gratuitas salutis(⑨ Gratuitousness of salvátĭon)
　구원의 무상성(無償性).

gratúĭto, adv. (gratúĭtus) 거저, 무보수로, 무료로

gratuitum. 무상, 무상으로 주어진 것들(김 율 옮김. 은총과 자유, p.34)

gratuitum patrocinium. 무상 보호(保護)

Gratuitum Sanctissimæ Trinitatis donum.
　(⑨ A free gift of the Blessed Trinity)
　지극히 거룩하신 삼위일체께서 거저 주시는 선물.

gratúĭtus, -a, -um, adj. (gratus) 거저(무상으)로 얻은,
　무상의, 무료(無料)의, 무보수(無報酬)의, 자발적인.

Amicitia vera est gratuita.
　참된 우정은 대가를 바라지 않는다.

Gratuitus est amor.(⑨ Love is free)
　사랑은 거저 주는 것입니다(2005.12.25. "Deus caritas est" 중에서).

gratulabúndus, -a, -um, adj. (grátulor) 축하하는

gratulátĭo, -ónis, f. (grátulor) 기쁨(의 표시),
　축하(祝賀-기쁘고 즐겁다는 뜻으로 인사함), 경하(敬賀-공경하여
　축하함. '축하'로 순화), 감사축제, 감사기도. (pl.) 감사(感謝).

gratulátor, -óris, m. (grátulor)
　축복하는 사람, 칭찬하는 사람.

gratulátrix, -ícis, f. (gratulátor) 축하(축복) 하는 여자

gratulatórĭus, -a, -um, adj. 축하의, 축하하는

grátŭlor, -átus sum -ári, dep., intr. (gratus)
　(alci-alqā re; de, pro, in abl.; alqd; quod causále;
　acc.c. inf.) 축하하다, 경하하다, 축사하다,
　(남의 경사를) 기뻐하다(㎜.㎜),
　감사하다(εὐχαριστέω), 고마워하다.

Gratulor tibi, quod salvum te ad tuos recepisti. 네가 건강
하게 너의 가족에게 되돌아왔음을(네가 너를 건강하게
네 가족에게 되돌려 주어서) 너에게 축하하는 바이다.

grātus, -a, -um, adj. **마음에 드는, 달가운, 고마운,**
　기분 좋게 하는(기분 좋은), 좋게 해주는, 즐거운,
　유쾌한, 쾌적한, 사랑스러운, 귀여운, 매력 있는,
　은혜 아는, 고마워하는, 고마운 줄 아는.
　alqd gratum habére. 무엇을 마음에 들어 하다/
　Et grati estote(골로 3. 15). 감사하는 사람이 되십시오(성경)/
　항상 감사하는 마음으로 사십시오.(공동번역)/
　여러분은 감사할 줄 아는 사람이 되시오.(200주년 기념 성서)/
　(Id.) quod utile est, non semper gratum est.
　유익한 것이 반드시 유쾌하지는 않다/
　gratum faciens. 성화(聖化)/
　persóna non grata. (특히 외교관으로서) 달갑지 않은 인물/
　Quod utile est, non semper grátum est.
　유익한 것이 반드시 유쾌하지는 않다.

gratus animus. 감사(感謝)

Gráupĭus mons. -pĭi montis, m. (현 Grampian Hills)
　Caledónia의 중앙부를 가로지르는 낮은 산맥.

gravábĭlis, -e, adj. (gravo) 귀찮은, 힘 드는, 무거운(㎜).

gravámen, -mĭnis, n. 귀찮음, 불편, 거북함, 번거로움,
　괴로움(dolor, -óris, m.), 짐스러움, 불쾌, 불평, 불만,
　손해(損害)(Can. 82.984條). 비난(非難), 항소(抗訴).

Gravámina. 당국에 대한 불평(교황, 사절, 교회회의, 국왕 등 행정
　당국자에 대한 불평은 행정 당국자에게는 짐이 되기 때문에 라틴어
　'무거운 짐'이라는 뜻의 'gravamina'라는 말을 쓴다.
　　　　　　　　　　　　　백민관 신부 엮음. 백과사전 2, p.188).

Gravámina Centum. 백 가지 비난

Gravámina nationis Germanicæ. 독일국가의 소원(訴願)

gravánter, adv. 짐스럽게, 귀찮게

gravastéllus, -i, m. (나이 많은 평교인의) 친구

gravate(=gravatim) adv. (gravo) 마지못해, 억지로,
　싫은 마음으로, 내키지 않는 마음으로, 무겁게.

gravatim(=gravate) adv. 내키지 않는 마음으로

gravátĭo, -ónis, f. 무거움, 두통(頭痛), 거북함,
　중압감(重壓感-강요되거나 강제되는 것에 대한 부담감).

grave sidus et imber. 폭풍우(暴風雨, cæli ruina)

gravedinósus, -a, -um, adj. (gravédo)
　몸살(감기.카타르)에 쉽게 걸리는, 찌뿌드드하게 하는.

gravédo, -dīnis, f. (gravis) 온몸이(머리가) 무거움,
　찌뿌드드함, 골치 아픔, 두통, 임신(상태). (醫) 코감기.

graveŏlens, -léntis, adj. (gravis+óleo)
　코를 찌르는, 강렬한(독한) 냄새가 나는, 악취를 내는.

graveoléntĭa, -æ, f. 강렬한(독한) 냄새, 악취(惡臭)

Graves de Communi Re,
　그리스도교적 민주주의(한국가톨릭대사전 1권, p.664).

gravésco, -ěre, inch., intr. (gravis)
　무거워지다(㎜), 임신하다(㎜.㎜), 임신 중이다,
　더해가다, 가중(加重)되다, 악화(惡化)하다.

gravi de causa. 중대한 이유로

gravi morbo conflictatus. 중병에 시달려

G

gravi onere armorum pressi. 무거운 무기를 짊어진 병사들

gravídĭtas, -átis, f. 임신(⑨ Conception), 회임(懷妊-임신)

gravido¹, -ávi -átum -áre, tr. (grávidus) 무겁게 하다,
   짐을 지우다, 수태케 하다, 임신시키다, 결실케 하다.
   p.p. (f.) 임신한. terra gravidáta semínibus. 씨 뿌려진 땅.

gravido²,-dĭnis, f. = gravédo

grávĭdus, -a, -um, adj. (gravis) 임신한, 새끼 밴,
   알 밴, 가득한(πλὴρης), 충만한(πλὴρης), 풍부한,
   무엇이(abl.) 많은, 많이 (들어) 있는.
   hyperemesis gravidárum. 입덧(malacia, -æ, f.).

gravior, -or -us, adj. gravis, -e의 비교급.
   Graviora quondam sunt periculis remedia.
      때로는 위험에 대한 처방이 위험 자체보다도 더 가혹하다.

Gravior est inimicus qui latet in pectore.(Publilius Syrus).
   마음에 숨어 있는 원수가 더 심각하다.

	단 수		
	m.(남성)	f.(여성)	n.(중성)
Nom.	gravior	gravior	gravius
Gen.	gravioris	gravioris	gravioris
Dat.	graviori	graviori	graviori
Acc.	graviorem	graviorem	gravius
Abl.	graviore	graviore	graviore

	복 수		
	m.(남성)	f.(여성)	n.(중성)
Nom.	graviores	graviores	graviora
Gen.	graviorum	graviorum	graviorum
Dat.	gravioribus	gravioribus	gravioribus
Acc.	graviores	graviores	graviora
Abl.	gravioribus	gravioribus	gravioribus

gravis, -e, adj. 1. **무거운**(כבד), 중량이 있는, 묵직한,
   육중한. 2. 가득 실은, 만재(滿載)한, 가득 가지고 있는,
   (화폐의 재료-무게를 저울에 달았던 데서부터) 덩어리째로의,
   해당액(該當額)의, 값나가는: æs grave. (돈의) 액수;
   해당액의 동괴(銅塊)/ argéntum grave. 은괴(銀塊)의.
   3. 임신한. 4. (목소리가) 굵직한, 저음의. 5. (냄새
   따위가) 강렬한; 지독한, 고약한. 6. (음식물이) 소화
   시키기 어려운, 무거운, 소화에 해로운. 7. (기후 따위
   가) 건강에 나쁜(해로운), 참기 힘든, 지독한, 혹심한;
   (병세가) 중한, 중태의. gravis æstus. 혹서(酷暑), 폭염/
   gravis morbus. 중병(重病). 8. 쇠약해진, 활기 없는,
   시달리는, 짓눌린, 억눌린. 9. 나이 먹은(많은), 늙은,
   노쇠한. 10. 맹렬한, 치열한. 11. 귀찮은, 짐이 되는,
   부담스러운, 괴로운, 고된, 힘든, 쓰라린. 12. 엄중한,
   준엄한, 가혹한, 혹독한, 신랄한. 13. (성격 따위가)
   까다로운, 무뚝뚝한, 거친. 14. **중요한, 중대한**, 소홀히
   못할, 권위(무게) 있는, 가치 있는(ἱκανὸς), 강력한,
   힘 있는, 견고한. 15. **신중한**, 위엄 있는, 근엄한, 엄숙한,
   진지한. 16. grave, adv. = grávĭter. (라틴-한글사전, p.373).
   De 'gravi necessitate' quæ sequuntur clarius dicuntur.
   '중대한 필요'의 경우는 다음과 같이 설명할 수 있다/
   e grevi morbo recreáti.
      중병(重病)에서 회복된(소생한) 사람들/
   gravi de causa. 중대한 이유로/
   graviora delicta. 흉악한 범죄(犯罪)/
   gravis necessitas. 중대한 필연성(必然性)/
   gravis neglectus. 직무태만(職務怠慢)
   (⑨ grave neglect.⑨ prævaricátio, -ónis, f.)/
   Gravissimæ sunt voces illae Iosepho dictæ.
   (⑨ The words spoken to Joseph are very significant)
      요셉이 들은 말은 아주 의미 깊다/
   grávius quíppiam dícere. 좀 더 중대한 것을 말하다/
   Hic dies nostris gravissimus fuit.
      이 날은 우리에게 참으로 힘겨운 하루였다/
   incommodum grave. 큰 불편/
   passi graviora. 갈수록 힘겨운 걸음/
   Qui conscius est peccati grávis.
      중죄를 자각하는 이(현대 가톨릭 사상 제15집, p.248)/

Quod omnia grávia pro æterna vita sunt tolĕranda.
   영원한 생명을 얻기 위하여 모든 어려운 일을 감수함
                                          (준주성범 제3권 47장)/
quanto tuos est animu' natu gravior, ignoscentior,
ut meæ stultitiæ in justitia tua sit aliquid præsidi.
   영감은 나이가 많아 심이 깊고 도량이 넓지 않소?
   내 어리석음일랑 영감의 의덕으로 뭔가 메워주구려.
            (성 염 지음. 사랑만이 진리를 깨닫게 한다. p.458)/
testis gravis. 무게 있는 증인, 신빙성 있는 증인.

	단 수		
	m.(남성)	f.(여성)	n.(중성)
Nom.	gravis	gravis	grave
Gen.	gravis	gravis	gravis
Dat.	gravi	gravi	gravi
Acc.	gravem	gravem	grave
Abl.	gravi	gravi	gravi

	복 수		
	m.(남성)	f.(여성)	n.(중성)
Nom.	graves	graves	gravia
Gen.	gravium	gravium	gravium
Dat.	gravibus	gravibus	gravibus
Acc.	graves	graves	gravia
Abl.	gravibus	gravibus	gravibus

Graviscæ, -árum, f., pl. Etrúria의 도시(포도주 유명)

gravisŏnus, -a, -um, adj. 굵고 낮은 소리 내는

Gravissimum educátiónis, 교육의 중대성(重大性),
   그리스도교적 교육에 관한 선언(1965.10.28.),
   그리스도교 교육선언
   (⑨ Declarátion on Christĭan Educátion).

gravissimus, -a, -um, adj. adj. gravis, -e의 최상급.
   Hic dies nostris gravissimus fuit. 이 날은 우리에게
   참으로 힘겨운 하루였다.[관심 여격dativus ethicus은 동사가 표현하는
   행위에 화자나 필자의 관심을 나타내기 위해 여격 인칭대명사(mihi, tibi, nobis
   등)와 함께 사용되는데, 이때 사용된 여격 인칭대명사를 관심 여격이라고 한다.
   이러한 표현들은 주로 일상 회화에서 사용되었는데, "몸 건강해.", "너 나한테 뭐
   한 거야?" 등을 예로 들 수 있다. 한동일 지음. 카르페 라틴어 2권, p.210]/
   Ut in corporibus, sic in imperio gravissimus est morbus
   qui a capite diffunditur.(Plinius junior). 몸에서도 그렇지만
   통치에서도 머리에서 퍼지는 질병이라면 참으로 심각하다.

grávitas, -átis, f. (gravis) 무거움, 중량(무게), 무게,
   값비쌈, 고가, 고액(高額), 임신(상태), 병세의 중태,
   냄새의 강렬함(지독함.고약함), 일기(기후)의 불순,
   중압감(重壓感), 피로(疲勞), 무지근함, 쇠약(衰弱),
   둔감(鈍感), 귀찮음, 시달림, 고됨, 쓰라림, 압박(壓迫),
   부담(負擔), 힘, 세력(勢力), 위엄, 엄숙, 장엄(莊嚴),
   신중(愼重. φρὸνησις-매우 조심성이 있음), 품격, 권위(權威),
   신의(信義), 성실(誠實), 중대성, 중요성(重要性),
   De gravitate peccatorum in sacerdotibus.
      사제들에 있어서 죄의 중함에 대하여/
   Utinam filii ne degenerassent a gravitate patria!
      자식들이 부친의 진중함을 망치지 않았더라면 좋았을 것을.

gravitas áurium(audítus). 난청(難聽)

gravitas cápitis. 머리가 띵함

gravitas peccati. 죄의 중함

gravitas specifica. 비중(比重.⑨ densitas, -átis, f.)

gravitátio, -ónis, f. 중력(重力.⑨ gravitátion), 인력

gravitátio universális. 만유인력(萬有引力)

grávĭter, adv. (gravis) 무게 있게, 낮고 굵은 목소리로,
   힘 있게, 힘차게, 거세게, 맹렬하게, 심하게, 억지로,
   힘겹게, 싫증나도록, 못마땅하게, 언짢게, 슬프게,
   괴롭게(onerose, adv./vexabiliter, adv.), 신중히,
   진지하게, 위엄 있게, 준엄하게, 엄격하게, 장중하게.
   graviter onerata ipsorum conscientia.
      양심의 막중한 부담을 안고/
   se non grávĭter habeo. 건강이 아주 나쁘지는 않다.

graviter ferre. 억지로 당하다(참다)

gravitúdo, -dĭnis, f. (gravis)
   머리가 무거움, 두통(頭痛), 몸이 불편함, 찌뿌드드함.

gravitudo, -dĭnis, f. 찌뿌드드함

526

graviúscŭlus, -a, -um, adj. (소리가) 좀 낮은
grăvo, -ávi -átum -áre, tr. (gravis) 무겁게 하다,
　짐을 지우다, 부담시키다, 누르다, 악화시키다,
　가중(加重)시키다, 어려워지게 하다, 확대시키다,
　괴롭히다, 귀찮게 하다, 시달리게 하다.
grăvor, -átus sum -ári, dep., intr., tr. 괴로워하다,
　언짢게(못마땅하게.성가시게) 여기다, 싫어지다, 싫어하다,
　억지로(싫은 마음으로.마지못해)하다, 거절하다.
gregális, -e, adj. (grex) 무리(떼)의, 같은 무리에 속하는,
　같은 도당의, 보통의, 일반의, 평범한, 수수한.
　m., pl. 동료, 친구, 전우; 같은 도당(徒黨).
　cujuslibet dei gregalis vel de turba plebis. 하찮은 신
　혹은 천한 무리가 받드는 아무래도 괜찮은 신.
gregárĭus, -a, -um, adj. (grex) 짐승 특히 가축 떼의,
　가축 떼에 관한, 일반의, 보통의, 평범한 무리에 속하는,
　낮은 계급의. miles gregárius. 사병, 병졸(兵卒).
gregátim, adv. (grex), 떼 지어, 무리 지어, 집단으로
greges agnorum. 양떼(⑨ Flock.⑳ grex, -gregis, m.)
grégo, -ávi -átum -áre, tr. (grex)
　떼 짓게 하다, 불러 모으다, 소집하다, pass. 모이다, 뭉치다.
Gregoriánus, -a, -um, adj. Gregorius의, 그레고리안.
　aqua Gregoriána. 그레고리오 성수.
　(포도주재.소금 등을 섞어 주교 또는 집전 신부에 의하여 성별된 성수..
　성당 복성複聖 reconciliátio 예식에 씀)/
　calendárium Gregoriánum. 그레고리오력(曆)
　(1582년에 Gregorius 13세의 명으로 개정된 현행 태양력)/
　cantus Gregoriánus. 그레고리오(안) 성가/
　Missæ Gregoriánæ. 그레고리오 미사(연옥의 벌을 면해주기를
　바라는 마음으로 한 사람의 고인을 위해 30일간 연속적으로 드리는 위령미사).
Gregórĭus, -i, m. (여러 유명인) 남자 이름
　(때로는 씨족명.가문명으로도 나타남)
Gregórĭus Magnus. 그레고리오(1세) 대교황(재위 590-604).
Gregórĭus XⅢ 그레고리오 13세 교황(재위 1572-1585, 그레고리오력 만듦)
gremiále, -is, n. (⑨ Gremial.獨 Gremiale) [무릎 덮개 참조]
　(미사.기타 예식 때) 주교 무릎 위에 걸쳐놓는 보자기.
gremiális, -e, adj. (crémium) 불태울 수 있는, 장작의.
grémĭum, -i, n. [gérmium] (gero¹)
　품(앉아서 아기 안을 때 배에서 무릎까지의 공간), 무릎 위,
　슬하(膝下), 중앙, 중심부, 내부, 한 아름, 보호, 도움.
gremium pátriæ. 조국의 품
gressus, -us, m. (grádior)
　발걸음, 보행(步行), 걸어감, 발길, 선박의 진로(進路).
　comprimo gressum. 걸음을 멈추다/
　Præcipui gressus in occursu fidei rationisque.
　신앙과 이성이 만나게 되는 주요 계기들/
　Refero in convívia gressum. 연회장으로 돌아가다/
　reflecto gressus. 돌아오다.
Gressus noster, hoc novo ineunte sæculo,
necesse est spéditior fiat ad orbis terrarum vias
denuo percurrendas. 이렇게 새로운 세기를 시작하는 우리
　는 세상의 길을 걷는 우리의 발걸음을 재촉하여야 합니다.
grex, grĕgis, m. 짐승 떼, 가축 떼, 양떼(⑨ Flock),
　새 떼, (사람) 무리(ὄχλος.πλῆθος.ㅠ.⑨ Flock),
　군중(ὄχλος.πλῆθος)(같은 뜻을 가지고 패를 이룬 무리),
　대(隊), 도당(徒黨-"떼를 지은 무리"를 얕잡아 이르는 말),
　집단(集團), 단(團).⑨ society), 파(派), 묶음, 다발.
　atque vitinam ex vobis unus vestrique fuissem aut
　custos gregis aut maturæ vinitor uvæ. 나 그대들 중의
　하나 되어 그대들의 양떼를 거느리는 양치기가
　되었더라면! 익은 포도를 거두는 농군이나 되었더라면!
　　　　　(성 염 지음, 사랑만이 진리를 깨닫게 한다. p.422)/
　equárum grex quinquagenárĭus. 50마리의 암말 떼/
　Quális rex, talis grex. 왕에 따라서 군중이 결정 된다/
　unicus Dei grex. 하느님의 하나인 양떼/
　unus grex sub uno pastore.
　하나의 양 무리는 하나의 목자 아래 있어야 한다.
grex sine pastore.(⑨ Sheep without Pastor)
　목자 없는 양떼.
grillo, -áre, intr. 귀뚜라미가 울다, 여치가 울다
grillus, -i, m. (蟲) 여치(씨르래기),

귀뚜라미(= gryllus, -i, m. = troxallis, -ĭdis, f.).
gríphus, -i, m. 난해한 문제, 수수께끼(תוֹדֹה.히 슈지).
gróma(=grúma), -æ, f. 측량의 조준기
gromátĭcus, -a, -um, adj. (groma) 측량의
gromphǽna, -æ, f. (植) 맨드라미
gromphéna, -æ, f. (鳥) 황새(의 일종)
grossitúdo, -dĭnis, f. (grossus¹) 두께, 굵음
grossus¹ -a, -um, adj. 굵은, 두꺼운, 날씬하지 않은, 뚱뚱한
grossus² -i, m. (f.) 익지 않은 무화과
grŭis, -is, f. = grus (鳥) 두루미, 학
grúma(=gróma), -æ, f. 측량의 조준기
grum(m)us, -i, m.
　더미(많은 물건이 모여 쌓인 큰 덩어리), 흙더미, 돌 더미.
grunda, -æ, f. 처마(지붕이 도리 밖으로 내민 부분)
grúndĭo(=grúnnĭo), -ívi(ĭi) -ítum -íre, intr.
　돼지가 꿀꿀대다. 투덜대다.
grunnítus, -us, m. 돼지의 꿀꿀 소리
gruo, -ěre, intr. 두루미.학 따위가 울다
grunábilis, -e, adj. (gubérno)
grus, grŭis, f. = grŭis (鳥) 두루미, 학,
　(선박 침입.성벽 파괴에 쓰이던) 쇠갈고리.
gryllus, -i, m. (蟲) 여치(씨르래기),
　귀뚜라미(= grillus, -i, m. = troxallis, -ĭdis, f.).
gryps, -p(h)is, m.
　사자의 몸통에다 독수리의 머리와 날개를 가진 괴물.
grypus, -i, m. 매부리코, = gryps.
　náres resimæ. 들창코.
gubernábĭlis, -e, adj. (gubérno)
　다스릴 수 있는, 제어할 수 있는.
gubernác(ŭ)lum, -i, n. [gubérno] 배의 키, 조타장치,
　지휘, 조종; (주로 pl.) 통치, 정치, 정부(政府).
　Cum ad gubernacula rei publicæ temerarii atque audaces
　homines accesserat, maxima ac miserrima naufragia
　fiebant.(Cicero). 그 대신 파렴치하고 과격한 사람들이
　공화국의 키를 잡으려 덤벼들면서부터 거창하고 참담한
　국가의 침몰이 일어나곤 하였다.
gubernátĭo cœli. 천도(天祧가 운행하는 길) (선유의 천주사상과 제사문제, p.279)
gubernátĭo totius creaturæ. 전우주의 통치
gubernátĭo, -ónis, f. (gubérno)
　키를 잡음, 조타(操舵-배가 나아가게 키를 조종함),
　조종(操縱-마음대로 다루어 부림), 지휘, 관리(管理), 통치,
　다스림, 주재(主宰), 행정, 정치(政治.⑨ politics).
　De gubernatióne Dei. 하느님의 주재(主宰)(살비아누스 지음)/
　Ergo finis gubernationis rerum non est aliquod bonum
　extrinsecum, sed aliquod bonum in ipsis rebus existens.
　　따라서 사물들의 통치의 목적은 어떤 외적인 선이 아니
　　라 그 사물들 자체 안에 존재하는 선이다(신학대전 14, p.61)/
　gubernationis effectus. 통치의 결과/
　Omnia ergo eius gubernationi subduntur.
　　모든 것은 하느님의 통치(統治) 아래에 놓여 있다/
　Operæ Apostolatus Maritimi Gubernatio.
　　해양 사도직 단체의 방향.
gubernatio divina. 하느님의 통치
gubernatio est quædam mutatio gubernatorum a
gubernante. 통치는 일종의 통치자에 의한 통치되는
　것들의 운동이다.(이상섭 옮김, 신학대전 14, p.83).
gubernátĭo (divína) mundi. 하느님의 세계(우주) 주재.
gubernátor, -óris, m. (gubérno)
　키잡이(操舵手), 조타수(操舵手), 조종하는 사람, 마부,
　운전수(運轉手), 지휘자, 통치자(統治者.ἄρχων).
　Quilibet nautarum tranquillo mari gubernare potest ;
　ubi sæva orta tempestas est ac rapitur vento navis,
　tum viro et gubernatore opus est.(Livius).
　　평온한 바다에서야 어느 사공이나 키를 잡을 수 있다.
　　그렇지만 심한 폭풍이 일고 배가 바람에 나부끼면
　　그때는 사나이다운 키잡이(vir et gubernator)가 필요하다.
gubernátor mundi. 우주의 통치자
gubernatórĭus, -a, -um, adj. 조종하는, 지도하는,
　다스리는, 관할의, 정치의(⑨ Political), 통치의.

gubernátrix, -ícis, f. (gubernátor) 지휘하는 여자
gubérnĭum, -i, n. (gubérno) 정부, 정치(⑨ politics),
　지도(指導), 지배(κρατος.Governing-거느려 부림. 다스림).
gubérnĭus, -i, m. (gubérno) 키잡이(操舵手), 조타수
gubérno, -ávi -átum -áre, tr. 키를 잡다, 조종하다,
　지도하다, 통치하다(ㄱㄲ), 관리하다, 지배하다,
　다스리다(βασιλευ̃ω.πτ.טוע.πτ. גתד).
　Deus mundum ratione gubernat. 신은 이성으로 세상을
　　다스린다.[수단 달격abulativus medii은 어떤 행위를 하기 위해 사용한
　　수단을 나타내는데 전치사 없이 쓰인다/
　O qui perpetua mundus ratione gabuernas.
　　오, 영원한 법칙으로 세상을 다스리시는 이여(보에티우스)/
　Tua autem, Pater, gubernas omnia providentia. 그러나
　　아버지, 당신은 모든 것을 섭리를 통해 통치하신다(지혜 14. 3)/
　Tua autem, Pater, providentia gubernat. 그런데 아버지,
　　아버지는 당신의 섭리로 통치하신다(불가타역. 지혜 14. 3)/
　Utrum mundus gubernetur ab aliquo.
　　세계는 누군가에 의해 통치되는가?/
　Videtur quod omnia immediate gubernentur a Deo.
　　모든 것은 하느님에 의해 직접 통치되는 것으로 생각된다.
　　　　　　　　　(이상섭 옮김. 신학대전 14. p.85).
gubérnum, -i, n. = gubernác(ŭ)lum, -i, n.
gúbĭa, -æ, f. 반달형의 끌
gŭla*, -æ, f. 식도(食道), 목구멍, 탐식(貪食.⑨ Gluttony),
　탐욕(貪慾.⑨ Concupiscence/Gluttony), 담도(→탐욕),
　식도락(食道樂), 폭식(暴食), 폭음(暴飮.⑨ Gluttony).
　Eamus quo ducit gula. 식욕이 이끄는 데로 가자/
　gulæ illecebram(=식욕의 유혹) 목의 유혹(誘惑).
gŭlo, -ónis, m. (gula) 대식가, 탐식가, 폭식가
gulósĭtas, -átis, f. (gulósus) 탐식(⑨ Gluttony), 폭식
gulósus, -a, -um, adj. (gula) 게걸스러운, 탐식하는,
　폭식(暴食)하는, 식충이의, 미식의, 식도락의.
Gulús(s)a, -æ, m. Numídia의 Masiníssa왕의 아들
gumen, -mĭnis, n. 고무나무 수액(樹液), 고무
gúmĭa, -æ, m., f. 대식가, 미식가, 식도락가
gummátus, -a, -um, adj. = cummátus
　고무를 내는, 고무나무의.
　gummátæ(árbores) 고무나무.
gummen, -mĭnis, n. 고무(프 gomme)
gúmmĕnus, -a, -um, adj. 고무의
gummi(=cummi) n., indecl. (gummis, -is, f.;
　gummus, -i, m., gummen, -mĭnis, n.)
　고무나무 수지, 고무(프 gomme).
gummi Arábicum. 아라비아고무
gummis, -is, f.(=gummus, -i, m., gummen, -mĭnis, n.)
gummus, -i, m. (=cummi =gummen =gummi =gummis)
gummósus, -a, -um, adj. (gummi)
　고무가 많은, 고무질(성)의, 고무모양의.
gunna, -æ, f. 모피(毛皮-털가죽), 모피로 만든 겉옷
gunnátus, -a, -um, adj. 모피 옷을 입은
gurdus, -a, -um, adj. 우둔한, 미련한.
　m. 우둔한 사람, 미련퉁이(愚昧 미련한 사람을 낮잡아 이르는 말).
gurges, -gĭtis, m. 심해(深海), 심연, 소(沼), 격류(激流),
　소용돌이물(물이 나선형으로 빙빙 돌며 세차게 흐르는 현상), 구렁텅이,
　끝없이 깊은 곳, 방탕아(放蕩兒), 난봉꾼.
gurges et vorago patrimónii.
　네 유산을 삼켜버리는 깊은 구렁.
gurgúlĭo, -ónis, m. 식도(食道), 기관(氣管), 인후(咽喉),
　(蟲) 바구미(바구미과의 곤충을 통틀어 이르는 말. 강미).
gurgústĭum, -i, n. (gurges) 움집, 움막, 오두막 집,
　선술집(술청 앞에 선 채로 술을 마시게 된 술집), 초라한 식당.
gurus, -i, m. = gyrus
gustátĭo, -ónis, f. 맛봄, 시식(試食-음식의 맛이나 요리 솜씨를
　보려고 시험 삼아 먹어 봄), (연회에서) 요리의 첫 접시.
Gustato spiritu desipit omnis caro.
　영(靈)을 맛본 다음이면 육(肉)이 모두 싱겁다.
gustátor, -óris, m. 맛보는 사람, 시식자(試食者)
gustatórĭum, -i, n. (gusto) 시식요리, 전채(前菜-식사 전에

식욕을 돋우려고 먹는 야채野菜), 식사 때 처음 들어오는 접시,
　시식 요리상(試食 料理床).
gustátus, -us, m. (gusto) 미각(味覺), 맛보기, 시식,
　맛, 풍미, 취향(趣向-하고 싶은 마음이 쏠리는 방향),
　기호(嗜好-즐기고 좋아함), 취미(趣味-전문적으로 하는 것이 아니라
　즐기기 위하여 하는 일), 멋(태도나 차림새 따위에서 풍기는 세련된 기품).
gusto, -ávi -átum -áre, tr. (gustus) 시식(試食)하다,
　맛보다(מוד.מוד), 한 입 먹다(마시다), 입에 대다,
　간식하다, 요기하다, 맛들이다, (일 따위를) 건드리다,
　시험(試驗)하다, 조금 경험(經驗)하다.
gústŭlum, -i, n. (=gustulus, -i, m.) 날계란, 가벼운 키스.
gustus, -us, m. (gusto) 미각(味覺-맛을 느끼는 감각),
　(만찬에서) 처음 들어오는 음식(요리), 맛봄, 시식,
　한입 먹음, 한 모금 마심, 맛(味覺), 풍미(風味),
　취향(趣向-하고 싶은 마음이 쏠리는 방향), 취미(趣味),
　멋, 견본(見本.⑨ sample), 표본(標本.⑨ specimen).
　De gustibus non est disputandum.
　　입맛(취미)에 대해서는 시비를 않는 법!/
　gustu exploro. 맛보다, 시음(試飮)하다/
　Quinque sunt sensus córporis: visus audítus,
　odorátus gustus, tactus.
　　신체의 오관은 즉 시각, 청각, 후각, 미각, 촉각이다.
gutta, -æ, f. (액체의) 방울, 물방울, 빗방울,
　반점(斑點), 얼룩점 (建) 물방울 모양의 장식(裝飾).
　Levia multa faciunt unum grande; multæ guttæ implent
　flumen; multa grana faciunt massam.
　　많은 가벼운 것들이 하나의 큰 덩어리를 만들어 냅니다.
　　많은 물방울이 강을 이루고, 많은 낱알이 곡식더미를
　　만드는 법입니다.(최익철 신부 옮김. 요한 서간 강해, p.77)/
　Nonne vides etiam guttas in saxa cadentes umoris
　longo in spatio pertundere saxa.(Lucretius).
　　바위에 떨어지는 이슬방울들도 기나긴 세월이 지나면
　　바위를 뚫는다는 것을 자네는 알지 못하는가?.
Gutta cavat lapidem. 물방울이 돌을 뚫는다(판다).
guttátim, adv. (gutta) 한 방울씩, 방울지어, 방울방울, 조금씩
guttátus, -a, -um, adj. (gutta) 반점(斑點) 있는,
　반점(斑點) 찍힌, 물방울 모양의 얼룩이 있는.
gúttŭla, -æ, f. 작은 물방울, 작은 방울, 작은 빗방울,
　아주 소량(小量).
guttula sapónis. 비눗방울(거품)
guttur, guttúris, n. (解) 목구멍, 인후(咽喉-목구멍), 식도,
　기관(氣管), 대식(大食), 폭식(暴食), 탐식(貪食).
　Gutture fac pleno sumpta redundet aqua.
　　목구멍까지 가득 마신 물이 쏟아져 나오게 하라/
　Sanguis inúndat gutter. (inundo 참조)
　　피가 목구멍을 흘러넘친다.
guttur ango. 목 조르다
guttura, 원형 guttur, guttúris, n.
　[복수. 주격 guttura, 속격 gutturum, 여격 guttúribus,
　대격 guttura, 탈격 guttúribus]
gutturína, -æ, f. [guttur] (醫) 인후병
gutturinósus, -a, -um, adj. 인후병의
guttúrnĭum, -i, n. (목이 가는) 물주전자, 물병
gutturósus, -a, -um, adj. (guttur) ((醫)) 갑상선종의
guttus, -i, m. [gutta] (방울로 따를 수 있도록 만든)
　목이 가는 술병.기름병.향유병.
Gýaros(=Gýarus), -i, f. (Gýara, -æ, f.)
　Ægœum해(海)에 있는 불모의 작은 섬(귀양살이 섬이었음).
Gyās(=Gyēs), -æ, m. 백 개의 팔을 가진 거인, Æneás의 친구
Gygēs, -is(-æ),
　m. Lýdia의 왕(양치기로서 왕위를 빼앗음, 억만장자로 유명)
Gylíppus, -i, m. Sparta의 장군(Syracúscæ인들을 도와 Athénæ군과 싸웠음)
Gymnadenia conopsea. (植) 손바닥 난초
Gymnadenia cucullata. (植) 구름병아리 난초
gymnas, -ădis, f. 씨름, 레슬링(⑨ wrestling), 신체단련
gymnasiarchus(-cha, -æ) -i, m. 체육학교 교장
gymnásĭum, -i, n. (Grœcia의 청년들이 모여서 각종
　경기 및 신체를 단련하던) 체육장, 체육관(體育館),

철학 토론장(강연장-가끔 체육장과 같은 장소였음), 독일의 문과고교.

gymnástĭcus(=gýmnĭcus), -a, -um, adj.
체육의, 체조의, 신체훈련의, 씨름의.

gymnosophístæ, -árum, m., pl.
고대 인도의 나체(裸體) 수도 철학자.

gymnospérmæ, -árum, f., pl. (植) 나자식물(겉씨식물).

gymnótus, -i, m. (魚) 전기뱀장어

gynæcéum(=gynæcíum) -i, n. 동방교회 성당의 부인석,
고대 희랍의 규방(閨房-부녀자가 거처하는 방), 안방, 부인 방,
Roma의 고용된 여직공들이 모여 양털 길쌈하던 작업실,
기네케움, 비잔틴 성당과 동방교회에서 여교우들을 위한
성당의 별당. (植) 꽃의 자성(雌性) 기관, 암술군(群).

gynæciárĭus(=gynæcĭus) -i, m.
Roma의 모직(毛織) 작업실 담당자.

gynæcocrátĭa, -æ, f. 부인정치, 여성주권 정체(政體),
엄처시하(嚴妻侍下-'아내에게 쥐여 사는 사람'을 농조로 이르는 말).

gynæcología, -æ, f. (醫)
여성의학, 산부인과, 부인과학.

gynæcologísta, -æ, m. 부인과 의사(婦人科 醫師)

gynæcomanía, -æ, f. 여자색광증, 갈녀증(渴女症)

gynæconítis, -tĭdis, f. = **gynæcéum** =**gynæcíum**

gynæcophobía, -æ, f. 여성 공포증, 공처증(恐妻症)

Gyndes, -is, m. Tigris강의 한 지류(支流)

Gyps fulves. (鳥) 흰목 대머리 수리

gypsárĭus, -a, -um, adj. (gypsum) 석고의, 석고에 관한

gypsátus, -a, -um, p.p., a.p. (gypso) 석고를 입힌

gýpsĕus, -a, -um, adj. (gypsum)
석고로 만든(된), 석고(질)의, 석고를 바른(칠한).

gypso, -ávi -átum -áre, tr. (gypsum)
석고를 입히다, 석고 칠하다, 석고로 봉하다.

gypsoplástes, -æ, m. 석고 바르는 사람,
(석고상이나 그릇 따위를 만드는) 석고장(石膏匠).

gypsum, -i, n.
석고(石膏), 깁스(獨 Gips-'깁스붕대'의 준말), 석고상.

gyrínus, -i, m. 올챙이

gyro, -ávi -átum -áre, = **giro** tr. 빙빙 돌리다, 회전시키다.
intr. 돌다(ㄱ ㄱ ㅈ), 회전하다(ㄱ ㄷ ㄱ).

gyróvăgus, -a, -um, adj. (gyrus+vagus') 떠도는, 방랑하는.
m. 방랑 수사, 무적 성직자(수사).

Gyrton, -ónis, f. Thessália의 Penéus 강변도시

gyrus, -i, m. = **gurus** 동그라미, 원(圓), 원형(圓形),
원주(圓柱-'원기둥'의 옛 용어), 회전, 회전운동, 원운동,
선회(旋回), 순회(巡廻), 순환(循環), 주기(週期),
승마의 선회운동(훈련); (경주에서의) 한 바퀴,
승마장, 경기장, 연무장(演武場), 싸움터, 순번, 차례,
우회(迂廻), 에두름, 범위(範圍), 한계(限界).

Gythéum(=Gythĭum) -i, n. Lacónia의 항구 도시

H H H

H, h[1], f., n., indecl. 라틴어 자모의 여덟째 글자. 하[hā]
H, h[2], (略) 1. H= heres, honor, habet; HH= herédes. 2. HS.= Sestértis[본래 1+1+S(=Semis), 즉 2 as 반]. 3. h.e. = hoc est 즉.
ha, interj. 1. (충고나 주의 줄 때) 하!. 2. (웃을 때) ha ha he! 하하하! 3. (비웃을 때) 흥!. 4. (경악驚愕. 희비喜悲.주저躊躇 표시) 아.
habe, 원형 háběo, -bŭi -bĭtum -ére, tr. [명령법. 현재 단수 2인칭 habe, 복수 2인칭 habete]. Bonum animum habe! 호감을 보여라!.
Habe ambitionem et ardorem. 야망과 열정을 가져라
Habe bonam conscientĭam, et habebis semper lætitĭam. 양심을 어질게 가져라 그러면 항상 즐거운 것이다.
Habémus ad Dóminum.(We lift them up to the Lord) 주님께 올립니다.
Habemus ipsum Dominum resurgentem a mortuis, qui se dubitantium manibus discipulorum præbuit palpandum. 우리는 죽은 이들 가운데서 부활하셨으며 의심하는 제자들에게 손으로 만질 수 있도록 해주신 주님을 모시고 있습니다.(최익철 신부 옮김, 요한 서간 강해, p.167).
Habemus Papam. 새 교황 나셨다(교황선거 직후 당선 공시의 말마디).

H

habéna, -æ, f. [hábeo] (흔히 pl.) 말고삐, 가죽 끈, 혁대, (줄팔매 칠 때 쓰는) 가죽 끈, 손잡이 가죽고리, 가죽 채찍, 억제하는 끈, 제어(制御), 통제(統制), 굴레, 조종(操縱-마음대로 다루어 부림), 지휘(指揮), 감독(監督.ἐπισκοπος), 통치(統治-다스림), 밧줄.
Classi immíttere habénas.
배들의 돛을 펴서 바람을 받게 하다/
effúndere habénas.
고삐를 늦추어 주다, (말을) 빨리 달리게 하다/
habenas vel adducere, vel remitto.
고삐를 혹은 잡아당기고 혹은 늦추어주고 하다.
Habenaria linearifolia. (植) 잠자리 난초
habens esse. 존재를 가짐
habens potestatem causarum. 원인들에 대한 권능을 가진 자.
habéntĭa, -æ, f. (hábeo) 소유물, 재산([영] property)
háběo, -bŭi -bĭtum -ére, tr. 1. **가지다**, (어떤 모양으로 든지) **가지고(지니고) 있다**; 차지하고 있다, 소유하다: habeo *alqm* secum. 누구를 데리고(거느리고.모시고) 있다. 2. (감정 따위를) **품고 있다**, **간직하다**; 지키다, 유지하다: habeo ódium in *alqm*. 누구를 미워하다/ habeo *alqd* in ánimo. 마음속에 품고 있다, 생각하고 있다/ Hæc tu tecum habéto. 너 혼자만 이것들을 알고 있어라/ (pass.) **habéri** 있다. 3. 재산이 있다: Qui habet. 가진 자, 재산 있는 자. 4. **(말)할 것이 있다**, 말해야겠다, …하는 바가 있다, **…할 수 있다**, …해야 하다, **…할 이유가 있다**; 알다: Nihil hábeo ad te scríbere(quod ad te scribam). 너한테 편지 써 보낼 것이 하나도 없다/ Illud affirmáre pro certo hábeo. 나도 그것을 확실한 것으로 단언할 수 있다/ Hábeo ipse, quid séntiam. 나도 어떻게 생각하는 지를 말해야겠다/ Habes, quod irascáris. 네가 화낼 만하게도 됐다/ Hábeo respondéndum. 대답해야 한다/ Habétis, quid séntiam. 내가 무엇을 생각하는지 너희는 알고 있다. 5. **…하다**, (행사.회의 따위를) 베풀다, 개최하다, 거행하다: habeo iter. 여행하다/ Dimídium facti, qui cœpit, habet. 시작이 반이다/ Sermo habétur. 연설(강론)이 있다. 6. (누구에게) **주다**, **돌리다**, 부여하다. 7. …한 성질(성격)을 가지고 있다, …한 점이 있다: Habet hoc virtus, ut … c. subj. 덕(德)은 …게 되는 그런 성격(性格)을 지녔다. 8. 사용하다, 늘 쓰다: Annŭlus tenuátur habéndo. 반지는 늘 끼고 있으면 가늘어(닳아) 진다. 9. (어떤 상태.형편.조건條件. 관계.결과 따위에) **놓다**, 두다, **머물러(잡아) 두다**, 이르게 하다, 되게 하다. habeo *alqm* in vínculis. 감옥에 가두어 두다/ habeo in obscúro vita. 은둔 생활을 하다/ Hoc ánimum meum sollícitum habet. 이것이 내 마음을 불안하게 한다. 10. **…로 삼다**, **가지다**, 여기다; 경험하다: habeo *alqm* amícum. 아무를 친구로 가지다(삼다). 11. **여기다**, **생각하다**, **인정하다**, **판단하다**, **평가하다**: habeo suum negótium. 일을 제 일처럼 여기고 수고하다/ habeo *alqd* magni. 무엇을 중히 여기다/ habeo *alqm* pro hoste. 적으로 여기다/*alqd* habeo pro níhilo. 무시하다/ *alqd* in máximis rebus habeo. 매우 중대한 일로 여기다/ habeo *alqm* (in) amíci loco [(in) amicórum número, inter amícos] 아무를 친구의 하나로 생각하다. 12. **다루다**, **대하다**, *alqm* bene habeo. 누구를 잘 대우하다/ mílites laxióre império habeo. 사병들을 덜 엄하게 다루다/ ludíbrio habeo *alqm*. 누구를 조롱하다. 13. refl. **se habeo**. 있다, **지내다**, **건강이 어떻다**(좋다, 나쁘다), **상태가**(사정이) **어떻다**: Quómodo te habes? 어떻게 지내느냐? (잘 있느냐?)/ bene habeo se. 잘 있다/ se non gráviter habeo. 건강이 아주 나쁘지는 않다/ Res sic se habet. 사정이 이렇다/ Male se res habet, cum …c. indic. …할 때 일은 악화 된다/ (intr.) Qui bene habet. 잘 지내는(잘 되는) 사람/ Sic (res) habet. 사실이 그렇다. 14. (도시.주.나라 따위를) 지배하다, 통치하다, 지휘하다, 조종(操縱)하다. 15. (어디에) 살다, 거주하다: Quis istic habet? 누가 거기 사느냐? Afrĭcam hyabeo. Afrĭca에 거주하다. (라틴-한글사전, p.376).
alqd ratum habére.
(법적으로) 무엇을 유효한 것으로 인정하다/
alqm frustra habére. 누구를 속이다/
ánulum in dígito habére. 손가락에 반지를 끼고 있다/
De fiducia in Deo habenda.
하느님께 대한 신뢰를 가질 것에 대하여/
divísui habére. 나누어 갖다/
Dóleo me non habére, qui tradam.
나는 전 해줄 방도가 없는 것이 괴롭다/
Et habeo claves mortis et inferni.
죽음과 지옥의 열쇠를 내 손에 쥐고 있다/
fidem habére *alci*. 누구를 믿다(신용하다)/
fundum non habere. 밑 빠진 독에 물 붓기/
habeas et possideas. 취하고 소유하라/
Habemus ad Dominum. 주님을 향하여/
Habemus Papam. 우리는 교황을 모시게 되었습니다/
habére *alqd* in óculis. 지켜 보다/
habere contionem. 연설하다/
habére memóriā *alcjs* rei. 무엇을 추억(追憶)하다/
Habere non potest Deum patrem qui ecclesiam non habet matrem. 교회를 어머니로 모시지 않는 사람은 하느님을 아버지로 모실 수 없다(카르타고의 주교 치프리아누스)/
Habere nomen Christi et malus potest; id est: Christianus vocari, et malus potest. 악인도 그리스도의 이름을 지닐 수 있습니다. 곧, 악인도 그리스도인이라고 불릴 수 있다는 것입니다.(최익철 신부 옮김, 요한 서간 강해, p.321)/
habere nos domi diversa genera brutorum.
우리 집에는 여러 종류의 짐승들이 거처를 정하고 있다/
habere odium. 미움 받다/
Habetis hic aliquid, quod manducetur?.
([영] Have you anything here to eat?)
여기에 먹을 것이 좀 있느냐?(성경 루카 24, 41)/
habetne vita sensum? quo illa cursum suum tendit?
인생이란 의미가 있는 것일까?
그것은 어디로 가고 있는 것일까?/
(Has interrogationes nemo fugere potest, nec philosophus nec homo plebeius. 철학자이든 일반 대중이든 아무도 이 물음을 모면할 수 없습니다).
Habverit, inquiunt, carnem dum omnino non natum.
그분은 육신을 가지고 있기는 하되 결코 태어나지 않은 육신을 가지고 있다/

Ille qui habet plenitudinem entis.
존재자의 충만함을 가지고 계신 분/
In ánimo hábeo fácere *alqd.* 무엇을 할 작정이다/
In oculis animus habitat. 영혼은 눈 안에 깃들어 있다/
in numeráto habére. (언제든지 할) 준비가 되어 있다/
Nemo dat quod non habet.
아무도(내가) 가지지 않은 것을 남에게 줄 수는 없다/
Non habetis, propter quod non postulatis. 여러분이 가지지 못하는 것은 여러분이 청하지 않기 때문입니다(성경 야고 4, 2)/
parem habeas in domo. 집에서는 맞먹어라.
(욕설로 추정. 성 염 옮김, 단테 제정론, p.29)/
Pro certo habeto omnes tibi favere. 모든 사람이 그대에게 호의를 갖고 있음을 확실히 아시라!/
semper felix beatusque habetur. 항상 행복할 권리/
vectigália parvo prétio redémta habére.(redimo 참조)
싼값으로 관세징수를 도급 맡아 가지고 있다.
Habeo te amici loco = Habeo te amicum.
= Habeo te in amici loco/
= Habeo te in amicorum numero/
= Habeo te pro amico. 나는 너를 동무로 여기고 있다.
(loco는 가끔 "자리에, 대신에, …로서"의 뜻도 있다).
Habeo tot sorores quot fratres.
나는 형제나 자매의 숫자가 같다.
Habet!. (치명상을 받은 검투사가) 승부는 끝났다
habete, 원형 hábĕo, -bŭi -bĭtum -ére, tr.
[명령법. 현재 단수 2인칭 habe, 복수 2인칭 habete].
Habete in vobis sal et pacem habete inter vos.
([영] Keep salt in yourselves and you will have peace with one another) 너희는 마음에 소금을 간직하고
서로 평화롭게 지내라.(성경 마르 9, 50).
hábĭlis, -e, adj. (hábeo) 다루기 쉬운, 편리한, 손쉬운, 잘 맞는, …에 알맞은, 적당한, 적합한, 적응하는, 재능(才能) 있는, 해낼 수 있는, …할 능력이 있는, 숙달한, 능숙한, 능란한.
brevitáte hábiles gládii. 짧아서 다루기 쉬운 칼/
cálcei hábiles. 편리한 신발/
vites pínguibus terris hábiles.
비옥한 땅에 알맞은 포도나무들.
habílĭtas, -átis, f. (hábilis) 능력(能力.δυναμις), 재능(才能.[영] Talents), 능숙(能熟), 숙달(熟達), 수완(手腕-일을 꾸미거나 치러 나가는 재간), 적격성(適合性), 적합, 적당(適當), …할 자격(資格).
habilitas personæ. 계약 자격(契約 資格)
habílĭto, -áre, tr. 능력 있게 하다, 자격을 주다
habitábĭlis, -e, adj. (hábito)
거주할 수 있는, 사람이 살 수 있는.
habitácŭlum, -i, n. (hábito) 집(בַּיִת.οἰκία.οἶκος), 주택, 거처(居處), 둥지, (동물의) 굴(동굴, 움막).
habitacula paupercula. 매우 초라한 집.
Habitári ait in luna. 달에 사람이 산다고 그는 말했다
hábĭtat, n., indecl. [(3 persóna sg.) hábito]
(動.植) 동식물의 산지, 서식지, 서식 환경, 자생지.
habitat factor. 환경요인(環境要因)
habitátĭo, -ónis, f. (hábito) 거주(居住), 서식(棲息), 거처(居處), 집세(pensio, -ónis, f.), 거주비(居住費).
De religiosa habitatione in eremis.
은수처에서의 수도자들의 머무름.
habitatiúncŭla, -æ, f. dim. (habitátĭo)
작은 둥지, 작은 주택, 작은 집, 작은 거처.
habitátor, -óris, m. (hábito) 거주자, 주민, 본토인,
Quis est mundus? Illi habitatores mundi, quomodo dicitur domus, habitatores ejus. 세상은 누구입니까?
세상에 사는 사람들입니다. 마치 '집'이라는 말이 그 집에 사는 사람들을 뜻하는 것과 같습니다.
habítĭo, -ónis, f. (hábeo) 소유(κλήρος), 가지고 있음, (진리.권리.소유 따위의) 인정, 승인(承認).
hábĭto, -ávi, -átum, -áre, freq., intr., tr. (hábeo)
(어디에) 살다(גּ.בשׁתב.דור.ת), 살고 있다, 거주(거처)하다(ישׁב), 영주하다, 들어박혀 있다, 죽치고 있다, 움직이지 않고 있다, (상태 따위가) 영속하다, …에 몰두하다, 집착하다, 고집하다. **habitántes**. 주민.
habitare secum. 자기 자신과 함께 살다/
Habitári ait in lunā. 달에 사람이 산다고 그는 말했다/
In interiore homine habitat veritas.
인간 내부에 진리가 거처한다/
Romæ habito. 로마에 살다/
ruri habitare 시골에서 살다/ urbes habito. 도시에 살다.
habito in foro. 광장에 선 채 움직이지 않고 있다.
habituális, -e, adj. (hábitus²) 상태적(狀態的.常態的)인, 상재적(常在的)인, 상존하는, 철회되지 않고 있는, 습관적인, 상습적인, 습성적인, 상례(常例)의, 평소의.
defectus habituális. 상습적 결함/
donum habitualis. 상존적 선물/
gratia habitualis. 상존 은총/
intentio habituális. 습성적 지향.
habitualis justitia. 상태적 정의
habitúdo, -dĭnis, f. (hábitus²) 습관(習慣), 버릇, 습성, 성향, 상태, 육체의 생김새.외관.외형.
(哲) 관계(關係.獨 Verhältnis), 관련(關聯).
habitudinem ad proprietatem. 고유성으로서의 성향/
habitudinem ad verbum procedens.
발출하는 말과의 관계.
habitúdo ad creaturas. 피조물과의 관계
habitúdo ad principium. 근원과의 관련
habitúdo ad rem amatam. 사랑 받는 사물과의 관계
habitúdo causæ. 원인의 관련
habitúdo ecclesiæ ad extra. 외부로 향한 교회의 습성
habitudo ontologica. 존재론적 습관
habitúdo signi. 표지와의 관계
hăbĭtum, "hábĕo"의 목적분사(sup.=supínum)
hábĭtum, -i, n. (hábitus¹) 소유물, 가지고 있는 것
habitum vestitumque pristinum.
옛 의상을 다시 도입하다.
habitúrĭo, -íre, tr. desid. (hábeo) 가지고 싶어 하다
hábĭtus¹ -a, -um, p.p., a.p. (hábeo)
잘 보살핀, 돌본, 잘 손질한, 잘 기른, 살찐.
hábĭtus² -us, m. (hábeo) 태도(態度), 양상(樣相), 모습, 외모(外貌), 외관, 생김새, 꾸밈새, 복장(服裝), 의상(衣裳), 제복(祭服), 상태(狀態), 형편(形便-일이 되어 가는 모양이나 결과), 있는 모양, 체질(體質), 천성(天性), 성품(性稟), 기질(氣質.[영] temperament), 성질(性質), 습성(習性), 버릇, 습관(習慣.[영] habit), 특징(特徵), 특성(特性), 마음가짐, 기분, 감정(感情), 기풍(氣風).
((哲)) (범주로서의) 소속(所屬.[영] Belonging), 소유(κλήρος), 성상(性狀-사물의 성질과 상태를 아울러 이르는 말), 관습(mos, mōris, m.), 고정적이며 지속적인 성질.
De habitu et moribus populi Christiani.
그리스도교 백성의 관습과 행동(교부문헌 총서 17, 신국론, p.2818)/
intellectus in habitu. 습성적 이성/
novus habitus mentis. 새롭게 사고하는 태도/
pastórum hábitu. 목동의 복장을 하고/
sanctæ conversátĭónis habitum. 거룩한 수도생활의 복장/
vir óptimo hábitu. 썩 좋은 성격의 사람.
habitus acquisitus. 습득 습성
habitus bonus. 좋은 습관
habitus caritatis. 사랑의 습성
habitus clericalis([영] Clerical Costume) 성직자 복장
habitus conscientiæ. 양심의 습성
habitus entitativus. 존재 내 습성(한 인간의 존재체 자체를 증진 성장시키는 습성. 예를 들면 미, 체력, 건강 등의 증진).
habitus est quo quis agit cum voluerit.
습성이란 어떤 사람이 원욕하기에 (그것으로써) 어떤 작용을 하게 되는 바로 그것이다.(김 율 옮김, 은총과 자유, p.82).
habitus infusus. 주입된 상태
habitus innatus. 타고 난 습성, 생래 습성
habitus infusus. 천부 습성, 받은 습관

habitus Italiæ. 이탈리아의 형편

habitus malus. 나쁜 습관(cacœthes, -is, n.)

habitus mentis. 정신 자세

habitus monachi(religiónis). (가) 수도복

habitus moralium virtutum. 윤리적 덕의 가능태

habitus naturális. 본성적 습성(本性的 習性)

habitus operativus. 작용 습성
   (인간의 행동을 조절, 증진시키는 습성. 예를 들면 글씨 연습, 각종 운동 연습.
   보통 덕행을 닦는다고 할 때 작용습성이 작용한다.)

habitus oris. 입의 생김새, 얼굴 표정

habitus religiónis. 수도복(⑨ religious habit)

habitus religiósus. 수도복(⑨ religious habit)

habitus supernaturalis. 초자연적 습성

habitus virginális. 처녀 같은 외모(外貌)

habitus virtutis. 덕의 습성

habitus voluntarius. 수의적(隨意的) 습성

habra, -æ, f. 시녀(侍女), 여종(ᴋᴅᴛ)

habrodiǽtus, -i, m. 여성화된 자

habsis(=absis), -ídis, f. 둥근 천장, 반달형의 덮개

Habuerit, inquiunt, carnem dum omnino non natam.
   그분은 육신을 가지고 있기는 하되
   결코 태어나지 않은 육신을 가지고 있다.

habui, "hábĕo"의 단순과거(pf.=perfectum)

hãc, adv. 이리로(해서), 이곳을 거쳐, 여기로,
   In hac relátĭone, 교회론의 채택 주제들(1985.10.7. 문헌)/
   In Hac Tanta, 성 보니파시오 1,200주기(1919.3.14.).
   in hac terra. 이 나라에서/
   inter hæc. 이러는 사이에.

Hac de re inter christianam initiationem ac familiam
ad necessitudinem animum intendere volumus.
(⑨ In this regard, I would like to call particular attention
to the relationship between Christian initiation and the
family) 이와 관련하여 그리스도교 입문과 가정의 관계에
특별히 주의를 환기시키고자 합니다.

Hac dici solent. 이러한 말들이 가끔 있다.
   (보조동사는 다른 동사의 수동형 부정법을 지배할 수 있으나
   원칙적으로 자기 자신은 수동으로 쓰지 못한다.)

Hac in urbe, 가톨릭 교회와 영국 성공회(1966.3.24. 공동선언)

Hac litteræ, (1983.1.25. 교서)
   교회의 사명에 있어서의 화해와 참회(懺悔).

Hac nocte fur veniat; cave!.
   오늘밤에 도둑이 올지도 모르니 조심해라!

Hac sacra congregátĭo, (⑨ Indissolubility of Marriage)
   혼인의 불가해소성(1973.4.11. 서한).

Hãc super re scribam ad te.
   나는 이 일에 대하여 너에게 편지 하겠다(제목 부사어는 전치사
   de와 함께 탈격으로 쓴다. 드물게 super와 함께 탈격으로 쓰기도 한다).

Hac super re scríbere. 이것에 대해서 쓰다

hac urbe abeo. 이 도시에서 떠나가다

Hac via transit donum in mandatum mandatumque
ipsum est donum. 그러므로 선물은 계명이 되고,
   계명이 바로 선물입니다(1995.3.25. "Evangelium Vitæ" 중에서).

hac vice. 이번에

hacprópter, adv. 그렇기 때문에, 그런 고로, 그런 까닭에.

háctĕnus, adv. [hãc(parte)+tenus]
   여기까지, 이곳까지, 이 정도까지, 이만, 이만큼만,
   지금까지, 이 시간까지, 이제껏.

Hadriáticum, -i, n. (sc. mare) Hádria해(海)

hadrobólon, -i, n. (아라비아·인도 등지에서 나는
   bdéllium 나무의) 검정고무.

hadrosphǽrum, -i, n. (植) 감송(甘松)

Hæc a custodiis clássium loca vacábant.
   이 해역은 군함이 지키고 있지 않았다.

Hæc a nobis facta sunt. 우리가 이것을 하였다.
   [일반적 수동형에 있어서의 능동자 부사어는 그것이 유생물인 경우에는
   a(ab)를 쓰고 무생물인 경우에는 쓰고, 무생물인 경우에는 그냥 탈격으로 쓴다.
   이러한 부사어 탈격을 능동자 탈격이라 한다].

Hæc a te non multum abludit imago.
   이 초상은 너하고 크게 다르지는 않다.

Hæc ab his docéntur.

이 사람들이 가르치는 것은 이런 것들이다.

Hæc aqua rédolet vinum. 이 물은 술 냄새가 난다

Hæc autem sententia nec a verbis Aristoteles multum
aliena videtur. 이 견해는 아리스토텔레스의 말과 크게
   다르지 않은 것 같다.(지성단일성. p.163).

Hæc avis scríbitur noctu canere.
   이 새는 밤에 운다고 기록되어 있다.

Hæc civitas Rhenum tangit.
   이 도시는 라인 강에 인접해 있다.

Hæc commixtio Corporis et Sanguinis Domini nostri
Iesu Christi fiat accipientibus nobis in vitam
æternam. 여기 하나 되는 주 예수 그리스도의 몸과 피가
   이를 받아 모시는 저희에게 영원한 생명이 되게 하소서.

Hæc consuetúdo prodeo cœpit.
   이런 관습이 생기기 시작했다.

Hæc defensio redundavit joco.
   이 변론은 익살에 넘쳐있었다.

Hæc dixi, fratres, et longiuscule:
Si enim caritas nulla est in vobis, nihil diximus.
   형제 여러분 길게 말씀드렸습니다만, 여러분 안에 사랑이
   전혀 없다면, 저는 아무 말도 하지 않았을 것입니다.

hæc dona, hæc munera, hæc sancta sacrificia illibata.
   이 거룩하고 흠 없는 예물.

Hæc Ecclesia est Ecclesia catholica.
   이 교회가 가톨릭 교회이다.

Hæc enim omnia officia necessitatum sunt.
   사실 이 모든 선행은 필요로 말미암은 의무입니다.
                          (최익철 신부 옮김. 요한 서간 강해. p.353)

Hæc epístola est prídie data quam illa.(quam²참조)
   이 편지가 그 편지보다 하루 전에 발송된 것이다.

Hæc essentia est. 이 본질이 존재 한다.

Hæc est gloriosissima civitas Dei. 이것이 바로
   하느님의 영화로운 도성이다(신국론 서언 첫머리 문장).

Hæc est perfectio caritas est; et major omnino non
potest inveniri. 이것이 바로 사랑의 완성이다.
   이보다 더 큰사랑은 어디서도 찾을 수 없습니다.

Hæc est victoria quæ vincit mundum fides nostra.
   세속을 이기는 승리가 우리의 신앙이다.

Hæc est vita nostra, ut desiderando exerceamur.
   열망하면서 단련되는 것, 이것이 바로 우리 삶입니다.

Hæc facta ab illo oportébant.
   이 일들은 그가 했어야 했다.

Hæc fama mihi audíta est.(=a me)
   이 소문이 나에게 들려왔다.

Hæc herba contulit huic morbo.
   이 약초는 이러한 질병에 효과적인 것으로 증명되었다.

Hæc ita sentimus, natura duce. 자연의 이치에 따라,
   우리는 이 사건을 그렇게 생각합니다(Cicero).

Hæc magno sunt usui. 이것은 크게 유용한 것들이다

Hæc mando vobis, ut diligatis invicem.
   서로 사랑하여라. 이것이 너희에게 주는 나의 계명이다.

Hæc me vestis decet. 이 옷이 내게 어울린다.

hæc mea sunt; veteres migrate coloni.
   이건 내 땅이다; 옛 소작인들은 이사 가거라.
               (성 염 지음. 사랑만이 진리를 깨닫게 한다. p.433).

Hæc negotía quomodo se habeant, ne epistolā
quidem narrare áudeo. 이 난처한 사정이 어떠한지를
   나는 편지로도 감히 이야기할 수 없다.

Hæc nostra solatio atque nostra spes.
   (⑨ This is our consolation and our hope)
   이것이 우리의 위안이고 희망입니다.

Hæc ómnia deléta vidéntur réditu meo.
   이 모든 것은 내가 돌아옴으로써 없어진 것으로 보인다.
   (인칭적으로 활용된 연계동사로서의 vidéri는 다른 동사의 부정법을 주격으로
   지배한다. 그러므로 'esse+분사' 또는 용장활용의 부정법에서 그 분사들은
   부설명어의 규칙대로 주어의 성, 수를 따르는 주격으로 써야 한다.
   이 경우 부정법에서는 가끔 조동사 esse없이 주격의 분사만 쓰는 수가 있다.
   허창덕 지음. Syntaxis Linguæ Latínæ. p.333).

Hæc ómnia is feci. (is 참조) 이 모든 것을 내가 했다

Hæc omnia sunt "opera carnis".

(❋) All of this constitutes the "works of the flesh".
이 모든 것이 "육체의 소행들"입니다.

Hæc ómnia tibi dabo, si cadens adoraveris me.
(❋) All these I shall give to you, if you will prostrate
yourself and worship me) 당신이 땅에 엎드려 나에게
경배하면 저 모든 것을 당신에게 주겠소(마태 4. 9).

Hæc ómnia tua facta sunt. 이 모든 것은 다 네 것이 되었다

Hæc perfecta esse gaudeo.
이것들이 완성된 것을 나는 기뻐한다.

Hæc proféctio, et non fuga est.
이것은 출발이지 도망이 아니다.

Hæc propositio neque constat. 이 명제는 명백하지 않다.

Hæc pugnant invicem. 이것들은 서로 상치(相馳)된다.

hæc, quæ vertice sidera pulsat, domus.
하늘을 찌를 듯이 우뚝 솟은 이 집.

Hæc quidem in hoc Documento volumus tractare.
(❋) This is what I intend to deal with in this document)
본인은 바로 이러한 주제를 이 문헌에서 다루고자 한다.

Hæc quippe prima sapientiæ davis definitur,
assidua scilicet et frequens interrogatio. 바로 이것,
즉 끈질기고 철저한 질문이야말로 지혜의 첫 열쇠이다.

Hæc quotiescumque feceritis, in mei memoriam
facietis.(❋ As often as you shall do these things,
you shall do them in memory of Me).
너희는 나를 기억하여 이를 행하여라.

Hæc res facile cognoscitur. 이 일은 알기 쉽다.

Hæc res facilis est ad cognoscendum.
이 일은 알기 쉽다.

Hæc res facilis est cógnitu. 이 일은 알아보기 쉽다.

Hæc summa est. 이것이 나의 마지막 말이다.

Hæc sunt Academiæ proposita.(❋ The aims of the
Academy are) 학술원의 목적은 이러하다.

Hæc sunt sententiæ synodi sanctæ.
이것은 거룩한 공의회의 선언이다.

hæc tam adulta pestis. 이미 많이 퍼진 흑사병

Hæc tu ausus es negare?
그래 네가 이것을 감히 부인(否認)하였단 말이냐?

Hæc tu tecum habéto. 너 혼자만 알고 있어라.

Hæc vera an falsa sunt? 이것들이 眞實이냐 거짓이냐?

Hæc verba per ætates confirmantur.(❋ These words are
confirmed generation after generation) 이 말씀은 세대와
세대를 거쳐 확인된다.(1988.8.15. Mulieris dignitatem 중에서).

Hæc vero omnia in communione sunt facienda.
(❋) All this however must always be done in communion)
그러나 이 모든 것은 친교 안에서 이루어져야 합니다.

Hæc via lóngior est quam látior.

Hæc via magis longa est quam lata.
이 길은 넓다기보다는 차라리 긴 편이다.[두 개의 형용사를 서로
비교할 경우 둘 다 비교급을 써서 quam 으로 이어주거나
(=비교급+quam+비교급), 둘 다 원급을 써서 quam으로 이어 주되 제1항에
'magis(더)'라는 부사를 붙여 준다(magis+원급, magis+원급. 이 경우 제1항의
비교급이나 magis는 가끔 '오히려 더, 차라리 더' 등으로 번역한다].

Hæc vidémus et non commovémur!
이것을 보고도 감탄하지 않을소냐!

Hæc vox est, a qua recens sum.
이것은 금방 내가 들은 소리다.

hæccéïtas, -átis, f. 개성원리(個性原理), 차시성(此是性).
[라틴어 quidditas(무엇이라는 것)와 hæc(이것)이라는 대명사에서 추상화한 철학
용어로서 Duns Scotus(1266~1308)가 이렇게 썼다. 스코투스는 토마스 아퀴나스
와 같이 보편성의 실재적 존엄성을 인정했지만 각 사물의 개별화의 원리는 질료
(materia)가 아니라 개체적 본질(individua natura)이라고 했다. 그렇기 때문에
비질료적인 존재, 예를 들면 천사도 개체성을 가지고 있다고 했다.
[백민관 신부 엮음. 백과사전 2, p.217].

hædíllus, -i, m. dim. (hædus) 작은 숫염소, 염소새끼

hædínus, -a, -um, adj. (hædus) 염소의, 산양의,
f. (sc. caro⁶) 염소고기.

Hædŭi = Ædŭi

hædúléa, -æ, f. 암염소(새끼)

háedúlus, -i, m. dim. (hædus) 염소새끼

hædus(=hœdus), -i, m. 어린 염소(수컷), 염소새끼,
산양(capella, -æ, f.). pl. **Hædus** (天) 산양(성)좌.

hæma, -átis, n. 피(ㄱ□.αἷμα.❋) Blood.血)

hæmachátes, -æ, m. 붉은 마노(瑪瑙)

hæmátǐnus, -a, -um, adj. 핏빛의

hæmatósis, -is, f. (生理) 혈액 생성, 조혈(造血)

hæmatúrǐa, -æ, f. (醫) 피오줌, 혈뇨(血尿)

hæmésis, -is, f. (醫) 눈의 충혈

hæmolýsis, -is, f. (生理) 용혈(溶血)

Hæmon, -ónis, m. Thebœ의 폭군(暴君) Creon의 아들

hæmoptýïcus, -a, -um, adj. 각혈(咯血) 하는 환자

hæmóptysis, -is, f. (醫) 각혈(咯血), 객혈(喀血)

hæmorrhágǐa, -æ, f. (醫) 출혈(出血); 코피 쏟음

hæmorrhóïa, -æ, f. (醫) 출혈, 혈액유출(血液流出)

hæmorrhóïcus, -a, -um, adj. 치질 병 걸린

hæmorrhóïdæ, -árum, f. (醫) 치질 병

hæmorrhoidális, -e, adj. 유혈(流血)의, (醫) 치질의

hæmórrhöis, -ídis, f. (醫) 치질(병)

hæmorrhóïssa(=hæmorrhóusa) -æ., f.
하혈하는 여자, 하혈 병 앓는 여자

hæmorrhóusa, -æ., f. 하혈 병 앓는 여자(하혈하는 여자)

hæmóstäsis, -is, f. 지혈(止血-피가 흘러나오다 멎음)

hæmostátĭcum, -i, n. (藥) 지혈약(止血藥)

Hæmus, -i, m. Thrácia의 산맥(현 Balkan 산맥)

hæred… V. hered…

hǽréo, hæsi, hæsum, -ére, intr. 꼭 달라붙다.
붙어있다, 부착(附着)하다, 고착(점착·밀착) 되어 있다.
매달려(걸려) 있다, 떨어지지 않고 있다, 헤어나지 못하다,
오래 머무르다, 체재(滯在)하다, 거처(居住)하다(그까),
(어디에) 있다, 정지하다, 중지하다, 멎다, 좌절되다
(일이) 얽히다, 착잡해지다, 난처하게 되다,
난국에 처하다, 어찌할 바를 모르다, 망설이다.
Aqua hæret. (물시계가 멎었다)
제한된 시간이 다 되어 난처하게 되었다/
gládius intra vagínam suam hærens.
칼집에 꽂혀 있는 칼/
in memóriä hǽreo. 기억에서 사라지지(잊혀지지) 않다.

hæreo equo. 말안장에 착 붙어 앉아 있다

hæreo in equo. 말안장에 착 붙어 앉아 있다

hæreo in tergis(tergis, in terga). ((軍)) 바싹 뒤쫓다

hæres(=heres), hærédis, f., m. 상속인(相續人), 상속자.
Hæredem Deus facit, non homo.
상속인을 신이 정하지 인간이 정하는 것이 아니다.

Hæres superest patri. 아버지에게는 상속인이 남아 있다/
아버지에게는 상속자가 생존하고 있다.[adsum, desum, insum,
intersum, obsum, præsum, supersum 동사들은 sum 동사와 합성되어
호의와 적의, 이익과 손해를 표현한다. 성 염 지음. 고전 라틴어, p.392].

hærésco, -ĕre, inch., intr. (hǽreo)
점착(粘着)하다, 딱 달라붙다, 집착하다.

hæresiárcha(=hæresiárches) -æ, m. 이단 종파의 두목,
이단설 창도자(唱道者), 이교의 개조(시조)

hæresiárches, -æ, m. 이단설 창도자(異端說 唱道者)

hǽrésis, -is(-ĕos), f. 교설, 학설, 정론, 이단설(異端說)
이단(異端.αἵρεσις.❋ heresy.프 l'hérésie), 이교,
사교, 열교(裂敎.❋) heresy-이단을 일컫는 말), 직업, 신분.
De hæresibus. 이단론.
(88개의 이단들을 요약하고 간단히 논한 성 아우구스티노의 책)/
Gaude, Maria Virgo, cunctas hæreses sola interemisti
in universo mundo. 동정녀 마리아여, 기뻐하소서.
당신만이 온 세상의 모든 이단을 쳐부수셨나이다/
Liber de Hæresis. 이단에 관한 책.
(156개의 이단들을 분석한 필라스트루스Philastrus의 책)/
Quam multi se in hæresibus et schismatibus martyres
dicunt! 심지어 이단자와 열교자 가운데 얼마나 많은 사람
들이 스스로 순교자라고 떠들고 있습니까!/
Si quis dixerit, propter hæresim, aut molestam
cohabitationem, aut affectatam absentiam a coniuge
dissolvi posse matrimonii vinculum. 만일 누가 혼인의
유대가 이단, 힘겨운 공동생활이나 한쪽 배우자의
의도적인 부재에 의해 해소될 수 있다고 주장한다면,
그는 파문 받아야 한다.

H

	단 수	복 수
nom.	háeresis	háereses
voc.	háeresis	háereses
gen.	háeresis(-ēos)	háeréseon(-īum)
dat.	háeresi	háerésibus
acc.	háeresim(-in)	háereses
abl.	háeresi	háerésibus

*위와 같이 변화하는 명사로는 다음과 같다.
basis, -is, f. 기초, 토대   diœcésis, -is f. 교구
génesis, -is f. 천지창조, 발생, 창세기
phrasis, -is, f. 문귀, 어귀 poésis, -is f. 시, 운문, 작시(법)
synáxis, -is f. 회합 thesis, -is f. 명제, 제목, 논문

(허창덕 지음, 중급 라틴어, p.11)

hærétĭcus, -a, -um, adj. 이단의, 이단설의, 이교의,
열교의, 사교의. m. 이단자, 이단 신봉자, 열교인.
Contra inanem hæreticorum fiduciam.
이단자들의 헛된 믿음을 거슬러/
De hæretico Comburendo. 이단자 화형
[영국의 Looards파를 탄압하기 위한 의회입법(1401년). 교회에 해악을 끼치는 자,
특히 이단자라고 판단되면 체포하고 교회법에 따라 처벌할 수 있도록 한 영국
최초의 입법 조치이다. 이단자는 교회의 판정이 내려지면 시민법원에서
화형판결을 내리도록 되어 있었다. 이 법률은 헨리 8세가 철폐했다가 메리
여왕이 다시 부활시켰고 엘리자베스 1세 여왕이 최종적으로 철폐했다.
백민관 신부 엮음. 백과사전 2, p.217]/
De præscriptione hæreticorum. 이단자들의 규정/
frequentissimum collegium inter hæreticos.
이단자들 중 가장 많은 사람들이 모인 단체/
Hæreticarum fabularum compendium. 이단적 허구의 개요.
(치루스의 테오도레투스의 다섯 권짜리 저서)/
hæreticorum instantĭa. 이단자들의 항변(抗辯)/
Hic nunc iam interroga omnes hæreticos.
이제 이것을 모든 이단자들에게 물어보십시오.
(최익철 신부 옮김, 요한 서간 강해, p.299)/
inquisitio hæreticæ paganitatis. 이단(異端)의 조사/
Quod etiam per hæreticorum dissensiones fides
catholica roboretur. 이단자들의 의견분열을 통해 가톨릭
신앙이 오히려 강화되기도 한다(교부문헌 총서 17, 신국론, p.2814).
hæsi, "hæreo"의 단순과거(pf.=perfectum)
hæsitabúndus, -a, -um, adj. 머뭇거리는, 망설이는,
주저하는, 오래 걸리는, 결단성(決斷性) 없는.
hæsitánter, adv. (hǽsito)
주저(躊躇)하며, 망설이며, 머뭇거리며, 우물쭈물.
hæsitántĭa, -æ, f. (hǽsito) 말더듬기(吃音), 우물쭈물함,
주저(躊躇-머뭇거리거나 나아가지 못하고 망설임), 망설임,
머뭇거림, 외축(畏縮-두려워서 몸을 움츠림), 우유부단.
hæsitátĭo, -ónis, f. (hǽsito) 말더듬기(吃音), 우물쭈물함,
주저(躊躇-머뭇거리거나 나아가지 못하고 망설임), 망설임,
머뭇거림, 외축(畏縮-두려워서 몸을 움츠림), 우유부단.
Quanta hæsitátĭo tractusque verborum!
말을 얼마나 주저하며 질질 끄는가!
hæsitátor, -óris, m. (hǽsito)
결단성 없는(우유부단한) 사람,
머뭇거리는(주저하는.망설이는) 사람, 미루는 자.
hǽsĭto, -ávi, -átum, -áre, freq., intr. (hǽreo)
꼭 달라붙다, 고착(固着)되다, 헤어나지 못하다,
꼼짝 못하다, 머뭇거리다, **주저하다**, **망설이다**,
의혹(疑惑)하다, 결정을 내리지 못하다, 우유부단하다.
말을 더듬다. hæsito linguā. 말을 더듬다.
hæsum, "hæreo"의 목적분사(sup.=supínum)
hagéter, -téris, m. 안내인, 지도자(=Hércules)
hagiógrăpha, -órum, n., pl. 성인전기 및 그 연구,
거룩한 글, 문류(文類) 경서(經書),
성문서(ʼבותכ.άγιογραφαι.⑨ hagiographa),
구약성서 제3부(율법서.예언서 부분인) 성문학.
hagiógrăpha maiora. 대(大)교훈서들(가톨릭대사전, p.4636)
hagiográphĭa, -æ, f. 성인 언행록.성인 전기(傳記).
hagiógrăphus, -i, m. 성인 전기 작가,
구약성서 제3부(hagiographa) 저자(著者).
hagiología, -æ, f. 성인(전) 연구, 성인 전기학, 성인열전.
(agios '거룩한' + logia '이론')

hahæ, háhăhæ, interj. (즐거움.흥거움 따위 표시) 하하!
halágŏra, -æ, f. 소금 시장
halátĭo, -ónis, f. (halo) 호흡, 숨 쉼, 김, 콧김, 입김
halátus, -us, m. (halo) 방향(芳香-좋은 향기), 향기(香氣)
halc… hale… hali… hall… V. alc… ale… ali… all…
hálĭca(=álĭca), -æ, f. 미개량종 밀, 스펠트 밀
haliǽětus(-os) -i, m. (鳥) 바다 독수리
hálīeus, -i, m. Apícius의 책 제10권의 제목 "어부"
haliéutĭcus, -a, -um, adj. 어업의, 어부의.
n., pl. Ovídius의 어업(漁業)에 관한 시집(詩集) 제목.
hálĭto, -áre, intr. 세게 불다
hálĭtus, -us, m. (halo) 숨(㎜.⑨ Breath), 호흡, 입김,
증발기체, 증기(蒸氣-"수증기"의 준말), 가스, 미풍(微風),
아지랑이(봄날 햇볕이 강하게 쬘 때 공기가 공중에서 어른어른 움직이는 현상).
afflata ursi hálitu. 곰의 입김이 와 닿은 여자.
hallelúja, interj.; n. indecl.(=allelúja) (히브리어) 알렐루야
hallex, -lícis, m. 엄지발가락(=allex, -lícis,/hallus, -i,)
hallucinátĭo(=alucinátĭo), -ónis, f. 환각, 환영, 환상
hollúcĭnor, -átus sum, -ári, dep., intr.
꿈같은 생각 속에서 헤매다, 환상에 사로잡히다(잠기다),
헛된 상상에 속다, 우스꽝스럽게 속임수를 쓰다,
되는 대로 지껄이다, 횡설수설(橫說竪說)하다.
hallus, -i, m. 엄지발가락[=m. allex(hallex), -lícis]
halmýrrhax, -ăgis, m. (化) 초석(硝石)
halo, -ávi, -átum, -áre,
intr. 입김 불다, 숨을 내쉬다, 향기 나다, (냄새가) 풍기다.
tr. 내뿜다, 내뿜다, 발산하다, (냄새를) 풍기다.
halophánta, -æ, m. 악한(惡漢), 무뢰한(無賴漢)
halos, -ō, f. (해.달의) 무리, 햇무리, 후광(⑨ halo),
달무리(달 언저리에 둥그렇게 둘리어 구름같이 보이는 허연 테).
halósis, -is, f. 침략(侵略), 점령(占領)
halter, -éris, m. (보통 pl.로) 아령(啞鈴)
(動) 쌍시류의 평형기(平衡器)
haluc… V. halluc…
hálysis, -is, f. (해.달의) 무리, 달무리,
햇무리(해의 둘레에 나타나는 흰빛의 테. 일훈. 일훈日暈).
hăma, -æ, f. 소방 물통
Hamádryas, -ădis f. [acc. pl. das.] (흔히 pl.로) 숲의 요정들
hamarthrítis, -is, f. (醫) 통풍(痛風), 관절염(關節炎)
hamátĭlis, -e, adj. (hamátus) 낚시의, 낚시질의
hamát, -a, -um, adj. (p.p. hamo)
낚시 달린, 낚시 모양의, 갈고리 모양의, 구부러진,
걸려들게 하는, 미끼로 보내는 (선물 따위).
hamáxa, -æ, f. 짐마차
hamaxagóga, -æ, m. 수레에 짐 실어 나르는 사람
hamáx, -áre, tr. (말.소에게) 수레를 매우다
Hamílcar,-ăris, m. Hánnibal과 Hasdrubal의 아버지.
[제1차 Poeni 전쟁 때 Carthágo의 명장].
Hamilcar nono anno postquam in Hispaniam venerat,
in proelio occisus est. 하밀카르는 히스파니아에 온지
아홉 번째 되던 해 전투 중에 피살(被殺)되었다.
hamióta, -æ, m. (hamus) 낚시꾼
Hammon, -ónis, m. 이집트인들의 신(神)
hammoníăcus, -a, -um, adj. 암모니아의
hammoniacus sal. 염화암모니아
hammonítrum, -i, n. 모래와 초석(硝石)의 혼합물
Hammónĭum, -i, n. Hommon신에게 봉헌된 사막의 옥토
hámo, -ávi, -átum, -áre, 낚시질하다, 낚다
hámŭla, -æ, f. dim. (hama) 소방용 작은 물통
hámŭlus, -i, m. 작은 낚시, 작은 갈고리,
(작은 갈고리 모양의) 외과용 기구.
hāmus, -i, m. 작은 갈고리, 낚시(æra recurva),
(갈고리 모양의) 외과용구, 속임수.
decurro ad hamum. (물고기가) 낚시에 덥석 달려들다/
populátus hamus. 미끼 떼인 낚시.
Hanabusaya asiatica. (植) 금강초롱꽃
Hanc audáciam! (hic¹ 참조) 이 얼마나한 담력이냐!
Hanc igitur. "그러므로 주여"(미사 성찬기도 제1양식 성체변화 직전 기도

Hanc nisi mors mihi adimet nemo. 죽음이 아니고서는
아무도 이 여자를 내게서 뺏어가지 못할 것이다.

Hanc timui, ne me criminarétur tibi.
나를 너한테 고발할까봐 나는 이 여자를 두려워했다.

Hanc tunicam emi plurisquam credebam.
나는 이 겉옷을 생각보다 비싸게 샀다.

Hanc vitam Ecclesiarum sororum per sæcula duximus.
(㉭ For centuries we lived this life of 'Sister Churches').
수세기 동안 우리는 이러한 '자매교회'의 삶을 누렸습니다.

Hánnĭbal, -ălis, m. Hamilcar의 아들,
  [제2차 Poeni 전쟁 때의 명장으로 Hasdrubal(+ 207)의 형이기도 하다].

Hannibal adeo gravi morbo afficitur oculorum, ut postea
numquam dextro(oculo) bene usus sit.
  한니발은 그때 심한 눈병을 앓아 나중에 결코 오른쪽
  눈을 제대로 사용할 수 없었다(성 염 지음. 고전 라틴어, p.308]/

Odium paternum erga Romanos sic Hannibal conservuit,
ut prius animam quam id deposuerit. 로마인들에 대한
  부친의 증오심을 한니발은 철저히 간직하여 이 증오심
  보다는 자기 영혼을 먼저 버릴 정도였다.(=목숨이 끊기고
  나서도 이 증오심은 끊이지 않을 정도였다).

Per quindecim annos Hannibal in Italia fuit.
  한니발은 (장장) 15년간을 이탈리아에 (진주해) 있었다.

Hannibal in Italiam profectus est. 한니발이 이탈리아로 떠났다.
  [목적지(어디로?)와 방향을 표시하는 데는 in 또는 ad와 함께 대격을 쓴다.

Hanniba se tenebat in castello quod ei a rege Prusia
datum erat muneri. 한니발은 국왕 푸르시아로부터 그에게
  선물로 주어진 요새에 체류하고 있었다.

Hanno, -ónis, m. Carthágo의 장군(c. 500 A.C. 아프리카의 서해안을
  항해한 장군. Hanniba는 Hásdrubal의 후계자로 삼아서는 안 된다고 주장한 사람).

hapalópsis, -ídis, f. 향신료(조미료)의 일종.

hăphe, -es, f. 운동선수들이 몸에 기름을 바른 후
  문지르는 흙가루(먼지)

hapsus, -i, m. 양털로 짠 찜질붕대

hára, -æ, f. 돼지우리, 새끼 거위(오리) 우리.

hare… V. are…

hariôl… V. aríôl…

hariôla, -æ, f. 여자 점쟁이(㉭ fortune-teller),
  여자 예언자(אֲבָ.προφῆτης.㉭ Prophet).

hariolátio, -ónis, f. (haríolor) 점(占), 예언, 신탁(信託)

hariôlor, -átus sum -ári, dep., intr. (haríolus)
  점치다(고고), 예언하다, 횡설수설(橫說竪說)하다,
  망령부리다, 엉뚱한 말을 하다.

hariôlus, -i, m. 점쟁이(㉭ fortune-teller),
  예언자(豫言者.אֲבָ.προφῆτης.㉭ Prophet).

Multi étiam nunc credunt haríolis, quorum(=cum
eórum) prædícta non evéniant.
  점쟁이들의 예언은 실현되지 않는데도 불구하고,
  지금도 많은 사람들은 그들의 말을 믿고 있다.

harispex = harúspex 장복(臟卜) 점쟁이

hármóge, -es, f. 여러 가지 색의 교묘한 혼합, 색 조화

harmonia, -æ, f. 화음, 화성, 조화(㉭ Harmony) 융화(融和),
  해조(諧調-즐거운 가락.㉭ melody), 화합, 균형(均衡)

Harmonia, -æ, f. 조화의 여신(女神)
  (Mars와 Venus의 딸, Cadmus의 아내이며 Sémele의 어머니).

De harmonia musicorum instrumentorum.
  악기들의 화음에 대하여(트란치노 가포리오 지음 1518년)/

De harmonia Religionis et Philosophiæ.
  종교와 철학의 조화(스페인의 모슬렘 철학자 아베로에스 지음)/

harmoniæ numeri 조화의 수(數).

harmonia præstabilita. (哲) 예정 조화설

harmónĭca, -æ, (=harmonice, -es,) f. 화성학(和聲學)

harmónĭcus, -a, -um, adj. 화음의, 화성의, 협화 하는,
  화성학(상)의, 조화의, 일치한, 화합한, 융화(融和)한.

harmónĭum, -i, n. 풍금, 오르간(㉭ organ)

harpa, -æ, f. 하프(㉭ harp)(현악기의 한 가지. 수금竪琴)

hárpăga, -æ, (hárpăge, -es) f. = hárpago[2]

hárpăgo[1] -ávi, -átum, -áre, tr. 훔치다, 뺏다, 약탈하다

hárpăgo[2] -ónis, f. 앞뒤로 여러 가닥 붙은 쇠갈고리
  (성곽 공격용 무기로 많이 쓰였음).

harpástum, -i, n. (두 패로 나누어 상대방 경계선
  밖으로 내차는 옛 경기의) 축구공.

harpátor, -óris, m. 하프 주자(奏者)

harpax, -ăgis, f., m. 탐욕자(貪慾者), 약탈자(掠奪者)

harpe, -es, f. 초승달 모양의 칼(검),
  낫 모양의 검, (鳥) 매의 일종.

harpýĭæ, -árum, f., pl. 탐식가, 지독한 욕심쟁이,
  얼굴과 몸은 여자모양이고 새의 날개와 발톱을 가진
  탐식하는 동물.

harum, hic의 여성 복수 2격(속격)

harund… V. arund… (=harundo, -dĭnis, f.)
  propter aquam, tardis ingens ubi flexibus errat Mincius
  et tenera prætexit harundine ripas. 거대한 강줄기는 느릿
  느릿 굽이쳐 휘돌고 민키우스 강은 강변을 하늘하늘
  갈대로 뒤덮였도다(성 염 지음. 사랑만이 진리를 깨닫게 한다. p.428).

harúspex = harispex (희생제물의 내장을 보고 장래
  일을 점치는 점쟁이) 장복(臟卜) 점쟁이(제물로 잡은 짐승의
  장기(臟器)를 보고서 그 신션함에 따라 신의(神意)를 점치던 재관).

harúspĭca, -æ, f. 여자 장복(臟卜) 점쟁이

harúspĭcális, -e, adj. (harúspex) 장복(臟卜)의, 내장 점의

haruspicínus, -a, -um, (haruspex)
  adj. 내장 점을 치는, 장복 점의. f. 장복술(臟卜術)

haruspícĭum, -i, n. (haruspex) 내장점술, 장복술(臟卜術)

has, 지시대명사 여성 hæc의 복수 대격(목적격)

Has linealas quasi ultimum vale;
non enim spero me posse effugere manus
emissariorum quocumque insequentium,
vobis dirigens nostram misellam missionem vestræ
assiduæ sollicitudini, infatigabilique charitati iterum
atque iterum commendo.
  이것이 저의 마지막 하직 인사가 될 듯합니다.
  저는 어디를 가든지 계속 추적하는 포졸들의 포위망을
  빠져 나갈 수 있는 희망이 없습니다.
  이 불쌍하고 가련한 우리 포교지를 여러 신부님들의
  끈질긴 염려와 지칠 줄 모르는 애덕에 거듭거듭 맡깁니다.
  (최양업 신부 라틴어 서한 열아홉 번째에서).

Has porro necessitates omnes convertit Ecclesia in
precationem. 교회는 이런 요구들을 기도로 전환시킨다.

Hásdrŭbal, -ālis, m. Hamilcar의 아들, Hánnibal의 동생.
  [Harmilcar의 사위로 장인을 따라 Hispánia에서 Carthágo 군의 장군으로 활약.
  Metáurus에서 로마 군에게 패하여 207년 살해됨].

Hásdrŭbal tum, cum hæc gerebantur, apud Syphacem
erat. 그런 일이 발생되고 있을 때 하스두르발은
  (누미디아의 왕) 쉬팍스와 함께 있었다.

hashárdus, -i, m.
  내기, 도박(賭博.㉭ Games of chance), 투기(鬪技).

hasta, -æ, f. (전투용) 창(槍), 던지는 창(槍),
  (창을 꽂아 점령한 땅임을 알리던) 토지경매,
  (일반적으로) 경매, 입찰(入札), 깃대, 장대, 막대기,
  자루, 경기용 투창, 100인 법정에서 권위의 표로 꽂은 창,
  결혼식 때 신랑이 신부의 머리칼을 가르는 데 쓰던 쇠꼬챙이,
  왕장(王丈), 창 모양의 혜성(彗星).

Ad hastam nunquam accéssit.
  그는 한 번도 경매장에 나가지 않았다/

Cur facile utebaris hasta?
  어째서 너는 걸핏하면 무기를 쓰곤 했느냐?/

hastas protendo. 창(槍)들을 앞으로 내지르다/

Hastis campus horret. 창들이 들판에 삐죽삐죽 꽂혀 있다/

medicári ictum hastæ. 창에 찔린 상처를 치료하다/

sub hasta vendere. (채무자, 범법자를 노예로) 공매 처분하다/

sub hasta veníre. 경매(競賣)로 팔리다/

hasta annixa columnæ. 기둥에 기대어 세워 놓은 창

Hasta servat tenorem. 창이 계속 날고 있다

H

535

hastárĭum, -i, n. 창을 꽂아 놓고 하는 경매, 경매장(競賣場), 경매에 관해 기록한 책.
hastárĭus, -a, -um, adj. 창의, 창으로 무장한, 경매의
hastátus, -a, -um, adj. (p.p.) [inusit. hasto] 창(槍)으로 무장한. m., pl. 군단의 투창부대.
hástĭfer, -ĕra, -ĕrum, adj. (hasta+fero) 창으로 무장한
hastíle, -is, n. (hasta) 창 자루, 창(槍), 장대, 막대기
hastína, -æ, f. (hasta) 창(槍)
hástŭla, -æ, f. dim. (hasta) 작은 창, 작은 막대기, 풀대
hástŭla régia. 수선(水仙-물속에 산다는 신선, 수선화)
hau, interj. (=au) 아아! 어어![놀람.혐오.경고.주의환기 따위 표시]
haud, adv. [고어로 aud, haut, hau 등이 더러 있음] 1. (주로 부사 앞에 와 형용사.대명사.약간의 동사. 명사 앞에서도 쓰며 부분부정으로 흔히 씀) **아니**, 전혀(조금도) 아니, 결코 …아니: haud longe. 결코 멀리(있지) 않다/ haud dúbie. 의심 없이/ Haud mirábile est. 조금도 이상하지 않다/ haud quisquam. 아무도 아니/ haud ego. 절대로 내가 아니다/ haud mutábo. 나는 (…것을) 결코 바꾸지 않겠다/ haud uxórem, sed me. 아내가 아니라 나를 (복수하는 것 이다). 2. (흔히 노골적인 단언을 피하는 표현) **haud scio, an**(interr. indir.) 잘은 모른다(모르겠다), …것으로 안다; 의심스럽기도 하다: Haud scio, an recte díxerim. 내가 옳게 말했는지는 모르겠다(옳게 말한 것으로 안다). 3. (다른 부정사에 연결되면서 계속 부정하기도 함) e.g. Neque ille haud objíciet mihi. 그도 나를 변박(辨駁)하지는 않을 것이다. (라틴-한글사전, p.380)
De iis haud licet bonis disputari.([영] These values are not negotiable) 이러한 가치들은 타협할 수 없는 것입니다.
Haud æquum facit, qui quod didicit, id dediscit. 배운 것을 잊어버리는 사람은 결코 올바른 일을 하는 것이 아니다.
Haud dubie igitur ego etĭam sum. si me fallit. 만일 내가 속는다면, 나는 또한 존재함에 의심의 여지가 없다(데카르트).
Haud dubitatur quin vitæ christianæ eucharistica forma potissimum in sacerdotalis vitæ statu emergat. 그리스도인 삶의 성찬적 모습은 사제직 안에서 매우 특별한 방식으로 드러납니다(2007.2.22. "Sacramentum Caritatis" 중)에서.
Haud dubium fuit quin, nisi ea mora intervenisset, castra eo die Punica capi potuerint. 어떤 지연작전이 개입되지 않았더라면 그 날 카르타고의 진지가 적군의 손에 떨어질 뻔했음은 의심의 여지가 없다.
haud fácile(=difficíllime). 매우 어렵게
Haud fartíscar, quin…. 나는 …하기를 그만두지 않겠다.
haud inscius. 잘 아는, 의식하는
Haud mihi deero.(desum 참조) 잘해 보겠다.
Haud mirabile est. 조금도 이상하지 않다.
haud perinde. 불충분하게
haud pœnitendus magister. 조금도 손색없는 교사
Haud quisquam quæret qui siem(=quis sim) aut quid veniam. 내가 누군지 혹은 왜 왔는지 그 누구도 묻지 않을 것이다.[성 염 지음, 고전 라틴어, p.316].
Haud scio. 나는 전혀 모른다.
Haud scio, an aliter sentĭas. 네가 달리 생각할는지도 모른다.
Haud scio, an recte dixerim. 내가 옳게 말했는지는 모른다(옳게 말한 것으로 안다).
Haud secus ac jussi faciunt. 그들은 명령받은 대로 한다
Haud tali me dignor honóre. 내가 이런 영광을 받을 자격이 있다고 생각하지 않는다.
hauddum, adv. 아직(도) 아니
haudquáquam, adv. 절대로 아니(nullo modo), 결코 아니
Haurietis Aquas, 물을 길으리다, 너희는 물을 마시리라. (1956.3.15. 교황 비오 12세가 발표한 "예수 성심 공경에 관한 회칙").
háurĭo, hausi, haustum, -íre, tr. 1. **긷다, 푸다**; 길어(퍼)내다. 2. 마시다; 마셔 버리다, 다 마시다, (잔 따위를) 비우다.바닥내다. 3. 꺼내다, 뽑아내다, 파내다: terræ haustæ. 파낸 흙. 4. 찌르다, 뚫다: *alcjs* latus gládio haurio. 아무의 옆구리를 칼로 찌르다. 5. 삼키다(בלע), 삼켜버리다; 빨아들이다, 흡수하다; (공기를) 들이마시다, 숨 쉬다. 6. (불길 따위를) 끌어 들이다, 잡아당기다, (물속에) 가라앉히다. 7. 소비해 버리다, 탕진(蕩盡)하다. 8. 취(取)하다, 받아들이다, (어디서) 따오다.가져오다; 얻다, 받다. 9. 겪다, 견뎌내다, 당하다. 10. 만끽하다: óculis auribúsque gáudium haurio. 눈과 귀로 즐거움을 만끽하다. 11. 듣다. 12. 완성하다, 이루어 놓다, 성취하다: Médium sol orbem háuserat. 이미 해가 중천에 떠 있었다.(라틴-한글사전, p.380).
Haurit aquam cribro, qui discere vult sine libro. 책 없이 배우기를 원하는 사람은 체로 물을 긷는 것이다.
Haurire aquam ex puteo.(pútĕus 참조) 우물에서 물을 긷다
Haurite, 원형 háurĭo, hausi, haustum, -íre, tr. (명령법. 현재 단수 2인칭 hauri, 복수 2인칭 haurite)
Haurite nunc et ferte architriclino. 이제는 그것을 퍼서 과방장에게 날라다 주어라(성경 요한 2, 8).
hauritor, -óris, m. 물 긷는 사람
hauritórĭus, -a, -um, adj. 긷는, 따르는, 삼키는. m. 물 푸는 그릇.
hausi, "háurĭo"의 단순과거(pf.=perfectum)
haustéllum, -i, n. (곤충 따위의) 흡관(吸管)
háustĭo, -ónis, f. (háurio) 길어냄, 물 길음
haustor, -óris, m. (háurio) 긷는 사람, 푸는 사람, 마시는 사람
haustórĭum, -i, n. ((植)) (기생식물의) 흡기. 기생근(寄生根).
haustrum, -i, n. (háurio) 양수기(揚水機)
haustum, "háurĭo"의 목적분사(sup.=supínum)
haustus, -us, m. (háurio) 물 푸는 일, 물 길음, (이웃 우물.샘에서) 물길을 권리, 마시는 일, 한 모금, 한줌, 흡수(吸收); 호흡(呼吸), 숨.
haustus aquæ. 물 한 모금
haustus arénæ. 모래 한 줌
have, hávĕo = ave, áveo
he, interj. (cf. ha) 하! 허!
heautonimorúmĕnos, -i, m. (Teréntius의 희곡 제목) 자책하는 자.
hebdómăda, -æ, f. (hébdomas) [영] Week.獨 Woche. 프 semaine), 7의 수, 7일, 칠일, 7일간, 일주간; 칠 년 간. intra hebdomadam. 일주일 이내에/ Liturgia Hebdomadæ Sanctæ. 성주간 예절/ Sollemnĭtas Hebdomadarum. 7주(週) 축제, 추수 감사절/ Dies quo Christus e mortuis surrexit, Dies videlicet Domini, primus est etiam hebdomadæ dies. 그리스도께서 죽은 이들 가운데 부활하신 주일은 한 週가 시작되는 날이기도 합니다.
Hebdomada authentica. 권위 주간(聖週間)
hebdomada in albis. 흰옷을 입고 있는 주간
hebdomada major(sancta).([영] Holy Week) 성주간
Hebdomada orationis pro unitate christianorum. ([영] The Week of Prayer for Christian Unity) 그리스도인 일치를 위한 기도 주간.
Hebdomada Sancta.([영] Holy Week.Passion Week. Paschal Week.獨 Karwoche) 성주간.
hebdomadális, -e, adj. 1주간의, 7일의, 7일마다의
hebdomadárĭus, -i, m. (hébdomas) [영] Hebdomadary. 獨 Hebdomadar) 주간 당번, 주번.
hébdŏmas,(=ébdŏmas) -mădis, f. 일곱 개(사람)의 무리, 7의 수, 7일, 7일 간, 일주간; 칠 년, 칠 년 간, (병자에게) 주기적으로 돌아오는 (위험한) 일곱째 날, 위기의 날. De hebdomadibus. 주간론(週間論).
Hebe, -es, f. 청춘의 여신(女神), Juno 여신(女神)의 딸, Hércules의 아내(신들의 술시중을 들었음).
hébĕnus = ébenus
hébĕo, -ére, intr. 무디다, 둔하다, 둔감하다, 굼뜨다, (기능 따위가) 약해지다(ילח.אלח.ערמ).
hĕbes, -ĕtis, adj. (acc. -bem도 보임) 무딘, 둔감한, 둔한, 굼뜬, 우둔한, 기력 없는, 활기 없는, 마비된.
hebetátĭo, -ónis, f. (hébeto) 무딤, 둔감, 쇠약(衰弱)
hebetésco, -ĕre, intr. 무디어지다, 둔하여지다, 약해지다

hébĕto, -ávi, -átum, -áre, tr. (hebes)
무디게 하다, 둔하게 만들다, 약하게 하다,
무기력하게 하다, 힘 빠지게 하다, 얼빠지게 하다.
hebetúdo, -dĭnis, f. (hebes) 우둔(愚鈍), 박약(薄弱-의지나 체력 따위가 굳세지 못하고 여림), 태만(怠慢-게으르고 느림).
Hebrǽus(=Hebráĭcus), -a, -um, adj.
헤브라이(히브리)의, 헤브라이 말의, 헤브라이인의.
m., pl. 히브리인([영] Hebrew),
De Accentibus et Orthographia Linguæ Hebraicæ.
히브리어의 철자법과 악센트에 관한 책(1518년)/
De differentia, qua inter hebræos et nostros codices videntur annorumn numeri dissonare. 히브리어 경전과 우리 경전에 나타나는 연대 계산의 차이/
De hebraicis litteris, quæ numquam in suæ linguæ proprietate non fuerint. 히브리 문학은 항상 자기 언어로 기록을 남겼다(교부문헌 총서 17, 신국론, p.2814)/
Qua dispensatione providentiæ Dei Scripturæ sacræ veteris Testamenti ex hebræo in græcum eloquium translatæ sint, ut Gentibus innotescerent.
구약성경이 이방인도 알도록 하느님 섭리로 히브리어에서 그리스어로 번역된 내력(교부문헌 총서 17, 신국론, p.2814)/
De Rudimentis Hebraicis. 히브리어 초보(1506년)/
Qualium fabularum figmenta exorta sint eo tempore, quo Hebræis Iudices præesse cœperunt.
히브리인들을 판관들이 통치하기 시작할 시기에 어떤 신화들이 생겨났는가(교부문헌 총서 17, 신국론, p.2810)/
Quod ea primitus lingua in usu hominum fuerit, quæ postea Hebræa ab Heber nomine nuncupata est, in cuius familia remansit, cum diversitas esset facta linguarum.
인간들이 최초로 사용한 언어는 후일 에벨의 이름을 따서 히브리어라 명명되었으며, 언어의 종류가 다양해졌지만 이 언어는 에벨의 집안에 존속되었다.
Hebráĭce, adv. 히브리어로; 헤브라이 식으로.
Hécăbe, -es, f. Dánaus의 50명 딸 중 한 명
Hécăta, -æ, (=**Hécăte**, -es,) f. Perse와 Astéria의 딸
[달과 관계있는 여신(女神)으로 사냥.낚시.마법.도로의 여신. 그래서 Diána 여신, Luna 여신과 가끔 동일시되었음].
Hécăto, -ónis, m. Stoa 학파의 철학자
hecatómbe, -es, f. 소(牛) 백 마리의 희생(제물),
한 종류의 짐승 백 마리 희생(제물),
(사람 또는 동물의) 다수의 희생, 대살육(代殺戮)
hecatómpŏlis, -is, f., adj.
백 개의 도시 가지고 있는 (Creta 섬).
hecatómpylos, -on, adj. 백 개의 성문을 가지고 있는
hecatónstýlos, -on, adj. 백 개의 기둥을 가지고 있는
hecatóntas, -ădis, f. 100의 수, 백쯤
Hécŭba, -æ, (=**Hécŭbe**, -es,) f. Príamus의 왕비
hédĕra(=édĕra) -æ, f. (植) 아주까리(요나서 4, 6~10에만 나옴),
담장나무, 송악(Bacchus 신에게 바쳐진 나무).
hederácĕus(=hederácĭus) -a, -um, adj.
담장나무의, 송악의, 송악의 빛을 띤.
hederátus, -a, -um, adj. (hédera) 송악으로 장식 된
hedérĭger, -ĕra, -ĕrum, adj. (hédera+gero[1]) 송악을 지닌.
hederósus, -a, -um, adj. (hédera)
송악이 많은, 송악으로 덮인.
hedónĭcus, -a, -um, adj. 쾌락의
hedonísmus, -i, m. (哲) 쾌락주의([영] hedónism), 쾌락설
hédychrum, -i, n. 향료.향유(의 일종)
hedyósmos, -i, m. (植) 파상형의 박하
hedýpnŏis, -ĭdis, f. (植) 꽃상치의 일종
hedýsma, -ătis, n. 향수, 향유(향기가 나는 화장용 물기름)
hégĕmon, -ónis, m. (sc. pes) 단단격(短短格)
hegemónĭcon, -i, m. 행동을 다스리는 원리; 으뜸가는 것
hei, interj. = **ei** (슬픔.아픔.두려움.한탄 따위 표시;
가끔 mihi와 함께) 아이고! 어이구! 아참! 휴!.
Hei, perii miser. 아이고! 난 망했다
heic, adv. (hic의 옛 형태) 여기(에)
hej··· V. **ej**···
helciárĭus, -i, m. (hélcium)
(밧줄로 강을 거슬러) 배 끄는 사람.
hélcĭum, -i, n. 봇줄, 수레나 짐을 끄는 밧줄
helénĭum, -i, n. (植) 개곽향(종곽향. 산과 들의 약간 습한 곳에 서식).
helépŏlis, -is, f. 성 공격용 이동식 누(樓)
heliánthus[1] ánnŭus, -i, m. (植) 해바라기
heliánthus[2] tuberósus, -i, m. (植) 돼지감자, 뚱딴지
Hélĭce, -es, f. (天) 큰곰성좌
helícĭnus, -a, -um, adj. 달팽이집 모양의
helicóptĕrum, -i, n. 헬리콥터
heliocamínus, -i, m. 일광 직사실, 햇볕 잘 드는 방.
heliochromía, -æ, f. 천연색 사진술(寫眞術)
hélĭos(=hélĭus), -i, m. 해(ἥλιος-太陽), 태양(שֶׁמֶשׁ)
Hélĭos(=hélĭus), -i, m. (고대 로마인들의 Sol에 해당하는) 태양의 신; Hyperíon의 아들, Pháëthon의 아버지.
helioscópĭus, -i, m. 태양 관측경(太陽 觀測鏡)
heliósis, -is, f. (醫) 일사병(日射病)
heliotáxis, -is, f. (植) 주일성(走日性)
heliotherapía, -æ, f. (醫) 일광요법
heliotrópĭum(=heliotrópĭon) -i, n.
(植) 해바라기(의 일종), 향일성을 가진 식물.
hĕlix, -óris, f. (植) 송악.담장나무(의 일종);
버들(의 일종). (解) 귓바퀴, 와우각(蝸牛殼-달팽이관).
(建) 기둥머리의 나선형으로 된(소용돌이 모양의) 장식.
Helládĭcus, -a, -um, adj. 희랍의
Hellas, -ădis, f. 희랍(希臘), 그리스(희랍인들이 자기 나라를 호칭하는 말: 로마인들은 Grœcia라고 불렀음).
Helle, -es, f. Athămas와 Néphele 여신(女神)의 딸,
Phrixus의 여동생(계모의 학대를 피하여 오빠와 함께 황금 털의 숫양을 타고 도망가다가 해협에 빠져 죽었음. 그 해협을 Hellespóntus라고 함).
hellébŏrum, -i, n. (=**hellébŏrus**, -i, m.)
(植) 박새(약초, 특히 광증狂症 치료에 쓰였음).
hellénĭcus, -a, -um, adj. 희랍의; 희랍인의
helléns, -ĭdis, f. 희랍 여자
Hellenísmus, -i, m. 헬레니즘, 희랍문화(希臘文化),
희랍정신(사상), 희랍 국민성. (文法) 라틴어의 관습을 벗어나 희랍어의 규칙을 따르는 어형.
adj. **Hellenístĭcus**, -a, -um,
helles, -énis, adj., m., f. 희랍인의:
(흔히 pl.) **hellénes**, -um, 희랍인(希臘人).
Hellespóntus, -i, m. 유럽과 아시아를 가르고
Propóntis 해와 Ægœum 해를 잇는 해협(海峽).
helluátĭo, -ónis, f. (hélluor) 미식(美食), 폭식(暴食),
탐식([영] Gluttony), 식도락(食道樂), 흥청망청 먹어댐.
helluátor, -óris, m. (hélluor) = **hélluo**
helluo, -ónis, m. (=**helluátor**, -óris,) 폭식가(暴食家),
미식가(美食家), 탐식가(貪食家), 흥청대는 사람,
재산 낭비자, 방탕자(放蕩者), 탐독자(耽讀者).
héllŭor, -átus sum -ári, dep., intr. (hélluo)
폭식(탐식)하다, 흥청망청 먹어치우다, 먹어서 없애버리다,
helluor libris. 책들을 탐독(耽讀)하다
Helobiæ, -árum, f., pl. (植) 소생식물목(目) 식물
Heloi, Heloi, lema sabacthani.(마르 15, 34)
(Eloi, Eloi, lema sabachthani?) 엘로이, 엘로이, 레마 사박타니(나의 하느님, 나의 하느님, 어찌하여 나를 버리셨나이까?).
hĕlops, -ŏpis, m. (=**hĕlope**, -es, f.)
(=**ellops**, -ŏpis, m.) 철갑상어.
Helor··· V. **Elor**···
Helótes, -um, m., pl.
Lacónia의 원주민, 후에 Sparta의 농노가 됨.
helvél(l)a, -æ, f. 작은 야채, 작은 양배추
helvenácus, -a, -um, adj.
황소 빛깔의, 누르스름한(포도 빛깔에 대해 씀).
Helvétĭa, -æ, f. Helvétii족의 나라(현 Switzerland 스위스)
Helvetii summa diligentia ad fines Gallorum pervenerunt.
헬베티아인들은 참으로 부지런히 (행군하여) 갈리아인의 영토에 도달했다/
In Helvetiæ fluminibus lacubusque magna piscium copia

H

fuerat. 헬베티아(스위스)의 강들과 호수들에는
　엄청나게 많은 물고기가 있었다.
Helvéticus, -a, -um. adj. 스위스의.
　Confessio Helvetica. 스위스 국교회 신조.
Helvétĭi, -órum, m., pl. 스위스인
Helvétĭus, -a, -um. adj. 스위스의
Helvína, -æ, f. Ceres 여신(女神)의 별명
helvus, -a, -um, adj. 누르스름한, 담황색의
hem, interj. (부름.대답.제시.기쁨.아픔.
　탄식歎息.분노忿怒.매질.감탄感歎 따위 표시)
　야, 어이, 자! 응! 아아! 이런! 에잇!.
hem, heus, hui! 어, 저런, 저런!
Hem, quid est? Obsecro, Hercule, te!.
　아이고, 이게 뭐야! 맙소사 헤라클레스여, 제발 빕니다.
Hem serva! 이봐 조심해!
hemeralópĭa, -æ, f. (醫) 주맹(晝盲)
hemerésĭos, -i, adj. (m., f.) 하루의, 하루 걸리는
hemeróbĭon, -i, n. (蟲) 하루살이
hemerocalles, -is, n. (植) 물망초
　(勿忘草.⑨ myosotis/=forget-me-not).
hemeródrŏmus, -i, m. (하루 걸리는 거리를 용무전달로
　급히 가는) 보행꾼, 급행 심부름꾼, 급사(急使).
hemi-, "반(半)이란" 뜻의 접두어
hemialgĭa, -æ, f. (醫) 반쪽 신경통
hemicíllus, -i, m. 반 당나귀, 얼간이
hemicránĕum(-nĭum), -i, n. 두개골의 반쪽. (醫) 편두통.
hemicránĭa, -æ, f. (醫) 편두통(偏頭痛)
hemicýclĭum, -i, n. 반원, 반원형, 반원형 의자(여럿이 앉을
　수도 있음). 의자들을 반원형으로 배치한 장소.
hemícyclus, -i, m. 반원, 반원형
hemicylíndrus, -i, m. 반원통(半圓筒), 반원주(半圓柱)
hemína, -æ, f. 반(半) Sextárĭus의 용량(약 270㎖)
heminárĭus, -a, -um, adj. 1 hemína의, 소량의
hemiólĭus, -a, -um, adj. 1배 반의
Hemiptera, -árum, f., pl. (蟲) 노린재목(目)
hemisphærĭum, -i, n. 반구체(半球體),
　(지구.하늘의) 반구, 반구형 천장. (解) 대뇌의 반구.
hemistépta lyráta, -æ, f. (植) 지칭개(국화과의 이 년 초)
hemistíchĭum, -i, n. (詩) 반행(半行)
hemíthĕus, -i, m. 반인반신의 영웅(용사)
hemitónĭum, -i, n. 반음조(半音調)
hendecasýllăbus, -i, m. 11음절의 시(詩)
Hénĕti = Vénĕti
Henĭóchi, -órum, m., pl.
　흑해 동북해안에서 약탈을 일삼던 종족.
Henna = Enna, -æ, f. Sicilia의 중앙부에 있는 도시
Henotheísmus, -i, m. 단일신교(⑨ henotheism),
　(많은 신 가운데 특히 한 신을 섬기는) 단일신교, 별신론.
　(Henotheísmus라는 용어를 처음 쓴 사람은 Max Müller이다).
heortología, -æ, f. (⑨ Heortology.獨 Heortolog)
　교회 축일학, 축제학.
　Epistolæ heortasticæ. 축일 서간(아타나시우스지음).
hépar, -ătis, n. (解) 간, 간장(肝臟-간),
　유화 알칼리의 총칭. (魚) 물고기의 일종.
hepatárĭus, -a, -um, adj. (hepar) 간장의, 간의
hepátĭa, -órum, n., pl. 동물의 내장, 맛있는 요리
hepátĭca asiática, -æ, f. (植) 노루귀
　(꽃대나 잎이 올라 올 때 "노루의 귀"를 닮아 붙여진 여러해살이풀).
Hepatica insularis. 새끼노루귀
Hepatica maxima. 섬 노루귀
hepátĭcus, -a, -um, adj. (hepar)
　간병 걸린, 간장의, 간장에 좋은, 간(肝) 빛깔의.
Hephǽstĭa, -æ, f. Lemnus 섬 북해안 도시
hepséma, -ătis, n. 3분의 1정도 꼰 포도즙
heptamétrum, -i, n. (시의) 7보격(7운각의 시행)
heptas, -ădis, f. 일곱(⑨ septem, num., indecl.)
heptéres(=heptéris), -is, f. 7열(7단)의 노가 있는 배
hĕra⸋(=era), -æ, f. 여주인, 주부(œconoma, -æ, f.),

마님, 땅(ᵧ⁾ᵀ.ᴛ⷇ᴛ.ᵧᶯ.⑨ Earth), 지구(地球).
Hera² -æ, f. 희랍의 Zeus 신 누이동생이며 아내인 여신,
　주부의 여신(女神); Roma 신화의 Juno에 해당.
Herǽa¹ -æ, f. Arcádĭa의 도시
Herǽa² -órum, n., pl. Hera 여신(女神)의 축제
herba, -æ, f. 풀(草), 잡초, 초본식물, 야채(野菜),
　채소(菜蔬), 목초(牧草), 약초(藥草)
herbæ denticulatæ. 톱니모양의 잎을 가진 풀
　herbæ salutiferæ. 약초(藥草)/
　in herbis esse. 곡식이 아직 익지 않았다/
　Mella herbam eam sápiunt.
　꿀들에서 그 풀 맛이(풀 냄새가) 난다/
　tempero herbas. 약초를 섞다/
　tiniárius herba(tiniática) 좀 벌레를 없애는 풀/
　tussiculáris herba. 기침약초(=tussilágo)/
　viperális herba. 독사 물린 데 바르는 약초.
herba cannabis Indicæ. 인도 대마초
herba ex ramis propendens.
　나무 가지들에서 늘어져 있는 풀.
herba róscida. 이슬 맞은 풀
herba solaris. (植) 해바라기(프랑스어 tournesol, 이탈리아어
　girasole, 헝가리어 naprasolgo, "태양을 향해 돌고 있다"뜻/
　영어 sunflower, 독어 sonnenblume "태양의 꽃" 뜻).
herbácĕus, -a, -um, adj. (herba)
　풀의, 초본(草本)의, 풀색(녹색)의.
herbánus, -a, -um, adj. (herba) 풀 먹고사는, 초식하는,
　f., pl. 초식동물(草食動物).
herbárĭum, -i, n. (herbárĭus)
　(초본) 식물지(植物誌), 납작하게 만들어 분류한 잎의 표본,
　식물 표본첩(상자); 식물 표본실.
herbárĭus, -a, -um, adj. (herba) 풀(초목식물)에 관한.
　m. (초본) 식물학자. f. (초본) 식물학(植物學).
　f., pl. 초식동물(草食動物).
herbátĭcus, -a, -um, adj. (herba) 초식의, 풀 먹고사는
hérbĕo, -ére, intr. (herba)
　풀이 나다(자라다.우거지다), 풀밭이 되다.
herbésco, -ĕre, intr., inch. (hérbeo)
　풀이 나다(돋다.자라다), 풀로 덮이다.
hérbĕus, -a, -um, adj. (herba) 풀색의, 초록색의, 초원의
hérbĭdus, -a, -um, adj. (herba) 풀로 덮인, 풀이 나는,
　풀로 우거진, 잔디밭의, 풀로(초본으로) 만든.
hérbĭfer, -ĕra, -ĕrum, adj. (herba+fero)
　풀을 내는, 풀이 많은(우거진).
herbígrădus, -a, -um, adj. (herba+grádior)
　(달팽이 따위가) 풀밭을 거니는(기는).
hérbĭlis, -e, adj. 풀 먹고 사는
herbósus, -a, -um, adj. (herba) 풀 덮인, 풀이 우거진,
　풀 많은, 잔디 심은, 풀색(녹색)을 띤, 식물성으로 만든.
　n., pl. 초원, 풀밭.
hérbŭla, -æ, f. dim. (herba) 작은 풀, 풀 한 잎.
hercia, -æ, f. 15지(枝) 촛대(성주간 암야 예절(Tenebræ) 때 초
　하나씩 끄기 위한 15개의 초를 꽂는 삼각형 촛대. 삼각형 양 가지에
　일곱 개, 꼭대기의 한 개를 꽂으로 되어 있다. 영어로 Tenebræ Candleholder
　라고도 한다. 백민관 신부 엮음. 백과사전 2, p.227).
hercísco, (herctum), -ĕre, tr. (herctum+cisco, cio)
　= ercísco 유산(遺産)을 분할하다.
Hercle(=Hercule), interj. (Hércules) Mehercule! (남) 맹세코!,
　Hem, quid est? Obsecro, Hercule, te!
　아이고, 이게 뭐야! 맙소사 (헤라클레스여), 제발 빕니다/
　Si hoc crimen est, paucos innocentes habes, immo,
　Hercules, neminem! 이것이 죄라면, (세상에) 죄 없는 놈
　몇이나 될까? 아니, 진정 한 놈도 없을 게다!.
herctum, -i, n. (hercísco, cf. heres) 상속재산, ·
　유산(遺産.κλῆρος.⑨ patrimony/Inheritance).
Herculánĕum, -a, -um, adj. Herculáneum의,
　Hércules의, 굉장히 큰, 거대한.
Hércŭles, -is(-i), m. Júpiter 신과 Alcména 사이의 아들.
　(열두 가지 어려운 일을 해냈다는 희랍신화에서 최대의 용사).
hĕre(=heri), adv. 어제
heredífico, -áre, tr. (heres+fácĭo) 상속인을 정하다

heredíŏlum, -i, n. dim. (herédium) 얼마 안 되는 유산
heredípeta, -æ, m. [herédium+peto] (아부 따위의 온갖 수단으로 노인이나 과부의) 유산(상속)을 노리는 자).
hereditárĭus, -a, -um, adj. (heréditas) 유산(상속)의, 유산(상속)에 관한, 유산으로 얻은, 상속권에 의한, 세습의, 유전의, 유전적인, 부모에게서 물려받은, 대대의, imbecillitas animi hereditaria. 유전적 저능/ hereditaria successio. 세습(世襲).
herédĭtas, -átis, f. (heres) 상속([영] Inheritance), 세습(世襲-신분.작위.재산 등을 대를 이어 물려주거나 받는 일), 유산(遺産.κλῆρος.[영] patrimony/Inheritance)/ 유산상속, 상속재산(相續財産), 유전, 물려받음.
Ecce hereditas Domini filii, merces fructus ventris. 아들들은 주님의 선물이요, 몸의 소생은 그분의 상급이다/
hereditátem divido cum fratre. 유산(遺産.κλῆρος)을 형제와 나누어 가지다/
hereditatem, quam Iesus Christus acquisivit sanguine suo.([영] the beloved inheritance which Jesus Christ purchased by his blood) 예수 그리스도께서 당신 피로써 속량하신 귀중한 유산/
justa hereditas. 합법적 유산(遺産)/
magni jubilæi hereditas. 대희년의 유산/
Securi sumus de unitate hereditatis. Quisquis huic hereditati non communicat, foras exiit. 우리는 유산이 하나뿐임을 확신합니다. 누구든지 이 유산과 친교를 나누지 않으면 밖으로 떨어져 나가게 됩니다. (최익철 신부 옮김, 요한 서간 강해, p.169)/
Ut cum diéctis tuis hereditátem cónsequi valeámus. ([영] so that we may obtain an inhereitance with your elect) 아버지께서 뽑으신 이들과 함께 상속을 받게 하여 주소서.
hereditas justa. 합법적 유산
herédĭto, -ávi, -átum, -áre, tr. (heres) 상속하다(ירש.נחל.ירד), 물려받다.
herédĭum, -i, n. (heres) 세습지(世襲地), 유산으로 물려받은 토지(동산).
heredium, -i, n. 유산으로 물려받은 토지
heres(=**eres**), herédis, f., m. 상속자(相續者), 법적 상속인, 계승자(繼承者), 후계자(後繼者).
Caius heres mihi ex asse esto. 가이우스는 내 유산의 ⅓을 차지하라/
herédem fácere ex terúncio. 아무를 유산의 ¼ 상속자가 되게 하다/
Heredis fletus interdum risus est. 유산상속자의 울음은 때때로 웃음이기도 하다/
instituo *alqm* herédem. 아무를 상속자로 지정하다/
Nemo est heres viventis. 아무도 생존자의 (유산) 상속자가 될 수 없다/
semel heres semper heres. 한 번 상속인으로 된 자는 영구히 상속인이다.
heres ad intestato. 법적 상속인(heres legitimus)
heres arbitrárĭus. 임의의 상속인(相續人)
heres est fratri suo. 그는 형제의 상속인이다
heres ex asse. 전체 유산 상속인
heres ex parte. 부분 유산 상속인
heres ex testamento. 유언에 의한 상속인
heres legitimus. 법적 상속인(heres ad intestato)
heres necessárĭus. 필요의 상속인(相續人)
heri··· V. eri···
heri(=**hĕre**), adv. 어제, (드물게는) 며칠 전에, 최근에.
Iesus Christus heri et hodie idem, et in sæcula!. ([영] Jesus Christ is the same yesterday, today, and forever). 예수 그리스도는 어제도 오늘도 또 영원히 같은 분이십니다(히브 13, 8).
Heri duas epístolas recépi. 어제 나는 편지 두 장을 받았다
Heri quam immodestus fuisti! 네가 어제 얼마나 무례했는지 모른다.
herícius(=**ēricĭus**), -i, m. (動) 고슴도치, 방책(防柵)
herífŭga, -æ, adj., f., m. 주인을 피하여 도망한
herílis(=**erílis**), -e, adj. 가장의, 주인의, 주부의,
herilis fílĭa. 친딸
herilis filius. 적자(嫡子), 친아들(filius naturális)
Heríllus = **Eríllus**
herinácĕus(=**ērinácĕus**), -i, m. (動) 고슴도치
herínus, -a, -um, adj. 어제의
heritúdo, -dĭnis, f. 상전에게 매여 있음, 예속(隷屬)
Herma, -æ, m. (흔히 pl.) Hermes의 머리를 새긴 칼집, 사각형(四角形) 기둥 꼭대기에 조각되어 있는 Hermes (=Mercúrius) 신의 흉상, (가톨릭) 흉상형 유물(갑).
hermăphrŏdītus, -i, m. 자웅동체. m. Hermes 신과 Aphrodíte 여신 사이의 아들. (샘의 요정 Sálmacis와 일체가 되어 남녀 양성을 지님).
Hermathéna, -æ, f. Hermes(=Mercúrius) 신과 Athéne(=Minérva) 여신(女神)의 이중상(二重像).
hermenéuma, -ătis, f. (특히 성서의) 해석(תרגום.解釋.[영] Interpretátĭon), 주석(註釋.[영] Exegesis-알기 쉽게 풀이함), 해설(解說).
hermenéutĭca(bíblĭca) -æ, f. 명제론(命題論), 해석의 이론. ancilla hermenéutĭcæ. 해석학의 시녀. 성서 해석학(獨 Hermeneutik.[영] Hermeneutics)/
periculum dualitatis et hermeneutica sæcularizata. ([영] The danger of dualism and a secularized hermeneutic) 이원론과 세속화된 해석학의 위험성. [hermeneutics of creative actualizátĭon. [영] 창조적 실현의 해석학/
hermeneutics of proclamátĭon. [영] 선포의 해석학/
hermeneutics of rememberance. [영] 회상의 해석학/
hermeneutics of suspicion. [영] 의심의 해석학].
Hermeneutica bíblĭca conciliaris.([영] The Council's biblical hermeneutic) 공의회의 성경 해석학.
Hermeneutica sacræ scripturæ in ecclesia. ([영] The Interpretation Of Sacred Scripture In The Church) 교회 안의 성경 해석학.
hermerácles, -is, m. Hermes(=Mercúrius) 신과 영웅 Hércules의 이중상(二重像).
Hermes, -æ, m. Mercúrius 신의 희랍명
Hermus, -i, m. Lýdia의 강
herna, -æ, f. 바위
hérnĭa, -æ, f. (醫) 탈장(脫腸-헤르니아), 헤르니아
Heródes, -is, m. Augústus 황제 시대 Judœ의 왕. [마태 2, 1 '**헤로데**' 참조].
heródĭo, -ónis, (**heródĭus**, -i) m. (動) 왜가리
herói versus. 서사시(敍事詩.[라] versidicus, -i, m.)
heroícĭtas, -átis, f. (heróicus) 영웅성, 영웅다움
heróĭcus, -a, -um, adj. 영웅의, (신화적) 용사의, 영웅(의 행위)에 관한, 영웅을 다룬, 영웅적인, 영웅다운, 용감한, 장렬한. actus heroicus caritátis. 영웅적 애덕.
heroína, -æ, (=**heroine**, -es,) f. (신화시대의) 반 여신, 여자영웅, 여걸(女傑-여장부), 여장부, 영웅의 아내(딸), (시.극.소설 따위의) 여주인공, 여호걸(女豪傑).
heróis, -ĭdis, f. = **heroína**, -æ, 여걸들의 사랑이야기를 다룬 Ovidius의 작품명. pl. **Heróides**.
heroísmus, -i, m. 영웅적 소질, 도덕적 영웅주의, 영웅적 행위.
hēros, -óis, m. (신화시대의) 반신적 인물, 신인, 영웅, 호걸(豪傑-智勇이 뛰어나고 도량과 기개를 갖춘 사람), 용사(勇士), 위인(偉人), (劇.문학작품의) 주인공. cultus heróum. 영웅숭배 / sacra heros. 거룩한 영웅.
heróum, -i, n. (heróus) 영웅의 묘(墓).능(陵), (신화적) 영웅.호걸의 사당(祠堂).
heróus, -a, -um, adj. 영웅의, 영웅에 관한, 6보격 시의, 6각운 시의, 서사시의. herói versus. 서사시(敍事詩.[라] versidicus, -i, m.).
herpes, -etis, m. (醫) 수포진(水疱疹-살갗에 물집이 잡히는 발진發疹)
herpes faciális. 안면 수포진

H

herpetología, -æ, f. 파충류학(爬蟲類學.[영] herpetology)
hérŭlus, -i, m. dim. (herus) 젊은 주인
hérus, -i, m. (=**erus**) 가장, 주인(κὺριος), 소유주, 상전('종에 대하여 그 주인'을 이르는 말), 남편(בַּעַל.[영] Husband).
Hespérĭdes, -um, f., pl. Hésperus의 딸들. (Atlas 산에 살았음. 그 산에는 금사과 나무가 있었고 용이 지켰음).
hesperídĭum, -i, n. (植) 감과(柑果-오렌지.귤 따위 과실)
hésperĭus, -a, -um, Hesperus의, 서쪽의, 서쪽 나라의. terra Hespéria. 이탈리아.
Héspĕrus(=Héspĕros), -i, m. Auróra와 Atlas의 아들, 저녁별이 됨.
hesterno(=heri), adv. 어제
hestérnus, -a, -um, adj. 어제의, 전날의. n., pl. 어제 일어난 일. adv. **hesterno(=heri)**.
Isaias hesterna die lectus est.
어제 우리는 이사야서를 읽었습니다.
hesternus dies. 전(前) 날
hesterúgo, -gĭnis, f. 저녁 별, 금성, 개밥바라기(금성)
hetǽrĭa, -æ, f. 비밀 결사(秘密結社, secta massonica)
hetǽrĭce, -es, f. 우군 기병대, 원군(援軍)
hetærísmus, -i, m. (공공연한) 축첩(蓄妾-첩을 둠), (원시사회에서의) 같은 부족 내 잡혼(雜婚).
heterocránĕa(heterocránĭa), -æ, f. 편두통(偏頭痛)
heterodóxĭa, -æ, f. 비정통적 교설, 이교(異敎), 이설(異說), 이단(異端.αἵρεσις.[영] heresy).
heterodóxus, -a, -um, adj. (Orthodox의 반대) 비정통설의, 이단의, 이교의, 이설의.
heterœcĭum, -i, n. (生) 이종기생(異種寄生)
heterogenéĭtas, -átis, f. 이종(異種), 이성분(異成分), 이류(異類-서로 다른 종류나 종족), 이질(異質).
heterogénĕsis, -is, f. (어버이와 다른) 이형발생, 자연발생(自然發生.[라] generátĭo æquivoca).
heterogénĭtas, -átis, f. 이질성(異質性)
heteromórphĭa, -æ, f. (生) 동종이형, 변형, (곤충의) 완전변태
heteromórphŏsis, -is, f. (生) 이태재생(異態再生), 이형재생
heteronomía, -æ, f. (哲) 타율(他律), 타율성
heteróptĕra, -órum, n., pl. (動) 이시류(異翅類)
heteropycnósis, -is, f. 이상응축(異常凝縮)
heterósis, -is, f. (生) 잡종우세(雜種優勢)
heu, interj. 아아, 아이고 불쌍한지고!
Heu diei!. 아, 그 날!(성경 요엘 1, 15), 마침내 그 날이 오고야 말았구나(공동번역 요엘 1, 15).
Heu me míserum!
아, 불쌍한 내 신세여!, 오, 가련한 내 신세여!
Heu mihi! 불쌍한 이 내 몸이여!, 아이고, 내 신세야!
Heu miser frater, in perpetuum ave atque vale!.
아아, 불쌍한 오빠, 길이 안녕, 잘 가!.
Heu miser indigne frater adempte mihi!.
아, 억울하게 내 (품에서) 앗겨간 가엾은 내 아우여!.
Heu quam difficile est crimen non prodere vultu.
아아, 죄상을 얼굴에 드러내지 않기가 얼마나 힘든가!
heurésis, -is(-ĕos), f. 발견(發見), 창시(創始)
heuréta(=heurétes) -æ, m. 발견자, 창시자(創始者)
heus, interj. 어이, 여보게, 이봐, 여보시오?
Heva, -æ, f. 하와(חַוָּה.Εὔα.[영] Eve) ('생명'을 뜻하는 히브리어에서 유래한 말).
hexaémĕron, -i, n. 육일간의 천지창조(Ambrósius의 책)
hexagónum, -i, n. 육각형(六角形)
hexameter(-trus)¹ -tra, -trum, adj. 육각운(六角韻)의
hexameter(-trus)² -tri, m. (sc. versus) 육각운시
hexáphŏrum, -i, n. 여섯 사람이 메는(드는) 가마(藍輿)
héxăpla, -æ, f. (聖) 헥사플라("육공관 성경" 참조) 히브리어 및 희랍어 두 가지 말의 구약성서 Orígenes판. (여섯 개의 난欄으로 이루어져 있음. 군데군데 7, 8개 난이 있는 곳도 있어 héptapla, óctopla 따위 말도 있음. 라틴-한글 사전. p.385)
hexápylon, -i, n. Syracúsœ에 있던 입구 여섯 개의 성문
hexas, -ădis, f. 여섯(6.ἕξ)
hexástĭchus, -a, -um, adj. 여섯 줄의, 여섯 행의, 6열의
hexástylos, -on, adj. 기둥 여섯 개 있는

hexasýllăbus, -a, -um, adj. 6음절의
hexéris, -is, f. 6列의 노(櫓)가 있는 배
hexis, -is, f. 소질(素質), 적성(敵性)
Hi cónsules facti sunt.
이들이 집정관으로 선출되었다(fio 참조).
Hi homines pecuniam non habent sed laborare nolunt.
이 자들은 돈도 없으면서 일도 하려고 하지 않는다.
Hi te homines neque debent adjuvare, si possint, neque possunt, si velint. 이 사람들이 너를 도울 수 있다고 해도 도와서는 안 되고, 또 돕고 싶더라도 도울 수 없다.
Hi tibi passuro solvebani munia laudis: Nos tibi regnanti pangimus ecce melos.
수난하실 주님께 찬미 예물 드리오며,
하늘나라 임금께 찬송 드리나이다(성지주일).
hiásco, -ĕre, intr., inch. (hio) 벌어지다, 갈라지다
hiátus, -us, m. [hio] (입 따위를) 벌림, 벌어짐, 하품, 열림, 갈라짐, 터진 틈, 극간(隙間-시간 사이의 틈. 간극), 구렁텅이(몹시 험하고 깊은 구렁), 갈망(渴望), 열망(熱望). (解) 열공(裂孔-일반적으로 열. 간격. 구멍을 뜻하는 용어). (文法) 모음 연속(중복). ((論)) (논증의) 연쇄중단.
hiatus præmiórum. 상(賞)에 대한 갈망
Hiber··· V. Iber···
hibéna, -órum, n., pl. (hibérnus) ((軍)) (sc. castra) 겨울진영, 동영(冬營), 겨울 외양간.
hibernácŭla, -órum, n., pl. (hibérno¹) 겨울 지내는 집, 겨울 주택. (軍) 겨울 막사(幕舍).
hibernális, -e, adj. (hibérnus) 겨울의
Hibérnensis Collectio. 아일랜드 교회법전집
Hibérnĭa, -æ, f. 아일랜드(애란愛蘭-'아일랜드'의 음역어). Hibernus, -i, m., pl. 아일랜드인.
hibérno¹ -ávi, -átum, -áre, intr. (hibérnus) 겨울나다, 겨울 주택에서 지내다, 아무 것도 하지 않고 있다, 동면(冬眠)하다, (軍) 겨울진영에 주둔하다.
hibérno² adv. 겨울철에
hibérnum tempus anni. 겨울철
hibérnus, -a, -um, adj. 겨울의, 동계의. n. 겨울철, 겨울의 계절풍.
Dux mílites in hiberna ducebat, ipse in Italiam veniebat. 장군은 병사들을 겨울병영으로 인솔해 들어갔다. 그리고 자기는 이탈리아로 돌아왔다/
In tribus hibernis vicena milia hominum erant. 세 군데의 겨울 주둔지(castra hiberna)에는 사람이 각각 2만 명씩 있었다.
hibíscum(=ibíscum), -i, n. (植) 접시꽃(의 일종)
hibiscus syríăca, -i -æ, f. 무궁화나무
híbrĭda(=ibrida) -æ, f., m. (동물의) 튀기, 잡종; (사람의) 혼혈아.
hic¹ hæc, hoc, pron., demonstr. 1. (자기로부터 또는 현재로부터 가까이 있는 것을 가리킴) **이**, 이 사람, 이 여자, 이것; 여기 있는, 지금의, 현재의, 문제의, 당면한: Hic est ille Demósthenes. 이 사람이 저(그) 유명한 Demósthenes이다/ his diébus. 요사이에. 2. (ille, illa, illud와 대립되면서) **후자**(後者): hic··· ille···. 후자는··· 전자는···. 3. (앞으로 나올 말이나 열거할 내용을 미리 지시하는 경우) 다음과 같은, 이러한: Nos habémus hoc provérbium: " ". 우리는 이런 속담이 있다, 즉 " ". 4. (acc. exclamatiónis) Hanc audáciam! 이 얼마나한 담력이냐!. 5. n. hoc (c. gen. partitívo) 이, 이러한, 이와 같은: ad hoc ætátis. 이 시대까지. 6. hoc est(略: h.e.) 즉, 다시 말하면. 7. hic, hæc, hoc의 여러 가지 변화형에다 접미어 -ce를 붙여서 단어의 뜻을 강조하거나 문구를 아름답게 한다. hisce tempóribus. 이 시대에 있어서/ hujúsce rei causa. 이 일 때문에. hicce vir. 이 사람만은. 8. 만일 c 앞에 또 c가 있으면 c 하나를 생략해도 좋다. hicce=hice, huncce=hunce.
9 여기에 또 의문 접미사 -ne가 붙게 되면 -ce는 -ci로 된다. híccine? = hícine?/ hǽccine? = hǽcine?.

Harum litterarum encyclicarum argumentum.
([영] The purpose of the present Encyclical)
이 회칙의 목적(1993.8.6. "Veritatis Splendor" 중에서)/
Hisce verbis Concilium Vaticanum II nuntiat Ecclesiæ ortum die Pentecostes([영] In this way the Second Vatican Council speaks of the Church's birth on the day of Pentecost) 그렇기 때문에 제2차 바티칸공의회는 오순절을 교회의 탄일이라고 말하는 것입니다.

hic[2] adv. 1. 여기에, 여기서, 이곳에. 2. (ibi, illic의 뜻으로 쓰이는 수도 있음) 거기에. 3. 이 점에 있어서, 이 기회에, 이런 형편에서. 4. 지금, 이 순간에.
hic et nunc. 지금 당장에. (라틴-한글사전, p.385).
Accéde ad ignem hunc, jam calésces.(jam 참조)
불 가까이 오너라, 몸이 곧 녹을 것이다/
Et ideo ita est hic, quod non alibi.
여기에 있으면 다른 곳에는 있지 못한다/
Harum Normarum Generalium natura([영] The Nature of these General Norms) 일반적 규범의 근본 성격/
Huius ero vivus mortuus huius ero.
나는 살아서도 죽어서도 이 사람의 것이 될 것이다/
Quare hoc? 왜 그렇습니까?, 왜 그랬습니까?/
Rogo vos, facite hoc. 너희가 이 일을 해주기를 부탁 한다/
Si vir bonus habeat hanc vim, hac vi non utatur. 선인은 이런 힘을 갖고 있더라도 이 힘을 행사하지 않을 것이다.

	단 수			복 수		
	m.	f.	n.	m.	f.	n.
Nom.	hic	hæc	hoc	hi	hæ	hæc
Gen.	hujus	hujus	hujus	horum	harum	horum
Dat.	huic	huic	huic	his	his	his
Acc.	hunc	hanc	hoc	hos	has	hæc
Abl.	hoc	hac	hoc	his	his	his

hic apud me. 여기 내 집에서
Hic autem quid audistis. 여기서 들으신 말씀이 무엇입니까?
Hic creditis, ibi uidebitis. 여기서는 너희가 믿고, 거기서는 보게 되리라.(교부문헌 총서 17, 신국론, p.2359).
Hic dicitur Gloria in excelsis Deo, et postea Dominus vobiscum. 여기서 대영광경을 드리고, "주님께서 여러분과 함께" 하며 인사한다.
Hic dies nostris gravissimus fuit.
이 날은 우리에게 참으로 힘겨운 하루였다.
hic erit optumus hic poterit cavere recte, jura qui et leges tenet. 바로 이 사람이 최적임자요. 이 사람이라면 제대로 해낼 것이요. 법률과 법규라면 착실히 지키지요(성 염 지음, 사랑만이 진리를 깨닫게 한다. p.452).
Hic est calix sanguinis mei. 이는 내 피의 잔이니라.
Hic est dies verus Dei. 부활축일 찬미가
Hic est enim Calix sanguinis mei. 이는 내 피의 잔이다
Hic est filius meus dilectus: Ipsum audite!
"이는 내 사랑하는 아들"이니, 그의 말을 들어라!
Hic est ille Demósthenes. (ille 참조)
이 사람이 그 유명한 Demósthenes다.
Hic est liber mandatorum.
이것은 하느님의 계명의 책이로다.
Hic et nunc.([獨] hier und heute.[영] here and now)
여기 그리고 지금.
Hic homo intelligit. 이 사람이 인식한다.
Hic homo singularis intelligit. 이 개별적 인간이 이해한다.
(중세철학, 제4호, p.102)
hic ibidem. 바로 이곳에
Hic illic usus, 성찬기도 중 오르간의 침묵(1977년 2월. 회신)
Hic jacet. 여기 누워 있다, 여기에 잠들다(묘비명)
Hic magister, ipse me docebat finem vitæ.
이 선생님, 바로 이분이 나한테 인생의 목적을 가르쳐주셨다.
Hic nodus expediatur. 이 매듭을 풀어야 한다
hic oro a vobis. 이것을 너희에게 청하다
Hic singularis homo intelligit(가톨릭 철학 제3호, p.167)
이 개별적인 인간이 이해작용을 한다.

Hic ventus adversum tenet. 이 바람은 역풍이다
Hic vigilans somniat. 이 사람이 백일몽을 꾸고 있다.
hic(c)e, hæc(c)e, pron., *demonstr*. (hic참조)
hic, hæc, hoc의 강세 표시(cf. -ce):
hujúsce modi réquies. 이러한 휴식.
hiccĭne[1] hǽccĭne, hóccĭne, pron., *demonstr*., interr. (hic참조) (hicce+ne) 바로 이 …냐? 이런 …냐?.
Híccine percússit? 바로 이 자가 두드렸어?
hiccĭne[2] adv. 그래 여기냐?
Hícĕtas, -æ, m. Syracúsœ 태생의 철학자
(우주에서 지구만 움직이고 하늘의 모든 천체는 정지해 있다고 말했음).
hiearchia ecclesiæ. 위계(位階.[영] Hierarchy)
hiearchia veritatum. 진리들의 위계질서
Hiemat.(hiemo 참조) 겨울 날씨다, 춥다
Hiemat mare.(hiemo 참조) 바다가 몹시 설렌다
hiemális, -e, adj. (hiems)
겨울의, 동계(冬季)의, 겨울철에 일어나는.
hiemátĭo, -ónis, f. 겨울을 남(지냄), 월동(越冬)
hiĕmo, -áv,i -átum, -áre, tr. (hiems) tr. 얼게 하다, 얼리다. intr. 겨울나다, 동면(冬眠)하다, 겨울진영에서 지내다, 겨울이다, 춥다, 날씨가 나쁘다, 폭풍이 불다, 풍파가 일다.
Contínui dies híemant. 날이 계속적으로 춥다/
Hiemat mare. 바다가 몹시 설렌다.
hiemps (古) = **hiems**
Hiémpsal, -ălis, m. Micípsa의 아들, Numídia의 왕
hĭems, -ĕmis, f. [ver, vēris, n. 봄/æstas, -átis, f. 여름/ autúmnum, -i, n. 가을]. 겨울, 추위, 한랭, 한 해, 1년, 나쁜 날씨, 폭풍우(暴風雨), 풍파(風波), 맹렬한 세력.
Est ubi plus tepeant híemes?(겨울이 더 따뜻한 곳이 있느냐?)
더 따뜻한 겨울이 있는 곳이 어디 있느냐?/
Hieme in agro laboráre valde durum est.
겨울에 밭에서 일하는 것은 대단히 힘든 일이다/
Hieme iter erit difficillimum.
겨울에는 행군이 아주 힘들 것이다/
Hieme itinera erunt difficiliora quam æstate.
겨울에는 행군이 여름보다 힘들 것이다/
hieme summa. 한 겨울에/
Hiemem æstas excépit. 겨울이 지나고 뒤이어 여름이 왔다/
hiemis modestĭa. 따스한 겨울/
improba hiems. 날씨 고약한 겨울/
letális hiems. 살을 에는 추위/ serotinæ hiemes. 늦추위/
Tota mihi dormítur hiems. 나는 온 겨울을 잠잔다.
Hiems est, intus est viriditas in radice.
겨울에도 뿌리 안에는 푸름이 깃들어 있습니다.
hieracium coreánum. (植) 껄껄이 풀
hieracium umbellátum. (植) 조밥나물
hierarchía, -æ, f. 교계제도(敎階制度), 교권제도, 성직의 위계제도, 교회정치, 천사들의 9계급: 천신단, 서열(序列.[영] Hierarchy), 위계(位階.[영] Hierarchy), 교계(敎階), (動.植) (강.목.과.속 따위의) 분류단계.
Ceterum ad fidelium sanctitatem funditus ordinatur hierarchica Ecclesiæ constitutio. 더구나 교회의 교계적 구조는 전적으로 신자들의 성덕을 위해 조직된 것입니다/
Commentaria in Hierarchiam cœlestem S. Dionvsii Areopagitæ.(Ugo di San Vittore, 1100년경~1141년).
성 디오니시오의 천상의 교계에 대한 주석서/
una hierarchia. 단일 위계.
hierarchia cælestis. 천상의 위계
hierarchia ecclesiastica. 교회 성직 계급, 교회의 위계
hierarchia ecclesiastica exemplatur a cælesti. 교회의 위계는 천상의 위계를 본뜬 것이다(이상섭 옮김, 신학대전 14, p.281).
Hierarchia enim dicitur sacer principatus: et in definitione eius Dionysius ponit quod deiforme, quantum possibile est, similat.
사실 위계는 성스러운 권력이라 불린다. 디오니시우스는 위계의 정의 안에 '가능한 한 하느님 형상을 닮는다'는 것을 상정한다.(이상섭 옮김, 신학대전 14, p.281).
hierarchia jurisdictiónis.

관할(管轄)의 교계제도, 재치권상의 위계(位階).
hierarchia ordinis.
　성품의 계층(階層), 성품의 교계제도, 품급상의 위계.
hierarchia sanctitatis 거룩함의 계급(階級)
hierarchia veritatis(獨.Hierarchie der Wahrheiten).
　진리의 위계(位階).
hierarchia veritatum. 진리들의 서열(眞理 序列)
Hierarchiæ Ecclesiasticæ Assertio.
　교회 교계 제도의 주장(네덜란드 신학자 Pighi 지음. 1538년).
hierarchice non ordinata. 자치체제(自治體制)
hierarchice ordinata. 중앙 집권체제(中央 集權體制)
hierárchǐcus, -a, -um, adj. 교계제도의, 계급제도의/
　Hierarchica Cœlestis. 천상 위계(교황 요한 21세 지음)/
　hierarchica communio(⑨ hierarchical communion).
　교계적 친교.
hierarchismus, -i, m. 교계주의(敎階主義).
　antihierarchismus, -i, m. 반교계주의.
hieráticus, -a, -um, adj.
　신성한 종교적 용도에 쓰이는; 성직자용의.
hierdúlus, -i, m. 신전 봉사자, 제관(祭官)
hieroglýphǐcus, -a, -um, adj. 상형문자의, 그림문자의
hierognósia, -æ, f. 성유물(聖遺物)의 진위판별
hierográphǐcus, -a, -um, adj. 상형문자의, 상징적인
hierónǐca, -æ, m. 신성한 경기에서의 승리자
Hierosólyma, -æ(=**Hierosólyma, -órum,** n., pl.)
　(=indecl. f. Jerúsalem), f. 예루살렘("평화의 고을" 뜻).
　(מ'לשׁורי.Ἱεροσόλυμα.Ἱεροσσαλήμ),
　Consilium Hierosolymitanum. 예루살렘 사도회의(48~49년)/
　Regnum Hierosolymitanum. 예루살렘 왕국/
　Urbs Jerusalem beata.(성무일도성당 축성축일의 찬미가)
　복되다 예루살렘 빼어난 도시.
Hierosolymíta, -æ, m. 예루살렘인, 예루살렘 사람
Hierosolymitánus, -a, -um, adj.
　예루살렘의, 예루살렘 사람의.
hierothéca, -æ, f. 성인의 유골.유물 모신 상자(갑匣)
híĕto, -áre, tr., intr. freq. (hio) 입을 딱 벌리다,
　입이 벌어지다. 크게 하품하다. [tr., pass.] (문이) 열리다.
Higinus, -i, m. 히기노, 히지노(축일 1월 11일)
hilarésco, -ĕre, intr. inch. (hílaris) 쾌활(명랑.유쾌)해지다
hilária¹- æ, f. (hílaris) 기쁜 마음, 좋은 기분, 快活, 明朗
hilária²-íum(-iórum), n., pl. Cýbele 여신(女神)의 축제일(춘분)
hilarícŭlus, -a, -um, adj. 꽤 명랑한, 꽤 쾌활한
hílǎris, -e, adj.(hilarus, -a, -um,)
　경쾌한, 쾌활한, 명랑한, 즐거운, 기분 좋은.
hilaris atque lætus. 명랑하고 즐거운 안색
hilárǐtas, -átis, f. (hílaris) 경쾌(輕快), 쾌활, 기분 좋음.
　명랑, 즐거움(⑨ Pleasure), 기쁨(χαρά.⑨ Enjoyment).
　alqm omni comitáte ad hilaritátem provoco.
　명랑과 상냥함을 다하여 아무를 기분 좋게 하다/
　traduco ánimos in hilaritátem a severitáte.
　근엄한 마음에서 쾌활한 마음으로 넘어가다.
hiláro, -ávi, -átum, -áre, tr. (hílarus) 유쾌하게 하다,
　기쁘게(즐겁게) 해주다, 기분 좋게 해주다.
hilárǔlus, -a, -um, adj. dim. (hílarus)
　좀 활기 있는, 쾌활한, 좀 즐거운.
hilla, -æ, f. dim. (hira) 소장(小腸), 창자, 내장, 순대
Hilótæ, -árum, m., pl. = **Hellótes.**(고대 스파르타의 노예)
　헬로타인
hílum, -i, n. 1. (흔히 부정사와 함께) 약간의 것,
　조금 되는 것, 보잘 것 없는 것, 아무 것, 조금,
　…neque próficit hilum. 그는 조금도 달성하지 못하고
　있다. 2. (植) 씨앗의 배꼽(태좌胎座에 붙는 부분).
　3. (海)(내장의 혈관.신경 따위가 드나드는) 문, 선문.
hílum liénis. 비문(脾門~핏줄과 신경이 지라로 들어가는 곳)
Himélla, -æ, f. Sabíni인들의 나라에 있는 강
hin. indecl. 힌(헤브라이인들의 액체 용량 단위. 달걀 72개 들이에 해당)
hinc, adv. (hic°) 1. **여기서부터, 이곳(자리)에서부터,**
　2. 이쪽으로부터, 이편에서(부터); (겹쳐 쓰일 때에는

"저쪽으로부터"의 뜻도 있음): hinc illinc, hinc atque
hinc. 이쪽저쪽에서부터/ hinc amnis, hinc hostis.
이쪽에서는 강이, 저쪽에서는 적이. 3. (시간) 이때부터,
지금으로부터. 4. (이유.원인.기원.재료) 이것으로
부터, 여기에서, 이런 데서, 이래서, 그래서, 이런 까닭에:
Hinc illæ lácrimá. 그 눈물은 이래서였구나!.
5. (출처) 이 사람으로부터, 처음부터. (라틴-한글사전. p.386)
Aufer te hinc. 여기서 물러가거라/
Experior, ut hinc avolem.
여기서 급히 떠날 수 있도록 힘써 보겠다.
Hinc adolescentem peregre ablego.
젊은이를 여기서 외국에 보내버린다.
Hinc illæ lacrimæ. 이런 까닭에 나는 슬퍼한다.
Hinc metuunt cupiuntque, dolent gaudentque.
육체로 인해 사람들은 두려워하고 탐하고 아파하고 즐거워하느니.
Hinc præsens percipitur dialogi necessitas luce
virtuteque Spiritus Sancti suffulti.
여기에서 우리는 성령의 빛과 힘으로 인도되는 지속적
대화의 타당성을 이해할 수 있습니다.
Hinduísmus, -i, m. 힌두교(⑨ Hinduism), 인도교.
　(바라문교의 철학을 배경으로 하는 인도의 민족 종교).
hinnibílis, -e, adj. 말 울음소리 내는
hinnibúndus, -a, -um, adj.
　(말이) 울음소리 내는, 울음소리내면서.
hínnǐo, -ívi(ǐi) -íre, intr.
　말이 (큰 소리로) 울다, 말울음 소리 나다.
hinnítus, -us, m. (hínnio) 말 울음소리
hinnúlĕus, -i, m. dim. (hinnus) 새끼 노새, 사슴 새끼
hinnus, -i, m. (=ginnus) 조랑(왜소한) 노새,
　(말과 당나귀 사이에서 난) 노새.
hio, -ávi, -átum, -áre, intr. 틈이 벌어지다, 열리다.
　쪼개지다, 터져 갈라지다. (자연적으로 또는 놀라서
　.감탄하여) 입을 벌리다, 입이 벌어지다; 하품하다.
　모음이 겹치다: 글에 모음이 연속되는 단어를 쓰다.
　(말의 내용이) 연결성(連結性)이 없다.단절되다,
　몹시 탐내다. 간절히 바라다, 생각이 간절하다.
　tr. 입을 벌리다. 토하다; 노래하다, 낭독(朗讀)하다.
hippágǐnes, -um, (**hippagógi, -órum,**) f., pl.
　말(마필馬匹) 수송선.
híppǎlus(=**favónius**), **-i,** m.
　서풍(西風), 봄바람, 하늬바람('서풍'의 뱃사람 말').
híppǐce, -es, f. 승마술(乘馬術), 승마경기, 마술(馬術)
Hippo, -ónis, m. 여러 도시 이름,
　Numídia의 도시(성 아우구스티노가 이곳 주교였음. 현 Bone).
hippocamélus, -i, m. (전설적 동물인) 말 낙타
hippocámpus(=**hippocámpos**), **-i,** m. 해마(海馬-신화에
　나오는 해신海神의 수레를 끄는 말머리.물고기 꼬리의 괴물).
　((解)) (뇌의) 해마상 융기(海馬狀 隆起).
hippocentáurus, -i, m. (신화에 나오는) 반인반마의 괴물
hippocómus, -i, m. 마부(馬夫)
Hippócrates, -is, m.
　Cos 섬의 유명한 의사, 의학의 시조(460~377. A.C.).
hippodǎmus, -i, m. 말 훈련사
hippódrŏmus(=**hippódrŏmos**), **-i,** m.
　경마장(競馬場), 이륜마차(전차) 경주장.
Hippólytus, -i, m. Théseus와 Hippólyte 사이의 아들
　(계모 Phædra의 사련邪戀을 물리치고 후 당해 아버지 Théseus의 고소로
　Neptúnus가 시킨 바다괴물에 의해 살해됨).
hippómǎnes, -is, n. 교미기에 있는 암말의 점액,
　갓난 망아지의 머리를 덮은 막피(膜皮).
hippomáráthrum, -i, m. (植) 회향풀(의 일종)
hippopéræ, -árum, f., pl. 기사의 여행가방
hippopótǎmus, -i, m. 하마(河馬)
Híppōtes, -æ, m. 바람의 신 Æólus의 아버지(또는 할아버지)
hippotóxŏtæ, -árum, m., pl. 기마궁수(騎馬弓手.사수)
hippúris, -idis, f. (植)
　목적(木賊→쇠새속), 속새(속샛과의 상록 다년초. 목적木賊).
hirquínus(=**hircínus**) **-a, -um,** adj.
hirquus(=**hircus**) **-i,** m. 염소, 산양, 암내, 노린내

H

hir, n., indecl. 손바닥(손)
hira, -æ, f. (解) 공장(空腸), 제2소장(小腸)
hírcĭæ, -árum, f., pl. 잘게 썬 고기(요리)
hircínus(=hirquínus), -a, -um, adj. (hircus) 염소의, 산양의, 염소 냄새나는, 노린내 나는, 암내 나는. f. (sc. caro²) 염소고기.
hírcĭpes, -ĕdis, adj. 염소 발을 가진
hircósus, -a, -um, adj. (hircus) 염소 냄새나는, 암내 나는
hírcŭlus, -i, m. 작은 염소
hircus(=hirquus) -i, m. 염소, 산양, 암내, 염소냄새, 노린내, (욕설) 더러운(지저분한) 놈, 호색한(好色漢).
hírnĕa, -æ, f. 포도주 항아리, 단지(항아리), 잔([영] Cup)
hírnŭla, -æ, f. dim. (hírnea) 작은 물병, 작은 물그릇
hirpus, -i, m. (Sabína 지방의 방언) 늑대
hirqu… V. hirc…
hirrĭo, -íre, intr. (개가) 으르렁거리다
hirrítus, -us, m. (개의) 으르렁거리는 소리
hirsútus, -a, -um, adj. (hirtus) 털이 곤두 서 있는(거센), 털투성이의, 텁수룩한. (動.植) 길고 거친 털로 덮인, 가시투성이의, 거친, 조야(粗野)한, 세련되지 않은.
hirtus, -a, -um, adj. 우툴두툴한, 털이 곤두서 있는(일어선), 거친, 거친 털로 덮인, 무례한, 상스러운, 우락부락한.
hirúdo, -dĭnis, f. (蟲) 거머리, 말거머리
hirudo ærárii. 공금 횡령자
Hirudo nipponia, (蟲) 거머리
hirundines ripariæ. (鳥) 갈색제비
hirundínĕus, -a, -um, adj. (hirúndo) 제비의
hirundinína, -æ, f. (植) 애기똥풀(양귀비 과의 이년 초.)
hirúndo, -dĭnis, f. (鳥) 제비(燕), 날치(나는 물고기)
His rebus delectámur. 우리는 이것들을 즐긴다. 우리는 이 일(것)들로 즐거워한다.(일반적으로 형용사나 현재 상태를 표시하는 과거분사, 또는 자동사, 특히 감정을 표시하는 동사 및 형용사의 원인을 표시하기 위해서는 아무런 전치사 없는 탈격을 쓴다).
hisco, -ĕre, (hio) intr. 벌어지다, 틈이 생기다, 열리다, 입을 열다, 입을 놀리다. tr. 말하다, 이야기하다.
Hispaní, -órum, m., pl. Hispánia인(주민)
Hispánĭa, -æ, f. 서반아, 스페인(스페인 왕국 Reino de Espana)
Hisperica Famina. 시민 한담(閑談)-일종의 시민 교육용 교양서
híspĭdus, -a, -um, adj. 털이 많은, 털보의, 텁수룩한, 빳빳한 털이 많은, 울퉁불퉁한, 고르지 않은, 매끈하지 못한.
hister¹ -tri, m. = hístrio 무언극 배우, 연극배우
hister² = ister, -tri, m. Danúbinus 강
histogénĕsis, -is, f. (生.解) 조직형성, 조직발생(론)
histología, -æ, f. (生.解) 조직학
histolýsis, -is, f. (生) 조직분해, 용리(溶離-금속 혼합물 따위를 가열하여 그 성분을 분리하는 조작. 가공되지 않은 금속을 정제하는 데 이용한다).
histon, -ónis, (acc., pl. ónas) m. 직조공장
historia, -æ, f. 역사(Geschichte.[영] history.ἰστορὶα), 사실(史實), 연대기(χρονικὸν-역사상의 사건을 연대순으로 기록한 것. 기년체사기紀年體史記), 연대사(連帶史), 실록(實錄), 사기, 전기(傳記), 전설(傳說), (역)사학, 연혁(沿革-사물이 변천해온 내력), 내력, 발달사, 진실 된 이야기, 서술, 해설, 기술(記述), 옛날이야기, 신화적 전설(神話的 傳說).
alqd históriā dignum. (이야기할 가치 있는) 중요한 것, 특기할만한 사실/
De falsitate ejus historiæ, quæ multa millia annorum præteritis temporibus ascribit. 과거시기에 수천 년을 할당하는 역사의 허위(교부문헌 총서 17, 신국론, p.2784)/
Erat história nihil áliud nisi annálium conféctio. 역사란 것은 연대기의 작성에 지나지 않았다. (주문의 부정사에 álius, -a, -ud 따위의 말이 덧붙으면 nisi의 배타적인 뜻이 더 분명해지는 경우가 많다. 허창덕 지음, 문장론, p.292).
gentium historia. 제민족의 역사/
historiæ. 역사사실(歷史事實)/
In historia semper hæc duo, labor et terra, inveniuntur, cuiusque humanæ societatis initio. 역사 안에서는 모든 인간 사회의 시초에 항상 노동과 땅, 이 두 가지가 있다/
insero jocos históriæ. 쓸데없는 소리를 역사에 섞다/
interpretátio materialística históriæ. 유물사관/
LeoXIII. Pont. Max. Historiæ studiid consulens tabularii arcana reclusit 1880. 1880년 레오 13세 교황이 역사 연구를 독려하며 닫혀 있던 문서고를 열었노라. (레오 13세 교황 카드에 있는 글)/
Magister historiarum. 역사 선생님/
Monumenta Germaniæ historica. 독일 기념비적 역사 문헌/
Primam esse historiæ legem ne quid falsi dicere audeat deinde ne quid veri non audeat. 역사의 첫째 규칙은 "거짓된 것은 어떤 것이든 감히 말하지 않는 것이요 또한 참된 것이라면 감히 말하지 않으면 안 된다"는 것이다. (레오 13세 교황 카드에 있는 글)/
Quanti hóminis putas esse históriam scríbere? 역사를 기록하는 것이 얼마나 위대한 사람의 일이라고 생각하느냐?(quantus 참조).
Historia Acephala. 머리 없는 역사
Historia adversus paganos. 이교인 반박 역사
Historia Certaminis apostolici. 사도들의 투쟁사
Historia de durabus civitatibus. 두 도시에 대한 역사(Otto 지음).
Historia de rebus Hispaniæ. 스페인 역사. (1592년 스페인 예수회원 후안 마리아나 지음).
historia dogmatum, 교의사(敎義史)
Historia e dimostrazioni intorni alle macchie solari. 태양흑점을 둘러싼 역사와 증명(지동설 주장. 1613년 Galileo 지음).
Historia Ecclesiæ. 교회사(Historica eccleastica)
historia ecclesiastica. 교회 역사학([영] church history)
Historia ecclesiastica gentis Angelorum. 영국 교회사(베다 존자지음).
Historia ecclesiastica nova. 새 교회사
Historia ecclesiastica tripartita. 3부 교회사
Historia est magistea vitæ. 역사는 생활의 선생이다. (가변성 명사가 부설명어인 경우에는 그 격뿐만 아니라 그 성性도 주어와 일치해야 한다).
Historia est testis temporum, lux veritatis, vita memoriæ. 역사는 시대의 증인이요, 진리의 빛이며, 기억의 생존이다.
historia et archeologia liturgiæ. 전례의 역사와 건축
Historia Eucharistiæ.([영] History of the Eucharist) 성체성사의 역사.
Historia Fabri Joseph. 목수 요셉의 이야기
Historia Institutorum. 제도사/Historia Fontium. 원천사
Historia Francorum. 프랑크족의 역사
Historia Lausiaca. 라우시아 역사(빨라디오 지음)
historia missionum.([영] history of the missions) 선교의 역사
Historia monachorum. 수도승의 역사, 수도자들의 전기
Historia monachorum in Ægypto. 이집트 수도승 역사
Historia mystica ecclesiæ catholicæ. 가톨릭 교회의 신비로운 역사(콘스탄티노플의 제르마노 지음).
Historia novæ ætatis. 역사의 새 시대
Historia nuntĭa vetustátis. 과거를 알려주는 역사
Historia Persecutionis Africanæ provinciæ. 아프리카 지방의 교회 박해사.
Historia Pontificalis. 교황 전기
Historia Quæstionis. 탐구의 역사
Historia Religiosa. 수도 역사(시리아 수도자들의 역사서)
historia rerum gestarum. 사실의 역사
Historia rerum in Partribus Transmarinis Gestarum. 바다 건너편에서 있었던 일들의 역사.
historia rerum præsentis temporis. 현대 사물들에 관한 역사.
historia rhythmica. 운율의 역사
historia sacra. 구세사
historia salutis. 구원역사(救援歷史)
historia salvifica. 구원역사(救援歷史)
Historia Septem Sapientum. 칠현자의 전기
historia theologiæ([영] history of theology). 신학사(神學史).
Historia tripartita. 3부로 된 역사(520~530년 사이)
historia vero testis temporum, lux veritatis, vita memoriæ, magistra vitæ, nuntia vetustatis. 무릇 역사는 시대의 증언이고 진리의 빛이며 기억의

H

삶이고 인생의 스승이며 고대의 전언(傳言)이다.
Historia vita memoriæ, magistra vitæ.
역사는 기억의 생명(기억 속에 살아가는 생명) 이요
인생의 스승이다(성 염 지음, 고전 라틴어, p.68).
Historiæ contra paganos. 이교도 반박 역사(Paulus orosius 지음)
historiális, -e, adj. (história) 역사에 관한, 역사의
histórĭce, -es, f. (어떤) 작가에 대한 연구(설명), 역사지식
historicísmus(=historicísmus) -i, m.
역사주의(歷史主義.[영] historicism).
histórĭcus, -a, -um, adj. 역사(상)의, 역사에 관한,
역사적, 역사를 연구하는(다루는).
m. 역사가(歷史家, scriptor rerum), 사학가(史學家).
adv. **histórĭce**. 역사적으로, 역사가답게.
historica fides. 역사적 신앙/
interpretátĭo historica. 역사적 해석.
historicus eventus. 사건으로서의 역사
historiográphĭa, -æ, f. 역사(학), 사료편찬
historiographia ecclesiastica([영] ecclesiastical
historiography). 교회사학.
historiógrăphus, -i, m. 역사 저술가, 역사가, 역사 편찬자
historismus, -i, m. 역사주의([영] historicism)
hístrĭa, -æ, f. Adrĭa해 동쪽에 있는 도시
hístrĭcus, -a, -um, adj. (hístrio) 배우의, 배역의
hístrĭo, -ónis, m. 연극배우, 무언극 배우, 희극배우
histrioális, -e, adj. (hístrio) 배우의, 희극 배우의
histriónĭa, -æ, f. (hístrio) 연기(演技), 연극술(演劇術)
histriónĭcus, -a, -um, adj. [hístrio] (희극) 배우의
hiúlco, -ávi, -átum, -áre, tr. (hiúlcus)
쪼개다, 벌리다, 찢다, 터뜨리다.
hiúlcus, -a, -um, adj. (hio) 갈라진, 벌어진, 터진, 열린,
갈라지게 하는, 쪼개는, 탐내는, 갈망하는, 탐욕적인.
(文法) 모음으로 접속된.
hiulcæ voces aut asperæ. 찢어지는 소리이거나 거친 소리.
Hoc a te exspectant. 그들은 이것을 너한테 기대하고 있다
hoc aliquid. 바로 이것, 어떤 것
Hoc animum meum sollicitum habet.
이것이 내 마음을 불안케 한다.
hoc autem inveniuntur. 이런 것들이 발견 된다
Hoc autem scitote. 이것을 명심하여라(성경 루카 12, 39)
Hoc bene successit. 이것은 잘됐다
Hoc Cǽsari défuit. 이것이 Cœsar에게 부족하였다
Hoc certe Dominus iubet.
이것은 분명 주님께서 명하시는 것입니다
Hoc crimine illum condemno.
그 자를 이 죄목으로 판결 받게 하다.
Hoc cum confiteris, scelus concedis.
네가 이것을 승인하는 것은 즉 유죄를 인정하는 것이다.
Hoc diximus in similibus factis.
우리는 지금까지 비슷한 행동에 관해서 말하였습니다.
Hoc ego nunquam passus essem.
(=Si mihi hoc contigísset, nunquam passus essem).
나는 이것을 결코 참지 못하였을 것이다.
Hoc enim agit salvátor, ut isdem vestigiis quibus admissa fuerant delicta purgentur. 구세주는 인류가
범한 죄악의 흔적(痕迹)을 씻으시기 위해 이를 행하셨다.
Hoc erat in principio apud deum.(요한 1, 2)
(ou-toj h=n evn avrch/| pro.j to.n qeo,n)
(獨 Dasselbe war im Anfang bei Gott)
([영] He was in the beginning with God) 그분께서는 한
처음에 하느님과 함께 계셨다(성경)/말씀은 한 처음
천지가 창조되기 전부터 하느님과 함께 계셨다(공동번역)/
그분은 맨 처음에 하느님과 함께 계셨다(200주년 신약)/
그는 태초에 하느님과 함께 계셨다(일반).
Hoc erat in votis. 이것이 내가 서약하면서 축원하던 것이다
hoc est. 즉(略 h.e.), 다시 말하면(略 h.e.)
Hoc est corpus meum.([영] This is my body)
이는 내 몸이니라(루카 22, 19).
Hoc est hómini, quamobrem vitam ament.
이것이 바로 사람이 생명을 사랑하는 이유이다.
Hoc est initium figmenti domini. 하느님의 처음 솜씨다.
(교부문헌 총서 16, 신국론, p.1182).
Hoc est mihi solátĭo. 이것은 내게 위로가 된다.
Hoc est quod Deum æstimari facit, dum æstimari non capit. 이것은 하느님께서 이해하게 해주시는 것이며,
그분은 이해되실 수 있는 분이 아니라는 것을 의미한다.
hoc est signum quoddam spirituale et indelibile.
지워질 수 없는 영신적인 어떤 표징.
Hoc est ut quia homo manducando deliquerat, corrigat abstinendo. 사람은 먹으며 범죄 했으므로
먹기를 절제함으로써 회개해야 하는 것이다.
Hoc est verum, an falsum? 이것은 정말이냐 거짓말이냐?
=Hoc verum falsúmne est? 이것이 진실이냐 거짓이냐?
=Utrum hoc est verum, an falsum?
=Verum hoc est falsúmne?
=Verúmne hoc est, an falsum?
Hoc est vivere. 이것이 사는 것이다
Hoc est vivere bis, vita posse priore frui.
과거의 삶을 누릴 수 있다는 것은
갑절의 삶을 산다는 것을 의미한다(Martialis).
Hoc éxpĕdi primum. 이것을 먼저 밝혀라
Hoc fácere noctu apparábant.
그들은 밤에 이 계획을 이행하려고 작정하였다.
hoc facio. 이것을 하다
Hoc fácite in meam commemorátĭonem.
([영] Do this in memory of me.) (루카 22, 19)
너희는 나를 기억하여 이를 행하여라(성경)/
나를 기념하여 이 예식을 행하여라(공동번역. 루가)/
여러분은 나를 기억하여 이를 행하시오(200주년 신약).
Hoc fieri debet. 이것은 이루어져야만 한다.
Hoc fieri non potest. 이것은 될 수 없다.
(보조동사 다른 동사의 수동형 부정법은 지배할 수 있으되 원칙적으로
자기 자신은 수동형으로 쓰이지 못한다).
Hoc gáudeo. 나는 이것을 기뻐한다/
([라] Gáudeo dono tuo. 나는 너의 선물을 받고 기뻐한다).
Hoc igitur auxilium, mi charissimi Patres, per vestras pias precationes ut nobis ab omnipotenti Deo ipsiusque sancta Matre ut impetretis, rogo.
지극히 경애하올 신부님들께서 열절한 기도로 우리를
위하여 전능하신 하느님과 성모님께로부터 도움을 얻어
주시기를 청합니다(최양업 신부 라틴어 서한 열아홉 번째에서).
Hoc illi competit. 이것은 그에게 어울린다.
Hoc illis dabo. 나는 이것을 저 사람들한테 주겠다.
Hoc in promptumanifestumque esse videmus.
우리는 이것이 명명백백함을 본다.
Hoc intérrogo vos. 이것을 나는 너희에게 묻는다.
Hoc me(te, eum…) fugit.
나는(너는, 그는…) 이것을 모른다.
Hoc mihi gaudio est. 이것은 나에게 기쁨이 된다.
['아무에게 무엇이 되다, 무엇이다'에서, esse에 동반할 부설명어적 명사 특히
추상명사를 여격으로 바꾸어, 이해 여격 '아무에게'와 함께 씀으로써 주어의 목적
또는 결과를 표시하는 데 이를 목적 여격이라 한다.
황치헌 신부 지음, 미사통상문을 위한 라틴어, p.52].
Hoc mémini. 나는 이것을 기억하고 있다.
Hoc mihi faciendum est. 나로서는 이 일을 해내야만 한다.
[행위자 여격 문장으로 동사의 행위가 어떤 사람에 의해 이루어져야 함을 나타
낸다. 소위 수동태 용장활용에서 행위자 탈격을 대신한다. 고전 라틴어, p.397].
Hoc mihi honori est. 이것은 나에게 명예가 된다.
Hoc mihi laudi est. 이것은 내게 칭찬이 된다.
Hoc monitus sum a patre.(=Hoc me mounit pater)
아버지께서는 이것을 나에게 알려주셨다.
Hoc nescis? 그래 이것을 몰라?
Hoc Nobis iterum dicere liceat.
([영] Let us say it once again) 다시 한 번 말씀드립니다.
Hoc non dicitur rátĭonabiliter.
이성적으로 보면 그렇게 말할 수 없다.
hoc nomen res est de transcendentibus.
이 사물이란 명칭은 초월적인 것들에 대한 것이다.
Hoc non liquet. 이것은 분명하지 않다.

Hoc ómnium ínterest. 이것은 모든 사람에게 관계된다.
Hoc opus est amíco meo. 이것이 내 친구에게 필요하다
Hoc per quod aliquid habet esse quid.
그것에 의해 어떤 것이 일정한 존재를 갖는 것(=본질).
Hoc signo victor eris. 이 표징으로 너는 승리자가 되리라.
Hoc studeo, tibi placere.
내가 힘쓰는 바는 당신 마음에 드는 것이다.
Hoc sub aspectu, res politica et fides conectuntur.
([영] Here politics and faith meet)
바로 여기에서 정치와 신앙이 만납니다.
Hoc subolet mihi. 나는 깨닫다(감지하다).
Hoc tacete. 너희는 이 말을 하지 마라.
Hoc tædet me. 나는 이것이 싫증난다.
Hoc tempus gratiæ Deiparæ committimus, quæ proclamata est "beata, quæ credidit"(Lc 1, 45).
"행복하십니다, 믿으신 분!"(루카 1, 45)이라고 우리가 외치는 하느님의 어머니께 이 은총의 때를 맡겨 드립시다.
Hoc teneo, hic hæreo.
이것은 내 생각이다. 그리고 이것을 고수한다.
Hoc tibi assentior. 이 점에서 나는 너와 동감이다
Hoc tibi tribúmus in láudem.
우리는 이것을 너의 칭찬으로 돌리는 바이다.
hoc tríduo. 지난 3일 동안에
Hoc unum agito. 이것만 생각하다.
Hoc unum illi áfuit. 이 한 가지가 그에게 결핍되어 있었다.
Hoc unum mihi abest. 이 한 가지가 내게 없다.
Hoc unum studeo. 나는 이 한 가지만 힘쓴다.
Hoc valet tam pro singulis quam pro societate.
([영] This holds true both for the individual and for society)
개인이든 사회든 마찬가지입니다.
Hoc vehementer ínterest reipublicæ.
이것은 국가에 매우 중요한 일이다.
Hoc verbum est ad id aptatum.
이 말은 그것에 꼭 들어맞았다.
Hoc vero quid? 이건 뭔가?
Hoc verum falsumne est? 이것은 정말이냐 거짓말이냐?
Hoc vetitum est. 이것은 금지되어 있다.
Hoc volo sic jubeo sit pro rátĭone voluntas.(Juvenalis).
내가 원하고 명령하니 뜻이 이유를 위해 존재하여라.
Hoc vos testor. 이것에 대하여 너희들을 증인으로 삼는다.
hódĭe, adv. (hoc die) 오늘(σήμερον.[영] Today), 오늘날, 오늘까지, 오늘도, 지금, 현재, 현대: **hodiéque.** 지금도.
Ecquis vivit hodie fortunatus sicut me?
오늘날 나만큼 운 좋은 사람이 도대체 누구일까?/
Ego tam defessus sum ut hodie laborare non possim.
오늘은 일을 할 수 없을 만큼 나는 지쳐 있다/
filius meus es tu, ego hódie genui te.
너는 내 아들, 오늘 너를 낳았노라(성탄 밤 미사 입당송)/
Intente audite, obsecro vos, quia res non minima versatur in medio: et non dubito quia hesterno die adfuistis intente, quod et hodie intentius convenistis.
이제 다룰 문제는 보통 중요한 것이 아니기 때문에, 정신을 바싹 차려서 들어 주시기를 부탁드립니다. 여러분이 어제 정신 차려서 들으셨으니, 오늘은 더 정신 차려 들으시리라 믿어 마지않습니다.
(최익철 신부 옮김, 요한 서간 강해, p.222)/
Néscio, quid tibi sum oblítus hódie, ac vólui dícĕre.
잊어버려서 생각이 안 난다만 네게 오늘 말을 하려고 했다/
Numquam quidquam fecisti hodie.
너는 오늘 도대체 아무것도 안 했다/
quæ cuique est fortuna hodie, quam quisque secat spem.
각자가 오늘 맞고 있는 운명이 어떤 것이든, 각자가 품는 희망이 무엇이든(성 염 지음, 사랑만이 진리를 깨닫게 한다. p.382)/
Undæ erunt altæ hodie. 오늘은 파도가 높겠다.
hodie aut heri. 오늘이나 혹은 어제
Hodie Christus natus est. 오늘(이 날에) 그리스도 나셨네.
Hodie cœlestis sponso iuncta est Ecclesia, quoniam in Iordane lavit Christus ejus crimina: currunt cum muneribus Magi ad regales nuptias, et ex aqua facta vino lætantur convivæ, alleluia!
오늘 그리스도께서 요르단 강에서 교회의 죄를 씻어 주시니 교회는 천상 신랑과 결합하였도다. 박사들이 예물을 가지고 임금님의 혼인잔치에 달려오고, 물이 술로 변하여 잔치 손님들이 기뻐하는도다. 알렐루야!
(로마 성무일도서와 수도원 성무일도서).
Hodie dies quintus est ante Kaléndas Apríles.
([라] Hodie est dies ante diem V Kal. Apr.)
오늘은 3월 28일이다.
Hodie impleta est hæc Scriptura in auribus vestris.
([영] Today this scripture passage is fulfilled in your hearing) 오늘 이 성경 말씀이 너희가 듣는 가운데에서 이루어졌다(성경 루카 4, 21)/이 성서의 말씀이 오늘 너희가 들은 이 자리에서 이루어졌다(공동번역 루가 4, 21).
hodie mane. 오늘 아침에
Hodie mihi cras tibi. 오늘은 나에게 내일은 너에게.
(유럽 공동묘지 입구에 있는 명문).
Mihi heri, et tibi hodie.(집회서 38, 22)
([영] for him it was yesterday, for you today)
어제는 그의 차례요 오늘은 네 차례다(성경 집회서 38, 22)/
어제는 내 차례였지만 오늘은 네 차례다(공동번역).
Hodie minus facile laboravimus.
오늘은 일하는 것이 덜 수월했다.
Hodie nobis beata illuxit. 오늘 우리에게 빛이 비쳤으니
Hodie non cras, id fac! 내일 아니고 오늘 그것을 하라!
Hodie parvo pisces veneunt. 오늘 물고기는 싸게 팔린다
Hodie quoque non in Ecclesia desiderantur martyres, in quibus Dei amor ratione extrema demonstratur.
오늘날에도, 교회에는 하느님 사랑을 가장 숭고하게 증언하는 순교자들이 적지 않습니다.
Hodie sponsus ipse cœlestis, amator animarum credentium Dominus Iesus, sponsam sibi ex gentibus coniunxit ecclesiam. 오늘 천상의 신랑 자신이시며 믿는 이들의 영혼을 사랑하시는 분, 주 예수님이 당신의 신부인 이방인들의 교회와 결합하셨다(계약의 신비 안에 계시는 마리아. p.343).
Hodie uxorem ducis? "오늘 장가를 드는가?"
Aiunt. "그렇다고들 하데"(남의 얘기인양).
Hodie Veneris est festus dies : ornatum ierunt deam.
오늘은 비너스 축제다. 그들은 여신을 치장하러 갔다.
hodiédum, adv. 오늘도
Hodierno adhuc tempore rationes perpetuas habemus cur quemque hominem Sancto Iosepho committamus.
([영] Today we still have good reason to commend everyone to St. Joseph) 오늘날 우리는 모든 이를 성 요셉에게 위탁할 수 있는 훌륭한 동기를 갖고 있다.
hodiérnus, -a, -um, adj. (hódie) 오늘의, 현금의, 현대의.
Hodierna theologiæ officia. 현대신학의 과제들/
Hodierna vitæ humanæ intentata pericula.
인간 생명에 대한 현대의 위협/
In hodierno tamen cultu, humanarum litterarum extenuatis studiis, periculum adest levioris linguæ Latinæ cognitionis, quæ in curriculis philosophicis theologicisque futurorum presbyterorum quoque animadvertitur([영] Yet in today's culture, the danger of an increasingly superficial knowledge of Latin may be noted in the context of the widespread weakening of humanistic studies. This is also a risk in the context of the philosophical and theological studies of future priests)
그러나 오늘날의 문화에서 인문학 연구가 쇠퇴해 가며 라틴어 지식이 더 가벼워지는 위험이 있습니다. 미래 사제들의 철학과 신학 교과 과정에서도 그러한 위험이 보입니다(교황 베네딕도 16세 "Latina Lingua" 2012.11.10. 자의교서 에서)/
postulata hodierna et officia. 오늘날 요구되는 과제들.
hodiernus die. 오늘, 요즘
hodiernus dies. 영원한 오늘
hœd··· V. **hæd**···
holcus fulvus, -i, m. (植) 수수새

holit… V. olit…

Hollándĭa, -æ, f. 네덜란드, 화란('네덜란드'의 음역어)

holocáustoma, -átis, n. = holocaustum, -i, n.

holocaustum, -i, n. = holocautoma, -átis, n.
(獨 burnt Offering) (holo '통으로'+ kaio '태우다')
번제[燔祭].זֶבַח.ὁλοκάυτωμα.(獨 burnt sacrifis-
구약시대 제사의 한 종류. 짐승을 죽여 전부 태움으로써 드리는 제사.
번제물로는 흠이 없는 수컷 짐승(소,양,염소 등)이 바쳐졌는데, 가난한
이들에게서는 날짐승(산비둘기, 집비둘기) 사용도 가능하였다.
레위기에 번제에 관한 규정이 상세히 나와 있다(레위 1. 3-17).
Offer illum (=Isaac) in holocáustum. 이사악을 희생
으로 바쳐라.(어떤 동사는 부설명어적 제2객어 대신에 그 앞에
전치사 in을 넣어서 그것을 목적부사어로 가지는 경우도 있다).

holocautoma, -átis, n. = holocaustum, -i, n.

holócyron, -i, n. (植) 금란초(金蘭草)

holosérĭcus, -a, -um, adj. 순 견직의, 명주의

homágĭum, -i, n. 충성의 선서(宣誓), 순명 맹세

Homerísta, -æ, m. Homérus의 시 낭독자

Homeromástix, -ígis, m.
Homérus의 비난자, Zóilus의 별명, 혹평가.

Homerónĭdes, -æ, m. Homérus의 모방자

Homérus, -i, m. 희랍 최고의 서사시인, 호메로스.
Nullus unquam poëta ortus est neque orietur sicut
Homerus.[탈형동사 문장] 호머와 같은 시인은 (전에도)
태어난 적 없었고 (앞으로도) 태어나지 않으리라/
O fortunate adulescens, qui tuæ virtutis Homerum
præconem inveneris! 오, 행복한 젊은이여, 그대 용맹을
기려 줄 시인으로 호메로스를 두었으니!

Homerus quid sit pulchrum, quid turpe, quid utile,
quid non, planius ac melius Chrysippo et Crantore
dicit.(Horatius). 아름다움이 무엇이고 추루함이 무엇이며
유익함이 무엇이고 무엇이 그렇지 못하는가는 (문학가)
호메루스가 (철학자) 크리시푸스나 크란톨보다 더
분명하고 또 훌륭하게 얘기한다.

homicída, -æ, m. (homo+cædo) 살인자, 살인범, 살해자

homicida erat ab initio. 처음부터 살인자[요한 8, 44]

homicídĭum, -i, n. 살인(獨 Murder), 살인행위, 살인죄, 살해.
De interfectionibus hominum, quæ ab homicidii crimine
excipiuntur. 살인죄에 들지 않는 살인들.(신국론, p.2744)/
Non homicidium facies. 살인해서는 안 된다/
Omnis, qui odit fratrem suum, homicida est(1요한 3, 15)
(pa/j o` misw/n to.n avdelfo.n auvtou/ avnqrwpokto,noj evsti,n)
(獨 Wer seinen Bruder haßt, der ist ein Totschläger)
(프 Quiconque hait son frère est un meurtrier)
(⑨ Everyone who hates his brother is a murderer)
자기 형제를 미워하는 자는 모두 살인자입니다(성경)/
자기 형제를 미워하는 자는 누구나 살인자입니다(200주년)/
자기 형제를 미워하는 자는 누구나 다 살인자입니다(공동번역).

homicídĭum rituale. 종교적 살인 의식, 살인 제사
(13세기 유럽에서 유다교인들이 그리스도교인을 증오하여 그들을 죽여
제식祭典을 했다는 민간 믿 흘리는 미신적 제사를 거행했다는 비난이 있었지만
역사적 근거는 없다. 백민관 신부 엮음, 백과사전 2, p.285: 3 p340).

homilétĭca* -æ, f. 설교학(說教學.⑨ homiletics)
ars homiletica. 강론 기술(⑨ homiletics), 강론학/
Opportunitas directorii homiletici.(⑨ The fittingness of
a Directory on Homiletics. 강론 지침서의 필요성.

homilĭa, -æ(ὁμιλία), f. 강론(⑨ homily.獨 Homilia),
연설(演說), 훈계(訓戒), 강해(⑨ homily/Preaching/sermon),
교훈(敎訓), (성서의) 성훈(聖訓).
moméntum homiliæ(⑨ The importance of the homily).
강론의 중요성.
[homiliæ라는 말은 '교제한다, 사상을 교환한다'라는 뜻으로 사도행전 20장 11절
에 근거해 안티오키아의 이냐시오, 에우세비오 등 교부들에 예식 때에 한 설교
에서 나타났다. 그 후 오리게네스 등 학자들은 Homiliæ라는 말을 고상한 이론을
전개하는 logos와 대립되는 말로, 단순 소박한 성서 성훈聖訓의 설교라는 말로
썼다. 17세기 이후 이 말을 일반적인 설교의 뜻으로 썼다….
백민관 신부 엮음, 백과사전 2, p.286).
[엄밀하게 구별하면, 미사 전례 도중에 행해지는 성경 해설을 '설교'(homilia,
sermo)라 하고, 미사 밖에서 성경을 풀이 특강을 '강해'(tractatus)라고 한다. 그러나
이 둘은 종종 동의어처럼 혼용된다. 이와는 달리, 청중 없이 집필된 본격적 성경
해설서를 통상 '주해'(commentarium)라 한다(아우구스티노의 생애, p.49)].

Cum Dei Verbum conspicuum obtineat locum, necessitas
exsistit meliorem efficiendi homiliae qualitatem.

하느님 말씀의 중요성을 생각해 보면 강론을 질적으로
개선할 필요가 있습니다(2007.2.22. "Sacramentum Caritatis" 중에서)/
Homiliæ vitentur incertæ vel a rebus seiunctæ.
(⑨ Generic and abstract homilies should be avoided)
피상적이고 추상적인 강론은 피하여야 합니다.

Homilia in Quadragesima.(⑨ Lent Sermons.
獨 Fastenpredigten) 사순 설교(四旬說敎).

Homiliæ in Evangelium. 복음서에 대한 설교집.
(교황 그레고리오 1세 지음).

Homiliæ in Evangelium Matthæi. 마태오 복음 강론

Homiliæ in Ezechielem. 에제키엘서 강론

Homiliæ in Isaiam. 이사야서 강론

Homiliæ in primam ad Corinthios. 고린토 전서 강론.
(성 요한 크리소스토모 지음).

homiliárĭus, -a, -um, adj. 성훈의. m. 강론집, 설교집.
liber homiliarius. 성경 성훈집.

Homiliárĭus doctorum. 박사들의 성서 교훈집

homínĭum, -i, n. 충성 선서(忠誠 宣誓)

homo, homínis, m. (옛 형태: hemo, -ŏnis, cf. nemo)
1. 사람(שׁ.ἄνθρωπος.persona humana.), 인간,
인류의 일원: Homo est ánimal rationále. 사람은 이성적
동물이다/ Homo sum; humáni nihil a me aliénum puto.
나는 인간이다, 그러므로 나는 인간적인 것으로 나와 관련
없는 것은 하나도 없다고 생각 한다(난 사람)/ 인간적인
어떤 것도 내게는 낯설지 않다)/ homo faber. 공작인/
homo sápiens. 예지인(叡智人), 현대인류/ homo viátor.
지상의 인간/ hómines módicæ fortúnæ. 중산계급.
2. (여자와 대립적으로) 남자, 사내. 3. (여자에 대해서도
씀) Quæ… quóniam homo nata fúerat. 그는 여자로 태어
났던 것이므로. 4. [vir의 뜻으로] (고귀한 지위에 있거나
덕성.탁월성을 지닌) 인격자, 인물, (존귀한) 인사.
5. (인간 수준 미달의) 고양 놈, 돼먹지 않은 사람.
6. (hic, ille의 뜻으로) 이 사람, 저 사람, 저 분.
7. 친구, 동료(同僚), 편, 부하(部下). 8. (pl.) 가구(家具).
9. (pl.) 보병(대). (라틴-한글사전, p.388).
[사도 바울로는 인간을 육(σῶμα.caro)과 혼(ψυχή, anima)과 영(πνεῦμα, spiritus)
으로 구분하였고(1테살로니카 5, 23), 아우구스티노는 이 구분에 따라서 인간을
가리켜 오성과 생혼과 몸체를 갖춘 피조물(intellectualis et animalis et corporalis
creatura) 이라고 정의하고 있다. 이성은 신플라톤 사상의 물질, 혼, 영의 분류에
상응한 것이다. 영혼 속에서 이성의 고등활동이 이루어지고 거기서도 정상이
되는 지성의 정곡(apex mentis)에서 진리의 파악 또는 진리 자체인 신과의
합일도 이루어진다. 성 염 지음, 사랑만이 진리를 깨달게 한다. p.76]

명사 제3변화 제1식 A		
	단 수	복 수
Nom.	homo	homines
Gen.	hominis	hominum
Dat.	homini	hominibus
Acc.	hominem	homines
Abl.	homine	hominibus
Voc.	homo	homines

(황치헌 신부 지음, 미사통상문을 위한 라틴어. p.57.)

ánimal, quem vocámus hóminem.
우리가 사람이라고 부르는 동물/
corpus ad ipsam naturam hominis pertinent.
육체가 인간의 본성에 속한다/
De conditione unius primi hominis atque in eo
generis humani. 하나인 첫 인간의 창조와 그 안에서
이루어진 인류의 창조.(교부문헌 총서 17, 신국론, p.2786)/
De his, qui putant nullorum hominum pænas in
æternum esse mansuras. 어느 인간도 영원한 형벌을
받지는 않으리라고 여기는 사람들.(교부문헌 총서 17, 신국론, p.2824)/
Deus homo factus est ut homo ieret Deus. 신이 인간이
되신 것은 인간으로 하여금 신이 되게 하기 위해서이다/
Em tibi hominem! 너한테 딱 맞는 작자다!/
emunctæ náris homo. 날카롭고 총명하고 똑똑한 사람/
Est ille homo non nomine sed re. 그는 이름만 사람이
아니고 정말 듬직한 사람이다.[제한 탈격abulativus termini은
동사나 형용사로 나타내는 상황을 평가하는 격이다]/
et omni miraculo quod fit per hominem,
majus miraculum est homo. 인간을 통해서 이루어지는 그

H

모든 기적보다도 인간이야말로 훨씬 위대한 기적이다/
Faciamus hominem ad imaginem et similitudinem nostram([영] Let us make man in our image, after our likeness) 우리 모습을 따라 우리를 닮은 사람을 만들자 (창세 1, 26) 우리와 비슷하게 우리 모습으로 사람을 만들자/
excellentia hominis. 인간의 탁월성/
grande profundum est ipse homo(고백록 4. 14)
인간이란 실로 그윽한 심연이로소이다/
Hoc est hómini, quam vitam amet.
이것이 바로 사람이 생명을 사랑하는 이유이다/
Hodie homo sæpe a duobus coangustatur lateribus, Civitate scilicet et mercatu. 오늘날 인간은 흔히 국가와 시장의 양쪽 사이에서 압축되어 있다/
Homine imperito numquam quidquam injustius est, qui nisi quod lipse fecit, nil rectum putat.(Terentius).
자기가 한 것이 아니면 아무것도 옳다고 보지 않는 미숙한 인간보다 더 부당한 것(물건)이 세상에는 없다/
hominem esse animal. 사람이 동물이라는 것/
hominem pauperem de pauperibus natum.
가난한 사람들에게서 태어난 가난한 사람/
Homines alii sunt boni, alii mali.
어떤 사람들은 착하고 어떤 사람들은 착하다/
Hómini necésse est mori. 사람은 필연적으로 죽게 마련이다/
Hominem deo mixtum. 사람이 하느님과 結合되었다/
hominem esse animal. 사람이 동물이라는 것/
hominem formalissimum, ingeniosissimum, sapientissimum, opulentissimum ac denique potentissimum efficere.(성 염 옮김, 피코 델라 미란돌라, p.118)
(인간을 더없이 아름답고 더없이 재주 있고 더없이 지혜롭고 더없이 자질 있고 더없이 능력 있는 존재로 만들었다)
인간을 가장 아름답고 가장 재주 있고 가장 지혜롭고 가장 자질 있고 가장 능력 있는 존재로 만들었다/
Hominem non novi castum nisi sobrium. 음식을 절제하지 않고 정덕을 잘 지키는 사람을 나는 하나도 모른다. (성 예로니모)/
hominem pauperem de pauperibus natum.
가난한 사람들에게서 태어난 가난한 사람/
hominem ratione utentem. 이성을 사용하는 사람을.
[탈형동사 utor, usus sum, uti는 탈격을 지배하는 동사로 분사에서도 탈격의 간접 목적어를 지배해서 ratione utens(이성을 사용하는)가 된다. 여기서는 선행사 hominem이 대격이므로 선행사와 성.수.격을 일치시켜 utentem이 되었다.]/
Homines a Deo amantur!([영] Humanity is loved by God!)
하느님께서 인간을 사랑하신다!
Homines a templi aditu repello.
사람들을 신전에 들어오지 못하게 하다/
Homines alii facti sunt. 사람들이 달라졌다/
Homines alii sunt boni, alii mali.
어떤 사람들은 착하고 어떤 사람들은 악하다/
homines amœni. 매력 있는 사람들/
Homines autem Sodomitæ pessimi erant et peccatores coram Domino nimis. (oi` de. a;nqrwpoi oi` evn Sodomoij ponhroi. kai. a`martwloi. evnanti,on tou/ qeou/ sfo,dra) ([獨] Aber die Leute zu Sodom waren böse und sündigten sehr wider den HERRN) ([영] Now the inhabitants of Sodom were very wicked in the sins they committed against the LORD) 소돔 사람들은 악인들이었고, 주님께 큰 죄인들이었다(성경)/
그런데 소돔 사람들은 야훼께 못할 짓만 하는 아주 못된 사람들이었다(공동번역 창세 13, 13)/
Hómines beáti non erunt nisi post mortem.
사람은 죽은 후가 아니면 복될 수 없으리라/
homines bonæ voluntatis. 선의의 사람들/
Homines boni pacífice vivunt.
착한 사람들은 평화롭게 산다/
Homines et animália inter se dissimiles sunt.
사람과 동물은 서로 다르다/
hómines id ætátis. 그(이) 나이의 사람들/
Homines Intelligentiæ. "깬 사람들, 지식인", 신비파(14세기-15세기 초 벨기에 Brussels에서 일시 성행했던 신비파. 교육받지 못한 한 평신도 Ægidius Cantoris라는 사람이 세운 신비파. 여성 추종자가 많았다고 한다. 이들은 은총의 필요성을 거부하고 교회와 사제제도를 배척하여 1411년 단죄됨…. 백민관 신부 엮음, 백과사전 2, p.289).
homines mihi amicissimi. 나와 친밀한 사람들/
homines modicæ fortunæ. 중산계급(中産階級)/
homines novarum rerum cupidi. 혁명파(革命派)/
homines omnium ætatum. 모든 연령층의 사람들/
homines qui nunc sunt. 현재 있는 사람들/
homines saturati honoribus. 높은 벼슬에 만족한 사람들/
Homines, si parentibus nati sunt humilibus, vel animo vel fortuna augere debent opes suas.
사람이 만일 비천한 부모에게서 태어났다면, 정신력이나 행운으로 자기 재화를 늘려야 한다/
homines spe derelicti. 절망적인 사람들/
homines tenues. 보잘 것 없는 사람들/
homini antistare neminem. 인간 위에는 아무도 없다/
Homini necesse est mori. 사람이 죽는 것은 필연적이다/
사람은 필연적으로 죽는 것이다
[accidit, libet, licet, necesse, placet, præstat의 비인칭 동사는 의미상의 주어를 여격으로 표시한다. 성 염 지음, 고전 라틴어, p.394]/
Hominis amor. 인간의 사랑([영] Man's love)/
Hominis creatio.([영] The creation of man) 인간의 창조/
hominis dignitas. 인간의 존엄성([영] Dignity of the person)/
Hominis mens discendo alitur.
사람의 지능은 배우면서 발전한다/
Hominis mens multa simul celerrime agitat.
인간의 지성은 동시에, 지극히 빠르게 많은 것을 궁리 한다/
Hominis responsio ad Deum loquentem. ([영] Our Response To The God Who Speaks).
말씀하시는 하느님에 대한 인간의 응답/
Hominum causa omne ius constitutum est.
모든 법은 인간을 위하여 창출된 것이다.(헤르모게니아누스)/
hominum cumulus. 군중(群衆.ὄχλος.πλήθος)/
Hominum dolores, 병자의 도유예식(1972.12.7. 서문)/
Hominum generi universo agrorum cultura est salutaris.
농사(agri cultura)는 인간들의 모든 종족에게(전 인류에게) 유익을 준다.[농사천하지대본야農事天下之大本也]
[성염 지음, 고전 라틴어, p.156]/
hóminum grátia. 인간을 위해서/
hominum progressus. 인류의 진보(進步)/
In ánimis hóminum sunt tanti recéssus.
사람들 마음속에는 대단히 그윽한 데가 있다/
in hoc hómine. 이 사람에 관해서는/
In interiore homine habitat Christus.
인간 내면에 그리스도가 거처한다/
In interiore homine habitat veritas.
인간 내면에 진리가 거처한다/
incarnatum in locutione hominum.
인간의 말로 육화(肉化)한 것/
Indoles hominis. 인간의 성품([영] Character of man)/
Induite novum hominem. 새 인간을 입어라(루카 24, 29)/
induo figúras hóminum. 인간의 형상을 가지다/
Ita est vita hóminum. 인생이란 이런 것이다/
Itaque nemo glorietur in hominibus.([영] So let no one boast about human beings) 그러므로 아무도 인간을 두고 자랑해서는 안 됩니다.(성경 1고린 3, 21)/
justi hominis et boni est viri parere legibus.
정의로운 인간, 선량한 사람이 해야 할 바는 법에 복종하는 것이다.(성 염 지음, 사랑만이 진리를 깨닫게 한다, p.463)/
multi homines in specie sunt unus homo.
수많은 인간은 그 종에 따라 한 사람의 인간(안셀무스)/
natura instituti hominis. 창조된 인간의 본성/
neque homini cuíquam crédĕre. 아무 사람도 믿지 않다/
neque sine corpore, neque sine anima esse posse hominem.
육체 없이 인간일 수 없고 영혼 없이도 인간일 수 없다/
Non est bonum esse hominem solum.
인간이 홀로 있는 것은 좋지 않다/
Non est homo sua humanitas. 인간은 그 인간성이 아니다. (한국가톨릭대사전, p.5848)/
Non in solo pane vivit homo. 사람은 빵만으로 살지 않는다/

nudus homo, 단순한 인간/
Numquid enim potest esse homo sicut Deus?
사람이 하느님처럼 될 수 있단 말입니까?/
O homo, sed tu quis es, qui respondeas Deo?
아, 인간이여! 하느님께 말대답을 하는 그대는 정녕 누구 인가?(성경 로마 9, 20)/그러나 사람이 무엇이기에 감히 하느님께 따지고 드는 것입니까?(공동번역)/이 사람아! 그대가 누구 이기에 감히 하느님께 말대꾸하려드는가?(200주년 기념 성서)/
Omnes homines scire volunt.(Aristoteles, Metaphysica, I, 1)
모든 인간 존재자는 알기를 바랍니다/
Petrus est homo. 베드로는 인간이다/
pro multitúdine hóminum. 사람 수에 비해서/
pro vitā hóminis vitam hóminis reddo.
인명의 대가로 인명을 치르다/
profluxio mortalitatis humanæ. 인간 사멸의 흐름/
Quem dicunt homines esse Filĭum hominis?
([영] Who do people say that the Son of Man is?)
사람의 아들을 누구라고들 하느냐?(성경 마태 16, 13)/
사람의 아들을 누구라고 하더냐?(공동번역 마태 16, 13)/
사람들이 인자를 누구라고 합디까?(200주년 기념 신약성서)/
사람들이 인자(人子)를 누구라 하더뇨?(일반)/
Quid facis, homo? 이 사람아 무엇을 하는 겐가?/
Quod enim homo sit intellectus tantum vel anima tantum, multipliciter probatur. 인간이 지성만도 영혼만도 아니라는 점은 여러 방식으로 입증된다.(지성단일성, p.165)/
Quod homo sciat se Deum nescīre.
인간은 하느님을 알지 못한다는 사실을 아는 것/
Quod pax non est ponenda in hominibus.
평화를 사람에게 두지 말 것(준주성범 제3권 42장)/
Quoniam Deus creavit hominem in incorruptibilitate et imaginem similitudinis suæ fecit illum.
정녕 하느님께서는 인간을 불멸의 존재로 창조하시고 당신 본성의 모습에 따라 인간을 만드셨다(성경 지혜 2, 23)/
renovátĭo homĭnis. 인간 쇄신, 인간 혁신/
Si aliquando ille terminus 'homo' sumeretur prout supponeret pro humanitate tunc ista non concederetur 'Socrates est homo'. 만일 '사람'이라는 단어가 그 인간성을 가정하기 위해 사용된다면 '소크라테스는 사람이다'는 인정되지 않을 것이다/
Solus homo particeps est rationis, cum cetera animalia expertia sint. 다른 동물들은 이성을 갖고 있지 않지만 오직 인간만이 이성을 지니고 있다/
supremus omnium et princeps homo.
만유의 최고 원리는 곧 인간(성 염 옮김, 피코 델라 미란돌라, p.136)/
totus Deus et totus homo.(히포의 아우구스티노)
그리스도는 온전한 하느님이요 온전한 인간/
Ubi Deus ibi homo. 신이 있는 곳에 인간이 있다/
Ubi homo ibi Deus. 인간이 있는 곳에 신이 있다/
umbra homĭnis lineis circumducta.
선으로 둘러 그려진 사람 그림자/
Unum os, duas aures, duas manus habent homines.
사람들은 입 하나, 눈 둘, 손 둘을 갖고 있다/
unusquisque hominum. 사람마다/
Ut umbra tantum pertransit homo.
인생은 한낱 그림자와도 같이 지나가 버린다/
utor homínibus ímprobis multis.
많은 나쁜 사람들과 관계를 가지고 있다.

homo abruptus. 급하고 거친 사람
homo acidæ linguæ. 독설가(毒舌家)
Homo ad gaudium vocatur, sed quotidie plurimas moeroris et doloris experitur formas.([영] People are called to joy. Nevertheless, each day they experience many forms of suffering and pain)
인간은 기쁨으로 부름 받고 있다. 그럼에도 인간은 날이면 날마다 수많은 형태의 고통과 괴로움을 겪고 있다.
Homo ad imaginem et similitudinem Dei.
([영] Man in the image and likeness of God)
하느님의 모습 따라 하느님과 비슷하게 지어진 인간.
Homo ad veram et æternam felicitatem est creatus, quam solus amor Dei præbere potest.([영] Man is created for that true and eternal happiness which only God's love can give) 인간은 하느님의 사랑만이 줄 수 있는 참되고 영원한 행복을 누리도록 창조되었습니다.
Homo alterius sæculi. 딴 세상사람
Homo alii sunt boni, alii sunt mali.
어떤 사람들은 선인이고 어떤 사람들은 악인이다.
homo amans Deum. 천주를 사랑하는 사람(Amans Deum)
Homo amans Deum beatus erit.
([영] Homo, qui amat Deum, beatus erit)
천주를 사랑하는 사람은 복되리라.
Homo amans Deum facílius labórat.
하느님을 사랑하는 사람은 더 쉽게 일한다.
(비교급 중성 단수 주격은 흔히 부사 역할을 한다.
백민관 신부 지음, 라틴어 30일, p.42).
Homo amat se ipsum. 사람은 누구나 자신을 사랑한다.
homo animalis. 자연인
homo apertus. 솔직한 사람
Homo Apostolicus. 사도적 인간(성 알퐁소 리구오리 지음)
homo assumptus. 들여 높여진 인간, 수용된 인간
homo bonitáte áfflŭens. 착하디착한 사람
homo bubulcus. 소치는 사람, 밭가는 사람(=농사꾼)
homo cantans. 노래하는 인간
Homo cogitans 생각하는 사람(생각하는 나 ego cogitans).
homo cognoscens. 인식자(認識者)
homo cooperator. 협조자 인간(協助者 人間)
Homo creatus non est ut vitam degat solus.
인간 존재자들은 외따로 살도록 만들어지지 않았습니다.
homo crispus. 고수머리
Homo cujus est Deus, quid amplius quærit.
하느님을 소유하는 자 또 무엇을 찾으리오.
homo de plebe. 서민출신(庶民出身)
homo decidens. 결정자
homo Dei. 하느님의 사람
('homo Dei'란 표현은 3세기까지는 모든 그리스도인에게 적용되었으나, 점차 예언자.성인.수도승.성직자에 한정되어 사용되었다).
homo denique totus est mundus. 인간은 결국 온 세계다
Homo Deum quærens.([영] Man seeks God)
인간은 하느님을 찾는다.
homo dialogicus. 대화적 인간
homo diruptus dirutusque. 패가망신한 사람
homo dirútus.(diruo 참조) 파산한 사람
Homo doctus in ipso divitias semper habet.
학식 있는 사람은 재산을 늘 자기 몸에 지니고 다니는 셈이다.
Homo est animal. 사람은 동물이다
Homo est animal et corpus. 사람은 동물이고 육체이다.
Homo est animal politicum. 인간은 정치적 동물이다.
Homo est animal rátĭonale.
인간은 이성적 동물이다(그리스어 Zoon logon echon).
homo est animal rationale mortale.
인간은 사멸할 이성적 동물이다.
homo est Dei capax. 하느님을 받아들일 수 있는 사람
Homo est fortissimus est. 인간이란 지극히 강한 것이다.
homo est naturaliter philosophus.
인간 존재자는 그 본성상 철학자이다.
Homo est religiosus. 인간은 종교적이다.
Homo et humanitas([영] Man and humanity). 인간과 인류
Homo et vocátĭo([영] Man and vocátĭon). 인간과 소명
Homo ex anima et corpore compositus est(constat).
사람은 영혼과 육신으로 합성된 것이다(이루어진 것이다).
Homo ex animo constat et corpore.
사람은(인간은) 영과 육으로 되어 있다[재료 탈격abulativus materiæ은 사물이 무엇으로 만들어졌는가를 나타내며 ex 전치사와 탈격을 쓴다].
homo ex spirituali et corporali substantia componitur.
인간은 정신적이자 물체적인 실체로 구성되어 있다.
(인간이라는 실체는 정신적이자 물체적이다).
homo faber. 공작인, 도구적 인간, 만드는 사람(공작인工作人)
homo fabricatus. 생산된 인간

homo fertur quodam modo suæ naturæ legibus ad
ineundam societatem pacemque cum hominibus.
　인간이야말로 어느 모로 자기 본성의 법칙에 따라서 사람들과
　더불어 가능하다면 모든 사람과 더불어 사회관계를 맺고
　평화를 달성하려고 힘쓴다(성 염 지음, 사랑만이 진리를 깨닫게 한다. p.208).
Homo fervidus et diligens, ad omnia est paratus.
　열심하고 부지런한 사람은 모든 일을 행할 마음이 있다.
　　　　　　　　　　　　　　　　　　　　(준주성범 제1권 25장 11).
homo festivus. 축제인(祝祭人)
homo frugi. 쓸모 있는 사람
homo frugi nulla. 아무 데도 쓸모없는 사람(인간)
homo frugis bonæ. 착실한 사람(frux 참조)
homo generat hominem et sol. 인간과 태양이 인간을 낳는다
Homo hic ebrius est. Utinam ita essem!.
　이 사람 취했소. (당사자) 나도 그랬으면 좋겠소.
Homo homini Amicus. 사람이 사람에게 친구이다.
Homo homini aut deus aut lupus est.
　인간은 인간에게 신이거나 늑대거나 (둘 중 하나)이다!
　[전자는 로마 희극작가 Terentius의 말(Homo homini deus, si officium sciat)이고
　후자는 희극작가 Plautus의 말(Homo homini lupus)이다.
　　　　　　　　　　　　　　　　　성 염 지음, 고전 라틴어, p.86]
Homo homini Deus est.
　사람이 사람에게 신인 것이다(인간이 인간에게 신이다.)
Homo homini deus est si suum officium sciat.
　인간은 인간에게 신이다. 단 자기 도리를 안다면(Cæcilius Statius).
Homo Homini Lupus. 인간은 인간에게 늑대.
　사람이 사람에게 늑대다(서로 잡아먹는다).
Homo homini servus. 사람이 사람에게 봉사자
Homo Hominis Deus. 인간은 인간에게 신이다.
Homo Hominis lupus est. 인간은 서로에게 늑대가 된다.
homo humili statura. 키 작은 사람(신체상의 특성이나
　잠시 지나가는 임시적인 특성에 대해서는 형용 탈격만 쓴다).
Homo id ætátis. 그 나이의 사람
homo igitur anima rationális est mortalis atque
terreno utens corpore. 인간이란 사멸하고 지상적
　육체를 구사하는 이성적 영혼이다.
homo ignavus. 게으름뱅이
homo interior. 인간 내면
homo interrogans. 질문자
homo istuc (id) ætatis. 그 나이의 사람
homo justus. 의인(義人.יָצִדּק.⑨ good man)
Homo laborans. 노동하는 사람
homo longe in posterum prospiciens.
　장래(將來)를 멀리 내다보는 사람.
homo loquens et traditionális. 언어적이고 전통적인 사람
homo ludens. 놀이하는 인간
Homo magni ingenii. 재주 많은 사람
homo malæ voluntatis. 악의의 인간
Homo mansit quod erat. 하느님은 사람이 된 후에도
　전과 같이 하느님으로 남아 있다.
Homo, masculus et femina, persona est ideoque.
(⑨ A human being, whether male or female, is a person)
　남자든 여자든 인간은 하나의 인격체이다.
homo materiális. 질료적인 인간
homo maximus. 거대한 인간
Homo meditans. 이리저리 곰곰이 헤아리는 사람
homo minime resípiens pátriam.
　자기 고향냄새가 전혀 풍기지 않는 사람.
homo musicus. 음악하는 인간
homo mystica. 신비인(칼 라너는 인간 존재를 하느님의 신비를
　지향하는 신비, 즉 '신비인'으로 규정).
homo narrens. 이야기꾼으로서의 인간
Homo Neandertalensis. 네안데르탈 인간(홍적세洪積世 인류).
　(1856년 독일 라인 강 연안 도시 Düsseldorf 근처 네안데르탈 계곡에서 발견).
homo nihili. 무가치한 사람
homo nomas(혹은 nomadicus) 유목민(떠돌이 인간)
homo non, quam isit sunt, gloriosus.
　저 사람들처럼 우쭐하지 않는 사람.
homo novus. 새 인간
Homo novus novit canticum novum. Canticum, res est

hilaritatis; et si diligentius consideremus, res est
amoris. 새로운 인간은 새로운 노래를 압니다.
　노래는 기쁨을 표현하는 것이며 깊이 생각해 보면
　사랑을 표현하는 것입니다.
homo nudus. 단순한 인간
homo nullius momenti.
　아무 권위도 없는 사람, 중요하지 않은 사람.
homo œconomicus. 경제인(經濟人), 경제적 인간
homo omnium horarum. 모든 시대의 사람('토마스 데 아퀴노' 지칭)
homo optimus. 최선의 인간
Homo paris sui factus est inimicus.
　인간은 인간의 원수가 되었습니다.
homo patiens. 인내하는 인간(김광식 옮김. 기초신학. p.248)
Homo pauper, cui pecuniam donavi, est miser.
　내가 돈을 준 가난한 사람은 불쌍하다.
homo peccati. 죄악의 사람
Homo per caritatem redimitur. Non est scientia quæ
hominem redimit. 인간은 사랑으로 구원받습니다.
　인간을 구원하는 것은 과학이 아닙니다.
homo peregrinus in terra. 지상의 나그네
homo pœta. 시인(詩人)
homo politicus. 정치적 인간(政治的 人間)
Homo promittens. 약속하는 사람
Homo proponit, Deus disponit. (맹인사득천명)
　인간은 계획하고, 하느님께서 이루신다.
homo prudens. 지혜로운 사람
homo quā talis. 인간인 한의 인간.
　(quā talis는 하나의 숙어로서 "무엇인 한의 무엇, 무엇으로서의 무엇,
　이러한 자격으로서" 뜻으로 명사의 부가어로 사용되며, 부사어 quā는
　언제나 그대로 두고 talis만을 앞의 명사에 맞추어 놓는다).
Homo quærens. 추구하는 인간.
　Ubi crux, ibi Deus quærens et amans.
　십자가 있는 곳에 추구하시고 사랑하시는 하느님이 계시다/
　Ubi crux, ibi homo quærens.
　십자가가 있는 곳에 추구하는 인간이 있다.
Homo, quem vidísti, est magíster noster.
　네가 본 사람은 우리 선생님이다(남성 단수 대격
　으로서 선행사 homo 남성 단수를 꾸며주는 관계대명사이다).
Homo, qui amat Deum, beatus erit.(qui는 남성 단수 주격으로
　선행사 homo 남성 단수를 꾸며주는 관계대명사이다).
　(Homo Deum amans beatus est)
　천주를 사랑하는 사람은 복되리라.
Homo, qui amat patrem aut matarem plus quam me,
non est me dignus(마태 10, 37) 아버지나 어머니를 나보다
　더 사랑하는 사람은 나에게 합당하지 않다.
　=Homo amans patrem aut matrem plus quam me, non
　est me dignus[종속분사문에서 부가어문은 관계대명사를 가진 관계문을
　대신하는 것으로서 이 경우 종속분사문은, 관계문의 주격 관계대명사를 제거하고,
　그 설명어를 분사로 고친 다음, 그 분사를 관계대명사의 선행사에 성.수.격을
　일치시킨다. 황치헌 신부 지음, 미사통상문을 위한 라틴어. p.180].
Homo, qui Dei mandata servat, beatus erit.
　주님의 계명을 지키는 사람은 복되게 되리라.
Homo, qui peccat, est infélix.
　범죄 하는 사람은 불행하다.
Homo, quid laboras amando? amando avaritiam.
　인간이여, 그대는 왜 사랑하면서 고생합니까?
　탐욕을 사랑하기 때문입니다.(최익철 신부 옮김, 요한 서간 강해. p.439).
homo rátione utens. 이성을 사용하는 사람
homo religiosus. 종교적 인간
homo repentinus. 벼락출세한 사람
homo sacra res homini. 인간에 대한 거룩한 존재로서의 인간
Homo sane pléraque ália indóctus.
　확실히 다른 여러 가지는 많이 배우지 못한 사람.
homo sapiens. 지혜인(智慧人-Karl von Linne)
homo separatus. 분리된 인간
Homo si fulmine occisus est, ei justa nulla fieri
oportet. 벼락을 맞아 죽는 자는 장례를 치러주지 말라.
Homo sine religione est sicut equus sine freno.
　종교심을 갖지 않은 인간은 재갈을 물리지 않은 말과 같다.
homo sine sapore. 멋없는 사람, 싱거운 사람

homo sociále ánimal. 사회적 동물인 인간
homo sociologicus. 사회적 인간
homo sperans. 희망자
Homo spirituális judicat omnia.
영적 인간은 만사를 판단한다(1고린 2, 15 참조).
homo suavis. 상냥한 사람
homo sui judicii. 자기 주견(主見)을 가진 사람
Homo sum : humani nihil a me alienum puto.
난 사람이다. 인간적인 어떤 것도 내게는 낯설지 않다/
나는 인간이다, 그러므로 나는 인간적인 것으로 나와 관련 없는 것은 하나도 없다고 생각한다/나도 사람일세. 그러니 인간사치고 나와 무관한 것은 없다고 보네/
homo tardus. 느림보
homo technicus. 기술인(技術人)
Homo timens Deum. 하느님을 두려워하는 사람
Homo totiens moritur quotiens amittit suos(Publilius Syrus).
사람은 자기의 사람들을 잃을 때마다 그만큼 죽어간다.
homo totus. 완전한 인간
([영] Integrity of the person.전인全人)
homo totus est mundus. 인간이 전 세계.
(성 염 지음, 사랑만이 진리를 깨닫게 한다. p.295).
homo trium litterarum. 세 글자의 사람 fur 즉 도둑
homo universális. ('I'uomo universale') 보편적 인간상
Homo ut creatura. 피조물인 인간([영] Man as a creature)
homo ventosissimus. 아주 우유부단(優柔不斷)한 사람
homo viator. 길가는 사람, 나그네 인간, 지상의 인간,
여정의 인간. status viatoris. 나그네 상태
homo videlicet tumidus. 정말 비겁한 사람
homo vivens mundi incola.
인간은 살아 있는 한 세계의 주민이다.
homo volens. 욕구하는 인간
homo volitans gloriæ cupiditate. 명예를 좇아 날뛰는 사람
homœomería, -æ, f. 부분들의 동일성(유사성.동류성).
homœopathía, -æ, f. 동종 치료법(同族 治療法)
homogeneĭtas, -átis, f. 같은 종류(種類), 같은 성질,
동성(同姓), 균일(均一), 균등성(均等性).
homogénĕsis, -is, f. (生) 순일발생(純一發生: 각 세대가 같은 형태로 태어나는 것, 즉 각 세대에서의 생식이 동일과정이라는 것).
homogénĭtas, -átis, f. 동종(同種), 동질(同質), 동질성
homoiousía, -æ, f. (神) 유성(類性), 유질(類質) (Semi-Arianísmus의 설-성자와 성부는 비슷하되 본질적으로는 다르다고 함).
homonymía, -æ, f. 동음이의어, 동명이인(同名異人)
homónymus, -a, -um, adj.
동음이의(어)의, 동명이인의, 같은 이름의.
homoousía(=homousía) -æ, f. (神) =Consubstantialitas.
(성자와 성부의) 동성, 동질, 동일실체(동일본질파).
homosexualitas, -átis, f. 동성애([영] Homosexuality)
Homosexualitatis problema, (1986.10.1. 서한)
동성연애자들에 대한 사목적 배려(司牧的 配慮).
homoúsĭus, -a, -um, adj. (=consubstantiális)
(神) 동일실체의.
homousía(=homoousía) -æ, f. (神) 동일실체
homúllus(=hómŭlus), -i, m. dim. (homo)
왜소한.작은(小人).천한.보잘 것 없는 사람.
hómŭlus(=homúllus), -i, m. dim. (homo)
homúncĭo, -ónis, (=**homúncŭlus**, -i,) m. dim. (homo)
왜소한.작은(小人).천한.보잘 것 없는 사람.
homúncŭlus, -i, (=**homúncĭo**, -ónis,)
honestaméntum, -i, n. (honésto) 꾸밈, 장식, 미화(美化)
honesta actio. 존경받을 만한 행위
Honesta bónis viris quæruntur.
착한 사람들은 여러 가지 미덕을 탐구한다.
honéstas, -átis, f. (honéstus) 고결(高潔-고상하고 깨끗함), 기품, 품위([영] Dignity), 점잖음, 정중, 단정(端正-얌전하고 바름), 예의(禮儀-존경의 뜻을 표하기 위하여 예로써 나타내는 말투나 몸가짐), 미풍, 양속, 위신(威信), 체면, 영예, 명성, 명망, 신망, 호평, 청렴(淸廉-마음이 고결하고 재물 욕심이 없음), 정직, 성실, 도의, 정숙(특히 여자의 말이나 행실이 곧고 마음씨가 맑은 것), 선행, 조화, 명사의 신분, 고귀한 지위, 어울림, 균형, 아름다움, 잘생김.
impedimentum publicæ honestatis. 공적 불명예 장애/
In honestate persequenda omnis cruciatus corporis, omnia pericula mortis toleranda sunt.(당위분사문).
(=In persequendo honestatem omnis cruciatus corporis, omnia pericula mortis tolenda sunt-동명사문)
영예를 추구하기 위해서는 육체의 모든 괴로움과 죽음의 모든 위험을 견디어야만 한다.
honestior, -or, -us, adj. honéstus, -a, -um의 비교급
honestissimus, -a, -um, adj. honéstus, -a, -um의 최상급
honésto, -ávi, -átum, -áre, tr. (honéstus)
영예를(영광을) 주다, 경의를 표시하다, 예우(禮遇)하다, 자랑이 되게 하다, 품위(品位)를 갖추게 하다, 아름다워지게 하다, 장식(裝飾)하다, 꾸미다.
honestum, -i, n. 정숙, 덕성(德性), 미덕(美德)
honéstus, -a, -um, adj. (honor) **존경받을 만한**,
명예로운, 훌륭한, 평판 좋은, 인망 있는, 신망 두터운,
존귀한, 고귀한, 문벌 좋은, **고결한**, 품위(기품) 있는,
점잖은, **신사적인**, **단정한**, 예의바른, 정숙(貞淑)한,
청렴한, 정직한, 윤리(도덕.도의)에 어긋나지 않는,
성실한, 덕망 있는, 고상한, 아름다운, 잘생긴, 균형 잡힌.
f. 숙녀(淑女). m. 신사. n. 미덕, 정숙, 덕성(德性).
bonum honestum(naturale in genere) 정선(본성상 일반의 선), 정직한 선, 윤리적 선(토마스 아퀴나스의 형이상학, p.199)/
domini, specialiter beni et honesti.
특별히 선하고 청렴한 그들 주인들의/
Honésta bonis viris quærúntur(=a bonis viris)
착한 사람들은 여러 가지 미덕을 탐구 한다/
Honesta mors turpi vita potior est.(Tacitus)
추루한 삶보다는 영예로운 죽음이 낫다/
Honesta res læta paupertas.(Seneca)
고결한 것은 가난의 기쁨이다/
honésto loco natus. 양반 가문에서 난/
quod justum est petito vel quod videatur honestum nam stultum petere est quod possit jure negari.
정당한 것을 법원에 소청하고 정직하다고 보이는 바를 소청하라. 법에 의해서 각기 당할 것을 소청하는 것은 어리석은 짓이다(성 염 지음, 사랑만이 진리를 깨닫게 한다. p.456).
Honor, -óris, m. 명예의 신(名譽의 神)
honor(=hŏnos) -óris, m. ([영] Honour.獨 Ehrung)
[단수 주격 honor, 속격 honoris, 여격 honori, 대격 honorem, 탈격 honore]
존경([영] Respect), 경의, 명예([영] Honor), 영예, 영광, 찬미, 명성(名聲.[영] Fame/good reputátion), (사물의) 가치, 좋은 평판, 높은 지위, 고관직, 현직(顯職), 요직(要職), 영예로운 직분, (신들에게 바치는) 제사(祭祀), 찬양, 영광스러운 장례식, 호화로운 무덤, 표창(表彰), 포상(褒賞), 상금, 사례금, 아름다움, 장식(裝飾), 자랑.
antíquo honóri desuesco. 옛 영예를 잊다/
Divitiæ et honores caduca sunt.
재산과 명예는 잠시 지나가는 것이다/
Haud tali me dignor honóre.
내가 이런 영광을 받을 자격이 있다고 생각하지 않는다/
Hoc mihi honori est. 이것은 나에게 명예가 된다/
homines saturati honoribus. 높은 벼슬에 만족한 사람들/
Honora Dominum de tua substantia, et de primitus frugum tuarum: et implebuntur horrea tua saturitate, et vino torcularia redundabunt. 네 재물과 네 모든 소출의 맏물로 주님께 영광을 드려라. 그러면 네 곳간은 그득 차고 네 술통은 포도즙으로 넘치리라/
honóre indignus. 영예 받을 자격이 없는/
Honores mutant mores. 관직이 행동거지를 바꾼다/
honóris causā. 명예를(높여주기) 위하여, 경의를 표시하려고/
Honoris causa id facio.(=Propter honorem id facio)
나는 명예 때문에 이것을 한다.
[어떤 목적이나 욕망을 포함한 이유를 표시하기 위하여서는 causā, grátiā(때문에) 앞에다 명사의 속격을 그 부가어로 쓴다/
Honorum cursus. 공직 경력/
Majorem obtinuit honorem quam pro merito.
그는 공적에 비해 너무 큰 영예를 차지하였다/
Meus honor est honor universalis Ecclesiæ.

Meus honor est fratrum meorum solidus vigor.
전체 교회의 영예가 나의 영예(榮譽)이다.
내 형제들의 견고한 세력이 나의 영예이다/
noli ipsum honorem amare, ne ibi remaneas.
 명예 자체를 사랑하지 말고, 거기에 머물러 있지도
마십시오. (최익철 신부 옮김. 요한 서간 강해. p.445)/
Prælátus honóris causā. 명예 고위 성직자/
Quid hoc nomine non faceres honoris? 영예라는 이런
 명분으로라면 네가 무슨 짓인들 하지 않았으랴?/
summo cum honore maximisque laudibus et admiratione.
 지고한 찬양과 경탄에 대한 소고(1696년 9월27일 태어난 알폰소
 마리아 데 리구리오가 17세에 박사학위 받은 논문 제목)/
suum cuíque honórem reddo.
 각자에게 (마땅한) 요직을 맡겨주다/
tergémini honóres. Quœstúra(재무관직), Prœtúra(재판관직),
 Consulátus(집정관직). 세 가지를 겸한 영예(榮譽)/
Ut ver dat florem, studium sic reddit honorem.
 (겨울의 힘든 시기를 극복하고) 봄이 되면 꽃이 피듯이
 그렇게 노력은 명예를 돌려준다.
honor civilis. 시민의 명예(名譽)
honor divinus. 신적(하느님의) 영예
Honor (est) præmium virtutis iudicio studioque
civium delatum ad aliquem, qui eum sententiis,
qui suffragiis adeptus est(Cicero).
 명예란 시민들의 판단과 호의에 따라 그것을 그들의
 의사와 지원 하에 획득한 자에게 귀속하는 덕의 대가이다.
Honor propter se, et in se, sed laus ordinatur ad
alliud, ideo honor est excellentior laude.
 평판이 좋다고 하여 칭찬을 받는다는 것과 동일한 것은 아니다.
 칭찬은 상대적일 수 있으나 명예는 옳은 평가를 전제로 한다.
honor suprematitis. (supremus honor.ultima dona)
 장례식(葬禮式.⑨ Funerals).
honor tuus. 네가 받는 존경(尊敬)
honor vestium. 제복의 영예(榮譽)
honora. 원형 honoro, -ávi, -átum, -áre, tr.
 [명령법. 현재 단수 2인칭 honora, 복수 2인칭 honorate].
Honora patrem tuum et matrem tuam.
 (⑨ Honor your father and your mother)
 아버지와 어머니를 공경하여라(성경 마르 7, 10).
honorábilis, -e, adj. (honóro) 존경할만한, 훌륭한,
 영광스러운, 명예(영예)로운, 고귀한.
Honorare omnes homines. 모든 사람들을 존경하라.
 (聖 베네딕도 수도규칙 제4장 8).
honorárĭum, -i, n. (honorárĭus) 고관 취임금(就任金),
 명예 표창, 기념품, 사례비(謝禮費).
honorárĭus, -a, -um, adj. (honor) 명예(상)의, 명예직의,
 명예를 나타내는, 명예만을 주는 무보수의,
 명예직 때문에 주는, 고관직에 부수(附隨)되는.
 canonicus hororaricus(⑨ Honorary Canon) 명예 참사원/
 Prælatus honoris causa. 명예 고위 성직자.
honorátus, -a, -um, p.p., a.p. (honóro) 명예로운,
 명성 좋은, 존경받는, 고관직에 있는, 높은 자리에 있는.
 honorati et nobiles viri. 영예롭고 고귀한 신분의 사람들.
Honore invicem prævenientes. 서로 다투어 존경하라
honorificéntĭa, -æ, f. (honorífico)
 명예(⑨ Honor), 영광(בּוֹד.δόξα.⑨ glory), 자랑.
honorífico, -ávi, -átum, -áre, tr. (honor+fácio)
 명예롭게 하다, 존경(尊敬)하다.
honoríficus, -a, -um, adj. (honor+fácio) 영예롭게 하는,
 영예를 갖다 주는, 경의를 표하는, 경칭의, 존칭적인.
honorípĕta, -æ, m. (honor+peto) 명예(지위) 추구자
honoro, -ávi, -átum, -áre, tr. (honor) 경의를 표하다,
 존경하다, 공경하다(כבד), 표창하다, 포상하다, 수업 받다.
 Ut servi Dei honorent clericos.
 하느님의 종들은 성직자들을 존경할 것입니다.
honórus, -a, -um, adj. (honor)
 명예(영예)로운, 자랑스러운, 존경받을 만한,
 명예(영예)롭게 하는, 경의(敬意)를 표하는.

hŏnos, -óris, m. = honor
Honos habet onus. 영예에는 부담이 따른다(有名稅)
honu… V. onu…
hoplítes, -æ, m. 중무장병(重武裝兵)
hoplómăchus, -i, m. 투사(鬪士), 검객(劍客)
hōra, -æ, f. 1. (하루의 24분의 1, 즉 60분의) 시, 시각,
 시간(תע.ὥρα.χρόνος.⑨ time.獨 Zeit) (고대 Roma인들은
 밤을 군대식으로 제1.2.3.4 vigilia '야경식'로 나누었고 낮을 오전.
 오후로 나누어 여기에 정오를 더 보탰다. 나중에 태양시계를 쓰서 물시계
 를 법정에 설치하면서부터 시간 분할을 하기 시작하여 밤과 낮을 각각 열두
 시간씩으로 나누었으나, 계절에 따라서 시간의 길이가 달랐다. 제일 긴 여름
 날의 낮 시간은 한 시간이 75분가량이었고, 겨울날의 낮 시간은 한 시간이
 45분가량이었으며, 이에 따라서 밤 시간은 그에 비례해서 짧거나 길거나 하였다.
 주야평균에 있어서의 낮 시간의 시작은 지금의 오전 6시쯤이었다):
 시간에 대한 이해를 시도하는 것은 오랫동안 철학자와 과학자들의 주된 관심사
 였다. 시간의 의미에 대한 여러 갈래의 폭넓은 시각이 존재하기 때문에 논쟁의
 여지가 없는 방법의 시간의 정의를 제공하는 것은 어렵다. 이 문서는 시간과
 관련된 주요 철학적, 과학적 쟁점에 대해 말하고 있다. 과학자들과 기술자들은
 시간의 측정에 관심을 가져왔고 천문학을 통해 동기가 부여되었다. 시간은
 또한 경제적 가치를 지님으로써 사회적으로 중요한 문제의 하나이다. 시간은
 작가, 화가와 철학자들에게도 오랫동안 중요한 테마였다. 시간의 단위는 사건들
 사이의 간격과 그 지속 기간에 많이 의존한다. 규칙적으로 발생하는
 사건들과 하늘을 가로질러 지나가는 태양의 육안 운동, 달이 차고 기우는 변화,
 진자의 진동처럼, 명백하게 주기적으로 운동을 하는 물체들을 시간의 단위에
 대한 표준으로 오랫동안 사용하여 왔다.
 물리학에서의 시간은 연속된 변화를 기반으로 한다. 시간이 왜 흘러
 가는지에 대한 설명은 여러 가지 있지만 그 중에 한 가지는 바로 엔트로피이다.
 열역학 제2법칙은 "우주의 총 엔트로피는 항상 증가한다"이다. 엔트로피가 증가
 함으로써 시공간의 에너지 분포가 (그것이 물질이든 고열이든) 변하기 때문에
 시간이 흘러간다고 말할 수 있다. 여기서 한 가지 흥미로운 것은 만약 우리가
 우주의 총 엔트로피를 감소시킬 수 있다면, 이른바 엎질러진 물을 주워 담고
 깨진 계란이 다시 원래 상태로 돌아가는 등 시간을 되돌릴 수 있다. 참고로
 시간이 사건의 측정을 위한 인위적인 단위에 불과한지, 아니면 사건과는 독립적
 으로 존재하는 물리학적 의미를 갖는 어떠한 양인지는 정확히 알려진 바 없다.
 한자어 '시간'은 일본에서 영어 'time'을 번역한 근대적 개념어로서 한국에서도
 사용되고 있다. 한국에서는 그 전에 '시각'이라는 전통적 용어를 사용하고 있었다
 Hora quota est? 몇 시냐?/ in horam vívere. (아무런 장래
 계획.걱정도 없이) 순간순간 살다/ prima hora. 제1시
 (지금의 아침 6시경). 2. (첫성) 출생 시(간). 3. (pl.) 시계:
 míttere ad horas. 법정에서 (물)시계를 보고 오도록
 (사람을) 보내다. 4. (일반적인 뜻으로) 때, 시간. 5. 철,
 계절(季節). 6. pl. Hora. (Júpiter와 Themis의 딸들인)
 계절과 질서의 여신들. 7. [가톨릭] (흔히 pl.) 성무
 일과의 정시기도. (라틴-한글사전. p.389).
a púero quæro horas. 소년에게 시간들을 알아보다/
Abésse (iter) uníus horæ (duárum horárum).
 한 시간(두 시간) 걸리는 거리에 있다/
Duábus fere horis ómnia confeci.
 나는 거의 두 시간 걸려서 다 만들었다/
Duábus tribúsve horis.(-ve는 뒷 단어에 붙는 접미어로서 흔히
 수사들을 이어준다) 두 시간 내지 세 시간 사이/
Est hora quinta. 5시다/
Est hora quinta cum dodránte. 5시 45분이다/
Est hora quinta cum quadránt. 5시 15분이다/
Est hora quinta cum vigínti minútis. 5시 20분이다/
Est hora tértia minus quíndecim minútis. 3시 15분전이다/
Est hora tértia minus vigínti minútis. 3시 20분전이다/
Fugit hora. 세월은 쏜살같다(fugio 참조)/
hora, -æ, f. 시간/dies, -ei, m. 날, 일/
Hora tértia cum decem minútis. 3시 10분이다/
horam amplius. 한 시간 이상을/
in horas. 시시각각으로/
Institutio Generális de Liturgia Horarum.
 성무일도에 관한 총지침(교황청 경신성사성)/
Opera modo illa sint in vobis, modo illa, pro tempore,
pro horis, pro diebus. 여러분은 때와 時와 날에 따라서
 이 일도 하게 되고 저 일도 하게 됩니다.
 (최익철 신부 옮김. 요한 서간 강해. p.347)/
prima horam ante meridiem. 정오 한 시간 전에/
Pueri mutantur insingulas horas.
 아이들은 시시각각으로 변한다/
Quarto nonas Octobris, die dominica, prima hora
noctis præcedentis, pateret frater noster Franciscus
migravit da Christum. 우리의 사부요 형제이신 프란
 치스코가 지난 10월 4일 일요일 밤 1시에 그리스도께
 로 가셨습니다. 아씨시 성 프란치스코의 생애. 이재성 옮김. p.175)/

551

H

Quinta (hora) cum dimídia. 5시 반이다/
Quota hora est? 몇 시냐?/
secundum-³i, m. 초(秒)/minutum, -i, m 분(分)/
Vive memor moritis; fugit hora.
죽음을 마음에 품고 살아라; 시간은 도망간다.
hora canonica. 성무일과(Officium divinum)
hora decretoria. 죽음의 시간
Hora est jam, nos de somno surgere.
우리가 잠에서 깰 시간이 이미 되었다.
hora fere undecima. 열한시 경에
hora media.([영] daytime prayer/midday office.
獨 Kleine Horen) 낮기도.
Hora nona. (가) 구시경(九時經)
Hora novissima, tempora pessima. (찬미가)
현세는 나쁜 세상.
Hora prima. (가) 일시경([영] Prime.[라] prima, -æ, f.)
Hora quarta cum dimídia est.(=Quarta semis hora est)
네 시 반이다.
hora quasi séptima. 7시 경
hora quietis. 휴식 시간(休息時間)
hora sancta.([영] Holy hour.獨 Heilige Stunde) 성시간
Hora sexta. (가) 육시경(六時經.[영] Sext.[라] sexta, -æ, f.)
Hora tertĭa. (가) 삼시경([영] Terce.[라] tertĭa, -æ, f.)
hora tertia post meridiem. 하오 세 시에
horæ canonicæ. 법정 시간(法廷 時間)
Horæ cedunt. 시간은 흘러간다.
Horæ cedunt et dies et menses et anni, nec tempus quod prætrit umquam redit. 시각과 날, 달과 해는 가노니, 지나간 세월은 결코 돌아오지 않는다.
Horæ et liturgia. 시간과 전례([영] Hours and the liturgy)
horæ inæquales. 부등(不等) 시간[시측법에 하루의 시작을 저녁(vigilia)부터 시작하는 하루를 교회일, 야반부터 시작하는 하루를 민간일, 아침부터 시작하는 하루를 자연일이라 불렀는데, 대부분의 고대 민족은 민간일 제도를 택해 하루를 12분법에 의해 나누어, 각 12시간씩 오전, 오후로 나누었다. 그런데 그 시간의 길이는 낮 시간과 밤 시간의 길이가 변화함에 따라서 변화한다. 이것을 부등시간이라고 한다. 백민관 신부 엮음, 백과사전 2, p.296].
Horæ Majores. 대정시과(大定時課)
Horæ Minores. 소정시과, 성모 마리아 소성무일도서, 성무일도의 소시과(小時課; 1, 3, 6, 9 시과), 시과경.
[교회 성직자들의 기도 의무 규정에 따른 성무일도(Officium divinum 혹은 Breviarium)의 시간별 기도 시간을 8시로 나누는데 그중 1시과(prima), 3시과(Tertia), 6시과(Sexta), 9시과(nona)를 소정시과라 한다. 제2차 바티칸공의회 이후 1시과를 폐지하고 3,6,9,시과를 중간 시과(Hora media)라 부르고 세 정시과 중 하나 만을 때에 맞추어 하도록 했다. 백민관 엮음, 백과사전 2, p.296].
horæ monento. 한 시간 동안에
Horæ parvæ([영] little Hoours) 소시과(小時課)
horǽum, -i, n. = **úræum** (봄철의) 자반(절인) 다랑어
horǽus, -a, -um, adj. 제철에 소금에 절인
horális, -e, adj. 한 시간의
horárĭus, -a, -um, adj. (hora) 시간의, 때의, 시간을 알리는.
m. 시간표 시행 담당자. n. 시간표(時間表); 시계.
Horátĭa, -æ, f. Horátius 3형제의 자매
Horátĭus, -i, m. Horatii 3형제의 아버지,
Horatius patre libertino natus est.
호라티우스는 석방 노예를 부친으로 두었다.
[어디에서 즉 유래함을 표현하는 동사는 전치사 ab, ex와 함께 탈격을 지배한다].
hordeácĕus, -a, -um, adj. 보리의, 보리로 만든.
panis hordeácĕus. 보리 빵.
hordeárĭus(=hordiárĭus) -a, -um, adj. (hórdeum)
보리의, 보리에 관한, 보리 먹고사는, 보리 철의,
보리 빵같이 부풀고 가벼운.
æs hordeárium. 기병에게 말 사료(보리) 값으로 주는 돈/
hordeárii. 로마 칼잡이들에게 붙인 이름/
rhetor hordeárĭus. 경솔하고 과장하는 수사학자.
hórdĕo, -átum, -áre, tr. (말이) 생 보리를 먹다
hordéŏlus, -i, m. dim. (hórdeum) ((醫)) 다래끼
hórdĕum, -i, n. 보리, 말 사료(보리).
(醫) 다래끼(눈시울에 생기는 작은 부스럼).
frumentum vilius. 값싼 보리.
hordeum in farinam molo. 보리를 빻아 가루로 만들다
hordiárĭus(=hordeárĭus) -a, -um, adj.

hórĭa, -æ, f. 고기잡이 배, 어선(漁船)
horíŏla, -æ, f. (hória) 작은 어선
horízon, -óntis, (acc. -ónta) m. 지평선(地平線), 수평선(水平線), 시야의 한계, 시계(視界), 안계(眼界).
horizontális, -e, adj. (horízon)
지평선의, 수평선의, 수평면의, 수평의.
horno, adv. (hornus) 금년에, 올해에
hornótĭnus, -a, -um, adj. = **hornus**
hornus, -a, -um, adj. 올해의, 금년의, 당년의
horológĭcus, -a, -um, adj.
시계의, 시계에 관한 측시(측시법側時法)의.
horológĭum, -i, n. 시계(時計-고대에는 태양시계.물시계였음).
Horologia excitatoria. 깨우는 시계/
Horologium Sapientiæ. 지혜의 시계(하인리히 소이세 지음)/
turris horologii. 시계탑.
horologium aquarium. 물시계(clepsydra, -æ, f.)
(물시계는 해시계와 함께 매우 오래된 시계이다. 가장 단순한 형태를 가진 물시계는 그릇에서 새어나오는 물로 측정했다. 이러한 물시계를 가장 처음 쓰인 곳으로는 기원전 16세기 바빌론과 고대 이집트가 유력하다. 인도와 중국 또한 매우 오래 전부터 물시계를 발명한 것으로 알려져 있다. 일반적으로 그리스와 로마 또한 정확하고 복잡한 물시계를 사용했다고 본다. 그리고 이들이 사용한 물시계는 다시 비잔티움 제국과 이슬람으로 전파되어 더욱 발전하게 된다.
고대 중국에서도 독자적으로 물시계를 발전시켰으며 이러한 기술은 후에 한국과 일본에까지도 전달된다. 어떤 지역에서는 물시계가 독자적으로 발전하였지만, 어떤 곳에서는 다른 곳에서 기술을 전달받은 곳도 있었다. 여기서 주목해야할 점은, 산업혁명 이전에는 굳이 시간이 정확하게 몇 시인지 알 필요는 없었다는 점이다. 산업혁명 이전 시대에는 시계는 단순히 연설이나 교회의 설교 따위에 필요했고, 물시계는 이러한 역할을 비교적 정확하게 해냈다. 이렇듯 이전 사회에서는 현대 사회만큼 정확성을 필요로 하지 않았고, 주로 시간의 길이를 측정하는 데 쓰였다. 하지만 17세기 무렵 유럽에서 진자의 운동을 통한 시계를 발명한 것은 혁명적인 변화를 일으켰다.
자격루는 조선 세종 때 김조와 장영실이 만든 자동시보장치 물시계이다. 김조와 장영실이 합작하여 만든 이 자격루는 흐린 날씨와 밤에서도 시간을 측정할 수 있는 물시계 특유의 장점과 자동적으로 시간을 알려주는 해시계의 장점 모두를 지니고 있었다. 처음 자격루는 경복궁 남쪽에 있는 보루각에 설치되었다. 계절에 따라 달라지는 시간도 고려한 매우 정교한 시계였다. 자격루에 대한 기록은 많지 않으나 《세종실록》에는 그 작동원리가 비교적 자세하기 기록되어 있다. 하지만 아직까지 자격루의 모든 원리가 정확하게 밝혀진 것은 아니다. 또한, 1455년에 보루각 폐지와 함께 자동적으로 시간을 알려주는 장치 또한 사용이 중지되었는데 정확한 까닭은 알려지지 않았다. 다만 그 당시 기술 한계로 고장 난 것을 고치지 못한 것이 아닌가 추측만 한다. 현재 경복궁에 있는 자격루는 최초로 만든 자격루가 아니라 중종 때 새로 만든 것이다.)
horologium sapientiæ. 지혜의 시계, 지혜의 대화시간.
[Suso(+1366)의 지음. 자기와 강생 하신 말씀과의 대화 신심서].
horologium solarium. 해시계, 태양시계(solarium, -i, n.)
(해시계는 고대 사회에서 널리 이용된 시계였다. 해시계는 햇빛 때문에 생겨난 그림자로 시간대를 알려주는 다소 원시적 수준의 도구에 불과했다. 하지만 잘 개량된 해시계는 태양시를 비교적 정확하게 측정할 수 있었다. 물론, 시간을 측정하려면 오랫동안 지켜봐야 했고, 날이 흐리거나 밤일 경우엔 시간 측정 자체가 불가능했다. 결국 이런 해시계의 한계는 다른 시계를 발명할 필요를 느끼게 하였고 좀 더 높은 수준의 물시계 따위가 등장한다.
앙부일구는 조선 세종 때 장영실 등이 처음 만들었다. 솥뚜껑처럼 생겼다하여 앙부일구(仰釜日晷)라 이름 붙였다. 앙부일구는 계절과 시간을 모두 알 수 있는 매우 유용한 시계였으며 고대의 단순한 해시계보다 훨씬 세련되고 정교했다. 또한 조선 후기까지 쓰였으며 간편하게 휴대할 수 있는 크기로 만든 휴대용 앙부일구도 있었다. 하지만 역시 밤이나 흐린 날에는 사용할 수 없다는 해시계 특유의 단점에서 벗어나지는 못했다. 현재는 매우 적은 앙부일구만 남아 대한민국 보물 845호가 된 것도 있다.).
horoscópĭcus, -a, -um, (horóscopus)
adj. 점성의, 점성술의. f. (sc. ars) 점성술(占星術).
horoscópĭum, -i, n. 점성용 기구, 천궁도(天宮圖)
horóscŏpus, -a, -um, adj. 때를 가리키는, 때를 판별하는, 점성술 하는. m. 점성가; 출생시간을 가리키는 별의 위치.
horreárĭus, -i, m. 창고지기
horreártĭcus, -a, -um, adj. 창고에 있는
horréndus, -a, -um, gerundívum. (hórreo) 가공할, 전율할, 무시무시한, 소름 끼치는, 경탄할, 기막힌, 놀라운, 경외할.
horrendum dictu. 말하기도 무서운.
adv. **horrendum** 무섭게, 가공스럽게.
hórrĕo, -ŭi -ére, intr. 빳빳이 일어서다,
삐죽삐죽 서 있다, 털이 곤두서다, 울퉁불퉁하다,
거칠게 나있다, 떨다(עות.רגז.רגיז.הות), 전율하다,
소스라치다, 몸서리치다, 소름끼치다, 깜짝 놀라다,
경악(驚愕-소스라치게 깜짝 놀람. '놀라움'으로 순화)하다.
hastis campus horret. 창들이 들판에 삐죽삐죽 꽂혀 있다.
tr. 몹시 두려워하다, 무서워하다, 겁내다,
지겨워하다, 징그러워하다.
horréŏlum, -i n. dim. (hórreum) 작은 창고(倉庫)
horresco, horrui, horrescere, inch., intr. (hórreo)
삐죽삐죽 일어서다, (털이) 곤두서다,

거세게 일기 시작하다, 떨다(חתה, זרר, צלל),
소스라치다, 몸서리치다, 소름끼치다.
tr. 무서워하다, 두려워하다(חיל, זחח, גור).
Horresco referens. 나는 전하면서 떨고 있다.
hórrĕum, -i, n. 창고, 곳간, 헛간, 지하 저장실, 술 광, 벌집.
Ager Camapanus, uberrimus marique maxime
propinquus, annonæ maxima varietate et copia populi
Romani tamquam horreum erat. 캄파니아 평원은 바다와
매우 가까운 아주 풍요로운 지역으로서 다양하고도
풍부한 추수로 말미암아 로마 국민의 곡창(穀倉-
horreum)과 같았다(성 염 지음, 고전 라틴어, p.267)/
Sæpe exiguus mus sub terris posuitque domos atque
horrea fecit. 작은 들쥐라도 대개는 땅속에다
집도 짓고 곳간도 만든다.
horríbilis, -e, adj. (hórreo) 무서운, 가공할, 끔찍한,
소름끼치는, 몸서리쳐지는, 지겨운, 놀라운, 경탄할.
Horribile dictu, dux fugit.
말하기도 가공스러운 일로, 장수가 달아나 버렸다.
horrídĭcus, -a, -um, adj.
끔찍한 소리하는, 소름끼치는 말을 하는.
horrídŭlus, -a, -um, adj. dim. (hórridus) 좀 빳빳이 일어선,
좀 거친, 다듬어지지 않은, (추워서) 떠는, 조잡한,
세련되지 않은. oratiónes horrídulæ. 조잡한 연설.
hórrĭdus, -a, -um, adj. (hórreo) 곤두선, 빳빳이 일어나선,
삐죽삐죽한, 텁수룩한, 세련되지 않은, 가꾸지 않은, 조야한,
울퉁불퉁한, 험한, 거친, (바람.일기 따위가) 사나운,
(맛이) 떫은, 시큼한, 무뚝뚝한, 거친, 사나운, 험상궂은,
끔찍한, 소름끼치는, 몸서리 처지는, 무서운.
hórrĭfer, -ĕra -ĕrum, adj. (horror+fero)
추위를 몰아오는, 무서운, 가공(可恐)할.
horrífico, -ávi, -átum, -áre, tr. (horríficus)
곤두서게 하다, 물결일게 하다, 전율하게 하다.
무서워 떨게 하다, 몸서리나게(소름끼치게) 하다.
horríficus, -a, -um, adj. (horror+fácio)
전율하게 하는, 몸서리치게 하는, 소름끼치게 하는.
horríficus, -a, -um, adj. 전율하게 하는.
horripilátĭo, -ónis, f. 머리털의 곤두섬.
horrípĭlo, -áre, (**horripilor**, -ári, dep.) intr.
(hórreo+pilus) 털이 곤두서다, 소름끼치다.
horripilor, -ári, dep. (**horrípĭlo**, -áre,) intr.
horrísŏnus, -a, -um, adj. (hórreo+sonus')
무서운(무시무시한) 소리 나는, 소름 끼치게 하는 소리의.
horror, -óris, m. (hórreo) 털이 곤두섬, 흔들림, 떨림,
진동(震動-흔들려 움직임), 진저리(몹시 귀찮거나 지긋지긋하여
으스스 몸을 떠는 짓), 소름끼침, 전율(戰慄), 경악(驚愕),
공포(恐怖).⑨ terror.獨 die Furcht.
(말의) 조잡함, 세련되지 못함, 두려움, 경외(敬畏),
숙연(肅然-고요하고 엄숙함), 무시무시한 것, 끔찍한 광경.
hórrŭi, pf. (hórreo, horrésco)
horsum, adv. (huc+vorsum)
(말하는 사람 입장에서) 이쪽으로.
hortámen, -mĭnis, (=hortaméntum, -i,) n. (hortor)
자극(刺戟), 격려(激勵), 장려(獎勵), 권고(勸告).
Hortándus sum magístro. 나는 선생님께 충고를
받아야 한다.[수동형 용장활용에 능동주 부사어로 탈격을 쓰지
않고 여격을 쓰는 것이 원칙이다. 이런 여격을 능동주 여격이라 한다.
그러나 여격 지배 동사에서는 뜻을 분명히 하기 위하여 능동주 여격을
쓰지 않고 (전치사 a를 가진) 능동주 탈격을 쓴다.
hortare, 원형법 hortor, -átus sum -ári, dep., tr.
[명령법. 단수 2인칭 hortare, 복수 2인칭 hortamini]
hortáría, -æ, f. (植) 당초(唐草-고추), 당추(→당초의 誤記).
hortátĭo, -ónis, f. (hortor) 권고, 장려, 격려, 고무(鼓舞-격려).
Ecce, ut diligamus Deum, hortationem habemus.
보십시오. 우리는 하느님을 사랑하라는 권고 말씀을 듣고
있습니다.(최익철 신부 옮김, 요한 서간 강해. p.323).
hortatívus, -a, -um, adj. 권고를 드러내는, 권고(권유)의.
((文法)) (modus) conjunctívus hortativus. 권고 접속법.
hortátor, -óris, m. (hortor) 권고자(勸告者).
격려자(激勵者), 장려자(獎勵者), 독려자(督勵者).

hortatórĭus, -a, -um, adj. (hortátor)
권고(권유) 하는, 격려(장려) 하는.
hortátrix, -ícis, f. (hortátor) 격려(장려.권고) 하는 여자
hortátus, -us, m. 격려(激勵), 권고(勸告), 장려(獎勵)
horténsĭa, -órum, n., pl. 채소(菜蔬), 야채, 정원 재배식물.
horténsis, -e, (**horténsĭus**, -a, -um,) adj. (hortus)
동산의, 정원의, 채소밭의, 정원재배의.
horti, -órum, m., pl. (복수에서는 단수보다 다른 뜻 더 가짐) 정원, 공원
hortor, -átus sum, hortári, dep., tr. 권고하다(παρακαλέω),
권유하다, …하도록 격려하다, 고무하다, 자극하다,
용기를 북돋우다, 독려(督勵)하다, 지시(指示)하다,
(개나 말을) 달리게 하다, 박차(拍車)를 가하다.

탈형동사 제1활용 hortári(권고하다, 격려하다)			
	직 설 법	**접 속 법**	**명 령 법**
현재	S.1. hortor 2. hortáris 3. hortátur P.1. hortámur 2. hortámini 3. hortántur	horter hortéris hortétur hortémur hortémini horténtur	현 재 S 2인칭 hortáre P 2인칭 hortámini 미 래 S 2인칭 hortátor S 3인칭 hortátor P 2인칭 - P 3인칭 hortántor
미완료	S.1. hortábar 2. hortábáris 3. hortabátur P.1. hortabámur 2. hortabámini 3. hortabántur	hortárer hortaréris hortarétur hortarémur hortarémini hortaréntur	**부 정 법** 현 재 hortári 미 래 hortatúrus, -a, -um esse hortatúri, -æ, -a esse hortatúrum, -am, -um esse hortatúros, -as, -a esse
미래	S..1. hortábor 2. hortáberis 3. hortábitur P.1. hortábimur 2. hortabímini 3. hortabúntur		과 거 hortátus, -a, -um esse hortáti, -æ, -a esse hortátos, -as, -a esse
단순과거	S..1. hortátus, -a, -um sum 2. hortátus, -a, -um es 3. hortátus, -a, -um est P.1. hortáti, -æ, -a sumus 2. hortáti, -æ, -a estis -æ, -a sunt	hortátus, -a, -um sim hortátus, -a, -um sis hortátus, -a, -um sit hortáti, -æ, -a simus hortáti, -æ, -a sitis hortáti, -æ, -a sint	**분 사** 현재: hortans, -ántis 미래: hortatúrus, -a, -um 과거: hortátus, -a, -um **수동형 당위분사** hortándus, -a, -um (권고받아야 할)
과거완료	S..1. hortátus, -a, -um eram 2. hortátus, -a, -um eras 3. hortátus, -a, -um erat P.1. hortáti, -æ, -a erámus 2. hortáti, -æ, -a erátis -æ, -a erant	hortátus, -a, -um essem hortátus, -a, -um esses hortátus, -a, -um esset hortáti, -æ, -a essémus hortáti, -æ, -a essétis hortáti, -æ, -a essent	**동 명 사** 속격 hortándi 여격 hortándo 대격 ad hortándum 탈격 hortándo
미래완료	S.1. hortátus, -a, -um ero 2. hortátus, -a, -um eris 3. hortátus, -a, -um erit P.1. hortáti, -æ, -a érimus 2. hortáti, -æ, -a éritis -æ, -a erunt		**목 적 분 사** 능동형 hortátum (권고하러) 수동형 hortátu (권고받기에)

(허창덕 지음, 중급 라틴어, p.192)

Hortor ut quam pluima proferas, quæ imitari omnes
concupiscant, nemo aut paucissimi possint.
나는 모든 사람이 모방하고자 하나 누구도 모방할 수
없거나 아주 소수만이 모방할 수 있는 그런 말을 가능한
한 많이 하라고 너한테 충고한다(성 염 지음. 고전 라틴어, p.315).
hortulánus, -a, -um, adj. (hórtulus) 정원의, 동산의, 뜰의.
m. 정원사(庭園師), 동산지기.
hórtŭlus, -i, m. dim. (hortus) 작은 정원(뜰.동산), (pl.) 공원
Hortulus animæ(⑨ Garden of the Soul) 영혼의 정원.
(1740년 영국의 R. Challoner 주교가 출판한 그리스도교 신심서. 신자들 세속
에 살면서 어떻게 영성생활을 하느냐 하는 지침서로서 영혼의 정원 신자들
이란 말이 생길 정도로 약 200년 간 많은 신자들의 애독서였다.
백민관 신부 엮음. 백과사전 2, p.116).
Hortulus Deliciarum. 즐거움의 동산(Landsberg의 Herrade 지음)
Hortulus rasarum. 장미꽃 정원
(토마스 아 캠피스 지음. 1379년 독일 출생. 1471년 네덜란드 수도원에서 선종).

H

hortus, -us, m. (=**ortus³**) 정원(庭園.ὁ παραδεισος),
동산, 뜰, 화원, 과수원, 농장, 별장, 채소, 야채. (pl.) 공원.
Condúco parvam domum cum horto.
나는 정원이 달린 작은 집을 세낸다.
(동반부사어는 전치사 cum과 함께 탈격으로 표시한다)/
hortos liceor. 정원의 값을 놓다(값을 매기다)/
Impono custodem hortis. 공원의 경비원을 임명하다/
in horto. 정원에서/ in hortum. 정원 안으로/
Occultáre se in horto. 동산 안에 숨다/
Plurimo hortum conduxi. 나는 대단히 비싸게 동산을 얻었다/
Puer ludit in horto. 사내아이가 정원에서 놀고 있다/
Quocum ambulásti. in horto publico?
너 공원에서 누구와 함께 산보를 했지?/
Una cum filio in horto ambulo.
(Cum의 의미를 더 강조하기 위해 una cum 또는 simul cum을 쓰기도 함)
나는 아들 녀석하고 함께 정원에서 거닐고 있소.

	sg.	pl.
Nom.	hortus	horti
Voc.	horte	horti
Gen.	horti	hort**órum**
Dat.	horto	hortis
Acc.	hortum	hortos
Abl.	horto	hortis

(박기용 지음, 희랍어 라틴어 비교문법, p.403)

hortus conclusus. 닫혀 진 정원
Hortus conclusus, soror mea, sponsa, hortus
conclusus, fons signatus. (kh/poj kekleisme,noj avdelfh, mou
nu,mfh kh/poj kekleisme,noj phgh. evsfragisme,nh) ⑨ You are an
enclosed garden, my sister, my bride, an enclosed garden,
a fountain sealed) 나의 누이 나의 신부여 그대는 닫혀 진
정원, 봉해진 우물(성경)/나의 누이, 나의 신부는 울타리
두른 동산이요, 봉해 둔 샘이로다(공동번역 아가 4, 12).
Hortus diliciarum. 즐거움의 정원, 기쁨의 동산
Hortus fonte rigatur aquæ. 동산에 샘물을 대주다
Hortus, in quo sunt altíssimæ árbores.
매우 높은 나무들이 있는 동산.
(관계대명사가 전치사를 가질 때에는 그것을 항상 관계대명사 앞에 놓는다).
hortus magnus. 커다란 정원
hortus patris. 아버지의 정원(소유 속격은 다른 명사의 소유주를
표시하는 부가어이다. 즉 '누구의 것인가' 하는 물음에 대답이 되는 말이다).
horum, hic의 남성과 중성 복수 2격(속격)
Horum autem solutio apparet et his quæ præmissa
sunt. 이 어려움의 해결책은 앞에서 말한 데서 드러난다.
hosánna [hosiánna(h)] interj.
(원래 "도와주소서! 구해주소서! 우리를 구원하소서"라는 탄원의 뜻.
나중에 찬미, 승리, 환희의 환호성으로 많이 사용 됨)
호산나!(אהושׁיעהׁנא.ὁσαννὰ.⑨ Hosanna), 만세!
Cum Angelis et púeris fidéles inveniántur, triumphatóri
mortis damántes: Hosánna in excélsis.
저희도 신덕으로 천사들과 아이들이 함께 죽음을 정복
하신 분께 찬미를 드리니, "지극히 높은 곳에 호산나!"/
Turba multa, quæ convénerat ad diem festum, clamábat
Dómino: Benedíctus, qui venit in nómine Dómini:
Hosánna in excélsis. 첨례 날에 모인 많은 백성들이
주님께 부르짖으니, "주님의 이름으로 오시는 분,
찬미 받으소서. 지극히 높은 곳에 호산나!".
Hosanna filio David: benedíctus, qui venit in
nómine Dómini. O Rex Israël: Hosánna in excélsis.
호산나! 다윗의 자손, 주님의 이름으로 오시는 분,
찬미 받으소서. 이스라엘 임금님, 높은 곳에 호산나.!
Hosanna filio David! Benedíctus, qui venit in nomine
Domini! Hosanna in altíssimis!.
다윗의 자손께 호산나! 주님의 이름으로 오시는 분은
복 되시어라. 지극히 높은 곳에 호산나!
hospes¹ -pitis, m., f. 손님, 나그네, 빈객(賓客),
손님 맞는 집주인, 외국인, 낯선 사람.
Dic, hospes, Spartæ nos te hic vidisse iacentes, dum
sanctis patriæ legibus obsequimur.(Cicero).
나그네여 말하라, 조국의 성스러운 법을 준수하다가 우리

가 여기 스파르타에 쓰러져 있음을 그대 보았노라고!/
Hospites venerunt. 손님들이 왔다/
violo hóspitem. 손님을 난폭하게 다루다.
hospes² -pitis, adj. (hospes¹)
낯선, 외래의, 외국의, 이국의, 따뜻이 맞아 주는.
Hospes mihi notus est. 손님은 내가 아는 분이다
Hospes venit. 손님이 오신다.
Hospes venit, Jesus venit.(성 베네딕도)
손님이 오면 예수님이 오신 것과 같이 하라.
hóspita, -æ, f. (hospes¹) 여자 손님, 여자 나그네,
손님 맞는 여주인, 외국여자.
Quis es, hospita? Quæ tua est patria? Ex qua urbe?
Quibus cum comitibus in Siciliam venisti? Qua nave?
Quo mense? 여자 손님, 당신은 누군가요? 당신의 나라는
어딘가요? 어느 도읍에서 왔나요? 어떤 일행을 거느리고
시칠리아로 왔나요? 어느 배로? 어느 달에?.
hospitalarii, -órum, m. 간호 수도회(看護 修道會)
hospitále, -is, n. (hospitális) 병원, 구호소(救護所).
(pl.) 응접실, 객실, 손님 방.
ethica hospitális. 간호 윤리(⑨ nursing ethics).
Hospitales invicem sine murmurátione.
불평하지 말고 서로 대접하시오(성경 1베드 4, 9).
hospitális, -e, adj. (hospes¹) 손님의, 나그네에 관한,
빈객의, 손님을 접대(후대.환대)하는, 손님 잘 모시는,
(현대어적으로) 병원의, 병원에 관한.
m. 손님 잘 대접하는 사람, 여관업자.
cubículum hospitále. 객실(cella peregrinorum)/
Hospitale Pauperum. 가난한 이들의 숙소/
Júpiter hospitalis. 나그네 보호 신.
hospitális in *alqm*. 누구를 손님으로 잘 후대하는
hospitális téssera. 빈객판(손님이 찾아오는 사람을 손님으로
확인할 수 있도록 반쪽을 나누어준 빈객판實客板).
hospitálĭtas, -átis, f. (hospitális) 극진한 손님 대접(접대),
(여행자나 손님에 대한) 환대(歡待.⑨ Hospitality),
후대(厚待-후하게 대접함).
contesseratio hospitalitatis. 환대의 친교(親交)/
Sed et hospitalitatem semper exhibuit. 늘 손님을 맞으셨다.
hospitíŏlum, -i, n. dim. (hospítium) 구호소(救護所),
병원(病院), 작은 여관(旅館), 여인숙(旅人宿), 허름한 집.
hospítĭum, -i, n. (hospes¹)
(서로 접대하도록 되어 있는 개인이나 국민사이의) 우호관계,
주객지의(主客之誼-주인과 손 사이의 정의情誼), 손님 후대,
환대(歡待), 정중한 접대, 숙박소(宿泊所), 묵을 곳,
(동물의) 굴, 보금자리, 피난처 병원(病院).
jus hospitii. (법망에 걸려서 곤란한 처지에 있던 자기를
도와준) 은인에 대한 도리(의리)
(성영 지음. 사랑만이 진리를 깨닫게 한다. p.476)/
pollutum hospitium. 무너진 신의.
hóspĭtor, -átus sum, -ári, dep., intr. (hospes¹)
손님으로 묵다, 숙박(宿泊)하다.
hóspĭtus, -a, -um, adj. (hospes¹)
손님으로 묵는, 외래의, 낯선, (손님을) 따뜻이 맞아 주는.
hosta clausa, -æ, f. (植) 참비비추
hóstĭa, -æ, f. 희생동물, 제물(祭物), 희생물(犧牲物),
밀떡(→제병), 제병(祭餅.⑨ Bread/Host.獨 Hostie),
성체 제병, (가톨릭) 미사 때 (성체 축성을 위해) 쓰는 빵.
elevans parum Calicem cum Hostia, dicit:
성작(聖爵)과 성체를 약간 들어 올리며 말한다/
Hostiæ Sanguine madentes. 피 흐르는 성체, 피의 성체/
Hostías et preces tibi Domine laudis offerimus.
주님, 당신께 찬미의 제물들과 기도들을 바치나이다/
Hostias, quæsumus, Domine, propitius intende,
quas sacris altaribus exhibemus: ut, nobis indulgentiam
largiendo, tuo nomini dent honorem.
주님 비오니, 거룩한 제단 위에 드리는 이 제물을
인자로이 굽어보시고 저희 죄를 용서하시어
저희로 하여금 주님의 이름을 현양하게 하소서/
injuges hostiæ. (injugis 참조)

아직 멍에를 메어보지 않은 동물의 희생(犧牲).

Hostia consecrata. 축성된 제병, 성체

Hostia non consecrata. 축성 전의 제병

Hostia pacifiorum. 평화의 제물

Hostia pro peccato. 속죄 제물

hostiátus, -a, -um, adj. (hóstia) 희생물을 준비한.

hóstĭcum, -i, n. (hósticus) 적지(敵地), 적진, 적국

hóstĭcus, -a, -um, adj. (hostis) 외국의, 적군(적국)의,
　원수(怨讐)의, 적의(敵意)의, 적성(敵性)의.

hóstĭfer, -fĕra, -fĕrum, adj. (hostis+fero)
　적(敵)의, 원수진, 적개심(敵愾心) 품은.

hostíficus, -a, -um, adj. (hostis+fácio) 원수진, 적성의

Hostílĭa, -æ, f. 북부 Itália의 도시

hóstĭlis, -e, adj. (hostis) 적의, 적군의, 적국의,
　적에 관한, 적의를 품은, 적의에 찬, 적성의,
　원수(怨讐)진, 비우호적인, 해 끼치는, 치명적인.

hostílĭtas, -átis, f. 적개심(敵愾心-적에 대하여 분개하는 마음),
　적대행위(敵對行為), 적의(敵意.⑨) malevolence).

hostiméntum, -i, n. 배상(賠償.⑨ Reparátĭon),
　보상(⑨ Reparátĭon), 복복(報復-앙갚음).

hóstĭo, -ítum -íre, tr. 평등하게 하다, 같게 하다,
　보복하다, 배상(보상)하다, 때리다, 상처 내다.

hostis, -is, m. (간혹 f.) [sg. 1. hostis, 2. hostis, 3. hosti, 4. hostem,
　5. hoste, 호격 hostis]. [pl. 1. hostes, 2. hostium, 3. hostibus, 4. hostis, hostes,
　5. hostibus, 호격 hostes].

　[원의미] 이방인(⑨Pagans), 외국인(⑨ Foreigner).
　[일반적] 적, 적군, (inimícus와 함께 쓰면서) 원수,
　양숙(快宿-앙심을 품고 서로 미워하는 사이),
　적대행(敵對者), 경기 상대편(競技 相對便).

álios incéssus hostis cláudere.
　적의 다른 탈출구들을 봉쇄(封鎖)하다/

Crescit in dies síngulos hóstium númerus.
　적군의 수는 날로 증가 된다/

cum quólibet hoste. 보잘 것 없는 적(敵)과/

defendo hostes. 적을 물리치다/

defenso se ab hóstibus. 적으로부터 자신을 보호하다/

duco alqm in número hóstium. 아무를 적으로 생각하다/

equos permitto in hostem. 말들을 적진으로 돌진시키다/

exuo hostem armis. 적군에게서 무기를 뺏다/

Fas est ab hoste doceri. 적에게서도 배움 직하다/

fides cum hoste servanda. 적에 대하여 지켜야 할 신용/

habeo alqm pro hoste. 적으로 여기다/

hinc amnis, hinc hostis. 이쪽에서는 강이, 저쪽에서는 적이/

hostem mediam ferire sub alvum.
　적을 복부 한가운데를 쳐서 거꾸러뜨리다/

hostes ad (apud) flúvium victi sunt.
　적군들은 강 부근에서 패하였다/

hostes ad urbem venérunt. 적군들이 도시 가까이까지 왔다/

hostes inundántes.(inundo 참조) 쇄도하는 적군(敵軍)/

hostes muro dejecti. 성벽에서 격퇴 당한 적/

Hostes nostris número superióres erant.
　적군들은 수에 있어서 우리 군대보다 우세하였다/

hostes neque pugnæ potentes. 전투할 능력도 없는 적군/

Hostes obsides sæpius postulabant.
　적들은 (전보다) 더 자주 인질을 요구하고 있었다/

Hostes secuti sumus multas horas.[탈형동사 문장]
　우리는 여러 시간 동안 적병들을 추격했다/

Hostes, ut mihi vidéntur, arcem aggressúri sunt.
　내 생각에는 적군들이 요새(要塞)를 공격할 듯하다.
　(vidéris는 형태로를 이루는 접속사 ut이나, 조건 접속사 si를 쓴 삽입문의
　설명어로도 사용된다. 이런 때에는 보통 주문의 주를 따라 인칭적으로
　사용되지만 뜻에 따라서는 비인칭적으로도 사용된다)/

hostes trúdere.(trudo 참조) 적군들을 밀어버리다/

Hostes victi esse ferebántur.
　적군들은 패전하였다고 전해지고 있었다/

hosti recludo portas. 적군에게 성문을 열어주다/

hóstibus insto. 적군을 추격하다/

hostibus resisto. 적군에게 저항(抵抗)하다/

Hostibus superatis, omnes nautæ mango sum gaudio

clamaverunt. 적병들이 제압되자 모든 선원들은
　크게 기뻐 환호성(歡呼聲)을 질렀다/

hóstium advéntu necopináto. 적군들의 급습으로/

hóstium dúcibus per triúmphum ductis.
　적장들이 개선식(凱旋式)에 끌려 나와서/

I, soror, atque hostem supplex adfare superbum!
　누이여, 가거라. 거만한 원수한테 애걸이나 하려므나!
　(이 오라비를 살려달라고)!/

Illum médio ex hoste recépi.
　나는 그를 적의 한가운데로부터 구해냈다/

impetum facere in hostes. 적을 공격하다/

imprudétes hostes ággredi.
　예기하지 못하고 있는 적을 공격하다/

in hostes equos admitto. 적진으로 말들을 달리다/

in hóstium número existimári. 적군의 하나로 여겨지다/

infero signa in hostes [hóstibus(dat.)].
　적군에게로 쳐들어가다/

infero vúlnera hóstibus.
　적군에게 상처를 입히다(부상자를 내게 하다)/

invictus ab hóstibus. 적군에게 져본 일이 없는/

Is est collis, **qua**(per quem 대신) hostes transiérunt.
　적군들이 지나간 곳은 이 언덕이다/
　[장소를 표시하는 명사(collis, mons, terra, régio, pagus, locus, silva) 및
　고유 명사가 관계문을 지배하여 선행사가 되었을 때에는 관계대명사
　대신에 장소를 표시하는 관계부사를 써도 된다. 아래 위 2개 문장 참조]

Is est collis, **quo**(in quem 대신) hostes pervenérunt.
　적군들이 도착한 곳은 이 언덕이다/

Magnus númerus hóstium cæsi sunt.
　다수의 적군들이 살해되었다/

pátium ab hoste otiósum. 적의 공격이 없는 시간/

per hostium turbam. 적군의 무리를 통과하여/

pertráhere hostem ad terga collis.
　적군을 산 뒷면으로 유인(誘引)하다/

reddo hostis cladem 적에게 (당한) 패배를 보복하다/

régio hŏstibus ignára. 적들이 모르는 지방/

regio invicem a suis atque hoste vexata.
　자기편과 적에게 번갈아 가며 시달린 지방/

Res hostium legari potest. 적의 물건은 유증될 수 있다/

Romanos injustos, profunda avaritia communis omnium
hostis. 불의의 로마인들, 그 극심한 야욕으로 말하면
　만민의 공동의 적(성 염 지음. 사랑만이 진리를 깨닫게 한다. p.482)/

se immítto in médios hostes. 적중에 돌진하다/

steterunt contra hostes et de inimicis se vindicaverunt.
(avnte,sthsan polemi,oij kai. evcqrou,j hvmu,nanto)
(獨 sie widerstanden ihren Feinden und erwehrten sich
ihrer Widersacher) (⑨) they withstood enemies and took
vengeance on their fœs. 지혜서 11. 3)
　그들은 적들과 맞서고 원수들을 물리쳤습니다(성경)/
　그들은 원수들에 저항하여 적군의 공격을 물리쳤다(공동번역).

tardo ímpetum hóstium. 적의 공격을 둔화시키다/

transcendo in hóstium naves. 적군의 배로 건너가다.

hostis capitális. 불구대천의 원수(怨讐.⑨ Enemy)

HS. (略) = **sestértĭus,** -a, -um, adj. (semis+tértĭus)
　보잘 것 없는, 몇 푼 안 되는, 소액의, 헐값의.

huc. adv. (hic) 여기로, 이리로(ὧδε), 이곳으로, 이편으로,
　(화제에 오른 장소) 거기로, 그리로,
　(=ad hanc rem, ad hunc statum)
　(absol.:c. gen. partitívo; ut consecut)
　여기에다, 이런 상태(형편.정도) 에(까지).

Huc ad me specta. 여기 내 쪽을 보라

Huc ades. 이리 오너라(Concede huc)

Huc advertite mentem.
　내 말을 정신 차려 들어라(마음을 이쪽으로 돌려라).

huc illus cursito. 여기저기 뛰어다니다

Huc siste sororem. 이리로 누이를 데려다 다오

Huc venito et Philocomasium arcessito.
　이리 오게나, 그리고 필로코마시우스 양을 불러오게나.

huc(c)ĭne, interr., adv. (보통 ut consecut.을 동반)
　여기까지, 이렇게까지.

H

(ut) ···할 정도이냐? 결국 ···하게 되었느냐?

hucúsque, adv. (=huc usque)
여기까지, 거기까지, 이 정도까지, 아직까지, 이때까지.

Hucusque de fide deque spe locuti sumus Novo in Testamento atque christiani nominis initiis.
(⑨ We have spoken thus far of faith and hope in the New Testament and in early Christianity). 지금까지 신약 성경과 초기 교회의 신앙과 희망에 관하여 이야기하였습니다.

hui, interj. (경탄.한탄.분노 표시) 저런, 이런

Huius, hic의 남성, 여성, 중성의 단수 속격

Huius Adhortationis propositum. 이 권고의 목적

Hujus belli ego particeps et socius et adjutor sum!
내가 바로 이 전쟁의 참가자요 동맹이요 원조자다!.

Hujus facta, illius dicta laudatis.
그대들은 이 사람은 행적을, 저 사람은 발언을 두고 칭송한다.

hujus mundi sapientĭa. 이 세상의 지혜

Huius postrema denique mysterii significatio accidit die Resurrectionis(⑨ The definitive expression of this mystery is had on the day of the Resurrection)
이 신비는 부활 날에 결정적으로 드러났습니다.

Huius quidem spiritalitatis germen iam in verbis latet quæ Episcopus in Ordinationis liturgia profert.
사제 영성의 씨앗은 이미 서품 전례에서 주교가 선포하는 말 속에 있습니다.

Hujus rei cognitio facilis est. 이 일은 알기 쉽다

Hujus temporis provocationes. 오늘날의 과제

hujúsmŏdi(=hujuscémŏdi) gen., qualit.
이러한, 이 같은, 이 모양의,
inquantum hujusmodi, sit quoddam bonum.
화합은 어느 모로든 선한 것이다.

hulcus, -cĕris, n. (=ulcus) 헌 데, 상처, 재앙(災殃).
((醫)) 궤양(潰瘍), 종기(腫氣).

human virtue. 인간적 덕행

humana civilitas. 인류사회(人類社會).
finis totius humanæ civilitas. 전체 인류사회의 목적.

humana natura. 인성(人性)

Humana postulata exsistunt quæ eius logicam consecutionem effugiunt.(⑨ There are important human needs which escape its logic) 논리를 벗어나는 인간적 욕구들이 있다(1991.5.1. "Centesimus annus" 중에서).

humana Sapientĭa. 인간적 지혜

humana substantĭa. 인간적인 실체(교부문헌 총서 8, p.142)

humana universitas. 보편 인류(普遍人類)

humane, adv. (humánus) 인간본성에 어울리게, 인간으로서, 인정 있게, 친절하게, 부드럽게, 교양 있게, 정중하게.

Humani Generis, 가르침의 오류에 대한 경고(1950.8.12. 교황 비오 12세 회칙), 인류(ןיκ.⑨ Human race/Humanity).

humanior, -or, -us, adj. humanus, -a, -um의 비교급

Humanísmus, -i, m. 인도주의(휴머니즘), 인본주의,
인문주의(→인도주의), 휴머니즘(⑨ humanism).

Humanismus Christĭanus.
그리스도교 인본주의(⑨ Christĭan Humanism).

humanissimus, -a, -um, adj. humanus, -a, -um의 최상급.
Omnium virtutum humanissima et utilissima est justitia.
정의가 모든 덕목 중에 가장 인도적이고 가장 유용하다.

humánĭtas, -átis, f. (humánus) 인간성(natura humana),
인간 본성, 인간사, (神) 그리스도의 인성, 인류,
인간미, 인정(人情), 친절(χηστὸς) Benevolence),
자애(慈愛.ןσπ), 자비(慈悲.ןσπ.ησ.χηστὸς),
박애(博愛), 인류애, 인도(주의), 교양, 소양(素養),
예의(바름), 일반교양(과목), 인문과학, 고전문학 연구,
(초자연을 부정하고 인류복지에 중점을 두는) 인도교.
Homo et humanitas. (⑨ Man and humanity)/
humanitátem omnem exuo. 모든 인간미를 벗어 던지다/
Non est homo sua humanitas.
인간은 그 인간성이 아니다(한국가톨릭대사전, p.5848).

humánĭtas Christi. 그리스도의 인성(人性)

humánĭter, adv. (humánus) 인간 본성에 어울리게,

사람답게, 인정 있게, 친절하게, 교양 있게,
신사적(紳士的)으로, 예의바르게, 정중하게.
Fecit humániter, quod venit.
그가 온 것은 친절을 베푼 것이었다(facio 참조).

humánĭtus, adv. (humánus)
인간적인 면에서, 인간이란 조건에서, 인간의 운명상,
인간답게, 친절하게, 인정을 가지고.

humano, -átum -áre, tr. (humánus) [pass., tt.]
사람이 되다, 혈육을 취하다.
Verbum humanátum. 사람이 되신 '말씀'.

humano modo. 인간적 방법

Humanum amarest ; humanum autem ignoscerest.
사랑을 하는 것은 인지상정이지. 그래 용서하는 것도
인지상정이고(Plautus. amarest=amare est, ignocerest=ignoscere est].

humanum est timere.
두려움을 품는 것은(timere) 인간적이다(인간답다).
[동사 부정법은 (다른 모든 품사도) 명사처럼 쓰이면 중성으로 간주된다].

Humanum genus vivit paucis, quia nisi hi essent, mundus periret. 인류는 소수의 사람들 덕분에 살아갑니다.
그들이 아니었다면 세상은 사라졌을 것입니다.

humanus, -a, -um, adj. (homo) **사람의,** 인간의, 인간적,
사람(인간)다운, 사람에게 있기 쉬운, 인정 있는, 친절한,
상냥한, 잘 어울리는, 사교적, 교양 있는, 소양 있는, 배운,
세련된. n., pl. humána. 인간사(人間事).
genus humánum. 인류(ρψκ.⑨ Human race/Humanity)/
humanorum animorum motus. 인간의 의지/
humana universitas. 보편 인류/
humanæ litteræ. 인문학/
Humanæ vitæ, 산아제한(産兒制限)(1968.7.25.),
인간 생명(⑨ Human life)(올바른 산아조절에 관한 회칙)/
Humanum est. 인간적이다, 인간 상사(常事)이다/
humanum est timere.
두려움을 품는 것은 인간적이다(인간답다)/
Humanum Genus, (레오 13세의 1884.4.20. 회칙) 인류/
illacrimo sorti humánæ. 인간의 운명을 슬퍼하다/
Insidiæ vitæ humanæ(⑨ Snares of human life)
인간 생명에 대한 모독/
legislátor humanus. 인정법의 제정자(制定者)/
operatio propria humanæ universitatis.
인류로서의 고유한 작용/
præstantia naturæ humanæ. 인간 본성의 출중함/
respéctus humánus. 체면/
Scriptum aliquid, sive divinum sive humanum.
하느님의 말씀이나 인간의 말(하느님이나 인간에 관한 글)/
totum genus humanum. 전 인류/
vultur satĭatus humano cadavere.
사람의 시체(屍體)로 배를 불린 독수리.

humáns ánimus decérptuus ex mente divínā.
신의 정신에서 따내온 인간의 마음.

humátĭo, -ónis, f. (humoʳ)
매장(埋葬.⑨ burial), 토장, 장례(葬禮.⑨ Burial).

humátor, -óris, m. (humoʳ) 매장자, 파묻는 사람

humécto, -ávi, -átum, -áre, tr. 젖게 하다, 축이다,
적시다(בטל), 축축하게 하다, 물에 담그다.
intr. 울다(בכה.בכה), 눈물 흘리다.

huméctus, -a, -um, adj. 젖은, 축축한

humefácio, -féci -fáctum -ĕre, tr. (húmeo+fácio)
젖게 하다, 적시다(בטל), 축이다.

húmĕo, -ĕre, intr. 축축해지다, 젖다, 젖어있다.
(p.proes.) humens, -éntis, 젖은, 물기 있는, 눈물에 젖은.
humens campus. 바다/
humentes oculi. 눈물이 글썽한 눈.

humerále, -is* (히브리어 ephod.⑨ Humeral Veil.
⑨ Humerale). n. 어깨 보(velum humerale),
어깨에 걸치는 덮개, 어깨걸이 술.

humeroradiális, -e, adj. (解) 상박요골(上膊橈骨)의

humérŭlus, -i, m. (húmerus) 조그마한 어깨

húmerus, -i, m. 윗팔, 상박(上膊·윗팔), 상완(上腕),

(解.動) 상완골, 상박골, 어깨(כָּתֵף), 어깻죽지,
(나무.산 따위의) 꼭대기에 가까운 부분, 중턱 위의 부분.
colla demergo húmeris. 목을 움츠려 어깨에 파묻다/
deduco vestem húmero ad péctora.
옷을 어깨에서 가슴까지 끌어내리다/
exsérto húmeros. 두 어깨를 드러내다/
exuo manticam humero. 어깨에서 바랑을 벗어(내려)놓다/
humeros(=humeris) deo similis. 어깨가 신을 닮은 자/
novas húmeris assumo alas.
어깨에 새 날개를 갖추어 가지다/
Símilis deo os humerósque(=ore humerísque)
입과 어깨가 신을 닮은 사람(시문詩文이나 문학적인 산문에는 그리스 말을 본 따서 제한 탈격 대신에 대격을 쓴 것도 있다. 그리스 대격은 제한 탈격 대신에 뿐만 아니라 약간의 타동사의 수동형, 과거분사, 또는 재귀대명사 등에 써야 할 제2객어로서의 탈격 대신에도 쓰는 수가 있다. 허창덕 지음, 1962년, Syntaxis Linguæ Latinæ, p.134)/
vectari humeris. 어깨에 메고 가다(vecto 참조).
humésco, -ĕre, intr. 축축해지다, 젖다, 물기 있다
humi, adv. [gen. locatívus] (humus)
땅에, 땅바닥에, 대지에, 지상에.
Humi jacere. 땅바닥에 누워있다
humicubátĭo, -ónis, f. (humus+cubo) 땅바닥에 누움
humídĭtas, -átis, f. 습기(濕氣.ὑγρός), 축축함, 습도
humídŭlus, -a, -um, adj. dim. (húmidus)
좀 축축한, 습기 있는, 젖은.
húmĭdus, -a, -um, adj. (húmeo) 적은, 축축한, 눅눅한,
습기 있는, 눈물에 젖은, 수분의, 물(기) 있는,
입빠른 (말). (生理) 임파의, 임파액을 분비하는.
n. 습지(濕地). n.,pl. 바다(θάλασσα).
humidum nutrimentale. 영양적 체액/
humidum radicale. 근원적 체액.
húmĭfer, -ĕra -ĕrum, adj. (humor+fero)
습기 있는, 젖은, 물기 있는, 축축한, 눅눅한.
humífico, -áre, tr. 축이다, 적시다(טבל)
humíficus, -a, -um, adj. 축축한, 습한
humificus, -a, -um, adj.
humili servo Dei. 하느님의 겸손한 종
Humiliamini, 원형 humílĭo, -ávi, -átum, -áre, tr.
[수동형 명령법. 현재 단수 2인칭 humiliare, 복수 2인칭 humiliamini].
Humiliamini igitur sub potenti manu Dei, ut vos exaltet in tempore. ([영] So humble yourselves under the mighty hand of God, that he may exalt you in due time)
그러므로 하느님의 강한 손아래에서 자신을 낮추십시오.
때가 되면 그분께서 여러분을 높이실 것입니다(성경)/
그러므로 여러분은 스스로 낮추어 하느님의 권능에
복종하십시오. 때가 이르면 하느님께서 여러분을
높여주실 것입니다(공동번역 1베드 5, 6).
Humiliamini in conspectu Domini, et exaltabit vos.
(tapeinw,qhte evnw,pion kuri,ou kai. u`yw,sei u`ma/j)
([영] Humble yourselves before the Lord and he will exalt you) 주님 앞에서 자신을 낮추십시오. 그러면 그분께서
여러분을 높여 주실 것입니다(성경)/주님 앞에서 스스로를
낮추십시오. 그러면 주님께서 여러분을 높여 주실 것
입니다(공동번역)/주님 앞에서 스스로 낮추시오. 그러면 그분
이 여러분을 높여 주실 것입니다(200주년 신약. 야고 4, 10).
humiliátĭo, -ónis, f. (humílio) 낮춤, 비하(卑下),
겸허(謙虛-스스로 자신을 낮추고 비우는 태도가 있음), 겸손(謙遜),
굴욕(屈辱.ταπείνωσις), 굴종(屈從-제 뜻을 굽혀 복종함).
De humiliatione suiipsius. 자기 자신을 낮춤에 대하여.
humilibus parentibus natus.
낮은 지위(地位)의 부모에게서 난 사람.
humílĭo, -ávi, -átum, -áre, tr. (húmilis) 비하시키다,
낮추다, 비천해지게 하다, 경멸(輕蔑)하다, 모욕하다.
Humiliate capita vestra Deo. 하느님 앞에 머리를 숙이십시오/
Quantumcumque te dejeceris, humilior Christo non eris.
나를 버리지 않고서는 그리스도보다 겸손할 수 없다/
se humilio. 낮아지다, 겸손해지다.
humilior, -or, -us, adj. húmĭlis, -e의 비교급
húmĭlis, -e, adj. (humus) [superl. humíllĭmus, -a, -um]
낮은, 얕은, 비천한, 천민의, 약한, 빈약한, 작은, 하찮은,
보잘것없는, 천박한, 비겁한, 비열한(하는 짓이나 성품이 천하고 졸렬한), 비굴한, 겸손한, 겸허한, 허식 없는, 소박한.
ex húmili loco. 천한 가문에서
homo humili statura. 키 작은 사람(신체상의 특성이나 잠시 지나가는 임시적인 특성에 대해서는 형용 탈격만 쓴다)/
Humiles estote, ne cadatis in pugna. 싸움에서 쓰러지지
않도록 겸손하십시오.(최익철 신부 옮김, 요한 서간 강해, p.127)/
Humilibus párentibus natus.
낮은 지위의 부모에게서 출생한 사람/
Humillimus et obsequentissimus servus Thomas Tshoy, Præsb. miss. Coreæ. 지극히 겸손하고 순종하는 종,
조선 포교지 탁덕 최 토마스가 올립니다/
Iste Christus sperabatur venturus a populo Iudæorum; et quia humilis venit, non est agnitus.
유대 백성이 이 그리스도께서 오시기를 기다리고 있었
습니다. 그러나 비천한 모습으로 오셨기 때문에 알아
뵙지 못했습니다.(최익철 신부 옮김, 요한 서간 강해, p.163)/
Lac nostrum Christus humilis est.
우리 젖은 바로 겸손하신 그리스도입니다.
Humilis nec alte cadere, nec graviter potest.(Publilius Syrus).
겸손한 사람은 깊이 떨어질 수도, 심히 다칠 수도 없다.
humílĭtas, -átis, f. (húmilis) 낮음, 얕음, 낮은 신분,
천함, 비천(卑賤), 미천(微賤), 보잘것없음, 허식 없음,
소박(素朴-꾸밈이나 거짓이 없이 있는 그대로 임), 비겁, 비열,
비굴, 겸손(謙遜), 겸허(謙虛), 겸양(謙讓), 겸덕(謙德),
허약(虛弱), 무기력(無氣力), 의기소침(意氣銷沈).
Superbia exstinguit caritatem: humilitas ergo roborat caritatem. 교만은 사랑을 없애지만 겸손은 사랑을
튼튼하게 합니다(최익철 신부 옮김, 요한 서간 강해, p.77)/
Tota Christiana religio humilitas est.
그리스도교 생활 전체가 겸손이다(성 아우구스티노)/
Ubi autem caritas, ibi pax; et ubi humilitas, ibi caritas.
사랑이 있는 곳에 평화가 있고,
겸손이 있는 곳에 사랑이 있습니다/
Videte ipsum Ioannem servantem humilitatem.
요한 자신이 지닌 겸손을 보십시오.
Humílĭtas Beata María Virgo. 겸손하신 성모 마리아 축일
Humilitas pertinet ad confessionem, qua confitemur nos peccatores esse. 겸손은 우리로 하여금 죄인이라고
고백하게 합니다.(최익철 신부 옮김, 요한 서간 강해, p.77).
humilitate capita vestra Deo. 천주 대전에 머리를
숙이십시오/하느님 앞에 (겸손되이) 머리를 숙입시다.
humillimus, -a, -um, adj. húmĭlis, -e의 최상급
humítĕnus, adv. 땅바닥까지, 지면까지
humo[1] -ávi, -átum, -áre, tr. (humus)
흙으로 덮다, 묻다, 매장하다; 장례 지내다.
humo[2] adv. (humus) 땅에서, 지면에서
hūmor, -óris, m. (húmeo) 습기(濕氣.ὑγρός-축축한 기운),
물기, 수분, 액체, 물, 눈물, 침, 타액(唾液-침), 강, 바다.
(古醫) 혈액, 담즙(膽汁-쓸개즙. 영어로 gall이라고도 함).
lácteus humor. 우유(牛乳).
humus, -i, f. 땅(אֶרֶץ.אֲדָמָה.γῆ.[영] Earth), 토지,
평지, 흙(אדמה.אתמרא), 대지(大地-땅), 지방, 고장,
corpus humo(sepultúræ) reddo.
시체(屍體)를 땅에 묻다, 매장(埋葬.[영] burial)하다/
Humi jacére. 땅에 눕다, 땅바닥에 누워 있다/
Humi iacet. 그는 땅바닥에 쓰러져 있다.[domus, -us f. 집 가정 고향, humus, -i f. 땅 땅바닥, rus, ruris n. 시골 별장 등은 단독으로 장소를 나타낼 때에 전치사 없이 여러 격을 쓴다. 성 염 지음, 고전 라틴어, p.317]/
mando corpus humo. 땅에 시체를 묻다/
mando humum. 부상으로 땅에 쓰러져 죽다/
ossa tegebat humus. 흙이 뼈를 덮었다/
Súrgere humo. 땅바닥에서 일어나다/
transeo in humum saxúmque. 흙과 돌로 변하다/
uda humus. 젖은 땅.
humus crustata frigóribus. 살얼음이 덮인 땅바닥
humus natális. 출생지(出生地).
natale solum. 고향(故鄕.[영] Homeland).

Hunc amavi pro meo. 나는 이 사람을 내 아들처럼 사랑했다
Hunc amemus: ipse fecit hæc et non est longe.
　이 분을 사랑들 하자. 온갖 것 지으신 분,
　그러나 멀리 아니 계시는 분(고백록 4.12.18).
hunc enim appellat diem Domini.
　주님의 날-그 날을 '주님의 날'이라고 일컫는다.
Hunc hominem liberum esse volo.
　나는 이 사람이 자유민이 되는 것을 원한다.
Hunc hominem odi et odero. 나는 이 사람을 미워하고
　있고 앞으로 두고두고 미워할 테야.
hunc in modum. 이 모양으로, 이렇게
Hunc patiemur fieri miserum?
　이 사람이 가련하게 되는 것을 우리가 보고만 있겠느냐?
Hunic verbo duas res subjicio.
　이 말은 두 가지를 뜻한다.
Hunni, -órum, m., pl. 훈족(族), 흉노(匈奴)
Hyacínthĭa, -órum, n., pl. Hyacínthus 축제(祝祭)
hyacínthĭnus, -a, -um, adj. 히아신드 색의, 푸르스름한,
　보라색의, 히아신드(hyacínthus) 꽃의.
hyacínthus¹ -i, m. (植) 히아신드(백합과에 속하는 다년초).
　(鑛) 히아신드(색의) 보석, 풍신자석(風信子石).
hyacínthus²(=hyacínthos) -i, m. Sparta왕 Cebálus의
　아들(Apóllo신의 사랑을 받은 미소년. 죽은 후 히아신드로 변함).
Hýădes, -um, f., pl. Atlas의 일곱 딸(Hyas의 자매들로서 별로
　변하여 비를 예고한다고 함), (天) 히아데스 별무리(황소좌 Taurus
　중의 산개성단-고대인들은 이것이 보이면 비가 내린다고 믿었음).
hyæna, -æ, f. (動) 하이에나(하이에나과의 포유동물).
hyálĭnus, -a, -um, adj. 유리의, 유리 색의
hýălus, -i, m. 유리(琉璃), 유리 색의, 푸르스름한
Hyámpŏlis, -is, f. Phocis의 도시
Hybla, -æ, (=Hyble, -es) f. Sicília의 산(꿀로 유명함)
hýbrĭda, -æ, f. 동물의 튀기, 잡종, 혼혈아
Hydáspes, -pis, m. Indus 강의 제일 큰 지류(현 Jelum)
hydra, -æ, f. 물뱀, (天) 해사좌(海蛇座), Hydra[Lerna
　호수에 있었다는 머리가 일곱(아홉,백 개라고도 함) 달린 괴물 뱀]
hydragógĭa, -æ, f. 수도(水道-水路), 운하(運河)
hydragógus, -a, -um, adj. 수도의, 운하의.
　(醫) 이뇨(利尿)의.
hydrángĕa macrophýlla, -æ, f. (植) 수국(水菊)
hydrárgyrum, -i, n. (化) 수은(水銀-금속 원소의 한 가지).
　[주기율표에서 12번인 아연족에 속하는 액체 금속원소. 수은은 고대 중국과
　힌두인들에게 알려져 있었고 BC 1500년경의 이집트 무덤에서도 발견되었다.
　상온에서 유일하게 액체인 금속원소(세슘은 28.5℃, 갈륨은 30℃, 루비듐은 39℃
　정도에서 녹음)로 은백색이며 습한 공기 중에서 천천히 변색된다. 약 -39℃에서
　납이나 주석처럼 연한 고체로 언다. 철을 제외한 거의 모든 금속과 합금을 만들어
　아말감을 형성한다. 수은은 유리를 적시거나 유리에 달라붙지 않으며, 액체
　상태역에서 일정하게 부피팽창이 일어나기 때문에 온도계에 사용된다. 기압계와
　압력계는 수은이 공기 밀도가 크고 증기압이 낮다는 사실을 이용한 것이다.
　수은은 전기전도도가 좋기 때문에 봉합 전기 스위치와 계전기에 유용하게 쓰인다.
　수은 증기를 전기방전 시키면 자외선 영역의 푸르스름한 빛을 내므로 이것을 이용
　하여 자외선 램프를 만드는데 이용한다. 수은은 열중성자 포획 단면적이
　높고(360barn[1barn=10‒24㎠]), 열전도도가 좋아 원자로 안에서 차폐제와
　냉각제로 사용된다. 수은은 약품, 농공업용 살균제 등에 또 대개 이용
　되고, 치과용 충전제로도 이용되며, 염소와 가성소다의 전해 생성에 이용된다.
hydrargyrum chloratum
　(化) 감홍(甘汞-약학에서 "염화 제일수은"을 흔히 이르는 말).
hydrárgyrus, -i, m. 수은과 다른 물질과의 혼합물
hydráula(=hydraules) -æ, m. 수력풍금 연주자
hydráulĭa, -æ, f. (hydráulĭa, -órum, n., pl.)수력풍금
hydráulĭcus, -a, -um, adj.
　수력의, 수력을 쓰는, 수력으로 움직이는, 수압의.
hydráulus, -i, m. 수력풍금
hýdrĭa, -æ, f. 항아리, 단지, 독, 아가리 좁은 물동이, 물독.
　Implete hydrias aqua.(Fill the jars with water)
　물동에 물을 채워라(성경 요한 2. 7)/
　그 항아리마다 모두 물을 가득히 부어라(공동번역)/
　물독에 물을 채우시오(200주년 기념 신약성서 요한 2. 7).
hýdrĭus, -a, -um, adj. 물 따르는
hydroaëroplánum, -i, n. 수상 비행기(水上 飛行機)
hydrocéphălus, -i, m. (醫) 뇌수종(腦水腫)
hydróchŏus, -i, m. 물 따르는 사람, (天) 보병궁(寶甁宮)

hydrodynámĭca, -æ, f. (動) 수력학, 유체역학
hydrogénĭum, -i, n. (化) 수소(水素)
hydrología, -æ, f. 수문학(水文學), 육수학(陸水學)
hydrolýsis, -is, f. (化) 가수분해(加水分解)
hydromántĭa, -æ, f.
　물로 치는 점, 수점(水占--조수의 간만 따위에 의한 점).
　(그리스인들과 로마인들은 거룩한 샘에 물건을 띄우고 그 움직임으로
　신의 뜻을 알아내려고 하였다. 교부문헌 총서 15, 신국론, p.802)/
　De hydromantia, per quam Numa, visis quibusdam
　dæmonum imaginibus, ludificabatur. 물에 비친 몇몇
　정령의 모습을 보고 누마가 속아서 만든 水占.
　　　　　　　　　　　　(교부문헌 총서 17, 신국론. p.2766).
hydromántis, -is, m. 물 점쟁이
hydrómĕli, -ĭtis, n. 꿀물
hydromélum, -i, m. 과즙 음료(의 일종)
Hydroparastatæ, -árum, f., pl. 미사에 포도주를 금하고
　물만을 사용한 2세기 그노시스 근원주의 이단.
　성찬에 술 대신 물을 사용하는 마니교 신자들을 일컫는다
　(ΰδροπαραστάται.수조합인水組合人들-이수민 편역. 마니교, p.157).
hydrophóbĭa(-phóbía), -æ, f. (醫) 광견병(lyssa, -æ, f.),
　공수병(恐水病-광견병狂犬病, pavor aquæ).
hydrophóbĭcus, -a, -um, adj. 공수병의, 광견병의
hydróphŏbus, -a, -um, adj. 공수병(광견병)에 걸린
hydrópĭcus, -a, -um, adj. (hydrops)
　수종(水腫)에 걸린, 수종병(水腫病)을 앓는.
hydrópĭsis(=hydrópsĭa, -æ) -is, f.
　(醫) 수종(水腫), 부종(浮腫 →浮症).
hydrops, -ópis, m. (醫) 수종(水腫), 부종(浮腫 →浮症)
hydrópsĭa, -æ, f. = hydrópĭsis -is, f.
hydrotáxis, -is, f. (生) 주수성(走水性)
hydrotherapía, -æ, f. 수 치료법(水治療法), 물 치료법
hydrus(=hydros) -i, m.
　물뱀, 뱀, 독소, Fúriœ 여신(女神)의 뱀들.
hyem··· V. hiem···
hygiéne, -es, f. 위생학, 위생법, 섭생법(攝生法), 건강법.
hygiénĭcus, -a, -um, adj. 위생의, 건강의.
　f. 위생학(衛生學), 위생법(衛生法).
hygra, -æ, f. 물약(액체로 된 약을 통틀어 이르는 말)
hygremplástrum, -i, m. 물고약(膏藥)
hygrotáxis, -is, f. (生) 주습성(走濕性)
hyla, -æ, f. 청개구리
hylé, -es(=matéria, -æ), f. 질료(ΰλη.獨 Materie), 원질, 물질
hylemorphísmus, -i, m. (哲 Hylomorphism)
　(哲) 질료 형상론, 원질 체형론(아리스토텔레스의 형이상학
　이론의 주축을 이루는 개념으로 사물의 현실 상태를 설명하는 구조 원리이다.
　이 이론은 후대에 알베르뚜스 마뉴스와 떼두스 아퀴나스의 자연철학과
　자연신학의 기초가 되었다. 백민관 신부 엮음, 백과사전 2. p.314).
hylozoísmus, -i, m. (哲) 물활설(物活說-정영론)
　(범심론의 한 형태. 모든 자연물에 생명력이 있다는 생각)
Hymen¹ -ĕnis, (Hymenæus, Hymenéus, -i) m.
　혼인의 신, 혼인의 노래, 처녀 결혼 축가, 결혼.
hymen² hymĕnsis(=hymmĭnis), m. (解) 처녀막
hymenæus, -i, (=Hymen¹-ĕnis, Hymenéus, -i) m.
hymeneus, -i, (=Hymen¹-ĕnis, Hymenéus, -i) m.
hymenaïcus(=hymenéĭus, hymenéus), -a, -um, adj.
　혼인의, 결혼의, Hymen의
hymenális, -e, adj. (hymen²)(解) 처녀막의
hyménĭum, -i, n. (植) 자실층(子實層)
Hymnarium, -i, n. 찬미경집(중세기 성무일도의 전례력에 따른
　찬미경＊과 같은 책. 이 책은 흔히 시편과 교송이 첨가되어 있다. 후기의
　성무일도서(breviarium)의 전신이다. 백민관 신부 엮음, 백과사전 2. p.314].
hymnídĭcus, -a, -um, adj. (hymnus+dico²)
　찬미가(讚美歌)를 노래하는.
hymnífer, -ĕra, -ĕrum, adj. (hymnus+fero)
　찬미가(ΰμνος.獨 Hymn)를 짓는, 찬미가를 부르는.
hymnífico, -ávi, -átum, -áre, tr. (hymnus+fácio)
　찬미가(ΰμνος.獨 Hymn)를 만들다(짓다).
hymníficus, -a, -um, adj. 찬미가를 짓는
hýmnĭo, -íre, intr. 찬미가(ΰμνος.獨 Hymn)를 부르다
Hymnis, -ĭdis, f. 여가수(Cœcílius Státius의 희극제목)

hymnísta, -æ, m. 찬미가 작가

hymnízo, -áre, intr. 찬미가(찬송가)를 부르다

Hymno dicto, 게쎄마니에서의 그리스도의 기도(1987.4.13. 교서)

hymnodía, -æ, f. 찬가, 찬미가(ὕμνος.⑨ Hymn),
　　찬송가, 성가(聖歌.⑨ chant).

Hymnographus, -i, m. 성가 저작자, 찬송가 작가

hymnólŏgus, -i, m. 찬미자, 성가학자, 송가 편작자

hymnus, -i, m. 찬미가(ὕμνος.⑨ Hymn.獨 hymnus),
　　찬송가, 성가(⑨ chant), 찬가, 송가(頌歌).
　　Hic hymnus esse debet Magna Carta totius ministerii
　　ecclesialis.(⑨ This hymn must be the Magna Carta of
　　all ecclesial service). 이 찬가가 모든 교회 봉사의
　　　대헌장이 되어야 합니다(2005.12.25. "Deus caritas est" 중에서)/
　　Hymni contra Julianum. 율리아누스 논박가/
　　Hymni contra hæreses. 이단 논박가/
　　Hymni de Crucifixione. 십자가 수난 찬가/
　　Hymni de Ecclesia. 교회 찬가/
　　Hymni de Nativitate. 예수 성탄 대축일 찬가/
　　Hymni de Paradiso. 에덴동산 찬가/
　　Hymni de Resurrectione. 부활 찬가/
　　Hymni de Virginitate. 동정성 찬가/
　　Plebs Hebræa tibi cum palmis obvia venit:
　　Cum prece, voto, hymnis, adsumus ecce tibi.
　　히브리 백성이 팔마 들고 마중 가니,
　　기도와 노래 불러 함께 기리나이다(성지주일).

Hymnus ad Deum. 하느님 찬가

Hymnus Ambrosiánus(=Te Deum, '테 데움'에 전문 수록).
　S. Ambrósius의 감사찬가.

Hymnus angelicus. 천사의 찬미가, 천사 찬가

Hymnus Gloria Domini. 주님의 영광 찬송가.

Hymnus Sanctissimæ Trinitatis. 삼위일체 찬송가

Hymnus Sersphicus. 세라핌의 찬미가

Hymnus Triumphalis. 개선 찬송가

hyoëpiglóttĭcus, -a, -um, adj. (解) 설골회염(舌骨會厭)의

hyoídĕus, -a, -um, adj. 설골(舌骨)의

hypǽthrus, -a, -um, adj. 노천의, 지붕 없는

hypállăge, -es, f. (修) 환치법(換置法)

hyperæmīsis, -is, f. (醫) 구토과다, 극성구토

hyperemesis gravidárum. 입덧(malacia, -æ, f.)

hypermetrópĭa, -æ, f. (醫) 원시(遠視)

Hyperm(n)éstra, -æ, (=Hypermnéstre, -es) f.
　　Dánaus 왕의 50명 딸 중 하나(이 여자만 자기 남편을 죽이지 않았음).

hyperópĭa, -æ, f. (醫) 원시(遠視)

hyperplásĭa, -æ, f. (醫) 과도형성, 조직의 증식.
　　(植) 세포 이상 증식(細胞 異狀 增殖).

hýphĕar, -áris, n. ((植)) (겨우살이 따위) 기생식물

hypnología, -æ, f. 최면학(催眠學)

hypnósis, -is, f. 최면(催眠.⑨ hypnosis), 최면상태,
　　최면술(催眠術-최면 상태로 이끄는 술법), 수면상태.

hypnotĭce, -es, f. (植) 수면초(睡眠草)

hypnótĭcus, -a, -um, adj. 최면의, 잠자게 하는, 최면술의.
　　n. 최면제(催眠劑)

hypnotísmus, -i, m. 최면술(催眠術-최면 상태로 이끄는 술법)

hypo-, "밑.아래.낮은.바닥" 따위 뜻의 접두사

hypocáustum, -i, n.
　　(고대 Roma의) 마루 밑 가열장치의 온돌 비슷한 방.

[겨울 추위가 심한 지방에서 난방 문제는 늘 풀기 어려운 난제였다. 온돌은
조리도 할 수 있으면서 동시에 사람의 몸을 가장 따뜻하게 해 주는 최상의
해결책 중 하나가 아닌가 싶다. 고대로부터 전해 내려온 온돌은 분명 우리의
자랑스러운 문화유산 중 하나다. 그런데 다른 나라에도 우리의 온돌과 유사한
난방 시스템이 전혀 없지 않았다. 고대 로마의 히포카우스툼(hypocaustum,
영어로는 hypocaust)이 대표적인 사례이다. 이것은 땅에 작은 돌기둥들을 쌓고
그 위에 방바닥을 설치하여 빈 공간이 생기게 만들어 놓고, 아궁이에
불을 때면 뜨겁게 달구어진 공기와 연기가 그곳을 지나며 방을 달구는 방식이다.
즉, 온돌과 전적으로 같은 원리다. 많은 고대 로마 유적에서 이를 확인할 수 있다.
파리 노트르담 성당 지하에 보존된 로마식 온돌을 사실을 아는 사람이 많지
않은데, 그곳에 가보면 이런 '로마식 온돌'을 직접 볼 수 있다. 그렇지만 우리
온돌과의 차이는 온돌은 주로 방을 덥히는 정도의 소규모인 데 비해 로마의
히포카우스툼은 공중목욕탕처럼 큰 시설로서 사용되었다는 점이다. 일설에
의하면 세르기우스 오라타라는 재주 많은 상인이 이 시설을 발명했다고 한다.
그렇지만 그가 주택을 사들여 히포카우스툼을 설치해서 부동산 가치를 높인 후
되팔아 이익을 취한 것은 맞지만 그가 과연 이 시설을 최초로 발명했는지는
불명확하다. 로마 시대가 끝나면서 히포카우스툼도 사라지고 그와 함께 따뜻한
난방시설과 목욕탕도 사라졌다. 유럽에 중앙난방 방식이 등장하는 것은 19세기의
일이다. 그런에는 귀족이나 평민 모두 추위를 추위에 시달리며 살았다.
중세사 교과서에 의하면 성 안의 추운 방에서 덜덜 떨며 잘던 귀족보다는 밤에
돼지를 껴안고 자던 농민들이 더 따뜻하게 겨울을 났으리라고 한다. 그들이
온돌에서 온몸을 지지며 자는 우리 조상들을 봤으면 꽤나 부러워했을 것 같다.
조선일보 2011.2.26.일자, 주경철의 히스토리아 [99] 로마의 온돌에서.

hypochóndrĭa, -órum, n., pl. (解) 서계부(서헤부의 잘못),
　　서헤부(鼠蹊部-불두덩 옆에 오목하게 된 부분. 아랫배와 허벅다리의 사이).

hypóchyma, -ātis, n. (=hypochysis, -is, f.)
　　(醫) 백내장(白內障)(수정체가 회백색으로 흐려져서 시력이 떨어지는 질병).

hypochysis, -is, f. =hypóchyma, -ātis, n. (醫) 백내장

hypócrĭsis, -is(-ĕos), f. 흉내(남이 하는 말이나 행동을 그대로
　　옮겨 하는 짓), 위선(ὑπόκρισις.僞善.⑨ hypocrisy), 겉꾸밈.

hypócrĭta(-es), -æ, m. 흉내 내는 배우, 희극배우,
　　위선자(僞善者, sycophanta의 고형), 겉꾸미는 자.

Hypocrita, eice primum trabem de oculo tuo.
　　위선자야, 먼저 네 눈에서 들보를 빼내어라(성경 마태 7, 5).

hypodérmis, -is, f.
　　(解.植) 하피(下皮), 피하층(皮下層), (動) 상피세포막.

hypodidáscălus, -i, m.
　　조교(助敎), 조교사(助敎師), (선생의) 조수(助手).

hypogǽum(=hypogéum) -i, n. 지하실, 지하묘소,
　　묘실(墓室), 카타꼼바의 지하 묘지, 지하 예배소.

hypogástrĭum, -i, n. (解) 아랫배, 하복부(下腹部)

hypogéum(=hypogǽum) -i, n. 지하실, 지하묘소

hypoglóssus, -a, -um, adj. (解) 혀 밑의, 설하 신경의

hypokeímĕnon, -i, n. (哲) 기체(基體-형상을 받아들이는
　　질료로, 성질이나 양 따위의 여러 변화 밑에 있으면서 스스로는 변하지
　　아니하고 그 변화들을 받아들이는 것. 아리스토텔레스의 용어이다).

hypólysos, -i, f. (植) 쑥

Hypomesus olidus. (魚) 빙어

hypomnéma, -ātis, n. 비망록, 각서, 기록, 주석(註釋)

hypóphysis, -is, f. (解) 뇌하수체(腦下垂體)

hypóstăsis, -is, f. (그리스 철학에서 이 말은 객관적 실체라는 뜻으로
　　착각, 환상과 반대되는 말로 썼다.
　　[실체, 위격(位格)을 뜻하는 그리스어에서 유래한 단어로 개체적 비대체적
　　(非代替的)이며 그 자체로 존재의 완전한 실체를 가리키는 말이다. 이는 성삼위의
　　각 위격과 예수 그리스도의 위격적 일치를 설명하기 위하여 교회에서 사용되는
　　용어이다. 인간은 이성이 부여된 히포스타시스이다. 나아가 히포스타시스와 본성
　　서로 간에는 히포스타시스가 본성을 지니고 있으며 존재와 행위의 궁극 주체이
　　어서 히포스타시스는 본성을 통하여 존재하는 관계에 있다.
　　(哲) 본질(τὸ τι ἐν εἶναι.εἶδος), 기초(基礎), 근본,
　　원질(原質), 기체(基體.hypokeímĕnon, -i, n.).
　　(哲.神) 삼위일체의 위격(位格.προσωπον).
　　Unio hypostatica. 위격의 일치.

hypostátĭcus, -a, -um, adj. 위격적(位格的).
　　únio hypostática. (그리스도에게 있어서 삼위일체의
　　　성자 제2위와 완전한 인성과의) 위격적 결합/
　　únio hypostática. 위격적 합체(그리스도의 신성과 인성의 결합)/
　　unitas hypostática. 품격 일치, 한 자연 안의 실체적 일치.

hypostatizátĭo, -ónis f. 위격화(位格化)

hypothálămus, -i, m. (解) 시상하부(視床下部)

hypothéca, -æ, f. 저당권(抵當權), 저당(물),
　　보증(保證), 담보(擔保-민법에서, 채무 불이행 때 채무의 변제를
　　확보하는 수단으로 채권자에게 제공하는 것. 유치권, 질권, 저당권 따위의
　　물적 담보와 보증 채무, 연대 채무 따위의 인적 담보가 있다).

hypothecárĭus, -a, -um, adj. 저당의, 저당권의

hypóthěnar, -aris, m.
　　(解) 소지구(小指球-손바닥의 새끼손가락 쪽 융기).

hypóthĕsis, -is, -ónis, f. 가설(假說), 가정(假定), 조건.
　　((文法)) (조건문의) 전건.전제.

H

559

hypothesis documentorum. 고문서설(古文書說).
성서문헌가설(영 documentary hypothesis).

hypothesis duorum fontium(영 Theory of two Sources)
이중 자료실, 이중 원천설.

hypothesis evangelii primitivi. 원초 복음서설

hypothesis fragmentorum. 단편설

hypothesis mútuæ dependéntiæ. 상호 종속설.
((聖) (공관복음 사가의) 이용설(利用說).

hypothesis supplementorum(獨 Ergänzungstheorie.
영 Supplement Theory). 보충설.

hypothesis traditionis oralis. 구전설, 구전 가설
(공관 복음서 사가들은 구전의 자료, 즉 사도들의 설교 내용을 가지고 복음서
를 썼다는 가설. 이 가설은 주로 프로테스탄트 Gieseler가 주장했으나 현재는
동의자들이 별로 없는 형편이다… 백민관 신부 엮음, 백과사전 3, p.679).

hypothéticus, -a, -um, adj. 가설적, 가정적, 조건(부)의.
De hypotheticis syllogismis. 조건부적 삼단 논법론.

Hypsípyle, -es, f. Lemnos섬의 Thoas왕의 딸(이 섬의 여자들
이 남자들을 모두 학살할 때 이 여자가 자기 아버지를 구하여 도망치게 했음).

Hyrax, Hyracis, f. 오소리, 바위 너구리.
hyraces plebs invalida, qui collocant in petra cubile
suum. 힘이 세지 않은 종자이지만 바위에 집을 마련하는
오소리(성경 30, 26)/연약하지만 돌 틈에 집을 마련하는
바위너구리(공동번역 30, 26).

Hýrĭe, -es, f. Ætólia의 호수(본래 요정으로 Apóllo의 사랑을 받아
Cycnus의 어머니가 되었지만 아들이 죽자 슬픔에 잠기다 호수로 변함).

Hyrtácĭdēs, -æ, m. Hýrtacus의 아들(=Nisus)

Hýrtăcus, -i, m.
Troja 사람으로 Arísbe의 남편, Nisus의 아버지.

hyssópum, -i, n. (**hyssopus**, -i, f.) (植) 히솝 풀,
히솝(學名 Hyssopus officinális 영 Hyssop 獨 Ysop),
우슬초(→히솝, 시편 51, 7)
(학명 Hyssopus officinális 영 Hyssop 獨 Ysop).
[우슬초, 히쏘로 식물. 팔레스티나 성지에 많이 자라는 백화채과 식물. 향기
롭고 푸른색 또는 붉은 색의 꽃을 피우며 담장 틈에 자라는 1m 정도 크기의
식물이다. 그 가지를 묶어서 유다교 불제(祓除~재앙을 물리칠) 예식 때 살수
(撒水) 채로 썼다(탈출 12, 22). 가톨릭 예식에서는 주일 미사 전에 Asperges
me(살수 예식) 노래를 부르는 동안 이 살수채를 쓰는데 금속으로 채를
만들었다. 백민관 신부 엮음, 백과사전 2, p.317].

hýstĕra, -æ, f. (解) 자궁(子宮)

hystérĭa, -æ, f. (醫) 히스테리(獨 hysterie), 병적 흥분

hystérĭcus, -a, -um, adj.
히스테리의, 히스테리성의, 병적으로 흥분한.

hysterología, -æ, f. (醫) 자궁학(子宮學)
(修) 도치법(倒置法)(e.g. cum me → mecum, de hac re → hac
de re –문장의 정상적인 순서를 바꿔 먼저 말해야 할 것을 뒤로 돌리는 일).

hysterotomía, -æ, f. (醫) 자궁 절개술

hystrix, -ĭcis, f. (動) 호저(豪豬)

Hystrix cristata. (動) 호저(豪豬)
[호저(porcupine)는 호저과에 속하며 학명은 Hystrix cristata 이다. 산미치광이.
포큐파인.가시도치류라고도 한다. 몸과 꼬리의 윗면은 가시처럼 변화된 가시털로
덮여 있으며 야행성이다. 주로 열대 지방에 분포하고 크기가 최대인 것은 몸길이
70~90㎝, 꼬리길이 7.5~10㎝이고, 가장 작은 것은 몸길이 38~46㎝이다. 몸 빛깔은
흑갈색으로 목둘레에 흰 띠가 있다. 길고 부드러운 털이 있으며, 등.옆구리.
꼬리에 강하고 뻣뻣한 가시가 있는데 이 가시는 길고 날카로운 강모가 합쳐진
것이다. 가시가 있는 꼬리로 공격자를 쳐서 자신을 방어한다. 가시는 쉽게 뽑혀
공격자의 살에 박힌다. 빠지고 나면 다시 새 가시가 난다. 호저 중에는 가시 끝에
갈고리처럼 생긴 작은 돌기가 있는 종류도 있다. 이 돌기가 근육에 박힌 가시를
뽑아내기 어렵게 한다. 가시가 박힌 동물은 가시에 있는 균에 감염되거나 중요한
기관이 손상되어 죽을 수도 있다. 가시가 공격자의 턱에 박히면 입을 열 수가
없어서 굶주리게 된다. 호저의 대부분은 꼬리가 짧고 나무에 오르지 않으며 땅에
서 생활한다. 그러나 어떤 종은 꼬리가 길고 꼬리의 중앙부가 가시이고 끝부
에만 털 가시가 술 모양으로 있어 나무에 오르기도 한다. 발바닥은 드러나 있고
꼬리로 물건을 감아 잡지 못한다. 관목림이나 숲에 살며, 야행성이어서 낮에는
구멍 속에 숨는다. 먹이는 나무열매.나무껍질.풀뿌리 등이다. 임신기간은
약 112일이고, 연 2회 한배에 1~4마리의 새끼를 낳는다. 한국에서는 호저의
살코기를 호저육(豪豬肉), 위(胃)를 호저두라 하며, 호저육은 대장병(大腸病)의
치료약으로, 호저두는 황달.수종 및 하복부의 심한 통증 등에 대하여 치료약
으로 사용한다. http://ko.wikipedia.org/wiki에서.

['고슴도치도 제 새끼는 함함하다고 한다'는 속담이 있다. 가시처럼 뻣뻣한 고슴
도치의 털도 부모에겐 보드랍고 윤기 있게 보인다는 뜻이다. 아무리 못난 새끼도
부모 눈에는 세상에 둘도 없는 귀한 존재이니, 자기 자식은 어떻게든지 잘 먹이고
잘 입히고 싶고 잘 가르치고 싶은 것이 인지상정이 아닐까.

독일의 철학자 쇼펜하우어는 고슴도치 우화를 통해 예절에 관한 이야기를 했다.
어느 추운 겨울날 고슴도치들이 추위를 피하여 서로 몸을 바짝 붙이고 모여
있었다. 그런데 날카로운 가시가 서로의 몸을 마구 찔러 대자 고슴도치들은 "앗
따가워"하며 떨어졌다. 떨어져 있으면 추위 때문에 다시 몸을 붙이고, 다시 따가
워서 떨어지기를 계속했다. 그러다 마침내 서로를 찌르지 않으면서 추위를 견딜
수 있을 최소한의 간격을 찾게 됐다. 이 간격이 '예절'이라는 것이다. 수많은 관계
속에 사는 사람들이 넘지 말아야할 최소한의 거리를 고슴도치 우화로 설명한
것이다. 활엽수가 우거진 밀림지대에 많이 서식하는 고슴도치는 몸길이가 20~
30cm로 짧고 몽툭하며 몸통의 등과 양 옆이 짧고 굵은 가시 털로 덮여 있다.

얼굴과 배, 꼬리, 네 다리를 제외한 온몸을 덮고 있는 1만 6000여 개의 가시는
공격용이 아니라 다른 동물로부터 자기 몸을 보호하는 데 쓰인다. 야행성인
고슴도치는 낮 동안 나무뿌리 밑의 구멍이나 바위틈에 있다가 해가 지면 곤충.
지렁이, 야생조류의 알, 들쥐, 도마뱀, 나무 열매 등을 먹이로 찾아다닌다.
겨울에는 잡목의 뿌리 밑에 마른 잎과 바위 이끼로 보금자리를 둥글게 만들고
겨울잠을 자기 시작하여 3월 하순에 일어난다. 번식은 1년에 1회 6, 7월에 2~4
마리의 새끼를 낳는다. 옛날 이집트에도 고슴도치가 많이 있었던 것 같다.
피라미드에서 고슴도치의 형상을 그린 당시의 토기가 발굴되기도 했다. 이스라엘
사람들은 고슴도치를 호저(豪猪)나 작은 족제비 정도로 알고 있는 경우가 많았다.
그러나 호저는 가시털이 매우 긴 편이고 고슴도치의 더개 짧은 가시 털로 덮여
있다. 호저도 몸과 꼬리의 윗면은 가시처럼 변화된 가시 털로 덮여 있으며, 야행성
이다. 호저는 몸의 길이가 60cm 가량 되고 고슴도치는 그 절반도 되지 않는다.
이스라엘 사람들은 외관이 비슷한 이 둘을 구별하지 못했던 것 같다. 호저는
팔레스티나 지역의 산기슭이나 바위가 많은 곳에 서식한다.

성경에서 고슴도치는 마찬가지로 황폐한 광경을 나타내는 데 쓰이고 있다.
"나는 또 그곳을 고슴도치의 차지로, 늪웅덩이로 만들고 그곳을 멸망의 빗자루로
쓸어버리리라"(이사 14, 23). 하느님의 심판이 이루어질 때 완전히 멸망되어
폐허가 되는 것을 고슴도치와 올빼미의 서식처로 비유한 것이다. "올빼미와 고슴
도치가 그곳을 차지하고 부엉이와 까마귀가 거기에 살리라. 그분께서는 그 위에
'혼돈의 줄'을 펴시고 '불모의 추'를 내리시리라"(이사 34, 11).
요즘 애완용으로 고슴도치를 기르기도 하는데. 따가운 가시가 잔뜩 난 동물을
어떻게 애완용으로 키울까? 신기하게도 고슴도치는 냄새로 주인을 알아보고
주인이 가시에 찔리지 않게 세웠던 가시를 눕힌다. 이때 배 쪽으로 손을 넣어서
잡으면 된다고 한다. 고슴도치도 자신에게 관심을 보이고 돌봐주는 이를 알아
보는 것이다. 평화신문 2007. 5. 24일자. 서울대교구 허영엽 신부].

I I I

I, I[1], f., n., indecl. 라틴 자모의 아홉째 글자: 이 [i]
I, I[2], f., (略) 1. I = (숫자) 1 또는 첫째; (큰 숫자 앞에
　서는 빼기 1): IV=4. 2. I. = idem, infra, ipse;
　IDQ = iidémque; IMP. = impérium, imperátor.
　3. (論) I = "특칭긍정"의 기호
I, i[3], 2. sg. imper. [eo[3]] (너) 가거라.
I, et memento omnia referre!
　가라, 그리고 모든 사실을 전하는 것을 잊지 말라!
I foras. 밖으로 나가라, 너하고 이혼이다.
I, militi auxilium da. 너는 가서 그 군인에게 도움을 주어라
I nunc. 자 이제 그만 가거라.(nunc 참조)
I, pedes quo te rapiunt.
　발길 닿는 곳으로 빨리 가거라(rapio 참조).
I, séquere Itáliam. 자. Itália로 따라오너라.
I, soror, atque hostem supplex adfare superbum!
　누이여, 가거라. 거만한 원수한테 애걸이나 하려므나!
　(이 오라비를 살려달라고!).
Iácchus, -i, m. 주신(酒神) Bacchus의 다른 이름,
　Eléusis에서 공경되었음, 포도주(葡萄酒).
iam tum Evangelii non surdus auditor.
　그는 복음을 듣고 마는 귀머거리가 아니었다.
iámbus, -i, m. 단장격(短長格), 단장격으로 된 시(詩)
iánthĭnus, -a, -um, adj. 보랏빛의, 자색의.
　n. 보라 빛. n., pl. 자색 옷, 보라색 옷.
iánthis, -ĭdis, f. 보라색 꽃
iáspis, -ĭdis, f. (鑛) 벽옥(碧玉-푸른빛이 나는 고운 옥)
iáspĭus, -a, -um, adj. 벽옥(碧玉)의
iatralípta(=iatraliptes) -æ, f.
　욕장의 의사, 기름 바르는 의사, 마찰사(摩擦師).
iatralíptĭce, -es, f.
　욕장 의술, 기름 바르는 의술, 마찰술(摩擦術).
iatroníces, -æ, m. (의사들 중) 으뜸가는 의사, 최고 명의
ībam, ības, ībat, … impf. (eo[3])
　내가(네가…) 가고 있었다, 가곤 했다.
Ibatur. 가고 있었다(비인칭으로 수동태 단수 3인칭을 쓰기도 한다).
Ibéra(Hibera), -æ, f. Hispánia Tarraconénsis의 도시
Iberian peninsula. 이베리아 반도
Ibérus(Hiberus), -i, m. = Iber
ibex, íbĭcis, m., f. (動) 야생 산양, 영양(羚羊)
ibi, adv. 거기에(ἐκεῖ), 그곳에, 그때에(τότε),
　그 점(일)에 있어서, 그 경우에.
　Hic creditis, ibi uidebitis. 여기서는 너희가 믿고,
　　거기서는 보게 되리라(교부문헌 총서 17, 신국론, p.2359)/
　Ubi amici, ibi opes. 친구들이 있는 그곳에 부(富)가 있다/
　Ubi amor, ibi oculus. 사랑이 있는 곳에 비전이 있다/
　Ubi bene ibi patria. 좋게(잘) 있는 곳에(이) 조국이 있다/
　Ubi cáritas Deus ibi est.
　　애덕이 있는 곳에 하느님이 계신다/
　Ubi cháritas et amor, ibi Deus est.
　　애덕과 사랑이 있는 곳에 천주 계신다/
　Ubi Deus ibi homo. 신이 있는 곳에 인간이 있다/
　Ubi eadem rátĭo, ibi idem jus. 이치가 같으면 법도 같다/
　Ubi homo ibi Deus. 인간이 있는 곳에 신이 있다/
　Ubi jus ibi remedium. 권리가 존재하는 곳에는 구제가 있다/
　Ubi meam rem invenio, ibi vindico. 내가 나의 물건을
　　발견하는 곳에서 나는 이것을 회수(回收)한다/
　Ubi Papa, ibi Curia. 교황이 있는 곳에 정부가 있다/
　Ubi saturitas, ibi libido dominatur.
　　포식이 있는 곳에 음란이 지배된다(성 예로니모)/
　Ubi societas ibi jus. 사회가 있는 곳에 법이 있다/
　ubi tyránnus est, ibi…. 폭군이 있는 그곳에는/
　Ubi unus dominus, ibi una sit religio.
　　한 통치자가 있는 곳에 한 종교가 있다.
Ibi de terrā óleum scáturit.

그곳에서는 땅에서 기름이 솟고 있다.
Ibi esse. [숙어] 그 일을 하고 있다; 생각하고 있다.
Ibi est finis; propter hoc currimus; ad ipsam currimus;
cum venerimus ad eam requiescemus. 바로 거기에 끝이
　있습니다. 우리는 그 끝을 위해서 달리고 있고, 그 끝을
　향하여 달리고 있습니다. 그 끝에 다다를 때 우리는 비로
　소 편히 쉬게 될 것입니다.(최익철 신부 옮김. 요한 서간 강해, p.441).
Ibi tibi finis est: alibi via est. 여기가 바로 그대의
　끝이고, 다른 곳은 길입니다.(최익철 신부 옮김. 요한 서간 강해, p.443).
ibi tum. (바로) 그때에
Ibi vidisti facta, ubi vidisti facienda. 당신은 내실 것을
　보시는 거기에 이미 내신 것을 보시나이다.(신국론, p.1190).
ibídem, adv. (ibi+dem) 같은 곳에, 바로 그곳에,
　그 순간에, 같은 점에서, hic ibidem. 바로 이곳에.
ibis, ĭdis(-is), f. (鳥) 따오기(주로朱鷺-저어샌과의 새)
ibíscum = hibíscum, -i, n. (植) 접시꽃(의 일종)
ībo, ībis, ībit, … impf. (eo[3])
　내가(네가, 그가) 가겠다, 갈 것이다.
ibrida(=hibrida), -æ, f., m.
　f., m. (동물의) 튀기, 잡종; (사람의) 혼혈아.
Icádĭus, -i, m. 유명한 해적(海賊) 이름
ícas, -ādis, f. 20, 스물,
　Epicúrus파 학도들이 Epicúrus 축제일에 지내는 매월 20일.
iccírco = idcírco 그 때문에
Iccĭus portus = Itĭus portus
Icélos, -i, m. 꿈의 신, Mórpheus의 형제
ichnéumon, -ónis, m.
　(動) 이집트 몽구스(족제비 비슷한 사향 고양이과의 동물).
ichnográphĭa, -æ, f. 초벌그림, 草案(草稿), 약도(略圖)
ichthus. 물고기(익투스, 희랍말. I-CH-TH-U-S. 그리스도의 상징.
　예수 그리스도.하느님의 아들.구속자 Iesous, Chreistós, Theu, Uios, Soter.
　초대교회에서는 이 익투스 즉 물고기로 그리스도 및 그의 성체를 상징하였었다).
ichthyocólla, -æ, f. 부레 풀(魚膠) 어교(魚膠-민어의 부레-
　물고기의 뱃속에 있는 공기 주머니를 끓여 만든 풀).
　풀의 재료가 되는 철갑상어.
īci, "icio"의 단순과거(pf.=perfectum).
　"ico"의 단순과거(pf.=perfectum).
I.C.N. = In Christi Nomine. '그리스도의 이름으로'의 약자
īco(ícĭo), īci, ictum, -ĕre, tr. 치다, 때리다, 강타하다,
　쏘다, 찌르다, 쏘아 맞히다, 충격을 주다, 감동시키다.
　desidériis ictus. 야망에 사로잡혀/
　ictus e cælo. 벼락 맞은/ telo ictus. 창(槍)에 찔린.
ico fœdus. 조약을 체결하다
icon, -ŏnis, f. 초상(肖像-어떤 사람의 얼굴이나 모습),
　이콘 (εἰκὸν.⑨ Icon.獨 Bild.프 I'image),
　성화상(⑨ Holy images/Saint image.⑨ Imagines
　sanctæ), 성상, (論.修) 유사(類似), 기호(표현).
icónĭcus, -a, -um, adj. 조각상의, 초상의, 성화상의
iconísmus, -i, m. (修) 생생한 표현
icónĭum, -i, n. dim. (icon) 작은 초상, 작은 성화상
iconoclásta, -æ, m. 성(화)상 파괴자(破壞者),
　성상 숭경(崇敬), 반대자(反對者).
iconográpha, -æ, f. 성화(聖畵.⑨ imago sacra),
　(하느님.성인 등의) 성화상(그림.조각.모자이크).
iconográphĭa, -æ, f. 도상학(圖像學⑨ iconography),
　성화상학(聖畵像學→도상학.⑨ iconography) 연구.
iconómăchus, -i, m. 우상 파괴자(偶像 破壞者)
iconóstăsis, -is, f. 성화벽(聖畵壁-비잔틴 전례의 동방
　교회.희랍 정교회의 제단 쪽 성화벽), 성화병풍.
icosapróti, -órum, m., pl.
　고대 Roma 원로원의 위에서부터 20명의 의원.
ictérĭcus, -a, -um, adj. (醫) 황달의, 황달에 걸린
ícterus, -i, m. 노란 새 이름(그 새를 보면 황달이 낫는다고
　생각했음), (醫) 황달(黃疸).
ictis, -ĭdis, f. (動) 흰 족제비
ictum, "icio(ico)"의 목적분사(sup.=supínum)
ictus[1] -a, -um, p.p. (ico) 찔린, (살 따위에) 쏘인,
　얻어맞은; 타격(충격) 받은.
ictus[2] -us, m. (ico) 침(때림), 때림, 발길로 참, 찌름,

쏨(刺), 물어뜯음, (화살.창 따위의) 적중, 쏘아 맞힘,
일격(一擊), 타격(打擊-때림) 충격(衝擊), 공격(攻擊),
습격(襲擊), 고동(鼓動)-혈액 순환에 따라 심장이 뛰는 일),
맥박(脈搏), (발이나 손으로) 장단 맞춤, 깜빡함,
깜짝함, 상처(傷處), 부상, (계약의) 체결(締結-계약이나
조약을 맺음), (音) 박자(拍子-두들개).
eódem ictu témporis. 같은 순간에/
medicári ictum hastæ. 창에 찔린 상처를 치료하다/
in ictu óculi. 눈 깜빡할 사이에/
vibránti ictu. 전율적인 타격으로.
ictus e cælo. 벼락 맞은(fulmine ictus)
ictus femur jaculo.
넓적다리에 창을 찔린 사람, 다리에 창을 찔린 사람.
(시문詩文이나 문학적인 산문에는 그리스 말을 본 따서 제한 탈격 대신에
대격을 쓴 것도 있다. 그리스 대격은 제한 탈격 대신에 뿐만 아니라 약간의
타동사의 수동형, 과거분사. 또는 재귀대명사 등에 써야 할 제2객어로서의
탈격 대신에도 쓰는 수가 있다. 허장악 지음. Syntaxis Linguæ Latinæ. p.134).
ictus fúlminis. 벼락 때림, 낙뢰(落雷-벼락이 떨어짐), 벼락
id. 略 = Idus 무의식 자아, 라틴어 중성대명사의 중성(中性).
id adeo. 특히 그것
Id ago, ut non solum mihi, sed étiam mutis prossim.
나는 나 개인에게만 아니라 (다른) 많은 사람들에게
까지 이익을 주려고 노력하고 있다.
Id, amáho, adjúta me. 제발, 이것 나 좀 도와주시오.
Id autem quantulum est? 그것은 얼마나 작으냐?
Id conténdo. 나는 그것을 힘쓴다.
id cui competit aliquo modo esse.
어떤 모양으로든 존재가 수반하는 모든 것.
id cujus actus est esse.
어느 정도 존재가 적합한 모든 것.
Id discerni non potest a falso.
그것은 가짜와 구별될 수 없다.
Id ei dabo. 나는 그것을 그에게 주겠다.
Id ei licet. 그것은 그에게 허락 된다
id est.(=idest) 즉, 다시 말하면, 다시 말하면(略 i. e.)
id est, hoc est, 말하자면(ut ita dicam)
Id éxpedit tibi. 그것은 네게 유익한 것이다
Id facimus ex libero voluntatis arbitrio.
우리가 의지의 자유선택에 의해서 악하게 행동한다.
id facinus natum a cupiditate.
탐욕에서부터 생겨난 그 악행.
id fuerunt quod sunt futuri in perpetuas æternitate.
영영세세에 존재할 그대로 존재하게 되었다.
(성 염 지음. 사랑만이 진리를 깨닫게 한다. p.295).
Id glorior. 나는 그것을 자랑 한다
Id meā ínterest. 그것은 나에게 관계 된다
Id mea mínime refert.
그것은 내게 조금도 대단한 것이 못된다.
id memoria teneatur. 이것을 기억해야 한다.
Id multum ei detraxit, quod alienæ erat civitatis.
그가 외국인이었다는 그것은 그에게 크게 불리한 점이었다.
Id non dúbito. 나는 그것을 의심하지 않는다.
Id non flocci fácio (pendo).
그까짓 것은 난 아무 것도 아니다.
Id non proprium senectutis vitium est.
그것은 노인들만의 결점은 아니다.
Id omítto. quando vobis ita placet. 그것이 그렇게도
너희들의 마음에 드는 것이기에, 나는 그것을 그만둔다.
(quia, quod, quando, quóniam, quandque, quándquidem, siquidem, 드물게
ut 등 접속사들을 사용한 이유문에는 직설법의 필요한 각 시칭을 쓴다).
Id possumus quod de iure possumus.
우리는 법률상 할 수 있는 것을 할 수 있다.
Id pronius ad fidem est. 그것은 더 믿을 만하다
id quo. 소이(所以-까닭)(선유의 천주사상과 제사문제. p.248)
id quo. (concéptus) 개념의 양식(樣式)
id quo aliquid est. (가톨릭 철학 창간호. p.145)
그것에 의해서 어떤 것이 존재하게 되는 그것.
id quo est. 그것에 의하여 있는 그것
id quo intelligitur. 그것을 통해서 다른 것이 인식되는 것
id quo maius cogitari sit quam cogitari nequit.

그보다 더 큰 것이 생각 될 수 없는 존재(=하느님, 안셀모).
id, quo majus cogitari non potest.
그것을 넘어 더 위대한 것이 생각될 수 없는 그것.
id quo nihil maius cogitari possit.
그보다 더 크게 생각할 수 없는 존재(=하느님, 안셀모).
id quo objectum cognoscitur. 인식되게 되는 수단
id quo significari non potest.[=신(神)]
그 보다 더 큰 것이라고는 생각될 수 없는 것
id quod. (concéptus) ((論.哲)) 개념의 내용
id quod cognoscitur. 인식하게 되는 대상
Id quod de facto est, sed potest non esse.
실제로 있을 수도 있고,
있지 않을 수도 있는 것(=우연적인 것 contingens).
Id quod dicitur, fit motu conditius.
말로 하는 것을 몸짓으로 더욱 흥을 돋군다.
id quod est. 존재하는 바로 그것(=존재자.獨 Das)
id quod hodie maxime constat.(⑨ this is especially true
today) 이것이 특히 오늘날에 해당되는 사실이다.
id quod major sit suam cogitari possit. 생각될 수
있는 모든 것보다도 더 크신 분(=하느님, 성 안셀무스).
id quod majus cogitari nequit.
그보다 더 위대한 것을 생각할 수 없는 존재
(Id,) quod utile est, non semper gratum est.
= Quod utile est, non semper gratum est.
유익한 것이 반드시 유쾌하지는 않다.
(이상과 같이 지시대명사가 선행사일 때, 만일 그 선행사가 주격
또는 대격이면, 그 지시 대명사를 생략할 수 있다).
Id, quod útile est, non semper honéstum est.
유익한 것이 항상 좋은 것은 아니다.
Id saltem vos púdeat.
너희는 적어도 그것을 부끄럽게 생각하여라.
Id spectatissimum sit. 그것은 가장 확실한 일일 것이다.
Id tu jam intélliges, cum in Gálliam véneris.(jam 참조)
너는 Gállia로 오게 되는 바로 그때에 그것을 알게 될 것이다.
Id vellem, si possem.
할 수만 있다면야 나도 그렇게 하고 싶소.
Id verum est; nondum in plena communione sumus.
(⑨ It is true that we are not yet in full communion)
우리는 아직 완전한 친교에 이르지 못하고 있는 사실입니다(1995.5.25. "Ut Unum Sint" 중에서).
id virium.(is 참조) 그 정도의 세력
Id vitam provexit in altum. 그것이 생명을 험난한
바다(재난의 위험 속으로)로 몰아넣었다.
Ida, -æ, (Ide, -es) f. Creta 섬의 산
Idálíe, -es, f. Idálíum의 여신(女神) 즉 Venus
idcírco(=ídéo), adv. (id+circa¹) [가끔 이유문.목적문에
동반됨] 그러므로, 그 이유 때문에; …하려는 그 목적으로.
idcirco, quod(quia) …하기 때문에/
idcirco, si …하기 때문에, 그래서/
idcirco, ut(ne) …하지(않기) 위하여/
Quia natura mutari non potest, idcirco veræ amicitiæ
sempiternæ sunt. 천성이 변할 수 없는 고로
참다운 우정은 영속(永續)하는 것이다/
Regum idcirco servi sumus, ut liberi esse possimus.
그러니까 우리는 자유인이 될 수 있기 위하여
법률의 노예(奴隷)가 되는 셈이다(Cicero).
Idcirco et in columba uenit Spiritus sanctus.
성령께서 비둘기 형상으로 오셨습니다.(교부문헌 총서 1. p.76).
idéa, -æ, f. 형상, 본(보기), 원형(原型.παράδειγμα),
생각, 의견, 사상(思想-생각), (音) (음악의) 악상(樂想).
(心) 표상(表象.獨 Vorstellung).
(哲) 관념(觀念), 이념(理念), 이상(理想).
associátio idearum. 개념의 연상(聯想)/
ideæ facticiæ. 조작된 관념, 인공적 관념/
ideæ innatæ. 타고난 이데아, 본유 관념/
ideæ principales. 원형(παράδειγμα.prototypus, -i, m.).
idea adventitia. 외래적 관념(데카르트는 이것을 인간의 감각을 통한
외부로부터의 자극을 통하여 형성되는 관념으로 불확실하고 비구분적이라 함)
idea clara et distincta. 명석 판명한 이념

562

idea Dei. 신의 이념(神 理念)
idea factitia. 인공적 관념[데카르트는 인간 의지행위로 만들어지는 관념으로서 어떤 경험에서 형성되는 것이 아니라 나에 의해서 만들어진다고 봄].
idea infiniti et illimitati. 무한자와 무제한자의 이념
idea innata. 생득 관념, 생래적 개념 또는 지식,
본유관념(사람이 태어나면서부터 지니고 있는 선천적 관념, 생득관념生得觀念).
ideális, -e, adj. (idéa) 관념적(觀念的), 이념적, 이상적.
mundus idealis. 관념계.
Ideálismus, -i, m. 관념론, 관념주의, 이상주의, 유심론
Ideálismus absolutista. 절대 관념주의
Ideálismus criticus. (신칸트주의의) 비판적 관념론
Ideálismus immanentisticus. 내재적 관념론
Ideálismus transcendentális. (칸트의) 선험적 관념론
ídem, éádem, ídem, pron. (is+dem)
[absol.:때로는 personále, ille, iste, unus와도 함께 씀]
같은(ὁμοιος) (사람.것), **동일한,**
[비교: idem atque(ac, et), quam, pr. relatíva; cum abl.; dat.] …와 같은, 동등한, 동일한,
[n. sg. c. gen.],
[adv.] eádem. 같은 길로; 같은 방법으로,
[adv.] eódem. 같은 곳으로.
eódem loci(=eódem loco) 같은 곳에/
Idem iis erat pater, eadem mater, idem municipium.
그들에게는 아버지가 같았고 어머니가 같았고 사는
도시가 같았다[대신하거나 수식하는 명사를 강조하거나 또는 언급한
인물이나 사물과 같은 것을 가리키는 대명사들이 있는데 이를 '강의(强意)
대명사'라고 한다. idem, eadem, idem, ipse, ipsa, ipsum 등 Idem은 is, ea, id
대명사에 -dem 후접사를 붙인 것이다. 성 염 지음, 라틴어 첫걸음, p.86]/
Magister ipse dicit. 선생님 친히 그렇게 말씀 하신다/
Nam idem velle atque idem nolle, ea demum firma amicitia.
한마음 한 뜻이면 이것으로 결국 참다운 우정이 성립 된다/
Non est éadem fortúna aque condítio.
행운은 지위와 동일한 것이 아니다/
Puellam ipsam videbo. 그 소녀 본인을 만나보아야겠다/
Raro fit, ut omnes idem séntiant. (fio 참조)
모든 사람들이 같은 것을 생각하는 일은 드물다/
Tu eadem semper dicis. 너는 언제나 같은 말만 한다/
Ubi eadem rátio, ibi idem jus. 이치가 같으면 법도 같다/
unum atque idem sentíre. 똑같은 생각을 하다.

		단 수			복 수	
	m.	f.	n.	m.	f.	n.
Nom.	idem	éadem	ídem	iídem	eáedem	éadem
Gen.	ejús-dem	ejús-dem	ejús-dem	eorún-dem	earún-dem	eorún-dem
Dat.	ipsi	ipsi	ipsi	eísdem	eísdem	eísdem
Acc.	ipsum	ipsam	ipsum	eósdem	eásdem	éadem
Abl.	ipso	ipsā	ipso	eísdem	eísdem	eísdem

(한동일 지음. 카르페 라틴어 1권. p.129)
Idem est natura quod deus.
본성은 곧 신과 동일한 것이다.
Idem est scire aut scire debere aut potuisse.
알아야만 한다는 것이나 알 수 있었다는 것은
안다는 것과 동일한 것이다.
Idem est Spiritus qui Magisterium sustinet atque sensum fidei concitat.(⑨ It is the same Spirit who assists the Magisterium and awakens the sensus fidei)
성령께서는 바로 교도권을 도와주시고 신앙 감각을
일깨워 주시는 분이십니다(1995.5.25. "Ut Unum Sint" 중에서).
idem est unicuique rei esse et bonum esse.
모든 사물에 있어서 존재와 선은 동일한 것.
idem genus. 동일한 유
idem intellectus et intellectum et intelligere.
지성과 인식된 것, 그리고 인식하는 것은 같다.
(심상태 신부 지음, 익명의 그리스도인, p.55).
ídem juris. 동등한 권리
idem semper vultus. 늘 같은 얼굴
idem velle. 같은 것을 원하다.
Idem velle atque idem nolle, ea demum firma amicítia est.(is 참조) 같은 것을 원하고 같은 것을

싫어하는 그것이야말로 확고한 우정이다.
idemlóquĭum(intenti-), -i, n. 동일어 중복(重複)
idéntĭdem, adv. (idem+et+idem)
되풀이해서, 여러 번, 자주(sæpe numero).
idéntĭtas, -átis, f. (idem) 꼭 같음, 동일(同一), 동일성,
일치, 평등, 신원(⑨ Identity), 정체성(⑨ Identity).
non-identitas. 비동일성/
princípium identitátis. (論) 동일성 원리, 동일률/
reális identitas. 실제적 동일성/
quidquid est, Deus iam ipse fit, præter unam essentiæ
identitatem. 모든 것은 하느님이 된다. 그러나 본질과의
모든 동일화는 제외된다.
Identitas Eucharistiæ(⑨ Identity of the Eucharist)
성체성사의 정체성.
identitas materiæ. 질료적 동일성
Identitas ministerii sacerdotis. (⑨ Identity of priestly
ministry sacerdotis). 직무 사제직의 정체성(正體性).
Identitas mysterii.
동일 신비의 축일(예: 성심 축일과 가시관의 축일).
identitas naturæ. 본성의 동일성(本性 同一性)
identitas propria personális. 고유한 정체성
identitas temporis Christi in Ecclesiæ vita.
(⑨ Christ's constant presence in the life of the Church)
교회의 삶 안에 늘 현존하시는 그리스도.
ídeo, adv. = idcírco(id+circa¹)
그러므로, 그런 이유 때문에, 그런 목적으로.
Uxorem duxi et ideo non possum venire(성경 루카 14, 20).
나는 방금 장가를 들었소. 그러니 갈 수가 없다오.
**Ideo autem omnes ad consilium vocari diximus,
quia sæpe iuniori Dominus revelat quod melius est.**
주님께서는 흔히 가장 젊은 사람에게 최고의 영감을 주십니다.
**Ideo Deus quosdam liberavit visibiliter, quosdam non
liberavit visibiliter: omnes tamen spiritualiter liberavit,
spiritualiter neminem deseruit.**
하느님께서는 어떤 사람은 눈에 보이게 구원하셨고, 또
어떤 사람은 눈에 보이게 구원하지 않으셨습니다. 그렇지만
모든 사람을 영적으로 구원하셨고, 영적으로는 아무도
저버리지 않으셨습니다(최익철 신부 옮김. 요한 서간 강해, p.359).
**Ideo non in conspectu hominum, sed ubi ipse Deus
videt in corde.** 우리는 사람들이 보는 앞에서가 아니라,
하느님께서 보시는 곳인 마음 안에서 사랑합니다.
**Ideo non videt Deum, quia non habet dilectionem;
ideo non habet dilectionem, quia non diligit fratrem.**
하느님을 못 뵙는 것은 사랑을 지니고 있지 않기 때문
입니다. 형제를 사랑하지 않기에 사랑을 지니지 못합니다.
(최익철 신부 옮김. 요한 서간 강해, p.419).
**Ideo patres agnoscite: patres enim fiunt agnoscendo
quod est ab initio.** 그러므로 아버지들임을
알아들으십시오. 처음부터 계신 그분을 알아 뵙는
사람이 비로소 아버지가 된다는 사실을.
Ideo sis pulcher, ut ille te amet. 그분께서 그대를 사랑
하시도록 아름답게 지내십시오(최익철 신부 옮김. 요한 서간 강해, p.417).
Ideo sumus, quia facta sumus.
만들어졌기에 우리는 존재합니다.
ideología, -æ, f. 이데올로기(主義的 觀念.⑨ ideology),
이념(理念), 주의적 관념(主義的 觀念→이데올로기).
ideologísta, -æ, m. 관념론자(觀念論者.⑨ m.),
관념학파(觀念學派)의 사람, 공상가(空想家),
공론가(空論家.inanilogísta, -æ, m.).
ideólŏgus, -i, m. 관념론자(觀念論者)
idest = id est(略: i.e.) 즉
Idib. (略) = Idíbus.
(3.5.7.10월) 15일에, (나머지 달의) 13일에.
idiógrăphus, -a, -um, adj. 자필의, 친필의
idíoma, -átis, n. (idioma, -æ, f.) 특수한 어법,
방언(方言), 관용어(慣用語.phrasis, -is, f.).
그리스도 안에 참 천주이며 참 사람인 성질.
idióta(=idiótes) -æ, m. 우매(愚昧), 무학 평수사,

I

563

무식한 사람, 배우지 못한 사람, 바보, 백치(白痴).
idióticus, -a, -um, adj.
무식한(ἀγράμματος), 무지한, 미련한, 서투른.
idiotísmus, -i, m. (어느 지방 말의) 특수용법, 관용어법.
idípsum(=id ipsum) 바로 그것
idolatria, -æ, f. = **idololatría**
우상숭배(עֲבוֹדָה זָרָה.偶像崇拜.[영] Idolatry).
De idolatria. 우상숭배론(테르툴리아누스는 이교도 종교와 어느 정도 밀접하게 관련되어 있기에 그리스도인의 삶과 조화를 이룰 수 없는 다양한 미술 공예품들을 훑어보면서, 그리스도인은 이교 당국이 제시하는 어떠한 표명들도 받아들일 수 없다는 결론을 내린다).
idoléum, -i, n. = **idolíum**, -i, n.
이교도의 신전, 사당(祠堂-신주를 모신 집).
idolíum, -i, n. = **idoléum**, -i, n.
idólĭcus, -a, -um, adj. 우상의
idolólătra(=idololatres) -æ, m. 우상숭배자
idololatría, -æ, f. = **idolatría**
우상숭배(偶像崇拜.עֲבוֹדָה זָרָה.[영] Idolatry).
idololátrĭcus, -a, -um, adj. 우상숭배의, 우상숭배 하는
idolólătris, -ĭdis, adj., f. 우상숭배 하는 (여자)
idolon, -i, n. = **idolum**, -i, n.
idolóthytes, -æ, m. 우상에게 제물을 바치는 사람
idolóthytus, -a, -um, adj.
우상에게 바쳐진, 우상숭배 제물의.
idolum, -i, n. = **idolon** 영상(影像.映像), 우상 신,
우상(אֱלִיל.אֵימָה.צֶלֶם.צִיר.סֶמֶל),
환영(幻影), 환상(幻想), 허깨비.
idola fori. 시장의 우상(사회생활을 통해 생겨나는 선입관)/
idola specus. 동굴의 우상(개개의 인간에 부수된 선입관)/
idola theátri. 극장의 우상(학파나 체계에 부수된 선입관)/
idola tribus. 종족의 우상(인간본성 속에 잠재하는 선입관)/
O admirabilis veneris idolum. 오 놀라운 비너스의 우상/
societas non idolorum stolidorum, sed versutorum dæmoniorum. 우둔한 우상들과의 결속이 아니라 간교한 정령들과의 결탁이다(우상숭배의 본질은 정령 혹은 악마숭배라는 정의이다. 교부문헌 총서 15, 신국론, p.894).
Idóměneus, -i, m. Troja 전쟁에 참가한 Creta 군의 지휘관
idonéĭtas, -átis, f. (idóneus)
적합성(適合性), 적격성(適合性), 알맞음, 적임(適任).
idoneitas canonica. 교회법상 적격성(適格性)
idóněus, -a, -um, adj. **적합한**, 정당한, 알맞은, 적절한, **합당한**, 어울리는, **적격의**, 제격인, 해낼 수 있는, 장래성 있는, …에 훌륭한, 형편 좋은, 편리한. ((法)) (빚 따위를) 갚을 능력이 있는, 신임할 수 있는.
Aedibus idoneum locum deligere non potuerunt. 그들은 건물에 적합한 장소를 택할 수 없었다/
Aut prodesse volunt aut delectare poëtæ, aut simul et iucunda et idonea dicere vitæ.(Horatius). 시인들은 유익을 주려 하거나 재미를 주려 하거나, 아니면 재미있고 삶에 적절한 것을 한꺼번에 주려 하거나 셋 중의 하나다/
Idonea cautio fit tam per pignora, quam per fidejussores. 적절한 담보설정은 질에 의해서도, 보증인에 의해서도 이루어진다/
Idonea occasio huius Nostri incepti variis profluit ex rationibus. 여러 가지를 고려해 볼 때 이러한 제안은 시기적절한 것이 분명합니다("Rosarium Virginis Mariæ" 중)에서/
Locus maxime idoneus castris est proximus mari. 요새에 가장 적합한 장소는 바다에 아주 가깝다.
Idoneus non est, qui impetret.
그는 (이것을) 성취할 만한 사람이 못된다.
idoneus rhetori puer. 수사학 선생에게 맡길만한 소년
īdos, n., indecl. 외관(外觀.ἰδέα), 모양, 외양, 생김새
Iduárĭus, -a, -um, adj. (Idus)
(이자 받는 날인) 매월 13(15)일의.
Īdūmaea, -ae, f. (또는 Īdūmē, -ēs, f.) 이두미아, Edom의 그리스명.
īdŭo, -as, -āre, tr. 나누다.
Idus, -ŭum, f., pl. (소문자로 쓰는 수도 있고, 고어에는 Eīdus도 나타남) 1. Roma력의 (3.5.7.10월의) 15일, (나머지 달의) 13일: postrídie Idus. 다음날(16일 또는 14일)/ ante diem tértium Idus Novémbres. 11월11일. 2. (매달 Idus) Júpiter에게 바쳐진 날. 3. 이자 받는 날(계약에 따라 매달 초하루나 13일 혹은 15일에 이자를 받고 물고했음).
idýllĭum(=edýllĭum), -i, n.
소화체 시(小話體 詩), (특히) 목가(牧歌), 전원시.
i. e. (略) = **id est**. 즉
Iebus, 여부스(יְבוּס.[영] Jebus)
īens, eúntis, p.prœs. (eo³) 가는 진행하는
ientācŭlum, -i, n. 아침식사
Iesu, dulcis memoria. 감미로운 예수
(12세기 클레르보의 베르나르도 1090~1153 찬미가).
IESU XPI PASSIO. 예수 그리스도의 고난(예수 고난회 문장).
Iēsus, -u, m. [acc. -um] (=Jesus) 예수(Ἰησοῦς)
(히브리어로 "구원하시는 하느님 YHWH(Yahweh)"을 뜻함)
Iesus Christus heri et hodie, ipse et in sæcula.
(VIhsou/j Cristo.j evcqe.j kai. sh,meron o` auvto.j kai. eivj tou.j aivw/naj) (獨 Jesus Christus gestern und heute und derselbe auch in Ewigkeit) ([영] Jesus Christ is the same yesterday, today, and forever) 예수 그리스도는 어제도 오늘도 또 영원히 같은 분이십니다(성경)/예수 그리스도는 어제나 오늘이나 또 영원히 변하지 않으시는 분입니다(공동번역)/예수 그리스도는 어제와 오늘, 그리고 영원히 같은 분이십니다(200주년 기념 신약성서 히브 13, 8).
Iesus hominum salvator. 인류의 구원자이신 예수(略.I.H.S.)
Iesus orare docens([영] Jesus teaches how to pray).
예수님께서 기도를 가르쳐 주시다.
īgitur, conj. (adv.) [보통 한 두 단어 뒤에 놓음]
1. (귀결.결론) 그러므로, 따라서. 2. (명령) 그러니: fac igitur…. 그러니 …해라. 3. (질문.반어) 그래서: Possumúsne igitur …? 그래 우리가 할 수 있단 말이냐? 4. (긴 삽입문을 거쳐 본래의 문장으로 되돌아 올 때) 하여튼, 어쨌든: Scripsi étiam(nam at oratiónibus disjúngo me fere), scripsi igitur. 나는 이 글을 또한 썼다 (연설하는 일은 거의 중단하고 있지만) 하여간 나는 글을 썼다. 5. (여러 가지를 열거한 다음) 결국 요컨대, 한마디로: pro império, pro exércitu, pro província, etc., pro his igitur ómnibus rebus. 나라를 위해, 군대를 위해, 지방(주州)을 위해, 요컨대 모든 것을 위해서(라틴-한글사전, p.397).
In umbra igitur, inquit, pugnabimus.
그는 말했다. 그러므로 우린 그늘에서 싸우겠다/
Quid est igitur quod facit unum hominem. 그렇다면 인간을 단일체로 만드는 것은 무엇인가?.(지성단일성, p.153)/
Quid igitur reapse concupiscimus?
그렇다면 우리가 진정으로 원하는 것은 무엇입니까?/
Quid igitur vis? "Esse". 그래 뭘 하고 싶나?, 먹는 것이오/
Virtus eadem in homine ac deo est : est igitur homini cum deo similitudo.(Cicero). 같은 덕목이 사람에게도 있고 신에게도 있다. 그러니 사람이 신과 닮은 점이 있다.
Igitur perfecti sunt cæli et terra et omnis exercitus eorum. (kai. sunetele,sqhsan o` ouvrano.j kai. h` gh/ kai. pa/j o` ko,smoj auvtw/n) (獨 So wurden vollendet Himmel und Erde mit ihrem ganzen Heer) ([영] Thus the heavens and the earth and all their array were completed) 이렇게 하늘과 땅과 그 안의 모든 것이 이루어졌다(성경 창세 2, 1)/이리하여 하늘과 땅과 그 가운데 있는 모든 것이 다 이루어졌다(공동번역).
ignárus, -a, -um, adj. [in²+gnarus]
(무엇을) 모르는, …에 미숙한, 무식한(ἀγράμματος), 미지의, 사물에 어두운, 알려지지 않은.
hujus ignarus óppidi. 이 도시를 모르는/
me ignaro. 나 모르게/
Non ignara mali, miseris succurere disco(Vergilius).
나 역시 불행을 모르지 않으므로 가련한 사람들을 돕는 법을 배우노라/
régio hŏstibus ignára. 적들이 모르는 지방.
Ignarus veræ libertatis, hic populus rectus erat longe a tyrannis. 참된 자유를 몰랐기 때문에 이 백성은 오래 동안 폭군들에게 지배당했다.

Ignatius, -i, m. 로욜라의 이냐시오(I. de Loyola. 1495~1556),
성인(축일은 7월 31일. 예수회의 창립자).

ignavésco, -ĕre, intr., inch. (ignávus)
무기력해지다, 게을러지다.

ignávĭa, -æ, f. 게으름, 빈둥거림, 맥없음, 무기력, 비겁,
나태(懶怠).⑨ Acedia.Sloth-행동, 성격 따위가 느리고 게으름.

ignavior, -or, -us, adj. ignávus, -a, -um의 비교급

ignavissimus, -a, -um, adj. ignávus, -a, -um의 최상급

ignávus, -a, -um, adj. 게으른, 나태한, 타성에 흐른,
빈둥거리는, 느린, 굼뜬, 활기 없는, 움직이지 않는,
꼼짝 안하는, 맥 못 추는, 비겁한, 겁 많은,
제 구실을 못하는, 생산력 없는, 움츠러들게 하는,
게을러지게(느른해지게) 하는.
    adv. **ignáve**, **ignávĭter**, 게으르게, 굼뜨게, 맥없이,
    homo ignavus. 게으름뱅이/
    Ignavis precibus Fortuna repugnat. 행운의 여신은 터무니
    없는 기도를 뿌리친다.[호의와 적의를 표현하는 자동사들은 그 호의와
    적의의 대상을 여격으로 나타낸다. 성 염 지음, 고전 라틴어, p.392]/
    nemora ignava. 불모의 숲.

ignavus æstus. 느른해지게 하는 더위

ignésco, -ĕre, intr., inch. (ignis)
불붙다, 불타다, 발끈하다, (격정激情에) 불타다.

Ignem sui amoris accendat Deus in cordibus nostris.
하느님, 저희 마음에 당신 사랑의 불을 놓으소서(ignis 참조).

Ignem veni mittere in terram.
(Pu/r h=lqon balei/n evpi. th.n gh/n)
(⑨ I have come to set the earth on fire)
나는 세상에 불을 지르러 왔다(성경 루카 12. 49)/
나는 이 세상에 불을 지르러 왔다(공동번역 루가 12. 49)/
나는 세상에 불을 지르러 왔습니다(200주년 신약).

ígnĕus, -a, -um, adj. (ignis)
불의, 불붙는, 뜨거운, 작열(灼熱)하는,
(빛깔이) 타는 듯한, 불 색의, 새빨간, 불같은, 격렬한.
    ignea rima micans. 번개.

igneus præses mail. 악의 우두머리인 불의 천사

igneus sol. 불타는 태양

igniárĭum, -i, n. (igniárius) 불쏘시개, 점화재료, 부싯깃

igniárĭus, -a, -um, adj. (ignis) 불 일으키는, 불의,
    lapis igniárĭus. 부싯돌(silex, -licis, m.).

ígnĭcans, -ántis, adj. (ignis) 불을 토하는 화색의

ignícŏlor, -óris, (**ignicórus**, -a, -um) adj.
불 색(色)의, 불타는 듯한 빛의.

ignícŏmans, -ántis, (**ignícŏmus**, -a, -um) adj.
(ignis+coma) 불길 같은 모발의.

ignicrémus, -a, -um, adj. 불타는, 타오르는

ignícŭlus, -i, m. dim. (ignis) 작은 불(불길), 불꽃,
불티, 가냘픈 섬광(광채), (pl.) 소질, 재질, 싹수.

ignífer, -ĕra, -ĕrum, adj. (ignis+fero)
불을 가진(지닌), 불붙은, 타고 있는.

ignífluus, -a, -um, adj. 불꽃 이는, 불길이 번져 나오는

ignígĕna, -æ, m. (ignis+gigno)
불에서 태어난 자, Bacchus의 별칭.

ígnĭo, -ívi -ítum -íre, tr. (ignis)
불붙이다, 달구다, 뜨겁게 하다.

ígnĭpes, -pĕdis, adj. (ignis+pes) 불붙는 듯한 발을 가진, 빠른

ignípŏtens, -éntis, adj. (ignis+potens) 불을 지배하는,
m. 불을 지배하는 자, Vulcánus의 별칭.

ignis, -is, m. 불(πῦρ.⑨ Fire.獨 Feuer.프 feu),
불길, 횃불, 화재, 번개, 벼락, 해, 달, 별, 광채, 섬광(閃光),
열, 백열, 홍조(紅潮), 정열, 열정, 격정, 사랑의 불길),
열애, 연인, 애인, 재앙(災殃.멸망.파멸)을 가져오는 것,
전화(戰火-전쟁), 위험인물(危險人物).
    Accéde ad ignem hunc, jam calésces.(jam 참조)
    불 가까이 오너라, 몸이 곧 녹을 것이다/
    An ignis gehennæ, si corporalis est, possit malignos
    spiritus, id est dæmones incorporeos, tactu suo
    adurere. 지옥의 불이 물질적이라면 악령, 곧 비물질적
    귀신들을 태울 수 있을까(교부문헌 총서 17, 신국론. p.2824)/

Aut exuritur igni. 불살라지느니라.(신국론. p.2481)/
confector omnium ignis. 모든 것의 파괴자인 불/
devolet in terram liquidi color aureus ignis.
    순수한 불길의 황금빛이 땅으로 날아 내린다.
    (성 염 지음. 사랑만이 진리를 깨닫게 한다. p.417)/
ex igni atque ánima temperátus. 불(火)과 기로 배합된/
ferro igníque. (ferrum 참조) 무기와 화염으로/
ferrum rubens igne. 불에 벌겋게 단 쇠/
ignem accendere. 불을 붙이다/
ignem accendo. 불을 놓다/
ignem amoris. 사랑의 불/
ignem ex lignis virídibus facio.
    생나무에서 불을 일으켜 내다/
Juvenes in camino ignis. 불가마 속의 세 청년/
infero alqd in ignem. 무엇을 불 속에 집어던지다/
Intúlimus lignum in ignem. 우리는 불에 나무를 집어넣었다/
liquefactiva virtus ignis. 불의 용해력(鎔解力)/
liquidi ignis. 순수한 불(성 염 지음, 사랑만이 진리를 깨닫게 한다. p.417)/
meus ignis. 내 사랑/
pónere alqd in ignem. 무엇을 불 속에 집어넣다/
Quid aliud ille ignis devorat, nisi peccata tua?
    저 불은 네 죄 외에 무엇을 태우랴?/
Sarmentum præcisum nonne in ignem mittitur?
Habe formam, sed in radice. Quomodo autem radicamini,
ut non eradicemini? 잘린 포도덩굴은 불에 던져지지
    않겠습니까? 그대, 겉모양을 지니되 뿌리 속에서 지니십
    시오. 뿌리 뽑히지 않으려면 어떻게 뿌리 내려야 합니까?.
    (최익철 신부 옮김. 요한 서간 강해. p.131)/
Sic quippe ostendit æterno igne diabolum et angelos
eius arsuros. 그렇게 해서 악마와 그의 천사들이 영원한
    불에 탈 것임을 보여 주었다.(교부문헌 총서 17, 신국론. p.2507)/
tectis ignem infero. 여러 집에 불을 지르다/
tempero aquam ígnibus. 물을 불로 덥히다/
Tui amóris in nobis ignem accende. 주를 사랑하는
    열렬한 불을 우리 마음속에 타게 해 주소서.

Ignis ardens. 타오르는 불

Ignis aurum probat, miseria fortes viros.
불은 금을 시험하고, 불행은 강한 사람을 시험한다,
불은 황금을 제련하고, 불행은 사나이를 단련한다.
[병행문장에서 동일한 술어(probat)는 대개 생략한다. 성 염 지음. 고전 라틴어, p.86]

Ignis cuncta distúrbat. 화마가 모든 것을 삼키고 있다

ignis emendátiónis. 교정하는 불=(연옥 불)

Ignis fit prima causa culturæ humanæ.
불은 인류 문명의 첫 번째 원인이 된다.

Ignis probat ferrum, et tentátĭo hominem justum.
불은 쇠(철鐵)를 증명해 주고 시련은 의인을 증명해 준다.
(준주성범 제1권 13장 5).

ignis purgátiónis. 정화하는 불=(연옥 불)

ignis quantumvis habeat calorem perfectum non
alteraret nisi per motinem corporis cælestis.
불은 아무리 완전한 열을 가지고 있더라도 천체의 운동을
통해서만 변화시키다.(김 율 옮김. 은총과 자유. p.134).

Ignis, quo clarior fulsit, citius extinguitur.
불은 밝게 빛날수록 더 빨리 꺼진다.

Ignis surgit ab ara. 제단에서 불길이 올라간다.

ignispícĭum, -i, n. (ignis+spécio) 불을 보고 치는 점(占)

ignitábŭlum, -i, n. (ígnio) 불쏘시개, 부싯깃; 성냥

ignítŭlus, -a, -um, adj. (어느 정도) 타는, 뜨거운

ignítus, -a, -um, p.p., a.p. (ígnio) 불붙인, 불붙은, 뜨거운

ignívăgus, -a, -um, adj. 불길 같은

ignívŏmus, -a, -um, adj. (ignis+vomo)
불을 토하는, 분화(噴火)의.

ignóbĭlis, -e, adj. (in²+nóbilis) 알려지지 않은, 무명의,
(신분이) 천한, 비천한, 지체 낮은, 상스러운.

ignobílĭtas, -átis, f. (ignóbilis) 알려지지 않음,
비천한 가문의 태생, 천민의 신분, 지체 낮음.

ignomínĭa, -æ, f. (=ignomínĭum, -i, n.)
[in²+gnomen(=nomen)] **불명예**(不名譽), 망신(妄信),
치욕(恥辱-부끄러움과 욕됨), 오점, 불명예제대, 제명처분.

Postquam castra attigit, Caligula, ut se acrem ac severum ducem ostenderet, legatos, qui auxilia serius adduxerant, cum ignominia dimisit. 요새(要塞)에 당도한 다음, 칼리굴라는 자신이 날카롭고 엄격한 장군임을 보이기 위해 보충병을 늦게 데려온 부사령관들을 모욕하여 파면시켰다.[성 염 지음. 고전 라틴어, p.404]

Vitia hominum atque fraudes damnis, ignominiis vinclis, verberibus, exsiliis, morte multantur. 사람들의 악덕과 사기는 벌금과 수치, 투옥과 체형, 추방과 사형으로 벌한다.[이 여섯에 동해복수(talio)와 노예처분(servitus)을 더하면 전형적인 로마의 여덟 형벌이 된다. 성 염 지음, 고전 라틴어, p.413].

Ignominiosum est clericis affluere epulis.(성 토마스) 잔치를 좋아하는 것은 성직자에게 모욕이 된다.

ignominiósus, -a, -um, adj. (ignomínia)
면목 없는, 창피한, 면목 없는, 불명예스러운, 수치스러운, 치욕적인, 굴욕적인.
missio ignominiosa. 불명예제대.

ignomínĭum, -i, n. (=**ignomínĭa**, -æ, f.)

ignorábĭlis, -e, adj. (ignóro) 알려지지 않은, 모르는, 미지의: lítteræ ignorábiles. 알아보지 못할 글자들.

ignórans, -ántis, p.prœs., a.p. (ignóro) 모르는,
무식한(άγρώμμαος), 무지한, 사물에 어두운,
adv. **ignoránter**, 모르고, 몰라서, 무식해서.

ignorántĭa＊-æ, f. (ignóro) 부지(⑨ ignorance → 무지),
무지, 무식(無識), 알지 못함, 지식의 결핍(缺乏).
De docta ignorántĭa. 유식한 무지론(쿠자누스 지음),
학식 있는 무식(독일 신비주의 철학자 Nicolaus Cusanus의 1440년 지음)/
Docta Ignorantia(⑨ Learned Ignorance) 무지의 지,
유식한(박학한) 무지[아우구스티노의 말. 하느님께 관한 지식은 인간 최고의 지식이지만 그것을 신앙으로써 연중 제29주일 금요일. 제2독서 참고. 무지의 지식(Scientia ignorantionis)이라고도 하는데 니콜라우스 데 쿠사는 스스로 인간을 자부하는 지식을 경멸함으로써 참다운 하느님과의 일치를 이루는 지식에 이른다는 지성한 무지(Sacratissima ignorantia)라고 풀이했다.
백민관 신부 엮음, 백과사전 1, p.872]/
fidelis ignoratia. 신실한 무지/
melior est fidelis ignorantia quam temeraria scientia.
외람 된 지식보다는 믿음 있는 무지가 낫다.

ignorántĭa affectata. 고의적 무지

ignorántĭa antecedens. 선행적 무지

ignorántĭa concomitans. 동반적 무지

ignorántĭa consequens. 후속적 무지(후행 무지)

ignorántĭa crassa.(Spina)
소홀(疏忽)한 부지, 야비한 무지, 나태의 무지.

ignorántĭa culpábĭlis. 탓이 있는 無知

ignorántĭa culpábĭlis simpliciter. 단순히 탓이 있는 부지

ignorántĭa docta(⑨ Learned Ignorance) 박학한(유식한) 무지

ignorántĭa elénchi. (論) 논점 상이의 무지,
논점 무지의 오류, 논점망각, 논점 상위의 오류(誤謬)

ignorántĭa facti. 사실의 무지

Ignorántĭa facti non juris excusat.
사실의 부지는 죄책을 면제하지만
법률의 부지는 죄책을 면제하지 않는다.

Ignoratio futurorum malorum utilior est quam scientia.
앞으로 닥칠 불행에 대해서는 모르는 편이 아는 것보다 낫다.

Ignorantia humana. 인간의 무지.
[프란시스 베이컨은 무지 원인을 다음 네 가지로 들고 있다. 1. fragilis et indignæ auctoritatis exemplum. 허약하고 비속한 권위 추정 2. consuetudinis diuturnitas. 습관의 영속성 3. vulgi sensus imperiti. 무식한 대중의 감각 4. propriæ ignorantiæ occultatio cum ostentatione sapientiæ apparentis. 지혜로운 척하며 자신의 무지를 감추려는 태도. 이재룡 옮김, 소피아 로비기 지음, 인식론의 역사, p.90].

ignorántĭa inculpábĭlis. 탓이 없는 무지

ignorántĭa invincíbĭlis. 극복할 수 없는 부지,
불가피적 무지(불가항력의 무지), 이길 수 없는 무지

ignorántĭa juris. 법률의 무지

Ignorantia legis neminem excusat.
법의 부지는 변명되지 않는다.
(법률의 부지는 아무도 변명해 주지 않는다).

ignorántĭa moraliter invincíbĭlis.
윤리적으로 극복할 수 없는 부지.

ignorántĭa physice invincíbĭlis.
물리적으로 극복할 수 없는 부지.

ignorantĭa pœnæ. 처벌의 무지, 형벌의 부지

ignorantĭa prætéritæ culpæ. 지난 잘못을 모름

ignorantĭa supina. 태만(怠慢)한 부지

ignorantĭa vincíbĭlis. 극복 가능한 무지,
가피적(극복 가능한) 무지, 극복할 수 있는 부지,
이길 수 있는 무지, 태만(怠慢)의 무지.

ignorátĭo, -ónis, f. (ignóro) 알지 못함, 지식의 결핍, 무지.
Non est ita, ac pótius ignorátio est.
그렇지 않고, 그것은 오히려 무지(無知)인 것이다.

Ignoratio enim Scripturarum ignoratio Christi est.
성서에 대한 무지는 그리스도께 대한 무지이다.

ignoratio Scripturarum ignorato Christi est.
(⑨ ignorance of Scripture is ignorance of Christ)
성경을 모르는 것은 그리스도를 모르는 것이다.

ignorátus, -a, -um, p.p., a.p. (ignóro) 모르는, 알려지지 않은

ignóro, -ávi, -átum, -áre, tr., intr. (ignárus)
(의문·부정을 동반할 때에는 quin c. subj. 도 씀)
모르다, 알지(깨닫지) 못하다, 무시하다, 모르는 체하다.
Ignorabam quid facerent. 나는 그들이 무엇을 하는지 몰랐다.
(속문 동사가 주문 동사와 동시적이면 접속법 미완료)
Ignorabam quid fecissent. 나는 그들이 무엇을 했는지 몰랐다.
(속문 동사가 주문 동사보다 선행하면 접속법 과거완료)
Ignorabam quid facturi essent. 나는 그들이 무엇을 할는지 몰랐다(속문 동사가 주문 동사보다 후속적이면 -turus essemm을 쓴다)/
Ne fugite hospitium neve ignorate Latinos, Saturni gentem. 손님에게 드리는 이 환대를 저버리지 마시오.
사투르누스의 종족 라틴인들을 무시하지 마시오/
Quis ignórat quin…? …라는 것을 누가 모르랴?/
Summum bonum si ignoretur, vivendi rationem ignorari necesse est.(Cicero). 최고선이 알려지지 않으면
필히 삶의 명분도 알려지지 않게 마련이다.

Ignoro quid faciant. 나는 그들이 무엇을 하고 있는지 모른다.
(속문 동사가 주문 동사와 동시적이면 접속법 현재).

Ignoro quid fecerint. 나는 그들이 무엇을 했는지 모른다.
(속문 동사가 주문 동사보다 선행하면 접속법 현재완료).

Ignoro quid facturi sint. 나는 그들이 무엇을 할지는 모른다.

ignóscat, 원형 ignósco, ignóvi, ignótum, ignoscěre, intr., tr.
[접속법 현재. 단수 1인칭 ignoscam, 2인칭 ignoscas, 3인칭 ignoscat, 복수 1인칭 ignoscamus, 2인칭 ignoscatis, 3인칭 ignoscant]
Tibi fatémur crimina admíssa: contríto córde pándimus occúlta: túa Redémptor, píetas ignóscat.
주님께 범한 죄를 고백하며, 통회하는 맘 주께 드리오니,
당신 자비를 잊지 마옵소서.(당신께 범한 죄를 고백하며, 뉘우치는 마음으로 감춘 것을 드러냈사오니, 구세주시여, 당신의 자애가 그것을 용서하소서. 황치헌 신부 지음, 미사통상문을 위한 라틴어. pp.509~510].

ignóscens, -éntis, p.prœs., a.p. (ignósco) 용서하는, 너그러운.
quanto tuos est animu' natu gravior, ignoscentior, ut meæ stultitiæ in justitia tua sit aliquid præsidi.
영감은 나이가 많아 심이 깊고 도량이 넓지 않소?
내 어리석음일랑 영감의 의덕(義德)으로 뭔가 메워주구려.
(성 염 지음. 사랑만이 진리를 깨닫게 한다. p.458)

ignoscéntĭa, -æ, f. (ignósco)
사면(赦免), 용서(容恕.χησόϛ.⑨ Forgiveness).

ignoscíbĭlis, -e, adj. (ignósco) 용서할 만한

ignoscito, 원형 ignósco, ignóvi, ignótum, ignoscěre,
[명령법. 미래 단수 2인칭 ignoscito, 복수 3인칭 ignoscito]

Ignoscito sæpe alteri, numquam tibi ipsi.
타인은 자주 용서하되 그대 자신은 결코 용서하지 말라.

ignósco, ignóvi, ignótum, ignoscěre, intr., tr.
[in³⁴(g)nosco] 용서하다(חחٰٰ), 관용(寬容)하다,
사면(赦免)하다, 관대히 봐주다.
Egomet mihi ignosco(Horatius).
내 스스로 내 자신에게 관용하는 법을 배우노라/
Ignoscito sæpe alteri, numquam tibi ipsi. 남에게는 간혹
관용하라. 그러나 네 자신에게는 결코 관용하지 말라!,
타인은 자주 용서하되 그대 자신은 결코 용서하지 말라/
Ignoti nulla cupido(Ovidius).(ignoti: n. gen. sg.)
모르는 사물에 대해서는 아무런 욕심도 없는 법.
[nulla est cupido ignoti. cupidus 속격 지배 형용사. 성 염 지음. 고전 라틴어, p.110]/

Mihi ignóscas, quod ad te scribo tam multa.
너한테 이렇게 긴 편지 쓰는 것을 용서해주기 바란다/
Quibus parum uel quibus nimium est, mihi ignoscant;
이 저술의 분량이 너무 적거나 너무 많다고 보는 사람
들은 나를 용서해주기 바란다.(신국론 끝부분, 신국론, p.2731)/
Te rogamus ut servo ignoscas.
그 노예를 용서해주기를 당신에게 저희가 비는 바입니다.
Ignosco sibi ómnia.
자신에게는 모든 것을 허용하다(관대히 생각하다)
ignótum, "ignósco"의 목적분사(sup.=supínum)
ignótus, -a, -um, adj. [in²+(g)notus] 알려지지 않은,
모르는, 미상의, 불명의, 비천한, 천민 출신의,
무식한(ἀγρὰμμαος), 무지(無知)의, 모르는.
Ignota signa. 미지의 표지/
Ignoti nulla cupido. 모르는 자에게는 어떤 관심도 있을 수 없다/
Ignoto Deo. 알지 못하는 신에게/
Ignotum per ignotius.
모르는 것을 더욱 더욱 모르는 것으로 설명함/
in vulgus ignotus. 민중에게 알려지지 않은.
ignóvi, "ignósco"의 단순과거(pf.=perfectum)
IHS IHS는 희랍어 IHSOUS(예수) 에서 유래하고, XPS는
희랍어 xpistos (그리스도) 에서 유래 한다[이것은 이 두 약어
(IHS, XPS)가 교회가 공식어로 라틴어를 채택하기 이전, 희랍어를 사용하던 시대
부터 이미 약어로 사용되던 것이 유산으로 남겨졌다는 것을 말한다. 참고로 현대
에도 영어에서 사용하는 &도 et(그리고)를 단순화시켜 적은 것이다. 한편, IHS에
대하여 "Iesus hominum salvator"(인류의 구원자이신 예수)의 약자라고 해석하는
경우도 있는데, 이것은 라틴어 약어가 더 이상 널리 사용되지 않게 된 시대
(인쇄술의 발달로 손으로 책을 베끼던 작업이 끝난 시대에) 잘 모르고 덧붙였던
것으로 오늘날까지 전해 진 것이라 추정된다.(장신호 신부, 전례학 동호회에서)]
ĭi, "eo³"의 단순과거(pf.=perfectum) 내가 갔다
iimus, "eo"의 직설법 현재완료 복수 1인칭
iísdem negótiis insenesco.(insenesco 참조)
맨날 같은 일에 매달려 지내다.
iit, "eo³"의 직설법 현재완료 단수 3인칭
íle, ilis, n. = **ília¹**
ileocólĭcus, -a, -um, adj. (解) 회장(回腸)의
ileotýphus, -i, m. (醫) 장티푸스(열병, 장질부사)
Ilercavonénses, -íum, m., pl. = **Illurgavonénses**
íleum, -i, n. (解) 회장(回腸)
íleus(-os) -i, m. (醫) 장폐색증(腸閉塞症-장복통증.토분증),
일레우스(腸閉塞.⑨ intestinal obstruction).
ilex, -ílĭcis, f. (植)
ilex cornúta. (植) 호랑가시나무
ilex crenáta. (植) 꽝꽝나무(감탕나뭇과의 상록 관목)
ilex íntegra (植) 감탕나무(떡가지나무)
ilex rotúnda. (植) 먼 나무(좀 감탕나무)
ília¹ ílĭum. n., pl. (解) 서혜부(鼠蹊部), 아랫배 옆구리,
회장(回腸); 창자, 내장(內臟).
ília²-æ, f. Rhea Sílvia의 이름, Rómulus와 Remus의 어머니
ílĭacus¹ -a, -um, adj. 엉덩뼈의, 회장(回腸)의.
ilíaca pássio. 장폐색증.
ilíăci, -ōrum, m. pl. 장폐색증(일레우스) 환자.
ílĭacus² -a, -um, adj. Ilíum의, Troja의 라틴명.
ílĭcet, adv. (ire+licet³) = **íllĭcet**
(모임.행사가 끝났을 때에) 자 이젠 그만 갑시다(가자),
끝났다, 끝장이다. 다 틀렸군!, 어서, 즉시, 곧장, 빨리, 당장.
ilicétum, -i, n. (ilex) 호랑가시나무 밭, 감탕나무 밭
ilíceus, -a, -um, adj. (ilex)
호랑가시나무의, (또는) 감탕나무의.
ílico(in\loco), adv. = **íllĭco** 그 자리에, 그곳에, 즉시,
곧, 당장, 즉석에서(e vestigio).
iligneus(=ilígnus), -a, -um, adj. (ilex)
호랑가시나무의, (또는) 감탕나무의.
iliofemorális, -e, adj. (解) 장골대퇴(腸骨大腿)의
iliohypogástrĭcus, -a, -um, adj. (解) 장골하복(腸骨下服)의
Ilípa, -æ, f. Hispánia의 Bœtis 강변의 소도시
Ilithýĭa, -æ, f. 출산의 여신(女神)
ilium, -i, n. (解) 장골(腸骨-엉덩이뼈의 두 끝)
illā, adv. (ille) 저 길로, 저편으로
illa celsitúdo altíssimæ paupertatis.

지극히 높은 가난의 극점(極點).
Illa conjurátio ex latebris erupit.
그 음모는 세상에 드러났다.
Illa est soror mea. 저이(여자)가 나의 누이이다.
Illa, quamvis ridicula essent, mihi tamen risum non
moverunt. 그것은 우스꽝스러운 일이었지만
내게서 웃음을 자아내지 못하였다.
Illa res ad officium meum pertinet.
그 일은 내 직무에 속한다.
Illa vox et imploratio "Civis Romanus sum",
quæ sæpe multis in ultimis terris opem inter
barbaros et salutem tulit.(Cicero)
"나는 로마인이다"라는 저 말과 구원성(求援聲),
이것은 흔히 아주 먼 많은 지역에서 만족(蠻族)들
사이에서 원조와 안전을 가져주었다.
illabefáctus, -a, -um, adj. (in²+labefácio)
움직이지 않는, 견고한, 부동의.
illábor, (-ĕris, -ĭtur), lápsus sum, -bi, dep., intr.
(in\labor¹) …로 떨어지다, 빠지다,
미끄러져 들어가다, 흘러들다, 침투하다.
pernícies illápsa cívium in ánimos.
市民들의 가슴 속을 파고든 멸망(滅亡).
illaborátus, -a, -um, adj. (in²+labóro) 가공되지 않은,
가꾸지 않은, 다듬지 않은, 공으로 얻은, 수고들이지 않은.
illabóro, -ávi, -átum, -áre, intr. (in\labóro)
일을 하다, 애써하다.
illabóro dómibus. 집 짓는 일을 하다
illac, adv. (illic³) 저곳(그곳)을 거쳐서, 저쪽 편을 들어,
(도착지) 저곳으로, 그로도, 그 편에 가담하여.
illacerábilis, -e, adj. (in²+lácero)
찢을 수 없는, 찢어지지 않는.
illacessítus, -a, -um, adj. [in²+lacésso]
공격을 받지 않는, 자극(도발)을 받지 않은.
illacrimábilis, -e, adj. (in²+lácrimo)
눈물 흘리지 않는, 눈물에 감동되지 않는, 무정한.
illácrĭmo, -ávi, -átum, -áre, intr. (in\lácrimo)
(무엇 때문에) 눈물 흘리다, 통곡하다.
한탄하다(יכב.אכב.ררם.רירמ),
슬퍼하다(סםا.בלא.רירמ.ררם).
illacrimo sorti humánæ. 인간적 운명을 슬퍼하다
illácrĭmor, -átus sum, -ári, dep., intr., tr. 애도하다(דפס)
슬퍼하다(סםا.בלא.רירמ.ררם).
illacrimor alcjs mortem. 누구의 죽음을 애도하다
illáctĕnus, adv. 거기까지
Illæ quibus fruendum est, nos beatos faciunt.
향유하기 위한 것은 우리를 행복하게 만든다.
illæsíbĭlis, -e, adj. (in²+lædo) 손상될 수 없는
illæsus, -a, -um, adj. (in²+lædo)
상처를 받지 않은, 다치지 않은, 손상되지 않은.
illætábĭlis, -e, adj. (in²+lætábilis)
슬픈, 침울한, 기쁨 없는, 서글픈.
illævigátus, -a, -um, adj. 거친, 조잡한, 매끈하지 못한
illápsus, -us, m. (illábor) 흘러 들어감, 미끄러져 들어감
illaqueátus, -a, -um, adj. (in¹, in²+laqueátus¹)
올가미에 걸린, 함정(陷穽)에 빠진,
올가미에서 풀려난, 함정에서 빠져나온.
illáqueo, -ávi, -átum, -áre, tr. (in\laqueo¹)
올가미에 걸리게 하다, 올가미로 잡다,
걸려들게 하다, 유인해서 부패시키다.
illárgĭor, -íre, tr. (in\largus) 후히 베풀다, 후히 주다
illatábĭlis, -e, adj. (in²+latus³) 좁은
illátĕbro, -áre, tr. (in\látebra) 구석에 숨기다
illátĕnus, adv. 거기까지
illátĭo, -ónis, f. (ínfero) 운반해 감, 납세.
해악을 끼침.입힘, 추리(推理), 추론(推論), 직접추리.
Ab esse ad posse valet illatio.
현실유에서 가능유로의 추리는 가능하다.
illátĭo mórtui. 매장(埋葬)

illatívus, -a, -um. adj. (ínfero) 추리의, 추론의, 결론적인
illátro, -áre, intr. (in⁴latro²) (안에서) 짖다, 푸르륵거리다
illátum, "infero"의 목적분사(sup.=supínum)
illátus, -a, -um, p.p. (ínfero)
illaudábilis, -e, (illaudándus, -a, -um,) adj.
　[in⁴laudábilis, laudándus(laudo)]
　칭찬 받지 못할, 칭찬 받을 자격 없는, 훌륭하지 못한.
illaudátus, -a, -um, adj. (in⁴laudo) 칭찬 받지 못한,
　별로 이름 없는, 지겨운, 저주받을, 고약한, 악명 높은.
illáutus -a, -um, adj. =illotus
　씻지 않은, 더러운, 불결한, 때 묻은.
ille, illa, illud, pron., demonstr. [고어에는 olle(ollus),
　-a, -um도 보임; gen., sg. illíus 대신에 m. illi,
　f. illæ도 간혹 보임] 1. 그, 저, 저쪽에 있는;
　(가끔 3인칭의 대명사) 그(사람), 그 여자, 그것.
　ex illo (témpore) 그때부터. 2. (가끔 ipse, hic, idem
　따위의 다른 지시대명사와 함께 씀) 바로 그. Ego ille
　ipse factus sum. 내가 바로 그 사람이(그런 꼴이)
　되었다. 3. (his, hæc, hoc과의 대립) 전자(前者)
　먼저 말한. 4. [널리 알려진 사람(것)], 저(그) 유명한,
　주지(周知)의; illud 저(그) [유명한] 말(속담.격언.
　명언.업적). Hic est ille Demósthenes. 이 사람이 그
　유명한 Demósthenes다. 5. 다음의, 다음과 같은.
　6. hi… illi, illi… illi 어떤 이들은 …어떤 이들은.
　　　　　　　　　　　　　　　　　　[라틴-한글사전. p.400].
　Illi sunt alio genio atque tu.
　　저 사람들은 너와는 다른 재능의 소유자다.

	단 수			복 수		
	m.	f.	n.	m.	f.	n.
Nom.	ille	illa	illud	illi	illæ	illa
Gen.	illíus	illíus	illíus	illórum	illárum	illórum
Dat.	illi	illi	illi	illis	illis	illis
Acc.	illum	illam	illud	illos	illas	illa
Abl.	illo	illā	illo	illis	illis	illis

(허창덕 지음. 초급 라전어 변화표 Tabellæ Declinationum에서)

Ille adtingi de corde mundo Christum, qui eam
intelligit Patri coæqualem. 깨끗한 마음으로 그리스도를
만지는 사람은 그분이 아버지와 똑같은 분이시라는 것을
깨닫게 됩니다.(최익철 신부 옮김. 요한 서간 강해. p.153).
Ille aliquando ita propriam descripsit cotidianam
vitam. 그는 다음과 같은 말로 자신의 일상생활을
묘사한 적이 있습니다.
ille alter eram. 다른 그였던 나.
　(Mihi es alter ego. 너는 나에게 또 다른 나이다).
Ille beatissimus est et securus sui possessor,
qui crastinum sine solicitudine espectat.
　내일을 걱정 없이 맞이하는 자가 가장 훌륭한
　사람이며, 자기 몸 하나로 안전한 사람이다.
Ille blanditur ut decipiat, iste litigat ut corrigat.
　이 사람은 속이려고 살갑게 굴고, 저 사람은 바로
　잡으려고 다툽니다.(최익철 신부 옮김. 요한 서간 강해. p.451).
ille cátus, quantumvis rusticus.
　비록 시골뜨기이기는 해도 영리한 그 사람.
Ille ergo solvit qui non facit. 行하지 않는 사람은
　어기는 사람입니다.(최익철 신부 옮김. 요한 서간 강해. p.305).
Ille gladium militis capit. 저 사람은 군인의 칼을 잡는다.
Ille longe aberit, ut credat. 그가 믿으려면 아직 멀었다.
Ille mihi videtur tristis esse. 그 사람은 내게 슬퍼 보인다.
Ille non venit nisi curare et sanare ægrotos.
　그분께서는 병자들을 돌보고 낫게 하시려고 오셨습니다.
Ille numquam ulla vi, ullis minis, ulla invidia labefiet.
　여하한 폭력으로도, 여하한 위협으로도, 여하한 반감으로도
　그는 결코 동요되지 않으리라(성 영 지음. 고전 라틴어. p.196).
　　(numquam ullus(X nullus)… 이중부정은 긍정이 된다).
Ille qui habet plenitudinem entis.
　존재자의 충만함을 가지고 계신 분.
ille qui veritatem quæritat, 진리를 추구하는 자(=인간)
　("Fides et Rátio" 1998.9.14. 회칙. 가톨릭 철학 제2호. p.17).
Ille venit colligere, tu venis solvere. Distringere vis

membra Christi. 그분은 모아들이기 위하여 오셨는데,
　그대는 어기려고 옵니다. 그대는 그리스도의 지체를 갈기
　갈기 찢어 놓고 싶어 합니다(최익철 신부 옮김. 요한 서간 강해. p.303).
ille qui vivit alteri fidens. 믿음으로 사는 사람(=인간)
　("Fides et Rátio" 1998.9.14. 회칙).
illécĕbra, -æ, f. (illício) 유혹(誘惑.⑨ Temptátīon),
　낌, 매력, 유혹물, 미끼, 낚시 밥, 유혹자, 유인자.
　gulæ illecebram(=식욕의 유혹) 목의 유혹.
illécĕbro, -áre, tr. (illécebra) 유혹하다, 꾀다
illecebrósus, -a, -um, adj. (illécebro) 유혹적인, 매혹적인
illectaméntum, -i, n. (illécto) 유혹(⑨ Temptátīon), 미끼.
illectátĭo, -ónis, f. (illécto) 유혹(誘惑.⑨ Temptátīon)
illécto, -ávi, -átum, -áre, tr., freq. (illício) 유혹하다
illéctrix, -óris, f. (illício) 유혹하는 여자
illectum, "illícĭo"의 목적분사(sup.=supínum)
illéctus¹ -a, -um, p.p., a.p. (illício)
　유혹 당한, 낌에 넘어간.
illéctus² -a, -um, adj. (in⁴lego²) 모아지지 않은,
　모아놓지 않은, 읽지 못한(않은) [책.편지 따위].
illéctus³ -us, m. (illício) 유혹(⑨ Temptátīon), 유인
illegitima alienátĭo. 불법적 양도(讓渡)
illegitímĭtas, -átis, f. (illegítimus)
　비합법, 불법(不法.ἀνομία), 야합(野合-떳떳하지 못한 야합
　을 이루기 위하여 서로 어울림), 사생(死生), 서출(庶出-첩의 소생).
illegítĭmus, -a, -um, adj. (in⁴legítimus) 비합법적인,
　불법적인, 정당하지 못한, 비적출의, 서출(庶出)의.
　filius illegitimus. 사생아(私生兒).
illépĭdus, -a, -um, adj. (in⁴lépidus) 우아하지 않은,
　곱지 않은, 멋없는, 조잡한, 버릇없는, 무례한.
illévi, "illino"의 단순과거(pf.=perfectum) 칠하였다.
illevigátus, -a, -um, adj. (in⁴lævigátus)
　거친, 조잡한, 매끈하지 못한.
illex¹ illégis, adj. = illix, -lĭcis, adj. (in⁴lex)
　법이 없는, 무법의, 법을 모르는.
illex² illícis, adj. (illício) 유혹하는, 유혹적, 유인하는.
illéxi, "illício"의 단순과거(pf.=perfectum)
illi, 1. ille의 sg., dat.; pl. nom. 2. adv. = illic²
Illi amando delectationes peccatorum, non agnoscebant
Deum: amando quod febris suadebat, iniuriam medico
faciebant. 사람들은 죄의 쾌락을 사랑하면서 하느님을 알아
　뵙지 못했습니다. 열병의 꼬드김을 사랑하면서 의사에게는
　모욕을 퍼붓는 격입니다.(최익철 신부 옮김. 요한 서간 강해. p.199).
Illi carni adjungitur Ecclesia, et fit Christus totus,
caput et corpus. 이 육신에 교회가 결합되어, 머리이며
　(동시에) 몸이신 그리스도, 곧 "전체 그리스도"가 됩니다.
　["여러분은 그리스도의 몸이고 한 사람 한 사람이 그 지체입니다. Vos autem estis
　corpus Christi et membra ex parte(1고린 12, 27)"라는 바오로 신비체 개념을
　바탕으로 한, 아우구스티노의 "전체 그리스도(totus Christus)" 교회론이다.
　그리스도의 머리이실 뿐 아니라, 동시에 몸이시라는 것이다. 교회는 "머리
　이며 몸이신 그리스도(Christus caput et corpus)", 곧 '전체 그리스도'이기에,
　하느님 백성인 우리는 그리스도의 인격에 온전히 참여하고, 그리스도는 교회
　구성원 한 사람 한 사람과 더불어 당신 교회를 완성하신다는 것이다. 아우구스
　티누스 '설교집' 341. 9. 11 참조. (최익철 신부 옮김. 요한 서간 강해. pp.62~63].
Illi dant puellæ donum. 저 소녀에게 그들이 선물을 준다.
Illi omnino irasci nésciunt. 그들은 전혀 화낼 줄 모른다.
Illi poetæ dant puéllæ donum.
　저 시인에게 소녀들이 선물을 준다.
Illi se prædæ accingunt. 그들은 약탈할 채비를 하였다.
illibábĭlis, -e, adj. (in⁴libo)
　감소되지 않은, 감소될 수 없는.
illibátus, -a, -um, adj. (in⁴libo)
　감소(손상)되지 않는, 이지러지지 않은, 온전한, 완전한.
illiberális, -e, adj. (in⁴liberális) 부자유한, 상스러운, 천한,
　교양 없는, 비열한, 하찮은, 자유민이 될 자격 없는,
　인색한, 옹졸한, 쩨쩨한, 도량이 좁은, 너그럽지 못한.
illiberális in alqm. 누구에게 대해 너그럽지 못한
illiberálĭtas, -átis, f. (illiberális) 옹졸함, 쩨쩨함
　인색함(吝嗇.⑨ Avarice-재물을 아끼는 태도가 지나침).
Illic veniunt felícius uvæ. 거기서 포도가 더 잘 된다
illíbĕris¹ -e, adj. (in⁴líberi) 자식 없는

illíbĕris² -is, m. 남부 Hispánia의 도시
illic¹ illæc, illuc(illoc), pron. demonstr.
(ille+ce) 저 사람, 저 여자, 저것.
illíc² adv. (illíc¹) 저기에, 저곳에, 그곳에,
그 일(점)에 있어서, 그 때에.
illicéĭtas, -átis, f. 불가(不可), 허가(허락)되지 않음
illicénter, adv. (in²⁴licet¹) 법을 무시하고, 허가 없이, 불법으로
íllĭcet, adv. = ílicet
(모임.행사가 끝났을 때) 자 이젠 그만 갑시다(가자),
끝났다, 끝장이다, 다 틀렸군!, 어서, 즉시, 곧장, 빨리, 당장.
illiciácĕæ, -árum, f., pl. (植) 부숙나무과 식물
illicíbĭlis, -e, adj. (illício) 유혹(유인) 하는, 유혹적인, 꾀는
illício, -léxi -léctum -cĕre, tr. (in²⁴lácio) 꾀어 들이다,
꾀다, 유혹(誘惑)하다, 유인(誘引)하다, 이끌다.
illicitátĭo, -ónis, f. (in²⁴lícito) 유인(誘因), 유혹(誘惑)
illicitátor, -óris, m. (in²⁴lícito)
경매인의 한 통속으로서 경매에 참가하는 자.
illícĭtus, -a, -um, adj. (in²⁴lícitus)
불가한, 허가되지 않은, 불법의. adv. illícĭte, illícĭto.
egressus illicitus. 불법의 퇴회(退會)/
illicita delectátĭo. 거짓된 기쁨/
religio illicita. 금지된 종교.
illícĭum, -i, n. 유인(誘因-주의나 흥미를 일으켜 꾀어냄),
유혹(誘惑).⑨ Temptátĭon), 연설장으로 불러 모음.
íllĭco, adv. = ílĭco 그 자리에, 그 곳에,
즉시, 곧(εὐθέως.εἰθὺς), 당장, 즉석에(ex tempore).
illído, -lísi -lísum -ĕre, tr. (in²⁴lædo)
부딪뜨리다, 부딪치다, 충돌하다, 밀어 넣다, 처박다,
처넣다, 산산조각 내다, 깨뜨리다.
illido naves vadis. 배들을 모래펄에 부딪뜨리다
illigaméntum, -i, n. (illigo) 매는 끈
illigátĭo, -ónis, f. 비끄러맴, 잡아 맴, 옭아맴
íllĭgo, -ávi, -átum, -áre, tr. (in²⁴ligo¹)
묶다(רטק.רסא.ףקז.חזר.אסא),
비끄러(잡아) 매다, 옭(아 매)다, 얽매다, 붙이다,
연결시키다, 맺다, 얽히게 하다. 끌어넣다, 휘몰아 넣다,
(병에) 걸리게 하다, 막다, 저지(沮止)하다, 방해하다.
amicítĭa illigátus alci. 누구와 우정으로 맺어져 있는.
illigo arátra tauris. 소에 쟁기를 메우다
illim, adv. = illinc 그 곳으로부터, 저곳(저편)으로부터
illímis, -e, adj. (in²⁴limus²)
(진)흙이 들어 있지 않은, 흐리지(탁하지) 않은, 말간.
illimitátus, -a, -um, adj. (in²⁴limes)
한계 없는, 제한 없는, 경계 없는, 무절제한.
idea infiniti et illimitati. 무한자와 무제한자의 이념.
illinc, adv. = illim (illim+ea)
그곳(저곳)으로부터, 저편으로부터, 그 사람(것)으로부터.
illínĭo, -ívi, -íre, tr. (in²⁴línio) 바르다.칠하다
illíno, -lévi, -lítum, -nĕre, tr. (in²⁴lino)
(무엇을 …에) 바르다, 발라 넣다.
어디에(alqd) 무엇을(alqā re) 바르다, 칠하다.
navis bitúmine illita. 역청 바른 배/
óculis collýria illino. 눈약을 눈에 바르다.
illiquefáctus, -a, -um, adj. (in²⁴liquefácio) 녹은, 용해된
illísi, "illido"의 단순과거(pf.=perfectum)
illísĭo, -ónis, f. [=illísus, -us, m.] (illído)
부딪침, 충돌(衝突).⑨ Conflict).
illisum, "illido"의 목적분사(sup.=supínum)
illísus, -us, m. =illísĭo, -ónis, f. 충돌(衝突), 부딪침
illitterátus, -a, -um, adj. (in²⁴litterátus)
배우지 못한, 교육받지 못한, 무식한(άγράμμαος),
세련되지 못한, 글로 적지 않은, 불성문(不成文)의.
illitum, "illino"의 목적분사(sup.=supínum)
íllĭtus, -us, m. 바름(칠함), 칠함(바름)
Illius opera nunc vivo. 나는 그의 보조로 지금 살고 있다
illius tristissima noctis imago.
그렇게도 슬펐던 그 밤의 기억(記憶).
illiúsmŏdi, gen. qualit. 그런 종류의, 그 따위의, 그런

illix, -lícis, adj. = illex² 법이 없는, 무법의, 법을 모르는
illo, (= illoc) adv. (ille)
(=illuc) 저곳(그곳)으로, 저리로, (=ad eam rem) 그 일에.
in illo auguráto templo. 정당하게 점쳐진 그 신전에서/
in illo tempore. 그 때에.
illoc, (=illo) adv. (ille)
illocábĭlis, -e, adj. (in²⁴loco) 치울 수 없는, 결혼시킬 수 없는
illocális, -e, adj. (in²⁴loco) 어디에도 정착하지 않은
Illorum amicitĭam ejus morte redimo.
그의 죽음으로 저들과 우호관계를 확보(確保)하다.
Illorum mors beáta videtur.
그들의 죽음은 행복(幸福)하게 보인다.
Illorum verbis falsis acceptor fui.
나는 그들의 거짓을 인정하는 자가 되고 말았다.
illórsum, adv. (illo+versum) 그쪽으로, 그 곳을 향하여
illotus -a, -um, adj. (in²⁴lavo¹, lotus) = illáutus
씻지 않은, 닦아내지 않은, 더러운.
illótis pédibus(mánibus) alqd fácere. (숙어)
준비 없이(함부로.마구.엉터리로) 무엇에 착수하다/
sudor illotus. 닦아내지 않은 땀.
illuc, adv. (ille) 저곳(그곳)으로, 저리로, 그리로,
그 사람에게(로), 그 일로.
huc illuc, huc atque illuc. 이리 저리로/
Illuc, unde ábii, rédeo.
내가 말하다가 만 그 사람 얘기로 돌아간다.
Illuc redeámus. 화제(話題)를 그리로 돌리자.
illúcĕo, -lúxi, -cĕre, intr. intr. (in²⁴lúceo) 빛나다, 밝게 비치다.
Illucescet aliquando ille dies.
언젠가는 그 날이 밝아 올 것이다.
Illucescet ille dies. 언젠가는 그 날이 올 것이다
illucésco, -lúxi, -ĕre, intr., inch. (in²⁴lucésco)
밝아지다, 빛나기 시작하다, 나타나다, 드러나다,
tr. 비추다. ubi illúxit. 날이 밝자.
Cum illuxit, milites e castris egressi sunt.
날이 새자 병사들은 진영을 나섰다.
illud. 지시대명사 ille의 중성 단수 주격(nominativus),
혹은 중성 단수 대격(accusativus)으로 사용됨.
Modo illud, modo illud. 때로는 이 일을 하고,
때로는 저 일을 합니다.(최익철 신부 옮김. 요한 서간 강해. p.349).
Illud affirmare pro certo habeo.
나도 그것을 확실한 것으로 단언할 수 있다.
Illud esse est per se notum. 그 존재는 자명한 것이다.
Veritatum esse per se notum. 진리가 존재하는 것은 자명하다.
illud est optimum quod est maxime unum.
최고로 하나인 것이 최고로 선하다.
illud hodie maxime interest omnes pro certo habere
ac veluti sentire. 이 중대한 사실을 모든 이가 인식해야
하겠다(1987. 12. 30. "Sollicitudo rei socialis" 중에서).
Illud oblítus es. 너는 그것을 잊어 버렸구나.
Omnia oblítus sum. 나는 전부다 잊어버렸다.
Illud quare negasti? 그것을 네가 왜 부인했느냐?
illud quod naturæ intentionis repugnat Deus nolit.
하느님은 자연의 의도를 방해하는 것을 싫어하신다.
(성 염 옮김. 단테 제정론. p.146)
Illud utinam ne scriberem.
나는 그것을 쓰지 않게 되었으면 좋겠는데!
illúdo, -lúsi, -lúsum, -ĕre, intr., tr. (in²⁴ludo)
가지고 놀다, 장난하다, (옷자락 따위가) 펄럭이다.
비웃다, 조롱하다, 비죽거리다, 우롱하다.
놀림감으로(웃음거리로) 삼다, 손해를 끼치다.
망쳐 놓다, 돈을 낭비하다, 창궐하다, 판치다.
ne vos palpetis, ne vos aduletis, ne vos decipiatis,
ne vos illudatis. 아첨하거나 비위를 맞추거나 속이거나
조롱하지 마십시오.(최익철 신부 옮김. 요한 서간 강해. p.163).
illudo chartis. 종이에 끼적거리다, 책을 뒤적거리다
illum. 지시대명사 ille의 남성 단수 4격(대격-accusativus)
Illum amat amico tua.
네 여자 친구는 바로 저 사람을 좋아하고 있다.

Illum medio ex hoste recépi.
나는 그를 敵의 한가운데로부터 구해냈다.

Illum oportet crescere, me autem minui.
(evkei/non dei/ auvxa,nein(evme. de. evlattou/sqai)
(獨 Er muß wachsen, ich aber muß abnehmen)
(프 Il faut qu'il grandisse, et que moi, je diminue)
(영 He must increase; I must decrease) (요한 3. 30)
그분은 커지셔야 하고 나는 작아져야 한다(성경)/
그분은 더욱 커지셔야 하고 나는 작아져야 한다(공동번역)/
그분은 커져야 하고 나는 작아져야 합니다(200주년 신약).

Illuminandi. 조명 받을 자.
(교부시대에 세례를 받기 위해 교리를 준비한 예비자들 지칭).

Illuminans altissimus. 주의 공현 대축일 찬미가

Illuminati. 조명 받은 자.
[교부시대에 새로 세례를 받은 사람들을 지칭. 조명團(스페인. 16~17세기), 기성 종교를 반대한 무리들. 1778년), 열광파 등을 총칭하는 말].

illuminátĭo, -ónis, f. (illúmino) 밝게 비춤, 조명(照明),
점등 장식, 관조, 도통, 계몽(啓蒙), 내적조명(신비신학),
((神) (신비신학에 있어서의) 조명의 길, 초자연적 조명(광명).
Circa illuminationem quæruntur quatuor. 조명에 대해서는
네 가지 문제가 제기된다.(이상섭 옮김, 신학대전 14. p.199)/
Et nox illuminátĭo mea in deliciis meis.
나의 기쁨이 겨워 밤도 내게는 광명이로소이다/
gratia illuminans. 은총의 조명/
Illuminátĭones Ecclesiæ. 교회의 조명(보나벤투라 지음)/

illuminátĭo Divina. 신의 조명, 신적 조명
Illuminatio enim consistit in manifestatione veritatis.
사실 조명은 진리의 현시(顯示)에 있다.

illuminátĭo Evangelica. 복음적 조명
illuminátĭo intellectiva. 지성적 조명(知性的照明)
illuminátĭo intellectus. 지성의 비춤, 지성의 조명
illuminátĭo legalis. 법적 조명
illuminátĭo (librorum). 책의 꽃무늬.색 글자.삽화
illuminátĭo propheticus. 예언적 조명
illuminátĭo Spiritus Sancti. 성령의 조명 작용

illuminátor, -óris, m. (illuminátrix, -ícis, f.)
비추어주는 사람, 빛을 주는 사람, 계시(계몽)자.

illuminátus, -a, -um, p.p., a.p. (illúmino)
비추어진, 빛나는, 찬란한.

illuminísmus, -i, m. 계몽주의(18세기 유럽에서 일어난 정신사상)
(獨 Aufklärung.영 enlightenment.프 lumières).
illuminationis Periodus.

illúmĭno, -ávi, -átum, -áre, tr. (in⁴+lumen) 밝게 하다,
비추다, 조명(照明)하다, 빛을 주다, 찬란하게 꾸미다,
명백하게 하다, 밝히다, 명석(明晳)하게 설명하다.
et sic quicumque intelligit vel illuminatur cognoscit se
intelligere vel illuminari. 인식하거나 조명을 받는 자는
누구나 자기 자신이 인식한다는 것 또는 조명된다는
것을 인식한다.[인간의 지성은 반성(reflectio)을 통해 이차적으로 자기
자신이 '인식한다는 것을 인식한다'. 인간의 (가능) 지성은 그 자체로는 대상을
인식할 수 있을 뿐이다. 그런데 오직 현실태에 있는 것만이 인식
될 수 있기 때문에, 인간의 지성은 자기 자신을 인식하기 위해 현실태로 이행
해야만 한다. 즉 지성은 현실적으로 대상을 인식하는 한에서만 인식될 수 있다.
따라서 인간의 지성은 일차적으로 자기에게 외재적인 대상을 인식하고 그럼
으로써 현실태에 놓이게 되고, 그런 한에서만 이차적으로 반성을 통해서 자기
자신의 작용과 본질을 인식하게 된다.(이상섭 옮김, 신학대전 14. p.391)].
Homo enim illuminatur per fidem. Sed fides immediate
est a Deo. Ergo homo non illuminatur ab angelo,
sed immediate a Deo. 사실 인간은 믿음에 의해 조명된다.
그런데 믿음은 하느님으로부터 직접 온다. 따라서 인간은
천사가 아니라 하느님에 의해 직접 조명된다.
(이상섭 옮김, 신학대전 14. p.385).

illúmĭnus, -a, -um, adj. (in⁴+lumen) 빛이 없는, 암흑의
illúnis, -e, [illún(ĭ)us, -a, -um] adj. (in⁴+luna)
달 없는, 달빛이 없는.

Illurgavonénses, -íum, m., pl.
Hispánia Tarraconénsis의 Iber 강 하구에 살던 종족.
illúsi, "illudo"의 단순과거(pf.=perfectum)
illúsĭo, -ónis, f. (illúdo) 반어(反語法), 빈정댐, 착각, 속음
illúsor, -óris, m. (illúdo) 비웃는 자, 조롱하는 자
illusórĭus, -a, -um, adj. 웃음거리의, 조롱의

illustraméntum, -i, n. (illústro) 장식(裝飾-치장함), 장식품
illustrátĭo, -ónis, m. (illústro) 조명(照明), 생생한 묘사,
실례를 들어 설명함, 예증(例證-실례를 들어 설명함),
(책의) 삽화(揷畵), 설명도(說明圖), 도해(圖解).
['조명(illustratio)'이란 말은 아우구스티노 사상 중에 매우 중요한 것을 나타내는
것으로서 마치 태양의 광선이 없이는 우리의 육체가 지니고 있는 눈이 제 아무리
좋아도 아무 것도 볼 수 없듯이 하느님의 광명, 즉 정신적이며 지성적인 빛이
없으면 우리의 이성이나 지성은 아무 것도 깨닫지 못한다는 것이다. 태양의 광명
속에서 눈이 만사를 보듯, 하느님의 광명 속에서 우리의 지성은 모든 것을 인식
한다. 이 지성의 인식에 필수적인 것이 하느님의 조명, 즉 광명을 주는 것이다.
변기영 옮김, 신애론, 1977년, p.104].

illustrátor, -óris, m. (illústro) 비추는 사람,
조명자(照明者), 설명자, 해설자, 도해자(圖解者)

illústre cœlum. 맑은 하늘(illustris 참조)

illustriore loco natus. 명문가 출신(illustris 참조)

illústris, -e, adj. (in⁴+lustro) 밝은, 환한, 빛나는, 찬란한,
맑은, 현저한, 명백한, 뚜렷한, 명료한, 유명한, 고명한,
저명한, 이름 있는, 뛰어난, 탁월한, 두드러진, 고귀한.
illustre cœlum. 맑은 하늘/
illustriore loco natus. 명문가 출신/
imperator illustris. 유명한 황제.

illustris stella. 밝은 별

Illustrissime = Eminenssime [Sua(Vestra) Eminentia]
추기경님[1630년 우르바노 8세의 교령은 추기경, 황제 선거 후, 그리고
예루살렘의 성 요한 기사회 총장(Grand Master)에게 이 존칭을 붙이도록
했다. 백민관 신부 엮음, 백과사전 1, p.966].

illústro, -ávi, -átum, -áre, tr. (in⁴+lustro)
밝게 하다, 비추다(נהר,נהֹר), 환하게 하다, 밝히다,
명백하게 하다, 명료하게 하다, 실례를 들어 설명하다.
해설하다, 풀이하다, 주석(註釋)하다, 빛나게 하다,
유명해지게 하다, 존귀하게 하다, 칭송(稱誦)하다.
consília illustro. 계획(計劃)을 밝히다.

illustro alqm láudibus. 누구를 칭송하다

illúsum, "illudo"의 목적분사(sup.=supínum)
illúsus, -a, -um, p.p. (illúdo) 속은, 놀림 받은, 조롱당한
illutíbĭlis(=illutílis), -e, adj. (in⁴+luo)
씻어 버릴 수 없는, 지울 수 없는.

illútus, -a, -um, adj. (in⁴+lotus) 씻지 않은, 더러운

illúvĭes, -éi, (=illúvĭo, -ónis) f. (in⁴+luo) 더러움, 불결,
오물(汚物-배설물), 동물 몸뚱이의 때, 홍수, 범람(汎濫).

illúvĭo, -ónis, f. = illúvĭes, -éi, f.

illúxi, "illúceo"의 단순과거(pf.=perfectum),
"illucésco"의 단순과거(pf.=perfectum).

Ilva, -æ, f. 지중해에 있는 섬(現 Elva)

im = eun

ima vox. 가장 낮은 목소리(imus 참조)

imaginábĭlis, -e, adj. (imágo) 상상할 수 있는

imaginális, -e, adj. (imágo) 원형(原型)의, 모형의,
형상의, 모습의, 상징적(象徵的)인, 비유적인.
adv. imagináliter. 모습(형상)에 있어서.

imaginárĭus, -a, -um, adj. (imágo)
초상(肖像)의, 소상(塑像)의, 겉보기만의, 외관상의,
상상의, 상상만의, 가상(假想)의.
visio imaginaria. 표상적 직관.

imaginárĭus pictor. 초상화가(肖像畵家)

imaginátĭo, -ónis, f. (imáginor) 상상(想像), 공상(空想),
표상(表象), 상상력(想像力.영 Imaginátĭon), 개념.
imaginatio est tamquam Protheus vel Cameleon.
상상력이라는 것은 바다의 신 프로테우스나
카멜레온과 흡사하다. 성 염 옮김, 피코 델라 미란돌라, p.20).

imagines confusæ. 혼란한 표상(表象)

imagines Mariæ et Filii(영 images of blessed Mary
and Child). 성모자상(聖母子像).

Imagines sanctæ(영 Holy images/Saint image.
영 Imagines sanctæ). 성화상(聖畫像).

imagíneus, -a, -um, adj. (imágo) 화상의, 사생画의
imáginifer, -ěri, m. 황제의 초상이 그려진 군기 기수.

imágĭno, -ávi, -átum, -áre, tr. (imágo)
표상하다, 형상을 만들다.

imáginor, -átus sum, -ári, dep., tr. (imágo) 상상하다,

마음속에 그리다, 생각하다(δοκὲω), 꿈꾸다, 꿈에 보다.

imaginósus, -a,, -um, adj. (imágo)
　공상 많은, 공상에 빠진(잠긴).

imago, -gĭnis, f. (cf. imítor) 상(像), 초상(화),
　조상(彫像), 소상(塑像), 영정(影幀), **모습**(模襲.ᴄᴏ),
　모상(ᴐᴋ.ᴏᴎᴋᴋ), **영상**, 환영(幻影), 유령, 허깨비,
　죽은 사람의 그림자, 꿈, 착각(錯覺), 환상(幻想), 상상,
　반영(反影.反映), 반향(反響), 메아리, 모조(模造),
　외관, 허상(虛想), 표상, 심상[心象(상)], 재현(나타냄),
　((修)) 비유적 표현, 비유. ((動)) (곤충의) 성충(成蟲).
　ad imaginem Dei. 하느님의 모습으로/
　cælestes imagines. 천상의 모습/
　De invocatione, veneratione et reliquiis sanctorum,
　et de sacris imaginibus. 성인들에게 바치는 청원기도,
　　성인과 성인의 유해 공경 그리고 성화상에 대하여/
　De natura humanæ animæ creatæ ad imaginem Dei.
　　하느님의 모상에 따라 창조된 인간 영혼의 본성.
　　　　　　　　　(교부문헌 총서 17, 신국론, p.2786)/
　De Sacris Imaginibus. 성화상에 관한 정의.
　　(제2차 니케아공의회 교령 787년)/
　Hæc a te non multum abludit imago.
　　이 초상은 너하고 크게 다르지는 않다/
　Habemus ergo et nos imaginem Dei; sed non illam
　quam habet Filius æqualis Patri. 우리도 하느님의 모상을
　　지니고 있습니다만 그 모상은 성부와 같으신 성자가
　　지니고 계셨던 것과는 다른 것입니다/
　Homo ad imaginem et similitudinem Dei.
　　(⑨ Man in the image and likeness of God)
　　하느님 모습 따라 하느님과 비슷하게 지어진 인간/
　illius tristissima noctis imago.
　　그렇게도 슬펐던 그 밤의 기억(記憶)/
　Imaginem quidem habens in plasmata.
　　모상은 피조된 것 안에 있다/
　imagines confusæ. 혼란한 표상(表象)/
　Imagines Mariæ. 마리아 성화상/
　imagines Mariæ et Filii(⑨ images of blessed Mary
　and Child). 성모자상/
　imperfectionem imaginis. 모상의 불완전성/
　indiscretæ opus imaginis. 미완된 모상의 작품/
　noctúrnæ imágines. 꿈/
　noctúrnæ imáginis augur. 해몽하는 사람/
　Mentem patriæ súbiit pietátis imágo.
　　애국심이 내 생각에 떠올랐다/
　Qualis intellegenda sit sanctorum conformatio ad
　imaginem filii Dei. 성도가 하느님 아들의 모상으로
　　어떻게 동화한다고 이해할 것인가(교부문헌 총서 17, 신국론, p.2828)/
　Sermo animi est imago. 언어는 의식의 거울이다.
　　　　　　　　(성 염 지음, 사랑만이 진리를 깨닫게 한다. p.464)/
　Ubi autem factus est ad imaginem Dei? In intellectu,
　in mente, in interiore homine. 무엇이 하느님의 모습대로
　　창조되었습니까? 지성과 정신과 인간의 내면에서
　　그렇습니다.(최익철 신부 옮김. 요한 서간 강해, p.357)/
　venerátĭo imaginum = Cultus sacrarum imaginum.
　　성화상 공경(聖畵像 恭敬).

Imago ab imitando dicitur. 모상은 모방하는 데서 말해진다.
Imago animi vultus est. 얼굴은 마음의 거울이다.
imago antiquitatis. 옛 시대의 재현(再現)
imago creátĭónis. 창조의 모상
imago Dei. 하느님의 모상(模像.獨 Abbild Gottes),
　(typos theou.εἰκὼν τού Θεοú).
　Biblicae fidei prima res nova, sicut perspeximus, Dei est
　imago. 성경 신앙의 첫 번째 새로움은, 앞에서 보았듯이,
　　하느님의 모습입니다(2005.12.25. "Deus caritas est" 중에서).
imago Dei invisibilis. 보이지 않는 하느님의 형상
imago diaboli. 마귀의 모상
imago et similitudo Dei(⑨ The Image and likeness of
　God). 하느님의 모상과 유사함(닮은 꼴).
imago Filii. 성자의 모상
Imago gloriæ. 영광의 모상

imago media.(⑨ image media) 영상매체
imago mundi. 세계의 모상(호노리우스 지음)
imago naturalis Dei. 하느님의 본성적 모상
imago Patris. 성부의 모상
imago pietatis. 자애의 모습, 그리스도의 고난상
imago pulchra. 아름다운 모상
imago recreátĭonis. 구원의 모상(模像), 재창조의 모상
imago sacra. 성화(聖畵.⑨ iconographa, -æ, f.) = Icon
imago similitudinis. 영광의 모상
imago terrena. 지상의 모상
imago Trinitatis. 삼위일체의 형상(모상)
imagúncŭla, -æ, f. dim. (imágo)
　작은 성화(imago sacra), 작은 초상(肖像).
imbalnítĭes, -éi. (in²+bálneum) 목욕하지 않음, 불결 때
imbecille, adv. 약하게, 소심하게
imbecíllis, -e, (=imbecíllus, -a, -um) adj.
　약한, 쇠약한, 무력한, 바보스런, 저능의.
　adv. **imbecílle, imbecíllĭter.**
imbecíllĭtas, -átis, f. (imbecíllus)
　(⑨ weakness, feebleness; moral/intellectual weakness)
　허약(虛弱), 쇠약(衰弱), 병약(病弱), (정신의) 박약, 저능,
　무력, 윤리적 나약(懦弱), 소심증, 부족, 결핍(缺乏).
　De naturæ et legis ad justificandos homines imbecillitate.
　　본성과 율법이 인간 의화에 무력함에 대해.
imbecillitas animi hereditaria. 유전적 저능
imbecillitas matériæ. 물자의 결핍(缺乏)
imbecíllĭter, adv. 약하게, 소심하게
imbecíllor, -ári, dep., intr. (imbecillis) 병들어 있다
imbecíllus, -a, -um, (=imbecíllis, -e) adj.
　(in¹+bacíllus) 약한, 허약(虛弱)한, 박약(薄弱)한, 무력한,
　무기력(無氣力)한, 저능의, 가냘픈, 연약한, 미약한.
　ætas imbecílla. 어린 나이/
　imbecilla adsensio. 근거 없는 동의(교부문헌 16, 신국론, p.1458)/
　regnum imbecíllum. 약소국가.
imbéllĭa, -æ, f. (in²+bellum)
　전쟁에 적합지 못함, 전쟁에 대한 무식(無識)
imbéllis, -e, adj. (in²+bellum) 전쟁을 싫어하는,
　반전적(反戰的)인, 평화적인, 전쟁에 적합하지 않은,
　힘없는, 약한, 소심한, 전쟁 없는, 평화로운, 평온한.
imbellis annus. 전쟁 없는 해(年)
imber, -bris, m. (abl. -e, -i) 비(雨), 폭우, 호우(豪雨),
　소나기, 비바람, 폭풍우(暴風雨), 빗물, 물, 액체(液體),
　비처럼 쏟아지는(흐르는) 것; (창.화살 따위의) 빗발침.
　Desíerant imbres. 비가 그쳤었다/
　Ex imbribus aqua perpluit. 소나기로 물이 샌다/
　ferreus imber. 비 오는 듯한 창(槍)/
　imbre conquiescente. 비가 그쳐서/
　Imbres maria ac terras rigant.
　　폭우가 바다와 육지에 물을 넘치게 한다.
imber effusus. 억수같이 쏟아지는 비
imber inimicus.(inimícus 참조) 사나운 비
Imber per noctem totam tenuit. 밤새도록 비가 왔다.
imber saxatilis. 비처럼 쏟아지는 돌
imber serotinus. 봄비
imbérbis, -e, (imbérbus, -a, -um) adj. (in²+ barba)
　수염 없는, 턱수염이 없는.
imbíbi, "imbibo"의 단순과거(pf.=perfectum)
ímbĭbo, -bíbi -ēre, tr. (in¹+ bibo¹) 빨아들이다, 흡수하다,
　머금다, 마시다, 마음에 품다, 마음먹다, 작정하다.
imbíto, -ēre, tr. (in⁴bito) 안에 들어가다
imbónĭtas, -átis, f. (in²+bónĭtas) 불편, 괴로운 일
imbrex, -brícis, f.(m.) [imber] 숫키와,
　손바닥을 오목하게 하여 치는 박수
imbriális, -e, adj. (imber) 비의, 폭우의, 호우의, 소나기의
imbrícĭtor, -óris, m. (imber+cíeo) 비 오게 하는 자,
　Júper와 Apóllo의 별칭.
ímbrĭco¹ -ávi, -átum, -áre, tr. (imbrex)
　기와로 덮다, 기왓장처럼 겹쳐 놓다.

ímbrĭco[2] -ĕre, tr. (imber) 비에 젖게 하다, 비 맞히다
imbrícŭlus, -i, m. dim. (imbrex) 작은 기와
ímbrĭcus, -a, -um, adj. (imber)
비(雨)의, 비 내리는, 비를 몰아오는.
ímbrĭdus, -a, -um, adj. (imber)
비가 많이 오는, 비가 자주 오는.
ímbrĭfer, -fĕra, -fĕrum, adj. (imber+fero) 비를 몰고 오는,
auster imbrifer. 비를 몰고 오는 남풍.
imbrífico, -átum -áre, tr. (imber+fácio) 비에 젖게 하다
imbui, "imbuo"의 단순과거(pf.=perfectum)
imbúlbĭto, -áre, tr. (in[2]+bólbitum) 오물로 더럽히다
ímbŭo, -bŭi -bútum -ĕre, tr.
더럽히다(חלל), 적시다(טבל), **오염**(汚染)**시키다**,
스며들게 하다, **물들이다**(צבע), 전염(傳染)시키다,
가르치다(ירה), 교육하다, 가축을 길들이다.
imbútus superstitióne. 미신에 빠진/
Váriis imbúimur erróribus.
우리는 여러 가지 오류(誤謬)에 물들고 있다.
imbúrso, -áre, tr. (in[1]+bursa)
주머니에 넣다, (돈을) 착복하다.
imbutaméntum, -i, n. (ímbuo) 가르침, 교육(παιδεὶα)
imbútĭo, -ónis, f. (ímbuo) 물들게 함, 오염시킴, 입문.
imbutum, "ímbŭo"의 목적분사(sup.=supínum)
imitábĭlis, -e, adj. (ímitor)
본받을 만한, 모방할 수 있는, 배울 만한.
imitámen, -mĭnis, (**imitaméntum**, -i) n. (ímitor) 본받음,
모방(模倣), 흉내(남이 하는 말이나 행동을 그대로 옮겨 하는 짓).
imitaméntum, -i, n. = **imitámen**, -mĭnis, n.
imitátĭo, -ónis, f. (ímitor) 본받음, 모방, 흉내,
모조(模造), 모조품, 위조품(僞造品), 가짜.
In omni re vincit imitatiónem veritas.
모든 일에 있어서 사실은 모방을 이긴다.
Imitátĭo Christi. 그리스도를 닮음,
준주성범.(Thomas a Kempis 지음, 1380~1471).
imitátĭo naturæ. 자연의 모방
imitátĭo petulans. 버릇없는 흉내
imitátor, -óris, m. (**imitátrix**, -ícis, f.) [ímitor]
모방자(模倣者.μιμητὴς), 본받는 사람, 흉내 내는 사람.
imitator diaboli. 악령의 모방자(模倣者)
imitátus, -us, m. (ímitor) 모방(模倣)
ímĭto, -átum -áre, tr. 본받다, 모방하다
ímĭtor, -átus sum, imitári, dep., freq., tr. (cf. imágo)
모방하다, 흉내 내다, 모조하다, 복사하다, 대체하다,
위조하다, (무엇을) 닮다, …와 비슷하다, 묘사하다,
본받다, 모범으로(본보기로) 삼다, 보고 배우다.
Imitandum potius quam allegorizandum.
은유로 하기 보다는 모방하기/
Imitari quam invidere bonis malebant.(Sallustius).
그들은 선인들을 질시하기보다는 차라리 본받으려고 했다/
Majores nostri imitari quam invidere bonis
malebant.(Sallustius). 우리 조상들은 선인들을
질시하기보다는 차라리 모방하려고 하였다
Sullam imitaturus non sum. 나는 술라를 본뜨지 않겠다/
Summum luctum penicillo imitor.
심한 슬픔을 붓으로 묘사(描寫)하다/
Ubi coepit pauper divitem imitari, perit.(Publilius Syrus).
가난뱅이가 부자를 흉내 내기 시작하면 망한다.
Imitor chirógraphum. 남의 친필을 위조(僞造)하다
Imitor ferrum sudibus. 막대기로 쇠(무기)를 대체하다
ímĭtus, adv. (imus) 밑바닥으로부터, 근본적으로
immaculábĭlis, -e, adj. (in[2]+máculo) 더렵혀질 수 없는
immaculata conceptio B.M.V.
성모 마리아의 원죄 없는 잉태, 무염시태(無染始胎),
성모 무염시태(獨 Die Unbefleckte Empfängnis),
성모 마리아의 무염시잉모태(無染始孕母胎),
성모의 원죄 없이 잉태되신 축일,
성모의 하자(瑕疵) 없이 잉태되신 축일(12월 8일).
Immaculata conceptio Mariæ.
성모 마리아의 원죄 없으신 잉태(孕胎).
Immaculata Mater Dei.([영] Immaculate Mother of God)
원죄 없으신 하느님의 어머니.
immaculátus, -a, -um, adj. (in[2]+ máculo)
더렵혀지지 않은, 티 없는, 오점(汚點) 없는, 결백한,
순결한(καθαρὸς), 죄(원죄)에 물들지 않은.
Cor immaculatum Mariæ. 마리아의 하자 없으신 마음/
immaculata conceptio.
성모 마리아의 원죄 없으신 잉태(孕胎)/
Immaculati Cordis B. mariæ V.
원죄 없으신 성모 신심 축일/
Aperuit matri suæ vulvam ut immaculatus exiret.
그분은 순결하게 나오기 위하여 자기 어머니 태를 여셨다/
Eius Immaculata Conceptio clare se patefacit in docilitate
sine condicione erga Verbum divinum.
그분의 원죄 없으신 잉태는 바로 하느님 말씀에
무조건 순종하시는 것에서 드러납니다/
religio munda et immaculata 순수하고 하자 없는 종교.
immácŭlo, -áre, tr. (in[1]+máculo) 더럽히다
immadésco, -mádŭi, -ĕre, intr. (in[1]+ madésco)
축축해지다, 젖다.
immádĭdo, -áre, tr. (in[1]+mádido) 젖게 하다, 적시다
immádĭdus, -a, -um, adj. (in[1] + mádidus) 젖은, 축축한,
immáne, adv. (immánis) 잔인하게, 짐승 같이, 야만적으로
ímmănens, -entis, p.prœs. 내재적(內在的).
principium immanentiæ. 내재적 원리.
immanéntĭa, -æ, f. (in '안에'+manere '거주하다')
(초월성 transcendéntĭa의 상대어).
(哲) 내재성. (神) 하느님의 편재성(偏在性).
causa immanens. 내재인(內在因)/
principium immanentiæ. 내재원리, 내재성의 원리.
immanentísmus, -i, m. 내재주의([영] immanentism).
(가톨릭 교회의 가르침, 제10호, p.97).
immanentísmus absolutus. 절대 내재주의
immánĕo, -ére, intr. (in[1]+máneo) 안에 있다, 내재하다,
(p.prœs.) **ímmănens**, -entis, 내재적(內在的).
actus immanens. 내적 행위(actus transiens. 외적 행위).
immani concitus ira. 굉장히 격분한
immaniféstsus, -a, -um, adj. (in[2]+maniféstus)
명백(분명) 하지 않은, 드러나지 않은, 희미한.
immánis, -e, adj. (in[2]+manus) 거대한(גדול), 엄청난,
굉장한(dapsilis, -e, adj.), 전율할, 무서운, 무시무시한,
비인도적(非人道的)인, 야만스럽게, 짐승 같은, 잔인한.
immánĭtas, -átis, f. (immánis) 거대함, 엄청남,
야만(野蠻-미개하여 문화 수준이 낮은 상태. 또는 그런 종족), 미개(未開),
잔인(殘忍-인정이 없고 몹시 모짊), 잔학(殘虐-잔인하고 포악함).
immānĭtĕr, adv. (비교급) immanius, 잔인하게, 무자비하게
immanisuétus, -a, -um, adj. (in[2]+mansuétus)
길들지 않은, 야성의, 사나운, 야만의.
Immantatio, -ónis, f. 피선 교황의 착의식[11~14세기에는 선출
된 교황에게 교황용 대형 망토(Mantum)를 입힘으로써 교황 통치권의 이양을
상징했다. 이 착의식을 말함. 백민관 신부 엮음, 백과사전 2, p331, ; p.627~628].
immarcescíbĭlis, -e, adj. (in[2]+marcésco)
썩지 않을, 시들지 않는.
immateriális, -e, adj. (in[2]+materiális) 비물질적인, 무형의.
immateriálĭtas, -átis, f. 비물질성, 비질료성
immatúrĭtas, -átis, f. (immatúrus)
미숙(未熟), 미성년, 성급함, 조급함.
immatúrus, -a, -um, adj. (in[2]+immatúrus)
익지 않은, 선('서툰' 또는 '충분치 않은'의 뜻을 더하는 접두사),
미숙한, 원숙하지 못한, 미성년의, 때 아닌, 미성숙한,
시기상조(時機尙早)의, 조기(早期)의, 조산(早産)의.
infans immaturus. 조산아(早産兒)/
mors immatúra. 요절(夭折-젊은 나이에 죽음).
immediate, adv. 매개 없이(mediate. adv. 매개로),
[immediate는 directe와 동의어로서, 중간에 놓이는 어떤 '다른 것의 매개를 통하
지 않고'의 의미를 갖는다. 따라서 이것의 반대되는 표현은 '다른 것의 매개를
통해(mediante aliquo)', '매개로(mediate)'이다. 이상섭 옮김, 신학대전 14, p.85].
Utrum Deus immediate omnem creaturam conservet.
Videtur quod Deus immediate omnem creaturam

conservet. 하느님은 매개 없이 직접 모든 피조물을
보존하는가. 하느님은 직접 모든 피조물을 보존하는
것으로 생각된다.(이상섭 옮김, 신학대전 14. p.119).

immediátĭo, -ónis, f. (哲) 직접성, 직접화, 접촉(接觸).
immediátus, -a, -um, adj. (in²⁺mediátus)
직접적, 바로의, 맞닿는, 즉석의.
adv. **immediáte**, 직접, 곧.
immediata cognitio Dei. 신의 직접적 인식/
Institutio immediata. 직접적 설정.

immedicábĭlis, -e, adj. (in²⁺medicábĭlis)
치료할 수 없는, 불치의.
telum immedicábĭle. 치명상을 입히는 화살/
vulnus immedicábĭlis. 불치의 상처(傷處).

immedĭcátus, -a, -um, adj. (in²⁺médicor) 약 바른

immeditátus, -a, -um, adj. (in²⁺méditor, meditátus)
생각하지 않은, 무반성의, 무분별의, 자연의.
adv. **immeditáte**, 생각 없이, 졸렬하게, 경솔하게.

immeliorátus, -a, -um, adj. (in⁴melióro) 개량된, 개선된

ímmĕmor, -óris, adj. (in²⁺memor)
기억하지 않는, 생각나지 않는, **잊어버리는**(잊어버린),
염두(念頭)에 두지 않는, **저버리는**.
Manet sub Jove frigido venator, tenerǽ coniugis
immemor. 사냥꾼은, 사랑스러운 아내를 잊은 채로,
차가운 하늘 아래(sub Jove frigido) 머물러 있다.

immemor benefícii. 은혜를 저버리고

immemorábĭlis, -e, adj. (in²⁺ memorábĭlis)
기억할 가치가 없는, 기억할 수 없는, 먼 옛날의,
태고의, 형언할 수 없는, 가없는, 헤아릴 수 없는.

immemorátĭo, -ónis, f. (ímmemor)
망각(妄覺-잊어버림, 獨 Vergessenheit).

immemorátus, -a, -um, adj. (in²⁺ mémor)
말하지 않은, 언급되지 않은, 새로운, 전대미문의.

Imménsæ caritátis, 헤아릴 길 없는 사랑,
특수한 경우의 영성체 규정(교황 바오로 6세의 1973.1.29. 훈령).

imménsĭtas, -átis, f. (imménsus) 잴 수 없음, 광대무변,
무한(無限-한이 없음), 무변성(無邊性), 무량성(無量性).

imménsĭter, adv. (imménsus) 끝없이, 광대하게

imménsum, -i, n. (imménsus) 잴 수 없음, 광대함,
무한(無限-이 없음), ad immensum. 무한히.
adv. 끝없이, 무한히(ad immensum).

immensum mare prospéctum. 아득히 보이는 광대한 바다

immensurábĭlis, -e, adj. (in²⁺ mensurábĭlis)
잴 수 없는, 광대무변한, 무한한, 헤아릴 수 없는.

imménsus, -a, -um, adj. (in²⁺métior) 측량할 수 없는,
광대한(capax, -acis, adj.), 끝없는, 무한한, 무량한.
m. 무량자(無量者).

ímmĕo, -áre, intr. (in¹⁺ meo) 들어가다, 침투하다.

ímmĕrens, -entis, adj. (in²⁺ méreo)
가치 없는, 자격 없는, 부당한, 무죄한.

immérgo, -mérsi -mérsum -ĕre, tr. 담그다

immergo manus in aquam. 물에 손을 담그다

immergo, -mersi -mersum -ĕre, tr. (in¹⁺ mergo)
(물 같은 데) 잠그다, 담그다, 가라앉히다.
immergo manus in aquam. 물에 손을 담그다.
(pass. refl.) **Immérgi, se immérgere.**
잠기다, 들어가다, 잠적(潛跡)하다.
refl. **se immergo.** 빠지다, 잠기다, 탐닉하다, 몰두하다.
immergo se stúdiis. 연구에 몰두하다.

immérĭto, adv. (imméritus)
받을 자격이 없이, 과분하게, 부당하게, 까닭 없이.

imméritus, -a, -um, adj. (in²⁺ méreo)
무죄한, (벌 받을 것을) 받지 않아도 되는,
받을 자격이 없는, 과분한, 부당한, 공 없는.

immersábĭlis, -e, adj. (in²⁺ merso)
가라앉힐 수 없는, 정복할 수 없는, 좌절되지 않는.

immérsĭo, -ónis, f. 물에 잠김(담금), 침수, 침투,
몰입(沒入-어떤 일에 빠짐), 잠입(潛入-몰래 숨어 들어감),
전심(專心), 몰두(沒頭). (宗) 침례*

immetátus, -a, -um, adj. (in²⁺ meto¹)
측량할 수 없는, 경계선 긋지 않은.

Immigrántes. 이주민(移住民.㉆ Immigrants)

immigro, -ávi, -átum, -áre, intr. (in⁴migro)
옮겨 들어가다, 이사하다, 이주하다.

imminéntĭa, -æ, f. (immíneo) 위급(危急), 임박(臨迫)
절박(切迫-일이나 사정이 급하여 여유가 없음).

immíněo, -ére, intr. (in⁴míneo) 우뚝 솟아 있다,
돌출하다, 가까이 있다, 임박(臨迫)하다, 절박하다,
위급(危急)하다, 적의(敵意)를 가지고 가까이 있다.
위협(威脅)하다, 열중하다, 얻으려고 애쓰다, 노리다.
Collis urbi ímminet. 언덕이 도시 위로 우뚝 솟아있다/
Mors ímminet. 죽음이 가까 왔다.

immíneo in occasiónem. 기회를 노리다.

immínŭo, -nŭi, -nútum, -ĕre, tr. (in⁴mínuo)
작게 하다, 줄이다, 덜다, 감소하다, 단축하다,
약하게 하다, 쇠약해지게 하다, 침해하다, 깨뜨리다.

imminútĭo, -ónis, f. (immínuo) 감소, 감축(減縮)
축소(縮小), 약화, 침해(侵害-침범하여 해를 끼침).

imminutio dignitátis. 권위의 침해(侵害)

imminútus¹ -a, -um, p.p., a.p. (immínuo) 작아진, 감소된

imminútus² -a, -um, adj. (in⁴minútus)
감해지지 않은, 있는 그대로의.

immíscĕo, -míscŭi, -míxtum(-místum), -ĕre, tr.
(in⁴mísceo) 섞다, 혼합하다, 섞여 들게 하다,
결합시키다, 연결하다, 건드리다.
(pass. refl.) **immiscéri, se immiscére.**
섞이다, 끼어들다, 참여(參與)하다, 간섭하다, 참견하다.

immisceo se nocti. 어둠 속으로 사라지다.

immiserábĭlis, -e, adj. (in²⁺miserábĭlis)
불쌍히 여기는 이 없는, 동정 받지 못하는.

immisericórdĭa, -æ, f. (immiséricors)
무자비(無慈悲), 무정(인정이나 동정심이 없음), 냉혹(冷酷).

immisérĭcors, -córdis, adj. (in²⁺miséricors)
무자비한, 무정한, 냉혹한.

immisi, "immítto"의 단순과거(pf.=perfectum)

immíssĭo, -ónis, f. (immítto) 들여보냄.

immíssĭo sarmentórum.
포도가지를 (자르지 않고 남겨 두어) 자라게 함.

immíssum, "immítto"의 목적분사(sup.=supínum)

immíssus, -a, -um, p.p., a.p. (immítto) 보내진,
이끌어진, 늦추어진, 기른, 자라도록 내버려둔,
canálibus aqua immíssa. 운하에 끌어들인 물/
dolor immíssa a Deo. 하느님이 보내신 고통/
immíssa barba. 기른 수염/
immíssis frenis. 고삐를 늦추어서, 말들을 달려서.

immitigábĭlis, -e, adj. (in²⁺mítigo) 누그러뜨릴 수 없는

immítis, -e, adj. (in²⁺mitis) 익지 않은, 떫은, 신(辛),
너무 이른, 거친, 조악한, 무자비(無慈悲)한,
잔인(殘忍)한, 사나운, 포악(暴惡)한.
immítes venti. 사나운 바람

immitis mors. 요절(夭折-젊어서 일찍 죽음)

immitis uva. 신포도

immítto, -mísi, -míssum, -ĕre, tr. (in⁴mitto)
들여보내다, 들어가게 하다, 집어넣다, 삽입하다,
침투시키다, 접붙이다, 풀어주다, 늦추어주다,
자라게 내버려두다, 가게 하다, 돌진시키다,
발사(發射)하다, 쏘아 보내다, (병에) 걸리게 하다,
충동(衝動)하다, 자극(刺戟)하다, 부추기다.
Classi immíttere habénas.(habena 참조)
배들의 돛을 펴서 바람을 받게 하다/
rami álii in álios immíssi. 접목한 가지/
se immítto. 뛰어들다, 돌입하다, 돌진하다/
se immítto in médios hostes. 적중에 돌진하다.

immíxtĭo, -ónis, f. (immísceo) 혼합(混合)

immíxtus, -a, -um, p.p. (immísceo) 섞인, 혼합된,
adj. (in²⁺mísceo, mixtus²) 혼합되지 않은, 깨끗한, 순(純)

immo(=imo), adv. (단독으로 또는 다른 부사나 감탄사와 함께 쓰며.

가끔 질문에서 요구되는 대답 이상의 것이나 그것의 교정을 표시하는 데 많이 씀) **더구나**, **더욱**(μᾶλλον), **오히려**, **그뿐더러**, … 커녕 도리어, 그와는 달리, 천만에, 물론, 확실히.
Causa non bona est? Immo óptima.
　기회(이유)가 좋지 않다고? 천만에 가장 좋은 기회이지/
Hæ quid ad me? Immo ad te áttinet. 이 여자들이 나와 무슨 상관이냐? 왜 상관없단 말이냐, 상관이 있고말고./
Non tamen (sunt) albedo et similitudo eadem, immo primo diversa. 그러나 흼과 유사성은 같은 것이 아니다. 오히려 근본적으로 다르다/
Si hoc crimen est, paucos innocentes habes, immo, Hercules, neminem! 이것이 죄라면, (세상에) 죄 없는 놈 몇이나 될까? 아니, 진정 한 놈도 없을 게다!/
Silebítne fílius? Immo vero obsecrábit patrem….
　아들 녀석이 잠잠할까?
　잠잠하기는커녕 오히려 아버지에게 간청할거야/
Vivit? Immo vero étiam in senátum venit. 살아 있어?
　(살아있다 뿐인가) 오히려 원로원에까지도 나오고 있는 걸!
Immo hoc negas. Unde nego? Audis quia hoc dico.
Immo ego convinco quia negas. 그대는 이 사실을 부인 하고 있습니다. 나는 어떻게 부인합니까? 그대는 내가 하는 말을 들어 보시오. 그대가 부인한다는 것을 내가 밝혀 주겠소.(최익철 신부 옮김, 요한 서간 강해, p.301).
Immo longe ab fuit. 아니, 오히려 멀리 떠나가 있었다.
　Ubi fuit Sulla? Num Romæ? Sulla는 어디 있었니? 로마에?.
Immo opima. 오히려 제일 좋은 것으로 본다.
immo vero. 그뿐 아니라
Immo vero vides Trinitatem, si caritatem vides.
(⑨ If you see charity, you see the Trinity)
　사랑을 보면 삼위일체를 보는 것입니다.
immóbilis, -e, adj. (in⁴ móbilis) 움직일 수 없는, 부동하는, 움직이기 어려운, 흔들리지 않는, 조용한, 고요한, 불변한, 항구한, 변동 없는, 무관심한, 감동되지 않는, 늦은, 느린, 융통성 없는. adv. **immobíliter**, 완고하게, 부동자세로.
primum principium immobile et per se necessarium. 자체로는 부동적이며 필연적인 제1원리.
immobílitas, -átis, f. (immóbilis) 부동, 불변(不變), 고정(固定), 정지(停止), 무감동(無感動).
immoderántĭa, -æ, f. (immoderátus)
　무절제, 방종(放縱), 과도(過度).
immoderátĭo, -ónis, f. (immoderátus)
　지나침, 무절제(無節制), 과격(過激), 과도(過度).
immoderátus, -a, -um, adj. (in⁴moderátus)
　한계 없는, 제한 없는, 무한한, 절제 없는, 방종한. 과도한(nimius, -a, -um, adj.).
immodéstĭa, -æ, f. (immodéstus)
　무례(無禮), 버릇없음, 단정치 못함, 자제력이 없음, 불순종, 불순명(不順命-불순종), 방종(放縱).
immodéstus, -a, -um, adj. (in⁴ modéstus) 무례한, 버릇없는, 단정하지 못한, 무절제한, 억압받지 않는, 지나친.
Heri quam immodestus fuisti!
　네가 어제 얼마나 무례(無禮)했는지 모른다.
immódĭcus, -a, -um, adj. (in⁴ módicus)
　도를 지나친, 과도한(nimius, -a, -um, adj.),
　극단의, 절제 없는, 한없는, 방종한.
　immódica orátio. 끝없는 연설.
immodulátus, -a, -um, adj. (in⁴ modulátus¹)
　조화가 안 되는, 운(韻)이 맞지 않는.
immœnis = **immúnis**
immolatícĭus, -a, -um, adj. (ímmolo) 제헌되는, 제물의
immolátĭo, -ónis, f. (ímmolo) 희생 제물 봉헌, 제사(祭祀.עֹלָה.θυσία.⑨ sacrifice).
[어원적으로 또 이교도들의 관습으로는 희생물을 식사로 하면서 뿌리는 고수레를 말한다. 구약성서에서는 희생물이 동물이었으므로 그 피를 뿌린다. 그래서 초대 교회에 특히 Vulgata 성서에서는 이 말을 도살, 즉 Mactatio로 번역하기도 했다. 현대 성체 교리 신학에서는 미사성제를 가리키는 말로 중요한 의미를 부여하고 있다. 이 관점을 개발한 사람은 프랑스 신학자 Maurice de la Taille이며 그는 'Mysterium Fidei(신앙의 신비)'라는 책에서 이 점을 강조하며 큰 영향을 끼쳤다. 백민관 신부 엮음, 백과사전 2, p.332].
immolátor, -óris, m. (ímmolo) 제관, 희생을 바치는 사람.

immolátum, -i, n. (ímmolo) 바쳐진 (희생) 제물, 희생제물(犠牲祭物.⑨ Victim-희생물).
immolent, 원형 ímmŏlo, -ávi, -átum, -áre, tr. (in⁴mola)
　[접속법 현재, 단수 1인칭 immolem, 2인칭 immoles, 3인칭 immolet, 복수 1인칭 immolemus, 2인칭 immoletis, 3인칭 **immolent**]
Victimæ pascháli laudes ímmolent Christáni.
　그리스도인들은 빠스카의 희생 제물에 찬미를 바치세.
immolítus, -a, -um, adj. (in⁴mólior) 건축된, 세워진, 건설된
ímmŏlo, -ávi, -átum, -áre, tr. (in⁴mola)
　(잡으려는) 희생동물에 소금 섞은 밀가루를 뿌리다,
　동물을 잡아 (신에게) 제물로 바치다, 죽이다, 희생하다,
　alqm vúlnere immolo. 아무를 상처 내어 죽이다.
immolo bovem Diánæ.
　Diána 여신(女神)에게 소를 제물로 바치다.
immorális, -e, adj. (in²+morális) 부도덕한,
　품행(소행)이 나쁜, 음란한, 미풍양속을 해치는.
Immoralísmus, -i, m. 탈도덕주의.
　Morálismus, -i, m. 도덕주의.
immorálitas, -átis, f. (immorális) 부도덕(성),
　품행(소행)이 나쁨, 난행(亂行-난폭한 행동을 함),
　추행(醜行-도의에 벗어나 추잡하게 행동을 함. 음란한 짓. 亂行),
　외설(猥褻-性慾을 자극하거나 하여 난잡함).
immorálitas animæ. 영혼의 불멸성(靈魂 不滅性)
immórdĕo, -mórdi, mórsum, -ére, tr. (in⁴mórdeo)
　물다, 물어뜯다.
immórĭor, (-rěris, -rītur), mórtŭus sum, mŏri, dep.,
　intr. (in⁴mórior) …에서 죽다, 죽을 힘을 다해 …하다.
immórĭor Euxínis aquis. 흑해에 빠져 죽다
immórĭor soróri. 누님 시체 위에 엎겨 죽다
ímmŏror, -átus sum, -ári, dep., intr. (in⁴moror¹)
　머무르다, 지체하다, 곰곰이 생각하다, 궁리하다.
Immortale Dei, 하느님의 불멸성(不滅性).
　(국가와 교회 관계에 대한 교황 레오 13세의 1885년 회칙).
Immortália ne speres, monet annus. 경험은 지나치게 탁월한 것을 바라지 말라고 권고하여준다(가르쳐 준다)
　(monére가 "권고하다·충고하다·설유說諭하다"란 뜻. 뒤로 타이름의 뜻을 가질 때 부정적인 객어문에는 반드시 ne를 써야한다).
immortális, -e, adj. (in²+mortális) 죽지 않는,
　불사의, 불멸의, 불후(不朽)의, 영원한(αἰὡνιος),
　(불멸의 신처럼) 행복한(μακάριος), 복된.
A dis immortalibus quæ potest homini major esse poena furore atque dementia? 불사의 신들로부터 인간에게 오는 죄벌로서 광기와 노망보다 큰 벌이 있을 수 있을까?/
Dii immortáles! 오 불멸의 신들이여/
Fui non sum, estis non eritis, nemo immortalis.
　나 일찍이 존재했거니 지금은 존재하지 않노라.
　그대들 지금은 존재하지만 언젠가는 존재하지 않으리라.
　그 누구도 불멸하지 못하느니(성 염 지음. 고전 라틴어, p.138)/
Immortale Dei. 하느님의 불멸
Nolite expavescere ista quæ di immortales velut stimulos admovent animis. Calamitas virtutis occasio est.(Seneca).
　불사의 신들이 영혼에 자극제로 삼아 충동하는 바에
　놀라지 말라! 재앙은 덕을 닦는 기회이기도 하다/
Non universo hominum generi solum, sed etiam singulis a dis immortalibus consuli solet.(Cicero). 온 인류만 아니 라 인간 각자도 불사의 신들에게 문의를 하는 게 예사다/
per deos, per deos immortales.
　불멸의 신들의 이름으로 맹세하거니와/
Pro di immortales, quæ fuit illa, quanta vis!. 불멸의 신들 에 맹세코, 그 여잔 얼마나 멋있던가! 얼마나 힘찼던가!/
Supremo vitæ die Socrates disputavit de animi immortalitate. 생애 마지막 날에 소크라테스는 영혼의 불멸에 대해서 토론하였다.
Immortális erit memoria factorum illustrium.
　유명한 사람들의 업적에 대한 기억은 불멸하리라.
immortálitas, -átis, f. 불사(不死), 불멸(성), 불후성, 불멸성·불사불멸(⑨ Immortality), 불멸의 부분, 영원(αἰών/αἰώνιος.永遠.⑨ eternity),
　영원성, 불멸의 영광, 영원한 존재, 행복, 복(福).

574

alci immortalitátem dono. 아무에게 불멸성을 주다/
ássĕquor immortalitátem. 불사불멸의 신이 되다/
immortalitátes. 신들, 신적 존재들/
Socrates multa dísséruit de immortalitate animórum.
소크라테스는 영혼의 불사불멸에 대하여 많이 논하였다/
Theologia platonica de immortalitate animæ.
영혼 불멸에 관한 플라톤 철학.
immortalitas animæ. 영혼불멸, 영혼의 불멸성(不滅性)
immortalītus, adv. (immortális)
하느님으로부터, 불멸의 신들의 은혜로.
immótus, -a, -um, adj. (in²⁺móveo) 움직이지 않는,
흔들리지 않는, 확고부동한, 불변한, 고요한, 조용한,
안온한, 침착한, 결정된, 결론이 내려진.
immótus dies. (바람이) 조용한 날.
immúgĭo, -ívi(-ĭi) -íre, intr. (in⁴ múgio) 울부짖다.
···에서 (소가) 영각하다; 요란하게 울려 퍼지다.
immukología, -æ, f. (醫) 면역학
immúlgĕo, -ére, tr. (in⁴ múlgeo)
(젖을) 빨리다, 젖을 짜내다.
immundábĭlis, -e, adj. (in²⁺ mundo) 깨끗하게 할 수 없는.
immundítĭa, -æ, (**immundities**, -éi.) f. (immúndus) 불결,
더러움, 추행(醜行-도의에 벗어나 추잡하게 행동함. 음란한 짓. 난행亂行),
omnis malitia et omnis immunditia a diabolo excogitatæ
sunt. 모든 악행과 모든 불결함은 악마에 의해 안출되었다.
(이상섭 옮김, 신학대전 14, p.505).
immúndus, -a, -um, adj. (in²⁺ mundo) 더러운, 불결한,
깨끗하지 못한, 지저분한, (종교적으로) 부정한, 부정 탄.
immundi spiritus. 더러운 영(靈).
immúnĭo, -ívi -íre, tr. (in²⁺ múnio)
견고히 하다, 방비를 튼튼히 하다, 요새화 하다.
immúnis(=immœnis) -e, adj. (in²⁺munus) 의무 없는,
면제된, 면세된, 자유로운, 해방된, 상관없는, 부담 없는,
호의로 얻은, 한가한, 벗어난, 말려들지 않은, 죄 없는,
더럽혀지지 않은, (전염병 따위에 대해) 면역이 된.
agri immúnes. 도지 물지 않는 밭/
militiā immunis. 병역이 면제된/
urbs immunis belli. 전쟁에 참가하지 않은 도시.
immunis fucus. (꿀 치지 않는) 한가한 수벌
immunis manus. 죄 없는 손
immunis portoriórum. 면세된
immúnĭtas, -átis, f. (immúnis) 면책 특권(特權),
(의무·부담·부채 따위의) 면제, 공무 면제 특권,
특권적 예외규정, ···에서의 자유, 간섭받지 않음,
외교관 특권, (병의) 면역, 면역성(免疫性).
ómnium rerum immunitas. 온갖 의무의 면제.
immunitas localis. 장소 특권
immunitas reális. 면제 특권
immunitas personális. 인적 특권
immunítus, -a, -um, adj. (in²⁺ múnio, munítus)
방비되지 않은, 포장되지 않은.
immuníta óppida. 무방비 도시들.
immunitus via. 비포장 도로, via strata. 포장 도로
immurmurátĭo, -ónis, f. (immúrmuro)
원망(怨望-불평), 투덜댐, 짐승의(動物의) 울부짖음.
immúrmŭro, (-ávi) -átum, -áre, intr. (in⁴ immúrmuro)
속삭이다, 중얼거리다, 투덜대다, 원망(怨望)하다.
Silvis immurmurat auster. 남풍이 숲에서 속삭인다.
immúsĭcus, -a, -um, adj. (in²⁺músicus)
음악을 모르는(이해하지 못하는), 비음악적인.
immús(s)ŭlus, -i, m. 매(맷과의 새를 통틀어 이르는 말)의 일종
immutábĭlis¹ -e, adj. (in²⁺ mutábilis)
변하지 않는, 불변의, 불변적.
ordo divinæ gubernationis est certus et immutabilis:
quia est secundum rationem æternam. 하느님의 통치
질서는 확실하고 불변적이다. 왜냐하면 영원한 계획에
따르는 것이기 때문이다.(이상섭 옮김, 신학대전 14, p.91).
immutábĭlis² -e, adj. (in⁴ muto¹) 변화되는, 변하는.
forma æterna et immutábilis. 영원하고 불변하는 형상/

vere esse quia immutabilis est.
불변하기 때문에 참으로 존재하는 분.
immutabílĭtas, -átis, f. (immutábĭlis) 불변성(不變性),
De immutabilitate veritatum religiosarum.
종교 진리의 불변성.
immutabilitas Patris. 성부의 불변성(不變性)
immutátĭo, -ónis, f. (immúto) 변화(變化,μεταβολὴ),
변환(變換), 변경(變更), 바꿈, 교환(ㄲㄲㄲㄲ.交換),
개정(開廷), (修) 환유(換喩), 전유(轉喩), 환치(換置).
immutátĭo intentionális. 지향적 변화(指向的 變化)
immutatio naturalis. 자연적 변형
immutatio spiritualis. 영적 변형
immutátĭo visíbĭlis. 시각적 변화
immutatus¹ -a, -um, p.p., a.p. (immúto) 변화된, 바뀐
immutatus² -a, -um, adj. (in²⁺muto¹) 변화지 않은, 불변의
immutésco, -mútŭi, -ĕre, intr., inch. (in⁴mutésco)
벙어리가 되다, 아무 말 하지 않다, 침묵(沈黙)하다,
잠잠하다, 묵비권(黙秘權)을 사용하다.
immutilatus¹ -a, -um, adj. (in⁴mútilo)
불구가 된, 불완전한, 잘린, 절단된.
immutilatus² -a, -um, adj. (in²⁺mútilo)
잘리지 않은, 결함 없는, 온전한.
immúto, -ávi, -átum, -áre, tr. (in⁴muto¹)
변경하다, 바꾸다(ㄲㄲ), 개정(開廷)하다.
immútui, "immutésco"의 단순과거(pf.=perfectum)
imo(=immo), adv. 오히려.더욱(μάλλον), **그뿐더러**
Imp. (略) Imperátor(황제)
impacátus -a, -um, adj. (in²⁺pacátus)
평화롭지 못한, 소란한, 싸우기 좋아하는.
impacíficus, -a, -um, adj. (in²⁺pacíficus)
평화 없는, 투쟁적.
impáctĭo, -ónis, f. (impíngo) 찌름, 충돌(營 Conflict)
impactum, "impingo"의 목적분사(sup.=supínum)
impænĭtens, -éntis, adj. (in²⁺pænitens)
후회하지(뉘우치지) 않는, 참회하지 않는.
impænĭténtĭa, -æ, f. (impænitens)
뉘우치지 않음, 회개하지 않음.
impallésco, -pállŭi, -ĕre, intr., inch. (in⁴)
창백해지다, 파랗게 질리다.
impalpábĭlis, -e, adj. (in²⁺ palpo¹)
만져서 알 수 없는, 만져지지 않는.
impalpebrátĭo, -ónis, f. (醫) 안검마비(眼瞼痲痺)
impanátĭo(=companatio) -ónis, f. (in⁴panis)
[이 말을 처음 쓴 사람은 Guitmund of Aversa(+1090) 이다]
실체 내재설(實體 內在說)
(神) 빵 속의 성체설, 빵과 성체 양립설.
impar, -páris, adj. (in²⁺par) 동등하지 않은, 같지 않은,
다른(ἕτερος), 고르지 못한, 기수의, 홀수의, 맞지 않는,
어울리지 않는, 틀리는, 필적하지 못하는, 뒤떨어지는.
consílio et víribus impar. 지혜와 힘이 미치지 못하는/
númerus impar. 홀수/
sinus ímpares magnitúdine. 크기가 같지 않은 호주머니.
imparátĭo, -ónis, f. (in²⁺paro¹) (醫) 위병(胃病), 위기능 약화
Imparatum te offendam. 내가 너를 불쑥 찾아갈 것이다
imparátus, -a, -um, adj. (in²⁺paro¹, parátus¹)
준비되지 않은(못한), 공급받지 못한, 상태가 좋지 않은.
Sumus imparáti cum a militibus, tum a pecúniā.
우리는 군대도 돈도 준비되어 있지 않다.
imparílis, -e, adj. (impar) 같지 않은, 틀리는
imparílĭtas, -átis, f. (impar)
같지 않음, 다름(相異), 상이(相異).
imparítas, -átis, f. (impar) 불평등, 홀수임, 기수(奇數)임
impartíbĭlis, -e, adj. (=impártilis)
분할할 수 없는, 불가분의.
imparticipábĭlis, -e, adj. (in⁴partícipo) 참여할 수 없는
imparticipátus, -a, -um, adj. (in²⁺ partícipo)
한 몫 끼지 못한, 참여하지 못한(않은).
impártĭlis, -e, adj. (in²⁺ pártilis)

575

부분으로 나눌 수 없는, 분할 수 없는, 불가분의.
impártĭo(=**impértĭo**), -ívi(ĭi), -ítum, -íre, tr.
 = **impértĭor**, -íri, dep., tr.
impáscor, -(ēris, -ītur), -sci, dep., intr. (in⁴pasco)
 (가축, 양 따위가) 사육되다, 풀 뜯어먹다.
impassíbĭlis, -e, adj. (in⁴passíbilis)
 고통(고난) 당할 수 없는, 손상되지 못할, 고통을 느끼지 않는.
Impassibilis est Deus, sed non incompassibilis. ⓢ God
 cannot suffer, but he can suffer with) 하느님은 고통
 받으실 수 없지만 함께 고통을 겪으실 수는 있다.
                   (클레보르의 성 베르나르도, '아가 강론' 중에서).
impassibílĭtas, -átis, f. 손상될 수 없음, 무손상(無損傷),
 불가 침해성, 고통에서의 면제(정통 신학은 하느님은 외부의 영향을
 받지 않으며 따라서 상해를 받지 않으며, 내적인 심성 변화에 의한 침해를
 받지 않으며 타 존재가 원인이 된 쾌 불쾌의 감성에 의한 변화가 없다고
 가르쳤다. 이와 같은 신론 철학은 그리스 철학의 이치와 그리스도교의 교리가
 융합해 확립된 교리이다. 백민관 신부 엮음, 백과사전 2, p.334).
 ((神)) (부활한 육체의) 고통(고난) 당할 수 없는 특성.
impástus, -a, -um, adj. (in²+ pascor, pastus⁹)
 굶주린, 먹지 못한.
impatefáctus, -a, -um, adj. (in²+ patefácio)
 드러나지 않은, 감추어진.
impatíbĭlis(=**impetíbĭlis**) -e, adj. (in²+ patíbilis)
 참을 수 없는, 견딜 수 없는, 난감한.
impátĭens, -entis, adj. (in²+ pátiens)
 견디지 못하는, 참지 못하는, 감당하지 못하는,
 느끼지 못하는(않는), 무감각의, 무감동의.
impatiéntĭa, -æ, f. (impátiens)
 견디지 못함, 참지 못함, 성급함, 느끼지 못함(않음).
 (醫) 무감각(ὁπάθεια), 무감동(無感動).
impavídĭtas, -átis, f. (impávidus)
 용맹(勇猛), 용감(勇敢), 대담(大膽-용감하고 담력이 큼).
impávĭdus, -a, -um, adj. (in⁴ pávidus)
 겁내지 않는, 용감한, 대담한.
 longa návis impávida. 전투함(戰鬪艦)
impeccábĭlis, -e, adj. (in⁴pecco)
 범죄 할 수 없는, 죄 없는, 흠이 없는.
Impeccábĭlitas Christi.(백민관 신부 엮음, 백과사전 2, p.334)
 그리스도의 무범죄성(無犯罪性),
 범죄 불가능성, 죄를 범할 수 없는 상태.
impeccántĭa, -æ, f. (in⁴pecco) 범죄 불능성,
 무죄(無罪), 무죄성(無罪性.獨 Sündlosigkeit).
impeccántĭa Mariæ. 성모의 무죄성
impedátĭo, -ónis, f. (impedo) 받침대를 넣음
impediménta, -órum, n., pl. (복수에서는 단수보다 다른 뜻 더 가짐)
 장애, 화물, 수송부대.
impediméntum, -i, n. (impédio) 방해물, 장애(障碍),
 장애물(障碍物), 지장(支障-일을 하는 데 거치적거리는 장애),
 고장, (여행용) 짐, 수하물, (軍) 수행원.
 [pl.] (軍) 보급품, 보급부대, 수송부대, 복마(卜馬).
 [教法] (혼인을 무효 또는 비합법적으로 만드는) 장애,
 조당(阻擋-나아가거나 다가오는 것을 막아서 가림. '혼인장애'의 옛 용어).
 impedimenta in silvas abdo.
 보급부대를 숲 속에 숨겨두다/
 impedimenta matrimonialia. 혼인 장애, 조당(阻擋)/
 Milites nostri sagittis utentes, impedimentis hostium
 potiri conabantur. 우리 병사들은 화살을 써서
 적병들의 보급품을 장악하려고 시도하였다.
Impedimentum abductionis.(**raptus**) 납치 장애(障碍)
impedimentum absolutum. 절대적 장애(障碍)
Impedimentum adoptionis. 양자 인연 장애(障碍)
Impedimentum ætatis. 연령미달 장애(年齡未達 障碍)
impedimentum affinitatis. 인척 장애(姻戚 障碍)
impedimentum certum. 확실한 장애(障碍)
Impedimentum cognatiónis legális.
 양자녀 장애, 교회법상 법정 친족 장애.
impedimentum cognátiónis spirituális. 대부모 장애,
 영적 친족 장애, 영친장애(1983년 새 교회법에서는 폐지함).
impedimentum consanguinitatis. 친족 장애, 혈친 장애

impedimentum criminis. 범죄 장애(犯罪 障碍)
impedimentum dirimens.
 (教法) 무효장애, 무효성 장애(조당).
Impedimentum disparitatis cultus. 미신자 혼인 장애
Impedimentum dispensabile. 관면 될 수 있는 장애
impedimentum dubium. 의심되는 장애
impedimentum dubium facti. 사실상 의심되는 장애
impedimentum dubium juris. 법률상 의심되는 장애
impedimentum finis. 목적의 장애(성 염 올김. 단테 제정론. p.147)
impedimentum gradus majoris. 중급의 장애
impedimentum gradus minoris. 경급의 장애
impedimentum impédiens.
 (教法) 금지 장애, 조해 조당(阻害 阻擋)
impedimentum impotentiæ. 성 불능 장애
Impedimentum indispensabile. 관면 될 수 없는 장애
impedimentum juris civilis. 국가의 법에 근거한 장애
impedimentum juris divini. 하느님 법에 근거한 장애
impedimentum juris ecclesiastici.
 교회의 법에 근거한 장애.
impedimentum ligaminis.(**vinculi**)
 기혼 장애(教法.倫理), 혼인 유대 장애.
impedimentum matrimoniale. 혼인 장애(婚姻障碍).
 Si quis dixerit, ecclesiam non potuisse constituere
 impedimenta matrimonium dirimentia, vel in iis
 constituendis errasse. 만일 누가 교회는 혼인을 무효로
 만드는 혼인장애들을 제정할 수 없다거나 이들을
 제정하는 것은 오류를 범하는 것이라고 주장한다면,
 그는 파문 받아야 한다.
impedimentum mixtæ religionis. 혼종(混宗) 장애
impedimentum normale. 통상적 장애(通常的 障碍)
impedimentum normale libertatis. 자유의 통상적 장애
impedimentum occultum. 은밀한 장애
impedimentum omnino occultum. 전혀 은밀한 장애
impedimentum ordinis. 신품 장애
impedimentum ordinis sacri. 성품 장애(聖品 障碍)
impedimentum perpetuum. 영구적 장애
impedimentum publicæ honestatis.
 공적 불명예 장애, 불명예 장애, 조당(혼배).
impedimentum publicum. 공개된 장애
impedimentum raptus.(**abductionis**) 유괴장애(誘拐障碍)
impedimentum relativum. 상대적 장애
impedimentum simpliciter occultum.
 단순히 은밀한 장애.
impedimentum temporarium. 일시적 장애
impedimentum vinculi(**ligaminis**). 전혼 장애,
 결연 장애, 중혼 또는 전혼 장애, 기혼 장애.
impedimentum voti. 수도 서원(誓願) 장애
impedimentum voti castitatis. 수도 서원(誓願) 장애
impedimentum voti simplicis. 단순 수도 서원 장애
impedimentum votorum sollemnium. 성대 서원 장애
impedio, -ívi(ĭi), -ítum, -íre, tr. (in⁴pes)
 (발을) 묶다.얽다.읽다, 난처하게 만들다, 말리다,
 방해하다(נוע), 막다(עצר.כרת.גרע), **못하게 하다**.
 ab algo in suo jure impedíri.
  자기 권리를 행사 못하도록 누구의 방해를 받다/
 Impédiunt víncula pedes. 발이 사슬에 묶인다/
 morbo impedítus. 병 때문에 장애를 받아/
 Nec ætas ímpedit, quóminus c. subj.
  나이도 (우리가) …하는 것을 막지 못 한다/
 Te ipse impédies. 네 스스로 난처해지리라.
impedítĭo, -ónis, f. (impédio) 방해, 장애(障碍), 고장(故障)
impedítus, -a, -um, p.p., a.p. (impédio)
 짐을 진, 둘러막힌, 곤란해진, 난처해진, 방해받는.
 Episcopi per semetipsos ordines conferant.
 Quodsi ægritudine fuerit impediti, subditos suos non
 aliter quam iam probatos et examinatos ad alium
 episcopum ordinandos dimittant. 주교들은 서품들을
 직접 거행해야 한다. 질병으로 거행하지 못하게 되면,

이미 입증되고 검증된 자기 수하들을 다른 주교에게
보내어 서품을 받을 수 있게 해야 한다/
Victóribus nihil impedítum est.
승리자들에게는 곤란한 일이 있을 수 없다.
impedítus silva. 숲에 둘러막힌
impédo, -áre, tr. (in⁴pedoʹ)
받침대를 세우다, 버팀목으로 버티다.
impégi, "impingo"의 단순과거(pf.=perfectum)
impéllo, -pŭli -púlsum -pellĕre, tr. (in⁴pello)
때리다, 때려 부수다, 몰다, 움직이게 하다, 자극하다,
충동하다, (쓰러져 가는 것을) 밀어 넘어뜨리다,
유인하다, 밀치다, 떼밀다, 함락(陷落)시키다.
Alicujus virtus hominem impellebat solum ad malum.
혹자의 용맹은 인간을 오로지 악행으로만 밀어붙인다.
혹자는 그 용맹이라는 것이 악행에 발휘될 따름이다.
impello alqm ad scelus. 누구를 죄로 유인하다
impello alqm ruéntem. 넘어지는 사람을 빨리 넘어지게 하다
impello navem remis. 노(櫓)로 배를 젓다
impéndĕo, -ére, intr. (in⁴péndeo) 위에 걸리다,
돌출하다, 가까이 있다, 절박하다, 위협하다(ㄱㄱ),
닥치다, 임박하다. tr. 위협하다.
De tempore cante impendendo. 시간 아껴 쓸 것에 대하여/
Te impéndent mala. 불행이 너를 위협하고 있다.
impendeo cervícibus alci. 누구의 목에 걸려 있다.
impendi, "impendo"의 단순과거(pf.=perfectum)
impéndĭa, -æ, f. = impéndĭum, -i, n. (impéndo)
impéndĭo, adv. (impéndium) 매우(ㄱㅆ), 대단히, 많이, 풍족한
impendio magis. 더 더욱
impendiósus, -a, -um, adj. (impéndium) 낭비하는, 소비성의
impéndĭum, -i, n. (impéndĭa, -æ, f.) (impéndo)
소비된 금전, 경비(經費-비용), 비용, 값, 지출,
이자(⑨ interest), 손실(損失), 낭비, 허비(虛費).
impéndo, -péndi -pénsum -dĕre, tr. (in⁴pendo)
소비하다, 지출하다, (시간.노력 따위를) 들이다.
impendo pecuniam in bellum. 전쟁에 돈을 쓰다
impendo tempus studiis. 공부에 시간을 들이다
impenetrábĭlis, -e, adj. (in⁴penetrábilis)
꿰뚫리지 않은, 꿰뚫을 수 없는, 뚫고 들어갈 수 없는,
접근할 수 없는, 난공불락(難攻不落)의.
impenetrabílĭtas, -átis, f. 불관성(不慣性)(철학여정, p.150),
불가입성(不可入性), 불가침투성(不可侵透性).
impénsa, -æ, f. (impéndo) 지출, 비용(費用), 희생.
meis impénsis. 내 부담으로.
impensa cruóris. (자기) 생명을 바쳐서
impénse, adv. (impensusʹ) 큰 비용을 들여, 화려하게,
애써서, 열심히, 한껏, 대단히, 많이, 상당히, 열렬히.
impénsor, -óris, m. (impéndo) 소비자, 노력가
impensum, "impendo"의 목적분사(sup.=supínum)
impénsus¹ -a, -um, p.p., a.p (impéndo)
(값이) 상당한, 비싼, 강렬한, 열렬한, 간절한.
impénso prétio. 비싼 값으로, 비싸게.
impénsus² -us, m. 비용(費用)
imperabílĭter, adv. (ímpero) 명령적으로
imperátĭo, -ónis, f. (ímpero) 명령, 통치(統治-다스림)
imperatívus, -a, -um, adj. (ímpero) 명령적인.
(文法) 명령법의.
(modus) imperatívus. 명령법(命令法).
imperatívus categóricus. (칸트의) 정언적 명령,
단언적 명령(命令), 지상명령(至上命令).
imperátor, -óris, m. (ímpero) 총사령관, 사령관,
원수(元帥), 개선장군(凱旋將軍-전승 장군에 대한 칭호),
(Július Cœsar 이후) 황제(의 명칭), 명령자, 지배자, 장.
Ad unum omnes Vercingetorigem probant imperatorem.
모든 이들이 한결같이(ad unum) 베르킹게토릭스를
사령관으로 추대하였다/
Civibus fraude persuasit imperator ut exirent cum
liberis. 그 사령관은 속임수로, 시민들더러
자녀들을 데리고 나오도록 설득했다/

Decet imperatorem stantem mori.(Vespasianus).
사령관은 일선에 서서 버티다 죽는 것이 합당하다/
Imperatores romani. 로마 황제들/
Lex imperatoris quæ est? 황제의 법은 무엇입니까/
Quæ sit Christianorum Imperatorum et quam vera
felicitas. 그리스도인 황제들의 행복은 어떤 것이며
무엇이 참된 행복인가.(교부문헌 총서 17, 신국론, p.2760)/
Vel imperatóre vel mílite me utímini.(utor 참조)
나를 지휘관으로든 졸병으로든 써 달라.
Imperator Augústus. Augústus 황제.
Imperator Roma. *Roma* 황제.
Imperator cepit consilium liberandi patriam.
원수(元帥)는 조국을 구할 결심을 하였다.
imperator clarus. 유명한 사령관.
Imperator cunctando impetum fregit. 원수는 지체함
(지연작전)으로써 적의 공격을 좌절(挫折)시켰다.
(동명사의 탈격은 모양부사어나 원인부사어가 될 수 있다.)
Imperator die noctuque cogtabat de liberanda patria.
원수(元帥)는 밤낮으로 구국에 대해서 생각하고 있었다.
Imperator exercitum in urbe reliquit civibus præsidio.
사령관은 시민들을 보호하기 위하여
군대를 도시에 남겨 두었다.
imperator illustris. 유명한 황제
Imperator nos ad se vocat per nuntios.
사령관은 전령을 시켜 자기한테 우리를 부른다.
imperator nullis juris inclusus angústiis. (includo 참조)
법의 아무런 제한도 받지 않는 황제.
Imperator omnes vires ad liberandam patriam contulit.
원수(元帥)는 구국에 모든 힘을 바쳤다.
Imperator pro meritis unius cujusque præmia debit.
사령관은 각 개인의(unius cuiusque) 공적에 따라서
포상을 하였다(성 염 지음, 고전 라틴어, p.147).
Imperator prohibuit milites a reditu.
사령관은 병사들의 귀환을 금지했다.
Imperator regnávit trigínta duos annos.
('얼마 동안'이라고 할 때 라틴어에서는 기본수사의 대격을 쓴다)
황제는 32년 간 통치하였다.
imperatórĭe, adv. 장군처럼, 황제처럼.
imperatórĭus, -a, -um, adj. (imperátor)
사령관의, 개선장군의, 황제의. adv. **imperatórĭe.**
imperátrix, -ícis, f. (imperátor)
명령하는 자, 여황(女皇), 여제(女帝), 황후(皇后).
imperatus¹ -a, -um, p.p. (ímpero) 명령된, 지시된.
actus imperati. 명령행위/
actus voluntatis a voluntate imperatus.
의지에서 명령된 의지행위/
imperáta pecunia. 바쳐야 할 돈/
imperátum fácere. 명령을 이행하다/
orátio imperáta. 명령기도.
imperátus² -i, m. 명령, 지시, 칙령(勅令-임금의 명령)
impercéptus, -a, -um, adj. (in⁴percípio)
감지(感知) 되지 않은, 눈치 채이지 않은.
impérco, -ĕre, intr. (in⁴parco) 절약하다
impercússus, -a, -um, adj. (in⁴percútio)
타격 받지 않은, 요란한 소리 나지 않는, 조용한.
impérdĭtus, -a, -um, adj. (in⁴perdo)
파멸되지 않은, 죽지 않은.
imperféctĭo, -ónis, f. (imperféct) 불완전, 결점.
imperfectionem imaginis. 모상의 불완전성.
imperféctus, -a, -um, adj. (in⁴perfício)
불완전한, 미완성의.
(文法) n. (prætéritum) imperféctum. 미완료 과거, 미완료.
imperfectum imperium. 불완전한 명령/
Opus imperfectum. 미완성 작품.
imperfóssus, -a, -um, adj. (in⁴ perfódio) 꿰뚫리지 않은.
imperiális, -e, adj. (impérium) 황제의, 황실의, 제국의
imperiálísmus, -i, m. 제정(帝政-황제가 다스리는 정치),
제국주의(帝國主義.⑨ Imperiálism).

imperiósus, -a, -um, adj. (impérium) 권력(세력) 있는,
  지휘권(명령권)을 쥐고 있는, 지배권을 가진,
  독단적인, 전제군주적인, 폭력적인, 공격적인, 엄한.
  nimis imperiosus philósophus. 너무 엄격한 철학자/
  urbes magnæ atque imperiosæ. 크고 세력 있는 도시.
imperiósus sibi. 자제력 있는.
imperítĭa, -æ, f. (imperítus) 무식, 무경험(無經驗),
  미숙(未熟), 부적합(不適合), 정통하지 못함.
imperitia absoluta. 절대적 부적합
imperitĭa relativa. 상대적 부적합
impérĭto, -ávi, -átum, -áre, intr., tr. (ímpero)
  지배(支配)하다, 명령하다(ⴰⴽⵔ), 지시(指示)하다(ⴰⴽⵔ).
  æquam rem impero. 옳은 일을 명하다.
imperítus, -a, -um, adj. (in²+perítus¹) 전문적이 아닌,
  미숙한, 경험 없는, 정통하지 못한, 서투른, 잘 모르는.
  multum imprudens et nimis imperitus.
  현명하지 못하고 다소 미숙하며.
impérĭum, -i, n. (ímpero) **명령**, 지시, 칙령(勅令-왕의 명령),
  명령권, 권한, 지배력, 제어력(制御力), 통치권(統治權),
  (국가의) 절대권(絶對權-절대적인 권리 또는 권력),
  최고 지배권, 통치(統治), 지배(支配), 정부, 정권,
  관권, 문관의 직권, (군대의) **통수권(統帥權)**, 사령권,
  지휘권(指揮權), 통치되는 지역, **제국**, 황제, 통치자.
  alqm ad summum impérium effero.
  아무에게 최고 통수권(統帥權)을 부여하다/
  anno imperii tertio, mense decimo, die Octavo.
  통치 제3년 10월 8일에/
  Cum duóbus de império decertám est.
  제국을 놓고 두 사람과 결전(決戰)하였다/
  cum império esse. 사령권을 가지고 있다/
  dies imperii. 제국의 날/
  Imperare sibi maximum est imperium.
  자기를 다스림이 곧 최고의 통수권(統帥權)이다/
  imperfectum imperium. 불완전한 명령/
  ipsi imperium in sæcula sæculorum amen.
  (auvtw/| to. kra,toj eivj tou.j aivw/naj(avmh,n.
  (프 À lui la domination pour les siècles! Amen.)
  (⑨ To Him be dominion forever and ever. Amen.)
  그분의 권능은 영원합니다. 아멘(성경 베드 1서 5. 11)
  하느님은 영원토록 권세를 누리실 분이십니다. 아멘(공동번역)/
  Iste vir imperio ducis celeriter functus est.
  저 작가는 장군의 통수권을 재빨리도 휘둘렀다/
  mílites laxióre império habeo. 사병들을 덜 엄하게 다루다/
  Nihil multi dii potuerunt ad augendum imperium.
  제국 성장에 아무 것도 못해준 많은 신들(신국론. 제4권)/
  obsecundo impériis. 명령을 실천하다/
  Par in parem non habet imperium.
  동등한 자는 동등한 자에 대하여 명령권이 없다/
  populi Romani justissimum esse in Gallia imperium.
  갈리아에 대한 로마 국민의 지배권은 지극히 정당하다.
  (성 염 지음. 사랑만이 진리를 깨닫게 한다. p.472)/
  rego império pópulos. 절대권을 가지고 백성을 다스리다/
  servi ære parati injusta imperia dominorum non
  perferunt. 무릇 돈으로 산 노예들마저도 주인들의 불의한
  통솔은 견뎌내지 못한다(성 염 지음. 사랑만이 진리를 깨닫게 한다. p.482)/
  spes unica imperii Roma. 로마제국의 유일한 희망/
  summum imperium. 최고 사령권, 최고 통수권/
  teneo summam impérii. 최고 사령관직을 차지하다/
  Unius viri imperium magnorum malorum sæpe causa
  erat. 일인 통치권은 흔히도 하고많은 재앙들의 원인이 되었다/
  universale Imperium. 보편 제국/
  universalis Monarchia vel Imperium. 보편 군주정 혹은 제정/
  Ut in corporibus, sic in imperio gravissimus est morbus
  qui a capite diffunditur.(Plinius junior) 몸에서도 그렇지만
  통치에서도 머리에서 퍼지는 질병이라면 참으로 심각하다.
Imperium et diaboli. 악마의 권세, 지배
Imperium et Sacrum. 교황권과 속권
imperium in te. 너에 대한 권한(權限)

imperium Latinum. 라틴 제국(1204년~1261년)
Imperium mundi. 세계 지배권
Imperium Romanum. 로마 제국(帝國)
Imperium Romanum Orientale(⑨ Eastern Roman
  Empire) 동로마 제국.
imperium singulare. 군주통치, 독재정치(獨裁政治),
  전제정치(autocratĭa, -æ, f.).
  oligarchia, -æ, f. 소수 독재정치.
imperium universale. 보편제국, 보편 제권(普遍帝權)
imperjurát, -a, -um, adj. (in²+perjúro)
  거짓 맹세하지 않는, 위증을 하지 않는.
impermeábĭlis, -e, adj. (in²+ pérmeo)
  통과할 수 없는, 물이 새지 않는.
impermíscĕo, -míxtum, -ére, tr. (in⁴+permísceo) 혼합하다
impermíssus, -a, -um, adj. (in²+permítto) 금지된, 불가한
impermíxtus, -a, -um, p.p. (impermísceo) 혼합된, 섞인,
  adj. (in²+permíseo, permíxtus) 섞이지 않은, 혼합되지 않은.
impermutábĭlis, -e, adj. (in²+permúto)
  뒤바꿀 수 없는, 대치할 수 없는, 변동시킬 수 없는.
ímpĕro, -ávi, -átum, -áre, intr. (in⁴+paro⁹)
  tr. 명령하다(ⴰⴽⵔ), …하도록 명하다. Mihi, ne abscédam,
  ímperat. 그는 나에게 떠나지 말라고 명한다.
  (돈.양곡.선박.군대.무기 따위의) 공급(조달)을
  명하다, 납부(納付)하게 하다.
  Qui modeste paret, videtur dignus esse qui aliquando
  imperet.(Cicero). 점잖게 복종하는 사람은 언젠가는
  명령하기에 합당할 사람으로 보인다/
  Qui paret, dignus est, qui aliquándo ímperet. 복종하는
  사람은 장차 명령할 자격이 있는 그러한 사람이다.
  intr. 다스리다(βασιλεύω.הַר.בַר.מְשַׁל.שָׁלַט),
  통치하다(ⵔⵔ), 지배(支配)하다, 지휘(指揮)하다,
  통솔(統率)하다, 억제(제어)하다, 명령(命令)하다/
  Claudius vixit annos IV et LX, imperavit XIV. 클라우디
  우스는 64(=4+60)년을 살았고 14년 간 제위에 있었다/
  virtus motiva imperans. 명령함으로써 운동시키는 힘.
impero sibi. 자신을 지배하다.
imperpétŭus, -a, -um, adj. (in²+ perpétuus)
  비영구적, 영원이 가지 못하는, 덧없는.
imperscrutábĭlis, -e, adj. (in²+ perscrútor)
  조사할 수 없는, 측량할 수 없는.
impersonális, -e, adj. (in²+ personális) 개인에 관계없는,
  개인(특정인물)을 지적하지 않은, 인격을 가지지 않는,
  비인격적인. (文法) 비인칭의, 비인칭법의,
  adv. **impersonáliter**, 비인칭으로.
  verbum impersonále. 비인칭 동사.
impersonatívus, -i, m. (sc. modus)[in ⁴ persóna)
  (文法) 부정법(不定法).
imperspicábĭlis, -e, adj. (in²+ spicábilis)
  들여다 볼 수 없는, 관통할 수 없는.
imperspícŭus, -a, -um, adj. (in²+ perspicuus)
  분명치 않은, 희미한, 통찰키 어려운.
impertérrĭtus, -a, -um, adj. (in²+ pertérreo)
  겁내지(놀라지) 않는, 대담한.
impértĭnens, -éntis, adj. (in²+ pértinens)
  관계되지 않는, 상관없는, 속하지 않은, 엉뚱한.
impértĭo(=impártĭo) -ívi(-ĭi) -ítum -íre,
  [=impértĭor, -íri, dep.] tr. (in⁴+pártĭo⁹) 나누어주다,
  분배하다, 주다(ⴰⴽⵔ.ⴰⴽⵔ.ⴰⴽⵔ), 베풀다, 부여하다,
  (무엇에) 바치다, 들이다, 참여(參與)케 하다,
  한몫 끼게 하다, 전해주다, 갖추어 주다.
  Denique Benedictionem Apostolicam vobis impertimus.
  (⑨ With my apostolic blessing)
  본인의 사도적 축복을 보냅니다/
  doctrínis alqm impertio. 누구에게 지식을 가르쳐 주다/
  Collégæ meo laus impertítur. 내 동료가 칭찬을 받는다/
  labórem hóminum perículis sublevándis impertio.
  사람들의 위험을 덜어주는 데에 수고를 들이다.
impertio alqm salúte.

누구에게 건강을 빌어주다, 인사하다, 경의를 표하다.
impertio tempus cogitátióni. 생각할 시간의 여유를 주다
Impertit tibi multam salútem. 그가 네게 많이 문안한다.
impertíta, -órum, n., pl. (impértio) 받은 혜택
impertítĭo, -ónis, f. (impértio)
분배(分配), 베풀어 줌, 시여(施輿-남에게 물건을 거저 줌).
imperturbábĭlis, -e, adj. (in[2]+pertúrbo)
침착한, 초연한, 냉정한, 소란하지 않은.
imperturbábĭlis, -átis, f. 평정(平靜.ἀταραξία)
imperturbátĭo, -ónis, f. (in[2]+pertúrbo)
침착(沈着), 냉정(冷情), 태연자약(泰然自若), 평온.
imperturbátus, -a, -um, adj. (in[2]+pertúrbo)
동요되지 않은, 조용한, 침착한, 평온한, 안온한.
impérvĭus, -a, -um, adj. (in[2]+pérvius) 통과(통행)할 수 없는, 통과시키지 않는, 실행할 수 없는, 받아들이지 않는.
impes, -ĕtis, m. (=**ímpetus**, -us) 돌격(突擊-돌진突進)
공격, 격렬(激烈), 폭력([영] Violence.[라] vis physica).
impetíbĭlis, -e, adj. = **impatíbilis**
참을 수 없는, 견딜 수 없는, 난감한.
impetiginósus, -a, -um, adj. (impetígo)
(醫) 농가진(膿痂疹)에 걸려 있는, 농가진성의.
impetígo, -gĭnis, f. (醫) 농가진(膿痂疹)
impetítus, -a, -um, p.p. (ímpeto) 공격 받은
ímpĕto, -títum -ĕre, tr. (in[1]+peto)
공격하다(חמא.חמ), 습격하다, 치다, 고발(告發)하다.
impetrábĭlis, -e, adj. (ímpetro)
(pass.) 쉽게 얻을 수 있는, 도달할(성취될) 수 있는,
impetrábĭlis venia. 쉽게 받을 수 있는 용서.
(act.) 쉽게 획득하는, 쉽게 이룩하는, 소원 성취하는,
설득력 있는. dies impertrabilis. 일이 잘되어 가는 날/
orátor impertrabilis. 설득력 있는 연설가.
impetrare, 원형 ímpĕtro, -ávi, -átum, -áre, tr. (in[1]+patro)
[명령법. 수동형 현재 단수 2인칭 impetrare,
복수 2인칭 impetramini
능동형 단수 2인칭 impetra, 복수 2인칭 impetrate].
Errati veniam impetrare. 잘못의 용서를 청하다.
impetrátĭo, -ónis, f. (영적 또는 물적 복리를 바라는) 기원, 기구(祈求), 기복(祈福), 간청하여 얻음, 관철(貫徹), 성취(成就.[영] Consummátĭon/Fulfillment), 목적달성.
impetratívus, -a, -um, adj. (ímpetro)
청하여 얻는, 소원 성취하는.
impetrátor, -óris, m. (ímpetro) 청하여 얻은 자, (소원) 성취자(成就者), 목적 달성자(目的 達成者).
impétrĭo, -ívi(ĭi), -ítum, -ĭre, intr., desid. (ímpetro)
(조점술의 점괘에서) 좋은 결과(징조)를 예고하다, 성취(달성) 하려 하다.
impetrítum, -i, n. (impétrio)
조점술에서 좋은 점괘(징조)가 나옴.허가됨.
ímpĕtro, -ávi, -átum, -áre, tr. (in[1]+patro)
(*alqd*-ab *alqo*; ut, ne; de *alqā* re; *absol*)
(노력으로 혹 간청해서) 얻다(קנה.אנק.ינק),
구득(求得)하**다**, 획득하다(קנה), **성취**(成就)**하다**,
목적 달성 하다, 실현(實現)하다.
Idoneus non est, qui impetret.
그는 (이것을) 성취할만한 사람이 못 된다/
Impetrábis a Cǽsar, ut tibi absésse lìceat.
너는 Cǽsar에게 청하여 결석할 수 있으리라/
impetrare optatum. 소원 성취하다.
impetuósus, -a, -um, adj. (ímpetus) 격렬한, 공격적인
ímpĕtus, -us, (=**impes**, -ĕtis,) m. (dat. -u도 있음)
(ímpeto) 공격, 습격, 심한 충동, 충격, 격렬(激烈), 급격한 움직임, (마음의) 충동, 열정, 격정, 설득력.
declino impetum. 공격을 피하다/
divínus impetus. 영감(θεὸπνευστος.[영] Inspirátĭon)/
excipio ímpetus. 공격을 받다/
Imperator cunctando impetum fregit. 원수는 지체함 (지연작전)으로써 적의 공격을 좌절(挫折)시켰다/
Impetum adversus montem fáciunt.
산 쪽으로 공격을 퍼부었다/
impetum facere in hostes. 적을 공격하다.

		sg.	pl.
격부족명사	Nom.	ímpetus	ímpetus
	Gen.	-	-
	Dat.	-	-
	Acc.	ímpetum	ímpetus
	Abl.	ímpetu	-

(허창덕 지음, 중급 라틴어, p.25)

impéxus, -a, -um, adj. (in[2]+pecto)
빗질하지 않은, 흐트러진, 거친, 투박한, 꾸미지 않은.
impiaméntum, -i, n. (ímpio) 더럽힘, 모독(冒瀆)
impias opiniones. 불경스런 주장들
ímpĭco, -átum -áre, tr. 송진을 바르다
impíĕtas, -átis, f. (ímpius) 불경건(不敬虔), 신심 없음, 불경, 불효, 불충, 사악(邪惡), 흉악(凶惡), 배신(背信).
(pl.) 죄(חטא.פשע.ἁμαρτὶα.ἀσὲβεια.[영] sin), 악행.
ímpĭgens, -éntis, adj. (in[2]+piget)
싫증 모르는, 끊임없는, 연속적인.
ímpĭger, -gra -grum, adj. (in[2]+piger) 게으르지 않은, 부지런한, 재빠른, 적극적인, 근실(勤實)한, 꾸준한.
impígnĕro, -áre, tr. (in[1]+pignus) 저당 잡히다
impígrĭtas, -átis, (=**impigrítĭa**, -æ,) (ímpiger)
근면, 활발, 민활(敏活-날쌔고 활발함), 능동성, 활동성.
impigrítĭa, -æ, (=**impígrĭtas**, -átis,) (ímpiger)
impílĭa, -ĭum, n. pl. (in[1]+pilus[1]) 모전(毛氈)으로 만든 신
impíngo, -pégi -páctum -ĕre, tr. (in[1]+pango)
박아(쑤셔) 넣다, 처넣다, 몰아넣다, 후려치다, 부딪치다, 던지다(אמר.ימר.חרי), 떼밀다, 밀어붙이다, 추격하다, 강요(강제)하다, 억지로 받게(…하게) 하다, 끼치다.
alci cálicem impingo. 아무에게 잔을 강제로 쥐어주다/
alci lápidem impingo. 누구에게 돌을 던지다/
paríeti caput impingo. 벽에 머리를 부딪다/
pugnum in os impingo. 한 움큼 입에 넣다.
impinguátĭo, -ónis, f. (impínguo) 살찜, 비대해짐, 살찌움
impínguo, -ávi, -átum, -áre, (in[1]+pinguis)
intr. 살찌다, 비대해지다. tr. 살찌우다, 비대해지게 하다.
ímpĭus, -a, -um, adj. (in[2]+pius) 의무를 다하지 않은, 불충실한, 불경스러운, **경건하지 않은**, 신(앙)심 없는, **불효한**, 불충한, 매국적인, 흉악한, 부도덕한, 패륜한.
De latentibus inter impios Ecclesiæ filiis et de falsis intra Ecclesiam Christianis. 불경자들 가운데도 교회의 자녀들이 숨어 있고, 교회 안에도 거짓 그리스도인들이 숨어 있다(교부문헌 총서 17, 신국론, p.2744)/
impias opiniones. 불경스런 주장들/
impium spectaculum. 불측한 연극/
In quem finem venturus sit exitus impiorum.(신국론, p.2818)
불경스런 인간들의 결과는 어떤 종말을 맞을 것인가/
Liber contra impium Grammaticum. 불의한 문법가 논박/
Quid sit justificatio impii, et quæ ejus causæ.
죄인의 의화가 무엇이며, 그 원인들은 무엇인가/
Quomodo intelligatur, impium per fidem et gratis justificari. 믿음을 통하여 무상으로 주어지는 죄인의 의화를 어떻게 이해할 것인가.
impius miles. 불측한 군인 놈
implacábĭlis, -e, adj. (in[2]+placábilis) 화해할 수 없는, 달랠 수 없는, 앙심 먹은, 가차 없는, 용서 없는, 엄한.
implacabilĭtas, -átis, f. (implacábilis)
달래기 어려움, 화해불능(和解不能).
implacátus, -a, -um, adj. (in[2]+placo) 진정되지 않은, 만족하지 못한, 화해되지 않은, 앙심 품은, 잔혹한.
implacatus et implacábĭlis animus.
화해되지 않고 화해될 수 없는 정신.
implácĭdus, -a, -um, adj. (in[2]+plácidus)
차분하지 못한, 사나운, 잔인한.
implágĭum, -i, n. 작은 그물
implanátor, -óris, m. (impláno) 속이는 자, 사기꾼
impláno, -ávi, -átum, -áre, tr. (in[2]+planus[1]) 속이다

implánus, -a, -um, adj. (in²planus⁹) 평평하지 않은
imple, 원형 ímplĕo, -plévi -plétum -ére, tr. (in¹+pleo)
　[명령법 단수 2인칭 **imple**, 복수 2인칭 implete]
implébilis, -e, adj. (ímpleo) 채워질 수 있는, 충만케 할
impléc to, -pléxi, -pléxum, -ére, tr. (in¹+plecto⁹)
　겯다대, 갈대, 싸리 따위로 씨와 날이 서로 어긋매끼게 엮어 짜다),
　섞어 짜다, 합쳐 꼬다, 얽히게 하다.
　Vídua impléxa luctu contínuo.
　　계속되는 슬픔 속에 잠겨 있는 과부(寡婦).
impleméntum, -i, n. (ímpleo) 채움, 완성
ímplĕo, -plévi -plétum -ére, tr. (in²+ pleo)
　[alqd(alqm) -alqã re, 드물게는 alcjs rei] 가득 채우다,
　충만케 하다, 뚱뚱해지게 하다, 새 살을 돋게 하다,
　굵어지게 하다, 임신시키다, 수량에 이르게 하다, 수를 채우다,
　시간(기한)을 채우다, (모자라는 부분을) 메우다(ממם),
　채우다(ממם), 보충하다, 만족시키다, 충족시키다, 완료하다,
　마치다, 완성하다, 수행(遂行)하다, 성취하다, 시행하다.
　Implete hydrias aqua.(🌐 Fill the jars with water)
　　물독에 물을 채워라(성경 요한 2. 7)/
　　그 항아리마다 모두 물을 가득히 부어라(공동번역)/
　　물독에 물을 채우시오(200주년 기념 신약성서 요한 2. 7)/
　Impleatur lux iustítiæ in hoc mundo.
　　정의의 광명이 이 세상에 넘치기를/
　offícium scribéndi impleo. 쓰는 일을 마치다/
　se impleo, (impléri) 배불리 먹다.
impleo se regum sánguine. 왕들의 피로 만족하다
implete, 원형 ímplĕo, -plévi -plétum -ére, tr. (in⁴pleo)
　[명령법, 현재 단수 2인칭 imple, 복수 2인칭 implete]
Implete hydrias aqua. 물독에 물을 채워라(성경 요한 2. 7).
implétio, -ónis, f. (ímpleo) 가득 채움, 가득 참, 충만,
　완성(מלא).🌐 Consummátion/Fullness), 완료(完了).
implétívus, -a, -um, adj. (ímpleo) 채우는, 완성하는
impletum, "ímplĕo"의 목적분사(sup.=supínum)
implevi, "ímplĕo"의 단순과거(pf.=perfectum)
implévit, 원형 ímplĕo, -plévi -plétum -ére, tr. (in⁴pleo)
　[직설법 현재완료, 단수 1인칭 implevi, 2인칭 implevisti, 3인칭 implevit,
　복수 1인칭 implevimus, 2인칭 implevistis, 3인칭 impleverunt]
　Esuriéntes implévit bónis, et dívites dimísit ináones.
　　주리는 이를 은혜로 채워 주시고
　　부요한 자를 빈손으로 보내셨도다.
implexi, "impléc to"의 단순과거(pf.=perfectum)
impléxio, -ónis, f. (implecto) 섞어 짬, 엮음, 얽힘, 꼬임, 엉킴
impléxum, "impléc to"의 목적분사(sup.=supínum)
impléxus, -us, m. (implécto) 엮음, 얽힘, 꼬임, 엉킴.
implicátio, -ónis, f. (ímplico) 얽히게 함, 엮음, 얽힘,
　연루(連累-관련), 관련(關聯), 휩쓸림, 밀접한 관계,
　혼란(混亂), 어지러운 형편, 착잡(錯雜), 분규(紛糾)
implicátio omnium perfectionum diversorum.
　　서로 다른 것들의 모든 완전성의 함축(含蓄).
implícatum, "ímplĭco"의 목적분사(sup.=supínum)
implicátus, -a, -um, p.p., a.p. (ímplico)
　끼어 든, 말려 든, 연루(連累)된, 엉킨, 얽힌, 복잡한,
　혼란한, 곤란해진, 함축적(含蓄的), 분명하지 않은.
implicavi, "ímplĭco"의 단순과거(pf.=perfectum)
implicíscor, (-éris, -ítur) -sci, dep., intr., inch.
　엉키다, 혼란해지다, 정신이 착란해지다.
implícito, -ávi, -átum, -áre, tr. (ímplico)
　분규 시키다, 엉키게 하다, 엮다(ממם).
implícitum, "ímplĭco"의 목적분사(sup.=supínum)
implícitus, -a, -um, p.p., a.p. (ímplico) 함축적(含蓄的),
　은연중 내포된, 은연한, 암암리의, 빠져 든, 휘말린, 걸린.
　intentio implicita. 함축적 지향/
　Aegesilaus, cum ex Aegypto revertetur, in morbum
　implicitus decessit. 아이게실라우스는 이집트에서 돌아
　와서 병에 걸려 죽었다. [Aegesilaus(+ca.360): 스파르타의 국왕이자
　장군. 소아시아의 페르시아 군을 격퇴하고(396) 코린토 동맹을 무찌름].
ímplĭco, -cávi(cũi) -cátum(cĭtum) -áre, tr. (in⁴plico)
　1. 얽히게 하다, 엉키게 하다, 뒤섞이게 하다, 휘감다,
　얼싸안다, 붙잡다(קרף.תְּפַשׁ.אחז). implico bráccchia collo

---

　alcjs. 두 팔을 누구의 목에 감다(두 팔로 목에 매달리다).
　2. (성가신 일에) 휩쓸어 넣다, 종사케 하다, 끌어넣다, 말려
　들게 하다, 간섭받게 하다, 관련시키다, 혼란하게 하다.
　alqm implico bello. 전쟁에 몰아넣다. (pass. refl.) se
　implico, implicári alqã re(alci rei). 어떤 일에 휩쓸리다,
　빠져들다, 걸려들다, 관련되다, 간섭받다, 혼란되다.
　3. (dat., in acc.; absol.) implícitus morbo, implico in
　morbum. 병에 걸리다. 4. pass. refl. se implico, implicári
　(abl.) 긴밀한 관계를(우정을) 맺다, 가까이 지내다.
　se implico societáte cívium. 시민들과 사귀다.
implicũi, "ímplĭco"의 단순과거(pf.=perfectum)
implorábilis, -e, adj. (implóro) 애원(탄원) 할만한.
implorátio, -ónis, f. (implóro) 도움을 간청함,
　애원(哀願), 탄원(歎願).🌐 Supplicátion).
implóro(=endoplóro), -ávi, -átum, -áre, tr. (in¹+ploro)
　[alqm -ut(ne): alqd -ab alqo; absol.] 애원(哀願)하다,
　탄원하다(προσεύχομαι), 눈물로서 도움을 요청하다,
　간청하다(צלח.προσεύχομαι).
implúmbo, -ávi, -áre, tr. (in⁴plumbo)
　납을 씌우는, 납땜하다.
implúmis, -e, adj. (in²+pluma) 깃털 없는, 벌거벗은
ímplŭo, -plũi, -plútum, -ěre, (in¹+pluo) (in, super acc.)
　intr. 비가 내리다, 비가 들이치다, 비처럼 쏟아지다.
　tr. 적시다, 물 뿌리다.
implúvĭum, -i, n. (ímpluo)
　Roma식 주택에서 네모진 빗물 저수조가 있는 안뜰.
impœnĭtens, -éntis, adj. (in⁴pœnitens)
　회개(참회)하지 않는, 뉘우치지 않는.
impœniténtĭa, -æ, f. 회개(참회)하지 않음
impœnĭtus, -a, -um, adj. (=impunítus, p.p., a.p.)
　벌 받지 않은.
impolítĭa, -æ, f. (impolítus) 손질하지(돌보지) 않음.
　불결(不潔), 가꾸지 않음, 태만(怠慢-게으르고 느림).
impolĭtus, -a, -um, adj. (in⁴polítus)
　다듬지 않은, 갈지(닦지) 않은, 윤을 내지 않은,
　세련되지 않은, 불완전한, 미완성의.
　lapis impolitus. 자연석(自然石).
impollútus, -a, -um, adj. (in⁴pólluo)
　깨끗한(καθαρòς), 더럽혀지지 않은, 순결한(καθαρòς).
impóno, -pósŭi -pósĭtum -pónĕre, tr. (in⁴pono)
　1. 얹다, 올려놓다, 씌우다(יִמ.אמר), 두다, 속이다,
　배치하다(σπ): impono dextram in caput. 오른 손을
　머리에 얹다/ impono alci corónam. 누구에게 화관을
　씌우다. 2. 배에 태우다, 승선시키다, 싣다. 3. (약.
　치료제 따위를) 바르다, 붙이다, 대다. 4. 끼치다, 입히다,
　(낙인 따위를) 찍다(생각 따위를) 갖게 하다.
　5. (괴롭고 힘든 의무나 짐 따위를) 짊어지우다, 떠맡
　기다, 책임 지우다, 부과하다; impono alci onus. 누구
　에게 짐을 지우다/ impono pœnas culpæ. 죄를 벌하다.
　6. 지시하다, 명하다, 규정하다, (법 따위를) 세우다
　제정하다. 7. 이름 붙이다(지어주다), 명명하다.
　8. impono finem(manum) alci rei. 마무르다(물건의 가장
　자리를 꾸며서 일을 끝맺다), 끝내다, 손 떼다. 9. 임명하다(נהג
　.אנה), 직책을 맡기다, Impono custodem hortis.
　공원의 경비원을 임명하다/ Consul est impósitus is
　nobis. 그는 우리의 집정관으로 임명되었다. 10. (dat.)
　속이다. Catóni egrégie impósuit Milo noster. 우리의
　Milo가 cato를 멋지게 속였다. (라틴-한글사전. p.410).
　Finem impónere festíno. 나는 빨리 끝장내려고 한다/
　Impónere áliquem sepúlcro. 아무를 매장하다, 장사지내다.
impórcĭtor, -óris, m. (impórco) 밭이랑 만드는 사람
impórco, -átum -áre, tr. (in⁴porca)
　밭이랑을 만들다, 밭이랑에 씨를 뿌리다.
importábilis, -e, adj. (in⁴porto)
　운반할 수 없는, 짊어질 수 없는, 견디기 어려운.
importatícĭus, -a, -um, adj. (impórto) 수입된, 외래(품)의
impórto, -ávi, -átum, -áre, tr. (in⁴porto) 들여오다,
　수입하다, 도입하다, 가져오다(אוב), 끼치다, 소개하다.

De quatuor magnam importantibus pacem.
평화를 얻는 데 필요한 네 가지 사항에 대하여.
importo calamitátem *alci*. 누구에게 재앙을 가져오다
importúne. adv. 귀찮게, 부적당하게, 불쑥, 계속하여
importúnĭtas, -átis, f. (importúnus)
(시간.장소의) 불리.불편.부적합, 귀찮음, 성가심,
집요하게 조름, 버릇없음, 무례(無禮), 오만불손,
주제넘게 나섬, 무분별(無分別), 난폭함.
importúnus, -a, -um, adj. (in²+porto)
부적합한, 부적당한, 불편한, 불리한, 불길한,
재수 나쁜, 위험한, 성가신, 귀찮은, 집요한, 무분별한,
시간과 장소를 가리지 않는, 독단적(獨斷的)인,
버릇없는, 오만불손한, 거친, 잔인(殘忍)한.
adv. **importúne**. 귀찮게, 부적당하게, 불쑥, 계속하여.
aggéribus locus importunus. 제방 쌓기에 불편한 장소.
Quod homo non sit importunus in negotiis.
어떤 일에든 당황하지 않음.
importunus bubo. 불길한(불길을 알리는) 올빼미
importunus tempus. 불리한 시간
importuósus, -a, -um, adj. (in²+portuósus)
항구가 없는, 피난처가 없는.
impos, -pótis, adj. (in²+potis) 힘없는, 무능한, 불능한.
impos ánimi. 정신없는(나간)
impos sui. 정신없는(나간)
impositícĭus, -a, -um, adj. (impositío)
위에 둔, 얹어 놓은, 덧붙인.
impositío, -ónis. f. (impóno)
얹어 놓음, 덮음, 이름 붙임, 명명(命名).
impositio manum. 안수(按手.⑨ imposition of hands/
Laying on of hands.獨 Handauflegung.
프 imposition des mains).
impositívus, -a, -um, adj. (impositío)
얹어 놓은, 덧붙인, 보조적인.
impósĭtor, -óris. m. (impóno) 명명자
impósĭtum, "inpono"의 목적분사(sup.=supínum)
impósĭvi, "inpono"의 단순과거(pf.=perfectum)
impossíbĭlis, -e, adj. (in²+possíbilis)
불가능한, 할(될) 수 없는.
Deus facit impossibília. 불가능한 바도 신은 할 수 있다.
(중세철학. 제4호. p.41)/
impossibile est idem esse et non esse.
동일한 사물이 존재이고 비존재라는 것은 불가능하다/
Impossibile est ut non veniant scandala; væ autem
illi per quem veniunt. (⑨ Things that cause sin will
inevitably occur, but wœ to the person through
whom they occur) 남을 죄짓게 하는 일이 일어나지
않을 수는 없다. 그러나 불행하여라, 그러한 일을
저지르는 자(성경 루카 17. 1)/죄악의 유혹이 없을 수
없지만 남을 罪짓게 하는 사람은 참으로 불행하다
(공동번역 루카 17. 1)/걸려 넘어지게 하는 일들이 생기지
않을 수 없습니다. 그러나 불행하여라, 그런 일이
생기게 하는 사람은!(200주년 신약 루카 17. 1).
Impossibilium nulla obligátio est.(불가능한 것의 채무는 없다)
불가능에 대하여는 아무 의무도 없다/
impossibile sit effectum precedere causam in esse.
존재에서 결과가 원인보다 앞설 수는 없다(단테 제정론. p.198)/
Nemo potest ad impossibile obligari.
아무도 불가능한 것에 대하여 의무를 질 수 없다/
Nemo tenetur ad impossibile.
아무도 불가능한 것을 행할 의무(義務)는 없다/
Non Deus impossibilia jubet sed jubiendo admonet et
facere quod possis et petere quod non possis.
하느님은 불가능한 것을 명령하지 않고 할 수 있는 것을
하도록 격려하실 뿐 아니라 할 수 없는 것을 할 수
있도록 시도하게 하신다/
omina principia reducuntur ad hoc sicut ad primum
impossibile est simul affirmare et negare.
모든 원칙은 이 최초의 원칙으로 환원된다.

긍정하면서 동시에 부정하는 것은 불가능하다/
quia non erit impossibile apud Deum omne verbum.
(o[ti ouvk avdunath,sei para. tou/ qeou/ pa/n r`h/ma)
(獨 Want bij God is geen ding onmogelijk)
(프 car rien n'est impossible à Dieu)
(⑨ for nothing will be impossible for God)
하느님께는 불가능한 일이 없다(성경 루카 1. 37)/
하느님께서 하시는 일은 안 되는 것이 없다(공동번역)/
사실 하느님께는 무슨 일이든 불가능한 것이 없습니다(200
주년 신약)/하느님께는 불가능한 말씀이 아무것도 없다.
impossibílĭtas, -átis, f. (impossíbilis)
불가능(不可能), 불가능성, 불능.
impossibilitas morális. 윤리적 불가능
impossibilitas physica. 물리적 불가능
**impossibilitas secundum naturam et impossibilitas
simpliciter**. 자연의 법칙에 따라 불가능한 것과
절대적으로 불가능한 것 사이의 구별.
impóstor, -óris. m. (impóno) 속이는 자, 기만자(欺瞞者)
impostúra, -æ, f. (impóno) 사기(詐欺.⑨ Fraud),
기만(欺瞞.⑨ Fraud-남을 그럴듯하게 속임).
impósui, "inpono"의 단순과거(pf.=perfectum)
impotábĭlis, -e, adj. (in²+poto) 마실 수 없는
ímpŏtens, -éntis, adj. (in²+potens) 힘없는, 허약한,
무력한, (남자의) 교접 불능의, 제어(지배)할 수 없는,
다스릴 줄 모르는, 무능(無能)한, 할 자격이 없는,
자제력(自制力)이 없는, 걷잡지 못하는, 걷잡지 못하는,
걷잡을 수 없는, 제멋대로의, 방종한, 사나운, 난폭한.
equi impoténtes regéndi. 제어할 수 없는 말(馬)들.
impotens rerum suárum. 자기 일을 처리하지 못하는
impotens sui. 제 정신이 아닌
impoténtĭa, -æ, f. (ímpotens) 허약(虛弱), 무력, 무능,
(남자의) 교접불능, 음위(陰痿-임포텐츠), 자제력이 없음,
무절제, 방종(放縱-거리낌 없이 제멋대로 행동함), 격정(격렬한 감정).
impotentĭa absoluta. 절대적 불능(絶對的 不能)
impotentĭa accidentális. 우연적 불능
impotentĭa antecedens. 선행적 불능(先行的 不能)
impotentĭa certa. 확실한 불능
impotentĭa cœundi. 성교 불능
impotentĭa dubia. 의심되는 불능
impotentĭa functionális. 기능적 불능
impotentĭa generandi. 출산불능
impotentĭa naturális. 자연적 불능
impotentĭa organica. 기관적 불능
impotentĭa perpetua. 영구적 불능
impotentĭa relativa. 상대적 불능
impotentĭa subsequens. 후행적 불능
impotentĭa temporális. 일시적 불능
imprædicabilitas, -átis. f. 빈술 불가능성.
(가톨릭 신학과 사상 제45호. p.109).
imprædĭmeditáte, adv. [in⁴+præméditor] 예측 밖에, 계획 없이
imprædepíte, adv. 방해 없이, 무사히.
imprædparátus, -a, -um, adj. (in⁴+paro) 미리 준비되지 않은
imprædpedítus, -a, -um, adj. (in⁴+præpédio)
방해받지 않은. adv. **imprædpedite**, 방해 없이, 무사히.
imprædputiátus, -a, -um, adj. (in⁴+præpútium)
할례 받지 않은.
imprædsciéntĭa, -æ, f. (in²+præ⁴+sciéntia)
선견 없음, 미리 알지 못함.
imprædsentĭárum, adv. [in¹+præséntia(harum) rerum]
현재 상태에서, 지금(vún), 당장(in præséntia), 당분간.
imprædstábĭlis, -e, adj. (in²+præstábilis) 공급할 수 없는,
빌려줄 수 없는, (남에게) 아무것도 해주는 것이 없는.
impránsus, -a, -um, adj. (in²+pransus) 굶은, 공복의,
단식의, 늦은 아침(또는 점심)을 먹지 않은.
imprecátio, -ónis. f. 재난을 빎, 저주(ㄲ가.가ﬥ.
ﬣﬡﬥ.ﬣ짖.ﬤﬥ.ἀρά.καταρα.ἀναθεμα.⑨ curse),
모독적 저주(詛呪), 악담, 축원, (좋은 일의) 기원(祈願)
blasphemia imprecatíva.

581

저주적 모욕(咀呪的 冒瀆), 하느님께 대한 저주.
ímprĕcor, -átus sum, -ári, dep., tr. (in⁴precor)
(재난.손해 따위가) 내리라고 빌다, 저주하다,
악담(惡談)하다, 축원(祝願)하다,
(누구에게) 기도하다(προσεὐχομαι), 기구하다.
imprensíbĭlis, -e, adj. (in⁴prehéndo)
파악할 수 없는, 깨달을 수 없는.
imprésse, adv. (imprimo, impréssus) 세게 눌러서,
강하게, 자국이 남도록, 깊이 있게, 심각하게, 신중하게.
impressi, "inprimo"의 단순과거(pf.=perfectum)
impréssĭo, -ónis, f. (imprimo)
새김, 찍음, 찍어서 자국을 남김(형상을 만듦), 인쇄,
인상(印象), 감명, 감각내용, 압박, 공격, 습격(襲擊),
(가톨릭) 성흔(聖欣), (修) 강세(强勢), 어세(語勢),
((齒科) (석고 따위로 만든 의치의) 틀,
impressionem facere. 공격하다(מΠㄷ,מΠ)
impressiónísmus, -i, m. 인상주의, 인상파
impréssor, -óris, m. (imprimo) 인쇄인(印刷人)
impréssum, "imprimo"의 목적분사(sup.=supínum)
impréssus, -us, m. (imprimo) = **impréssĭo**
인상, 인각(印刻), 인쇄(印刷).
impretiábĭlis, -e, adj. (in⁴+prétium)
평가하기 어려운, 가치를 헤아릴 수 없는.
Imprimatur. 출판허가(出版許可-임프리마뚜르), 인준(認准)
['출판을 허가 한다'는 뜻의 라틴어. 신앙에 관한 어떤 저서나 기도문. 상본 등에서
아무런 교의적·도덕적 오류가 발견되지 않았으므로 주교가 그 출판을 허가 한다
는 표시이다. 일반적으로 허가를 내린 주교의 이름과 인가날짜가 함께 인쇄된다.
저자는 거주교구, 자신 저서가 출판될 교구, 혹은 인쇄될 교구의 주교 중 임의로
선택한 한 사람의 주교에게서 이 허가를 얻을 수 있다. 인쇄물에 대한 이러한
사전 검열제도는 자신을 보호할 수 있는 교회의 자연법적 권리에서 나온 것으로
신앙교리성의 교령(1975)은 이를 다음과 같이 설명하고 있다. "교회의 사목자
들은 신자들의 신앙과 도덕이 저작물들로 인해 해를 입지 않도록 보살필 권리와
의무가 있기 때문에 신앙과 도덕에 관한 저서는 그 출판에 앞서 교회의 인가를
받도록 요구하고 신앙과 도덕에 위해가 되는 저서들은 단죄할 수 있다." 주교는
첸소르(Censor)가 'Nihil obstat'라고 한 책에 대해서 출판을 허가한다.]
Imprimi Potest. 임쁘리미 뽀떼스트.['출판될 수 있다'를 뜻하는 라틴어
Imprimi Potest는 출판 허가를 신청하기 전에 수도회 최고 장상에게 받는
것이다. 이 경우에도 장상의 이름과 날짜를 책에 인쇄하는 것이 보통이다.]
imprimis(=inprimis), adv. (in¹+primus)
우선(優先), 특히, 주로(주되게).
**Imprimis autem ad vos, Fratres in Episcopatu,
convertimur**(獨) To begin with, I turn to my brother
Bishops) 먼저 본인은 본인의 형제 주교들에게 호소합니다.
ímprĭmo, -préssi -préssum -ĕre, tr. (in⁴premo)
내리 누르다, 눌러서 자국을 내다, (눌러) 찍다,
인쇄(印刷)하다, 박다(찍다), 표를 하다(새기다),
표시하다, 흔적(痕迹)을 남기다, 상처(傷處)를 남기다,
파다(ㄱㄺ,ㄱㄷ,ㄷㄷ), 인상을 박아주다, 새겨 넣다,
Imprimatur. (가톨릭) 출판을 허가함/
in cerā sigíllum imprimo. 밀랍에 도장을 찍다/
sigíllo imprésso. 도장을 찍어/
species impréssæ. 인각상/
sulcum áltius imprimo. 밭고랑을 더 깊이 파다.
imprimo dentes *alci*. 누구에게 이빨 자국을 남기다
improbábĭlis, -e, adj. (in⁴+probábilis) 확실치 않은,
개연성(蓋然性)이 없는, 믿을 수 없는, 인정키 어려운.
improbabilis libertatis notio.
자유에 대한 그릇된 개념(a perverse idea of freedom).
improbátĭo, -ónis, f. (ímprobo) 부인, 비난(非難)
불찬성(不贊成.non placet)/placet, n. 찬성.
improbátor, -óris, m. (ímprobo) 부인하는 사람,
불찬성자, 반대자(反對者) 비난자(非難者).
improbĭtas, -átis, f. (ímprobus)
(품질의) 불량, 사악(邪惡), 악질(惡質), 못된 짓,
고약한 마음씨, 부정직(不正直), 비행(非行).
paucorum improbitas est multorum calamitas.
소수 (정치인의) 부정이 다수 (국민의) 재앙이 된다.
impróbĭto, -ávi, -átum, -áre, tr., intens. (ímprobo)
강력히 반대하다, 부정(否定)하다, 비난(非難)하다.
ímprŏbo, -ávi, -átum, -áre, tr. (in²+probo)
인정하지 않다, 불찬성하다, 비난하다(ㄲㄷ,ㄱㄷ),
배척(排斥)하다, 무효화(無效化)하다.

improbo judícium. 재판을 무효화하다.
impróbŭlus, -a, -um, adj. dim. (improbus)
좀 뻔뻔스러운, 좀 몰염치한.
ímprŏbus, -a, -um, adj. (in²+probus) **불량한**, 하급의,
나쁜(ㄲㄷ,κακὶα.κακὸς.πονηρός.πονηρία),
정도를 벗어난, 한도(限度)를 모르는, 고약한, 사나운,
고된, 모진, 험악한, 험상궂은, **부정직한**, 불법의, **몹쓸**,
못된, 심술궂은, 악한(ㄲㄷ.πονηρός.πονηρία),
마음씨 고약한, **흉악한**, 악질의, 악덕한, 파렴치한,
뻔뻔스러운, 수치심 없는, 야비한, 외설적인, 음탕한.
amor improbus. 욕망의 격정/
improba anus. 뻔뻔스러운 노파(老婆)/
improba hiems. 날씨 고약한 겨울/
improba merces. 품질이 나쁜 상품/
improba voluntas. 삿된(부정한) 의지(교부문헌 총서 10, p.57)/
Improbi et avari non copiosi et divites, sed etiam inopes
et pauperes existimandi sunt. 만족을 못하고 탐욕을
부리는 자들은 넉넉하고 풍요로운 부자가 아니고 오히려
가난하고 곤궁한 자들로 여겨져야만 한다/
labor improbus. 고된 일/
lex ímproba. 악법(惡法)/ mons improbus. 험악한 산/
Ut quisque est vir óptimus, ita difficíllime esse álios
ímprobos suspicátur. 사람은 누구나 착하면 착할수록
남을 악인(惡人)으로 추측하기가 대단히 어려운 법이다/
utor homínibus ímprobis multis.(utro 참조)
많은 나쁜 사람들과 관계를 가지고 있다/
voluntas improba. 비뚤어진 의지.
improcérus, -a, -um, adj. (in²+procérus)
작은, 키가 작은, 비천한.
improcreábĭlis, -e, adj. (in²+prócreo)
만들 수 없는, 생산할 수 없는, 조성할 수 없는.
improféssus, -a, -um, adj. (in²+profíteor)
신분을 밝히지 않은, 공표되지 않은, 신고 되지 않은.
impróles, -is, adj.(m., f.) 자식 없는, 아이 없는
imprómptus, -a, -um, adj. (in²+promptus) 즉흥적인,
준비(마련)되지 않은, 즉석의, 기민하지 못한, 느릿느릿한
ímprŏpe, adv. (in⁴prope⁵) 꽤 가까이, 아주 가까이
improperánter, adv. (in²+próperans) 천천히
improperátus, -a, -um, adj. (in²+própero)
급하지(바쁘지) 않은, 느린
Improperia(獨) The Reproaches/Improperia.
獨 Improperien). 비탄의 노래.
impropérĭum, -i, n. (impróperó⁵) 비방(남을 비웃고 헐뜯어 말함),
비난(非難), 욕설(辱說), 모욕(侮辱), 치욕(恥辱-부끄러움과
욕됨), 능욕(陵辱-남을 업신여겨 욕보임), 외설(猥褻-성욕을 자극
하거나 하여 난잡함). (가톨릭) pl. 유태인.불신자들의 구세주
에 대한 모욕천대를 힐난하는 교송(성 금요일에 노래함),
비탄(悲嘆)의 노래, 보속 기도(補贖 祈禱),
성 금요일 십자가 경배 예식 때 창하는 연송 기도.
impró pĕro¹ -áre, intr. (in¹+própero) 급히 들어가다
impró pĕro² -ávi, -átum, -áre, intr., tr. (in⁴probrum)
욕설하다, 비방하다(ㄱㄷㄱ), 비난하다(ㄱㄷ.ㄱㄷ),
멸시(蔑視-업신여기거나 하찮게 여겨 깔봄)하다, 모욕(侮辱)하다.
impróperus, -a, -um, adj. (in²+próperus)
빠르지 않은, 느린.
impropriátĭo, -ónis, f. 교회 재산의 평신도 관리
impropríĕtas, -átis, f. (impróprius) 부적합(不適合),
부적당(不適當), 부당(不當), (말의) 잘못된 사용.
impróprĭus, -a, -um, adj. (in²+próprius)
원래대로가 아닌, 적합하지 않은, 어울리지(말맞지) 않는,
부적당한, 그릇된(잘못된). n. 부적합, 부적당.
n., pl. 에둘러 하는 표현.
adv. **impróprĭe**, 적합하지 않게, 당치않게.
impropugnátus, -a, -um, adj. (in²propúgno)
방어되지 않은, 방비되지 않은.
improspécte, adv. 예견하지 못하고, 경솔하게, 지혜롭지 못하게
improspéctus, -a, -um, adj. (in²prospícĭo)
예견(예측) 하지 못한, 미리 내다보지 못한.

582

adv. improspécte.
imprósper, -ĕra -ĕrum, adj. (in²prosper) 불행한, 불운한,
　불길한, 달갑지 않은, 성공하지 못한, 부진한, 불우한.
improtéctus, -a, -um, adj. (in²prótego)
　방비(防備) 없는, 보호 받지 못하는.
imprŏvídus, -a, -um, adj. (in²próvidus)
　선견지명(先見之明)이 없는, 앞을 내다보지 못하는,
　미리 알지 못하는, 예측(豫測)하지 못하는,
　조심성(操心性) 없는, 경험(經驗) 없는.
improvisazione liturgica. 전례적 즉흥(전례적 열린 기도)
imprŏvísus, -a, -um, adj. (in²próvidus)
　예기치 않은, 뜻밖의, 예상외의, 갑작스런.
　(adv.) improvíso, de(ex) improvíso. 뜻밖에, 갑자기, 돌연/
　in hostes de improvíso incido. 적군을 급습하다/
　Cæsar milites his navibus transportat continentemque
　ripæ collem improviso occupat. 카이사르는 배로 병사들을
　건너보냈으며, 강변에 잇단 능선을 불시에 점령했다.
imprudens, -entis, adj. (in²prudens)
　예기하지 못하고 있는, 미리 알고 있지 못한, 무지한,
　알지 못하는, 미숙한, 정통하지 못한, 현명하지 못한,
　미련한, 슬기롭지 못한, 지각(知覺)없는.
　imprudétes hostes ággredi.
　　예기하지 못하고 있는 적(敵)을 공격하다/
　multum imprudens et nimis imperitus.
　　현명하지 못하고 다소 미숙하며.
imprudens legis. 법을 모르는
imprudéntĭa, -æ, f. (imprúdens) 예기하지 못함, 모름,
　선견 없음, 무지, 무경험, 현명하지 못함, 미련함,
　경솔(輕率-말이나 행동이 조심성이 없음), 부주의.
　ab imprudentia evéntus. 사건을 몰랐기 때문에.
impubes, -ĕris, (=impubis, -is,) adj. (in²pubes¹)
　사춘기에 이르지 않은, 수염 나지 않은,
　음모 나지 않은, 어린애인, 결혼하지 않은, 미혼의,
　(남자 14세, 여자 12세에 이르지 못한) 미성년의.
impubis, -is, (=impubes, -ĕris,) adj. (in²pubes¹)
ímpŭdens, -éntis, adj. (in²pudens)
　창피한 줄 모르는, 파렴치한, 염치(廉恥) 없는,
　무례한, 뻔뻔스러운, 넉살좋은, 철면피의.
impudéntĭa, -æ, f. (ímpudens)
　뻔뻔스러움, 넉살좋음, 몰염치(沒廉恥-파렴치),
　염치없음, 파렴치(破廉恥-염치없이 뻔뻔스러움), 무례(無禮),
　철면피(鐵面皮-무쇠처럼 두꺼운 낯가죽이라는 뜻. 면장우피. 후안무顔).
　Eos pudet impudentiæ suæ.
　　그들은 자기들의 몰염치함을 부끄럽게 생각한다.
impudicítĭa, -æ, f. (impudícus) 음탕(淫蕩),
　음분(淫奔-남녀가 음란하고 방탕한 짓을 함. 또는 그런 행동),
　음란(淫亂-음탕하고 난잡함), 무절조(無節操), 파렴치.
　Non in comissationibus et ebrietatibus, non in cubilibus
　et impudicitiis, non in contentione et æmulatione.
　흥청대는 술잔치와 만취, 음탕(淫蕩)과 방탕(放蕩),
　다툼과 시기 속에 살지 맙시다(로마 13, 13).
impudícus, -a, -um, adj. (in²pudícus)
　창피한 줄 모르는, 파렴치한, 넉살 좋은, 음탕한,
　음분(淫奔)한, 정숙하지 못한.
　Et advérsus et aversus impúdicus es.
　　너는 앞뒤 어느 모로나 뻔뻔스럽다.
impugnant, 원형 impúgno, -ávi, -átum, -áre, tr. (in⁴pugno)
　[직설법 현재 단수 1인칭 impugno, 2인칭 impugnas, 3인칭 impugnat.
　복수 1인칭 impugnamus, 2인칭 impugnatis, 3인칭 **impugnant**].
　dira monstra nos impugnant. 흉악한 괴물이 우리를 공격하며.
impugnátĭo, -ónis, f. (impúgno) 공격, 습격(襲擊), 이의제기,
　논란, 논박(論駁-상대의 의견이나 논설의 잘못을 비난하고 공격함)
impugnatio dæmonum. 마귀들의 공격
impugnátor, -óris, m. (impúgno) 공격자; (비유) 중상자, 적
impúgno, -ávi, -átum, -áre, tr. (in⁴pugno) 무찌르다,
　공격하다(חרם,דחה), 공박하다, 반대하다, 논박하다.

impúlsĭo, -ónis, f. (impéllo) 밀침, 압력, 충격(衝擊),
　충동(衝動), 자극(刺戟), 영향(影響), 선동(煽動).
impúlsĭo ad scribendum.
　(성서 기자에게 내리는) 성령의 영동(靈動), 감도(感導).
impulsívus, -a, -um, adj. 충동적인, 일시적 감정에 끌린
impúlsor, -óris, m. (impéllo)
　충동자, 선동자(煽動者), 교사자, 발기인(發起人).
impúlsus, -us, m. 밀기, 압력, 충격(衝擊-갑자기 부딪혔을
　때의 심한 타격), 충동(衝動), 선동(煽動), 부추김,
　교사(敎唆-남을 부추겨 못된 일을 하게 함).
impulvérĕus, -a, -um, adj. (in²pulvéreus)
　먼지 없는, 쉬운, 어려움 없는, 힘들지 않는.
impúnctus, -a, -um, adj. (in²pungo)
　오점 없는, 탓 없는.
impúne, adv. (impúnis) 벌 받지 않고, 겁 없이,
　자유로이, 기탄없이, 위험 없이, 무사히, 안전하게.
　urbs impune quiéta. 평온한 도시.

┌───┐
│　＊아래 부사는 형용사의 중성 대격을 부사로　　│
│　사용하는 몇몇 단어들이다.　　　　　　　　　　│
│　céterum 그밖에　　　　plerúmque 흔히, 보통으로│
│　fácile 쉽게　　　　　　plúrimum 가장 많이　　│
│　impúne 벌 없이, 벌 없이　plus 더, 이상　　　　│
│　minus 덜　　　　　　　postrémum 나중에, 최후에│
│　multum 많이　　　　　　potíssimum 우선, 특히　│
│　nímium 과도히　　　　　primum 먼저, 첫째로　　│
│　parum 조금, 부족하게　　sublíme 높이　　　　　│
│　páulum 조금, 잠깐　　　　　　　　　　　　　　│
└───┘

impúne injúriam accípere.
　아무렇지도 않게 모욕을 당하다.
impúnis, -e, adj. (in²pœna)
　형벌을 면한, 벌 받지 않은, 석방된.
impúnĭtas, -átis, f. (impúnis) 형벌을 면함, 면벌(免罰),
　사면(赦免), 무죄(無罪), 경솔함, 방자함.
　alci impunitátem concédere. 사면을 허락하다.
impunítus, -a, -um, adj. (in²púnio) 벌 받지 않은,
　벌을 면한, 보복 없는, 석방된, 방종한, 제한을 모르는.
impurátus, -a, -um, p.p., a.p. (=impœnítus, adj.)
　(impúro) 불명예스런, 더럽혀진,
　부정(不淨)한, 지저분한, 파렴치한.
impurgábĭlis, -e, adj. (in²purgo)
　깨끗해질 수 없는, 용서될 수 없는, 변명할 수 없는.
impúrĭtas, -átis, (=impúritĭa, -æ,) f. (impúrus)
　더러움, 불결(不潔), 불순(不純), 부정(不淨-깨끗하지 못함),
　외설(猥褻-성욕을 자극하거나 하여 난잡함), 음란(음탕하고 난잡함).
impúritĭa, -æ, (=impúrĭtas, -átis,) f. (impúrus)
impúro, -ávi, -átum, -áre, tr. (impúrus) 더럽히다(חנף)
impúrus, -a, -um, adj. (in²purus) 깨끗하지 못한,
　더러운, 순수하지 못한, 불순한, 음란한,
　음탕한, 추잡한, 상스러운, 고약한, 몹쓸,
　못된, 악질의, 악한(עשׁי.πονηρὸς.πονηρία).
imputábĭlis, -e, adj. (ímputo) 책임을 물을 수 있는,
　책임 지울 수 있는, 전가(轉嫁)할 수 있는,
　(책임.탓.죄 등을) 돌릴 수 있는.
imputabílĭtas, -átis, f. (imputábilis) 인책성, 인책능력,
　귀책성(歸責性), 죄책성, 문책(問責).⑨ Imputability),
　책임＊(責任.⑨ Responsibility)(교리서 1860항).
imputabilitas juridis. 법적 귀책사유
imputabilitas morális. 윤리적 죄책성, 윤리적 귀책사유
imputabilitas physica. 물리적 죄책성, 물리적 귀책사유
imputabilitas politica seu legális. 법적 죄책성
imputátĭo, -ónis, f. (ímputo) 계산(計算), 견적(見積),
　계상(計上-전체의 셈에 넣음), 계정(計定), 책임돌림, 문책(問責),
　(무엇을 죄로) 돌림, 인책 전가, 넘겨씌움, 귀속(歸屬),
　누명(陋名-사실이 아닌 일로 이름을 더럽히는 억울한 평판).
imputatio forensis. 법정적 전가(轉嫁), 법적 산입
Imputátĭo Satisfactiónis Christi.
　그리스도의 보상의 전가(轉嫁)(프로테스탄 주장).
imputatívus, -a, -um, adj.

I

셈을 요구하는, 고발하는, 전가(轉嫁)하는.
imputátor, -óris, m. (ímputo) 셈하는 자, 고발자
imputátus¹ -a, -um, adj. (in²puto¹)
가지를 쳐주지 않은, 손질해주지 않은.
imputáta vínea. 손질하지 않은 포도밭.
imputátus² -a, -um, p.p. (ímputo)
책임 지워진, 탓으로(공으로) 돌려진.
ímpǔto, -ávi, -átum, -áre, tr. (in¹+puto³) 계상하다,
계산에 넣다, 여기다, 덕분으로(공로로) **돌리다,**
생색내다, 은혜를 베풀다, **전가(轉嫁)하다,** 들씌우다,
탓으로 돌리다, 책임(責任)지우다.
Advérsa uni imputántur.
불성공을 한 사람의 탓으로 돌리고 있다/
Noli imputare vanum beneficium mihi.
아무 것도 아닌 것을 가지고 내게 생색내지 마라/
sumptus alci imputo. 비용을 누구 앞으로 계산하다.
imputrésco, -pútrǔi -ěre, intr., inch.
(in¹+putrésco) 부패하다, 썩다.
imputríbǐlis, -e, adj. (in²putrésco) 썩지 않을(않는)
ímǔlus, -a, -um, adj. dim. (imus)
가장 낮은, 맨 아래의, 최하의, 맨 밑바닥의.
imum, -i, n. (imus) 밑바닥, 심부(深部-깊은 부분), 하부(下部),
마지막(ἐσχατος), 최종(最終-맨 나중. 마지막).
pl. ima 밑바닥: 저 세상.
imus, -a, -um, superl., adj. (ínferus, inférior)
가장 낮은, 맨 밑바닥의, 최저의, 최하의,
깊은 곳의, 맨 마지막의, 맨 끝의.
ab imis únguibus usque ad vérticem. 발끝에서 머리끝까지/
ex imo péctore.
가슴속에서 (우러나오는), 가슴속으로부터, 진정으로/
ima vox. 가장 낮은 목소리.
imus janus. 구석진 곳
imus mensis. 마지막 달
Imus mons. 산기슭(infimus collis)
in¹, prœp. Ⅰ. c. abl. 1. [adverbiále loci: 넓은 의미의
소재지] **에,** 에서; **안에,** 속에; **위에,** 사이에, 앞에:
in urbe. 도시에, 도시 안에서/ in convívio. 연회석상에서/
in epístolā. 편지에(서)/ in tuto. 안전한 곳에/
ánulum in dígito habére. 손가락에 반지를 끼고 있다/
pontem fácere in flúmine. 강(江)에 다리를 놓다/
in armis esse. 전장에 있다/ collocáre spem in alqā re.
무엇에 희망을 두다/ in mensā. 식탁에, 책상에 (위에)/
Cæsaria in bárbaris erat nomen obscúrius. 미개인들
사이에는 Cœsar의 이름이 비교적 알려져 있지 않았다.
2. (adverbiále témporis) (때)에, 안에; 기회에:
in diébus
decem. 열흘 안에/ in brevi spátio. 짧은 기간에, 잠깐
사이에/ in puerítiā. 소년 시절에/in bello. 전시에, 전쟁에/
bis in die. 하루에 두 번/ in præsénti. 현재(에)/in tempore.
알맞은 때에, 적시에/ in fúnere amíci. 친구의 장례식 때에.
3. (사정.상태.착용.조건.관계.관점 따위 표시) **에,**
에서, 에 있어서; 에도 불구하고: in paupérie. 가난 속에서/
in rebus advérsis. 역경에서/ in caténā. 죄수로서/
esse in veste doméstica. 집에서 입는 옷을 걸치고
있다/ Res in angústo est. 사정이 곤궁에 빠져있다/
fortis in dolóre. 고통 속에서 용감한.
Ⅱ. c. acc. 1. [adverbiále loci: 넓은 의미의 도착점.목적지
.행선지] (어디)**로; 안으로,** 속으로; 위로, (무엇.어디)에:
in montem. 산으로, 산 위로/ in ludum saltatórium.
무도회장으로/ in jus vocáre. 법정으로 부르다/in pugnam
proficísci. 결전장으로 출발하다/ ábdere se in silvas.
숲 속에 숨다/ pónere alqd in ignem. 무엇을 불 속에 집어
넣다/ Venit(impers) mihi in mentem alcjs. 나는 누구
생각이 난다. 2. (쪽.방향) 향해서, 쪽으로: in merídiem
spectáre. 남쪽을 향해 있다/ in Itáliam versus. 이탈리아
를 향해서/ in utrámque partem. 양쪽으로/ in aurem
dormíre, in latus cubáre. 모로 누워 자다, 모로 눕다.
3. (adverbiále témporis: 기한.기간.반복적 경과 따위
표시) 까지, (언제)로, …도록, 마다, (시간이) 갈수록;

동안: 에, 에 있어서: in multam noctem. 밤이 이슥하도록/
in pósterum diem. 다음날로/ in dies. 날로/ in síngulos
dies. 나날이, 날이 갈수록/ cibária in dies quinque. 5일분
식량/ in diem. 하루 동안; 날로/ in diem vívere. (앞날을
생각지 않고) 그날그날 살아가다/ in tempus. 짧은 시간
안에, 순식간에/ in prætéritum. 과거를 통해서, 과거에/
in præsens. 현재(에)/ in futúrum. 장차, 앞으로/
in pósterum. 앞으로, 이후로는. 4. [adverbiále finis(finále):
목적.의향.변화.결과.기여.따위 표시] **위해서,**
(무엇이) **되도록,** …로, …에: in cellam oleárium hæc
opus sunt. 술광에 이것들이 필요하다/ in auxílium. 도움
으로, 도움이 되도록/ in memóriam patris. 아버지의 기념
으로/ in hanc rem. 이 일을 위해, 이 일에/ in altitúdinem
sex metrórum. 6미터 높이로/ súmere alqam sibi in
uxórem. 아무 여자를 자기 아내로 맞다/ mutáre alqd in
alqd. 무엇을 무엇으로 변하게 하다/ conférre in alqd.
무엇에 기여(이바지.공헌)하다. 5. [adverbiále modi: 모양
.양식.유사.적응 따위 표시] (어떠) 하게, …로, 처럼:
대로, …을 따라서: mirum in modum. 기묘하게, 이상하게/
in vanum. 헛되이/ in univérsum. 일반적(통례적)으로/
in mélius. 더 좋게, 더 낫게, 더 나은 것으로/ in lápidem.
돌처럼, 돌로/ in hanc senténtiam. 이 의견대로/ in leges
meas. 내 원칙대로. 6. (호의적.적의적 태도, 입장 따위
표시) 대하여(대한), 향해(향한), 거슬러: amor in pátriam.
애국심/ volúntas grata in paréntes. 부모에 대해 고마워
하는 마음/ ódium in malos. 악인(惡人)들에 대한 미움.
7. [분배의 대상.분할의 결과 표시] (몇…)으로, 수대로:
Gállia divísa est in partes tres. Gállia는 세 부분으로 분할
되어 있다/ divídere nummos in viros. 사람 수대로 돈을
나누어주다.
in²-, prœvérbium(partícula prœfíxa)
1. 동사 앞에 붙어서, 그 합성되는 동사의 뜻에다 전치사
로서의 in이 가지는 여러 가지 뜻을 보태어 주기도 하고,
때로는 동사의 뜻을 강조하기도 함. 장모음으로 다루어짐.
2. 형용사.명사.분사.드물게는 동사(자체).부사의
접두어로서는 '부정.박탈(剝奪).반대'의 뜻을 드러냄.
단모음으로 다루어짐. 3. 접두사 in-은 b, m, p 앞에서는
im- 으로, l 앞에서는 il- 로, r 앞에서는 ir- 로, gn 앞에
서는 i- 로 바뀌며, 나머지 자음 및 모음 앞에서는
in- 그대로 쓰임.
in abruptum ferri(trahi). 구렁텅이로 이끌려 들다
In admiratiónem ánimum ago. 감탄을 금치 못하게 하다
in adversum flumen. 강물을 거슬러
in altitúdinem sex pedum. 6피트의 높이로
in æternum. 끝없이(in infinitum/sine fine),
언제나 끝없이, 영원토록, 영원히.
in agro colendo vivo. 밭을 갈며 지내다
In agro dominico. 주님의 밭에서(1328년 교황 요한 22세 공표)
In altera castra transcursum est.
다른 진지로 뛰어 넘어가다.
in altitúdinem sex metrórum. 6미터 높이로
In alto positum non alte sapere dificile est. 높은 자리
에서 높음을 즐기지 않는다는 것은 어려운 일이다.
in altum. 높은 데로, 깊은 바다로
in ampléxum alcjs ruo. 누구를 와락 끌어안다
in angustiis esse. 곤궁에 처해 있다.
in anima vile. 천한 생명으로
In animis hominum sunt tanti recessus.
사람들 마음속에는 대단히 그윽한 데가 있다.
In ánimo hábeo fácere alqd. 무엇을 할 작정이다
In ánimo hábére. 계획하다, 마음먹다
in anno. 매년(每年.annis singulis)
in annum. 내년 한 해 동안(향후 1년 간), 일 년간
In Annuntiatióne Domini. 주님 탄생예고(1970년 로마 미사 전례서)
**In annuntiátione sanctæ Mariæ Matris Domini
nostri Jesu Christi.**
우리 주 예수 그리스도의 어머니 성 마리아의 예고.
in aperto. 밖에서(밖으로)

I

in arma trudi.(trudo 참조) 전쟁에 끌려 나가다
in armis esse. 전장에 있다
in artículo mortis.
　임종 때에, 죽는 순간(에), 죽을 임시에, 임종 직전.
In Assumptione Beatæ Mariæ Virginis.(8월 15일)
　성모승천대축일(⑨ Assumption Solemnity/ Solemnity
　of Assumption of the Virgin Mary into heaven).
in aurem dormíre, in latus cubáre.
　모로 누워 자다, 모로 눕다.
in austri pártibus. 남부지방에
in auxílium. 도움으로, 도움이 되도록
In beato omnia beata. 행운의 사람에게는 만사가 행운
in bello. 전시에, 전쟁에서, 전쟁 때에.
　et in bello et in pace utilis.
　전시에도 평화시에도 유용한 것(Aristoteles).
in bonis sectio. 차압물 경매/
　præda sub corona. 노획물 공매.
in brevi spátio. 잠깐 사이에
In cælo solem, lunam, stellas conspícimus.
　(=In cælo solem et lunam et stellas conspícimus)
　우리는 하늘에서 태양과 달과 별들을 본다.
in cælum redeo. 하늘로 돌아가다
in cassum. 공연히(in vanum)
In castris tumultuatur. 진영 안이 소란하다.
in caténā. (in¹참조) 죄수로서
in cauda venenum. 꼬리 안에 독(원한)
in cellam oleárium hæc opus sunt. (in¹참조)
　술 광에 이것들이 필요하다.
in cerā sigíllum imprimo. 밀랍에 도장을 찍다
In certando modum serva! 싸우는 중에도 법도는 지켜라!
in cervicibus esse.(cervix 참조) 가까이 있다, 임박하다
in céteris terris. 다른 나라에서
in ceterum. 나머지에 관해서는
In christi philosophorum doctrina opus mediatoris
disseritur.(신국론 제9권)
　그리스도와 철학자들의 가르침에 나타난 중개자의 역할.
In Christo Jesu. 그리스도 예수 안에서.
　(제2대 안동교구장 박석희 주교 문장).
In clebratÍone missæ, 공동집전(1972.8.7. 선언)
In Cœna Domini. 인 체나 도미니(주님 만찬 파스카 목요일에
　연례적으로 발표하였던 교황 칙서로 "Bulla Cœnae"라고도 함).
in commendam(depositum) 수도원의 원외 인사 원장제도
in commune consulo. 공익을 위한 대책을 강구하다
in commune profutura. 공익이 될(것)
In communicationis socialis provincia præsentes.
　사회홍보 분야에 대한 투신.
In communione cum cunctis orbis episcopis.
　세계 모든 주교와의 일치 안에서.
In Conceptione Immaculata Beata María Virgo.
　원죄 없는 잉태 축일(12월 8일).
in confesso esse. 이의가 없다
in confessum venire. 만인의 공인을 받게 되다
In confirmandis actis, 전례서의 동일 언어 번역의 통일.
　(1970.2.6. 지침).
In constitutione apostolica, 대사 안내서(1966.6.29. 교령)
In consuetudinem nostram non cado.
　우리의 언어 풍습에 적합하지(맞지) 않다.
In Continenti evangelizationis brevis historia.
　(⑨ Brief history of the continent's evangelization)
　(아프리카) 대륙 복음화의 약사.
in contione. 대중 앞에서(coram populo)
in contrarium 거꾸로, 반대방향으로
in convívio. (in¹참조) 연회석상에서
In corde suo, non est Deo. 그의 마음 안에 신이 없다.
in cornua offendo. 뿔을 받치다
in corpore alienato. 감각이 마비된 육체에
in creditum accipere. (돈을) 꾸다, 빌리다
In cubilibus vestris compungimini.
　자리에 누워 반성하여라(시편).

In cuius manu anima omnis viventis et spiritus
universae carnis hominis. 그분의 손에 모든 생물의
　목숨과 모든 육체의 숨결이 달려 있다.(욥 12. 10).
in cuius natura est ut rebus conformetur.
　인식 과정과 인식 원리의 본성 자체(本性 自體).
In culpa esse. 잘못을 저지르고 있다.
in cumulus. 그 외에
in decem ménsibus. 10개월 안에
in decisis et amplius. 교황청 각 부서가 제출 받은
　질문이나 청원에 대한 답서로 "이 안건에 대하여
　이미 확답하였으니 더 이상 신청하지 말라는 뜻"이다.
　(교회법 해설 ③ 교회의 최고 권위, p.279).
In decisis, In decretis. 교황청 각 부서가 제출 받은
　질문이나 청원에 대한 답서로 "이 안건에 대하여는
　이미 응답한 답서나 판결을 재확인하라는 뜻"이다
　(교회법 해설 ③ 교회의 최고 권위, p.279).
In Deo maxime est vita.
　하느님 안에서 생명이 최고도로 존재한다.
In Deo vivas. 하느님 안에 살기를
in depérdito esse. 잃어버린(없어진) 것이다
In deserto cum Christo diabolus dimicat.
　사막은 마귀가 그리스도와 투쟁하는 곳이다.
In desiderio animæ suæ attraxit ventum amoris sui.
　그 영혼의 바람(望) 안에 애욕의 바람(風)을 끌어들였다.
in diálogo. 대화식으로
in dicendo tectissimus. 말하는 것이 아주 애매함
in diem. 하루 동안; 날로(de die in diem. 나날이)
In diem posterum differre. 다음 날로 미루다
in diem vívere. 하루 동안 살다,
　(앞날을 생각지 않고) 그날그날 살아가다.
in dies. (in¹참조) 나날이, 날로, 날이 갈수록
in dies privos. 날로(de die in diem)
in difficultáte esse. 곤경에 놓여 있다
in diis est. 신들의 손에 달렸다
In disciplinam conveniunt. 배우러 모여 든다
in diversum. 반대 방향으로, 상반되게/
in domo inædifico sacéllum. 집안에 사당을 짓다
in domum excelsam. 드높은 집으로(다른 대명사나 형용사를
　부가어로 가졌을 때에는 대격 앞에 전치사 "in"을 놓는다).
in dúbio esse. 불확실하다
in dubio facti. 사실의 의심(疑心)
in dubio juris. 법률의 의심(法律 疑心)
In dubio melior est conditio possidentis.
　(⑨ In a doubt the possessor is to be favored)
　의심스러운 경우에는 소유자가 우선이다.
In dubio, pars mitior est sequenda.
　의심스러울 때에는 관대한 것을 좇아야 한다.
In dubio pro reo. 의심스러울 때에는 피고인의 이익으로.
in dubium venire. 의심스러워지다, 문제가 되다
in dubium vocáre. 의심을 일으키다(품다)
In duce prudentiam, in milites virtutem laudamus.
　장수에게서는 현명함을, 병사에게서는 용맹을 (우리는)
　칭찬한다(성 영 지음. 고전 라틴어, p.83).
In dulci Jubilo. 큰 기쁨 속에.(Jubilum 원본 참조)
In duobus certis amicis unus animus.
　확고한 두 친구에게 마음은 하나.
In eā pestiléntiā periérunt omnes boves et ómnia
pécora. 그 페스트 병에 모든 소와 가축들이 모두 죽었다.
　(명사마다 특히 성이 다른 명사일 경우 각각 따로 같은 성의 형용사를
　부가어로 가질 수도 있다).
in eam senténtiam. 그 의미(의견)을 따라서
in eamdem sententíam loqui. 같은 내용의 말을 하다
In ecclesiasticam futuorum, 신학교의 전례교육(典禮敎育)
　(1979.6.3. 훈령)
In edicendis normis,
　수도원 미사와 성무일도의 언어(1965.5.25. 훈령).
in efféctu esse. 완성되었다
In eo erat, ut milites vulnerati morerentur.
　부상당한 군인들은 바야흐로 죽어가고 있었다.
in eo est ut. ~할 시점(때)이다.

in eo est ut profecturus sum. 내가 가야할 때이다.
In eodem facto invenimus Deum Patrem, in quo
invenimus Iudam; Patrem benedicimus, Iudam
detestamur. 우리는 똑같은 행위 안에서 하느님 아버지도
만나고 유다도 만납니다. 그리고 아버지를 찬미하고 유다
에게는 진절머리 냅니다. Quare Patrem benedicimus,
Iudam detestamur? Benedicimus caritatem, detestamur
iniquitatem. 왜 아버지는 찬미하고 유다에게는 머리를
절레절레 흔듭니까? 사랑은 찬미하고 죄악에는 진절머리
내기 때문입니다.(최익철 신부 옮김. 요한 서간 강해. p.325).
in epístolā. 편지에(서)
In epistolam Ioannis ad Parthos tractatus.
파스토스에게 보낸 요한 서간 강해(아우구스티노 지음).
In eum res rediit locum, ut sit necésse. 그 일은
그렇게 될 수밖에 없는 그런 형편에 이르however 있었다.
In evangelio est Dei regnum Christus ipse.
복음에 있어서 하느님의 나라는 곧 그리스도 自身이다.
in exercituum supplementum. 보충병으로
in expedíto esse. 언제든지 …할 수 있는 상태에 있다.
In extrema necessitate omnia sunt communia.
극한 상황에서는 생명권이 우선해 모든 것은 공유이다.
in extremā spe salutis. 구원의 희망이 없는 상태에서
in facto esse. 사실 상태의 유(有)(in fieri와 대조)
in favorem dioecesis. 교구(敎區)를 위하여
in favorem fidei et pro salutem animarum.
신앙의 보호와 영혼의 구원을 위하여(사목연구 제18집. p.256).
In festo Annuntiátiónis beátæ Mariæ Virginis.
복되신 동정 마리아 예고축일.
in fide alcjs esse. 누구의 보호(保護) 아래 있다
in fide et lenitate. 충성과 온유(溫柔)(집회 45, 4)
(초대 제주교구장 박정일 주교 문장).
in fide permanére. 약속(約束)을 충실히 지키다
in fidelitatis dynamica virtute. 끊임없이 추구하는 충실성
in fieri. 실현 과정의 유(有)(되어 가는 과정).
in facto esse(되어 있는 상태)와 대조.
in fine. 마지막에, 맨 끝에
in firmamento virtutis ejus!
그분의 권능의 창공에서!(그분의 확고한 권능에서).
in flore virium. 힘이 한창일 때
in foro sellam pono. 법정에 걸상을 놓다
in forum insinuo. 법정 안으로 슬그머니 들어가다
In frondem crines crescunt. 머리카락들이 잎사귀로 변한다.
In fructibus multis, 교황청 사회 홍보 위원회(1964.4.2. 자의교서).
In fundum arbores transferebántur.
나무를 소유지로 옮겨 심었다.
in fúnere amíci. 친구의 장례식(葬禮式) 때에
in futurum. 미래에(in posterum)
in futurum ævum contuitus. 미래를 바라보며
in Gálliam proféctus est. 그는 갈리아로 떠났다
in glacie pisces ligati. 얼어붙은 물고기
In hac ratione preacipuam vim videtur Averroes
constituere. 아베로에스는 이 논변에 특별한 강조점을
두는 것처럼 보인다.(지성단일성. p.207).
In hac relátióne, 교회론의 채택 주제(1985.10.7. 문헌)
In Hac Tanta, 성 보니파시오 1,200주기(1919.3.14.)
in hac terra. 이 나라에서
in hanc rem. 이 일을 위해, 이 일에
in hanc senténtiam. 이 의견대로
In has miserias projectus sum.
나는 이런 불행에 떨어지고 말았다.
in herbis esse. 곡식이 아직 익지 않았다
in hoc alterno pavore. 양쪽이 서로 겪는 고통 속에서
in hoc hómine. 이 사람에 관해서는
In hoc signo vinces. 너는 이 표시로 승리하리라.
(콘스탄티누스 황제가 전쟁 중에 서쪽 하늘에 이 글자가 나타난 것을
보고 전쟁에서 이겼다는 전설. 에우세비오 책에서 처음 발견 됨).
in horam vívere. (hora 참조)
(아무런 장래 계획.걱정도 없이) 순간순간 살다
in horas. 시시각각으로.

Pueri mutantur insingulas horas.
아이들은 시시각각으로 변한다.
in hostes de improvíso incido. 적군을 급습하다
in hostes equos admitto. 적진으로 말들을 달리다.
in ictu oculi. 눈 깜빡할 사이에
in id loci.(is 참조) 그 자리로
in illo auguráto templo. 정당하게 점쳐진 그 신전에서
in illo tempore. 그 때에
in infinitum per accidens. 우유적 무한 계열.
processus in infinitum per se. 자체 무한 계열.
in íntegram restitúere(alqm, alqd)
이전(원래의) 상태로 회복시키다(복귀시키다).
In interiore homine habitat veritas.
인간 내면에 진리가 거처(居處)한다.
In ipsa forma homo, sed Deus.
그분은 형상으로는 사람이셨지만 하느님이십니다.
in ipsa natura rerum. 사안의 성격자체로
in ipsa violentiæ contra vitam origine.(⑨ the roots of
violence against life) 생명에 대한 폭력의 기원.
in ipso ætatis flore esse. 꽃 같은 나이다
In ipso autem biduo more suo in orátíone fuit
occupatus. 이틀 동안 종전에 하던 대로 기도에 전념하였다.
In ipso enim vivimus et movemur et sumus(사도 17, 28)
(⑨ For In him we live and move and have our being)
우리는 그분 안에서 살고 움직이며 존재합니다(성경)/
우리는 그분 안에서 숨 쉬고 움직이며 살아간다(공동번역)/
우리는 그분 안에서 살고 움직이며 존재합니다(200주년).
In ipsum crédimus. 우리는 바로 그 분을 믿는다
in irritum cádere. 수포로 돌아가다
in Itáliam versus. 이탈리아를 향해서
In judiciis non est accepcio personarum habenda.
재판에서는 편파적(偏頗的)이어서는 아니 된다.
in judicio cado. 재판에 지다
in jure cedere. 법정 양여(讓與)
in jure manum. (法) 법정 투쟁을 하다
in jure vindicare. 법정에서 담보를 제공하다
in jus ducere. (피고를) 법정에 구인(拘引)하다
in jus vocáre. (피고를) 법정에 소환(召喚)하다
in lacrimis et intentione cordis. 눈물과 마음의 지향
in lápidem. 돌처럼, 돌로
in laude positi. 칭찬 받은 사람들
in leges meas. 내 원칙대로
In libris gentilium non studeant.
이방인들의 책들을 공부해서는 안 된다.
In libros De anima expositio. 영혼론 주해(註解)
In libros De et corruptione expositio.
생성소멸론 주해(生成消滅論 註解).
In libros De memoria et reminiscentía expositio.
기억과 상기론 주해.
In libros De sensu et sensato expositio. 감각론 주해
In libros Peri hermeneias expositio. 명제론 주해
In libros Politicorum expositio. 정치학 주해(註解)
In librum De causis expositio. 원인론 주해(註解)
in limine. 문턱에서, 입구에서
in limine mortis. 죽음 일보 직전에
In littus passim naves egérunt.
사방에서 해변으로 배들을 몰고 왔다.
in locis disjunctíssimis 가장 먼 곳에서
in loco Dei Patris. 하느님 아버지의 자리에서
In loco parentis. 부모의 대리로서
in longitudinem diérum. 영구히, 영원히
in lúbrico versári. 미끄러운 곳에 있다
In luce ambulare.(⑨ Walking in the light)
빛 속에서 거닐다(1요한 1, 7 참조).
In luce interiore conspicitur,
quam corporis sensus ignorat. 육체의 감각들은 알지
못하는 것인데, 오직 내면의 빛으로 보게 되는 것이다.
in lucem. 날이 밝을 때까지

in lucem edi. 세상에 나오다(태어나다), (책 따위가) 출판되다
in lucris ponere. 이득으로 간주하다
in luctum detrúdi. 슬픔에 잠기다
in lumine. 대낮에
in lumine ambulemus, sicut et ipse est in lumine.
　　그분께서 빛 속에 계신 것처럼 우리도 빛 속에서
　　걸어갑시다.(최익철 신부 옮김, 요한 서간 강해, p.73).
in mæstitiam compositus. 우울한 표정을 하고
in malam crucem! 망해 버려라!
In mális promissis fides non expedit observari.
　　악한 약속에서는 신의가 지켜지지 않는 것이 낫다.
In manus tuas, domine, commendo spiritum meum.
　　주님의 손에 내 영혼을 맡기나이다.
in materia formata. 형상화한 질료 속에
in matrimonium alqam dúcere. 아무를 아내로 맞아들이다
in matrimonium collocáre. (딸을) 결혼시키다.
in maximis occupátiónibus. 극도로 바쁜 중에
In me sunt multa vitía. 나는 많은 결점을 가지고 있다.
in médiã ínsulã. 섬의 한가운데에
In medias res. 사물의 한 가운데서
in mediis fluctibus. 파도 한 복판에
in medio colle. 언덕 중턱에
in medio Ecclesiæ. 교회의 중심에서
in médio esse. 있다, 살아 있다, 와 있다
In medio stat virtus. 덕재중용(德在中庸),
　　덕은 중용을 지키는 데 있다(덕은 중간에 서 있다).
in mei memóriam. 나를 기념하여, 나의 기념으로
in memóriã hǽreo. 기억에서 사라지지(잊혀지지) 않다
in memóriam. 기념비, 카타꼼바에 쓰인 글자,
　　죽은 성인을 기념하기 위해 세운 기념비(제단, 성당 등을 가리킴).
in memóriam alcjs. 누구의 기념으로
in memóriam patris. 아버지의 기념으로(위하여)
In memoriam regredior audisse me. 들은 기억이 난다
in mensã. 식탁에, 책상에(위에)
In mente est mihi dormire. 나는 자려고 한다.
in mentem incido. 무엇이(주에) 생각나다
in merídiem spectáre. 남쪽을 향해 있다
in metallum retrudendus. 광산 중노동에 처해야 할 죄인
In metus revolvor. 나는 다시 공포(恐怖)에 휩싸인다.
in ministerium mitti. 직무를 위해 파견됨
in minoribus agentes, 사소한 일에 행동하는 자들
　　(교황 비오 3세 1463.4.26. 대칙서).
in misericordiam prolábor. 측은한 마음이 들기 시작하다
in monte. 산중에서, 산 위에서, 산에
in montem ascéndere. 산으로 올라가다
In montis speciem. 산더미처럼
in morbum incido. 병에 걸리다
in morbum recido. 병에 다시 걸리다
in mortem trudi.(trudo 참조) 죽으러 끌려 나가다
In Multiplicibus Curis, 팔레스티나의 위기(1948.10.24.)
in multos annos. 여러 해 동안
in multam noctem. 밤이 이슥하도록, 밤중까지
in mundo diviso et iniquo fraternitas.
　　분열되고 불의한 세상 안의 형제애.
In nativitate Beata María Virgo.
(⑨ nativity of Blessed Mary Virgin)
　　성모 성탄 축일, 복되신 동정 마리아 성탄 축일(9월 8일).
in naturalibus. 나체로, 벌거숭이로
in nave vehi. 배타고 가다
in naves iracúndiam erumpo.
　　(나포한) 배들에 대해 분풀이를 하다.
In necessariis Unitas: in dubiis Libertas: in omnibus
Caritas. 요긴한 일에 있어서 일치하고 확실치 않은 일에
　　있어서 각자의 자유를 보장하며, 모든 일에 있어서 사랑을
　　보존하라.(본질적인 것에서는 일치를, 의심스러운 것에는 자유를,
　　모든 것에는 사랑을. St. Augustinus)
in neutram partem propensior. 어느 편에도 치우치지 않은
In nihil ab nihilo quam cito recidimus.

우리는 얼마나 빨리 무에서 무로 돌아가는 가!
in nihilo redigere. 무화(無化)
in nobis carnaliter currit unctio.
　　우리 몸 전체에 도유가 이루어지고 있다(떼르뚤리아노).
in nobis, nobiscum, pro nobis(⑨ in us, with us, for us).
　　우리 안에서, 우리와 함께, 우리를 위하여.
in nobis sine nobis. 우리 없이 우리 안에서 되는 것
　　[성 아우구스티노의 말줄으로 '우리 안에서 되는 것이지만 우리 없이 즉 우리의
　　노력 없이 되는 것을 말함. 변기영 옮김, 신애론, 1977년, p.237 참조.
In nomine Christi. Amen. 그리스도의 이름으로 아멘
In nomine Christi et in nomine ecclesiæ.
　　그리스도의 이름과 교회의 이름으로.
In nomine Domini! 주님의 이름으로!
In nomine Domini, 교황 선거령(1059년)
In nomine Domini cras quod inde dederit, disseremus.
　　주님께서 주시는 바를 주님의 이름으로 내일 다루어
　　보겠습니다(최익철 신부 옮김, 요한 서간 강해, p.219).
In nomine summæ Trinitatis et sanctæ Unitatis Patris
et Filii et Spiritus Sancti. Amen. 지존하신 삼위이며
　　거룩한 일체이신 성부와 성자와 성령의 이름으로. 아멘.
in non esse. 비존재에로
In novissimo fati stamus abrupto.
　　우리의 운명은 마지막 고비(파멸 직전)에 서있다.
in novitatem a vetustate. 옛 것에서 새 것으로
in numerum digerere. 순서대로 정리하다
in númerum ludo. 율동에 맞춰 춤추다
in obliquo. 은근하게(umbraliter, adv.)
in occúlto. 비밀 장소에서, 비밀히
in octavo, resurrectiónis est plentitúdo.
　　여드레 째 날에 부활의 충만함이 있다(가톨릭 사상 제7집, p.155).
In oculis animus habitat. 영혼은 눈 안에 깃들어 있다
in ódia hóminum incurro. 사람들의 미움을 받게 되다
In odorem suavitatis. Tu autem effugare, diabole;
appropinquabit enim iudicium Dei.
　　그대가 천주의 단맛의 향기를 느낄 수 있도록,
　　너 악마야, 물러가라. 천주의 심판이 다가 왔다.
In omni re vincit imitatiónem veritas.
　　모든 일에 있어서 사실은 모방을 이긴다.
in omni terrarum loco præsentes. 세상 곳곳에 있는 현존
in omnibus gratias agite(1데살 5. 18)
(ἐνέν παντὶ εὐχαριστεῖτε) (⑨ In all circumstances give
thanks) 모든 일에 감사하십시오(성경, 1데살 5. 18)/
　　어떤 처지에서든지 감사하십시오(공동번역, 1데살 5. 18)/
　　모든 일에 감사하시오(200주년 기념 신약성서, 1데살 5. 18)
In omnibus negotiis pertractandis personam
seminarii gerit eius rector.
　　학장이 모든 업무 처리에서 신학교를 대표한다(Can. 238).
In omnium rerum abundantía vivere.
　　없는 것 없이 윤택(潤澤)하게 살다.
In oratióne tuã tecum ipse pugnabas.
　　너는 네 연설에서 자가당착(自家撞着)에 빠지고 있었다.
In Oratiónem Dominicam, videlicet 'Pater noster'
　　주의 기도 해설(解說)
in ordinem, 하나 씩 하나 씩, 규격대로(recte, adv.),
　　순서 있게(degestim, adv.), 차례대로.
in ore sita lingua. 입안에 있는 혀
In ore spumas ágere. 거품을 품다(지랄하다)
in otio tumultuosi in bello segnes.
　　평화시에는 소란하고 전시에는 고요한.
in ovis sedeo. 알을 품다
in pace Domini. 주님의 평화 안에서
In pace et pete pro nobis.
　　평화가 있기를! 우리를 위해 기도해 달라.
In paradisum. 낙원가(천사들이여, 천국으로 인도하소서'라고 묘지를 향할
　　때 하는 기도문. 장례미사 후 사도예절을 하고 교회를 나서서 장지로 향할 때
　　부르는 노래. 백민관 신부 엮음, 백과사전 2. p.337).
In pari causa, melior est conditio possidentis.
　　같은 원인에서는 점유자의 조건이 우선 한다.
In partibus(infidelium). 이교국의 교구를 맡은, 직책 없는

in patriam remeo. 고국(고향)으로 돌아가다
in patrocinium Ecclesiæ. 교회의 보호에
In patrónis, 수호성인에 관한 규범(1984.1.7. 서한)
in paucis diebus. 며칠 안에
in paupérie. 가난 속에서
In paupertate vivo. 가난하게 살아가다
In pectore. 인 펙토레[교황이 어떤 이를 추기경으로 승격하였지만
여러 가지 외부적 요인으로 그 이름을 밝히지 않고 교황의 '가슴에 품고'
있는 경우의 추기경. "심중 추기경"이라고도 함].
in periculo mortis. 죽을 위험(危險)
in perpetuum. 영구히, 영원히
in persona Christi.
그리스도의 위격 안에서, 그리스도의 이름으로.
in persona christi capitis. 머리이신 그리스도로서
in persona et nomine Christi.
그리스도를 대신하여 그리스도의 이름으로.
In physicam. 자연학 주해(월터 버얼리 1275~1344 지음)
In pœnis benignior est interpretátio facienda.
형법은 범죄인에게 너그럽게 해석되어야 한다.
In pontificalibus. 주교 복장으로
In posse 가능성 있는
in posteritatem promineo. 후손에까지 미치다
in posterum. 앞으로(in reliquum), 다음날로, 장래로, 미래로.
in posterum diem. 이튿날로, 다음 날로
in posterum diem iter confero.
여행 날짜를 다음날로 정하다.
in postremo vitæ. 죽기 직전에
In præclara Summorum, 단테 600주기(1921.4.30.)
in prædam sese ruo.
(독수리가) 사냥감을 향해 쏜살같이 내려가 덮치다.
in præsens. 현재에, 지금은(quod superst)(속어).
In præsentatione B. M. V. 성모 마리아 자헌 축일
In præsentatione Domini. 주님의 봉헌 축일
in præséntia. 현재에, 지금(νῦν.nunc temporis)
in prætéritum. 과거를 통해서, 과거에
in primis. 선두(先頭)에 나서서, 선두에서,
주로, 주되게[magnam(maximam) partem].
in primo. 맨 앞에(서)
in primore libro. 책의 첫 머리에
in primore pueritiâ. 소년시대의 초기에
in principio. 맨 처음에(ἐν ἀρχῇ), 시초에, 태초에,
Hoc erat in principio apud Deum(요한 1, 2)
(ou~toj h=n evn avrch/| pro.j to.n qeo,n)
(영) He was in the beginning with God)
그분께서는 한 처음에 하느님과 함께 계셨다(성경)/
말씀은 한 처음 천지가 창조되기 전부터 하느님과
함께 계셨다(공동번역 요한 1, 2)/
그분은 맨 처음에 하느님과 함께 계셨다.(200주년 신약).
In principio creavit Deus cælum et terram.
(evn avrch/| evpoi,hsen o` qeo.j to.n ouvrano.n kai. th.n gh/n)
(Am Anfang schuf Gott Himmel und Erde)
(In the beginning, when God created the heavens
and the earth) 한 처음에 하느님께서 하늘과 땅을
창조하셨다(성경)/한 처음에 하느님께서 하늘과 땅을
지어내셨다(공동번역 창세 1. 1)/
태초에 신은 하늘과 땅을 창조했다(일반).
in privato. 사적으로(privatim, adv.)
in privatum 개인용으로
in prœlium prodeo. 전투하러 나가다
in promerendis sociis. 동료들의 지지를 받음에 있어서
in propatulo. 공공연히(public, adv.), 앞뜰에서, 옥외에서
in propatulo loco. 훤히 트인 앞뜰에
in propinquo esse 가까이 있다
in propria personâ. 몸소.친히(præsentïaliter, adv.),
스스로(secum = cum se)
In prospectu tertii millennii Christiani.
그리스도교 제삼 천 년 기에 비추어.
in proximo 아주 가까운 곳에

in publicum prodire. 거리로 나가다, 드러나다
in pueritiâ. 소년 시절에
In pugnam proficisci. 결전장으로 출발하다
in pugnam proficiscor. 전장으로 떠나다
in puri naturalibus. 순수 본성적으로
In qua via? 어떤 길 말입니까?
In qualibet curia constituatur cancellárïus.
교구청마다 사무처장이 선임되어야 한다.
In quibus duobus præceptis? 어떤 두 계명입니까?
In quibus et ex quibus una et unica Ecclesia
catholica exsistit. 개별 교회들 안에 또 거기에서
부터 유일하고 단일한 가톨릭 교회가 존재합니다.
In quibus rerum circumstantiis, (1972.6.1. 훈령)
타그리스도교인들에게 영성체를 허락하는 특별 경우.
In quibusdam ecclesiæ partibus.
어린이들의 고백과 첫 영성체(1977.3.31. 회람).
In quo agro spectavit vaccas servus noster.
우리 노예가 암소들을 어느 들에서 보았나?
In quo non est peccatum, ipse venit auferre peccatum.
죄가 없는 분이 죄를 없애 주시려고 오셨다는 것입니다.
(최익철 신부 옮김, 요한 서간 강해. p.209).
In quorum manibus iniquitates sunt: dextera
eorum repleta est muneribus. 그들의 손은 죄악에
물들었고, 오른손은 뇌물(賂物)로 가득 찼나이다.
in rátïonem indúcere. 계산에 넣다
In re communi potior est conditio prohibentis.
공동의 사항에서는 금지의 조건이 우선한다.
in re ipsa. 사안 자체로
in rebus adversis. 역경에서(in rebus asperis)
in rebus secúndis. 순경에서
in recessu oris. 입 속에서
in recto. 올바로, 직접적으로.
Allicio ad recte faciéndum. 올바로 하도록 유인하다.
in reliquum tempus. 나머지 시간에
in rem alcjs esse. 누구의 이익이 되다
in rem præsentem. 문제되고 있는 곳으로, 현장으로
in remóto. 먼 곳에(서), 멀리 떨어져
in repeténdâ libertáte. 자유를 도로 찾음에 있어서(repeto 참고)
in rostra ascéndere. 연단에 올라가다(rostrum 참조)
in ruinam multorum. 많은 사람들의 파멸
(성 염 지음, 사랑만이 진리를 깨닫게 한다, p.401).
in sǽcula sæculorum. 영구히, 영원히, 세세 대대로
in sǽculum. 세세 대대로
in sapiéntem incurro 현자가 당면하다
In schola sumus, ut litteris studeamus.
우리는 학문을 연구하기 위해 학교에 있다.
In schola tabula est. 학교에 흑판이 있다
in scientïa mundana 세속적인 학문
in se, 그 자체로, 자체 안에
in se facturo. 자기가 하듯이, 자기가 본을 보이겠지만
in secreto,
혼자 조용히, 남몰래, 비밀로, 비밀히(secretim, adv.)
In segetem spicas fundere. 이삭을 밀밭으로 가져
가다(속담-즉 쓸데없는 일을 하다).
in senatu ago. 원로원에서 발언하다
in sereno. 맑은 날에(cælo sereno)
in serum noctis. 밤늦게까지
in singula diei témpora. 하루의 매 순간
in singulos dies. 나날이(dietim, adv.), 날이 갈수록
in sinistra parte. 왼편에
in sinu. 남몰래(Inter nos/in secréto)
in sinu urbis. 도시 중심부에
In situ. 그 본래의 위치에서, 출생지에서
In sole sidera desinunt. 낮에는 별들이 보이지 않는다.
in solitaria Patris caligine.
(하느님) 아버지의 고고한 현의(玄義) 속에서.
in sortem Domini vocati. 주님이 부르신 몫
in spem pacis. 평화를 희망하며

In spíritu humilitátis et in ánimo contríto suscipiámur a te, Dómine: et sic fiat sacrifícium nostrum in conspéctu tuo hódie, ut pláceat tibi, Dómine Deus. 주님 비오니, 겸손한 마음으로 저희를 굽어보시어 오늘 저희가 대전에 드리는 이 제사를 기꺼이 받아들이소서.

in Spiritu per Filium ad Patrem. 성령 안에서 성자를 통하여 성부께(사목 13, 典禮神學, p.184).

In spiritu sancto, (1965.12.8. 교황교서) 세계 공의회의 폐막

In statu quo. 현상(또는 원상)으로

In statu quo ante bellum. 전쟁 전(前)의 상태로

in statu viatorum. 순례도상(巡禮途上)

In studiis libentíssime conquiésco. 나는 공부 도중에 매우 즐겨 쉬곤 한다.

In studiis tantos progressus facem. 연구에 있어서 이토록 크게 발전(진보)하였다.

in studio abunde promoveo. 공부에서 크게 진보하다

In Studium incumbite, adulescentes. 젊은이들이여, 학문에 열중(熱中)하라!

in suam tutélam venire. 자기 스스로의 후견인이 되다 즉 성인이 되다.

in subreptum. 기어서

In subsidium míttere mílites. 구원병을 보내다

in suffragium mittere. 투표에 붙이다

in superiore vita. 생애의 전반에

in suspensivo. 미결정으로

in suspicionem venire. 의심스럽다

in tali casu. 이런 경우에

In te, anime meus, tempora mea metior.(고백록 11. 27) 내 영혼아, 결국 네 안에서 내가 시간을 재는 것이로구나.

in te ipsum redi. 자기귀환, 너 자신 안으로 돌아가라.

transcende te ipsum. 너 자신을 초월하라.

in tempi di mobilit. 거리 사목 활동(1978.5.26. 훈령)

In temporalibus. 속세에서

In tempore opportuno. 알맞은 시간에, 편리한 시간에

in tempore. 마침 좋은 때에, 적당한 시기에, 때를 맞춰. [tempus, -poris, n. 때(καιρὸς.χρόνος.시기)].

in tempus. 일시로, 짧은 시간 안에, 순식간에

in terram navem ejicio. 배를 육지(陸地)에 대다/

In terrena Liturgia cælestem illam prægustando participamus. 우리는 이 지상의 전례의 참여할 때 천상의 전례를 미리 맛보고 그것에 참여하는 것이다.

in terris. 세상에서, 현세(現世)에서

in toto. 전혀[ex toto(=omnino)], 전부(全部)

In toto partem non est dubium contineri. 전체에 부분이 포함된다는 것은 의심할 여지가 없다.

in totum. 전체적으로

in transitu. 지나는 길에(transitorie, adv.)

in transversum pósitus. 가로질러 놓인

In tribulátione subvenire.(성 분도 수도규칙 제4장 18) 시련 중에 있는 사람을 도와주라.

in tribus discúrrere. 부족 선거회에 가다

in tribus pópulum convocáre. 부족별로 백성들을 소집(召集)하다.

In tua natura, æterne Deus, naturam meam cognoscam. 영원하신 하느님이시여, 당신의 본질 안에서 나의 본질을 인식하겠나이다(바오로 6세. 제2차 바티칸공의회 폐막 회기에 행한 강론).

in túrbidis rebus.(turbidus 참조) 불안한 일에서

in túrbido.(turbidus 참조) 심상치 않은 때에

in tutéla alcjs esse. 누구의 보호를 받고 있다.

in tutela esse. 후견을 받다

in tuto. 안전한 곳에

in tuto alqm collocáre. 누구를 안전하게 하다

in tuto esse. 안전하다(tuto esse), 안전한 곳에 있다

In tuto ponere. 안전한 곳에 두다

in unguem. 완전하게

in unitate Spiritus Sancti. 성령의 일치 안에서

in unitatem concordem pacis vinculo. 평화의 사슬로 묶이는 합심하는 일치(중세철학, 제3호, p.26).

in univérsum. 일반적(통례적)으로

In uno corpore sumus, unum caput habemus in cælo. 우리는 한 몸 안에 있고, 하늘에 하나의 머리를 모시고 있습니다.

in unum. 하나로, 한 가지도

in unum cógere. 집중시키다, 하나로 모이게 하다

In unum congruérunt sententiæ. 의견들이 하나로 일치하였다

in urbe. 도시에, 도시 안에서

in urbe habitáre. 도시에 살다

in urbem ire. 도시로 (안으로) 가다

in utrámque partem. 두 편을 다(찬성, 반대하다)

in utramque partem disserere. 찬반양론으로 토론하다

in vanum. 헛되이

in venis rei publicæ. 국사에 핵심이 되는 일에

In venturum tempus prospectus. 미래를 바라보며

In Verbo et Amore procedente. 발출 하는 말씀과 사랑 안에.

In verbo Tuo laxabo rete. 스승의 말씀대로 그물을 치리이다. (제4대 전주교구장 한공렬 베드로-1939.6.24. 수품-주교 사목 표어).

in veritate et caritate. 진리와 사랑 안에서

In via hac qua ambulabam absconderunt superbi laqueum mihi. 사람들이 내 가는 길에다가 * 올무를 숨겨서 잡으려 하나이다.

in vino, per vinum. 취중어(醉中語)

In vino veritas. 술 속에 진리가 있다 취중유골(醉中遺骨)

In virtute summum bonum ponere. 최고의 선을 덕행에 두다.

In visitatione B. M. V. 성모 마리아 방문 축일(5월 31일)

in vita. 일생동안에, 생전에

In vitium libertas excidit. 자유는 악습으로 기울어져 버렸다

in vituperátionem venire, cadere. 책망을 받다

In vivo. 생체 내에서

In vobis resident mores pristini. 너희에게는 아직도 옛 풍습이 남아 있다.

In voluptate spernenda virtus cernitur. 쾌락을 멸시하는 데서 덕행이 식별되는 것이다.

in vulgus ignotus. 민중에게 알려지지 않은

in vulgus. 대중에게, 민중 속에(volgus, -i, m. 민중).

coram populo. 대중 앞에서.

In vultu ejus vidimus timorem mortis. 그의 얼굴에서 (우리는) 죽음의 공포를 보았다.

īna, -æ, f. 엷은 막(膜), 엷은 종잇장

inabsolúptus, -a, -um, adj. (in²abrúmpo) 끊어지지 않은, 깨지지 않은, 풀리지 않은.

inabsolútus, -a, -um, adj. (in²absolútus) 미완성의, 불완전한.

inabstinéntia, -æ, f. (in²abstinéntia) 부절제(不節制)

inaccénsus, -a, -um, adj. (in²accéndo) 불붙지 않은

inaccessibílis, -e, adj. (in²accédo) 접근할 수 없는, 가까이 갈 수 없는, 달성하기 힘든, 쉽게 얻을 수 없는.

inaccessibílitas, -átis, f. 접근할 수 없음

inaccéssus, -a, -um, adj. (in²accédo) 가까이 하지 못할, 접근할 수 없는.

inaccrésco, -ěre, intr. (in¹accrésco) 증가하다, 성장하다

inaccusábilis, -e, adj. (in²accúso) 고발할 수 없는, 탓할 수 없는.

inaccusátus, -a, -um, adj. (in²accúso) 고발당하지 않은

inacésco, -cŭi, -ěre, intr., inch. (in¹acésco) 시어지다, 싫어져 가다.

Ināchus(=Ināchos), -i, m. Argos의 최초의 왕

inactuósus, -a, -um, adj. (in²actuósus) 게으른, 무기력한, 한가한.

ináctus, -a, -um, p.p. (ínigo) 격려 받은

inadíbilis, -e, adj. (in²ádeo⁹) 가까이 갈 수 없는, 근접하지 못할, 접근할 수 없는.

inadp… V. inapp…

589

inads… V. inass…

inadt… V. inatt…

inadulábĭlis, -e, adj. (in²adúlor) 아첨할 수 없는

inadulterátus, -a, -um, adj. (in²adúltero)
위조가 아닌, 진짜의.

inadústus, -a, -um, adj. (in²adúro) 타지 않은

inadvertèntĭa, -æ, f. (in²advérto)
부주의(不注意), 태만(怠慢-게으르고 느림).

inædífico, -ávi, -átum, -áre, tr. (in⁴ædífico)
(기존 건물 안이나 위에) 건축하다, (막기 위해) 깨우다,
(건축해서 무엇을) 막다(סכר.בנה.גדר),
건축해서 점령하다, 짓다(בנה.ךיא).
in domo inædifico sacéllum. 집안에 사당을 짓다/
vicos plateasque inædifico. 길과 광장을 막다.

inæquábĭlis, -e, adj. (in⁴æquábilis)
같지 않은, 고르지 못한, 불평등한.

inæquabílĭtas, -átis, f. (inæquábilis) 부동(不同)
불균등, 불평등(不平等.⑨ Inequality), 고르지 못함.

inæquális, -e, adj. (in⁴æquális') 평평하지 않은,
고르지 못한, 같지 않은, 변하기 쉬운, 불균일한,
불공평한, 평평하지 못하게 만드는.
militia injusta aut inæqualis.
불의하거나 혹은 불공정한 군복무/
tonsor inæquális. (머리를) 들쭉날쭉하게 깎는 이발사.

inæquálĭtas, -átis, f. (inæquális) 부등(서로 같지 않음),
불균등(不均等), 차별(差別.⑨ Discriminátion),
부동, 불균일(不均一), 불평등(⑨ Inequality).
(文法) 변칙(變則), 건강에 나쁨(유해함).

inæquátus, -a, -um, adj. (in⁴æquo)
같지 않은, 서로 다른, 불균형의, 불공평한.

inæquo, -ávi, -átum, -áre, tr. (in⁴æquo)
같게 하다, 평평하게 하다.

Inæstimabile donum,
성체 공경과 관련된 몇 가지 규정들에 대하여.
[1980년 4월 3일 경신성사성에서 반포한 「성체신비 공경 규정에 관한 훈령」의
라틴어 제목(「무한한 선물」을 뜻하는 첫 두 단어)이다. 문헌은 전례 쇄신의 많은
긍정적 가치들을 지적한다. 곧, 신도들이 더욱 능동적으로 전례에 참여하게
되었고 전례 생활의 공동체적 의미를 더 잘 이해하게 되었으며 삶과 경배,
전례적 신심과 개인 신심, 전례와 대중 신심 사이의 거리를 좁히려는 노력이
성공적이었다고 기술한다. 훈령은 계속해서 전례 거행에 스며든 일련의 남용들을
열거하면서 이들을 어떻게 바로잡을 수 있는지 지적한다. 끝으로 훈령은 사제들
에게 전례, 특히 미사를 더욱 깊이 이해하고 성서를 잘 알아 표义로 드러나는
구원역사를 거행하는 전례의미를 신도들에게 설명할 수 있어야 한다고 지적한다]

inæstimábĭlis, -e, adj. (in²éstimo)
평가할 수 없는, 평가하기 어려운, 헤아릴 수 없는,
매우 값진, 비범한, 무가치한(nullius momenti).
Inæstimábĭle Donum, 무한한 선물(1980.4.3. 발표)/
Nihil tam incertum nec tam inæstimabile est quam
animi multitudinis. 대중의 심리처럼 불확실하고
예측 못할 것이 또 없다(Livius).

inæstimátus, -a, -um, adj. (in²éstimo)
가치 없는, 존경받지 못한, 평가받지 못한.

inæstŭo, -ávi, -átum, -áre, intr. (in⁴éstuo)
뜨거워지다, 끓어오르다, 흥분하다, 화내다.

inaffectátus, -a, -um, adj. (in²afféctо) 꾸밈없는,
있는 그대로의, 단순한, 자연스러운, 애착심 없는.

inaggerátus, -a, -um, adj. (in⁴éggero') 더미로 쌓인

inagitábĭlis, -e, adj. (in²ágito)
흔들릴 수 없는, 부동의.

inagitátus, -a, -um, adj. (in²ágito)
동요되지 않은, 움직이지 않는, 진정된.

inálbĕo, -ére, intr. (in⁴álbeo) 희어지다, 밝아지다

inalbésco, -ěre, intr., inch. (in⁴ albésco) 희어지다

inálbo, -áre, tr. (in⁴albo) 희게 하다, 밝아지게 하다

inalgésco, -ěre, intr., inch. (in⁴ algésco)
차게 되다, 얼다, 얼어 들어오다.

Inalienabile. 양도할 수 없는 권리.(정진석 지음, 교회법원사. p.23).
jus alienabile. 양도할 수 있는 권리.

inalienátus, -a, -um, adj. (in⁴ aliéno) 바뀌지 않은,
달라지지 않은, 이지러지지 않은, 위조되지 않은.

inalpínus, -a, -um, adj. (in⁴Alpínus)
Alpes 산에 사는(있는).

ináltěro, -ávi, -áre, tr. (in⁴alter)
어떤 것을 다른 것에 포함시키다.

inálto, -ávi, -átum, -áre, tr. (in⁴altus²)
들어 높이다, 쌓아 올리다.

inamábĭlis, -e, adj. (in⁴amábilis)
사랑스럽지 못한, 혐오감을 주는, 싫은, 미운.

inamarésco, -ěre, intr., inch. (in⁴amarésco)
(맛이) 써지다, 쓰게(苦) 되다, 구역질나다.

inamárĭco, -áre, tr. (in⁴amárico)
쓰디쓰게 만들다, 골나게 하다.

inamátus, -a, -um, adj. (in⁴amo, amátus)
사랑 받지 못하는(못한), 미움 받는.

inambitiósus, -a, -um, adj. (in⁴ambitiósus)
야심 없는, 공명심 모르는.

inambulátĭo, -ónis, f. (inámbulo)
이리저리 거닒, 산책(散策-산보), 산책길.

inámbŭlo, -ávi, -átum, -áre, intr. (in⁴ámbulo)
(in abl., per acc.) 이리저리 거닐다, 산책하다.

inamissíbĭlis, -e, adj. (in⁴amítto) 잃어버릴 수 있는.
inamissibilis qualitas. 상실되지 않는 성질(性質).

inamóbĭlis, -e, adj. (in⁴amóveo)
움직일 수 없는, 부동의, 확보된.

inamœnus, -a, -um, adj. (in⁴amœnus)
쾌적하지 못한, 불쾌한, (장소 따위가) 기분 나쁜,
험한, 무서운, 곱지 않은, 미운.

ináne, -is, n. (inánis)
공간, 허공, 쓸데없는 것, 본질적이 아닌 것.
Contra inanem hæreticorum fiduciam.
이단자들의 헛된 믿음을 거슬러/
desiderium naturale non est inane.
자연적 욕구는 허위일 수 없다(「가톨릭 철학」 제2호, p.197).

inanésco, -ěre, intr. (inánis) 비다, 허무하게 되다
inani et loquaci religioso. 텅 비고 수다스런 수도자

inánĭæ, -árum, f., pl. 공허(空虛-아무것도 없이 텅 빔. 실속이
없이 헛되기), 쓸데없는 것, 아무 것도 없음.
júvenis facilis inánibus. 허황된 것에 마음 쏠리는 젊은이.

inanilogísta, -æ, m.
공론가(ideologísta, -æ, m.), 허튼 소리 하는 사람.

inanilóquĭum, -i, n. (inánis+loquor)
공언(公言), 빈말(실속이 없는 말), 허튼 소리.

inanilŏquus, -a, -um, adj. 빈말하는, 허튼 소리 하는

inanimális, -e, adj. (in⁴animális) 생명 없는, 영혼 없는

inanimátus, -a, -um, adj. (in⁴animátus)
생명 없는, 영혼 없는, 무생물의, 생기 없는, 활기 없는.

inaniméntum, -i, n. (inánio) 공허(空虛), 비어 있음.
(pl.) 허공(虛空-텅 빈 공중).

inánĭmis, -e, adj. (in⁴anima)
생명 없는, 호흡 없는, 영혼 없는.

inánĭmus, -a, -um, adj. (in⁴ánima) 생명 없는, 무생물의.
n. 무생명체(無生命體), 무생물(無生物).

inánĭo, -ívi -ítum -íre, tr. (inánis)
비우다, 공허하게 하다, 헛되게 하다.
Inaniter enim rectus vitæ usus adducitur contra rectam
doctrinam. Nam christiana religio utrumque comprehendit
concluditque arctissimo vinculo.(⑨ It is useless to play
off orthopraxis against orthodoxy. Christianity is
inseparably both) 정교에 비해서 정행을 업신여기는 일은
무익한 시도입니다. 그리스도교는 정행분하면서 정교이자
정행입니다(1979.10.16. "Catechesi tradendæ" 중에서 22).

inánis, -e, adj. 텅 빈, 아무 것도 들어있지 않는,
비어 있는, 빈손의, 가난한, **뺏긴**, 공허한, **헛된**,
쓸데없는, 허무한, 무익한, 효과(소용) 없는,
헛수고의, 공연(空然)한(supervacuus, -a, -um, adj.),
교만(驕慢)한, 허풍 떠는, 한가한, 홀가분한.
Natura est non inane. 자연은 결코 헛되지 않는다/
Ne difficília optémus neve inánia consecémur. 우리는

어려운 것을 원하지 말고 헛된 것을 따라가지도 말자.

inánĭtas, -átis, f. (inánis) 비어 있음, 공허(空虛),
쓸데없음, 무용(無用), 헛됨, 허무(虛無-아무것도 없이 텅 빔).

inanítĭo, -ónis, f. (inánis) 비움(κενόω), 공허함

inapértus, -a, -um, adj. (in²+apério) 열리지 않은, 막힌, 닫힌

inapparátĭo, -ónis, f. (in²+apparátio)
준비부족(準備不足), 둔함(소홀), 태만(怠慢-게으르고 느림).

inapprehensíbĭlis, -e, adj. (in²+apprehéndo)
잡을 수 없는, 이해(해득)할 수 없는.

inaquósus, -a, -um, adj. (in²+aquósus)
물이 적은 마른, n. 황야(荒野-버려 두어 거친 들판).

inarátus, -a, -um, adj. (in²+aro)
갈지(耕) 않은, 개간하지 않은, 황무지인.

inardésco, -ársi, -ěre, intr., inch. (in⁴+ardésco)
불타다, 타오르다, 붉어지다, (감정이) 타오르다.

inarésco, -árŭi, -ěre, intr., inch. (in⁴+arésco)
마르다, 고갈(苦渴)하다, 건조(乾燥)하다.

inargentátus, -a, -um, adj. (p.p.) [inusit. inargénto]
은(銀)을 입힌, 은도금(銀鍍金)한.

Inárǐme, -es, f. (=Ænária)
Campánia 해안에 가까운 섬(지금의 Ischia).

iráro, -ávi, -átum, -áre, tr. (in⁴aro¹)
(밭)갈다, 갈아엎다, 개간하다.

inarsi, "inardésco"의 단순과거(pf.=perfectum)

inarticulátus, -a, -um, adj. (in²+artículus)
관절이 없는, 불명료한, 어눌(語訥)한, 뜻 없는.

inartificiális, -e, adj. (in²+artificiális)
소박한, 예술적이 아닌, 비인공적인.

inárŭi, "inarésco"의 단순과거(pf.=perfectum)

inaspéctus, -a, -um, adj. (in²+aspício) 보이지 않는

inassátus, -a, -um, adj. (in⁴+asso)
잘 구워진, 적당히 구슬린.

inassuétus, -a -um, adj. (in²+assuétus)
익숙지 못한, 숙련되지 못한, 서투른, 습관 되지 않은.

inattenuátus, -a, -um, adj. (in²+atténuo)
감소하지 않은, 빈약해지지 않은.

inattrítus, -a, -um, adj. (in²+áttero)
닳아 없어지지 않은, 사용되지 않은.

ináudax, -ácis, adj. (in²+audax)
대담하지 못한, 겁이 많은, 용감하지 못한.

inaudíbĭlis, -e, adj. (in²+audíbilis) 들리지 않는, 들을 수 없는

inaudiéntĭa, -æ, f. (in²+áudio) 불경청(不傾聽), 불복종

ináudĭo, -ívi(ĭi), -ítum, -íre, tr. (in⁴+áudio)
귀를 기울여 듣다, 경청하다.

Aut inauditi a vobis damnari potuerunt?
어떻게 말을 들어 보지도 않고 단죄할 수 있습니까?.
(최익철 신부 옮김, 요한 서간 강해, p.99).

inaudítus¹ -a, -um, p.p. (ináudio)

inaudítus² -a, -um, p.p., a.p. (in²+áudio) 듣지 못한,
들어보지 못한, 전대미문의, 언어도단의, 이상한.

inaugurális, -e, adj. (ináuguro)
취임(즉위)식의, 낙성(제막.개관.개통)식의, 개회식의.

inaugurátĭo, -ónis, f. (ináuguro) 제막식(除幕式)

inaugurátĭo, -ónis, f. (ináuguro) 즉위식, 취임식(就任式), 시작,
처음(πρῶτος.άρχή). 낙성(제막.개관.개통)식, 입학식.

inaurato, adv. (abl., absol.) (ináuguro)
점을 친 후에, 점을 치고 나서.

ináugŭro, -ávi, -átum, -áre, intr., tr. (in⁴+áuguro)
점치다, (특히 조점술로) 점쳐보다, 점을 쳐서 터를 잡다,
(점을 치고 나서) 제관(신관)으로 임명(임명)하다,
(일반적으로) 봉헌식(奉獻式)을 거행(擧行)하다,
즉위식(취임식)을 올리다, 개시하다, 시작하다.
낙성(제막.개관.개통)식을 거행(擧行)하다.

inaurátor, -óris, m. (ináuro) 도금공, 금박사(金箔師)

inauratúra, -æ, f. (ináuro) 도금(鍍金)

inaurátus¹ -a, -um, p.p. (ináuro) 도금한, 금을 입힌

inaurátus² -a, -um, adj. (in²+aurum) 도금하지 않은

ináurĭo, -íre, tr. (in⁴+auris) 귀를 열어주다, 듣게 해주다

---

ináuris, -is, f. (주로 pl.) 귀고리,
(Arábia에서 여자들 코에 장식으로 거는) 코 고리.

inaurítus, -a, -um, adj. (in²+aurítus)
귀가 없는, 듣지 않는, 주의 깊지 못한.

ináuro, -ávi, -átum, -áre, tr. (in⁴+aurum)
금으로 입히다, 도금(鍍金)하다, 축재(蓄財)시키다,
횡재(橫財)케 하다, 부요(富饒)하게 하다.

inauspicáto, adv. (inauspicátus)
점을 치지 않고, 점을 잘못 치고서.

inauspicátus, -a, -um, adj. (in²+áuspicor)
점으로 길흉을 알아보지 않은, 점치지 않은, 불길한.

ináusus, -a, -um, adj. (in²+áudeo)
감히 하지 못한, 시도해보지 못한.

inauxiliátus, -a, -um, adj. (in²+auxílior)
도움 없는, 도움 받지 못한.

inavárus, -a, -um, adj. (in²+aváurus) 탐욕이 없는

inaversíbĭlis(=inavertíbĭlis) -e, adj. (in²+avérto)
피할 수 없는, 변할 수 없는, 불가피한, 면하기 어려운.

inb… V. **imb…**

incædŭus, -a, -um, adj. (in²+cædŭus)
자르지 않은, 베지(벌채하지) 않은.

incalcátus, -a, -um, adj. (in²+calco) 짓밟지 않은

incalésco, -lŭi, -scěre, intr., inch. (in⁴+calésco)
빨갛게 달아오르다, 더워지다, 뜨거워지다.

incalfácĭo, -cěre, tr. (in¹+calfácio) 뜨거워지게 하다

incállĭdus, -a, -um, adj. (in²+cálldus)
똑똑하지 못한, 미련한, 꾀 없는, 수단 없는, 경험 없는.

incállo, -ávi, -áre, tr. (in¹+callum) 굳은살이 되게 하다.
intr. 굳은살이 박이다.

incálui, "incalésco"의 단순과거(pf.=perfectum)

incandésco, -dŭi, -scěre, intr., inch. (in¹+candésco)
(불에 달아) 희게 되다, (머리털 따위가) 세다,
회백색이 되다.

incándĭdo, -áre, tr. (in¹+cándidus) 희게 만들다

incandui, "incandésco"의 단순과거(pf.=perfectum)

incanésco, -cánŭi, -canéscěre, intr., inch.
(in¹+canésco) 희어지다, 회백색으로 변하다, 백발이 되다.

incantaméntum, -i, n. (incánto) 마술(魔術),
마법(魔法.secretæ artes), 요술(妖術), 주문(呪文).

incantátĭo, -ónis, f. (incánto) 마법, 마술, 요술, 주문

incantátor, -óris, m. (incánto) 마법사, 요술사(妖術士)

incantátrix, -ícis, f. 여마법사, 여자 요술사, 무녀

incánto, -ávi, -átum, -áre, tr. (in⁴canto)
노래하다, 마술을 걸다, 호리다, 주문(呪文)을 외다.

incánus, -a, -um, adj. (in¹+canus) 회백색의, 백발의

incapábĭlis, -e, adj. (in²+cápio¹)
잡을 수 없는, 이해할 수 없는.

incapacĭtas, -átis, f. (수품 또는 성무 집행의) 부적격성

Incapacitate laborantes. 장애인(❂ Handicapped)

íncăpax, -ácis, adj. (in²+capax) 받아들일 능력 없는,
감당하지 못하는, 적당하지 못한, 자격 없는.
n. 증언 무능력자(證言 無能力者).

incapax actus humani. 인간적 행위의 무능력자

incapístro, -ávi, -áre, tr. (in¹+capístro)
굴레를 씌우다, 걸려들게 하다.

incarcerátĭo, -ónis, f. 투옥(投獄), 감금(監禁),
유폐(幽閉-사람을 일정한 곳에 가두어 두고 밖으로 나오지 못하게 함).

incárcěro, -átum -áre, tr. (in¹+carcer)
투옥하다(condo in vincula), 감금하다, 유폐(幽閉)하다.

incardinátĭo, -ónis, f. (incárdino) 교구 입적(教區入籍.❂ incardinátion).
derivata incardinátĭo. 전속입적(轉屬入籍)/
formális incardinátĭo. 명시적(定式) 입적/
originália incardinátĭo. 원입적/
virtuális incardinátĭo. 묵시적(사실상) 입적.

incardinatus. 입적된 자(教會法)

incárdĭno, -ávi, -átum, -áre, tr. (in¹+cardo¹)
((教法)) (성직자를) 교구에 입적시키다.

incarnátio, -ónis* f. (incárno) 강생(降生-"降화"의 옛말),
　수육(受肉), 하느님의 아들이 사람이 되심,
　성자 인성을 취하심, 화신(化身), 구체화(具體化),
　육화(肉化.σαρκώσις→강생.⑨ incarnátion),
　체현(體現-구체적으로 실현함→강생), (醫) 육아발생.
　De incarnatióne Filii Dei.
　　하느님의 아들의 육화론.(루스페의 풀젠티우스 지음)/
　incarnatiónis mysterium. 강생(降生)의 신비(1998.11.29.)/
　Rátiones Incarnatiónis(⑨.Reason for the Incarnátion).
　강생의 이유.
Incarnátio Christi. 그리스도의 육화
incarnátio Verbi. 말씀의 육화
Incarnátio Verbi non est absolute necessaria.
　말씀의 육화는 절대적인 필연성이 아니다.
Incarnationalismus, -i, m. 혈육 강생설
incarnatum in locutione hominum.
　인간의 말로 육화한 것.
incárno, -ávi, -átum, -áre, tr. (in¹+caro²)
　(거의 pass.) incarnári. 인간화 하다.
　(하느님.정신적인 것이) 육체화하다, 강생하다.
incássum, adv. (incássus)
　공연히[nequíquam(=nequicquam), adv.], 무익하게.
incássus, -a, -um, adj. (in¹+) 쓸데없는, 무익한
incastigátus, -a, -um, adj. (in²+castígo)
　징계(懲戒) 받지 않은, 벌 받지 않은.
incastratúra, -æ, f. (in¹+castro)
　(建) 열장이음, 열장 장부촉을 끼워 맞춤.
incasthólicus, -a, -um, adj. (in²+)
　보편적이 아닌, 공번되지 않은, 비가톨릭적인.
incautéla, -æ, f. (incáutus) 부주의(不注意),
　경솔(輕率-말이나 행동이 조심성이 없이 가벼움).
incáutus, -a, -um, adj. (in²+)
　경솔한, 조심하지 않는, 조심성 없는, 부주의한,
　무모한, 막지 못한, 불의의, 뜻밖의, 생각지 않은.
incavíllor, -ári, dep., tr. (in¹+) 조롱하다(גגל), 우롱하다
incédo, -céssi -céssum -ěre, intr.(tr.) (in¹+cedo²)
　1. [absol.: per, ad, super acc.: in abl.]
　가다(הלך.אזל), 다니다, 거닐다. (위엄 있게.점잖게) 걷다,
　　incedo per sócios. 동맹군 사이를 다니다.
　2. [in, ad acc.; absol.; tr.: acc.] 나아가다, 진출하다.
　　incedo in silvas. 숲 속으로 들어가다.
　다가가다(오다), 다다르다, 이르다, 들어가다(오다).
　3. (軍) 행군하다, 진입하다, 진격하다, 처들어가다.
　4. [absol.; in acc.; dat.; tr.: acc.] 닥쳐오다.
　내습하다, 엄습하다, (공포 따위가) 사로잡다:
　　Perículum erat, ne timor in exércitum incéderet.
　　군대가 공포심에 사로잡힐 위험이 있었다/
　　ubi tempéstas incéssit. 폭풍우가 내습하자.
incelátus, -a, -um, adj. (in²+celo) 숨기지 않은
incelěber, -bris -bre, adj. (in²+)
　유명하지 않은, 알려지지 않은.
incelebrátus, -a, -um, adj. (in²+célebro)
　공표 되지 않은, 언급되지 않은, 드러나지 않은.
incenátus, -a, -um, adj. (=incœnátus)
　(in²+ceno, cœno) 저녁 식사를 하지 않은, 공복의.
incendefácio, -féci, -cěre, tr. (incédo+fácio)
　태우다, 불 지르다.
incendi, "incendo"의 단순과거(pf.=perfectum)
incendiális, -e, adj. (incéndium) 불의, 화재의
incendiárĭus, -a, -um, adj. (incéndium)
　발화성의, 방화의, 화재의. m. 방화자(放火者)
incendio conflagro. 화재로 불타다
incendiósus, -a, -um, adj. (incéndium)
　타는(불타는), 뜨거운, 심한.
incéndium, -i, n. 큰 불, 화재(火災), 불이 번져 나감,
　연소(燃燒-불이 붙어서 탐), 횃불, 불쏘시개, 열, 정열,
　재난, 재해, 소멸(燒滅), 괴멸(壞滅-파괴되어 멸망함).
　cupiditátum incéndia. 탐욕(貪慾)의 불길/

urbs incéndiis obnóxia 화재의 위험성을 지닌 도시/
Hostes urbem direptioni et incendiis reliquerunt.
　적병들은 도시를 약탈과 방화에 내맡겨 두었다.
[타동사의 상당수는 구체적으로 나오는 직접 목적어(…을 더불어와 간접
목적어(…에게를 여격으로 갖는다. "주다, 맡기다, 지시하다" 등의 수여동사verba
dandi와 일부 전치사(ad, ante, cum, de, ex, in, inter, ob, post, sub, super)와
합성된 동사의 여격 목적어를 많이 볼 수 있다. 성 염 지음. 고전 라틴어, p.391].
incéndium amoris. 사랑의 불길(14세기 영국의 신비가 리처드 롤 지음)
incéndium annónæ. 곡가(穀價) 앙등(등귀)
incéndium e turre prospecto. 망루에서 화재를 바라보다
incéndium fácere(excitáre) 화재를 일으키다
incéndo, -céndi -cénsum -ěre, tr. (in¹+candeo)
　불붙이다, 불 피우다, 불 지르다, 방화하다, 밝게 하다,
　비추다, 자극(刺戟)하다, 흥분(興奮)시키다,
　화나게 하다, 괴멸(壞滅)시키다, 멸망(滅亡)시키다.
incendo annónam. 곡물 값을 올리다.
incensátio, -ónis, f. (incéndo) 분향(焚香.⑨ Incensation
　.獨 Weihrauch), 향 피움.
incensátio altaris. 제대 분향
incensátio altaris et super oblata.
　(대미사 때) 제대와 봉헌물 분향(焚香).
　Incensum istud a te benedictum ascendat ad te Domine,
　Et descendat super nos misericordia tua.
　주님께 축복하신 이 향기가 주님 대전에 오르게 하시고
　주님의 자비를 우리 위에 내려 주소서.
incensátio rerum et personarum. 대물 대인 분향
incénsio, -ónis, f. (incéndo) 화재(火災), 불을 지름,
　방화(放火-일부러 불을 지름), 분향(焚香-향을 피움).
incénso, -ávi, -átum, -áre, tr. 향 피우다, 분향하다.
　Deinde sacerdos incensatur a diacono.
　그리고 나서 사제는 부제로부터 분향 받는다.
incénsor, -óris, m. (incéndo) 점화자(點火者),
　불 지르는 자, 방화자(放火者), 선동자(煽動者).
incensórĭum, -i, n. 들고 다니는 향로(香爐)
incensum, "incendo"의 목적분사(sup.=supínum)
incénsum, -i* n. 향(香.⑨ Incense), 훈향(熏香),
　말향(抹香-붓순나무의 잎과 껍질로 만든 가루 향. 주로, 불공 때 쓰임),
　번제(עלה.燔祭.όλοκάυτωμα.⑨ burnt sacrifis)
　희생(犧牲), 점등(點燈-등에 불을 켬).
　Incensum istud a te benedictum, ascendat ad te,
　Domine, et descendat super nos misericordia tua.
　주여, 이 유향을 축복하시어, 당신 앞에 오르게 하시고,
　당신의 자비를 저희에게 내리게 하소서/
　Postea, si sollemniter celebrat, benedicit incensum, dicens.
　장엄미사를 집전할 경우, 집전자는 향을 축복하며 말한다.
incénsus¹ -a, -um, p.p., a.p. (incéndo) 불붙은, 불에 탄
incénsus² -a, -um, adj. (in²+cénseo) 헤아려지지 않은,
　검열 받지 않은, 사정(査定) 받지 않은, 등록되지 않은.
incentívum, -i, n. (incentívus) 사주(使嗾-남을 부추겨 좋지
　않은 일을 시킴), 자극(刺戟), 충동(물).
incentívus, -a, -um, adj. (incino) 선창(先唱)하는,
　선동(煽動)하는, 자극(刺戟)하는, 격려(激勵)하는.
incéntor, -óris, m. (incíno) 선동자(煽動者), 선창자
incépi, "incípio"의 단순과거(pf.=perfectum)
incéptio, -ónis, f. (incípio) 시작, 착수(着手), 계획(計劃).
incépto, -ávi, -átum, -áre, freq., tr. (incípio)
　시작(始作)하다, 착수(着手)하다, 시도(試圖)하다.
inceptor, -óris, m. (incípio) 시작하는 자, 창시자
inceptor profundus. 심오한 강사
inceptor venerábilis. 존경할만한 창시자
inceptum, "incipio"의 목적분사(sup.=supínum)
incéptum, -i, n. (incéptus, -us, m.) (incípio)
　시작(한 것), 계획(計劃), 기도(企圖-일을 꾸며내려고 꾀함),
　착수(着手-어떤 일을 하기 위해 손을 댐).
　Incéptum nullum frustra erat.
　　시작한 일은 하나도 헛되지 않았다/
　írrito incépto. 계획이 헛되게 되어/
　Postremo necesse est ut maiorem habeamus fidem
　spemque de divinis inceptis.(⑨ Finally, we need to have

ever greater faith and hope in God's providence).
 마지막으로 우리는 하느님의 섭리에 언제나 더욱
 큰 믿음과 희망을 두어야 합니다.
incéptus, -us, m. (=**incéptum**, -i, n.)
incerníclŭlum, -i, n. dim. (ncérno),
 체, 어래미(바닥의 구멍이 굵은 체).
incérno, -crévi, -crétum, -nĕre, tr. (in[1]+)
 체로 치다, 거르다, 골라내다.
incérte, adv. (=**incerto**, **incertum**) 불확실하게, 의심스럽게
incerti rumores. 불확실한 소문(所聞)
incertitúdo, -dĭnis, f. (incértus) 불확실성(不確實性)
incérto, -ávi, tr. (incértus)
 애매하게 만들다, 의심스럽게 만들다.
incerto, adv. (=**incérte**, **incertum**)
incértum, -i, n. (incértus) 불명확(不明確), 불확실,
 애매함, 의심스러운 것. pl. 변천(變遷), 위험(危險).
 ad(in) incertum revocáre. 문제 삼다/
 ion incérto. 의심스럽다, 불확실하다, 망설이다.
incértus, -a, -um, adj. (in[2]+) 불확실한, 불명확한,
 애매한, 의심스러운, 어두운, 일정하지(한결같지) 않은,
 위험한, 어려운(קשה), 주저(躊躇)하는, 망설이는,
 결정짓지 못하는, 흔들리는, 확신이 없는, 의심하는.
 Amícus certus in re incérta cérnitur.(Ennius)
 진정한 친구는 위험 중에서(곤경에서) 알아본다/
 Cupiditas ex re incerta cernitur.(Ennius).
 품고 있는 탐욕은 불확실한 사정에 처하여 가려진다/
 incérti rumóres. 불확실한 소문/
 Omnia sunt incerta, cum a jure discessum est.
 법에서 벗어날 때마다 만사가 불확실해지고 만다/
 Quid dicam, incertus sum.
 나는 어떻게 말해야 할지 망설여진다/
 spes incérta. 어두운 희망/
 testis incertus. 불확실한 증인.
 adv. **incérte**, **incérto**, **incértum**, 불확실하게, 의심스럽게.
Incertus animus dimidium est sapientiæ.
 의심하는 마음은 지혜의 절반.
incértus salútis. 건강에 자신이 없는.
incessábĭlis, -e, adj. (in[2]+cesso) 그칠 수 없는,
 중단될 수 없는, 끊임없는, 연속적인, 연락두절의.
incéssans, -ántis, adj. (in[2]+cesso)
 그치지 않는, 끊임없는, 부단한, 연속적(連續的)인.
incessi, "incedo"의 단순과거(pf.=perfectum),
 "incesso"의 단순과거(pf.=perfectum).
incesso, incessívi(-céssi) -ĕre, tr., freq. (incédo)
 공격하다(יחם.אחם), 습격(襲擊)하다,
 비난하다(רגן.ריגן), 욕설(辱說)하다.
incéssus, -us, m. (incédo) 보행(步行), 걸어 다님,
 걸음걸이, 침입(侵入), 진격, 습격, 통로, 길목, 탈출구,
 álios incéssus hostis cláudere.
 적의 다른 탈출구들을 봉쇄(封鎖)하다.
incestátor, -óris, m. (incésto) 근친상간자(近親相姦者)
incestíficus, -a, -um, adj. (incéstus+fácio)
 불륜(근친상간近親相姦)을 범하는.
incésto, -ávi, -átum, -áre, tr. (incéstus)
 더럽히다(חלל), 불결하게 하다, 모독하다(חלל),
 (여자의 정조를) 더럽히다, 근친상간(近親相姦)하다.
incestum, -i, n. (**incestus**, -us, m.) (incéstus)
 난륜(亂倫-인륜을 어지럽힘. 주로 문란한 남녀 관계를 말함),
 근친상간([영] Incest-결혼할 수 없는 친척, 인척 남녀사이의 음행),
 상피(相避-가까운 친척 사이의 남녀가 성적性的 관계를 맺는 일).
incestum legális. 법적 근친상간(法的 近親相姦)
incestum naturális. 자연적 근친상간
incestum spirituális. 영적 근친상간
Incestum supremo supplicio sancio.
 근친상간 죄를 최고형으로 처벌하다.
incestuosa proles. 근친상간의 자녀
incéstus, -a, -um, adj. (in[2]+castus) 순수하지 못한,
 더러운, 불결한, 모독하는, 정숙치 못한, 음란한,
 난륜의, 친족결혼의, 근친상간의, 상피(相避)의.
incharáxo, -áre, tr. 꿰뚫다, 뚫고 들어가다
inchoaménta, -órum, n., pl. (ínchoo) 시작, 초보(初步)
inchoare conventum 개정(開廷)하다
inchoátĭo, -ónis, f. (ínchoo) 시작, 초보, 개시, 발단,
 Ecclesiæ sanctæ nova inchoatio. 거룩한 교회의 새로운 시작.
inchoátĭo Ecclesiæ. 교회의 시원(始原)(고대의 해석 전통은 가나의 성모님을 "교회의 표상" figura Synagogæ 혹은 "교회의 시원"으로 봄).
inchoátĭo visiónis. 하느님에의 바라봄의 시작.
(신학전망 제135호, p.16).
inchoatívus, -a, -um, adj. (ínchoo) 개시의, 발단의,
 시작하는. (文法) 동작의 개시를 나타내는, 기동의.
 verbum inchoatívum. 기동동사.
inchoátor, -óris, m. (ínchoo) 시작하는 사람, 창시자, 개시자
ínchŏo(=incoho) -ávi, -átum, -áre, tr. 시작하다, 착수하다.
 (p.p.) 막 시작된, 미완성의, 마치지 못한,
 (absol.) 논술하기(다루기) 시작하다.
 post longa siléntia rursus inchoo.
 오랜 침묵 끝에 다시 논의하기 시작하다.
incĭbo, -áre, tr. (in[1]+cibo)
 먹이다(רעם.רעים.יער.אצר), 양육하다.
incĭcur, -cŏris, adj. 길들지 않은, 사나운
incĭdens, -éntis, p.proes. (íncido[1])
 …에 떨어지는, 빠지는, 걸리는, 일어나기 쉬운.
 (文法) propositio incidens. 종속문, 종속절.
 (法) 부대(附帶)의. adv. **incĭdener**, 우연히, 우발적으로.
incidéntĭa, -ĭum, n., pl. (íncido[1])
 사고(事故), 사건(事件), 상황(狀況.獨 Kontext).
incidere in aquam. 물에 빠지다
incĭdi, "íncido[1]"의 단순과거(pf.=perfectum);
incídi, "íncido[2]"의 단순과거(pf.=perfectum)
incĭdo[1] -cĭdi -cásum -ĕre, intr. (in[1]+cado)
 떨어지다(קרר.קירר.נפל), 추락하다, **빠지다**,
 걸리다, 당하다, **우연히 만나다**, 마주치다(פגע),
 조우(遭遇)하다, 덮치다, 불시에 공격하다, 기습하다,
 (불행.공포 따위가) 닥쳐들다, 엄습(掩襲)하다,
 시간적으로 맞아 떨어지다.일치하다,
 (무엇에) 언급하다, (무엇을) 회상하다,
 발생하다, 생기다, 일어나다, 제기되다, …게 되다.
 Forte íncidit, ut…. 아마도 …한 일이 생겼다/
 in hostes de improvíso incido. 적군을 급습하다/
 in mentem incido. 무엇이 생각나다/
 in morbum incido. 병에 걸리다/
 incidere in hostes. 적군의 손에 떨어지다/
 incĭdunt sæpe témpora, cum….
 …하는 때(시대)가 가끔 있다/
 Potest incídere quǽstio. 문제가 발생할(제기될) 수 있다.
incido in *alqm*. 누구를 우연히 만나다
incido in fóveam. 함정에 빠지다
incído[2] -cídi -císum -ĕre, tr. (in[1]+cædo) **베다**(רצח),
 자르다(כרת.סכן.סיכן.ספר), 잘라내다, 째다,
 쪼개다(בצע.חלץ), 가르다(גלף.גילף), 찢어내다,
 (글자 따위를) 새기다, 인각(印刻)하다, 단축(短縮)하다,
 중단하다, 그만두다, 끝내다, 제거(除去)하다, 없애버리다.
incido spem. 희망을 꺾어버리다.
incĭens, -éntis, adj. (짐승이) 새끼 밴, 새끼 낳을 때가 가까운
incíle, -is, n. 도랑(폭이 좁은 작은 개울), 배수로(排水路),
 (강에서 물 끌어들이는) 수로(水路-수도), 수도(水道-수로).
incílo, -áre, tr.
 비판하다, 비난하다(רגן.ריגן), 꾸짖다(נזף.נזיף).
 matrem ob jure factum incilas genitorem injustum
 adprobas. 너는 어미가 정당하게 행한 바를 두고서
 어미를 힐난하고 불의한 아비는 옳았다고 우기는구나.
(성 염 지음, 사랑만이 진리를 깨닫게 한다. p.451)
incínĕro, -áre, tr. (in[1]+cinis) 재를 뿌리다, 재를 바르다
incíngo, -cínxi -cínctum -gĕre, tr. (in[1]+)
 두르다, 띠다, 둘러싸다, 에워싸다(נקף.הקיף).
incíngŭlum, -i, n. 띠, 허리띠
incĭno, -ĕre, intr., tr. (in[1]+cano) 노래하다, (퉁소 따위를) 불다

incinctum, "incingo"의 목적분사(sup.=supínum)
incinxi, "incingo"의 단순과거(pf.=perfectum)
Incipe diligere, perficieris. Cœpisti diligere?
사랑하기 시작하십시오. 완전해질 것입니다.
그대, 사랑하기 시작했습니까?(최익철 신부 옮김. 요한 서간 강해. p.375).
incípĭo, -cépi -céptum -ĕre, (in¹+)
intr. 시작되다, 일어나다(מְמֵ,מָמֵ), 일다, 발단하다.
    Incípere ver arbitrabátur. 봄이 시작된다고 여겨졌다/
    Quo enim perficiatur audivimus; unde incipiat audiamus.
    우리는 사랑이 어떻게 완성되는지에 대해서 들었거니와,
    이제 그 사랑이 어디서 시작되는지 들어 봅시다.
    (최익철 신부 옮김. 요한 서간 강해. p.251).
    tr. 시작하다, 개시하다, 일어나다.
    incipio ab alqā re. 무엇부터 시작하다/
    incipio neglígere. 등한히 하기 시작하다/
    Incipit liber de interna conversationes.
    내적 행동거지에 대하여/
    Opus íncipit nemo. 아무도 일을 시작하지 않고 있다.
Incipit. ['그때', '그날', '형제자매 여러분'. '사랑하는 형제들이여'.
    '그러므로 주님께서 말씀 하신다' 등 기도를 시작하는 문구나 성서 독서의
    관습적인 도입 구절을 가리키는 라틴어 첫 단어('시작 한다'를 뜻함)이다.
    이와 같은 문구는 직권자의 교령에 따라 바뀌거나 삭제될 수 있다("미사 전례
    성서 머리말p.124항). 이니시아(Initia) 참조. 박영식 옮김. 전례사전. p.372].
incipit Ordo monasterii. 수도원 규정의 시작
Incipit púeros pudére erróris sui.
소년들은 자기의 잘못을 부끄러워하기 시작한다.
Incipit Regula quadragesimális. 사순절 규칙의 시작
Incipit res melius ire. 일이 더 잘되기 시작 한다
incipísso, -ĕre, tr. (incípio) 열심히 시작하다
incircumcísĭo, -ónis, f. (incircumcísus) 할례 받지 않음
incircumcísus, -a, -um, adj. (in²+circumcído)
    이교도의, 할례 받지 않은.
incircumscríptĭo, -ónis, f. (in²+circumscríbo)
    제한 없음, 무제한(無制限).
incircumscríptus, -a, -um, adj. (in²+)
    제한(制限)되지 않은, 무한(無限)한, 무량(無量)한.
incircumspéctus, -a, -um, adj. (in²+)
    경솔한, 조심성 없는, 신중(愼重)하지 못한.
incíse(=incisim) adv. (incído²)
    간단히, 짧게, 요약하면, 요약해서.
incisim, adv. = incíse
incísĭo, -ónis, f. (incído²) 베어냄, 잘라냄,
    절단(切斷), 절개(切開), 인각(印刻), 벤(짼) 자리.
    ((修)) (문장의) 짧은 구절.
incísor, -óris, m. (incído²) 잘라내는 사람, 앞니
incisum, "incído²"의 목적분사(sup.=supínum)
incisum, -i, n. (incído²) ((修)) 짧은 구절
incisura, -æ, f. (incído²) 베어낸(자른) 자리,
    손금, 엽맥(葉脈-잎몸 안에 평행선이나 그물 모양으로 뻗어 있는
    관다발), (곤충의) 시맥(翅脈), (醫) 절흔(切痕-주로 골 또는
    다른 구조의 가장자리에 옴푹 들어간 것. 혹은 含요.⑨ incisura).
incisus, -us, m. (incído²) 벤 자리
incitaméntum, -i, n. (incíto) 자극(刺戟), 박차(拍車),
    고무(鼓舞-격려), 격려(激勵), 충동(衝動), 동기(動機),
    선동(煽動-남을 부추겨 어떤 일이나 행동에 나서도록 함), 유인(誘因).
incitátĭo, -ónis, f. (incíto) 자극(함), 격려(激勵),
    충동(衝動), 촉진(觸診), 박차를 가함, 빠른 움직임,
    신속(迅速-매우 날쌔고 빠름), 맹렬함, 성급함.
incitátor, -óris, m. (incitátrix, -ícis, f.) (incíto)
    격려자(激勵者), 자극하는 자, 선동자(煽動者).
incitátus, -a, -um, p.p., a.p. (incíto)
    충동된, 선동된, 밀린, 촉진된, 맹렬한, 빠른.
    adv. incitáte. 빨리, 맹렬하게, 성급하게, 활발히, 열심히.
íncĭto, -ávi, -átum, -áre, tr. (in¹+cito⁹) 촉진하다,
    빨리 움직이게 하다, 재촉하다(מְמֵ,מָמֵ),
    박차를 가하다, 자극하다, 하게 하다,
    (적대감을 갖도록) 부추기다, 충동(衝動)하다,
    기운을 돋우다, 증가(增加)시키다.
    (pass. refl.) se incito, incitári,

빨리 행동하다, 서두르다.
curréntem incito.(속담) 주마가편(走馬加鞭)하다.
incitus¹-a, -um, adj. (in¹+cíeo) 급속한, 신속한, 빠른, 촉진된
incitus²-a, -um, adj. (in²+cíeo) 움직이지 않는
incitus³-us, m. (in¹+cíeo) 급속한 운동
incivília, -íum, n., pl. (incivilis) 무법(無法.ἀνομία),
    부정(不正-바르지 않음), 폭정(暴政), 무례(無禮).
incivilis, -e, adj. (in²+)
    비시민적, 무례한, 거만한, 비인간적, 무리한, 가혹한.
incivílĭtas, -átis, f. 무례(無禮), 불손(不遜), 난폭(亂暴),
    폭력(vis physica. ⑨ Violence), 잔인(인정이 없고 몹시 모질).
inclamátĭo, -ónis, f. (inclámo) 야단침, 부르짖음,
    절규(絶叫-힘을 다하여 부르짖음), 호소(⑨ Invocátĭon).
inclamo, -ávi, -átum -áre, intr., tr. (in¹) 야단치다,
    견책하다, 꾸짖다(מְמֵ,מָמֵ), 소리 지르다, 절규하다,
    소리 질러 부르다, 외치다, (도움을) 간청하다,
    inclamo alci, ut …. …해 주라고 외치다.
inclarésco, -clárŭi -ĕre, intr. (in¹+) 밝아지다,
    날이 밝아오다, 유명해지다, 알려지다, 명백해지다.
inclárus, -a, -um, adj. (in²+)
    밝지 않은, 명확하지 않은, 똑똑치 않은, 애매한.
inclausíbilis, -e, adj. (in²+claudo¹)
    닫을 수 없는, 막을 수 없는.
inclémens, -méntis, adj. (in²+)
    무자비한, 무정한, 거친, 냉정한, 사나운.
incleméntĭa, -æ, f. (inclémens, -) 무자비, 몰인정(沒人情),
    무정(無情-인정이나 동정심이 없음), 가혹(苛酷).
inclinábilis, -e, adj. (inclíno)
    경향성 있는, 온순한, 휘기 쉬운, 기울어지는.
inclinaméntum, -i, n. (文法) 명사 어미를 변화시켜
    형용사를 만드는 전성어미(轉成語尾).
    e.g. vinum→vinósus.
inclinátĭo, -ónis, f. 기울임, (아래로) 숙임, 굽힘, 경례,
    기울기, 경사(면), 기울어짐, 경향, 성향(性向), 소질,
    마음 내킴, 좋아함, 애정, 애호(愛好), 기호(嗜好),
    변화(變化), 변천(變遷), 변동, 경각(傾角).
    (文法) 어미의 전성(轉成). e.g. vinum→vinósus.
    præcedens inclinatio. 선행적 경향/
    vis et inclinatio. 능력(힘)과 경향.
inclinátĭo cápitis. (배拜.⑨ Bowing.獨 Verneigung)
    얕은 절, 머리만 숙이는 경례
inclinátĭo corporis* (배拜.⑨ Bowing.獨 Verneigung)
    (몸을 숙여 하는) 깊은 절.
inclinátĭo maxima. 최상 경례
inclinátĭo media. 성모께 표시하는 중급 경례(hyperdulia)
inclinátĭo mediocris. 45도의 중경례
inclinátĭo minima. 하급 경례(dulia)
inclinátĭo prava. 사악 경향(원죄의 결과)
inclinátĭo profúnda. 허리를 굽혀 하는 최경례, 국궁(鞠躬)
inclinatívus, -a, -um, adj. (inclíno)
    (文法) 전접적인, 전접어의(cf. enclíticus).
inclinátus¹ -a, -um, p.p., a.p. (inclíno) 굽은, 숙인,
    기울어진, 치우친, 쏠린, (목소리가) 낮고 우렁찬,
    몰두한, 열중한, 악화된, (빛깔이) …에 가까운.
inclinátus² -us, m. (inclíno)
    (文法) 말의 파생(派生), 어미의 전성(前成).
inclínis, -e, adj. (in¹+clino) 기울어진, 숙인
inclino, -ávi, -átum, -áre, intr. (in¹+) 기울어지다,
    (마음.의견 따위가) 쏠리다, 굴복하다, 돌다, 변하다,
    전환하다. Sol inclinat. 해가 기울고 있다.
    tr. 기울이다, 굽히다, 숙이다, 돌리다, 쏠리게 하다,
    뒤바꿔 놓다, 악화시키다.
    (pass. refl.) se inclino, inclinári. 기울다.
    (文法) 어미를 전성하다, 격변화를 하다.
    ((軍)) (pass.) inclinári. 후퇴하다, 도주(逃走)하다,
    caput inclinat. 고개를 숙인다/
    Et inclinatus prosequitur. 고개를 깊숙이 숙이고/
    Fraus rem inclinavit. 속임수가 일을 악화시켰다/

594

Profunde inclinatus, iunctis manibus et super altare positis, dicit: 고개를 깊이 숙이고 손을 모아 제대 위에 올리며 말한다.
inclino omnem culpam in *alqm*.
모든 탓을 누구에게 돌리다.
ínclĭtus = **ínclytus** = **ínclutus**, -a, -um, adj. (in[1]+clúeo) 널리 알려진, 이름난, 유명한.
angelus inclitus. 고명한 천사.
inclúdo, -clúsi -clúsum -clúdĕre, tr. (in[1]+ claudo[1])
가두다, 둘러싸다, 에워싸다(סחר.נקף),
막다(סכר.כלא.כלי), 차단(遮斷)하다, 방해하다,
봉해 넣다, 동봉(同封)하다, 집어넣다, 새겨 넣다,
포함하다, 포괄하다, 함께 넣어 계산하다, 억제하다,
제어(制御)하다, 제한하다, 끝막다, 완결(完結)하다.
(軍) 포위(包圍)하다, 봉쇄(封鎖)하다.
ímperator, nullis juris inclúsus angústiis.
법의 아무런 제한도 받지 않는 황제/
viam includo. 길을 막다.
inclūsi, "inclúdo"의 단순과거(pf.=perfectum)
inclúsĭo, -ónis, f. (inclúdo) 가둠, 감금(監禁),
제한(制限), 포위(包圍), 봉쇄(封鎖), 포함(包含).
(修) 반복구문(첫머리의 구문이나 생각이 반복 되거나 비슷한 말로 교체되든지 아니면 마지막에 다시 등장하는 성서구절을 일컫는 전문용어).
inclusívus, -a, -um, adj. (inclúdo)
(무엇을) 포함한, 함께 넣어 계산한.
(adv.) **inclusíve**, 포함하여, 함께 넣은 계산으로.
usque ad diem 5 inclusive, 5일까지(5일도 포함시킴).
inclúsor, -óris, m. (inclúdo) 세공인
(금을 은이나 구리와 합금 시키거나 보석을 금.은에 박아 넣는 세공인).
inclūsum, "inclúdo"의 목적분사(sup.=supínum)
ínclutus = **ínclytus** = **ínclĭtus**, -a, -um, adj.
(in[1]+clúeo) 널리 알려진, 이름난, 유명한.
incoáctus[1]-a, -um, adj. (in[2]+cogo)
강제 당하지 않은, 자발적인.
incoactus[2]-a, -um, adj. (in[1]+cogo) 엉긴, 응결된
incoctílĭa, -ĭum, n., pl. 주석 입힌 그릇
incoctum, "incoquo"의 목적분사(sup.=supínum)
incóctus, -a, -um, adj. (in[2]+coquo) 익지 않은, 설은
incœnátus, -a, -um, adj. (in[2]+) = **incenátus**
저녁 먹지 않은, (주요한 끼니를) 굶은.
incœnis, -e, adj. (in[2]+cœna) 저녁 굶은
incœno, -áre, intr. (in[1]+) 저녁 먹다
incoërcíbĭlis, -e, adj. (in[2]+coérceo)
제지할 수 없는, 단속 할 수 없는.
incoércĭtus, -a, -um, adj. (in[2]+coérceo)
제한 받지 않은, 단속(제어) 되지 않은.
incogitábĭlis, -e, adj. (in[2]+cógito) 숙고하지 않는,
헤아려 보지 않는, 생각할 수 없는, 믿어지지 않는.
incógĭtans, -ántis, adj. (in[2]+cógito)
깊이 생각지 않는, 지각없는, 경솔한.
incogitántĭa, -æ, f. (incógitans)
깊이 생각지 않음, 무반성(無反省), 무사려(無思慮).
incogitátus, -a, -um, adj. (in[2]+cógito)
숙고되지 않은, 깊이 생각지 않는.
incógito, -ávi, -átum, -áre, tr. (in[1]+)
(누구에게 대해서 무엇을) 궁리하다, 계획(획책)하다.
incógnĭtus, -a, -um, adj. (in[2]+cognósco)
조사되지 않은, 알려지지 않은, 알 수 없는,
헤아릴 수 없는, 엄청난, 승인(承認)되지 않은.
incognoscíbĭlis, -e, adj. (in[2]+cognósco)
인식될 수 없는, 알 수 없는, 불가지(不可知)의.
n. 불가지 체(體).
incohǽrens, -éntis, adj. (in[2]+cohǽreo)
연결되지 않는, 붙어있지 않는.
incoha··· V. **inchoa**···
incohátĭo, -ónis, f. 발단(發端-어떤 일이 처음으로 벌어짐)
incohatio formæ. 형상의 발단
incohíbĭlis, -e, adj. (in[2]+cohíbeo)
제지(견제)할 수 없는, 금할 수 없는.
íncŏho(=**inchŏo**) -ávi, -átum, -áre,
incoinquinátus, -a, -um, adj. (in[2]+coínquino)
더렵혀지지 않은, 깨끗한(καθαρὸς).
íncŏla, -æ, m., f. (íncolo) 주민(住民), 거주자,
외국 정착민, 어떤 곳에 살고 있는 생물(동물).
homo vivens mundi incola.
인간은 살아 있는 한 세계의 주민이다.
Incolæ ab urbe ardénte éxeunt.
주민들이 불타고 있는 도시로부터 나가고 있다.
Incolæ sunt boni. 주민들은 선량하다
incolátus, -us, m. (íncolo) 거주(居住), 정착(定着),
체재(滯在-오래 머물러 있음), 체류(滯留).
íncŏlo, -colŭi -cúltum -lĕre, tr., intr. (in[1]+)
(어떤 곳에) 살다(גר.בתשב.דור.ת),
서식(棲息)하다, 거주하다(ישב), 안주(安住)하다.
eas urbes incolo. 그 도시들에서 살다.
incólŭmis, -e, adj. (in[1]+)
손상되지 않은, 안전한, 무사한, 건강한, 상처 없는.
incolúmĭtas, -átis, f. (incólumis)
안전(安全.שלום), 무사(無事), 안녕!(安寧).
incombústus, -a, -um, adj. (in[2]+combúro)
타지 않은, 불타버리지 않은.
incomitátus, -a, -um, adj. (in[2]+cómitor)
동행이 없는, 수행원이 없는, 단독의.
incomítĭo, -áre, tr. 소집하다, 집합시키다.
incómma, -æ, f. (**incómma**, -ătis, n.)
신장 측정기, 징집 장정의 신장을 재는 기구.
incommendátus, -a, -um, adj. (in[2]+comméndo)
위탁받지 않은, 추천되지 않은, 포기된, 내버려진.
incomminútus, -a, -um, adj. (in[2]+commínuo)
조각나지 않은, 분쇄되지 않은, 감소되지 않은, 완전한.
incommiscíbĭlis, -e, adj. (in[2]+commísceo)
혼합할 수 없는, 섞을 수 없는.
incommobílĭtas, -átis, f. (in[2]+commóveo)
무감각(ὀπάθεια), 태연함, 부동(不動).
incommodior, -or, -us, adj. incómmŏdus, -a, -um의 비교급
incommodissimus, -a, -um, adj.
incómmŏdus, -a, -um의 최상급.
incommódĭtas, -átis, f. (incómmodus)
불편(不便), 손해(損害.[영] damage, injury, harm).
incómmŏdo, -ávi, -átum, -áre, tr., intr. (incómmodus)
불편을 주다, 불편(불리)하게 하다, 폐를 끼치다,
귀찮게 굴다, 괴롭히다, 곤란(困難)하게 하다.
incómmŏdum, -i, n. (incómmodus) 불편, 불리, 손해, 불운.
Defugiunt, ne quid incommodi accipiant.
그들은 그 어떤 불이익도 당하지 않으려고 자리를 피 한다/
magnum *alci* afférre incommodum.
누구에게 큰 손해를 끼치다.
incommodum grave. 큰 불편
incómmŏdus, -a, -um, adj. (in[2]+) 형편이 나쁜,
불편한, 불리한, 손해를 가져오는, 부적당한, 불쾌한,
성가신(자꾸 들볶거나 번거롭게 굴어 괴롭고 귀찮은), 귀찮은, 괴롭히는.
incommunicábĭlis, -e, adj. (in[2]+)
상통될 수 없는, 통용(通用) 될 수 없는.
Individuum est incommunicabile.
개체는 통교(通交) 불능체이다.
incommunicábĭlis existensia. 나눌 수 없는 존재
incommunicabilitas, -átis, f. 불능성, 불상통성,
통교 불가능성(가톨릭 신학과 사상, 제45호, p.109 참조),
수교 불가능성(조지 그라시아 지음, 스콜라 철학에서의 개체화, p.60 참조),
incommúnis, -e, adj. 보통이 아닌, 흔치 않은, 비공통의
incommutábĭlis, -e, adj. (in[2]+commúto)
뒤바뀔 수 없는, 교환할 수 없는, 불변의, 불변적(不變的).
De æterna Dei et incommutabili voluntate.
하느님의 영원하고 불변하는 의지.(신국론, p.2828)/
esse aliquam formam æternam et incommutabilem.
영원하고 불변하는 형상이 따로 존재함/

I

incommutabilem veritatem, hæc omnia quæ
incommutabiliter vera sunt continentem.(자유의지론 2. 12. 33)
불변하는 진리가 존재함을 그대는 결코 부정하지 않을
것이며, 그 진리가 불변하게 참인 모든 것들을
포괄한다는 것도 부인하지 않으리라/
incommutabili gaudio. 불변하는 기쁨/
supra mentem meam lucem incommutabilem.
내 지성 위에 빛나는 불변의 광명을 나는 보았다.
incommutabílĭtas, -átis, f. 불변성(不變性).
Esse, nomen est incommutabilitatis.
존재함, 이것이 불변의 이름이다.
incomparábĭlis, -e, adj. (in[2]+) 비교할 수 없는,
비교가 안 되는, 비길 바 없는, 유래 없는.
incompatíbĭlis, -e, adj. in[2]+compátior)
양립할 수 없는, 겸임할 수 없는,
서로 용납하지 못하는, 합치되지 못하는.
incompatibilĭtas, -átis, f. (incompatíbĭlis)
불가 상용성, 비양립성, 양립(겸임)할 수 없음,
서로 용납하지 못함, 불일치, 병존불가능(竝存不可能),
불공존, 상극(相剋), 성격차이, 겸임불가(兼任不可).
Incomparabilis personæ humanæ præstantia.
([영] The incomparable worth of the human person)
비교할 수 없는 인간의 가치.
incompértus, -a, -um, adj. (in[2]+)
확인되지 않은, 확실하게 알려지지 않은, 불명확한.
incómpĕtens, -éntis, adj. (in[2]+) 자격(능력) 없는,
적합하지 못한, 적임이 아닌, 관할이 틀리는, 권한 없는.
incompeténtĭa, -æ, f. (incómpetens) 무능력(無能力),
부적임(不適任), 무자격(無資格), 무관할권(無管轄權),
관할권(管轄權) 없음, 권한부재(權限不在).
incompetentĭa absoluta. 절대적 무관할권
incompetentĭa iudicis. 권한부재, 재판관의 무관할.
incompetentĭa relativa. 상대적 무관할권
incomplétus, -a, -um, adj. (in[2]+) 다 채워지지 않은,
불충분한, 완성(완결) 되지 않은, 불완전한.
esse incompletum. 불완전한 존재.
incompósĭtus, -a, -um, adj. (in[2]+) 정돈되지 않은,
무질서한, 불규칙적인, (말.시 따위가) 격식을 벗어난.
incomprehensíbĭlis, -e, adj. (in[2]+incomprehéndo)
붙잡을 수 없는, 파악될 수 없는,
이해할 수 없는, 헤아릴 수 없는.
Deus absconditus et incomprehensíbĭlis.
은폐(隱蔽)되어 있고 불가해한 신/
ineffabilis et incomprehensibilis.
형언할 수 없고 이해할 수 없는.
incomprehensibilĭtas, -átis, f. 하느님의 불가해성
(하느님의 불가해성不可解性은 1215년 제4차 라테란공의회와
1870년 제1차 바티칸공의회에서 선언되었다).
incomprehénsus, -a, -um, adj. (in[2]+comprehendo)
파악(이해) 되지 못한.
incóm(p)tus, -a, -um, adj. [in[2]+] (머리를) 빗지 않은,
말쑥하지 못한, 단정치 못한, 난잡한, 세련되지 못한.
inconcessíbĭlis, -e, adj. (in[2]+concédo)
양보할 수 없는, 허락(인정)할 수 없는.
inconcéssus, -a, -um, adj. (in[2]+concésus[1])
허락되지 않은, 금지된.
inconcílĭo, -ávi, -átum, -áre, tr. (in[2]+) 유혹(誘惑)하다,
계교를 써서 속이다, 속여서 얻어내다, 횡령하다.
inconcínnĭtas, -átis, f. (inconcínnus) 불균형(不均衡),
부조화(不調和), 불합리(不合理), 짜임새 없음.
inconcínnĭter, adv. (inconcínnus)
어울리지 않게, 맞지 않게.
inconcínnus, -a, -um, adj. (in[2]+) 조화되지 않은,
불합리한, 짜임새 없는, 세련되지 못한, 우악스러운.
inconcrétus, -a, -um, adj. (in[2]+) 형태가 없는
inconcússus, -a, -um, adj. (in[2]+concútio)
흔들리지 않는, 동요하지 않는, 확고부동한, 견고한.
incóndĭtē, adv. 무질서하게, 어지럽게, 난잡한, 거친
incóndĭtus, -a, -um, adj. (in[2]+condo)
만들어지지(창조되지) 않은, 숨겨둔, 정돈되지 않은,
무질서한, 혼잡한, 난잡한, 조잡한, 거친, 서투른,
묻지(埋) 않은, 매장(埋葬)되지 않은.
cármina incóndita. 서투른 노래.
inconféctus, -a, -um, adj. (in[2]+confício)
미완성의, 만들다가 만, 끝나지 않은.
inconfusíbĭlis, -e, adj, (in[2]+confúndo)
혼합될 수 없는, 부끄럼 당하지 않는.
inconfúsus, -a, -um, adj. (in[2]+) 뒤섞이지 않은,
혼란(混亂)하지 않은, 정돈된, 조용한, 안온한.
incongressíbĭlis, -e, adj, (in[2]+congrédior)
접근할 수 없는, 가까이 할 수 없는.
incóngrŭens, -éntis, (=**incóngrŭus**, -a, -um,) adj.
(in[2]+cóngruens, -grúus) 맞지 않는, 일치하지 않는,
조화되지 않는, 어울리지 않는, 부적당한, 부적합한.
incongruéntĭa, -æ, (=**incongrúĭtas**, -átis,) f.
(incóngruens, incóngrŭus) 부적당(不適當), 불합치,
불일치(不一致), 부조화(不調和), 어울리지 않음.
incóngrŭus, -a, -um, adj. = **incóngrŭens**, -éntis,
inconnívens, -éntis, (=**inconnívus**, -a, -um,) adj.
(in[2]+connívеo) 눈을 감지 않는, 눈뜬,
잠자지 않는, 못 본체하지 않는.
incónscĭus, -a, -um, adj. (in[2]+) 모르는, 의식하지 않는.
n. 무의식([영] unconsciousness, involuntariness).
inconsentánĕus, -a, -um, adj. (in[2]+) 일치하지(맞지) 않는,
어울리지 않는, 비합리적(非合理的)인, 모순된, 부당한.
incónsĕquens, -éntis, adj. (in[2]+)
논리적으로 맞지 않는, 모순된.
inconsequéntĭa, -æ, f. (incónsequens)
앞뒤가 맞지 않음, 모순됨.
inconsídĕrans, -ántis, adj. (in[2]+consídero)
깊이 생각하지 않는, 경솔(輕率)한, 분별없는.
inconsiderántĭa, -æ, (=**inconsiderátĭo**, -ónis,) f.
사색(반성)의 결핍(缺乏), 무분별(無分別),
경솔(輕率-말이나 행동이 조심성이 없이 가벼움), 부주의(不注意).
inconsiderátĭo, -ónis, f. = **inconsiderántĭa**, -æ, f.
inconsiderátus, -a, -um, adj. (in[2]+consídero)
경솔(輕率)한, 깊이 생각하지 못한, 조심성 없는,
소견(所見) 없는, 대수롭지 않은, 마구 저질러진.
incónsĭtus, -a, -um, adj. (in[2]+cónsero[2])
씨 뿌리지 않은, 경작하지 않은.
inconsolábĭlis, -e, adj. (in[2]+consólor)
위로(慰勞) 할 수 없는, 달랠 수 없는.
incónsŏnans, -ántis, adj. (in[2]+)
조화되지 않은, 발음이 나쁜, 불협화음의.
inconsonántĭa, -æ, f. 불협화음, 부조화, 불일치
inconspéctus, -a, -um, adj. (in[2]+conspéctus[1])
경솔(輕率)한, 무모한, 소홀(疏忽)한.
inconspícŭus, -a, -um, adj. (in[2]+)
눈에 잘 띄지 않는, 현저하지 않는, 두드러지지 않은.
incónstans, -ántis, p.prœs., a.p. (in[2]+)
불안전한, 변하기 쉬운, 변덕스러운,
항구하지(꾸준하지) 못한, 한결같지 않은.
inconstántĭa, -æ, f. (incónstans)
변하기 쉬움, 변덕(變德), 불안정(不安定),
항구심 없음, 꾸준하지 못함, 한결같지 않음.
tanta est stultitiæ inconstantĭa.
바보짓의 변덕은 이렇게 크다.
inconsuétus, -a, -um, adj. (in[2]+) 습관 되지 않은,
미숙한, 보통이 아닌, 보기 드문, 이례적인.
avis alba. 보기 드문 일.
inconsultus[1] -a, -um, adj. (in[2]+) 문의 받지 않은,
상의해 오지 않은, 조언을 요청 받지 않은,
충고를 받지 않은, 경망한, 경솔한, 무분별한,
몰지각한, 함부로 하는, 무모한.
n. 무분별, 몰지각(沒知覺), 무모(無謀-계략이나 분별이 없음).
inconsultus[2] -us, m. (in[2]+cónsulo) 협의(상의) 없음.

inconsúltu meo. 나와 협의(상의) 없이.
inconsummátĭo, -ónis, f. (in²+) 미완성(未完成),
　미료(未了-아직 마치지 못함), 미필(未畢-아직 끝내지 못함).
inconsummátus, -a, -um, adj. (in²+) 끝내지 못한, 미완성의
inconsúmptus, -a, -um, adj. (in²+consúmo)
　소모되지 않는, 사라져 버리지 않는, 불후(不朽)의,
　불멸의, 영원한(αἰώνιος), 끝없는, 완전한.
inconsútĭlis, -e, (inconsútus, -a, -um,) adj.
　(in²+cónsuo) 통으로 짠, 혼솔 없는.
inconsútus, -a, -um, adj. = inconsútĭlis, -e
incontaminábĭlis, -e, adj. (in²+)
　더럽힐 수 없는, 더럽히지 못할.
　incontaminabilis Deus. 부정 탈 수 없는 하느님.
incontaminátus, -a, -um, adj. (in²+)
　더럽혀지지 않은, 깨끗한(καθαρὸς).
　incontaminati angeli. 부정 타지 않은 천사들.
incontánter(=incunctanter), adj.
　서슴없이, 주저치 않고, 지체 없이.
incontemplábĭlis, -e, adj. (in²+) 똑바로 쳐다보지 못할
incontemptíbĭlis, -e, adj. (in²+) 업신여기지 못할
inconténtus, -a, -um, adj. (in²+conténtus¹)
　잡아 당겨지지 않은, 긴장(마음)이 풀어진,
　늦추어진, (악기의 줄이) 느슨한.
　(in²+conténtus²) 불만족한, 충족되지 못한.
incontígŭus, -a, -um, adj. 손에 닿지 않는
incontínens, -éntis, adj. (in²+contíneo)
　머물러(붙잡아) 두지 못하는, 자제력(自制力)이 없는,
　절제(節制) 없는, 삼가지 않는; 음란한.
incontinénti, adv. (=in continénti, cf. cóntinens¹)
　즉시, 곧, 참지 못하고.
incontinéntĭa, -æ, f. (incóntinens)
　부절제(不節制), 욕망의 무절제(慾望 無節制),
　무절제, 탐욕(貪慾.⑨ Concupiscence/Gluttony),
　호색(여색을 좋아함. 탐색), 음란(淫亂-음탕하고 난잡함).
incontradicíbĭlis, -e, adj. (in²+contradíco)
　반박하지 못할, 반대하지 못할.
incontrectábĭlis, -e, adj. (in²+)
　만지지 못할, 감촉 되지 않는, 건드리지 못할.
inconvénĭens, -éntis, adj. (in²+)
　맞지 않는, 일치되지 않는, 어울리지 않는.
　Quod est inconveniens. 이것은 불합리하다.
inconveniéntĭa, -æ, f. (inconvéniens)
　불일치(不一致), 불화(不和), 부적합(不適合).
inconversíbĭlis, -e, adj. (in²+convérto)
　돌려놓을 수 없는, 다른 순서로 놓일 수 없는.
inconvertíbĭlis, -e, adj. (in²+convérto)
　변환될 수 없는, 바뀔 수 없는.
inconvertibílĭtas, -átis, f. 불변성, 변환불능(變換不能).
inconvincíbĭlis, -e, adj. (in²+convínco)
　설복(설득) 시킬 수 없는.
inconvúlsus, -a, -um, adj. (in²+convéllo)
　고스란한, 변함없는, 그대로 있는.
incopiósus, -a, -um, adj. (in²+) 풍부하지 못한
incóquo, -cóxi, -cóctum, -cóquěre, tr. (in¹+) 넣어 끓이다,
　삶다, 굽다, 익히다, 눋게 하다, 그을리다, 볕에 말리다,
　담가서 염색(染色)하다, (주석.납을) 입히다.
incóram, adv. (in⁴+coram) 앞에서, 대면하여, 드러내 놓고
incornátus, -i, m. (교황 미사 때 펴는) 성체포
　[교황 미사는 주교 미사와 다르게 신경 중에 커다란 성체포(incornatus)를
　제대에 깔고, 별 모양의 금구(asteriscus)를 성반(patena) 위에 놓는다….
　백민관 신부 엮음, 백과사전 2, p.340, p.762].
incoronátus, -a, -um, adj. (in²+coróno)
　영관(榮冠)을 빼앗긴, 영광을 빼앗긴.
incorporális, -e, adj. (in²+) 형체가 없는, 무형의,
　비물체적(非物質的)인, 추상적(抽象的).
incorporálĭtas, -átis, f. 비물질(성), 비물체성
incorporátĭo, -ónis, f. (incórporo) 육체를 갖추어 가짐,
　몸의 지체가 됨, 합체(合體), 합병(合倂), 편입(編入),
　가입(加入), 결사(結社), (재산의) 몰수(沒收).

incorporátĭo definitiva. 확정적 합체(合體)
incorporátĭo perpetua. 종신 합체
incorporátĭo prima. 첫 번째 합체
incorporeïtas, -átis, f. 비육체성
incorpórĕus, -a, -um, adj. (in²+)
　육체가 없는, 무형한, 비물체(비물질) 적인.
　non solum est incorporea, sed etiam substantia,
　scilicet aliquid subsistens. 인간 지성의 본성은
　빗물체적일 뿐더러 또한 실체, 즉 자립하는 무엇이다.
incórpŏro, -ávi, -átum, -áre, tr. (in¹+) 결합시키다,
　합체하다, 육체를 갖추어주다, 가입(편입)시키다,
　합병하다, (재산을) 몰수(沒收)하다.
incorréctus, -a, -um, adj. (in²+)
　개량되지 않은, 개선되지 않은, 교정되지 않은.
incorrigíbĭlis, -e, adj. (in²+córrigo)
　똑바르게 할 수 없는, 교정할 수 없는.
incorrigibílĭtas, -átis, f. 개선 불가능(성), 교정 불가능(성).
incorruptéla, -æ, f. (in²+) 썩지 않음, 불멸(不滅)
incorruptíbĭlis, -e, adj. (in²+) 썩지 않는, 불변의,
　불후(不朽)의, 청렴(淸廉)한, 결백(潔白)한.
　Secundum partem, quæ tractat de ente mobile
　incorruptibili, quod est cœlum, auctor non edidit.
　움직이는 불멸적 존재자를 논하고 있는 이 제2부는 저자
　가 출판하지 않은 부분이다.(스콜라 철학에서의 개체화, p.871 참조)/
　Videtur autem quod nihil incorruptibile possit esse forma
　corporis corruptibilis. 그러나 발생하는 어떤 것도 소멸
　하는 신체의 형상일 수 없는 것처럼 보인다(지성단일성, p.105).
incorruptibílĭtas, -átis, f. 부패하지 않음, 불변성,
　불멸성(不滅性.⑨ Immortality), 결백(潔白),
　청렴(淸廉-마음이 고결하고 재물 욕심이 없음).
incorrúptĭo, -ónis, f. (in²+) 부패하지 않음,
　썩지 않는 상태, 불변, 완전, 결백(潔白-깨끗하고 흼),
　순결(純潔.⑨ Purity), 청렴(淸廉).
incorruptio autem facit esse proximum Deo.
　(avfqarsi,a de. evggu.j ei=nai poiei/ qeou/) (獨 unvergängliches
　Leben aber bewirkt, daß man Gott nahe ist)
　(⑨ and incorruptibility makes one close to God)
　불멸은 하느님 가까이 있게 해 주는 것이다(성경)/
　불멸은 하느님 곁에서 살게 한다(공동번역 지혜 6, 19).
incorruptívus, -a, -um, adj. (in²+)
　부패(腐敗)하지 않는, 불멸의, 불변의.
incorruptórĭus, -a, -um, adj. (in²+)
　불멸의, 불변의, 손상되지 않는.
incorrúptus, -a, -um, adj. (in²+) 썩지 않은,
　부서지지 않은, 상하지 않은, 변질되지 않은,
　손상되지 않은, 옹근, 완전한, 순결한(καθαρὸς),
　부패(타락) 하지 않은, 공정한, 청렴결백(淸廉潔白)한.
incoxi, "incoquo"의 단순과거(pf.=perfectum)
incrásso, -ávi, -átum, -áre, tr. (in²+) 두껍게 하다,
　살찌게 하다, 진하게 하다, 농축(濃縮)하다,
　둔하게(무디게) 하다, 후안무치(厚顔無恥)하게 하다.
increátus, -a, -um, adj. (in²+creo)
　만들어지지 않은, 창조되지 않은.
increb(r)ésco, -b(r)ŭi, -b(r)éscěre, intr., inch. (in¹+)
　잦아지다, 빈번해지다, 강해지다, 증대하다, 확산되다.
increbrui, "increbésco"의 단순과거(pf.=perfectum)
increbui, "increbrésco"의 단순과거(pf.=perfectum)
incredéndus, -a, -um, adj. (in²+credo)
　믿어서는 안 될, 믿지 못할.
incredíbĭlis, -e, adj. (in²+credo)
　믿어지지 않는, 믿을 수 없는, 불가사의(不可思議)한,
　기묘한, 비상한, 엄청난, 보통이 아닌, 믿지 않는.
　Cæsaris exercitui res accidit incredibile dictu.
　말해서 믿기지 않는 일이 카이사르 군대에 발생했다/
　De incredibilibus commutationibus hominum quid
　Varro tradiderit. 인간들의 믿기지 않는 변신에 대해
　바로는 무슨 얘기를 전하는가(교부문헌 총서 17, 신국론, p.2810)/
　Fertur esse factum incredibile dictu.

말로는 믿어지지 않는 사건이라고 한다/
incredíbile dictu. 말해야 믿어지지 않을 일/
Incredíbile memoratu est, tanta cupído gloriæ erat civibus.
생각하기에 믿기지 않는 일이지만 대단한 명예욕이
시민들에게 있었다[성 염 지음. 고전 라틴어. p.250]/
Nolite Cn. Fannio credere; noli, inquam, Fannio fratri
tuo credere. Dicit enim rem incredibilem.
여러분은 그나이우스 판니우스를 믿지 마시오. 그리고
내가 말하거니와, 자네 형제 판니우스를 믿지 말게.
믿기지 않는 말을 하니까.[성 염 지음. 고전 라틴어. p.363]/
ut hominem mirabiliter et incredibiliter honoraret
glorificaretque. 인간을 놀랍고 믿어지지 않을 만큼
고양하고 영화롭게 만들기 위함이었다.
incredíbilis humílitas. 믿기 힘들 정도의 겸손
incredibílitas, -átis, f. 믿을 수 없음, 믿지 못할 일,
이상한 일, 믿지 않음, 불신앙(不信仰).⑨ Unbelief).
incréditus, -a, -um, adj. (in²+credo)
믿지 못할, 믿어지지 않는.
incredúlitas, -átis, f. (incrédulus)
믿지 않음, 불신(不信), 불신앙(不信仰.⑨ Unbelief).
incrédúlus, -a, -um, adj. (in²+)
믿지 않는, 불신하는, 신앙 없는.
increménto, -áre, tr. (increméntum) 증가시키다
increméntum, -i, n. (incrésco) 성장(成長.⑨ Growth).
생장, 발육(發育), 증식(增殖), 증대, 증가, 증진(增進),
발전(⑨ Advancement/Growth), 종자(種子),
자손(子孫), 소생(所生-자기가 낳은 "자녀"를 이르는 말).
De acceptæ justificationis incremento.
받은 의화(義化, 칭의)의 증진에 대하여/
Fructus excellens necessitudinum inter christianos et
dialogi, quem conferunt iidem, est incrementum
communionis. 그리스도인들의 만남과 신학적 대화에서
얻은 귀중한 성과는 친교의 성장입니다/
incrementum communionis.(⑨ growth of communion).
친교의 성장.
increpátio, -ónis, f. (íncrepo)
꾸지람, 나무람, 책망(責望-잘못을 꾸짖고 나무람),
힐책(詰責-따져서 꾸짖음), 책벌(責罰-죄과를 꾸짖어 벌함).
increpatíve, adv. 책망 조로
increpátor, -óris, m. (íncrepo)
꾸짖는 사람, 야단치는 사람.
increpatórĭus, -a, -um, adj. 책망조의, 비난하는
incrépĭto, -ávi, -átum, -áre, freq., intr., tr. (íncrepo)
크게 소리 지르다, 요란한 소리 내다.
마구 꾸짖다, 야단치다, 원망하다.
나무라다(ירח,גרי), 비난하다(גרי,גרי).
incrépĭtus, -us, m. (increpo) 꾸지람, 비난, 책망(責望)
íncrĕpo, -pŭi(ávi) -pĭtum(átum) -áre, (in²+crepo)
intr. 요란하게(시끄럽게) 소리 나다, (여러 가지) 소음이 나다.
말(소문)이 시끄럽게 퍼지다, 아우성치다.
질타(叱咤)하다, 야단치다, 비난하다, 터지다, 찢어지다.
Discus incrépuit. 투원반 소리가 쨍하고 났다/
Quidquid increpúerit. 무슨 소리만 나면.
tr. 소리 내다, 울리게 하다, 울려 퍼지게 하다.
(여러 가지) 소음을 내다, (소리 나도록) 때리다.
치다, 타다, 소리 내어 자랑하다, 노래 부르다.
꾸짖다(גרי,גרי), 책망(責望)하다, 야단치다.
나무라다(גרי,גרי), 비난하다(גרי,גרי),
권고(勸告)하다, 격려(激勵)하다.
Júpiter incrépuit nubes.
Júpiter 신이 구름을 쳐서 천둥소리를 냈다.
incrésco, -crévi -scĕre, intr. (in²+cresco)
…에서 자라다(אבר,ברי,אנא,גר,ברי), 돋아나다,
생겨나다, 커지다, 성장하다, 증대하다, 더해가다.
Incréscunt flúmina lácrimis.
눈물로 강물이 붇다(강물을 이룬다).
incréto, -áre, tr. (in²+creta)
백토를 바르다, 백토로 희게 하다.

incrétus¹ -a, -um, p.p. [incérno] (체로) 걸른
incrétus² -a, -um, adj. (in²+cretus¹)
거르지 않은, 뒤섞인, 엄밀히 조사하지 않은.
incrévi, "(incérno, incrésco)"의 단순과거(pf.=perfectum)
incriminátio, -ónis, f. (in²+) 무죄(無罪)
incrispátio, -ónis, f. (in¹+crispus¹)
머리털을 지짐(곱슬곱슬하게 함).
incruentátus, -a, -um, adj. (in²+cruénto)
피로 더럽혀지지 않은, 피로 적시지 않은, 피 흐르지 않은.
incruéntus, -a, -um, adj. (in²+)
피 흘리지 않은, 무혈의, 부상하지 않은.
incruénto exércitu. 군대가 한 명의 사상자도 없이.
incrustátio, -ónis, f. (incrústo) 대리석을 입힘, 상감(象嵌)
incrústo, -ávi, -átum, -áre, tr. (in¹+crusta) 껍데기로 덮다,
덕지덕지 입히다, 칠하다, (벽에) 대리석 따위를 입히다,
모자이크를 만들다, (그릇에) 상감 세공(細工)하다.
incubátio, -ónis, f. (incubo) 알을 품음(안음),
부화(孵化), (토지, 가옥 따위의) 불법점유(不法占有).
incubátor, -óris, m. (íncubo) 숙직원(宿直員).
신전에서 밤새우는 자, 불법 점유자(不法 占有者).
incúbĭto, -ávi, -átum, -áre, intr., freq. (íncubo)
위에 눕다, 취침(就寢)하다.
incúbĭtum, "incubmo"의 목적분사(sup.=supínum),
"incubo"의 목적분사(sup.=supínum).
incúbĭtus, -us, m. (íncubo) 누움, 취침, 알 품음(안음)
íncŭbo¹ -cúbŭi, -cúbĭtun, -áre, (in¹+cubo)
intr. 위에 눕다(누워 있다), 누워 쉬다, 기대다, 엎디다,
신전에서 밤을 새우다, 거주하다, 떠나지 않고 살다,
(칼을 안고 엎어지며) 자결(自決)하다, 내리 덮다.
펼쳐져 있다, …위에 깔리다, 방심하지 않고 지키다,
놓칠까봐(뺏길까봐) 거머쥐고(지켜보고) 있다,
불법으로 점유하고 있다.
Ponto nox íncubat. 밤이 바다 위에 깔렸다.
tr. (-bo, -ávi, -átum -áre)
(새,닭이 알을) 품다, 서식(棲息)하다.
íncŭbo² -ónis, m. (íncubo) 보고(寶庫)지기, 야경원,
(자는 사람을 놀라게 하는) 가위, 악몽(惡夢).
incúbui, "(íncubo, incúmbo)"의 단순과거(pf.=perfectum)
íncŭbus, -i, m. (자는 사람을 놀라게 하는)
가위, 악몽, 가위눌림, 귀신, 도깨비.
incúcurri, "incurro"의 단순과거(pf.=perfectum)
incudomállĕus, -a, -um, adj. (解) 침추(砧鎚)의
inculátio, -ónis, f. (incúlco)
알도록 가르쳐 줌, 명심하도록 타이름, 주입(注入).
inculátor, -óris, m. (incúlco) 짓밟는 자,
되풀이해서 가르치는(머릿속에 박아 넣어주는) 사람.
incúlco, -ávi, -átum, -áre, tr. (in¹+calco) 짓밟다.
밟아 뭉개다, 밟아서 밀어 넣다, 억지로 집어넣다,
(맞지도 않는 말로) 억지로 써넣다, 무리하게 강요하다,
억지로 떠맡기다, 깊이 새겨 넣(어 주)다,
알도록 되풀이해서 가르치다, 명심하도록 타이르다,
머릿속에 박아 넣어주다, 인상 박히게 하다.
inculpábĭlis, -e, adj. (in²+)
탓 없는, 탓할 수 없는, 비난받을 수 없는.
inculpátus, -a, -um, adj. (in²+)
잘못 없는, 책망할 데 없는, 무죄의, 결함 없는.
incúlpo, -áre, tr. (in¹+)
탓하다, 비난하다(גרי,גרי), 탓(잘못)을 돌리다.
inculturátio, -ónis, f. 토착화(土着化.⑨ Inculturátĭon),
문화순응(文化順應.⑨ inculturátĭon).
Christi nuntiatio atque inculturatio.
그리스도의 선포와 토착화.
incúltus¹ -a, -um, adj. (in²+colo) 경작되지 않은,
개간(開墾)되지 않은, 야생의, 미개의, 내버려진,
사람이 살지 않는, 손질하지 않은, 가꾸지 않은,
단정치 못한, 너저분한, 연마(鍊磨)되지 않은, 거친,
세련(洗練)되지 못한, 교양(教養) 없는, 무례한.
incúltus² -us, m. 가꾸지 않음, 소홀(疏忽), 무교양(無敎養).

방치(放置-그대로 버려 둠), 세련되지 못함.
incúmba, -æ, f. (建) 홍예석, 출입문 위의 채광창
incumbite, 원형 incúmbo, -cúbŭi -cúbĭtum -ĕre,
[명령법. 현재 단수 2인칭 incumbe, 복수 2인칭 incumbite].
In studium incumbite, adulescentes!
젊은이들이여, 학문에 열중하라!
incúmbo, -cúbŭi -cúbĭtum -ĕre, intr. (in[1]+cubo)
기대다(סמ״ך.סמך), 의지하다(סמ״ך.סמך),
가로(비스듬히) **눕다**, (바람 따위가) 휘몰아치다,
들이(밀어) 닥치다, 밀려들다, 덤벼들다, 돌진하다,
습격하다, 가슴에 칼을 대고 엎어지다, 자결(自決)하다,
착수하다, **힘쓰다**, 주력하다(operam dare.), **몰두하다**,
전념하다,열중(熱中)하다, 열심히 …하다, 쏠리다, 기울어
지다, 항해(航海)하다, (욕망.분노 따위를) 일으키다,
압력(壓力)을 가하다, 압박(壓迫)하다,
(무엇이) 누구의 할 일이다, 누구의 본분(소관)이다.
incumbo in iras. 분노(忿怒)를 폭발시키다
Incumbo in studium Latinum.
나는 Latin어 연구에 몰두(沒頭)하고 있다.
incumbo remis. 열심히 노질하다
incunábŭla, -órum, n., pl. (in[4]+) 배내옷, 깃저고리,
두렁이(어린아이의 배와 아랫도리를 둘러서 가리는 치마같이 만든 옷. 겹으로 만들거나 솜을 두어 만든다). 기저귀, 강보(襁褓-포대기),
요람(搖籃-젖먹이를 태우고 흔들어 놀게 하거나 잠재우는 물건),
출생지, 기원(사물이 처음으로 생김), 발상(發祥-상서로운 일이나 행복의 조짐이 나타남), 어린 시절, 요람시대, 여명기(새로운 시대나 새로운 문화 운동 따위가 시작되는 시기. 동이 틀 무렵).
요람기(초기) 인쇄물(1501년 이전의) 고판본.
incúnctans, -ántis, adj. (in[2]+) 망설이지 않는,
지체하지 않는, 서슴지 않는. adv. **incunctánter**
incunctánter, adv. = **incontánter**
incurábĭlis, -e, adj. (in[2]+) 치료될(고쳐질) 수 있는
incurátus, -a, -um, adj. (in[2]+) 잘 돌보지 않은,
손질하지 않은, 보살피지 않은, 정성 드리지 않은,
등한히 한, 관심 두지 않은, 치료(治療)하지 않은.
incúrĭa, -æ, f. (in[2]+cura) 보살피지 않음, 소홀(疏忽),
등한(소홀), 무관심(無關心), 부주의(不注意).
incuriósĭtas, -átis, f. (incuriósus)
등한(소홀), 무관심(無關心).
incuriósus, -a, -um, adj. 마음 쓰지 않는, 무관심한,
구애되지 않는, 등한한, 호기심 없는, 등한시된, 소외된.
incurri, "incurro"의 단순과거(pf.=perfectum)
incúrro, (cŭ)cúrri -cúrsum -ĕre, intr., tr. (in[1]+)
1. (누구한테.어디로) 달려가다, 뛰어들다, 돌진하다.
2. 통렬히 비난하다, 욕설(辱說)하다. 3. …에 이르다,
뻗치다. 4. (강물 따위가) 힘차게 흘러 내려가다,
흘러들다. 5. 눈에 띄다, 눈앞에 나타나다, 만나다,
마주치다. 6. (달갑지 않은 결과에) **빠지다**, 떨어지다,
걸리다, 걸려들다, 부닥치다, **당하다**, (벌 따위를) 받다,
(빚 따위를) 걸머지다. 7. (잘못 따위를) 저지르다,
8. 욕정을 가지고 (침) 범하다, 능욕하다. 9. 생기다,
발생하다, 돌발하다, 동시에 일어나다, 당면하다,
(시간이) 오다.되다. 10. (軍) **침략(침공)**하다.
Febris in tempus exercitatiónis incúrrit.
훈련시간과 같은 시간에 열이 났다/
in ódia hóminum incurro. 사람들의 미움을 받게 되다/
in sapiéntem incurro. 현자가 당면하다/
incúrrere in difficultátem. 곤경에 빠지다/
Quæ in óculos incúrrunt. 눈에 들어오는 것들.
incurro in difficultátem. 어려움을 당하다
incurro in morbos. 여러 가지 병에 걸리다
incursátĭo, -ónis, f. (incúrso) 침입, 침략, 공격(攻擊)
incúrsax, -ácis, adj. (incúrso) 침략 근성이 있는
incúrsim, adv. (incúrro) 빨리, 속히, 급히
incúrsĭo, -ónis, f. (incúrro) 충돌(衝突.[영] Conflict),
부딪침, 조우(遭遇-우연히 만나거나 맞닥뜨림), 침략(侵略),
침입, 침공(侵攻), (강물 따위가) 세차게 흘러 들어옴.
incúrsĭto, -áre, intr., freq. (incúrso)
뛰어들다, 부딪치다, 충돌하다.
incúrso, -ávi, -átum, -áre, intr., tr., intens. (incúrro)
달려들다, 덤벼들다, 돌진(突進)하다, 뛰다,
침략(침입.침공)하다, 여자를 능욕하다, 치다, 때리다,
걷어차다, 부딪치다, 충돌하다, (눈.귀에) 들어오다,
만나다, 마주치다(פגע).
incursum, "incurro"의 목적분사(sup.=supínum)
incúrsus, -us, m. (incúrro) 침략(侵略), 침공(侵攻),
침입(侵入), 공격(攻擊), 할퀴고 지나감,
(강물 따위가 세차게) 흘러 들어옴.
incurvábĭlis, -e, adj. (in[2]+) 휠 수 없는, 구부릴 수 없는
incurvátĭo, -ónis, f. (incúrvo) 구부림
incurvésco(=**incurvísco**), -ĕre, intr., inch. (incúrvus)
휘다, 굽다(曲), 구부러지다.
incurvicervícus, -a, -um, adj. (incúrvus+cervix) 목이 굽은
incúrvo, -ávi, -átum, -áre, tr. (incúrvus) 만곡 시키다,
구부리다, 휘다, 굽히다, (용기 따위를) 꺾다.
incúrvus, -a, -um, adj. (in[1]+)
굽은, 구부러진, 꾸불꾸불한, 만곡한.
incus, -údis, f. (in[1]+cudo[1]) 모루(대장간에서 불린 쇠를 올려 놓고 두드릴 때 받침으로 쓰는 쇳덩이), 철침(鐵砧), 수련장,
꾸준한 노력(pertinax studium). (解) 침골(砧骨-모루 뼈).
uno ópere eándem incúdem túndere.
한 가지 일을 꾸준히 계속하다.
incusátĭo, -ónis, f. (incúso)
고발(告發), 비난(非難), 책망(責望-잘못을 꾸짖고 나무람).
incusátor, -óris, m. (incúso) 고소인, 고발자
incúso, -ávi, -átum, -áre, tr. (in[1]+causa)
(*alqm* - *alcjs* rei, quod; *alqd* - *alci*, in *alqm*)
고발하다, 고소하다, 비난하다, 나무라다(גנ״ה.גנה).
incússi, "incutio"의 단순과거(pf.=perfectum)
incussum, "incutio"의 목적분사(sup.=supínum)
incússus, -us, m. (incútio)
충격(衝擊-갑자기 부딪쳤을 때의 심한 타격), 타격(打擊-때림).
incustodítus, -a, -um, adj. (in[2]+custódio)
감시자(파수꾼) 없는, 방치된, 조심하지 않은.
incúsus, -a, -um, p.p. (inusit, incúdo)
망치로 두드린, 두드려 만든, 다듬은, 얻어맞은.
incútĭo, -cússi -cússum -ĕre, tr. (in[1]+quátio)
부딪치다, 들이박다, 때리다, 후려치다, (발을) 구르다,
쏘다, 발사하다, 던지다, 불어넣다, 일으키다, 끼치다,
(충격적인 소식 따위를) 전하다, 가져다주다, 야기하다.
incutio *alci* metum. 누구에게 공포심을 일으키다
incutio *alci* núntium. 누구에게 소식을 불쑥 전하다
I.N.D. = In Nomine Domini. '주님의 이름으로'의 약자(略字)
indagábĭlis, -e, adj. (indágo[1])
탐구(探究)할 수 있는, 캐낼 수 있는.
indagátĭo, -ónis, f. (indágo[1]) 탐구(探究), 연구(研究),
탐험(探險), 탐색(探索), 수색(搜索).
indagátor, -óris, m. [**indagátrix**, -óris, f.] (indágo[1])
(사냥의) 몰이꾼, 추적자(追跡子), 탐구자(探究者),
발견자(發見者), 탐색자(探索者), 수색자(搜索者).
indago[1] -ávi, -átum, -áre, tr. (in[1]+ago)
탐색(探索)하다, 발자취를 쫓다, 추적하여 찾아내다,
탐구(探究)하다, 연구(研究)하다, 조사(調査)하다.
indago[2] -gínis, f. (indágo[1]) 사냥꾼의 포위그물,
차단선(遮斷線), 포위(包圍), 치밀한 탐색, 탐구(探究).
inde, adv. (in[4]+de) (장소) **거기서부터**, 그곳에서부터,
그 사람으로부터, (시간) **그때부터**, 나중에, 그 뒤에,
그래서, 그러므로, 그로 인해서,
inde a(ab) …이래로, …때부터/
jam inde ab ortu. 날 때부터 이미.
Inde ab aliquot annis, 구마에 관한 규범(1985.9.29. 서한)
inde in scholam datus sum ut discerem litteras, in quibus quid utilitatis esset ignorabam miser.
이 때문에 문학을 배우러 학교에 들어가게 되었으나,
그것이 무슨 소용에 닿는 것인지 철부지는 알 수 없었습니다.
indébĭtus, -a, -um, (in[2]+)

adj. **부당한**, 불온당한, 의무 없는, 부정의, 불법의.
n. 빚이 아닌 돈(indebita pecunia, 非債非償), 불법소득.
adv. indébĭte, indébĭto. 부당하게,
불법적으로, 법률상 원인이 없는
indécens, -éntis, adj. (in²+)
어울리지 않는, 걸맞지 않은, 품위에 어긋나는,
꼴사나운, 보기 흉한, 단정치 못한, 야비한.
indecéntĭa, -æ, f. (in²+) 어울리지 않음, 품위에 어긋남,
야비(野卑-성질이나 언행이 상스럽고 더러움), 단정치 못함.
indeclinábĭlis, -e, adj.(in²+) 구부러지지 않는, 의연한,
(文法) 격(어미) 변화를 하지 않는.
indeclinátus, -a, -um, adj. (in²+declíno)
불굴의, 변함없는.
índĕcor, -ŏris, (=índĕcŏris, -e,) adj. (in²+decórus)
어울리지 않는, 격에 맞지 않는, 망신스러운,
불명예스러운, 예의(禮儀)에 맞지 않는,
무례(無禮)한, 꼴사나운, 보기 흉한.
indécŏro, -áre, tr. (in²+) 꼴사납게(보기 흉하게) 만들다,
망신을 주다, 불명예스럽게 만들다, 욕되게 하다.
indecórus, -a, -um, adj. (in²+)
꼴사나운, 보기 흉한, 누추한, 어울리지 않는,
불명예스러운, 망신스러운, 불미스러운.
indefatigábĭlis, -e, adj. (in²+)
피로를 모르는, 지치지 않는.
indefatigátus, -a, -um, adj. (in²+defatígo)
피곤하지 않은, 원기 왕성한.
indefectibílĭtas, -átis, f. 무결성無缺性)
indeféctus, -a, -um, adj. (in²+) 영구한, 쇠약해지지 않은.
indefénsus, -a, -um, adj. (in²+deféndo)
방위가 없는, 무방비의, 보호(옹호) 받지 못한.
indefícĭens, -éntis, adj. (in²+)
끊임없는, 불굴(不屈)의, 부족함이 없는.
indefinítus, -a, -um, adj. (in²+) 무한정의, 한계 없는,
명확하지 않은, 애매한, 모호한. (文法) 부정의.
pronómen indefinítum. 부정(미한정) 대명사.
indeflétus, -a, -um, adj. (in²+défleo) 울어주는 사람 없는
indelébĭlis, -e, adj. (in²+)
지울(씻을) 수 없는, 없애버릴 수 없는.
indelibátus, -a, -um, adj. (in²+) 손상되지 않은,
침해(侵害)되지 않은, 순수한, 순결한(καθαρὸς).
indelíctus, -a, -um, adj. (in²+delínquo)
죄 없는, 잘못 없는.
indemnátus, -a, -um, adj. (in²+damnátus)
유죄판결을 받지 않은, 처벌받지 않은, 무죄한.
indémnis, -e, adj. (in²+damnum)
손상 받지(손해 보지) 않은, 손해 없는.
indémnĭtas, -átis, f. (indémnis) 안전(安全.מַיַ),
무난(無難), 보상(⑨ Reparátĭon), 배상(⑨ Reparátĭon).
indenuntiátus, -a, -um, adj. (in²+denúntio)
발표되지 않은, 신고 되지 않은, 드러나지 않은.
independens, -éntis, adj. (in²+depéndeo)
아무데도 속하지 않은, 독립의, 자립의, 자주적인.
(文法) proposítio independens. 자립문.
independéntĭa, -æ, f. 독립(獨立), 자주, 자립(自立)
independentía absoluta. 절대적 독립성
indeplorátus, -a, -um, adj. (in²+deplóro)
아무도 울어주는(슬퍼해 주는) 사람 없는.
indepravátus, -a, -um, adj. (in²+)
나빠지지 않은, 변질되지 않은, 부패(타락)하지 않은.
indeprehénsus(=indeprénsus) -a, -um, adj.
(in²+deprehéndo)
파악(把握)되지 못한, 알려지지 않은, 알아내지 못한.
indeprénsus, -a, -um, adj. = indeprehénsus
indéptus, -a, -um, p.p. (indipíscor)
indesértus, -a, -um, adj. (in²+)
버림받지 않은, 고독하지 않은.
indésĭnens, -éntis, adj. (in²+désino)
끊임없는, 간단(間斷)없는.

sacrifícium indesínens. 끊임없는 희생제물(희생제사).
indestríctus, -a, -um, adj. (in²+destríngo)
다치지 않은, 상처 입지 않은.
indeterminátus, -a, -um, adj. (in²+) 미정의, 무한정의.
aliquid indeterminatum. 어떤 무한정적인 것.
indeterminismus, -i, m. (哲) 비결정론(자유 의지론)
indevitátus, -a, -um, adj. (in²+devíto)
피하지 못한, 피할 수 없는.
indevótĭo, -ónis, f. (in²+)
준법정신의 결핍, 무신앙(無信仰), 불경건(不敬虔)
indevótus, -a, -um, adj. (in²+) 준법정신이 없는,
충성심(忠誠心) 없는, 신심(信心) 없는.
index, -dĭcis, m., f. (índĭco³) 밀고자(密告者), 신고자,
정보 제공자(情報 提供者), 가리키는 것, 지시기,
(시계.계량기의) 바늘, 지침(指針), 안내(자), 풋말,
표지(標識.표징.징표), 지수(指數), 목차(目次-차례),
색인(索引), 목록(目錄), 내용편람(內容便覽),
명부(名簿), 일람표(一覽表), 시간표(時間表),
표제, 제명(題名.題銘-표제의 이름), 시금석(試金石).
dígitus index. index. 집게손가락.
index expurgatórius. 삭제 장절표(削除 章節表)
Index facultatum. 특별 권한들.
index familliarum. 교적(敎籍.⑨ list of families)
Index Locorum. 인용 색인
index librórum prohibitorum(⑨ index of prohibited
Books). 금서목록(琴書目錄).
index taxæ. 요금표
Index Thomisticus. 토미스트 목록
Indi, -órum, m., pl. Indĭa 백성, 인도인.
adj. Indiánus, -a, -um, 인도인의.
Indĭa, -æ, f. 인도(印度)
adj. Indus, -a, -um ; adj. Indícus, -a, -um,
India elephántus. 인도코끼리.
India Océanus. 인도양(印度洋)
indicátĭo, -ónis, f. (índico³) 지적(指摘-꼭 집어서 가리킴),
지시(指示), 값을 매김, 가격표시, 사정(査定), 평가.
indicatívus, -a, -um, adj. (índico³)
지시하는, 표시하는, 나타내는.
(文法) 직설법의; (modus) indicatívus. 직설법.
indicátor, -óris, m. (índico³)
가리키는(표시하는) 사람(것).
indicatúra, -æ, f. (índico³) 평가(評價), 사정(査定),
가격 표시, 징후(徵候-어떤 일이 일어날 조짐).
Indicavi locum, quo (=ut eo) alumni convenirent.
나는 학생들이 모일 자리를 지시하였다
indícens, -éntis, p.præs. (in²+dico³) 말하지 않는,
(índico³) 보고하는, 통지하는, 포고(布告)하는.
me indicénte. 내 명령 없이.
indícĭum, -i, n. 밀고(密告), 정보 제공(情報提供)
신고(申告), 고발(告發), 통지(通知), 통고(通告-서면이나
말로 통지하여 알림), 표(表.nota, -æ, f.), 기호(記號), 부호,
표시, 표징(σημείον), 징후(徵候-어떤 일이 일어날 조짐),
흔적(痕迹), 형적(形迹-사물의 뒤에 남은 흔적), 단서(端緖-실마리),
증거(물), 밀고한 자수자의 면책권리,
밀고(신고) 보상금(密告 補償金), 시금석(試金石)(가치, 능력,
역량 따위를 알아볼 수 있는 기준이 되는 기회나 사물을 비유적으로 이르는 말).
alqd ad indícium protraho.
아무로 하여금 정보를 제공하지 않을 수 없게 하다/
De Trinitate divina, quæ per omnia opera sua
significationis suæ sparsit indicia. 삼위일체는 당신
모든 활동에 삼위일체의 표징을 깔아놓았다.(신국론, p.2782)/
figurale indicium. 구체적 징표/
indícium profiteor. 공범자를 대다(폭로하다)/
Magnum indicium, magna discretio.
위대한 표지요, 위대한 식별(識別)입니다.
indicium sanctificátiónis. 성화의 표징(聖化의 標徵)
índĭco¹ -ávi, -átum, -áre, tr. (in¹+dico³) **밀고하다**,
신고하다, 고발하다, 일러주다, 말해주다, **가리키다**.

600

지적(指摘)하다, 지시하다(ㄲㄱ), 드러내다,
평가(評價)하다, 사정(査定)하다, 가격 표시하다.
Deus est forma, suprema forma.
deinde veritas est aliqua forma.
ergo verum esse indicat Deum esse.
신은 형상, 최고의 형상이다.
그런데 진리라는 것은 하나의 형상이다.
그러므로 진리가 있다는 것은 신이 존재함을 지시한다/
Indicávi locum, quo(=ut eo) alúmni convenírent.
나는 학생들이 모일 자리를 지시하였다.
(관계대명사로 목적어의 뜻까지 포함한 것을 목적관계문이라 하며,
여기의 관계대명사, 부사는 목적접속사 ut까지 대신해주는 것이기 때문에
여기에는 반드시 목적문에서와 같은 접속법을 써야한다).
indíco² -díxi -díctum -ěre, tr. (in¹+dico³)
공표(公表)하다, 공고(公告)하다, 공포(선포)하다(ㄱㄱ),
(장소.날짜 따위를) 지정하여 통고(通告)하다,
임시회의를 소집하다, …하도록 **지시하다**, 명령하다,
(세금.벌금 따위를) 부과하다, 통고(通告)하다.
indictícius, -a, -um, adj. (indíco³) 부과된
indíctio, -ónis, f. (indíco³) 공고(公告), 포고(布告)
공표(公表-세상에 널리 알림), 현물세(과세의 목적으로 15년마다
재산 평가를 지시하던 포고령), 기(期)-6세기 교회에서 15년을 한 단위로
삼던 期. 임명장이나 기록문서에 연대 표시로 사용되었음)
Indictio futuræ sessionis. 다음 회기 일정 공지
indictívus, -a, -um, adj. (indíco³) 소집공고의
indictum, "indíco³"의 목적분사(sup.=supínum)
indíctus, -a, -um, p.p. (indíco³)
indíctus, -a, -um, adj. (in²+dico³)
언급되지 않은, 말로 표현될 수 없는.
indícta causa. 변호인의 변론이 청취되지 않은 사건.
Indículus -i, m. 짧은 설명서.
[펠라지아니즘(Pelagianism)을 반박하는 책. Capitula Pseudo-Cælestina
(가명 첼레스티노 서장이라고도 함. 백민관 신부 엮음, 백과사전 2, p.343)].
Indícus, -a, -um, adj. (India) 인도의, 인도인의.
índidem, adv. (inde+dem)
같은 곳에서부터, 같은 일(것)에서부터.
indídi, "indo"의 단순과거(pf.=perfectum)
indífférens, -éntis, adj. (in²+díffero)
좋지도 나쁘지도 않은, 아무래도 좋은(괜찮은),
무관심한, 흥미를 느끼지 않는, 개의치 않는, 냉담한,
치우치지 않는, 차별을 두지 않는, 중립의.
indifferéntia, -æ, f. (indifferens) 무차별(無差別),
균등(均等), 무관심(無關心), 개의치 않음, 냉담(冷淡),
종교적 무관심(獨 Indifference religious),
냉소주의(冷笑主義-사물을 냉소적으로 보는 태도. 견유주의. 시니시즘).
indifferentia medii eligendi. 수단의 무차별성
indifferentía rei. 사물의 비차이성(非差異性)
Indifferentía religiosa(獨 Indifference religious).
종교적 무관심.
indifferentísmus, -i, m. 종교적 무관심(無關心) 주의,
무관심주의(일반적으로 진위선악實僞善惡 따위에 무관심한 태도),
신앙 무차별론(無差別論), 종교적 실천의 등한(소홀),
무차별주의(한국가톨릭대사전, p.745), 종교 무차별주의(가톨릭
사상 제2집, p.14), 종교에 대한 국가의 중립적 태도.
종교적 무관심주의(獨 Religious Indifferentism).
indígěna, -æ, adj. [indu(=in¹)+gigno] 본토의, 본방의,
토박이(土着)의, 원주민(原住民)의, 국내산(國內産)의,
m., f. 본토인, 원주민, 본고장 사람, 내국인.
indigenisátio, -ónis, f. 토착화(獨 Inculturátion)
índigens, -éntis, p.proes., a.p. (indígeo)
결핍된, 없는, 아쉬운, 필요를 느끼는, 군색한,
가지지 못한, 궁핍한, 가난한, 빈곤한.
Nam et de vasis dominicis propter captivos et
quamplurimum indigentes frangi et conflari iubebat et
indigentibus dispensari. 갇힌 이들과 수많은 가난한
이들을 돕기 위하여 성물마저 쪼개고 녹이게 하였고
필요한 이들에게 나누어 주셨다.(아우구스티노의 생애. p.107).
indigéntia, -æ, f. (índigens) 아쉬움, 필요(必要),
요구, 결핍(缺乏), 곤궁(困窮), 궁핍(窮乏.獨 Needy),
빈곤(貧困.獨 poverty-가난), 만족을 모름.

탐욕(貪慾.獨 Concupiscence/Gluttony).
indigentiæ siccitas. 가난의 목마름
indígěo, -úi, -ére, intr. [indu(=in¹)+égeo]
(누가 무엇이) 없다, 결핍되어 있다, 궁핍하다,
부족하다(ㄲㄱ), (누가 무엇이) 필요하다(ㄲㄱ),
필요로 하다, 아쉽다, 열망(熱望)하다, 탐하다.
medicina non indigere. 약이 필요 없다.
indigeo auxílii. (누구에게) 도움이 필요하다
Indigeo pecunia. (누가) 돈이 없다
indigéries, -éi, f. (in²+dígero) (醫) 소화불량(消化不良)
índiges¹ -gětis, m. [indu(=in¹)+gigno] (주로 pl.)
(그 고장 사람으로 신격화된) 지방 수호신,
신격화된 나라 영웅, 고대 Roma의 수호신(守護神).
índiges² -is, adj. = índigens.
indigestíbilis, -e, adj. (in²+dígero) 소화시킬 수 없는
indigéstio, -ónis, f. (in²+) 소화불량(消化不良), 체증
indigéstus, -a, -um, adj. (in²+dígero) 혼란한, 혼잡한,
질서 없는, 소화되지 않은, 소화불량(消化不良)의.
indigetaménta(=indigitaménta), -órum, n., pl. (indígeto)
(신들의 이름과 기도 양식을 적은) 제관용 예식서.
indígěto(=indígito), -áre, tr. 불러내다, 간구하다, 기원하다,
(전례 때에) 신들의 이름을 부르며 기도하다.
indigna despectio. 부당한 모멸감(侮蔑感)
indignabúndus, -a, -um, adj. (indígnor) 분노(노여움) 에 찬,
animal indignabundum. 분노(忿怒)에 가득 찬 동물.
indígnans, -ántis, p.proes., a.p. (indígnor) 화내는, 성내는,
못 마땅히 여기는, 노여워하는, 분하게 생각하는,
분노(忿怒)하는, 분개(분격)하는, 괘씸하게 여기는.
indignátio, -ónis, f. (indígnor) 화냄, 성냄, 역정(逆情),
노여워 함, 분개(憤慨-매우 분하게 여김), 분격(憤激),
분노(忿怒.獨 Anger), 의분(義憤). (醫) 염증, 성남.
Indignatio principis mors est. 군주의 분노는 곧 죽음이다.
indignatiúncŭla, -æ, f. dim. (indignátio)
약간 화냄, 토라짐. undeservedly; unjustly
indigne, adv. 가치 없이 부당하게, 쓸모없이, 어울리지 않게,
불법으로, 부조리하게, 당찮은, 억울하게, 애매하게.
Heu miser indigne frater adempte mihi!
아, 억울하게 내 (품에서) 앗겨간 가엾은 내 아우여!/
Neque mehercules, hoc indigne fero!
맹세코, 전 억울하게 당합니다!.
indígnior, -or, -us, adj. indígnus, -a, -um의 비교급
indignissimus, -a, -um, adj. indígnus, -a, -um의 최상급
indígnĭtas, -átis, f. (indígnus) 무가치(無價値), 무자격,
부적격성, 부적격한 요인, 부당성, 천함, 보잘 것 없음,
수치스러운 행위, 비열(卑劣-하는 짓이나 성품이 천하고 못남),
부당한 처사, 억울함, 무례(無禮), 경멸(輕蔑),
모욕(적 대우), (불의에 대한) 분노(憤怒.獨 Anger),
(불의에 대한) 분개(憤慨-매우 분하게 여김).
indígnor, -átus sum, -ári, dep., intr., tr. (indígnus)
못마땅하게(언짢게.괘씸하게) **여기다**,
분하게(억울하게.부당하게) 여기다, 노엽게 생각하다,
화내다, **분개하다**. (醫) 붓다. 성나다. 염증이 생기다.
Nemo est indígnior, quem quisquam homo ádeat.
누구의 방문을 받기에는 너무 부당한 그런 사람은 아무도 없다.
Indígnor quidquam reprehéndi.
무슨 일이 비난당하는 것을 나는 못 마땅히 여긴다.
indígnus, -a, -um, adj. (in²+)
(abl., gen.; 결과 ut, 결과 관계문: inf.; absol)
자격 없는, 가치 없는, 쓸모없는, …에 **부당한**,
가당하지(마땅치) 않은, 어울리지 않는,
불명예(수치)스러운, 치욕적인, 야비한,
(absol.; abl.; 결과 관계문; inf.) 억울한, 애매한, 무죄한.
De indigna celebratione. 부당한 미사 봉헌에 대하여/
honóre indignus. 영예 받을 자격이 없는/
indignum est. 부당하다(iniquum est)/
Ius jurandum dabitur te esse indignum injuria hac.
너로서는 이런 불의를 당하는 것이
부당하다는 맹세가 나올 법하다.

Quisquis amat dictis absentum rodere vitam, hac mensa indignam noverit esse suam. 자리에 함께 있지 않은 사람을 즐겨 헐뜯는 사람은 이 식사를 함께 할 자격이 없음을 알아들을 것이다.(아우구스티노의 생애. p.99).

indignus injúriă. 억울하게 모욕당하는.

indĭgui, "indegeo"의 단순과거(pf.=perfectum)

índĭgus(=indĭgŭus) -a, -um, adj. (índigeo) 요구되는, (무엇이) 없는, 결핍된, 이지러진, 가난한, 탐하는.

indĭgŭus(=indĭgus) -a, -um, adj. (índigeo)

indílĭgens, -éntis, adj. (in²⁺) 소홀히(등한히) 하는, 태만(怠慢)한, 성의(誠意) 없는, 돌보지 않는, 부주의(不注意)하는, 잘 가꾸어지지 않은.

indiligéntĭa, -æ, f. 소홀(疏忽), 등한(等閑), 불성실, 부주의(不注意), 태만(怠慢-게으르고 느림).

indiligentíssime, adv. indigne의 최상급

indiligéntĭus, adv. indigne의 비교급

indimíssus, -a, -um, adj. (in²⁺+dimítto) 소박맞지 않은, 내보내지 않은.

indispíscor, (-ĕris, -ītur), déptus sum, písci. dep., tr. [indu(=in¹)+apíscor] 붙잡다, 얻다, 도달하다, 시작하다, 착수하다, 개시하다, 손대다.

indispíscor *alqd* ánimo. 기억하다

indiréctus, -a, -um, adj. (in²⁺) 똑바르지 않은, 에두른, **간접의,** 간접적인. adv. indirécte, indirécto. (文法) orátio indirécta. 간접화법.

indiréptus, -a, -um, adj. (in²⁺+dirípio) 약탈당하지 않은

indisciplinátus, -a -um, adj. (in²⁺) 잘 훈련(교육)받지 않은, 교양 없는, 무질서한.

indisciplinósus, -a,, -um, adj. (in²⁺+disciplína) 교육(훈련)이 잘 되지 않은.

indiscíssus, -a, -um, adj. (in²⁺+discíndo) 흔솔(홈질로 꿰맨 옷의 솔기)이 없는, 통으로 짠.

indísco, -ĕre, tr. (in¹+disco) 완전히 배우다

indiscrete(=indiscrétim) adv. (indiscrétus) 막연하게, 따로 구별하지 않고 어지럽게, 지혜롭지 못하게, 분별(分別) 없이.

indiscrétus, -a, -um, adj. (in²⁺+discérno) 뒤섞인, 따로 갈라놓지 않은, 분리되지 않은, 꼭 달라붙은, 분별(분간) 되지 않은, 분명치 않은, 막연한, 비슷한, 분별없는, 지혜롭지 못한, 부주의한, 경솔한. adv. indiscréte, indiscrétim. indiscrétæ opus imáginis. 미완된 모상의 작품.

indiscrimináblis, -e, adj. 구별(분간) 할 수 없는.

indiscrinátim, adv. (in²⁺) 구별 없이, 분별없이

indisicússus, -a, -um, adj. (in²⁺+discútio) 토의(검토)되지 않은, 미결의.

indisértus, -a, -um, adj. (in²⁺) 말재주 없는, 웅변적이 아닌

indispensátus, -a, -um, adj. (in²⁺+dispénso) 과격한, 과도한

indispósĭtus, -a, -um, adj. (in²⁺) 무질서한, 어지러운, 정리(정돈)되지 않은, 준비(마련) 되지 않은, 태세를 갖추지 못한.

indisputáblis, -e, adj. (in²⁺+dísputo) 토론할 수 없는, 토론의 여지가 없는.

indissimuláblis, -e, adj. (in²⁺+dissímulo) 결정적인, 숨길 수 없는, 무시할 수 없는, 거부할 수 없는.

indissociáblis, -e, adj. (in²⁺) 떼어 놓을 수 없는, 딱 붙어 있는.

indissolúblis, -e, adj. (in²⁺) 분해(용해) 될 수 없는, 풀릴 수 없는, 해소(解消)할 수 없는, 해체할 수 없는.

indissolubilitas, -átis, f. (in²⁺) 풀릴 수 없음, 분해(용해) 할 수 없음, 불가해소성(不可解消性). extrinseca indissolubilitas. 외부적 불가해소성/ intrinseca indissolubilitas. 내부적 불가해소성.

Indissolubilitas Matrimonii(⑨ Indissolubility of Marriage). 혼인의 불가해소성.

indistánter, adv. (in²⁺+disto) 쉬지 않고, 끊지 않고, 단숨에

indistínctus, -a, -um, adj. (in²⁺) 구별되지 않은, 분명(명확)하지 않은.

뚜렷하지 않은, 정리되지 않은, 모호한. indistinctum in se et distinctum ab aliis. 그 자체로 구별되지 않으면서 다른 것들로부터는 구별되는/ plenitúdo omnium indistincta. 무구분적 충만(充滿).

indítum, "indo"의 목적분사(sup.=supínum)

índĭtus, -a. -um, p.p. (indo) 들어간, 주어진

individua natura. 개체적 본질

individua substantia. 개별적(개체적) 실체. persona vero rationabilis naturæ individua substantia. 인격은 이성적 본성의 개별적 실체이다.

Individua substantia rátiónis naturæ. 자연이성의 개별적 실체(보에티우스).

individuális, -e, adj. (indivíduus) 한 개의, 개체의, 개개의, 개인의, 제각기 다른. proprietates individuales. 개체화시키는 속성들/ qualitas individuális. 배타적인 자질(資質)/ unitas individuális 개별적 단일성.

individuális confessio et absolutio. 개별고백과 개별사죄(個別告白 個別赦罪).

Individualísmus, -i. m. 개인주의(모든 면에서 국가나 사회. 단체보다 개인을 우선으로 하는 주의). 개체주의(個體主義).

individuálĭtas, -átis. f. 개성(個性). 개체성(個體性)

Individuátĭo, -ónis. f. 개별화, 개체화. principium individuationis. 개성 원리, Quod tandem sit principium individuationis in omnibus substantiis creatis. 모든 피조된 실체들에서의 개체화의 원리는 무엇인가(스콜라 철학에서의 개체화. p.919 참조)/ unamquanque entitatem per seipsam esse suæ individuationis principium. 그것의 개체화 원리는 그 자체를 통한 각각의 존재성이다(스콜라 철학에서의 개체화. p.919 참조).

individuum, -i, n. 개체(物體), 개별자(個別者)

individuum accidentium. 개별적 우유(個別的 遇有)

individuum determinatum. 규정된 개별자(個別者)

individuum vaguum. 규정되지 않은 개별자(個別者)

Individuum est incommunicabile. 개체는 통교(通交) 불능체이다.

Individuum est verissime ens et unum(Duns Scotus) 개체는 가장 참되고 유일한 존재이다.

Individuum enim habet esse, habet etiam exsistere. 한 개체는 존재를 가지고 또한 존재함도 가진다.

individuum ineffabile. 설명할 수 없는 개체

individuum substantiale. 실체적 개체(實體的 個體)

indivíduus, -a, -um, adj. (in²⁺+dívido) 나눌 수 없는, 분할(분리) 할 수 없는, 갈라지지 않는, 한 개의, 개체의, 개개의, 개인의, 제각기 다른, 개별적인. n. 원자(原子), 개체(個體). individua natura. 개체 본성/ Individuæ ergo sunt substantiæ separatæ et singulares. 따라서 분리된 실체들은 개별적이고 특수하다.(지성단일성. p.201)/ multitúdo individuórum. 개별체의 다수(多數)/ naturæ completæ individua substantia. 완성된 본성의 개별적 실체(實體)/ species in hoc individuo particulari. 특수한 개별자(個別者) 안에 있는 종.

indivisíblis, -e, adj. (in²⁺) 나눌 수 없는, 분할(분리) 할 수 없는, 불가분의. indivisibili coniunctione animorum(⑨ indivisible union of souls) 영혼들의 불가분적(不可分的) 일치.

indivisibílĭtas, -átis, f. (가톨릭 신학과 사상, 제45호. p.109. 참조)

indivísus, -a, -um, adj. (in²⁺+dívido) 분할되지 않은, 나누어지지 않은, 분리되지 않은, 공동의, 따로따로가 아닌. pro indivíso. 공동으로, 공유로.

indivisum cor(⑨ undivided heart). 일편단심.

indivúlsus, -a, -um, adj. (in²⁺+divéllo) 떠나지 않는, 붙어 다니는.

indo, -dĭdi, -dĭtum, -ĕre, tr. (in⁴do) 안에 넣다(놓다.두다), 집어넣다, 들여보내다, 꽂다, 박아 넣다, 붙여 놓다, (사슬·족쇄 따위를) 채우다.

씌우다, 입히다, (이름을) 붙이다.지어주다,
(어떤 감정을) 불어 넣다, 일으키다.

indócĭlis, -e, adj. (in²+) 순응(적응)하지 못하는,
쉽게 배우지 못하는, 교육할 수 없는, 배우기 싫어하는,
배울만한 것이 못되는, 모르는, 미숙(未熟)한, 서투른.

indóctus, -a, -um, adj. (in²+) 배우지 못한, 무지의,
무식한(ἀγράμμαος), 교양 없는, 재주 없는, 모르는,
학문적이 아닌, 정교하지 못한, 조잡한 (물건).
Homo sane pléraque ália indóctus.
확실히 다른 여러 가지는 많이 배우지 못한 사람.

indolátus, -a, -um, adj. (in²+dolo) 다듬지 않은

indoléntĭa, -æ, f. (in²+dóleo)
무통(無痛-아프지 아니하거나 아픔이 없음), 무감각(ὁπάθεια).

índŏles, -is, f. [indu(=in⁴)+olésco)] 성품(性稟), 천성,
소질(素質), 성질, 타고난 재능, 성향, 습성(習性),
버릇, 성벽(性癖-굳어진 성질이나 버릇), 새 세대, 청춘.
bonā índole prǽditus. 좋은 성품을 지닌/
Marcus facie similior est matris, indole patris.
마르코는 용모에는 어머니를 더 닮았지만,
성격은 아버지를 더 닮았다.[성 염 지음, 고전 라틴어, p.259]/
Universitatis Catholicae Indoles.(⑨ The Identity of a
Catholic University) 가톨릭대학교의 정체(正體)
Indoles et munus.(⑨ Identity and Mission) 정체와 사명
Indoles hominis. 인간의 성품(⑨ Character of man).

indolésco, -dólŭi, -ĕre, intr., (tr.) inch. (in¹+dóleo)
아프다, 고통을 느끼다, 고통 받다, 아파하다.
마음 아프다, 뼈저리게 느끼다, 고통을 겪다, 통탄하다.
Tactus locus indoléscit. 닿은(만진) 자리가 아프다.

indolórĭa¹ -æ, f. (in²+dolor) 무통(無痛), 무감각(ὁπάθεια)

indolórĭa² -órum, n., pl. (in²+dolor) 진통제(鎭痛劑)

indólŭi, "indolesco"의 단순과거(pf.=perfectum)

indomábĭlis, -e, adj. (in²+)
길들일 수 없는, 제어될 수 없는, 정복할 수 없는.

indómĭtus, -a, -um, adj. (in²+domo) 길들지 않은,
야성의, 순치(馴致)할 수 없는, 사나운, 고집 센,
제어(억제) 되지 않은, 억누를 수 없는, 걷잡을 수 없는,
정복할 수 없는, 소화되지 않는, 삭이기 힘든.

indonátus, -a, -um, adj. (in²+dono) 선물 받지 못한

indórmĭo, -ívi -ítum -íre, intr. (in⁴) …(위)에서 잠들다,
잠자다, 마비되다, 저리다, 꾸물대다, 낮잠 자다.
congéstis saccis indormio. 쌓아 놓은 자루 위에서 잠자다.

indotátus, -a, -um, adj. (in²+) 지참금(지참재산)이 없는,
장식 없는, 격식대로의 장례식을 거행하지 않은 (시체).

indu, præp. (古) = in¹

indubitábĭlis, -e, adj. (in²+) 의심할 수 없는, 확실한

indubitándus, -a, -um, adj. (in²+dúbito)
의심할 수 없는, 의심해서는 안 되는.

indubitánter, adv. (in²+dúbito) 의심 없이, 확실히

indubitátus, -a, -um, adj. (in²+dúbito)
의심할 여지없는, 논쟁의 여지없는, 확실한.
adv. **indubitáte**, **indubitátim**.

indúbĭto, -áre, intr. (in¹+) 의심하다

indúbĭus, -a, -um, adj. (in²+) 의심의 여지없는, 확실한

inducas, 원형 indúco, -dúxi -dúctum -ĕre,
[접속법 현재: 단수 1인칭 inducam, 2인칭 inducas, 3인칭 inducat,
복수 1인칭 inducamus, 2인칭 inducatis, 3인칭 inducant].
Et ne nos indúcas in tentatiónem.
저희를 유혹에 빠지지 말게 하시고.

indúcĭæ(=indútĭæ) -árum, f., pl.
휴전(休戰), 일시적 중단(中斷), 밤의 휴식(休息),
고요(잠잠하고 조용한 상태), 세금 납부기일의 유예(猶豫).

indúco, -dúxi -dúctum -ĕre, tr. (in¹+)
1. 데리고(이끌고) 들어가다(오다), 몰고 가다, **끌어들이다**,
이끌어 오다, 도입하다, induco exércitum in agrum. 군대
를 이끌고 밭으로 들어가다/ oves induco in rura. 양(羊)
들을 시골로 몰고 가다. 2. **인솔(引率)하다**, 지휘하다.
3. 객관 앞에 끌어내다, 소개하다. 4. 법정에 끌어내다.
induco alci novércam. 죽은 아내의 자식이 있는 남자가

새 장가를 들다. 6. (alqd alci rei) 갖다 대다, 놓다: induco
pontem saxis. 바위 위에 다리를 걸쳐놓다. 7. **입히다**,
씌우다(אסר.כסא), 감싸다, 덮다, induco paríetes mármore.
벽에 대리석을 입히다. 8. (신 따위를) 신다. 9. (alqd-dat.)
바르다, 칠하다. 10. 펴놓다, 고르게 하다, 평평하게 하다.
11. 지워버리다, (밀랍 입힌 서판의 글자를) 뭉개어 지우다,
취소하다. 12. 기입하다, 계산에 넣다. 13. (alqd in alqd)
불러들이다(일으키다), 초래하다: induco discórdiam in
civitátem. 나라에 불목을 초래하다. 14. …**하게 하다**, 충동
하다: induco alqm in memóriam. 누구로 하여금 기억해
내게 하다/ induco alqm in errórem. 누구를 오류에 빠뜨
리다. 15. induco ánimum ad alqd(inf.; ut, ne); induco in
ánimum inf. 결심하다, 마음먹다, …하기로 하다.
16. 귀납(歸納)하다. 17. 속이다. (라틴-한글사전, p.428).
in ratiónem indúcere. 계산에 넣다/
indúcere alqm in errórem. 아무를 오류(誤謬)에 빠뜨리다/
Quam feminam inducěre optas uxorem?
당신은 어떤 여자를 아내로 맞아들이고 싶은가?.

indúctĭo, -ónis, f. (indúco) 끌어들임, 유도(誘導),
인도, 유치(誘致-설비 등을 갖추어 두고 권하여 오게 함), 유인,
유혹(誘惑.⑨ Temptátĭon), 회칠함, 빛깔을 띠게 함,
결심(決心.inductio ánimi) 작정(作定-마음을로 결정함),
써 놓은 것을 지워버림, 말소(抹消-지워서 없앰),
의인법(擬人法), 가설(假設), 가정(假定).
(論) 귀납법(歸納法-inductio란 말은 Cicero가 처음 사용).
inductio per enumerationem simplicem.
개별적 경우의 단순한 산출을 통한 귀납법(인식의 근본문제, p.215).

inductiva ratio. 귀납적 논리(성 염 옮김. 단테 제정론, p.261).

inductor, -óris, m. (indúco) 끌어들이는 사람,
유도자(誘導者), 노예를 채찍으로 때려 독려하는 사람.

inductorĭum, -i, n. (indúco)
(藥) 연고(軟膏-반고체 상태의 외용약外用藥), 바르는 약.

inductórĭus, -a, -um, adj. (indúco) 유인하는, 초대하는

inductum, "induco"의 목적분사(sup.=supínum)

inductus¹ -a, -um, p.p., a.p. (indúco)
들여 온, 이끌어 들인, 수입한, 외래의.

inductus² -us, m. (indúco)
자극(刺戟), 충동(衝動), 권고(勸告), 유인(誘引).

indúcŭla, -æ, f. (índuo) 부인의 속옷

Induerunt se sacerdotes cilíciis.
제관들은 고복(苦服)을 입었다.

indúlco, -ávi, -átum, -áre, tr. (in¹+)
달게 하다, 감언이설(甘言利說)을 늘어놓다.

indélge, 원형 indúlgĕo, -dúlsi, -dúltum, -ére, intr.
[명령법, 단수 2인칭 indulge, 복수 2인칭 indulgete].
Rogámus, Déus, tuam maiestátem: áuribus sácris
gémitus exáudi: crímina nóstra plácidus indúlge.
주여, 당신의 권능을 청하니, 우리 애소를 들어 주옵시고,
모든 죄악을 용서해 주소서.(당신의 위엄을 청하오니, 거룩한 귀로
탄식들을 들어 주소서. 온유하신 당신께서는 우리의 죄를 용서하소서.
[황치헌 신부 지음, 미사통상문을 위한 라틴어, pp.507~508].

indúlgens, -éntis, p.prœs., a.p. (indúlgeo) 관대한,
너그러운, 관용하는, 탐닉(耽溺)하는, 빠지는, …에 흐르는.

indulgéntĭa*, -æ, f. (indúlgens)
관대(συνκατάβασις.寬大-마음이 너그럽고 큼), 관용(寬容),
너그러움(⑨ Gentleness.어짐), 인자(仁慈.χηστός),
자애(סֶסֶד.慈愛-자식에 대한 어버이의 사랑과 같은 깊은 사랑),
용서(容恕.χηστός.⑨ Forgiveness),
탐닉(耽溺-어떤 일을 지나치게 즐겨 거기에 빠짐), 빠짐,
(벌에 대한) 대사(大赦.⑨ Indulgence.獨 Indulgenz),
사면(赦免-죄를 용서하여 형벌을 면제함), 은사(恩赦),
Congregatio Indulgentiarum et S. Reliquiarum.
은사와 성유물 성성(聖省)(現 폐기)/
Indulgentiæ Sacramentum* 용서의 성사(교리서 1423-4항)/
Toties Quoties (Indulgentia). 매시 전대사(每時 全大赦)/
Tractátus de indulgentiis. 은사론(恩赦論)
[1583년. 죠반니 바비스파 꼬라도(1536~1606) 지음]/
Utinam liberorum nostrorum mores ipsi non perderemus!
Mollis educatio est, quam indulgentiam vocamus.

우리 자식들의 품성을 우리 스스로 망치고 있지 않았으면
좋으련만! 유약한 교육인데 그것을 우리는 관용(寬容)이라
부르고 있다.[성 염 지음, 고전 라틴어, p.298].

Indulgentia parentum, filiorum pernicies.
부모의 지나친 관심은 아이들에게 해악이다.

indulgéntia. 고해성사 중 사제의 사죄경.
Dominus noster Jesus Christus te absolvat;
et ego auctoritate ipsius te absolvo ab omni vinculo
excommunicationis (sespensionis) et interdicti
in quantum possum et tu indiges.
<small>(making the Sign of the Cross:)</small>
Deinde, ego te absolvo a peccatis tuis in nomine Patris,
et Filii, et Spiritus Sancti. Amen.
인자하신 하느님 아버지, 성자의 죽음과 부활로 세상을 구원하시고,
죄를 용서하시려고 성령을 보내주셨으니.
교회를 통하여 이 교우에게 용서와 평화를 주소서.
(십자성호를 그으며)
나도 성부와 성자와 성령의 이름으로 당신의 죄를 용서합니다. 아멘.
[출처] 전통 라틴 미사성제 Sancta Missa Traditio Latina |작성자 트레드].

Indulgentia a poena et culpa. 징벌 사면
indulgentia apostolica. 교황 은사, 교황 대사
Indulgentia localis. 장소 은사
indulgentia partiális. 부분 은사, 부분 대사.
한대사[잠벌暫罰의 일부만을 사해 주는 대사), 벌의 일부 면제.
Indulgentia Paschalis. 부활절 죄수 사면 대사
Indulgentia personalis. 개인 은사
indulgentia plenária(⑨ Indulgentia Plenaria).
전대사, 전면 은사.
indulgentia plenaria in articulo mortis. 임종 전대사
indulgentia realis. 실질 은사
**Indulgéntiam, + absolutionem et remissiónem
peccatórum nostrórum tríbuat nobis omnípotens et
miséricors Dóminus.** 전능하시고 자비로우신 천주께
저희 죄를 용서하시고 + 풀어주시고 사하여 주소서.
indulgentiárius, -i, m. (indúlgeo) 대사를 다루는 성직자
Indulgentiarum Doctrina, 대사 교리(1967.1.1.교황령),
대사에 관한 교리의 개정(1967.1.1. 교황령).
indúlgeo, indúlsi, indúltum, -ére, intr.
(자식의 요구에) 관대하다, 너그럽다, 관후하다,
용서하다(חנן), 사면하다, 전념하다, …에 골몰하다.
열중하다, 탐닉하다, 빠지다, 즐기다.
tr. 귀여워하다, 동의하다, 허락하다, 양보하다, 후하게 주다.
Cives Romanus coluit, iis indulsit, eorum voluntati
deditus fuit. 로마인은 시민들을 공대하였고 그들을
관용하였으며 그들의 뜻에 헌신하였다.
indulsi, "indulgeo"의 단순과거(pf.=perfectum)
indultor, -óris, m. (indúlgeo) 용서하는 사람
indultor legis. 법률의 지지자.옹호자(擁護者)
indultum, "indulgeo"의 목적분사(sup.=supínum)
indúltum, -i, n. (indúlgeo) 특전(特典.⑨ privilege),
은전(恩典.⑨ indult), 특권(特權), 윤허(允許-임금이 허락함),
특별권능 수여(特別權能 授與).
Indúltum altaris portatilis. 휴대 제대 특권(Can. 932조)
Indúltum exclaustrationis. 수도원 외 임시 거주 허가
Indúltum Jubilationis. 환희 성년 특전
Indúltum saecularizationis. 수도원 외 항시 거주 허가
indúltus, -us, m. (indúlgeo) 사면(赦免-죄를 용서하여 형벌을
면제함), 용서(容恕.χησος.⑨ Forgiveness).
induméntum, -i, n. (índuo)
옷(ίμάτιον.⑨ Clothing), 의복(衣服), 의상(衣裳).
Indumentum Baptismale.(⑨ Baptismal Cloth.
獨 Taufkleid) 세례복(洗禮服).
índuo, -dŭi -dútum -ĕre, tr.
1. (옷 따위를 남에게) 입히다, (자기가) 입다, 걸치다,
(몸에) 두르다, (모자 따위)를 쓰다,
(반지 따위 장신구들)을 끼다.걸다, (신을) 신다.
induo vestem alci. 누구에게 옷을 입히다/ induo
vestem. 옷을 입다/ induo ánulum artículis. 손가락에
반지를 끼다. 2. pass., refl. índui alqā re[(alqd acc.
Gr.)], se indúere alqā re. 입다, 걸치다, (머리에)

쓰다, 파묻히다: Pomis se arbor índui. 나무가 과일로
뒤덮였다. 4. 들어가다, 휩싸이다; 찔리다, 5. **가지다,
취(取)하다**(נבל.למבר.למבר). 받아들이다: induo figúras
hóminum. 인간의 형상을 가지다/ induo sibi cognómen.
성(姓, 별명)을 지어 가지다. 6. (se in acc., dat.) 말려
들다, 걸려들다, 빠지다, 떨어지다: induo se in
fraudem. 사기(詐欺)에 걸려들다. (라틴-한글사전, p.429).

induere Christum. 그리스도를 모시는 것[테르툴리아누스는
세례를 그리스도를 모시는 것(induere Christum)으로 표현하였다/
loricam índui. 갑옷을 입다.
indupe… V. impe…
Indurátio cordis. 마음의 완고함(⑨ Incredulity)
indurátus, -a, -um, p.p., a.p. (indúro)
indurátus, -a, -um, p.p., a.p. (indúro)
굳어진, 단단해진, 굳세어진, 단련된, 완강해진.
indurésco, -rŭi, -ĕre, intr., inch. (in¹+)
굳히다, 딱딱(단단)해지게 하다, 무감각하게 만들다,
굳세어지게 하다. 용감(과감)해지게 하다.
단련(鍛鍊)하다, 완강해지게 하다.
indúrui, "induresco"의 단순과거(pf.=perfectum)
Indus¹ -a, -um, adj. Indĭa의; m. (pl.) 인도사람
Indus² -i, m. 인도 서북부의 큰 강, Phrýgia 강
indusiárĭus, -i, m. (indúsium) 부인내복 제조인
indusiátus, -a, -um, adj. (indúsium) 내복을 입은
indúsĭum, -i, n. (índuo) 부인용 내복.
((植)) (양치류의 자낭군子囊群을 싸고 있는 포막(包膜).
(解.動) 포피막.
indústrĭa, -æ, f. (indústrius) 노력(⑨ Commitment),
근면(勤勉), 열심(熱心), 전심, 활동성, 재간[어떤 일을 할
수 있는 재주와 솜씨), 재능, 생산업, 산업, 제조업, 공업.
de industria, ex industria. 일부러(de improviso),
고의로(consulte, adv.), 짐짓, 계획적(計劃的)으로/
reddo alci testimónium indústriæ
누구에게 근면성을 증명해 주다/
Sibimet merces industria. 근면함은 그 자체가 보상이다.
industria personæ. 개인적 재능(⑨ personal qualificátion)
industriósus(=indústrĭus), -a, -um, adj.
부지런한, 근면한, 열심히 하는, 정성껏 하는.
indústrĭus, -a, -um, adj. =industriósus
Debetis industrii esse. 너희는 부지런해야 한다.
indútĭæ(=indúcĭæ) -árum, f., pl.
휴전(休戰), 일시적 중단(中斷), 밤의 휴식(休息),
고요(잠잠하고 조용한 상태), 세금 납부기일의 유예(猶豫).
indutiæ in triginta annos. 30년간의 휴전.
Indutiómarus, -i, m. Tréveri족의 수령, Roma인의 적.
indutórĭus, -a, -um, adj. (índuo) 입을 만한
indútus, -us, m. (índuo) 옷 입음, 착용(着用),
옷(ίμάτιον.⑨ Clothing), 의상(衣裳).
Indutus veste muliebri. 여장한 남자(여자의 옷을 입은 남자)
indúvĭæ, -árum, f., pl. (índuo)
옷(ίμάτιον.⑨ Clothing), 의복(衣服), 의상(衣裳).
inébrĭo, -ávi, -átum, -áre, tr. (in¹+ébrius)
취하게 하다, **만취(滿醉)시키다,** 실컷 마시게 하다.
inédĭa, -æ, f. (in²+edo⁹) 금음, 단식(斷食 ⑨.fast)
inédĭtus, -a, -um, adj. (in²+edo⁹)
발표되지 않은, 발간(간행) 되지 않은.
ineditus, -a, -um, adj.
ineffábĭlis, -e, adj. (in³+)
말로 표현할 수 없는, 형언할 수 없는.
individuum ineffabile. 설명할 수 없는 개체.
Ineffábĭlis Dei, 형언할 수 없으신 하느님.(1854.12.8. 교황 비오
9세 회칙. 성모님의 원죄 없는 잉태 교리를 믿을 교리로 선포)
ineffabilis et incomprehensibilis.
형언할 수 없고 이해할 수 없는.
ineffabílĭtas, -átis, f. 형언할 수 없음
inéfficax, -ácis, adj. (in²+) 효과 없는, 무효의,
소용없는, 아무 활동(작용)도 못하는.
ineffungíbĭlis, -e, adj. (in²+effúgio) 피할 수 없는, 불가피한

604

ineimmunicabilitas, -átis, f. 불양도성(不讓渡性)
(가톨릭철학 제5호, p.167).

inelaborátus, -a, -um, adj. (in²+elabóro)
공들이지 않은, 엉터리의, 수고들이지 않고 얻은.

inélĕgans, -ántis, adj. (in²+) 고상하지 못한,
우아하지 못한, 품위 없는, 멋없는, 아취(雅趣)없는,
옳지 못한, 타당(妥當)하지 않은.

inelegántĭa, -æ, f. (in²+)
우아하지 않음, 멋없음, 타당치 못함, 불합리(不合理).

inelimátus, -a, -um, adj. (in²+elímo)
갈지(닦지) 않은, 공들이지 않은.

ineluctábĭlis, -e, adj. (in²+) 극복할 수 없는,
벗어날(빠져나올) 수 없는, 가피한, 면할 수 없는.

eneluíbĭlis, -e, adj. (in²+éluo) 씻을 수 없는, 지울 수 없는

inemendábĭlis, -e, adj. (in²+) 고칠 수 없는, 교정 불가능의

inemórĭor, (-rĕris, -rītur), mórtŭus sum, mŏri,
dep. intr. (in¹+) ···에서 죽다, ···하다가 죽다.

inémptus, -a, -um, adj. (in²+emo)
산 것이 아닌, 사지 않은; 살 것이 아닌.

inenarrábĭlis, -e, adj. (in²+)
형언할 수 없는, 필설로 표현할 수 없는.

inenodábĭlis, -e, adj. (in²+enódo)
풀리지 않는, 얽힌, 해결할 수 없는.

ínĕo, -ĭi(-ívi) -ítum -íre, anom. (in¹+)
intr. 1. (in acc.) **들어가다**. 2. **시작하다**, 시작되다.
ineúnte vere. 봄이 시작될 때, 이른 봄에/
ab ineúnte ætáte. 어릴 때부터.
tr. 1. **들어가다**: domum ineo. 집에 들어가다/ ineo viam.
길에 들어서다. 2. 시작하다, 개시하다: Bellum cum rege
ínitum est. 왕과 전쟁을 시작했다. 3. (관직에) **취임하다**.
4. **맺다**. 체결하다: cum *alqo* societátem ineo. 누구와 동맹
을 맺다. 5. (objéctum에 따라서 그때그때 적당한 뜻을
나타냄) númerum ineo. 수를 헤아리다/ ratiónem ineo.
셈하다, 계산하다: 깊이 생각하다, 알아내다/ ineo suffrágia.
투표하다/ ineo grátiam. 호감을 사다/ ineo consílium.
계획하다, 궁리하다, 의논하다(=delibero)/
ineo somnum. 잠들다/
ineo munus *alcjs*. 누구의 직무를 대신 수행하다/
matrimónium ineo. 결혼하다. 6. (범죄행위를) 저지르다,
(죄를) 범하다. 7. [pass.] (계절이) 시작되다.(라틴-한글사전, p.430)

inéptĭa, -æ, f. [inéptus] (주로 pl.) 바보짓, 어리석음,
서투름, 객설(客說-객쩍게 말함. 또는 그런 말).

inéptĭo, -íre, intr. (inéptus) 바보 같은 말(짓)을 하다

ineptitúdo, -dĭnis, f. (inéptus) 부적당(不適當), 부적격

inéptus, -a, -um, adj. (in²+aptus) [ab-sol.; ad acc.]
적합(적당) 하지 않은, 잘 맞지 않는, 엉뚱한,
바보스러운, 어리석은, 값어치 없는, 쓸모없는.

inequitábĭlis, -e, adj. (in²+) 말 타고 갈 수 없는(곳),
말이 달릴 수 없는, 승마(乘馬)에 부적당한.

inéquĭto, -áre, (in¹+)
intr. (dat.) 말 타고 가다, (어디서) 승마하다.
tr. (acc.) 말 타고 달리다, 모욕을 주다.
cælum inequito. 말을 타고 하늘을 날다.

inérmis, -e, (=inermus, -a, -um.) adj. (in²+arma)
무장하지 않은, 비무장의, 무기 없는, 무방비의, 약한,
병력을 갖추지 않은, 소양이 없는, 해를 끼치지 않는.

inermus, -a, -um, (=inérmis, -e.) adj. (in²+arma)

inérrans, -ántis, adj. (in²+erro¹)
헤매지 않는, 방황하지(떠돌아다니지) 않는.
stellæ interrántes. 항성(恒星).

Inerrantia Scripturæ Sacræ. 성서의 무오류성(無誤謬性)

inérro, -áre, intr. (in¹+) 방황하다(ᴜᴍᴍ.ᴜᴡ),
떠돌아다니다, 오락가락하다, 가물거리다.
óculis inerro 눈앞에서 가물거리다.

iners, -értis, adj. (in²+ars) 아무 기술도 없는, 서투른,
기교 없는, 정교하지 못한, 재능 없는, 무능한, **게으른**,
나태한, 타성적인, 굼뜬, 제구실을 다하지 않는,
쓸모없는, 한가한, 한산한, 침체(沈滯)한,

(액체가) 괴어 있는; 생기 없는, 활기 없는.

iners vacatio. 쓸모없는 달콤함

inértĭa, -æ, f. (iners) 아무 것도 할 줄 모름,
무재무능(無才無能), 기술(예술)에 대한 무지(무식),
기교의 결핍(缺乏), 타성(惰性-오래되어 굳어진 좋지 않은 버릇.
또는 오랫동안 변화나 새로움을 꾀하지 않아 나태하게 굳어진 습성).
게으름, 나태(懶怠).⑨ Acedia.Sloth-게으르고 느림), 무위(無爲).

inerudítĭo, -ónis, f (in²+) 무식(無識), 교양 없음.

inerudítus, -a, -um, adj. (in²+) 무식한(ἀγράμμαος),
배우지 못한, 교양 없는, 무례한, 세련되지 못한.

inésco, -ávi, -átum, -áre, tr. (in¹+esca) 미끼 던지다,
미끼로 유혹하다, 유인하다, 속이다, 배불리 먹이다.

inésse, (in¹+) inf., præs. (insum)
(哲) n. 내속존재(內屬存在).
accidentis esse est inesse. 우연적 존재는 비존재.

**Inest dynamicæ ipsi virtuti amoris, qui secundum
Christum vivitur, hæc pro pauperibus optio.**
가난한 이들을 위한 선택은 바로 그리스도 안에서
실천하는 사랑의 구조입니다.

**Ineunte quarto sæculo adhuc vetabatur auctoritate
imperatorum christianus cultus.**(⑨ At the beginning of
the fourth century, Christian worship was still forbidden
by the imperial authorities) 4세기 초에, 그리스도교 예배는
여전히 황제의 권위로 금지되고 있었습니다.

ineunte vere. (ineo 참조) 봄이 시작될 때.
Incipere ver arbitrabatur. 봄이 시작된다고 여겨졌다.

inevéctus, -a, -um, p.p., a.p. (in¹+éveho)
높이 솟은, 높이 오른.

inevitábĭlis, -e, adj. (in²+)
피할 수 없는, 불가피한, 면할 길이 없는.

inexcitábĭlis, -e, adj. (in²+éxcito)
흥분시킬 수 없는, 깨울 수 없는.

inexcítus, -a, -um, adj. (in²+éxcio)
들뜨지 않는, 조용한, 안온한.

inexcogitátus, -a, -um, adj. (in²+excógito)
생각해 내지 못한, 상상치 못한.

inexcúltus, -a, -um, adj. (in²+) 가꾸지 않은, 손질하지 않은

inexcusábĭlis, -e, adj. (in²+) **변명의 여지가 없는**,
변명할 도리가 없는, **이유가 닿지 않는**, 핑계대지 않는.

inexcússus, -a, -um, adj. (in²+excútio)
놀라지 않은, 흔들리지 않는.

inexercitátus, -a, -um, adj. (in²+) 연습을 쌓지 않은,
훈련(단련)되지 않은, 미숙(未熟)한, 초심(初心)의.

inexháustus, -a, -um, adj. (in²+exháurio) 다 퍼낼 수 없는,
무궁무진(無窮無盡)한, 지칠 줄 모르는, 소모되지 않은.

inexorábĭlis, -e, adj (in²+)
간청에 굽히지 않는, 인정에 끌리지 않는, 냉정한,
냉혹한, 엄격(嚴格)한, 용서 없는, 청해서 얻지 못할.

inexpedítus, -a, -um, adj. (in²+) 구애되고 있는,
방해(지장) 받고 있는, 쉽게 ··· 할 수 없는.

inexperiéntĭa, -æ, f. (in²+)
무경험(無經驗), 시도하지 않음.

inexperréctus, -a, -um, adj. (in²+expergíscor)
잠깨지 않은, 눈 뜨지 않은.

inexpertus, -a, -um, adj. (in²) 경험 없는, 풋내기의,
겪어보지 못한, 배우고 있는, 자신 없는, 미완성의,
시련을 겪지 않은, 시험해보지 않는, 새로운, 알려지지 않은.

inexpiábĭlis, -e, adj. (in²+éxpio)
속죄(贖罪)할 수 없는, 화해될 수 없는.

inexplébĭlis, -e, adj. (in²+éxpleo) 배불릴 수 없는,
만족(싫증)을 모르는, 충족되지 않는, 탐욕스러운.

inexplétus, -a, -um, adj. (in²+) 충만치 못한,
차지 않은, 만족하지 않은, 탐욕스러운.

inexplicábĭlis, -e, adj. (in²+) 해결할 수 없는,
매우 어려운, 풀 수 없는, 설명할 수 없는.

inexplorátus, -a, -um, adj. (in²+)
조사하지 않은, 탐사하지 않은, 미지의, 미확인의.
adv. **inexploráte**, **inexpláto**.

inexpugnábĭlis, -e, adj. (in²+)
공략(점령) 할 수 없는, 함락시킬 수 없는,
난공불락의, 정복(극복) 될 수 없는, 억척같은.

inexputábĭlis, -e, adj. (in²+éxputo) 헤아릴 수 없는

inexsístens, -éntis, adj. (in¹+exsísto)
안에 존재하는, 본질로 있는.

inexspectátus, -a, -um, adj. (in²+exspécto)
예기(기대) 치 않은, 기다리지 않았던, 돌연한.

inexstínctus, -a, -um, adj. (in²+exstínguo)
꺼지지 않은, 불멸의, 충족되지 않는.

inexstinguíbĭlis, -e, adj. (in²+)
끌 수 없는, 근절할 수 없는, 진압할 수 없는.
lucerna inextinguibilis. 꺼지지 않는 등불.

inexstirpábĭlis, -e, adj. (in²+exstírpo)
뿌리 뽑을 수 없는, 근절할 수 없는.

inexsuperábĭlis, -e, adj. (in²+)
넘을 수 없는, 이길 수 없는, 극복(정복) 할 수 없는.

inextermĭnábĭlis, -e, adj. 절멸되지 않는

inextricábĭlis, -e, adj. (in²+exstíco)
엉킨, 빠져 나올 수 없는, 해결할 수 없는, 복잡한.

ínfábre(in²+ faber⁴), adv.
목수의 손이 닿지 않고, 정교하지 않게, 조잡하게.

infabricátus, -a, -um, adj. (in²+fábrico)
공작하지 않은, 정력을 쏟지 않은, 만들어진, 조잡한.

infacétĭæ, -árum, f., pl. (infacétus)
재치 없음, 멋없음, 조야(粗野)함, 바보 같은 말(짓).

infacétus(=infícetus) -a, -um, adj. (in²+)
재치 없는, 멋없는, 세련되지 못한, 조야(粗野)한,
바보 같은, 못생긴, 불쾌감을 주는.

infacúndus, -a, -um, adj. (in²+) 말할 줄 모르는,
말재주 없는, 표현 능력이 없는, 표현을 잘 못하는.

infǽco, -ávi, -átum, -áre, tr. (in¹+fæx⁴)
더럽히다(חᴧᴧ), 모독하다(חᴧᴧ).

infallíbĭlis, -e, adj. (in²+)
틀릴 수 없는, 오류를 범할 수 없는, 무류(無謬)의.
infallíbĭlis auctoritas. 무류적 권위.

infallibílĭtas, -átis, f. 틀릴 수 없음, 무류성(無謬性)
[가톨릭] (교황·공의회의) 무류성("infallibilitas"는
'속이다'라는 의미의 라틴어 fallere에서 유래.⑨ Infallibility),
무류지권, 불가성(不謬性), 불가류성(不可謬性)

infallibílĭtas activa in docendo.
교도직의 능동적 불가 오류성.

infallibílĭtas passiva in docendo.
믿음의 수동적 불가 오류성.

infalsátus, -a, -um, adj. (in¹+falso²) 날조된, 위조된

infamátĭo, -ónis, f. (infámo) 명예손상(名譽毀傷).
명예훼손(名譽毀損.⑨ Detraction).
악선전(惡宣傳)(교회법 해설 ② p140).

infámĭa, -æ, f.(infámis) 추문(醜聞), 불명예(不名譽)
오명(汚名), 망신(亡身), 치욕(恥辱-부끄러움과 욕됨),
악평(惡評), 명예훼손(名譽毀損.⑨ Detraction),
오욕(汚辱-명예를 더럽히고 욕되게 함), 능욕(陵辱).
vis egestas injustitia solitudo infamia. hocin sæclum!
o scelera, o genera sacrilega, o hominem inpium.
폭력에다 가난에다 불의에다 고독에다 수치라!
빌어먹을 세상, 저 못된 짓, 천벌 받을 종자,
양심 없는 남자 같으니!(성 염 지음. 사랑만이 진리를 깨닫게 한다. p458).

infamia facti. 사실상의 불명예(범죄에서 오는 불명예不名譽)
infamia juris. 법률상의 불명예(형법상 처벌받음으로 오는 치욕)

ínfámis, -e, adj. (in²+fama) 평판 나쁜, 나쁘게 소문난,
망신당한, 창피 당한, 수치(망신)스러운, 불명예스러운,
창피한, 치욕적(恥辱的)인.

infámo, -ávi, -átum, -áre, tr. (infámis) 악평하다,
헐뜯다, 명예를 훼손하다, 창피 주다, 낙인찍다,
욕하다(ᴧᴧᴧ), 비난하다(ᴧᴧᴧ,ᴧᴧᴧ), 고발(告發)하다.

infándus, -a, -um, adj. (in²+fari) 언어도단의,
이루 말할 수 없는, 말해서는 안 되는, 치욕적인,
저주스러운, 끔찍한. n. (감탄부사로) 끔찍하게도!.

infans, -ántis, adj. (en+fari) 말할 줄 모르는, 말 못하는.
f., m. 아기, 유아(幼兒), 갓난아기,
태아(⑨ Human embryo.Embryon humanus).
An infantes in ea sint resurrecturi habitudine
corporis, quam habituri erant ætatis accessu
어린이들은 나이가 들어 갖추게 될 육체의 모습으로
부활할 것인가.(교부문헌 총서 17, 신국론, p.2828)/
ancíllis infántes delego. 하녀들에게 아기를 맡기다/
De infantibus Præmature Abreptis Libellum.
일찍 죽은 유아에 관한 소논문(니싸의 그레고리오 지음)/
Nam si cum nullo peccato nascimur, quid est quod cum
infantibus ad baptismum curritur, ut solvantur?
우리가 죄 없이 태어난다면 왜 우리는 갓난아기들이
죄에서 해방되도록 세례를 서두르겠습니까?
['탐욕(concupiscentia)'은 '출산을 통해(per generationem)' 인류에게 유전되므로
갓난아기를 비롯한 모든 인간은 세례의 은총으로 원죄에서 해방되어야 한다는
아우구스티노의 '원죄(peccatum originale)' 이론. 아우구스티노 "죄벌과 용서
그리고 유아세례" 참조 (최익철 신부 옮김, 요한 서간 강해, pp.214~215)]/
Numquid oblivisci potest mulier infantem suum.
여인이 제 젖먹이를 잊을 수 있느냐?.(성경 이사 49. 15)/
Omnes infantium innocentia commovemur.
우리는 누구나 어린이들의 순진무구함에 감동 한다/
Quasi modo geniti infantes, rátionabiles,
sine dolo lac concupiscite. 갓난아기 같이 너희도
순수하고 신령한 젖을 사모하라. 그로써 너희는
자라나 구원을 얻게 되리라(부활 제2주일 입당송).

infans immaturus. 아기, 유아(幼兒), 조산아(早産兒)

infantárĭus, -a, -um, adj. (infans)
아기들을 좋아하는(돌보는).

infántĭa, -æ, f. (infans) 표현능력 없음, 말하지 못함,
유년기(幼兒期.⑨ Infancy), 영아시절(嬰兒時節),
동식물의 어릴 때, 햇것.
De Ortu beatæ Mariæ et Infantia salvatoris.
성모 마리아의 출생과 구세주의 유년 시기.

infántĭa Christi. 그리스도의 유년(소년) 시대

infanticída, -æ, m. (infans+cædo)
영아 살해자(嬰兒 殺害者), 유아 살해자(幼兒 殺害者).

infanticídĭum, -i, n. (infanticída)
영아 살해(嬰兒 殺害), 유아 살해(幼兒 殺害).

infantílis, -e, adj. (infans) 아기의, 유아의, 아기 같은,
천진난만(天眞爛漫)한, 유치(幼稚)한, 철없는.

infantilismus religiosus. 종교적 소아성(小兒性) 유지.
(정신 요법 용어로서 일정한 시기에 발육 정지 상태를 소아성 유지라 하고,
종교에 있어서는 성년에 이르면서 한 때 종교심이 정지하는 상태를
종교적 소아성小兒性 유지라고 한다. 백민관 신부 엮음, 백과사전 2, p.347).

infántŭla, -æ, f. (=infantulus, -i, m.) dim. (infans)

infántŭlus, -i, m. (=infántŭla, -æ, f.) dim. (infans)
아기, 갓난아기, 영아(嬰兒-젖먹이)

infárcĭo(=inférco) -rsi -rsum(rtum) -íre, tr. (in⁴+)
빈틈없이 채워 넣다, 다져(쑤셔) 넣다, 집어넣다, 처넣다.

infastidibĭlis, -e, adj. (in²+fastídio)
싫증나지 않은, 지긋지긋하지 않은.

infatigábĭlis, -e, adj. (in²+) 지칠 줄 모르는, 끈질긴

infátŭátĭo, -ōnis, f. 이상함, 색다른 언동

infátŭo, -ávi, -átum, -áre, tr. (in¹+fátuus) 우롱하다,
바보로 만들다, 어리석게 만들다, 제 맛을 잃게 하다.

infáustus, -a, -um, adj. (in²+)
불행한, 불운한, 운수 사나운, 불길한, 상서롭지 못한.

infaustus, -a, -um, adj. 운수 사나운

infavorábĭlis, -e, adj. (in²+) 불리한, 불편한

infēci, "inficio"의 단순과거(pf.=perfectum)

inféctĭo, -ónis, f. (inficío) 염색(染色), 감염(感染)
전염(傳染), 더럽힘, 오염(汚染-더럽게 물듦).

infectívus, -a, -um, adj. (inficío)
염색에 관한, 염색이 잘 되는, 전염성의.

inféctor, -óris, m. (inficío) 염색업자(染色業者)

infector succus. 액체 염료(pigmentum, -i, n. 염료)

infectórĭus, -a, -um, adj. (inficío) 염색의. n. 염색 공장

infectum, "inficio"의 목적분사(sup.=supínum)

infectus¹ -a, -um, p.p. (inficío)

infectus² -a, -um, adj. (in²+factus⁹)
만들어지지(가공하지) 않은, **이루어지지**(되지) **않은**,
성취(실현)되지 않은, 하지 않았던, 없었던 것으로 한,
하다가 만, 미완성의, 마무르지 않은, 진행 중인, 불가능한.
alqd pro infécto habére. 무엇을 무효로 간주하다/
argéntum inféctum.(argéntum 참조) 은괴(銀塊)/
argéntum inféctum.
　돈으로 찍어내지 않은(미가공의) 은(銀)/
infecta dona fácere. 약속했던 선물을 취소하다/
infecta victoria. 실패로 돌아간 승리/
inféectum verbum. [문법] (현재 진행.과거 진행
　따위) 동사의 진행형(Latin어에서는 현재.미완료로 표시됨).
infectus³ -us, m. (inficio) 염색(染色)
infecúndĭtas, -átis, f. (infecúndus) (토지의) 메마름,
　농작물이 안 됨, 흉작(凶作-농작물이 잘되지 않음), 불모(不毛),
　(초목이) 열매를 맺지 않음, 결실불능(結實不能).
　불임(不姙.⑨ Sterility-임신되지 않음).
infecúndus, -a, -um, adj. (in²+) 열매를 맺지 않는,
　비옥하지 않은, 불모의, 흉년 드는, 불임의.
　ager árbori infecundus. 나무가 잘 안 되는 땅.
infelícĭtas, -átis, f. (infélix) 불행(切.吻刁),
　불운(不運), 재난, 실패(뜻을 이루지 못함).
infelícĭtěr, adv. 불행하게
infelicito(=infelico) -áre, tr. (infélix) 불행하게 만들다
infelico(=infelicito) -áre, tr. (infélix) 불행하게 만들다
infélix, -lícis, adj. (in²+) 불모의, **불행한**,
　흉작의, **불행한**, 불운한, 불우한, 복 없는, 비참한, 불쌍한,
　불길한, 흉조의, 상서롭지 못한, 불행을 가져오는.
　Homo, qui peccatum, est infelix.
　　범죄 하는 사람은 불행하다/
　infelíces arbores. 열매 맺지 않는 나무/
　Unusquisque vitæ cupidus est, quamvis infelix sit.
　　사람은 아무리 불행할지라도 누구나
　　생명에 대한 애착이 있다.
Infelix, utcumque ferent ea facta minores.
　불행해도, 후대인들이 그 일을 뭐라고 이야기하더라도….
inſénso, -áre, (inſénsus)
　intr. 적개심을 품다, 적대 행위를 하다.
　tr. 휩쓸어 피해를 입히다, 엄습하다, 황폐케 하다.
inſénsus, -a, -um, adj. (in²+insuit, fendo)
　몹시 성난, 적의(敵意)를 가진, 적대(敵對)하는,
　목표물을 겨누는, 위험(危險)한, 해(害)를 주는.
inferbui, "inférveo"의 단순과거(pf.=perfectum),
　"infervesco"의 단순과거(pf.=perfectum).
infércĭo(=infárcĭo) -rsi -rsum(rtum) -íre, tr. (in¹+)
inferi, -órum, m., pl. (inferus) 지하세계(그리스어 Hades),
　(히브리어 Sheol의 라틴어 번역),
　저승*(אוֹב.⑨ Realm of the dead),
　황천(黃泉.⑨ -저승), 명부(冥府-사람이 죽은 뒤에 심판을 받는 곳),
　지옥⑨ Hell/Realm of the dead),
　구렁(땅이 움푹하게 팬 곳. 깊이 빠진 곳), 죽은 사람들,
　(가톨릭) 고성소(古聖所).
　Cuius est solum, eius est est usque ad cælum et
　ad inferos. 토지 소유자의 권리는 지상은 하늘까지,
　　지하는 지핵(地核)까지 미친다/
　non enim ego iam inferi, et tamen etiam ibi es.
　　내 아직 지옥에 있어보지 않았어도
　　당신은 거기도 계시나이다(고백록 1.2.2)/
　Undique ad inferos tantumdem viæ est.
　　모든 방면에서 오는 길은 지옥으로 가는 길이다.
inſérĭæ, -árum, f., pl. (inferi) 망령제(亡靈祭)
　죽은 사람들의 영전에 바치는 제사(제물).
inſerĭális, -e, adj. (inferiæ) 망령제(亡靈祭)의.
　n., pl. **inferĭálĭa**, -ĭum, 망령에게 바치는 제사.
inſérĭŏr, -ĭus, gen. -óris, adj., comp. [inferus] (다른
　것과의 비교 없이 단독으로 써서 그 자체의 뜻을
　드러내는 경우가 많음. supérior의 반대). 1. [장소.
　위치] (더) 아래의, 아래쪽의, 밑의, 하부의: ex

inferióre loco dícere. (법정) 단하(壇下)에서 변론하다/
inférĭus labrum. 아랫입술. 2. 나중의, 후시대의,
가까운 시대(시간)의, 최근의, 연하의, 젊은: inferióres
quinque dies. 마지막(지난) 닷새/ ætáte inferióres
quam Július. Július보다(나이가) 젊은 사람들.
3. (지위.등급 따위가) 낮은, 아래의, 천한, (질.
능력.수량 등이) …만 못한, 뒤떨어지는,
열등의: belli laude non inferior quam pater.
전공(戰功)에 있어서 아버지에게도 뒤지지 않는/
[subst.] m., pl. (손) 아랫사람들, 하급자(下級者), 부하.
extremitas inférĭor. 하지(下肢).
defectu utique bono ab inferioribus.
　하계의 사물로 부터 상계의 사물로 사그라지는 것이 좋다.
inferior ab illo. 저 사람보다 뒤떨어짐
inferior gradus. 하위 직급
inférĭus¹ -a, -um, adj. (ínfero)
　Júpiter 신의 제사에 쓰는 (햇 포도주).
inférĭus² adv., comp. (infra) 더 아래에, 더 밑에, 더 낮게
inferius agens. 하위의 작용자
inferius corpus. 하위 물체
Infermentarii(⑨ Azymites). 무효(無酵) 빵 사용 파(派).
Fermentarii(⑨ Prozymites). 유효(有酵) 빵 사용 파
　(누룩 있는 빵을 미사 때 사용하는 교파. 백민관 신부, 백과사전 1, p.244: 3, p.262).
infermentátus, -a, -um, adj. (in²+ferménto)
　효모(酵母)를 넣지 않은.
inférna, -órum m., pl. (inférnus) 아랫배(腹), 지하세계,
　저승(אוֹב.黃泉.⑨ Realm of the dead/Sheol).
　지옥(地獄.⑨ Hell/Realm of the dead).
infernális, -e, adj. (inférnus) 지옥의, 악마 같은, 흉악한.
inférnas, -átis, adj. (inférnus) 황천의, 저승의.
infernum temporale. 일시적인 지옥
inférnus, -a, -um, adj. (inferus) 하부(아래 쪽)에 있는,
　하계의, 지옥의, 저승의, 황천의.
　mare inférnum. Tyrrhénia 바다.
　m., n. 지옥(地獄.⑨ Hell/Realm of the dead),
　구렁(땅이 움푹하게 팬 곳. 깊이 빠진 곳),
　저승(אוֹב.黃泉.⑨ Realm of the dead/Sheol).
　m., pl. 저승사람들, 죽은 사람들.
　De gemitu Sacerdotis in inferno.
　　지옥에서의 사제의 통곡에 대하여/
　Et habeo claves mortis et inferni.
　　죽음과 지옥의 열쇠를 내 손에 쥐고 있다.
ínfĕro, íntŭli, illátum, inférre, anom., tr. (in²+)
　1. …로 가져가다(오다), 운반해 오다, **들여가다**(**오다**),
　끌어들이다, 집어넣다, **갖다 대다**(**붙이다**), 올려놓다,
　tectis ignem infero. 여러 집에 불을 지르다/ infero
　alqd in ignem. 무엇을 불 속에 집어던지다/ infero
　scalas ad mœnia. 사다리를 성벽에 갖다 대다/ (군사
　용어 아닐 때) infero pedem. 들어가다. 2. 파묻다
　(רבק), 매장하다(3. רבק 음식(상)을 들여오다.
　4. (*alqd alci*) 제사 지내다, 제물을 바치다. 5. (세금
　따위를) 내다, 바치다, 납부하다. 6. (*alci - dat.*, in
　alqd) 계산에 넣다, 계산하다. 7. (軍) infero signa in
　hostes[hóstibus(dat.)] 적군에게로 쳐들어가다/ infero
　pedem(gressum). 돌진하다, 육박해가다/ infero se.
　침공하다/ infero bellum *alci*. 누구에게 **전쟁을 걸다**
　(벌이다). 8. (pass. refl.) se infero, inférri 가다,
　향해 가다. 9. (*alqd alci*, in *alqm*) 일으키다, 야기
　(惹起)시키다, 초래(招來)하다: 품게 하다, 넣어 주다,
　끼치다, 가(加)하다: infero spem *alci*. 누구에게 희망을
　가지게 하다/ vim infero. 폭행하다, 폭력을 가하다/
　vim vitæ suæ, infero sibi manus. 자살하다/ infero
　vim et manus *alci*, infero mortem *alci*. 누구를 살해
　하다/ infero vúlnera hóstibus. 적군에게 상처를
　입히다(부상자를 내게 하다). 10. (*alqd alci*) 이유.
　구실 따위를 내세우다: (기회 따위를) 제공(提供)
　하다. 11. (*alqd* in *alqm*) 몰아넣다, 빠지게 하다,
　(어떤 형편에) 이르게 하다. 12. (*alqd alci*, in *alqm*)

I

강박(强迫)하다, 들씌우다. 13. 추론(추리)하다,
결론(結論)내리다. (라틴-한글사전. p.432)

Inferorum janitor. 지옥의 문지기(=Cérberus).

infersi, "infercio"의 단순과거(pf.=perfectum)

infértĭlis, -e, adj. (in²+) 비옥하지 않은, 열매 맺지 못하는

infertílĭtas, -átis, f. 결실하지 못함, 불모(不毛), 불임(不姙.[영] Sterility-임신되지 않음).

inférttor, -óris, m. (ínfero) 연회상의 음식을 나르고 차리고 하는 사람.

ínférus, -a, -um, adj. [고어에는 infer(m.)도 보임; comp. inférĭor; superl. ínfimus, imus] 아래의, 아래쪽의, 하부의, 하계의,
mare ínferum. Tyrrhénia 바다.
[subst.] m., pl. V. ínferi.
[저승으로 번역되는 inferus는 본래 구약의 히브리어 '셰올Sheol'에서 기원한 것으로, 그리스어로는 '하데스hades:명부冥府'로 표기되어 있다. 셰올은 '돌아오지 못하는 곳'(욥 10, 21), '깊은 어둠'(욥 10, 21 이하 참조)과 '침묵이 지배하는 곳'(시편 94, 17), 요컨대 '죽은 이들이 영원한 안식을 누리는 곳'(욥 3, 17-19; 집회 30, 17 참조)을 지칭한다. 그러니까 '저승', '죽음의 세계'를 뜻한다. 이곳은 선한 사람이든 악한 사람이든 모든 죽은 이가 가는 장소이다].

infervefácĭo, -féci -fáctum, -cĕre, tr. (in¹+) 끓이다, 뜨겁게 하다.

inférvĕo, -férbŭi -ére, intr. (in¹+) 끓다, 뜨거워지다

infervésco, -férbŭi -ĕre, intr., inch. (in¹+) 끓다, 뜨거워지다.

infestátĭo, -ónis, f. (inféstо) 괴롭힘, 성가시게 함; 피해를 끼침, 유린(蹂躪).

infestátor, -óris, m. 공격자(攻擊者), 유린자(蹂躪者)

infestívus, -a, -um, adj. (in²+) 멋없는, 재치 없는, 세련(洗鍊)되지 못한, 재미없는, 기분 나쁜.
adv. **infestívĭter**.

I

inféstо, -ávi, -átum, -áre, tr. (inféstus) (도둑.짐승.병 따위가) 휩쓸다, 들끓다, 설치다, 횡행하다, 유린하다, 습격하다, 위협하다, 공격하다, 파괴(破壞)하다, 망가뜨리다, 해(害)를 끼치다.

inféstus, -a, -um, adj. (in¹+festus, inusit. fendo)
1. actíve(absol.; dat., inacc.) 적의가 있는, 공격적인, 적개심을 품은, 공세(攻勢)의, 덤벼드는, 괴롭히는, 못 살게 구는, 해를 끼치는, 들끓는, 습격하는.
2. passíve(absol.; abl.) 위험성 있는, 안전하지 못한, (공격.위험 따위를) 당하기 쉬운.

infíbŭlo, -ávi, -átum, -áre, tr. (in¹+fíbula) 단추를 끼우다, 클립으로 묶다, 금속 실로 잡아매다.

infice··· V. **inface**···

infícetus(=infacétus) -a, -um, adj. (in²+) 재치 없는, 멋없는, 세련되지 못한, 조야(粗野)한, 바보 같은, 못생긴, 불쾌감을 주는.

inficia··· V. **infitia**···

infícĭens¹ -éntis, adj. (in²+fácio) 활발하지 못한, 게으른, 아무것도 하지 않는.

infícĭens² -éntis, p.præs. (infício)

infícĭo, -féci -féctum -ĕre, tr. (in¹+fácio) 물들이다(צבע), 염색하다(צבע), 더럽히다(חלל), 얼룩지게 하다, 감염시키다, 섞다, (독약 따위를) 넣다, 썩게 하다, 부패(腐敗)하게 하다, 병들게 하다, 나빠지게 하다, 교육(敎育)시키다.

infícĭor(=infítĭor) -átus sum, -ári, tr., dep. (in²+fáteor)

infidélis, -e, adj. (in²+) 불성실한, 믿음성 없는, 신의 없는, 약속(約束)이나 신용을 지키지 않는, 변심(變心)하는, 불충(실)한, 지조 없는, 미신자의, 신앙심(信仰心) 없는.
m., f. 미신자(迷信者).
Sic non est inter vos quisquam sapiens, qui possit inter fratrem suum diiudicare, sed frater cum fratre diiudicatur, et hoc apud infideles? 여러분 가운데에는 형제들 사이에서 시비를 가려 줄 만큼 지혜로운 이가 하나도 없습니까? 그래서 형제가 형제에게, 그것도 불신자들 앞에서 재판을 겁니까?.(아우구스티노의 생애, p.89).

infidélĭtas, -átis, f. (infidélis) 불성실([영] Infidelity), 불충실, 신의 없음, 무신앙, 불신앙([영] Unbelief).
De Psalmo sexagesimo octavo, in quo Iudæorum infidelitas. 유다인들의 불신앙과 완고함을 단언하는 시편 68편.(교부문헌 총서 17, 신국론, p.2808).

infidélĭtas formalis. 의도적 불신앙, 악의적 불신앙

infidélĭtas materialis. 사실상(善意의) 불신앙

infídi, "infindo"의 단순과거(pf.=perfectum)

infídus, -a, -um, adj. (in²+) 미덥지 않은, 믿음성 없는, 불성실한, 불충실한, 신의(信義) 없는, 확실하지 않는, 안전하지 않은.

infígo, -fíxi -físum -ĕre, tr. (in¹+) 박아 넣다, 꽂다(יצר), 찌르다, 새겨 넣다, 집어넣다.

infigurábĭlis, -e, (**infigurátus**, -a, -um,) adj. 무형의, 형상 없는.

infigurátus, -a, -um, (**infigurábĭlis**, -e,) adj.

infimátis, -e, adj. [ínfimus] (신분이) 천한.낮은, 최하층민의, 서민의.

ínfimus, -a, -um, adj., superl. (ínferus) **맨 아래의**, 최하의, 최저의, 제일 밑의, 맨 밑바닥의, 가장 낮은, 맨 끝의, (신분지위 따위가) 최하층의, 천한, 낮은, (품질 따위가) 제일 나쁜, 겸허한,
ab ínfimo. 맨 아래부터/
ínfimis précibus. 겸허한 간청(懇請)으로/
infimo loco natus. 천한 가문에서 난/
Meminerimus etiam adversus infimos justitiam esse servandum. 가장 열등한 자들에 대해서도 정의는 준수해야 한다는 점을 우린 기억해야 하리라/
Pone te semper ad infimum. 너는 항상 제일 낮은 곳에 있어라(준주성범 제2권 10장 4).

infimus civis. 천민(賤民)

infimus collis. 산기슭(imus mons)

infíndo, -fĭdi -físsum -ĕre, tr. (in¹+) 빠개다, 패다, 쪼개다(עזב.חלצ), 찢다(עזב), 가르다(גלפ.גילפ), 파다(רפח.ירכ.ארכ), 파(들어 가)다.

infínĭtas, -átis, (= **infinítĭo**, -ónis,) f. (in²+finis) 무한성(無限性), 광대함, 무변(無邊-끝이 없음. 또는 그런 모양), 무량(無量), 무궁(無窮), 무극(無極-끝이 없음).
numerus stultorum infinitas. 수없이 많은 어리석은 자들.

infinitas actuális. 현실적 무한성(現實的 無限性)

infinitas formális. 형상적 무한성(無限性)

infinitas radicális. 근원적 무한성(無限性)

infinítĭo, -ónis, (=**infinĭtas**, -átis,) f. (in²+finis)

infinitívus, -a, -um, adj. [infinítus] (文法) 부정법의

infinitum, -i, n. 무한자(無限者).
aliquid infinitum. 무한한 어떤 것/
ens infinitum. 무한자(가톨릭 철학, 제4호, p.20)/
in infinitum per accidens. 우유적 무한 계열/
processus in infinitum per se. 자체 무한 계열/
virtus ad infinita. 무한으로까지 열린 힘.

Infinitum est. 무한자는 존재 한다

infinitum multitudinis. 다의 무한(多의 無限)

infinitum non capitur a finito. 무한자는 유한자로부터 파악되지 않는다.

infinitum relativum seu secundum quid. 상대적 무한(相對的 無限).

infinitum simplex maxime. 지극히 단순한 무한자

infinítus, -a, -um, adj. (in²+) 끝없는, **무한한**, 한계 없는, 무궁무진한, 헤아릴 수 없는, 무한정한, 정해지지 않은, 보편적인. (文法) 부정사의, 비종결의.
verbum infinítum. 비종결동사(부정법.분사.동명사 따위).
n. 무한(無限-한이 없음), bonum infinitum. 무한선/
capacitas infiniti. 무한에 대한 수용성/
Finitum capax aut non capax infiniti. 유한은 무한(無限)을 포함할 수 있는가 없는가/
idea infiniti et illimitati. 무한자와 무제한자의 이념/
infinita forma. 무한한 형상/
libertas infinita. 무한한 자유.

Infinitus est numerus stultorum. 바보들의 숫자는 무한하다.

infirmárĭus, -a, -um, adj. (infírmus) 간호의.
f., m. (남.여) 간호원, 간호인. n. 병실, 양호실.

infirmátĭo, -ónis, f. (infírmo) 약화, 반박(反駁), 반증(反證).

infirmĭor, -or, -us, adj. infirmus, -a, -um의 비교급

Infirmis cum, 병자의 도유예식.(1972.12.7. 교령)

infirmíssimus, -a, -um, adj. infírmus, -a, -um의 최상급

infírmĭtas, -átis, f. (infírmus) 허약(虛弱), 병약(病弱),
쇠약(衰弱), 노쇠(老衰), 연약(軟弱), 병(病), 질환(疾患),
질병(疾病.ή.άσθένεια.⑨ Illness),
(물건.물체의) 약함, 견고하지 못함, 무기력(無氣力),
(정신.용기.마음.성격 따위의) 허약(虛弱),
약함(⑨ Weakness), 나약(懦弱-의지가 약함), 변덕(變德),
경솔(輕率-말이나 행동이 조심성이 없이 가벼움).

infirmitas animæ. 영혼의 질병(靈魂 疾病)

infirmitas voluntas. 의지의 연약함

infírmo, -ávi, -átum, -áre, tr. (infírmus) 약하게 하다,
약화시키다, 허약(쇠약)해지게 하다, 반박하다,
반증하다, 증명이 성립되지 않음을 지적하다,
잘못을 지적(指摘)하다, 무효(無效)로 만들다.
Intus in contemplationem rapitur, foris infirmantium
negotiis urgetur. 안에서는 관상으로 드높여지지만,
밖에서는 병자들을 돌보는 일에 헌신(獻身)한다.

infírmor, -ári, dep., intr. 병들다, 앓다

Infirmum visitare. 병자를 방문하라.

infírmus, -a, -um, adj. (in²+) 약한, 약체의, 허약한,
쇠약한, 노쇠한, 병든, 견실치 못한, 힘없는, 용기 없는,
소심한, 설득력(說得力) 없는, 효과 없는, 무게 없는,
권위 없는. m. 병자.
Apostoli missi sunt ad infirmos sanandos.
=Apostoli missi sunt ad infirmos sanandum.
=Apostoli missi sunt ad infirmos sanandi causa.
사도들은 병을 고치기 위해 파견(派遣)되었다/
De asservando sacræ eucharistiæ sacramento et
ad infirmos deferendo.
거룩한 성체를 보관하고 환자들에게 모셔감/
De cura infirmorum. 병자들의 보살핌에 대하여/
femina sexu infirma. 약한 성(性), 곧 여성(신국론. p.680)/
Infirmum visitare. 병자를 방문하라/
Infirmus animus multo ante, quam opprimatur malis,
quatitur.(Seneca). 나약한 마음은, 악운으로 시달리기
훨씬 전부터, 이미 흔들리고 있다/
postremum et infimum. 최후의 그리고 최하의.

Infirmus fui, et visitastis me.
내가 병들었을 때 너희는 나를 찾아주었다.

infit, def. [insuit, infío] (=íncipit) [inf.]
…하기 시작 한다; 이야기하기 시작한다.

infitiális, -e, adj. (infítias) 부정적인, 인정하지 않는

infítias, f., pl., acc., tt., def. [infítior] (ire 동사에만
쓰며; (alqd, inf., quin; absol.) 부정(否定).

infitias ire. 부정(부인)하다, 인정치 않다.

infitiátĭo, -ónis, f. (infítias)
부정(否定), 부인(否認), 인정치 않음, 잡아 뗌.

infitiátor, -óris, m. [=infitiátrix, -ícis, f.] (infítior)
부인(부정)하는 사람,
(특히 채무 따위를) 인정하지 않는(잡아떼는) 사람.

infítĭor(=infícĭor) -átus sum, -ári, tr., dep. (in²+fáteor)
부인(부정)하다, 인정치 않다, 잡아떼다.

infixi, "infigo"의 단순과거(pf.=perfectum)

infixum, "infigo"의 목적분사(sup.=supínum)

infíxus, -a, -um, p.p. (infígo)

inflábĭlis, -e, adj. (inflo)
공기로 부풀어 질 수 있는, 부풀게 하는.

inflammábĭlis, -e, adj. (inflámmo)
불붙기(타기) 쉬운, 가연성의, 흥분(격)하기 쉬운.

inflammátĭo, -ónis, f. (inflámmo) 불붙임, 점화(點火),
방화(放火), 자극, 충동. (醫) 타는 듯한 아픔, 염증(炎症).
Dolor et inflammátĭon se remisérunt.
아픔과 염증(炎症)이 가시었다.

inflammátor, -óris, m. (=inflammátrix, -óris, f.)
(inflámmo) 자극하는(흥분시키는) 자(여자), 방화자.

inflámmo, -ávi, -átum, -áre, tr. (in¹+) 불붙이다, 태우다,
방화하다, 자극하다, 흥분시키다, (어떤 감정을) 불 지르다.
(醫) 타는 듯이 아프게 하다, 염증을 일으키다.

infláre buccas. 화가 나서 잔뜩 부어 있다.

Inflat se tamquam rana.(속담)
개구리가 황소 배를 흉내 내듯 한다.
뱁새가 황새를 따라가면 가랑이가 찢어진다.

inflátĭlis, -e, adj. (inflo) 불어서 소리 나는, 관악기의

inflátĭo, -ónis, f. (inflo) 부어오름(浮氣-浮症으로 부은 상태),
부어오름, 부종(浮症-浮腫), 부풀음, 팽창(膨脹),
과장(誇張), 인플레이션(⑨ inflátion-通貨膨脹),
통화팽창(通貨膨脹-인플레이션), 물가앙등(物價仰騰).

inflátus¹ -a, -um, p.p., a.p. (inflo)
(바람 따위를) 불어 넣은, 부푼, 팽창한, 교만한,
거만한, 거드름 피우는, 기고만장(氣高萬丈)한,
과장된, 지나치게 강조된, 영감을 받은.

inflátus² -us, m. (inflo) 불어넣음, (입김) 불기,
취주(吹奏-저, 피리, 나발 따위의 관악기를 불어서 연주함), 영감(靈感).

inflécto, -fléxi -fléxum, -ĕre, tr. (in¹+) 구부리다,
굽히다, 휘게 하다, 접다, (방향을) 돌리게 하다,
돌리다, 음조(音調-목소리)를 바꾸다,
(마음.뜻 따위를) 바꾸다, 고치다, 돌리다, 굽히다.

inflétus, -a, -um, adj. (in²+)
울어주지 않은, 울어주는 사람 없는.

inflexi, "inflecto"의 단순과거(pf.=perfectum)

inflexíbĭlis, -e, adj. (in²+) 구부릴 수 없는, 굽혀지지 않는,
수그러지지 않는, 꺾이지 않는, 완강한, 확고한, 단호한.

inflexíŏ, -ónis, f. (infléto) 굽힘, 굽음, 만곡(灣曲), 굴곡,
굴절(屈折-휘어서 꺾임). (文法) 어미변화(명사. 대명사. 형용사의).

inflexum, "inflecto"의 목적분사(sup.=supínum)

infléxus, -us, m. (inflécto)
구부러짐, 굴절(屈折), 음조의 변화, 억양(抑揚).

inflíctĭo, -ónis, f. (inflígo)
부과(賦課), (벌금 따위를) 과(課)함,
(가해진) 처벌(處罰.⑨ Condemnátion),
(가해진) 고통(苦痛.βάσανος.⑨ suffering),
(가해진) 시련(試鍊.⑨ Test).

inflíctus, -us, f. (inflígo) 부딪침

inflígo, -íxi -íctum, -ĕre, tr. (in¹+)
부딪게 하다, 치다, 타격을 가하다,
(상처.고통.형벌.손해 따위를) 주다.끼치다.입히다.

inflígo alci secúrim. 아무를 도끼로 쳐 죽이다

inflígo vúlnera. 상처를 입히다

inflo, -ávi, -átum, -áre, tr. (in¹+) 불어넣다, 들이쉬다,
(공기로) 불룩하게 부풀리다, 불어서 소리 내다,
관악기(管樂器)를 불다, 붓게 하다, 팽창(膨脹)시키다,
(희망.마음 따위를) 부풀게 하다, 뽐내게 하다,
으쓱거리게 하다, 영감을 불어넣다.
infláre buccas. 화가 나서 잔뜩 부어 있다.

inflórui, "infloreo"의 단순과거(pf.=perfectum).
"infloresco"의 단순과거(pf.=perfectum).

ínflŭo, -flúxi -flúxum, -ĕre, intr. (in¹+) 흘러 들어가다,
굴러 들어가다(오다), 침입하다, 물밀 듯이 모여 들다,
몰려(밀려)들다, 들이닥치다, 젖어 들어가다,
스며들다, 끼어들다, 침투(浸透)하다.

ínflŭus, -a, -um, adj. (ínfluo) 넘치는.

inflúxĭo, -ónis, f. (ínfluo) 흘러듦, 유입(流入), 스며듦

inflúxus¹ -a, -um, adj. (in²+) 변하지 않는, 항구한

inflúxus² -us, m. (ínfluo) 흘러듦, 영향(影響), 작용, 감화.
inflúxum exercére in alqd. 무엇에 영향을 끼치다.

inflúxus Dei. 하느님의 감화(感化)

inflúxus moralis. 윤리적 영향(倫理的 影響)

infódi, "infodio"의 단순과거(pf.=perfectum)

infódĭo, -fódi -fóssum, -ĕre, tr. (in¹+)
파다, (alqd in acc., dat.) 심다, 파묻다.

infœc… V. infec…

informátĭo, -ónis, f. (infórmo) 소묘(素描), 약도(略圖),
설계도, 형성, (哲.論) 개념(概念.ὅρος), 표상,

(말의) 뜻(어원) 설명, 풀이, 알려줌, 통지, 통보(通報),
안내(案內), 보고(報告), 정보(情報)(옝 Infomátīon).
informátĭo orális. 구두보고(口頭報告)
informatívus, -a, -um, adj. (infórmo) 지식을 주는,
보고(報告)의, 정보전달적[performativus], 실행적].
informátor, -óris, m. (infórmo) 가르치는 자
informidátus, -a, -um, adj. (in²+formído')
두려워하지 않는, 겁내지 않는.
infórmis, -e, adj. (in²+forma) 모양 잡히지 않은,
형성되지 않은, 못생긴, 볼품없는, 흉측한, 끔찍한.
materia informis.형상 없는 질료.
informis exitus. 끔찍한 최후
infórmĭtas, -átis, f. (infórmis) 볼품없음, 기형(畸形),
형성되지 않음, 무형(무형-형체를 이룬)
utrum informitas materiæ creatæ præcesserit tempore
distinctionem ipsius. 창조된 무형의 질료는 구별되기
전에 선재(先在)했는가?/
utrum informitas materiæ tempore præcesserit
formationem ipsius. 무형의 질료는 그것이 형성되기
전에 선재(先在)했는가/
Videtur quod informitas materiæ tempore præcesserit
formationem ipsius. 질료가 형상을 받기 전 어느
순간에는 무형이었던 것으로 생각된다.
infórmo, -ávi, -átum, -áre, tr. (in¹+) 형성하다,
모양을 빚다, 틀을 잡다, 만들다(יצר), 작성하다,
묘사(描寫)하다, 상상(想像)하다, 가르치다, 교육하다,
도야(陶冶)하다, 보고(報告)하다, 알려주다, 안내하다.
ínfŏro, -áre, tr. (in¹+forum') (법정에) 불러내다, 소환하다
infortunátus, -a, -um, adj. (in²+)
불행한, 불운한, 불우한, 비참한.
Vir, si invitus errat, non est stulus sed infortunatus.
사람이 만일 (강요에 의해) 억지로 잘못을 저지른다면
어리석다기보다는 불운하다.
infortúnĭum, -i, n. (in²+fortúna) 불행(יצר,צרה),
불운(不運), 재앙(災殃), 역경(逆境), 곤궁(困窮).
infóssĭo, -ónis, f. (infódio) 파묻음
infossum, "infodio"의 목적분사(sup.=supínum)
infra, [(ínfer(us)) 1. adv. (comp. inférĭus)
아래에(ממ), 하부에, 밑에(ὑπὸ), 낮게, 하계에,
낮은 자리에, 말단(계급)에, (시간적) 나중에, (시간적) 후에,
infra quam. …보다 아래에(아래를).
2. præp.c.acc. (장소적) **아래에**, 아래로, 밑에,
…보다 낮게, (시간적) 후에, …뒤에, (크기.수 따위)
이하로, …보다 작게(작은), (지위.가치.유용성 따위)
…보다 아래에, 보다 못하게(못한), …에 뒤지게(뒤진
.떨어지는) infra alqd esse. 무엇보다 못하다/
infra dignitátem. 위엄을 손상하는, 품격을 낮추는,
체면에 관계되는, 채신없이, magnitúdine infra
elephántos. 크기가 코끼리보다 작은. (라틴-한글사전. p.435).
Frater tuus eloquéntia infra me est.
네 형제는 구변에 있어서 나만 못하다.
infra arcem. 요새 아래에
infra fratrem suum. 자기 형보다 못한
**Infra lunam nihil est nisi mortale et caducum præter
animos.**(Infra lunam præter animos nihil est nisi mortale
et caducum) 혼령을 제외하고는 달 아래(천하에) 유한하고
덧없지 않은 것이 아무것도 없다[성 염 지음. 고전 라틴어. p.214].
infra Lycúrgum fuit. 그는 Lycúrgus 이후에 살았다
infra pontem. 다리 아래에(로)
infráctĭo, -ónis, f. (infríngo) 꺾음, 깨뜨림, 분쇄(粉碎)
infractio animi. 낙담(落膽), 의기소침(意氣銷沈).
infractum, "infríngo"의 목적분사(sup.=supínum)
infractus¹ -a, -um, p.p., a.p. (infríngo)
깨진, 부러진, 꺾어진, 좌절된, 부서진, 조각난,
(목소리가) 가는, 부드러운, 상냥한.
infractus² -a, -um, adj. (in²+)
깨지지 않은, 부러지지(꺾여 지지) 않은, 약해지지 않은.
infrágĭlis, -e, adj. (in²+) 깨지지(분쇄되지) 않은,

야무진, 견고한, 확고부동(確固不動)한.
infrascríptus, -a, -um, p.p. (infra+scribo)
아래에 기록된, 서명한. n. 아래에 적은 것.
infrēgi, "infríngo"의 단순과거(pf.=perfectum)
infremui, "infremo"의 단순과거(pf.=perfectum)
ínfrĕmo, -múi, -ĕre, intr. (in¹+)
으르렁대다, 포효(咆哮)하다.
infrenátĭo, -ónis, f. (infréno)
재갈물림, 굴레 씌움, 억제(抑制)
infrenátus¹ -a, -um, adj. (in²+freno)
굴레 씌우지 않은, 재갈 물리지 않은, 고삐 풀린,
억제 받지 않은, 자유분방(自由奔放)한.
infrenátus² -a, -um, p.p. (infréno) 굴레 쓴
infréndĕo, -ére, (infréndo, -ēre,) intr. (in¹+)
이를 갈다, 치를 떨다.
infrénis, -is, (=infrénus, -a, -um,) adj. (in²+frenum)
굴레 쓰지 않은, 재갈물리지 않은, 재갈 없는 말을 부리는,
거침없는, 억제 받지 않은, 분방자재(奔放自在)한.
infréno, -ávi, -átum, -áre, tr. (in¹+) 재갈물리다.
굴레 씌우다, 제어하다, 억제하다, 단속하다
infrénus, -a, -um, (=infrénis, -is,) adj.
ínfrĕquens, -éntis, adj. (in²+)
자주 드나들지(다니지) 않는, 수(數)가 많지 않은,
얼마 안 되는, 정족수 미달의, 왕래가 적은, 한적한,
흔하지 않은, 드물게 있는, 빈약한, 많이 가지지 못한.
infrequéntĭa, -æ, f. 소수(少數-적은 수효),
정족수 미달(定足數未達), 한적함, 왕래가 적음.
ínfrĭco, -cúi -c(á)tum -áre, tr. (in¹+)
비비다, 문지르다, 마찰하다, 긁다.
infríctĭo, -ónis, f. (ínfrico)
비벼댐, 문지름, 마찰(摩擦), 긁음.
infrigésco, -ríxi, -scĕre, intr.
식다, 차가와 지다, 냉각하다.
infrigidátĭo, -ónis, f. (infrígido) 냉각(冷却)
infrígĭdo, -áre, tr. 냉각시키다, 식히다
infríngo, -frégi -fráctum -ĕre, tr. (in¹+frango)
꺾다, 부러뜨리다, 깨뜨리다, 부서뜨리다
파괴하다(יצר), 때리다, 치다, 약해지게 하다,
수그러지게 하다, 제한하다, 좌절시키다, 소침하게 하다.
infrácto ánimo esse. 의기소침(意氣銷沈)해 있다.
infríngo alci cólaphos. 누구의 뺨을 때리다
infríngo manus. 손뼉 치다
infríngo linguam. 말을 더듬다
ínfrĭo, -ávi, -átum, -áre, tr. (in¹+)
빻다, 찧다, 바수어서 집어넣다.
infrixi, "infrigesco"의 단순과거(pf.=perfectum)
infrons, -fróndis, adj. (in²+frons') 잎사귀 없는, 나무 없는.
infrontáte, adv. 염치없이, 뻔뻔스럽게
infructuósus, -a, -um, adj. (in²+) 열매 맺지 않는,
결실 없는, 성과 없는, 쓸데없는, 효과 없는.
infrunítus, -a, -um, adj. (in²+fruníscor)
몰상식한, 미련하게 행동하는, 무미건조한.
infucátus, -a, -um, adj.
(in¹+) 분바른, 화장(化粧)한, 분장한, 번지르르한.
(in²+) 겉꾸미지 않은, 소박한.
infúdi, "infundo"의 단순과거(pf.=perfectum)
infui, "insum"의 단순과거(pf.=perfectum)
ínfŭla, -æ, f. (filum) 머리띠, 댕기, 리본(옝 ribbon),
(고대 Roma 제관의) 모직(毛織) 머리띠,
희생제물의 머리에 둘러 장식하는 띠,
((가)) (예식용) 주교관, 탄원자(애원자)의 머리띠,
(일반적으로) 장식 띠, 고관들의 머리띠, 고관(高官)
저택(邸宅)이나 신전의 장식(裝飾), 성역(holy places).
ínfŭla auriphrygita. 금술 달린 주교관 뒤꼬리
ínfŭla pretiosa. 보석 달린 꼬리
ínfŭla simplex. 단순한 꼬리
ínfŭlæ impérii Románi. 로마 제국의 성역
infulátus, -a, -um, adj. (ínfula) 머리띠를 두른(희생동물),

영예직의 표시로 머리에 띠를 두른.

infúlcĭo, -fúlsi -fúltum -íre, tr. (in¹+)
쑤셔 넣다, 틀어박다, 꽂아 넣다, 끌어들이다,
집어넣다, 삽입(揷入)하다(㎀).

infulsi, "infulcio"의 단순과거(pf.=perfectum)

infultum, "infulcio"의 목적분사(sup.=supínum)

ínfŭmus, -a, -um, adj. (古) = ínfimus.

infundíbŭlum, -i, n. (infúndo) 깔때기.
(動) 누두상(漏斗狀) 기관. (解) 누두관(漏斗管).

infúnde, 원형 infúdi, infúsum, infundĕre, tr. (in¹+)
[명령법. 단수 2인칭 **infunde**, 복수 2인칭 infundite].

infúndo, infúdi, infúsum, infundĕre, tr. (in⁴)
부어(쏟아) 넣다, 주다, 섞어주다, 적시다,
무엇에 무엇을 뿌려주다, 퍼붓다, 뒤집어쓰게 하다,
우리다, 주입하다, 집어넣다, 불어넣다(㎞).
(refl.) se infundo in acc. 섞이다.

infundo sibi alqd. 무엇을 온몸에 퍼붓다

infúsa, -órum, n., pl. (infúsus) (醫) 침제(浸劑)

infúsco, -ávi, -átum, -áre, tr. (in⁴)
거무스름하게 만들다, 희미하게(흐리게) 하다,
침침하게 하다, 어둡게 하다, 더럽히다,
얼룩지게 하다, 망가뜨리다, 손상(損傷)하다.

infúsco sapórem. 맛을 가게(변하게) 하다

infúsco sonum. 둔탁한(목쉰 듯한) 소리를 내다

infúscus, -a, -um, adj. (in¹+)
거무스름한, 거무칙칙한, 암갈색의.

infúsĭo*, -ónis, f. (infúndo) 부어넣음, 주입(注入),
살포(撒布-액체. 가루 따위를 흩어 뿌림), 적심, 빗물.
(神) 물을 부어서 주는 세례, 주수세례*(→수세).

infúsĭo grátiæ. 은총 부여(恩寵 賦與)

infusórĭum, -i, n. (infúndo) 깔때기7.

infúsum, "infundo"의 목적분사(sup.=supínum)

infúsus, -a, -um, p.p. (infúndo) 부어 넣은, 주입된,
뿌려진, 적셔진, 파묻힌, 가려진, 뒤덮인.
habitus infusus. 주입된 상태/
virtutes infusæ. 천혜의 덕성(天賦德), 부여받은 덕/
virtutes morales infusæ. 부여된 도덕적 덕.

ingemésco(=ingemísco) -mŭi -ĕre, intr., tr., inch.
신음하다, 탄식하다, 한 숨 쉬다, 한탄하다.

ingémĭno, -ávi, -átum, -áre, (in¹+)
intr. 배가(倍加) 되다, 증가(增加)되다.
tr. 반복하다(㎜,㎠), 다시 하다(㎦), 거듭하다.

ingemiscere, 원형 ingemísco(=ingemésco) -mui -ĕre,
[명령법. 수동 현재 단수 ingemiscere, 복수 2인칭
ingemiscimini].
Nolite ingemiscere. 서로 원망하지 마십시오(성경 약 5. 9).

ingemísco(=ingemésco) -mui -ĕre, inch.
intr., 신음하다, 불평하다;
tr., 탄식하다, 한탄하다(㎦ㄷ,ㄸ㎪,ㄻ,ㅁㅣㄲ,ㅁㅣㅍ).

íngĕmo, -mŭi -ĕre, intr., tr. (in¹+) 신음(呻吟)하다,
탄식하다, 한탄하다(㎦ㄷ,ㄸ㎪,ㄻ,ㅁㅣㄲ,ㅁㅣㅍ).
슬퍼하다(ㅁㅐㄷ,ㅁㅐㄹ,ㄹㅂㅏ,ㅁㅣㄲ,ㅁㅣㅍ).

ingemui, "íngĕmo"의 단순과거(pf.=perfectum).
"ingemísco(=ingemésco)"의 단순과거(pf.=perfectum)

ingénĕro, -ávi, -átum, -áre, tr. (in¹+)
본성에 박아주다, 가지고 태어나게 하다, 생기게 하다,
심다, 만들어 내다, 창조하다, 생산하다.

ingeniátus, -a, -um, adj. (ingénium)
타고난, 천부(天賦-하늘이 주었다는 뜻으로. 타고날 때부터 지님)의.

ingenícŭlo, -ávi, -átum, -áre, tr. (in¹+genu)
바른 편(한) 무릎을 꿇게 하다.
p.p. **ingeniátus**, -a, -um, 한 무릎 꿇은.

ingenĭólum, -i, n. dim. (ingénium) 작은 재주(재능.재간).

ingeniósus, -a, -um, adj. (ingénium)
천부의 재능을 지닌, 재주 많은, 영리한, 창의력 있는,
연구력이 뛰어난, (사물이) 정교한, 교묘하게 만들어진,
잘 고안된, 독창적(獨創的)인, …에 알맞은, 적합한.

ingenitus¹ -a, -um, p.p., a.p. (ingigno)

타고난, 자연적인, 천부(天賦)의.

ingenitus² -a, -um, adj. (in²+gigno) 낳음을 받지 않은

ingénĭum, -i, n. [in⁴geno, gigno] (사물의) 성질, 성격,
(사물의) 본질(本質.τò τι ἐν εἶναι.εἶδος),
(사람의) 성품(性稟), 품성(稟性), 천성(天性), 기질(氣質),
(사람의) 본성(φύσις.⑨ nature), 재주, 소질(素質),
재능(才能.⑨ Talents), 능력(能力.δνύαμις),
재간(才幹-일을 적절하게 잘 처리하는 능력), 재질, 천재(天才),
수재(秀才-재주가 좋고 재주가 뛰어난 사람),
독창적인 사람, 천재적인 발견. 총명(영리하고 재주가 있음).
Aristóteles vir summi ingenii fuit.
아리스토텔레스는 탁월한 재능의 인물이었다/
Adsiduus usus uni rei deditus et ingenium et artem
sæpe vincit.(Cicero). 한 가지 일에 끈기 있게 몰두하는
연습은 종종 재능과 재주를 능가 한다/
divitiæ ingenii. 천부의 재능(才能)/
Homo magni ingenii. 재주 많은 사람/
ingenii acumen. 명민한 지성/
natura et ingenium. 타고난 재능/
Nullum magnum ingenium sine mixtura dementiæ.
미칠 정도가 아니고서는 큰 재능이란 없다/
rapacia virtutis ingenia. 덕행을 제 것으로 만드는 재질/
Regulæ ad directionem ingenii.
정신 지도를 위한 규칙들(데카르트 지음)/
Ut sæpe summa ingenia in occulto latent.(Plautus).
최고의 재능이 숨은 채로 있는 경우가 참 흔하다.

Ingenium mala sæpe movent : quis crederet umquam
aérias hominem carpere posse vias?
흔히는 사악이 재능을 충동한다. 도대체 인간이 하늘의
길을 후딱 질러갈 수 있으리라고 누가 믿었더란 말인가?
[carpere aerias vias: '하늘의 길을 후딱 지나가다' 성 염 지음. 고전 라틴어, p.298].

ingens, -éntis. adj. (in²+gens, genus)
거대한(㎋ㄱ), 막대한, 방대한, 엄청난, 보통이 아닌,
굉장한(plurimus, -a, -um, superl., adj.), 중요한, 막중한.
tentationes magnas, quas viderunt oculi tui, signa
illa portentaque ingentia. (tou.j peirasmou.j tou.j mega,louj
ou]j oi e`wra,kasin oi`` ovfqalmoi, sou ta. shmei/a kai. ta. te,rata ta.
mega,la evkei/na) (獨 die gewaltigen Proben seiner Macht,
die deine Augen gesehen haben, die großen Zeichen
und Wunder) (⑨ the great testings your own eyes
have seen, and those great signs and wonders)
그것은 너희가 두 눈으로 본 그 큰 시험과 표징과 큰
기적들이다(성경 신명 29, 2)/그들을 괴롭히시며 굉장한 표징
과 기적을 행하시는 것을 너희는 목격하였다(공동번역).

ingens mulierum agmen. 떼 지어 다니는 수많은 부인네들

ingentior, -or, -us, adj. ingens, -éntis의 비교급

ingentissimus, -a, -um, adj. ingens, -éntis의 최상급

ingěnŭi, "ingeno"의 단순과거(pf.=perfectum)

ingenúĭtas, -átis, f. (ingénuus) 자유인 출신, 좋은 가문,
고귀한 품성(기질), 성실(㎤ㅈ.πίστις.⑨ Fidelity),
정직, 솔직, 소박(素朴-꾸밈이나 거짓이 없이 있는 그대로 임).

ingénŭus, -a -um, adj. (ingigno) 본토 출신의, 토산의,
토박이의, 토착의, 타고난, 자연그대로의, 소박한,
자유민 출신의, 좋은 가문의, 양가(良家) 출신의,
고상(高尙)한, 자유인에 어울리는, 교양(敎養) 있는,
교양에 속하는, 유약(柔弱)한, 연약(軟弱)한, 가냘픈.

ingéro, -géssi -géstum, -ĕre, tr. (in¹+)
1. 가지고 들어가다(오다), 던져 넣다, (씨앗 따위를)
심다. 2. 먹을 것.마실 것을 주다, 공급하다.
3. 후려치다, (상처.고통 따위를) 주다.끼치다.
입히다, (형벌을) 가하다, 화살.창 따위를 던지다.
4. refl. se ingero. 뛰어들다, 끼어들다. 5. (말을)
내뱉다, (욕설 따위를) 퍼붓다. 6. [alqm(alqd)-alci]
내놓다, 제출하다, 제공하다, 내세우다, 나서게 하다,
언급(言及)하다, (refl.) se ingero. 나서다, 나타나다:
ómnium se óculis ingero. 모든 사람 앞에 나서다.
7. (dat.) 보태다, 부가(附加)하다.

ingessi, "ingero"의 단순과거(pf.=perfectum)

I

611

ingestum, "ingero"의 목적분사(sup.=supínum)
ingígno, -génŭi, -génĭtum, -ĕre, tr. (in⁴)
  가지고 태어나게 하다, 천부적으로 가지게 하다,
  본성(本性)에 박아(심어) 주다.
ingloriósus(=inglorĭus) -a, -um, adj. (in²+glória)
  영광 없는, 빛나지 않는, 유명하지 못한.
inglorĭus(=ingloriósus) -a, -um, adj. (in²+glória)
inglúvĭes, -éi, f. [in⁴+gula] (새의) 모래주머니,
  멀떠구니(동물의 모이주머니), 모이주머니, 목, 식도,
  폭식(暴食-음식을 한꺼번에 지나치게 많이 먹음).
ingrandésco, -dŭi, -ĕre, intr. (in¹+)
  커지다, 성장하다, 크게 자라다.
ingráte, adv. (ingrátus) 불유쾌하게, 마음에 들지 않게,
  싫게, 비위에 거슬리게, 마지못해, 은혜를 저버리고,
  배은망덕(背恩忘德)하여, 기대(期待)에 어긋나게.
ingrátĭa, -æ, f. (ingrátus) 배은망덕, 고마운 줄 모름,
  abl., pl. ingrátiis(ingrátis) 불유쾌하게, 비위(뜻)에 거슬리게.
ingratíficus, -a, -um, adj. (ingrátus+fácio)
  배은망덕 하는, 은혜를 저버리는.
ingratitúdo, -dǐnis, f. (ingrátus) 은혜를 저버림,
  배은망덕(背恩忘德-남에게 입은 은덕을 저버리고 배신함),
  불쾌(不快), 혐오(嫌惡-싫어하고 미워함), 비위에 거슬림.
Ingratitúdo erga Deum(⑨ Ingratitude to God).
  하느님께,대한 배은망덕.
ingrátus, -a, -um, adj. (in²+) 마음에 들지 않는,
  불유쾌한, 비위에 거슬리는, 고맙지 않은, 달갑지 않은,
  은혜를 저버리는, 배은망덕 하는, 고마운 줄 모르는,
  (사물이) 별 소득(所得) 없는, 헛수고가 된,
  성과(成果) 없는, 만족스럽지 못한.
  persona non grata. 마음에 들지 않는 인물.
ingrátus in alqm. 누구에게 배은망덕 하는
ingratus salutis. 구원받은 은혜를 저버리는
ingravátĭo, -ónis, f. (íngravo) 짐스러움, 가중(加重),
  부담(負擔-어떠한 의무나 책임을 짐), 괴롭힘.
ingravéscens morbus. 악화되는 병세
Ingravéscentem ætatem. 추기경의 직무와 나이.
  (교황청 부서장의 직무 정년을 75세로 규정하고 교황 선거권 행사의
  정년을 80세로 규정함. 1970.11.21. 자의교서)
Ingravéscentem ætatem. 노령(1970.11.21. 자의교서)
Ingravescentibus Málĭs, 로사리오.
  ('장미화관', '장미 꽃다발'이란 뜻 1937.9.29.)
ingravésco, -ĕre, intr. (in¹+gravis) 무거워지다(ר),
  중량이 늘다, 가중되다, 임신하다(ד.אבר), 증가되다,
  증진하다, 악화되다, 우심(尤甚)해지다, 사정이 나빠지다.
íngrăvo, -ávi, -átum, -áre, tr. (in⁴)
  짐 지우다, 무겁게 하다, 괴롭히다, 악화시키다.
Ingredere in templum Dei, ut habeas (-ant) partem
cum Christo in vitam æternam. 천주의 성전에 들어와
  그리스도와 함께 영원한 생명에 참섭합시다.
ingrédĭor, -déris, -dítur) -gréssus sum -grédi,
  dep., intr., tr. (in⁴grádior) 들어가다(오다), 들어서며
  걷다(ךלה), 걸어 다니다, 착수하다, 벌이다, 임하다,
  (말하기) 시작하다, 당하다, 앞으로 나아가다,
  전진(前進)하다, 따라가다, 들어가다, 접근하다(ברק).
  Ego ingredior viam universæ terræ; confortare et esto
  vir. 나는 이제 세상 모든 사람이 가는 길을 간다.
  너는 사나이답게 힘을 내어라(성경 1열왕 2. 2)/
  Et ingrediendo Ecclesiam, cantatur.
  성당에 다시 들어갈 때 창(唱)한다/
  ingressus in pace. 평화 속에 들어갔다(비문에 사용)/
  Logica Ingredientibus. 논리학 입문/
  perícula ingredior. 위험을 겪다/
  pontem ingredior. 다리에 들어서다/
  Si stas, ingrédere. 네가 일어선다면 걸어라.
ingredior dícere(ad dicéndum). 말하기 시작하다
ingredior in disputatiónem. 논쟁을 벌이다
ingredior in navem. 배 안으로 들어가다
ingredior vestígia alcjs. 누구의 발자취를 따라가다
ingredior vestígiis alcjs. 누구의 발자취를 따라가다

ingréssĭo, -ónis, f. (ingrédior) 들어감, 들어옴, 입장,
  걸어 다님, 보행, 입장, 착수(着手-어떤 일을 하기 위해 손을 댐).
ingréssus, -us, m. (ingrédior) 들어감, 입장, 진입,
  돌입(突入-막 뛰어듦), 입성, 걸어 다님, 보행(步行),
  걸음걸이, (어려움.위험危險 따위를) 겪음, 당함,
  시작(始作), 착수(着手-어떤 일을 하기 위해 손을 댐), 출입문.
  simonía per ingressum. 반환 약속에 의한 성직(聖職) 취임.
Ingressus est sic loqui.
  그는 다음과 같이 말하기 시작하였다.
Ingruentium Malorum, 로사리오 기도(1951.9.15.)
íngrŭo, -ŭi, -ĕre, intr. (in¹+gruo) 달려들다, 닥치다,
  돌진(突進)하다, 습격(襲擊)하다, 비 오듯 쏟아지다,
  (질병이) 창궐(猖獗)하다, 엄습(掩襲)하다.
inguen, ínguĭnis, n. 샅(아랫배와 두 허벅다리가 이어지는 어름. 고간股間.
  서혜鼠蹊), 사타구니(샅), 아랫배, 하복부, 음부(陰部-남녀의
  생식기가 있는 곳). (解) 서혜부(鼠蹊部-사타구니).
  (醫) 가래톳(허벅다리와 불두덩 사이의 림프샘이 부어 생긴 멍울).
  (植) 가지가 줄기에 붙은 부분.
inguinális, -e, (inguinárĭus, -a, -um,) adj. (inguen)
  (解) 샅의, 사타구니의, 서혜부(鼠蹊部-사타구니)의.
ingúrgĭto, -ávi, -átum, -áre, tr. (in¹+gurges)
  소용돌이에 말려들게 하다, 폭음.폭식하다.
  refl. se ingúrgǐto. 빠지다, 잠기다.
ingustábǐlis, -e, adj. (in²+gusto)
  맛볼 수 없는, 시식할 수 없는.
ingustátus, -a, -um, adj. (in²+gusto)
  맛보지 않은, 먹어본 일이 없는.
inhábǐlis, -e, adj. (in²+) 다루기 힘든, 불편한,
  부적당한, 맞지 않는, 능숙하지 못한, 능력 없는.
inhabílǐtas, -átis, f. (inhábilis) 부적당(不適當),
  무자격(無資格), 졸렬(拙劣-서투르고 보잘것없는).
inhabitábǐlis, -e, adj.
  (in²+hábito) 거주할 수 없는, (사람이) 살 수 없는,
  (in¹+hábito) 거주할 만한, 살 수 있는.
inhabitans, -ántis, m., f.(procs.)
  주민, 거주자(居住者), (어떤 곳에) 살고 있는 거주자.
inhabitátĭo, -ónis, f. (inhábito) 거주, 서식, 거처, 주택,
  (神) [성령(성신)의] 내주(內住).
  unitas secundum inhabitatiónem. 내주에 따른 일치.
inhabitatio Dei. 하느님의 내주
inhabitatio Dei Trinitatis. 삼위일체 하느님의 내주
inhabitátĭo gratiæ. 은총(恩寵) 안에서의 삶
inhabitátĭo Spiritus Sancti(⑨ Indwelling of the Holy
Spirit) 우리와 함께 거주하시는 성령, 성령의 거주.
inhábǐto, -ávi, -átum, -áre, tr., intr. (in¹+)
  …에 살다(ד.ד.ד.בשמרי.בחנותי), 거주하다(לשכ),
  서식(棲息)하다, 깃들다, 옷 입다, 걸치다.
  intr. (in abl.) 살다, 거주하다, 깃들다, 머무르다,
  (procs.) m., f. inhabitans, -ántis.
  Inhabitátur illa régio. 그 지방에는 사람이 거주하고 있다.
inháerĕo, -háesi -háesum -ére, intr. (in¹+)
  달라붙어 있다, 밀착(密着)하다, 매달리다, 걸려있다,
  끌어안고 있다. 떠나지(떨어지지) 않다, 집착하다,
  타고나다, 내재(內在)하다, 내포되다, 포함(함축)되다.
  gratia inhærens. 내재적 은총/
  ut Deo inhæreat et eo fruatur.(⇒토마스 아퀴나스의 "Cáritas"
  정의) 하느님께 애착하고 그분을 향유하는 것.
inháeresco, -ĕre, intr., inch. (inháereo)
  달라붙다, 걸리다, 매달리다, 떠나지 않다.
inháesĭo, -ónis, f. (inháereo)
  붙어 있음, 타고 남, 천부(天賦-선천적으로 타고남).
  (哲) 내속성(內屬性), 부착성(附着性).
  formæ inhærentes. 내재하는 형상들.
inhalátĭo, -ónis, f. (inhálo) 입김 내뿜음, 향기 풍김
inhálo, -ávi, -átum, -áre, intr., tr. (in⁴halo)
  …에 (입김을) 불다, 내뿜다, (냄새 따위를) 풍기다,
  (alqd) 주문을 외워 마술 걸다.
inhámo, -áre, tr. (in¹+hamo) 낚시질하다, 낚다

inhiátǐo, -ónis, f. (ínhio)
　놀라서 입 벌림, 경악(驚愕-깜짝 놀람), 경탄(敬歎),
　탐욕(貪慾).⑨ Concupiscence/Gluttony), 욕심(慾心).
inhíběo, -bǔi, -bǐtum, -ére, tr. (in²+hábeo)
　말리다, 못하게 하다, 그만두게 하다, 제지하다,
　뒤로 노(櫓) 젓다, 뱃머리를 돌리다.
　inhíbeo retro navem. 배를 저어 뒤로 가다.
　tr. (in¹+hábeo) 사용하다, 행사하다, 집행하다, 응용하다.
　inhíbeo supplícium alci. 누구에게 형벌을 가하다.
inhibítǐo, -ónis, f. (inhíbeo) 뒤로 노 저음, 뱃머리를 돌림.
　(心) 억제(抑制), 억압(抑壓), 제지(制止-말려서 못하게 함).
inhibitio exercíti juris.
　권리행사의 금지, 법권 사용 금지 요구.
inhibitio fecunditatio(⑨ Birth control) 산아제한(産兒制限)
inhibitor, -óris, m. (inhíbeo) (醫) 억제물질. (心) 억제인자.
ínhǐo, -ávi, -átum, -áre, intr., tr. (in¹+) 입이 벌어지다,
　입 벌리다, 입을 벌리고 놀라다(감탄하다), 경탄하다,
　먹고 싶어 하다, 군침을 삼키다, 몹시 탐내다,
　갈망(渴望)하다(יחל.חרה.חכה).
inhonéstas, -átis, f. (inhonéstus) 치욕(恥辱-부끄러움과 욕됨),
　망신(亡身-말이나 행동을 잘못하여 자기의 지위, 명예. 체면 따위를 손상함).
inhonésto, -ávi, -átum, -áre, tr. (in²+)
　망신스럽게(불명예스럽게) 하다.
inhonéstus, -a, -um, adj. (in²+) 떳떳하지 못한,
　망신스러운, 불명예스러운, 치욕적인, 관직에서 떨어진,
　천한, 보잘 것 없는, 점잖지 못한, 단정치 못한,
　품위 없는, 비열한, 추잡한, 파렴치한, 정직하지 못한,
　성실하지 못한, 더러운, 추한, 못생긴, 흉한.
　mors inhonesta. 개죽음.
inhonorátus, -a, -um, p.p., a.p. (inhonóro)
　벼슬하지 못한, 영예를 받지 못한, 불명예의,
　공경 받지 못한, 포상(표창) 받지 못한, 예물 받지 못한.
inhonóro, -ávi, -átum, -áre, tr. (in²+) 욕되게 하다,
　불명예스럽게 하다, 천대하다, 관직을 떼다.
inhonórus, -a, -um, adj. (in²+) 천대 받는, 명성 없는,
　존경(공경) 받지 못하는, 천한, 추한, 흉한.
inhórrěo, -ǔi, -ére, intr. (in¹+) 머리털이 곤두서다,
　소름끼치다, 부르르 떨다, 무서워 떨다.
inhorrésco, hórrǔi -ěre, inch., intr. (inhórreo)
　빳빳이 일어서다, 털이 곤두서다.
　삐죽삐죽 솟아있다, 부르르(덜덜) 떨다, 무서워 떨다,
　전율(戰慄)하다, tr. 무서워하다.
Inhorresco, in quantum ei dissimilis sum: inardesco,
in quantum similis ei sum. 나는 한편 떨리고, 한편 화끈
　해집니다. 떨리기는 그 분을 닮지 못함이요,
　화끈해지기는 그 분을 닮은 까닭이옵니다.
inhorrui, "inhórrěo"의 단순과거(pf.=perfectum).
　"inhorrésco"의 단순과거(pf.=perfectum).
inhospitális, -e, adj. (in²+)
　손님 대접이 소홀한, 냉대하는, 푸대접하는.
inhospitálĭtas, -átis, f. (inhospitális)
　푸대접, 냉대(冷待-푸대접), 불친절(不親切).
inhóspǐtus, -a, -um, adj. (in²+)
　푸대접하는, 냉대하는, 불친절한.
inhumanátǐo, -ónis, f. [in⁴+homo] (=incarnátio)
　사람이 됨, 화신(化身).
inhumánĭtas, -átis, f. (inhumánus) 몰인정(沒人情),
　잔인성(殘忍性), 무자비(無慈悲) 냉혹(冷酷), 비인도,
　야만성(野蠻性), 무례(無禮), 상스러움, 까다로운 성격,
　불친절, 인색(吝嗇-재물을 아끼는 태도가 몹시 지나침).
inhumaniter, adv. (inhumánus) 비인도적으로,
　잔혹(냉혹)하게, 야만적(野蠻的)으로, 무례하게.
inhumánus, -a, -um, adj. (in¹+) 비인간적인, 비인도적인,
　몰인정한, 냉혹(冷酷)한, 잔혹한, 무례한, 조야(粗野)한,
　세련(洗鍊)되지 않은, 교양(敎養) 없는, 까다로운,
　초인간적(超人間的)인, 신선(神仙)의.
inhumátus, -a, -um, adj. (in²+humo¹)
　파묻지 않은, 매장하지 않은.

inhuméctus, -a, -um, adj. (in²+) 젖지 않은, 마른
ínhǔmo, -átum -áre, tr. (in¹+)
　흙으로 완전히 덮다, 묻다, 매장(埋葬)하다.
íníbi, adv. [in¹+] (장소) 바로 거기에, 그 자리에,
　(시간) 바로 그때에, 바야흐로, 막, 이제 막, 금방.
inícǐo(=injício), -iēci, -iectum, -ěre, tr. 야기하다,
　(어떤 상태에) 빠트리다, (감정을) 불어넣다.
ínǐens, ineúntis, p.proes. (íneo)
ínǐgo, -égi, -áctum, -ěre, tr. (in¹+ago)
　(가축 따위를) 몰아넣다, 들여보내다,
　(무엇을 하도록) 몰고 가다, 떼밀다, 내던지다.
inii, "íneo"의 단순과거(pf.=perfectum)
inimicior, -or, -us, adj. inimícus, -a, -um의 비교급
inimicissimus, -a, -um, adj. inimícus, -a, -um의 최상급
inimicítǐa, -æ, f. [inimícus] (주로 pl.)
　원수짐, 적대관계(敵對關係), 반목(서로 맞서서 미워함).
　(sg.) 적의(敵意).⑨ malevolence), 악감(惡感),
　반감, 증오(憎惡).⑨ Hatred/malevolence-몹시 미워함).
　Miscent inter se inimicítias agitantes.
　그들은 툭하면 원수지다가도 서로 어울리곤 한다.
inimicítiæ, -árum, f., pl. 적개심(적에 대하여 분개하는 마음)
Inimicítiæ occultæ magis quam manifestæ tibi
timendæ sunt. 그대에게는 분명하게 드러난 적의보다는
　숨겨진 적의가 더 두려워야 한다.
inimíco, -ávi, -átum, -áre, tr. (inimícus)
　원수로 만들다, 원수로 삼다, …와 원수지다.
inimícus, -a, -um, adj. (in²+amícus) 원수 관계에 있는,
　원수(怨讐)의, 적의 있는, 반목(反目)하는, 비우호적인,
　(사물) 반대되는, 해로운, 불리한, 망쳐 놓는.
　m., f. 원수(怨讐).⑨ Enemy).
　Antonius tanto odio ferebatur in Ciceronem, ut non
　solum ei, sed etiam omnibus ejus amicis esset inimicus.
　안토니우스는 키케로에 대하여 대단한 미움을 품고
　있어서 키케로 그 사람만 아니라, 그의 친지들과도
　원수를 지고 있었다(성 염 지음, 고전 라틴어, p.396)/
　Cum clade omnia nostra fient inimicorum.
　적병들의 패배로 모두가 우리 것이 될 것이다.
　(속격은 원래 바로 앞의 단어를 수식함. 그러나 "패배와 더불어 우리 것이 모두
　적병들의 것이 되리라."는 번역도 가능함. 성 염 지음. 고전 라틴어, p.196)/
　De inimici vero dilectione prorsus tacuit prope per totam
　ipsam Epistolam. 그러나 원수에 대한 사랑에 대해서는
　이 편지를 통틀어서 거의 완전히 침묵하고 있습니다.
　(최익철 신부 옮김. 요한 서간 강해, p.349)/
　De inmico non loquaris male sed cogites.(Publilius Syrus)
　적수에 대해서는 나쁘게 말하지 말고 나쁘게 생각만 하라/
　détrǎho inimícum ex Gálliǎ. Gallia에서 적을 내쫓다/
　Ex amícis inimíci exístunt. 친구들이 원수로 변하다/
　Et inimici hominis, domestici eius.
　(각) 사람의 원수는 자기 집안 가족들일 것입니다/
　Gravior est inimicus qui latet in pectore.(Publilius Syrus)
　마음에 숨어 있는 원수가 더 심각하다/
　imber inimícus. 사나운 비/
　inimica amicitia. 지나친 우정(가톨릭 신학과 사상, 제60호, p.209)/
　Inimica est tua uxor mihi. Quid id refert tua?
　자네 마누라가 나한테 적대적이야.
　그게 자네하고 무슨 상관인가?
　Inimici in gratíam reconciliabántur.
　원수졌던 사람들이 화해하고 있었다/
　Inimicos diligere. 원수를 사랑하라/
　Inimicos habeo cives Romanos, quod sociorum commoda
　ac jura defendi.(Cicero). 우방인들의 편리와 권익을 옹호
　했다고 해서 나는 로마 시민들을 원수로 삼게 되었소/
　Ita amicum habes, posse inimicum fieri ut putes.
　너는 친구를 사귀면서 친구가 원수가 될 수 있다고
　여기는 식으로 사귄다(Publilius Syrus)/
　Multitudo inimicorum ad montem properabat.
　적병들의 다수가(다수의 적병들이) 산으로 향했다/
　Novissima autem inimica destruetur mors.
　마지막으로 없어질 원수는 죽음 입니다/

Omnes homines, etiam inimicos vestros diligatis: non quia sunt fratres, sed ut fratres sint. 모든 사람을, 심지어 여러분의 원수까지도 사랑하십시오. 그들이 형제 이기 때문에 사랑할 것이 아니라, 여러분의 형제가 될 수 있도록 사랑하십시오.(최익철 신부 옮김. 요한 서간 강해. p.453)/
Omnes inimicos mihi répperi.
　그들 모두가 내게 원수(怨讐)들임을 알았다/
publicus inimicus. 공적(公敵)/
Pugnandum est mihi cum inimico.
　나로서는 원수(怨讐)와 싸워야만 한다/
Quapropter perfecta dilectio, est inimici dilectio: quæ perfecta dilectio est in dilectione fraterna.
　그러므로 완전한 사랑은 원수 사랑입니다. 완전한 사랑은 형제적 사랑에 있습니다.(최익철 신부 옮김. 요한 서간 강해. p.371)/
Quæro quare diligas inimicum: quare illum diligis?
　저는 그대가 왜 원수를 사랑하느냐고 물으렵니다. 그대는 왜 원수를 사랑합니까?.(최익철 신부 옮김. 요한 서간 강해. p.367)/
qui tribulant me inimici mei, infirmati sunt, et ceciderunt. 나를 괴롭히던 나의 적
　그 원수들이 비실비실 쓰러졌도다/
Quodammodo ferramentum Dei est quo saneris, ipse inimicus tuus. 그대의 원수는 하느님의 수술 도구와 같아, 그로 인해 그대가 치유될 것입니다/
Si ergo ad hanc perfectionem nos invitat Deus, ut diligamus inimicos nostros sicut et ipse dilexit suos.
　하느님께서 우리를 이 완전함으로 초대하시는 것은 당신 께서 당신 원수를 사랑하셨듯이 우리도 우리 원수를 사랑 하게 하시려는 것입니다(최익철 신부 옮김. 요한 서간 강해. p.395)/
Vis legibus est inimica. 힘은 법률의 적이다/
Vultur et avicula inimicī inter se.
　서로 원수진 수리와 작은 새.
inimicus crucis. 십자가의 원수
inimicus Dei. 하느님의 원수(怨讐)
inimícus tuus. 너의 원수(怨讐)
inimitábĭlis, -e, adj. (in²+) 모방할 수 없는, 본받을 수 없는.
iniquior, -or, -us, adj. iniquus의 비교급
Iniquis Afflictisque. 멕시코에서의 교회 박해(1926.11.18.)
iniquissimus, -a, -um, adj. iniquus의 최상급
iníquĭtas, -átis, f. [iníquus] 불균형(不均衡), 불공정,
　(전투에서) 불리한 지세(지형), 불리한 여건(餘件),
　난관, 역경, 장애, 장애물, **불의**(不義.@ injustice),
　부정(不正-바르지 않음), **불법**(不法.ἀνομία), 비행(非行),
　불합리한(지나친) 요구, 죄악(罪惡.@ Lawlessness).
　arma iniquitatis. 악의 무기/
　Et in umbra alárum tuárum spěrabo donec transeat iniquitas. 당신 날개의 그늘에 나는 숨나이다.
　　* 재앙이 지나갈 그 때까지/
　In quorum manibus iniquitates sunt: dextera eorum repleta est muneribus. 그들의 손은 죄악에 물들었고, 오른손은 뇌물(賂物)로 가득 찼나이다/
　Iniquitates suæ capient impium, et funibus peccatorum suorum constringetur. (paranomi,ai a;ndra avgreu,ousin seirai/j de. tw/n e`autou/ a`martiw/n e[kastoj sfi,ggetai) (獨 Den Gottlosen werden seine Missetaten fangen, und er wird mit den Stricken seiner Sünde gebunden) (@ By his own iniquities the wicked man will be caught, in the meshes of his own sin he will be held fast) 악인은 제 악행에 붙잡히고 제 죄의 밧줄에 얽매인다.(성경 잠언 5, 22)/악인은 제 잘못에 걸리고 제 죄의 올무에 얽매인다(공동번역 잠언 5, 22)/
　mysterium iniquitatis. 죄의 신비(2데살 2, 7. 참조). 부정의 신비/
　Nemo dicat: Aliud est peccatum, aliud iniquitas.
　누구도 죄와 불법이 서로 다르다고 말해서는 안 됩니다.
　(최익철 신부 옮김. 요한 서간 강해. p.209).
iniquum est. 부당하다(indignum est.)
iníquus, -a, -um, adj. (in²+æquus)
　(지형 따위가) 평평하지 않은, 험한,
　(무게, 수량 따위가) 같지 않은, 불균형의, 불평등한,

지나친, 불공정한, **불공평한, 불합리한,** 불리한,
불편한, 어려운(חָזָק), **불의한,** 부정한, 불법의,
비행의, **부당한,** 적의를 품은, 원수진, 비호의적인,
(마음이) 평온하지 못한, 침착하지 못한, 언짢은,
마지못해(억지로) 하는, 불만스러운.
　amor iniquus. 불공정한 사랑/
　Ego peccator homo sum, sed iniquus non sum.
　누구도 '나는 죄인이지만 악인은 아니다'고 말해서는 안됩니다.(최익철 신부 옮김. 요한 서간 강해. p.209)/
　Experior deos iníquos. 신들이 고약하다는 것을 경험하다/
　Iniqua regna numquam perpetuo manent.
　불의한 왕국은 결코 영구히 존속하지 않는다.
　[numquam (부사) '결코 …아닌'; perpetuo (부사) '길이, 영구히']/
　Judica me, Deus, et discerne causam meam de gente non sancta: ab homine iniquo et doloso erue me.
　(@ Do me justice, O God, and fight my fight against an unholy people, rescue me from the wicked and deceitful man) 하느님, 제 권리를 되찾아 주소서.
　충실치 못한 백성을 거슬러 제 소송을 이끌어 주소서.
　거짓되고 불의한 자에게서 저를 구하소서/
　Ne dicas, peccator sum, sed iniquus non sum: Peccatum iniquitas est. 나는 죄인이지만 악인은 아니라고 말하지 마십시오. 죄는 곧 불법입니다(최익철 신부 옮김. 요한 서간 강해. p.227)/
　Quod sicut iniqui male utuntur lege, quæ bona est, ita justi bene utuntur morte, quæ mala est. 악인들이 선 한 율법을 악용하듯이 의인들은 죽음도 선용합니다.
　(교부문헌 총서 17, 신국론, p.2788).
initiális, -e, adj. (inítium) 시작의, 시초의. m., pl. 발기인
initiaménta, -órum, n., pl. (inítio) 초보교육, 기초지도
initiátĭo, -ónis, f. (inítio) 시작, 개시(개통-시작),
　착수(着手-어떤 일에 손을 댐. 또는 어떤 일을 시작함),
　(종교예식 따위에 대한) 기초지도, 입회(入會),
　입교식, 입단식, 성인식(@ initiátĭon ceremony).
　De eucharistia et christiana initiatione(@ The Eucharist and Christian initiation) 성체성사와 그리스도교 입문.
initiátĭo christĭana(@ Christĭan Initiátĭon).
　그리스도교 입문.
inítĭo, -ávi, -átum, -áre, tr. (inítium) **시작하다.**
　착수(着手)하다, **초보**(初步)**를 가르치다**(전수하다),
　종교적 예식에 참여시키다(받아들이다),
　성직(聖職)**을 수여하다,** 입교시키다, 세례 주다.
　Initiationis christianæ auctor Episcopus.
　그리스도교 입교를 위한 주교의 책임/
　Scio ab isto inítio tractum esse sermónem.(traho 참조)
　우리의 대화가 이 점에서 출발하여 시작하였다고 생각한다.
inítĭum, -i, n. (íneo)
　처음(πρώτος.ἀρχὴ), 시초(ἀρχὴ), 시작, 서두, 첫머리,
　(pl.) 출발, 원소, 근본, 기원, 학문의 (기본) 원리,
　(pl.) (특히) Ceres 신의 제사; 종교예식(제사)에 쓰는 물건,
　(pl.) 점(占). ab inítio. 처음부터, inítio 처음에.
　ab initio. 당초부터/
　De duobus ordinibus generationis in diversos fines ab initio procurrentis. 인간 세대의 두 계보와 처음부터 다른 종말을 향하는 진로.(교부문헌 총서 17, 신국론, p.2796)/
　duco belli inítium a fame. 기아 때문에 전쟁을 시작하다/
　Est novam initium, respectu prioris.
　　(@ It is a new beginning in relation to the first)
　첫 번째 시작에 비해서 이것은 새로운 시작입니다/
　Factum est, ego sum Alpha et Omega,
　initium et finis. 다 이루어졌다. 나는 알파이며
　오메가요 처음이며 마지막이다/
　Hoc est initium figmenti domini. 하느님의 처음 솜씨다.
　(교부문헌 총서 16, 신국론, p.1182)/
　Novis inítiis opus est. 점을 다시 쳐야 한다/
　Nullo initio, nullo termino, nullo spatio latitudinis; quia est quod est, quia ipse est qui est.
　시작도 없고 마침도 없으시며, 시공도 없으십니다.
　그 분은 '있음'이시고, 나아가 '있는 분'이시기 때문입니다/
　Numquid tamen desperandum est? in quo vides initium,

cur desperas finem? 그렇다고 실망해서야 되겠습니까?
그대는 시작을 보고 있는데, 왜 끝 때문에 실망합니까?.
(최익철 신부 옮김. 요한 서간 강해. p.389)/
Omne initium difficile est. 무릇 시작이란 어려운 것이다/
suæ creationis initium. 자기 창조의 시원(始原)
initium cápere ab(ex) abl. …부터 시작하다
initium conversatiónis. 수도생활의 시작(始作)
initium conversiónis. 수도생활의 시작(까시아누스 제도집 4,39,1).
initium fidei. 신앙의 시작[아우구스티노가 당시 로마의 식스투스
사제에게 보낸 서간 194번 3장 9절에 나오는 70인역 성서에서 지접 번역. 인용한
다음의 하가 4, 8. "신앙에 의해 시작되는 가운데 오게 오게 되고 지나가는" veniens et
pertransies ab initio fidei 란 구절에서 유래한다. 이 말은 세례를 받기 위해 준비
하는 입교 예정자에게서 드러나는 신앙의 행위를 준비하는 성향을 일컬을 뿐
아니라 그들의 모든 행위를 일괄적으로 총칭하는 개념이기도 하다. 은총론, p.205].
initium justificationis. 의화의 시작
initium initium nostræ, confessio est peccatorum.
우리 의로움의 시작은 죄의 고백입니다.
Initium omnis peccati superbia. 교만은 모든 죄의 시작
initium Quadragesimæ. 사순절의 시작(始作)
Initium sancti Evangelii secundum Matthǽum.
성 마태오에 의한 거룩한 복음의 시작입니다.
initium sive particula civitatis. 도성의 시초 또는 부분
ínǐtum, "ineo"의 목적분사(sup.=supínum)
ínǐtus, -us, m. (ineo) 도착(到着), 도래(到來), 시작,
처음, 교미(交尾), 교접(交接-서로 닿아서 접촉함. 교미).
ínǐvi, "ineo"의 단순과거(pf.=perfectum)
I.N.J. = In nomine Jesu. '예수의 이름으로'의 약자(略字)
injéci, "injício"의 단순과거(pf.=perfectum)
Injecisti mihi metum. 너는 내게 공포심을 일으켰다
injéctio, -ónis, f. (injício) 안으로 던져 넣음, 주입, 주사,
관장(灌腸, cluster, -éris, m.), 암시, 유혹(誘惑), 이의.
(法) manus injectio(in acc.) (권리.소유권의 표시로)
손을 얹음, 손댐, 손으로 잡음, 억류(抑留).
injectionále, -is, n. (藥) 관장제(cluster, -éris, m.)
injécto, -áre, tr., freq. (injício) 힘차게 던져 넣다.
[manum alci (rei)] 손을 뻗치다, 장악하다.
injectum, "injício"의 목적분사(sup.=supínum)
injéctus, -us, m. (injício)
던져 넣음, 던져서 씌움, 부어 넣음, 주입(注入).
injício, -jéci -jectum -ěre, tr. (in¹+jácio) 던져 넣다.
안으로 던지다, 집어넣다, 씌우다(יסר.אמר), 입히다.
때리다, 폭행하다(נכה.מחא), 일으키다, 끼치다,
야기(惹起-일이나 사건 따위를 끌어 일으킴)하다, 언급하다.
(refl.) se injicio. 뛰어 들다
injectus vestem. 옷을 입은/
Tumúltum injícere. 동요(動搖)를 일으키다.
injicio alci nomen alcjs.
누구의 이름을 아무에게(잊지 않도록) 일러주다.
injicio manum. (法) 법정으로 소환하다.
손으로 잡아 자기의 소유권을 드러내다.
injicio manum alci. 멈추게 하다
injicio manum alci(in acc.). 손을 얹다(대다).
손으로 움켜잡다, 때리다, 폭행(暴行)하다.
injicio metum alci. 누구에게 공포심을 일으키다.
injucúndǐtas, -átis, f. (injucúndus) 불쾌함, 재미없음
injucúndus, -a, -um, adj. (in²+)
불쾌한, 재미없는, (이야기가) 딱딱한, 불유쾌한.
injudicátus, -a, -um, adj. (in²+júdico)
미결의, 판결 받지 않은, 결정되지 않은.
ínjúgis, -e, adj. (in²+jugum) 아직 멍에를 메지 않은.
(文法) 연계사(連繫詞)가 없는.
injuges hostiæ. 아직 멍에를 메어보지 않은 동물의 희생/
injuges versus. 연계사를 쓰지 않은 시(詩).
injunctum, "injungo"의 목적분사(sup.=supínum)
injúnctus¹ -a, -um, p.p. (ingúngo) 이어진
injúnctus² -a, -um, adj. (in²+jungo) 결혼하지 않은
injúngo, -júnxi -júnctum -ěre, tr. (in¹+jungo)
박아 넣다, 꽂아 넣다, 심다(נצב.נטע.זרע),
연결(連結)시키다, 붙여놓다, 잇대다, 짊어지우다,
부과하다, 가(加)하다, 끼치다, 떠맡기다, 책임 지우다,

(하도록) 명하다, 보태다, 더하다.
injunxi, "injungo"의 단순과거(pf.=perfectum)
injúrǐa, -æ, f. (injúrius) 위법행위, 불의(@ injustice),
불법, 부정, 모욕(侮辱), 폭언(暴言), 폭행(暴行),
능욕(凌辱-남을 업신여겨 욕보임), 강간(强姦),
(권리) 침해(侵害-침범하여 해를 끼침), 상해(傷害.ㄱ기-
남의 몸에 상처를 내어 해를 입힘), 위해(危害-사람의 생명을 위협하는
해나 위험), 가해(加害), 손해(損害), 손상(損傷),
명예훼손(名譽毁損), 비방(誹謗) (지나친) 엄격(嚴格),
엄하게 다룸, (불의에 대한) 보복(報復-앙갚음).
Bono vinci satius est quam malo more iniuriam vincere.
착한 이에게는 나쁜 방법으로 부정을 이기기보다는
지는 것이 더 낫다/
Duobus modis, aut vi aut fraude fit injuria.
불의는 두 가지 방법으로 가해진다. 강제로 아니면 사기로/
Est maiestatis populi Romani prohibere iniuriam neque
pati cuiusquam regnum per scelus crescere. 부의를 제지
하고 그 어느 백성의 왕국도 불의로 융성함을 용인하지
않음, 바로 이것이 로마 국민의 위엄(대권大權)이다/
facile ærumnarum ferre possunt si inde abest injuria;
etiam injuriam, nisi contra stant contumeliam.
불의에서 오는 것이 아니라면 사람들은 고난을 쉽사리
참을 수 있다네. 그리고 불의도 견뎌낼 수 있지. 모욕을
당하지 않는다면 말일세(성 염 지음. 사랑만이 진리를 깨닫게 한다. p.450)/
Illi amando delectationes peccatorum, non agnoscebant
Deum: amando quod febris suadebat, iniuriam medico
faciebant. 사람들은 죄의 쾌락을 사랑하면서 하느님을
알아 뵙지 못했습니다. 열병의 꼬드김은 사랑하면서 의사
에게는 모욕을 퍼붓는 격입니다(최익철 신부 옮김. 요한 서간 강해. p.199)/
impúne injúriam accípere. 아무렇지도 않게 모욕을 당하다/
indignus injúriā. 억울하게 모욕당하는/
injúrias alcjs ulciscor. 누구에게서 받은 모욕을 복보하다/
Injurias dicimus tam illorum qui patiuntur quam illorum
qui faciunt. 우리는 '불의'(iniuriae)라는 말을 할 때에 행한
이들의 것도 (능동적 불의) 당하는 이들의 그것도
(수동적 불의) 다 말한다(성 염 지음. 고전 라틴어. p.385)/
Injurias inimici quéreris. 너는 원수의 불의를 원망하고 있다/
Is, qui non defendit injuriam, cum potest, injuste facit.
불의를 막을 수 있을 때 막지 않는 자는 불의를 행하는 것이다/
Marcus agnóvit injúriam suam.
마르꼬는 자기 불의함을 인정하였다.
[인칭대명사의 속격인 mei, tui, sui, nostri, vestri는 언제나 객어적 속격
이므로 그것을 주어적 속격으로는 쓸 수 없다. 그러므로 주어적 속격의 뜻을
표시하기 위해서는 각 인칭에 상응하는 소유대명사(meus, tuus, suus,
noster, vester)를 써야 하며, 그 소유대명사는 대명사적 부가어의 규칙에
따라 꾸며 주는 명사의 성. 수. 격에 일치 되어야한다]
Nulla injuria est, quæ in volentem fiat. 그것을 원하는
자에게 행하여진 것은 결코 권리 침해가 아니다/
Obliviscendum est nobis acceptarum injuriarum.
우리는 받은바 모욕(侮辱)을 잊어버려야 한다/
patior facile injuriam, si est vacua a contumelia.
욕되는 것만 없다면 말일세 불의도 기꺼이 참겠어.
(성 염 지음. 사랑만이 진리를 깨닫게 한다. p.450)/
quo jure quaque injuria. 옳든 그르든/
tempero ab injúria. 불의를 삼가다/
testis injurátus. 맹세하지 않은 증인(證人)/
Ut ira sit libido pœniendi ejus qui videatur læsisse
injuria. 분노란 불의로 손상을 당한 사람이 그에
대해서 응징하려는 욕정이다(교부문헌 총서 16. 신국론. p.1500).
injúrǐa mea. 나의 불의(즉 내가 범한 불의不義)
Injuria non præsumitur. 불의(불법행위)는 추정되지
않는다.(=자기에게 불의를 끼치리라고 추정하여 자행
하는 악행은 정당화되지 않는다. 성 염 지음. 고전 라틴어. p.206]
injúrǐo, -ávi, -átum, -áre, tr. (injúria)
(누구에게) 폭행하다(נכה.מחא), 가해하다, 학대하다.
injúrǐor, -átus sum, -ári, dep., tr. (injúria)
모욕하다, 폭행하다(נכה.מחא).
injuriósus, -a, -um, adj. (injúria) 불의한, 부당한,
불법적인, 모욕적인, 폭행의, 손해 끼치는, 권리 침해의.
injúrǐus, -a, -um, adj. (in²+jus¹) 불의한, 부당한, 불법적인.

615

Brundisini, Pompeianorum militum injuriis atque ipsius Pompei contumeliis permoti, Cæsaris rebus ferebant. 브룬디시움 사람들은 폼페이우스파 병사들의 행패와 폼페이우스 본인의 멸시에 상심하여 카이사르의 사정을 편들고 있었다.[성 염 지음, 고전 라틴어, p.395]/
ipsus sibi esse injurius videatur. 그는 스스로도 불의한 인간이라고 생각될 걸세(성 염 지음, 사랑만이 진리를 깨닫게 한다, p.457)/
multimodis injurius, Clithipo, es neque ferri potis es. 클리티포, 자넨 여러모로 불측한 사람이요, 도무지 봐 줄 수가 없네(성 염 지음, 사랑만이 진리를 깨닫게 한다, p.457)/
oderunt di homines injurios(나이비우스). 신들은 불의한 자들을 미워하신다(성 염 지음, 사랑만이 진리를 깨닫게 한다, p.460)/
scienti et volenti non fit injuria. 알고 또한 원하는 자에 대해서는 침해(侵害)는 존재하지 않는다.

injúro, -ávi, -átum, -áre, tr. (in²+) 맹세하지 않다, (p.p., dep.) injurátus, -a, -um, 맹세하지 않은.

injússu. m. 명령 없이, 명령 받지 않고(격부족 명사로 단수 탈격만 남아 있으면서 부사어로 쓰이는 명사. injussus, m.의 단수 탈격임).

injússus¹ -a, -um, adj. (in²+júbeo) 명령받지 않은, 자발적(自發的), 자연적으로의, 저절 로의.

injússus² abl. -u, m. 명령 없음

injússus meo. 내 명령 없이

injustítĭa, -æ, f. (injústus) 불의([영] injustice), 부정, 불법, 불공정, 불공평, 부당(不當), 지나친 엄격.
eum ego hinc ejeci miserum injustitia mea. 고 가엾은 것을 이 집에서 쫓아내 버렸지. 내 불의한 소치로(성 염 지음, 사랑만이 진리를 깨닫게 한다, p.458)/
Omnis iniustitia peccatum est, et est peccatum non ad mortem.([영] All wrongdoing is sin, but there is sin that is not deadly) 모든 불의는 죄입니다. 그러나 죽을죄가 아닌 것도 있습니다.

injustum est. 불공정하다(justum est. 공정하다)

injústus, -a, -um, adj. (in²+) 옳지(의롭지) 못한, **불의한**, 부정한, 불법의, **부당한**, 불공평한, 악한, 악의에 찬, 지나친, 과도한, 비합리적인, 지나치게 엄격한, 불법으로 얻은. n. 불의(不義), 불법(不法), 부정(不正).
contra hominem justum prave condendere noli; semper enim deus injustas ulcisitur iras. 의로운 사람에게 악의로 시비를 걸지 말라. 신은 불의한 분노를 반드시 복수하시느니라. (성 염 지음, 사랑만이 진리를 깨닫게 한다, p.456)/
Injusta impetrare non decet. 불의한 것을 청해 얻는 것은 부당하다/
injusta potentia. 불의한 공권력/
matrem ob jure factum incilas genitorem injustum adprobas. 너는 어미가 정당하게 행한 바를 두고서 어미를 힐난하고 불의한 아비는 옳았다고 우기는구나. (성 염 지음, 사랑만이 진리를 깨닫게 한다, p.451)/
militia injusta aut inæqualis. 불의하거나 혹은 불공정한 군복무/
Nemini injuste facta conducunt. 불의한 일은 아무에게도 이롭지 못하다.
quæstiones injustæ. 누명(陋名-사실이 아닌 일로 이름을 더럽히는 억울한 평판. 성 염 지음, 사랑만이 진리를 깨닫게 한다, p.482)/
quam multa injusta ac prava fiunt moribus! 사람의 도리라면서 얼마나 많은 불의와 행악이 가해지는지!/
Romani injusti. 불의한 로마인들/
Romanos injustos, profunda avaritia communis omnium hostis. 불의한 로마인들, 그 극심한 야욕으로 말하면 만민의 공동의 적(성 염 지음, 사랑만이 진리를 깨닫게 한다, p.482)/
servi ære parati injusta imperia dominorum non perferunt. 무릇 돈으로 산 노예들마저도 주인들의 불의한 명령은 견뎌내지 못한다(성 염 지음, 사랑만이 진리를 깨닫게 한다, p.482)/
supplicium injustum. 불의한 징벌(懲罰).

injuvenésco, -ĕre, intr. (in¹+) 젊어지다, 회춘하다

inl··· V. **ill**···

inm··· V. **imm**···

innábĭlis, -e, adj. (in²+no) 헤엄쳐 건널 수 없는, 배를 저어갈 수 없는.

innascíbĭlis, -e, adj. (in²+nascor) 출생할 수 없는, 창조될 수 없는.

innascibilitas, -átis, f. (백민관 신부 엮음, 백과사전 2, p.351) (그리스어 Agennesia). 비피생설, 낳음을 받지 않음.

innáscor, (-ĕris, -ĭtur), -nátus sum, -sci, dep., intr. (in¹+) 출생하다, 나다, 돋아나다, 자연적으로 있다, (*alci*) 무엇을 타고나다(선천적으로 지니다),
innátum vítium. 타고난 악습(惡習)/
Omnĭbus innátum est esse deos. 모든 사람은 신성(神性)을 타고났다.

innatívĭtas, -átis, f. (in²+) 창조되지 않음

innáto, -ávi, -átum, -áre, intr. (in¹+) 위에 떠있다, 위를 헤엄쳐 가다, 헤엄쳐 들어가다(건너가다), 넘쳐흐르다, 범람(汎濫)하다, (머리털이) 나부끼다.

innátus, -a, -um, p.p. (innáscor) **생득(生得)의**, **타고난**, 선천적으로 지녀진(지닌), 자연스러운.
adj. (in²+nascor) 창조되지 않은.
idéa innáta. 생득관념(개념), 본유관념(사람이 태어나면서 부터 지니고 있는 선천적 관념. 생득관념生得觀念)/
jus primigenium. 생득권(innatum. 존재 자체로 얻어지는 권리).

innavigábĭlis, -e, adj. (in²+) 항해불능의, 배를 저을 수 없는.

innávĭgo, -áre, intr. (in¹+) 항해(항행)하다, 저어가다

innécto, -néxŭi -néxum -ĕre, tr. (in¹+) 매다(רתק.ריתק), 묶다(רסא.ותח.רקע.רתק.ריתק), 감다, 연결시키다, 보태다, (계획 따위를) 짜다(צרר), 관련(關聯)시키다.

innérvis, -e, adj. (in²+nervus) 힘없는, 약한, 탄력 없는

innexui, "innécto"의 단순과거(pf.=perfectum)

innexum, "innécto"의 목적분사(sup.=supínum)

innítor, (-ĕris, -ĭtur), níxus(nísus) sum, níti, dep., intr. (in¹+) **의지하다**, 기대다, 기대어 쉬다, …에 **달려있다**, 좌우되다, 지탱하다, 맡겨지다.
actuális inisus. 실질적인 의존함.

inno, -ávi, -átum, -áre, (in¹+) intr. 위에서 헤엄치다, 헤엄쳐 가다, 떠있다, 표류하다, 항해(항해)하다.
tr. 항해(항해)하다, 배로 건너가다.

ínnŏcens, -éntis, adj. (in²+nóceo) **무죄(無罪)한**, 무고한, 애매한, 탓 없는, 흠 없는, 결백한, 해롭지 않은, 해를 끼치지 않는, 악의 없는, 바른, 청렴한, 사심 없는, 순진한, 천진난만한.
m., pl. (예수 탄생 무렵에 살해당한) 무고한 어린이들.
Quamquam innocens ĕrat, damnátus est. 그는 비록 무죄지만 처형(處刑)되었다/
Socrates quamquam innocens erat, damatus est. 소크라테스는 비록 무죄였지만, 단죄(斷罪)를 받았다.

Innocens cáptus, nec repúgnans dúctus, téstibus fálsis pro ímpiis damnátus: quos redemísti, tu consérva, Chríste.
우리 주 그리스도 당신께 청하니, 무죄한 이들 거짓 증언으로 단죄됨 없게 보호해 주소서.(무죄하신 당신께서 잡히시고, 반항하지 않으시는 당신께서 투옥되셨으며, 거짓 증인들에 의해 불의한 자들을 위해 단죄 받으셨으니, 그리스도님, 당신께서 구원하신 이들을 보호하소서).
[dúctus, 원형 dūco, dūxi, ductum, ducĕre, tr. -수동형 과거분사. 남성 단수 ductus, -a, -um. damnátus, 원형 damno, -ávi, -átum, -áre, tr. -수동형 과거분사. 남성 단수 damnatus, -a, -um.].

innocéntĭa, -æ, f. (innocens) 해(끼)치지 않음, 무죄, 결백(潔白), 의로움, 사심 없음, 청렴(淸廉-마음이 고결하고 재물 욕심이 없음). (神) 타락하기 이전의 인류가 초자연적 은총을 받은 상태; 세례로써 원죄.개인 죄 및 그 벌의 전적 사면(赦免)을 받은 상태.
In favorem vitæ, libertatis et innocentiæ, omnia præsumuntur. 무엇이든지 (본인의) 생명과 자유와 무죄에 유리하게 추정(推定)하는 법이다/
Omnes infantium innocentia commovemur. 우리는 누구나 어린이들의 순진무구함에 감동한다.

Innocentium Martyrum SS. Festum.
무죄한 어린이들의 순교축일(古.제성영해치명), 무죄한 아기 순교자들의 축일미사(12월 28일).

innócŭus, -a, -um, adj. (in²+nóceo) **해치지 않은**, 해롭지 않은, 해독이 없는, 해 받지 않는, 손상되지 않은, 무사한, 무죄한, 착한(מוֹב/טֹב), 결백한.

innodátĭo, -ónis, f. (innódo) 묶음, 얽음, 규정, 속박(束縛)

innódo, -ávi, -átum, -áre, tr. (in¹+) 매다(רטק.רשק), 묶다(רסא.רטק.רצח.רגח.רטק), 얽다, 엉키게 하다, 뒤얽히게 하다.

innomĭnábĭlis, -e, adj. (in²+nómino) 이름 붙일 수 없는

innominátus, -a, -um, (=innominis, -e,) adj. (in²+nómino, nomen) 무명(無明)의, 이름 없는.

innominis, -e, adj. = innominátus, -a, -um,

innotésco, -nótŭi -ĕre, intr. (in¹+notus, nosco) 널리 알려지다, 드러나다(אלג.הלג), 유명해지다, 날이 새다, 밝아오다, tr. 알다(עדי)

innotítĭa, -æ, f. (in²+) 무지(無知), 무식, 모름

innóto, -áre, tr. (in¹+) 표하다, 기록하다

innótŭi, "innotésco"의 단순과거(pf.=perfectum)

innovátĭo, -ónis, f. (innóvo) 쇄신(刷新.⑨ Renewal), 갱신(更新) 개선, 개량(改良), 개혁, 혁신(革新).

innóvo, -ávi, -átum, -áre, tr. (in¹+) 갱신(更新)하다, 개혁하다, 새롭게 하다, 쇄신(刷新)하다, 개량하다.
　Lite pendente, nihil innovetur. 소송(訴訟)이 계속(심리)
　되는 동안에는 아무 것도 혁신되지 못 한다/
　Nihil innovatur nisi quod traditum est 전해져 오는
　것이 아니면, 아무 것도 갱신(更新)되지 않는다.

innóxĭus, -a, -um, adj. (in²+) **해롭지 않은**, 해 끼치지 않는, 무해한, 무죄한, 탓 없는, 정직한, 악의(惡意) 없는, 해 받지 않는, 상처(傷處) 없는, 무사한, 안전한, 벌 받지 않은, (죄의) 근거 없는.

innoxius críminis. 죄 없는

ínnŭba, -æ, f.
　미혼(처)녀(mulier vacua), 처녀(הָלוּתְּב.⑨ Virgin).

innúbĭlo, -áre, tr. (in¹+) 어둡게 하다, 구름으로 덮다

innúbĭlus, -a, -um, adj. (in²+) 구름 없이 개인, 청명한, 맑은

innúbis, -e, adj. (in²+nubes) 구름 없는

innúbo, -núpsi -nútum -ĕre, intr. (in¹+) 출가하다, 시집가다, 결혼하다

ínnŭbus, -a, -um, adj. (in²+nubo) 시집가지 않은

innumerábĭlis, -e, adj. (in²+) 헤아릴 수 없는, 무수한.
　Artes innumerabiles repertae sunt natura docente.
　자연의 가르침을 받아, 수많은 기예들이 발명되었다.

innumerabílĭtas, -átis, f. (innumerábĭlis)
　무한한 수(數), 무수(無數).

innumerális, -e, (=innumerus, -a, -um) adj. (in²+númerus) 무수한.

innumerus, -a, -um, adj. = innumerális, -e,

ínnŭo, -ŭi, -útum -ĕre, intr. (in¹+) 고개를 끄떡이다, 의사표시 하다, 가리키다, 허락하다, 지시하다(רקד).

innupsi, "innúbo"의 단순과거(pf.=perfectum)

innuptum, "innúbo"의 목적분사(sup.=supínum)

innúptus, -a, -um, adj. (in²+nubo) 미혼의.
　f. 미혼녀(未婚女). m. 독신(남)자.
　núptiæ innúptæ. 불법적인 결혼(結婚).

innutríbĭlis, -e, adj. (in²+nútrio) 영양분 없는, 기를 수 없는.

innútrĭo, -ívi -ítum -íre, tr. (in¹+)
　양육(養育)하다, 기르다(בר.אבר), 키우다.

innutrítus, -a, -um, p.p. (innútrio)
　adj. (in²+nútrio) 양육되지 않은.

inobaudiéntĭa, -æ, f. 불순명(不順命), 불순종(不順從)

inobedi… V. inobœdi…

inobjurgátus, -a, -um, adj. (in²+objúrgo) 책망 받지 않은

inobléctor, -ári, dep., intr. (in¹+obléctor)
　기뻐하다(חמר.חדח), 즐거워하다.

inoblitterátus, -a, -um, adj. (in²+oblíttero)
　지워지지 않은, 잊어버리지 않은.

inoblítus, -a, -um, adj. (in²+oblivíscor) 잊지 않은, 기억하는

inobœdĭens, -éntis, p.proœs. (inobœdio)
　불순종하는, 반항(反抗)하는.

inobœdiéntĭa, -æ, f. (inobœdiens) 불순명, 불순종, 반항.
　De justitia retributionis, quam primi homines pro sua
　inobœdientia. 원조가 자신들의 불순종으로 받은
　응보의 정당함.(교부문헌 총서 17. 신국론. p.2792).

inobœdĭo, -íre, intr. (in²+)
　불순명하다, 불복종하다, 반역하다.

inóbrŭtus, -a, -um, adj. (in²+óbruo) 눌리지 않은,
　잠기지 않은, 덮이지 않은, 끄떡도 안 하는.

inobsǽptus, -a, -um, adj. (in²+obsǽpio)
　막히지 않은, 폐쇄(閉鎖)되지 않은.

inóbsĕquens, -éntis, adj. (in²+óbsequor) 순종하지 않는

inobsequéntĭa, -æ, f. 불순명, 불순종, 불복종(不服從)

inobservábĭlis, -e, adj. (in²+) [反 observábĭlis, -e, adj.]
　관찰할 수 없는, 눈에 띄지 않는, 지키기 어려운

inobsérvans, -ántis, adj. (in²+obsérvo)
　주의하지 않는, 부주의한.

inobservántĭa, -æ, f. (in²+) 부주의(不注意)
　산만(散漫-어수선하여 질서나 통일성이 없음), 혼란(混亂).

inobservátus, -a, -um, adj. (in²+obsérvo) 관찰되지 않은,
　인정되지 않은, 지켜지지 않은, 감시 받지 않은.

inobsolétus, -a, -um, adj. (in²+)
　소모(消耗)되지 않은, 해어지지 않은, 피폐하지 않은.

inoccídŭus, -a, -um, adj. (in²+) 깨어 있는,
　꺼지지 않는, (날이 저물어도) 사라지지 않는.

inócco, -ávi, -átum, -áre, tr. (in¹+)
　심은 씨앗을 (농기구 따위를 써서) 보드라운 흙으로 덮다.

inoccúltus, -a, -um, adj. (in²+) 숨겨지지 않은, 드러난

inoculátĭo, -ónis, f. (inóculo) 접목(接木), 접붙이기, 이식(移植), 명심(銘心).

inoculor, -óris, m. (inóculo) 접붙이는 사람,
　무엇을 가르쳐 마음에 박아 주는 사람.

inócŭlo, -ávi, -átum, -áre, tr. (in¹+óculus) 접목하다,
　접붙이다, 마음에 박아주다(심어주다), 장식하다.

inodóro, -ávi, -átum, -áre, tr. (in¹+odor)
　냄새를 배게 하다, 냄새를 내다.

inodóror, -átus sum, -ári, dep., tr. (in¹+odóror)
　(개가) 냄새 맡다, (숨은 것을) 알아내다.

inodórus, -a, -um, adj. (in²+odor)
　냄새 없는, 향기 없는, 무취의.

inofténsus, -a, -um, adj. (in²+) 부딪치지 않은,
　상해 입지 않은, 다치지 않은, 방해 없는, 거침없는,
　훤히 트인, 쉬운. inoffensa via. 트인 길.

inofficiósus, -a, -um, adj. (in²+) 존중하지 않는,
　의무를 소홀히 하는(다하지 않는), 불친절한,
　원하는 일을 해주지 않는, 인정 없는, 도의심 없는.

ínŏlens, -éntis, adj. (in²+) 향기 없는, 냄새 없는

inolésco, -lévi -lítum -ĕre, (in²+olésco)
　intr. 함께 붙어 자라다, 엉겨 붙다, 뿌리박고 자라다.
　tr. 뿌리박게 하다, 자라게 하다, 심어주다, 박아주다,
　성장하다, 성장하게 하다.
　p.p. 뿌리박힌, 오래된.

inŏlévi, "inolésco"의 단순과거(pf.=perfectum)

inolitum, "inolésco"의 목적분사(sup.=supínum)

inominális, -e, adj. (in²+omen) 좋지 못한 징조의, 불길한

inominátus, -a, -um, adj. (in²+óminor)
　불행한, 불길한, 처참한, 흉악한.

inopáco, -áre, tr. (in¹+)
　그림자로 가리다, 컴컴하게 하다, 그늘 지우다.

inopácus, -a, -um, adj. (in²+) 그늘 없는, 그림자 없는

inoperátus, -a, -um, adj. (in²+óperor) 한가한,
　부지런하지 못한, 만들어지지 않은, 창조되지 않은.

inópĕror, -átum sum, -ári, dep., tr. (in¹+)
　일하다, 공들이다, 노력하다, 힘쓰다.

inopértus, -a, -um, adj. (in²+)
　덮이지(가리지) 않은, 노출된, 발견된, 드러난, 밝혀진.

Inopi beneficium bis dat, qui cito dat. 궁한 사람에
　게 도움을 빨리 주는 사람은 두 배로 주는 셈이다.

inópĭa, -æ, f. (inops) 부족, **결핍**(缺乏), 결여(缺如),

I

가난(ⓖ poverty), **빈곤**(貧困.ⓖ poverty-가난),
곤궁(困窮), 궁핍(窮乏.ⓖ Needy), 빈궁(貧窮),
곤경(困境-어려운 형편이나 처지), 어려움.
ad inópiam redigo *alqm*. 아무를 곤경에 빠뜨리다/
excuso inópiam. 가난을 핑계 대다/
Vitĭum pejus ex inópia venit.
　빈곤(貧困)에서 더 큰 악습이 생긴다.
inopinábĭlis, -e, adj. (in²+)
　생각(상상.짐작) 할 수 없는, 뜻밖의, 이상한.
inopínans, -ántis, adj. (in²+opínor) 방심한, 뜻밖의,
　상상도(예측하지) 못하고 있는, 허점을 가지고 있는.
inopinanter(**-nate, -nato**), adv.
　(inopínans, inopinátus) 의외에, 뜻밖에, 갑자기.
inopinátus, -a, -um, adj. (in²+opínor)
　의외의, 불의의, 예상외의, 생각하지(예기치) 못했던,
　갑작스런, 불시의, 이상한. n. 뜻밖의 일.
　ex inopináto. 뜻밖에, 불시에.
inopínor, -ári, dep., tr. (in¹+)
　의심(疑心)하다, 추측(推測)하다, 짐작하다.
inopínus(=inopinátus) -a, -um, adj. (in²+opínor)
inopiósus, -a, -um, adj. (inops) 매우 결핍된, 부족한
inoppidátus, -a, -um, adj. (in²+óppidum)
　도시 없는, 도시 생활을 하지 않은.
inopportúnĭtas, -átis, f. 기회(시기)의 부적당함
inopportúnus, -a, -um, adj. (in²+)
　(어떤 목적에) 적합(적당)치 않은,
　기회(시기)가 적당치 않은, 시의(時宜)에 맞지 않은.
inops, -ópis, adj. (in²+ops) **없는**, 도움 없는,
　희망 없는, 결여된(expers, -pértis, adj.), 빼긴,
　부족한, 결핍된, 필요한, 가난한, 빈곤한, **궁핍한**,
　(어휘가) 빈곤한, 약한, 가련한, 보잘 것 없는.
　ex inope dives factus.(fio 참조) 가난뱅이에서 부자가 된 사람/
　terra inpos pacis. 평화 없는 땅.
inops amicis(ab amicis, amicorum) 친구 없는 사람
inops consilii. 어찌할 바를 모르는.
inoptátus, -a, -um, adj. (in²+) 바라지(원하지) 않은, 불쾌한
inorátus, -a, -um, adj. (in²+oro)
　말로 설명하지 않은, 발표하지 않은.
inordinálĭter, adv. (in²+ordo) 순서 없이, 복잡하게
inordinate(=inordinátim) adv. (inordinátus)
　불규칙적으로, 순서(질서) 없이, 난잡하게.
inordinátim, adv. = inordinate
inordinátĭo, -ónis, f. (inordinátus)
　불규칙(不規則), 혼잡(混雜), 무질서(無秩序).
inordinátus, -a, -um, adj. (in²+) 순서(질서) 없는,
　혼잡한, 방종한. n. 무질서(無秩序), 혼잡(混雜).
inoris, -e, (=inorus, -a, -um,) (in²+os²) 입 없는
inornátus, -a, -um, adj. (in²+) 장식(裝飾) 없는,
　꾸미지 않은, 매만지지 않은, 단순한, 칭찬 받지 못한.
inorno, -áre, tr. (in¹+) 장식하다, 꾸미다(חבי,בצי,זוק)
inorus, -a, -um, (=inoris, -e,) (in²+os²) 입 없는
inotiósus, -a, -um, adj. (in²+)
　한가하지 않은, 부지런한, 바쁜, 분주한.
inp… V. imp…
inprimis(=imprimis), adv. (in⁴+primus)
　특히, 우선(優先), 주로(주되게).
Inpse dixit. 그 자신이 그것을 말했다(독단적인 말)
inquam(=ínquĭo), (-quis, -quit), (impf. inquiébat,
　fut. ínquies, -et), pf. ínquii, (-quísti, -quit) def.
　(직접화법의 인용문 도중에 삽입됨) 말하다:
　Aulam auri, inquam, te reposco, quam tu confessus es
　mihi te abstulisse. 내 말하지만, 금 냄비를 돌려 줄 것을
　네게 청식으로 요구한다. 금 냄비를 네가 나한테서
　앗아갔노라고 네 입으로 자백하였으니까/
　Tuémini inquit, castra.
　'너희는 진지를 지켜라' 하고 그가 말했다.

inquántum, adv., conj. (in¹+) 얼마나, … 하는 한
inquantum hujusmodi, sit quoddam bonum.
　화합은 어느 모로든 선한 것이다.
inquantum scio. 내가 아는 한에는
inquassátus, -a, -um, adj. (in²+quasso)
　동요치 않은, 약해지지 않은.
ínquĭes, -étis, adj. (in²+) 조용하지 않은, 불안한, 들뜬,
　f. 불안(獨 die Angst), 번민(煩悶), (마음의) 동요.
inquietátĭo, -ónis, f. (inquiéto)
　불안(獨 die Angst), 동요하게 함.
inquietátor, -óris, m. (inquiéto)
　혼란을 일으키는 자, 동요시키는 자.
inquietior, -or -us, adj. = inquiétus
inquietissimus, -a, -um, adj. = inquiétus
inquiéto, -ávi, -átum, -áre, tr. (inquiétus)
　가만히 있지 못하게 하다, 불안하게 하다,
　혼란시키다, 귀찮게 하다, 동요시키다.
　(法) 시비 걸다(אנד,בצי), 고소(告訴)하다, 재판 걸다.
inquietúdo, -dǐnis, f. (inquiéto) 고요하지 못함,
　걱정, 불안(獨 die Angst), 동요(動搖), 혼란(混亂),
　귀찮게 함, 미열(微熱-건강한 몸의 체온보다 조금 높은 체온).
Inquietum cor nostrum donec requiescat in Te.
　주님 안에 쉬기까지는 우리 마음 쉬지 못하나이다.
Inquietum est cor nostrum. 우리의 마음은 불안하다
inquiétus, -a -um, adj.
　고요하지 못.한, 불안한, 흔들리는, 동요한.
inquilinátus, -us, m. (inquilínus) 셋집살림, 임대차(賃貸借)
inquilínus, -a, -um, adj. (in+colo²)
　(흔히 명사적으로 씀) 세 들어 사는; 동거자, 세낸 사람,
　세든 사람, 차용자, Roma 출신이 아닌 뜨내기 시민,
　스승의 강의를 받지 않은 뜨내기 제자.
inquinaméntum, -i, n. 불결, 오물(汚物-배설물), 쓰레기,
　똥(대변), 죄(אסח,אטח.ⓖ ἁμαρτία.άσέβεια.ⓖ sin).
inquinátĭo, -ónis, f. (ínquino) 더럽힘, 불결케 함
inquinátus, -a, -um, p.p., a.p. (ínquino)
　더럽혀진, 불결한, 오염(汚染)된, 물들이는, 물든,
　오손된(더럽히고 손상됨), 부당한, 추잡한, 상스러운.
ínquĭno, -ávi, -átum, -áre, tr. (in¹+cúnio)
　더럽히다(חזף), 오염시키다, 물들이다(צבע), 칠하다,
　못쓰게 만들다. 오점을 남기다, 욕되게 하다, 변질시키다.
ínquĭo(=inquam), (-quis, -quit), (impf. inquiébat,
　fut. ínquies, -et), pf. ínquii, (-quísti, -quit) def.
Inquirere Vias Domini. 하느님 길의 탐구
inquíro, -síví -sítum -ěre, tr., intr. (in¹+quæro)
　찾(아 보)다, 탐구(연구)하다, 조사하다, 검토(檢討)하다,
　물어보다, 알아보다, 캐묻다, 심사하다, 심문하다.
　In via veritatem ad inquirendam. 진리를 찾는 여정.
inquisítĭo, -ónis, f. (inquíro) 조사(調査), 탐구(探究),
　심문, 심사(審査), 수사(搜査), 종교재판(宗敎裁判),
　이단심문(略 Inq..ⓖ inquisittion-이단자 색출과 심문을 위해
　그레고리오 9세 교황이 설립한 법정. 이를 「마녀재판」이나「종교재판」이라
　번역하기도 함)
　징병(徵兵), 징집(徵集), 예비심사(豫備審査).
　ex rationis inquisitione. 이성적 탐구/

longa et subtilis inquisitio. 힘겹고 고된 탐구.

inquisitio de sensu. 의미탐구(意味探究)

inquisitio hæreticæ paganitatis. 이단의 조사

inquisitio veritatis. 진리의 탐구

inquisítor, -óris, m. (inquíro) 탐색자(探索者), 탐구자,
　조사자, 수사관(搜査官), 예심판사(豫審判事), 감찰관,
　종교 재판관(宗敎 裁判官), 이단 심문관(異端 審問官).
　Quotquot enim habet Eccclesia periuros, fraudatores,
　maleficos, sortilegorum inquisitores, adulteros, ebriosos,
　fœneratores, mangones, et omnia quæ numerare non
　possumus! 얼마나 많은 위증자, 사기꾼, 악행을 일삼는
　이, 점집 찾는 이, 간음하는 이, 술 취한 이, 고리대금
　업자, 노예 상인, 그리고 이루 헤아릴 수도 없는 무리들
　이 교회 안에 있습니까?.(최익철 부자 옮김, 요한 서간 강해, p.171 ~ 172).

inquisitor generális 감찰감(한국가톨릭대사전. p.5437)

inquisítus, -a, -um, p.p. (inquíro)
　adj. (in²+quæro) 탐색하지 않은, 검토하지 않은.

inquīsítum, "inquíro"의 목적분사(sup.=supínum)

inquīsívi, "inquíro"의 단순과거(pf.=perfectum)

inr⋯ V. **irr⋯**

I.N.R.I. = Jesus Nazarenus Rex Judæorum.
　유대인의 왕 나자렛 사람 예수.

Insabbatati. 나막신파(프랑스어 Sabot에서 유래하며 12세기 부유한
　상인 Valdesius가 Lyon의 빈자 또는 그리스도의 빈자라는 이름으로 창설한
　과격 신심 단체. 백민관 신부 엮음. 백과사전 2, p.355).

insǽpio, -insǽptus, -íre, tr. (in¹+) 둘러막다

insǽptīo, -ónis, f. (insǽpio)
　(보석 따위의) 결정면(結晶面), 절단면(切斷面).

insǽptus, -a, -um, p.p. (insǽpio)
　adj. (in²+sǽpio) 둘러막지 않은

insǽvīo, -íre, intr. (in¹+)
　포악한 행동하다, 미친 듯이 날뛰다, 격노(激怒)하다.

insalúber, -bris, (=insalúbris, -e,) adj. (in²+)
　건강에 해로운, 비위생적인, 이롭지 못한.

insalúbris, -e, (=insalúber, -bris,) adj. (in²+)

insalutátus, -a, -um, adj. (in²+salúto)
　인사하지(받지) 않은,; 작별 허락 받지 않은.

insanábilis, -e, adj. (in²+) 고치지 못할, 불치의

Insáni Montes, m., pl. 서부 Sardínia의 산맥

insáne, adv. 미쳐서, 광적으로, 건전치 못하게, 격렬하게

insánia, -æ, f. (insánus) 미침, 정신착란(精神錯亂),
　광기(dementĭa, -æ, f./vesania, -æ, f.), 발광(發狂-광란)
　열광(熱狂), 광란(狂亂.furia, -æ, f.), 광분(狂奔),
　착란(錯亂-감정이나 사고 따위가 뒤엉클어져 어지러움), 정신이상,
　어리석음, 몰상식(沒常識). 엄청나게 큼.
　Nero reliquos imperatores insania præcessit. 네로는 광기
　에 있어서는 다른 황제들을 능가했다
　[제한 탈격abulativus termini은 한도 내에서 가리키고자 하는 것 또는 동사. 명사.
　형용사가 표현하고자 하는 관점을 표현한다. 제한 탈격은 우리말로 "~에 관해서
　는, ~라는 점에 있어서"라고 옮긴다. 한동일 라틴어 2권, p.241].
　Optimum aliena insania frui.(fruor의 부정형)
　다른 사람의 광기를 이용하는 것이 제일 좋다.

insánĭo, -ívi(ĭi), -ítum, -íre, intr. (insánus) 미치다,
　발광하다, 미쳐 날뛰다, 터무니없는(엉뚱한) 짓을 하다,
　엄청나게 요구하다, 범하다, 빠지다.
　Semel insanivimus omnes.
　우리 모두가 한번쯤은 미친 적이 있었다/
　Si gladium quis insaniens apud te deposuerit,
　reddere peccatum sit. 어느 미치광이가 너한테 검을
　맡겼다면, 그것을 돌려줌은 곧 죄이다.

insanio errórem símilem. 같은 실수에 빠지다

insanior, -or, -us, adj. insánus, -a, -um의 비교급

insanissimus, -a, -um, adj. insánus, -a, -um의 최상급

insánĭtas, -átis, f. (insánus) 병(病), 불건전(不健全),
　정신이상(精神異狀), 정신병(精神病), 발광(發狂-광란정신狂亂),
　광기(狂氣.amentĭa, -æ, f./rabies, -éi, f.),
　엉뚱한 짓, 어리석은 짓, 미친 짓.

insánum, adv. 극도로, 대단히

insánus, -a, -um, adj. (in²+) **정신이상의**, 미친, 미친 듯한,

지각없는, 몰상식(沒常識)한, **불건전한**, 성난, 미쳐 날뛰는,
　사나운, 맹렬한, 격렬한, 과도한(nimius, -a, -um, adj.),
　엄청난, 어마어마한, 굉장한, 대단한, 미치게 하는.
　adv. **insáne; insánum,**
　Insanum qui me dicet, totidem audiet. 나를 보고 미쳤
　다고 하는 자는 (나에게서) 같은 소리를 들을 것이다.

Insanus omnis furere credit ceteros.(Publilius Syrus).
　이상한 사람은 (자기를 빼놓고) 모든 사람이 미쳤다고 믿는다.

insápĭens(=insipíens) -entis. adj.
　몰상식한, 미련한, 미숙한, 어리석은, 우둔한.

insapóro, -ávi, -átum, -áre, tr. (in¹+sapor) 맛을 더하다

insatiábĭlis, -e, adj. (in²+sátĭo) 만족을 모르는,
　배부를 줄 모르는, 싫증을 모르는, 탐욕스러운,
　끝을 모르는, 한없는, 싫증나지 않(게 하는).

insatiábĭlis pulchritúdo. 한없는 아름다움

insatiábĭlis sanguinis. 피에 굶주린

insatiabílĭtas, -átis, f. (insatiábilis) 만족을 모름,
　탐욕(貪慾.⑨ Concupiscence/Gluttony).

insatiátus, -a, -um, adj. (in²+sátĭo)
　배부르지 않은, 만족치 않은.

insatíĕtas, -átis, f. 충족되지 않는 욕망(慾望)

insaturábĭlis, -e, adj. (in²+sáturo)
　배불릴 수 없는, 만족시킬 수 없는.

insaturátus, -a, -um, adj. (in²+sáturo)
　배부르지 않은, 만족하지 않은, 끝없는.

insauciátus, -a, -um, adj. (in²+sáucio) 상처 받지 않은

inscálpo(=inscúlpo) -psi -ptum -ĕre, tr.

inscendi, "inscéndo"의 단순과거(pf.=perfectum)

inscéndo, -di -scénsum -ĕre, intr., tr. (in¹+scando)
　올라가다(יְרם.מור.אלק/סלק), 타다,
　배(船)에 오르다, 승선(乘船)하다.

inscendo equum. 말을 타다

inscénsĭo, -ónis, f. (inscéndo) 올라감, 올라탐

inscénsum, "inscéndo"의 목적분사(sup.=supínum)

inscénsus, -us, m. [inscéndo] (동물의) 교미, 교접(交接)

insciens, -éntis, adj. (in²+scio)
　모르는, 무식한(ἀγράμμαος), 어리석은.
　me insciente. 나 모르게.

insciéntĭa, -æ, f. (ínsciens) 무지(無知), 모름,
　무식(無識), 알지 못함, 무경험(無經驗).

inscítĭa, -æ, f. (inscítus) 무지(無知), 무경험(無經驗)
　무재주, 무능(無能), 미숙함, 서투름, 어리석음.
　Senum prudentia juvenum inscitiam adjuvat.
　노장들의 현명함이 장년들의 무지를 거들어 준다.

inscítĭa témporis, 시의(時宜)를 모름

inscítŭlus, -a, -um, adj. dim. (inscítus) 서투른, 경험 없는

inscítus, -a, -um, adj. (in²+scitus, scio)
　(알만한 것을 모르는) 모르는, 서투른, 어리석은,
　바보 같은, 이상한, 기괴한.

ínscĭus, -a, -um, adj. (in²+scio) **모르는**, 무식한(ἀγράμμαος),
　경험이 없는, 무의식의, 능력이 없는, 알려지지 않은.
　haud inscius. 잘 아는, 의식하는/
　Socrates se omnium rerum inscium fingit et rudem.
　소크라테스는 자기가 모든 것을 알지 못하며 무식한 척하였다.

inscríbo, -scrípsi -scríptum -ĕre, tr. (in¹+)
　기입하다, 써넣다, 기재하다, 새기다, 표적을 하다,
　낙인을 찍다, 이름을(칭호를) 붙이다,
　(편지 따위에) 누구 앞으로 쓰다,
　[alqd alci] (무엇을 누구에게) 돌리다.
　Et erat titulus causæ eius inscriptus: Rex Iudæorum.
　(kai. h=n h` evpigrafh. th/j aivti,aj auvtou/ evpigegramme,nh\ o`
　basileu.j tw/n VIoudai,wn) (獨 Und es stand über ihm
　geschrieben, welche Schuld man ihm gab, nämlich:
　Der König der Juden) (⑨ The inscription of the charge
　against him read, "The King of the Jews") (마르 15. 26)
　그분의 죄명 패에는 '유다인들의 임금'이라고 쓰여
　있었다(성경)/예수의 죄목을 적은 명패에는 "유다인의
　왕" 이라고 씌어 있었다(공동번역)/그분의 죄목 명패에는

"유대인들의 왕"이라고 적혀 있었다(200주년 기념 신약).

inscríptǐlis, -e, adj. (in²+scribo¹) 글자로 써 질 수 없는

inscríptǐo, -ónis, f. (inscríbo) 기입(記入), 기재(記載),
  등록(登錄), 인각(印刻-도장을 새김), 각명(刻銘-나무나 돌.
  쇠붙이 따위에 글자나 그림을 새김. 또는 그 글자나 그림), 비문(碑文),
  비명, (책의) 제목, 제명, 발문(跋文), 낙인(烙印), 고소장.
  In Psalmorum inscriptione. 시편의 표제(니사의 그레고리우스자음).

inscriptio nominis. 이름의 등록(登錄).
  Ecce Pasca est, da nomen ad Baptismum.(성 아우구스티노)
  이제, 파스카이다. 세례를 위해 당신의 이름을 등록하시오.

inscríptus, -a, -um,
  p.p. (inscríbo) 기입(기재.등록) 된, 등록된, 새겨진.
  adj. (in²+scribo) 기입되지 않은, 등록되지 않은.

Inscrutabili Dei Consilio. 사회의 위기(1878.4.21.)

inscrutábǐlis, -e, adj. (in²+scrutor) 탐구할 수 없는,
  찾아낼 수 없는, 헤아릴 수 없는, 신비로운, 깊은.

insculpo(=inscálpo) -psi -ptum -ĕre, tr.
  새기다, 새겨 넣다, 조각(彫刻)하다.

insecábǐlis, -e, adj. (in²+seco)
  자를(절단할) 수 없는, 가를(분할할) 수 없는.

ínsĕco¹-sécŭi -séctum -áre, tr. (in¹+)
  자르다(חתך.כסס.סיכ), 가르다(פלג.בלע),
  절개(切開)하다, 끊다, 찢다(קרע).

ínsĕco²-(=ínsĕquo) -is, tr. 말하다, 얘기하다.
  (실제로는 imperatívus: insece; ger.: insecéndo;
  gerundív.: insecénda 정도가 쓰임)

insectánter, adv. (inséctor) 모욕적으로, 핍박하여

insectátǐo, -ónis, f. (inséctor) 추구(목적한 바를 이루고자.
  끝까지 쫓아 구함), 공격, 비난(非難), 박해(迫害.⑨ Pers).
  모욕(侮辱), 중상(中傷).⑨ Calumny/slander).

insectátor, -óris, m. (inséctor) 박해자(迫害者)
  폭군(暴君.tyrannus, -i, m.), 신랄한 비난자(비판자).

inséctǐo, -ónis, f. (ínseco¹) 자름, 절단(切斷).
  (inseco²) 이야기.

inséctor, -átus sum, -ári, dep., tr., freq.
  바싹 쫓아가다, 추적하다, 박해하다.
  끈질기게 따라다니다, 아픈 데를 찌르다.
  신랄하게 비난(비판.비평)하다(רגן.לוי).

insectum, "ínsĕco¹"의 목적분사(sup.=supínum)

insectum, -i, n. (sc. ánimal) [ínseco¹] 곤충(昆蟲),
  (통속적으로 온갖 종류의) 벌레, 충류(벌레의 온갖 종류).

insectúra, -æ, f. 벤 자리, 절개(切開)

inséctus, -a, -um, p.p. (ínseco¹) 베어진, 잘린, 끊어진.
  adj. (in²+seco) 잘리지 않은.

insécŭi, "ínsĕco¹"의 단순과거(pf.=perfectum)

insecútǐo, -ónis, f. (ínsequor) 추적(追跡)

insecutor, -óris, m. (ínsequor) 추적자, 학대하는 자, 박해자

insedábǐlis, -e, adj. (in²+sedo)
  진정시킬 수 없는, 가라앉힐(진압할) 수 없는.

insedi, (insídeo, insído)의 단순과거(pf.=perfectum)

insegéstus, -a, -um, adj. (in²+seges) 심지 못한

inséǐtas, -átis, f. (in¹+se¹) (哲) 자기성, 유의 자체내성.

ínsĕmel, adv. 단 한번, 한번에

inseminátǐo, -ónis, f. 수정(受精), 수태(受胎),
  임신(姙娠).⑨ Conception-교회는 인간 생명의 시작을 수정의
  순간으로 보고 있기 때문에 conceptio를 "잉태"나 "수태"라 할 때에는 오해
  의 위험이 있으므로, 인간 생명의 시작을 가리키는 말로 쓸 때에는 위치
  개념(胎)을 지닌 "잉태"나 "수태"라는 용어 대신에 "임신"이라는 말을 사용
  한다. 2002년 C.C.K., 가톨릭용어집, p.67).

inseminátǐo artificiális. 인공수정(⑨ artificial inseminátǐon)

insémǐno, -ávi, -átum, -áre, tr. (in⁴)
  심다(בצע.נטע), 씨 뿌리다(זרע), 잉태케 하다.

insenésco, -sénŭi, -ĕre, intr. (in⁴) 늙어지다.
  (에서, …로) 늙어 가다, 모질게 오래 머물러(붙어) 있다.
  iísdem negótiis insenesco. 맨날 같은 일에 매달려 지내다.

insensátus, -a, -um, (in²+sensus)
  adj. 철없는, 지각없는, 몰상식한. m. 바보, 어리석은 사람.

insensíbǐlis, -e, adj. (in²+sensus) 느끼지 못하는,
  감각(感覺)이 없는, 감각되지 않는, 알아들을 수 없는.

insensibilitas, -átis, f. (insensíbilis) 감각의 결여(缺如),
  무감각성(無感覺性), 느끼지 못함, 굳어진 마음.

insénsǐlis, -e, adj. (in²+sensus)
  감각 기능이 없는, 느끼지 목하는, 목석같은.

insensuális, -e, adj. (in²+sensus)
  감각기능이 없는, 느끼지 못하는.

insensuálǐtas, -átis, f. (insensuális) 무감각(ἀπάθεια)

inseparabile unitatis sacramentum.
  불가분의 일치의 성사(258년 Cyprianus교회를 칭함),
  일치의 불가분의 성사(St. Cyprian).

inseparábǐlis, -e, adj. (in²+séparo) 나눌(가를) 수 없는,
  분리할(떼어낼) 수 없는, 떨어질(헤어질) 수 없는.

inseparabílǐtas, -átis, f. (inseparábǐlis)
  불가해소의 결합, 불분리성(不分離性).

insépǐo, inséptus = insæpio, insæptus

insepúltus, -a, -um, adj. (in²+sepélio)
  매장되지 않은, 묻히지 않은, 장례식을 치르지 못한.

insequénter, adv. (ínsequor) 다음에 곧,
  (in²+sequor) 연결 없이, 비연속적으로

ínsĕquor, (-quĕris, -quǐtur), -secútus(sequútus) sum,
  -sĕqui, dep., tr. (in⁴) 따라가다, 뒤따르다, **잇따르다**,
  뒤쫓다, 추적하다, 추격하다, (누구에게 무엇을) 강권하다.
  비난하다(יכח.נגד), 모욕(侮辱)하다, 보복하다(נקם),
  이야기하다. nocte insequénti. 다음날 밤에.

ínsĕro¹ -sérŭi -sértum -ĕre, tr. (in⁴)
  넣다, **삽입하다**(אעל), 집어(끼워.꽂아) 넣다.
  접붙이다, 접목하다, 붙이다, 첨가하다, 덧붙이다.
  섞다(בלל.ערב.בלבל.ערבב), 혼합하다.
  끌어넣다, 개입(介入)시키다, 수(數)에 넣다,
  …의 하나로 받아들이다, 가입(加入)시키다, 맡기다.
  collum in láqueum insero. 목을 올가미에 집어넣다/
  mínimis rebus deos insero. 하찮은 일에 신들을 개입시키다/
  (refl.) se insero alci(rei).
  섞이다, 끼어들다, 뛰어들다, 개입하다.

insero jocos históriæ. 쓸데없는 소리를 역사에 섞다

insero nomen famæ. 자기 이름을 빛내다.

insero se turbæ. 군중 속에 섞이다

ínsĕro² -sévi -sítum -ĕre, tr. (in¹+) 씨 뿌리다(זרע)
  심다(בצע.נטע), 접목하다, 접붙이다, 끼워 넣다.
  박아 넣다, 결합시키다, 융화(融化)시키다.

insérpo, -psi -pĕre, intr. 기다, 기어들다, 잠입하다

insérta, -æ, f. (ínsero¹) 장식, 장식품(裝飾品)

insértǐo, -ónis, f. (ínsero¹) 삽입(揷入), 접목(接木)

insertívus, -a, -um, adj. (insero¹) 서출의, 사생아의

insérto, -ávi, -átum, -áre, tr., freq. (ínsero¹)
  끼우다, 집어넣다, 디밀다.

insertum, "insero"의 목적분사(sup.=supínum)

insértus, -a, -um, p.p. (ínsero¹) 삽입된, 접목된

insérŭi, "ínsero¹"의 단순과거(pf.=perfectum)

insérvǐo, -ívi(ǐi), -ítum, -íre, intr., tr. (in⁴)
  섬기다(עבד), 시중들다, 봉사하다, 유익하다, 예속되다.
  속해 있다, 도와주다, 거들다, 흐뭇하게 해주다, 종사하다.
  힘쓰다, 몰두하다, 순응(順應)하다, 따르다.
  Iesu inservire in "fratribus minimis".(마태 25, 40)
  (⑨ Serving Jesus in "the least of his brethren")
  예수님의 "가장 작은 형제들" 안에서 그분을 섬김.

inservio ártibus. 예술에 종사하다

inservio tempóribus. 환경에 적응하다

insérvo, -ávi, -átum, -áre, tr. (in¹+) 살피다, 관찰하다,
  보존(保存)하다, 유지하다(רטר.נצר.שמר).

inséssor, -óris, m. (insídeo) 배의 승객, 날치기, 노상강도

insessum, "insídeo"의 목적분사(sup.=supínum)

inséssus, -a, -um, p.p. (insídeo, insído) 점유된,
  adj. (in²+sédeo) 일정한 거처가 없는, 떠돌이의.

insévi, "insero²"의 단순과거(pf.=perfectum)

insexi, "inseco²"의 단순과거(pf.=perfectum)

insíbǐlo, -áre, intr. (in¹+) 휘파람 소리 내다, 바람소리 내다

insiccábǐlis, -e, adj. (in²+sicco) 말릴 수 없는

insícĭa, -æ, f. [**insicium**, -i, n.] (ínseco[1])
(잘게 썬 고기를 다져 넣은) 순대.
insicium, -i, n. [**insícĭa**, -æ, f.] (ínseco[1]) 순대
insídĕo, -sédi -séssum -ére, intr. 때로는 tr.
(in[1]+sédeo) 위에 앉다, (말.수레를) 타다, 걸터앉다,
자리 잡고 있다, 거처하다, 머물다, 위치하다,
(기다리거나 바라보기 위해서 어디에) 서 있다,
자리를 차지하다, 점유(占有)하다, 살다,
붙어 있다, 부착(附着)하다, 떠나지 않다.
insídĕo locum. 자리를 점유하다
insídĭæ, -árum, f., pl. (insídeo) 매복 장소,
매복(埋伏-불시에 습격하려고 몰래 숨어 있음), **복병**(伏兵),
암계(暗計), 흉계, 함정(陷穽-허방다리), 간계(奸計-간사한 꾀),
음모(陰謀), 사기(詐欺.[영] Fraud), 속임수.
devenio in insídias. 암계(暗計)에 빠지다/
præsentes insídiæ. 분명한 흉계.
insidiæ tendúntur *alci*. 누구에게 올가미를 놓다
Insidiæ vitæ humanæ([영] Snares of human life).
인간 생명에 대한 모독.
insidiátor, -óris, m. (**insidiátrix**, -ícis, f.)
(insídior) 암계자(暗計者), 음모자(陰謀者), 복병(伏兵).
insídĭor, -átus sum, -ári, dep., intr. (insídiæ) 노리다,
암계(흉계.음모)를 꾸미다, 함정을 파다, 복병을 두다.
insidior huic témpori. 이 기회를 노리다
insidiósus, -a, -um, adj. (insídiæ)
암계(음모)를 꾸미는, 모해(謀害)하는, 위험한.
insído, -sédi -séssum -ĕre, intr., tr. (in[1]+)
(위)에 앉다, 가라앉다, 닿다, 머물다, 살다, 자리 잡다,
깃들이다, 붙어 있다, 고착(固着)하다, 뿌리박다,
(자리.길 따위를) 차지하다(ㄲ까), 점령하다, 장악하다.
Apes flóribus insídunt váriis. 벌들이 여러 가지 꽃에 앉는다.
insído in memóriā, insído memóriæ.
기억에 남아 있다, 잊혀 지지 않다.
insígne, -is, n. (insígnis) 표(標.signum, -i, n.),
신호(信號), 징표(徵表.σημεῖον), 특징(特徵),
(영예.공훈 따위를 표시하는) 장식물, 기장(記章),
(흔히 pl.) 휘장(揮帳), 문장(紋章), 계급장,
(신분.지위 표시의) 복장(모자) 장식.
insignes articuli temporum. 시대의 뚜렷한 구분(신국론, p.1744)
Insignia. [n. insigne, -is].([영] insignia.獨 insignien) 표지, 표징
insignia regia. 왕가의 문장(紋章)
insignia virtutis. 훈장(勳章.ornamentum, -i, n.)
insígnĭo, -ívi -ítum -íre, tr. (insígnis)
특별히 표하다, 유별나게 하다, 구별하다,
두드러지게 하다, (나쁜 뜻으로) 유명해지게 하다,
폭로하다, 널리 알리다(드러내다), 공표하다.
insígnis, -e, adj. (in[1]+signum)
(몸에) 특징 있는 표를 타고난, 뚜렷한, 현저한,
두드러진, 유별난, 뛰어난, 탁월한, (좋게.나쁘게) 유명한,
사람들 입에 오르내리는, 굉장한, 대단한.
adv. **insignĭter**. 매우(מְאֹד), 두드러지게, 유별나게.
(bos) máculis insignis. 얼룩소/
Insigne Pontificale([영] Pontifical Ensign.獨 Pontifikalien)
주교 표지/
puer insignis fácie. 뛰어난 미모의 소년.
insignis ad deformitátem puer. 유별나게 못생긴 아이
insignis totā cantábitur urbe.
그는 온 도시의 얘깃거리가 되리라.
insignita, -órum, n., pl. (insignítus) 타박상(打撲傷),
내출혈(內出血-혈관이나 모세혈관에 의한 출혈이 체내 또는 피하에서
일어나는 일), 멍(타박상.맞거나 부딪혀서 피부 속에 퍼렇게 맺힌 피).
insígnĭter, adv.
몹시, 매우(מְאֹד), 두드러지게, 특히, 유별나게, 유명하게.
insignítor, -óris, m. (insígnio) 보석 세공인(細工人)
insignítus, -a, -um, p.p., a.p. (insígnio) 표시된,
명백한, 뚜렷한, 현저한, 눈에 띄는.
insigniti milites. 군기 호위병(軍旗 護衛兵).
insīle, -is, n. [insílio] (편물기의) 북

insílĭo, -sílŭi, -súltum, -íre, intr., tr. (in[1]+sálio)
뛰어오르다, 올라타다, (나무 따위에) 기어오르다,
뛰어들다, 달려들다, 덤벼들다.
insĭlui, "insílĭo"의 단순과거(pf.=perfectum)
insĭmul, adv. (in[1]+) 함께(μετὰ.σὺν), 동시에,
같이(καθὼς.ἅμετ.σὺν.ὡς.ὥσπερ).
insimulátĭo, -ónis, f. (insímulo) 고발(告發), 고소(告訴)
insimulátor, -óris, f. (insímulo) 고발자, 원고(原告)
insímŭlo, -ávi, -átum, -áre, tr. (in[1]+) 고소(告訴)하다,
고발하다, 무고(誣告)하다, 모략하다, 뒤집어씌우다.
Alcibíades insimulátur mystéria enunciavísse.
*Alcibíades*는 비밀을 누설했다는 고발을 당하고 있다/
Omnes principes civitatis, insimulati proditionis,
a Romanis interfecti sunt. 도시의 모든 지도자들은
반역죄(proditio)를 뒤집어쓰고 참살 당했다.
insimulo se peccáti. 죄를 뒤집어쓰다
insincérus, -a, -um, adj. (in[2]+)
부서진, 썩은, 불결한, 성실치 못한, 사기성을 띤.
insinuátĭo, -ónis, f. (insínuo) 살며시 들이밀기(들여보냄),
암시(暗示), 넌지시 알림, 시사(示唆-미리 암시하여 알려줌),
권유(勸諭-권고), 짤막한 설명.
Insinuatur descriptio justificationis impii,
et modus ejus in statu gratiæ.
죄인의 의화와 은총 지위에 오르는 방법에 관한 해설.
insinuátor, -óris, m. [**insinuátrix**, -ícis, f.] (insínuo)
(새로운 것을) 소개하여 가르치는 사람.
insínŭo, -ávi, -átum, -áre, (in[1]+)
tr. (손 따위를) 품에 집어넣다, 살며시 들이밀다,
들여보내다, 다가가게 하다, 스며들게 하다,
침투(浸透)시키다, **암시하다**, 넌지시 알게 하다,
은연중에 가르쳐 주다, 환심(歡心)을 사게 하다,
총애(寵愛)를 받게 하다, 알려주다.
refl. **se insinuo**.
들어가다, 다가가다, 끼어들다, 가담하다, 꿰뚫어 알다.
(*refl.* pass.) **se insinuo, se insinuári** *alci*.
(교묘하게) 누구의 환심을 사다.
alqm ánimo *alcjs* insinuo.
누구를 어떤 사람의 마음에 들게 하다/
insinuátus Neróni. *Nero*의 환심을 산/
insinuo ratem terris. 배를 육지에 살며시 들이대다/
se insinuo ad *alqm*(in familiaritátem *alcjs*).
누구와 친해지다.
intr. (in acc., dat.; absol.) 슬그머니 기어들다,
들어가다, 젖어들다, 스며들다.
in forum insinuo. 법정 안으로 슬그머니 들어가다/
Novus per pectora cunctis insinuat pavor.
새로운 공포가 모든 사람들의 가슴속에 스며들어 퍼졌다.
(라틴-한글사전, pp.444-445에서)/
Insinuatur descriptio justificationis impii,
et modus ejus in statu gratiæ.
죄인의 의화와 은총 지위에 오르는 방법에 관한 해설.
insípĭdus, -a, -um, adj. 맛없는, 무미한
insípĭens(=insápiens) -éntis, adj. (in[2]+sápiens)
어리석은, 미련한, 우둔한, 몰상식(沒常識)한, 미숙한.
Cujusvis hominis est errare, nullius, nisi insipientis,
in errore perseverare. 잘못한다는 것은 어떤 사람이나
하는 짓이다. 다만 잘못 가운데 버티고 있는 짓은
어리석은 자가 아니면 아무도 하지 않는다.
insipienter sapit. 맛을 모른 채 맛보다.(신국론, p.1888).
insipiéntĭa, -æ, f. (insípiens)
어리석음, 미련함, 우둔, 몰상식(沒常識), 정신 나감.
insísto, -stĭti -ĕre, (in[1]+)
intr. 1. (위)에 서(있)다, **버티고(딛고) 서다**, 딛고 가다.
firmiter insisto. 굳건히 버티고 서 있다/ insisto
altérnis pédibus. (비틀거리며) 발을 번갈아 옮겨 놓다/
insisto in sinístrum pedem. 왼발을 딛고 서다.
2. 뒤쫓아 가다, 육박하다, 짓밟다. 3. 추구하다, **노력하다**,
성의를 다하다, 열중하다, 골몰하다: Instĭtit, ut *alqm*

I

liberáret. 그는 힘을 다하여 아무를 구출하려고 하였다.
4. 고집하다, 집착하다, 끝까지 머물러 있다, 계속하다.
5. **조르다, 강요하다**, 강권하다, 압력을 가하다, 강력히
주장하다. 6. (시간이) 다가오다, 임박하다.
tr. 1. (alqd) 밟다, 딛고 가다, 밟고 지나가다. 2. (alqd)
따르다(כלה.יסר.יסד.אוה.הלך), 견지하다: (들어
선 길을) 걸어가다.따라가다: ratiónem pugnæ
insisto. 전법을 따르다/ insisto iter(viam) 길을 (계속)
걸어가다. 3. (inf.) 계속 …하다, 4. (alqd) 몰두하다,
전념(專念)하다, 집착(執着)하다. (라틴-한글사전, p.445).
Quod humílibus insisténdum est opéribus, cum deficitur
a summis.(⑨ When We Cannot Attain to the Highest,
We Must Practice the Humble Works) 위대한 일에 힘이
부족하면 작은 일에 전력함(준주성범 제3권 51장).
insitícĭus, -a, -um, adj. (ínsero⁹)
사이에 넣은, 삽입된, 튀기의, 잡종의, 외래의
insiticius somnus. 낮잠(meridiátĭo, -ónis, f.)
insítĭo, -ónis, f. (ínsero⁹)
접목(接木), 접목시기; 접목법; 접붙인 나무.
insitívus, -a, -um, adj. (ínsero⁹) 접목된, 접붙인,
외래의, 불순한, 진정치 않은, 불법의, 양자로 삼은.
líberi insitívi. 사생아(私生兒).
insitívus Gracchus. 가짜 Gracchus
insitívus Marcus. 가짜 마르꼬
ínsĭtor, -óris, m. (ínsero⁹) 접붙이는 사람
insĭtum, "insero⁹"의 목적분사(sup.=supínum)
ínsĭtus¹-a, -um, p.p. (ínsero⁹) 타고 난, 선천적(先天的),
천부적(天賦的)인, **자연적으로 박혀있는**, 뿌리박힌,
삽입된, 외부로부터 받아들여진, 양자로 받아들인.
ínsĭtus²-us, m. (ínsero⁹) 접목
insociábĭlis, -e, adj. (in²+)
서로 합칠 수 없는, 비사교적인, 사교성 없는.
insociális, -e, adj. (in²+) 비사교적인
insolabíliter, adv. (in²+solor) 위로할 수 없을 정도로
insolati dies.(insolo 참조) 쨍쨍 내리 쬐는 날
insolátĭo, -ónis, f. (insólo) 햇볕에 말림,
일광욕(日光浴), 일광소독(日光消毒), 일사병(日射病).
ínsŏlens, -éntis, adj. (in²+sólĕo) 평소에 없는(하지 않던),
이례적인, 보통이 아닌, 엉뚱한, **익숙하지 않은**,
서투른, 연습이 부족한, 생소한, 처음 보는(듣는),
기이한, 괴상한, 절제 없는, 지나친, 과도한, 헤픈,
건방진, 오만불손한, 안하무인(眼下無人)의,
무례한, 으스대는, 콧대 높은, 거리낌 없는, 뻔뻔스러운.
insolens belli. 전쟁에 익숙하지 않은
insolens in dicéndo. 화술(話術)이 서투른 웅변가(雄辯家)
insolens in pecúniá. 돈을 탕진(蕩盡)하는
insoléntĭa, -æ, f. (ínsolens) 경험 없음, 익숙지 못함,
이상함, 신기함, 무절제(無節制), 과도함, **오만불손**, 허영,
안하무인(眼下無人), 건방짐, 거만(倨慢-傲慢), 야심(野心).
insolésco, -ĕre, intr., inch. (in²+sólĕo)
버릇없어지다, 오만(거만)해지다, 불손해지다,
이례적(異例的)이 되다, 이례적으로 커지다.
insólĭdus, -a, -um, adj. (in²+) 굳지 않은, 연한
insólĭtus, -a, -um, adj. (in²+) **익숙하지 못한**, 서투른,
습관 없는, 드문, **흔하지 않은**, 이례적인, 보통이 아닌,
상도를 벗어난, 생소한, 신기한.
insólitum est, ut …것은 거의 없는 일이다/
móribus véterum insólitum. 옛 관습에는 없던 것.
insolitus ad labórem. 수고에 익숙하지 못한
insólo, -ávi, -átum, -áre, tr. (in¹+sol¹)
햇볕에 말리다(쬐다), 일광소독(日光消毒)하다.
insolati dies. 쨍쨍 내리쬐는 날.
insolúbĭlis, -e, adj. (in²+) 녹지 않는, 용해되지 않는,
풀 수 없는, 해결할 수 없는, 갚을 수 없는(빚 따위),
의심할 수 없는, 확실한, 분해될 수 없는, 죽지 않는.
insómnĭa, -æ, f. (insómnis) 잠자지 않음, 불면증(不眠症)
insomniósus, -a, -um, adj. (insómnia)
잠 못 자는, 불면증(不眠症)에 걸린.

insómnis, -e, adj. (in²+somnus)
잠자지 않는, 깨어 있는, 뜬 눈으로 있는.
insómnĭum, -i, n.
(in²+somnus) 불면증, 깨어있음(⑨ Vigilance),
(in⁴+sómnium) [주로 pl.] 꿈(夢.חֲלֹם.⑨ dream),
꿈속 광경, 환상(幻想), 악몽(惡夢).
ínsŏno, -nŭi -nítum -áre, (in¹+)
intr. 소리 내다, 불다(חֲלֹם.חֲרֹם), 소리 나다,
울리다, 노래하려고 기침하다.
cálamis insono. 통소를 불다/
Insonuére tubæ. 나팔소리들이 울렸다.
tr. 소리 나게 하다.
vérbera insono. 채찍을 휘둘러 위협하다.
insons, insóntis, adj. (in²+)
무죄한, 결백한, 탓 없는, 해치지 않는, 악의(惡意) 없는.
Etsi consília tua nota esse sciébant, simulábant tamen se
insóntes esse. 비록 너의 결단이 알려 졌다는 사실을 알고
있었음에도 불구하고, 그들은 자기들이 무죄한 척했다.
insons fraterni sanguinis. 형제 살해에 대해 결백한
insónui, "insono"의 단순과거(pf.=perfectum)
ínsŏnus, -a, -um, adj. (in²+sonus¹)
소리 나지 않는, 울리지 않는.
insópĭtus, -a, -um, adj. (in²+sópĭo)
잠들지 않은, 항상 깨어있는.
insordésco, -dŭi, -ĕre, intr. (in¹+)
더러워지다, 어두워지다, 흐려지다.
insórdŭi, "insordesco"의 단순과거(pf.=perfectum)
inspárgo(=inspérgo) -spérsi -spérsum(-spársum) -ĕre, tr.
inspeciátus -a -um, adj. (in²+spécĭes)
비형식적, 형식을 갖추지 않은.
inspeciósus, -a, -um, adj. (in²+) 모양 없는, 보기 흉한, 추한
inspectábĭlis, -e, adj. (inspécto) 볼 만한, 괄목할
inspectátĭo, -ónis, f. (inspécto) 시찰(視察), 검사(檢查),
관찰(觀察.observátĭo, -ónis, f.), 검토(檢討).
inspectátor, -óris, m. (inspécto) 검사관, 관찰자
inspéctĭo, -ónis, f. (inspício) 검사, 조사, 점검(點檢),
관찰(觀察.contemplátĭo, -ónis, f.), 진찰(診察),
감상(鑑賞), 고찰, 사색(思索-줄거리를 세워 깊이 생각함).
inspectívus, -a, -um, adj. (inspício)
사색하는, 연구하는, 사변적(思辨的).
inspécto, -ávi, -átum -áre, freq. tr. (inspício)
자세히 들여다 보다, 바라보다,
지켜보다, 관찰(觀察)하다, 시찰(視察)하다.
inspéctor, -óris, m. [inspéctrix, -ícis, f.] (inspício)
살펴보는 사람, 관찰자, 검사하는 사람, 감정인(鑑定人).
inspector academiæ. 한림원 감독(翰林院 監督)
inspectum, "inspício"의 목적분사(sup.=supínum)
inspéctus, -us, m. (inspício) 들여다 봄, 바라 봄,
노려 봄, 관찰(觀察.spectátĭo, -ónis, f.).
insperábĭlis, -e, adj. (in²+) 바랄 수 없는, 희망하지 못할
inspérans, -ántis, adj. (in²+spero)
희망하지(바라지) 않는, 기대하지 않는.
insperáte, adv. 뜻밖에(ex insperáto), 의외에
insperáto, adv. 뜻밖에(ex insperáto), 의외에
insperátus, -a, -um, adj. (in²+spero) 바라지 않는,
기다리지 않은, 놀라운. ex insperáto. 뜻밖에.
adv. insperáte, insperáto, 뜻밖에, 의외에.
inspérgo,(=inspárgo) -spérsi -spérsum(-spársum) -ĕre,
tr. [in¹+spargo] (무엇을 무엇 위에) 뿌리다, …에 치다,
붓다(נגד.יסר.יסד.יצק), 끼얹다, 뿌리다, 퍼뜨리다.
óleam sale inspergo. 올리브에 소금을 뿌리다.
inspersi, "inspérgo(inspárgo)"의 단순과거(pf.=perfectum)
inspérsĭo, -ónis, f. [inspérsus, -us, m.] (inspérgo)
뿌림, 살포(撒布-액체. 가루 따위를 흩어 뿌림), 전파(傳播).
inspersum, "inspérgo(inspárgo)"의 목적분사(sup.=supínum)
inspersus, -us, m. = inspérsĭo, -ónis, f.
inspício, -spéxi -spéctum -ĕre, tr. (in¹+) **들여다보다**,
바라보다(נבט.סכה), 주시(注視)하다, 읽다, 연구하다,

622

통찰하다, (사려는 물건 따위를) 살펴보다, 조사하다,
음미(吟味)하다, 검사(檢査)하다, 점검(點檢)하다,
(토지.가옥 따위를) 둘러보다, 진찰하다, 훑어 보다,
알아보다, 고찰(考察)하다, 탐구(探究)하다,
alqm inspício a púero.
　누구의 생애를 어릴 때부터 훑어 보다/
Si quid est in philosophia boni, hoc est, quod stemma
non inspicit.(Seneca). 철학이 좋은 점이 있다면,
　그것은 혈통을 따지지 않는 일이다.
inspícĭum, -i, n. (inspício) 관찰(explorátĭo, -ónis, f.)
inspíco, -ávi, -átum, -áre, tr. (in¹+spica)
　관솔 끝을 여러 갈래로 뾰족하게 하다.
inspirámen, -mĭnis, n. (inspíro) 불어넣음, 주입(注入)
inspirátĭo, -ónis, f. (inspíro) 흡기(숨을 들이마심), 들숨,
　숨 들이쉼, 호흡, **영감**(θεὸπνευστος.⑨ Inspirátĭon),
　신감(神感), **감도**(感導.⑨ Inspirátĭon), 권고(勸告),
　암시(暗示-넌지시 알림. 또는 그 내용), 묵시(黙示-직접적으로 말이
　나 행동으로 드러내지 않고 은연중에 뜻을 나타내 보임).
　계시('Αποκαλυψις.獨 Offenbarung.⑨ revelátĭon).
inspirátĭo amoris. 사랑의 영감(靈感)
inspirátĭo biblica. 성서의 감도(感導), 성서의 신감(神感)
inspirátĭo concomitans. 상반적 영감(제1차 바티칸 공의회에서 배척함)
inspirátĭo divina. 하느님의 영감(靈感)
inspirátĭo passiva. 수동적 영감
inspirátĭo realis. 내용적 영감
inspirátĭo verbális. 축어적 감도(逐語的 感導)
inspirátor, -óris, m. (inspíro) 감도자(感導者), 암시자,
　권고자(勸告者), 영감을 주는 자.
inspiritális, -e, adj. (in²+)
　물질적, 형이하의, 유형한, 비정신적(非精神的).
inspíro, -ávi, -átum, -áre, intr. 숨을 들이쉬다,
　(공기를) 들이 마시다, 들이불다, (바람이) …사이로 불다.
　inspiro ramis. (바람이) 가지 사이로 불다.
　tr. [alqd] (무엇에 입 기운을) 불어 대다,
　(뜨거운 것을 입 속에 불고) 숨을 들이마시다,
　[alqd] (무엇을) 불어 내다, 불어 보내다,
　[alqd-alci] (생각.감정 따위를) **불어넣다**(זרק), 고취하다,
　불러일으키다, 생기 띠게 하다, (누구에게) 영감을 주다,
　(누구를) 감도(感導)하다, 암시(계시)한다('Αποκαλυπτειν).
inspísso, -ávi, -átum, -áre, tr. (in¹+)
　두껍게 하다, 진하게 하다, 농후하게 하다.
inspúmo, -áre, intr. (in¹+) 거품이 일다, 거품 뿜다
ínspŭo, -ŭi -útum -ĕre, intr. (in¹+) 침 뱉다,
ínspŭo alci in frontem. 누구의 이마에 침을 뱉다
inspúto, -ávi, -átum, -áre, freq., tr.
　(누구에게) 침을 뱉다, 침을 뒤집어쓰게 하다.
Inst. Oblatarum Spiritus Sancti. 성령 봉헌 수녀회
instábĭlis, -e, adj. (in²+) 고정되지 않은, 동요되는,
　견고하지 못한, 변하기 쉬운, 불안정한, 차분하지 않은.
instabílĭtas, -átis, f. 불안정, 차분하지 못함,
　의지박약(意志薄弱), 무정견(無定見), 항구하지 못함.
　De instabilitate cordis et de intentione finali ad Deum
habenda. 마음의 항구치 못함과 우리의 최종 의향을
　하느님께로 향하게 함에 대하여(준주성범 제3권 33장).
installátĭo, -ónis, f. (참사회 원장이 앉는 기도석 stallum에서 옴)
　임명(任命), 임관(任官-관직에 임명됨), 임직식(任職式),
　서임(敍任), 취임(就任式), 설정(設定), 설비(設備),
　(가) 성직 서임(敍任), 대수도원장.참사위원 착좌식.
instans, -ántis, p.prœs., a.p. (insto) **현재의**, 당장의,
　임박한, **절박한**, 다급한, 긴급한, 걱정되는, 열심인,
　간청(탄원) 하는. n. 현재. adv. **instanter**.
instans non est pars temporis.
　순간은 시간의 부분이 아니기 때문이다.
instanter, adv. 절박하게, 강하게, 생생하게
instántĭa, -æ, f. (instans) 현재, 순간(瞬間-눈 깜짝할 사이),
　절박(切迫-일이나 사정이 급하여 여유가 없음),
　탄원(歎願.⑨ Supplicátĭon), 절원(切願-간절히 바람).
　(哲) 문제 해결의 불충분성에 대한 제기(提起).

(法) 심급(審級).⑨ instance of court.gradus judicii)
(法) 심리(審理), 소송(訴訟), 소송의 청구(訴訟 請求).
De instantibus. 순간론(瞬間論)/
hæreticorum instántĭa. 이단자들의 항변(抗辯).
instar, indecl. n. 표본(標本), 모형(模型.τὺπος),
　실례(實例), **흡사**(恰似-거의 같을 정도로 비슷함), 유사(類似),
　외관(ἰδέα), (크기.질에 있어서) …와 비슷함(**비슷한**),
　…와 같음(**같은**), …와 같이, 처럼, 수량, 가치, 중요성,
　(수.가치 따위에 있어서) …만큼 한, 하나 …같은,
　대략, 쯤, 모양, 꼴(모양), 형국(어떤 일이 벌어진 형편이나 국면).
　((動)) (곤충의 탈피와 탈피 사이의) 중간 형태,
　ad instar operis operati. 준자효적(準自效的)/
　ex opere operato. 자효적(自效的)/
　ad instar proprietátis. 개인 소유물처럼/
　belli instar. 전쟁 같은 양상(樣相)/
　Plato mihi unus instar est centum mílium.
　Plato 한 사람이 내게는 마치 만 명과 같다/
　primum óperis instar. 작품의 첫째 표본/
　unda instar montis. 산더미 같은 물결.
instar Dei. 하느님처럼
instar montis equus. 산같이 큰 말
instaturus, "insto"의 목적분사(sup.=supínum)
instaurátĭo, -ónis, f. (instáuro) 경기의 재시합,
　재심리(再審理), 반복(反復), 재건(再建), 복구,
　수축(修築-집이나 방축 따위 건축물을 고쳐 짓거나 고쳐 쌓음),
　중수(重修-낡고 헌 것을 다시 손대어 고침).
Instauratio Magna. 대변혁(프랜시스 베이컨의 미완의 작품).
Instaurátĭo magna ab imis fundamentis
　가장 근원적인 원리로부터의 대건설.
instaurátor, -óris, m. (instáuro)
　재건자(再建者), 복구자(復舊者), 중수자(重修者)
instaurívus, -a, -um, adj. (instáuro) 재차의,
　(잘못된 축제.경기 따위를) 다시(새로이) 하는.
instáuro, -ávi, -átum, -áre, tr. 준비하다(זמן,נכה), 계획하다,
　치르다, 설치하다, 세우다, 갱신하다, 수리하다, 수축하다,
　반복하다(תאנ,נד), 되풀이하다, 다시 하다(עוד).
　Instaurare omnia in Christo.(비오 10세(재위:1903~1914) 교황 표어)
　그리스도 안에서 모든 것을 갱신하는 것.
instauro diem donis. 같은 날 여러 번 제사를 지내다
instauro funus. 장례식을 치르다
instérno, -strávi -strátum -ĕre, tr. (in¹+) 위에 펴다,
　넓히다, 확충하다, 덮다, 덮어 감추다, 펼쳐서 만들다, 깔다.
　instráta cubília fronde. 나뭇잎을 깐 침대/
　instráti equi. 안장 올린 말.
instigátĭo, -ónis, f. (instígo) 자극(刺戟), 충동(衝動)
　선동(煽動), 부추김, 교사(敎唆-남을 부추겨 못된 일을 하게 함).
instigátor, -óris, m. (**instigátrix**, -ícis, f.) (instígo)
　부추기는 사람 선동자(煽動者), 충동자(衝動者).
instigátus, -us, m. (instígo) 격려(激勵), 부추김, 충동,
　선동(煽動), 교사(敎唆-남을 부추겨 못된 일을 하게 함).
instígo, -ávi, -átum, -áre, tr. 자극하다, 격려(激勵)하다,
　촉구하다, 부추기다, 선동하다, 충동하다, 유발(誘發)하다.
instillátĭo, -ónis, f. (instíllo) 한 방울씩 떨어뜨림,
　적하(滴下-방울져 떨어짐. 또는 방울지게 떨어뜨림),
　조금씩 스며들게 함, 주입(注入).
instíllo, -ávi, -átum, -áre, tr. (in¹+)
　한 방울씩 떨어뜨리다, 찔금찔금 주입하다(붓다),
　서서히 가르쳐주다(집어넣다), 불어넣다, 속삭이다.
instimulátor, -óris, m. (instímulo) 선동자(煽動者)
　충동자(衝動者), 자극하는 자, 교사자(敎唆者).
instímŭlo, -ávi, -átum, -áre, tr. (in¹+)
　자극(刺戟)하다, 격려하다, 충동하다, 선동(煽動)하다.
instinctor, -óris, m. (instínguo) 선동자, 충동자
instínctus, "instinguo"의 목적분사(sup.=supínum)
instínctus, -us, m. (instínguo) **충동**, 자극(刺戟), **본능**.
　divinus instinctus. 신적인 충동.
Instinctus evangelicus. 복음적 직관(⑨ Evangelical instinct)
instínguo, -stínxi -stínctum -ĕre, tr. (in¹+)

충동하다, 자극하다, 고무(鼓舞)하다, 격려하다.
instinxi, "instinguo"의 단순과거(pf.=perfectum)
instípulor, -átus sum, -ári, dep., intr. (in¹+) 계약하다,
약정하다, 규정(規定)하다, (조건으로) 명기(明記)하다.
ínstita, -æ, f. 부인 옷의 가장자리 장식,
귀부인(貴婦人), 묶는 끈(띠).
ínstiti, "insísto"의 단순과거(pf.=perfectum).
"insto"의 단순과거(pf.=perfectum).
institio, -ónis, f. (insísto) 정지함, 멈춤
ínstitor, -óris, m. (insto) 장사꾼, 상인, 소매상인,
행상인, 도붓장수(이리저리 돌아다니며 물건을 파는 사람).
institórius, -a, -um, adj. (ínstitor) 장사군의, 상인의,
행상인(도붓장수)의. f. 장사, 상업(商業). n. 소매점.
instituitur non ordinatur. 지위를 지녔지만 서품 되지 않으며
instítuo, -tŭi -tútum -ĕre, tr. (in¹+státuo)
1. …에 놓다, 두다, 심다. 2. (건물 따위를) 짓다, 건설하다,
구축(構築)하다, 만들다. 3. 마련하다, 장만하다.
(잔치 따위를) 베풀다. 4. **삼다,** 정하다, **지정하다:**
instituo *alqm* herédem. 아무를 상속자로 지정하다.
5. **제정하다,** 설정하다, 규정하다, 결정하다: instituo diem
festum. 축일을 제정하다/ instituo, ut c.subj. …하도록
규정하다. 6. **설립하다,** 창설하다; 편성하다. 7. 시작하다,
착수하다, (일을) 맡다. 8. (inf.) 계획하다, 작정하다.
9. 실시하다, 실천하다. 10. ánimum ad acc. instituo. 정신
(마음을 무엇에 돌리다(쓰다). 11. 얻다, 자기 편(것)으로
만들다: instituo *alqos* sibi amícos. 아무아무를 자기의
친구로 만들다/ quæstum sibi instituo. 이익(利益)을 얻다.
12. **가르치다**(ㄱㄹ), **양성**(養成)**하다,** 교육(교화)하다, 훈련
시키다. 13. 임명하다, 성직을 부여하다. (라틴-한글사전, p.447).
Instituiones divinarum et sæcularium litterarum.
거룩한 문학과 세속 문학 규정집(카시오도루스 지음).
institua mixta. 혼합회(混合會).
Nonnulla religiosa Instituta, quæ ad conditoris
primigeniam mentem veluti fraternitates habebantur in
quibus omnes sodales - sive sacerdotes sive non
sacerdotes - æquales inter se considerabantur,
progrediente tempore novam adepta sunt speciem.
Instituta hæc, quæ "mixta" vocantur, fundationis
charismate præ oculis habito, perpendant oportet sitne
consentaneum et tolerabile ad primigeniam mentem et
voluntatem redire. 창립자의 원래 의도에 따라 사제든
사제가 아니든 모든 회원들을 동등하게 여기는 형제회로
형성되었던 일부 수도회들은 시간의 흐름과 더불어
다양한 형태를 지니게 되었습니다. "혼합회"로 알려진
이 회들은 그들의 창립 은사를 더욱 깊이 이해함으로써
창립 정신으로 되돌아가는 것이 바람직하며 이에 대한
가능성을 모색해 보도록 해야 할 것입니다.
(교황 요한 바오로 2세 1996.3.25. "Vita Consecrata" 중에서).
institua religiosa. 수도회(religio fratrum*)
Instituta religiosa fratrum. 형제 수도회
instituta sæcularia(⑨ secular institute). 재속회
instituta vitæ consecratæ(⑨ institute of consecrated life).
축성 생활회.
institutes sæcular(⑨ secular institute). 재속회
institútĭo, -ónis, f. (instítuo) 질서(秩序), **체계**(體系),
조직, 제도(制度.⑨ Institutions), 관례(慣例),
규정, 지침(指針), 원리, 원칙, 방법, 교육(παιδεία),
양성(⑨ Formátĭon), 훈련(訓練), 수업(授業), **제정,**
設定, 設立, 창설(創設), 서임(敍任), 임명(任命).
De apostolici primatus in beato Petro institutione.
복된 베드로 안에서의 사도적 수위권의 설정/
De Clericorum Institutione. 성직자들의 교육제도에 대하여/
De cœnobiorum institutis. 수도 공동체의 규칙서/
De institutione canonicorum. 규율 준수자들의 제도/
De institutione clericorum. 성직제도 설정에 관하여/
De institutione sanctimonialium. 수녀들의 제도/
De Regi et Regis Institutiones. 왕과 왕 제도에 대해.
(1559년 스페인 예수회원 후안 마리아나 지음)/

Divinæ institutiones. 하느님의 규범, 신의 훈시,
하느님의 제도(규범, Lactantius 지음)/
institutiones rebus componendis. 협력 단체/
perpetua institusio. 계속 교육(formátĭo permanens)/
Rátĭo atque Institutio Studiorum Societatis Jesu.
예수회 연학 학사 규정/
theologica institútĭo. 신학수업(⑨ theological training),
verbális institutio corporalis(realis).
사실상 임직(任職) 또는 서임(敍任), 구두 임명.
Institutio candidatorum ad presbyteratum.
사제직 지원자들에 대한 교육.
Institutio Canonicorum. 성직자들의 법.
(아헨규정. 1816.8.23. 루트비히 1세 공포).
Institutio Corporalis(=missio in possessionem). 임직식.
(중세기에 일정한 성직자가 직록에 취임하기 전 신앙 선서와 함께 임직권을
받는 식. 주교의 서면으로 대행할 수 있다. 백민관 엮음. 백과사전 2, p.765).
institutio divina. 하느님의 제도(制度)
institutio doctrinális(⑨ doctrinal instruction). 학문 수업
institutio ecclesiasticæ(⑨ ecclesiastical institution).
교회의 제도.
Institutio Eucharistiæ(⑨ Institution of the Eucharist).
성체성사의 제정.
Institutio generális, 미사 전례서 총지침(總指針),
로마 미사 경본의 사용원칙과 규범(規範)(1969.11.18. 선언).
Institutio Generális de Liturgia Horarum.
성무일도에 관한 총지침(교황청 경신성사성).
Institutio Generális Missális. 미사경본의 총지침
Institutio immediata. 직접적 설정
institutio litteraria. 초보(初步)
institutio pænitentiális. 참회자 교육(懺悔者 敎育)
institutio pastorális(⑨ pastoral training). 사목 교육
institutio pœnitentiális. 참회자 교육(懺悔者 敎育)
institutio rectoris. 학장 제도(學長 制度)
Institutio religionis Christĭanæ. 그리스도교 요강(要綱).
(1536년 칼빈 지음)
Institutio spirituális. 영적 구조(1551년 블로시우스 지음)
Institutio verbális. 정식 임명(任命)
Institutio vitæ. 생활 제도
Institutiones divinæ. 신적 제도들
(타울러의 작품으로 여겨지는데. 타울러가 한 강론들을 카르투시오 회원이었던
라우렌씨오 수리우스가 정리한 것으로 보인다. 그리스도교 영성 역사, p.46)
Institutiones Divinarum et Humanarum Litterarum.
하느님과 인간에 관한 학문의 설정.
Institutiones Divinarum et sæcularium Litterarum.
거룩한 문학과 세속 문학 규정집.
[카시오도루스지음 그는 두 과정(3과와 4과)으로 나누어진 초기의 일반과정인
인본주의적 양성, 그리고 이어지는 전문과 과정인 신학적 양성으로 규정되는
학업의 완벽한 연수 기간을 다루었다. 3과는 문법, 수사학, 변증법(논리학)을
다루며, 4과는 산술, 지리학, 천문학, 음악공부를 포함한다].
Institutiones grammaticæ. 라틴어 문법 총서(총18권)
Institutiones morales. 윤리제도(倫理制度)
(17세기 초 Johannes Azor가 펴낸 최초의 윤리 교과서).
Institutiones oratori. 웅변교본(Quintilianus 지음)
Institutiones Sanctæ Sedi Adhærentes.(⑨ Institutions
connected with The Holy See) 교황청 부속 기관들.
Institutiones theologiæ morális. 윤리신학 교과서
Institutiónis Narrátĭo*(⑨ Institution Narrative.
獨 Einsetzungsbericht) 성찬 제정문(교리서 1353항).
Institutionis liturgiques. 전례적 지침들
institútor, -óris, m. (instítuo) 창설자(→설립자),
제정자, 설립자, 교사(διδάσκαλος.⑨ Teacher).
institútum, -i, n. (instítuo) **목적**(τέλος.⑨ Destiny),
계획(計劃), 사업(⑨ Work), 목표, 기업(企業),
관례(慣例.mos, móris, m.), 관습(praxis, -is, m.),
미풍양속(美風良俗), 제도(制度.⑨ Institutions),
규정, 생활양식(원칙); 직업(職業.⑨ Profession),
교육(敎育.παιδεία), 훈련(訓練), 연구소(研究所),
교육기관(敎育機關), 강습소(講習所), 학회(學會),
계약(契約), 협정, 수도회*(⑨ religious institute),
수도단체, 회(⑨ institute), (수도회의) 회헌.
ex institúto. 계약대로/

Hoc institutum, sicut a majoribus accepimus, sic posteris tradamus. 이 제도는 선조한테서 우리가 받은 그대로 후손에게 물려주기로 하자/ jus institutum a Pompilio. 폼필리우스에 의해서 제정된 법.

Institutum aliquod caritativum potest "catholicum" appellari tantummodo cum consensu scripto auctoritatis competentis, sicut in can. 300 CIC significatur. 사랑 실천 기구는 교회법 제300조에 규정된 대로 관할 권위의 서면동의가 있어야 '가톨릭'이라는 명칭을 사용할 수 있다. (교황 베네딕도 16세의 2012.11.11. 자의교서 "Intima Ecclesiæ Natura" 중에서).

Institutum Beatæ Mariæ Virginis. 예수 수도회. (⑨ Institute of the Blessed Virgin Mary. 獨 Institut der Englishen Fräulein.동정 성모회).

Institutum Biblicum. 성서 연구소(⑨ Biblical Institute).

Institutum Canonica. 성직 위촉(委囑)

Institutum Catechistarum B. Mariæ Virginis et Matris. (⑨ Institute of the Catechists of Mary) 성모 카테키스타회.

institutum clericale. 성직자회

institutum ecclesiasticum. 교회 연구소(研究所)

institutum ecclesiasticum centrale. 교회의 중앙기관

Institutum Fratrum Christíanorum. 예수의 작은 형제회(平修士會). ⑨ Little Brothers of Jesus).

Institutum Fratrum Instructionis Christianæ a Sancto Gabriel. 성 가브리엘 그리스도교 교육 형제 수도회 (간단히 '성 가브리엘 형제회'라고 함. 1821년 Gabriel Deshayes가 프랑스 Saint-Laurent-sur-Sevre에 창설…. 백민합 신부 엮음, 백과사전 1, p.407).

Institutum Fratrum Instructionis Christianæ de Ploërmel. 플로에르멜의 교직 수도회.

institutum juridicum. 법적 제도(法的制度)

institutum juris diœcesani. 교구 설립회(設立會)

institutum juris pontificii. 성좌 설립회(設立會)

institutum laicale. 평신도회(平信徒會)

Institutum liturgicum.(⑨ Liturgical Institute. 獨 Institute Liturgische) 전례 연구소.

Institutum Missionarium scientificum. 포교학 연구소

Institutum Missionum a Consolata(1901.1.29 설립) 꼰솔라따 선교 수도회(⑨ Consolata Missionaries).

Institutum mulierum. 수녀회(monasterium monialium)

Institutum Neronianum. 네로의 관례(테르툴리아노).

Institutum Patristicum Augustinianum. 아우구스티노 교부학 연구소.

Institutum Patristicum Coreanum. 한국 교부학 연구회. (2002.1.17. 창립).

institutum religiosum apostolicum. 사도직 활동수도회

institutum religiosum contemplativum. 명상생활 수도회

institutum sæculare(⑨ secular institute). 재속회

Institutum Utriusque Juris. 양법 연구소

institutum vitæ apostolicæ(⑨ society of apostolic life). 사도생활단.

institutum vitæ consecratæ(⑨ Institute of consecrated life). 축성 생활회.

insto, instíti, instatúrus, instáre, intr., tr. (in⁴) 1. (dat., in abl) …(위)에 서(있)다: insto jugis. 산꼭대기에 서 있다. 2. (공간.시간적으로) **닥치다, 임박하다,** 다가오다, 절박하다: Tibi instat periculum. 네게 위험이 닥쳐온다/ Partus instábat. 出産이 臨迫하고 있었다/ eum insto. (최후가) 그에게 임박하다/ quod instat. 당장 급한 것. 3. **바싹 뒤쫓다,** 추격(추적)하다, **육박하다, 죄어 들어가다**(임박하다, 공격해 들어가다: insto vestígiis. 발자취를 뒤따라 가다/ hóstibus insto. 적군을 추격하다. 4. 계속 밀고 나가다, **꾸준히 해나가다**(힘쓰다), 열심히 하다 (돌보다), (무슨 일에) 매달리다, 중단 없이 …하다, insto opéribus. 자기 할 일만 꾸준히 하다/ insto mercatúram. 장사만 열심히 하다/ Ut facis, insta. 너는 지금 하고 있는 대로 계속해라. 5. **조르다, 탄원하다**(προσεὺχομαι), 재촉하다(ㅠㅠ.ㅠㅠ), 하도록 강요하다: Unum instat, ut conficiántur núptiæ. 그는 결혼식 올릴 것만 재촉한다. instánti negáre. 탄원하는

사람에게 거절하다. 6. **주장하다,** 고집하다, **우기다,** 강조하다: insto factum(esse) 그 일이 있었다고 우기다. 7. insto viam. 길을 걸어가다, 길에 들어서다.

instrágulum, -i, n. (instérno) 이불

instrata cubília fronde.(instérno 참조) 나뭇잎을 깐 침대

instrati equi.(instérno 참조) 안장 올린 말

instrátum, "instérno"의 목적분사(sup.=supínum)

instrátus, -a, -um, adj. (in²+sterno) 덮이지 않은, 깔지 않은. p.p. (insterno) 덮인, 넓게 깔린.

instrávi, "instero"의 단순과거(pf.=perfectum)

instrénŭus, -a, -um, adj. (in²+) 무기력한, 활기 없는, 용기 없는.

ínstrĕpo, -ŭi, -ĭtum, -ĕre, intr. (in¹+) 삐걱거리다, 빠드득거리다, 투덜대다.

instrĕpui, "instrepo"의 단순과거(pf.=perfectum)

instríngo, -strínxi -stríctum -ĕre, tr. (in⁴) 묶다(רסא.רטק.רקד.דסר.ריטק.רסא). 졸라매다, 결박하다, 속박하다, 자극(刺戟)하다.

instructe, adv. 훌륭하게, 솜씨 좋게

instrúctĭo, -ónis, f. (instruo) 건설(建設), 구축(構築), 정돈(整頓-가지런히 바로잡음), 정렬(整列), 배열(配列), 배치(配置), 준비(準備), 절차(節次), 교육(παιδεία), 지도(指導), 훈련(訓練), 교화(敎化), 교훈(敎訓), 훈령(訓令.⑨ instruction), 지시(指示), 명령(命令). Instructiones pastorum. 사목자들의 교훈/ Omnia quæ leguntur de Scripturis sanctis, ad instructionem et salutem nostram, intente oportet audire. 우리의 가르침과 구원을 위하여 성경에서 읽는 모든 말씀을 주의 깊게 들어야 합니다. (최익철 신부 옮김, 요한 서간 강해, p.107).

Instructio a sacra congregátione. (1971.2.1. 선언) 수도자들에 의해 운영되는 중등학교에 있어서의 협력 교육.

instructio causæ. 소송의 예심조사(豫審調査)

Instructio de baptismo parvulorum. 어린이 세례 지침. (1980. 신앙교리성성의 훈령)

Instructio de institutione liturgica in seminariis. 신학교에서 전례 양성에 관한 지침.

Instructio de musica sacra et liturgia. 성음악과 전례에 관한 훈령(1958년 교황 비오 12세).

instructio intellectus. 지성의 가르침, 지성의 지시

instructio per tribulátionem. 환난을 통한 가르침

instructio sexuális(⑨ sex educátion). 성교육

Instructiones pastorum, ad concionandum, pro confessariis. 강론과 고해신부들을 위한 사목교서.

instructior, -or, -us, adj. instrúctus, -a, -um의 비교급

instructissimus, -a, -um, adj. instrúctus, -a, -um의 최상급

instructor, -óris, m. [instructrix, -ícis, f.] (instruo) 식탁 차려 놓는 사람, 배열자, 가르치는 사람, 교사(διδάσκαλος.⑨ Teacher), 교육자(敎育者).

instructúra, -æ, f. (instruo) 구조물(構造物), 전열(戰列), (말.단어의) 배열(配列).

instructum, "instrúo"의 목적분사(sup.=supínum)

instrúctus¹ -a, -um, p.p., a.p. (instruo) 정비된, 정돈된, 배치된, 태세(장비)를 갖춘, 준비되어 있는, 차려진, 꾸며진, 전문적 지식을 갖춘, 난, 된, 교육 잘 받은. adv. **instructe.** 훌륭하게, 솜씨 좋게. armis instructus. 무장한/ Eo cum venisset, Cæsar circiter sexcento naves invenit instructas. 거기에 다다르자 카이사르는 대략 600척의 배가 건조되었음을 알아차렸다.

instructus ad *alqd.* 무엇을 위해 난 사람

instructus in(a) jure civíli. 민법의 전문가인

instrúctus²-us, m. (instruo) 장비, 준비, 해박(該博)한 지식

instrumentális, -e, adj. (instruméntum) 기계의, 기계(도구)에 의한, 기계적, 도구적. causa efficiens instrumentalis. 도구적 능동인/ (哲) causa instrumentalis. 도구인/ virtus instrumentalis. 도구적 능력.

instrumentálismus, -i, m. 도구주의(道具主義)
(실용주의자 Dewey가 지칭한 인식론으로 "개념 도구설"이라고도 함).
instruméntum, -i, n. (ínstruo) **도구**(道具), **연장**(공구),
공구, 제구, 기구, 기계, 가구, 의복, 장신구, 장식품,
여장(旅裝), 장비(裝備), 등록(證據), 증서(證書),
서류(書類), 문서(文書), 수단(手段), 방법, 지식.
instrumenta communicationis socialis. 사회 홍보 수단/
instrumenta Passionum(Arma Christi). 수난 도구/
porréctio Instrumentorum(⑨ Tradition of the
Instruments) 제구 전수식.
Quæ sunt instrumenta bonorum operum.
착한 일의 도구들은 무엇인가/
tanquam instrumentum. 주님 손안의 연장/
traditĭo instrumentorum. 제구 전수식.
instrumentum animæ. 혼의 도구
instrumentum artis. 기술의 도구
instrumentum communicatiónis sociális. 사회홍보매체
instrumentum conjunctum. 맺어진 도구, 합성된 도구
instrumentum juridicum. 법적 기구(法的 機構)
instrumentum Laboris.
작업의 도구, 회의자료, 의안집(lineamentum Laboris).
instrumentum logicum. 논리적 도구(論理的 道具)
instrumentum morale. 윤리적 도구
instrumentum musicale(musicórum) 악기(樂器)
instrumentum pacis.(⑨ Instrument of Peace)
평화의 도구, 평화의 패(牌). [성화상이 새겨져 있으며 주례자가 미사
때 회중에게 평화의 인사를 하는 데 사용되는 작은 메달의 명칭이다. 이 기념패는
pax('평화')와 deosculatorium(osculum, 곧 입맞춤을 뜻하는 라틴어에서 유래함)
으로도 알려져 있다. 오늘날에도 도미니코회 회원들과 카르투지오회 회원들이
중세 때 시작된 이 기념패를 계속 사용하고 있으며 주교 미사에서 볼 수 있다.]
instrumentum philosophiæ. 철학문서
instrumentum regni. 왕국의 도구
instrumentum separatum. 분리된 도구
ínstrŭo, instrúxi, instrúctum, -ĕre, tr. (in¹+)
끼우다, 집어넣다, 묶다, 붙이다, 세우다, 만들다,
건설하다, 건축(建築)하다, **준비하다**(יִוּן.צון),
갖추게 하다, **정돈(整頓)하다**, 배치하다, 가르치다,
훈련(訓鍊)시키다, **교육하다**.
instruo alqm ad alqd. 어떻게 하도록 누구를 훈련시키다
instruo alqm sciéntiā. 누구에게 지식을 가르치다
instruo cópias. 군대를 정돈(배치)하다
instruxi, "instruo"의 단순과거(pf.=perfectum)
insuásum, -i, n. 점토 색, 진흙 색
insuávis, -e, adj. (in²+)
달지 않은, 맛없는, 귀찮은, 고맙지 않은, 불쾌한.
insuávĭtas, -átis, f. (insuávis) 달지 않은 맛, 쓴맛, 불쾌
insúbĭdus, -a, -um, adj. 우둔한, 경솔한, 침착하지 못한
insubstantívus, -a, -um, adj. (in²+) 골자 없는, 실체가 없는
insúbŭlum, -i, n. (실을 감는) 실패(바느질할 때 쓰기 편하도록
실을 감아 두는 작은 도구), 얼레(실이나 연 줄, 낚시 줄 따위를 감는
나무틀), 자새(실, 새끼, 바 따위를 감거나 꼬는데 쓰는 작은 얼레).
insúc(c)o, -ávi, -átum, -áre, tr. (in¹+succus)
물에 잠그다, 적시다.
insudo, -ávi, -átum, -áre, tr. (in¹+) 몹시 땀 흘리다
insuefáctus, -a, -um, adj. (in+suésco+fácio)
익숙해진, 습관 된.
insuésco, -évi -étum -ĕre, (in¹+)
intr. 익숙해지다, 습관 되다.
tr. 익숙케 하다, 습관 되게 하다.
Insuévit pater hoc me.
아버지가 나를 이것에 익숙해지게 해주셨다.
insuetum, "insuesco"의 목적분사(sup.=supínum)
insuétus¹ -a, -um, adj. (in²+) 습관 되지 않은, 생소한,
경험 없는, 숙달되지 않은, 이상한, 엉뚱한, 낯선.
insuetus alcjs. 무슨 일에 생소한.
insuétus² -a, -um, p.p. (insuésco) 익숙해진, 습관 된
insuévi, "insuesco"의 단순과거(pf.=perfectum)
insufficiens, -éntis, adj. (in²+) 넉넉지 못한, 부족한
insufficiéntia, -æ, f. (insufficiens) 부족, 불충분.

radicális insufficiéntia mundi. 이 세상의 근본적 부족.
insufflátĭo, -ónis, f. (insúfflo) 불어넣음, 취입(吹入)
insúfflo, -ávi, -átum, -áre, intr., tr, (in¹+)
불어넣다(חפנ), 주입하다, 불다(חיר.חפנ).
insúfflo, -ávi, -átum, -áre, intr., tr.
ínsŭla, -æ, f. (sc.) **섬**, 섬나라, 외딴집, (세놓는) 외딴 채,
(로마의) 공동주택(오늘날 아파트의 원형).
(pl.) 섬(도서) 주민;
demoveo alqm in ínsulam. 누구를 섬으로 귀양 보내다/
in insula Delo. 델로스 섬에서/
in médiā ínsulā. 섬의 한가운데에/
silva insulæ. 섬의 숲.
Insula Doctorum. 박사들의 섬
insula, in qua plumbum provenit. 연(鉛)이 산출되는 섬
Insula perfunditur amne. 섬이 강물에 잠기다
Insula Sanctorum. 성인들의 섬(아일랜드를 가리킴)
insulánus, -a, -um, adj. (insula) 섬에 사는, 섬나라의.
m., f. 섬사람.
insuláris, -e, adj. 섬의, 섬으로 유배된.
m., pl. 성전 경비원, 성전 구내에 세 들어 있는 사람.
insulárĭus, -i, m. 다층 임대건물, Insula의 임차인(세 들어
사는 사람, (Insula의) 경비, (Insula의) 관리인.
insulátus, -a, -um, adj. 섬에 옮겨진, 고립된, 격리된
insulcátĭo, -ónis, f. (in¹+sulcus) 고랑을 냄
insulósus, -a, -um, adj. (insula)
섬이 많은, 섬이 점재(點在)하는.
insúlsĭtas, -átis, f. (insúlsus) 무미건조(無味乾燥),
멍청함, 우매(愚昧-어리석고 사리에 어두움).
insúlsus, -a, -um, adj. (in²+salsus) 싱거운, 무미한,
풍미가 없는, 어리석은, 바보 같은, 멍청한.
insultátĭo, -ónis, f. (insúlto) 도약(跳躍), 으스댐,
모욕(侮辱), 조롱(嘲弄-비웃거나 깔보면서 놀림), 능욕(陵辱).
insúlto, -ávi, -átum, -áre, intr., tr. (insílio)
뛰어 들다, 덤벼들다, 춤추며 뛰어 돌아다니다,
얕잡아 보고 뛰어들다, 학대(虐待)하다, 짓밟다,
모욕하다, 조롱하다(תַלֵל), 남의 불행을 기뻐하다.
insulto morte alcjs. 누구의 죽음을 기뻐하다
insultum, "insilio"의 목적분사(sup.=supínum)
insultúra, -æ, f. (insílio) 뛰어오름
insúltus, -us, m. (insílio) 모욕(侮辱), 욕설(辱說)
insum, ínfŭi, (fŭi in), inésse, anom., intr. (in¹+)
…(안)에 있다, 내재하다, 박혀있다, 머물다.
Inest dynamicæ ipsi virtuti amoris, qui secundum
Christum vivitur, hæc pro pauperibus optio.
가난한 이들을 위한 선택은 바로 그리스도 안에서
실천하는 사랑의 구조입니다/
Inest hominibus cupiditas beate vivendi.(동명사문).
사람들에게는 행복하게 살겠다는 욕망이 있다/
Inest in nobis studium libertatem vindicandi.
자유를 수호하려는 열정이 우리에게 (천성적으로) 내재한다.
insúmo, -súmpsi, -súmptum, -ĕre, tr. (in¹+)
(비용.노력.시간 따위를) 들이다, 쓰다,
(생각 따위를) 가지다, 마음먹다.
(藥) 약하게 만들다, (체력을) 소모시키다.
paucos dies alci insumo rei.
(누가) 무엇을 만드는데 몇 날 걸리다.
ínsŭo, -sŭi, -sútum, -ĕre, tr. (in¹+) 집어넣고 꿰매다,
깁다, 재봉하다, 수놓다, …에 대고 깁다.
insúper, -ri] adv. (그) 위에, 위에서뿐만 아니라,
한걸음 더 나아가서, 게다가.
prœp. (c. acc.) 위에(놓다), (c. abl.) 위에(서).
insuperábĭlis, -e, adj. (in²+) 극복(정복) 할 수 없는,
이길(꺾을) 수 없는, 넘을 수 없는, 접근할 수 없는,
실천하기 어려운, 면할 수 없는.
insúrgo, -surréxi -surréctum -ĕre, intr. (in¹+) 일어서다,
일어나다(סוק.םיר.סלק), 솟아 있다, 우뚝 서 있다,
(세력.재산 따위가) 상승일로에 있다, 들고 일어나다,
커지다, 공세를 취하다, 저항하다, (전쟁이) 일어나다.

(어떤 감정이) 치솟다, 힘을 기울이다, 힘쓰다.
tr. 올라가다.
insurrectum, "insurgo"의 목적분사(sup.=supínum)
insurrexi, "insurgo"의 단순과거(pf.=perfectum)
insuspicábĭlis, -e, adj. (in²+)
짐작할 수 없는, 생각지도 못할(않은).
insustentábĭlis, -e, adj. (in²+) 참을 수 없는
insusurrátĭo, -ónis, f. (insusúrro) 속삭임, 수군거림
insusúrro, -ávi, -átum, -áre, tr., intr. (in¹+)
속삭이다, 수군거리다.
insusurro ad aurem.(in aures) 귀에 대고 속삭이다
insútum, "ínsŭo"의 목적분사(sup.=supínum)
intabésco, -tábŭi -ĕre, intr. (in¹+)
시들어지다, 쇠약해지다, 녹다.
intábui, "intabésco"의 단순과거(pf.=perfectum)
intáctĭlis, -e, adj. (in²+tango) 만질 수 없는, 감촉 되지 않는
intactus¹ -a, -um, adj. (in²+)
건드리지 않은, 만지지 않은, 새로운, 상하지 않은,
무사한, 온전한, 순결한(καθαρός), 깨끗한(καθαρός),
더렵혀지지 않은, 자유스러운, 얽매이지 않은.
intactus² -us, m. (in²+) 만질 수 없음, 촉감으로 알 수 없음
intaminátus -a, -um, adj. (in²+támino)
더렵혀지지 않은, 순결한(καθαρός).
intéctus, -a, -um, adj. (in²+tego) 옷 입지 않은,
벗은, 덮이지 않은, 가리지 않은, 열린, 개방된.
p.p. (intego) 덮인, 가려진.
integéllus, -a, -um, adj. dim. (integer)
온전한, 이지러지지 않은, 결백한, 순결한(καθαρός).
integer, -gra -grum, adj. [in²+ta(n)go] **완전무결한**,
온전한, 손을 대지 않은, 고스라 한, **옹근**, 통째로의,
이지러지지 않은, 조금도 덜어내지 않은, 건강한,
앓는 데 없는, 신열이 없는, 싱싱한, 한창 나이의,
원기 왕성한(integer viribus), 지치지 않는, **무사한**,
재해(災害) **입지 않은**, 다치지 않은, 손상(손실) 없는,
순수한, 불순물이 섞이지 않은, 깨끗한, 신선한,
썩지(더러워지지) 않은, 흠잡을 데 없는, 원만한,
건전한, 무죄한, 결백(潔白)한, 순결한, 청순한, 숫-,
더렵혀지지 않은, 무관심한, 사심 없는, 중립의,
아무 경험도 없는, 풋내기의, 초심자의, 착수하지 않은,
미심리의, 미결상태의, 누구의 결정(권한.재량)에 달린.
ad íntegram. 온전히; 시작(처음)으로(돌아가다)/
de(ab, ex) íntegro. 다시(πἀλιν), 새로이(A novo)
온전히 새로이, 처음부터 다시/
Defatigátis invicem íntegri succédunt.
원기왕성한 자들이 지친 자들과 교체하여 들어선다/
in íntegram restitúere(alqm, alqd)
이전(원래의) 상태로 회복시키다(복귀시키다)/
íntegra causa. 미심리(未審理) 소송사건/
íntegro die. 온종일/
íntegrum alci dare.
누구에게 자유재량대로 할 수 있게 하다/
íntegrum est alci, …. 무엇을 마음대로 결정하다/
íntegrum se serváre. 중립을 지키다/
judex tristis et ínteger. 엄격하고 청렴한 판관(判官)/
Res alci in íntegro est. 일이 누구의 권한에 속하다
status naturæ íntegræ. 출발상태.

형용사 제1, 2변화 제2식 B(어간에서 e字가 빠지는 경우)		
단 수		
	m.(남성)	f.(여성)	n.(중성)
Nom.	ínteger	íntegra	íntegrum
Voc.	ínteger	íntegra	íntegrum
Gen.	íntegri	íntegræ	íntegri
Dat.	íntegro	íntegræ	íntegro
Acc.	íntegrum	íntegram	íntegrum
Abl.	íntegro	íntegrã	íntegro

복 수		
	m.(남성)	f.(여성)	n.(중성)
Nom.	íntegri	íntegræ	íntegra
Voc.	íntegri	íntegræ	íntegra
Gen.	integrórum	integrárum	integrórum
Dat.	íntegris	íntegris	íntegris
Acc.	íntegros	íntegras	íntegra
Abl.	íntegris	íntegris	íntegris

(허창덕 지음, 중급 라틴어, p.25)
integer viribus. 원기 왕성한
integiméntum, -i, n. = integuméntum
integimentum commúne. 총피(總皮)
íntĕgo, -téxi -téctum -ĕre, tr. (in¹+) 보호하다,
덮다(בסה, חסה, חפף), 가리다(בסה, כסה).
integra ætate esse. 다 컸다(다 큰 사람이다)
integra causa. 미심리 소송사건(未審理訴訟事件)
integra et perfecta. 온전하고 완전한
Integra valetúdine esse. 아주 건강하다
Integræ servandæ, 성무성의회의 명칭과 기능의 변경.
(1965.12.7. 자의교서).
integrális, -e, adj. (ínteger)
이지러짐 없는, 침해되지 않은, 불가결의.
integralismus, -i, m. 완벽주의[가톨릭적 원리를 완전무결하게
고수할 것을 주장한 비타협적 가톨릭(Intergraler Kathlizismus)을 말하며,
근대주의에 편승해 독일. 네덜란드, 프랑스, 이탈리아에서 일어났던 개혁파.
교황 베네딕도 15세는 1915년 Ad beatissimi Apostolorum(사도들의 지극히
행복한…)을 발표해 이 명칭을 쓰지 못하도록 금지하였다. 백과사전 2, p.358].
integrásco, -ĕre, intr., inch. (ínteger)
새로워지다, 다시 시작하다, 다시 닥치다.
integrátĭo, -ónis, f. (íntegro)
갱신(更新), 재생(再生-거듭 남), 원상복구(原狀復舊).
Amantium iræ amoris integratio est.(Terence).
연인들의 다툼은 사랑의 갱신이다.
integrátor, -óris, m (íntegro)
개혁자(改革者), 부흥시키는(부활시키는) 사람.
integri et incorrupti evangelii.
완전하고 변질되지 않는 복음서.
intégritas, -átis, f. (ínteger) 온전함, 완전성, 완전무결,
무손상, 건전함, 무죄함, 결백(潔白), 공정함, 정직함,
깨끗함, 덕성스러움, 순결함, 순박(淳朴), 전체, 전부.
testimonĭum integritatis. 무과실 증거.
In eadem sententia fuit homo summa integritate atque
innocentia C. Turranius. 지극히 정직하고 결백한 인물
가이우스 투라니우스도 같은 생각이었다.
Integritas personæ(⑨ Integrity of the person).
전인(全人), 완전한 인간.
íntĕgro, -ávi, -átum, -áre, tr. (ínteger)
모자람이 없도록 옹글게 하다, 원상대로 돌아가게(되게)하다,
완전(온전)하게 하다, 새로이 하다, 갱신하다,
또다시 시작하다, 다시 일게 하다, 반복(하게)하다,
(원기 따위를) 회복시키다, (심신을) 새로워지게 하다.
integro lácrimas. (멎었던) 눈물을 다시 자아내다
integuméntum, -i, n. = integiméntum
덮개, 의복(衣服), 외투(外套), 비호(庇護-감싸 보호함),
경호자. (動) 외피(外皮), 피부(皮膚), 껍질.
integumentum commúne. 총피(總皮)
intellectális conceptio 지성적 개념
intellectíbĭlis, -e, adj. (intéllego) 깨달을만한
intelléctĭo, -ónis, f. (intéllego) 사고(⑨ Thought), 이해.
(修) 제유법(提喩法-일부로써 전체를. 전체로서 일부를 나타내는 기교).
intellectio Dei. 신의 지적 작용
intellectio indivisibilium. 분리될 수 없는 것의 인식
intellectio practica. 실천적 사고
intellectio theoretica. 사변적 사고(가톨릭 신학과 사상, 제20호, p.211)
intellectio una. 하나의 지적 작용
intellectívus, -a, -um, adj. (intéllego)
사변적(思辨的), 이론적(理論的), 이지적(理智的).
Anima intellectiva est vere per se et essentialiter humani
corporis forma. 지성적 영혼은 참으로 그 자체

I

그리고 본질적으로 인간의 육체에 형태를 부여 한다/
De anima intellectiva. 지성적인 영혼에 대하여/
intellectiva anima. 지성혼/
universalitas formæ intellectivæ. 지성적 형상의 일성.
intellector, -óris, m. (intéllego)
알아듣는(지혜 있는.총명한) 사람.
intellectuális, -e, adj. (intelléctus)
지력의, 지(성)적, 이지적, 정신적, 영리한.
naturæ intellectuales sunt formæ subsistentes.
지성적 본성(사물들)은 자립하는 형상들이다/
species intellectuales. 오성적 종(성 염 옮김, 단테 제정론, p.22).
intellectuális natúra. 지성적인 본성(本性)
intellectuális naturæ incomunicábĭlis existentĭa.
지적 본성의 비상통적 존재.
intellectuális operátĭo. 지성적 작용(知性的 作用).
experientĭa intellectuális. 지성적 체험(知性的 體驗).
Intellectualísmus, -i, m. 이지주의(理知主義),
주지주의([영] intellectuálism-인간의 주된 능력을 지성이라고 하는 주의로 아리스토텔레스와 토마스 아퀴나스가 이에 속한다), 지성주의.
intellectuálĭtas, -átis, f. (intellectuális)
지력(智力-슬기의 힘. 사물을 헤아리는 능력), 이해력(理解力),
지성(知性.[영] Intelligence), 이지성(理知性),
지식([영] Intellect/Knowledge/Science).
intellectualiter, adv.
[영] intellectually, according to the intellect.
intellectualiter contemplanti. 지성적 관상가들
intellectum, "intéllĕgo"의 목적분사(sup.=supínum).
"intéllĭgo"의 목적분사(sup.=supínum).
Intellectum valde ama. 지성을 진정으로 사랑하라.
이해하는 노력을 진정으로 사랑하라(아우구스티노).
intellectus, -us, m. (intéllego) 총명(聰明), 앎,
지력(智力-슬기의 힘. 사물을 헤아리는 능력), 인식(認識),
지혜(知慧), 지능, 이해력, 지성([영] Intelligence),
오성(悟性-사물에 대하여 논리적으로 이해하고 판단하는 능력),
이지(理智-이성과 지혜를 아울러 이르는 말), 이해(理解),
통찰*(通察-꿰뚫어 봄), 개념(概念.ὅρος), 관념(觀念),
지각(知覺.[영] Perception), 깨달음(בִּינָה.洞察),
지식([영] Intellect/Knowledge/Science), 의식(意識),
의미, 뜻, 예술 감각(藝術 感覺), 식견(識見-학식과 의견).
adequatio rei et intellectus. 사물과 지성의 어울림/
ascensus intellectus in Deum. 하느님께 마음을 들어 올림 (intellectus를 이치를 따지는 이성이 아니고 영성 세계의 지성 능력으로 이해)/
bonum intellectum. 인식된 선, 좋은 지성/
conversio completa ad se ipsum intellectus.
지성의 완전한 자기 회귀/
De potentia intellectus seu de libertate humana.
지성의 능력 혹은 인간의 자유에 대하여(Spinoza 지음)/
De Unitate Intellectus contra Averoistas.
아베로에스 추종자들을 반대하여 지성의 일치를 논함/
Ergo intellectus cognoscit individuum sub propria ratione individui. 그러므로 지성은 그것의 고유한 개념 아래 있는 개별자를 인식 한다/
Ergo intellectus distincte cognoscit.
그러므로 지성은 특수자를 차별적으로 인식 한다/
Est autem alia sententia, quæ, videtur huic esse contraria, si non habeat intellectorem. 잘못 이해하면 우리가 말한 것과 반대되는 것 같은 다른 구절이 있습니다.
(최익철 신부 옮김, 요한 서간 강해, p.401)/
Est autem differentia inter sensum et intellectum.
그러나 감각과 지성 사이에는 차이가 존재한다/
idem intellectus et intellectum et intelligere.
지성과 인식된 것, 그리고 인식하는 것은 같다
(심상태 신부 지음, 익명의 그리스도인, p.55)/
lumine natúrali intellectus. 지성의 자연적 빛/
Non intellectus intelligi, sed homo intelligit.
지성이 인식하는 것이 아니라 인간이 인식 한다/
Omnis intellectus naturaliter desiderat divinæ substantiæ visionem. 모든 지성은 본성적으로 신적 본질을 보길 원 한다/
Res naturalis inter duos intellectus constituta. 사물들이 두 지성들 사이(신과 인간사이)에 놓여 있다(토마스 데 아퀴노)/
Si unum intellectum, tunc erit unus intellectus. 사고 대상이 하나라면 지성은 하나가 될 것이다.(지성단일성, p.205)/
Sic ergo intellectus separatus est quia non est virtus in corpore; sed est virtus in anima, anima autem est actus corporis. 그러므로 지성은 신체 안에 있지 않고 영혼 안에 있는 능력이기 때문에 분리되지 않는다. 더욱이 영혼은 신체의 현실태이다.(인간 영혼의 독특성을 강조하는 토마스 철학의 핵심 주장들 하나다. 일반적으로 신체의 형상에는 신체를 초월하는 능력이 있을 수 없다. 하지만 그 밖의 형상들과 달리 독특한 위상을 점하는 인간 영혼에는 신체를 초월하는 능력인 지성이 있을 수 있다. 지성단일성, pp.100~101)/
Sic igitur intellectus intelligit naturam universalem per abstractionem ab individualibus principiis.
지성은 개별적 원리로부터 추상 작용을 통해 보편적 본질에 대해 사고한다(지성단일성, p.213)/
Ubi autem factus est ad imaginem Dei? In intellectu, in mente, in interiore homine. 무엇이 하느님의 모습대로 창조되었습니까? 지성과 정신과 인간의 내면에서 그렇습니다.(최익철 신부 옮김, 요한 서간 강해, p.357)/
unitas intellectus. 단일한 지성, 하나인 지성)/
unus intellectus possíbĭlis. 가능지성의 단일성/
utrum in eis sit aliqua alia potentia cognoscitiva quam intellectus. 천사 안에 다른 어떤 지성적 인식 능력이 있는가/
vel facinora vel machinamenta admirabiliter inventa et intellecta.(성 염 지음, 사랑만이 진리를 깨닫게 한다, p.291)
놀랍게도 인간들이 인식해내고 발견해낸 저 위대하고 거대한 도구 내지 기계장치들/
verum est id in quod tendit intellectus.
지성이 도달하려고 노력하는 것을 참이라 부른다.
intellectus actiónis. 작용의 개념
intellectus adeptus. 취득(取得)된 지성, 현실적 지성, 획득(獲得) 이성(한국가톨릭대사전, p.5865).
intellectus agens. 능동 이성, 능동 지성, 활성적 힘
intellectus agens et passivus(possibilis).
(스콜라 철학 특히 토마스 아퀴나스의 인식론적 용어)
능동 지성과 수동 지성 또는 기능적 지성.
intellectus agens separatus. 분리된 능동 이성
intellectus appetitívus. 욕구적 지성(慾求的 知性)
intellectus aquisitus. 수용 이성
Intellectus cognoscit differentiam inter universale et singulare. 지성은 보편자와 특수자 사이를 (차별적으로) 인식한다.
intellectus conceptum. 지성의 개념
intellectus creatus. 창조된 지성
intellectus essentiæ. 본질 이해(本質 理解)
intellectus fidei. 신앙의 이성(rátĭo fidei), 신앙의 지성, 신앙의 이해(信仰 理解)(가톨릭 교회의 가르침, 제10호, p.107).
intellectus finitus. 유한한 지성
Intellectus fit omnia. 지성은 모든 것이 된다.
intellectus in actu. 현실적 이성
intellectus in habitu. 습성적 이성
intellectus materiális. 물질 지성
Intellectus natúra est rebus conformetur.
지성의 본성은 사물과 동화되는 것이다.
intellectus passiva. 수동 지성
intellectus possibilis. 가능지성
intellectus practicus. 실천 이성, 실천적 지성
intellectus principiorum. 원리들의 이해, 원리 인식
intellectus quærens fidem. 신앙을 추구하는 이해
Intellectus quo cogitamus et intellegimus, est admirabilis. 오성은 놀라운 것이다.
그것으로(quo) 우리는 사고하고 이해한다.
intellectus separábĭlis. 분리된 지성
intellectus speculativus. 사변 지성, 관상적 지성, 사변이성.
intellectus spei. 희망의 앎
intellectus subsistens. 자립 지성
Intellegat Caritas vestra. Magna res.
사랑하는 여러분, 잘 들어 보십시오. 위대한 사실입니다.
intéllĕgens, -éntis, p.prœs., a.p. (intéllego)
인식하는, 깨닫는, 아는, 총명한.

m. 총명한 사람, 지성인, 인식자(認識者).

intellegéntia, -æ, f. (intéllegens) 지력(智力), 지능,
이해력, 인식력, 이지(理智), 예지(叡智).⑨ Prudence-사물의
본질을 꿰뚫는 뛰어난 지혜), 총명(聰明-영리하고 재주가 있음),
지혜(智慧.πυχ῾σ.σοφία.⑨ Wisdom), 영리(怜悧-똑똑하고
눈치가 빠름), 의식, 각지(覺知-깨달아 앎),
지식(⑨ Intellect/Knowledge/Science), 관념(觀念),
지성(知性.⑨ Intelligence), 개념(槪念.ὄρος).
De vera intelligentia auxilii efficacis.
효과적인 도움의 참다운 인식에 대하여(1655년)/
scientia puræ intelligentiæ. 순수 지성의 지식.

intellegentia concepta. 회임(懷妊)된 인식

intellegentiæ rátio. 이해의 성격

intellegíbilis, -e, adj. (intéllego) 알아들을 수 있는,
이해(해득) 할만한, 지력으로 파악되는, 명료한.
Prætérea, sicut sensus movetur a sensibile, ita intellectus
ab intelligibili. 그밖에도 감각이 가감적 대상에 의해
움직이는 것처럼 지성은 가지적 대상에 의해 움직인다.
(이상섭 옮김, 신학대전 14, p.155).

intellegíbile in sensibili. 감각적인 것의 인식 가능성

intellegíbilis species. 인지할 수 있는 종별, 가지상

intellegibílitas, -átis, f. 가지성(可知性)

intéllĕgo(=intéllĭgo), -léxi -léctum -ĕre, tr.
(inter³+lego⁵) 알아듣다, 깨닫다(חמא,חמר), 이해하다,
알다, 식견(識見)이 있다, 식별(識別)하다, 알아보다,
(누구의 성격.됨됨이 따위를) 잘 알다, 인정하다,
생각하다, 느낌이 들다, 감각하다, 의식하다.
Anima se ipsum semper intelligit, et se intelligendo
quodammodo omnia entia intelligit.
영혼은 언제나 자체를 인식한다. 자체를 인식함으로써
어느 면에서 존재하는 모든 것을 인식 한다/
intellegamus in dilectione Spiritum Sanctum esse.
성령께서 사랑 안에 계시다는 것을 깨달읍시다/
intelligendi modus. 인식의 양태(樣態)/
Multa sunt quæ numquam intelligantur.
결코 이해되지 않을 일들이 많이 있다/
Ne damnent, quæ non intélligunt.
자기들이 알아듣지 못하는 것을 나무라지 말아야 한다/
neque enim quæro intelligere, ut credam; sed credo,
ut intelligam. 나는 믿기 위해 알아들으려고 하지 않고
알아듣기 위해 믿는다(캔터베리의 성 안셀모)/
nihil ad intelligendum secretius.
너무 흐릿해서 이해할 만한 것이 아무것도 없다/
Nisi me intellegunt, mihi non respondent.
그들이 내 말을 이해 못하면 나에게 대답 못 한다/
Non intellegis quos homines et quales viros mortuos
summi sceleris arguas? 그대는 이미 고인이 된 어떤
인물, 어떤 위인들을 두고 최악의 죄명(=반역죄)을
뒤집어씌우고 있는지를 깨닫지 못하느냐 말이오/
Quomodo intelligimus, vel quomodo discernimus?
어떻게 이해하고 어떻게 식별(識別)하겠습니까?.

Intellego cur sacerdotes in templum veniant.
왜 사제들이 신전으로 들어가는지 나는 이해한다.

Intellego ut Credam. 믿기 위하여 이해한다.

intellexi, "intéllĕgo(=intéllĭgo)"의 단순과거(pf.=perfectum)

intellig… V. intelleg…

intellige ut credas, crede ut intelligas.
믿기 위해 알고, 알기 위해 믿으라.
믿기 위하여 이해하라. 이해하기 위하여 믿어라.

intelligentia Divina. 하느님(천주)의 지식

intelligentia spiritalis. 영적 이해력

Intelligere incomprehensibília esse!
파악할 수 없는 것임을 통찰(洞察)하라!

intéllĭgo(=intéllĕgo), -léxi -léctum -ĕre, tr.
possum enim intelligere. 내가 인식할 수 있음.

intelligo ut credam. 나는 믿기 위하여 이해하여야 한다

intemerábilis, -e, adj. (in²+témero)
범할 수 없는, 위반할 수 없는, 거룩한(ἅγιος), 신성한.

intemerátus, -a, um, adj. (in²+témero)
더럽혀지지 않은, 침범된 일이 없는, 깨끗한,
결백한, 순결한(καθαρὸς), 오점(汚點) 없는.

intémperans, -ántis, adj. (in²+témero)
한도를 넘은, 절제(절도) 없는, 자제심 없는, 방종한.

intemperántia, -æ, f. (intémperans) 무절제(無節制),
과도, 폭음(暴飮).⑨ Gluttony), 폭식, 방종(放縱).

intemperátus, -a, -um, adj. (in²+) 조절되지 않은,
(기후가) 불순한, 때 아닌, 무절제한, 지나친, 과도한.

intempériæ, -árum, f. pl. (intempériês, -éi, f.)
(in²+tempéries) 날씨의 불순함, 악천후(惡天候),
혹서(酷暑-몹시 심한 더위), 혹한(酷寒), 폭우(暴雨),
한발(旱魃-가물. 가뭄), 난폭(亂暴), 사나움,
정신착란(精神錯亂), 자제력 없음, 무절제(無節制),
방종(放縱), 불순명(불순종) 폭음(暴飮).⑨ Gluttony).

intempériês, -éi, f. = intempériæ, -árum, f. pl.

intempestívitas, -átis, f. (intempestívus)
계제 나쁨, (시기의) 부적절.

intempestívus, -a, -um, adj. (in²+tempus¹) 때 아닌,
때 없는, 불시의, 시기에 안 맞는, 계제가 나쁜, 철 아닌.

intempéstus, -a, -um, adj. (in²+tempus¹) 때 아닌,
불시의, 시기에 안 맞는, 일하기에 좋지 않은 때에,
건강에 좋지 않은, 일기 불순한, 악천후의, 폭풍우의.
nox intempésta. 아닌 밤중, 한밤중.

intemporális, -e, adj. (in²+) 영원한, 기회가 좋지 못한

intempt… V. intent…
intemptatæ ab aliis veritates.
다른 사람들이 시도하지 않은 진리.

Intendat Caritas vestra. 사랑하는 여러분 잘 들어 보십시오.

Intendat Caritas vestra, videte quid dicam.
사랑하는 여러분, 제가 말씀드리는 바를 잘 알아들으십시오.
(최익철 신부 옮김, 요한 서간 강해, p.239).

intende, 원형 inténdo, -téndi -téntum(-sum), -ĕre, tr.
[명령법. 단수 2인칭 intende, 복수 2인칭 intendite].
Deus, in adjutorium meum intende: 하느님 절 구하소서.

Intende in adiutorium meum
Domine Deus salutis meæ.
주 하느님이여 내 구원이시여 ✻ 어서 나를 도와주소서.

intendi, "intendo"의 단순과거(pf.=perfectum)

Intendite : eamus simul corde, et pulsemus.
잘 들으십시오. 우리 모두 한 마음으로 가서 두드려 봅시다.

Intendite : ecce in tenebris erat, quando paganus erat;
modo jam christianus factus est. 주의해서 들어 보십시오.
그가 외교인일 때는 어둠 속에 있었지만 지금은
그리스도인이 되었습니다.(최익철 신부 옮김. 요한 서간 강해, p.93).

Intendite enim quid dicam, fratres.
형제 여러분, 제가 드리는 말씀을 잘 들으십시오.

Intendite. Hoc mandatum Christi dilectio vocatur:
per hanc dilectionem peccata solvuntur. 잘 들으십시오.
그리스도의 이 계명을 사랑이라 부릅니다. 이 사랑을
통하여 죄가 없어집니다.(최익철 신부 옮김. 요한 서간 강해, p.229).

Intendite, protulimus aliquid in quo bene
intellegentibus soluta est quæstio.
잘 들으십시오. 저희는 잘 알아듣는 사람에게는
해결책이 되는 어떤 것을 제안하였습니다.

Intendite quid dicam: Deus, homo, pecora.
제가 하느님, 인간, 동물에 관해서 말씀드리고자
한다는 것을 알아두십시오.

inténdo, -téndi -téntum(-sum), -ĕre, tr. (in¹+)
내뻗치다, 내지르다, 켕기다, 잡아당기다(ודה.ודה),
죄다, 팽팽하게 매다, 팽팽하게 늘리다(펴다), 펼치다,
깔다, 집중(集中)시키다, 겨누다, 향하다, 돌리다,
주의를 기울이다, 방향 잡다, (어느 방향으로) 가다,
힘쓰다, 해보다, 마음먹다, 의도(意圖)하다,
…하려고 하다, 작정하다, 높이다, 증대(增大)시키다,
과장하다, (주의반론 따위를) 환기시키다, 일으키다,
…라고 주장하다, 추구(追求)하다, 계속하다.
óculis mentibúsque ad pugnam inténtis.(intendo 참조)

629

눈과 마음을 전투에 집중시키고.
intendo prétia. 값을 올리다
intendo vera. 진실을 과장하다
intendo vocem. 소리를 높이다
inténsĭo, -ónis, f. (inténdo) 정신적 긴장, 노력(努力), 강렬함, 경련(痙攣.[영] convulsion). (論) 내포.
intensior, -or, -us, adj. intensus, -a, -um의 비교급
intensissimus, -a, -um, adj. intensus, -a, -um의 최상급
intensívus, -a, -um, adj. (inténdo) **강렬한**, 격렬한, 맹렬한, 팽팽한, 긴장(緊張)한, 집중적인, 철저한.
intensum, "intendo"의 목적분사(sup.=supínum)
intensus, -a, -um, adj. 열망하는 갈망하는, 열심인, 집중된, 주의 깊은, 세심한, 엄한, 엄격한, 강한, 격렬한
Intensus arcus nimium facile rumpitur.(Publilius Syrus). 너무 팽팽한 활은 쉽게 부러진다(부러지기 쉽다).
intentábĭlis(=intentális) -e, adj. (in²+tento) 시험해 볼 수 없는, 시도될 수 없는.
intentátĭo, -ónis, f. (inténto) 펼침, 비난
intentátor, -óris, m. (in²+) 유혹하지(떠보지) 않는 사람
intentatus¹ -a, -um, p.p. (inténto) n. 협박(脅迫), 위협(威脅)
intentatus² -a, -um, adj. (in²+tento) 손대보지 않은, 해보지 않은, 시도되지 않은, 경험되지 않은.
Intente audite, obsecro vos, quia res non minima versatur in medio: et non dubito quia hesterno die adfuistis intente, quod et hodie intentius convenistis. 이제 다룰 문제는 보통 중요한 것이 아니기 때문에, 정신을 바싹 차려서 들어 주시기를 부탁드립니다. 여러분이 어제 정신 차려서 들으셨으니, 오늘은 더 정신 차려 들으시리라 믿어 마지않습니다(최익철 신부 옮김, 요한 서간 강해, p.222).
inténtĭo, -ónis, f. (inténdo) 긴장(緊張), 켕김, 증대(增大), 높임, 강렬함, 강도(强度), 노력, 애씀, 노심초사, 전심전력, 열심, 세심한 주의, 배려(配慮), 몰두(沒頭), 열중(熱中), 정신집중, 의향(意向.[영] Intention), 지향(指向-뜻하여 그 쪽으로 향하게 함), 의지, 뜻, 생각, 의도(意圖.[영] Intention), 취지(趣旨), 목적, 계획, 화음, 고발, 고소(告訴), (삼단논법의) 대전제, 청구표시.
De pura intentione. 깨끗한 지향에 대하여/
in lacrimis et intentione cordis. 눈물과 마음의 지향/
Sensus transit intentiónem.
감각은 의지를 스쳐간다. 즉 무의식중에 지나간다/
Tu autem totam intentionem tuam in illum dirige, ad illum curre, eius amplexus pete, ab illo time discedere; ut sit in te timor castus, permanens in sæculum sæculi. 그대의 모든 지향을 그분께 맞추고, 그분을 향해 달려가십시오. 그분께서 안아주시기를 청하고, 그분에게서 멀어질까 두려워하십시오. 그리하여 영원히 이어지는 순수한 두려움이 여러분 안에 머물도록 하십시오.
(최익철 신부 옮김, 요한 서간 강해, p.417).
intentio abituális. 상시적 지향
intentio actuális. 현실적 의향, 현실적 지향, 실질 지향
intentio Aristotelis. 아리스토텔레스의 의도
intentio auctoris. 저자의 의도(voluntas scriptoris)
intentio bona. 선의, 바른 지향
intentio contra bonum. 성실성을 거슬리는 의지(意志)
intentio contra bonum prolis.
자녀 출산을 거슬리는 의지.
intentio contra bonum sacramenti.
영속성을 거슬리는 의지.
intentio contrahendi. 혼인을 하려는 의향
intentio delinauendi. 범죄의사(犯罪意思)
intentio explicita. 현재적 지향
intentio exterior. 외적 지향
intentio generális. 일반적인 의향
intentio generális faciendi quod facit Ecclesia.
교회가 하는 것을 한다는 일반적인 의향.
intentio habituális. 습성적 지향
intentio implicita. 함축적 지향
intentio inchoativa bona. 선한 지향의 발단
intentio interpretativa. 가정적 지향, 추정적 의향
intentio loquentium. 말하는 사람의 의도
intentio mere externa. 순 외부적 지향
intentio naturæ. 자연의 의도
intentio non contrahendi. 혼인을 하지 않으려는 의향
intentio prima. 일차적 지향
intentio recta. 정당한 의도(意圖)
intentio satisfactoria. 속죄 전구
intentio textus ipsius. 본문 자체가 통교하는 것
intentio virtuális. 잠세적(잠재적) 지향
intentionális, -e, adj. (inténtio) 기도한, 계획적인, 고의의, 지향적인.
immutátĭo intentionális. 지향적 변화(志向的 變化).
intentionálĭtas, -ătis, f. (intentionális) 지향성(獨 Intentionalität)(사목 15, 그리스도교 신앙입문, p.390).
intentiones imaginatæ 감각적 영상들(가톨릭 철학 제3호, p.166).
Intentiones supplicátĭonum et intercessiones. ([영] Intentions of supplicátĭon and intercessions) 기도 지향과 전구.
intentívus, -a, -um, adj. (文法) 말의 뜻을 강하게 하는, 강세를 주는.
inténto, -ávi, -átum, -áre, tr., freq. (inténdo) 내뻗치다, 내밀다, 향하게 하다, 위협적으로(해칠 목적으로) 던지다(휘두르다), (무엇을) 협박.공갈의 재료로(수단으로) 삼다.
inténto manus in ***alqm***. 누구에게 손찌검을 하다
intentum, "intendo"의 목적분사(sup.=supínum)
inténtus¹ -a, -um, p.p., a.p. (inténdo) 팽팽한, 켕긴, 긴장한, 경계하는, 정신 차린, 주목하는, 열중한, 골몰한, 여념이 없는, 격렬(激烈)한, 강렬(强烈)한, 모진, 엄격(嚴格)한, 엄중한, 준엄한, 철저한.
inténtus² -us, m. (inténdo) 내뻗침, 내지름, 주목(注目-눈길을 한곳에 모아서 봄), 意圖([영] Intention), 목적(τὲλος.[영] Destiny), 열중(熱中), 골몰
intépĕo, -púi -ére, intr. (in¹+) 미지근해지다, 식다
intepésco, -ĕre, inch., intr. (intépeo) 미지근해지다, 가라앉다, 진정되다.
intĕpui, "intepeo"의 단순과거(pf.=perfectum). "intepesco"의 단순과거(pf.=perfectum).
inter¹ prœp.c.acc. [지배하는 말 뒤에 놓이는 수도 있고, 지배되는 말마다 그 앞에 매번 쓰는 수도 있음]
1. [장소.위치] 사이에, 중간에, **가운데에**, 틈에, 속에.
2. [구별.차이.거리.상대방 따위 표시] 사이에(의), …와 …와는(의): interésse inter arguméntum conclusionémque. 논증과 결론과는 차이점이 있다(구별된다)/ Inter quod magna fuit conténtio. 그들 사이에는 큰 논쟁이 있었다. 3. [상호간.공동소유.협력 따위 표시] 사이에, **서로**, **끼리**: inter nos. 우리끼리/ amáre inter se. 서로 사랑하다. 4. [시간] **동안**(에), 사이에: inter tot annos. 여러 해 동안/ inter ludéndum. 노는 동안에/ inter hæc. 이러는 사이에.
5. [셋 이상 중의 우월] 사이에, 가운데서, **중에(서)**, **…보다**, 비해서: Inter álias præstítimus pulchritúdine. 우리는 다른 여자들보다 뛰어나게 아름다웠다.
Amámus inter nos. 우리는 서로 사랑하고 있다/
Mílites inter se cohortántur. 군인들은 서로를 격려하고 있다/
Res naturalis inter duos intellectus constituta. 사물들이 두 지성들 사이(神과 인간사이)에 놓여 있다(토마스 데 아퀴노).
inter² adv. [드물게 씀] 그 동안에
inter-³ *prœvérbium*(접두사) 1. 합성어로서의 동사, 형용사, (파생명사, 파생부사)에 장소적.시간적인 **"중간에, 가운데에, 사이(에)서"** 따위의 뜻으로 (삽입.상호관계.교호동작) 등을 나타내고, (온전히.철저히) 따위 의미 강화의 뜻도 있으며, 때로는 (죽음.파멸)로 이르게 하는 뜻도 있음. 2. intéllego 및 그 파생어에서만 intell-로 바뀌며, 그 외에는 그대로 inter-임.
Commercium est inter mundum et fratres.
세상과 형제들 사이에 계약이 있습니다/

Discónvenit inter me et te. 너하고 나하고는 맞지 않는다/
Homines et animália inter se dissimiles sunt.
　사람과 동물은 서로 다르다/
Miscent inter se inimicitías agitantes.
　그들은 툭하면 원수지다가도 서로 어울리곤 한다/
suspensio mentis inter utramque contradictionis partem.
　양자의 반대편 사이에서의 중지(미결)/
Videte quantum inter meam sententiam vestramque
intersit. 너희는 내 생각과 너희 생각 사이에
　얼마나 차이가 있는지 보라/
Vultur et avicula inimícī inter se.
　서로 원수진 수리와 작은 새.
inter amícos. 친구들끼리, 친구들 사이에서
Inter amicos meos et tuos manebat severa inimicitia.
　내 친구들과 네 친구들 사이에는 극심한 적대감이 남아 있다.
Inter arma leges silent. 전시에는(inter arma) 법률이 침묵 한다
inter cenam. 저녁 식사 중에
Inter cetera. 교회법원(1970.12.28. 회람)
Inter complures, 무엇보다도 먼저(교황 비오 12세의 로마에서
있었던 마리아론 학자들의 모임인 마리아 모임에 주는 글)
Inter diversa instituta communio.
　다른 수도회들 사이의 친교.
Inter ea, 성직자 평생 교육과 양성(1969.11.4. 회람)
Inter eximia, 팔리움(Pallium) 특전의 폐지(1978.5.11. 자의교서)
inter fidem ac rationem dialogum.(⑨ a dialogue
between faith and reason) 신앙과 이성 간의 대화.
inter hæc. 이러는 사이에
inter hóminem et bestias. 사람과 짐승들 사이에는
inter hómines. 사람들 중에, 사람들 사이에서
Inter insigniores. 여성 사제직무 불가 선언.
　(1976.10.15. 신앙교리성 발표).
inter ludendum. 노는 동안에
Inter Mirifica, (놀라운 것 중) 대중 매체에 관한 교령
　(1963.12.4. 반포.ㄷ용 24항으로 구성).
inter nimium et parum esse. 똑 알맞다, 중용에 있다
inter nos. 남몰래(sub rosa), 우리들 사이에서
Inter Oecumenici. [1964년 9월 26일 예부성성에서 반포한 훈령「전례
헌장의 올바른 적용에 관한 제1차 시행령」의 라틴어 제목이다. 예부성성은 제2차
바티칸 공의회의 결의에 따라 새 전례서를 완성하여 출판할 때까지 전례 쇄신을
원활히 진행하기 이 문제에 관한 세 개의 문헌을 발표하였는데 인데르
외꾸메니시는 그 첫째 문헌이다. 이 훈령은 전례 문제에 관해 주교회의의 기능을
더욱 세밀하게 규정하고「거룩한 전례에 관한 헌장」의 일반적인 용어를
사용하여 설명한 원칙들을 더욱 상세하게 설명한다. 문헌은 또한 전례서를 개정하기
전에 실천할 수 있는 조처들을 곧바로 적용할 수 있도록 명령하거나 위임하는
광범위한 문헌이다.]
inter omnes constat. 주지(周知)의 사실이다
Inter Pascha et consummationem. 부활과 성취 사이에서.
　(1996.3.25.「Vita Consecrata」중에서).
inter poetas poni. 시인(詩人) 중의 하나로 인정되다
inter quinquennium. 5년 임기 중
inter sacrum saxúmque stare.(희생물과 그것을
　쳐 죽이는 돌 사이에) 극도의 위기에 처해 있다(속담).
Inter scholasticos doctores omnium princeps et
magister. 모든 스콜라 학자들의 왕자요 스승.
inter se. 자기네끼리, 서로
inter se amáre. 서로 사랑하다
inter se contingo. 서로 닿다
Inter se multum variare figúræ non possunt.
　형태들이 서로 크게 다를 수 없다.
inter sua spiritualia bona. 그의 영적 선들 사이에
inter tot annos. 여러 해 동안
inter Urbem et Tiberim. 로마와 티베리스 강 사이에
inter utrámque facem. 결혼해서 죽을 때까지
Inter virum ac feminam amor.(⑨ The love between
man and woman) 남녀의 사랑.
inter viros optimos numerari. 저명인사 가운데 끼다
interǽstŭo, -áre, intr. [inter³+]
　(간헐적으로) 경련(발작)을 일으키다; 격노(激怒)하다.
interaménta, -órum, n., pl. 내부 구조물,
　골조(骨組-건물의 주요 구조체가 되는 뼈대). 뼈대.
interámnus, -a, -um, adj. (inter³+amnis)

두 강 사이에 있는
interánĕus, -a, -um, adj. (inter³+) 내부의, 내장의, 내장에 관한. n.(pl.) 내장, 오장육부.
interaresco, -ĕre, intr., inch. (inter³+) 마르다, 고갈하다
intérbĭbo, -ĕre, tr. (inter³+) 다 마셔 버리다
intérbĭto, -ĕre, intr. 망하다,
　죽다(ㄱ.ㄷ.חום.ריח.גוע.נתע.ㅅ.ㄷ.θνῄσκω).
interblándĭens, -éntis, p.prœs.
　[insuit. interblándior] (dat.) 아첨하는.
intercalaris, -e, (=intercalárĭus, -a -um) adj.
　(intércalo) 삽입된, 사이에 집어넣은, (날.달.해가) 윤(閏)의.
　mensis intercalaris. 윤달.
intercalaris dies(dies exæresimus)
　윤일(閏日-태양력에서. 윤년에 드는 날, 곧 2월 29일)
intercalaris mensis. 윤달(閏月.mercedonius mensis).
intercalátĭo, -ónis, f. (intércalo) 삽입(揷入), 끼움, 윤일(閏日)을 집어넣음.
intércălo, -ávi, -átum, -áre, tr. 윤일을 집어넣다,
　삽입하다(ㄲㄲ), 연장하다(ㄲㄲㄲ), 길게 끌다.
intercapédo, -dīnis, f. (inter³+cápio) 중단(中斷),
　휴식(⑨ Rest), 정지(停止), 연기, 지연(遲延-오래 끎).
intercédo, -céssi -céssum -ĕre, intr. (inter³+)
　끼어들다, 사이에 있다(끼다), 개재하다, 뜻밖에 오다,
　가까이 오다, (무슨 일이) 일어나다, 생기다, 발생하다,
　(…하는 사이에) 시간이 지나다(흐르다), 지나가다,
　사라지다, 그치다, (관계.상태 따위가) 끝나다,
　(누구 대신에) 나서서 얻어주다(성취시켜 주다),
　(누구의) 보증을 서다, 중재하다, 전구(轉求)하다,
　(법안.원로원의 결정 따위를) 반대하다,
　이의(異議)를 제기하다, 거부권을 행사하다,
　방해(妨害)하다, 못하게 하다,
　ius(=jus) intercendendi. 거부권.
intercépi, "intercipio"의 단순과거(pf.=perfectum)
intercéptĭo, -ónis, f. (intercípio) 뺏음, 가로챔,
　강탈(强奪-강제로 빼앗음), 불의의 습격. (數) 빼기, 뺄셈.
intercéptor, -óris, m. (intercípio)
　횡령자(橫領者), 착복자(着服者), 탈취자(奪取者).
interceptum, "intercipio"의 목적분사(sup.=supínum)
intercessi, "intercédo"의 단순과거(pf.=perfectum)
intercéssĭo, -ónis, f. (intercédo) 간섭(干涉), 개입,
　조정(調停), 알선(斡旋)⑨ mediátĭon-중재),
　보증, 담보(擔保), 반대, 고대 Roma 호민관의 거부권,
　중재(仲裁⇒전구.arbitrale judicium),
　전구*(轉求.⑨ Intercession). 대원(大願),
　남을 위해 나서서 얻어줌(성취시켜줌), 집행(執行),
　기도(חלפ.εὐχή.⑨ prayer), 간구(懇求-간절히 요구함).
De his, qui novissimo judicio propter intercessionem
sanctorum neminem hominum putant esse dammandum.
　최후심판에서 성도의 탄원 때문에 아무도 단죄 받지
　않으리라고 생각하는 사람들(교부문헌 총서 17. 신국론. p.2824)/
Quorum intercessióne perpétuo apud te confídimus
adjuvári.(on whose constant intercession in your
presence we rely for unfoailing help) 저희는 성인들의
　전구로 언제나 도움을 받으리라 믿나이다.
intercessio impetratoria. 희망의 전구, 청원 기구
intercessio satisfactoria. 속죄의 전구
intercéssor, -óris, m. (intercédo) 보증인(保證人),
　담보자(擔保者), 집행자(執行者), 이의 신청자,
　반대자(反對者), 방해자(妨害者), 거부자(拒否者),
　중재자(仲裁者.⑨ arbitrator.獨 Schiedsrichter),
　조정자, 알선자(斡旋者), 전구자(獨 Fürsprecherin).
intercéssus, -us, m. (intercédo)
　간섭(干涉), 개입(介入), 시간의 경과(時間 經過)
intercídi, "intércido"의 단순과거(pf.=perfectum)
intercídi, "intércido²"의 단순과거(pf.=perfectum)
intercído¹ -cídi, -ĕre, intr. (inter³+cado)
　(무엇) 사이로 떨어지다, 추락(墜落)하다, 쓰러지다,
　무너지다, (불이) 꺼지다, (혈통 따위가) 끊어지다,

631

없어지다, 망하다, 죽다.

intercído² -cídi, -císum, -ĕre, tr. (inter³+cædo)
중간을 자르다, 가운데를 찢다, 절개하다, 쪼개다,
가운데를 트다, 부수다, 파괴(破壞)하다,
(교량 따위를) 끊다, 차단하다, 중단하다.

intercíno -ĕre, tr. (inter³+cano) 막간에 노래하다

intercípĭo -cépi -céptum -pĕre, tr. (inter³+cápio)
중간에서 가로채다, (남에게 가는 것을) 가로막다,
차단하다, (광선 따위를) 가리다(ɔɔʁ.ɔʼ),
횡령(橫領)하다, 횡탈(橫奪)하다, 착복하다, 뺏다,
탈취(奪取)하다, 강탈(强奪)하다, 훔치다.
(pass.) **intércipi**. 죽다, 요절(夭折)하다.
intercéptus veneno. 독약으로 죽은.

intercíse, adv. (intercísus, intercído) 사이를 두고, 띄엄띄엄

intercísĭo -ónis, f. (intercído) 벰, 자름(절단),
절단(切斷), (도끼 따위로) 찍음(찍힘), 중단(中斷).

intercisum, "intercído"의 목적분사(sup.=supínum)

interclúdo -clúsi, -clúsum -ĕre, tr. (inter³+claudo)
(가로) 막다(ɔɔʁ, ʁɔʼɔ), 차단하다, 끊다, 막다,
…하지 못하게 하다, 禁止하다, 방해(妨害)하다(ɔɔɔ),
떼어놓다, 갈라놓다, 분리(分離)시키다, 가두다,
포위(包圍)하다, 봉쇄(封鎖)하다, 처넣다.

intercludo fruménto alqm. 누구에게 식량보급을 차단하다.

interclúsi, "interclúdo"의 단순과거(pf.=perfectum)

interclúsĭo -ónis, f. (interclúdo)
차단(遮斷), 막음, 폐쇄(閉鎖-출입을 못하도록 입구를 막음),
괄호(( )), 삽입문(揷入文), 삽입구(揷入句).

interclúsio animæ. 숨 막히게 함

interclúsum, "interclúdo"의 목적분사(sup.=supínum)

intercolúmnĭum, -i, n. (inter³+colúmna) 기둥사이

intercommúnĭo -ónis, f. (inter³+)
(가) 다른 교파 신자에게 대한 성사수여(聖事授與).

intercomplementarietas. 상보성(相補性)(철학여정, p.74)

interconfessionalísmus, -i, m. 종파 무차별주의

intercúrro -cúrri(-cucúrri), -cúrsum, -ĕre, intr.
(inter³+) 사이를 뛰다, 가운데를 지나가다,
사이를 뻗쳐나가다, 참견하다, 간섭하다, 개입하다,
섞이다, 뜻밖에 끼어들다. tr. 두루 돌아다니다.

intercúrso -ávi, -átum, -áre, intr., freq. (intercúrro)
사이를 뛰어다니다.

intercúrsus, -us, m. (intercúrro)
간섭(干涉), 개입, 중재(→전구, arbitrale judicium).

intércus, -cútis, adj. (inter³+cutis)
피하의, 숨긴, 비밀의. aqua intercus. 수종(水腫).

interdiánus, -a, -um, adj. (intérdiu) 낮의, 주간의, 점심의.

interdíco, -díxi -díctum -ĕre, intr., tr. (inter³+)
지나가는 말을 하다, 금지하다, 못하게 하다,
(법적 권한으로판결에 의하여) 하도록(못하도록) 강권을 발동하다,
(권리.효력 따위를) 정지시키다, 파문(破門)하다.

interdíctĭo -ónis, f. (interdíco)
금지(禁止), 정지(停止). (法) 금치산 선고, 박탈(剝奪).
aquæ et ignis interdictio. 귀양 보냄, 유형(流刑).

interdíctĭo Judiciális(⑨ Legal Interdiction)
금치산(禁治産) 처분, 의법(依法), 정지 처분.

interdíctum, "interdíco"의 목적분사(sup.=supínum)

interdíctum, -i, n. (interdíco) 금지(령), 금령, 제지,
제재(制裁), 성무집행 금지(명령.정지-Can. 1333조 1항).

interdictum ad ingréssu ecclésiæ. 입당 금지

interdictum generale. 전반적 금지처벌, 전반적 성무금지

interdictum locale. 지역적 금지처벌, 장소 제한 성무금지

interdictum particulare. 부분적 금지처벌, 국한적 성무금지

interdictum personale. 인적 금지 처벌, 대인 성무금지

interdictum possessiónis. 점유 보호 청구권, 점유의 금령

interdíctus bónis. 금치산자(禁治産者)

intérdĭu, adv. (inter³+) 낮에, 주간(晝間)에

interdíxi, "interdíco"의 단순과거(pf.=perfectum)

intérdo, -dătus, -áre, tr. (inter³+) 제때에(때때로) 주다

interdúctus, -us, m. (inter³+duco)

섬표(.), 붙임표("-"하이픈), 하이픈("-"), 구두점(句讀點).

intérdum, adv. 이따금, 때때로, 그 동안에

Intérdum vulgus rectum videt. 때로는 대중도 정도를 본다

intérĕa, adv. [inter³+ea(n., pl.)]
그 사이에(intérim, adv.), 그 동안에, 때때로.

intĕrĕmi, "intérĭmo"의 단순과거(pf.=perfectum)

interémptĭo, -ónis, f. (intérimo) 제거, 살인(⑨ Murder)

interémptor, -óris, m. (**interemptrix**, -ícis, f.)
(intérimo) 살해자(殺害者), 제거자(除去者).

interemptum, "intérĭmo"의 목적분사(sup.=supínum)

interemtum, "intérĭmo"의 목적분사(sup.=supínum)

intérĕo, -íi -ítum -íre, anmo., intr. (불이) 꺼지다,
멸망하다, 파멸하다, 없어지다, 사라지다(ɔɔʁ.ʁɔɔ)
죽다(ɔɔʁ.ɔ.חם.רम.θνήσκω).

interésse. 관심/ disinteresse 무관심

interésse inter arguméntum conclusionémque.
논증과 결론과는 차이점이 있다(구별된다).

Interest consíliis. 그는 그 계획에 참여 한다

Interest omnium, sapiénter vivere.
현명하게 산다는 것은 모든 사람에게 다 중대한 일이다.

interéquĭto, -áre, intr., tr. (inter³+)
사이로(가운데로) 말 타고 지나가다.

interérro, -áre, intr., tr. (inter³+) 사이를 돌아다니다, 헤매다

interfátĭo, -ónis, f. (intérfor)
말을 도중에서 가로챔, 말 사이에 짤막한 말을 삽입함.

interféci, "interfícĭo"의 단순과거(pf.=perfectum)

interféctĭo, -ónis, f. (interfício) 살해(殺害)

interféctor, -óris, m. (**interfectrix**, -ícis, f.)
(interfício) 살해자(殺害者).

interfectum, "interfícĭo"의 목적분사(sup.=supínum)

interfícĭo, -féci -féctum -cĕre, tr. (말을) 잇지 못하다,
중단하다(ɔɔʁ.ɔ.חם.חם), **죽이다**(ʁɔɔ), **살해(殺害)하다**,
멸망(滅亡)시키다, 없애버리다, 근절(根絶)시키다.
Omnes principes civitátis, insimulati proditionis,
a Romanis interfecti sunt. 도시의 모든 지도자들은
반역죄(proditio)를 뒤집어쓰고 참살 당했다.

intérfĭo, -fíĕri, anom., pass. (interfício)
근절되다, 아주 없어지다, 사라지다.

intérflŭo, -flúxi, -ĕre, intr., tr. (inter³+)
사이로 흐르다, (무엇을) 사이에 두고 흐르다,
(…사이에 시간이) 지나다.흐르다.

intérflŭus, -a, -um, adj. (intérfluo) 사이로 흐르는

interfódi, "interfódĭo"의 단순과거(pf.=perfectum)

interfódĭo, -fódi, -fossum -fódĕre, tr. (inter³+)
(⑨ pierce, to dig into),
(땅.밭을) 파다, 파헤치다; (굴.묘를) 파다; 파내다,
(광물을) 채굴하다, 꿰뚫다, 꿰찌르다, 뚫다, 뚫고 들어가다.

intérfor, -fátus sum -fári, def., dep., tr. (inter³+)
말을 가로채다.

interfossum, "interfódĭo"의 목적분사(sup.=supínum)

interfúdi, "intérfúndo"의 단순과거(pf.=perfectum)

interfúgĭo, -fúgĕre ⑨ to flee between

intérfúndo, -fúdi, -fúsum, -ĕre, tr. (inter³+)
사이에(안에) 붓다, 쏟다, 뿌리다.

interfúsus, -a, -um, "intérfúndo"의 과거분사(p.p.).

interfusum, "intérfúndo"의 목적분사(sup.=supínum)

intergerívus, -a, -um, adj. (inter³+gero)
개재(介在)하는, 칸막이의, 사이에서 생기는.

intérĭbi, adv. (inter³+) 그 동안에

interícĭo = interjácĭo = interjícĭo

interii, "intérĕo"의 단순과거(pf.=perfectum)

íntĕrim, adv. [inter³+im(=eum)] 그 동안에, 그사이에,
잠정적으로, 우선(優先), 임시로, 이따금, 때때로.

Interim da mihi basium, dum illic bibit. 그 사내가 잔을
들이키는 틈을 타서라도 내게 입맞춤을 다오.

intérĭmo, -émi -ém(p)tum -ĕre, tr. (inter³+emo)
걷어치우다, 제거하다, 처치하다, 파괴하다,
없애버리다, 절멸시키다, (불 따위를) 끄다, **죽이다**.

Bis interimitur, qui suis armis perit.
자신을 스스로 망치는 자는 두 번 죽는 것이다.
(자신의 무기로 죽는 자는 두 번 죽음을 당하는 것이다).
intérĭor, -rĭus, gen. -óris, adj., comp. (intus¹, intra)
[원급 없음; 최상급은 íntĭmus, -a, -um,]
1. 안의, 내부의, 속의, 내면의; 더 안쪽의. 2. (원형
경기장에서 진행 방향으로) 왼쪽의: interior rota.
왼쪽 바퀴. 3. (무엇에) 더 가까운: interior perículo
vúlneris. 부상당할 위험이 더 크다. 4. (걸을 때에) 벽
(담) 쪽에 더 가까운, 더 높은 지위의(더 높은 사람이
벽[담]쪽으로 붙어 걸었음). 5. 깊숙이 있는, 감추어진,
은밀한, 공개되지 않은, 친밀한, 밀접한.
n., pl. 내부, 내륙지방, 내장(內臟).
Homo interior. 인간 내면/
In interiore homine habitat Christus.
인간 내면에 그리스도께서 기거 하신다/
In interiore homine habitat veritas.
인간 내부에 진리가 거처(居處)한다/
Interioris vitæ principatus.(⑨ The primacy of the
interior Life) 내적 생활의 우위성/
motus interioris. 내적 움직임.

원급 없이 비교급. 최상급만 있는 형용사
대부분 전치사로부터 나온 것들로서 *표시는 원급을 가지기도 한다.

(ante 앞에)	antérĭor, -ĭus
(citra 이편에)	citérĭor, -ĭus cítĭmus, 가장 이편의, 가장 가까운
(de에서, 아래로)	detérĭor, -ĭus detérrĭmus, 가장 나쁜
*(extra 밖에)	extérĭor, -ĭus extrémus, 최후의, 극도의
*(infra 아래)	inférĭor, -ĭus ínfĭmus 맨 아래의, 최하의, imus, -a, -um, 밑바닥의
(intra 안에, 이내에)	intérĭor, -ĭus íntĭmus 가장 내부의, 친밀한
*(post 뒤에, 후에)	postérĭor, -ĭus postrémus 최후의, 뒤의, 후면의, 후일의
(potis 능한)	pótĭor, pótĭus potíssĭmus 가장 나은
(præ 앞에)	prĭor, prĭus, prĭmus 첫째, 제일
(prope 가까이)	própĭor, -ĭus, próxĭmus 가장 가까운
*(supra 위에)	supérĭor, -ĭus suprémus 최고의, 최후의 summus 최고의
(ultra 저편에)	ultérĭor, -ĭus últĭmus 마지막, 최후의

위의 비교급이나 최상급도 그 자체의 뜻대로 단독으로 쓰이는 경 우가 많으며, 어떤 것은 독특한 뜻을 가지는 명사로도 쓰인다.

interior benevolentiæ sensus.
친절(親切.χηστὸς.⑨ Benevolence).
interior intimo meo.(⑨ closer than my inmost being)
내가 나에게 가까운 것보다 더 나에게 가까운 분/
내 가장 깊은 속보다도 내 속에 계시는 분
(아우구스티노의 고백록 3, 6, 11).
interior justitiæ sensus. 정의감(正義感)
Interior liturgicæ actionis unitas.(⑨ The intrinsic unity
of the liturgical action) 전례 행위의 내적 일치.
interior locutio. 내적인 말
interior mentis conceptus. 내부적 개념, 정신의 내적인 개념
interior natura. 내적 본성
interior rota. 왼쪽 바퀴
interior sensus servitii boni communis.
공동선에 대한 봉사정신.
interior sensus 감(感) (공의회 문헌 해설총서 1, p.355)
Interioritas, -átis, f. 내면성(內面性.⑨ Interiority)
interítĭo, -ónis, f. (intéreo) 소멸(消滅), 멸망(滅亡),
전멸(全滅), 멸종(滅種), 폐허(廢墟-파괴당하여 황폐하게 된 터),
살해(殺害), 죽음(חַוָּת.θάνατος.⑨ Death).
intéritum, "intéreo"의 목적분사(sup.=supínum)
intéritus, -us, m. (intéreo) 파괴(破壞), **멸망**(滅亡),
전멸(全滅), 괴멸(壞滅-파괴되어 멸망함),
종말(終末.⑨ end of the world),
패망(敗亡), 죽음(חַוָּת.θάνατος.⑨ Death).
Ab intéritu Cæsaris amplius sunt sex menses.
Cæsar가 살해된 때부터 여섯 달이 넘는다/
filius interitus. 멸망의 아들.
interitus metaphysicæ. 형이상학의 종말

intérĭus, adj., n. (intérior)
adv., comp.(intra) 더 안에, 깊숙이.
interius in ipsam rei essentĭam. 사물의 본질 자체 속으로
interius lumen. 내재적 빛
interius verbum. 내적인 말
interjácĕo, -ére, intr. (inter³+)
사이에 누워 있다, 펼쳐져 있다, 개재(介在)하다.
interjácĭo = interícĭo = interjícĭo
interjéci, "interícĭo"의 단순과거(pf.=perfectum),
"interjácĭo"의 단순과거(pf.=perfectum),
"interjícĭo"의 단순과거(pf.=perfectum).
interjéctĭo, -ónis, f. (interjícĭo) 끼움, 삽입(挿入).
(文法) 감탄사(感歎詞). (修) 삽입어구.
interjectum, "interícĭo"의 목적분사(sup.=supínum),
"interjácĭo"의 목적분사(sup.=supínum),
"interjícĭo"의 목적분사(sup.=supínum).
interjéctus¹ -a -um, p.p. (interjícĭo) 삽입된, 끼인,
사이에 놓인(있는), 축에 낀(든), (시간의) 간격을 둔.
interjéctus² -us, m. (interjícĭo) 끼움, 삽입(挿入)
간섭(干涉), 개입(介入), 개재(介在), 시간 간격.
interjícĭo, -jeci -jectum -ĕre, tr. (inter³+jácĭo)
[interícĭo = interjácĭo] 사이에 접어넣다,
삽입하다(חזר), 투입하다, 섞어 넣다, 찔러 넣다,
꽂아 넣다, 시간 간격을 두다.
interjuctum, "interjúngo"의 목적분사(sup.=supínum),
interjúngo, -júnxi -júnctum -ĕre, tr. (inter³+)
연결시키다, 결합시키다, 매다(חזר,חזר), 맺다,
말을 수레에서 풀어서 잠시 쉬게 하다, 휴식을 취하다.
dextras interjungo. 악수하다.
interjúnxi, "interjúngo"의 단순과거(pf.=perfectum)
interlábor, -(ĕris, -ĭtur), lápsus sum, lábi, dep., intr., tr.
(inter³+) 가운데로 미끄러져 빠지다(떨어지다),
(강 따위가) 흘러 들어가다.
interlapsus, -a, -um, "intérlabor"의 과거분사(p.p.).
interlátĕo, -ére, intr. (inter³+) 사이에(안에) 숨다
interlectum, "intérlĕgo"의 목적분사(sup.=supínum)
interlegi, "intérlĕgo"의 단순과거(pf.=perfectum)
intérlĕgo, -légi, -léctum, -ĕre, tr. (inter³+lego²)
여기저기서 따 모으다, 가운데서 뽑다, 솎다.
interlēvi, "intérlĭno"의 단순과거(pf.=perfectum)
interlído, -lísi, -lísum, -ĕre, tr. (inter³+lædo)
가운데를 뭉개서 없애다(지우다),
마찰(摩擦)하다, (이빨을) 갈다.
intérlĭno, -lévi, -lĭtum, -ĕre, tr. (inter³+)
여기저기 바르다, 칠하다, 섞다, 말소하다, 위조하다,
(글자.그림 따위를 먹 같은 것으로) 칠해서 지우다.
interlisi, "intérlído"의 단순과거(pf.=perfectum)
interlisum, "intérlído"의 목적분사(sup.=supínum)
intérlĭtus, -a, -um, "intérlído"의 과거분사(p.p.).
interlocútĭo, -ónis, f. (intérloquor) 대화(⑨ Dialogue),
대담(對談), 질문(⑨ Question), 질의(質疑), 중간재판.
interlocutórĭus, -a, -um, adj. (intérloquor) 대화체의,
문답체의, 대화중에 삽입한. (法) 중간 판결의.
intérlŏquor, -(ĕris, -ĭtur), locútus(locútus) sum, lŏqui,
dep., intr. (inter³+) 말로 가로채다, 말참견을 하다,
(시냇물이) 졸졸 소리 내다.
((法) (판사가) 재판 중간에 발언하다, 중간 판결을 하다.
interlucátĭo, -ónis, f. (interlúco)
가지치기, 전지(剪枝-가지치기)
interlúcĕo, -lúxi, -ére, intr. (inter³+) 이따금씩 비치다,
틈으로(사이에서) 비치다, 드러나다, 나타나다, 보이다,
두드러지다, 드문드문(띄엄띄엄) 있다(보이다).
interlúco, -átum -áre, tr. (inter³+)
(나무 가지를) 치다, 전지(剪枝)하다(가지 치다)
interlúdo, -lúsi, -lúsum, -ĕre, tr. (inter³+)
사이에서(가운데서) 놀다, 중간에 연주하다.
interlúnis, -e, adj. (inter³+luna) 삭월(朔月)의
interlúnĭum, -i, n. (inter³+luna)

I

633

삭월(朔月-음력으로 매달 초하룻날의 달), 음력 초하룻날의 달.

intérlŭo, -ĕre, tr. (inter³+)
씻다, (무엇의) 가운데(사이)를 흐르다(씻어 내리다).

intermédĭus, -a, -um, adj. (inter³+) 중간의, 사이에 있는

interménstrŭus, -a, -um, (interm"éstris", -e,) adj.
(inter³+mensis) 전(前)달과 다음 달 사이에 낀(있는), 삭월의.

intérmĕo, -ávi, -átum, -áre, tr. (inter³+)
사이를 지나가다(흐르다), 통과하다.

intérmĭco, -cŭi, -áre, intr., tr. (inter³+)
여기저기 비치다, 가운데서 빛나다.

interminábĭlis, -e, adj. (in²+términus)
끝없는, 무한한, 무궁한

interminatæ, 불확정적(가톨릭 신학과 사상. 제45호, p.115),
dimensiones interminatæ. 불확정적 규모.

interminátĭo, -ónis, f. (intérminor)
협박(脅迫), 강박(强迫), 위협(威脅), 공갈(恐喝).

intermináti, -a, -um, adj. (in²+término)
한이 없는, 끝없는, 한정되지 않은. p.p. (intérminor).

intérminor, -átus sum, -ári, dep., tr. 위협하다(זגר),
협박하다, 공갈하다, 위협하여 못하게 하다, 금지하다.

intérminus, -a, -um, adj. (in²+) 한이 없는, 끝없는, 영구한

intermíscĕo, -míscŭi -míxtum -ĕre, tr. (inter³+)
섞다(זגר,그것,차다,מזגמזג), 혼합하다.

intermiscŭi, "intermíscĕo"의 단순과거(pf.=perfectum)

intermísi, "intermítto"의 단순과거(pf.=perfectum)

intermíssĭo, -ónis, f. (intermítto) 잠시 쉼,
휴지(休止-하던 것을 그침), 중절(中絶-중도에서 끊거나 그만둠.
흔히. 임신 중절의 뜻으로 씀), 두절(杜絶), 중지, 중단(中斷).

intermissum, "intermítto"의 목적분사(sup.=supínum)

intermítto, -mísi -míssum -ĕre, (inter³+)
tr. 사이에 집어넣다, **간격을 두다**, 떼어놓다,
중단하다(חדל,חדל), **중지하다**(חדל),
(무슨 일을) 잠깐 쉬다, 잠시 그치다,
[부정 뒤에 quin; absol] (…하지 않고) 시간을 보내다,
(…하지 않고) 시간을 지내다(넘기다).
et anno quidem illo intermissa erant studia mea.
그 해 공부는 중단되었습니다(고백록 2.3.5.)/
mille pássuum intermísso spátio.
1000 passus의 간격을 두고/
Nunquam intermíttit diem quin véniat.
그는 오지 않는 날이 하루도 없다/
réliquum tempus a labóre intermitto.
일을 중단하고 나머지 시간을 보내다/
stúdia intermíssa revoco.
중단했던 연구 활동을 다시 계속 하다.
intr. 그치다(חדל,חדל), 그만두다(חדל), 끝나다(גמר).

intermixtum, "intermíscĕo"의 목적분사(sup.=supínum)

intermórĭor, (-réris, -rītur), mórtŭus sum, mŏri,
dep., intr. (inter³+) 죽다, 시들어 죽다,
기운이 떨어져 죽다, 사그라지다, (불이) 꺼지다,
졸도(卒倒-갑자기 정신을 잃고 쓰러짐)하다, 실신(失神)하다.

intermortuus, -a, -um, "intermórĭor"의 과거분사(p.p.)

intermúndĭa, -órum, n., pl. (inter³+mundus⁹)
천체간의 공간(Epicúrus는 모든 신들이 여기에 거처한다고 했음).

intermurális, -e, adj. (inter³+) 성벽과 성벽 사이의

intermutátus, -a, -um, p.p. (inusit. intermútuo)
X(십)자형으로 교차된.

internáscor, (-ĕris, -ītur), nátus sum, násci,
dep., intr. (inter³+)
…사이(가운데)에 나다, 여기저기 끼어나다.

Internâtĭonales Forschungszentrum.
국제 과학근본 원리 연구소.

internationális, -e, adj. (inter³+)
국제간의, 국제적인, 국제(상)의.

internecída, -æ, f., m. (intérneco)
거짓 증언으로 사람을 죽이는 자.

internécĭes, -éi, f. (internécio)
살인(⑨ Murder), 살해(殺害), 참살(慘殺-끔찍하게 죽임).

internécĭo(=internícĭo) -ónis, f. (inter³+neco)
학살(虐殺), 몰살(沒殺), 참살(慘殺-끔찍하게 죽임),
도살(盜殺), 근절(根絶-뿌리째 없애 버림), 섬멸(殲滅).

internecívus, -a, -um, adj. (internécio) 몰살의,
많은 사상자를 내는, 서로 죽이고야마는.

intérnĕco, -ávi, -átum, -áre, tr. (inter³+)
몰살(沒殺)하다, 전멸시키다, 없애버리다.

internécto, -ĕre, tr. (inter³+)
잡아매다, 결합시키다, 연결하다, 하나로 묶다.

internectus, -a, -um, "intérnĕco"의 과거분사(p.p.)

internícĭo(=internécĭo) -ónis, f. (inter³+neco)

internítĕo, -ére, intr. (inter³+)
…사이로(여기저기) 번쩍이다, 사이를 두고 번쩍이다.

internódĭum, -i, n. (inter³+nodus)
(대나무 따위의) 마디와 마디 사이; 두 관절의 사이,
(pl.) 다리(脚).

internósco, -nóvi -nótum -ĕre, tr. (inter³+)
구별하다, 식별(識別)하다, 분별하다, 인식(認識)하다.

internunci… V. **internunti**…

internundínĭum(-dínum) -i, n. (inter³+núndinæ)
연속적으로 장이 서는 9일간, 장날과 장날 사이의 8일간.

internúntĭa, -æ, f. = **internúntĭus**, -i, m.

internuntiatúra, -æ, f. (internúntius) 교황 공사관

internúntĭo, -áre, tr. (inter³+)
(사절을 보내어) 교섭하다, 담판하다, 성명서를 교환하다.

internúntĭus, -i, m. (=internúntĭa, -æ, f.)
담판자(談判者), 교섭자(交涉者), 전령사(傳令士).
creaturarum internuntius. 피조물들의 중간자
(성 염 지음, 사랑만이 진리를 깨달게 햔다. p.294).

Internúntius (Apostólicus) [⑨ Apostolic internuncio].
교황공사(敎皇公使).

intérnus, -a, -um, adj. (intus¹, intra)
안의, 내부의, 안쪽에 있는, 집안의, 국내의.
intérnum bellum. 내전(內戰).
n., pl. 내장(內臟), 내부, 집안 일, 국내 일.
De internis neque Ecclesia iudicat.
교회는 마음속의 생각에 대해서는 판단하지 않는다/
forum intérnum(consciéntiæ) 내적법정, 양심법정,
(개인의 양심에만 관계되는 사건을 다루는) 내적법정/
forum intérnum sacramentale
(non sacramentale, extrasacramentále)
(고해성사에서 이루어지는) 성사적 내적법정
(성사 이외의 사항에 대해 다루는 즉 비성사적 내적법정)/
simonía interna(mentalis). 심증(心證) 성직 매매.

íntĕro, -trívi, -trítum, -ĕre, tr. (in¹+) 부스러뜨려 넣다,
빻아(찧어.갈아) 넣다(섞다), 잘게 썰어 넣다, 으깨다.

interordínĭum, -i, n. (inter³+ordo) 줄지어 서있는 나무사이

interpellandum, 동명사. 원형 interpéllo, -ávi, -átum, -áre,
[동사 가운데 형용사의 중성 단수인 동명사는 동사를 명사적으로 사용하게 될 때,
그 필요한 격을 제공해 주는 것으로 능동의 의미를 가진다].
Qui ad déxteram Patris sedes,
ad interpellándum pro nobis: kýrie eléison.
성부 오른편에 중개자로 계신 주님, 자비를 베푸소서.

interpellátĭo, -ónis, f. (interpéllo)
훼방(毁謗-남의 일을 방해함), 방해, (말 도중에) 중단시킴,
불편(不便), 폐 끼침, (法) 소환(召喚), 최고(催告)
(教法) 바울로 특전(privilégium Paulínum) 적용에
있어서 미신자 상대방에 대한 최고심문(催告尋問),
확인 문의(혼배의 성 바오로 특전의 경우, 非가톨릭 신자에 대한 주교
또는 그의 대리자의 질문. 백민관 신부 엮음. 백과사전 2. p.362).
De interpellatione Job et David. 욥과 다윗의 탄원기도.
(밀라노의 암브로시오 지음)/
Unica interpellatio constituit debitorem in mora.
일회의 최고로 채무자를 지체에 빠뜨린다.

interpellátor, -óris, m. (interpellátrix, -ícis, f.)
(interpéllo) 중단자(中斷者), 방해자(妨害者),
폐 끼치는 자, [남자(여자)를] 유혹하는 자.

interpéllo, -ávi, -átum, -áre, tr.
남의 말을 막다(가로채다), 이의(異議)를 제기하다,

방해하다(ㅁㅛ), 제지하다, 중지시키다, 말을 걸다,
중재하다, 심문하다, 탄원하다(προσεὐχομαι),
호소하다, 진정하다, [남자(여자)를] 유혹하다,
빚을 독촉(督促)하다, 빚 상환을 청구(請求)하다.
interperiodísmus, -i, m.
　((神)) (창조기록록) 시기 단절설(時期 斷絕說-6일 창조
　이야기를 지질상 여러 시대 간에 한 시기를 1일로 보는 설).
interpolátio, -ónis, f. (intérpolo) 삽입, 원전 평가학,
　변조(變造), 가필(加筆), 자구수정(字句修正),
　가짜 어구의 기입, 착각(錯覺-실제와는 다른데도 실제처럼
　깨닫거나 생각함), 환상(幻想), 오류(誤謬).
intérpŏlis, -e, adj. (inter³+pólio)
　다시 고친, 개조의, 개신의, 수리의, 수선한.
intérpŏlo, -ávi, -átum, -áre, tr. (intérpolis)
　다시 고치다, 개조하다, 수리하다, 개비(改備)하다,
　위조하다, 변조하다, 가필(加筆)하다, 써넣다.
interpóno, -pósŭi -pósĭtum -ĕre, tr. (inter³+)
　사이에 두다(놓다.넣다), 틈에 끼우다,
　삽입하다(ㅁㅛ), 중간에 **시간(간격)을 두다**,
　(시간을) 경과하게 하다, 늦어지게 하다,
　참여하다, 참석시키다, 초청(招請)하다,
　(노력.수고 따위를) 들이다, 제출(提出)하다, 내놓다,
　제안(提案)하다, 집행(執行)하다, 실시하다.
　refl. **se interpóno.**(in acc., dat.) 끼어들다, 간섭하다,
　개입하다, 조정하다, 중재하다, 반대하다, 제동을 걸다.
　fidem suam interpono in *alqd*(in *alqa* re).
　　언질을 주다, 보장하다/
　trídui morā interpósitā. 사흘 동안 지체하고 나서.
interpositío, -ónis, f. (interpóno) 틈에 끼움,
　삽입(揷入), 개재(介在), 삽입물, 개입(介入), 간섭,
　중재(獨 arbitrátĭon.獨 Schiedsgerichtsbarkeit),
　조정, 가필(加筆). (修) 삽입어구.
interpositio appellationis. 上訴의 제기(提起)
interpŏsĭtum, "interpóno"의 목적분사(sup.=supínum)
interpŏsĭtus, -i, m. (interpóno) 개입(介入), 간섭(干涉)
interpŏsŭi, "interpóno"의 단순과거(pf.=perfectum)
intérpres, -prĕtis, m., f. (inter³+pars)
　중재자(仲裁者.獨 arbitrator.獨 Schiedsrichter),
　해설자, 해석자, 설명자, 연주자, 통역(자),
　주해자(註解者), 번역자(飜譯者).
　Optimus legum interpres consuetúdo.
　　관습은 법의 최선의 해석이다/
　scriptura sacra sui ipsius interpres.
　　성서의 자기 주석 원리/
　si autem non fuerit interpres, taceat in ecclesia, sibi
　autem loquatur et Deo. (eva.n de. mh. h=| diermhneuth,j(
　siga,tw evn evkklhsi,a| (e`autw/| de. lalei,tw kai. tw/| qew/|)
　(獨 Ist aber kein Ausleger da, so schweige er in der
　Gemeinde und rede für sich selber und für Gott)
　(영 But if there is no interpreter, the person should keep
　silent in the church and speak to himself and to God)
　　그러나 해석하는 이가 없으면, 그들은 교회 안에서
　잠자코 혼자서 하느님께만 말해야 합니다(성경 1코린 14. 28)/
　해석할 사람이 없을 때에는 교회 안에서는 그런 말을
　쓰지 말고 혼자서 말하거나 하느님고만 말하십시오(공동
　번역)/그러나 해석해 주는 이가 없다면 집회 에서는 아무
　말 말고 혼자서 또 하느님하고만 말하시오(200주년 신약).
interpretátĭo, -ónis, f. (intérpretor) **해설**(解說), 설명(說明),
　해석(ㅁㅁㄲ.解釋.영 Interpretátĭon), 해독(解讀),
　주해(註解.영 Exegesis-註釋), **통역**(通譯),
　번역(飜譯.ㅁㅁㄲ). (修) 동의어를 겹쳐 쓰기.
　De Interpretatione. 문장론(Aristoteles 지음)/
　In pœnis benignior est interpretátio facienda.
　　형법은 범죄인에게 너그럽게 해석되어야 한다/
　interpretátĭone privata. 사적 해석/
　Interpretationes a Principe factæ separatim colligendæ,
　neque cum tabulis fundamentalibus confundendæ.
　　군주에 의하여 행해지는 해석들은 별도로 수집되어야

하며 근본 법률들과 혼합해서는 아니 된다/
Interpretátĭones christiānæ mortis(영 Christīan
interpretátĭon of death). 죽음에 대한 그리스도인의 해석/
Interpretátĭones peccati(영 Interpretátĭons of sins).
　죄의 해석/
Interpretationis Problema, 해석의 문제(1989년 발표)/
Prout conjúsque ingénium erat, interpretabántur.
　각자 자기 나름대로 해석하였다/
sancti et interpretátĭo Scripturæ.(영 The saints and the
interpretation of Scripture). 성인들과 성경 해석/
Unde jus prodiit, inde interpretátĭo procedit.
　법이 태어난 곳에서 해석이 나온다.
interpretatio allegorica. 비유적 해석
interpretátĭo analogia juridica. 법적 유추 해석
interpretátĭo analogica juridica. 유비적 해석
interpretátĭo analogica legális. 법률적 유추 해석
interpretátĭo auctoritaria.
　판례 해석(authentica particularis)
interpretátĭo authentica. 공권적 해석, 유권해석
interpretátĭo Christiana. 그리스도교적 해석
interpretátĭo declarativa. 선언적 해석
interpretátĭo directiva. 지침 해석
interpretátĭo doctrinális. 학리 해석
interpretátĭo explicativa. 설명적 해석
interpretátĭo extensiva. 확장 해석
Interpretatio fundamentalistica sacræ Scripturæ.
　(영 The fundamentalist interpretation of sacred Scripture)
　성경의 근본주의적 해석
interpretátĭo grammaticális. 문리 해석
interpretátĭo historica. 역사적 해석
interpretátĭo lata. 넓은 해석, 확대 해석
interpretátĭo litteralis. 자의적 해석
Interpretátĭo liturgiæ(영 Interpretátĭon of the liturgy).
　전례 해석.
interpretátĭo logicális. 논리 해석
interpretátĭo materiálistica historiæ(영 Dialectical and
historica Materialism) 변증법적 유물사관.
interpretátĭo restrictiva. 축소 해석
Interpretátĭo Romana. 로마의 유권 해석
Interpretátĭo Sacræ Scripturæ(영 Interpretátĭon of Sacred
Scripture). 성서의 해석.
interpretátĭo scripturæ. 성서 해석
interpretátĭo stricta. 좁은 해석
interpretátĭo systematica. 조직적 해석, 체계적 해석
interpretátĭo typologica. 예형론적 해석
interpretátĭo usuális. 관행 해석, 통상적 해석
interpretatio verborum. 언사(言辭)의 해석
Interpretationis Problema, 해석의 문제
　(신앙 교리성 산하 국제신학위원회 1989년 발표).
interpretatiúncŭla, -æ, f. 짧은 설명, 짧은 해석
interprétĭum, -i, n. (inter³+)
　이문(利文-이가 남은 돈), 이윤(利潤.영 profit), 이익.
interprétor, -átus sum, -ári, dep., tr. (intérpres)
　설명하다, 해설하다, 밝히다, **해석하다**(ㅁㅁㄲ), 번역하다,
　통역하다(ㅁㅁㄲ), 변명하다, 판단하다, 이해하다, 알아듣다,
　특정한 뜻으로 해석하다, 풀려고 하다, 분간하려 하다.
　intr. 중재 서다, 알선하다.
　Rectene interpretor sententiam tuam?
　　내가 당신 의견을 제대로 해석하고 있는 것인가?
intérprimo, -préssi -préssum -ĕre, tr. (inter³+premo)
　압박하다, 죄다, 누르다(ㅁㄱㅈㅣ.ㅁㅈㅅㄷ.ㄱㅁ),
　감추려고 하다, 위장하려고 하다.
interpúnctĭo, -ónis, f. (interpúngo) [文法] 구두법, 구두점
interpunctum, "interpúngo"의 목적분사(sup.=supínum)
interpúnctum, -i, n. (interpúngo)
　호흡하는 사이, 구두법(句讀法), 구두점.
interpúngo, -púnxi, -púnctum, -ĕre, tr. (inter³+)
　구두점을 찍다, 쉼표를 찍다.

interpúnxi, "interpúngo"의 단순과거(pf.=perfectum)
interpúrgo, -ávi, -átum, -áre, tr. (inter³+)
　사이사이 가지 치다.
intérpŭto, -áre, tr. (inter³+) 사이사이 가지 치다.
interquiésco, -évi, -étum, -ĕre, intr. (inter³+)
　도중에 쉬다, 틈틈이 쉬다, 조금 쉬다.
interquiétum, "interquiésco"의 목적분사(sup.=supínum)
interquiévi, "interquiésco"의 단순과거(pf.=perfectum)
interrádo, -rási, -rásum, -ĕre, tr. 성기게 가지 치다,
　구멍이 숭숭 나게 깎다(세공細工하다), 솎아내다.
interrársĭlis, -e, adj. (interrádo)
　구멍이 숭숭 뚫리게 세공한.
interrási, "interrádo"의 단순과거(pf.=perfectum)
interrásum, "interrádo"의 목적분사(sup.=supínum)
interrégnum, -i, n. (inter³+) (왕.집정관 등의)
　공위기간(空位期間), 공백기.
intérrex, -régis, m. 집정관 서리(署理),
　(새 임금이 나올 때까지의) 섭정왕(攝政王).
intérrĭtus, -a, -um, adj. (in²+térreo)
　무서워하지(놀라지) 않는, 불굴의, 대담한, 용감한.
Interroga libenter, et audi tacens verba
Sanctorum. (준주성범 제1권 제5장 2)
　묻기를 즐기며 잠잠히 성인들의 말씀을 들어라.
Interroga unumquemque, dicat tibi si diligat Deum.
　누구에게나 물어, 하느님을 사랑하는지 그대에게 말하게
　하십시오.(최익철 신부 옮김. 요한 서간 강해. p.417).
Interroga viscera tua. 그대 마음에 물어보십시오.
interrogátĭo, -ónis, f. (intérrogo) **물음**, 물어봄,
　질문(⑨ Question), 심문(審問), 의문(疑問.⑨ duobt),
　논증(論證), 삼단논법(三段論法).
　Nunc interrogatio oritur(⑨ Yet now the question arises)
　그렇다면 이제 한 가지 의문이 생깁니다/
　qualitas interrogátĭonem. 심문의 성질.
Interrogatio de exercitio ante communionem.(⑨ An
Inquiry on the Proper Thing to Do Before Communion)
　영성체하기 전에 할 수업에 대한 질문(준주성범 제4권 6장).
interrogátĭo de Fide. (주교 서품 때의) 신앙시문(信仰試問)
interrogátĭo discipulorum. 제자들의 질문
interrogátĭo rhetorica. 형식뿐인 질문
interrogatiúncŭla, -æ, f. (interrogátĭo)
　간단(簡單)한 질문, 사소한(單純한) 질문(質問).
interrogatívus, -a, -um, adj.
　의문의, 질문(質問)의, 의문(疑問)을 나타내는.
interrogátor, -óris, m. (intérrogo) 질문자, 심문자
interrogatórĭus, -a, -um, adj. (intérrogo)
　질문의, 심문의, 질문에 관한, 의문(疑問)을 나타내는.
interrogátum, -i, n. (intérrogo) 질문(⑨ Question)
intérrŏgo, -ávi, -átum, -áre, tr. (inter³+)
　묻다, 물어보다, 질문하다(ἐρωτάω), 심문(審問)하다,
　고소(告訴)하다, 고발(告發)하다, 논증(論證)하다.
　Hic nunc iam interroga omnes hæreticos.
　이제 이것을 모든 이단자들에게 물어보십시오.
　　　　　　　(최익철 신부 옮김. 요한 서간 강해. p.299)/
　Hoc interrogo vos. 이것을 나는 너희에게 묻는다/
　homo interrogans. 질문자/
　Interroga cor tuum: si est ibi dilectio fratris,
　securus esto. 그대 마음 안에 형제에 대한 사랑이 있는지
　물어보십시오. 그리고 안심 하십시오/
　Interrogantibus discipulis responsum Christi voces
　reddunt(⑨ Jesus' words are the answer to the disciples'
　question) 예수님의 말씀은 제자들의 질문에 대한 답변이다/
　Interrogavit ubi discipulus hæc didicisset.
　그 학생이 어디에서 이것을 배웠는지 그가 물었다/
　Interrogávit me, quot annos habérem.
　내가 몇 살인지 그는 내게 물었다/
　Interroget cor suum. 자기 마음에 물어 보시기 바랍니다/
　Quid nos docet, nisi ut facta interrogemus, non verba
　credamus? 우리에게 가르쳐 주는 바, 말만 믿지 말고

행동을 따져 물으라는 것이 아니고 무엇이겠습니까?.
interrúmpo, -rúpi -rúptum -ĕre, tr. (inter³+)
　중단하다(חסם.סתם), 조각내다,
　부수다(תתר.רבב.ערב), 파괴하다(חרב), 끊다,
　(말 따위를) 중단시키다, 중지시키다, 가로막다,
　훼방(毁謗) 놓다, 갈라놓다, 떼어놓다.
interrúpi, "interrúmpo"의 단순과거(pf.=perfectum)
interrúpte, adv. (interrúmpo) 중단되어, 단속적으로.
interrúptĭo, -ónis, f. (interrúmpo) 중단(中斷), 차단,
　중지, 중절(中絶-중도에서 끊거나 그만둠. 흔히. 임신 중절의 뜻으로 씀),
　두절(杜絶), 휴지(休止-하던 것을 그침).
interrúptum, "interrúmpo"의 목적분사(sup.=supínum)
intersǽpĭo, -sǽpsi -sǽptum -íre, tr. (inter³+)
　담을 두르다, 막다(סכך.אלל.גדר), 차단하다.
interscapílĭum(=interscapúlum)-i, n. 두 어깻죽지 사이.
interscapúlum(=interscapílĭum), -i, n. 두 어깻죽지 사이.
interscídi, "interscíndo"의 단순과거(pf.=perfectum)
interscíndo, -scídi -scíssum -ĕre, tr. (inter³+)
　가운데를 자르다, 가르다(גזר.בצע), 분단하다,
　찢다(קרע), 깨뜨리다, 나누다(פלג.פרש),
　분리(分離)시키다, 구별(區別)하다.
interscissum, "interscíndo"의 목적분사(sup.=supínum)
interscríbo, -scrípsi -scríptum -ĕre, tr. (inter³+)
　두 줄 사이에 쓰다, 써넣다, 얽다, 십자로 엇걸다.
intérsĕco, -cŭi -séctum -áre, tr. (inter³+) 분단하다,
　가운데를 자르다, 가르다(פלג.בצע), 찢다(קרע).
interséctĭo, -ónis, f. (의 소간벽(小間壁)
intersectum, "intérsĕco"의 목적분사(sup.=supínum)
intersĕcui, "intérsĕco"의 단순과거(pf.=perfectum)
intersep… V. intersæp…
intérsĕro¹ -sérŭi -sértum -ĕre, tr. (inter³+sero⁵)
　사이에 끼우다, 삽입하다(חטף), 집어넣다,
　섞다(בלל.ערב.לוב), 첨가하다.
intérsĕro² -sévi -sítum -ĕre, tr. (inter³+sero⁴)
　사이에 심다, 씨 뿌리다(זרע).
intersísto, -stíti, -ĕre, intr. (inter³+)
　사이에 서다, 중간에서 멈추다.
intérsĭtus, -a, -um, p.p. (intérsero⁴) 중간에 있는(위치한)
interspirátĭo, -ónis, f. (interspíro) 숨을 돌려 쉼, 한숨 돌림
interspíro, -ávi, -átum, -áre, intr.
　때때로 숨을 돌려 쉬다, 공기가 새다.
interstéti, "intersísto"의 단순과거(pf.=perfectum)
interstínguo, -stínxi -stínctum -ĕre, tr. (inter³+)
　아주 꺼버리다, 없애버리다, 죽여 버리다,
　구별하다, 갈라놓다, 떼어놓다.
　(주로 p.p.) interstínctus, -a, -um, 떼어(갈라) 놓은.
interstíti, "intersísto"의 단순과거(pf.=perfectum)
interstítĭo, -ónis, f. (intersísto)
　공간(空間), 간격(間隔), (일의) 침체, (일의) 중단(中斷),
　휴지(休止-하던 것을 그침), 차이(差異), 구별(區別).
interstítĭum, -i, n. 중간 구역, 중간 간격,
　기간(期間.terminos processuales).
　((가톨릭)) (상급品上級品을 받는 데 필요한) 법정기간.
intérsto, -stéti(-stíti), -áre, intr., tr. (inter³+)
　사이에 있다(서 있다).
interstrátus, -a, -um, adj. (inter³+sterno)
　사이에 깔아 놓은(펼쳐 놓은).
intérstrĕpo, -ĕre, intr. (inter³+)
　사이에서 소리 내다, 잡음을 내다.
intérsum, intérfŭi, intéresse, anom., intr.
　1. (inter acc.) 사이(가운데)에 있다. 2. **구별**이 있다.
　떨어져 있다, 차이점이 있다. 3. **참석(출석)하다**, 참가
　하다, 끼어 있다, 가담하다. 4. (impers.) **íntĕrest 관계**
　된다(있다), 상관있다, 문제가 된다, **중대한 일이다**,
　중요성을 가진다. (1) 문법상 주어: 단수 중성 대명사
　(id, hoc, illud, áliud, quid, quod, etc.), inf., propositiónes
　subjectívœ(acc.c.inf.: ut, ne; interr. indir.). (2) '누구
　에게'는 명사 및 3인칭 대명사의 gen.로 표시되나,

1, 2인칭 및 재귀적 3인칭은 소유대명사의 abl., sg., f.
즉 meā, tuā, suā, nostrā, vestrā로 표시됨. (3) 관계
되는 대상 '무엇에, 무슨 일에'는 ad acc.으로 씀.
(4) 가끔 정도 표시의 여러 가지 부사 및 gen. prétii
를 동반함. Hoc veheménter ínterest reipúblicæ. 이것
은 국가에 매우 중요한 일이다/ Meā máxime intersum,
te valére. 네가 세력을 가지고 있다(건강하다)는 것은
내게 대단히 중요한 일이다/ Nihil intersum ad beáte
vivéndum, utrum hic an illic nati simus. 우리가
여기서 났든지 거기서 났든지 그것은 행복하게 사는
데에는 아무 상관도 없다. (라틴-한글사전. p.456).
Flúvius inter eas civitátes ínterest.
그 도시들 사이에는 강이 있다/
interésse spectáculis. 연극을 보다, 구경하다/
Mea plurimum interest te valere.[me 참조]
네가 잘 지내는(무사하다는) 것이 내게는 가장 중요하다/
Nemo nostrum ludis interfuit.[성 영 지음. 고전 라틴어. p.385]
우리 중의 누구도 재계(齋戒)에 참가하지 않았다/
Nostra interest studere tenue.[me 참조]
열심히 노력하는 것은 우리한테 중요하다/
Omnium nostrum interest hæc lex.[me 참조]
이 법률은 우리 모두에게 관련이 있다.

intertéxo, -téxŭi, -téxŭi, téxtum, tr. (inter³+)
섞어 짜다, 섞어 넣다, 뒤섞다.
intértrăho, -tráxi, -tráctum, -ěre, tr. (inter³+)
힘차게 뽑아내다(떼 내다), 잡아채다, 뺏어가다.
intertriginósus, -a, -um, adj. 껍질이 벗겨진, 부르튼.
pustulátus, -a, -um, adj. 온통 부르튼.
intertrígo, -gĭnis, f. (inter³+tero) 살가죽이 벗겨짐
부르틈, 찰과상(무엇에 쓸리거나 긁혀서 생긴 상처).
intertrméntum, -i, n. (=intertritúra, -æ, f.)
(inter³+tero) 닳아 해어짐, 마멸(磨滅), 손해, 손실.
intertritúra, -æ, f. = intertrimentum, -i, n.
interturbátĭo, -ónis, f. (intertúrbo)
격동(激動), 혼란(混亂), 혼잡(混雜), 혼탁(混濁).
intertúrbo, -ávi, -átum, -áre, tr. (inter³+)
문란(혼란)하게 하다, 소요를 일으키다.
intérŭlus, -a, -um, adj. 내부의, 속의.
f. 속옷(tunica, -æ, f. 로마인들의 속옷), 내의(內衣).
interundátus, -a, -um, adj. (inter³+undo)
물결 모양의, 물결무늬의.
intervállo, -átum -áre, tr. (inter³+vallum)
간격을 두고 취하다(가지다).
p.p. intervallátus, -a, -um, 간헐적(間歇的).
intervállum, -i, n. (inter³+) 간격(間隔), 거리,
(시간의) 간격, 사이, 동안; 휴지기간(休止期間),
휴식시간, 구별(區別), 차이(差異), 대조(對照).
ex intervállo. 얼마 지나서, 잠시 후에(exiguo post)/
pari intervállo. 같은 간격으로.
Intervallum lunæ a terra est vices centena milia
stadiorum, solis quinquies milies stadiorum.(Plinius maior).
달이 지구에서 떨어진 거리는 2백만(20×100×1000)
경기장이고 태양은 (지구에서) 5억(5×1000×100×1000)
경기장이다.[성 영 지음. 고전 라틴어. p.382].
intervéllo, -vúlsi, -vúlsum, -ěre, tr. (inter³+)
사이(가운데)에서 뽑아내다, 솎다.
(나무에서 열매를) 여기저기서 따다.
intervéni, "intervénĭo"의 단순과거(pf.=perfectum)
intervénĭo, -véni, -véntum, -íre, intr. (inter³+)
사이에 끼다, 끼어들다, 참가하다, 불쑥 나타나다.
사이(중간)에 있다, 가로 놓여 있다, 개재(介在)하다,
겹치다, 덮치다, 중단(中斷)시키다, 방해하다(נטל),
돌발하다, 일어나다(קום.נטל), 닥치다,
남을 위해 나서다, 중재하다, 보증서다, 책임지다.
개입(介入)하다, 간섭(干涉)하다, 조정(調整)하다.
flúmine interveniénte. 중간에 강이 있어서/
Haud dubium fuit quin, nisi ea mora intervenísset, castra
eo die Punica capi potuerint. 어떤 지연작전이 개입되지

않았더라면 그 날 카르타고의 진지가 적군의 손에 떨어질
뻔했음은 의심의 여지가 없다[성 영 지음. 고전 라틴어. p.353]/
ni nox prǽlio intervenísset. 전투에 밤이 겹치지 않았던들.
intervénĭum, -i, n. (inter³+vena)
땅의 갈라진 틈, 간극(間隙-사물 사이의 틈), 균열(龜裂).
intervéntĭo, -ónis, f. (intervénio) 조정(調停),
간섭(干涉-직접 관계가 없는 남의 일에 부당하게 참견함), 보증 섬,
중재(獨 arbitrátion.獨 Schiedsgerichtsbarkeit).
interventionísmus, -i, m. 간섭주의(不涉主義)
intervéntor, -óris, m. (intervénio) 불의의 방문객,
불쑥 끼어드는 자, 조정자(調停者), 간섭자(干涉者),
중재자(獨 arbitrator.獨 Schiedsrichter), 개입자,
남을 위하여 탄원하는 사람, 전구자(獨 Fürsprecherin).
intervéntus, -us, m. (intervénio) 간섭(干涉),
불쑥 나타남, 간섭, 개입, 조정, 전구(獨 Intercession),
중재(仲裁.獨 arbitrátion.獨 Schiedsgerichtsbarkeit).
interventus accessorius. 종(從)된 참가(參加)
interventus necessárĭus. 필요적 참가
interventus principális. 주된 참가
interventus voluntárĭus. 임의적 참가
interversĭo, -ónis, f. (intervénio) 뒤엎음.
전복(顚覆-뒤집혀 엎어짐), 착복(남의 돈이나 물건을 몰래 자기가
차지함), 횡령(橫領-남의 재물을 불법으로 가로챔).
interversor¹ -ári, dep., intr. (inter³+versor)
(물고기가) 헤엄쳐 왔다 갔다 하다.
interversor² -óris, m. (intervérto) 공금 횡령자,
독직자(瀆職者-어떤 직책에 있는 사람이 그 직책을 더럽힘. 특히, 공무원이
그 지위나 직권을 남용하여 뇌물 받는 따위의 부정한 행위를 저지른 자).
intervérto, -vérti -vérsum -ěre, tr. (inter³+)
방향을 돌려놓다, 다른 길로 돌려가게 하다,
잘못 인도(引導)하다, (남에게 가는 것을) 가로채다,
횡령(橫領)하다, 착복하다, 낭비(浪費)하다, 허비하다,
(alqm alqā re) 속여 뺏다, 편취(사취)하다.
interréntum, "intervénĭo"의 목적분사(sup.=supínum)
interrérsum, "intervérto"의 목적분사(sup.=supínum)
intervérti, "intervérto"의 단순과거(pf.=perfectum)
intervíso, -vísi -vísum -ěre, tr. (inter³+)
몰래 가보다, 들여다보다, 때때로 찾아가다(방문하다).
intervocálĭter, adv. 큰소리로, 분명히
intervólĭto, -áre, intr., freq. (intérvolo) 사이를 날아다니다
intérvŏlo, -ávi, -átum, -áre, tr., intr. (inter³+)
사이를 날아다니다, 가운데 날다.
intervulsi, "intervello"의 단순과거(pf.=perfectum)
intervulsum, "intervello"의 목적분사(sup.=supínum)
intestábĭlis, -e, adj. (in²+) 증인 설 수 없는,
증명할 수 없는, 불명예스러운, 가증스러운, 저주스러운.
intestáto, adv. (intestátus) 유언 없이
intestátus, -a, -um, adj. (in²+) 유언되지 않은,
아무 유언도 상속도 남기지 않은, 증인 없는, 신용할 수 없는.
adv. intestáto, 아무 유언(상속)도 남기지 않고.
intestinális, -e, adj. (intestínus) 장(腸)의, 창자에 있는
intestinárĭus, -a, -um, adj. 쪽매 세공의.
m. (sc. faber) 쪽매 세공인(細工人).
intestinum, -i, n. (intestínus) (解) 내장(內臟),
창자(소장과 대장을 아울러 이르는 말), 장부(臟腑).
intestinum cæcum. (解) 맹장(盲腸)
intestinum crassum. (解) 대장(大腸.colon, -i, n.)
intestinum jejunum. (解) 공장(空腸)/nestis, -tidis, f.
intestinum rectum. (解) 직장(直腸)
intestinum tenue. (解) 소장(小腸.lactes, -īum, f., pl.)
intestínus, -a, -um, adj. (intus¹)
속의, 안의, 내부의, 속에 있는, 쪽매의, 쪽매 붙이는.
bellum intestínum. 내란.
intéxo, -xŭi -téxtum -ěre, tr. (in¹+) 섞어 짜다, 짜 넣다,
합쳐서 꼬다, 엮다, 끼우다, 삽입하다, 추가(첨부)하다,
(뒤)섞다(לבלב.ברב.רמ.רמא.ברע).
Parva magnis intexo. 작은 것을 큰 것과 섞다.
intextum, "intexo"의 목적분사(sup.=supínum)

intexui, "intexo"의 단순과거(pf.=perfectum)
inthronisátĭo, -ónis, f. (in^{1}+thronus)
주교 착좌식(着座式), 교황 착좌식(敎皇 着座式).
inthronisátĭo Sanctissimi Cordis jesu.
예수 성심상 안치식.
inthronizátĭo, -ónis, f. ([영] Enthronement.
獨 Inthronisation) 착좌식(着座式).
inthronízo, -átum -áre, tr. (in^{1}+thronus)
(어느 지역의 주교로 임명하여) 주교좌에 올려놓다.
íntĭbus, -i, m., f. [=**íntubum**] (植) 꽃상치
íntĭma, -æ, f. ((解)) (특히 동맥.정맥 따위의) 내막(內膜)
intimátĭo, -ónis, f. (íntimo) 알림([영] Message),
통지(通知), 통고(通告-서면이나 말로 통지하여 알림),
판결의 통고(通告.[영] announcement).
intímĭtas, -átis, f. 내밀성(內密性.[영] Intimacy),
친밀성(親密性.[영] Intimacy)(가톨릭 교회 교리서 참조),
사생활(私生活.[영] own privacy).
propria intimitas. 사생활(私生活)/
Nemini licet bonam famam, qua quis gaudet, illegitime lædere, nec ius cuiusque personæ ad propriam intimitatem tuendam violare. ([영] No one is permitted to harm illegitimately the good reputation which a person possesses nor to injure the right of any person to protect his or her own privacy) 아무도 타인이 누리는 좋은 평판을 불법적으로 훼손하거나 자기의 사생활을 수호할 각 사람의 권리를 침해하지 못한다(Can. 220).
íntĭmo, -ávi, -átum, -áre, 1. tr. (íntimus)
흘러들게 하다, 깊숙이 들어가게 하다, 스며들게 하다,
통고(通告)하다, 알리다, 통지(通知)하다.
íntĭmus(=intumus) -a, -um, adj., superl. (intérior)
제일 속(안)의, 가장 내부의, 중심부의, 가장 깊숙한,
심부(深部)의, 심오한, 마음 속 깊은 곳의,
마음 속 깊이 간직한, 밀접(密接)한, 친밀(親密)한,
친분이 두터운, 가장 믿음직한, 심복의.
m. 친구(φίλος), 심복(心腹-심복지인心腹之人의 준말).
intima communitas vitæ et amoris conjugális.
부부의 생명과 사랑의 친밀한 공동체(=혼인)/
Intima Ecclesiæ Natura. 교회의 가장 깊은 본질.
(베네딕도 16세 교황의 2012.11.11. 자의교서)/
Intima Ecclesiæ natura triplici exprimitur munere: prædicatione Verbi Dei (kerygma, martyria), celebratione Sacramentorum (leiturgia), ministerio caritatis (diakonia). 교회의 가장 깊은 본질은 하느님 말씀의 선포(kerygma, martyria), 성사 거행(leitourgia), 그리고 사랑의 섬김 (diakonia)이라는 교회의 삼중 임무로 드러납니다.
(교황 베네딕도 16세의 2012.11.11. 자의교서 "Intima Ecclesiæ Natura" 중에서)/
Intima nos hac cum Deo coniunctione in cotidiana nostra vita indigemus.([영] We need this deep connection with God in our daily life) 우리는 날마다의 삶에서 하느님과 이러한 깊은 관계를 맺어야 합니다/
Intima per mores cognoscimus exteriores.
우리는 겉으로 드러난 성격으로 속을 안다/
Quomodo eam adipisci possumus? Per precationem ([영] How can we obtain it? By prayer)
어떻게 맺을 수 있겠습니까? 기도를 통해서 입니다/
intimior intimo meo. 나의 내면보다 더 그윽한 분.
intimus omnium et in intimus omnium.
피조물 안에 그 가장 깊은 곳에 계시는 하느님.
intínctĭo, -ónis, f. (intíngo) ([영] Intinction.獨 Intinktion)
성체를 성혈에 적셔서 영하는 것(7세기 말엽 일부에서 시작),
(성체를 성혈에) 적심(물에 적심), 담가 냄, 세례(洗禮).
secunda intinctio. 제2의 세례(=순교).
intinctum, "intíngo(=intínguo)"의 목적분사(sup.=supínum)
intínctus, -us, m. (intíngo) 소스([영] sauce), 양념간장
intíngo(=intínguo) -tínxi -tínctum -ĕre, tr. (in^{1}+)
담그다, 적시다(טבל), 물들이다(צבע), 양념하다, 절이다.
intínguo(=intíngo) -tínxi -tínctum -ĕre, tr. (in^{1}+)
intinxi, "intíngo(=intínguo)"의 단순과거(pf.=perfectum)

intitubánter, adv. (in^{2}+títubo) 흔들림 없이, 주저하지 않고
intítŭlo, -ávi, -átum, -áre, tr. (in^{1}+títulus) 제목 붙이다
intolerabílĭa mala. 견디어 낼 수 없는 악
intolerábĭlis, -e, adj. (in^{2}+)
견딜 수 없는, 참을 수 없는, 심한, 가혹한.
intolerandum, adv. 견딜 수 없게, 되게, 몹시
intolerandus, -a, -um, adj. (in^{2}+tólero)
견딜(참을) 수 없는, 배겨낼 수 없는, 혹독한, 혹심한.
adv. **intolerandum**, 견딜 수 없게, 되게, 몹시.
Audita est intoleranda Romanis vox : Væ victis!
로마인들에게는 차마 들어서는 안 될 소리가 들렸다:
"패자들에게 저주를!".
intólĕrans, -ántis, adj. (in^{2}+tólero) 참지 못하는,
견디지(배겨내지) 못하는. passive. 참아 받을 수 없는.
intolerántĭa, -æ, f. (intólerans) 참지 못함, 성급함,
(이설이나 다른 종교를 용납하지 못하는) 불관용,
편협(偏狹-생각이나 도량이 좁고 편벽됨), 거만함, 옹졸,
성질이 괴상함, (견딜 수 없는) 폭정(暴政).
intolerátus, -a, -um, adj. (in^{2}+tólero)
(병자가) 음식을 섭취하지 못한, 기운 차리지 못한.
intonátĭo, -ónis, f. (íntono) 발성(發聲), 선창(先唱)
intonátum, "íntono"의 목적분사(sup.=supínum)
intŏnvái, "íntono"의 단순과거(pf.=perfectum)
intóndĕo, -ére, tr. 깎다, 베다(גזז)
íntono, -nŭi(-návi), -nátum, -áre, intr. (in^{2}+)
(대포 소리가) 쾅쾅 울리다, 야단치다,
요란한 소리가 나다(울려 퍼지다), 크게(버럭) 소리 지르다,
(impers) **íntŏnat** 천둥소리가 난다.
intónsus, -a, -um, adj. (in^{2}+tóndeo)
(머리.수염 따위를) 깍지 않은, 장발의, 수염이 텁수룩한,
잎사귀 많은, 잎이 우거진, 잡목(숲)이 우거진,
(몸을) 가꾸지 않은, 초라한, 초췌한.
intŏnui, "íntono"의 단순과거(pf.=perfectum)
intórquéo, -tórsi, -tórtum, -ére, tr. (in^{1}+) 뒤틀다, 감다,
안으로 비틀다(돌리다), 일그러지게 하다, 꼬이게 하다,
휘말다, 얽히게 하다, 휘두르다, 뒤흔들다, 쏘다, 던지다.
(pass. refl.) se introqueo, intorquéri.
뒤틀리다, 감기다, 꼬이다, 휘말리다.
óculos intorqueo. 눈을 흘기다.
intórsi, "intórquéo"의 단순과거(pf.=perfectum)
intorti rudentes. 얽힌 밧줄
intortícĭum, -i, n. (獨 Torzenträger.프 flambeau)
(여러 가닥의 초를 묶어 만든) 횃불,
예식 때 손에 켜드는 촛불.
intórtum, "intórquéo"의 목적분사(sup.=supínum)
intóxĭco, -ávi, -átum, -áre, tr. (in^{1}+)
중독(中毒)이 되게 하다.
intra, Ⅰ. adv. **안에(서)**, 내부에: 집안에서: 국내에(서),
내해(內海)에, 지중해(地中海)에.
Ⅱ. prœp.c.acc. 1. 안에(서), 속에(서): intra navim.
배 안에서. 2. 안으로, 속으로: compúlsus intra mœnia. 성안으로 쫓겨 들어간. 3. (거리.간격) 이내에,
이내로. 4. (시간) 이내에, (얼마) 안으로, 끝나기 전에,
…이하로: intra paucos dies. 며칠 안에(안으로)/
intra anum vicésimum. 20세 이하로; 20세가 못되어.
5. (정도.범위) …이하로, 아래로, **범위 안에서**, 한도
(한계) 내에서, …만(으로): intra modum. (정도를
넘기보다는 차라리) 정도 이하로/ intra aquam
manére. (포도주 없이) 물만 마시다/
6. …보다 적게, 덜, …만 못하게. (라틴-한글사전, p.458)
gládius intra vagínam suam hærens.
칼집에 꽂혀 있는 칼.
intra actum sacramentális confessiónis.
성사적 고백 중의 법정(행위).
intra hebdómadam. 일주일 이내에
intra legem. 법이 허락(許諾)하는 범위(範圍) 안에서
Intra monasterii claustra quiescere, et cum secura liberate Christo servire. 수도원 봉쇄 구역에 들어가서는

평화를 지니고, 확실한 자유로써 그리스도를 섬기는 것.
(아일랜드 수도승원의 켈트 문화를 대표하는 이들 중 한사람인 베다의 좌우명).

intra mœnia. 성벽 안에

intra murum. 성(城) 안에

intra páucos dies. 수일 내에, 며칠 안으로

intra unum mensem. 한 달 이내에

intra unum mensem ad vos veniemus et domino gratias agemus cum vobis. 한 달 안에 (우리는) 너희 한테 갈 것이고 너희와 함께 주인한테 감사를 드리겠다.

intra vigínti dies. 20일 이내로

intrábilis, -e, adj. (intro⁹) 들어갈 수 있는

intractábilis, -e, adj. (in⁹) 다룰 수 없는, 까다로운, 길들일(정복할) 수 없는, 거칠, 난폭한, 마실 수 없는, 어떻게 해볼 도리 없는, 거처할 수 없는.

intractátus, -a, -um, adj. (in²+tracto) 다루지 않은, 시험해보지 않은, 길들이지 않은.

íntrăho, -tráxi -tráctum -ĕre, tr. (in¹+) 끌어당기다, 모욕하다.

intramuránus, -a, -um, adj. (intra+murus) 성안에 있는, 도시에 있는.

intransferribilitas, -átis, f. 전달 불가능성

intransíbilis, -e, adj. (in²+tránseo) 통과할 수 없는, 횡단할 수 없는, 넘어갈 수 없는, 건너갈 수 없는.

intransitívus, -a, -um, adj. (文法) 자동(사)의, 자동사적

intrate, 원형 intro² -ávi, -átum, -áre, intr., tr. [명령법, 현재 단수 2인칭 intra, 복수 2인칭 intrate].

Intrate per angustam portam. 좁은 문으로 들어가라

Intrate toti, manete soli, exite alii.(성 알폰소 신부) 전적으로 들어가라, 홀로 머물라, 달라져서 나오라/ 온전한 마음으로 들어오라. 홀로 머물러라. 다른 사람이 되어 나가라.

Intravimus in seminarium, ut discamus. 우리는 배우려고 신학교에 들어왔다.(주문의 시칭이 논리적 단순과거이면서 그 효과가 현재에까지 미치고 있을 경우에 속문에 접속법 현재를 쓴다. 이러한 경우로는 특히 결과문이나 목적문에서 많이 접할 수 있다.)

intremísco, -ĕre, intr., inch. (intremo) 무서워 떨다

íntrĕmo, -mŭi, -ĕre, intr. (in¹+) (무엇 때문에) 덜덜 떨다, 무서워 떨다.

intrĕmui, "íntrĕmo"의 단순과거(pf.=perfectum)

intrémŭlus, -a, -um, adj. (in¹+) 떨고 있는, (in²+) 떨지 않는.

intrépĭdus, -a, -um, adj. (in²+) 무서움을 모르는, 겁 없는, 용감한, 과감한, 대담무쌍한, 침착한.

intríbŭo, -ĕre, tr. (in¹+) 이바지(기여)하다, 세금을 내다.

intríco, (-ávi), -átum -áre, tr. (in⁹+tricor) 혼란하게 하다, 당황하게 하다, 엉기게 하다, 복잡하게 하다.

Intrinseca coniunctio inter celebrationem et adorationem.(⑨ The intrinsic relationship between celebration and adoration) 성찬례 거행과 성체 조배의 본질적 관계.

intrinseca dissolubilitas. 협의(協議) 이혼

intrinseca indissolubilitas. 본질적인 불가해소성

intrinsece malum. 내적 악(한국가톨릭대사전. p.5776)

intrinsecum individuátiŏnis principium. 내밀한 개체화의 원리, 본질적 개인의 원리.

intrinsecus¹(intra+secus) adv. 내부에(서), 속(안)에서, 속으로부터.

intrinsecus² -a, -um, adj. 안에 있는, 내부의, 내부로부터의, 본질적(本質的)인, 고유(固有)의. gloria intrinseca. 내적 영광. intrinseca Bibliorum unitas(⑨ The Bible's intrinsic unity) 성경의 내재적 단일성.

intrítum, "íntĕro"의 목적분사(sup.=supínum)

intrítus¹ -a, -um, p.p. (intero) 으깨어진, (물·우유 따위로) 녹인, 무르게 한. f., n. 으깬 것; 수프, (진한) 육수, 고깃국(물).

intritus² -a, -um, adj. (in²+tero) 찧지 않은, 으깨지 않은, 지치지 않은.

intrívi, "íntĕro"의 단순과거(pf.=perfectum)

intro¹ adv. (sc. loco) [inter³+] 안에, 속에, **안으로**, 속으로.

intro² -ávi, -átum, -áre, intr., tr. (in¹, intus¹, intro⁹) 들어가다(오다), 침입하다, 공격하다(בוא. אבוא) 꿰뚫고 들어가다, 꿰찌르다. Intrate toti. Manete Soli. Exite Alii. 온전한 마음으로 들어오라. 홀로 머물러라. 다른 사람이 되어 나가라.(聖 알폰소 신부)/ limen intro. 문턱을 넘어 들어가다.

introdúco, -dúxi, -dúctum, -ĕre, tr. (intro⁹) 안으로 인도하다, 이끌어 들이다, 인출하여 들어가다, 소개하다, 안내하다, 수입하다, 도입하다, 보급하다, 제출(提出)하다, 제기(提起)하다, 주장하다, 가르치다.

introductio, -ónis, f. (introdúco) 이끌어 들임, 안내(⑨ Introductory Verse.獨 Gebeteinladung), 기도 안내, 도입(導入), 첫 수입, 안내(案內), 소개(紹介), 서론(序論), 입문, (토지, 상속의) 이양(移讓), (본당 신부의) 성직 취임식. cursus introductorius. 입문 과정(入門過程).

Introductio ad syllogismos categoricos. 범주론적 삼단논법 입문(보에티우스 지음).

Introductio ad theologiam. 신학 입문(아벨라르도 지음)

Introductio Biblica. 성서 입문

introductio causæ. 소송의 제기, (시성식) 수속 개시

Introductio generális ad historiam ecclesiasticam critice tractandam. 교회사 비평에 관한 총입문(Smedt 지음).

Introductio in Categorias Aristotelis. 아리스토텔레스의 범주론 서론.

introductio in Missam. 미사 안내(案內)

introductio spirituális. 영적 제언(靈的 提言)

introdúctor, -óris, m. (introdúco) 소개자, 안내자

introductórius, -a, -um, adj. (introdúctor) 소개의, 입문의, 서론의, 안내하는, 선도(先導)의.

introductum, "introdúco"의 목적분사(sup.=supínum)

introduxi, "introdúco"의 단순과거(pf.=perfectum)

intróĕo, -ívi(-ĭi) -ítum -íre, intr., tr., anom. 들어가다, 들어오다. Et introíbo ad altáre Dei: ad Deum, qui lætíficat iuventútem meam. 그러면 저는 하느님의 제단으로, 제 기쁨과 즐거움이신 하느님께 나아가오리다/ in urbem intreo. 도시(Roma)로 들어가다/ Non introibunt in requiem meam. 그들은 내 안식처에 들어가지 못하리라(성경 히브 3. 11).

intróĕo ad *alqm.* 누구를 찾아가다.

introeo urbem. 도시(Roma)로 들어가다.

introféro, -tŭli, -látum, -férre, anom., tr. (intro⁹) 안으로 가지고 들어가다.

introgrédĭor, (-dĕris, -dítur), -gréssus sum, -grédi, dep., intr., tr. (intro⁹gradior) 안으로 걸어 들어가다.

introgressus, -a, -um, "introgrédĭor"의 과거분사(p.p.)

Introibo ad altare Dei. ad Deum qui lætíficat iuventútem meam. 주님의 제단으로 나아 가리이다. 제 기쁨과 즐거움이 신 천주께로 나아가리이다.

intróiens, -eúntis, p.proes. (intróeo)

intróii, "intróeo"의 단순과거(pf.=perfectum)

intróitum, "intróeo"의 목적분사(sup.=supínum)

introitum stipendium. 법원의 입회금(入會金)

intróitus, -us, m. (intróeo) (⑨ Entrance.獨 Einzug) 들어감, 입장, (단체에의) 가입, 입단, 입구 시작, 초입경. (가톨릭) 미사의 입당송(antiphona ad introitum). Oratio introitus. (preces ante gradum altaris) 층하경(崔윤환 옮김. 전례사목사전. p.525).

intrójŭgus, -a, -um, adj. (intro¹+jugum) 안쪽으로(왼쪽에) 메운(馬따위).

intrōmisi, "intrōmítto"의 단순과거(pf.=perfectum)

intrōmissum, "intromítto"의 목적분사(sup.=supínum)

intromítto, -mísi, -míssum, -ĕre, tr. (intro⁹) 들여보내다, 들어가게(오게)하다, 안내하다, 대표로 들여보내다. 파송하다, 제시하다, 제기하다.

introrsum(=introrsus) adv. (intro¹+versum, versus)

639

안으로(εἰς.안에), 안을 향하여, 안에서, 안에.
introrsus(=introrsum) adv.
introrúmpo, -rúpi, -rúptum, -ĕre, intr. (intro¹+)
안으로 뛰어들다, 침입(난입)하다.
introspécto, -áre, tr. (intro¹+) 안을 관찰하다, 들여다보내다.
introspexi, "introspícĭo"의 단순과거(pf.=perfectum)
introspícĭo, -spéxi, -spéctum -cĕre, intr., tr.
(intro¹+spécĭo) 안을 들여다본다, 검토하다, 관찰하다.
intróvŏco, -ávi, -átum, -áre, tr. (intro¹+) 불러들이다
intrúdo, -trúsi, -trúsum, -ĕre, tr. ĕre, (in¹+)
던져 넣다, 밀쳐 넣다.
intrūsi, "intrúdo"의 단순과거(pf.=perfectum)
intrusĭo, -ónis, f. 성직위 부당 취득, 직위 찬탈(簒奪)
<small>(백민관 신부 엮음. 백과사전 2, p.363).</small>
intrūsum, "intrúdo"의 목적분사(sup.=supínum)
íntŭbum, -i, n. (intubus, -i, m., f.) ((植)) 꽃상치
intuere, 원형 intúĕor, -túĭtus sum -éri, dep., intr., tr.
[명령법 단수 2인칭 **intuere**, 복수 2인칭 **intuemíni**.]
intúĕor, -túĭtus sum, intuéri, dep., intr., tr. (in¹+) 탈형동사
들여다보다, **바라(쳐다) 보다**(בּרָנַ), 눈여겨보다,
자세히 보다, 주시하다, 응시(凝視)하다, 관찰하다,
헤아려 살피다, 곰곰이 생각해 보다, 고려하다,
감탄(感歎)하여 바라보다, 경탄(驚歎)하다,
(건물 따위가 어느 쪽으로) 향하여 있다.
Eius coram intuitu omnia mendacia dissipantur.
(⑨ Before his gaze all falsehood melts away)
그분 눈길 앞에서 모든 거짓이 녹아 버립니다.
intuítĭo, -ónis, f. (intúeor) 직관(直觀).⑨ Intuition).
직각(直覺), 직감(사물의 진상을 순간적으로 감지함), 거울에 비쳐봄.
intuitionísmus -i, m. 직관설(直觀說), 직각설(直覺說)
intuitiva cognitio Dei. 신의 직관적 인식
Intuitiva rei est tális notitĭa, virtute cujus potest
sciri, utrum res sit vel non. 사물의 직관은 그
능력으로 사물이 존재하는지 않는지의 지식이다.
intuitu meritorum Christi. 그리스도 공덕의 예견
intuítus, -a, -um, "intueor"의 과거분사(p.p.)
intuítus, -us, m. 바라보기, 눈길(視線), 직관(⑨ Intuition),
직각, 고려(考慮-생각하여 헤아림), 참작(參酌-헤아림).
intúli, "ínfĕro"의 단순과거(pf.=perfectum)
intumescéntĭa, -æ, f. (醫) 팽대(膨大)
intumésco, -mŭi -ĕre, inch., intr. (in¹+)
붓다(רוּק.םּשַ), 부어오르다, 불어나다,
부풀다, (목소리가) 점점 높아진다, 거만해지다, 화내다.
intúmui, "intumésco"의 단순과거(pf.=perfectum)
intumulátus, -a, -um, adj. (in²+túmulus)
묻히지 않은, 매장(埋葬)하지 않은.
íntŭmus(=íntĭmus), -a, -um, adj., superl. (intérior)
íntŭor, -túĭtus sum, -tŭi, (古) = **intúeor**
inturbátus, -a, -um, adj. 당황하지 않은, 고요한, 안온한.
intúrbĭdus, -a, -um, adj. (in²+) 혼동되지 않은, 고요한
intus¹ adv. 안에(서), 속에(서), 내부에(서),
안으로(εἰς.안에), 속으로, 안에서부터.
Quod veritas intus loquitur sine strepitu. 진리는 요란
한 음성이 없이 마음속에서 말씀하심(준주성범 제3권 2장)/
templo intus. 신전 안으로.
Intus est itum. 안으로 들어갔다.
Intus in contemplationem rapitur, foris infirmantium
negotiis urgetur. 안에서는 관상으로 드높여지지만,
밖에서는 병자들을 돌보는 일에 헌신한다.
intus in córpore. 육체 안에
intus² p.prœs. c. acc. 안으로(εἰς.안에), 속으로
intus legere. 내적 읽음
intus monachus, foris apostolus.
안으로는 수도승, 밖으로는 선교사.
Intus vide: nam homo judicare non potest quem videre
non potest. 내면을 들여다보십시오. 사람은 보지 못하는 사람
을 판단할 수 없기 때문입니다(최익철 신부 옮김. 요한 서간 강해, p.267).

intúsĭum(=indúsium) -i, n. 부인용 내의
intútus, -a, -um, adj. (in²+) 안전하지 않은,
취약(脆弱)한, 보호(保護)되지 않은, 불확실한.
íntybum(=intybus) = **íntubum**(=intubus) ((植)) 꽃상치
inúber, -ěris, adj. (in²+) 메마른, 빈약한
ínŭla, -æ, f. (植) 목향(국화과의 다년초)
inúltus, -a, -um, adj. (in²+ulcíscor) 복수(복복)하지 않은.
(passive) 복수(복복) 하지 않은, 벌 받지 않은.
inumbrátĭo, -ónis, f. (inúmbro)
그늘짐, 어두움(σκὸτος.⑨ Darkness), 분명치 않음.
inumbro, -ávi, -átum, -áre, tr. (in¹+)
가려 주다, 어둡게 하다,
그늘지게 하다, 덮다(לּצַ.אמָ.יפָח),
inumbrante vesperā.(as the shades of evening were
coming on) 저녁노을이 질 무렵에.
inúnco, -ávi, -átum, -áre, tr. (in¹+uncus²)
갈고리로 잡아채다.
inúnctĭo, -ónis, f. (inúngo) 기름 바름, 발라서 씻어냄
기름이나 고약(膏藥)을 바르고 문지름.
ínunctum, "inung(u)o"의 목적분사(sup.=supínum)
inundátĭo, -ónis, f. (inúndo)
홍수(洪水.⑨ Flood), 범람(氾濫-범일汎溢), 침수(侵水).
inúndo, -ávi, -átum, -áre, intr., tr. (in¹+)
(물이) 범람하다, 물에 잠기게 하다, 침수하게 하다,
(홍수처럼) 넘치게 하다, 넘치다, 쇄도하다, 밀려닥치다.
(pass.) **inundári alqā re.** 가득 차다, 풍부히 있다.
Exercítibus Európa inundáta est.
군대들이 유럽에 밀려닥쳤다/
Flúvius inundáverat. 강물이 범람했었다/
hostes inundántes. 쇄도(殺到)하는 적군(敵軍)/
Sanguis inúndat gutter. 피가 목구멍을 흘러넘친다/
tíberis agros inundávit. (inundo 참조)
티그리스 강의 범람으로 밭들이 침수되었다.
inung(u)o, -únxi -únctum -ĕre, tr. (in¹+)
위에 바르다, 기름 바르다, (눈을) 비비다.
ínunxi, "inung(u)o"의 단순과거(pf.=perfectum)
inurbánus, -a, -um, adj. (in²+) 교양 없는, 버릇없는,
세련되지 못한, 예모(禮貌) 없는, 조야(粗野)한
inúrgĕo, -úrsi -ére, tr. (in¹+) 들이받다, 부딪쳐오다(가다)
inúro, -ússi -ústum -ĕre, tr. (in¹+) 소인(燒印)을 찍다,
낙인찍다, 지지다, 뜨겁게 하다, 태우다, 괴롭히다.
alci famam supérbiæ inuro.
누구에게 교만한 자라는 낙인을 찍다.
inusitátus, -a, -um, adj. (in²+) 사용되지 않는, 폐지된,
비정상적(非正常的), 별난, 이상한, 이례적(異例的)인.
ínussi, "inúro"의 단순과거(pf.=perfectum)
inústĭo, -ónis, f. (inúro) 탄 자리, 낙인찍힌 흔적(痕迹)
ínustum, "inúro"의 목적분사(sup.=supínum)
inústus¹ -a, -um, p.p. (inúro) 낙인 찍혀 탄
inústus² -a, -um, p.p. (in²+uro) 불에 타지 않은
inútĭlis, -e, adj. (in²+) 무익한, 소용없는, 쓸데없는, 해로운.
Ego virtute deum et majorum nostrorum dives sum
satis : non ego omnino lucrum omne esse inutile homini
existimo. 나는 신들과 우리 조상의 덕택에 넉넉할 만큼
부유하다. 나는 재물이 사람에게 전적으로 무익하다고는
생각지 않는다(성 염 지음. 고전 라틴어, p.396]/
Hæc charta inutilis est scribendo.
이 종이는 글을 쓰는 데는 소용없다/
Servi inutiles sumus; quod debuimus facere, fecimus.
(⑨ We are unprofitable servants; we have done what
we were obliged to do) 저희는 쓸모없는 종입니다.
해야 할 일을 하였을 뿐입니다(성경 루카 17, 10)/저희는 보잘
것 없는 종입니다. 그저 해야 할 일을 했을 따름입니다(공동번역).
Inutile ferrum cingitur. 그는 쓸데없는 무기를 몸에 지닌다.
inutílĭtas, -átis, f. (inútilis) 무익함, 소용없음, 손해, 해로움
Inŭus, -i, m. 가축을 번식시키는 자,
Fanus 또는 Pan 신의 별명.
inuxórus, -a, -um, adj. 독신의, 아내 없는

invadábĭlis, -e, adj. (in²+valdo²) 건널 수 없는 (여울)
inﬁdo, -vasi -vasum -ĕre, intr., tr. (in¹+)
　intr. 도시에 침입하다, 쳐들어가다, …에 덮치다;
　tr. (문으로) 들어가다, (안으로) 들어가다.
　(도시를) 점령하다, (적들을) 공격하다, 습격하다, 침략하다.
　(싸움을) 시작하다, 착수하다, 움켜쥐다, 붙잡다.
　점령하다, 횡령하다, (병, 고통, 감정) 엄습하다.
invaléntĭa, -æ, f. (in²+) 허약(虛弱), 쇠약(衰弱)
inválĕo, -lŭi, -ére, intr. (in¹+) 원기 왕성하다
invalésco, -lŭi, -ĕre, intr., inch. (inváleo)
　건강(기운)을 회복하다, 성하여지다.
invaletúdo, -dĭnis, f. (in²+) 병(病), 병약, 불건강(不健康)
invalidátĭo(=irritátĭo) -ónis, f. 무효 선언.
　(일반적 의사 표현의 선언이든 쌍방의 법률행위 등 비교적 중요한 행위를
　공익을 위해 무효로 선언하는 것. 백민관 신부 엮음, 백과사전 2, p.364).
invalídĭtas, -átis, f. (inválidus) 무효(성)
inválĭdus, -a, -um, adj. (in²+) 건강치 못한, 약한.
　힘없는, 무효의, 효과 없는, 효력이 없는.
inválui, "invalésco"의 단순과거(pf.=perfectum)
invási, "inváoo"의 단순과거(pf.=perfectum)
invásĭo, -ónis, f. (invádo) 침입(侵入), 침략(侵略),
　침해(侵害-침범하여 해를 끼침), 습격(襲擊).
invasívus, -a, -um, adj. (invádo) 침략하는, 침입하는
invásor, -óris, m. (invádo) 침입자(侵入者),
　침공자(侵攻者), 약탈자(掠奪者), 강점자(强占者).
invásum, "invádo"의 목적분사(sup.=supínum)
invectícĭus, -a, -um, adj. (ínveho) 수입된, 외래의
invéctĭo, -ónis, f. (ínveho) 수입(輸入), 반입(搬入),
　실어들임, 악담(惡談), 욕설(辱說)
invectiválĭter, adv. (invéctio) 악담하여
invectívus, -a, -um, adj. (invéctio) 악담하는, 욕설하는
invéctor, -óris, m. (ínveho) 수입자, 반입자(搬入者)
invectum, "ínveho"의 목적분사(sup.=supínum)
invectus, -us, m. (ínveho) 수입(輸入), 반입(搬入)
ínvĕho, -véxi -véctum -ĕre, tr. (in¹+) 도입하다,
　실어들이다, 수입하다, **실려 가다**, 운반되다,
　(말.수레.배 따위를) **타고 가다**(오다),
　주로 pass. ínvehi(in acc.; acc.; absol)
　야단치다, 몰아세우다, 욕설하다, 비난하다.
　pass. refl. se inveho, ínvehi(in acc.)
　달려들다, 덮치다, 습격하다.
　Si asperius in quosdam homines invehi vellem,
　quis non concederet? 만일 내가 어떤 사람들을 보다
　모질게 공박할 셈이라면, 누가 굴복하지 않으랴?
invelátus, -a, -um, adj. (in²+velo)
　옷 벗은, 가리지 않은, 드러낸.
invendíbĭlis, -e, adj. (in²+) 쉽게 팔리지 않는
invéni, "invénĭo"의 단순과거(pf.=perfectum)
inveniámur, 원형 invénĭo, -véni -véntum -íre,
　[수동형 접속법 현재, 단수 1인칭 inveniar, 2인칭 inveniaris, 3인칭 inveniatur,
　복수 1인칭 inveniamur, 2인칭 inveniamini, 3인칭 invenioantur].
　Unum corpus et unus spíritus inveniámur in Christo.
　(⑨ may become one body, one spirit in Christ)
　그리스도 안에서 한마음 한 몸이 되게 하소서.
invénĭo, -véni -véntum -íre, tr. (in¹+) **발견하다(אצמ)**
　찾아내다, 만나다, **발명하다**, 고안하다, 꾸며내다,
　날조하다, 알아내다, 알게 되다, 밝혀내다, 깨닫다, 보다,
　파악(把握)하다, 마련하다, 장만하다, 얻다, 얻어 가지다.
　(pass.) inveníri(=esse) 있다, …이다, (어떠어떠)하다.
　Adulescéntes invénti sunt mórtui.
　젊은이들이 시체로 발견되었다/
　De neglectu omnis creaturæ, ut Creator possit inveniri.
　조물주를 얻기 위하여 피조물을 하찮게 봄/
　Fata viam invenient. 운명은 길을 발견할 것이다/
　In quibus omnibus casus invenitur.
　이 모든 것에는 우연성이 발견 된다/
　Non facile invenias in multis unum virtutem pretium qui
　putet esse sui.(Ovidius). 그 많은 사람 가운데서도
　덕(德)이야말로 자기의 값어치라고 여기는 사람 하나를

발견하기가 쉽지 않으리라/
Ubi invenimus hoc in Scriptura?
　성경 어디에서 이런 구절을 찾아볼 수 있습니까?/
Ubi meam rem invenio, ibi vindico. 내가 나의 물건을
　발견하는 곳에서 나는 이것을 회수한다.
invenio ex captívis. 포로들한테서 알아내다.
inventárĭum, -i, n. (invénĭo)
　물품 명세서, 재산목록, 상품목록(商品目錄), 표.
invéntĭo, -ónis, f. (invénĭo) 발견, 발명, 독창력(獨創力).
　Ubi te inventĭo, ibi te judicabo.
　너를 만나는 곳에서 너를 재판하리라.
invéntĭo Crucis. 십자가 발견(⑨ Invention of Cross)
inventiúncŭla, -æ, f., n. 사소한 발견(발명)
invéntor, -óris, m. (inventrix, -ícis, f.) (invénio)
　발견자, 발명자, 고안자(考案者), 발기인.
inventum, "invénĭo"의 목적분사(sup.=supínum)
invéntum, -i, n. (invénĭo) 발명, 발명품.
　vel facinora vel machinamenta admirabiliter inventa et
　intellecta.(성 령 지음, 사랑만이 진리를 깨닫게 한다. p.291)
　놀랍게도 인간들이 인식해내고 발견해낸 저 위대하고
　거대한 도구 내지 기계장치들.
invéntus, -us, m. (invénĭo) 발명, 발명품
inventus dæmónis. 악마의 발명품
invenústus, -a, -um, adj. (in²+)
　우아(우미) 하지 않은, 보기 흉한, 미운.
inverecúndĭa, -æ, f. 뻔뻔스러움, 염치없음.
　철면피(鐵面皮-무쇠처럼 두꺼운 낯가죽이라는 뜻. 면장우피. 후안厚顔),
　파렴치(破廉恥-염치없이 뻔뻔스러움).
inverecúndus, -a, -um, adj. (in²+) 뻔뻔스러운, 염치없는
invérgo, -ĕre, tr. (in¹+) …위에 붓다, 붓다
invérsĭo, -ónis, f. (invérto) 바꿈, 뒤집음, 전도(轉倒-열
　이나 전기가 옮겨짐), 도착(倒錯-상하가 거꾸로 되어 서로 어긋남).
　(文法) 도치법(倒置法)(e.g. cum me → mecum, de
　hac re → hac de re -문장의 정상적인 순서를 바꿔
　먼저 말해야 할 것을 뒤로 돌리는 일).
　(修) 반어(反語法). (論) 여환법(戾換法), 이환법(裏換法).
inversum, "invérto"의 목적분사(sup.=supínum)
inversus, -a, -um, p.p.(invérto) 전도(轉倒)된.
　(文法) cum invérsum, 전도 cum(cf. cum² Ⅱ, 2)
inverti, "invérto"의 단순과거(pf.=perfectum)
invérto, -vérti -vérsum -ĕre, tr. (in¹+) 뒤집다,
　거꾸로 세우다, 반대방향으로 바꾸어 놓다,
　전도(顚倒.轉倒) 시키다, 바꾸다, 변경하다.
inverto terram. 땅을 갈아엎다
invesperáscit, -ĕre, impers., intr. (in¹+) 저녁때가 되다
Investigabiles Divitĭas Christi, 그리스도의 헤아릴 수
　없는 풍요(1965.2.6. 교서. 예수 성심 대축일 제정 100주년).
investigábĭlis, -e, adj. (investígo)
　찾아낼 수 있는, 탐구(연구.조사) 할 수 있는,
　(in²+vestígo) 탐구할(헤아릴) 수 없는.
investigátĭo, -ónis, f. 찾아냄, 탐구(探究), 연구, 조사.
　Institutione et investigatione Universitas Catholica
　necessariam fert opem Ecclesiæ. 교수와 연구 활동을 통
　하여 가톨릭 대학교는 교회에 긴요한 도움을 제공해 준다/
　Una cum ceteris privatis et publicis Institutis
　Universitates Catholicae per superiorem educationem
　perque investigationem communi serviunt bono.
　가톨릭 대학교는 다른 사립 및 공립 교육 기관들과 결속
　하여 고등교육과 탐구를 통해 공공 이익에 봉사한다.
investigatio philologia. 문헌학적 접근
investigátĭo practica. 실천적 탐구(實踐的 探究).
　Non minus ponderis quam theoretica habet investigatio
　practica. 이론적 영역의 탐구 못지않게 중요한 것이
　바로 실천적 영역의 탐구입니다.
Investigátĭo scientifica(⑨ Scientific investigátĭon)
　과학적 탐구.
investigátor, -óris, m. (investigátrix, -ícis, f.)
　(investígo) 찾아내는 사람, 탐구자, 연구자, 조사자,

수사자(搜査者), 추적자(追跡子).

investígo, -ávi, -átum, -áre, tr. (in¹+)
(사냥할 때) 발자취를 쫓아가다, **추적(追跡)하다**,
답사(踏査)하다, 탐사(探査)하다, **찾아내다**,
조사(調査)하다, **탐구(探究)하다**, 연구(研究)하다.
rátĭonabíliter investigánti. 이성적 탐구자들.

invéstĭo, -ívi -ítum -íre, tr. (in¹+) 입히다, 장식하다,
덮다(אנס.ס.ה.חפה.כם), 둘러막다.

invéstis, -e, adj. 옷 안 입은, 벗은, 사춘기에 이르지 않은,
순진한, 성(性) 경험이 없는, 옷을 뺏긴, 박탈당한.

investĭtúra, -æ, f. (invéstĭo)
(중세 군주의 주교.대수도원장에 대한)
서임권(敍任權), 임직권(任職權).
Controversia de investitura. 임직권 또는 서임권 논쟁.

inveterásco, -rávi, -ěre, intr., inch. (invétero)
늙다, 낡아지다, 헌 것이 되다, (낡아서) 못(안) 쓰게 되다,
(좋게.나쁘게) 굳혀지다, 뿌리 깊이 박히다,
오랜 관례가(버릇이) 되다, 고질이 되다.

inveterátĭo, -ónis, f. (invétero) 지병(持病), 고질병.

invétero, -ávi, -átum, -áre, tr. (in¹+) 오래 가게 하다,
오래도록 보존하다, 지속(持續)하게 하다, 묵히다,
오래되어 낯설지 않게 하다, 폐기(廢棄)하다.
n. 낡아 버린 것, 묵은 것, 고질(痼疾),
(p.p.) inveterátus, -a, -um, 늙은, 옛, 오래된, 묵은,
오랫동안 계속된, 고질의, 뿌리 깊은.
(pass.) inveterári, 늙다, 낡아지다, 묵은 것이 되다,
오래가다, 지속(持續)하다.

invétĭtus, -a, -um, adj. (in²+veto) 금지되지 않은

invexi, "ínvěho"의 단순과거(pf.=perfectum)

ínvĭcem, adv. (in¹+vicis) 자기 차례에, **겨끔내기로**,
번갈아, 차례로, 교체하여, **서로**, 상호간에.
De reconciliándis ínvĭcem ánimis. 서로 화목함에 대하여/
De unione charitatis invicem tenenda.
서로 사랑의 일치를 도모함에 대하여/
Defatigátis invicem íntegri succédunt.
원기왕성한 자들이 지친 자들과 교체하여 들어선다/
Díligant amíci se ínvĭcem. 친구들은 서로서로 사랑하라!/
Dona dant amíci sibi ínvĭcem.
친구들이 서로 선물을 주고 있다/
Hæc mando vobis, ut diligatis invicem.
서로 사랑하여라. 이것이 너희에게 주는 나의 계명이다/
Hæc pugnant invicem. 이것들은 서로 상치(相馳)된다/
Hospitales invicem sine murmurátĭone.
불평하지 말고 서로 대접하시오/
invicem salutare. 서로 인사하다/
régio invicem a suis atque hoste vexáta.
자기편과 적에게 번갈아 가며 시달린 지방/
Salutate invicem in osculo caritatis. Pax vobis omnibus,
qui estis in Christo. (avspa,sasqe avllh,louj evn filh,mati
avga,phjÅ Eivrh,nh u`mi/n pa/sin toi/j evn Cristw/|) (⑨ Greet one
another with a loving kiss. Peace to all of you who are
in Christ) 여러분도 사랑의 입맞춤으로 서로 인사하십
시오. 그리스도 안에 있는 여러분 모두에게 평화가 있기
를 빕니다(성경 1 베드 15. 20)/사랑의 입맞춤으로 서로 인사
하시오. 그리스도 안에 있는 여러분 모두에게 평화를
(빕니다)(200주년 신약)/여러분은 사랑의 입맞춤으로써 서로
인사하십시오. 그리스도를 믿는 여러분 모두에게 평화가
있기를 빕니다(공동번역 1베드 15. 20)/
Ut obœdientes sibi sint invicem. 서로 순명할 것이다.
(성 베네딕도 수도규칙 제71장).

Invicem benedicimus corde sincero. 평화를 빕니다.
(우리는 서로 순수한 마음으로 축복합니다).

invicem inter se gratántes. 그들은 서로 축하하면서
invicem salutare. 상호간에 인사하다, 서로 인사하다
Invicti Athletæ Christi.
성 안드레아 보볼라 300주기(1957.3.16.).

invíctus, -a, -um, adj. (in²+vinco) 정복되지 않은,
지지 않는, (무엇을) 당하지 않는, **불굴의**, 무적(無敵)의,

invictum ad labórem corpus. 수고에 지치지 않는 육체/
sol invictus. 불굴의 태양신.

invictus ab hostibus. 적군에게 져본 일이 없는

invidéndus, -a, -um, gerundiv. (invídeo)
부드러운, 질투(嫉妬)해야 할.

ínvĭdens, -éntis, m. (p.prœs. invídeo)
선망(羨望)하는 사람, 질투(嫉妬)하는 사람.

invidéntĭa, -æ, f. (invídeo) 질투(⑨ envy/Jealousy),
시기, 부러워 함, 선망(羨望-부러워하며 바람).
Rogo te, noli docere ipsum invidentiam tuam.
간청하건대, 그 사람에게 그대의 시기심을 가르치려
하지 마십시오.(최익철 신부 옮김. 요한 서간 강해. p.363).

invídeo, -vídi -vísum -ére, intr., tr. (in¹+) **질투(嫉妬)하다**,
시기(猜忌)하다, 샘내다, 시새다, 부러워하다, 선망(羨望)
하다, 싫어하다(אנס.ס.ה), 방해하다, 금하다, 못 가지게 하다.
Est miserorum ut malevolentes sint atque invideant
bonis.(Plautus). 선량한 사람들에게 악의를 품거나
질시하는 것은 가련한 사람들의 행실이다/
Ille vir tot equos habet ut ab omnibus amicis suis
invideatur. 저 사람은 자기 모든 친구들로부터
부러움을 살 정도로 많은 말(馬)을 갖고 있다/
Majores nostri imitari quam invidere bonis
malebant.(Sallustius). 우리 조상들은 선인들을
질시하기보다는 차라리 모방하려고 하였다/
Qui invidet, minor est.
질투를 하는 사람은 (이미 그 상대방보다) 못한 사람이다/
Qui invidet, non amat. Peccatum diaboli est in illo;
quia et diabolus invidendo deiecit. 시기하는 자는 사랑
하지 못합니다. 악마의 죄는 바로 이 시기에 있습니다.
악마도 시기로써 인간이 넘어지게 하였기 때문입니다.
(최익철 신부 옮김. 요한 서간 강해. p.245)/
Vides quam miser sit is cui invidetur et invidet.
시샘을 당하는 사람이나 시샘을 하는 사람이나 얼마나
가련한지 그대는 안다.

invídi, "invídeo"의 단순과거(pf.=perfectum)

invídĭa★, -æ, f. (ínvidus) 질투(嫉妬.⑨ envy/Jealousy),
시기(猜忌.⑨ Envy-생하여 미워함), 시샘("시새움"의 준말. 시기),
부러움, 선망(羨望), 반감(反感), 미움(받음).
Ars prima regni posse te invidiam pati(Seneca).
통치의 첫째 기술은 당신이 시기를 참을 수 있는 가이다/
coquo invidiam. 질투심을 기르다/
Ergo ubi est invidia, amor fraternus esse non potest.
시기가 있는 곳에 형제적 사랑이 있을 수 없습니다.
(최익철 신부 옮김. 요한 서간 강해. p.245)/
In prato quondam rana conspexit bovem et tacta est
invidia tantæ magnitudinis. 한번은 개구리가 풀밭에서
황소를 보았는데 몸집이 하도 큰데 대해서 샘이 났다/
Invidiam non exercere. 시기하지 말라/
recido in invídiam. 다시 질투(嫉妬)하다/
Sunt qui, quod sentiunt, etsi optimum sit, tamen invidiæ
metu non audeant dicere.(Cicero).
자기가 느끼는 바가 최선의 것임에도 불구하고
남의 질시가 두려워 감히 말 못하는 사람들이 있다/
Trajicio invídiam in álium.
질투(嫉妬)의 대상을 다른 사람에게로 옮기다.

Invidia cæca est. 질투는 맹목적이다
invidia conflagro. 질투심에 불타다
invidia deum. 신들의 질투(ΦΘόνος θεῶν)
Invidia gloriæ comes est. 시기(猜忌)는 영광의 동반자
invidĭósus, -a, -um, adj. (invídia) 질투하는, 시새는,
시기심(猜忌心) 많은, 시새는, 샘하는, 부러운,
선망(羨望)의 대상이 되는, 반감(反感)을 사는, 미운.
pecúnia non invidiósa. 부럽지 않은 돈.

ínvĭdus, -a, -um, adj. (invídeo) 질투하는, 시기하는, 샘하는,
부러워하는, 반감 품은, 선망(羨望)하는, 적개심 있는.
Quis non eam, nisi inperitus aut invidus, congrua
prædicatione laudabit? 무지하거나 시기하는 자가 아니
라면 누가 그것을 예찬의 말로써 칭송하지 않겠습니까?/

Si invidus doctor, quomodo eris doctor?
그대가 시기심 많은 스승이라면, 어떻게 스승일 수
있겠습니까?.(최익철 신부 옮김. 요한 서간 강해. p.363).

invígĭlo, -ávi, -átum, -áre, intr. (in¹+) 자지 않고 지키다,
경계하다, 주의 깊게 돌보다, 염려(念慮)하다, 마음 쓰다.

invincíbĭlis, -e, adj. (in²+) 이길 수 없는,
극복할 수 없는, 면할 수 없는, 부득이한, 불가피한.
adv. **invincibílĭter**, adv. 어찌할 수 없이, 부득이.

inviolábĭlis, -e, adj. (in²+) 다칠 수 없는,
상해(손상) 될 수 없는, 더럽힐 수 없는, 불가침의,
범해서는 안 되는, 깨뜨릴 수 없는, 위반하지 못할.

inviolabilĭtas, -átis, f. 불가침성(가톨릭철학. 제5호. p.167)

inviolabílĭter, adv., 침범할 수 없는, 불가침의, 어길 수 없는

inviolátus, -a, -um, adj. (in²+víolo)
침범 당하지 않은, 손상되지 않은, 상처 없는,
더럽혀지지 않은, 순결한(καθαρὸς).

invíscĕro, -ávi, -átum, -áre, tr. (in¹+víscera)
내장 속에 넣다, 마음속에 깊이 간직하다,
마음속에 깊이 뿌리박히게 하다.

invisi, "invíso"의 단순과거(pf.=perfectum)

invisíbĭlis, -e, adj. (in²+) 볼 수 없는, 보이지 않는, 무형의.
ecclesia invisíbĭlis,. 보이지 않는 교회, 불가견 교회/
ethica inter homines invisibiles.
보이지 않는 사람들 사이의 윤리.

invisíbĭlis gratĭa. 불가시적인 은총

invisíbĭlis gratĭæ visibile signum.
불가시적 은총의 가시적 표지(=성사. Petrus Abelardus).

invisíbĭlis missio. 불가시적 파견

invisibílĭtas, -átis, f. (invisíbĭlis) 보이지 않음, 무형

invisitátus, -a, -um, adj. (in²+vísito) 방문 받지 않은,
만나 주지 않는, 진기한, 기이한, 평소에 없는, 이례적인.

invíso, -si -sum -ĕre, tr. (in¹+) 방문하다(קדם),
찾아가다, 심방(尋訪-방문하여 찾아봄)하다, 시찰하다,
검열(점검)하다, 사열(查閱)하다, 보다, 들여다보다.

invīsum, "invídĕo"의 목적분사(sup.=supínum)
"invíso"의 목적분사(sup.=supínum)

invisus¹ -a, -um, p.p., a.p. (invídeo) 질투 받고 있는,
미움 받는, 마음에 안 드는, 꼴 보기 싫은.

invisus² -a, -um, p.p. (invíso)

invisus³ -a, -um, adj. (in²+vídeo) 보이지 않는, 숨은

invitábĭlis, -e, adj. (invíto)
초대해도 좋은, 재미있는, 매력 있는.

invitaméntum, -i, n. (invíto) 초대(招待), 초청(招請),
권유(勸諭-권고), 유혹(誘惑)⑨ Temptátĭon), 미끼.

invitátĭo, -ónis, f. (invíto) 초대, 초청(招請), 안내,
권유(勸諭-권고), 유인(誘因), 유혹(⑨ Temptátĭon).
spei signa et ad officium invitatio.
희망의 표징과 헌신에 대한 초대(招待).

invitátĭo ad renuntiátĭonem. 사임 권고

invitátor, -óris, m. [invitátrix, -ícis, f.] (invíto)
초대하는 사람, 초청인(招請人).

invitátor, -óris, m. 초청인 / invitátrix, -ícis, f.

Invitatórĭum. 초대의 시작 기도

invitatórĭus, -a, -um, adj. (invitátor) 초대(초청)의,
초대하는, 권유하는, 유혹(誘惑)하는, 유인(誘引)하는.
n. 초대(권유)의 기도(성무일과의 독서기도나 찬과讚課
기도를 시작하기 전에 하는 초대의 기도), 초대송.

invitatos prosequor uberrimo congiario.
초청객들에게 푸짐한 선물을 증정하라.

invitátus, -us, m. (invíto) 초대, 안내, 권유(勸諭-권고).
Sum in ejus locum invitatus.
내가 그 사람 대신으로 초청되었다.

invíto, -ávi, -átum, -áre, tr. 초대하다, 접대하다,
권하다, 권유(勸誘)하다, 유인(유혹誘惑)하다.
Alius alium domos suas invitat.
그들은 서로서로 자기 집으로 초대(招待)한다.

Invito beneficium non datur.
싫어하는 자에게는 혜택(惠澤)이 주어지지 않는다.

invítus, -a, -um, adj. 싫은 마음으로 하는,
억지로 하는, 마지못해 하는, 누가 싫어하는데도,
고의가 아닌, 본의 아닌, 자발적이 아닌, 무의식적인.
adv. **invíte**, **invíto**, 싫은 마음으로, 억지로.
invitá Minerva. 자연법칙(질서)에 어긋나게, 순리를 거슬러/
Nulla est tam facilis res quin res quin difficilis sit
quam invitus facias.(Terentius). 아무리 쉬운 일이라도,
억지로 하게 된다면야, 힘들어지지 않을 리 없지!/
te invito. 네 의사와는 반대로.

invítus obœdíre. 부르심에 순명함

ínvĭus, -a, -um, adj. (in²+via) 길이 없는(나지 않은),
지나가기 어려운, 꿰뚫리지 않는. n., pl. 길 없는 곳.

invocátĭo, -ónis, f. (ínvoco)
(이름) 부름(⑨ Call), 호소(呼訴.⑨ Invocátĭon),
부르짖음, 화살기도(orátĭo jaculatoria),
(성인들에게 구원보호 따위를 얻어달라고 청하는) 기도,
(신에게 청하는) 짤막하고 절실한 기원.
De invocatione, veneratione et reliquiis sanctorum,
et de sacris imaginibus. 성인들에게 바치는 청원기도,
성인과 성인의 유해 공경 그리고 성화상에 대하여.

Invocatio ad Christum. 그리스도를 부름

Invocatio Sanctorum. 성인들을 부름

invocatívus, -a, -um, adj. (ínvoco)
부르는, 호소하는, 기원하는.
benedictio invocativa. 기원적 축복(祈願的 祝福).

invocatórĭus, -a, -um, adj. (ínvoco) 부름의, 호소의,
기원의, 기원을(기도를) 드러내는(나타내는).

invocátus¹ -a, -um, p.p. (ínvoco)

invocátus² -a, -um, adj. (in²+voco)
불리지 않은, 초대되지 않은, 초청되지 않은.

invocátus³ -us, m. (invocátus⁹) 부르지 않음, 초대 없음

ínvŏco, -ávi, -átum, -áre, tr. (in⁴)
(구원.보호 따위를 청하여 또는 증인으로 신을)
부르다(ארק,הרק), 기원(祈願)하다,
기도(기구)하다(προσεύχομαι), 호소하다, 부르짖다,
청하다, (일반적으로) 이름 부르다, …라고 부르다.
Qualiter instante tribulatione Deus invocandus est
et benedicendus. 괴로움을 당할 때 어떻게 하느님을
부르고 찬미할 것인가(준주성범 제3권 29장).

invoco deos testes. 신들을 증인으로 부르다.

involátus, -us, m. (ínvolo) (조절술에서) 새의 날아가는 모양

invólgo(=invúlgo) -ávi, -átum, -áre, tr. (in¹+)
공표(발표)하다, 퍼뜨리다(רבד), 보급시키다,
알리다(דגנ,אחמ.ἀναγγλλω.ἀπαγγλλω).

involīto, -ávi, -átum, -áre, intr., freq. (ínvolo)
위를 날다, 훨훨 날다.

ínvŏlo, -ávi, -átum, -áre, intr., tr. (in¹+) 날아들다,
덤벼들다, 달려들다, 주먹을 휘두르다,
(alqd) 훔쳐가다, 채어가다, 탈취(奪取)하다.

involúcre, -is, n. (invólvo)
(머리 깎을 때) 어깨.가슴에 두르는 보자기.

involúcris, -cre, adj. (in²+) 아직 날지 못하는

involúcrum, -i, n. (invólvo) 보자기, 덮개, 싸개(강보),
포장하는 데 쓰이는 여러 가지 물건, 봉투(封套).
simulatiónum involúcra. 가면(假面), 위장(僞裝).

involuméntum, -i, n. 덮개, 싸개(강보), 강보(襁褓-포대기).
In involumentis nutritus sum et curis.
(evn sparga,noij avnetra,fhn kai. fronti,sin)
(獨 und bin in Windeln gelegt und voll Fürsorge
aufgezogen worden) (⑨ In swaddling clothes and with
constant care I was nurtured) 포대기에 싸여 보살핌을
받으며 자라났다(성경 지혜서 7, 4)./나는 기저귀에 싸여서
어머니의 보살핌을 받으며 자라났다(공동번역 지혜서 7, 4).

involuntárĭus, -a, -um, adj. 무의식중의, 고의가 아닌,
저도 모르는 사이의, 본의 아닌, …하고 싶어 한 것이 아닌.

involútĭo, -ónis, f. (invólvo) 말아(감아.굴려) 넣음.
회선(回旋-한곳에 붙은 물체가 빙빙 돎), 말아 넣은 것.

invŏlūtum, "invólvo"의 목적분사(sup.=supínum)

invoĺútus, -a, -um, p.p., a.p. (invólvo)
덮인, 가려진, 휩싸인, 분명하지 않은, 복잡한, 뒤엉킨.
involvi, "invólvo"의 단순과거(pf.=perfectum)
invólvo, -vólvi -volutum -ĕre, tr. (in[1]+)
안으로 굴리다, 굴러들게 하다, 굴러 떨어지게 하다, 싸다(包), 포장하다, 감싸다, 두르다, 가리다(כסא.כסי), 뒤덮다, 휩싸다, 휩싸이게 하다, 포함하다, 말아 넣다, 감아 넣다, 휘감다, 휘말다, 접어 넣다, 빠지게 하다, (곤란 속에) 끌어넣다, 연루(連累)시키다.
(pass. refl.) se involvo, invólvi *alqā* re.
빠지다, 걸려들다, 열중하다.
lítteris se involvo. 공부에 열중하다/
Mea virtute me involvo.(Horatius)
나는 나의 德을 갖고서 나를 치장(포장) 한다.
invólvŭlus, -i, m. dim. (invólvo)
((蟲)) (나뭇잎을 돌돌 말아놓는) 애벌레.
invúlgo, -ávi, -átum, -áre, tr. (in[1]+)
공표(발표)하다, 알리다, 퍼뜨리다, 보급시키다.
invulnerábĭlis, -e, adj. (in[2]+vúlnero)
상처 입을 수 없는, 상처입지 않는.
invulnerátus, -a, -um, adj. (in[2]+ vúlnero) 상처 입지 않은
Iō[1] interj. (급히 부름권고명령 따위에) 어이! 이봐! (기쁨환호) 아! 만세!, (감탄) 아! 참!, (고통) 아이고.
Iō[2] Ius(Iónis) f. Argos의 Inăchus 왕의 딸
[Júpiter의 사랑을 받다가 Juno 여신(女神)의 질투로 황소로 변함].
Io triumphe! 개선장군에 대한 환호성, 개선장군 만세
Io triumphe! non semel dicemus, io Triumphe! civitas omnis dicet!. "개선장군 만세!" 우리가 한번만 외치지는 않으리라! "개선장군 만세!" 온 성읍이 외치리라!
I.O.D.G. = In Omnibus deus Glorificetur.
'하느님은 모든 일에 영광 받으소서'의 약자(略字).
ióta, n., indecl. 희랍어의 아홉째 글자: ι. 요따.
['율법은 일점일획(iota unum aut unus.ivw/ta e]n h' mi,a)도 없어지지 않는다' (마태 5, 18)고 하신 것 중 일획이라고 번역한 글자이다. 백과사전 2, p.365].
Ipotesi documentaria. 문헌가설(文獻假說)
ipsa actio. 작용 그 자체
Ipsa est consummatio omnium operum nostrorum, dilectio. 우리가 하는 모든 일의 완성은 사랑입니다.
Ipsa et mater et virgo est: o rem admirandam.
(ἡ μήτρα ἡ παρθενική ὦ τού θαύματος) 마리아는 **어머니인 동시에 동정녀**이시다. 이 얼마나 놀라운 일인가!
[직역하면 "어머니(풍요로운)와 동정녀의 태, 아, 얼마나 놀라운가!
계약의 신비 안에 계시는 마리아, p.259].
ipsa familia in matrimonio innixa inter virum ac feminam. 남녀의 혼인으로 세워진 가정.
Ipsa multitudo non contineretur sub ente, nisi contineretur sub uno. 다수성은 그것이 하나에 속하지 않는다면 인식 될 수도 존속할 수도 없을 것이다.
Ipsa nos ad hæc omnia educat liturgia.
([영] The liturgy itself teaches us this).
전례 자체가 우리에게 이 사실을 가르쳐 줍니다.
Ipsa patientia exercet desiderium. Mane tu, nam manet ille. 인내는 열망을 훈련시켜 줍니다.
그대 머무르십시오. 그분께서 머물러 계시기 때문입니다.
ipsa res. 사물 자체
Ipsa scientia potestas est. 아는 것 그 자체가 힘이다
ipsa veritas. 진리 자체(眞理 自體)
ipsarum rerum species. 사물 자체의 외형
ipse, -a, -um, pron., demonstr. [is+pse] (gen. ipsíus; dat. ipsi; 옛 형태로 ipsus, a, ud 및 superl. ipsíssimus 도 간혹 만나게 됨) 1. (다른 지시대명사.인칭대명사.명사와 함께 또는 단독으로) 자신, **자체**, **바로 이(그)**, **친히**, 몸소, …**도 또한**: ego ipse. 나 자신이(자신도)/ ipso facto. 사실(행위) 자체로써. 2. 스스로, 자발적으로, 저절로: Valvæ se ipsæ aperuérunt. 문이 저절로 열렸다/ 3. (시간.수에 대해서) **바로 이(그)**, 정확히 (그[이]), 에누리 없이: eo ipso die. 바로 그 날에/ Trigínta dies erant ipsi, … 정확히 말해서 30일 지났다.
4. (접미사 -met, -ce를 가짐으로 강세를 드러내기도 함) **ípsimet**. 바로 그 자신들이. (라틴-한글사전, p.462).
Anima se ipsum semper intelligit, et se intelligendo quodammodo omnia entia intelligit.
영혼은 언제나 자체를 인식한다. 자체를 인식함으로써 어느 면에서 존재하는 모든 것을 인식 한다/
Salvemur ab ipso, ambulemus per ipsum.
우리는 그분으로 말미암아 구원받고, 그분을 통해서 걸어갑시다.(최익철 신부 옮김, 요한 서간 강해, p.429).

	단 수			복 수		
	m.	f.	n.	m.	f.	n.
Nom.	ipse	ipsa	ipsum	ipsi	ipsæ	ipsa
Gen.	ipsíus	ipsíus	ipsíus	ipsórum	ipsárum	ipsórum
Dat.	ipsi	ipsi	ipsi	ipsis	ipsis	ipsis
Acc.	ipsum	ipsam	ipsum	ipsos	ipsas	ipsa
Abl.	ipso	ipsā	ipso	ipsis	ipsis	ipsis

(한동일 지음, 카르페 라틴어 1권, p.130)

ipse dixit et facta sunt.
그분께서 말씀하시자 저들이 생겨났다.
Ipse dominabitur tui.([영] He shall rule over you)
그가 너를 지배할 것이다(1988.8.15. "Mulieris dignitatem" 중에서).
Ipse dux cum aliquot principibus capti sunt(caput est)
장군 자신이 몇 명의 제후들과 함께 포로가 되었다.
ipse enim dixit. 왜냐하면 그 자신이 말했기 때문이다
Ipse enim semper erat, et est; nos non eramus et sumus. 그분은 언제나 계셨고 언제나 계시지만, 우리는 아예 없었고 지금 있을 따름입니다.
(최익철 신부 옮김, 요한 서간 강해, p.75).
Ipse est vere "philosophus" et "pastor" qui docet nos quidnam sit vita et ubinam ipsa inveniatur.
그분께서는 참으로 생명이 무엇이고 어디에 있는지 우리에게 보여 주시는 '철학자'요 '목자'이십니다.
ipse fit in bono malus. 선한 사물 속에서 악한 자가 된다.
(교부문헌 총서 16, 신국론, p.1264).
ipse fit in bono malus et miser meliore privatus.
선함 속에서 악한 자가 되고, 더 큰 선을 결(缺)하므로 비참한 자가 된다.
Ipse igitur novam sic absolvet perficietque ætatem historiæ salutis.([영] Thus it will be he who brings to fulfillment the new era of the history of salvation)
그렇게 해서 구원 역사의 새로운 시대를 완성하실 분은 바로 성령이십니다(1986.5.18. "Dominum et vivificantem" 중에서).
Ipse nobiscum est.([영] He is with us)
그분은 우리와 함께 계십니다.
Ipse prior dilexit nos.([영] he first loved us)
그분께서 먼저 우리를 사랑하셨다.(1요한 4, 19).
Ipse se quísque díligit 각자 자기를 사랑한다.
Ipse solus verba vitæ habet, utique! vitæ æternæ.
([영] Only he has the words of life, yes, eternal life)
홀로 그분만이 생명의 말씀을, 그렇습니다, 영원한 생명의 말씀을 가지고 계십니다.
Ipse solus novit!.([영] Only he knows!)
오로지 그분만이 아십니다!
Ipse Spiritus Sanctus est Amor. 성령 자신이 사랑이다
Ipsi gloria in ecclesia. 교회 안에서 그 분께 영광
Ipsis, Domine, et omnibus in Christo quiescentibus, locum refrigerii, lucis et pacis, ut indulgeas, deprecamur.([영] To these, O Lord, and to all who rest in Christ, grant we beseech Thee a place of refreshment, light, and peace. Through Christ our Lord. Amen).
주님, 간구하오니 그들과 그리스도 안에 쉬는 모든 이를 행복과 광명과 평화의 나라로 인도하소서.
ipsissima intentio. 전반적 지향
Ipsissima mens. 바로 그 정신
ipsissima verba. 몸소 하신 말씀
Ipsissima verba, ipsissima vox. 바로 그 말씀, 바로 그 소리
ipsissima verba Jesu. 예수 친히 하신 말씀 자체
Ipsius Dei vitæ particeps fit homo. 인간이 나누어 받고 있는 생명은 바로 하느님의 생명입니다.

Ipsius verba digna sunt quae attente legantur.([영] His words deserve to be re-read attentively) 그의 말은 주의 깊게 읽을 만한 가치가 있다(1991.5.1. "Centesimus annus" 중에서).
Ipso facto. 사실 그대로(자체로), 입소 팍토("사실 자체로", "사물의 본성에 있어서"라는 뜻).
ipso jure. 법률자체에 의하여, 법규에 의하여, 명시된 법조문에 따라, 법률상 당연히.
ipsum bonum. 선 자체(善 自體), 선 그 자체
ipsum compositum. 합성물 자체(自體)
ipsum esse. 순수 실존, 존재 그 자체, 존재 자체
Ipsum esse nondum est.(보에티우스 지음. 인식의 근본문제. p.353) 존재 그 자체는 아직도 존재하지 않는다.
Ipsum esse subsistens. 자존하는 존재 자체, 실존하는 존재 자체.
ipsum esse per se subsistens. 자립적인 실존 그 자체, 자립하는 존재 자체, 자존하는 실존 그 자체(自體).
ipsum esse rei. 사물의 존재 그 자체(自體).
esse rei. 사물의 존재(存在).
Ipsum Esse subsistens. 자립하는 존재자체, 자립적 존재자체, 실체적 존재자체(存在自體).
Quam magnum bonum sit ipsum esse. 존재한다는 그 자체가 얼마나 위대한 선인가!.
Ipsum esse subsistens per se. 그 자체로 자립적인 존재 자체.
ipsum esse vocari respondit: et tamquam hoc esset ei nomen: hoc dices eis, inquit, Qui est, misit me. 그분은 당신을 존재라 부르라고 대답하셨다. 마치 (존재가) 당신의 이름인 양 이렇게 말씀하신다. '존재하는 이가 나를 보내셨다'라고 그들에게 말하여라.
ipsum facere realiter. 실재적으로 창조함 자체
ipsum lumen rationis accenditur. 이성의 (원초적) 광명이 밝혀져 있는 그곳.
ipsum non esse. 비존재 자체(非存在 自體)
ipsum rerumprincipium. 사물들의 근원자체
ipsum suum esse. 자기 존재 자체
Ipsum suum esse subsistens irreceptum. 신은 자신의 자립적 존재 자체이다.
ipsum suum itelligere. 자기 인식 자체(認識自體)
ipsum suum vivere. 자기 생명 자체(生命自體)
Ipsum Verbum personaliter est homo. 말씀은 인간 자신이다(교회와 성사. p.29).
ipsum vivere. 사는 것 자체.
Homo amat se ipsum. 사람은 누구나 자신을 사랑한다.
ipsummet simplex. 단순한 것 자체(自體)
ipsus sibi esse injurius videatur. 그는 스스로도 불의한 인간이라고 생각될 걸세(성 염 지음. 사랑만이 진리를 깨닫게 한다. p.457).
īra, -æ, f. 분노(憤怒.[영] Anger), 진노(震怒), 골(禍), 성(뿔), 화(禍), 분통(憤痛-몹시 분하여 마음이 쓰리고 아픔), 노여움, 노기(怒氣), 분노의 동기(가 된 것).
armo se irā. 화를 내다/
contra hominem justum prave condendere noli; semper enim deus injustas ulcisitur iras. 의로운 사람에게 악의로 시비를 걸지 말라. 신은 불의한 분노를 반드시 복수 하시느니라(성 염 지음. 사랑만이 진리를 깨닫게 한다. p.456)/
De ira Dei. 하느님의 분노. (락탄시우스 지음. 죄인에 대한 하느님의 징벌을 다룸)/
Decédet jam ira. 이제 곧 분노는 사라질 것이다/
Dies iræ. 진노의 날/
effundo iram in *alqm*. 누구에게 분노를 터뜨리다/
immani concitus ira. 굉장히 격분한/
incumbo in iras. 분노(忿怒)를 폭발시키다/
Iræ concessere deum. 신들의 분노가 그쳤다/
iram *alcjs* evoco. 누구의 분노를 유발(誘發)하다/
iram colligo. 분노(忿怒)를 사다/
Iram non perficere. 화내지 마라/
Magno irarum fluctuat æstu. 격렬한 노기(怒氣)로 마음이 안정되지 않는다/
memor Junónis ira. Juno의 잊히지 않는 노여움/
missam iram fácere. 분노를 거두다/
sicut icut iuravi in ira mea: Non introibunt in requiem meam. (w`j w;mosa evn th/| ovrgh/| mou\ eiv eivseleu,sontai eivj th.n kata,pausi,n mou) ([영] As I swore in my wrath, "They shall not enter into my rest) 그리하여 나는 분노하며 맹세하였다. '그들은 내 안식처에 들어가지 못하리라(성경)/ 내가 분노하며 맹세한 대로 그들은 결코 나의 안식에 들어오지 못할 것이다(200주년 신약)/내가 노하여 맹세한 대로 그들은 결코 내 안식처에 들어오지 못하리라(공동번역 히브 3, 11)/
Tardus ad iram. 분노 내기에 느린 자(목적부사어는 전치사 pro와 함께 탈격으로 또는 propter, in, ad, erga 등과 함께 대격으로 표시한다)/
Ut ira sit libido pœniendi ejus qui videatur læsisse injuria. 분노란 불의로 손상을 당한 사람이 그에 대해서 응징하려는 욕정이다(교부문헌 16, 신국론, p.1500)/
vel quæ portenderet ira magna deum vel quæ fatorum posceret ordo. 신들의 엄청난 분노가 예고하는 바가 무엇인지 운명의 질서가 요청하는 바가 무엇인지.
Ira alienávit a dictatóre mílitum ánimos. 그 분노는 병사들의 마음을 총통에게서부터 떨어져 나가게 했다.
ira deorum. 신의 노여움
Ira enim viri iustitĭam Dei non operatur.(야고 1, 20) (ovrgh. ga.r avndro.j dikaiosu,nhn qeou/ ouvk evrga,zetai)([영] for the wrath of a man dœs not accomplish the righteousness of God) 사람의 분노는 하느님의 의로움을 실현하지 못합니다(성경)/화를 내는 사람은 하느님의 정의를 이룰 수가 없습니다(공동번역)/사람의 분노(忿怒)는 하느님의 의로움을 이룰 수 없기 때문입니다(200주년 신약 야고 1, 20).
Ira est cupiditas ulciscendi injurias.(동명사문). 분노란 부정의를 징벌하려는 욕망이다.
ira fugæ. 도주(逃走)로 인한 분통(憤痛)
Ira furor brevis est(Horatius). 분노란 짤막한(잠깐의) 광기다.
Ira impotens sui est, decoris oblita, necessitudinum immemor.(Seneca). 분노라는 것은 자기에 대한 무력함이요 체면의 망각이자 정작 필요한 것이 무엇인지 생각지 않음이다.
ira magna deum. 신들의 엄청난 분노,
vel quæ portenderet ira magna deum vel quæ fatorum posceret ordo. 신들의 엄청난 분노가 예고하는 바가 무엇인지 운명의 질서가 요청하는 바가 무엇인지. (성 염 지음. 사랑만이 진리를 깨닫게 한다. p.404).
ira prorsus in navem. 배 있는 데로 곧장 가다
ira supra modum. 정도에 지나친 분노(忿怒)
iracúndĭa, -æ, f. iracúndus) 성 잘 내는 기질, 울화(통), 분노(忿怒), 골(禍), 격노(激怒), 격정(激情-격렬한 감정).
in naves iracúndiam erumpo. (나포한) 배들에 대해 분풀이를 하다/
Iracundiæ tempus non reservare. 원한을 오래 품어 두지 마라(성 베네딕도 수도규칙)/
Iracundiam qui vincit, hostem superat maximum. 분노를 참는 사람은 가장 큰 적을 이기는 것이다/
Pópulum tuum, quǽsumus, Dómine, propítius réspice: atque ab eo flagella tuæ iracúndiæ cleménter avérte. 주님 비오니, 당신 백성들을 인자로이 굽어보시어, 그들로 하여금 주님 진노의 편태를 은혜로이 면하게 하소서/
Réprime iracúndiam atpue ad te redi. 분노(忿怒)를 누르고 냉정해져라/
tenére iracúndiam. 분노(忿怒)를 참다.
iracundia merita. 당연한 분노(忿怒)
iracúndus, -a, -um, adj. (ira) 화(성) 잘 내는, 노염 잘 타는, 화가 난, 성급한, 격렬한.
In naturis hominum dissimilitudines sunt, ut alii iracundi aut crudeles aut superbi sint, alii a talibus vitiis abhorreant. 사람들의 성격에는 차이가 있어서, 어떤 사람들은 화를 잘 내거나 잔인하거나 오만한 반면, 어떤 이들은 그러한 악덕을 혐오한다[성 염 지음. 고전 라틴어, p.308]/
Vir iracundus provocat rixas; et, qui ad indignandum facilis est, erit ad peccandum proclivior. ([영] An ill-tempered man stirs up disputes, and a hotheaded man is the cause of many sins) 화를 잘 내는

사람은 싸움을 일으키고 성을 잘 내는 자는 죄를 많이 짓는다(성경 잠언 15, 18)/화를 잘 내면 말썽을 일으키고 골을 잘 내면 실수가 많다(공동번역 잠언 15, 18)/
Vir iracundus provocat rixas; qui patiens est, mitigat lites. (avnh.r qumw,dhj paraskeua,zei ma,caj makro,qumoj de. kai. th.n me,llousan kataprau<nei) ([영] An ill-tempered man stirs up strife, but a patient man allays discord)
성을 잘 내는 사람은 싸움을 일으키고 분노에 더딘 이는 다툼을 가라앉힌다(성경)/성급한 사람은 말썽을 일으키고 마음에 여유 있는 사람은 싸움을 말린다(공동번역 잠언 15, 18).

irascíbĭlis, -e, adj. 화(성) 잘 내는, 성미 급한.
potentia irascible. 도전적 힘(가톨릭 신학과 사상, 제 61호, p.132).

Irascimini, 원형 iráscor, irátus sum, irasci, dep., intr.
[명령법. 수동형 현재 단수 2인칭 irascere, 복수 2인칭 irascimini].

Irascimini, et nolite peccare. 화가 나더라도 죄는 짓지 마라.

Irascimini et nolite peccare; sol non occidat super iracundiam vestram. (ovrgi,zesqe kai. mh. a`marta,nete\ o` h[lioj mh. evpidue,tw evpi. Îtw/| Ðparorgismw/| u`mw/n)([영] Be angry but do not sin; do not let the sun set on your anger)
화가 나더라도 죄는 짓지 마십시오." 해가 질 때까지 노여움을 품고 있지 마십시오(성경)/화나는 일이 있더라도 죄를 짓지 마십시오. 해질 때까지 화를 풀지 않으면 안 됩니다.(공동번역)/화는 내더라도 죄는 짓지 마시오. 여러분이 화낸 채 (하루) 해가 지지 않도록 하고.(200주년 신약 에페 4, 26).

irascáris, 원형 iráscor, (-ĕris, -ĭtur), irátus sum, irasci,
[접속법 현재. 단수 1인칭 irascor, 2인칭 **irascaris**, 3인칭 irascatur, 복수 1인칭 irascamur, 2인칭 irascamini, 3인칭 irascantur].

iráscor, (-ĕris, -ĭtur), irátus sum, irasci, dep., intr. (ira)
분노(忿怒)하다(זעם.זעף), 격분(激忿)하다, 분통 터뜨리다, 성(골.화) 내다, 노하다.
Cives irati armis privaverunt Antonii milites. 시민들은 분노하여 안토니우스의 군사들에게서 무기를 빼앗았다/
Epaminondas patiens fuit injuriarum civium, quod se patriæ irasci nefas esse ducebant. 에파미논다스는 시민들이 가하는 불의를 참아내었다. 왜냐하면 조국에 대하여 분노하는 것이 불가하다고 여기고 있었기 때문이다.
[**Epaminondas**(ca.418~362 B.C.) 참조. 성 염 지음. 고전 라틴어, p.395]/
Iam omitto iratus est. 내 화는 벌써 가라앉았어!/
Iocis temperatis delectamus, immodicis irascimur. 우리는 절도 있는 농담은 재미있어 하지만 도에 지나친 것에는 화를 낸다(Seneca)/
Magna pars hominum est quæ non peccatis irascitur, sed peccantibus. 사람들 대부분은 죄악에 분노하지 않고 죄인들에게 분노(忿怒)한다/
Mater iráta est mihi, quia non redierim domum. 내가 집으로 돌아오지 않았다고 해서 어머니는 내게 화내셨다.
(iráta는 과거분사이기는 하나 여기에서는 "화가 나 있는" 하나의 상태를 표시하는 것이므로, iráta est의 시칭을 현재 상태로 보아, 시칭 관계에서 속문에 접속법 단순과거를 쓴 것이다. 이와 같이 과거분사는 가끔 어떤 일이 과거에 생기기는 하였으나, 그 결과로서의 상태는 아직 계속되고 있음을 표시하기도 하는 것이다. 허창덕 지음, 문장론, p.312)
Non quæres ultionem nec irasceris civibus tuis(레위 19, 18) 너희는 동포에게 앙갚음하거나 앙심을 품어서는 안 된다/
Putasne bene irasceris tu?. 네가 화를 내는 것이 옳으냐?(성경 요나 4, 4).
Putasne bene irasceris tu super hedera?(성경 요나 4, 9). 아주까리 때문에 네가 화를 내는 것이 옳으냐?
Bene irascor ego usque ad mortem(요나 4, 9). 옳다 뿐입니까? 화가 나서 죽을 지경입니다(성경 요나 4, 9). 어찌 화가 나지 않겠습니까? 화가 나서 죽겠습니다(공동번역).

irátus, -a, -um, p.p., a.p. (iráscor)
노한, 화가 난, 성(골) 난, 분이 치민, 격분한.
reddo *alqm* irátum. 누구를 화내게 만들다/
suppetias ire. 도우러 가다/
Verba tua me reddunt irátum. 네 말은 나를 화나게 한다.

ire, "eo"의 부정법 현재,
cupiditáti obviam ire. 탐욕적으로 싸우다/
eátur. 가야 한다 / eúndum est. 가야 한다/
ibátur. 가고 있었다.
infitias ire. 부정(부인)하다, 인정치 않다/
itum est. 갔다 / itur. 간다/
suppétias. ire. 도우러 가다.

ire ad quietem. 자러 가다

Ire agmine ad Urbem. 수도를 향하여 행진하다

ire interdum consisto 가다가 이따금 멈춰서다

Ire longam viam. 먼 길을 가다.
(ire 동사는 본시 자동사이지만, 타동사처럼 대격을 지배하기도 한다).

Ire nolunt. 그들은 가고 싶어 하지 않는다.
[malo, nolo, volo는 그 의미를 완성키 위해 부정사를 사용하며, 대격 부정법문을 주로 지배한다. 성 염 지음, 고전 라틴어, p.332]/

ire, quo saturi solent. 뒤보러 가다

irem, "eo"의 접속법 단수 1인칭 미완료

iremus, "eo"의 접속법 복수 1인칭 미완료

irent, "eo"의 접속법 복수 3인칭 미완료

ires, "eo"의 접속법 단수 2인칭 미완료

iret, "eo"의 접속법 단수 3인칭 미완료

iretis, "eo"의 접속법 복수 2인칭 미완료

irenárcha(-es), -æ, m. 경찰관, 치안관, 보안관

irenica, -æ, f. ([영] irenic.그리스어 Eirenika) 화해(和解).
[신학 논쟁(Polemic)의 반대. 그리스 신화 평화의 여신 Irene에서 이 말이 생겼다. 종파 간 토론이나 공개적인 논쟁을 통해서가 아니라 서로 화합과 이해의 방법을 통해 평화를 유지하려는 교회 화합 운동을 Ireicism(화해 신학)이라고 한다. 화해 신학 다음에 나타난 것이 19세기의 신조비교학(Symbolica)이다.
백민관 신부 엮음, 백과사전 2, p.367].

irícŏlor, -óris, adj. (iris+color) 무지갯빛의

iris[1] -is(-ĭdis), f. 무지개. (解) 눈알의 홍채(紅彩). ((解)) (안구의) 홍채(紅彩). (植) 붓꽃과의 식물.

iris coreána. (植) 노랑붓꽃

iris ensáta. (植) 꽃창포(붓꽃과의 다년초)

Iris[2] -is(-ĭdis), f. 무지개의 여신(女神), 신들의 사자

irn… V. hirn…

ironía, -æ, f. 반어법(反語法), 빈정댐, 비꼬기, 빗댐, 풍자(諷刺-무엇에 빗대어 재치 있게 깨우치거나 비판함).

ironia Socratica. 소크라테스의 역설

irónĭcus, -a, -um, adj.
반어의, 반어적인, 풍자의, 비꼬는, 빈정대는.

irpex, -pĭcis, m. (=**urpex**) 쇠스랑
(쇠로 서너 개의 발을 만들어 자루를 박은 갈퀴 모양의 농구農具)

irradiátĭo, -ónis, f. (irrádio) 빛을 방사(放射) 함, 조사(照射), 조명, 빛살을 보냄, 광선(radius, -i, m.), 방열(放熱), 열의 방산(放散).
De lucis effectu et irradiátĭone. 빛의 작용과 방사에 관하여.

irradio, -ávi, -átum, -áre, tr., intr. (in[1]+rádius)
조명하다, 비추다(זהר.נהר), 빛살을 보내다, 빛을 발산하다, 빛나다. …에게 지식의 광명을 주다, 계몽(지식수준이 낮거나 인습에 젖은 사람을 가르쳐서 깨우침)하다.

irrásus, -a, -um, p.p. [in[2]+rado] (털 따위를) 깎지 않은

irrationábĭlis, -e, adj. (in[2]+) 이성이 없는, 불합리한, 비합리적인, 이치에 맞지 않는, 무리한.
adv. **irrationabílĭter**,
irrátĭonabile est. 불합리하다.

irrationabílĭtas, -átis, f. (irrationábĭlis) 불합리성, 비합리성

irrationális, -e, adj. (in[2]+)
이성이 없는, 도리를 모르는, 무분별한.

irrationalis creatura. 비이성적 피조물

irrationalísmus, -i, m. (哲.神) 비합리주의

irraucésco, -ráusi, -ĕre, intr., inch. (in[1]+ raucus)
목소리가 쉬다.

irrecitabílĭter, adv. (in[2]+récito)
말로 다할 수 없게, 형언할 수 없도록.

irrecuperábĭlis, -e, adj. (in[2]+ recúpero)
회복할 수 없는, 물릴 수 없는.

irredívĭvus, -a, -um, adj.
다시 살아날 수 없는, 회생(소생) 불능한.

irreformábĭlis, -e, adj. (in[2]+)
개혁할 수 없는, 개정할 수 없는.

irrefragábĭlis, -e, adj. (in[2]+refrágor)
논박할 수 없는, 논쟁의 여지가 없는.

irrefutábĭlis, -e, adj. (in[2]+) 논박(반박)할 수 없는

irregressíbĭlis, -e, adj. (in[2]+régredi) 다시 돌아올 수 없는.

irreguláris, -e, adj. (in²+) **불규칙한**, 변칙의, 파격적인, 비정상적(非正常的)인, 무질서한, 결격(缺格)의.

irreguláritas, -átis, f. (irreguláris) 불규칙(不規則), 변칙(變則), 파격(破格-일정한 격식을 깨뜨림), 반칙(反則), 무질서(無秩序), (가톨릭) 수품 부적격(수품 장애), 무자격, 서품 장애(서품 부적격), 수품장애(수품 부적격).
De irregularitatibus et impedimentis canonicis sacrorum ordinum. 교회법상 수품 결격사유와 수품 장애(Lyon, 1656년).

irregularitas ex deféctu. 결함(缺陷)에 의한 결격(缺格)

irregularitas ex delícto. 범죄에 의한 결격(缺格)

irreligátus, -a, -um, adj. (in²+réligo¹) 묶지 않은, 매지 않은.

irrelígĭo, -ónis, f. (in²+) 무종교, 무신앙, 반종교, 불경(不敬.ασεβεια.⑨ Irreligion)(C.C.K.)

irreligiósĭtas, -átis, f. 무종교, 무신앙, 불경건(不敬虔), 반종교적인 것, 불경(不敬.ασεβεια.⑨ Irreligion), 불충, 불효(不孝).

irreligiósus, -a, -um, adj. (in²+) 무종교의, 종교심 없는, 신앙심 없는, 반종교적인, 신을 모독하는, 불경한.

irremeábĭlis, -e, adj. (in²+) 돌아오지 못하는, 통행할 수 없는

irremediábĭlis, -e, adj. (in²+) 불치의, 고질의.

irremissíbĭlis, -e, adj. (in²+) 용서될 수 없는, 사(赦) 해지지 못할.

irremíssus, -a, -um, p.p., a.p. (in²+remítto) 늦추어지지 않은, 사(赦) 해지지 않은.

irremunerábĭlis, -e, adj. (in²+) 갚을 수 없는, 보상될 수 없는

irremunerátus, -a, -um, adj. (in²+remúnero) 보상(報償) 없는, 보수(報酬) 없는, 무상의.

irreparábĭlis, -e, adj. (in²+réparo) 수선할 수 없는, 회복할 수 없는, 다시 돌이킬 수 없는, 보상할 길 없는.
De re irreparabile ne doleas.
돌이킬 수 없는 것에 대해 슬퍼하지 말라/
Fugit irreparabile tempus.
시간은 회복할 수 없게 지나간다(fugio 참조).

irrepértus, -a, -um, adj. (in²+repério) 발견하지 못한, 찾아내지 못한.

irreplétus, -a, -um, adj. (in²+) 만족치 못한

irrépo, -répsi, -réptum, -ĕre, intr., inch. (in¹+) 기어 들어간다(오다), 포복하다, 슬그머니 끼어들다, 굴러 들어오다, 스며들다, 모르는 사이에 빠져들다.

irreposcíbĭlis, -e, adj. (in²+repósco) 청구할 수 없는

irreprehensíbĭlis, -e, adj. (in²+reprehéndo) 나무랄 데 없는, 비난할 수 없는, 죄과(罪過) 없는.

irreprehénsus, -a, -um, adj. (in²+reprehéndo) 나무랄 데 없는, 결점 없는, 하자 없는, 책잡히지 않은.

irrepsi, "irrépo"의 단순과거(pf.=perfectum)

irréptĭo, -ónis, f. (irrépo) 슬그머니 기어 들어감(옴)

irrépto, -áre, intr., tr. (irrépo) 몰래 기어들다, 둘러 묶다, 포위하다.

irreptum, "irrépo"의 목적분사(sup.=supínum)

irrequiétus, -a, -um, adj. (in²+) 쉴 새 없는, 쉬지 않는

irreséctus, -a, -um, adj. (in²+réseco) 잘리지 않은

irresolúbĭlis, -e, adj. (in²+) 풀 수 없는, 해결할 수 없는, 알아낼 수 없는.

irresolútus, -a, -um, adj. (in²+resólvo) 풀리지 않은, 늦추어지지 않은.

irrétĭo, -ívi(ii), -ítum, -íre, tr. (in¹+rete) 그물질하다, 그물(올가미)에 걸리게 하다, 덫으로 잡다, 옭(아 매)다, 걸려들게 하다, 유혹(誘惑)하다.

irretórtus, -a, -um, adj. (in²+retórqueo) 비틀리지 않은, 비뚤어지지 않은.

irretractábĭlis, -e, adj. (in²+retrácto) 철회할 수 없는

irrévĕrens, -éntis, adj. (in²+revéreor) 불경의

irreveréntĕr, adv., 무례하게

irreveréntĭa, -æ, f. (irrréverens) 불경(不敬.ασεβεια.⑨ Irreligion), 무례(無禮).

irrevocábĭlis, -e, adj. (in²+révoco) 돌이킬 수 없는, 철회하지 못할, 화해할 수 없는.

Semel emissum volat irrevocabile verbum.(Publilius Syrus).
한 번 발설한 말은 돌이킬 수 없게 날아가 버린다.

irrevocátus, -a, -um, adj. (in²+révoco) 소환되지 않은, 돌이키지 못한, 철회되지 않은.

irrídĕo, -rísi -rísum -ére, intr., tr. …에 대해서 웃다. (무엇을) 보고 있다, **비웃다**, 조소하다, 조롱하다(גחל).

irridícŭle, adv. (in²+ridiculus) 우습지도 않게, 재미없이, 유머(⑨ humor) 없이.

irridícŭlum, -i, n. (irrrídeo) 웃음거리, 조소거리

írrigátĭo, -ónis, f. (írrigo) 물 줌, 물댐, 물 뿌림. 관개(灌漑-물을 인공적으로 경지에 공급하는 작업).

irrigátor, -óris, m. (írrigo) 물주는 사람, 관개자(灌漑者)

írrĭgo, -ávi, -átum, -áre, tr. (in¹+) 관개하다, (어디에) 물을 대다(끌다), (어디에) 물을 넘치게 하다, 물을 뿌리다, 적시다, 젖어들게 하다, 스며들(게 하)다.
Ægýptum Nilus írrigat.
Ægýptus는 Nilus 강에 의해 관개(灌漑)된다/
aquqm irrigo in alqd. 무엇에 물을 끌어대다/
lrrĭgat terram cruor. 피가 땅을 적시고 있다.

irrígŭus, -a, -um, adj. (írrigo) 관개의, 물대는, 물이 나는, 잘 적시는, 젖은, 젖어든, 물이 충분한, 흠씬 쏟아진.

irrísi, "irrídeo"의 단순과거(pf.=perfectum)

irrisíbĭlis, -e, adj. (irrídeo) 비웃을만한, 가소로운

irrísĭo, -ónis, f. (irrídeo)
비웃음, 조소(嘲笑-비웃음), 경멸(輕蔑-남을 깔보고 업신여김).

irrísor, -óris, m. (irrídeo)
비웃는 사람, 조소자(嘲笑者), 경멸자(輕蔑者).

irrisórĭus, -a, -um, adj. (irrídeo) 비웃음의, 조소의

irrísum, "irrideo"의 목적분사(sup.=supínum)

irrísus, -us, m. (irrídeo) 비웃음, 조소(비웃음), 조롱.
irrísui esse. 비웃음거리가 되다.

irritábĭlis, -e, adj. (irríto¹) 화 잘 내는, 성급한, 민감한, 흥분하기 쉬운, 예민한.
genus irritábile vatum.
민감하여 흥분하기 쉬운 시인(문인) 족속.

irritabílĭtas, -átis, f. (irritábilis) 화 잘 냄, 성급함, (자극에 대한) 감수성, 흥분(興奮.⑨ excitation).

irritámen, -mĭnis, (irritaméntum, -i. n. (irríto¹) 자극물(刺戟物), 자극제(刺戟劑), 흥분제(興奮劑).

irritaméntum, -i, (irritámen, -mĭnis.)

irritátĭo¹ -ónis, f. (irríto¹) 자극(刺戟), 충동(衝動), 흥분시킴, 안달(초조) 하게 함, 격앙시킴, 분발시킴.

irritátĭo² -ónis, f. (irríto⁰) 무효화(無效化), 무효선언

irritátĭo ferendæ senténtiæ. 판결에 의한 무효

irritátĭo latæ senténtiæ. 자동적 무효

irritatívus, -a, -um, adj. (irríto¹) 자극하는, 자극성의.
Colloquium irritativum. 화를 부른 회담.

irritátor, -óris, m. (irritátrix, -ícis, f.) (irríto¹)
자극자(刺戟者), 분발시키는 사람.

irritátus, -a, -um, p.p., a.p. (irríto¹) 화난, 자극된, 흥분한

irríto¹ -ávi, -átum, -áre, tr. 화나게 하다, 안달하게 하다, 초조하게 하다, 자극하다, 흥분시키다, 분발시키다.

írrĭto² -áre, tr. (írritus) 무효로 만들다

írrĭtum, -i, n. (írritus) 무효(無效), 헛된 결과.
in irritum cádere. 수포로 돌아가다/
matrimonĭum irritum. (장애) 무효 결혼/
spes ad irritum redácta. 수포로 돌아간 희망.

írrĭtus, -a, -um, adj. (in²+ratus) **무효의**, 공허(空虛)한, 법적 가치가(효력이) 없는, 허무한, 헛된, 쓸모없는, 성공 못한, 성과(효과)를 거두지 못한, 불행한.
alqd írritum fácere. 무엇을 무효화하다/
írrito incépto. 계획이 헛되게 되어/
irritum ovum. =urinus ovum.=zephyrius ova.
무정란(無精卵), 홀 알/
rédigi victóriam ad vanum et írritum.
승리를 수포(水泡)로 돌아가게 하다/
Reluctante natúra, irritus labor est.
자연을 거슬러서 하면, 그 수고는 헛되다/

revólvi ad írritum. 수포로 돌아가다.
írrĭtus legatiónis. 사명을 다하지 못한
irrogátĭo, -ónis, f. [irrogo] (벌금 따위의) 부과(賦課)
írrŏgo, -ávi, -átum, -áre, tr. (in¹+)
법을 누구에게 적용하기를 청하다(제의하다),
(벌금이나 세금 따위를) 부과하다, 벌금(세금)을 물리다,
처벌하다, (무슨) 형에 처하다.
irrorátĭo, -ónis, f. 물 뿌리기, 살수(撒水-물을 흩어서 뿌림),
살포(撒布), 소독약 살포.
irróro, -ávi, -átum, -áre, tr. (in¹+ros) 이슬 맞히다,
이슬에 적시다, 적시다(בבל), 젖게 하다, 물을 뿌리다.
irroro liquores capiti. 머리에 향수를 뿌리다.
intr. 방울져 떨어지다(חזר,חזר).
Lácrimæ irrórant fóliis. 눈물이 책상 위에 뚝뚝 떨어진다.
írrŏto, -ávi, -átum, -áre, tr. (in¹+) 굴러가게 하다
irrubésco, -bŭi -ĕre, inch., intr. (in¹+)
빨개지다, 붉어지다(דהם,סמק).
irrúcto, -áre, tr. (in¹+) 자주 트림하다
irrúfo, -ávi, -átum, -áre, tr. (in¹+rufus) 갈색으로 만들다
irrugátĭo, -ónis, f. (irrúgo) 주름 잡힘
irrúgĭo, -ívi(ĭi), -ítum, -íre, tr. (in¹+)
크게 소리 지르다, 울부짖다
irrúgo, -áre, tr. (in¹+ruga) 주름 잡히게(짓게)하다
irrumátĭo, -ónis, f. (írrumo) 젖 먹임
írrŭmo, -ávi, -átum, -áre, tr. (in¹+ruma) 젖먹이다
irrúmpo, -rúpi -rúptum -ĕre, intr., tr. (in¹+)
돌입하다, **돌진하다,** 쇄도(殺到)하다, **밀려닥치다,**
덮치다, 엄습하다, 침입(침략)하다, 습격하다,
쳐들어가다. refl. **irrumpo se.** 쏜살같이 달려가다.
írrŭo, -rŭi -ĕre, intr. (in¹) **돌진해 들어가다,**
맹렬한 기세로 뛰어들다, 달려(덤벼)들다, 난입하다,
침범하다, 침입(침략)하다, 돌격(突擊)하다.
(tr.) refl. **se irruo.** 뛰어들다, 끼어들다.
irrúpi, "irrúmpo"의 단순과거(pf.=perfectum)
irrúptĭo, -ónis, f. (irrúmpo) 돌입(突入), 침입(侵入),
난입(亂入), 침략(侵略), 습격(襲擊).
irruptum, "irrúmpo"의 목적분사(sup.=supínum)
irrúptus, -a, -um, p.p., a.p. (in²+rumpo)
끊어지지 않은, 중단되지 않은.
Irus, -i, m.
Ithăca섬의 Ulíxes의 집에 있던 거지 Arnœus의 별명.
is, ea, id, pron., demonstr. [sg. gen. ejus: dat. ei; pl.
dat., abl. eis, iis.] 1. [단독으로 3인칭의 대명사]
그, 그 사람(여자), **그것.** 2. [드물게는 1, 2인칭을 지시
하는 수도 있음] Hæc ómnia is feci. 이 모든 것을 내가
했다. 3. [드물게는 재귀대명사처럼도 쓰임] Helvétii
persuádent *alíquibus*, ut cum iis proficiscántur. *Helvétia*인
들은 그들에게 자기들과 함께 출발할 것을 설득시키고
있다. 4. 그, 이: is rex. 그 임금/ ea res. 그 일. 5. [이미
나온 말에 대해서 et, atque, -que 따위 접속사와 함께
부가적 설명.강조.한정 따위 표시] 그것도, 그나마도:
cum unā legióne, eáque vacillánte. 1개 군단 그것도 비틀
거리는 군단과 함께/ Eos laudo, idque mérito. 나는 그들
을 칭찬한다. 그것도 의당 칭찬할 만해서 하는 것이다.
6. [이미 열거한 것을 총괄적으로 표시하기도 하고, 다음에
나올 말(문장) 전체를 명시하기도 함] Idem velle atque
idem nolle, ea demum firma amicítia est. 같은 것을 원
하고 같은 것을 싫어하는 그것이야말로 확고한 우정이다.
7. [관계대명사의 선행사] 사람, 자(者), 것; 그(그런)
사람(여자.것): id, quod sentit. 그가 느끼는 것.
8. [결과문, 결과 관계문 앞에] 그러한: Matris ea
crudélitas est, ut(eam) nemo matrem appelláre possit.
그 어머니의 잔인함은 아무도 그를 어머니라고 부를
수 없는 그러한 것이다/ Neque tu is es, qui …
néscias. 너는 …모를 그런 사람도 아니다.
9. [**id**의 특수용법] (1) id est(idest)略:ie] 즉, 다시 말하면.
(2) [명사의 gen.를 동반하면서 정도.분량.제한.
상태 따위 표시] 그(이), 그러한(이러한): in id loci.

그 자리로/ id vírium. 그 정도의 세력/ hómines id
ætátis. 이(그) 나이의 사람들. (3) in eo est, ut c.subj.
바야흐로 …려 한다, …이런 정도에(여기까지) 이르렀다.
De iis haud licet bonis disputari.(⑨) These values are
not negotiable) 이러한 가치들은 타협할 수 없는 것입니다.

	단 수			복 수		
	m.	f.	n.	m.	f.	n.
Nom.	is	ea	id	ii	eæ	ea
Gen.	ejus	ejus	ejus	eórum	eárum	eórum
Dat.	ei	ei	ei	iis(eis)	iis(eis)	iis(eis)
Acc.	eum	eam	id	eos	eas	ea
Abl.	eo	eâ	eo	iis(eis)	iis(eis)	iis(eis)

•is, ea, id는 지시대명사로서 특히 3인칭 대명사로서 쓰인다.
지시형용사로서의 의미는 약하다.
Eum video. 나는 그를 본다.
Eas video. 나는 그 여자들을 본다.
Eis dant aquam puellæ. 소녀들이 그들에게 물을 준다.
Cum ea vivit poeta. 시인은 그녀와 함께 산다.
(한동일 지음, 카르페 라틴어 1권, p.127)

Is est qui Romam venit. 그는 로마에 온 사람이다.
[Is est qui… …하는 사람이 있다. 같은 관용구들은 특정한 인물을 지적하지 않고
의미상 결과문의 성격을 띠고 있어서 접속법을 쓴 부사적 관계문을 유도한다.]
Is est qui nihil timeat. 그는 아무것도 두려워 않을 사람이다.
Is fecit cui prodest.
이 사람이 행했다. 그것이 그에게 유용하다.
Is nostra unitas est.(⑨ He is our unity)
그분은 우리의 일치이십니다.
Is omnia docétur. 그는 모든 것을 교육받고 있다
Is pater est quem nuptiæ demonstrant.
적법한 결혼이 아버지라는 것을 보여준다.
Is patriæ eum recordávit.
그가 이 사람에게 조국을 기억(記憶)하게 했다.
Is, qui non defendit injuriam, cum potest, injuste facit.
불의를 막을 수 있을 때 막지 않는 자는 불의를 행하는 것이다.
Isaac. (히브리어) 이사악, 구약의 인물이다.
[아브라함과 사라의 외아들. 그의 이름은 '웃다' 또는 '미소 짓다'라는 뜻을 지닌
히브리어에서 유래하였는데 이는 사라가 늙은 나이에 아기를 낳을 수 있다는
말을 듣고 웃었다는 이야기에서 비롯된 것이다. 하느님은 아브라함에게 그가
많은 후손을 갖게 될 것이며 그 후손들은 팔레스티나 땅을 물려받게 될 것이라고
약속하였다(창세 12:7, 13:14~17, 15:18~21). 그러나 사라가 너무 늙었기 때문에
아기를 낳는 것은 불가능해 보였다. 그래서 사라는 아브라함으로 하여금 사라의
하녀 아가와의 사이에서 아기를 낳도록 하였다. 그러나 이렇게 해서 태어난
이스마엘은 하느님이 약속한 아들이 아니었다. 이사악이야말로 믿음의 자식이며
그를 통해서 하느님의 언약이 실현되었다(창세 17:15~19, 로마 9:7).
하느님이 아브라함에게 이사악을 제물로 바칠 것을 요구한 것은 아브라함의
믿음을 시험하기 위한 것이었다(창세 22:1~18). 이사악이 그의 아버지에 의해
죽음 직전에까지 이르고 하느님에 의해 목숨을 건짐을 신학자들은 예수의 희생과
부활을 상징하는 것으로 해석하고 있다. 이사악이 가나안의 여인과 결혼할 경우
아브라함의 혈통이 더럽혀지게 되므로 아브라함은 그의 고향인 메소포타미아의 처녀
레베카가 이사악의 아내로 선택되는데(창세 24:1~67), 이 둘 사이에서
에사오와 야곱이 태어난다.]
Vos autem, fratres, secundum Isaac promissionis filii
estis. 형제 여러분, 여러분은 이사악과 같이
약속의 자녀입니다(성경 갈라 4, 28).
isagóga, -æ, f. = isagoge, -es, f.
isagóge(=isagóga, -æ,) -es, f.
(학문.예술 분야에 대한) 입문, 안내, 서론.
isagógĭcus, -a, -um, adj. (isagóge)
서론적인, (특히 성서의 연력을) 안내하는.
Isaias, -æ, m. (히브리어 Isaiah) 이사야('구원하시는 야훼' 뜻).
Apocryphum Isaiæ. 이사야의 승천(초대교회 외경).
Isaias hesterna die lectus est.
어제 우리는 이사야서를 읽었습니다.
ísātis, -tĭdis, f. (植) 대청(大靑)
ischæmĭa, -æ, f. (醫) 국부(국소) 빈혈.
(anæmia, -æ, f. (醫) 빈혈)
íschĭas, -ădis, f. (醫) 요통(腰痛-"허리가 아픈 증세"를 통틀어
이르는 말. 허리앓이), 좌골신경통.
adj. ischiádĭcus, -a, -um, 요통의, 좌골의, 좌골 신경통의.
ischiocavernósus, -a, -um, adj. (醫) 좌골해면체의
ischúrĭa, -æ, f. (醫) 요폐(尿閉-하초에 열이 생겨 오줌이
잘 나오지 않는 방광병膀胱病), 소변불통.
iselástĭcus, -a, -um, adj. 승리자의 입장에 관한,

648

승리 행진의. n. 경기 승리자의 상.(賞)
Isis, -is(ĭdis), f. (이집트의) 풍요의 여신(女神)
isœtaceæ, -árum, f., pl. (植) 물부추科 식물
Isopyrum mandshuricum Kom. (植) 만주바람꽃.
(植-1970년 초 천마산 부근에서 "전의식" 발견).
Isopyrum raddeanum Maxim. (植) 나도 바람꽃
Israël, indecl. 이스라엘('하느님의 통치').
Duodecim tribus Israël. 이스라엘 12지파/
Quæ ratio fecerit ut Jacob etiam Israel cognominaretur.
야곱이 이스라엘이라는 이름을 받게 된 연유는
무엇인가.(교부문헌 총서 17, 신국론. p.2804)/
Regnum Israël. 이스라엘 왕국.
Israël electus meus, adsumpsit eum anima mea.
이스라엘은 내가 뽑은 자 나의 영혼이 그를 받아 주리라.
Israël es tu Rex, Davidis et inclita proles:
Nomine qui in Domini, Rex benedicte, venis.
이스라엘 임금이요, 다윗 임금의 후예시로다.
주님의 이름으로 오시는 복되신 임금님, 오소서.
Israëlitæ, -arum, f., pl. 이스라엘 민족
(팔레스티나를 중심으로 살아온 여러 민족을 이스라엘 민족이라고 한다…. 백민관 신부 엮음, 백과사전 2, p.379)
issem, "eo"의 접속법 단수 1인칭 과거완료
issemus, "eo"의 접속법 복수 1인칭 과거완료
issent, "eo"의 접속법 복수 3인칭 과거완료
isses, "eo"의 접속법 단수 2인칭 과거완료
isset, "eo"의 접속법 단수 3인칭 과거완료
issetis, "eo"의 접속법 복수 2인칭 과거완료
Ista confessio firmat cor, et facit dilectionis
fundamentum. 이런 고백이 마음을 든든하게 하고,
사랑의 기초를 놓아줍니다.(최익철 신부 옮김, 요한 서간 강해, p.343).
Ista delectatio manet. Non solum manet quo venias,
sed etiam revocat fugientem. 이 쾌락은 머물러 있습니다.
쾌락은 그대가 오기까지 머물러 있을 뿐 아니라, 피해
가는 사람마저 불러 댑니다.(최익철 신부 옮김, 요한 서간 강해, p.449).
Ista est tua culpa. 그것은 네 탓이다.
Ista quidem vis est. 그것은 정말 폭력이다.
Ista sunt in mundo, Deus illa fecit.
세상 안에 있는 이런 것들은 하느님이 만드셨다.
istác, adv. (iste) 저곳을 거쳐, 그리로(저리로) 해서, 저편으로
istáctĕnus, adv. 거기까지, 그 정도까지
istæc, f. (istic¹)
Istæc in me cudetur faba. 하늘보고 침 뱉기
(도리깨질한 콩이 나한테로 튀어 올 거다).
Istam debeo ducere in oppidum.
나는 저 여자를 읍내로 데려가야 한다.
iste, -a, -ud, pron., demonstr. (is+te)
1. 저(이) 사람(여자), 저것, 이것; 저, 이, 그.
2. (가끔 경멸의 뜻이 있음) 저(그) 놈(의), 이따위,
그까짓, iste. 그 작자. 3. [때로는 말의 강세를
나타냄] 이러한, 그러한, 이렇게(그렇게) 큰,
Priúsquam ictam pugnam pugnábo, ego étiam prius
dabo áliam pugnam claram. 나는 그 싸움을 맞싸우기
전에 내가 먼저 본때 있는 일격(一擊)을 가하겠다.
(주문의 시청이 미래인 경우 속문에도 미래 또는 현재를 쓰는 수가 있다).

	단 수			복 수		
	m.	f.	n.	m.	f.	n.
Nom.	iste	ista	istud	isti	istæ	ista
Gen.	istíus	istíus	istíus	istórum	istárum	istórum
Dat.	isti	isti	isti	istis	istis	istis
Acc.	istum	istam	istud	istos	istas	istis
Abl.	isto	istã	isto	istis	istis	istis

(한동일 지음, 카르페 라틴어 1권, p.123.)
Iste Christus sperabatur venturus a populo Iudæorum;
et quia humilis venit, non est agnitus.
유대 백성이 이 그리스도께서 오시기를 기다리고 있었
습니다. 그러나 비천한 모습으로 오셨기 때문에 알아
뵙지 못했습니다.(최익철 신부 옮김, 요한 서간 강해, p.163).
Iste est splendius nauta. 그는 유명한 선원이다
Iste finis: ibi perpetua laudatio, ibi semper Alleluia

sine defectu. 이것이 끝입니다. 거기에는 완전한 찬미가
있고, 쉼 없는 알렐루야가 있을 것입니다.
(최익철 신부 옮김, 요한 서간 강해, p.447).
Iste hic haud multo post, credo, aderit.
내 생각에는 그가 오래지 않아 여기에 나타날 것 같다.
Iste puer flére solet. 저 애는 울기를 잘 한다
Iste servus sapit hircum ab ális.
저놈의 종(하인) 겨드랑이에서 암내가 난다.
Iste vir est malus et modus vivendi est turpis.
저 작자는 못된 사람이요 저작자의 살아가는 방식이 추접하다.
Iste vir imperio ducis celeriter functus est.
저 작자는 장군의 통수권을 재빨리도 휘둘렀다.
isthic, -æc, -uc, = **istic -æc, -uc,**
isti, "eo"의 직설법 현재완료 단수 2인칭
isti, adv. (iste) 저기에, 여기에
Isti proditóres debent cápite damnári.
이따위 매국노들은 마땅히 사형을 받아야 한다.
(iste, ista, istud 지시대명사는 지시하는 뜻 외에 "이따위, 그까짓"과 같은 경멸의 뜻도 있다. 허창덕 지음, 중급 라틴어, p.72).
Isti servi in oppidum festinabunt.
그 종들은 마을로 서둘러 갈 것이다.
istic¹ -æc, -oc(uc), pron. = **iste, -a, -ud**
istic² (isthic), adv. 저기에, 여기에, 이 일(점)에 있어서
istim(istinc, isthinc) adv. (iste+hinc)
거기서부터(ἐκείθεν), 저곳으로부터, 그것에서부터.
isthinc, adv. = **istim** = **istinc**
istinc, adv. = **isthinc, istim**
istis, "eo"의 직설법 복수 2인칭 단순과거
istiúsmŏdi, gen., qualit. (istíus+modus)
그러한, 저러한, 그 따위의, 저런 종류의.
isto, adv. (iste) 저기로, 저리로, 그리로, 그것에다, 거기에다
istoc, adv. (istic⁹) 저기로, 저리로, 그리로,
거기서부터(ἐκείθεν), 그것에서부터.
istórsum, adv. [isto+versum]
(네가 있는) 그곳으로, 그곳을 향하여.
istuc(isthnc), adv. (istic¹) 저리로, 그리로, 저곳(그곳)으로
Istum amat amica tus.
네 여자 친구는 바로 저자를 좋아하고 있다.
Istum contemnetis, necesse est.
너희는 그를 반드시 멸시(蔑視)해야만 한다.
it, "eo"의 직설법 단수 3인칭 현재
ita, adv. [원칙적으로는 동사를 수식.제한하는 부사]
1. [단언적 지시부사] 이렇게(οὗτος), 이렇듯이, 이처럼,
이토록, 이다지; 그렇게, 저렇게: Factum est ita. 그렇
게 되었다/ Ut ita dicam. 말하자면. 2. [판단] Ita esse.
그렇다, 이렇다: Ita est. 그렇다/ Non est ita. 그렇지
않다/ Ita est vita hóminum. 인생이란 이런 것이다/
Quæ cum ita sint, 일(사정) 이 이러하므로. 3. [대화
따위에서 긍정적 대답.동감 표시] Ita. 그렇다/ ita
vero(est), ita plane, ita prosus. 과연(확실히.바로)
그렇다. 4. [질문에서] Itáne(vero)? 그러냐? 정말이냐?
5. [ut, sicut, quómodo, quemádmodum, prout, véluti,
quasi, atque 따위 접속사에 대해 동등비교를 이루는
주문에서] 그렇게, 이렇게, 그와 같이, 그대로: Urbs est
ita, ut dícitur. 도시는 사람들이 말하는 그대로이다/
6. [결과문(ut)의 유도] (…할 만큼) 그 정도로,
(…할 정도로) 그만큼, 그렇게: Ita vixi, ut…. 나는 …
할 만큼 그렇게 살았다. 7. [목적 ut(ne), si의 제한.
조건 표시] …하기로(않기로), … 경우에 한해서,
…라는 조건으로: Ita admíssi sunt, ne tamen….
…않는다는 조건으로 그들의 요구가 받아 들여졌다.
8. [소원.맹세 표시: 흔히 c. subj.] 바라건대, 부디;
(어떻게 되어도) 그렇게, 맹세코: Ita váleas. 부디 잘
있어다오/ Ita incólumi Cǽsare, móriar. (맹세하거니
와) Cœsar가 무사하다면 내가 죽겠다. (라틴-한글사전. p.466).
Alii ita dicunt. 다른 이들은 이렇게 말 한다/
Hæc ita sentimus, natúra duce.(Cicero) 자연의 이치
에 따라, 우리는 이 사건을 그렇게 생각 합니다/
Non est ita, ac pótius ignorátio est.

그렇지 않고 그것은 오히려 무지(無知) 인 것이다/
Quæ cum ita sint, (=Cum hæc ita sint,)
(앞에 말한) 사정이 이렇기 때문에/
utcumque … volet, ita admovébit.
그가 원하는 것이 어떻든 간에 그는 착수할 것이다.
Ita.(=Ita est/Ita plane/Ita prorsus/Ita vero est) 그렇다.[의문문
의 문장을 반복하는 대답이 아니고, 간결한 답변이면 위와 같은 부사어를 쓴다.
Certe. 확실하다/ Perfecte. 당연하다/ Sane. 그렇고말고/ Utique. 물론이다.
부정 답변은 Minime(= Minime gentium/ Minime quidem/ Minime vero) 절대로
아니다/ Nequaquam 절대 아니다. Non. 아니다, Nullo modo. 결코 그렇지 않다.]
Ita aliqua veritas est. 그렇게 어떤 진리는 존재한다
Ita est. 그렇다 / Non est ita. 그렇지 않다
Ita est vita hominum. 인생이란 이런 것이다.
Ita fit, ut… (fio 참조) 이렇게 해서 …게 된다.
Ita fiunt omnes partes minimum octoginta et una.
이렇게 해서 모든 부분이 최소한 여든 하나가 된다.
Ita intellegere possumus diversas huius quæstionis
partes paulatim perfici. 그렇다면 우리는 한 걸음씩
문제의 실태를 살피고 있는 셈입니다.
ita magnus terram cælo maritat. 땅을 하늘에 접붙인다.
(성 염 지음, 사랑만이 진리를 깨닫게 한다. p.304)
Ita nobis placitum est, ut ea conscriberemus.
우리는 그것들을 함께 저술(著述)하기로 합의했다.
Ita nos in tempore miratos fuisse scimus et
recognoscimus. 사실 그 순간 우리가 놀랐던 것이
기억납니다.(이연학 최원오 역주. 아우구스티노의 생애. p.73).
Ita nunc pudeo. 이렇게도 지금 나는 부끄럽다
Ita plane. 그렇다
Ita rorsus. 그렇다
Ita respiratum est. 이렇게 해서 한숨 돌리게 되었다
Ita. Undas videmus. 그렇다. 우리는 파도들을 보고 있다.
Undasne videtis? 너희들은 파도들을 보고 있느냐?.
Ita valeas. 부디 잘 있어다오!(Cura ut valeas).
ita vero est. 진실로 이것이다, 그렇다.
Ita vero, Quirítes, ut precámini, evéniat!
로마 시민들이여, 너희가 축원하는 대로 그렇게 되어 지라!.
Ita vixi, ut non frustra me natum esse exístimem.
나는 내가 헛되이 출생하였던 것은 아니라고
(지금 와서) 생각할 만큼, 그렇게 살아왔다.
(결과문의 시형 관계는 일반적인 원칙도 따라가지만 결과문
내용의 논리적인 의미를 따라서 그 시칭이 결정되는 때가 있다.)
Itǎla Vetus, -æ, -těris, f. 이탈리아 역(譯) 성서.
Hierónymus 이전의 Latin역 성경.
Itálǐa, -æ, f. 이탈리아.
bellum quo Itália urebátur.(uro 참조)
이탈리아가 초토화 된 전쟁(戰爭)/
Antiquitates Italicæ Medii ævi. 중세 이탈리아의 고전집/
in Italiam versus. 이탈리아를 향하여/
Itálicæ mensæ. 이탈리아식(式) 식사/
Itálice. 이탈리아식으로, 이탈리아 말로.
Itálǐca, -ae, f. 스페인 베티카(Betica) 시(市).
Itálǐcenses, -íum, m. pl. 스페인 베티카 시의 사람들.
Itálǐci, -ōrum, m. pl. 이탈리아인, 이탈리아 동맹.
Itálǐcus, -a, -um, adj. 이탈리아의, 이탈리아식의.
이탈리아어의. 이탈리아와 동맹(관계) 맺은;
Itálus, -a, -um, adj. 이탈리아의(인)의, 이탈리아어의.
m.(f.) 이탈리아인. m. 이탈리아의 영웅.
adj., f. Itális, -ĭdis, 이탈리아 여성(의).
m., pl. Italicénses, -íum, 이탈리아 주민.
ítǎque, adv.(=et ita) 그리고 이렇게, 그래서 해서.
conj. 그래서, 따라서, 그러므로, 그 까닭에.
Fecerunt itaque civitates duas amores duo.
두 사랑이 있어 두 도성을 이룬다.
itaque ǽqui et justi hic eritis omnes arbitrii.
(관객 여러분) 모두가 이 사건의 공평하고 정당한 심판이
되어 주십시오(성 염 지음. 사랑만이 진리를 깨닫게 한다. p.454).
Itaque cives potiores quam peregrini.
그래서 동포가 외국인보다 낫다.
Itaque contra est ac dictis.
그러니까 그것은 말한 내용과 상반된다.

itaque institui animum intendere in scripturas sanctas
et videre quales essent. 하릴없이 나는 성서로 뜻을 돌려,
그 어떠함을 보기로 작정하였습니다.(고백록 3.5.9.).
Itaque nemo glorietur in hominibus.(⑨ So let no one
boast about human beings) 그러므로 아무도 인간을 두고
자랑해서는 안 됩니다.(성경 1고린 3. 21).
Itaque redítque viam. (그는) 갈 길을 왔다 갔다 한다.
(운동을 표시하는 자동사가 타동사와 같이
직접 객어를 가지는 경우를 간혹 만날 수 있다.
Ite, 원형 ĕõ°ívi(ii) ítum ire, anom., intr.
[명령법. 단수 2인칭 i, 복수 2인칭 ite].
Ite ad vos. 집으로 들 돌아가거라.
Ite in mundum universum.(⑨ Go into the whole world)
온 세상에 가라.
Ite in pace, calefacimini et saturamini.(야고 2, 13).
평안히 가서 몸을 따뜻이 녹이고 배불리 먹으시오.(성경).
Ite missa est. (미사의 마지막 말) 가십시오. 미사가 끝났습니다.
[로마 미사 전례서의 파견사 "Ite missa est"는 6~7세기경의 제1로마 예식서
Ordo Romanus I 에 처음으로 등장하였습니다. 이것은 전례문에 들어오기 전에 이미
이미 고대 로마에서 의회, 군대, 장례식 등의 공적 집회에서 흔히 쓰이는 대표적인
파견사였다. 우리말로 직역하면 "일이 끝났으나, 가라." 혹은 군대식으로 "해산"과
같은 의미이다. 이 때문에 동방전례에서는 라틴 전례를 정이 없는 것으로 여기기도
한다. 이흥기 지음. 미사전례. p.320 참조].
⑨ Go in the peace of Christ.
프 Allez, dans la paix du Christ.
獨 Gehet hin in Frieden.
크로아티아: Idite u miru.
이탈리아: La Messa è finita:andate in pace.
폴란드: Idzcie w pokoju Chrystusa).
Antiquitus "missa" significabat simpliciter "dimissionem".
Ipsa tamen in christiano usu altiorem in dies invenit
significationem. 고대에는 미사(missa)라는 단어가 단순히
'파견'을 의미하였습니다. 그러나 이 단어는 그리스도교의
관습에서 점차 더 깊은 의미를 지니게 되었습니다.
In hac salutatione nobis intellegere licet vinculum inter
Missam celebratam et christianam in mundo missionem.
이 말은 이제 막 거행한 미사와 세상에서 그리스도인들의
사명의 관계를 이해하는 데 도움이 됩니다/
Vocabulum "dimissionis" reapse mutatur in "missionem".
Hæc salutatio summatim ostendit missionalem naturam
Ecclesiæ. '파견'에 '사명'의 뜻이 더해진 것입니다.
이 짧은 몇 마디는 교회의 선교적 본질을 간명하게
표현하고 있습니다(2007.2.22. "Sacramentum Caritatis" 중에서).
ítem, adv. (ita) 마찬가지로, 그와 비슷하게,
또한, 역시(καὶ), 다시(πὰλιν), 재차(再次-거듭).
íter, itínĕris, n. (eo) 걸어 감, (어디로) 감, 길 떠남.
여행, 행진(行進), 행군(行軍), 행정(行程), 여정, 행로.
길가는 모양(상태), 길(ʼʼʼ.όδòς), 도로, 통로, 항로.
궤도(軌道), 통행권, 자유통과, 통행허가, 방법, 수단, 방편.
Cum boni nobis sint, iter celerrime faciemus.
우리에게 준마들이 있으니가 신속하게 길을 달려가리라/
discúrsis itinéribus. 길들을 우왕좌왕한 다음/
Est hoc iter longum et implicatum(⑨ This path is long
and complex) 이 길은 멀고도 복잡하다/
Et ibat per civitates et castella docens et iter faciens in
Hierosolymam. (Kai. dieporeu,eto kata. po,leij kai. kw,maj
dida,skwn kai. porei,an poiou,menoj eivj ~Ieroso,luma)⑨ He passed
through towns and villages, teaching as he went and
making his way to Jerusalem) 예수님께서는 예루살렘
으로 여행을 하시는 동안, 여러 고을과 마을을 지나며
가르치셨다(성경 루카 13, 22)/예수께서는 여러 고을과 촌락을
지나는 길에 가르치시면서 예루살렘으로 가고 계셨다(200
주년 기념 신약)/예수께서 예루살렘으로 가시는 길에 여러
동네와 마을에 들러서 가르치셨다(공동번역).
et, quod a nobis est iter, exterminium; illi autem sunt
in pace. (kai. h` avfV h`mw/n porei,a su,ntrimma oi` de, eivsin evn
eivrh,nhl) (and their going forth from us, utter destruction.
But they are in peace) 우리에게서 떠나는 것이 파멸로
여겨지지만 그들은 평화를 누리고 있다(성경 지혜 3, 3)/
우리 곁을 떠나는 것이 아주 없어져 버리는 것으로 생각

되겠지만, 의인들은 평화를 누리고 있다(공동번역)/
fessi utpote longum carpéntes iter.
기나긴 여행을 해서 지친/
habeo iter. 여행하다/
Hieme iter erit difficillimum.
겨울에는 행군이 아주 힘들 것이다/
Hoc in itinere nos comitatur Virgo beatissima. 이 여정에는 복되신 동정 마리아께서 우리와 함께 하십니다/
Hominum vita iter est. Ad quam metam? Quomodo vitæ semitam invenire possumus?.([영] Human life is a journey. Towards what destination? How do we find the way?)
인간의 삶은 여정입니다. 그 목적지는 어디입니까? 또 길은 어떻게 찾을 수 있습니까?(2007.11.30. "Spe Salvi" 중에서)/
in posterum diem iter confero.
여행 날짜를 다음날로 정하다/
insisto iter(viam) 길을 (계속) 걸어가다/
justum iter. 적정한 거리/
mensúras itínerum nosse, 길이 얼마나 먼지 알다/
Peregrinationes Itinerarium. 순례기/
Plinius in itinere, quasi solutus ceteris curis, uni studio vacabat. 플리니우스는 여행 중에, 다른 모든 근심걱정에서 놓여 난 것처럼, 한 가지 연구에만 몰두하였다/
Primam partem itineris perfecimus facilius quam extremam. 우리는 행군의 마지막 자락보다 처음 자락을 보다 쉽게 수행해냈다(성 염 지음. 고전 라틴어. p.266)./
Prætento baculo iter. 지팡이로 길을 더듬다/
Urbs distat iter unius diei. 도시는 하룻길 떨어져 있다/
Viatoribus longa itinera molesta sunt.
행인들에게 머나먼 여로들은 고달픈 것이다/
Vidéte, quoad fécerit iter, apértius.
그가 어디까지 갔는지 더 똑똑히 들 보아라.

	sg.	pl.
nom.	iter	itinera
gen.	itineris	itinerum
dat.	itineri	itineribus
acc.	iter	itinera
abl.	itinere	itineribus

(한동일 지음, 카르페 라틴어 1권, p.48)

iter ad mortem. 죽음에 이르는 여로(旅路),
사람의 삶이란 죽음에 이르는 여로(iter ad mortem) 외에 다른 것이 아니다(성 염 지음. 고전 라틴어. p.110).
Iter atque mens in textus comparatione.
([영] The process and spirit of drafting the text)
본문의 준비 과정과 그 정신.
Iter Ecclesiæ initium cepit die Pentecostes in urbe Hierosolymitana et primigenia eius evolutio in oikoumene illius temporis circum Petrum et Undecim contrahebatur. 교회의 여정은 성령 강림 날 예루살렘에서 시작되었고, 당시의 세계(oikoumene)에서 최초의 교회 확장은 베드로와 열한 사도들에게 집중되어 있었습니다.
(사도 2, 14 참조) (1995.5.25. "Ut Unum Sint" 중에서).
iter facere. 길가다, 행진하다
Iter facere non possumus quod cibus nobis deest.
우리는 식량이 없어서 여행을 할 수가 없다.(여행을 할 수 없을 정도로 우리에게는 식량이 없다. 성 염 지음. 고전 라틴어. p.307). (quod의 용법은 매우 다양하여 거의 모든 접속사를 대신할 정도이다).
iter facio. 여행하다, 길을 가다
Iter Hierosolymitanum. 예루살렘 여행
Iter pigrorum quasi sæpes spinarum, via sollertium complanata. (o`doi. avergw/n evstrwme,nai avka,nqaij ai` de. tw/n avndrei,wn tetrimme,nai) 게으름뱅이의 길은 가시밭 같지만 올곧은 이들의 앞길은 잘 닦여 있다(성경 잠언 15, 19)/
게으른 사람의 길은 가시덤불에 뒤덮이고 부지런한 사람의 길은 넓게 트인다(공동번역 잠언 15, 19).
iter pœnitentiális. 참회의 여정(懺悔 旅程)
iter pronum ad honores. 입신양명(立身揚名)의 쉬운 길
Iter quod in cotidianis rebus procedit.
일상생활 안에서 나아가는 여정.
iter terra pétere. 육지(陸地)로 향하다
Iter trans montes est brevius. 산을 넘어가는 길이 더 가깝다
Iter uníus diéi. 하루 여행, 하룻길,
(하루 여행, 하루 걸리는 여행: 계량.시간.연령.모양.등급 같은 것을 표시하기 위하여서는 반드시 형용 속격을 써야 한다).
Urbs distat iter unius diei. 도시는 하룻길 떨어져 있다.
iter urgeo. 빨리 가다
iterábĭlis, -e, adj. (ítero[1]) 다시(반복) 할 수 있는
iterátĭo, -ónis, f. (ítero[1]) 거듭함, 되풀이, 반복(反復)
iteratívus, -a, -um, adj. (ítero[1]) 되풀이하는, 반복하는.
(文法) 반복을 나타내는, 반복의.
iterato, adv. (ítero[1]) 되풀이해서, 다시(πὰλιν), 또 한 번
ítĕro[1] -ávi, -átum, -áre, tr. (íterum)
다시 하다(יסף), 거듭하다, 반복하다(תנא.תני),
다시 말하다, 되풀이하다, 되뇌다.
itero agrum. 밭을 다시 갈다, 갈아엎다
ítĕro[2] adv. 다시(πὰλιν), 재차(再次-거듭), 두 번째 다시
ítĕrum, adv. (ítero[2]) **다시**(πὰλιν), 재차(거듭), 두 번째.
semel atque iterum. 수차(數次), 여러 번.
Et iterum unde cognovisti? 다시 묻지만, 그대는 어떻게 알게 되었습니까?.(최익철 신부 옮김, 요한 서간 강해, p.379)/
Ita iterum aliud quiddam interrogatur: quid sperare possumus? 우리는 다시 '우리는 무엇을 희망할 수 있는가?'라는 물음 앞에 서 있습니다/
Iterum nos ipsos interrogemus: quid sperare possumus?
이제 다시 한 번 질문해 봅시다.
우리는 무엇을 희망할 수 있습니까?/
Nec iternum hoc verum est, quod omnis numerus causetur ex materia. 더욱이 모든 수의 원인이 질료라고 말하는 것도 참이 아니다.(지성단일성, p.201)/
Improbe Neptunum accusat, qui iterum naufragium fecit.(Publilius Syrus). 파선을 두 번 한 사람은 넵투누스 신을 탓할 자격이 없다/
Rosarium iterum detegendus thesaurus. 묵주기도는 다시 찾아야 할 보화("Rosarium Virginis Mariæ" 중에서).
iterum atque iterum. 재삼(再三-두세 번. 거듭. 여러 번)
Iterum redeamus oportet ad Novum Testamentum.
다시 한 번 신약 성경으로 돌아가 봅시다.
Iterum redimus ad difficultatem quæstionis.
우리는 다시 어려운 문제로 되돌아왔습니다.
íterum Romam se refero 로마로 다시 돌아오다
Iterum terret nos. 다시금 우리를 곤란하게 합니다.
Iterum venturus est judicare vovos et mortuos.
그 분은 산 이들과 죽은 이들을 심판하기 위해 다시 오실 것이다.
itĭdem, adv. (ita+dem)
마찬가지로, 역시(καὶ), 같은 모양으로.
itinera compono. 여행 계획을 세우다
itinerárĭum, -i, n. (itinerárius) 여행기, 여행안내서, 순서, 여정, (가톨릭) 여행기도, 여행 축복 기도문.
itinerarium Egeriæ. 순례 여행기(Egeria 순례 여행기)
Itinerarium mentis ad Deum.(1257년 보나벤투라 지음)
신에 이르는 정신의 여정기,
신에게로 향한 정신의 여정,
신으로의 정신의 여정(스콜라 철학에서의 개체화, p.300),
하느님께 나아가는 인간의 여정,
하느님께 나아가는 정신(영혼)의 여정,
하느님에게로의 정신순례,
하느님을 향한 인간 정신의 여정.
itinerarium totius vitæ. 한 인간의 전 생애의 여정
itinerárĭus, -a, -um, adj. (iter) 여행의, 여행에 관한
itinerátor, -óris, m. (itíneror) 여행자(旅行者)
itínere eménso. 길을 답파하고 나서
itínĕror, -ári, dep., intr. (iter) 여행하다(iter facere)
itĭo, -ónis, f. (eo[3]) 걸어감, (어디로) 감, 출발(出發).
domum ítio. (dŏmŭítĭo, -ónis, f.) 귀가(歸家).
Itis, "eo"의 직설법 복수 2인칭 현재
Itĭus portus = Iccĭus portus
Ito, "eo"의 명령법 단수 2인칭 혹은 단수 3인칭 미래

itum, "eo"의 목적분사(sup.=supínum)

Itum est. 갔다(비인칭적으로 수동형 단수 3인칭을 쓰기도 한다).

Itur. 간다(비인칭적으로 수동형 단수 3인칭을 쓰기도 한다).

Iturus. "eo"의 접속법 미래분사.
    Quo iturus es? quo fugies?(최익철 신부 옮김. 요한 서간 강해. p.267).
    그대 어디로 가겠습니까? 어디로 도망가겠습니까?.

itus, -us. m. [eo](어디로) 감, 보행(步行), 왕래(往來),
    여행, 출발, 여정(旅程), 통행권(通行權), 자유통행.

Itys, -yos. m. Téreus 왕과 Procne의 아들

īvi, "eo"의 단순과거(pf.=perfectum)

Ixío(n), -ŏnis. m. Thessália의 Lápithœ 족의 왕
    (Piríthous의 아버지, Hera를 사랑한 죄로 Júpiter에게
    Tártarus의 영원한 불 수레바퀴에 묶이는 벌을 받았음).

J J J

J¹, J, f., n., indecl. 라틴 자모의 열째 글자: (예) [jē] 자음 "이" (i cónsonans) [본시 모음 I, I와 똑같이 표기되었었으나 고대인들은 별개의 문자로 즉 자음으로 인정하였고 글자 이름도 J, j로 표시하게 되었음; 경우에 따라서는 j를 i로 바꿔놓기도 하며 jácio의 합성동사 -jício에서 j를 빼버리는 수가 있음.

J²., (略) J.O.R. = Jovi óptimo máximo; J.R. = Juno regína; J.V.T. = Júlia victrix togáta.

jácĕo, -cŭi -cĭtum -ēre, intr. (cf. jácio) 1. 가로눕다, **누워 있다**: jaceo humi. 땅바닥에 누워 있다. 2. 기대어 있다. 3. 몸져눕다. 4. 죽어 누워있다; **jacéntes**, ĭum. m., pl. 전몰자다. 5. (지리적으로) 자리 잡고 있다. 6. 엎드려 있다, 넘어져 있다; 깔려(널려) 있다. 오래 머물러 있다. 7. (옷자락이) 땅에 끌리다; (매지 않은 머리가) 늘어져 있다. 8. 의기소침해 있다, 무기력하다. 9. 어떤 상태에 빠져 있다, 잠겨있다: jaceo in mæróre. 근심에 잠겨 있다. 10. 등한시되다, 멸시받다. 11. 세력을 잃다, 쇠퇴하다, 12. 그치다, 멈추다, 그만두다; 활용되지 않다, 사장되다. 13. 값싸다, 보잘것없다. 14. (말 따위가) 상용되다, 통용되다, 널리 일반에 쓰이다. Hic jacet. 여기에 잠들다(墓碑銘)/ Humi jacere. 땅바닥에 누워있다/ Qua iacet? Per totam terram. 어디에 누워 있느냐? 온 세상에 두루 누워 있다.(최익철 신부 옮김, 요한 서간 강해, p.459).

jácĭo, jēci, jactum, jacĕre, tr. (ico, ício) 내던지다. 던지다(חר.ינ,אמר), 발사하다, 내보내다. 발산하다(חר.), 산출하다, 발언하다, (말을) 내뱉다, (말.글로) 퍼뜨리다(גרר), 세우다, 축조하다. Iacta est alea(Suetonius). 주사위는 던져졌다!

jacio ánchoram. 닻을 내리다, 정박(碇泊)하다
jacio fundaménta. 기초를 놓다
jacio semen. 씨 뿌리다, 전파하다
Jacobea Conditio(reservatio) 야고보의 신심조건(모든 일을 "주님께서 허락하신다면"이란 조건 하에 하려는 생활신심. 야고 4, 5).
Jacobus. -i. m. 야고보(그리스어 Iakobos.⑨ James .히브리어 Jacob.불어 Jacques.이탈리아어 Giàcomo).
Jacta alea est. 운명은 결정되었다, 일은 이미 벌어졌다, 주사위는 던져졌다(루비콘 강을 건너며 시저가 한 말).
jactabúndus, -a, -um, adj. (jacto) 자랑하는, 자만(自慢)하는, 뽐내는.
jactans, -ántis, p.prœs., a.p. (jacto) 자랑하는, 거만한, (자기의 능력 따위에) 자부심(自負心)이 강한, 자만심(自慢心)이 대단한, 허영심(虛榮心)이 강한.
jactántĭa, -æ, f. (jacto) 자만(自慢.⑨ Presumption), 뽐냄, 과시(誇示-자랑하여 보임), 자만심(sufficientia sui), 허영심, 허세(虛勢-실속이 없이 겉으로만 드러나 보이는 기세). Multi hoc iactantia faciunt, non dilectione. 많은 사람들은 사랑 때문이 아니라, 남에게 보이기 위해서 그렇게 합니다.(최익철 신부 옮김, 요한 서간 강해, p.263).
jactátĭo, -ónis, f. (jacto) 내던짐, 진동(흔들리어 움직임), 뒤흔듦, 팽개쳐짐, 흔들림, 동요(動搖), 격한 감정, 자만(自慢.⑨ Presumption), 뽐냄, 뻐김, 허세 부림, 과시(誇示-자랑하여 보임), 인기, 박수갈채(拍手喝采).
Jactatio est volutas gestiens et se efferens insolentius. 자만심이란 과도하게 뽐내고 자기를 과시하고 싶은 욕정이다.(교부문헌 총서 16, 신국론, p.1500).
jactátor, -óris, m. (jacto) 자만하는 사람, 과시자, 허세부리는 사람, 허풍 떠는 사람.
jactátus, -us, m. (jacto) 뒤흔듦, 진동(震動-흔들리어 움직임), 요동(搖動-흔들림).
jáctĭto, -ávi, -átum, -áre, tr., freq. (jacto) 공표(公表)하다, 발언(發言)하다, 입 밖에 내다.
jacto, -ávi, -átum, -áre, tr., freq. (jácio) 1. 세게 내던지다, 던져 버리다, 2. 주사위를 던지다.

3. 발산하다, 방산하다, 넓히다, 유포하다, 흩뿌리다. 4. 몸짓을 하며 팽개치다(흩뿌리다), 이곳저곳으로 던지다, 이리저리 흔들다, 불안정하게 하다:[pass.] (화폐가치가) 불안정하다. 6. 입 밖에 내다, 떠들어 대다. 7. 이리저리 몰아치다. 8. pass.[in abl.] (무슨) 일에 분주하다, (무슨) 일로 바쁘다. 9. 괴롭히다, 시달리게 하다, 마음의 고요를 어지럽힌다, 불안하게 하다. 10. 되풀이하여 말하다, …에 대하여 이야기하다: (여러모로) 검토(음미)하다, 熟考하다. 11. 자랑하여 말하다, 과장하여, 허풍 떨다, 큰소리치다, 뇌까리다. 12. pass. refl. se jacto, jactári. **자만(自慢)하다**, 우쭐하다, 과시(誇示)하다. 13. 힘쓰다, 애쓰다, 전념하다, (무엇을 위해서) 열심히 일하다.

lactare se vult in honoribus; magnus sibi videtur homo, sive de divitiis, sive de aliqua potentia. 인간은 명예로써 자신을 드높이고 싶어 합니다. 재물로나 권력 따위로 자신을 대단한 인물이라고 여기기도 합니다. (최익철 신부 옮김. 요한 서간 강해. p.143)/ Qui genus iactat suum, aliena laudat(Seneca). 자기 혈통을 뽐내는 사람은 남의 것을 칭찬하는 셈이다.

jactum, "jácïo"의 목적분사(sup.=supínum)
jactúra, -æ, f. (jácio) 손실(損失), 손해(損害), 희생(犠牲), (짐을 덜기 위해서) 배에서 바다로 내던짐, 대가(代價), 값, 비용(費用). jactúram fácere. 손실하다, 손해보다, 잃다/ major, quam pro número, jactúra. 수(數)에 비해서 너무 큰 손실(quam참조).
jactus, -us, m. (jácio) 던짐, 내던짐, 사정(射程), (주사위를) 던져 굴림, 발산(發散), 확산(擴散), 한 그물의 분량(한 번 투망으로 잡힌 물고기). Tolle et iacta te in mare, fiet. (Be lifted up and thrown into the sea,' it will be done) 들려서 저 바다에 빠져라 하여도 그대로 이루어질 것이다.
jăcŭi, "jácĕo"의 단순과거(pf.=perfectum)
jacula præfixa ferro. 쇠 칼날을 붙인 투창
jaculábĭlis, -e, adj. (jáculor) 내던질 수 있는, 발사할 만한.
jaculátĭo, -ónis, f. (jáculor) 던짐, 내던짐, 투창, 발사(發射).
jaculátor, -óris, m. (jáculor) 던지는 사람, 투수(投手), 투창사수(投槍射手), 경무장한 병사, 투망 어부.
jaculatórĭus, -a, -um, adj. 투창의. (가톨릭) orátio jaculatória. 화살기도, 짧고 강렬한 기도.
jaculatorius campus. 투창 훈련장(投槍訓鍊場)
jaculátrix, -ícis, f. (jaculátor) 던지는 여자, 여자 투수, 여자 사수, 사냥하는 여자.
jácŭlor, -átus sum, -ári, dep., tr. (jáculum) 던지다(חר.ינ,אמר), 발사하다, 던져 맞히다, 맞혀 죽이다, 말로써 공격하다, 쏘아붙이다, (남에게) 빗대어 말하다, 얻으려고 하다, 힘을 기울이다. (軍) 창을 던지다. 투창(投槍)하다.
jácŭlum, -i, n. [jácio] (무기로서의) 투창, 투망(投網). De confidentia in Deo habenda, quando insurgunt verborum jacula.(⑨ Trust in God Against Slander) 비난을 당할 때 하느님께 의탁함에 대하여/ ictus femur jaculo. 넓적다리에 창을 찔린 사람, 다리에 창을 찔린 사람.
jaculus, jacula, jaculum. adj. (⑨ thrown, darting)
Jainismus, -i. m. 자이나교, 자이나교(遁世) 주의. [기원전 6세기 인도에서 일어난 이원교(二元敎的 음욕주의 종교로 살생을 절대 금함. 백민관 신부 엮음, 백과사전 2, p.388].
jam, adv. 1. (동시적 시간) … 하는(한) **바로 그때에**, 동시에: Id tu jam intélliges, cum in Gálliam véneris. 너는 Gállia로 오게 되는 바로 그때에 그것을 알게 될 것이다/ Qui omnes jam tum florénte repúblicâ floruérunt. 그들은 모두 나라가 흥왕하던 바로 그 당시에 활약하였다. 2. (경과) **이미**(ήδη), **벌써**(ήδη), **어느새**; 방금: Sunt duo menses jam. 어느새 두 달이 된다/ Multi jam menses transíerant. 이미 여러 달이 지났었다/ Jamne abis? 너 벌써 가느냐?/ Jam a puerítiâ 어렸을 때부터 이미/ Jam dudum. 이미 오래 전부터.

3. 이제는, 지금은: Loquar jam. 이제(는) 말 하겠다/
Jam parce sepúlto. 묻힌 사람을 이제 그만 용서해라.
4. [c. fut.] 오래지(멀지) 않아, 이제 곧, **금방**: Jam
ádero 나 이제 곧 참석하겠다. 5. [부정사와 함께]
non(nihil, etc.) ~ **더 이상 …아니**: 이제부터는(앞
으로는) = Nulla mihi res posthac potest jam
interveníre. 앞으로는 아무것도 나에게 간섭할 수
없다. 6. jam prope, prope jam, jam ferme, jam pæne.
거의, …할 뻔하게. 7. 결국, 마침내, 드디어; 이제야
겨우: Jam tandem ades. 네가 드디어 나타나는구나.
8. [실현의 확실성.논리적 귀결] 틀림없이, 꼭, 곧,
그러면: Accéde ad ignem hunc, jam calésces. 불
가까이 오너라, 몸이 곧 녹을 것이다. 9. [부분 부정
표시] non jam, jam non …는 아니고 …가 아니다:
non jam secrétis collóquiis, sed apérte. 비밀 회담으로
써가 아니라 공개적으로. 10. 실로, 과연, 정말, 물론,
…이기도 한; 즉 …한: lætánti jam ánimo. 정말 기쁜
마음으로. 11. 그리고 또, 그밖에도, 더우이; 역시.
12. jam-jam. 때로는-때로는. 13. [못마땅함.추궁하는
질문] 그래서, …란 말이냐? (라틴-한글사전, p.468)
Biennium jam factum(est). 벌써 2년이 지났다(fio 참조)/
Ego jam prospiciam mihi. 나 이제는 몸조심 하련다/
Ex hoc jam homines eris capiens(루가 5. 10)
이제부터 너는 사람을 낚는 사람이 될 것이다/
exoletum jam vetustate odium.
이미 오래되어 사그라진 미움/
Hora est jam, nos de somno surgere.
우리가 잠에서 깰 시간이 이미/
nec recipiénte jam dilatiónem re,
사태가 더 이상의 지연을 허락지 않아서/
Quid est, quod jam amplius exspectes?
네가 이제 더 이상 기대할 것이 무엇이냐?/
Quidquid id est, jam sciam.
그것이 무엇이든 간에 나는 이제 곧 알게 될 것이다/
ut iam non hominum concupiscentiis sed voluntate Dei,
quod reliquum est in carne vivat temporis. (eivj to. mhke,ti
avnqrw,pwn evpiqumi,aij avlla. qelh,mati qeou/ to.n evpi,loipon evn
sarki. biw/sai cro,non)(⑨ so as not to spend what remains
of one's life in the flesh on human desires, but on the
will of God) 그러니 남은 지상 생활 동안, 더 이상
인간의 욕망을 따르지 말고 하느님의 뜻을 따라야
합니다(성경 1 베드 4. 2)/그러니 이제 여러분은 지상의 남은
생애를 인간의 욕정을 따라 살지 말고 하느님의 뜻을
따라 살아야 합니다(공동번역 1 베드 4. 2).
Jam a pueritiā. 어렸을 때부터 이미
Jam aderit tempus. 이제 곧 때가 될 것이다
Jam appetit meridies. 벌써 정오가 되어 온다
Iam audistis qui sint.
여러분은 그들이 누구인지 이미 들었습니다.
Jam Christus Dominus resurrexit.
주 그리스도께서 이미 부활하셨다.
Iam commemoravi. 제가 이미 상기시켜 드렸습니다.
Iam diximus aliquando, exinani quod implendum est.
이미 몇 차례 말씀드렸지만, 채울 수 있도록 비우십시오.
    (최익철 신부 옮김, 요한 서간 강해, p.207).
jam diu. 벌써 오래 전부터
Jam diu est, quod victum non datis.
너희가 식량을 주지 않는지가 벌써 오래된다.
jam dudum. 이미 오래 전부터
Jam epistolam tuam legeram, cum ad me frater
tuus venit. 내가 이미 네 편지를 다 읽고 났을
적에야 네 형제가 나한테 왔다.
Iam ergo dicat sibi homo.
인간은 스스로 이렇게 물을 일입니다
Jam fœtet, quadriduanus est enim. (요한 11. 39)
그는 이미 부패했다 글자 그대로 옮기면 "썩은 냄새가 난다".
Iam inhæres illi: inveni melius, et donat tibi. 그대는
이미 그분 가까이 있으니 그대가 더 좋은 것을 찾으면,

그대에게 주실 것입니다.(최익철 신부 옮김. 요한 서간 강해, p.421).
Iam hic videte magnum sacramentum.
바로 여기에 커다란 신비가 있습니다.
jam inde ab ortu. 날 때부터 이미
Iam ista manifesta sunt. 이것은 이미 분명합니다.
Jam lucis orto sidere. 새벽녘 이미 밝았으니
Jam me assequi non potes.
너는 이제 나를 따라 올 수 없다.
jam non ipsi nos, sed ille erimus ipse qui fecit nos.
우리가 더 이상 우리가 아니고 우리를 지어내신 그분이
될 것이다.(성 엮 지음. 사랑만이 진리를 깨닫게 한다. p.305).
Iam non multis dicamus. 이제 많은 말을 하지 맙시다.
Jam parce sepulto. 묻힌 사람을 이제 그만 용서해라.
Iam quæ sunt membra eius nostis, ipsa est Ecclesia
Dei. 여러분은 그분의 지체가 누구인지 이미 알고 계십니다.
바로 하느님의 교회입니다(최익철 신부 옮김. 요한 서간 강해, p.437).
Iam quam late patet curiositas?
호기심은 도대체 어디까지 퍼져 있는 것입니까?
Jam tandem ades. 네가 드디어 나타나는구나.
Jam tempus adventat. 벌써 때가 다가온다.
Iam videte quia facere contra dilectionem, facere
contra Deum est. 사랑을 거스르는 것이 바로 하느님을
거스르는 것이라는 것을 여러분은 이미 알고 계십니다.
Iam vos mundi estis propter sermonem, quem locutus
sum vobis(⑨ You are already pruned because of the
word that I spoke to you) 너희는 내가 너희에게
한 말로 이미 깨끗하게 되었다(요한 15. 3).
Jambicus, -i, m. 단장격(短長格). 억양격(抑揚格)(암브로시오
전례 聖歌와 그 후신인 그레고리오 성가의 창법. trochaicus 장단격과 대조).
Jana, -æ, f. (=Diána) 달의 여신: 달. 통행의 여신(女神)
Janícŭlum, -i, n. (Janus) Roma의 일곱 언덕의 하나,
[mons(collis) Janiculáris라고도 함].
jánĭtor, -óris, m. (**janitrix**, -ícis, f.) 문지기, 수위(문지기).
    Cæli janitor. 하늘의 문지기(=Janus)/
    Inferórum janitor. 지옥의 문지기(=Cérberus)/
    Zacharias filius Mosollamia ianitor portæ tabernaculi
    conventus. (Zechariah, son of Meshelemiah, guarded the
    gate of the meeting tent) 므셀레므야의 아들 즈카르야는
    만남의 천막 문지기였다(1역대 9. 21)/므셀레므야의 아들
    즈카르야는 만남의 장막 수위였다(1 역대 9. 21).
Jansenismus, -i, m. 얀센니즘, 얀센주의(⑨ Jansenism).
    (화란사람 Cornélius Jansen 1585~1638 일파의 이단.
    아우구스티노의 극단적인 주장을 강조한 신학사상).
jantácŭlum(jen-), -i, n. 아침밥, 조반(朝飯-아침 밥)
jánŭa, -æ, f. [janus]
    (집의) 바깥문, 현관문, 대문, 입구, 통로(通路).
    ecce iudex ante ianuam assistit.
    보십시오, 심판자께서 문 앞에 서 계십니다.(성경 야고 5. 9)/
    Prope ianuam sedet ut eos spectet.
    그는 그들을 관찰하려고 대문 옆에 앉아 있다/
    Si non pugnáre vis, licet fúgere, patet jánua exi!
    만일 싸우기 싫으면 너는 도망해도 좋다.
    문은 열려 있으니 나가거라.[Si non은 조건문 속에 어떤 제한된
    단어를 부분적으로 부정해주는 것으로서 뒤에 나올 주문에 at, tamen,
    áttamen(그러나, 그래도), certe, at certe, saltem, at saltem(그러나,
    적어도) 따위의 말이 있을 경우에는 반드시 이 si non을 써야한다. 이런
    경우의 si non은 가끔 양보문의 성질을 띤다. si non은 또한 앞에 나온
    긍정조건문(si)에 대립시켜주는 경우에도 양보문의 성질을 가진다].
janua Coeli. 천국의 문(성모 호칭 연송 기도 중 하나)
janua potorum saucia rixis. 술꾼들의 싸움으로 부서진 문.
jánŭal, -ális, n. Janus 신에게 바치던 제사 떡
Januárĭus, -a, -um, adj. (Janus)
    ad mensem Januarium. 1월까지/
    Cura ut valeas. Pr. Non. Ian. 몸조심해요. 정월 4일/
    Hæc scripsi a.d. XVI Kal. Febr. ante lucem.
    내가 정월 17일 새벽에 이 글을 쓴다/
    Janus 신에 관한, 정월의, 일월의, m. 일월(1月)
    kaléndis Januariis. 정월 초하루(1월 1일)/
    mensis Januarius. 정월, 1월.
    Ex ante diem VI Idus Januárias usque ad prídie

Kaléndas Februárias. 1월 8일부터 31일까지.

janus¹ -i, m. 고대 Itália의 신(神). adj. **Januális**, -e,
(머리의 앞뒤에 각각 얼굴이 있어서, 세상만사의 시작과 끝을 맡아 다스리고 하늘의 문을 위시하여 지상의 모든 문과 모든 도로를 수호하는 신神이었음).

janus² -i, m. 덮개 있는 통로, 유개가로(有蓋街路),
현관(玄關), 입구, 정월(1月), 1월, 새해(חֲנֻכָּה שַׁעַר),
Roma 시장의 지붕 있는 장소(세 개의 궁형 유개회랑 통로를 거쳐 들어가는 곳으로 상점과 은행의 거리였음: 중심부를 summus janus, 중간부를 médius janus, 구석진 곳을 imus janus라 하였음).

Japónia, -æ, f. 일본.
adj. **-nícus**, -a, -um, 일본의, 일본어의.
adj. **-nénsis**, -e, 일본의, 일본인의.

Jas… V. **Ias…**

jaspis, -ídis, f. (鑛) 벽옥(碧玉).

J.C.D. = Jesu Christo Duce. '예수 그리스도의 인도로'

jeci, "jácio"의 단순과거(pf.=perfectum)

jecinerósus(jecorítícus, jecorósus) -a, -um,
(jecorális, -e) adj. (jesur) 간장병 앓는.

jecur, -còris(-cínòris), n. (解) 간, 간장(肝臟-옛날에는 조혈 기관으로 여겼으며, 여러 가지 감정 및 정신기능의 중추로 생각하였음).
사랑, 정열; 걱정, 분노; 고통; 용기, 지력, 슬기(사물의 이치를 밝혀 시비를 가리고 사물을 정확하게 처리해 내는 재능).

jecúscúlum, -i, n. dim. (jecur) 작은 간(장)

jejunális, -e, adj. (jejúnum) ((解)) 공장(空腸)의.

jejunátio, -ónis, f. (jejúno) 금식재를 지킴, 대재(大齋).

jejunátor, -óris, m. (jejúno) 단식하는 사람, 단식자.

jejuniósus -a, -um, adj. (jejúnium)
굶은, 공복의, 단식하는, 허기진.

jejunii dies. 금식재(禁食齋)의 날

jejúnitas, -átis, f. (jejúnus) 단식(⑨ fast.獨 Fasten),
공복, 배고픔, 허기짐(증), 무미건조(無味乾燥),
빈약(貧弱), 변변찮음, 범용(凡庸), 무기력, 결핍(缺乏).

jejúníum, -i* n. (jejúnus) 금식, 단식(⑨ fast.獨 Fasten),
단식재(斷食齋), 금식재(⑨ fast), 굶주림, 기아(饑餓),
배고픔, 허기(虛飢), 허약, 쇠약(衰弱), 토박함, 불모(不毛).
xerophagia, -æ, f. 동방교회의 단식재.
De Helia et jejunio. 엘리야와 단식(밀라노의 암브로시오 지음)/
De utilitate jejunii. 단식의 유익(408년 히포의 아우구스티노 지음)/
Potus iste non frangit jejunium.
이 음료는 금식 규정에 위배되지 않습니다.

Jeiunium amare. 금식을 좋아하라.

jejunium ecclesiásticum. 금식재, 대재(大齋).

jejunium eucharísticum. (성체성사 받기 전의) 공복재,
(→空心齋) ⑨ Eucharistic fast.
獨 Nüchternheit eucharistische.

jejunium natúrale.
(⑨ Total Abstinence from Food and Drink)
(음식.음료를 전혀 먹지 않는) 완전공복, 대재, 완전재계.

jejunium sólvere. 허기증을 풀다

jejúno, -ávi, -átum, -áre, intr. (jejúnus)
단식하다, 금식하다. 대재 지키다. 음식을 삼가다.

**Jeiuno bis in sabbato, decimas do omnium, quæ
possideo.** (nhsteu,w di.j tou/ sabba,tou(avpodekatw/ pa,nta o[sa ktw/mai) (⑨ I fast twice a week, and I pay tithes on my whole income) 저는 일주일에 두 번 단식하고 모든
소득의 십일조를 바칩니다(성경 루카 18. 12)/저는 일주일에
두 번이나 단식하고 모든 수입의 십분의 일을 바칩니다
하고 기도하며(공동번역)/나는 한 주간에 두 번이나
단식하고 내 모든 수입의 십분의 일을 바칩니다(200주년).

jejúnum, -i, n. (jejúnus) ((解)) 공장(空腸)
(십이지장에 계속되는 소장의 부분.)

jejúnus -a, -um, adj. **공복의**, (아침까지) 굶은,
단식의, 굶주린, 배고픈, 허기진, 빈, 공허한, 빈약한,
미미한, 변변찮은, 보잘 것 없는, 시시한,
토박한, 불모의, 무미한, 맥 빠진.

jentáculum(jan-), -i, n. 아침밥, 조반(朝飯-아침 밥)

jento, -ávi, -átum, -áre, intr., tr. 아침밥을 먹다, 조반을 들다

Jericho. (히브리어) "향기의 장소 또는 달의 도읍".
예리고(יְרִיחוֹ. Ἰεριχὼ.⑨ Jericho).

Jerosólyma, -æ, f.

(Jerosólyma, -órum, n., pl.) 예루살렘("평화의 고을" 뜻).

Jerúsalem, f., indecl. (히브리어.⑨.그리스어.독어)
예루살렘(=Hierosólyma-라틴어).
(יְרוּשָׁלִַם.יְרוּשָׁלֵם. Ἱερουσόλυμα. Ἱερουσαλὴμ).
Urbs Jerusalem beata.(성무일도.성당 축성축일의 찬미가)
복되다 예루살렘 빼어난 도시.

**Iesu Christe, cum Sancto Spiritu: in gloria Dei Patris.
Amen.** 예수 그리스도님, 성령과 함께,
아버지 하느님의 영광 안에 (계시나이다) 아멘.

Iesu Christi autem generatio sic erat.
예수 그리스도께서는 이렇게 탄생하셨다.(성경 마태 1. 18).

Iesu Christi novum sepulcrum.
예수 그리스도의 새로운 무덤.

Iesu Christus, Via et Veritas et Vita.
길이요 진리요 생명이신 예수 그리스도.

Iesu commoratio in templo.(⑨ Jesus' Stay in the
Temple) 예수 성전 안에서의 머뭄.

Iesu dulcis memoria…. 주님을 생각할 때면.
(달콤한 예수의 기억. 聖歌 12세기 말 익명의 수도자가 성 베르나르도의 영향을 받아 쓴 노래로 예수 성명 축일 미사 연속송과 성무일도서의 찬미가로 널리 불리움…. 백민관 신부 엮음, 백과사전 2, p.274, p.404).
Jesu dulcis memoria, Dans vera cordis gaudia:
Sed super mel et omnia, Ejus delcis præsentia.
Nil canitur suavius, Nil auditur jucundius,
Nil cogitatur dulcius, Quam Jesus Dei Filius,
Jesu, spes pœnitentibus, Quam pius es petentibus!
Quam bonus te quærentibus! Sed quid invenientibus?
Nec lingua valet dicere, Nec littera exprimere:
Expertus potest credere, Quid sit Jesum diligere.
Sis, Jesu, nostrum gaudium, qui es futurus præmium:
Sit nostra te in gloria, Per cuncta semper sæcula. Amen.
예수 생각 그리워라 참된 기쁨 주시도다.
그러나 네 옆에 계심보다 얼마나 복되리.
천주 성자 예수보다 아름다운 이름 없네.
노래도 사모도 오 주 예수 더없이 즐겁네.
회개자의 희망이요 청하는 자 은혜 주며
찾는 자 반가이 맞으시니 모시면 어떨고.
예수 사랑 어떠한지 혀와 글이 부족하고
사랑을 맛본 이 그 만이 믿을 수 있으리.
우리 희망 예수님뿐 당신만이 우리의 몫.
이제와 영원히 무궁토록 영광 받으소서. [전례사전. p.337]
예수님, 당신을 생각하면 벌써 내 마음은 환희로 채워지나
당신의 감미로운 현존의 기쁨에 비길만한 행복은 없나이다.
어떠한 선물보다 매력 있고 어떠한 소식보다 듣기에 좋으며
어떠한 생각보다 상쾌한 하느님의 아들이신 예수님 당신입니다.
예수님 당신은 뉘우치는 죄인의 희망이며
당신은 당신의 도움을 구하는 자들에게 자별하시며,
당신은 당신을 찾는 이들에게 좋은 분이시니
당신을 찾은 사람들에게는 어떻겠습니까?
말로는 묘사할 수 없고 설명할 수 없나이다.
오직 체험한 자만이 예수님을 사랑함이 무엇인지 압니다.
주님, 당신이 나의 마음을 찾아오시면 그것은 진리의 빛에 감싸이고
세상은 그 모든 매력을 잃게 되고 나와 사랑은 불타나이다.
당신을 맛본 사람들은 더욱 허기지고 당신을 마시는 사람들은 더욱 목마릅니다.
예수님. 오직 당신을 사랑하는 자들만이 당신을 그리워할 줄 압니다.
예수님 당신이 나의 기쁨이 되시고, 장차는 나의 갚음이 되어 주소서.
당신의 영광이 언제나 영원히 내 안에 머물게 하시옵소서. 아멘.
[은수잡록, 김창렬 주교 지음. pp.353~355]
(Jesu, the very thought of Thee, with sweetness fills my breast,
but sweeter far Thy face to see, and in Thy presence rest.
Nor voice can sing, nor heart can frame, nor can the memory find
a sweeter sound than Thy blest Name, o Savior of mankind!.
O hope of every contrite heart o joy of all the meek,
to those who fall, how kind Thou art! how good to those who seek!
But what to those who find? Ah this nor tongue nor pen can show:
the love of Jesus, what it is none but His loved ones know.
Jesu, our only joy be Thou, As Thou our prize wilt be:
Jesu, be Thou our glory now, And through eternity. Amen.
-l성 베르나르도(1090-1153)가 쓴 11세기의 유명한 시이다. 그 가운데 머
부분은 이전의 성무일도서에서 예수 성명 축일의 찬미가로서 전례 사용된 적이
있었다. 전체 찬미가는 168행으로 이루어져 있으며 뇌리를 떠나지 않는 아름다운
언어로 쓰인 깊은 신비주의를 나타내고 있다. 이 찬미가는 전례에 사용하도록
다양하게 번역되어 있다. 박영식 옮김, 주비언 피터 랑 지음, 전례사전, p.337].

Iesu inservire in "fratribus minimis".(마태 25. 40)
(⑨ Serving Jesus in "the least of his brethren")
예수님의 "가장 작은 형제들" 안에서 그분을 섬김.

Iesu mulieres flentes alloquitur.(⑨ Jesus meets
and speaks to the women of Jerusalem)

예수, 예루살렘 부인들을 위로하심(제8처).

Jesu Nomen Sanctum(⑨ Holy name of Jesus). 예수 성명

Iesu præsentatio in templo(⑨ The Presentation of Jesus in the Temple) 성전에서의 예수 봉헌.

Iesu precationi. 예수님 기도

Jesu Rex admirabilis.(⑨ O Jesus, King Most Wonderful) 놀라운 왕이신 예수

Jesu XPI passio. 예수 그리스도의 수난

Jesuíta, -æ, m. 예수회 수도자, 예수회 회원(會員).

Jesus, -u, m. (제4변화 제1식 불규칙 변화명사) 예수, 예수님
[주격 Jesus, 속격 Jesu, 여격 Jesu, 대격 Jesum, 탈격 Jesu, 호격 Jesu!].
[하느님의 아들로서 강생하시어 인류를 구원하신 우리 주님의 이름. '야훼는 구원이시다'라는 뜻을 지닌 히브리어 이름 '요수아'(Yosua)에서 유래되었다.
그리스어 알파벳에는 문자마다 특정한 수가 배당되어 있는데 그리스어에서 예수를 뜻하는 낱말 Iesous(Jesus)는 I(10), e(8), s(200), o(70), u(400), s(200)를 다 더하면 888이 된다. 숫자 888은 그리스도교 초기부터 그리스도의 수를 대변함].
예수(그리스도). (구약성경) 여호수아, 요수아, 예수('Ιησού)(히브리어로 "구원하시는 하느님 YHWH(Yahweh)"을 뜻함).
Aliam significationem habet Iesus, aliam habet Christus: cum sit unus Iesus Christus salvator noster, Iesus tamen proprium nomen est illi. '예수'가 뜻하는 바가 다르고, '그리스도'가 뜻하는 바가 다릅니다. 우리 구세주 예수 그리스도는 한 분이시지만, 당신의 고유한 이름은 '예수' 입니다.(최익철 신부 옮김, 요한 서간 강해. p.163)/
Et vocabis nomen eius Iesum: ipse enim salvum faciet populum suum a peccatis eorum. (⑨ You shall call the child Jesus, for he will save his people from their sins) 너는 아기를 예수라 부르라. 예수는 자기 백성을 죄에서 구원할 것이기 때문이다.(마태 1. 21 참조)/
ipsissima verba Jesu. 예수 친히 하신 말씀 자체/
Quis est qui non credit quod Iesus sit Christus? qui non sic vivit quomodo præcepit Christus. 예수님께서 그리스도임을 믿지 않는 사람은 누구입니까? 그리스도께서 명령하신 대로 살지 않는 사람입니다/
Quomodo invenimus pulchrum Iesum? 우리는 이 아름다운 예수님을 어떻게 찾을 수 있습니까?/
Quóniam tu solus Sanctus, Tu solus Dóminus, Tu solus Altíssimus, Jesu Christe. 홀로 거룩하시고, 홀로 주님이시며, 홀로 높으신 예수 그리스도님/
Ut nostri omnes ad Jesum et sensus dirigantur et actus. 우리들의 모든 생각이나 행위를 예수께로 向하게 하려고 노력하는가?(성 벨라도).

Jesus a Simone Cyrenæo in crucis bajulátione adjuvatur. (⑨ Simon of Cyrene helps Jesus carry his cross) 시몬이 예수를 도와 십자가 짊(제5처).

Jesus ad mortem damnatur(⑨ Jesus is condemned to death on the cross) 예수, 사형선고 받으심(제1처).

Jesus amator castitatis. 정결(貞潔)함을 사랑하시는 예수

Jesus ascendit in cœlum.(⑨ Jesus ascends into heaven) 예수님께서 승천하심(영광의 신비 2단).

Iesus Christus est natus anno septingentesimo quinquagesimo(DCCL) ab Urbe condita. 예수 그리스도는 로마 건국 750년에 태어났다.

Iesus Christus, lux vera quæ illuminat omnem hominem.(⑨ Jesus Christ, the true light that enlightens everyone) 모든 사람을 비추는 참 빛이신 예수 그리스도.

Iesus Christus unicus Salvator.(⑨ Iesus Christ, the only savior) 유일한 구세주 예수 그리스도.

Jesus Christus universórum Rex. 온 누리의 왕이신 예수 그리스도

Jesus Christus. 예수 그리스도('Ιησού Χριστὸς)

Jesus crucem suscipit super humeros(⑨ Jesus accepts his cross). 예수, 십자가 지심(제2처)

Jesus cruci affigitur.(⑨ Jesus is nailed to the cross.) 악당이 예수를 십자가에 못 박음(제11처).

Jesus denuo labitur.(⑨ Jesus falls the second time.) 기력이 쇠하신 예수, 두 번째 넘어지심(제7처).

Jesus dixit: "Vade in pace!" 예수께서 말씀하시기를: "평안히 가라"고 하셨다.

Jesus e cruce deponitur. (⑨ Jesus is taken down from the cross.) 제자들이 예수의 성시를 내림(제13처).

Iusus enim non opus erat ut veniret, nisi propter caritatem. 사랑 때문이 아니라면 예수님께서 오실 필요가 없었습니다.(최익철 신부 옮김. 최익철 신부 옮김. 요한 서간 강해. p.311).

Iesus enim prædixerat pollicitus(⑨ Jesus had foretold and promised) 예수님께서는 전에 이미 이렇게 예언하시고 약속하셨습니다.

Jesus Hominum Salvator. 인간의 구원자 예수
(이탈리아의 성인 베르나르디노1380~1444는 그리스어 예수IΗΣΟΣ의 첫 세 글자를 로마자로 표시한 "I.H.S."고안).

Jesus in cruce moritur(⑨ Jesus dies on the cross.). 예수, 십자가 위에서 죽으심(제12처).

Jesus Infans. 예수 아기

Jesus Mariam in cœlo coronavit.(영광의 신비 5단) (⑨ Mary is crowned queen of heaven and earth) 예수님께서 마리아께 천상 모후의 관(冠)을 씌우심.

Jesus Mariam in coelum assumpsit.(영광의 신비 4단) (⑨ The Mother of Jesus is taken into heaven) 예수님께서 마리아를 하늘에 불러올리심.

Jesus Matri suæ occurrit. 예수와 성모 서로 만나심 (⑨ Jesus meets his sorrowful Mother.) (제4처).

Jesus Nazarenus Rex Judæorum. 유다인의 왕 나자렛 예수(약자 I.N.R.I.)

Jesus pro nobis crucem bajulavit. (⑨ Jesus carries the cross to Calvary) 예수님께서 우리를 위하여 십자가 지심(고통의 신비 4단).

Jesus pro nobis crucifixus est.(고통의 신비 5단) (⑨ Jesus dies on the cross for our sins) 예수님께서 우리를 위하여 십자가에 못 박혀 돌아가심.

Jesus pro nobis flagellatus est. (⑨ Jesus is scourged at the pillar.) 예수님께서 우리를 위하여 매 맞으심(고통의 신비 2단).

Jesus pro nobis sanguinem sudavit.(⑨ Jesus undergœs his agony in the Garden of Gethsemane.) 예수님께서 우리를 위하여 피땀 흘리심(고통의 신비 1단).

Jesus pro nobis spinis coronatus est. (⑨ Jesus is crowned with thorns) 예수님께서 우리를 위하여 가시관 쓰심(고통의 신비 3단).

Jesus réddidit máre tutum. 예수께서는 바다를 안전하게(고요하게) 하시었다.

Jesus resurrexit a mortuis.(⑨ Jesus rises from the dead) 예수님께서 부활하심(영광의 신비 1단).

Jesus sepelitur.(⑨ Jesus is placed in the tomb.) 예수, 무덤에 묻히심(제14처).

Jesus Spiritum Sanctum misit.(⑨ The Holy Spirit comes to the apostles and the Blessed Mother.) 예수님께서 성령을 보내심(영광의 신비 3단).

Jesus sub cruce cadit(⑨ Jesus falls the first time) 예수, 기진하시어 넘어지심(제3처).

Jesus tertio in terram cadit(⑨ Jesus falls the third time). 예수, 세 번째 넘어지심(제9처).

Jesus venit, ut(qui) **mundum salvum faceret.** 예수께서는 세상을 구원하시기 위하여 오셨다.

Jesus vestibus nudatur(⑨ Jesus is stripped of his garments). 악당들이 예수의 옷을 벗김(제10처).

J.H.S.(I.H.S.) 1. 그리스도 성령.
2. Jesus Hominum Salvator. 인류의 구세주이신 예수.
3. Jesum habemus Socium. 예수를 벗으로 갖는다.

J.M.J. = Jesu, Maria, Joseph의 약자(略字)

Joakim. (히브리어.그리스어) 요아킴(축일 8월 16일).

Joannes, -is m. 요한

Joannes a cruce, -is, m. 십자가의 요한
[1542~1591년. 그는 스페인의 가르멜회 수사로서 성녀 예수의 데레사와 함께 가르멜회를 개혁하였다. 그는 신비 신학과 문학 역사에 나타나는 초자연적 지식으로 인해 당연히 교회 학자로 선언되었다. 전례 거행은 12월 14일(기념일)이며 주제는 극기의 정신으로 십자가를 사랑함이다].

Joannes ad Angelis. 천사의 요한(스페인인 1536~1609년)

Joannes ad Apamea. 아파메아의 요한(시리아의 영성 저술가)

Joannes Apostolus. 사도 요한(Ἰωάννης)
(신약성서와 묵시록과 3편의 편지 author. 축일 12월 27일).

Joannes Baptistæ. 세례자 요한(Ἰωάννης ὁ βαπτιστς)
(예수에게 세례 준 예언자. 탄생 대축일은 6월 24일)

Joannes Chrysostomus, -is, -i. 요한 크리소스토모
[347~407년. 성인. 콘스탄티노플 주교. 교회학자, 설교가의 주보 축일 9월 13일]. 서품 후 설교에 종사. 이 때 '황금 입'(크리소스토모) 즉 '금구술口'라는 뜻의 이름을 얻게 되었다. 그리스도교 도시 안티오키아의 개혁에 대한 설교, 교훈 및 일련의 신약성서 설교로 최고의 그리스도교 설교가라는 찬사를 받았다.

Joannes de Epheso. 에페소의 요한(507년~586년)

Joannes Jejunator. 단식자 요한(+595년)

Joannes Paulus PP. II ad perpetuam rei memoriam. 영원히 기억할 교황 요한 바오로 2세의 말씀.

Ioannes plus etiam affirmat. (영) John even goes so far as to state). 요한은 더 나아가 이렇게 단언합니다.

Job. (히브리어.그리스어) 욥('아버지, 어디 계십니까!).

joca, jocórum, n., pl. = **jocus**

jocabúndus, -a, -um, adj. (jocor)
농담하는, 익살스러운, 실없이 장난하는, 희롱하는.

jocátio, -ónis, f. (jocor) 농담(弄談), 우스개(남을 웃기려는 말이나 짓), 실없는 장난, 익살(남을 웃기려고 일부러 하는 우스운 말이나 짓), 놀림(희롱), 희롱(戱弄-말이나 행동으로 실없이 놀림).

jócĭnor, -ŏris, m. (古) = **jecur**

joci causā. 순 농담으로(per jocum. 농담으로)

jōcor, -átus sum -ári, dep. (jocus)
intr. 농담하다, 익살부리다, 장난하다, 희롱하다.
tr. 농담조로 말하다, 우스개로 말하다.

jocósus, -a, -um, adj. (jocus) 우스꽝스러운, 익살맞은, 농담하는, 우스갯소리 잘하는, 웃기는, 장난치는, 까부는, 유머가 풍부한, 기지 있는, 재치 있는, 흥거운, 즐거운.

joculánter, adv. 희롱하면서

joculáris, -e, (**joculárĭus,** -a, -um), adj. (jóculus)
익살스러운, 우스꽝스러운, 웃을 만한, 재미있는, 기지에 찬. n., pl. 농담(弄談), 희롱(戱弄), 놀림.

joculárĭus, -a, -um, adj. = **joculáris,** -e,

joculátor, -óris, m. (inusit. jóculor)
농담하는 사람, 농담자, 장난꾼, 익살꾼, 어릿광대.

joculatórĭus, -a, -um, adj. (joculátor)
농담하는, 익살스러운. n., pl. 농담(弄談).

jócŭlus, -i, m. dim. (jocus) 자그만 농담, 우스갯소리, 장난감

jocund… V. **jucund**…

jocus, -i, m. (pl.: joci. joca n.) 농담(弄談),
농, 장난, 익살, 희롱(戱弄), joci causā. 농담으로,
순 농담으로/ per jocum. 농담으로, 농담조로/
Esse malignum non est jocus. 악의로 하는 행위는 장난이
아니다.(장난은 악의로 하는 것이 아니다). (성염 악의로 하는 것이 아니다. 고전 라틴어, p.68)/
extra jocum, remóto joco. 농담은 그만두고/
Hæc defénsio redundávit joco. 이 변론은 익살에 넘쳐있었다/
insero jocos históriæ. 쓸데없는 소리를 역사에 섞다/
loca tua risi. 네 농담을 두고 나는 웃었다/
Iocis temperatis delectamus, immodicis irascimur.
우리는 절도 있는 농담은 재미있어 하지만
도에 지나친 것에는 화를 낸다.(Seneca)/
joco serióve. 농담이든 진담이든, 농담으로나 진담으로나.

jodofórmĭum, -i, n. (化) 요오드포름(CHI₃)

jodum, -i, n. (獨 Jodtink.요오드팅크), (化) 옥도(沃度-요오드).
tinctúra jodi. 옥도정기(沃度丁幾).

Jonas. (히브리어.그리스어) 요나('비둘기')

Jordánes(-is), -is, (-us, -i) m. Palœstína의 강
(Lebanon 남부에서부터 사해로 흘러늘어 가는 길이 320km의 강).

Ioseph…accepit coniugem suam; et non cognoscebat eam, donec peperit filium.(영) Joseph…took his wife; but he knew her not, until she had borne a son)
요셉은 마리아를 아내로 맞아들였다. 그러나 아들을 낳을
때까지 동침하지 않았다.(마태 1. 24~25).

Ioseph viro iusto arctissimo virginalique amoris vinculo iuncta.(=Maria) (영) united to Joseph, the just man, by a bond of marital and virginal love = Maria)
부부로서 또 동정녀로서의 사랑의 유대에 의하여 의로운
사람 요셉에 결합된 분(복되신 동정녀 마리아 기념 미사의 본기도 중).

Josephus, -i, m. 요셉(יוֹסֵף.Ἰωσὴφ)
(영) Joseph Saint.獨 Josef/Heiliger)
(요셉은 히브리말로 '하느님께서 더하신다' 뜻.
동정녀 마리아의 배필로 예수를 기르신 아버지).
Adésto nobis, quǽsumus, miséricors Deus: et,
intercedénte pro nobis beáto Joseph Confessóre,
tua circa nos propitiátus dona custódi. 자비하신 천주님,
저희를 도우시어 저희에게 베푸신 예물을 성 요셉
증거자의 전구하심으로서 은혜로이 보호 하소서/
Atqui Iosephi silentium peculiarem suam præ se fert
eloquentiam.(영) But the silence of Joseph has its own
special eloquence) 그러나 요셉의 침묵은 그 특유의
웅변을 내포하고 있다(1989.8.15. "Redemptoris custos" 중에서)/
Cum Maria una primus huius mysterii divini Iosephus
est depositarius.(영) Together with Mary, Joseph is the
first guardian of this divine mystery) 마리아와 더불어
요셉은 이 신적 신비의 최초 보호자이다/
De persona sancti Ioseph et opera in Christi Jesu
Ecclesiæque vita.(영) On the person and mission of saint
Joseph in the life of Christ and of the Church)
그리스도의 생애와 교회의 생활 안에서의 성 요셉의
인품과 사명(1989.8.15. "Redemptoris custos" 중에서)/
Ecclesiæ tandem orbique omni impetret Iosephus Sanctus,
perinde ac singulis nobis, Patris et Filii et Spiritus
Sancti benedictionem.(영) May St. Joseph obtain for the
Church and for the world, as well as for each of us,
the blessing of the Father, Son and Holy Spirit)
성 요셉이 교회와 세상을 위해서 뿐 아니라 우리 각자를
위해서도 성부와 성자와 성령의 축복을 전구해 주기를
기원하면서(1989.8.15. "Redemptoris custos" 마지막 부분)/
Joseph, fili David, noli timére accípere Maríam
cónjugem tuam: quod enim in ea natum est, de Spíritu
Sancto est. 다윗의 자손 요셉아, 두려워하지 말고
마리아를 아내로 맞아들여라. 그 몸에 잉태된 아기는
성령으로 말미암은 것이로다/
Hodiernu adhuc tempore rationes perpetuas habemus cur
quemque hominem Sancto Iosepho committamus.
오늘날 우리는 모든 이를 성 요셉에게 위탁할 수 있는
훌륭한 동기를 갖고 있다(1989.8.15. "Redemptoris custos" 중에서)/
Humilium est Iosephus exemplar, quos christiana fides
sublimes ad fines provehit.(영) St. Joseph is the model
of those humble ones that Christianity raises up to
great destinies) 성 요셉은 그리스도교가 가장 큰 찬사를
보내는 겸손한 사람들의 본보기이다/
Iis circumscribitur verbis intima pars biblicæ de Sancto
Iosepho veritatis. 이 말씀에서 우리는 성 요셉에 대한
복음 진리의 핵심 내용을 발견한다.

Jovis, gen. Júpiter.
pro æde Iovis. 유피테르 신전 앞에/
Jove tonante, Jove fulgurante, comitia populi habere
nefas. 유피테르가 천둥을 치고 유피테르가 번개를 치는
동안, 국민 집회를 가짐는 불가하다/
Salve, vera Jovis proles! 여, 유피테르의 자손, 안녕하신가?

**Iovis ipsius sororis et conjugis et reginæ omnium
deorum.** 유피테르의 누이요 배우자이며 모든 신들의 여왕.

Jovis flamma. (植) 오랑캐꽃(제비꽃.flos violæ)

Jovis flos. (植) 서양 할미꽃

Jovis glans. (植) 호도

juba¹ -æ, f. (짐승의) 갈기(말이나 사자 따위 짐승의 목덜미에
난 긴 털), 닭의 볏, 개의 목털, 투구의 장식 깃털,
혜성의 꼬리, 나무의 우듬지(나무의 꼭대기 줄기) 잎,
장광설(長廣舌-길고도 세차게 잘하는 말솜씨).

juba² -æ, m. Hiémpsal의 아들로서 Numídis의 왕,
Thapsus 전투(46 A.C.) 후에 자살함.

jūbar. -áris, n. 번쩍이는 빛, (특히 천체의) 광채(光彩),
광채(光彩.ἀπαύγαμα.정기 어린 밝은 빛), 햇빛, 일광(日光),

달빛, 월광(月光), 불빛, 별(כּוֹכָב), (특히) 샛별.
jubátus, -a, -um, adj. (juba) 갈기를 가진, 갈기 있는, 볏.도가머리.투구장식.앞 장식 따위가 있는, 빛 꼬리를 가진 (혜성).
jube, 원형 júbĕo, jussi, jussum, -ére, tr. [명령법. 현재 단수 2인칭 **jube**, 복수 2인칭 jubete].
Jube, Domine benedicere.(Lord, grant me Thy blessing). ([영] Your blessing, Father)
주님, 강복하소서(주여, 축복을 허락하소서)/
Postea accipit librum de Altari, et rursus genulfexus petit benedicationem a Sacerdote, dicens
Jube, Domine benedicere. 제대에서 독서집을 가지고 다시 장궤하여 "주여, 축복을 허락 하소서" 하고 말하고 집전자로부터 축복을 받는다.
Iube, domne, benedicere.
Dóminus sit in corde tuo et in lábiis meis:
ut digne et cpmpeténter annúnties Evangélium suum:
주님, 축복(강복) 하소서. 주님, 제 마음과 제 입술에 계시어, 주님의 복음을 합당하고 정중하게 전하게 하소서.
júbĕo, jussi, jussum, -ére, tr. 1. [acc.c.inf.; pass.:nom. c. inf.: *alci*-inf., *alqd*; *alqd*; 간혹 ut, ne, subj.] **명하다, 명령하다**(פקד): Jubéto, istos foras exíre. 저 사람들에게 밖으로 나가라고 해라/ Jussi sunt ægri deférri. 병자들을 데려오라고 명했다. 2. [inf.:acc.c. inf.] 충심으로 바라다 (원하다), 간곡히 권고하다(당부하다): Speráre nos amíci jubent. 친구들이 우리더러 꼭 희망을 가지라고 당부 한다/ *alqm* salvére jubeo. 아무가 부디 안녕하기를 빈다, 충심으로 문안드리다. 3. [*alqd*; ut] (통치기관.원로원에서 법 따위를) 제정하다, 결정하다, 규정하다; (원로원 등에서 결정된 사항을 Roma 국민이) 승인하다. 4. [*alqm* c.acc. prœd.] (아무를) …로 지명(임명)하다, 선출하다, 선언하다.
Jubebo cellam calefieri. 안주인의 방은 벌써 덥혀져 있었다/
Hoc certe Dominus iubet.
이것은 분명 주님께서 명하시는 것입니다/
Illi jusserunt servos ædificare vias longas.
그들은 노예들에게 명령하여 먼 거리의(longas) 도로들을 축조하게 하였다.(iubeo 동사는 집행자가 명기되면 능동태 부정법문으로 속문을 만든다. 성 염 지음, 고전 라틴어, p.131)/
Jubeor tacere. 나는 침묵하라는 명(=함구령)을 받고 있소/
Manus ad operandum; sed quid? Quod iusserit caritas, quæ inspirata est intus a Spiritu Sancto.
일하기 위해 있는 손은 무슨 일을 합니까? 마음속에서 성령으로 영감 받은 사랑이 명령하는 것을 합니다.
(최익철 신부 옮김, 요한 서간 강해, p.343)/
Marcus jussit populum orare.
마르코는 백성에게 기도하라고 명령했다/
Milites jussi sunt proficisci.
군사들은 출발하라는 명령을 받았다/
Quid tibi iubet Deus? Dilige me. 하느님께서는 그대에게 무엇을 명하십니까? '나를 사랑하라'고 하십니다/
Si judicas, cognosce ; si regnas, jube.(Seneca).
그대가 재판을 하는 입장이면 (사리를) 인지하라!
그대가 통치하는 입장이면 명령하라!
Jubeo, te abire. 나는 네가 떠나가기를 명령하는 바이다
jubilǽum, -i, n. (júbilo) 1. (25주년.50주년 따위의) 기념제, 기념축전, 경축, 축제. 2. 성년(聖年.[영] Holy Year), 희년(禧年=해방의 해 ἐνιαυτὸς της ἄαφὲσεος 레위 25,10 ; 27,17.18).
Annus Jubilæi. 환희년/
Dici licet hæc omnia pertinere ad magnum iubilæum, supra memoratum([영] All this may be said to fall within the scope of the great Jubilee mentioned above)
이 모든 것이 우리가 이미 언급한 대희년에 기념해야 할 내용이 된다고 할 수 있습니다.
(1986.5. 18. 요한 바오로 2세 교황 "Dominum et vivificantem" 중에서/
magni jubilæi hereditas. 대희년의 유산(大禧年 遺産)/
Nicænum Jubilæum. 니케아(니체노) 성년(1925년 비오 11세가 니케아 공의회 1600주년을 기념하여 선포한 성년 축제).
Jubilæum argenteum. 은경축
Jubilæum áureum.([영] golden jubilee) (50주년) 금경축, 금혼식.
Jubilæum majus. (=Annus Sanctus*) 대성년(大聖年), (지금은 25년마다의) 정례적 성년([영] Holy Year).
Jubilæum minus. 특별 성년, 소성년
Jubilæum argenteum. (25주년) 은경축([영] silver jubilee)
jubilǽus, -i, m. [júbilo] (구약시대에 50년마다 지키던) 안식년. (cf. Levit. 25, 10~13; 27, 24).
Jubilate Deo, 하느님을 찬미하라(1974년 자의교서)
Jubilate Deo. 유빌라떼 데오.[신도들이「거룩한 전례에 관한 헌장」을 염두에 두면서 반드시 알아야 할 단순한 그레고리오성가를 수집한 라틴어 성가집이다. 이 성가집은 1974년 바티칸 출판사에서 발행하였다(표준판 제2쇄는 1987년에 발행되었음). 제1부는 새「로마 미사 전례서」에 포함되어 있는 응답들과 더불어 미사통상문을 위한 모든 성가들을 싣고 있다. 제2부는 다양한 전례 거행들을 위한 성가들을 담고 있다(성체성사 성가, 찬미가, 찬가, 마리아 찬송가, 떼 데움 등). 박영식 옮김, 주비언 피터 랑 지음, 전례사전, p.359].
Jubilate Deo Omnis terra. 온 땅은 하느님을 찬미하여라.
jubilátĭo, -ónis, f. (júbilo) 기쁨(χαρὰ.[영] Enjoyment), 목동.농부의 고함소리, 환희(歡喜), 환호(歡呼), 경축(慶祝), 환희의 축전, 기념 축제(祝祭).
júbĭlo, -ávi, -átum, -áre, intr., tr. (júbilum)
(시골 농부.목동들처럼) 소리쳐 부르다,
(흥이 나서 아무렇게나) 노래하다(רנן),
환희에 넘쳐 외치다, 환호하다(ἀγαλλιὰω),
기뻐 날뛰다, 기념 축제를 경축하다.
Singulos iubilares eventus ut patet nominatim recensere non possumus. 분명히 대희년의 모든 행사를 상세히 다룰 수는 없습니다.
júbĭlum, -i, n. (júbilo)
농부.목동의 외쳐 부르는 소리(노래),
환희에 넘쳐 부르는 소리, 환호성(jubilium-마음의 노래는 일정한 형식이 없이 음유자가 마음 가는 대로 노래를 하며 어떤 확실한 가사를 붙이는 것이 아닌 그저 환희에 넘쳐 흥얼거리며 부르는 詩的인 노래이다. 이재성 옮김, 아씨시 성 프란치스코의 생애, p.380)
In dulci Jubilo. 큰 기쁨 속에.

In dulci Jubilo	큰 기쁨 속에
nun singet und seid froh!	노래하고 기뻐하라!
unsers Herzens Wonne	우리 마음의 기쁨이
liegt in præsepio	구유 위에 누워 계시고
und leuchtet als die sonn	어머니 품속에
matris in gremio	태양처럼 빛나시네
Alpha es et O!	당신은 시작이요 마침이로다!
O Jesu parvule,	오 아기 예수여
nach dir ist mir so weh	나는 당신이 참으로 그립나이다.
Trœst mir meine Gemuet	내 마음을 위로해주소서.
O Puer optime	오 가장 착하신 어린이여
durch alle deine Guete	당신의 모든 호의로
Princeps gloriæ	영광의 임금이시여.
Trahe me post te!	나를 당신께 이끄소서!

[14세기에는 이른바 대위법의 기교가 절정에 이른 시기였다. 교회에서의 노래는 순수한 무반주 합창이었다. 또한 르네상스의 영향으로 보다 인간 위주의 음악이 태동하기 시작하였으며 음유시인(吟遊詩人)이라고 부르는 사람이 늘어났다. 프랑스의 남부에서 시작된 뜨루바두르(Troubadour)는 귀족층을 상대로 노래를 부른 계급이고 북부에서 시작된 트루베르(Trouver)는 시민층을 대상으로 하여 노래를 불렀다. 또한 독일에서는 미네징거(Minesinger)라는 이름의 귀족 출신 음악가들이 각지를 순회하며 노래를 불렀는데 14세기-16세기가 되자 마이스터징거(Meistersinger)라고 불리는 노동자 계급의 조합원들이 주축이 되어 세속음악을 발전시켰다. 또한 이 시기에 유행하던 노래 중에 독일어와 라틴어가 혼합된 노래가 있다. 원래는 라틴어로 지은 곡인데 신자들이 부르기 쉽게 독일어를 섞은 것이다. 김건정 지음, 교회전례음악, pp.70~71].
Jucunda Semper Expectátĭone, 로사리오 기도(1894.11.8.).
jucundior, -or, -us, adj. jucúndus, -a, -um의 비교급
jucundissimus, -a, -um, adj. jucúndus, -a, -um의 최상급
jucúndĭtas, -átis, f. (jucúndus) 유쾌함, 재미남, 쾌적함, 즐거움([영] Pleasure), 기쁨(χαρὰ), 향락(享樂-즐거움을 누림), 몹시 기분 좋음, 매력(魅力), 상냥함, (pl.) 우정표시, 친절표시, 봉사(διακονὶα.[영] service).
dare se jucunditáti. 마음껏 즐기다.
Jucunditas redintegrabit. 즐거움이 새로워질 것이다.
jucúndo, -ávi, -átum, -áre, tr. (jucúndus)
기뻐하다(חדה.אדה), 즐거워하다; 즐겁게 놀다.
jucúndus, -a, -um, adj. (juvo)
유쾌한, 재미있는, 즐거운, 몹시 기분 좋은, 명랑한, 쾌활한, 정다운, 쾌적한, 마음에 드는.
jucúndam senectútem efficio. 노년기를 즐겁게 만들다/
Nihil te fíeri posse jucúndius, dicunt.(fio 참조) 사람들은 네게 대해 더 기분 좋은 이야기가 있을 수 없다고 한다/
nil contulerim jucundo amico. 다정한 벗보다 즐거운 것은 없으리(성 염 지음, 사랑만이 진리를 깨닫게 한다, p.430)/

O quam bonum et jucundum est,
fratres habitare in unum."
형제들이 함께 모여 사는 것이 얼마나 좋고 즐거운가!/
Tam jucunda miracula.
기적들은 이처럼 큰 기쁨을 주는 것이다/
(Tu) Es jucundus. 당신은 재미있다.

Jucundum auditu est. 듣기에는 재미있는 일이다

Iucundum est atque frugiferum iter incrementi filiorum similiter huic precationi commendare. 자녀들의 성장 과정을 이 묵주기도에 의탁하는 것도 즐겁고 풍요로운 일입니다("Rosarium Virginis Mariæ" 중에서).

Judǽa, -æ, f. Judœa 나라, (때로는) Palœstína.
adj. **Judáĭcus(Judǽĭcus, Judǽcus)** -a, -um.
m. **Judǽcus**, -i, Judœa 사람, 유대인(Ἰουδαίος.[영] Jew),
Adversus Judæos. 유대인 논박(떼르뚤리아누스 지음)/
An Iudæorum Deus tantum?
하느님은 유다인들 만의 하느님이십니까?(성경 로마 3, 29)/
De ortu Salvatoris nostri, secundum quod Verbum caro factum est, et de dispersione Iudæorum per omnes gentes, sicut fuerat prophetatum. 말씀이 사람이 됨으로 써 우리 구세주의 출현이 이루어지고 예언된 대로 유다인들이 모든 민족 사이에 퍼졌다(신국론, p.2814)/
Et erat prædicans in synagogis Iudææ.
(Und er predigte in den Synagogen Judäas)(루카 4, 44)
([영] And he was preaching in the synagogues of Judea)
그러고 나서 예수님께서는 유다의 여러 회당에서 복음을 선포하셨다(성경)/그 뒤 예수께서는 유다의 여러 회당을 다니시며 복음을 전하셨다(공동번역)/그리고 그분은 유대의 여러 회당에서 (복음을) 선포하셨다(200주년 신약 루가 4, 44)/
Nos natura Iudæi et non ex gentibus peccatores(갈라 2, 15).
우리는 본디 유다인으로, 죄인들인 이민족이 아닙니다/
Si tu es rex Iudaeorum, salvum te fac!([영] If you are King of the Jews, save yourself) 네가 유다인들의 임금이라면 너 자신이나 구원해 보아라(루카 23, 37)/
Tu es rex Judæorum?(루카 23, 3) 당신이 유다인들의 임금이오? 대답: sum!(non sum!).

Iudæi autem Christum, quem sperant, moriturum esse non sperant. 유다인들은 그리스도라는 분에게 희망을 걸고 있지만 그분이 죽으리라는 희망은 걸지 않는다. (교부문헌 총서 16, 신국론, p.1869).

Judæo-christĭani. 유대계 그리스도인([영] Jewish christĭanity).

Judæos impulsore Chresto assidue tumultuantes Roma expulit. 그리스도의 선동(煽動)을 받은 유다인들이 끊임없이 난동을 일으켜 그들을 로마에서 추방했다(로마의 역사가 Suetonius 기록. 그리스도교를 언급한 첫 이방인 저술가. Via Claudii의 책에서 그리스도교 신자를 언급함. 백민관 신부 엮음, 백과사전 3, p.571).

judaídĭo = judaízo

Judaísmus, -i, m. 유태교, 유대교([영] Judaism), 유태인 기질.
anima semper judaica. 영혼은 항상 유다교적.

judaízo(=judaídĭo) -áre, intr. 유태인처럼 살다

Judas, Judæ, m. 유다

Judas Iscariot(?~30?) 유다 이스카리옷(예수를 배신한 인물)

Judas Thaddæus. 유다(예수의 제자. 축일 10월28일)

jūdex, -dĭcis, m. (jus dícere=judicáre) 1. **재판관**(שׁפט), 사법관, 심판관, 판사(consĭliárĭus, -i, m. 배석판사), **심판자**, 판관(判官): júdicem dare. 집정관(prætor)이 재판관을 지명하다/ júdicem ferre *alci.* (원고가) 재판관을 선정하다 즉 아무를 재판에 넘기다/ júdicem dícere. (피고가) 재판관을 선정하다 즉 재판을 받아들이다/
Nemo judex in propria causa. 아무도 자신의 사건에 재판관이 될 수 없다/ (聖) Liber Júdicum. (구약성서의) 판관기(判官記), 사사기(士師記). 2. (어떤 일이나 사건의) 결정자, 판정자, 판단자, 심판관; 정통한 사람; 심판; me júdice. 내 생각으로는/ judex rerum. 일을 잘 아는 자. (가톨릭대학교 고전라틴어연구소, 라틴-한글사전, p.470).
alqm fero júdicem. 아무를 재판관으로 선정하다/
Bonus judex secundum æquum et bonum judicat.
선한 재판관은 공정과 선에 따라 판단(재판)한다/
De jure judices, de facto juratores, respondent. 법률에 대해서는 심판관들이, 사실에 대해서는 배심원들이 답변한다/
Dissolvitur lex, cum fit judex misericors.(Publilius Syrus).
재판관이 연민에 사로잡히면 법은 무너진다/
Fátus est judex qui ultra petita judicat.
청구된 것 이상을 재판하는 재판관은 미련한 자이다/
Illiterati et juris imperiti judices esse non possunt.
문맹자와 법을 모르는 자는 심판인이 될 수 없다/
In propria causa nemo judex.
아무도 자기 사건에서 재판관일 수 없다(재판관의 기피)/
incompetentĭa iudicis. 권한부재, 재판관의 무관할(無管轄)/
Judicem me esse, non doctórem.
나는 학자이기보다는 법관이기를 원한다/
Judici sola applicatio legum ad casus competit.
법률들을 사건에 적용하는 것만이 법관의 임무이다/
Judicis est judicare secundum allegata et probata.
재판관의 (직분은) 증거로 제시된 것과 확증된 것에 따라 판결하는 것이다/
Judicis est nimiam multitudinem testium refrenare.
([영] It is for the judge to curb an excessive number of witnesses) 증인의 수효(數爻)가 너무 많지 않도록 제한하는 것은 재판관의 소임이다.(Can. 1553)/
judicis posturátĭo. 심판인 신청(申請)/
Ne procedat judex ex officio.
재판관은 직권으로 진행하지 말아야 한다/
Nec docéri desiderábit judex.
재판관은 가르침 받기를 원하지 않을 것이다/
Nemo debet esse judex in propria causa.
아무도 자기 사건에서 재판관일 수 없다/
Nemo esse judex in sua causa potest.
아무도 (자기가 당사자인) 소송 사건에서 재판관이 될 수 없다/
Nemo judex sine áctore. 제소가 없으면 재판이 없다, 원고가 없으면 아무도 재판관이 아니다/
Nemo non benignus est sui judex.
자신에게 관대하지 않은 판관은 아무도 없다, 누구나 자신은 관대하게 판단 한다/
Nunc illa videamus, judices, quæ statim consecuta sunt.
재판관들이여, 그러면 이제 당장 뒤따라 나온 결론을 살펴봅시다/
Quia in occulis non est homo judex.
인간은 숨겨진 사실로 인하여 법정에 세워지지 않는다/
Tempus est optimus Judex. 시간은 가장 훌륭한 재판관이다/
Utrum non potest satiáre judex.
판사가 두 사람 다 만족시킬 수는 없다/
versus contra Judices. 재판관들을 비난하는 글발.
(798년 테오둘프 주교가 시찰 여행을 할 때 받은 인상을 적은 글).

Judex æquitatem semper spectare debet.
재판관은 항상 형평을 존중하여야 한다.

Judex debet universa rimari.(교황 인노첸시오 3세)
재판관은 마땅히 모든 것을 들추어내야 한다.

Judex diœcesanus. 교구 법원 판사

Iudex est lex dicens. 재판관은 말하는 법률이다/

Judex est peritus peritorum
재판관은 감정인들에 대한 감정인이다.

Judex fidei. 신앙의 심판자

Judex hoc factum tibi crímini dedit.
재판관은 이 사실을 너에게 죄로 돌렸다.

judex instructor. 예심 재판관(보조 재판관)

Judex non potest esse testis in propria causa.
재판관은 자기(가 관련된) 소송 사건에서 증인이 되지 못한다.

Judex non tenetur exprimere causam sententiæ suæ.
재판관은 자기 판결의 이유를 설명할 의무가 없다.

judex ordinárĭus omnium([영] jurisdiction).
재치권(裁治權-교회를 다스리는 권).

judex quæstiónis. 수석(주심) 판사,
consĭliárĭus, -i, m. 배석판사.

Judex, qui inter adversarios convenit.
양편에서 다 인정한 재판관.

Iudex quidam erat in quadam civitate, qui Deum non

timebat et hominem non reverebatur.
어떤 고을에 하느님도 두려워하지 않고 사람도 대수롭지
않게 여기는 한 재판관이 있었다(성경 루가 18. 2).

judex qustiónis. 수석 판사(首席 判事)

judex qutiónis. 주심 판사(主審 判事)

judex rerum. 일을 잘 아는 자

Judex synodalis. 교구 법무관

judex tristis et integer. 엄격하고 청렴한 판관

judica, 원형 júdĭco, -ávi, -átum, -áre, tr. (jus¹+dico⁹)
[명령법. 현재 단수 2인칭 judica, 복수 2인칭 judicate].

Judica me. 나를 판단하소서.

Judica me, Deus. 하느님 저를 심판하소서.
(14c 영국의 신비가 리처드 롤 지음).

**Judica me, Deus, et discerne causam meam de gente
non sancta: ab homine iniquo et doloso erue me.**
(獨 Do me justice, O God, and fight my fight against an
unholy people, rescue me from the wicked and deceitful
man. 하느님, 제 권리를 되찾아 주소서. 충실치 못한 백성을
거슬러 제 소송을 이끌어 주소서. 거짓되고 불의한
자에게서 저를 구하소서.

judicábĭlis, -e, adj. (júdĭco)
쟁점이 있는, 판결해야 할, 판결될 수 있는.

judicátĭo, -ónis, f. (júdĭco) 사법상의 조사, 심판,
재판상의 심문(심사), 판단, 의견, 쟁점, 토의(사항).

judicato, adv. (júdĭco) 잘 생각해서, 심사숙고하여

judicatórĭus, -a, -um, adj. (júdĭco) 재판에 관한.
n. 재판하는 곳, 재판정(裁判廷)

judicátrix, -ícis, f. (júdĭco) 판결(판단) 하는 여자

judicátum, -i, n. (júdĭco) 판결채무, 기결사건(旣決事件),
기결사항(res judicáta), 판례(判例.獨 precedent),
판결(判決.히브.κρίσις.獨 judgment), 결정(決定).

Judicatum solvi. 난 재판된 일을 해결했다

judicátus, -us, m. (júdĭco) 판결자(재판관)의 권한(직책),
판결채무자.

judiciális, -e, adj. (judícĭum)
사법상의, 재판의, 재판관의, 재판에 의한.
denuntiátĭo judiciális seu canonica. 사법적 고발/
expensa judiciális. 재판 비용(裁判費用).

judiciális procedura. 사법적 절차(司法의 節次)

judiciális vicarius. 사법 대리(사목연구 제16집, p.49)

judiciis confossi. 많은 재판에 시달린 사람들

judiciálĭter, adv. 재판에 의하여, 합법적으로

judiciárĭus, -a, -um, adj. (judícĭum)
재판(사법)의, 법정(재판소)에 관한, 법권에 관한.

judícĭum, -i, n. (judex) 1. **심리(審理), 재판,** 공판,
심판(히.κρίσις.獨 Condemnátĭon/Judgment):
((神)) judicium particuláre. 사심판(→개별심판.獨
particular judgment, 죽은 후 개인적으로 즉석 심판)/
judicium universále. 공심판(→최후심판*.ultimum
judicium), 최후의 심판. 2. 소송(訴訟). 3. 재판소,
법정(獨 court). 4. (총칭적) 재판관들. 5. 재결(裁決),
판결(判決). 6. **판단(判斷.**獨 Judgment): 의견, 견해:
(神) judicium credenditátis. 당신성의 판단/ judicium
credibilitátis. 가신성의 판단. 7. 반성, 숙고(熟考):
judício alqd fácere. 숙고하여(고의로) 무엇을 하다.
8. 유언(遺言), 유서(遺書), 유지(遺志). 9. 판단력,
인식(認識), 식별(識別), 통찰력(洞察力). homo sui
judícii. 자기 주견을 가진 사람. (라틴-한글사전, p.470).

analyticum iudicium. 분석판단(分析判斷)/

De errore himanorum judiciorum, cum veritas latet.
진리가 감추어져 있을 때 인간적 판단의 오류.
(교부문헌 총서 17. 신국론. p.2816)/

De rebus ipsis tuo judicio utere. 이 문제들에 관해서 너
스스로 판단해라(필요와 풍족, 기쁨과 슬픔, 소원(疏遠), 이용을 나타내는
여러 동사는 그 대상을 탈격으로 나타낸다. 여러 탈형동사가 여기에 해당한다)/

De similibus idem est judicium.
비슷한 것들에 대하여는 판단이 같다/

De temerario judicio vitando. 경솔한 판단을 피함/

Dei Iudicium, tum quia est iustitia tum quia gratia,

spes est.(獨 The judgement of God is hope, both
because it is justice and because it is grace) 하느님의
심판은 정의이며 또한 은총이기 때문에 희망입니다/

Diem iudicii timére. 심판의 날을 두려워하라/

Dum cívitas erit, judícia fient.
국가가 존속하는 한 재판들이 계속 있을 것이다/

improbo judícium. 재판을 무효화(無效化)하다/

In judiciis non est acceptio personarum habenda.
재판에서 편파적(偏頗的)이어서는 안 된다/

in judicio cado. 재판에 지다/

judiciis postulatio. 심판인 신청/

liberum de voluntate judicium. 의지의 자유로운 판단/

Non credunt futurum diem iudicii, nec timent,
nec desiderant quod non credunt. 그들은 다가올 심판
날을 믿지도 않고, 믿지 않는 바를 두려워하거나 열망
하지도 않습니다.(최익철 신부 옮김. 요한 서간 강해. p.389)/

Nunc vero párum mihi sedet judícium.
아직은 내가 판단을 완전히 내리지 못하고 있다/

Omnes autem tunc volabunt, quod sæpe dicendum est,
cum area Dominica cœperit ventilari in die iudicii.
자주 되풀이해야 할 말이지만, 그들은 심판 날 주님의
타작마당에 바람이 불기 시작하면 모두 날아가 버릴
것입니다.(최익철 신부 옮김. 요한 서간 강해. pp.159~160)/

Populum judicii sui pœnitébat.
국민은 자기들의 판결을 후회하고 있었다/

Qui bona fecerunt, in resurrectionem uitæ; qui autem
mala egerunt, in resurrectionem iudicii. 선을 행한 사람
은 부활하여 생명을 누리고, 악을 저지른 사람은 부활
하여 심판을 받을 것이다(교부문헌 총서 17. 신국론. p.2420)/

Quid est habere fiduciam in die iudicii? Non timere ne
veniat dies iudicii. 심판 날에 확신을 가진다는 것은 무슨
뜻입니까? 심판 날이 와도 두려워하지 않는다는 것입니다.
(최익철 신부 옮김. 요한 서간 강해. p.389)/

Si mera esset iustitia, nobis omnibus causa esset tandem
timoris.(獨 If it were merely justice, in the end it could
bring only fear to us all) 심판이 정의이기만 하다면,
심판은 결국 우리에게 두려움만 가져다줄 것입니다/

Ubi semel cœptum est judicíum ibi et finem accipére
debet(30.D. 1) 재판이 시작한 곳에서 종결을 지어야 한다/

Unde ergo nobis datur fiducia in die iudicii?
그렇다면 심판 날에 대한 확신은 어디서 오는
것이겠습니까?.(최익철 신부 옮김. 요한 서간 강해. p.395)/

ut in judiciis culpa plectatur,
과오(過誤)가 재판을 통해서 처벌되도록.

ludicium conscientiæ.(獨 The judgment of conscience)
양심의 판단.

judicium contentiosum. 민사재판(民事裁判)

judicium credenditátis. 당신성의 판단

judicium credibilitátis (神) 가신성의 판단,
신빙성의 판단(가톨릭 철학 제2호. p.126).

judicium criminale. 형사 재판(judicium pœnale)

judicium de re apprehensa. 포착된 사물에 대한 판단

judicium duplex. 이중 재판(二重裁判)

judicium ecclesiasticum. 교회 재판(教會裁判)

judicium generale. 공심판(公審判.judicium universale)

judicium in sensu obiectivo. 객체적 의미의 재판

judicium in sensu subiectivo. 주체적 의미의 재판

judicium laicale. 시민재판(市民裁判)

judicium legitimum. 법적 소송

judicium natúrale sensus 감각의 자연적 판단

judicium particuláre* 개별심판(個別審判), 사심판

judicium personale. 대인재판(對人裁判)

judicium petitorium. 청구의 재판

judicium possessorium. 점유의 재판

judicium proxime practicum. 직접적으로 실천적인 양심판단

judicium reale. 대물 재판

judícium reddo. 재판을 해주다: 판결을 내리다

judicium remote practicum. 간접적으로 실천적인 판단

J

judicium simplex. 단순 재판(單純裁判)
judicium solemne. 정식재판
judicium spirituale. 영신적 재판(靈身的 裁判)
judicium summarium.
약식재판(modus procedendi summárĭus).
Iudicium tamquam locus ad spem discendam et exercendam.([영] Judgement as a setting for learning and practising hope) 희망을 배우고 실천하는 자리인 심판.
judicium temporale. 현세적 재판(現世的 裁判)
judicium universále.
공심판(→최후심판*.ultimum judicium).
judicium veritatis. 진리의 준거(準據)
júdĭco, -ávi, -átum, -áre, tr. (jus[1]+dico[1])
1. 재판관의 직무를 행사하다. 2. **재판하다**, **심판하다** (κρινειν), **판결하다**, 단죄하다, 선고하다. 3. **판단하다** (שׁפט), 단정하다, **여기다**, …이라고 생각하다, 믿다, 간주하다. 4. 평가하다. 5. 선언하다, 공표하다, 공언하다: summos se judico artífices. 자기들이 최고의 예술가라고 공언하다. 6. 결정하다, 의결하다, 확정하다.
Eum qui judicat eo de quo judicat esse meliorem. 판단하는 자가 판단 받는 자보다 훌륭하다/
Ex ore tue te judico, serve nequam. 네 말대로 너를 심판(審判)하리라/
Fátus est judex qui ultra petita judicat. 청구된 것 이상을 재판하는 재판관은 미련한 자이다/
Intus vide: nam homo judicare non potest quem videre non potest. 내면을 들여다보십시오. 사람은 보지 못하는 사람을 판단할 수 없기 때문입니다. (최익철 신부 옮김, 요한 서간 강해, p.267)/
Judica me, Deus, et discerne causam meam de gente non sancta: ab homine iniquo et doloso erue me. ([영] Do me justice, O God, and fight my fight against an unholy people, rescue me from the wicked and deceitful man) 하느님, 제 권리를 되찾아 주소서. 충실치 못한 백성을 거슬러 제 소송을 이끌어 주소서. 거짓되고 불의한 자에게서 저를 구하소서/
secundum quadraturæ legem judicari. 사각형의 법칙에 준해서 판단을 한다/
secundum sequalitatis legem judicari. 동일한 비례의 법칙에 의거해서 판단 한다/
Si judicas, cognosce ; si regnas, jube.(Seneca). 그대가 재판을 하는 입장이면 사리를 인지하라! 그대가 통치하는 입장이면 명령하라!
Ubi te invenĭo, ibi te judicabo. 너를 만나는 그곳에서 너를 재판(裁判)하리라.
jugális, -e, adj. (jugum) 1. (두 마리에 메우는) 멍에의, 멍에 매는 (짐승), 혼인의, 결혼의.
f., m. 아내([영] Wife), 남편(בַּעַל.[영] Husband).
m., pl. 쌍으로 수레 끄는 말, 쌍두마(雙頭馬).
jugális amor.(=amor coniugális)
부부애(夫婦愛.[영] conjugal affection).
jugárĭus, -a, -um, adj. (jugum) 멍에 매는 짐승의.
m. 겨릿소를 돌보는(부리는) 농부(農夫).
jugátĭo, -ónis, f. (jugo) 포도덩굴을 격자 시렁에 올려 가꿈, (겨릿소가 하루에 갈아낼 만큼의) 토지면적 단위, 하루갈이.
juge, adv. (jugis) 끊임없이, 항구하게, 영구히
juge triennium.(jugis 참조) 연속 3년 간
júgĕra, -um, n., pl. júgĕrum의 복수(제3변화)
júgĕrum, -i, n. [pl. (제3변화) júgĕra, um] [jugis, jungo] (800평가량 되는) 토지면적 단위, 일정한 구획의 토지(길이 240 pedes, 너비 120 pedes).
jugis, -e, adj. 계속 샘솟는, 끊임없이 흘러나오는, (물이) 사철 마르지 않는, 무진장의, **끊임없는**, 연속(계속.지속)적인, 연이은, **영구한**, 영속적인, 영원(永遠)한, 무궁(無窮)한, 멍에 메운 짐승의.
juge triennium. 연속 3년 간/
púteus jugis. 물이 마르지 않는 우물.
júgĭtas, -átis, f. (jugis) 쉴 새 없이 흐름, 연속(連續), 계속(繼續), 지속(持續-끊임없이 이어짐), 영구성(永久性).
jugiter, adv. 계속해서, 끊임없이, 지속적으로.
([영] constantly / continually / continuously).
De passione D.N.J.C. jugiter memoranda. 계속적으로 우리 주 예수 그리스도의 수난을 기억함에 대하여.
juglandaceæ, -árum, f., pl. (植) 가래나무과 식물
juglans, -ándis, f. (Jovis+glans)
(植) 호도(=**juglans nux**), 호두나무.
jugo, -ávi, -átum, -áre, tr. (jugum)
포도덩굴을 (격자 시렁 따위에) 올려 묶다, 매다, 동여 묶다, 잇다, 연결(連結)하다, 접속시키다, 결합시키다, (*alqm alci*) 결혼시키다.
jugósus, -a, -um, adj. (jugum)
가파른, 산이 많은, 산이 중첩한.
Júgŭla, -æ, f. (jugum) [주로 pl.]
Oríon 성좌, 특히 이 성좌의 세 별.
jugulárĭus, -a, -um, adj. (júgulum)
(解) 경부(脛部)의, 경정맥(頸靜脈)의.
jugulátĭo, -ónis, f. (júgulo) 멱을 땀(살해), 목을 찌름, 살육(殺戮-많은 사람을 마구 죽임), 살해(殺害).
júgŭlo, -ávi, -átum, -áre, tr. (júgulum) 멱따다, 목을 자르다(따다), 도살하다(טבח.נכס), 살해하다, 무찌르다, 파괴(破壞)하다, 무너뜨리다, 망치다, (*alqm*) 급소(急所)를 찌르다, 두말 못하게 만들다.
se jugulo. 자멸(自滅)하다.
júgŭlum, -i, n. [드물게는 m. jugulus -i] (jungo)
목의 앞부분, 멱, 멱살, 목, 목구멍, 인후(咽喉-목구멍), 식도(食道), 숨통, 쇄골(鎖骨-빗장뼈), 쇄골 위에 움푹 파인 곳, 핵심(核心.[영] Heart), 정곡.
demitto ferrum júgulo. 멱에다 칼을 꽂다.
jugum, -i, n. [= **jugus**[2] -i, m.] (jungo)
1. (두 마리 마소의 목에 매우는) 멍에; 말의 어깨에 맨 줄, (마소의) 봇줄(마소에 써레, 쟁기 따위를 매는 줄).
2. 겨릿소, 한 수레를 끄는 여러 마소들. 3. 한 쌍, 한 조.
4. 포도넌출을 얹어 잡아매는 가로장(대). 5. (軍) 기둥처럼 벌려 세운 두 개의 槍에 낮게 가로지른 창(패전한 적을 무장 해제시키고 복장까지 벗겨서 굴복의 표시로 그 아래를 허리 굽혀 지나가게 하였음): sub jugum míttere. 치욕적으로 굴복시키다. 키다. 6. 저울대, 천칭(天秤)대; ((天)) (=Libra) 천칭좌.
7. 베틀의 말코(베틀에 딸린 기구의 하나. 길쌈을 할 때에 베가 짜여져 나오면 피륙을 감는 대이다), 도투마리(베를 짤 때 날실을 감는 틀. 베틀 앞다리 너머의 채머리 위에 얹어 둔다). 8. 꼭대기, 정상, 산마루, 산등성, 능선, 산, 산맥. 9. 노예의 멍에, **예속**(隷屬-남의 뜻대로 지배되어 따름), 굴종(屈從-제 뜻을 굽혀 남에게 복종함).
10. 부부의 유대(기반.인연). 11. 재난(災難), 고생, 역경: ferre jugum páriter. 고생을 같이하다. 12. (겨릿소가 하루 갈 수 있는) 전답 면적의 단위. 하루갈이.
dejicio jugum a cervícibus. 멍에를 목덜미에서 벗겨 놓다/
dēmo juga equis. 말에게서 멍에를 벗기다/
exuo se jugo. 멍에를 벗다(exuo jugum)/
Hæc dicit Domi nus exercituum, Deus Israel: Contrivi iugum regis Babylonis. (ou[twj ei=pen ku,rioj sune,triya to.nzugo.n tou/ basile,wj Babulw/noj)
([영] "Thus says the LORD of hosts, the God of Israel 'I will break the yoke of the king of Babylon)
"만군의 주 이스라엘의 하느님께서 이렇게 말씀하신다. '내가 바빌론 임금의 멍에를 부수기로 하였다(성경 예레 28, 2)/"만군의 야훼께서 이스라엘의 하느님으로서 하시는 말씀이오. '나 야훼는 바빌론 왕의 멍에를 부수기로 하였다(공동번역)/
sub jugum míttere. 굴종(예속)시키다, 멍에를 메우다.
Jugum enim meum suave, et onus meum leve est.
(o` ga.r zugo,j mou crhsto.j kai. to. forti,on mou evlafro,n evstin) (獨 Denn mein Joch ist sanft, und meine Last ist leicht) ([영] For my yoke is easy, and my burden light)
정녕 내 멍에는 편하고 내 짐은 가볍다(성경 마태 11, 30)/
내 멍에는 편하고 내 짐은 가볍다(공동번역 마태 11, 30)/
사실 내 멍에는 편하고 내 짐은 가볍습니다(200주년 신약).

jugum servile. 노예의 멍에
jugum succedo. 멍에를 메다
juguméntum, -i, n. (jugo) 가로장(대). (建) 상인방
jugus¹ -a, -um, adj. (jugo) 합하는, 이어진, 결합된
jugus² -i, m. = jugum
Juliánus, -i, m. Roma의 황제(재위 361~363 P.C.),
    Apóstata(배교자)라고 불리 움.
Júlĭus¹ -a, -um, adj. 7월의, 칠월의, Július² 씨족의,
    m. 7월(그전에는 Quintílis라 하였으나 Július Cæsar를 기념하기 위하여 후에
    M. Antónius 집정관 때부터 그의 생일이 들어있는 7월을 Július로 개칭하였음).
    ante diem nonum Kaléndas Júlias. 6월 23일.
    (a.d. IX Kal. Jul. 혹은 IX Kal. Jul.)
    [날짜를 쓰려면 Kaléndæ, Nonæ, Idus를 중심으로 그 며칠 전으로 쓴다.
    날짜 계산은 출발점과 도착점을 계산에 넣는다. 그래서 6월 23일은 7월
    Kaléndæ의 9일 전이 되어, 라틴어로 쓰려면 dies nonus ante Kalénas Júlias
    이지만 보통 문법상 불규칙적으로 ante diem nonum Kaléndas Júlias. 로 한다.]
Júlĭus² -i, m. Roma인의 씨족명(가장 유명한 자는 Julius Cæsar)
    Calendárium Juliánum. Júliánus력.
    Julii in misera cena fuerunt clari poëtæ ex variis
    regionibus. 율리우스의 소박한(miser = frugalis) 만찬에는
    각 지방에서 (온) 저명한 시인들이 (와) 있었다.
jumentárĭus, -a, -um, adj. (juméntum) 역축의(에 관한).
    m. 마소(역축) 사육자. n. 외양간, 마구간(stabulum, -i, n.).
juméntum, -i, n. (jungo) 짐바리 짐승.
    (소.말.나귀.노새.낙타 따위) 역축(役畜),
    일을 시키기 위하여 사육하는 짐승, 짐수레, 우마차.
    Esto humilis, porta Dominum tuum; esto jumentum
    sessoris tui. 그대, 겸손하십시오. 그리고 그대의 주님을
    모시고 다니십시오. 그대 마차 주인을 모시는 노새가
    되십시오.(최익철 신부 옮김. 요한 서간 강해, p.313)/
    malam rem juménto suo arcéssere.(속담)
    불행을 자초(自招-어떤 결과를 자기가 생기게 함)하다/
    Qui coierit cum iumento, morte moriatur.(성경 탈출 22. 18)
    (pa/n koimw,menon meta. kth,nouj qana,tw|
    avpoktenei/te auvtou,j)
    (獨 Wer einem Vieh beiwohnt, der soll des Todes
    sterben) (英 Anyone who lies with an animal shall
    be put to death) 짐승과 교접하는 자는 누구든 死刑을
    받아야 한다(성경)/짐승과 교접하는 자는 반드시 사형에
    처하여야 한다(공동번역 출애굽기 22. 18).
Juncales, -ĭum, f., pl. (植) 골 풀목(目) 식물
juncétum, -i, n. (juncus) 골 풀 밭, 등심초(燈心草→골풀) 밭
júncěus(=júncĭnus), -a, -um, adj. (juncus)
    골 풀의, 등심초의, 골 풀로 만든.
juncósus, -a, -um, adj. (juncus)
    골풀이 많은, 등심초로 뒤덮인.
junctim, adv. (jungo) 나란히, 붙어서, 잇따라,
    계속적(연속적)으로, 연속적으로, 둘이서 함께, 다같이.
júnctĭo, -ónis, f. (jungo)
    결합, 연결, 연락(連絡), 맥락(脈絡), 접합, 접속(接續).
Junctiones ante Matrimonium(英 Marriages.trial).
    시험 결혼.
junctum, "jungo"의 목적분사(sup.=supínum)
junctúra, -æ, f. (jungo) 연결(連結), 결합, 붙잡아 맴,
    이은 자리, 이음매, 관절(關節.abarticulamentum, -i, n.),
    마디, 붙잡아 매는 끈; 봇줄(마소에 써레, 쟁기 따위를 매는 줄),
    (마소의) 뱃대끈(마소의 안장이나 길마를 얹을 때에 배에 걸쳐서
    졸라매는 줄), 혈연관계, 단어의 배합(배치).
junctus, -a, -um, p.p., a.p. (jungo) 이어진, 결합된,
    연결된, 접합된, 일체의, 가까운, 친밀한, 계속적인,
    (우정.인연.혈연 따위로) 맺어진. (修) 잘 배합된.
juncus, -i, m. (植) 골풀(등심초과로도 한다. 들의 물가나 습지에서
    자란다). 등심초(學名 juncus decípiens).
juncus alátus. 날개 골풀
jungit, 원형 jungo, junxi, junctum, júngěre, tr.
    [직설법 현재. 단수 1인칭 jungo, 2인칭 iungis, jungit,
    복수 1인칭 jungimus, jungitis 3인칭 jungunt]
jungit manus. 손을 모은다
jungo, junxi, junctum, júngěre, tr. (jugum)

1. (마소에게) 멍에를 메우다, 수레의 끌채를 메우다,
curru jungo equos, ad currum. 말들에게 수레를 메우다/
rheda equis juncta. 말 메운 사륜마차. 2. 잇다, 갖다
대다, 이어 붙이다, 연결하다, 결합시키다, 접합하다,
한데 묶다. 3. 다리를 놓다. 4. (상처를) 아물리다.
5. 말(문장)을 문법적으로 구성하다; 말을 하다(맺다).
6. 계속(연속) 시키다, 잇따르게 하다. 7. 결혼시키다,
(애정.우정.인연.혈연 따위로) 맺다, 결속하다.
8. (alqd alci) 동맹하다, 합병하다.
jungit manus 손을 모으다.
Alia est Patris ac Filii patefactio, in Spiritu Sancto
iunctorum(英 It is another revelation of the Father and
the Son, united in the Holy Spirit) 이것은 성령 안에
일치되어 있는 아버지와 아들에 관한 계시 입니다/
Iunctis manibus prosequitur: 사제는 손을 모으고 계속 한다/
Iungit eas ante pectus, et caput inclinat, cum dicit.
손을 가슴 앞에 모으고 고개 숙이며 말한다/
Iungit manus. 손을 모으다/
Iungit manus, et caput inclinat, dicens:
손을 모으고 고개를 숙이며 말한다/
iungit manus, et signat semel super hostiam, et semel
super calicem, 손을 모으고 한번은 성체 위에 한번은
성작(聖爵)위에 십자 성호를 그으며/
osculatur altare et, iunctis manibus ante pectus, dicit:
제대에 친구하고 손을 가슴 앞에 모은 후 말한다.
júnĭor, -óris, adj.(m..f.) comp. [júvenis] (sénior의 반대)
[júvénis, -is의 비교급으로 최상급은 없다; 연하의,
(더) 젊은, 연소한. [흔히 subst.] 젊은이, 후배; 젊은 군인.
Ideo autem omnes ad consilium vocari diximus,
quia sæpe iuniori Dominus revelat quod melius est.
주님께서는 흔히 젊은 사람에게 최고의 영감을 주십니다.
Juniores diligere. 연소한 이들을 사랑하라.
    (성 베네딕도 수도규칙 제4장 70).
junípěrus, -i, f. (植) 노간주(나무), 두송(杜松)
juniperus Coreána. 해변 노간주
Junius¹ -i, f. Roma인의 씨족명(유명한 인물은 Cæsar를 시살한
    L. Junius Brutus, M. Junius Brutus, D. Junius Brutus).
Junius² -a, -um, adj. (június) 6월의, m. 유월(6월)
jūnix, -ícis, f. (動) 어린 암소, 암소(гㄲ), 창녀(娼女)
Jūno, -ónis, f. Satúrnus의 딸,
    Júpiter의 누이이자 아내[희랍의 Hera 여신(女神)에 해당],
    adj. junonális, -e; junónĭus, -a, -um. Juno의, 6월의.
Junónĭa ales. (鳥) 공작(새) [pavo, -ónis, m. 공작]
    tempus Junonális, mensis Junónius. 6월.
Junonícŏla, -æ, m. (Juno+colo⁹) Juno 여신(女神)의 숭배자
Junonígěna, -æ, m. (Juno+gigno)
    Juno 여신(女神)의 아들(=Vulcánus).
junxi, "jungo"의 단순과거(pf.=perfectum)
Jup(p)ĭter, Jovis, m. (Nom. Júppiter/ Voc. Júppiter/
    Gen. Jovis/ Dat. Jovi/ Acc. Jovem/ Abl. Jove)
    [=Díespiter(날.빛의 아버지)]
    1. (Roma인들에게 있어서) 모든 신들의 왕으로
    하늘의 지배자인 최고의 신. Satúrnus신의 아들,
    Juno 여신(女神)의 남편(우렛소리와 번개를 무기로 씀. 희랍신화의
    Zeus에 해당함). 2. (天) 목성. 3. 하늘, 천공, 대기, 대공, 기후.
    Jovis alea. 독수리/ Jovis flamma. 오랑캐꽃/
    Jovis flos. 서양 할미꽃/ Jovis glans. 호도(胡桃)/
    sub Jove. 야외에(서).
    Deus Juppiter cælum movet manu dextra et terram
    manu sinistra. 유피터 신은 오른손으로 하늘을 움직이고
    왼손으로 땅을 움직이시느니라/
    Fatum dicunt esse quidquid dii fantur, quidquid Juppiter
    fatur. 무엇이든 신들이 하는 말, 유피터가 하는 말 그것을
    "fatum(발설된 것: 운명)"이라고들 한다/
    Non Juppiter quidem omnibus placet.
    유피터 신마저도 모두의 마음에 들(게 할) 수는 없다/
    O Juppiter, serva nos!
    오, 유피테르 신이여, 우리를 구해주소서!/

Tuere, Juppiter, cives et eorum domus!(탈형동사 문장)
유피테르여, 시민들과 그들의 집안을 지켜주소서!
Júpiter incrépuit nubes.(increpo 참조)
Júpiter 신이 구름을 쳐서 천둥소리를 냈다.
Jura communica. (사제직에 따르는) 사제권
jura divina atque humana. 신법과 인정법(인간실정법)
Jura et bona, 안락사(安樂死)(1980.5.5. 선언)
iura familiæ et educationis. 가정과 교육의 권리
Jura hominis(⑨ Rights of man). 인간의 권리
Jura novit curia. 법률은 법원이 안다.
jura patriæ. 조국에 대한 도리(의리)
jura personális. 대인적 권리
Jura pontificalia. 주교의 사목권
Jura posteriora prioribus derogant.
　나중의 권리가 먼저의 법을 개정한다.
jura quæsita. 기득권(⑨ acquired right)/jus quæsitum.
jura qui et leges tenet. 법도와 법률을 지키는 자(=의인)
　(성 염 지음. 사랑만이 진리를 깨닫게 한다. p.460).
jura reália. 대물적 권리
jura successionum. 상속권(相續權)
juraméntum, -i, n. (juro) 선서(宣誓.⑨ Oath), 서약,
　맹세(コショハツ.⑨ Oath/Oathtaking), 선서식(→서언식).
　Fractio juramenti(peniurium) 선서 파기(破棄).
Juramentum Antimodernísticum(⑨ Antimodernistic
Oath). 반근대주의 선서.
juramentum æstimatorium. 배상액 사정 선서
juramentum assertórium. 진술 후의 선서(맹세), 진술 선서
juramentum credulitatis. 신빙 선서
juramentum de munere adimplendo(⑨ Oath of
Allegiance). 취임 선서
juramentum decisorium. 원고 피고 간의 소송 해결 선서
juramentum delatum. 원고가 피고에게 요구하는 서약
juramentum deprecatorium. 저주 선서
juramentum Judiciale. 법정 선서
juramentum Obœdientiæ. 순명 선서
juramentum promissórium. 진술 전의 선서(맹세)
juramentum purgatorium.
　절반이 되지 않는 증거를 무효화하기 위한 배증선서.
juramentum relatum. 피고가 원고에게 요구하는 서약
juramentum Romanorum. 로마인의 선서.
　(constitútio Lothariana. 로타르 칙령. 824년 Lothair가 공포).
juramentum simplex. 보통 선서
juramentum sollemne. 성식(盛式) 선서
juramentum suppletorium.
　과반의 증거를 보증하기 위해 재판관이 요구하는 보충 선서.
juramentum veritatis. 진실 선서
juramentum voluntarium.
　원고 피고의 자유의사에 따른 서약(誓約).
jurándum, -i, n. [juro] (=jusjurándum)
　맹세(コショハツ.⑨ Oath/Oathtaking), 선서(宣誓.⑨ oath).
　Amantis ius iurandum poenam non habet.
　연인의 맹세는 처벌조항을 갖고 있지 않다.
jurátĭo, -ónis, f. (juro) 선서(宣誓.⑨ oath),
　맹세(コショハツ.⑨ Oath/Oathtaking).
jurátor, -óris, m. (juro) 맹세하는 자, 선서한 증인,
　호구조사.재산조사의 대상자에게 선서시키는 검찰관,
　선서자(宣誓者), 조세 사정인, 선거 감시인(監視人).
　De jure judices, de facto juratores, respondent. 법률에
　대해서는 심판들이, 사실에 대해서는 배심원들이 답변 한다/
　Juratores sunt judices facti.
　배심원(陪審員)들은 사실(여부를) 평결하는 사람들이다.
jurátus, -a, -um, p.p., a.p. (juro) [passíve, actíve]
　선서한, 맹세한, 선서한 증인의.
　adv. juráto, 맹세하고, 선서하고.
　transactĭo jurata. 맹세에 덧붙인 和解.
Juravit se, nisi victorem, non reversurum.
　그는 승리하지 않고서는 돌아오지 않겠다고 맹세했다.
jure, adv. (jus¹) 법률상(de jure. 법률상으로),

법대로(rite, adv./secundum legem.), 법에 의해, 의법,
　정당하게, 공명정대(公明正大)하게, 정확히.
　censura a jure. 의법 징계(ab homine. 의법 징계와 대조)/
　de jure. 법률상, 법률적으로, 법적으로/
　quo jure quaque injuria. 옳든 그르든.
　(성 염 지음. 사랑만이 진리를 깨닫게 한다. p.457).
jure coctus. 법에 능통한 사람
jure Divino. 하느님의 법(가톨릭 신학과 사상. 제44호, p.83)
Jure et facto. 정당한 권리를 갖고 그리고 사실상
iure gentium.(⑨ right of nations)
　만민법(1991.5.1. "Centesimus annus" 중에서).
jure hábilis. 소송할 자격(資格)
jure mérito. 당연히, 의당히(recte, adv.)
iure naturæ.(⑨ natural human right) 자연권
jure peritissimus. 법에 있어서도 극히 전문적인 사람.
　(성 염 지음. 사랑만이 진리를 깨닫게 한다. p.467).
jure peritus. 법에 능통한 사람
　(플라우투스의 작품에서도 'jure coctus'라는 어구가 있었듯이 'jure peritus'란
　'법에 능통한 사람' 즉 법에 대한 해박한 지식이 있어서 남을 법망에 걸어 넣거나
　자기의 범행이 법망에 걸리지 않게 피해 다니는 사람을 가리켰지만, Varro 이후
　로는 법률을 공부하거나 법을 집행하는 præ+tor, judices, jurisconsulti, vigintiviri
　등을 통칭하는 용어가 된다. 성 염 지음. 사랑만이 진리를 깨닫게 한다. p.458).
jureconsúltus, -i, m. (=jurisconsúltus)
　법률고문, 법률전문가(法律 專門家), 법학자(法學者).
jurejúro, -ávi, -átum, -áre, tr. (jus¹+juro) 선서하다,
　맹세하다(אמר.מי), 선서하고 증언(진술)하다,
　장담(확신)을 가지고 아주 자신 있게 말함. 또는 그런 말)하다, 보증하다.
júrěus, -a, -um, adj. (jus²+juro) 국물의,
　n., pl. 개밥(개먹이), 개 죽.
jurgátĭo, -ónis, f. (jurgo) 소송(訴訟)
jurgatórĭus, -a, -um, adj.
　말다툼하는, 시비하는, 논쟁 잘하는.
jurgátrix, -ícis, f. (jurgo) 말다툼(시비)하는 여자
jurgiósus, -a, -um, adj. (júrgium)
　입씨름(말다툼) 잘하는.
júrgĭum, -i, n. (jurgo) 입씨름, 말다툼, 시비(是非),
　언쟁(言爭), 논쟁, 법적 쟁의(法的爭議), 소송(訴訟).
jurgo, -ávi, -átum, -áre, (jurgor, -átus sum, -ári, dep.)
　intr., tr. (jure+ago) 입씨름하다, 말다툼하다(אבד.עבד),
　시비하다, 쟁의(爭議)하다, 소송하다(κατηγορεὶν),
　꾸짖다(אבד.עבד), 잔소리하다, 야단치다.
juridicátus, -us, m. (jurídicus) 사법관직, 재판직
juridiciális, -e, adj. (jurídicus)
　권리나 정의(정당성)에 관한, 시비를 가리는; 재판의.
juridicialibus formulis. 법적 격식(格式)
jurídicus, -a, -um, adj. (jus¹+dico²)
　법률상의, 합법의, 사법상의, 재판상의.
　m. 재판관, 심판관, 법률가(法律家).
　bona fides juridica. 법률적 선의/
　instrumentum juridicum. 법적 기구(法的 機構)/
　Persona Juridica(moralis). 법인, 법인체,
　　도덕적 법인(교황청을 가리키는 명칭).
Juris canonici Codice,
　새 법전에 대한 고유권리의 적합한 적용(1984.2.2. 교령).
　Quæstio facti. 사실상 문제/
　Quæstio juris. 법률상 문제.
juris consensus. 법적 동의(法的 同意)
juris consultus. 법률가(法律家.legista, -æ, m.)
juris discriptio. 법 조직(法 組織)
juris divini positivi. 하느님의 실정법(實定法)
Juris Ecclesiastici Græcorum Historia et Monumenta.
　그리스인들의 교회법 역사와 기념비(Pitra 지음 1864-1868).
juris ignorantĭa. 법률의 무지
juris pontificii. 성좌 설립(設立)
juris prærogativa. 법적 특전(特典)
juris singularitas. 법적 특혜(特惠)
jurisconsúltus, -i, m. (=jureconsúltus)
　법률에 조예(造詣)가 깊은 사람, 법학자, 법률가
　법률고문, 법률 전문가(法律 專門家), 변호사(辯護士).
jurisdíctĭo, -ónis, f. (jus¹+dico²) 재판 행위,

집정관의 사법행정, 사법권(司法權), 재판권(裁判權),
사법상의 **관할권**(추상적 의미의 사법 관할권 즉 재판권),
재치권(裁治權.⑨ jurisdiction), 관할구역,
재판소 관할구(管轄區), 순회재판 개정도시,
재판관직의 기간, 재판정(裁判廷), 재판소(裁判所)/
jurisdictio delegata(mandata). 위임 재치권(裁治權)
jurisdictio ecclesiastica. 교회 재치권(裁治權)
jurisdictio fori externi. 외적 통치
jurisdictio fori interni. 내적 통치
jurisdictio judiciális. 사법 관할권
jurisdictio in foro externo. 외법상 재치권
jurisdictio ordinaria. 정규 재치권(일반법에 규정된 재치권)
jurisdictio ordinaria et personális. 속인적 정규 관할권
jurisdictio ordinaria universalis.
　통상적인 세계교회 통치권(統治權).
jurisdictio ordinaria vicaria. 정규대리 관할권
jurisdictio parochi. 본당 내 재치권, 성당구 내 재치권
jurisdictio propria. 고유 재치권
jurisdictio subdelegata. 하 위임 재치권
jurisdictio vicaria. 대리 재치권
jurisdictio voluntaria. 비송 사건(非訟事件)
jurisdictionális, -e, adj. (jurisdíctio)
　사법권의, 재판 관할권(구역)의.
jurisŏnus, -a, -um, adj. (jus¹+sono)
　법률을 인용하는, 법률만 듣기이는.
jurisperítus, -i, m. (jus¹+) 법률 전문가, 법학자
jurisprúdens, -éntis, m. 법률학자, 법률 전문가
jurisprudéntia, -æ, f. (jus¹+) 법학(⑨ jurisprudence),
　법철학(⑨ legal philosophy/jurisprudence), 법리학.
**Jurisprudentia est divinarum atque humanarum rerum
notitia; justi atque injusti scientia.** 법률학이란 신사와
인간사에 대한 앎이요 정의와 불의에 대한 지식이다.
jurisprudentia tribunális. 법원의 법리학
juro, -ávi, -átum, -áre, (juror, -átus sum, -ári, dep.)
　intr., tr. (jus¹) 1. 서약(誓約)하다, **선서하다**,
　맹세하다(אמ.מר), 선서로써 확인하다, 맹세로써
　보증(보장)하다: juro (per) alqm(alqd). 누구를(무엇을)
　걸고 맹세하다/ juro in verba alcjs. 누가 불러주는
　(일정한 형식의) 말을 받아서 선서하다: 누구의 말을
　확실하고 진실한 것으로 믿다/ juro in litem. 계쟁물
　(係爭物)에 대하여 소유권을 맹세로써 주장하다/
　juro in legem. 법률대로 할 것을 선서(宣誓)하다/
　juro alci. 누구에게 충성을 맹세하다/ juro in se. 맹세
　로 자신을 저주(詛呪)하다/ juro morbum. (자기가
　무슨) 병(病)을 앓고 있다고 맹세하여 말하다.
　2. (alqd in alqm) 맹세로써 부인하다: juro calúmniam
　in alqm. 누구에게 대한 무고를 부인하다.
　3. (in alqm, inf.) 음모하다, 획책(劃策)하다, 공모하다.
　　　　　　　　　　　　　　　　[라틴-한글 사전. p.472].
　Nostra jura magistratuum fidei committimus.
　우리는 우리의 권리를 관리들의 신의에다 위임하는 셈이다/
　sicut juravi in ira mea.(⑨ As I swore in my wrath)
　그리하여 나는 분노하며 맹세하였다(성경 히브 3, 11).
Juro, me non adfuisse.
　나는 참석하지 않았다는 것을 맹세하는 바이다.
juruléntia, -æ, f. (jus⁹) 국, 고깃국
juruléntus, -a, -um, adj. (jus⁹) 국에 넣어 끓인
jurum legumque cultores. 법도와 법률을 존중하는 사람들.
　　　　　　　(성 염 지음, 사랑만이 진리를 깨닫게 한다. p.455).
jūs¹, jūris, n. [gen., pl. -īum] (júbeo)
　1. 법(⑨ Law), 법 조직, 법률(⑨ statute), 법규(法規).
　2. 법률상 요구되는 정의(公正): summum jus, summa
　injúria. 최대의 공정은 최대의 불공정(불의)이다, 극단의
　엄격한 법 규정은 극단의 불의이다/ ipso jure. 법률 자체에
　의하여, 법규의 효과로서, 명시된 법조문에 따라, 법률상
　당연히 3. 판결, 선고: jus dícere. 판결(선고)하다.
　4. 재판소, 법정: in jus vocáre. 법정으로 소환하다.
　5. 정당함, 지당함, 의당함, 당연함: jus pétere. 정당한 것을

청하다/ jure. 의당히. 6. **권리**(⑨ right.獨 Recht.
　프 droit), 권(權): Uxóres eódem jure sunt quo viri.
　아내는 남편과 동등한 권리를 가지고 있다/ jus asýli.
　비호권(庇護權)/ jus vivéndi. 생명권, 생존권. 7. 특권(特權).
　8. 권한, 권능: sui juris. 독립적인, 자립적인/ sui juris esse.
　자주 독립적이다, 자립하여 있다.(라틴-한글사전. p.473).
Apices juris non sunt jus.
　법에 대한 수식(법의 궤변)이 법은 아니다/
Cimon habebat magnam prudentiam cum juris civilis
tum rei militaris. 키몬은 국법에도 군사(軍事)에도 뛰어난
　지혜를 갖추고 있었다(성 염 지음, 사랑만이 진리를 깨닫게 한다. p.475)/
educo alqm in jus. 아무를 법관 앞에 나오게 하다/
disciplínā juris eruditus. 법학에 능통한/
expectatura juris acquirendi. 기대권(期待權)/
expérŏr jus. 재판에서 자기 권리를 주장하다/
fictio juris. 법률의 의제(法律 擬制), 법률의 허구(虛構)/
Hominum causa jus constitutum est.
　법이란 인간을 위하여 제정되어 있다/
Ĭdem juris. 동등한 권리/
impedimentum dubium juris. 법률상 의심되는 장애/
impedimentum juris civilis. 국가의 법에 근거한 장애/
impedimentum juris divini. 하느님 법에 근거한 장애/
impedimentum juris ecclesiastici.
　교회의 법에 근거(根據)한 장애/
imperator nullis juris inclusus angústiis.
　법의 아무런 제한도 받지 않는 황제/
in dubio juris. 법률의 의심/
in jus ducere. (피고를) 법정에 구인(拘引)하다/
in jus vocáre. 법정으로 부르다/
In libera civitate cujvis civi jura ampla sunt.
　자유국가에서라면 시민 각자에게 폭넓은 권리가 있다.
institutum juris diœcsani. 교구 설립회(設立會)/
institutum juris pontificii. 성좌 설립회(設立會)/
Juris Canonici Doctor.(J.C.D.) 교회법 박사/
Lucerna Juris. 법의 등잔/
Lucerna Juris Pontificii. 교황 법령의 등잔/
Lumen Juris. 법의 빛/
Miser est servitus ubi jus est vagum aut incertum.
　법이 애매하거나 불분명한 곳에는 비참한 예속(隸屬)이
　있을 따름이다/
Monarcha Juris. 법의 군주/
narra mihi factum, narro tibi jus. 너는 나에게 사실을
　말하라, 그러면 나는 너에게 권리를 말하겠노라/
Nemo plus juris ad alium transferre potest,
quam ipse habet. 아무도 자기가 가지는 권리 이상의
　것을 타인에게 이전할 수 없다/
Pater et tuba Juris canonici. 교회법의 아버지이며 나팔/
Pater juris. 법의 아버지/
Privilegium præter jus. 법외 특권, 습성적 특권(特權)/
Quædam jura non scripta, sed omnibus scriptis certiora
sunt.(Seneca) 어떤 법은 문자로 기록되어 있지 않으나
　어느 성문법보다도 더 확실하다/
qui jus ignorant neque tenent. 법도를 무시하고 지키지
　않는 자(=불의한 인간)(성 염 지음, 사랑만이 진리를 깨닫게 한다. p.460)/
Qui prior est tempore potŏr est jure.
　시간상 먼저의 사람의 권리가 우세하다/
Quotus quisque juris peritus est?
　법률 전문가가 얼마나 적으냐?/
reddo jus. 판결을 내리다, 선고(宣告)하다/
Relevat ab onĕre probandi jus.
　점유자는 자기의 권리를 입증할 책임이 감면 된다/
Scientia Juris. 법학(法學)/
si in jus vocat ito. ni it antestamino. igitur em capoito.
　만일 법정에 부르면 가라. 만일 안가면(원고는)
　딴 증인을 세워라. 그런 다음에 그를 잡아가라.
　　　　　　　(성 염 지음, 사랑만이 진리를 깨닫게 한다. p.447)/
simonía juris divini. 신법 위반 성직 매매/
Speculum et lumen juris canonici. 교회법의 거울과 빛/

Speculum juris. 법의 거울/
Ubi civitas, ibi jus; ibi societas, ibi jus.
시민이 있는 곳에 법이 있고, 사회가 있는 곳에 법이 있다/
Ubi eadem est rátĭo, idem jus.
동일한 이유가 있는 곳에는 동일한 권리가 있다/
Ubi eadem rátĭo, ibi idem jus. 이치가 같으면 법도 같다/
Ubi jus ibi remedium. 법이 존재하는 곳에는 구제책이 있다/
Ubi jus incertum, ibi jus nullum[성 염 지음. 고전 라틴어. p.86].
법이 불분명하면 법이 전혀 없는 것이나 마찬가지다/
[nullus. -a. -um '전혀 ...아닌. 없는' 부정을 뜻하므로 별도 부정사는 불필요/]
Ubi societas, ibi jus. 사회가 있는 곳에 법이 있다/
Unde jus prodiit, inde interpretátĭo procedit.
법이 태어난 곳에서 해석이 나온다/
usurpatio enim juris non facit jus.
권리의 행사가 권리를 발생시키지 못 한다/
usúrpo jus. 법적 권리를 누리다/
verum illud, Chreme, "Jus summum sæpe
summast malitia."(성 염 지음. 사랑만이 진리를 깨닫게 한다. p.457)
크레메스, 사람들이 하는 말이 옳고 말구.
최고의 정의란 최고의 해악이야.
jus acquisitum.
취득권(어떤 자유행위에 의해서 얻어지는 권리), 습득된 법.
jus activum. 능동적 권리(能動的 權利)
jus ad humanum civilemque cultum,
personæ dignitati congruum.
인간의 존엄성에 부합하는 문화에 대한 만인의 권리.
jus ad rem. 사물에 대한 권리,
물권(物權), 채권(債權.jus obligátĭonum).
jus advocatus(protectionis). 보호권
jus æquabile. 모든 이에게 공정한 법
jus alienabile. 양도할 수 있는 권리,
Inalienabile. 양도할 수 없는 권리.
jus antiquum. 고대법(교회 시초부터 그라시아노 칙령 때까지의 것)
jus appellandi. 상소권(上訴權)
jus asýli.(⑨ right of asylum)
(교회.수도원.병원 등의) 비호권(庇護權)
jus belli. 전쟁법(성 염 지음. 사랑만이 진리를 깨닫게 한다. p.480)
jus belli. "승자가 패자의 모든 것을 차지하는 권리"로 통용.
(교부문헌 총서 15. 신국론. p.218).
jus bonumque. 법과 도리
jus canónicum.(lex ecclesiástica) (disciplina juridica)
교회법(κανὼν.⑨ canon law).
교회법학(⑨ juridical discipline/canon law).
Pater et tuba Juris canonici. 교회법의 아버지이며 나팔/
Speculum et lumen juris canonici. 교회법의 거울과 빛.
jus caritatis. 사랑의 법(lex amoris).
jus cavendi. 예방권
jus civile. 국법(國法.νομος.⑨ civil law), 시민법,
시민권(市民權.獨-Zivilrecht.프-droit civil).
Quod enim est ius civile? Quod neque inflecti gratia,
neque perfringi potentia, neque adulterari pecunia
possit.(Cicero). 국법이란 것이 어떤 것인가? 특혜로 훼절
될 수 없고 세도로 유린될 수 없고 금전으로 부패될
수도 없는 것이어야 한다.[성 염 지음. 고전 라틴어. p.336].
jus coalitionis. 결사권(結社權), 단결권
jus cœrcitionis. 처벌권(處罰權)
jus cogens. 강행규범
jus commune. 보통법, 공통법
jus commune simul singulare. 공통 특수법
jus comparatum. 비교법학
jus concordatum. 정교조약법
jus connubii. 결혼권(結婚權), 통혼권
jus conscientiæ. 양심법(⑨ law of conscience)(양심법이란 각
사람의 양심에 있는 자연법이라고 말 할 수 있다.
jus constituens. 조직하는 법(정진석 지음. 교회 법원사. p.27)
jus constitutum. 조직된 법(정진석 지음. 교회 법원사. p.28)
jus consuetudinarium. 관습법(慣習法)
jus dicere. 판결문을 선포하다
jus disponendi. 처분권

jus dispositivum. 임의규범
jus divinum. 신법(lex divina./res divinum), 하느님의 법.
jus divinum naturale. 자연 신법(양심적으로 알게 되는 신법).
jus divinum positivum. 실증 신법(특별 형식(성서 등)으로 알려지는 신법)
jus dominii. 주권(주체적으로 본 '주권'이라 함)
jus domini supremi. 교회 재산 관리권
jus ecclesiasticum. (광범위한) 교회법
Jus Ecclesiasticum Universum. 교회의 일반법(1700년)
jus est. 옳은 말이다.
Ius est ars boni et æqui.(로마법학자 Celsus)
법은 선과 형평의 학문이다.
법은 선과 형평의 술이다(일본식 번역),
법이란 선량과 공정심의 예술이다(중국어 번역).
[한동일 지음. 법으로 읽는 유럽사. p.33].
jus est realis et personalis hominis ad hominem
proportio. 법은 인간이 인간에게 갖는 실제적이고
인격적인 비례관계이다.(성 염 옮김. 단테 제정론. p.51).
jus exclusivum. 독점적 권리, (마음에 들지 않는 사람) 거부권
jus externum. 외법
(다른 시민 사회나 종교 사회에 대한 교회의 관계에 관한 것)
jus extraordinarium Missionum. 선교사 비상법
Jus Facultatum. 특별 권한
Jus generale. 일반법(모든 신자들에게 적용되는 것)
Jus gentium. 국제법(Jus internátĭonale), 만민법, 민족들의 법.
commune jus gentium. 공통된 만민법.
Jus germanicum. 게르만 법
jus gladii. 살생권.
jus hereditarium. 상속권.
Jus hominis.(⑨ Human Rights.Rights of man) 인권
ius honorarium. 명예법(名譽法), 명예관법
jus hospitii. (법망에 걸려서 곤란한 처지에 있던 자기를
도와준) 은인에 대한 도리(의리).
(성 염 지음. 사랑만이 진리를 깨닫게 한다. p.476).
jus humanum. 인정법(인위로 제정한 법.lex humana)
jus in corpus, perpetuum et exclusivum.
영속적이고 배타적인 육체의 권리.
jus in corpus. 육체에 대한 권리
jus in re. 물권(物權.jus reale.사물에 있어서의 권리), 소유권
jus in sacra. 세속권력의 성사지배권
jus incorporeum. 무체의 권리(無體 權利)
jus independens. 독립된 권리
jus innatum. 생득권(生得權.jus natívus)
jus inquirendi. 예비 심사권(豫備 審査權)
jus institutum a Pompilio. 폼필리우스에 의해서 제정된 법
jus internátĭonális.(lex internátĭonalis) 국제법
jus internum. 내법(교회의 내적 관계에 대한 법)
Ius jurandum dabitur te esse indignum injuria hac.
너로서는 이런 불의를 당하는 것이
부당하다는 맹세가 나올 법하다.
Jus legale non scriptum. 교회의 불문법
jus legitimæ defensiois. 정당 방위권(正當 防衛權)
jus legitimum. 정통성, 법통성, 적법성의 법권
Jus matrimoniale Canonicum. 교회의 혼인법 조문
Jus medii. 중세법(그라시아노 칙령부터 트리엔트 공의회까지의 것).
Jus missionum. 포교법,
포교 지방 특정법, 선교법(Jus Commissiónis).
jus nativum. 천부적 권리(jure nativo), 타고난 권리
jus natívus. 생득권(生得權.jus innatum)
ius natúrale. 자연법(⑨ natúral law), 자연적 권리.
(윤리학에서 여러 가지 뜻을 가지고 쓰이는 표현이지만 신학적인 문맥에서는
자연법이란 하느님이 인간 본성에 심어주신 자연적인 윤리법으로 인간의 자연
이성으로 분간할 수 있는 법을 말한다… 백민관 신부 엮음. 백과사전 2. p.851).
Jus naturale est quod apud homines eandem habet
potentiam. 자연법은 모든 사람들에게 동일한 힘을 갖는다.
jus natúrale gentium. 국제 자연법
Jus nature est, quod natura omnia animalia docuit.
자연법은 자연이 모든 동물들에게 가르친 바의 것이다.
jus non scriptum(jus traditum). 글로 쓰이지 않은 법,
성문화되지 않은 법(전승법)
jus novissimum. 최신법(현행 교회법전에 수록되어 있지 않은 것. 장차

J

나올 새 교회법전의 이름은 앞으로 정해질 것이다. 정진석 지음, 교회 법원사, p.30).
jus novum. 새 법(트리엔트 공의회 이후부터 현행 교회법전까지의 것)
jus offocii. 직무권한
jus operariorum. 노동법(勞動法)
jus pacis. 평화의 법
jus paciscendi. 화해를 하는(시키는) 권리
jus particulare 개별법(個別法.[영] particular law)
jus passivum. 수동적 권리
jus patrisfamilias. 가부장권(성 염 지음, 사랑만이 진리를 깨닫게 한다, p.455)
jus patronatus. 보호권([영] royal patronage.프 padroado)
(교황이 스페인과 포르투갈 국왕에게 부여한 권한).
ius peculiare. 특별법(lex peculiaris seu speciális)
jus personale. 인권
(예컨대 건강이나 자유 혹은 부부 상호간에 권리 같은 사람에 대한 권리).
jus petendi. 청구권(성 염 지음, 사랑만이 진리를 깨닫게 한다, p.467)
jus placeti. 사전 인가권
jus pœnale. 형법(lex poneális)
jus pœnale formale. 형상적 형법
jus pœnale materiale. 질료적 형법
jus pontificium. 교황청 법
jus positivum. 실정법(lex humana)
jus positum. 제정법
jus possessiónis privatæ.(possessiones privatæ)
사유 재산권([영] private property).
jus præsentationis. 추천권, 지명권
jus prætorium. 법무관법
jus præventiónis. 선취(先取) 특권(protopraxia, -æ, f.)
jus primæ noctis. 초야권(初夜權)
jus primigenium. 생득권(존재 자체로 얻어지는 권리)
Jus privatum. 사법(私法.lex privata)
jus proprium. 고유법(固有法), 고유한 권리
[교회법에서는 '공통규범(Jus commune)'에 대비되는 개념으로 '고유법(Jus proprium)'이라는 용어를 사용한다. 교회법에서 고유법은 통상 각 수도회의 회헌과 회칙을 말한다. 반면 서양 법제사에서 고유법은 '보통법(Jus commune)'에 대항하는 개념에서 나온 용어이다. 보통법에 대비되는 특별법이라는 의미로 '고유법'이라는 용어를 사용했다. 이러한 고유법에는 관습, 도시규약, 조합규약, 해상관습규약, 군주제 법 등이 있었다].
jus publica. 공공권리(公共權利)
jus publicae respondendi. 공인해답서
Jus publicum. 교회 공법, 公法(lex publica), 公的 권리
Jus publicum externum. 외부 공법(교회와 국가 간의 법률 체계)
Jus publicum internum. 내부 공법(교회 내의 법률, 조직법 등)
Jus Quirítium. Roma인의 시민권
jus reale. 물권(物權.jus in re.재산권과 같은 물건에 관한 권리)
ius reformandi. (영주의) 종교 개혁권(宗敎 改革權)
Jus regale. (국왕의) 고위 성직록 수익권(受益權)
Jus religionem privatim publiceque profitendi.
사적으로나 공적으로나 종교를 공언할 권리.
jus religiosorum(=lex religiónis)
수도회법, 종교법([영] religious law).
jus resistendi. 저항권(抵抗權.[영] right of resistance)
Jus Romanum. 로마법([영] Roman Law).
Ecclesia vivit jure romano. 교회는 로마법으로 산다.
jus sacrum. 거룩한 법, 신성권(神聖權),
성스러운 법도(성 염 지음, 사랑만이 진리를 깨닫게 한다, p.455).
jus sacrorum(circa sacra, in sacra). (속권의) 성무 간섭권
jus sanguinis. 혈통법, 혈통주의
jus scritum. 성문법, 불문법
jus singulare. 개별법
jus soli. 출생지법, 출생지주의
jus speciale. 특별법
jus spolii(exuviarum). 성직자 유산 계승권, 포획권
jus stauropegii. 수도원 면속 교구 자격 부여권,
총대주교가 속교구 관할의 수도원을 면속구로 하는 권리,
속교구 내 수도원에 대한 총대주교의 관할권.
jus stolæ.(글자 뜻은 영대권) ([영] Stole Fees) 성무 사례금,
세례, 혼인, 장례식 등에 다른 사례금.
jus suffragii. 선거권([영] Right of Vote)
Jus summum sæpe summa malitia.
최고의 정의란 (가끔은) 최고의 해악.
jus talionis. 반보권(返報權), 이척보척권(마태 5, 38).
jus territoriale. 영토법
jus traditum(jus non scriptum). 전승법([영] jus traditum).
consuetúdo juris. 관습법(慣習法).
ius universale([영] World Law) 보편법, 세계 법
jus videndi([영] right to life). 생명권(인간으로서 존엄하게 살 권리)
jus violátum[víolo 참조] (transgressus, -us, m.)
범법(犯法.[영] Transgression).
jus vivendi. 살 권리, 생존권(生存權)
jūs^2 jūris, n. 국, 국물, 수프([영] soup)
júscŭlum, -i, n. dim.(jūs^2) 국, 국물
jusjurándum, jurisjurándi, n. 서약(誓約.'נדרים'-맹세하고 약속함), **맹세**(שבועה.[영] Oath/Oathtaking), 선서(宣誓).
Pater me jurejurándo adégit, numquam amícum fore pópuli Románi. 아버지는 나에게 결코 Roma인들의 친구가 되지 않겠다는 맹세를 시켰다/
Tantum jusjurándum valébat. 맹세의 힘은 그만큼 컸다.
jusjurandum assertorium. 단언의 맹세
jusiurandum de munere adimplendo. 취임 선서
jusiurandum de secreto servando. 비밀을 준수할 맹세
jusiurandum de veritate dicenda. 진실을 진술할 맹세
jusiurandum de veritate dictorum.
진실이 진실함에 대한 맹세.
jusjurandum extra-judiciale. 재판 밖의 맹세
Iusiurandum Fidelitatis. 충성 서약서(1989.3.1. Can. 833조 5~8항)
Jusiurandum fidelitatis in suscipiendo officio nomine Ecclesiæ exercendo. 교회의 이름으로 받은 직무 성실이행 서약.
jusjurandum imprecatorium. 저주의 맹세
jusjurandum invocatorium. 기원의 맹세
jusjurandum judiciale. 재판 중의 맹세
jusjurandum mixtum. 언행의 맹세(말과 행동을 함께 하는 맹세. 예를 들면 하느님의 이름을 부르면서 성경에 손을 얹는 행위).
jusjurandum necessarium. 필요한 맹세
jusjurandum personarum constituentium.
소송 관련자들의 맹세.
jusjurandum promissorium. 약속의 맹세
jusjurandum simplex. 단순한 맹세
jusjurandum sollemne. 장엄한 맹세
jusjurandum verbale. 구두 맹세
jusjurandum voluntarium. 임의의 맹세(자의로 하는 맹세)
jusque fasque! 참으로 지당하다.
(성 염 지음, 사랑만이 진리를 깨닫게 한다, p.444).
jussi, "jubeo"의 단순과거(pf.=perfectum)
Jussi sunt ægri deférri. 병자들을 데려오라고 명했다
jússĭo, -ónis, f. (júbeo) 명령
jussu. m. 명령으로, 명에 의해서(격부족 명사로 단수 탈격만 남아 있으면서 부사어로 쓰이는 명사. jussus, -us, m.의 단수 탈격임).
Jussu consulis et hortatu ducis milites pugnaverant.
병사들은 집정관의 명령과 장군의 격려로 싸워나갔다/
jussu regis. 임금의 명으로, 왕의 명령으로/
vestro jussu. 너의 명령으로.
jussum, "jubeo"의 목적분사(sup.=supínum)
jussum, -i, n. (júbeo) 명령, 지시, 의사의 지시, 법규, 명령
jussum judicandi. 심판권(審判權)
jussus^1 -a, -um, p.p. (júbeo) 명령 받은, 지시된
jussus^2 -us, m. (júbeo) [주로 abl.] 명령, 지시(指示),
Haud secus ac jussi faciunt. 그들은 명령받은 대로 한다/
jussa facesso. 명령을 실행하다/
jussa paréntis efficio. 아버지의 명령을 이행하다/
vestro jussu. 당신들의 명령에 의하여/
Rugit et pavida stupuerunt corda ferarum Pastorisque sui jussa sequuntur oves. (사자가) 포효하자 맹수들이 겁에 질리어 전전긍긍하였다. 양들은 목자의 명령에 따랐다.
(461년 11월 10일에 레오 교황이 별세하자 그의 시신은 베드로 대성당의 회랑에 안치되었고, 688년 6월 28일 교황 세르지우스 1세에 의해 다시 대성당 내부에 안치되었는데 그의 묘비에 위와 같은 글귀가 새겨져 있다).
justa, -órum, n., pl. (justus) 지당한 일,
마땅한 요식과 관례(특히 초상예절),
급료(給料-봉급), 보수(報酬-고마움에 보답함).
juste, adv. 정의롭게, 공정하게

Justi vivent in æternum. 옳은 사람은 영원히 산다, 정의로운 사람은 영원 가운데 산다.

justificátĭo, -ónis, f. (justífico) (행동 따위의) **정당화**, (정당하다고 주장하는) 변명, 변명의 사유, 증명, 변호. ((神)) (인간이 하느님에 의해) 의롭게 되기, **의화**(義化.δικαιοσὺνη.Dikaiosis.[영] Justificátĭon), **칭의**, 하느님과의 올바른 관계 회복(回復).
Canones de justificatione. 의화에 관한 법규 (트리엔트 공의회에서 33조로 만듦)/
causa effíciens justificationis. 의화의 능동인/
De acceptæ justificationis incremento. 받은 의화의 증진에 대하여/
Quid sit justificatio impii, et quæ ejus causæ. 죄인의 의화가 무엇이며, 그 원인들은 무엇인가/
Si quis dixerit, justificatum peccare, dum intuitu æternæ mercedis bene operatur. 만일 누가 의화한 사람이 영원한 상급을 바라면서 어떤 선행을 하면 그는 죄를 범하는 것이라고 주장한다면, 그는 파문 받아야 한다. (트리엔트 공의회에서 정한 의화에 관한 법규 33조 중 31조)/
Torquet cor conscientia peccatorum, nondum facta est iustificatio. 죄의식은 마음을 괴롭히는데, 그것은 아직도 의롭게 되지 않았기 때문입니다(최익철 옮김, 요한 서간 강해, p.399).

justificátĭo effectiva. 실효적 의화(가톨릭적 의화)

justificátĭo ex fide. 믿음을 통한 의화

justificátĭo forensis. 외형상 의화(프로테스탄적 칭의), 인정적 의화, 의정적(擬定的) 의화, 법정적 의화(칭의).

justificatio impii. 불경한 이들의 의화

justificátus, -a, -um, p.p., a.p. (justífico) **정당화된**, 변명된, 정당하다고 인정된, 의화 된, 의롭게 된.

justífico, -ávi, -átum, -áre, tr. (justíficus) 공정하게 다루다, 정당화하다, 정당성을 증명하다, (행위.진술 따위를) 옳다고 주장(변명)하다, 정당하다고 인정(판단)하다. (聖) 죄가 없다고 하다(Prov. 17, 15), (神) 하느님이 인간의 죄를 사면하여 그에게 은총 받은 지위를 부여하다, 의화(義化.칭의)하다, 하느님 앞에 의인이 되게 하다.
De naturæ et legis ad justificandos homines imbecillitate. 본성과 율법이 인간 의화에 무력함에 대해/
qui creavit te sine te, non justificabit te sine te. (하느님은) 그대 없이 그대를 창조했지만 그대 없이 그대를 의화하지 않을 것이다.(김 율 옮김, 은총과 자유, p.109)/
Qui per Christum justificantur. 그리스도를 통해 의화(義化) 하는 자/
Quomodo intelligatur, impium per fidem et gratis justificari. 믿음을 통하여 무상으로 주어지는 죄인의 의화를 어떻게 이해할 것인가/
vides enim quod non sufficiat sola fides, et tamen sola justificat. 오직 믿음으로 의화 됨에도 불구하고 믿음만으로는 충분하지 않다는 것을 보라(루터).

justíficus, -a, -um, adj. (justus+fácio) 옳게(올바르게.정당하게) 행동하는(처신하는).

Justínus, -i, m. Roma의 역사가(c. 150 P.C.), 초기 그리스도교 시대의 순교성인 철학자(c. 167 P.C.).

justior, -or, -us, adj. justus, -a, -um의 비교급

justissime, adv. juste의 최상급

justissimus, -a, -um, adj. justus, -a, -um의 최상급

justítĭa, -æ, f. (justus) [justítĭa는 사회적 차원에서는 '정의'로 번역되지만 그리스도교에서는 인간이 하느님 앞에서 갖는 덕목으로 "의덕(義德)"으로 번역된다. 교부문헌 총서 17, 신국론, p.2246)]. 의(義), 정직, 공평, **공정**(מִשְׁפָּט), 공명정대, 정당(正當), **정의**(正義.צְדָקָה.מִשְׁפָּט.δικαιοσὺνη.[영] Justice), 타당(妥當), 지당(至當), 적법(適法), 옳은 일([영] Justice), 법(法), 의무 수행(완수), 정확성, 온정, 부드러운 마음씨. (神) 의덕, 성덕, 하느님의 공정성. (J-) 정의의 여신(女神).
Ablata justitia, quid sunt regna nisi magna latrocinia?. 정의가 박탈되면, 왕국이란 큰 강도들이 아니고 무엇이겠는가?/
ad justítĭam remigro. 정의를 다시 실천하다/
Animi affectio suum cuique tribuens … justitia dicitur. 각자에게 자기 몫을 돌려주는 마음 자세, 그것이 정의라는 것이다(Cicero. 성 염 지음, 고전 라틴어, p.226)/
Apud nostros(=a nostris) Justítĭa culta est. 우리 조상들은 정의를 숭상(崇尙)하였다/
arma justitiæ. 정의의 무기/
caritas magna, magna justitia est; caritas perfecta, perfecta justitia. 위대한 사랑이야말로 위대한 정의요, 완전한 사랑이야말로 완전한 정의이다/
Deus iustitia est et iustitiam creat.([영] God is justice and creates justice) 하느님께서는 정의이시며 정의를 이루십니다(2007.11.30. "Spe Salvi" 중에서)/
discite justitiam moniti et non temnere divos. 정의라는 것이 무엇인지 배울 것이며 신들을 경멸하지 말지어다. (성 염 지음, 사랑만이 진리를 깨닫게 한다, p.409)/
Fiat justitĭa ruat cœlum. 하늘이 무너져도 의를 굽히지 마라/
Geri sine justitĭa non posse respublicam. 정의 없이 공화국이 성립되지 못 한다/
Forte hoc nos monet, ut ambulemus in mari? absit? Hoc ergo, ut ambulemus in via justitiæ. 혹시 우리더러 바다 위를 걸으라고 권고합니까? 아닙니다. 정의의 길을 걸으라는 것입니다.(최익철 신부 옮김, 요한 서간 강해, p.89)/
habitualis justitia. 상태적 정의/
In semita iustitiæ vita, est autem etiam iter apertum ad mortem. (evn o`doi/j dikaiosu,nhj zwh, o` doi. de. mnhsika,kwn eivj qa,naton) (獨 Auf dem Wege der Gerechtigkeit ist Leben; aber böser Weg führt zum Tode) ([영] In the path of justice there is life, but the abominable way leads to death) 의로움의 길에는 생명이 있지만 악인의 행로는 죽음에 이른다(성경 잠언 12, 28)/착하게 살면 생명에 이르고 그릇된 길을 가면 죽음에 이른다(공동번역 잠언 12, 28)/
interior justitiæ sensus. 정의감(正義感)/
iustitiæ in omnes provectum. 모든 이를 위한 정의의 촉진/
Iustitiæ pacisque auctor Episcopus. 정의와 평화의 증진자인 주교/
Justitĭam et Pacem. 정의와 평화(1976.12.10. 자의교서)/
Iustitiam vis, an lucra? 정의를 원할 것인가, 아니면 이익을 찾을 것인가/
labor atque justitia. 근면과 정의/
nec iniusta eius gratia nec crudelis potest esse iustitia. 그 분의 은총이 불의한 것일 수 없듯이 그 분의 정의도 가혹한 것일 수 없다.(교부문헌 총서 16, 신국론, p.1335)/
Omnium virtutum humanissima et utilissima est justitia. 정의가 모든 덕목 중에 가장 인도적이고 가장 유용하다/
pro justitia in societate officium([영] commitment to justice in society) 정의를 위한 사회 안의 임무/
propter justitiam prudentiamque suam. 그 인물의 의덕과 현명 때문에/
quia ibi erit perfecta justitĭa, ubi perfecta pax. 완전한 평화가 있는 곳에 또한 완전한 정의가 있을 것이다/
Recordemur etiam adversus infimos justitiam esse servandam ; est autem infima condicio et fortuna servorum.(Cicero). 가장 비천한 사람들에 대해서도 정의를 지키도록 명심합시다. 그리고 노예들의 처지와 신세야말로 가장 비천 합니다/
Sed Deus non potest facere aliquid præter ordinem iustitiæ: faceret enim tunc aliquid iniustum. Ergo non potest facere aliquid præter ordinem naturæ. 그런데 하느님은 정의의 질서 밖에서는 어떠한 일을 할 수 없다. 왜냐하면 그러한 경우 하느님은 정의롭지 못한 일을 하게 될 것이기 때문이다. 따라서 하느님은 자연의 질서 밖에서 어떠한 일을 할 수 없다.(신학대전 14, p.179)/
Sine iustitia sapientiaque non est amicitia. 정의와 지혜 없이는 우정이 없다/
sine summa justitia rem publicam regi potest. 정의가 없이는 공화국이 통치될 수 없다/
summa justitia et bellica laus. 극진한 정의와 전공에 있어서.

justitĭa abscisior. 너무나 엄격한 정의

justitĭa aliena. 관련 없는 정의
Justitĭa aliena extra nos habitans.
　　우리 밖에 있는 낯선 정의.
justitĭa Christi. 그리스도의 정의
justitĭa Christiana. 그리스도교적 정의
justitĭa civilis. 시민 정의
justitĭa commutativa. 교환 정의, 형평의 정의
justitĭa contributiva. 분담 정의
　(공동체의 일반적인 선을 위하여 공동체 구성원이 정당하게 담당해야 할
　몫을 의미한다. 법적 정의 justitia legális라고도 한다.)
Justitĭa cujus munus est sua cuique tribuere.
　　정의는 각 사람에게 그의 것을 주는 것이다.
justitĭa Dei. 하느님의 정의
justitĭa directiva. 규제 정의
justitĭa distributiva(⑩ distributive justice). 분배 정의.
justitĭa divina. 신적 정의
justitĭa Duplex. 이중 정의(인간이 의화 되는 데 있어서 하느님이 주
　시는 내적인 은총뿐 아니라 각별한 외적인 은혜가 본질적인 보완 요소로 부가
　되어야 한다는 설. 이러한 정의를 부착 정의와 의정擬定 정의라 한다. 이 설은
　트리엔트 공의회에서 배척했다. 백민관 신부 엮음, 백과사전 2, p.461).
Justitĭa enim est immortalis. (dikaiosu,nh ga.r avqa,nato,j
　evstin) (獨 Denn die Gerechtigkeit kennt keinen Tod)
　(⑩ For justice is undying)(지혜서 1. 15)
　　정의는 죽지 않는다(성경)/의인은 죽지 않는다(공동번역).
Justitĭa erga Deum. 하느님께 대한 정의
Justitĭa est ad alterum.
　　정의는 다른 사람들과의 관계에서 성립된다.
Justitĭa est æquitas jus cuique retribuens pro
dignitate cuiusque. 정의는 각자의 품위에 따라 각자에게
　　자기 것을 돌려주는 행위.
Justitĭa est finis et ideo etiam intrinseca cuiusque
politicæ mensura.(⑩ Justice is both the aim and the
intrinsic criterion of all politics)(2005.12.25. "Deus caritas est" 중에서).
　　정의는 모든 정치의 목적이며 고유한 판단 기준입니다.
Justitĭa est nobilissima inter omnes virtutes.
　　정의는 모든 덕목 중에 가장 고귀하다.
justitĭa et æquitas. 정의와 공평
justitĭa ex sola fide. 오직 믿음에 의한 정의
justitĭa extra nos. 우리 밖에서의 정의
justitĭa forensis. 법정의 정의
justitĭa generális. 일반 정의, 일반적 정의
justitĭa hominis. 인간의 정의
justitĭa imputata. 의정(擬定) 정의
Justitĭa in mundo. 세계 안의 정의
justitĭa inhærens. 내재적 정의, 선천적 의로움,
　　(그리스도의 공덕에) 부착된 정의.
justitĭa justificationis. 의화 은총
justitĭa legális.(⑩ legal justice) 법적 정의, 법률상 정의
justitĭa legis.(⑩ legal justice) 법적 정의, 법률 정의
justitĭa legislatoria. 입법자이신 하느님의 정의
Iustitĭa modo nostra ex fide.
　　우리의 의로움은 믿음에서 오는 것입니다.
justitĭa non dat nisi inæqualibus. 정의가 불평등한 것이
　　아닌 불평등한 것을 제공하지 않는다.
Justitĭa omnibus. 모든 사람에게 정의(columbia주 표어)
Justitĭa omnium virtutum regina est.
　　정의는 모든 덕의 여왕이다.
justitĭa originális.
　　원초적인 의로움, 원초적(본원적) 정의, 본래적 정의.
justitĭa particularis. 특수 정의, 개제의 정의
justitĭa passiva. 수동적 정의, 수동적 의로움
Iustitĭa perfecta non est nisi in angelis; et vix in
angelis, si Deo comparentur.
　　완전한 의로움은 천사들에게만 있지만 하느님께 비하면
　　아무것도 아닙니다.(최익철 신부 옮김. 요한 서간 강해. p.193).
justitĭa providentissima Creatoris.
　　창조주의 섭리에 찬 정의.
justitĭa restitutiónis vel vindicativa.
　　회복하는 정의 및 보복의 정의.

justitĭa retributiva. 보상적 정의
justitĭa servilis. 예속적(隷屬的) 정의
justitĭa sociális. 사회 정의(⑩ social justice)
justitĭa speciális. 개별 정의
justitĭa spiritualis. 영신적 정의
justitĭa universalis. 보편적 정의
Justitĭa vacillat. 정의가 흔들린다.
justitĭa vindicativa. 보복의 정의, 징벌적 정의,
　　응보 정의(應報正義)(현대 가톨릭 사상 제11집, p.7).
justítĭum, -i, n. (jus¹+sisto) 재판 정지(중단), 중지(中止),
　　휴무, 멈춤, 정지(停止), 미결(未決-아직 결정하지 않음),
　　미정, 유보(留保-법률에서, 권리나 의무에 관하여 제한을 붙임),
　　보류(유보), 유예(猶豫-일을 결행하는 데 날짜나 시간을 미루고 끎),
　　국상(國喪), 거국적인 애도(哀悼).
justius, adv. juste의 비교급
justum, -i, n. (justus) 공정, 공명정대, 정당, 적정,
　　정의(חֹרֵשׁ.מֹשְׁפָּט.δικαιοσύνη.⑩ Justice),
　　pl. (노예들에게 주는) 적정 식량. pl. 장례(절차).
　　pl. 규정, 요건, 구비조건, 적정량(適正量).
　　justo lóngior. 지나치게 긴/
　　plus justo. 정당한 것 이상으로.
justum bellum. 정당한 전쟁, 합법적 전쟁,
　　jus fetiale에 의거하여 신의 재가(裁可)를 받은 전쟁.
justum est. 공정하다(injustum est. 불공정하다)
justum facere. 올바른 사람을 만들다
justum fieri. 올바른 사람이 되다
justum imperium. 합법적인 통치권
justum incommodum(=justa pœna) 적법한 불이익
justum iter. 적정한 거리
justum petere. 정당한 소청(訴請)
justum pretium. 공정 가격
justus, -a, -um, adj. (jus¹) 법을 잘 지키는, 법대로 하는,
　　정의로운, 공정한, 의로운(חֹרֵשׁ.מֹשְׁפָּט), 공명정대한,
　　정직한, 올바른(מֹשְׁפָּט), (사물이) 정당한, 합법적인,
　　이치에 맞는, 합당한, 근거 있는, 당연한, 의당한,
　　지당한, 완전한, 온전한, 정확한, 철저한, 넉넉한,
　　충분한, 적정한, 자랄 만큼 다 자란, 클 만큼 다 큰.
　　m. 의인(義人.חֹרֵשׁ.⑩ good man)/homo justus.
　　alienum noli concupiscere, illud adgredere quod justum
　　est. 남의 것을 탐하지 말라. 정당한 것을 추구하여라.
　　　　　　　(성 염 지음. 사랑만이 진리를 깨닫게 한다. p.455)/
　　facere justus. 의로움을 행하는 것(의화에 대한 가톨릭 측 이해)/
　　hereditas justa. 합법적 유산/
　　itaque æqui et justi hic eritis omnes arbitrii.
　　(관객 여러분) 모두가 이 사건의 공평하고 정당한 심판
　　이 되어 주십시오(성 염 지음. 사랑만이 진리를 깨닫게 한다. p.454)/
　　justa altitúdo. 충분한 높이/
　　justa causa. 올바른 원인(중세철학, 창간호, p.75),
　　　　정당한 명분, 합법적 사유, 합법적 명분/
　　justa facere 죽은 이에게 합당한 제례를 올리다/
　　justa fieri jus non sit, qui suspendio sibi mortem
　　conscivit. 목매달아 죽음을 자초한 사람은, (제사법에
　　　　의한) 상례를 치러 주는 법이 아니다.
　　　　　　　(성 염 지음. 사랑만이 진리를 깨닫게 한다. p.469)/
　　justa funera. 상례(喪禮)를 갖춘 장례(葬禮)/
　　justa hereditas. 합법적 유산(遺産)/
　　justa magnitudo. 적당한 크기/
　　justa pœna(=justum incommodum) 적법한 불이익/
　　justa potestas. 정당한 정권/
　　justa retributio. 정당한 보수(報酬)/
　　justa uxor. 신법에 따른 가례를 치러 맞아들인 아내/
　　Justæ nuptiæ. 정식결혼, 신법에 어긋나지 않은 혼인/
　　justi cives. (태생으로 로마 시민권을 갖지 못하다가)
　　　　특별법으로 시민권을 갖게 된 시민들.
　　　　　　　(성 염 지음. 사랑만이 진리를 깨닫게 한다. p.448)/
　　justi hominis et boni est viri parere legibus.
　　　　정의로운 인간, 선량한 사람이 할 바는 법에 복종하는
　　　　것이다.(성 염 지음. 사랑만이 진리를 깨닫게 한다. p.463)/
　　justior causa. 더 정당한 사유/

justissima tellus. 참으로 정의로운 대지/
Non veni vocare justos sed peccatores.(마르 2, 17)
(㉯ I did not come to call the righteous but sinners)
나는 의인이 아니라 죄인을 부르러 왔다(성경)/
나는 의인을 부르러 온 것이 아니라 죄인을 부르러
왔다(공동번역)/나는 의인들을 부르러 온 것이 아니라
죄인들을 부르러 왔습니다(200주년 기념 신약성서. 마르 2, 17)/
Non videtur esse lex, quæ justa non fuerit.
불의한 법은 전혀 법이 아니다/
Nulla causa justa esse potest contra patriam arma
capiendi. 조국에 대항해서 무기를 드는 명분은
그 어떤 것도 정당하지 못하다/
Nullus beatus nisi iustus. 사람이 의롭지 않으면
아무도 행복하다고 할 수 없다. (교부문헌 총서 16, 신국론, p.1529)/
Omnium justorum spiritu plenus fuit.
그는 모든 의로운 이의 정신으로 채워져 있었다/
pauci libertatem, pars magna justos dominos volunt.
소수만이 진정 자유를 바라며 대부분은 합법적인 주인
만을 바랄 따름이다(성 염 지음. 사랑만이 진리를 깨닫게 한다. p.482)/
tyrannusque appellatus, sed justus.
전제군주라 불리더라도 곧 의인(義人)/
Vir iste spiritu justorum omnium plenus fuit.
이 사람은 모든 의로운 이의 정신으로 채워져 있었다/
Iustus autem ex fide vivet.(로마 1, 17)
의로운 이는 믿음으로 살 것이다(성경),
신앙으로 말미암은 의인은 살 것이다(200주년 신약 로마 1, 17).
Justus autem, si morte præoccupatus fuerit, in
refrigerio erit. (di,kaioj de. eva.n fqa,sh| teleuth/sai evn
avnapau,sei e;stai) (㉯ But the just man, though he die early,
shall be at rest) 의인은 때 이르게 죽더라도 안식을
얻는다(성경 지혜서 4, 7)/의인은, 제 명을 다하지 못하고
죽더라도, 안식을 얻는다(공동번역 지혜서 4, 7)/
의인은 일찍 죽게 되더라도 위안 속에 있으리라(일반).
Iustus de angustia liberatus est, et tradetur impius
pro eo. (di,kaioj evk qh,raj evkdu,nei avntV auvtou/ de.
paradi,dotai o` avsebh,j) (㉯ The just man escapes trouble,
and the wicked man falls into it in his stead) 의인은 곤경
에서 구출되고 그 대신 악인이 빠져든다(성경 잠언 11, 8)/
착하게 살면 곤경에서도 빠져 나오지만 나쁜 일
하다가는 도리어 거기에 빠져든다(공동번역 잠언 11, 8).
justus in potestate. 법적으로 정당한 통치자
justus præsciens. 예지(叡智)된 의로운 사람
Justus secundum leges vel aliqua rationes
constructum, æquus juxta naturam. 정의롭다 함은 법률
에 의해서나 다른 원리에 따라 설정된 사유로 공정하여
하는 말이고, 공정하다 함은 자연 성정에 의거하여 하는
말이다(성 염 지음. 사랑만이 진리를 깨닫게 한다. p.396).
Iustus societatis et Civitatis ordo fundamentale munus
est rei politicæ.(㉯ The just ordering of society and the
State is a central responsibility of politics)
국가와 사회의 정의로운 질서는 정치의 핵심 임무입니다.
jusum, adv. 밑으로(κατὰ), 아래로, 아래를 거쳐서
jūtum, "juvo"의 목적분사(sup.=supínum)
Jutúrna, -æ, f. (juvo) Látium의 샘의 요정, Turnus의 누이.
(Roma에서 숭배되었으며 특히 가뭄 때 기우제 지내던 여신).
Juturnália, -íum, n., pl. Jutúrna 여신(女神)의 축제
juva, 원형 juvo, jūvi, jūtum, (jutúrus, juvatúrus), juváre.
[명령법. 현재 단수 2인칭 juva, 복수 2인칭 juvate].
Juva me, adjuva me. 나를 도우소서, 나를 도와주소서!
juvámen, -mǐnis, (juvaméntum, -i,) n. 협조, 협력,
도움(㉯ Assistance), 원조, 방조(傍助-곁에서 도와줌)
juvamen materiale. 실질적 방조
juvamen morale. 윤리적 방조
juvaméntum, -i, n. = juvámen, -mǐnis, n.
juvenaális¹ -e, adj. [júvenis] (새파랗게) 젊은, 청춘의,
젊음을 지닌, 젊은이의, 젊은이다운, 힘센, 기력 좋은.
Juvenaális² -is, m. Roma의 풍자시인(c. 60-140 P.C.)
juvénca, -æ, f. (juvéncus)

처녀(נַעֲרָה.㉯ Virgin), 젊은 여자, 암송아지.
juvéncǔla, -æ, f. (juvénca) 소녀(少女)
juvénculus, -i, m. (juvéncus) 소년, 사내아이, 숫 송아지
juvéncus¹ -a, -um, adj. (júvenis)
(주로 동물에 대해서) 어린, 젊은, 앳된.
juvéncus² -i, m. 수소, 새파란 젊은이, 청소년, 쇠가죽
juvenem raptum plorare.
젊은이의 요절(夭折)을 슬퍼하여 울다.
Juvenes in camino ignis.(㉯ Three Youth in the Fiery
Furnace). 불가마 속의 세 청년.
Juvenes in militiam vocantur ad defendendum
libertatem.(성 염 지음. 고전 라틴어, p.247).
자유를 수호하기 위해서 젊은이들이 군대로 소집된다.
Iuvenes, pastoralis in futurum tempus principatus.
미래를 위한 사목적 우선 과제인 젊은이들.
Juvenes similiter hortare ut sobrii sint.
마찬가지로 젊은이들도 침착하게 행동하도록 권고하시오.
Juvenes similiter hortare ut sobrii sint.
(Tou.j newte,rouj w`sau,twj paraka,lei swfronei/n)
(㉯ Urge the younger men, similarly, to control themselves)
젊은 남자들에게도 마찬가지로 신중이 행동하라고
권고하십시오(성경)/마찬가지로 젊은이도 침착하게
행동하도록 권고하시오(공동번역)/마찬가지로 젊은이들도
침착하게 행동하도록 권고하시오(200주년 기념 신약성서 티도 2, 6).
juvenes sospites. 무사히 돌아온 젊은이들
juvenésco, -nǔi, -ěre, intr., inch. (júvenis) 도로 젊어지다,
성장하여 젊은이가 되다, 활기를 되찾다, 다시 번창하다.
juvenílis, -e, adj. (júvenis)
나이 어린, 젊은, 청소년의, 청춘의, 젊은이다운, 발랄한.
juvenílĭtas, -átis, f. (juvenílis) 젊음, 청춘(青春),
청소년기(青少年期), 청춘시대(青春時代), 발랄한 때.
júvěnis, -is, adj. (comp. júnior)
(새파랗게) 젊은, 청소년의, (동물의) 어린.
m., f. 젊은이(㉯ Youth), 청소년(㉯ Adolescence),
청춘남녀(青春男女), 청년(青年).
Accusatus est, quod corrumperet juventutem.
그는 청년을 부패시킨다는 죄로 기소되었다/
Episcopus, christianæ communitatis pastor et pater,
peculiariter curabit ut iuvenes evangelizentur et spiritali
comitatu adiuventur. 그리스도인 공동체의 목자이며
아버지인 주교는 젊은이들의 복음화와 영적 동반에
특별히 관심을 기울여야 할 것입니다"Pastores gregis" 중에서)/
Et fuit Deus cum eo; qui crevit et moratus est in
solitudine factusque est iuvenis sagittarius. (kai. h=n o`
qeoj meta. tou/ paidi,ou kai. huvxh,qh kai. katw,|khsen evn th/| evrh,mw|
evge,neto de. toxo,thj) (㉯ God was with the boy as he
grew up. He lived in the wilderness and became an
expert bowman) 하느님께서는 그 아이와 함께 계셨다.
그는 자라서 광야에 살며 활잡이가 되었다(성경 창세 21, 20)/
하느님께서 그와 함께 해주셨다. 그는 자라서 사막에서
살며 활을 쏘는 사냥꾼이 되었다(공동번역 창세 21, 20)/
Etiam atque etiam considerate, quia juvenes estis:
pugnate, ut vincatis; vincite, ut coronemini.
여러분이 젊은이라는 것을 깊이 생각하고 또
생각하십시오. 이기기 위해서 싸우고 월계관을 쓰기
위해서 이기십시오.(최익철 신부 옮김, 요한 서간 강해, p.127)/
júvenem raptum ploráre. 젊은이의 요절을 슬퍼하여 울다/
Iuvenes simpliciter tamquam Ecclesiæ sollicitudinis
pastoralis obiectum considerari non debent(㉯ Youth
must not simply be considered as an object of pastoral
concern for the Church) 젊은이들은 단순히 교회의
사목적 관심의 한 대상으로만 간주되어서는 안 된다/
præstans animi juvenis. 뛰어나게 용맹한 젊은이/
Quæ peccamus juvenes, ea luimus senes.
우리는 젊어서 지은 죄의 대가를 늙어서 치른다/
suscípere júvenem regéndum. 젊은이의 지도를 떠맡다.
júvenis ad sacerdótium aptus. 사제직에 적당한 청년
júvenis certandi cupidus. 젊은이는 싸우고 싶어 안달이다

júvenis facilis inánibus. 허황된 것에 마음 쏠리는 젊은이
júvenix, -ícis, f. (júvenis) 암송아지
júvenor, -ári, dep., intr. (júvenis) 젊은이처럼 행동(말)하다,
   경솔하게(분별과 지각없이) 행동하다.
Juvénta, -æ, f. 청춘의 여신(女神)
juvénta, -æ, (=juvéntas, -átis,), f. (júvenis)
   젊음, 연소, 청춘(기), 청춘시대, (식물의) 어릴 때,
   솜털, 잔털, 왕성한 혈기, 젊은 기운, 젊은이들.
   prima juvénta. 젊은이 볼의 잔털.
juvéntam frugalitáti. 청년시대를 검소한 생활에 바치다
juvéntas, -átis, f. = juvénta, -æ, f. (júvenis)
juvéntus, -útis, f. (júvenis)
   (20세에서 40세 사이의) 청춘(기), 젊은이들,
   병역 적령자, Roma 시대의 기병대원들(원로원 계급과 평민
   과의 중간계급), Roma 황제의 아들에게 붙인 명예칭호.
   [J-] 청춘의 여신(女神).
   Cum iuventutis exincle ætate advenit tempus primarum
   magni momenti decisionum(⑨ With youth comes the
   moment of the first great decisions)
   청년기와 더불어 최초의 위대한 결단의 시기가 옵니다.
      (교황 요한 바오로 2세의 1979.10.16. "Catechesi tradendae" 중에서)/
   In iuventute spes magni et satiantis amoris esse potest.
   젊을 때에는 크고 완전한 충족을 주는
   사랑을 희망할 수 있습니다/
   Pareat juventus pudicitiæ suæ, ne effundat patrimonium,
   ne quem vi terreat, scelere careat.
   젊은이로 하여금 자신의 염치에 복종하게 하라,
   상속 재산을 낭비하지 않게 하라, 누구도 폭력으로 남을
   위협하지 말게 하라, 사악함이 없게 하라/
   Quod in juventute non discitur, in matura ætate nescitur.
   젊어서 배우지(배워지지) 않으면 나이 들어서 모른다/
   Si nunc foret illa juventus! 지금이 그 청춘시절이라면!
juventus luxu atque avaritia corrupta.
   공부만 하고 월사금을 떼먹던 도회지 악당들.
Juventus probitati, non divitiis studeat!.
   젊은이들은 재산이 아니라 정직을 추구할 지라!
jūvi, "jŭvo"의 단순과거(pf.=perfectum)
jŭvo, jūvi, jūtum, (jutúrus, juvatúrus), juváre, tr.
   돕다(ᴏᴜᴛ,ᴏᴜᴛ), 거들다, 원조하다, 조력(助力)하다,
   지지(支持)하다, 도움이 되다, 이롭다, 유익하다, 좋다,
   기쁘게 하다, 즐겁게 하다, 기분 좋게 하다,
   마음에 들게 하다, (impers.) 기쁘다, 마음에 들다.
   Audaces fortuna juvat.
   행운은 용기 있는 자들을 돕는다(천운은 과감한 자들을 돕는다)/
   Fortes fortuna adjuvat.(fortis 참조)
   행운은 용감한 자들을 돕는다/
   Juvat me. 나는 기뻐한다/
   Juvat me, tibi tuas lítteras profuísse.
   나는 네 편지가 네게 이로웠다는 것이 기쁘다/
   Juvat legere. 읽는 것이 도움이 된다/
   Plurimum juvat totas diligenter nosse causas.
   모든 원인(사안)을 철저히 알아두는 것은 크게 유조하다.
juventus pleraque. 대부분의 젊은이들
juxta¹ adv. (jungo) 1. (장소) 옆에, 가까이, 바로 곁에,
   바싹 붙어(붙여). 2. (시간) 즉시, 곧, 바로, 뒤이어.
   3. 마냥, 계속, 같은 (방)식으로, 마찬가지로, …와 같이,
   같은 정도로, 만큼, 동등하게.
juxta ac si c. subj.
   …의 경우와 마찬가지로, …이기나 한 것처럼.
juxta aram Iunonis. 유노의 제단 곁에
juxta dominicam viventes.(⑨ living in accordance with
the Lord's Day) 주님의 날에 따라 살아가기
juxta finem vitæ. 생애 말년이 가까워서, 임종이 가까워서
juxta inténtus. 계속 정신 차려
juxta legem Romanorum. 로마법대로
Juxta murum castra pósuit. 그는 성벽 옆에 진을 쳤다
juxta necessitátem. 필요성에 따라
Juxta tecum æque scio. 나도 너만큼 안다

juxta² prœp.c.acc. 1. (장소) 옆에(서), 곁에, 가까이,
   와 같이, 바싹 붙어(붙여), 인접하여, 밀착(밀접)하여,
   2. (시간) 직전에, 임박하여. 3. (차례) …다음으로(다음에),
   버금으로, 직후에. 4. …에 따라, 대로, …에 의거하여.
juxta alam doctíssimus. 누구 다음으로 가장 박식한
juxta aram. 제단 곁에
juxta finem vitæ. 임종이 가까워서, 말년이 다 되어
juxta legem Romanorum. 로마법에 따라
juxta murum. 성벽에 붙여서
juxta necessitatem. 필요에 따라서
juxta typicam. 준표준판(準標準版)
   (가톨릭 교회의 가르침, 제33호, p232, 265).
juxtapositio, -ónis, f. (백민관 신부 엮음. 백과사전 2, p.462)
   접치(接置), 병립(竝立), (국가와 교회) 병존설(竝存說).
juxtim, adv., prœp.c.acc. (juxta)
   …의 곁에, 옆에, 바로 곁에.

K K K

K, k, f., n., indecl. 본시 라틴 자모의 11번 째 글자로서 희랍어의 깝바, 캅바(kappa)에 해당하는 글자였으나 후에 거의 완전히 사라져 버리고 C로 대치되면서 **K**.=Kæso(Cæso), **Kal**.=Kaléndæ(Ca-) 따위와 같이 오직 약어로만 쓰이게 되었고; 지금은 외래어 특히 희랍어(希臘語)의 표기에만 쓰이고 있음.

Kabbala (히브리어) = Cabala

Kaddish (히브리어) 카디쉬('거룩하시다') 죽은 이를 위한 유다인들의 기도.

kairos (그리스어) 적시(適時), 알맞은 시간(페르시아의 무한한 시간 사상에서 운명 규정적 자주성의 하나로서 kronos, Aion과 함께 운명을 결정하는 결합 관계에 있다. 백민관 신부 엮음. 백과사전 2, p.463).

Kaléndæ, -árum, f., pl. = Caléndæ, 매월 1일, ex Kalendis Septembribus. 9월 초하루/ fabáriæ kaléndæ. (햇콩을 제사에 쓰는) 유월 초하루/ kalendis Januariis. 정월 초하루(1월 1일)/ Ex Kal. Ian. ad hanc horam invigilavi. 정월 초하루부터 이 시각까지 나는 줄곧 지켜보았습니다/ Hæc scripsi a.d. XVI Kal. Febr. ante lucem. 내가 정월 17일 새벽에 이 글을 씁니다/ Multa a me de dignitate et concordia dicta sunt Kal. Decem. et postridie. 12월 초하루와 이튿날에 품위와 화합에 관한 많은 말을 (내 입으로) 하였다/ Ostendam alio loco quantum salutis communis intersit duos consules in re publica kalendis Ianuariis esse. 정월 초하루에 두 집정관이 모두 공화국에 머물러 있다는 사실이 공공의 안녕에 얼마나 중요한 지를 나는 딴 데서 밝히겠다.

Kaléndæ Apríles. 4월 1일

Kaléndæ Decémbres. 십이월(12월) 초하루

Kaléndárium Románum. 로마 축일표(매년 미사와 성무일도 지시서 작성의 기본이 된다. 백민관 신부 엮음. 백과사전 2, p.463).

Kaléndárium Románum. 고대 로마력, 로마의 달력. [로마인의 달력에서 일 년은 열 두 달이었다. Ianuarius, Februarius, Martius, Aprilis, Majus, Junius, Julius, Augustus, September, October, November, December. 그러나 상고 문헌에는 Julius 대신 Quintilis, Augustus 대신 Sextilis로 나온다. 달 이름은 형용사(mensis)이다. 성 염 지음. 고전 라틴어. p.377].

Kali cáuticum. (化) 가성(苛性) 칼리

kálium, -i, n. (化) 칼륨, 칼리(칼륨염류를 통틀어 이르는 말),

Kalĭum bicarbónicum. 중탄산칼리

Kalĭum bichrómicum. 중크롬산 칼리

Kalĭum bitartaricum. (醫) 정제주석(精製酒石)

Kalĭum bromatum. 브롬칼리

Kalĭum carbónicum. 탄산칼리

Kalĭum chloratum. 염화칼리(KCl)

Kalĭum chloricum. 염소산칼리

Kalĭum nitricum. 초산(초석) 칼리

Kalĭum sulfuratum. 유화 칼리

Kalĭum sulfuricum. 유산(황산) 칼리

Kalĭum tartaricum. 주석산 칼리

Kalokagathia (그리스어) 선미일치(善美一致),
(고대 그리스인들의 교육이념).

Kámala, -æ, f. (植) 예덕나무의 일종, 카말라(카말라 씨에서 채취한 주황색 분말은 구충제 및 염료용).

kamision (그리스어) 비잔틴 교회의 성직자 복

Kanon (그리스어) 카논(비잔틴 예식의 성무일도서에서 둘에서 아홉 시구節마다 구성된 운율시. 성서의 찬미가에 해당된다. 시 형태로서 각 줄의 첫 글자는 그 날 축일을 나타낸다. 그래서 매 축일과 주일의 고유 카논이 있다. 백민관 신부 엮음. 백과사전 2, p.464).

Kantísmus, -i, m. 칸트주의, 칸트파의 철학

Kapporeth (히브리어) = propitiatórĭum, -i, n. 속죄소

Karthágo, -gĭnis, f. = Carthágo

karyokinésis, -is, f. (生) 간접 세포핵분열

kataphátismus✳ 긍정신학(肯定神學)(C.C.K. 천주교용어집, p.19),
(⑨ Cataphatic Thology→부정신학 ⑨ Apophatic Thology).

katavasia (그리스어) 송시(誦詩)의 끝 절, 동방교회 전례 찬미가의 마지막 절.

kathisma (그리스어) 카티스마
(동방교회 비잔틴 성무일도서 성시聖詩 편은 20마디씩 한 묶음으로 나누어 아침기도에 노래한다. 이 한 묶음을 카티스마라고 하고 각 카티스마 끝에 찬미가가 이어진다. 백민관 신부 엮음. 백과사전 2, p.465).

Kedron (히브리어) 케드로, 체드론 계곡.
(올리브 산 겟세마니로 가는 유일한 통로였다).

Kenosis. (그리스어) 케노시스

keratotomĭa, -æ, f. (醫) 각막 절개술

kerygma. 케뤼그마(κήρυγμα.⑨ kerygma) 복음 선포.
(그리스로 "선언한다, 선포하다"의 의미. 초대 그리스도교의 복음 선포, 즉 사도들의 예수 그리스도 선포를 말한다. 그러므로 초대교회의 케뤼그마는 현대 교회의 표교 또는 선교에 해당되며 그리스도를 사람들 앞에 증언하는 것을 말한다…. 백민관 신부 엮음. 백과사전 2, p.469).

kerygma petri(⑨ Preaching of Peter) 베드로의 설교(외경)

kiddush (히브리어) 키두쉬('성화聖化'),
안식일이나 다른 축일에 유다인들이 하는 축성 예식.

kilográmma, -átis, n. 킬로그램

kilométrum, -i, n. 킬로미터(⑨ Kilometer)

kinésis, -is, f. 동성(動性), 운동(運動)

kinetonúclěus, -i, m. (生) 동원핵(動原核)

klimaktérĭum, -i, n. (醫) 월경 페지기, 페경기, 갱년기

Koimesis (그리스어) 마리아 영면(永眠)
(비잔틴 교회에서 성모 마리아의 몽소(蒙召) 승천 축일을 일컫는 말이다.

Koine (그리스어) 코이네, 대중적, 일반적.
(신약시대 로마제국 통치 하에서 쓰이던 민중 그리스어).

Koinonia (그리스어) 공동체('동료')
하느님의 백성을 집단적으로 가리키는 말.
['코이노아'란 말은 베네딕도 수도회의 파코미우스 수도생활의 열쇠가 되는 개념이다. 복음사가 루카는 사도행전 2, 42절에서 초기 그리스도인 공동체를 묘사하기 위해 이 낱말을 사용한다. 파코미우스가 최초의 그리스도인 공동체 생활을 이상으로 생각하여 그것을 본받으려고 했던 것이다.
Erant autem perseverantes in doctrina apostolorum et communicatione, in fractione panis et orationibus. (⊹Hsan de, proskarterou/ntej th/| didach/| twn avposto,lwn kai. th/| koinwni,a|(th/| kla,sei tou/ a;rtou kai. tai/j proseucai/j) (프 Ils étaient assidus à l'enseignement des apôtres et à la communion fraternelle, à la fraction du pain et aux prières) (獨 En zij bleven volstandig in de leer der apostelen, en in de gemeenschap, en in de broodbreking, en in het gebed) (⑨ They devoted themselves to the teaching of the apostles and to the communal life, to the breaking of the bread and to the prayers)
그들은 사도들의 가르침을 받고 친교를 이루며 빵을 떼어 나누고 기도하는 일에 전념하였다(성경 사도 2, 42).

koma, -átis, n. (醫) 혼수(昏睡-의식이 없어짐)

Komvoschinion (그리스어) 콤보스키니온. 동방교회의 묵주

kor (히브리어) 코로스 = koros

koros (그리스어) 코로스(한 섬의 용량 364리터).
  Centum coros tritici(One hundred kors of wheat)
  밀 백 섬이오(성경.공동번역.200주년 신약. 루카 16, 7).

krisis, -is, f. (醫) 위기(危機), 발증(發症-危機),
  고비(한창 막다른 때나 상황. 혹은 일이 되어 가는 데 있어서의 요긴한 단계).

Kyr (그리스어) 키르('주님') 비잔틴교회 주교를 호칭하는 말

kyriake hemera. 주일(κυριακη.⑨ Sunday)/dies dominica

Kyriále, -is, n. (첫 노래자 '기리에'로 시작하기 때문에 이렇게 부른다)
  (가) Kýrie 등 미사의 불변 부분의 그레고리안 성가집.

Kyrie. int. 주님(κύριος.⑨ Lord)
  기리에(κὺριε ἐλέησον의 준말)("주님 자비를 베푸소서"로써 시작하는 여러 가지 기도의 첫마디. 특히 미사 때의 기도 문구).

Kyrie, eleison. 주님 자비를 베푸소서

Kyrie fons bonitátis. 선의 샘이신 주님

Kyrios (그리스어) 주님(⑨ Lord.⑨ Dominus)

Kystotomĭa, -æ, f. (醫) 농종절개

L L L

L¹ l, f., n. indecl. 라틴 자모의 열둘째 글자: 엘 el.
L² 略 1. L.= Lúcius 2. (고유명사 뒤의) L.= libértus,
　libérta. 노예 신분에서 석방된 자유인. 3. L= 50.
lábărum, -i, n. Constantínus 황제가 그리스도교로
　개종(改宗)한 뒤 제정한 십자군기(軍旗).
labásco, -ĕre,(**labascor**, (-ĕris, -itur) -sci, dep.)
　intr., inch. (labo, labor¹) 흔들거리다, 비틀거리다;
　무너지려(쓰러지려)하다, 가누지 못하다.
　용기를 잃다, 망설이다; 지고 말다, 굴복(屈服)하다.
labdacísmus, -i, m. L자 사용과다; L자의 그릇된 발음.
Lábdăcus, -i, m. Thebœ의 왕, Láius의 아버지
lábĕa, -æ, f. (lábia) ((古)) 입술(יִרʊ)
Labeátes, -íum(-um), m., pl. Illýria에 있던 한 종족,
　adj., f. **Labeátis**, -ídis.
labécŭla, -æ, f. (labes) 작은 하자, 오점(얼룩), 때(얼룩)
labefácĭo, -féci -fáctum -fácĕre, tr. (labo+fácio)
　동요케 하다, 흔들리게 하다, 뒤흔들다, 비틀거리게 하다,
　쇠약해지게 하다, 약화시키다, 축 늘어지게 하다,
　무너뜨리다, 뒤엎다, 멸망시키다, 몰락하게 하다,
　뜻을 굽히게 하다.
　dentes labefacio mihi.
　(누가 나를 때려서) 이(齒)들을 흔들리게 하다.
labefactátĭo, -onis, f. (labefácto) 동요(動搖), 흔들림,
　비틀비틀함, 몰락(沒落—쇠하여 보잘것없이 됨), 뒤흔들림, 전복.
labefacto, -ávi, -átum, -áre, freq., tr. (labefácĭo)
　뒤흔들다, 비틀거리게 하다; 무너뜨리다, 쓰러뜨리다,
　쇠약(衰弱)해버리게 하다, 재기(再起) 불능케 하다,
　전복시키다(כוﬃ), 몰락시키다, 항구하지 못하게 하다.
labefáctor, -oris, m. (labefácĭo) 동요시키는 사람
labefío, -fáctus sum -fíeri, intr., pass. (labefácĭo)
　흔들리다, 비틀거리다; 무너지다, 쓰러지다, 몰락하다.
labéllum¹ -i, n., dim.(labrum¹) 작은 입술, 귀여운 입술
labéllum² -i, n., dim.(labrum²) 작은 대야, 양푼
lábĕo⁰(=labío), -ónis, m. 입술이 큰 사람
lábĕo⁷(=labío), -ónis, m. Roma 여러 씨족의 가문명
labeósus, -a, -um, adj. (lábium) 두꺼운 입술을 가진
Labérĭus, -i, m. Roma인의 씨족명
lábes, -is, f. ((labor¹)) (바닥 따위가) 꺼짐, 내려앉음,
　함몰(陷沒—(두개골이나 유드 따위) 신체 부위가 푹 꺼짐), 떨어짐,
　추락(墜落), 낙하(落下), 재난(災難), 멸망(滅亡), 파멸,
　붕괴(崩壞—허물어져 무너짐), 몰락(沒落—쇠하여 보잘것없이 됨),
　와해(瓦解—무너져 흩어짐), 망쳐 놓는 자, 망국배(亡國輩),
　흠, 하자(瑕疵—흠. 결점), 얼룩, 때, 오점, 불명예, 치욕, 죄.
labes originális. 원죄(⑩ original sin)/peccátum originale
labi lóngius. (주제에서) 너무 멀리 나갔다(longe 참조)
lábĭa, -æ, f. (주로 pl.) 입술(יִרʊ).
　Dominus sit in corde tuo et in labiis tuis: ut digne et
　competenter annunties Evangelium suum.
　주님께서 그대의 마음과 입술에 계시어, 그대가 그분의
　복음을 합당하고 충실하게 선포하기를 빕니다/
　Munda cor meum, ut supra, et lube, Domine, benedicere.
　Dominus sit in corde meo et in labiis meis: ut digne
　et competenter annuntiem Evangelium suum. Amen.
　저의 마음과 입술을 씻기시고, 강복 하소서 주님.
　주님께서는 저의 마음과 입술에 함께 하시어 제가
　복음을 합당하고 자격 있게 선포하게 하소서. 아멘.
labia stulti miscent se rixis.
　어리석은 자의 입술은 논쟁에 개입한다(잠언).
labiális, -e, adj. (lábĭa)
　입술의, 순음(脣音)의. (解) 음순(陰脣)의.
labiatæ, -árum, f., pl. (植) 줄풀과(科) 식물
lábĭdus, -a, -um, adj. (labo, labor¹) 미끄러운
Labiénus, -i, m. Cœsar의 부관, 나중에 Pompéjus 편이 됨

lábĭlis, -e, adj. (labor¹) 미끄러져 떨어지는, 흐르는,
　미끄러운, 타락하기(떨어지기) 쉬운, 사라지는.
labína, -æ, f. (labor¹)
　붕괴(崩壞), 눈사태, 산사태(montĭum lapsus).
lábĭo = **lábeo**
labio-dentális. 순치음(脣齒音)
labiósus, -a, -um, adj. 입술이 두꺼운
lábĭum, -i, n. (가끔 pl.) 입술(יִרʊ).
　ductáre alqm lábiis. 누구를 향해 입술을 비쭉거리다.
Labium veritatis firmum erit in perpetuum, ad
momentum autem lingua mendacii. (cei,lh avlhqina.
katorqoi/ marturi,an ma,rtuj de. tacu.j glw/ssan e;cei a;dikon)
(獨 Wahrhaftiger Mund besteht immerdar; aber die
falsche Zunge besteht nicht lange) (⑩ Truthful lips
endure forever, the lying tongue, for only a moment)
　진실한 입술은 길이 남지만 거짓된 혀는 한순간뿐
　이다(성경 잠언 12. 19)/참말만 하는 입술은 길이 남아나지
　만 거짓말하는 혀는 눈 깜빡할 사이에 잘린다(공동번역).
lăbo, -ávi, -átum, -áre, intr. 흔들리다, 기우뚱하다,
　넘어지려 하다, 쓰러지려(무너지려)하다, 비틀거리다,
　휘청거리다, 미결 상태에 있다, 의심스럽다, 아리송하다,
　파국에 이르다, 주춤하다, 망설이다, 갈팡질팡하다.
lábor¹(-ĕris, -ítur), lapsus sum, lábi, dep., intr. (labo)
　미끄러지다, 미끄러지듯이 움직이다(기어가다·날아가다),
　미끄러져 빠지다, (강물 따위가) **흐르다**(כוﬃ·יִרʊ),
　떨어지다, (물에 떠서) 흘러 내려가다, (시간이) 지나가다,
　경과하다, 벗어나다, 탈출하다, 빠져나오다, 기울어지다,
　다른 데로 빗나가다, 접근하다, **타락하다**, 나빠지다,
　악화하다, 스르르 빠져들다, 스며들다, 빠지다, 망해가다,
　쇠(衰)하다, 쇠퇴하다; 죽어가다, 그르치다, 잘못하다,
　범죄 하다, 실패하다, 속다, 떨어져 나가다, 배교하다.
　Hieme in agro laboráre valde durum est.
　겨울에 밭에서 일하는 것은 대단히 힘든 일이다/
　labénte disciplína. 규율이 해이해지면서/
　Laboráre est oráre. 일하는 것이 기원하는 것이다/
　Laborat hic alumnus morbo pulmonum.
　이 학생은 폐병(肺病)을 앓는다/
　lapsus in somnum. 잠들어 버린/lapsus spe. 실망하여.
lăbor² -óris, m. (=labos) 수고(κόπος.⑩ Commitment),
　노력, **일**, 노동(勞動.⑩ Work.labour), 노역(奴役), 직무,
　임무(⑩ Duty), **역사**(役事.ϵργον.⑩ operátĭon), 공사,
　사업(⑩ Work), 근면(勤勉), 열성(熱誠), 수고(일)의 결과,
　성과, 보람, 병, 앓음; 아픔, 병고, 근심(마음이 놓이지 않아 속을
　태우는 일), 걱정, **고생**, **고달픔**, **시달림**, 노고(勞苦),
　간난신고(艱難辛苦), 재난(災難-뜻밖의 불행한 일), 위험(危險).
　a labóribus reclinátĭo. 일을 쉼/
　belli labores. 전쟁의 무공/
　ethica laboris catholica 가톨릭 노동윤리/
　disce, puer, virtutem ex me verumque laborem fortunam
　ex aliis. 아이야, 용맹은 내게서 배우고 참 수고가
　무엇인지는 나한테서 배워라. 그러나 행운은 다른 사람들
　에게서 보려므나(성 염 지음. 사랑만이 진리를 깨닫게 한다. p.385)/
　Est quidam labor manere semper sine laboribus.
　아무런 일(고생) 없이 지내는 것도 하나의 고생(일)이라네/
　fructu non respondénte labóri.
　수고한 만큼의 수입이 따르지 않아서/
　Huius amoris intra Familiæ Nazarethanæ vitam cotidiana
　comprobatio est opus ipsum.(⑩ Work was the daily
　expression of love in the life of the Family of Nazareth)
　노동은 나자렛 성가정의 생활 안에서 매일 사랑을
　표현하는 것이었다(1989.8.15. "Redemptoris custos" 중에서)
　insolitus ad labórem. 수고에 익숙하지 못한/
　Instrumentum laboris. 작업의 도구, 의안집, 회의자료/
　invictum ad labórem corpus. 수고에 지치지 않는 육체/
　Laboras in terra, sed pervenies ad fructum promissum.
　현세에서 수고하고 있지만 약속된 미래에 이르게 될
　것입니다.(최익철 신부 옮김. 요한 서간 강해. p.449)/
　labórem hóminum perículis sublevándis impertio.

사람들의 위험을 덜어주는 데에 수고를 들이다/
labóres lunæ. 월식(月蝕, defectio lunæ)/
Nascimur in mærore, vivimus in labore,
morimur in dolore. 우리는 울며 태어나서,
고생하며 살다가, 슬픔 속에 죽는다/
Nemo vir magnus sine ullo labore divino est.
위대한 인간치고 신성한 수고를 전혀 겪지 않은 자는 아무도 없다/
Nullum a labore me reclinat otíum.
나는 일에서 벗어나 한가로이 쉴 틈이 조금도 없다/
O frustra suscepti labores! 오 헛된 수고들이여!/
Omnia vincit labor. 노동(수고)은 모든 것을 이겨 낸다/
Otiáre, quo melius labores. 더 잘 일할 수 있기 위해서 쉬어라/
pretium laboris. 일의 보상/
Quæ plurimus meis laboribus quæsivi.(quæro 참조)
그것들은 네가 많은 수고를 들여 얻은 것들이다/
Quid quæris quietem, cum nátus sis ad laborem?
너는 일하러 왔건만 왜 편히 쉬려 드느냐?(준주성범 제2권 10장 1)/
réliquum tempus a labore intermitto. (intermitto 참조)
일을 중단하고 나머지 시간을 보내다/
Reluctante natúra, irritus labor est.
자연을 거슬러서 하면, 그 수고가 헛되다/
sed tua me virtus tamen et sperata voluptas
suavis amicítiæ quemuis efferre laborem suadet…
그대 얼이여, 내 기약하는 감미로운 우정의 기쁨이
운명의 가혹한 시련을 무엇이든 견뎌내라 날 타이르네…
(성 염 지음. 사랑만이 진리를 깨닫게 한다. p.431)/
Valetúdo decréscit, accréscit labor.
건강(健康)은 줄어들고 병(病)은 더해간다.

	sg.	pl.
Nom.	labor	labores
Gen.	laboris	laborum
Dat.	labori	laboribus
Acc.	laborem	labores
Abl.	labore	laboribus

(한동일 지음. 카르페 라틴어 1권. p.39)

Labor amoris testificatio.
(㉠ Work as an expression of love) 사랑의 표현인 노동.
labor atque justitia. 근면과 정의
Labor humanus ac singillatim manuum opus in
Evangelio vim particularem invenit.(㉠ Human work,
and especially manual labor, receive special prominence in
the Gospel) 인간의 노동 그리고 특히 육체노동은
복음서 안에서 특별히 강조되어 있다.
labor improbus. 고된 일
labor in vitíum. 악습에 빠지다
labor in alqá re. 어떤 일에 실패하다, 속다
Labor ipse voluptas. 일하는 것이 즐거움이다.
Labor juventuti optimum est obsonium.(Publilius Syrus)
청춘시절에 노동은 제일 좋은 반찬.
labor molestus. 괴로운 일
Labor omnia vincit. 힘을 다하면 안 되는 일이 없다.
Labor optimos citat.(Seneca)
수고는 아주 훌륭한 사람들을 흥분시킨다.
labor servilis. 육체노동(肉體勞動), opus servile)
labor supra vires. 힘에 넘치는 일
laborátio, -ónis, f. 수고(κόπος.㉠ Commitment),
고생, 노고(勞苦), 고달픔, 앓음.
laborátus, -a, -um, adj. 공(정성)들여 만든, 애써 만든
Laborem Exercens, 노동하는 인간(1981.9.14. 반포-「새로운 사태」
반포 90주년을 맞아 교황 요한 바오로 2세께서 반포하신 인간 노동에 관한 회칙
이다. 세계적인 불평등과 불의의 정의 구현의 임무가 전 세계적인 차원
에서 대두되는 오늘날 빈번하게 발생하는 인간 노동에 관한 문제를 강조하고,
인간의 노동은 인간의 선익이라는 관점에서, 사회 문제 전체에 대한 「본질적인
핵심」이고 근본적이고도 결정적인 중요성을 띤다는 점을 역설한다.).
laborem sortior. 수고를 나누다
laborent quod necessaríum. 필요한 노동
labores diurni. 낮일(diurnus -a, -um, adj. 낮의)
labores lunæ. (天) 월식(月蝕, defectio lunæ)
labori succedo. 수고를 감수(甘受)하다

labórifer, -ěra, -ěrum, adj. (labor²+fero)
수고를 견디어 내는, 고생을 이기는; 수고로운.
laboriósus, -a, -um, adj. (labor³) 수고로운, 수고스러운,
고된, 힘든, 고생스러운, 고생하는, 부지런한, 열심히 하는.
laboriósus quidam baptismus. 수고스러운 세례(=화해)
labóro, -ávi, -átum, -áre. (labor³)
tr. 공들여 만들다, 애써하다, 노작(勞作)하다.
intr. 수고하다(Ἰᴀᴀ), 일하다(ᴐᴀᴦ.ᴀᴎ.ἐργάζομαι),
애쓰다, 힘쓰다, 걱정하다, 근심하다, 안타까워하다.
불안하다, 고생하다, 시달리다, 앓다,
(어디가) 아프다(Ἰᴀᴀ.�)(병명은 탈격으로 표시하고,
앓는 자리나 아픈 곳은 "ex+탈격"을 쓴다).
Aratóres sibi laboránt. 농부들은 자신을 위해 일한다/
Civibus victis ut parceretur laboravi. 나는 패배한
시민들을 그가 관서(寬恕)해 주도록 노력하였다/
Ejus artus laborábant. 그는 관절염을 앓는다/
ex ære aliéno laboro. 빚에 시달리다/
laboráre ex déntibus(cápite) 이를 앓다(머리가 아프다)/
Laboraverunt servi catenis vincti in campis(4활용 수동태 완료
시제). 노예들은 쇠사슬에 묶인 채 들에서 노동했다/
laboro ab re frumentária. 식량사정으로 고생하다/
laboro morbo alqo. 무슨 병을 앓다/
Sunt qui laborare nolint. 일하지 않으려는 사람들이 있다.
Laboro ex déntibus. 나는 이가 아프다
laboro ex pedibus. 두 발이 아프다,
Pes dolet. 발이 아프다.
laboro, -ávi, -átum, -áre, intr. 수고하다
labos, -óris, m. (=labor²)
Labro, -ónis, m. Etrúria의 항구도시
labrum¹ -i, n. (lambo) 입술(ᴐᴀᴎ), 가, 가장자리;
(그릇 따위의) 아가리; 경계(境界).
inférius labrum. 아랫입술/
Multa cadunt inter calicem supremaque labra.
컵과 입술의 끝 사이에는 많은 것이 일어난다/
NUN. Prohibe linguam tuam a malo, et labia tua,
ne loquantur dolum. (pau/son th.n glw/ssa,n sou avpo. kakou/
kai. cei,lh sou tou/ mh. lalh/sai do,lon) (獨 Behüte deine
Zunge vor Bösem und deine Lippen, daß sie nicht
Trug reden) (㉠ Keep your tongue from evil, your
lips from speaking lies) (눈) 네 혀는 악을, 네 입술은
거짓된 말을 조심 하여라(성경 시편 34. 14)/혀를 놀려 악한
말을 말고 입술을 놀려 거짓말을 마라(공동번역 시편 34. 13).
labrum² -i, n. (lavo) 대야(洗面기), 아가리 넓은 큰 그릇,
양푼(운두가 높지 않고, 넓고 큰 놋그릇), 욕조(浴槽) 정수용기.
labrúsca, -æ, f. (labruscum, -i, n.) (植) 야생포도, 머루
labyrinthéus(=labyrinthícus) -a, -um, adj. 미궁의,
미로의; 미궁과 같은, 얽히고설킨, 착잡한, 복잡한.
labyrínthus, -i, m. 미궁(迷宮, tectum recurvum),
미로(迷路). (解) 내이(內耳). (L-) Creta의 고도(古都).
Gnossus 근교에 Dœdalus가 세운 유명한 미궁(迷宮).
lac, lactis, n. 젖, 유즙(乳汁); 우유(lacteus humor),
식물의 유액(乳液), 젖빛, 유백색.
De Cometis et Lacteo Circulo. 혜성과 은하수/
nigriores sunt oculi eius vino et dentes eius lacte
candidiores. (caropoi. oi` ovfqalmoi, auvtou/ avpo. oi;nou kai.
leukoi. oi` ovdo,ntej auvtou/ h' ga,la)(獨 Seine Augen sind
dunkel von Wein und seine Zähne weiß von Milch)
(㉠ His eyes are darker than wine, and his teeth are
whiter than milk) 그의 눈은 포도주보다 검고 그의
이는 우유보다 희다(성경 창세 49. 12)/눈은 포도주로 상기
되고 이는 우유로 희어지리라(공동번역 창세 49. 12)/
Omnis enim, qui lactis est particeps, expers est
sermonis iustitiæ, parvulus enim est (pa/j ga.r o`
mete,cwn ga,laktoj a;peiroj lo,gou dikaiosu,nhj(nh,pioj ga,r
evstin\) (獨 Denn wem man noch Milch geben muß, der
ist unerfahren in dem Wort der Gerechtigkeit, denn er
ist ein kleines Kind) (㉠ Everyone who lives on milk
lacks experience of the word of righteousness, for he

L

is a child) 젖을 먹고사는 사람은 모두 아기이므로, 옳고
그름을 가리는 일에 서툽니다(성경 히브 5, 13)/젖을 먹어야
할 사람은 아직 어린아이이니 옳고 그른 것을 분별할
능력이 없습니다(공동번역)/우유를 마시는 사람은 모두 아기
이므로 올바른 가르침에 익숙하지 못합니다(200주년 신약)/
Quasi modo geniti infantes, rátiōnabiles, sine dolo lac
concupiscite. 갓난아기 같이 너희도 순수하고 신령한 젖을
사모하라. 그로써 너희는 자라나 구원을 얻게 되리라.
(부활 제2주일 입당송)/
Suevi maximam partem vivunt lacte et pecore.
Suevi인들은 대부분 우유와 가축의 고기로 산다/
Sunt nobis mitia poma, castaneæ molles et pressi copia
lactis. 우리한테는 잘 익은 과일과 달콤한 밤과 넉넉한
치즈가 있지요.[소유 여격dativus possessivus은 sum 동사와 함께 쓰며,
사물의 소유자를 여격으로 지칭한다. 성 염 지음. 고전 라틴어, p.396].

Lac nostrum Christus humilis est.
우리 젖은 바로 겸손하신 그리스도입니다.
lac Puerorum. 아이들의 젖[1457년에서 1500년 사이에 처음 출현한
대학생 외국어 교재. 성찬성 옮김. 제임스 몬티 지음. 성 토마스 모어. p.23].
lac recens. 신선한 우유
Lacǽna, -æ, adj., f. dœmon(여자)의,
    Sparta의 여자, 특히 Hélena.
lacca, -æ, f. 역축(役畜)의 다리가 붓는 병
Lacedǽmonius, -i, m. 스파르타인[Lacedæmonii: Laconia의 수도
    Lacedæmon 사람들, 곧 스파르타 인들을 말함. 성 염 지음. 고전 라틴어. p.308].
    Athenienses quamquam ipsi duas totius classis partes
    efficiebant, libenter Lacedæmoniis imperium permiserunt.
    아테네인들은 자기들이 선단(船團) 전체의 두 부분을
    결성하고 있었음에도 불구하고 기꺼이 스파르타인들
    에게 통수권을 부여했다(성 염 지음. 고전 라틴어. p.340)/
    Lacedæmonii pueros non in forum, sed in agrum
    deducebant, ut primos annos non in luxuria, sed in
    laboribus agerent. 스파르타 사람들은 소년시절을 사치
    속에서가 아니라 고역과 노동 속에서 보내도록, 스파르타
    의 소년들을 광장이 아니라 들판으로 이끌어냈다/
    Sæpissime et diutissime juvenes Lacedæmonii corpora
    exercebant. 스파르타 젊은이들은 참으로 자주 그리고
    매우 오래 동안 몸을 단련했다/
    Unguentarios Lacedæmonii urbe expulerunt, quia oleum
    disperderent. 스파르타인들은 기름을 허비한다 해서
    향수 장사들을 도성에서 추방해버렸다.
lắcer, -ĕra -ĕrum, adj. 절단된, 잘린, 찢어진,
    파열된, 파손된, 부서진, 와해된, 자르는, 찢는.
    caput lácerum cornu. 뿔 잘린 머리/
    lácera vestis. 찢어진 옷.
lacerábĭlis, -e, adj. (lácero) 찢어질 수 있는, 찢어지기 쉬운
lacerátĭo, -ónis, f. 찢음, 파열(破裂-짜개지거나 갈라져 터짐)
lacerátor, -óris, m. 찢는 사람
lacérna, -æ, f. (옛 Roma인들의) 외투의 일종; 비옷
lacernátus, -a, -um, adj. (lacérna) 외투 입은, 비옷 입은
lácĕro, -ávi, -átum, -áre, tr. (lacer) 찢다(קרע),
    찢어발기다; 파열시키다, 부서뜨리다; 물어뜯다, 쥐어뜯다;
    에다, 잘라내다; 헤어지게 하다, 헐뜯다, 중상하다;
    비난하다, 욕설하다, 참혹하게 만들다, 낭비(허비)하다;
    탕진하다, 괴롭히다, 굶기다, 못살게 굴다.
lacérta, -æ, f. (動) 수궁(도마뱀류에 속하는 큰 물도마뱀),
    모래 도마뱀, 도마뱀, 고등어의 일종).
lacértus¹ -i, m.
    상박(上膊-위팔); 팔; 팔의 근육(알통), 팔 힘; 힘, 강력.
lacertus² -i, m. 도마뱀, 고등어(의 일종).
    coluber, -bri, m. 독사.
lăcéssii, "lacésso"의 단순과거(pf.=perfectum)
lacessítĭo, -ónis, f. 집적거림, 도발(挑發)
lacessítor, -óris, m. 도발자(挑發者), 선공자(先攻者)
lăcéssitum, "lacésso"의 목적분사(sup.=supínum)
lăcéssivi, "lacésso"의 단순과거(pf.=perfectum)
lacésso, -ívi(-ĭi) -ítum -ěre, tr. (lácio) 도발하다,
    도전하다, 집적거리다, 건드리다, 못살게 굴다(יקרי),
    괴롭히다, 자극하다, 충동하다, 격려하다, 분기시키다,

…하도록 권유하다(부탁하다), 일으키다, 야기 시키다,
유발하다, 쑤석거리다, 획책하다, 시도하다.
Córporis tractu risus lacéssitur. 몸짓으로 웃음이 터진다.
lacesso bella. 전쟁을 일으키다
lachanízo(=lachanísso), -áre, intr.
    힘이 없다, 느른하다, 나태(懶怠)하다.
lacínĭa, -æ, f. 옷깃; 옷자락, 옷단, 자락,
    늘어진 것(물건), 옷, 조각, 부분, 땅뙈기.
lacinĭósus, -a, -um, adj. (lacínĭa) 너덜너덜하는,
    끝 부분이 여러 가닥으로 갈라진, 거추장스러운.
lácĭo, -cĕre, tr. 속이다
Lacónĭcum, -i, n. (sc. bálneum) 증기(蒸氣) 목욕탕
lácrĭma, -æ, f. 눈물, (어떤 종류의) 초목에서 돋는 물방울.
    alci excio lácrimas. 누구의 눈물을 자아내다/
    Cum aut scribo ad vos aut vestras litteras lego,
    conficior lacrimis sic ut ferre non possim.
    내가 너희에게 편지를 쓰거나 너희들의 편지를 읽을
    때면 주체 못할 정도로 눈물이 솟는구나/
    Di abstergent omnes lacrimas ab oculis nostris.
    신들은 우리의 눈에서 모든 눈물을 닦아주실 것이다/
    Dolore et lacrimis conficior : nihil jam queo dicere.
    고통과 눈물로 나는 지쳤다. 이제 나는 아무 말도 할 수 없다/
    evinco in lácrimas. 눈물을 흘리고야 말다/
    exháusta lácrimis. 울다가 지친 여자/
    Hinc illæ lácrimæ.(hinc 참조) 그 눈물은 이래서였구나!/
    in lacrimis et intentione cordis. 눈물과 마음의 지향/
    integro lácrimas. (멎었던) 눈물을 다시 자아내다/
    Incréscunt flúmina lácrimis.
    눈물로 강물이 붇는다(강물을 이룬다)/
    lacrimas depluit. 그는 눈물을 흘리고 있다/
    lácrimas excutio alci. 누구를 눈물 나게 하다/
    Lacrimas marmora manaverunt. 대리석은 눈물을 흘렸다/
    Lacrimis oculi rorantur. 눈물이 두 눈에 어린다/
    lacrimis roro genas. 눈물로 두 볼을 적시다/
    Lavo vultum lácrimis. 얼굴을 눈물로 적시다/
    Nihil lacrima citius arescit.
    눈물보다 더 빨리 마르는 것은 없다/
    Paratæ lacrimæ insidias indicant.
    걸핏하면 흘리는 눈물은 (그 눈물이) 속임수임을 가리킨다/
    Quem ubi vidi, équidem vim lacrimárum profúdi.
    나는 그를 보자 진실로 (다량의) 눈물을 펑펑 쏟았노라/
    Reliqua præ lacrimis scribĕre non potui.
    나는 눈물 때문에 나머지는 더 쓸 수가 없었다.
lacrimæ ab óculis prófluunt.
    두 눈에서 눈물이 주르르 흐른다.
Lacrímæ erumpunt. 눈물이 쏟아진다.
Lácrimæ irrórant fóliis. 눈물이 책상 위에 뚝뚝 떨어진다.
Lacrímæ prorumpunt. 눈물이 펑펑 쏟아진다.
lacrimæ rorantes. 뚝뚝 떨어지는 눈물
Lacrimæ se subito profudĕrunt. 눈물이 왈칵 쏟아졌다.
Lacrimæ serpunt. 눈물이 주르르 흐른다.
lacrimábĭlis, -e, adj. (lácrima)
    눈물을 자아내는, 눈시울을 뜨거워지게 하는, 비참한.
lacrimbúndus, -a, -um, adj. (lácrimo)
    눈물 흘리는, 눈물이 글썽한.
lacrimális, -e, adj. (lácrima) 눈물의, 눈물의 분비에 관한,
    누선(淚腺)의. (解) artéria lacrimális. 누선 동맥.
lacrimátĭo, -ónis, f. (lácrimo) 눈물 흘림,
    낙루(落淚-눈물을 흘림), 울음(체읍), 눈물 나는 눈병.
lácrĭmo, -ávi, -átum, -áre, (lácrĭmor, -átus sum, -ári,
    dep.) intr.(tr.) (lácrima)) 눈물 흘리다, 울다,
    (어떤 초목에서) 물방울이 돋다.
    Oh lacrimo gaudio!. 오, 눈물겹게 기쁘오.
lacrimoconchális, -e, adj. (解) 누골갑상(漏骨甲狀)의,
    adj. lacrimaxilláris, -e, (解) 누골상악(漏骨上顎)의.
lacrimósus, -a, -um, adj. 눈물 나는(흘리는), 눈물 많은,
    슬픈, 눈물 나게 하는, 최루의, 진이 나오는(식물의).
lacrum(lacrym)… V. lacrim…

lactánĕus, -a, -um, adj. 젖먹이는; 젖빛의
lactáris, -e, adj. (lac) 젖먹이는, 포유동물의
lactárĭus, -a, -um, adj. (lac)
    젖 먹는, 우유 넣어서 만드는, 우유 담은(그릇 따위).
    m. 우유(牛乳) 넣은 식료품 제조인(판매인).
    n. 우유(牛乳) 넣어 만든 것(음식)
lactárĭus mons.
    젖소 기르는 목초가 많은 Campánia의 어떤 야산.
lactátĭo, -ónis, f. (lacto) 젖 먹임, 젖을 분비함
lactátum, -i, n. 우유로 만든 음료
lacte ali. 우유로 자라다
lacte atque pecore vivo. 우유와 고기를 먹고살다
láctĕo, -ére, intr. (lac) ((주로 p.prœs.를 씀))
    젖 먹다, 젖먹이 시대에 있다, 어리다.
lactéŏlus, -a, -um, adj. dim. (lácteus) 젖 빛깔의, 유백색의
lactes, -ĭum, f., pl. (解) 소장(小腸.intestinum tenue).
lactésco, -ĕre, intr. (lácteo) 젖으로 변하다, 젖이 되다,
    젖이 생기다, 젖이 붇다, 젖이 지다.
láctĕus, -a, -um, adj. (lac)
    젖의; 젖이 가득한, 젖 먹는, 젖 빛깔의, 유백색의.
    círculus lacteus. 은하(銀河) / via láctea. 은하(銀河)
lacteus humor. 우유(젖)/lac, lactis, n.
lacteus orbis. 은하(銀河)
lacticínĭa, -órum, n., pl. 우유와 계란으로 만든 음식.
    (계란, 육류와 함께 초대교회에서 제일제일齊日에 금지되었다).
lacticŏlor, -óris, adj. (lac+color) 젖빛의, 유백색의
láctĭfer, -ĕra, -ĕrum, adj. (lac+fero) 젖을 내는;
    젖을 나르는. (解) 젖을 보내는, 유관(乳管)의,
    유미(乳糜)를 보내는. (植) 젖 같은 액을 내는.
lactínĕus, -a, -um, adj. 젖과 같이 흰
láctĭo, -ávi, -átum, -áre, tr., freq. (lacto¹) 젖먹이다, 젖 주다.
lacto¹-ávi, -átum, -áre, (lac)
    intr. 젖 먹이다, 젖을 내다, 젖 빨다, 젖 먹다.
    tr. 젖이 젖을 먹여 기르다.
lacto²-ávi, -átum, -áre, freq., tr. (lácio)
    속이다; 유인하다, 꾀다, 구슬리다.
lactúca, -æ, f. (植) 상추, lactuca índica. 왕고들빼기
lactucárĭus, -i, m. 야채(상추) 장사
lacúlla, -æ, f. dim. (lacúna) 보조개.
    (웃을 때 볼에 오목하게 우물져 들어가는 자리. 볼우물)
lacúna, -æ, f. 웅덩이; 못(池), 구덩이; 구멍, 파인 곳,
    움푹 들어간 곳, 함정, 결함(缺陷), 결손, 빈자리, 손실.
    (醫) 열공(裂孔-(1) 적은 개공 또는 내용물이 없는 공동으로 다른
    체조직의 중간이나 사이에 있는 공동이나 움푹 들어간 부분의 총칭.
    (2) 시야의 암점과 같은 병적인 결손 또는 연구.
Lacuna, -æ, f. 라쿠나.
    (원전 비평에서 사본 자체의 파손으로 유실된 부분을 가리킴).
lacuna juris. 법의 흠결(欠缺), 법률의 결여
lacúnar, -áris,(lacúnárĭum, -i,) n. (lacúna)
    (建) 판자 붙인 천장, 우물천장, 우물 반자.
lacúno, -ávi, -átum, -áre, tr. (lacúna)
    움푹 파이게 하다, 우물 반자 모양으로 만들다.
lacúnósus, -a, -um, adj. (lacúna)
    웅덩이(구덩이) 투성이의, 울퉁불퉁한, 고르지 못한.
lăcus, -us, m. [복수 3격(여격)과 복수 5격(탈격) 어미는 -ubus가 됨]
    (드물게는 제2변화: -cus, -i.)
    호수(λίμνην), 못(池), 통, 물통, 수도(水道), 용수(用水),
    저수지(貯水池), 포도즙 짜는 통; 기름 거름 받는 통,
    (여러 용도의) 큰 물통, 우물반자.
    사자 가두어 기르는 지하 수직 동굴.
lacus classibus návigati. 함대가 지나간 호수들
lacus lacrimális. 누호(淚湖)
    (각막이나 결막 표면을 씻어 내린 눈물이 눈초리 옆에 일단 괴는 곳)
lacúscŭlus, -i, m. 작은 호수, 올리브 저장용 나무통.
Lacýdes, -is, m. Cyréne 태생의 철학자(c. 250AC.)
Lãdon, -ónis, m. Arcádia의 강 이름
læca, -æ, m. Roma인의 가문명
lædo, læsi, læsum, lædĕre, tr. 상하게 하다, 다치게 하다,
    상처 입히다(רמ.רמ), 생채기를 내다,
    (초목 따위를) 꺾다, 뜯다; 부러뜨리다; 훼손하다,

손해를 끼치다(주다), 마음 상하게 하다,
가슴 아프게 하다, 감정을 해치다; 모욕하다,
비방하다(לֹֹֹ), (명성 따위를) 더럽히다,
(신의 따위를) 깨뜨리다, 어기다,
피의자(피고)에게 불리한 증언(證言)을 하다.
    nec lædere nec violari. 서로 해치지 말고 해침을 받지 말라.
    (성 염 지음, 사랑만이 진리를 깨닫게 한다, p.430)/
    Validius debet esse quod lædit eo quod læditur ; non est
    autem fortior nequitia virtute ; non potest ergo lædi
    sapiens.(Seneca) 부패시키는 것이 부패하는 것보다 위력 있지
    않으면 안 된다. 그렇다고 사악이 덕성보다 강한 것은 아니다.
    그러므로 타락하는 그것이 현명한 짓일 수는 없다.
lædo alqm dicto. 말로 누구의 감정을 상하게 하다
Lǽlĭus, -i, m. Roma인의 가문명. adj. Lælĭánus, -a, -um.
læna, -æ, f. 외투; 소매 없는 외투, 망토(프.manteau)
Laérta(=Laértes) -æ, m. Ulíxes의 아버지
Laërtĭădes, -æ, m. Laérta의 아들, 즉 Ulíxes
læsi, "lædo"의 단순과거(pf.=perfectum)
læsĭo, -ónis, f. (lædo) 상처 입힘, 상해(傷害);
    마음 상하게 함, 가슴 아픈 일. (醫) 외상(外傷), 상처.
læsum, "lædo"의 목적분사(sup.=supínum)
læsúra, -æ, f. (lædo) 상처; 마음 상하게 함
lætábĭlis, -e, adj. (lætor) 즐거운, 유쾌한, 기뻐할 만한
lætabúndus, -a, -um, adj. (lætor)
    대단히 즐거워(기뻐) 하는, 행복스러운.
lætámen, -mǐnis, n. 거름, 두엄, 퇴비; 동물의 똥
Lætamur Admodum, 중동의 위기(危機)(1956.11.1.)
Lætamur Magnopĕre, 큰 기쁨(1997.8.15. 교황교서)
lætans, -ántis, p.prœs., a.p.
    기뻐하는, 즐거워하는, 경치 좋고 쾌적한.
    lætánti jam ánimo.(jam 참조) 정말 기쁜 마음으로.
lætare, 원형 lætor, -átus sum, -ári, dep., intr., tr.
    [명령법. 단수 2인칭 lætare, 복수 2인칭 lætamini].
    Regína Cǽli lætáre. 천상의 모후여, 기뻐하소서.
lætas inter audientĭum affectiones.
    청중의 유쾌한 분위기(雰圍氣) 속에서.
lætátĭo, -ónis, f. (lætor) 기쁨(χαρὰ.⑨ Enjoyment),
    즐거움(⑨ Pleasure), 환희(歡喜), 환호(⑨ Acclamátĭon)
læte, adv. 기쁘게, 즐거이, 유쾌하게, 재미있게
læte, lætius, lætissime, adv.
lætífico, -ávi, -átum, -áre, tr. (lætus+fácio)
    기쁘게 하다, 즐겁게 하다; 황홀케 하다,
    (밭을) 기름지게(비옥하게)하다, 거름 주다.
lætíficus, -a, -um, adj. (lætus+fácio) 기쁘게 하는; 즐거운
lætior, -or, -us, adj. lætus, -a, -um의 비교급
lætissimus, -a, -um, adj. lætus, -a, -um의 최상급.
    lætíssimum spátĭum 가장 기쁜 시기(時期).
lætítĭa, -æ, f. 기쁨(χαρά.⑨ Enjoyment), 환희(歡喜),
    희열(喜悅-기쁨과 즐거움), 흥겨움, 아름다움, 예쁨,
    매력(魅力), 우아(優雅), 풍요(豊饒), 비옥(肥沃).
    Boni discipuli sunt lætítĭa nagistri.
    착한 학생들은 선생님의 즐거움이다/
    Comítĭa ista me lætítĭa extulérunt.
    그 국민회의가 나를 무척 기쁘게 했다/
    De lætítĭa bonæ conscientiæ. 어진 양심의 즐거움에 대하여/
    evoco alqm in lætítĭam. 아무를 기뻐하게 하다/
    ex lætítĭa ad luctum recido. 기쁨에서 슬픔으로 전락하다/
    Habe bonam conscientĭam, et habebis semper lætítĭam.
    양심을 어질게 가져라 그러면 항상 즐거운 것이다/
    lætítĭam vultu fero. 기쁨을 얼굴에 드러내다/
    magna cum lætítĭa. 큰 즐거움을 가지고/
    Mater Verbi et Mater lætítĭæ.
    말씀의 어머니이며 기쁨의 어머니/
    vanæ lætítĭæ. 빈 기쁨.
lætítĭa perfundi. 기쁨에 넘치다
Lætítiæ Sanctæ, 로사리오기도(祈禱)(1893.9.8.)
lætítĭam vultu fero. 기쁨을 얼굴에 드러내다
lætius, adv. læte의 비교급

L

lætíssime, adv. læte의 최상급

læto, -ávi, -átum, -áre, tr. (lætus) 기쁘게 하다,
즐겁게 하다, (밭.농작물에) 거름 주다.
Lætatus sum felicitate navigationis tuæ.
너의 항해가 행복하였다나니 나도 기뻤다/
Regina cœli lætáre, alleluja.
하늘의 모후님 기뻐하소서 알렐루야.

læto animo. 기쁜 마음으로(alacri animo)

lætor, -átus sum, -ári, dep., intr., tr. (lætus) 탈형동사
(abl.; de, ex, in abl.; alqd; acc.c. inf.; quod, absol)
기뻐하다(א־ח.ㅠ.חדﬡ), 기쁨을 느끼다, 즐거워하다,
(농작물이 기후.지리적 조건 따위를) 좋아하다, 반기다.
Lætentur cæli, et exsultet terra.
하늘은 기뻐하라 땅은 춤추라.

lætus, -a, -um, adj. (absol.; abl.; de, in abl.; inf.; acc.c. inf.)
기쁜, 즐거운, 유쾌한, 반가운; 기뻐하는, 즐거워하는,
반기는, 만족해하는, 기꺼이(기쁜 마음으로) 하는, 행복한
호의를 가진, 재미있는, 기쁨을 주는: 마음에 드는,
다행한, 순조로운; 행운의, 길(吉)한, 비옥한, 기름진,
풍요한, 풍성한, 우거진, (사람.짐승 따위가) 살찐.
Aliis lætus sapiens sibi.
다른 이에게 즐겁게 대하는 것이 자신에게 현명하다/
colles fróndibus læti. 나무가 울창한 언덕/
dies lætíssimi. 매우 즐거운 나날/
hilaris atque lætus. 명랑하고 즐거운 안색/
Honesta res læta paupertas.(세네카).
고결한 것은 가난의 기쁨이다/
Mortem lætus accivit. 그는 기뻐하며 자살하였다/
Quid potest esse lætius. 무엇이 더 재미있을 수 있느냐?

lætus ager. 비옥한 밭
Lætus eris, si ibi manebis.
네가 거기 머문다면 행복해질 것이다.
Lætus sum, laudári me abs te. 너한테 칭찬 들으니 기쁘다
lætus vultus. 기쁜 얼굴

læva, -æ, f. (sc. manus, pars) ((lævus))
왼손(ἀριστερά), 왼쪽, 왼편, lævā 왼손으로, 왼편으로.
ad(in) lævam. (위치 상) 왼편에(으로, 을)
Læva ejus capite meo et dextera illius amplexabitur
me. 왼팔을 베게 하시고 오른팔로 이 몸 안아 주시네.

lævig… V. levig…

lævis = levis¹ 갈고 닦은, 매끈매끈한, 유창한

lævórsum(=lævórsu) adv. (lævus+versum) 왼편으로.

lævis, -e, adj. 갈고 닦은, 매끈매끈한, 유창한, 윤기 나는. lævus,
-a, -um, adj. 왼, 왼편의, 좌측의, 서투른,
미련한, 지둔한, 공교롭게도 나쁜, 역경의, 불행한,
길조(吉兆)의, 상서로운(새를 날려서 점을 칠 때 남쪽을 향해
서 있었으므로 왼편은 동쪽 즉 해 뜨는 곳으로서의 상서로운).
n. 왼쪽, 왼편. n., pl. 왼쪽 지방.

lágånum, -i, n. 기름에 튀긴 과자(의 일종)

lagéna, -æ, f. (아가리가 좁은 배불뚝이) 병, 술병, 단지

lágēos, -i, f. 희랍종의 포도주, 그 포도주(葡萄酒)

lagœna(=lagóna) -æ, f. = lagéna = lagúna

lagóis, -ídis f. ((動))
(바다 토끼라는 뜻의) 물고기, 들꿩, 멧 닭.

lagóstōma, -átis, f. (醫) 언청이.
(윗입술이 날 때부터 갈라져 있는 사람. 결순缺脣)

lagúna = lagœna(=lagóna) -æ, f. = lagéna
(아가리가 좁은 배불뚝이) 병, 술병, 단지.

lagúncŭla, -æ, f. (lagéna) 작은 병, 작은 단지

Lāgus, -i, m. 이집트의 Ptolemæus 1세의 아버지

Laïádes, -æ, m. Láius의 아들 즉 Œdípus.

laicális, -e, adj. 속인(俗人)의, 평신도(平信徒)의.
institutum laicale. 평신도회(平信徒會)

laicális pia fundátǐo. 평신도 신심기금(信心基金)

laicísmus, -i, m. 속화주의, 세속주의, 평신도주의(⑨ Laicism)

laicizátǐo, -ónis, f. 교회의 인물 및 사물의 속용화(俗用化).
(성직자의) 환속(還俗), 교회 재산 물수,
(학교.병원 따위의) 교회사업의 국유화(국영화)

laícus, -a, -um, adj. 평신도의, 세속적.
m. 평신도(⑨ Laity/lay/layman.獨 Laie), 속인(俗人).
apostolatus laicus. 평신도 사도직(平信徒 使徒職)/
Christifideles laici participes sunt muneris sacerdotalis.
(⑨ The lay faithful are sharers in the priestly mission)
평신도들은 사제적 사명에 참여하고 있다/
cum laicis communio et cooperatio.
평신도와 나누는 친교와 협력/
Frater laicus. 평수사/
Investitura clericorum per laicos. 평신도에 의한 성직 임명/
laici cooperatores. 평신도 협조자/
laici voluntarii et consociati. 준회원과 평신도 자원봉사자/
Laicos et clericos non conficientes non adstringi jure
divino ad communionem sub utraque specie.
평신도들뿐만 아니라 미사를 집전하지 않은 성직자들도
양형 영성체를 해야 할 신법상의 의무가 있는 것은 아님/
Prædicatio laici.(⑨ Prediction of the lay.
獨 Laienverkündigung) 평신도 강론/
Societas missionariæ laicorum. 평신도 전교회.

laicus desinatus. 지명 청취관

Lāis, -ídis, f. 희랍의 유명한 기생의 이름

Láïus(=Lájus), -i, m. Lábdacus의 아들

lallo, -áre, intr. 자장가를 부르다

lalopathía, -æ, f. (醫) 언어장해(言語障害)

lama, -æ. f. 수렁(곤죽이 된 진흙이나 개흙이 많이 괸 곳), 진펄

Lámăchus(=Lámăchos), -i, m. Athénœ의 장군(414 A.C.)

lamaísmus, -i, m. 라마(Lama)교(敎)

lámběro, -ávi, -átum, -áre, tr. 찢다, 물어뜯다

lambi, "lambo"의 단순과거(pf.=perfectum)

lambitum, "lambo"의 목적분사(sup.=supínum)

lámbĭtus, -us, m. 핥음

lambo, -bi -bĭtum -ěre, tr. 물길이 스쳐 지나가다,
불길이 슬쩍 스치다(넘실대다), 핥다.

lamélla, -æ, f. dim. (lámina) 얇은 금속판(석판)
박판(薄板), 엷은 조각; 엷은 잎, 엽층(葉層)
(動) 새엽(鰓葉, 조름-물고기의 아가미 안에 있는 빗살 모양의 숨을
쉬는 기관), ((植)) (버섯의 갓 밑의) 주름, 균습(菌褶)

lamellósus, -a, -um, adj. (醫) 판층(板層)의

laménta, -órum, n., pl. 슬픔(λύπη.비애.⑨ Sadness),
슬퍼함, 한탄, 비탄(悲嘆-슬퍼하며 탄식함), 통곡(慟哭).
Lamentaris, quasi malum tibi acciderit.
너는 마치 무슨 불행이라도 당한 것처럼 탄식하고 있구나.

lamenta, -órum, n., pl. 한탄(恨歎)

Lamentabili, 라멘타빌리('한탄스러운'이라는 의미로 성서와 신학에서
근대주의가 주장한 65개의 특정적인 명제들을 단죄한 1907.7.3일 교황 비오 10세에
의해 발표된 반 근대주의 교령. 검사성성 교령.)

lamentábĭlis, -e, adj. (laméntor) 슬퍼할, 비탄할,
통탄할, 통곡할, 슬퍼하는, 비탄에 잠긴.

lamentárĭus, -a, -um, adj. (laméntor) 불쌍한, 가엾은

lamentátĭo, -ónis, f. (laméntor)
애통(哀痛), 비탄(悲嘆-슬퍼하며 탄식함), 슬퍼함,
통곡(痛哭), 애도가(哀悼歌), 비탄의 소리.
Lamentationis Murus(⑨ Wailing Wall) 통곡의 벽
(예루살렘 성전 외벽의 일부로 지하 21m, 길이 48m, 높이 18m의 벽.
벽의 하부 6단은 헤로데 대왕의 건축이고, 상층부는 로마 비잔틴 시대.
아라비아 시대의 건축이다⋯. 백민관 신부 엮음. 백과사전 2. p.504).

Lamentatiónes, -um, f., pl.
애가서(הﬡ.א.θρήνοι.⑨ Lamentátions)

lamentátor, -óris, m.(lamentátrix, -ícis, f.)
(laméntor) 탄식자, 비탄(애통.통곡) 하는 사람.

laménto, -ávi, -átum, -áre, intr. 비탄하다,
슬퍼하다(דﬡﬠ.אﬡב.ﬢ.בﬡ.אﬡ.ריﬡﬢ.ﬡם).

laméntor, -átus sum -ári, dep., intr., tr. 비탄하다,
슬퍼하다, 비통해하다, 푸념하다, 통곡하다,
애도하다(דﬡﬠ), 한탄하다(ﬡﬢﬠ.ריﬡﬢﬠ).(ﬢ.בﬡ.אﬡב.ﬢ.רﬡם).
Lamentaris, quasi malum tibi acciderit.
너는 마치 무슨 불행이라도 당한 듯이 탄식하는구나.

lámĭa¹ -æ, f. 흡혈귀(吸血鬼), 요부(妖婦), 마녀(魔女),
여자 괴물(상반신은 인간이고 하반신은 뱀으로서 아이들의 피를
빨아먹는다는 여자 괴물)

676

lámĭa² -æ, m. Ælĭa 씨족의 가문명

lámĭa³ -æ, f. Thessália의 도시(지금의 Zeitum)

lamina vitrea. 유리판

lamina(lammina, lamna) -æ, f. 널빤지 토막,
금속판, 대리석 토막, 얇은 판(板); 분판(粉板),
(형구로 쓰이는) 불에 달군 철판(동판), 톱, 접시,
(금화.은화를 찍어내는) 금판, 은판, 미가공 금.은, 귓불.
ardentes laminæ. 벌겋게 단 칼날.

laminósus, -a, -um, adj. (醫) 판층(板層)의

lámpăda, -æ, f. 횃불, 관솔불(관솔에다 붙인 불), **등불**

lampadárĭus, -i, m. (獨 Fackelträger) 횃불잡이, 등불 잡이

lampas, -ădis, f. (獨 Lamp.獨 Ampel)
횃불, 관솔불(관솔에다 붙인 불), 혼인횃불, 등불, 등잔, 등,
빛, 광채, 광명; 햇빛, 달빛, 유성(流星), 혜성.

lampas sanctuarii. 성체등

lampas semper ardens. 성체등(獨 sanctuary lamp)

lampter¹ -éris, m. 촛대

lampter² -éris, m. Phocœa의 항구

lampýris, -ĭdis, f. (動) 개똥벌레, 반디(蟲-개똥벌레), 반딧벌레

lamures. 망자의 혼령(로마인들이 극진히 숭배하던 대상이다. 신국론, p.945)

Lamus, -i. m. Lœstrygónes의 전설에 나오는 임금이름

lāna, -æ, f. 양털, 양털 빗질하는 일, (양털) 길쌈,
양털실 잣는 일, 모직물, 양모제품, (다른 동물의) 털,
고운 새털, (잎.열매 따위의) 솜털, 새털구름.
Non indueris vestimento, quod ex lana linoque
contextum est. (ouvk evndu,shǀ ki,bdhlon e;ria kai. li,non evn
tw/ auvtw/ǀ) (獨 Du sollst nicht anziehen ein Kleid, das aus
Wolle und Leinen zugleich gemacht ist.) (獨 You shall
not wear cloth of two different kinds of thread,
wool and linen, woven together) 너희는 양털과 아마를
섞어 짠 옷을 입어서는 안 된다(성경)/털실과 모시를
섞어 짠 옷을 입지 마라(공동번역 신명 22, 11).

Lanarum nigræ nullum colorem bibunt.
검은 양털은 어떤 물도 들지 않는다.

lanárĭus, -a, -um, adj. (lana) 양털의, 양털에 관한.
m. 양모 가공업자, 양모직물 제조인(製造人).
f. (sc. officína) 양모직물 공장.

lanátus, -a, -um, adj. (lana) 양털로 덮인, 양털의,
(잎.열매 따위가) 솜털 있는. f., pl. 양(羊).
lanátæ oves. 털 깎지 않은 양/
lanátæ pelles. 양모피(羊毛皮).

láncĕa, -æ, f. (자루 중간에 가죽고리 달린) 창, 칼.
(비잔틴 예식에서 빵 자르는 칼. 이 칼은 창 모양으로 되어 있으며 손잡이는
십자형. 미사 전 빵과 포도주를 준비하는 예식에 쓰인다.
백민관 신부 엮음, 백과사전 2, p.505).
Gallus consulem lancea transfixit. 그 갈리아인은
장창으로 집정관을 찔렀다.[수단 탈격abulatrius medii은 어떤
행위를 하기 위해 사용한 수단을 나타내는데 전치사 없이 쓰인다].

Lanceæ et clavorum Christi Festum.
그리스도의 창과 못 기념 축일[1353년 성참이 프라하로 이전될 때
교황 인노첸시오 6세(1352~1362)가 독일과 보헤미아에 성참 축일을 부활 후 8일
축제 다음 금요일에 지내도록 제정했다. 1736년 로마 교황청 예부성성이 독일
에서 이 축일을 성무일도서에 넣도록 공인했고, 성참의 진위와는 관계없이 이
축일을 사순절 제1주 금요일에 지내도록 다시 허가한 후 1831년 로마와 그 밖의
여러 지방에서 지내게 되었다. 지금은 이 축일이 없어졌다.
백민관 신부 엮음, 백과사전 2, p.505].

lanceárĭus(=lanciárĭus) -i, m. 창기병(槍騎兵)

láncĕo -ávi, -átum, -áre, tr.
창을 다루다, 창으로 찌르다, 창을 던지다.
p.p. lanceátus 창으로 무장한.

lancéŏla, -æ, f. (láncĕa) 작은 창

lanceolátus, -a, -um, adj. (p.p., inusit. lancéolo)
작은 창으로 무장한, 창 모양으로 된.

lancícŭla, -æ, f. dim. (lanx) 작은 접시

lancinátor, -óris, m. 껍데기 벗기는 자

láncĭno, -ávi, -átum, -áre, tr. 부수다(רבח.תבשׁ.רבת),
조각내다, 토막 내다, 찢어발기다, 허비(낭비)하다.

láncŭla, -æ, f. (천칭의) 저울판

lanéstris, -e, adj. 양털의

lánĕus, -a, -um, adj. (lana)
양털로 만든, 모직의, 솜털의, 부드러운.

languefácĭo, -féci, -fáctum, -cĕre, tr. 무력하게 하다,
둔하게 만들다, 쇠약(衰弱)하게 하다, 진정시키다.

languens, -éntis, p.prœs., a.p. (lángueo)

lángŭĕo, -gŭi -ére, intr. 지치다(אָע), 나른해지다,
녹초가 되다, **약해지다**(הכמ.הלח,בֵאֲי), **시들다**,
이울다, 사그라지다, 수그러지다, 앓다, 병들어 있다.
힘이 없다, 활기(생기)가 없다, 둔해지다.
Dei Verbi nuntius et languentes.(獨 The proclamation of
the word of God and the suffering)
하느님 말씀의 선포와 고통 받는 이들.

languésco, -gŭi -ére, intr., inch. 허약(쇠약)해지다,
힘이 줄어들다, 세력이 약해지다, 풀 죽다, 시들어지다;
(바람이) 자다, 멎다, 진정되다, 병나다, 앓다.

languídŭlus, -a, -um, adj. (lánguĭdus) 좀 시든, 약해진

lánguĭdus, -a, -um, adj. ((lángueo) 약한, 힘없는, 지친,
나른한, 시든, 사그라진, 풀죽은, 김빠진, 누그러진,
(색이) 바랜, 빛을 잃은, 병든, 활기 없는,
생기 없는, 무기력한.
Ecce languidus, in quo non est anima recta(하바쿡 2, 4).
보라, 뻔뻔스러운 자를. 그의 정신은 바르지 않다(성경)/
멋대로 설치지 마라. 나는 그런 사람을 옳게 여기지 않는다(공동번역).

languor, -óris, m. 나른함, 노곤함, 피곤(疲困), 힘없음,
쇠약(衰弱), 허약(虛弱), 병약(病弱), 퇴색(退色),
빛이 바램, 병(病), 무기력(無氣力), 활기(생기)없음,
이완(弛緩), 게으름, 침체(沈滯), 울적함.
ficto languóre. 꾀병으로/
mihi quæstio factus sum, et ipse est languor meus.
내가 나에게 의문거리가 되었나이다.
나 자신이 나의 번뇌(煩惱)로소이다.

laniárĭum, -i, n. 정육점(精肉店), 푸줏간, 도살장

laniátĭo, -ónis, f. (lánio¹) 잡아 찢음, 고문(拷問)

laniátus, -us, m. 잡아 찢음

lanícĭa, -æ, (=lanicíes, -éi) f. = lanicĭum, -i, n.
(lana) 양털; 모직물(毛織物).

laniéna, -æ, f. (lánius) 정육점(精肉店, taberna porcina),
푸줏간(고깃간. 정육점), 도살장(屠殺場)

lánĭfer, -fĕra, -fĕrum, adj. (lana+fero) 양털을 가진,
((잎.열매 따위가)) (솜)털이 있는.

laníficus, -a, -um, adj. (lana+fácio)
양털 일을 하는, 양모 가공의.
f. 양털로 길쌈하는 여자. m. 양모 가공업.

lánĭger, -ĕra, -ĕrum, adj. (lana+gero⁵)
양털을 가진, (솜)털이 있는m. 숫양; 숫염소.
árbores lanígeræ. 목화나무.

lánĭo¹ -ávi, -átum, -áre, tr. 잡아 찢다, 찢어발기다,
털을 치다, 혹평하다, 고통을 주다.

lánĭo² -ónis. m. 정육상인(精肉商人), 푸줏간 주인

lanióníus, -a, -um, adj. (lánius) 정육점의, 푸주의

lanipéndĭus, -a, -um, adj. (lana+pendo)
(길쌈.가공할) 양모의 분량을 달아서 나누어주는.

lánĭpes, -ĕdis, adj. (lana+pes) 양털로 덮인 발이 있는

lanísta, -æ, m. (lánio¹) 검투사(劍鬪士),
훈련감독(訓練監督), 강도 두목, 싸움 붙이는 사람.

laniti… V. lanici…

lánĭum, -i. n. 푸줏간(고깃간), 정육점

lánĭus, -i, m. (lánio²) 육류상인(肉類商人), 푸줏간 주인,
정육업자, 백정(白丁), 도살자, 회자수(劊子手),
희광이(→회자수. 지난날. 死刑囚의 목을 베던 사람)

Lanivíni = Lanuvíni(cf. Lanuvíum)

lanósus -a, -um, adj. (lana)
양털이 많은; 털보의; (잎 따위가) 솜털 많은.

lantérna, -æ, f. (=latérna) 남포등, 제등(提燈), 초롱

lanugíněus, -a, -um, adj. (langúgo) 솜털로 덮인

lanuginósus, -a, -um, adj. (langúgo)
고운 털로 덮인, 솜털이 많은.

lanúgo, -ĭnis, f. ((lana) (동식물의) 솜털; 갓난아기의 솜털

lánŭla, -æ, f. 양모의 적은 뭉치

lanx, lancis, f.

L

접시, 요리 접시, 천칭의 저울판, 그릇(מִזְרָק.כַּף)

laparotomía, -æ, f. (醫) 개복수술, 복벽절개수술

lápăthus, -i, f., m. (=lápăthum, -i, n.) (植) 수영, 승아

lapicída, -æ, m. (lapis+cædo) 석공(石工), 석수(石手)

lapicidínæ, -árum, f., pl. (lapis+cædo) 채석장(採石場)

lapidárĭus, -a, -um, adj. (lapis) 돌의, 돌에 관한.
m. 석공(石工-석수)

lapidátĭo, -ónis, f.
돌을 던짐, 돌로 치는 형벌, 돌로 쳐 죽임, 우박(雨雹)

lapidátor, -óris, m. (lápido)
돌을 던지는 자, 돌로 치는 사람.

lapidésco, -ĕre, intr., inch. (lapis)
돌이 되다, 돌같이 굳어지다; 화석이 되다.

lapidĕus, -a, -um, adj. (lapis) 돌의, 돌로 된, 석조의,
돌 많은, 목석(木石) 같은, 무정한, 무감각의.

lápĭdo, -ávi, -átum, -áre, tr. (lapis) 돌을 던지다,
돌팔매질하다, 돌로 공격하다, 돌로 쳐 죽이다,
돌로 덮다, 돌을 입히다. impers. 돌비가 오다.
Qui sine peccato est vestrum, primus in illam lapidem
mittat. 너희 가운데 죄 없는 이,
먼저 그 여자에게 돌을 던져라

lapidósus, -a, -um, adj. (lapis) 돌이 많은, 돌같이 굳은

lapíllus, -i, m. dim. (lapis) 작은 돌, 조약돌, 보석.
(醫) 결석(結石, calculus, -i, m.), 묘석(墓石).
Nigro notanda lapillo. 검은 돌로 표시를 한다.

lapís, -ĭdis, m. dim(λίθος), 경계석(境界石), 이정표석
(里程標石-Roma를 기점으로 하여 1000passus 곧 1.5km마다 세웠음),
(노예 매매할 때 군중이 모이던) 석조계단, 기념비석,
묘석(tumulus, -i. m. 묘), 보석, 반석(盤石-넓고 편평한 바위),
대리석(大理石), 우둔한 사람, 굼뜬 사람, 미련퉁이.
alci lápidem impingo. 누구에게 돌을 던지다/
alqm lapídibus prosequor. 아무에게 돌을 던지다/
assi lapides. 돌 각담(논밭의 돌이나 풀을 추려 쌓아 놓은 무더기)/
Deus non est lapis. 신은 돌(石)이 아니다/
Gutta cavat lapidem. 물방울이 돌을 뚫는다(판다)/
in lápidem. 돌처럼, 돌로/
mitto lápides in *alqm*. 누구에게 돌을 던지다/
Non erit magnus magnum putans quod cadunt lingna et
lapides, et moriuntur mortales. 나무와 돌이 떨어지고,
죽을 존재가 죽는 것을 대단하게 여기는 자는 위대한
사람이 못된다.(이연학 최원오 역주. 아우구스티노의 생애, p.123)/
Pluit lapidibus. 돌이 비 오듯 쏟아졌다/
Quia lapis parvus erat, offenderunt in illum, et fracti
sunt. Sed crevit lapis, et factus est mons magnus.
그분이 작은 돌이었기 때문에 사람들은 그 돌에 부딪혀
산산조각 나 버렸습니다. 그러나 돌은 자라나서 커다란
산이 되었습니다.(최익철 신부 옮김. 요한 서간 강해, p.163)/
Si Filius Dei es, dic, ut lapides isti panes fiant.
만일 당신이 하느님의 아들이라면, 이 돌들에게
빵이 되라고 해 보시오(성경 마태 4. 3)/
suo quemque loco lápidem repono.
돌을 각각 제자리에 놓다/
transmitto tectum lápide. 지붕 위로 돌을 넘기다/
verbero lapidem(격언) 돌을 때리다, 즉 헛수고하다.

lapis angŭlaris* 머릿돌(lapis primaris*), 모퉁이 돌.
[정초석. 성당 건축 시 그 모퉁잇돌을 놓는 정초식은 우선 제대가 놓일 곳에
전날 나무 십자가를 세웠다가 청초식 날 주교가 이를 축성한다. 그리고 모퉁잇돌
양쪽에 칼로 십자가형의 기호를 파서 정초한 다음 축성한다. 기도, 성가,
성수 살포로 이 식을 행한다. 그리스도는 교회의 모퉁이다. 마태 21, 42:
사도 4, 11. 예루살렘 성전의 모퉁잇돌은 성전 서남쪽 모퉁이의 돌로서
11.8×3.05×1.02m의 거대한 돌이다. 백민관 신부 엮음, 백과사전 1, p.722].

Lapis Adiutorii. 도움의 돌(=에벤에젤).
(교부문헌 총서 16, 신국론, p.1865).

Lapis gutta cavatur. 바위가 물방울로 팬다.

lapis igniárĭus. 부싯돌(silex, -licis, m.)

lapis impolitus. 자연석(自然石)

lapis pacis. 평화 친구의 패석

lapis philosophórum. 철학자의 돌, 현자의 돌

lapis primárĭus*. ⑨ Rite of Cornerstone.
(獨 Grundsteinlegung) 초석안치, 주춧돌(crepido, -dinis, f.).

lapis redivívus. 재활용 석재(再活用 石材)

lapis sacer. 성석(聖石)(altáre portatile(mobile))

Lapis volutus haud musco obducitur.
구르는 돌에는 이끼가 덮이지 않는다.

lappa, -æ, f. (植) 엉거시.엉겅퀴(의 일종)

lápsăna, -æ, f. (植) 야생배추

lapsi, m., pl. (초대교회 박해시대의) 배교자, 기교자(棄敎者)
탈락자, 냉담자(冷淡者). (라틴어 원뜻은 탈락자. 떨어진 자란 뜻. 배교자,
이단자, 분리교회를 가리키기도 한다. 백민관 신부 엮음, 백과사전 2, p.510)

lápsĭo, -ónis, f. (labor¹) 추락, 실족; 실수

lapso, -áre, (**lapsor**, -ári, dep.) intr., freq. (labor¹)
계속 미끄러지다, 비틀거리다, 말이 불쑥 나오다.

lapsus¹, -a, -um, adj. (labor¹) 미끄러진, 떨어진,
(물.시간 따위가) 흘러간, 타락한, 범죄 한; 배교한.
m., pl. **lapsi** (초대교회 박해시대의) 배교자(背敎者).

lapsus²-us, m. (labor¹) 미끄러짐, 활강(滑降)
스스로 기어감; 흘러 내려감, 떨어짐, 추락; 무너짐,
실족(失足), 실수, 과오(過誤), 타락(墮落), 범죄(犯罪)
타죄(墮罪-죄에 빠짐. 또는 죄인이 됨), 죄에 떨어짐.
De lapsu primorum hominum, per quem est contracta
mortalitas. 원조들의 타락과 그로 인한 죽음에의 종속.
(교부문헌 총서 17, 신국론, p.2788)/
montĭum lapsus. 산사태/
natura lapsa. 타락한 본성(墮落 本性)/
Quod omnibus non est credendum, et de facili lapsu
verborum(⑨ All Men Are Not to Be Believed, for It Is
Easy to Err in Speech) 모든 사람을 다 믿을 것이 아님,
말에 그르침을 삼감 (준주성범 제3권 47장)/
status naturæ lapsæ. 타락상태/
volucrĭum lapsus. 새들이 미끄러지듯 날아감.

Lapsus calami. 쓰기를 빠뜨린 것, 잘못 쓴 것,
오서(誤書-글자를 잘못 씀. 또는 잘못 쓴 글자).

lapsus Hominis(⑨ Fall of Man) 원조 아담의 타락(원죄),
아담과 이브의 불순명한 죄(이 죄로 인하여 그는 원초의 순백상태를
상실했고, 이에 따라 원초적 행복과 은혜를 잃어버렸으며, 이 죄로 인해 죄와
고통이 현 인간 조건을 조성했다는 교리. 백민관 신부 엮음, 백과사전 2, p.8)

lapsus in somnus. 잠들어 버린(labor¹참조)

lapsus linguæ. 실언(失言, parapraxis, -is. f.)

lapsus spe. 실망하여(labor¹참조)

láquĕar(=laqueáre) -áris, n. (흔히 pl.) 반자(더그매를 두고,
천장을 평평하게만 만든 시설. 아래쪽 겉면이 청장을 이룸), 우물반자.

laqueárĭus, -i. m. 반자 붙이는 사람

láquĕo¹ -ávi, -átum, -áre, tr. (láqueus) 올가미에 걸다,
올가미를 씌우다, 그물로 잡다, 함정에 빠뜨리다.

láquĕo²-ávi, -átum, -áre, tr. (láqueus) 반자를 붙이다

láquĕus, -i, m. 고를 낸 매듭, 당기면 죄어드는 매듭,
목매는 줄; 올가미(올무), 덫, 그물, 함정(陷穽-허방다리),
(물고기 잡는) 통발(가는 댓조각이나 싸리로 엮어서 통처럼 만든
고기잡이 도구), 음모, 계략, 책략(策略-일을 처리하는 꾀와 방법).
exuo se ex láqueis. 올가미에서 빠져나오다/
se ex láqueis explico. 올가미에서 빠져나오다/
se exúere ex his láqueis. 이 올가미에서 벗어나다.

Lar¹ laris, m. (gen., pl. -um, -ĭum) (가정.도시의) 수호신.
Lares, io! messes et bona vina date!.
만세, 신주들이여, 곡식 풍년과 좋은 포도주를 주소서!

lar² laris, m. (Lar¹) 집(בַּיִת.οἰκία.οἶκος), 가정,
고향(⑨ Homeland), 새들의 보금자리, 벽난로, 본거지.

Lara, -æ, f.
말이 많아 Júpiter가 그 혀를 잘라버린 Tiberis강의 요정.

Larálĭa, -ĭum, n., pl. Lar 신의 축제

larárĭum, -i, n. Lar 신의 사당(祠堂)

Lárcĭus, -i, m. Roma인의 씨족명

lardibalácéæ, -árum, f., pl. (植) 으름덩굴과(科) 식물

lardum, -i, n. ((=ládium) (돼지) 비계(脂肪),
지방층(동물의 살갗 밑에 있는, 지방으로 된 층), 비계 섞인 살.

Larentálĭa(=Larentinálĭa) -ĭum, n., pl.
Acca Laréntia의 축제.

Lares, -ĭum, m., pl. Numídia의 도시,
(lares는 원래 메르쿠리우스와 라라 사이에서 태어난 자손인데 정령이나 영웅에
추서되어 어느 가문이나 도시를 수호하는 신주로서 숭앙받는다. 신국론, p.945).

가족 신(고대 로마인들의 조상숭배의 가족 신. Penates 서열에 드는 신들의 총칭 일종의 수호신이다. 백민관 신부 엮음. 백과사전 2, p.511).

lárex(=larix), -ícis, f. (植) 낙엽송

largíficus, -a, -um, adj. (largus+fácio)
많은('ロʊʊ.πολὺς.ἱκανὸς), 풍부한.

largíflŭus, -a, -um, adj. (largus+fluo)
철철 넘치는, 흘러넘치는.

largilŏquus, -a, -um, adj. (largus+loquor)
말 많은, 수다스러운.

lárgĭor, -itus sum, -íri, dep., tr. (largus)
(*alqd-alci*, in *alqm*; ex, de *alqā* re) **후히 베풀다**,
너그러운 마음으로 주다; 희사하다, 증여하다.
돈으로 매수하다, 뇌물을 주다, 주다, 수여하다.
맡기다, 바치다, 제공하다, 용서해주다, 허락하다,
너그럽게 보아주다, (소원 따위를) 들어주다.
ex aliéno largior. 남의 것으로 생색(生色) 내다/
Facile est largiri de alieno.
남의 것을 갖고 인심 쓰기는 쉬운 노릇이다/
Mens divina hominibus est largita rationem.(Cicero).
신의 지성이 인간들에게 이성을 베풀어주었다/
Si quis deus mihi largiátur, ut repueráscam,
어떤 신이 나를 다시 소년이 되게 해준다 하더라도/
Si deus largiatur ut repuerascam, valde recuso.
신이 나한테 다시 어린애로 돌아가도 좋다면
나는 한사코 거절하겠다.

Largior pátriæ suum sánguinem.
자기 피를 나라에 바치다.

lárgĭtas, -átis, f. 관대(寬大.συνκαταβασις-마음이 너그럽고 큼),
너그러움⑨ Gentleness-어짐), 관후(寬厚-마음이 너그럽고
온후함), 넓음, 넓은 공간.

lárgĭter, adv. (largus) 충분히(non párum), 다량으로,
풍부(豊富)하게, 많이, 관대(寬大)하게.

largítĭo, -ónis, f. (lárgior) 후하게 줌, 선뜻(아낌없이) 줌,
증여(贈與-선물), 희사(喜捨-남을 위하여 기꺼이 재물을 내놓음),
너그럽게 해줌, 관대(συνκαταβασις-마음이 너그럽고 큼),
뇌물(賂物), 매수, 낭비(浪費), 방탕(放蕩.⑨ Lust),
승낙(承諾), 허락(許諾), 국민에게 지급되던 보조금.
Largitione redimo militum voluntates.
관대(寬大)함을 보여 군인들의 환심(歡心)을 사다.

largítor, -óris, m. (lárgior) 후하게 베푸는 사람,
희사자(喜捨者), (투표) 매수자(買收者).

largitúdo, -dinis, f. = **lárgĭtas**, -átis, f.

largus, -a, -um, adj. 넓은, 크고 널찍한, 광대한.
많은('ロʊʊ.πολὺς.ἱκανὸς), 풍부한, 마음이 넓은,
관대(관후)한, 선뜻(아낌없이) 주는; 헤픈, 낭비하는.
genu largum. 넓은 무릎.

lárĭdum, -i, n. ((=lardum)) (돼지) 비계(脂肪),
지방층(동물의 살갗 밑에 있는, 지방으로 된 층), 비계 섞인 살.

larífŭga, -æ, m. (lar+fúgio) 방랑아(放浪兒), 떠돌이

larígnus, -a, -um, adj. (larix) 낙엽송의

Larínum, -i, n. Frentáni족의 도시

Laris(s)a, -æ, f. Thessália의 Penéus 강변에 있는 도시

Lárĭus, -i, m. 북부 이탈리아의 호수(지금의 Como)

lărix, -ĭcis, f. (植) 낙엽송(落葉松)

lars, lartis, m. 군대 지휘관(軍隊 指揮官); 군주(君主)

lárŭa, larua… V. **larva, larva**…

Larúnda = Lara

lárua, -æ, f. = **larva**

larus, -i, m. (鳥) 갈매기

larva, -æ(=lárua), f. 환영(幻影), 귀신(鬼神.δαιμόνιον),
유령(幽靈)(죽은 사람의 흔혜이 생전의 모습으로 나타난 형상), 도깨비,
가면(假面), 탈(마스크), 애벌레(幼蟲), 유충(幼蟲).

larválisr, -e, adj. (larva)
유령(幽靈)의, 무시무시한, 유충(幼蟲)의.

larvátĭo, -ónis, f. (larvo) 환영(幻影), 간질(癎疾), 뇌전증

larvo, -átum -áre, tr. (larva)
현혹하다; 유령(가면)으로 놀라게 하다.

larýngĕus, -a, -um, adj. (larynx)
(解) 목구멍의, 후두(喉頭)의.

laryngoscópĭa, -æ, f. (醫) 후두경 검사법

larynx, -rýngis, m. (解) 후두(喉頭)

Las, -sæ, f. Lacónia의 해안

lásănum, -i, n. 실내용 변기

lascívĭa, -æ, f. (lascívus) 명랑, 흥겨움, 들뜬 기분,
자제력의 결핍(缺乏), 눈을 삼가지 않음, 방종(放縱),
자유분방(自由奔放), 방탕(放蕩), 음탕(淫蕩).

lascivibúndus, -a -um, adj. (lascívĭo)
놀기 좋아하는, 흥겨워하는, 방탕한.

lascívĭo, -víi -ítum -íre, intr. (lascívus) 뛰놀다, 까불다.
장난하다, 희롱하다, 제멋대로 날뛰다, 자유분방 하다,
방종(방탕)하다, (말.문장 따위가) 간드러지다.

lascívĭtas, -átis, f. (lascívus) 방종(放縱), 자유분방

lascívus, -a, -um, adj. 명랑한, 흥겨워하는, 뛰노는,
까부는, 장난치는, 제멋대로 날뛰는, 자유분방한,
방종한, 음탕한, 외설한, (말.문장 따위가) 간드러진.

laserpícĭum(-tĭum), -i, n. (植) 아위(阿魏)

lassésco, -ĕre, intr., inch. (lassus)
지치다, 피로해지다, 피폐(疲弊)하다.

lassitúdo, -dĭnis, f. (lassus) 피로(疲勞), 나른함,
권태(倦怠-게으름이나 싫증), 마음이 내키지 않음.

lasso, -ávi, -átum, -áre, tr. (lassus) 진력나게 하다.
싫증나게 하다, 지치게 하다, 피로(疲勞)하게 하다.

lássŭlus, -a, -um, adj. dim. (lassus) 좀 피로한

lassus, -a, -um, adj. 지친, 피로해진, 기진맥진한.
싫증난, 처진, 숙인, (옆으로) 기운, 힘이 부치는.
Me amor lassum agit. 사랑이 나를 지치게 해요.

lastáurus, -i, m. 타락한(방탕한) 사람

lata definitiva senténtia. 확정판결(確定判決)

latæ senténtiæ. 자동처벌(pœna latæ senténtiæ).
자동 부과 징벌(선고처벌 Ferendæ sententiæ와 대조. 자동처벌은 교회법에
금지된 특정범죄를 범하는 경우 그 행동 자체로(ipso facto) 처벌을 받아도록
되어 있다. 한동일 옮김. 교회법률 용어사전. 교회의 강제권, pp.241-242].

latébat, 원형 látĕo, -túi -ĕre, intr.
[직설법 과거. 단수 1인칭 latebam, 2인칭 latebas, 3인칭 latebat,
복수 1인칭 latebamus, 2인칭 latebatis, 3인칭 latebant].
In crúce látĕbat sóla Déitas.
at hic látet simul et humánitas;
십자가 위에서는 신성을 감추시고
여기서는 인성마저 아니 보이시나.

látĕbra, -æ, f. (lateo) 숨는 곳, 잠복처(潛伏處),
은신처(隱身處), 피난처(避難處), 대피소(待避所),
잠복(潛伏-숨어 있음); 은둔(隱遁-세상을 피하여 숨음. 둔피遁避),
핑계(다른 것의 탓으로 둘러대는 변명), 구실, 빠져나갈 구멍.
Illa conjurátĭo ex latebris erupit.
그 음모는 세상에 드러났다.

latebrósus, -a, -um, adj. (látebra)
숨을 곳이 많은, 숨기에 적당한, 구멍이 많은, 숨은,
은밀한, 남모르는, 사람 눈에 띄지 않는.

latens, -éntis, p.prœs., a.p. (láteo) 숨어 있는, 잠복한,
남모르는, 은밀(隱密)한, 비밀(秘密)의, 신비로운.
causæ latentes. 숨은 원인/ latentes numeri. 비밀한 숫자.

látĕo, -túi -ĕre, intr. **숨어 있다**, 숨겨져 있다,
안전한 곳에 있다, 안전하게 있다, 은거(隱居)하다.
칩거(蟄居)하다, 알려져 있지 않다, **모르다**.
Bene qui latuit, bene vixit.
눈에 띄지 않게 산 사람이 잘 산 사람이다/
자신을 잘 숨김(숨어서 산) 사람이 (인생을) 잘 산 것이다/
Nec latuére doli *alqm*. 음모를 아무가 모르지 않았다/
Novum in Vetere latet, Vetus in Novo patet.
신약은 구약에 숨어 있고, 구약은 신약에서 밝혀진다/
Omnes urbanae res latent in tutela bellicae virtutis.
모든 도시의 활동은 군대의 노고의 보호 아래 있다.

lăter, -ĕris, m. 벽돌.
latĕres argéntei. 은괴(argentum grave)/
latĕres áurei. 금괴(palaga, -æ, f.).

L

later coctus. 구운 벽돌
laterális, -e, adj. (latus[3]) 옆구리의, 측면의, 방계(傍系)의
laterámen, -mĭnis, n. (later) 벽돌로 만든 것
Lateranénsis, -e, (**Laterános**, -a, -um)
adj. Lateránus 궁전(大聖殿의).
Basílica Lateranénsis,
(Lateránus 언덕에 있는) 구세주의 대성전/
Concílium Lateranénse, Lateráno 공의회/
Pactum Lateranénse. Lateráno (정교) 조약(1929년 체결)/
Synodi Lateranenses. 라테라노 교회 대표자 회의.
lateránus, -i, m. Roma인의 가문명, Lateránus 언덕
(흔히 Roma의 일곱 언덕의 하나인 Cǽlius mons에 자리 잡고 있던 Lateránus 가문의 저택 자리를 뜻하는 지명 형용사로서, 가끔 그곳에 있는 교황 궁전 및 대성전을 지칭하기도 함)
laterárĭus, -a, -um, adj. (later) 벽돌의,
(latus[3]) 옆구리의, 측면의. m. 벽돌공(工). f. 벽돌공장.
latércŭlum, -i, n. dim. (later)
(직책.직위.관리.경력 따위의) 기록 장부.
latércŭlus, -i, m. dim. (later) 작은 벽돌, 과자의 일종
lateréntsis, -is, m. (높은 사람의) 호위자
lateri accínxerat ensem. 그는 옆구리에 칼을 차고 있었다
laterícĭus(-tĭus) -a, -um, adj. (later)
벽돌의, 벽돌로 된(구축한.쌓은)
laterína, -æ, f. 벽돌공장
Latérĭum, -i, n. Q. Cícero의 농장이름
latérna(=lantérna) -æ, f. 등, 초롱('등롱燈籠'을 달리 이르는 말),
남포등(lamp 등. 석유를 연료로 하는 서양식 등잔. 불을 켜는 심지의 둘레에 유리로 만든 등피燈皮를 씌운 것. 양등洋燈),
제등(손잡이가 달려 있어 들고 다닐 수 있게 된 등).
laternárĭus(=lanternárĭus) -i, m. (latérna)
등불 잡이, 초롱 잡이.
latésco[1] -ĕre, intr., inch. (láteo) 숨다
latésco[2] -ĕre, intr., inch. (látus[2])
넓어지다, 확대되어 가다, 퍼지다.
latet, 원형 látĕo, -tŭi -ĕre, intr.
[직설법 현재. 단수 1인칭 lateo, 2인칭 lates, 3인칭 **latet**,
복수 1인칭 latemus, 2인칭 latetis, 3인칭 latent].
In crúce latébat sóla Déitas,
at hic látet simul et humánitas;
십자가 위에서는 신성을 감추시고
여기서는 인성마저 아니 보이시나.
lătex, latĭcis, m. 액체(液體), 유동체(流動體); 샘물,
흐르는 물(aqua profluens), 음료(飮料), 술(酒), 젖.
lathyr, -yris, f. (=**lathyris**, -ĭdis, f.)
(植) 아주까리, 피마자(아주까리. 대극과의 일년초).
Latiális(=Latiáris) -e, adj. Látium의,
adv. **Latiálĭter**, Látium 식으로, Látin어로.
Latiális Júpiter.
Látium 사람들이 해마다 축제 지내는 Júpiter 신.
Látĭar, -áris, n. (látium)
Látium 인들이 거행하던 Júpiter 신의 제전.
látias, 원형 látĭto, -ávi, -átum, -áre, freq., intr.
[직설법 현재. 단수 1인칭 latitio, 2인칭 latitas, 3인칭 latitat,
복수 1인칭 latitamus, 2인칭 latitatis, 3인칭 latitant]
Adóro te devóte, látens Déitas,
quæ sub his figúris vere látitas:
엎디어 절하나이다. 눈으로 보아 알 수 없는 하느님,
두 가지 형상 안에 분명히 계시오나.[저는 경건하게 당신을 흠숭하나이다. 눈으로 보아 알 수 없는 신성(하느님)이시여, 당신은 이 형상들 안에 참으로 숨어 계시오나. 황치헌 신부 지음. 미사통상문을 위한 라틴어. p.485]
latíbŭlo, -áre, (**latíbŭlor**, -ári, dep.) intr. 숨다
latíbŭlum, -i, n. (láteo)
숨는 곳, (동물의) 굴, 소굴, 안전한 곳, 피난처(避難處).
latices in glaciem revincti. 꽁꽁 얼어붙은 음료
laticlávĭus, -a, -um, adj. (latus[2]+clavus)
(túnica에) 주홍색의 넓은 띠를 단, 원로원 의원의, 귀족의.
m. 고대 로마의 원로원 의원, 귀족.
n. 귀족 신분(직위).
laticlávus, -i, m. (latus[2]+clavus)
고대 Roma원로원 의원의 넓은 주홍색 띠 달린 제복.
latifólĭus, -a, -um, adj. (latus[2]+fólium)
넓은 잎의, 활엽(闊葉)의.
latifúndĭum, -i, n. (latus[2]+fundus)
대지주의 토지, (노예를 부려) 경영하던 광대한 소유지.
Latina archaica. 상고(上古) 라틴어
Latina cantata Missæ. 라틴 미사곡
Latina Christĭana. 그리스도교 라틴어
Latina classica. 고전 라틴어
Latina lingua. 라틴어.
Lingua Latina pro ordine Missæ.
미사통상문을 위한 라틴어/
Ut provehat diversis in provinciis Latinae linguae usum, sive scribendo sive loquendo([영] to promote the use of Latin in various contexts, both as a written and as a spoken language) 다양한 분야에서 쓰고 말하는
라틴어 사용을 촉진한다.
Latina vulgata. 서민(庶民) 라틴어, 대중에 퍼진 라틴어
Latínæ, -árum, f., pl. 축제
(Látium의 남녀 주민들이 희생 동물을 끌고 산에 올라가서 나흘 동안 밤에 Júpiter 신에게 제사지낸 다음 제사고기를 받아 가지고 오던 축제).
Latinæ Versiones Bibliæ Sacræ([영] Latin Versions of Holy Scripture). 라틴어역 성서.
Latíne, adv. (latínus) Latin 말로,
숨김없이(분명히.터놓고.솔직하게)(말하다).
Nemo unquam est oratorem, quod latine loqueretur, admiratus. 라틴어를 한다는 이유만으로
그 연사를 찬탄한 사람은 아무도 없었다/
Quidquid Latine dictum sit, altum videtur.
라틴어로 표현된 것은 무엇이든지 심오해 보인다.
Latine loquor. 라틴어로 말하다
Latine scire. Latin 말을 제대로 말할 줄 알다
Latínĭtas, -átis, f. (Latínus[1])
Latin 어법; 정확한 Latin어, Látium법.
totius Latinitatis lexicon. 전체 라틴어 사전.
Latinitas viva. 생활 라틴어
latinízo(latíno), -áre, tr. (Latínus[1]) Latin어로 번역하다
Latino vivo. 살아있는 라틴어
Latínum, -i n. 라틴어(lingua Latina).
Latinum Urbis et orbis terrarum lingua erat.
라틴어는 로마와 전 세계의 언어였다.
Latínus[1] -a, -um, adj. Látium의, Látium 사람의; Latin어의.
m., f.(pl.) Látium 사람. n., pl. Latin어로 된 문헌.
Confraternitas liturgiæ traditio Latini. 전통 라틴 전례회/
De elegantiis linguæ latinæ. 라틴어의 고상함에 대하여.
(1442년 Laurentius Valla 지음)/
elementa linguæ Latinæ. 중급 라틴어/
Latinum Urbis et orbis terrarum lingua erat.
라틴어는 로마와 전 세계(orbis terrarum)의 언어였다/
Mélius hæc notáta sunt verbis Latínis.
이것들은 라틴어로 더 잘 설명되어 있다/
Mihi vidétur fore, ut linguam Latínam bene discas.
나는 네가 Latin어를 잘 배울 것으로 생각 한다/
Qui legunt opera Ciderónis, sunt Latinstæ.
Cicero의 작품들을 읽고 있는 이들은 Latin 학도들이다/
Rudimenta linguæ Latinæ. 초급 라틴어/
syntaxis linguæ Latinæ. 라틴어 문장론/
Thesaurus linguæ Latinæ. 라틴어 보고(寶庫)/
vértere in Latínum. Latin어로 번역(통역)하다/
Vetus Latina. 고(古) 라틴어 역 성경(불가타보다 앞선 번역 성경).
Latinus[2] -i, m.
Lauréntum에 있던 이탈리아 원주민의 왕.
látĭo, -ónis, f. (fero) 이동(移動), 전달(傳達), 선포(宣布).
suffrágii latio. 투표권(행사); 표결; 투표, 선거.
látĭo auxílii. 원조(援助)
látĭo legis. 법률 선포(法律宣布), 법률제정(法律制定)
latior, -or -us, adj. latus[2] -a, -um의 비교급
latissimus, -a, -um, adj. latus[2] -a, -um의 최상급
latitátĭo, -ónis, f. 숨음
látĭto, -ávi, -átum, -áre, freq., intr. (láteo) 숨어 있다,

숨다(ㅋㅋ), 죽치고 있다, 법정 출두를 기피하다.
latitúdo, -dĭnis, f. (latus⁹) 폭, 넓이, 광범함, 광대함,
　광활(廣闊), 광범위(廣範圍), (地.天) 씨줄(緯線),
　위도(緯度-지구 위의 위치를 나타내는 좌표의 한 가지. 적도에서 남북
　으로 잰 각거리. 적도를 0로 하여 남북 각 90°에 이르며, 북으로 잰
　것이 북위, 남으로 잰 것이 남위임. 씨도).
Latitudo mandati caritas est; quia ubi est caritas,
non sunt angustiæ. Caritas ergo non angustatur.
　넓은 계명은 곧 사랑입니다. 사랑이 있는 곳에는 옹색함이
　없기 때문입니다. 사랑은 옹색하지 않습니다..
Látĭum, -i, n. Latin어의 발상지(發祥地),
　Roma 동남쪽에 있던 Itália 원주민의 지방(나라).
　adj. Latiális(Latiáris) -e; Latínus(Latíus) -a, -um.
Latius est impunitum relinqui facinus nocentis,
quam innocentem damnari.(Ulpianus)
　무고한 자에게 유죄판결을 내리느니 오히려 유고한 자의
　범죄행위를 처벌받지 않은 채로 내버려두어야 한다.
Latmus, -i, m. Cária의 산. adj. Latmĭus, -a, -um.
Lato, -us, f. = Latóna (희랍 신화의 Leto에 해당)
Latobrígi, -órum, m., pl. = **Latovíci**
latómĭæ, -árum, f., pl. = **latúmĭæ** = **lautúmĭæ**
　채석장(採石場-석재를 떠내는 곳), Roma의 감옥.
látŏmus, -i, m. 석공(石工-석수), 석수(石手)
latóna, -æ, f. (=Lato) Apóllo와 Diána의 어머니
Latónĭa, -æ, f. Latóna의 딸 즉 Diána
Latonígĕna, -æ, m., f. Latóna의 아들(딸)
lator, -óris, m. (fero) 운반자(運搬者), 제안자(提案者),
　입법자(立法者), (선거의) 유권자(有權者).
Latovíci, -órum, m., pl. Germánia의 한 종족
latrábĭlis, -e, adj. (latro¹) 짖는
latrátor, -óris, m. (latro¹)
　짖는 자, 고함치는 자, 울부짖는 자; 개(canis).
latrátus, -us, m. (latro¹)
　짖음, 시끄럽게 짖어댐; 개 짖는 소리.
latría, -æ, f. 흠숭(欽崇.⑨ Adorátĭon.cultus latríæ)
　(하느님께만 바치는) 최고의 예배(공경). (Latria라는 용어는
　아우구스티노의 '신국론'에서 교회용어로 쓰기 시작하였다.
latrína, -æ, f. (lavo) 변소(便所), 화장실(化粧室); 목욕실
latro¹ -ávi, -átum, -áre, tr., intr.
　짖다. (누구.무엇을) 향해(보고) 짖다,
　(바닷물이 해안의 바위에 부딪치며) 철썩거리다,
　꽥꽥 소리 지르다, 야단치다, 꾸짖다,
　악담(惡談)하다, 보채다, 조르다. **latrans**. 개(canis).
latro² -ónis, m. 호위병(護衛兵), 신변 경호원(警護員),
　용병(傭兵), **강도**(强盜), 약탈자(掠奪者), 불한당(不汗黨),
　밤도둑, 사냥꾼, 수렵자(狩獵者), 서양 고누(장기)의 말.
　Cantabit vacuus coram latrone viator.(Juvenalis). 주머니가
　빈 나그네라면 강도 앞에서도 콧노래를 부를 수 있으리라/
　extrémi latrónes. 극악무도(極惡無道)한 강도들/
　Unusne an plures fuerunt isti latrones.
　그 강도는 한 명이었냐, 아니면 여럿이었느냐?[바로 앞의 plures
　때문에 isti latrones 복수형으로 나왔음. 성 염 지음, 고전 라틴어, p.286].
Latro bono(⑨ Good thief) 우도(Dismas)
　[그리스도와 함께 십자가에 처형된 착한 도적(루카 23, 39～43)의 이름이라고
　믿어지고 있다. 나쁜 도적인 좌도는 Gestas라고 한다. 백과사전 1, p.861].
Latro viátorem vestibus spoliávit.
　강도가 통행인에게서 옷을 빼앗았다.(orbáre, priváre, nudáre
　동사는 '빼앗기는 사람'이 직접객어가 되고, '빼앗기는 물건'은
　탈격으로 표현된다. 이러한 탈격을 분리 탈격이라 한다.
　우리말로는 이 제2객어가 직접객어로 번역되며 라틴어의 직접객어는
　"아무에게서, 아무의" 등으로 번역된다. 허창덕 문장론에서).
latrocinális, -e, adj. (latro²) 강도의
latrocinátĭo, -ónis, f. (latrócinor) 강도질; 약탈(掠奪)
latrocínĭum, -i, n. (latrócinor) 신변 호위대(扈衛隊),
　경호원(직), **강도질**, 약탈(掠奪), 흉기 강도범행,
　해적질, 해적행위, 사기(詐欺.⑨ Fraud), 협잡(挾雜),
　흉계(凶計), 폭력(暴力.⑨ Violence.vis physica),
　강도단(强盜團); 불법집단 회의(不法集團 會議),
　서양 고누, 서양장기(latrunculária tabula).
　Ego hominem feci, non latrocinium.
　나는 사람을 만들었지 강도질을 만들지는 않았다/

Quam similia sint latrociniis regna absque iustitia.
　정의 없는 왕국들은 강도떼와 얼마나 흡사한가(신국론, p.2754)/
　remota justitia quid sunt regna nisi magna latrocinia.
　정의 없는 국가는 대규모 강도 떼.
latrocínĭum Ephesinum. 에페소 강도회의.
　(프 Synode de Brigandage.그리스어 Synodos lestrike)
latrocínĭum magnum. 대강도 행위
　[이탈리아가 보장법(Law of Guarantees)으로 교황령을 병합한 사건을
　가리킨 말. 백민관 신부 엮음, 백과사전 2, p.516].
latrócĭnor, -átus sum, -ári, dep., intr. (latro⁹)
　용병으로 복무하다, 강도질하다,
　해적질하다, 약탈하다, 사냥하다.
latruncuárĭus, -a, -um, adj. (latrúnculus) 고누의, 장기의.
　latrunculráia tábula. 서양장기.
latrunculátor, -óris, m. (latrúnculus) 강도범 전담 사법관
latrúncŭli, -órum, m., pl. 장기(옛날 줄이 그려져 있는 옛 장기)
latrúncŭlus, -i, m. (latro⁹) 소매치기, 날치기,
　마적(馬賊), 비적(匪賊-비도匪徒), (고누.장기의) 말.
latum, "fero"의 목적분사(sup.=supínum).
　[fĕro, tŭli lātum, ferre, tr., anom. 1. 운반하다, 나르다].
latúmĭæ, -árum, f., pl. = **latómĭæ** = **lautúmĭæ**
　채석장(採石場-석재를 떠내는 곳), Roma의 감옥.
latúra, -æ, f. 운반(運搬), 짐 져 나르기
laturárĭus, -i, m. (latúra) 짐꾼, 운반인(運搬人)
latus¹ -a, -um, p.p. (fero)
latus² -a, -um, adj. (폭이) **넓은**, 광대한, 광활한,
　널찍한, 우람한, 큰(ㄲ기,μέγας,πολὺς), 뽐내는,
　의기양양한, 거만한, 널리 알려진, 널리 퍼져나간, 장황한.
　lato sensu. 넓은 뜻으로.
　Hæc via est magis longa quam lata.
　이 길은 넓다기 보다는 (차라리) 긴 편이다/
　interpretátĭo lata. 넓은 해석, 확대 해석/
　Quod est latum mandatum? Mandatum novum do vobis,
　ut vos invicem diligatis. Caritas ergo non angustatur.
　넓은 계명이란 무엇입니까? 내가 너희에게 새 계명을
　준다. 서로 사랑하여라. 사랑은 옹색하지 않습니다/
　Vis non angustari in terra? In lato habita.
　그대, 이 세상에서 옹색하지 않기를 바라십니까?
　넓은 곳에 사십시오. (최익철 신부 옮김. 요한 서간 강해. p.449).
latus³ -tĕris, n. [단수. 주격 latus, 속격 lateris, 여격 lateri,
　대격 latus, 탈격 latere] **옆구리**(ㄲ), 곁, 옆, 측면(側面),
　(왼.오른) 편(쪽), 좌우의 익(翼), 측근, 친밀한 관계,
　허점, 약점, 틈, 집안, 방계친척, 몸, 전신(全身).
　a latéribus, ab utróque látere. 양측 면으로부터/
　ab latus alcjs sedére. 누구 곁에 앉다/
　adulatóribus latus præbére.
　아부하는 자들에게 허점(虛點)을 보이다/
　alcjs latus gládio haurio. 아무의 옆구리를 칼로 찌르다/
　tego latus alci.
　누구의 옆을 보호하다, 누구를 보호하여 수행하다/
　transverberátus ense in látus. 칼에 옆구리를 찔린 사람.
Latus ei dicenti condóluit.
　그가 말하는 동안 옆구리가 몹시 아팠다.
Latus Evangelii. 복음 측(구뗄급레에서 복음서를 봉독하던 자리.)
latúscŭlum, -i, n. (latus³) 옆구리(ㄲ), 겨드랑이
lauda, 단형 laudo, -ávi, -átum, -áre,
　[명령법. 단수 2인칭 lauda, 복수 2인칭 laudate].
Lauda anima mea. 내 영혼아 주님을 찬양하라
Lauda Sion. 시온이여 노래 불러라
Lauda Sion Salvatorem. 시온이여 구세주를 찬양하라.
Lauda Sion, salvatórem Lauda ducem et pastorem in
hymnis et canticis. 찬미하라, 시온과 구세주를,
　시편과 노래로 목자와 사도들을 찬미하라.
laudábĭlis, -e, adj. (laudo) 높이 평가할, 매우 좋은,
　칭찬(稱讚.칭양) 받을 만한(자격 있는).
laudabílĭtas, -átis, f. (laudabĭlis) 칭찬할 만함, 훌륭함
Laudabiliter se subjecit.
　이단 철회 승인의 찬사: 가상(嘉賞-칭찬하여 기림) 순종.

L

Laudant opera Domini Dominum; laudat cælum, terra, mare; laudant omnia quæ sunt in cælo. 주님의 업적이 주님을 찬미합니다. 하늘도 땅도 바다도 주님을 찬미 합니다. 하늘에 있는 모든 것이 주님을 찬미 합니다.
(최익철 신부 옮김. 요한 서간 강해. p.173).

lautat, 원형 laudo, -ávi, -átum, -áre, tr.
[직설법 현재. 단수 1인칭 laudo, 2인칭 laudas, 3인칭 **laudat**, 복수 1인칭 laudámus, 2인칭 laudátis, 3인칭 laudant].
Vere Sanctus es, Dómine, et mérito te laudat omnis a te cóndita creatúra.(⑨ You are indeed Holy, O Lord, and all you have created rightly gives praise) 거룩하신 아버지 몸소 창조하신 만물이 아버지를 찬미하나이다.

lautate, 원형 laudo, -ávi, -átum, -áre, tr.
[명령법. 단수 2인칭 lauda, 복수 2인칭 laudate].

Laudate Dominum. 주님을 찬미하여라(가톨릭 성가 83번)
(Wofgang Amadeus Mozart, 1756~1791. 시편 117편).

Laudate Dominum omnes gentes;
laudate et superexaltate eum in sæcula.
영원히 그분을 찬송하고 드높이 찬양하여라(성경 다니 3, 57).

Laudate eum, omnes populi.
뭇 나라 백성들아 주님을 찬양하라(주님을 찬양 하여라. 모든 민족들아),
온 세상 사람들아 주님을 찬미하라(주님을 찬미 하여라. 모든 겨레들아).

laudátio, -ónis, f. (laudo) 칭찬(稱讚), 칭송(稱頌),
찬양(讚揚.εὐλογία.コחπַּ.⑨ Praise),
讚美(⑨ Praise), 예찬(禮讚-매우 좋게 여겨 찬양하고 감탄함),
찬사(讚辭), 추도사(追悼辭), 피고인의 무죄에 대한 증언.

laudatívus, -a, -um, adj. (laudo)
칭찬하는, 찬미(찬양)의, 칭찬.칭송.찬미.찬양)에 관한.

laudátor, -óris, m. (**laudátrix**, -ícis, f.) (laudo)
칭찬(찬미.찬양) 하는 사람, 찬사를 보내는 이, 예찬자,
추도 연설을 하는 사람, 추도사 낭독자(追悼辭 朗讀者),
피고인(被告人)의 무죄를 증언하는 사람.

laudátor témporis acti. 지나간 시대의 예찬자.

laudatórius, -a, -um, adj. (laudo) 칭찬하는, 찬미(찬양)의

Laudatur caritas vobis; si placet, habete, possidete.
사랑이 여러분에게 찬미 받고 있습니다. 마음에 든다면 여러분이 가지고 소유하십시오(최익철 신부 옮김. 요한 서간 강해. p.333).

laudátus, -a, -um, p.p., a.p. (laudo)
칭찬(찬미) 받는; 훌륭한, 좋은(כַּבִּיר.ἀγαθὸς.καλὸς).

laude dignus. 칭찬 받을 자격 있는 사람

laudemus, 원형 laudemus, -ávi, -átum, -áre, tr.
[접속법 현재. 단수 1인칭 laudem, 2인칭 laudes, 3인칭 laudet, 복수 1인칭 laudemus, 2인칭 laudetis, 3인칭 laudent].

Laudes, (아침의) 찬미기도, 찬과경(아침기도)

Laudes ad Omnes Horas.
모든 시간경 때 바치는 찬미의 기도.

Laudes Christo redemptori. 구세주 그리스도께 찬양
(플랑드르 출신의 Obrecht, Jacob 신부작품. 4성부 미사곡).

Laudes Dei. 하느님의 찬미.
(북아프리카 평신도 시인 Dracontius의 2,327행의 시작).

laudicœnus, -i, m. (laudo+cœna) 아첨자(阿諂者),
(저녁 얻어먹으려고 남을 치켜세우는 사람.

laudis avarus. 영광을 탐내는

Laudis canticum, 찬미의 노래, 성무일도서.
[1970년 11월 1일 교황 바오로 2세가 반포한 '성무일도에 관한 교황령'의 라틴어 제목('찬미의 노래'를 뜻하는 첫 두 단어)이다. 이 문헌은 시간전례. 곧 제II차 바티칸 공의회의 결정에 따라 개정된 성무일도를 공표한다].

Laudis perennis. 지속적인 찬미, 끊임없는 찬미

laudo, -ávi, -átum, -áre, tr. (laus) 칭찬(칭송)하다,
찬미(찬양.예찬)하다(יָדָה.πָּ.ਰ੍), 찬사를 보내다,
추도사를 하다(읽다), 값있게 여기다,
훌륭한(좋은) 것으로 인정하다,
(증인 따위로) 지명하다, 부르다.
Eos laudo, idque mérito.(is 참조) 나는 그들을 칭찬한다.
그것도 의당 칭찬할 만해서 하는 것이다/
Ita se gessit ut omnes eum laudent.
그는 모든 이가 칭찬할 만큼 처신하였다/
Laudamus glorificatum Deum.
우리는 영광스러운 하느님을 찬미한다/
Laudans invocabo Dominum, et ab inimicis

---

meis salvus ero. 내가 주를 높이 부르며 찬양하리니, 주께서 나를 원수들에게서 구원하시리라/
laudare in amore et amare in laudibus.
사랑 속에서 찬미하고 찬미 속에서 사랑하는 것/
Multi quidem hómines láudant sanctos, sed páuci virtútes eórum imitántur. 많은 사람들이 성인을 찬양 하기는 하지만, 그들의 덕행을 본받는 이는 적다/
Non debuimus hoc facere ut laudemur.
우리가 칭찬을 받자면 이런 짓을 해서는 안 되었다/
Nonne illum virum laudas ut lauderis?
네가 칭찬 받기 위해 저 사람을 칭찬하는 것이 아니냐?/
Propter virtutem jure laudamur et in virtute recte gloriamur.(Cicero). 우리는 의당히 덕성 때문에 찬사를 받고 당연히 덕성을 두고 자랑 한다/
Quæris laudem? Si Dei quæris, bene facis; si tuam quæris, male facis; remanes in via. 그대 칭찬을 찾고 있습니까? 하느님의 칭찬을 찾고 있다면 잘하는 짓입니다. 그러나 그대 자신에 대한 칭송을 찾는다면 잘못하는 것이며, 길가에 머물러 있는 것입니다.
(최익철 신부 옮김. 요한 서간 강해. p.445)/
Time ne propterea facias, ut tu lauderis: nam videat alter, ut Deus laudetur. 단지 그대 자신이 칭송 받기 위해서 행동하는 것을 두려워하십시오. 남에게 보이되, 하느님께서 찬미 받으시도록 하십시오.
(최익철 신부 옮김. 요한 서간 강해. p.365)/
Ut desint víres, tamen est laudanda voluntas.
비록 기력은 없다 해도 뜻만은 칭찬해야 한다/
Vinum ni laudáto. 포도주를 칭찬하지 마라.

laura, -æ, f. 길(ππ.ὁδὸς); 마을(κώμη.κῶμος.촌락)

lauráceæ, -árum, f., pl. (植) 녹나무과 식물

laurea doctolális. 박사(博士.doctor, -óris, m.)

láurĕa, -æ, f. (láureus) ((植)) 월계수(月桂樹),
(승리의) 월계관(月桂冠-고대 그리스에서, 월계수의 가지와 잎으로 관처럼 만들어 경기의 우승자에게 승리를 기리는 뜻으로 머리에 씌워 주던 것).
(사회적.군사적) 영예.승리, 박사학위(稱號).

laureátus, -a, -um, adj. (láurea)
월계수 잎으로 장식한, 월계관을 쓴, 박사학위를 받은.

Laurentiana Bibliotheca. 라우렌시오 도서관.
[메디치 가문의 Cosimo라는 사람이 1444년 이탈리아 피렌체에 창립. 플라톤의 아카데미아의 사본들이 풍부하다. 이 도서관 설립으로 당시 학예의 중심지가 되었다. 백민관 신부 엮음. 백과사전 2, p.518).

Laurentius Antipapa. 대립 가교황 라우렌시우스(506년 경)

lauréŏla, -æ, f. (láurea) 월계수 잎, 월계관; 작은 승리.

laurétum, -i, n. (laurus) 월계수 밭(숲)

láurĕus, -a, -um, adj. (laurus) 월계수의

lauricŏmus, -a, -um, adj. (laurus+coma)
월계수 잎(가지)로 머리를 장식한.

láurĭfer, -ĕra, -ĕrum, adj. (laurus+fero)
월계수를 생산하는; 월계관을 쓴.

láuriger, -ĕra, -ĕrum, adj. (laurus+gero')
월계수를 든, 월계수로 꾸며진.

laurínus, -a, -um, adj. (laurus) 월계수의

laurus, -i, f. (植) 월계수(月桂樹), 월계관(月桂冠),
(승리.환희.영예의 상징으로서의) 월계수 잎(가지).

laus, laudis, f. **찬미(讚美.⑨ Praise), 찬송(讚頌),
찬양(讚揚.εὐλογία.コחπַּ.⑨ Praise),
칭찬(稱讚), 칭송, 예찬(禮讚-매우 좋게 여겨 찬양하고 감탄함),
찬사(讚辭), 찬가(讚歌), 찬과(讚課), 공적(功績), 선행.
illustro alqm láudibus. 누구를 칭송하다/
Collégæ meo laus impertítur. 내 동료가 칭찬을 받는다/
Completorĭum. 종과경/Hora nona. 구시경/
Hora prima. 일시경/Hora sexta. 육시경/
Hora tertĭa. 삼시경/Horæ minores. 시과경/
Laudes. (아침의) 찬미기도/
Laudes Matutinum. 아침 찬미기도/
Matutinum. 조과경(아침기도)/
Nocturnæ. 야과경/Vesperæ. 만과경(저녁기도)/
Ardeo studio laudis. 나는 칭찬 받고 싶은 마음으로 불탄다/
De resecando amore laudis humanæ, quoniam justorum gloria omnis in Deo sit. 의인들의 영광은 모두 하느님

안에 있으므로 인간적인 명예욕은 근절되어야 한다.
(교부문헌 총서 17, 신국론, p.2758)/
Exhortátĭo ad Laudem Dei. 하느님 찬미에의 초대/
Hoc mihi laudi est. 이것은 내게 칭찬이 된다/
Te decet laus. 당신께 찬양을/
vir Troiane, quibus cælo te laudibus æquam.
트로이아 영웅이여, 무슨 찬사를 바쳐 그대를 천계에서
견주리오(성 염 지음. 사랑만이 진리를 깨닫게 한다. p.397).

Laus ad Deum.(⑨ Praises to God.獨 Lob Gottes)
하느님께 대한 찬미.

laus angeli cum carmine.
천사의 찬가, 노래하는 천사의 찬가.

laus angelórum. 천사들의 찬미(讚美)

laus pĕrennis. 영속적 찬미, 영원한 찬미가, 영원한 찬미,
영속 찬미(永續 讚美-수도자의 릴레이식 성무일도 기도).

Laus Stultitiæ. 어리석음의 찬미(1509년. 수도생활의 조소.
교회 부패에 대한 신랄한 비판서. 백민관 신부 엮음. 백과사전 1, p.992).

Laus tibi Christe.(⑨ Praise to You, Lord Jesus Christ)
그리스도님 찬미합니다. 그리스도께 찬미(복음 봉독 후 하는 기도).
Quo finito, respondet minister: "Laus tibi, Christe"
복음 선포가 끝나면, 봉사자는
"그리스도님 찬미 합니다"하고 응답한다.

Lausiaca Historia(⑨ Lausiac History)
광야의 교부 수도자 전기.

Lausus, -i, m. Mezéntius의 아들, Etrúria 사람

láutĭa, -órum, n., pl. (lautus) 접대(接待), 향응(響應),
Roma에 파견되어 온 외국 사절에게 숙소와 함께 배당되던 물건들.

lautítĭa, -æ, f. (lautus)
(의식주, 특히 식탁의) 사치, 호화, 성찬, 호강.

Láutŭlæ(=Láutŏlæ), -árum, f., pl.
Roma의 온천장 이름, Látium의 산림지대 이름.

lautum, "lăvo"의 목적분사(sup.=supínum)

lautúmĭæ, -árum, f., pl. = latúmĭæ = latómĭæ
채석장(採石場-석재를 떠내는 곳), Roma의 감옥.

lautus, -a, -um, p.p., a.p. 씻은, 목욕한, 찬란한,
화려한, 사치(奢侈)스러운, 번드르르한, 호화로운;
진수성찬의, 많은('ΰΰΰ.πολὺς.ἱκανὸς), 풍부한,
굉장한, 뛰어난, 품위 있는, 훌륭한, 세련된.

lava, 원형 lăvo¹lāvi(lavávi) lavátum(lautum, lotum) -áre,
[명령법 단수 2인칭 lavo, 복수 2인칭 lavate]
Lava me, Dómine, ab iniquitáte mea, et a peccáto
meo mund me. (Wash me, O Lord, from my iniquity and
cleanse me from my sin) 주님, 제 허물을 말끔히 씻어주시고
제 잘못을 깨끗이 없애주소서[ab은 모음 앞에서나 h자 앞에 사용한다].

lavábis, 원형 lăvo¹ lāvi, lavátum, -áre,
[직설법 미래. 단수 1인칭 lavabo, 2인칭 **lavabis**, 3인칭 lavabit,
복수 1인칭 lavabimus, 2인칭 lavabitis, 3인칭 lababunt].
lavábis me, et super nívem dealbábor.
저를 씻어주소서. 눈보다 더 희어지리라.

Lavabo. 라바보(미사 중 사제가 손을 씻으면서 하는 기도)
Lavábo inter innocéntes manus meas:
et circúmdabo altáre tuum. Dómine:
Ut áudiam vocem laudis, et enárrem univérsa
mirabília tua.
Dómine, diléxi decórem domus tuæ et locum
habitatiónis glóriæ tuæ.
주님, 결백함으로 제 손을 씻고 당신 제단을 돕니다.
큰 소리로 감사 노래 부르고 당신의 기적들을 알리기
위함입니다. 주님, 저는 당신께서 계시는 집과 당신
영광이 깃드는 곳을 사랑합니다.

lavácrum, -i, n. (lavo) 씻음, 목욕(沐浴.ἀπιλΰΰ),
세면소, 욕실, 목욕탕; 욕조, (성당 제의실의) 수세대.

lavacrum cæleste. 천상 목욕탕

lavacrum regeneratiónis. 세례(洗禮, signaculum fidei)

lavátĭo, -ónis, f. 씻음, 목욕(ἀπιλΰΰ), 목욕 설비

lavátĭo manuum. 손 씻음

lavátor, -óris, m. (lavátrix, -ícis, f.) (lavo)
씻는 사람, 세탁하는 사람(여자).

lavatórĭum, -i, n. (lavo) 세숫대야, 세면소, 목욕탕

lavatrína, -æ, f. (lavo) 목욕탕(沐浴湯); 화장실, 변소

lavátum, "lăvo¹"의 목적분사(sup.=supínum)

lavávi, "lăvo¹"의 단순과거(pf.=perfectum)

lăver, -ĕris, n. (植) 미나리

Lavérna, -æ, f. 도둑의 여신(女神), 악한이나 도둑의 수호신

lavérnĭo, -ónis, m. (Lavérna) 도둑

Lavérnĭum, -i, n. 남부 Látium의 지방 이름

lāvi, "lăvo"의 단순과거(pf.=perfectum)

Lavicánus, Lávĭci, V. Labic···

Lavínĭa, -æ, f. Latínus²의 딸, Ænéas의 아내

Lavín(ĭ)um, -i, n. Látium의 해안도시

lăvo¹ lāvi(lavávi) lavátum(lautum, lotum) -áre,
tr. 씻다(ἀπιλΰ.ΰΰ), 빨다, 세탁하다, 목욕시키다.
Manus manum lavat. 손이 손을 씻는다(상부상조 한다)/
pedes lavare. 발을 씻다.
intr. 목욕하다, 적시다.
Lavo vultum lácrimis. 얼굴을 눈물로 적시다.

lăvo² lāvi, lautum(lotum) -lávĕre, (제3활용) = **lăvo¹**

laxaméntum, -i, n. 공간(空間), 여유(餘裕); 넓힘,
확장(擴張), 설사(泄瀉), 쉼, 휴식(休息.⑨ Rest),
완화(緩和), 경감(輕減.⑨ reduction-덜어서 가볍게 함)

laxans, -ántis, n. (laxo) ((藥)) 완하제; 설사약, 하제(下劑)

laxátĭo, -ónis, f. (laxo) 공간, 여유(餘裕), 느슨함
(醫) 완하(緩下); 완화(緩和), 경감(輕減).

laxatívus, -a, -um, adj. (laxo) 변통이 잘되는,
느슨하게 하는; (의학) 완하제의.

laxísmus, -i, m.
(윤리적) 이완주의(弛緩主義), 이완설, 방임주의.

láxĭtas, -átis, f. (laxus) 넓음, 널찍함, 여유 있는 공간,
여유(있음), (옷 따위의) 넉넉함, 헐거움;
이완(弛緩-느스러짐. 풀리어 느스러짐), 느스러짐,
해이(解弛-마음이나 규율이 풀리어 느스러짐); (倫神) 양심의 이완.

laxo, -ávi, -átum, -áre, tr. (laxus) 넓히다, 확장하다,
펴다, (빨래 따위를) 널다, 열다(ἀπιλΰ.ΰΰ), 벌리다,
풀다, 끄르다, **늦추어주다**, 느슨하게(느스러지게)하다,
누긋누긋하게 하다, 이완시키다, 해이해지게 하다,
쇠를 불에 달구어 마음대로 잡아 늘리다, 긴장을 풀다,
진정시키다, 가라앉히다, **덜어주다**, 가볍게 해주다,
완화(緩和)시키다, 중단하다, **쉬게 하다**(ἀπολὺῶ),
해방(解放)시키다, **벗어나게 하다**.
In verbo Tuo laxabo rete.
스승의 말씀대로 그물을 치리이다
(제4대 전주교구장 한공렬 베드로-1939.6.24. 수품-주교 사목 표어)/
laxata pugna. 휴전(休戰.feriæ belli).

laxo annónam. 곡식 값을 내리다

laxus, -a, -um, adj. 넓은, 널찍한, 광대(廣大)한, 큰,
많은('ΰΰΰ.πολὺς.ἱκανὸς), 느슨한, 느즈러진, 늘어진,
늦추어진, 헐거운, 이완해진, 해이해진, 긴장이 풀린,
(倫神) conscientĭa laxa. 해이 양심.

Lazaristæ, -árum, m., pl. 라자리스트회[선교수도회 1625년 프랑스
에서 창설된 선교수도회의 별칭으로, 선교수도회의 본부가 파리 생 라자로 거리
(Saint Lazare)에 있었기 때문에 이러한 별칭이 생겨났다. 가톨릭대사전].

Lazarus, -i, m. 라(나)자로, '하느님이 도우시다'의 뜻.
[단수 주격 Lazarus, 속격 Lazari, 여격 Lazaro, 대격 Lazarum, 탈격 Lazaro].
[라자로는 그리스어로 '도움 받을 길이 없다'는 뜻이다. 그러나 히브리어 이름으로
쓰면 엘아자르 되는데 엘아자르가 되는데. 이번에는 거꾸로 '하느님이 도우신다'
(El-azar)는 뜻이 된다. 지옥에 떨어진 부자는 아브라함을 아버지(pater)라고
부른다. 또 아브라함은 부자를 아들아(fili)라고 부른다. 더구나 부자와 그 형제들이
모세와 예언자들을 섬긴다는 대목을 보면 부자가 바로 이스라엘을 가리킨다는
사실을 알 수 있다. 루가 16, 24~31].

lea, -æ, f. (leo) ((動)) 암사자

leǽna¹ -æ, f. (動) 암사자

leǽna populáris. 같은 지방의 암사자

Leǽna² -æ, f. (폭군의 잔인한 고문에도 굴하지 않은)
Athénœ의 유명한 창녀.

Leánder, -dri, m. Abýdus의 청년(물 건너 Sestos에 사는 애인
Hero를 찾아 밤마다 Hellespóntus 해협을 헤엄쳐 건너다가 끝내 물에 빠져 죽음).

lĕbes, -étis, m. 구리대야, 솥, 냄비

lebetum faber, -bri, m. 냄비 제조상(製造商)

lecátor, -óris, m. 대식가(大食家), 폭식가(暴食家)

lectárĭus, -i, m. (lectus⁹) 침대 제작인(製作人)

lectíca, -æ, f. 가마(4명 내지 8명의 노예가 메고 가던 가마),
사인교, 상여(喪輿)-시체를 묘지까지 나르는 제구, 가마같이 생긴
것으로 상여꾼이 메고 감), 널(棺-상류계급의 관)

lecticarĭŏla, -æ, f. 교군꾼을 사랑하는 여자

lecticárĭus, -i, m. (lectíca) 가마를 메는 사람, 교군(꾼),
교부(轎夫→교군꾼), 교자꾼(→교군꾼), 상여(喪輿)꾼.

lectícŭla, -æ, f. dim. (lectíca) 작은 가마, 작은 상여, 침대

léctĭo, -ónis, f. (lego⁹) 수집, 모음, 선택, 선발, 낭독(朗讀),
독서(讀書).⑨ lecture/Reading.獨 Lesung);
(교과서의) 과, 수업, 성경소구(→짧은 독서 Lectio brevis),
영경(鈴經).⑨ lessons-한국 천주교회 초창기부터 쓰여 온 옛말의
하나로 오늘날 '독서'에 해당하는 말).

	명사 제3변화 제1식 A	
	단 수	복 수
Nom.	lectio	lectiones
Gen.	lectionis	lectionum
Dat.	lectioni	lectionibus
Acc.	lectionem	lectiones
Abl.	lectione	lectionibus
Voc.	lectio	lectiones

(황치헌 지음, 미사통상문을 위한 라틴어, p.57))

Lectio Actuum Apostolorum. 사도행전의 말씀입니다

lectio brevis＊ 짧은 독서(讀書), 성경 소구 봉독

lectio continua.(⑨ Continuos Reading.獨 Bahnlesung)
계속적 독서, 연속적인 독서, (성경) 연속 봉독, 연속 독서.
lectio semi-continua. 준연속 독서.

Lectio difficilior. 부자연스러운 독법

Lectio difficilior probabilior. 난독우선(難讀于先)

lectio divina 렉시오 디비나(거룩한 독서),
말씀 기도(Officĭum lectiónis＊),
영적 독서靈的 讀書.⑨ spiritual reading),
독서기도(→말씀기도, Officĭum Lectiónis),
성독(聖讀.성경독서이나 요즘의 영적독서와 다름),
신적 독서(신.구약성서를 기도하는 마음으로 묵상하며 읽는 것).
Lectiones sanctas libenter audire.
거룩한 독서를 즐겨 들어라(성 베네딕도 수도규칙 제4장 55).

Lectio Epistolæ ad Hebræos. 히브리서 말씀입니다

Lectio Epistolæ beati Pauli Apostoli ad Ephesios.
복되신 사도 성 바오로께서 에페소인들에게 보내신 서간입니다.

lectio figurativa. 예행적 해석(교부문헌 총서 16, 신국론, p.1678)

Lectio libri Apocalypsis beati Joannis Apostoli.
복되신 사도 성 요한의 묵시록 말씀입니다.

Lectio libri Isaiæ prophéte. 이사야서의 말씀입니다.

lectio libri Sapientiæ. 지혜서 낭독(智慧書朗讀)

Lectio libri Levitici. 레위기의 말씀입니다.

Lectio Michéeæ Prophetæ. 미카 예언서의 말씀입니다.

Léctio prima. 제1과

Lectio sacræ Scripturæ(⑨ Reading of Sacred Scripture.
獨 Schriftlesung) 성경 독서, 성경 읽기, 성서 봉독.

Léctio secúnda. 제2과

lectio senatus. 원로원 의원 선발

**Lectio sine meditatione est arida, meditatio sine
lectione erronea, oratio sine meditatione tepida,
meditatio sine oratione infructuosa**. 묵상 없는 독서는
건조하며, 독서 없는 묵상은 오류에 빠지기 쉽고, 묵상
없는 기도는 미지근하며 기도 없는 묵상은 결실이 없습니다.

lectio sine ulla delectatĭone. 아무 재미도 없는 독서

Lectio spirituális. 영적 독서(⑨ spiritual reading)

Léctio tértia. 제3과

lectionale feriale. 평일 경본(平日 經本)

lectionarĭum＊, -i, n. 예식 낭독용 성서 발췌집, 전례성서,
미사 전례 성서＊(⑨ Liber Comitis.⑨ Lectionary),
복음 성서 봉독서, 독서집(⑨ lectionary.獨 Lektionar)/.

Lectionarĭum Missális Romani. 로마 미사 독서책

lectisterniátor, -óris, m. (lectistérnium)
(고대 Romat식) 식탁 준비하는 사람.

lectistérnium, -i, n. (lectus²+sterno)
신들에게 차려놓은 제사상 및 음식, 신전의 좌석,
(초대 그리스도교의) 가족연회.
lectistérnia 신들에게 음식을 차리는 대연.

léctĭto, -ávi, -átum, -áre, tr., freq. (lego)
열심히 모으다, 자주 수집하다, 자주 읽다, 열심히 읽다.

lectiúncŭla, -æ, f. (léctio) 짤막한 독서

lecto, -ávi, -átum, -áre, freq., tr. (lego⁹) 자주 읽다

lector, -óris, m. (**lectrix**, -ícis, f.) (lego⁹)
(⑨ Lector.獨 Lektor) 읽는 사람, 독자(讀者),
낭독자(朗讀者), 독서직 맡은 사람, 강사(講師),
(도미니꼬회의) 신학박사, 수도원.신학교 식당에서의 독서자.

lector curiæ romanæ. 로마 성청 강사(聖聽 講師)

Lector exiguus. 보잘 것 없는 독경자

Lector fit auctor.(중세 격언) 독자가 저자가 되는 것

lector primárĭus. 책임 교수(토마스 아퀴나스 수사, p.359)

lectorátus, -us, m. 강경품(⑨ lectorate)(7품 중 제2품급),
(성직 지망자에게 수여하는) 독서직(⑨ lectoratus).

Lectori Salutum. (약어 L.S.) 독자에게 하는 인사

Lectorium(Lectorilium.Lectrilium), -i, n.
(⑨ lectern/Rood Screen.獨 Lettner). 대강론대,
봉독대, 독경대, 제대난간, 격벽(隔壁-여기에 독경대가 있었음).

léctŭlus, -i, m. dim. (lectus⁹) 침대, 부부용 침대,
(고대 Roma 식) 식탁, 상여(喪輿-상류계급의 상여).
Homines quini in lectulis sedebant.
장의자(長椅子)에는 다섯 명씩 앉아 있었다.

Lectum, -i, n. Troja의 해안 갑각(岬角)

Lectum. 교황청 각 부서가 제출 받은 질문이나 청원에
대한 답서로 "청원서를 접수할 수 없다"는 뜻.
(교회법 해설 ③ 교회의 최고 권위, p.277).

lectúrĭo, -íre, tr. (lego⁹) 읽고 싶어 하다

lectura canonica. 정경적 독서법(현대 가톨릭 사상 제18집, p.231)

Lectura super Clementinis. 클레멘스 법령집 강의

lectus¹ -a, -um, p.p., a.p. 선택된, 정선(精選)된,
탁월(卓越)한, 훌륭한, 읽은, 낭독된.
léctior fémina. 여자 독서.

lectus² -i(us), m. 침대, 침상, (고대 Roma 식) 식탁,
야간 작업대, 상여(喪輿), 시체 안치 묘소.
de lecto decidit. 침상에서 죽었다.

lectus constratus. 침구 깔아 놓은 침대

lectus genialis. 부부 침상

lécythus, -i, m. 항아리, 단지(항아리)

Lefua costata. (魚) 쌀 미꾸리

legális, -e, adj. (lex) [남성 복수 주격 legales, 속격
legalium, 여격 legalibus, 대격 legales, 탈격 legalibus]
법률(상)의, 법에 관한, 법정의, 합법적, 적법의,
법률이 인정하는, 법률대로의.
debitum legale. 의무감/
Impedimentum cognatiónis legális.
교회법상 법정 친족장애/
imputabilitas politica seu legális. 법적 죄책성/
incestum legális. 법적 근친상간(法的 近親相姦)/
legalia sacramenta. 율법적인 성사들.

legálismus, -i, m. 종교 율법주의(종교를 율법으로 봄)

legárĭum, -i, n. 야채(野菜)

legáta, -æ, f. 여자 사절(使節)

legatárĭus, -a, -um, adj. (legátus)
유서로(유언으로) 상속인에게 남겨진.
m., f. 유산 상속인(遺産 相續人).

legátĭo, -ónis, f. (lego) 파견(派遣.π.ψ.ἀποστέλλω);
사신(ἀπὸστολος.ἄγγελος), 사절임무, 사절직,
사절(使節), 사절단, 공사, (전쟁에서의) 부사령관직.
írrĭtos legatiónis. 사명을 다하지 못한.

Legátĭo ducem videre vult. 사절단이 장군을 보고자 한다

legátĭo libera. 명예 사절직(名譽 使節職)

legativum, -i, n. 사절의 출장비(使節 出張費)

legatívus, -a, -um, adj. 사절에게 주는

legátor, -óris, m. (lego¹) 유언자, 유증자(遺贈者)

legatórĭus, -a, -um, adj. = **Legatárĭus**, -a, -um,

Legátórum cœtus. 외교관단(外交官團)

Legatos cum auctoritate mittĕre.
전권을 부여하여 사신을 보내다(전권대사를 보내다).

legátum, -i, n. (lego⁹) 유증(遺贈-유언에 따라 재산을 무상으로
물려줌), 유산(遺産.κλῆρος.⑨ patrimony/Inheritance).

legátus, -i, m. 파견(派遣)된 사람,
사신(ἀπὸστολος.ἀγγελος), 지방총독.
Estisne vos legati missi a populo Romano?
당신들이 로마 국민에게서 파견 받은 사절입니까?/
Legati a Delphis venerunt congruentem sortem responso
adferentes. 사절들은 신탁(responsum)에 상응한 제비를
뽑아 갖고서 델피에서 돌아왔다/
Legáti ab Roma venerunt questum injurias. 자기네가
당한 억울함을 시비하기 위해서 사절들이 로마에서 왔다/
Legáti missi sunt, ut(또는 qui) pacem péterent.
=Legáti missi sunt ad pacem peténdam.
=Legáti missi sunt ad pacem peténdum.
=Legáti missi sunt pacem peténdi causā.
=Legáti missi sunt pacem petítum(petitúri)
=Legáti missi sunt pacis peténdæ causā.
사신들이 평화를 청하기 위하여 파견되었다.
(Latin어에는 목적을 표시하기 위해, 목적부사어 또는 목적문.
목적 관계문 외에 위와 같은 여러 표현법이 있다/)
Legatos miserunt ut pacem peterent.
그들은 화친(和親)을 청하라고 사절들을 보냈다/
pétere veniam legátis mittendis.
사신을 보내는 데 대한 동의(同意)를 청하다.

Legatus a latĕre. 교황 전권사절(教皇 全權使節),
교황 최측근 사절, 교황 특파대사(教皇 特派特使).
('a latere'를 글자 그대로 옮기면 '측면에서'라는 뜻인데, 친밀하여 신뢰할 만한
사람을 의미하기에 '신복'을 말한다. 교황의 신복 사절은 교황과 가장 가까운
사람으로 통상 추기경 신분의 교황의 전권을 소유한다. 이러한 의미에서 '교황 전권사절'
이라고도 한다. 한동일 옮김, 교회법률 용어사전, '교황 사절', p. 127).

Legatus Apostolicus. 교황 특사, 교황 사절

Legatus cum omni equitatu proficiscitur. 부관은 기병대
전부 거느리고 출발하였다.[행위에 동반하거나 수반되는 사물을
동반 탈격ablativus comitatus으로 cum과 탈격을 쓴다].

Legatus Divinæ Pietatis. 신적 신심의 사자

Legatus missus. 파견 사절(派遣 使節)

Legatus natus(Perpetuus).
당연직 대사, 직권상 자동 교황대사.

Legatus Romani Pontificis(⑨ Legate of the Roman
Pontiff). 교황사절.

lege, 원형 lĕgo² lēgi, lectum -ĕre,
[명령법. 단수 2인칭 lege, 복수 2인칭 legite].
Ne sævi, magna sacerdos! lege has litteras.
위대한 (여)사제여, 성내지 마시오! 이 편지를 읽어보시오.

legem bonam a malā divido. 양법을 악법과 구별하다.

legem Christi. 그리스도의 법

Legem credendi lex statuat supplicandi.
기도하는 내용은 믿는 내용을 규정(規定)한다.

legénda, -æ, f. (legénda, -órum, n., pl.) (lego²)
읽을거리, 전기(傳記), 성인전(聖人傳), 종교전설.
[본래는 Vita Sanctorum이라고 해야 했는데 신자들에 널리 읽히기 위한 것이
라는 뜻으로 Legenda(읽혀져야 할)라는 말을 썼다. 이 말은 후에 Fabla(설화.
옛 이야기)와 같은 뜻으로 정의했다⋯. 백민관 신부 엮음, 백과사전 2, p.530].

Legénda ad Usum Chori. 전례용 전기.

Legénda B. Mariæ V. 마리아 전설(중세기 유럽 전체와 동방교회
일부에 퍼졌던 문학적인 산문서사, 희곡 등으로 된 경건한 이야기 책. 마리아의
자비심과 그 전달 기도의 효험을 드러내고 있다⋯.
백민관 신부 엮음, 백과사전 2, p.640]

legénda Aurĕa. 황금 전설(黃金 傳說),
(복자 Jacóbus de Vorágine가 펴낸) 황금 성인전.

Legénda beati Fracisci. 복된 프란치스코 전기

Legénda Perugina. 페루지아 전기

Legénda Sanctae Claræ Assisiensis.
아씨시의 성녀 글라라 전기.

Legénda Sanctorum in uno volumine compilavit.
한 권으로 지은 성인 전설(황금 전설 Legenda Aurea는 중세에 나온
성인 전설 표준서를 독일어로 번역한 가장 오래된 책이다. 라틴어 원서 제목은
"한 권으로 지은 성인 전설"이다. Legenda Aurea은 1000여 권이 넘는 사본으로
전해 내려왔다. 저자는 1228년에 제노바 인근에서 태어난 도미니코회 수도자이며
1292년부터 제노바 대주교를 지낸 복자 야고보 데 보라지네 Jacóbus de Vorágine

이다. 이기숙 옮김, 페터 제발트 지음, 가톨릭에 관한 상식 사전, p.16].

Legénda Trium Sociorum. 세 동료 전기.

legendárĭum, -i, n = Liber legendárĭus
성인 전집(단체 독서용).

legendárĭus, -i, m. (liber³ ~) 성인전(聖人傳),
성인들의 전기를 수록한 책.

Legendi ávidítas. 독서열(讀書熱, studíum legendi)

Legendo operam do. 나는 독서에 힘쓴다

legens, -éntis, m. (p.proœs. lego²) 낭독자, 독서자

legere in libro naturæ. 자연이란 책을 읽는다

leges barbarorum. 야만족(野蠻族)들의 법률

leges hypothetico-necessariæ. 조건적 필연적 법칙

Leges instituuntur dum promulgantur.
법은 공포되면서 제정된다(중세철학 제5호, p.60)

leges judiciariæ. 재판법(裁判法)

Leges neminem in paupertate vivere neque in
anxietate mori permittunt.(Novellæ) 법은 어느 누구도
궁핍 속에 살고 고통 속에 죽는 것을 허용하지 않는다.

Leges observandæ. 마땅히 준수되어야할 법률들

leges pronuntio. 법률들을 공포하다

Leges regiæ. (고대 로마의) 왕정법

leges sacratæ(神性法)

lēgi, "lego²"의 단순과거(pf.=perfectum), 수동형 현재부정사

Legi locus est. 법이 유효(有效)하다.

legíbǐlis, -e, adj. (lego⁹) 읽을 수 있는, 읽을 만한, 읽기 쉬운

legífer, -ĕra, -ĕrum, adj. (lex+fero) 입법의

legíle, -is, n. 책 놓고 읽는 틀(상), 책 틀, 낭독대(→책틀)

légĭo, -ónis, f. (lego⁹) (보통 10개 보병부대와 3개 기병대로 편성된
Roma 시대의) 군단(병력 인원수는 시대에 따라 달랐음.10 Cohors(부대)로
구성되며 6천명 내지 만 명의 옛 로마병력].
군대(軍隊): 외래 구원부대, 떼, 무리.
cum unā legióne, eáque vacillánte.(is 참조)
1개 군단 그것도 비틀거리는 군단과 함께/
Distribuo mílites in legiónes. 군인들을 각 군단에 배치하다/
efficio unam ex duábus legiónibus.
두 군단을 하나로 편성(編成)하다/
Legiones celerrime ad summum collem advenerunt.
군단은 극히 빠른 속도(celerrime) 산 정상에 도착했다/
legiones veteranæ. 고참군단(古參軍團)/
legiónis præfectus. 군단장(軍團長)/
resérvo legiónes ad perículum alcjs.
아무의 위험에 대비하여 군단들을 확보해 두다.

Legio Mariæ(⑨ Legion of Mary). 레지오 마리애

légio Mártia, quæ a deo traxit nomen.(traho 참조)
Mars 군단은 그 이름을 신에게서 땄다.

légio prǽlii attenuáta.
많은 전투로 (병력이) 줄어든 군단(軍團).

légio X fretensis. 로마 제10군단

legionárĭus, -a, -um, adj. (légio)
군단의, 군단에 속하는; 군대의, 외인부대의.

legirŭpa, -æ, m., f. (lex+rumpo) 범법자(犯法者)

legirúpĭo, -ónis, m. (lex+rumpo) 범법자(犯法者)

legis violátĭo. 법률 위반(prævaricátĭo, -ónis, f.)

legislátĭo, -ónis, f. (lex+fero) 입법, 법제화(法制化),
법률제정(法律制定, látĭo legis).
Omnis legislatio ad Principem pertinet.
모든 입법은 군주의 소관이다.

legislátĭo liturgica.(⑨ Liturgical Legislation.
獨 gesetzgebung liturgische) 전례의 조절권.

legislatívus, -a -um, adj. (lex+latus¹)
입법적, 입법에 관한.

legislátor, -óris, m. (lex+fero) 입법자, 법률 제정자.
ordinátĭo legislatoris. 입법자의 명령.

legislátor humanus. 인정법의 제정자(制定者)

legismus, -i, m. 법의 축자적 해석

legisperítus, -i, m. 법률가, 법률 전문가

legísta, -æ, m. (lex) 법학자, 법률가(juris consultus)

legite, 원형 lĕgo² lēgi, lectum -ĕre,

[명령법. 단수 2인칭 lege, 복수 2인칭 legite].

legitimátĭo, -ónis, f. (legítimo) 적출(摘出)로 고쳐 인정함,
　합법인정, 적법선언, 자격인정, 권능부여(權能附與).
legitimátĭo prolis. 적법화, 적자인지[유효 혼인한 부부 사이에서 난
　자녀는 적법한 자녀로서 적자適者(legitimus)이다. 백민관 지음, 백과사전 2, p.531].
legitímĭtas, -átis, f. 적법(適法-법규나 법률에 맞음), 합법,
　정통성, 적법성, 정당성, 정통 연면성(正統 連綿性).
legítĭmo, -ávi, -átum, -áre, tr.
　합법화하다, 정당한 것으로 만들다; 적출자로 인정하다.
legítĭmus, -a, -um, adj. (lex) **합법적인**, 적법의;
　정당한; 법률로 정해진, 당연한, 도리(이치)에 맞는,
　제대로 되어 있는, 구비조건을 갖춘, 허락된, 용인된,
　격식을 갖춘, 성대한, 진짜의, 상례적인, 정상적인.
　disputátĭo legitima. 정규 토론/
　dominus legitimus. 법적 소유주/
　heres legitimus. 법적 상속인(heres ad intestato)/
　legitima deputátĭo. 합법적 임명/
　legitima tutela.(Defensio legitima)
　　정당방위(⑨ legitimate self defense)/
　Legitime imperanti parere tantum volumus(Cicero).
　　우리는 적법하게 명령을 내리는 자에게만 복종하고 싶다!/
　Matrimonĭum legitimum. 적법 결혼, 합법적 결혼.
legiúncŭla, -æ, f. (légio) 작은 무리, 작은 군대(軍隊)
lēgo¹-ávi, -átum, -áre, tr.
　(사명을 띠워) 보내다(ἀπόστολὴ), 파견하다(πὲμπω),
　맡기다, 임명하다(אנר.אטר), 유증하다,
　유언으로 (무엇을) 남겨 놓다(물려주다).
lĕgo² lēgi, lectum -ĕre, tr. (lex) 모으다(לקט.לקח.כנס),
　줍다, 수집하다, (실 따위를) 감다, (돛을) 말아 내리다,
　(배를 붙들어 맸던 밧줄을) 걷다, 훔치다, 엿듣다,
　도청하다, 지나가다, 가로질러 건너가다,
　(발자취를) 따라가다, 해안선을 따라 항해하다,
　가려내다, **선발(선출)하다**, 선택하다(בחר.נבר),
　뽑다, 훑어 보다, **읽다**, **낭독하다**, 강의하다, 가르치다.
　ossa légere. 화장한 다음 남은 **뼈**를 추리다(os² 참조)/
　Fáveas legere. 읽으십시오/
　Faveátis légĕre. 당신들은 읽어보시기 바랍니다/
　návibus oram Itálĭæ lego.
　　배들로 이탈리아의 해안을 끼고 지나가다/
　Perge legĕre. 계속해서 읽어라/
　Qui scribit bis legit. 쓰는 사람은 두 번 읽는다/
　Si hoc legas, veritatem de bello civile Romano scias.
　　만일 네가 이것을 읽으면, 로마의 내란에 관한 진상을 알텐데.

동사 제3활용(A) 능동형 légere(읽다)

		직 설 법	접 속 법	명 령 법
현재	S.1.	lego	legam	현 재 단수 2인칭 lége
	2.	legis	legas	복수 2인칭 légite
	3.	legit	legat	미 래 단수 2인칭 légito
	P.1.	légimus	legámus	단수 3인칭 légito
	2.	légitis	legátis	복수 2인칭 legitóte
	3.	legunt	legant	복수 3인칭 legúnto
미완료	S.1.	legébam	légerem	**부 정 법**
	2.	legébas	légeres	
	3.	legébat	légeret	현 재
	P.1.	legebámus	legerémus	légere
	2.	legebátis	legerétis	미 래
	3.	legébant	légerent	lectúrus, -a, -um esse
미래	S..1.	legam		lectúri, -æ, -a esse
	2.	leges		lectúrum, -am, -um esse
	3.	leget		lectúros, -as, -a esse
	P.1.	legémus		과 거 legísse
	2.	legétis		
	3.	legent		
단순과거	S..1.	legi	légerim	**부 사**
	2.	legísti	légeris	
	3.	legit	légerit	현재: legens, -éntis
	P.1.	légimus	legérimus	(읽는, 읽으면서)
	2.	legístis	legéritis	미래: lectúrus, -a, -um
	3.	legérunt	légerint	(읽으려는, 읽을)

			동 명 사
과거완료	S..1.	légeram	legíssem	
	2.	légeras	legísses	
	3.	légerat	legísset	2格 legéndi
	P.1.	legerámus	legissémus	3格 legéndo
	2.	legerátis	legissétis	4格 ad legéndum
	3.	légerant	legíssent	5格 legéndo
미래완료	S.1.	légero		**목 적 분 사**
	2.	légeris		
	3.	légerit		
	P.1.	legérimus		lectum(읽으러)
	2.	legéritis		
	3.	légerint		

légŭla, -æ, f. 귓바퀴, 귓불
leguléjus, -i, m. (lex) 소송절차에 까다로운 사람
legŭls, -i, m. 올리브·포도 따위를 주워 모으는 사람
Legum Allegorĭæ. 우화의 법칙(Alexandria의 Philo 지음)
Legum corpus nunquam colligendum.
　법률들을 집성한 법전은 결코 만들어서는 안 된다.
Legum id circo omnes servi sumus,
ut liberi esse possimus. 우리는 자유인이 되기
　위하여 모두 법률의 종이 되는 것이다.
legúmen, -mǐnis, n. (lego⁹)
　콩꼬투리로 맺는 열매; 야채로서의 콩 종류; 야채(野菜)
leguminárĭus, -a, -um, adj. 콩에 관한, 야채의.
　m. 콩(야채) 장수.
leguminósæ, -árum, f., pl. (植) 콩과(科) 식물
leióstrĕa(=lióstrĕa), -æ, f. 굴(먹는 굴)
lēma, -æ, f. 눈곱(눈에서 나오는 진득진득한 즙액)
Lemá(n)nus, -i, m. Genéva의 호수
lémbŭlus, -i, m. 쪽배
lembus, -i, m. 소형 쾌속정, 거루('거룻배'의 준말),
　거룻배(돛을 달지 않은 작은 배. 거도선, 소선), 나룻배, 어선.
lemma, -ǎtis, f. 주제(主題), 제목(題目), 소재(素材),
　표제어(標題語), 부명제(副命題), 경구(驚句).
lemniscátus, -a, -um, adj. (lemníscus)
　리본을 드리워서 장식한.
lemníscus, -i, m.
　승리의 관에 매단 끈, 장식 띠, 리본(⑨ ribbon).
lémŭres, -um, m., pl. 망령(亡靈-죽은 사람의 영혼),
　(죽은 사람의) 귀신(鬼神.δαιμόνιον),
　유령(幽靈-죽은 사람의 혼령이 생전의 모습으로 나타난 형상).
Lemúrĭa, -órum(-ĭum), n., pl. (lémŭres) (=Remuria¹)
　(5月에 거행되는) 망령들에게 지내는 제사.
lēna, -æ, f. (여자) 뚜쟁이, 포주(抱主-창녀를 두고 영업을 하는
　사람), 매춘부 소개하는 여자, 중매인(中媒人-거간꾼).
　vitilena, -æ, f. 악질 포주.
Lenǽus, -a, -um, adj. 술(酒)에 관한, Bacchus 신의.
　m. Bacchus 신.
lēne, adv. (lenis) 조용히, 부드럽게, 양순하게
lenímen, -mǐnis, n. (lénio)
　완화(緩和), 진정(鎭靜-가라앉힘) 위안(慰安).
leniméntum, -i, n. (lénio) 완화(緩和),
　진정(鎭靜-가라앉힘), 위안(慰安). (藥) 진정제.
lénĭo, -ívi(-ĭi) -itum -íre, intr., tr. (lenis) 진정시키다,
　가라앉히다, 달래다; 경감시키다, 완화하다.
lēnis, -e, adj. 매끄러운, 부드러운, 나긋나긋한; 온화한,
　순한, 유순한, 침착한, 평정한; 싹싹한, 까다롭지 않은.
lénĭtas, -átis, f. (lenis) 매끄러움, 부드러움, 맑지 않음,
　(술 따위의) 순함, (강물의) 잔잔한 흐름, 싹싹함,
　상냥함, 유순(柔順-성질이 부드럽고 순함), 양순(良順), 온화.
lenitúdo, -dǐnis, f. (lénio) 유순(柔順-성질이 부드럽고 순함),
　양순(良順), 유연(柔軟-부드럽고 연함).
lēno, -ónis, m. 매춘부 소개자(賣春婦 紹介者), 포주,
　뚜쟁이, 중개인, 중매인(中媒人-거간꾼), 거간.
lenocínĭum, -i, n. 매춘 소개업(紹介業), 유혹(誘惑),
　유인(誘引), 매혹(魅惑), 아부(阿附-남의 환심을 사기 위하여
　알랑거리며 붙좇음), 눈길 끄는 짙은 화장(장식.선전물).
lenócĭnor, -átus sum, -ári, dep., intr. (leno)

비위맞추다, 알랑거리다, 아부(阿附)하다,
아름답게 장식하다, 수식(修飾)하다.
lenónĭus, -a, -um, adj. (leno) 매춘부 소개의, 뚜쟁이의
lens[1] lendis, m. 서캐(이의 알)
lens[2] lentis, f. 렌즈(㉯), 수정체(水晶體.㉯ lens).
 (植) 렌즈 콩, 제비 콩, 불콩(扁豆).
 (解) lens crystallína. (안구의) 수정체.
lente, adv. 천천히, 서서히, 차근차근.
 Festina lente. 천천히 서둘러라(차근차근히 빨리 해라. 격언).
lente amnis. 천천히 흐르는 강
léntĕo, -ére, intr. 느리다
lentésco, -ĕre, intr., inch. (lentus) 들러붙다, 달라붙다,
 점착하다, 완화되다, 온화해지다, 약해지다, 누그러지다.
lentícŭla, -æ, f. dim. (lens⁹) ((植)) 제비콩, 불콩(扁豆),
 제비 콩 모양으로 생긴 것(보석),
 주근깨(醫-雀斑. 雀卵斑), 기미(얼굴에 끼는 거무스름한 점).
lenticuláris, -e, adj. (lentícŭla)
 제비 콩 모양의, 양면이 볼록한.
lentiginósus, -a, -um, adj. (lentígo)
 (제비콩·불 콩 같은) 반점이 있는; 주근깨(기미) 낀.
lentígo, -gĭnis, f. (lens⁹)
 (植) 제비 콩(불 콩) 모양의 반점, 주근깨, 기미.
lentiscífer, -féra, -férum, adj. (lentíscus+fero)
 유향 나무를 든.
lentiscĭnus, -a, -um, adj. 유향 나무의
lentiscus, -i, f.(**lentíscum**, -i, n.)
 (植) 유향 나무, 유향(乳香-감람과의 상록 교목).
lentítĭa, -æ(=**lentítĭes**, -éi) f. (lentus) 휘기 쉬움,
 누글누글함, 무름, 유연성(柔軟性-부드럽고 연한 성질),
 끈질김, 질깃질깃함; 차지고 끈끈함, 점성(粘性).
lentitúdo, -dĭnis, f. (lentus) 쉽게 휘는 성질, 유연성,
 더딤, 느림, 굼뜸, 느릿느릿함, 완만(緩慢),
 우둔(愚鈍), 둔감(鈍感), 무감각(ὸπάθεια).
lento, -ávi, -átum, -áre, tr. (lentus) 휘다, 구부리다,
 유연성 있게 하다, 나긋나긋하게 하다, (노櫓를) 젖다,
 느리게(더디어지게)하다, 늦추다, 미루다.
lentor, -óris, m. = lentítĭa, -æ, f. = lentítĭes, -éi, f.
Lentúlĭtas, -átis, f. Léntŭlus⁹ 가문의 귀족계급
léntŭlus[1] -a, -um, adj. dim (lentus) 약간 끈적끈적한
léntŭlus[2] -i, m. Cornélius 씨족의 가문명
lentus, -a, -um, adj. 유연한, 잘 휘는, 나긋나긋한,
 누글누글한, 무른, 점착력이 있는, 끈적끈적한, **느린**,
 느릿느릿한, 굼뜬, 지지부진한; **천천한**, 차근차근한,
 오래 지속되는, 오래 가는, 질질 끄는, 오랜,
 강력치 않은, 온화한, 유순한, 무골호인의, 둔감한,
 무감각한, 무관심한, 대수롭지 않게 여기는, 태평의.
 adv. lente. 천천히, 서서히, 차근차근.
 Sis mihi lenta veto. 제발 내게 무관심하지 말아 달라.
lenúllus, -i, m. dim. (leno) 자그마한 뚜쟁이
lenunculárĭus, -i, m. (lenúnculus⁹) 작은 배의 사공
lenúncŭlus[1]-i, m. dim. (lembus) 작은 배(丹)
lenunculus[2]-i, m. dim. (leno) 자그마한 뚜쟁이
lĕo, leónis, m.
 (動) 사자, 사자 가죽, 사자 같은 사람. (天) 사자좌.
 Christianos ad leones. 그리스도인들을 사자에게로/
 et habebant capillos sicut capillos mulierum, et dentes
 earum sicut leonum erant. (kai. ei=con tri,caj w`j tri,caj
 gunaikw/n(kai. oi` ovdo,ntej auvtw/n w`j leo,ntwn h=san)
 (獨 und sie hatten Haar wie Frauenhaar und Zähne wie
 Löwenzähne) (㉯ and they had hair like women's hair.
 Their teeth were like lions' teeth.) 머리털은 여자의
 머리털 같았으며 이빨은 사자 이빨 같았습니다(성경 요한
 묵시록 9. 8)/그것들은 여자들의 머리털과 같은 머리털을
 가졌고, 그 이빨은 사자들의 그것과 같았다(200주년 신약)/
 Fortissimum ómnĭum animálĭum est leo.
 사자는 모든 동물들 가운데 제일 용맹하다/
 Mortuo leoni et lepores insultant.
 죽은 사자는 토끼마저 깔본다/

Puellæ erant territæ leonis clamore.
소녀들은 사자의 포효에 두려워 떨었었다/
Quia nominor leo. 내가 사자를 불렀기 때문이다.

제3변화 제1식(남성·여성 명사)		
	단 수	복 수
Nom. 1격, 주격	leo	leónes
Voc. 호격(呼格)	leo	leónes
Gen. 2격, 속격	leónis	leónum
Dat. 3격, 여격	leóni	leónibus
Acc. 4격, 대격	leónem	leónes
Abl. 5격, 탈격	leóne	leónibus

(허창덕 지음, 초급 라전어 변화표 Tabellæ Declinationum에서)
leones rari in potu. 물을 드물게 마시는 사자들
Leocórĭon, -i, n. Athénœ에 있는 신전
Leon, -óntis, m. Sicília의 도시, Phlĭus의 지배자
Leonĭdas, -æ, m. Sparta의 王(Pérsia의 군대가 쳐들어 왔을 때
 Thermópylœ에서 방어하다가 전사함. 490. A.D.).
Leonidas, cum pro patria fortissime pugnaret, occisus
est. 레오니다스는 조국을 위해 용맹하게 싸우다가 전사했다.
Leónĭdes, -æ, m. Alexánder 대왕의 선생.
 Athénœ의 유명한 교사, Cícero 아들의 선생.
Leonine Cataloge. 레오 교황표(教皇表)
leonínus, -a, -um, adj. (leo) 사자의
Leonnátus, -i, m. Alexánder 대왕의 장군
leóntĭcus, -a, -um, adj. 사자에 관한
leontíni, -órum, m., pl. Sicília의 동쪽에 있는 도시,
 궤변학자 Górgias의 출생지.
leopardínus, -a, -um, adj. 표범의
leopárdus, -i, m. (動) 표범
lĕpas, -ădis, f. 소라(소랏과의 연체동물의 한 가지), 전복
lépĭde, adv. (lépidus) 매력(魅力) 있게, 멋있게,
 우아(優雅) 하게, 귀엽게, 깜찍하게, 매우 잘,
 (환성·찬성·긍정적 대답표시) 좋아! 옳지! 그래!.
lepídĭum, -i, n. (植) 다닥냉이, 냉이(다닥냉이)
lépĭdus[1]-a, -um, adj. (lepor) 말쑥한, 멋있는, 우아한,
 아담한, 매력 있는, 귀여운, 재치 있는, 재미있는, 깜찍한.
lépĭdus[2]-i, m. Æmílius 씨족의 가문명
lĕpis, -ídis, f. 동록(銅綠-구리의 거죽에 슨 푸른 녹. 동청銅靑)
Lepóntĭi, -órum, m., pl. Rhenus 강 상류에 살던 Celtœ족,
 스위스와 북부 이탈리아에 거주한 종족.
lĕpor, -óris, m. 우아함, 멋(태도나 차림새 등에서 풍기는 세련된 기풍),
 세련미, 매력(魅力), 즐거움(㉯ Pleasure), 유쾌(愉快),
 쾌적(快適), 쾌감(快感), 재치(눈치 빠르고 재빠르게 응하는 재주),
 익살(남을 웃기려고 일부러 하는 우스운 말이나 짓), 명랑(明朗).
leporárĭum, -i, n. 토끼 사육장(飼育場)
leporínus, -a, -um, adj. (lepus) 토끼의, 산토끼의.
 f. 토끼고기.
lĕpos, -óris, m. = lepor
lepra, -æ, f. (醫) 문둥병(癩菌의 침입으로 생기는 만성 전염병),
 나창, 나병(癩病.ㅠㅠㅈ.λέπρα.λέπρος.㉯ leprosy).
leprosárĭum, -i, n. 나환자 병원, 나환자 수용소(병원).
leprósus, -a, -um, adj. (lepra) 나병에 걸린, 나환자의.
 [구약에서는 나병에 걸린 사람뿐 아니라 전염성 피부병에 걸린 사람을 모두
 가리켰다. 이들은 종교적으로 부정한 사람으로 취급되었고 공동체에서 격리
 되었다. 나병에서 치유가 되면 제관이 이를 예식으로 깨끗하게 한 후에 다시
 공동체에 돌아 올 수 있었다. (레위 13～14장: 2열왕 5. 7: 마태 8. 2 이하 등….
 백민관 신부 엮음. 백과사전 2, p.538].
Leptis, -is, f. Afríca 북해안에 있는 같은 이름의 두 도시.
 1. Leptis Magna(Major).
 adj. **Leptitánus**, -a, -um; **Leptimagnénsis**, -e. m., pl.
 그곳 주민.
 2. Leptis Minor. adj. **Leptiminénsis**, -e.
léptŏrax, -ăgis, f. 알이 작고 단 포도
lĕpus, -pŏris, m. (動) 토끼, 산토끼.
 Duos qui sequitur lepores, neutrum capit.
 산토끼 두 마리를 쫓는 사람은 한 마리도 못 잡는다/
 Mortuo leoni et lepores insultant.
 죽은 사자는 토끼마저 깔본다.
lepúscŭlus, -i, m. dim. (lepus) 작은 토끼

L

687

Lerna, -æ(Lerne, -es), f. Argos 마을 부근의 숲과 늪

Lesbus(Lesbos) -i, f. Ægœum 해(海)의 섬

lessus, -us, m. 조사(弔詞,哭), 곡(哭-소리 내어 우는 일)

letális, -e, adj. (letum)
　치명적, 죽음을 가져오는, 많은 생명을 빼앗는.
　n., pl. 극약, 독약. adv. **letále**, **letáliter**.
　sopor letalis. 치명적 잠.

letális hiems. 살을 에는 추위

Lethǽus, -a, -um, adj. Lethe의, 망각하게 하는

lethális = letális

lethargía, -æ, f. (醫) 혼수(昏睡-의식이 없어짐), 혼수 병.
　혼수상태, 무기력(無氣力), 나른함, 무감각(無感覺).

lethárgicus, -a, -um, adj. 혼수의, 병적으로 졸리는.
　혼수상태의, 혼수(상태)에 빠지게 하는. m. 혼수병 환자.

lethárgus, -i, m. 혼수(昏睡-의식이 없어짐), 병적 기면(嗜眠),
　혼수상태(昏睡狀態), 혼수병(기면병) 환자(患者).

Lethe, -es, f. 망각의 강
　(그 물을 마시면 생전의 모든 일을 잊는다고 하는 저승의 강).

létifer, -ĕra, -ĕrum, adj. (letum+fero)
　죽음을 초래하는, 치명적(致命的)인, 치사(致死)의.

lēto, -ávi, -átum, -áre, tr. (letum)
　죽이다, 죽음에 이르게 하다.

lētum, -i, n. 죽음(חַמָּוֶת, θάνατος.⑨ Death), 몰락, 파멸.
　Vive memor lethi.(Persius). 죽음을 기억하며 살아라.

Letum non omnia finit.
　죽음이 모든 것을 끝내는 것이 아니다.

leuca, -æ, f. Gállia 사람들이 사용하던 거리 단위(약 3.25km)

leucacántha, -æ, f. (leucacánthos, -i, m.) (植) 산사나무

leucádia, -æ, f. Iónia 해(海)에 있는 섬, Apóllo의 신전 있음

Leucæ, -árum, f., pl. Lacónia의 도시

leucæmía, -æ, f. (醫) 백혈병

leucargíllos, -i, f. 백점토(白粘土)

leucáspis, -ĭdis, m. 주석 입힌 방패로 무장한 군인

Léucatas(Léucates), -æ, m. Leucádia 섬의 남쪽 갑각(岬角)

Leuce, -es, f. Lacónia의 도시

Leuci, -órum, m., pl. Gállia의 한 종족(種族)

leucocytósis, -is, f. (醫) 백혈병, 백혈구 증가증

leucocýtus, -i, m. (醫) 백혈구(白血球)

leucónotus, -i, m. (날씨가 좋아지는) 남풍(南風)

leucopathía, -æ, f. (醫) 백피병(白皮病)

Leucópetra, -æ, f. Brúttium의 곶(岬)

leucophæátus, -a, -um, adj. 회백색 옷 입은

leucophǽus, -a, -um, adj. 회백색의

Leucophrýna, -æ, f.
　('흰 눈썹을 가진 자'란 뜻) Diána 여신(女神)의 별명.

leucorrhœa, -æ, f. (醫) 백대하(白帶下, fluor albus)

Leucósia, -æ, f. Tyrrhénum 해(海)의 한 작은 섬

Leucósyri, -órum, m., pl. Pontus 연안의 한 종족

Leucóthĕa, -æ(Leucóthĕe, -es), f. Cadmus의 딸,
　Ino가 바다에 투신하여 바다의 여신(女神)이 된 후의 이름.

Leuctra, -órum, n., pl. Bœótia의 작은 마을

leuga = leuca

leúncŭlus, -i, m. dim. (leo) 사자새끼

Leváci, -órum, m., pl. Gállia Bélgica의 한 종족

levámen, -mĭnis, n. (levo) 진정(鎭靜-가라앉힘),
　경감(輕減-덜어서 가볍게 함), 완화(緩和), 위로, 위안(慰安).

levaméntum, -i, n. (levo) 위로(慰勞), 위안(慰安),
　격려(激勵); 누그러짐, 경감(輕減), 완화(緩和).
　esse alci levaménto. 누구에게 위로가 되다.

levátio, -ónis, f. (levo) 들어 올림, 덜어줌,
　경감(輕減-덜어서 가볍게 함), 완화(緩和).

levátor, -óris, m. 도둑, 쉽게 해주는 자; 잠.
　(解) 거근(擧筋-들어 올리는 작용을 하는 筋肉).

Leve fit, quod bene fertur, onus.(Ovidius).
　잘만 지면 짐도 가벼워진다(lĕvis²참조).

levénna, -æ, m. 까부는 자, 경솔한 자

lēvi, "lino"의 단순과거(pf.=perfectum)

Levi bráchio ágĕre. 경솔하게 행동하다.

Leviathan. 레비아탄(לִוְיָתָן)
　(상상의 동물로 물속의 괴물. 성경 욥기 40, 25 이하 참조).

levícŭlus, -a, -um, adj. dim. (lĕvis²)
　값싼, 싸구려의, 중요치 않은; 헛된.

levidénsis, -e, adj. (lĕvis²+densus)
　가볍게 스친(다친), 별 가치 없는, 보잘 것 없는.

levífidus, -a, -um, adj. 믿음성이 적은

levigátio, -ónis, f. (lévigo¹, lévigo²)
　연마함, 갈고 닦음(鍊磨), 경감(輕減-덜어서 가볍게 함).

lévigo¹ -ávi, -átum, -áre, tr. (lēvis¹+ago)
　윤기 나게 하다, 반들반들하게 하다, 닦다, 갈다.

lévigo² -ávi, -átum, -áre, tr. (lĕvis²+ago) 가볍게 하다, 덜다

levior, -or, -us, adj. lĕvis²-e의 비교급

lévipes, -ēdis, adj. (lĕvis²+pes) 발이 빠른

lēvir, -íri, m. 처남(妻男), 시아주버니, 시동생(媤同生),
　남편의 형제(媤同生).

levirátus, -us, m. 수혼법(嫂婚法, יִבּוּם)
　(과부가 된 형수나 제수와의 혼인. 신명 25, 5. 마태 22, 23~27).

lēvis¹(lǽvis) -e, adj. 윤기 나는, 매끈매끈한,
　반들반들한, 갈고 닦은, 유창한.

lĕvis² -e, adj. 가벼운, 경한, 경미한, 경쾌한, 빠른, 민첩한,
　메마른, 토박한, 대단치 않은, 중대하지 않은, 쉬운, 경솔한.
　levis armatúra. 경무장.
　Levia multa faciunt unum grande; multæ guttæ implent
　flumen; multa grana faciunt massam.
　　많은 가벼운 것들이 하나의 큰 덩어리를 만들어 냅니다.
　　많은 물방울이 강을 이루고, 많은 낱알이 곡식더미를
　　만드는 법입니다.(최익철 신부 옮김. 요한 서간 강해. p.77).

levisómnus, -a, -um, adj. (lĕvis²+somnus)
　얕은 잠자는, 토끼잠 자는.

levissimus, -a, -um, adj. lĕvis²-e의 최상급

Levíta(Levites), -æ, m. 1. Israël 민족의 Levi족 사람,
　예루살렘 성전(聖殿) 에서의 제관(祭官) 보좌인.
　2. levita. 부제(副祭).
　leviticis ornamentis. 제관복(祭官服).

levita christi. 그리스도의 부제(아씨시 성 프란치스코의 생애. p.171)

lévitas¹-átis, f. (lēvis¹) 매끈함, 미끄러움, 반들반들함,
　평탄(平坦-거침새가 없이 순조로움), 평활(平滑), 유창(流暢).

lévitas²-átis, f. (lĕvis¹) 가벼움, 경량(輕量), 경쾌함,
　민첩함, 경솔(輕率-말하나 행동이 조심성이 없이 가벼움), 들뜬 기분,
　경거(輕擧-경솔하게 행동함), 경박(輕薄-진중하지 못하고 가벼움).

levitátio, -ónis, f. (inusit. lévito)
　공중부유(空中浮游), (성인의 몸이) 공중에 뜸.

leviter caput reflecto. 고개를 살짝 돌리다

leviter pressum vestigíum. 가벼운 흔적

lēvo¹ -ávi, -átum, -áre, tr. (lēvis¹) 반들반들하게 하다,
　닦다, 갈다, 매끄럽게 하다, 다듬다, 평평하게 하다.

lĕvo² -ávi, -átum, -áre, tr. (lĕvis²) 일으켜 세우다,
　들어 올리다(סלק, נטל, נטל, רום, דלל), 일으키다,
　덜다, 덜어주다, 완화하다, 가볍게 하다, 제거하다,
　경감시키다, 약화시키다, 없애주다, 위로하다,
　힘을 북돋다, 격려하다, (병·상처 따위를) 고치다,
　호전시키다, 구해내다, 벗어나게(면하게)하다.
　pass. refl. se levo, levári. 일어서다,
　aquq leváta vento. 바람에 높아진 물결/
　curam levare. 걱정을 덜어주다(없애주다)/
　Me levant tuæ lítteræ. 네 편지로 내가 힘을 얻는다.

levo alqm curā. 누구에게 걱정을 면하게 하다.

levo alqm ónere. 누구의 짐을 벗겨주다.

lēvor, -óris, m.
　반들반들함, 매끈함, 윤택(潤澤-물건이 풍부하여 넉넉함).

lex, lēgis, f. (lego¹)
　[단수 주격. lex, 속격. legis, 여격. legi, 대격. legiem, 탈격. lege,
　복수 주격. leges, 속격. legum, 여격. legis, 대격. leges, 탈격. legibus]
　법(法), 법률(⑨ statute); 법령(法令),
　법률안, 규칙(規則), 규정(規定), 제도(制度), 원칙,
　율법(律法,חּרָה.νόμος.⑨ Torah/Law),
　대자연의 법칙(질서), 자연의 성질(조건), 계약(조항),
　계약 조건, 조약(條約), 약정(約定- 약속하여 정함).

augete auxilia vostris justis legibus.
정의로운 법으로 여러분의 성원을 계속 하십시오
(성 염 지음. 사랑만이 진리를 깨닫게 한다. p.454)/
civilis lex lexque moralis(⑨ civil law and the moral law)
국법과 도덕률/
cujus rex veritas, cujus lex caritas, cujus modus
æternitas.(=하느님 도성) 진리를 군주로, 사랑을
법도로, 영원으로 척도로 두는 완전 사회다/
Cessante causa legis cessat lex.
법의 원인이 그치면 법의 적용도 그친다/
De minimis non curat lex.
사소한 일에 대해서는 법률이 관여하지 않는다/
dissuádĕo legem. 입법을 말리다/
Est lex recta ratio imperans honesta, prohibens contraria.
옳은 법이란 명예로운 것을 명하고 반대의 것을 금지하는 이성이다/
Ex malis moribus bonæ leges natæ sunt. 사악한 행습
에서 (그것을 시정할) 훌륭한 법들이 나왔느니라/
fatalĭa legis. 법정 최고 기한(法廷 最高 期限)/
fero legem. 법을 제정하다.
법률안을 (심의.의결하도록) 제출하다/
Ibi potest valere populus, ubi leges valent.(Publilius Syrus).
법률이 위력을 발휘하는 곳이라야
국민이 위력을 발휘할 수 있다/
imprudens legis. 法을 모르는/
in leges meas. 내 원칙대로/
In pessima civitate plerumque leges plurimæ sunt.
흔히 아주 못된 국가일수록 법이 무척 많다/
juro in legem. 법률대로 할 것을 선서(宣誓)하다/
justi hominis et boni est viri parere legibus. 정의로운
인간, 선량한 사람이 할 바는 법에 복종하는 것이다.
(성 염 지음. 사랑만이 진리를 깨닫게 한다. p.463)/
juxta legem Romanorum. 로마법대로/
lege Spiritus, quæ in Christo vivificat(⑨ law of the
Spirit, which gives life in Christ Jesus).
예수 그리스도 안에서 생명을 주시는 성령의 법/
legem bonam a malā divido. 양법을 악법과 구별하다/
Leges defendunt et tuentur bonos.[탈형동사 문장]
법률은 선량한 사람들을 지켜 주고 보호 한다/
légibus quæro. 법대로 심리하다, 엄정한 심판을 내리다/
Regum idcirco servi sumus, ut liberi esse possimus.
그러니까 우리는 자유인이 될 수 있기 위하여
법률의 노예가 되는 셈이다(Cicero)/
Lumen legum. 법률의 빛/
Necessitas non habet legem. 필요 앞에 법 없다/
(극단적) 필요는 법(의 구속)을 받지 않는다/
Nemo censetur ignorare legem.
어느 누구도 법률을 모른다고 간주되지 아니 한다/
Non veritas sed auctoritas facit legem.
진리가 아니라 권위(權威)가 법을 만든다/
Non videtur esse lex, quæ justa non fuerit.
불의한 법은 전혀 법이 아니다/
Nulla lex satis commoda omnibus est(Livius). 그 어느
법률도 모든 사람을 충분히 만족시켜 주지는 못 한다/
parentes liberos docent litteras, jura leges.
부모는 자녀에게 글과 법과 법률을 가르친다.
(성 염 지음. 사랑만이 진리를 깨닫게 한다. p.453)/
plenitudo erga legis dilectio. 사랑은 율법의 완성입니다/
Optimus legum interpres consuetudo.
관습은 법의 최상의 해석자이다/
Quid est lex, nisi mandatum? 법이란 계명이 아니고
무엇입니까?.(최익철 신부 옮김. 요한 서간 강해. p.99)/
Quod principi placuit, legis habet vigorem.
군주가 원하는 바가 법률의 효력을 가진다/
Ratio legis, anima legis. 법률의 이성은 법률의 정신이다/
Salus populi suprema est lex.
국민의 안녕이 최고의 법이다/
Scire leges non hoc est verba earum tenere, sed vim ac
potesatatem. 법을 안다는 것은 그것들의 단어들을 기억
하는 것이 아니라, 법의 효력과 권한을 기억하는 것이다/

Sine ulla lege vivimus. 우리는 아무 법 없이도 산다/
Sub lege libertas perdurat. 법률 밑에서 자유가 존속한다/
uno versiculo senátus leges sublatæ.
원로원의 글 단 한 줄로 폐기된 법/
usus legis didacticus. 신자의 교육을 위한 법률의 적용/
usus legis pædagogicus.
죄인을 회개로 이끌기 위한 법률의 적용, 교화/
usus legis quadruplex. 법률의 제4적용/
usus legis politicus. 질서 유지를 위한 법률의 적용/
Vis legibus est inimica. 힘은 법률의 적이다.
lex abstinentiæ. 금육재의 법률(法律)
Lex Angliæ est lex misericordiæ.
영국의 법은 연민(憐憫)의 법이다.
Lex æterna(⑨ ethernal law). 영원법(교리서 1951항)
Lex æterna et perpetna. 영원하고도 불변하는 법
lex affirmativa. 긍정법(행위를 명하는 법으로 명령법이라고도 함)
lex agraria. 농지법(農地法, agraria, -æ, f.)
lex amóris. 사랑의 법(jus caritátis)
Lex Angliæ est lex misericordiæ.
영국의 법률은 연민의 법률이다.
Lex canonizata. 교회법화 된 국법(Can. 1290 참조)
lex certa. 명문법(明文法-뚜렷하게 규정된 법)
Lex ceremonialis. 예식법
Lex Christi. 그리스도의 법.
Et quia ipsa est lex Christi.
바로 이것이 그리스도의 법입니다.
Lex Christiana. 그리스도교의 법
Lex civilis(Jus civile) 국가법(⑨ state law),
국가의 법률(法律), 민법, 시민법.
lex cogens 강행법(소속자에게 반드시 행하도록 명령하는 법)
lex communis. 공통법(共通法)
lex concíliaris. 공의회법
lex continentiæ. 금욕법(성찬례를 거행하기 전에 부부생활을 금하는 금욕법)
Lex constitutiva. 구성법(構成法)
Lex contra naturam nulla est.
자연을 거스리는 법률은 무효다.
lex credendi. 믿는 법, 기도하는 법, 믿음의 법, 신앙의 법
Lex credendi legem statuat supplicandi.
믿는 법이 기도하는 법을 세우게 하라.
신앙의 규칙은 기도의 규칙을 세운다.
lex curiata. 귀족원의 의결을 거친 법률
Lax Dei. 하느님의 법.
Sed plus diligitur Lex Dei. 그러나 하느님의 법이 더 사랑
받아야 합니다.(최익철 신부 옮김. 요한 서간 강해. p.449)
lex data. (공권력에 의한) 포고입법
Lex de futuro, judex de præterito.
법률은 미래지사에 관해서, 재판(관)은 과거지사에 관해서.
Lex de tutella(⑨ Law of Guarantees) 보장법, 보증법.
Lex dilationes semper exhorret.
법률은 지연(遲延)을 언제나 혐오(嫌惡)한다
lex disciplinaris. 규율법(規律法)
lex dispositiva. 임의법(任意法)
(조건부로 명하거나 소속자가 달리 행할 여유를 인정하는 법).
Lex divina* 하느님 법(교리서 1955항), 신법(성서에 나타난).
Utrum lex divina sit una tantum.
신법은 오직 하나이어야 하지 않겠는가.
Lex divina et naturális*
하느님 법의 하나인 자연법(교리서 1955항).
lex divina positiva. 실정법 신법, 하느님의 실정법.
Lex divina præsupponit legem naturalem.
신법은 자연법을 전제로 한다.
Lex dubia non obligat.(A duobtful law does not bind)
유무가 의심스러운 법은 따를 필요가 없다,
의심스러운 법은 의무를 지우지 않는다.
의심스러운 법은 의무적이 아니다.
Lex duodecim tabularum. 12표법(表法)
Lex Ecclesiæ Fundamentális. 교회의 기본법
(열여덟 가지의 권리와 자유에 관한 조항이 열거되어 있다.)

L

lex ecclesiastica. 교회 법률(교회 법률), 교회법,
　카논법(κανὼν.⑨ canon law)/Jus canonicum.
lex ecclesiastica particularis(⑨ particular ecclesiastical
　law). 개별 교회법.
lex ecclesiastica universalis/lex generalis/
　(⑨ universal ecclesiastical law/general law) 보편 교회법.
Lex est norma recti.
　법률은 정의의 규범이다, 정의의 규범이 곧 법이다.
Lex est quod notamus. 우리가 쓰는 것이 법이다.
Lex est ratio summa insita in natura quæ jubet ea
quæfacienda sunt, prohibetque contraria.(Cicero).
　법률이란 본성에 새겨진 최고의 이성(理性)이다.
　해야 할 것을 명하고 반대되는 것은 금하는 이성이다.
Lex excépit, ut… 법은 …하도록 규정 한다
lex exceptionális. 예외법(공통 법규 중에서 예외를 인정하는 법)
lex fomitis seu carnis. 육의 법
lex formális. 형식법
Lex fundamentalis. 기본법
Lex fundátiónis* 설립법(設立法), 창설법(→설립법)
lex generális. 일반법(一般法).
　Generi per speciem derogatur.
　일반법은 특별법에 의하여 개정 된다/
　Generália specialibus non derogant.
　일반법은 특별법을 개정하지 않는다.
lex humana. 실정법(實定法, jus positivum),
　인간법(人間法), 인정법(인위로 제정한 법, jus humanum).
lex humana positiva. 인간의 실정법(實定法)
lex humaniter posita. 실정법(實定法, lex positiva)
Lex imperatoris quæ est? 황제의 법은 무엇입니까.
lex imperfecta. 불완전한 법
lex improba. 악법. Dura lex semper lex. 악법도 법이다
Lex in Vetĕre Fœdĕre.
　구약의 율법(⑨ law in the Old Testament).
lex inhabilitans. 무자격법(⑨ incapacitating law)
Lex instituitur cum promulgatur.
　법률은 공포됨으로써 설정된다(Can. 7)
lex interpretativa. 해석법(解釋法)
lex intima. 내적인 법
lex irritans. 무효법(無效法.⑨ invalidating law)
lex irritans civilis. 국법상 무효법
lex irritans morális. 윤리적 무효법
lex irritans non pœnális. 비형벌 무효법
lex irritans pœnális. 형법 무효법
lex irritans prohibens. 금령 무효법
lex justa. 정당한 법
lex liturgica(⑨ liturgical law). 전례법(典禮法)
lex mancipii 거래계약(去來契約), 구매계약(購買契約)
lex martialis. 계엄령(戒嚴令)
lex materiális. 실체법(實體法)
lex membrórum. 지체들의 법(중세철학 제5호, p.59)
lex minus quam perfecta. 덜 완전한 법
lex mixta. 죄책법(罪責法)(윤리법인 동시에 형벌법이다)
lex monachórum. 수도승들의 법
lex morális(⑨ Moral law). 윤리법, 도덕률(道德律)
lex morális(historiæ, societátis) 정신법(歷史, 社會의)
Lex moralis naturalis. 윤리법, 도덕률, 자연법.
　(하느님이 인간 본성에 심어 준 도덕적 법칙의 총체. 인간이 본성적으로 부여
　받은 생활규범의 총체를 말한다. 이것을 토마스 아퀴나스는 "이성적인 피조물"
　이 영원법에 참여하는 것 Participatio legis æternæ in rationali creatura"이라
　함. 유신론적 입장에서는 자연과 인간의 존재 질서에서 본성적으로 요구되는
　생존 규율이 자연적 율법이다…, 백민관 신부 엮음, 백과사전 2. p.802)
Lex moralis supernaturalis. 초자연적 윤리법.
　(초자연적 도덕 질서를 말하는 것으로 가톨릭 교리의 은총의 질서를 말한다).
lex Mosaica. 모세의 율법(구약의 율법)
lex naturæ. 자연법칙(自然法則)
lex naturæ et ordo finális. 자연법칙과 목적 질서.
lex naturális. 자연도덕률(→자연법)
lex negativa. 부정법(행위를 금하는 법으로 금령법 lex prohibens이라고도 함)
Lex non respitis retro, non habet oculos retro.
　법은 뒤에 눈이 없어서 뒤를 안 본다.

lex nova. 새 법(신약, 특히 복음서).
　Principaliter lex nova est ipsa gratia Spiritus Sancti,
　quæ datur Christi fidelibus. 새 법은 무엇보다 먼저
　그리스도 신앙인들에게 주어진 성령의 은사 자체이다.
Lex nova Evangelii(⑨ New Law of the Gospel).
　복음의 새 법.
Lex omnes mortales alligat.
　법은 모든 사람에게 구속력이 있다.
lex orandi(⑨ Law of prayer). 기도의 규칙, 기도하는 법
Lex orandi, lex credendi. 기도하는 대로 믿는다,
　기도의 법 믿음의 법, 기도하는 법이 곧 믿는 법,
　기도의 규범은 신앙의 규범.
　기도하는 법은 믿는 법과 같다(기도하는 원리는 믿는 원리이다).
lex particuláris. 개별법(個別法.⑨ particular law)
lex peculiáris(speciális) 특수법(特殊法)
lex peculiaris seu speciális. 특별법(ius peculiáre)
Lex pecuniárum repetundárum(de pecúniis repetúndis)
　공금 횡령에 관한 처벌법, 재물 갈취에 대한 처벌법.
lex perfecta. 완전한 법
lex permittens. 인허법(認許法)(행위를 허가하거나 용인하는 법)
lex personális. 속인법(屬人法)
lex plus quam perfecta. 더 완전한 법
lex pœnális. 형벌법(어떤 것을 명하거나 금하면서 위반자를 처벌하는 법)
lex pontificális. 사도좌 법(使徒座 法)
lex positiva. 실정법(lex humaniter posita), 실증법
lex posterior derogat (legi) priori.
　뒤의 법은 먼저의 법을 폐한다(나중의 법률이 먼저의 법률을 개정한다).
lex præcipiens. 명령법(命令法)
lex privata. 사법(私法, Jus privátum)
lex processuális. 소송법(訴訟法.⑨ procedural law)
lex processuális. 절차법(節次法)
lex prohibens. 금령법(행위를 금하는 법으로 부정법 lex negativa이라고도 함)
lex propria. 고유법(固有法)(Jus proprium을 보시오)
lex publica. 공법(公法, Jus publicum)
lex quina vicenária. 25세 미달자의 계약을 인정하지 않는 법
lex religiónis. 종교법(⑨ religious law)/jus religiórum.
lex revelata. 계시(啓示)된 법
Lex Ripuaria. 라인 프랑크족 민법
lex rogata. (민회의) 표결입법
Lex Salica. 살리카 법전(살리 프랑크족 형법)
lex sanctitátis. 성화율법(레위기), 신성 법전,
　성결법(聖潔法.獨 Heiligkeitsgesetz.⑨ holiness code).
Lex semper dabit remedium.
　법률은 언제나 (사후의) 처방을 내놓을 (뿐).
Lex semper intendit quod convenit rationi.
　법률은 항상 이성(이치)에 맞는 것을 지향 한다.
　Nihil quod est contra rationem est licitum.
　이성(이치)에 반하는 것은 결코 합법적인 것이 못된다.
lex singuláris. 특별법(特別法)
Lex speciális derogat (legi) generali.
　특별법은 일반법을 개정한다.
lex taliónis. 탈리오의 법칙, 동태 복수법(⑨ talion),
　동해 보복형, 보복의 정의.
　('동태복수법, 동해보복형'으로 '이에는 이. 눈에는 눈' 규정에 따라 피해자와
　가해자의 법률적 신분을 고려하여 엄중한 형벌을 정해두고 있다. 가령 자유민이
　다른 자유민의 눈을 멀게 했으면 그의 눈을 뽑는 처벌을 내리지만, 한 단계 낮은
　평민이 피해자라면 벌금으로 마무리되는 식이다. 노예를 그렇게 했다면 벌금
　액수가 더 줄어든다. 그리고 벌금을 받는 사람은 그 노예의 주인이다. 낮은 신분의
　사람이 높은 신분의 사람을 해쳤다면 반대로 처벌은 더 엄중해진다. 즉 사람의
　신분에 따라 처벌도 불공평하게 이루어졌다. 개인적 보복에 목적을 두지만,
　인간으로서의 개인을 강조한 최초의 시도로 평가되는 함무라비 법전은 손해나
　신체 손상에 대한 탈리오의 법칙을 보완하고 배상에 대한 경제적 형식인 금전
　배상의 필요를 위해 제정되었다. 12표법 역시 이전에 존재했던 법의 영향을
　그대로 받았음을 알 수 있는 내용이다. 한동일, 법으로 읽는 유럽사, pp.106-107)
lex temporális. 시간적인 법(時間的 法), 현세 법, 속세 법
lex territoriális. 속지법(屬地法)
lex territoriális absoluta. 절대적 속지법
lex territoriális mixta. 혼용 속지법
lex territoriális relativa. 상대적 속지법
lex timóris. 두려움의 법
lex universális. 보편법(普遍法.⑨ universal law)

L

lex vero æterna est ratio divina vel voluntas Dei.
영원법이란 신적 이성 혹은 하느님의 의지이다.
Lex vetat delinquĕre. 법률은 죄악을 저지르는 것을 금한다.
lex vetus. 옛 법
lex vinculum humanæ societatis.
법률이란 인간 사회를 유지하는 결속.
lex vivendi. 생활의 법, 삶의 법
lexica biblica. 성서사전(聖書辭典)
léxĭcon, lexici, n. 사전, 자전, lexica biblica. 성서사전.
 [sg. 주격. lexicon. 속격. lexici. 여격. lexico. 대격. lexicon. 탈격. lexico.
 호격. lexicon. pl. 주격. lexica. 속격. lexicorum. 여격. lexicis. 대격. lexica.
 탈격. lexicis. 호격. lexica].
 totius Latinitatis lexicon. 전체 라틴어 사전.
lexídĭum, -i, n. 잔말
lexis, -is(-ĕos), f. 말(言.λὸγος.ρήμα)
liácŭlum, -i, n. 흙손
libámen, -mĭnis(**libaméntum**, -i), n. (libo)
 (제사지낼 때 제단.공중.바다 따위에 뿌리는) 제주, 제물,
 (신에게 바치는) 봉헌물(奉獻物), (군대식 장례 때 시체
 와 함께 태우기 위해서) 화장터에 던져 넣는 유물(遺物),
 맏물(히בְּרֶָ. בָּכוּר. בְּרֵאשִׁית.πρωτότοκοσ.ἀπαρχή.
 ⑨ First-fruits-히브리인들이 하느님께 희생 제물로 봉헌한 첫 열매.
 맏배. 첫아들,), 시식(試食); 견본(見本).
 (가톨릭) 성체성사(⑨ Sacrament of Eucharist).
Libanon(히.⑨ Lebanon.프 Liban) 레바논
 (Libanon이란 말은 고대 셈족 언어로 "백색"이란 뜻이다. 그것은 산꼭대기의
 눈이 녹지 않고 산을 회게 덮고 있기 때문이다. 예레 18, 14 참조).
 Numquid deficiet de petra agri nix Libani,
 aut arescent aquæ erumpentes frigidæ et defluentes?
 (mh. evklei,yousin avpo. pe,traj mastoi. h' ciw.n avpo. tou/ Liba,nou
 mh. evkklinei/ u[dwr biai,wj avne,mw| fero,menon) 레바논의 눈이
 시르온 산의 바위에서 사라질 수가 있겠느냐? 그 시원
 한 물줄기가 마를 수가 있겠느냐?(성경 예레 18, 14).
libanótis, -ĭdis, f. (植) Rosmarínus(라고도 하는) 관목
libanotis Coreana. 털기름 나물(sil, silis=seselis, n.)
líbănus¹ -i, m. 향, 유향(乳香)
líbănus² -i, m. Sýria의 산맥(山脈)
libárĭus, -i, m. (libum) 과자 제조업자, 양과자 상인
libátĭo, -ónis, f. (libo) 제주.신주 봉헌, 헌주(獻酒)
libatórĭum, -i, n. (libo)
 제주(祭酒) 담는 그릇, 헌주(獻酒) 때 쓰는 양푼.
libélla, -æ, f. dim (libra) 가장 소액의 돈,
 (denárĭus의 10분의 1에 해당하는) 작은 은전,
 수평기(水平器), 수준기(水準器).
Libellaticus, -i, m. (우상 신에게) 재물 봉납증 소지자,
 박해를 면하려고 배교의 증서를 돈으로 구득한 자.
 libellatici. Decius의 박해 때 돈으로 증서를 얻은 이들.
libelli missárum. 미사 책, 전례서(Sacramentary의 전신前身)
libelli pacis. 평화 증서(이 증서는 Decius 황제의 증서라고도 하여
 배교한 자에게 교부해 박해를 면하게 했다. 이 증서는 배교하지 않고도 관리
 에게서 돈으로 매수하는 경우가 많았다. 순교자들은 이 증서를 주교에게 제시
 해 이 증서를 가진 사람들의 죄를 사면해 주도록 대신 탄원했기 때문에 "화해
 탄원서"라고도 했다. 백민관 신부 엮음. 백과사전 2. p.542).
libéllĭo, -ónis, f. (libéllus)
 기록 담당자, 공증인, 보잘것없는 책장수.
libéllus, -i, m. dim. (liber³) 작은 책(冊), **소책자**,
 간단한 기록, 각서(覺書), 비망록(備忘錄), **수첩**(手帖),
 간청서, 탄원서, 초대장(招待狀), 초청장(招請狀),
 프로그램, 게시(揭示), 공고문, 벽보(壁報), 광고(廣告),
 고소장(告訴狀), 소환장(召喚狀.獨 Laudungsschrift),
 편지(便紙), 문서(文書), 증서(證書), 증명서(證明書).
 Composuit hunc libellum musicæ artis.
 (그가) 음악적 예술의 이 책자를 작곡하였다/
 De infantibus Præmature Abrepti Libellum.
 일찍 죽은 유아에 관한 소논문(니싸의 그레고리오 지음)/
 emendátĭo libelli. 소장의 보정(訴狀 補正)/
 Habent sua fata libelli.(Terentius)
 책도 자기 나름의 운명이 있다/
 libelli Missarum. 작은 미사 책.
libellus appellátor. 공소장(公訴狀)

libellus contra invasores et simoniacos.
 교회 침입자와 성직 매매자를 규탄함.
libellus contra usurpatores S. Mildrithæ.
 성녀 밀드리타의 유해 찬탈자들을 고발함(Goscelinus 지음).
libellus de Consecratione Ecclesiæ S. Dionysii.
 성 디오니시오 수도원 성당 축성록(프랑스 Suger 1144년 지음).
libellus de ratione concionandi. 강론 이론에 관한 책
Libellus Dialogorum de Concilli Auctoritate.
 공의회의 권위에 대한 변론서(교황 비오 2세 지음 1440년).
Libellus Emendationis. 잘못을 시정하는 글(5세기 초 레포리
 우스 수도자로 Nestorianismus 교설과 비슷한 교설을 가르치다가 성 아우구
 스티노와 접촉해 잘못을 뉘우치며 공적으로 발표한 고백문).
libellus famósus. 중상 비방(中傷 誹謗)
libellus litis introductóris. 청구 신청서(申請書)
libellus litis introductórĭus(⑨ introductory bill of
 complaint). 소장(訴狀)
libellus mártyrum. 대원서(代願書-화해 탄원서).
 배교자의 속죄를 위한 순교자의 대원서.
libellus pacis. 대원서(代願書-화해 탄원서-초기 그리스도교
 박해시대에 순교자가 잘못을 뉘우치는 배교자나 박해로 말미암아
 파문당한 자를 교회에 다시 받아 들여 주기를 청원한 문서).
libellus repúdii. (남편이 아내에게 써주던) 이혼장
Libellus Sacrosyllabus contra Elipandum.
 엘리판두스의 설을 금지함.
Libellus Sacramentórum. 소성무집전서
libens, -éntis, adj. 기꺼이(기쁜 마음으로.좋아서) 하는,
 In studiis libentíssime conquiésco.
 나는 공부 도중에 매우 즐겨 쉬곤 한다/
 libénte te. 네가 좋아해서.
libénter, adv. 기꺼이, 쾌히, 흔연히, 자발적으로,
 Fere libenter homines id quod volunt credunt.
 일반적으로 사람들은 원하는 바를 기꺼이 믿는다/
 Lectiones sanctas libenter audire.
 거룩한 독서를 즐겨 들어라(성 베네딕도 수도규칙 제4장 55)/
 Nusquam melius morimur homines, quam ubi libenter
 viximus. 우리가 사람으로서 유쾌히 산 것보다
 더 잘 죽는 길이 결코 없다.[성 염 지음. 고전 라틴어. p.287].
Libenter ea credimus, quæ desidermus.
 우리는 간절히 바라는 바를(quæ) 쉽게 믿게 된다.
 [credo: '사람'을 믿다(dat.), '사실'을 믿다(acc.) 성 염 지음. 고전 라틴어. p.171].
 Quod nimis miseri volunt, hoc facili credunt.(Seneca)
 가련한 처지에서 무엇을 너무도 간절히 바라노라면
 그걸 쉽사리 믿게 된다.[성 염 지음. 고전 라틴어. p.336].
Libenter homines id, quod volunt, credunt.
 사람들은 원하는 바를 기꺼이 믿는다.
libéntĭa, -æ, f. (libens) 기쁨(χαρὰ.⑨ Enjoyment),
 즐거움(⑨ Pleasure), 유쾌(愉快), 기분 좋음.
Libentína, -æ, f. 쾌락의 여신, 성애의 여신(女神)(=Venus)
libentior, -or, -us, adj. libens, libentis의 비교급
libentius, adv. libenter의 비교급.
 Discit enim citius meminitque libentius illud quod quis
 derídet, quam quod probat et veneratur.(Horatius).
 사람은 자기가 인정하고 존중하는 일보다 자기가 조소
 하는 일을 보다 빨리 배우고 보다 기꺼이 기억해둔다.
libentissime, adv. libenter의 최상급
libentissimus, -a, -um, adj. libens, libentis의 최상급
liber¹ -ĕra, -ĕrum, adj. **자유로운**, 마음대로 할 수 있는,
 자유재량의, 매이지 않은, 구애(간섭) 받지 않는,
 해방된, 벗어난, **면제된**, **관련되지 않은**, 상관없는,
 없는, (집.장소 따위가) 비어 있는, 비워 놓은,
 무료의, 빚 없는, 자유 시민의 신분인,
 (노예에서) 해방된, 자주적인, 독립적인(sui juris),
 방종한, 제멋대로의, 대담한, 거칢(서슴) 없는.
 Hunc hóminem liberum esse volo.
 나는 이 사람이 자유민이 되는 것을 원한다/
 liber a delíctis. 죄과 없는 사람 / liber homo. 자유인/
 libera collátĭo. 임의 수여(授與-증서.상장.훈장 따위를 줌)/
 Libera coropa. 자유인 / libera custodia. 연금(軟禁)/
 libera et sui juris civitas. 독립국, 자치국/

L

libera servitus. 자유로운 예속(隷屬)/
libera voluntas(영 free will, liberum arbitrĭum). 자유의지/
libera voluntas recte faciendi. 올바로 행하는 自由意志/
libera voluntate facis, quando amas quod laudas.
　사랑하면서 하는 것은 자유의지로 하는 것이다/
liberæ adstantĭum disceptátĭoni. 자유로운 토론(討論)/
liberum arbitrĭum. 자유의사, 자유선택, 자유결정,
　자유의지(영 free will, libera voluntas), 자유의지론/
liberum voluntatis arbitrium. 의지의 자유로운 선택/
male facimus ex libero voluntatis arbitrio.
　우리는 의지의 자유 선택에 의해서 악하게 행동 한다/
Montani semper liberi. 산사람은 항상 자유민이다.
　　　　(미국 West Virginia주 표어)/
Quæstiones supra libros prime philosophie Aristoteles.
　아리스토텔레스 제일 철학의 책들에 대한 질문들/
Qui est matre líberā, liber est.
　자유민의 어머니에게서 난 사람은 자유민이다/
Si ergo Filius vos liberaverit, vere liberi eritis.
(eva.n ou=n o` ui`o,j u`ma/j evleugerw,sh|(o;ntwj evleu,qeroi e;sesqe)
(獨 Wenn euch nun der Sohn frei macht, so seid ihr
wirklich frei) (영 So if a son frees you, then you will
truly be free) 그러므로 아들이 너희를 자유롭게 하면
너희는 정녕 자유롭게 될 것이다(성경 요한 8, 36)/
　그러므로 아들이 너희에게 자유를 준다면 너희는
참으로 자유로운 사람이 될 것이다(공동번역)/
　그러므로 아들이 당신들을 자유롭게 하면 당신들은
참으로 자유롭게 될 것입니다(200주년 기념 신약).

	m. (남성)	f. (여성)	n.(중성)
	단	수	
Nom. 주격	liber	libera	líberum
Voc. 호격	liber	libera	líberum
Gen. 속격	líberi	líberæ	líberi
Dat. 여격	líbero	líberæ	líbero
Acc. 대격	líberum	liberam	líberum
Abl. 탈격	líbero	líbera	líbero
	복	수	
	m. (남성)	f. (여성)	n.(중성)
Nom. 주격	liberi	líberæ	líbera
Voc. 호격	liberi	líberæ	líbera
Gen. 속격	liberórum	liberárum	liberórum
Dat. 여격	liberis	liberis	liberis
Acc. 대격	líberos	liberas	líbera
Abl. 탈격	líberis	líberis	líberis

　　　　(박기용 지음. 희랍어 라틴어 비교문법. p.409)
liber² -ĕri, m. 옛 Itália의 재배.결실의 신
　(가끔 Bacchus와 동일시 됨)
líber³ -bri, m. 나무의 속껍질, 인피부(靭皮部), 두루마리,
　글 쓴 종잇장, 책(冊.그리.βιβλìον.영 Book),
　서적(書籍-冊), 저서(著書), 작품(作品),
　(세금 따위의) 고지서 대장(臺帳), 서신 철;
　공문서(公文書); 장부(帳簿); 일기; 명부(名簿).
Audivi, te Cicerónis libros legere.
　나는 네가 Cicero의 저서들을 읽고 있다고 들었다/
Cave ab homine unius libri.
　책 한 권 가지고 있는 사람을 조심하라/
De recensione librorum. 책들의 수정본/
de tábulis in libros. 장부에서 책으로 옮겨 쓰다/
Dederuntne tibi libros illi?
　저 사람들이 너한테 책을 주었지?/
Desunt mihi libri. 나한테는 책이 없다.[adsum, desum, insum,
intersum, obsum, præsum, subsum, supersum 동사들은 sum 동사와 합성되어
호의와 적의, 이익과 손해를 표현한다. 성 염 지음. 고전 라틴어, p.392]/
evigilo libros. 밤새워 책을 쓰다/
extremus liber. 책의 마지막 부분, 마지막 책/
Hic est liber mandatorum.
　이것은 하느님의 계명의 책이로다/
In libris gentilium non studeant.
　이방인들의 책들을 공부해서는 안 된다/

in postremo libro. 책 끝(장)에/
in primóre libro. 책의 첫머리에/
index librórum prohibitorum.(영 index of prohibited
　Books). 금서목록/
Libri et epistulæ Pauli, viri justi.
　의인인 바울로의 작품과 서간들/
Libri muti magistri sunt. 책은 말없는 스승이다/
Libri quosdam ad scientiam, quosdam ad insaniam
deduxere. 책은 어떤 이들은 지식으로,
　어떤 이들은 어리석음으로 이끌었다/
libros naturales. 자연에 관한 책/
Libros tibi probabo. 내 책들이 너한테 호평을 받을 것이다/
librum sanctum 거룩한 책/
miraculórum Libri. 기적의 책/
Optimus magister bonus liber. 좋은 책은 최고의 스승이다/
Pleni sunt omnes libri, plenæ sapientium voces, plena
exemplarum vetustas : quæ iacerent in tenebris omnia,
nisi litterarum lumen accederet.(Cicero). 온갖 책들이 널려
　있다. 현자들의 말이 널려 있다. 예사 사람들의 선량한
　모범이 널려 있다. 그렇지만 문학의 빛으로 비추어주지
　않으면 이 모든 것이 어둠 속에 묻혀 있을 것이다/
prohibitio librorum. 금서(禁書)/
tero librum. 책을 헐게 하다.
Liber ad Donatistas post collationem.
　토론 후 도나투스파에게 보낸 서적(히포의 아우구스티노 지음-
　411년 카르타고에서 개최된 유명한 토론 대회를 맞아 씀).
Liber ad pastorem. 목자를 위한 책
　(요한 클리마쿠스 지음- 수도승원 장상들의 의무에 관한 내용).
liber ad studĭum necessárĭus. 연구에 필요한 책
Liber animarum. 신자 대장
Liber antiphonarius. 교송집(交誦集)[교황 대 그레고리오 최초의
　성가집에서 악보 없이 가사만 수록된 성가집으로 현재 제목만 전해지고 있다].
Liber Apologeticus. 변론서(辯論書)/apologia, -æ, f.
Liber Apologeticus adversus respondentem pro
insipiente.(안셀모 지음)
　어리석은 자에게 응답하는 자에게 보내는 변론서.
Liber Aristotelis de expositione bonitatis puræ.
　순수 선성에 대한 아리스토텔레스의 책.
Liber asceticus. 수행집(修行集-증거자 막시무스 지음 †662)
Liber batizátórum. 세례자 명부(洗禮者 名簿), 영세문서
Liber benedictionum. 축성 예식서
Liber Cæremonialis. 전례 예식서
Liber canticorum. 찬가집
liber cantuum.(영 chant book//Hymn book.
　獨 Gesangbuch) 성가집(聖歌集).
liber carminum. 시집(詩集)
Liber censuum. 조세 대장
Liber Comicus(Liber Comitis). 성서 제목 일람표
Liber Comitis. 독서집(영 lectionary→미사 전례 성서)
Liber Compositæ. 의학 종합서(Hildegard 1098 - 1179.9.17. 지음)
Liber confirmátórum. 견진자 명부(堅振者 名簿)
Liber concordiæ. 화해 신조
Liber contra Abælardum. 아벨라두스를 논박함
Liber contra impium Grammaticum. 불의한 문법가 논박
Liber de amicitia. 우정론(友情論-우정에 대한 책)
Liber de loquela per gestum digitorum. 수화론(베다 지음)
Liber contra Averroistas. 아베로에스주의자들의 논박.
　(성 토마스 아퀴나스 지음)
Liber de bonore ecclesiæ. 교회의 영예.
　(교황의 권한을 옹호한 책. Placidus 1111년 지음).
Liber de causis. 원인론(原因論)
Liber de corpore et sanguine Domini.(Paschasius
　Radbertus가 844년에 간행한 책) 주님의 육신과 피에 관한 책.
Liber de Hæresis. 이단에 관한 책.
　(156개의 이단들을 분석한 필라스트루스Philastrus의 책).
Liber de Generatione verbi Divini.
　하느님 말씀의 탄생에 관하여.
Liber de laude novæ militiæ. 새로운 군대를 찬양하는 책
Liber de laudibus beati Francisci.
　복되신 프란치스코의 찬미가.

Liber de loquela per gestum digitorum. 수화론
Liber de musicæ commendatione. 음악을 장려함
Liber de rebus in administratione sua gestis.
수도원 행정 기록부.
Liber de restauratione. 쇄신의 책(1142~1147년).
Liber de tribus Quæstionibus. 세 가지 문제에 관한 책.
(850년경 루투스 세르바투스가 쓴 책으로 아우구스티노의 설을 완전히 옹호하는 책이다. 백민관 신부 엮음, 백과사전 2, p.595).
Liber de tribus statibus hominis.
인간의 세 가지 상태에 관한 책(신비가 Mande 지음).
Liber de vera et falsa philosophia. 참 철학과 거짓 철학
Liber de vita Christi ac de vitis summorum pontificum
omnium. 그리스도의 일생과 모든 교황들의 생애(生涯).
Liber Defunctorum. 망자대장, 사망자 명부
Liber Derivationum.(=Panormia) 파생어 전집
Liber Deuteronomii.(⑨ Book of Deuteronomy)
신명기(申命記הדברים.אֵלֶּה.Δευτερονὸμιον).
Liber Diurnus. 일기장, 교황청 상서원 요식집, 교황청 서식집
Liber Ecclesiastes(⑨ Book of Ecclesiastes). 전도서.
코헬렛(קֹהֶלֶת.Ἐκκλησιαστης.⑨ Ecclesiastes.전도서).
Liber Ecclesiasticorum dogmatum. 교회 교리 신조
Liber Ecclesiasticus(略.Sir) 집회서
(Σοφία Ιησος Υίὸς Σιραχ.⑨ Book of Ecclesiasticus).
Liber episcopális in quo continentur acta beátórum
pontifícium Urbis Romæ. 복된(천국에 있는) 로마
주교들의 행전을 담고 있는 연대 주교표.
Liber Esther. 에스델서(⑨ Book of Esther)
liber et speculum. 텍스트와 거울
Liber Exemplarum. 모범 사례집(事例集)
Liber Festialis. 축일 강론집(대림1주일부터 1년 강론집. 존 머크 지음)
Liber generátiónis Iesu Christi fílii Dávid fílii
Abraham. (Bi,bloj gene,sewj VIhsou/ Cristou/ ui`ou/ Daui.d
ui`ou/ VAbraa,m) 獨 Dies ist das Buch von der Geschichte
Jesu Christi, des Sohnes Davids, des Sohnes Abrahams)
(⑨ The book of the genealogy of Jesus Christ, the son of
David, the son of Abraham) (마태 1, 1)
다윗의 자손이시며 아브라함의 자손이신 예수 그리스도의
족보(성경)/아브라함의 후손이요, 다윗의 자손인 예수
그리스도의 족보는 다음과 같다(공동번역)/아브라함의 子孫
이요 다윗의 자손이신 예수 그리스도의 족보(200주년 신약).
Liber Genesis. 창세기(בְּרֵאשִׁית.Γὲνεσις.⑨ Book of Genesis).
Liber gradualis. 층계송집, 응답송집
Liber hymnorum. 찬미가집, 찬가서.
liber Homíliárïus. (=Homiliarium)
설교집(opus sermonum) 성서 성훈집.
Liber interpretátiónis nominum Hebraicorum.
히브리 이름 해설서(Hieronymus지음 347~419).
Liber Job.(אִיּוֹב.Ἰὼβ.⑨ Book of Job) 욥기
Liber Josuæ(⑨ Book of Joshua.יְהוֹשֻׁעַ. Ἰησος).
여호수아기.
Liber Jubilæórum. 희년서(아브라함과 이사악의 유언이 기록되어 있음)
Liber Judicum.(⑨ Book of Judges) 판관기
Liber Judith.(⑨ Book of Judith) 유딧서
Liber legendus. 읽어야 할 책, 읽을 책
Liber Leviticus.(⑨ Book of Leviticus) 레위기
liber litterárum. 문학 작품집
liber liturgicus.(⑨ liturgical books.)
獨 Bücher/liturgische) 전례서, 각종 전례서.
Liber Matrimoniorum(⑨ Book of Marriages) 혼인대장
liber me. 사도(赦禱) 예절 노래.
(연미사 후 죽은 이와 고별식 때 부르는 노래 "나를 구하소서"에서 온 명칭).
Liber Michæas. 미카서, 미케아서(구약 小예언서 중 제 6서).
Liber Miraculorum. 기적론
liber missális. 미사경본(⑨ Missal→미사 전례서)
(1936년 8월 덕원 분도 수도회의 Roth-홍태화-신부가
한글로 편역 하여 한국에서는 첫 발행).
Liber Missarum. 미사 경본
Liber natalis pueri parvuli Jesu Christi.
소년 예수 그리스도의 탄생(誕生).

Liber Naturæ. 자연의 책
Liber Nehemiæ. 느헤미야서(⑨ Book of Nehemïah)
Liber Numeri. 민수기(民數記)
Liber officiális. 직무서(職務書)(Amalárïus 775~850 지음)
Liber orationum. 미사와 성무일도서를 위한 기도서
Liber Ordinarius. 상용 전례서(전례의 일반적인 요식. 수도원.
주교좌 성당 등의 생활규칙, 관습적 규율 등을 기록한 책. 중세에는 지역적인
거리와 교통 차이가 많아서 이 책이 상당히 유효했으나 1588년 예부 성성의
통합적인 규율이 일반화되면서 없어졌다. 백민관 신부 엮음, 백과사전 1, p.771).
Liber Ordinationum. 신품 대장
Liber Ordinum. 서품 전례서
Liber Passionarius(Passionale)
수난 봉독서, 4복음서의 수난 이야기 모음.
Liber Pastoralis. 사목자 수첩
Liber Pĕregrinátiónis. 순례의 책(1294년경 Rinaldo 지음)
Liber physicæ Elementorum.
기본 자연과학(Hildegard 1098-1179.9.17. 지음).
liber pœnitentiális. 보속 예식서(補贖 禮式書)
Liber Pontificális. 교황들의 책, 연대 교황표, 교황사.
주교 예식서, 역대 교황표(베드로 사도부터 교황 비오 2세까지-1464년-
로마 주교 즉 교황들의 연대기를 모아 놓은 책).
[사도 베드로부터 비오 2세(1464년)까지 교황들의 생애와 활동에 관한 정보를
담고 있는 라틴어 책(직역하면 '교황들의 책'이다. 교회의 공식적인 책은
아니지만 이 책은 전례 거행에 관해 가치 있는 정보들을 많이 제공한다.
Liber Pontificális ecclesiæ Ravennatis.
라벤나 교회의 주교 연감.
Liber Precum. 기도서(옛 공과)
Liber Prædestinatus. 예정설에 대해
Liber Primus Esdræ. 에즈라서(⑨ Book of Ezra)
Liber pro insipiente. 어리석은 자를 위한 책
Liber promissionum et prædicatorum Dei.
하느님의 약속과 설교자들의 책.
Liber prostat. 팔릴 책이 나와 있다.
Liber Proverbiórum(מִשְׁלֵי.Παροιμία.⑨ Book of
Proverbs). 잠언서.
Liber Psalmórum(תְהִלִּים.Βίβλος Ψαλμν.⑨ Psalms) 시편
Liber Regalis. 대관식 예식서
Liber Regulæ Pastorális. 사목규범, 사목지침서, 사목규정
Liber Regum(מְלָכִים.⑨ Book of Kings) 열왕기(⑨ Book of Kings)
Liber Ruth. 룻기(Ruth은 '여자 친구'라는 뜻)
Liber Sacramentorum. 전례서, 미사 예식서
Liber Samuelis. 사무엘서(⑨ Book of Samuel)
Liber Sapientiæ. 지혜서(智慧書.⑨ Book of Wisdom)
Liber Sententiárum. 명제집(命題集), 신학명제론집
Liber Septimus. 교회 법령집 제7서(1590년 추가 교황령집)
Liber Sext principiorum. 제6원리의 책
Liber Sextus. 교회 법령집 제6서.
(1298년 제8교황령집에 추가된 교황 보니파시오 8세 법령집).
Liber Siracidæ(Σοφία Ιησος Υίὸς Σιραχ.⑨ Book of
Ecclesiasticus). 집회서
Liber Tobiæ(Τωβιτ.⑨ Book of Tobit). 토비트서
Liber Usualis. 통용 전례서[주일 미사의 고유 부분과 주일을 대신하는
축일들은 물론 밤중 기도와 찬미경을 제외한 성무일도의 시간경들을 위한
그레고리오 성가를 포함하고 있는 라틴어 전례서이다. 여기에는 노래되지 않는
부분도 들어 있다. 제2차 바티칸공의회는 전례를 개혁하면서 이를 폐기하였다.]
Liber Usualis Missæ et Officii Pro Dominicis et
Festis Cum Cantu Gregoriano. 그레고리오 성가를
곁들인 주일과 축일미사 성무일도 통용 전례서.
Liber Veritatum. 진리의 책
liber vitæ. 생명의 책(⑨ Book of life)(묵시록 3, 5에서 유래)
Liber vitæ Meritorum. 가치 있는 삶(창조에 대한 인류의
공동책임)에 대해 다룸. Hildegard 1098-1179.9.17. 지음)
Líbĕra, -æ, f. Ceres 여신(女神)의 딸인 Prosérpina,
Liber의 자매(姉妹),
Liber라고도 하는 Bacchus 신의 아내였던 Ariádne.
Libera, 원형 líbĕro, -ávi, -átum, -áre, tr.
[명령법 단수 2인칭 libera, 복수 2인칭 liberate].
Libera etiam eos qui nondum te invocant, ut invocent
te et liberes eos. 아직도 당신께 빌 줄 모르는 자들도 건져
주시와 당신을 부르고 구원을 받게 해주소서(고백록 1,10,16).
Libera me. 나를 구하소서.

L

Libera nos, Domine. 주님 우리를 구원하소서.
Líbera nos, quǽsumus, Dómine, ab ómnibus malis,
da propítius pacem in diébus nostris,
ut, ope misericórdiæ tuæ adiúti,
et a peccáto simus semper líberi
et ab omni perturbatióne secúri:
exspectántes beátam spem
et advéntum Salvatóris nostri Iesu Christi.
　주님, 저희를 모든 악에서 구하시고, 한평생 평화롭게 하소서.
　주님의 자비로 저희를 언제나 죄에서 구원하시고,
　모든 시련에서 보호하시어, 복된 희망을 품고 구세주
　예수 그리스도의 재림을 기다리게 하소서.
libera Servitus. 자유로운 종, 자유로운 예속(隸屬)
Liberália, -ĭum, n., pl. (Liber') Bacchus 신의 축제
liberális, -e, adj. (līber') 자유의, 자유에 관한, 자유로운,
　자유민(자유인)의, 자유민 신분의, 자유민다운,
　자유민에게 어울리는, 교양과목의, **너그러운, 관대한,**
　신사다운, 선뜻 잘 주는, 대범한, 마음(도량)이 넓은,
　아량 있는, 인색 하지 않은, 많은, 풍부한, 풍족한, 푸짐한,
　듬뿍한, 고상한, 고결한, 품위 있는, 우아한, 아름다운; 친절한.
　artes liberáles. (중세의) 교양과목(문법.논리학.수사학.
　　산수.기하.음악.천문의 7과), (근세 대학의) 교양학과(어학.
　　자연과학.철학.역사.예술.사회과학 따위),
　　(자유인에게 어울리는 지식으로 생각된 고대의) 문예.
　　학예(문법.수사학.논리학.기하학.음악.문학.시 따위)/
　eruditio liberalis. 자유학문/
　liberále viaticum. 풍족한 노자(路資)/
　liberáles doctrínæ. 문예(=liberalis artes)/
　pecúniæ liberalis. 돈에 인색하지 않은.
liberális erudítio. 교양과목(artes liberales)
liberális in *alqm.* 누구에게 대해 관대한
Liberalísmus, -i, m.
　(정치.종교상의) 자유주의(® liberálism).
liberalismus positivus. 실증적 자유주의
liberalismus religiósus. 종교적 자유주의
liberálĭtas, -átis, f. (liberális) 관대(寬大), **관용(寬容),**
　너그러움(® Gentleness-어짐), 아량(雅量-깊고 너그러운 마음씨),
　대범함; 후한 인심, 친절(χηστὸς.® Benevolence),
　선심(善心), 정중, 선물, 선사, 은혜(恩惠), 무상의 호의,
　Quamquam omnis virtus nos ad se allicit, tamen justitia
　et liberalitas id maxime efficit.(Cicero) 무릇 모든 덕성이
　　우리를 끌어당기지만 정의와 관용이 각별히 그렇게 한다/
　unica liberalitas. 더할 나위 없는 선심.
liberátĭo, -ónis, f. 해방(解放.® Liberátĭon), 석방(釋放)
　방면(放免-석방), 구원(救援.σωτηρία.® salvátĭon),
　구출(위험한 상태에서 구하여 냄), (고통.불행 따위를) 면함,
　면제(免除), 해제(解除), 부채청산(負債淸算).
Liberátĭo a peccato.(® Liberátĭon from sin) 죄에서 해방
Liberatio, qua Christ us nos liberavit.
(® The freedom with which Christ has set us free)
　그리스도께서 우리를 해방시켜 주셔서 베푸신 자유.
liberátor, -óris, m. (líbero) 해방자, 석방자; 구출자
liberátrix, -ícis, f. (liberátor) 해방 시켜 주는 여자
libere, adv. 자유롭게(liber'-ĕra, -ĕrum, adj.)
　[형용사 1, 2변화는 어간에 어미 -e를 붙여서 부사를 만든다.]
libĕri, -rórum(-rum), m., pl. (liber') 자녀(® Children),
　자식(원래는 노예의 자식과 구별하여 자유시민의 자녀를 일컫는 말이었음).
　divello líberos a paréntum compléxu.
　　자녀를 부모의 품에서 떼어놓다/
　Dux unumquemque nominans hortatur ut meminerit se
　pro patria, pro liberis certare. 장군은 한 사람 한 사람을
　　거명하면서, 자신들이 조국을 위하여, 자식들을 위하여
　　싸우고 있음을 기억하라고 격려 한다/
　Neque me tui neque tuórum liberórum misěreri potest.
　　나는 너도 불쌍히 여길 수가 없고,
　　너의 子息들도 불쌍히 여길 수가 없다/
　parentes liberos docent litteras, jura leges.
　　부모는 자녀에게 글과 법과 법률을 가르친다.
　　(성 염 지음. 사랑만이 진리를 깨닫게 한다. p.453)/

Putore et liberalitate liberos retinere satius esse credo
quam metu.(Terentius). 내가 믿기로는 위협보다도 정숙과
　관용으로 자녀들을 훈육함이 더 흡족하리라.
liberi arbitrii malo usu. 자유의지를 악용한다
Libri debent amare matrem. 자녀는 어머니를 사랑해야 한다.
　(=Liberis amanda est mater. 용장 활용문).
Libri ex domo flagránte serváti sunt.
　자녀들이 불붙던 (화재 난) 도시로부터 나가고 있다.
liberi insitivi.(® illegitimátes, vulgo concepti) 사생아
Libri Machabæorum. 마카베오서
Liberi magnopere clamaverunt auxilium parentum.
　아이들은 큰 소리로 부모의 도움을 소리쳐 불렀다.
Libri Pænitentiales. 속죄록(告罪록)
　(Pænitentiale/Pænitentiale Thodori).
liberi Pensatores(® Freethinkers) 자유사상가(Freethinkers
　라는 명칭은 1697년 Molyneux라는 사람이 Lock에게 보낸 편지에서 처음
　사용한 것으로 초자연적인 계시를 비난하고 인간 자유를 숭상하는 이신론자
　들을 가리켰다···. 백민관 신부 엮음. 백과사전 2, p.90).
liberior, -or, -us, adj. liber¹ -ĕra, -ĕrum의 비교급
liberiori genĕre 자유민 가문
líbĕro, -ávi, -átum, -áre, tr. (liber') 자유를 주다,
　해방하다(חרר), 석방하다, 방면하다, 풀어주다(ἀπολύω),
　구하다(חלצ.יℷℷ.ℷπↄ), 구출하다, 구제하다, 무죄를 선고하다,
　구원하다(ↄπ.ℷ·ℷℸ.ↄ.σώζω),
　…에서 풀려(벗어) 나게 하다, 사면하다, 용서하다(חℷ).
　fidem libero. 약속을 이행(履行-실제로 행함)하다/
　Instĭtit, ut *alqm* liberáret.
　　그는 힘을 다하여 아무를 구출하려고 하였다/
　Liberáre *áliquem* a perículo. 아무를 위험에서 구원하다/
　promíssa libero. 폐기(廢棄)하다,
　　(계약 따위를) 무효(無效)로 만들다/
　Quid erit liberĭus libero arbitrio, quando non poterit
　servīre peccato? 죄를 지을 수 없을 정도가 된
　　자유의지처럼 자유로운 것이 또 있을까?/
　Veritas liberabit vos(® the truth will set you free)
　　진리가 너희를 자유롭게 할 것이다(요한 8, 32).
liberrimus, -a, -um, adj. liber¹ -ĕra, -ĕrum의 최상급
libérta, -æ, f. (libértus)
　(상전으로부터 노예 신분에서) 해방된(자유시민이 된) 여자.
libértas, -átis, f. (liber')
　자유(חℷωↄ.ἐλευθερία.® Freedom), 권리(權利),
　자유 시민권, 자주독립; 자치권. (L-) 자유의 여신(女神),
　[영어에서 자유라는 뜻을 지닌 단어로 freedom과 liberty 두 가지가 있다.
　한국어로는 똑같이 자유라고 번역되기 때문에 혼동을 초래하는 것 같다.
　규제로부터 해방됨을 뜻한다. 그러므로 합당한 규제는 있어도 된다는 뜻을 지닌
　liberty는 타율을 인정한다. 다시 말해서 사회가 생존하기 위해 국민이 추구해야
　하는 자유는 liberty이지 freedom이 아니라는 것이다.]
　Ad libertatem defendendam vocati sumus.(당위분사문)
　(=Ad defendum libertatem vocati sumus-동명사문)
　　자유를 수호하기 위해 우리는 부름 받았다/
　At suscepta tantummodo veritate piene et perfecte
　æstimatur libertas(® But freedom attains its full
　development only by accepting the truth) 그러나 자유는
　　진리가 수락될 때만 충만하고 완전하게 평가될 수 있다/
　Beneficium accipere libertatem est vendere.
　　혜택을 받는다는 것은 자유를 팔아넘기는 것이다/
　De potentia intellectus seu de libertate humana.
　　지성의 능력 혹은 인간의 자유에 대하여(Spinoza 지음)/
　e retióne libertátis. 자유라는 점에서/
　Ea libertas est qui pectus purum et firmum gestiat.
　　순결하고 강직한 마음을 견지하는 그것이 자유라는
　　것이다. 왜곡된 다른 것들은 (모조리) 어두컴컴한 밤에
　　몸을 숨기고서 저지른다(Ennius)/
　Ego semper pluris feci potioremque habui libertatem
　multo quam pucunium. 나는 언제나 돈보다는
　　자유를 중히 여겼고 더 낫게 생각하였다/
　Est vobis magna cupiditas vindicandi libertatem(당위분사문)
　(=Est vobis magna cupiditas vindicandi libertatem-동명사문)
　　자유를 수호하고자 하는 대단한 열정이 너희에게 있다/
　impedimentum normale libertatis. 자유의 통상적 장애/

in libertátem reclamo.
자유를 요구하다, 자유 신분 확인을 호소하다/
in repeténdā libertáte. 자유를 도로 찾음에 있어서(repeto 참고)/
In necessariis Unitas: in dubiis Libertas: in omnibus
Caritas. (본질적인 것에 있어서 일치를, 의심스러운 것에 있어서
자유를, 모든 것에 있어서 사랑을) 요긴한 일에 있어서 일치하고
확실치 않은 일에 있어서 각자의 자유를 보장하며,
모든 일에 있어서 사랑을 보존하라.(St. Augustinus)/
In vítium libértas éxcidit. 자유는 악습으로 기울어져 버렸다/
liberos educandi libertas. 자녀 교육의 자유.
Mutatis mutandis, omnes homines libertatem amant.
바꿀 것은 바꾸고 (= 이러저러한 군더더기를 빼고)
말하자면, 사람은 모두 자유를 사랑하지/
Nimia illa libertas in nimíam servitutem cadit.
그 지나친 자유는 과도한 속박의 결과를 초래한다/
Nimiaque illa libertas et populis et privatis in nimiam
servitutem cadit. 지나친 저 자유는 국가적으로나
개인적으로 엄청난 노예상태에 놓이게 된다/
Non potest gratisconstare libertas. Hanc si magno
æstimas, omnia parvo æstimanda sunt.(Seneca).
자유라는 것은 거저 서지 못한다. 그대가 자유를 값비싸게
생각한다면 (그 밖의) 모든 것은 하찮게 생각해야 한다/
Patria cara, carior libertas est.
조국이 귀하지만 자유는 더 귀하다/
pauci libertatem, pars magna justos dominos volunt.
소수만이 진정 자유를 바라며 대부분은 합법적인 주인
만을 바랄 따름이다(성 염 지음. 사랑만이 진리를 깨닫게 한다. p.482)/
Per gratiam sanatio animæ a vitio peccati, per animæ
sanitatem libertas arbitrii.
은총을 통해 영혼은 죄악으로부터 고침을 받고,
영혼의 고침을 통해서는 의지가 자유로워진다/
pluris fácere libertátem quam pecúniam.
자유를 돈보다 더 중히 여기다/
populi libertatis zelatores. 민주주의자(간혹 '자유를 열렬히
애호하는 민중'으로 잘못 번역한다. 성 염 옮김, 단테 제정론, p.51)/
Populum Romanum servire fas non est, quem di immortales
omnibus gentibus imperare voluerunt. Aliæ nationes
servitutem pati possunt, populi Romani est propria
libertas.(Cicero). 불사의 신들은 로마 국민이 만민을 통솔하기
바라므로 로마 국민이 누구에게 예속함은 불가하다. 다른
나라들이야 예속을 인종(忍從)할 수 있을지 모르지만, 자유
야말로 로마 국민의 고유한 권리다.[성 염 지음. 고전 라틴어, p.357]/
post libertátem recéptam. 자유를 다시 찾은 후/
prima libertas est carere criminibus.
첫째가는 자유는 죄에서 해방이다/
Pro libertate nobis pugnandum est. 자유를 위하여 우리는
싸워야 한다.[행위자 여격 문장으로 동사의 행위가 어떤 사람에 의해
이루어져야 함을 나타낸다. 수동태 용장활용에서 행위자 딸격을 대신한다]/
restituo alqm ex servitúte in libertátem. 아무로 하여금
노예지위를 벗어나 자유시민권을 되찾게 해주다/
Ubi libertas cecidit, nemo libēre dicēre audet.
자유가 없어진 곳, 아무도 감히 자유롭게 말하지 못한다.
Libertas, 인간 자유(人間自由)(1888.6.20. 반포)
libertas a coarctione. 외부의 강요로부터의 자유.
(토마스 아퀴나스의 구별).
libertas a necessitate. 필연성으로부터의 자유,
내면적 필연성으로부터의 자유(토마스 아퀴나스의 구별).
libertas a peccato. 죄로부터의 자유
libertas a præjudicii. 선입견에서의 자유
libertas ad. ~을 향한 자유
libertas arbitrii. 선택의 자유
libertas Christi. 그리스도의 자유
libertas Christiana. 그리스도교적 자유
libertas civilis. 시민의 자유
libertas conscientia. 양심의 자유
libertas contrarietatis. 양자택일의 자유
libertas credendi. 신앙의 자유, 신교의 자유.
Libertas defendenda est pace belloque.
자유는 평화로든 전쟁으로든 지켜야만 한다.

libertas Dei. 신의 자유.
libertas docendi. 가르칠 자유
libertas ecclesiæ. 교회의 자유
libertas electiónis. 선거의 자유, 선택의 자유
Libertas et responsabílĭtas(⑳ Freedom and
responsibility). 자유와 책임.
libertas Evangelii. 복음서의 자유
libertas ex. ~로부터의 자유
libertas existentiális. 실존론적 자유
libertas fidei. 신앙의 자유
libertas finita. 유한한 자유
libertas hominis. 인간의 자유
Libertas in œconomía salutis.(⑳ Freedom in the
Economy of Salvátion). 구원경륜에서 자유.
Libertas inæstimabilis res est. (Paulus)
자유는 산정할 수 없이 가치 있는 것이다.
libertas increata. 창조되지 않은 자유
libertas indifférentiæ. 공평한 자유
libertas infinita. 무한한 자유
libertas inquirendi. 연구의 자유
Libertas, ipsa est bonum hominum.
자유, 그 자체가 인간들의 선익이다.
libertas major. 큰 자유
libertas matura et resposábĭlis.
성숙하고 책임 있는 자유의식.
libertas ministerii. 교역의 자유(敎役 自由)
libertas minor. 작은 자유
libertas missiónis. 선교의 자유
libertas naturæ. 자연의 자유
Libertas Per Fidem. 믿음을 통한 자유
libertas politica. 정치적 자유
libertas potestátis ecclesiasticæ. 교회권력의 자유
Libertas Præstanissmum. 급박한 자유(1888년)
libertas religiónis(⑳ Freedom of Religion). 종교의 자유.
libertas Romana. 로마의 자유
libertas spontanea. 자발적 자유의지
libertas transcendentális. 초월론적 자유.
(현대 가톨릭 사상 제7집, p.82).
libertas volendi. 원하는 자유
libertas voluntátis. 의지의 자유
Libertátis conscientĭa, 그리스도인의 자유와 해방(1986.3.22. 훈령)
libertátis Conscientĭa, 자유의 자각(1986.3.22.)
Libertátis Nuntius, 해방신학의 일부 측면, 자유의 전갈.
(1984.8.6. 교황청 신앙교리성 훈령).
libertínĭum, -i, n. 석방된 노예가 주인에게서 물려받는 상속재산
libertínus, -a, -um, adj. (libértus)
(노예 신분에서 해방된) 자유인(자유민)의,
(노예로 있다가) 자유의 몸이 된.
m., f. (노예에서 해방된-석방된) 자유인, 자유민.
libértus, -i, m. (주인으로부터 노예 신분에서 자유인이 된) 해방
노예, 피해방인(로마법상 인간의 구분).
liberum arbitrĭum(⑳ Freedom of Will) 자유의지,
자유의지론(Über den freien Willen),
(원죄 후 정욕의 노예가 된 부자유 의지 Servum arbitrium과 대조)/
non per liberum arbitrium quod surgit ex nobis sed per
Spiritum Sanctum qui datus est nobis.
선에 대한 사랑은 우리의 자유의지를 통해서 생기는 것이
아니라 성령을 통해 하느님의 은총에 힘입어서 나온다.
liberum arbitrium et ad malum et ad bonum faciendum
confitendum est nos habere. 우리는 선과 악을 행하는
자유의지를 가지고 있음을 인정해야 한다.
liberum arbitrium nisi ad peccandum valet.
자유의지는 죄짓는 것밖에 달리 할 수 있는 것이 없다.
Liberum arbitrium post peccatum res est de solo
titulo. 죄 이후에 자유의지는 단지 제목만 있을 뿐이다.
liberum de voluntate judicium. 의지의 자유로운 판단
Liberum ergo arbitrium evacuamus per gratiam?
absit, sed magis liberum arbitrium statuimus.
그러면 은총을 위해 자유의지를 포기하겠는가? 절대 그럴

L

수 없다. 오히려 우리는 자유의지를 더욱 온전케 한다.
liberum voluntátis arbitrĭum. 의지의 자유선택(자유결단)
libet, libŭit(libĭtum est), libére, intr., impers.
　마음에 든다, 뜻에 맞는다, 좋다, …하고 싶다.
　(p.prœs.는 adj.로도 쓰임) **libens,** -éntis,
　　마음에 들어 하는, 좋아하는; 기꺼이 하는.
　id quod mihi máxime libet. 가장 내 마음에 드는 그것/
　Non libet mihi deploráre vitam. 나는 인생을 슬퍼하고
　싶지 않다.[accidit, libet, licet, necesse, placet, præstat의 비인칭 동사는
　의미상의 주어를 여격으로 표시한다. 성 염 지음. 고전 라틴어, p.394]/
　"Potáre tecum collibitum est mihi". "Et edepol mihi
　tecum : nam quod tibi libet, idem mihi libet,
　mea voluptas". "당신과 함께 (술을) 마시는 일이 제껜
　아주 즐거웠습니다." "물론 당신과 마신 것이 제게도
　즐거웠습니다. 왜냐하면 당신 마음에 드는 것이 제
　마음에도 들고, 제 즐거움이기 때문입니다."
Libéthra, -æ, f. Eœótia의 샘
Libethrídes, -um, f., pl. 시와 노래의 여신(女神)인 Musœ.
libídĭnor, -átus sum, -ári, dep., intr. (libído)
　방탕에 흐르다, 음탕한 생활을 하다.
libidinósus, -a, -um, adj. 제멋대로 하는, 무절제한,
　방종한, 음탕한, 호색의, 육욕적인, 선정적인.
libído, -dǐnis, f. (libet) 욕구(欲求.⑨ Desire),
　욕망(⑨ Desire/Lust), 생리적(자연적) 욕구(충동),
　무절제한 욕망(자유), 방종(放縱), 제멋대로 함,
　방탕(放蕩.⑨ Lust), 도락(道樂), 육욕, 성욕(性慾).
　dominandi libido. 지배욕(dominatio imperantis)/
　prout cuíque libído est.
　　누구에게나 나름대로의 욕구가 있듯이/
　Ubi saturitas, ibi libido dominatur.
　　포식(飽食)이 있는 곳에 음란이 지배된다(성 예로니모).
libido dominandi. 지배욕(支配慾), 권력욕(權力慾)
libido itinerandi. 여행하려는 근본욕구
libido ulciscendi. 복수심(復讐心)
libido urinæ. 소변 마려움
libíta, -órum, n., pl. (líbitus')
　마음대로 하고 싶은 생각, 제멋대로의 욕망(충동).
Libitína, -æ, m. 죽은 사람들의 신(神), 죽음, 관(棺),
　장례의 신(그 신전에서 장례에 필요한 것들을 팔거나 빌려 주었음),
　장의사 직업. adj. **Labitinénsis,** -e.
　porta Labitinénsis.
　　(죽은 검투사의 시체를 내가던) 원형 경기장의 대문.
libitinaríus, -i, m. 장의사 경영주(葬儀社 經營主)
líbĭtus' -a, -um, p.p., a.p. (libet) 마음에 든, 뜻에 맞는.
líbĭtus² -us, m. 마음에 든 것, 마음 내킴.
　ad líbitum. 마음 내키는 대로, (하든지 말든지) 마음대로.
libo, -ávi, -átum, -áre, tr. 맛보기 위해 떼어내다.
　맛보다, 가볍게 접촉하다, 스치다,
　(제사 때) 제주를 (제단.공중.바다 따위에) 뿌리다(붓다).
　제헌하다, 제사지내다, 떼어내다,
　덜어내다, 축내다, 따다, 따 모으다.
libo cibos dígitis. 손가락으로 음식을 찍어 맛보다.
libónŏtus, -i, m. 남서풍(南西風)
libra, -æ, f. (무게 단위) libra = 12única = 약 327gr.,
　(Roma 시대의) 액체의 용량 단위,
　천칭(天秤-"천평칭"의 준말) 저울, 수준기(水準器),
　수평기(수준기) 수평, 수준. (L-) (天) 천칭궁(天秤宮).
　Libræ fuerunt tria milia septingenta quattuordecim et
　Philppei nummi aurei XIVDXIV. 노획한 금이 3,714근이요
　필립푸스(국왕이 제조한) 금화가 14,514 눔무스였다.
libra animæ(⑨ Soul's Scale) 영혼의 저울 심판도(審判圖)
librális, -e, adj. (libra) 한 libra의
libramén, -mǐnis, n. 저울, 균형, 평형, 고려, 숙고
libraméntum, -i, n. (libro) 무게, 중량(重量-무게),
　일정한 중량의 힘, 물매(句配-지붕이나 낟가리 따위의 비탈진 정도),
　구배(물매-지붕이나 낟가리 따위의 경사진 정도),
　경사도(傾斜度), 수평(면), 평형(平衡), 균형(均衡).
libraríŏlus, -i, m. (librárius')

글을 베끼는 직업인, 필사(筆寫)하는 사람.
libráríus' -a -um, adj. (liber³) 책의, 책에 관한.
　f. 책 베끼는 여자, 서점(書店).
　m. 직업적으로 筆寫하는 사람, 책장수, 서적상인.
　n. 서류함(書類函), 서고(書庫).
libráríus² -a, -um, adj. libra의, 저울의.
　f., m. 양털을 직공들에게 분배하는 지배인.
librátĭo, -ónis, f. (libro) 수평 잡음, 수준측량(水準測量),
　균형, 평형, (투석기 따위의) 발사. (天) 달의 칭동(秤動).
librátor, -óris, m. (libro)
　수준 측량자(水準 測量者), 투석기 사수(投石機 射手).
librátus, -a, -um, p.p., a.p. (libro) (투석기에서) 힘차게 발사된
libri, -órum, m., pl. **liber³**의 복수.
　fatáles libri. 고대 Roma의 운명 예언집.
libri IV Sententiarum. 신학 명제집 4권
libri Asceticus. 근엄 수덕론(성 막시모 지음)
libri canonici. 정경서(正經書)
Libri canonum. 법령집
libri carolini. 카롤로 법령집
libri catenati. 쇄계본(鎖繋本-중세기 도서관 열람실에서 책이
　귀하기 때문에 도난을 방지하기 위해 책을 쇠사슬로 묶어 책 틀에서 나갈 수
　없도록 한 체계. 백민관 신부 엮음, 백과사전 1, p.555).
libri chronici. 연대기(χρονικòν)
　(역사상의 사건을 연대순으로 기록한 것. 기년체사기).
libri censuum Romanæ. 로마교회의 징벌서(호노리오 3세 교황 지음)
libri de arte prædicandi. 강론 방법론(1504년)
libri de Mysteriis. 신비에 관한 책
libri de orátore. 웅변가에 관한 서적
Libri ecclesiasticórum dogmátum. 교회 가르침의 책
Libri et epistulæ Pauli, viri justi.
　의인인 바오로의 작품과 서간.
Libri Liturgici. 전례서(典禮書.⑨ liturgical book)
Libri Machabæórum. 마카베오서(⑨ Book of Maccabess)
Libri Paralipomenon. 역대기(מִבְרֵיהַיָּמִים.Παραλειπομένων)
libri parœciales.(⑨ parish registers)
　본당문서(registrátĭones parochiales).
Libri pœnitentĭales. 보속책(補贖冊), 참회서(懺悔書),
　고해 예식서, 고해 지도서.
libri prohibitio. 금서(禁書)
Libri quattuor Sententiárum. 네 권의 의견집.
　　　　　　　　　　　(Petrus Lombardus 지음).
Libri regulæ pastoralis. 사목 지침서
Libri sapientĭales. 지혜문학(⑨ Wisdom Literature)
libri Sententiarum. 신학 명제집
Libri Symbolici. 교파의 신조서
Libri Tres Antirbetici. 반변론자(3권. Nicephorus 지음)
libríle, -is, n. 저울
librílis, -e, adj. libra의.
　fundæ libríles. 한 libra 무게의 탄환을 발사하는 투석기.
líbrĭpens, -péndis, m. (화폐대용의) 동괴 계량인, 저울 잡이
librítor, -óris, m. 투석기 사수(投石機 射手)
libro, -ávi, -átum, -áre, tr. (libra) 수평이 되게 하다,
　평형을 잡다, 균등(평등)하게 하다, 고르게 하다,
　평형하게 하다, 겨누다, 조준하다, 시사하다, 검토하다,
　음미하다, glans libráta. 발사된 포탄.
librórum prohibitorum.(⑨ index of prohibited Books)
　금서목록.
Libs, libis, m. 남서풍(南西風)
libum, -i, n. 과자의 일종
libúrna(=libúrnĭca) -æ, f. 쾌속정(快速艇)
Liceat mihi, 라틴어의 사용과 트리엔트의 미사(1980.6.19. 서한).
licéĭtas, -átis, f. (licitus)
　합법성, 가당성(可當性), 가합성(可合性.⑨ liceity)
licens, -éntis, p.prœs., a.p. (licet')
　자유로운, 무절제한, 삼가지 않는, 제멋대로의,
　방종(放縱)한, 분방(奔放)한, 거리낌 없는, 과감한.
licéntĭa, -æ, f. (licet') 허가, 허락, 승낙, 학사 자격증.
　자유(חֻפְשָׁה.ἐλευθερία.⑨ Freedom), 자격(資格),
　권리(⑨ right.獨 Recht.프 droit), 면허, 인가,

제멋대로 함, 자유분방(自由奔放), 방종(放縱).
licéntĭa concionandi. 설교 허가
licéntĭa docendi. 교수 자격, 교수 자격증, 고등교원 자격.
licéntĭa expressa. 표명 허가
licentĭa in theologiæ facultate docendi.
신학부 교수 자격증(토마스 아퀴나스 수사. p.161).
licéntĭa ludendi. 놀아도 좋다는 허락(許諾).
licéntĭa præsumpta. 추정 허가
licéntĭa tacita. 묵인 허가
licentiátus, -us, m. (licéntĭa) 면허(免許), 석사(학위),
자유(חופש.ἐλευθερὶα.⑨ Freedom).
licentiósus, -a, -um, adj. (licéntĭa) 방종한, 조심성 없는,
제멋대로 하는, 방탕(放蕩)한, 음란(淫亂)한,
(문법.문체 따위의) 규칙을 무시한, 파격의.
lícĕo, -cŭi -cĭtum, -ére, intr. (경매에서) 팔리게 되다,
평가되다, 가격이 매겨지다, 값나가다.
lícĕor, -cĭtus sum, licéri, dep., tr. (lícĕo)
(주로 경매에서) 호가하다, 값을 매기다, 입찰하다.
hortos liceor. 정원(庭園)의 값을 놓다/
Illo licénte, contra licéri audet nemo. 그가 한 번
값을 정했으면 아무도 감히 딴 값을 놓지 못한다.
lícet¹ licŭit(licĭtum est), licére, intr., impers.
허락(허가) 되다, …**해도 좋다**(괜찮다), **가하다**,
할 수 있다, …해야 한다, …할 수밖에 없다.
Aliis si licet, tibi non licet. 다른 이들에게 허용되더라도,
당신에게는 허용되지 않는다/
Bis peccare in bello non licet.
전쟁에는 두 번 실수가 용납되지 않는다/
Cui peccare licet, peccat minus.
죄를 지어도 괜찮은 사람은 죄가 가볍다/
De iis haud licet bonis disputari.(⑨) These values are
not negotiable) 이러한 가치들은 타협할 수 없는 것입니다/
Dum licet, in rebus iucundis vive beatus ; vive memor,
quam sis ævi brevis.(Horatius). 허용이 되는 동안이나마
유쾌한 일에 잠겨 행복하게 살라! 그대의 세월이 얼마나
짧은가를(그대가 얼마나 짧은 인생인가를) 기억하고서 살라/
Ecce, discipuli tui faciunt, quod non licet eis facere
sabbatis. 보십시오, 선생님의 제자들이 안식일에
해서는 안 되는 일을 하고 있습니다/
Etiam viris gravissimis ludere interdum licebit.[me 참조]
제아무리 근엄한 사람들도 때로는 오락을 할 만하리라/
Hoc Nobis iterum dicere liceat. 다시 한 번 말씀 드립니다/
Id ei licet. 그것은 그에게 허락 된다/
Intéllegi jam licet. 그것은 이제 알아들을 수 있다/
Nemini licet contra patriam ducere exercitum. 조국에
대항하여 군대를 동원하는 것은 누구에게도 허용되지 않는다/
Nobis non licet interficere quemquam.
(⑨ We do not have the right to execute anyone)
우리는 누구를 죽일 권한이 없소(요한 18, 31)/
Non omnia licent nobis.[me 참조』우리에게 무슨 일이나
가한 것은 아니다.[accidit, libet, licet, necesse, placet, præstat의 비인칭
동사는 의미상의 주어를 여격으로 표시한다. 성 염 지음. 고전 라틴어. p.394)/
Omnibus putamus licere scribere epistolas.[me 참조]
우리는 편지를 쓰는 일은 모두에게 허용된다고 생각 한다/
Si non pugnare vis, licet, fugere.[접속사 Nisi는 속문 전체를
부정하고, Si non은 non이 붙는 단어만을 부정한다]
만일 네가 싸우기 싫으면 도망가도 좋다/
Ubi non licet tacere, quid cuiquam licet?(Seneca).
입을 다물고 있어도 안 된다면 도대체 사람한테
뭐가 가당하단 말이요?.
Licet nobis esse beátis = Licet nos esse beátos.
우리는 복된 자가 될 수 있다(복을 누릴 허가가 있다).
Licet rogáre? 청하여도 좋습니까?/
질문해도 될까요?(법정에서 증인에게 '질문하지만' 뜻으로).
Licet vim vi repellére.
폭력을 폭력으로 물리치는 것이 가하다.
Licetne vivĕre, an non licet?
살아도 되느냐 안 되느냐?(ne 참조).

lícet² conj. subord. c. subj. 비록 …일지라도
**Licet superbus ambules pecunia, fortuna non mutat
genus.**(Horatius). 그대가 돈으로 으스대며 돌아다닐지라도,
행운이 핏줄을 바꿔놓지는 못하다.[성 염 지음. 고전 라틴어. p.345].
Lichas, -æ, m. Hércules의 동반자
líchen, -énis, m. (植) 지의류(地衣類)의 식물,
(醫) 태선(苔癬-좁쌀만 한 크기에서부터 삼씨만 한 크기의
구진丘疹이 생기는 만성 피부병).
liciatórĭum, -i, n. 방직기계의 실패, 방추(紡錘-물레의 가락),
북(베틀에 딸린 부속품의 한 가지. 씨올의 실꾸리를 넣는 제구로.
날 틈으로 오가며 씨를 푸는 구실을 함. 방추紡錘).
liciátus, -a, -um, adj. (lícĭum) 실패에 감은
licitátĭo, -ónis, f. (lícĭtor)
(물건 사는 사람이) 값 놓음, 경매 입찰자의 평가.
licitátor, -óris, m. (경매 따위의) 입찰자(入札者)
licitátus, -a, -um, p.p. (lícĭtor) 경매된
lícĭtor, -átus sum, -ári, dep., tr., freq. (lícĭtor)
값을 매기다, 입찰(入札)하다.
lícĭtus, -a, -um, adj. (lícet¹) 인가된, 절차를 밟은, 공인된,
허락(허가) 된, 가한, 해도 좋은, 정당한, 합법적인.
adv. lícĭte, lícĭto.
egressus licitus. 허가된 퇴회/
licita causa seu rátĭo. 합당한 이유(理由)/
Nihil quod est contra rationem est licitum.
이성(이치)에 반하는 것은 결코 합법적인 것이 못된다.
[validus, 법률상 유효한 / licitus, 합법적인, 법률상으로 허가된,
actus illicitus sed validus, 합법적이 아니지만 법률상 유효한 행위]/
Quod non est licitum in lege, necessitas facit licitum.
법률상 불가한 것이라도 필요성이 있으면 가(可)한 것이 된다/
religio licita. 국가 공인의 종교, 허용된 종교.
lícĭum, -i, n. 끈 양털실, (피륙그물 따위의) 씨(줄), 실, 줄
lictor, -óris, m. (고대 Roma의) 고관 앞에 서서 고관의
권위를 표시하는 표식인 권표(權標, fasces)를 들고 다니던
길라잡이(길나장이),
Lictóres consúlibus appárent.
호위병들이 집정관들의 앞장을 서서 간다.
lícui, "líquĕo"의 단순과거(pf.=perfectum)
lícŭit, "lícet¹"의 단순과거(pf.=perfectum)
lĭen, -énis(liénis, -is) m. (解) 비장(脾臟), 지라
lienósus, -a, -um, adj. (lien)
비장(지라)에 관한, 비장병(脾臟病) 환자의.
lientérĭa, -æ, f. (醫) 불완전 소화 설사
lientéricus, -a, -um, adj. 불완전 소화 설사병에 걸린
Liga Catholica. 가톨릭 동맹(1560년 이후 프랑스에서 일어났던
치열한 종교전쟁 때 프로테스탄트에 대항하기 위해 De Guise 가문이 조직한
가톨릭 당파…. 백민관 신부 엮음, 백과사전 2, p.551).
Liga Sancta. 신성동맹
ligámen, -mǐnis(=ligaméntum, -i) n. (ligo¹)
(노)끈, 줄; 띠, 붕대, 유대, 사슬; 인연, 연줄, 결연.
(解.動) 인대(靭帶-척추동물의 뼈와 뼈를 잇는 끈 모양의 결합 조직).
impediméntum ligáminis. (教法.倫神)
기혼 장애, 혼인 유대 장애.
ligátĭo, -ónis, f. (ligo¹) 잡아 맴, 붙들어 맴, 붕대를 처맴
ligatúra, -æ, f. (ligo¹) 끈, 띠, 묶음, 잡아맨 것.
잡아매는 실, 연결시키는 것.
Ligdus, -i, m. Creta 섬사람, Iphis의 아버지
Liger, -ĕris, m. Gállia Transalpína의 제일 큰 강(現 Loire 강).
Liger creverat, ut omnino vado non posset transiri.
어느 여울도 건널 수 없을 정도로 리게르 강물이 불었다.
lignárĭus, -a, -um, adj. 목재의, 목재에 관한.
f. 나뭇광, 나무 창고(倉庫)
m. 목수, 목공, 벌목하는 사람, 나무꾼, 나무패는 사람.
lignátĭo, -ónis, f. (lignor) 땔나무를 해옴, 재목 벌채
lignátor, -óris, m. (lignor) 나무꾼, 나무하는 군인
lignéŏlus, -a, -um, adj. dim. (lígneus) 나무토막의
lignêus, -a, -um, adj. (lignum)
나무의, 나무로 된, 나무 같은, 목질(木質)의.
lignor, -átus sum, -ári, dep., intr. (lignum)
나무하러 가다; 재목을 모아들이다.
lignósus, -a, -um, adj. (lignum)

목질(木質)의, 목재의, 나무로 된, 나무 같은.
lignum, -i, n. 장작(통나무를 잘라서 쪼갠 땔나무), 화목(火木), 목재(木材), 재목, 칠판, 올리브의 씨, 수목(樹木).
ignem ex lignis virídibus fácĭo.
생나무에서 불을 일으켜 내다/
Intúlimus lignum in ignem. 우리는 불에 나무를 집어넣었다.
lignum Crucis. 십자나무
lignum guajáci. (植) 유창목(癒瘡木-남가새과에 딸린 늘 푸른 큰키나무. 잎은 깃 모양의 겹잎, 꽃은 자줏빛 나는 남빛으로 가지 꼭대기에 모여서 핌. 재목은 갈록색을 띠며 몹시 단단하고 나무진이 많은 데, 나무는 차량재로 쓰이고 나무진은 매독(梅毒)의 약재로 쓰이며, 또 알코올에 녹여서 유창목 팅크를 만듦. 서인도 및 중미에 분포함).
lignum Scientiæ boni et mali.([영] tree of the knowledge of good and evil) 지선악과수, 선악을 아는 나무(창세 2, 9).
lignum vitæ* 생명나무(→생명의 나무.[영] tree of life)
lĭgo[1] -ávi, -átum, -áre, tr. **매다**(רטק.ריטק), **묶다**(רסא.ןתח.רקע.רטק.ריטק), 동이다, 동여매다, 잡아(비끄러) 매다, 처매다, 맺다, 잇다, 연결시키다, 결합시키다, 합치다, 붙어있게 하다.
et omne quod ad istud officium spectabit solvere poteris et ligare. 풀고 맺을 수 있는 바는 문지기로서의 직책에 해당하는 모든 것(성 염 옮김, 단테 제정론, p.175)/
in glácie pisces ligáti. 얼어붙은 물고기.
ligo[2] -ónis, f. 호미, 괭이, 곡괭이,
Ligóne terram fódere. 괭이(호미)로 땅을 파다.
(수단부사어는 무엇을 하기 위하여 사용하는 도구, 연장, 수단 따위를 표시하는 부사어이다. 수단으로 사용되는 것이 사람 이하의 물건인 경우에는 그냥 탈격을 쓴다. 이런 탈격을 수단 탈격이라고 한다).
lígŭla, -æ, f. dim. (lingua) 작은 혀, 갑각(岬角), 숟가락, 피리의 청, 작은 검(劍), (구두의) 손잡이 가죽고리.
ligulátus, -a, -um, adj. 협소한
ligúr(r)ĭo, -ívi(ĭi), -ítum, -ĭre, tr., intr. (lingo) 핥아보다, 살짝 맛보다, 핥다, 핥아먹다, 빨아먹다, 게걸스럽게 먹다, 몹시 탐내다.
ligur(r)ítĭo, -ónis, f. (ligúrio)
탐식([영] Gluttony), 식도락(食道樂). pl. 진수성찬.
ligur(r)ítor, -óris, m. 미식가, 탐식가(貪食家)
ligústrum, -i, n. (植) 쥐똥나무
liliáceæ, -árum, f., pl. (植) 백합과 식물(植物)
liliácĕus, -a, -um, adj. (lílium) 백합의
Lílĭales, -ĭum, f., pl. (植) 백합목
liliátus, -a, -um, adj. (lílium) 백합꽃으로 꾸민
liliétum, -i, n. 백합꽃밭, 백합화단, 나리꽃밭
Liliifloræ, -árum, f., pl. (植) 백합목
lílĭum, -i, n. (植) 백합(화), 나리꽃
Lilĭum distichum. 말나리
Lilĭum hansonii. 섬말 나리
Lilium inter spinas. 가시덤불 속의 백합화(헤르만 부센바움 지음)
Lilĭum lancifolĭum. 참나리
Lilĭum leichtlinii. 중나리
Lilĭum maculátum. 날개하늘나리
lĭma, -æ, f. 줄, 줄칼, 줄칼 질, (문장 따위의) 수정, 다듬음, 퇴고(推敲).
limácĕus, -a, -um, adj. (limus[2]) 진흙으로 만든
limátĭo, -ónis, f. (limo) 줄로 다듬음, 줄로 쓸어 작아지게(가늘어지게) 함.
limátŭlus, -a, -um, adj. dim. (limátus) 매끈하게 다듬은
limatúra, -æ, f. (=ramenta ferri)
줄밥(줄질할 때 줄에 쓸리어 떨어지는 부스러기).
limátus, -a, -um, p.p., a.p. (limo) 줄 칼질한, 완성한, 공들여 만든, 다듬은, 세련(洗練)된, 정제된.
lĭmax[1] -ácis, m., f. (蟲) 괄태충(括胎蟲-민달팽이), 민달팽이, 창녀(娼女). coclea nuda. 발가벗은 달팽이.
limax[2] -ácis, adj. 흘끗 하는, 흘끗 쳐다보는
limbátus, -a, -um, adj. 술로 꾸며진, 술을 단, 옷단을 장식한
limbolárĭus, -a, -um, adj. (limbus) 옷에 술을 다는 직공
limbus, -i, m. 가장자리, 옷단, 술(가마나 기, 띠, 보 따위의 둘레나 끝에 장식으로 다는 여러 가닥의 실), 리본([영] ribbon), 띠, 허리 띠, 땅의 끝, 해안선(海岸線), 수평선(水平線). (神) 고성소(古聖所), 림보([영] Limbo-고성소를 가리키는 말. 변방, 변경이란 뜻을 지닌 튜튼어Teutonic에서 유래. 림보에 관한 교리는 신학적인 의견이며 교회에서 정한 교리조항은 아니다).
limbus patrum. 고성소(古聖所)
limbus puerórum. 어린이들의 자연 복락소.
(세례 받지 못하고 죽은 어린이들의 자연 복락소).
lĭmen, limĭnis, n. (상.하)인방(引枋), **문턱**, **문지방**(드나드는 문에서, 양쪽 문설주 아래에 가로 댄 나무), 문, 출입문, 대문, 입구, 집, 주택, 경주(競走), 출발점, 처음, 시초, 시작, 출발, 끝, 마지막(ἔσχατος), 묘소(墓所).
in limine. 문턱에서, 입구에서/
in límine mortis. 죽음 일보 직전에/
offénso límine. 문턱에 걸려서/
Visitátio Líminum(ad Límina) Apostolórum.
베드로.바오로 사도의 묘소 방문,
주교들의 정기적인 보고를 겸한 교황청 예방(禮訪).
limen astrictum. 단단히 잠긴 문
limen intro. 문턱을 넘어 들어가다
limenárcha, -æ, m. 문지기, 수문장, 수위(守衛-문지기)
lĭmes, -mĭtis, m. (논.밭의) 두렁 길, 작은 길, **샛길**, 지름길; 길, 도로, 물길; 길게 끌려간 자리, 지경(地境), 경계(선), 국경, **한계**(限界), 한도(限度), 범위, 선(線).
lineárĭus limes. 샛길.
limígĕnus, -a, -um, adj. (limus[2]+gigno) 진흙에서 태어난
liminráris, -e, adj. (limen) 인방(引枋)의, 문턱의, 시초의
limitánĕus(=**limitánus**) -a, -um, adj.
경계선(境界線)에 접한, 국경(國境)의.
límĭtans, -ántis, p.prœs. (límito) (解) 분계(分界)…
limitátĭo, -ónis, f. (límito)
한계(지음), 경계(境界), 제한(制限), 한계(限界).
limitátor, -óris, m. (límito)
경계(한계) 긋는 사람, 측량사(測量士), 제한자(制限者)
límĭto, -ávi, -átum, -áre, tr. (limes) 경계를 긋다, **제한**(制限)**하다**, 국한(局限)시키다, **한정**(限定)**하다**.
Limnátis, -ĭdis, f. Diána의 별명
límnĭce, -es, f. (植) 글라디올러스([영] gladíolus)
limo, -ávi, -átum, -áre, tr. (lima) 줄칼로 쓸다, 문지르다, 날카롭게 하다, 뾰족하게 하다, 다듬다, 끝손질하다, 완성하다(כלל.גמר), 제거하다, 떼어내다, 줄이다, 자세히 조사하다, 검토하다, 탐구하다, 파헤치다.
limo se ad ***alqd***. 애써 무엇에 적응하다
limo, adv. 곁눈질로
limósus, -a, -um, adj. (limus[2]) 진흙의, 흙탕의, 진창의
limpídĭtas, -átis, f. (límpidus) 투명(透明), 맑음
límpĭdus, -a, -um, adj. 맑은, 투명한
límŭlus, -a, -um, adj. dim. (limus[1])
곁눈질하는, 흘끗 보는, 사시(斜視)의.
lĭmus[1] -a, -um, adj. 비스듬한, 비뚤어진, 사행(斜行)의, 곁눈의, 사팔눈의. adv. **limo**, 곁눈질로.
Aspicito limis óculis, ne ille sentĭat.
그가 눈치 채지 않도록 흘끔 보아라.
limus[2] -i, m. 진흙. limo terræ. 지상의 진흙/
Crateræ limus adhæsit. 물통에 진흙이 달라붙었다.
limus[3] -i, m. 앞치마, 자색 단 두른 치마(의 일종)
(희생동물을 잡는 제관 조수나 길나장이 등이 입던 치마).
Límyra, -æ, f. Lýcia의 도시
linaméntum, -i, n. (linum) 아마포 제품(製品)
linárĭa, -æ, f. 아마포 직조(織造) 여공, 아마포 공장
linárĭus, -i, m. (linum) 아마포 직조공, 아마포 상인
linctum, "lingo"의 목적분사(sup.=supínum)
linctus, -us, m. (lingo) 핥음
línĕa, -æ, f. (linum) 실, 아마사(亞麻糸), 아마 섬유, 낚시 줄, 그물 실, 그물, (목수.석공의) **먹줄**, 끈, 노끈, 밧줄, 선(線), 직선, 줄, 금, (글의) 행(行), 한 줄, (경주의) 출발점(의 선); 결승선, 경계선, 한계선, 계보(系譜), 계도, 가계, 소묘(素描), 진로(進路), 길.
Nulla dies sine linea. 줄 없이 어떤 날도 없다.
하루에 한 줄이라도 읽지 (쓰지, 그리지) 않는 날이 없어야/
umbra hominis lineis circumducta.
선으로 둘러 그려진 사람 그림자.

L

linea collaterális. 방계혈족(傍系血族)

linea finális. 종지선(終止線)

linea obliqua. 사선(斜線-비스듬하게 그은 줄)

linea recta. 직계 혈족(直系 血族)

lineális, -e, adj. (línea) 선(線)의, 줄의

lineaméntum, -i, n. (línea) (그어놓은) 선(線), 금, 소묘(素描), 윤곽(輪廓), 초안(草案), 개요(槪要), 외형, 얼굴 생김새, 용모, 특징, 특색, 의제대개요(議題槪要).

lineamentum Labóris. 의안집(Instrumentum Labóris)

lineáris, -e, adj. (línea) 선(線)의, 직선의

lineárĭus, -a, -um, adj. (línea) 선(線)의, 줄의

lineárĭus limes. 샛길

lineátĭo, -ónis, f. (líneo) 선을 그음, 선을 그어 나눔, 구획(區劃), 선(線); 윤곽(輪廓-둘레의 선. 테두리).

líněo, -ávi, -átum, -áre, tr. (línea) (나란히) 줄지어 놓다, 일직선이 되게 하다, 줄치다, 선을 긋다, 선으로 그리다.

linéŏla, -æ, f. dim. (línea) 작은 줄, (글의) 행(行-책의 한 줄)

líněus, -a, -um, adj. (linum) 아마의, 아마로 만든, 아마포의, n., pl. 아마포로 만든 옷.

lingo, linxi, linctum, -ĕre, tr. 핥다, 핥아 먹다

lingua, -æ, f. 혀(organum óris), 혀 모양으로 생긴 것, 말, 언사(言辭), 언어(言語.⑨ Language), 용어(用語), 변설, 웅변, (한나라.민족의) 언어, 국어, 한국말, 조선어, 사투리, 방언, 동물들의 (목)소리, 피리의 청, 갑각(岬角).

compresus linguam *alci.* 혀를 놀리지 못하게 하다/

De descensione Domini ad confundendam linguam ædificantium turrem. 탑을 세우는 사람들 사이에 내려와 언어를 혼란하게 만든 주님의 내림.(신국론, p.2800)/

De diversitate linguarum, qua societas hominum dirimitur, et de miseria bellorum, etiam quæ justa dicuntur. 인간사회를 파괴하는 언어의 차이와 의로운 전쟁이라도 비참하기는 마찬가지인 전쟁의 비참함(신국론, p.2816)/

De elegantiis linguæ latinæ. 라틴어의 우아성(Laurentius Valla 지음)/

De lingua Latina. 나전어론(Marcus Terentius Varro지음, BC 116∼27)/

dispertitæ linquæ. 갈라진 말들/

dives lingua. 말 잘하는 혀/

Ex lingua stulta veniunt incommoda multa. 많은 화(禍)는 어리석은 혀에서 온다/

Et ne forte ipsæ linguæ venerunt ad unum locum, et non potius donum Christi venit ad omnes linguas. 언어들이 한 장소에 모인 것이 아니라, 오히려 그리스도의 선물이 모든 언어들에게 온 것입니다.
(최익철 신부 옮김, 요한 서간 강해, p.119)/

faveo linguis(linguā, ore, ánimis) 경건한 침묵을 지키다, 주례자의 예식(기도) 진행에 정신 차려 따라가다/

Felix lingua quæ non novit nisi de divinis habēre sermonem. 하느님의 일 이외에는 말하지 아니하는 입은 복되도다(성 예로니모)/

hæsito linguā. 말을 더듬다/

homo acidæ linguæ. 독설가(毒舌家)/

homo loquens et traditionális. 언어적이고 전통적인 사람/

in ore sita lingua. 입안에 있는 혀/

In ore spumas ágere. 거품을 품다(지랄다)/

infríngo linguam. 말을 더듬다/

linguæ articŭlátæ. 분절된 언어/

Linguæ latínæ stúdeo. 나는 라틴어를 공부 한다/

linguæ solutio. 청산유수(靑山流水), 달변(達辯-能辯, sertitudo, -dinis, f.)/

linguæ tempera. 말을 조심하라/

linguam continére. 말조심하다, 말을 안 하다/

linguam præcido. 말을 못하게 하다/

linguam promo. 혀를 내밀다/

linguárum notítia. 언어의 지식/

linguas Ætólórum retundo. Ætólia인들을 침묵케 하다/

Linguis micat ore trisulcis. 뱀이 입에서 세 갈래 혀를 날름거린다/

Maior est machæra linguæ quam ferri. '혀 칼'이 '쇠 칼'

보다 더 날카로운 법입니다(최익철 신부 옮김, 요한 서간 강해, p.463)/

Mihi videtur fore, ut linguam Latinam bene discas. 나는 네가 라틴어를 잘 배울 것으로 생각 한다/

Mors et vita in manibus linguæ. 죽음과 삶이 혀에 달려 있다(잠언 18. 21 참조)/

Nemo adtendat linguas, sed facta et cor. 그 누구도 말에 귀 기울이지 말고, 그 행동과 마음을 보십시오/

Non diligamus verbo neque lingua, sed opere et veritate. 말과 혀로 사랑하지 말고 행동으로 진리 안에서 사랑 합시다/

O lingua benedicta, Quæ Dominum Semper benedixisti et alios benedicere docuisti:

nunc perspicue cernitur quanti meriti fueris apud Deum. 늘 주님을 찬미하고 다른 이들도 찬미하도록 하신 오 거룩한 혀여, 하느님 앞에서 얼마나 큰 공을 세웠는지 지금 분명히 드러납니다.(성 안토니오가 돌아간 후에 그의 혀가 부패되지 않았기 때문에 이런 찬미의 기도를 바쳤다. 보나벤뚜라 성인이 안토니오 성인을 찬미한 글로 유럽에서 발행된 우표 뒷면에 인쇄되었다)/

occludo linquam. 말을 못하게 하다/

Os iusti germinabit sapientiam, lingua prava abscindetur. (sto,ma dikai,ou avposta,zei sofi,an glw/ssa de avdi,kou evxolei/tai) (獨 Aus dem Munde des Gerechten sprießt Weisheit; aber die falsche Zunge wird ausgerottet) (⑨ The mouth of the just yields wisdom, but the perverse tongue will be cut off) 의인의 입은 지혜를 내놓지만 사악한 혀는 잘려 나간다(성경 잠언 10. 31)/착한 사람의 입은 슬기를 내어도 거짓말을 일삼는 혀는 잘린다(공동번역)/

Pange lingua(聖 목요일 행렬 때 부르는 노래) 혀들아 찬미하라 (→ "내 입술이여 찬미하라")/

Prohibe linguam tuam a malo, et labia tua, ne loquantur dolum(⑨ Keep your tongue from evil, your lips from speaking lies) 네 혀는 악을, 네 입술은 거짓된 말을 조심 하여라(성경 시편 34. 14)/혀를 놀려 악한 말을 말고 입술을 놀려 거짓말을 마라(공동번역)/

Quod ea primitus lingua in usu hominum fuerit, quæ postea Hebræa ab Heber nomine nuncupata est, in cuius familia remansit, cum diversitas esset facta linguarum. 인간들이 최초로 사용한 언어는 후일 에벨의 이름을 따서 히브리어라 명명되었으며, 언어의 종류가 다양해졌지만 이 언어는 에벨의 집안에 존속되었다(신국론, p.2800)/

Quomodo clamat lingua? Dolet mihi. O lingua, quis te tetigit? quis percussit? quis stimulavit? quis pupugit? 혀는 뭐라고 외칩니까? '내가 아프다'고 합니다. 오, 혀야, 누가 너를 건드렸느냐? 누가 너를 때렸느냐? 누가 너를 찔렀느냐? 또 누가 너에게 상처를 입혔느냐?
(최익철 신부 옮김, 요한 서간 강해, p.457)/

simonía munus a lingua. 칭송, 구두 약속, 구두 추천/

Spiritus unus est, etsi codices duo, etsi ora duo, etsi linguæ duæ. 서로 다른 두 책에, 서로 다른 두 입으로, 서로 다른 두 혀로 쓰였지만 성령은 한 분이십니다/

Ubi ergo iam omnes linguæ sonabant, omnes linguæ creditur æ ostendebantur. 모든 언어가 울려 퍼진 이곳은 장차 모든 언어로 믿게 되리라는 것을 보여주셨습니다.
(최익철 신부 옮김, 요한 서간 강해, p.119)/

usus loquendi. 언어 사용습관/

ut non vacet linguæ nostræ semper de dilectione loqui. 우리의 혀는 늘 사랑에 대하여 말하고 있을 만큼 한가하지 않습니다.(최익철 신부 옮김, 요한 서간 강해, p.341)/

Venite, et descendentes confundamus ibi linguam eorum. 오너라. 우리 땅에 내려가서 그들의 말을 뒤섞어 놓자.
(교부문헌 총서 16, 신국론, p.1692)/

ventósa lingua. 쓸데없는 수다.

lingua Arabiaca. 아라비아어

lingua Aramaica. 아람어

lingua Armenica. 아르메니아어

lingua biblica. 성서의 언어(聖書 言語)

lingua Coreana. 한국어(韓國語)

lingua ecclesiastica(⑨ ecclesiastical languages) 전례용어, 교회용어(로마 가톨릭 교회의 공식 언어는 라틴어이다).

lingua Græca. 그리스어

lingua Hebraica. 히브리어

Lingua Latina.(⑨ Latin.獨 Latein) 라틴어
(인도게르만 어족의 하나로, 고대 로마에서 사용하던 언어. 지금은 사어가
되었으나, 이탈리아어.프랑스어.에스파냐어.포르투갈어.루마니아어 등
로망스 제어의 근원이 되었음. lingua Romana).
In universum petimus ut futuri sacerdotes, inde a
Seminarii tempore, ad Sanctam Missam Latine
intellegendam et celebrandam nec non ad Latinos textus
usurpandos et cantum Gregorianum adhibendum
instituantur. 더 일반적으로 말해서 저는 미래의 사제들이
신학생 때부터 라틴어 미사를 이해하고 거행하며 라틴어
본문을 활용하고 그레고리오 성가를 부르는 데 필요한
교육을 받기 바랍니다(2007.2.22. "Sacramentum Caritatis" 중에서).

Lingua Latina pro ordine Missæ.
미사통상문을 위한 라틴어.

lingua liturgiæ.(⑨ liturgical language/Language of the
Liturgy.獨 Liturgiesprache) 전례 언어.

lingua Parisiensis. 파리 대학인의 언어

lingua prodiga. 함부로 놀리는 혀

lingua vernacula(Vulgaris). 자국어

lingua vulgi. 대중적 단어

linguális, -e, adj. (lingua) ((解)) 혀의

linguárĭum, -i, n. (lingua) 함부로 말해서 무는 벌금

linguátus, -a, -um, adj. (lingua)
혀를 가진, 달변의, 능변의, 웅변의.

linguax, -ácis, adj. (lingua) 말 많은, 수다스러운

língŭla, -æ, f. lígŭla 숟가락, 작은 혀

lingulátus, -a, -um, adj. (língula) 혀 모양으로 생긴

linguósus, -a, -um, adj. (lingua)
말 많은, 수다스러운, 잘 지껄이는; 지저귀는.

līni, "līno"의 단순과거(pf.=perfectum)

linia… V. linea…

liníficus, -i, m. (linum, fácio) 아마포 직조자(織造者)

línĭger, -ěra, -ěrum, adj. (linum+gero⁴) 아마포 옷을 입은

liniméntum, -i, n. (藥) 도찰제(塗擦劑→찰제),
도포약(塗布藥→찰제), 바르는 약(藥),
찰제(擦劑→주로 연고로 된 약제로, 살갗에 발라 문질러 스며들게 하는 약).

línĭo, -ívi -ítum -íre, tr. (= lino)
무엇에(alqd) 무엇을(abl.) 바르다. 칠하다, 기름 바르다.

linítĭo, -ónis, f. (línio) 칠함, 문질러 바름

linítus, -us, m. (línio) 문질러 바름

līno, līvi(lēvi, līni), lītum, -ěre, tr.
(기름.약.도료 따위를) 바르다, 칠하다, 입히다, 씌우다,
(북북 그어) 지우다, 지워버리다, 말소하다, 더럽히다.
succis lino sagíttas. 화살에 독을 바르다.

lino fáciem. 얼굴 화장을 하다

lino medicaménta. 약을 바르다

linostémus(=linostímus) -a, -um, adj.
아마(亞麻)와 양모(羊毛) 혼방(混紡)의.

linquo, līqui, (lictum) -ěre, tr. (남겨 두고) 떠나다,
포기하다, 버리다, 버려두다, 끝내다, 그만두다.
impers. línquitur, ut… …것이 남아 있다/
pass. linqui (ánimo) 용기를(기운을) 잃다.

linteámen, -mĭnis(linteaméntum, -i) n. (línteum)
아마포(제품); 수선, 보자기.

linteámen altáris. 제대포(祭臺布.⑨ altar cloths)

lienteárĭus, -a, -um, adj. (línteum) 아마포에 관한;
수건의, 보자기의; m. 아마포(수건) 장수.

lienteátus, -a, -um, adj. (línteum) 아마포 옷을 입은

línteo, -ónis, m. 아마포 직조자(織造者)

lintéŏlum, -i, n. dim. (línteum) 작은 수건, 헝겊

linter(=lunter) -tris, f. 배, 거룻배(돛을 달지 않은 작은 배),
쪽배, 마상이(거룻배 따위의 작은 배나 통나무를 파서 만든 작은 배),
통나무통, 포도 운반통, 포도즙 짜는 통.
Lintribus afferúntur ónera et regerúntur.
거룻배로 짐들을 실어가고 실어오고 한다.

Lintérnum = Litérnum

línteum, -i, n. 아마포(亞麻布) 수건, 휘장, 돛(帆)

líntěus, -a, -um, adj. 아마포의

lintrárĭus, -i, m. (linter) (통나무배의) 사공(沙工)

lintrícŭlus, -i, m. dim. (linter) 쪽배

lintris, -is, f. 작은 배, 통나무 배

linum, -i, n. (植) 아마(亞麻), 아마 섬유, 삼실,
아마포, 서류 꿰매는 실, 낚시 줄, 휘장,
(사냥.물고기) 그물, 끈, 줄, 밧줄.
Sicut videmus per setam introduci linum, quando aliquid
suitur; seta prius intrat, sed nisi exeat, non succedit
linum. 바느질할 때 실이 바늘을 통하여 들어가는 것을
보게 됩니다. 바늘이 먼저 들어간 다음 나가지 않는다면
실이 따라 들어갈 수 없습니다.(최익철 신부 옮김, 요한 서간 강해, p.397).

Linus, -i, m. 리노.[제2대 교황. 초대 베드로가 순교한 67년부터 79년까지 재임.]

linxi, "lingo"의 단순과거(pf.=perfectum)

Liparis kumokiri. (植) 옥잠 난초

Liparis makinoana. (植) 나리 난초

Liparis nervosa. (植) 흑 난초

lipóma, -ātis, m. (醫) 지방종(脂肪腫)

lipothymía, -æ, f. (醫) 현휘졸도(眩暈卒倒)

líppĭo, -ívi -ítum -íre, intr. (lippus)
눈곱이 끼다, 눈이 침침하다.

lippitúdo, -dĭnis, f. (lippus) 눈곱 낌, 눈이 침침함,
진눈(눈병을 앓거나 하여 눈 가장자리가 짓무른 눈), 안구염(眼球炎),
삼눈(눈망울에 삼이 생겨 몹시 쑤시고 눈알이 붉어지는 병).

lippus, -a, -um, adj. 눈곱 낀, 진눈의, 눈물어린, 눈병 걸린,
눈이 침침하여 잘 보이지 않는, 한없이 눈물 흘리는.

lipsanothéca, -æ, f. 유물함(遺物函), 성물갑(聖物匣)

liquámen, -mĭnis(=liquaméntum, -i) n. (liquo)
액체, 즙, (끓여서 녹인) 동물의 지방(기름), 어즙(魚汁)

liquaminárĭus, -i, m. (liquámen) 어류즙 상인(商人)

liquátĭo, -ónis, f. (liquo) 녹임, 용해(鎔解)

liquatórĭum, -i, n. (liquo) 여과기(濾過器), 여과장치

liquefácĭo, -féci -fáctum -cěre, tr. (líqueo+fácio)
녹이다, 용해시키다, 액제가 되게 하다,
액화시키다, 물렁하게 하다, 약하게 하다.

liquefáctĭo, -ónis, f. (liquefácio) 액화(液化), 용해(鎔解)

liquefactívus, -a, -um, adj. (liquefácio)
녹이는, 유동체로 만드는 액화(液化)의.
liquefactiva virtus ignis. 불의 용해력(鎔解力).

liquefío, (-fis), fáctus sum, -íěri, pass. (liquefácio)
녹다, 용해하다, 액체가 되다.

liquens, -éntis, p.prœs.(líqueo, liquor⁴)
유동체의, 액체(상태)의.

líquěo, -qui(-cŭi), -ére, intr. 녹은 (액체) 상태에 있다,
녹아 있다, 유동체이다, 맑다, 투명하다, 명료하다.
분명하다, 자명하다.
Hoc non liquet. 이것이 분명치 않다/
res liquéntes. 액체(液體)/
Te liquet esse meum. 네가 내편인 것은 뻔하다.

liquésco, (lícŭi), -ěre, intr., inch. (líqueo) 녹다,
액체가 되다, 여자같이 되다, 나약해지다, 사라지다.

liquet, (liquébat), quit, -ére, impers. V. líquo 2.,
Hoc non liquet. 이것은 분명하지 않다/
Non liquet. 재판 불능(적용할 법이 없거나 적용법규가 불분명하여
실제적 결론을 내릴 수 없는 경우)

līqui, "líquěo"의 단순과거(pf.=perfectum)

Liquidambar orientális. (植) 풍나무

liquíditas, -átis, f. (líquidus) 유동성, 소리의 맑음

liquidiúscŭlus, -a, -um, adj. dim. (líquidus)
좀 부드러운, 나긋나긋한.

líquĭdum, -i, n. 유동체(流動體), 액체(液體), 정확,
명확, 명백, 자명(증명이나 설명의 필요 없이 그 자체만으로 명백함)

líquĭdus, -a, -um, adj. (líqueo) 유동하는, 흐르는, 액체의,
유동의; 묽은, 맑은, 투명한, 밝은, 유창한, 거침없는,
청산유수의, 뻔한, 분명한, 확실한, 명확한, 고요한, 조용한.
(文法) 유음(流音)의.
adv. líquĭde, líquĭdo, líquĭdum.
devolet in terram liquidi color aureus ignis.

순수한 불길의 황금빛이 땅으로 날아 내린다/
homo religiosus. 순수한 종교인/
liquidi ignis. 순수한 불(성 염 지음, 사랑만이 진리를 깨닫게 한다. p.417).
lĭquo, -ávi, -átum, -áre, tr. 액체(液體)가 되게 하다, 녹이다, 용해(鎔解)하다, 거르다, 여과(濾過)하다, 맑아지게 하다, 깨끗해지게 하다.
lĭquor[1] (-quĕris, -quĭtur), -qui, dep., intr. 흐르다, 녹다, 용해되어 있다, 사라지다, 없어지다.
lĭquor[2] -óris, m. (líqueo) 유동성(流動性), **액체**(液體), 유동체(流動體); 즙액(汁液), 분비액(分泌液), 알코올음료, **물**(水.מַיִם.ὕδωρ).
liquor Ríngeri. (醫) 링거액(Ringer액)
līra, -æ, f. 이랑, 밭고랑(밭이랑), 두둑(밭과 밭 사이의 경계를 이루는 두두룩하게 된 언덕. 밭두둑). Quinque autern novam liras 그 밖에 다섯 새 밭고랑
Liríŏpe, -es, f. 물의 요정, Narcíssus의 어머니
Līris, -is, m. Campánia와 경계선을 이루는 Látium의 강
līro, -ávi, -átum, -áre, tr. (lira) 이랑을 만들다
lis, litis(고어.f. stlis -ítis), f. (gen., pl. lítium), 말다툼, 언쟁, 논쟁, 분쟁(말썽을 일으키어 시끄럽고 복잡하게 다툼), 토론, 쟁의, 법적 다툼, 소송(訴訟), 쟁점(爭點), 소송사건, (사물의) 불일치, 상충(相衝-맞지 않고 서로 어긋남).
Lite pendente, nihil innovetur. 訴訟이 계속(심리) 되는 동안에는 아무 것도 혁신되지 못한다.
lis pendens. 소송 계속(訴訟係屬.獨 Rechtshængigkeit), 계류 중인 소송.
litábĭlis, -e, adj. (lito) 희생물(제물)로 적합한
litámen, -minis, n. 제물(祭物)
litanía, -æ* f. 기도(הְּפִלָּה.εὐχὴ.[영] prayer), 기원, 연송 호칭 청원기도(그리스 전례에서 많은 기원들을 연속적으로 하는 기도), 연송(連誦-대기원의 뜻을 가진 기도 형식으로 부제副祭들의 연송기도를 말한다. 이런 형식의 기도는 4세기 안티오키아에서 시작, 소아시아를 거쳐 콘스탄티노폴리스로 건너가 거기서부터 동방교회 전례에 퍼졌다…. 백민관 신부 엮음, 백과사전 1, p.954, 백과사전 2, p.559 참조).
pl. 호칭기도([영] Litanies), 도문(禱文) → 호칭기도.
Litaníæ Beatæ Mariæ.([영] Litany of Our Lady, Litany of Loreto). 성모 호칭 기도.
Litaniæ Lauretanæ([영] Litany of Loreto) 로레또의 성모 연송 호칭기도(古.聖母 德敍 禱文).
Litaniæ Majores. 대기도(大祈禱), 대기원제
Litaniæ majores. 삼천기도(三天祈禱.Rogátĭones).
Litaniæ Omnĭum Sanctórum.([영] Litany of the Saints) 모든 성인의 호칭기도(聖人 列品禱文).
Litaniæ SS. Nominis Jesu. 예수 성심 호칭기도
Litaniæ Sti. Joseph. 성 요셉 연송 호칭기도, 요셉 도문
litanĭum omnĭum sanctórum. 모든 성인의 호칭기도
litátĭo, -ónis, f. (lito) (희생물을 바쳐서 하는) 기원제, 길조를 비는 제사(祭祀).
litáto, adv. (lito) (희생제물의 내장을 관찰했을 때) 길조(吉兆)를 근거로, 길조가 있어.
litátor, -óris, m. (lito) 제사를 드려 속죄하는 사람, (하느님과 인간 사이의) 중재자.
lítĕra = **líttĕra**
lithárgyrm, -i, n.(=**lithárgyrm**, -i, m.) (化) 일산화연
Lithostrótos, -i, m. (히브리어 Gabbatha) Jerúsalem의 로마 총독관저 바깥마당의 돌 깔아 놓은 광장.
lithostrótus, -a, -um, adj. 네모난 작은 규격 돌을 깔아 놓은
lítĭcen, -cĭnis, m. (lítuus+cano) lítuus 나팔수
litigátĭo, -ónis, f. (lítigo) 싸움([영] Battle/Conflict), 다툼, 분쟁(紛爭), 소송(訴訟).
litigátor, -óris, m. (litigátrix, -ícis, f.) (lítigo) 싸우는(다투는.언쟁하는) 사람, 소송인(訴訟人).
litigátus, -us, m. (lítigo) 싸움([영] Battle), 다툼, 소송
litigiósus, -a, -um, adj. (litígium) 싸움(다투기) 잘하는, 툭하면 싸우는, 싸움(소송)을 좋아하는, 싸움판의, 언쟁의, (사건 따위가) 싸움(분쟁) 중인, 계쟁(係爭)의.
litígĭum, -i, n. 말다툼, 논쟁, 분쟁, 언쟁.
ad tollendum litigium. 쟁점을 해소시킴으로써.
lítĭgo, -ávi, -átum, -áre, tr. (lis+ago) 논쟁하다, 다투다, 싸우다, 언쟁하다, 소송하다(κατηγορὲιν).
Duobus litigantibus, tertius gaudet. 둘이 다투면 제삼자가 즐거워한다/
Ille blanditur ut decipiat, iste litigat ut corrigat. 이 사람은 속이려고 살갑게 굴고, 저 사람은 바로 잡으려고 다툽니다.(최익철 신부 옮김, 요한 서간 강해, p.451).
litis æstimatio. 쟁송의 손해 평가(산정)
litis consortes. 공동 소송
litis horor ne insonet. 싸움이라는 무서움이 들리지 않도록(성 목요일 찬미가 중).
litis instantĭa. 소송의 시행(訴訟 施行)
lĭto, -ávi, -átum, -áre, tr., intr. 희생물을 잡다(도살하다), 신에게 희생물을 바쳐 (吉兆가 나타나도록) 제사지내다, (신에게) 제물(祭物)을 바치다, **제사**(祭祀) **드리다**, (제물.제사가) 좋은 징조를 드러내다(나타내다), 만족시키다, 바치다, 헌정(獻呈-물품을 바침)하다.
Ab collégā litátum est. 동료의 제사가 길조를 가져왔다/
sacris litátis. (신의 마음에 드는) 제물을 바치고/
Víctima litávit. 제물이 길조를 나타냈다.
lito sacrum. 미사성제를 드리다
litorális, -e, adj. (litus[2]) 바닷가의, 해안의, 연안의
litorárĭus(=**litoráreus**) -a, -um, adj. (litus[2]) 바닷가의, 해안의, 해변의.
littera, -æ, f. 1. **글자**(말을 눈으로 볼 수 있도록 나타낸 기호), 문자(γρὰμμα), 자모(字母), 글씨 모양, 필적, 필법, 필치, 말, 말마디, 일언반구, 자구(字句), 문구(文句), 2. pl. tt. **편지**(便紙), 서신, 서간, 서한, 서장, **문서**, (각종) **서류**, 서면, 교서, 칙령(勅令), 공고문, 포고문, 기록(記錄), 문헌(文獻), 역사, 학문, 지식(知識), 문학.
A te bis, terve summum lítteras accépi. 내가 너한테 편지 받은 것은 두 번이나 많아야 세 번이다/
Accepi gaudium magnum e litteris tuis. 네 편지에서 내가 큰 기쁨을 얻었다/
ad lítteras scribéndas piger. 마지못해 쓰는 편지/
binæ lítteræ. 편지 두 장/
custodíre *alqd* lítteris. 무엇을 기록해서 보관하다/
De spiritu et littera. 영과 문자(412년 히포의 아우구스티노 지음)/
doceo *alqm* lítteras. 누구에게 글을 가르치다/
Dócui per lítteras, id nec opus esse. 나는 편지로 그것이 필요하지 않다는 것을 통지했다/
Ego minus sæpe do ad vos litteras quam possum. 너희한테는 내가 할 수 있는 것보다 덜 빈번하게(드물게) 편지를 보낸다/
Exstant lítteræ *alcjs*. 누구의 편지가 지금도 남아 있다/
falsæ litteræ. 위조된 편지/
fama ac litteris victoriam concelebro. 말과 글로 승리를 널리 알리다/
homo trium litterárum. 세 글자의 사람(fur) 즉 도둑/
humanæ litteræ. 인문학/
In schola sumus, ut litteris studeamus. 우리는 학문을 연구하기 위해 학교에 있다/
Institutiones Divinarum et Humanarum Litterarum. 하느님과 인간에 관한 학문의 설정/
litterárum distributor. 우편배달부(tabellárĭus, -i, m.)/
litterárum exemplum compónĕre. 서류(편지)의 원본을 작성하다/
Litteras a te dídici. 나는 당신한테 학문을 배웠습니다/
lítteras ad epístolam tuam rescríbo. 네 편지에 회답(回答)을 쓰다/
litteras nescíre. 무식(無識)하다/
lítteras réddere *alci*. 편지를 (어떤) 수신인에게 전해주다/
litteras mihi reddidit. 그가 내게 편지를 전해주었다/
Litteris a te erudítus sum. 나는 당신한테 학문을 배웠습니다/
Litteris absentes videmus. 우리는 글로써 멀리 있는 사람들을 본다/
Litteris Græcis juxta atque Latinis eruditus. 라틴말과 같은 정도로 희랍 말을 배운 사람/

L

Litteris recreor. 나는 문학으로 활력을 되찾는다/
lítteris se involvo. 공부에 열중하다/
Me levant tuæ lítteræ. 네 편지로 내가 힘을 얻는다/
Mihi uno die tres(lítteræ) sunt réddítæ, et quifem
abs te datæ. 나한테 편지가 하루에 세 통이나 그것도
  너한테서 보내온 세 통이 날아들었다(quidem 참조)/
Nihil ex istis locis litterárum afflúxit.
  그곳에서는 편지 한 장도 오지 않았다/
Otium sine litteris mors est.(성 염 지음. 고전 라틴어, p.86)
  문학이 없는 여가(餘暇)란 죽음과 마찬가지다/
parentes liberos docent litteras, jura leges.
  부모는 자녀에게 글과 법과 법률을 가르친다/
Pleni sunt omnes libri, plenæ sapientium voces, plena
exemplarum vetustas : quæ iacerent in tenebris omnia,
nisi litterarum lumen accederet.(Cicero). 온갖 책들이 널려
  있다. 현자들의 말이 널려 있다. 예사 사람들의 선량한
  모범이 널려 있다. 그렇지만 문학의 빛으로 비추어주지
  않으면 이 모든 것이 어둠 속에 묻혀 있을 것이다/
quadráta líttera. 대문자(quadrátus 참조)/
Quid tam bonum est quam litteris studĕre.
  공부하는 것보다 더 좋은 것이 무엇이냐?/
refusóriæ lítteræ. 반송장(返送狀)/
resólvo litteras. 편지를 뜯다/
trinæ lítteræ. 편지 석 장/
tríquĕtrus littera. 희랍글자 델타 Δ /
tuis lítteris rescríbo, 네 편지에 회답을 쓰다/
unæ litteræ. 편지 한 장/
universitas litterárum. 학문의 종합/
vespertínæ lítteræ. 밤에 받은 편지/
victríces lítteræ. 전승보(戰勝報).
Littera apostolicæ∗. 사도적 서한(→敎皇 敎書),
  교황교서(⑩ apostolic letter), 교황서한.
littera commendatítiæ. 추천장(推薦狀), 추천서
littera illegíbilis. 읽을 수 없는 글씨(토마스 아퀴나스 수사, p.50)
littera inintelligíbilis. 알아들을 수 없는 글씨,
  판독 불가능한 글자(토마스 아퀴나스 수사, p.50, p.184).
littera públicæ. 공문서, 대중편지
littera salutáris. 살려주는(구원의) 글자 즉 A.(재판관들의
  투표판에 새겨진 글자로서 "Absoólvo" '나는 사면 한다'의 약자(略字).
littera testimoniáles. 자격 증명서(資格 證明書),
  (수품 지원자에 대한 주교의) 품행 증명서(證明書).
littera tristis. 슬픈 글자 C.("Condémno" '나는 단죄 한다'의 약자).
lítteræ, -árum, f., pl. (복수에서는 단수보다 다른 뜻 더 가짐)
  글자들, 편지, 학문, 문학.
Lítteræ annuæ Japoniæ. 일본 예수회 연보(年譜)
lítteræ apocalypsis.(⑩ apocalyptic literature) 묵시문학
lítteræ apostolicæ commendatítiæ. 미사 거행 허가증
lítteræ apostolicæ dimissóriæ. 서품 허가서
lítteræ apostolicæ excardinationis. 교구 전출 허가서
lítteræ apostolicæ incardinationis. 교구 입적 허가서
lítteræ apostolicæ pacis. 화해 칙서
lítteræ apostolicæ pastorales. 사목 교서
lítteræ apostolicæ testimoniales. 수품 지원자 증명서
lítteræ assimulátæ. 복사한 편지
lítteræ Catholicæ 가톨릭 문학
lítteræ circuláres. 배정기(排定記)
  (본당 신부가 공소 방문 전 공소에 보내는 편지).
Lítteræ Circuláris∗ 회람(回覽, formális epistola)
lítteræ clausæ. 비공개 서한
lítteræ communicatoriæ. 공용 편지(grammata koinonika)
lítteræ consolatóriæ. 위문편지(慰問便紙)
lítteræ Cuneatæ. 설형문자(楔形文字.⑩ Cuneiforum.
  獨 Keilschrift). [고대 Akkad인(옛 바빌로니아 남부도시: 창세 10. 10)과
  Persia인들이 쓰던 문자. 이 문자는 Sumer(고대 바빌로니아 유프라테스 강
  남부인들이 발견하여 발전시킨 것으로 처음에는 그림 모양의 글자를 새겼고
  근동 지방에서 널리 사용되었다. 백민관 신부 엮음. 백과사전 1. p.766].
lítteræ dimissóriæ. 수품 허가서.(⑩ dimissorial letter)
lítteræ dimissóriæ generales. 일반 수품 허가서
lítteræ dimissóriæ speciales. 특별 수품 허가서

lítteræ divinæ. 거룩한 문학
lítteræ dominicales. 주일문자
lítteræ directoriæ. 지시서(指示書)
lítteræ divinæ. 거룩한 문학
Lítteræ Encyclicæ. 교황 회칙(敎皇 回勅)
lítteræ famíliáres. 가정 편지
lítteræ humanæ. 인간의 문학
lítteræ ignorábiles. 알아보지 못할 글자들
lítteræ Latinæ. 라틴문학(⑩ Latin literature)
lítteræ minutæ. 짧은 편지
lítteræ negotíales. 상용편지
lítteræ papales. 교황문서(⑩ Papal documents)
lítteræ pastorales. 사목교서(⑩ pastoral letters)
lítteræ patentes. 공개서한
lítteræ privatæ. 개인편지
lítteræ protectiónis. 보호장(保護狀)
lítteræ rabbi. 랍비문학(⑩ rabbinic literature)
lítteræ remissoriáles. 증인 심문 의뢰장
lítteræ refusóriæ. 반송장(返送狀)
lítteræ salutáres. 소생의 희망을 가지게 해주는 격려편지
lítteræ Testimoniales. 서품 자격 증명서(Can. 1050~1054)
lítteræ vespertínæ. 밤에 받은 편지
litterális, -e, adj. (líttera)
  글자의, 문서상의, 글자대로의; 편지의, 서신의.
  interpretatio litteralis. 자의적 해석.
litterárĭus, -a, -um, adj. (líttera) 글자에 관한, 문자의,
  글자 배우는(가르치는), 초보의, 문학의.
  institútio litterária. 초보 입문/
  sensus litterarius. 자구적 의미(교부시대 이래로 성경해석은 자의적
  의미sensus litterarius, 도덕적 의미sensus moralis, 우의적 의미sensus allegoricus,
  신비적 의미sensus mysticus로 구분한다. 성 염 옮김. 단테 제정론. pp.158~159).
litterárĭus ludus. 초등학교(생활)
litterátĭo, -ónis, f. (líttera) 문법 초보(공부)
litterátor, -óris, m. (líttera)
  아이들에게 읽고 쓰고 하는 법을 가르치는 선생,
  초등학교 교사, 문학 연구가, 문학자.
litteratórĭus, -a, -um, adj. (líttera) 문법에 관한, 학문의
litterátúra, -æ, f. (líttera) 습자, 글씨 쓰기, 자모(字母),
  알파벳(⑩ alphabet), 문법, 어학, 문학, 문예(文藝)
  문예작품, 학문, 학식(學識), 문학 연구, 저술.
litteratus, -a, -um, adj. (líttera) 글자로 표시된,
  문자로 쓴, 유식(有識)한, 학식 있는, 교양(敎養) 있는.
  servus litteratus. (도망치거나 훔친 죄로) 낙인찍힌 노예.
Litteris apostolicis, 교리위원회(1967.2.23. 훈령)
  백성을 위한 미사 거행의 의무(1970.7.25. 훈령).
Litteris encyclicis, 평신도 신분으로 돌아감(1971.1.13. 회람).
litterúla, -æ, f. 잔(작은) 글자.
  pl. (간단한) 편지, 엽서(葉書), 보잘 것 없는 학식.
littor… V. litior…
littus, líttŏris, n. 바닷가, 해안(海岸), 해변(海邊).
  aro littus. (해변을 갈다) 헛수고하다/
  In littus passim naves egérunt.
  사방에서 해변(海邊)으로 배들을 몰고 왔다.
Litúbĭum, -i, n. Ligúriadml 도시
lītum, "lino"의 목적분사(sup.=supínum)
litúra, -æ, f. (lino) 도료(塗料), 칠(漆), 삭제, 말소,
  (밀초 칠한 목판의) 글자를 몽개 지우거나 밀칠을 다시 함,
  (글씨 쓸 때의) 얼룩, 번진 오점.
liturgía, -æ, f. (⑩ Liturgy.獨 Liturgie/Gottesdienst)
  전례(그리스말 leitourgia에서 유래), 예전, 예배의식(禮拜儀式).
  Christus non loquitur præterito tempore sed nostro
  præsenti, dum Ipse in actione adest liturgica.
  그리스도께서는 전례 행위 안에 현존하시기에
  과거가 아니라 현재에서 말씀 하십니다/
  Confraternitas liturgiæ traditio Latini. 전통 라틴 전례회/
  exclusivum textuum biblicorum jus in liturgia.
  전례에서 성경 본문들의 배타성(排他性)/
  In terrena Liturgia cælestem illam prægustando

702

participamus. 우리는 이 지상의 전례에 참여할 때
천상의 전례를 미리 맛보고 그것에 참여하는 것이다/
Interpretátĭo liturgiæ(⑨ Interpretátĭon of the liturgy)
전례 해석/
liturgiæ silentii. 침묵의 전례(沈默 典禮)
Liturgiam cælestem celebrantes. 천상 전례의 거행자들
(⑨ Celebrants of the heavenly liturgy)/
utpote solemnis liturgiæ pars necessária.
장엄한 전례에서의 필연적 부분.
Liturgia Ambrosiana.(⑨ ritus mediolanensis.
⑨ milanese rite/Liturgy of Milan.獨 Mailändische
Liturgie) 밀라노 전례, 암브로시오 전례.
Liturgia Byzantina(⑨ Byzantine Rite) 비잔틴식 전례
Liturgia Carthusiana.(⑨ Carthusian Liturgy.
獨 Kartäuser) 카르투시오 전례.
Liturgia Chrysostomi(⑨ Liturgy of St. John Chrysostom
.獨 Chrysostomusliturgie) 크리소스토무스 전례.
Liturgia Clementis.(⑨ Liturgy of St. Clemens.
獨 Klementinische Liturgie) 클레멘스 전례.
Liturgia Concilii(⑨ Liturgy of the Council.
獨 Konzilsliturgie) 공의회 전례.
liturgia condenda. 입맛을 맞추어야 하는 전례
liturgia condita. 입맛을 맞춘 전례
Liturgia Curiæ Romanæ.(⑨ Liturgy of the Papal Court.
獨 Kurialritus) 교황청 전례.
Liturgia divina(=Cœlestis) 전능하신 지배자, 천상 예배로.
(천사, 예언자, 사도들에게 둘러싸인 성오님과 그리스도의 성화상. 동방미술).
liturgia et motus œcumenicus. 전례와 일치운동
liturgia et scientiæ humanæ. 전례와 인문학들
liturgia Eucharistica. 감사의 전례(⑨ Eucharistic liturgy),
성찬전례*(⑨ Eucharistic liturgy)/Liturgia sacrificale.
Liturgia Familiaris.(⑨ Liturgy in Family.
獨 Hausgottesdienst). 가정 전례
Liturgia Hebdomadæ Sanctæ. 성주간 예절.
Liturgia Horárum. 성무일도의 제2 표준판(1985.4.7. 교령),
시간전례(⑨ Liturgy of the Hours.獨 Stundengebet).
일과 전례경본(典禮經本), 일과 전례기도(典禮祈禱).
Thesaurus Liturgiæ Horarum Monasticæ.
수도회 시간 전례의 보고.
[해드거] 전 밤기도 혹은 독서의 기도 Matutinum.⑨ Matins.
(옛날에 밤에 바쳤다. 지금은 밤이나 낮 어느 때나
바칠 수 있다. "독서의 기도"라고 한다)/
아침 기도 초과경 Laudes.⑨ Lauds/
아침 6시 일시경 Hora prima.⑨ 영어 Prime/(제2차 바티칸
전례 개혁에 따라 더 이상 바쳐지지 않는다)/
아침 9시 삼시경 Hora tertia.⑨ Terce/
정오 12시 육시경 Hora sexta.⑨ Sext/
오후 3시 구시경 Hora nona.⑨ None/
해질 때 만과경(저녁기도) Vesperæ.⑨ Vespers/
잠자기 전 종과경 Completorium.⑨ Compline/
야과경 Nocturnus.⑨ nocturn(밤 기도는 3 nocturnus으로 구성되었다).
Liturgia Latina(⑨ Latin Liturgy.
獨 Lateinische Liturgien) 라틴 전례.
Liturgia mozarabica. 모자라빅 전례
Liturgia monastica.(⑨ Monastic Liturgy.
獨 Monastische Liturgie). 수도원 전례.
liturgia Natális Domini. 성탄전례
Liturgia pro pueris.(⑨ Litugy for Youth.
獨 Jugendgottesdienst) 청소년 전례.
liturgia occidentális.(⑨ western liturgy)
(로마교회의 예식) 서방전례.
Liturgia orientalis. 동방 교회 전례,
동방전례(⑨ Eastern liturgy)/ritus orientális.
liturgia, præcipua verbi Dei sedes.(⑨ The Liturgy,
Privileged Setting For The Word Of God).
전례, 하느님 말씀의 특전적 장소.
Liturgia Præsanctificatorum.(⑨ Liturgy of the
Presanctified.獨 Präsanktificatenliturgie).
미리 축성된 예물 전례.
Liturgia Romana. 로마 전례
Liturgia S. Basilii.(⑨ Liturgy of Saint Basil.
獨 Basiliusliturgie). 바실리오 전례.

Liturgia S. Jacobi. 야고보식 전례(그리스와 시리아어를 사용하는
고대 전례로서 예루살렘의 초대 주교이며, 주님의 형제인 사도 야고보의 이름으로
전통적으로 불리는 전례. 백민관 엮음, 백과사전 2, p.385).
Liturgia S. Chrysostomi. 크리소스토무스 전례
Liturgia sacrificale. 성찬 전례/Liturgia eucharistica.
liturgia sæcolaris. 세상의 전례
Liturgia semper reformanda. 전례는 항상 개혁되어야 한다.
Litugia sine sacerdote.(⑨ Liturgy without Presbyter.
獨 Priesterloser Gottesdienst) 사제 없는 전례.
Liturgia verbi* 말씀의 전례
(⑨ Liturgy of the Word.獨 Wortgottesdiens)
Una simul cum Synodo rogamus ut liturgia Verbi
semper debito modo paretur et agatur.
세계주교대의원회의와 함께 저도 말씀 전례를 언제나
신중하게 준비하고 거행하기를 부탁드립니다.
Liturgia Vetera Catholica.(⑨ Old Catholic Liturgy.
獨 Altkatholische Liturgie) 구(舊) 가톨릭 전례.
liturgica, -æ, f. (⑨ Liturgiology/Liturgics) 전례학
Liturgica celebratio opera totius Christi.(⑨ The
eucharistic celebration, the work of "Christus Totus")
전체 그리스도의 활동인 성찬례 거행.
Liturgica Reforma. (⑨ Reform of Liturgy.
獨 Liturgiereform) 전례 쇄신.
liturgicæ actiones. 전례 행위
Liturgicæ Instaurátiones,
전례 재건을 위한 지침[전례재건. 예부성 훈령. 1970.9.5. 경신성에서
반포한 훈령「전례 헌장의 올바른 이해에 관한 제3차 시행령」의 라틴어 제목
('전례 쇄신'을 뜻하는 라틴어 첫 두 단어이다. 문헌은 전례를 갱신해야 할 이유
를 전반적으로 검토하고 전례적 교리 교육의 필요성을 언급한다. 이 문헌은 예외
없이 모든 이가 규칙을 지켜야 하고 공적인 본문들의 변경, 삭제 또는 대체를
금하며(말씀 전례 중에 어떤 세속 본문도 사용될 수 없음) 주례자가 해야 할
부분(예를 들어 감사기도)을 회중이 해서는 안 된다고 경고한다. 또한 이 문헌은
여성들이 수행할 수 있는 기능을 열거한다. (1) 독서자 (2) 성가 선창자 (3)
해설자. (4) 안내인. 그러나 여자아이는 제대 복사를 할 수 없다고 못 박는다).
**Liturgicorum librorum observatio necnon signorum
copia.**(⑨ Respect for the liturgical books and the
richness of signs) 전례서와 풍요로운 표징에 대한 존중.
litúrgĭcus, -a, -um, adj. (liturgía) 전례의, 전례에 관한.
f. 전례학(⑨ Liturgiology/Liturgics), m. 전례학자.
annus liturgicus. 교회의 전례력/
Instructio de institutione liturgica in seminariis.
신학교에서 전례 양성에 관한 지침/
Instructio de musica sacra et liturgia.
성음악과 전례에 관한 훈령(1958년 교황 비오 12세)/
res liturgicæ. 전례(典禮).
liturgicus color.⑨ liturgical color.獨 Farben/liturgische)
전례 색(典禮 色), 제의의 빛깔.
liturgicus liber.(⑨ liturgical books.
獨 Bücher/liturgische) 전례서, 각종 전례서.
liturgiológia, -æ, f. 전례학(⑨ Liturgiology/Liturgics.
獨 Liturgiewissenschaft/Liturgik).
lītus[1] -a, -um, p.p. (lino)
litus[2] litŏris, n. 바닷가, 해변, 해안, 강가; 호숫가, 해안지방.
Hæc via fert ad litum. 이 길은 해변까지 이른다/
Hæc via fert ad litus. 이 길은 해변으로 나 있다/
Hæc via fertur ad litum. 이 길은 해변까지 뻗어 있다/
In litore quot conchæ, tot sunt in amore dolores!
바닷가에 조가비 숫자만큼이나 사랑에는 괴로움이 많아라.
litus[3] -us, m. 바름, 칠함
lítŭus, -i, m. 조점사의 (위가 구부러진) 지팡이,
(전장에서 쓰는) 나팔의 일종, cf. liticens).
livens, -éntis, p.prœs., a.p. (líveo) 검푸른, 질투하는
lívĕo, -ére, intr.
검푸르다; 멍이 들다, 부러워하다, 질투(嫉妬)하다.
livésco, -ĕre, intr. (líveo) 검푸르러지다, 부러워하다
**lívi, "līno"의 단순과거(pf.=perfectum)
Lívĭa, -æ, f. Calígula 황제의 비(妃)
livídŭlus, -a, -um, adj. dim. (lívidus) 약간 검푸른, 창백한
lívĭdus, -a, -um, adj. 창백한, 멍든; 샘내는, 질투하는
Lívĭus, -i, m. Roma인의 씨족명
Lívĭus Andronícus. Roma 최초의 비극시인(c. 278~204 A.C.),

L

Livius, tragoediarum scriptor, ob ingenii meritum a
Livio Salinatore libertate donatus est.
비극작가 리비우스는 그 재능으로 인해서 그의 주인 리비우스
살리나톨에게서 노예에서 해방되는 자유를 선사 받았다.

livor, -óris, m. 검푸름, 멍든 빛깔, 멍(타박상,맞거나 부딪혀서
피부 속에 퍼렇게 맺힌 피), 타박상(打撲傷), 질투(嫉妬),
샘(질투), 악의(惡意).⑨ malevolence), 심술궂음.

livor mortis. 사반(死斑)

lix, lícis, m. 재(잿물), 잿물("양잿물"의 준말)

lixa, -æ, m. 종군상인, 주보상인, 길나장이, 고관의 하인

lixívĭus, -a, -um, adj. (lix) 잿물의, f. 잿물("양잿물"의 준말)

lóbŭlus, -i, m. dim. (lobus) ((解)) 소엽(小葉)

lobulus aurículæ. 귓불(auricŭla infima)

lobus, -i, m. (호두.조개.계란 따위의) 껍질,
(누에) 고치; (콩) 꼬투리, 깍지. (解) …엽(葉).

loca, -órum, n., pl. (locus) 장소(場所.τόπος),
지형(地形), 지세(地勢-땅의 생긴 모양이나 형세), 지방,
나라(國家.ἔθνος.βασιλεία).
dígrédĭor e loco. 그곳에서 떠나다/
Index Locorum. 인용 색인/
loci sancti. 성역(holy places)/sanctuárĭum, -i, n.

Loca ad cultum celebradum.(⑨ Places for celebrating
divine worship). 예식을 거행하는 장소

loca æquálĭa. 평탄한 곳

loca aquiloni prona. 북향지방(北向地方)

loca calidiora peto. (새들이) 더 따뜻한 地方으로 날아가다

loca nullius ante trita solio. 전인미답의 땅

loca obsita virgultis. 잡목 숲이 우거진 곳

loca sacra 거룩한 장소(場所)

loca sunt temperátiora. 기후가 온화한 장소

loca terrárum. 지방, 장소, 지형

locális, -e, adj. (loco) 장소의, 장소에 관한; 지방의.
advérbium locále. 장소 부사/
interdictum locale. 지역적 금지 처벌.

locális indulgentĭa. 장소적 은사

localis motus. 장소 이동

localítas, -átis, f. (locális) 장소를 점유하는 성질

locárĭus, -a -um, adj. (loco) 세받는, 세놓는.
m. (극장에서 먼저 점령한) 자리 팔아먹는 사람.
n. (마구간을 포함함는) 여인숙 숙박료.

locátĭo, -ónis, f. 자리 잡음; **배치**(配置), 배열(配列),
위치 선정, 위치, 소재, **세놓음, 임대**, 임대계약.

locátĭo diuturna. 장기간의 임대

locatívus, -a, -um, adj. (loco) 장소의, 위치를 나타내는.
(文法) genetívus locativus.
장소(위치) 2격(속격), 지격(地格), 처격(處格).
e.g. humi. 땅바닥에.

locátor, -óris, m. (loco) 임대인(賃貸人), 세놓는 사람.

locátum, -i, n. (loco) 임대(賃貸), 대여, 임대 계약

locéllus, -i, m. dim. (locus) 작은 장소, 작은 상자, 향료 함

loci, -órum, m., pl. (책 속의) 군데, 대목

loci alieni. 신학 외적 원천(이성과 역사는 계시 내용을 설명하는
보조적 원천으로 신학 외적 원천이라 한다)

loci constituentes. 구성적 증천, 구성적 원천(어떤 신학 명제를
증명할 수 있는 구성적 요소가 되는 증거의 샘. 성서와 성전 등).

loci directivi. 지도적 증천(어떤 신학 명제가 성립되는 데 주도적
구실이 되는 원천. 교도직, 공의회, 교부, 신학자 등)

loci librórum. 책의 (어떤) 대목, 곳

loci proprii. 고유 증천, 고유 원천

loci stabilitas. 수도원 정주(定住), 수도원 재적(在籍)

loci theologici. 신학 논증의 원천[토마스 아퀴나스의 신학 전서의
내용을 따라 Melchior Cano(+1560)가 처음으로 사용한 신학 용어로서 그는
신학 명제를 증명하는 데 사용되는 기본 자료를 고유 증천 또는 제1차적 증천
(loci proprii 또는 primarii)과 비고유 증천 또는 제2차적 증천(loci improprii
또는 secundarii)으로 나누었다. 제1차적 증천은 성경, 성전, 교회의 교도권,
공의회, 교황의 결정사항, 교부, 신학자, 이렇게 7가지를 꼽고, 제2차적 증천
으로 인간 이성, 철학, 역사 3가지를 꼽았다. 이중에서 성경과 성전은 계시진리
를 구성하는 기본적 구성 원천(loci constituentes) 이고, 교회의 교도직,
공의회, 교부, 신학자 등은 계시를 설명하고 전해주는 지도적 원천(loci
directivi) 이며, 이성과 역사는 계시 내용을 설명하는 보조적 원천으로 신학
외적 원천(loci alieni)이라고 한다. 백민관 신부 엮음, 백과사전 2, p.571].

loco, -ávi, -átum, -áre, tr. (locus) 놓다, 두다, 배치하다,

자리 잡게 하다, 시집보내다, 출가시키다, 결혼시키다,
세놓다, 세 주다, 임대하다, (땅을) 소작 주다,
삯을 주고 일을 부탁하다(맡기다), 청부 맡기다.
apud gratos benefícia locáta.
고마운 줄 아는 사람들에게 베푼 은혜/
Habeo te (in) amici loco.
나는 너를 친구로 여긴다(삼는다, 가진다)
(loco는 가끔 "자리에. 대신에, …로서"의 뜻도 있다)/
illustriore loco natus. 명문가 출신(illustris 참조)/
membra suo quæque loco locáta.
각각 제자리에 놓인 사지(四肢)/
obscúro loco natus. 천민출생, 천민태생(obscurus 참조)/
suo quemque loco lápidem repono.
돌을 각각 제자리에 놓다.

loco citato. 같은 면에서, 상게서

Loco citato. 위의 인용문 중(sim. loc. cit. v. l. c.)

loco nomen. (남의 채무에 대하여) 보증서다, 담보하다

loco pecúniam. 돈을 쓰다, 소비하다, 빚 주다, 돈놀이하다

loco suo. 유리한 장소에

loco totius naturæ. 자연본성 전체의 자리

locomotívus, -a, -um, adj.
움직여 가는, 이동하는, 이행(移行)하는.

Locris, -ĭdis, f. 중부 희랍지방

loculaméntum, -i, n. (lóculus)
(벌집.비둘기 집 따위와 같이) 칸막이로 나란히 붙어 있는 상자,
(분류해 넣도록 되어있는) 책장, 궤, 함(函).

loculátus, -a, -um, adj. (lóculus) 촘촘히 칸막이한

loculósus, -a, -um, adj. (lóculus) 칸막이가 많은

lóculus, -i, m. dim. (locus) 작은 장소, 묘혈(墓穴), 관(棺),
칸막이한 양어장.닭장.외양간.동물의 우리,
벽감묘소[壁龕墓所. Catacomba 내의 묘소를 이렇게 불렀고, 이시모소
(biscomus), 삼시묘소(trisomus)가 있다. 때로는 고정 제대에 모신 성인 유해
안치소를 가리키기도 한다. 백민관 신부 엮음, 백과사전 2, p.572].
demitto nummum in lóculos. 돈을 궤 속에 던져 넣다.

lócúples, -étis, adj. (locus+pleo) 토지를 많이 가진,
재산 많은, 부자의, 부유한(רשע), 풍부한, 축복 받은,
믿을 수 있는, 신용할 만한, 확실한.

locupletátĭo, -ónis, f. (locupléto)
부유하게 함, 풍부(豊富), 풍요(豊饒).⑨ Fecundity).

locupletátĭo, -ónis, m. 풍부(豊富)

locupletátor, -óris, m. 부유(豊富) 하게 하는 사람

locupléto, -ávi, -átum, -áre, tr. (lócuples)
부유하게 하다, 가멸게 하다, 부자가 되게 하다.

locuplétus, -a, -um, adj. (abl.) 부유한, 부자의, 풍부한

locus, -i(고어.m. stlocus -i) m.
(소재지.위치 따위의 부사어에는 in 없이 탈격만 씀.
pl. 책의 대목 군데는 loci, -órum, m., 지리적인 장소는 loca, -órum, n.)
곳(τόπος), 자리, 장소(τόπος), 군데, 지형, 특정한 곳, 좌석,
제자리, 있어야 할 자리, 위치, 마을(κῶμη.κώμας-촌락),
동네, 지방, 밭, 묘지, 무덤, 문제(점), 주제, 때, 기회(機會),
(책.학문 따위의) 주요한 대목, 계제, 구실, 여지, 틈,
원인, 시점, 소용(닿음), 효력(效力), 작용, 힘, 적용,
용납(容納), 인정, 받아들임, 순위, 차례, 처지, 경우,
형편, 상황(狀況), 사정(事情), 입장, 조건, 신분,
지위, 계급, 가문, 대신, 대리, 대용(代用); (빈)자리,
aggeribus locus importunus. 제방을 쌓기에 불편한 장소/
angustiæ locórum. 옹색한 장소/
ascendo in altiórem locum(gradum).
더 높은 자리(지위)에 오르다/
dare respondéndi locum. 답변할 기회를 주다/
dáre suspicióni locum. 의심받을 여지가 있다/
dirigo se in alqm locum. 어디로 가다/
eódem loci(=eódem loco) 같은 곳에/
ex humili loco. 천한 가문에서/
ex inferióre loco dícere. (법정) 단하에서 변론하다/
ex superióre loco ágere. 연단에서 군중을 향해 발언하다/
frequéntia ædifíciis locus. 가득 들어선 지역/
habére alqm loco patris. 아무를 아버지로 삼다/
honésto loco natus. 양반 가문에서 난/

Hic locus acervis corporum et civium sanguine
redundavit. 여기는 시체더미로 가득 차고
시민들의 유혈이 낭자했던 곳이다/
Hic locus est ubi mors gaudet succurre vitæ.
여기는 죽음이 살아 있는 자를 기꺼이 도와주는 곳이다/
In eum res rédiit locum, ut sit necésse. 그 일은
그렇게 될 수밖에 없는 그런 형편에 이르러 있었다/
in locis disjunctíssimis. 가장 먼 곳에/
in loco Dei Patris. 하느님 아버지의 자리에서/
In loco parentis. 부모의 대리로서/
In omni loco oculi Domini contemplantur malos et
bonos. (evn panti. to,pwǀ ovfqalmoi. kuri,ou skopeu,ousin
kakou,j te kai. avgaqou,j) (獨 Die Augen des HERRN sind
an allen Orten, sie schauen auf Böse und Gute)
(㊟ The eyes of the LORD are in every place,
keeping watch on the evil and the good)
주님의 눈은 어디에나 계시어 악인도 선인도 살펴
신다(성경 잠언 15. 3)/야훼의 눈길은 안 미치는 데 없어,
좋은 사람 나쁜 사람 한결같이 살펴신다(공동번역)/
In quo igitur loco est? Credo equidem in capite.
그러니 그것은 어떤 장소에 있는가? (나는 그것이) 머리
속에도 있다고 믿는다(성 염 지음. 고전 라틴어, p.283)/
in summum locum ascéndere. 최고의 지위에 오르다/
infimo loco natus. 천한 가문에서 난/
insídĕo locum. 자리를 점유하다/
Legi locus est. 법이 유효하다(적용된다)/
loci theológici. 신학의 인식원천(認識源泉)/
loca communia. 공공장소(publicum, -i, n.)/
loca publica. 국도(via publica./publica, -æ, f.)/
loca sancta. 거룩한 곳/
loco obscúro ortus 비천한 가문의 태생/
locum capĕre. 자리를 잡다/
locum dare alci. 양보하다/
Locum non tenuit. 제자리를 지키지 못하였다/
locum religióne devincio. 장소를 신성하게(성역화)하다/
Nec quisquam locus est. 아무 자리도 없다/
Nihil ex istis locis litterárum affluxit.
그곳에서는 편지 한 장도 오지 않았다/
Nolite locum dáre diabolo.(mhde. di,dote to,pon twǀǀ diabo,lwǀ)
(獨 und gebt nicht Raum dem Teufel)
(㊟ and do not leave room for the devil)
악마에게 틈을 주지 마십시오(성경 에페 4. 27)
악마에게 발붙일 기회를 주지 마십시오(공동번역)
악마에게 틈을 주지 마시오(200주년 기념 신약성서)
pauro ultra eum locum.
이곳 너머 좀 저쪽으로(전진도 후퇴도 아닌)/
Sæpe in eum locum ventum est, ut…
가끔 …한 형편에 이르렀다/
secúndo loco. 둘째로, 두 번째 자리에/
Si vos in eo loco essetis, quid aliud fecissetis?
너희가 그 자리에 있었다면 달리 무엇을 했을까?/
Sum in ejus locum invitátus.
내가 그 사람 대신으로 초청되었다/
summo(ínfimo) loco natus. 귀족(천민) 출신/
Tactus locus indolescit. 닿은(만진) 자리가 아프다/
tempus et locum destino ad certámen.
대결할 시간과 장소를 확정하다.
locus ambobus placitus. 두 사람이 다 합의한 장소
Locus circumsonat ulŭlatibus.
그곳은 아우성 소리가 울려 퍼진다.
Locus classicus. 상습 인용구(常習 引用句)
locus directus. 절벽(絕壁)
Locus est némini. 아무에게도 용납되지 않는다
locus formárum. 형상들의 자리
locus late prospectans. 훤히 트여 있는 곳
Locus liturgicus.(㊟ Liturgical Place.獨 Ort liturgische)
전례의 장소.
Locus maxime idoneus castris est proximus mari.

요새에 가장 적합한 장소는 바다에 아주 가깝다.
locus opportunus ad eam rem. 그것에 알맞은 자리.
locus præsentiæ Spiritus Sancti. 성령 현존의 자리.
locus primordiale. 원래 자리
locus probándæ virtútis. 용기를 시험 해 볼 기회.
locus prodigus herbæ. 풀이 많이 나는 곳
Locus regit actum. 장소는 행위를 지배한다.
locus repositionis. 안식소(安息所)
locus (sacellum) repositiónis sanctissimi sacramenti*
수난감실(受難龕室.㊟ repository.古.무덤 제대.)
locus sacer. 거룩한 장소
locus singŭlaris. 혼자 사는 외딴 곳
locus stábilis. 견고한 자리
locus theologicus. 신학의 장
locústa¹ -æ. f. (蟲) 메뚜기(㊟ Grasshopper)
Omnes arbores tuas et fruges terræ tuæ locusta
consumet. (pa,nta ta. xu,lina, sou kai. ta. genh,mata th/j gh/j
sou evxanalw,sei h` evrusi,bh) (獨 Alle Bäume und Früchte
deines Landes wird das Ungeziefer fressen)
(㊟ Buzzing insects will infest all your trees and the
crops of your soil) 너희 땅의 나무와 열매는
모두 벌레가 차지하고 말 것이다(성경 신명 28. 42)/
너희가 가꾸는 나무나 밭에 익은 곡식은 해충이
모조리 갉아먹으리라(공동번역 신명 28. 42).
locústa² -æ. f. 독약에 정통한 유명한 여자(c. 50 P.C.)
locútĭo, -ónis. f. (loquor) 말, 말투, 말씨, 발음,
((神)) (들려온) 초자연적 말(생각), 선언(宣言)
De lingua et locutione. 혀와 언어에 대하여/
De interna Christi locutione ad animam fidelem.
충실한 영혼에게 이르시는 그리스도의 내적 말씀/
incarnatum in locutione hominum. 인간의 말로 육화 것/
Locutiones in Heptateuchum. 구약 칠경 강해(講解),
구약 칠경에 관한 질문.(419~420년 히포의 아우구스티노 지음)/
Qualis intellegenda sit esse locutio, qua Deus
angelis loquitur. 하느님이 천사들에게 말씀하시는
언어는 어떤 언어라고 생각해야 하는가(신국론. p.2800)/
Sed locutio est ad manifestandum alteri quod latet in
mente. 그런데 말이란 정신 안에 감춰져 있는 것을 타자
에게 현시(顯示)하기 위한 것이다(이상섭 옮김. 신학대전 14. p.233).
locutio angelorum. 천사의 말
locutio classica. 고전적 용어(선유의 천주사상과 제사문제 p153)
locutio Dei attestans. 믿을만한 하느님의 이야기
locutio divina scripta. 기록된 하느님의 말씀
Locutio enim est ad manifestandum aliquid alteri.
Sed angelus nihil potest manifestare Deo,
qui omnia novit. Ergo angelus non loquitur Deo.
사실 말은 타자에게 무언가를 현시(顯示)하기 위한 것이다.
그러나 천사는 모든 것을 알고 있는 하느님에게 아무것도
현시할 수 없다. 따라서 천사는 하느님에게 말을 하지
않는다.(이상섭 옮김. 신학대전 14. p.245).
locutio exterior. 외적인 말
locutio figurata. 표상적 언사, 표상적 어법
locutio interior. 내적인 말
locutio propria. 본의적 언사
locutio translata. 전의적 언사
Locútĭus, -i. m. = Aius (Ajus) Locútius
locútor, -óris. m. (loquor) 말하는 사람; 입빠른 사람
Locútus táceo. 나는 말하고 나서 입을 다문다(lŏquor 참조)
(주문의 시청 보다 먼저 된 것을 표시하기 위해서는 과거분사를 쓴다).
Locutusque est Dominus ad Moysen dicens.(lŏquor 참조)
(kai. evla,lhsen ku,rioj pro,j Mwush/n le,gwn)
(獨 Und der HERR redete mit Mose und sprach)
(㊟ The LORD said to Moses)
주님께서 모세에게 이르셨다(성경 레위 4. 1),
야훼께서 모세에게 말씀하셨다(공동번역 레위 4. 1).
lodícŭla, -æ. f. dim. (lodix) 작은 모포(毛布)
lŏdix, -icis. f. 모포(毛布), 이불
logárĭum, -i. n. 계산서(計算書)

logéum, -i, n. 공문서(chartŭla, -æ, f. 작은 공문서),
　기록(記錄.γραφή), 옛 기록(記錄).
logi, -órum, m., pl. (logos) 말, 말씀, 허튼 소리,
　엉터리 같은 소리, 우스갯소리, 농담(弄談), 동화,
　우화(ㄲㄲ-교훈적.풍자적인 내용을 동식물 등에 빗대어 엮은 이야기).
lógĭa, -órum, n., pl. 언설집(言說集)
Logia Jesu. 예수의 언행, 예수의 성언집, 어록, 로기아
　(그리스도의 어록. 성서 가운데 기록되어 있지 않은 예수의 말을 의미한다.
　1897년 이집트에서 발견된 2매의 papýrus 기록에 붙여진 이름).
lógĭca, -æ,(=logice, -es.) f. 논리학(⑨ logic-올바른 사고의
　형식 및 법칙을 연구하는 학문), 논리(論理), 논법(論法).
logica formális. 형식 논리학(⑨ formal logic)
Logica Ingredientibus. 논리학 입문
logica nova. 신 논리학, 새로운 논리학
logica vetus. 구 논리학
logicísmus, -i, m. 논리주의.
　(철학에서, 인식의 문제를 논리에 의존하여 구명하려는 처지).
lógĭcus, -a, -um, adj. 논리학적, 논리적, 논리상의, 논리에 맞는,
　evolutiónismus logicus. 논리적 진화론/
　instrumentum logicum. 논리적 도구(論理的 道具)/
　Logica ingredientibus. 초심자 논리학/
　Logica nostrorum. 우리의 논리학/
　Logicæ seu Philosophiæ Rationalis Elementa.
　논리 혹은 이성 철학의 초보(우바그스 1834년 지음)/
　Summa totius Logicæ. 전체 논리학 대전.
logísta, -æ, m. 회계원, 경리, 재경담당 공무원
logístĭca, -æ, f. 논리 계산, 기호 논리학, 계산법
lógĭum, -i, n. 신탁(神託), = logéum 기록, 공문서
Logos spermaticbos. 씨 뿌리는 말씀
Logos(=Logus, 그리스어) -i, m. (Latin어 verbum.⑨ Word)
　말, 말씀, (삼위일체의) 제2위, 성자, 성언(聖言), (哲) 이성.
　(우주의 구성원리.우주질서의 근본원리로서의) logos,
　로고스(ㄱㄱㄱ.אᴗᴣ.λóγος.⑨ logos).
　[로고스는 그리스어로서 매우 다양한 뜻을 지니고 있는데 단어, 말(話).
　논의, 설명, 이설, 평가, 셈이나 계산, 측정, 비례, 선언, 원리, 이성 등을 의미한다].
　[로고스는 원래 일상적인 용어였는데, 종교적인 의미로 사용되어 성서적인 전문
　용어가 되었다. 그러나 이 용어에 해당하는 구약성서의 용어로는 히브리어 다바르
　(dābār), 에메르(ʹemer), 이므라(ʹimrāh), 밀라(millāh) 등을 들 수 있다. 이 용어들
　가운데 다바르가 로고스에 가장 가까운 뜻으로 이해된다. 그런데 70인역 성서
　에서는 다바르가 그리스어 레마(ῥῆμα)로도 번역된다. 즉 다바르가 로고스와
　레마로 번역되어 이 두 낱말이 동일한 뜻으로 혼용된다. 통계적인 자료에 의하면,
　레마는 모세오경과 역사서에서, 로고스는 예언서와 지혜문학에서 주로 사용된다.
　신학전망 제103호. 로고스의 성서적 개념에 관한 고찰, 이영헌, pp.70~85 참조].
illa est veritas, quæ id implere potuit et id esse, quod
illud est.(=logus) 일자를 성취할 수 있었고 일자가 갖춘
　그 존재가 된 데에 진리가 있다/
Spei "Logon" mundo nuntiare.
　(⑨ Proclaiming to the world the "Logos" of hope).
　세상에 희망의 "로고스"를 선포함/
veritas forma verorum est.(=logus) 진실한 것들의 형상.
　(성 염 지음. 사랑만이 진리를 깨닫게 한다. p.54).
logothéta, -æ, m. 사무장(事務長)
loliáceus, -a, -um, adj. (lólium) 가라지의, 독보리의
lolígo(=lollígo) -gĭnis, f. 오징어
loligúncŭla(=lolligúncŭla) -æ, f. (lolígo)
　(魚) 작은 오징어, 꼴뚜기.
lólĭum, -i, n. (植) 가라지, 바랭이(볏과의 일년초. 밭에 많이 나는 잡초)
lolĭum temulentum (植) 독보리
loméntum, -i, n. ((lotus)) 1. (피부의 주름을 없애는 화장품
　의 일종인) 잠두 콩가루, 세제(洗劑). 2. 정화수단(방법).
lonchus, -i, m. 창(槍)
Londínĭum, -i, n. (영국의) 런던(London)
longa et subtilis inquisitio. 힘겹고 고된 탐구
longa návis impávida. 전투함(戰鬪艦)
longǽvĭtas, -átis, f. (longǽvus) 장수(長壽),
　고령(高齡, senectus provecta).
longǽvus, -a, -um, adj. (longus+ǽvum)
　나이 많은, 늙은, 고령의, 장수의, 오래 사는, 오래된.
longánĭmis, -e, adj. (longus+ánimus), 관대한, 참을성 있는
longanimitas, -átis, f. (longánĭmis)(항구심, 희망을 가지고 참음.
　인내는 성령의 9가지 열매 중 하나로서 갈라5, 22) 희망을 내다보는 끈끈라라
　할 수 있다. 따라서 인내는 인고(Patientia)와 항심(perseverance)을 겸비한다.

너그러움(어짐.⑨ Gentleness), 인내,(⑨ Patience), 인고,
　참을성, 관대(συνκατάβασις.마음이 너그럽고 큼), 관용(寬容).
lóngăno, -ónis, m. (解) 직장(直腸), 순대
lóngănon, -i, n. (解) 직장(直腸), 순대
lóngăvo, -ónis, m. (解) 직장(直腸), 순대
lóngăvus, -i, n. (解) 직장(直腸), 순대
longe, adv. (longus) 길게, 멀리, 오래, 장구하게,
　오랜만에, 아주, 매우, 훨씬.
　eloquéntia, unde(=a quā) longe absum.
　나와는 거리가 먼 웅변(雄辯)/
　labi lóngius. (주제에서) 너무 멀리 나갔다/
　lóngius anno. 1년 이상.
　Ubi fuit Sulla? Num Romæ? Sulla는 어디 있었니? 로마에?
　Immo longe ab fuit. 아니, 오히려 멀리 떠나가 있었다.
longe abésse. 멀리 떨어져 있다
longe eloquentíssimus. 최대의 웅변가
longe in altum abscédo 멀리 깊은 바다로 가버리다
longe mélior. 훨씬 나은
longe terrárum. 세상 먼 곳에
longínquĭtas, -átis, f. (longinquus)
　길이, 거리, 원거리, 동안, 소요시간(所要時間).
longínquus, -a, -um, adj. (longus) 멀리 있는(떨어진),
　긴, 먼, 먼 지방의, 외국의, 타국에서 온, 길지 못하는,
　멀리 지내는, (시간적) 먼, 오랜, 오래 된, 장구한,
　오래 걸리는(가는), 장기(長期)의; 옛, 나중의.
　ex longínquo. 멀리서(eminus, adv.)/
　longínqua.(m., pl.) 먼 지방.
longior, -or -us, adj. longus, -a, -um의 비교급.
　Longiorem orationem causa forsitan postulet.
　사안이 혹시 꽤 긴 연설을 필요로 할지도 모른다.
longíssimus, -a, -um, adj. longus, -a, -um의 최상급.
　Confer ætátem nostram longíssimam cum æternatáte,
　brevíssima tibi vidébitur. 우리의 가장 긴 나이라도 영원에
　다 비교해 보아라. 그것은 너에게 아주 짧은 것으로 보이리라.
longitudinális, -e, adj. (longitúdo)
　세로의, 날줄의, 경도(經度)의, 종적(縱的)인.
longitúdo, -dĭnis, f. (longus) 길이, 거리("길거리"의 준말),
　(시간적) 길이, 기간, 장기(長期), 경도(經度).
　in longitúdinem diérum. 영구히, 영원히.
longitúdo sex pedum. 여섯 자 길이
　[연장(exténsio:즉 길이, 넓이. 깊이 등)을 표시하는 명사에는 측정의
　표준 단위 명에 측정의 수(기본수사)를 붙인 형용 속격을 붙여준다]
Longitudo refert. 길이가 문제가 된다
longitúrnĭtas, -átis, f. 오랜 세월, 장기간, 장수(長壽)
longitúrnus, -a, -um, adj. (longus) 장기간의, 오랜 세월의.
longius, adv. 길게 멀리
longiúscŭlus, -a, -um, adj. dim. (longus, lóngior)
　약간 긴, 약간 오래 걸리는.
　Hæc dixi, fratres, et longiuscule:
　Si enim caritas nulla est in vobis, nihil diximus.
　형제 여러분 길게 말씀드렸습니다만, 여러분 안에 사랑이
　전혀 없다면, 저는 아무 말도 하지 않았을 것입니다.
longo, -áre, tr. (longus)
　길게 하다; 오래 가게 하다, 장기화하다.
Longobárdi = Langobárdi
lóngŭlus, -a, -um, adj. dim. (longus) 좀 먼, 좀 긴.
longum, -i, n. 긴 것; 먼 거리, 먼 곳; 오랜 시간
longúrĭo, -ónis, m. 키다리
longúrĭus, -i, m. 장대(긴 막대), 막대기
longus, -a, -um, adj. 긴, 기다란, 길이를 가진, 길이의,
　먼, 원격(遠隔)한, 넓은, 오랜, 오래 걸리는, 지루한,
　adv. longe, longum.
　fessi utpote longum carpéntes iter.
　기나긴 여행을 해서 지친/
　Hæc via est magis longa quam lata.
　이 길은 넓다기 보다는 (차라리) 긴 편이다/
　in quáttuor pedes longus. 길이가 넉자 되는/
　post longa siléntia rursus inchoo.

오랜 침묵 끝에 다시 논의하기 시작하다/
longa návis impávida. 전투함(戰鬪艦)/
longi ante. adv. 오래 전에/
longis temporibus ante. 오래 전에/
navis longa. 군함(軍艦)/
non ita longa disputátio. 그다지 길지 않은 토론/
umbílicus septem pedes longus.
일곱 자 길이의 권축(卷軸)/
Veste virum longā dissimŭlátus erat.
그는 긴 옷으로 자기가 남자인 것을 숨기고 있었다.
lŏpas(=lepas), -ādis, f. (魚) 전복(全鰒), 소라
Lopez. 로페즈 [중국명: 나봉조 羅文藻 Gregorius Lopez. (1611~1691년).
최초의 중국인? 출신 유학자는 동안 도미니꼬회 입회(1651년). 1656년
최초의 중국인사제로 서품. 프랑스 주교들의 추천으로 남경의 주교로 임명
되었으나 활동의 자유가 없어진다는 이유로 거절. 1685년 끝내 칸통에서 주교로
서품되었다. 후에 남경 주교로 승진되었지만 부임하지 못하고 선종하였다.
백민관 신부 엮음, 백과사전 2, p.578].
loquácĭtas, -átis, f. (loquax) 잘 지껄임, 수다스러움
Loquar jam.(jam 참조) 이제는 말하겠다.
Loquax credit, suum semper esse loqui. 수다쟁이는,
말은 언제나 자기가 해야 되는 것으로 알고 있다.
loquax, -ácis, adj. 수다스러운, 말 많은, 재잘거리는, 우짖는,
지저귀는, (새.개구리 따위가) 시끄럽게 우는, 짹짹거리는.
loquéla, -æ, f. (loquor) 말(λόγος.ρῆμα-言), 말씨,
말투, 말마디, 언어(⑨ Language), 방언(方言).
Liber de loquela per gestum digitorum. 수화론/
Loquelæ quæstio. 언어의 문제.
loquendi elegántĭa. 품위 있는 말씨.
ratio loquendi et enarratio auctorum. 말하는 이치와
작가들의 화술(성 염 지음. 사랑만이 진리를 깨닫게 한다, p.485).
loquéntĭa, -æ, f. 언변, 능란한 말솜씨, 말 많음
loquere, 원형 lŏquor,
[명령법. 단수 2인칭 loquere, 복수 2인칭 loquimini].
Frequenter de patre tuo loquere et ejus memoriam
celebra, quantum potes.[탈형동사 문장]
그대가 할 수 있는 대로 자주자주 그대 부친에 관해서
말하고 그분에 대한 추억을 살리도록 하라!
Loquere, quia audit servus tuus.(성경 1사무 3. 10)
(⑨ Speak, for your servant is listening)
말씀하십시오. 당신 종이 듣고 있습니다.
lŏquor, (-quĕris, -ītur), locútus(loquútus) sum, loqui,
dep., intr., tr. 말하다(יׄמי.אמ.לל.מ.דבר)
이야기하다(אׄמ.חׄ.שׄ), 수작(酬酌)하다, 지껄이다.
떠들어대다, (사물.사실이) 말해주다, 드러내다, 보여주다.
Amicus pro me locútus est. 친구가 내 대신 말해주었다/
Captivi timore non locuti sunt. 포로들은 두려움 때문에
말을 하지 않았다[어디에서 즉 유래함을 표현하는 동사는
전치사 ab, ex와 함께 탈격을 지배한다]/
De ea re inter nos locuti sumus. 그 일에 관하여 우리
사이에 논의가 있었다.[논리 탈격abulativus logicus은 무엇에 관해서
논의되는가를 표현하며 de와 함께 탈격을 쓴다]/
in eamdem senténtĭam loqui. 같은 내용의 말을 하다/
Ingressus est sic loqui. 그는 다음과 같이 말하기 시작하였다/
Latine loquor. 라틴어로 말하다/
Locutusque est Dominus ad Moysen dicens.
(kai. evla,lhsen ku,rioj pro.j Mwush/n le,gwn)
(⑨ The LORD said to Moses)
주님께서 모세에게 이르셨다(성경 레위 4. 1)/
야훼께서 모세에게 말씀하셨다(공동번역 레위 4. 1)/
loquens qui personat foris.
밖으로 울려 퍼지도록 말하는 사람/
Loquĕre Domine quia audit Servus Tua.
주님 말씀 하소서, 당신 종이 듣고 있나이다/
Lóquere tuum mihi nomen. 네 이름을 대라/
loqui de áliqua re. 무슨 일에 대하여 말하다/
Nulla spe, nullo timore sollicitor, nullis rumoribus
inquietor, mecum tantum loquor.[탈형동사 문장] 나는 그 어떤
희망에도 그 어떤 두려움에도 충동받지 않고, 그 어떤
소문에도 동요되지 않으며, 나 자신과 대화할 따름이다/
Quod veritas intus loquitur sine strepitu. 진리는 요란한

음성이 없이 마음속에서 말씀하심(준주성범 제3권 2장)/
Res ipsa lóquitur. 사실 자체가 증명(證明)한다/
Ut Post Completorĭum Nemo Loquatur.
"끝기도" 후에는 아무도 말하지 말 것이다.

탈형동사 제3활용(A) loqui(말하다)			
	직 설 법	접 속 법	명 령 법
현재	S.1. loquor 2. lóqueris 3. lóquitur P.1. lóquimur 2. loquímini 3. loquúntur	loquar loquáris loquátur loquámur loquámini loquántur	현 재 S 2인칭 lóquere P 2인칭 loquímini 미 래 S 2인칭 lóquitor S 3인칭 lóquitor P 2인칭 P 3인칭 loquúntor
미완료	S.1. loquébar 2. loquebáris 3. loquebátur P.1. loquebámur 2. loquebámini 3. loquebántur	lóquerer loqueréris loquerétur loquerémur loquerémini loqueréntur	부 정 법 현 재 loqui 미 래 locutúrus, -a, -um esse locutúri, -æ, -a esse locutúrum, -am, -um esse locutúros, -as, -a esse
미래	S..1. loquar 2. loquéris 3. loquétur P.1. loquémur 2. loquémini 3. loquéntur		과 거 locútus, -a, -um esse locúti, -æ, -a esse locútum, -am, -um esse locútos, -as, -a esse
단순과거	S..1. locútus, -a, -um sum 2. locútus, -a, -um es 3. locútus, -a, -um est P.1. locúti, -æ, -a sumus 2. locúti, -æ, -a estis 3. locúti, -æ, -a sunt	locútus, -a, -um sim locútus, -a, -um sis locútus, -a, -um sit locúti, -æ, -a simus locúti, -æ, -a sitis locúti, -æ, -a sint	분 사 현재: loquens, -éntis 미래:locutúrus, -a, -um 과거: locútus, -a, -um 수동형 당위분사 loquéndus, -a, -um (말해져야 할)
과거완료	S.1. locútus, -a, -um eram 2. locútus, -a, -um eras 3. locútus, -a, -um erat P.1. locúti, -æ, -a erámus 2. locúti, -æ, -a erátis 3. locúti, -æ, -a erant	locútus, -a, -um essem locútus, -a, -um esses locútus, -a, -um esset locúti, -æ, -a essémus locúti, -æ, -a essétis locúti, -æ, -a essent	동 명 사 2格 loquéndi 3格 loquéndo 4格 ad loquéndum 5格 loqúndo
미래완료	S.1. locútus, -a, -um ero 2. locútus, -a, -um eris 3. locútus, -a, -um erit P.1. locúti, -æ, -a érimus 2. locúti, -æ, -a éritis 3. locúti, -æ, -a erunt		목 적 분 사 능동형 locútum (말하러) 수동형 locútu (말하기에. 말해지기에)

(허창덕 지음, 중급 라틴어, p.194)

loquútĭo = locútĭo
loraméntum, -i, n. (lorum) 가죽 띠, 가죽 끈
loranthaceæ, -árum, f., pl. (植) 겨우살이과 식물
lorárĭus, -i, m. (lorum) 가죽 채찍으로 매질하는 사람
lorátus, -a, -um, adj. (lorum) 가죽 띠로 묶은
lór(ĕ)a, -æ, f.
포도 찌꺼기로 만든 술, 막 포도주(plumbea vina).
lórĕus, -a, -um, adj. (lorum)
가죽 띠의, 가죽 끈의, 가죽 채찍의.
loríca, -æ, f. (lorum) 갑옷, 흉갑(胸岬)
(성곽포대 따위의) 흉벽(胸壁), 흉장(胸牆).
(動) 갑각(甲殼-게.새우 따위의 단단한 껍데기).
Loricam (lorícā) indúitur 그는 갑옷으로 입는다/
loricam indui. 갑옷을 입다/
Quotocuíque lorica est!(quotusquísque 참조)
갑옷 입은 사람이 얼마나 소수(小數)인지!.
loríca fidelis. 견고한 갑옷
loricárĭus, -a, -um, adj. (loríca)

갑옷에 관한, 갑옷 만드는.
loríco, -ávi, -átum, -áre, tr. (loríca) 갑옷을 입히다,
　무장하다, (대리석.금속 따위를) 입히다.
lorícŭla, -æ, f. dim. (loríca) 작은 갑옷, 방책(防柵)
lóripes, -ĕdis, adj. (lorum+pes) 무릎이 안쪽으로 휜
lórum, -i, n. 가죽 끈(가죽 띠), 혁대, 가죽 채찍,
　고삐(frenum, -i, n./retinaculum, -i, n.).
lótio, -ónis, f. (lavo) 씻음, 세탁(洗濯)
lótio manuum. 수세 예식
lotio pedum＊ 발 씻김 예식(Mandátum), 탁족(濯足),
　세족례(⑨ washing of the Feet→발 씻김 예식).
Lôtis, -ĭdis, f. 연꽃으로 변한 요정
lótium, -i, n. 소변(小便), 오줌/ merda, -æ, f. 똥.
Lotóphăgi, -órum, m., pl. 'loros를 먹는 사람'이란 뜻
lotos(=lotus) -i, f.(m.)
　(植) 연(蓮-수련과의 다년초), 백련, 백련으로 만든 피리.
lotos corniculatus. (植) 벌 노랑이
lotum, "lávo"의 목적분사(sup.=supínum)
lotúra, -æ, f. 세탁(洗濯), 빨래; 씻음, 세척(洗滌-깨끗이 씻음)
lotus, -a, -um, p.p. (lavo¹) 씻은, 목욕한
lub… V. lib…
lubrícĭtas, -átis, f. (lúbricus) 미끄러움, 평활(平滑),
　매끄럽게 하는 성질(작용), (정신적) 불안정.
lúbrĭco, -ávi, -átum, -áre, tr. (lúbricus)
　미끄럽게(미끄러지게)하다, 매끄럽게 만들다,
　매끈매끈하게 하다, 아리송하게 하다, 불안정하게 하다.
lúbrĭcum, -i, n. (lúbricus) 미끄러운 곳, 미끄러움,
　위험, 불안정. in lúbrico versári. 미끄러운 곳에 있다.
lúbrĭcum ætátis. 젊은 나이의 위험
lúbrĭcus, -a, -um, adj. 미끄러운, 매끄러운, 반들반들한,
　잘 지나치는, 평활한, 빨리(원활하게) 움직이는,
　빨리 지나가는, 유수 같은, 위험한, 위태로운,
　불안정한, 불확실한, 속이는, 얼렁뚱땅하는.
　in lúbrico versári. 미끄러운 곳에 있다/
　viæ adolescéntiæ lúbricæ. 청년시기의 위태로운 길.
lūca bos, lucæ bovis, m., f.
　코끼리(Roma인들이 Lucánia의 소라고 잘못 부른데서 기인함)
lucánĭca, -æ, f. (잘게 썬 돼지고기로 만든)
　순대(돼지의 창자 속에 쌀.두부.파.숙주나물.표고버섯 따위를
　양념하여 이겨서 넣고 끝을 동여 삶아 익힌 음식).
lucánus, -i, m. (蟲) 사슴벌레(lucanus maculifemoratus).
lūcar, -ăris, n. 관리의 월급(官吏 月給)
Lucas, -æ, m. 복음사가 성 루카(Luc., Lc. 약자略字)
lucéllum, -i, n. 작은 이익, 작은 소득
Lucem in hanc Terram. 이 땅에 빛을(김우균 주교 문장)
lúcĕo, luxi, lucére, intr. (발광체가) 빛나다(ㄱㄱㄱ),
　반짝이다, 번뜩이다, 비치다, 보이다(φαἰνω), 선명하다,
　명백하다, 드러나다(ㄱㄱ,ㄱ,ㄱ), 화려하다.
　impers. lucet. 날이 밝는다, 해가 뜬다.
　Luceat lux vestra. 너희의 빛이 빛나게 하라.
lucérna, -æ, f. 등잔(燈盞-기름을 담아 등불을 켜게 만든 기구),
　등불, 성당 안의 조명등.
　dormitans lucerna. 깜빡깜빡하며 꺼지려는 등불/
　Lux iustorum lætificat, lucerna autem impiorum
　exstinguetur. (fw/j dikai,oij dia. panto,j fw/j de. avsebw/n
　sbe,nnutai) (獨 Das Licht der Gerechten brennt fröhlich;
　aber die Leuchte der Gottlosen wird verlöschen)
　(⑨ The light of the just shines gaily, but the lamp of
　the wicked gœs out) 의인들의 빛은 흥겹게 빛나지만
　악인들의 등불은 사위어 간다(성경 잠언 13, 9)/착한 사람의
　등불은 빛을 내지만 나쁜 사람의 등불은 꺼진다(공동번역)/
　Sint lumbi vestri præcincti et lucernæ ardentes.
　너희는 허리에 띠를 매고 등불을 켜 놓고 있어라(루카 12, 35).
Lucerna corpóris tui est oculus tuus.
　(~O lu,cnoj tou/ sw,mato,j evstin o` ovfqalmo,j)
　(⑨ The lamp of the body is the eye)
　눈은 몸의 등불이다(성경, 공동번역 마태 6, 22)/
　몸의 등불은 눈입니다(200주년 기념 신약성서 마태 6, 22).

lucerna inextinguibilis. 꺼지지 않는 등불
Lucerna Juris. 법의 등잔
Lucerna Juris Pontificii. 교황 법령의 등잔
lucernárĭum, -i, n. (lucérna) 야간기도, 만과(晚課-만과경),
　저녁기도(⑨ evening prayer/evensong/vespers).
　[이 용어는 유다인들이 그 날 하루에 대해 하느님께 감사드리며 저녁 등불로
　축복하는 데에서 유래한다. 초기 교회에서 그리스도인들은 저녁예배를 시작하면
　서 빛 축복을 하였다. 해질 무렵 등불(라틴어로 lucerna)을 준비하였다. 빛 축복은
　초세기의 그리스도인들이 토요일 저녁마다 주님의 부활을 기념하고 그분의 두
　번째 오심을 기다리며 전야예식을 거행하던 전야예식의 일부였다. 오늘날 우리는 빛의 예식,
　곧 부활 성야를 시작하면서 행하는 파스카 초 축복예식의 이 예식을 명백히 볼
　수 있다. 그러나 최근에는 가장 적합한 저녁 기도 도입부에 이 예식을 재생하려는
　전례 학자들이 많다. 박영식 옮김, 주비언 피터 랑 지음, 전례사전, p.115].
　점등(點燈.獨 Lucernar.희 Lichnikon).
　[최윤환 옮김, 루페르트 베르거 지음, 전례사목사전, p.449].
lucernátus, -a, -um, adj. (lucérna) 등불을 켜 비춘
lucésco, luxi, lucére, intr.
　비치기 시작하다, 빛나기 시작하다, 빛나다(ㄱㄱ).
　impers. lucéscit. 동이 튼다, 날이 새기 시작한다.
lucídĭtas, -átis, f. (lúcidus)
　밝음, 광명, 광휘(光輝), 맑음, 투명(透明), 선명(鮮明).
lúcĭdo, -ávi, -átum, -áre, tr. (lúcidus)
　밝히다, 비추다(ㄱㄱ.ㄱㄱ).
lúcĭdus, -a, -um, adj. (lux) 밝은, 맑은, 투명한, 선명한,
　빛나는, 찬란한, 훤한, 화려한, 훤칠한, 또렷한, 분명한,
　명쾌한. adv. lucide, lucidum.
lúcĭfer¹ -ĕra, -ĕrum, adj. (lux+fero)
　광명을 가져다주는, 빛을 지닌.
lúcĭfer² -ĕri, m. (天) 금성(Venus), 샛별.
　(聖) 반역한 천사(反逆天使-'빛을 지닌 자'란 뜻), 마왕(魔王).
Lucífĕra, -æ, f. Diána 여신(女神)의 별명
Luciferiani. 루치페르파(고대 그노시즘파 마니교의 원리를 부활시켜
　악마를 숭배하고 신을 저주한 일파. 13세기 북독일, 14세기 오스트리아에
　이 일파가 있었다. 백민관 신부 엮음, 백과사전 2, p.588).
lucífico, -áre, tr. (lux+fácio) 밝게 하다, 비추다
lucíflŭus, -a, -um, adj.
　빛을 발하는, 빛이 흐르는, 정신을 비추는.
lucífŭga, -æ, m. 빛(낮)을 피하는(싫어하는) 자, 야간 이용자
lucífŭgus, -a, -um, adj. (lux+fúgio)
　배일성(背日性)의, 햇빛을 피하는(싫어하는),
　어둠을 좋아하는, 낮을 피하고 밤을 이용하는.
Lucína, -æ, f. Hécate 여신(女神), 달.밤의 여신(女神),
　해산.분만을 주관하는 여신(女神).
lucína, -æ, f. 분만(分娩), 해산(解産-출산)
lucínus, -a, -um, adj. 출산의, 출생의
lucísco = lucésco, luxi, lucére, intr.
lúcĭus, -i, m. (魚) 곤들매기(민물고기)
lucratívus, -a, -um, adj. (lucror) 벌이가 되는,
　수지맞는, 利益 보는, 유리한, 거저 받은,
　(유언.선사.호의 따위에 의해서) 얻어 가진.
lucrifácio, -féci, -fáctum, -cĕre, tr. (lucrum+fácio)
　이익 얻다(내다), 벌다, 이득을 보다.
lúcrĭfer, -ĕra, -ĕrum, adj. (lucrum+fero) 이익을 가져오는.
lucrífico, -áre, tr. (lucrum+fácio) 이익 내다, 벌다
lucríficus, -a, -um, adj. (lucrum+fácio)
　이익 있는, 이익 많은, 수지(收支) 맞는.
lucrífĭo, -fáctus sum, -fíĕri, pass. (lucrifácio)
　이익(利益) 보다, 벌이가 되다.
lúcrĭo, -ónis, m. 이익만 바라는 자
lucrípĕta, -æ, m. (lucrum+peto) 이익 추구자,
　이익만 아는 자, 이기주의자(利己主義者)
lucror, -átus sum, -ári, dep., tr. (lucrum)
　벌다, 이득을 보다. (승리.칭찬 따위를) 얻다, 획득하다.
lucrósus, -a, -um, adj. (lucrum)
　벌이가(이익이) 되는, 수지맞는, 이득(利得) 있는.
lucrum, -i, n. 이익(利益) 利, 이득(利得), 이윤(利潤), 벌이,
　욕심(慾心), 탐욕(貪慾), 인색(吝嗇), 재물(財物), 부(富).
　alci esse lucro. 아무에게 이득이 되다/
　fácio lucrum. 이익(利益) 남기다/
　in lucris pónere. 이득(利得)으로 간주하다/
　lustitiam vis, an lucra?

708

정의를 원할 것인가, 아니면 이익을 찾을 것인가/
lucri causā. 이익(利益)을 위하여.
Lucri totus est. 그는 돈만 생각 한다/
Mihi enim vivĕre Christus est et mori lucrum.
(VEmoi. ga.r to. zh/n Cristo.j kai. to. avpoqanei/n ke,rdoj)
(獨 Denn Christus ist mein Leben, und Sterben ist mein Gewinn) ([영] For to me life is Christ, and death is gain)
사실 나에게는 삶이 곧 그리스도이며 죽는 것이 이득입니다(성경. 필리피서)/나에게는 그리스도가 생의 전부입니다. 그리고 죽는 것도 나에게는 이득이 됩니다(공동번역. 필립비서 1, 21)/사실 나에게는 사는 것이 곧 그리스도이고 죽는 것이 이익입니다(200주년 신약성서)/
Ne lucra sæculi in Christi quæras militia.
그리스도의 군대에서 이익을 바라지 마시오/
nimĭum lucri. 너무 많은 이익(利益).
Lucrum auri vides, damnum fidei non vides.
그대는 황금의 이익은 보면서도 믿음의 손실은 보지 못합니다.(최익철 신부 옮김. 요한 서간 강해. p.140).
Lucrum sine damno alterius fieri non potest(Publilius Syrus).
타인의 손해를 끼치지 않고서 이득을 얻기는 불가능하다.
lucta, -æ, f. 씨름, 레슬링([영] wrestling)
luctámen, -mĭnis, n. (luctor) 씨름; 경쟁, 애씀, 수고, 분투(奮鬪), 노력, 저항(抵抗), 항쟁(抗爭), 혼합(混合).
De informatione patientiæ,
et luctamine adversus concupiscentias.
참는 마음을 단련시킴과 사욕을 거슬러 싸움에 대하여.
Luctamini, adjuvabo, vincite, coronabo.
싸우라, 이기라, 영광을 주리라(성 아우구스티노).
luctans, -ántis, p.prœs., a.p. (luctor) 애쓰는, 노력하는, 수고하는, 분투하는, 싸우는, 대항하는.
luctátĭo, -ónis, f. (luctor) 씨름, 분투(奮鬪), 수고(κòπος.[영] Commitment), 노력([영] Commitment), 싸움([영] Battle/Conflict), 다툼, 논쟁(論爭), 경쟁(競爭), 대결(對決), 암투(暗鬪-서로 적의를 품고 속으로 다툼).
Sanctus Paulus contentionem et luctationem peculiari cum vi describit, quibus cor humanum agitatur([영] It is St. Paul who describes in a particularly eloquent way the tension and struggle that trouble the human heart)
聖 바오로께서는 인간의 마음속에서 전개되는 이 투쟁과 긴장을 대단히 잘 표현하십니다.
(요한 바오로 2세 교황의 1986.5.18. "Dominum et vivificantem" 중에서).
luctátor, -óris, m. (luctor) 노력가, 씨름꾼, 투사(鬪士)
luctatus, -us, m. (luctor) 씨름, 대결, 충돌(衝突), 논쟁
lúctĭfer, -ĕra, -ĕrum, adj. (luctus+fero)
슬픔을 가져오는, 부음(訃音)을 전하는.
luctíficus, -a, -um, p.p.(luctus+fácio)
슬프게 하는, 슬픔에 잠긴, 구슬픈.
luctísŏnus, -a, -um, p.p.(luctus+sono)
슬퍼하는(곡하는) 소리의.
luctor, -átus sum, -ári, dep., (**lucto**, -áre)
intr. 씨름하다, 맞붙잡고 겨루다, 애쓰다, 노력하다, 분투하다, 싸우다, 다투다, 논쟁하다, 투쟁하다, 대항하다.
luctuósus, -a, -um, adj. (luctus) 슬픔을 가져오는, 슬픈, 비참한, 불행한, 비통한, 비애에 가득 찬, 초상을 당한.
adv. **luctuose**, 불쌍하게, 가엾게, 비참하게, 근심스럽게.
Luctuosissimi Eventus, 헝가리를 위한 기도(1956.10.28.)
luctus, -us, m. (lúgeo) **슬픔**(λὑπη.悲哀.[영] Sadness), 비탄(悲嘆-슬퍼하여 탄식함), **비애**(悲哀), 비통(悲痛), 애통(哀痛-몹시 슬퍼함), 통곡(痛哭), 상복(喪服), 애도(哀悼.ספד)의 표시, 슬픔의 원인(原因), 불행(不幸), 초상(初喪-사람이 죽어서 장사 지내기까지의 일).
ex lætitĭa ad luctum recido. 기쁨에서 슬픔으로 전락하다/
Extrema gaudii luctus occupat.
환희의 종말에는 슬픔이 따라 온다/
in luctum detrúdi. 슬픔에 잠기다/
Summum luctum penicillo imitor.
심한 슬픔을 붓으로 묘사하다/
Vídua impléxa luctu contínuo.
계속되는 슬픔 속에 잠겨 있는 과부(寡婦).
lucubrátĭo, -ónis, f. (lúcubro) 밤일, 야간작업, 밤공부, 밤일의 성과(成果), 사기(詐欺), 속임수.
lucubratiúncŭla, -æ, f. 작은 밤일, 야간작업, 소책자
lucubratórĭus, -a, -um, adj. (lúcubro)
야간작업에(밤새워 하기에) 적당한.
lúcŭbro, -ávi, -átum, -áre, tr., intr. (lux)
등잔(燈盞) 밑에서 일하다(만들다), 야간작업 하다, 밤새워 작성하다(글 쓰다.공부하다).
Lucula noctis. 밤의 서광
[이탈리아의 중세 영성 작가 joannes Dominici(+1419)의 저작. 중세의 그리스도교적 문예부흥을 변호하는 책. 백민관 신부 엮음, 백과사전 2, p.589].
luculéntus, -a, -um, adj. (lux) 이글이글한, 환한, 밝은, 선명한, 빛나는, 찬란한, 아름다운, 뛰어난, 눈부신, 화려한, 훌륭한, 혁혁한, 눈에 띄는, 두드러진, 현저한, 큰, 중요한, 명쾌한, 부유(富裕)한, 다행한, 행운의, 신용할 만한, 믿음직한.
lúcŭlus, -i, m. dim. (lucus) 숲, 작은 숲
lucuns, -úntis, m. 과자(菓子), 케이크([영] cake)
lucus, -i, m. (lúceo) 신성한 숲, 숲
ludi, -órum, m., pl. (복수에서는 단수보다 다른 뜻 더 가짐)
경기, 운동회; 초등학교.
lúdĭa, -æ, f. (ludus) 여배우, 무희(舞姬), 배우의 아내; 배우를 사모(思慕)하는 여자.
ludibriósus, -a, -um, adj. (ludíbrium)
조소에 가득 찬, 조롱(우롱)하는, 모욕적인.
ludíbrĭum, -i, n. (ludus) 비웃음, 조소(嘲笑), 조롱, 우롱(愚弄), 모욕(侮辱), 웃음거리; 장난감, 노리개.
alci fio ludíbrio. 누구에게 조소거리가 되다(fio 참조),
ludíbrio habeo *alqm*. 누구를 조롱하다.
Ludíbrio factus est est vicínis suis.(시편)
그는 자기 이웃사람들에게 조롱거리가 되었느니라.
ludibúndus, -a, -um, adj. (ludo) 장난(놀기) 좋아하는, 장난기 있는, 농담하는, 익살맞은; 명랑한.
lúdĭcer(lúdĭcrus), -cra, -crum, adj. (ludus) 유희의, 오락의, 재미있는, 기분을 전환시키는, 유쾌한, 구경거리의, 축제의, 경기의, 무대 활동의.
n. 놀이, 유희, 장난, 오락; 경기, 축제, 연극.
Ludicræ exercitátĭones. 스포츠([영] Sports activities)
ludifácĭo, -féci, -fáctum, -cĕre, tr. (ludus+fácio)
장난으로 속이다, 놀림감으로 삼다, 농락(籠絡)하다.
ludificábĭlis, -e, adj. (ludífico) 속임수 쓰는, 기만하는
ludificátĭo, -ónis, f. (ludífico) 놀림, 속임수, 기만(欺滿), 조롱(嘲弄), 우롱(愚弄), 조소(嘲笑-비웃음).
ludificátor, -óris, m. (ludífico)
속임수 쓰는 자, 조롱하는 자, 우롱하는 자.
ludificatórĭus, -a, -um, adj. 속이는; 우롱하는
ludífico, -ávi, -átum, -áre, tr. (ludus+fácio)
놀림감으로 삼다; 속여 넘기다, 속임수를 쓰다, 조롱하다(לעב), 우롱(愚弄)하다, 농락(籠絡)하다.
ludificor, -átus sum, -ári, dep., tr. (ludus+fácio)
놀림감으로 삼다; 속여 넘기다, 속임수를 쓰다, 조롱하다(לעב), 우롱(愚弄)하다, 농락(籠絡)하다.
ludimagíster, -tri, m. (ludus) 초등학교 교사(ludi magister)
lúdĭo, -ónis, m. (ludus) 광대, 어릿광대, 배우(俳優)
lúdĭus, -i, m. (ludus) 연예인; 배우(俳優), 무용가, 음악 연주가, (어릿) 광대, 검투사(劍鬪師).
lūdo, lusi, lusum, -ĕre, intr., tr. (ludus) 놀다(חגג), 놀음(놀이)하다, 장난하다, 유희하다, 경기하다, (공부되는 것을) 재미 삼아 하다, 흉내 내다, 모방하다; 공부하다, 연습하다, …노릇하다, (무엇으로) 시간 보내다, 소일거리로 (무엇을) 한다, 놀리다, 야유하다, 비웃다, 조롱(우롱)하다, 속이다.
áleā ludo(áleam ludo) 주사위 놀이를 하다/
florális lúdĕre. 아이들이 성행위(性行爲) 장난하다/
in númerum ludo. 율동에 맞춰 춤추다/
ludĕre alea. 주사위 놀다(관용구)/
ludĕre pilā. 공을 가지고 놀다(관용구)/

ludórum celebrátor. 경기대회(競技大會)/
Nolo tecum ludĕre. 나는 너하고 놀기 싫다.
ludo prǽlia. 전쟁놀이를 하다
ludo versu. 시(詩) 공부를 하다.
lūdus, -i, m. 장난, 유희(遊戲), 놀이, 놀음, 경연(競演),
  대단치 않은 일, 사소한 일, 농담(弄談), 익살, 놀림,
  조롱(嘲弄), 우롱(愚弄), 오락(娛樂), 여흥(餘興),
  체육 훈련장, 검투사 도장(劍鬪師 道場), (초급) 학교.
  (주로 pl.) 경기, 시합, 축제, (연극 따위의) 공연.
  De scǽnicorum institutione ludorum.
    공연 축제의 제정(교부문헌 총서 17, 신국론, p.2744)/
  Fortunæ ludi. 도박(賭博).⑨ Games of chance)/
  in ludum saltatórium. 무도회장으로/
  ludi Circénses. 로마의 원형경기장에서의 경기대회/
  ludi magni. 큰 놀음/ ludi magíster. 초등학교 선생/
  Ludi non tui stomachi. 네 기분에 안 맞는 놀이/
  ludi sæculáres. 백년제(百年祭), 한 세기(110년)가
    끝날 무렵에 개최하던 에트루스키 유래의 제전.
    (티베르 강가에 제단을 진설하고 명계의 신 Dis pater와 프로세르피나를
    숭배했다. 교부문헌 총서 15, 신국론, p.378)/
  ludi scǽnici. 공연축제(일정한 명절과 특정한 신에게 봉헌되는
    축제(sollemnitas 에 그 신의 위엄이나 행적을 연극으로 공연하던 행사.
    BC. 364년으로 거슬러 올라간다. 교부문헌 총서 15, 신국론, pp.204~206)/
  ludi sumptuosiores. 돈(경비) 많이 드는 경기/
  ludi votívi. 신들에게 봉헌된 경기/
  ludorum primum initium procurandis religionibus datum.
    공연축제의 시작은 (신들에 대한) 종교행사로 개최되었다/
  ludos fácĭo. 경기대회를 개최(開催)하다/
  Populo ludorum magnificentia voluptati est.
    국민에게 경기의 성대함은(성대한 경기는) 즐거움이 된다.
ludus ingenuarum litterarum. (고등학교에 해당하는)
  순수 문학학교.
ludus litterárum.(ludus litterárius) 문학학교, 중학교
  (만 11세가 된 남자 아이만 다닐 수 있었다. 중학교의 문법 선생님은 학생들에게
  그리스어와 라틴어. 고전 읽기, 역사, 지리, 천문학과 물리학을 가르쳤다.)
ludus parvorum puerorum. 초등학교
ludus venátórĭus. 원형극장에서의 동물 사냥
luéla, -æ, f. (luo) 벌, 처벌(處罰).⑨ Condemnátĭon)
lūes, -is, f. 전염병, 유행병, 역병(疫病-악성의 전염병),
  재난, 재해, (눈.얼음 따위가 녹은) 오수(汚水), 진창.
lŭes venérea. 매독(梅毒)
Lugdunensis, -e, adj. 리옹의
Lugdúnum, -i, n. 리옹(Lyon).
  Consilium Lugdunense. 리옹 공의회(1차 1245.6.28.~7.17).
lúgĕo, luxi, luctum, -ére, intr., tr. 슬퍼하다, 애도하다,
  통탄하다, 울다, 통곡하다, 상복을 입다, 몽상(蒙喪)하다.
  Meum cuncto luctumque doluerunt.
    그들은 내 불운과 비탄을 두고 괴로워하였다.
lugúbria, -ium, n., pl. 상복(喪服)
lúgŭbris, -e, adj. (lúgeo) 초상(初喪)의, 슬픔에 잠긴,
  애통하는, 통곡하는, 슬픈, 비통한, 비탄의, 구슬픈,
  슬픔(재난)을 가져오는, 쓰라린, 처참한.
  domus lugubris. 초상집[a house(family) in mourning].
lúgŭbris vestis. n., pl. 상복(喪服)
lŭi, "lŭo"의 단순과거(pf.=perfectum)
lúĭtum, "lŭo"의 목적분사(sup.=supínum)
luma, -æ, f. (식물의) 가시
lumárĭus, -a, -um, adj. 가시(나무)에 관한
lumbágo, -gĭnis, m. (lumbus)
  (醫) 요통(腰痛-"허리가 아픈 증세"를 통틀어 이르는 말).
lumbáris, -e, adj. (lumbus) 허리의, 요부(腰部)의.
  n. 요대(腰帶-허리에 두르는 넓은 띠).
  Lumbi sedendo, oculi spectando dolent. 허리는 앉아
    있음으로 아파지고, 눈은 바라봄으로 아파진다.
lumbifrágĭum, -i, n. (lumbus+frango)
  요절(腰切-허리 꺾음), 허리 꺾음(腰折).
lumbricális, -e, adj.
  (解) 지렁이 모양의 (근육), 충양근(蟲樣筋)의.
lumbrícus, -i, m. (蟲) 회충(蛔蟲), 지렁이(vermis terreni)
lúmbŭlus, -i, m. dim. (lumbus) 작은 허리

lumbus, -i, m. (解) 허리, 요부(腰部-허리 부분),
  (짐승 따위의) 등심(고기), 성욕(性慾)의 자리.
  Accinxit fortitudine lumbos suos.
    그(여인)는 허리에 능력의 띠를 띠었도다.
luméctum, -i, n. (luma) 가시덤불
lūmen, lumĭnis, n. 빛(φώς.⑨ Light-광원체에서 나온 조명의
  밝기), 광선(光線), 불빛, 햇불, 관솔불, 등잔(燈盞), 등불,
  촛불, 광채, 광휘(光輝- 환하게 빛남, 또는 그 빛), 찬란한 빛,
  밝음, 광명, 날(日), 낮, 생명(의 빛), 안광(眼光), 눈,
  틈, 구멍, 창문, 들창, 시야(視野), 장식(裝飾), 자랑,
  지도적(자랑스러운) 인물, 대가, 권위자(權威者).
  duo corpora non possunt simul esse in eodem loco.
  Sed lumen est simul cum ære. Ergo lumen non est
  corpus. 두 개의 물체는 동시에 같은 공간에 있을 수
    없다. 그런데 빛살과 공기는 함께 있을 수 있다.
    그러므로 빛살은 물체이(김춘오 옮김 정의채 감수, 신학대전 9. p.149)/
  duo lumina magna. 위대한 두 광채(光彩)/
  flammántĭa lúmina. 불타는(부리부리한) 두 눈(flammo 참조)/
  in lúmine. 대낮에/ **lúmina.** 전망(展望)/
  In lumine ambulemus, sicut et ipse est in lumine.
    그분께서 빛 속에 계신 것처럼 우리도 빛 속에서
    걸어갑시다.(최익철 신부 옮김. 요한 서간 강해, p.73)/
  in lumine tuo lumen videmus.
    우리는 당신의 빛으로 빛을 봅니다/
  ipsum lumen rationis accenditur.
    이성의 (원초적) 광명이 밝혀져 있는 그곳/
  lumine naturali intellectus. 지성의 자연적 빛/
  lúmine quarto. 넷째 날에 / lúmine torvo. 흘긴 눈으로/
  lúmini óleum instilláre. 등잔에 기름을 붓다/
  lumínibus amíssis. 두 눈을 잃고/
  lúminis oræ. 이 세상, 우리가 살고 있는 땅/
  naturali humanæ rátiónis lumine.
    인간 이성의 자연적인 빛/
  O Lumen Ecclesiæ. 오 교회의 빛/
  Philosophus dicit quod lumen est species ignis.
  Sed ignis est corpus. Ergo lumen est corpus.
    철학자는 빛살은 불의 유형이라고 말하였다/
  Utrum lumen sit substantiális, an accidentális.
    광선은 실체적인가 아니면 우유적인가?
Lumen Christi. 그리스도의 빛, 그리스도 우리의 빛,
  그리스도의 광명(성 토요일 부활초 축성 후 정확할 적에 부제가 창함).
**Lumen Christi gloriose resurgentis Dissipet tenebras
cordis et mentis.**(⑨ May the light of Christ, gloriously
  risen Dispel the darkness of the heart and mind)
  영광스럽게 부활하신 그리스도의 빛은
  저희 마음과 세상의 어둠을 몰아내소서.
lumen cordium(⑨ the light of hearts) 마음의 빛
lumen creátum. 창조된 빛
lumen divinum. 신적 빛
Lumen ecclesiæ. 사도적 서한(→교황 교서)(1974.11.20. 바오로 6세)/
  성 토마스 아퀴나스 서거 700주년에(1974.11.20. 교서).
lumen eléctricum. 전등(電燈-전기등電氣燈의 준말)
lumen fidei. 신앙의 빛, 믿음의 빛
Lumen Gentĭum cum sit christus.
  인류의 빛은 그리스도이다.
Lumen Gentĭum. 교회에 관한 교의헌장(1964.11.21.),
  교회헌장, 인류의 빛(교회에 관한 교의 헌장).
Lumen glóriæ. ((神))
  (至福直觀의) 영광의 빛(lux gloriæ), 광영의 빛.
lumen gratiæ. 은총의 빛
lumen infinitum. 무량수(無量壽-vita illimitata).
  (선유의 천주사상과 제사문제, p.224).
**lumen intellectuale, simul cum similitudine rei
intellectæ, est sufficiens principium intelligendi.**
  지성적 빛은 인식 대상의 유사성과 함께 인식의 충분한
  원리이다.[지성적 빛은 능동 지성(intellectus agens)을 뜻한다.
  능동 지성의 빛은 사물의 가지상을 추상(abstractio) 하는 기능을 한다.
    이상섭 옮김, 신학대전 14, p.161].

lumen intellectuális. 지성적 빛

lumen intellectus. 이성의 빛(lumen retionale)

lumen intelligigile. 지성의 빛

lumen internum. 마음의 빛(성령에 의한 직접적인 신 인식)

lumen interius. 내재적 빛

lumen interius per quod homo cognoscit.
인간이 인식하는 내적인 빛.

Lumen juris. 법의 빛

Lumen legum. 법률의 빛

Lumen magistrorum. 교수들의 빛

lumen méntis. 정신의 빛

lumen mundi. 세상의 빛(Lux mundi)

lumen naturæ. 이성의 빛.
자연의 빛(lumen naturale. 사목연구, 제9집, p.139).

lumen naturalæ intelligibile. 자연 본성적 지성의 빛

lumen naturale. 자연의 빛(사목연구, 제9집, p.139),
자연적 광명, 자연적인 빛(중세철학, 창간호, p.26).

lumen naturális. 자연적 빛

Lumen… Primum omnium formarum sensibilium.
빛은 감각적인 모든 형태의 첫째가는 것.

Lumen Patris. 빛의 아버지

lumen rátionale. 이성적 광명, 이성의 빛

lumen rubrum. 붉은 빛

lumen supernaturale. 초자연적인 빛(=계시啓示)

lumen vitæ. 생명의 빛

lumináre, -ris, n. (lumen) 창문, 들창, 빛(φύς.ⓖ Light),
발광체(發光體-스스로 빛을 내는 물체), 광원(光源-빛을 내는 근원),
(해.달.별 따위) 천체, 등잔불, 촛불, 초롱불, 장식, 자랑.
De luminaribus ecclesiæ. 교회의 등불(호노리우스 지음)/
et cum aliis ministris, incenso, et luminaribus, accedens
ad locum Evangelii, stans iunctis manibus, dicit:
그리고 다른 봉사자들과 함께 향을 피우고, 초(복사)와
함께 복음 편으로 와 서서 손을 모으고 말한다/
luminaria, quæ pertinent ad œnatum cæli.
빛물체는 하늘의 장식품에 속해 있다/
Utrum luminaria cæli sint animata.
하늘의 빛물체들은 살아 있는가/
Videtur quod luminaria cæli sint animata.
하늘의 빛물체들은 생명이 있는 것으로 생각된다.

luminátĭo, -ónis, f. (lúmino) 축제일의 장식 조명

lúmĭno, -ávi, -átum, -áre, tr. (lumen)
비추다(יהנ.יהנ), 밝게 하다, 조명(照明)하다.

luminósus, -a, -um, adj. (lumen)
맑은, 조명이 잘된, 맑은, 빛나는, 명확한.

lūna¹ -æ, f. (lúceo) ((天)) 달(달은 지구의 약 1/4 정도),
달빛, 월광, 밤, 달밤, 음력의 (한) 달.
(解) 기관의 윤상 연골, (L-) 달의 여신(女神),
Intervallum lunæ a terra est vices centena milia
stadiorum, solis quinquies milies stadiorum.(Plinius maior)
달이 지구에서 떨어진 거리는 2백만(20×100×1000)
스타디움이고 태양은 (지구에서) 5억(5×1000×100×1000)
스타디움이다.[성 염 지음. 고전 라틴어, p.382]/
lunæ ortus. 달의 솟음, 월출(solis occasus 태양의 짐, 일몰)/
mysterium lunæ. 달의 신비/
mythus lunæ. 달 숭배, 태음(太陰) 신화/
Qui in christo scandalizantur, tamquam a sole uruntur;
qui in Ecclesia, tamquam a luna. 그리스도 안에서 걸려
넘어지는 이는 해에 타는 사람과 같이, 교회 안에서 걸려
넘어지는 이는 달에 타는 사람과 같습니다.
(최익철 신부 옮김. 요한 서간 강해. p.95)/
sidus noctĭum. 상현달/
Videsne Lunam? Estne pulchra?
(너는) 달을 보느냐? (달이) 고우냐?(라틴어 직접 의문문은 문장의
첫 낱말에 후접어 -ne를 부가하여 만든다. 성 염 지음. 고전 라틴어, p.44).

luna crescens. 상현(달)

luna decrescens. 하현(下弦), 하현달

luna plena. 만월(滿月.보름달.plenilunĭum, -i, n.)

luna radiis solis accensa. 태양광선에 빛나는 달

luna silens. 그믐달

Luna solis lumini collustrari putatur.
달은 태양의 빛으로 빛난다고(빛을 낸다고) 여겨진다.

luna tenuescénte. 그믐에

Lūna² -æ, f. Etrúria의 도시

lunáris, -e, adj. (luna)
달의, 음력의, 달 모양의, 달처럼 생긴.

lunátĭcus, -a, -um, adj. (luna) 달의 영향을 받는,
간질(지랄병)에 걸린, 전간(癲癎) 환자의.

lunátĭo, -ónis, f. 달의 한 달 동안의 운행(기간), 삭망월.
(삭망월朔望月-달이 음력 초하루에서 다음 초하루까지. 또는 보름에서 다음
보름까지 가는 데 걸리는 기간. 29일 12시간 44분 3초 가량. "태음월").

lunátus, -a, -um, p.p. (luno)
초승달 모양으로 둥글게 구부리다.

lunter = linter, -tris, f. 거룻배, 마상이, 쪽배

lúnŭla, -æ, f. dim. (luna) 초승달, 신월(新月-초승달),
초승달 같이 생긴 것(장신구). (解) 속손톱.
(가) 초승달 모양의 성체그릇. (數) 궁형(弓形).

lúnŭla. 루눌라, (원형 또는 반원형 모양의) 성체통.
[성체통으로 성광에 제병을 똑바로 세우는 데 쓰인다. 루눌라의 본래 형태는
초승달(luna) 모양이었다. 때로는 '루나' 또는 '루네따'로 불리기도 한다.
보통 루눌라는 금속으로 만들어 도금한 두 개의 판을 붙인 것인데. 제병을 확고히
지탱하며 모든 이가 제병을 볼 수 있도록 만들어졌다. 제구인 루눌라는 축복한
뒤에 사용한다. 박영식 옮김, 주비언 피터 랑 지음. 전례사전. p.114].

lŭo, lŭi, lŭĭtum, -ĕre, tr. 씻다(החר.וחר), 씻어내다,
깨끗이 하다, 지불하다, 갚다(וטס), 죄를 씻다.
죄의 대가를 치르다, 속죄하다, 벌을 주다, 형벌하다.

luo æs aliénum 부채를 갚다

lupa, -æ, f. (lupus) 암 늑대, 창녀(娼女)

lupána, -æ, f. (lupa) 창녀(娼女), 매춘부(賣春婦)

lupánar, -áris, (=lupanárĭum, -i,) n. 창녀들의 소굴,
유곽(遊廓-창녀가 모여서 몸을 팔던 집이나 그 구역).

lupárĭæ, -árum, f., pl. (lupus) 늑대 함정

lupárĭus, -i, m. (lupus) 늑대 사냥꾼

lupátus, -a, -um, adj. (lupa) 늑대의 이(齒)를 가진.
m., pl., n., pl. 거칠게 만든 재갈.

lupéllus, -i, m. 새끼 늑대

Lupércal, -ális, n. (Lupércus)
Roma의 Palatínus 산에 있는 동굴.
(여기서 Rómulus와 Remus가 늑대의 젖을 얻어먹으며 성장하였다 함).

Lupercálĭa, -ĭum, (iórum) m., pl. Lupércus 신의 축제.
[고대 로마의 이교도들의 다산 축원제. 이 축제는 2월 15일로 494년
교황 Gelasius 1세(492-496년)가 성모 취결례(取潔禮) 축일(2월 2일)로 바꿀
때까지 계속 되었다. 백민관 신부 엮음. 백과사전 p.594].

Lupércus, -i, m. Lupércus 신의 제관,
Pan의 다른 이름, 양을 늑대에게서 보호하는 신.

Lúpĭa, -æ, f. Rhenus 강 지류

lupus, -i, m. (動) 늑대, 이리, 시랑이(늑대).
쇠갈고랑이, 재갈. (醫) 낭창(狼瘡).
Ecce ego mitto vos sicut oves in medio lupórum.
(Vĭdou. evgw. avposte,llw u`ma/j w`j pro,bata evn me,swl lu,kwn\)
(Siehe, ich sende euch wie Schafe mitten in der
Wölfe) (Behold, I am sending you like sheep in the
midst of wolves) 나는 이제 양들을 이리 떼 가운데로
보내는 것처럼 너희를 보낸다(성경마태 10. 16)/이제 내가 너희
를 보내는 것은 마치 양을 이리떼 가운데 보내는 것과
같다(공동번역)/이제 내가 여러분을 파견하는데 마치 양들을
이리들 가운데 보내는 것과 같습니다(200주년 마태 10. 16)/
Homo Homini Lupus. 인간은 인간을 노리는 늑대/
Ite: ecce ego mitto vos sicut agnos inter lupos.
(u`pa,gete/ ivdou. avposte,llw u`ma/j w`j a:rnaj evn me,swl lu,kwn)
(獨 Geht hin: siehe, ich sende euch wie Lämmer mitten
unter die Wölfe) (ⓖ Go on your way; behold, I am
sending you like lambs among wolves) (루가 10. 3)
가거라. 나는 이제 양들을 이리 떼 가운데로 보내는
것처럼 너희를 보낸다(성경)/떠나라. 이제 내가 너희를
보내는 것이 마치 어린양을 이리떼 가운데 보내는
것과 같구나(공동번역)/여러분은 떠나가시오. 이제 내가
여러분을 파견하는데 마치 어린양들을 이리들 가운
데 보내는 것과 같습니다(200주년 기념 신약성서 루가 10. 3).
Triste lupus stábulis (est).

걱정거리는 양우리에 있는 늑대다.
[부類설명어가 명사적으로 사용된 형용사로서 보편적 또는 추상적
개념을 가리킬 때에는 남·녀 성의 명사가 주어이더라도 부설명어는
단수 중성으로 쓴다. 우리말의 "…인 것」과 비슷하다.]

Lupus et Susanna. 늑대와 수산나(카다꿈바 벽화)
lupus in fabŭla. 동화 속의 늑대
Lupus me fugit. 늑대가 나를 피해 달아났다(fugio 참조)
Lupus pilum mutat non mentum.
　늑대는 털을 바꿔도 마음은 바꾸지 못한다.
lura, -æ, f. (액체 담는) 가죽부대의 아가리, 가죽부대
lurco¹ -áre, tr. (lurcor, -ári, dep.) tr.
　탐식(貪食)하다, 게걸스럽게 먹다.
lurco² -ónis, m. 대식가(大食家)
lúrĭdus, -a, -um, adj. (luror)
　창백한, 파랗게 질린; 검푸른, 질리게 하는.
lŭror, -óris, m. 검푸른 빛, 파랗게 질린 빛
luscínĭa, -æ, f. (luscínĭus, -i, m.)(luscus+sano)
　(鳥) 밤 꾀꼬리; 꾀꼬리(까마귓과의 새. 황앵. 황작. 황조),
　지빠귀(지빠귓과에 딸린 새를 통틀어 이르는 말).
lusciníŏla, -æ, f. dim. (luscínĭa) 작은 꾀꼬리
luscínus, -a, -um, adj. (luscus) 애꾸눈의, 야맹증의
luscítĭo, -ónis, f. 애꾸눈, 반맹(半盲)
luscitiósus, -a, -um, adj. (luscítĭo)
　애꾸눈의, 반맹(半盲)의, 야맹(夜盲)의.
luscus, -a, -um, adj. 애꾸눈의, 반맹(半盲)의.
lŭsi, "lŭdo"의 단순과거(pf.=perfectum)
lúsĭo, -ónis, f. (ludo) 장난, 오락(娛樂), 유희, 경기.
Lusitánĭa, -æ, f. 포르투갈.
　(대략 지금의 포르투갈에 해당하는 Ibéria 반도의 서부지방).
　adj. Lusitánus, -a, -um,; m., pl. 포르투갈인.
lúsĭto, -ávi, -átum, -áre, intr., freq. (ludo)
　자주 장난하다, 놀다.
Lúsĭus, -i, m. Arcádia의 강
lūsor, -óris, m. 놀이하는 사람, 경기자(xysticus, -i, m.),
　검투사, 취미로 글 쓰는 사람, 조롱자(嘲弄者).
　homo ludens. 놀이하는 인간.
lusórĭum, -i, n. 유희실(遊戱室), 원형극장, 경기장
lusórĭus, -a, -um, adj. (lusor) 놀음놀이의,
　놀이(오락)에 관한(사용되는), 장난기 있는,
　농담의, 효과 없는, 무효힌, 헛된.
　lusoriæ naves. 강에서 경비하던 유격선.
lustrágo, -gĭnis, f. (植) 마편초.
　(쌍떡잎식물 합판화군 통화식물목 마편초과의 여러해살이풀).
lustrális, -e, adj. (lustrum¹) 깨끗이 하는, 정결케 하는,
　부정(不淨)을 씻는, 5년마다의, 5년에 한 번씩의.
　aqua lustralis. 속죄 성수/dies lustralis. 재계일(齋戒日),
　vas lustrale. 성수(聖水) 용기.
lustraméntum, -i, n. 깨끗하게 해야 할 대상물,
　(제사 따위 속죄 행위로) 깨끗하게 함, 부정된 것.
lustrátĭo, -ónis, f. (lustro) 재계식(齋戒式),
　정화(淨化.獨 Purificátĭon.獨 Fegfeuer), 속죄의 희생,
　편력(編歷-널리 각지를 돌아다님), 돌아다님; 여행(旅行)
　사열(査閱-군에서, 사열관이나 지휘관 등이 열병과 분열을 통하여
　군사 교육의 성과 및 장비 유지 상태 등을 실지로 살펴봄).
lustrátor, -óris, m. 정화예식 거행자, 편력자(遍歷者)
lústrĭcus, -a, -um, adj. (lustrum¹)
　깨끗이 하는, 정결케 하는, 부정(不淨)을 씻는.
lustro, -ávi, -átum, -áre, tr. (lustrum²) 부정을 몰아내다,
　(종교적 의식으로) 깨끗이 하다(חות.חרר),
　(군대를) 사열하다, (누구.무엇의) 주위를 빙빙 돌다,
　두루 살피다, 관찰하다, 고찰하다,
　순방하다, 돌아다니다(חות), 편력하다, 둘러보다.
　Cum dux exercitum lustráret, hostes aggressi sunt.
　장군이 군대를 사열하고 있을 때 적군들이 공격하여 왔다.
lustror, -átus sum, -ári, dep., intr. (lustrum¹)
　창녀 집을 다니다.
lustrum¹ -i, n. (lūtum¹) 진창(땅이 질어서 곤죽이 된 곳),
　진흙탕, 수렁(곤죽이 된 진흙이나 개흙이 많이 괸 곳), 누추한 곳,
　야수(특히 멧돼지)가 자는 곳(굴), 외딴 수풀,
　요정(料亭), 유곽(창녀가 모여서 몸을 팔던 집이나 그 구역), 방탕.

lustrum² -i, n. (luo) 속죄의 제사(祭祀).
　재계식(5년마다 호구조사가 끝난 다음 지내던 고대 Roma의 재계식)
　5년, 5년 간, 장기간, 회계 연도(會計年度), 호구조사.
**Lustrum Augustus fecit : civium Romanorum capita
quadragies centum milia et sexaginta tria milia erant.**
　아우구스투스는 호구조사를 실시하였다. 그 결과 로마
　시민의 숫자는 406만 3천명이었다.
　[= 40×100×1000 + 63×1000 = 4,063,000. 성 염 지음. 고전 라틴어, p.377].
lūsum, "lŭdo"의 목적분사(sup.=supínum)
lusus, -us, m. (ludo) 장난, 놀이, 내기, 오락(娛樂).
　농담(弄談), 익살(남을 웃기려고 일부러 하는 우스운 말이나 짓),
　희롱(戱弄), 유흥(遊興), 방탕(放蕩), 조롱(嘲弄).
lusus naturæ. 조화의 장난
lutárĭus, -a, -um, adj. (lūtum¹) 진흙 속에 사는
Lutátĭus, -i, m. Roma인의 씨족명
luténsis, -e, adj. (lūtum¹) 진흙의
lutéŏlus, -a, -um, adj. dim. (lúteus⁹)
　누르스름한, 노란빛이 도는.
lutésco, -ĕre, intr. (lūtum¹)
　진흙탕으로 되다, 길이 질어지다, 질다.
Lutétĭa, -æ, f. Gállia의 도시(지금의 파리), ⑨ Paris)
Lutétĭa Parisiórum 파리(의 완전한 이름)
lúteus, -a, -um, adj. (lūtum¹) 진흙의, 진창의, 이토(泥土)의
　진흙투성이가 된, 더러운, 보잘 것 없는, 값싼, 천한,
　luteum corpus. 진흙 몸(=인간)(교부문헌 16. 신국론, p.1200).
lútĕus, -a, -um, adj. (lūtum²) 노란, 황색의
Luther. 루터(Martin Luther. 1483-1546. 종교개혁자. 아우구스티노 은수자회
　입회, 1507년 사제 수품, 1511년 신학박사. 비텐베르크 대학 성서학 교수).
Lutherani. 루터교(Martin Luther의 가르침을 따르는 프로테스탄트의 한 교파).
luto¹ -ávi, -átum, -áre, tr. (lūtum¹)
　진흙으로 바르다.칠하다; 더럽히다.
luto² -ávi, -átum, -áre, tr. (luo) 지불하다
lutósus, -a, -um, adj. (lūtum¹)
　진흙(탕)의, 진창의, 진흙투성이의.
lutra, -æ, f. (動) 수달(水獺-족제빗과의 짐승)
lutuléntus, -a, -um, adj. (lūtum¹) 진흙으로 칠한,
　진흙투성이의, 덕지덕지 바른, 칠한, 더러운; 천한, 야비한.
lŭtum¹ -i, n. 진흙탕, 이토(泥土-진흙), 진창(땅이 질어서
　곤죽이 된 곳. 이녕), 찰흙, 점토, 이탄(泥炭), 토탄(土炭)
　volutari in luto. 진흙 속을 뒹굴다.
lutum² -i, n. 노란(色), 황색(黃色)
　진펄에 나는 풀이(노랑 물감의 원료로 쓰였음).
lux, lucis, f. 빛(φώς).⑨ Light.獨 Licht.프 lumière).
　광채(光彩), 광(光), 광원(光源), 새벽빛, 여명(黎明); 새벽,
　낮의 밝은 빛, 낮, 날, 생명(生命), 눈, 시력(視力),
　대중 앞, 공석(公席), 세상, 희소식, 구원(救援), 희망,
　빛나는(자랑스러운) 존재(存在), 名, 조도(照度-照明度)
　[빛(lux), 빛살(lumen), 광선(radius), 광채(splendor) 네 가지를 구별해야 한다.
　빛 Lux란 태양의 경우처럼, 빛내는 물체 안에 현실태 안에 있고 그것으로 다른
　물체가 빛을 받는 것을 말한다. 빛살 Lumen이란 비추어진 투명한 물체 안에
　받아들이는 것을 말한다. 광선 radius란 빛나는 물체로부터 직선으로 빛을 비추
　이는 것을 말한다. 따라서 광선 radius의 있으면 빛살이 직접 막지 않는 것은 사이에 있을
　때 빛살 lumen이 있는 것은 사이에 빛살 lumen이
　있는 것을 말한다. 그러나 반대로 '빛살이 있으면 광선 radius가 있다는 적합하지 않다. 사실 집 안에
　빛살 lumen이 있는 것은 그것은 사이에 빛을 내는 태양의
　광선 radius의 반사에 의해 이루어진다. 그리고 광채 splendor는 물이나 은과
　같이 깨끗하고 윤이 나는 물체 위에 광선의 반사에 의해 이루어진다. 그와 같은
　방식으로 이 반사에도 광선이 투영된다. 김춘호 옮김. 신학대전 9. p.159].
　ad lucem. 동틀 때까지/
　Ad lucem dormíre. 아침까지 자다/
　ante lucem surgere. 동트기 전에/
　centésima lux ab intéritu alcjs.
　　누가 죽은 지 백 일 째 되는 날/
　cum primâ luce. 첫 새벽에/
　cum primâ luce venit. 그는 첫 새벽에 왔다/
　De luce. 조명론(照明論)/
　Deus estera lux inaccesíbílis.
　　신은 접근(接近)할 수 없는 빛이다/
　**Deus Veritas est. Hoc enim scriptum est:
　quoniam Deus lux est.**(De Trinitate 8. 2. 3)
　　하느님은 진리이시다. 성경에 기록되어 있기를
　　하느님은 빛이시라고 하였다/

Ergo si te confessus fueris peccatorem, est in te veritas: nam ipsa veritas lux est. 그러니 그대가 죄인이라고 고백한다면 진리가 그대 안에 있는 셈입니다. 진리는 빛이기 때문입니다.(최익철 신부 옮김. 요한 서간 강해. p.75)/
Et dixit fiat lux et facta est lux. 하느님이 빛이 생겨라! 하시자 빛이 생겨났다/
Et emitte cælitus lucis tuæ radīum. 당신의 빛. 그 빛살을 하늘에서 내리소서/
in lucem. 날이 밝을 때까지/
in lucem edi. 세상에 나오다(태어나다), (책 따위가) 출판되다/
In tenebris lux. 어둠 속에 빛이!/
Jam lucis orto sidere. 새벽녘 이미 밝았으니/
luce(luci) 낮에/
Lucis Creator Optime. 지극히 좋으신 빛의 창조주/
lucis prænuntius ales. 새벽빛을 예고하는 새(=수탉)/
Medicínam revocávit in lucem Hippócrates. *Hippócrates*는 의학(醫學)을 세상에 끌어들였다. *Hippócrates*는 의학의 시조(始祖)였다/
mysteria lucis. 빛의 신비(→ "로사리오" 참조)/
primā luce. 첫 새벽에/
Quia lux venit in mundum, et dilexerunt homines magis tenebras quam lucem. 빛이 이 세상에 왔지만, 사람들은 빛보다 어둠을 더 사랑하였다/
Quid sentiendum videatur de eo quod scriptum est: Divisit Deus inter lucem et tenebras. '하느님이 빛과 어둠을 갈랐다'는 말을 어떻게 이해할 것인가.
(교부문헌 총서 17. 신국론. p.2782)/
Quod cognoscitur certitudinaliter, cognoscitur in luce æternarum rátīonum. 확실한 인식은 "영원한 이념"들에 의한 빛 안에서 인식 된다/
quomodo ergo est societas luci et tenebris? 그러니 어찌 빛과 어둠이 한데 어울리겠습니까?/
Rabbi lux. 빛 랍비/
Rátīo lux lumenque vitæ est. 이성은 삶의 광명이요, 광채이다/
siccā luce. 마른 눈으로 즉 눈물 없이/
Speculum et lumen juris canonici. 교회법의 거울과 빛/
sub luce. 해 뜰 때에/
sub lucem. 새벽녘에, 날이 샐 무렵에/
supra mentem meam lucem incommutabilem. 내 지성 위에 빛나는 불변의 광명을 나는 보았다/
Te lucis ante terminum. 우주를 지어내신 창조주시여/
Terentia, mea lux, vale! 내 사랑 테렌티아, 잘 있거라!
[Vale, valete, valeto(동사 valeo의 명령형) 편지를 맺거나 작별하는 인사로 쓰인다. 성 영 지음. 고전 라틴어. p.343]/
Utrum lux sit corpus. 빛은 물체인가/
Videtur quod lux sit corpus. 빛은 물체인 것으로 생각 된다/
Utrum lux sit corpus, vel forma corpóris? 빛은 유형체인가, 유형체의 형상인가?/
Utrum lux sit forma substantiális, vel accidentális? 빛은 실체적 형상인가 혹은 우유적 형상인가?/
Vetus tatem novitas, umbræ fugat veritas, noctem lux eliminat. 낡은 것이 새로운 것에게 자리를 물려주고, 진리가 어둠을 내몰며, 빛이 밤을 흩어버리도다(성체성혈대축일 부속가)/
Vos estis lux Mundi. (u`mei/j evste to. fw/j tou/ ko,smou) (⑨ You are the light of the world) (마태 5. 14) 너희는 세상의 빛이다(베네딕도회 이동호 아빠스 사목표어).
Lux æterna. 영원한 빛(lux perpetua)
Lux æterna luceat eis, Dómine. 주님, 영원한 빛을 그들에게 비추소서.
lux clarissima(⑨ the brightest light) 가장 밝은 빛
lux divina. 신적(神的)인 빛(철학여정. p.127)
Lux es tu permanens. 당신이야말로 항상 되신 빛
Lux est corpus. 빛은 물체이다
Lux est forma substantiális. 빛은 실체적 형상이다
Lux est species et perfectio corpórum omnium. 빛은 모든 물체의 형상이며 완성이다.
Lux et origo. 빛과 원천
Lux ex Orient! 빛은 동방으로부터!

lux gloriæ. (神) 영광의 빛(Lumen gloriæ)
Lux in tenebris lucet et tenebræ eam non comprehenderunt. 빛은 어둠에서 비춥니다. 그리고 어둠은 그 빛을 알아듣지 못합니다.
lux interior. 내면의 빛
lux mentis. 지성의 빛
lux mundi(Ego sum lux mundi. 요한 8. 12) 세상의 빛(나는 세상의 빛이다)(대전교구 유흥식 주교 사목 표어).
lux perpetua. 영원한 빛(Lux æterna)
lux solis. 햇살(햇빛)
lux summa. 최고의 빛
Lux Veritátis, 에페소 공의회 1,500주년(1931.12.15.)
luxátĭo, -ónis, f. (luxo) 관절을 뺌, 탈골(奪骨)
luxatúra, -æ, f. 탈골, 탈구(脫臼 m. luxus, -us.)
luxi, "lúceo"의 단순과거(pf.=perfectum), "lucésco"의 단순과거(pf.=perfectum), "lúgeo"의 단순과거(pf.=perfectum).
luxo, -ávi, -átum, -áre, tr. 관절을 삐게 하다(삐다), 탈골(탈구)하다, 제자리에서 물러나게 하다.
luxúrĭa, -æ,(luxúries, -éi,) f. (luxus) 무성함, 풍성, 넘쳐흐름, 과잉, 사치(奢侈), 호사, 호화로움, 무절제, 방탕(放蕩.⑨ Lust), 방일(放逸), 호색(好色), 미색(→음욕), 색욕, 정욕(⑨ concupiscence.음욕), (倫神) 성욕의 무질서한 남용(오용), (말.글의) 현란함, (기름지고 한가한 소 따위의) 힘이 넘침, 사나움.
Odit populus Romanus privatam luxuriam, publicam magnificentiam deligit.(Cicero). 로마 국민은 개인의 사치는 미워하나 공공의 호사(豪奢)는 좋아 한다/
revolútus in luxúriam 방탕(사치)에 다시 빠진.
Luxuria cito decipit hominem otiosum. 사음(邪淫)은 쉬이 한가한 사람을 속인다(성 벨라도).
luxúries, -ei, f. 사치, 미색(迷色)
luxuriális, -e, adj. (luxúria) 방탕한
luxurĭo, -ávi, -átum, -áre, intr. (luxúria) (=luxurior, -atus sum -ari, dep.) (땅이) 비옥하다, 기름지다, 걸다, (초목이) 우거지다, 무성하다, (가축 따위가) 사나와지다, 날뛰다, 힘이 넘치다, 풍부(풍성)하다, 넘쳐흐르다, 사치(奢侈)에 흐르다, 호화롭게 살다, 무절제하다, 방탕하게 살다, (말.글 따위가) 자유분방하다.
luxuriósus, -a, -um, adj. (luxúria) 우거진, 무성한, 풍성한, 넘쳐흐르는, 왕성한, 과잉한, 자유분방한, 무절제(無節制)한, **사치스러운**, 호화로운, 방탕한.
luxus¹ -a, -um, adj. 탈골된, 제자리에서 물러난, 사치한, 향락적인.
luxus² -us, m. (醫) 탈구(脫臼-뼈마디가 접질러서 어긋남. 뺌), 탈골(奪骨), 주색잡기(酒色雜技-술과 여자와 여러 가지 노름), 사치, 낭비(적정선을 넘은 과도한 생활비 지출의 소비를 말한다), 방탕(放蕩.⑨ Lust), 난봉(주색에 빠지는 일), 외도(오입). juventus luxu atque avaritia corrupta. 공부만 하고 월사금을 떼먹던 도회지 악당들.
lyáeus, -i, m. Bacchus의 별명
Lycámbes, -æ, m. Sparta 사람
(자기 딸 Neobúle를 시인 Archilochus와 약혼시켰다가 파혼시켰기 때문에 그의 시로로 저주 받고 고민 끝에 부녀가 함께 죽었음).
lycáon, -ónis, m. Arcádia의 왕, Callísto의 아버지
Lycéum¹(=Lycíum) -i, n. 아테네 교외에 있던 유명한 학원.
Lycéum² -i, n. 고등 교육기관; 고등학교, Cícero가 Túsculum 별장에 개설했던 도서관을 겸한 학원, Tiburtínum 별장에 있던 Hadriánus 황제의 학원.
lychnis cognáta, -ídis -æ, f. (植) 동자꽃
lychnóbĭus, -i, m. (낮을 피해서) 밤에 활동하는 사람
lychnúchus, -i, m. 큰 촛대, 가로등(街路燈)
lychnus, -i, m. 등잔, 남포(⑨ lamp)
Lyco, -ónis, m. 소요학파의 철학자(269~225 A.C.)
Lycomédes, -is, m. Scyrus 섬의 왕
lycopodiáceæ, -árum, f., pl. (植) 석송과 식물
lycopódĭum, -i, n. (植) 석송(石松)

L

lycopódĭum alpínum. 산석송

Lycórĭas, -ădis, f. 바다의 요정(妖精)
lycos, -i, m. (蟲) 독거미(의 일종)
Lycúrgus, -i, m. Sparta의 입법자(c.825. A.C.),
  Bacchus가 미치게 만든 Thessália의 왕.
Lýdĭa, -æ, f. 리디아(축일 8월3일. 소아시아의 아크 - 히사르 태생인
  리디아는 자색 옷감장수였는데 필립비에서 행한 성 바오로의 설교에 감복
  하여 첫 번째 개종자로서 세례를 받았다. 그리고는 온 집안 식구들도 영세
  를 받게 하였고 바오로로 하여금 자신의 집에 기거하면서 선교활동을
  돕도록 하였다. 그녀는 하느님을 공경하는 부인이었다. 사도행전 16, 14).
lympha, -æ, f. 맑은 물, 샘물,
  (解) 임파(淋巴-lymph, 림프), 임파액(淋巴液).
lymphátĭcus, -a, -um,
  adj. 미친, 정신 나간, 정신착란의, 발광적인, 광란의, 임파의.
  m. 정신착란증에 걸린 사람.
  n. 광기(amentĭa, -æ, f.), 발광(상태); 정신 나간 짓.
lymphátĭo, -ónis, f. (lympho) 경악(驚愕-깜짝 놀람),
  공포(恐怖.⑨ terror.獨 die Furcht), 아연실색(啞然失色).
lympho, -ávi, -átum, -áre, tr. 정신 나가게 하다,
  공포에 질리게 하다, 아연실색케 하다.
lymphoglándŭla, -æ, f. (解) 임파선(림프선. 림프절)
lyncéus¹ -a, -um, adj.(Lýnceus) 날카로운 시선의, 투시안의
lyncéus² -ĕi(-ĕos) m. Messénia 사람,
  Argonáutœ의 한 사람, 날카로운 투시안(透視眼)으로 유명.
lynx, lyncis, f., m. (動) 살쾡이
lyra, -æ, f. (고대 희랍의) 칠현금(七絃琴-일곱 줄로 된 악기),
  리라, 노래, 서정시(抒情詩), Lyra. (天) 금좌(琴座).
  Si Lyra non lyrasset, Lutherus non saltasset. 만일 리라
  가 리라를 켜지 않았다면 루터가 춤추지 않았을 것이다.
lýrĭcen, -ĭnis, m. lyra 연주자
lýrĭcus, -a, -um, adj. lyra의, 7현금의, 서정의,
  서정시의, 서정시 같은.
  m., pl. 서정시인(抒情詩人). n., pl. 서정시(抒情詩).
lyrístes, -æ, m. lyra 연주자, 7현금 타는 사람
lyrístrĭa, -æ, f. lyra 연주하는 여자
Lysánder, -dri, m. Sparta의 유명한 장군(404 A.C.)
Lýsĭas, -æ, m. Athénœ의 유명한 웅변가(c. 450~373 A.C.)
Lysímăchus, -i, m. Alexánder 대왕 휘하의 유명한 장군
Lysíppus, -i, m. Alexánder 시대의 유명한 조각가
Lysis, -ĭdis, m. Athénœ 사람, Aristídes의 아버지
Lysíthŏē, -es, f. Océanus의 딸
lyssa, -æ, f. (醫) 광견병[hydrophóbĭa(-phŏbía), -æ, f.]
  (植) 배롱나무과 식물, 부처꽃과 식물.
lytrum, -i, n. 몸값, 속량 대금(贖良代金-몸 값)
lytta, -æ, f. (육식동물의 혀에 있는) 종행근(從行筋)의 섬유
    (고대에는 개의 혓바닥에 있는 광견병 옮기는 벌레로 생각했음).

lythrácĕæ, -árum, f., pl.

M M M

M¹, m, f., n., indecl. 라틴 자모의 열세 째 글자; 엠[em]
M², (略) M. = Marcus. **M'.** = Mánius.
　M = 1,000(본래 CIƆ로 표시하던 것이 M으로 바뀜).
M.A. = Missionarius Apostolicus(교황 파견 선교사)의 약자(略字)
Marcaréis, -ídis, f. Mácareus의 딸(=Issa)
Mácăreus, -ěi(-ěos), m. Lápithœ족의 한사람,
　Ulíxes의 반려, 후에 Ænéas의 반려가 됨.
macarísmus, -i, m. 진복팔단, 마카리즘(眞福宣言)
maccis, -ídis, f. 조미료의 일종; 육두구(肉荳蔲) 꽃
maccus, -i, m. 어릿광대, 익살꾼, 멍청이, 똑똑치 못한 자
Macedónia, -æ, f. 희랍의 북부 지방에 있던 나라.
　Antequam de meo adventu audire potuissent,
　in Macedoniam perrexi. 그들이 나의 도착에 대해서 소식
　을 들을 수 있기 전에 나는 곧장 마케도니아로 갔다.
Macedoniani. 마체도니우스파.
　(성령의 신성을 부정한 4세기경의 이단. 한국가톨릭대사전. p.2468).
macellárĭus, -a -um, adj. (macéllum)
　시장의, 식육 시장의, 식료품 시장의. m. 식육상인.
macellum, -i, n. (-us,-i, m.) 식육시장; 식료품 시장
macellus, -a -um, adj. dim. (macer) 좀 야윈, 마른 편인
mácĕo, -ére, intr. (macer) 야위다, 마르다, 파리해지다
macer¹ -cra -crum, adj. 야윈, 파리한, 수척한, 메마른, 토박한
macer² -cri, m. Roma인의 씨족명
macerátĭo, -ónis, f. (mácero) 물에 담가 부드럽게 함,
　부패(腐敗), 금욕(禁慾), 단식(單式), 고행(苦行)
macerésco, -ěre, intr., inch. (mácero) 부드러워지다
macérĭa, -æ,(=maceries, -éi,) f. 울타리(רדג), 담,
　울짱(말뚝 따위를 잇달아 박아서 만든 울타리. 사립짝).
　transcendo mácériam. 성(城)을 넘다.
maceriátĭo, -ónis f. (macéria) 울타리를 함, 담을 둘러 침
maceriátus, -a -um, adj. (macéria) 울타리 두른, 담 쌓은
mácĕro, -ávi, -átum, -áre, tr. 눅눅하게 하다,
　물에 담가(물로 축여) 부드럽게 하다, 반죽이기다,
　약(쇠약)하게 하다, 약화(쇠퇴) 시키다, 마르게 하다,
　파리하게 하다, 다하여 없어지게 하다,
　자지러지게 하다, 고통(苦痛)을 주다, 괴롭히다,
　들볶다, 시달리게 하다, 극기(克己)하다.
macésco, -ěre, inch., intr. (máceo) 마르다(בנכ,בזכ),
　야위다, 수척해지다, 파리해지다, 빈약해지다, 초췌해지다.
Maccabæus, -i, m. 유다스 마카베오(마카베오는 "철퇴"라는 뜻)
　(전161년. 점령군 시리아인들을 거슬러 항쟁한 유다인 지도자. 제관 마타티아
　스의 셋째로서 아버지를 이어 유다군의 사령관으로 활약.
machǽra, -æ, f. 칼(劍.חמר.֍ dagger/sword), 검(劍).
　o miseri: primo, quia divisistis Ecclesiam. Maior est
　machæra linguæ quam ferri. 오 불쌍한 사람들, 무엇보다
　도 그대들은 교회를 분열시켰습니다. '혀 칼'이 '쇠 칼'
　보다 더 날카로운 법입니다(최익철 신부 옮김. 요한 서간 강해. p.463).
machǽrĭum, -i, n. 단검(短劍)
machærốphŏrus, -i, m. 검을 가지고 다니는 시종,
　친위병(親衛兵), 단검으로 무장한 군인.
Mācháon, -ŏnis, m. 의신(醫神)
Machiavellísmus, -i, m. 마키아벨리 주의,
　목적을 위하여 수단 방법을 가리지 않는 주의.
máchĭna, -æ, f. 기계(器械), 도구(道具), 연장, 공구,
　기구(器具), 장치(裝置), 고안품(건축의) 발판, 비계,
　노예 매매대, 화가(畵架), 기계 장치로 된 무기, 쇠뇌,
　기중기, 양수기, 노포(弩砲), 대포, 파성추, 음모, 술책.
machina ad exstinguendum incendĭum. 소화기
machina cosmica. 대기(大機)(선유의 천주사상과 제사문제. p.240)
machina itineri ærio destinata. 비행기(飛行機)
machina typographica. 인쇄기(印刷機)
machinális, -e, adj. (máchina) 기계(장치)에 관한
machinámen, -mǐnis, n. (máchinor) 음모, 술책(術策)
machinaméntum, -i, n. (máchinor)
　기계(器械, machina, -æ, f.), 도구, 기구, 기계장치,

감각기관, 음모(陰謀-몰래 좋지 못한 일을 꾸밈), 술책.
vel facinora vel machinamenta admirabiliter inventa
et intellecta.(성 염 지음. 사랑만이 진리를 깨닫게 한다. p.291)
　놀랍게도 인간들이 인식해내고 발견해낸 저 위대하고
　거대한 도구 내지 기계장치들.
machinárĭus, -a -um, adj. (máchina)
　기계장치로 된, 기계장치를 돌리는(움직이는).
　m. 기계공, 기계로 일하는 사람.
machinátĭo, -ónis, f. (machinátus, -us, m.)
　(máchinor) 기구(機具), 장치(裝置), 기계(器械),
　도구, 음모, 간계, 술책. (軍) 포위 공격의 각종 무기.
machinátor, -óris, m. (máchinor) 기계 발명자(發明者),
　기계 조종자(操縱者), 기사(技士), 창조자(創造者),
　발기인(勃起人), 주모자(主謀者), 음모자(陰謀者)
máchǐnor, -átus sum, -ári, dep., tr. (máchina)
　만들어 내다, 제작하다, 고안(考案)하다, 발명(發明)하다,
　계획하다, 음모(陰謀)하다, 계교(計巧)를 꾸미다.
machĭnόsus, -a, -um, adj. (máchina)
　기계의, 기계장치로 된.
machínŭla, -æ, f. dim. (máchina) 소형기계
máchǐo, -ónis, m. 미장이; 벽돌 쌓는 사람
mácĭes, -éi, f. (máceo) 야윔, 수척(瘦瘠-몸이 마르고 파리함),
　파리함, 토박함, (땅의) 메마름, (농작물의) 흉년,
　(말, 글의) 빈약(貧弱-가난하고 약함).
corpus sensim ad máciem reduco.
　몸을 점점 야위게 만들다.
maciléntus, -a, -um, adj. (mácies) 야윈, 마른,
　파리한, 수척한, (땅이) 메마른, 빈약한.
mácĭo, -áre, tr. 마르게 하다, 약하게 하다
Macra, -æ, m. Itália의 북부 Ligúria의 강(지금의 Magra)
macrésco, -crúi -ěre, inch., intr. (macer)
　야위다, 마르다(בוכ,בזכ), 쇠약(衰弱)해지다.
Macri Campi, -órum, m., pl. Gállia Cispadána의 한 지방
macrícŭlus, -a, -um, adj. (macer) 좀 야윈
mácrĭtas, -átis f. (macer) 쇠약함, (땅의) 토박함
macritúdo, -dinis, f. 야윔, 수척(瘦瘠-몸이 마르고 파리함)
Macro, -ónis, m. Tibérius 황제를 섬긴 Roma의 장군
macrobiótǐca, -æ, f. 양생술(養生術), 장수법(長壽法)
macrochérus, -a, -um, adj. 소매가 긴. f. 소매 긴 겉옷
mácrŏchir, -íros(-iris), m.
　손이 긴 사람, Persia왕 Artaxerxes의 별명.
macrocόl(l)um, -i, n. 옹근 장이 종이, 한번 접은 종이
macrocόsmos, -i, m. 대우주(大宇宙)
macrológia, -æ, f. 장황한 이야기
Macropodus chinensis. (魚) 버들붕어
marcrosporángĭum, -i, n. (植) 대포자낭(大胞子囊)
mǎcrui, "macrésco"의 단순과거(pf.=perfectum)
mactábǐlis, -e, adj. (macto) 죽음을 가져오는, 치명적인
mactátĭo, -ónis, f. (macto) 도살, 동물을 잡음, 제사 지냄.
mactátĭo actualis. 현실적 도살(屠殺)
　[미사성제의 본질을 그리스도의 귀멸(歸滅.annihilatio) 또는 현실적인 도살
　(屠殺)로 보는 학설의 신학용어. 이 설(說)을 반대해 미사의 신비를 획기적으로
　제시한 것으로 프랑스의 예수회원 Maurice de Taille의 "신앙의 신비
　(Mysterium fidei. 1921년)"가 유명하다. 백민관 신부 엮음. 백과사전 2. p.607].
mactátor, -óris, m. (macto) 살인자, 도살자(盜殺者)
mactátus, -us, m. (macto) 살해(殺害), 도살(盜殺), 제물을 바침
macte, voc. (mactus) (interj.로 쓰이며 '축하, 축복, 찬탄讚嘆,
　격려激勵' 따위의 뜻을 드러냄; 흔히 virtúte(abl.)를 동반함).
Macte animo! 용기를 내어라!
　(Bonum habe animum = Forti animo esto).
Macte virtute esto! 장하다. 만세!(Macte virtute!)
macto, -ávi, -átum, -áre, tr. (mactus) 찬양(讚揚)하다,
　현양(顯揚)하다, (불행.고통.벌 따위를) 주다,
　끼치다, 괴롭히다, (신에게) 제물(祭物)을 바치다,
　죽이다, 잡다, 도살(盜殺)하다(בוכ,בזכ).
mactra, -æ, f. 반죽하는 나무통(큰 그릇)
mactus, -a, -um, adj.
　(희생 제물에 향이나 술을 부어) 예배의식이 이루어진.
　macte, macti. 용맹하여라, 영광 있으라! 만세.

M

mácŭla, -æ, f. 그물코, 얼룩점, **반점**(斑點), **얼룩**, 흠,
오점(汚點), 티, 오욕(汚辱-더렵혀 욕되게 함), 오명(汚名).
(bos) máculis insignis. 얼룩소/
Dextera Pátris, lápis anguláris, vía salútis,
iánua cæléstis, áblue nóstri máculas delícti.
성부 우편에 앉아 계신 주여, 참 구원의 길 천국 문
되시니 우리의 죄를 씻어 주옵소서.
(성부 우편이시고, 모퉁이 돌이시며, 구원의 길이시고,
하늘의 문이시니, 우리 죄의 얼굴을 씻어주소서).
황치헌 신부 지음. 미사통상문을 위한 라틴어. p.506~507].

maculátĭo, -ónis, f. (máculo)
얼룩지게 함, 반점 배열, 때 묻힘, **더럽힘**.

maculo, -ávi, -átum, -áre, tr. (mácula)
얼룩지게 하다, 반점(斑點)을 만들다, 더럽히다(ㄱㄱ),
때 묻히다, 명예(名譽)를 손상(損傷)시키다.

maculósus, -a, -um, adj. (mácula) 얼룩얼룩한,
반점(斑點)이 많은, 더러워진, 때 많이 묻은, 불결한,
더러운, 모독(冒瀆)당한, 망신스러운, 타락한, 부패한.

Mádárus, -i, m. 대머리(C. Mátius의 별칭)

madefácĭo, -féci, -fáctum, -cĕre, tr. (mádeo+fácio)
적시다, 축이다, 담그다, 술 취하게 하다.

madefácĭo, -ónis, f. 적심(물에 적심), 축임(물에 축임)

madefío, -fáctum sum, -fíĕri, pass. (madefácio) 젖다

mádĕo, -dŭi -ére, intr. 젖어있다, 축축하다, 배다,
물기를 머금다, 스미어 젖다, 거나하게 취해있다,
삶아서 흐무러지다, 충만하다, 넘쳐흐르다, 충일하다.

madésco, -dŭi -ĕre, intr., inch. (mádeo) 젖다, 젖어들다,
취(取)하다(בס,בסב,גחק), 흐무러지다.

mádĭdo, -ávi, -átum, -áre, tr. (mádidus)
젖게 하다, 적시다(רבב), 취하게 하다.

mádĭdus, -a, -um, adj. (mádeo) 젖은, 물기를 머금은,
축축한, 물든, 취한, 거나한, 흐무러진, (삶아서) 연해진,
거나하게 취한, 충만(充滿)한, 충일(充溢)한, 넘치는.

Madonna. (이탈리아어) 마돈나(⑨ Our Lady)
성모 마리아의 화상이나 조각상을 가리키는 말.

mador, -óris, m. (mádeo)
습기(ύργος.濕氣-축축한 기운), 축축함.

mădui, "madeo"의 단순과거(pf.=perfectum)

madúlsa, -æ, m. 술 취한 사람, 취객(醉客)

mæa, -æ, f. 프랑스에서 나는 큰 게(大蟹)

mæandrátus, -a, -um, adj. 꾸불꾸불한, 꼬인

mæándrĭcus, -a, -um, adj. 꾸불꾸불한, 굴곡이 많은

Mædi, -órum, m., pl. Thrácia에 있던 한 종족

Mǽdĭca, -æ, f. Mœdi인의 나라

mæéutĭca, -æ, f. (醫) 산과학(産科學), 조산술

mǽles = meles

mǽlĭum = mellum, -æ, f.

mæna, -æ, f. (魚) 정어리

mǽnas, -ădis, f. Bacchus 신의 여신관(女神官)

Mǽnĭa Colúmna.
Roma의 Forum에 있던 기둥(태형 집행 때 사용되었음).

mæniána, -órum, n., pl. 노대(露臺), 발코니(⑨ balcony)

mænómĕnon mel, m. (먹으면 미친다는) 독성 있는 꿀

mærens, -éntis, p.prœs., a.p. (mǽreo)
수심(愁心)에 싸인, 근심하는.

mǽrĕo, -ére, tr. 애도(哀悼)하다(רמד),
intr. 근심하다, 비애(悲哀)에 잠기다.
한탄하다(רמד.רמא.אכב.יכב),
슬퍼하다(ספד.רמד.רמא.לבא.אכב.יכב).
mortem alcjs mæreo. 누구의 죽음을 애도하다/
Non igitur mærenda mors, quæ causa salutis est
publicæ.(⑨ Death is, then, no cause for mourning,
for it is the cause of mankind's salvation).(Ambrosius)
그래서 죽음에 대하여 슬퍼할 이유가 없습니다.
죽음은 모든 이에게 구원을 가져다주기 때문입니다.

mæror, -óris, m. (mǽreo) 슬픔(λὐπη.⑨ Sadness),
비애(悲哀), 애수(哀愁-마음속으로 스며드는 것 같은 슬픈 시름),
비탄(悲嘆-슬퍼하여 탄식함), 애도(哀悼).

esse in mæróre. 슬픔에 잠겨 있다/
jaceo in mæróre. 근심에 잠겨 있다/
Nascimur in mærore, vivimus in labore,
morimur in dolore. 우리는 울며 태어나서,
고생하며 살다가, 슬픔 속에 죽는다.

Mæror mentes abjicit. 비탄은 정신을 약해지게 한다.

mæstífĭco, -ávi, -átum, -áre, tr. (mæstus+fácio)
근심을 끼치다, 슬프게 하다.

mæstíficus, -a, -um, adj. 근심을 끼치는, 슬프게 하는

mæstítĭa, -æ, f.(=mæstítŭdo, -dĭnis,) f. 비애(悲哀)
비탄(悲嘆-슬퍼하여 탄식함), 슬픔(λὐπη.비애.⑨ Sadness).
in mæstitíam compositus. 우울한 표정을 하고/
Filius sapiens lætificat patrem, filius vero stultus
mæstitia est matris suæ.(⑨ A wise son makes his
father glad, but a foolish son is a grief to his mother).
지혜로운 아들은 아버지를 기쁘게 하고
우둔한 아들은 어머니의 근심거리가 된다(잠언 10. 1).

mæstus, -a, -um, adj. (mǽreo) 슬퍼하는, 상심한,
비탄에 잠긴, 애도하는, 슬픈, 구슬픈, 애처로운,
슬픔을 자아내는, 슬픔을 표시하는.

Mǽvĭus, -i. m. Vergílius나 Horátius를 악평한 졸렬한 시인.

mafors = **mavors¹** -órtis, m.
목과 어깨를 가리는 어린이나 부인용 옷.

maga, -æ, f. (magus) 무당, 여자 마법사, 여자 요술사.

magálĭa, -íum, n., pl. 오막살이(sordida casa)

mage(=magis¹) adv. 더욱(μᾶλλον), 보다 더

Magi, (聖) 三王, 동방박사들(magi東方博士)

magía, -æ,(=magĭce, -es,) f. 마술(魔術.⑨ Magic),
마법(secretæ artes), 요술, 주술(呪術.⑨ magic).
(마술은 미신행위로서 종교 신앙과 위배되며 향주덕의 명덕을 거스르는
죄이다. 마술은 종교의 대치물로 바꾸는 미신행위이기 때문이다.)
naturalis magia. 자연적 주술.

magia mathematica. 산술적 주술.
[Cornelio Agrippa(1486～1535)는 세계를 삼계로 구분하여 이에 접근하는 학문을
"주술"이라고 불렀다. 자연계는 magia naturális(자연적 주술로, 중천계는 magia
mathematica(산술적 주술)로, 상천계는 coniuratio numerologica(수론적 결속)에 의해
접근 가능하였는 용어를 썼다. 성 염 옮김, 피코 델라 미란돌라, p.82].

magia naturális. 자연적 주술(중세철학. 제2호, p.262)

magĭcus, -a, -um, adj. 마술의, 마법의, 마법에 의한.
De impietate artis magicæ, quæ patrocinio nititur
spirtuum malignorum. 악령들의 보우에 의존하는
마술의 사악함.(교부문헌 총서 17. 신국론, p.2768).

mágĭda, -æ, f. 큰 접시(의 일종)

magíra, -æ, f. 요리기술(料理技術), 요리법(料理法)

magírus, -i, m. 요리사(料理師)

magis¹ adv., comp.
더, 더욱, 더 많이, …이상, 차라리, 오히려(μᾶλλον).
eruditus sic, ut nemo magis.
아무도 더 유식할 수 없을 만큼 유식한/
impendio magis. 더 더욱/
non magis quam…. …와 동등으로(같게.같이) …만큼/
tum magis id díceres, si…,
만일 …하면 차라리 말할 기회를 얻을 것이다.

magis² -ídis, f. 큼직한 접시

Magis derisione quam responsione dignum est.
이런 논구(論究)는 대답이라기보다는
그냥 사람들을 웃기게 할 뿐이다.

magis et minus. 다소(多少, quodammodo, adv.)

magis facienti quam patiendi obest omne peccatum.
죄악은 당한 자보다 행한 자를 파괴 한다(성 아우구
스티누스의 윤리관)(교부문헌 총서 15, 신국론, p.292).

Magis sapisset, si dormivisset domi.
그가 집에서 잠이나 잤더라면 더 현명했을 텐데.

magis sólito. 보통보다 더

magíster, -tri, m. (magnus) 지도자, 지휘자, 두목,
명령자, 감독관, 장(長), 스승(διδάσκαλος.⑨ Teacher),
교사(διδάσκαλος.⑨ Teacher), 선생(διδάσκαλος),
교사자(敎唆者), 조언자(助言者), 충고(忠告), 조언(助言).
A magistro petam quid faciendum sit. 무엇을 해야 할지
선생님께 여쭙겠다(quid faciendum sit: 수동문으로서 주어가 명기 안

M

된 일반적 의미를 담고 있다. 성 염 지음. 고전 라틴어. p.316)/
caput et magistra omnium ecclesiarum.
모든 교회들의 머리이자 스승/
Collegium pauperum Magistorum. 가난한 교수들의 대학/
Etíam sine magístro vítia discúntur.
교사(선생님) 없이도 악습은 배워 진다/
Experiéntia est magistra stultórum.
경험은 어리석은 자들의 선생이다/
expositio magistrális. 교수의 주해/
haud pœnitendus magister. 조금도 손색없는 선생/
Historia est magíster vitæ. 역사는 생활의 선생이다/
Lumen magistrorum. 교수들의 빛/
magistrorum magistrarumque opera. 양성 책임자들의 임무/
Modernorum Magister Magistrorum. 현대 선생님들의 스승/
Mundi probatus Magnister. 만인이 알아주는 스승/
Nec vocemini Magistri, quia Magister vester unus est,
Christus. (mhde. klhqh/te kaqhghtai,(o[ti kaqhghth.j u`mw/n evstin
ei-j o` Cristo,j) (영 Do not be called 'Master'; you have
but one master, the Messiah)
너희는 선생이라고 불리지 않도록 하여라.
너희의 선생님은 그리스도 한 분뿐이시다(마태 23. 10)/.
Nolite plures magistri fieri.
여러분은 저마다 선생(석사)이 되려고 하지 마십시오/
Nullius addictus jurare in verba magistri.
나로서는 어느 스승의 말씀을 빌려 맹세할 필요가 없다/
piæ Discipulæ Divini Magistri. 스승 예수의 제자 수녀회/
Qui ita docet, ei uni nomen 'Magistri' merito tribuitur.
(영 One who teaches in this way has a unique title to
the name of 'Teacher'.) 그와 같이 독특하게 가르침을
내리는 분은 '선생님(스승)'이라는 특유한 칭호를 받습니다.
(교황 요한 바오로 2세의 1979.10.16. "Catechesi tradendæ" 중에서)/
Sacræ Theologiæ Magister.
(수도회에서) 신학교수 자격자, 신학박사/
universitas magistrórum. 석사연합회/
universitas magistiórum et scholárium.
교수들과 학생들의 연합체, 대학 석사 및 학자 연합회/
Usus est efficacissimus magister.
관습은 가장 힘 있는 스승이다.

명사 제2변화 제2식 B		
	단 수	복 수
Nom. 주격	magíster	magístri
Voc. 호격	magíster	magístri
Gen. 속격	magístri	magístrórum
Dat. 여격	magístro	magístris
Acc. 대격	magístrum	magístros
Abl. 탈격	magístro	magístris

magister abstractionum. 추상 박사
(프란치스코 스코투스의 고족高足 제자 Mayron의 칭호. 대요철저박사 Doctor
illuminantissimus et acutus라고도 한다. 백민관 신부 엮음, 백과사전 2, p.610).
magister actu regens. 석좌교수(碩座教授)
magister altiórum litterárum. 대학 문과 교수
magister altiórum scientiárum. 대학 이과 교수
Magister artium liberalium(영 Master of arts)
[교양과목 학사. 문학박사(중세기 초 학교 제도의 시작으로 발전한 3과목
(trivium)과 4과목(Quadrivium)을 총칭한 교양과목(Artes liberales)이라고 했는데,
이 교양과목들을 이수한 후 학위 자격증을 받았다. 그 후 이 교양과목이라는 종합
대학 과정에 들면서 현재에 이르러 문학박사 칭호를 받는다. 백과사전 2, p.610).
Magister Cæremoniarum. 교황청 의전부장
Magister Cameræ. 교황실 장관, 시종장, 비서실장
Magister clamat ut a nobis audiatur.
선생님은 우리가 들으라고 고함을 지르고 있다/
Pater noster alta voce clamaretur ut a nobis audiretur.
우리 아버지는 하도 고성을 질렀으므로
우리한테까지 들릴 정도였다.
Magister, cujus discípuli sunt diligéntes, lætátur.
그(의) 학생들이 부지런한 선생님은 기뻐하신다[cujus는
남성 단수 속격으로서 선행사 magister(남성 단수)를 꾸며주는 관계대명사]/
magister curiæ Romanæ(
성청의 교수(magister sacri palatii).
Magister de proprietatibus. 소유에 대한 선생

Magister discipulis suis benignus est. 그 선생님은 자기
학생들에게 온유하다(주로 호의와 적의. 유용성과 유사성을 담은 형용사들의
경우 그 호의와 적의의 대상을 여격으로 나타낸다. 성 염 지음, 고전 라틴어. p.395).
Magister dixit. 선생님이 말씀하셨다
Magíster dixit alúmnis, ut diligénter studérent
linguæ Latínæ. 선생님께서는 학생들에게 Latin어를
부지런히 공부하라고 말씀하셨다.
Magister actu regens. 교수직
Magister équitum. (총통 직속의) 기병대장
Magister Generalis. (도미니꼬회) 총원장(총장)
Magister Hieronymus. 예로니모 선생님
Magister historiarum. 역사학의 선생님
magister in Sacra Pagina. 성서 교수
magister in theologiæ. 신학박사 학위, 신학 교수
magister interior. 내적 스승
Magister ipse dicit. 선생님 친히 그렇게 말씀 하신다
magister linguæ Latínæ. 라틴어 교사(教師)
magister militiæ. 장군(將軍)
Magíster mónuit alúmnos, ut diligénter studérent
linguæ Latínæ. 선생님께서 학생들에게 Latin어를
열심히 공부하라고 권고하셨다.
Magister, me puni, si honestus non vivam. 선생님, 만일
제가 정직하게 살지 못한다면, 저를 벌해 주십시오!
magister memoriæ. 기억력의 스승
magister mórum. 풍기 감찰관(moribus præfectus)
magister návis. 선장(船長, præfectus návis)
magister novitiórum(영 master of novices/director of
novices). (수도회의) 수련장(修練長).
magister officiórum. 궁중 장관, 공직자들의 스승
magister palatii. 황궁의 스승
Magister pontificiarum Celebartionum Liturgicarum.
교황청 전례처장.
magister pópuli. 총통(總統)
magister principális. 교장(校長, rector scholæ)
Magister, quid boni faciam, ut habeam vitam
ætérnam?. 스승님, 제가 영원한 생명을 얻으려면 무슨 선한
일을 해야 합니까?
magister rei mathematicæ. 수학교사(數學教師)
magister rei physicæ et naturális. 물리학 교사
Magister sacri Hospitii. 교황청 접대부장
magister sacri palatii. 교황궁 교리 담당관,
교황청 궁정 장관(신학 담당. 백민관 신부 엮음, 백과사전 2, p.688),
성청의 교수(토마스 아퀴나스 수사, p.254).
magister scholae. 학교장
Magister Sententiarum. 신학명제 박사(페트루스 롬바르두스 지칭)
Magister Scoti. 스코투스의 스승
magister spiritus* 영성 지도자(Can. 239조 2)
magister supremus(太師(太師)
(당고종이 공자에게 호칭. 신유의 천주사상과 제사문제, p.76).
Magister vester, unus est Christus.(마태 23. 10)
(o[ti kaqhghth.j u`mw/n evstin ei-j o` Cristo,j)
(영 you have but one Father in heaven)
너희의 선생님은 그리스도 한 분뿐이시다(성경)/
너희의 지도자는 그리스도 한 분뿐이시다(공동번역)/
여러분의 사부는 오직 한 분, 그리스도이기 때문입니다.
(200주년 기념 신약성서 마태 23. 10)/
magistri cælestis doctrina. 천상 스승의 가르침.
magister vici. 동장, 이장, 구장(vicomagister, -tri m.)
magistérium, -i, n. (magistérius) 지휘자직(指揮者職),
지도책임(指導責任), 지휘권(指揮權), 감독권(監督權),
(가) 교도권(教導權).(영 power of magistérium),
교회의 가르침(=교도권), 교사(선생.지도자) 의 직분.
Diffusio investigationis biblicæ et ecclesiale
Magisterium(영 The development of biblical studies and
the Church's magisterium) 성경연구의 발전과 교회 교도권.
magistérium ordinarium. 일반 교도권, 통상 교도권
magisterium authenticum. 교황의 일반 교도권,
유권적(有權的) 교도권(영 authentic magistérium).
Magisterium Divinale. 신적인 교권

M

Magisterĭum Ecclesiæ. 교회의 교도권(敎導權)
magisterĭum extraordinarĭum. 비상 교도권
Magisterĭum extraordinarĭum sollemne. 장엄 교도권
Magisterĭum ordinarĭum et universale. 통상 보편 교도권
Magisterĭum socialis(⑨ social magisterium) 사회 교도권
magistérĭus, -a, -um, adj.
　최고 지휘권의, 지도자의, 대가(大家)다운, 권위 있는.
magístěro, -áre, tr. intr. 선생 노릇하다.
　tr. 지휘(指揮)하다, 지도(指導)하다, 명령(命令)하다.
magístra, -æ, f. (magíster) 여성 지도자, 여성감독,
　여선생, 여교사(διδάσκαλος.⑨ Teacher).
　Magistras trinas nuptias uno die celebravit.
　여선생님은 하루에 세 쌍씩 결혼식을 주례하였다.
magistrális, -e, adj.
　지휘자의, 감독자의, 관리의, 스승의, 선생(교사)의.
magistrás, -átis, f. 지도자, 지휘자(指揮者), 장(長)
magistrátĭo, -ónis, f. (magísto) 지휘(指揮), 감독,
　지도(指導), 명령(命令), 교육기관, 학교(學校).
magistrátus, -us, m. (magíster) 높은 벼슬, 관직(官職),
　공권력, 직권(職權), 교권(敎權), (행정) 관리(官吏),
　공무원(公務員), curagendárĭus, -i, m.), 관청,
　국가 공무원(國家公務員), 박사 학위.
　honos, -oris, m. 공직 / honorum cursus. 공직 경력/
　Magistrátum creáre in annum.
　임기 1년으로 정무관을 선출하다/
　Ob imprudentiam magistratuum non solum gravissima
　incommoda passuri fuimus, sed libertatem ipsam
　amissuri. 관리들의 어리석음 때문에 우리는 생필품
　부족을 겪어야만 했을 뿐만 아니라 자유 자체마저도
　상실할 지경이었다(성 염 지음, 고전 라틴어, p.232].
Magistri cælestis doctrina. 천상 스승의 가르침
Magistri Comacini. 신심 운동 조합
magistriánus, -a, -um, adj. (magíster) 스승의, 선생(교사)의
magístro, -áre, tr. 지휘(指揮)하다, 지도(指導)하다
magma, -ātis, n. 향료(향유)의 찌꺼기
magmentárĭus, -a, -um, adj. (magméntum)
　제물 부대품(附帶品)의.
magméntum, -i, n. 제물의 부대품(附帶品), 보충 제물
Magna Charta. 대헌장.
　(1215년 영국 왕 원저가의 John이 발표한 자유의 대헌장).
Magna Græcĭa, -æ, f. 남부 이탈리아의 식민지구
magnǽvus, -a, -um, adj. (magnus+ævum) 고령(高齡)의
magnálĭa, -īum, n., pl. (magnus)
　위업(偉業), 놀라운 일, 절묘(絶妙-썩 교묘함)
magnam pugnam pugno. 큰 싸움을 싸우다
Magnam securitatem dedit Deus.
　하느님께서는 커다란 보증을 주셨습니다.
magnánĭmis, -e,(-nimus, -a -um,) (magnus+ánimus)
　adj. 관대한, 도량이 큰, 아량 있는, 대범한.
magnanímĭtas, -átis, f. (magnánimus)
　아량(雅量-깊고 너그러운 마음씨), 도량, 대범함, 관대함.
magnárĭus, -i, m. 무역상인, 장사를 크게 하는 사람
magnátes, -um, m., pl. 고관, 부호, 귀족, 유지(有志).
　primi urbis. 도시의 유지들.
magnátus, -i, m. 고관(高官), 양반(兩班), 중요한 인물.
magnes, -étis, m. (lapis)
　(Magnésia의 돌이란 뜻으로) 자석(磁石)
magnes raptor ferri. 쇠를 끌어당기는 자석
magnésĭum, -i, n. (化) 마그네슘
magnesĭum carbonicum. 탄산마그네슘
Magnéssa, -æ, f. Magnésia의 여자
Magnetárches, -æ, m. Magnésia의 최고 행정장관
magnétĭcus, -a, -um, adj. 자석의, 자기의, 자력의.
magnetísmus, -i, m. 자기(磁氣-자석이 철을 끌어당기는 작용),
　자성(磁性-자기를 띤 물체가 쇠붙이 따위를 끌어당기거나 하는 성질),
　자기작용(磁氣作用), 자기학(磁氣學).
magnetophonĭum, -i, n. 녹음기(錄音器)
Magni artus Germánicam oríginem assevérant.

(그들의) 큰 골격이 게르만족임을 증명해 준다.
magni Campi, -órum, m., pl. Utĭca의 지구(地區) 이름
magnídĭcus, -a, -um, adj. (magnus+dico⁹)
　과장해서 말하는, 허풍 떠는.
magnifácĭo, -cére, tr. (magnus+fácio)
　존중(尊重)하다, 소중히 여기다, 높이 평가(評價)하다.
Magnificant. 마니피캇, 성모의 찬양 노래
magnificant, 원형 magnífĭco, -ávi, -átum, -áre,
　[직설법 현재. 단수 1인칭 magnífico, 2인칭 magníficas, 3인칭 magníficat,
　복수 1인칭 magníficamus, 2인칭 magníficatis, 3인칭 magníficnt].
Magnificant anima mea Dominum.
　(⑨ My soul proclaims the greatness of the Lord)
　내 영혼이 주님을 찬미하나이다(루카 1, 46).
Magnificate Dominum mecum, 나의 위대하신 주님.
　(1954.9.2. 비오 12세 담화문- 평신도의 일반 사제직에 대한 이해).
magnificátĭo, -ónis, f. (magnífico) 과장(誇張), 확대,
　찬양(εὐλογία.חִרָב.讚揚.⑨ Praise).
Magnifice dicebas: Diligo Deum; et odis fratrem!
　그대는 '나는 하느님을 사랑 합니다'라고 멋지게 말해
　놓고도 형제를 미워합니다.(최익철 신부 옮김. 요한 서간 강해, p.421).
magnificéntĭa, -æ, f. (magníficus) 굉장, 호화(豪華),
　호사(豪奢), 화려(華麗), 웅대(雄大-웅장), 장엄(莊嚴),
　대규모(大規模), 優秀, 卓越, 고결(高潔-고상하고 깨끗함),
　고매(高邁-품위, 인격, 학식 등이 높고 뛰어남), 위대(偉大),
　원대, 심원(深遠-생각이나 사상 뜻 따위가 매우 깊음), 큰 도량,
　아량(雅量-깊고 너그러운 마음씨), 과시(誇示-자랑하여 보임),
　호언장담(豪言壯談-호기롭고 자신 있게 말함. 또는 그 말. 대언장담).
　Populo ludorum magnificentia voluptati est.
　국민에게 경기의 성대함은(성대한 경기는) 즐거움이 된다.
Magnificéntisimus Deus.
　가장 풍부하신 하느님(교황 비오 12세 회칙)
magnífico, -ávi, -átum, -áre, tr. (magnus+fácio)
　존중하다, 크게 평가하다, 찬양하다(חִרָב.יָיַר),
　칭찬(稱讚)하다, 찬미(讚美)하다.
　Magníficat. 성모 마리아의 찬미가(루카 1, 46~55).
magníficus, -a, -um, adj. (magnus+fácio)
　(comp. -céntĭor, ĭus; superl. -centíssimus)
　훌륭한, 도량이 큰, 고결한, 호화로운,
　사치스러운, 화려한, 찬란한, 웅장한,
　장려한, 장중한, 숭고한, 과장된, 허세부리는.
　adv. magnifice, magnificénter.
magnílŏquax, -acis, adj. (magnus+loquor)
　고상하게 말하는, 크게 떠들어대는, 과장하는, 허풍떠는.
magniloquéntĭa, -æ, f. (magníloquus) (말의) 고상함,
　자만(自慢.⑨ Presumption), 과장(誇張), 허풍(虛風).
magnílŏquus, -a -um, adj. (magnus+loquor)
　자랑하는, 자만하는, 뽐내는, 말이 많은, 허풍 떠는,
　과장하는, 고상하게 말하는.
magnítĭes, -éi, f. (magnus) 큼, 크기, 부피
magnitúdo, -dĭnis, f. (magnus) 크기, 부피, 큼, 방대,
　광대, 대량, 다량, 풍부, 많음, 힘, 위력(威力),
　시간의 길이, 중요성, 중대성, 위대, 고상, 고귀(高貴),
　고결, 관대, 존귀한 지위(신분), 존칭으로서의) 각하.
　Campani semper superbi fuerunt bonitate agrorum et
　fructuum magnitudine, urbis salubritate, pulchritudine.
　캄파니아 사람들은 훌륭한 농토(bonitas agrorum), 풍부한
　곡식, 건강에 좋고 아름다운 도시를 뽐내고 있었다/
　diérum ac nóctium magnitúdines. 낮과 밤의 길이/
　magnitúdine infra elephántos. 크기가 코끼리보다 작은/
　sinus ímpares magnitúdine. 크기가 같지 않은 호주머니/
　Syracusis est fons aquæ dulcis, cui nomen Arethusa est,
　incredibili magnitudine, plenissimus piscium.
　시라쿠사에는 단물이 나오는 샘이 있다. 그 샘에는
　아레투사라는 이름이 붙어 있으며, 믿기 어려울 정도로
　크고 물고기로 가득하다(cui: 소유 여격. 성 염 지음, 고전 라틴어, p.398).
magnitudo ánimi. 마음의 고상함
magnitudo frígoris. 추위의 위력(威力)
magnitudo mundi. 우주의 크기
magnoliácĕæ, -árum, f., pl. (植) 목련과 식물

M

718

magnópĕre, adv. (superl. maximópĕre)
 (magnus+opus¹) 크게, 많이, 매우(יְxֹ), 대단히,
 특히, 격렬(激烈)하게, 힘 있게, 강력(强力)하게.
 Tribuo suæ magnópere virtúti.
  자기의 공적(功績)을 매우 높이 평가하다.
magnus¹ -a, -um, adj.
 (comp. major, majus; superl. máxĭmus)
 큰(יְ그,μὲγας,πολὺς), 대(大), 막대한, 방대한,
 (공간적 차원에 있어서) 높은, 긴, 넓은, 먼, 대량의,
 많은, 풍부한, 강한, 세력 있는, **위대한**, 당당한,
 뛰어난, 중요한, 중대한, 현저한, 고상한, 고매한,
 아량 있는, 관대한, (시간적으로) 긴, 오랜, 많은,
 성대한, 거대한(יְ그), 대규모의, 훌륭한, 매우 좋은,
 가치(價値) 있는, 비싼, 귀중한, 고귀한.
 m., pl. **majóres**, -um, 조상(祖上).
 Alexánder ille Magnus. 저 유명한 알렉산더 대왕/
 aŭla magna. 대강의실(大講義室)/
 condúcere alqd nímium magno. 너무 비싸게 세내다/
 Dic, et eris magnus. 말해라, 그러면 위대한 자 되리라/
 ex magnâ desperatióne tandem salúti rédditus.
  큰 실망 속에서 마침내 무사히 구원된/
 ex magnâ(máximâ) parte. 대부분/
 exorcismus Magnus*. 장엄 구마(莊嚴 驅魔)(교리서 1673항)/
 Faciam te in gentem magnam.
  나는 너를 큰 백성이 되게 하리라/
 gradus magnus et excelsus.
  위대하고 고귀한 직급(히뽈리도가 "부제직副祭職"을 표현)/
 habeo alqd magni. 무엇을 중히 여기다/
 Homo magni ingenii. 재주 많은 사람/
 hortus magnus. 커다란 정원(庭園)/
 Inter quod magna fuit conténtio.
  그들 사이에는 큰 논쟁이 있었다/
 magna cappa. 주교복(主敎服-긴 뒷자락이 달린 주교복)/
 Magna celeritate pugnatum est.
  매우 신속히(magna celeritate) 전투가 치러졌다/
 magna cum diligentiâ. 매우 부지런히(열심히)/
 magna cum lætitîa. 큰 즐거움을 가지고/
 magnâ cum laude. (성적의) 제2우등(으로)/
 Magna est veritas et prævalebit.
  진리는 위대하며 반드시 이길 것이다/
 magna ex parte. 대부분/
 Magna gloria erit in Corea. 한국에 큰 영광 있으리라/
 Magna me spes tenet. 큰 희망이 내 생각을 사로잡았다/
 Magna Morália. 윤리대전(倫理大全)/
 magna mortálĭum portio. 대부분의 사람들/
 magna pars. 많은 사람들/
 Magna pars hominum est quæ non peccatis irascitur,
 sed peccantibus. 사람들 대부분은 죄악에 분노하지 않고
  죄인들에게 분노한다/
 Magna quæstio est et angusta.
  크고도 고민스러운 문제입니다/
 Magna servitus est magna fortuna. 큰 재산은 큰 속박이다/
 magna vis auri argentique. 다량의 금(vis auri)/
 magnâ voce. 큰 소리로/
 Magnæ Dei Matris. 로사리오 기도(1892.9.3.)/
 magni æstimáre. 중히 여기다, 크게 평가하다/
 magni errores. 중대한 오류(誤謬)/
 magni esse 귀중하다, 값이 비싸다, 가치가 크다/
 Magni judicii esse. 판단력이 썩 좋다/
 magni moménti. 중대한, 중요한/
 Magno animo esse. 관대한 마음의 소유자이다/
 magno comitatu. 많은 수행원을 데리고/
 magno cum gaudio. 크게 기뻐하여/
 magno cum perículo pugnáre.
  큰 위험(危險)을 무릅쓰고 싸우다/
 magno deprehensa návis vento. 큰바람을 만난 배/
 Magno irárum fluctuat æstu.
  격렬한 노기로 마음이 안정되지 않는다/

 magnum alci afférre incommodum.
  누구에게 큰 손해를 끼치다/
 magnum argenti pondus. 커다란 은괴/
 Magnum Asceticon. 대수덕집/
 Parvum Asceticon. 소수덕집/
 Magnum beneficĭum est naturæ, quod necesse est mori.
  죽는 것이 필연적이라는 것은 자연의 큰 은혜이다/
 magnum donum. 큰 은총/
 Magnum est vectigal parsimonia. 절약은 큰 수입이다/
 magnum in re militári(in castris, rei militáris) usum
 habére. 군사에 대한 큰 경험을 갖다/
 Magnum indicium, magna discretio.
  위대한 표지요, 위대한 식별(識別)입니다/
 magnum latrocinĭum. 큰 범죄 집단/
 Magnum matrimonii,
  혼인과 가정 연구원의 법적 승인(1982.10.7. 교황령)/
 magnum miraculum est homo.
  인간이란 참으로 위대한 기적(奇蹟)/
 magnum opus. 대작, 걸작(傑作, palmarĭum, -i, n.)/
 Magnum periculum fuit, ne návis mergĕretur.
  배는 침몰될 위험이 컸다/
 magnum pondus artificum. 대단히 많은 기능공들/
 magnum scelus. 중대한 범죄/
 major pars. 과반수(過半數)/
 máre magnum 거대한 바다/
 natu major. 나이가 더 많은, 연상의, 연장자/
 nomina magna voce pronuntio.
  이름들을 큰소리로 발표하다/
 Nox Magna. 부활 전 전야, 부활 대야(大夜), 부활 성야/
 Parva magnis intexo. 작은 것을 큰 것과 섞다/
 Quam magnum bonum sit ipsum esse.
  존재한다는 그 자체가 얼마나 위대한 선인가!/
 Quocum mihi est magnus usus.
  내가 많이 관계하는 그 사람/
 Sol Demócrito magnus vidétur, quippe hómini erudíto.
  Demócritus에게는 태양이 크게 보인다. 과연 박학한
  사람인 그에게는 말이다(quippe 참조. 비꼬는 뜻이 있음)/
 unda magna. 큰 파도/
 urbes magnæ atque imperiosæ. 크고 세력 있는 도시/
 Vir magnus. 위대한 인물.
magnus astrologus idemque philosophus.
  위대한 점성가이자 위대한 철학자.
Magnus dies, 성 목요일에 전 세계 주교들에게(1979.4.8. 교서)
Magnus exorcismus* 장엄 구마(驅魔)(교리서 1673항)
Magnus liber organi. 오르간의 큰 책
magnus momenti. 중요한
magnus número fruménti. 다량의 식량, 다량의 곡식
magnus numerus hominum. 다수의 사람
magnus passus extra viam. 잘못된 방향으로의 큰 발걸음
Magnus² -i, m. (인명 뒤에) 대(大),
  Alexánder Magnus. 알렉산더 대왕.
Magnus Constantinus. 콘스탄티누스 대제(大帝)
Mago, -ónis, m. Hánníbal의 형제(농사에 대해 28권의 책을 썼음)
magus¹ -a, -um, adj. 마술의, 마법의, 요술의, 무당의
magus² -i, m. 마술사, 마법사, Pérsia의 현인, 현자,
  동방현인(라전어독본, p.94), **Magi.** 동방의 세 박사(마태 2, 1-12).
Mahametánísmus, -i, m. 이슬람교, (⑩ Islam),
  회교(이슬람교), 마호메트교(한국에서는 "이슬람교 또는 회교"로 불린다.
  세계 3대 종교의 하나. 마호메트교. 모하메드교. 회교. 회회교).
Mahumetánus -a, -um, adj. 회교의, m. 회교도.
Mahumétus, -i, m. 회교의 개조(570~632. P.C.)
Máĭa¹(Maja), -æ, f. Atlas의 딸, Mercúrius 신의 어머니
máĭa² -æ, f. 대단히 큰 게, 대게(大蟹)
  mæa, -æ, f. 프랑스에서 나는 대게.
Máĭus, -a, -um, adj. (Máia) 5월의. m. (mensis) 5월.
majális, -is, m. 거세한 돼지
majéstas, -átis, f. (major, majus) 위대(偉大), 유력,
  우수(優秀), 탁월(卓越), 권위(權威), 위엄(威嚴),

M

719

존엄(⑨ Dignity), 위광(威光-감히 범할 수 없는 권위나 위엄),
압도성(聖스러움의 意味. p.276), 위엄성(聖스러움의 意味. p.57)
폐하(陛下. Sěrenissimus. superl.).
crimen læsæ maiestatis. 황제 모독/
crimen majestátis. 대역죄(大逆罪)
De devota consideratione divinæ Majestatis.
　주님의 신비들에 대한 열심한 생각에 대하여/
divina majestas. 신의 위압성(威壓性)/
Est maiestatis populi Romani prohibere iniuriam neque
pati cuiusquam regnum per scelus crescere. 부의를 제지
　하고 그 어느 백성의 왕국도 불의로 융성함을 용인하지
　않음, 바로 이것이 로마 국민의 위엄(=大權)이다/
Pater immensæ maiestátis. 한없이 위엄 있는 아버지/
Rex tremendæ maiestátis. 무섭고 위엄 있는 임금/
tremenda majestas. 두려운 위압성(威壓性).
majesósus, -a, -um. adj. 위엄 있는
major, majus, gen. -óris, comp. (magnus)
　더 큰, (나이가) 더 많은, 연장의, 더 뛰어난, 더 높은.
impedimentum gradus majoris. 중급의 장애/
jubilæum majus. (=Annus Sanctus*)
　(지금은 25년마다의) 정례적 성년(⑨ Holy Year)/
Majora deliquerant quam quibus ignosci posset.
　그들은 용서받을 수 있기에는 너무나 큰 죄를 범했었다/
Majorem obtinuit honorem quam pro merito.
　그는 공적에 비해 너무 큰 영예를 차지하였다/
majorem partem. 대부분(majore ex parte)/
Maiorem sibi hæc affirmatio accipit vim, si
eucharisticum cogitamus Mysterium. 성찬의 신비에
　대하여 생각해 볼 때, 이 말은 더욱 큰 의미를 지닙니다/
majóris æstimáre. 더 크게 평가하다, 더 중히 여기다/
Nulla flendi est major causa, quam flere non posse.
　울 수 없는 것보다 울어야 할 큰 이유가 또 없다(Seneca).
Major annis XVII. potest esse procurator ad litem.
　17세 이상인 자는 소송대리인이 될 수 있다.
Maior autem ex his est caritas(⑨ The greatest of
these is Love) 이 중에 가장 위대한 것은 사랑입니다.
Major caritas, minor timor:minor caritas, major timor.
　사랑이 커지면 두려움이 작아지고, 사랑이 작아지면
　두려움이 커집니다.(최익철 신부 옮김. 요한 서간 강해. p.397).
Major cura ducem miscendis abstrahit armis.
　더 큰 걱정이 장군으로 하여금 교전을 못하게 하다.
major dissimilatio. 보다 큰 비유사성
maior diuidat, minor eligat. 손윗사람이 나누고
　손아랫사람이 택한다.(윗사람이 나누고 아랫사람이 택한다.
　재산 분할의 공리로 통하던 속담. 교부문헌 총서 16, 신국론, p.1710).
major filius. 큰아들
major natu. 나이가 위인, 연장자(年長者), 언니,
　형(兄, major natu duórum).
maximus natu. (셋 이상 중에서) 가장 연장자.
major (quam) novem annos natus. 아홉 살 이상
major pars militum. 대부분의 군인들
major pars. 더 많은 사람들
major, quam pro número, jactúra.(quam² 참조)
　수(數)에 비해 너무 큰 손실.
Major sum, quam cui possit fortúna nocére.
　운명이 나를 해할 수 있기에는 나는 너무 위대하다.
majordómus, majorisdómus, m.
　궁정 집사장(執事長) = Magister Cameræ.
majóres, -um, m., pl. 연장자들, 조상, 선조(⑨ Patriarchs).
Ego virtute deum et majorum nostrorum dives sum
satis ; non ego omnino lucrum omne esse inutile homini
existimo. 나는 신들과 우리 조상들 덕택에 넉넉할 만큼
　부유하다. 나는 재물이 사람에게 전적으로 무익하다고는
　생각지 않는다(성 염 지음, 고전 라틴어, p.396)/
L. Flaccus se tribunum militum, quæstorem, legatum
dignum suis majoribus præstitit. 루키우스 플라쿠스는
　군정관으로서, 재무관으로서, 그리고 부사령관으로서 자기
　조상들에게 합당한 인물임을 보여주었다/

Nonne meministis majorum nostrorum gloriam?
　너희는 우리 선조들의 영광을 기억하고 있지 않느냐?.
Majores nostri his artibus seque remque publicam
curabant. 우리 조상들은 이런 식으로 일신과 국가를 돌보았다.
Majores nostri imitari quam invidere bonis
malebant.(Sallustius). 우리 조상들은 선인(善人)들을
　질시하기보다는 차라리 모방하려고 하였다.
Majores nostri non modo ut liberi essent, sed etiam ut
imperarent, arma capiebant. At tu arma abicienda
esse censes ut serviamus. 우리의 선조는 자유인이 되기
　위해서 뿐만 아니라 타민족들 위에 군림하기 위해서도
　무기를 들곤 했다. 그러나 너는 무기를 버려야 한다고
　생각하다니 그러면 우리는 노예가 되어야 한다는 말이냐?
　[non modo… sed etiam… = non solum…sed etiam…성 염 지음. 고전 라틴어. p.335].
majorínus, -a, -um. adj. (다른 것들 보다) 매우 큰, 매우 굵은
majorísta, -æ, m. (부제 따위의) 상급 성직품 받은 사람
majórĭtas, -átis, f. 대다수, 과반수(過半數-반이 넘는 수),
　태반(太半-절반은 훨씬 넘긴 수량이란 뜻으로 거의 3분의 2를 넘음을
　이르는 말. 대반大半), 성년(成年).
majoritas absoluta. 절대다수(絶對多數)
majúma, -æ, m. 5월에 거행되던 수영경기
Majus, -a, -um, adj. 5월의. m. 5월.
　mensis Majus. 5월/
　Nos in Formiano esse volumus usque ad pridie Nonas
　Majas. 우리는 5월 6일까지 포르미아누스에 있고 싶다.
majúscŭlus, -a, -um. adj. dim. (major) 좀 큰,
　좀 더 뛰어난(높은), 나이가 좀 많은. (文法) 대문자의.
mala, -æ, f. (maxilla)
　(解) 악골(顎骨-턱뼈), 상악골(上顎骨), 터 뼈, 뺨, 볼.
　malæ, sedes pudóris. 수치심이 드러나는 자리인 두 볼.
malabáthron, -i, n. 계피유(桂皮油)
málăche, -es, f. (植) 아욱, 동규(冬葵)
malacía, -æ, f. 바다의 고요함(잔잔함), 무풍지대,
　무기력, 구역증(嘔逆症), 입덧(hýperemĕsis grávidárum).
malacíso(=malacizo) -áre, tr.
　유순하게 하다, 길들이다, 유약하게 하다.
maláctĭcus, -a, -um. adj. (醫) 완화(緩和)시키는
málăcus, -a, -um. adj. 유약한, 부드러운, 잘 휘어지는
malágma, -ătis, n. (醫) 엄법(罨法), 습포(濕布), 찜질
malándrĭa, -æ (malándrĭa, -ŏrum, n., pl.)
　말(馬) 목에 생기는 부스럼.
malárĭa, -æ, f. (醫) 말라리아, 학질(tertíanæ febres)
maláxo, -ávi, -átum, -áre, tr.
　무르게 하다, 부드럽게 하다, 유약하게 하다.
male(=adv. málum¹), (comp. pejus; superl. péssime)
　나쁘게, 악하게, 고약하게, 틀리게, 잘 못, 불행하게,
　난처하게, 매우(기 אֹד), 몹시, 지독히, 모자라게, 겨우.
De iis male exístimant.
　그들에게 대한 사람들의 평판은 나쁘다.

일반적으로 원래의 부사는 비교급과 최상급을 만들 수 없고, 형용사에서 파생된 부사만 비교급과 최상급을 만들 수 있다. 비교급은 형용사의 비교급 단수 중성을 그대로 쓰고, 최상급은 형용사의 어미 -us 대신 -e를 붙이면 된다		
원 급	비 교 급	최 상 급
amánter 사랑스럽게	amántius	amantissime
crebro 자주	crébrius	creberrime
docte 박학하게	dóctius	doctissime
male 나쁘게	pejus	péssime
multum 많이	plus	(plúrimum)
non multum 적게	minus	mínime
prope 가까이	própius	próxime

(허창덕 지음. 중급 라틴어. p.127)
Male est Marcus. 마르꼬가 매우 난처하게 되었다
Male facere qui vult numquam non causam
invenit.(Publilius Syrus). 악을 저지르기로 마음먹은 사람은
　악(惡)을 저지를 명분을 못 찾아내는 일이 결코 없다.
　[Male facere. 악을 저지르다. 성 염 지음. 고전 라틴어. p.336]/
male facimus ex libero voluntatis arbitrio.

우리는 의지의 자유 선택에 의해서 악하게 행동한다.

male facis. 잘못하는 것입니다.
　bene facis. 잘하는 일입니다. Optas alicui amico tuo vitam? 그대의 벗이 살기를 바랍니까? bene facis. 잘하는 일입니다. Gaudes de morte inimici tui? 그대 원수의 죽음을 기뻐합니까? male facis. 잘못하는 것입니다.
　　　　　　　　　　　　　(최익철 신부 옮김. 요한 서간 강해. p.87).
male materiátus. 뼈대가 변변치 않은(matério 참조)
Male me habeo. 잘 지내지 못 한다
male odísse *alqm.* 누구를 매우 미워하다
male olére. 고약한 냄새가 난다.
male sanus. 정신 나간
Male se habére. 잘 지내지 못하다
male velle. 악한 의지(교부문헌 총서 16. 신국론. p.1458)
malecástus, -a, -um, adj. 정결치 못한, 음란한
maledícax, -ácis, m. (maledíco)
　비방자(誹謗者), 나쁘게 말하는 사람.
maledícens, -éntis, p.præs., a.p. (maledíco)
　비방하는, 나쁘게 말하는, 욕하는, 저주(詛呪)하는.
maledíco, -díxi -díctum -ěre, intr., tr. (male+)
　나쁘게 말하는, 비방하다(ヴヴ), 악담하다, **저주하다.**
maledíctio, -ónis, f. **저주(詛呪.אָרָר.קְלָלָה.אָלָה.**
　תּוֹכֵחָה.ἀρά.κατάρα.ἀνάθεμα.⑨ curse), 악담(惡談).
　비방(誹謗-남을 비웃고 헐뜯어 말함), 모독(冒瀆).
maledíctor, -óris, m. (maledíco)
　욕설자(辱說者), 비방자(誹謗者); 저주(악담) 하는 자.
maledíctum, -i, n. (maledíco) 악담(惡談), 저주(詛呪)
　Maledicti qui declinant a mandátis tuis.
　당신의 영(靈)을 어기는 자는 저주를 받나이다/
　Nihil est tam vólucre quam maledíctum.
　남을 비방(誹謗)하는 말보다 더 빠른 것은 없다/
　Temperántiæ est abstinere maledictis.
　욕설을 삼가는 것은 절제의 특성이다.
maledícus, -a, -um, adj. (maledíco)
　(comp. -céntĭor, -íus; superl. -centíssĭmus)
　욕하는, 욕지거리(악담)하는, 비방하는,
Maledictus eris in civitate, maledictus in agro.
　(evpikata,ratoj su. evn po,lei kai. evpikata,ratoj su. evn avgrw/l)
　(獨 Verflucht wirst du sein in der Stadt, verflucht wirst du sein auf dem Acker) (⑨ May you be cursed in the city, and cursed in the country)
　너희는 성읍 안에서도 저주를 받고 들에서도 저주를 받을 것이다(성경 신명 28. 16)/너희는 도시에서도 저주를 받고 시골에서도 저주를 받으리라(공동번역 신명 28. 16).
Maledictus homo qui confidit in homine.
　사람을 믿는 자들은 저주받으리라(예레 17, 5 참조)
maléfăber, -bra -brum, adj. (male+)
　교활(狡猾)한, 성실(誠實)치 못한.
malefácio, -féci -fáctum -cěre, intr. (male+)
　잘못하다(ヴヴ.לְבַל), 죄를 범하다, 해(害)를 끼치다.
　Benefacta male locata malefacta esse puto.(Ennius).
　잘한 일도 자리가 안 좋으면 못한 일과 마찬가지라고 나는 보네.
malefáctio, -ónis, f. (malefácio) 병세의 악화, 쇠약
malefáctor, -óris, m. (malefácio)
　범죄자(犯罪者), 악행자(惡行者), 나쁜 짓 하는 사람.
malefáctum, -i, n. 惡行(⑨ evil deed), 과실, 죄
maléfica, -æ, f. (maléficus) 마녀(⑨ Witch), 마법사.
　Maleficam non patieris vivere.(탈출 22. 17)
　(farmakou,) ouv peripoih,sete)
　(獨 Die Zauberinnen sollst du nicht am Leben lassen)
　(⑨ You shall not let a sorceress live)
　너희는 주술쟁이 여자를 살려 두어서는 안 된다(성경)/
　요술쟁이 여인은 살려두지 못한다(출애급기).
malefice, adv. 사악하게
maleficéntia, -æ, f. (maléficus) 악행(⑨ evil deed),
　악덕(惡德.⑨ Vice), 악심, 악의(⑨ malevolence),

해로운 것, 해악(害惡-해가 되는 나쁜 영향).
maleficentíssime, adv. 부사 malefice의 최상급
maleficéntius, adv. 부사 malefice의 비교급
maleficíum, -i, n. (maléficus) 잘못, 악행(⑨ evil deed)
　과오, 범죄, 사기(詐欺.⑨ Fraud), 간계(奸計-간사한 꾀),
　손해 끼침, 위해(危害-사람의 생명을 위협하는 해나 위험),
　침해(侵害-침범하여 해를 끼침), 해로운 것, 해독(害毒).
maléficus, -a, -um, adj. (malefácio) (superl. -ficentíssimus)
　나쁜 짓 하는, 악한(תּוֹעֵבָה.πονηρὸς.πονηρία), 악행의,
　범행을 저지르는, 짓궂은, 악의가 있는; 해를 끼치는.
maléfidus, -a, -um, adj.
　믿을 수 없는, 신용이 안 되는, 안전하지 못한, 위험한.
malefírmus, -a, -um, adj. 약한, 견고하지 못한; 병든
malefórtis, -e, adj. (male+) 약한, 용기 없는
malemorátus, -a, -um, adj. (male+) 품행이 나쁜
maleodorátus, -a, -um, adj. 악취가 나는, 냄새가 고약한
malesánus, -a, -um, adj. (male+)
　미친, 정신이 돈, 몰상식한, 건강이 나쁜, 변변치 않은.
malesuádus, -a, -um, adj. (male+suádeo)
　악한 의견을 주는, 악을 권유(勸誘)하는.
　Malesuada fames. 나쁘게 조언하는 배고픔(惡을 권유하는).
maletractátĭo, -ónis, f. (male+)
　천대(賤待), 학대(虐待-심하게 괴롭힘), 천시(賤視).
maletútus, -a -um, adj. (male+)
　확실(確實)하지 않는, 위태로운, 불안정한.
Malevéntum, -i, n.
　Sámnium의 도시(그 곳의 점산이 좋다하여 Benevéntum으로 불렀음).
malévŏlens(malí-) -éntis, adj. (male+volo⁹)
　악의(적의)를 가진, 앙심(怏心) 품은,
　심술궂은, 남의 불행(不幸)을 좋아하는.
　Est miserorum ut malevolentes sint atque invideant bonis.(Plautus). 선량한 사람들에게 악의를 품거나 질시하는 것은 가련한 사람들의 행실이다.
malevoléntia, -æ, f. (malévŏlens) 심술 사나움,
　惡意(⑨ malevolence), 敵意(⑨ malevolence),
　증오(憎惡.⑨ Hatred-몹시 미워함),
　질투(嫉妬.⑨ envy/Jealousy).
malévŏlus, -a, -um, adj. (superl. -lentíssimus)
　심술 사나운, 남의 불행을 좋아하는, 질투(嫉妬)하는,
　악의(적의) 있는. m., pl. 원수(怨讐.⑨ Enemy).
malicórĭum, -i, n. (植) 석류껍질
málĭfer, -ěra, -ěrum, adj. (malum²+fero)
　사과가 많은, 사과를 생산하는.
máliger, -ěra, -ěrum, adj. (malum¹+gero¹)
　불행을 초래하는.
malígnĭtas, -átis, f. (malígnus) **악의**(⑨ malevolence),
　적의(敵意.⑨ malevolence), 심술,
　질투(嫉妬.⑨ envy/Jealousy),
　탐욕(貪慾.⑨ Concupiscence/Gluttony)
　인색(吝嗇.⑨ Avarice-재물을 아끼는 태도가 몹시 지나침).
malígno, -ávi, -átum, -áre,
　(malignor, -átus sum, -ári, dep.) intr.
　악의(적의)를 품다, 심술궂게 행동하다.
malígnus, -a, -um, adj. (malus⁴+gigno)
　악의가 있는, 나쁜 근성의, 심술궂은, 인색(吝嗇)한,
　쩨쩨한, 토박한, 작은(תּר.μικρὸς.ὀλίγος), 옹색한.
　cor malignum. 악한 마음/
　genuis malignus. 사악한 정신(인식의 근본문제. p.179)/
　maligni dæmones. 악령(=maligni spiritus)
málĭnus, -a, -um, adj. 사과나무의.
malítĭa, -æ,(**malities,** -éi) f. (malus⁴) 악한 성질,
　악질, 악심, 악의(⑨ malevolence-고의적으로 남에게 해악을
　끼치는 마음씨. 신학에서는 하느님을 경시하고 그 계명을 고의적으로
　파계하는 것을 말한다. 백민관 신부 엮음. 백과사전 2, p.619).
　범의(犯意.敵意.⑨ malevolence), 간악성(奸惡性),
　심술궂음, 교활(狡猾-간사하고 음흉함), 간계(奸計-간사한 꾀).
　certa malitia. 악의(惡意)/
　Multam malitĭam docuit otiositas.

M

한가함은 많은 악행을 가르친다/
omnis malitia et omnis immunditia a diabolo excogitatæ
sunt. 모든 악행과 모든 불결함은 악마에 의해 안출되었다.
(이상섭 옮김, 신학대전 14, p.505)/
Sufficit diei malitia sua.(Sufficient for a day is its own
evil) 그 날 고생은 그 날로 충분하다(성경 마태 6, 34)/
하루의 괴로움은 그 날에 겪는 것만으로 족하다(공동번역)/
하루하루 그 날의 괴로움으로 족합니다(200주년 성경).
Summum jus summa malitia. 최고의 정의는 곧 최고의
불의다.(테렌시우스. 성 염 지음. 사랑만이 진리를 깨닫게 한다. p.461)/
verum illud, Chreme, dicunt: "Jus summum sæpe
summast malitia."(summast=summa est)
크레메스, 사람들이 하는 말이 옳고 말고. 최고의 정의란
최고의 해악이라(성 염 지음. 사랑만이 진리를 깨닫게 한다. p.457).

malitiósĭtas, -átis, f. (malitiósus)
간악(奸惡-간사하고 악독함), 악의(惡意).⑨ malevolence).
malitiósus, -a, -um, adj. (malítia)
악의가 있는, 음험한, 간악한, 교활(狡猾)한, 악랄한.
malleátor, -óris, m. (málleus) 망치질하는 사람
malleátus, -a, -um, adj. (málleus)
망치로 두들긴, 망치질한.
malleoáris, -e, adj. (málleus)
(解) 복사뼈의. (植) 삽목(挿木)에 소용되는.
malléŏlus, -i, m. dim. (málleus) 작은 망치(마치),
삽목용 나뭇가지, 화전(火箭), 불화살. (解) 복사뼈.
málleus, -i, m.
쇠망치, 철추(鐵椎-鐵槌-쇠몽둥이), 나무망치. (解) 추골.
málleus hæreticorum. 이단 철퇴(鐵槌).
(중세기에 이단자 처단에 앞장섰던 학자들을 가리켜 붙인 별명. 파도바의
성 안토니오, 베드로 까니시오, Johann Faber 등을 이렇게 불렀다).
Malleus Maleficarum. 마녀 철퇴(鐵槌)(도미니꼬 수도회 회원
Eymericus의 "종교 재판관의 지침서 Directorium inquisitorium"을 원형으로
만들어던 마녀 심문서로서 슈트라스부르크에서 1487년 처음 출판되었다)
Malli, -órum, m., pl. Indĭa에 있었던 한 종족(種族)
mallo, -ónis, m. 파 묶음, 가축의 관절 부종(浮腫)
Mallus¹ -i, f. Cilícia의 도시
Mallus² -i, m. 양털송이
mallúvĭa, -æ, f.(**malluvĭum**, -i, n.) 세수 대야, 손 씻는 대야
mālo, (mavis, mavult), málŭi, malle. anom., tr.
(magis¹+volo²) 더 원하다, 더 좋아하다.
낫게 여기다, …보다 차라리 …을 택하다.

직 설 법			접 속 법		
현 재			현 재		
1		malo	málumus	malim		malímus
2	sg.	mavis	pl. mavúltis	sg. malis	pl.	malítis
3		mavult	malunt	malit		malint
malo, nolo, volo 세 동사는 흔히 보조동사로서 다른 동사의 현재 부정법과 함께 쓰기도 하고, 소위 대격 부정법과 쓰기도 한다. Malo mori quam peccáre. 나는 죄짓기보다는 차라리 죽기를 더 원한다.					

(한동일 지음. 카르페 라틴어 2권, p.129)
Malo emĕre quam rogáre.
애걸하느니 차라리 사고 말겠다(비굴한 짓은 못하겠다. 속담).
Malo me vinci quam vincĕre.
나는 이기기보다 차라리 지는 것을 낫게 여긴다.
Malo mori quam dedecus pati.
수치를 당하느니 나는 차라리 죽겠다.
Malo mori quam peccáre.
나는 범죄 하기(죄짓기)보다는 차라리 죽기를 더 원한다.
[malle(=magis velle)는 그 자체 안에 비교급의 뜻을 가지고 있는 동사
이므로, 흔히 두 개의 부정법을 quam이라는 접속사로 비교하면서 쓴다).
malobáthron(=malobathrum) -i, n. 계피유(桂皮油)
malogranáta, -æ, f. (植) 석류나무
malogranátum, -i, n. (植) 석류(石榴. ㅁㅣㄱㄱ)
malos attollo. 돛을 달아 올리다
maltha, -æ, f. 역청(탄화수소의 화합물. 아스팔트.콜타르.피치 따위),
아스팔트(⑨ asphalt), 유약한 사람.
maltho, -ávi, -átum, -áre, tr.
역청(瀝青)을 바르다, 역청(瀝青)으로 굳히다.
Malthusianísmus, -i, m. 맬더스 인구론

mālui, "malo"의 단순과거(pf.=perfectum)
mālum¹ -i, n. (málus¹) 惡(ㅁㅐㄱ.κακòν.⑨ Evil-선의
대당 개념으로 "있어야할 선의 결여"), **불행**, 재난(災難), 재해,
손해, 손실, 해독, 병(病), 벌(罰), 고통(苦痛), 쓰라림,
결점(缺點), 악습(惡習), 악행, 죄악, 고장, 불량(不良).
De causis correptionum, propter quas et boni et
mali pariter flagellantur 교정(矯正)을 위해 선인과 악인이
똑같이 환난(患難)을 당한다.(교부문헌 총서 17, 신국론, p.2742)/
Ergo inproba voluntas malórum omníum causa est.
부정한 의지야말로 모든 악의 원인이다/
ex mális eligo mínima. 여러 악 중에서 최소의 악을 택하다/
Id malum, quod tunc in civitatem reverterat multosque
post annos dilapsum erat, nunc denuo revertitur.
전에 나라 안에 횡행하였고 여러 해 후에야
(겨우) 사라졌던 그 악이 이제 다시 되돌아오고 있다/
in malam crucem! 망해 버려라!/
mala fides superveniens non nocet.
후발적 악의는 해가 되지 않는다/
mala rátĭone. 졸렬하게/
malam rem juménto suo arcessĕre.(jumentum 참조)
불행을 자초(自招)하다(속담)/
malo(dat. finális) esse alcui(dat. incom)
아무에게 화(손해)가 되다/
Ne sit sane summum malum dolor, malum certe est.
고통이 최대의 불행은 아니라고 하자,
그러나 불행임에는 틀림없다/
Non enim quod volo bonum, hoc facio: sed quod nolo
malum, hoc ago. 나는 내가 원하는 선은 행하지 않으며
오히려 내가 원하지 않는 악을 행하고 있다(은총과 자유. p.237)/
Non sunt facienda mala, ut eveniant bona.
좋은 결과를 내기 위해 악을 행할 수 없다/
Notum quodque malum potest obdurare homo.
(정체가) 알려진 재앙이라면 사람이 견뎌낼 수 있다/
Pénitus se malum fixit. 악이 뿌리 깊이 박혔다/
præses mali. 악의 우두머리/
Quæ, malum! est ista tanta audacia atque amentia?
못됐네! 그 따위 뻔뻔함과 정신 나간 짓은 대체 뭐란 말인가?/
Quid sit malum? 악의 본질은 무엇인가?(惡은 어디로부터 오는가?)/
Te impéndent mala. 불행이 너를 위협하고 있다/
tu ne cede malis, sed contra audentior ito,
quam tua te fortuna sinet. 그대는 악에 굴하지 말라.
오히려 그럴수록 강직하게 앞으로 나아가라. 운명이 그대
에게 허락하는 데까지(성 염 지음. 사랑만이 진리를 깨닫게 한다. p.386)/
Unde sit malum.
악이 어디서 유래하는가?, 악은 어디로부터 오는가?/
Ut nemo corrumpatur malo alterius.
다른 사람의 악행을 보고 분개하지 말 것입니다/
Vade Retro Satana Numquam Suade Mihi Vana:
Sunt Mala Quæ Libas Ipse Venena Bibas.
사탄아 물러가라. 헛된 생각을 하게 하지 말고
네가 마시는 것은 악이니 네 독이나 마셔라.
malum artificiale. 인간 행위 속의 악, 인위적인 악
malum culpæ. 죄과의 악, 죄의 악(=peccátum),
범죄 악, 범죄로 인해 조성된 악.
malum culpæ futurum. 미래의 죄악들
malum de rátione culpæ. 죄로서의 악
malum de rátione pœnæ. 형벌의 악
Malum est corruptio. 악은 부패이다.
Malum est id quod est contra naturam.
악은 자연 및 본성을 거스르는 것이다.
Malum est id quod nocet. 악은 해로운 것이다.
malum est privatio boni. 악은 선의 결핍이다
malum facere. 행하는 악
Malum foras! 액운(厄運)은 물러가라
malum in universo. 우주 안의 악
malum metaphysicum. 형이상학적 악
malum morále. 도덕적 악, 윤리적 악(=peccátum), 윤리 악

malum naturale. 자연적 악(malum physicum), 자연 악
malum naturális defectus. 자연적 결함(缺陷)의 악
Malum non esse nisi privátĭonem boni.
선이 없는 것이 곧 악이요.
malum pati. 외부로부터 입는 악
malum phýsicum. 물리적 악(=pœna peccti), 신체적 해악
malum pœnæ. 벌의 악(=pœna peccti), 처벌의 악
malum pœnale. 형벌의 악(malum de rátĭone pœnæ)
Malum pro malo non reddĕre.
악을 악으로 갚지 말라(성 베네딕도 수도규칙 제4장 29).
mălum² -i, n. (malus³) 실과, 사과, 능금.
ab ovo usque ad mala.
달걀에서 사과까지 즉 만찬 시작부터 끝까지/
aurea malus. 황금빛 사과나무/
Mala malus mala mala dat.
불량 사과나무에서는 불량 사과가 난다.
malum púnicum. (植) 석류(石榴.רִמּוֹן)
mălum³ adv. (=male) 악하게(비교급 plus, 최상급 plurimum)
mălus¹ -a, -um, adj. (comp. pejor; superl. péssimus)
나쁜(רַע.κακὶα.κακὸς.πονηρὸς.πονηρὶα),
불량한, **악한**(רַע.πονηρὸς.πονηρὶα), 고약한, 악질의,
서투른, 어설픈, 신통치 않은, 불행한, 불운(不運)한,
불리한, 치명적인, 못생긴, 간사(奸邪)한, 교활(狡猾)한.
habitus malus. 나쁜 습관(cacœthes, -is, n.)/
Homines alii sunt boni, alii mali.
어떤 사람들은 착하고 어떤 사람들은 악하다/
homo malæ voluntatis. 악의의 인간/
in malam crucem! 망해 버려라!/
In mális promissis fides non expedit observari.
악한 약속에서는 신의가 지켜지지 않는 것이 낫다/
legem bonam a malā divido. 양법을 악법과 구별하다/
Mala conscientĭa semper timida, et inquieta.
양심이 악하면 두려움이 그칠 사이 없고 편안치가 못하다/
Mala fide. 악의(惡意) / bona fides. 선의(善意.εὐδοκὶα).
(모양이나 방법이나 태도를 지시하는 명사는 탈격만으로도 부사어가 된다)/
Mala mentis gaudia. 지성의 사악한 즐거움이여!(신국론, p.1460)/
mala pugna. 참패한 싸움(전쟁)/
malæ autem voluntatis efficiens (causa) nihil est.
악한 의지의 작용인은 아무 것도 없다(신국론, p.1256)/
Multa enim fiunt quidem a malis contra uoluntatem Dei.
하느님의 의지를 거슬러 악인들에 의해 많은 일이 저질러진다.
(교부문헌 총서 17, 신국론, p.2565)/
Nemo malus nisi probetur.
아무도 입증되기 전에는 악인이 아니다/
Nemo præsumitur malus.
아무도 (행위 이전에는) 악인으로 추정되지 않는다/
Neque imitáre malos medicos. 악덕 의사들을 본받지 말라/
ódium in malos. 악인들에 대한 미움/
Os suum a malo vel pravo eloquio custodire.
나쁘고 추잡한 말을 입에 담지 말라.
malus amor. 나쁜 사랑
malus animus. 나쁜 마음
Malus est vocandus, qui sua est causa bonus.
자신만 생각하는 사람은 나쁜 놈이란 소리를 들어 마땅하다.
mālus² -i, m. 돛대, 말뚝.
malos attollo. 돛들을 달아 올리다.
mālus³ -i, f. (植) 사과나무
malva, -æ, f. (植) 아욱, 접시꽃
malvaceæ, -árum, f., pl. (植) 아욱과 식물
malvácĕus, -a, -um, adj. (malva) 아욱의, 접시꽃의
Mamércus, -i, m. 군신 Mars와 Sýlvia 사이에서 난 아들
mamílla, -æ, f. dim. (mamma) 유방(乳房), 젖꼭지
mamillánus, -a, -um, adj. (mamílla)
유방처럼 생긴, 젖꼭지 모양의.
mamilláris, -e, adj. (mamílla) 유방의, 가슴의, 유두의
mamma, -æ, f. 젖, 유방(乳房), 젖꼭지, (나무의) 눈,
(아기들이 부르는) 엄마; 유모(乳母).
mammam áppetens. (엄마의) 젖을 손으로 더듬는.

mammális, -e, adj. (mamma) 유방의. n., pl. 포유동물
mammárĭus, -a, -um, adj. (mamma)
(解) 유방(乳房)의, 유선(乳腺)의.
mammátus, -a, -um, adj. (mamma)
유방이 있는, 유방처럼 생긴.
mammeáta, -æ, f. 유방이 큰 부인
mammícŭla, -æ, f. (mamma) 작은 젖꼭지
mammon(=**mammona**) n., indecl.
(Sýria 어) 마몬(μὰμωνάς→맘몬)
Mammona, -æ, m 재물의 신 Plutus.
mammona(=**mammonas**), -æ, m.
재산 돈, 재물(財物.[영] Earthly goods/Riches).
mammónĕus, -a, -um, adj. (mammóna) 재물의, 재물에 관한
mammósus, -a, -um, adj. (mamma) 유방이 큰,
큰 유방이 있는, 유방형(乳房形)의, 부풀어 오른.
mámmŭla, -æ, f. dim. (mamma)
작은 유방, (아기들이 부르는) 할머니.
mámphŭla, -æ, f. (Sýria式의) 빵
manábĭlis, -e, adj. (mano) 쉽게 흘러드는, 스며드는
manális, -e, adj. (mano) 흘러나오는
manámen, -mĭnis, n. (mano) 흐름
manátĭo, -ónis, f. (mano) 누출(漏出), 새어 나옴
manceps, -cĭpis(-cŭpis), m. (manus+cápio¹)
구매인, 매입자, (세금징수.공공 토목공사 따위의) 청부인,
입찰자(入札者), (토지.가옥 따위의) 차용인(借用人),
보증인(保證人), 소유자(所有者.ἀπαθὴς), 소유주.
mancipátĭo, -ónis, f. (máncipo) 재산이양(財産移讓),
매각(賣却-팔아 버림), 구매(購買), 공식매매(公式賣買).
mancipátus, -us, m. (máncipo) 재산 양도(讓渡), 매각,
(세금징수.토목공사.농토 경작 따위를) 청부 맡는 직업(직책).
mancípĭum, -i, n. (manceps)
(법적 절차를 밟은) 재산취득, 구매(購買), 구입,
소유권 취득(所有權 取得), 소유권(所有權),
소유가축, 노예(奴隸.δοῦλος.[영] slave),
(법적 거래행위에 의한) 악취행위(握取行爲).
mancipia christi. 예수 그리스도의 노예(트리엔트 공의회에서 우리가 예수 그리스도의 소유라는 것을 전제하여 이르는 말).
máncĭpo, -ávi, -átum, -áre, tr. (manus+cápio¹)
손으로 잡다, 움켜쥐다, 팔다, 매도(賣渡)하다,
양도(讓渡)하다, 넘기다, 맡기다, 바치다.
mancup··· V. **mancip**···
mancus, -a, -um, adj. (신체의 부분 특히) 손이 불구인,
병신의, 기형(畸形)의, 결함(缺陷) 있는.
mandatárĭus, -a, -um, adj. (mandátum)
위임을 받은 사람, 수임자(受任者), 대리인(代理人),
성직(聖職) 수임을 명령 받은 사람.
mandatéla, -æ, f. 위임(委任), 위탁(委託)
mandátĭo, -ónis, f. (mando¹) 위임, 위탁, 지령
mandátor, -óris, m. (mando¹)
위임자(委任者), 위탁자(委託者), 살인 의뢰인(훈령자),
고발 선동자(告發 煽動者), 금전 대부 소개인(청탁자).
mandátórĭus, -a, -um, adj. (mandátor)
위임(委任)의, 위탁(委託)의, 명령의, 훈령(訓令)의.
mandátum, -i, n. (mando¹) 위임, 위탁, 위촉, 위임권,
명령, 지령, 훈령, 계명(ἐντολὴ.[영] commandments),
위임장(委任狀.[영] mandate, delegátórĭus libellus).
bibo mandata.(부탁.명령까지 마셔버리다)
술을 너무 마시고 부탁.명령을 잊어버리다/
Custodite mandata mea et facite ea. Ego Dominus.
(kai. fula,xete ta.j evntola,j mou kai. poih,sete auvta,j)
(獨 Darum haltet meine Gebote und tut danach; ich bin der HERR) ([영] Be careful to observe the commandments which I, the LORD, give you). 너희는 나의 계명들을 지키고 그것들을 실천해야 한다. 나는 주님이다(성경 레위 22, 31)/너희는 나의 지시를 지켜 그대로 해야 한다. 나는 야훼이다(공동번역 레위 22, 31)/
Dicis ergo te diligere Christum; serva mandatum ejus, et fratrem dilige. 그대는 그리스도를 사랑한다고 말하니,

M

그분의 계명을 지키고 형제를 사랑하십시오.
(최익철 신부 옮김. 요한 서간 강해. p.423)/
do mandáta alci ad alqm. 아무를 시켜서 누구한테(ad alqm) 명령을 전달하게 하다/
Et quæ illa mandata sunt? 그 계명은 무엇입니까?
Hic est liber mandatorum. 이것은 하느님의 계명의 책이로다/
Homo, qui Dei mandata servat, beatus erit. 주님의 계명을 지키는 사람은 복되게 되리라/
mandata Dei. 하느님의 계명(誡命)/
Quæ sunt mandata ejus? 그분의 계명이란 어떤 것입니까?/
Si autem vis ad vitam ingredi, serva mandata. 네가 생명에 들어가려면 계명들을 지켜라(마태 19, 17).
mandátum eucharisticum. 성체성사의 계명
mandátum generale. 일반 위임
mandátum Patris. 성부의 명령
mandátum Speciale. 특별위임(Can. 1485)
Mandátum. 발 씻김 예식(한국가톨릭대사전. p.3187).
(세족례 당일 교송이 "내 너희에게 새 계명을 주노라 Mandatum novum do vobis"로 시작하기 때문에 세족례를 Mandatum으로 부른다).
lotio pedum*, Pedilavíum.
세족례(⑨ washing of the Feet→발 씻김 예식)
mandátus, -us, m. (mando⁹) 위임, 위탁(委託), 명령
mandi, "mando²⁹"의 단순과거(pf.=perfectum)
mandíbulum, -i, n.(mandíbula, -æ, f.) (mando⁹) (解) 턱; 턱뼈, 하악골(下顎骨-아래턱을 이루는 말굽 모양의 뼈).
mando¹ -ávi, -átum, -áre, tr. 맡기다, 위탁(委託)하다, 위촉하다, 내어주다, 부탁하다, 명령하다(מנה), 의뢰하다, 명하다, 시키다, 책임 지우다, 심다, (씨)뿌리다, 묻다, (마음에) 새기다, 간직하다.
mando alqd lítteris(scriptis) 기록(記錄)해두다
mando corpus humo. 땅에 시체(屍體)를 묻다
mando memóriæ alqd. 기억해두다
mando se fugæ. 도망하다
mando semen terræ. 밭에 씨를 부리다
mando² mandi, mansum -ére, tr. 씹다, 먹다(אכל,אכל).
mando humum. 부상(負傷)으로 땅에 쓰러져 죽다
mando³ -ónis, m. (mando⁹) 대식가, 폭식가(暴食家)
mandra, -æ, f. 가축우리, 외양간, 역축(役畜)의 떼
mandrágoras, -æ, m. (植) 흰독말풀(蔓茶羅華-만다라화)
[공동번역 창세 30. 14에는 '자귀나무'로 새로 번역한 성경에는 '합환채'로 되어 있다. "합환채(合歡采)" 참조].
Egressus autem Ruben tempore messis triticeæ, repperit in agro mandragoras, quas Liæ matri suæ detulit. (⑨ One day, during the wheat harvest, when Reuben was out in the field, he came upon some mandrakes which he brought home to his mother Leah) 밀을 거두어들일 때, 르우벤이 밖에 나갔다가 들에서 합환채를 발견하고, 자기 어머니 레아에게 갖다 드렸다 (성경)/보리를 거둘 때가 되어 르우벤이 밭에 나갔다가 자귀나무를 발견하여 어머니 레아에게 갖다드렸다. (공동번역 창세 30. 14).
manducábilis, -e, adj. (mandúco⁹) 먹을 수 있는, 먹을 만한
manducáte, 원형 manduco¹-ávi, -átum, -áre, tr. (mando⁹) [명령법. 단수 2인칭 manduca, 복수 2인칭 manducate]. accípite et manducáte ex hoc omnes. 너희는 모두 이것을 받아먹어라.
manducátio, -ónis, f. (mandúco⁹) 먹음
manducatio impiorum 불경자(신심 없는 자)들의 성체 영함
manduco¹ -ávi, -átum, -áre, tr. (mando⁹) 먹다(אכל,אכל), 씹다.
Hoc est ut quia homo manducando deliquerat, corrigat abstinendo. 사람은 먹으며 범죄 했으므로 먹기를 절제함으로써 회개해야 하는 것이다/
Ter in die manducamus. 우리는 하루 세 번 먹는다.
manduco² -ónis, m. (mandúco⁹) 대식가, 폭식가
manducus, -i, m. (mandúco⁹) 대식가, 큰 인형(가면).
축제 때 입을 벌려 이빨을 드러내며 구경꾼들을 웃기던 큰 인형이나 가면).
mane. n., indecl. 아침(בקר), adv. 아침에.
a mane usque ad vésperum. 아침부터 저녁까지/
ad ipsum mane. 바로 아침까지/

cras(crástino) mane. 내일 아침에/
Et ad minus semel in die, mane videlicet aut vespére. 하루 동안 적어도 아침이나 저녁에 한 번은 반성하라/
Et, orto mane, dimissi sunt cum asinis suis. (to. prwi. die,fausen kai. oi` a;nqrwpoi avpesta,lhsan auvtoi. kai. oi` o;noi auvtw/n) (獨 Am Morgen, als es licht ward, ließen sie die Männer ziehen mit ihren Eseln) (⑨ At daybreak the men and their donkeys were sent off) 이튿날 날이 밝자 그 사람들은 나귀들을 끌고 길을 나섰다(성경 창세 44. 3)/다음날 아침이 되자 그들은 나귀를 이끌고 길을 떠났다(공동번역 창세 44. 3)/
heri mane(hestérno mane). 어제 아침에/
hódie mane(hodiérno mane). 오늘 아침에/
multo mane. 대단히 이른 아침에/
póstero mane(postrídie mane) 그 다음날 아침에/
primo mane. 대단히 이른 아침에/
Quando abis, Antipho? Mane, inquam. 언제 떠나는가, 안티포? 말하기전 아침에/
summo mane. 대단히 이른 아침에/
mane, 원형 máneo, mānsi, mānsum, -ére [명령법. 현재 단수 2인칭 mane, 복수 2인칭 manete].
Hic mane, dum redeam!. 내가 돌아올 동안 여기서 기다려라!/
Nunc domum propero. Mane, etsi properas. 지금 나는 급히 집에 가는 길일세. 잠깐. 급하더라도.
Mane, aliquid fiet. 남아 있어라, 어떻게 될 거다
Mane : hoc, quod coepi primum enarrare, enarrarem, Clitipho ; post istuc veniam. 가만! 클리티포, 내가 먼저 얘기를 시작한 걸 마저 하겠네. 그 담에 그리로 내가 가지.
Mane Nobiscum Domine, (⑨ Stay with us, Lord) 주님, 우리와 함께 머무소서(교황교서 2004.10.7. 발표)
Mane propone, vespére discute mores tuos. 아침에는 뜻을 세우고 저녁에는 네가 한 일을 살펴보라.
Mane tu, nam manet ille. 그대 머무르십시오. 그분께서 머물러 계시기 때문입니다.(최익철 신부 옮김. 요한 서간 강해. p.207).
máneo, mānsi, mānsum, -ére, intr. 머무르다, 정지하다, 묵다(לין), 체류하다(לין), 숙박하다, 밤을 지내다, 계속되, 지속(영속)하다, 효력(效力)을 계속 지니다. 남아있다, 고집하다, 버티다, 견지하다, 항구하다.
Maneamus ergo in verbis eius, ne confundamur cum venerit. 그러니 그분께서 오실 때 부끄러움을 당하지 않도록 그분 말씀 안에 머무릅시다/
manére gradu. 항구하다/
Mihi manébat solátium. 내게는 위로가 남아 있었다.
tr. 기다리다, 참고 기다리다, 남아있다, (누구에게) 닥칠 것이다, 임박(臨迫)하다, (무슨 일이) 장차 있을 것이다.
Lætus eris, si ibi manebis. 네가 거기 머문다면 행복해질 것이다/
Manébo te domi. 너를 집에서 기다리겠다/
maneo advéntum alcjs. 도착을 기다리다/
manére sicut est. 지금대로 머물러 있어라/
Te pœna manet. 너는 벌 받게 된다.
maneo in senténtiā. 자기 생각을 굽히지 않다
manes, 원형 máneo, mānsi, mānsum, -ére, intr. [직설법 현재. 단수 1인칭 maneo, 2인칭 **manes**, 3인칭 manet, 복수 1인칭 manemus, 2인칭 manetis, 3인칭 manent].
Alma Redemptóris Mater, quæ pérvia cæli porta manes, et stella maris, 거룩하신 구세주의 어머니시며, 당신은 열려 있는 하늘의 문에 계시나이다. 바다의 별이시여.
mānes, -íum, m., pl. (manus) 죽은 사람들의 혼(魂) 망령(죽은 사람의 영혼), 시체, 시신, 하계; 지옥의 고통.
manes gloriosi. 명신(明神)(선유의 천주사상과 제사문제 p113)
Manet caritas er ejus opus. 사랑과 사랑이 만든 것은 영원하다.
manet in æternum. 영원히 머무르리라
Manet in dilectione mea.(⑨ Remain in my love) 너희는 내 사랑 안에 머물러라(성경 요한 15. 9).

Manet in te Deus, ut te contineat: manes in Deo, ne cadas. 하느님께서 그대 안에 머무시는 것은 그대를 품기 위해서이고, 그대가 하느님 안에 머무는 것은 넘어지지 않기 위해서 입니다(최익철 신부 옮김. 요한 서간 강해, p.387).

Manet intemerata mortalibus arbitris libertas. 인간에게는 손상되지 않은 자유의지가 있다.

Manet sub Jove frigido venator, teneræ coniugis immemor. 사냥꾼은, 사랑스러운 아내를 잊은 채로, 차가운 하늘 아래(sub Iove frigido) 머물러 있다.

manete, 원형 mánĕo, mānsi, mānsum, -ére, [명령법. 현재 단수 2인칭 mane, 복수 2인칭 manete]. Intrate toti. Manete Soli. Exite Alii. 온전한 마음으로 들어오라. 홀로 머물러라. 다른 사람이 되어 나가라.(성 알폰소 신부)

Manete in me, et ego in vobis.(요한 15. 4) (֎ Remain in me, as I remain in you) 내 안에 머물러라. 나도 너희 안에 머무르겠다(성경)/ 너희는 나를 떠나지 말라. 나도 너희를 떠나지 않겠다(공동번역)/ 여러분은 내 안에 머무시오. 나도 여러분 안에 머물겠습니다(200주년 신약성서 요한 15. 4).

Manete Soli. 홀로 머물러라

mango, -ónis, m. 인신매매상인, 소년.소녀상인, 노예상인, (물건을 털고 닦고 하여 비싸게 파는) 장사꾼(商人).

mango cum periculo pugnáre. 큰 위험을 무릅쓰고 싸우다

mangónĭco, -ávi, -átum, -áre, tr. (mango) 商品을 돋보이게 꾸미다(눈가림하다), 속여서 팔다.

mangónĭcus, -a, -um, adj. (mango) 장사꾼의, 인신.노예 상인의.

mangónĭum, -i, n. 상품에 대한 눈가림

mánĭa, -æ, f. (醫) 조광(躁狂-미쳐 날뜀), 착란증

manĭácus, -a, -um, adj. (mánĭa) 미친, 광란의

mánĭca, -æ, f. (manus) 긴소매(한쪽), 바른손 장갑

mánĭcæ, -árum, f., pl. (mánĭca) 긴소매, 장갑, 수갑. si manus mánicis restringántur. (restringo 참조) 두 손에 수갑이 채워진다고 하면.

manicátus, -a, -um, adj. (mánĭcæ) 소매 있는, 긴소매가 달린

Manichæa quasi sanctimonialis. 마니교 수도자

Manichǽismus, -i, m. 마니교(摩尼敎-마니교는 근본적으로 페르시아의 그노시스파의 분파이다. 마니교는 그리스도교를 바오로 이단이라고 공격하지만, 사실은 바오로의 영향을 받았다. 마니는 경직된 유다적 그리스도교의 딱딱한 의식주의를 변형시켜서 그노시스파 교리에 접목시켜 타협을 불허하는 철저한 이원론적인 세계관을 축구하였다. 백민관 신부 엮음. 백과사전 2. p.625). De Genesi contra Manicæos. 마니교도 반박 창세기론/ De moribus Manicæorum. 마니교도의 관습(아우구스티노 지음).

manico, -ávi, -átum, -áre, intr. 아침에 오다

manícŭla, -æ, f. 작은 손, 쟁기자루

máncus, -a, -um, adj. (mánĭa) 정신착란의, 조울병의

manifestárĭus, -a, -um, adj. (maniféstus) 명백한, 뚜렷한, 부인할 수 없는, 범죄현장에서 발견된.

manifestátĭo, -ónis, f. (manifésto) 드러냄, 계시, 현시, 드러남(֎ Manifestátĭon), 표명(表明), 발표(發表), 발로(發露), 선언(宣言), 시위(示威), 현현(顯現→發顯). Dives Ecclesiæ varietas ulteriorem suam manifestationem invenit intra unumquemque vitæ statum. (֎ The Church's rich variety is manifested still further from within each state of life) 교회의 풍부한 다양성은 각 생활 신분 안에서 더 잘 표현 된다/ Quid est, in manifestatione? in sole, id est in hac luce. 나타남 안에서란 무엇입니까? 해, 곧 이 빛 안에서라는 말입니다. Ubi viderunt? In manifestatione. 그들은 어디서 보았습니까? 나타남 안에서입니다. (최익철 신부 옮김. 요한 서간 강해, p.61).

manifestatio gratiæ. 은총의 현시(顯示)

manifestátĭo spiritus. 영의 드러남

manifestatio veritatis. 진리의 현시(顯示)

manifestátor, -óris, m. (manifésto) 드러내는 자, 발표자

Manifestissimum est. 아주 분명한 사실입니다.

manifésto, -ávi, -átum, -áre, tr. (manifestus) 드러내다, 나타내다, 명백히 하다, 명시하다, 발표하다, 공표하다.

Manifestum est. 분명히 그렇습니다.

Manifestum est Christum passum, resurrexisse, et ascendisse in cælum: manifestata est et Ecclesia. 그리스도께서 고난을 겪으시고 다시 살아나시어 하늘로 올라가신 것은 분명히 드러났습니다. 교회 또한 확연히 드러났습니다.(최익철 신부 옮김. 요한 서간 강해, p.115).

Manifestum est enim quod bonum habet rationem finis. Unde finis particularis alicuius rei est quoddam bonum particulare. 善이 목적의 특성의 갖는다는 것은 명백하다. 따라서 어떤 사물의 특수한 목적은 어떤 특수한 선이다.(이상섭 옮김. 신학대전 14. p.63).

Manifestum est ergo unde cognoscamus fratres. 그러므로 우리가 어떻게 형제들을 알아보아야 하는지 분명해졌습니다.(최익철 신부 옮김. 요한 서간 강해, p.301).

maniféstus, -a, -um, adj. (manus+inust. fendo) 명백한, 드러난, 분명한, 현장에 붙잡힌, 증명된, 부인할 수 없는, adv. maniféste, manifésto. His ex Evangelio, quæ certe manifesta sunt, intellectis, patebunt illa omnia mysteria quæ in isto miraculo Domini latent. 복음서에서 즉시 명백한 것을 이해한다면, 주님의 이 기적에 감추어져 있는 모든 신비가 드러날 것이다.(계약의 신비 안에 계시는 마리아. p.354)/ Iam ista manifesta sunt. 이것은 이미 분명합니다.

Manificat. 마니피캇, 마리아의 노래

Manificéntissimus Deus. 지극히 관대하신 하느님

manipl… V. manipul…

maniprétĭum = manuprétium

manipuláris(=manipulárĭus, -a, -um) -e, adj. 보병 중대의,: 사병의: 같은 중대의.

manipulátim, adv. 한 묶음으로, 일단이 되어서, 중대단위로

manípŭlus, -i, m. (manus+pleo) 한줌, 작은 다발, 묶음. (軍) 중대, 소부대. (가) 성대(聖帶 → 手帶), 수대(手帶.֎ maniple)(1967.5.4. "Tres abhinc annos" 훈령으로 폐지). Ad Manipulum, dum imponitur brachio sinistro: Mérear, Dómine, portáre manípulum fletus et dolóris; ut cum exsultatióne recípiam mercédem labóris. 수대를 왼팔에 착용하며: 주님, 눈물과 땀을 씻어버리는 수건을 가지게 하시어, 제가 수고를 그친 후에 보배를 즐거이 받게 하소서(1962년 라틴어 미사 때 기도).

Manísmus, -i, m. (조상들의 혼령manes 에서 온 말) 조상숭배(֎ Ancesterworship)

manna¹ -æ, f. 유향 알(부스러기), 소량(小量)

manna² indecl., n. 만나(֍ μάννα.֎ Manna), (어원:히브리어.저것이 무엇이냐?. 그리스어 향의 알갱이). Erat autem man quasi semen coriandri aspectus bdellii. (to. de. manna w`sei. spe,rma kori,ou evsti,n kai. to. ei=doj auvtou/ ei=doj krusta,llou) (獨 Es war aber das Manna wie Koriandersamen und anzusehen wie Bedolachharz) (֎ Manna was like coriander seed and had the appearance of bdellium) 만나는 고수 씨앗과 비슷하고 그 빛깔은 브델리움 같았다(성경 민수 11. 7)/만나는 고수풀 씨처럼 생겼고 빛깔은 브델리움 같았다(공동번역)/ Patres vestri manducaverunt in deserto manna et mortui sunt. (oi` pate,rej u`mw/n e;fagon evn th/| evrh,mw| to. ma,nna kai. avpe,qanon) (獨 Eure Väter haben in der Wüste das Manna gegessen und sind gestorben) (֎ Your ancestors ate the manna in the desert, but they died) 너희 조상들은 광야에서 만나를 먹고도 죽었다(성경 요한 6. 49)/너희의 조상들은 광야에서 만나를 먹고도 다 죽었지만(공동번역 요한 6. 49).

mánnŭlus, -i, m. (mannus) 작은 버새. (말과의 짐승. 수말과 암나귀 사이에 난 잡종으로 노새보다 약함).

mannus¹ -i, m. 버새

mannus² -i, m. 고대 Germánia인들의 신으로서 최초의 인간이라고도 함

mano, -ávi, -átum, -áre, intr., tr. 흐르다(גרא.נגד), 흘러나오다, 유출(流出)하다, 스며 나오다, 쏟아지다, 쏟아져 나오다, 뿌려지다, 널리 퍼지다, 발산하다.

전파(傳播)되다, 흘리다, 쏟다.
lácrimas mano. 눈물을 흘리다/
Simulácrum multo sudóre manávit.
우상에서 많은 땀이 흘러 나왔다/
Sudor manat. 땀이 흐른다.
mansi, "maneo"의 단순과거(pf.=perfectum)
mánsĭo, -ónis, f. (máneo) 머무름, 체류(滯留),
거처(居處), 주택(住宅); 숙소(宿所), 여관(旅館).
mansio Romæ. 로마 체류(滯留)
mansionárĭus, -a, -um, adj. (mánsĭo) (⑨ Sacristan)
건물의 문지기(수위), 건물 수직인, 성당 문지기,
직록(職祿)이 붙어 있는 주교좌성당 거주 성직자.
mánsĭto, -ávi, -átum, -áre, intr., freq. 거주하다(コﾂﾞ),
살다(コﾞ.בﾞﾞ.תﾞ.), 定住하다, 동거하다.
mansiúncŭla, -æ, f. (mánsĭo) 작은 방
mansor, -óris, m. 거주자, 체류자(滯留者), 손님
mansórĭus, -a, -um, adj. (mansor) 거처하는, 영주하는
mansuárĭus, -i, m. 소작지에 거주하는 농부
mansuefácĭo, -féci -fáctum –cēre, tr.
(mansuésco+fácio) 길들이다, 순치(馴致)하다.
교화(敎化)하다, 감화시키다.
mansuefáctĭo, -ónis, f. 길들임(馴致), 순치(馴致-길들임)
mansuefío, -fáctus sum -fíeri, pass. (mansuefácĭo)
길들다, 순해지다, 양순해지다, 교화되다.
mánsŭes, -étis, adj. 길든, 순치 된, 양순해진, 교화된
mansuésco, -évi -étum –ĕre, intr., tr., inch.
(mansu+suésco) 길들다, 순해지다, 교화되다.
길들이다, 순하게 만들다, 교화(敎化)하다.
mansuetárĭus, -i, m. (mansuésco)
동물 길들이는 사람, 맹수 조련사(猛獸 調練師).
mansuéto, -áre, tr. (mansuétus) 길들이다
mansuetúdo, -dínis, f. (mansuétus) 길들어 있음,
순치된 상태, 온순(溫順), 유순(柔順-성질이 부드럽고 순함),
양순, 온유(溫柔), (아부 배들이) 군주를 부를 때의 호칭.
De mansuetudine. 양순함에 대하여.
mansuétus, -a, -um, p.p., a.p. (mansuésco)
길든, 순치(馴致) 된, 온순한, 유순한, 양순한, 온유한.
Ego quasi agnus mansuetus.
나는 온순한 어린 양(고양)과 같다.
mansum, "mando"의 목적분사(sup.=supínum),
"maneo"의 목적분사(sup.=supínum).
mantéle(=mantélĭum, -i) -is, n. (=mantíle)
(manus+térgeo) 세수수건, 손수건, 식탁수건, 냅킨.
mantél(l)um, -i, n. (mantéle) 식탁수건, 손수건, 구실, 핑계
mántĭca, -æ, f. 배낭, 주머니, 자루(囊), 동냥자루.
exuo manticam humero. 어깨에서 바랑을 벗어(내려)놓다.
mantícĭnor, -átus sum -ári, dep., tr.
점치다(コㄱﾞ), 예언(豫言)하다.
mantícŭla, -æ, f. dim. (mántĭca) 작은 자루(囊), 주머니, 지갑
manticulárĭus, -i, m. 소매치기(sector zonárĭus)
manticulátĭo, -ónis, f. (mantícŭlo) 소매치기 함,
기만(欺瞞, ⑨ Fraud-남을 그럴듯하게 속임), 사기(⑨ Fraud).
mantícŭlo, -áre, (**manticulor**, -átus sum -ári, dep.)
tr. 소매치기하다, 도둑질하다, 속이다, 협잡(挾雜)하다.
mantile(=mantélĭum, -i) -is, n. (=mantéle)
mantísa, -æ, f. 덤(좀 더 얹어 주는 것)
manto¹-áre, freq., intr., tr. (máneo) 머물다, 기다리다
manto²-us, f. 예언자 Tirésias의 딸
Mantum. 만under, 교황용 대형 망토
(11~14세기에는 선출된 교황에게 이 옷을 입힘으로써 교황 통치권의
이양을 상징했다. 백민관 신부 엮음, 백과사전 2, p.627).
manu fortis. 용감한
Manu militari. 군사력으로
Manual Discipline. 수련 안내서(修鍊案內書)
manuále, -is, n. (manualis) 작은 책, 교과서, 교본.
교과서(祈禱書.⑨ prayer book.liber precum), 정식서,
사목수첩, 편람(便覽-보기에 편리하도록 간명하게 만든 책).
Manuale Curatorum. 사목 수첩

Manuale Catholicórum 가톨릭 기도서(1588년)
manuale horarĭum, -i, n. 손목시계
Manuale pastorale. 사목편람(司牧便覽)
manuális, -e, adj. (manus)
손의, 손안의, 손에 들 만한, 손으로 하는.
manuále saxum. 손으로 던질 수 있는 돌/
vehículum manuále. 손수레.
manuárĭus, -a, -um, adj. (manus) 손의.
m. 손버릇 나쁜 자, 도둑.
manuátus, -a, -um, adj. (manus) 손이 있는
manuballísta, -æ, f. (손으로 쏘는) 작은 투석기
manuballistárĭus, -i, m. 작은 투석기 사수(射手)
manúbĭa, -æ, f. (manus) 번개, 벼락(ruina poli), 전광.
manúbĭæ, -árum, f., pl. (manus) (manúbĭa) 전리품을 팔아서
얻은 돈(특히 사령관은 자기 몫의 돈으로 공공건물을 세웠음),
전리품, 약탈물(掠奪物), 지방 관리들의 횡령행위.
manubiális, -e, adj. (manúbĭæ)
전리품의, 전리품을 팔아서 생긴.
manubiárĭus, -a, -um, adj. (manúbĭæ) 전리품의,
약탈하여 얻은, 이익을 얻어 낼 수 있는, 도움이 되는.
manubriátus, -a, -um, adj. (manúbrĭum)
자루 달린, 손잡이 달린.
manubríŏlum, -i, n. dim. (manúbrĭum)
작은 자루(袋), 작은 손잡이.
manúbrĭum, -i, n. (manus) 자루(袋), 손잡이
manudúco, -ĕre, tr. (manus+) 손잡고 인도하다
manufactúra, -æ, f. (manus+fácio) 수공업, 세공, 제작.
manufáctus, -a, -um, adj. (manus+) 손으로 만든, 인공의
manufest… V. manifest…
manúlĕa, -æ, f. (manus) 소매, 노포(弩砲)의 걸쇠
manuleárĭus, -i, m. (manúlea) 소매 있는 옷 만드는 사람
manuleátus, -a, -um, adj. (manúlea)
소매가 달린, 소매 달린 túnica를 입은.
manúlĕus, -i, m. (manus) (옷의) 소매(小賣)
manum contraho. 주먹을 불끈 쥐다
manum osculor. 손에 입 맞추다
manumíssĭo, -ónis, f. (manumítto) 노예해방(奴隷解放)
manumítto, -mísi -míssum -ĕre, tr. (manus+mitto)
(노예를) 석방(釋放)하다, 해방(解放)하다(コㄱﾞ).
(주인이 노예의 손.머리 따위를 붙잡고 세 번 Hunc hóminem liberum esse
volo '나는 이 사람이 자유인이 되는 것을 원한다'라고 말하면서 손을
뗌으로써 노예의 자유화방이 성립되었음).
Pauci servorum manumissi sunt.
소수의 노예들이 해방되었다.
mánŭor, -ári, dep., tr. 도둑질하다, 남의 물건에 손대다
manuprétĭum, -i, n. 노임, 급료(봉급), 보수(고마움에 보답함).
manus, -us, f. (m.手.エㄸ.xείp) 손의 앞발, 코끼리의 코,
나무의 가지, 힘, 용기, 용맹, 武力, 兵力, 격투(激鬪),
접전(接戰), 무기, 검, (해전 무기로서의) 쇠갈고리,
지배, 권력, (상관할 수 있는) 권리, 관할권(管轄權),
재량권, 수중, 부권(夫權.父權), 친권, 폭력, 완력(腕力),
공력, (미술 작품 따위의) 손질, 인공, 수공, 기술,
손 일, 솜씨, 글씨, 필치(筆致), 필적(筆跡), 미술작품,
집단(集團), 군중, 무리, 부대(catervŭla, -æ, f. 소부대),
군대(軍隊), (칼싸움에서) 공격, 일격(一擊), 편, 쪽.

명사 제4변화 제1식		
	단 수	복 수
Nom.	manus	manus
Gen.	manus	manuum
Dat.	manui	manibus
Acc.	manum	manus
Abl.	manu	manibus
Voc.	manus	manus

[황치헌 신부 지음, 미사통상문을 위한 라틴어, p.59].
accédere ad manum. 동물이 길들다/
afférre manus.
폭력을 가하다, 치명상(致命傷)을 입히다, 살해하다/
ante óculus oppono manus. 두 손으로 눈을 가리다/

conférre manum. 접전하다, 백병전(白兵戰)하다/
Cum lavat manus, dicat: Da, Dómine, virtútem mánibus meis ad abstergéndam omnem máculam; ut sine pollutióne mentis et córporis váleam tibi servíre.
손을 씻으며: 주님, 이 손에 온갖 악을 물리칠 힘을 주시어 깨끗한 몸과 마음으로 당신을 힘껏 복사하게 하소서 -사제는 손을 씻은 후 제의가 놓여 진 제의 탁자 앞에서 제의를 착용하기 전에 십자성호를 긋는다-1962년 라틴어 미사 때 기도/
cum tantum belli in mánibus esset.
그렇게 큰 전쟁을 손에 쥐고 있었기 때문에/
dare manus *alci*. 항복(降伏)하다/
Deinde, conversus ad librum, iunctis manibus, dicit.
그리고 독서집을 향하여 손을 모으고 말한다/
Deinde, manbus junctis super Altare, inclinatus dicit.
그리고 손을 제대 위에 놓고 고개를 숙이며 말 한다/
eláta manus. 쳐든 손/
esse ad hanc manum. 이쪽에 있다/
extensis manibus ut prius, secrete prosequitur:
손을 이전처럼 벌리고 조용히 말 한다/
Fac illum oblitum mercedem suam, deficiunt manus.
자기 보수를 잊어버리게 하면 손에 힘이 빠질 것입니다/
fero manum. 손을 내밀다/
immergo manus in aquam. 물에 손을 담그다/
impono finem(manum) *alci* rei. 끝내다, 손 떼다, 마무르다(물건의 가장자리를 꾸며서 일을 끝맺다)/
impositio manuum. 안수(按手)/
in mánibus esse. (책이 보급되어) 손쉽게 읽을 수 있다/
in mánibus est *alqd*. (손) 가까이 있다/
in mánibus habére(*alqm*). 누구를 소중히 여기다/
in mánibus habére(*alqd*).
무엇에 힘을 기울이다, 한창 하는 중이다/
in manu *alci*(*alcjs*) esse. 누구의 지배 아래 있다, 누구에게 달려 있다, 예속(隷屬)되다/
In manus tuas, domine, commendo spiritum meum.
주님의 손에 내 영혼을 맡기나이다/
In quorum manibus iniquitates sunt: dextera eorum repleta est muneribus. 그들의 손은 죄악에 물들었고, 오른손은 뇌물(賂物)로 가득 찼나이다/
infero vim et manus *alci*, infero mortem *alci*.
누구를 살해하다/
infríngo manus. 손뼉 치다/
injícere manum *alci*. 체포(逮捕)하다, 붙잡다/
injicio manum. (法) 법정으로 소환하다, 손으로 잡아 자기의 소유권을 드러내다/
injicio manum *alci*. 멈추게 하다/
injicio manum *alci*(in acc.). 손을 얹다(대다), 손으로 움켜잡다, 때리다, 폭행(暴行)하다/
inténto manus in *alqm*. 누구에게 손찌검을 하다/
Iunctis manibus prosequitur:
사제는 손을 모으고 계속 한다/
jungit manus 손을 모으며/
lavátĭo manuum. 손 씻음/
mánibus ad tergum rejectis. 뒷짐을 지고서/
mánibus pedibúsque. 온갖 힘을 다해서/
mánibus puris. 깨끗한 손으로/
mánibus terram exhaurio 손으로 흙을 파내다/
manu foris. 용감한/
misceo manus(prœlia) 접전(接戰)하다/
Numquid non valet manus mea eruĕre vos?
내 손이 너희를 구원할 힘이 없다는 말이냐?/
Opus manuum. 손노동('하느님의 일 opus Dei' 참조)/
plenā manu. 한껏, 듬뿍, 힘껏/
porrigo manum. 찬성의 표시로 손을 들다, 찬성하다, (필요한 것을 집거나 얻기 위해서) 손을 내밀다/
post terga *alcjs* manus revoco.
아무의 손을 등 뒤로 돌려 묶다/
restríctis ad terga mánibus.(restringo 참조)
두 손을 등 뒤로 묶(이)고/
Sed tuam manum effugere impossibile est.
(th.n de. sh.n cei/ra fugei/n avdu,nato,n evstin)
(獨 Aber unmöglich ist's, deiner Hand zu entfliehen)
([영] But your hand none can escape. 지혜 16, 15)
아무도 당신 손을 피하여 달아날 수 없습니다(성경)/
주님의 손에서 아무도 벗어날 수 없다(공동번역)/
sibi inférre manus. 자살(自殺)하다/
Spectatores, plaudite manibus! 관객 여러분, 박수를 치시오!/
suā manu. 제 손으로, 자신이/
tempero mánibus. 폭력을 삼가다/
Tremor éxcutit póculum e mánibus.
손이 떨려서 잔을 떨어뜨린다/
tuo arbitrio, in cuius manu te posui. 네 자유의지의 수중에 나는 너를 맡겼노라(성 염 지음. 사랑만이 진리를 깨닫게 한다. p.298)/
Utra manus celerior est? 어느 손이 더 재빠른가?/
Videte manus meas et pedes.
내 손과 내 발을 보아라(루카 24, 39)/
vim vitæ suæ, infero sibi manus. 자살하다/
vitam sibi manu exhaurio. 제 손으로 목숨을 끊다.
Manus a manu. 금품 수수(手授)
Manus ab obsequio. 아첨에 의한 성직 획득(백과사전 3, p.506).
Manus ad operandum; sed quid? Quod iusserit caritas, quæ inspirata est intus a Spiritu Sancto.
일하기 위해 있는 손은 무슨 일을 합니까? 마음속에서 성령으로 영감 받은 사랑이 명령하는 것을 합니다.
(최익철 신부 옮김, 요한 서간 강해, p.343).
Manus affero alienis bónis. 남의 재산을 탈취하다
manus do (*alci*) 항복하다, 굴복하다, 두 손 들다.
manus ex perditis conflata. 오합지졸(烏合之卒), 불한당(不汗黨)으로 이루어진 망나니 부대.
manus extrema(**ultima**) 끝손질(politio, -ónis, f.)
manus fero. 두 손을 …로 가져가다
Manus in scribéndo decúrrit. 글 쓰는 손이 빨리 움직인다
manus iniectio. 체포
manus inintelligíbĭlis. 지능이 모자라는 손
Manus manum lavat. 상부상조 한다(손이 손을 씻는다)
manus mortua. 교회의 불가차압(不可差押) 재산
manus mortuæ. 죽은 자의 손
manus sibi affero. 자살하다
manuscríptus, -a, -um, adj. (manus+scribo) 손으로 쓴. n. 사본(파피루스나 양피지를 사용하여 冊의 형태로 만든 옛 필사본), 원고.
manuscripta Sacræ Scripturæ. 성서 사본.
manutérgĭum, -i, n. (manus+térgeo) 손수건, 물수건
manutígĭum, -i, n. (manus+tango) 손으로 비빔, 문지름
manzer, -ĕris, m.. f. 사생아(私生兒.[영] illegitimátes)
mapálĭa, -ĭum, n., pl. 오두막, 천막, 막사(幕舍)
mappa, -æ, f. 식탁수건, 상보(床褓-음식상을 덮는 보자기), 식탁보, (내던져서 경기 개시를 알리던) 신호 깃발.
altáris mappa. 제대포(祭臺布).
máppŭla, -æ, f. dim. (mappo) 작은 식탁수건, 작은 식탁보
Maracánda, -órum, n., pl. Sogdiána의 수도(현 Samarkand).
mara rubrum. 홍해([영] Red sea)/rubra æquora.
Marana tha.(아람어) 주님, 오소서([영] Marana tha), 마라나 타(טרנ את אנרת.μαρανα θα)(1코린 16, 22; 묵시 22, 20).
Si quis non amat Dominum, sit anathema. Marana tha!
(ei; tij ouv filei/ to.n ku,rion(h;tw avna,qema mara,na qa,)
(獨 Wenn jemand den Herrn nicht liebhat, der sei verflucht. Maranata!) ([영] If anyone dœs not love the Lord, let him be accursed. Marana tha) 누구든지 주님을 사랑하지 않는 자는 저주를 받으라! 마라나 타!(1코린 16, 22).
marásmus, -i, m. (醫) 소모(消耗-써서 없앰), 쇠약(衰弱)
Márăthon, -ónis, (**Márăthona**, -æ) f. 마라톤, Attĭca의 동해안에 있는 촌(이곳 평원에서 A.C. 490년 Athénœ의 장군 Miltíades가 Pérsia의 대군을 격파하였다).
marathrítes, -æ, m. 회향주(茴香酒)
maráthrum, -i, n. (植) 회향(茴香), 회향풀(茴香)
Marcéllus, -i, m. Roma인의 Cláudia 씨족의 가문명.
M. Cláudius, Marcéllus, Hánnibal과 싸워 처음으로

M

승리한 사람으로 Syracúsoe를 점령함(212 A.C.)

Marcellus signa tabulasque, quibus abundabant Syracusae, Romam devexit. 마르켈루스는 시라쿠사가 풍부하게 갖추고 있던 조각과 그림들을 로마로 실어가 버렸다.[• signum, i n. (신들의) 조상(彫像): tabula, -æ, f. (화판에 그려진) 그림. 성 염 지음. 고전 라틴어. p.409].

márcĕo, -ŭi -ére, intr. 시들다(ケ기,ケ기), 이울다, 마르다(בכו), 위축하다, 쇠약(衰弱)하다, 무력해지다, 나른하다, 의기소침(意氣銷沈)하다.

Marcet sine adversario virtus : tunc apparet quanta sit quantumque polleat, cum, quid possit, patientia ostendat. 덕은 역경 없이는 상하기 마련이다: 그것이 무엇을 할 수 있는지 인내로써 보여 줄 때에야 德이 얼마만한지 그리고 과연 얼마큼 힘이 있는지 드러난다[성 염 지음. 고전 라틴어. p.316].

marcésco, -ĕre, intr., inch. (márcĕo) 시들다(ケ기,ケ기), 이울다(꽃이나 잎이 시들다. 점점 쇠약해지다), 마르다, (빛이) 바래다, 쇠약해지다, 나른해지다, 의기소침하다.

márchĭa, -æ, f. 변경(邊境), 변방(邊方)

márchĭo, -ónis, m. 후작(侯爵-5등작의 둘째 작위), 변경백(邊境伯-프랑스 왕국신성 Roma 제국이 국경 방비를 위해 군사 식민으로 설치한 변경구의 으뜸벼슬), 신성 로마 제국 변경의 태수.

márcĭdus, -a, -um, adj. (márceo) 시든, 말라죽은, 쇠약한, 쇠잔한, 무력한, 나른한, 의기소침(意氣銷沈)한.

marciónismus, -i, m. 마르치온 주의(主義)

marcor, -óris, m. (márceo) 삭음, 사그라짐, 문드러짐, 부패(腐敗), 나른함, 쇠약(衰弱-쇠퇴하여 약함), 무력(無力).

marcui, "marceo"의 단순과거(pf.=perfectum), "marcesco"의 단순과거(pf.=perfectum).

márcŭlus, -i, m. dim. (marcus) 작은 마치(망치)

Marcum assumens adduc tecum, est enim mihi utilis in ministerium.(2티모 4, 11) 마르코는 내 직무에 요긴한 사람이니 함께 데리고 오십시오(성경 2티모 4, 11)/ 그대는 마르코를 데리고 함께 오시오. 그는 봉사하는 일에서 내게는 귀한 사람입니다(200주년 신약 2티모 4, 11).

marcus¹ -i, m. 망치

marcus² -i, m. 복음사가 마르꼬(영 Mark.獨 Markus). (마르꼬라는 이름은 로마 성씨로 '망치'라는 뜻).

Cum Marcus me vocavisset, veni. 마르쿠스께서 저를 부르셔서 왔습니다/

De juvenum amore scribit Marcus. 마르코는 청년들에 대한 사랑에 관하여 책을 썼다/

Dic nobis, Marcus! Quid vidisti in via? 마르코, 우리한테 말해줘요! 길에서 뭘 보았나요?/

Evangélium secúndum Marcum. 마르꼬 복음서(Mc.)/

Marce, undasne videre potes? 마르코야, 너는 파도를 볼 수 있느냐?/

Mihi est nomen Marcus. 내 이름은 마르꼬이다/

Quis est Marcus? 마르코는 누구인가?/

Quis est orator? Marcus! Qui orator est? Bonus!. 연사는 누군가? 마르코입니다. 어떤 연사인가? 훌륭합니다/

Salutat vos Aristarchus concaptivus meus et Marcus consobrinus Barnabæ, de quo accepistis mandata - si venerit ad vos, excipite illum -(성경 콜로새 4. 10) 나와 함께 갇혀 있는 아리스타르코스, 그리고 바르나바의 사촌 마르코가 여러분에게 인사합니다. 이 마르코에 관해 서는 여러분이 이미 지시를 받았으니, 그가 여러분에게 가거든 잘 받아들이십시오(성경)/(나와 함께 갇혀 있는 아리스다르코가 여러분에게 문안합니다. 또 바르나바의 사촌 마르코도 문안합니다. -마르코가 가거든 잘 영접 하라는 지시를 여러분이 이미 받았을 줄 압니다.(공동번역)/

Si Marcus navem navigare posset, id faceret. 마르쿠스는 배로 항해할 수 있다면 그렇게 할 것이다/

Sic fatus, validis ingentem viribus hastam contorsit Marcus. 그렇게 말하고 나서 마르쿠스는 굉장한 완력으로 커다란 창을 던졌다/

Ubi fuisti, Marce? Fuistine cum amica tua? 마르코, (자네) 어디 있었나? 자네 애인과 함께 있었나?/

Unde veniunt Marcus et Tullia?

마르코와 툴리아가 어디에서 오는 길이냐?.

Marcus ægrum simŭlabat. 마르코는 앓는 체 하고 있었다

Marcus agnovit injuriam suam.(injúria 참조) 마르코는 자기 불의함을 인정하였다.

Marcus, belli pericula timens, urbem reliquit. 전쟁의 위험을 두려워하는 마르쿠스는 로마를 떠났다.

Marcus composuit versus elegantissime omnium corpora exercebant.[Marcus Valerius Martialis: 서기 1세기의 로마 단구시(短句詩)의 대가. 성 염 지음. 고전 라틴어. p.267] 마르쿠스는 모든 라틴 시인들 중 가장 우아하게 시문을 지었다.

Marcus Confessor. 고백자 마르코

Marcus cras mane vadit. 마르코는 내일 아침에 갈게다

Marcus cupiebat fieri consul. 마르코는 집정관이 되고 싶었다.

Marcus de te locutus est, nescio quid. 마르코는 무엇인지는 모르나, 네게 대해서 내게 말해주었다.

Marcus dona magnifica Romanæ dare non poterit. 마르코는 로마 여인에게 아름다운 선물들을 바치지 못하고 말 것이다(성 염 지음. 고전 라틴어, p.72).

Marcus est bonus discipulus, si libros multos legit. 마르쿠스가 책을 많이 읽는다면 좋은 학생이다.

Marcus ex párentibus divitibus natus est. 마르코는 부유한 부모에게서 났다.

Marcus ex Seul = Marcus Seulensis = Marcus ex Seul oriundus. 서울 태생의 마르코.

Marcus facie similior est matris, indole patris. 마르코는 용모에는 어머니를 더 닮았지만 성격은 아버지를 더 닮았다.[성 염 지음. 고전 라틴어, p.259].

Marcus filium parvum de periculis vitæ monebat. 마르코는 작은 아들(한테) 인생의 위기들에 관하여 타이르고 있었다.

Marcus in Britanniam profectus est.[탈형동사 문장] 마르코는 브리타니아로 떠났다.

Marcus in magna regia habitabat. Sed Marcus non erat beatus. 마르코는 커다란 궁전에 살고 있었다. 그렇지만 마르코는 행복하지 못했다.

Marcus jubet pontem rescindi. 마르코는 다리를 파괴하라고 명령하였다.

Marcus legat. 마르코가 읽어라

Marcus librum legit et Quintus scribit. 마르꼬는 책을 읽고, 뀐투스는 글을 쓴다.

Marcus mortem prætulit servituti. 마르코는 예속(隸屬)보다는 죽음을 택했다.

Marcus numquam est numeratus orator. 마르코는 한 번도 연설가로 인정받지 못했다.

Marcus obiit sexaginta duos annos natus. 마르코는 예순 두 살에 죽었다.

Marcus optime officio fungitur. 마르쿠스는 훌륭하게 직무를 수행하는 중이다[필요와 풍족, 기쁨과 슬픔, 소원(疏遠), 이용을 나타내는 여러 동사는 그 대상을 탈격으로 나타낸다. 여러 탈형 동사가 여기에 해당한다.

Marcus peccátor. 죄인 마르코(편지 말미에 서명하며 쓰는 말)

Marcus poëmata perfecte atque absolute pronuntiabat et Latine et Græce. 마르쿠스는 그리스어로도 라틴어로도 시가(詩歌)를 완벽하고 확실하게 읊었다.

Marcus projici se jussit inhumátum. 마르코는 자기 (시체)를 묻지 말고 내팽개쳐 두라고 부탁했다.

Marcus, puer magni ingénii. 재주 많은 소년 마르코

Marcus putavit Petrum columbam vidisse. 마르쿠스는 페트루스가 비둘기를 보았다고 생각했다.

Marcus, qui ditissimus esse posset, pauper esse maluit. 마르코는 부자가 될 수 있었지만 차라리 가난하게 되기를 더 바랐다.

Marcus, qui et promisit oratórem et præstitit. 연설가로 촉망되었고 또 실제로 된 마르코.

Marcus senex historiarum septem libros scripsit. 마르코는 늙어서 일곱 권의 역사책을 저술하였다.

Marcus sum et Romanus. 내 이름은 마르코이며 로마인이다

Marcus summis oratóribus æmulus.

대웅변가들과 어깨를 겨루는 마르코.
Marcus Tullius cicero.
Tullia 씨족의 cicero 가문의 마르코(자격을 갖춘 로마시민의 이름은 적어도 세 마디로 되어 있다. 먼저 앞의 이름 prænomen 즉 개인을 표시하는 이름으로 우리나라의 성을 뺀 이름으로 본명과 같은 것이고, 둘째로 우리의 본관과 비슷한 것으로nomen 씨족을 표시한다. 셋째 우리의 성姓 cognomen에 해당하는 것으로서 가계familía를 표시한다.

mare, -is, n. **바다**(海.θάλασσα), 바닷물, 짠물, 해안지방, [oceanus, -i, n. 대서양 / pontus, -i, m. 큰 바다 / pelagus, -i, n. 바다].
et terra et mari. 육지와 바다로 한꺼번에/
excipio *alqm* e mari. 아무를 바다에서 건져내다/
ferio máre. (바다를 치다) 노질하다/
Gentes, quæ mare illud adjacent.(gens 참조)
 그 바다에 인접한 민족들/
immensum mare prospectum. 아득히 보이는 광대한 바다/
Imbres mária ac terras rigant.
 폭우(暴雨)가 바다와 육지에 물을 넘치게 한다/
Jesus reddidit máre tutum.
 예수께서는 바다를 안전하게(고요하게) 하시었다/
Magni pisces in profundo mari sunt. (큰 물고기들은 깊은 바다에 있다) 깊은 바다에는 큰 물고기들이 있다/
mare altum. 깊은 바다, 심해(深海)/
mare nostrum. 지중해/
máres animi. 남성다운 용기/
mari secundo. 조수의 흐름에 따라/
maria agitata véntis. 바람으로 물결이 이는 바다/
maria ambulo. 여러 바다를 돌아다니다/
mária et montes pollicéri.
 (바다와 산을 즉) 엄청난 것을 약속하다/
Maris populus. 바다 사람들/
medio mari. 바다 가운데/
murmur maris. 철썩거리는 파도소리/
nostrum mare. 지중해(地中海)/
Quo mare fíniat iram, …. 성난 바다가 가라앉도록/
reddo mare tutum. 바다를 안전하게/
Saguntum erat civitas sita passus mille ferme a mari.
 사군툼은 바다에서 거의 1000보 가량 떨어진 곳에
 자리 잡고 있었다/
terrā maríque. 육지와 바다에서/
trans mare. 바다 건너/
transeo mária. 바다를 건너다/
transmitto máre. 바다를 건너가다/
usque a mari súpero Romam proficísci.
 상부해안에서 Roma로 떠나다/
usque Sículum mare. *Sicília*해(海)까지/
vastus mare. 광활한 바다.

명사 제3변화 제3식		
	단 수	복 수
Nom. 주격	mare	mária
Voc. 호격	mare	mária
Gen. 속격	maris	márium
Dat. 여격	mari	máribus
Acc. 대격	mare	mária
Abl. 탈격	mari	máribus

máre adjunctum. 인접한 바다
máre clausum. 영해(領海)
máre confusiónis. 혼돈의 바다
Máre fusile(⑩ Moten Sea) 청동의 바다(1열왕 7, 23~27)
Máre Galilæa. 갈릴래아 바다(호수)
mare inférnum. (inférnus 참조) Tyrrhénia 바다
mare inférus. (inférus 참조) Tyrrhénia 바다
máre líberum. 공해(公海)
máre magnum. 거대한 바다, 광활한 바다(máre vastus)
Máre Mediterraneum. 지중해(地中海, Nostrum Máre)
Máre Mortuum(⑩ Dead Sea) 사해(死海)
Máre pacificum. 평온의 바다.
 (마젤란이 태평양에 붙인 이름 여기서 Pacific Ocean 유래).
máre pigrum. 잔잔한 바다(placidum máre)
máre reciprocum. 썰물 때의 바다

máre salsissimum.
 사해(死海.חלמה ם.⑩ Dead Sea)(민수 34. 3).
Máre surgit. 파도가 인다
Máre venitis attollitur. 바람에 바다가 솟아오르다.
margaríta, -æ, f. 보석(寶石), 진주(珍珠.眞珠)
Margarita Scotiæ(1046~1093). [성녀. 축일 11월 16일. 스코틀랜드의 왕후.
 헝가리 레스타에서 앵글로색슨 왕자 애덜링(Edward Atheling)과 헝가리 공주 아가타(Agatha) 사이에 태어나 스코틀랜드 에든버러에서 별세하였다. 소녀시절의 대부분 백부인 잉글랜드조 에드워드(Edward the Confessor)의 궁정에서 지냈다. 1067년 헤이스팅즈(Hastings) 전투 후 동정녀로 들어가려다 배가 스코틀랜드 앞바다에서 난파. 귀국을 못하고 1070년 스코틀랜드 왕 맬컴(Malcolm) 3세와 결혼하였다. 마르가리타의 아들은 스코틀랜드 왕 데이비드 1세이다. 남편 맬컴 3세의 협력과 캔터베리 대주교 랜프랭크(Lanfranc)의 조언으로 일련의 교회 개혁을 일으킨 결과, 켈트족의 스코틀랜드에서의 종교 및 문화생활의 면모를 일신시켰다. 위대한 왕후로서 던펠름(Dunferlum)의 홀리트리니티 대성당을 건설했을 뿐 아니라 아이오너(Iona) 및 그 밖의 켈트족 성당을 재건하였다. 병자와 빈민 구제에도 헌신하였다. 1249년 교황 인노첸시오 4세에 의해 시성(諡聖)되었다.

margaritáríus, -a, -um, adj. 진주의. f. 여자 진주 상인.
 m. 진주조개 잡이 하는 사람, 진주 상인.
margaritátus, -a, -um, adj. 진주로 장식된
margaritífer, -ěra, -ěrum, adj.
 진주를 산출하는, 진주조개의.
marginális, -e, adj. (margo) 가장자리의, 변두리의,
 가의, 테두리의, (책의) 난외(欄外)의, 변경(邊境)의.
márgĭno, -ávi, -átum, -áre, tr. (margo)
 테를 두르다, 에워싸다, 깃을 달다.
margo, -gĭnis, f., m. **가장자리,** 가, 테두리, 변두리,
 시울(눈이나 입 따위의 가장자리), 강변, 해변, 경계, 변경,
 책장의 가장자리, 난외(欄外), 여백(餘白-호白).
María, -æ, f. 여자 이름, 그리스도의 어머니 마리아.
 Cor immaculatum Mariæ. 마리아의 하자 없으신 마음/
 De Maria numquam satis? 마리아에 대해 아무리 말해도
  충분하랴 않다(이러한 표현은 근거 없이 클레르보의 베르나르도가 했다고
  여겼다. 베르나르도의 마리아 신학은 역설적이게도 그녀에 대한 예찬보다는
  그리스도의 어머니의 겸손에 대해 더 초점이 맞춰졌다. 그럼에도 불구하고 형식
  은 그 시대에 만연한 마리아 신심에 중점을 둔다. 유봉준 옮김, 마리아, p.56)/
 De Maria virgine incomparabili. 비교할 데 없는 마리아/
 De transitu Mariæ. 마리아의 세상 하직(외경 문서)/
 Dolores(Compassio, Planctus) B. Mariæ. 마리아의 애가/
 Festa Mariæ 마리아 축일/
 Imagines Mariæ. 마리아 성화상/
 mariæ et ecclesiæ maternitas. 마리아와 교회의 모성애/
 marialis Cultus. 마리아 공경/
 memoria Mariæ. 성모 기념 축일/
 Natale Mariæ. 마리아 탄생일/
 Nativitas Mariæ. 마리아의 탄생/
 Servus Mariæ. 마리아의 종/
 Transitus Máriæ. 마리아 승천기(昇天記)/
 Celebratur sacra in liturgia Maria ut "Ioseph viro iusto
 arctissimo virginalique amoris vinculo iuncta".(⑩ In the
 Liturgy, Mary is celebrated as "united to Joseph, the just
 man, by a bond of marital and virginal love".) 전례 중에
  마리아는 "부부로서 또 동정녀로서의 사랑의 유대에
  의하여 의로운 사람 요셉에 결합된 분"으로 공경 받는다/
 Sua Maria in divina maternitate pergat necesse est
 vivere tamquam "virgo desponsata viro".(⑩ In her divine
 motherhood Mary had to continue to live as "a virgin,
 the wife of her husband") 마리아는 자기의 신적 모성
  안에서 "처녀, 그녀의 남편의 아내"(루가 1. 27 참조)로서
  계속 살아야 했다(1989.8.15. "Redemptoris custos" 중에서).
Maria ad lacum. 호숫가의 마리아
Maria Auxilĭum Christĭanórum.
 그리스도교인들의 도움이신 성모 마리아.
Maria de bono consilio. 착한 의견의 어머니
Maria de Victoria(⑩ Our Lady of Victories)
 승리의 성모 마리아
mária et montes polliceri.
 (바다와 산을 즉) 엄청난 것을 약속하여 유혹하다.
María desoláta. 비애(悲哀)의 성모
Maria facta est re omnium credentium Mater.
(⑩ Mary has truly become the Mother of all believers)
 마리아께서는 참으로 모든 믿는 이의 어머니가 되셨습니다.

M

Maria in œconomïa Salutis.(영 Mary in the economy of salvátion) 구원경륜에서 마리아.

Maria inaugurat participationem Ecclesiæ in sacrificio Redemptoris.(영 Mary inaugurates the Church's participation in the sacrifice of the Redeemer) 교회가 구세주의 희생제에 참여하는 것은 마리아에게서 시작된다.

Maria Jesum concepit.
마리아, 예수님을 잉태하심(환희의 신비 1단).

Maria Jesum Elisabeth visitando portávit.
마리아, 엘리사벳을 찾아보심(환희의 신비 2단).

Maria Jesum genuit. 마리아, 예수님을 낳으심(환희의 신비 3단).

Maria Jesum in templo invenit.
마리아 잃으셨던 예수를 성전에서 찾으심(환희의 신비 5단).

Maria Jesum in templo præsentávit.
마리아, 예수님을 성전에 바치심(환희의 신비 4단).

Maria magna Credens est quæ, fiduciæ plena,
in manus se conicit Dei, dum eius voluntati se totam
tradit. 마리아께서는 충만한 믿음으로 당신을 하느님 뜻에 맡기시고 하느님 손에 의탁하신 훌륭한 신자이십니다.

Maria, Mater Gratiæ(영 Mary, Mother of Grace)
마리아, 은총의 어머니
Maria, Mater gratiæ, Mater misericordiæ,
tu me ab hoste protege et hora mortis suscipe. Amen.
은총의 어머니, 자비의 어머니, 마리아
당신께서 저를 적으로부터 보호해주시고 죽을 때에 받아 주시옵소서. 아멘.
(Mary, Mother of Grace, Mother of mercy,
Shield me from the enemy And receive me at the hour of my death. Amen)

Maria Mater Misericordiæ.(영 Mary, Mother of Mercy)
마리아, 자비의 어머니(1993.8.6. "Veritatis Splendor" 중에서).

Maria prius concepit mente quam ventre.
마리아는 몸으로보다 정신으로 먼저 잉태하셨다.

María, quâ nemo est sánctior. 그 보다 더 거룩한 자 없는 마리아(어느 누구보다도 더 거룩한 마리아).

Maria semper Virgo. 평생 동정이신 마리아

Maria spei stella.(영 Mary, Star of Hope)
희망의 별이신 마리아.

Maria ut exemplar.(영 Mary as exemplar) 모범이신 마리아

Maria Virgo. 동정 마리아(semper virgo. 평생 동정)

Mariæ Mensis(=devotio mensis Máriæ.영 The Month
of Mary) 오월, 성모성월[우리나라의 '성모성월'이란 책은 중국의 예수회 신부 이탁이 지은 책으로 당시 북경 교구장 물리(Mouly. 맹진생) 주교가 가필해 1859년 간행된 책이다… 백민관 신부 엮음, 백과사전 2, p.704].

Mariális, -e, adj. 성모 María에게 바쳐진,
rosárium Mariále. María의 묵주.

Mariális cultus.(영 Venerátion of Mary)
마리아 공경(恭敬)[1974.2.2. 교황 바오로 6세의 사도적 권고. 복되신 동정 마리아 신심의 올바른 방향과 발전을 위하여, 그리스도의 어머니께서 교회 안에서 받으시는 특별한 공경의 근거와 기준, 신앙의 정신에 따른 여러 형태의 마리아 신심(전례상, 대중적, 개인적 신심 등)에 대하여 설명하는 교황 바오로 6세의 권고이다].

Mariális titulus. 교회의 어머니께 간구(懇求)(1980.4.13. 회람)

Marianopolis(=Mons Regius) 몬트리올(캐나다 퀘백 주 도시)

Mariánus, -a, -um, adj. 성모 María의, Márius의

Mariapoli. 마리아폴리(이탈리아어로 "마리아의 도시"라는 뜻으로서, 포콜라레 운동의 초창기부터 계속되고 있는 하계 모임).

Maríca, -æ, f. Itália의 옛 여신(女神), Latínus의 어머니

marínus, -a, -um, adj. (mare)
바다의, 해양의, 바다에 사는, 해산의, 해상의.

Mariología, -æ. f. 마리아론(영 Mariology), 마리아 신학.
[성모 마리아에 대한 체계적인 연구로서 예수 그리스도의 혈육 강생과 관련해 마리아의 위상을 천명한다. 하느님의 어머니(theotokos)로서 성모 마리아의 생활, 역할, 그 덕성을 연구 대상으로 하고, 마리아의 특전, 넘치는 은총과 은총의 중재자 역, 그리스도의 구원사업의 협력자적 역할 등을 설명한다].

marísca, -æ, f. (植) 무화과의 일종(실과는 크고 맛이 없음)

maríta, -æ, f. (marítus) 아내(영 Wife), 처(아내)

maritális, -e, adj. (marítus) 남편의, 결혼한, 부부의.
potéstas maritalis. 부권(夫權.父權)

marítimus, -a, -um, adj. (mare) 바다의, 바다에 사는,
바다에서 나는, 바닷가의, 해안의, 연해의. n., pl. 해안지방.

maríto, -ávi, -átum, -áre, tr. (marítus) 결혼시키다,
장가들이다, 시집보내다, 접목시키다, 접붙이다,
수태(受胎)시키다, pass. (동물이) 교미(交尾)하다.

digressa femina a márito. 남편과 이혼(離婚)한 여자/
ita magnus terram cælo maritat. 땅을 하늘에 접붙인다.
(성 영 지음, 사랑만이 진리를 깨닫게 한다. p.304)/
maritum rus prosequor. 시골로 남편을 따라가다.

marítumus, -a, -um, adj. = marítimus

marítus, -a, -um, adj. (mas) 결혼의, 혼인의, 부부의,
교미의, 접목의, 비옥하게 하는. f. 아내. m., pl. 부부.
m. 남편(בעל.영 Husband), 장부(丈夫-"大丈夫"의 준말),
신랑(新郞), (동물) 수컷.

marmor(=marmur) -õris, n. 대리석(大理石), 대리석판,
대리석상, 대리석 가루, 잔잔하고 빛나는 해면.
induco paríetes mármore. 벽에 대리석을 입히다/
Lacrimas marmora manaverunt. 대리석은 눈물을 흘렸다/
Quid marmóris apud illum putátis esse?
너희는 그에게 대리석이 얼마나 있다고 생각하느냐?/
statua ex marmore. 대리석으로 된 석상.

marmorárïus, -a, -um, (marmor)
adj. 대리석의, 대리석으로 만든.
m. 대리석공(大理石工), 대리석의 조각가(彫刻家).

marmorátïo, -ónis, f. (mármoro) 대리석으로 건축함

marmorátum, -i, n. (mármoro) 대리석 건물(大理石 建物),
(벽이나 도로 포장에 쓰는) 석회와 대리석 부스러기를
풀가사리의 액체로 이긴 반죽.
Bona domus, quia marmorata est et pulchre laqueata.
대리석으로 지어졌고 아름다운 장식이 있어서 좋은 집.

marmórëus, -a, -um, adj. (marmor) 대리석으로 만든,
대리석의, 대리석 같이 흰(빛나는.반들반들한).

mármŏro, -ávi, -átum, -áre, tr. (marmor)
대리석으로 입히다, 대리석을 깔다.

marmórïus, -a, -um, adj. (marmor) 대리석의 성질이 있는

marmur = marmor

marmúscŭlum, -i, n. 대리석 조각(파편)

Maro, -ónis, m. Virgílius의 성(姓)

Maronéa(=Maronía), -æ, f.
포도주 생산지로 유명한 해안도시, Sámnium의 도시.

marra, -æ, f. 호미

Mars, Martis, f. 전쟁의 신, 군신, 희랍의 Ares에 해당,
전쟁(영 War), 싸움(영 Battle/Conflict), 전투(戰鬪),
무용(武勇), 사기, 무운, 전쟁의 결과. (天) 화성(火星).
Marte. 자력(自力)으로/
Marte nostro. 우리들만의 힘으로/
Martis dies. 화요일/
Plaude tuo Marti, miles : nos odimus arma!
병사여, 그대나 그대의 마르스(軍神)에게 갈채를 울려라.
우리는 무기 들기를 증오하노라.

marsúpïum, -i, n. 돈주머니, 돈지갑

Martha, -æ, f. 마르타(Μάρθα).
("여주인.부인"이라는 뜻의 아람어에서 온 그리스어 여성 이름).

Mársya(s), -æ, m. Apóllo 신과 퉁소불기 내기에 져서
산채로 가죽 벗김을 당한 자.

Martiális, -e, adj. Mars의, 전쟁의.
lex martialis. 계엄령(戒嚴令).
m., pl. Mártia légio. (mars 군단의) 병사(兵士),
일부 도시의 Mars 신의 제관(祭官).

Martícŏla, -æ, m. (Mars+colo⁹) Mars의 숭배자

Martígĕna, -æ, m. (Mars+gigno) 군신 Mars의 아들

Martis dies. 화요일(火曜日, feria tertïa)

Mártïus¹, -a, -um, adj. 군신 Mars에 봉헌된, 3월의

Mártïus² -i, m. (Martius) 3월, 삼월.
ante diem sextum Idus Mártias.(a.d. VI Id. Mar.).
3월 10일(Idus 즉 15일의 6일 전前이 된다)/
detrudo alqd in mensem Mártïum. 3월까지 미루다/
Helvetii diem dicunt, qua die ad ripam Rhodani omnes
convenient. Is dies erat a.d. V Kal. Apr. Lucio Pisone
Aulo Gabinio consulibus. 헬베티아인들은 로다누스 강변
으로 모두 모일 날짜를 정했다. 그 날은 루키우스 피소와
아울루스 가비니우스가 집정관으로 있던 해(58년)의
3월 28일이었다. [시제: diem dicunt '날짜를 정하다'(역사적 현재).
Lucius Calpurnius Piso Caesonius(카이사르의 장인)와 Aulus Gabinius가

M

집정관이 된 것은 기원전 58년이었다. 성 염 지음. 고전 라틴어. p.379]/
Salvusconductus datus Germanis in generali congregatione die 4 martii 1562.
1562년 3월 4일 총회에서 독일인들에게 부여된 안전 통행증.
martyr* -yris, m., f. 순교자(殉教者.[영] Martyrs), 치명자(致命者), 증인(證人), 순국자, 순직자(殉職者).
Acta primorum martyrum. 초대교회 순교록/
Benedicti, martyres designati.
복되어라! 순교로 부름 받은 사람들/
De paucitate martyrum. 소수의 순교자들(1648년)/
De modo honoris, quem Christiani martyribus impendunt. 그리스도인들이 순교자들에게 바치는 공경 방식(신국론, p.2770)/
In Gloriam Martyrum. 순교자들의 영광/
Martyrem non facit pœna, sed causa. 순교자를 만드는 것은 고통이 아니라 목숨을 바치는 이유이다/
Martyres Parisienses. 파리 순교자들(프랑스 대혁명 때 교회에 대한 증오심이 빚은 9월 살육의 희생자들. 1792년 9월 2일부터 시작된 학살로 191명이 희생되었는데 이들은 1926년 복자로 시복되었다)/
Memoria martyris. 순교자 기념관/
Quis autem non audivit martyres, aut in cuius christiani ore non quotidie habitat nomen martyrum?
'순교자들martyre'이라는 말을 듣지 못했거나, '순교 martyrum'라는 말을 날마다 입에 올리며 살지 않는 그리스도인이 어디 있겠습니까?(최익철 신부 옮김, 요한 서간 강해, p.61)/
quos enim 'testes' latine dicimus, græce 'martyres' sunt. 우리가 라틴어로 '증인testes'이라고 일컫는 말은 그리스어로는 '마르티레스martyres(증인)'입니다.
[martyres는 그리스어로는 '증인'이란 뜻이지만, 라틴어로는 '순교자들'(martyr의 복수형 martyres)이라는 뜻이다. 이 문장은 아우구스티노의 수사학적 기교가 돋보이는 대목이다. 최익철 신부 옮김, 요한 서간 강해, p.61]/
Te martyrum candidátus laudat exercitus. 눈부시게 무리 진 순교자들이 아버지를 높이 기려 받드나이다.
martyriális, -e, adj. 순교의, 순교자에 관한.
m. 순교자(殉教者)의 분묘나 유해(遺骸) 관리인.
martyrĭum* -i, n. (martyr).
[martyrium은 본래 "증언"이라는 뜻임. 교부문헌 총서 17, 신국론, p.2318)]
순교([영] martyrdom.μαρτύριον), 순교(殉教), 순직, 순교자 묘소, (순교자가 아니더라도) 성인에게 봉헌된 성당.
dēvótus obsequiis martyrum.
순교자들을 잘 모신 사람(비문에 사용).
Martyrium antiochenum. 고대 순교록
Martyrĭum beati Petri Apostoli a Lino conscriptum. 리노에 의한 베드로의 순교기록.
Martyrĭum Cleméntis. 클레멘스의 순교록
Martyrium, exaltatio inviolabilis sanctitatis legis Dei.
([영] Martyrdom, the exaltation of the inviolable holiness of God's law) 순교, 범치 못할 하느님 법의 거룩함을 드높임.
Martyrĭum S. Ignati. 이냐시오의 순교록
Martyrium Saturnini, Dativi et aliorum plurimorum. 사투르니누스와 다티부스와 많은 동료들의 순교록.
martyrízo, -áre, tr. 순교시키다, 순교자로 죽게 하다
Martyrologĭum, -i, n. 순교록([영] martyrology), (간단한 역사적 설명을 붙인) 순교자 (및 성인) 축일표.
Martyrologĭum Hieronymianum. 예로니모 순교자
Martyrológĭum Romanum. 가톨릭 교회의 공인 순교록, 로마 순교록, 로마 순교자 축일표(354년).
Martyrologĭum Adónis. 아도 순교록(855년경)
Martyrologĭum Carthaginensis. 카르타고의 순교록. (505~535년경 작성).
Martyrologĭum Hieronymĭanum. 예로니모 순교록(431~450년)
Martyrologĭum Romanum. 로마 순교 실록, 로마 순교록.
Martyrologĭum Usuardi. 우수아르도의 순교록
Marxismus, -i, m. ([영] marxism) 마르크시즘, 마르크스주의.
Lapsus marxismi maximos intulit impulsus ad orbis partitionem in clausos quosdam circulos, alium alii resistentem atque cunctos inter se invidia aliqua æmulantes. 마르크스주의의 몰락은 지구를 서로 대립하고 시기로 경쟁하는 폐쇄된 진영으로 분열된 세계 구조에 커다란 충격을 주었다(1991.5.1. "Centesimus annus" 중에서).
mas, măris, m. (복수 속격 márium)
사나이, 남자(אִישׁ.ἀνὴρ), 사내, 수컷.
adj. 남자의, 남성의, 수컷의, 남자다운, 힘센, 꿋꿋한. (植) 웅성(雄性)의. mares ánimi. 남성다운 용기.
masculésco, -ĕre, intr. (másculus). (식물이) 웅성화 하다.
masculínus, -a, -um, adj. (másculus) 사내의, 남성의, 남자의, 수컷의, 남자다운, 남성적. (文法) 남성의.
genus masculínum. (명사.대명사.형용사의) 남성(m.).
máscŭlus, -a, -um, adj. dim. (mas) 사내의, 남성의, 수컷의, 남성적인, 힘 센, 꿋꿋한. (植) 웅성(雄性)의.
non esse masculum et feminam.
([영] there is neither male nor female).
남자도 여자도 없습니다(성경 갈라티아 3, 28)/
남자나 여자나 아무런 차별이 없다.(공동번역 갈라 3, 28)/
남성이랄 것도 여성이랄 것도 없습니다.(200주년 신약성서).
Masora. 마소라 본문.
(히브리어로 "전통"이라는 뜻이며 성서 전통의 권위 있는 스승들인 마소라 학자들에 의해 악센트와 모음 부호가 찍혀진 히브리 구약성서).
Masora magna. 대마소라(略 Mm: 본문의 위.아래에 적힌 주)
Masora parva. 소마소라(略 Mp: 본문의 양.옆에 적힌 여백 각주)
massa, -æ, f. 덩어리, 덩이, 치즈([영] cheese), 건락(乾酪), 금속괴(金屬塊), 집단(集團), 질량(質量), 무리(ὄχλος.πλῆθος.המון.[영] Flock), 뭉치.
multa grana faciunt massam. 많은 낟알이 곡식더미를 만드는 법입니다.(최익철 신부 옮김, 요한 서간 강해, p.77).
massa candida.([영] White Lump) 깨끗한 군중.
(로마 황제 Valerianus 박해 때 순교자들을 가리키는 말).
massa carnis. 고깃덩어리
massa communis. 공동 기금(共同 基金)
massa confusa. 혼돈(混沌)
massa damnata.
단죄 받은 덩어리, 단죄된 무리, 저주받은 무리.
massa damnationi tradita. 단죄에 넘겨진 집단(신국론, p.1635)
massa perditionis.
멸망의 군중, 구원을 받지 못한 사람들(성 아우구스티노).
massális, -e, adj. (massa) 덩어리를 이룬, 덩어리진
mássárĭus, -is, f. (植) Afrĭca산(産) 약용 머루
massatícĭus, -a, -um, adj. 덩어리진
masséter, -tri, m. (解) 교근(咬筋)
massetérĭcus, -a, -um, adj. (masséter) ((解)) 교근(咬筋)의
Massĭlĭa, -ae, f. (갈리아의 도시) 마르세유
Massĭlĭenses, -ĭum, m., pl. (갈리아의 도시) 마르세유인
Massĭlĭensis, -e, adv. (갈리아의 도시) 마르세유의
masso, -ávi, -átum, -áre, tr. (massa) 덩어리로 만들다
massónĭcus, -a, -um, adj.
숙련 석공조합의(→"프리메이슨" 참조), 비밀 결사의.
secta massónica. 프리메이슨단.
mássŭla, -æ, f. (massa) 작은 덩어리
Mastánăbal, -ălis, m. Masinissa의 막내아들
masticátĭo, -ónis, f. (mástico) 씹음, 저작(詛嚼-음식물을 씹음).
masticatórĭus, -a, -um, adj. 씹기에 알맞은, 저작의
mastichátus, -a, -um, adj. 유향(乳香) 으로 바른
mástĭc(h)e, -es, f. 유향 수지(乳香樹脂)
mastíc(h)ĭnus, -a, -um, adj. 유향(乳香) 수지의
mástĭco, -ávi, -átum, -áre, tr. 씹다, 저작(詛嚼)하다
mastígĭa, -æ, m. 매 맞을 놈, 나쁜 놈, 악한(惡漢)
mastítis, mastítĭdis, f.
(醫) 유선염(乳腺炎-乳房炎), 유방염(乳房炎-乳腺炎).
mastix, -ĭchis, f. 유향 수지(乳香樹脂)
mastoídĕus, -a, -um, adj.
(解) 유두상(乳頭狀)의, 유양(乳樣) 돌기의.
mastrúca, (=**mastrúga**) -æ, f. 모피 옷
mastrucátus, -a, -um, adj. (mastrúca) 모피 옷을 입은
masturbátĭo, -ónis, f. (mastúrbo) 용두질(수음手淫), 자위(自慰-수음), 수음(手淫.[영] masturbátĭon)
자독행위, 자위행위([영] Masturbátĭon)(손 '手'이란 의미의 manus와 '더럽히다, 모독 하다'라는 의미의 stupráre가 합성된 용어.)
mastúrbo, -ávi, -átum, -áre, tr., intr. (manus+stupro) 수음행위를 하다, 자독행위(自瀆行爲)를 하다.
mátăra, -æ,(=**mataris**, -is,) f. (던지는) 창(槍)

matélla, -æ, f. dim. (mátula) 단지, 항아리, 요강
matéllĭo, -ónis, m. dim. (mátula) 단지, 물 항아리
māter, matris, f. (gen., pl. -trum) (그리스어 mētēr) 모친, 어머니(μὴτηρ), 유모, 마님, (동물의) 어미, 대지, 모국, 조국, 수도, 모교, 기원, 원인, 근원, 원천. (解) 뇌막(腦膜).
At quæ mater. 하여간 얼마나 훌륭한 어머니냐!/
Clerici Regulares Matris Dei. 천주의 성모 수도 성직자회/
Dictis respóndent cétera martis.
그 밖의 것들은 어머니의 말씀과 일치 한다/
Exuo obséquĭum in matrem. 어머니에게 불순명하다/
magna Mater. 위대한 어머니/
matrem ob jure factum incilas genitorem injustum adprobas. 너는 어미가 정당하게 행한 바를 두고서 어미를 힐난하고 불의한 아비는 옳았다고 우기는구나.
(성 염 지음, 사랑만이 진리를 깨닫게 한다. p.451)/
matre servā creatus. 노예 어머니에게서 난 자식/
Matrum doloris causa fratrum odium erat.
형제간의 미움은 어머니의 고통의 원인이다.
(라틴어에서 주어와 보어는 강조점에 따라서 위치를 자유로이 바꾼다. 강조하려는 문구가 첫머리에 놓인다) (성 염 지음, 고전 라틴어. p.84)/
píetas in matrem. 어머니에게 대한 효성(孝誠)/
Qui est matre líberā, liber est.
자유민의 어머니에게서 난 사람은 자유민이다/
Repetitĭo est mater studiorum. 반복은 학습의 어머니/
Tális est filius, quális est mater.
아들이 어머니의 성질을 닮았다/
Ut matrem áddĕcet famílias,
가정주부에게 어울리는 바와 같이/
zero solo matris Ecclesiæ.
자모이신 교회에 대한 외곬의 열정.
mater ad perficiendum. 형성시켜야 할 질료
Mater amat fílios filiásque. 어머니는 아들과 딸들을 사랑하신다.(타동사의 직접 객어는 그 수동형에서 주어가 되고, 능동형에서의 주어는 수동형에서 원칙적으로 능동주 부사어가 된다).
Mater Admirábĭlis. 경탄하올 어머니
mater amata. 사랑 받는 어머니
Mater ancillas jubet álĭam aliorsum ire.
주부가 하녀들에게 각각 다른 데로 가라고 명한다.
Mater artĭum necessitas. 필요는 예술(기술) 의 어머니
Mater boni consilii. 착한(좋은) 의견의 모친
Mater Christianorum verissima.
그리스도인의 진정한 어머니.
Mater cibum parat, quem liberi ad patrem portant.
어머니는 음식을(quem) 준비한다. 그것을 자녀들은 아버지한테 갖고 간다.[관계문은 종종 이 경우처럼 분리하여 번역하면 무난하다. 성 염 지음, 고전 라틴어, p.171])
Mater, cujus filius mortuus est, miserrima est.
아들이 죽은 어머니는 가장 불쌍하다.
mater cunctorum viventium.([영] the mother of all the living) 살아 있는 모든 것의 어머니(창세기 3, 20).
Mater dedit pilam fíliæ, quæ ludébat.
=Mater dedit pilam fíliæ ludénti.
어머니는 놀고 있던(놀고 있는) 딸에게 공을 주었다.
Mater Dei, 마리아 성년을 위한 전대사(1987.5.2. 교령), 하느님의 모친(431년 에페소 공의회 때 확정된 교의敎義), 천주의 모친(τεοτὸκος.theotokos.Dei genitrix).
Mater Dei ac Redemptóris.
하느님이신 구세주의 참 모친(救世主 母親).
Mater Dei est pura creatura.
하느님의 어머니는 단순한 피조물.
Mater dolorosa([영] mother of Sorrows)
슬픔의 성모, 비애의 성모.
mater Ecclesiæ. 교회의 어머니, 어머니(어머니이신) 교회
Mater et fília bonæ. 착한 어머니와 딸
Mater et Magistra, 그리스도 정신과 사회진보(1961.3.15.), 어머니와 교사(교황 요한 23세 1961.5.15. 반포한 회칙).
mater famílĭas. 주부(主婦)/uxor(=voxor), -óris, f.
Mater gratiæ. 은총의 어머니
Mater hominum. 사람들의 어머니
Mater iráta est mihi, quia non redierim domum.
내가 집으로 돌아오지 않았다고 해서 어머니는 내게 화내셨다.
(iráta는 과거분사이기는 하나 여기에서는 "화가 나 있는" 하나의 상태를 표시하는 것이므로, iráta est의 시칭을 현재 상태로 보아 가지고, 시칭 관계에 있어서 속문에 접속법 단순과거를 쓴 것이다. 이와 같이 과거분사는 가끔 어떤 일이 과거에 생기기는 하였으나, 그 결과로서의 상태는 아직 계속되고 있음을 표시하기도 하는 것이다. 허창덕 지음, 문장론, p.312).
Mater Misericordiæ. 자비의 성모, 자비로우신 어머니
Mater mortus est. 어머니께서는 돌아가셨다
Mater Nostra. 우리들의 어머니(=마리아.[영] Our Lady)
Mater omnĭum bonárum artĭum sapientĭa.
모든 예술의 근원은 지혜이다.
mater orbata filio. 아들을 잃은 어머니
Mater Plena Sanctæ Lætitiæ.
거룩한 환희로(성스러운 기쁨으로) 충만하신 어머니.
Mater Spei. 희망의 어머니
mater terræ. 대지의 어머니
Mater tua mala est. 너의 어머니가 사과를 잡수신다
Mater Verbi et Mater lætitiæ.
말씀의 어머니이며 기쁨의 어머니.
matércŭla, -æ, f. dim. (mater) 엄마, 소심한 어머니
materamílĭas, matrisfamílĭas, f. 주부, 안주인, 여성가장
materia, -æ(=materies, -éi) f. (=hyle, -es),
[중세 철학의 용어로서 모든 물성적 존재체는 일정한 형태를 갖추고 있는 꼴을 보고 그것이 무엇이라는 것을 알 수 있다. 이것을 사물체라고 하는데 모든 사물체에는 그것이 갖추어 가지고 있는 형태가 되기 위한 미형성의 기체가 깔려 있다. 사물체의 형태를 체형(Forma) 또는 形相이라 하고 그 기체를 원질(Materia) 또는 질료라고 하며, 이 둘은 모든 사물체 공동 구성원리(Co-principium constitutivum)라고 한다. 이 용어는 아리스토텔레스의 원인론에서 온 것이다…. 백민관 신부 엮음, 백과사전 2, p.697]
물질, 원질, 재료, 원료, 바탕, 질료(ὕλη.獨 Materie), 나무, 나뭇가지, 나무줄기(등걸), 목재, 재목, 음식물, 영양분(營養分), (동물의) 혈통(血統), 종(種), (책.논문.연설 따위의) 내용, (토의 따위의) 문제, 주제, (시험의) 범위(範圍), 거리, 감, 기회(機會), 원인, 동기, 계기, 구실, 정신적 바탕, 재능(才能), 천성.
designátĭo materiæ. 질료의 한정(質料 限定)/
formæ sine materia. 질료 없는 형상들/
generans non generat aliud a se nisi propter materiam.
발생하는 것은 질료에 의하지 않고서는 자체로부터 다른 것을 발생시키지 않는다/
imbecillitas matériæ. 물자의 결핍(缺乏)/
in materia formata. 형상화한 질료 속에
(스콜라 철학은 아리스토텔레스의 질료 형상론에 의거하여 창조나 창작으로 이룩된 결과물을 가리켜 질료가 일정한 형상을 입은 상태 또는 "형상화한 질료"라고 부르는 용례가 빈번하였다. 성 염 옮김, 단테 제정론, p.75).
materiæ identitas. 질료적 동일성/
materiæ partitio.([영] Arrangement of the material)
내용의 배치/
quod materia sit una numero in omnibus rebus.
질료가 모든 사물들 안에서 수적으로 하나/
substantia dividitur in materiam et formam.
실체는 질료와 형상으로 분리 된다/
Tractatus de materia et forma.
질료와 형상에 대한 논고(월터 버얼리 1275~1344 지음).
Matéria a Deo Facta est.
물질은 하느님에 의해 창조되었다(fio 참조).
materia absolute grávis. 절대적(비교적) 중요 물건
materia ad jocándum. 농담거리
materia apta. 합당한 대상(對象)
materia causæ. 원인의 소재(가톨릭 철학, 창간호, p.155)
materia certa. 확실한 질료
materia cœlestis. 성사의 천상적 요소
materia corporális. 물체적 질료
materia cosmica. 우주적 신(선유의 천주사상과 제사문제, p.52)
Materia dat exsistĕre. 질료가 존재함을 부여한다.
(스콜라 철학에서의 개체화, p.269).
materia designata. 지정된 질료
materia dubia. 의심된 질료
materia ex qua. 구성적(構成的) 질료
(통회는 고백, 보속과 함께 고해성사의 구성적 질료이다. 토미즘).
materia grávis. 중대한 일(res magni monenti), 중요 물건
materia individuális. 개체적 질료

materia individualis signata. 지정된 개별적 질료

materia informis.형상 없는 질료

materia insufficiens. 부족한 질료

materia intellegíbilis 가지적 질료

materia interrogátĭonem. 심문의 내용

materia levis. 경소(輕小) 물건

materia libera. 임의의 질료

materia morális. 윤리적 자료

materia necessaria. 필요한 질료

materia non creata. 창조되지 않은 질료

materia non signata. 지정되지 않은 질료

materia prima. 제1질료, 원천 질료

materia primordial. 원류(源類)(선유의 천주사상과 제사문제. p.241).

materia Primordial. 태극(太極)

materia proxima. 가까운 질료, 근접 질료, 근(近) 질료, 직접질료

materia pura. 순수 질료

materia quantitate signata. 양으로 표시된 질료.
(스콜라 철학에서의 개체화. p.324).

materia relative grávis. 상대적 중요 물건

materia remota. 성찬의 재료(⑨ remote matter),
먼 질료(원질료), 원격 질료, 자연수(自然水).

materia sacramentalis.
성사의 질료(재료와 행위), 성사의 가시적 구성 요소.

materia secunda. 제2질료

materia signata. 인각된 질료, 지정된 질료, 표시된 질료.
(개별화 원리 Principium individuationis를 설명하면서 폭면의 양을 규정하는
질료를 주장한 토마스 아퀴나스의 설. 백민관 신부 엮음, 백과사전 2, p.690).

materia signata quantitate. 규모로 특징지어지는 질료.
("가톨릭 철학" 창간호. p.145)

materia signata sub quantitate.
표시된 질료가 양 아래에 있는 질료.
양(量) 아래에서 표시된 질료(스콜라 철학에서의 개체화. p.781).

materia spirituális. 신령한 질료

materia substance. 물질적 실체

materia sufficiens. 충족한 질료

materia tenuissima. 기(氣)(선유의 천주사상과 제사문제. p.61)

materia terrestris. 성사의 지상적 요소

materiális, -e, adj. 물질의, 물질상의, **물질적**(物質的),
재료(材料)의, **질료적**(質料的), 유형의.
homo materiális. 질료적인 인간/
intellectus materiális. 물질 지성/
peccatum materiale. 본의 아닌 죄, 외형적 죄/
quidditas rei materiális. 물질적 사물의 본성/
res materiális. 질료적 사물.

materialis dispositio. 물질적 성향

materiális substantia. 질료적 실체

Materialísmus, -i, m. 유물론(⑨ Materiálism), 유물주의,
물질주의(⑨ Materiálism), 실리주의(공리주의).

materiálismus dialectica. 변증법적 유물론

materialísta, -æ, m.(f.) 유물론자(唯物論者),
유물주의자, 물질주의자, 실리주의자(實利主義者).

materialístĭcus, -a, -um, adj.
유물론적, 물질주의적, 실리주의의.
interpretátĭo materialística históriæ. 유물사관.

materiálĭtas, -átis, f. (materiális)
물질성, 질료성(質料性), 유형, 유형물, 실체.

materiárĭus, -a, -um, adj. (matéria) 목재의, 재목의

materiálĭo, -ónis, f. (matério)
건축용 재목, 건축의 목재부분.

materiatúra, -æ, m. 대목기술(大木技術), 대목 일

materies, -éi(=materia, -æ) f. (=hyle, -es)

materínus, -a, -um, adj. 목재 같이 굳은

matérĭo, -ávi, -átum, -áre, tr. (matéria)
목조로 건축(建築)하다(짓다), 목재로 조립(組立)하다.
male materiátus. 뼈대가 변변치 않은.

matérĭor, -átus sum, -ári, dep., intr. (matéria)
재목을 베다, (방책을 만들) 나무를 자르다.

materiósus, -a, -um, adj. 재료가(물질이) 풍부한

mátĕris, -is, n. (무기로서의) 투창(投槍)

matérnĭtas, -átis, f. (mater) 모성, 어머니다움, 모성애.

Maternitas ad foedus relata(⑨ Motherhood in relation
to the Covenant) 계약적 관계 안에서의 모성.

Maternitas B. M. V. 동정 마리아 천주의 성모 축일

Maternitas secundum Spiritum(⑨ Motherhood according
to the Spirit) 성령에 의한 모성

matérnus, -a, -um, adj. (mater) 어머니의, 어머니다운,
모성의, (혈연관계가) 모계의, 외가의.

matértĕra, -æ, f. (mater) 이모(姨母-어머니의 자매)

matertera magna 할머니의 자매

matertera major. 증조모의 자매(promatertera, -æ, f.)

mathemátĭca, -æ, f. 수학, 점성술, 점성학.
magia mathematica. 산술적 주술.
[Cornelio Agrippa(1486~1535)는 세계를 삼계로 구분하여 이에 접근하는 학문을
"주술"이라고 불렀다. 자연계는 magia naturália(자연적 주술로, 중천계는 magia
mathematica(산술적 주술로, 상천계는 coniuratio numerologica(수론적 결속)으로
접근 가능하다는 용어를 썼다. 성 명 옮김, 피코 델라 미란돌라. p.82].

mathemátĭcus, -a, -um, adj. (mathesis)
수학의, 수학상의, 수학적.
m. 수학자, 수학교사(數學敎師), 점성가.
mathematicæ addictus. 수학에 몸 바친
mathematicæ disciplinæ.
수리학(數理學.기하, 대수 천문학, 음악, 지리학, 광학 따위의 총칭).

mathésis, -is, f. 수학(數學), 점성학, 점성술.
mathesis universalis. 보편 수학.

Mathias 마티아(Mαθθίας.⑨ Matthias-축일은 5월 14일.
마티아는 '야훼의 선물' 또는 '하느님이 주심'이란 뜻이다. 기술자의 주보성인).

Matínus, -i, m. Apúlia에 있는 산

Matrálĭa, -íum, n., pl. Matúta의 제전(귀부인들이 7월11일에 지냈음)

matrális, -e, adj. (mater) 어머니의, 모성의

Matres lectionis(⑨ Vowel Points)
히브리 문자의 모음 음표(â, û, ô, î, ê).

matrésco, -ĕre, intr. (mater) 어머니를 닮다

matriárcha, -æ, f. 여가장(女家長), 여족장(女族長)

matriarchátus, -us, m. 모권제(母權制.⑨ matriarchy)

matricális, -e, adj. (matrix) ((解)) 자궁(子宮)의

matricída, -æ, m., f. (mater+cædo)
어머니를 죽인 자, 모친 살해범(殺害犯).

matricídĭum, -i, n. (mater+cædo) 어머니 살해(罪)

matrícŭla, -æ, f. (특정인의) 명단, 등록부(登錄簿),
(회원.학적.병적 따위의) 명부, 등록, 등록번호,
성당구(본당)의 대장(세례.견진.혼배.사망),
병적부(兵籍簿), 학적부(學籍簿), 회원 명부(會員名簿).

matriculárĭus, -i, m. 교구 명단에 오른 극빈자

matrimoniális, -e, adj. (matrimónium)
결혼에 관한, 결혼의, 혼인의.
De jure matrimoniali juxta codicem.
교회법에 따른 결혼 권리(1900년 Noldin 지음)/
impedimentum matrimoniale. 혼인 장애(婚姻障碍)/
Processus matrimoniales(Canonici) 혼배 소송(Can 1671~1707)/
Si quis dixerit, causas matrimoniales non spectare ad
judices ecclesiaticos. 만일 누가 혼인에 관한 사건들은
교회 재판관들의 일이 아니라고 주장한다면,
그는 파문 받아야 한다.

matrimoniális consensus. 혼인 합의(婚姻 合意)

matrimoniális contractus. 혼인 계약(婚姻 契約)

matrimoniális fœdus. 혼인 서약(婚姻 誓約)

matrimoniális publicátĭo. 혼인 공고(婚姻公告)

matrimonĭum, -i, n. (mater) (여기 히브리어).⑨ Marriage/
Matrimony. 獨 Ehe.프 mariage).
결혼, 혼인(⑨ Marriage, Matrimony) (matrimonĭum은
어머니의 임무 munus라는 뜻의 합성어. 한동일, 교회법률 용어사전, p.1031)/
Canones de sacramento matrimonii. 혼인성사에 관한 법규/
Canones super reformatione circa matrimonium.
혼인의 개혁에 관한 법규/
De jure coniugiorum, quod dissimile a subsequentibus
matrimonia habuerint prima connubia. 후대의 결혼과는
달랐다는 초세기 혼인의 법도(교부문헌 총서 17. 신국론. p.2796)/

M

733

Decretum de sponsalibus et matrimonio cum declaratione. 약혼과 결혼에 관한 교령(1900년 Noldin 지음)/
didúco matrimónĭum. 이혼(離婚)하다/
Disputationes de sancto matrimonii sacramento. 혼배성사에 대한 토론집(Sanchez 지음 1602년)/
do filiam in matrimónĭum alci. 딸을 누구에게 시집보내다/
Ex Hebraici populi more duobus gressibus contrahebatur matrimonium(⑳ According to Jewish custom, marriage took place in two stages) 유다인의 관습에 따르면 결혼은 두 단계로 성사되었다[1989.8.15. "Redemptoris custos" 중에서]/
in matrimonium alqam dúcere. 아무를 아내로 맞아들이다/
in matrimonium collocáre. (딸을) 결혼시키다/
matrimonia in facto esse. 사실혼(事實婚)/
Matrimonia debent esse libera.(성 염 지음. 고전 라틴어. p.68) 혼인은 자유로워야 한다(debeo 동사는 부정사를 지배한다)/
Matrimonia mixta. 혼종혼인(1970.3.31. 자의교서)/
matrimonii vinculo. 혼인의 유대(1868년 사도좌 훈령)/
plurimum matrimoniorum. 다중 혼인/
Si vir malus filiam in matrimonium duxisset, pater tristis fuisset. 그 못된 놈이 딸을 아내로 맞아 들였 더라면, 애비야 몹시 슬펐겠지[성 염 지음. 고전 라틴어. p.351]/
Tractatus canonicus de Matrimonio. 혼배에 관한 교회법.
(1892년 삑에뜨로 가스빠리 지음)/
Unitas matrimonii. 혼배의 단일성.

Matrimonium ac virginitas duæ rationes sunt exprimendi unicum mysterium Fœderis Dei cum Populo Eius.(⑳ Marriage and virginity are two ways of expressing and living the one mystery of the Covenant of God with his people) 혼인과 동정은 하느님께서 당신 백성과 맺은 계약의 한 신비를 표현하고 생활화하는 두 가지 방식이다.[사도적 권고 "가정 공동체"(1981.11.22.), 16항에서].
matrimonium attentátum. 시도(試圖)된 혼인.
    시도된 결혼.(⑳ attempted marriage), 위법 혼인
matrimonium civile. 민법상의 혼인, 시민 결혼, 사회 결혼
matrimonium clandestinum.
    불법 혼인, 내연(內緣) 결혼, 비밀결혼(秘密結婚).
matrimonium conscientiæ. 양심 혼인, 무공고 결혼
matrimonium consummátum. 완결된 혼인
    (부부관계가 이루어진 혼인)
matrimonium contraho. 결혼하다
matrimonium in facto seu status. 부부의 신분
matrimonium in fieri seu actus. 결혼 행위
matrimónium ineo. 결혼하다
Matrimonĭum inierunt vicesimum annum agentes.
    그들은 스무 살 때에 결혼하였다.
matrimonium invalidum. 무효 혼인(⑳ invalid marriiage)
matrimonium irritum. (장애) 무효 결혼
matrimonium justum. 합법적 혼인
Matrimonĭum legitimum.
    적법 결혼, 미신자 사이의 합법적 혼인.
Matrimonĭum mixtum. 혼종혼인(⑳ mixed marriage)
matrimonium nullum. (요식 결여) 무효 결혼,
    무효혼, 무효한 혼인(⑳ invalid marriiage).
matrimonium per emptionem. 매매 결혼
matrimonium per procurátorem. 대리인을 통한 혼인,
    대리 결혼식[혼인은 두 당사자가 혼인 현장에 동시 출석해야 하나, 대리인을 위촉해 출석시킬 수도 있다(Can. 1104조). 대리 출석일 경우에는 교회법 1105조의 조건을 채워야 한다].
matrimonium per raptum. 약탈 결혼(⑳ Rapt marriage)
matrimonium præsumptum. 추정(推定)된 혼인
matrimonium publicum. 공개혼인(公開婚姻)
matrimonium putativum. 추정혼(推定婚-적어도 한쪽의 유효가 인증되는 무효결혼), 오인된 혼인(⑳ putative marriage).
    유효 추정 무효혼인(유효라고 추정되어 왔지만 실은 혼인 장애에 걸려 있는 무효혼인. 이 부모에게서 난 자녀들은 교회법상 서자(legitimi이다).
matrimonium rátum. 유효인정 결혼, 합법혼, 확인혼인,
    성립된 혼인(부부관계 이전 상태의 교회법상 유효로 인정된 혼인).
matrimonĭum rátum et consummátum.

성립되고 완결된 혼인, 완결된 성사적 결합.
matrimonĭum rátum et non consummátum.
    비완결된 성사적 결합, 성립되고 미완결된 혼인.
matrimonĭum rátum non consummátum.
    유효 인정 미수(未遂) 결혼.
matrimonĭum secretum. 비밀 혼인(秘密 婚姻)
matrimonĭum spirituale.(⑳ Mystical Marriage)
    영적 결혼, 신비적 혼인.
matrimonĭum Sti. Josephi. 요셉식 혼인
Matrimonĭum ut sacramentum(⑳ Marriage as a sacrament). 성사로서 혼인.
matrimonĭum validum. 유효한 혼인
matrimonĭum vi patriarchatus. 가장권에 의한 혼인
matrímus, -a, -um, adj. 살아 계신 어머니가 있는
matrína, -æ, f. (mater) 대모(代母) godmother)
matris munĭum. 어머니의 임무(任務)
matris cunctorum viventium.
    살아 있는 모든 것의 어머니(창세 3, 20).
mátrix, -ícis, f. (mater) 모수(母樹). (解) 자궁(子宮),
    (번식 목적으로 사육되는) 가축(집승)의 암컷, 씨암탉,
    모체(母體), 모조직(母組織), 모질(母質), 기질(基質).
    (生) 세포 간질, 주형(鑄型), 명부(名簿), 기원(起源).
    Ecclesia matrix. 모교회, 주교좌 성당, 성당구 성당.
mátrix domus. 모원(母院-자치 수도승원)
matróna¹-æ, f. 기혼(旣婚) 부인, 아내, 귀부인, 여자.
    anus matrona. 늙은 귀부인/
    Aediles plebeii, aliquot matronas apud populum probri accusarunt. 평민 감찰관들은 귀부인 몇몇을 파렴치죄로 국민에게(=민회에) 고발하였다.
matrona²-æ, f. Séquana 강의 지류(支流)
Matronálĭa, -ĭum, n., pl.
    Roma의 부인들이 매년 3월 1일 거행한 Mars 신의 제전.
matronális, -e, adj. (matróna)
    아내의, 아내다운, 부인다운, 귀부인의.
matronátus, -us, m. (matróna) 귀부인의 몸가짐, 주부의 지위
matronómĭcus, -a, -um, adj. (mater+nómino)
    어머니 이름에서 온.
matruélis, -is, m. (mater) 이종사촌
matta, -æ, f. 돗자리, 매트(⑳ mat), 멍석(짚으로 걸어서 만든 큰 자리)
mattárĭus, -ĭi, m. (matta) 돗자리에 누워서 자는 사람
máttĕa(=mattĕóla) -æ, f. 맛있는 것, 과자(菓子), 진미
Matthæus, -i, m. 마태오(Ματθαίος. ⑳ Matthew)
Matthæus diretto narrat.(⑳ Matthew narrates directly) 마태오는 직접적으로 이야기합니다.
Matthias, -æ, m. 마티아(유다를 대신할 다른 사도를 제비 뽑은 결과 마티아가 선택되었다. 마티아 사도는 예수님의 세례로부터 부활에 이르기까지 그리스도와 함께 있던 사람이었다. 마티아는 아마 카파도치아에서 설교하였고 소아시아 흑해 연안의 콜키스에서 순교한 듯하다. 전례 거행은 5월 14일(축일)이며 주제는 우리는 신앙과 희망과 덕행을 가진 그리스도교 삶으로 그리스도의 부활을 준비 해야 한다는 것이다).
Mattutinum. 밤 기도(⑳ Matins/Mattins)
mátŭla, -æ, f. 병(瓶), 요강(방에 두고 오줌을 누는 그릇),
    실내변기(便器, sella famíliarica), 단지, 항아리,
    타구(唾具-가래나 침을 뱉도록 마련한 그릇).
maturæ ætátis vir. 성숙한 연령의 남자
maturátĭo, -ónis, f. (matúro) 촉성(促成), 서두름,
    조급(早急), 성숙(成熟), 원숙(圓熟-무르익음).
matúre, adv. (matúrus) 제때에(tempore suo), 때마침,
    시간에 알맞게, 일찍, 즉시, 신속히, 이르게, 시기상조 하게.
maturésco, -rŭi -ĕre, inch., intr. (matúrus)
    익어가다, 익다, 성숙(成熟)하다, 필요한 때가 되다,
    만기(滿期)가 되다, 성년(成年)이 되다.
matúrĭtas, -átis, f. (matúrus) 성숙, 원숙(圓熟-무르익음),
    완성(完成.ɔʊ.⑳ Consummátĭon/Fullness),
    충분한 발달, 성숙기, 성년(⑳ adult.ætas virilis),
    기회(機會), 적기(適期), 적시(適時), 조기(早期), 빠름,
    신속(迅速). (醫) 화농(化膿-종기가 곪아 고름 생김).
    devenio ad maturitátem. (곡식이) 마침내 익게 되다.
Maturitas christĭana fidei(⑳ Maturity of the christĭan

faith). 그리스도인 신앙 성숙.
maturitas humana. 인간적 성숙(人間的 成熟)
maturitas humana et affectiva. 정서적 성숙함
matúro[1] -ávi, -átum, -áre, tr. (matúrus)
tr. 익히다, 익게 하다, 성숙하게 하다, 마치다, 완성하다(כלל.גמר), 서두르다, 급히 하다, 촉진(促進)하다, 시기를 앞당기다, 앞질러 하다.
Maturo cœpta. 시작한 것을 마치다.
intr. 익다, 성숙하다, 서두르다, 빨리 하다.
Maturáto opus est. 서둘러야 한다.
maturo[2] adv. 때마침, 일찍이
matúrus, -a, -um, adj. **익은**, 성숙한, 여문, 영근, 적령의, 성년의, 적기의, 적시의, 완전히 발달한, 원숙한, 숙련된, 완성된, 조급한, (때.철이) **이른**, 시기상조의, 일찍 오는(하는), 나이 많은 연로한.
maturæ ætátis vir. 성숙한 연령의 남자.
maturus ævi. 노인
Matuta, -æ, f. 고대 Itália의 새벽(서광)의 여신(女神), 새벽
matutinális, -e, adj. (matutínus) 이른 아침의
Matutinum, -i, n. 아침(시간), 이른 아침, 아침기도([영] Lauds/Morning Prayer), 조과경(朝課經.[영] Matins), 야과경([영] Matins-독서의 기도 office of readings의 옛 형태).
Quomodo Matutinorum Sollemnitas Agatur. 성대한 "아침기도"는 어떻게 바칠 것인가.
matutínus, -a, -um, adj. 아침의, 이른 아침의.
adv. **matutine, matutino**.
Mauritania, -æ, f. 모리타니 / Maurus. 모리타니인
Mausoleum, -i, n. 왕의 묘, 능(陵), 화려한 묘(墓), 영묘(靈廟), Artemisia가 Mausolus 왕을 위해 만든 묘.
mávŏlo, malo의 옛 형태
mavors[1] -órtis, m. = **mafors**
목과 어깨를 가리는 (어린이.부인용) 옷.
mavors[2] -órtis, m. (古.詩) Mars 군신(軍神)
maxílla, -æ, f. dim. (mala)
(解) 턱, 턱뼈, 상악골(上顎骨), 뺨.
maxilláris, -e, adj. (maxílla) 턱의, 뺨의
Maxima Redemptionis Nostræ Mysteria, 우리의 구원의 큰 신비(1955.11.16. 교황령).
máxĭme, adv., superl.(magis[1], máximus) 매우 크게, 매우(מאד), 극히, 무한히(Ad infinitum/in infinitum.), 제일 크게, 제일로, 훨씬, 특히, 주로, 정확히, (대답) 물론, 그렇고말고.
cum maxime. 정확히 …한 때/
et maxime. 그리고 특히/
illud est optimum quod est maxime unum. 최고로 하나인 것이 최고로 선하다/
infinitum simplex maxime. 지극히 단순한 무한자/
nunc cum maxime. 정확히 …한 때/
poétæ, maximéque Homérus. 시인들 (그 중에서도) 특히 Homérus/
res maxime necessária. 지극히 필요한 것/
quam maxime. 최대한으로/
quam maxime possum. 내가 할 수 있는 대로/
unus ómnium maxime. 누구보다도 훨씬 큰/
Ut mihi mea filia maxime cordi est, sic unusquisque vestrum indulgentia filiarum commovetur. 내게는 내 딸이 마음을 극진히 차지하고 있는 만큼 여러분 각자는 딸들의 애교에 마음이 움직이게 마련이오.(cordi: 이해 여격).
maxime bonum. 최고로 선한 것
maxime ens. 최고로 존재하는 것
Maxime eum laudant qui pecunia non movetur.(Cicero). 금전에 움직이지 않는 이를 사람들은 크게 칭찬한다.
maxime verum. 최고로 참(眞) 된 것
maxímĭtas, -átis, f. 크기(큼), 광대(廣大)
maximópĕre, adv., superl. magnópere.
máxĭmus[1] -a, -um, adv., superl. (magnus)
제일 큰, 최대의, 가장 큰, 지극히 큰, 거대한(גדול).
alqd in máximis rebus habeo. 매우 중대한 일로 여기다/
Debit mihi, quantum máximum pótuit. 그는 자기가 줄 수 있었던 최대한의 것을 내게 주었다/
ex maximo bello. 큰 전쟁이 끝난 다음 곧/
homo maximus 거대한 인간/
maxima ex parte. 대부분(maximam partem)/
Maxima in Cicerone fuit eloquéntĭa. Cicero는 위대한 웅변의 소유자였다/
maxima pars. 대다수의 사람들/
maxima soror. 큰누나/
maxima unitas. 최고의 일성/
maximæ curæ homo. (노력가.impensor, -óris, m./lucátor, -óris, m.)/
maximam partem. 대부분(maxima ex parte)/
maximi momenti. 대단히 중요한/
Maximo periculo custoditur quod multis placet. 다수가 노리는 사물이라면 지켜내는데 커다란 위험이 수반된다(Publilius Syrus)/
Maximum et firmissimum vinculum amicitiæ est morum similitudo. 유사한 행동거지가 우정의 가장 크고 강한 사슬이다.[라틴어 문구에서 예를 들어, morum similitudo는 '행동거지의 유사성' 보다는 '유사한 행동거지'로 번역함이 훨씬 무난하다. 성 염 지음, 고전 라틴어, p.260]/
Maximum Illud, 가장 위대한 일(1919.11.30. 베네딕도 15세 회칙)/
maximum in omni ordine perfectiónis. 완전성의 최고자/
maximum number. 최대 수(數)/
quam máximus. 최대한으로 제일 큰/
Quantas máximas possum grátias ago. 나는 최대한의 감사를 드린다(quantus 참조).
maximus ardor et maximum studĭum. 지극한 열의와 노력.
Maximus ardor studĭumque. 위대한 열성(Ardor studĭumque maximum) (무생물 명사에 대해서는 가까운 명사의 성, 수, 격을 따라가는 것이 원칙이다).
Maximus Cynicus. 막시무스 견유학파(犬儒學派)(4세기경)
maximus natu. (셋 이상 중에서) 최연장자.
major natu. 연장자(年長者)
maximus natu trĭum fratrum. 삼형제 중 맏형
maximus[2] -i, m. Roma인의 가문명
Maxismus, -i, m. 마르크스주의([영] Marxism) (19세기 중엽 마르크스와 엥겔스가 발전시킨 학설체계).
Maxum… V. **maxim**…
maza, -æ, f. 보리떡(보리 빵, panis hordeácĕus), 개밥
Mázăca, -æ, f. Cappadócia의 수도(首都)
mazónŏmus, -i, m. 큰 접시, 고기접시
M.C. Missionarinnen Christi. 그리스도 선교 수녀회.
me, acc., abl. (ego) 나를, 나로써, [심경을 나타내는 비인칭 동사의 단문인 경우, 의미상의 주어는 대격으로, 심경의 대상은 속격으로 표현한다. 그러나 보통으로는 일종의 복합문을 이루어 부정사나 대격 부정법문이 문장상의 주어가 된다. 예문 참조 **pæniteo**를 보시오.
me miseret. 측은하다 / me pænitet. 후회한다 / me piget. 싫다 / me pudet. 부끄럽다 / me tædet. 싫증난다. 성 염 지음, 고전 라틴어, p.272].
[당위성을 나타내는 비인칭 동사의 단문인 경우 의미상의 주어가 주격으로 나온다. 그러나 보통 일종의 복합문을 이루어 부정사나 대격 부정법문이 문장상의 주어가 된다. me decet. 합당하다 / me dedecet. 합당치 않다 / me oportet. 해야 한다. 성 염 지음, 고전 라틴어, p.273].
Amas me?. 너는 나를 사랑하느냐?/
Hæ quid ad me? Immo ad te áttinet. 이 여자들이 나와 무슨 상관이냐? 왜 상관없단 말이냐, 상관이 있고말고?/
Insuévit pater hoc me.(insuésco 참조) 아버지가 나를 이것에 익숙해지게 해주셨다/
Juvat me.(juvo 참조) 나는 기뻐한다/
Meo beneficio cives salvi fuerunt. 내 덕택으로 시민들이 구원되었다/
Neque me quisquam agnóvit. 아무도 나를 알아보지 못했다/
Quo rápitis me? 너희가 나를 어디로 끌고 가느냐?/
quoad me 나로 말하자면/
Te rogo, ne discedas a me. 나한테서 떠나지 말기를 나는 너에게 청한다/
Ubi(illa) se állevat, ibi me állevat.(allevo참조) 그 여자가 회복되는 것이 곧 나를 위로해 주는 것이다.
Me a morte ad vitam revocávit.

M

그는 나를 죽을 고비에서 살려 주었다.
Me ad pristina stúdia revocávi.
전날의 연구생활로 돌아갔다.
Me ama, non ad me ambitur per aliquiem; ipse amor
præsentem me tibi facit. 나를 사랑하여라. 나에게 오기
위해 다른 사람을 통하여 청탁하지 마라. 사랑 자체가
나를 네 곁에 있게 한다.(최익철 신부 옮김. 요한 서간 강해. p.441).
Me amas. 너는 나를 사랑한다.
Me amittunt, ne eum moneam.
내가 잔소리를 못하게 그들은 나를 내보낸다.
Me amor lassum agit. 사랑이 나를 지치게 한다.
Me commisĕrescit ejus. 나는 그를 불쌍히 여긴다.
Me cupio non mendacem putari.
나는 거짓말쟁이가 아닌 사람으로 여겨지기를 원하고 있다.
me decet. 합당하다.
(감정을 나타내는 비인칭동사들은 의미상의 주어를 대격으로 쓴다.)
me dedecet. 합당하지 않다
Me defende gladio, te defendam calamo.
칼로 나를 보호해 달라. 붓으로 당신을 보호하겠다.
me delectat(me juvat) 나는 기쁘다.
Me dicentem attendite.
내가 하는 말을 정신들 차려 들어라.
Me fallit.(me fugit) 나는 모른다(fallo 참조)
me fugit. 나는 모른다.
Me habent venálem. 그들은 나를 돈 받고 판다.
Me hæc conditio nunc non pœnitet.
나는 지금의 이 처지를 후회(後悔)하지 않는다.
me ignaro. 나 모르게
Me in arcem ex urbe remóvi.(removeo 참조)
나는 도시에서 산성으로 물러갔다.
Me in silvam abstrusi densam.
나는 빽빽한 숲 속에 잠복(潛伏)하였다.
me insciénte. 나 모르게
Me juvat(=Me delectat) 나는 기쁘다.
Me judice. 내 생각으로는
me latet.(me præterit) 나는 모른다.
Me levant tuæ litteræ. 네 편지로 내가 힘을 얻는다.
Me magnífice éffero. 나는 굉장히 우쭐해진다.
Me mei pœnitet. 나는 내 자신이 짜증난다.
Me míseret. 나는 불쌍히 여긴다.
Me míseret fratris = misericórdia fratris me tenet.
나는 형제를 불쌍히 여긴다.
Me míserum! 아이고, 내 신세야!
Me míserum! Te istá virtúte, in tantas ærúmnas
propter me incídísse! 오 불쌍한 나로구나! 그런 용기를
가진 네가 나 때문에 원 이런 곤경에 빠져버리다니!
(경탄.감탄이나 의문을 강력하게 표시하기 위해서 자립문에 대격 부정법을
쓰는 수가 있다. 이러한 경우의 부정법을 경탄 부정법이라고 하며, 의문을
표시하는 대격 부정법에는 "ne"를 쓴다. 경탄을 표시하는 대격 부정법은 결국
video, puto 등 동사의 지배를 은연 중 받은 것이라고 생각하면 될 것이다).
me nolente. 내가 싫어하는 데도 불구하고.
Me pænitet. 나는 후회한다.
(감정을 나타내는 비인칭동사들은 의미상의 주어를 대격으로 쓴다).
Me pænitet falsum retulísse.
나는 거짓말 한 것을 후회(後悔)한다.
Me piget. 나는 싫어한다.
Me piget errávisse(=Me piget, quod errávi)
나는 실수한 것을 유감(遺憾)으로 생각하고 있다.
Me piget stultítiæ meæ. 나는 나의 어리석음에 짜증이 난다.
me præterit.(me latet) 나는 모른다.
Me promisi ultorem.
내가 복수하겠노라고 을러 놓았다(위협하였다).
Me pudet. 나는 부끄러워한다.
Me puero. 나 어렸을 적에
Me quid pudeat? 내가 부끄러울 것이 뭐냐?
Me réferunt pedes in Tusculánum.
나는 발길 따라 *Túsculum*에 있는 별장으로 돌아가고 있다.
Me tædet. 나는 싫증난다.
Me uteris amico. 나를 친구로 알다.
mea causa. 나 때문에[causa가 인칭대명사와 함께 쓰이게 되는

경우에는 그 인칭대명사의 속격을 쓰지 못하고, 그 대신 그 인칭에 해당하는
소유대명사를 써서 탈격인 causa(grátia)와 일치시킨다.]
meá et amicórum causá. 나와 및 친구들 때문에
meá grátiá. 나 때문에
mea in rogando. 청함에 있어서 나의 신중(愼重)
meá ínterest. 관계가 있다(me 참조).
Nostra interest studere tenue.
열심히 노력하는 것은 우리한테 중요하다.
Meá ínterest, víncere. 이기는 것은 나에게 중요한 일이다
Mea ipsíus ínterest. 내 자신에게 관계되는 일이다
Mea maxime intersum, te valére.
네가 건강하다는 것은 내게 대단히 중요한 일이다.
Mea mihi, sua cuique cara.(Plautus). 나한테야 내 마누라
가 예쁘고, 사람마다 자기 마누라가 예쁜 법이지(est).
[동사가 sunt라면 "나한테야 내 것이 귀하고, 사람마다 자기 것이 귀하니까."로
번역. 성염 지음. 고전 라틴어. p.149].
Mea plurimum íntĕrest, te valére.
네가 잘 있다는 것이 나의 커다란 관심사이다.
Mea rátio in dicendo. 나의 말하는 방식/
    meæ(tuæ) rátiónes. 나(너)의 이익(利益)
meá refert. 중요하다, 관심이 있다.
    Magni mea refert te perfecísse labores.[me 참조]
    네가 그 일을 해냈다는 것이 내게는 매우 중요하다/
    Nihil mea refert.
    나는 아무 것에도 관심이 없다, 나와는 아무 상관없다.
Mea rosa. 내 사랑아(연인에 대한 애칭)
mea senténtia. 내 생각에는(ut opinio mea est(fert)]
Mea sic est rátio. 내 의견은 이렇다
Mea solius causa. 오직 나 하나 때문에
mea subtilior, interior philosophia.
나의 보다 근본적인 내적인 철학.
Mea Terentia, fidissima et optima uxor, et mea
carissima filiola, valete!. 나의 테렌티아여, 더없이 신실
하고 훌륭한 아내여, 지극히 사랑하는 내 딸아, 안녕!.
mea vice. 내 대신에
Mea voluntate concedam. 기꺼이 승인하겠다.
meábilis, -e, adj. (meo)
    통행(통과) 할 수 있는, 투과(透過) 할 수 있는.
meáculum, -i, n. (meo) 통로(通路), 길(ㄲㄱ.óδòς)
meátim, adv. 나하는 대로, 내 식대로
meátio, -ónis, f. (meo) 보행(步行); 통행(通行)
meátor, -óris, m. (meo) 길가는 사람, 행인, 여행자
meátus, -us, m. (meo) 운동, 운행(運行), 통행(通行),
    통과, 왕래(往來), 갔다 옴, (새의) 날아다님, 길,
    통로(通路), 통행로(通行路), 수로(水路). (解) …도(道).
meatus acusticus. (解) 이도(耳道)
meatus nasi. (解) 비도(鼻道)
mecástor, interj. (여자들이 맹세할 때 쓰는 말)
    맹세코! 정말로! 진짜로!.
mechanéma, -átis, m. 미술작품, 수공예품(ars et manus)
mechánĭca, -æ(=mechanice, -es) f. (mechánicus)
    기계학(器械學), 역학, 제작기술(artes fabricátiónis).
mechánĭcus, -a, -um, adj. 기계의, 기계학의,
    기계적인, 기계와 같은. (哲) 기계론의.
    m. 기계학자, 기계 제작자, 기계공(機械工).
mechanísmus, -i, m. 기구, 기계장치(구조), 기계작용,
    (예술 작품의) 기교, 수법. (哲) 기계론. (心) 심리과정.
mechir, -íris, m. 이집트인들의 달 이름(정월 하순부터 2월 상순에 해당)
mêcon, -ónis, f. (植) 앵속(의 일종)
mecónĭum, -i, n.
    아편(阿片), 아기의 배내똥(갓난아이가 태어난 뒤에 처음으로 누는 똥).
Mecostethus magister. (蟲) 끝 검은 메뚜기
mecum, = cum me. 나와 함께.
    Domine, mane mecum. 주님, 저와 함께 머무소서/
    Noli mei sitis, ut mecum sitis: mecum estote. 저는 여러
    분이 제 사람들이 되기를 원치 않고, 그저 저와 함께
    있는 사람들이 되기를 바랍니다(최익철 신부 옮김, 요한 서간 강해, p.123)/
    tecum.nobíscum.vobíscum. 너.우리.너희와 함께/
mecum adductum. 내가 데려온 사람

M

meddix, -ĭcis, m. (Osca 지방어) 수령(首領), 최고 장관

meddix tuticus. 동맹의 수석 장관

Medéa, -æ, f. Colchis의 Ǽétes왕의 딸(Argonáutœ의 수령인 Iáson이 Medéa를 버리고 Corínthus의 Creon 왕의 딸인 Creúsa와 결혼하자 Iáson과 자기 사이에서 출생한 두 아들을 죽이고 Athéne으로 도망감)

medéla, -æ, f. (médeor) 약(藥), 치료, 치료법(治療法)

medélĭfer, -ĕra, -ĕrum, adj. (medéla+fero) 치료(治療)의, 치유(治癒)의, 회복(回復) 시키는.

medens, -déntis, m. 의사(醫師.⑨ Physician)

médĕor, medéri, dep., intr., tr. 고치다, 치료하다, 낫게 하다, 바로 잡다, 교정하다, 덜어주다, 도와주다.
  medéndi ars. 의술(醫術)

médĭa¹ -æ, f. 카스피해 서남부에 있던 Medi인의 나라

médĭa² -æ, f. ((解)) (혈관의) 중막(中膜)

mediále, -is, n. 중앙(中央), 중심(中心)

mediális, -e, adj. (médĭus⁹) 중앙에 있는, 가운데의

mediante. adv. 매개적으로

mediante aliquo. 다른 것의 매개를 통해(신학대전 14, p.85).

mediánus, -a, -um, adj. (médĭus⁹) 중앙에 있는, 가운데에 있는, 복판의, 정중(正中)의.
  n. **medianum**, -i, n. 중앙(中央).
  medianum monasterium. 중간 수도원.

mediastinális, -e, adj. (mediastínum) ((解)) 종격(縱隔)의

mediastínum, -i, n. ((解)) 두 폐(肺) 사이의 종격동(縱隔洞)

mediastínus, -a, -um, adj. (médĭus⁹) (일정한 직책 없이 닥치는 대로 명령받고 일하는) 최하급 노예의.
  m. 사환, 막일하는 종.

mediate. adv. 매개로(이상섭 옮김. 신학대전 14, p.85).

mediátěnus, adv. 중앙까지

mediátĭo, -ónis, f. (médio) 중개, 거중조정(居中調整), 중재(⑨ arbitrátĭon.獨 Schiedsgerichtsbarkeit), 알선(斡旋.⑨ mediátĭon-중재), 매개, 촉매(觸媒).

mediátĭo causalis. 원인적 중개

mediátĭo ontologica. 존재론적 중재

mediátĭo operativa. 작용적 중재

mediátĭo participata. 참여된 중재.

mediátŏr∗, -óris, m.(**mediátrix**, -ícis, f. f.) (médio) 중재자(仲裁者.⑨ arbitrátor.獨 Schiedsrichter), 중개인(Μεςιτης.仲介人.⑨ Mediátor), 매개인, 중보자(중보의 역할을 하는 사람. 곧 그리스도를 이르는 말).
  De summo veroque sacrificio, quod ipse Dei et hominum Mediator effectus est(교부문헌 총서 17, 신국론, p.2778) 하느님과 인간들의 중개자가 거행한 최고의 참 제사/
  In christi philosophorum doctrina opus mediatoris disseritur.(신국론 제9권) 그리스도와 철학자들의 가르침에 나타난 중개자의 역할/
  mediátrix gratiárum. 은총의 중재자(恩寵 仲裁者), Mediatrix Nostra Poténtissima.
  우리의 가장 힘 있는 중재자(仲裁者)/
  Mundi Salvator Christus unicus est inter Deum hominesque Mediator. 세상의 구원자이신 그리스도께서는 하느님과 인간들 사이의 유일한 중개자이십니다/
  unicus Mediator Christus. 유일한 중개자이신 그리스도/
  unus mediator. 유일한 중개자(교부문헌 총서 15, 신국론. p.958).

Mediátor Dei, 하느님의 중재자, 거룩한 전례
  (1947.11.20. 발표. 거룩한 전례에 관한 회칙으로 전례쇄신의 대헌장).

Mediátor Dei et hominum.
  신과 인간과의 중재자(비오 12세 회칙)

Mediátrix Maria. 중재자이신 마리아

Mediátrix omnium gratiarum. 모든 은총의 중재자(=마리아)

mediátus, -a, -um, adj. (médĭus⁹; p.p. médio) 중개에 의한, **직접적**(直接的), **간접적**(間接的).

medíbilis, -e, adj. 고칠 수 있는, 치료될 수 있는

médĭca¹ -æ, f. (médicus) 여의사, 간호원, 산파(産婆)

médĭca² -æ, f. (植) 개자리(苜蓿)

medicábĭlis, -e, adj. (médicor) 치료할 수 있는

medicábŭlum, -i, n. 치료소

medicæ artes. 의학(醫學), ars medicina

medicámen, -mĭnis, n. (médicor) 의약, 약제(藥劑),

약물(藥物-약이 되는 물질), 연고(軟膏-반고체 상태의 외용약), 고약(膏藥), 독약, 유독음료, 묘약(妙藥), 마법의 약, 치료법(治療法), 구조법, 구제수단(救濟手段), 도움, 교정수단, 염료(染料), infector succus. 액체 염료), 화장품(化粧品), 연지(臙脂-잇꽃의 꽃잎에서 뽑아낸 붉은 물감).

medicamentárĭus, -a, -um, adj. (medicaméntum) 의약(醫藥)에 관한, 독약(毒物)에 관한.
  m., f. 독살자, 독살 음모자. m. 약(제)사. f. 약조제법.

medicamentósus, -a, -um, adj. (medicaméntum) 약효(藥效) 있는, 효험(效驗) 있는.

medicaméntum, -i, n. (médicor) 의약, 약제(藥劑), 약물(藥物), 약품, 독약, 유독음료, 마법을 지닌 약, 회춘(回春)시키는 약, 염료(染料)와 화장품, 연지(臙脂), 분(粉-가루. 분말), (술통 따위의 아가리를 봉하는) 접착제, 마음을 달래는 수단, 구조법, 구제수단, 교정수단, 도움. Amicus vitæ medicaméntum. 벗은 인생의 청량제/ digestórĭum medicaméntum. (醫) 소화제(消化劑)/ lino medicaménta. 약을 바르다/ Timor medicamentum, caritas sanitas. 두려움은 약이고, 사랑은 건강입니다.(최익철 신부 옮김. 요한 서간 강해. p.399).

medicátĭo, -ónis, f. (médicor) 약물치료(藥物治療), 치료법(治療法), 처방(處方), 약물 가공법.

medicátor, -óris, m. (médicor) 의사(醫師.⑨ Physician), 치료자(治療者).

medicatus¹-a, -um, p.p., a.p. (médico) 약효 있는, 치료효능이 있는, 염색(染色)된, 독물에 중독된.

medicatus²-us, m. (médicor) 약물 치료, 마법의 약

Medice cura te ipsum. 의사여 그대 자신을 치료하라.

medicína, -æ, f. (medicínus) **의학**(醫學), 의술 치료법, **약**(藥), 치료제(治療劑), 독약, 약국, 화장품(化粧品). expérta medicína. 실험으로 입증된 약/ Est profecto animi medicina, philosophia. 철학은 참으로 정신 치료제이다/ fáctĭto medicínam. 개업의(開業醫)로 지내다/ Medicínam revocávit in lucem Hippócrates.
  *Hippócrates*는 의학을 세상에 끌어들였다/
  *Hippócrates*는 의학의 시조(始祖)였다.

medicina contra ebrietatem. 술 깨는 약

medicina pastorális. 사목의학(⑨ pastoral medicine)

medicinális, -e, adj. (medicína) **의학의**, 의술의, 의사의, **약의**, 의약의, 약효가 있는, 치료의, 교정의.
  pœna medicinalis. 교정 형벌, 견책.

medicínus, -a, -um, adj. (médicus) 의사의, 의학의

médĭco, -ávi, -átum, -áre, tr. (médicus) 치료하다, 약(藥)으로 낫게 하다. 고치다, 적시거나 섞어서 다루다, (물 따위에) 불리다, 독약을 넣다, 독을 바르다, 물들이다, 염색(染色)하다, 화장(化粧)하다.
  medicári ictum hastæ. 창에 찔린 상처를 치료하다.

medicio sémina. 종자를 물에 불리다.

médĭcor, -átus sum -ári, dep., intr., tr. (médicus) (병을) 고치다, 치료(治療)하다; 구제(救濟)하다.

medicósus, -a, -um, adj. 독성의, 중독 시키는, 치료의

médĭcus¹ -a, -um, adj. (médicor) 의술의, 의료의, 의학의, 치료의, 간호의, 약의, 약이 되는, 치료력이 있는.
  m. 의사(醫師.⑨ Physician), 전문의.
  dígitus médicus. 약손가락, 무명지/
  Est ejus medici ægrotos sanare.
   병자를 고치는 것은 의사인 그의 본분이다/
  exerceo medicínam. 의사로 개업하고 있다/
  Honora medicum propter necessitatem.
  (⑨ Hold the physician in honor, for he is essential to you) 남을 도와주는 의사를 존경하여라(성경 집회서 38, 1)/
   의사를 존경 하여라, 너를 돌봐 주는 사람이요(공동번역)/
  Medici, causa morbi inventa, curationem esse inventam putant. 의사들은, 병의 원인이 발견되고서,
   치료법도 발견되었다고 여긴다/
  medicórum placita. 의사들의 처방/
  Neque imitáre malos medicos.

악덕 의사들을 본받지 말라/
Quǽritur inter médicos, cujus géneris aquæ sint
utilíssimæ. 어떤 종류의 온천이 가장 이로운지 하는
것이 의사들 사이에서 연구되고 있다/
Quæsívit a médicis, quemádmodum se habéret. 그는
의사들에게 자기의 건강 상태가 어떤지를 물어보았다/
Quam multi vocantur medici, qui curare non norunt?
의사라 불리지만 치료할 줄 모르는 의사가 얼마나
많습니까?.(최익철 신부 옮김. 요한 서간 강해. p.197)/
Quomodo medici diligunt ægrotos? Numquid ægrotos
diligunt? 의사들이 환자를 얼마나 사랑합니까? 그들은
환자가 아프기 때문에 사랑합니까?/
Raphælem cœlestem medicum. 천상의 의사 라파엘.
Medicus carnis atque spiritus. 육체와 정신의 의사
Medicus curat, natura sanat.
의사는 돌보아주고, 자연은 치유(治癒)한다.
Medicus missionarius. 의료 선교회
medicus unicus corporális et spirituális.
예수 그리스도는 영육 간의 유일한 의사.
**Medicus venit ad ægrotos, via porrecta est ad
peregrinos.** 의사가 환자에게 오셨고, 나그네에게 길이
열렸습니다.(최익철 신부 옮김. 요한 서간 강해. p.429).
Médǐcus² -a, -um, adj. Média인
mediĕtas, -átis, f. (médius¹) 중앙, 중간(중심·중앙),
가운데, 중용(中庸), 반, 절반(折半).
medilúnǐa, -æ, f. (médius¹+luna) 반달
medímnum, -i, n.(=medímnus, -i, m.)
희랍의 곡물 되는 말(약 51.78l)
médǐo, -ávi, -átum, -áre, tr., intr. (médius¹)
중개하다, 중간에 있다, 중반에 접어들다,
가운데를 가르다(나누다), 반분(半分)하다.
medíŏcris, -e, adj. (médius¹) 중용의, 중간의, 알맞은,
절도 있는, 온건한, 보통의, 평범한, 어중간한, 웬만한.
inclinátio mediocris. 45도의 중경례/m. pl. 중산층
non mediócris. 상당한, 대단한, 훌륭한/
Terentius fuisse dicitur mediocri statura, gracili corpore,
colore fusco. 테렌티우스는 중키에, 호리호리한 몸매에,
가무잡잡한 피부색이었다고 전한다.
mediócrǐtas, -átis, f. (mediócris) 중용(中庸), 평범,
절제, 절도, 약함, 좀 부족함, 열등(劣等), 적당(適當).
Mediolánum(=Mediolánǐum) -i, n. 밀라노.
Acta ecclesiæ Mediolanensis. 밀라노 교회문서.
medíŏlum, -i, n. (médius¹) (알의) 노른자위
medióxǐmus, -a, -um, adj. (médius¹의 옛 형태)
한가운데의, 중앙의, 평범한
meditabúndus, -a, -um, adj. (méditor)
깊이 생각하고 있는, 명상하고 있는.
meditámen, -minis,(meditamentum, -i) n. (méditor)
계획(計劃), 준비(準備), 예비연습(豫備練習), 훈련,
고찰, 내성, 묵상(黙想.μελέτη.⑨ meditátion).
Meditano operam damus. 우리는 묵상하기에 힘쓴다.
meditátǐo* -ónis, f. (méditor) 심사숙고(深思熟考),
숙려(熟慮-곰곰이 생각함), 고려(考慮-생각하여 헤아림),
궁리(깊이 생각함), 묵상(黙想.μελέτη.⑨ meditátion),
명상(冥想.⑨ recollection), 잠심(潛心-黙想),
훈련, 숙고, 숙사(熟思). (醫) 예비조치(豫備措置).
Forma orátiónis et meditátiónis.
기도와 묵상의 형식(1523년 바르보 논문)/
Meditationes de Prima Philosophia. 제일철학에 대한 성찰.
meditátǐo mali. 불행에 대한 생각
Meditatio simul et supplicatio est Rosarium.
묵주기도는 묵상이며 간청입니다.
Meditátǐo vitæ Christi. 그리스도의 삶을 묵상함
meditatívus, -a, -um, adj. (méditor)
깊이 생각하는, 묵상의, 명상에 관한.
Meditativæ Orationes. 관상 기도(생띠에리의 윌리암 지음).
meditátor, -óris, m. (meditátrix, -ícis, f.) (méditor)
곰곰이 생각하는 사람, 묵상하는 사람.

meditátórǐum, -i, n. (méditor)
예비(豫備), 준비(準備), 묵상하는 장소.
meditátorǐum, -i, n. (méditor) 준비(準備)
meditátus¹ -a, -um, p.p., a.p. (méditor)
(actíve, passíve) 심사숙고한, 묵상한.
meditátus² -us, m. = meditátǐo
mediterránĕum, -a, -um, adj. (médius¹+terra)
내륙의, 육지로 둘러싸인, **지중해의.**
n. 내지, 내륙(內陸). Mare Mediterráneum. 지중해.
médǐtor, -atus sum -ari, dep., tr., intr. 깊이 생각하다,
궁리하다, 묵상(黙想)하다, 명상(冥想)하다, 준비하다,
구상(構想)하다, 연습(練習)하다, 꾀하다.
omnem meditandis Scripturis operam dedi.
성경의 모든 작품을 묵상하였다.(베다)/
Te illud admoneo, ut cotidie mediteris.
나는 날마다 묵상하기를 네게 권고하는 바이다.
meditúllǐum, -i, n. (médius¹+tellus)
중앙(中央), 중간(中間-중심.중앙), 중심(中心).
médǐum, -i, n. (médius¹) 中央, 中心, **가운데**, 중간(中間),
중용(中庸), **수단**, 방도, 매개물, 매체, 매질(媒質),
공개장소, 뭇사람이 보는 앞, 만인의 주시(注視),
대중, 공중(公衆), 공안(公安), 공익(公益).
ad médium quasi. 거의 중간까지/
ætas media. 중세시기/
consúlere in médium. 공익을 돌보다/
copula et medium. 중간 영역/
de media nocte. 한밤중에/
e médio excédere(abíre) 죽다/
imago media.(⑨ image media) 영상매체/
in médio esse. 있다, 살아 있다, 와 있다/
in médio pónere(proponére) 공개하다/
in médio relínquere. 미결로 남겨두다, 각자의 판단에 맡기다/
in médio stat virtus. 덕재중용(德在中庸)/
Media ad promorendam participátiónem fidelíum.
신자들의 참여를 촉구하기 위한 수단들/
mediã æstas. 한 여름에/
Media ætas(⑨ Middle Age) 중세기(中世紀)/
media antiquitas. 중간 고대/
media naturálǐa. 자연물(선유의 천주사상과 제사문제. p.111)/
Media nocte surgebam ad confitendum tibi.
나는 당신을 찬양하기 위하여 밤중에 일어났습니다/
Media nox(⑨ Midnight) 한밤중, 제2야경시의 끝/
media præventiva. 사전조치(præventio, -ónis, f.)/
Media pro massa. (⑨ Mass media-매스 미디어) 대중매체/
media productiónis. 생산수단(生産手段)/
media salutis. 구원의 도구(道具)/
media schola. 중학교(中學校)/
media tempestas. 중간 격동기/
media tempora. 중간 시대/
media urbe. 도시 복판에/ mediæ qualitátis. 중간형태/
medius janus. 중간 부(분)/
medio mari. 바다 가운데에서/ medio sole. 한낮에/
natura media. 중간적 자연본성/
propinquissimum medium. 가장 근사한 수단/
recédere de médio. 물러가다, 떠나다/
res media. 중개자(중개자)/
scientia media. 중간 지식(은총론의 창시자 Molina 주장)/
se immítto in médios hostes. 적중에 돌진하다/
sine ullo medio. 그 어떤 중개도 없이/
super média nocte. 한밤중에/
transeo per média castra. 진지 가운데로 지나가다/
venire in médium. 나타나다(오다)/
vocáre in médium. 토의하다, 판단하다.
medium a quo. 인식 기점
medium ævum.(⑨ Medieval times/Middle age.
獨 Mittelalter) 중세, 중세기.
medium diaphanum. 투명한 매체(媒體)
medium dies. 정오(正午)

medium quo. 인식매체, 인식 수단
medium quod. 인식 대상
medium rei. 사물의 중용(中庸)
medium sermónem abrúmpo. 연설을 도중에서 중단하다
medium sub quo.인식 견지
Medium te mundi posui, ut circumspiceres inde
comodius quicquid est in mundo.
　나는 너를 세상의 중간존재로 자리 잡게 하여 세상에 있는
　것들 가운데서 아무것이나 편한 대로 살펴보게 하였노라.
　　　　　　　　　(성 염 지음, 사랑만이 진리를 깨닫게 한다. p.300).
médĭus¹ -a, -um, adj. 가운데의, 사이의, 중간의,
　중앙의, 한가운데의, 복판의, 양극의 중간인, 중립의,
　중용의, 보통의, 평범한, 절도(節度)있는, 모호한,
　애매(曖昧)한, 중재(仲裁)의, 거간의, 중재인의.
　hostem mediam ferire sub alvum.
　　적을 복부 한가운데를 쳐서 거꾸러뜨리다/
　in médiā insulā. 섬의 한가운데에/
　mediā æstáte. 한여름에/
　média ætas. 장년(壯年-청년과 노인 사이)/
　mediā nocte. 한밤중에(nocte super média)/
　medĭum se gérere. 중립을 지키다/
　respónsum médĭum. 모호한 대답
médĭus² Fídĭus, interj. (Júpiter) 신 앞에 맹세하거니와
medix = meddix
medúlla, -æ, f. 골수(骨髓).⑨ bone marrow),
　고갱이(초목의 줄기 속에 있는 연한 심-木髓), 목수(木髓)
　정수(精髓), 진수(眞髓)κεφάλαιον), 알짜, 알짜배기,
　가장 중요한(귀중한) 것. (解) 수(髓).
medulla oblongáta. (解) 연수(延髓-후뇌와 척수를 연락하는
　부분. 뇌의 명령을 전달하는 길이며 호흡, 심장운동 등의 중추가 됨).
medulla spinális. 척수(脊髓-척추의 관 속에 들어 있는 신경 중추.
　뇌와 말초 신경 사이의 자극 전달과 반사 기능을 맡음).
Medulla theologiæ morális. 윤리신학의 중추.
　　(1650년경 Herman Busembaum 지음).
medulláris, -e, adj. (medúlla) 골수의, 수(髓)의, 진수의
medullátus, -a, -um, p.p. (medúllo)
　골수 있는, 수(髓)의, 골수의, 알찬.
medúllĭa, -æ, f. Látium의 도시
medúllĭtus, adv. (medúlla)
　깊숙이, 속에, 진심으로, 철저히, 골수에 사무칠 정도로.
medúllo, -ávi, -átum, -áre, tr. (medúlla)
　골수로 차게 하다, 알차게 하다.
medullósus, -a, -um, adj. (medúlla)
　골수(骨髓)가 있는, 골수(骨髓)가 가득 찬.
medus¹ -a, -um, adj. Média의, Média인의
medus² -i, m. 벌꿀, 꿀
Medúsa¹ -æ, f. Phorcus의 딸, 괴물 Górgones의 한사람
Medúsa² -æ, f. 해파리.
　(히드로충류와 해파리류의 자포동물을 통틀어 이르는 말).
mefi… V. mephi…
megacéphălus, -a, -um, adj. 머리가 큰, 두개 용적이 큰.
Mégăle, -es, f. Cýbele(=Mater Magna) 여신(女神)
Mehalé(n)sĭa, -ĭum, n., pl. Cýbele 여신의 축제(매년 4월 4일).
megalíum, -i, n. 값진 향유
megalocéphălus, -a, -um, adj. 거대한, 두개(頭蓋)의
megalográphĭa, -æ, f. 웅대한 소재의 그림, 대화폭
megalománĭa, -æ, f. (醫) 존대광(尊大狂),
　과대망상증(誇大妄想症, delirīum manicum).
megalophonĭum, -i, n. 수화기(受話器)
megaloprépĭa, -æ, f. 관대(寬大), 대량(大量)
megascópus, -i, m. 확대 환등기
megistánes, -um, m., pl. 시종, 대관, 고관, 귀족.
mehérc(ŭ)le(mehércŭles) interj. (Hércules) 신 앞에 맹세코.
　Neque mehercules, hoc indigne fero!
　맹세코, 전 억울하게 당합니다!.
Mei testes veri sunt. 내 증인들은 진실하다
meiósis, -is, f. (修) 완서법(緩敍法)
　((生)) (세포핵의) 감수분열(減數分裂).
meis impénsis.(impensa 참조) 내 부담으로

mejo, -jěre, intr. (=mingo) 오줌 누다, 소변보다, 排尿하다.
mel, mellis, n. 꿀, 감미(甘味), 단 것.
　melle dúlcior. 꿀보다 더 단, 꿀 같이 단/
　Quod est áliud melle. 꿀과는 다른 것.
mel ærĭum. 하늘에서 내린 꿀
mel de petra. 바위에서 흐르는 꿀(신명 32, 13)
mel depurátum. 정제한 꿀
mel despumátum. 거품 걷어낸 꿀
mel ericæum. 가을 꿀
mel falsum. 가짜 꿀
mel horǽon. 여름 꿀
mel secundæ notæ. 제2 품질의 꿀
mel vernum. 봄 꿀
Melámpus, -pŏdis, m. Argos의 유명한 의사 겸 점쟁이
melanchólĭa, -æ, f. 우울, 침울, (醫) 우울증(憂鬱症.근심
　걱정으로 마음이 늘 우울한 증세. 心氣症), 검은 담즙(옛날 사람들은
　신장腎臟의 분비물인 이것이 과다하면 우울증이 생긴다고 여겼음)
melanchólĭcus, -a, -um, adj. 우울한, 침울한, 우울증의
melándryum, -i, n. 저린 다랑어 토막
melánĭa, -æ, f. 피부(皮膚)의 검은 반점
Melchom(=Milcom)밀곰은 히브리어로
　"그들의 왕" 또는 단순히 복수형으로 "왕들"이라는 의미를 지닌다)
mélcŭlum, -i, n. dim. (mel) 꿀같이 단 것, 애인(愛人).
meles¹-létis, m. Smyrna 도시 부근의 Iónia의 강
Meles²-ĭum. (f.) pl. Sámnium의 지명
meles³(=melis) -is, f. (動) 담비
melĭácĕæ, -árum, f., pl. (植) 멀구술나무과 식물
melicéris, -ĭdis, f. 개 꿀. (醫) 종기
melicrátum, -i, n. 꿀물(aqua amara. 쓴 물)
mélĭcus, -a, -um, adj. 시가의, 선율이 아름다운,
　음악적인, 서정적(敍情的)인. m. 서정시인(抒情詩人).
melilótos, -i, m. (植) 전동싸리
melimélum, -i, n. (植) 꿀 사과, 꿀에 갠 과일
melínus¹ -a, -um, adj. 마르멜로(marmrlo 과일)의.
　n. 마르멜로 기름(향유), 마르멜로 빛깔.
melínus² -a, -um, adj. (meles) 담비의
melior, -ĭus, adj., comp. (bonus) 더 좋은, 더 나은, 더 착한.
　Ad meliora vertamur. 언제나 더 나은 것을 향해 돌아서자/
　Bonitas non est pessimis esse meliorem.
　　최악 보다 좋다고 해서 선은 아니다/
　Incipit res melius īre. 일이 더 잘되기 시작 한다/
　multo mélior. 한층, 훨씬 더 좋은/
　ova suci melióris. 더 맛있는 계란(알)/
　Quando mundus "melior" est?(⑨) when is the world
　"better"?) 언제 '더 나은' 세상이 되는가?/
　Sed ne meliorem, si inveneris, sequaris sententiam, non
　præscripsi. 그러나 그대가 더 나은 의견을 찾아 따른다
　할지라도 나는 말리지 않겠습니다.
　　　　　　　(이연학 최원오 역주, 아우구스티누스의 생애. p.151).
melior est fidelis ignoratia quam temeraria scientia.
　외람 된 지식보다는 믿음 있는 무지가 낫다
melior fieri, accedente senecta.
　노년기에 접어들면서 더 착해지다
Mélĭor fis. 너는 더 좋은 사람이 된다(fio 참조)
Melior tutiorque est certa pax quam sperata victoria.
　희망만 걸린 승리보다 (지금 누리는) 확실한 평화가
　훨씬 낫고 안전하다.
meliorátĭo, -ónis, f. (melióro) 개량(고치어 좋게 함), 개선(改善)
meliorésco, -ĕre, intr. (mélior) 나아지다, 개량되다, 개선되다
meliórĭtas, -átis, f. (mélior) 더 나음, 우월, 탁월
melioro, -ávi, -átum, -áre, tr. (mélior)
　나아지게 하다, 개량(改良)하다, 개선(改善)하다.
melis(=meles⁹) -is, f. (動) 담비
Melisma, -átis, f. (⑨ Melisma) 멜리스마, 그리스 가요 선율.
　[그레고리오 성가에 도입된 선율로서 한 가사 마디에 둘 이상의 음표가 붙은
　neuma가 한 군을 이루고 있는 선율. 그리스어 melos(가요)에서 온 용어].
　[그레고리오 성가에서 단음절이나 단모음 위에 비교적 긴 선율이
　연속적으로 이어지는 것을 가리킨다]
Melisma longa. 긴 선율
melisphýllum, -i, n. (植) 향수박하, 멜리사 풀

739

Melíssus, -i, m. Samos의 정치가.철학가(c. 450 A.C.)
melítīnus, -a, -um, adj. 꿀 섞인, 꿀의
melitītes, -æ, m. 감주(甘酒-단술), 꿀 섞은 포도즙
mélīus, adj., comp., n. (mélior)
  adv., comp. (bene) 더 좋게, 더 잘, 더 낫게.
  in mélius. 더 좋게, 더 낫게, 더 나은 것으로/
  quia quod est melius, est magis a Deo intentum et
  multiplicatum. 왜냐하면 하느님에 의해 더 좋은 것이
  훨씬 더 의도되고 다수화 되기 때문이다.(즉 어떤 사물들이 더
  완전하면 완전할수록 더 큰 초율에서 하느님에 의해 창조되었다. 그런데 물체
  들의 경우에는 크기에 따르는 초율이 관찰되듯이, 비물체적 사물들에게서는
  다수성의 관점에서 초율이 주목된다. 그렇기 때문에 토마스에 따르면 우리가
  직접 경험하지 못하는 비물질적 사물들에 비해 오히려 우리가 경험하는 사물들,
  즉 '질료'에 의해 다수화되는 사물들, 다시 말해 '생성·소멸되는 사물들은…
  전체 우주의 작은 부분에 지나지 않는다. 이상섭 옮김, 신학대전 14, p.443).
Melius em. 나는 더 싸게 샀다(나는 더 잘 샀다)-(어떤
  때는 bene, caro, male, melius, pejus, optime, pessime, grátis-그저 공으로
  공짜로 무상으로-등의 보통명사도 일반적인 가치 표시를 위하여 쓴다).
Melius esset peccata cavēre quam mortem fugure.
  죽음을 피하는 것보다 죄를 피하는 것이 더 낫다.
  (준주성범 제1권 23장 1).
Melius est mihi mori quam vivere.
  이렇게 사느니 죽는 것이 낫겠습니다.(성경 요나 4. 8).
Melius et tutius prosilitur in cælum de turgurio
quam de palatio. 궁전에서보다 보잘 것 없는 헛간
  에서 하늘로 향하는 것이 더 좋고 안전하다.
Melius hæc notata sunt verbis Latinis.
  이것으로는 라틴어로 더 잘 설명되어 있다.
melius ipsum quam non ipsum,
  그러한 것이 그러하지 않은 것보다 더 좋은.
  [이 표현의 정식은 안셀무스의 첫 방대라고 대저작인 "모놀로기온"
  (1075~1076)에서 그 시원적 형태로 정초된다. 가톨릭철학 제9호(2007), p.195].
meliúscŭle, adv. dim. (mélius)
  조금 더 잘, 꽤 좋게, 조금 더 좋게.
meliúscŭlus, -a, -um, adj. dim. (mélius)
  약간(좀) 더 좋은, 조금 더 나은.
melizómum, -i, n. 꿀물
mella¹ -æ, m. Gállia Transpadána의 강
mella² -æ, f. 조청(造淸-묽게 곤 엿. 물엿), 꿀물
mella contraho. 꿀을 모아들이다
Mella herbam eam sápiunt.
  꿀들에서 그 풀 맛이(풀 냄새가) 난다.
Mella redolent thymo. 꿀이 백리향 냄새가 난다
mellárĭum, -i, n. (mel) 벌통, 꿀통, 꿀 담는 그릇
mellárĭus, -a, -um, adj. (mel) 벌꿀의, 꿀에 관한.
  m. 양봉업자(養蜂業者).
mellátĭo, -ónis, f. (mel) 꿀을 뜸
méllēus, -a, -um, adj. (mel)
  꿀의, 꿀로 만든, 꿀맛이 나는, 단, 감미로운.
mellícŭlus, -a, -um, adj. dim. (mélleus) 꿀처럼 단
méllifer, -ĕra, -ĕrum, adj. (mel+fero) 꿀 만드는, 꿀벌의
méllifex, -fícis, m. (mel+fácio) 꿀벌을 치는 사람, 양봉업자
mellifícĭum, -i, n. (mel+fácio) 꿀 만드는 일(역사)
mellífico, -áre, tr. (mellíficus) 꿀을 만들다
mellíficus, -a, -um, adj. (mel+fácio) 꿀을 만드는
melliflŭens, -éntis, adj. (mel+fluo) 달콤한 말의, 감언이설의
mellíflŭus, -a, -um, adj. (mel+fluo)
  꿀이 흐르는, 꿀 같은, 달콤한, 온화한.
mellígĕnus, -a, -um, adj. (mel+genus)
  꿀 종류의, 꿀과 비슷한.
melligo, -gĭnis, f. (mel)
  밀원(蜜源), (나무나 꽃 따위의) 꿀 성분.
mellílla, -æ, f. dim. (mella) 애인(愛人), 사랑(חֶסֶד.
  בְּרִית.ἀγάπη.Φιλος.愛.⑩ Charity/love).
mellíllia, -æ, f. 꿀물, 단 것, 쾌락(快樂⑩ Pleasure)
mellítŭlus, -a, -um, adj. dim. (mellítus) 달콤한, 사랑스러운
mellítus, -a, -um, adj.
  꿀의, 꿀이 들어 있는, 단, 달콤한, 귀여운, 사랑스러운.
mellósus, -a, -um, adj.
  꿀같이 단(melle dulcior), 꿀로 만든, 꿀이 가득한.
mellum, -i, n. 개(犬) 목걸이

mēlo, -ónis, m. (植) 멜론, 참외(민수 11. 5), 수박(민수 11. 5).
  Recordamur piscium, quos comedebamus in ægypto
  gratis; in mentem nobis veniunt cucumeres et **pepones**
  porrique et cepæ et alia. (evmnh,sqhmen tou,j ivcqu,aj ou]j
  hvsqi,omen evn Aivgu,ptw| dwrea,n kai. tou,j siku,aj kai. tou,j pe,ponaj
  kai. ta. pra,sa kai. ta. kro,mmua kai. ta. sko,rda) (⑩ We remember
  the fish we used to eat without cost in Egypt, and the
  cucumbers, the **melons**, the leeks, the onions, and the
  garlic) 우리가 이집트 땅에서 공짜로 먹던 생선이며,
  오이와 **수박**과 부추와 파와 마늘이 생각나는구나(성경)/
  이집트에서는 공짜로 먹던 생선, 오이, **참외**, 부추,
  파, 마늘이 눈앞에 선한데(공동번역 민수 11. 5).
melódĭa, -æ, f. 멜로디(⑩ melody), 가락(⑩ melody).
  선율(旋律.⑩ melody-높낮이와 리듬을 지닌 흠의 흐름),
  해조(諧調.⑩ melody-즐거운 가락)
melódĭcus, -a, -um, adj. (melódĭa) 선율의, 가락의
melódus, -a, -um, adj. 아름다운 노래의, 곱게 노래하는
melofólĭum, -i, n. (植) 잎사귀 붉은 사과
mēlos¹ -i, n.(m.) (pl. mele) 노래, 시, 가락(⑩ melody).
  선율(旋律.⑩ melody-높낮이와 리듬을 지닌 흠의 흐름), 音樂.
Melos contemplativorum. 관상하는 이들의 노래.
  (14c 영국의 신비가 리처드 롤 지음).
Mēlos²(=**Mēlus**) -i, f. Ægœum 바다의 섬
melóta, -æ,(=**melóte**, -es) f. 염소모피
Melpómĕne, -es, f. 비극의 Musa 여신(女神).
membrána, -æ, f. 외피(外皮), 가죽, 껍질, 뱀 껍질,
  왕겨(벼의 겉귀), 양피지(羊皮紙). (解) 막(膜), 피막(皮膜).
membrána mucosa. (解) 점막(粘膜, tunica mucosa)
membranácĕus(=**-ácĭus**) -a, -um, adj. (membrána)
  외피의, 막으로 덮인, 막질의, 껍질의, 양피지의.
membranárĭus, -i, m. (membrána) 양피지 제조인
membránĕus, -a, -um, adj. (membrána) 양피지의
membránŭla, -æ, f. dim. (membrána)
  작은 막(膜), 작은 껍질, 양피지(羊皮紙), 문서(文書)
membránŭlum, -i, n. 작은 껍질
membránum, -i, n. = **membrána**, -æ, f.
membrátim, adv. (membrum) 사지(四肢)가 따로따로,
  부분별로, 따로따로, 하나씩, 토막토막 잘라서
membratúra, -æ, f. (membrum) 지체(肢體)의 구조.
membrípŏtens, -éntis, adj. (membrum+potens) 힘센, 강한
membro, -ávi, -átum, -áre, tr.
  사지를 가지도록 만들다, 지체(肢體)를 형성하다.
membrósĭtas, -átis, f. (membrósus) 체격, 제구, 지체
membrósus, -a, -um, adj. (membrum) 큰 지체를 가진
membrum, -i, n. 사지(四肢), 지체(肢體), 신체의 일부,
  부분, 일부, 구성원, 회원, 단원. pl. 전신, 온몸.
  aliud quodpiam membrum. 다른 어떤 지체/
  dedita somno membra. 깊이 잠들어 늘어진 사지/
  Et diligendo fit et ipse membrum, et fit per dilectionem
  in compage corporis Christi. 사랑하면서 그분의 지체가
  되고, 사랑을 통하여 그리스도의 몸과 일치됩니다.
  (최익철 신부 옮김. 요한 서간 강해, p.435)/
  fatigáta membra rejicio. 지쳐버린 나머지 벌렁 나자빠지다/
  Fluunt sudóre membra. 온몸에서 땀이 흐르고 있다(fluo 참조)/
  Membra autem cælestia, omnia opera bona. Surgentibus
  cælestibus membris, incipit desiderare quod timebat.
  천상적인 지체란 모든 선행입니다. 천상적인 지체가
  자라나면서 두려워했던 것을 열망하기 시작합니다.
  (최익철 신부 옮김. 요한 서간 강해, p.391)/
  Membra corpóris Christi(⑩ Members of the Body of
  Christ). 그리스도의 지체/
  membra deformata veneno. 독약으로 기형이 된 사지/
  membra ecclésiæ. 신자(信者), 교회의 소속원/
  membra suo quæque loco locata. 각각 제자리에 놓인 사지/
  Membris útimur, priúsquam didícimus, cujus ea utilitátis
  causā habeámus. 우리는 사지를 무슨 유익 때문에
  가지고 있는지를 배우기 전에 먼저 그것들을 쓰고 있다/
  membrorum fabrica. 지체들의 구조/
  Omnis autem homo Adam; sicut in his qui

crediderunt, omnis homo christus, quia membra sunt Christus. 모든 이는 아담의 사람이다. 이와 마찬가지로 믿는 이들은 모두 그리스도의 사람이다. 왜냐하면 이들은 그리스도의 지체이기 때문이다(아우구스티노의 '시편상해'에서)/
præcipua membra ecclesiæ. 특선된 교회 인원/
quátĭo membra. 사지를 덜덜 떨게 하다/
relevo membra in cúbitum. 침대에 올라가 눕다/
Sicut enim in uno corpore multa membra habemus, omnia autem membra non eundem actum habent. (kaqa,per ga.r evn e`ni. sw,mati polla. me,lh e;comen(ta. de. me,lh pa,nta ouv th.n auvth.n e;cei pra/xin) (獨 Denn wie wir an einem Leib viele Glieder haben, aber nicht alle Glieder dieselbe Aufgabe haben) ([영] For as in one body we have many parts, and all the parts do not have the same function) 우리가 한 몸 안에 많은 지체를 가지고 있지만 그 지체가 모두 같은 기능을 하고 있지 않듯이(성경 로마 12, 4)/사람의 몸은 하나이지만 그 몸에는 여러 가지 지체가 있고 그 지체의 기능도 각각 다릅니다(공동번역)/ 실상 우리는 한 몸 안에 여러 지체들을 가지고 있지만 지체들이 모두 똑같은 구실을 하는 것은 아닙니다(200주년).

membrum rumpere. 지체 상해(불구)

Membra corpóris Christi.([영] Members of the Body of Christ). 그리스도의 지체.

membra deformata veneno. 독약으로 기형이 된 사지

membra ecclésiæ. 신자(信者), 교회의 구성원

membra suo quæque loco locata.
각각 제자리에 놓인 사지.

meménto, 원형 mémini, nísse, 불비동사 def. 속격 지배동사 [명령법. 단수 2인칭 **memento**, 복수 2인칭 mementote].
I, et memento omnia referre!
가라, 그리고 모든 사실을 전하는 것을 잊지 말라!/
Iesu, memento mei, cum veneris in regnum tuum.
"예수님, 선생님의 나라에 들어가실 때 저를 기억해 주십시오." 하였다(성경 루카 23, 42).

Memento etiam, Domine, famulorum famularumque tuarum N. et N. qui nos præcesserunt cum signo fidei, et dormiunt in somno pacis.
[[영] Remember also, Lord, Your servants and handmaids (name) and (name) who have gone before us with the sign of faith and rest in the sleep of peace].
주님, 신앙의 보람을 지니고 저희보다
먼저 평안히 잠든 교우 (　　)를 생각하소서.

Memento etiam fratrum nostrorum,
qui in spe resurrectionis dormierunt,
omniumque in tua miseratione defunctorum,
et eos in lumen vultus tui admitte.
부활의 희망 속에 고이 잠든 교우들과
세상을 떠난 다른 이들도 모두 생각하시어
그들이 주님의 빛나는 얼굴을 뵈옵게 하소서.

Meménto fámuli tui(fámulæ tuæ) quem(quam) (hódie) ad te ex hoc mundo vocásti.
(오늘) 이 세상에서 불러 가신 교우 (　　)를 생각하소서.

Meménto fámuli tui(fámulæ tuæ) quem(quam) (hódie) ad te ex hoc mundo vocásti. Concéde, ut, qui(quæ) complantátus(complantáta) fuit similitúdini mortis Fílii tui, simul fiat et resurrectiónis ipsius.
(오늘) 이 세상에서 불러 가신 교우 ( )를 생각하소서.
그는 세례를 통하여 성자의 죽음에 동참하였으니
그 부활도 함께 누리게 하소서.

Memento homo quia pulvis es et in pulverim reverteris. 인간이여 그대는 먼지이고
먼지로 다시 돌아갈 것을 기억하라(mémini 참조).

Memento mei! 나를 기억해다오!(mémini 참조)

Memento mori. 죽는다는 것을 명심하라(mémini 참조)

Memento semper finis, et quia perditum non redit tempus. 너는 항상 종말을 생각하라, 또 잃어버린 시간은 다시 돌아오지 않음을 생각하라.(준주성범 제1권 25장 11)

Memento te esse mortalem. 그대는 죽을 몸임을 기억하라

Memento, ut diem Sabbati sanctifices.(mémini 참조)
([영] Remember to keep holy the Lord's Day)
주일을 거룩히 지내라(십계명 3).

mementote, 원형 mémini, nísse, 불비동사,
[명령법. 단수 2인칭 memento, 복수 2인칭 mementote].

Mementote ergo, fratres mei, quia vitam æternam nobis promisit Christus. 그러므로 나의 형제 여러분, 그리스도께서 우리에게 영원한 생명을 약속하셨다는 것을 기억하십시오(최익철 신부 옮김, 요한 서간 강해, p.176).

Mementote vos patres esse.
여러분이 아버지라는 것을 기억하십시오.

memet, acc. (égomet, cf. -met) 바로 나를

mémĭnens, -éntis, p.prœs. (mémini)

memíneris, 원형 mémini, meminísse, 불비동사
[접속법 현재. 단수 1인칭 memini, 2인칭 **memineris**, 3인칭 meminetur, 복수 1인칭 meminemur, 2인칭 meminemini, 3인칭 meminentur].
Ne irascáris Dómine, ne ultra memíneris iniquitátis.
주여 분노 마옵시고, 우리 죄악을 기억 마옵소서.

mémini, nísse, 불비동사 def. (cf. mens) (imperatívus; meménto, -tóte) 기억(記憶)하고 있다, 생각나다, 회상하다, 잊지 않고 있다, 언급하다, 기술(記述)하다.
Faciam ut hujus diei locique meique semper meminerit!
나는 그 사람이 언제까지나 이 날과 이곳과 나를 기억하게 만들겠다.[memini 동사는 속격 지배. 인칭대명사 ego의 속격은 mei. 성 염 지음, 고전 라틴어, p.387]/
Forsan et hæc olim meminisse juvabit.(Vergilius).
혹시 이것도 미리 기억해 두면 도움이 되겠지(될 것이다)/
Injuriam acceptarum semper meministi.
너는 당한 수모를 늘 기억하고 있다/
Meminerimus etiam adversus infimos justitiam esse servandum. 가장 열등한 자들에 대해서도 정의는 준수해야 한다는 점을 우린 기억해야 하리라/
Meminerunt omnia amantes.(Ovidius).
사랑하는 사람들은 모든 것을 기억하고 있다/
Meministine me dicere in Senatu?
내가 원로원에서 연설하던 일 기억하십니까?/
Meminit puella nullius rei.
소녀는 아무 일도 기억하지 못 한다/
Ne me moneatis : memini ego officium meum.(Plautus).
나더러 (이래라 저래라) 잔소리하지 말게나.
내 할 일 내가 알고 있으니까(성 염 지음, 고전 라틴어, p.367)/
Optime positum est beneficium, ubi ejus meminit qui accepit. 자선은, 받은 사람이 그것을 기억하고 있을 때에, 가장 잘 베풀어진 셈이다/
Quæ fuit durum pati, meminisse dulce est.(Seneca).
견뎌내기 힘겨웠던 일이 회상하기에는 감미롭다/
Somno sevocatus animus memini præteritorum, præsentia cernit, futura providet. 영혼이 꿈결에 들면 지나간 일을 기억하고, 현재 일을 분별하며, 장래 일을 예견한다.

	직설법 단순과거 (뜻은 현재)		접속법 단순과거(뜻은 현재)	
	sg.	pl.	sg.	pl.
1	mémini	memínimus	memínerim	meminerimus
2	meminísti	meminístis	memíneris	memineritis
3	méminit	meminérunt	meminerit	meminerint
	직설법 과거완료(뜻은 미완료)		접속법 과거완료 (뜻은 미완료)	
	sg.	pl.	sg.	pl.
1	memíneram	memineramus	meminíssem	meminissemus
2	memíneras	memineratis	meminísses	meminissetis
3	meminerat	meminerant	meminisset	meminissent
- 명령법 (단수 속격) meménto, (복수 속격) mementóte - 부정법 단순과거 meninísse				

(한동일 지음, 카르페 라틴어 2권, pp.138~140).

Memini etiam quæ nolo ; oblivisci non possum quæ volo. 이 사람들이야말로 무척 두려워할 사람들이라는 것을 여러분은 기억하시오.

Memini, memini, neque umquam obliviscar noctis illius. 기억하다마다. 나로서는 그 날 밤을 결코 잊지 못할 게야.

M

Memini neque umquam obliviscar noctis illius.(Cicero).
그 날 밤을 나는 (생생하게) 기억하고 있을뿐더러
결코 잊지 못할 것이다.

Meminisse enim debetis priorum.
여러분은 전에 이미 들었던 말씀을 되새겨야 하겠습니다.

Meminisse Juvat. 평화와 박해받는 교회를 위한 기도.
(1958.7.14. 반포).

Memnon, -ónis, m. Tithónus와 Auróra 사이에서 난 아들

mĕmor, -ŏris, adj. (mémini) **기억하는, 잊지 않는,**
생각하는, 상기(想起)하는, 고마워하는,
잊혀 지지 않는, 기억력이 좋은, 기억나게 하는.
Nemo ullius nisi fugæ memor. 누구를 막론하고 오로지
도망질 칠 것 외에는 다른 아무 것도 생각하지 않았었다/
Vive memor moritis; fugit hora.
죽음을 마음에 품고 살아라; 시간은 도망간다.

Memor esto Iesum Christum(⑨ Remember Jesus Christ).
예수 그리스도를 기억하십시오(2티모 2. 8).

memor Junónis ira. Juno의 잊혀 지지 않는 노여움

Memor sis mei! 나를 기억하라!

memorábilis, -e, adj. (mémoro)
기억(기념)할만한, 기억해야 할, 잊을 수 없는,
잊지 못할, 유명한, 찬양할 만한.

memorácŭlum, -i, n. (memória) 기념물, 기념품

memorális, -e, adj. (memória) 기념적인, 유물의

memorándus, -a, -um, gerundiv. (mémoro)
기억해야 할, 기억(기념)할 가치가 있는, 유명한, 저명한.
n.(pl.) 각서(覺書), 비망록(備忘錄).

Memorare. "생각하소서" 기도문(성모께 바라는 경·천주교 공과).
[이 유명한 기도문은 끌레르보의 성 베르나르도가 만든 것으로 전해지며
무명의 사제 Claude Bernard(1588~1641)의 노력으로 일반화되었다.
또한 우리나라 가톨릭 성가집에는 '굽어보소서(250번)'로 되었다.
백민관 신부 엮음, 백과사전 2, p.722].

Memorare, O piissima Virgo Maria,
non esse auditum a sæculo,
quemquam ad tua currentem præsidia,
tua implorantem auxilia, tua petentem suffragia,
esse derelictum. Ego tali animatus confidentia, ad te,
Virgo Virginum, Mater, curro, ad te venio,
coram te gemens peccator assisto. Noli, Mater Verbi,
verba mea despicere; sed audi propitia et exaudi. Amen.
(REMEMBER, O most gracious Virgin Mary,
that never was it known that anyone who fled to thy
protection, implored thy help, or sought thy intercession was left unaided.
Inspired with this confidence, I fly to thee,
O Virgin of virgins, my Mother: to thee do I come:
before thee I stand, sinful and sorrowful. O Mother of the Word Incarnate,
despise not my petitions, but in thy mercy hear and answer me. Amen)
성모께 바라는 경.
생각하소서. 지인자하신 동정녀신 마리아여, 예로부터 네 의하에 나아가는 자와.
네 은우를 간절히 구하는 자와 네 전달하심을 구하는 자는.
누구든지 너의 끊어버리심은 듣지 못한 일이로소이다.
나도 이와 같은 마음으로 간절히 바라고 네게 달아오오니.
동신 중에 동신이신 모친이여, 네게 가까이 와 네 앞에 곱읍하여 죄인으로
있사오니. 천주의 성모여 내 소리를 버려두지 마시어다.
곧 네 인자를 베푸사 굽어 들으시고 응허하소서. 아멘
생각 하소서, 지극히 인자하신 동정 마리아여,
어머니 슬하에 달려들어 도움을 애원하고 전구를 청하고도
버림을 받았다함을 일찍이 듣지 못하였나이다.
우리도 굳게 신뢰하는 마음으로 어머니 슬하에 달려들어
동정녀 중의 동정녀요, 우리 어머니이신
당신 앞에 죄인으로 눈물을 흘리오니, 강생하신 말씀의 어머니시여
우리의 기도를 못들은 체 마옵시고 인자로이 들어 주소서. 아멘
굽어보소서 성모여(聖歌 250장). 슬로바키아 성가.
1. 굽어보소서 성모여, 인자하신 모여, 예로부터 어머니께 겸손 된 맘으로
간절히 애원하며 전달을 구하는 자. 늘 끊어주심을 우리 믿나이다.
2. 나도 이 같은 맘으로 항상 청하오며 동정이신 어머니여 당신께 나아가
애절한 우리 원을 겸손히 아뢰오니 인자하신 눈으로 돌아보옵소서.

Memores igitur mortis et resurrectionis eius, tibi,
Domine, panem vitæ et calicem salutis offerimus,
gratias agentes, quia nos dignos habuisti
astare coram te et tibi ministrare.
아버지, 저희는 그리스도의 죽음과 부활을 기념하며,
생명의 빵과 구원의 잔을 봉헌하나이다. 또한 저희가
아버지 앞에 나아와 봉사하게 하시니 감사하나이다.

Memores offerimus. 우리는 기념함으로써 봉헌 하나이다

memoraria perfuncti periculi. 당했던 위험의 기억

---

memrátĭo, -ónis, f. 회고(回顧-지난 일을 돌이켜 생각함).
추억(追憶), 기억(ハ기.記憶.⑨ remembrance).

memrátor, -óris, m. (**memrátrix**, -ícis, f.)
(mémoro) 이야기하는 사람, 회고(기억)하는 사람.

memoratus¹ -a, -um, p.p., a.p. (mémoro)
기억(記憶)하고 있는, 기념의 대상이 되는, **유명한.**

memoratus² -us, m. (mémoro)
이야기, 회고(回顧-지난 일을 돌이켜 생각함), 추억(追憶).

mémre, adv. 기억으로

memores. 원형 mémŏro, -ávi, -átum, -áre, (속격 지배동사)
[접속법 현재.
단수 1인칭 memorem, 2인칭 **memores**, 3인칭 memoret,
복수 1인칭 memoremus, 2인칭 memoretis, 3인칭 memorent].

Mémres ígitur mortis et resurrectiónis eius, tibi,
Dómine, panem vitæ et cálicem salútis offérimus,
아버지, 저희는 그리스도의 죽음과 부활을 기념하며(기억
하게 하시고) 생명의 빵과 구원의 잔을 봉헌하나이다.

memória, -æ, f. (memor)
기억(ハ기.ἀνάμνησις.⑨ remembrance.獨 Gedächtnis)
기억력, **회상**(回想), 추억(追憶), 옛 생각, **기념**(記念),
시대, 지난 날, (말이나 글로 전해지는) 이야기,
구전, 전설, 생각, 의향, 의도(意圖.⑨ Intention),
(흔히 pl.) 역사, 전기, 연대기, 역사적 기록, 문헌,
기념탑, 기념물(記念物), 유물(遺物), 분묘(墳墓)
기념일(記念日.⑨ Memorials.獨 Gedenktag).
[교회 축일은 대축일(solemnitas), 축일(festum), 기념일(memoria)로
구분된다. 그리고 기념일은 의무 기념일과 임의 기념일로 나눈다.]
기념 소성당, 기념 예배소(성인의 유해나 시체를 모신 소성당).
a memória hóminum exeo. 사람들의 기억에서 사라지다/
alcjs rei memóriam repeto.
무엇에 대한 기억(記憶)을 되살리다, 추억하다/
ália, quæ nunc memóriam meam refúgiunt.
지금 생각나지 않는 다른 것들/
alqd memóriæ mandáre. 기억(記憶)해 두다/
alqd redigo in memoriam. 무엇을 기억해내다/
belli inferéndi memoria. 도전(挑戰)할 생각/
bonæ memóriæ. 기억에 남는, 추모(追慕)되는/
depónere alqd ex memória. 무엇을 잊어버리다/
diffidentía memóriæ. 자신 없는 기억력/
e memória ex cédere. 기억(記憶)에서 사라지다/
ex memóriā. 암기로, 보지 않고, 기억을 더듬어서/
excido de memória. 기억에서 사라지다/
gradus memóriæ* 기념일의 등급(等級)/
habére memóriā alcjs rei. 무엇을 추억(追憶)하다/
in mei memóriam. 나를 기념하여, 나의 기념으로/
in memóriā háereo. 기억에서 사라지지(잊혀지지) 않다/
in memóriam alcjs. 누구의 기념(記念)으로/
In memóriam me habe!
나를 기억해다오!(나를 추억 속에다 간직하라!)/
in memóriam patris. 아버지의 기념으로/
In memóriam rédiit Quínctius, quo die proféctus sit.
Quínctius는 기억을 더듬어 자기가 어느 날
떠났는지를 돌이켜 생각해보았다/
In memoriam regredior audísse me. 들은 기억이 난다/
induco alqm in memóriam.
누구로 하여금 기억해내게 하다/
mando memóriæ alqd. 기억(記憶)해두다/
memóriæ pródere sermónem alcjs.
누구의 말을 후대(後代)에 전해주다/
memóriam alcjs rei retineo. 무엇을 오래도록 기억하다/
memoriam flagitii. 치욕(恥辱)의 추억을 지워버리다/
memoriam renovo. 기억을 새롭게 하다/
memóriam retineo alqd.
무엇을 오래도록 기억(記憶)하다(잊지 않다)/
memóriam servare. 기억에 간직하다/
Memóriam vestrum servabimus sub pectore.
우리는 그대들의 추억을 가슴에 간직하고 있소/
nisi me fallit memória. 내 기억이 틀림없다면(fallo 참조)/

Nisi memoría defécerit. 기억에 틀림이 없다면/
omnis rerum memoria. 세계사(世界史)/
patrum nostrórum memória. 우리 조상 시대/
post hóminum memóriam. 유사 이래/
pugnæ memoriam posteris tradĕre.
 전쟁기록을 후대(後代)에 물려주다/
reduco alqm in memoriam alcjs rei.
 누구에게 무엇을 상기(想起)시키다/
replico memoriam témporum. 지난 시대를 쭉 훑어 보다/
rersus revocátus in memóriam alcjs rei.
 그는 무슨 일이 다시 생각나서/
Tene me memoria!. 나를 기억해줘요/
Tráditur memóriæ, acc.c. inf. …라고 전해진다/
usque ad nostram memóriam. 우리 시대까지/
usúrpo alcjs memóriam.
 누구에 대한 기억을 활용(회상)하다/
Vita enim mortuorum in memoria vivorum est posita.
 사실, 죽은 이들의 삶은 살아 있는 이들의
 기억 속에 놓여 있다(Cicero).
Memoria a. l. S. Hedvigis religiosæ＊
 성녀 헤드비히 수도자 기념.
memoria ad libitum＊ 선택 기념일(選擇 記念日)
memoria Apostolórum. 사도들의 기념(記念)
Memoria Beatæ Mariæ Virginis Perdoléntis＊
 고통의 성모 마리아 기념일.
Memoria Beatæ Mariæ Virginis Reginæ＊
 복되신 동정 마리아 모후 기념일.
Memoria Dei. 하느님을 기억하는 것, 하느님의 기억
Memoria est firma animi rerum ac verborum
perceptio.(Cicero). 기억(memoria: 역사)이라는 것은 인간
 정신이 사건과 언사를 강렬하게 인지(認知)함이다.
Memoria martyris. 순교자 기념관
Memoria minuitur, nisi eam exerceas.
 기억력은 훈련하지 않으면 감퇴(減退) 된다.
memoria obligátoria＊ 의무 기념일(義務 記念日)
memoria passiónis. 수난의 기억,
 예수의 수난에 대한 회상(回想)(J. B. Metz).
memoria perfuncti periculi. 당했던 위험의 기억
memoria præsentior. 더 생생한 기억
Memoria promissæ mercedis perseverantem
facit in opere. 약속된 보수를 기억하면 꾸준히 일해
 나가게 될 것입니다(최익철 신부 옮김. 요한 서간 강해. p.176).
Memoria redit. 기억(記憶)이 난다
Memoria repetamus verba quibus Iesus Nicodemum
alloquitur.(⑨ We here recall Jesus' words to Nicodemus)
 우리는 여기서 니고데모에게 하신 예수님의 말씀을 상기한다.
Memoria S. Fracisci Xávier prebyteri＊
 선교의 수호자 성 프란치스코 하비에르 사제 대축일.
Memoria S. Těresiæ a Jesu Infante virginis et
ecclesiæ doctóris＊ 선교의 수호자 아기 예수의
 성녀 데레사 동정 학자 대축일.
memoria sensíbilis. 감각적 기억
memoria tenére alqd. 기억하다, 잊어버리지 않다.
memoria vetĕre repeto. 옛일들을 회상하다
memoriále, -is, n. (memoriális) 기록(記錄.γραφή),
 회고케 하는 물건, 기념물, 추억, 기념비, 비망록.
 Memoriale in desiderio anima. 간절한 마음의 비망록/
 Memoriale vitæ sacerdotalis. 사제생활의 길잡이.
Memoriale Domini, 주님의 기념제(記念祭)
 주님의 기억(記憶), 성체 분배 양식(1969.5.29. 훈령).
memoriale Mortis et Resurrectiónis Domini.
 주님의 죽음과 부활의 기념제(復活 記念祭)
memoriale propositi. 생활지침(1221年 作)
Memoriale Rituum. 예식서 초본(抄本).
 [Rituale Parvum(소예식서)이라고도 함. 성당구용으로 초 축성, 제의 축성. 성지
 축성, 성삼일 예식 등 간단한 예식의 요식을 모은 전례서. 비오 12세는 이 책을
 폐기하고 성주간 예식서를 만들었다. 백민관 신부 엮음, 백과사전 2, p.722].
memoriális, -e, adj. (memória)
 기념이 되는, 추억이 될 만한. adv. **memoriálĭter.**

memoriális demonstrátio. 기념의 표명(記念 表明)
Memorias martyrum,
 성 막시밀리아노 콜베의 전례적 기념(1983.3.25. 교령).
memoríŏla, -æ, f. dim. (memória)
 사소한 추억(追憶), 조그만 기억(기념), 작은 무덤.
memoriósus, -a, -um, adj. 기억력이 풍부한(좋은).
 adv. **memorióse.** 확실한 기억으로.
memórĭter, adv. (memor)
 기억에 의해서, 암기하여, 정확한 기억으로.
memoriæ gradus＊ 기념일의 등급(等級)
mémŏro, -ávi, -átum, -áre, tr. (memor) 상기시키다,
 생각나게 하다, 일깨우다, 이야기하다(☏אֲמ.☏יḿ), 언급하다,
 말하다(☏ḿ.☏בֲ.☏יḿ.☏ם), 기억해두다, 잊지 않다.
 pass. 생각나다, 기억하다(ר.☏כ.ר.☏דם), 상기하다,
 …라는 말이 있다, 전해져 내려오다, 알려지다.
 Musa, mihi causas memora, quo numine læso quiduo
 dolens regina deum toto volvere casus insignem pietate
 virum, toto adire labores impulerit. tantæne animis
 cælestibus vobis. 무사여 내게 까닭을 일깨워 주오.
 어느 신령을 범하였기에, 신들의 여왕이 무엇을 아파하기에,
 저토록 우여곡절을 엮어내는 것이며 경건이 극진한 인물
 로 하여금 그 많은 고생을 겪도록 몰아 세웠던가? 천상
 존재들의 심정에 그토록 심한 분노가 있다는 말인가?
 (성 염 지음, 사랑만이 진리를 깨닫게 한다. p.378)/
 Oppídi cónditor Hércules memorabátur.
 그 도시의 창설자는 Hércules라고 알고들 있었다.
mémŏror, -átus sum -ári, dep., intr., tr. (memor)
 기억하다(ר.☏כ.ר.☏דם), 생각하다(δοκέω), 회상하다.
memoror, -atus sum -ári, dep., intr., tr.
Memphis, -is(-ĭdis), f. 중부 이집트 옛 도시(지금은 페허)
Mēna, -æ, f. 여자의 생리를 관장하는 여신(女神)
Menánder(=Menándros, =Menándrus) -dri, m.
 희랍의 유명한 희극시인(c. 315 A.C.).
menceps, -cīpis, adj. 미친
menda, -æ, f. 결함(缺陷), 신체적 缺陷, (말.글의) 틀림, 흠(티).
mendacilóquĭum, -i, n. (mendacilŏquus) 거짓말
Mendácem esse tupe est. 거짓말쟁이가 되는 것은 비루하다.
 (주어문 노릇을 할 때에는 그 부정법과 함께 술 부설명어를 대격으로 써야
 한다. 결국 주어문으로서의 대격 부정법문에서 대격 주어가 빠진 것이다).
mendacilóquus, -a, -um, adj. (mendácium+loquor)
 거짓말하는.
mendácĭtas, -átis, f. (mendax) 거짓말, 거짓말하는 버릇
mendácĭum, -i, n. (mendax) 거짓말, 허위, 날조(捏造)
 모조(模造), 위조(僞造), 착각(錯覺), 환상(幻想).
 Abstrahentium non est Mendacium.
 추상(抽象) 작용은 거짓말이 아니다/
 De stultissimo mendacio paganorum, quo christianam
 religionem non ultra trecentos sexaginta quinque
 annos mansuram esse finxerunt. 그리스도교는 365년
 이상 존속하지 못하리라고 꾸며댄 외교인들의
 어리석기 짝이 없는 거짓말(교부문헌 총서 17, 신국론. p.2814)/
 Et quomodo probantur antichristi? ex mendacio.
 그리스도의 적들은 어떻게 증명됩니까?
 거짓말로써 증명됩니다.(최익철 신부 옮김. 요한 서간 강해. p.165)/
 fundo mendácia. 거짓말을 하다/
 Mendaci homini ne verum quidem dicenti credere
 solemus. 거짓말쟁이는 비록 진실을 말하더라도
 우리가 안 믿는 것이 예사다/
 mendacii pater. 거짓말의 아비/
 Ne mentiaris. 너는 거짓말 말아라/
 Qui loquitur mendacium, de suo loquitur.
 거짓을 말하는 것은 자기(자기 것)를 드러내는 것입니다.
mendácĭum jocosum. 장난삼아 하는 거짓말
mendácĭum officiosum. 직무상의 거짓말
mendaciúncŭlum, -i, n. (mendácium) 사소한 거짓말
mendax, -ácis, adj. 거짓말하는, 거짓말쟁이의, 속이는,
 거짓의, 헛된, 위장(가장)하는, …하는 척 하는.
 alqm mendácem fingo. 누구를 거짓말쟁이로 만들다/
 Deus mendax. 기만(欺瞞)의 신/

Ideo mendax, quia aliud loquitur, aliud agit.
말은 이러하고 행동은 저러하므로 거짓말쟁이라
하는 것입니다.(최익철 신부 옮김, 요한 서간 강해. p.143)/
In hac re cuivis facile scitu est mendacem fuisse istum.
이런 상황에서는 그자가 거짓말쟁이였다는 것은
누구한테나 알기 쉬운 일이다/
Mendacem esse turpe est. 거짓말쟁이가 되는 일은 비루하다/
Mendacem memorem esse oportet.(Publilius Syrus)
거짓말쟁이는 기억력이 좋아야 한다/
Nemo gratis mendax. 거저 거짓말하는 사람은 아무도 없다.
(거짓말을 해서 어떤 이익이 약속되지 않는다면, 아무도 거짓말을 하지 않는다는 뜻)/
Omnis homo mendax. 모든 사람은 거짓말쟁이/
Tu noli esse mendax, ut aliud profitearis, aliud agas.
말은 이렇게 하면서 행동은 저렇게 하는 거짓말쟁이가
되지 마십시오.(최익철 신부 옮김, 요한 서간 강해. p.193)/
Unde probas quia mendax est? 그가 거짓말쟁이라는
것을 그대는 어떻게 증명하겠습니까?.
(최익철 신부 옮김, 요한 서간 강해. p.417)/
Videamus ergo quomodo antichristi mentiuntur quia non
est unum genus mendacii. 그렇다면 그리스도의 적들이
어떻게 거짓말을 하는지 봅시다. 거짓말은 한 가지만
있는 것이 아니기 때문입니다(최익철 신부 옮김, 요한 서간 강해. p.163).
mendicábŭlum, -i, n. (mendíco)
거지(乞人), 걸인(乞人), 문전 걸식자(乞食者).
mendicabúndus, -a, -um, adj. (mendíco)
구걸(求乞)하는, 빌어먹는.
Mendicántes, -íum, m., pl. (사적으로나 단체적으로나 재산 소유가
금지된 수도회) 탁발(托鉢) 수도회 회원, 구걸 수도자.
mendicátǐo, -ónis, f. (mendíco) 걸식, 구걸, 동냥
mendícǐtas, -átis, f. (mendícus) 거지노릇, 걸식(乞食),
빈궁(貧窮), 적빈(赤貧-몹시 가난함), 극빈(極貧-몹시 가난함).
emérgo mendicitáte. 거지 신세를 면하다.
mendico, -ávi, -átum, -áre,
(=mendicor, -átus sum, -ári, dep.) (mendícus).
intr. 거지노릇 하다. tr. 구걸하다, 빌어먹다, 비럭질하다.
mendícǔla, -æ, f. 거지의 남루한 옷, 누더기
mendícǔlus, -a, -um, adj. dim. (mendícus)
거지의, 걸인의, 남루한.
mendícus, -a, -um, adj. (mendum) 아주 가난한,
극빈한, 빈궁한, 구걸하는, 비럭질하는, 거지의,
가련한, 비참한, 불쌍한. m. **거지, 걸인.**
Mendico ne parentes quidem amici sunt.
거지에게는 부모조차 친구가 아니다/
Omnes, quando oramus, mendici Dei sumus.
기도할 때 우리 모두는 주님의 걸인들입니다.
mendósǐtas, -átis, f. 오류(誤謬-생각이나 지식 등의 그릇된 일),
틀림, 부정확(不正確), 착오(錯誤-착각으로 말미암은 잘못)
mendósus -a, -um, adj. (mendum) 신체적 결함이 있는,
못생긴, (말·글·책 따위의) 틀린 데가 많은,
틀림 투성이의, 정확치 않은, 잘못된, 잘못의, 거지의,
결점(결함) 있는, 부패한, 거짓의, 속이는, 위장하는.
mendum, -i, n. 신체적 결함(缺陷), 흠, 틀림, 오류(誤謬),
(말·글자 따위를) 틀리게 씀, 잘못된 것.
Mene amas? 너는 나를 사랑하느냐? (라틴어 직접 의문문은 문장의
첫 낱말의 후접어 -ne를 부가하여 만든다. 성 염 지음. 고전 라틴어. p.44).
Mane nobiscum, Domine. 주님 저희와 함께 묵으십시오.
Ménĕcles, -is, m. Cária의 수사학자
Menénĭus Agríppa. (A.D. 494년 경 사람으로 귀족계급에 대하여
불평을 품고 산속으로 들어간 평민들에게 "인체의 배에 대항한 지체들"의
우화를 이야기하여 그들을 설득하였다는 일화로 유명함).
menínga, -æ. f. (解) 뇌막(腦膜)
meníngěus, -a, -um, adj. 뇌막의, 수막의
meningítis, -tídis, f. (醫) 뇌막염(뇌막에 생기는 염증)
meninx¹ -níngis, f. (解) f. 뇌막(腦膜), 수막(繡幕)
meninx² -níngis, f. Afríca 북쪽 지중해의 작은 섬
meníscus, -i, m. 초승달 모양의 물건).
((解)) (관절 안에 있는) 반월(半月), 관절간연골.
menorrhágǐa, -æ, f. (醫) 월경과다(月經過多)
menorrhœa, -æ, f. (醫) 월경(月經)

mens, méntis, f. (cf. mémini) 지력(智力-슬기의 힘. 사물을
헤아리는 능력), 이성(理性-사물의 이치를 논리적으로 생각하고 판단
하는 마음의 작용), **정신**(νούς.νὸησις.νὸησευς.ψυχη.
⑨ Spirit-사고나 감정 작용을 다스리는 인간의 마음), 이지(理智),
이해력, 사고력(vis cogitativa), 판단력, 지능(知能), **생각,**
마음, 기억, 의도, 의향, 의견, 뜻(θέλημα), 속셈, 계획,
결심, 현명, 총명, 분노(憤怒), 용기, 심정(心情), 기질,
심보(마음 씀씀이.마음가짐), 정서(⑨ affectivity/emotion),
acies mentis. 지성의 정곡(正鵠), 명민한 지성, 혜안/
apex mentis. 정신의 정곡(교부문헌 총서 15, 신국론. p.764)/
Bonum méntis est virtus. 정신적 선은 덕이다/
caput mente. 미친 사람/
conceptus mentis. 정신의 개념/
Corpori multum subveniendum est, multo magis menti
atque animo. 우리로서는 육체에 복종해야 할 경우가
많다. 하물며 정신과 기백에는 더욱 그렇다/
De aliena violentia et libidine, quam in oppresso corpore
mens invita perpetitur 정신은 거부해도 타인이 구속된
육체에 가하는 폭행과 정욕(교부문헌 총서 17, 신국론. p.2742)/
De natura et origine mentis.
정신의 본성과 기원에 관하여(Spinoza 지음)/
De pura mente et simplici intentione.
순결한 마음과 순박한 지향에 대하여/
divina mens. 신적 지성/
eádem mente esse. 같은 생각이다/
Ego sum, ego existo, quoties a me profertur,
vel mente concipitur, necessario esse verum.
내가 있다, 내가 존재한다는 것은 그것이 나에 의해 말해
지고 정신에 의해 파악될 때마다 필연적으로 참이다/
Et mens et rediit versus in ora color.
정신이 들며 입가에 혈색이 돌았다/
Excédere mente. 미치다, 머리가 돌다/
Hominis mens discendo alitur.
사람의 지능은 배우면서 발전한다/
Huc advertite mentem.
내 말을 정신 차려 들어라(마음을 이쪽으로 돌려라)/
in mente alqd agitáre. 숙고하다, 검토하다/
In mente est mihi dormíre. 나는 자려고 한다/
in mentem veníre. 생각나다/
Ipsissima mens. 바로 그 정신/
Lupus pilum mutat non mentum.
늑대는 털을 바꿔도 마음은 바꾸지 못 한다/
Mala mentis gaudia. 지성의 사악한 즐거움이여!(신국론. p.1460)/
mente captus. 머리가 돈/
mente(animo) consisto. 마음이 평온하다
mente consto. 정신 차리다(adsum animo(animis)/
mente recepta. 정신을 차리고/
mentem amore perfundo. 정신을 사랑으로 사로잡다/
Mentem patriæ súbiit pietátis imágo.
애국심(愛國心)이 내 생각에 떠올랐다/
Mentes tepescunt. 분노(忿怒)가 가라앉다/
mentis arbitrium. 지성의 판단
(성 아우구스티노의 미학 용어. 교부문헌 총서 17, 신국론. p.2688)/
mentis compos. 이성을 가진(잃지 않은)/
Mentis naturam et esse substantiam, et non corpoream.
지성의 본성은 실체라고 하는 동시에
물체적인 것은 아니라고 하며/
mentis suæ esse. 제 정신이다/
Mihi venit in mentem alcjs (rei)
나는 누가(무엇이) 생각난다, 머리에 떠오른다/
Non murmur resonat, non querimonia, sed cord
impavido, mens bene conscia conservat patientiam.
(성무일도 여러 순교자 축일 공통 저녁기도 찬미가에서) 군말도 없고
불평도 없이, 두려움도 모른 채 다만 아주 맑은 정신
으로 인내해 나간 선열이여/
novus habitus mentis. 새롭게 사고하는 태도/
óculis simul ac mente turbátus. 눈과 정신이 어리둥절한/
Percutiet te Dominus amentia et cæcitate ac stupore

744

mentis. (pata,xai se ku,rioj paraplhxi,a| kai. avorasi,a| kai. evksta,sei dianoi,aj) ([영] And the LORD will strike you with madness, blindness and panic) 주님께서는 또 정신병과 실명증과 착란증으로 너희를 치실 것이다(성경 신명 28, 28)/ 야훼께서는 너희를 쳐서 미치게도 하시고 눈멀게도 하실 것이다. 너희는 정신을 잃고(공동번역)/
primum quod in mente cadit ens.
 정신 안에 떠오르는 최초의 것은 존재자다/
qualitas mentis. 영혼의 특성/
sol … mens mundi et temperatio.
 태양은 세상의 지성이요 조정자이다/
supra mentem meam lucem incommutabilem.
 내 지성 위에 빛나는 불변의 광명을 나는 보았다/
suspensio mentis inter utramque contradictionis partem.
 양자의 반대편 사이에서의 중지(미결)/
templa méntis. 정신의 성역(精神의 聖域)/
ut mens concordet voci nostræ.(성 베네딕도 수도규칙 19장)
 우리의 정신이 우리의 목소리와 일치되게/
Venit(impers.) mihi in mentem *alcjs.* 나는 누구 생각이 난다/
Venit in mentem Marcus. 마르쿠스가 머리에 떠올랐다.

mens conscia. 맑은 양심
mens conscia recti. 맑은(곧은) 양심
Mens divina hominibus est largita rationem.(Cicero).
 신의 지성이 인간들에게 이성을 베풀어주었다.
Mens et rátĭo et consilĭum in senibus est.
 노인들에게는 통찰력과 반성과 심사숙고가 있다
Mens grata ac spes.([영] Gratitude and hope) 감사와 희망
Mens hominum sit cæca fati futuri.
 인간의 지성은 장래 운명에 관해서는 눈먼 소경입니다.
mens intellectuális. 지성적 정신
mens mota et movens. 움직여지고 운동시키는 정신
mens mota non movens. 움직여지되 운동시키지 않는 정신
Mens Nostra, 영신 수련의 증진(增進)(1929.12.20.)
mens positivistica. 실증주의적 정신
mens rátĭonális. 인간적 이성, 이성적 지성(교부문헌 총서 10, p.180).
Mens sana in corpore sano([영] A sound mind in a sound body) 건전한 정신은 건전한 신체에 깃든다.
Mens universi. 세계정신이다.
mensa, -æ, f. 밥상, 식탁([영] Table), **상**, **탁자**, 계산대, 판매대, 은행창구, 제상(祭床), 제대(祭臺), 제단(祭壇), 푸줏간의 도마, 요리(料理), 식사(食事), 연회(宴會).
magna mensa et magna sella. 큰 책상과 큰 걸상/
super mensam(=cenam) 식사 중에, 밥상머리에서.
Et contra pestilentiam humanæ consuetudinis in ea scriptum ita habebat: Quisquis amat dictis absentum rodere vitam, hac mensa indignam noverit esse suam.
 사람들의 고약한 습관을 거슬러 식당에 이렇게 써 놓았다. 자리에 함께 있지 않은 사람을 즐겨 헐뜯는 사람은 이 식사를 함께 할 자격이 없음을 알아들을 것이다.(이연학 최원오 역주, 아우구스티노의 생애, p.99)/
Et in ipsa mensa magis lectionem vel disputationem quam epulationemque diligebat.
 식탁에서는 먹고 마시는 일보다 독서나 토론을 더 즐거워하였다(이연학 최원오 역주, 아우구스티노의 생애, p.99)/
primae mensae. 전식(전채요리와 육류나 생선이 나오는 주 요리)/
secundae mensae. 후식(전식이 끝나면 후식으로 먹는 여러 과자).

명사 제1변화(Prima declinatio) 규칙변화			
	단 수	복 수	참 조
Nom.	mensa	mansæ	N.B. ánima(영혼), dea(여신), fília(딸), fámula(하녀)의 복수 여격.탈격 어미는 -is 대신에 -ábus를 쓴다.
Voc.	mansa	mansæ	
Gen.	mansæ	mansárum	
Dat.	mansæ	mensis	
Acc.	mensam	mensas	
Abl.	mensā	mensis	

(허창덕 지음, 초급 라전어 변화표 Tabellæ Declinationum에서)

mensa Abbatialis(Cathedraticum). 대수도원장 생활비
mensa altaris. 제대
mensa Christi. 그리스도의 식탁
mensa communiónis. 영성체 탁자(卓子)
mensa communis. 수도원 생활비
mensa Domini. 주님의 식탁(食卓), 성찬(聖餐)
mensa Episcopalis([영] Mensal Fund) 주교 생활비
mensa et sella magnæ. 큰 책상과 걸상
mensa Sabella. 소찬(素饌-나물로만 된 반찬)
mensa terríbĭlis. 두려움의 식탁(食卓)
mensális, -e, adj. 식탁의, 식탁에 관한
mensárĭus, -a, -um, adj. (mensa) 은행의, 재정의, 회계의.
 m. 은행가(銀行家), 환전상(換錢商).
mensáim, adv. 식탁에서 식탁으로, 식탁마다 하나씩
Mense Maio. 멘세 마이오[1965년 4월 30일 교황 바오로 6세가 반포한 '오월에 관한 회칙'의 라틴어 제목('오월'을 뜻하는 첫 두 단어)이다. 회칙은 오월을 "그리스도인들이 성당이나 가정에서 각자가 마음에서 복되신 동정 마리아께 사랑과 열정을 갖고 기도와 공경을 드리는 달"이라고 묘사한다. 오월에는 하느님 자비의 예물이 더욱 풍부히 우리에게 내려온다(1항). 이어서 회칙은 세상의 평화를 위해 평화의 모후이신 마리아께 기도할 것을 요청한다].
mense postremo. 마지막 달에.
 Bis in mense. 한 달에 두 번.
mense septembri. 구월에
ménsĭo, -ónis, f. (métior)
 계측(計測), 측량(測量.טתוד), 계량, 평가(評價).
mensis, -is, m. (cf. métior) (달력의) 달(月), 월(月), 1개월. (生理) 월경(月經.נִדָּה), 경도(經度).
(라틴어 mensis는 그리스어 Mēnē(달)에서 어원을 찾는다. 한 달은 천문학의 계산으로는 평균 29일 12시간 44분 2.8초, 격월로 29일과 30일로 되어 있다).
 Bis in mense. 한 달에 두 번/
 eximo *alqm* ex anno unum mensem.
 일 년에서 한 달을 빼다/
 imus mensis. 마지막 달/
 in decem ménsibus. 10개월 안에/ in mense. 월내에/
 Menses papales. 교황의 달(공석 성직록 보충이 교황에게 보류되어 있는 홀수의 달. 백민관 신부 엮음, 백과사전 2, p.725)/
 Multi jam menses transíerant.(jam 참조)
 이미 여러 달이 지났었다/
 Nemo exstat, qui ibi sex menses víxerit.
 거기서 여섯 달을 산 사람은 아무도 없다/
 paucos menses. 몇 달 동안/
 post tres menses. 석 달 후/
 Síngulis ménsibus. 다달이/
 Sunt duo menses jam.(jam 참조) 어느새 두 달이 된다.
Mensis est duodecima pars anni.
 한 달은 한 해의 12분의 1이다.
mensis intercalaris. 윤달
mensis Majus. 오월(5月)
Mensis Mariæ([영] The Month of Mary)
 성모성월(devotio mensis Mariæ.5월)
Mensis Martyrum. 순교자 성월(9월)
Mensis Rosarii, 로사리오 성월(10월)
Mensis Sancti Josephi([영] month of St. Joseph.3월).
 성 요셉 성월.
Mensis sanctus pro defunctis([영] month of souls in Purgátory.11월). 위령성월.
mensis sanctus. 성월(聖月)
Mensis SSmi Cordis Jesu([영] month of Sacred Heart of Jesus.6월). 예수 성심 성월.
mensis Veneris. 비너스의 달, 4월(四月.Aprilis, -is, m.).
mensor, -óris, m. (métior) 측정자(測定者), 측량(기)사(測量技士), 측량사(測量士), 건축가.
mensórĭus, -a, -um, adj. 측량의, 측량(측정)하는
ménstrŭa, -órum, n., pl. (醫) 월경(月經.נִדָּה).
 molimina ménstrua. 월경 곤란(月經 困難).
menstruátĭo, -ónis, f. 월경(proflúvĭum mulierum).
menstruális, -e, adj. (mensis) 달마다의, 매월의, 월경의
menstruátĭo, -ónis, f. (ménstruus) 월경, 월경 기간
menstruátus, -a, -um, adj. (ménstruus) 월경 중에 있는.
 menstruata mulier. 월경(달거리) 중인 여자.
ménstrŭum, -i, n. (ménstruus) 일 개월 분의 식량
ménstrŭus, -a, -um, adj. (mensis) (달력의) 달의, 매달의, 일개월간의, 한 달 가는(걸리는), 월경의.

M

Collectio menstrua. 월례 묵상회.

ménsŭla, -æ, f. dim. (mensa) 작은 상, 작은 탁자(식탁)

mensúra, -æ, f. (métior) 계량(計量), 측정, 측량(תֹמִּדָה),
도량 측정기구, (일정한 단위로 표시되는) 크기, 넓이,
길이, 부피, 양(量), 한도, 정도, 척도(尺度), 측량의 결과,
운율(韻律), (미술 작품의) 균형(均衡), 조화(調和).
De mensuris et ponderibus. 성경과 척도의 중량
(살라미스의 에피파니우스 지음: 구약성경 연구의 일종의 입문서)/
mensúras itínerum nosse, 길이 얼마나 먼지 알다/
numeri mensurarum. 척도상의 비례.
(성 아우구스티노의 미학 용어. 교부문헌 총서 17, 신국론, p.2688).

mensura ad mensurárum. 계량으로 계량된 것

mensura et numerus et ordo. 척도와 수(數)의 질서

mensura fidei. 신앙의 척도(로마 12, 3)

mensura mensurata. 측정된 기준

mensura proxima. 가까운 기준

mensura rerum. 사물의 척도(尺度)

mensura ultima. 궁극적 기준

mensurábĭlis, -e, adj. (mensúra) 측정할 수 있는, 짧은

mensurális, -e, adj. (mensúra)
측량에 관한, 측량에 사용되는, 측량의.
adv. **mensurálĭter**, 측량해서.

mensurátĭo, -ónis, f. (mensúro) 측량(測量.תֹמִּדָה), 측정

mensurátor, -óris, m. (mensúro) 측량사, 측정하는 사람

mensúro, -ávi, -átum, -áre, tr. (mensúra)
측정(測定)하다, 측량(測量)하다, 재다, 되다.

mensus, -us, m. (métior) 측량(תֹמִּדָה), 측정, 도량

menta, -æ, f. (植) 박하(薄荷).
blechon, -ónis, m. (植) 야생 薄荷.

mentális¹ -e, adj. (mens) 마음의, 정신의
De oratione mentali. 묵상에 대하여/
De variis orationis mentalis speciebus.
여러 가지 묵상 방법에 대하여/
De tempore orationis mentalis. 묵상시간에 대하여/
mentális orátio. 묵도(黙禱), 묵념 기도/
Restrictio mentalis. 심증 보류, 의중 보류(意中 保留)/
simonía mentalis(interna). 심증(心證) 성직 매매/
Soliloquium de quattur mentalibus exercitiis.
네 가지 정신 수련에 대한 독백(성 보나벤투라 지음).

mentális²-e, adj. (mentum) ((解)) 턱(顎)의

mentálĭtas, -átis, f. (mentális¹) 정신성(마음가짐),
심보(마음 쓰임.마음가짐), **정신**(νούς.νòησις.νòησευς.
ψυχή.뜻) Spirit-사고나 감정 작용을 다스리는 인간의 마음,
마음가짐, 심적 상태, 심리(心理-마음의 움직임이나 상태).

mente, 원형 mens, mentis, f. [단수 주격 mens,
속격 mentis, 여격 menti, 대격 mentem, 탈격 **mente**].

mente captus. 머리가 돈

mente(animo) consisto. 마음이 평온하다

mente consto. 정신 차리다(adsum animo(animis))

mente recepta. 정신을 차리고

mentem amore perfundo. 정신을 사랑으로 사로잡다.

Mentem patriæ súbiit pietátis imágo.
애국심이 내 생각에 떠올랐다.

Mentes tepescunt. 분노가 가라앉다.

mentha, -æ, f. (植) 박하(薄荷.Mentha longifolia)

menthólum, -i, n. (化) 박하뇌(薄荷腦)

méntĭo, -ónis, f. (mémini) 언급(言及), 진술(陳述),
기재(記載-써넣음), 이름을 들어 말함, 청혼(請婚).
mentióne dignus. 기억할만한 사람/
mentiónem fácere. alcjs rei. 무엇에 대해 언급하다(쓰다)

méntĭor, -ítus sum, mentíri, intr. **거짓말하다**, 속이다,
생각(사실)과 달리 말하다, 약속(約束)을 어기다,
(사물이) 겉보기와는(사실과는) 다르다.
tr. 거짓말하다, 속이다, 약속(約束)을 지키지 않다,
기대를 속이다, 걸꾸미다, ···하는 체하다,
가장(假裝)하다, 위조(僞造)하다, 꾸며내다.
Amans iratus multa mentitur sibi.
화난 연인은 스스로에게도 많은 거짓말을 한다/

Hanc ego viam si asperam atque duram negem, mentiar.
이 길이 거칠고 험하다는 것을 내가 부정한다면,
나는 거짓말을 하는 셈이리라/

Homini amico et familiari non est mentiri meum(Lucilius).
가깝고 절친한 사람에게는
거짓말을 하지 않는 것이 나의 원칙이다/

Ne mentiáris, improbe!. 거짓말 마시지, 이 못된 사람아!/

Non fácile crédimus semel mentíto.
=Non fácile crédimus ei, qui semel mentítus est.
우리는 한 번 거짓말한 사람을 쉽게는 믿지 않는다.
[속문의 주어를 주문 속에서 대표하는 말이 (관계문의 선행사와 같이)
지시대명사일 경우에는 그것은 분사문에서 생략된다.]/

omnes igitur qui mentiuntur, nondum sunt ex Christuo.
거짓말하는 사람은 누구나 아직 그리스도로부터 온
사람이 아닙니다.(최익철 신부 옮김, 요한 서간 강해, p.163).

Mentiri turpe est. 거짓말하는 것은 고약한 일이다.

méntis acies vel apex méntis.
지성의 정곡(正鵠) 또는 예봉(銳鋒).

méntis agitátĭo. 정신활동(精神活動)

méntis compos. 이성을 가진

mentis cum rerum ordine conformatio.(=진리眞理)
정신 질서와 사물 질서의 일치(Gian Battista Vico).

méntis morbus. 정신질환(精神疾患)

méntis perturbátĭo. 정신적 혼란(精神的 混亂)

méntis suæ esse. 제 정신이다.
Sanun(=sanusne) es? 너 제 정신이냐?

mento, -ónis, m. 주걱턱(의 사람), 턱이 큰 사람

Mentor, -ŏris, m. Ulíxes의 친구, 어떤 금속 세공의 명인

méntŭla, -æ, f. (解) 음경(陰莖)

mentum, -i, n. (解) 턱(顎)

mentus ab extrinseco. 외부로부터의 공포(恐怖)

mentus ab intrinseco. 내부로부터의 공포(恐怖)

mĕo, -ávi, -átum, -áre, intr.
가다(חלך.אזל), 통과 갔다 하다, 산책하다.

mephítĭcus, -a, -um, adj. (mephítis¹)
독기(毒氣)를 품은, 악취(惡臭) 나는.

mephítis¹ -is, f. (땅 속 같은데서 나오는) 독기, 악취

Mephítis² -is, f. Hirpíni의 여신(女神)(독기를 품는다 함)

mera libertas. 완전한 자유(merus' 참조)

merácŭlus, -a, -um, adj. (merácus)
꽤 순수한, 혼합되어 있지 않은.

merácus, -a, -um, adj. (merus)
순수한, 다른 것이 섞이지 않은, 진짜의.

merális, -e, adj. (merus) 순수한 술의

mercábĭlis(mercális) -e, adj. (mercor) (돈으로) 살 수 있는

mercántĭa, -æ, f. (mercor) 상업, 거래(⑨ Business)

mercátĭo, -ónis, f. (mercor) 장사(⑨ Business.상업)
거래(去來.⑨ Business), 매매(賣買-팔고 삼).

mercátor, -óris, m. (mercor)
장사꾼(商人), 상인, 구매자(購買者), 사는 사람.

mercátor Pessimus. 비열한 밀매자

mercátórĭus, -a -um, adj. (mercátor)
상업의, 장사(상업)에 관한.
navis mercatória. 상선(商船), 화물선(貨物船).

mercátum, -i, n. (mercor) 시장, 상업

mercatúra, -æ, f. (mercor) 장사(⑨ Business.상업),
상업, 매매(賣買-팔고 삼), 무역, 거래(⑨ Business).
insto mercatúram. 장사만 열심히 하다/
Mercaturam exercere. 판매사업.

mercatúra et Clerici. 성직자와 장사(성직자는 영리적 영업이나
상행위가 금지되어 있고(Can. 286조), 평신도의 재산 관리, 보증서는 일,
약속어음, 차용 증서에 서명하는 것이 금지되어 있다(교회법 제285조 제4항)).

mercátus, -us, m. (mercor) 장사(⑨ Business.상업),
상업, 매매(팔고 삼), 판매(venditio, -ónis f.), 시장, 집회.

mercatus públicus. 공설시장(公設市場)

mercedárĭus, -i. m. 임금 지불자(賃金 支佛者)

mercédem appéllas. 너는 품삯을 요구한다.

mercedónĭus, -a, -um, adj. 월급 주는, 임금(급료) 지불하는
mercedonius mensis. 윤달(閏月, intercalaris mensis)

mercédŭla, -æ, f. dim. (merces) 박봉(薄俸), 가격
mercen(n)árĭus, -a, -um, adj. (merces)
　고용된, 품팔이의, 용병의, 매수된.
　m. 품꾼, 삯꾼, 노임 노동자, 용병(傭兵).
merces, -cédis, f. (méreo, merx) 임금(賃金, ⑨ Salary),
　품삯, 보수(報酬), 봉급(俸給), stips, stipis, f. 적은 봉급;
　급료(給料·봉급), 수업료(授業料), 뇌물(賂物), 값,
　대가(代價.⑨ Wage), 벌(⑨ Punishment), 손해(損害),
　이자(利子), 임대료(賃貸料), 이익(利益).
　Alendo opifici eiusque domui par sit merces necesse est.
　임금은 노동자와 그 가족의 생계유지를 위하여 충분한
　것이어야 한다.(1991.5.1. "Centesimus annus" 중에서)/
　Ecce in me quod ab initio audivi custodio, obtempero;
　pericula, labores, tentationes pro ista permansione
　sustineo: quo fructu? qua mercede? 처음부터 제가 들은
　것을 잘 지키고 순종했습니다. 이를 위해 저는 위험도,
　노동도, 유혹도 다 끝까지 견디어 냈는데, 그 결실은
　무엇이며 상급은 무엇입니까(최익철 신부 옮김. 요한 서간 강해. p.177)/
　ímproba merces. 품질이 나쁜 상품/
　Non hæc est quædam merces ad quam nos hortatur, ut
　in labore duremus. Quis dicitur merces ista? Vita æterna.
　우리로 하여금 고생 가운데 꿋꿋할 수 있도록 격려하는
　상급은 그런 것이 아닙니다. 이 상급은 무엇입니까?
　바로 영원한 생명입니다.(최익철 신부 옮김. 요한 서간 강해. p.179)/
　Si quis dixerit, justificatum peccare, dum intuitu æternæ
　mercedis bene operatur. 만일 누가 의화된 사람이 영원한
　상급을 바라면서 어떤 선행을 하면 그는 죄를 범하는
　것이라고 주장한다면, 그는 파문 받아야 한다.
　(트리엔트 공의회에서 정한 의화에 관한 법규 33조 중 31조).
　Sibimet merces industria. 근면함은 그 자체가 보상이다.
merces adventíciæ. 외래상품(merx 참조)
merces annua. 세금(稅金, taxa, -æ, f.),
　지불금(pensio, -ónis, f.), 집세(pensio, -ónis, f.).
Merces bonórum est cælum, cujus pulchritúdo est
infiníta. 아름다움이 무한한 천당은 선인들의 상급이다.
merces præmiumque virtutis. 덕(德)에 주어지는 상급
mercimónĭum, -i, n. (merx) 상품(商品), 화물(貨物),
　잡화, 상품매매, 장(많은 사람이 모여 물건을 팔고 사는 그러한 곳).
mercor, -átus sum -ári, dep., tr. (merx)
　사다(קנה.זבן), 사들이다, 장사하다, 매매하다(תבר),
　거래(去來)하다, 무역(貿易)하다.
　alqd mercor vitā. 무엇을 생명과 바꾸다.
Mercuriális, -e, adj. Mercúrius의, 상업에 종사하는,
　상업(무역) 협회원의, 서장시인문필인의, 수성(水星)의.
Mercúrĭus[1] -i, m. Júpiter와 Maja 사이에서 난 아들,
　웅변.상업.도둑.도로(道路)의 수호신(守護神),
　여러 신들의 심부름하는 신,
　사망자의 혼을 하계로 안내하는 신. (天) 수성(水星)
mercúrĭus[2] -i, m. (소나 말의) 덜미.
　("뒷덜미"와 "목덜미"를 통틀어 일컫는 말).
merda, -æ, f. 똥(대변), 배설물, 변(똥).
　lótĭum, -i, n. 소변(小便), 오줌.
merdáceŭs(=merdálĕus) -a, -um, adj. 똥칠한, 더러운
mere, adv. (merus) 순수하게, 순전히, 섞임 없이, 속임 없이
mereamur, 원형 mérĕo, -úi -rítum -ére, tr.
　[수동형 접속법 현재.
　단수 1인칭 merear, 2인칭 mereáris, 3인칭 mereátur.
　복수 1인칭 mereámur, 2인칭 mereámini, 3인칭 mereántur].
merénda, -æ, f. (méreo) 간식(間食), 곁두리(사이참. 샛밥),
　도시락, 점심(中食), 사이참(끼니 외에 참참이 먹는 음식. 곁두리.
　샛밥(끼니 외에 참참이 먹는 음식. 곁두리. 사이참).
merendárĭus, -i, m. (merénda)
　간식(間食) 모으는 사람, 거지, 걸인.
meréndo, -áre, intr. (merénda) 도시락 먹다,
　점심 먹다, 간식(사이참.샛밥.곁두리) 먹다.
merens, -éntis, p.proes., a.p. (méreo) 공로 있는,
　가치 있는(ικανός), (상, 벌을 받기에) 합당한,
　봉사(奉仕)하는, (남에게) 잘해주는.

mérĕo, -úi -rítum -ére, tr. 합당하다, 지당(至當)하다,
　받을 만하다, 받을만한 공적(功績)이 있다(일을 하다),
　…할 자격이(가치가) 있다, 마땅히 받다, 벌다,
　보수(報酬)로 받다, 저지르다, 공로(功勞) 세우다,
　…에 대해 (무슨) 일을 하다.
　merére pœnam(glóriam)
　벌(영광) 받을 일을 하다, 마땅히 벌(영광) 받다/
　óptime mereo de república. 국가에 대해 공훈을 세우다/
　si bene quid de te mérui.
　내가 너한테 공로 세운 것이 있다면.
mérĕo (stipéndia). 군인 봉급을 받다, 군에 복무하다
mérĕor, -rītus sum, meréri, dep., tr. = mérĕo
meretricábĭlis(=meretricárĭus) -e, adj. 창부의, 매음녀의
meretricátĭo, -ónis, f. (meretrícor)
　창녀 직업(娼女 職業), 매춘업(賣春業).
meretrícĭus, -a, -um, adj. (méretrix) 창녀의, 매음녀의,
　adv. meretrícĭe, adv. 창녀처럼.
meretrícor, -átus sum, -ári, dep., intr. 매음하다
měretrícŭla, -æ, f. (méretrix) 창녀, 매춘부(賣春婦)
měretrix, -ícis, f. 창녀(娼女), 매춘부(賣春婦)
měretrícis acúmina. 창녀의 간교(奸巧)
mergæ, -árum, f., pl. 농사용 삼지창(포크)
merges, -gĭtis, f. 곡식 단, 묶음
mergo, mersi, mersum, -ĕre, tr. (물에) 잠그다, 담그다,
　가라앉히다, 처박다, 억지로 들여보내다, 꽂다,
　내리누르다, 감추다, 숨기다, 보이지 않게 하다,
　빠지게(떨어지게)하다, 잠기게 하다.
　pass. mergi. 가라앉다, 침몰하다.
　Fluctuat nec mergitur. 흔들리지만 가라앉지는 않는다/
　Magnum periculum fuit, ne návis mergĕretur.
　배는 침몰될 위험이 컸다/
　mergi(se mergo) in voluptátes. 쾌락에 빠지다.
mérgŭlus, -i, m. 잠수조(潛水鳥)
mergus, -i, m. (鳥)
　(물새의 일종인) 아비(阿比), 잠수하는 새.
meribíbŭlusus, -a, -um, adj. 순 포도주 마시는
meridiális, -e, adj. (merídies) 남쪽의, 정오의, 남향의
meridiánus, -a, -um, adj. (merídies) 낮의, 정오의,
　남쪽의, 남향의. (天.地) 자오선의, 경선(經線)의.
meridiátĭo, -ónis, f. 낮잠(institcius somnus), 오수(午睡)
merídĭes, -ei, m. (médius[1]+dies)
　(제5변화의 명사는 merídies와 dies 만 남성이고 나머지는 다 여성이다.
　dies도 일정한 날짜를 표시할 때에는 여성명사가 된다.)
　낮(יום), 정오(medium dĭei), 남쪽(cancer, -cri, m.).
　[áquĭlo, aquilonis, m. 북쪽/auster, austri, m. 남쪽/
　meridies, meridiei, m. 남쪽/occĭdens, occidentis, m. 서쪽/
　oriens, orientis, m. 동쪽/septentrio, septentrionis, m. 북쪽/
　cæli regiones quatuor. 사방, 동서남북].
　hora tertia post meridiem. 하오 세 시에/
　mundi cardines. 사방 동서남북].
　in merídiem spectáre. 남쪽을 향해 있다/
　Leva oculos tuos et vide a loco, in quo nunc es, ad
　aquilonem et ad meridiem, ad orientem et ad occidentem.
　눈을 들어 네가 있는 곳에서 북쪽과 남쪽을,
　또 동쪽과 서쪽을 바라보아라(성경 창세 13, 14)/
　Portus in merídiem vergit. 항구가 남쪽을 향해 있다/
　prima horam ante meridiem. 정오 한 시간 전에/
　Redite huc circiter meridiem.
　(너희들) 정오쯤 여기에 다시 오너라!.
meridies calidus. 따뜻한 정오
merídĭo, -ávi, -átum, -áre, tr. (merídĭor, -ári, dep.)
　intr. (merídies) 낮잠 자다.
meridionális, -e, adj. (merídies) 남쪽의, 남방의
mérĭto[1] adv. (méritus)
　정당하게, 공로에 따라, 당연히(jure merito), 의당하게.
　Amittit merito proprium qui alienum appetit.(Phædrus)
　남의 것을 탐하는 사람은 의당 자기 것마저 잃는다.
mérĭto[2] -ávi, -átum, -áre, tr. freq. (méreo) 벌다,

수입을 올리다, 노임을 받다, 군대에 복무(服務)하다.
meritória, -órum, n., pl. 셋방, 셋집
meritórĭum, -i, n. 창녀의 방
meritórĭus, -a, -um, adj. (méreo) 돈벌이 되는, 세놓는,
   매음의, 매춘의, 공로 되는, 공효 있는, 상 받을 만한.
   meritória salutátĭo. 아부(阿附-남의 환심을 사기 위하여 알랑
   거리며 붙좇음), 아첨(阿諂-남에게 잘 보이려고 알랑거리며 비위를
   맞춤), 이해 타산적인 인사.
mérĭtum, -i, n. (méreo) 상벌, 당연한 보답.보수(報酬),
   공로(ἔρλον-선업), 공훈(功勳), 공덕, 선행, 덕(분), 덕택,
   은혜, 탓, 잘못, 죄, 공과(功過-공로와 과실), 행실, 값,
   가치(價値), 품질, 중요성, 근거, 이유, 봉급(俸給),
   [사실 meritum은 사전에서 인간이 인간이 잘했다고 그에 상응하는 보상을 요구할
   자격은 없다. 왜냐하면 인간은 자기의 모든 것을 하느님으로부터 받은 것이기
   때문이다. 그럼에도 불구하고 사람이 무엇인가 잘 했을 때 그 보상을 주시겠다고
   약속하셨기 때문에 그 보상을 하느님의 선물로서 기대할 수 있는 것이다.
   로마 8, 8~30. 백민관 신부 엮음, 백과사전 2, p.728].
   cum Deus cornat merita nostra, nihil aliud cornat quam
   munera sua. 하느님께서는 우리 공로의 화관을
   꾸미심에 당신 은총의 꽃을 이용 하신다/
   dandis recipiendisque meritis.
   서로 신세들을 입히거니 지거니 하며/
   De peccatum meritis et remissione.
   죄인들의 공로들과 구원에 대해서/
   Eos laudo, idque mérito.(is 참조) 나는 그들을 칭찬한다.
   그것도 의당 칭찬할 만해서 하는 것이다/
   Liber vítæ Meritorum. 가치 있는 삶(창조에 대한 인류의
   공동책임에 대해 다룸. Hildegard 1098-1179.9.17. 지음)/
   Majórem obtínuit honórem quam pro mérito.
   그는 공로에 비하여 너무 큰 영예를 차지하였다.
   [제1항에 비교급을 쓰는 동시에 quam 다음에 제2항으로 pro와 함께
   명사의 탈격을 쓰면 "즉 비교급=quam pro(abl.)가" "…에 비하여,
   …를 보아서는, 너무, 더, 지나치게"의 뜻이 있다/
   Majus prǽmium quam pro mérito.
   공로에 비해서는 너무 큰 상급/
   Ob mérita mea ómnibus carus sum.
   나는 나의 공로 때문에 모든 이에게 귀여움을 받는다.
   (원인이나 이유 특히 어떤 동기가 되는 이유를 표시하기 위하여서는
   전치사 propter나 ob와 함께 대격을 쓴다)/
   Oremus te, Domine, per merita sanctorum tuorum,
   quorum reliquiæ hic sunt, et omnium sanctorum:
   ut indulgere digneris omnia peccata mea. Amen.
   주님, 당신 성인들의 유해를 여기 모셨사오니,
   성인들의 공로와 또한 모든 성인들의 공로를 보시고,
   제 모든 죄를 너그러이 용서하소서. 아멘/
   Unicuique secundum meritum.
   각각 공로에 따라 상을 주신다(묵회서).
meritum causæ. 소송의 시비점(⑨ merits of case)
meritum Christi. 그리스도의 공로
meritum de condígno. (神) 보수적(報酬的) 공로,
   의당(宜當) 보상, 당연(當然) 보상.
   (정의에 의거하여 마땅히 상 받을 수 있는 권리를 내포하는 공로).
meritum de congruo. (神) 의합적(宜合的) 공로.
   간접(間接) 보상, 적합(適合) 보상.
   (하느님이 자유로운 자비와 약속과 성실성에서 인정해 주는 공로)
meritum hominis. 인간의 공로
mérĭtus, -a, -um, p.p., a.p. (méreo, méreor)
   공을 세운 공로 있는, 공로 있는, 합당한, 의당한, 정당한.
   iracundia merita. 당연한 분노(忿怒)/
   jure mérito. 의당히.
mĕro, -ónis, m. 술고래, 대주가, Ti. Cláudius Nero의 별명
meróbĭbus, -a, -um, adj. (merum+bibo)
   (물 타지 않은) 포도주를 좋아하는, 음주가의.
mĕrops¹ -ŏpis, f. (鳥) 벌 잡아먹는 새,
   깨 새("박새"의 잘못. 참새목 박새 과에 속하는 새의 총칭).
mĕrops² -ŏpis, m. Æthiópia의 왕, Clýmene의 남편
merósus, -a, -um, adj. (merum) 순수한 (음료 따위)
mersi, "mergo"의 목적분사(sup.=supínum)
mérsĭo, -ónis, f. (mergo) 물에 잠김, 잠수
merso, -ávi, -átum, -áre, tr., intens (mergo)
   물에 잠그다(들이 박다)
mersum, "mergo"의 목적분사(sup.=supínum)

merténsĭa asiátĭca, -æ, f. (植) 갯지치
meruisti, 원형 mérĕo, -ŭi -rĭtum -ére, tr.
   [직설법 현재완료. 단수 1인칭 merui, 2인칭 meruisti, 3인칭 meruit.
   복수 1인칭 meruimus, 2인칭 meruistis, 3인칭 meruerunt].
mérŭla, -æ, f. (鳥) 티티새(지빠귀), 지빠귀.
   (지빠귓과에 딸린 새를 통틀어 이르는 말).
meruléntus, -a, -um, adj. (merum)
   술 많이 마시는, 젖은, 씻은.
merúlĕus, -a, -um, adj. (mérula) 지빠귀(새) 빛깔의, 검은
mérum, -i, n. (sc. vinum) (merus)
   물 타지 않은 포도주, 순수한 포도주.
   culpátum vinum. 시어진 포도주.
mĕrus¹ -a, -um, adj. 아무 것도 섞지 않은, **순수한**,
   순전한, 물 타지 않은, 유일한, 뿐인, …에 불과한,
   참된(ἀληθής), 진정한, 완전한.
   acies mera. 강철(鋼鐵)/
   aurum merum. 순금(aurum ad obrussam)/
   mera libertas. 완전한 자유/ mero pede. 맨발로/
   merum bellum loqui. 전쟁 이야기만 하다.
Merus² -i, m. Indĭa의 산악지방
merx, mercis, f. (méreo) 상품, 물품, 화물, 나쁜 사람,
   고약한 사람, 짐스러운 것. merces adventíciæ. 외래상품.
mĕsa, -æ, f. 중간 치기
Mesæ Columna(⑨ Mesha Stone) 메사 비문석.
mesencéphǎlon, -i, n. (解) 중뇌(中腦)
mesentérĭcus, -a, -um, adj. (解) 장간막(腸間膜)의
mesentérĭcum, -i, n. (解) 장간막(腸間膜)
méses, -æ, m. 북북동풍
mesóchŏrus, -i, m. 합창대 선창자, 고용되어 박수치는 자
mesogástrĭus, -a, -um, adj. (解) 중복(中腹)의
mesogástrĭum, -i, n. (解) 중복부(中腹部), 위간막
mesoídes, -is, f. (音) 중음에 해당하는 현(絃)
mesolíthĭcus, -a, -um, adj. 중석기 시대의
mesométrĭum, -i, n. (解) 자궁 간막(子宮間膜)
mesonýctĭum, -i, n. 한밤중(nox intempesta), 심야.
Messaggio*(→이탈리아어.천주교 용어집. p.104) 교황 담화
Messiánĭcus, -a, -um, adj. 구세주의, 메시아의.
   Prophetiæ Messianicæ. 메시아 예언/
   vaticinium messianicum. 메시아에 관한 예언.
Messianismus, -i, m. 메시아니즘(⑨ Messianism)
Messías, -æ, m. (히브리어. ⑨ Messiah) 구세주,
   메시아(משׁיח.Χριστὸς.기름 바른 자), 그리스도.
   [단수. 주격 Messias, 속격 Messiæ, 여격 Messiæ,
   대격 Messiam, 탈격 Messiæ, 호격 Messia]
méssĭo, -ónis, f. (meto⁵) 걷어 들임, 추수, 수확(收穫)
messis, -is, f. (meto⁵) 추수(秋收), 수확(收穫),
   추수기(秋收者), 收穫期, 수확물(收穫物), 수익(收益).
   Messis quidem multa, operarii autem pauci.
   수확할 것은 많은 데 일꾼은 적다(성경 루카 10, 2).
messor, -óris, m. (meto⁵)
   걷어 들이는 사람, 수확자(收穫者), 추수자(秋收者).
messórĭus, -a, -um, adj. (messor) 추수인의, 추수에 관한
messui, "mĕto⁵"의 단순과거(pf.=perfectum)
messúra, -æ, f. 추수(秋收), 수확(收穫)
mesusa, -æ, f. 메수사(신명 6장 4-9절. 11장 13-21절의 문구('하느님은
   야훼 한 분뿐, 마음을 다하고 정성을 다하고, 온 힘을 쏟아 너의 하느님 야훼를
   사랑하라'는 하느님의 명령을 써넣은 양피지를 주머니에 넣어 몸에 지니고
   집 대문에도 써 붙인 것. 백민관 신부 엮음, 백과사전 2, p.732).
-met, partícula suffíxa. 바로, 꼭, 자신, 친히,(인칭대명사인칭 표시의
   지시대명사 ipse, ille 따위 꼬리에 붙여서 그 뜻을 강화함; tu만은 tútemet으로 함)
   e.g. egomet. 내 자신이, nosmet. 바로 우리,
   teipsum. 네 자신을, vosmetipos. 너희 자신을,
   vobismetipsis. 너희 자신에게.
meta, -æ, f. (cf. metor) 원추형, (원추형의) 푯말.표주.
   (경기장의) 회전표시 말뚝, 목표, 표적(標的), 과녁, 끝,
   종점(終點), 도착점, 결승점; 한계(限界), 한도(限度).
metábǎsis, -is, f. (修) 주제전이(主題轉移).
   (醫) 변증(變症), 병상전이(病狀轉移)
metábŏle, -es, f. (音) 음조변화, 어구전환(語句轉換)
metabolísmus, -i, m. (生) 신진대사, 물질교환

Métăbus, -i, m. Volsci족의 왕
metacárpus, -i, m. (解) 장골(掌骨-손바닥 뼈), 손바닥 뼈
metacéphălon, -i, n. (解) 후뇌(後腦)
metacísmus, -i, m. (=**mytacísmus**) M자의 반복 사용
metagénĕsis, -is, f. (生) 순정세대교번(純正世代交番)
metalépsis, -is, f. (修) 전유법(轉喩法)
metális, -e, adj. (meta) 원추형의, 피라미드형의
metallárĭus, -i, m. 광부(鑛夫)
metállĭca, -æ, f. (metállĭcus) 야금학(冶金學.冶金術)
metállĭcus, -a, -um, adj. (metállum) 금속의.
m. 갱부(坑夫.鑛夫), 광산 노동형을 받은 죄수,
형편없이 서투른 대목(大木).
metállĭfer, -ĕra, -ĕrum, adj. (metállum+fero)
광물이 나는, 대리석이 나는.
metallifóssor, -óris, m. (metállum+fódio) 광부, 갱부
metállum, -i, n. **금속**, **광물**, 대리석(석회암이 높은 열과 강한 압력을 받아 재결정한 암석), 보석, 유황, **광산**(鑛山).
damnáre in metallum. 광산 노동형에 처하다./
in metállum retrudéndus. 광산 중노동에 처해야할 (죄인)/
pecúnia, quæ ex metállis redíbat.
광산(鑛山)에서 나오던 (수입으로서의) 돈.
metamorphopsía, -æ, f. (醫)
변시증(變視症.물체가 이지러져 보이는 눈병).
metamorphósis, -is, f. 변형(變形), 변모(變貌),
변질(變質), 형태변화(形態變化), 변태(變態).
metáphŏra, -æ, f. (그리스어) ((修)) 풍유(諷諭),
전의법(轉義法. tropológĭa, -æ, f. 참조).
metaphórĭcus, -a, -um, adj. 은유의, 비유적인
metaphrásis, -is, f.
번역(תַּרְגוּם.飜譯), 직역, 축자역, 축어역(逐語譯).
metaphýsĭca, -æ, f. (哲) 형이상학(μεταφυσικα).
animal metaphysicum. 형이상학적 동물/
Disputátĭones metaphysicæ. 형이상학 토론집/
interitus metaphysicæ. 형이상학의 종말/
subjectum metaphysicæ est ens.
형이상학의 주제(대상영역)는 존재자다.
metaphysica essendi.
존재의 형이상학(獨.Metaphysik des Seins).
metaphysica generális. 일반 형이상학
metaphysica speciális. 특수 형이상학
metaphýsĭcus, -a, -um, adj. 형이상학적.
gradus metaphysicus. 형이상학적 서계(序階)/
Quæstiones in Metaphysicam Aristotelis.
아리스토텔레스의 형이상학에 대한 질문들.
metaplásmus, -i, m. (文法) 어형변화(語形變化).
(生) 원형질 중의 성형 부분(成形 部分).
metapódĭum, -i, n. 뒷발(pedes posteriores)
metástăsis, -is, f. ((修)) (화제의) 급변전.
((醫)) (암 따위의) 전이(轉移).
metatársus, -i, m. (解) 척골(蹠骨)
metathálămus, -i, m. (解) 시상후부(視床後部)
metathésis, -is, f. (修) 자위전환(字位轉換)
metathórax, -ácis, m. 곤충의 후흉(後胸)
metátĭo, -ónis, f. (metro) 경계확정(境界確定),
측량(測量.מָדַד), 관리의 숙소.
metátor, -óris, m. 경계 확정자(境界 確定者), 측정자,
지방으로 오는 군인.관리의 숙소를 마련해주는 사람.
metaxa, -æ, f. 생사(生絲.날실-삶아서 익히지 않은 명주실)
metempsychósis, -is, f. (그리스어.[영] Translation of Souls)
(哲) 영혼 이체, 윤회(輪廻), 윤회설(輪廻說-인간 영혼이 육신을 떠나 다른 육신으로 재생되는 과정을 영혼이 완전 정화될 때까지 되풀이한다는 것을 주장하는 교설… 윤회설은 죽은 후에 육신이 부활해 자기 영혼과 재결합한 다는 그리스도교의 교리와는 근본적으로 다르다. 백민관 엮음, 백과사전 2, p.734).
metencéphălon, -i, n. (解) 후뇌(後腦)
meteórĭa, -æ, f. 망각(妄覺-잊어버림, 獨 Vergessenheit)
meteorísmus, -i, m. (解) 고장(鼓腸)
meteorologicus, -a, -um, adj. 기상의, 기상학의
metéŏrum, -i, n. 유성(流星)
methódĭce, -es, f. 문법상의 방법론
methódĭcus, -a, -um, adj. 일정한 방법을 따른, 방법론적인.
Methodísmus, -i, m. 감리교(한국가톨릭대사전, p.247)
methódĭum, -i, n. 농담, 익살(남을 웃기려고 일부러 하는 우스운 말이나 짓)
methodología, -æ, f. 방법학, 방법론(方法論)
methodologia ad studĭum biblicum.([영] methodology of biblical studies). 성서연구 방법론.
méthŏdus(=**méthŏdos**) -i, f. (일정한 원칙에 의해
세워진) 방법, 방식, 교수법, 체계(體系).
Est autem hæc in methodis servandis varietas signum quoddam vitæ atque ubertas quædam([영] The variety in the methods used is a sign of life and a resource)
방법의 다양성은 생명력과 풍부한 자원을 보여주는 표지입니다.
méthŏdos, -i. f. 교수법(敎授法.methodus, -i, f.)
Methodus ad facilem historiárum cognitionem.
쉬운 역사 인식을 위한 방법(Jean Bodin 지음).
methodus allegorica. 우의적 해석(寓意的 解釋)
methodus distinctiónis. 구분의 방법(區分方法)
Methodus est bona. 방법이 좋다
methodus historica. 역사적 방법(歷史的 方法)
methodus morphologica. 성서의 형식 평가학.
(성서의 어떤 부분을 구성 분석해 기원을 발견하고, 그 역사적 발자취를 더듬어 성서의 평가를 내리는 학문…. 백민관 신부 엮음, 백과사전 2, p.55).
methodus positívus. 실증적 방법(實證的 方法)
methodus typica. 예형적 해석(豫形的 解釋)
meticulósus, -a, -um, adj. (metus) 두려운, 무서운,
소심한, 세심(細心)한, 꼼꼼한, (남에게) 까다로운.
métĭor, mensus(드물게 metítus) sum, metíri, dep., tr.
재다, 측량하다, 측정하다, 분배하다, 할당하다(חָלַק),
배당하다, 돌아다니다, 편력하다, 판단하다, 평가하다.
In te, anime meus, tempora mea metior.(고백록 11. 27)
내 영혼아, 결국 네 안에서 내가 시간을 재는 것이로구나.
metítor, -óris, m. (métior) 측량사(測量士)
mēto[1] -átum -áre, tr. 측량하다
mĕto[2] méssŭi, messum, -ĕre, tr.
추수(秋收)하다, 수확(收穫)하다, 곡식 거두다, 가을하다,
과일을 따다, 베다, 자르다, 살육(殺戮)하다.
Ut sementem feceris ita metes(Cicero). 뿌린 대로 거두리라.
metonýmĭa, -æ, f. (修) 전유(轉喩), 환유(換喩), 겸유법.
(겸유법兼諭法-죄하면 보통 죄악과 그 벌을 동일시: '온 예루살렘이 술렁거렸다' 에서 예루살렘시와 그 주민을 함께 생각하는 것 등, 한 단어를 그 내용의 일부 또는 그 겸인과 관계와 함께 표현하는 수사법. 백민관 신부 엮음, 백과사전 2, p.735).
metonýmĭcus, -a, -um, adj. 환유(換喩)의
metoposcópus, -i, m. 골상학자(骨相學者)
metor, -átus sum -ári, dep., tr. (meta)
측량하다, 경계를 정하다, 돌아다니다, 편력하다.
metréta, -æ, f. 통, 동이(질그릇의 한 가지) 용량(요한 2, 6),
포도주나 기름의 용량측정의 (희랍) 단위(약 40L).
métrĭca, -æ, f. 운율, 운율학.
métrĭcus, -a, -um, adj. 척도의, 운율의, 박자의.
De metrica arte. 운율론(베다 지음).
metrítis, -tĭdis, f. (醫) 자궁염(子宮炎)
Metrodórus, -i, m. Epicúrus파(派)의 철학자(c. 250. A.C.)
metromanĭa, -æ, f. 작시벽(作詩癖)
metrópŏlis[1] -is, f.
수도(首都), 본국, 주요도시, 중심지, 수도(도시) 대주교좌.
Metrópŏlis[2] -is, f. Thessália의 도시
metropolíta, -æ, m. (metrópŏlis[1]) 수도(首都)에 사는 사람,
수도 대주교, (동방교회) 대주교([영] Archbishop),
관구장([영] metropolitan, 어머니 μητρο+도시 πολις),
개별교회의 관구장(管區長).
Metropolita Provinciæ Romanæ.
로마 관구의 관구장 대주교(교황 직함).
metropolitánus, -a, -um, adj. (metrópŏlis[1])
수도의, 수도 대주교 소재지의.
m. 수도 대주교, (동방교회의) 수석 대주교.
metropolitana Ecclesia. 수도 주교좌 성당/
Metropoliticum. 수도 주교의 권한, 그 재판소.
metrum, -i, n. 척도(尺度), 미터([영] meter), 시격(詩格),
운율(韻律-詩文의 음성적 형식. 외형률과 내재율이 있음. 리듬 등).

M

in altitúdinem sex metrórum. 6미터 높이로/
Via erar longior ducenta metro. 길은 200m이상 길다.

metuenda voluntas. 두려운 의지

metuens, -éntis, p.prœs., a.p. 무서워하고 있는,
의구심(疑懼心)을 품고 있는, 염려(念慮)하는.
Nemo potest mortem metuens esse felix.
아무도 죽음을 두려워하면 행복한 자 될 수 없다.

metuere, 원형 **métŭo,** -ŭi (-útum) -ěre, (metus)
[명령법. 수동형 현재 단수 2인칭 metuere.
수동형 현재 복수 2인칭 metuimini,
　　능동형 현재 단수 2인칭 metue, 복수 2인칭 metuite].
Verum metuo malum. Noli metuere : una tecum bona,
mala tolerabimus. 나는 재앙이 정말 두렵다. 두려워 말
아요. 좋은 일도 궂은일도 당신과 함께 견뎌낼 테니까요.

métŭla, -æ, f. dim. (meta) 작은 삼각주, 피라밋

métŭo, -ŭi (-útum) -ěre, (metus)
tr. 무서워하다, 두려워하다, 공포심(恐怖心)을 갖다,
　망설이다, 서슴다, 주저(躊躇)하다, 겁내다.
　(interr., indir.) 의혹을 품다, 겁내며 의심스러워하다.
intr. 두려워(무서워)하다(יתב.תתב.גתב), 겁내다,
　걱정하다, 염려(念慮)하다, 경외(敬畏)하다.
Galliæ motum exspecto. Gallia 봉기(蜂起)를 걱정하다/
Nemo est qui te non metuat, nemo qui non oderit.
　당신을 두려워하지 않는 사람은 아무도 없소.
　또 당신을 미워하지 않는 사람도 아무도 없소/
Párentes metuunt filiis. 부모는 자식들을 염려 한다.

metus. -us, m. 공포(恐怖).⑨ terror.獨 die Furcht),
무서움, 두려움, 不安(獨 die Angst), 협박(脅迫)
근심, 공포의 대상, 무섭게 하는 것, 경외심(敬畏心).
curā metu relevári. 걱정과 공포에서 벗어나다/
De morte voluntaria ob metum pœnæ sive dedecoris.
　처벌이나 치욕이 두려워 자결 하는 죽음.(신국론. p.2742)/
defenso metus. 공포를 물리치다/
Est metus ægritudo futuri mali.
　장차 올 악에 대한 두려움 (역시) 하나의 병이다/
exuo metum. 공포(恐怖)를 몰아내다/
In metus revólvor. 나는 다시 공포에 휩싸인다/
incutio *alci* metum. 누구에게 공포심을 일으키다/
injicio metum *alci*. 누구에게 공포심을 일으키다/
Metu legum teneri. 법이 무서워하지 못하다/
Nemo pius est, qui pietatem metu colit. 두려움으로
　신앙심을 가꾸는 사람은 결코 경건한 사람이 아니다/
Sunt qui, quod sentiunt, etsi optimum sit, tamen invidiæ
metu non audeant dicere.(Cicero).
　자기가 느끼는 바가 최선의 것임에도 불구하고
　남의 질시가 두려워 감히 말 못하는 사람들이 있다/
torpěre metu. 공포에 질려 실신하다.

Metus est instantis vel futuri periculi causa mentis
trepidatio. 겁 또는 공포는 눈앞에 닥친 혹은 앞으로
　닥칠 위험을 감지해 마음이 불안한 상태를 말한다.

metus grávis.(⑨ terror.獨 die Furcht) 극심한 공포

Metus hostium recte dicitur et cum timent hostes et
cum timerentur. 적병들의 두려움(metus hostium)이라는
　말은 적들이 두려워할 때에도(주어적 속격) 적들이 두려움
　을 줄 때에도(목적어적 속격) 둘 다 제대로 쓰인다.

metus injustus. 부당한 공포(恐怖), 부당한 협박

metus justus. 정당한 공포, 정당한 협박

metus revěrentiális. 존경심으로 인한 공포

meus, -a, -um, pron., poss. (m. voc. s.g. mi, meus)
1. 나의, 내 소유의, 나에게 속한, 내 소관의, 나와 관계
되는: nomen meum abséntis. 결석 중인 내 이름.
2. (친밀.호의 따위 표시) 나의 사랑하는, 내 친구의.
3. 나로서 자유로이 하는, 자립할; 정신의: Meus
ab alqo recéssi. 나는 아무한테서 자유로이 물러섰다/
nisi plane esse vellem meus. 온전히 내 마음대로
하고 싶다고 가정하지 않는다면. 4. (명사적 용법)
1) m., pl. (s.g.는 드물게만) 내 가족(식구.친구.동료
.동포.부하). 2) f., s.g. (a) voc.(여자들 회화에서

친밀.아양.경탄歎歟 따위 표시의 상대방 호칭):
mea(혹 mea tu) 얘 글쎄. (b) abl. (비인칭 동사
ínterest, refert '관계된다, 문제가 된다, 중대한 일
이다…'에서 관계되는 인칭 표시): Id meā ínterest.
그것은 내게(나와) 관계되는 일이다.
3) n., s.g. 내 특징(표.이름.본분.의무; 내 것.차지
.소유.재량); pl. 내 것(재산): de meo. 내 것 (중)
에서; 내 생각(말)에서/ Omnĭa mea mecum porto.
나는 나의 온재산을 지니고 다닌다. (라틴-한글사전. p.524).
Dominus meus, Deus meus. 나의 주님, 나의 하느님/
Id meā ínterest. 그것은 나에게 관계 된다/
Id mea mínime refert.
　그것은 내게 조금도 대단한 것이 못 된다/
In manus tuas, domine, commendo spiritum meum.
　주님의 손에 내 영혼을 맡기나이다/
injússus meo. 내 명령 없이/
Meo beneficio cives salvi fuerunt.
　내 덕택으로 시민들이 구원되었다/
meum casum doleo. 나의 불행을 슬퍼하다/
Meum casum luctumque doluerunt.
　그들은 내 불운과 비탄(悲嘆)을 두고 괴로워하였다/
Meum est, línguæ Latínæ studére.
　라틴어를 공부하는 것은 나의 본분이다/
Meum mihi placebat, illi suum.
　내게는 내 것이, 그에게는 자기 것이 마음에 들었다/
Meum recéptas fílium ad te.
　너는 내 아들을 너한테 자주 드나들게 한다/
meum studíum erga salutem et incolumitatem tuam.
　너를 안전하고 무사하게 하려는 나의 노력.

소 유 대 명 사

meus mea meum(나의, 내)	noster nostra nostrum(우리의)
tuus tua tuum (너의, 네)	vester vestra vestrum (너희의)
suus sua suum (자기의)	suus sua suum (자기들의)
ejus (그의, 그 여자의, 그것의)	eórum eárum eórum(그들의)

N.B. 소유대명사는 형용사의 제1.2변화 제1식 대로 변화 한다
　다만 예외로서 noster의 제1변화의 m.(남성) 단수 호격만은 mi(또는 간혹 meus) 이다.
　suus sua suum은 재귀적 소유 대명사이고 ejus ect.는 지시대명사의
　속격으로서, 그저 3인칭의 소유주를 표시한다.
　　　　　　　　　　　　　　　(한동일 지음. 카르페 라틴어 1권. p.139)

Meus honor est honor universalis Ecclesiæ.
　전체 교회의 영예가 나의 영예이다.

Meus honor est fratrum meorum solidus vigor.
　내 형제들의 견고한 세력이 나의 영예이다.

meus ignis. 내 사랑

M.G.H. =Monumenta Germaniæ historica,
　게르마니아 그리스도교 문헌.

M.H.S.I. =Monumenta historica Societatis Iesu,
　예수회 역사 문헌.

Mi, voc. s.g., m. (meus) = mihi

Mi frater, mi frater, ego tibi irascere, tibi ego
possem irasci? 내 아우야, 내 아우야, 내가 너에게 화를
　냈다니? 아니 내가 너한테 화를 냈을 성싶으냐?.

miásma, -átis, n. (醫) 장기(대기 속에 있는 전염병 독)

mica, -æ, f. 부스러기, 작은 조각; 소량(小量), 작은 식당

micans, -ántis, p.prœs., a.p. (mico)
　펄떡거리는, 빛나는, 반짝(번쩍)이는, 불꽃 튀는.

micárĭus, -i, m. (mica)
　부스러기 줍는 사람, 절약하는 사람.

Micat sidus. 별이 반짝인다(mico 참조)

micatum, "mico"의 목적분사(sup.=supínum)

micátus, -us, m. (mico) 번쩍임

micavi, "mico"의 단순과거(pf.=perfectum)

miccĭo, -íre, intr. (염소가) 울다

Michæas, -æ, f. (히브리어 Micah) 예언자 미카, 미케아.
　('누가 야훼와 견줄 수 있느냐?'의 뜻).
　Liber Michæas. 미카서, 미케아서(구약 小예언서 중 제6서).

Michǽl, Michǽlis, m.(히브리어) 미카엘(누가 천주와 같으냐의 뜻.
　축일 9월29일).(다니엘서 10,13; 10,21; 11,1; 12,1; 유다서 1,9; 요한 묵시록 12,7)

mĭco, -cŭi(cávi) (-átum) -áre, intr. 파르르 떨다, 흔들거리다,

날름거리다, 꿈틀거리다, 펄떡거리다, 탁탁 튀며 타다, 불꽃이 튀다, 깜빡거리다, 번쩍이다, 반짝이다.
Artériæ micant. 맥(脈)이 뛴다/
Linguis micat ore trisulcis.
뱀이 입에서 세 갈래 혀를 날름거린다/
Micat sidus. 별이 반짝인다.
microcóccus, -i, m. (生) 미구균(微球菌), 구상세균
microcósmos(=**microcósmus**) -i, m. 소우주(小宇宙)
Micrologus, -i, m. 미크롤로구스 미사경본.
　[11세기 분도회 수사였던 콘스탄스의 베르놀드가 쓴 전례해설서로 중세 때 큰 성공을 거두었다. 이 해설서는 로마 전례의 관점에서 미사, 사계 대재의 날, 전례주년을 다룬다. 이 책은 근대 우의적 해석을 이용하여 당시에 사용되었던 전례 실천에 관해 유익한 정보를 제공한다].
microphonīum, -i, n. 송화기(送話機)
micropsýchos, -i, m. 소심한 사람
microscópīum, -i, n. 현미경(顯微鏡)
microsprángīum, -i, n. (植) 소포자낭(小胞子囊)
míctīo, -ónis, f. (mingo) (醫) 오줌 눔, 이뇨, 배뇨(오줌을 눔)
mictio involuntária. 야뇨증(夜尿症)
mictórīus, -a, -um, adj. (mingo)
오줌을 배설케 하는, 이뇨(利尿)의.
mictuális, -e, adj. (mingo) 이뇨(利尿)의
mictúrīo, -íre, intr., desiderativum.
소변보고 싶다, 오줌 마렵다.
mictum, "mingo"의 목적분사(sup.=supínum)
mictus, -us, m. (mingo) 배뇨(排尿), 오줌 눔
mīcui, "mico"의 단순과거(pf.=perfectum)
mícŭla, -æ, f. dim. (mica)
작은 부스러기, 작은 부분, 작은 조각.
Midas, -æ, m. Górdius의 아들, Phrýgia의 왕.
　(그의 손에 닿는 것은 모두가 금으로 변했다는 전설로 유명함).
Olim Midas deo dicit: "Da mihi contactum aureum!"
Deus dicit: "Tibi præmium dabo. Contactum aureum tibi
dabo" Midas erat lætus. 한번은(olim) 미다스가 신에게
말하였다. "나에게 황금 촉각(만지기만 하면 황금이 되는
촉진법)을 주소서!". 신이 대답하였다. "너에게 상급을 내
리겠노라. 황금 촉각을 그대에게 주리라." 미다스는 기뻤다.
midia communicátiónis sociális. 대중매체(영 Mass media)
mígdīlix, -ícis, adj. 두 언어의
migma, -ātis, n.
혼합물, 혼합사료, 여물(짚이나 풀을 말려서 썬 마소의 먹이).
migrantes, -íum, m., pl. 이민(영 emigrátĭon/migrátĭon).
Migrantes et participatio Eucharistiæ.(영 Migrants and
participation in the Eucharist). 이민과 성찬례 참석.
migrátīo, -ónis, f. (migro) 이사, 이주, 이동(移動),
이전(移轉), 이민(移民.영 emigrátĭon/migrátĭon).
migro, -ávi, -átum, -áre, intr., tr.
이사하다, 이주(移住)하다, 이전하다, 이동하다,
운반(運搬)해가다, 옮기다, 어기다, 위반(違反)하다,
hæc mea sunt; veteres migrate coloni. 이건 내 땅이다. 옛
소작인들은 이사 가거라(성 염 지음, 사랑만이 진리를 깨닫게 한다, p.433)/
Et persevera in ambulando, ut pervenias; quia quo
tendis, non migrabit. 목표에 도달하도록 꾸준히 걸어
가십시오. 그대가 향해 가는 목표는 옮겨 다니지 않을
것입니다.(최익철 신부 옮김. 요한 서간 강해. p.207)/
migravit de hac luce. 이 세상에서 옮겨갔다(비문에 사용).
migro ex(de) vitā. 죽다
mihi, pron. person., dat. (ego) 내게.
Deest mihi opera. 나는 틈이 나지 않는다/
dentes labefacio mihi.
　(누가 나를 때려서) 이들을 흔들리게 하다/
Desunt mihi libri. 나에게는 책들이 없다/
Dic, quæso, mihi quid faciant isti.
　저자들이 뭘 하고 있는지 제발 좀 말해줘요/
Ego mihi placui. 나는 내 자신에 대견했다/
Est mihi liber. 내게 책이 있다/
Filĭam tuam mihi posco uxórem.
　당신의 딸을 저의 아내로 삼게 해주십시오/
est mihi tanti subíre.

그것은 참아 받을만한 값어치가 내게는 있다/
Géstiunt mihi pugni. 나는 주먹이 근질근질 한다/
Hanc nisi mors mihi adimet nemo. 죽음이 아니고서
는 아무도 이 여자를 내게서 **뺏어**가지 못할 것이다/
Haud mihi déero.(desum 참조) 잘해 보겠다/
Hoc est mihi solátĭo. 이것은 내게 위로가 된다/
Hoc mihi laudi est. 이것은 내게 칭찬이 된다/
id quod mihi máxime libet.
　가장 내 마음에 드는 그것(libet 참조)/
In mente est mihi dormire. 나는 자려고 한다/
Lóquere tuum mihi nomen. 네 이름을 대라/
Ne quis audeat mihi adversari.
　누구도 감히 내게 덤비지 말아라!/
Noli imputare vanum beneficium mihi.
　아무 것도 아닌 것을 가지고 내게 생색내지 마라/
Non libet mihi deploráre vitam.
　나는 인생을 슬퍼하고 싶지 않다/
Placeat tibi dare mihi hunc librum.
　이 책을 제게 주시기 바랍니다.
Plato mihi unus instar est centum mílium. (instar 참조)
　Plato 한 사람이 내게는 마치 만명과 같다/
Quæso parcas mihi. 나를 용서해 주기를 네게 청 한다/
Quam tu mihi navem narras?
　너는 어느 배라고 단언(斷言)하는 거냐?/
quibus autem satis est, non mihi, sed Deo mecum
gratias congralutantes agant. Amen. Amen.
　넉넉하다고 보는 사람은 내게 감사할 것이 아니라
　나와 함께 기뻐하면서 하느님께 감사드릴 일이다.
　아멘, 아멘.(신국론 끝부분. 교부문헌 총서 17, 신국론. p.2731)/
Quocum mihi est magnus usus.
　내가 많이 관계하는 그 사람/
Quod misero mihi denique restat?
　불쌍한 나에게 결국 뭐가 남아 있느냐?/
Rátum mihi est. 나는 인정 한다/
Redeumdum est mihi. 나는 돌아가야 한다/
Rémigrat ánimus mihi. 내가 정신이 다시 든다/
Res mihi arriserat. 일이 내 마음에 들었다/
Si amas me, obsequere mihi.
　네가 나를 사랑한다면 나에게 복종 하여라/
Sis mihi lenta veto. 제발 내게 무관심하지 말아 달라/
Tecum mihi discordia est.
　너하고 나하고는 의견이 맞지 않는다/
Tecum mihi res est. 나는 너하고 (해결해야) 할 일이 있다/
Venit(impers.) mihi in mentem *alcjs*.
　나는 누구 생각이 난다/
Venter mihi non respóndet. 나는 속이 좋지 않다.
Mihi a téneris, ut Græci dicunt, unguículis es cógnitus.
　희랍인들의 말대로, 나는 너를 어릴 때부터 안다.
mihi ob oculus versatur. 내 눈앞에 닥치다
Mihi *alqs* mínime displicébat.
　아무가 내 비위에 조금도 거슬리지 않았다.
Mihi ausculta. 내 말을 들어라(내 말대로 해라)
Mihi ausculta; vide, ne tibi desis. 너는 내 말 좀
　듣고, 스스로 불리함을 초래하지 않도록 주의하여라.
Mihi bíbere decrétum est aquam.
　나는 물을 마시기로 했다.
Mihi crede(credite) 내 말을 믿어라.
Mihi dolet. 나는 아프다
Mihi enim vívere Christus est et mori lucrum.
(VEmoi. ga.r to. zh/n Cristo,j kai. to. avpoqanei/n ke,rdoj)
(영 For to me life is Christ, and death is gain)
　사실 나에게는 삶이 곧 그리스도이며 죽는 것이 이득
　입니다(성경 필리피 1, 21)/나에게는 그리스도가 생의 전부
　입니다. 그리고 죽는 것도 나에게는 이득이 됩니다
　(공동번역 필립비 1, 21)/사실 나에게는 사는 것이 곧 그리
　스도이고 죽는 것이 이익입니다(200주년 신약성서).
Mihi es alter ego. 너는 나에게 또 다른 나이다.
(ille alter eram. 다른 그였던 나).

M

Mihi est nomen Marcus.(Marco) 나의 이름은 마르코이다.
[인명을 동반하는 nomen(이름, 성 또는 본관)이나 cognomen(성, 별명) 등을 인칭대명사의 여격과 함께 쓰게 되면 동격으로서의 그 인명은 인칭대명사의 격을 따라서 여격으로도 쓸 수 있다. 허창덕 지음, 문장론에서]

Mihi ex ánimo éxui non potest, esse deos.
신들이 있다는 생각(확신)을 나는 버릴 수 없다(exuo 참조).

Mihi fecístis(⑨ You did it to me).
너희가 바로 나에게 해 준 것이다.

Mihi hic liber legendus est. 나는 이 책을 읽어야 한다

Mihi hoc consílium captum est. 나는 이 계획을 세웠다

Mihi ignóscas, quod ad te scribo tam multa.
너한테 이렇게 긴 편지 쓰는 것을 용서해주기 바란다.

Mihi ista excíderant. 나는 그 말들을 잊었었다

Mihi libet. 마음에 든다.
Facite, quod libet. 너희 마음대로 하여라.
[당위성을 나타내는 비인칭 동사의 단문인 경우 의미상의 주어가 주격으로 나온다. 그러나 보통 일종의 복문을 이루어 부정사나 대격 부정법문이 문장상의 주어가 된다. me decet. 합당하다 / me dedecet. 합당치 않다 / me oportet. 해야 한다. 성 염 지음, 고전 라틴어. p.273].

Mihi licet. 가하다.[Mihi libet 참조].
Non omnia licent nobis.
우리에게 무슨 일이나 가한 것은 아니다.

Mihi manebat solatíum. 내게는 위로가 남아 있었다.

Mihi, ne abscedam, imperat.
그는 나에게 떠나지 말라고 명한다.

Mihi nomen est Gaius. 내 이름은 가이우스올시다.
[소유여격dativus possessivus은 sum 동사와 더불어 쓰이며, 사물의 소유자를 여격으로 지칭한다. 성 염 지음, 고전 라틴어. p.396].

Mihi non libet augurari.[Mihi libet 참조].
나는 점치는 것이 싫다.

Mihi ob oculos versatur. 내 눈앞에 닥치다

Mihi obtinget sors. 나는 당첨될 것이다(obtingo 참조)

Mihi omnia contingant. 모든 것이 이루어지리라

Mihi opus est libris. 나에게는 책들이 필요하다

Mihi persuasum est.(=Persuasum est mihi)
나는 확신하고 있다(과거분사는 가끔 과거에 이루어진 어떤 행동의 결과로서 남겨진 상태를 표시하기도 한다. 그래서 타동사의 수동형 및 탈형동사의 단순과거 완료는 현재의 상태를 표시하는 뜻을 가지는 때가 있다).

Mihi præscribe quid faciendum sit!
무엇을 해야 할지 내게 지시하시오!.
[타동사의 상당수는 대격으로 나오는 직접 목적어(…을 더불어)와 더불어 간접 목적어(…에게)를 여격으로 갖는다. "주다, 맡기다, 지시하다" 등의 수여동사verba dandi와 일부 전치사(ad, ante, cum, de, ex, in, inter, ob, post, sub, super)와 합성된 동사의 여격 목적어를 함께 볼 수 있다. 성 염 지음, 고전 라틴어. p.391].

Mihi puero lucius sodális datus est.
Lucius는 내 소년시절의 벗이었다.

mihi quæstio factus sum,
et ipse est languor meus. 내가 나에게 의문거리가
되었나이다. 나 자신이 나의 번뇌(煩惱)로소이다.

mihi, qui a te proximus sum. 너 버금가는 내게

Mihi salutem imperii adjudicávit.
그는 나라를 구한 공(功)을 나에게 돌렸다.

Mihi viderís esse æger. 나한테는 네가 앓는 것 같이 보인다.

Mihi videtur fore, ut linguam Latinam bene discas.
나는 네가 라틴어를 잘 배울 것으로 생각한다.

Mihi videtur te pænituisse erratí tui.
내게는 네가 네 잘못을 뉘우친 것 같이 보인다.

Mihi visi estis domo egressuri esse.
내게는 너희들이 집에서 나가려는 듯이 보였다.
[인칭적으로 활용된 연계동사로서의 vidéri는 다른 동사의 부정법을 주격으로 지배한다. 그러므로 'esse+분사' 또는 용장활용의 부정법에 있어서는 그 분사들은 주격명어이 규칙대로 주어의 성, 수를 따르는 주격으로 써야 하는 것이다. 이런 경우의 부정법에서는 가끔 조동사 esse없이 주격의 분사만 쓰는 수가 있다. 허창덕 지음, Syntaxis Linguæ Latinæ. p.333).

Mihi vívĕre est Christus(필리피 1, 21)
(VEmoi. ga.r to. zh/n Cristo.j kai. to. avpoqanei/n ke,rdoj)
(獨 Denn Christus ist mein Leben, und Sterben ist mein Gewinn) (⑨ For to me life is Christ, and death is gain)
사실 나에게는 삶이 곧 그리스도이다(성경 필리피 1. 21)/
나에게는 그리스도가 生의 전부입니다(공동번역)/
사실 나에게는 사는 것이 곧 그리스도이다(200주년 기념 신약성서).

Mihíne id fecísti. 나 때문에 너는 그것을 하였느냐?

Milánĭon, -ónis, m. Atalánta의 남편(황금 사과를 던져 Atalánta와의 경주에서 승리함으로써 그를 아내로 삼게 됨).

mile = mille. n., num., indecl. 천(千.1,000)

miles, -lĭtis, m.(f.) 군인(στρατιώτης), 병정, 전사, 보병, 병졸, 군대, 일반병사, 장기의 졸, 친위병, 신병.
f. 초산모, M- f. Diána 여신의 동료이며 사냥꾼인 요정.
argentáti mílites. 은 방패를 가진 병사들/
ascriptívi mílites. 보충병(補充兵)/
Distribuo milites in legiónes. 군인들을 각 군단에 배치하다/
Dividĕre prædam per milites.
노획품을 군인들에게 고루 나누어주다/
Nec dux militibus, nec milites duci fidebant.
장군은 병사들을, 병사들은 장군을 믿지 않고 있었다/
Enchiridion militis christiáni.
그리스도 군인의 소교본(Erasmus작. 1504년)/
exerceo mílites in alqā re. 군인들에게 무엇을 훈련시키다/
Hic, milites, aut vincendum aut moriendum est.
병사들이여, 여기서 우리는 승리하거나 죽거나 둘 중의 하나다/
impius miles. 불측한 군인 놈/
In eo erat, ut milites vulnerati morerentur.
부상당한 군인들은 바야흐로 죽어가고 있었다/
In subsidium míttere mílites. 구원병을 보내다/
insigníti milites. 군기 호위병(軍旗 護衛兵)/
Largitione redimo mílitum voluntátes.
관대함을 보여 군인들의 환심을 사다/
Liber de laude novæ militiæ. 새로운 군대를 찬양하는 책/
milites ægre sunt retenti, quin óppidum irrumpĕrent.
군인들이 도시로 진입하는 것을 막을 수가 없었다/
Milites alius alíum occidit. 군인들은 서로 죽였다.
[alter(또 하나의)나 alius(다른)를 포개어 쓰되, 격을 달리 하여야 한다]/
milites belli prudéntes. 전쟁에 노련한 군인들/
Milites defessi acriter et audacter pugnaverunt.
군인들은 (지칠 대로) 지쳤지만 맹렬하고 저돌적으로 싸웠다/
Milites defessi rem in posterum diem distulerunt.
군인들은 지쳐서 일을 다음날로 연기했다/
Milites fortes se recipere noluerunt.
용감한 군인들은 후퇴하고 싶어 하지 않았다.
milites fracti membra labore.
수고로 말미암아 사지가 아주 지쳐버린 군인들
(시문이나 문학적인 산문에는 그리스 말을 본 따서 제한 탈격 대신에 대격을 쓴 것이 있다. 그리스 대격은 제한 탈격 대신에 약간의 타동사의 수동형, 과거분사, 또는 재귀대명사 등에 써야 할 제2객어로서의 탈격 대신에도 쓰는 수가 있다. 허창덕 지음, Syntaxis Linguæ Latinæ. p.134)/
Milites inter se cohortantur.
군인들은 서로 격려(激勵)하고 있다/
Milites jussi sunt proficisci.
군인들은 출발하라는 명령을 받았다/
milites laxióre império habeo.
사병들을 덜 엄하게 다루다/
Milites nostri gessérunt bellum, quod pátriæ periculosíssimum erat. 우리나라 군인들이 전쟁을 하였는데, 그 전쟁은 우리나라에 대단히 위태로웠다.
(위태로운 전쟁이었다)라틴어의 관계문을 우리나라 말로 번역할 때 주문부터 먼저 번역하여 선행사를 다시 반복하여 번역하기도 한다)/
Milites nostri hostes armis nudant(privant)
우리 군인들은 적군을 무장해제 시킨다(orbáre, priváre, nudáre의 동사에 있어서는 '빼앗는 사람'이 직접객어가 되고, '빼앗기는 물건'은 탈격으로서 제2객어가 된다. 이러한 탈격을 분리 탈격이라 한다. 우리말로는 이 제2객어가 직접객어의 번역되는 것이며 라틴어의 직접객어는 "아무에게서, 아무의" 등으로 번역되는 것이다).
Milites opus sunt tibi. 네게는 군인들이 필요하다/
Milites Roma Athenas venerunt.
병사들은 로마로부터 아테네로 왔다/
Milites Roma(domo, rure, ex oppido, Athenis) properaverunt. 병사들은 로마로부터(집에서부터, 시골로부터, 마을로부터, 아테네로부터) 급히 떠났다/
Milites urbem cepérunt et eam delevérunt.
=**Milites urbem captam delevérunt.**
군인들은 도시를 점령하고 그것을 소멸시켜 버렸다/
militum curæ. 군인 사목(⑨ military cáre)/
militum laborem. 병사의 수고를 덜어주다/
Nunc hāc parte, nunc illā mílites educébat. 그는 군인들을 이편으로 이끌고 갔다 저편으로 이끌고 갔다 하였다/

ornaménta étiam legióni, nedum míliti, satis multa.
군단에게도 과하지만 더구나 일개 사병에게는 너무 과한 장식/
pleríque milites. 대다수의 군인들/
Sumus imparáti cum a milítibus, tum a pecúniā.
우리는 군대도 돈도 준비되어 있지 않다/
Urbs a militibus custodītur.
도시가 군인들에 의해서 수비되고 있다/
Vel imperatóre vel mílite me utímini.(utor 참조)
나를 지휘관으로든 졸병으로든 써 달라/
Virtute nostri mílites superabant.
우리 군인은 용기(勇氣)가 훨씬 많다.
miles aquátum egressus. 물을 길으러 나간 병사
miles Christi. 그리스도의 군사
Miles cum saucio brachio ferre telum non posset,
pugna excessit. 그 병사는 팔에 상처를 입어 창을 들 수가
없었으므로 전투에서 물러섰다.
Miles gladio latronem occidit
군인은 칼로 강도(強盜)를 죽였다.
(수단부사어는 무엇을 하기 위하여 사용하는 도구, 연장, 수단 따위를
표시하는 부사어이다. 수단으로 사용되는 것이 사람 이하의 물건인
경우에는 그냥 탈격을 쓴다. 이런 탈격을 수단 탈격이라고 한다.)
miles gregárĭus. 병졸(兵卒), 사병(士兵)
Miles impedivit ne oppidum ab hostibus caperetur.
그 병사는 마을이 적들에 의해 점령되지 않도록 가로막았다.
Miles infíxit gládium hosti in pectus.
군인은 적군의 가슴을 검으로 찔렀다.
Milésĭæ, -árum, f., pl. (sc. fábulæ) 음담패설(淫談悖說)
mílĭa, -ĭum, n., pl. (mille) 수천, 2천 이상의 천 단위 수(數).
cum duóbus mílibus équitum. 이천 명의 기병과 함께.
(복수 mília는 cubília와 같이 변화한다. 그리고 이것은 중성 명사로
사용되기 때문에 복수 속격 명사의 부가어를 요구한다.)
duo mília équitum. 이천 명의 기병, 기병 이천 명/
tria mília équitum et trecént(=tria mília trecénti équites)
3300명의 기병(騎兵)/
ultra quadraginta mília hóminum. 사만 명 이상.
miliácĕus, -a, -um, adj. (mílium) 조(粟)의
miliáre, -is, n. 마일(哩)
miliárĭus, -a, -um, adj. 조(粟)에 관한
milies, adv. 천 번, 1천 번[몇 번? 혹은 몇 배를 묻는 질문에 대답하여
횟수 또는 배수를 말하는 부사이다. semel 한 번, bis 두 번, ter 세 번,
decies 열 번, centies 백 번, milies 천 번 등이 자주 쓰인다.
mílĭo(=míllĭo) -ónis, m. (鳥) 솔개, 소리개("솔개"의 잘못)
Militantis ecclesiæ, 성 가니시오 베드로 300주기(1897.8.1.)
militarí(in castris, rei militaris) usum habére.
군사에 대한 큰 경험을 갖다.
militárĭa, -ĭum, n., pl. (militáris) (軍) 군무, 군사훈련
militáris, -e, adj. (miles) 군인의, 군대의, 군인이 하는,
군인에 알맞은, 군인다운, 군의, 군사의.
m.(pl.) 군인, adv. miliáriter, 군대식으로(miliárĭe)
militaris ætas. 군복무 연령(보통 18세부터 46세까지).
Vos, quibus militaris ætas est, mecum capessite rem
publicam!. 여러분은 군복무 나이에 해당하는 사람들로서,
나와 더불어 정치생활에 착수하시라!.[capessere rem publicam:
정치생활에 발을 들여놓다. 성 염 지음. 고전 라틴어. p.413]
militaris via. 군사 도로
militárĭus, -a, -um, adj. (miles) 군인의, 군대의, 군사의.
adv. miliárĭe, 군대식으로(miliáriter).
Cimon habebat magnam prudentiam cum juris civilis
tum rei militaris. 키몬은 국법에도 군사에도 뛰어난
지혜를 갖추고 있었다[성 염 지음. 사랑한의 진리를 깨달게 한다. p.475).
milítĭa, -æ, f. (miles) 병역, 군무; 군대시절, 전쟁, 출병,
군대, 무용, 용맹, 군대계급, 친위대 직무, 힘든 일.
De laude novæ militiæ. 새 군대를 칭송함(1128년)/
detrectáto militiæ. 징집기피(徵集忌避)/
domi militiæque. 집에서나 군대서나, 평화 시나 전시나/
militiæ(gen.) 군복무시에, 군대에 있을 때에/
imbútus rudiméntis milítiæ. 군대의 기본훈련을 받은/
Militiæ genus amor est. 애정이란 일종의 결투이다.
(도치법:amor est genus militiæ. 성 염 지음. p.86.)
Militĭa Aurea. 금군훈장(교황 훈장 중 하나)

Militĭa est vita hominis super terram.
인간의 지상생활은 싸움이다.
Militĭa immacŭlatæ. 원죄 없으신 성모 기사회,
성모 기사회(→원죄 없으신 성모 기사회. 참조)
militĭa immunis. 병역이 면제된
militia injusta aut inæqualis.
불의하거나 혹은 불공정한 군복무.
militĭa Jesu Christi. 예수 그리스도의 군대
(도미니꼬 수도회의 재속 3회의 전신. 이탈리아에서 13세기경 열심한 신자들이
도미니꼬회의 신심생활과 사도적 심정을 본뜨기 위해 부인들이 중심이 되어
도미니꼬회의 지도를 받으며 조직한 속죄회. 백민관 엮음. 백과사전 2. p.754).
militíŏla, -æ, f. dim. (milítia) 단기 군복무
mílĭto¹ -ávi, -átum, -áre, tr. (miles)
군인 노릇을 하다, 군대에 복무하다, 싸우다.
Militat omnis amens.
(연애에 빠진) 연인은 누구나 전투를 치르고 있다.
mílĭto² -ónis, m. 군인(軍人.στρατιώτης); 선수
militum curæ. 군인 사목(軍人 司牧.⑨ military cáre)
militum laborem. 병사의 수고를 덜어주다
militum præfecti. 장교(將校).
mílĭum, -i, m. (植) 조(粟)
mille, n., num., cardin. indecl. 千(1,000), 다수의, 무수한,
(천 단위의 수에서는 num. cardin.로 쓰는 것이 원칙이나 명사적으로 쓰는
수도 있음. 이 경우에는 다른 명사의 gen., pl.를 동반함. 2천 이상의 천
단위는 millia(milia) 이며 역시 다른 명사의 gen., pl.를 동반함).
In Monte Ararath, passio sanctorum martyrum decem
millia crucifixorum.
아라랏 산에서 십자가에 죽은 만 명 순교자들/
Nicomediæ sanctorum decem millium martyrum qui
pro Christi confessione gladio percussi sunt.
그리스도 신앙 때문에 칼로 목 베임을 당한
니코메디아의 만 명의 순교자들.
mille équites. 천 명의 기병, 기병 일천 명
mille pássuum intermísso spátio.(intermitto 참조)
1000 passus의 간격을 두고.
millefolia, -æ, f. (= millefolĭum, -i, n.)
(植) 오이 풀, 서양 가새풀.
millefórmis, -mŏdus = millifórmis, -mŏdus
millenarismus, -i, m. 천복년설, 천년 지복설,
천년 왕국설(⑨ Millenniálism/Millenarianism).
millenárĭum, -i, n. 천년의 기간
millenárĭus, -a, -um, adj. 천의, 천단위의, 천을 포함하는
milleni, -æ, -a, num., distrib. (mille) 천씩의, 천마다의.
millénnĭum, -i, n. 천복년(千福年), 천년기
millésĭma, -æ, f. 천분의 일
millésĭmus, -a, -um, num., ordin. (mille)
천 번째의, 제1천. adv. millésĭmum.
milliárĭi, -órum, m., pl. (神) 천복년설(千福年說)
milliárĭum, -i, n. (milliárĭus) 천의 수를 포함한 것,
(國道의 1,000 passus마다 세운) 이정표석(里程標石).
milliárĭus, -a, -um, adj. (mille)
천을 갖고 있는, 천개가 있는.
míllĭe(n)s, adv., num. 천 번, 천배, 수없이
millifórmis, -e, adj. (mille+forma) 수많은 모양의
millímŏdus, -a, -um, adj. (mille+)
수많은 모양의, 천태만상(千態萬象)의.
míllĭo = mílĭo, -ónis, m. (鳥) 솔개, 소리개("솔개"의 잘못)
millus, -i, m. 사냥개의 목도리
miltítes, -æ, f. (鑛) 혈석(血石).⑨ bloodstone)
miluína, -æ, f. 강탈(強奪=강제로 빼앗음), 탐욕(貪慾)
miluínus, -a, -um, adj. 소리개의, 강탈적인, 탐욕적인.
f. 강탈, 탐욕(貪慾.⑨ Concupiscence/Gluttony)
mílŭus, -i, m. (鳥) 솔개, 소리개("솔개"의 잘못),
탐욕자, 강탈자, ((魚)) (바다의) 날치.
milva, -æ, f. 암 소리개, 암 솔개, 탐욕적인 여자
milvínus = miluínus
mílvĭus(=milvus) -i, m. (=mílŭus)
(鳥) 솔개, 소리개("솔개"의 잘못), 탐욕자, 강탈자.
Mílyas, -ādis, f. Lýcia의 북부지방
mīma, -æ, f. (mimus) 춤추는 소년, 무희, 희극 여배우

M

Mimallónes, -um, f., pl. Bacchus 신의 여신도들
mimárĭus, -a, -um, adj. 무언극의, 무언극 배우의; 광대극의
Mimas, -ántis, m. Iónia 해안의 산, 거인의 이름
mimiámbi, -órum, m., pl. 삼음장단격의 풍자 희극시
mímĭcus, -a, -um, adj. (mimus) 흉내 내는, 익살광대의, 익살극의, 풍자 희극의, 모조(模造)의, 가짜의, 위장된.
Mimnérmus, -i, m. Cólophon의 희랍시인(c. 560 A.C.)
mimógrăphus, -i, m. 풍자 희극작가(喜劇作家)
mimología, -æ, f. 목소리 흉내 내기, 희극(戲劇)
mimólŏgus, -i, m. 풍자 희극배우(喜劇俳優)
mimósa, -æ, f. (植) 미모사, 함수초(含羞草)
mimŭla, -æ, f. dim. (mima) 춤추는 작은 소녀, 풍자 희극여배우(諷刺 喜劇 女俳優).
mimŭlus, -i, m. dim. (mimus) 풍자 희극배우
mīmus, -i, m. 풍자 희극배우(喜劇俳優), 익살광대, (주로 흉내와 춤으로 된) 익살극, 풍자희극, 웃음거리 이야기.
min?(=mihíne?) 내게 말이냐?
mĭna, -æ, f. 고대 희랍의 중량 또는 화폐단위(루카 19, 13~25), 말라붙은 젖. (보통 pl.로) 돌출한 부분, (간혹) 위협, 협박.
mina ovis. 배의 털이 닳아빠진 양(羊)
minácĭæ, -árum, f., pl. (minax) 위협(威脅), 협박(脅迫)
mĭnæ, -árum, f., pl. 성의 흉벽(胸壁), 첨탑(尖塔), 총안(銃眼), 협박(脅迫), 위협(威脅), 공갈, 양심의 가책, 회한(悔恨-뉘우치고 한탄恨歎 함).
Minæ Clódii módice me tangunt.
*Clódius*의 위협은 내 마음을 그다지 흔들지 않는다.
Minari divisóribus, rátĭo non erat(ratio 21 참조)
득표공작금 배부자들을 협박한 것은 미련한 짓이었다.
minátĭo, -ónis, f. (minor[1]) 협박, 위협(威脅), 공갈
minátor, -óris, m. (minor[1]) 협박자, 위협자, 가축 몰이꾼
minax, -ácis, adj. (minor[1]) 높이 솟아 있는, 돌출한, 뛰어난, 위협적인, 협박적인, 공갈하는. m. 협박자.
minax scópulus. 위태로운 암초
mínctĭo, -ónis, f. (mingo) 오줌 눔, 소변 봄, 배뇨(排尿)
minctum, "mingo"의 목적분사(sup.=supínum)
minctúra, -æ, f. (mingo) 오줌 눔, 소변 봄
míněo, -ěre, intr. 돌출하다, 우뚝 솟아있다
minerális, -e, adj. 광물의. mineralia. 광물.
Corpora autem mineralia habent generationem occultam in visceribus terræ. 그런데 광물들은 땅의 최고로 깊은 곳에 보이지 않게 생성되었다(김춘오 옮김, 신학대전 9, pp.230~231).
mineralogía, -æ, f. 광물학(鑛物學)
Minérva[1] -æ, f. 로마의 재능.지혜의 여신(女神).
invítā Minerva. 자연법칙(질서)에 어긋나게, 순리를 거슬러.
minérva[2] -æ, f. 재능(才能.[영] Talents), 지혜(חָכְמָה.σοφία.[영] Wisdom), 양모(羊毛) 길쌈.
minérval, -ális, n. 수업료, 선생님에게 드리는 선물
Minérvĭum, -i, n. Minérva 여신(女神)의 신전
mingo, -minxi -mi(n)ctum -ěre, intr. 소변보다, 오줌 누다.
Vir prudens non contra ventum mingit.
현명한 사람은 바람을 거슬러 소변보지 않는다.
miniácĕus, -a, -um, adj. (mínium) 진사(辰砂)의
miniánus, -a, -um, adj. (mínium) 진사(辰砂)를 바른
miniárĭus, -a, -um, adj. (mínium) 진사(辰砂)의.
f. 진사(辰砂) 광산.
miniátŭlus, -a, -um, adj. dim. (miniátus) 좀 붉게 물들인
miniatúra, -æ, f. ((miniátus)) (양피지 따위에 세밀하게 그려진) 작은 화상, 삽화; 미세화법(微細畵法).
miniátus, -a, -um, p.p.(mínio)
진사(辰砂)로 붉게 물들인, 주홍색 칠한.
minĭme, adv. 아주 조금, 가장 적게, 조금도 아니, 결코 아니, 절대로 아니.
homo minime resípiens pátriam.
자기 고향 냄새가 전혀 풍기지 않는 사람/
Id meā mínime refert.
그것은 내게 조금도 대단한 것이 못된다.
Minime(=Minime gentium/ Minime quidem/ Minime vero) 절대로 아니다. [의문문의 문장을 반복하는 대답이 아니고, 간결한 답변이면 위와 같은 부사어를 써서 부정으로 답한다. Nequaquam 절대 아니다. Non. 아니다. Nullo modo. 결코 그렇지 않다. 긍정 답변은. Certe. 확실하다/ Perfecte. 당연하다/ Sane. 그렇고말고/ Utique. 물론이다. 성 염 지음, 고전 라틴어. p.285].
minime gentĭum. 원 천만에, 절대로 아니(nullo pacto)
Minime quidem. 절대로 아니다.
Minime sibi quisque notus est. 사람은 자기를 모른다, 누구든 자기한테는 거의 알려지지 않는 법.
Minime vero. 절대로 아니다.
minĭmum[1] adv. (mínimus) (=mínime) 조금, 아주 적게.
ne minimum quidem. 조금도 아니.
minĭmum[2] -i, n. (mínimus) 극히 작은 분량, 최소한도.
mínimis rebus deos insero.
하찮은 일에 신들을 개입시키다/
quam minimum témporis. 아주 짧은 시간.
minĭnus, -a, -um, superl. adj. (parvus) 제일 작은, 최소의, 미소한, 가장 나이 어린, 최연소의, 막내의.
ex mális eligo mínima.
여러 악 중에서 최소의 악을 택하다/
Minima de mális. 악한 것들 중에서 덜 악한 것을 택하라/
minima natu trĭum sorórum. 여자 삼형제 중 막내 동생/
minima soror. 막내 누이동생/
minima unitas. 최소한의 일성/
minimis rebus deos insero. 하찮은 일에 신들을 개입시키다.
minimus natu. (셋 이상 중에서) 최연소자
minĭo[1] -ávi, -átum, -áre, tr. (mínium)
진사(辰砂)로 붉게 물들이다, 주홍색으로 바르다.
Mínĭo[2]-ónis, m. 남부의 Etrúria의 강
minister[1] -tra -trum, adj. (minor[2])
섬기는, 봉사하는, 시중드는.
minister[2] -tri* m. (minister[1]) **하인**, 종, 시종(侍從), 심부름(시중)하는 사람, 봉사자([영] Minister. 獨 Ministranten), 후원자, 선교사(宣教師.[영] Missionary), 직무자([영] Minister), 조수, 거들어 주는 사람, 조력자, 장관, 대신, 직무자, 종교 예식 거행자, 제관, 신부, 교역자([영] Minister), 사제(그리스어 "πρεσβυτερος"에서 유래), 복사(服事(ὑπòδειγμα.servitor missionarii et Missæ), **성사 수여자(집행자)**. (가) 몇몇 수도회의 부원장, (가) 미사의 주례자를 도와주는 시자(부제).
De vocatione ad statum sacerdotalem et sacrum ministerium. 사제직과 사목직에 대한 성소에 대하여/
epistola ad quondam ministrum.
어느 봉사자 형제에게 보낸 편지/
honesta clericorum aliorumque ministrorum sustentatio.
성직자들 및 그 밖의 교역자들의 합당한 생활비/
ministri Dei. 천주의 사자(선유의 천주사상과 제사문제, p.105)/
Ministri respondent: 봉사자들은(복사들이) 응답 한다/
Ministrorum Institutio. 성직자 양성(교황의 2013.1.16. 자의교서)/
Postea alternatim cum Ministris dicit sequentem.
그 다음에 복사들과 번갈아 다음의 시편 구절을 부른다/
Sacri ministri. 시중 성직자, 거룩한 봉행자/
naturæ ministrum esse et non artificem magnum.
대자연의 하인이지 대자연을 마음대로 조종하는 술사가 아니다(성 염 옮김, 피코 델라 미란돌라, p.142).
minister a vinis. 술 창고지기
Minister celebrátĭónis Eucharistiæ.([영] Minister of the celebrátĭon of the Eucharist). 성체성사의 집전자.
minister extraordinárĭus S. Communiónis distribuendæ* 성찬 봉사자(→聖體 分配者)
성체 분배자([영] Extraordinary minister of holy communion.獨 Kommuniohelfer).
minister extraordinárĭus. 비정규 집전자
minister generális moderátor supremus*
총원장(總院長.[영] supreme Moderátor).
minister generális.
총장(Rector Magnificus), 프란치스코 수도회 총장.
minister licitæ ordinátĭónis. 가합한 집전자
minister locális. 지원장(支院長)
minister omnium. 만인의 봉사자

minister ordinárĭus. 정규 집전자

minister ordinátĭónis＊

성품 주는 이, 서품자(→ 성품聖品 받는 이).

minister principalis(Primarius). 제1차적 봉행자

minister provinciális. 관구장(＠ metropolitan)

minister sacer 거룩한 교역자(敎役者)

minister sacræ ordinátĭónis. 서품 집전자

Minister sacramenti pænitentiæ est solus sacerdos.

참회성사의 집전자는 사제뿐이다(Can. 965).

Minister, seu circumstanstes respondent:

alioquin ipsemet Sacerdos: 봉사자 혹은 회중은 대답한다.

그렇지 않다면 사제 자신이 직접 한다.

minister validæ ordinátĭónis. 유효한 집전자

Minister Verbi divini. 말씀의 봉사자, 설교자,

그리스도의 말씀을 전파하는 사람, 사도들, 제자들.

ministeria extraordinaria. 이례적 교역

(사제가 부족하여 교회가 필요로 하면 남녀 평신도들을 보충하여 직무를
수행할 수 있는 교역으로 말씀의 전례 사회, 전례 기도의 사회, 세례 집전,
성체분배, 자격 갖춘 증인으로서의 혼인주례, 본당 사목의 위임 등이 있다.)

Ministeria quædam, 소품과 차부제품에 관한 개혁,

교역직무, 몇 가지 교역(교황 바오로 6세 1972.8.15. 자의교서).

ministeria sacra. 성무집행(聖務執行.＠ sacred ministry)

ministeria temporanea. 임시적 교역(모든 평신도 남녀가 맡을

수 있는 교역을 말한다. 이 교역은 전례를 통해서 교역의 수여를 하지는
않는다. 고로 이 위임은 법적이거나 공식적인 것은 아니다.)

ministeriális, -e, adj. (ministérĭum) 봉사의, 시중드는,

보좌(補佐)의, 도와주는, 심부름하는, 도움이 되는,

수단이 되는, 교역자의, 성직자의, 종교예식을 집행하는,

신하의, 장관의, 행정 직무의. m. 왕실 측근 시종.

ministérĭum＊ -i, n. (minísterⁱ) 시중, 심부름, 교직,

봉사(奉仕.διακονία.＠ service); 봉사직무, 봉사직,

근무(勤務), 집무(執務), 사무(事務), 직분, 직책(職責),

직무(παꝗ.διακονία.λειτουργία.＠ Ministry),

국가 행정부서; 장관직, 시중드는(심부름하는) 사람,

봉사자(奉仕者), 집무자(執務者), 성직(聖職).

Apostoli vero non dubitaverunt quin mature cum aliis

ministerium apostolatus communicarent.(＠ The apostles

were not slow to share with others the ministry of

apostleship) 사도들은 머지않아 사도직의 봉사 직무를 다른

이들에게 나누어주었습니다(1979.10.16. "Catechesi tradendae" 중에서)/

De ministerio sanctorum Angelorum, quo providentiæ

Dei serviunt. 하느님의 섭리에 이바지하는,

거룩한 천사들의 봉사.(교부문헌 총서 17, 신국론, p.2776)/

Identitas ministerii sacerdotis(＠ Identity of priestly

ministry sacerdotis). 직무 사제직의 정체성/

In Dei hominisque ministerium.

하느님과 인류에 대한 봉사(1996.3.25. "Vita Consecrata" 중에서)/

in ministerium mitti. 직무를 위해 파견됨/

Ministerii caritatis hodiernis in socialibus adiunctis

structuræ multiplices.(＠ The multiple structures of

charitable service in the social context of the present

day) 오늘날의 사회 환경에서 사랑의 봉사의 다양한 구조/

Ministerĭórum disciplina, 직(職) 수여식(1972.12.4. 교령)/

non ad sacerdotium, sed ad ministerium. 사제직을

수행하기 위해서가 아니라 오직 봉사하기 위하여/

omnibus clericis positis in ministerio.

성직에 임명된 모든 성직자(가톨릭 신학 제9호, p.179)/

Quæ iumenta et uehicula bene intelleguntur adiutoria

esse diuina per cuiusque generis ministeria Dei, uel

angelica uel humana. 여기 나오는 가축과 수레는

신적 보우(保佑)라고 이해하는 것이 옳고, 천사든

인간이든 하느님을 받드는 갖가지 직무를 통해 이

保佑가 드러난다.(교부문헌 총서 17, 신국론, p.2365)/

unitátis mĭnisterĭum, 일치의 직무(1964.11.21. 반포)/

Utrum angeli in ministerium mittantur. 천사들은 직무를

위해 파견되었는가.(in ministerium mittere 를 이렇게 번역했다.

ministerium은 '봉사'의 의미를 포함하고 있으므로 이 의미가 강조되는
경우에는 '봉사'로 번역한다. 이상섭 옮김, 신학대전 14, p.413)/

ministerium angelorum. 천사들의 직무

Ministerium ecclesiasticum.(＠ officium Ecclesiasticum)

(＠ Ministry of the Church.獨 Kirchliches Amt).

교회 직책, 교회 직무.

Ministerium Episcopi valetudini consulens.

보건 분야에서 주교의 직무.

Ministerium gubernandi(＠ Ministry of governing).

다스리는 직무.

Ministerium magistrorum theologiæ moralis.(＠ The

service of moral theologians) 윤리 신학자들의 봉사.

ministerium ordinátum. 성품 교역

ministerium pastorale. 사목적 봉사,

사목직(司牧職.＠ pastoral ministry),

사목(＠ cáre of souls/pastoral cáre.-사목과 사목직은 유효

하게 서품 된 사제만 수행할 수 있다. Can. 150조.900조.965조.1003조).

ministerium petrinum. 베드로의 직무

ministerium presbyterale. 신부 직무

ministerium reconciliationis(＠ ministry of reconciliation)

화해의 임무(2고린 5, 18).

ministerium sacerdotales. 사제 직무

Ministerium sacerdotis(＠ Ministry of the priest).

사제의 직무.

Ministerium sacramentorum. 성사(聖事) 직무

ministerium sacrum 거룩한 교역

Ministerium sanctificandi(＠ Ministry of sanctifying).

거룩하게 하는 職務(임무).

ministerium verbi.(＠ ministry of the word) 말씀의 교역

ministerium verbi divini. 설교 직무

minístra, -æ, f. (minister²) 하녀, 잔심부름하는 여자,

시녀, 거드는 여자(조수), (제사의) 여제관,

초대 그리스도 교회의 여자 집사, 여장관(행정관리)

minístrans, -ántis, m. (minístro) 복사(ὑπόδειγμα),

(미사 따위 예식에서) 주례자 시중드는 사람(소년).

minístrátĭo, -ónis, f. (minístro) 근무(勤務), 사무, 집무,

봉사(διακονία.＠ service), 일(ἔργον.＠ work),

직무(παꝗ.διακονία.λειτουργία.＠ Ministry),

활동(＠ Activity.獨 Aktivität), 성사집행(거행).

minístrátor, -óris, m. (minístro) 하인, 심부름꾼,

제사의 보좌인, 소송 배석인; 변호사, 고문, 부제.

ministri Dei. 천주의 사자(선우의 천주사상과 제문론, p.105)

Ministri respondent: 복사들이 응답 한다

ministri Sacri. 성직 봉행자, 시중 성직자(대미사 때의 부제)

minístro, -ávi, -átum, -áre, intr., tr. (minister¹)

시중들다, 섬기다(ᠠᠠ᠊), 봉사하다, 음식을 차려 주다,

상 심부름하다, 돌보다, 보살피다, 관리하다, 다스리다,

(선약 따위를) 조종하다, 주다, 수여하다, 공급하다,

alci bíbere ministro. 누구에게 술을 따라 권하다/

an ille qui ministrat. 시중들며 섬기는 이/

an qui ministrat. 시중들며 섬기다/

Cœna ministratur pueris. 아이들에게 저녁상을 차려준다/

sacraméntum ministro. 성사를 주다(거행하다).

minitabúndus, -a, -um, adj. (mínitor)

협박(脅迫)하는, 강요(强要)하는, 억지의.

mínĭtor, -átus sum, -ári, dep., intr., tr. (minor¹)

자주 위협(威脅)하다, 협박(脅迫)하다, 공갈하다.

mínĭum, -i, n. (鑛) 진사(辰砂), 주사(朱砂). (化) 연단(鉛丹)

mínĭus¹ -a, -um, adj. 주홍색의

Mínĭus² -i, m. Lusitánia의 강

minjung theologia(＠ Minjung theology). 민중 신학

mĭno, -ávi, -átum, -áre, tr. 가축을 소리 질러 몰다

Minóis, -ĭdis, f. Minos의 딸(+Ariádne)

mĭnor¹ -átus sum, -ári, dep., intr., tr. (minæ)

솟아 있다, 높다, 돌출(突出)하다, 닥치다, 임박하다,

위협(威脅)하다(ᠠᠠᠠ), 협박(脅迫)하다, 공갈하다,

강요(强要)하다, 호언장담(豪言壯談)하다, 큰소리치다.

Minaberis plebi?. minaberis tribuno?.

당신이 평민을 위협하려는가? 호민관을 위협하려는가?.

minor²(m.,f.), minus(n.), gen. -óris, adj., comp. (parvus)

더 작은, (둘 중에서) 작은 편의, 나이가 아래인, 소(小)….

a minori ad majus. 작은 것에서 큰 것을/

755

impedimentum gradus minoris. 경급의 장애/
minóris. 더 싸게, 더 헐하게(팔다.사다).
minor, -óris, m., f. 후배, 미성년자(⑨ minor)
minor filius. 작은아들
minor mundus. 소세계(小世界)
minor natu. 나이 어린 자, 동생(ἀδελφὸς), 아우, 연소자
minor natu duórum. 아우(ἀδελφὸς).
    Num custos fratris mei sum ego?(창세 4. 9)
    (⑨ Am I my brother's keeper?)
    내가 뭐 내 아우나 지키는 사람입니까?(성경. 공동번역).
minor (quam) novem annos natus. 아홉 살 이하
minorátĭo, -ónis, f. (minóro) 감소(減少)
minorátus, -us, m. (minor²) 열등의 위치, 천한 신분
Minores fratres. 작은 형제들
minoríst̆a, -æ, m. 하급 성직자, 소품자
minorítæ, -árum, m., pl. 프란치스코회 수사들
minorít̆as, -átis, f. (다수에 대한) 소수(少數)
minóro, -átum, -áre, tr. (minor²) 작게 하다, 줄이다
Mīnos, -óis, m. Zeus와 Európa 사이의 아들
Minotáurus, -i, m. 몸뚱이는 사람이고 머리는 소(牛)인
    괴물(Creta섬의 미궁 깊숙한 곳에 갇혀 있다가 Théseus에 의해 살해됨).
míntr̆io, -íre,(=mintro, -áre) intr. 쥐가 찍찍거리다
Mintúrnæ, -árum, f., pl. Látium의 도시
minuátim, adv. 조각조각으로, 조각으로
minum… V. minim…
mínŭo, -ŭi -útum -ěre, intr., tr. (minus¹) 작게 하다,
    감소시키다, 줄이다, 덜다, 축소(縮小)하다, 감퇴시키다,
    깨뜨리다, 부수다, (나무를) 패다, 하락시키다, 제한하다,
    깎아 내리다, 약화시키다, 제한하다, 진정시키다,
    가라앉히다, 뿌리 뽑다, 침해하다, 그만두다, 포기하다.
    Zelus et iracundia minuit dies et ante tempus senectam
    adducit cogitatus. 질투와 분노는 수명을 줄이고
    걱정은 노년을 앞당긴다.
minurítĭo, -ónis, f. (새들의) 재갈거림
minúr(r)ĭo, -íre, intr. (새들이) 재갈거리다
minus firmæ méntis. 심신박약자(心神薄弱者)
minus¹ -óris, n. (minor²) 더 작은 것
minus² adv., comp. (minus¹)
    1. 덜, …만 못하게, …보다 적게.
    altare minus. 작은 제대, 옆 제대.
        (백민관 신부 엮음, 백과사전 3. p.495)/
    multo minus. 훨씬 덜, 매우 적은/
    non minus… quam. …보다 못지않게.
    2. (전혀) 아니, si minus. 그렇지 않다면/
    sin minus. 반대의 경우에는. [라틴-한글 사전. p.527].
    De duobus malis, minus est semper eligendum.
    두 가지 악 가운데 언제나 작은 편을 택해야 한다.
minus atque minus. 점점 덜
minus efficio. 성과를 덜 거두다(성과가 좋지 않다)
Minus ergo sumus felices quam illi qui viderunt et
audierunt? 우리가 직접 보고 들은 사람들보다
    덜 행복하다는 것입니까?
minus esse. 존재의 감소, 덜 존재함(성 아우구스티노는
    하느님께 나아감을 '더 낮게 존재함milius esse'으로 인간 자아에 집착하는 것을
    '덜 존재함'으로 규정한다. 교부문학 총서 16. 신국론. p.1492).
Minus indignum fuit non vincere quam vinci.
    승리하지 못하는 일은 패배 당하는 일보다는
    덜 부끄러운 일이었다.[성 염 지음. 고전 라틴어. p.202].
minus minúsque. 점점 덜
minus (quam) novem annos natus.
    아홉 살 미만, 아홉 살 이하의, 아홉 살이 채 못 된
Minus pars dimídia hóminum cæsa est.
    반수 이하의 사람들이 살해되었다.
minus quam. …보다 덜
minus³-a, -um, adj. 털 빠진
minuscuárĭus, -a, -um, adj. 자그마한, 소량의, 소액의
minúscŭlus, -a, -um, adj. dim. (minor²) 꽤 작은,
    작은(ⴱ.μικρὸς.ὀλίγος), 왜소한. (文法) 소문자의.
minusculus, -a, -um, adj. 꽤 작은

minútal, -ális, n. 잡채(雜菜), 고기잡채
minutális, -e, adj. (minútus)
    작은(ⴱ.μικρὸς.ὀλίγος), 약한, 보잘 것 없는.
    n., pl. 대단치 않은 물건(것).
minutátim, adv. (minútus) 작은 조각으로, 잘게,
    조금씩, 부분적으로, 분할하여, 자세히.
minúte, adv. (minútus) 적게, 조각을 내서,
    부분적으로, 부스러기로, 조금씩, 분할하여, 자세히.
minútĭa, -æ(=minútĭes, -éi) f. (minútus)
    부스러기, 미세한 조각; 가루.
    pl. 사소한 것(일), 대단치 않은 것.
minutilóquĭum, -i, n. (minútus+loquor) 자세한 이야기
minútim, adv. 잘게, 작은 조각으로, 면밀하게
minútĭo, -ónis, f. (mínuo) 감소(減少), 감축(減縮)
minutívus, -a, -um, adj. 작게 하는, 감소시키는
minúto, -áre, freq., tr. (mínuo) 감소시키다
minútor, -óris, m. (醫) 사혈 시술자(瀉血 施術者)
minútŭlus, -a, -um, adj. dim. (minútus)
    매우 작은, 보잘 것 없는, 천한.
minútum, -i, n. (minútus) 작은 것(조각.부분),
    (시간의) 분(分, momentum primum.-옛날에는 한 시간의
    10분의 1이었으나 지금은 60초의 분으로 통용됨)/
    secundum-³i, m. 초(秒)/hora, -æ, f. 시간.
Minútum, -i, n. 렙톤(Lepto. 그리스어), 돈 한 잎(푼),
    그리스, 로마 시대의 동전. 1as의 8분의 1로서 무가치한 돈.
    Et cum venisset una vidua pauper, misit duo minuta,
    quod est quadrans. (kai. evlqou/sa mi,a ch,ra ptwch. e;balen
    lepta. du,o(o[evstin kodra,nthj) (⑨ A poor widow also
    came and put in two small coins worth a few cents)
    그런데 가난한 과부 한 사람이 와서 렙톤 두 닢을
    넣었다. 그것은 콰드란스 한 닢인 셈이다(성경 마르 12. 42)/
    가난한 과부 한 사람은 와서 겨우 렙톤 두 개를 넣었는데
    이것은 동전 한 닢 값어치의 돈이었다(공동번역).
minútus, -a, -um, p.p., a.p. (mínuo) 세분(細分)된, 잔,
    작은(ⴱ.μικρὸς.ὀλίγος), 자잘구레한, 사소한, 짧은,
    얼마 안 되는, 짤막짤막한, 소심한, 하찮은, 경미한,
    천한, 값싼. litteræ minútæ. 짧은 편지.
minxi, "miejo"의 단순과거(pf.=perfectum),
    "mingo"의 단순과거(pf.=perfectum).
Mínyæ, -árum, m., pl. Mínyas 왕의 후손
minyánthes, -is, n. (植) 토끼풀(클로버), 클로버(clover)
miósis, -is, f. (醫) 동공축소(瞳孔縮小)
miótĭcum, -i, n. (藥) 동공축소제(劑)
mira fides! 신통하게도!
Mira res valde et vehementer stupenda.
    너무나 기묘하고 매우 놀라운 일입니다(mirus 참조).
mirabilárĭus, -i, m. 기적을 행하는 사람
mirabile connubĭum. 신묘한 혼인(神妙한 婚姻)
Mirabile Illud. 평화를 위한 기도의 십자군(1950.12.6.)
mirabílĭa Dei.(⑨ the mighty works of God)
    하느님의 놀라우신 일, 하느님의 위업.
mirábílis, -e, adj. (miror) 이상한, 기묘한, 불가사의한.
    n., pl. (ⴱ.אתⴱ.אⴱ.θⴱ.δύναμις.σημεῖον.
    ⑨ Miraclesa(n; miracle n; wonder; marvel; mystery).
    Haud mirabile est. 조금도 이상하지 않다.
Mirábílis est tibi similitúdo cum avúnculo.
    너는 어쩌면 그렇게도 외삼촌을 닮았느니!
mirabilis rerum connexio. 놀랄 만한 사물들의 연결
mirabílĭtas, -átis, f. (mirábilis) 이상함, 기묘함
mirabiliter ineffabilie vel ineffabiliter mirabile.(중세철학
    제4호. p.41) 기묘하여 형언할 수 없고 형언할 길 없이 기묘하다.
    ut hominem mirabiliter et incredibiliter honoraret
    glorificaretque. 인간을 놀랍고 믿어지지 않을 만큼
    고양하고 영화롭게 만들기 위함이었다.
mirabúndus, -a, -um, adj. (miror)
    매우 이상히(기묘하) 여기는.
mirácŭla, -æ, f. 기막히게 못난 여자, 추하게 생긴 창녀
miraculórum Libri. 기적의 책(冊)

756

miraculósus, -a, -um, adj.
　기적적(奇蹟的)인, 초자연적인, 불가사의한, 신기한.
miráculum, -i, n. (miror) 이적(異蹟), 경이(驚異-놀라움).
　기적(ಗ.אֶאֶ.מֹוֹּפָ.δύναμις.σημεῖον.⑨ Miracles),
　기적적인 일, 신기한 일, [miraculum(기적)과 admiratio(경탄)은 모두
　공통적으로 miror(놀라다)에서 온 말이다.(이상섭 옮김, 신학대전 14, p.187)].
　De miraculis, quæ per sanctorum Angelorum
　ministerium Deus verus. 참 하느님이 거룩한 천사
　들의 시중을 받아 이루는 기적(교부문헌 총서 17, 신국론, p.2776)/
　et miratur alia, cum sit ipse mirator magnum
　miraculum. 다른 것들을 두고 경이로워하는데
　경이로워하는 당사자야말로 위대한 기적이다/
　et omni miraculo quod fit per hominem, majus
　miraculum est homo. 인간을 통해서 이루어지는 그
　모든 기적보다도 인간이야말로 훨씬 위대한 기적이다/
　hoc maximum in natura miraculum.
　이것이 대자연에서 가장 위대한 기적이다/
　Liber Miraculorum. 기적론/
　magnum et triste miraculum. 크고 슬픈 기적/
　Miracula Sanguinis(⑨ Miracles of Blood) 피의 기적/
　Nunc illa miracula, quæ prædicatis facta esse,
　non fiunt? 전에 일어났다고 여러분이 설교하는 기적이
　지금은 왜 일어나지 않는가?(교부문헌 총서 17, 신국론, p.2587)/
　Præterea, miraculum dicitur aliquid arduum et insolitum
　supra facultatem naturæ et spem admirantis proveniens.
　그밖에도 자연의 능력과 경탄하는 자의 기대를 넘어서는
　어렵고 일상적이지 않은 것을 기적이라 부른다.
　　　　　　　　　　　　(이상섭 옮김, 신학대전 14, p..187)/
　Supra spem etiam naturæ miraculum esse dicitur;
　non supra spem gratiæ, quæ est ex fide, per quam
　credimus resurrectionem futuram. 기적은 자연의 희망을
　넘어서지만 은총의 희망을 넘어선다고 말하지는 않는다.
　은총의 희망은 우리가 그것을 통해서 미래의 부활을
　믿는 믿음으로부터 온다.(기적은 자연의 희망 밖에 있지는 않지만
　왜냐하면 피조물은 이것에 대한 자연적인 능력이 아니라 단지 복종의 능력만이
　있기 때문이다. 이상섭 옮김, 신학대전 14, p.191)/
　Tam jucunda miracula.
　기적들은 이처럼 큰 기쁨을 주는 것이다/
　Tractátus de Miraculis B. Francisci.
　복되신 프란치스코의 기적 모음집/
　Unde illa quæ a Deo fiunt præter causas nobis notas,
　miracula dicuntur. 따라서 우리에게 알려진 원인 밖에서
　하느님에 의해 일어난 것들이 기적이라 불린다.
　　　　　　　　　　　　(이상섭 옮김, 신학대전 14, p..189)/
　vera miracula per aliquam corporum immutationem fiunt.
　참된 기적들은 물체들의 변화를 통해서 일어난다.
miraculum assertum. 주장되는 기적(奇蹟)
miraculum contra naturam. 반자연적 기적
miraculum gratiæ. (사람을 구해 끌어올리는) 은총의 기적
miraculum large (dictum). 넓은 의미의 기적
miraculum morale. 도덕적 기적, 정신적 기적
miraculum naturæ. 자연의 기적
miraculum physicum. 물리적 기적
miraculum præter naturam. 외자연적 기적
miraculum proprie (dictum). 본래적인 의미의 기적
**miraculum proprie dicitur, cum aliquid fit præter
　ordinem naturæ**. 어떤 것이 자연의 질서 밖에서 일어났을
　때, 그것은 엄밀한 의미에서 기적이라고 불린다.
　　　　　　　　　　　　(이상섭 옮김, 신학대전 14, p..377).
miraculum quoad modum. 양태상(양식상의) 기적
miraculum quoad objectum. 객체 대상 기적
miraculum quoad subjectum. 주체 대상 기적
miraculum quoad substantĭam(supra naturam)
　본질적(초자연적) 기적, 실체 대상(변화)의 기적.
Miraculum sanguinis. 피의 기적.
miraculum supra naturam. 초자연적 기적
Miræ Caritátis. 거룩한 성체, 놀라운 사랑.
　(교황 레오 13세. 1902.5.28. 회칙. 성체에 관한 교회의 가르침과 참된 성체신심
　에서 흘러나오는 놀라운 영적, 도덕적 효과에 대해 밝힌다).
miramamolinus. 믿는 자들의 우두머리.

(이 말은 Emir-el-mumenin에서 왔으며 모로코의 회교도 군주를 지칭하는
데 이 군주의 이름은 모하멧 벤 나쎄르 Mohamed-ben-Nasser이다.
이재성 옮김, 토마스 첼라노 지음, 아씨시 성 프란치스코의 생애. p.137).
Miranda prorsus, 라디오, 텔레비전, 활동사진(1957.9.8.)
mirándus, -a, -um, gerundív. (miror)
　이상한, 기이한, 놀랄만한, 경탄할.
　mirándum in modum. 놀랍게(도)/mira fides!.
miránte, 원형 mīror, -atus sum -ári, tr., dep.
　[자립분사. f. 단수 주격 mirans, 속격 mirantis,
　여격 miranti, 대격 mirantem, 탈격 **mirante**.
　N.B. 자립 분사로 사용되는 현재분사의 단수 탈격 어미는 언제나 -e.
　-예문 cadénti. 혹은 succúrre 참조].
Mirari vos, 미라리 보스(당시 프랑스에서 발생하여 성장하고 있던
　가톨릭 자유주의 운동에 따른 위험성과 종교 무차별주의를 단죄하기 위하여
　그레고리오 16세 교황이 1832년 8월 15일 발표한 회칙.Mirari vos
　arbitramur 즉 "여러분이 이를 준대며 하리라고 여긴다."로 시작 됨).
mirátĭo, -ónis, f. (miror) 경탄(欽歎), 찬탄(讚嘆)
mirátor, -óris, m. (**mirátrix**, -ícis, f.) (miror)
　경탄하는 사람, 찬탄하는 사람.
Mirávile visu. 보기에 놀라운 것
Mirifica eos in veritate.(작은 형제회 회칙 제62조 49)
　이 사람들을 진리 안에서 거룩하게 해 주십시오.
Mirifice pulmoni facit. 그것은 폐에 신통하게 좋다
mirífico, -ávi, -átum, -áre, tr. (mirus+fácio)
　기묘하게(놀랍게)하다, 찬양하다(תַּדַ.יָדָה), 찬탄하다.
miríficus, -a, -um, adj. (mirus+fácio)
　이상한, 기이한, 기묘한, 불가사의한, 경탄할.
　De vero Mirifico. 이상한 말씀에 대하여(1517년).
Mirificus eventus, 특별 희년 선포(1965.12.7. 교황령)
mirímŏdis, adv. (mirus+modus) 기묘하게
mírĭo, -ónis, m. 얼굴 찡그린 사람
mirmíllo(=**murmíllo**, =**myrmíllo**) -ónis, m. 검투사(짧은
　아랫도리옷을 입고 방패와 짧은 칼을 들고 싸우는 고대 Roma의 검투사).
mirmillónĭcus, -a, -um, adj. (mirmíllo) 검투사의
mīro, -ávi, -átum, -áre, tr. ⑨ be amazed, surprised,
　bewildered (at), look in wonder, awe, admiration at.
　Mirabantur quia cum muliere loquebatur.(⑨ They
　marvelled that he was talking with a woman).
　그들은 그분이 여자와 이야기하시는 것을 보고 놀랐다/
　Mirandum Dei propositum ob peccati incursionem in
　historiam infeliciter obscuratur.(1995.3.25. "Evangelium Vitæ" 중에서).
　불행하게도, 하느님의 놀라운 계획은 역사 안에
　죄가 나타남으로써 손상을 입었습니다/
　Ne mirati sitis si hæc dico.
　내가 이런 말을 하더라도 놀라지들 마시라.
miror, -atus sum, mirári, tr., dep. (mirus) 경탄하다,
　이상히(기묘히) 여기다, 놀라다(תִּהַ.בְּהַ), 관상하다,
　어리둥절해 하다, 감상하다, 경탄하는 눈으로 바라보다.
　Bonitatem Dei miramur. 우리는 주님의 선덕을 찬탄 한다/
　Minime miror Clinia hanc si deperit. 클리니아가 이
　여자를 죽도록 좋아하는 것도 내게는 이상하지 않다.
Miror purgátum te illius morbi esse.
　나는 네가 그 병이 나은 것이 신통하다.
mirum, -i, n. 기이성(奇異性)
Mirum est. 이상하다, 경탄할 일이다
mirus, -a, -um, adj. **이상한, 기묘한**, 경탄할만한, 희한한.
　Miræ dotes. 기묘한 은혜, 사기지은(四奇之恩)/
　Mira res valde et vehementer stupenda.
　너무나 기묘(奇妙)하고 매우 놀라운 일입니다/
　mirum in modum. 기묘하게(=**mirímŏdis**, adv.), 이상하게/
　Mirum me desiderium tenet urbis, incredibile memorum
　atque in primis tui, satietas autem provinciæ.
　로마 도시의 대한 이상한 그리움이 나를 사로잡고, 나의
　식구들 특히나 당신에 대한 믿기지 않는 그리움이 나를
　사로잡았으며 더군다나 시골에 대한 싫증이 나를
　사로잡았소(성 염 지음, 고전 라틴어, p.385)/
　non est mirum. 조금도 놀랄 일이 못 된다/
　Non est mirum. Non eum vidimus, sed visuri sumus;
　non eum cognovimus, sed cognituri sumus.
　놀랄 일은 아닙니다. 우리는 그분을 뵙지 못했지만

빕게 될 것입니다. 우리는 그분을 알지 못하지만 알게
될 것입니다.(최익철 신부 옮김. 요한 서간 강해. p.211)/
Quod in rebus miris summa credendi ratio sit
omnipotentia Creatoris. 경이로운 사건에서는 창조주의
전능이 믿음의 최고 기준이어야 한다(신국론, p.2824)/
Sic et resurrectio mortuorum: seminatur in corruptione,
resurgit in incorruptione. (ou[twj kai. h` avna,stasij tw/n
nekrw/nÅspei,retai evn fqora/|(evgei,retai evn avfqarsi,a|)
(獨 So auch die Auferstehung der Toten. Es wird
gesät verweslich und wird auferstehen unverweslich)
(㉎ So also is the resurrection of the dead. It is sown
corruptible; it is raised incorruptible)
죽은 이들의 부활도 이와 같습니다. 썩어 없어질 것으
로 묻히지만 썩지 않는 것으로 되살아납니다(성경 1coর 15, 42)/
죽은 이들의 부활도 이와 같습니다. 썩을 것으로 씨
뿌려지지만 썩지 않는 것으로 일으켜집니다(200주년 신약).
misanthrópus, -i, m. 사람 접촉을 싫어하는 사람,
사람을 싫어하는 사람, 염세가(厭世家-염세관을 가진 사람).
misce, 원형 mísceo, míscŭi, mixtum(mistum) -ére,
[명령법. 현재 단수 2인칭 misce, 복수 2인칭 miscete].
Misce stultitiam consiliis brevem(Horatius).
신중함에 잠깐씩 어리석음을 뒤섞으라!.
매사에 현명을 기하면서도 잠깐씩 어리석음을 엿보이라!.
miscellánĕa, -órum, n., pl. (mísceo)
여러 가지를 넣어서 만든 음식,
순서 없이 다채로운 구경거리(경기), 수필집, 잡문집.
Miscellanea observata circa res naturales.
자연 현상에 관한 다양한 관찰(1722 스베덴보리 지음).
miscellánĕus, -a, -um, adj. (míscéllus)
잡다하게 뒤섞어 놓은, 혼합된.
miscéllus, -a, -um, adj. (míscéllus) 뒤섞어 놓은, 혼합된
Miscent inter se inimicitĭas agitantes.
그들은 툭하면 원수지다가도 서로 어울리곤 한다.
mísceo, míscŭi, mixtum(mistum) -ére, tr. 혼합하다,
타다, 섞다(בלל,לוב,ערב,חרם,חרי), 나누다,
혼란(混亂)시키다, 어지럽히다, 결합시키다, 획책하다,
(고락 따위를) 함께(같이) 하다, 일으키다, 선동하다.
pass., refl. **miscéri, se miscére.** 합세하다, 가담하다.
Quod gratia Dei non miscetur terrena sapientibus.
(㉎ God's Grace Is Not Given to the Earthly Minded)
세상의 것을 맛 들이는 사람에게는 하느님의 은총이
내리지 않음(준주성범 제3권 53장)/
vúlnera misceo. 서로 상처(傷處)를 입히다.
misceo manus(prœlia). 접전(接戰)하다
miscill… V. **miscell**…
miscix, miscícis, m. 변덕쟁이, 의지가 굳지 못한 사람.
Duplices corde odio habui et legem tuam dilexi.
(ieV samc parano,mouj evmi,shsa kai. to.n no,mon sou hvga,phsa)
(獨 Ich hasse die Wankelmütigen und dein Gesetz)
(프 Je déteste les cœurs partagés et j'aime ta Loi)
(㉎ I hate those who are double-minded, But I love
Thy law-N.A.S.)(㉎ I hate every hypocrite; your teaching
I love-C.C.K.) 저는 변덕쟁이들을 미워하되 당신의 가르침
을 사랑합니다(성경 시편 119, 113)/나는 두 마음 품는 자를
미워하오며 당신의 법을 사랑합니다(공동번역 시편 119, 113).
míscŭi, "mísceo"의 단순과거(pf.=perfectum)
miséllus, -a, -um, adj. 가련한, 불쌍한, 불행한
Misénus, -i, m. Æólus의 아들, Ænéas의 나팔수
miser, -ĕra -ĕrum, adj. **불쌍한,** 가련한, 가엾은,
불행한, 비참한, 통탄할, 참혹한, 앓고 있는, 지쳐버린.
An quisquam est æque miser? 누가 그렇게 (같은
정도로) 불쌍한 사람이 또 있을까(젰)느냐?/
ĕheu, me miserum. 아, 가련한 나! 내 신세여!/
ex beáto miser. 복되게 지내다가 가련한 신세가 된/
Hunc patiemur fieri miserum?
이 사람이 가련하게 되는 것을 우리가 보고만 있겠느냐?/
Me miseram, quæ nunc quam ob rem accuser nescio!
왜 욕을 먹는지도 모르는 내 가련한 신세야!/

Misera corpora a feris laniata sunt.
가련한 몸뚱어리는 상처로 갈기갈기 찢어졌다/
Miseri estote et lugete et plorate; risus vester in luctum
convertatur, et gaudium in mærorem. (talaipwrh,sate kai.
penqh,sate kai. klau,sateÅo` ge,lwj u`mw/n eivj pe,nqoj metatraph,tw
kai. h` cara. eivj kath,feian) (㉎ Begin to lament, to mourn,
to weep. Let your laughter be turned into mourning
and your joy into dejection) 탄식하고 슬퍼하며 우십시오.
여러분의 웃음을 슬픔으로 바꾸고 기쁨을 근심으로
바꾸십시오(성경 야고 4, 9)/탄식하고 슬퍼하며 눈물을
흘리시오, 여러분의 웃음은 슬픔으로, 기쁨은 근심으로
바꾸시오(200주년 신약)/여러분은 괴로워하고 슬퍼하며
우십시오. 웃음을 슬픔으로 바꾸고 기쁨을 근심으로
바꾸십시오(공동번역 야고 4, 9)/
míserum! 오, 저런! 쯧쯧/
Multa me sollicitant. Me miserum! Cur non ades?
하고 많은 일이 나를 들쑤신다. 내 가련한 신세여!
넌 왜 안 와 있니?.[성 염 지음, 고전 라틴어, p.406]/
O miseri, et causas cognoscite rerum.
오 가련한 자들이여, 부디 배워서 사물의 이치를
깨달으라!.(교부문헌 총서 15, 신국론, p.228)/
Quid illam misĕram animi excrucias?
왜 그 불쌍한 여자에게 정신적 고문을 가하느냐?/
Quod misero mihi denique restat?
불쌍한 나에게 결국 뭐가 남아 있느냐?/
Quid viro misérius usu veníre potest?
사람에게 더 비참한 일이 있을 수 있겠느냐?/
vermis miser. 불쌍한 벌레.

형용사 제 1, 2변화 제2식 A		
단 수		
	m. (남성)	f. (여성)	n.(중성)
Nom. 주격	miser	mísera	míserum
Voc. 호격	miser	mísera	míserum
Gen. 속격	míseri	míseræ	míseri
Dat. 여격	mísero	míseræ	mísero
Acc. 대격	míserum	míseram	míserum
Abl. 탈격	mísero	míserā	mísero
복 수		
	m. (남성)	f. (여성)	n.(중성)
Nom. 주격	míseri	míseræ	mísera
Voc. 호격	míseri	míseræ	mísera
Gen. 속격	míserórum	míserárum	míserórum
Dat. 여격	míseris	míseris	míseris
Acc. 대격	míseros	míseras	mísera
Abl. 탈격	míseris	míseris	míseris

•miser, -era, -erum처럼 그 어간에 e字가 남아 있는 단어
ásper, áspera, ásperum 거친, 험한
lacer, lácera, lácerum 찢어진
liber, líbera, líberum 자유로운, 매이지 않은, 면(免)한
prosper, próspera, prósperum 다행한, 순조로운
tener, ténera, ténerum 연한, 부드러운, 연약한
* **-fer** 및 **-ger**로 끝나는 약간의 형용사
frúgifer, frugífera, frugíferum 비옥한, 결실(結實) 많은
ármiger, armígera, armígerum 무기 잡은
* déxtera, déxterum, déxterum(우측, 바른, 오른)은
그 어간에 e字가 남아 있을 수도 있고, 빠질 수도 있다.
dexter, -tra, -trum = dexter, -era, -erum
(하창덕 지음, 초급 라전어 변화표 Tabellæ Declinationum에서)

**Miser Catulle, desinas ineptire! Et quod vides perisse
perditum ducas.**(Catullus). 가련한 카툴루스여, 치기(稚氣)
일랑 그만두게나. 일단 잃어버린 것은 잃은 것으로 치게나.
Miser est servitus ubi jus est vagum aut incertum.
법이 애매하거나 불분명한 곳에는 비참한 예속(隸屬)이
있을 따름이다.
miserábilis, -e, adj. (míseror) 불쌍한, 가련한,
가엾은, 비참한, 불행한, 통탄할, 동정할만한.
adv. **miserabile, miserabiliter.**
miserandus, miseranda, miserandum, adj.
㉎ pitiable, unfortunate.

miserando atque eligendo. 자비로이 부르시니.
(제266대 교황 프란치스코 사목 표어. 1936.12.17生. 1969년 수품. 2001년 추기경).

miserátio, -ónis, f. (míseror) 불쌍히 여김,
자비(חֶמְלָה.מֹזָד.χησ τός.⑨ Benevolence/
Compassion/Mercy/pity), 동정(⑨ Compassion).
evinco ad miseratiónem. 연민의 정을 갖지 않을 수 없다/
miseratiónibus uti. 자비를 베풀다/
Numquid diu continebit in ira sua miserationes suas?
분노로 당신 자비를 거두셨나?(교부문헌 총서 17. 신국론, p.2497)/
ratione miserationis. 자비의 이치.

miserátor, -óris, m. (míseror) 불쌍히 여기는(동정하는) 사람
miserátor et misericors. 관대하고 자비로운 분.
(탈출기 34, 6: 민수기 14, 18: 야고보서 5, 11)

mísĕre, adv. (miser) 가련하게, 불쌍하게
Misereátur tui omnípotens Deus, et,
dimíssis peccátis tuis, perdúcat te ad vitam ætérnam.
전능하신 천주는 사제에게 자비를 베푸시어 죄를 사하여
주시고 영원한 생명으로 이끌어 주소서.
miseremini. 원형 mísérĕor, -sértus(-séritus) sum miseréri,
[명령법 단수 2인칭 miserere 너는…
명령법 복수 2인칭 miseremini. 너희들은]
Miseremini ergo tamquam misericordes; quia in eo
etiam quod diligitis inimicos, fratres diligitis.
여러분은 자비로운 사람이 되어 자비를 베푸십시오.
원수를 사랑하면서 형제들을 사랑하게 되기 때문입니다.
Misĕréntissimus Redemptor,
성심(聖心.⑨ Sacred Heart)(1928.3.8.),
지극히 자비로우신 구원자(1928.5.8. 교황 비오 11세).
mísérĕo, -úi -értum(-éritum) -ére, intr.
1. (dat., gen.) 불쌍히 여기다/
2. (흔히 impersonáliter)
Míseret me(acc.) *alcjs*. 내가 누구를 불쌍히 여긴다.
mísérĕor, -sértus(-séritus) sum miseréri, dep., intr.
(miser) 불쌍히(가엾게) 여기다(מֹזָד),
동정하다(σπλάγχνον.συμπαθεῶ), 애처 로와 하다.

Misereor super turbam(마르 8, 2)
(splagcni,zomai evpi. to.n oːclon) (Mich jammert das Volk)
(⑨ My heart is moved with pity for the crowd)
저 군중이 가엾구나(성경)/군중이 측은합니다(200주년 신약).

Miserére. 원형 mísérĕor, -sértus(-séritus) sum miseréri,
[명령법 단수 2인칭 miserere 너는…
명령법 복수 2인칭 miseremini. 너희들은]
Miserére méi, amice! 벗이여, 나를 측은하게 여겨다오!
Miserere mei; sana animam meam, quia peccavi tibi.
(⑨ Have mercy on me; heal me, I have sinned against
you). 저에게 자비를 베푸소서.
저를 고쳐 주소서. 당신께 죄를 지었습니다(성경 시편 41, 5).
Miserére méi, Déus,
secúndum mágnam misericórdiam túam.
하느님, 당신의 크신 자비에 따라 저를 불쌍히 여기소서.
Miserére nostri. 우리를 불쌍히 여겨라
Miserére nostri, Dómine, miserére nostri
et effunde super nos miserationum tuarum imbres
et irriga nostram terram nimis
arentem et sitientem tuis salutaribus aquis.
주님, 저희를 불쌍히 여기소서. 바싹 말라버린 저희 땅에
당신 자비의 소나기를 퍼부어 주소서.
진리에 목말라 목이 타고 있는 저희에게
당신 구원의 물을 실컷 마시게 해주소서.
[최양업 신부의 기도. 서한 여덟 번째. 후반].
Miserére nostri Dómine miserere nostri;
noli oblivisci miserationum tuarum,
in quas omnium nostrum oculi et tota spes nostra;
peccavimus quidem et inique egimus nimis;
sed si iniquitates nostras attenderis, quis sustinebit:
parce igitur nobis et recordatus
misericórdiæ tuæ antiquæ propitius exaudi
preces nostras et omnium sanctorum tuorum
et libera nos ab ista pressura,

tribulationes enim factæ sunt super nos nimis,
et hostes tui irruerunt super nos
et perdere volunt tuam hæreditatem
quam redemisti tuo pretioso sanguine;
nisi tu ex alto tuleris auxilium,
non poterimus stare contra illos.
주님, 저희를 불쌍히 여기소서. 불쌍히 여기소서.
당신의 자비를 잊지 마소서.
저희 눈이 모두 당신의 자비에 쏠려 있습니다.
저희의 모든 희망이 당신의 자비 안에 있습니다.
전능하시고 인자하신 하느님,
저희의 잘못과 죄과를 기억하지 마시고,
저희의 죄악대로 저희를 벌하지 마소서!
저희는 죄를 지었고 너무나 많은 불의를 행하였습니다.
당신이 만일 저희의 불의를 헤아리신다면
누가 감히 견딜 수 있겠습니까?
그런 즉 저희를 용서하시고 당신의 옛 자비를 기억하시어,
저희와 당신의 모든 성인들의 기도를 어여삐 들어 허락하소서.
저희를 재난에서 구원하소서.
엄청난 환난이 저희에게 너무도 모질게 덮쳐 왔습니다.
원수들이 저희에게 달려들고 있습니다.
당신의 보배로운 피로 속량하신 당신의 유산을
파멸하려 덤벼들고 있습니다.
당신이 높은 데서 도와주시지 않으면
저희는 그들을 대항하여 설 수가 없습니다.
[최양업 신부의 기도, 서한 열아홉 번째. 후반].
Miserere nostri, Dómine, quia peccavimus tibi,
Ostende nobis, Dómine, misericórdiam tuam et
salutare tuum da nobis.(⑨ Have mercy on us, O Lord.
For we have sinned against you. Show us, O Lord, your
merct. And grant us your salvation) 주님, 저희를 불쌍히
여기소서. 저희는 주님께 죄를 지었나이다. 주님, 저희에게
자비를 베푸소서. 또한 저희를 구원하여 주소서.
Miserere páuperum 너는 가난한 이들을 불쌍히 여겨라
miserésco, -ĕre, intr.
불쌍히(가엾게) 여기다(מֹזָד), 동정하다. 불쌍하게 되다.
(impersonáliter) Miseréscit me *alcjs*. 내가 누구를 동정한다.
míséret, -ére, impers. (míséreo)
누가(*alqm*) 아무를(*alcjs*) 불쌍히 여기다.
Eórum nos míseret. 우리는 그들을 불쌍히 여긴다.
miséria, -æ, f. (miser) 환난(患難), 불행(מֹזָד.מֹזָד),
역경(逆境), 가련한 처지, 비참(悲慘), 곤궁(困窮),
고통(苦痛), 괴로움: 수고, 간난신고(艱難辛苦),
De contemptu mundi, seu de miseria humanæ conditionis.
세상의 경멸 혹은 인간 조건의 비참/
Duxi uxorem; quam ibi miseriam uidi! Nati filii,
Alia cura. 아내를 맞아들였네. 그게 얼마나 가련한
노릇인지 모른다네! 거기다 자식들이 태어났겠다.
또 다른 걱정이 생겼어.(교부문헌 총서 17. 신국론. p.2163)/
Ignis aurum probat miseria fortes viros.
불은 금을 시험하고 불행은 강한 사람을 시험 한다/
In has miserias projectus sum.
나는 이런 불행에 떨어지고 말았다.
miséria hominis. 인간의 비참
misericórdĭa, -æ, f. (miséricors) 자비심, 동정심,
자비(慈悲.חֶמְלָה.מֹזָד.χησ τός.⑨ Benevolence/
Compassion/Mercy/pity), 측은히 여기는 마음,
연민의 정, 자선사업(⑨ Works of Charity), 보시(布施).
Hæc múnera, quǽsumus Dómine, ei víncula nostræ
pravitátis absólvant, et tuæ nobis misericórdiæ dona
concíliant. 주님 비오니, 이 제물로 악의 사슬에서 저희를
풀어 주시고, 자비의 선물을 저희에게 내려 주소서/
in misericordiam prolábor. 측은한 마음이 들기 시작하다/
misericordiæ cælestis pluvia. 천상 자비의 비/
misericodiam capio. 측은한 마음이 들다/
Non enim optare debemus esse miseros, ut possimus
exercere opera misericórdiæ. 자선 행위를 하기 위해서
비참한 사람이 존재하기를 바라서는 안 됩니다/

M

Non prius sum conátus misericordiam áliis commovére, quam misericordiã sum ipse captus.
내 자신이 자비심에 감동되기 전에는, 나는 타인에게 대하여 자비심을 일으키려고 노력하지 않았다.
(주문의 시형이 과거. 흔히 단순과거이면서 속문은 단순히 주문과의 시간적 전후 관계만을 표시하는 경우에 라든가 또는 특히 주문이 부정적으로 되어 있는 경우에는 속문에 직설법 단순과거를 쓴다. 허창덕 지음, 문장론에서)/

Profundam simul comprobant misericordiam quam erga unumquemque gerit(영) These words also reveal his deep compassion for every man and woman) 이 말씀은 또한 모든 사람을 향한 그분의 깊은 연민을 드러냅니다/
Tolle miseros; cessabunt opera misericordiæ.
비참한 사람들을 없애보십시오. 자선행위는 없어지고 말 것입니다.(최익철 신부 옮김, 요한 서간 강해, p.353).

Misericodia Dei. 하느님의 자비(인간에게 베풀어지는 하느님의 친절과 동정, 특히 죄인에 대한 참을성과 용서하려는 마음가짐).

Misericodia domini plena est terra, verbo Dei cæli firmati sunt. 야훼님 사랑은 땅에 가득하고, 그 말씀으로 하늘이 만들어졌도다(부활 4주일 입당송).

misericorditer, adv. (miser) 불쌍하게, 가엾게, 불행하게.
Vide ista, Domine, misericorditer, et libera nos iam invocantes te. 주님, 이런 일을 불쌍히 보시고, 당신께 비는 우리를 건져주소서(고백록 1.10.16).

miséricors, -órdis. adj. (miser+cor)
자비로운, 인정 많은, 동정심(同情心) 있는.

Misericors Dei Filius.
자비로우신 하느님의 아들(1883.5.30. 회칙)

miserior, -or, -us, adj. miser, -ĕra -ĕrum의 비교급
Miserior mulier me nec fiet nec fuit, tali viro quæ nupserim. 저따위 사내한테 시집 왔으니 나보다 더 불쌍한 여자는 전에도 없었고, 앞으로도 없을 게야.
(성 염 지음, 고전 라틴어, p.315).

misériter, adv. (miser) 불쌍하게, 가엾게, 불행하게

miserius, adv. 부사 misere의 비교급

mísĕror, -átus sum -ári, dep., intr., tr. (miser)
불쌍히(가엾게) 여기다. 동정하다(σπλἀγχνον.συμπαθέω).
Miseret te aliorum, tui nec miseret nec pudet.
너는 다른 사람들을 불쌍히 여기지만 너 자신은 불쌍히 여기지도 않고 부끄러워하지도 않는구나.
[tui nec miseret (te): 비인칭을 지배하는 동사의 속격 목적어가 인칭대명사이면 mei, tui, sui, nostri, vestri, sui를 쓴다. 성 염 지음, 고전 라틴어, p.273].

miserrime, adv. 부사 misere의 최상급

miserrimus, -a, -um, adj. miser, -ĕra -ĕrum의 최상급
Miserrimus est qui, comesse cupit, quod edat non habet. 양껏 먹고 싶지만 먹을 것이 없는 자가 제일 불쌍하다.

miserum corpus 가련한 육신(肉身)

Miserum est, ante tempus fieri senem.
때가 이르기 전에 노인이 된다는 것은 가련한 일이다.
(주어로 노릇을 할 때에는 그 부정법과 함께 쓴 부설명어를 대격으로 써야 한다. 결국 주어문으로서의 대격 부정법문에서 대격 주어가 빠진 것이다).

Misgurnus anguillicadatus. (魚) 미꾸리

Misgurnus mizolepis. (魚) 미꾸라지

Mishnah. 미쉬나(חנשמ.영) Mishna."복습, 교육"),
유다인들의 성서 교육서(이 히브리어는 본래 유다인들의 성서 해석의 방법과 형식을 가리키는 말 중의 하나이다. 이 말은 또 하나의 성서 해석 형식인 Midrash와 대조적으로 쓴다. 미드라쉬는 성서 구절을 해석하는 여러 가지 자료모음이고, 미쉬나는 성서에 관련된 이야기, 교훈 등을 모은 자료이다. 백민관 신부 엮음, 백과사전 2, p.761).

misi, "mitto"의 단순과거(pf.=perfectum)

Misit me qui est. 있는 분이 나를 보내셨다.

missa, -æ, f. (mitto) 보냄, 파견(派遣-차견差遣, 파송派送), 미사(彌撒.영) Mass.獨 Messe.프 Messe).
Applicatio missæ pro populis.
신자들을 위한 봉헌 의무(Can. 388.534조)/
Canones de sanctissimo missæ sacrificio.
거룩한 미사성제에 관한 법규/
De Celebratione Missæ. 미사 거행에 관하여.
(오세르의 레미지오 지음, 841~908년경)/
De gratiarum actione post Missam.
미사 후의 감사에 대하여/
De præparatione ad Missam. 미사 준비에 대하여/
Evangelium a finem Missæ.(영) Ending Gospel.

獨 Schlußevangelium) 끝 복음(福音)/
In Missis votivis post Septuagesimam, omissis Alleluja et Versu sequenti, dicitur:
칠순 주일 후에는 알렐루야 대신 연경을 외운다.

Missa Anniversaria. 기년제(朞年祭-소상
죽은 지 한 돌 만에 지내는 제사. 선유의 천주사상과 제사문제, p.202).

Missa applicata iuxta collectivam intentionem✱
합동 지향 미사(彌撒)

Missa Aurea. 황금 미사(미사 때 그 성대함을 표시하기 위해 금색 제의를 입는 데서 온 말. 특별한 봉헌 미사. 특히 성모 미사를 대대적으로 지낼 때 붙인 말이다. 전통적으로는 성모 영보(3월25일) 축일미사가 대표적이었다. 현재는 멕시코 시의 Guadalupe의 성모 축일 미사를 황금미사라고 한다. 백민관 신부 엮음, 백과사전 2, p.172].

Missa Beata Viscera. 축복 받은 육신.
(플랑드르 출신 Obrecht, Jacob 신부 지음).

Missa bifaciata, trifaciata. 두 겹, 세 겹의 미사

Missa cantata(영) High Mass) 노래 미사, 창미사

Missa Catechumenórum(영) Mass of the Catechumens)
.獨 Katechumenenmesse) 예비자 미사, 예비신자 미사.

Missa Chrismátis(영) Mass of Chrism) 성유 축성미사

Missa Classis.(영) Mass of Group.獨 Gruppenmesse)
그룹 미사(彌撒)

Missa Cœnæ Domini. 주님 만찬 미사(晩餐 彌撒)

Missa commemorátiónis. 기념 미사

Missa Communitátis. 공동체 미사, 단체 미사

Missa concelebrata✱ 공동집전 미사, 합동미사(→공동집전 미사)

Missa conventuális✱(영) Mass of Convent.
獨 Konventmesse) 수도회 미사(彌撒), 수도원 공동미사.

Missa cum populo✱ 교우들과 함께 드리는 미사(彌撒),
회중미사(→교우들과 함께 드리는 미사).

Missa cum pueris.(영) Mass for children.
獨 Kindergottesdienst) 어린이 미사(1967년 처음 사용).

Missa de angelis. (영) Angelic Mass.獨 Engelamt)
천사 미사, 천사축일(화요일)의 미사.

Missa de festo. 축일 미사

Missa de tempore. 주년 미사(週年 彌撒)

Missa defunctórum. 위령 미사(慰靈 彌撒)
(영) Mass for the Dead/Mass of Christian Burial).
In Missis Defunctorum dicitur prædicta Oratio: sed aqua non benedicitur. Postea accipit calicem, et offert dicens. 장례미사에서는 물은 축복하지 않는다. 물을 섞고 봉헌하며 말한다/
In Missis defunctorum dicitur Munda cor meum……, sed non petitur benedictio, non deferuntur luminaria, nec celebrans osculatur librum. 장례미사에서는 "저의 마음과……"는 바치지만 강복 받지 않고 초를 대동 하지도 않고 집전자가 독서집에 친구하지도 않는다/
In Missis Defunctorum, et in Missis de Tempore a Dominica Passionis usque ad Sabbatum sanctum exclusive, omittitur. 장례미사, 주님 수난 주간의 미사에서는 위의 시편을 생략한다. 성 토요일까지 생략 한다/
In Missis Defunctorum, et Tempore Passionis in Missis de Tempore omittitur. 장례미사와 주님 수난주간의 미사에서는 다음(영광송)을 생략 한다/
In Missis defunctorum non datur pax, neque dicitur præcedens oratio. 장례미사에서는 평화의 인사는 하지 않는다. 앞의 기도도 드리지 않는다.

Missa defunctórum quotidianæ. 연미사

Missa defunctórum votiva. 연미사

Missa dialogata. 대화미사(=Missa recitata)
[1922년부터 바오로 6세의 미사까지 대화 미사는 복사의 라틴어 응답을 회중이 일제히 큰소리로 외치며 드리는 소미사를 가리킨다. 이런 미사를 드리려면 교구 직권자의 허락이 있어야 했다. 제2차 바티칸공의회는 참여를 강조하면서 모든 미사가 모국어 대화가 되도록 하였다. 지금은 각 미사가 그와 같은 대화 양식을 가지고 있기 때문에 대화 미사라 불리는 성찬례의 특별한 형태가 존재하지 않는다. 미사는 하느님과 백성 사이의 대화라는 사실을 생각해야 한다.
박영식 옮김, 주비언 피터 랑 지음, 전례사전, p.90].

Missa evangelica. 복음 미사

Missa exsequiális. 장례 미사(彌撒)

Missa exsequiárum.(영) Funeral Mass) 장례 미사

Missa Familiaris.(獨 Familiengottesdienst.
영) Mass in Family) 가정 미사

Missa fidelĭum.(영 Mass of the Faithful)
신자 미사, 신자들의 미사, 신도 미사.

Missa fundata. 기금 미사, 영정(永定) 미사.
(어떤 사람이 자신의 일정한 재산을 죽은 후 미사 봉헌을 위해 기금으로
남겨 놓았을 때 그 기금의 이자로 교구 설정의 미사 예물 액수를 따져서 기금이
없어질 때까지 드리는 제도. 그 기간은 25년을 넘지 못한다.
백민관 신부 엮음, 백과사전 2, p.762).

Missa Gregorii.(영 Gregorian Mass.獨 Gregoriusmess)
그레고리오 미사(彌撒), 그레고리오 미사 형상.

Missa in apertum(영 Mass in field.獨 Feldmesse)
야외 미사(彌撒).

Missa in aurora. 새벽 미사(성탄)

Missa in die＊ 대축일 미사(천주교용어집, p.24)

Missa in nocte. 밤중 미사, 자정 미사(성탄절과 부활절)

Missa illyrica. 일리리꾸스 미사 예절 지시서(1557년)

Missa lecta. 독송미사, 평미사(사제가 사적으로 드리는 미사를 말한다.
중세 때부터 사적으로 평일미사를 드리게 됨에 따라 생긴 미사 형식으로,
서간과 복음 봉독을 사제 자신이 직접하며 미사 중에 노래를하지 않는다.
주일과 축일 외에 평일에 드리는 미사가 이 형식을 취했으므로 평미사라 함.
백민관 신부 엮음, 백과사전 2, p.585).

Missa legata(=fundata). 유언에 의한 미사(彌撒)

Missa manualis(ad ventitia). 예물 수교(手交) 미사

Missa motivata. 주제별 미사.
獨 Thematischer Gottesdienst Motivmesse) 주제별 미사.

Missa nuptiális. 혼인 미사(彌撒)
혼배 미사(Missa pro Sponso et Sponsa.).

Missa ordinarĭum. 통상 미사(彌撒)

Missa pænitentĭales. 참회의 미사(彌撒)

Missa papæ marcelli. 마르첼로 교황 미사곡.
(1565년 팔레스트리나가 6부로, Anerio가 4부로 편곡).

Missa papális. 교황 미사(彌撒)

Missa parochiális.(영 Parochial Mass.
獨 Pfarrgottesdienst) 교중미사, 본당 의무미사, 본당미사.

Missa pontificális.(영 Pontifical Mass.獨 Pontifikalamt)
주교 미사, 주교 대례미사.

Missa præsanctificátórum. 예비 성체 배령 미사.
성 금요일 예비 성체 미사(미리 축성한 성체로 영성체 하는 예절).

Missa privata. 개인 미사(彌撒), 사적 미사, 평미사

Missa pro aliquibus locis.
지방 축일 미사(미사 경본 뒤에 부록으로 붙어 있다).

Missa pro defunctis. 위령미사, 연미사(죽은 이를 위한 미사),
(영 Mass for the Dead/Mass of Christian Burial).

Missa pro populo＊ 중심 미사(→교중 미사),
교중미사(敎中彌撒). (영 Mass for the people).

Missa pro sponsis. 신랑, 신부를 위한 미사(彌撒)

Missa pro Sponso et Sponsa. 혼인 미사(彌撒)

Missa pro variis necessitatibus. 기원 미사(彌撒)

Missa pro victoria. 승리 미사곡(勝利 彌撒曲)
(Jannequin의 전장을 토대로 작곡된 여러 스페인 전쟁 미사곡 가운데 하나.)

Missa propria. 고유 미사(彌撒)

Missa publica. 공식 미사, 신자들과의 미사

Missa Quotidiana. 매일 미사

Missa Quotidiana defunctorum. 연미사(현 위령미사)

Missa recitata. 독송 미사(=Missa dialogata)

Missa reconciliátiónis. 화해 미사(전례와 생활, p.262)

Missa rituális＊ 특별 예식 미사, 성사 미사(→특별 예식 미사).

Missa sicca.(영 Dry Mass) 간결한 미사, 사냥꾼의 미사,
마른(간략) 미사(성체 축성 없는 미사로 11세기에 시작되어 17세기까지
있었던 관습이다. 이 예식은 카르투시오 수도회의 새 전례서에 남아 있다.
마른 미사의 관습은 성체강복식이 시작되면서 끝났다.
백민관 신부 엮음, 백과사전 2, pp.762~763).

Missa solemnis. 장엄 미사(莊嚴 彌撒), 대미사

Missa solitaria. 고송(孤松) 미사(백민관 엮음, 백과사전 2, p.763)

Missa sollemnis＊ (영 High Mass) 성식 미사(盛式 彌撒),
장엄미사(Státio Orbis), 대례(大禮) 미사, 대미사.
His finitis, si est Missa sollemnis, Diaconus deponit
librum Evangeliorum super medium Altaris, et Celebras
benedicit in censum, ut supra: 장엄미사일 때 (부속가
까지 끝나면) 부제는 제대의 중앙을 통하여 복음 편으로
전례서를 옮긴다. 그리고 집전자는 향을 축복 한다/
In Missa sollemni, Celebrans, ante quam legat Introitum,
benedicit incensum, dicens: 장엄미사, 창미사에서는

입당송 전에 향을 축복하며 말한다.

Missa státiónis. 순회 미사(巡廻 彌撒)

Missa Venatoria. 사냥꾼의 미사(彌撒)

Missa Vespertina.(영 Evening Mass.獨 Abendmesse)
저녁 미사(彌撒)

missa votiva.(영 Mass votive.獨 Votivmesse) 봉헌미사,
신심미사, 기원미사, 서원미사(現代가톨릭思想 第13輯, p.71).

Missæ celebratio. 미살 집전

Missæ Gregorianæ.(영 Gregorian Masses.
獨 Gregorianische Messen) 그레고리오 미사(彌撒)
(연옥의 벌을 면해주기를 바라는 마음으로 한 사람의 고인을 위해
30일간 연속적으로 드리는 연미사＊ 위령미사).

missále＊ -is, n. (missa) (영 Missal.獨 Meßbuch)
미사 전례서, 미사 경본.
(영 Missal→미사 전례서, 1936년 8월 덕원 분도 수도회의 Roth-홍태화
-신부가 한글로 편역 하여 한국에서는 미사경본 첫 발행 함).

Missale abbreviatum. 간추린 미사 경본

Missale Defunctorum. 연(煉) 미사 전례서

Missale fidelium.(영 Missal of Faithful.
獨 Volksmeßbuch) 신자용 미사 전례서.

Missale Francorum. 프랑크 미사 경본.
불완전한 고대 전례서(갈리아 지방에서 나온 것으로 생각 되었지만
젤라시오 전례서와 밀접한 관계가 있다⋯. 백민관 엮음. 백과사전 2, p.764).
[직역하면 '프랑코인들의 미사 전례서'를 뜻한다. 이 미사 전례서는 8세기 초
프랑스에서 쓰인 미사 전례 기도집으로서 「젤라시오 미사 전례 기도집」과 매우
흡사하다. 여기에는 서품식 예식, 동정녀 축복과 과부 축복, 제대 축복은 물론
열한 가지 미사와 로마 미사 전문(Nobis Quoque Peccatoribus‘저희 죄인들도')
까지}이 들어 있다. 바티칸 박물관에 소장되어 있다. 전례사전, p.154].

Missale Gallicanum Vetus. 구(舊) 갈리아 미사 경본,
바티칸 도서관 소장의 한 사본 이름(8세기에 쓰인 두 개의
갈리아 전례서 단편이다⋯. 백민관 엮음. 백과사전 2, p.764).

Missale Gothicum. 고딕 미사 경본(7세기 작)
[직역하면 '고트인들의 미사 전례서'를 뜻한다. 이렇게 불린 것은 이 전례서가
나르본 지역에서 생겨난 것으로 생각되기 때문이다. 그러나 실상 이
전례서는 오툉의 교회를 위해 700년경 수집된 갈리아 미사 전례 기도집이다.
몇 가지 로마 형식들이 들어 있는 하지만 전체적인 배열은 갈리아 미사
순서를 따른다. 여기에는 성탄 전야부터 성령강림 대축일까지 미사가 수록되어
있는데 군데군데 성인들의 날이 배치되어 있고 이어서 성인 공통미사, 여섯 개의
주일미사, 특별한 평일미사에 사용할 미사 전례들이 들어 있다. 필사본은 바티칸에
소장되어 있다. 박영식 옮김, 주빈의 피터 랑 지음. 전례사전, p.153]

**Missale mixtum secundum regŭlam beati Isidori,
dictum mozarabes**. 혼합 미사 경본

Missale Parvum. 작은 미사 전례서(지역 언어를 알지 못하는
사제들에게 미사 거행을 용이하게 하기 위한 라틴어 미사 모음집. 1970년 10월
18일에 발행된 이 미사 전례서에는 Ordo Missae(미사통상문)와 감사송, 감사
기도 제1양식, 제2양식, 제3양식. 제4양식 그리고 다양한 전례일과 전례시기에
사용할 수 있는 미사 형식들이 여럿 들어 있다.「로마 미사 전례서」의 모국어
판 부록에는 이 미사 전례서의 일부 또는 전부가 수록되어 있다).

Missale Plenarĭum.(영 Plenary Missal)
미사 전서, 종합 미사 경본, 총 미사 경본(13세기 작).

Missale Romanum, 미사 경본 개혁(1969.4.3. 교황령),
미사 경본, 로마 미사 경본(1570년 비오 5세 교황 발간).

**Missale Romanum in quo antiqui ritus Lugdunenses
servantur**. 리옹 예식을 지키는 로마 미사 경본
[1904년 로마의 예식양식 인가. 제헌 예식 때 빵과 포도주를 함께 봉헌하며
주님의 기도를 할 때 소각양성체(小擧性體)가 있다. 성무일도서도 약간
다르고 사순절의 전례색은 회색이다. 백민관 신부 엮음. 백과사전 2, p.601].

Missale Romanum Institution Generális.
로마 미사 전례서의 총지침(總指針).

Missale secundum consuetudinem Romanæ curiæ.
교황청(敎皇廳) 관례에 따른 미사 경본.

Missale Speciale. 특수용 미사 경본

Missale Stowe. 스토브 미사 경본(8세기말 작)

missális pulpitum 강론대(講論臺)

missam fácere uxórem. 아내를 내쫓다(mitto 참조)

missam iram fácere. 분노를 거두다(mitto 참조)

missárum solemnia. 미사의 장엄성

missícĭus, -a, -um. adj. (mitto)
((軍) 제대하는, 퇴역하는. m. 예비역 군인.

míssĭle, -is, n. (míssilis) 던지는 무기(창), 화살,
투석기로 발사되는 돌, 미사일(獨.missile, 유도탄).

míssĭlis, -e, adj. (mitto) 던질만한, 발사되는,
missile telum(ferrum) 화살(pennátum ferrum)/
res missiles, missilia.
군중에게 던져서 주워 가지게 하는 선물.

missio, -ónis, f. (mitto) 파견(派遣.π'π.ἀποστέλλω),

보냄, 발송(發送), 사명(αποστολὴ.⑨ Missions), 임무,
선교사 파견, 포교, 전교, 포교단체, 선교(⑨ Missions),
사절단, (창.화살.돌 따위의) 무기발사, 포로 석방,
노예해방, 해임(解任), 확실한 죽음, 중지, 중단(中斷),
(벌의) 사면(赦免), 시합중지(시합 중에 부상당한 검투사에게
관중 또는 군주로부터 생명의 보장을 위해 허락되는 시합중지).
(法) 넘겨줌, 양도(讓渡). (軍) 제대(除隊).
historia missionum. 선교의 역사(⑨ history of the missions)/
Missiones sacræ pariter constituunt excellentem campum,
ubi catecheseos opera valeat expleri(⑨ The missions are
also a special area for the application of catechesis)
선교는 교리교육이 실시되는 특수한 영역입니다.
　　　　교황 요한 바오로 2세의 1979.10.16. "Catechesi tradendæ" 중에서)/
omnis enim missio est ad aliquem determinatum locum.
사실 모든 파견은 어떤 특정한 장소를 향한다/
sine missióne. 죽기까지 (싸워야 하는 시합)/
spiritus sanctus primas agens in missione.
선교의 주역이신 성령(가톨릭 신학과 사상 제56호, p.152).

Missio a Iesu Apostolis concredita manere debet
usque ad consummationem saeculi.
예수님께서 사도들에게 맡기신 사명은 세상 끝 날까지
계속될 것입니다(마태 28. 20 참조).
missio ad gentes. 만인 선교, 외방 선교
missio æterna 영원한 파견
missio angelorum. 천사들의 파견(派遣)
missio canonica. 교회법적 서임(미씨오 카노니카),
　　전교 사령장, 설교와 교리 교수 허가증,
　　교리교사 임명 파견, 선교사명, 선교의식(사목연구 제9집, p.34).
missio continua. 연속적 파견
Missio Dei. 신의 선교, 하느님의 선교
Missio Divina. 신적 파견(派遣)
missio divinæ Personæ. 하느님 위격의 파견(派遣)
missio ecclesiæ. 교회의 선교
missio ignominiósa. 불명예제대
missio in bona. 경매(競賣)(채무자가 파산 되었을 때 채권자의 낭패를
　방지하고 채무자의 재산을 마구 덮치는 것을 방지하기 위해 제3자에게 재산을 기탁
　해 법적으로 경매에 부치는 것을 말함. 백민관 신부 엮음. 백과사전 2, p.765).
missio in possessionem(=Institutio Corporalis). 임직식.
　(중세기에 일정한 성직자가 직록에 취임하기 전 신앙 선서와 함께 임직권을 받는
　식. 주교의 서면으로 대행할 수 있다. 백민관 신부 엮음. 백과사전 2, p.765).
missio in trinitate.
　삼위일체의 위격적 파견 사명, 성삼위의 발출(삼위일체 안에서
　한 위(位)가 다른 위(位)에서 영원으로부터 발출함과 그 발출에 따른 외부로의
　가시적 또는 불가시적인 작용을 말한다. 백민관 신부 엮음. 백과사전 3, p.685).
missio independens. 독립 포교지(대전교구 1948년)
missio industriæ. 산업선교(⑨ industrial mission)
missio popularis. 민중 묵상회(사목의 특별한 형태로 며칠 동안 특별
　한 신심 목표를 두고 한 단체를 설교나 강의. 피정 등으로 지도하는 사목활동)
missio prophetica. 예언자적 사명
missio Spiritus Sancti. 성령의 파견
missio sui ipsius. 자기 자신의 파견
missio sui juris. 자치 선교단(自治 宣敎團)
missio visíbilis. 가시적 파견(可視的 派遣)
missio visíbilis Filii. 성자의 가시적 파견
missiología, -æ, f. 포교학, 선교학(⑨ missiology)
Missionales a Pretiosissio Sanguine.(C.P.S.)
　성혈(聖血)의 전교 수녀회(수도원장 Franz Pfanner가 남아프리카
　공화국에 창설. 1906년 교황청 인가됨).
Missionalis itaque intentio partem constituit
eucharisticæ formæ christianorum vitæ. 따라서 선교적
　노력은 그리스도인 삶의 성찬적 모습의 한 부분입니다.
Missionális seu Missionárius. 선교사(⑨ Missionary)
Missionariæ Eucharisticæ Ssmæ Trinitatis.
　성삼위의 성체 전교 수녀회(1930년 Guzman이 멕시코에 설립).
Missionarii Comboniani Cordis Jesu.
　예수 성심 꼼보니 전교 사제회(1867년 Daniele Comboni 주교가
　이탈리아 Verona에서 창립. 백민관 신부 엮음. 백과사전 1, p.664).
Missionarii Congregátiónis ab Immaculáteo Corde
Mariæ. 스쿠트회(⑨ Scheut Fathers),
　하자(원죄) 없으신 마리아 성심 선교회.
Missionarii Filii Immmaculati Cordis B. Mariæ V.

성모 성심 애자(愛子) 선교회.
Missionarii Pertiosissimi Sanguinis.
　보혈선교 수녀회(1885.9.8. 트라피스트회 Pfanner 아빠스가 아프리카
　선교를 목적으로 Mariannhill에 설립한 선교 수녀회)
　(⑨ Missionary Sisters of The Precious Blood)
Missionarii Sacrátissimi Cordis. 성심 전교 수도회
Missionarii Sacrátissimi Cordis Iesu.
　(⑨ Missionary Sisters of the Sacred Heart of Jeus,
　예수 성심 전교 수도회(약.M.S.C.-1854.12.8. 슈발리에 신부 설립).
missionárĭus, -i, m. (missio) 선교사(⑨ Missionary).
　Apostolatus missionariorum. 선교사들의 사도직/
　Institutum Missionarium scientificum. 선교학 연구소/
　Medicus missionarius. 의료 선교회.
missionárĭus apostolicus(⑨ apostolic missionary)
　교황 파견 선교사.
Missiones ad Indianos. 인도 선교
missioni sui juris. 선교 자치구, 자치 선교구
míssĭto, -ávi, -átum, -áre, tr., freq. (mitto) 자주 보내다
missor, -óris, m.
　던지는 사람, 발사자, 사수(射手), 보내는 사람.
missórĭum, -i, n. (mitto) 음식 나르는 쟁반
missum, "mitto"의 목적분사(sup.=supínum)
missum, -i, n. (mitto) 경기 시합의 보수(報酬)
missúrus, 원형 mitto, mísi, missum, míttěre,
　[능동형 미래분사의 능동형 용장활용.
　단수 missurus, -a, -um + esse 직설법 현재 missurus es]
　Víde Dómine afflictiónem pópuli túi,
　et mítte quem missúrus es:
　emítte Agnum dominatórem térræ.
　주님, 당신 백성의 괴로움을 쳐다보소서.
　그리고 당신이 보내실 분을 보내소서.
　땅의 지배자이신 어린 양을 파견하소서.
missus¹ -a, -um, "mitto"의 과거분사(p.p.)
　Qui missus es sanáre contrítos corde: Kýrie, eléison.
　진심으로 뉘우치는 사람을 용서하러 오신 주님,
　자비를 베푸소서/
　Unde missus est?. 어디서 쫓겨났습니까?.
Missus² -i, m. 파견된 사람, 구세주 그리스도
missus³ -us, m. (mitto) 파견(派遣.ή.ὴ.ἀποστέλλω),
　보냄, 명령(命令), 던짐, 투척(投擲), 발사(發射),
　(경기 시합의) 판, 진행회수(進行回數).
missus speciális. 특수 사절(特殊使節)
mist… V. mixt…
mistum, "misceo"의 목적분사(sup.=supínum)
mitélla, -æ, f. dim. (mitra)
　챙 없는 모자, 두건(頭巾-모자), 붕대(끈).
Mites canes furem quoque adulántur.
　순한 개들은 도둑놈보고도 꼬리칩다.
mitésco, -ěre, intr., inch. (mitis)
　과실이 익다, 부드러워지다, 누그러지다,
　따뜻해지다, (짐승이) 길들다; 양순해지다.
Mithras(-es), -æ, m. Pérsia인들의 태양신
Mithridátes, -is, m. Pontus의 여러 왕 이름
mitífico, -ávi, -átum, -áre, tr. (mitis+fácio)
　부드럽게 만들다, 양순하게(온화하게) 만들다,
　길들이다, 소화(消化)하다.
mitíficus, -a, -um, adj. 양순한, 온화한
mitigátĭo, -ónis, f. (mítigo) 완화(緩和),
　진정(鎭靜-가라앉힘), 경감(輕減-덜어서 가볍게 함).
mitigatívus,(mitigatórĭus) -a, -um, adj.
　완화하는, 진정시키는.
mítigo, -ávi, -átum, -áre, tr. (mitis+ago) 부드럽게 하다,
　(과실.음식 따위를) 잘 익히다, 완화하다, 늦추다,
　진정시키다, 가라앉히다, 녹이다, 양순(良順)해지게 하다.
　Te ætas mitigabit. 나이가 너를 누그러뜨릴 것이다.
　(동사 mitigare가 음식에 사용될 때는 이 음식이 익혀서 부드러워질 때를 나타
　낸다. 술에 사용될 때는 '포도즙에 설탕을 넣어' 술이 달게 되었을 때이고, 밭에
　사용될 때는 경작으로 밭이 부드러워질 때를 나타낼 때이다. mitis는 물을 지칭
　하기도 하는데, 이는 개울의 물과 비교하면 물이 잔잔하기 때문이다. 그래서
　술을 지칭할 때는 부드럽기 때문이고, 흙은 풍부하기 때문이고, 동물은 길들여

mītis, -e, adj. (과실 따위가) 잘 익은, 부드러운, 순한, 양순한, 길든, 잔잔한, 평온한, 완화된, 진정된, 가벼운, 온화(溫和)한, 유순(柔順)한, 상냥한.
　Dies mitis est. 날씨가 온화하다/
　Mites canes furem quoque adulántur.
　　순한 개들은 도둑놈보고도 꼬리친다.
mitis flúvius 천천히 흐르는 강, 잔잔히 흐르는 강
mitiúscŭlus, -a, -um, adj. dim. (mitis) 좀 완화된, 유순한
mitósis, -is, f. (生)
　(세포핵의) 유사 분열, 간접 핵분열(核分裂).
mitra, -æ f. (예식 때에 쓰는) 주교관(⑨ Miter/Mitre.
　獨 Mitra), 고대 Pérsia인의 모자, 챙 없는 모자.
　(그리스어의 본뜻은 머리를 두른 터번이란 뜻. 교회 용어로는 전례 때 주교가
　쓰는 관. 동방교회에서는 왕관의 모양으로 에나멜 혹은 수를 놓아 장식했다).
Mitrale. 주교 예식서(백민관 신부 엮음, 백과사전 2, p.779).
mitrátus, -a, -um, adj. (mitra) mitra (모자)를 쓴
mitte. 원형 mitto, mīsi, missum, mittĕre, tr. -예문 emitte 참조
　[명령법. 단수 2인칭 mitte, 복수 2인칭 mittite].
mittendárĭus, -i, m. 세금징수 관리(管理)
mittens. 원형 mitto, mīsi, missum, mittĕre, tr.
　[현재분사. 단수 mittens, 복수 mittentes].
　Ad aratrum nemo mittens et retro se se convertens,
　amen amen dico vobis, est nunquam regni cœlestis.
　　내 진실로 말하노니, 쟁기를 잡고 뒤를 돌아보는 사람은
　　어느 누구도 하느님 나라에 들어갈 자격이 없다.
　　　(하늘나라의 사람이 아니다)/
　Nemo mittens manum suam in aratrum et aspiciens
　retro, aptus est regno Dei. 쟁기에 손을 대고 뒤를 돌아
　보는 자는 하느님 나라에 합당하지 않다(성경 루카 9. 62).
Mittimur(⑨ We have been sent) 우리는 파견되었습니다.
Mittimur velut populus(⑨ We have been sent as a
people) 우리는 한 백성으로 파견되었습니다.
Mittit crystallum suam sicut buccellas.
　빵 부스러기 던지듯 얼음을 내리실 제.
mittite. 원형 mitto, mīsi, missum, mittĕre,
　[명령법. 단수 2인칭 mitte, 복수 mittite]
Mittite falces, quoniam maturavit messis.
　낫을 대어라. 수확 철이 무르익었다(성경 요엘 4, 13).
mitto, mīsi, missum, mittĕre, tr. 보내다(ἀπòστολὴ),
　파견하다(πὲμπω), 선물로 보내다, 선사하다, 증정하다,
　생산하다, 산출하다, (서면.인편으로) 시키다, 명하다,
　보고하다, 알리다(נגד.תוה.חֲ.ανάγγλλω.άναγγλλω),
　전하다, 그만두다, 그치다, 집어치우다, 버리다(רפה),
　단념하다, (이야기.연설 따위에서) 빼놓다, 생략하다,
　넘어가다, 언급하지 않다, 놓아주다, 석방(釋放)하다,
　출발시키다, 해고(解雇)하다, 해임(解任)하다, 내보내다,
　제대(除隊)시키다, 해산시키다, 쏟다, 흘리다, 내뿜다,
　(소리를) 내다, 말하다, 던지다(רמי.ימר.אמר), 쏘다,
　발사하다, 돌진시키다, 공격하다, 들여보내다, 들이밀다.
　In subsidium míttere mílites. 구원병을 보내다/
　in suffragium mittere. 투표에 붙이다/
　Legatus sociis subsidio missus est. 우방에는 부관을 응원
　　으로 보냈다.[sociis는 이해여격, subsidio는 목적여격으로 쌍을 이룬다]/
　míttere ad horas. (hora 참조)
　　법정에서 (물)시계를 보고 오도록 (사람을) 보내다/
　missam fácere uxorem. 아내를 내쫓다/
　missam iram fácere. 분노(忿怒)를 거두다/
　mittam eum ad vos(⑨ I will send him to you)
　　내가 그분을 너희에게 보내겠다/
　mittit Spiritum Filii sui in corda nostra.
　(⑨ sends the Spirit of his Son into our hearts)
　　우리 마음에 당신 아들의 성령을 보내주실 때/
　Non possum ad te non mittĕre.
　　나는 너한테 보내지 않을 수 없다/
　timórem mitto. 공포심(恐怖心)을 버리다.
mitto lápides in alqm. 누구에게 돌을 던지다
mitto sánguinem. 피를 흐르게 하다(뽑다)

mitto se in alqm. 누구에게 덤벼들다, 공격하다
mítŭlus(=mitylus) -i, m. 섭조개(=홍합, 淡菜)
mitylus, -i, m. 섭조개(=홍합, 淡菜)
M.I.V.A. (독일어) 미바. 포교 교통 후원회
　Missions-Verrkehrs-Arbeitsgemeinschaft.
mixtárĭus, -a, -um, adj. (mísceo) 술에 물 타는 그릇
mixte, adv. (mixtus¹) 섞어서
mixtícĭus, -a, -um, adj. (mísceo) 혼혈아의
mixtim, adv. (mísceo) 섞어서
míxtĭo, -ónis, f. (mísceo) 섞음, 혼합, 혼성, 혼합물.
　mixtionis modus. 혼합의 방식.
Míxtĭo aquæ. 주수 혼합 성작(고대 세계에서는 음료수로 포도주에
　물을 타서 마셨다. 이 관습에 따라 미사 때에 포도주 축성도 주수 혼합된 잔을
　사용했다고 한다. 현 전례에서는 3대 1의 비율로 물을 포도주에 탄다. 그리고
　그것은 십자가에서 예수의 옆구리 늑방에서 피와 물을 상징한다.
　　　　　　　　　　　백민관 신부 엮음, 백과사전 2, p.779).
mixtum, "misceo"의 목적분사(sup.=supínum)
mixtum calicem. 혼합된 잔
mixtum fori. 경합 법정
mixtúra, -æ, f. (mísceo) 섞음, 혼합, 혼성, 교미, 교접,
　섞인 물건, 혼합물, 혼성물. (藥) ((내복용)) 합제(合劑).
mixtus¹ -a, -um, p.p., a.p. (mísceo) 혼합된, 섞인.
　n. 혼합물, mixta relígio. (혼인의) 혼종장애(混宗障碍).
　Hominem deo mixtum.
　　사람이 하느님과 결합되었다.(교부문헌 총서 8. p.176)/
　Mixta religio. 혼종(混宗), 이종/
　perfectiones mixtæ. 혼합 완전성/
　simonía mixta.
　　순수 또는 실질적 대가가 있는 혼합 성직 매매.
mixtus² -i, m. 혼합
MMS =Medical Mission Sisters. 의료 선교 수녀회.
mna, -æ, f. (=mina) 고대 희랍의 화폐(단위)
Mnemósyne, -es, f. 기억의 여신(女神), Musœ의 어머니
mnemósynon(=mnemósynum) -i, n. 기념, 기념품
mobilia personam sequuntur. 동산은 사람에 따른다.
móbĭlis, -e, adj. (móveo) 움직일 수 있는, 쉽게 움직이는,
　가동성의, 이동성의, 흔들리는, 불안정한, 빠른, 신속한,
　기동성 있는, 신축성(伸縮性) 있는, 융통성(融通性) 있는,
　변동하는, 변하기 쉬운, 변덕스러운,
　향구하지 못한, 이랬다저랬다 하는.
　perpetuum mobile. 영구기관/
　primus mobilis. 제일 운동체/
　res immobilis. 부동산/ res mobilis. 동산.
mobílitas, -átis, f. (móbilis) 이동성(移動性),
　가동성(可動性), 옮기기 쉬움, 신속(迅速), 빠름,
　경쾌(輕快), 기동성, 민첩(敏捷=재빠르고 날램), 경솔(輕率),
　변덕(變德.⑨ fickleness), 불안정, 동요(動搖).
mobílĭt, -áre, tr. (móbilis) 움직이게 하다
Modálismus. -i, m. 그리스도 잉태론(孕胎論), 모달리즘,
　양태설(⑨ Modálism), 양태론(이형우 역주. 교부 문헌총서 4, p.130).
moderábĭlis, -e, adj. (móderor)
　조절될 수 있는; 절도 있는.
moderámen(=minis(=moderaméntum, -i) n. (móderor)
　조종장치(操縦裝置), 제어장치(制御裝置), (배의) 키,
　고삐, 조종, 지휘, 통치, 조절, 완화, 절제, 억제, 제한.
moderámen inculpatæ tutelæ(⑨ Self-Defence) 정당방위.
　= Defensio Contra injustum aggressorem.
moderátim, adv. (moderátus) 절제 있게, 천천히, 서서히
moderátĭo, -ónis, f. 조절(調節), 중용(中庸), 알맞음,
　절제(節制.⑨ Temperance.절덕), 온건(穩乾),
　유화(宥和), 절도(節度-말이나 행동 따위의 적당한 정도),
　관대(寬大), 지도(指導), 다스림, 통치, 억제, 극기.
moderátĭo(Inhibitio) fecunditatis. 산아제한, 출산조절
moderátor, -óris, m. (moderátrix, -ícis, f.) (móderor)
　조절(절제) 하는 사람, 절도 있는(중용을 지키는) 사람,
　지휘자(指揮者), 통치자(統治者.ἄρχων), 지배인, 조정자,
　중재자, 관리자, 강사.
moderátor curiæ. 교구청장(1983년 설정-선택적 직무)
Moderátor domus sui iuris est de iure Superior maior.

763

자치 수도원의 원장은 법률상 상급 장상이다(Can. 613).

moderátor spirituális. 영성 담당자(擔當者.部長)/
Director spiritualis. 영적 지도자.

moderátor supĕremus. 총원장

moderátor supremus. 수도회 총장, 총회장(總會長)

moderátor vitæ spirituális. 영성생활의 지도자(Can. 246조 4).

moderátor vitæ spirituális. 외래 지도신부.
(가톨릭 신학과 사상 제38호. p.225).

moderátus, -a, -um, p.p., a.p. (módero, móderor)
절도(절제) 있는, 중용(中庸)의, 알맞은,
온건(溫乾)한, 조절(調節)된, 통제(統制)된.

Modernísmus, -i, m. 근대주의, 현대주의

modérnus, -a, -um, adj.
요즈음의, 근래(近來)의, 현대(現代)의, 근대의, 신식의.
ætas moderna. 현대시기/ætas antiqua. 고대시기/
ætas media. 중세시기/ætas novissima. 최근시기/
Devotio modema. 근대 영성, 근대적 신심, 새 신심운동/
Modernorum Magister Magistrorum. 현대 선생님들의 스승.

módéro, -ávi, -átum, -áre, tr. (modus) = móderor

móderor, -átus sum -ári, dep., intr., tr. (modus)
…의 절도를(중용을) 지키다, 알맞게 하다, 조절하다,
억제하다, 제어하다, 통제하다, 한계를 두다, 지도하다,
다스리다(βασιλευὠ.הדר.שׁלט.נהג.רדה), 규정하다,
지휘(조정)하다, 통치하다(רדה), 조정하다, 바로잡다.

modéstĭa, -æ, f. (modéstus) 절도(節度), 절제(節制),
중용(中庸), 알맞음, 조심성(操心性), 자제(自制),
신중(愼重.φρὸνησις-매우 조심성이 있음), 평범(平凡),
소박(素朴), 수수함, 단정(함), 얌전함, 점잖음,
수줍음, 겸손(謙遜), 온화(溫和), 순함.
De modestia in vestibus. 단정한 의복에 대하여/
hiemis modestĭa. 따스한 겨울/
Dives est modestia apud Deum, apud quem nemo est
dives. 겸양은 하느님 대전에서 부유한 덕성이다.(하느님
앞에서는 그 누구도 아무도 부유한 사람이 못 되니까).

Modestĭa et continentĭa præclara sunt virtutes.
단정함과 자제심은 뛰어난 덕행들이다.

modestĭa hiemis. 따스한 겨울

modéstus, -a, -um, adj. (modus) 적절한, 알맞은,
중용의, 절제(절도) 있는, 자제심 있는, 단정한,
얌전한, 점잖은, 품위 있는, 자기 분수를 아는, 겸손한,
아심 없는, 겸양의, 온건한, 조심성 있는, 신중한.

Modi(⑨ Mode) 모디, 그레고리오 성가 용어.
(12~13세기 Nptre Dame 학풍이 발달시킨 ars antiqua의 작곡 특징인
대위법의 선율형으로, 같은 형식의 선을 마디가 여러 번 반복되는 선율형을
말한다…. 백민관 신부 엮음, 백과사전 2, p.782).

Modi peccandi. 죄의 양상(⑨ Ways of sinning)

modiális, -e, adj. (módius) (곡식을 되는) 말의

modiátĭo, -ónis, f. (módius) (곡식을) 말로 됨, 계량(計量)

Modicæ fidei, quare dubitasti?
(⑨ O you of little faith, why did you doubt?)
이 믿음이 약한 자야, 왜 의심하였느냐?(마태 14, 31).

modice, adv. (= modico, modicum) 조금, 잠시.
Minæ Clódii módice me tangunt.
*Clódius*의 위협은 내 마음을 그다지 흔들지 않는다.

modicellus, -a, -um, adj. dim. (módicus)
매우 적은, 매우 작은.

modicissima aqua. 지극히 소량의 물.
párum aquæ. 소량의 물.

modícĭtas, -átis, f. (módicus) 소량(小量), 소액(少額)

modico, adv. (= modice, modicum) 조금, 잠시

modico ante. 조금 전에(brevi ante/paulo ante)

modicum, adv. (= modice, modico) 조금, 잠시

Modicum adtendite. 조금만 주의를 기울여 보십시오.

Modicum fermentum totam massam corrumpit.
(mikra. zu,mh o[lon to. fu,rama zumoi/) (Ein wenig Sauerteig
durchsäuert den ganzen Teig) (A little yeast leavens
the whole batch of dough) 적은 누룩이 온 반죽을
부풀게 합니다(성경. 공동번역. 갈라티아 5, 9)/얼마 안 되는 누룩
이라도 온 반죽을 부풀게 합니다(200주년 신약 갈라디아 5, 9).

módĭcus, -a, -um, adj. (modus)
중용의, 절도 있는, 알맞은, 중간 정도의, 보통의,
적은(ὀλίγος.μικρὸς), 조금의, 소량(小量)의,
얼마 안 되는, 작은, 보잘 것 없는, (시간이) 짧은.
hómines módicæ fortúnæ. 중산계급/
Martinus hic pauper et modicus cælum dives
ingreditur. 가난하고 보잘 것 없는 이 마르띠노는
풍요로운 천국으로 들어갔다.

modificátĭo, -ónis, f. (modífico) 규정, 규칙, 법칙, 방식,
짜임새, 부분적 변경, 수정, 개정, 조정(調整), 가감(加減).

modificátĭo spirituális. 영적인 변형(變形)

modificátĭones animæ. 영혼의 변형들

modificátĭones organi. 유기체의 변형들

modificátor, -óris, m. (modífico) 재는(측정하는) 사람,
법칙(규격)에 맞추는 사람, 작곡가(作曲家).

modifico, -ávi, -átum, -áre, tr. (modus+fácio)
정리하다(םֶׁ), 조절하다, 가감하다, 수정(修整)하다

modíficor, -átus sum -ári, dep., tr., intr. (modus+fácio)
(치수를) 재다, 측정하다, 조절하다, 완화(緩和)하다,
가감(加減)하다, 통제(統制)하다, 한정(限定)하다,
(부분적으로) 변경(變更)하다, 수정하다.

modíficus, -a, -um, adj. (modus+fácio)
규칙적인, 규격적인, 일정한 양식의.

modimperátor, -óris, m. (modus+imperátor)
(연회에서의) 음주량 규정자.

modĭŏlus, -i, m. dim. (módius) 작은 말, 되, 잔(⑨ Cup),
컵(⑨ cup), 물레방아식으로 만든 급수기에 고정된 두레박,
(수레의) 바퀴 통. (解) 내이의 와우축(內耳 蝸牛軸).

módĭus, -i, m. (módĭum, -i, n.) (modus)
(gen., pl. 흔히 -īum,) [그리스어 modios.⑨ Bushel].
(곡식이나 액체를 되는) 말(약 8.75L),
(밭 면적의) 3분의 1 Júgerum(dir 260평).

modius animæ. 영혼의 됫박

modo, (modus) **adv.** 1. (제한 표시) 다만, 뿐, …만;
…만이라도: uni modo. 한사람에게만/semel modo.
한번만이라도/non modo …, sed(verum) étiam …,
…뿐 아니라 또한/non modo non …, sed ne modo
quidem. 아닐 뿐 아니라 …도(조차) 아니.
2. (명령법.접속법과 함께 쓰이면서 재촉.권유.
경고 표시) 자! 꼭, 부디: Véniat modo. 자! 그가 올테면
오라/Modo fácito, ut …, 너는 꼭 …하도록 해라.
3. (시간 부사) 방금, 조금 전에, 금방, 지금 막,
이제 곧, 잠시 후에. 4. (중복적 사용 또는 다른 시간
부사 병용) 때로는, …때로는, 금방…금방(이렇게 저랬다):
modo hoc, modo illud. 금방 이것을, 금방 저것을/
Modo ait, modo negat. 그는 금방 시인했다 금방
부인한다/modo … tum … 때로는 …다음엔.
Et modo probo alio documento. 당장 다른 증거를 하나
대겠습니다.(최익철 신부 옮김. 요한 서간 강해. p.421)/
Sicut modo audistis quia discipulorum duorum quos
invenit in via, tenebantur oculi ne eum agnoscerent.
여러분은 방금, 길을 가다가 주님을 만났지만 눈이
어두워서 그분을 알아 뵙지 못한 두 제자의 이야기를
들었습니다.(최익철 신부 옮김. 요한 서간 강해. p.107).
conj. 1. (다른 접속사와 함께 쓰는 수도 가끔 있음)
modo, dum modo …(하기) 만 하면; modo ne
…(하지) 만 않(는)다면(아니라면): modo id fáciat, …
그가 그것을 하기만 한다면/valetudo modo bona sit,
… 건강만 좋다면/ …, modo ne summa turpitúdo
sequátur. 극도의 추악함이 따르지만 않는다면/
2. si modo meminísti, 네가 잊어버리지만 않았다면.
(라틴-한글사전. p.531)

álio modo (áliā ratiónem) 다른 모양으로/
divérso modo. 다른 모양으로, 달리/
eódem modo. 동일한 방법으로, ~모양으로/
hoc modo. (hác ratióne.) 이 모양으로, 이렇게/
omni modo. 온갖 모양으로, 가지가지로/
Opera modo illa sint in vobis, modo illa, pro tempore,

pro horis, pro diebus. 여러분은 때와 시(時)와 날에
따라서 이 일도 하게 되고 저 일도 하게 됩니다.
(최익철 신부 옮김, 요한 서간 강해, p.347)/
pari modo. (pari ratióne.) 같은 모양으로/
símili modo. 같은 모양으로.
Modo cum fide vides, tunc cum specie videbis.
지금은 믿음으로 뵙지만 그때에는 얼굴을 맞대고 뵐
것입니다.(최익철 신부 옮김, 요한 서간 강해, p.243).
Modo enim salus nostra in spe, nondum in re:
non enim tenemus iam quod promissum est,
sed venturum speramus. 지금 우리 구원은 희망 속에
있고 아직 실재 속에 있지 않습니다. 우리는 이미 약속된
바를 지금 지니고 있지는 못하지만, 장차 이루어질 것을
희망합니다.(최익철 신부 옮김, 요한 서간 강해, p.193).
Modo Evangelium lectum est. 방금 복음이 봉독 되었습니다.
Quid ait? 뭐라 말씀하십니까?
Namque, audistis modo, cum Evangelium legeretur; certe
si aurem ibi non tantum corporis, sed et cordis habuistis.
방금 복음이 봉독될 때 듣기는 하셨지만,
육신의 귀뿐 아니라 마음의 귀도 지닌 분만이
참으로 들으셨다고 할 수 있겠습니다.
modo excellentiori omnibus rebus.
모든 실재들보다 훨씬 탁월한 양태로.
Modo illud, modo illud. 때로는 이 일을 하고, 때로는
저 일을 합니다.(최익철 신부 옮김, 요한 서간 강해, p.349).
modo quo non debet. 부적당한 방식
modulábilis, -e, adj. (módulor)
(곡을 붙여) 노래할 수 있는.
modulámen, -mĭnis, (**modulaméntum**, -i,) (módulor)
n. 선율(旋律.⑨ melody-높낮이와 리듬을 지닌 음의 흐름),
곡조, 박자(拍子-meter라고도 씀. 박이라 불리는 기본 단위들의 결합에
의해 이루어지는 리듬 유형. 규칙적인 마디 즉 소절로 나뉘게 된다).
운율(韻律-시문의 음성적 형식. 외형률과 내재율이 있음. 리듬 등).
modulátio, -ónis, f. (módulor)
조절, 조정, 가감(加減), 박자, 선율(旋律.⑨ melody).
modulatióne canatur. 곡조를 넣어 노래할 것이다.
modulátor, -óris, m. (**modulátrix**, -ícis, f.) (módulor)
조절하는 사람, 박자 치는 사람, 지휘자(指揮者), 음악가.
modulátus¹ -a, -um, p.p., a.p. (módulor)
곡조에 맞춘, 선율적인; 박자가 잘 맞는, 음악적.
modŭlatus² -i, m. 노래(ᴡᵀᴴ.⑨ Song), 가락(⑨ melody)
módŭlor, -átus sum, -ári, dep., tr. (módulus)
조절(조정)하다, 가감(加減)하다, 박자(가락)에 맞추다,
소리를 격식에 맞춰내다, 노래하다, 반주하다, 연주하다.
módŭlus, -i, m. dim. (modus) 크기, 척도, 표준단위,
규범(規範), 비례칙(比例尺), 축척(縮尺), 축도(縮圖),
율(率), 계수(係數), 수도관의 용량(직경),
선율(旋律.⑨ melody-높낮이와 리듬을 지닌 음의 흐름),
박자(拍子), 가락(⑨ melody), 태도(態度).
modus, -i, m. 도량형의 단위; 크기, 길이, 높이, 넓이,
치수, 척도, 기준, 한도, **절도(節度)**, 적정선, 한계,
박자(拍子), 선율(旋律), **모양, 방법, 양식(樣式)**, 방식,
형태, 태도, 투(套-말이나 글, 행동 따위에 버릇처럼 일정하게
굳어진 본새나 방식). ((文法)) (동사의) 법. (論) 식(式).
(哲) 양태(樣式-철학 용어. 사물 본연의 상태에 대한 여러 규정),
양식, 규범(κανὼν.⑨ norm.獨 Norm.프 norme).
ad hunc modum. 이 모양으로/
cujus rex veritas, cujus lex caritas, cujus modus
æternitas.(=하느님 도성) 진리를 군주로, 사랑을
법도로, 영원을 척도로 두는 완전 사회다/
egredior modum. 도를 넘다/
ejúsmodi, hujúsmodi, istiúsmodi. 그런, 이런, 저런/
Est modus in rebus. 절도가 있어야 한다/
excellentiori modo. 더 탁월한 양태로/
fortiter in re, suáviter in modo.
태도는 부드럽게 행동은 꿋꿋하게/
In certando modum serva!
싸우는 중에도 법도(法道)는 지켜라/

intra modum. (정도를 넘기보다는 차라리) 정도 이하로/
ira supra modum. 정도에 지나친 분노(忿怒)/
mirum in modum. 기묘하게, 이상하게/
modum excedo. 과도하게 하다/
Nescio, an modum excesserint. 나는 그들이 도를
지나친 것이나 아닐는지 모르겠다(아마도 지나쳤을 것이다)/
nullo modo. 절대로 아니/
Peculiaria hominis ejusque modi agendi.
(⑨ Man's special features and his ways of acting)
인간의 특성과 행동 양식(行動 樣式)/
quo modo(quómodo)? 어떻게?/
Quod in omnium naturarum specie ac modo laudabilis
sit Creator. 모든 자연본성의 형상과 척도를 보아
창조주는 찬미 받을 만하다(교부문헌 총서 17, 신국론, p.2784)/
Tractátus de modo prædicandi. 강론 방법론/
trans modum.(ultra modum). 과도하게, 지나치게/
transeo modum. 방법이 지나치다.
modus actiónis. 작용의 양태
modus affirmatiónis. 긍정의 방법
Modus Agendi. 행동 양식(⑨ Behávior)
modus amóris. 사랑의 양태(樣態)
modus causalitátis. 인과성의 방법
modus cogitandi. 사고방식
modus cognoscendi. 앎의 양태
modus communis. 공통된 양태
modus compositiónis. 합성의 방법
modus concipiendi. 특정한 방식
modus conjunctívus(subjunctívus) 접속법
modus connaturális hominis. 인간본성에 적합한 양태
modus consignificandi. 동반(同伴) 표시의 양태(樣態)
motus corporis cælestis. 천체의 운동
modus deuterus authenticus. 제3선법
modus deuterus plagális. 제4선법
modus directus. 직접 형식
modus eminentiæ. 우월의 방법
modus éntis. 유(有)의 양태
modus essendi, 있음의 양태, 존재 방식(철학여정, p.168),
존재 양식(modus existendi).
modus essendi intentionalis. 관념적 존재 양태
modus essendi realis. 실제적 존재 양태
modus formæ. 형상의 양태
modus formális. 형상의 양태
modus formandi. 양성 방법
modus generatiónis. 낳음의 양태
modus impersonális. 비인칭법(非人稱法)
modus imperativus. 명령법
modus indicatívus. 직설법(直說法) [사실을 단순하게 서술하는
화법. 또는 서술된 내용이 그대로 참임을 서술하는 화법이다. 직설법과
접속법은 고유한 시제(과거, 현재, 미래)와 인칭(나, 너, 그)과 수(우리, 너희,
그들)에 따라서 동사의 어미를 바꾼다. 성 염 지음, 고전 라틴어, p.22).
modus individuális. 개별적 양태
modus infinitus. 부정법(동사가 형태와 시제를 함축하지만, 인칭을
정하여 표시하지 않음으로써 명사나 형용사로 쓰이는 경우이다. 라틴어에서는
부정사, 분사, 동명사, 목적 분사, 수동형 당위분사 등 다섯 가지 형태를 볼 수
있다. 성 염 지음. 고전 라틴어, p.25).
modus intellectualis. 지성적 양상
modus intellectus. 지성(知性)의 양태(樣態)
modus intelligendi. 인식의 양태(樣態)
modus intrinsecus. 내부적(內部的)인 양태(樣態)
modus inveniendi.
깨달아야 할 바를 파악하는 방법, 자료 발견의 방법
modus irreális. 비현실적 방식
Modus meditandi. 묵상 양식(1523년 바르보 논문)
modus metaphysicus. 형이상학적 양태
modus mixtionis. 혼합의 양태
modus negatiónis. 부정의 방법
Modus operandi. 행동 방식(활동 양식)
modus optatívus. 기원법(祈願法), 희구법(希求法).
(희구법希求法은 대개 가정법보다도 더 가설적인 것을 나타내는 데 사용).
modus per se existendi. 실존양식(實存樣式)

modus physicus. 형이하학적 양태
Modus præparationis. 준비 방법
modus procedendi summárĭus. 절차규범(節次規範),
  약식재판(略式裁判), judicĭum summarĭum).
modus processiónis. 발출함의 양태
modus proférendi. 깨달은 바를 전달하는 방법, 표현방법
modus prolátĭónis. 발함의 양태(樣態)
modus protus authenticus. 제1선법(정격 선법)
modus protus plagális. 제2선법(변격 선법)
modus remotiónis. 배제의 방법
modus resolutiónis. 분해(회귀)의 방법
modus responsoriális. 화답 형식
modus se habendi ad temporalia. 현실을 살아가는 방식
modus sentendi. 느낌 방식
modus significandi. 표시의 양태(表示 樣態)
modus similitudinis. 유사의 양태(類似의 樣態)
modus speciális. 특수한 양태
modus subjunctívus. (文法) 접속법
modus substantiális. 실제적 양식
modus substantivi. 실체사의 양태(樣態)
modus tetrardus authenticus. 제7선법
modus tetrardus plagális. 제8선법
modus trius authenticus. 제5선법
modus trius plagális. 제6선법
modus uniónis. 결합 양식
modus Verbi. 말씀의 양태(樣態)
Modus vivendi. 사는 모양, 생활양식(studĭum vitæ),
  잠정 협정.
modus voluntátis. 의지의 양태
mœcha, -æ, f. 간음(姦淫)한 여자, 첩(妾-小室)
mœchía, -æ, f. 간음(姦淫.⑨ adultery), 간통(姦通).
  (그리스어 Moicheia는 간음으로, Phorneia는 음행으로 구별해 이를 라틴어에서
  adulterium과 fornicatio로 구별해 쓰는데 실제 그리스어에서는 이 두 말을 구별
  없이 하느님을 배반하는 죄라는 뜻으로 쓴다. 백민관 신부 엮음, 백과사전 2, p.783).
mœchísso, -áre, intr. (mœchus) 간음하다, 첩을 두다
mœchor, -átus sum -ári, dep., tr. 간음(간통)하다.
  Non mœchaberis.(⑨ You shall not commit adultery)
  간음해서는 안 된다(성경) / 간음하지 마라(공동번역 마태 5, 27).
mœchus, -i, m. 간음(간통)한 남자, 간부(姦夫)
mœni… V. muni…
mœnía, -īum, n., pl. (múnĭo) 성(城), 성벽(城壁),
  성축(成築), 성곽(城郭), 담(울타리), 방책(防柵),
  철책(鐵柵), 제방(堤防), 건물(建物), 가옥(家屋).
  altæ mœnia Romæ. 드높은 로마의 성벽 /
  compúlsus intra mœnia. 성안으로 쫓겨 들어간 /
  infero scalas ad mœnia. 사다리를 성벽에 갖다 대다.
mœrĕo, -ére, intr., tr. 근심하다, 걱정하다, 슬퍼하다
mœror, -óris, m. 근심, 걱정, 비애(悲哀),
  비탄(悲嘆-슬퍼하여 탄식함), 비수(悲愁-슬픈 근심).
mœst… V. mæst…
mœstus(=mæstus) -a, -um, adj.
  슬퍼하는, 상심한, 비탄에 잠긴, 애도하는, 슬픈,
  구슬픈, 애처로운, 슬픔을 자아내는, 슬픔을 표시하는.
Moggio pyxis. 상아로 된 그릇
Moguntinus, -i, m. 마인츠(獨 Mainz)
mola, -æ, f. 맷돌(마태 18, 6), 연자매, 제분기, 압착기, 방아,
  (제물 위에 뿌리던) 밀가루, 소금 뿌린 밀가루.
  (醫) 기태(奇胎-젤리 같은 물질을 포함하고 있는 낭囊이 모인 것).
  molæ hostiarum. 성체 제병(祭餅) 맷돌(그림) /
  molæ oleárĭæ. 올리브기름 짜는 기계 /
  supermolaris, -is, m. 윗부분 맷돌.
mola asinaria. 연자매
moláris, -e, adj. (mola) 맷돌의, 연자의; 씹어 바수는,
  어금니의. m. 맷돌, 어금니, 구치(臼齒).
molárĭus, -a, -um, adj. 맷돌의, 연자의.
  ásinus molarius. 연자매 돌리는 나귀.
molátĭo, -ónis, f. 가루로 만듦, 제분(製粉)
molátor, -óris, m. 제분업자(製粉業者)
molendárĭus, -a, -um, adj. 맷돌의

molendinárĭus, -a, -um, adj. 맷돌의, 제분소의.
  m. 제분업자(製粉業者).
molendínum, -i, n. 제분소(製粉所)
moles, -is, f. 덩어리, 큰 덩어리, 뭉텅이, 거체(巨體),
  거구(巨軀-큰 몸뚱이), 거대한 구조물(축조물), 큰 건물,
  제방(堤防), 부두, 방파제, 둑, 큰 전투장비, 무기,
  군중(群衆.ὄχλος.πλῆθος), 집단(集團), 대군(大軍), 대량,
  다량(多量), 수고, 노력, 애씀, 곤란(困難), 어려움.
moleste, adv. (moléstus)
  귀찮게, 성가시게; 불쾌하게, 못마땅하게.
moleste ferre. 못마땅하게 여기다
moléstĭa, -æ, f. (moléstus) 귀찮음, 괴로움, 성가심,
  걱정, 번민(煩悶), 불쾌(不快), (얼굴의) 반점.
  assídúĭtas molestiárum. 귀찮은 일이 늘 있음 /
  expedio alqm omni moléstĭã.
    모든 성가신 일에서 해방시켜 주다 /
  Grátĭas tibi ago, quod me ab omni moléstĭã liberásti.
    네가 나를 모든 귀찮은 것에서 구해준 것을 네게
    나는 감사한다 /
  molestĭam ex pernícĭe rei publicæ tráhĕre.
    난관은 국운의 쇠퇴(衰退)에 기인하다 /
  Sic ergo carnalis anima, tamquam ancilla superba,
  si forte aliquas molestias passa es propter disciplinam,
  quid insanis? 육적인 영혼이여, 그대가 교만한 여종처럼
  훈육 받느라 고생 좀 했다 하여 어찌 그리 어리석게 굽니까?
                (최익철 신부 옮김, 요한 서간 강해, p.463).
molestior, -or -us, adj. moléstus, -a, -um의 비교급
molestissimus, -a, -um, adj. moléstus, -a, -um의 최상급
molésto, -ávi, -átum, -áre, tr. (moléstus)
  귀찮게 하다, 성가시게 굴다, 괴롭히다.
moléstus, -a, -um, adj. (mores) 귀찮은, 성가신; 괴로운,
  불쾌한, 못마땅한, 난삽한, 부자연하게 꾸민,
  아니꼬운, 힘든, 수고로운, 해로운.
  distríngi offícĭo molestíssimo. 아주 귀찮은 일에 붙들리다 /
  labor molestus. 괴로운 일 /
  Nisi molestum est, repete qu coeperas. 귀찮지 않다면
    (괜찮다면) 당신이 시작했던 말을 다시 해봐요! /
  quin mihi moléstum est. 그것은 오히려 내게 귀찮은 것이다 /
  Sunt quidam, qui moléstas amicítias fáciunt.
    우정을 괴롭게 만드는 사람들이 더러 있다.
moletrína, -æ, f. 정미소(精米所), 제분소(製粉所)
molíle, -is, n. 연자매 돌리는 자루(봇물)
molímen, -mĭnis, n. (moliméntum, -i, n.) (mólĭor)
  노력(⑨ Commitment), 애씀, 진력(盡力-있는 힘을 다함),
  기도(企圖-일을 꾸며내려고 꾀함),
  (노력.비용 따위가 많이 드는) 거대한 장치(설비.기구).
molímĭna, -órum, n., pl. (molímen) 괴로움, 곤란(困難)
molimina ménstrua. 월경 곤란(月經 困難)
molína, -æ, f. (mola) 방앗간, 精米所, 제분소(製粉所)
molinárĭus, -i, m. 제분업자(製粉業者)
molínus, -a, -um, adj. (mola) 맷돌의, 분쇄기의
Molinismus, -i, m. 몰리나주의
mólĭor, -ítus sum, molíri, dep., tr. (moles) 이동하다,
  (큰 덩어리를) 움직이게 하다, 옮겨 놓다,
  힘들여(애써) 하다, 필사적으로 탈출(脫出)하다.
  건설(건축)하다, 역사하다, 쌓다, 구축하다, 공사하다.
  완성하다, 성취하다, 계획하다(그그), 생각하다, 꾀하다,
  기도하다, 음모(陰謀)를 꾸미다, 준비하다(גמר.רמג),
  획책(劃策)하다, 유발하다, 일으키다, 자극(刺戟)하다,
  무너뜨리다, 쳐부수다, 파괴(破壞)하다.
molítĭo, -ónis, f. (mólĭor) 경작(耕作), 밭갈이,
  무너뜨림, 파괴(破壞), 준비, 마련, 기도(企圖),
  기획(企劃), 음모(陰謀), 획책(劃策-계책을 세움).
molítor[1] -óris, m. (molitrix, -ícis, f.) (mólĭor)
  건설자(建設者), 건축가(建築家), 기획자(企劃者).
mólĭtor[2] -óris, m. (molo)
  제분업자(製粉業者), 맷돌질하는 사람.
molitum, "molo"의 목적분사(sup.=supínum)

molítus[1] -a, -um, p.p. (mólior)
molítus[2] -a, -um, p.p. (molo) 가루가 된,
  molita cibaria. 밀가루(farina, -æ, f.).
mollésco, -ěre, inch., intr.
  부드러워지다, 물러지다, 허약해지다, 양순해지다.
mollícŭlus, -a, -um, adj. dim. (mollis)
  좀 부드러운, 무른, 연약한.
mollífico, -áre, tr. (mollis+fácio)
  무르게 하다, 완화(緩和)시키다.
mollíficus, -a, -um, adj. (mollis+fácio)
  무르게 하는, 부드럽게 하는.
mollíflŭus, -a, -um, adj. (mollis+fluo) 잔잔히 흐르는
mollígo, -gĭnis, f, 빵의 속 부분
mollimséntum, -i, n. (móllio) 완화(수단), 위로(慰勞)
móllĭo, -ívi(ĭi), -ítum, -íre, tr. (mollis)
  부드럽게 하다, 무르게 하다, 유연하게 하다,
  약하게 하다, 덜다, 경감하다, 완만하게 만들다,
  진정시키다, 가라앉히다, 완화(緩和)시키다.
mollio clivum. 언덕을 갈지(之) 자 모양으로 오르다
mollis, -e, adj. 부드러운, 연한, 무른, 여린, 유연한,
  휘기 쉬운, 약한, 연약한, 박약한, 유약한, 우유부단한,
  계집애 같은, 여성적인, 내성적인, 수줍은, 완만한,
  가파르지 않은, 험하지 않은, 평탄한, 순한, 독하지 않은,
  유순(柔順)한, 양순한, 온화한, 상냥한, 정다운, 다정한,
  다감한, 쉬운, 편한, 재미있는, 유쾌한, 명랑한, 쾌적한,
  안일한, 사치한, 향락적(享樂的)인, 방탕(放蕩)한.
  adv. móllĭter, molle.
  Mulier a mollitie, tamquam mollier, detracta littera
    ……appellatur. 여성이 부드러운 것은, 여성이란
    말을 원래 부드러움이라는 말에서 따왔기 때문이다/
  mollíssima vina. 순한 포도주(葡萄酒)/
  orátio mollis et tenera. 부드럽고 유연한 연설.
mollis clívus. 완만한 경사(傾斜)
mollítĭa, -æ(mollítĭes, -éi) f. (mollis) 부드러움, 무름,
  유연함, 약함, 연약, 유약, 나약, 수줍음, 유순, 양순,
  무기력, 이완(弛緩), 해이(解弛), 의지박약(意志薄弱),
  수고.고통 따위를 회피하려는 마음(태도), 음탕, 호색.
  non factorum mollitie. 그의 자태가 부드러워서가 아니라/
  Vinco muliercŭlam mollitĭa.
  부드러움에 있어서 여자를 능가하다.
mollitúdo, -dĭnis, f. (mollis) 적응성(適應性), 부드러움,
  유연성(柔軟性-부드럽고 연한 성질), 정다움(⑨ Tenderness).
mollúgo, -gĭnis, f. 빵의 속 부분, 빵 속,
mollugo stricta. (植) 석류풀
molo[1], -lŭi, -lĭtum, -ěre, tr. (mola) 맷돌에 갈다, 빻다.
  hórdeum in farínam molo. 보리를 빻아 가루로 만들다.
Molo[2](-on), -ónis, m.
  Rhodus섬 출신의 희랍의 유명한 수사학 교수.
mólŏche, -es, f. (植) 접시꽃
molochinárĭus, -i, m. (móloche)
  접시꽃 빛깔을 물들이는 사람.
Molóssĭa, -æ(Molossis, -ídis) f. Epírus의 동북부 지방.
  Molóssi canes.
    (사냥.경비.가축몰이를 잘하는) Molóssia의 개.
mŏlui, "molo[1]"의 단순과거(pf.=perfectum)
mŏly, -yos, n. (植)
  젖빛의 꽃과 검은 뿌리가 있다는 전설상의 마초(魔草).
  (Mercúrius가 Ulíxes에게 주어 Circe 呪文으로부터 구했다 함).
molybdǽna, -æ, f. (化) 몰리브덴(獨 Molybdän)
momen, -mĭnis, n. (móveo)
  움직임(κίνημα), 충동(衝動), 중량(重量), 무게.
momentáliter, adv. 순간적으로
momentácěus(-tárĭus, -tórĭus) -a, -um, adj.
  순간적(瞬間的), 순식간의, 잠깐 동안의; 덧없는.
moméntum, -i, n. (móveo) 움직임(κίνημα), 충동(衝動),
  무게, 중량, 작은 분량, 작은 조각, 변화, 영향(력),
  계기, 시간, 동안; 순간(瞬間), 잠깐, 중요성, 가치, 의의,
  árbores levi moménto impúlsæ.

(바람으로) 약간 움직이는 나무/
  horæ moménto. 한 시간 동안에/
  levi moménto æstimáre alqd.
    무엇을 대단치 않게 여기다(평가하다)/
  máximi moménti. 대단히 중요한/
  nihil habére moménti. 조금도 중요치 않다/
  nullíus moménti. 무가치한, 무효인.
momentum actuale.(punctus, -i, n.)
  당면찰라(當面刹那, 선유의 천주사상과 제사문제. p.117).
moméntum homilíæ(⑨ The importance of the homily).
  강론의 중요성.
momentum primum. 분(分)
momérĭum, -i, n. 조소(嘲笑), 조롱(嘲弄)
momórdi, "mórdeo"의 단순과거(pf.=perfectum)
mónăcha(=mónăca), -æ, f. 수녀(修女), 여승(女僧)
monachális, -e, adj. (mónachus) 수도원의, 수도자의
monachátus, -us, m. (mónachus) 수도자 신분
monachĭcus, -a, -um, adj. (mónachus) 수도자의
monachíum, -i, n.
  수도원(⑨ cnvent/monastery/religious house).
mónăchor, -ári, dep., intr. 수도자가 되다, 수도생활을 하다
monachorum instituta. 수도자 생활
mónăchus* -i, m. 수도자(⑨ religious.獨 Mönche), 수사.
  (Monachus라는 말은 본래 세속을 떠나 수도규칙을 지키며 생활하는 은수
  수도자를 지칭하는 말이었는데 세속을 떠나 공동 수도생활을 하며 성무일도를
  공동으로 드리는 수도자를 가리킨다.…. 백민관 신부 엮음. 백과사전 2, p.791).
  Epistola ad Monachos de Virtutibus et ordine
  Doctrinæ Apostolicæ.(Valerianus 지음)
    덕행과 사도 교리규정에 관하여 수도자들에게 보낸 편지/
  genus detesabile monachorum. 가증스런 수도승 일당/
  Historia monachorum. 수도승의 역사/
  Historia monachorum in ægypto. 이집트 수도승 역사/
  intus monachus, foris apostolus.
    안으로는 수도승, 밖으로는 선교사/
  Quomodo Dormiant monachi.
    수도승들은 어떻게 잠자야 하는가.
monárcha, -æ, m. 임금(βασιλεὺς.나랏님), 군주,
  (원래는) 독재적 통치자(獨裁的 統治者).
  unus monarcha. 단일 군주.
Monarcha Juris. 법의 군주
Monarcha theologorum. 신학자들의 군주
monarchía, -æ, f. 군주정치(君主政治), 군주국.
  an ad bene esse mundi necessaria sit universali
  Monarchia.(단테의 "제정론" 제1권의 논제)
    인류의 선익을 위하여 제권이 필요한가?/
  De Visibili Monarchia Ecclesiæ.
    교회의 가시적인 군주론(Sanders 지음 1571년)/
  sicula monarchia. 시칠리아 군주국/
  universális monarchia. 보편 군주제/
  universális Monarchia vel Imperium. 보편 군주정 혹은 제정.
monarchia divina. 신적 유일성(神的 唯一性)
Monarchia Sicula. 시칠리아 군주의 특권.
  Index Monarchia Sicula. 시칠리아 군주국의 법령.
Monarchianismus, -i, m. 그리스도 단원설(가톨릭대사전. p.1009).
  모나르키아니즘(위격부인 이단.⑨ Monarchianism),
  단원설(3C 중엽 "3위가 아닌 1위만 인정하는 반삼위일체적 이단.
monas, -ădis, f. 단일(單一), 단일성(單一性.⑨ Unity),
  개체(個體). (哲) 단자(單子). (生) 단세포 생물.
monasteriális, -e, adj. (monastérĭum) 수도원의.
monastérĭum* -i, m. 수도승원(⑨ monastery).
  수도원(⑨ cnvent/monastery/religious house).
  incipit Ordo monasterii. 수도원 규정의 시작/
  Intra monasterii claustra quiescere, et cum secura
  liberate Christo servire. 수도원 봉쇄 구역에 들어가서는
    평화를 지니고, 확실한 자유로써 그리스도를 섬기는 것.
  (아일랜드 수도승원의 켈트 문화를 대표하는 이들 중 한사람인 베다의 좌우명)/
  monasterii immunitate. 수도원의 사유교회/
  Non ab eo persona in monasterio discernatur.
    아빠스는 수도원 안에서 사람들을 차별하지 말 것이다.

M

767

(성 베네딕도 수도규칙 제2장 16)/
Novellus de sæculo ad servitĭum Dei in monasterĭum confugerit. 하느님을 섬기기 위해 세속으로부터 수도원으로 새로 들어온 사람/
Pater monasterii. 대수도원장.
monasterĭum clausuræ. 봉쇄 수도원(clausuræ monasterĭum).
monasterĭum clericórum.
주교좌 성당 신학교, 성직자 수도원, 성직 수도공동체.
monasterĭum duplex. 남녀 병립(竝立) 수도원
monasterĭum monialĭum. 修女會(Institutum mulierum)
monasterĭum sui juris. 자치 수도원, 자치 수도승원.
(비자치 수도원 Domus regularis 또는 Religiosa와 대조).
monástĭcus, -a, -um, adj. 수도원의, 수도자의, 수도생활의.
De Monastica exercitatione. 수도원 생활 수련에 대해.
monástrĭa, -æ, f. 수도자처럼 사는 여자
monáulos(=monáulus) -i, m. 단음 피리
mone, 원형 mónĕo, -ŭi -ĭtum -ére,
[명령법. 단수 2인칭 mone, 복수 2인칭 monete].
monédŭla, -æ, f. (móneo)
(鳥) 갈가마귀(의 일종); 까치(의 일종), 수다스러운 여자.
Monenergismus, -i, m. 그리스도 단활설(單活說=단의설).
[monos(그리스어) '한'+energia(그리스어) '힘'] 단세설.
[단세설單勢說-그리스도의 신성과 인성이 신인적 힘에 결합되었다고 하는 초대교회 시대의 설. 그리스도의 단의설Monothelitism의 한 형태로서 그리스도 안에 신성과 인성 두 본성이 있지만 의지는 하나이며(인간적 의지는 신성 의지에 흡수된다고 함) 따라서 그 발휘하는 힘도 하나라고 주장.
백민관 신부 엮음, 백과사전 2, p.789].
mónĕo, -ŭi -ĭtum -ére, tr. (cf. mens, mémini)
생각나게 하다, 상기시키다, 주의를 불러일으키다,
알려(일러)주다, 통지(通知)하다, 충고하다, 타이르다,
(하도록, 하라고; 말도록) **권고(勸告)하다**(παρακαλὲω),
가르치다, 예고(豫告)하다, 신탁(信託)으로 일러주다,
벌하다, 징계(懲戒-허물이나 잘못을 뉘우치도록 나무라며 경계함)하다.
Bene mones. 충고 잘 하셨소, 말씀 고맙소, 너 말 잘했다!/
ea, quæ a natúrā monémur.
자연이 우리에게 일러준 것들/
Fábius ea me mónuit.
*Fábius*가 그것들을 내게 알려 주었다/
Marcus ea me mónuit.
마르꼬가 그것들을 내게 알려주었다/
monéndus, ne me móneat.
나에게는 충고하지 말라고 충고 받아야 할 사람/
Monento mori. 죽음을 기억하라/
Ne me moneátis. 너희는 내게 권고하지 마라/
Ne me moneatis : memini ego officium meum.(Plautus).
나더러 (이래라 저래라) 잔소리하지 말게나.
내 할 일 내가 알고 있으니까[성 염 지음, 고전 라틴어, p.367]/
Quid nos monet? 우리에게 무엇을 권고하는 것입니까?/
Si nos monuissent, id non fecissemus. 만약 그들이 우리에게 일깨워 주었더라면, 우린 그 짓을 안했을 텐데.

제2활용의 능동형 직설법 **móneo**의 활용						
인칭	단 수			복 수		
	현 재	미완료	미 래	현 재	미완료	미 래
1	móneo	monébam	monébo	mon-émus	mon-ebámus	mon-ébimus
2	mones	monébas	monébis	mon-étis	mon-ebátis	mon-ébitis
3	monet	monébat	monébit	mon-ent	mon-ábant	mon-ébunt
인칭	단 수			복 수		
	단순과거	과거완료	미래완료	단순과서	과거완료	미래완료
1	mónui	monúeram	monúero	monú-imus	monu-erámus	monu-érimus
2	monuísti	monúeras	monúeris	monú-ístis	monu-erátis	monu-éritis
3	mónuit	monúerat	monúerit	monú-érunt	monú-erant	monú-erint

(한동일 지음, 카르페 라틴어 부록, p.12)
Móneo te, ut legas hunc librum.
나는 네게 이 책을 읽기를 권고하는 바이다.
(monére가 "권고하다.충고하다.설유說諭하다.말로 타이름"의 뜻을 가질 때 긍정적인 객어문에는 "ut+접속법" 또는 그냥 접속법, 그리고 드물게는 부정법을 쓴다).
Móneo te, patrem tuum rediísse.
나는 너에게 너의 아버지께서 귀환하신 것을 알려준다.
(monére가 "알게 하여 주다, 알려주다, 상기시키다, 주의를 환기시키다" 따위의 뜻을 가질 때는 그 객어문으로 대격 부정법을 지배한다).
monéri, 수동형 현재부정사(원형 mónĕo, -ŭi -ĭtum -ére)
monéris, -is, f. 노(櫓)가 일렬만 있는 배
monéta[1] -æ, f. (móneo) 화폐; 조폐소(造幣所)
monéta[2] -æ, f. (móneo) Juno 여신(女神)의 별명, =Mnemósyne, Roma에 있는 그의 신전에서 화폐가 주조되었음.
monetális, -e, adj. 돈의, 화폐의. m. 고리대금업자
monetárĭus, -a, -um, adj. (monéta) 화폐주조 직공
monete, 원형 mónĕo, -ŭi -ĭtum -ére,
[명령법. 단수 2인칭 mone, 복수 2인칭 monete].
monéto, -áre, tr. (monéta) 화폐를 만들다
Moniales et Sorores Ordo Præmonstratensis.
도미니꼬회 수녀회([영] Dominican Sisters).
Moniales et Sorores Ordo S. Benedicti.
올리베따노 베네딕도 수녀회.
moniális* -is, f. 수녀([영] religious sister/nun), 수녀승.
[성대서원을 한 수녀는 Monialis, 단순서원을 한 수녀는 Soror라고 한다. 1917년 교회법은 라틴어 monialis를 Nun이라고 했다(448조 7항). Nun이라고 불리는 수녀들은 완전 처녀라야 입회가 가능하지만(카르투시오회), 회에 따라서는 특별허가를 받고 과부 된 여자나 회개한 여자도 입회할 수 있다….
백민관 신부 엮음, 백과사전 2, p.902].
Decretum de regularibus et monialibus.
남녀 수도자들에 관한 교령.
moníle, -is, n. 목걸이. pl. 보석(寶石)
moniméntum, -i, n. = **monuméntum** 고문서, 묘비, 유적
Mónismus, -i, m. (哲) 일원론(一元論.[영] mónism).
[그리스어 monos(하나)에서 온 철학 용어. 모든 실재물의 근원은 하나뿐이라는 주장의 철학설. 일원론은 그 주장하는 일원一元이 무엇이냐에 따라 실체적 일원론(Substantive Monism), 개념적 일원론(Conceptual Monism), 윤리적 일원론(Moral and æsthetic Monism)이 있다. 백민관 신부 엮음, 백과사전 2, p.791].
monítĭo, -ónis, f. (móneo) 권고(勸告), 훈계(訓戒),
충고(忠告-고치도록 타이름), 경고(警告).
monitio canonica. 교회법적 경고
mónĭto, -áre, tr. 충고(忠告)하다, 일러주다,
알리다(יחו.אוח.דבר.ἀναγγλλω.ἀπαγγλλω).
Hoc monitus sum a patre.(=Hoc me mounit pater)
아버지께서는 이것을 나에게 알려주셨다.
mónĭtor, -óris, m. (móneo) 권고자(勸告者), 충고자,
경고자(警告者), 법률고문, 농장 노예감독,
(어린이의) 가정교사, 무대 연출자(舞臺 演出者).
monitórĭus, -a, -um, adj.
권고(勸告)의, 충고의, 알리는, 예고하는, 경고하는.
mónĭtrix, -ícis, f. (mónitor) 권고(충고.경고)하는 여자.
monitum, "mónĕo"의 목적분사(sup.=supínum)
mónĭtum, -i, n.(=**monitus**, -us, m.) (móneo)
권고, 충고(忠告-고치도록 타이름), 훈계(訓戒), 예고, 신탁.
Monita secreta. 비밀 지령.
monitus, -us, m.(=**mónĭtum**, -i, n.) (móneo)
monobíblos, -i, m. 단 한 권의 책
monócĕros, -ótis, m. (動) 코뿔소
monochásĭum, -i, n. (植) 단출취산화서(單出聚散花序)
monochórdos, -on, adj. 단현의, 단음의
monochrómăta, -órum, n., pl. 단색(單色)의 그림
monochromătéus, -a, -um, (**monochromătos**, -on)
adj. 한 가지 빛깔의, 단색(單色)의, 단채(單彩)의.
monoclínus, -a, -um, adj. (植) 자웅동화의, 양성화의
monóclĭtus, -a, -um, adj. (文法) 불변화(품사)의
monocotylédon, -i, n. (植) 단자엽식물(單子葉植物)
monócŭlus, -i, m. 애꾸눈, 애꾸눈이.
Beati monoculi in regione cæcorum.
소경이 있는 곳에 외눈박이는 행복하다/
Predicator monoculus. 애꾸눈이 설교가.
monódĭa, -æ, f.(**monódĭum**, -i, n.) 독창(곡),
단성부곡, (희랍 비극의) 독창(solo.이탈리아어),
비가(悲歌), 애가(哀歌-슬픈 마음을 읊은 시가. 비가).
monodiárĭa, -æ, f. 독창하는 여자
monodiárĭus, -i, m. 독창하는 남자
Monœcus, -i, m. Hércules의 별명.
Monœci arx. Ligúria의 갑(岬-지금의 Monaco).

monofisismus liturgicus. 전례적 단성론

monogamía, -æ, f. 단혼제(單婚制), 일부일처제

monógămus, -i, m. 일부일처의 남자, 한 아내만 가진 남자.
[monos(그리스어) '한'+gamos(그리스어) '결혼'].

monógĕnes, -is, m. 외아들(μονογενὴς), 독자(외아들)

monogénĕsis, -is, f. 일원(一元).
(生) 일원발생설, 단성생식(單性生殖), 동태발생(同態發生).

monogenísmus, -i, m. 인류 일원론, 일조설(一祖說)

monográmma, -ătis, n. 조합문자, 합일문자,
모노그람마(합일문자.㉭ Monogram of Christ).
(두 개 이상의 글자 특히 이름의 첫 머리 글자를 합쳐서
한 글자 모양으로 도안화 한 글자).

monográmmus, -a, -um, adj. 선만의, 한 줄의, 윤관만의

Monolatria, -æ, f. 단일신 숭배(여러 신들의 존재를 인정하지만
일정한 신 하나만 숭배하는 교. 단일신 숭배라는 용어는 1880년경 독일 신학자
J. Wellhausen이 처음 사용해 스코틀랜드의 구약학자 W. R. Smith가 이를
받아들였다⋯. 백민관 신부 엮음, 백과사전 2, p.793).

monólīnum, -i, n. 한 줄에 펜 구슬(보석.진주)

monólĭthus, -a, -um, adj. 한 개의 돌로 된, 돌덩이 하나의

monolóris, -e, adj. 띠 하나만 있는

monomáchĭa, -æ, f. 일대일의 격투(試合)

monománĭa, -æ, f. 일물광(一物狂), 편집증(偏執狂)—
어떤 일에 집착하여 상식 밖의 짓을 태연히 하는 정신병자),
외곬으로 나감, 한 가지 일에만 열중함.

monophthóngus, -a, -um, adj.
중모음 없이 단모음으로만 이루어진.

monophyismus, -i, m. 영혼 단일설(13세기 Averroës의 설로서
아리스토텔레스의 철학을 이슬람교 철학의 견지에서 해석해 그리스도교적
신앙과 도덕론의 규범에 적응시킨 결과 나타난 오류. 만인에게 수량적으로
통일된 하나의 영혼을 주장하게 되었다. 그 결과 개인의 영혼은 불멸이 아니며
개인 의지는 전체의 영향을 필연적으로 받으므로 자유 선택이란 있을 수 없다.
이 설은 이슬람교에서도 반대를 받았고 토마스 아퀴나스의 반대도 받았다.
백민관 신부 엮음, 백과사전 2, p.794).

Monophysíta, -æ, m. (神) 그리스도 단성론자

monophysitísmus, -i, m. 그리스도 단성론(說),
그리스도 단성설(獨 Monophysitismus).

monoplégĭa, -æ, f.
(醫) 국부마비(páresis, -is, f.), 국부불수(局部不隨)

monopódĭum, -i, n. 다리 하나만 있는 상(床).
(植) 외줄기, 단축(短縮), 단축형(型)

monopódĭus, -a, -um, adj. 다리 하나만 있는

monopólĭum, -i, n. 전매(專賣), 독점판매(獨占販賣)

monoschemastístĭcus, -a, -um, adj. 한 모양만 가진

monosporángĭum, -i, n. (植) 단포자낭(單胞子囊)

monostíchĭum(=monostĭcum) -i, n. 일행시(一行詩)

monosýllăbus, -a, -um, adj. 단음절의, 외마디 소리의.
= unisýllăbus, -a, -um, adj. (unus+sýllaba).

monotheísmus, -i, m. 일신론(一神論-모노테이즘).
adj. monotheístĭcus, -a, -um,

monotheísta, -æ, m.(f.) 일신론자, 일신교 신자

monotheléta, -æ, m. 그리스도 단의론자

monotheletísmus, -i, m. 그리스도 단의설(單意說)—
단의설(獨 Monotheletismus-7세기 그리스도론의 이단설).
[monos(그리스어) '하나'+thelema(그리스어) '의지'].

monótŏnus, -a, -um, adj. 단음의, 단조의, 단조로운,
늘 같은 소리의, 변화 없는, 천편일률의, 지루한.

monótrŏphus, -i, m.
(시중드는 사람 없이) 혼자 식사하는 사람, 외톨이.

mons, montis, m. (그리스어 Oros.히브리어 Har)
산(רר.ὄρος,㉭ Mountain), 높은 언덕, 산맥,
산더미, 암석(巖石), 대리석(大理石), 산짐승.
(解) 불두덩(남녀 생식기 위쪽 언저리의 두두룩한 부분),
음부(陰部-남녀의 생식기가 있는 곳).

명사 제3변화 제2식 A		
	단 수	복 수
Nom.	mons	montes
Gen.	montis	montium
Dat.	monti	montibus
Acc.	montem	montes
Abl.	monte	montibus
Voc.	mons	montes

(황치헌 지음, 미사통상문을 위한 라틴어, p.57).

Commemorátĭo Solemnis Beatæ Mariæ de Monte carmelo.
스카풀라레 축일. 가르멜 산의 동정 성모 마리아 축일/

de vértice montis despicio in valles.
산꼭대기에서 계곡(溪谷)들을 내려다 보다/

ex edito monte cuncta prospicio.
높은 산에서 전체를 내려다보다/

ex monte emanare. 산에서 흘러나오다/

Fontes ex montibus emanant. 샘들은 산에서 흘러나온다/

Hic mons altus est. 이 산은 높다/

Impetum adversus montem fáciunt.
산 쪽으로 공격을 퍼부었다/

Imus mons. 산기슭(infimus collis)/

In Monte Ararath, passio sanctorum martyrum decem
millia crucifixorum.
아라랏 산에서 십자가에 죽은 만 명 순교자들/

in monte. 산중에서, 산 위에서, 산에/

in montem ascéndere. 산으로 올라가다/

in montis speciem. 산더미처럼/

instar montis equus. 산같이 큰 말/

Iter trans montes est brevius.
산을 넘어가는 길이 더 가깝다/

lactárĭus mons.
젖소가 기르는 목초가 많은 Campánia의 어떤 야산/

mária et montes polliceri.
(바다와 산을 즉) 엄청난 것을 약속하여 유혹하다/

montes obvii itineri. 도중에 있는 산들/

Montes petebant et pauci tenuĕre.
그들은 산으로 갔지만 몇 사람만이 도달하였다/

Montes Pietatis. 신심의 산헴 가톨릭 신용조합-필요한 사람에게
돈을 빌려 주는 사업으로 런던의 주교 Michæl Northburgh(+1361)가 시작
했다. 그는 처음에 이자 없이 돈을 빌려 주다가 사업을 망쳤다. 15세기 중반
이탈리아의 프란치스코회에서 이 사업을 다시 시작해 이번에는 저금리로 대금
했다. 이 제도는 프랑스, 스페인, 독일 등지에 많이 퍼졌고 영국에서는 실패
했다. 오늘날 금융제도가 발달함에 따라 현재는 가톨릭 신용조합의 형식으로
운영되고 있다. 백민관 신부 엮음, 백과사전 2, p.797; 3, p.515)/

Montes proximi sunt urbi in qua habito.
산들은 내가 사는 도시에서 아주 가깝다/

Montes Vaticani. 바티칸 언덕과 그 일대/

montes óbsiti nivibus. 온통 눈으로 뒤덮인 산들/

montes, qui circa erant. 주위에 있던 산들/

montes sacri(㉭ Holy Mountains) 성산(聖山), 영산(靈山)/

montibus assimúlata nubila. 산처럼 생긴 구름/

post montem. 산 뒤편에/

Quis vestrum novit Olympum montem.
여러분 가운데 누가 올림퍼스 산을 아십니까?/

Si sciam omnia sacramenta, et habeam omnem fidem,
ita ut montes transferam, caritatem autem non abeam,
nihil sum. 내가 모든 신비를 깨닫고 산을 옮길 수 있는
큰 믿음이 있다 하여도 나에게 사랑이 없으면
나는 아무 것도 아닙니다(최익철 신부 옮김, 요한 서간 강해, p.239)/

sub montem. 산 밑으로, 산 아래로/

Sub montem specus patebat. 산 밑에 동굴이 열려 있었다/

summus mons. 산꼭대기/

Ubi est summus mons? 어디가 산의 정상인가?/

unda instar montis. 산더미 같은 물결/

Venti a præáltis móntibus se dejíciunt.
높은 산에서 바람이 맹렬하게 내리지른다.

Mons altíssimus impendébat, ut perpáuci prohibére
possent. 높은 산이 우뚝 서 있어서 몇 안 되는
사람이라도 (적군의) 접근을 막을 수 있었다.

M

Mons Dei, mons pinguis,

mons coagŭlatus, mons piguis. 하느님의 산은 무성한
산이요, 응결(凝結) 된 산이다(영적찬가. p.222).

Mons est super cacumina omnium montium.
이 산은 다른 어떤 산꼭대기보다 더 높습니다.

mons improbus. 험악한 산(ardua terrárum)

Mons Oliveti. 올리브산, 감람산(橄欖山-예루살렘 3km 동쪽
산맥의 최고봉. 해발 높이 약 792m. 여호사밧 계곡을 이루며 케드론 강이 흘러
예루살렘 성벽에서 1km 간격을 이룬다. 백민관 신부 엮음, 백과사전 3, p.26).

Mons pietátis. 중세 수도원 경영의 자선 전당포

Mons Regius(=Marianopolis) 몬트리올(캐나다 퀘백주 도시)

Mons serratus. 톱니 모양의 산
[스페인의 Barcelona 근처에 있는 겹겹의 카탈루냐 산으로 최후 만찬의
성작(Holy Grail)이 있다는 성채가 있으며 많은 전설이 깃들어 있다.

Mons summus. 산꼭대기

Monsignor* 몬시뇰(어원상 "나의 주인" 이란 뜻으로 통상 가톨릭 교회의
모든 고위 성직자를 말한다.)
(프랑스 어원 monseigneur.이탈리아어 monsignore.ⓔ my lord).

monstrábĭlis, -e, adj. (monstro)
보여줄 만한, 잘 보이는, 주목할 만한, 현저한, 훌륭한.

Monstrantia(=Ostensorium)-æ, f. 성광, 성체 현시대

monstrátĭo, -ónis, f. (monstro) 보여줌, 가리킴, 지시,
제시(提示-어떠한 의사를 말이나 글로 나타내 보임), (길) 안내.

monstrátor, -óris, m. (monstro)
보여주는 사람, 가리키는 사람, 안내자(案內者).

mónstrĭfer, -ĕra -ĕrum, adj. (monstrum+fero)
괴물을 내는(일으키는), 괴상한, 기괴한, 괴물 같은.

monstrífĭcus, -a, -um, adj. (monstrum+fácio)
괴이한, 괴상한, 괴물 같은, 괴상한 것을 만들어 내는.

monstrívŏrus, -a, -um, adj. (monstrum+vero)
괴물(怪物)을 잡아먹는.

monstro, -ávi, -átum, -áre, tr. (móneo)
보여주다, 표시하다, 가리키다, 일러주다, 지적하다,
지시하다(שׁוח), 지정(指定)하다, 명령하다(שׁוח),
권고하다(παρακαλέω), 일러바치다, 증명하다(חוה.חות).
Monstrabat utri Urbem.
두 사람 모두에게 (로마) 시내를 보여주었다.

monstrum, -i, n. (móneo) 괴상한 일(것), (길흉의) 전조,
기이한(불가사의한) 일, 괴물(怪物), 도깨비, 괴이한 것,
(선천적) 기형(물), 거대한 물건, 극악무도한 사람.

monstruósĭtas, -átis, f. (monstruósus)
(크기.모양.성질 따위의) 괴상(怪狀), 기괴(奇怪),
괴물, 기형, 엄청나게 큰 물건, 비인도적 행위, 극악무도.

monstruósus, -a, -um, adj. (monstrum) 괴상한, 기형의,
괴물 같은, 거대한, 비인도적, 극악무도한, 끔찍한.
An ex propagatione Adam vel filiorum Nœ quædam
genera hominum monstruosa prodierint.
아담의 후손 혹은 노아의 후손에서 괴물 같은
인간의 종류가 유래했을까(교부문헌 총서 17. 신국론. p.2800).

monstána, -órum, n., pl. (montánus) 산지, 산간지방

Montani semper liberi.
산사람은 항상 자유민이다(미국 West Virginia주 표어).

montaniósus, -a, -um, adj. 산 많은, 산골의

Montanísmus, -i, m. 몬타누스파(주의)
(엄격주의 Rigorismus를 말함).

montanus, -a, -um, adj. (mons) 산의, 산맥의, 산골의.
산(골)에 사는. m., pl. 산사람, 산간주민, 산골사람.
(loca) montána. 산간지방, 산골.

monticéllus, -i, m. dim. (mons) 작은 산

montícŏla, -æ, f. (mons+colo)
산사람, 산간주민, 화전민(火田民).

montícŭlus, -i, m. dim. (mons) 작은 산, 야산, 언덕

montígĕna, -æ, f., m. (mons+gigno) 산에서 난 사람

montíum abrupta. 깎아지른 듯 한 길 없는 산비탈

montíum lapsus. 산사태

montívăgus, -a, -um, adj. (mons+vagus')
산 속에서 헤매는.

mŏnui, "moneo"의 단순과거(pf.=perfectum)

mont(u)ósus, -a, -um, adj. (mons)
산이 많은, 산악지대의, 산골의. n., pl. 산악지대, 산골.

monumentális, -e, adj. (monuméntum) 기념비.기념탑의,
기념물로서 쓸모 있는, 기념이 되는, 불후(不朽)의, 불멸의.

monumentárĭus, -a, -um, adj. (monuméntum)
분묘의, 묘소의, 기념비.기념탑의, 기념건물의,
기념상(像)의, 기념물이 될 만한.

monuméntum, -i, n. (móneo)
(죽은 사람.역사적 사건 따위의) 기념비(記念碑),
기념탑, 기념상, 기념건물, 분묘(墳墓-무덤), 묘비,
기념물, 유적(遺跡), 고적(古蹟), 고문서, 기록, 저서.
Monumenta Germaniæ historica. 독일 역사 문헌*
게르마니아 그리스도교 문헌* (略:MGH)
Monumenta historica Societátis Jesu(略:M.G.H.I.)*
예수회 역사문헌.

Mopsópĭa, -æ, f. Attĭca 혹은 Athénœ의 옛 이름

mŏra¹ -æ, f. [복수 주격 moræ, 속격 morarum, 여격 moris,
대격 moras, 탈격 moris] 지체(遲滯-때를 늦추거나 질질 끎),
지연(遲延-일 따위가 더디게 진행되거나 늦어짐),
유예(猶豫-소송 행위를 하거나 소송 행위의 효력을 발생시키기 위하여
일정한 기간을 둠), 체류, 휴지, 휴식, 시간, 동안, 장애, 방해.
Est mora. 이야기가 길어진다/
Moram facit dominus meus venire.(루카 12, 45)
(ⓔ My master is delayed in coming) 주인이 늦게
오는구나(성경)/내 주인은 늦게 오시는구나(200주년)/
nullá interpósitá morá. 지체 없이, 즉시/
Principiis obsta; noli medicinam sero parare! Mala per
longas moras valent. 처음에 막아라! 늦게 사 처방을
마련하지 말라! 오래 지체하는 사이에 약은 드세어진다/
Restituéndæ Románis Cápuæ mora es.
Cápua를 로마인들에게 돌려주는 데에 네가 장애물이 된다/
sine morá. 지체 없이, 즉시/
trídui morá interpósitá.(interpono 참조) 사흘 동안 지체하고 나서.

Mora sua cuilibet nociva est.
지체(遲滯)하는 것은 누구든지 그 본인에게 해롭다.

mŏra² -æ, f. Sparta군 부대(兵團)

morácĕæ, -árum, f., pl. (植) 뽕나무과 식물

morálĭa, -ĭum, n., pl. 도덕(道德), 윤리(倫理), 도덕률

Moralia in Genesim. 창세기의 윤리

morális, -e, adj. (mos, mores)
도덕상의, 도덕적 관념상의, 풍기상의, 도덕적, 윤리적,
도의적(道義的), 도덕을 가르치는, 교훈적(敎訓的)인,
(물질적.육체적이 아닌) 정신적, 사기(士氣)에 관한,
(일의 형편.도리.건전한 상식적 판단으로 보아) 틀림없는,
있을 법한, 개연적(蓋然的-관형사, 그럴 법한. 또는 그런 것).
Autonomîa morális. 윤리적 자율성(倫理的自律性)/
bívĭum morale. 도덕적 갈림길(p.20)/
certitúdo moralis. 개연적 확실성, 심증(心證)/
debitum morale. 인간 책무/
Epistulæ Morales.(세네카 지음) 도덕적 서한(書翰)/
impossibilitas morális. 윤리적 불가능/
imputabilitas morális. 윤리적 죄책성/
Institutiones morales. 윤리제도(倫理制度)
(17세기 초. Johannes Azor가 펴낸 최초의 윤리 교과서)/
Institutiones theologiæ moralis. 윤리신학 교과서/
instrumentum morale. 윤리적 도구/
Lex moralis naturalis. 윤리법, 도덕률, 자연법/
Morale bonum pro ecclesiæ et mundi vita.(ⓔ Moral
good for the life of the Church and of the world).
교회생활과 사회생활을 위한 윤리적 선(善)/
Morales normæ universales immutabilesque ad personæ
inserviendum et societati.(ⓔ Universal and unchanging
moral norms at the service of the person and of
society) 개인과 사회에 이바지하는 보편적인 불변의
윤리 규범들(1993.8.6. "Veritatis Splendor" 중에서)/
sensus moralis. 윤리적 감각(양심, 의미), 도덕적 의미.
(교부시대 이래로 성경해석은 자의적 의미sensus litterarius, 도덕적 의미sensus
moralis. 우의적 의미sensus allegoricus, 신비적 의미sensus mysticus로 구분한다.
성 염 옮김, 단테 제정론. pp.158~159)/
virtutes morales. 도덕적인 덕/
virtutes morales infusæ. 부여된 도덕적 덕.

Moralis atque nova evangelizatio.(⑨ Morality and new evangelization) 새 복음화와 윤리.

Moralis atque socialis civilisque vitæ renovatio. (⑨ Morality and the renewal of social and political life) 사회.정치 생활의 쇄신과 윤리(1993.8.6. "Veritatis Splendor" 중에서).

moralis imputabílitas. 윤리적 죄책성(罪責性)

moralísmus, -i, m. (morális) 교훈주의(教訓主義), 설교하는 버릇, (종교와 구별되는) 윤리주의, 도덕적 실천, 도덕주의(道德主義.⑨ morálism). Immorálismus, -i, m. 탈도덕주의.

moralísta, -æ, m. (morális) 윤리(신)학자, 도학자, 도덕가(道德家), 윤리주의자(倫理主義者).

morálitas, -átis, f. (morális) 도덕(道德), 윤리, 도의(道義) 도덕적 관념(실천), 도덕성(⑨ Morality-일반적으로 "도덕의 본성"이라는 의미), 윤리성, 자체, 성격(性格), 특징(特徵), ['윤리'를 뜻하는 moralitas가 처음 쓰인 것은 치체로의 문장인데 그는 희랍어 ethos를 그렇게 옮긴 것이다. 그러나 본래 ethos라는 단어는 사람들의 관습보다는 정신상태 또는 마음가짐을 지칭했다. 성 염 옮김, 기초윤리신학, p.20].
principium moralitatis. 윤리 원칙.
moralitas duplex. 이중 도덕, 이중 윤리(인간으로서의 윤리도덕과 그 사람이 처해 있는 상황에서의 윤리 도덕이 다른 규준과 평가를 가지고 있음을 말한다. 즉 영업 생활에서 오는 2중 도덕, 당내 간의 차이 등).
moralitas et religio. 도덕과 종교(道德 宗教)
moralitas personális. 인격적 도덕성(철학여정, p.174)
Moralitates(⑨ Morality Play) 도덕극(道德劇)
[중세 종교극(Drama religiosum)의 하나로서 처음에는 그리스도교적 성격 형성을 목표로 했으나, 후에 한사람의 생활 일부를 들어 권선징악 극으로 발달했고, 근대극의 길을 터놓았다… 백민관 편음, 백과사전 2, p.808].

Moralium Dogma Philosophorum.
철학자들의 윤리적 신조(기욤 드 꽁슈 1080~1154년 지음).

morátio, -ónis, f. (moror¹) 지체(遲滯-때를 늦추거나 질질 끌), 지연(遲延-무슨 일을 더디게 끌거나 시간을 늦춤), 체류(滯留), 체재.
morátor, -óris, m. (moror¹) 지체자, 지연자(遲延者) 저질 변호사, 방해자, 장애가 되는 사람.
(軍) 낙오병(落伍兵), 후미부대 병사.
moratórïum, -i, n. (morátórïus)
(法) (비상시) 법률에 의한 지불정지(연기), 지불 유예령(支佛 猶豫令), 유예기간(猶豫期間), 자투리 기간(가톨릭 신학 창간호, p.10).
moratórïus, -a, -um, adj. (morátor) 지체하는, 지연하는, 체류하는, 체재하는, 머무는.
morátum, -i, n. (morum) 오디 술
morátus¹ -a, -um, p.p. (moror¹) 지체한, 지연한, 체류한, 두류(逗留)한, 체재한, 머문.
morátus² -a, -um, adj. (mos) 소행(素行)의, 틀이 잡힌, …상태(성질)의, (어떤) 습성(소양)을 가진, 소양(素養-평소 닦아 놓은 학문이나 지식)있는, 특색(特色)있는.
morbéscens, -éntis, p.præs.(adj.) (inusit. morbésco) 병에 걸리기(病들기) 시작하는.
morbíditas, -átis, f. (mórbidus) 병에 걸려 있음, 병적 상태(성질), (醫) 질병율(疾病率), 환자율(數).
mórbído, -áre, tr. (mórbidus) 병들게 하다
mórbídus, -a, -um, adj. (morbus) 병에 잘 걸리는, 병의, 병든, 탈난, 병에 기인하는, 병적인, 병에 관한, 환부의, 병을 가져오는, 병들게 하는, 부드러운, 연약한.
morbilli, -órum, m., pl. (醫) 마진(痲疹-홍역), 홍진, 홍역
morbósus, -a, -um, adj. (morbus)
잘 앓는, 병 걸리는, 병난, 병약한, 병적인, 불건전한.
morbus, -i, m. 병(病), 질환(疾患), 병폐, 병폐, 악습, 질병('??.ἀσθένεια.⑨ Illness), 탐욕, 야욕, 허영,
ægros terret morbus 질병이 병든 사람들을 무서워 떨게 만든다[본래의 순서는 morbus terret ægros이나 라틴어는 굴절어(어미를 보면 품사와 문법적 역할을 알 수 있는 언어)이므로 주어와 목적어가 이렇게 자리를 바꿔도 상관없고 오히려 멋이 된다. 성 염 교수 홈페이지에서)/
Aqua turbida morbos éfficit.
더러운 물이 여러 가지 병을 생기게 한다/
Cave in morbum indicas. 병들지 않게 조심해요!/
delabor in morbum. 병에 걸리다/
e grevi morbo recreáti. 중병에서 회복된(소생한) 사람들/
ex capitáli morbo revalesco. 죽을병에서 살아나다/
ex morbo convalescĕre. 앓다가 건강이 회복되다/

gravi morbo conflictatus. 중병에 시달려/
Hæc herba contulit huic morbo.
이 약초는 이러한 질병에 효과적인 것으로 증명되었다/
implícitus morbo. 병에 걸린/
implico in morbum. 병에 걸린/
in morbum incido. 병에 걸리다/
in morbum recido. 병에 다시 걸리다/
incurro in morbos. 여러 가지 병에 걸리다/
ingravéscens morbus. 악화되는 병세/
juro morbum.
(자기가 무슨) 병을 앓고 있다고 맹서하여 말하다/
Laborat hic alumnus morbo pulmonum.
이 학생은 폐병(肺病)을 앓는다/
Miror purgátum te illius morbi esse.
나는 네가 그 병이 나은 것이 신통하다/
Morbis ovíum levis primum adhibĕre tormenta.
양들의 병에는 먼저 가벼운 고통을 적용해야 한다/
morbo affectus. 병에 걸린/
morbo impedítus. 병 때문에 장애를 받아/
Morbum regis. 왕의 괴질/
morósus morbus. 잘 낫지 않는 병/
super morbum. 질병에다가(great해서 기근 등).
morbus acutus. 급성병(急性病)
Morbus contagiósus púeros orbávit párentibus.
(전염병은 아이들의 부모를 빼앗았다)
전염병은 아이들을 고아로 만들었다.(orbáre, priváre, nudáre 동사에서는 '빼앗기는 사람'이 직접객어가 되고, '빼앗기는 물건'은 탈격의 제2객어가 되는 것이다. 이러한 탈격을 특히 분리 탈격이라 한다. 우리 말로는 이 제2객어가 직접객어로 번역되는 것이며 라틴어의 직접객어는 "아무에게서, 아무의" 등으로 번역되는 것이다).
morbus gallicus 프랑스 병(천연두를 말함)
morbus grávis. 중병
morbus major. 간질병(癇疾病, caducus morbus)
morbus méntis. 정신 질환(疾患)
morbus regius. 황달병(黃疸病)
morbus sacer. 거룩한 병(간질병의 경우. 백민관 엮음, 백과사전 3, p.379)
morbus sonticus. 심각한 병
morbus spiritus. 정신병(精神病, psychosis, -is, f.)
mordácitas, -átis, f. (mordax) 찌름, 쏨, 매움, 자극, 신랄한 비판, 독설(毒舌-남을 해치는 매도로駡倒하는 말).
mordax, -ácis, adj. (mórdeo) 잘 무는, 물어뜯는, 쏘는, 찌르는, 뾰족한, 날카로운, 매운, 신, 떫은, 통렬한, 신랄한.
mórdeo, momórdi, morsum -ére, tr. 물다, 깨물다, 물어뜯다, 찌르다, 쏘다, 씹다, 짓씹다, 뜯어먹다, 다 써버리다, 탐진하다, 잡아媄다, 물고 늘어지다, 에다, 깎다, 매운 감각을 주다, 맵다, 헐뜯다, 들볶다, 혹평하다, 괴롭히다, 파고들다, 곰곰이 생각하다.
Mortui non mordent. 죽은 사람은 물지 않는다(말이 없다)/
ungues mórdere. 분(忿)해하다.
mórdicans, -ántis, p.præs. (inusit. mórdico)
찌르는, 쏘는; 매운, 신(시쿵한), 떫은.
mordicátïo, -ónis, f. (醫) 복통(腹痛), 진통(陣痛)
mordicatívus, -a, -um, adj. 콕 쏘는, 자극성의.
mordicus¹ adv. (mórdeo)
깨물어서, 꽉, 끈덕지게, 끈기 있게(æquo animo).
mordicus² -a, -um, adj. (mórdeo) 무는
more bidentïum. 양(羊)처럼
more Græco. 그리스 방식으로
more majórum. 조상들의 풍습을 따라서
more solito. 상례대로, 종전대로(de more), 여느 방식으로.
(모양이나 방법이나 태도를 지시하는 명사는 탈격으로만으로도 부사어가 된다)
more uxorio. 부부인양, 동거(남편과 아내라는 마음을 가지고 남자와 여자가 부부인양 하는 동거).
More volans aquilæ verbo petit Johannes.
독수리처럼 날아 오른 요한은 자기의 말(言)로 별들에 이르기까지 올라간다.
[요한은 나는 독수리의 힘으로 자기 말(言)의 권위로 하늘에 들어갔다].
mores, -um, m., pl. (mos) 관습(ἀναστροφη-성품과 행실), 도덕(道德), 풍속(風俗), 상례(常例-보통 있는 일), 풍습(風習.⑨ Custom.獨 Brauchtum/religiöses).

M

a more dissentio. 풍습과 다르다/
boni mores. 미풍양속(美風良俗)/
bonis moribus. 좋은 품성/
De moribus Manicæorum. 마니교도의 관습/
fácĭo ad mores. 관습에 어울리다/
Filium tuum, faventibus diis, trade præceptori a quo
mores primum, mox eloquentiam discat, quæ male sine
moribus discitur. 신들이 호의를 베푸시니, 그대 아들을
선생에게 맡게, 그에게서 먼저 도덕을, 그 다음으로
언변을 배우게 하시라. 무릇 언변은 도덕 없이는
잘못 배우기 십상이다.[성 염 지음. 고전 라틴어. p.314]/
In vobis resident mores prístini.
너희에게는 아직도 옛 풍습(風習)이 남아 있다/
Matrum et patrum verba ad bonos mores liberos
portant. 모친들과 부친들의 말씀이 자녀들을 선량한
습관에로 이끌어간다(성 염 지음. 고전 라틴어. p.83)/
Non est obligatorĭum contra bonos mores præstitum
iuramentum. 좋은 풍습을 거슬러 맹세한 것은 지킬
의무(義務)가 있는 것이 아니다/
postquam illi more regio justa magnifice fecerunt.
왕실 관습에 따라 성대하게 장례를 치른 다음.
(성 염 지음. 사랑만이 진리를 깨닫게 한다. p.480)/
Vulpes pilum mutat, non mores.(성 염 지음. 고전 라틴어. p.138)
여우가 털을 바꿀 수는 있지만 본성은 바꾸지 못한다.
Mores paschale. 부활풍속(復活風俗)
Mores puerórum inter ludendum cernuntur.
아이들의 습관은 놀고 있는 동안에 드러난다.
moretárĭum(morétum) -i, n. 요리(마늘.양파.파슬리.
고수치즈를 섞어 잘 찧은 것에 올리브기름과 식초를 친 요리).
mori. inf. (mórior) 죽다.
Bibamus moriendum est.
마시자, 우리는 죽어야할 운명이니까.
Mori malo quam peccáre.
나는 죄를 짓기보다는 차라리 죽기를 더 원한다.
[주문의 형식상의 비교급은 없더라도 그 자체가 비교급의 뜻을 포함하고
있는 동사(예컨대 malle 더 원한다, præstáre 더 낫다 따위)가 있을 때에는
역시 우열의 비교를 이룬다. 즉 quam으로 비교한다.]
Mori melius est. 죽는 것이 더 낫다
Mori mílies præstitit quam hæc pati.
이 일을 당하느니 차라리 천 번 죽는 것이 더 나았다.
(군인들은 이런 일을 당하느니 차라리 죽는 편이 더 나았다).
Mori præstitit quam hæc pati.(quam² 참조)
이런 일들을 당하기보다는 죽는 편이 더 나았다.
mórĭa, -æ, f. (醫) 유치상쾌상태(幼稚爽快狀態)
moribúndus, -a, -um, adj. (mórior)
죽어 가는, 빈사상태의, 운명하는, 치명적(致命的).
moribus præfectus. 풍기 감찰관(magister mórum)
moribus veterum insolitum. 옛 관습에는 없던 것
Moriente Christo, Ecclesis facta est.
그리스도께서 돌아가시면서 교회를 탄생시켰다.
morigerátĭo, -ónis, f. (morígeror)
친절(χηστὸς.⑨ Benevolence), 상량, 고분고분함.
morígeror, -átus sum, -ári, dep., intr. (mos+gero¹)
뜻 맞추다, 순종하다, 만족시키다, 고분고분하다.
morígerus, -a, -um, adj. (mos+gero¹)
친절한, 상냥한, 순종(順從)하는, 고분고분한.
ea diem suom obiit, facta morigera est viro. postquam
ille uxori justa fecit, illico huc commigravit.
그러다 마누라가 뒈졌지. 서방에겐 얼마나 고마운 일인가.
그자는 죽은 마누라에게 상례를 치르고 나서 이리로
이사를 왔다 이 말이야(성 염 지음. 사랑만이 진리를 깨닫게 한다. p.453).
mórĭo, -ónis, m. 바보, 천치, 얼간이, 익살 광대
mórĭor, (-rēris, -rítur), mórtŭus sum, (moritúrus) mori,
intr., dep. **죽다**(기.ᄀᄀᄀ.νᄀᄀᄀ.지ᄀᄀᄀ.지.θνᄀᄀᄀ).
(초목이) 말라 죽다, (빛.불이) 꺼지다, (날이) 저물다,
멸망(滅亡)하다, 없어지다, 사라지다,
(결사적으로) 진력(盡力)하다, 죽을 듯이 기뻐하다.
Ante senectutem curavi ut bene viverem; in senectute,
ut bene moriar. 나는 늙기 전에 잘 살기 위해 마음

썼지만, 늙어서는 잘 죽기 위해 마음 쓰고 있다(Seneca)/
Cogi qui potest, nescit mori.
죽도록 강요를 받을 사람은 죽을 줄 모르는 셈이다.
(스스로 죽을 모르는 사람은 죽음을 강요받는 셈이다)/
Ex altera enim parte mori nolumus; at præcipue qui nos
diligit mori nos non vult.(⑨ On the one hand, we do
not want to die; above all, those who love us do not
want us to die) 한편으로, 우리는 죽고 싶지 않습니다.
무엇보다도 우리를 사랑하는 이들은 우리가 죽는 것을
바라지 않습니다(2007.11.30 "Spe Salvi" 중에서)/
Qui maledixerit patri aut matri, morte moriatur. 아버지나
어머니를 욕하는 자는 사형을 받아야 한다(성경 마르 7, 10)/
Quotídĭe morimur; quotidie enim demitur aliqua pars
vitæ, et tum quoque cum crescimus, vita decrescit.
우리는 날마다 죽어간다: 왜냐하면 날마다 생명의 한
부분이 덜어지고(깎기고) 있기 때문이다. 그리고 우리가
자라는 사이에도 생명은 줄어들고 있다.
Morituri morituros salutant! [검투사들의 경기 전 상호인사]
죽을 사람들이 죽을 사람들에게 인사합니다.
moritúrus, -a, -um, p.fut. (mórior) 장차 죽을
Morituri te salutant(salutámus)
죽어 가는 자들이 당신에게 인사 한다(목숨 바치려는 자들이 폐하
께 인사드립니다-Roma의 검투사들이 경기장에서 황제 앞을 행진하면서 외치던 말).
mormyr, -yris, f. (魚) 흑해에서 나는 물고기의 일종
morólŏgus, -a, -um, adj. 어리석은(정신 나간) 말하는
mŏror¹ -átus sum, morári, dep. (mora¹) intr.
지체하다(ᄀᄀ), 지연하다, 유예하다,
머뭇거리다, 망설이다, 머무르다(기.ᄀᄀ),
체류하다(ᄀᄀ), 오래가다, 지속하다.
ne multis morer, 긴 말은 생략하거니와.
tr. 지연시키다, 늦추다, 유예(猶豫)하다,
중지(정지) 시키다, 방해하다(ᄀᄀ), 제지(制止)하다,
(즐거움에) 황홀하게 하다, 사로잡다, 상관하지 않다,
대수롭게 생각하지 않다, 싫어하다, 거절(拒絶)하다.
moror alci manum. 누구에게 일(손)을 중지시키다/
Nihil moror. 나는 방해(거절)하지 않는다/
Nihil te moror. (죄인을 석방할 때의 말) 이제 가도 좋다.
mŏror² -ári, dep. intr. 바보짓 하다
morósĭtas, -átis, f. (morósus) 꾀까다로움, 괴팍,
(아무리해도) 만족하지 않음, 뚱함, 침울(沈鬱).
morósus, -a -um, adj. ((mos)) (성미가) 까다로운,
괴팍한, 투정하는, 못마땅해 하는, 뚱한, 무뚝뚝한,
침울한, 힘들게(어렵게) …되는, 싫증나게 하는, 지루한.
morósi senes. 침울한 노인들.
morósus morbus. 잘 낫지 않는 병
Mórpheus, -ĕi(-ĕos), m. 꿈의 신
morphinísmus, -i, m. (醫) 모르핀 중독, 아편중독
morphínum, -i, n. (化) 모르핀(⑨ morphin)
morphogénĕsis, -is, f. (生) 형태발생(形態發生)
morphología, -æ, f. (生) 형태학. (文法) 형태론.
methodus morphologica. 성서의 형식 평가학.
(성서의 어떤 부분을 구성 분석해 기원을 발견하고, 그 역사적 발자취를
더듬어 성서의 평가를 내리는 학문. 백민관 신부 엮음. 백과사전 2, p.55).
mors, mortis, f. (mórior) 죽음(ᄀᄀ.θᾱνατος.⑨ Death),
사망(θανατος), 시체(屍體), 끝, 파멸(破滅.破壞),
죽음의 원인(원흉), Mors. 사신(死神).
[단수 주격 mors, 속격 mortis, 여격 morti, 대격 mortem, 탈격 morte]
An umquam possit mors voluntaria ad magnitudinem
animi pertinere. 자결하는 죽음이 위대한 정신력에
해당할 수 있는가.(교부문헌 총서 17, 신국론, p.2744)/
An vita mortalium mors potius quam vita dicenda sit.
사멸할 자들의 생명은 삶이라기보다 죽음이라고
말해야 하는가.(교부문헌 총서 17, 신국론, p.2788)/
confinĭum mortis et vitæ. 죽음과 삶의 갈림길 순간/
De bono mortis. 죽음의 선익(밀라노의 암브로시우스 지음)/
De generali mortis malo, quo animæ et corporis
societas separatur. 죽음의 일반적 해악은 영혼과 육신의
결합이 분리되는 것이다(교부문헌 총서 17, 신국론, p.2788)/
De morte hominis, nulla est cunctatio longa.

772

인간의 죽음에 대해서는 장기유예(長期猶豫)가 결코 없다/
De morte Peregrini. 낯선 이들의 죽음.
(사모사타의 루치아누스 풍자시-그리스도인들의 신념과 일상적 행위를 몹시 어리석으며 헝틀을 자초하는 일탈 행위로 봄)/
De Morte, quam quidam non regenerati pro Christi confessione suscipiunt. 세례로 재생을 입지 못한 자들이 그리스도를 고백함으로써 당하는 죽음/
De mortibus persecutorum. 박해시대의 죽은 이들에 대하여/
demitto *alqm* morti(neci) 누구를 죽여 버리다/
dēpósco *alqm* ad mortem. 누구를 사형하라고 요구하다/
deprecor mortem. 죽지 않게 되기를 빌다/
Dóceo te de morte patris mei
나는 네게 내 부친의 부고를 전 한다/
Ero mors tua, o mors([영] I will be your death, O death)
오 죽음이여, 나는 그대의 죽음이 되겠노라/
Esse equidem, etiamsi oppetenda mors esset, domi atque in patria mallem quam in externis atque alienis locis.(Cicero). 비록 죽음을 자초하게 될지 모르더라도, 머나먼 타국 땅에 있느니 차라리 내 집, 내 나라에 있고 싶다/
Et habeo claves mortis et inferni.
죽음과 지옥의 열쇠를 내 손에 쥐고 있다/
Et ideo ex deo non est mores.
죽음은 하느님께로부터 유래하지 않는다/
Et mors quidem in natura non fuit, sed conversa est in naturam.([영] Death was not part of nature; it became part of nature) 죽음은 본성에 속하지 않았습니다. 그러나 본성의 일부가 되었습니다/
eximo *alqm* morti. 누구에게 죽음을 면하게 하다/
fatális mors. 숙명적인 죽음, 자연사(自然死)/
Flebat de filii morte. 그는 아들이 죽어서 울고 있었다/
Genus est mortis male vivere.
악하게 사는 것은 일종의 죽음이다/
Hanc nisi mors mihi adimet nemo. 죽음이 아니고서는 아무도 이 여자를 내게서 빼어가지 못할 것이다/
Hic locus est ubi mors gaudet succurre vitæ.
여기는 죽음이 살아 있는 자를 기꺼이 도와주는 곳이다/
Hominis hora mortis est incerta.
인간의 죽음의 시각은 불확실(不確實)한다/
Homo totiens moritur quotiens amittit suos(Publilius Syrus).
사람은 자기의 사람들을 잃을 때마다 그만큼 죽어간다/
illacrimor *alcjs* mortem. 누구의 죽음을 애도(哀悼)하다/
illórum amicítiam ejus morte redimo.
그의 죽음으로 저들과의 우호관계를 확보(確保)하다/
Illórum mors beáta vidétur.
그들의 죽음은 행복하게 보인다/
in artículo mortis. 임종 때에, 죽는 순간에/
in limine mortis. 죽음 일보 직전에/
in mortem trudi(trudo 참조) 죽으러 끌려 나가다/
in periculo mortis. 죽을 위험(危險)/
infero vim et manus *alci*, infero mortem *alci*.
누구를 살해(殺害)하다/
Interpretátĭones christĭanæ mortis.
([영] Christĭan interpretátĭon of death)
죽음에 대한 그리스도인의 해석/
justa fieri jus non sit, qui suspendio sibi mortem conscivit. 목매달아 죽음을 자초한 사람은, (제사법에 의한) 상례를 치러 주는 법이 아니다.
(성 염 지음, 사랑만이 진리를 깨닫게 한다, p.469)/
Me a morte ad vitam revocávit.
그는 나를 죽을 고비에서 살려 주었다/
Melius esset peccata cavēre quam mortem fugure.
죽음을 피하는 것보다 죄를 피하는 것이 더 낫다/
morte sua mori. 천수를 다하다
mortem *alcjs* mæreo. 누구의 죽음을 애도하다/
Mortem cotidie ante oculos suspectam habēre.
죽음을 날마다 눈앞에 환히 두라(성 베네딕도 수도규칙 제4장 47)/
Mortem ego, amice, tantis rebus gestis, timerem?
그렇게 큰일을 치렀는데, 친구여, 내가 죽음을 두려워할까 보냐?/
Mortem in mális pono. 죽음을 하나의 악(불행)으로 여기다/
Mortem lætus accivit. 그는 기뻐하며 자살하였다/
mortem sibi conscissĕre. 자결(自決)하다/
morti damnatus. 죽음을 운명에 놓인/
morti faciles animi. 죽음을 각오가 되어 있는 마음들/
mortis causa. 사인증여(死因贈與)/
mortis timentes. 죽음을 (늘) 무서워하는 자들/
Ne vos quidem, judices ii, qui me absolvistis, mortem timueritis. 나를 방면한 재판관들이여, 당신들은 결코 죽음을 두려워하지 마시오/
Nemo potest mortem metuens esse felix.
아무도 죽음을 두려워하면 행복한 자 될 수 없다/
Nemo vos seducat ad mortem.
아무도 여러분을 죽음으로 이끌지 않기를 바랍니다/
Neque turpis mors forti viro potest accidere, neque immatura consulari, nec misera sapienti.
강한 사내에게는 부끄러운 죽음이 닥칠 수 없고, 집정관을 지낸 사람에게는 때 이른 죽음이 닥칠 수 없으며, 현명한 사람에게는 가련한 죽음이 닥칠 수 없다/
non álĭas quam simulátĭone mortis.
죽음을 가장하는 방법 외에는 달리 아니/
Novissima autem inimica destruetur mors.
마지막으로 없어질 원수(怨讐)는 죽음 입니다/
offero se ad mortem. 목숨을 바치다/
Omnia mors æquat(Vergilius). 죽음은 모든 것을 공평하게 만든다.[æquo, -are 파괴하여 '평지로, 폐허로 만들다'라는 의미도 있음. 성 염 지음, 고전 라틴어, p.157]/
pro pátria mori. 조국을 위하여 죽다/
quærode morte *alcjs*. 누구의 사망에 대해 조사하다/
Quod sicut iniqui male utuntur lege, quæ bona est, ita justi bene utuntur morte, quæ mala est. 악인들이 선한 율법을 악용하듯이 의인들은 악한 죽음도 선용한다.
(교부문헌 총서 17, 신국론, p.2788)/
Quomodo mortem filii tulit!
그가 어떻게 용케도 아들의 죽음을 견디어냈구나!/
reduco sócios a morte 동료들을 죽음에서 구출하다/
reus mortis. 죽일 죄인/
Turpis fuga mortis omni est morte peior.
죽음으로부터의 추루한 도피는 그 어떤 죽음보다 더 못하다/
vito mortem fugā. 도망쳐서 죽음을 면하다/
Vive memor moritis; fugit hora.
죽음을 마음에 품고 살아라; 시간은 도망간다/
voluntaria morte. 자발적 죽음.

mors animæ. 영혼의 죽음
mors bona. 선종(mors sancta).
perseverantĭa finális. 선종의 은총(恩寵).
mors concita. 촉진(促進)된 죽음
mors corpóris. 육신의 죽음
Mors et fugacem persequitur virum.(Vergilius).
죽음은 달아나는 사람도 따라잡는다.
Mors et vita in manibus linguæ(잠언 18, 21 참조)
(qa,natoj kai. zwh. evn ceiri. glw,sshj)
([獨] Tod und Leben stehen in der Zunge Gewalt)
([라] mors et vita in manu linguæ)
([영] Death and life are in the power of the tongue)
혀에 죽음과 삶이 달려 있으니?(성경 참조)/
죽고 사는 것이 혀끝에 달렸으니(공동번역 참조)/
죽음과 삶이 혀에 달려 있다(잠언 18, 21 참조).
mors haud dubia. 확실한 죽음
Mors Iesu. 예수님의 죽음([영] Death of Jesus)
mors immatúra. 요절(夭折-젊은 나이에 일찍 죽음)
Mors imminet. 죽음이 가까 왔다.
mors inhonésta. 개죽음
mors ipsa sine morte. 죽음 없는 죽음(신국론, p.1367).
Mors nos a mális abstrxisset.
죽음이 우리를 여러 불행에서 건져 주었을 것이다.
mors persecutoris. 박해자의 죽음
mors pĕregrina. 객사(客死-객지에서 죽음)

M

Mors sine gloria. 영광(榮光) 없는 죽음

Mors tua, vita mea.
당신의 패배는 나의 승리(당신의 죽음은 나의 생명).

Mors ultima linea rerum est.
죽음은 덧없는 인간의 마지막 한계선이다.

Mors ultima rátĭo. 죽음은 마지막 이유(理由)

Mors ultra non erit(⑨ Death shall be no more)
다시는 죽음이 없을 것이다(묵시 21. 4).

mors voluntaria. 자원해서 죽은 죽음

morsicátim, adv. (mórsĭco) 신랄하게, 통렬하게

morsicátĭo, -ónis, f. 씹음, 저작(咀嚼-음식물을 씹음)

mórsĭco, -áre, freq., tr. (mórdeo)
자주 물다, 씹다, 뚫어지게 쳐다보다.

morsor, -óris, m. (mórdeo) 무는 사람(것)

morsum, "mordeo"의 목적분사(sup.=supínum)

morsum, -i, n. (mórdeo) 한 입 물어 뜯어낸 것

morsus, -us, m. (mórdeo) 물어뜯음, (새가) 주둥이로 쫌,
교상(咬傷-독사나 짐승 등에 물린 상처), 물어뜯은 상처, 먹음,
찌름, 쏨, 쑤심, 찜, 매움, 짠 맛, 신 맛, 걱정, 고통,
질시(嫉視 嫉視), 헐뜯음, 양심의 가책(良心 呵責).

morsus rubíginis. 녹으로 인한 부식

mortale et veniale.(peccátum mortale*) 죽을 죄(교리서 1854항)

mortales ægri. 불행한 인간들

mortális, -e, adj. (mors) 죽을 운명의, 죽음을 면치 못할,
죽어 없어질, 사멸할, 인생의, 인간의, 죽음을 가져오는,
치명적, 치사적(致死的), 생명을 뺏는, 덧없는, 사라질,
잠시 지나가는, 잠깐 동안의, 영원한 죽음에 이르게 하는.
m. 인간(人間). n., pl. 인간사(人間事).
homo est animal rationale mortale.
인간은 사멸할 이성적 동물이다/
homo igitur anima rationalis est mortalis
atque terreno utens corpore. 인간이란 사멸하고
지상적 육체를 구사하는 이성적 영혼이다/
Memento te esse mortalem. 그대는 죽을 몸임을 기억하라/
mortáles ægri. 불행한 인간들/
nec curare deum credis mortalia quemquam.
어느 신명도 인간사 따위는 돌보지 않는다고 믿는가 보지.
(성 염 지음, 사랑만이 진리를 깨닫게 한다. p.419)/
Non erit magnus magnum putans quod cadunt lingna et
lapides, et moriuntur mortales. 나무와 돌이 떨어지고,
죽을 존재가 죽는 것을 대단하게 여기는 자는 위대한
사람이 못된다.(이연학 최원오 역주. 아우구스티노의 생애. p.123)/
peccátum mortále. (구원받지 못하게 하는) 대죄/
per easdem artes patere viam mortalibus ad felicitatem.
이 모든 학문들을 거쳐서 사멸할 인간들에게는
행복에 이르는 길이 열린다/
Quolibet peccato mortali amitti gratiam, sed non fidem.
온갖 종류의 대죄로 신앙을 잃지는 않아도 은총은 잃음.

mortálĭtas, -átis, f. (mortális) 죽을 운명(성질),
사멸성(死滅性), 죽음, 덧없음, 인간, (醫) 사망률.
De lapsu primorum hominum, per quem est contracta
mortalitas. 원조들의 타락과 그로 인한 죽음에의 종속.
(교부문헌 총서 17, 신국론, p.2788)/
De mortalitate. 사멸성에 대하여(치프리아누스의 저작으로
위기상황을 지내는 그리스도인들에게 주는 권고)/
profluvio mortalitatis humanæ. 인간 사멸의 흐름.

Mortálĭum Animos, 덧없는 인생의 마음을, 사람들의 마음,
죽을 영혼들, 종교의 참된 일치의 진흥에 관한 문서,
진실한 종교 일치의 증진(교황 비오 11세 1928년 회칙).

mortaríŏlum, -i, n. dim. (mortárĭum) 작은 절구

mortárĭum, -i, n. 절구(곡식을 찧거나 빻는 데 쓰는 기구),
모르타르(⑨ mortar), 회반죽, 회반죽통, (軍) 박격포.
tero alqd in mortário. 절구 속에 부수어 넣다.

Mortalium Animos, (교황 비오 11세 1928년 1월 6일 발표)
진실한 종교 일치의 증진.

morte óbĭtā. 죽은 뒤에(obeo 참조)

Morte principis adnuntiata, cives doluerunt.
군주의 죽음이 공표 되고 나서 시민들은 애도했다.

morte sua mori. 천수를 다하다(mors 참조)

Mortem cotidie ante oculos suspectam habĕre.
매일 죽음을 눈앞에 두라. 죽음을 날마다 눈앞에 환히 두라.
(성 베네딕도 수도규칙 제4장 47).

Mortem in mális pono. 죽음을 하나의 악(불행)으로 여기다.

Mortem lætus accivit. 그는 기뻐하며 자살하였다.

mortem sibi conscissĕre. 자결하다

Mortem suspectam. 죽음을 예감하라.

morti damnatus. 죽을 운명에 놓인

morti faciles animi. 죽을 각오가 되어 있는 마음들

morticínus, -a, -um, adj. (mors) (자연사로) 죽은, 시체의.
n. 시체(屍體). n., pl. 식용육(食用肉).

mórtĭfer(=mortifĕrus), -ĕra, -ĕrum, adj. (mors+fero)
죽음을 가져오는, 치명적인, 치사(致死)의.

mortificátĭo, -ónis, f. (mortífico) 고행(→수덕*).
극기(克己), 금욕(άσκηοις ὀ ἡτζ에서 유래.⑨ asceticism),
고신극기(苦辛克己), 죽음.

mortificátĭo sui ipsius. 겸손과 극기

mortificátus, -a, -um, p.p. (mortífico)
죽인, 죽임을 당한, 절제된, 금욕된(하는).

mortífico, -ávi, -átum, -áre, tr. (mors+fácio)
죽게 하다, 죽이다, 극기하다, 고행하다, 정욕을 억제하다.

mortíficus, -a, -um, adj. (mors+fácio) 치명적, 죽게 하는

mortis reus. 죽일 죄인(Mc. 14, 66)

mortis timentes. 죽음을 (늘) 무서워하는 자들

mortua, -æ, f. 죽은 여자.
mortuæ, mortuarum, f., pl. 죽은 여자들/
mortui, -orum, m. pl. 죽은 남자들/

mortuálĭa, -íum, n., pl. (mórtuus) 상복(喪服)
만가(輓歌,薤路歌-상여소리), 해로가(薤路歌,輓歌-상여소리).

mortuárĭus, -a, -um, adj. 죽은 사람에 관한

mortui enim estis et vita vestra abscondita est cum
Christo in Deo. (⑨ For you have died, and your life is
hidden with Christ in God.)(αvρeqα,nete ga.r kai, h` zwh. u`mw/n
ke,kruptai su.n tw/| Cristw/| evn tw/| qew/|).
여러분은 이미 죽었고, 여러분의 생명은 그리스도와 함께
하느님 안에 숨겨져 있기 때문입니다(성경 콜로 3, 3).

mortuósus, -a, -um, adj. (mórtuus)
죽은 사람 같은, 핏기가 없는.

mortúrĭo, -íre, intr., desid. (mórior) 죽고 싶(어 하)다

mortuus, -a, -um, p.p. (mórior) 죽은.
m., f. 죽은 자(⑨ Deceased).
An quisquam simul et vivens esse possit et mortuus.
한 사람이 살아 있으면서 동시에 죽었다고 할 수 있는가.
(교부문헌 총서 17, 신국론, p.2788)/
De mortuis nihil nisi bonum.
죽은 사람들에 대하여는 좋은 말을 할 뿐이다/
Mortuo leoni et lepores insultant.
죽은 사자는 토끼마저 깔본다/
Namque ille qui vixit et mortuus est, rapitur ad alia loca
anima ipsius. 이 세상에서 살다가 죽은 이의 영혼은 다른
곳으로 들려 올라가고 육신은 땅에 묻힙니다.
(최익철 신부 옮김, 요한 서간 강해. p.461)/
Nihil nisi bonum de mortuis cogita! 죽은 사람들에 대해
서는 좋은 것 외에는 아무것도 생각하지 말라!/
Quod omnis religio paganorum circa homines
mortuos fuerit implicata. 이교도들의 모든 종교는
죽은 사람들과 연관된다(교부문헌 총서 17, 신국론. p.2770)/
Spelis mortuum; utinam veniat aliquando illa vita ubi
nemo moriatur! 그대는 죽은 이를 묻어 줍니다. 그러나
언젠가 아무도 죽지 않는 저 생명에 이르면 얼마나
좋겠습니까!.(최익철 신부 옮김. 요한 서간 강해. p.353).

Mortvi vivos docent. 죽은 자가 산 자를 가르친다

mórŭla, -æ, f. dim. (mora¹)
잠시(짧은 시간), 잠깐 지체함, 짧은 시간.

morŭlus, -a, -um, adj. (morus⁹) 흑색의, 까만, 깜둥이의

mórum, -i, n. (植) 뽕나무 열매 오디(뽕나무의 열매).
ricinus, -i, m. 덜 익은 오디.

morus¹ -a, -um, adj. 미련한, 우둔한

morus² -i, f. (植) 뽕나무

774

mos, móris, m. 관습, 풍습, 풍속, 습속, 관례, 상례,
행습(行習-버릇이 되도록 행동함), (태도.행동 따위의) 양식,
습관(習慣), (생활) 방식, 방법, 나름, 유행, 성격,
특징(特徵), 법, 규칙(規則), 규정(規定), 원칙(原則),
(흔히 pl.) 미풍양속(boni mores), 풍기, 도덕,
품행(ἀναστροφη.品行-성품과 행실), 몸가짐.
Abeunt studia in mores. 공부는 습관이 된다.(Ovidius)/
barbrismus mórum. 무례(無禮), 예의범절에 어긋남/
Clara nomine, vita clarior, clarissima moribus.
  이름은 영롱이었고, 생활은 더욱 영롱했으며
  품행은 더욱 영롱하였다(아씨시 성 프란치스코의 생애, p.89)/
Cum fueris Romæ, Romano vivito more.
  로마에서는 로마의 관습에 따라 살라/
Ex malis moribus bonæ leges natæ sunt.
  사악한 행습에서 (그것을 시정할) 훌륭한 법률이 나왔느니라/
Ex moribus hominis post peccatum duæ civitates.
  범죄 후 인간의 행태에서 나온 두 도성(신국론 제14권)/
Honores mutant mores. 관직이 행동거지를 바꾼다/
morem alci gérere. 누구의 식대로 행동하다(따르다)/
Mores amici noveris, non oderis.
  친구의 습속을 미워하지 말고 이해하라/
mores diuturni 오랜 풍속
Moribus antiquis res stat Romana virisque. 로마 국가는
  고대 미풍양속과 그 위인들에 의하여 존속한다(Ennius).
  [moribus antiquis virisque: 행위자 여격. 성 염 지음. 고전 라틴어, p.179]/
móribus præféctus. 풍기 감찰반/
Ridendo castigat mores. 웃음으로 습관을 고친다/
sicut meus est mos. 내가 늘 해오던 대로/
suo more vívere. 자기 나름대로 살다/
teneo consuetúdinem morem. 관습, 풍습을 지키다/
transeo in mores. 관습에 젖다.
Mos est hóminum, ut in rebus advérsis spem
amíttant. 사람들은 역경을 당했을 때 실망하는 것이 보통이다.
Mos est tyrannus. 버릇은 폭군과 같다(관습이란 폭군과 같다)
mos maiorum 더 오래된 관습, 선조들의 풍속
mos patrius 가풍(家風)
mos vestis. 옷의 유행
mosaicus¹ -a, -um, adj. 모자이크의, 상감(象嵌)의
mosaicus² -a, -um, adj. Moses의,
  lex Moses. 모세의 율법(律法).
Moses, -is, m. (=Móyses) 모세(구약의 이스라엘 민족 지도자)
mostéllum, -i, n. 작은 괴물(monstrum, -i, n. 괴물)
motacílla, -æ, f. (鳥) 할미새(할미새 과의 새를 통틀어 이르는 말)
motátĭo, -ónis, f. (moto) 빈번한 운동
mótĭo, -ónis, f. (móveo) 움직임(κίνημα), 운동, 발동,
  맥박(脈搏), 발열, 파면, 면직, 감정(感情.στενοχωρέω).
mótĭo divina. 하느님의 움직임, 동력
motio moventis. 기동자의 운동(김 율 옮김, 은총과 자유. p.111).
motio moventis præcedit motum mobilis.
  기동자의 운동은 움직여질 수 있는 자의 운동에 선행한다.
motiúncŭla, -æ, f. dim. (mótĭo)
  미열(微熱-건강한 몸의 체온보다 조금 높은 체온).
motívum, -i, n. (móveo) 동기, 동인, 결정 이유, 진의,
  목적, (예술 작품의) 주제, 제재(題材), 악상(樂想).
motivum formale. 형상적 동기(形相的 動機)
motor, -óris, m. (móveo)
  움직이게 하는 사람, 원동력(原動力), 발동기(發動機),
  perfectus motor. 완전 운동자/
  unicus motor. 유일 동자, 유일 운동자.
motor immobilis. 움직여진 동자
motórĭus, -a, -um, adj. 움직이는, 운동의, 동적인,
  운동을 일으키는. n. 동력(動力), 원동력(原動力)
motu próprio. 교황 자의교서*(自意敎書),
  자기 충동으로, 자발적으로, 자발교서(→자의 교서).
  ['자의에 의하여'라는 의미를 지닌 라틴어이며.
  교황문서의 한 형태인 교황 자의교서를 가리키는 용어].
mótum, "móvĕo"의 목적분사(sup.=supínum)
mótus, -us, m. (móveo) 움직임, 운동(κίνησις), 진동,
  요동, 이동, 운행, 춤, 율동, 몸짓, 초목의 싹틈(성장),

정신활동: 감정, 감동, 감격; 정서(情緖), 충동(衝動),
영감(θεὸπνευστος.靈感.⑨ Inspirátĭon), 소동, 소요,
소란, 폭동, 변동, 변화. (修) 비유(比喩.παραβολὴ).
(修) 전의(轉義-본래의 뜻이 바뀌어 변한 뜻).
De motu cordis. 심장의 운동에 대하여(토마스 아퀴나스 지음)/
defectívus motus. 결핍(缺乏) 된 운동/
Gálliæ motum exspecto. Gallia 봉기를 염려하다/
humanorum animorum motus. 인간의 의지/
Id quod dicitur, fit motu conditius.
  말로 하는 것을 몸짓으로 더욱 흥을 돋군다/
ille tamen motus non est causa gratiæ sed effectus;
  unde tota operatio pertinet ad gratiam.
  운동은 은총의 원인이 아니라 은총의 효과이다. 따라서
  작용 전체는 은총에 속한다.(김 율 옮김. 은총과 자유, p.231)/
mota et non movens. 움직여지되 운동시키지 않는 자.
                     (김 율 옮김, 은총과 자유. p.107)/
mota et non movens, solus autem Deus movens.
  움직여지되 운동시키지는 않고 오직 하느님만이 운동시킨다/
rego ánimi motus. 감정들을 통제하다/
stabilis est iste motus. 고정된 움직임(성 아우구스티노는 반어법
  으로 운동에 있어서 천사들의 특유한 처지를 표현하고 있다. 신국론, p.1694)/
terræ motus. 지진(地震)/
turbidi animórum motus. 이성을 잃은 행동/
uniformis motus plurimum voluntatum. 다수 의지의 획일
  적인 운동(단테가 내리는 '화합'의 정의이다. 성 염 옮김. 단테 제정론, p.62)/
Utrum motus angeli sit in instanti.
  천사의 운동은 순간적(瞬間的) 인가/
Videtur quod motus angeli sit in instanti.
  천사의 운동은 순간적(瞬間的)인 것으로 생각된다.
motus ad justitiam. 의로움을 향한 움직임
motus antialcoholicus. 금주 운동
motus atheisticus. 무신론 운동
motus cæli. 하늘의 운동
motus circulus. 순환 운동(循環 運動)
motus eucharisticus. 성체 운동
motus exercitiorum spiritualium. 영성 수련 운동
motus feminarum. 여성 운동
Motus in fine velocior.(vēlox, -ócis의 비교급)
  움직임은 마지막에 가서 더 빠른 법이다.
motus interioris. 내적 움직임
motus juvenum. 청소년 운동
motus liturgicus.(⑨ liturgical movement)
  獨 Liturgische Bewegung) 전례 운동
motus locális. 장소적 운동, 장소 이동
motus œcumenicus. 교회일치 운동⑨ ecumenical movement).
Motus operariórum. 노동운동.
  problemata operaiorum. 노동 문제(勞動問題).
Motus operariórum catholicórum. 가톨릭 노동운동
motus orátiónis. 기도 운동(祈禱 運動)
motus primus. 제일운동, 최초의 운동
motus processívus. 전진 운동, 순차적 운동
Motus rationális creaturæ ad Deum.
  하느님을 향한 이성적인 피조물의 운동.
motus siderum rati. 고정된 운행, 일정한 운행
motus sociális catholicus 가톨릭 사회운동
motus timoris servilis. 노예적 두려움의 움직임
movens. 동자(動者-움직이는 자)
movens immobile. 부동의 원동자(不動 原動者)
movens non motum. 부동의 원동자.
  (아리스토텔레스의 '영적 실체'는 movens non motum.을 가리킨다. movens non
  motum.은 원환운동을 하는 천구의 운동과 관계된다. 따라서 천구의 수만큼
  movens non motum이 있을 수 있다. 이상섭 옮김. 신학대전 14, p.357).
moventĭa secunda. 제2차적 동자
móvĕo, móvi, mótum, movére, tr. 움직이게 하다,
  움직이다(ᴅᴍᴀ.תוח), 진동시키다, 옮기다, 이전하다,
  이동(移動)시키다, 줄(현)을 튀기다(소리 내다),
  현악기를 타다, 제거하다, 해임(解任)하다, 파면하다,
  쫓아내다, 축출(逐出)하다, 떼어놓다, 멀어지게 하다,
  버리게 하다, 일으키다, 야기(惹起)하다, 나(오)게 하다,

775

선동(煽動)하다, 자극하다, 자아내다, 유발(誘發)하다,
충동하다, … 하게 하다, 쑤석거리다, 착수(着手)하다,
시작하다, 진행(추진)시키다, 계획하다, 획책(劃策)하다,
혼란시키다, 어지럽히다, 소란(폭동)을 일으키게 하다,
뒤흔들다, 동요케 하다, 약화(弱化)하다,
영감을 일으키다(받게 하다), 마음을 움직이게 하다,
감동(感動)시키다, (어떤) 감정(感情)을 일으키게 하다,
깊이 생각하다, 헤아리다, 바꾸다, 변(變)하다.
  fletum movére *alci*. 누구를 울리다/
  gradum moveo. 발걸음을 옮기다/
  moveo *alci* exspectatiónem de *alqa* re.
    누구로 하여금 무엇에 대해 기대를 가지게 하다/
  moveo se. 식물(植物)이 싹트다, 자라다/
  Quidquid movetur ab alio movetur.
    움직이는 것은 무엇이나 타에 의해서 움직여진다/
  vis movéndi. 움직이는 힘.
  intr. 움직이다, 진동(振動)하다,
  res movéntes. 동산(動産)/ Terra movit. 지진이 있었다.
  pass. movéri. 마음이 움직이다, 감동하다,
  (어떤) 감정에 사로잡히다.
  pass., refl. **movéri, se movére**. (스스로) 움직이다,
  춤추다, 가다, 걸어가다, 떠나가다, 이동하다, 운행하다.
moveri et ante et pone. 앞뒤로 움직이다
mōvi, "móvĕo"의 단순과거(pf.=perfectum)
mox, adv. 오래지 않아, 이제 곧, 미구에, 그리고 즉시,
  그리고 나서, 거의 동시에, 후에(μετὰ), 그 다음에.
  Confido te mox reversurum esse.[반탈형동사 문장]
    나는 네가 곧 다시 돌아오리라고 믿는다/
  Ite, amici, sed mox redite!
    벗들이여, 가거라! 그러나 곧 돌아오라!/
  paulo mox. 미구에(얼마 오래지 아니하여)
  Qui malis tulit auxilium, mox pænitentiam feret.
    악인들에게 도움을 제공한 사람은
    머지않아 대가를 치를 것이다.
Mox domum redibimus.
  우리는 머지않아 집으로 돌아갈 것이다.
Móyses(=Moses) -is, m. 모세(Μωυσῆς)
  (모세라는 이름은 '물에서 건져 냈다'라는 이집트 말 māšá와 '태어났다'라는
  뜻의 mes, mesu와 합성되어 유래되었다).
mu, interj. (고통.신음.실망 표시) 으음!.
mucc… V. muc…
múcĕo, -cŭi, -ére, (mucésco, -ěre) intr. (mucus)
  곰팡이 나다, 쉬다, 썩다.
múcĭdus, -a, -um, adj. (mucus) 곰팡이 난, 쉰, 코 흘리는
muccínĭum, -i, n. 손수건
mucilágo, -gĭnis, f. 점액(粘液)
mucilágo gummi arábici. 아라비아 고무장(醬)
mucínĭum(=muccínĭum) -i, n. 코푸는 (손) 수건
mucor, -óris, m. 곰팡이
mucósa, -æ, f. (解) 점막(粘膜)
mucósus, -a, -um, adj. 점액의, 점액질의,
  점액을 분비하는, 점액을 함유한.
  membrána mucósa. 점막(粘膜).
mucro, -ónis, m. 뾰족한 끝, 날카로운 끝,
  (칼.낫.도끼 따위의) 날;
  (잎사귀 따위의 끝에 있는) 가시 모양의 돌기(突起),
  칼, 검(劍.ㄱㄲ), 단도, 끝, 말단, 권위, (예리한) 힘.
mucronátim, adv. 뾰족하게, 예리하게
mucronátus, -a, -um, adj. (mucro)
  뾰족한, 날카로운, 예리한, 가시 모양의 돌기가 있는.
muculéntus, -a, -um, adj.
  점액의, 점액성의, 진이 많은, 콧물 나는(많은).
mucus(=muccus) -i, m. 점액(粘液), 진(粘液), 콧물
mŭgil(=mugilis) -is, m. (魚) 숭어
múgĭnor, -ári, dep., intr., tr. (múgio) 늑장부리다, 빈둥거리다,
  꿍꿍(낑낑)대며 옮기다, 꾸물거리다, 빈둥빈둥 지내다.
múgĭo, -ívi(ĭi), -ítum, -íre, intr. 송아지가 울다,
  영각(소가 길게 우는 소리)하다, (소리가) 요란하게 울려 퍼지다,

꿍음(轟音)을 내다, 명동(鳴動)하다.
mugítor, -óris, m. (múgio)
  요란한 소리를 내는 사람, 명동(鳴動) 하는 자.
mugítus, -us, m. (múgio) 요란한 소리가 울려 퍼짐,
  (소의) 영각(암소를 찾는 황소의 긴 울음소리), 황소울음,
  명동(鳴動-울리어 진동함), 울고불고함, 아우성.
mula, -æ, f. (mulus) (動) 암 노새
muláris, -e, adj. (mulus) 노새의
mulcátor, -óris, m. (mulco) 매질하는 사람, 학대하는 자
mulcédo, -dĭnis, f. (múlceo)
  어루만짐, 쓰다듬음; 매력(魅力), 매혹(魅惑).
múlcĕo, mulsi, mulsum -ére, tr. 쓰다듬다, 어루만지다,
  살짝 닿다(만지다), 진정시키다, 가라앉히다,
  달래고달콤하게)하다, 꿀맛 나게 하다, 즐겁게 해주다.
múlcĕtra, -æ, f. (植) 해바라기
  (프랑스어 tournesol, 이탈리아어 girasole, 헝가리어 naprasolgo, "태양을
  향해 돌고 있다"뜻/영어 sunflower, 독어 sonnenblume "태양의 꽃" 뜻).
Múlcĭber, -ĕri, m. 불의 신 Vulcánus의 별명
mulco, -ávi, -átum, -áre, tr. 때리다, 치다, 매질하다,
  두들기다, 부딪치다, 모질게 다루다, 학대(虐待)하다.
mulcta, -æ, f. (=multa¹) 과료(科料-경범죄에 과하는 재산형),
  벌금(罰金), 위약금(違約金-채무를 이행하지 않을 경우, 채무자가
  채권자에게 손해 배상 또는 제재制裁로서 지급할 것을 미리 약속한 돈).
mulcta… V. multa…
mulcto, -ávi, -átum, -áre, tr. = multo²
mulctra, -æ, f. (=mulctrum, -i, n.) (múlgeo)
  소젖(염소젖) 짜는 그릇(통), 우유, 젖.
mulctrále, -is, n. (=mulctrárum, mulctrum, -i, n.)
  젖 짜는 그릇.
mulctus, -us, m. (múlgeo) 우유 짬, 젖 짬, 착유(窄乳).
múlgeo, mulsi(mulxi), mulsum(mulctum), -ére,
  tr. 젖을 따다.
múlgeo hircos. 숫염소의 젖을 짜다(불가능한 일을 하려 하다)
muliĕbris, -e, adj. (múlier) 여자의, 부녀의,
  여자에게 속하는, 여자다운, 여자 같은; 연약(軟弱)한.
muliébrĭtas, -átis, f. (muliébris) 여자 임, 부녀신분
múlĭer, -ĕris, f. 여자(עꞮꞮꞮꞮ. 女子=Woman),
  여인(γυνὴ), 부인(γυνὴ), 부녀자(婦女子), 아내.
  Aut amat aut mulier, nihil est tertium. 여자는 혹은 사랑
    하든지 혹은 미워하든지 한다. 그 외의 셋째 것은 없다/
  ingens mulierum agmen. 떼 지어 다니는 수많은 부인네들/
  Indutus veste muliebri. 여장한 남자(여자의 옷을 입은 남자)/
  Institutum mulierum. 수녀회(monasterium monialium)/
  Mulieres Evangelii(⑨ Women in the Gospel) 복음의 여성들/
  muliĕres religiosæ. 수도자 부인들/
  muliĕres sanctæ. 거룩한 부인들, 경건한 부녀들/
  muliĕres vini abstemiæ. 술을 자제(절제)하는 부인들/
  mulieris consecratæ præstantia et pars/
    봉헌된 여성의 존엄과 역할/
  Mulieris consociatur arcte dignitas cum illo amore quem
  largitur ipsa vicissim. 여성의 존엄은 여성 특유의 본성을
    통하여 부여받은 사랑에 밀접하게 연결 된다/
  Mulieris dignitas ordoque amoris(⑨ The dignity of
  women and the order of love) 여성들의 존엄과 사랑의 경륜.
    (요한 바오로 2세의 1988.8.15. "Mulieris dignitatem" 중에서)
  nec quisquam ália múlier. 다른 어떤 여자도 아니/
  neque vir sine muliĕre, neque mulier sine viro in
  Domino. 주님을 믿는 세계에서는 여자나 남자나
    다 같이 상대방에게 서로 속해 있습니다/
  Qui invenit mulierem bonam, invenit bonum et
  hausit gratiam a Domino. (o]j eu-ren gunai/ka avgaqh,n
  eu-ren ca,ritaj e;laben de. para. qeou/ i`laro,thta)
  (獨 Wer eine Ehefrau gefunden hat, der hat etwas
  Gutes gefunden und Wohlgefallen erlangt vom HERRN)
  (⑨ He who finds a wife finds happiness; it is a favor
  he receives from the LORD).
    아내를 얻은 이는 행복을 얻었고 주님으로게서
    호의를 입었다(성경)/아내를 얻는 것은 행복을 얻는
    길, 야훼께서 주시는 선물이다(공동번역 잠언 18. 22)/

M

Quid nunc rogem te, ut venias, mulierem ægram et corpore et animo confectam? Non rogem? Sine te igitur sim? 왜 내가 지금 당신을, 병든 여자를, 육체적으로나 정신적으로나 망가진 여인을 나한테 와 달라고 애원하는 것일까? 그렇다고 애원을 하지 말까? 그럼 당신 없이 살 수 있기라도 하다는 말인가?.(ut venias. 당신이 오기를)[성 염 지음, 고전 라틴어. p.298]/
sanctæ mulieres. 성녀.
(전례서에서 동정녀, 과부, 부인 등 성녀가 된 부녀들을 통칭하는 말)/
Sapiens mulier ædificavit domum suam insipiens instructam quoque destruet manibus.(잠언 14, 1).
(sofai. gunai/kej wv|kodo,mhsan oi;kouj h` de. a;frwn kate,skayen tai/j cersi.n auvth/j)
([영] Wisdom builds her house, but Folly tears hers down with her own hands)(잠언 14, 1)
지혜로운 여자는 집을 짓고 미련한 여자는 제 손으로 집을 허문다(성경 잠언 14, 1)/슬기로우면 집이 일어서고 어리석으면 제 손으로 집을 망가뜨린다(공동번역 잠언 14, 1)/
Si quis uiderit mulierem ad concupiscendum eam, iam mœchatus est eam in corde suo.
누구든지 남의 아내를 탐내어 바라보는 사람은 이미 마음으로 간음한 사람입니다(교부문헌 총서 16, 신국론, p.1476)/
Tácita bona est múlier quam loquens.
말하는 여자보다 묵묵한 여자가 좋다(quam[2] 참조).
Mulier a mollitie, tamquam mollier, detracta littera …… appellatur. 여성이 부드러운 것은, 여성이란 말을 원래 부드러움이라는 말에서 따왔기 때문이다.
Mulier addicta atque adducta. 입찰되어 팔려간 여자.
mulier aucta pecunia. 돈이 불어난 여자
Mulier ecce filius tuus.(gu,nai(i;de o` ui`o,j sou)
([영] Woman, behold, your son) 이 사람이 당신의 아들입니다.
여인이시여, 이 사람이 어머니의 아들입니다(성경 요한 19, 26)/
어머니, 이 사람이 어머니의 아들입니다(공동번역 요한 19, 26)/
부인, 보십시오, 부인의 아들입니다(200주년 신약 요한 19, 26)/
mulier fortis. 용감한 여인
Mulier in adulterio deprehensa([영] The woman caught in adultery) 간음하다 잡힌 여인.
Mulier in Liturgia.([영] Women in Liturgy. [獨] Frauen im Gottesdienst) 전례 안에서 여성.
Mulier in medio est huius salvifici eventus.
([영] A woman is to be found at the centre of this salvific event) 이 구원의 사건 한복판에 한 여인이 등장한다.
Mulier in silentio discat cum omni subiectione.
여자는 언제나 순종하며 조용한 가운데 배워야합니다.
mulier menstruata. 월경(달거리) 중인 여자
mulier religiosa. 수도하는 여자
Mulier taceat in ecclesia(백민관 신부 엮음, 백과사전 3, p.815)
([영] Women should not address the meeting)
여자는 교회에서 발언하지 마시오(1코린 14, 34 참조).
mulier vacua. 미혼(처)녀(innuba, -æ, f.)
mulierárĭus, -a, -um, adj. (múlier) 여자의, 부녀의
muliércŭla, -æ, f. dim. (múlier)
(가엾은.대단치 않은) 여자, 창녀(娼女).
Vinco muliercŭlam mollitĭa.
부드러움에 있어서 여자를 능가(凌駕)하다.
muliercŭla publicána. 세리의 아내
Mulieris Dignitatem. 여성의 존엄.
(1988.8.15. 교황 요한 바오로 2세가 발표한 교황교서).
[1987년의 성모성년(마리아의 해)을 기념하여 발표된 교황 교서이다. 이 문헌은 여성의 문제와 권리에 대한 사회적 관심이 급격히 증대되는 시점에서, 여성의 존엄과 그 소명에 대해 다루며 이를 교회론과 마리아론 측면에서 신학적으로 조명하여 설명한다. 가톨릭신문 2014.1.12일자, 박준양 신부].
muliercularĭus, -a, -um, adj. 외도하는
muliérĭtas, -átis, f. (múlier) 부녀신분
mulíĕro, -áre, tr. (múlier) 여성화시키다, 유약하게 하다
mulierósĭtas, -átis, f. (mulierósus)
여자를 좋아함, 여자에 대한 애착(愛着).
mulierósus, -a, -um, adj. (múlier)
여자를 좋아하는(바치는).
mulínus, -a, -um, adj. (mulus) 노새의
múlĭo, -ónis, m. (mulus) 노새몰이꾼, 노새 부리는 사람
mulióniĭcus,(=**mulióniŭs**) -a, -um, adj. (múlio)
노새 부리는, 노새 몰이의.
múllĕus, -a, -um, adj. 붉은, 빨간, 진홍색의
mullus, -i, m. (魚) 붉은 숭어, 노랑 촉수
mulomedicina chironis 키로의 수의학(4세기 말 치료에 환한 의학적 보고)
mulomedicína, -æ, m. 수의학([영] veterinary science)
muloméđĭcus, -i, f. 수의사(獸醫士)
mulsa, -æ, f. 꿀물
múlsĕus, -a, -um, adj. (mulsus[1]) 꿀같이 단, 꿀 탄
mulsi, "múlceo"의 단순과거(pf.=perfectum),
"múlgeo"의 단순과거(pf.=perfectum).
mulsum, "múlceo"의 목적분사(sup.=supínum).
"múlgeo"의 목적분사(sup.=supínum).
mulsúra, -æ, f. (múlgeo) 젖(우유) 짬, 착유(窄乳-젖을 짬)
mulsus[1] -a, -um, p.p., a.p. (múlceo) 꿀맛이 나는, 꿀을 섞은, 꿀같이 단, 감미로운, 달콤한, 사랑스러운.
n. 꿀 탄 포도주(葡萄酒)/carœnum, -i, n. 단 포도주.
mulsus[2] -a, -um, p.p. (múlgeo)
multa[1] -æ, f. 벌금(罰金), 형벌(刑罰.[영] Punishment), (양이나 소로 배상하는) 과료(科料-경범죄에 과하는 재산형),
multæ dictio. 벌금형(재산형) 언도/
multæ istárum arbórum. 저기 있는 많은 나무들/
multam certo. 벌금액에 대하여 토론하다/
Multam malitiam docuit otiositas.
한가함은 많은 악행을 가르친다.
multa[2] -órum, n., pl. (multus) 온갖 것, 다수(πλήθος), 다량.
Aristóteles multa turbat.
Aristóteles는 많은 생각을 흐리게 한다/
multæ guttæ implent flumen; multa grana faciunt massam. 많은 물방울이 강을 이루고, 많은 낱알이 곡식 더미를 만드는 법입니다(최익철 신부 옮김, 요한 서간 강해, p.77)/
scríbere tam multa totiens.
그렇게 많이 그리고 여러 번 편지를 쓰다.
Multa doctus eram. 나는 많은 것들을 배웠었다.
Multa fidem promissa levant.
약속이 많으면 신용도가 엷어진다.
multa fiunt quæ Deus non operatur.
하느님이 작용하지 않은 많은 일들이 일어난다.
multa grana faciunt massam. 많은 낱알이 곡식더미를 만드는 법입니다.(최익철 신부 옮김, 요한 서간 강해, p.77).
multa nocte. 밤이 이슥해서(multus 참조)
Multa omne genus in usum inductæ fuĕre.
모든 종류의 기계들이 실용적으로 사용되게 되었다.
multa pecuniaria. 벌금(罰金)
Multa subtrahens, pauca convertens, nonnulla vero superadjiciens. 많은 것을 제거하여 간단히 몇 마디의 말로 전환되며, 일부는 참으로 덧붙여진다.
Multa tibi assentior.
나는 많은 점에 있어서 너에게 찬동한다(너와 동감이다).
multa transii. 많은 것을 빼놓고 지나갔다
multángŭlus(=**multiángŭlus**), -a, -um, adj.
(multus+ángulus) 다각형의.
Mutare vel timere sperno.
변덕스럽거나 겁먹는 것을 나는 경멸하노라!.
multatícĭus, -a, -um, adj. (multa[1])
벌금의, 벌의, 징벌(형벌)의.
multátĭo, -ónis, f. (multo[2]) 벌과금, 벌금 물림,
징벌(懲罰), 형벌(刑罰.[영] Punishment).
multésĭmus, -a, -um, adj. (multus)
여럿 중에 하나인, 작은, 약한.
multi, -órum, m., pl. (multus) 군중(ὄχλος.πλήθος),
대중(大衆.ὄχλος.πλήθος), 대다수(大多數)의 사람.
Nihil multi dii potuerunt ad augendum imperium.
제국 성장에 아무 것도 못해준 많은 신들(신국론 제4권).
multi alii. 다른 많은 사람들(multus 참조)
Multi anni sunt, cum ille in ære meo est.
그가 내 빚을 지고 있는지가 여러 해 된다.

Multi autem sunt vocati pauci vero electi(마태 22, 14)
(polloi. ga,r eivsin klhtoi,(ovli,goi de. evklektoi,)
(Denn viele sind berufen. aber wenige sind
auserwählt) (⑨ Many are invited, but few are chosen)
사실 부르심을 받은 이들은 많지만 선택된 이들은
적다(성경)/부르심을 받은 사람은 많지만 뽑히는 사람은
적다(공동번역)/사실 부르심을 받은 사람들은 많지만
뽑힌 사람은 적습니다(200주년 기념 신약 마태 22, 14).

Multi enim dicunt, Credo; sed fides sine operibus
non salvat. 많은 사람이 '나는 믿나이다'라고 말합니다.
그러나 실천이 없는 믿음은 구원하지 못합니다.
(최익철 신부 옮김. 요한 서간 강해, p.427).

Multi ex eis crediderunt, et dimissus est eis fusus
saguis Christi. 그들 가운데 많은 이가 믿고 그리스도께서
흘리신 피로 용서를 받았습니다(최익철 신부 옮김. 요한 서간 강해, p.87).

Multi ex vulneribus perierunt.
많은 사람들이 상처로 인하여 죽었다.

Multi habere talem amicum cupiunt,
quales ipsi non sunt. 많은 사람들이 자신은 그렇지 못한
그러한 사람을 친구로 두고 싶어 한다/
Plerique habere amicum talem desiderant, quales ipsi
esse non possunt. 많은 사람이, 자기가 결코 되지 못할
그런 사람을 친구로 두고 싶어 한다.

Multi hoc iactantia faciunt, non dilectione.
많은 사람들은 사랑 때문이 아니라, 남에게 보이기 위해서
그렇게 한다.(최익철 신부 옮김. 요한 서간 강해, p.263).

multi homines in specie sunt unus homo.
수많은 인간은 그 종에 따라 한 사람의 인간(안셀무스).

Multi hómines nésciunt orare.
많은 사람들이 기도할 줄을 모른다.[부정법은 명사 주격과 대격으로
주어 또는 목적어로 중성 단수로 쓰이며 변화하지 않는다. 번역은 "···하는 것이.
···하는 것을" 황치헌 신부 지음. 미사통상문을 위한 라틴어, p.92].

Multi hómines nésciunt scríbere.
많은 사람들은 글 쓸 줄을 모른다.

Multi intus, quasi intus sunt; nemo autem foris,
nisi vere foris. 많은 사람이 안에 있고, 안에 있는 것처럼
보이나, 참으로 밖에 있는 사람이 아니라면, 아무도 밖에
있지 않습니다.[아우구스티노는 교회 '안'(intus)과 '밖'(foris)을 물리적.
공간적.가시적 개념이 아니라, 영적이며 비가시적인 개념으로 받아들인다. 그
까닭에 '사랑'으로 참되게 교회 '안'에 머무는 일이야말로, 세례로써 제도 교회
'안'에 소속되는 일보다 훨씬 중요하다. 아우구스티노의 이러한 교회론적 전망은
다음 문장에 함축적으로 담겨 있다. "앞을 훤히 내다보시는 하느님의 이루 말할
수 없는 예지의 눈으로 보면, 교회 밖에 있는 듯 보이지만 교회 안에 있는 사람이
있고, 교회 안에 있는 듯 보이지만 교회 밖에 있는 사람이 있다"(아우구스티노.
'세례론' 5,27,38). 그러므로 눈에 보이는 것만으로는 누가 참으로 교회 안에 있고
교회 밖에 있는지 판단할 수 없다. 교회 안에 있지만 악마의 자녀로 단죄 받을
수도 있듯이, 그리스도의 교회 밖에도 있을 수 있기 때문이다('세례론' 4,9,13
참조). 오직 하느님만이 어떤 양이 울타리 밖에 있으며, 어떤 늑대가 울타리 안에
있는지 아신다('세례론' 6,1,1 참조). 최익철 신부 옮김. 요한 서간 강해, p.301].

multi medii separatores.
다수의 분열시키는 중간 존재들.

Multi mihi invident.(=A multis mihi invidetur.)
많은 사람들이 나를 질투(嫉妬)하고 있다.

Multi mortáles vitam, sicut pěregrinantes, transegěre.
많은 사람들은 마치 여행자들처럼 일생을 지냈다.

Multi multa, nemo omnia novit. 많은 것을 아는 사람은
많지만, 모든 것을 아는 사람은 없다.

Multi quidem hómines láudant sanctos, sed páuci
virtútes eórum imitántur. 많은 사람들이 성인들을
찬양하기는 하지만, 그들의 덕행을 본받는 이는 적다.

Multi subito improvisi moriuntur(준우성범 제1권 23장 1)
많은 사람이 갑자기 준비가 없이 죽는다.

Multi sunt vocati pauci vero electi.
많은 이들이 부름 받았으나 선택되는 자는 적다.

multi utriusque sexus. 수많은 남녀

multíbibus, -a, -um, adj. (multus+bibo⁴) 많이 마시는

multicáulis, -e, adj. 줄기가 많은

multicavátus, -a, -um, adj. (multus+cavo) 구멍이 많은

multícǎvus, -a, -um, adj. (multus) 구멍투성이의

multícǐa, -órum, n., pl. 부드러운 옷, 가벼운 옷

multícǐus(=multǐus), -a, -um, adj.
여러 가지 색실로 짠(뜬), 고운 실로 짠.

multiclinátum, -i, n. (修) 동어반복(同語反覆)

multícǒla, -æ, f., m. 다신교 신자(多神敎 信者)

multícǒlor, -óris, (=multicolórus, -a, -um), adj.
여러 가지 빛깔의, 얼룩 빛깔의.

multicúpǐdus -a, -um, adj. 많은 욕망을 가진

multifácǐo, -féci, -ěre, intr.
중하게(진중히) 여기다, 존중(尊重)하다.

multifárǐam, adv. 여러 군데에, 여러 곳에(서),
군데군데, 여러 가지로, 여러 겹으로.

multifárǐus, -a, -um, adj. 여러 군데(곳)의,
여러 가지 모양의, 여러 가지 종류의, 갖가지의.

múltǐfer, -ěra -ěrum, adj. (multus+fero)
비옥한, 풍요한, 생산력이 많은.

multífǐdus, -a, -um, adj. (multus+findo)
여러 부분으로 갈라진, 여러 갈래의.

multiflórus, -a, -um, adj. 꽃이 많은

multiflǔus, -a, -um, adj. 풍부한, 다량(多量)의

multíforis, -e, adj. (multus+foris⁴)
구멍 많은, 출입구가 많은.

multifórmis, -e, adj. (multus+forma)
여러 가지 모양(형태)의, 다양한, 형형색색의.

multifórmǐtas, -átis, f. (multifórmis)
다양성(⑨ Variety of creatures), 잡다함.

multífǒrus, -a, -um, adj. (multus+foris⁴) 구멍이 많은

multigénĕris, -e, (=multigénĕrus, multigénus, -a, -um)
adj. (multus+genus) 여러 종류의, 여러 가지의.

multijúgus, -a, -um,(multíjǔgis, -e) adj.
(multus+jugum) 여러 멍에를 맨, 복잡한, 여러 겹의.

multilátěrus, -a, -um, adj. (multus+latus⁴)
측면이 많은, 다면의.

multilátǐo experientiæ. 경험의 불구화(철학여정. p.116)

multilocátǐo, -ónis, f. (multus+) 동시 다소 존재(存在)

multílǒquǐum, -i, m. (multus+loquor) 말 많음, 수다

multílǒquus, -a, -um, adj. (multus+loquor)
말 많이 하는, 수다스러운.

multimámmǐa, -æ, f. (multus+mamma)
유방(젖꼭지) 많은 여신(女神)(Ephésus의 Diána 여신).

multímǒdis, adv. (multus+modus)
여러 가지 모양(방법)으로, 여러 가지로.

multímǒdus, -a, -um, adj. (multus+modus)
여러 가지 모양의, 여러 가지의, 다양한.
multimodis injurius, Clithipo, es neque ferri potis es.
클리티포, 자넨 여러모로 불측한 사람이요,
도무지 봐 줄 수가 없네(성 염 지음. 사랑만이 진리를 깨닫게 한다. p.457).

multinódus, -a, -um, adj. (multus+nodus) 마디 많은

multinóminis, -e, adj. 명칭이 많은, 여러 이름의

multinúbus, -a, -um, adj. (multus+nubo)
여러 번 시집 간, 개가(改嫁)한.

multinúmmus, -a, -um, adj. 비싼

multípăra, -æ, f. (multus+pário⁴)
(醫) 경산부(經産婦), 다산부(多産婦).

multipartítus, -a, -um, adj. (multus+pártior)
여러 부분으로 나누인.

multípěda, -æ, f. 발 많이 가진 곤충

múltǐpes, -ědis, adj. 발 많이 가진

múltǐplex, -plícis, adj. (multus+plico) 여러 겹의,
여러 갑절(곱절)의, 여러 가지의, 여러 종류의, 다양한,
다수의, 많은(רϋϋ,πολὺς.ἱκανός), 복합된,
여러 가지 요소의, 여러 面의, 여러 굽이의.
peccatum multiplex. 복합적인 죄/
unitas multiplex. 다원적 단일성.
(simplex, -lícis 한 겹의 단순한/ duplex, -lícis 두 겹의, 이중의/
triplex, -lícis 세 겹의, 삼중의/ quádruplex, -lícis 네 겹의, 사중의/
décemplex, -lícis 열 겹의, 십 배의/quínplex, -lícis 여러 겹의, 여러 종류
의. 이상의 것은 모든 수에 걸쳐 같은 형식으로 만들어지는 것이 아니고
대략 위에 열거한 것이 제일 많이 쓰이는 배수형용사이다)
De recordatione multiplicium beneficiorum Dei.
하느님의 많은(풍부한) 은혜를 생각함에 대하여/
Multiplices quidem sunt presbyteri pastorales actuositates.

M

사제들은 광범위하고 다양한 사목 활동에 참여합니다.

multiplex esse. 다겹의 존재(가톨릭 신학과 사상 제38호, p.169)

múltiplex, quam pro número, damnum.(quam² 참조)
수에 비해서 여러 갑절 되는 손해(損害).

Multiplex quam pro número damnum est.
수(數)에 비겨서 손실은 너무 여러 갑절이나 된다.
(수량을 표시하는 형용사나 부사가 나오는 경우에도 quam pro는 "…에 비하여"의 뜻으로 사용된다. 허창덕 지음. Syntaxis Linguae Latinae, p.261).

multiplicábĭlis, -e, adj. (multíplico) 증가시킬 수 있는

multiplicándus, -a, -um, gerundiv. (multíplico)
증가(증식.번식) 될, 많아질, 피승(被乘)의, 곱해지는 수.
m. 피승수(금셈에서 곱함을 당하는 수. 5×2=10에서 5).

Multiplicasti gentem et no magnifificasti lætitam.
사람들은 불렸으나 즐거움을 불리지 못했다.

multiplicátĭo∗ -ónis, f. (multíplico) 많아지게 함, 증가,
증식, 번식, 다수지향(多數志向). (數) 곱셈.
De multiplicatione specierum. 종들의 다수화에 대하여/
tabella multiplicátĭónis. 구구단.

multiplicátĭo panis. 빵과 물고기의 기적.
오병이어(五餠二魚)(마태 14. 19: 마르 6. 41: 요한 6. 11).

multiplicatívus, -a, -um, adj. (multíplico)
증가하는, 번식성의, 증식력이 있는, 승법의, 곱셈의.
(文法) 배수사(倍數詞)의, 배수 형용사의.

multiplicátor, -óris, m. (multíplico) 증가시키는 사람,
곱하는 수, 곱셈, 승수(乘數-곱셈에서 곱하는 수. 5×2=10에서 2).

multiplícĭtas, -átis, f. (multíplex) 많음, 다량(多量),
다수(πλήθος), 다수성, 다양성(⑨ Variety of creatures).

multiplicitas, -átis, f. 많음

multipliciter, adv. 갖가지로(찬양 시편 강론해설, p.88).
Quod enim homo sit intellectus tantum vel anima
tantum, multipliciter probatur. 인간이 지성만도 영혼만도
아니라는 점은 여러 방식으로 입증된다.(지성단일성, p.165).

multíplĭco, -ávi, -átum, -áre, tr. (multíplex) 많아지게 하다,
늘이다, 증가(증식.번식) 시키다, 붙게 하다, 곱하다.

multípŏtens, -éntis, adj. (multus+) 권력이 대단한,
여러 가지를 능히 해내는, 대단히 유능한.

multirádix, -ícis, adj. (multus+) 뿌리가 많은

multiramis, -e, adj. 가지 많은(나무 따위가)

multirámis, -e, adj. (multus+ramus)
(나무 따위가) 가지 많은.

multíscĭus, -a, -um, adj. (multus+)
많은 것을 아는, 지식이 많은, 박학한.

multisígnis, -e, adj. (multus+signum) 기호가 많은

multisonális, -e, adj. (multus+sonus) 소리가 많이 나는

multisonórus(=multisŏnus) -a, -um, adj.
(multus+sonus¹) 요란한, 소란한, 큰 소리 내는, 말 많은.

multitúdo, -dĭnis, f. (multus) 다수(πλήθος), 많음,
군중(群衆.ὄχλος.πλῆθος), 대중(ἄχλος.πλῆθος),
무리(ὄχλος.πλήθος.刀刀.⑨ Flock), 떼(무리).
Caritas cooperit multitudinem peccatorum.
사랑은 많은 죄를 덮어줍니다/
deorum multitudinem amantibus. 허다한 신들을 사랑
하는 사람들("amans"가 '사랑하는 사람' 못지않게 '애인'이나 '정부情婦'를
가리키는 어법을 전제한다. 교부문헌 총서 15, 신국론, p.442)/
infinitum multitudinis. 다(多)의 무한(無限)/
Ipsa multitudo non contineretur sub ente,
nisi contineretur sub uno. 다수성은 그것이 하나에 속하
지 않는다면 인식 될 수도 존속할 수도 없을 것이다/
nationes, quæ número hóminum ac multitúdine
póterant in províncias nostras redundo. 인구가 넘쳐서
우리의 속령에 까지 흘러들 수 있었던 민족들/
pro multitúdine hóminum. 사람 수에 비해서/
recollecta multitudine. 군중이 다시 모였을 때/
tota multitudo. 전체 조직(성 영 옮김, 단테 제정론, p.224)/
unitas multitudĭnis. 다중의 통일체.

multitúdo angelorum. 천사들의 수효(數交-낱낱의 수)

**Multitudo autem sapientium sanitas est orbis
terrarum, et rex sapiens stabilimentum populi est.**
(plh/qoj de. sofw/n swthri,a ko,smou kai. basileu,j fro,nimoj

euvsta,qeia dh,mou) (⑨ A great number of wise men is the
safety of the world, and a prudent king, the stability of
his people) 현자가 많음은 세상의 구원이며 현명한 임금은
백성의 안녕이다(성경 지혜서 6. 24)/많은 현자들은 세상의
구원이며 현명한 왕은 백성의 번영이다(공동번역 지혜서 6. 24).

multitudo congregata. 조직사회(중세철학 창간호, p.152)

**multitudo dæmonum est causa omnium malorum et
sibi aliis.** 다수의 마귀들이 그 자신과 다른 자들에 대한
모든 악의 원인이다.(이상섭 옮김, 신학대전 14. 2, p.505).

multitudo individuórum. 개별체들의 다수(多數)

Multitudo se profudit. 무리가 몰려 나왔다

multívăgus, -a, -um, adj. (multus+)
방황하는, 거처(居處)가 일정치 않은.

multívĭdus, -a, -um, adj. (multus+vídeo)
많은 것을 보는, 매우 총명한, 똑똑한.

multívĭra, -æ, f. (multus+vir) 여러 번 결혼한 여자

multívŏcus, -a, -um, adj. (multus+vox) 동의어의

multívŏlus, -a, -um, adj. (multus+volo⁹) 욕심 많은

multivorántĭa, -æ, f. 폭식, 탐식(⑨ Gluttony), 폭음(暴飮).

multo¹ adv. (multus) 많이, 훨씬

multo ante. 오래 전에(longis temporibus ante).
paulo ante. 조금 전에(시간의 전. 후는 ante+대격. post+대격 사용].

multo die. 그 날 늦게, 대체로 며칠 지나서

multo labore. 큰 노력으로

multo magis. 훨씬 더

multo post. 오랜 후에(longo post tempore)

multo² -ávi, -átum, -áre, tr. 벌금을 물리다.
과료(科料)에 처하다, **처벌하다**, 처형(處刑)하다.

multo alqm alqd re.
누구에게서 무엇을 (벌로) 몰수하다, 박탈(剝奪)하다.

multo alqm morte. 누구를 사형에 처하다

**multoque pulchriora multoque ornatiora ac longe
politiora effecta fuisse.** 훨씬 아름답고 훨씬 잘 꾸며지고
훨씬 우아하게 가꾸어진 것.

multórum ad unum. 많은 것들의 하나에 대한 유비

multótĭe(n)s, adv. (multus) 여러 번, 자주

multum¹ -i, n. (multus) 많음, 다수(πλήθος), 다대함.

multum tempóris. 오랜(많은) 시간

multum² adv. (multus) 많이, 대단히, 대부분, 자주

multum esse Athénis. Athénœ에 자주 들리다

multum esse Roma. 로마에 자주 들리다

multum imprudens et nimis imperitus.
현명하지 못하고 다소 미숙하며.

Multum in parvo. 모양은 작으나 내용이 풍부한

Multum mea ínterest, te modéstum esse.
네가 단정(端正)한 것이 내게 크게 관계되는 일이다.

multus, -a, -um, adj.(comp. pl. plures(m., f.), -ra(n.):
gen. -rĭum; n. sg. plus, pluris: superl. plúrimus).
1. (수효 표시는 원칙적으로 pl.로 하는 것이지만 시문
따위에서는 sg.로 쓰는 수도 있음) 다수의, 수많은.
많은(ὅὅ.πολὺς.ἱκανός): multi álii. 다른 많은
사람들/ multa ávis. 많은 새들/m., pl. multi. 많은
사람들/ n., pl. multa. 많은 것: 많은 말.
2. (π또.μέγας.πολνὸς) 거대한, 거대(巨大)한, **알찬**,
밀도(密度) 있는, 심도(深度) 있는, 대단한, 두드러진,
심한, 강한, 격렬한, multo labóre. 큰 노력으로.
3. (시간이) 많이 지난, 늦은 시간의: multa nocte.
밤이 이슥하여/ ad multum diem. 해가 기울 때까지.
4. 잦은, 빈번(頻繁)한: 꾸준한, 끊임없는, 열심한,
열성적인, 몰두하는, 활기 있는. 5. 오래 끄는, 장황한.
ad multos annos. 오래오래/
In me sunt multa vítĭa. 나는 많은 결점을 가지고 있다/
in multum noctem. 밤이 이슥하도록/
in multos annos. 여러 해 동안/
Iam non multis dicamus. 이제 많은 말을 하지 맙시다/
Multi jam menses transíerant.(jam 참조)
이미 여러 달이 지났었다/
Mihi ignóscas, quod ad te scribo tam multa.

너한테 이렇게 긴 편지 쓰는 것을 용서해주기 바란다/
multi ex vulnéribus periérunt.
많은 사람들이 상처로 인하여 죽었다/
Multi mihi ínvident = A multis mihi invidétur.
많은 사람들이 나를 질투하고 있다/
Multis gentílium facta fuit revelátio.
계시는 수많은 이교인들에게도 주어져 있다.
multis in rebus neglegentía plecti.
많은 일에 있어서 소홀한 탓으로 벌 받다/
Multis opus est tibi milítibus.
많은 군인(軍人)들이 네게 필요하다/
multis partibus. 훨씬(nimis, adv.)/
multis passeribus pluris estis vos.
너희는 그 흔한 참새보다 훨씬 더 귀하지 않으냐/
multis post annis. 여러 해 뒤에/
multis tempestátibus. 여러 해에 걸쳐/
unum ex multis et ad multa.
많은 것에서 그리고 많은 것을 위해 하나/
utor homínibus ímprobis multis.(utro 참조)
많은 나쁜 사람들과 관계를 가지고 있다.
mulus, -i, m. (動) 노새(암말과 수나귀 사이의 잡종)
(수말과 암나귀 사이의 잡종은 burdo, -ónis, m.)
mulxi, "múlgeo"의 단순과거(pf.=perfectum)
munctum, "mungo"의 목적분사(sup.=supínum)
munda, 원형 mundo, -ávi, -átum, -áre, tr. (mundus¹)
[명령법. 현재 단수 2인칭 munda, 복수 2인칭 mundate].
Pie Pelicane, Jesu Domine, Munda me immundum,
Tuo Sanguine. 주 예수 그리스도님, 사랑의 펠리칸이여,
더러운 저를 당신 피로 씻어 주소서.
Munda cor meum ac labia mea, omnípotens Deus,
qui labia Isaíæ Prophétæ cálculo mundásti ígnito:
ita me tua grata miseratióne dignáre mundáre,
ut sanctum Evangélium tuum digne váleam nuntiáre.
Per Christum, Dóminum nostrum. Amen.
전능하신 천주는 제 마음과 제 입술을 깨끗하게 하소서.
이사야 예언자의 입술을 불돌로 깨끗하게 하셨음같이
주님의 어지신 자비로 저를 또한 깨끗하게 하시어 주님의
거룩한 복음을 합당히 전하게 하소서. 우리 주 그리스도를
통하여 비나이다. 아멘(사제는 알렐루야 또는 연경을 봉독하고 제대 중앙
으로 와서 십자고상을 바라본 후 고개를 깊이 숙이고 작은 소리로 기도한다).
Munda cor meum, ac lábia mea, omnípotens Deus,
ut sanctum Evangélium tuum digne váleam nuntiáre.
전능하신 하느님, 제 마음과 입을 깨끗하게 하시어,
합당하게 주님의 복음을 전하게 하소서.
Munda cor meum, ut supra, et lube, Dómine,
benedícere. Dóminus sit in corde meo et in lábiis
meis: ut digne et competénter annúntiem Evangélium
suum. Amen. 제 마음과 제 입술을 깨끗하게 하소서. 주님,
강복하소서. 주님께서는 제 마음과 제 입술에 함께 하시어
제가 복음을 합당하고 자격 있게 전하게 하소서. 아멘.
mundábor, 원형 mundo, -ávi, -átum, -áre, tr. (mundus¹)
[수동형 미래. 단수 1인칭 mundabor, 2인칭 mundaberis, 3인칭 mundabitur,
복수 1인칭 mundabimur, 2인칭 mundabimini, 3인칭 mundabuntur].
Aspérges me, Dómine, hyssópo, et mundábor.
주님, 우슬초를 저에게 뿌려 주소서. 저는 깨끗하여 지리이다.
[aspergere, donare, impertire 등은 "받는 사람"을 직접 객어로 하고 "주는 물건"
을 탈격으로 쓸 수 있다. 황치헌 신부 지음, 미사통상문을 위한 라틴어, p.454].
mundánus, -a, -um, adj. (mundus³) 세계의, 우주의,
현세의, 이 세상의, 속세의, 세속적(世俗的).
in scientía mundana. 세속적인 학문.
mundátio, -ónis, f. (mundo) 깨끗하게 함,
정화(淨化).⑨ Purification.獨 Fegfeuer).
청정(淸淨-맑고 깨끗함), 청결(淸潔-맑고 깨끗함), 청소(淸掃).
mundátor, -óris, m. (mundátrix, -ícis, f.) (mundo)
깨끗하게 하는 사람, 청소부(淸掃夫).
mundátórĭus, -a, -um, adj. 깨끗하게 하는, 청결케 하는.
mundátórĭus, -a, -um, p.p., a.p. (mundo)
깨끗해진, 나쁜 것에 물들지 않은.
mundemus nos ab omni inquinatióne carnis et spíritus.
육과 영의 모든 더러움에서 자기를 깨끗하게 합시다.

mundiális, -e, adj. (mundus³) 세계의, 우주의, 지상의, 세속의
mundicína, -æ, f. 청정제(淸淨劑)
mundicina dentíum. 치약(齒藥)
múndĭcors, -córdis, adj. 마음이 깨끗한
Mundificentíssimus Deus. 무니피첸티시무스 교황 헌장.
(1950년 비오 12세가 성모승천 교리를 결정 선포한 헌장).
mundífico, -áre, tr. (mundus¹+fácio)
깨끗하게 하다, 정화(淨化)하다, 청소(淸掃)하다.
mundior, -or, -us, adj. mundus의 비교급
mundissimus, -a, -um, adj. mundus의 최상급
múndĭter, adv. 깨끗하게
mundítĭa, -æ,(=mundítíes, -éi,) f. (mundus¹)
청결(淸潔-맑고 깨끗함), 깨끗함, 산뜻함, 말쑥함,
우아(優雅), 간결(簡潔), 세련(洗鍊).
Munditiis capimur.(Ovidius).
우리는 여성의 청순(우아함, 치장)에 매혹 당한다.
Munditiis capimur, non sine lege capilli. 우리는 깔끔
함에 사로잡힌다. 머리를 어수선하게 하지 마라.
mundívăgus, -a, -um, adj. (mundus²+)
세상을 방랑(放浪)하는, 방황(彷徨)하는.
mundo, -ávi, -átum, -áre, tr. (mundus¹)
깨끗하게 하다, 청결하게 하다, 조촐게 하다,
정화(淨化)하다, 청소(淸掃)하다, 세탁(洗濯)하다.
Munda cor meum, ut supra, et lube, Domine, benedicere.
Dominus sit in corde meo et in labiis meis: ut digne et
competenter annuntiem Evangelium suum. Amen.
저의 마음과 입술을 씻기시고, 강복(降福) 하소서 주님.
주님께서는 저의 마음과 저의 입술에 함께 하시어
제가 복음을 합당하고 자격 있게 선포하게 하소서. 아멘/
Volo, mundare!(⑨ I do will it. Be made clean)
내가 하고자 하니 깨끗하게 되어라(성경 루카 5, 13).
múndŭlus, -a, -um, adj. dim. (mundus¹)
깔끔한, 결벽(潔癖)한.
mundum, -i, n. 장식품(裝飾品), 화장품(化粧品)
mundus¹, -a, -um, adj. 깨끗한(καθαρὸς), 청결한,
잘 가꾼, 다듬은, 정돈(정리)된, 우아(優雅)한,
고운, 아담한, 말쑥한, 몸치장하는.
Munda cor meum ac labia mea, omnipotens Deus.
전능하신 하느님 저의 마음과 저의 입술을 깨끗하게 하소서/
Omnia nunda mundis sunt.
깨끗한 사람에게는 모든 것이 깨끗하다/
religio munda et immaculata 순수하고 하자 없는 종교.
mundus² -i, m. (mundus¹) 우주(⑨ Universe),
세계(אֵבֵל.יָם.עוֹלָם.οἰκυμένη.αἰὼν.κόσμος),
천공(한없이 넓은 하늘), 세상(κόσμος.⑨ Universe/World),
하늘(מֶרוֹם.οὐρανὸς.⑨ Heaven), 지상, 사람이 사는 곳,
사회(⑨ Associátions/Society), 세속(世俗-세상을 일컫는 말),
인류, 인간, 지구, 저승, 지하세계, 화장품(化粧品),
장신구(裝身具-몸치장 하는 데 쓰는 패물- 비녀.목걸이 등), 의상.
cardines mundi. 세상의 주춧돌/
copula mundi. 세계의 연계점(성 염 옮김. 피코 델라 미란돌라. p.123)/
Commercium est inter mundum et fratres.
세상과 형제들 사이에 계약이 있습니다/
cursor mundi. 세계의 질주자(13세기 경 영국의 시. 작가미상)/
De æternitate Mundi. 세계의 영원성에 대하여/
De contemptu mundi. 세속 경멸에 대하여/
De Opificio Mundi.
세계창조에 대하여(자카리아 스콜라스티쿠스 지음)/
Deus creávit mundum. 천주께서 우주를 창조하셨다/
Deus creávit mundum sex diebus(intra sex dies)
천주께서는 우주를 6일 동안에 창조하셨다/
Deus est exemplar mundi. 신은 세계의 모범이다/
Et qui sunt qui fornicantur? Qui discedunt, et amant
mundum. Tu autem quid? 누가 매음하는 자입니까?
하느님을 떠나서 세상을 사랑하는 사람들입니다.
그렇다면 그대는 어떤 사람입니까?.
(최익철 신부 옮김. 요한 서간 강해. p.421)/
Facile probatur, quis mundum creaverit.

fuga mundi. 세상으로부터의 도피(逃避)/
gubernátio (divína) mundi. 하느님의 세계(우주) 주재/
Hæc est victoria quæ vincit mundum fides nostra.
세속을 이기는 승리가 우리의 신앙이다/
homo denique totus est mundus. 인간은 결국 온 세계다/
homo totus est mundus. 인간이 전 세계.
　　　(성 염 지음, 사랑만이 진리를 깨닫게 한다. p.295)/
homo vivens mundi incola fit. 인간은 지상에 살아있는
한 어디까지나 세계의 주민이다/
huius mundi sapientia. 이 세상의 지혜/
Ista sunt in mundo, Deus illa fecit.
世上 안에 있는 이런 것들은 하느님이 만드셨다/
Lumen mundi. 세상의 빛/
Medium te mundi posui, ut circumspiceres inde comodius
quicquid est in mundo. 나는 너를 세상의 중간존재로
자리 잡게 하여 세상에 있는 것들 가운데서 아무것이나
편한 데로 살펴보게 하였노라.
　　　(성 염 지음, 사랑만이 진리를 깨닫게 한다. p.300)/
mundi cardines.[cæli regiones quatuor/regiones]
사방(四方), 동서남북(東西南北)/
mundi elementum. 세계의 요소/
Mundi gloriam semper comitatur tristitĭa.
세속의 영광에는 항상 근심이 따른다.(준주성범 제2권 6장 2)/
Mundi probatus Magnister. 만인이 알아주는 스승/
Mundum et angelos Deus in tempore creavit.
하느님이 시간 속에 창조한 세계와 천사(신론-론 제11권)/
mundum fabulosum. 공상적 세계(이재룡 옮김, 인식론의 역사, p.256)/
O quam cito transit gloria mundi!
오! 세상의 영화는 그 얼마나 빨리 지나 가는가!/
Quæstiones De cælo et mundo libros Aristotelis.
하늘과 땅에 대한 질문들/
Qui amant, mundum, fratrem amare non possunt.
세상을 사랑하는 사람은 자기 형제를 사랑할 수 없습니다/
radicális insufficientĭa mundi. 이 세상의 근본적 부족/
reconcilio mundum Deo. 세상을 하느님과 화해시키다/
sol … mens mundi et temperatio.
태양은 세상의 지성이요 조정자이다/
superioris mundi. 상위 세계.
Mundus a Deo procreatus est ex nihilo.
우주는 주님에 의해 무로부터 창조되었다.
Mundus coæternus Deo. 세계는 하느님과 더불어 영원하다
mundus convexus, quacumque cernatur.
어디서든지 궁륭형인 우주(宇宙).
Mundus creátus est a Deo.(Deus creávit mundum)
세상이 하느님한테서 창조되었다.
mundus docendi* 교도권(potestas magisterii)
**Mundus enim appellatur non solum ista fabrica quam
fecit Deus, cælum et terra, mare, visibilia et invisibilia.**
하느님께서 만드신 이 작품, 곧 하늘의 땅, 바다, 보이는
것과 보이지 않는 것뿐만 아니라, 세상에 사는 사람들을
일컬어 '세상'이라고 합니다.(최익철 신부 옮김, 요한 서간 강해. p.139).
Mundus est ingens deorum omnium templum.
세상은 모든 신들의 거대한 신전이다.
mundus ideális. 관념계(觀念界)
mundus intellectus. 예지의 세계(한국가톨릭대사전. p.2529)
**Mundus iste omnibus fidelibus quærentibus patriam
sic est, quomodo fuit eremus populo Israël.**
본향을 찾는 모든 이에게 이 세상은 이스라엘 백성들이
살았던 광야 같습니다.(최익철 신부 옮김, 요한 서간 강해. p.309).
Mundus, quem Deus creávit, est pulcherrimus.
천주께서 창조하신 세상은 대단히 아름답다.
Mundus vult decipi. 세상은 (때때로) 속고 싶어 한다
Mundus vult decipi, ergo decipiatur.
세상은 속고 싶어 한다. 그러니 속여 주어라.
Munera Ecclesiæ.(⑨ Office of the Church) 교회의 임무
Munera Episcopi.(⑨ Office of bishop) 주교의 임무
Munera pulveris. 먼지의 선물(존 러스킨 1872년 지음)

munerárĭus¹ -a, -um, adj. (munus) 선물의, 선사하는
munerárĭus² -i, m. (고대 Roma에서) 검투 경기 개최자
munerátĭo, -ónis, f. (múnero) 선사(膳賜-남에게 물품을 줌),
　희사(喜捨-남을 위하여 기꺼이 재물을 내놓음), 애긍(哀矜), 시사(施捨).
munerátor, -óris, m. (munerátrix, -ícis, f.)
　선사(희사)하는 사람, 검투 경기 개최자(開催者).
munerigérŭlus, -i, m. (munus+gero) 선물을 지닌 사람
múnĕro, -ávi, -átum, -áre,
　(muneror, -átus sum, -ári, dep.) tr. (munus)
　증여하다, 선물하다, 선물로 주다, 보답하다.
　사례(謝禮)하다, 상(벌) 주다(זזר.רבד.זזר).
Munficéntissimus Deus.
　사도적 헌장(→교황령, constitutio apostolica).
　[1950년 11월 1일 교황 비오 12세가 반포한 교황령의 라틴어 제목('지극히
　관대하신 하느님'을 뜻하는 첫 두 단어)이다. 여기서 교황은 복되신 동정
　마리아의 몸과 영혼이 하늘로 부름을 받았다는 성모 승천 교의를 선포하였다.
　이렇게 해서 교황은 교회 안에서 15세기 이상 경축되어 온 전례 축일의 가르침을
　신앙 교의로 선언한다. 박영식 옮김, 전례사전. p.134].
mungo, munxi, munctum -ĕre, tr. 코를 풀다
múnĭa, -órum(-íum), n., pl. (moenia, munus) 직분, 직책,
　직무(חֲטוֹ.διακονία.λειτουργία.⑨ Ministry), 본분.
múnĭceps, -cípis, f., m. (múnia+cápĭo⁴)
　자유시민(自由市民), 시민(⑨ Citizen), 동향인(同鄕人).
municipális, -e, adj. (municípĭum)
　자유도시의, (지방) 도시의, 지방도시민의,
　adv. **municipálĭter,** 지방 도시답게, 지방도시 티 나게.
municipátim, adv. (municípĭum) 지방도시에 걸쳐
municipátus, -us, m. 자유시로의 권리(지위), 자유 시민권
municipíŏlum, -i, n. dim. (municípĭum)
　작은 지방도시, 작은 자유도시.
municípĭum, -i, n. (múnĭceps) 지방도시,
　(고대 로마의) 자치도시, (지방도시의) 자유 시민.
múnĭfex, -fícis, adj. (무슨 직에) 종사하는, 직분을 이행하는
munificéntĭa, -æ, f. (muníficus) 관대함, 선심(善心),
　아낌없이 줌, 인심 좋음, 자선심(慈善心).
Munificéntissimus Deus. 아낌없이 주는 하느님,
　지극히 자애로우신(관대하신) 하느님(교황 비오 12세 회칙 1950.11.1).
munífico, -áre, tr. 선사하다, 선물로 주다
muníficus, -a, -um, adj. (comp. -céntĭor, ĭus;
　superl. -centíssĭmus) (munus+fácĭo) 관대한,
　인심 좋은, 아낌없이 주는, 후하게 내놓는, 화려한,
　훌륭한, 자기 직무에 충실한, 직분(職分)을 다하는.
munímen, -mĭnis, n. (múnĭo) 방어(防禦), 방비(防備),
　보호(⑨ Defense), 방위, 방어수단, 방어물(防禦物).
muniméntum, -i, n. (múnĭo) 방어수단, 방어물(防禦物).
　엄폐물, 방책, 진막, 요새, 성채, 갑옷, 보호, 보호책.
múnĭo, -ívi(-íi) -ítum -íre, tr. (moenia) 울짱을 두르다,
　성(담)을 둘러쌓다, 구축(構築)하다, 튼튼하게 하다,
　(길을) 내다.닦다.트다, 강화하다, 방어시설을 하다,
　버티어 놓다, 보호하다, 방비(防備)하다, 대비하다.
　장비(裝備)하다, 안전하게 하다, 수비(守備)하다.
　se munio ad *alqd.* 무엇에 대해 자신을 방비하다.
munis, -e, adj. (munus) 의무(직무)를 다 하는,
　본분을 잘 지키는, 고마워할 줄 아는, 잘 돌봐주는.
munítĭo, -ónis, f. (múnĭo) 방어(防禦), 방비, 방위,
　방어(제방) 공사, 축성(築城), 도로공사(개척),
　방어물(防禦物), 요새(要塞), 성채(城砦).
　Britanni nostros intra muniationes ingredi prohibebant.
　브리타니아인들은 우리 군사들이 요새로 들어가는 것을
　막으려고 했다(동사 ingredire 의 수동태).
munitionum præfectus. 공병장(工兵長)
munitiúncŭla, -æ, f. dim. (munítĭo)
　자그마한(작은) 성채, 작은 보루(堡壘).
muníto, -ávi, -átum, -áre, freq., tr. (múnĭo)
　(길을) 내다, 개척하다, 개통하다.
munítor, -óris, m. (múnĭo) 방비자(防備者),
　공병(工兵), 방어물 시설자(防禦物 施設者).
munitúra, -æ, f. 담, 울타리
munítus, -a, -um, p.p., a.p. (múnĭo) 방책을 두른,

M

방어진을 친, 방비가 되어 있는, 장비를 갖춘, 무장한.

munus, -ĕris, n. (cf. **múnia**) ('munus'라는 말은 해석하기 까다로운 말로서, 어떤 때는 '일'이나 '역할', 어떤 때는 '사명'이나 '봉사', 어떤 때는 특히 영어권에서는 'munus'라는 말로서 번역되는데, 이 중에서 'dlaanministry'라는 말이 가장 넓은 의미를 지닌 말이다. 원래 그리스도론에 속했던 삼중의 직무에 관한 교의는 제2차 바티칸공의회에 의해서 교회론에 적용되었고, 공의회의 많은 문헌들이 이 세 가지 직책 혹은 임무에 맞추어 구성되었다. 마찬가지로 교회법전도 이 교의에 의해 영향을 많이 받았다. 이한우 엮음. 교회공동체와 사목직무, p.38).

[단수 주격 **munus**, 속격 **muneris**, 여격 **muneri**, 대격 **munus**, 탈격 **munere**]. **직분**, 임무(® Duty), 직무(חΠ"Π.διακονία.λειτουργία.® Ministry), 소임(所任), 구실(맹게), 사명(αποστολή.® Missions), 책임(責任.® Responsibility), 해 놓은 일, 성과, 업적(έργον.業績.® Work/Opus), 강제노역, (죽은 사람에게 해주는 마지막 일이란 뜻에서) 장례(식), 예물(禮物), 선물(δώρον.εύλογία.® Gifts), 경기(競技), (특히) 검투 시합, 공연, (개인이 기증한) 공공건물(극장).
De perseverantiæ munere. 항구함의 은총에 대해/
defugio munus. 직책을 회피(回避)하다/
Dei Verbum et in mundo munus.
(® The Word Of God And Commitment In The World) 하느님 말씀과 세상에 대한 투신/
Et respexit Deus Abel et munera ejus.
하느님은 아벨과 그가 바친 예물은 반기셨다.(창세 4. 4)/
functio múneris. 직무수행(職務遂行)/
fungor múnĕre. 직무를 수행(遂行)하다/
Hæc múnera, quæsumus Dómine, ei víncula nostræ pravitátis absólvant, et tuæ nobis misericórdiæ dona concílient. 주님 비오니, 이 제물로 악의 사슬에서 저희를 풀어 주시고, 자비의 선물을 저희에게 내려 주소서/
Hanniba se tenebat in castello quod ei a rege Prusia datum erat muneri. 한니발은 국왕 푸르시아로부터 그에게 선물로 주어진 요새에 체류하고 있었다/
In quorum manibus iniquitates sunt: dextera eorum repleta est muneribus. 그들의 손은 죄악에 물들었고, 오른손은 뇌물(賂物)로 가득 찼나이다/
ineo munus alcjs. 누구의 직무를 대신 수행하다/
Munera de sinu impius accipit, ut pervertat semitas iudicii. (lamba,nontoj dw/ra evn ko,lpw| avdi,kwj ouv kateuodou/ntai o`doi, avsebh,j de. evkkli,nei o`dou,j dikaiosu,nhj) (® The wicked man accepts a concealed bribe to pervert the course of justice) 악인은 품속에 감춘 뇌물(賂物)을 받고 올바른 길을 그르친다(성경 잠언 17. 23)/나쁜 사람은 남 몰래 뇌물을 받고 그릇된 판결을 내린다(공동번역 잠언 17. 23)/
múneris fungéndi grátiä. 직무를 수행하기 위하여/
Nulla est ardentior ad commendandam caritatem. Nihil vobis dulcius prædicatur, nihil salubrius bibitur; sed si bene vivendo confirmetis in vobis munus Dei. 사랑을 권고하는 것보다 더 뜨거운 것은 없습니다. 사랑의 설교를 듣는 것보다 더 달콤한 것은 없고, 사랑을 마시는 것보다 더 건강에 좋은 것은 없습니다. 착하게 살아 하느님의 선물을 여러분 안에 굳건하게 하십시오.
(최익철 신부 옮김. 요한 서간 강해. p.381)/
Qui præterea successoribus suis docendi munus tradunt. (® They transmitted to their successors the task of teaching) 사도들은 가르치는 직책을 후계자들에게 전수시켰습니다(교황 요한 바오로 2세의 1979.10.16. "Catechesi tradendæ" 중에서)/
supréma múnera. 장례(葬禮)/
traduco munus summa abstinéntia. 각고(覺苦)의 극기로 임무를 수행하다.
munus dives. 푸짐한 선물
Munus docendi.(® Office of teaching) 교도 직무, 교도 의무, 가르치는 임무(=교도임무敎導任務), 말씀의 직무.
munus docendi, santificandi et regendi. 가르치고 거룩하게 하며 다스리는 직무.
munus governandi. 통치 임무
Munus hoc gratia est.(® This duty is a grace) 이 임무는 은총입니다(2005.12.25. "Deus caritas est" 중에서).
munus militiæ.(® military service) 병역의무(兵役義務)

munus ministerale in dominico servitio. 주님께 봉사하는 직무적 의무(제2차 바티칸공의회).
munus pastorale. 사목 임무, 사목 직무, 목자직(사목직)
munus pastóris. 목자의 임무(牧者 任務)
Munus præclarum, Ratio, es! 이성이여, 그대 탁월한 선물이다!
munus principis. 황제의 직분
munus propheticum. 예언직.(® prophetic office)
Munus Regale. 왕직.(® Kingly Office/Kingship)
munus regendi. 다스리는 임무.(® Ministry of governing). 직무수행(functio muneris), 통치 직무(munus pastorale).
Munus Regĭum. 왕직(® Kingly Office/Kingship)
munus sacerdotale. 사제직(® Priesthood)
munus sacerdotale et regale. 사제직과 왕직
munus sanctificandi. 거룩하게 하는 임무(任務). 성화의 의무, 성화임무.(® office of sanctifying).
Munus serviendi vitæ omnes atque singulos obstringit. 각자는 생명에 대하여 봉사할 의무를 지니고 있습니다.
Munus triplex Christi. 그리스도의 세 직위
munúscŭlum, -i, n. 작은 선물, 변변치 않은 예물
munxi. "mungo"의 단수과거(pf.=perfectum)
muráena, -æ, f. (魚) 곰치(바닷물고기)
murálĭa pila. 성벽에서 적군에게 던지는 창
murális, -e, adj. (murus) 담의, 성벽의, 성벽에 관한. muráles falces. 성벽(城壁) 파괴용 갈고리.
murális coróna. 성벽 훈장. (적의 성벽을 제일 먼저 올라간 군인에게 준 훈장).
Múrcĭa, -æ, f. Venus 여신(女神)의 별명
múrcĭdus, -a, -um, adj. 게으른, 무기력한
murcus, -i, m. 비겁한 자, 군복무를 피하려고 엄지손가락을 자른 자.
muréna¹ -æ, f. (=muráena) (魚) 곰치(바닷물고기)
Muréna² -æ, m. Licínia 씨족의 가문명
mûrex, -rĭcis, m. 소라, 소라 껍데기, 자주 빛(물감)
murex brandaris. 뿔고둥
muri coctiles. 벽돌로 싼 성(城-murus 참조)
múria(=múrĭes, -ei,) **-æ,** f. (음식물 절이는) 소금물
muriátĭcus, -a, -um, adj. (múria) 소금물에 절인
muricátim, adv. 나선형으로
muricátus, -a, -um, adj. (murex) 나선형으로 된
murícĕus, -a, -um, adj. (murex) 소라의, 껄껄한, 끝이 뾰족한
murícĭdus, -a, -um, adj. (mus+cædo) 겁쟁이의, 비겁한
murilégŭlus, -i, m. (murex+lego⁹) 소라 잡는 어부
murílĕgus, -i, m. (mus+lego⁹) 쥐 잡는 사람
murínus, -a, -um, adj. (mus) 쥐의
murmíllo, -ónis, m. = mirmíllo 검투사(짧은 아랫도리옷을 입고 방패와 짧은 칼을 들고 싸우는 고대 Roma의 검투사)
murmur, -úris, n. 웅성거림, 수군거림, 중얼거림. 투덜거림, 윙윙거림, 으르렁거림, 철렁(철석)거림, (바람 따위가) 설렁거림, 우르르 울리는 소리.
Non murmur resonat, non querimonia, sed cord impavido, mens bene conscia conservat patientiam. 군말도 없고 불평도 없이, 두려움도 모른 채 다만 아주 맑은 정신으로 인내해 나간 선열이여.
(성무일도 여러 순교자 축일 공통 저녁기도 찬미가에서).
murmur maris. 철썩거리는 파도소리
murmurátĭo, -ónis, f. (múrmuro) 원망(불평), 불평, 투덜거림. Hospitales invicem sine murmuratĭone. 불평하지 말고 서로 대접하시오.
murmurillum, -i, n. dim. (murmur) 속삭임, 소곤거림, 투덜거림.
múrmŭro, -ávi, -átum, -áre, intr. (murmur) 원망하다, 투덜거리다, 불평하다(חΠ.π.תΠ"א), 중얼거리다, (바다·강 따위가) 철썩거리다, (천둥이) 우르르 울리다, (배에서) 쪼르륵 소리 나다.
muro, -ávi, -átum, -áre, tr. (murus) 성(돌담)을 둘러쌓다
murra(=murrha), **-æ,** f. (아마도) 형석, (술) 잔, (고대 Roma인들이 값진 잔을 만들던) 무지갯빛 돌,

= **myrrha** 몰약(沒藥.[영] myrrh).
Murránus, -i, m. Latíni족의 전설적인 왕
múrr(h)ĕus, -a, -um, adj. murr(h)a 돌의, 형석으로 만든
múrr(h)ĭnus, -a, -um, adj. murr(h)a 돌의(돌로 만든), 형석(螢石)의. n., pl. (vasa) 형석 그릇(잔).
murus, -i, m. 성, 성벽, 돌담, 울타리(גדר), 보루(堡壘).
ascendo murum. 성벽을 기어오르다/
dējĭcĭo se de muro. 성벽에서 내리뛰다(떨어지다)/
evado in muros. 성벽으로 기어오르다/
extra muros. 성 밖에(서), 벽을 넘어서/
hostes muro dejécti. 성벽에서 격퇴 당한 적/
intra murum. 성 안에/
muri coctiles. 벽돌로 싼 성/
Muris urbis ædificatis, populus felix erat. 도시의 성벽이 구축된 다음 시민들은 행복해했다/
Muros Ecclesiæ nostræ ædificáre debemus. 우리 교회도 담을 쌓아야 한다/
Tam pauci milites erant in urbe ut vix muros defendere possent. 그 도시에는 겨우 성벽이나 방어할 정도로 병사가 적었다/
Timore turba a muro discessit. 두려움 때문에 군중은 성벽에서 물러섰다/
urbs armáta muris. 성벽들로 둘러막은 도시.
Murus cocto latĕre. 벽돌담
Murus lamentationis([영] Wall of Lamentations) 통곡의 벽
murus quinquaginta pedes altus. 50척 높이의 성벽
murus substructus. 부벽(扶壁), 지탱 벽
mus, muris, m., f. (gen., pl. -rĭum) (動) 쥐(a mouse).
Quasi mures, semper édimus aliénum cibum. 우리는 쥐들처럼 늘 남의 밥만 먹고 있다(quasi 참조)/
Ranæ cum muribus quondam certaverunt. 한번은 개구리들이 쥐들과 싸움을 하게 되었다.[행위에 동반하거나 수반되는 사물은 동반 탈격abulativus comitatus으로 cum과 탈격을 쓴다]/
Sæpe exiguus mus sub terris posuitque domos atque horrea fecit. 작은 들쥐라도 대개는 땅속에다 집도 짓고 곳간도 만든다.
Musa, -æ, f. (Zeus와 Mnemósyne 사이에서 난) 문예미술을 다스리는 (세 자매 또는) 아홉 자매 여신(女神) 중 하나. 노래, 시, 문예(文藝), 미술, 학문.예술의 재능(才能).
Dignum laude virum Musa verat mori : cælo Musa eum beat.(Horatius). 상찬(賞讚)을 받을만한 사람이 죽어 없어지는 것은 Musa가 금한다. Musa는 그에게 계의 행복을 준다(cælo beare).
musæu… V. **museu**…
Muséus, -i, m. Orpheus 시대의 희랍의 전설적 시인.
musca, -æ, f. (蟲) 파리([영] fly).
Aquila non capit muscas. 독수리는 파리를 잡지 않는다/
Elephantum ex musca facis. 그대는 파리로 코끼리를 만드는구먼(침소봉대)/
Formica et musca contendebant acriter quæ pluris esset. 개미와 파리가 누가 더 훌륭한지를 두고(quæ pluris esset) 맹렬히 다투고 있었다.[성 염 지음. 고전 라틴어. p.387].
muscárĭum, -i, n. (muscarĭus) 파리채, 총채(말총 따위로 만든 먼지떨이).
muscárĭus, -a, -um, adj. (musca) 파리의
muscérda, -æ, f. 쥐똥
muscípŭla, -æ, f. (**muscípŭlum**, -i, m.) (mus+cápio[1]) 쥐덫([영] a mousetrap;a rattrap), 올가미.
muscipulátor, -óris, m. 쥐덫 놓는 사람, 덫으로 쥐 잡는 사람, 사기꾼.
muscipulátor, -óris, m. 사기꾼
muscipulum, -i, n. (**muscípŭla**, -æ, f.) 쥐덫
muscósus, -a -um, adj. (muscus) 이끼 낀, 이끼 덮인, 이끼가 많은.
múscŭla, -æ, f. (musca) 작은 파리
musculáris, -e, adj. (músculus) 근육의
musculatúra, -æ, f. (解) 근육조직(筋肉組織)
musculocutánĕus, -a, -um, adj. (解) 근피(筋皮)의
musculósus, -a, -um, adj. (músculus) 근육(筋肉)으로 이루어진, 근육(筋肉)이 많은, 힘 센.
múscŭlus, -i, m. dim. (mus) (動) 작은 쥐, 생쥐, 근육(筋肉), 힘살, (貝類) 섭조개(=홍합, 淡菜). (軍) (성곽 포위 작전에 쓰는) 이동식 엄폐물, (일종의) 장갑차(裝甲車).
musculus glutæus maximus. 대둔근(大臀筋)
musculus pyramidális. (解) 추체근(椎體筋)
muscus, -i, m. (植) 이끼.
Lapis volutus haud musco obducitur. 구르는 돌에는 이끼가 덮이지 않는다.
Musea Vaticana. 바티칸 박물관
muséum, -i, n. Musœ의 사당(신전), 박물관(博物館), (학문 연구의) 학원.
Muserum Missionario echnologicum. 포(전)교 박물관
muséus, -a, -um, adj. (Musa) Musœ의; 음악의, 시의
músĭca[1] -æ,(**musice**, -es,) f. 음악, 음악학,
musica catholica 가톨릭 음악
musica ecclesiális* 교회 음악
Musica Enchiriadis. 무시카 엔키리아디스.(9세기 카롤로 왕조 부흥시대에 전례개혁과 더불어 나온 익명의 음악책. 대위법이 여기서 처음 등장한다. 이 형식의 음악을 1250년까지 Organum이라 했다. 백민관 신부 엮음, 백과사전 2, p.831).
Musica Litrugica([영] Liturgical music). 전례 음악
musica relisiosa. 종교 음악
Musica Reservata. 무시카 레세르바따, 특수 표현 음악. (16세기 인문주의와 르네상스 시대의 교회 음악 풍의 하나. 이 말의 라틴어 뜻은 '보류된 음악'으로 제한된 작곡법 또는 연주법을 말한다. 백민관 신부 엮음, 백과사전 2, p.831)
Musica Sacra* (Ecclesiatica.Divina) ([영] Church Music.獨 Kirchenmusik). 성음악, 교회음악, 전례 음악.[1967.3.5. 예부성성에서 발표한「성음악에 관한 훈령」의 라틴어 제목('성음악'을 뜻하는 첫 두 단어)이다. 문헌은 일반 규정을 내놓으며 목차에서 볼 수 있듯이 전례 음악의 거의 모든 측면에 이를 적용한다. ① 일반 규정. ② 전례 거행을 맡은 사람들. ③ 미사 동안의 가창. ④ 성무일도 가창. ⑤ 성사와 준성사 거행, 특별 예배, 말씀 전례 거행과 대중 신심에서 오는 성음악. ⑥ 노래하는 전례를 위한 언어와 성음악을 보존함. ⑦ 모국어 본문을 위한 작곡. ⑧ 거룩한 기악. ⑨ 성음악 발전을 위한 위원회].
Musicæ sacræ disciplinæ. 성음악의 가르침, 성음악의 규범
Musicæ sacram, 성음악(1955.12.25. 반포)
músĭca[2] -órum, n., pl. 음악.
Associazine di Pontificio Musica Sacra. 교황청 성음악 학교/
At nobis ars una fides et musica Christus. 우리의 유일한 예술은 신앙이며, 그리스도께서는 우리의 음악이시다/
instrumentum musicale(musicórum). 악기(樂器).
Musica in Liturgia.([영] Music in Liturgy. 獨 Musik instrumentale im Gottesdienst) 전례 안에서 음악.
Musicam Sacram, 성음악(예부성 훈령. 1967.3.5.), 거룩한 전례의 음악(1967.3.5. 훈령).
musicárĭus, -i, m. 악기 제조인(樂器 製造人)
musice, -es, f. 음악, 음악학
musice, adv. 음악적으로, 기분 좋게
músĭcus, -a, -um, adj. 음악의, 음악에 관한, 음악적, 시(詩)에 관한. m. 음악가, 시인. adv. **musice**.
In fidibus musicorum aures vel minima sentiunt.(Cicero). 음악가의 귀는 현에서 아무리 작은 소리라도 감지해낸다/
Instructio de musica sacra et liturgia. 성음악과 전례에 관한 훈령(1958년 교황 비오 12세)/
Practica musicæ. 음악의 실천(Milano. 1496).
mus(ĭ)mo, -ónis, m. 야생 양(羊), 잡종(雜種), 튀기(종류가 다른 두 동물의 사이에서 난 새끼), 혼혈아(混血兒).
musivárĭus, -i, m. 모자이크 기술자, (대리석 따위 재료를 쓰는) 상감세공(象嵌細工) 기술자.
musívum, -i, n. (sc. opus[1]) 모자이크([영] mosaic), 상감세공(象嵌細工→모자이크).
musívus, -a, -um, adj. 상감세공(象嵌細工)의, 모자이크의
Muslimus, Muslimi n. 이슬람교도(Moslem).
Dialogus inter christianos et muslimos.([영] Dialogue between Christians and Muslims) 그리스도인들과 무슬림의 대화(2011.1.28 "Verbum Domini" 중에서).

mussitátĭo, -ónis, f. (mússito) 수군거림, 중얼거림

mussitátor, -óris, m. (mússito) 불평객(不平客),
　Homo perversus suscitat lites, et mussitator separat
　familiares. (avnh.r skolio,j diape,mpetai kaka. kai. lampth/ra
　do,lou purseu,ei kakoi/j kai. diacwri,zei fi,louj)
　(獨 Ein falscher Mensch richtet Zank an, und ein
　Verleumder macht Freunde uneins) (⑨ An intriguer
　sows discord, and a talebearer separates bosom friends)
　사악한 사람은 싸움을 일으키고 중상꾼은 친구ғ사를
　갈라놓는다(성경 잠언 16, 28)/변덕스러운 사람은 말썽을 일으
　키고 고자질하는 사람은 이간을 붙인다(공동번역).

mússĭto, -ávi, -átum, -áre, intr., freq. (musso)
　수군거리다, 속삭이다, 중얼거리다.
　가만히 있다, 잠잠하다, 말없이 내버려두다.

musso, -ávi, -átum, -áre, intr., tr. 수군거리다,
　못마땅한 듯이 입 속으로 말하다, 중얼거리다,
　(곤충 따위가) 윙윙거리다. 잠잠하다, 가만히 있다.
　주저하다. 머뭇거리다. 망설이다.

mustácĕum, -i, n.(mustácĕus, -i, m.) (mustum)
　잔치 떡(월계수 잎사귀에 써서 손님들에게 들려 보내는 갸름한 잔치 떡).

mustél(l)a, -æ, f. (mus) (動) 족제비

mustel(l)ínus, -a, -um, adj. 족제비의

mústĕus, -a, -um, adj. (mustum) 햇 포도주의,
　(발효하기 전의) 포도즙(액)의, 신선한, 싱싱한.

mustuléntus, -a, -um, adj. (mustum)
　풍부한 포도주의, 햇포도주의.

mustum, -i, n. (mustus) (발효하기 전의) 포도즙(액);
　햇 포도주, 포도 추수; 가을.
　[냉동시키거나 본질을 바꾸지 않는 다른 방법을 사용하여 자연적 발효과정을
　중지시킨 신선한 포도즙을 가리킨다. 알코올 의존증에 걸린 사제가 미사를 드릴
　때 성체성사를 모시는 방법으로서, 제병을 축성된 포도주에 적심 대신 포도즙을
　사용할 수 있다. 직권자는 극히 적은 양의 알코올이나 하더라도 제병을 축성된
　포도주에 적셔 모셨을 때 해당 사제의 건강을 해치거나 회복을 불가능하게끔
　한다는 의사의 진단 증명서를 신앙교리성에 제출하여 개별적으로 허락을 받아야
　한다. 박영식 옮김. 주비crio 피터 랑 지음. 전례사전, p.135].

mustus, -a -um, adj. 신선한, 새(햇), 풋, 어린.

Musulmáni, -órum, m., pl. 회교도(回敎徒),
　이슬람교 신자(⑨ Muslims).

Muta, -æ, f. (mutus) 수다를 떠는 탓으로 Júpiter가
　말을 못하게 만든 요정, Lara 또는 Tácita라고도 함.

mutábĭlis, -e, adj. (muto¹) 변하기 쉬운, 변할 수 있는,
　바뀔 수 있는, 변경할 만한: 변덕스러운.

mutabílĭtas, -átis, f.
　변하기 쉬움, 변덕스러움, 무상(無常), 가변성(可變性).

mutabílĭtas veritas 진리의 가변성

Mutáre aquam in vinum. 물을 술로 변화시키다(muto 참조).

Mutare vel timere sperno.
　변덕스럽거나 겁먹는 것을 나는 경멸하노라!

mutátĭo, -ónis, f. (muto¹) **변화(變化,μεταβολὴ)**, 변함,
　변경, 변천(變遷), 추이(推移) 바꿈, 교체(交替),
　역(易-선우의 천주사상과 제사문제, p.241), 교환(交換,חֲלִיפָה).
　(生) 돌연변이(우연변이).
　Ante mutationes(⑨ In the face of changes)
　변화의 물결 앞에서(1988.8.15. "Mulieris dignitatem" 중에서).

mutátĭo accidentális. 부수적 변화, 우유적 변화

mutátĭo elenchi. 논점 변경의 오류(誤謬)

mutátĭo extrinseca. 외적 변화

mutátĭo in melius. 향선 변화

mutátĭo intrinseca. 내적 변화

mutátĭo morális. 정신적 변화

mutátĭo physica. 형이하적 변화

mutátĭo rerum. 사물의 변화

mutátĭo substantialis. 본질적 변화, 실체적 변천

mutátĭo transsubstantialis. 실체 변화, 전질 변화

mutátor, -óris, m. (muto¹) 변화시키는 사람,
　바꾸는 사람, 교환자(交換者), 교역자(交易者).

mutátórĭus, -a, -um, adj. (muto¹)
　변천 외, 교환의, 바꾸는, 갈아입는 (옷).

mutésco, -ěre, intr. (mutus)
　벙어리가 되어 가다: 말하지 않다.

mutilátĭo, -ónis, f. (mútilo) 지체(肢體)의 절단,
　신체(기능) 부분의 절단, 주요 부분의 절단(삭제).

mútĭlo, -ávi, -átum, -áre, tr. (mútilus) 지체를 절단하다,
　(신체의 기능 부분을 잘라) 불구로 만들다.
　(말末 따위의 주요부분을) 빼먹다, 불완전하게 하다.

mútĭlus, -a, -um, adj. 뿔을 잘린, 뿔이 빠진,
　지체(肢體)를 잘린, 주요 부분을 잘린, 병신의, 불구의.
　uno pede mutilus. 한쪽 발 병신/
　versus unā sýllabā mutilus. 한 음절이 불구인 시구.

mutilus bos. 뿔 잘린 소

mútĭo, -ívi -ítum -íre, tr.
　중얼거리다, 들릴락 말락 (겨우) 말하다.

mutítĭo, -ónis, f. (mútio) 중얼거림

mútĭto, -áre, intr. 번갈아 잔치하다

mūto¹ -ávi, -átum, -áre,
　intr. (어떤 상태로) 변하다, 바뀌다, 달라지다.
　tr. (móveo) 옮기다, 치우다, 움직이다(חרֵ,חות),
　변화(變化)시키다, 변하게 하다, **바꾸다**(חול), 갈다,
　변경하다, 변형시키다, 달라지게 하다, 고치다.
　개량(개선)하다, 나쁘게 하다, 교환하다, 교역하다,
　개악(改惡)하다(고치어 도리어 나빠지게 함), 버리고 떠나다.
　E nigro color est mutátus in album.
　검은 빛깔이 흰 빛깔로 변했다/
　mutáre alqd in alqd. 무엇을 무엇으로 변하게 하다/
　Mutáre aquam in vinum. 물을 술로 변화시키다/
　mutári in pejus. 나빠지다/
　mutátis mutándis. 필요한 변경을 가하여/
　Mutatis mutandis, omnes homines libertatem amant.
　바꿀 것은 바꾸고 (= 이러저러한 군더더기를 빼고)
　말하자면, 사람은 모두 자유를 사랑하지/
　Quia natura mutari non potest, idcirco veræ amicitiæ
　sempiternæ sunt. 천성이 변할 수 없는 고로
　참다운 우정은 영속하는 것이다/
　Quoniam ego Dominus Deus uester, et non mutor.
　나는 너의 주 하느님이라, 나는 변하지 않는다(신국론, p.2395).

mūto² -ónis m. 음경(陰莖)

múttĭo = mútio, -ívi -ítum -íre, tr.

Mutuæ Relátĭones. 상호관계(相互關係, 1978.5.14. 반포)

Mutuálismus, -i, m. 상호주의(相互主義)

mutuárĭus, -a, -um, adj. 서로 관계되는, 상호간의

mutuatícĭus, -a, -um, adj. (mútuor) 차용한, 빌린

mutuátĭo, -ónis, f. (mútuor)
　꾸어 옴, 부채(負債), 차용(借用-돈이나 물건을 빌려서 씀).

mutúĭter, adv. (mútuus) 서로, 상호간, 주거니 받거니

mutúĭto, -áre, tr. (mútuo³) 빌리고 싶어 하다.

mútŭlus, -i, m. (建) 초엽(焦葉-기둥이나 초벽에 단예(短?).선반
　따위를 달 때 밑에 받친, 구름무늬가 새겨진 길쭉한 세모꼴의 널빤지),
　(도리.들보의) 받침나무(돌), 까치발(벽뿌꿈처럼을 든 발).

mutum, -i, n. (sc. ánimal) (mutus)
　말할 줄 모르는 것, 짐승.

mútŭo¹ adv. (mútuus) 서로, 상호간

mútŭo² -ávi, -átum, -áre, tr. (mútuus)
　꾸다, 빌리다, 차용(借用)하다.
　De sideribus, inquiunt, et substantiis superioris mundi
　mutuatus est carnem. 그분께서 별들과 상위 세계의
　실체에서부터 육신을 빌려 왔다.

mútŭo, -ávi, -átum, -áre, tr. 꾸다

mútŭor, -átus sum -ári, dep., tr. (mútuus)
　꾸다, 차용하다, 빌리다, 얻어오다, 얻어 가지다.

mutura amátĭo benevolentiæ super quandam
communicátĭone. 신과의 친교를 위한 상호 호의적 사랑.

mutus, -a, -um, adj. 벙어리의, 말 못하는, 말 안하는,
　잠잠한, 조용한, 고요한, 소리 안 나는.
　bovem mutum. 벙어리 황소.

mutus, -i, m. 벙어리(⑨ Mute.그리스어 a-lalos.교회법 1471조).
　Et eiecto dæmone, locutus est mutus. (⑨ and when the
　demon was driven out the mute person spoke)
　마귀가 쫓겨나자 말 못하는 이가 말을 하였다(성경)/

M

예수께서 마귀를 쫓아내시자 벙어리는 곧 말을 하게
되었다(공동번역 마태 9, 31)/
귀신이 쫓겨나가자 벙어리는 말을 했다(200주년 신약)/
Utinam aut hic surdus aut hæc muta facta sit!.
이 사람이 귀머거리가 되거나
저 여자가 벙어리가 되었다면 얼마나 좋을까!
mútŭum, -i, n. (mútuus)
부채(負債-빚), 차용금, 빌린 물건, 상호성(相互性).
cum *alqo* mutuum fácere.
상대방과 똑같은 짓을 하다, 맞 갚다/
per mútua. 상호간에/
Mutua inter theologiam et philosophiam actio.
철학과 신학 사이의 협력.
mutuum adjutorĭum. 상호부조(相互扶助)
Mutuum hoc adiumentum in veritate perquirenda
forma est suprema evangelicæ caritatis.
(⑨ This mutual help in the search for truth is a sublime
form of evangelical charity) 진리를 추구하는 상호 협력은
숭고한 복음적 사랑입니다(1995.5.25. "Ut Unum Sint" 중에서).
mútŭus, -a, -um, adj. (muto¹)
꾼(빌린), 차용한, **서로의**(ἀλλήλων), **상호적인**.
alqd mútuum dare. 무엇을 꾸어주다/
alqd mútuum accípere. 무엇을 꾸어 오다/
mutua connexio. 상호연결(相互連結)/
mutuæ petitiones. 상호청구(相互請求).
mutuus Amor. 상호적(相互的)인 사랑
mycélĭum, -i, n. (植) 균사체(菌絲體)
mycemátĭas(=mycetĭas) -æ, m. 지진(地震)
Mycénæ(=Mycéna, -æ, f.) Argólis의 유명한 옛 도시
mycetĭas(=mycemátĭas) -æ, m. 지진(地震)
Mýcŏnos(=Mýcŏnus), -i, f. Cýclades 군도의 한 섬
mycorrhíza, -æ, f. (生) 균근(菌根)
  (균류가 기생하거나 공생하고 있는 현화식물의 뿌리).
mydríăsis, -is, f. (醫) 동공산대(瞳孔散大), 산동증(散瞳症)
mydriáticum, -i, n. (藥) 산동제(散瞳濟)
myelítis, -tĭdis, f. (醫) 수염(髓炎)
  척수염(脊髓炎-척수에 생기는, 경련과 마비가 따르는 염증).
Mygdon, -ónis, m. Acmon의 아들, Phrýgia의 옛 왕
Mygdónĭdes, -æ, m. Mygdon의 아들 즉 Corœbus.
Mýgdŏnis, -ĭdis, f. Phrýgia 여자
myísca, -æ, f. 소라(의 일종)
Myla, -æ, m. Sicília의 강
Myndus, -i, f. Cária의 항구
myocárdĭum, -i, n. (解) 심근(心筋), 심장근육
myologίa, -æ, f. (解) 근육학(筋肉學)
myóma, -ätis, n. (醫) 근종(筋腫-근육에 생기는 부스럼)
Myonnésus, -i, f. Iónia 해안의 갑(岬)과 도시
myópăro, -ónis, m. 좁고 가벼운 배; 해적들의 약탈선
myopathίa, -æ, f. (醫) 근육질환(筋肉疾患)
myópĭa, -æ, f. (醫) 근시(近視-"근시안"의 준말)
myops, -ópis, m., f. 근시(近視)의 사람
myósis, -is, f.(=miósis) (醫) 동공축소(瞳孔縮小)
myosotis, -æ,(=myosotis, -idis,) f. (植)
  물망초(勿忘草.⑨ myosotis=forget-me-not).
myríca rubra. -æ, f. (植) 소귀나무
myrinx, -íngis, f. (解) 고막(鼓膜).
  (귓구멍 안쪽에 있는 갓 모양의 둥글고 얇은 막)
myriónymus, -a, -um, adj. 무수한 이름을 가진
Myrmidónes, -um, m., pl. Thessália의 한 종족
myrmíllo, -ónis, m. = mirmíllo
Myri(n), -ónis, m. 희랍의 유명한 조각가(c. 430.A.C.)
myropóla, -æ, m. 향유 상인(香油商人)
myropólĭum, -i, n. 향유 판매점(香油販賣店)
myrothécĭum, -i, n. 향유 담는 그릇
myrrha¹(murr(h)a), -æ, f. 몰약(沒藥.⑨ myrrh)
Myrrha², -æ, f. Cínyras의 딸(아버지와의 불륜관계에서
  Adónis를 낳았음. Arábia로 피신하여 몰약沒藥 나무로 변신함).
myrrhátus(=murrhátus) -a, -um, adj. (myrrha¹)
  몰약(沒藥.⑨ myrrh) 바른, 몰약(沒藥) 섞인.

mýrrhĕus(=múrrhĕus) -a, -um, adj. (myrrha¹)
  몰약(沒藥)의.
myrtétum(=murtétum), -i, n. (myrtus) 도금양 나무 밭
mýrtĕus(=múrtĕus) -a, -um, adj. (myrtus) 도금양(桃金孃)의
Mýrtĭlus, -i, m.
  Mercúrius신의 아들, CEnómaus왕의 불충한 마부.
mýrtĭnus, -a, -um, adj. (myrtus) 도금양(桃金孃)의
myrtítes, -æ, m. (myrtum) 도금양 열매로 만든 술.
Myrtos, -i, f. Eubœa 남쪽 해안의 작은 섬.
  adj. **myrtóus**, -a, -um,
myrtum, -i, n. 도금양 열매(⑨ myrtle berry)
myrtus, -i(-us), f. (植) 도금양(桃金孃) 나무, 도금양 숲
myrum, -i, n. 향유(香油-향기가 나는 화장용 물기름)
Mys, -yos, m. Phídias 시대의 유명한 조각가
Mýscĕlus, -i, m. Alémon의 아들
Mýsĭa, -æ, f. 소아시아 서북부에 있던 나라.
  adj. **Mýsĭus**(=Mýssus), -a, -um,
mysta(-es) -æ, m.
  (신)비교를 전수 받은 자. (신) 비교승(神秘敎僧).
Mystagogia.(m. mystagogus, mystagogi)
  신비 교육(⑨ Mystagogy.獨 Mystagogie.),
  신비 교리 교육 안내, 신비 교리 교육 안내, 그리스 동방교회에서
  성체성사를 가리키는 옛 명칭 중 하나.
  Catechessis Mystagogica. 신비 교육, 신비 교리 설명서.
mystagógus, -i, m.
  (종교적) 신비 전수자(해설자), 신비 체험가(體驗家).
  Est pars itineris mystagogici patefacere nexum
  mysteriorum in ritu celebratorum cum fidelium
  missionali responsalitate. 신비 교육 과정에는 예식으로
  거행된 신비가 신자들의 선교 의무와 어떤 연관이
  있는지를 보여 주는 것도 포함 됩니다/
  Hoc sensu, perfecta mystagogiæ conclusio est
  conscientia: propriam vitam pedetemptim per celebrata
  sancta Mysteria transformari. 신비 교육의 최고의 성과는
  거행되는 거룩한 신비를 통하여 자신의 삶이 점차
  변해 간다는 것을 의식하게 되는 일입니다
mysteriósus, -a, -um, adj. (mystérium)
  신비로운, 불가사의(不可思議)한, 오묘한.
mystérĭum, -i, n. [단수 주격 mysterium, 속격 mysterii,
  여격 mysterio, 대격 mysterium, 탈격 mysterio]
  ('눈을 감는다'라는 뜻의 그리스어 myein이라는 말에서 유래함)
  신비(神秘.μυστήριον.⑨ Mystery),
  ('초심자에게 알려지지 않은 지식, 예배') 신비,
  심오한 진리, 불가사의(不可思議), 현의, 신비적 교리,
  비법(秘法), 비방, 비교(秘敎), 비교의식(秘敎儀式).
  Alcibíades insimulátur mystéria enunciavísse.
  *Alcibíades*는 비밀을 누설했다는 고발을 당하고 있다/
  Et omnium confessione magnum est pietatis mysterium.
  (me,ga evsti,n to. th/j euvsebei,aj musth,rion)
  우리 신앙의 신비는 참으로 위대합니다(성경 1티모 3, 16)/
  우리가 믿는 종교의 진리는 참으로 심오합니다(공동번역)/
  그리고 참으로 경외의 신비는 위대합니다(200주년 기념 신약)/
  Eucháristicum mystérĭum,
  성체성사 신비의 공경(1967.5.25. 훈령),
  성체신비 거행과 공경에 관하여(1967. 5.25. 훈령)
  mysteria carnis Christi. 그리스도의 몸의 제신비/
  Mysteria Cultus. 밀교, 밀교적 종교, 신비극/
  Mysteria dolorosa. 고통의 신비(묵주기도, 화.금)/
  Mysteria Gaudia. 환희의 신비(묵주기도, 월.목)/
  Mysteria gloriosa. 영광의 신비(묵주기도, 수.토)/
  mysteria in Deo abscondita. 하느님 안에 감추어진 신비들/
  Mysteria lucis. 빛의 신비(→ "로사리오" 참조)/
  Mysteria Luminosa. 빛의 신비/
  Mysteria Mithræ. 미트라 밀교/
  mysteria sensu stricto. 엄밀한 의미의 신비들/
  Mysteria Serapidis. 세라피스 밀교/
  Mysterii altitudo. 신비의 깊이/
  mysterii christiani celebratio(⑨ the celebration of the

M

Christian mystery) 그리스도 신비의 기념/
Mysterii Dei custos(영 The guardian of the mystery of God) 하느님의 신비의 보호자/
Mysterii paschális, 전례주년과 로마 전례력(1969.2.14. 자의교서)/
mysteriis sui et judiciis impervestigábilis.
　그의 신비와 판단에 있어서 알아낼 수 없는 분/
mysteriórum nexus. 신비의 연관(神秘 聯關)

Mysterĭum Christi. 그리스도의 신비
labor autem initus ad Christifideles educandos, ut hodie qua Christi discipuli vivant, postulat, ut faciliorem reddat penitiorem cognitionem 'mysterii Christi'(영 the endeavor to educate the faithful to live as disciples of Christ today calls for and facilitates a discovery in depth of the mystery of Christ in the history of salvation).
　그리스도의 제자답게 살도록 신자들을 교육하는 노력은 마땅히 구세사에 나타난 '그리스도의 신비'를 깊이 발견하도록 요청하며 또 그 발견을 무난하게 만들어줄 것입니다.(교황 요한 바오로 2세의 1979.10.16. "Catechesi tradendæ" 중에서).

Mysterĭum Christi actuale redditum.
　그리스도 신비의 실현(영 Christ's mystery made actual)
mysterĭum dolóris. 고통의 신비
Mysterĭum Ecclesiæ(영 Mystery of the Church).
　교회의 신비(1973.5.24. 선언).
mysterĭum fascinans et tremendum. 황홀하고 두려운 신비
Mysterĭum fidei, 신앙의 신비(mysterĭum pietátis),
　성체성사에 관한 교리와 공경(1965.9.23. 회칙).
Mysterĭum Filii Dei,
　육화와 성삼의 신비에 대한 오류들(1972.2.21. 선언).
mysterĭum horrendum. 끔찍한 신비
mysterĭum inguitátis.
　죄악의 신비.(가톨릭 교회의 가르침 제20호, p.25. 중세철학 제3호 p.23).
myterĭum inhabitationis Dei. 하느님의 내주 신비
Mysterĭum iniquitatis. 죄의 신비(2데살 2. 7. 참조).
mysterĭum lunæ. 달의 신비(교부들이 교회를 언급함에 있어서 '달의 신비'로 표현되는 것을 우리는 자주 발견할 수 있다. 이는 교회 안에 존재하는 빛이 근본적으로는 그리스도의 빛을 반사하는 것임을 의미한다.
Mysterium magnum(영 The "great mystery") 위대한 신비
Mysterĭum Paschale. 파스카의 신비, 부활의 신비
mysterium peccati. 죄의 신비
mysterĭum pietátis. 사랑의 신비
mysterium Populi Dei(영 Mystery of the People of God) 하느님 백성의 신비.
Mysterĭum Salutis. 구원의 신비,
　Mentem ad vos, (1983.3.27. 교서).
mysterĭum stupendum. 기막힌 신비(聖스러움의 意味, p.214)
mysterĭum tremendum.
　두려움의 신비, 전율적 신비(戰慄的 神秘).
mysterĭum tremendum ac fascinosum.
　성스러움은 경건하면서도 매혹적이다.
mysterĭum tremendum et fascinans.
　매혹적(魅惑的)이며 두려운 신비.
Mysterĭum unitátis Christi.(영 Mystery of Christ's unity). 그리스도의 일치의 신비.
mysterium vineæ.(영 the mystery of the vine) 포도나무의 신비.
Mysterĭum vocationis. 성소의 신비
mýstĭca, -æ, f. 신비사상(神秘思想),
　신비신학(영 mystical theology.영 theologia mystica)/
　De elucidatio mysticæ theologiæ. 신학 신비의 해명.
Mystica christĭana. 그리스도교적 신비생활.
　(가톨릭 신학과 사상 제46호, p.42).
Mystica Christocentrica. 그리스도 중심의 신비 사상
Mystici(영 mystic) 신비가(神秘家),
　관상의 기도로서 하느님과의 일치 생활을 하는 사람.
Mystici Corpóris Christi, (교황 비오 12세 1943.6.29 반포)
　그리스도의 신비체(영 Mystical Body of Christ).
mysticísmus, -i, m. 신비론, 신비사상(神秘思想),
　신비주의(神秘主義.영 Mysticism).
mysticísmus naturæ. 자연 신비주의.

mýstĭcus, -a, -um, adj. 신비의, 오묘한, 신비로운, 신비적(μυστικὸς-μυστικὸς 형용사에서 파생. 사목연구 제11집. p.91), 비법(秘法)의, 비교(秘敎)의,
　Corpus Christi Mysticum. 그리스도의 신비체/
　De his, quæ in Esau et Iacob mystice præfigurabantur. 에사오와 야곱에게서 신비적으로 예표 되는 사실.
　(교부문헌 총서 17, 신국론, p.2804)/
　experientĭa mystica. 신비체험(神秘體驗)/
　Historia mystica ecclesiæ catholicæ.
　가톨릭 교회의 신비로운 역사(콘스탄티노플의 제르마노 지음)/
　Mystici Corpóris Christi. 그리스도의 신비체/
　persona mystica. 신비로운 위격/
　quasi una mystica persona. 거의 하나의 신비로운 인격체/
　sensus mysticus. 신비적 의미.
　(교부시대 이래로 성경해석은 자의적 의미sensus litterarius, 도덕적 의미sensus moralis, 우의적 의미sensus allegoricus, 신비적 의미sensus mysticus로 구분한다.
　성 염 옮김. 단테 제정론, pp.158~159)/
　theologia mystica. 신비신학(神秘神學)/
　Theologia mystico-speculativa. 사변적인 신비신학.
　(Giovanni Gerson 지음 1363~1429)/
　tórcŭlar mysticum(영 Mystical Wine Press)
　신비적인 술통(프 Pressoir Mystique)/
　unitas Corpóris mystici. 신비체의 일치.
Mysus, -a, -um, adj. Mýsia의
mytacísmus, -i, m. = metacísmus. M자의 반복 사용
mýthĭcus, -a, -um, adj. (mythos) 신화적(神話的).
　m. 신화작가(神話作家).
mythología, -æ, f.
　신화학(神話學), 신화(μύθος.영 Mythology/Myth).
mythológĭcus, -a, -um, adj. 신화적, 신화학(상)의
mythos(mythus) -i, m.
　신화(神話.μύθος.영 Mythology/Myth), (영웅) 전설, 신들의 전설 형태를 띤 철학과 과학(학문) 이전의 세계.
mythus lunæ.(영 Moon Worship) 달 숭배, 태음 신화
Mythus non erat iam credendus.(영 Myth had lost its credibility). 신화는 그 신뢰성을 잃어버렸습니다.
mýtĭlus,(mýtŭlus, mítŭlus) -i, m. 섭조개(=홍합, 담채淡菜)
Myus, -úntis, f. Iónia의 도시
myxmœba, -æ, f. (生) 점액(粘液) 아메바
myxóma, -ātis, n. (醫) 점액종(粘液腫)
myxomycétes, -um, f., pl. (生) 점균(粘菌).
　점균류(하등 균류의 한 분류. 곧 동물과 식물의 중간적 성질을 가지며, 영양체는 세포막과 엽록소가 없는 변형체로서 누런빛을 띤 점액성의 덩어리인데, 종류에 따라 모양도 다름. 포자로 번식하며 흔히 죽은 식물에서 남. 네이버 지식].

M

N N N

N¹ n, f., n., indecl. 라틴 자모의 열네 번째 글자: 엔(en)

N² (略) Numéris; nepos; Nonæ; natus,
nómine, novum, número.

Nabis, -ídis, m. sparta의 폭군(c. 207 A.C.)

náblĭa(=nabla) -órum, n., pl.
십현금(十絃琴-수금 비슷하게 생긴 현악기의 일종).

nacca(=nacta, **natta**) -æ, m. 천한 일 하는 사람,
마전장이(피륙을 삶거나 빨아서 바래는 일을 하는 사람).

nactus, -a, -um, "nancíscor"의 과거분사(p.p.)

næ, adv. (흔히 대명사와 함께 씀) 참으로, 실로, 정말, 확실히

næ ego. 정말 나는

næ illi. 확실히 그들은

nǽnĭa, -æ, f. = **nénia** 자장가

Nænia(=Nenia), -æ, f. 장례(만가)의 여신(女神)

nævĭus¹-a, -um, adj. (nævus)
(피부에) 검은 반점 있는, 모반(母斑) 있는.

Nævius²-i, m. Roma인의 씨족명,
특히 Cn. Nævius, 서정 시인이며 극작가(272~204 A.C.).

**Nævius comicus Uticæ mortuus est, pulsus Roma
factione nobilium.** 희극작가 나이비우스는, (귀족들을 풍자
하였다고 해서) 귀족당파에 의해 로마에서 추방당하여
우티카에서 죽었다.

nǽvŭlus -i, m. dim. (nævus) wkrdms 모반(母斑)
기미(얼굴에 끼는 거무스름한 점), 주근깨(醫-雀斑. 雀卵斑),
점(斑點), 작반(雀卵斑→주근깨), 작반(雀斑→주근깨).

nævus, -i, m. 몸의 반점(斑點-얼룩얼룩한 점), 모반(母斑)
기미(얼굴에 끼는 거무스름한 점), 간반(肝斑-갈색 또는 황갈색의 반점),
점(斑點), 사마귀(피부 위에 도도록하게 생기는 角質의 작은 군살),
흠(티), 오점(汚點-얼룩), 허물, 불명예(不名譽)
작란반(雀卵斑→주근깨), 작반(雀斑→주근깨).

Náïas, -ădis, f. 물의 요정(생.강.호수 따위에 사는 예쁜 소녀
모습의 물의 妖精) (일반적으로) 요정(妖精)

Náïcus, -a, -um, adj. 물의 요정의

Nāis, -ídis(-ídos), f. = **Náïas**, -ădis, f. 물의 요정

nam(=namque =nanque), conj. 왜냐하면(ὅτι.γάρ),
이유는, 즉, 물론, 확실히, 의심 없이, 한편,
(의문 강조의 전접어)前接語)

　　quisnam? 도대체 누가?/úbinam? 도대체 어디의?

**Nam bonorum translaticiorum adeptorumque depositum
semper a iuvenibus reprehenditur.** 전해주고 물려받은
가치들의 유산은 언제나 젊은이들의 비판을 받았다.

Nam ceteris animalibus Ratione præstamus.
우리는 이성으로 다른 동물들을 초월하고 있다.

**Nam corde contingere Iesum spiritaliter, hoc est
cognoscere quia æqualis est Patri.** 마음을 통해 예수님
과 영적으로 접촉한다는 것은 그분이 아버지와 똑같은
분이시라는 것을 안다는 것입니다.

**Nam etsi crucifixus est ex infirmitate, sed vivit ex
virtute Dei.** 그분은 (전에) 약하셔서 십자가에 처형
되셨지만, (지금은) 하느님의 능력으로 살아 계십니다.
　　　　　　　　　　(2000주년 기념 신약 2코린 13. 4)

**Nam et de vasis dominicis propter captivos et
quamplurimum indigentes frangi et conflari iubebat et
indigentibus dispensari.** 갇힌 이들과 수많은 가난한
이들을 돕기 위하여 성물마저 조개고 녹이게 하셔서
필요한 이들에게 나누어 주셨다.(아우구스티노의 생애. p.107).

**Nam et nos corpus ipsius facti sumus, et per
misericordiam ipsius, quod accipimus, nos sumus.**
우리는 그분의 몸이 되었습니다. 우리는 그분의 크신 자비
로 말미암아 우리가 받아 모시는 바로 그것이 됩니다.

**Nam idem velle atque idem nolle, ea demum
firma amicitia.** 한마음 한 뜻이면 이것으로 결국
참다운 우정이 성립된다.

Nam in hoc excessit modum superba anima.
교만한 영혼은 정도를 넘어서서 탐욕스런 영혼이
되어버린다.(최익철 신부 옮김. 요한 서간 강해. p.355).

Nam ipse dixit. 혹은(ἠ)

**Nam si cum nullo peccato nascimur, quid est quod
cum infantibus ad baptismum curritur, ut solvantur?**
우리가 죄 없이 태어난다면 왜 우리는 갓난아기들이
죄에서 해방되도록 세례를 서두르겠습니까?
['탐욕'(concupiscentia)은 '출산을 통해' 인류에게 유전되므로
갓난아기를 비롯한 모든 인간은 세례의 은총으로 원죄에서 해방되어야 한다는
아우구스티노의 '원죄'(peccatum originale) 이론. 아우구스티노 "죄벌과 용서
그리고 유아세례" 참조]. (최익철 신부 옮김. 요한 서간 강해. pp.214~215).

nam si nihil agis, quomodo ille adiuvat?
그대가 아무것도 하지 않는다면, 그분이 어떻게 도와
주시겠습니까?.(최익철 신부 옮김. 요한 서간 강해. p.209).

namque, conj. = nam = nanque
nostra namque hoc est humana sunt.
만유가 우리 것이고 따라서 만유가 인간적인 것이다.

Nam qui non habent caritatem, diviserunt unitatem.
사랑이 없는 사람이란 일치를 깬 사람입니다.
　　　　　　　　　　(최익철 신부 옮김. 요한 서간 강해. p.263).

Nam quid oremus, sicut oportet, nescimus.(㉾ We do
not know what we should pray for as we ought).
우리는 올바른 방식으로 기도할 줄 모릅니다.(로마 8. 26).

Nam unde diligeremus, nisi ille prior dilexisset nos?
그분께서 우리를 먼저 사랑하지 않으셨다면 우리가 어떻게
사랑할 수 있겠습니까?.(최익철 신부 옮김. 요한 서간 강해. p.411).

**namque aliis rebus concrescunt semina membris,
atque aliis extenuantur tabentque vicissim.**
원자들이 다른 사물들로 응결되어서는 굵은 물체가 되고
어떤 사물들과 응결되면 보다 섬세한 물체가 되거나
액화한다(성 염 지음. 사랑만이 진리를 깨닫게 한다. p.418).

**Namque, audistis modo, cum Evangelium legeretur;
certe si aurem ibi non tantum corporis, sed et cordis
habuistis.** 방금 복음이 봉독될 때 듣기는 하셨지만,
육신의 귀뿐 아니라 마음의 귀도 지닌 분이리
참으로 들으셨다고 할 수 있겠습니다.

**Namque ille qui vixit et mortuus est, rapitur ad alia
loca anima ipsius.** 이 세상에서 살다가 죽은 이의 영혼은
다른 곳으로 들려 올라가고 육신은 땅에 묻힙니다.
　　　　　　　　　　(최익철 신부 옮김. 요한 서간 강해. p.461).

nana, -æ, f. 여자 난쟁이

náncĭo, -íre,(**náncĭor**, -íri, dep.) tr. 획득하다, 얻어 만나다

nancíscor, -ěris, (-ítur), nanctus(nactus) sum, nancisci,
dep. tr. (náncior) 우연히 얻다,
운 좋게 얻다(מָצָא.יָכֹל.נָשַׂג), 얻어 만나다,
우연히 만나다, 찾아내다, 얻어걸리다; 잘못 걸리다.

nanctus, -a, -um, "nancíscor"의 과거분사(p.p.)

nanque, conj. = nam = nanque

Nantuátes -um, m., pl. Alpes 산맥 지방에 있던 Celtœ족

nanus, -i, m. 난쟁이, (보통 것보다) 작은 동물.
nanos gigantum humeris insidentes.
거인의 어깨 위에 서있는 소인.

Naomi. (히브리어) 나오미('나의 기쁨' 뜻) Nœmi(라틴어)

Napéæe, -árum, f., pl. 계곡의 요정(妖精)

napéus, -a, -um, adj.
(양편에 나무가 무성한) 계곡의, 골짜기의.

naphtha, -æ, f. 나프타기름, 석뇌유(石腦油); 휘발유,
(특히 Bábylon 부근에서 산출되던) 인화성이 강한 역청.

naphthalínum, -i, n. (化) 나프탈렌

napína, -æ, f. (napus) 순무 밭, 무청 밭

nāpus, -i, m. (植) 순무, 무청(無菁-무의 잎과 잎줄기)

Nar, Náris, m. 중부 Itália의 강(지금의 Nera)

narcíssĭnus, -a, -um, adj. (narcíssus¹)
수선화의, 미소년의, 자기도취의.

narcíssus¹ -i m. (植) 수선화

narcíssus² -i m. Cephísus의 아들, 수선화로 변신

narcósis, -is, f. (醫) 마취(痲醉), 마취법; 마취상태

narcótĭcum, -i, n. (藥) 마취제

narcótĭcus, -a, -um, adj. 마취성의, 최면성의

nárdĭfer, -ěra, -ěrum, adj. 감송(향)을 내는, 향료를 가진

nárdĭnum, -i, n. (sc. vinum)
감송주(甘松酒), 감송향을 섞은 술(기름).
Nardostachys jatamansi. 향료(香料),
나르드(아가 1.12 : 마르 14.3 :요한 12.3).
nardum, -i, n.(= nardus, -i, f.)
(植) 감송(甘松), 감송향(甘松香), 나르드 향유.
nares, -ĭum, f., pl. (naris) (解) 전비공(前鼻孔-콧구멍)
náres resimæ. 들창코(grypus, -i, m. 매부리코)
narinósus, -a, -um, adj. (naris) 콧구멍이 넓은
náris, -is, f. (cf. nasus) (주로 pl.) 콧구멍, 냄새(김새),
맡음, 예리한 판단, 코웃음, 비웃음, 조소, 공기구멍.
emunctæ náris homo. 날카롭고 총명하고 똑똑한 사람.
náribus uti. 코웃음 치다(derideo, -risi -risum -ēre, tr.)
narra mihi factum, narro tibi jus. 너는 나에게 사실을
말하라, 그러면 나는 너에게 권리를 말하겠노라.
narrábĭlis, -e, adj. (narro)
이야기할만한, 이야깃거리가 될 만한.
Narras probe. 거 참 반가운(좋은) 소식이다(probe 참조)
narrátĭo, -ónis, f. (narro) 이야기, 담화(談話),
서술(敍述), 설화(說話), 사건 개진(事件開陳),
(修) 고전적 변론 형식의 제3단계(문제의 해명).
Institutiónis Narrátĭo* 성찬 제정문(교리서 1353항).
Narrátĭo de creátĭone. 창조 이야기,
창조설화(⑨ Narrative of creátĭon).
narratio dei mirabilia Dei.
하느님의 놀라우신 업적에 대한 설화
narratio evangelica. 복음적 서술
narratio evangelii. 복음 설화
Narrátĭo institutiónis et consecrátĭo.
성찬 제정과 축성문(聖餐 制定 祝聖文).
narratio simplex. 단순 설화
narratiúncŭla, -a, f. dim. (narrátĭo) 짤막한 이야기
narratívus -a -um, adj. (narro)
이야기의, 서술의, 서술적; 이야기 식의, 서술체의.
narrátor, -óris, m. (narrátrix, -ícis, f.) (narro)
이야기하는 사람, 서술자(敍述者)
narrátum, -i, n. (narro) 이야기 한 것, 서술된 것
narrátus, -us, m. = narrátĭo, -ónis, f. 이야기
narro, -ávi, -átum, -áre, tr. (gnarus) 서술하다,
이야기하다(ㅁㅆ,ㅁㅁ), 설명하다, …라고 하다,
단언(확언)하다, 다짐하다, 진실을 말하다, 언급하다.
pass. 이야깃거리가 되다.
Ego tibi ea narro quæ tu melius scis. 나는 네가
(나보다) 더 잘 아는 바를 너한테 이야기하는 중이다/
Hæc negótia quomodo se hábeant, ne epístolā quidem
narráre áudeo. 이 난처한 사정이 어떠한지를 나는
편지로도 감히 이야기할 수 없다/
Quam tu mihi navem narras?
너는 어느 배라고 단언하는 거냐?.
narthécĭum, -i, n. 약상자, 향료 갑
narthex, -écis, m. (植) 대회향(大茴香)
narus, -a, -um, adj. (=gnarus)
잘 아는, 정통한, 알려진, 유식한, 잘 알고 있는.
nasális, -e, adj. (nasus) 코의, 코에 관한, 비음(鼻音)의
nascens, -éntis, p.prœs., a.p. (nascor)
출생하는, (돋아) 나는, 발생하는, 시작하는, 미숙한.
nascéntĭa¹ -æ, f. (nascor) 출생(出生), 탄생(誕生)
nascéntĭa² -ĭum, n., pl. 식물(植物)
nascitúrus, -a, -um, p. fut. (nascor)
nascor, (-ēris, -ítur), nátus sum, nasci, dep., intr.
(arch. gnascor) 나다(出生), 출생(탄생)하다, 태어나다,
후예(후손)이다, 출신이다, 돋다, 돋아나다, 산출되다,
생기다, 일어나다, 발생(發生)하다, 유래(由來)하다,
기원(起源)되다, 나오다, 시작되다, 나타나다.
Deficit omne quod nascitur.(Quintilianus).
무릇 태어나는 모든 것은 쇠망하느니/
Nascuntur pœtæ fiunt oratóres.
시인들은 태어나고 웅변가들은 만들어 진다/

Nemo ex aqua et Spiritu nascitur nisi volens.
원하지 않고서는 누구도 물과 성령으로 태어나지 않습니다/
Nemo nascitur doctus. 아무도 박학한 자로 나지 않는다/
Non nobis solum nati sumus.(Cicero).
우리는 우리 자신만을 위해서 태어난 것이 아니다/
Non sum uni angulo natus : patria mea totus hic est
mundus.(Seneca). 나는 세상 한 구석을 위해서 태어나지
않았다. 이 세상 전부가 내 조국이다.
nasi curvitas. 코의 곡성(曲性)
nasitérna, -æ, f. 살수기, 물주전자
Nāso¹-ónis, m. (Roma인의) 가문명(큰 코를 가진 자란 뜻의 별명)
nāso²- "코의" 라는 뜻의 연결형,
nasofrontális, -e, adj. 비액(鼻液)의, 비전두(鼻前頭)의
nasolacrimális, -e, adj. 비루(鼻漏)의
nasopalatínus, -a, -um, adj. 비구개(鼻口蓋)의
nasophárynx, -ýngis(-ýnxis) f. 비인두(卑咽頭)
nassa, -æ, f. (고기 잡는) 어항(魚缸), 어살, 어전(魚箭), 그물
nastúrtĭum(-cĭum), -i, n. (nasus+tórqueo)
(植) 한련(旱蓮), 한련꽃.
nasus¹ -i, m. 코(ㅆ), 후각(嗅覺), 냄새 맡음,
(남의 약점을 찾아내어) 비웃음, 그릇의 주둥이.
alqd naso suspéndere. 무엇을 비웃다/
emunctæ náris homo. (예민한 코를 가진 사람)
날카롭고 총명하고 똑똑한 사람.
nasus²(nasos) -i, f. Syracúsœ 시의 한 구역
nasútus, -a, -um, adj. (nasus)
큰 코의, 눈치 빠른, 김새채는; 비웃는.
nata¹ -æ, f. (natus¹) 딸(ㄱ)
nata² -órum, n., pl. (nascor)
농산물, 소출(所出-논밭에서 생산되는 곡식. 또는 그 곡식의 양).
natábĭlis, -e, adj. (nato) 헤엄칠 수 있는, 물에 떠있는
natábŭlum, -i, n. (nato) 수영장(水泳場)
natále, -is, n. (natális) 태생지, 故鄕(⑨ Homeland)
Natale Calicis. 성혈축일(5세기경 성 목요일 미사)
Natale sanctæ Mariæ. 성 마리아 축일, 성모 마리아의 탄생
Natale Solis invicti. 패배당하지 않는 태양의 탄일
natáles, -ĭum, m., pl. (natális) 출생, 출신, 가계, 혈통,
신분(⑨ State), 유래, 생득권(生得權, jus nativus).
natalícĭus, -i, n. (natális) 생일의.
f. 생일잔치, 생일 축하연,
n., pl. 생일 축하, 생일잔치, 생일 선물(生日膳物),
nataliciis Sanctórum. 성인들의 (천상) 탄일.
natális, -e, adj. (natus¹, nascor)
탄생의, 출생의, 출생과 관계되는, 해마다의, 기념일의.
m. 생일, (성인.순교자의) 죽은 날, Roma 건국기원.
n. 출생지(出生地), 고향(故鄕). dies natalis. 생일/
humus natalis. 출생지/ nátale solum. 고향.
Natális invicti. 승리자의 탄생일(勝利者의 誕生日)
natális solis invicti. 무적의 태양신 탄생축일(12월 25일)
natalitia. 탄생일(천국에서의 탄생일), 순교일.
(초대교회에서는 이 날은 주로 순교자의 순교일로 사용했으나, 후에 주년
기념일이란 뜻으로 전례서에서 사용했다. 젤라시오 전례서에서는 이 말을
주로 성성식 주교 기념일에 썼다. 백민관 신부 엮음, 백과사전 2, p.847).
natalitĭus = natalícĭus, -i, n.
natántes, -ĭum, m., pl., p.prœs. (nato) 물고기
natátĭo, -ónis, f. (nato) 헤엄, 수영(水泳), 유영(遊泳),
물 위에 떠 있음, 수영장(水泳場).
natátor, -óris, m. (nato) 헤엄치는 자
natatória, -æ, f. (=natátoria, -órum, n., pl.) (nato)
수영장(水泳場), 목욕탕(沐浴場), 양어장(養魚場).
natatórius, -a, -um, adj. (nato)
헤엄치는 데 쓰이는, 헤엄치는 데 적합한.
natátŭs, -us, m. (nato) 헤엄, 수영(水泳)
Nathænæl. 나타나엘('하느님이 주셨다')
(예수의 첫 제자 중 하나이며, 그 성실성을 주님이 칭찬했다. 요한 1. 47).
naticídĭum, -i, n. (natus²+cædo) 자식 살해
nátĭnor, -ári, dep., intr. (장터에서) 장사하다, 떠들썩하다
Nátĭo, -ónis, f. 출생의 신
nátĭo, -ónis, f. (nascor) 출생, 출신 가문(계급), 집안,

족속, 부류, 파벌, 당파, 민족('אם.ײ.ἔθνος.γένος),
종족, 국민(⑨ Citizen), 나라, 국가(ἔθνος.βασιλεία),
백성(百姓.㐎.λαὸς.δῆμος.⑨ People),
인민(人民.λαὸς.δῆμος.⑨ People). (pl.) 이교도.
ager natio. 고향 땅/
nationes, quæ número hóminum ac multitúdine
póterant in províncias nostras redundo. 인구가 넘쳐
서 우리의 속령에 까지 흘러들 수 있었던 민족들.

nátĭo divina. 신성한 탄생

nationális, -e, adj. (nátĭo)
민족의, 국민의, 국민적인, 국가의, 국립의.

nationális consociátio. 국가적 단체

nationalis securitatis(⑨) national security) 국가 안보

nationalísmus, -i, m. 국가주의, 민족주의(⑨ nátĭonálism).
adv. **nationalísticus,** -a, -um,

nátis, -is, f. (주로 pl.) 궁둥이, 엉덩이, 꽁무니,
불기(뒤쪽 허리 아래, 허벅다리 위의 양쪽으로 살이 볼록한 부분).

nativítas, -átis, f. (nascor) 출생(出生), 탄생, 탄신일,
생산, 소출, 후손, 후예(後裔), 탄생(誕生), 성탄(聖誕).

Nativitas B.M.V. (책) 성모 마리아의 탄생(그노시스파 계통의
저서. 이 책은 사본이 소실되었고 다만 에피파니우스의 "이단설"이란 책에
인용되어 있을 뿐이다. 이 책은 반 유다적 사상을 다분히 나타낸다. 9월 8일).

Nativitas Christi.(⑨) Nativity of Christ/Christmas.
獨 Weihnachten) 성탄, 그리스도의 탄생.

Nativitas D.N.J.C. 예수 성탄(聖誕. 12월25일)

Nativitas Joannis Baptistæ. 세례자 요한 탄생 축일(6월 24일).

Nativitas nova(⑨ New birth). 새로운 탄생

nativitas perfecta sermonis. 말씀의 완전한 탄생

Nativitas S. Joannis Baptistæ. 요한 세자 탄생(6월 24일)

natívus, -a, -um, adj. (nascor) 출생으로 존재하는,
출생한, 날 때부터의, 생래적인, 타고난, 천부의.
자연적인, 인공적이 아닌, 그 지방 태생의, 본토박이의.
jus nativus. 생득권(生得權), natáles, -íum, m., pl.).

nato, -ávi, -átum, -áre, intr., tr. freq. (no) 헤엄치다,
수영하다, 파선하여 물 위에 떠 있다, 표류(漂流)하다,
풍파에 밀려다니다, 큰 파도가 일다, 출렁이다.
넘쳐흐르다, 가슴츠레하다, 흔미해지다, 축 늘어지다,
뻗어나가다, 구불거리다, 흔들리다, 불안정하다,
우유부단(優柔不斷)하다. tr. 헤엄쳐 건너다.
Docebo vos natáre.
나는 너희들에게 헤엄치는 것을 가르쳐 주겠다/
doceo alqm natáre. 아무에게 수영법을 가르치다.

natrĭum aceticum, -i. n. (化) 나트륨(獨 Natrĭum), 소다

natrĭum aceticum carbónicum. 탄산소다(탄산나트륨)

natrĭum aceticum chlorátum. 식염(食鹽-소금)

nátrix¹ -ícis, f. (no) 헤엄치는 여자

nátrix² -ícis, f., m. 바다 뱀, 머리가 일곱(아홉,
백 개라고도 함) 달린 괴물 뱀(= Hydra) 회초리.

natta(=**nacta, nacca**), -æ, m. 천한 일 하는 사람,
마전장이(피륙을 삶거나 빨아서 바래는 일을 하는 사람).

natu…, nav… V. **gnat…, gnav…**

natu, abl. (natus³, us) 나이가, 나이로 보아서.
grandis natu. 늙은이, 연장자, 고령자/
major natu. 나이가 위인, 연장자, 큰아들, 형, 언니/
máxima (mínima) natu trium sorórum.
삼 형제 중 큰언니(막내 동생)/
máximus natu. (셋 이상 중에서) 최 연장자/
mínimus natu. (세 명 이상 중에서) 제일 연소한 사람/
minor natu. 작은 아들, 나이가 어린.
Ex duóbus frátribus(duórum fratrum) Marcus major
natu est. 두 형제 중에서 마르코는 나이가 위이다/
Ex tribus soróribus María mínima est natu.
María는 삼형제 중에서 나이가 제일 어리다(막내다).

nátŭla, -æ, f. (nata³) 어린 딸

natúra* -æ, f. (nascor) 출생, 출산, 생식기(生殖器),
자연 상태(환경), 자연(φύσις.⑨ nature),
(자연계) 구조(형세), 천연, 자연 그대로임, 본래의 것,
자연계, 세상, 우주, 만물, 자연 질서, 자연 법칙(현상),

자연의 섭리(攝理), **천성**(天性), 성질, 성정(性情), 성미,
소질, 성격, 실체(οὐσία.⑨ Substance), 특징(特徵),
(성질상의) 종류(種類), **본성**(本性.φύσις.⑨ nature),
본질(τὸ τι ἐν είναι.εἶδος), (실질을 이루는) 성(性).
[스콜라 철학에서는 존재론의 라틴어 용어들을 다음과 같이 번역하여 사용한다.
ens(τὸ ὄν) 존재자, 존재 사물, 유 / esse(εἶναι) 존재, 존재함, 있음 /
essentia (아우구스티노의 용어로는) 존재, 존재자, (스콜라 철학에서는) 본질 /
existentia 실재, 실존, 존재 / natura (아우구스티노의 용어로는 '존재자'를
가리키는) 자연 본성, 자연 사물 / substantia 실재, 실체, 본체.
성 염 지음. 사랑만이 진리를 깨닫게 한다. p.26]

A natúrā datum. 자연으로부터 받은 것, 천부의 것.
[일반적 수동형에 있어서의 능동주 부사어는 그것이 유생물인 경우에는
a(ab)와 함께 탈격으로 쓰고, 무생물인 경우에는 그냥 탈격으로 쓴다. 그러나
무생물일 경우라도 그것을 인격화하여 생각할 때에는 전치사 a(ab)을 가진다]

cognítĭo natúræ. 자연 과학(지식)/

Commorandi deversorium natura, non habitandi, dedit.
자연은 잠시 머물 여관을 주었을 뿐 (영구히) 거처할
곳은 주지 않았다.(성 염 지음. 고전 라틴어. p.279)/

**communem naturam seu quæ a nobis abstracte et
universe concipitur**(수아레즈 1548~1617) 공통본성은
우리가 추상적이고 보편적으로 개념 하는 것/

cultus natúræ. 자연숭배/

De una bonorum angelorum malorumque natura.
선한 천사와 악한 천사의 본성은 동일하다(신국론. p.2784)/

Deus et natura nil otiosum facit.
신과 자연은 아무 것도 무의미하게 만들지 않는다/

dissolutio natúræ. 죽음/

divina natura. 하느님의 본성(本性)/

duplex natura. 이중 본성(二重本性)/

duplex natura in nostris animis sita.
우리 영혼에 이중의 본성이 자리 잡고 있다/

efficiuntur divinæ consortes naturæ(⑨ become partakers
of the divine nature) 신적 본성에 참여하는 자/

ens in natura. 자연적 존재자/

ex natura potentiæ 가능태의 본성으로부터/

ex natura rei. 본성적으로/

ex natúra sua. 자기 본성대로, 자기 본성에서,
그 성격으로 인해, 그 성격에 의해/

fluxus naturæ. 자연의 유동작용(流動作用)/

gratĭa extollit, perficit, non destruit naturam.
본성 위에 확립되는 은총/

gratĭa perficit naturam. 은총이 자연을 완성한다/

Gratĭa præsupponit naturam. 은총은 본성을 전제한다/

Gratĭa supponit naturam et perficit illam.
은총은 본성을 전제하며 이를 완성한다/

Hæc ita sentimus, natura duce. 자연의 이치에 따라,
우리는 이 사건을 그렇게 생각합니다(Cicero)/

Hoc per quod aliquid habet esse quid.
그것에 의해 어떤 것이 일정한 존재를 갖는 것(=본질)/

Idem est natura quod deus.
본성은 곧 신과 동일한 것이다/

identitas naturæ. 본성의 동일성(本性 同一性)/

imitátĭo naturæ. 자연의 모방/

in cujus natura sit ut rebus conformetur.
인식 과정과 인식 원리의 본성 자체(本性 自體)/

individua natura. 개체 본성/

intellectuális natúra. 지성적인 본성(本性)/

intellectuális naturæ incomunicábĭlis existentĭa.
지적 본성의 비상통적 존재/

Intellectus natúra est rebus conformetur.
.지성의 본성은 사물과 동화되는 것이다/

lex natúræ. 자연숭배(自然崇拜)/

Magnum benefícĭum est natúræ, quod necésse est mori.
죽는 것이 필연적이라는 것은 자연의 큰 은혜이다/

miraculum natúræ. 자연의 기적/

miraculum præter naturam. 외자연적 기적/

miraculum supra naturam. 초자연적 기적/

natúrā. 자연적으로/

natúra fert, ut…. 일의 성질상 …하게 마련이다/

naturæ concédere. 죽다/

natura Ecclesiæ forma est Ecclesiæ.
교회의 자연본성은 곧 교회의 형상이다/
naturæ completæ individua substantia.
완성된 본성의 개별적 실체/
naturæ gradus. 자연의 등급/
Natúræ hóminum dissímiles sunt, (ita) ut álii dúlcia,
álii amára ament. 사람들의 성미는 서로 달라서, 그 결과
로 어떤 이는 단 것을 좋아하고, 어떤 이는 쓴 것을 좋아
하게 된다(ita는 빼도 좋고, 주문 적의 적당한 자리에 놓아도 좋다)/
naturæ intellectuális incommunicábilis existentïa.
오성(悟性)을 갖춘 본성의 불가양적인 실존(=위격)/
naturæ intellectuales sunt formæ subsistentes.
지성적 본성(사물들)은 자립하는 형상이다/
naturæ ministrum esse et non artificem magnum.
대자연의 하인이지 대자연을 마음대로 조종하는
술사가 아니다(성 염 옮김, 피코 델라 미란돌라, p.142)/
naturæ necessitas. 자연의 필연성/
naturæ ordo. 자연본성의 질서/
natúræ proprietas. 본성의 고유성(本性 固有性)/
natúræ satisfácere. 죽다/
naturæ unitas. 본성의 일체성(本性의 一體性)/
Naturam expellas furca : tamen usque recurret.(Horatius).
그대의 타고난 본성을 쇠스랑으로 멀리 쫓아보시지요.
하지만 언제고 되돌아오고 말 것입니다.
（타고난 성질은 어쩔 수 없다/）
Neque longius absumus a natura ferárum.
우리는 야수들의 성품(性稟)과 별로 다를 바 없다/
non servi sumus naturæ sed æmuli.
우리는 자연의 종이 아니고 자연의 경쟁자/
præstantia naturæ humanæ. 인간 본성의 출중함.
（성 염 지음, 사랑만이 진리를 깨닫게 한다, p.301)/
Quia natúra non potest, idcirco vĕræ amicítiæ sempiternæ
sunt. 본성은 변할 수 없기 때문에 참된 우정은 영원한 것이다/
Reluctante natúra, irritus labor est.
자연을 거슬러서 하면, 그 수고가 헛되다/
rerum natura. 자연계, 대자연, 인간사/
se ipsam transformantis natura.(사랑만이 진리를 깨닫게 한다.
성 염 지음. p.298) 자기 자신을 변형시키는 본성/
secunda natura. 제2의 천성/
status naturæ reparatæ. 본성이 치유된 상태/
triplex status naturæ. 하성의 삼중 구분/
tuus natúrá fílius. 너의 친아들(filius naturális. 친아들)/
una natura. 하나의 본성(μνη φυσις)/
unitas naturæ. 본성의 일성/
unítio naturarum.
（예수 그리스도에게 있어) 신성과 인성과의 일치/
Utrum suppositum addat aliquam rem supra essentiam
vel naturam. 기체(基體)는 본질이나 본성에다
어떤 실재성을 덧붙이는가/
Vitæ sequere naturam ducem.(Seneca).
자연을 인생의 안내자로 따르라!/
vivere secundum naturam. 자연 본성에 따라서 삶.
Natura abhorret a vacuo. 자연은 진공을 싫어한다.
natura assumpta. 취해진 본성
Natura Christi. 그리스도의 본성(⊕ Nature of Christ)
natura communis. 공통본성(共通本性), 공통적 본성
natura corporalis. 물체적 본성
natura corporea. 물체적 본성
Natura Corrupta.(⊕ Fallen Nature)
원죄에 물든 인간성, 타락한 인간성.
natura creata. 창조된 자연본성
natura creata et creans.
창조되었고 창조하는 자연(=Logos. 플라톤의 이데아).
natura creata et increans. 창조되었고 창조하지 않는 자연.
[하느님의 실체가 유(genus), 종(species), 개체로 나타난 자연, 즉 자연 사물].
Natura dedit usuram vitæ.
자연은 우리에게 생명의 향유권을 주었다.
natura Dei. 신의 본성
natura Deus est. 대자연이 신이다(교부문헌 총서 15. 신국론, p.172)

naturā Deus est. 본성상 신이다(교부문헌 총서 15. 신국론, p.172)
natura divína. 신성(神性, theoteta, -æ, f.), 신적 본성
natura duce.
　자연이 이끄는 대로(천성이 이끄는 대로), 자연이 인도하는 대로.
　Hæc ita sentimus, natura duce.(Cicero).
　자연의 이치에 따라, 우리는 이 사건을 그렇게 생각합니다.
natura elevata. 들어 높여진 본성
Natura est mater vitæ. 자연은 생명의 어머니다.
Natura est non inane. 자연은 결코 헛되지 않는다.
Natura et fines.(⊕ Nature and Objectives) 본질과 목표
natura et gratïa. 자연과 은총(自然 恩寵),
　본성과 은총(本性과 恩寵,獨 Natur und Gnade)
natura et persona. 본성과 인격(本性 人格)
Natura hóminis pecudibus antecedit.
　인간의 본성은 짐승들을 초월한다.
natura humána. 인간본성, 인성, 사람의 본성,
　인간성(humanitas, -átis, f.).
　præstantia naturæ humanæ. 인간 본성의 출중함.
　（성 염 지음, 사랑만이 진리를 깨닫게 한다, p.301).
natura humana individuális 개별적 인간성(人間性)
Natura increans et increata(만물이 되돌아갈 목적으로서의 하느님)
　창조하지 않고 창조하지도 않는 자연.
Natura increata et creans.
　창조되지 않고 창조하는 자연 = 창조주 하느님.
Natura in profundo veritatem abstrusit.
　자연은 진실을 깊숙이 숨겨두었다.
natura instituti hominis. 창조된 인간의 본성(교부문헌 총서 10, p.58)
natura integrata. 완비된 본성
natura intellectiva. 지성적 본성(知性的 本性)
natura intellectuális. 지성적 본성(知性的 本性)
natura lapsa. 타락(墮落)한 본성
natura media. 중간적 자연본성(성 염 옮김, 피코 델라 미란돌라, p.123)
Natura monet festinare. 자연=(세월)은 서둘라고 독촉 하누나
natura naturans. 창조하는 자연, 생성하는 자연.
　(哲) 능산적 자연(12세기 Averroës 저서를 라틴어로 번역하면서 나온
　용어로 자연 전체를 하느님의 실체로 본 자연=실체로서 생명의 원리).
　Deus naturans. 생성하시는 하느님/
　natura naturata. 생성 받는 자연.
natura naturans et natura naturata.
　되어지는 자연과 스스로 이루어지는 자연.
natura naturáta. 창조된 자연. (哲) 소산적 자연(본성)
　(12세기 Averroës 저서를 라틴어로 번역하면서 나온 용어로
　개체화한 자연 변상의 총체를 가리킴,自然 변상의 총화).
natura nec facit quidquam frustra.
　자연은 불필요하게 산출하지 않는다.
Natura non facit saltum. 자연은 비약(飛躍)하지 않는다.
Natura non nisi parendo vincitur.
　자연은 순응에 의해서만 정복된다.(F. 베이컨)
Natura numquam uni homini omnia concedit.
　자연은 한 사람에게 모든 것을 허용하는 일이 결코 없다.
natura peccati. 죄의 본성
natura pœna damnati. 단죄 당한 인간의 본성(교부문헌 총서 10, p.59)
Natura possit individuáre seipsam.
　본성이 그 자체를 개체화할 수 있다.
natura pura. 본래의 본성, 순수본성(獨 reine Natur)
Natura quasi normam scientiæ et principium sui
dedisset. 자연은 말하자면 지식의 규범과 스스로의
　원리를 제공한다.
natura rei cretæ. 피조물의 본성
natura rei. 사물의 본성(rerum natura)
natura reparata. 구원된 본성
natúra rerum. 자연계, 대자연
Natura specifica. 특수한 본성
natura superior. 상위 본성, 지고한 자연
natura virtutis. 능력의 본성
naturale judicŭm. 천성적인 판단력(判斷力)
Naturale est magis nova quam magna mirari.
위대한 것보다는 새로운 것에 놀라는 일이 더 자연스럽다.
naturales effectus. 자연적 결과들

Naturales Quæstiones. 자연의 문제들
naturali humanæ rátiónis lumine.
  인간 이성의 자연적인 빛.
naturália, n., pl. 자연만물, 자연적인 것들.(은총과 자유. p.33).
naturalia dona. 자연적 은사
naturális, -e, adj. (natúra) 출생상의, 혈육의, 사생의,
  생식(生殖)에 관한, 생래적인, 타고난, 선천적인, 본래의,
  천성(天性)의, 자연의, 자연적, 본성적, 본성에서 오는,
  자연에 따른, 자연계의, 천연(天然)의, 자연 그대로의,
  가공하지 않은, 인위적(제도적)이 아닌, 자연스러운,
  꾸밈없는, 마땅한, 당연한, 실제적(實際的)인,
  사실적(事實的)인, 꾸며낸 것이 아닌. n. (pl.) 음부(陰部).
  adv. naturáliter. 자연적으로.
  beatitúdo naturális. 자연적 복락(自然的 福樂)/
  causæ naturales. 자연적 원인/
  Communia naturalium. 자연 만물의 공통성/
  De quæstione naturalis theologiæ cum philosophis
  excellentioris scientiæ discutienda. 자연신학 문제는
    뛰어난 지식을 갖춘 철학자들과 논해야 한다.
    (교부문헌 총서 17, 신국론, p.2768)/
  desideríum naturale. 본능적 욕망, 자연적 열망/
  desiderium naturale non est inane.
    자연적 욕구는 허위일 수 없다(가톨릭 철학 제2호, p.197)/
  filius naturális. 친아들 / tuus natúrā fílius. 너의 친아들/
  habitus naturális. 본성적 습성/
  imago naturalis Dei. 하느님의 본성적 모상/
  impotentía naturális. 자연적 불능/
  In naturalibus. 나체로, 벌거숭이로/
  in puri naturalibus. 순수 본성적으로/
  incestum naturális. 자연적 근친상간/
  lex naturális. 자연법/
  prima naturalis humanæ societatis copula vir et uxor
  est. 인간사회의 첫째가는 결연은 남편과 아내이다.
naturalis dispositio. 자연적 성향
naturalis magia. 자연적 주술
naturalis necessitas. 자연적 필연성
naturalis philosophiæ absoluta consummatio.
  자연 철학의 완결.
naturális processio. 본성적 발출
naturális rátio. 자연의 이치(自然 理致), 조리(條理).
naturális timor animæ in Deum.
  하느님에 대한 영혼의 본성적 두려움
naturalismus, -i, m. 자연주의(⑨ Naturálism)
naturáliter. adv.
  자연적으로, 자연으로부터, 자연에 따라, 본성적으로.
  Anima (hominis) naturaliter Christiana. 인간 영혼은
    그리스도교적 영혼으로 태어난다(테르툴리아누스의 명제)/
  homo est naturaliter philosophus.
    인간 존재자는 그 본성상 철학자이다/
  Testimoníum animæ natúraliter christiánæ.
    영혼의 증명은 본성적으로 그리스도교적이다.
    (그리스도인의 본성을 통한 영혼의 증거-종교신학, p.282).
naturáliter affirmatio negationem præcedit.
  긍정은 당연히 부정에 선행한다.
naturalitus, adv. 자연으로부터
Naturam expelles furcam tamen usque recurret.
  타고난 성질은 어쩔 수 없다.
naturalítus. adv. (naturális) 자연으로부터
natus¹ -a, -um, p.p., a.p. ((nascor)) (사람으로) 태어난,
  출생한, 세상에 출현한, (몇 살의) 나이 먹은,
  (몇) 세 된, (몇) 년 된, (무엇을 하기) 위하여 태어난,
  똑 알맞은, 천생의, 자연적으로 만들어진(이루어진),
  생겨난, …한 성질을 가진.
  Ad cursum equus natus est.
    말은 달리기 위해서 생겨난 것이다/
  Bono publico natus(약.BPN) 공동선을 위하여 태어난 자/
  ex eo natus. 그에게서 난 아들/
  ex eodem patre natua. 같은 아버지에게서 난 아들/

exsecutor nátus. 본래의 집행자/
geminæ æquo sidere natæ. 같은 별을 타고난 딸 쌍둥이/
hominem pauperem de pauperibus natum.
  가난한 사람들에게서 태어난 가난한 사람/
honésto loco natus. 양반 가문에서 난/
Humilibus párentibus natus.
  낮은 지위의 부모에게서 출생한 사람/
id facinus natum a cupiditate.
  탐욕에서부터 생겨난 그 악행/
illustriore loco natus. 명문가 출신(illustris 참조)/
infimo loco natus. 천한 가문에서 난, 비천한 가문의 태생/
Iam ergo quia nati ex illo sumus, perfecti sumus.
  우리는 이미 그분에게서 태어났으므로, 우리는 완전 합니다/
Marcus ex paréntibus divítibus natus est.
  Marcus는 부유한 부모에게서 났다/
Nati ex nobis. 우리한테서 난 자식들/
nemo natus. 사람으로서는 아무도 …아닌/
obscúro loco natus. 천민출생, 천민태생(obscurus 참조)/
Quomodo nati sumus ex Deo, et quomodo nos fatemur
peccatores? An dicturi sumus, quia de Deo nati non
sumus? 우리가 하느님에게서 태어났다면 어떻게 우리가
  죄인이라고 고백할 수 있단 말입니까? 우리가 하느님에
  게서 태어나지 않았다고 말해야 하는 겁니까?/
Sensu amísso fit idem, quasi natus non esset omníno.
  (사람이) 감각을 잃으면 전혀 나지 않았던 것과 같이 된다/
summo génere natus. 귀족 집안에 태어난/
summo loco natus. 귀족 출신
  (출신 가문의 가정 또는 족속 및 그 지위 등을 표시하기 위하여서는
  전치사 없이 그 탈격만을 natus, ortus, oriúndus 등과 함께 쓴다)/
undevigínti annos natus. 열아홉 살 된/
unus ex ómnibus ad dicéndum máxime natus.
  그 누구보다도 웅변을 위하여 태어난/
Verum Corpus natum de Maria Virgine.
  동정녀 마리아에게서 태어나신 참된 몸.
natus, 원형 nascor, (-ĕris, -ĭtur), nātus sum, nasci,
  [수동형 과거분사. 현재완료 m., sg. natus, -a, -um + est]
natus est per spiritum sanctum ex virgine Maria.
  성령을 통하여 동정 마리아에게서 탄생하셨음을
  저희는 믿나이다.
natus ex Maria virgine. 동정녀 마리아에서 나셨다(사도신경)
natus ex servā. 여종의 몸에서 난 아들
  (어떤 부모한테서 출생하였는지를 표시하기 위해서는 natus, genitus와
  함께 탈격을 쓰되, 그 탈격이 보통명사 또는 인칭대명사인 경우에는 그 앞에
  전치사 ex를 반드시 쓰고, 그 탈격이 보통 혹은 고유명사이거나
  대명사인 경우, 또는 보통명사로서 형용사적 부가어를 가졌을 경우에는
  전치사 ex를-보통으로 쓰는 것이지만- 쓰지 않을 수도 있다).
Natus sum anno millesimo nongentesimo septuagesimo.
  1970년에 났다/ Quando natus es? 언제 났느냐?
Natus sum Romæ.
  나는 로마에서 태어났다(Athenæ, in Corea, in Seoul).
nātus² -i, m. (nascor)
  자식(子息), 아들(ⓖ.υἱός), 동물의 새끼. pl. 자녀.
nātus³ -us, m. (nascor)
  (식물의) 싹틈, (사람의) 나이((ⓔ Age.연령).
nauárchus, -i, m. 선장(船長), 함장(艦長)
nauclérĭcus(=nauclérĭus), -a, -um, adj. 선주(船主)의
nauclérus, -i, m. 선주(船主)
Náucrătes, -is, m. Isócrates의 제자, 희랍의 웅변가
náucŭla, -æ, f. dim. (navis) (=navícula) 작은 배, 쪽배
naucum, -i, n. (=naucus, -i, m.) 쓸모없는 것, 하찮은 것,
  (과실의) 껍질, 호도의 보늬(밤.도토리.호도 따위의 속껍질).
  Qui homo timidus erit in rebus dubiis, nauci non
  erit.(Plautus). 소심한 사람은 의심스러운 사정에 처하여
  적어도 값싼 인간은 되지 않으리라.
naufragiósus, -a, -um, adj. 파선이 잦은, 폭풍이 센
naufrágĭum, -i, n. (navis+frango) 파선, 난파(難破),
  난파선(難破船)의 잔해(殘骸), 파편(破片), 재앙(災殃-
  뜻하지 아니하게 생긴 불행한 변고. 또는 천재지변으로 인한 불행한 사고).
  낭패(狼狽-난감한 처지가 됨), 불행(ㄲ.ㄲㄱ),
  폐허(廢墟-파괴당하여 황폐하게 된 터).

Improbe Neptunum accusat, qui iterum naufragium
fecit.(Publilius Syrus). 파선을 두 번 한 사람은
넵투누스 신을 탓할 자격이 없다.

naufrágĭum fácĕre 파선(破船)하다

náufrăgus, -a, -um, adj. (navis+frango) 파선한, 난파한,
낭패한, 잃어버린, 파선(난파) 하게 하는. m. 파선 당한 사람.

náulĭa, -órum, n., pl. = **náblia** 십현금(十絃琴)
[수금(竪琴) 비슷하게 생긴 현악기의 일종].

naulum(-on) -i, n. 뱃삯, 선임(船賃-뱃삯)

naumáchĭa, -æ, f. 해전(海戰, pugna navális), 해전장,
해전 놀이, 해전 연극, 해전 연극 극장.

maumachiárĭus, -a, -um, adj. (naumáchia) 해전 연극의

naupathía, -æ, f. 배 멀미

náuphylax, -ăcis, m. 선객이 맡긴 짐을 보관하는 사람

náusĕa(-ĭa) -æ, f. 욕지기(토할 것 같은 메슥메슥한 느낌. 역기. 토기),
구역질, 메스꺼움, 배 멀미, 멀미(자동차.배.비행기 따위를
탔을 때 흔들림을 받아 일어나는 어지럽고 메스꺼운 증세).
싫증(싫은 생각), 혐오(嫌惡-싫어하고 미워함).

nauseabundus, -a, -um(=**nauseábĭlis**, -e) adj.
구역질나는, 배 멀미하는.

nauseátor, -óris, m. (máuseo) 배 멀미 하는 사람

náusĕor, -ávi, -átum, -áre, intr. (náusea)
배 멀리하다, 구역질하다, 구토를 느끼다,
혐오하다, 싫어하다(ɒɲ,ɔ), 싫증나다.

nauséŏla, -æ, f. (máuseo) 욕지기, 매스꺼움

nauseósus, -a, -um, adj. (máuseo)
구역질나게 하는, 배 멀미를 일으키는.

nauta(=návĭta) -æ, f.
선원, 뱃사공, 수부(水夫), 뱃사람, 선주, 무역상(인).
Iste est splendius nauta. 그는 유명한 선원이다/
Omnis nauta optime navem suam amat.
모든 사공은 자기 배를 제일로(maxime) 사랑한다.

nautæ de návi. 뱃사공(návita, -æ, m.)

nautális -e, adj. (nauta) 선원의, 뱃사공의, 수부의

náutĕa, -æ, f. 욕지기, 구역질, 배 멀미, 멀미,
배 밑에 고인 물, 무두질하는 데 쓰는 풀(草).

nauticárĭus, -i, m. 선주(船主)

náutĭcus, -a, -um, adj. 선원의, 뱃사공의, 바다의,
수상의, 해상의, 항해에 관한, 항해의.

náutĭlus, -i, m. (魚) 낙지(의 일종), 앵무조개

naváculum, -i, n. (navis) 선박 수리소, 조선소(造船所)

navále, -is, n. (navális)
항구, 선거(船渠-선박의 건조나 수리 또는 짐을 싣고 부리기 위한 설비).
pl. 조선소(造船所), 선박 조선소, (Roma의) 선박창,
선구(船具), 선박(船舶).

navális, -e, adj. (navis) 배의, 선박에 관한, 군함의,
해군의, 바다의. pugna navalis. 해전.

návărchus, -i, m. 선장(船長)

návĭa, -æ, f. 카누(⑨ canœ), 통나무 배,
포도 수확을 위한 함지.

navícŭla(=navicélla) -æ, f. dim. (navis)
향 그릇, 작은 배, 종선, 나룻배, 거루(거루배).

naviculárĭa, -æ, f. (sc. res) (naviculárĭus)
해운업(海運業), 해상(연안) 무역(沿岸貿易).

naviculárĭus, -a, -um, (**naviculáris**, -e), adj.
(navícula) 나룻배의, 거루의. m. 선주(船主).

navícŭlum, -i, n. (쪽배 모양으로 생긴) 향 담는 그릇

navífrăgus, -a, -um, adj. (navis+frango)
배를 부수는, 파선하게 하는, 돌풍의.

navigábĭlis, -e, adj. 항해할 만한

návigátĭo, -ónis, f. (návigo) 항해, 항행, 배 여행, 항로.
anni témpore a návigatióne exclúdi.
계절 때문에 항해를 못하게 되다/
Difficultas návigatiónis. = Difficultas návigándi.
항해의 곤란(困難)/
Lætatus sum felicitate navigationis tuæ.
너의 항해가 행복하였다니 나도 기뻤다/
sex dierum návigatióne absum.

엿새 동안의 항해 거리에 있다/
tempestas idonea ad návigándum. 항해하기에 좋은 날씨/
vadosa návigátĭo. 여울로 항해함.

návigátor, -óris, m. (návigo) 수부, 항해자(航海者)

návĭger, -gĕra -gĕrum, adj. (navis+gero¹)
배가 다닐 수 있는, 항해할 수 있는, 배처럼 나르는.

návigia corio circumsuta 가죽을 대어 기운 배

návigíŏlum, -i, n. dim. (navígium) (=navícula) 작은 배

navigĭum, -i, n. (návigo)
각종 선박, 배(船.πλοῖον), 뗏목, 항해(航海), 항행.
dissolutio navígii 파선(破船)/
navígium Isidis. 이시스의 항해/
vectórĭus návigia. 운반선(運搬船).

návigo, -ávi, -átum, -áre, (navis+ago)
intr. 항해(항행)하다, 배타고 다니다, 배로 여행하다,
헤엄치다, 떠 있다, 파도치다, 물결이 일다.
tr. 배타고 건너다, (어디를) 항해(항행)하다.
해전에 출정하다, 해상 무역으로 벌다.
lacus classibus návigati. 함대가 지나간 호수들/
tempestas idónea ad navigándum. 항해하기에 좋은 날씨.

návis, -is, f. (acc. -vem, -vim; abl. -ve, -vi)
배(πλοῖον.船), 선박.
(ecclesiæ) 성당의 신자석(信者席.⑨ seats of Faithful
.獨 Gestühl/Kirchenbänke)
actuaria navis. 가볍고 빠른 배/
Ad terram naves deligáre. 육지에 배들을 대다/
ália naves. 나머지 배들/
Amnis návĭum patiens 배가 지나갈 수 있는 강/
amnis, qua naves ambúlant. 배들이 왕래하는 강/
appúlsæ líttori naves. 해변에 닿은 배들/
appúlsi návigiis. 배로 상륙한 사람들/
armo naves. 군함들을 무장하다/
arripio naves. 배를 나포하여 거기에 올라타다/
Affecto navem dextrā. 오른손으로 배를 꼭 붙잡다/
Cujus hæc navis est? 이 배는 누구의 것인가?/
egredior ex návi. 배에서 내리다/
egredior návi. 배에서 내리다/
ex návi effero. 배에서 (짐을) 부리다/
exeo de návi. 배에서 내리다/
facultas návĭum. 많은 선박(船舶)/
fruméntum návibus. 곡식(穀食)을 배로 실어가다/
illido naves vadis. 배들을 모래펄에 부딪뜨리다/
impello navem remis. 노(櫓)로 배를 젓다/
In littus passim naves egérunt.
사방에서 해변(海邊)으로 배들을 몰고 왔다/
in nave vehi. 배타고 가다/
in naves iracúndiam erumpo.
(나포한) 배들에 대해 분풀이를 하다/
in terram navem ejicio. 배를 육지(陸地)에 대다/
ingredior in navem. 배 안으로 들어가다/
inhíbeo retro navem. 배를 저어 뒤로 가다/
intra navim. 배 안에서/
longa návis impávida. 전투함(戰鬪艦)/
lusoriæ naves. 강에서 경비하던 유격선(lusorius 참조)/
magno deprehénsa návis vento. 큰바람을 만난 배/
Magnum periculum fuit, ne návis mergĕretur.
배는 침몰될 위험이 컸다/
navem dedúcere. 배를 띄우다, 출범(출항)하다/
navem fabricándam redimo. 선박건조를 청부하다/
navem subdúcere. 배를 육지(陸地)에 올려놓다/
Navem vorat vortex. 심연이 배를 집어 삼킨다/
naves ad terram religo. 배를 육지에 대어 정박시키다/
naves ærátæ. 뱃머리를 동판으로 덮은 배들/
Naves causa nevigandi factæ sunt(당위분사문.)
(=Naves ad navigandum factæ sunt-동명사문)
배들은 항해하기 위해서 만들어졌다/
naves deligatæ ad ancoras. 정박(碇泊)한 선박들
naves eodem, unde erant profectæ, relatæ.

출발했던 그 자리로 되밀려간 배들/
naves factæ ad quamvis vim perferéndam.
어떤 공격이라도 견디어 내도록 건조된 함정들/
Naves in littore ejectæ sunt.
배들이 바닷가에서 난파하였다/
naves in noctem conjectæ. 갈 길이 저물어진 선박/
Naves nostris adversæ constitérunt.
적함들이 우리 군함들과 대치하여 정박하였다/
naves onustæ fruménto. 곡식(穀食) 실은 배/
naves piscatóriæ. 고기잡이 배/
naves, quæ exércitum deportavérunt.
군대를 수송한 선박들/
Naves vento tenebántur, quóminus in portum veníre
possent. 배들은 바람으로 말미암아 항구에 올 수 없도록 방해를
받고 있었다.(방해. 저항. 制止. 거절을 표시하는 방해동사 Verba
impediéndi가 수동형으로 사용될 경우에도 그 접속문은 그대로 남아 있는다).
návibus oram Itáliæ lego.
배들로 이탈리아의 해안(海岸)을 끼고 지나가다/
Navium altitudo hostium celeritatem tardabat.
배들의 높이가 적군들의 (공격) 속도를 늦추었다/
Nostræ naves duæ in ancóris constiterunt.
우리의 두 배는 닻을 내리고 머물러 있었다/
Oceanus raris návibus aditur.
대해(大海)에는 소수의 배들이 다닌다/
Quam tu mihi navem narras?
너는 어느 배라고 단언(斷言)하는 거냐?/
Rédeam eódeam, unde erant proféctæ naves.
나는 배들이 출범했던 그곳으로 돌아가겠다/
Si Marcus navem navigare posset, id faceret.
마르쿠스는 배로 항해할 수 있다면 그렇게 할 것이다./
tarditas návíum. 느린 항해/
tectæ naves. 갑판 있는 배/
traho naves in saxa. 배를 바위 있는 데로 끌다/
transcendo in hóstium naves. 적군의 배로 건너가다.
návis bitumine illita. 역청 바른 배
návis classiariæ. 함장(艦長), præfectus návis.
návis classiariæ minor. 부함장(副艦長)
návis concita. 동요가 심해진 배
návis fidelis. 튼튼한 배
Návis in qua navigabamus, erat celer et commoda.
우리가 타고 가던 배는(qua: 수단 탈격) 빠르고도 편했다.
návis lateralis. (옛 건축 양식의) 성당 내부의 側廊(回廊).
návis longa. 군함(classis, -is, f.)
návis loricata. 철갑선(鐵甲船)
navis mercatória. 상선(商船), 화물선(貨物船)
navis oneraria. 화물선(貨物船)
návis piscatoria. 어선(漁船)
návis provisa. 멀리 보인 배
návis submersa. 가라앉은 배
návis subnatális. 잠수함(潛水艦)
Navis tertia navem primam et secundam inducebat.
셋째 함선이 첫째와 둘째 선박을 인도하였다.
Navis tertia navem primam et secundam secuta est.
셋째 함선이 첫째와 둘째 선박을 뒤따랐다.
návis torpedinaria. 어뢰정(魚雷艇)
návis transversa. 십자형 성당의 좌우 성직자석
návíta, -æ, m. (navis) (=nauta)
선원(船員), 수부(水夫), 뱃사공, 항해자(航海者).
návítas, -átis, f. (navus) 열성(熱誠-열정에 찬성의), 열심,
열중, 근면, 활동(活動)⑨ Activity.獨 Aktualität).
Christiana navitas caritativa a factionibus et doctrinis
seiuncta esse debet.(⑨ Christian charitable activity must
be independent of parties and ideologies) 그리스도인의
사랑 실천은 당파와 이념에서 벗어나 있어야 합니다.
návíter, adv. (navus)
분발하여, 열성적으로, 열심히, 부지런히, 완전히.
navo, -ávi, -átum, -áre, tr. (navus) 열심히 하다,
억척같이 노력하다, 있는 힘을 다하다, 정성껏 돌보다.

bellum navo. 악착같이 戰爭하다.
navo operam. 혼신(渾身)의 힘을 기울이다
navo óperam *alci.* 누구를 힘껏 도와주다.
návus, -a, -um, adj. (=gnavus)
열심한, 근면한, 공들이는; 악착같은, 끈기 있는.
Názăra, -æ, f. = Názareth.
Nazarǽus, -a, -um, adj. Názareth(사람)의,
하느님께 봉헌되고 서원한 (사람), Názareth 이단파의,
m., pl. 그리스도 신자(에 대한 경멸적인) 명칭.
Nazarǽus vocabitur. 그는 나자렛 사람이라고 불릴 것이다
Nazarénus, -i, m. Názareth 사람 예수 그리스도.
Názareth, f., indecl. Palœstína의 도시,
예수 그리스도의 (청소년 시절의) 고향.
adj. **Nazarǽus(=Názărǽus, Nazarénus),** -a, -um,
[예수가 살던 때의 나자렛은 유대인이 모여 살았으며 로마 제국이 그리스도교를
국교로 받아들인 뒤(313) 성지라고 일컬어지기 시작했다. 나자렛에서 뚜렷하지
않았던 신약시대 것이라고 할 수 있는 곳은 오늘날 성 마리아의 우물이라고 부르는
곳뿐이며 그 밖의 장소들에 대해서는 여러 교파들마다 의견이 다르다.]
ne¹ adv. (=næ.흔히 대명사와 함께 씀), 참으로, 정말, 확실히
ne² adv. (negatívum) 1. 아니, ne - quidem. …라도 아니,
조차 아니. 2.(금령(禁令) 표시로 ne와 함께 접속법 현재
(각 인칭) 또는 특히 단순과거(pf.)의 2.3인칭을 씀; 미래
명령법을 쓰기도 함)…하지 **마라**: Ne me moneátis.
너희는 내게 권고하지 마라/ Ne credíderis. 너는 믿지
마라/ Bóreā flante ne aráto. 북풍이 불어 올 때는 밭
갈지 마라. 3. (subj.와 함께 부정적으로 표시하는 소원.
맹세) 않았으면(좋겠다). …하지 말기를! Ne id Júpiter
síneret …, Júpiter 신이 그것을 허락 하지 않았으면
좋으련만/ Illud útinam ne scríberem. 나는 그것을 쓰지
않게 되었으면 좋겠는데/ Ne vivam, si scio. 내가 알고
있다면 (나는) 죽일 놈이다(맹세코 나는 모른다).
4. (subj.와 함께 부정적 내용의 양보 표시) 아니라고 하자
(하더라도): Ne sit sane summum malum dolor, malum
certe est. 고통이 최대의 불행은 아니라고 하자, 그러나
불행임에는 틀림없다.
ne³ conj. subord. c. subj. 1.(부정적 목적문(ut의 부정))
…**않기 위해서,** 않도록, 말도록: Ne …putétis. …너희가
…여기지 않도록/ Déprecor, ne putétis. 너희가 그렇게
여기지 않기를 바란다(더 이상의 엄중한 표현을 피하
려는 체하면서 실제로는 말해 버리는 삽입문)
ne dicam …. …라고 까지는 말하지 않겠지만.
2.(공포동사(verba timéndi)의 propósito objectiva)
…**할까봐,** -ㄹ까(겁나다): Tímeo, ne hoc própalam fiat.
나는 이일이 공개될까봐 겁난다/ Vérero, ne habére
non possit. 나는 그가 …가지지 못하게 될까봐 두렵다.
3.(조심.경계.예방.금지.방해 따위의 내용 표시)
않도록, 말도록: Qui cavet, ne despiciátur. 멸시 당하
지 않도록 조심하는 사람/ Vide, ne frustrétur. 그것이
실패되지 않도록 조심해라/ Impédior nerecúndiā, ne
te plúribus verbis rogem. 나는 부끄러워서 너한테
청하는 말을 더 이상 하지 못한다. 4.(부정적 내용의
양보문)비록 …**아니라 할지라도**(하지만), 아니더라도.
-ne⁴particula interrogatíva(의문의 중점이 되는 말
꼬리에 붙임)1.(직접의문, 選言的인 경우에는 먼저
나오는 의문문에 씀)…냐?: Visne…? 너 원하느냐?
…하고 싶으냐?/ Egóne? 내가?/ Nonne…? …아니란
말이냐? 그렇지 않으냐?/ Licétne vívere, an non licet?
살아도 되느냐 안 되느냐? 2.(간접의문(의혹)에서는
주로 選言的인 경우 먼저 나오는 의문에 씀, c.subj.)
…는지(인지) (혹은…): Intérrogo, unúsne an plures
véniant. 한 사람이 오는지 혹은 여럿이 오는지를 나는 묻는다.
ne⁵ 원형 neo, nêvi, nêtum, nêre,
[명령법. 단수 2인칭 ne, 복수 2인칭 nete].
Ne atténderis pétere a me. 나에게 청할 생각은 하지 마라.
Ne causam dícéret, se erípuit.
그는 자기변호를 하지 않아도 되게 되었다.
Ne comedatis quidquid abominabile est.
(ouv fa,gesqe pa/n bde,lugma) (獨 Du sollst nichts essen,
was dem Herrn ein Greuel ist) (⑨ You shall not eat

any abominable thing) 너희는 역겨운 것은 무엇이든지
먹어서는 안 된다(성경 신명 14. 3)/너희는 하느님께서 역겨
워하시는 것은 무엇이든지 먹지 마라(공동번역 신명 14. 3).
Ne bis in idem.(=Non bis in idem)
같은 것을 두 번하지 말라,
동일한 것에 대하여 재차 하지 않는다,
동일한 사물(사건)에 관하여는 다시 하지 않는다.
Ne credideris. 너는 믿지 마라.
Ne damnent, quæ non intelligunt.
자기들이 알아듣지 못하는 것을 나무라지 말아야 한다.
Ne dicas hoc modo. 이런 식으로 말하지 마시오.
Ne dicas, peccator sum, sed iniquus non sum:
Peccatum iniquitas est. "나는 죄인이지만 악인은
아니다"라고 말하지 마십시오. 죄는 곧 불법입니다.
(최익철 신부 옮김. 요한 서간 강해. p.227).
Ne dii sinant. 하느님 맙소사!(Quod abóminor!)
Ne difficília optémus. 너무 어려운 일은 바라지 맙시다.
Ne difficília optémus neve inánia consecémur.
우리는 어려운 것을 원하지 말고 헛된 것을 따라가지도 말자.
Ne fugeris. 너는 도망치지 마라.
Ne fugite hospitium neve ignorate Latinos, Saturni
gentem. 손님에게 드리는 이 환대를 저버리지 마시오.
사투르누스의 종족 라틴인들을 무시하지 마시오.
Ne hoc dicas. 이것을 이야기하지 마시오.
Ne hoc féceris. 이것을 하지 마라, 이것을 하지 마시오.
Ne hoc feceris. Taceam nunc.
제발 이러지 말아요. 이젠 잠자코 있을 게요.
Ne in alienissimum tempus cadat adventus tuus.
너는 엉뚱한 시간에 도착하지 않도록 해야 한다.
Ne libertatem in occasionem detis carni.(ⓐ Only do
not use your freedom as an opportunity for the flesh).
그 자유를 육을 위하는 구실로 삼지 마십시오.(갈라 5. 13).
Ne lucra sæculi in Christi quæras militia.
그리스도의 군대에서 세상의 이익을 바라지 마시오.
Ne ludant publice, maxime cum laicis, nec pro lucro.
공공연하게 더구나 세속인들과 섞어 또는
어떤 이익을 위하여 놀지 말 것.
Ne me deseras!. 나를 버리지 마세요!
Ne me moneátis. 너희는 내게 권고(勸告)하지 마라
Ne me moneatis : memini ego officium meum.(Plautus).
나더러 (이래라 저래라) 잔소리하지 말게나.
내 할 일 내가 알고 있으니까.
Ne mentiáris. 너는 거짓말 말아라
Ne mentiáris, improbe!. 거짓말 마시지, 이 못된 사람아!
Ne mentiaris. Ne mentitus sis.
거짓말을 하지 말라. 거짓말하지 말라.
Ne mirati sitis si hæc dico.
내가 이런 말을 하더라도 놀라지들 마시라.
Ne mortuo quidem(filio) affectus est.
아들이 죽었어도 그는 슬퍼하지 않았다.
Ne ob diutumum, 행적의 기록을 위한 새로운 규범(1970.4.3. 교령)
Nemo omnibus placet. 누구도 모든 사람을 즐겁게 하진 못한다
Ne permittas me separari a te.
나로 하여금 당신에게서 떠나지 말게 하소서.
Ne plus ultra. 여기 이상 넘어가지 말라
Ne procedat judex ex officio.
재판관은 직권으로 진행하지 말아야 한다.
Ne quem vi terreat. 누구도 폭력으로 남을 위협하지 말라
Ne quid nimis.(Terentius). 과유불급, 무엇이나 지나치지 않게,
무엇이나 너무 과도히 하지 마라,
아무 것도 과도히 하지 마라, 지나친 것은 흠이 된다.
Ne quis agrum consecrato.
누구나 전답을 축성해서는 안 된다.
Ne quis audeat mihi adversari.
누구도 감히 내게 덤비지 말라!
Ne sævi, magna sacerdos! lege has litteras.
위대한 (여)사제여, 성내지 마시오! 이 편지를 읽어보시오.
Ne sis(=si vis), **plora.** 제발, 울지 마라.

Ne sit sane summum malum dolor, malum certe est.
고통이 최대의 악(불행)은 아니라고 하더라도, 악임에는 틀림없다.
(양보문은 주문 뒤에도 나올 수 있으나 흔히는 주문 앞에나 가운데에
놓이게 되며 이런 경우에는 가끔 tamen, áttamen, sédtamen 따위의 반대
접속사를 쓴다. 그러나 sed 만은 쓰지 않는다. 허창덕 지음. 문장론, p.287).
Ne sitis pigri! 게으르지 말라
ne subeant animo tædia. 마음에 싫증이 생기지 않게 하다
Ne temére, (경솔히 …하지 말라) 개혁 교령.
(비오 10세의 혼배성사에 관한 법 1907.8.2. 공의회성성 교령).
Ne timeas eos: Dominus enim Deus vester
pugnabit pro vobis. (ουν fobhqh,sesqe o[ti ku,rioj o` qeo.j
h`mw/n auvto.j polemh,sei peri. u`mw/n) (獨 euch nicht vor
ihnen; denn der HERR, euer Gott, streitet für euch)
(ⓔ Fear them not, for the LORD, your God, will fight for
you) 너는 그들을 두려워하지 마라. 주 너희 하느님은
바로 너희를 위하여 싸워 주시는 분이시다(성경 신명 3. 22)/
너는 그들을 두려워하지 마라. 너의 하느님 야훼께서
몸소 너의 싸움을 싸워 주실 것이다(공동번역 신명 3. 22).
Ne timeas, Maria. 두려워하지 마라, 마리아야(성경 루카 1. 30)
Ne timeátis. 너희는 두려워하지 말라.[접속법 현재완료].
Ne timueris. 너는 두려워하지 말라.[접속법 현재]
Ne timuéritis(=Ne timeátis). 너희는 두려워하지 마라
ne unus quidem. 단 한사람도 아니
Ne unus quidem homo sine vitio est.
단 한사람이라도 허물없는 사람은 없다.
ne varietur. 결정적인
Ne videam quæ fecisti.
너희가 한 일을 내가 보지 않도록 하라.
Ne vivam, si scio. 나는 죽어도 모른다! 맹세코 나는 모른다.
내가 알고 있다면 나는 죽일 놈이다.
ne vos palpetis, ne vos aduletis, ne vos decipiatis,
ne vos illudatis. 아첨하거나 비위를 맞추거나 속이거나
조롱하지 마십시오.(최익철 신부 옮김. 요한 서간 강해. p.163).
Neápòlis, -is, f. 나폴리(地名)
nebris, -ídis, f. 새끼사슴 가죽(Bacchus가 입었다는 것.
후에 bacchus 축제 때 그 제관이나 신도들이 입었음).
nébüla, -æ, f. 안개, 김(수증기), 증기(蒸氣-"수증기"의 준말),
아지랑이(봄날 햇볕이 강하게 쬘 때 공기가 공중에서 아른아른 움직이는
현상, 陽炎-아지랑이), 연기(煙氣), 가볍고 비치는 옷,
오리무중(五里霧中), 어렴풋함, 흐릿함,
부피만 크고 가벼운 것; 보잘 것 없는 것.
Ingressusque Moyses medium nebulæ ascendit in
montem. 모세는 구름을 뚫고 산에 올라갔다(탈출 24. 18).
Nebülar hypothesis. (天) 성운설(星雲說)
nébülo¹ -áre, tr. (nébüla) 안개로 덮이게 하다
nébülo² -ónis, m.
쓸모없는 사람, 몹쓸 놈, 협잡꾼, 사기꾼, 허풍선이.
nébülor, -ári, dep., intr. (nébülo) 고약해지다, 못된 놈 되다
nebulósus, -a, -um, adj. (nébüla) 안개익, 안개 낀,
흐린, 어두운, 희미한, 알아듣기 어려운, 오리무중의.
nec, conj. 1. (古)(부정의 강세)아니(μή,μηδὲ.oὐ): nec
obœdiéntem et nóxium civem. 복종은 하지 않고 해독만
끼치는 시민을. 2.(앞에 나온 긍정에 대립 시켜진 부정)
그러나 …는 아니. 3.(부정의 연속)… 아니. quia non
viderunt nec sciunt. 그들은 보지 못했고 또 알지도
못하기 때문에. 4.(앞에 나온 것의 설명적 부정)즉 …아니,
…아니기 때문에, 5.(부정적 결론)그러므로 …아니.
natura nec facit quidquam frustra.
자연은 불필요하게 산출하지 않는다/
Nec dux militibus, nec milites duci fidebant.
장군은 병사들을, 병사들은 장군을 믿지 않고 있었다/
non dependens a corpore in operando, quia nec etiam in
essendo dependet a corpore. 이성 혼은 존재에 있어서도
신체에 의존하지 않는다. 따라서 작용에 있어서도 신체에
의존하지 않는다(성 염 지음. 사랑만이 진리를 깨닫게 한다. p.161)/
Pacta tertiis nec nocent nec prosunt.
조약은 제삼국에 해도 주지 않고 이익도 주지 않는다/
quarte quæ non creat nec creatur. 창조하지도 않고
창조되지도 않는 자연(전 우주의 목적으로서의 하느님)/

794

répúto alci nec bona ópera nec mala.
아무에게 선행도 악행도 돌리지 않다/
Res inter alios acta aliis nec nocet nec prodest(타인들 사이에 행한 것은 제3자에게 해를 끼치지도 아니하고 이롭게 하지도 않는다)
타인간의 행위는 우리를 해하지도 이롭게 하지도 않는다/
Spíritus … sit nec in recéptu difficilis.(recéptus² 참조)
숨을 들이쉬기가 곤란해서도 안 된다.

Nec afflicto afflictio sit addenda.
상처 입은 자에게 상처를 가중시키지 말라.
nec citra nec ultra. 이쪽도 저쪽도 아닌(전진도 후퇴도 아닌)
nec curare deum credis mortalia quemquam.
어느 신명도 인간사 따위는 돌보지 않는다고 믿는가 보지.
(성 엠 지음, 사랑만이 진리를 깨닫게 한다. p.419).
Nec dependes nec propendes.
너는 무게가 덜 나가지도 더 나가지도 않는다.
nec desiderantur nisi aliqualiter cognita.
인식되는 것이 조금도 없으면 열망되지도 않는다.
Nec dóminam motæ dedecuére comæ.
약간 흐트러진 머리가 귀부인을 망신스럽게는 하지 않았다.
nec erit in domo tua ephi maius et minus.
(ouvk e;stai evn th/| oivki,a| sou me,tron kai. me,tron me,ga h' mikro,n) (獨 und in deinem Hause soll nicht zweierlei Maß, groß und klein, sein) (英 nor shall you keep two different measures in your house, one large and the other small) 너희는 집에 크고 작은 두 개의 되를
가지고 있어서는 안 된다(성경 신명 25. 14)/너희 집에 크고 작은 두 다른 되가 있어서도 안 된다(공동번역 신명 25. 14).
nec faciunt bonos vel malos mores nisi boni vel mali amores. 선하거나 악한 행위를 자아내는 것은 선하거나
악한 사랑 외에 다른 것이 아니다(교부문헌 총서 16, 신국론, p.1216).
nec habebit Deum Patrem qui Ecclesiam noluerit habere matrem. 교회를 어머니로 섬기지 않으려는 자는
하느님을 아버지로 모실 수 없다(성 아우구스티노).
Nec habeo, nec careo, nec curo.
나는 가진 것도 없고 필요한 것도 없고 걱정할 것도 없소.
Nec in vicum introieris.(英 Do not even go into the village) 저 마을로는 들어가지 마라.(성경 마르 8. 26).
nec iniusta eius gratia nec crudelis potest esse iustitia. 그 분의 은총이 불의한 것일 수 없듯이 그 분의
정의도 가혹한 것일 수 없다.(교부문헌 총서 16, 신국론, p.1335).
Nec iternum hoc verum est, quod omnis numerus causetur ex materia. 더우이 모든 수의 원인이 질료라고
말하는 것도 참이 아니다.(지성단일성, p.201).
nec lædere nec violari. 서로 해치지 말고 해침을 받지 말라.
(성 엠 지음, 사랑만이 진리를 깨닫게 한다. p.430).
Nec latuére doli alqm. 음모를 아무가 모르지 않았다
Nec loqueris contra proximum tuum falsum testimonium. (ouv yeudomarturh,seij kata. tou/ plhsi,on sou marturi,an yeudh/) (獨 Du sollst nicht falsch Zeugnis reden wider deinen Nächsten) (英 You shall not bear dishonest witness against your neighbor. 신명 5. 20)
이웃에게 불리한 허위 증언을 해서는 안 된다(성경)/
이웃에게 불리한 거짓 증언을 못한다(공동번역 신명 5. 20).
Nec nos ipsi tale aliquid auderemus adserere nisi universale ecclesiæ concordissima auctoritate firmati.
보편 교회의 일치된 권위에 의해 확정된 것을
따르지 않는 일은 허락되지 않는다.
Nec nostri sæculi est. 우리 시대에 맞지 않기 때문입니다.
Nec omittit quod est necessaríum.
자연은 필요한 것을 소홀히 하는 법이 없다.
Nec omnia, quæ illius sunt.(英 Thou shalt not covet thy neighbor's goods)(십계명 10) 남의 재물을 탐내지 마라.
Nec pater, nec mater venit.
아버지도 어머니도 오시지 않았다.
(여러 개의 주어들이 et-et, nec-nec, neque-neque 등의 연계접속사,
또는 aut-aut, vel-vel, sive-sive 등의 선언접속사로 연결되어 있을 때에는
그 설명은 가까운데 있는 주어를 따라간다).
Nec pluribus impar. 많은 사람들과 다른
nec potest quisquam diligere Patrem, nisi diligat Filium; et qui diligit Filium, diligit et filios Dei.

아드님을 사랑하지 않으면 누구도 아버지를 사랑할 수 없습니다. 아드님을 사랑하는 사람은 하느님의 자녀들도 사랑합니다.(최익철 신부 옮김. 요한 서간 강해. p.435).
Nec precibus nostris relínquit locum
그는 우리에게 간청할 기회를 주지 않았다.
Nec principíum nec finem habĕre. 시작도 끝도 없다.
nec qui est omnium anima, sed qui fecit omnem animam. 신은 세계 혼이 아니고 모든 혼을 창조한 분이다.
Nec quidquam áliud libertate quæsívit.
그는 자유 이외에 다른 아무 것도 찾지 않았다.
Nec quidquam áliud philosophía est præter stúdium sapiéntiæ. 철학이란 예지(叡智)의 연구
외에 다른 아무 것도 아니다.
nec quisquam possit amáre quod nescit?
누구도 알지 못하는 바를 사랑할 수 없지 않은가?
Nec quisquam pote(est) dícere. 아무도 말 할 수 없다
nec recipiénte jam dilatiónem re,
사태가 더 이상의 지연을 허락하지 않아서(recipio 참조).
nec sibi, nec álteri prosum.
자신에게도 남에게도 이롭지 못하다.
Nec sum adeo informis.
나도 그렇게까지는 못생기지 않았다.
Nec te, nec tua, nec tuos prædica. 그대도, 그대의 것도, 그대의 몸 안에 있는 것도 선전하지 마라.
Nec tecum possum vivĕre nec sine te.
나는 너와 함께 살 수 없고 너 없이도 살 수 없다.
Nec tu, nec soror tuus punita est.
너도, 네 누이도 벌 받지 않았다.
(여러 개의 주어들이 et-et, nec-nec, neque-neque 등의 연계접속사,
또는 aut-aut, vel-vel, sive-sive 등의 선언접속사로 연결되어 있을 때에는
그 설명은 가까운데 있는 주어를 따라간다).
nec ullum verum nisi veritate verum est. 어느 사물이 진실하다면 반드시 진리에 근거하여 진실한 것이 된다.
Nec urbanæ, nec rusticæ servitutes oppignorari possunt.
도시지역권도 농촌지역권도 저당 잡힐 수 없다.
nec usquam insisténtes. 어느 곳에도 서지 않고.
Nec vocemini Magistri, quia Magister vester unus est, Christus.(英 Do not be called 'Master'; you have but one master, the Messiah) (mhde. klhqh/te kaqhghtai,(o[ti kaqhghth,j u`mw/n evstin ei–j o` Cristo,j) 너희는 선생이라고 불리지 않도록 하여라. 너희의 선생님은 그리스도 한 분뿐이시다(마태 23. 10).
Nec vita nec fortuna hominibus perpes est.(Publilius Syrus).
목숨도 행운도 사람에게는 영속하지 않는다.
Nec vox hominem sonat. 목소리도 사람의 목소리가 아니다.
necátor, -óris, m. (necátrix, -ícis, f.) (neco) 살해자
necdum, adv., conj. (nec+dum) 아직(도) …아니
necem sibi conscissére. 자살하다(sibi inferre manus)
necessário(=necessárĭe) adv. (necessárĭus)
반드시, 꼭, 필연적으로.
necessárĭum consortĭum litis. 필요적 공동 소송
necessárĭus, -a, -um, adj. (necésse) (comp. magis necessárĭus; superl. máxime necessárĭus)
피할 수 없는, 어쩔 수 없는, 불가피한, 필연적인, 급박한, 긴요한, 절대적인, 필요한, 필수적인, 빼놓을 수 없는, 육친의, (혈연.우정으로) 맺어진, 절친한, 밀접(密接)한 관련성(關聯性)이 있는.
n., f.(pl.) 혈육(血肉), 친척(親戚), 인척(姻戚), 친구.
ad vivéndum necessária. 생활필수품/
an ad bene esse mundi necessaria sit universali Monarchia.(단테의 "제정론" 제1권의 논제)
인류의 선익을 위하여 제권이 필요한가?/
Anteactis progressus temporibus homo semper vixit re necessaria coactus. 초기 발전 단계에서 인간은 항상
필요성에 얽매여 살았다(1991.5.1. "Centesimus annus" 중에서)/
Ego sum, ego existo, quoties a me profertur, vel mente concipitur, necessario esse verum.
내가 있다, 내가 존재한다는 것은 그것이 나에 의해 말해지고 정신에 의해 파악될 때마다 필연적으로 참이다/
ens necessárium. (哲) 필연적 유/

N

Et ideo necessaria fuit homini custodia angelorum.
그러므로 인간에게 천사들의 보호는 필수적이다/
expensa necessária. 필요한 비용/
exsecutor necessárĭus. 필요적 집행자/
forma commissoria necessária. 필수적 위임 형식/
heres necessárĭus. 필요의 상속인/
In necessariis Unitas: in dubiis Libertas: in omnibus
Caritas.(본질적인 것에 있어서 일치를, 의심스러운 것에 있어서 자유를.
모든 것에 있어서 사랑을) 요긴한 일에 있어서 일치하며
확실치 않은 일에 있어서 각자의 자유를 보장하며,
모든 일에 있어서 사랑을 보존하라.(St. Augustinus)/
Incarnátĭo Verbi non est absolute necessaria.
말씀의 육화는 절대적인 필연성이 아니다/
interventus necessárĭus. 필요적 참가/
Mísera est illa quifem(--> quidem) consolátĭo, sed
tamen necessária.
그 위로가 비참한 것이기는 하지만 그러나 필요하다/
necessarii ac consanguínei. 혈육들과 일가친척들/
necessaria transcendentia "Litteræ"(⑨ The need to
transcend the "letter"). "문자"를 초월할 필요성/
Non sunt multiplicanda entia non necessaria.
불필요한 보편 개념을 제거하면서 쓸데없는 존재
개념을 많이 만들지 말자(윌리엄 오컴(1285~1349)의 논리학 원칙)/
primum principium immobile et per se necessarium.
자체로는 부동적이며 필연적인 제1원리/
res magis necessáriæ. 더 필요한 것들(물건)/
Sed duplex est accidens, scilicet necessarium quod
non separatur a re, ut risibile ab homine; et non
necessarium quod separatur, ut album ab homine.
그러나 우유에는 두 가지가 있다. 즉 인간에게 '웃을 수
있다'는 것처럼 사물로부터 분리되지 않는 필연적
우유들과, 인간에게 '희다'는 것처럼 사물로부터 분리되는
비-필연적 우유들이 있다(스콜라 철학에서의 개체화. p.762 참조)/
tam necessárĭo témpore. 이렇게 긴급한 때에/
tuórum quisque necessariórum. 네 친척들이 저마다/
Unum est necessarium 하나됨이 필요하다/
utpote solemnis liturgiæ pars necessária.
장엄한 전례에서의 필연적 부분/
valde enim necessaria res est. 이것은 꼭 필요한 일입니다.
(최익철 신부 옮김, 요한 서간 강해, p.284)/
valde utilis et necessaria. 매우 유익하고 필요한/
vítĭum, quod tu nimis magnum stúdĭum in rem non
necessáriam confers.
네가 불필요한 일에 너무 큰 열성을 들이는 그 결점.
necésse, adj., n., indecl. (동사 esse나 habére에 동반
되면서 prœd..으로 쓰임) 꼭 필요한, 필수적(必須的),
꼭 해야만 하는, 필연적: 1.((alci) necesse esse의
경우: pron. relat. n.; inf., acc.c. inf.; ut. subj.)
Emas, quod necesse est. 꼭 필요한 것만 사라/
Hómini necésse est mori. 사람이 죽는 것은 필연적이다.
[accidit, libet, licet, necesse, placet, præstat의 비인칭 동사는 의미상의 주어를
여격으로 표시한다. 성 염 지음, 고전 라틴어, p.394]/
In eum res rédiit locum, ut sit necésse. 그 일은
그렇게 될 수밖에 없는 그런 형편에 이르러 있었다/
Istum contemnétis, necesse est. 너희는 그를 반드시
멸시해야만 한다/
2. (necesse habére inf.) Non habébimus necesse semper
conclúdere. 우리가 반드시 결론 내려야 할 필요는 없게
될 것이다. (라틴-한글사전, p.548)
Necesse erat, hoc fácĕre. 이것을 하지 않을 수 없었다.
Necesse erat, te hoc facĕre.
(=Tibi necesse erat, hoc facĕre) 너는 필연적으로
이것을 해야 했다(너는 이것을 하지 않을 수가 없었다).
necesse est ergo ut Deum diligat quisquis diligit
fratrem. 누구든지 자기 형제를 사랑하면 필연적으로 사랑
자체이신 분을 사랑하게 됩니다(최익철 신부 옮김, 요한 서간 강해, p.419).
Necesse est qui diligis fratrem, diligas ipsam
dilectionem. 그대가 형제를 사랑하면 필연적으로 사랑
자체이신 분을 사랑하게 됩니다(최익철 신부 옮김, 요한 서간 강해, p.419).

necesse est. 하여야 한다, 필요가 있다(절대적 필요성 즉
부득이한 필요나 면제될 수 없는 필요성이나 의무 등을 표시한다).
tantum verbórum est, quantum necésse est.
필요한 만큼 말도 많다.
Necesse est sicut ignis, prius occupet proxima, et sic
se in longinquiora distendat. 불과 같을 필요가 있습니다.
먼저 가까운 데서 붙어 점점 멀리 번져 나가는 불
말입니다.(최익철 신부 옮김, 요한 서간 강해, p.351).
Necesse est ut diligat Deum, necesse est ut diligat
ipsam dilectionem. 하느님을 사랑하고, 사랑 자체이신
분을 사랑해야 합니다.(최익철 신부 옮김, 요한 서간 강해, p.419).
Necesse est ut diligat dilectionem.
사랑을 사랑해야 합니다.(최익철 신부 옮김, 요한 서간 강해, p.419).
Necesse est ut ita velim.
나는 필히 그렇게 원할 수밖에 없다.
necesse sit productionem effectus preoperari causam.
결과를 생성해내려면 먼저 원인이 작용해야 한다.
(성 염 옮김, 단테 제정론, p.198).
necéssĭtas, -átis, f. (necésse) 필연성(必然性),
필연적인 연관성, 숙명(宿命.獨 Geschick)/
필요성(必要性.⑨ Necessity), 필요, 요구, 긴요(緊要),
필수, 긴급, 급박, 위급, 긴박한 경우(형편.사정.상태),
강박, 자백강요, 본능적 욕망, 필요한 것(일.물건),
필수품, 필수적인 의무(경비), 궁핍(窮乏), 곤궁(困窮),
혈육관계, 혈연(血緣), 친족(인척) 관계, 우의(友誼),
An voluntatibus hominum aliqua dominetur necessitas.
어떤 필연이 인간들의 의지를 지배하는가.(신국론. p.2758)/
De necessitate perfectionis in Sacerdotibus.
사제들에게 완덕이 필요함에 대하여/
De necessitatibus meis erue me!(bring me out of
my distress). 나의 불가피한 처지에서 나를 빼내주소서.
(성경 시편 25. 17. 저를 고난에서 빼내 주소서)/
ex necessitate. 필요에 의하여/
Mater artŭm necessitas. 필요는 예술(기술)의 어머니/
necessitate compulsus. 필요에 몰려서/
necessitátes spirituales. 영적 필요(靈的 必要)/
Necessitáti quodlibet telum utile est(Publilius Syrus).
급박한 경우에는 아무 무기라도 쓸모가 있다/
necessitáti subveníre. 긴급한 때에 도와주다/
peccata habendi dura necessitas. 죄들을 지닐 수밖에
없는 냉혹한 필연성.(김 율 옮김, 은총과 자유, p.89)/
quod amando facit, non ex necessitate.
사랑해서 행동하는 것은 필연에 의한 것이 아니다/
Quod non est licitum in lege, necessitas facit licitum.
법률상 불가한 것이라도 필요성이 있으면 가한 것이 된다.
necessitas absoluta. 절대적 필연성
necessitas antecedens. 선행적 필연성
necessitas caritatis. 사랑에 따르는 의무
necessitas coactiónis. 강제의 필연성
necessitas conditionata. 조건적 필연성
Necessitas caret lege. (절박한) 필요에는 법이 없다
Necessitas dat legem, non ipsa accipit. 필요가 법을
부여하지(만들지 필요) 자체가 법을 수용하는 것이 아니다.
necessitas divinæ naturæ. 신적 본성의 필연성
necessitas ex obligatióne præcepti sive ex necessitate
finis. 규율의 의무이거나 목적에서 유래되는 필연성.
necessitas extrema. 초긴급 필요(秒緊急 必要),
(神) 극도(極度)의 위급(상태), 사활적(死活的) 위급.
necessitas gratiæ. 은총의 필요성
necessitas grávis. 중대한 필연성, 중대 필요
necessitas hypothetica. 조건적 필연성
necessitas legum naturæ. 자연법칙의 필연성
necessitas levis. 경미 필요
necessitas logica. 윤리적 필연성
necessitas médii.
방법상 필요. (神) 방법적(수단적) 필연성(필요성).
necessitas metaphysica. 형이상학적 필연성
Necessitas "missionis ad gentes"(⑨ The necessity of
the "missio ad gentes") "만민을 향한 선교"의 필요성.

necessitas morális. 정신적 필연성
necessitas naturæ. 자연의 필연성
necessitas naturalis. 자연적 필연성
Necessitas non habet legem. 필요 앞에 법 없다.
　(극단적) 필요는 法(의 구속)을 받지 않는다.
necessitas physica. 물리적 필연성
necessitas præcépti.
　명령상 필요, 명령(계명)에 의한 필연성.
Necessitas publica major est quam privata.
　공공의 필요는 개인의 필요에 우선한다.
Necessitas quod cogit defendit.
　필요(긴급)는 부득이한 행위를 정당화한다.
　필요(긴급)는 필요상 부득이 행한 행위를 정당화한다.
necessitas reipublicæ. 공공의 필요(Johann Gerhard)
Necessitas sacramenti Pœnitentiæ. 고해성사의 필요성
necessitúdo, -dĭnis, m. (necésse) 필연성, 불가피,
　불가항력, 숙명(宿命.獨 Geschick), 인연(因緣),
　(친우.고객.동맹 따위의) 밀접한 관계,
　혈족(친족.인척) 관계. (pl.) 친척, 친구.
necessitus vitæ Christĭane.
　그리스도교적 생활의 필요(교회와 성사. p.212).
necésso, -áre, tr. (necésse)
　불가피하게 하다, 부득이하게 하다.
necéssum, adj., n. (古) = necésse.
necne, adv. (nec+ne⁹)(선언적 의문문에서 앞의 것에
　대한 부정적 의문(질문)을 단적(端的)으로 드러냄)
　(혹은) 아니냐? Sunt hæc tua verba, necne?
　이것이 네 말이냐 아니냐?
necnon(nec non) conj. 그리고 또, 그뿐 아니라, 또한
neco, -ávi, -átum, -áre, tr. (nex) 죽이다(יקנ), 살해하다,
　멸하다, 없애다, 질식사하다, 숨 막히게 하다.
　Cum urbs capta esset, incolæ necati sunt.
　도시가 점령되고 나서 주민들은 학살당했다/
　In ultimo proelio dux necatus est.
　최근의(최후의) 전투에서 장군이 피살당했다.
necopĭnans, -ántis, adj. (non+opínans, opínor) 갑작스러운,
　미처 생각하지 못한, 예기치 못한, 뜻하지 않은.
necopináto, adv. (necopinátus)
　갑자기, 뜻밖에, 생각지도 않은 때에.
necopináto, -a, -um, adj. (non+opínor)
　예기치 못한, 예측하지 못한, 갑작스러운, 의외의.
　n., pl. necopináta. 돌발사건.
　ex necopináto. 뜻밖에, 갑자기/
　hóstium advéntu necopináto. 적군들의 급습으로.
necopínus, -a, -um, adj. (non+opínor)
　예견되지 않은(못한), 예기치 못한, 예측하지 못한.
necrobiósis, -is, f. (醫) 변성회저(壞疽),
　(체내 세포의) 사멸과정, 가성회사(假性壞死).
necrolatría, -æ, f. (⑨ Worship of the Dead) 사자숭배
necrológĭa, -æ, f. 사망자 명부(대장), 추도문, 조사(弔辭)
necrológĭum, -i, n. 사망자 명부(대장)
Necromantea, -æ, f. 심령술(心靈術), 강신술(降神術),
　사망자와의 영교술(靈交術), 무술(巫術), 주술(呪術),
necromantía, -æ, f. 강신술(降神術-기도나 주문으로 신을
　내리게 하는 술법), (죽은 사람의 영혼과 통한다는) 무술.
necrophóbĭa, -æ, f.
　시체 공포증(屍體 恐怖症), 죽음에 대한 공포증.
necrópsĭa, -æ, f. (醫) 검시(檢屍), 시체해부(屍體解剖).
necrósis, -is, f. (醫) 괴사(壞死→회사) 탈저(괴저, 괴저),
　괴저(壞疽, 회저 -신체 조직의 일부가 썩어 기능을 잃는 병).
　(植) 퇴괴(頹壞-점진적인 부패).
nectar, -áris, n. (신화에서) 신들이 마시는 술(음료),
　달콤한 음료, 감로주(甘露酒), 우유, 방향, 감미로움,
　꿀(꿀벌이 꽃에서 빨아들여 벌집 속에 모아 두는, 달콤하고 끈끈한 액체).
nectárĕus(nectárĭus) -a, -um, adj. (nectar)
　신들의 음료인, 신들의 술(음료) 같은, 달콤한, 감미로운.
necto, néxŭi(-xi), necxum, -ĕre, tr. (cf. neo)
　매다(רטק), 묶다(רטק,רטק.וטר.יחא.ארסא),

엮다(חטח), 짜다(גרס), 얽다, 땋다, 연결시키다,
결합시키다, 관련시키다, 구속(拘束)하다, 의무 지우다,
종으로 삼다(채무불이행의 경우 채권자가 채무자를 자기에게
　예속시켜 채무를 청산할 때까지 종으로 삼다.
nécŭbi, conj., subord. (ne³+alícubi) (c. subj.)
　어디든지(아무데서도) …(하지) 않도록(못하도록).
necúnde, conj., subord. (ne³+alicúnde) (c. subj.)
　어디서부터라도 …(하지) 않도록(못하도록).
nēdum, conj., coord., adv. (conj. 일 때에는 흔히 c. subj)
　(부정문 뒤에. 또는 전제하고) 더군다나 …아니(못),
　고사하고(커녕) …도 아니: Claríssimi viri … non
　potuérunt, nedum …possímus. 유명 인사들이 …할
　수 없었는데, 우리는 더군다나 …없다. (때로는 앞에
　나온 긍정에 뒤따르면서) 더군다나, 더욱: ornaménta
　étiam legióni, nedum míliti, satis multa. 군단에게도
　과하지만 더구나 일개 사병에게는 너무 과한 장식.
　(앞자리에 놓일 때) 뿐 아니라, 물론이오: nedum humílium,
　sed étiam amplissimórum consília. 천민의 의견뿐
　아니라 고관들의 의견까지도.　(라틴-한글사전. p.549)
nefándus, -a, -um, (nefans, -antis.) adj. (ne²+fari)
　말할 수 없는, 어마어마한, 끔찍스러운, 언어도단의,
　사악한, 흉악한, 죄악의. m., pl. 죄인들. n. 사악, 죄악.
　crimen nefandum. 흉악한 죄악/
　dei mémores fandi atque nefándi.
　선행과 악행을 기억하는 신들/
　fanda atque nefanda. 할 말과 못할 말.
nefárĭus, -a -um, adj. (nefas) 고약한, 끔찍한, 흉악한,
　죄악의. m. 죄인(ἁμαρτωλὸς.罪人.⑨ sinner).
　흉악범(凶惡犯-흉악한 범죄를 저지른 사람). n. 끔찍한 죄악.
　consortium nefariorum hominum. 악인들과의 유대.
nefas, indecl., n. (ne²=non+fas) 법(도)에 어긋나는 것,
　하느님의 뜻에 어긋나는 것, 자연을 거스르는 것,
　불경(ἀσέβεια.⑨ Irreligion), 독성(⑨ Sacrilege),
　불의(⑨ injustice), 죄악(罪惡.⑨ Lawlessness), 부당,
　불가, 옳지 않음, 흉악한 사람, 괴물, 끔찍한 것,
　불가능(不可能)한 것, (interj) 저런! 고약하게끔!.
　Jove tonante, Jove fulgurante, comitia populi habere
　nefas. 유피테르(쥬피터)가 천둥을 치고 유피테르가
　번개를 치는 동안, 국민 집회를 가짐은 불가하다/
　Non sum ego is consul, qui nefas esse arbitrer Gracchos
　laudare. 그라쿠스 형제를 칭송해서는 안 된다고 생각할
　그런 집정관이 나는 아니다.
nefas est 불가하다(fas est 정당하다, 가하다)
nefas putáre. 부당한 것으로 여기다
nefasto die. 재수 없는 날에
nefastus, -a, -um, adj. (ne²=non+fastus⁹)
　개정이 불가능한 날의, 법을 집행할 수 없는 (날의),
　종교상으로 금지된, 불경건에 속하는, 불길한, 불행한,
　재수 없는, 해로운, 흉악한, 고약한.
　dies nefásti. 개정(재판) 금지일/
　nefásto die. 재수 없는 날에.
negántĭa, -æ, f. (nego) 부정(否定), 부인(否認)
negátĭo, -ónis, f. (nego) 부인(否認), 부정(否定), 취소,
　거부(拒否-거절), 거절(拒絶), (文法) 부정사(不定詞).
　negationem divisionis in ipsomet ente.
　존재자 자체 안에서의 구분의 부정.
negatio divisionis. 분리의 부정
negátĭo in subjecto. 주체 안에서의 부정
negátĭo negátĭónis.(獨 Negation der Negation).
　부정의 부정(否定).
negatívus, -a, -um, adj. (nego) 부정(否定)의, 부정적,
　부인하는, 금지(거부.반대) 하는, 소극적(消極的).
　attributa negativa. 소극적 속성(消極的 屬性)/
　bractea negativa. 음화 필름.
negative infinitum. 부정적 무한(否定的無限)
negátor, -óris, m. (negátrix, -icis, f.) (nego)
　부인(부정)하는 사람, 거절(거부)하는 사람.
negátores et dubitátores resurrectiónis.

N

부활을 부인하고 의심하는 자들.

negatórĭus, -a, -um, adj. (negátor)
부인(부정)하는, 거절(거부)하는.

Negative. 교황청 각 부서가 제출 받은 질문이나 청원에 대한 답서로 "청원을 불허하는 기각 답서"를 뜻함.
(교회법 해설 [3] 교회의 최고 권위, p.277).

negátum, -i, n. (nego)
부정(부인) 된 것; 금지(禁止)된 것, 거절(拒絶)된 것.

négĭto, -ávi, -átum, -áre, freq., tr. (nego)
완강히 부인(否認)하다, 거듭(끝까지) 부인하다.

neglecte(=neglectim) adv. (negléctus[1]) 소홀히, 등한히

negléctĭo, -ónis, f. (néglego) 소홀(疏忽), 등한(소홀), 경시(輕視), 태만(怠慢-게으르고 느림), 부주의(不注意).

negléctor, -óris, m. 등한히(不注意.소홀히) 하는 자

neglectum, "néglĕgo"의 목적분사(sup.=supínum)

negléctus[1] -a, -um, p.p., a.p. (néglego) 멸시 받은, 소홀히(등한히) 다루어진, 내버려둔, 돌보아지지 않은/
gravis neglectus.([영] grave neglect.[라] prævaricátĭo, -ónis, f.). 직무태만.

neglectus[2] -us, m. (néglego) 부주의, 소홀, 등한, 태만.
De neglectu omnis creaturæ, ut Creator possit inveniri.
조물주를 얻기 위하여 피조물을 하찮게 봄

néglĕgens, -éntis, p.prœs., a.p. (néglego)
소홀히(등한히) 하는, 무관심한, 마음 쓰지 않는, 태만한.
amicórum neglegens. 친구들을 소홀히 하는.

neglegéntĭa, -æ, f. (néglĕgens) 등한(소홀), 태만(怠慢), 부주의(不注意), 돌보지 않음, 무관심(無關心), 무성의.
multis in rebus neglegentĭa plecti.
많은 일에 있어서 소홀한 탓으로 벌 받다/
Pudeat te negligentiæ tuæ.
너는 네 태만(怠慢)을 부끄러워해야 한다.
(감정을 나타내는 비인칭동사들은 의미상의 주어를 대격으로 쓴다).

neglegi, "néglĕgo"의 단순과거(pf.=perfectum)

néglĕgo, negléxi(드물게 -légi), negléctum -ĕre, tr. (nec+lego) 등한히 하다, 소홀히 하다, 경시(輕視)하다, 업신여기다, 마음 쓰지 않다, 돌보지(보살피지) 않다, 무관심(無關心)하다, 무성의(無誠意)하다.
incipio neglígere. 등한히 하기 시작하다/
neglexisse officium taciturnitate videremur([영] By keeping silence we would seem to neglect the duty incumbent on us) 침묵을 지키는 것은 의무를 소홀히 하는 것같이 보일 것이다(1991.5.1. "Centesimus annus" 중에서)/
Omnia recta et honesta neglegunt, dum potentia consequantur.(Cicero). 권력을 추구하는 한, 정의와 성실을 일체 소홀하게 된다.[성 염 지음, 고전 라틴어, p.355].

neglexi, "néglĕgo"의 단순과거(pf.=perfectum)

negligo… V. **neglego**…

nego, -ávi, -átum, -áre, intr., tr. (ne[2]+ago, ne[2]+ajo)
"아니"라고 하다, 부인(부정)하다, 거절하다(סרב),
(요구.부탁 따위를) 거절(거부)하다, 물리치다, 퇴박하다.
instánti negáre.(insto 참조) 탄원하는 사람에게 거절하다/
Modo ait, modo negat. 그는 금방 시인했다 금방 부인한다/
Nitimus in vetitum semper cupimusque negata.(Ovidius).
우리는 금지된 것을 늘 꾀하고
거절당한 것을 기어코 얻어내려 한다/
quod justum est petito vel quod videatur honestum nam stultum petere est quod possit jure negari.
정당한 것을 법원에 소청하고 정직하다고 보이는 바를 소청하라. 법에 의해서 기각 당할 것을 소청하는 것은 어리석은 짓이다(성 염 지음, 사랑만이 진리를 깨닫게 한다, p.456)/
Unde nego? Audis quia hoc dico. Immo ego convinco quia negas. 내가 어떻게 부인합니까? 그대는 내가 하는 말을 들어 보시오. 그대가 부인한다는 것을 내가 밝혀 주겠소.(최익철 신부 옮김, 요한 서간 강해, p.301).

negotiális, -e, adj. (negótium)
업무상의, 일에 관한, 거래상의, 민사소송 사건의.

negótĭans, -ántis, p.prœs., a.p. (negótior)
사업하는, 상업하는. m. 사업가, 은행가, 상인.

negótĭans salsárĭus. 자반 장수(salsamentárĭus, -i, m.)

negotiátĭo, -ónis, f. (negótior) 상업(商業)
장사([영] Business.상업), 거래(去來.[영] Business), 도매업(都賣業.[영] wholesaling), 금융업(金融業), 사업(事業.[영] Work), 업무(業務).

negotiátĭo argentaria. 환전영업(換錢營業)

negotiátĭo industriális 가공영업(加工營業)

negotiátĭo lucrativa. 영리영업(營利營業)

negotiátĭo œconomica. 이재영업(理財營業)

negotiátĭo publica. 공적 영업(公的 營業)

negotiátor, -óris, m. (**negotiátrix**, -ícis, f.) (negótior)
은행가, 금융업자, 상인, 장사꾼(商人), 청부업자.
Puto istam margaritam esse illam quam homo negotiator quæsisse describitur in Evangelio. 복음서에서 말하는 장사꾼이 찾는 진주가 바로 이 사랑이라고 저는 생각합니다.

negotiatórĭus, -a, -um, adj. 상업에 관계되는

negotĭólum, -i, n. dim. (negótium) 작은 사업, 조그마한 장사

negótĭor, -átus sum, -ári, dep., intr., tr. (negótium)
금융업(은행업)을 경영(經營)하다, 크게 사업하다, 도매상(都賣商)하다, 장사하다, 돈벌이하다, 무슨 일에 종사(從事)하다, 골몰하다, 힘쓰다.
Negotiamini, dum venio([영] Engage in trade with these until I return) 내가 올 때까지 벌이를 하여라(성경 루카 19, 13).

negotiósus, -a, -um, adj. (negótium)
사업에 종사하는, 일에 바쁜, 수고하는,
…에 정신 팔린, 골몰한, 일하는, 근무하는,
negotiosi dies. 일하는 날(apta dies. 적당한 날).

negotĭum, -i, n. (nec+ótium) 분주함, 분망(奔忙-몹시 바쁨), 일(ἔργον.[영] work), 용무(用務), 사업([영] Work), 업무(業務), 사무(事務), 임무(任務.[영] Duty), 직무(職務.חָשַׁב.διακονὶα.λειτουργὶα.[영] Ministry), 공무, 국무, 관직, 재판(법정)에 관한 일, 영업(營業), 장사([영] Business), 상업, 금융업, 집안일, 가정(家政), 수고, 힘든 일, 골치 아픈(난처한) 일, 걱정, 사건, 문제. (pl.) 경우(境遇), 사정(事情), 관계(關係).
Desistere negótio. 파업하다/
Ejus negotium exposuerunt ut si esset res sua.
그들은 마치 자기 일인 양 그의 고충을 설명해 주었다/
facésso negótĭum *alci*. 누구를 난처하게 만들다/
habeo suum negótium. 일을 제 일처럼 여기고 수고하다/
Hæc negótia quomodo se hábeant, ne epístolā quidem narráre áudeo. 이 난처한 사정이 어떠한지를 나는 편지로도 감히 이야기할 수 없다/
In omnibus negotiis pertractandis personam seminarii gerit eius rector. 학장이 모든 업무 처리에서 신학교를 대표한다.(Can. 238)/
Intus in contemplationem rapitur, foris infirmantium negotiis urgetur. 안에서는 관상으로 드높여지지만, 밖에서는 병자들을 돌보는 일에 헌신 한다/
Quod homo non sit importunus in negotiis.
어떤 일에든 당황하지 않음(준주성범 제3권 39장)/
suspiciosíssimum negótium. 위험스러운 장사/
transigo negótium. 협상을 잘하다.

negotĭum juridicus. 법률행위(actio judiciális.)

negotĭum otiosum. 여유 있는 분주함

negotium otiosum, otiosorum negotium.
여유로운 사업이요 여유로운 사람들의 사업.

Néleus, -ĕi, m. 해신(海神) Neptúnus의 아들, Pylos의 왕, Nestor의 아버지.

Nello studio di rinnvamento,
선교사 소명과 양성(宣敎師 召命 養成)(1970.5.17. 회람).

nema, -ătis, n. 실(絲), 섬유(纖維-가는 실 모양의 고분자 물질)

Nemacheilus toni. (魚) 종개

Néměa, -órum, n., pl. 2년마다 거행되는 Némea의 경기.
(희랍 4대 축제의 하나).

Némĕsis, -is(-ĕos), f.
교만한 자.부정 축재자 따위를 벌하는 복수의 여신(女神).

Néminem vidi, nec quisquam me vidit. 나는 아무도

보지 못하였다. 그리고 어떤 아무도 나를 못 보았다.
[nemo와 같은 뜻으로 그 앞에 벌써 어떤 부정사가 있으면 nemo 대신에 quisquam을 쓰고 형용사는 ullus, -a, -um(unus, -a, -um과 같이 변화)을 쓴다.

Nemini nocendum est. 아무에게도 해가 되어서는 안 된다.
Nemini salus esse nisi in ecclesia possit(치프리아누스 편지, 4.4.3)
교회 안에서가 아니고는 그 누구도 구원받을 수 없습니다.
nemo, némĭnis(nullíus), m., f. (ne²+homo)
　아무도 아니(μηδεὶς), 아무도 …않다(못하다, 없다),
　보잘 것 없는(아무것도 아닌) 사람.
　cum tantis cópiis, quantas nemo hábuit.(quantus 참조)
　아무도 일찍이 가지지 못했던 만큼 큰 재산을 가지고/
　Deum nemo vidit umquam.
　일찍이 아무도 하느님을 보지 못했다/
　erudítus sic, ut nemo magis.
　아무도 더 유식(有識)할 수 없을 만큼 유식한/
　Hanc nisi mors mihi adimet nemo. 죽음이 아니고서
　는 아무도 그 여자를 내게서 뺏어가지 못할 것이다/
　homini antistare neminem. 인간 위에는 아무도 없다/
　Illo licénte, contra licéri audet nemo.
　그가 한 번 값을 정했으면 아무도 감히 딴 값을 놓지 못 한다/
　némine contradicénte(dissentiente)
　만장일치(滿場一致)로(unanimiter, adv.)/
　Nemini injuste facta conducunt.
　불의한 일은 아무에게도 이롭지 못하다/
　Nemini licet hominis dignitatem, de qua Deus ipse
　disponit cum magna reverentia, impune violare.
　(֍ no man may with impunity violate that human
　dignity which God himself treats with great reverence)
　하느님 자신이 대단한 존경심으로 다루는 인간 존엄성을
　침해하는 자는 어느 누구도 벌을 면할 수 없다/
　Nemon?(=Nemóne?) 아무도 없느냐?/
　non nemo. 어떤 사람/
　erudítus sic, ut nemo magis.
　아무도 더 유식할 수 없을 만큼 유식한/
　Ubi libertas cecidit, nemo líbere dícere audet.
　자유가 없어진 곳, 아무도 감히 자유롭게 말하지 못 한다/
　Ut nemo appropriet sibi prælátĭonem.
　아무도 장상직을 자기 것으로 요구하지 말 것입니다/
　Ut nemo corrumpatur malo alterĭus.
　다른 사람의 악행을 보고 분개하지 말 것입니다/
　Ut Post Completorĭum Nemo Loquatur.
　"끝기도" 후에는 아무도 말하지 말 것이다/
　Vicínam néminem amo.
　나는 아무 이웃여자도 사랑하지 않는다/
　vir nemo bonus. 선량한 사람은 아무도 … 아니.
Nemo adtendat linguas, sed facta et cor. 그 누구도
　말에 귀 기울이지 말고, 그 행동과 마음을 보십시오.
Nemo asseverare potest se sui fratris fati non esse
participem. 아무도 자기 형제의 운명에 대하여 책임이
　없다고 말할 수 없다(1991.5.1. "Centesimus annus" 중에서).
Nemo assumentum panni rudis assuit
vestimento veteri. (Ouvdei.j evpi,blhma r`a,kouj avgna,fou
evpira,ptei evpi. i`ma,tion palaio,n\ eiv de. mh) (֍ No one sews
a piece of unshrunken cloth on an old cloak. 마르 2, 21)
　아무도 새 천 조각을 헌 옷에 대고 깁지 않는다(성경)/
　낡은 옷에 새 천 조각을 대고 깁는 사람은 없다(공동번역)/
　아무도 생베 조각을 헌옷에 대고 깁지 않습니다(200주년 신약).
Nemo auditur turpitudinem suam allegans.
　(아무도 자기의 부도덕을 변명으로 내세우도록 용납되지 않는다)
　어느 누구도 자기의 배덕행위를 원용(援用)하지 못한다.
Nemo autem debet quod non accepit. 누구도 자기가
　받지 않은 것을 두고 빚져야할 의무는 없다(교부문헌 총서 10, p.358).
Nemo autem illam carnem manducat, nisi prius
adoraverit; peccemus non adorando.(성 아우구스티노)
　그 누구도 먼저 공경을 드리지 않고 그 몸을 먹지 않습
　니다. 공경을 드리지 않는다면 죄를 짓는 것입니다.
Nemo bis punitur pro eodem delicto.
　어느 누구도 동일한 범죄에 대하여 거듭 처벌받지 않는다.
Nemo bonus jurista nisi sit Bartolista.

바르톨로 식 좋은 법관(백민관 신부 엮음. 백과사전 2, p.877).
Nemo bonus nisi solus Deus.
(ouvdei.j avgaqo,j eiv mh. ei-j o` qeo,j)
(֍ No one is good but God alone)(루카 18, 19)
　하느님 한 분 외에는 아무도 선하지 않다(성경)/
　선하신 분은 하느님 한 분뿐이시다(공동번역 루카 18, 19)/
　하느님 한 분 외에는 아무도 선하지 않습니다(200주년 신약).
Nemo casu fit bonus.
　아무도 우연히 착한 사람이 되는 것은 아니다.
Nemo censetur ignorare legem.
　어느 누구도 법률을 모른다고 간주되지 아니 한다.
Nemo cognoscit tuam gloriam.
　아무도 너의 영광을 인정해주지 않는다.
Nemo coléndus est nisi Deus.
　다만 하느님만을 공경해야 한다.
Nemo colendus est visi Deus. 주님만 공경해야한다,
　천주만 흠숭해야 한다, 하느님만 공경해야한다.
Nemo damnum facit qui suo jure utitur. 자기의 권리를
　행사하는 자는 어느 누구도 해하지 않는다.
Nemo dat quod non habet. 가진 것이 없어 줄 것이 없다.
　아무도 없는 것을 줄 수 없다.
　아무도(내가) 가지지 않은 것을 남에게 줄 수는 없다.
nemo de nobis. 우리 중에서는 아무도 아니
Nemo debet esse judex in propria causa.
　어느 누구도 자기의 사건의 재판관으로 되지 못한다.
Nemo dicat: Aliud est peccatum, aliud iniquitas.
　누구도 죄와 불법이 서로 다르다고 말해서는 안 됩니다.
Nemo dicet secus. 아무도 달리 말하지 않을 것이다.
Nemo diu tutus periculo proximus. 위험에 근접하고
　있는 자로서 오랫동안 무사한 자는 아무도 없다.
Nemo dubitet de Ecclesia, quia per omnes gentes est.
　교회가 모든 민족들에게 두루 퍼져 있다는 사실을 아무도
　의심하지 마십시오.(최익철 신부 옮김. 요한 서간 강해, p.113).
Nemo dubitet, quia ab Ierusalem cœpit, et omnes
gentes implevit. 교회가 예루살렘에서부터 시작하여 모든
　민족을 가득 채웠다는 사실을 아무도 의심하지 마십시오.
　　　　　　　　　　　　　　(최익철 신부 옮김. 요한 서간 강해, p.113).
Nemo ergo se odit. 아무도 자신을 미워하지 않는다.
Nemo esse judex in sua causa potest.
　아무도 (자기가 당사자인) 소송 사건에서 재판관이 될 수 없다.
Nemo est indignior, quem quisquam homo ádeat.
　누구의 방문을 받기에는 너무 부당한 그런 사람은 아무도 없다.
Nemo est qui æstimet cras se moriturum esse.
　내일 당장 자기가 죽을 수 있으리라고 믿는 사람은
　아무도 없다.[nemo est …, …하는 사람은 아무도 없다 같은 관용구들은
　특정한 인물을 지적하지 않고 의미상 결과문의 성격을 띠고 있어서 접속법을 쓴
　부사적 관계문을 유도한다. "quis est qui…?" "같은 사람이 누구냐? Sunt qui…,
　…하는 사람들이 있다." 같은 관용구도 마찬가지이다. 성 염 지음. 고전 라틴어, p.313].
Nemo est qui te non metuat, nemo qui non oderit.
　당신을 두려워하지 않는 사람은 아무도 없소.
　또 당신을 미워하지 않는 사람도 아무도 없소.
Nemo est, quin illud videat.
　그것을 보지 못할 자는 아무도 없다.
Nemo est tam sapiens ut numquam erret.
　절대로 실수를 저지르지 않을 만큼 똑똑한 사람은 아무도 없다.
Nemo ex aqua et Spiritu nascitur nisi volens.
　원하지 않고서는 누구도 물과 성령으로 태어나지 않습니다.
Nemo exstat, qui ibi sex menses víxerit.
　거기서 여섯 달을 산 사람은 아무도 없다.
Nemo fero saltat sóbrius, nisi forte insánit.
　혹시라도 정신이상에 걸리지 않고서는 멀쩡한
　사람으로서 춤추는 사람은 거의 없다.
　(註:로마인들은 댄스를 예의에 어긋나는 것으로 생각하였다.)
Nemo fit repente summus.
　아무도 하루아침에 착한 사람이 될 수 없다.
Nemo fuit, quin illud víderit, nemo, quin audierit.
　그것을 보지 못할 그러한 사람은 아무도 없었고,
　그것을 듣지 못할 사람도 없었다.
nemo gratis mendax. 거저 거짓말하는 사람은 아무도 없다.
　(거짓말을 해서 어떤 이익이 약속되지 않는다면, 아무도 거짓말을 하지 않는다는 뜻).

Nemo habet odium ipsius.
아무도 자기 자신에 대한 미움은 품지 않는다/
Nemo interroget hominem; redeat unusquisque ad cor
suum. 누구도 사람에게 물어보지 마십시오. 자기 마음으로
돌아가면 됩니다.(최익철 신부 옮김. 요한 서간 강해, p.249).
Nemo judex in propria causa.
아무도 자신의 사건에 재판관이 될 수 없다.
Nemo judex sine áctore. 제소가 없으면 재판이 없다.
원고가 없으면 아무도 재판관이 아니다.
Nemo malus nisi probetur.
아무도 입증되기 전에는 악인이 아니다.
Nemo me inpune lacessit.
나를 공격하면 무사하지 못하다(Scotland의 표어).
Nemo me interroget; Evangelium interroga.
아무도 저에게 물어보지 마시고, 복음사가에게 여쭈어
보십시오.(최익철 신부 옮김. 요한 서간 강해, p.291).
Nemo mittens manum suam in aratrum et aspiciens
retro aptus est regno Dei. (ouvdei,j evpibalw,n th,n cei/ra
evpV a·rotron kai, ble,pwn eivj ta, ovpi,sw eu/qetoj evstin th/| basilei,a|
tou/ qeou/) (⑨ No one who sets a hand to the plow and
looks to what was left behind is fit for the kingdom of
God.) 쟁기에 손을 대고 뒤를 돌아보는 자는 하느님 나라
에 합당하지 않다(성경 루카 9, 62)/쟁기를 잡고 뒤를 자꾸 돌아
다보는 사람은 하느님나라에 들어갈 자격이 없다(공동번역)/
누구든지 쟁기에 손을 얹고 뒤를 돌아다보는 사람은
하느님 나라에 합당하지 않습니다(200주년 기념 신약 루가 9, 62).
Nemo nascitur doctus. 아무도 박학한 자로 나지 않는다.
Nemo nisi Deus coléndus est.
하느님 외에는 아무도 공경해서는 안 된다.
Nemo nisi victor pace bellum mutávit.
승리자만이 평화로써 전쟁을 변화시켰다.
nemo non(=omnis). 모든 이가 다, 누구나, 모두
(드물게 non이 다른 부정사 뒤에 오면 긍정의 뜻이 강해진다).
Nemo non benignus est sui judex.
누구나 자신은 관대하게 판단한다.
Nemo nostrum venit. 우리 중 아무도 오지 않았다.
Nemo novit peccat. 아무도 알면서 잘못하지는 않는다.
Nemo pius est qui pietatem metu colit. Cave putes
quicquam esse verius.(Cicero). "두려움으로 종교심을
가꾸는 자는 결코 경건한 사람이 아니다." 이보다 진실한
말이 있으리라 생각지 말아라.
Nemo plus juris ad alium transferre potest,
quam ipse habet. 아무도 자기가 가지는 권리 이상의
것을 타인에게 이전할 수 없다.
Nemo poterit sine virtute esse beatus, quamvis ei
sint divitiæ. 비록 재산이 있다 할지라도,
덕이 없으면 어느 누구도 행복할 수 없다.
Nemo potest ad impossibile obligari.
아무도 불가능한 것에 대하여 의무를 질 수 없다.
Nemo potest duobus dominis servire.
(⑨ No one can serve two masters)
아무도 두 주인을 섬길 수 없다.(성경 마태 6. 24).
Nemo potest esse doctus sine stúdio.
아무도 공부하지 않고서는 박학하게 될 수가 없다.
(객어문 노릇을 할 때에는 그 주격법과 함께 쓴 부설명어는 주격으로 써야
한다. 객어문으로서의 부정법문을 지배하는 주문의 동사는 대부분 보조동사
이다. 그러므로 보조동사가 지배하는 부정법과 함께 쓰는 부설명어는
주격으로 쓰는 것이다. 허창덕 지음, Syntaxis Linguæ Latinæ, p.328).
Nemo potest esse simul áctor et judex.
어느 누구도 원고인 동시에 재판관일 수 없다.
Nemo potest mortem metuens esse felix.
아무도 죽음을 두려워하면 행복한 사람이 될 수 없다.
nemo potest venire ad me nisi Pater, qui misit me,
traxerit eum. 나를 보내신 아버지가 이끌어주시지
않는다면 그 누구도 나에게 올 수 없다.
Nemo præsumitur malus.
아무도 (행위 이전에는) 악인으로 추정되지 않는다.
Nemo ridet amantis amentíam.
사랑에 빠진 사람의 치기(稚氣)를 아무도 비웃지 않는다.

Nemo sciens peccat. 아무도 알면 잘못하지 않는다.
Nemo se seducat.(⑨ Let no one deceive himself)
아무도 자신을 속여서는 안 됩니다.(성경 1고린 3. 18).
Nemo sibi tantummodo errat, sed alieno erroris et
causa et auctor est.(Seneca). 아무도 자신에게만 잘못을
저지르는데서 그치지 않으며 반드시 다른 사람의 잘못의
원인이 되거나 장본인이 된다.
Nemo solus vivit.(⑨ No one lives alone)
혼자 살아가는 사람은 아무도 없습니다.
Nemo sua sorte contentus est.
그 누구도 자기 운명에 만족하지 않는다.
Nemo tam doctus est, ut omnia sciat.
모든 것을 알만큼 박식한 사람은 아무도 없다.
아무도 모든 것을 다 알만큼 박학하지는 못하다.
Nemo te videbat in curia.
아무도 원로원에서 너를 보지 못하였다.
Nemo tenetur ad impossibile.
아무도 불가능한 것을 행할 의무는 없다.
Nemo tenetur se ipsum accusare.
아무도 자기를 고발할 의무를 지지 않는다.
Nemo ullius nisi fugæ memor. 누구를 막론하고 오로지
도망칠 것 외에는 다른 아무 것도 생각하지 않았었다.
Nemo umquam carnem suam odio habvit.
도대체 자기 몸을 미워하는 사람은 없습니다.
Nemo unquam sic egit, ut tu.
네가 한 것처럼 그렇게 한 사람은 아무도 없었다.
nemo unus. 아무도 아니(μηδεὶς)
Nemo vatat quin emas.
네가 사는 것을 아무도 금하지 않는다.
Nemo videtur dolo facere, qui jure suo utitur.
자기의 권리를 사용하는 자는
아무도 범의(犯意)로 행하는 것으로 간주되지 않는다.
Nemon?(=Nemóne?) 아무도 없느냐?
nemora ignava. 불모의 숲
nemorális, -e, adj. (nemorénsis), -e, adj. (nemus)
숲의, 산림의.
nemoricúltrix, -ícis, f. (nemus) 숲속에 사는 것(산돼지)
nemorívăgus, -a, -um, adj. (nemus+vagus¹)
숲 속을 방황하는.
nemorósus, -a, -um, adj. (nemus)
숲이 많은, 숲이 우거진, 나무가 많은.
nempe, adv., conj. (nam+-pe) 사실, 과연(atqin), 확실히,
분명히, 의심 없이, 물론, 뻔한 일이지만, 즉, 그러니까,
그렇지만, 하지만, (의문문에서) 그렇지? 그렇지 않느냐?
(조소.반어로서) 그럴 테지.
salarium nempe quod vitæ familiæ sufficeret.
가정의 생활을 위한 충분한 임금.
Nempe ita animati estis vos.
분명히 너희는 그렇게 용기 있는 자들이다.
nĕmus, -mŏris, n. 경관 좋은 숲, 놀이터로 알맞은 숲,
초원을 겸한 숲, Diána 여신(女神)의 성림, 수목, 수림, 성림.
nénĭa(=nǽnia), -æ, f. 조가, 만가(輓歌), 비가(悲歌),
(대중) 가요, 민요(民謠), 타령, 동요(童謠), 자장가,
(노래의) 후렴(後斂). Nenia. 장례(만가)의 여신(女神).
neo, nêvi, nêtum, nêre, tr.
실 뽑다, 잣다, 짜다(בטה), 엮다(בטה), 얽다.
Neobúle, -es, f. Lycámbes의 딸
Nĕócles, -is(-i), m. Themístocles의 아버지
neócŏrus, -i, m. 신전 청소부(神殿 淸掃夫)
neoménĭa, -æ, f. 새로 뜬 달, 초승달
neonátus, -i, m. (neonáta, -æ, f.)
(醫) 신생아, 생후 1개월 이내의 아기.
Neophron Percnopterus. 이집트 독수리
neóphytus, -a, -um, adj. 새로 귀의한, 새로 신자가 된.
f., m. 새로 입교한 신자, 신교교우; 초학자. 신참자,
새로운 신자, 신영세자(⑨ Neophyte.獨 Neophyten).
neoplásma, -ătis, n.
이상 신생물(異常 新生物), 종양(腫瘍-육종).

neoplatonísmus, -i, m. 신플라톤주의(학파),
Platonísmus, -i, m. 플라톤주의(학파).
Neoplatónismus, -i, m. 신플라톤주의
neoprésbyter, -ĕri, m. 갓 서품 된 신부, 새 신부
Neoscholástĭcus, -a, -um, adj. 신스콜라 학파의.
f. 신스콜라 철학.([영] Neoscholasticism).
neotérĭcus, -a, -um, adj. (신앙.관습.작가 따위) 새로운, 최근의, 근대(현대)의, 신식의.
m., pl. 현대인; 현대 작가.
Neothomísmus, -i, m. 신토마스 학파.
Neothomístĭcus, -a, -um, adj.
nepa, -æ, m. (動) 전갈 (pl.) 게, (天) 전갈성좌.
népĕta, -æ, f. (植) 개박하(꿀 풀과의 다년초)
nephrálgía, -æ, f. (醫) 신장통(腎臟痛)
nephrectomĭa, -æ, f. (醫) 신장 절제(腎臟 切除)
nephrídĭum, -i, n. (解) 배설관, 신관(腎管)
nephrítĭcus, -i, m. 신장염 환자(腎臟炎 患者)
nephrítis, -tĭdis, f. (醫) 신장염(腎臟炎)
nephrolithíăsis, -is, f. (醫) 신장결석(腎臟結石)
Nephtali(히브리어 Naphtali)
납탈리족('경쟁'이란 뜻), 성조(聖祖) 야곱의 여섯 째 아들.
nĕpos[1] -ótis, m. **손자**(孫子), 친(외)손자, 조카(族下), 생질, 방탕아(放蕩兒). (pl.) 후예(後裔), 후손(後孫).
Carpent tua poma nepotes.(Vergilius).
손자들이 그대(가 심은 나무)의 과실을 따먹으리.
nepos[2]-ótis, m. Cornélia 씨족의 가문명
nepotális, -e, adj. (nepos[1]) 방탕한
nepotátus, -us, m. (nepótor)
난봉(주색에 빠지는 일), 방탕(放蕩.[영] Lust).
nepotínus, -a, -um, adj. (nepos[1]) 방탕한, 사치스러운
nepotísmus, -i, m. 친족 추만주의(推輓主義), 친족등용, 족벌주의(族閥主義.[영] Nepotism), 문벌주의.친족정치.
nepótor, -átus sum -ári, dep., intr. (nepos[1])
낭비(浪費)하다, 방탕생활(放蕩生活)하다.
nepótŭlus, -i, m. (**nepótŭla**, -æ, f.) dim. (nepos[1])
어린 손자(손녀).
neptis, -is, f. (nepos[1]) 손녀, 친손녀, 외손녀, 조카딸.
Neptunálĭa, -ĭum, n., pl. Neptúnus 축제
Neptuníne, -es, f. Neptúnus의 손녀(=Thetis)
Neptúnus, -i, m. 바다의 신, 바다, 대양, 강, 물, 물고기
nēquam, adj., indecl. (comp. néquior; superl. nequíssimus)
(ne[2]+quidquam) **쓸모없는**, 몹쓸, 방탕한,
나쁜(רעם'.κακìα.κακòς.πονηρòς.πονηρìα),
악한(רעם'.πονηρòς.πονηρìα).
indecl., n. 해(害-이롭지 아니하거나 손상을 입힘. 또는 그런 것),
악(רַע.κακòν.[영] Evil-선의 대당 개념으로 "있어야할 선의 결여").
alci nequam dare. 누구에게 해(害)를 끼치다/
serve nequam. 악한 종아/
Generatio hæc generatio nequam est.(루카 11, 29)
이 세대는 악한 세대다(성경 루카 11, 29),
이 세대가 왜 이렇게도 악할까!(공동번역 루가 11, 29).
Nequam quærere quisquam poterat dictatori.
아무도 독재자에게 이의를 제기할 수 없었다.
nequándo, conj., subord. c. subj. (ne[3]+quando)
언제라도(단 한번이라도) …하지 않기 위하여.
nequáquam, adv. 절대로 아니, 결코 아니, 단연코 아니
nĕque, néquĕdum, neque opínans = nec, necdum, necopínans. [영] nor; and not, not, neither.
Hi te homines neque debent adjuvare, si possint, neque possunt, si velint. 이 사람들이 너를 도울 수 있다고 해도 도와서는 안 되고, 또 돕고 싶더라도 도울 수 없다/
Virtus sola neque datur dono neque accipitur.(Sallustius).
덕이라는 것은 하나만 선물로 줄 수도, 받을 수도 없다.
(여러 덕목이 한꺼번에 갖추어져 있어야 한다).
Neque curæ familiares neque alia negotia sæcularia extranea debent esse a spirituali vitæ ratione.
([영] Neither family concerns nor other secular affairs should be excluded from their religious programme of life) 영성 생활을 이유로 가정을 돌보지 않거나 다른 세속 일을 소홀히 해서는 안 된다(1988.12.30. "Christifideles laici" 중에서).
Neque domum ad se filĭum admisit.
그는 아들을 자기 집에 들여놓지도 않았다.
Neque Ecclesia desiit umquam huic vires suas impendere.
([영] The Church has not ceased to devote her energy to this task) 교회는 이 과업(Catechesi Tradendæ)에 전력을 기울이는 일을 결코 중단하지 않았습니다.
교황 요한 바오로 2세의 1979.10.16. "Catechesi tradendæ" 중에서).
Neque ego, neque nostrorum quisquam ad te venerat.
나도, 우리 식구 중의(nostrorum) 어느 누구도(neque quisquam) 자네한테 간 적이 없다.
neque enim honestum esset convenire secus.
([영] To agree in any other sense would be against what is right and just) 이것과 달리 합의하는 것은 도리에 어긋나는 것이다(1991.5.1. "Centesimus annus" 중에서).
neque enim mendaces sunt ueræ uirtutes, ut hoc profiteantur. 참다운 덕이라면 그따위 호언을 할 정도로 거짓말을 하지 않는다(교부문헌 총서 17, 신국론, p.2161).
Neque enim voluntatis arbitrium ideo tollitur, quia iuvatur; sed ideo iuvatur quia non tollitur. 자유의지가 은총의 도움을 받기 때문에 제거되는 것이 아니라, 자유의지가 제거되지 않기 때문에 은총의 도움을 받는 것이다.
neque homini cuíquam crédĕre. 아무 사람도 믿지 않다
Neque id feci, quo tibi moléstus essem.
나는 그렇게 함으로써 너를 괴롭히려고 했던 것은 아니다.
[비교급이 나오지 않는 경우에라도 quo(=ut eo)를 쓰는 때가 있다].
Neque id solum([영] And not only this) 그뿐만이 아닙니다.
Neque ille haud objiciet mihi.
그도 나를 변박(辨駁) 하지는 않을 것이다.
Neque imitáre malos medicos. 악덕 의사들을 본받지 말라
Neque ita imperita sum, ut, quid amor valeat, nesciam.
사랑이 얼마나 대단한지 모를 정도로 내가 그렇게 미숙한 여자는 아니라고요. [성 염 지음, 고전 라틴어, p.308].
Neque longius absumus a natura ferárum.
우리는 야수들의 성품(性稟)과 별로 다를 바 없다.
Neque me quisquam agnóvit.
아무도 나를 알아보지 못했다.
Neque me tui neque tuórum liberórum misĕreri potest.
나는 너도 불쌍히 여길 수가 없고, 너의 子息들도 불쌍히 여길 수가 없다.[동사 misereo, ere와 탈형동사 misereor, eri 두 형태가 함께 쓰인다. 성 염 지음, 고전 라틴어, p.273].
Neque me vixisse pœnitet.
나는 내가 살아온 것을 후회(後悔)하지 않는다.
Neque mehercules, hoc indigne fero!
맹세코, 전 억울하게 당합니다!.
Neque mœchaberis. (ouv moiceu,seij)
(獨 Du sollst nicht ehebrechen)
([영] You shall not commit adultery)
간음해서는 안 된다(성경 신명 5, 18)/간음하지 못한다(공동번역).
nĕque, néquĕdum, neque opínans.
=nec, necdum, necopínans.=Hæc propositio neque constat.
이 명제는 명백하지 않다.
Neque oculis prospicio sátis. 나는 눈도 잘 보이지 않는다.
Neque quemadmodum óppida defendĕrent, habebant.
그들은 도시들을 방어할 방도도 없었다.
Neque quicquam respondeo, priusquam filium meum videro. 내 아들을 보기 전에는 나는 아무 대답도 않겠소.
Neque quidquam cum *alqo* ratiónis habuísse.
누구와는 아무 관련(접촉)도 없었다.
neque sine corpore,
neque sine anima esse posse hominem.
육체 없이도 인간일 수 없고 영혼 없이도 인간일 수 없다.
Neque tu is es, qui …néscias.(is 참조)
너는 …모를 그런 사람도 아니다.
Neque turpis mors forti viro potest accidere,
neque immatura consulari, nec misera sapienti.
강한 사내에게는 부끄러운 죽음이 닥칠 수 없고, 집정관을 지낸 사람에게는 때 이른 죽음이 닥칠 수 없으며,

N

현명한 사람에게는 가련한 죽음이 닥칠 수 없다.

Neque ullam in partem dispúto.
내 연설(演說)은 찬반 어느 한쪽을 위한 것이 아니다.

Neque usquam nisi in peunia spem habére.
돈밖에는 아무 것에도 희망(希望)을 두지 않다.

neque vir sine muliĕre, neque mulier sine viro in Domino. 주님을 믿는 세계에서는 여자나 남자나 다 같이 상대방에게 서로 속해 있습니다.

neque vultum fingo. 얼굴 표정을 숨기지 않다

néquĕo, -quívi(-quĭi), -quĭtum, -quíre, intr., anom.
(ne²=non+queo) …할 수 없다, …할 능력이 없다,
(queo, quivi, quire 할 수 있다).
quidquid … ulcísci néquitur,
복수할 수 없는 것은 무엇이나 다.
Hæc nequeunt taceri. 이것들은 묵과될 수 없다/
In eum locum res deducta est, ut salvi esse nequeamus.
우리가 살아날 수 없는 처지로 일이 꼬여 갔다/
Lacrimas retinere nequivi. 나는 눈물을 참을 수 없었다/
Quod factum est infetum reddere nequimus.
손으로 만질 수 없는 것이면, 손을 떼라!.

nequícquam, nequídquam = nequíquam.

néquĭi, "néquĕo"의 단순과거(pf.=perfectum)

néquĭor, -íus, adj., comp. (nequam)

nequíquam, adv. 쓸데없이, 소용없이, 공연히, 보람 없이,
무익하게, 탈 없이, 무사히, 이유 없이, 목적 없이, 동기 없이.

nequíssĭmus, -a, -um, adj., superl. (nequam)
nequissimum crimen. 극악무도(極惡無道)한 범죄.

néquĭter, adv. (nequam) 쓸모없이, 무익하게, 나쁘게,
불의하게, 낭비하여, 사치하게, 방탕하게, 불쌍하게, 슬프게.

nequítia, -æ, (**nequítĭes,** -éi,) f. (nequam) 쓸모없음,
나쁜 상태, 품질 조악, 변질(變質), 게으름, 낭비(浪費),
경솔(輕率-말이나 행동이 조심성이 없이 가벼움), 사치(奢侈),
방탕(放蕩.⑨ Lust), 음탕(淫蕩-음란하고 방탕함), 악(惡),
악의(⑨ malevolence), 악질(惡質), 고약함, 나쁜 짓.

nequíties, -éi. f. 품질조악.
O istius nequitiem singularem!. 저자의 파렴치함이라니!.
(감탄문에서 대격만 사용되는 용례가 자주 있다).

néquĭvi, "néquĕo"의 단순과거(pf.=perfectum)

Neréïs, -ĭdis,(**Ner(e)ĭne,** -es)f.
Néreus의 딸, 바다의 요정 중의 하나.

Nĕro, -ónis, m. Cláudia 씨족의 가족명.
C. Cláudius Nero Cæsar,
Roma의 잔악하고 음탕한 황제(재위 54~68. P.C.).
Natam sibi ex Poppæa filiam Nero appellavit Augustam.
네로는 포파이아한테서 자기에게 태어난 딸을(포파이아가
자기에게 낳아준 딸) 아우구스타라고 이름 지었다.
Nero reliquos imperatores insania præcessit. 네로는
광기에 있어서는 다른 황제들을 능가했다.
[제한 탈격abulativus termini= 한도 내에서 가리키고자 하는 것 또는 동사. 명사.
형용사가 표현하고자 하는 관점을 표현한다. 제한 탈격은 "~에 관해서
는. ~라는 점에 있어서"라고 옮긴다. 한동일, 카르페 라틴어 2권, p.241].

nérvĭæ, -árum, f., pl. (nervus) 현악기의 줄(현), 힘줄

nervícĕus, -a, -um, adj. (nervus) 힘줄의

nervínus, -a, -um, adj. 신경의, 힘줄로 만든, 현(絃)의

nervósĭtas, -átis, f. (nervósus) 신경계통(조직),
힘(δύναμις ⑨ Power), 견고함, 강인함, 신경과민(성).

nervósus, -a, -um, adj. (nervus) 힘줄이 많은(센),
근육이 좋은, (식물의) 섬유가 많은, 억센, 강인한, 힘 센,
강건한, 정력이 좋은, 힘찬, (현대의 뜻) 신경에 관한,
신경성의, 신경질의, 신경이 과민(過敏)한.

nérvŭlus, -i, m. dim. (nervus) 작은 힘줄.
(pl.) 힘, 정력(精力), 활력(活力), 기력(氣力).

nervum, -i, m. -통나무, 질곡(桎梏-몹시 속박하여 자유를 가질
수 없는 고통의 상태를 비유적으로 이르는 말).

nervus, -i, m. 힘줄, 건(腱-짐승의 심줄), 근육(筋肉), 신경,
신경섬유의 장선(腸線), 현(絃), 활시위, 활,
가죽 끈, 족쇄(足鎖), 수갑(手匣), 감옥, 힘, 기력, 정력,
활력, 중요한 부분, 중추 부분, 핵심, 근원, 추진력,
주요 인물, 주모자(主謀者), (연설 따위의) 박력(迫力).

(植) 엽맥(葉脈-잎몸 안에 평행선이나 그물 모양으로 뻗어 있는 관다발).
(虫) 시맥(翅脈-곤충의 날개에 무늬처럼 갈라져 있는 맥).
Aut quemadmodum medicum nervum et fabrum æs,
usquequo. 어느 정도까지, 즉 어느 한도까지 의사는 신경
에 대해 알고, 대장장이는 청동에 대해 아는가?.(지성단일성, p.101).

nervus sympathicus. (解) 교감신경

nesápĭus, -a, -um, adj. (ne²+sápio) 맛 모르는, 미련한

nesciéntĭa, -æ, f.(néscio) 무지(無知), 무식(無識)

Nesciebam, patrem venisse.
아버지께서 오신 것을 나는 모르고 있었다.

néscĭo, -ívi(ĭi), -itum, -íre, tr. (ne²+scio)
모르다, 알지 못하다, 인식(認識)하지 못한다,
안면이 없다, 알지 못하는 사이이다, 상관이 없다,
하지 못하다, 할 줄 모르다, 하기 싫어한다.
Cogi qui potest, nescit mori.
죽도록 강요를 받을 사람은 죽을 줄 모르는 셈이다.
(스스로 죽기를 원하는 사람은 죽음을 강요받는 셈이다)
Et ego ad nihilum redactus sum et nescivi. 나는 무로
돌아가 없어졌어도 몰랐사옵니다(최민순 옮김, 어둔 밤, p.44)/
Hoc nescis? 그래 이것을 몰라/
Illi omnino irásci nésciunt. 그들은 전혀 화낼 줄 모른다/
litteras nescíre. 무식하다/
Me miseram, quæ nunc quam ob rem accuser nescio!
왜 욕을 먹는지도 모르는 내 가련한 신세야!/
Quin dicis quid sit? Quasi tu nescias!
왜 너는 그것이 무엇인지 말하지 않는가? 너 모르라고!/
Quis est, qui hoc nésciat? 이것을 모를 사람은 누구냐/
Quod homo sciat se Deum nescíre.
인간은 하느님을 알지 못한다는 사실을 아는 것/
Quod scis, nescis.
네가 아는 것을 (이것을) 모르는 것으로 한다(비밀 부탁의 말)/
ut nescire discat. 모르기를 배우겠다(신국론, p.1262).

Nescio, an modum excesserint. 나는 그들이 도를
지나친 것이나 아닐는지 모르겠다(아마도 지나쳤을 것이다).

Nescio vos. 나는 너희를 알지 못한다(성경 마태 25, 12).

Nescio. Num custos fratris mei sum ego?
모릅니다. 제가 아우를 지키는 사람입니까?(성경 창세 4, 9).

Néscio, num eres, si hoc dicas.
나는 네가 이 말을 하면 잘못하는 것인지 모른다.

Nescio, num pater venerit.
아버지께서 오셨는지 나는 모른다.

Nesciébam, patrem venísse.
아버지께서 오신 것을 나는 모르고 있었다.

Nescio, num veniant. 그들이 오는지 나는 모른다

Nescio, qua venisti. 나는 네가 온 길을 모른다

Néscio, quid líceat. 나는 무엇이 가(可)한지 모른다

Néscio, quod tibi sum oblitus hódie, at vólui dícere.
잊어버려서 생각이 안 난다만 네게 오늘 말을 하려고 했다.

Nescio quis enim ex pagano est christianus.
어떤 외교인이 그리스도인이 되었다고 칩시다.

néscĭus, -a, -um, adj. (néscio) 의식하지 못하는,
모르는, 느끼지 못하는, …할 줄 모르는, 하지 못하는,
알려지지 않은, 미지(未知)의, 사람들이 모르는.

Nēsis, -ĭdis, f. Neápolis만에 있는 작은 섬(지금의 Nisita)

nēstis, -tĭdis, f. (解) 공장(空腸)

Nestor¹ -ŏris, m. Néleus의 아들

nestor² -ŏris, m. 현명한 장로(長老), 경험 많은 노인

Nestorianísmus -i, m. 네스토리우스 주의

Nestorianísmus Sinensis. 경교, 중국 네스토리우스교

Nestórĭus, -i, m. Sýria 출신의 수도자[후에 주교까지 되었
으나 Nestórĭus 이단파의 시조가 됨(?~451 P.C.)].

nētum, "neo"의 목적분사(sup.=supínum)

neu = neve

neumæ, -árum, f., pl. 그레고리안 성가의 고대 음부

neumatízo, -áre, tr. 선율을(音符를) 붙이다

neurálgĭa, -æ, f. (醫) 신경통(神經痛)

neurasthénĭa, -æ, f. (醫) 신경쇠약증(神經衰弱症)

neurítis, -tĭdis, f. 신경염(神經炎)

neuritis multiplex. (醫) 다발성 신경염
neuritis múltiplex endémica (醫) 각기(脚氣)
neuritis óptica. 시신경염(視神經炎)
neuritis toxica. 독성 신경염(毒性 神經炎)
neuróbăta(neurobátes) -æ, m. 줄 타는 광대
neurología, -æ, f. (醫) 신경학(神經學), 신경병학
neuróma, -átis, f. (醫) 신경종(神經腫)
neuron, -i, n. (解) 신경단위(神經單位), 신경세포
neuropathía, -æ, f. (醫) 신경질환, 신경병
neurósis, -is, f. (醫) 신경증(神經症)
　노이로제(주로, 심리적인 원인으로 일어나는 신경 기능의 異常).
neurosis anxio-coactiva. 불안 신경증
neuospáston, -i, n. 꼭두각시
neurotomía, -æ, f. (醫) 신경 절제(술)
néŭter, -tra, -trum, adj. (gen. -utríus; dat. -ūtri)
　(ne²+uter) 둘 중 하나(아무)도 아니,
　이쪽도 저쪽도 아니, 중립의, 무관한; 선도 악도 아닌,
　(문법) 중성의; 자동사의, 중간태(中間態)의.
　genus néutrum. (명사.대명사.형용사 따위의) 중성/
　in neutram partem propensior.
　　어느 편에도 치우치지 않은/
　Neutrum video. 둘 다 안 보인다.

	단 수			복 수		
	m.	f.	n.	m.	f.	n.
Nom.	neuter	neutra	neutrum	neutri	neutræ	neutra
Gen.	neutríus	neutríus	neutríus	neutrórum	neutrárum	neutrórum
Dat.	neutri	neutri	neutri	neutris	neutris	neutris
Acc.	neutrum	neutram	neutrum	neutros	neutras	neutra
Abl.	neutro	neutra	neutro	neutris	neutris	neutris

(허창덕 지음, 중급 라틴어, p.84)

néŭter eórum, 그들 둘 중 아무도 아닌
néŭter puerórum venit.
　두 아이들 중에 아무도 오지 않았다.
neútiquam(neútique) adv. (ne²+útiquam, útique)
　절대로 아니, 결코 아니, 단연코 아니, 천만에.
neutrális, -e, adj. (néuter)
　중립의, 아무 편도 아닌, 불편부당의. (文法) 중성의.
néŭtim, adv. (néuter) 중립적으로
néŭtro, adv. (néuter) 둘 중 어느 한쪽으로도 아니
neutropassívus, -a, -um, adj.
　((文法)) (=semidepónens) 반탈형(半脫刑) 동사의.
neútrŭbi, adv. (néuter+ubi) 여기에도 저기에도 아니
nēve(neu)¹ adv. (cf. ne³) (명령.권고 뒤에 따르는
　금령에, 또는 연속적인 금령 따위에서 둘째 이하에 씀)
　…(하지) 도 마라, 그리고 또 …마라(말기를!).
　Ne difficília optémus neve inánia consectémur. 우리는
　　어려운 일들을 원하지 말고 또 헛된 것을 추구하지도 말자.
nēve(neu)²conj., subord. c. subj. (cf. ne³)
　(목적 ut에 연속되는 부정 목적문에, 또는 연속적인
　부정 목적문에서 둘째 이하에 씀)
　…하지도 않기 위하여(않도록.말도록).
　Cavéndum est, ne…, neve…,
　　…하지 않도록 그리고 …하지도 않도록 주의해야 한다/
　Obsěcro te, ut óperam des mihi, neu sinas…
　　나를 도와주고 그리고 …는
　　허용하지 말아 주기를 나는 네게 간청한다.
nēvi, "neo"의 단순과거(pf.=perfectum)
névŏlo, nevis, nevult = nolo, non vis, non vult.
nex, něcis, f. (neco) 죽임, 살육(殺戮-많은 사람을 마구 죽임),
　도살(盜殺.⑨ slaughter/butchery/massacre), 학살(虐殺),
　죽음, 자연사, 유혈(⑨ bloodshed:shedding of blood),
　피살자의 피, 파멸(破滅.⑨ ruin/destruction), 손해(損害).
　habére in alqm. 누구에 대한 생사권을 가지다/
　in necem alcjs. 누구의 손해가 되도록/
　necem sibi conscíscere, 자살(自殺)하다.
nexi, "necto"의 단순과거(pf.=perfectum),
　"nexo²"의 단순과거(pf.=perfectum).

néxĭlis, -e, adj. (necto)
　서로 잡아 매인, 연결시킨, 엉켜 있는, 얽힌.
néxĭo, -ónis, f. (necto) 연결(連結), 이음, 매듭
nexo¹ -áre, freq., tr. (necto) 매다(רשק,רטק), 맺다,
　연결(連結)하다, 결합(結合)하다(רבח.רמד).
nexo² -xŭi(-xi) -ĕre, intens., tr. (necto)
　붙잡아 매다, 비끄러매다.
nexui, "necto"의 단순과거(pf.=perfectum),
　"nexo²"의 단순과거(pf.=perfectum).
nexum, "necto"의 목적분사(sup.=supínum)
nexum, -i, n. (necto) (채무 불이행의 경우 채무자가
　채권자의 예속 하에 있게 되는) 채무(계약),
　대부계약, 저당권 계약(抵當權 契約), 속박(束縛),
　구속(拘束), 의무(義務.⑨ Duty/Obligátion).
nexus¹ -a, -um, p.p. (necto)
　m. 채무(계약)에 의한 노예(채무가 청산되면 해방됨).
nexus² -us, m. (necto) 붙들어 맴, 얽어 맴, 얽힘,
　휘감김, 유대(紐帶.⑨ Solidarity), 연줄, (채무 불이행
　의 경우 청산할 때까지 채권자의 노예가 된다는) 채무
　(계약), 의무(義務.⑨ Duty/Obligátion), 속박, 구속.
　mysteriórum nexus. 신비의 연관(神秘 聯關)/
　Absolve, quǽsumus, Domine, tuorum delicta populorum:
　ut a peccatorum nexibus, quæ pro nostra fraglitate
　contraximus, tua benignitate liberemur.
　　주님 비오니, 당신 백성의 잘못을 용서하시고, 나약한 탓
　　으로 저지른 죄의 사슬에서 저희를 인자로이 구원하소서.
nexus inter Vetus et Novum Testamentum.(⑨ The
relationship between the Old and the New Testaments).
구약과 신약의 관계.
nexus subordinátiónis. 종속적 유대(紐帶)
ni¹ adv. (=ne⁹) 아니(μὴ.μηδὲ.οὐ), …하지 마라,
　quidni? 뭐가 아니냐?.
　Vinum ni laudáto. 포도주를 칭찬하지 마라.
ni²conj., subord. (=ne⁹)
　않도록, 그리고 (= si non) 만일 …아니면.
ni fallor.(fallo 참조), 내가 알기로서는,
　내가 속이는 것이 아니라면, 내가 아는 한에서는.
Ni nox prælio intervenísset.(intervénio 참조)
　전투에 밤이 겹치지 않았던들.
Nicæa, -æ, f. 니케아.
　Concilium Nicænum. 니케아 공의회(325.5.20~7.25)/
　Symbolum Nicænum. 니케아 신경.
Nicænum Jubilæum. 니케아(니체노) 성년(1925년 비오 11세가
　니케아 공의회 1600주년을 기념하여 선포한 성년 축제).
Nicænus, -a, -um, adj. [Nicæensis, -e, adj.] 니케아의
　[도시들은 어미 us, -a, -um, 혹은 장소 접미어인 -ensis, -e를 붙여서 형용사를
　만든다. 황치헌 신부 지음, 미사통상문을 위한 라틴어, p.139].
Nicǽus, -i, m. 승리를 내리는 자, Júpiter의 별칭
nicetérĭum, -i, n. 승리의 상품
nīco, -ci, -ĕre, tr. 눈짓하여 부르다
Nícŏcles, -is, m. Sícyon의 독재자
Nicodemus, -i, m. 니꼬(코)데모(ᵃ'승리의 사람'-그리스인들과 유다인
　들의 흔한 이름. 바리사이 당원. 유다인 율법학자. 요한 3, 1~15: 요한 19, 39).
Nicolaus, -i, m. 니콜라오
nictátĭo, -ónis, f. (nicto) 눈 깜빡거림, 깜짝거림, 눈짓
nicto, -ávi, -átum, -áre, (nictor, -átus sum -ári, dep.)
　intr. (nico) 눈을 깜빡거리다, 깜짝이다, 눈짓하다,
　(불이) 깜빡이다, 해보려고 힘쓰다.
nictus, -us, m. (nico) 눈 깜빡거림, 깜짝거림, 눈짓
nidaméntum, -i, n. (nidus) 둥지 만드는 재료, 둥지
nídĭcus, -a, -um, adj. (nidus) 둥지의
nidifícĭum, -i, m. 둥지, 개미집
nidífĭco, -ávi, -átum, -áre, tr. (nidus+fácio)
　둥지 짓다, 보금자리를 만들다.
nidíficus, -a -um, adj. (nidus+fácio) 둥지 짓는
nīdor, -óris, m. 음식(飲食) 만드는 냄새,
　음식 타는 냄새(연기), 밥 김, 음식 만들 때의 증기.
nidorósus, -a, -um, adj. (nidor) 음식물 타는 냄새나는
nídŭlus, -i, m. dim. (nidus)

N

작은 둥지, 작은 보금자리, 작은 거처.
nídus, -i, m. **둥지, 보금자리**, 새 새끼, 한배 새끼,
거처(居處), 안락한 집, 책 진열장, 새 둥지 모양의 잔.
congero nidum. 둥지를 짓다/
Fel columba non habet: tamen rostro et pennis pro nido
pugnat, sine amaritudine sævit.
비둘기는 독을 지니고 있지 않습니다. 그럼에도 둥지를
지키기 위하여 부리와 깃털로 싸우고 아프지 않게
쪼아댑니다.(최익철 신부 옮김. 요한 서간 강해, p.335)/
fingo nidos. (새들이) 보금자리를 짓다/
Væ, qui congregat lucrum iniustum in malum domui
suæ, ut ponat in excelso nidum suum et salvet se de
manu mali! (w= o` pleonektw/n pleonexi,an kakh,n tw/| oi:kw|
auvtou tou/ ta,xai eivj u[yoj nossia,n auvtou/ tou/ evkspasqh/nai evk
ceiro.j kakw/n) (⑨ Wœ to him who pursues evil gain for
his household, setting his nest on high to escape the
reach of misfortune!) 불행하여라, 자기 집안을 위하여
부당한 이득을 취하고 재앙의 손길에서 벗어나려고 높은
곳에 둥지를 트는 자!(성경 하바쿡 2, 9)/화를 입으리라. 저만
잘 살겠다고 남을 등쳐먹는 것들아, 재앙의 소용돌이에서
벗어나려고 높은 곳에 둥지를 틀었지만(공동번역 하바쿡 2, 9).
Nigella sativa. 후추, 향기 나는 까만 알갱이, 검정 풀씨.
[바리사이들은 이것을 빵에 뿌려 먹었다(이사 28, 25). 그리고 율법에는 없지만
그들은 여기에 대해서도 10분의 1 조세를 물었다(마태 23, 23).
백민관 신부 엮음. 백과사전 1, p.766].
nigéllus, -a, -um, adj. (niger)
거무스름한, 검은빛이 도는, 어두운, 진한.
níger¹ -gra -grum, adj. 검은, 흑색의, 어두운,
(구름 따위에 가려) 흐린, 어둠침침한, 우울한, 침울한,
슬픔에 잠긴, 죽을 운명에 놓인, 화장터의, 불길한,
흉악한, 음침한, 교활한, 믿을 수 없는(사람).
n. 흑색; 검은 반점.
cælum pice nígrius. 칠흑같이 어두운 하늘/
nigra sum, sed formosa.(⑨ I am as dark-but lovely)
나 비록 가뭇하지만 귀엽다는구나(공동번역 아가 1, 5)/
나 비록 가뭇하지만 어여쁘답니다(성경 아가 1, 5)/
Nigro notanda lapillo. 검은 돌로 표시를 한다.

형용사 제1, 2변화 제2식 B(어간에 e字가 빠지는 경우)		
단 수		
m. (남성)	f. (여성)	n.(중성)
Nom. 주격 niger	nigra	nigrum
Voc. 호격 niger	nigra	nigrum
Gen. 속격 nigri	nigræ	nigri
Dat. 여격 nigro	nigræ	nigro
Acc. 대격 nigrum	nigram	nigrum
Abl. 탈격 nigro	nigrā	nigro
복 수		
m. (남성)	f. (여성)	n.(중성)
Nom. 주격 nigri	nigræ	nigra
Voc. 호격 nigri	nigræ	nigra
Gen. 속격 nigrórum	nigrárum	nigrórum
Dat. 여격 nigris	nigris	nigris
Acc. 대격 nigros	nigras	nigra
Abl. 탈격 nigris	nigris	nigris

*niger, nigra, nigrum 처럼 그 어간에 e字가 빠지는 형용사
æger, ægra, ægrum 앓는, 병든
dexter, dextra, dextrum 오른, 바른(편의)
ínteger, íntegra, íntegrum 온전한, 결백한, 이지러지지 않은
piger, pigra, pigrum 게으른
pulcher, pulchra, pulchrum 아름다운
ruber, rubra, rubrum 붉은
sacer, sacra, sacrum 신성한
siníster, sinístra, sinístrum 왼(편의)
vafer, vafra, vafrum 교활한, 약은

noster, nostra, nostrum 우리(의) - 본래는 소유대명사지만
vester, vestra, vestrum 너희(의) - 형용사 노릇을 한다.

(허창덕 지음, 초급 라전어 변화표 Tabellæ Declinationum에서)
niger puerulus. 새카만 작은 놈(마귀를 뜻함)
níger² -gris, m. 중앙 Afríca의 강

nigrans, -ántis, p.prœs., a.p. (nigro) 검은, 어두운
nigrédo, -dīnis, f. (niger) 검은 색
nígrĕo, -ére, intr. (niger) 검다, 검어지다
nigrésco, -grŭi -ĕre, inch., intr. (nígreo)
검어지다, 어두워지다(כהה,חשׁך), 퇴색(退色)하다.
nígrĭco, -áre, tr. (niger) 거무스름하다, 검다.
nígricans color. 거무스름한 색.
nigrícŏlor, -óris, adj. 검은 빛의
nigrítĭa, -æ, (**nigríties**, -éi, **nigritúdo**, -dinis,)
f. 검은 색, 어두움(σκὸτος.⑨ Darkness).
nígro, -ávi, -átum, -áre, intr., tr.
검게 하다, 어둡게 하다.
Nigro notanda lapillo. 결정적인 실패를 하다
nígror, -óris, m. (niger) 검은 색, 흑색(黑色),
(밤의) 어두움(σκὸτος.⑨ Darkness), 암흑(暗黑).
nigrum, -i, n. (niger) 검은 색, 흑색, 검은 반점.
nigrum agmen 개미떼
Nihil. 교황청 각 부서가 제출 받은 질문이나 청원에
대한 답서로 "그 청원은 부당하여 고려할 가치가
없으므로 아무것도 행하거나 부여하거나 응답하지
않음."을 뜻한다(교회법 해설 ③ 교회의 최고 권위. p.279).
nihil. indecl., n. 무(無.獨 das Nichts.⑨ Nothing),
아무 것도 아니, 무의미(무가치) 한 것,
(nihil 다음에 nec이 오더라도 긍정을 표시하는 것이
아니고 계속 부정적인 뜻을 지님) nihil …nec…nec…,
아무것도 …아니고 또 아무것도 아니/
nihil mihi cum abl. est. -는 아무와(무엇과) 아무
관계(상관)도 없다/ nihil(causæ) est, cur (quod, quare)
c. subj. …할 이유(까닭.재료)가 없다/ nihil(áliud)
nisi (quam) (다만) …만(뿐)/ non nihil. 어떤 것;
다소간/ nihil non. 전부, 모두.
adv. **조금도 아니**, 쓸데(소용) 없이, 헛되이.
Aut amat aut mulier, nihil est tertium.
여자는 혹은 사랑하든지 혹은 미워하든지 한다.
그 외의 셋째 것은 없다/
Aut Cæsar aut nihil.
전부 아니면 무(無), 황제이거나 아무 것도 아니거나/
Deus mundum creavit ex nihilo.
천주께서는 우주를 무(無)로부터 창조하셨다/
Homo sum; humáni nihil a me aliénum puto.
(난 사람이다. 인간적인 어떤 것도 내게는 낯설지 않다)
나는 인간이다, 그러므로 나는 인간적인 것으로
나와 관련 없는 것은 하나도 없다고 생각 한다/
In nihil ab nihilo quam cito recidimus.
우리는 얼마나 빨리 무에서 무로 돌아가는 가!/
Quod homo nihil boni ex se habet,
et de nullo gloriári potest.
사람에게 본래 아무 선도 없고 어느 방면으로
보든지 영광으로 삼을 것이 없음(준주성범 제3권 40장)/
Quod nimis probat nihil probat.
과다하게 증명하는 것은 아무 것도 증명하지 못 한다/
recordátus, quod nihil cuíquam præstitísset.
그는 자기가 아무에게도 뭐 하나
해준 것이 없었다는 것이 생각나서/
Sine tuo numine nihil est in homine nihil est innoxium.
주님 도움 없으시면 저희 삶의 그 모든 것 해로운 것뿐이리/
Ubi nihil voles, ibi nihil veris.
아무 것도 할 수 없으면 아무 것도 원하지도 말지어다/
Victóribus nihil impedítum est.
승리자들에게는 곤란한 일이 있을 수 없다.

	nihil(=nil)	
Nom.	**nihil**	1. nihil은 주격과 대격으로만 쓴다. 호격이 필요하다
Gen.	(nullíus rei)	면 그것은 주격과 같다. 나머지는 옆과 같다.
Dat.	(nulli rei)	2. nihil 대신에 níhilum, -i, n.(무, 허무, 무가치)을
Acc.	**nihil**	쓰기도 하나 níhilum의 여격은 별로 쓰지 않는다.
Abl.	(nulla re)	3. nihil은 '조금도 아니'의 뜻을 가진 부사로 쓰기도 한다.

(한동일 지음. 카르페 라틴어 1권. p.66)
Nihil a me abest longius crudelitate.

N

나의 성품에 잔악성보다 더 안 맞는 것은 아무것도 없다.
Nihil a me alienum est.
　나와 관련 없는 것은 아무 것도 없다.
nihil ad intelligendum secretius.
　너무 흐릿해서 이해할 만한 것이 아무것도 없다.
Nihil accidet animo novum.
　아무 것도 새롭게 느껴지지 않을 것이다.
Nihil ad nostram formam.
　그것은 우리 꼴에 비하면 아무 것도 아니다.
Nihil ad utilitátem suam referre.
　자기에게 아무 이익이 되지 않는다.
Nihil addo. 나는 보탤 것이 없다.
Nihil adjuvat procedĕre.
　앞으로 나아가는 것은 아무 소용이 없다.
Nihil æque eos térruit quam ….(quam² 참조)
　아무것도 …와 같은 정도로 그들을 놀라게 하지는 못했다.
Nihil ágere. 아무것도 하지 않다(작용하지 못하다)
Nihil agis. 너는 아무 것도 이루지 못한다.
Nihil aliud a voluntate est causa totális volitiónis in voluntate. 의지만이 의지 안에서 결의의 전적인 원인이다.
Nihil áliud nisi de hoste ac de laude cógitat.
　그는 적군과 찬미 밖에는 아무 것도 생각하지 않고 있다.
Nihil áliud nisi de laude cogitat. (특히 부정사와 함께
　배타적인 뜻을 지니는데 이 경우 부사처럼 사용되기도 한다.)
　그는 칭찬밖에는 아무것도 생각하지 않는다.
Nihil amori Christi præponĕre.(성 베네딕도 수도규칙 제4장 21)
　아무 것도 그리스도께 대한 사랑보다 더 낫게 여기지 말라.
nihil amplius. 그만
Nihil autem potest esse sine eo quod inest ei per se: ergo forma corporis non potest esse sine corpore.
　어떤 것도 자신 안에 본질적으로 내재하는 것 없이는
　존재할 수 없다. 따라서 신체의 형상은 신체 없이 존재할
　수 없다. Si ergo corpus sit corruptibile, sequitur formam
　corporis corruptibilem. 그러므로 신체가 소멸한다면
　신체의 형상도 당연히 소멸하게 된다(지성단일성, p.105).
Nihil contra disputábo, priúsquam díxerit.
　그가 먼저 말하기 전에는 나는 아무 반대 토론도 하지 않겠다.
　(주문의 시칭이 미래인 경우 속문에 미래완료를 쓴다).
Nihil deest timentibus eum.
　그분을 두려워하는 이들에게는 아쉬움이 없을 것이다.
Nihil dii possunt ad veram felicitatem.
　참 행복에 아무 도움도 못 되는 신들(신국론 제6권).
Nihil enim diligit Deus, nisi eum, qui cum sapientia inhabitat. (ouvqe.n ga.r avgapa/| o` qeo.j eiv mh. to.n sofi,a| sunoikou/nta) (獨 Denn niemanden liebt Gott außer dem, der mit der Weisheit lebt) (㊂ For there is nought God loves, be it not one who dwells with Wisdom).
　그래서 하느님께서는 지혜와 함께 사는 사람만 사랑
　하신다(성경 지혜서 7. 28)/하느님은 지혜와 더불어 사는
　사람만을 사랑하신다(공동번역 지혜서 7. 28).
nihil erat super. 그 이상 아무 것도 없었다.
Nihil esse. 아무 가치도 없다.
Nihil est ab omni parte beatum.(Horatius)
　그 무슨 일도 모든 면에서 원만할 수는 없다.
Nihil est animo velocius. 정신보다 더 빠른 것은 없다
Nihil est causa sui ipsius.
　아무 것도 자기 자체의 원인이 될 수 없다.
nihil est eo tractabílius. 그 보다 더 신축성 있는 것은 없다
Nihil est hoc.(최익철 신부 옮김. 요한 서간 강해. p.343).
　이것은 허무하기 짝이 없습니다.
Nihil est in intellectu, quod prius non fuerit in sensu. 처음 지각 안에 없었던 것은 지성에도 없다.
　감각하지 않고서는 아무것도 인식할 수 없다.
nihil est quærere. 질문하는 것은 무의미하다
Nihil est sine rátĭone. 근거 없이는 아무 것도 없다
Nihil est, quod deus efficere non possit.
　신이 이루지 못할 것은 하나도 없다.
Nihil est tam volucre quam maledictum.

남을 비방하는 말보다 더 빠른 것은 없다.
Nihil est virtúte præstántius?
　덕행보다 더 뛰어난 것이 무엇이냐?
Nihil ex istis locis litterárum afflúxit.
　그곳에서는 편지 한 장도 오지 않았다.
Nihil fíeri potest. 아무 것도 될 수 없다(fio 참조)
Nihil fortuna affulsit. 나에게 행운이 비쳐왔다
Nihil hábeo ad te scríbere(quod ad te scribam).
　너한테 편지 써 보낼 것이 하나도 없다.
nihil habĕre monenti. 조금도 중요치 않다
Nihil innovatur nisi quod traditum est.(스테파누스 주교)
　[전승된 것이 아니라면, 아무 것도(교회의 것으로) 개선되지 않는다].
　전승된 것 외에 어느 것도 새롭게 해서는 안 된다.
　전해져 오는 것이 아니면, 아무 것도 갱신되지 않는다.
　전해진 것이 아니라면 새로운 것은 아무것도 없다.
Nihil, inquit, prosunt divitiæ.
　그는 말했다. 재산은 아무 소용이 없다.
Nihil lacrima citius arescit.
　눈물보다 더 빨리 마르는 것은 없다.
Nihil mea interest. 나에게는 아무 상관도 없다.
Nihil mihi fuit optatius, quam ut ~ .
　내게는 ~ 이상으로 바랄 것이 없었다.
Nihil moror. 나는 방해(거절) 하지 않는다.
Nihil multi dii potuerunt ad augendum imperium.
　제국 성장에 아무 것도 못해준 많은 신들(신국론 제4권).
Nihil negativum. (천지 창조 전의) 완전 무
Nihil nisi bonum de mortius cogita(성염 지음. 고전 라틴어, p.68)
　죽은 사람에 대해서는 좋은 것 외에는 아무것도 생각하지 말라!.
nihil non(=omnia) 모든 것, 전부.
　(non이 다른 부정사 뒤에 놓이면서 전적인 긍정을 드러냄).
Nihil novi. 별무신통, 아무 것도 새롭지 않다.
Nihil novi sub sole. 하늘 아래 새로운 것은 없다.
Nihil(nil) obstat. 아무 것도 방해하지 않는다.
Nihil obstat. = Nihil Obstat Quominus Imprimatur.
　[인쇄하는 데 지장 없음의 약자]. 교회의 저서 검열자의 인쇄출판 무방 증명.
　검열필(檢閱畢)(니빌 옵스탓-출판을 해도 무방하다),
　아무 것도 위배되지 않는다, 이의 없음, 하자 없음.
Nihil obstat, quin proficiscáris.
　아무 것도 네가 출발하는 것을 방해하지 않는다.
　(방해동사 Verba impediéndi 자체가
　부정사나 의문사를 가졌을 때에는 그 객어문의 접속사로 quóminus나
　ne 대신에 quin을 쓰는 때가 많다).
Nihil omnibus viris ecclesiastcis æque necessaŕium est ac orátio mentális.
　묵상만큼 성직자에게 요긴한 것은 없다(성 가롤로).
Nihil Operi Dei præponatur.(분도회 회칙 43. 3)
　아무 것도 하느님의 일보다 낫게 여기지 말라.
Nihil oportet in hac re contemni.
　이 일에 있어서는 아무 것도 무시되어서는 안 된다.
nihil pensi habĕre. 대수롭지 않게 여기다
Nihil perpetuum sub sole.
　태양아래 아무 것도 영속하지 않는다.
nihil prætĕreo. 아무 것도 묵과하지 않다
Nihil privativum. 결여 무(형태 정돈 이전의 혼돈 상태. Chaos)
Nihil profecto dubii quin hac in parte plurima supersint facienda. (㊂ Much remains to be done in this area) 확실히 이 분야에 있어서는 할 일이 많이 남아 있다.
Nihil pudet. 조금도 부끄럽지 않다.
Nihil refert. 괜찮다(괜찮아). 무방하다, 아무 상관없다
Nihil relinquitur nisi fuga. 도망하는 수밖에 없다.
Nihil reliqui facĕre. 남김없이 하다, 하지 않은 것이 없다
Nihil sane mirandum quod necessitudo cum Christo uti etiam aliqua ratione seu methodo potest.
　우리는 그리스도와 관계를 맺는 데에 어떠한 방법을
　사용한다는 것에 놀라서는 안 됩니다.
Nihil si non corpus. 육체 외에 아무것도 아니다
Nihil sibi ex istá laude decerno.
　그 칭찬을 조금도 가로채지 않는다.
Nihil sine Episcopo. 주교가 없으면 아무것도 없다.
Nihil sine magno vita labore dat hominibus.

인생은 크나큰 수고가 없이는(sine magno labore)
인간들에게 아무것도 주지 않는다.(성 염 지음. 고전 라틴어. p.109).

Nihil sub sole novum. 태양 아래 새로운 것이 없다

Nihil sumus, nihil possumus, nihil valemus. 우리는 아무
것도 아니요, 아무 것도 못하며, 아무 가치도 없다(성 요한 우드).

Nihil te fieri posse jucúndius, dicunt. 사람들은 네게
대해 더 기분 좋은 이야기가 있을 수 없다고 한다(fio 참조).

Nihil te moror. 이제 가도 좋다(죄인을 석방할 때의 말)

Nihil timére debemus, Deo res humanas gubernante.
천주께서 인간사를 주관하시니
우리는 아무 것도 두려워할 것이 없다.

Nihil tuleritis in via. 길을 떠날 때 아무 것도 지니지 말라

Nihil turpius est quam mentiri
(=Quid turpius est quam mentiri)
거짓말하는 것보다 더 추잡한 것이 무엇이냐?

Nihil unquam pecávit, nisi quod mórtua est.(어느 귀부인의
묘비) 그는 죽었다는 것 밖에는 일찍이 아무런 죄도 없었다.

nihil unum. 아무 것도 아니(μηδὲν.οὐδὲν)

**Nihil vere venustius quam Christum convenire et
cum omnibus communicare.**(⑨ Truly, nothing is more
beautiful than to know Christ and to make him known to
others) 참으로, 그리스도를 알고 다른 이들에게 그분을
알리는 것만큼 아름다운 일은 없습니다.

Nihil volitum, nisi cognitum.
알려지지 않으면 추구되지 않는다.

Nihil volitum nisi cognitum. 인식되지 않으면 욕구되지
않는다.[의지는 '좋은 것(善, bonum)'을 추구한다. 즉 의지는 맹목적으로 모든
것을 추구하는 것이 아니라 자기에게 '좋은 것'이라고 판단되는 것, '좋은 것으로
파악된 것'을 추구한다. 그러므로 '좋은 것으로(의) 추구되어 욕구되지
않는다. Nihil volitum nisi cognitum'는 명제가 적용된다. 신학대전 14. p.395].

Nihil volitum quin præcognitum(미리 알지 않고서는 원할 수 없다)
미리 알지 못한 것을 원할 수는 없다.

nihíldum, adv. 아직 아무 것도 아니

Nihilísmus, -i, m. 니힐리즘(虛無主義), 허무주의

nihilísta, -æ, m.(f.) 허무주의자, 극단적인 회의론자

Nihilne te populi věretur?
민중에 대해 아무 것도 개의치 않느냐?.

níhilo, -ónis. m. 아무 쓸모없는 사람

níhilo sétius. 그럼에도 불구하고

nihilómǐnus, adv. (níhilum+minus⁹) 그럼에도 불구하고,
그럴지라도, 그렇지만, 못지않게, 같은 정도로, 역시, 같이.

nihílum, -i, n. (ne²+hilum) 아무 것도 아님, 허무,
無(獨 das Nichts.⑨ Nothing), 공허(空虛), 영(零),
무효(無效), adv. 조금도 아니.
alqd ad níhilum rédigi. 무엇을 무로 돌아가게 하다/
alqd habeo pro níhilo. 무시하다/
creata a Deo ex nihilo. 신에 의해 무로부터 창조된 것/
de níhilo. 아무 이유 없이, 아무 근거 없이/
de(ex) níhilo. 무에서부터/
homo níhili. 무가치한 사람/
in nihilo redigere. 무화(無化)/
níhili. 아무 것도 아니게(아닌), 무가치하게, 무가치한/
níhili fácere(æstimáre) 아무 것도 아닌 것으로 여기다/
Nihili fácio amici consilǐum(=Pro nihilo duco amici
consilǐum) 나는 친구의 의견을 무시(無視)한다/
níhilo beátior. 전혀 더 행복하지 않다/
Nihilo constat 그것은 아무 가치도 없다/
níhilo minus. 그럼에도 불구하고; 못지않게/
non níhilo æstimáre. 가치를 약간은 인정하다/
pro níhilo esse. 아무것도 아니다(아닌 것이나 마찬가지다)/
pro níhilo putáre(dúcere, habére)
아무 것도 아닌 것으로 여기다.

nihilum absolutum. 절대적 허무(絶對的 虛無)

nihilum essendi.(선유의 천주사상과 제사문제. p.222)
無(無.獨 das Nichts.⑨ Nothing)

Nihilum formæ. 형(形)의 무(선유의 천주사상과 제사문제. p.222)

nihilum relativum. 상대적 허무(相對的 虛無)

nil, indecl., n. (= **nihil**) 아무 것도 아니(없다).
nil nisi bonum. 좋은 것만 말해라.

Nil admirari. 어떤 일에 대해서도 감동하지 않는다.

nil contulerim jucundo amico. 다정한 벗보다 즐거운
것은 없으리(성 염 지음. 사랑만이 진리를 깨닫게 한다. p.430).

Nil desperandum.
실망할 것은 아무 것도 없다.(결코 포기하지 마라).

Nil est illic, quod moremur diutius.
거기에서 우리가 더 오래 지체할 이유는 조금도 없다.

Nil novi sub sole. 태양 아래 새로운 것은 없다.

Nil mihi rescribis, tu tamen ipse veni.(Ovidius)
나한테 아무 것도 답서는 쓰지 말고, 네 자신이 직접 오너라!

Nil præter canna fuit. 갈대밖에는 아무 것도 없었다.

Nil sine numine.(Colorado 州의 표어)
신의 뜻에 따르지 않으면 아무 일도 안 된다.

**Nil vidétur múndius, nec magis cómpósitum
quidquam.** 아무것도 더 깨끗하게 보이지 않고 또
아무것도 더 질서정연한 것으로 보이지 않는다.

Nil volitum nisi cognitum.
인식하지 않은 것을 원할 수 없다.

Niliácus, -a, -um, adj. Nilus 강의, 이집트의

Nilícŏla, -æ, f., m. (Nilus+colo)
Nilus 강변(江邊) 사람, 이집트 사람.

Nilígěna, -æ, f., m. (Nilus+gigno)
Nilus에서 태어난 사람, 이집트 사람.

nilum = níhilum, -i, n. (ne²+hilum)

Nilus¹ -i, m. 나일 강 Africa 최대의 강

nilus² -i, m. 수로(수도, ductus aquárum, 운하

Nilus redundat. 나일 강이 범람한다.

Nilus scatet piscibus. 나일 강에는 물고기들이 우굴 거린다.

nimbátus, -a, -um, adj. (nimbus)
뜬구름 같은, 시시한, 보잘 것 없는.

nímbǐfer, -fĕra, -fĕrum, adj. (nimbus+fero)
소나기(폭우)를 몰고 오는, 먹구름의.

nimbósus, -a, -um, adj. (nimbus)
폭우의, 호우의, 먹구름에 덮인.

nimbus, -i, m. 소나기, 호우(豪雨), 폭우(暴雨)
억수(⑨ a pouring(heavy, torrential, drenching) rain-
물을 퍼붓듯이 세차게 내리는 비), 먹구름, 운무(雲霧), 화재연기,
후광(後光.⑨ halo), 원광(圓光), 윤광(潤光-윤광의 색은
처음에는 푸른색이었다가 5-6세기부터 금색 노랑 무지개 색을 쓰게 됐고,
현재는 시성, 시복을 한 성인과 복자에게만 윤광을 그리도록 하고 있다)/
빛나는 구름, 다량으로 퍼붓는 것(돌.화살.창),
온통 파묻히게 하는 것, 밀려덮치는 무리,
불의의 재난(災難), 불행(不幸).
nimbus vítreus. 유리잔(의 일종).

Nímiæ láudes tibi detriménto sunt.
지나친 칭찬은 너에게 해가 된다.

nimiĕtas, -átis, f. (nímius) 과다(過多), 과도(過度),
과잉(過剩), 과량(過量), 충일(充溢-가득 차서 넘침), 과장(誇張).

nimiópĕre, adv. (nímio+ópere) 너무(nimis), 굉장히

nimírum(ni¹+ mirum), adv.
즉, 확실히, 분명히, 물론, (비꼬는 말로서) 어련히.
Agitur nimirum de contentione inter ordines.
이것은 계급투쟁의 문제이다.

nǐmis, adv. 너무, 지나치게, 과도히, 대단히, 굉장히, 아주, 훨씬.
Asiatici oratóres nimis redundántes.
말이 너무 많은 아시아의 연설가들/
Ne quid nimis. 아무 것도 과도히 하지 마라,
무엇이나 지나치지 않게, 지나친 것은 흠이 된다/
Quæ nimis appárent retía, vitat ávis.
너무 노골적인 그물은 새가 피해 달아난다/
Quod nimis probat nihil probat.
과다하게 증명하는 것은 아무 것도 증명하지 못 한다/
Ut si priora tua fuerint parva, et novissima tua
multiplicentur nimis. 너의 시작은 보잘것없었지만
너의 앞날은 크게 번창할 것이다/
Visne mea esse? Dum quidem ne nimis diu tua sim,
volo. 내 여자가 되고 싶소? 너무 오래 당신 여자가
되지 않는다면야 그러고 싶어요/

vítium, quod tu nimis magnum stúdium in rem non necessáriam confers.
네가 불필요한 일에 너무 큰 열성을 들이는 그 결점.

nimis aquæ. 너무 많은 물(ros purus. 맑은 물)

nimis imperiosus philósophus. 너무 엄격한 철학자

nímĭum -i, n. (nímĭus) 지나침, 과도함, 과잉(過剩), 너무 많음, 과다(過多), 과대(誇大).
De cavenda nimia familiaritate.
과도한 우정을 피함에 대하여/
Ea nímia est rátio. 그 수량은 너무 많다/
inter nimium et parum esse. 중용에 있다, 똑 알맞다/
nimia perversitas. 커다란 잘못/
O fortunatos nimium, sua si bona norint agricolas!
quibus ipsa procul discordibus armis fundit humo facilem victum justissima tellus. 너무도 복에 겨운 농사꾼들이여, 자기네 복을 알기만 하면 좋으련만! 사람들이 무기를 들고 온갖 불화를 일으키는 중에도, 참으로 의로운 대지의 여신은 흙에서 손쉽게 먹을 것을 주시느니…
(성 염 지음, 사랑만이 진리를 깨닫게 한다. p.395)/
Quibus parum uel quibus nimium est, mihi ignoscant;
이 저술의 분량이 너무 적거나 너무 많다고 보는 사람들은 나를 용서해주기 바란다.
(신국론 끝부분. 교부문헌 총서 17, 신국론. p.2731)/

Nimíum boni est, cui nihil est mali. 아무런 악도 없는 사람은 너무나 많은 선을 가지고 있는 것이다.

Nimíum faciles aurem præbĕre puellæ.
너무도 쉽게 귀를 기울이는 소녀들.

nimíum lucri. 너무 많은 이익(利益)

nímĭus -a, -um, adj. (nimis) 지나친, 과도한, 너무 많은, 너무 큰, 대단히 많은(큰) 엄청난.
adv. **nímĭe, nímĭo, nímĭum.**
Nimĭa illa libertas in nimĭam servitutem cadit.
그 지나친 자유는 과도한 속박의 결과를 초래 한다/
nimiæ laudes tibi detrimento sunt.
지나친 칭찬은 너에게 해가 된다/

níngĭdus(=nínguĭdus) -a, -um, adj. 눈 많은, 눈 쌓인

ningit, (ningébat), ninxit, -ĕre, impers., intr. 눈이 온다. pers. 눈처럼 쏟아지다.
Dicitur hoc anno in montibus multum pluisse, parum ninxisse. 올해는 산에 비가 많이 오고 눈은 적게 왔다고들 한다.

ningor, -óris, m. 함박눈(暴雪), 폭설(暴雪-갑자기 많이 내리는 눈)

nínguĭdus(=nínguĭdus) -a, -um, adj. 눈 많은, 눈 쌓인

ninguis, -is, f. ((古)) (=nix) 눈(雪)

ninguit = ningit

Nínĭve(=Nínĕve), -es, f. 고대 Assýria의 수도

Ninus[1] -i, m. 고대 Assýria의 초대 왕

Ninus[2] -i, f. 고대 Assýria의 수도 Nínive

Níoba, -æ, (Níobe, -es) f. Tántalus의 딸

nirvâna(산스크리트어) 열반(涅槃-불교가 지향하는 궁극적인 깨달음의 지혜를 완성한 경지를 일컫는 말. 불교 경전의 쓰인 Pali어로는 nibbâna. '생명의 불꽃 소멸'이라면 해탈. 범천왕과의 일치를 가리키는 말로 그리스도교의 천당에 해당된다. 불교의 가르침으로는 이 경지는 모든 번뇌, 고통, 세속으로부터 초탈해 지복의 경지에 이르는 입적을 뜻한다)
백민관 신부 엮음. 백과사전 3. p.883)

nǐsi, subord., conj. (ne²+si) 1. **만일 …아니면**, …않는 경우에, Memória minúitur, nisi eam exérceas. 기억력은 (사람이 만일 그것을) 훈련하지 않으면 감퇴(減退)된다/ nisi si …경우가 아니면(경우 외에는)/ nisi forte(vero) 혹시라도 …아니면. 2. …는 제외하고, 빼놓고. Cálices omnes confrégit, nisi unum. 그는 …잔을 제외하고 모든 잔을 다 깨뜨려 버렸다. 3. (특히 부정사와 함께 배타적인 뜻을 지님; 이 경우 부사처럼 사용되기도 함) 아니고서는 아니, …라 야만, …해야만, 외에는, 밖에는(ἐὰν μὴ…/εἰ μὴ…/χωρὶς) 다만, …일(할) 따름(이다): Dicĕre nemo potest, nisi qui intélligit. 알아듣는 사람이라야만 말할 수 있다/ Nihil áliud nisi de laude cógitat. 그는 칭찬밖에는 아무 것도 생각하지 않는다/ Jurávit se, nisi victórem, non reversúrum. 그는 승리하지 않고서는 돌아오지 않겠다고 맹세한다/ non nisi(nónnisi) 다만/

non… nisi prius …하기 전에는 아니, 하고서야만/ (배타적 이유) non … nisi quod(quia) 때문이 아니면 …아니다, 때문에만. 4. (quid áliud에 연결되면서 결론의 타당성을 드러냄) Quid est áliud fortitúdo nisi virtus? 용맹은 덕이 아니고 무엇이냐.(라틴-한글사전. p.554)/
De mortuis nihil nisi bonum.
죽은 사람들에 대하여는 좋은 말을 할 뿐이다/
Deo autem nisi notus esset, esse non posset.
신이 알지 않으면 창조되지 않았다/
Dona spiritualia non accipiuntur nisi desiderata.
영적인 선물은 열망하지 않고서는 받을 수 없다/
ex uno non provenit nisi unum. 일자에서는 오직 그 자체가 하나인 것만이 발생할 수 있다/
Felix lingua quae non novit nisi de divinis habére sermonem.(성 예로니모) 하느님의 일 이외에는 말하지 아니하는 입은 복 되도다/
generans non generat aliud a se nisi propter materiam.
발생하는 것은 질료에 의하지 않고서는 자체로부터 다른 것을 발생시키지 않는다/
Hanc nisi mors mihi adimet nemo. 죽음이 아니고서는 아무도 이 여자를 내게서 뺏어가지 못할 것이다/
Hominem non novi castum nisi sobrium. 음식을 절제 하지 않고 정덕을 잘 지키는 사람을 나는 하나도 모른다.
(성 예로니모)/
liberum arbitrium nisi ad peccandum valet.
자유의지는 죄짓는 것밖에 달리 할 수 있는 것이 없다/
Nemo nisi victor pace bellum mutávit.
승리자만이 평화로써 전쟁을 변화시켰다/
Nemo ullius nisi fugæ memor. 누구를 막론하고 오로지 도망질 칠 것 외에는 다른 아무 것도 생각하지 않았었다/
Neque usquam nisi in peunia spem habére.
돈밖에는 아무 것에도 희망을 두지 않다/
nec desiderantur nisi aliqualiter cognita.
인식되는 것이 조금도 없으면 열망되지도 않는다/
Nihil volitum, nisi cognitum.
알려지지 않으면 추구되지 않는다/
Noli quærĕre fieri judex nisi virtute valeas irrumpĕre iniquitátes. 불의를 뿌리 뽑을 힘이 없거든 재판관이 되려 하지 말아라(집회 7. 6)/
non ab alio inventa est nisi a Joseph.
그의 상태는 다른 사람들이 아닌 요셉에게 발견되었다/
Non credam, nisi videro. 나는 보지 않고서는 믿지 않겠다(보아야만 믿겠다)(non nisi 가끔 Solummodo-다만의 뜻을 가진 부사처럼도 사용되는데 이 경우 nisi는 흔히 설명어를 갖지 않는다)/
Perfectum non potest esse nisi singulare.
완전하게 될 수 있는 존재는 오직 개개인입니다/
Quid aliud ille ignis devorat, nisi peccata tua?
저 불은 네 죄 외에 무엇을 태우랴?/
Quid est áliud fortitúdo nisi virtus?
용맹은 덕이 아니고 무엇이냐?(quam² 참조)/
Sicut palmes non potest ferre fructum a semetipso nisi manserit in vite, sic nec vos, nisi in me manseritis.
가지가 포도나무에 붙어 있지 않으면 스스로 열매를 맺을 수 없는 것처럼, 너희도 내 안에 머무르지 않으면 열매를 맺지 못한다(요한 15. 4)/
spiritualia videri non possunt nisi quis vacet a terrenis. 영적인 것은 이 세상 것에서 떠나지 않은 사람은 누구도 볼 수가 없다.

Nisi caves, peribis. 조심하지 않으면 넌 망할 거다.
[접속사 Nisi는 속문 전체를 부정하고, Si non은 non이 붙는 단어만을 부정한다].

Nisi credideritus, non intellegetis.
너희가 믿지 아니하면 깨닫지 못하리라.

Nisi credideritus, non permanebitis.
너희가 믿지 아니하면 존속(存續)하지 못하리라.

Nisi et aliud esse credĕre, aliud intellegĕre.
믿는 것 다르고 이해하는 것 다르지 않다.

nisi me fallit memória. 내 기억이 틀림없다면(fallo 참조)

Nisi memoría defécerit, 기억에 틀림이 없다면

Nisi molestum est, repete quæ coeperas.

N

귀찮지 않다면(괜찮다면) 당신이 시작했던 말을 다시 해봐요!
Nisi per adulescentiam honesti fuissent, hodie honesti non essent. 그 자들이 젊은 시절에 정직하지 못했다면 오늘날에도 정직하지 못할 거야.
Nisi propriæ voluntati ulla ulterior peccatórum causa quærenda. 본인들의 의지가 아닌 다른 더 먼데서 죄의 원인을 찾아서는 안 된다.
Nisi providisses, tibi pĕreundum fuisset. 네가 미리 조심하지 않았더라면 파멸을 면치 못했을 것이다.
nisi quia dextera, pura conscientia est; sinistra, mundi cupiditas? 오른 손은 깨끗한 양심을 가리키고, 왼손은 세상에 대한 탐욕을 뜻하는 것이 아니고 무엇이겠습니까?.(최익철 신부 옮김, 요한 서간 강해, p.265).
nisi quid dicis, 네가 딴말 않는다면
nīsus[1], -a, -um, p.p. (nitor[1])
nisus[2], -us, m. 의지(依支-다른 것에 몸을 기댐), 기댐, 올라감, 기어오름, 날아오름, 노력(영 Commitment), 안간힘, 수고(κòπος.영 Commitment), 애씀, 진통(鎭痛).
nisus[3], -i, m. Mégara의 왕, Scylla의 아버지
nitéla[1] -æ, f. (níteo) 빛남, 찬란함, 반짝이는 먼지, 윤내는 것, nitélæ oris. 치약.
nitela[2](**=nitella**) -æ, f. 들쥐
nítens, -éntis, p.prœs., a.p. (níteo) 빛나는, 찬란한, 반짝(번쩍)이는, (동물이) 윤기 도는, 반지르르한, 살찐, 활짝 핀, 웃는, (밭.나무 따위가) 잘 가꾸어진, 손질한, 다듬어진, (연설 따위가) 세련된, 유명한.
nítĕo, -tŭi -ére, intr. 빛나다(נגה), 반짝(번쩍)이다, 찬란하다, (금속 따위가) 길들어 반들반들 빛나다, 윤이 나다, 건강(健康)하다, 살쪄 있다, 윤기가 돌다, 화사하다, 눈부시다, 화려하게(아름답게) 꾸며져 있다, 돋보이다, (밭.나무.농작물 따위가) 잘 가꾸어져 있다. 다듬어져 있다, 세련(洗鍊)되다, 말쑥하다, 깨끗하다, 산뜻하다, 두드러지다, 풍부(豊富)하다, 번창(繁昌)하다, 번영(繁榮)하다, 활약(活躍)하다, 유명(有名)하다.
Non omne quod nitet aurum est.
반짝이는 것이 모두 금은 아니다.
nitésco, nítŭi, -ĕre, inch., intr. 빛나기 시작하다, 번쩍이다, 찬란하다, 통통해지다, 살찌다, (식물이) 잘 자라다, 세련되어 가다, 유명해지다.
niti in, ad *alqd*. 무엇을 얻으려고 노력하다
niti in Deo. 천주께 의탁(依託)하다
nitibúndus, -a, -um, adj. (nitor[1]) 힘쓰는, 노력하는
nitídĭtas, -átis, f. (nítidus) 빛남, 찬란함, 산뜻함, 광채(光彩.ἀπαὺγαμα-정기 어린 밝은 빛), 말쑥함.
nitidiúscŭlus, -a, -um, adj. dim. (nítidus) 빛나는, 말쑥한
nítĭdo, -ávi, -átum, -áre, tr. (nítidus) 빛내다, 윤내다, 씻다(סחא.סחי), 목욕(沐浴)하다.
nítĭdus, -a, -um, adj. (níteo) 빛나는, 광채 나는, 찬란한, 살찐, 푸둥푸둥한, 건강한, 단장한, 몸치장한, 멋 내는, 세련(洗鍊)된, 교양(敎養) 있는, 비옥(肥沃)한, 잘 가꾸어진, (연설이) 잘 다듬어진.
Nitimur genibus. 우리는 무릎을 꿇고 있다
nītor[1](-ĕris, -ĭtur), nīsus(-xus) sum, nīti, dep., intr. 기대다, **의지하다**(סמיך.סמך), 받쳐 있다, 얹혀 있다, **의탁하다**, **의존**(**의지**)하**다**, 달려 있다, 걸음발타다, 걸으려고(움직이려고.일어서려고) 애쓰다, 걷다, 올라가다, (낳으려고.대변볼 때) 힘을 쓰다(주다), 힘들여 낳다, 버티고 서다, 버티어(견디어) 내다, 얻으려고(도달하려고) 노력(努力)하다, 해보다, 시도하다, 힘을 기울이다, 애쓰다, 수고하다(זסס).
báculo nitor. 지팡이에 의지(依支)하다.
nitor génibus. en 무릎을 꿇고 있다
nitor grádibus. 올라가다
nĭtor[2] -óris, m. (níteo) 광휘(光輝-환하게 빛남, 또는 그 빛), 광택(光澤.영 luster;gloss;brilliance;polish;sheen), 광채, (나무가) 미끈함, 건강한 혈색, 매력(魅力), 우아(優雅), 아름다움(κἀλλος.영 Beauty), 세련(洗鍊), 선명한 색채(色彩), 명문(名門).
nitrátus, -a, -um, adj. (nitrum) 초석(礎石) 섞인
nítrĕus, -a, -um, adj. (nitrum) 초석의, 초석으로 된
nitrogénĭum, -i, n. (化) 질소(窒素)
nitrósus, -a, -um, adj. 초석(礎石)을 함유하는
nitrum, -i, n. 질산칼륨(窒酸 Kalĭum → 초석)
nitrum, -i, n. 초석(硝石-질산칼륨. 은초), 질산칼륨
nitŭi, "nítĕo"의 단순과거(pf.=perfectum)
niválís, -e, adj. (nix)
눈(雪)의, 눈 오는, 눈이 많은, 추운, 눈처럼 흰, 순수한.
nivárĭus, -a, -um, adj. (nix) 눈(雪)의
nivátus, -a, -um, adj. (nix) 눈(雪)으로 식힌(냉각시킨)
nive = neve
nive candidior. 눈같이 흰(눈보다 더 흰)
nivésco, -ĕre, intr. 눈같이 희어지다
nívĕus, -a, -um, adj. (nix)
눈(雪)의, 눈에 덮인, 눈 오는, 눈처럼 흰; 맑은.
nivósus, -a, -um, adj. (nix) 눈이 많은, 눈 덮인
nix, nĭvis, f. (gen., pl. -ĭum) [단수 주격 nix, 속격 nivis, 여격 nivi, 대격 nivem, 탈격 nive] 눈(雪), 흰 빛, 백발, éluctor nives. 눈길을 헤치고 나가다/
montes óbsiti nivibus. 온통 눈으로 뒤덮인 산들/
nive candídior. 눈보다 더 흰, 눈 같이 흰/
nives. 적설(積雪), 눈 뭉치/
nives capitis. 백발(canitudo, -dinis, f.)/
nivis casus. 강설(降雪).
Nix erat altior pedes(pedibus) **quattuor**.
눈(雪)이 넉자 이상 쌓였다.
Nix plus quam quáttuor pedes alta erat.
(=**Nix plus quáttuor pédibus alta erat**)
눈이 쌓인 높이는 4척 이상이었다.
Nixi, -órum, m., pl. 해산(解産)의 세 신(神)
nixor, -ári, freq., dep., intr. (nitor[1]) 기대다(סמיך.סמך), 의지하다(סמיך.סמך), 힘쓰다, 기꺼이 수고하다.
nixúrĭo, -íre, intr., desid. (nitor[1])
하려고 힘쓰다, 자꾸 해보다, 아기 낳으려고 하다.
nīxus[1] -a, -um, p.p. (nitor[1])
nīxus[2] -us, m. = **nisus**[2]
N. L. (略) = non liquet.
N. N. (略) = Nomen Nescio. 나는 그 이름을 모른다.
no, -āvi -āre, intr. 헤엄치다, 부유하다, 물위에 떠있다, 항해(항행)하다, 파도치다, 물결 일다, (벌 따위가) 날다.
Nōa, -æ, (**Nōĕ**, indecl.) m. 구약의 성조(聖祖).
arca Nœ. 노아(영 Noah)의 방주(方舟)/
De generationibus trium filorum Nœ.
노아의 세 아들의 계보(系譜)/
Quid in filiis Nœ prophetice fuerit figuratum. 노아의 아들들에게서 예언적으로 표상 되는 바는 무엇인가.
(교부문헌 총서 17, 신국론, p.2800)/
Quod arca, quam Nœ jussus est facere, in omnibus Christum Ecclesiamque significet. 노아가 명령받고 만든 방주는 모든 면에서 그리스도와 교회를 상징한다.
(교부문헌 총서 17, 신국론, p.2798).
nobili genĕre natus. 귀족가문 출신
nóbĭlis, -e, adj. 알 수 없는, **알려진**, 주지(周知)의, 유명한, 이름 난, 저명한, 악명 높은, 훌륭한, 뛰어난, 탁월한, **고상한**, 고결한, 숭고한, **고귀한**, 존귀한, **귀족의**, 신분이 높은, (가축 따위의) 순종의.
honorati et nobiles viri. 영예롭고 고귀한 신분의 사람들/
Nobiles adulescentes coniurationem fecerunt, ut inimicos opprimerent civitatemque liberarent. 귀족 청년들이 음모를 꾸며 적을 타도하고 국가를 해방시키기로 하였다/
Platonem non accepit nobilem philosophia, sed fecit. 철학이 이미 고상해진 플라톤을 품어준 것이 아니라 플라톤을 철학이 고상한 사람으로 만들었다(Seneca)/
Vere Fraciscus qui super omnes cor francum et nobile gessit. 실로 프란치스코는 누구보다도 대범하고 숭고한 마음을 지녔다.
nobili genĕre natus. 귀족가문 출신

N

nobilior, -or, -us, adj. nóbǐlis의 비교급

Nobilissima Gallórum gens, 프랑스의 종교 문제들(1884.2.8.).

nobilissimátus, -us, m. (nóbilis) 존귀한 신분(황제나 그 자녀, 형제, 자매 등 가족에게 "nobilissimatus(a)" 라는 존칭을 붙였던 데부터 유래함). esse nobilissimum. 고상한 존재.

nobilissimus, -a, -um, adj. nóbǐlis의 최상급, esse nobilissimum. 가장 고상한 존재임.

nobílĭtas, -átis, f. (nóbǐlis) 저명(세상에 이름이 널리 알려짐), 유명, 주지의 사실, 고결(高潔-고상하고 깨끗함), 고상(高尙-인품이나 학문 정도가 높으며 품위가 있음), 존귀(尊貴), 고귀(高貴), 양반, 귀족, 우수성, 탁월성(卓越性), 뽐냄, 긍지(矜持-自負), 자랑.
Operis namque nobilitas, quam christiani a Iudæis uti hereditatem acceperant, iam monasticis in regulis Augustini ac Benedicti splendebat. 그리스도교가 유다교에서 물려받은 노동의 고귀함은 이미 아우구스티노 성인과 베네딕도 성인의 수도 규칙에 나와 있습니다.
nobilitas animi sola est atque unica virtus, 정신의 품위야말로 유일무이한 덕이니.

nobílǐto, -ávi, -átum, -áre, tr. (nóbǐlis) 널리 알리다, 유명하게 하다, 악명 높게 하다, 고귀(존귀)하게 하다, 귀족으로 만들다, 우수한 것으로 만들다.

nobis, dat., abl., pl., (nos)
우리에게; 우리(의 abl.): nobíscum. 우리와 함께.
in nobis carnaliter currit unctǐo.(떼르뚤리아노)
우리 몸 전체에 도유(塗油)가 이루어지고 있다/
nemo de nobis. 우리 중에서는 아무도 아니/
Nobiscum vivere jam diutius non potes ; id non feremus.(Cicero) 그대가 더 이상 우리와 함께 살 수 없다니. 우리는 그것을 견딜 수가 없다/
Non nobis solum nati sumus.(Cicero)
우리는 우리 자신만을 위해서 태어난 것이 아니다/
Tui amóris in nobis ignem accende. 주를 사랑하는 열렬한 불을 우리 마음속에 타게 해 주소서/
Unus Pater sanctus nobiscum, unus Filius sanctus nobiscum, unus Spiritus sanctus nobiscum.
한 분이시며 거룩하신 성부께서 저희와 함께, 한 분이시며 거룩하신 성자께서 저희와 함께, 한 분이시며 거룩하신 성령께서 저희와 함께(안티오키아의 성 이나시오의 전례).

Nobis alluxit. 우리에게 빛이 비쳐왔다.
Nobis applaudite. 우리에게 갈채를 보내다오.
nobis hæc ótǐa fácǐo. 우리에게 이 평화시대를 허락하다
Nobis in animo, 성지(Holy Land.성소)(1974.3.25. 교황권고).
Nobis neque solitarius, neque diversus Deus est confitendus. 우리는 하느님을 고독한 자라고도, 차별적인 자라고도 고백하면 안 된다(힐라리우스, 삼위일체론, 신학대전 4, p.54).
Nobis sacerdotális dignitas tradita est.
본인의 사제적 존엄성은 전승된 것이다/
nobis tutíssimum est … sequi. (tutus' 참조)
따라가는 것이 가장 안전하다/
Nobis venari non vacat. 우리는 사냥할 시간이 없다

nócēns, -éntis, p.præs., a.p. (nóceo) 해를 끼치는, 해하는, 유해한, 불의를 범한, 죄가 있는.
m. 죄인(ἁμαρτωλὸς.罪人.⑨ sinner), 범죄자(犯罪者).
n., pl. 유해물(有害物), 해로운 것. adv. nocenter.

nocéntǐa, -æ, f. (nocens) 죄 있음, 유죄(有罪-죄가 있음).
Hoc cum confiteris, scelus concedis.
네가 이것을 승인하는 것은 즉 유죄를 인정하는 것이다.

noceo, -cǔi -cítum -ére, intr. 해를 끼치다(주다), 해롭다, 해치다(ירע.יער), 가해하다, 범죄하다, 나쁜 짓 하다.
Ad nocendum potentes sumus.(Seneca)
우리 모두가 남에게 해악을 끼치는 데는 막강한 힘이 있다/
Mihi nihil ab istis noceri potest.
나는 이자들에게서 아무런 해(害)도 받을 수 없다,
이자들이 나에게 해 끼칠 수 없다/
Nocentur æróti. 병자들이 해를 받는다/
Res inter alios acta aliis nec nocet nec prodest(타인들 사이에 행한 것은 제3자에게 해를 끼치지도 않고 이롭게 하지도 않는다)

타인간의 행위는 우리를 해하지도 이롭게 하지도 않는다.

noceo alqd(nihil). 무엇을 해치다(아무것도 해치지 않다)
nocíbǐlis, -e, adj. (nóceo) 해로운, 해를 끼칠 수 있는
nociméntum, -i, n. (nóceo) 손해(損害)
nocívus, -a, -um, adj. (nóceo) 해로운, 유해한, 위험성 있는
noctambulísmus, -i, m. (醫) 몽유병(夢遊病), 몽중 보행
noctánter, adj. (nox) 밤(중)에
nocte, 원형 nox, noctis, f. [단수 주격 nox, 속격 noctis, 여격 nocti, 대격 noctem, 탈격 nocte].
Illa nocte domum redibimus.
그 날 밤에 우리는 집으로 돌아갈 것이오/
Ut sis nocte levis, sit tibi cena brevis.
밤에 편 하려거든 간단한 저녁식사를 하라.
nocte dieque. 밤낮으로,
Nocte et die in profundo maris fui.
밤낮 하루를 꼬박 바다에서 표류한 일도 있습니다.
nocte insequenti.(insequor 참조) 다음날 밤에.
obdúcta nocte. 밤이 되어.
nocte silente. 고요한 밤에
nocte super média. 한밤중에(media nocte)
noctem agito. 밤을 지새우다.
Noctem flammis funálǐa vincunt.
횃불이 불꽃으로 밤을 밝힌다.
noctem repeto. 그날 밤을 회상하다
noctes ægræ. 고통스러운 밤
noctes et dies. 밤낮으로 여러 날 동안
noctéscit,(scébat), -ěre, impres. (nox) 어두워지다, 밤이 되다
nocti consero diem. 밤에 낮을 잇다.
noctícǒla, -æ, m., f. (nox+colo²) 밤을 좋아하는
Nóctǐfer, -fěri, m. (nox+fero) 저녁별(金星-태백성), 개밥바라기(태백성, 금성), 태백성(金星), 금성(金星).
Noctilúca, -æ, f. (nox+lúceo) 밤을 비추는 것, 달, 등불
noctívǎgus, -a, -um, adj. (nox+vagus') 밤에 떠돌아다니는
noctívǐdus, -a, -um, adj. (nox+vídeo) 야간에 보는
noctivígǐlus, -a, -um, adj. (nox+vígilo) 밤샘하는
noctu, adv. (nox) 밤에, 야간에
noctu, adv. 밤에, 야간에.
Hæc ávis scribitur noctu cenēre.
이 새는 밤에 운다고 기록되어 있다/
Hoc fácere noctu apparábant.
그들은 밤에 이 계획을 이행하려고 작정하였다.
noctu diuque. 밤낮으로
nóctǔa, -æ, f. (nox) (動) 올빼미
noctuábúndus, -a, -um, adj. (noctu) 밤길 가는
noctuínus, -a, -um, adj. (nóctua) 올빼미의
nocturális, -e, adj. 밤의
Nocturnæ, (가) 야과경(夜課經)⑨ Matins-독서의 기도 office of readings의 옛 형태). (성무일도의 새벽 시과. 조과 기도의 한 부분.
noctúrnus, -a, -um, adj. (noctu) 밤의, 야간의, 밤에 행하여지는. m. Noctúrnus. 밤의 신.
nocturna tempora. 밤 시간/
nocturnæ imagines. 꿈(夢-R.갓.⑨ dream)/
nocturnæ imaginis augur. 해몽(解夢)하는 사람.
noctuvígǐlus, -a, -um, adj. (nox+vígilo) 밤샘하는
nocuméntum, -i, n. (nóceo) 해(害), 손해(損害)
nócǔus, -a, -um, adj. (nóceo) 유해한, 해로운
nodámen, -mǐnis,(=nodaméntum, -i,) n. (nodo) 매듭(노, 실, 끈 따위를 잡아매어 마디로 이룬 것), 맺음, 이음.
nodátǐo, -ónis, f. (나무의) 마디 많음
nǒdo, -ávi, -átum, -áre, tr. (nodus) 마디 나게 하다, 매듭을 짓다, (끈 따위로) 매다.맺다, (그물의) 코를 뜨다(깁다); 얽어매다, 얽히게 하다.
nodósǐtas, -átis, f. (nodósus) 매듭 많음, 복잡(複雜), 착잡(錯雜-갈피를 잡을 수 없이 뒤섞여 어수선함).
Quis exaperit istam tortuosissimam et implicatissimam nodositatem? 뉘 능히 얼키설키 꼬이고 꼬인 이 매듭을 풀어주리까?(고백록 2.10.18.).
nodósus, -a, -um, adj. (nodus) 매듭 많은, 마디 많은,

마디마디 이어진, 옹이 많은, 풀기 어려운, 꼬인,
까다로운, 얽힌, 복잡한. (醫) 결절(結節)의.

nódŭlus, -i, m. dim. (nodus) 작은 매듭, 작은 결절,
작은 이음매, 작은 마디, 작은 옹이(나무에 박힌 가지의 그루터기).

nōdus, -i, m. 매듭, 이음매, 마디, 관절, 띠, 땋은 머리,
그물, (식물의) 마디.눈. 옹이, 연결(連結), 유대(紐帶),
관계(關係), 의무, 속박(束縛), 착잡(錯雜), 분규(紛糾),
엉클어짐, 난관(難關), 장애, (성작의) 손잡이 마디.
(天) 교점(交點). (醫) 결절(맺힌 마디), 혹, 융기(隆起).
Hic nodus expediátur. 이 매듭을 풀어야 한다/
Nodum in scirpus. 사초에서 마디를 찾다(뻔한 일을 어려워하다. 속담).

nŏla¹ -æ, f. 방울, 작은 종

nŏla² -æ, f. Campánia의 도시

Nolebamus, discipulos tædēret scholæ.
우리는 학생들이 수업을 싫어하는 것을 원치 않았다.

Nolens volens. 싫든 좋든(nolo 참조)

noli, 원형 nōlo, (non vis, non vult), nólŭi, nolle, anom., tr.
[부정적 명령법. 단수 2인칭 noli, 복수 2인칭 nolite].
(부정적 명령문은 금지를 표시하는 문장으로 '금령문'이라고도 한다).
Aliena noli curare. 남의 일에 참견하지 마라/
Ioseph fili David, noli timere accipere Mariam coniugem
tuam. 다윗의 자손 요셉아, 두려워하지 말고 마리아를
아내로 맞아들여라(마태 1. 20).

Noli adorare deum alienum.
너희는 다른 신에게 경배해서는 안 된다(탈출 34. 14).

Noli adversari mihi. 나를 반대하지 마라(나를 거슬리지 마라)

Noli adversum eos me velle ducere, cum quibus,
ne contra te arma ferrem, Italiam reliqui.
그들과 맞서게 나를 끌어들이려고 하지 마시오!
나로 말하자면 당신과 맞서 무기를 잡지 않으려고,
그들과 함께 이탈리아를 떠난 몸이오.

Noli altum sapĕre, sed time.(로마 11. 20)
(㊟ So do not become haughty, but stand in awe)
오만한 생각을 하지 말고 오히려 두려워하십시오(성경)/
두려워할지언정 자랑하지 말라는 하나도 없다(공동번역)/
오만한 생각을 하지 말고 오히려 두려워하라(200주년).

Noli amáre. 사랑 놀음을 말라!(Nolite amáre!)

Noli bibere vinum in ebrietatem, et non comitetur te
ebrietas in via tua(㊟ Do not drink wine till you become
drunk, nor let drunkenness accompany you on your way)
술은 취하도록 마시지 말고, 취한 채 너의 길을 걷는 일이
없도록 하여라(성경 토빗 4. 15)-포도주를 취하도록 마시지
말고 술에 취하는 버릇을 갖지 않도록 하여라(공동번역).

Noli contemnere; vide quid addat.
하찮게 여기지 마시고 어떤 말을 덧붙이는지 보십시오.

noli desiderare aliena. 남의 것들을 바라지 마라.
(aliena는 동사 desiderare의 목적어이므로 대격이고 중성 복수로 추정된다).

Noli ergo ad laudem tuam operari quod bonum agis,
sed ad laudem illius a quo habes ut bonum agas.
그대가 선행을 할 때, 그대 자신의 영광을 위해서가
아니라, 그 선행을 하게 해 주시는 분의 영광을 위해서
하십시오.(최익철 신부 옮김. 요한 서간 강해. p.343).

Noli esse vana, anima mea, et obsurdescere in aure
cordis tumultu vanitatis tuæ. 내 영혼아 그만 헛되어라,
네 자랑의 수선으로 마음의 귀를 어둡게 말라(고백록 4.11.16).

Noli foras ite. 너 자신 밖으로 나가지 마라.
cognosce te ipdum. 너의 본성을 알아라.

Noli foras ite; in interiore homine habitat veritas.
바깥으로 나가 방황하지 마라. 진리는 사람의 내면
깊은 곳에 머무르기 때문이다.

Noli hærere in via, et non pervenire ad finem.
길에 머물러 있지 마십시오. 목표에 다다르지 못할
것입니다.(최익철 신부 옮김. 요한 서간 강해. p.443).

Noli hoc dicĕre. (너는) 이 말을 하지 마라

Noli hoc dicĕre nec scribĕre.
너는 이것을 말하지 말고 쓰지도 마라.

Noli imputáre vanum beneficĭum mihi.
아무 것도 아닌 것을 가지고 내게 생색내지 마라.

noli ipsum honorem amare, ne ibi remaneas.
명예 자체를 사랑하지 말고, 거기에 머물지도 마십시오.
(최익철 신부 옮김. 요한 서간 강해. p.445).

Noli me tangĕre. 나를 만지지 말라.

Noli metuere : una tecum bona, mala tolerabimus.
두려워 말아요. 좋은 일도 궂은일도 당신과 함께
견뎌낼 테니까요.

Noli quærĕre fieri judex nisi virtute valeas
irrumpĕre iniquitátes.(㊟ Seek not to become a judge
if you have not strength to root out crime)
불의를 뿌리 뽑을 능력이 없으면 판관이 되려고
애쓰지 마라(성경 집회 7. 6)/불의를 뿌리 뽑을 힘이 없거든
재판관이 되려 하지 말아라(공동번역 집회 7. 6).

Noli quærĕre. 말도 마라!

Noli ridere normas naturæ æquitatemque consuetudinis.
그대는 대자연의 규범과 관습의 공평성을 비웃지 말라!

Noli te extollere, vide quis in te vicit. Quare vicisti?
우쭐거리지 말고 누가 그대 안에서 이겼는지 보십시오.
어떻게 여러분이 이겨냈습니까?(최익철 신부 옮김. 요한 서간 강해. p.313).

Noli timēre. (너는) 두려워하지 마라, 무서워하지 마라

Noli timere accipere Mariam coniugem tuam.
(㊟ Do not fear to take Mary your wife) (마태 1. 20).
두려워하지 말고 마리아를 아내로 맞아들이어라.

Noli timere, quia tecum sum.(창세 26. 24).
내가 너와 함께 있으니 두려워하지 마라.

Noli timere; tantummodo crede!.
(㊟ Do not be afraid; just have faith)
두려워하지 말고 믿기만 하여라(성경 마르 5. 36).

Noli verbo premĕre. 말 트집을 잡지 마시오.

Noli vinci a malo, sed vince in bono malum.(로마 12. 21)
(mh. nikw/ u`po. tou/ kakou/ avlla. ni,ka evn tw/| avgaqw/| to. kako,n)
(獨 Laß dich nicht vom Bösen überwinden, sondern
überwinde das Böse mit Gutem) (㊟ Do not be conquered
by evil but conquer evil with good) 악에 굴복 당하지 말고
선으로 악을 굴복시키십시오(성경)/ 악에게 굴복하지
선으로써 악을 이겨내십시오(공동번역)/악에 정복당하지 말고
오히려 선으로 악을 정복하시오(2005년 신약성서 로마 12. 21).

nolite, 원형 nōlo, (non vis, non vult), nólŭi, nolle, anom., tr.
[부정적 명령법. 단수 2인칭 noli, 복수 2인칭 nolite].
(부정적 명령문은 금지를 표시하는 문장으로 '금령문'이라고도 한다.
황치헌 신부 지음, 미사통상문을 위한 라틴어. p.470~471).

Nolite amare! (Noli amare!) 사랑 놀음을 말라.
Cave ames! 사랑 놀음을 조심하라!/
Fac ne ames! 사랑 놀음을 하지 말도록 하라!.

Nolite autem timere quando facitis bene, ne videat
alter. 선행을 할 때 남이 볼까 봐 두려워하지는 마십시오.
(최익철 신부 옮김. 요한 서간 강해. p.365).

Nolite cedere malis sed contra ea pugnate!(Vergilius).
환난에 물러서지 말라! 오히려 환난을 마주하여 싸우라!.

Nolite conformari huic sæculo.
현세에 동화되지 마십시오(로마 12. 2).

Nolite Cn. Fannio credere; noli, inquam, Fannio fratri
tuo credere. Dicit enim rem incredibilem.
여러분은 그나이우스 판니우스를 믿지 마시오.
그리고 내가 말하거니와, 자네 형제 판니우스를 믿지
말게. 믿기지 않는 말을 하니까.[성 염 지음. 고전 라틴어. p.363].

Nolite conformari huic sæculo, sed transformamini
renovatione mentis.(㊟ Do not be conformed to this
world but be transformed by the renewal of your mind)
여러분은 현세에 동화되지 말고 정신을 새롭게 하여
여러분 자신이 변화되게 하십시오.(로마 12. 2).

nolite contristare Spiritum Sanctum.(㊟ Do not grieve
the Holy Spirit) 성령을 슬퍼워 해드리지 마시오.

Nolite deficĕre benefacientes(Ⅱ데살 3. 13)
(u`mei/j de,(avdelfoi,(mh. evgkakh,shte kalopoiou/ntej)
(獨 En gij, broeders, wordt niet moede in goed te doen)
(프 Quant à vous, frères, ne vous lassez pas de faire le
bien) (㊟ But you, brothers, do not be remiss in doing
good) 여러분은 낙심하지 말고 계속 좋은 일을 하십시오(성경)/

N

낙심하지 말고 꾸준히 선한 일을 하십시오.(공동번역)/
여러분은 善한 일을 하는 데 지치지 마시오.(200주년 기념 신약).

Nolite detrahĕre de alterutrum, fratres.
형제 여러분, 서로 비방하지(헐뜯지) 마시오.

Nolite diligere mundum neque ea, quæ in mundo sunt.
여러분은 세상도 또 세상 안에 있는 것들도 사랑하지 마시오.
(성경 1요한 2. 15).

Nolite ergo esse solliciti in crastinum; crastinus enim dies sollicitus erit sibi ipse(⑩ Do not worry about tomorrow; will take care of itself)
그러므로 내일을 걱정하지 마라.
내일 걱정은 내일이 할 것이다.(마태 6. 34).

Nolite ergo timere. 두려워하지 마라.(루카 12. 7).

Nolite errare, fratres mei dilectissimi.
(⑩ Do not be deceived, my beloved brothers)
나의 사랑하는 형제 여러분, 착각하지 마십시오.(야고 1. 16).

Nolite existimáre. 대단스럽게 생각하지 마라(nolo 참조)

Nolite expavescere ista quæ di immortales velut stimulos admovent animis. Calamitas virtutis occasio est.(Seneca). 불사의 신들이 영혼에 자극제로 삼아 충동하는 바에 놀라지 말라! 재앙은 덕을 닦는 기회이기도 하다.

Nolite facere domum Patris mei domum negotiationis.
내 아버지의 집을 장사하는 집으로 만들지 마라(요한 2. 16).

Nolite hoc dicere!. 너희들 이것은 말하지 마라.

Nolite ingemiscere. 서로 원망하지 마십시오.(성경 야고 5. 9).

Nolite iudicare secundum faciem.
겉모습을 보고 판단하지 마라.

Nolite judicare, ut non judicabimini.(마태 7. 1)
(⑩ Stop judging, that you may not be judged)
남을 심판하지 마라. 그래야 너희도 심판 받지 않는다(성경)/
남을 판단하지 마라. 그러면 너희도 판단 받지 않을 것이다/
너희가 심판 받지 않도록 심판하지 마라(황치헌 신부譯).

Nolite locum dáre diabolo.
(mhde. di,dote to,pon tw/| diabo,lw|) (獨 und gebt nicht Raum dem Teufel) (⑩ and do not leave room for the devil)
악마에게 틈을 주지 마십시오(성경 에페 4. 27)/
악마에게 발붙일 기회를 주지 마십시오(공동번역 에페 4. 27)/
악마에게 틈을 주지 마시오(200주년기념 신약성서 에페 4. 27).

Nolite metuere nec timeatis eos.
(⑩ Have no dread or fear of them)(신명 1. 29)/
그들을 무서워하지도 두려워하지도 마라(성경 신명 1. 29)/
그들을 무서워하지 말라(공동번역 신명 1. 29).

Nolite metuere suspuciosos cives!.
여러분은 의심을 받는 시민들을 두려워하지 마시오!

Nolite mirari, fratres, si odit vos mundus(1요한 3. 13).
(Kai.Ðmh. qauma,zete(avdelfoi,(eiv misei/ u`ma/j o` ko,smoj)
(獨 Verwundert euch nicht, meine Brüder, wenn euch die Welt haßt) (프 Ne vous étonnez pas, frères, si le monde vous hait) (⑩ Do not be amazed, (then,) brothers, if the world hates you]. 형제 여러분, 세상이 여러분을 미워하여도 놀라지 마십시오.(성경)/형제 여러분, 세상이 여러분을 미워하더라도 이상히 여길 것 없습니다(공동번역 1요한 3. 13)/
형제 여러분, 세상이 여러분을 미워하더라도 이상하게 여기지 마시오(200주년 신약 1요한 3. 13).

nolite omni spiritui credere(⑩ Do not trust every spirit)
(VAgaphtoi,(mh. panti. pneu,mati pisteu,ete)(프 n'ajoutez pas foi à tout esprit)(獨 glaubet nicht einem jeglichen Geist)
아무 영이나 다 믿지 마십시오(1요한 4. 1).

Nolite plures magistri fieri.
여러분은 저마다 선생이 되려고 하지 마십시오.

Nolite putare quemquam aliquid discere ab homine.
사람으로부터 뭔가를 배운다고 생각하지 마십시오.
(최익철 신부 옮김. 요한 서간 강해. p.183).

Nolite, rogo vos, dáre. 제발, 너희는 주지 마라

Nolite seduci corrumpunt mores bonos conloquia mala.
(mh. plana/sqe\ fqei,rousin h;qh crhsta. o`mili,ai kakai,.)
(獨 Laat u niet misleiden; kwade samensprekingen bederven goede zeden) (프 Ne vous y trompez pas: les mauvaises

compagnies corrompent les bonnes moeurs) (⑩ Do not be led astray "Bad company corrupts good morals).
착각하지 마십시오. 나쁜 교제는 좋은 관습을 망칩니다(성경)/
속지 마십시오. 나쁜 친구를 사귀면 품행이 나빠집니다(공동번역)/
착각하지 마시오. 나쁜 교제는 훌륭한 습관을 퇴폐케 합니다(200주년)/

Nolite timĕre. 너희는 두려워하지 말라(금령문의 예)

Nolite timere! Aperite, immo plene aperite portas Christo! (⑩ Do not be afraid! Open, in deed, open wide the doors to Christ!) 두려워하지 마십시오! 문을 여십시오.
참으로 그리스도께 활짝 문을 열어 제치십시오!

Nolite timere; ecce enim evangelizo vobis gaudium magnum, quod erit omni populo. 두려워하지 마라. 보라, 나는 온 백성에게 큰 기쁨이 될 소식을 너희에게 전한다(루카 2. 10).

Nolite timere hostes!. 적병들을 두려워하지 말라!

Nolite transire de domo in domum.(루카 10. 7)
(⑩ Do not move about from one house to another)
이 집 저 집으로 옮겨 다니지 마라(성경. 공동번역).

Nolite tristes esse. 그러나 슬퍼하지 마시오.

Nolite vanas causas adducere.
쓸데없는 핑계들을 달지 마시오.

nōlo, (non vis, non vult), nólüi, nolle, anom., tr. (non+volo⁹) **원하지 않다, …하고 싶지 않다, 싫어하다.**
…하지 마라, 호의를 가지지 않다, 친절하지 않다, 반대하다.
alienum noli concupiscere, illud adgredere quod justum est. 남의 것을 탐하지 말라. 정당한 것을 추구하여라.
(성 염 지음. 사랑만이 진리를 깨닫게 한다. p.455)/
Atque hoc nolim me jocári putes. 그리고 나는 네가 나를 농담하는 줄로 여기지 말기를 바란다.
(volle, nolle, malle 동사는 ut 없이 접속법만 쓰는 것이 일반적이다.
그러나 긍정적인 내용에 대하여 ut을 쓰는 수도 간혹 있다)/
Idem velle atque idem nolle, ea demum firma amicítia est.(is 참조) 같은 것을 원하고 같은 것을 싫어하는 그것이야말로 확고한 우정(友情)이다/
me nolénte. 내가 싫어하는 데도 불구하고/
Nam idem velle atque idem nolle, ea demum firma amicitia. 한마음 한 뜻이면 이것으로 결국 참다운 우정(友情)이 성립 된다/
Neli te oblivísci Cicerónem esse.
너는 네가 Cícero임을 잊지 마라/
Nolens volens. 싫든 좋든/
Noli foras ire, in te redi, in interióri hómine hábitat véritas.(아우구스티노) 밖으로 나가지 말고 네 자신 안으로 돌아오라. 내면적 인간 안에 진리는 거처하는 것이다/
Noli hoc dícere. (너는) 이 말을 하지 말라(nelle의 명령법과 함께 다른 동사의 현재부정법을 쓰면 그것은 "…하지 마라"라는 금령이 된다)/
Nolite existimáre. (너희는) 대단스럽게 생각하지 마라/
Nolite timére.(루카 12. 7) 두려워하지 말라/
Nocere posse, et nolle, laus amplissima est(Publilius Syrus).
누구를 해칠 수 있는데도 그렇게 하지 않으려는 것은 크게 칭찬 받을 일이다/
Novi ingenium mulierum : nolunt ubi velis ; ubi nolis, cupiunt ultro.(Terentius). 여자들 마음을 난 알아.
자네가 좋아하면 여자들은 싫어하고 자네가 싫어하면 더 안달한단 말이야.[성 염 지음. 고전 라틴어. p.336]/
Peccare pauci nolunt, nulli nesciunt.(Publilius Syrus).
죄짓기를 원치 않는 사람은 소수라도 있겠지만
죄지을 줄 모르는 사람은 아무도 없다/
Quis nos castificat nisi Deus? Sed Deus te nolentem non castificat. 그러나 하느님 아니시면 누가 우리를 순결하게 하겠습니까? 그렇지만 하느님께서는 원하지 않는 사람을 순결하게 하시지는 않습니다/
Velim nolim(vellem nollem)
내가 원하든 원치 않든, 좋든 싫든.

불규칙 동사 nolo의 직설법 활용

인칭		현재 præsens	미완료 imperf.	미래 futurum
단수	1	nolo	nolebam	nolam
	2	non vis	nolebas	noles
	3	non vult	nolebat	nolet
복수	1	nolumus	nolebamus	nolemus
	2	non vultis	nolebatis	noletis
	3	nolunt	nolebant	nolent

인칭		단순과거 perf.	과거완료 plusq.	미래완료 fut. ex.
단수	1	nolui	nolueram	noluero
	2	noluisti	nolueras	nolueris
	3	noluit	noluerat	noluerit
복수	1	noluimus	nolueramus	noluerimus
	2	noluistis	nolueratis	nolueritis
	3	noluerunt	noluerant	noluerint

nolo의 접속법 활용				명령법 imper.
인칭		현재	미완료	현재 præsens
단수	1	nolim	nollem	-
	2	nolis	nolles	noli
	3	nolit	nollet	-
복수	1	nolimus	nollemus	-
	2	nolitis	nolletis	nolite
	3	nolint	nollent	-

인칭		단순과거 perf.	과거완료 plusq.	미래 futurum
단수	1	noluerim	noluissem	-
	2	nolueris	noluisses	nolito
	3	noluerit	noluisset	-
복수	1	noluerimus	noluissemus	-
	2	nolueritis	noluissetis	nolitote
	3	noluerint	noluissent	-

부정법 infinitivus	분사 participium
현재 nolle, 과거 noluisse	현재 nolens -entis

> malo, nolo, volo 세 동사는 흔히 보조동사로서 다른 동사의
> 현재 부정법과 함께 쓰기도 하고, 소위 대격 부정법과 쓰기도
> 한다. Nolo te objurgáre. 나는 너를 책망하고 싶지 않다
>
> (한동일 지음, 카르페 라틴어 부록, p.25)

Nolo contendere. 나는 다투기 싫습니다./
혐의 사실을 인정 합니다/판결에 승복 합니다.

Nolo honorem tuum; calcare me noli? 나는 자네의
존경을 원치 않으니, 나를 밟지나 말아 주겠는가?.
(최익철 신부 옮김, 요한 서간 강해, p.457).

nolo mireris, oculos non habent.
놀라지 마십시오. 그들은 눈이 없습니다.

Nolo salvus esse sine vobis.
여러분이 없다면 나는 구원을 받고 싶지도 않다.

Nolo te objurgáre. 나는 너를 책망하고 싶지 않다.

Nolo tecum ludĕre. 나는 너하고 놀기 싫다.

noma, -æ, (**nome**, -es,) f. (醫) 수암(水癌)

Nomas, -ădis, m., f. 유목민(遊牧民), Numidia인

nōmen, -mĭnis, n. (nosco) **이름**(히브리어 Shém.
⑨ Name.그리스어 Ονομα)(Roma의 자유시민의 정식 이름은
개인이름(prænómen), 씨족이름(nomen, 우리의 본관本貫 비슷한 것),
가문명(cognómen, 우리의 성) 이렇게 적어도 셋이 있었음(cf. agnómen);
그러나 가끔 'nomen'이라고 할 때 cognómen의 뜻으로도 써졌음)

씨족명(nomen gentis): Marcus Tullius cicero.
Tullia 씨족의 cicero 가문의 마르꾜(자격을 갖춘 로마시민의
이름은 적어도 세 마디로 되어 있다. 먼저 앞의 이름 prænómen 즉 개인을
표시하는 이름으로 우리나라의 성姓을 뺀 이름으로 본명과 같은 것이고,
둘째로 우리의 본관과 비슷한 것으로 nomen 씨족을 표시하며, 셋째 우리의
성 cognomen에 해당하는 것으로서 가게 famíliæ를 표시한다).

명칭(名稱), 칭호, 가문, 가계, 혈통, 국민, 민족, 인물,
사람, 명성, 평판(評判), 이유, 구실, **명목**, 자격(資格),
권리(權利).⑨ right.獨 Recht.프 droit),
(장부에서) 채무자(이름); 채무 증서, 채무액, 부채, 채권.
(文法) 명사(名詞-이름씨); 격변화(格變化)하는 품사.

명사 제3변화 제1식 B

	단 수	복 수
Nom.	nomen	nomina
Gen.	nominis	nominum
Dat.	nomini	nominibus
Acc.	nomen	nomina
Abl.	nomine	nominibus
Voc.	nomen	nomina

(황치헌 신부 지음, 미사통상문을 위한 라틴어, p.57).

ad nomen caput refero.
이름 부르는 소리에 뒤를 돌아보다/

analogia nominum. 명칭 유비/

Cǽsaria in bárbaris erat nomen obscúrius. 미개인들
사이에는 Cœsar의 이름이 비교적 알려져 있지 않았다/

Cur quæris nomen meum, quod est mirabile?
내 이름은 무엇 때문에 물어보느냐?
그것은 신비한 것이다.(성경 판관 13, 18)/

De divinis Nominibus. 하느님 명칭에 대해/

De nominibus utensilium. 일용품들의 이름/

De uno tantum colendo Deo, qui licet nomine
ignoretur, tamen felicitatis dator esse sentitur.
이름을 몰라도 행복을 베푸는 분으로 느끼는, 유일한
하느님을 섬겨야 한다.(교부문헌 총서 17, 신국론, p.2756)/

duco nomen ex alqâ re. 무엇에서 이름을 따오다/

Ecce Pasca est, da nomen ad Baptismum(아우구스티노)
이제, 파스카이다. 세례를 위해 당신의 이름을 등록하시오/

Est mihi nomen Marcus.
나는 Marcus라는 이름을 가지고 있다/

hoc nomen res est de transcendentibus.
이 사물이란 명칭은 초월적인 것들에 대한 것이다/

in persona et nomine Christi.
그리스도를 대신하여 그리스도의 이름으로/

injicio alci nomen alcjs.
누구의 이름을 아무에게(잊지 않도록) 일러주다/

inscriptio nominis. 이름의 등록/

insero nomen famæ. 자기 이름을 빛내다/

légio Mártia, quæ a deo traxit nomen.
Mars 군단은 그 이름을 신에게서 땄다/

loco nomen. (남의 채무에 대하여) 보증서다, 담보하다/

Lóquere tuum mihi nomen. 네 이름을 대라/

Nomina stultorum scribuntur ubique locorum.
명칭들의 이름은 도처에 써져 있다.
(명칭들은 자기 이름을 도처에 즉 암석이나 돌, 나무 등에 남긴다)/

nominis assignatio(⑨ Conferral of the Name) 이름의 부여/

nomen alcjs fero.
누구의 이름을 따 가지다, 같은 이름을 가지다/

non numina bona, sed nomina mala. 좋은 신령보다는
나쁜 채무자들(nomen은 특수한 의미로 '장부에 올려놓은
채무자 이름'을 가리킨다. 교부문헌 총서 15, 신국론, p.116)/

Quid est nomen istius nautæ. 저 사공의 이름이 무엇이냐?/

Quod tibi nomen est?. 네 이름이 무엇이냐?(성경 마르 5. 9)/

Legio nomen mihi est, quia multi sumus.
제 이름은 군대입니다. 저희 수가 많기 때문입니다/

quólibet nomen. 아무 이름이나/

regis nomen assumo. 왕의 명칭을 참칭(僭稱)하다/

sub nomine. 명목 하에/

Subláta benevoléntia amicítiæ nomen tóllitur(tollo 참조).
친절이 없어지면 우정은 이름도 없어진다.

nomen alieni. 다른 것의 명칭

nomen amicítiæ. 우정의 이름

nomen appellativum. 보통명사(普通名詞)

nomen baptismátis. 세례명(⑨ baptismal name),
영명축일(festum nominis baptismális)
(⑨ feast of baptismal name).

nomen collectivum. 집합 명칭

nomen commúne. 공통명사

nomen confusi. 혼돈한 자의 명칭

Nomen Dei(⑨ Name of God). 하느님의 이름

nomen differéntiæ. 차이의 명칭(差異 名稱)
nomen discrepantis. 불일치의 명칭
nomen disparitátis. 부동의 명칭(不動 名稱)
nomen distinctiónis. 구분의 명칭(區分 名稱)
nomen doni. 은사의 명칭(恩赦 名稱)
nomen essentiále. 본질적 명칭(本質的 名稱)
Nomen est omen. 이름이 징조다(이름은 내 운명)
nomen ideæ. 관념의 명칭
nomen Imaginis. 모상의 명칭
Nomen indeclinábile. 불변화 명사
Nomen innominabile. 이름 할 수 없는 이름
nomen intentiónis. 지향의 명칭
Nomen Jesu.(⑨ Holy name of Jesus.
  獨 Namen-Jesus-Fest) 예수 성명 축일.
Nomen Iesu est sanctum. 예수님의 이름은 거룩하다
nomen meum abséntis. 결석 중인 내 이름
Nomen mihi est Marcus. 내 이름은 마르꼬 입니다.
nomen móbile. 가변성 명사
Nomen Nescio.(N. N.) 나는 그 이름을 모른다.
nomen orginis. 기원의 명칭
Nomen pacis dulce est. Pax est tranquilla libertas(Cicero)
  평화라는 이름은 감미롭다. 평화란 평안한 자유를 말한다.
nomen Patris. 성부의 명칭
nomen personale. 개인이름, 위격적 명칭(位格的 名稱)
nomen prædicativum. (文法) 부설명어(副說明語)
nomen proprǐum. 고유명사(固有名詞), 본래의 이름
nomen religiosum. 수도명(⑨ religious names)
Nomen Romanum. 로마 국민(民族)
nomen separátiónis. 분리의 명칭
nomen solitarii. 고독자의 명칭
nomen spiritus. 영의 명칭
nomen substantiæ. 실체의 명칭
nomen tantum virtutis usurpáre. 덕행이란 이름만 악용하다.
nomen Verbi. 말씀의 명칭
nomenclátǐo, -ónis, f. (nomen+caloʹ)
  이름 부름, 이름을 열거함, 명단(名單), 목록(目錄).
nomenclátor, -óris, m. (nomen+caloʹ) (특히 선거 운동
  때) 주인을 따라다니며 만난 사람들의 이름을 일러
  주는 노예, 아침 인사 올 사람들의 이름을 일러 주는
  노예, 상전에게 다른 종들의 이름을 일러 주는 하인.
nomenclatúra, -æ, f. (nomen+caloʹ) 조직적인 명명법,
  학명 명명법, 학명, 전문어(專門語), 학술어(學術語).
nomina magna voce pronuntio.
  이름들을 큰소리로 발표하다.
nomina mentallia. 정신적 명사들
nominális, -e, adj. (nomen) 이름의, 이름에 관한,
  명칭상의, 이름뿐인, 명목상의, 명의의.
  (文法) 명사(용법)의, 명사적. n., pl. 아기 이름 붙인 날.
nominalísmus, -i, m. (哲) 명목론, 유명론.
  (실재론realismus과 대조. 보편개념의 실재성을 부인하는 인식론이다.)
Nominari volunt. 그들은 칭찬 받기를 원하고 있다
nominarii, -órum m., pl. (nómino)
  이름이나 글자를 읽을 줄 아는 어린이.
nominátim, adv. (nómino)
  이름을 불러, 이름을 대며, 하나씩 지명하여.
  Cum Cæcar interficitur intra curiam senatus,
  Brutus Ciceronem nominatim exclamat.
  카이사르가 원로원 회의장에서 피살당할 때,
  부르투스는 키케로의 이름을 지명하여 외쳤다.
nominátǐo, -ónis, f. (nómino) 이름 부름, 명명(命名),
  지명(指名), 지정(指定), 임명(任命), 임관(任官).
nominatívus, -a, -um, adj. (nómino) 지명된.
  (文法) 主格의, 속격의.
  (causus) nominatívus. 주격, 1격.
nominátor, -óris, m. (nómino) 호명자(呼名者),
  명명자(命名者), 임명자(任命者), 지명자(指名者).
nominátus¹ -a, -um, p.p., a.p. (nómino) 유명한, 이름난
nominátus² -us, m. 명사(名詞-이름씨), 사물의 이름

nomine conjurationis damnáti. 공모죄로 단죄된 사람들
nomine tenus. 이름뿐
nominibus utendum est ut plures utuntur. 명칭이란
  대부분의 경우에 사용되는 그대로 사용하지 않으면 안 된다.
nominis celebrátor. 잘 알려진 이름
nomínǐto, -ávi, -átum, -áre, tr., freq. (nómino)
  명명하다, 지명(指名)하다, 임명하다(חשם,חמל).
nómǐno, -ávi, -átum, -áre, tr. (nomen) 이름 부르다,
  …라고 부르다, 이름 하다, 이름 붙이다(짓다),
  명명하다, …의 이름을 대다, 이름을 들어 말하다,
  이름을 인용하다, 언급(言及)하다, 유명해지게 하다,
  찬양(칭찬)하다, 지명(指名)하다, 임명하다(חשם,חמל),
  (누구를 어떤) 직책에 지정하다, 고발하다, 고소하다.
  inter sócios Catilínæ nominátus.
    Catilína의 일당으로 고발된/
  Nominári volunt. 그들은 칭찬 받기를 원하고 있다/
  Nóminor leo. 나는 사자(獅子)라고 한다/
  Quomodo nomináris? Vocor Marcus.
    네 이름이 무엇이냐? 마르꼬이다/
  vocávi te nomine tuo ; meus es te.
    내가 너를 지명하여 불렀으니, 너는 내 사람이다.
Nominor Marcus. 나는 마르꼬라 한다.
nominósus, -a, -um, adj. (nomen) 유명한, 이름난
nomísma, -átis, n. (nummísma, -átis, n.)
  주화(鑄貨), 화폐(돈), 고전(古錢);
  메달(⑨ medal). (가) 성패(聖牌.⑨ medals.프 medaille).
nomos(=nomus) -i, m.
  구역(區域-領域), 주(州), 범위(範圍). (音) 박자(拍子).
non, adv. 1. (원칙적으로 전체 부정에는 서술동사 또는 종결
  동사verbum finítum 앞에 놓고, 부분 부정에는 그 부정
  되는 단어 앞에 놓음) 아니(מִן.חסֶל.וּ), 않(다), 없(다).
  Non erat abúndans, non inops tamen. 풍부하지 않았으나
  그렇다고 부족한 것도 아니었다/ Non solum …
  sed étiam. …뿐 아니라 …도 또한/ non ita longa
  disputátio. 그다지 길지 않은 토론. 2. (연발적인 non은
  뜻을 강화하는 수도 있음) Non non sic futúrum est.
  아니, 절대로 그렇게 되지 않을 것이다.
  3. (다른 부정사 앞에 놓이면서 제한적인 긍정의 뜻을
  드러냄) non nemo. 어떤 사람/nónnihil 어떤 것/
  nonnúllus (a, um) 어떤, 일부의. 4. (다른 부정사 뒤에
  놓이면 전적인 긍정을 드러냄) nihil non. 전부.
  5. non posse non inf. 하지 않을 수 없다. 6. unus non.
  한 사람도 아니(없). 7. (명사의 부정은 '아닌', '非'의 뜻을
  가지기도 함) non corpus. 비물체. 8. (의문문에서 nonne의
  뜻으로 쓰이기도 함) 아니냐? 아니란 말이냐. 9. (2중 부정을
  이루면서 힘 있는 긍정을 표시하는 경우) non nisi 다만,
  오로지. 10. (대답으로서) 아니다. (라틴-한글사전, p.557)
  desiderium naturale non est inane.
    자연적 욕구는 허위일 수 없다(가톨릭 철학, 제2호, p.197)/
  Hoc non liquet. 이것은 분명하지 않다/
  Idoneus non est, qui impetret.
    그는 (이것을) 성취할 만한 사람이 못 된다/
  in non esse. 비존재에로/
  Utrum non potest satiáre judex.
    판사(判事)가 두 사람 다 만족시킬 수는 없다.
Non ab eo persona in monasterio discernatur.
  아빠스는 수도원 안에서 사람들을 차별하지 말 것이다.
                    (성 베네딕도 수도규칙 제2장 16).
Non ab re esse visum est intéresse.
  참가하는 것이 쓸데없는 것 같지는 않았다.
Non Abbiamo Bisogno. 가톨릭 액션(1931.6.29.)
Non ad oculos servientes. 눈앞에서 섬기지 말라
Non adulteráre.(⑨ Thou shalt not commit adultery)
  간음하지 마라(성 베네딕도 수도규칙 제4장 4).
Non ætate adipiscitur sapientǐa.
  지혜는 나이로 얻어지는 것이 아니다.
non álǐas quam simulatǐóne mortis.
  죽음을 가장하는 방법 외에는 달리 아니.

N

813

non alio aliquo, sed eo ipso crimine.
다른 어떤 죄목이 아니고 바로 이 죄목으로.

Non aliud sunt filii Dei, aliud Deus? 하느님의 자녀들은
하느님과 다르지 않습니까?.(최익철 신부 옮김. 요한 서간 강해, p.437).

Non alius est quam erat olim.
그는 이전보다 달라지지 않았다.
Longe álius es atque eras. 너는 이전보다 매우 달라졌다.

Non affirmando sed coniectando.
주장이 아니라 추리를 통해서.

Non assumes nomen Domini Dei tui in vanum.
(You shall not take the name of the LORD, your
God, in vain) 주 너의 하느님의 이름을 부당하게
불러서는 안 된다(성경 탈출 20. 7)/네 주 천주의 이름을
헛되이 부르지 말라(공동번역 출애 20. 7)/하느님의 이름을
함부로 부르지 마라(십계명)(㉟ Thou shalt not take the
Name of the Lord thy God in vain)(십계명 2).

Non attrahas tibi res aliórum, nec te implices causis
majórum. 너는 다른 사람들에 관한 일에 상관치 말고
윗사람의 일에 참섭(參涉)치 말아라.(준주성범 제1권 21장 3).

Non autem carnális, sed spiritális inter vos debet
esse dilectio. 너희 사랑은 육적인 사랑이 아니라
영적인 사랑이어야 한다(아우구스티노회 회칙).

Non autem dimittit nisi caritas.
사랑만이 용서합니다.(최익철 신부 옮김. 요한 서간 강해, p.309).

Non bis in idem.(Ne bis in idem)
같은 것으로 두 번하지 말라,
동일한 것에 대하여 재차 하지 않는다,
동일한 사물(사건)에 관하여는 다시 하지 않는다.

Non bona desideras, sed mala caves. 그대는 선을
열망하는 것이 아니라 그저 악을 피할 따름입니다.
(최익철 신부 옮김. 요한 서간 강해, p.403).

non catholicus, -i, m. 비 가톨릭.
acatholicus, -i, m. 비 가톨릭 신자.

non causam ut causa. 이유가 아닌 것을 이유로 설정한다.

non Christo sed Petro debemus.
그리스도께 하듯이 아니고 베드로에게 하듯이.

Non coerceri a maximo, contineri tamen a minimo,
divinum est. 가장 위대한 것으로도 위압되지 않으면서도
가장 작은 것에는 담기는 것-이것이 신적이다.

non componit et dividit. 합성하지도 구분하지도 않는다.

Non concoxi. 나는 아직 소화가 안 되었다.

Non concupiscére. 탐내지 마라(성 베네딕도 수도규칙 제4장 6)

Non concupisces uxorem proximi tui.
남의 아내를 탐내지 마라(십계명 9).

Non consummatum. 미완수(未完遂)

Non continuo. 반드시 그런 것은 아니다.

Non contristentur. 불만스러워 하지 말라

non corpus. 비물체(非物體)

Non credam, nisi videro. 나는 보지 않고서는 믿지
않겠다(보아야만 믿겠다)(non nisi는 가끔 Solummodo-다만 의 뜻을
가진 부사처럼도 사용되는데 이 경우 nisi는 흔히 설명어를 갖지 않는다).

non credens, -éntis -m. 비신자(非信者)

Non credit iste qui peccat: si autem credit, quantum
ad fidem ejus pertinet, non peccat. 죄를 짓는 사람은
믿지 않습니다. 그러나 믿는다면 그 믿음의 정도에 따라
죄를 짓지 않을 것입니다(최익철 신부 옮김. 요한 서간 강해, p.211).

non credidisse(㉟ They do not believe in me!)
그들은 나를 믿지 않는다.

Non credunt in me! 그들은 나를 믿지 않는다!

Non cuivis contingit adire.
아무나 다 가게 되는 것은 아니다.

Non cuivis homini contingit adire Corinthum.
아무나 고린토로 가는 법이 아니다.

non curat. 유의하지 않는다.

Non dat qui non habet. 가지지 않은 자는 줄 수 없다.

Non debet actori licere, quod reo non permittitur.
피고에게 허락되지 아니하는 것은
원고에게 허가되지 말아야 한다.

Non debet aliquis alterius odio prægravari.
누구도 타인의 증오(憎惡)로 짓눌리지 말아야 한다.

Non decet. 그것이 적합하지 않다

non desum offício. 본분을 소홀히 하지 않다

non desum sibi. 잘해보다.
Haud mihi déero. 잘해보겠다(desum 참조)

Non detráctorem. 험담 꾼이 되지 말라.

Non dicat quia in Christo ambulat.
그리스도 안에서 걷고 있다고 말하지 마십시오.

Non dicitur Gloria in excelsis. 대영광송 바치지 않음

non dies primus, sed dies unus.
'첫날'이라 하지 않고 '하루'라 했다.

Non dixi secus ac sentiébam.
나는 생각하던 것과 다르지 않게 말하였다.

Non draco sit mihi dux(NDSM., 베네딕도 패 뒷면)
악마가 나의 인도자 되지 않게 하소서.

Non dúbitábam, quin brevi te pænitéret injúriæ
tuæ. 나는 네가 자신의 폭행을 미구에 후회하리라는
것을 의심하지 않고 있었다.

Non dubitari debet, quin fuerint ante Homerum pœtæ.
Homerus 이전에도 시인들이 있었다는 것을 의심해서는 안 된다.

Non dubito ire. 나는 가기를 주저하지 않는다.
Dubito ire. 나는 가기를 주저한다.

Non dúbito, quin erráre potúeris, si hoc dixísses.
네가 이 말을 했더라면 너는 그르칠 수 있었을 것을
나는 의심하지 않는다.

Non dúbito, quin erratúrus fúeris, si hoc dixísses.
네가 이 말을 했더라면 너는 잘못하였으리라는 것을
나는 의심하지 않는다.

Non dúbito, quin erráveris, si hoc díxeris. 나는 네가
이 말을 하면 잘못하였다는 것을 의심하지 않는다(않았다).

Non dúbito, quin erres, si hoc dicas.
나는 네가 이 말을 하면 잘못한다는 것을 의심하지 않는다.

Non dúbito, quin laudatus futurus sis.
나는 네가 칭찬 받을 것을 의심하지 않는다.

Non dúbito, quin mox te pæniteat injúriæ tuæ.
나는 네가 자신의 폭행을 바로 후회할 것을 의심치 않는다.
(속문의 설명어가 수동형으로 되어 있거나 또는 목적분사가 없는 동사일 때
에는 주문의 대표 속문의 미래적 관계를 표시하기 위하여 Mox, brevi,
póstea 따위의 부사와 함께 동시적 시창을 쓴다. 허창덕 지음. 문장론, p.325).

Non dúbito, quin vituperándus fúeris, si hoc dixísses.
네가 이 말을 했더라면 너는 책망 들었을 것을 나는
의심하지 않는다.

Non dubito, quin pater non venerit.
아버지께서 오시지 않았음을 나는 의심하지 않는다.

Non efficiamur inanis gloriæ cupidi, invicem
provocantes, invicem invidentes. 잘난 체하지 말고 서로
시비하지 말고 서로 시기하지 맙시다(성경 갈라티아 5. 26).

non-Ego. 비아(非我)(자아가 아닌 것. 자아에 대립하여 존재하는 모든 것)

non ego, vivit vero in me Christus(갈라 2. 20)
이제는 내가 사는 것이 아니라 그리스도께서 내 안에
사시는 것입니다.(대전교구 김종수 주교-2009.3.25. 수품- 사목표어).

Non enim Christus in capite et non in corpore, sed
Christus totus in capite et in corpore. 여러분은 그리스도
께서 머리에만 계시고 몸에는 안 계신다고 생각해서는 안
됩니다. 그리스도께서는 머리와 몸에 온전히 계십니다.

non enim corpus et anima sunt duæ substantiæ actu
existentes sed ex eis duobus fit una substantia actu
existens. 신체와 영혼은 현실태로 존재하는 두 실체가
아니고 그 둘에 의해서 현실태로 존재하는 단일한 실체가
된다(성 염 지음. 사랑만이 진리를 깨닫게 한다. p.161).

Non enim dilectio nostra carnalis esse debet.
그러나 우리의 사랑이 육적이어서는 안 됩니다.
(최익철 신부 옮김. 요한 서간 강해, p.87).

non enim ego iam inferi.
내가 이미 지옥이 아니더니까(고백록 1.1.2).

Non enim veni vocáre justos, sed peccátores.
나는 의인을 부르러 온 것이 아니라 죄인을 부르러 왔다.

Non enim venit in mundum Iesus Christus ut iudicaret

eum et condemnaret, verum ut salvaret.(⑨ Jesus Christ did not come into the world to judge it and condemn it but to save it) 예수 그리스도께서는 세상을 심판하거나 단죄하기 위해서가 아니라, 구원하기 위해서 세상에 오셨습니다(요한 3,17; 12,47 참조).

non ens. 비유(非有)(토마스 아퀴나스 신학대전 제1권, p.99)
[토마스 아퀴나스는 'nihil' 또는 '비유(non ens)'를 세 종류로 구분한다. 첫째, 결코 존재하지 않는 것을 의미한다. 이러한 무로부터는 아무것도 생겨나지 않는다. 둘째, 결여(缺如)와 같이 어떤 주제 안에서 고찰 되는 것도 비유非有라 불린다. 셋째, 현실태에 있지 않고 가능태에 있다는 의미에서 비유라고 불린다. 질료는 이러한 의미에서 비유라고 할 수 있다. 악은 두 번째 의미에서 비유라고 할 수 있다.(형이상학 주해. 제12권 제2강 2437 참조). 이상섭 옮김, 신학대전 14, p.95].

Non eo dico, quo mihi véniat in dúbium tua fides. 내가 이렇게 말하는 것은 너의 성실성이 의심스러워서가 아니다.

Non erat his locus. 여기에 한 자리가 없었다.

Non erat ut fieri posset, mirárer. 내가 놀랄만한 그런 일은 일어나지 않았다.

Non ergo amplius invicem judicemus. (Mhke,ti ou=n avllh,louj kri,nwmen)(Therefore let us not judge one another anymore) 그러니 더 이상 서로 심판하지 맙시다(로마 14, 13).

Non ergo ultimus finis multitudinis congregatæ vivere secundum virtutem, sed super virtutosam vitam pervenire ad fruitionem divinam. 그러니까 덕에 따라 사는 일이 조직사회의 궁극 목적이 아니라, 덕스러운 삶을 통해서 하느님을 향유하는 경지에 도달함이 조직사회의 궁극 목적이다(성 염 지음. 사랑만이 진리를 깨닫게 한다. p.241).

non esse. 비존재(非存在).

Non esse non habet causam per se: quia nihil potest esse causa nisi inquantum est ens. 비존재는 그 자체로 서의 원인을 갖지 않는다. 왜냐하면 어느 것도 有가 아닌 한 원인이 될 수 없기 때문이다.(이상섭 옮김, 신학대전 14. p.129).

Non esse superbum. 교만하지 말라(성 베네딕도 수도규칙 제4장 29).

non est aliquid. 어떤 것도 없다.

non sunt aliquia. 어떤 것들도 없다.

Non est ambitiosa, non quærit quæ sua sunt, non inritatur, non cogitat malum. (ouvk avschmonei/(ouv zhtei/ ta. e`auth/j(ouv paroxu,netai(ouv logi,zetai to. kako,n) (⑨ it is not rude, it does not seek its own interests, it is not quick-tempered, it does not brood over injury) 사랑은 무례하지 않고 자기 이익을 추구하지 않으며 성을 내지 않고 앙심을 품지 않습니다(성경)/사랑은 무례(無禮)하지 않습니다. 사랑은 사욕을 품지 않습니다. 사랑은 성을 내지 않습니다. 사랑은 앙심을 품지 않습니다.[1 고린 13, 5].

Non est bona gloriátio vestra.(I 고린 5. 6)
(Ouv kalo,n to. kau,chma u`mw/n) (⑨ Your boasting is not appropriate) 여러분의 자만은 좋지 않습니다(성경, 200주년 성서)/ 여러분이 잘난 체하는 것은 옳지 않습니다(공동번역).

Non est dicéndus omnis error stultitia.
=Non omnis error stultitia dicénda.
모든 실수가 다 어리석은 것이라고는 할 수 없다.
(명사적 부설명어를 동반하는 다른 동사들도 esse 조동사가 사용될 복합 시칭에 있어서 그 그설과 수는 가까운데 있는 부설명어의 성과 수를 따라간다).

Non est eadem fortúna atquemcondítio. 행운은 지위와 동일한 것이 아니다.

Non est ergo tempus corporis motus. 시간은 물체의 운동이 아니다.

Non est fides absque ejus cognitione, quod creditur. 믿고 있는 것에 대한 인식이 없이는 신앙도 없다.

Non est hæc locutio usu recepta. 이것은 상투적인 문구가 아니다.

Non est homo sua humanitas. 인간은 그 인간성이 아니다(한국가톨릭대사전. p.5848).

Non est interloquendum, Non proposita. 교황청 각 부서가 제출 받은 질문이나 청원에 대한 답서로 "이 안건에 대하여 대답하기를 원하지 아니함" 을 뜻함(교회법 해설 ③ 교회의 최고 권위, p.279).

non est ita. 그렇지 않다

non est mirum. 조금도 놀랄 일이 못 된다

non est numerus. 수 없는

Non est obligatórĭum contra bonos mores præstitum iuramentum. 좋은 풍습을 거슬러 맹세한 것은 지킬 의무가 있는 것이 아니다.

Non est opus, pater. 아버지 필요가 없어요.

Non est perículum, ne idem fácerer non possit. 그가 같은 것을 하지 못하지나 않을까 하는 위험은(걱정은) 없다.

Non est, quo fúgiam. 나는 도망갈 곳이 없나이다.

Non est salus periclitanda rei publicæ. 국가 안녕을 위태롭게 해서는 안 된다.

Non est éadem fortuna atque conditio. 행운은 지위와 동일한 것이 아니다.

Non est, quo fugiam. 나는 도망갈 곳이 없나이다.

Non est, quod multa loquamur. 우리가 많은 말을 할 필요가 없다.

Non est tranquilla via ad astra e terris. 지상에서 성좌에 이르는 길은 결코 평탄하지 않다.

Non estis digni, quórum (=ut vestri) misérear. 너희는 나의 자비를 받을 자격이 없는 자들이다.

Non expedit,(이를테면 않다)
정치생활 참여 금지령(禁止令)(1868.2.29).

Non expedit, Non expedire. 교황청 각 부서가 제출 받은 질문이나 청원에 대한 답서로 "조금 부드럽게 부정하는 답서"를 뜻함(교회법 해설 ③ 교회의 최고 권위, p.277).

Non fácere furtum.(⑨ Thou shalt not steal). 도둑질을 하지 마라(성 베네딕도 수도규칙 제4장 5).

Non facietis ita Domino Deo vestro. (ouv poih,sete ou[twj kuri,w| tw/| qew/| u`mw/n)(獨 Ihr sollt dem HERRN, eurem Gott, so nicht dienen) (⑨ That is not how you are to worship the LORD, your God) 너희는 주 너희 하느님을 그렇게 경배해서는 안 된다 (성경 신명 12. 4)/그러나 너희 하느님 야훼께는 그런 식으로 해드리지 못한다(공동번역 신명 12. 4).

Non facile dixerim. 나는 쉽사리 말하지 않을 것이다

Non facit ecclesiastica dignitas Christianum. 교회의 권위가 그리스도인을 만들지는 않는다.

Non falsum testimónĭum dicĕre. 거짓 증언을 하지 마라(성 베네딕도 수도규칙 제4장 7).

non feci, sed me fecisse somniavi. 내가 한 것이 아니라, 내가 했다는 꿈을 꾸었소.(교부문헌 총서 16. 신국론, p.1980).

Non flocci facĕre. 무시해 버리다(Flocci non facĕre). 일고의 가치도 없는 것으로 생각하다.

Non fuit illud facinus puniendum. 그 행위는 처벌되어야 할 것이 아니었다.

Non furtum facies. (ouv kle,yeij)(십계명 7. 출애 20. 15).
(獨 Du sollst nicht stehlen)(⑨ Thou shalt not steal). 도둑질해서는 안 된다(성경)/도둑질하지 못한다(공동번역).

Non habebis deos alienos in conspectu meo. (ouvk e;sontai, soi qeoi. e[teroi pro. prosw,pou mou) (獨 Du sollst keine anderen Götter haben neben mir) (⑨ You shall not have other gods besides me)(신명 5. 7) 너에게는 나 말고 다른 신이 있어서는 안 된다(성경)/ 너희는 내 앞에서 감히 다른 신을 모시지 못한다(공동번역).

non habĕre substantĭam. 실재하지 않다

Non habes, quo vincaris. 너는 지려야 질 것이 없다

non habet in voluntate. 원의(願意)에 두지 않는다

Non his maledices! 너는 이 사람을 험담하지 말아라!

Non hoc dicitur. 그런 말이 아닙니다.

Non homicidium facies. 살인해서는 안 된다.
Non occides. 사람을 죽이지 마라(십계명 5).

non-identitas. 비동일성(非同一性)

non idoneus. 증언 부적합한 자

Non igitur mærenda mors, quæ causa salutis est publicæ.(⑨ Death is, then, no cause for mourning, for it is the cause of mankind's salvation).(Ambrosius) 그래서 죽음에 대하여 슬퍼할 이유가 없습니다. 죽음은 모든 이에게 구원을 가져다주기 때문입니다.

Non ille diu vixit sed diu fuit.

그 사람은 오랫동안 살지 못했으나 오랫동안 있었다.
non in alio existens. 다른 것 안에 존재하지 않는 것
Non in solo pane vivit homo. 사람은 빵만으로 살지 않는다
Non in solo pane vivit homo,
sed in omni verbo Dei. 사람이 빵으로만 살지 못하고, 하느님의 모든 말씀으로 살리라.
Non in solo pane vivet homo, sed in omni verbo, quod procedit de ore Dei. 사람은 빵만으로 살지 않고 하느님의 입에서 나오는 모든 말씀으로 산다(마태 4, 4)
Non intellectus intelligi, sed homo intelligit. 지성이 인식하는 것이 아니라 인간이 인식한다.
non-intelligens. 무령(無靈)(선유의 천주사상과 제사문제, p.245)
Non ipsum quidem aliud est revera quam contemplandi via. 묵주기도는 진정한 관상의 길입니다.
Non is es, quem(=ut te) pudor a scélere révocet. 너는 수치심으로 말미암아 죄악에서 제지될 (그런 정도의) 사람이 아니다.
Non is, qui seípsum laudat, bonus est, sed is, qui ab ómnibus óptimis laudátur. 자기 자신을 칭찬하는 사람이 착한 사람이 아니고, 오직 모든 선인들한테 칭찬을 받는 그는 착한 사람이다(라틴어에 있어서 관계대명사의 선행사를 지시대명사 is 로 바꿔놓을 수 있다).
Non ita. 그렇지 않다.
non ita longa disputátĭo. 그다지 길지 않은 토론
Non ita pridem, 그다지 오래 전은 아니지만
non jam secrétis collóquiis, sed apérte.(jam 참조) 비밀 담화가 아니라 드러나게
Non iuráre ne forte periuret(성 베네딕도 수도규칙 제4장 27) 헛된 맹세를 하지 않기 위해 맹세하지 말라.
Non lex, sed corruptio legis. 법률이 아니라 법률의 부패이다.
Non libet mihi deploráre vitam. 나는 인생을 슬퍼하고 싶지 않다.
Non licet nobis hanc rem silentio prætérire. 우리는 이 일을 묵과해서는 안 된다.
Non loqueris contra proximum tuum falsum testimonĭum. 거짓 증언을 하지 마라(十誡命).
Non ludebat de pare parentes hujus et mei. 나의 부모와 이 양반의 부모와는 함께 어울린 적도 없었다.
Non me pǽnitet vixísse. 나는 살아온 것을 후회하지 않는다.
Non me præterit, me prolapsum esse. 내가 실수했다는 것을 모르는 바 아니다.
non medĭócris. 상당한, 대단한, 훌륭한.
Non mœchaberis(십계명 6) 간음하지 마라([영] Thou shalt not commit adultery).
non multo post. 조금 후에
Non multum edacem. 과식가가 되지 말라. (성 베네딕도 수도규칙 제4장 36).
Non murmur resonat, non querimonia, sed cord impavido, mens bene conscia conservat patientiam. 군말도 없고 불평도 없이, 두려움도 모른 채 다만 아주 맑은 정신으로 인내해 나간 선열이여. (성무일도 여러 순교자 축일 공통 저녁기도 찬미가에서).
Non murmuriosum. 불평쟁이가 되지 말라(분도 수도규칙 제4장 39).
non naturam dicis Dei, sed ea quæ sunt circa naturam. (하느님은 선하시고 정의로우시고 지혜로우시다고 말할 때) 하느님의 본성이 아니라 그분의 본성을 에워싸고 있는 것에 대해 말하는 것이다.
non necesse esse. 비필연존재(신학대전 제2권, p.230).
Non nego. 그렇습니다.
non nemo. 어떤 사람
non nisi. 다만, 오로지
Non nobis solum nati sumus.(Cicero). 우리는 우리만을 위하여 태어난 것이 아니다
non nolle. 싫어하지 않는다(성 염 옮김, 단테 제정론, p.147)
Non non sic futurum est. 아니, 절대 그렇게 되지 않을 것이다.
Non nosti(=novísti) nomen meum? 너 내 이름 모르니?
non nullus. 어떤 사람(nonnemo, -ĭnis, m., f.)
non ob aliud essentia est, nisi quia est. 모든 존재자는 그것이 존재한다는 사실이 아닌 다른 이유에서 존재자가 아니다(교부문헌 총서 15, 신국론, p.47).
Non obliviscar sermones tuos. 당신의 말씀을 잊지 않으리이다(시편 119, 16).
Non obstanibus in contrarium facientibus quibuscumque. 이와 반대되는 모든 규정은 무효이다.
Non occidĕre. 살인하지 말라(성 분도 규칙 제4장 3)
Non occides.([영] Thou shalt not kill) 사람을 죽이지 마라, 살인하지 마라(십계명 5). Mandatum illud “non occides” itineris cuiusdam statuit initium veræ libertatis, 그러므로 “살인해서는 안 된다”는 계명은 참된 자유를 향한 출발의 기준점을 세워 줍니다.
Non omne quod licet, honestum est. 법으로 허용되는 것이 모두 도덕적으로 옳은 것은 아니다.
non omne quod vivit scire se vivere, quamquam omne quod se vivere sciat vivat necessario. 살아있는 모든 것이 자기가 살아 있음을 알지는 못한다. 다만 자기가 살아 있음을 아는 자들은 누구나 필히 살아 있다. (성 아우구스띠누스著, 성 염 옮김).
Non omni homini reveles cor tuum.(집회 8, 19) ([영] Open your heart to no man) 아무에게나 네 마음을 드러내지 말고(성경 집회 8, 19)/ 아무에게나 네 마음을 털어놓지 말아라(공동번역 집회 8, 19).
Non ómnia lícent nobis. 우리에게 모든 것이 다는 허가되지 않는다.[accidit, libet, licet, necesse, placet, præstat의 비인칭 동사는 의미상의 주어를 여격으로 표시한다. 성 염 지음, 고전 라틴어, p.394].
Non omnia possumus omnes. 우리는 모두 모든 일을 다 할 수는 없다.
Non omnibus dormio. 나는 자는 척 한다(내내 잠자야 할 하룻밤).
Non omnis error dicendus est stultitĭa. (Non omnis error stultitĭa dicenda est) (=Non est dicendus omnis error stultitĭa) 모든 실수(오류)를 다 어리석음이라고 해서는 안 된다.
non operatio propria propter essentiam, sed hæc propter illam habet ut sit. 작용(활동)이 본질을 위해서 존재하는 것이 아니고 본질이 작용(활동)을 위해 존재한다.
Non opus est multis verbis. 많은 말이 필요 없다.
non per propriam voluntatem. 자기 의지를 통해서가 아니다.
Non petam et non tentabo Dominum.(갈멜의 산길, p.202) 청하지 않고 주님을 시험하지 않으리이다.
non placet. 불찬성(不贊成, improbátĭo, -ónis, f.). placet, n. 찬성(贊成)/ Esto! 좋다 찬성이다.
Non pluit cælum. 비가 오지 않는다(비 오지 않는 하늘이다).
non posse moriori. 죽을 수 없음
non posse non esse. 존재하지 않을 수 없는 것(=필연적인 것)
non posse non peccare. 죄 짓지 아니할 수 없음
non posse peccare. 죄 지을 수 없음
Non possum ad te non mittĕre. (=Fácere non possum, quin ad te mittam) 나는 너한테 보내지 않을 수 없다.(“하지 않을 수 없다” 따위에 있어서와 같이 주문과 속문의 주어가 같은 것인 경우에는 non을 가진 주문의 보조동사에다 속문의 동사를 현재부정법으로 해서 그 앞에 역시 non을 붙여주면 quin을 쓴 객어문과 같은 뜻이 된다).
Non possum te juváre, si cupiam. 나는 너를 도와주고 싶어도 도와줄 수가 없다. (조건 접속사로 쓰이는 si도 간혹 양보의 뜻을 가지는 때가 있다).
Non possumus placēre omnibus. 우리는 모든 사람의 뜻을 다 맞춰 줄 수는 없다.
Non possumus. 우리는 할 수 없다, 불가(不可)(청원 요청에 대한 교황 성청 거부 표명의 표현 양식).
non potentia sed jure. 세도가 아니라 법도로/ tum non potentia sed jure res publica administrabatur. 그때는 세도가 아니라 법도로 정치가 좌우되었다. (성 염 지음, 사랑만이 진리를 깨닫게 한다. p.475).
Non potes dicere: Diligo fratrem, sed non diligo Deum. ‘나는 내 형제를 사랑하는데, 하느님은 사랑하지 않는다’고 말할 수는 없습니다.(최익철 신부 옮김, 요한 서간 강해, p.419).

Non potest ergo separari dilectio. Elige tibi quid
diligas; sequuntur te cetera. 사랑은 갈라질 수 없는 것
입니다. 그대가 사랑해야 할 것을 선택하십시오. 그러면
나머지는 저절로 따라옵니다.(최익철 신부 옮김. 요한 서간 강해. p.437).
Non potest me tædére labóris. 나는 일에 싫증날 수가 없다.
Non potest nisi esse, sed latet. 그런 사람이 없을 수는
없지만, 숨어 있습니다.(최익철 신부 옮김. 요한 서간 강해. p.409).
Non potest plus in rivis quam in fonte.
원천수보다 개울물이 더 맑을 수 없다.
Non potest quisquam alias beatus esse, alias miser.
어느 누구도 같은 일을 두고 이때는 행복해 하다가 저때
는 불행해 할 수는 없는 노릇이다(성 염 지음. 고전 라틴어. p.367).
non prædicabile. 빈술 불가능한
non quæ sua sunt singuli considerantes, sed et ea
quæ aliórum. (mh. ta. e`autw/n e[kastoj skopou/ntej avlla.)
[㉫ each looking out for not his own interests, but (also)
everyone for those of others]
    저마다 자기 것만 돌보지 말고 남의 것도 돌보아
    주십시오(성경 필리피)/저마다 제 실속만 차리지 말고 남의
    이익도 돌보십시오(공동번역 필립비 2. 4)/각자 자기 일만을
    돌보지 말고 서로 남의 일도 돌보아 주시오(200주년 신약).
Non queo reliqua scribĕre. 나는 나머지를 쓸 수 없다
non quod ego volo sed quod tu. 내 뜻대로 마시고
    당신 뜻대로(마르 14. 36. 전주교구장 이병호 주교 표어).
non re, sed nomine. 사실상으로는 아니고 이름만으로
Non relinquam vos orphanos, venio ad vos.
(㉫ I will not leave you desolate; I will come to you)
    나는 너희를 고아들처럼 버려두지 않겠다.
    기어이 너희에게로 돌아오겠다(요한 14. 18).
non sacramentum, sed fides sacramenti justificat.
    성사가 아니라 성사에 대한 신앙이 의화 한다.
Non sátis exactum, quid agam.
    나는 아직 어떻게 할지 결정하지 못했다.
Non scholæ, sed vitæ discimus.
    우리는 학교를 위해서가 아니고 오직 일생을 위해서 배운다.
Non scire fas est omnia. 모든 것을 알 수는 없는 법
non semel. 한 번뿐 아니고 여러 번
non semissis. 반 푼어치도 못되는 인간
Non semper ea sunt quæ videntur.
    사물은 항상 보이는 것과 같지 않다.
Non semper erunt saturnália. 날마다 명절일 수는 없다.
non-sense. 무의미(無意味)
non servi sumus naturæ sed æmuli.
    우리는 자연의 종이 아니고 자연의 경쟁자.
non sétius. 보다 적지 않게, …와 같이
Non sibi sed patriæ. 자신이 아니라 조국을 위해서
Non sicut ego volo, sed sicut tu. (㉫ not as I will,
but as you will) 제가 원하는 대로 하지 마시고 아버지께서
    원하시는 대로 하십시오(성경)/제 뜻대로 마시고 당신
    뜻대로 하소서(공동번역)/제가 원하는 대로 하지 마시고
    아버지께서 원하시는 대로 하소서(200주년 신약성서 마태 26. 39).
non sine voluntate. 본인의 의지 없이
Non sitio honores. 나는 명예를 갈망하지 않는다.
Non soli tamen Communitatum rectores in hac
unitatis cura coniunguntur.(㉫ Nor are the leaders of
Communities the only ones joined in the work for unity)
    공동체의 지도자들만이 일치운동에 참여하는 것은 아닙니다.
Non somnulentum. 잠꾸러기가 되지 말라(분도회 수도규칙 제4장 37)
Non spectare. 교황청 각 부서가 제출 받은 질문이나
    청원에 대한 답서로 "제출된 안건에 대하여 관할
    부서가 아님"을 뜻한다(교회법 해설 ③ 교회의 최고 권위 p279).
non solum est incorporea, sed etiam substantia,
scilicet aliquid subsistens. 인간 지성의 본성은
    비물체적일 뿐더러 또한 실체, 즉 자립하는 무엇이다.
Non sum apud me. 나는 내 정신이 아니다.
Non sum ego Christus. 나는 그리스도가 아니다(요한 1. 20).
Non sum is, qui patriam prodam.
    나는 조국을 팔아먹을 그러한 사람이 아니다.(주문의

주어가 1. 2인칭이면서 주격 관계대명사의 선행사가-사람을 표시하는-is 등의
지시대명사일 때에도 관계문의 인칭은 주문의 주어의 인칭을 따라간다).
Non sum sicut cæteri homines.
    나는 다른 사람들과 같지 않습니다.
Non sum solus, quia Pater mecum est.
    아버지께서 나와 함께 계시니 나 혼자 있는 것이 아니다.
Non sunt facienda mala, ut eveniant bona.
    좋은 결과를 내기 위해 악을 행할 수 없다.
Non sunt multiplicanda entia non necessaria.
    불필요한 보편 개념을 제거하면서 쓸데없는 존재
    개념을 많이 만들지 말자(윌리엄 오컴 1285~1349 의 논리학 원칙).
Non tamen (sunt) albedo et similitudo eadem,
immo primo diversa. 그러나 흼과 유사성은 같은 것이
    아니다. 오히려 근본적으로 다르다.
Non te hæc pudent? 너는 이 일들이 부끄럽지도 않으냐?
Non te reputes aliis meliorem.(준주성범 제1권 7장 3)
    네가 다른 사람보다 나은 줄로 생각지 말아라.
Non telis nostris ceciderunt.
    그들은 우리 화살에 쓰러진 것이 아니다.
Non tenebo te pluribus.
    너를 더 이상 붙잡지 않겠다(긴 말을 하지 않겠다).
Non tímeo, ne non véniat. (나는 그가 꼭 오리라고
    확신하기 때문에) 그가 오지 않을까 않을까 하고
    두려워하지는 않는다.(주문 자체가 부정사를 가질 때에는
    부정적 객어문에 ut을 쓰지 못하고 ne non을 써야 한다).
non timidus ad mortem. 죽음을 무서워하지 않는
non timidus mori. 죽기를 무서워하지 않는
Non tractabile cælum. 그보다 더 신축성 있는 것은 없다.
Non tractabile cælum. 어찌해볼 수 없는 날씨,
    폭풍우(暴風雨, turbidus imber).
Non turbetur cor vestrum neque formidet.(요한 14. 27)
(㉫ Do not let your hearts be troubled or afraid)
    너희 마음이 산란해지는 일도, 겁을 내는 일도 없도록
    하여라(성경)/걱정하거나 두려워하지 말라(공동번역)/
    여러분의 마음이 산란해지지 않도록, 또한 겁먹지
    않도록 하시오(200주년 신약성서 요한 14. 27).
non ullius rátĭonem sui cómmodi dúcĕre.
    자신의 어떠한 이익도 전혀 고려하지 않다.
Non ut illud dicĕretur, sed ne tacĕretur.
    말을 하려고 하지 말라, 그렇다고 침묵하지도 말라.
non velle. 원치 않는다(성 염 옮김. 단테 제정론. p.147).
    Deus vult quod non vult.
    하느님은 원치 않으시는 것을 원하신다.
Non Venus affúlsit. 찬란한 금성이 나타나지 않았다.
Non veritas sed auctoritas facit legem.
    진리가 아니라 권위(權威)가 법을 만든다.
Non videbit me homo et vivet.
    살아 있는 사람은 나를 보지 못하리라(갈멜의 산길. p.231).
Non video causam, cur ita sit, hoc quidem tempore.
    왜 그런지 지금으로서는 그 원인을 모르겠다.
Non videtur esse lex, quæ justa non fuerit.
    불의한 법은 전혀 법이 아니다.
Non vinolentum. 주정뱅이가 되지 말라(聖 분도 수도규칙 제4장 29)
Non vult pœnitĕre a fornicatĭóne suâ.
    그 여자는 자기의 음행을 뉘우치려 하지 않는다.
Nona¹ -æ, f. 세 Parcæ 여신(女神) 중 하나
nona² -æ, f. (nonus) (sc. hora)
    제9시, (sc. pars) 9분의 1. (가) 구시경(Hora nona. 오후 3시).
Iam nona ferme diei hora erat, cum dux Romanus
signum dedit. 로마 장군이 공격 신호를 보냈을 때는
    이미 낮 아홉시 경이었다.[로마인들은 일출(ab ortu solis)부터
    일몰(ad occasum solis)까지를 12등분하여 열 두(XII) 시간으로 나누었다.
    따라서 여름은 같은 한 시간이 겨울보다 길었다. 밤도 열 두 시간으로 나누었
    지만, 군대에서는 사경(四更 vigiliae: 夜警)으로 나누었으므로 한 야경은 세 시간
    에 해당하였다. 따라서 '낮 아홉시'(nona diei hora)는 지금의 오후 3시경에
    해당한다.   성 염 지음. 고전 라틴어, p.375].
Nónæ, -árum, f., pl. (nonus)
    초닷새(令 月의 5일째 날), 3.5.7.10월의 7일,
    1.2.4.6.8.9.11.12월의 5일.
Nonæ Februariæ. 2월 5일

Nonæ septimanæ. 초이렛날

nonagenárĭus, -a, -um, adj. (nonagénti) 90으로 된, 90세의

nonagéni, -æ, -a, num., distrib. (nonagínta) 90씩의

nonagésĭmus, -a, -um, num., ordin. (nonaginta) 90번째의, 제90의

nonagesimus nonus.
아흔 아홉 번 째(undecentesimus, -a, -um, num.).

nonágĭe(n)s, num., adv. (nonagínta) 90 번

nonagínta, num., indecl., card. (nonus) 구십(90), 아흔

nonaginta novem. 아흔 아홉(99)

nonális, -e, adj. (Nonæ) 매월 5일(7일)의

nonánus, -a, -um, adj.(nona²(légio))제9군단의.
m.(pl.) 제9군단 兵士.

nonális, -e, adj. (nonus) 제9시의; 아홉째 날(달)의

nondum, adv. 아직 아니(οὔπω.οὐδέπω).
Cármina nondum vulgáta. 미간시(未刊詩),
Ipsum esse nondum est.(보에티우스 지음. 인식의 근본문제. p.353)
존재 그 자체는 아직도 존재하지 않는다/
Torquet cor conscientia peccatorum, nondum facta est
iustificatio. 죄의식은 마음을 괴롭히는데, 그것은 아직도
의롭게 되지 않았기 때문입니다.(최익철 신부 옮김. 요한 서간 강해. p.399).

Nondum ad rempublicam accessi.
나는 아직 나라 일을 맡아오지 않았다.

nondum amabam sed amare amabam. 아직 연애를 하지
는 않았지만 연애하기를 사랑하게 되었더이다(Aug. Conf. 3. 1).

Nondum facebamus agmen, cum equites hostium nos
acrius institerunt. 적 기마부대가 우리한테 맹렬하게 덮쳐
왔을 때 우리는 아직 전열을 만들지 못하던 참이었다.

Nondum intellegitis?.(⑨ Do you still not understand?)
너희는 아직도 깨닫지 못하느냐?(성경)/
여러분은 아직도 깨닫지 못합니까?(2005년 신약성서)/
그래도 아직 모르겠느냐?(공동번역 마르 8, 21).

Nondum perfecte splenduit vita tua, quia insunt
peccata. 그대의 삶이 아직 완전하게 빛나지 않는 것은
죄가 있기 때문입니다.(최익철 신부 옮김. 요한 서간 강해. p.75).

Nondum totā me mente recépi.
내가 아직 정신(精神)을 온전히 차리지 못했다.

nondum totum orbem sidére. 아직 만월이 채 되기 전에.

Nondum venit hora mea.(⑨ My hour has not yet come)
아직 저의 때가 오지 않았습니다(성경 요한 2. 4).

None est, quod multa loquámur.
우리가 많은 말을 할 필요가 없다.

nongenténi(nongéni), -æ, -a, num., distrib.
(nongénti) 900씩의.

nongentésĭmus, -a, -um, num., ordin. (nongénti)
제900, 900번째의.

nongénti, -æ, -a., num., card. 900(의).
sg. nongéntus 900중의 하나.

nongéntĭe(n)s, adv., num., adv. 구백 번, 900번

nonna, -æ, f. (nonnus)
수도하는 여자, 수녀(⑨ religious sister/nun), 유모.

nonne, adv. (긍정적 대답을 기대하며) …하지 않느냐?
아니란 말이냐? …하지 않는냐,
[이 의문사로 시작하는 의문문은 '그렇다!'라는 답변을 요구한다].
Quæro a te, nonne … putes.
나는 네가 …라고 생각하지 않는지 네게 묻는다.

Nonne…? …아니란 말이냐? 그렇지 않느냐?(-ne¹참조)

Nonne a te judices abalienes? 너는 재판관들로 하여금
네게 대해서 적의를 품게 하는 것이 아닐까?

Nonne canis lupo similis est. 개는 늑대와 비슷하지 않은가?

Nonne cogitabas hæc mala esse?
너는 이것이 나쁘다고 생각하지 않았다는 말이냐?

Nonne dixísti hoc?. 네가 이 말을 하지 않았느냐?

Nonne ego vos duódecim elégi.
너희 열둘을 내가 간택하지 않았느냐?

Nonne et ethnici hoc faciunt?
(⑨ Do not the pagans do the same?)
그런 것은 다른 민족 사람들도 하지 않느냐?(성경 마태 5. 47).

Nonne et publicani hoc faciunt?
(⑨ Do not the tax collectors do the same?)
그것은 세리들도 하지 않느냐?(성경 마태 5. 46).

Nonne hæc est Evangelii lex?.(⑨ Is this not the law of
the Gospel?) 이것은 복음의 법이 아니겠습니까?.

Nonne hi ipsi homines nostri sunt fratres ac sorores?
(⑨ Are these human beings not our brothers and sisters?)
이 사람들도 우리의 형제자매가 아닙니까?.

Nonne hic est fabri filius? (성경 마태 13. 55)
(ouvc ou-to,j evstin o` tou/ te,ktonoj ui`o,j)
(獨 Is hij niet des timmermans zoon?)
(프 N'est-ce pas le fils du charpentier?)
(⑨ Is he not the carpenter's son?)
저 사람은 목수의 아들이 아닌가?

Nonne manus mea fecit hæc omnia?(사도 7, 50)
(ouvci. h` cei,r mou evpoi,hsen tau/ta pa,nta)
(獨 Hat nicht meine Hand das alles gemacht?)
(⑨ Did not my hand make all these things?)
이 모든 것을 내 손이 만들지 않았느냐(성경 사도 7, 50)/
이 모든 것이 다 내 손으로 만든 것 아니냐?(공동번역)/
내 손이 이 모든 것을 만들지 않았느냐?(2005주년 기념 신약성서).

Nonne dixísti hoc? 네가 이 말을 하지 않았느냐?
(Nonne…?은 긍정적 대답 즉 '네. 그렇다'의 대답을 기대 또는 전제할 때 쓴다).

Nonne meministis majorum nostrorum gloriam?
너희는 우리 선조들의 영광을 기억하고 있지 않느냐?.

Nonne mihi mors ob oculos versabatur?
죽음이 내 눈앞에 닥치지 않았던가?

Nonne tibi affirmávi, quidvis me pótius perpessúrum
quam ex Itáliá exitúrum?
나는 이탈리아에서 나가기보다는 차라리 무엇이든지
다 참아 받겠다고 네게 단언하지 않았느냐?

Nonne venit? 그는 오지 않았느냐?

Nonne vidisti insidias eorum?.
그들의 음모를 당신이 (직접) 보지 않았는가?

Nonne vidisti statuas illas ex ære? 구리로 만든 저
동상들을 보지 않았는가?(재료 탈격abulativus materiæ은 사물이
무엇으로 만들어졌는가를 나타내며 ex 전치사와 탈격을 쓴다].

Nonne vobis hæc quæ audistis oculis cernere videmini?
당신들이 듣던 바를 눈으로 분간해 낼 수 있다고 보지 않는가?

nonnémo, -ĭnis, m., f. (non+nemo, non nemo. non이 다른
부정사 앞에 놓이면서 제한적인 긍정의 뜻을 드러냄).
어떤 사람(=áliquis), 몇몇 사람.

nónnĭhil, indecl., n. (non+nihil)
어떤 것(=áliquid), 얼마, 다소, 더러

nónnĭsi, adv. (cf. nisi) 다만(μόνον), 오로지.
civitas est nonnisi congregatio hominum.
국가는 단지 인간들의 모임에 불과하다/
Feminarum autem monasteria nonnisi urgentibus
necessitatibus visitabat. 그러나 급하게 필요한 경우가
아니고는 여자 수도원은 방문하지 않았다.

nonnúllus, -a, -um, adj. (non+nullus) 몇몇, 어떤, 일부의.
m., pl. 몇몇 사람들, 어떤 이들.
Ecclesia et nonnullarum opinationum theologiæ moralis
hodiernæ discretio.(⑨ The Church and the discernment of
certain tendencies in present-day moral theology) 오늘의
윤리신학에 나타난 일부 경향에 대한 식별과 교회/
Nonnulla ergo animadvertenda sunt de peculiaribus
proprietatibus, quas catechesis sibi induit secundum
diversas vitæ ætates.(⑨ There are many observations
that could be made about the special characteristics that
catechesis assumes at the different stages of life)
교리교육이 인생의 여러 단계에 따라 고유하게 취해야
하는 특성에 관해서는 살펴야 할 점들이 많습니다.
(교황 요한 바오로 2세의 1979.10.16. "Catechesi tradendæ" 중에서)

nonnulli Parisius studentes in artibus.
학문을 연구하는 몇몇의 파리 사람들.

nonnúmquam, adv. 이따금, 어떤 때, 때로는, 가끔

nonnunquam(=intérdum) 때로는, 어떤 때는, 이따금

Nonnúnquam rorat. 이따금 이슬이 내린다(roro 참조)

818

nonnus, -i, m. 수도자([영] religious) 기르는 사람, 교육자.
[교회 전통에서 "아버지"란 의미를 가진 "nonnus"는 아빠스에게 국한된 명칭인데-예로니모 서간 117,6:22,16-처음으로 베네딕도 성인은 회수도원 안의 선배 수도승에게도 이를 사용하도록 함].
nonnúsquam, adv. 어떤 곳에(=alicúbi), 어디엔가, 여러 곳에.
nonus, -a, -um, num., ordin. 아홉 번 째
nonusdécĭmus, nonadécĭma, nonumdécĭmum, num., ordin. 제19, 19번째의.
noram, as, etc. = nóveram, as, etc., plqpf. (nosco)
norim = nóverim, pf., subj. (nosco)
norma, -æ, f. 곡자, 곡척(曲尺), 규칙([영] rule), **규정**, 규격, 표준(標準), 규준(規準.κανὼν-규범이 되는 표준), 모범([영] Example), 기준([영] a standard;a basis), 규범(κανὼν.[영] norm.獨 Norm.프 norme).
In edicendis normis,
수도원 미사와 성무일도의 언어(1965.5.25. 훈령)/
Normæ communes omnibus institutis vitæ consecratæ.
모든 축성 생활회의 공동규범(Can. 573~606)/
normæ generales. 총칙(總則-전체를 통괄하는 규칙), 일반적 규범/
Normæ temporariæ.([영] Transitional Norms) 잠정적 규범/
Normæ universale de anno liturgico et de calendaro,
전례주년 총지침(1969.3.21.)/
Normæ universales de anno litrugico et novum calendarĭum romanum generale.
전례력과 축일표에 관한 일반지침(一般指針)/
rectissima norma vitæ humanæ.
인간 생활의 가장 올바른 규범(規範).
norma justitiæ. 정의의 요구(正義要求)
norma mandati([영] norm of the mandate). 위임의 규범
norma morális.(regŭla morális)
윤리규범([영] moral norm/moral rule).
norma non normata. 규정되지 않은 규정, 다른 것에 규범을 받지 않는 규범.
Norma normans. 규정하는 규범, (신앙생활의) 규범적 규범
Norma normans non normata. 모든 규범들의 규범, 규정되지 않으면서 규정하는 규범(=하느님).
Norma normata. 규정된 규범, 준거(準據) 규범
Norma normata primaria. 규정된 일차 규범
Norma normata secundaria. 규정된 이차 규범
Norma particŭlaris 개리(個理)(선유의 천주사상과 제사문제, p.248)
norma primaria. 일차적 규범
norma subordinata. 종속적 규범
norma suprema. 최고 규범
norma vitæ. 생활의 규범(規範, lex vivendi)
normal communes. 공통규범(共通規範)
Normal speciales de laicórum consosiátĭonibus.
평신도들의 단체에 관한 특수규범(Can. 327~329).
normális, -e, adj. (norma) 곱자의, 곡척의, 직각의, 규격(規格)대로의, 표준적(標準的)인, 규정(規定)의, 정규의, 제대로 된, 정상적(正常的)인, 규범의,
impedimentum normale. 통상적 장애(通常的 障碍)/
impedimentum normale libertatis. 자유의 통상적 장애.
normális angulus. 직각(直角, angulus rectus)
Normaque Morum. 윤리 규범(백민관 신부 엮음, 백과사전 2, p.877).
Normis declarátĭónis, 교회대학의 학문연구(1968.5.20. 지침)
normo, -ávi, -átum, -áre, tr. (norma) 곱자에 맞추다, 직각으로 만들다, 규칙(규정)대로 하다, 정상대로 하다.
Nórtia, -æ, f. Etrúsci족의 운명의 여신(女神)
nos, (gen. objectív. nostri; gen. partit. nostrum; dat. & abl. nobis; acc. nos.) pron. person. pl. (ego)
1. 우리(들): Miserére nostri. 우리를 불쌍히 여겨라/
unus nosreum 우리 중의 하나. 2.(존귀(위엄) 복수 plurális majestátis 왕.교황.주교 기타 고위 인사가 공식적으로 자기를 지칭할 때 씀)= ego,
bonum est nos hic esse. 우리가 지금 여기 있는 것은 선이다/
jam non ipsi nos, sed ille erimus ipse qui fecit nos.
우리가 더 이상 우리가 아니고 우리를 지어내신 그분이 될 것이다.(성 염 지음, 사랑만이 진리를 깨닫게 한다. p.305)/
Te rogamus, audi nos.
당신께 청하오니 우리의 기도를 들어주소서.
Nos autem gloriári opórtet in Cruce Dómini nostri Jesu Christi: in quo est salus, vita et resurréctio nostra: per quem salváti et liberáti sumus.
나는 우리 주 예수 그리스도의 십자가 외에는 어떠한 것도 자랑하고 싶지 않습니다. 그리스도의 십자가로 말미암아, 내 쪽에서 보면 세상이 십자가에 못 박혔고 세상 쪽에서 보면 내가 십자가에 못 박혔습니다.
Nos beatos, qui vicisse noverimus.
너의 승리를 알게 된 우리는 복되다.
Nos Dei caritati credidimus([영] We have come to believe in God's love). 우리는 하느님의 사랑을 믿게 되었습니다.
Nos eadem volumus ac nolumus.
우리는 똑같은 것을 바라고 똑같은 것을 싫어한다.
Nos, episcopi, 교회와 세상을 위한 하느님의 선물(1985.12.7. 담화)
nos esse novimus. 우리가 존재함을 우리가 안다
Nos ex Deo sumus(h`mei/j evk tou/ qeou/ evsmen)(1요한 4, 6) (프 Nous, nous sommes de Dieu) (獨 Wir sind von Gott). ([영] We belong to God) 우리는 하느님께 속한 사람입니다.
Nos ex Deo sumus(1요한 4, 6). **Videamus quare: videte si propter aliud quam propter caritatem**. 우리는 하느님께 속한 사람들입니다. 왜 그런지 봅시다. 사랑 말고 다른 이유가 있는지 보십시오.(최익철 신부 옮김, 요한 서간 강해, p.315).
Nos habémus hoc provérbium: " ".
우리는 이런 속담이 있다, 즉 " ".
Nos numerus sumus. 우리는 군중이다.
Nos, patres synodales, 그리스도교 가정의 역할(1980.10.25. 담화)
Nos qui cum eo fuimus. 그와 함께 있었던 우리
Nos vitæ nostræ pænituit. 우리는 우리 인생을 후회하였다
Nos vituperamus, quod vos laudátis.
너희들이 예찬하는 것을 우리는 비난한다.
noscámus, 원형 nōsco, nōvi, nōtum, noscĕre, tr.
[접속법 현재. 단수 1인칭 noscam, 2인칭 noscas, 3인칭 noscat, 복수 1인칭 **noscamus**, 2인칭 noscatis, 3인칭 noscant].
Per te sciámus da Pátrem, noscámus atque Fílium;
당신을 통하여 성부를 알게 해주시며, 또한 성자도 알게 해주소서.
nosce, 원형 nōsco, nōvi, nōtum, noscĕre,
[명령법. 현재 단수 2인칭 nosce, 복수 2인칭 noscite].
Nosce te ipsum. 네 자신을 알라.(Delphi 신전 문설주에 새겨져 있음)
(그 Gnoti seauton!.γνῶθι σεαντόν.[영] Know Yourself.
프 Connais-toi toi -même.이탈리아어 Conosci te stesso
獨 Erkenne dich selbst/Ken Jezelf).
noscíbĭlis, -e, adj. (nosco) 알 수 있는, 인식될 수 있는
noscitabúndus, -a, -um, adj. (nóscito) 인정하는, 재인하는.
nóscĭto, -ávi, -átum, -áre, freq., tr. (nosco)
인정하다, 알다(ירע), 깨닫다(חזא.חזי),
재인하다, 검토(檢討)하다, 알아보다, 알려고 하다.
nōsco, nōvi, nōtum, noscĕre, tr. (inusit. gnosco)
알다(ירע), 알게 되다, 배우다(אלף.למד.[영] learn),
지식을 얻다, 식별하다, 검토하다, 심리하다, 연구하다, 알아보다, 식별(識別)하다, 깨닫다, 이해하다, 인정하다.
Nos beatos, qui vicisse noverimus.
너의 승리를 알게 된 우리는 복되다/
Nosti(=novisti), puer quantopere te tui parentes amarint(=amaverint). 아이야, 네 부모가 너를 얼마나 사랑하셨는지 넌 알고 있다/
Quisquis ea sola novit quæ corporis sensus attingit, non solum cum Deo esse non mihi videtur, nec secum quidem. 오직 물질적인 것들만 아는 개인은 하느님과 함께 있지 못할 뿐 아니라 자신의 내면생활조차 영위하지 못한다/
Tace, ante hoc novi quam natus es!.(Phædrus).
닥쳐! 이건 네가 나기 전부터 알고 있었어/
Umbrenus pluribus principibus notus erat atque eos noverat. 움브레누스는 많은 유지들에게 알려져 있었고 그도 그들을 알고 있었다.
nosmet, pron., person. 우리 자신, 바로 우리
(접미어 -met는 인칭대명사나 인칭표시의 지시대명사 ipse 혹은 ille 따위 꼬리에 붙여서 그 뜻을 강화 함. 단 "tu"만은 "tutemet"으로 함).
nosocomíum, -i, n. 병원(病院), 순례자 숙소

nosócŏmus, -i, m. 남자 간호원

nosocomus, -i, m. (남자) 간호원(看護員)

nosología, -æ, f. (醫) 질병(분류)학

nosse, nossem = novísse, novíssem,
inf. præt., plqpf. subj. (novi).
Vivere post obitum vatem vis nosse, viator? Quodlegis,
ecce loquor: vox tua nempe mea est. 오 나그네여,
시인은 죽은 다음에도 산다는 것을 알고 싶은가? 그대가
읽은 그것을 내가 말하나니, 그대의 목소리는 바로 나의
목소리라네.(이연학 최원오 역주. 아우구스티누스의 생애. p.155).

nostálgĭa, -æ, f. 향수병(鄕愁病-고향 생각에 젖어 시름겨워 하는 것"
을 병에 빗대어 이르는 말), 회구(懷舊) (의 정), 향수,
노스탤지어(⑨ nostalgia-고향을 몹시 그리워하는 마음).
[한가위를 맞아 민족 대이동이 시작된다. 객지에서 향수에 젖어 사는 시골 출신
들에게 추석만큼 의미 있게 고향을 찾아 나설 기회도 흔치 않을 것이다. 향수, 곧
노스탤지어(nostalgia)는 그리스어로 '돌아감'과 '아픔'을 뜻하는 단어가 합성된
것으로, 특정 장소나 시간으로 돌아가고 싶은 욕망으로부터 비롯되는 고통을 의미
한다. 이 용어는 17세기에 스위스 의사가 만들었다. 유럽 여러 나라에서 용병으로
근무하던 스위스 청년들은 고향이 그리워 소리 내어 울거나 불면증, 불안감, 식욕
감퇴 따위의 증상을 호소했다. 스위스 용병이 고향과 가족을 떠올리며 고통 받는
모습을 표현하기 위해 노스탤지어라는 단어가 만들어진 것이다. 이를테면 향수는
처음부터 일종의 정신 질환으로 간주된 셈이다. 19세기에는 정신분석학에서
우울증의 병적인 형태라고 규정하기도 했다. 20세기 중반까지도 과거를 감상적
으로 동경하는 노스탤지어는 부정적 감정으로 여겨졌다. 학자들 사이에서 노스탤
지어를 긍정적 감정으로 이해하기 시작한 시기는 1979년이다. 미국 사회학자가
사람들이 노스탤지어를 '좋았던 시절'이나 '따뜻한 고향'같은 긍정적 단어와
연결시킨다는 사실을 밝혀냈기 때문이다. 하지만 과학자들이 노스탤지어 감정의
연구에 착수한 것은 얼마 전의 일이다. 2006년 영국, 네덜란드, 미국의 사회심리
학자로 구성된 연구진은 노스탤지어 기억을 처음으로 과학적으로 분석하는 실험을
했다. 네덜란드의 팀 빌드슈트가 주도한 이 실험에는 노스탤지어 연구의 중심인
영국 사우샘프턴大 전문가들이 참여했다. 실험 결과 노스탤지어는 대부분
즐거운 회상을 회상하는 것으로 밝혀졌다. 2006년 '인성과 사회심리학 저널
(JPSP)' 11월호에 발표된 논문에서 노스탤지어는 근본적으로 긍정적 감정이라는
결론을 내렸다. 2006년 사우샘프턴대 사회심리학자들은 노스탤지어가 사회적
소속감에 미치는 영향을 분석하는 실험을 했다. 인간관계를 형성하는 능력, 자신의
감정을 타인과 공유하는 개방성, 친구를 정서적으로 지원하는 태도 등의 측면에서
검사 노스탤지어 감정이 풍부한 사람일수록 이러한 사회적 능력에서 높은 점수를
받은 것으로 나타났다. 노스탤지어가 사회적 접착제 기능을 가진 것으로 밝혀진
셈이다. 이러한 기능이 서구 문화권뿐 아니라 동양 사회에서도 보편적 현상인지
확인하기 위해 중국 심리학자들과 합동 연구를 했다. 실험 결과 중국에서도 노스
탤지어가 사회적 결속에 긍정적으로 작용하는 것으로 나타났다. 2008년 '심리과학
(PsychologicalScience)' 10월호에 발표된 논문에서 과거를 그리워하는 마음은
문화적 배경에 관계없이 사회적 소속감을 증대시키는 역할을 한다고 주장했다.
격월간 '사이언티픽 아메리칸 마인드' 7.8월호에 따르면 사우샘프턴대의 연구
결과 영국 대학생의 79%가 일주일에 적어도 한 번 노스탤지어 감정을 느끼는
것으로 나타났다. 날마다 그런 순간을 겪는다는 대학생도 16%나 됐다.
옛날 고향에서나 고향을 그리워하는 일이 부질없는 나약한 마음이나 개인적
심리적 건강 상태에 도움이 되고 사회생활에 보탬이 된다는 연구결과는 여간
반가운 게 아니다. 고향을 꿈꾸는 자에게 행운이 늘 함께 할지니. 조선일보
2010. 9월25일자 [Why 이인식의 멋진 과학] 고향을 꿈꾸는 자에게 행운이다.

noster, nostra, nostrum, pron., poss. (nos) 우리(의)/
우리에게 속한, 우리 소유의, 우리와 가까운,
동족의, 우리 민족의, 우리 고향의,
우리 편의, 우리가 말하고(다루고) 있는,
우리에게 유리한(알맞은), 우리를 도와주는,
우리의 부모.가족.식구.친족.친구.동료.군대….
n., pl. 우리 재산; 우리와 관계있는 것.
A nostris resistitur. 우리 군대가 저항하고 있다/
ad traductiónem nostram.
우리를 군중 앞에서 (웃음거리로) 삼으려고/
hic noster. 우리가 말하고 있는 그 친구/
mare nostrum. 지중해(地中海)/
nostra causa. 나 때문에[causa가 인칭대명사와 함께 쓰이게
되는 경우에는 그 인칭대명사의 속격을 쓰지 못하고, 그 대신 그 인칭에
해당하는 소유대명사를 써서 탈격의 causa(grátia)와 일치시킨다]/
nostra loca. 우리를 위한 땅(자리)/
nostrā memóriā. 우리에게 기억나는 시대에/
nostra namque hoc est humana sunt.
만유가 우리 것이고 따라서 만유가 인간적인 것이다/
Nostræ naves duæ in ancóris constiterunt.
우리의 두 배는 닻을 내리고 머물러 있었다/
uter nostrum? 우리 중에 누가?/
uterque nostrum. 우리 둘 다/
utrum ea vestra an nostra culpa est?
그것이 너희 잘못이냐? 아니면 우리 잘못이냐?.

Nostra ætate, 비그리스도교에 관한 선언(1965.10.28 반포)

**Nostra quidem ætate hanc partem Ecclesia extulit
liturgica quoque celebratione Sancti Iosephi Opificis
Kalendis Maiis.**(⑨ In our own day, the Church has
emphasized this by instituting the liturgical memorial of
St. Joseph the Worker on May 1)
현대에 와서 교회는 5월 1일에 노동자 성 요셉의 축일을
전례로 기념함으로써 이 점을 부각하였다.

Nostra vita salutaris. 건강을 돌보는 삶

nostrapte culpā. 우리 자신의 탓으로.
(접미사 "-pte"는 원칙적으로 소유대명사의 단수 탈격에 붙임.
그러나 1인칭 대명사의 대격 "me"에 붙는 경우도 있음)

nostras, -átis, adj. (noster)
우리 조국의, 우리 민족의, 우리 종교의.
nostrátes philósophi. 우리의 (즉 Latin) 철학자들/

nostrátim, adv. (nostras) 우리 식으로

Nostre temps, 평신도들의 선교활동(1970.5.17. 회람)

Nostrórum absolve vincŭla peccatórum.
우리 죄의 사슬을 풀어주소서.

Nostrórum, quæsumus, absolve vincŭla peccátórum.
간청(懇請)하오니, 당신은 우리들의 죄의 사슬을 풀어주소서.

Nostrum Máre. 지중해(Máre Mediterraneum)

nŏta, -æ, f. (nosco) 표(表), 자국, 흔적, 얼룩, 반점,
문자, 글자, 숫자, 기호, 신호, 암호, 문장부호, 구두점,
약자, 약호, 속기 기호, 음부(音符), 악보, 도장, 인장,
낙인(烙印), (주조) 화폐의 인각(印刻), 특징(特徵),
표징(標徵.σημείον), 징표(徵表.σημείον),
(술독에 표시된) 연도 표시, 상표, 품질, 품종, 종류,
붉은 표, 주의의 표시, 손짓, 눈짓, 소견표(所見標),
감찰관의 기록, 점수(點數), 평점, 주(註, 略.N.B.), 주해.
ex terminis notae. 개념으로부터 알려진 명제들/
mel secúndæ notæ. 제2품질의 꿀/
notæ conceptus 개념의 징표(徵標)/
notæ Ecclesiæ. 참된 (그리스도) 교회의 표징,
교회의 특징(敎會特徵), 교회의 표징(敎會標徵)/
notæ individuantes 개별적 징표, 개성 특징 표시어/
propositiones per se notæ. 개념으로부터 알려진 명제들/
Quattuor Notæ Veræ Ecclesiæ. 참 교회의 식별 특징.
[하나(unam), 거룩함(Sanctam), 공변됨(Catholicam), 사도전승(Apostolicam)].

Nota bene! 주의!

nota excavata. 임시음표(臨時音符)

nota explicativa prævia. 예비 주해

nota liquæscens. 반성음표(半聲音符)

nota naturaliter. 천부적으로 알려져 있는 것

nota ova recolligo. (새로) 난 달걀들을 거두어 모으다

notábĭlis, -e, adj. (noto) 표해 둘만한, 주의(주목)할 만한,
두드러진, 뚜렷한, 현저한, 저명(지음名)한, 치욕이 되는.

notárĭus, -a, -um, adj. (nota) 문자에 관한, 글에 관한.
기록의, 속기의. f. 고소장, 고발서류, 재판서류.
m. 서기, 속기사, 비서, 공증인, 공증관(⑨ notary).
(어원적으로는 문서 약자의 기호를 기입하는 사람이란 뜻으로 notarius라 함)
Notarius Capituli Basilicæ. 대성전 참사원 공증인.

notátĭo, -ónis, f. (noto) 표함, 표시, 표기, 기록,
속기: 표시법, 기호법, 검찰관에 의한 징계(치욕),
재판관 선정, 심리(審理), 심사, 조사, 관찰, 주목,
적요(摘要-중요한 부분을 뽑아내어 적음. 또는 그렇게 적어 놓은 것),
평점기록, 주(註), 어원(語源).

notátus, -a, -um, p.p., a.p. (noto)
표를 한, 중요한 표시가 된.

notésco, -tŭi -ĕre, inch., intr. (notus¹) 알려지다

nŏthus, -a, -um, adj. 비합법의, 사생의, 서출(庶出)의,
(동물이) 잡종인, 순종이 아닌.

noti, -órum, m., pl.
친구(φίλος), 식구, 친지, 이웃(⑨ Neighbor).

nótĭa, -æ, f. 비가 올 때 떨어진다고 하는 보석

notiális, -e, adj. 남부의, 남방의

notífico, -ávi, -átum, -áre, tr. (notus⁴.fácio) 통지하다,
알리다(דדנ.דרנ.חnᵀ.ἀναγγλλω.ἀπαγγλλω).

notificátĭo∗ -ónis, f. 통지(通知), 공지(公知),
교황청 문헌 공지(敎皇廳 文獻 公知).
notifications. 공지사항.

nótĭo, -ónis, f. (nosco) 앎(⑨ Knowledge),
지식(⑨ Intellect/Knowledge/Science),

인식(認識.⑨ Knowledge), 감찰관(censor)의 심사,
재판권, 징계(懲戒.⑨ disciplinary punishment),
**개념(概念.ὅρος), 관념, 표징(σημείον), 특징, 특성.
notiones. 인식적 표징들(정의채 옮김, 토마스 아퀴나스 신학대전 4, p.91)/
notiones censóriæ 감찰관에 의한 징계/
notiones communes. 본유 개념/
notiones erratæ substantiæ. 실체에 대한 오류적 개념/
Conscii nobis sumus quibus finibus notiones nostrae ac
voces circumscribantur. 우리는 우리의 개념과 단어들이
가지고 있는 한계를 잘 알고 있습니다.
Notio éntis non est univoca.
유(有)의 개념은 일의적(一義的)이 아니다.
notio(notitīa.cognitio) habituális. 습성적 인식
notio in generali. 일반적인 인식적 표징
notio in speciali. 특수한 인식적 표징
Notio non est æquivoca.
유(有)의 개념은 다의적이 아니다.
notio paternitátis. 부성의 인식적 표징
notio personális. 위격들의 인식적 표징
**Notio spei quæ fide nititur apud Novum Testamentum
primævamque Ecclesiam.** 신약 성경과 초기 교회에서
신앙을 바탕으로 한 희망의 개념.
notitīa, -æ,(=notities, -éi,) f. 알려져 있음, 평판(評判),
명성(⑨ Fame/good reputátion), 아는 사이, 알게 됨,
지식(⑨ Intellect/Knowledge/Science), 개념(概念.ὅρος),
인식(認識.⑨ Knowledge), 이념, 관념(觀念),
알림(⑨ Message), 통지, 통보(通報), 공지 사항,
고시(일반에게 널리 알림), 고급 공무원 명단; 부서별 행정 계획서.
linguárum notitīa. 언어의 지식/
notitīæ communes. 공동의 인식.
notitia genita. 낳아진 앎, 만들어진 인식
notitia incomplexa. 비복합적 관념
notitia personárum. 위격들의 지식
Notitīa regionum urbis Romæ. 로마시의 소식
notitīa sui. 자기 인식
nótĭus, -a, -um, adj. 남부의, 남방의
nŏto, -ávi, -átum, -áre, tr. (nota) 표를 하다, 점찍어 놓다,
표해서 구별하다, 밑줄 치다, 유의하다(ᵓᵑᵕ), 주의하다,
적어 놓다, 기록하다, 기입하다, 약자(기호)로 표시하다,
속기하다, 기록으로 남기다, 주(註)를 달다, 주해하다,
언급(言及)하다, 설명하다, 증명하다, 어원 설명하다,
관찰하다, 살펴보다, 관측하다, 불명예 처분을 내리다,
(감찰관.재판관이) 법범자 명부에 기입하다, 징계하다,
낙인찍다, 단죄하다, 맹렬히 비난하다, 혹평하다, 망신을 주다.
Mélius hæc notáta sunt verbis Latínis.
이것들은 라틴어로 더 잘 설명되어 있다.
nótor, -óris, m. (nosco) 잘 아는 자, 증인(證人)
notoríĕtas, -átis, f. (notórius)
(주로 나쁜 뜻으로) 잘 알려짐, 유명, 평판, 소문남.
notoríum notorietate facti(⑨ notoriety in fact).
사실상 공연한 사실, 사실상 공공연한 범죄
notoríum notorietate juris(⑨ notoriety in law).
법률상 공공연한 범죄.
notórĭus, -a, -um, adj. (notor)
세상에 널리 알려진, 소문난, 유명한, 알리는, 통지하는.
n. 밀고(密告). f. 알리는 편지(便紙).
m. 공지 범인, 알려진.공공연한 범인.
nŏtus, -i, m. 남풍, 바람
nŏtŭla, -æ, f. dim. (nota) 부호(符號), (작은) 표,
작은 기입장, 수첩. (pl.) 강의 내용 초록(抄錄), 강의록.
nōtus¹ -a, -um, p.p., a.p. (nosco) **잘 알려진**, 친한, 소문난,
아는 사이의, 잘 아는, 이름난, 평판 나쁜, 악명 높은.
정통한 m., pl. 식구, 친구, 친지, 이웃.
alqd alci notum fácere. 무엇을 누구에게 알리다/
Deo autem nisi notus esset, esse non posset.
신이 알지 않으면 창조되지 않았다/
Illud esse est per se notum. 그 존재는 자명한 것이다/

res nota ómnibus. 주지의 사실.
notus fugárum. 잘 도망칠 줄 아는.
notus mihi nomine tantum. 내가 이름만 아는 사람
notus²(=nŏtos) -i, m. 바람
Nous avons appris, (⑨ Rights of man)
인간의 권리(1968.4.15. 담화).
nova creatura.(⑨ new creation) 새로운 피조물(2고린 5, 17).
Nova ætate mens de Iudicio finali obsolescit.
(⑨ In the modern era, the idea of the Last Judgement
has faded into the background) 현대에 들어, 최후의 심판에
대한 생각은 점차 희미해지게 되었습니다("Spe Salvi" 중에서).
Nova et Vetera. 새것과 옛것(죠지 티렐 1897년 지음)
nova evangelizátĭo(⑨ new evangelizátion). 새 복음화
Nova evangelizatio et nova auditio.(⑨ New evangelization
and a new hearing) 새로운 복음화와 새로운 경청.
Nova Impender, 경제 위기, 실업, 군비 증강(1931.10.2.)
nova militīa. 새로운 군대(軍隊)
nova nativitate. 새로운 탄생(誕生)
nova nomina profero. 새 이름들을 만들어 내다
Nova Roma. 새로운 로마
Nova vis dynamica 새로운 힘
Nova vita in Spiritu(⑨ New life in the Spirit).
성령 안에서 새 삶.
novácŭla, -æ, f.(novaculum, -i, n.) dim. (novo)
면도칼, 예리한 칼, 뾰족한 끝.
Novæ hominum vitæ impendentes minationes.
인간 생명에 대한 새로운 위협들.
novæ quæ prodeunt comœdiæ. 새로 나오는 희극들
novæ res. 최근에 일어난 일(novus 참조)
novális, -e, adj. (novus) 묵혔다가 다시 경작하는 (밭)
휴한지의, 새로 일군, 개간한, 경작 된, 경작지의,
개간되지 않은. n. 휴한지(休閑地).
novámen, -mínis, n. (novo)
새롭게 함, 쇄신(刷新.⑨ Renewal).
novánus, -a, -um, adj. (novus+vénio) 새로 온
Novatianísmus, -i, m. 노바시아노 주의.
(엄격주의 Rigorismus를 말함)
novátĭo, -ónis, f. (novo) 새롭게 함, 쇄신(⑨ Renewal),
일신(一新-새롭게 함), 혁신(革新), 새살이 돋음,
갱신(更新), 경신(更新-고쳐 새롭게 함).
novátor, -óris, m. (novus) 개혁자, 쇄신자(刷新者),
잘 쓰지 않는 옛말을 발굴하여 부활시키는 사람.
novátrix, -ícis, f. (novátor) 새롭게 하는 여자
novátus, -us, m. (novo) 혁신(革新), 신혁(變革)
nove, adv. (novus) 새롭게, 새로이, 요사이, 최근에
novélla, -æ, f. (novus) 새로 심은 포도나무, 묘목(苗木),
새순, 새가지, 시민법대전의 새 법률 부분(Novéllæ).
novellétum, -i, n. (novéllus) 새로 식목한 곳
novéllo, -ávi, -átum, -áre, tr. (novéllus) 새로 심다,
개간한 밭을 경작하다, 새로 포도밭을 일구다.
novéllus, -a, -um, adj. dim. (novus) 새로 난, 갓 난,
새(가지), 햇, 풋, 어린, 새로 온.
Surrexit interea rex novus super ægyptum, qui
ignorabat Ioseph. (avne,sth de. basileu.j e[teroj evpV Ai;gupton
o]j ouvk h;|dei to.n Iwshf) (⑨ Then a new king, who
knew nothing of Joseph , came to power in Egypt)
그런데 요셉을 알지 못하는 새 임금이 이집트에 군림
하게 되었다(성경 탈출 1. 8)/그런데 요셉의 사적을 모르는
王이 새로 이집트의 왕이 되어(공동번역 출애굽기).
**novellus de sæculo ad servitium Dei in monasteríum
confugerit.** 하느님을 섬기기 위해 세속으로부터
수도원으로 새로 들어온 사람.
novem, indecl., num., card. 아홉(9, ter terna.), 구(9)
novem partes. 9/10(분자가 분모보다 하나 아래면 분모는
표시하지 않아도 된다. 이 경우에는 partes를 기본수사 뒤에 써 주어야 한다)
4/5 quatuor partes/ 7/8 septem partes(=septem octávæ partes).
Novem viæ conscius in peccato alii esse.
(⑨ Nine Ways of being an Accessory to another's Sin)
1. Consilio(⑨ By counsel)

2. Mandato(By command)

2. Mandato(獨 By command)
3. Approbatione(獨 By consent)
4. Provocatione(獨 By provocation)
5. Laude vel blandimento(獨 By praise or flattery)
6. Occultatione(獨 By concealment)
7. Participe(獨 By partaking)
8. Silentio(獨 By silence)
9. Defensio maleficii(獨 By defense of the ill done)

Novémber, -bris, -bre, adj. (novem) 11월의.
　m.(sc. mensis) 십일월(11月).
　Vale. D. pr. Non. Nov. Brundisio.(D=dedi).
　안녕히 계십시오. 11월 4일 브린디시움에서 드림.

novemd… V. novend…

Novemdialia. 9일 장(葬), 9일 미사, 9일 기도.
　(교회가 죽은 이를 위한 미사를 드린 것은 155년 polycarpus 순교록에 나타나 있다. 콘스탄티노폴리스에서 3일, 9일, 40일 연미사를 올렸다. 성 아우구스티노는 7일과 30일 미사를 주장했다. 오늘날에 9일장 제도는 교황 서거 때에만 적용된다… 백민관 신부 엮음. 백과사전 2. p.895).

Novéna, -æ, f. (novéni) [獨 Novenas.獨 Novene]
　((가)) 구일기도, 9일 기도,
　[9일 기도는 17세기부터 시작한 신심행사로서 사도들과 성모 마리아가 성령강림을 기다리며 준비한 9일 동안(사도 1. 13)에서 본뜬 것이다. 9일 기도는 9일 동안 연속적으로 하기도 하고 1주일에 하루씩 9주간 동안 하기도 하는 데, 이 기간 동안 고해와 영성체를 한다. Raccolta 지誌는 36가지의 9일 기도를 수록하고 있다. 9일 기도를 보면 교회적으로 할 때에는 교황의 전대사가 붙기도 한다. 백민관 신부 엮음. 백과사전 2. p.895].
　ter novéna. 스물일곱, 27.

Novena ad Pentecosten.(獨 Novena to Pentecost.
獨 Pfingstnovene) 성령 강림 전 구일기도.

Novéna Apostolorum. 사도 9일 기도, 성령강림 전 9일 기도

Novéna gratiæ. 감사 9일 기도.(예수회 각 성당과 수도원에서는 3월 4일에서 14일에 9일 간의 감사 기도를 올린다.)

Novéna Papæ. 교황 서거 9일 기도

novenárĭus, -a, -um, adj. (novem) 아홉의, 9의

novéndĕcim, indecl., card., num. (novem+decem)
　열아홉, 19.

novendiális, -e, adj. (novem+dies)
　9일 간의, 9일 동안 계속되는, 아홉 째 날의.

novéni, -æ, -a, num., distrib. (novem) 아홉씩의

novénnis, -e, adj. (novem+annus) 아홉 살의, 9세의

novénnĭum, -i, n. (novem+annus) 구 년간(9년 간)

Novénsĭdes(=Novénsĭles) dii, -īum deum(=deórum)
　m., pl. 외래의 신(神).

novérca, -æ, f. (novus) 계모(아버지의 후처), 의붓어머니.
　(軍) 병영에 불리한 지형(장소).
　induco alci novércam.
　죽은 아내의 자식이 있는 남자가 새 장가를 들다.

novercális, -e, adj. (novérca)
　계모(繼母)의, 악독(惡毒)한, 원수(怨讐)처럼 구는.

novércor, -ári, dep., intr. (novérca)
　계모 노릇하다; 악독하게 굴다.

noverim me. 나를 아는 것(아래 nōvi 표 참조)

noverim te. 당신을 알기(아래 nōvi 표 참조)

noverim me, noverim te. 나를 알고 당신을 알게 하소서

Noverim Te, Domine, noverim me.(nōvi 참조)
　주님, 당신을 알고자 하나이다. 나를 알고자 하나이다.

nōvi, "nōsco"의 단순과거(pf.=perfectum)

nōvi, novísse(nosse), def., tr. (원래는 nōsco의 pf., inf., prœt. 이지만 흔히 따로 분리해서 다룸)
　(과거에 얻은 지식으로) **알고 있다**, 잘 다다.
　Non nosti(=novísti) nomen meum? 너 내 이름 모르니?

직설법 단순과거(뜻은 현재)		접속법 단순과거 (뜻은 현재)
sg.	pl.	sg.
1	novi	nóvimus	nóverim(norim)
2	novísti(nosti)	novístis(nostis)	nóveris(noris) ect.
3	novit	novérunt(norunt)	

직설법 과거완료(뜻은 미완료)		접속법 과거완료 (뜻은 미완료)
sg.	pl.	sg.
1	nóveram(noram)		novíssem(nossem)
2	nóveras(noras) ect		novísse(nosses) etc.

- 부정법 단순과거 novísse(nosse)

(허창덕 지음, 중급 라틴어, pp.114~115)

qui novit veritatem, novit eam,
et qui novit eam novit æternitatem,
charitas novit eam(Confessiones 7. 10. 16)
　무릇 진리를 아는 이 그 빛을 알고
　그 빛을 아는 이는 영원을 아느니,
　결국 사랑이 진리를 아는 법이로소이다(성 염 옮김)/

Quæ sunt hominis, nemo novit nisi spiritus hominis,
qui in ipso est.(1고린 2. 11 참조) 그 사람 속에 있는 영이
아니고서는 누구라도 그 사람의 생각을 알지 못한다.
(그의 안에 있는 사람의 영이 아니라면 누구도 그 사람의 것들을 알지 못한다.)

Quis enim hominis scit quæ sunt hominis, nisi spiritus
hominis, qui in ipso est. 그의 안에 있는 사람의 영이
아니고서는 사람들을 중에 누가 그 사람에게 속한 것들을
알겠는가(불가타 역).

Novi, novi hominem. 난 알아, 내가 사람을 안다니!

Novi omnem rem. 나는 모든 사정을 다 알고 있다

novici… V. noviti…

nóvĭe(n)s adv. 아홉 번

nóvĭe(n)s décies. 열아홉 번

novior, -or, -us, adj. nŏvus, -a, -um의 비교급

Novis hæc fruenda reliquit.
　그는 우리에게 이것들을 누리도록 남겨놓았다.

Novis initiis opus est. 점을 다시 쳐야한다.

Novis spectat defender patriam et custodire nostros.
　조국을 지키고 우리 혈육을(nostros) 보호하는 일은 우리 소관이다.

novíssima, -órum, n., pl. (novus) 최후의 사정(→四末),
　세상 종말(→四末), 종말의 운명, 종말실재(終末實在),
　(죽음, 심판, 천국, 지옥의) 네 가지 종말,
　사말(四末.獨 four last things→종말 실재).

novissima coena.(獨 Last Supper.獨 Abendmahl)
　최후의 만찬.

Novissima autem inimica destruetur mors.
　마지막으로 없어질 원수(怨讐)는 죽음입니다.

Novissima hora diuturna est, tamen novissima est.
　마지막 때는 오랫동안 지속되지만, 마지막 때이다.
　(요한 첫 서간 2. 18절의 "자녀 여러분, 지금이 마지막 때입니다"를
　아우구스티노가 주석한 문장).

novissima Quattuor
　사말(四末.獨 four last things→종말 실재(인간이 피할 수
　없는 마지막 네 가지 문제로 죽음, 심판, 천당, 지옥을 뜻하는 용어).

novissima tempora. 마지막 시기(時期), 말세(末世)

Novissima verba. 죽으면서 남기는 마지막 말.
　(예수의 마지막 말은 '가상칠언'이라 한다.)

novissimális, -e, adj. 종말(終末)의, 제일 마지막의

novíssĭmus, -a, -um, adj. novus, -a, -um의 최상급.
　[novus, -a, -um 새로운 - 비교급이 없고 최상급만 있다.]
　최신의, 가장 새로운, 최후의, 최종의,
　맨 나중의, 맨 마지막의, 제일 뒤에 처진.
　agmen novissimum. 후미부대/

De his, qui novissimo judicio propter intercessionem
sanctorum neminem hominum putant esse
dammandum. 최후심판에서 성도의 탄원 때문에 아무도
단죄 받지 않으리라고 생각하는 사람들(신국론, p.2824)/

De separatione bonorum et malorum, per quam novissimi
judicii discretio declaratur. 선인들과 악인들의 분리로
최후심판의 차이가 밝혀진다(신국론, p.2822)/

De tempore novissimæ persecutionis nulli hominum
revelato. 최후 박해의 시기는 어떤 인간에게도 계시된
바 없다.(신국론, p.2814)/

In psalmis Davidicis, quæ de fine sæculi hujus et
novissimo Dei judicio prophetentur. 다윗의 시편에는 세상
종말과 최후심판에 관해 무슨 예언이 있는가(신국론, p.2822)/

Novissimi Iudicii imago in primis terrifica non est imago, sed spei imago.(⑨ The image of the Last Judgement is not primarily an image of terror, but an image of hope) 최후의 심판은 근본적으로 두려운 장면이 아니라 희망의 장면입니다(2007.11.30. "Spe Salvi" 중에서)/

Quæ ventura sint in iudicio novissimo. 최후 심판에서 닥칠 일들(신국론. 제20권)/

Quid apostolus Petrus de novissimo Dei iudicio prædicarit. 사도 베드로는 하느님의 최후 심판에 대해 뭐라고 예고했는가.(신국론. p.2820)/

Quod erit novissimum supplicium. 종말의 징벌(신국론 제21권)/

Sic erunt novissimi primi, et primi novissimi. 이렇게 꼴찌가 첫째 되고, 첫째가 꼴찌 될 것이다.

Novissimus finis œcumenici motus est visibilis redintegratio plenæ unitatis omnium baptizatorum. (⑨ The ultimate goal of the ecumenical movement is to re-establish full visible unity among all the baptized) 일치운동의 궁극 목적은 세례 받은 모든 이들의 완전한 가시적 일치의 재건입니다(1995.5.25. "Ut Unum Sint" 중에서).

Novit credens fidelis vitam suam in manibus Dei esse. 믿는 이들은 자신의 생명이 하느님의 손에 달려 있음을 압니다.

Novit profecto, 새로운 봉사직의 설정(1977.10.27. 회람)

novit quiescens agẽre et agens. 안돈하며 행동하고 행동하면서 안돈 할 줄 안다.

novitas, -átis, f. (novus) 새로움(⑨ Newness), 신식, 여느 것이 아님, 예사롭지 않음, 진기(珍奇-썩 드물고 기이함), 신기함, 뜻밖의 일, 돌연한 일, 새 것, (명문 출신도 아닌) 신출내기의 입신양명(立身揚名). in novitatem a vetustate. 옛 것에서 새 것으로/ omnia resonant nouitatem. 모든 게 새로움을 띤다/ Vetus tatem novitas, umbræ fugat veritas, noctem lux eliminat. 낡은 것이 새로운 것에게 자리를 물려주고, 진리가 어둠을 내몰며, 빛이 밤을 흩어버리도다(성체성혈대축일 부속가).

novitas anni. 봄(ver, veris, n.), 새 계절

novitas christiana. 그리스도교적 새로움

novitas originális. 본원적 새로움

novitátum catalogus. 신상품 목록(新商品目錄)

novítĭa, -æ, f. (novítius) 신출내기 여종 노예, 여자 수련자, 수련 수녀. Magister Novitiorum. 수련장.

novitiátus, -us, m. (novítius) 수련자 신분, (수도생활 지망자의) 수련기(修練期. ⑨ novitĭate).

novítĭus, -a, -um, adj. (novus) 새로운; 풋, 햇; 풋내기의, 신출내기의, (노예 따위가) 새로 들어온, 신참의. m. 신참 노예, 수련 수도자, (수도회의) 수련자.

novo, -ávi, -átum, -áre, tr. (novus) 새롭게 하다, 새로 만들다, 다시 만들다, 재발시키다, (상처를) 더치다, 휴한지(休閑地)를 다시 경작하다, 발명하다, 창작하다, 새로운 것을 만들어 내다, 새것으로 바꾸다, 개비하다, 변경하다, 갱신(경신)하다, 혁신하다, 개혁하다. ager novátus. 묵혔다가 다시 경작하는 밭.

Novo incipiente. 성 목요일에 전교회 사제들에게(1979.4.8. 교서).

Novo millennio ineunte. 새 천년기. (2000년 대희년 폐막에 즈음하여 주교들과 성직자들. 그리고 평신도들에게 보내는 교황 요한 바오로 2세 성하의 교서 2001.1.6. 교서)

novo modo. 새로운 양태로

novum, -i, n. 새로운 것, 뉴스 → Rerum novarum

novum caput nullitátis matrimonii. 혼인 무효의 새로운 명목.

Novum Eboracum. 뉴욕(New York)

Novum in Vetere latet, Vetus in Novo patet. 신약은 구약에 숨어 있고, 구약은 신약에서 밝혀진다.

novum judicĭum. 복심(覆審)

Novum Organum scientiárum. 학문의 신기관론(Bacon지음. 1620년).

Novum Rubricarum. 노봄 노브리까룸. (전례 개혁을 공포한 예부 성성령. 1960.7.26.-전례사의 중대한 변혁).

Novum Testamen - tum in Vetere latet, Vetus in

Novo patet. 신약성경은 구약성경 안에 숨어 있고, 구약성경은 신약성경 안에서 명확히 드러난다.

Novum Testamentum.(⑨ New Testament) 신약성서(Καινή Διαθήκη-떼르뚤리아누스 때부터 학문용어로 쓰기 시작).

novum ultimum. 궁극적 새로움

nŏvus, -a, -um, adj. 새로운, 새, 신(新), 최근의, 새로 만든(된.나타난), 갱신(경신)된, 여느 것이 아닌, 신기한, 진기한, 일찍이 보지(듣지) 못한, 서투른, 익숙하지 못한, 생소한, 잘 알지 못한, (무엇에) 어두운, superl. V. novíssimus. Ad "Novas Res" hodie versus.(⑨ Towards The "New Things" of Today) 오늘날의 "새로운 것들"을 향하여/ ætas novissima. 최근시기(ætas antiqua. 고대시기/ ætas media. 중세시기/ætas moderna. 현대시기)/ De laude novæ militiæ. 새 군대를 칭송함(1128년)/ Ecclesiæ sanctæ nova inchoatio. 거룩한 교회의 새로운 시작/ Historia novæ ætatis. 역사의 새 시대/ Induite novum hominem. 새 인간을 입어라(루카 24. 29)/ Mandatum novum do vobis. 내 너희에게 새 계명을 주노라(세족례 당일 교송)/ Nil novi sub sole. 태양 아래 새로운 것은 없다/ Nihil sub sole novum. 태양 아래 새로운 것이 없다/ nova creatura. 새로운 피조물/ nova evangelizátĭo.(⑨ new evangelizátĭon) 새 복음화/ Nova Impender, 경제 위기, 실업, 군비 증강(1931.10.2.)/ nova militĭa. 새로운 군대/ nova nativitate. 새로운 탄생/ nova nomina profero. 새 이름들을 만들어 내다 / Nova Roma. 새로운 로마/ Nova vita in Spiritu(⑨ New life in the Spirit). 성령 안에서 새 삶/ novæ quæ prodeunt comœdiæ. 새로 나오는 희극들/ novæ res. 최근에 일어난 일/ novum. 새로운 것/ rebus novis nova nomina. 새 것들에는 새 이름들을 붙여 주다/ Sanctitatis nova signa.(토마스 첼라노 지음) 성성(聖性)의 새로운 표징.

일반적으로 비교급을 이루지 않는 형용사	
divérsus, -a, -um (서로 다른)	- diversíssimus, -a, -um
falsus, -a, -um (거짓)	- falsíssimus, -a, -um
novus, -a, -um (새로운)	- novíssimus, -a, -um
sacer, -cra, -crum (신성한)	- sacérrimus, -a, -um
비교급이 필요한 경우에는 비슷한 뜻의 다른 형용사로부터 빌려다 쓰거나, magis와 함께 원급으로 쓰거나 하면 된다. 예컨대 novus의 비교급으로 recens(새로운)의 비교급 recéntĭor, -ĭus를 대용한다.	

Novus Annus(⑨ New Year' Day) 신년, 새해

novus habitus mentis. 새롭게 사고하는 태도.

novus homo. [귀족계급(nobilitas)에 처음 도달하여 원로원 의원 (senatores minores)이나 집정관에 오른 인물](그 후손은 그 이상의 관직에 오를 수 있었다. 교부문헌 총서 15, 신국론, p.284). (명문출신도 아니면서) 입신양명한(출세한) 신출내기.

novus modus. 새로운 양태

novus modus inhabitandi. 삶의 새로운 양태

Novus Ordo Missæ. 새 미사

novus ordo seclorum. 시대의 새 질서

Novus per pectora cunctis insinuat pavor. 새로운 공포가 모든 사람들의 가슴속에 스며들어 퍼졌다.

novus status. 새로운 상태(novo ordine)

nox, noctis, f. 밤(ㄲㄲㄲ.νὸξ), 야간, 밤의 휴식(休息), 잠, 꿈, 방사(房事), 영면(永眠), 암흑(暗黑), 어두움, 암야(暗夜), 폭풍(暴風), 맹목(盲目), 눈 어두움, 지하세계, 모호함, 암담한 상태, 혼란(상태) 무지, 몽매. Nox, noctis, f. 밤의 여신. benigna nox. 즐거운 밤 / de media nocte. 한밤중에/ die et (ac) nocte. 밤낮으로/ die ac nocte, die noctúque. 밤낮으로.

N

(nox의 단수 탈격은 nocte 외에 noctu도 있다)/
diérum ac nóctium magnitúdines. 낮과 밤의 길이/
Et nox illuminátĭo mea in deliciis meis.
  나의 기쁨이 겨울 밤도 내게는 광명이로소이다/
finio spátĭa témpóris número nóctĭum.
  밤의 수효로 시간의 간격을 규정하다/
illius tristissima noctis imago.
  그렇게도 슬펐던 그 밤의 기억/
illuc noctis. 밤에/
immisceo se nocti. 어둠 속으로 사라지다/
Imperator die noctuque cogtabat de liberanda patria.
  원수는 밤낮으로 구국에 대해서 생각하고 있었다/
in multam noctem. 밤이 깊도록, 밤이 이슥하도록,
  한밤중까지/
in serum noctis. 밤늦게까지/
médĭā nocte. 한밤중에/
Ni nox prǽlio intervenísset.(intervénĭo 참조)
  전투에 밤이 겹치지 않았던들/
noctes et dies(dies noctésque) 밤낮으로 여러 날 동안/
plerumque noctis. 거의 밤새도록/
Ponto nox incubat.(incubo 참조) 밤이 바다 위에 깔렸다/
Plurimi de nocte majora castra fugerunt.
  대다수는 밤중에 더 큰 성채로 달아났다/
seræ nocti decede. 밤이 늦기 전에 돌아가다/
Síngulis nóctibus. 밤마다/
sub noctem. 밤중에, 거의 밤중이 되려 할 때에/
super média nocte. 한밤중에/
Tota nocte iérunt. 그들은 밤새도록 행진하였다/
Vetus tatem novitas, umbræ fugat veritas, noctem lux
eliminat. 낡은 것이 새로운 것에게 자리를 물려주고, 진리가
  어둠을 내몰며, 빛이 밤을 흩어버리도다(성체 성혈 대축일 부속가).
nox acta, quanta fuit. 지나간 온 밤(quantus 참조)
nox intempesta. 한밤중에/conticinĭum(=conticǔum) -i, n.
Nox jam suberat. 밤이 곧 닥쳐왔었다
Nox Magna. 부활 전 전야, 부활 대야(大夜), 부활 성야
nox perpes. 꼬박 하룻밤
Nox ræcessit, dies autem adpropiávit.(로마 13. 12)
  (nu.x prœ,koyen(h` de. h`me,ra h;ggiken)
  (the night is advanced, the day is at hand)
  밤이 물러가고 낮이 가까이 왔습니다(성경 로마 13. 12)/
  밤이 거의 새어 낮이 가까웠습니다(공동번역)/
  밤은 물러가고 낮이 가까이 다가왔습니다(200주년 신약성서).
Nox Sancti Bartholomæi. 성 바르톨로메오 축일 밤의 학살
noxa, -æ, f. (nóceo) 해(害), 화(禍), 손해(損害), 손실(損失),
  잘못, 과실(過失-잘못이나 허물), 범죄(犯罪.⑨ a crime),
  벌(罰⑨ Punishment), 형벌(刑罰.⑨ Punishment),
  벌금(罰金), 종, 노예, 손해 끼치는 짐승.
Noxa caput sequitur. 가해 책임은 가해물에 따른다.
noxális, -e, adj. (noxa) 손해에 관한, 손해 배상의.
  n. 손해배상에 대한 재판.
noxális actio. 손해 끼친 종이나 짐승의 주인에 대한 소송
nóxĭa, -æ, f. (nóxius) 손해(損害), 해(害), 손실(損失),
  잘못, 범죄, 과실(過失-잘못이나 허물), 벌(⑨ Punishment).
  Noxiæ pœna par esto. 벌은 죄에 상응해야한다/
  noxiam sarcire. 손해를 보상하다.
noxiális, -e, adj. (nóxia) 손해가 되는, 유해한, 해로운
noxiósus, -a, -um, adj. (nóxia)
  해로운, 해(害)가 되는, 잘못이 있는, 죄 있는.
noxiósus, -a, -um, adj. 유해(有害)한
nóxĭus, -a, -um, adj. (noxa) 해로운, 유해(有害)한,
  손해 끼치는, 잘못 있는, 죄 있는, 죄인의, 벌 받을.
  nec obœdiéntem et nóxium civem.
  복종은 하지 않고 해독만 끼치는 시민을.
N.T. (略) Novum Testaméntum, 신약, 신약성경
nubécǔla, -æ, f. dim. (nubes) 한 조각의 구름,
  암영(暗影), 음울한 표정, 걱정스러운 얼굴.
  ((醫)) (오줌 속의) 각막편운(角膜片雲).
nubes, -is, f. [복수 주격 nubes, 속격 nubium,

여격 nubibus, 대격 nubes, 탈격 nubibus]
  구름, 가리는 것, 그늘, 비치는 옷,
  몽롱(⑨ dim, 朦朧-어른어른하여 희미하다), 어두운 표정,
  걱정스러운 얼굴, 근심, 걱정, 재난(災難), 어두움,
  은밀(隱密), 암운(暗雲), 구름처럼 몰려드는 떼,
  무리, 운집(雲集), 뜬구름, 공허(空虛-아무것도 없이 텅 빈).
  Cumque ascendisset Moyses in montem, operuit nubes
  montem. 모세가 산에 오르자 구름이 산을 덮었다(탈출 24. 15)/
  Júpiter incrépuit nubes. (increpo 참조)
  Júpiter 신이 구름을 쳐서 천둥소리를 냈다/
  nube amictus. 구름에 싸인.
Nubes pluant justum. 구름은 의인을 비처럼 내리리라
núbĭfer, -ĕra -ĕrum, adj. (nubes+fero) 구름 낀
  구름을 (머리에) 인; 드높이 솟은, 구름을 몰아오는.
nubífŭgus, -a, -um, adj. (nubes+fugo) 구름을 쫓는
nubígĕna, -æ, m., f. (nubes+gigno) 구름에서 난 것;
  안개; 강. pl. =centáuri(l), =Phrixus.
nubiláre, -is,(=nubilárĭum -i,) n. (núbilum)
  추수한 곡식(穀食)을 쌓아두는 헛간.
nūbĭlárĭum, -ĭi, (=nūbĭlār, -āris, n.) 주랑현관
núbĭlis, -e, adj. (nubo) 결혼 적령의(여자),
  시집갈 나이의, 묘령(妙齡.스무 살 안팎의 여자 나이)의.
núbĭlo, -áre, (núbilum) tr. 어둡게(캄캄하게)하다.
  intr. 구름이 끼다, 구름에 싸여 있다, (하늘이) 흐리다.
nubilósus, -a, -um, adj. (núbilus)
  구름 많은, 구름 낀, 흐린, 어두운.
nubilósus, -a, -um, adj. 어두운
núbĭlum, -i, n. (núbilus) 구름 낀(흐린) 날씨; 짙은 구름.
  pl. 구름, 먹구름, 운무(雲霧.⑨ cloud and mist).
  móntibus assimuláta núbila. 산처럼 생긴 구름.
núbĭlus, -a, -um, adj. (nubes) 구름 진, 흐린,
  구름을 몰고 오는, 어두운, 침침한, 혼란한, 산란한,
  침울한, 우울한, 불행에 싸인, 불운한, 무뚝뚝한, 불친절한.
  nubila tempora. 불행한 시대/
  Venti verrunt nubila cæli.
  바람이 하늘의 구름을 휩쓸어간다.
nûbo, nūpsi, nuptum, -ĕre, intr., tr. 가리다(כסא, כסה),
  덮다(כסא, כסה, אפה, חפה), 싸다, 시집가다.
  결혼하다, (드물게 남자에 대해서) 장가들다.
nupta. 시집간 여자.
  Miserior mulier me nec fiet nec fuit, tali viro quæ
  nupserim. 저따위 사내한테 시집 왔으니 나보다 더
  불쌍한 여자는 전에도 없었고, 앞으로도 없을 게야.
nubo in famíliam clarissímam. 훌륭한 가문에 시집가다
nucélla, -æ, f. dim. (nux) (植) 작은 호도
nucéllus, -i, m. (植) 배주심(胚珠心)
  (종자식물에서. 밑씨의 한 부분. 껍질의 안에 있으며 배낭을 싸고 있다).
nucétum, -i, n. (nux) 호도 밭
núcĕus, -a, -um, adj. (nux) 호두나무의, 호두나무로 만든
nucha, -æ, f. (解.動) 목덜미
nucifrangíbŭlum, -i, n. (nux+frango)
  (호도를 까는 도구라는 뜻의) 이빨.
núcĭnus, -a, -um, adj. (nux) 호두나무로 만든
nucléŏlus, -i, m. (生)
  (세포핵 내에 있는) 작은 核, 핵인(核仁), 핵소체.
núclĕus, -i, m. dim. (nux) 호도 알맹이,
  (복숭아 따위 과일의) 씨, 核果(핵과),
  심(心), 핵심, 중심부(中心部). (解) 신경핵(神經核).
  pronucleus, -i, m. 정자의 핵(核)/
  substantĭa nigra. 흑색 핵(核).
nucleus crassus sex digitos. 여섯 손가락만큼 굵은 알맹이
nucleus terminis. 종지핵(終止核)
núcŭla, -æ, f. (植) 작은 호도
nudátĭo, -ónis, f. (nudo) 옷 벗김, 옷 벗음
nudátus, -a, -um, p.p., a.p. (nudo)
  빼앗긴, 없어진, 헐벗은.
nudipedálĭa, -ĭum, n., pl. 발 벗고 다님
núdĭpes, -ĕdis, m., f. 맨발(mero pede. 맨발로).

nuda pedes(=pedibus) 발 벗은 여자.

nudísmus, -i, m. (nudus) 나체주의, 나체문화

núdĭtas, -átis, f. (nudus) 벌거숭이(임), 알몸,
나체(裸體), 적나라(赤裸裸), 노출(露出), 빈궁, 빈곤.
De nuditate primorum hominum, quam post peccatum
turpem pudendamque viderunt. 원조의 벌거벗음은 범죄
후에야 추하고 부끄러운 것으로 드러났다.

núdĭus, adv. (nunc+dies)
(순서수사의 n.이 뒤따르며 가끔 복합명사를 이룸)
(오늘이 그 날부터) ···번째 날(이다).

nudius quartus. 그 그저께

nudius tertius. 그저께(superior nox. 그저께 밤)

nudiustertiánus, -a, -um, adj. 그저께의

nudiustértĭus, -a, -um, adj. 그저께의, m. 그저께

nūdo, -ávi, -átum, -áre, tr. (nudus)
(옷 따위를) 벗기다(רֻרֻ, רֻרֻ), 벌거숭이로 만들다,
드러나게 하다, 노출시키다, 무방비 상태로 만들다,
약탈(掠奪)하다, 털다, 빼앗다, 비밀(秘密)을 밝히다,
폭로(暴露).⑨ exposure, disclosure)하다, 털어놓다.

Nudo detrahĕre vestimenta.
벗은 사람에게서 옷을 벗기다(격언: 불가능한 일을 한다).

nudo pressa uva pede. 맨발로 밟아 짠 포도ული

nūdus, -a, -um, adj. (옷 따위를) 벗은, 벌거숭이의,
노출된, 겉옷(만) 벗은, 무장하지 않은, 장비(방비) 없는,
빈, (평소에 가졌던 것을) 치워버린, 헐벗은, 빼긴,
결여된, (무엇이) 없는, 빈궁(貧窮)한, 가난한, 홀로의,
단지 ···만인(뿐인), 간단한, 꾸밈없는, 단순한, 소박한.
certámen nudum. 맨주먹 전투/
Erant autem uterque nudi, Adam scilicet et uxor
eius, et non erubescebant. (kai, h=san oi` du,o gumnoi, o[te
Adam kai. h` gunh. auvtou/ kai. ouvk hv|scu,nonto) (獨 Und sie
waren beide nackt, der Mensch und sein Weib, und
schämten sich nicht) (⑨ The man and his wife were
both naked, yet they felt no shame) 사람과 그 아내는 둘
다 알몸이면서도 부끄러워하지 않았다(성경)/아담 내외는
알몸이면서도 서로 부끄러운 줄을 몰랐다(공동번역 창세 2, 25)/
nuda commemoratio. 공허한 기념/
nuda doctrina. 깡마른 결론/
nuda essentia animæ. 영혼의 벌거벗은 본질/
nuda essentia dei. 신의 벌거벗은 본질/
nuda pactio obligationem non parit.
단순한 약정은 채무관계를 발생시키지 않는다/
nuda pedes(=pedibus) 발 벗은 여자.
(시문이나 문학적인 산문에는 그리스 말을 본 떠서 제한 탈격 대신에 대격을
쓴 것도 있다. 그리스 대격은 제한 탈격 대신에 뿐만 아니라 약간의 타동사의
수동형, 과거분사, 또는 재귀대명사 있는 제2객어로서의 탈격 대신에도
쓰는 수가 있다. 허창덕 신부 지음, 문장론, p.134)/
nuda subséllia. 비어 있는 의자/
nuda vada. 물이 마른 여울/
nudi cum nudo luctari debemus.
우리는 벌거벗은 몸으로 벌거벗은 분을 따라야 합니다/
Nudum vestire. 헐벗은 사람을 입혀 주라/
urbs nuda præsídio. 무방비 도시.

nudus ensis. 칼집에서 뽑은 칼

nudus homo. 단순한 인간

Nudus nudum sequi.
벌거벗은 자는 벌거벗겨진 분을 따른다.

nugácĭtas, -átis, f. (nugax) 쓸모없음, 시시함,
무가치, 하찮음, 수다(쓸데없이 말이 많음), 희롱(戱弄).

nūgæ, -árum, f., pl. 하찮은 것(일), 시시한 것(일),
객쩍은(시시한) 소리, 객설(客說-客談), 만가(輓歌-挽歌),
조사(弔辭, elogia funebria), 노리개, 장난감, 거짓말,
감언이설, 시시한(농지거리하는) 사람, 경솔한 사람.

Nugas! 바보 같으니라고!(감탄문에서 대격으로 사용되는 용례가 자주 있다)

nugátor, -óris, m. (nugor) 시시한 소리(농지거리)하는 사람,
익살꾼, 사기꾼, 협잡꾼, 방탕자(放蕩者).

nugatórĭus, -a, -um, adj. (nugátor) 허튼, 쓸데없는,
시시한, 경솔한, 농지거리하는, 사기의, 협잡의.

nugax, -ácis, adj. (nugor) 시시한, 하찮은, 보잘 것 없는,

성실치 못한, 경솔한, 경망한, 장난기 있는.

nugivéndus, -i, m. (nugæ+vendo)
(노리개 따위) 부인 장식용품 상인(商人).

nūgor, -átus sum -ári, dep., intr. (nugæ) 허튼 소리하다,
시시덕거리다, 농담(弄談)하다, 속이다, 사기하다.

nullátĕnus, adv. 절대로(결코) 아니, 무슨 수로도 아니

nulli non(=omnes). 모든 것, 모든 이가 다.
(드물게 non이 다른 부정사 뒤에 오면 긍정의 뜻이 강해진다).

núllĭbi, adv. 아무데도 아니

nullificátĭo, -ónis, f. (nullífico) 무시(無視), 무효(無效),
파기(破棄-깨뜨리거나 찢어서 없애 버림).

nullífico, -áre, tr. (nullus+fácio) 무로 돌리다,
무효로 하다, 파기하다, 무시하다(sub pedibus ponĕre).

nullípăra, -æ, f. (nullus+pário²) (醫) 미산부(未産婦)

núllĭtas, -átis, f. (nullus) 무가치, (법률상의) 무효,
무(獨 das Nichts.⑨ Nothing).

nullitas insanábĭlis. 보정될 수 없는 무효

nullitas sanábĭlis. 보정될 수 있는 무효

Nullius. (=exemptus, -i, m. 참조) 면속권.
(한 수도원이나 고위 성직자구가 교구의 관할을 받지 않고 자립 관할권을
가지는 것을 말한다. 백민관 신부 엮음, 백과사전 2, p.898).

nullo certo órdine. 전혀 무질서하게

nullo(cum) fine. 끝없이(dempto fine/sine fine)

**nullo initio, nullo termino, nullo spatio latitudinis;
quia est quod est, quia ipse est qui est.**
시작도 없고 마침도 없으시며, 시공도 없으십니다.
그 분은 '있음'이시고, 나아가 '있는 분'이시기 때문입니다.

nullo módo. 절대로 아니(haudquaquam)

nullo pacto. 절대로 아니(minime gentĭum)

Nullo prorsus modo Ecclesiæ renuntiare licet
consecratæ vitæ.(1996.3.25. "Vita Consecrata" 중에서)
교회는 결코 봉헌생활을 포기할 수 없습니다.

nullomodo, adv. 결코 아니, 절대로 아니

núllus, -a, -um, adj. (ne²+ullus) (gen. nullíus; dat. nulli)
아무 ···도 아니, 하나도 아니(없는), (법률상으로) 무효인,
헛된, 영(零)의, 없어진, 다 틀려 버린, 아닌(=non).
Extra Christum nulla revelátĭo.
그리스도 밖에는 계시(啓示)가 없다/
Extra ecclesiam nulla salus.(Cyprianus 200~258년).
(⑨ Outside the Church no salvátĭon)
교회 밖에서는 구원이 없다/
Extra ecclesiam nullus omnino salvatur.
교회 밖에서는 어떠한 사람도 구원받지 못 한다/
Fers te nullius egentem(fero 참조)
너는 아무 것도 부족한 것이 없노라고 떠들어대고 있다/
Fides si non intelligitur nulla est.
설명할 수 없는 신앙은 아무 것도 아닌 것이다/
homo frugi nulla. 아무 데도 쓸모없는 사람(인간)/
homo nullius momenti.
아무 권위도 없는 사람, 중요하지 않은 사람/
Homo si fulmine occisus est, ei justa nulla fieri
oportet. 벼락을 맞아 죽는 자는 장례를 치러주지 말라/
Ignoti nulla cupido.
모르는 자에게는 어떤 관심도 있을 수 없다/
imperator nullis juris inclusus angústiis.
법의 아무런 제한도 받지 않는 황제/
Impossibilium nulla obligátĭo est
불가능에 대하여는 아무 의무도 없다/
Incéptum nullum frustra erat.
시작한 일은 하나도 헛되지 않았다/
Lex contra natúram nulla est.(법률 용어로 "무효한"의 뜻도 있다)
자연을 거스르는 법률은 무효이다/
non nullus. 어떤 사람/
Nulla causa fuit quin abirem.
내가 떠나가지 않을 아무런 이유도 없었다/
Nulla causa justa esse potest contra patriam arma
capiendi. 조국에 대항해서 무기를 드는 명분은
그 어떤 것도 정당하지 못하다/
Nulla dies sine linea. 줄 없이 어떤 날도 없다/

하루에 한 줄이라도 읽지 (쓰지, 그리지) 않는 날이 없어야/
Nulla erat consŭlaris actio.
집정관의 아무런 조처(措處)도 없었다/
Nulla est ardentior ad commendandam caritatem.
사랑을 권고하는 것보다 더 뜨거운 것은 없습니다/
Nulla est major tribulatio quam conscientia delictorum.
죄인들의 양심보다 더 큰 고뇌(苦惱)는 없다/
Nulla est tanta vis, quæ non ferro frangi possit.
쇠로 무찌를 수 없을 만큼 센 힘은 없다/
Nulla flendi est major causa, quam flere non posse.
울 수 없는 것보다 울어야 할 큰 이유가 또 없다(Seneca)/
Nulla injuria est, quæ in volentem fiat. 그것을 원하는 자에게 행하여진 것은 결코 권리 침해가 아니다/
nullā interpositā dubitatióne. 조금도 서슴지 않고/
Nulla lex hoc prohibet.(이것을 금하는 법은 전혀 없다)
어떤 법률도 이것을 금(禁)하지 않는다/
Nulla me tellus silet. 어디서나 내 이야기들을 하고 있다/
Nulla mihi res posthac potest jam interveníre.
앞으로는 아무것도 나에게 간섭할 수 없다(jam 참조)/
Nulla navis plus quam tríginta remis ágitur.
어떠한 배도 서른 개 이상의 노로써 저어지는 것은 없다.
(수사나 명사 자체가 탈격인 경우에는 비교 탈격과 혼동을 피하기 위해 quam을 쓰는 것을 원칙으로 한다)/
Nulla pestis est, quæ non hómini ab hómine nascátur.
사람한테서 나오는 불행 쳐놓고
사람을 불행하게 하지 않는 것이 없다/
Nulla pœna sine lege. 법률이 없으면 형벌도 없다/
nullā ratióne. 결코 아니, 어떤 모양으로도 아니(못)/
Nulla salus bello : pacem te poscimus omnes. 전쟁에는 구원이 없다. 우리 모두가 그대에게 평화를 청하는 바이다/
Nulla rosa sine spinis. 가시 없는 장미는 없다/
Nulla umquam res publica bonis exemplis major fuit quam Romana. 과거 어느 공화국도 로마 공화국보다 훌륭한 표양(表樣)으로 뛰어난 바 없었다/
nulla vero facit homo, quæ non facit Deus ut faciat homo. 사람이 하는 일치고 하느님이 사람에게 하도록 하시지 않은 일은 하나도 없다/
nulla vi rationis et auctoritatis obstante.
이성과 권위의 힘이 배치되지 않는다/
Nullam esse auctoritatem, quæ Christianis in qualibet causa jus voluntariæ necis tribuat. 어떤 이유로도 그리스도인들에게 자결할 권리가 주어져 있지는 않다.
(교부문헌 총서 17, 신국론, p.2744)/
Nullas iis, præterquam ad te, dedi litteras.
나는 너한테 보내는 편지 말고는
그들에게 아무 편지도 부탁한 일이 없다/
Nulli calicem tuum propinas.
너는 네 술잔을 아무에게도 돌리지 않고 있다/
Nulli civitati Germanorum persuaderi potuit ut Rhenum transiret. 그는 게르마니아의 어느 성읍도 라인 강을 건너도록 설득시키지 못하였다/
Nulli est homini perpetuum bonum.
그 어느 인간에게도 영구적인 선(행복)은 없는 법/
nulli non. (=omnes) 모든 이가 다/
nulli rei esse. 아무 쓸모도 없다/
nulli sacerdotum suos liceat canones ignoráre. 교회법 조문에 대한 무지는 어느 사제에게도 용인되지 않는다/
Nullius addictus jurare in verba magistri.
나로서는 어느 스승의 말씀을 빌려 맹세할 필요가 없다/
Nullius boni sine socio jucunda possessio est. 남과 더불어서가 아니면, 여하한 선을 얻더라도 유쾌하지 못하다/
nullius diœceseos. 면속 수도원구(abbatĭa nullius)/
nullius gloria permanet semper.
그 누구의 영광도 영속하지 못 한다/
nullius moménti. 조금도 중요하지 않은, 무가치한/
nullius probri compertus. 아무 죄과도 없음이 확인된/
nullos attingo cibos. 아무 음식도 입에 대지 않다/
Nullum a labore me reclinat ótĭum.
나는 일에서 벗어나 한가로이 쉴 틈이 조금도 없다/
Nullum crimen nullaque pœna sine lege.
형법 규정 없이는 범죄도 없고 처벌도 없다/
Nullum crimen sine lege. 법률 없으면 범죄도 없다/
Nullum crimen, nulla pœna, sine lege pœnali.
형법이 없으면 형벌도 없고 범죄도 없다/
Nullum magnum ingenium sine mixtura dementiæ.
미칠 정도가 아니고서는 큰 재능이란 없다/
Nullum odire. 아무도 미워하지 말라/
Nullum prœlĭum timúeris.
너는 어떠한 전투라도 두려워하지 마라/
Nullum tempus illi vacat a scribendo.
그에게는 글 쓰는 일에서 놓여나는 시간이 결코 없었다.
(=틈만 있으면 글을 쓰고 있었다)/
Nullum vitĭum erit, quod suum proprĭum cruciátum non habeat. 어느 악습이든지 다 각각 특별한 형벌이 있을 것이다.
(춘주성범 제1권 24장 4)/
Quo nullus est superior.(=신神). 자유의지론 2. 6. 14)
그보다 상위의 존재가 없는 존재/
Quod nullius est, est domini regis. 어느 누구에게도 속하지 아니하는 것은 군주에게 속한다/
unus nullus. 한 사람도 아니/
Vox unius vox nullius. 한 명의 증언은 증명력이 없다.

	m.	f.	n.
Nom.	nullus	nulla	nullum
Gen.	nullíus	nullíus	nullíus
Dat.	nulli	nulli	nulli
Acc.	nullum	nullam	nullum
Abl.	nullo	nullā	nullo

(성 염 지음, 고전 라틴어, p.456).

nullus beatus nisi iustus. 사람이 의롭지 않으면 아무도 행복하다고 할 수 없다.(교부문헌 총서 16, 신국론, p.1529).
nullus deus miscetur homini.
신은 인간과 상종하지 않는다.(교부문헌 총서 15, 신국론, p.49).
Nullus dubito. 나는 의심하지 않는다.
nullus enim respiciens ad malum operatur. 누구도 악을 염두에 두고서 작용하지 않는다(이상섭 옮김, 신학대전 14, p..99).
nullus enim rex aliud habuit nativitatis initium.
(ouvdei.j ga.r basile,wn e`te,ran e;scen gene,sewj avrch,n)
([獨] Denn auch kein König hatte jemals einen andern Anfang seines Lebens)
([영] For no king has any different origin or birth)
임금도 모두 인생을 똑같이 시작한다(성경 지혜서 7, 5)/
왕이라고 해서 유별나게 인생을 시작하지는 않는다(공동번역).
Nullus est tam tutus quæstus, quam quod habeas parcere. 당신이 갖고 있는 것을 절약하는 것만큼 안전한 이득은 없다.
nullus homo. 아무 사람도 아니.
Nullus homo tamen suo arbitratu decernere potest utrum vivere malit an mori. 그러나 그 누구도 살 것인지 죽을 것인지를 임의로 선택할 수는 없습니다.
Nullus malus nisi probetur.
증거 없이는 아무 것도 나쁘지 않다.
Nullus non. 모두
Nullus novit Deum esse nisi per revelationem.
인간은 아무도 계시에 의하지 않고는
신이 존재한다는 것을 알지 못한다.
Nullus sum. 나는 이제 다 틀렸다(망했다).
Nullus videtur dolo facere qui suo jure utitur.
어느 누구도 자기의 권리를 행사하는 자는
악의로써 한다고 간주되지 않는다.
nullúsdum, núllădum, nullúmdum, adj. 아직 아무…도 아니
nŭm, adv.(interr., dir.: 원칙적으로 부정적 대답을 전제(기대)하는 것이지만 때로는 긍정적 대답을 만나게도 됨)…**란 말이냐?, 그래 …냐?**, …는지, …느냐고,
[문장 첫머리에 놓는 의문사인데, 이 의문사로 시작하는 문장은 '아니다!'라는 대답을 전제로 한다. "…한단 말이냐?"는 번역이 가능하다].
Interrogátus a Tibério, num se mandánte eam senténtiam prompsísset, sponte dixísse respóndit.

그는 Tibérius로부터 자기가 부탁했기 때문에
그런 의견을 발표했느냐는 질문을 받고서,
자발적으로 말한 것이라고 대답했다.
Num barbarorum Romulus fuit rex?
그럼 로물루스가 야만인들의 임금이었단 말인가?
Num christiana spes ad singulos dumtaxat pertinet?
(영 Is Christian hope individualistic?)
그리스도교 희망은 개인주의적인가?
Num culpa nostra est?. 우리 잘못이라는 말인가?
Num custos fratris mei sum ego?(창세 4. 9)
(영 Am I my brother's keeper?)
내가 뭐 내 동생(아우)이나 지키는 사람입니까?
Num ego curo tuam? 내가 네 일을 걱정할까 보냐?
Num fecísti hoc? 너 이것을 했니?/ **Mínime.** 아니
Num ita revera sese res habent?
그러나 정말 그렇습니까?
Num mavultis id, quod volunt, credunt.
너희는 진실을 알기보다 차라리 속기를 더 바라지?.
Num negáre audes? 그래 네가 감히 부인한단 말이냐?
Num pro ancilla me habes?.
당신, 나를 하녀로 생각하시는 거예요.
Num putas, te esse optimum?
너는 네가 제일 잘난 줄로 생각하느냐?
Num quid potest cæcus cæcum ducére?(루카 6. 39)
(영 Can a blind person guide a blind person?)
눈먼 이가 눈먼 이를 인도할 수야 없지 않으냐?(성경)/
소경이 어떻게 소경의 길잡이가 될 수 있겠느냐?(공동)/
어떻게 소경이 소경을 인도할 수 있습니까? (200주년 신약).
Num te fufi? 내가 그래 너를 피했단 말이냐?
Num venit? 그가 왔단 말이냐?
Num vides? 너는 보이느냐?(너는 보인단 말이냐?)
numa… V. numma…
numélla, -æ, f. 노예나 짐승 목에 씌우는 칼
nūmen, -mĭnis, n. 머리 끄떡임, 의사표시, 명령, 신의 뜻,
하느님의 뜻(명령), 황제(권력자)의 뜻,
신성, 신의 능력, 수호신(守護神), 신령(神靈), 하느님,
누멘(신의 행위.영향력.신비스런 힘을 뜻하는 고대 라틴어).
non numina bona, sed nomina mala. 좋은 신령보다는
나쁜 채무자들(nomen은 특수한 의미로 '장부에 올려놓은
채무자 이름'을 가리킨다. 교부문헌 총서 15, 신국론, p.116)/
numen divinum. 신의 뜻
numen loci. 장소적 누멘(어떤 장소가 신비스런 힘을 가진 곳)
numerábĭlis, -e, adj. (número²)
셀 수 있는, 헤아릴 수 없는, 수(數)를 가진, 소수의.
numerália adverbia. 회수 부사(回數副詞)
numerália cardinália. 기수(기본수사)
numerália distributíva. 배분 수사(配分數詞)
['몇 개씩' 이라는 물음에 답하여 일정한 기수로 사물을 배분하는 집합수를 배분
수사라고 하는데 반드시 복수로 쓰인다. 배분 수사 어미변화는 제1형 형용사의
복수와 동일하지만 속격은 -um 형태가 흔히 쓰인다.]
numerália ordinália. 서수(序數-차례를 나타내는 수).
adverbia numerália. 숫자부사(횟수나 배수를 가리키는 수).
numerárĭus, -a, -um, adj. (númerus) 수에 관한,
m. 계산하는 사람, 계리사(計理士), 회계원(會計員).
numerátĭo, -ónis, f. (número¹) 셈, 계산(計算), 지불
numerátor, -óris, m. (número¹) 세어보는(헤아리는) 사람
numerátum, -i, n. (número¹) 현금, 현찰(現札-현금).
in numeráto habére. (언제든지 할) 준비가 되어 있다.
numeratus, -a, -um, p.p., a.p. (número¹) 현금으로 지불된
Numeri = Liber Numeri 민수기(영 Book of Numbers)
numeri allegoria. 숫자의 은유
numérĭus, -a, -um, adj. (númerus) 수(數)의
número¹ -ávi, -átum, -áre, tr. (númerus) 헤아리다,
(수를) 세다(תnה.רנה), 현금으로 치르다, 계산하다,
지불하다, 소유하다(רבה.רכש.חול), 가지다, 수에 넣다,
…중에(대열에) 끼워주다, 삼다, 여기다, 인정(認定)하다.
Alqs numquam est numerátus orátor.
아무는 한 번도 연설가로 인정받지 못했다/
inter viros óptimos numerári. 저명인사 가운데 끼다(들다)/

Multos numerábis amícos. 너는 많은 친구를 가질 것이다/
refero alqm in oratórum númerum. 아무를 연설가로 꼽다/
síngulas stellas numero deos.
별 하나하나를 신으로 인정하다.
Numero alqd in benefícii loco. 무엇을 은덕으로 여기다
Numero Deus impáre gaudet.
하느님께서 홀수의 날을 기뻐하신다.
numero multiplicátĭo. 수적 다수화, 수적인 다수화
numero senátum. 원로원 의원의 贊否의 數를 세다
número² adv. (númerus) 정확하게, 때맞추어, 마침,
즉시, 곧(εὐθὲως.εἰθὺς), 당장에(εὐθὲως.εὐθὺς),
빨리, 너무 일찍, 너무 빨리.
numerósĭtas, -átis, f. (numerósus) 많음, 다수, 다량,
군중(群衆.ὄχλος.πλήθος), 균형(均衡), 조화(調和).
numerósus, -a, -um, adj. (númerus) 수많은, 다수의,
여러 가지의, 율동적인, 박자에 맞는, 운율적인, 조화된.
congruentia numerosa. 조화로운 균형.
(성 아우구스티노의 미학 용어. 교부문헌 총서 17, 신국론, p.2688).
númĕrus, -i, m. 수(數-인류가 생활에서 셈을 위해 지각한 개념),
수효(數爻-사물의 낱낱의 수), 정족수(定足數-의사의 의결에
필요한 구성원의 출석수), 정원, 많음, 다수, 다량, 다량, 부류,
종류(γένος), 범주(範疇), 편성된 군부대, 서민(庶民),
대중, 지위, 등급, 서열, 석차, 자리, (전체에 대한) 부분,
여럿 중의 하나(一部), 순서, 번호, 율동(律動-음율의 곡조),
음률(音律-음악의 곡조), 박자, (글.연설 따위의) 경쾌한 장단,
(시의) 운율(韻律-詩文의 음성적 형식. 외형률과 내재율이 있음. 리듬 등),
운각(韻脚-詩나 賦의 끝 句에 붙이는 韻字), 시, (文法) 數(단수, 복수).
(pl.) 수학(數學), 천문학(天文學.영 astronomy).
alqm ad numerum rédigi. …의 하나로 열거하다(삼다),
아무를 (같은 종류의) 수에 집어넣다/
Ex quo número incípiam?
어떤 종류의 사람부터 시작할까?/
ferraménta dupícia, quam númerus servórum éxigit.
노예들의 명수에 비해 2배나 되는 농기구(quam² 참조)/
in número esse. 어떤 지위에 있다/
in númerum digérere. 순서대로 정리하다/
in númerum ludo. 율동에 맞춰 춤추다/
latentes numeri. 비밀의 숫자/
Liber Númeri(略: Num.) (구약성경의) 민수기/
magnus numerus fruménti. 다량의 식량/
magnus numerus hominum. 다수의 사람/
múltiplex, quam pro número, damnum.
수에 비해서 여러 갑절 되는 손해(quam² 참조)/
nationes, quæ número hóminum ac multitúdine
póterant in províncias nostras redundo. 인구가 넘쳐서
우리의 속령에 까지 흘러들 수 있었던 민족들/
numeri artificiales. 인위적 수/
numeri mensurarum. 척도상의 비례.
(성 아우구스티노의 미학 용어. 교부문헌 총서 17, 신국론, p.2688)/
numeri perfectio 완전 수/
númerum ineo. 수를 헤아리다/
quia non est unum numero nisi quod est unum de
numero. 왜냐하면 하나의 사물이 많은 것 가운데 하나가
아니라면 수적으로 하나가 아니기 때문이다.
[직역: 왜냐하면 어떤 것이 수 가운데 하나(unum numero)가 아니라면,
수에서 하나(unum numero)가 아니다.(지성단일성. p.199)/
quod materia sit una numero in omnibus rebus.
질료가 모든 사물들 안에서 수적으로 하나/
sensus symbolicus numerórum.
숫자의 상징적 의미, 수의 상징론, 수의 신비학.
(백민관 신부 엮음. 백과사전 2. pp.899~902)/
symbólica numerorum. 숫자 상징학/
Verum est quod secundum fidem possunt esse plures
formæ numero separatæ in specie una.
신앙에 따를 때 같은 종 안에서 수적으로 다수의
분리된 형상들이 있을 수 있다는 것이 참이다.
numerus absolutus. 절대적인 수
numerus aureus. 황금 수[기원 전 432년 아테네의 천문학자 Meton이
고안한 메톤 주기년(Metonic Cycle)에 따른 매년 정해진 그 해의 수. 성 히뽈
리뚜스(170년경-236년경) 시대에 교회 역세에 도입되었다. 이 수를 계산하는

N

것은 235년 음력 달은 19 양력 달에 해당한다는 데 기초를 둔다. 그 해의 황금
수는 (서기 연수+1)÷19로 계산하고 남은 수가 그 해의 황금 수이다. 나누기에
서 나머지가 없으면 19가 황금 수이다. 이 수는 중세기에 부활축일을 계산하는
데 썼기 때문에 황금 수라고 했고, 교회 달력에 황금색으로 인쇄했다고 한다.
[백민관 신부 엮음, 백과사전 2, p.172].

numerus civĭum. 많은 시민
numerus clausus. 제한된 수
numerus determinatus. 규정된 수
numerus est præcipuum in animo conditoris exemplar.
　수는 창조주의 뜻 안에서는 가장 탁월한 원형이다.
numerus impar. 홀수
numerus infinitus. 무한한 수
numerus motus. 운동의 수(=시간)
numerus numerans. 헤아리는 수(1, 2, 3…)
numerus numeratus. 헤아려진 수(한 마리, 두 마리)
numerus personárum. 위격들의 수
numerus plurális. (文法) 복수(複數)
numerus pœticus(rhythmus in metrica) 율격(律格)
numerus sempiternus. 구원(久遠-영원하고 무궁함)의 수
numerus simplex. 단순 수
numerus singuláris. (文法) 단수(單數)
numerus stultorum infinitas. 수없이 많은 어리석은 자들
Númĭdæ, -árum, m., pl. Numídĭa인(말 타기로 유명함)
Numidia, -æ, f. 누미디아(현 알제리)
numísma, -ătis, n. = nummísma
numismátĭca, -æ, f. (numísma) 화폐학, 고전학
nummárĭus, -a, -um, adj. (nummus) 주조 화폐의,
　금전의, 화폐에 관한, 돈에 매수된(팔린), 뇌물 받은.
nummátus, -a, -um, adj. (nummus) 돈 많은, 부유한(רתּב)
nummísma, -ătis, n. (nomísma, -ătis, n.)
　주화(鑄貨), 화폐(돈), 고전(古錢).
　메달(⑨ medal). (가) 성패(聖牌.⑨ medals.프 medaille).
nummo sestertio. 헐값으로(salubriter. adv.)
Nummos volo. 나는 돈을 원한다.
nummósus, -a, -um, adj. 화폐(돈) 많은
nummuriólus, -i, m. dim. (nummuláríus) 소규모 환전상.
nummuláríus, -a, -um, adj. (nummus)
　화폐의, 화폐에 관한, 은행의, 금융업의, 환전상의.
　f. 조폐술. m. 은행가(銀行家), 환전상(換錢商).
númmŭlus, -i, m. dim. (nummus)
　소액의 돈, 한두 푼, 보조화폐(補助貨幣).
nu(m)mus, -i, m. (gen., pl. -um) 주화(鑄貨), 화폐(돈),
　Roma의 동화(=sestértĭus⁹), 푼돈, 화폐의 최소 단위,
　한 푼, 희랍은화(金화). ad nummum. 한 푼까지/
　Britanni utuntur aut nummo aureo aut taleis ferreis pro
　nummo. 브리타니아인들은 금전(金錢)을 사용하거나
　길쭉한 철편(鐵片)을 금돈 대신 사용 한다/
　Centies vicies duceni quadrageni nummi sunt viginti
　octo milia nummum et octingenti. 240 눔무스(duceni
　quadrageni nummi)를 120배(centies vicies) 하면
　28,800(=28×1000+800) 눔무스가 된다/
　demitto nummum in lóculos. 돈을 궤 속에 던져 넣다/
　divídere nummos in viros. (in¹참조)
　　사람 수대로 돈을 나누어주다/
　Emissem pallĭum, si nummos habérem.
　　나는 돈이 있다면 외투를 샀을 것이다/
　Nummi Sacræ Scripturæ. 성경의 주화(鑄貨)/
　Nummos volo. 나는 돈을 원 한다/
　posco alqm numos. 누구에게 돈을 요구하다.
nummus asper. 새 동전
numnam(=numne) adv. (num+nam, ne⁹) …란 말이냐?
numquam, adv. (ne²+umquam) 한 번도 아니,
　언제든지 아니, non numquam. 이따금.
　Ad hastam nunquam accéssit.
　　그는 한 번도 경매장에 나가지 않았다/
　Ignoscito sæpe alteri, numquam tibi ipsi.
　　타인은 자주 용서하되 그대 자신은 결코 용서하지 말라/
　Natura numquam uni homini omnia concedit.
　　자연은 한 사람에게 모든 것을 허용하는 일이 결코 없다/

Pater me jurejurándo adégit, numquam amícum fore
pópuli Románi.(jusjurándum 참조) 아버지는 나에게 결코
　Roma인들의 친구가 되지 않겠다는 맹세를 시켰다/
Si humani esse volumus, numquam deerunt bella civilia.
　만약 우리가 인간답기를 원한다면
　내전이 결코 없을 수 없을 것이다/
Terra numquam sine usura reddit.
　대지는 절대로 이자 없이 돌려주지 않는다/
Vade Retro Satana Numquam Suade Mihi Vana:
Sunt Mala Quæ　Libas Ipse Venena Bibas.
　사탄아 물러가라. 헛된 생각을 하게 하지 말고
　네가 마시는 것은 악이니 네 독이나 마셔라.
Numquam ab eius amore seiungitur mandatum Dei.
　하느님의 계명은 결코 그분의 사랑과 분리될 수 없습니다.
numquam adhuc. 아직 한 번도 아니.
Numquam amplius bellum!.(⑨ Never again war!).
　다시는 전쟁이 없어야 한다!.
Numquam diligit ullum.
　그는 결코 그 누구도 사랑하지 않는다.
Numquam est nimis sero ad alterius cor movendum
neque umquam res est inutilis.(⑨ It is never too late
to touch the heart of another, nor is it ever in vain.
　다른 사람의 마음을 어루만지는 것은 언제라도 늦지
　않으며 결코 헛되지도 않습니다(2007.11.30. "Spe Salvi" 중에서).
Numquam ex te fructus nascatur in sempiternum.
(⑨ May no fruit ever come from you again)(마태 21. 19)
　이제부터 너는 영원히 열매 맺는 일이 없을 것이다.
Numquam illum ne minima quidem re offendi.
　나는 결코 저 사람을, 아주 작은 일로도 마음 상하게 한 바 없다.
Numquam minus solus quam cum solus, nec minus
otiosus quam cum solus. 홀로 있다하여 홀로 있는 것이
　아니요, 외견상 일을 맡지 않았다 하여 한가한 것이 아니다.
Numquam quidquam fecisti hodie.
　너는 오늘 도대체 아무것도 안 했다.
numquam non. 언제나
numqúando, adv. 언제 …란 말이냐?
numqui, adv. 도대체 어떤 모양으로?
numquid, adv. (num+quid⁹)
　도대체 …란 말이냐?, 무엇이 …란 말이냐?
Numquid a Galilæa Christus venit?.(요한 7. 41)
　메시아가 갈릴래아에서 나올 리가 없지 않은가?
　메시아가 갈릴래아에서 나올 리가 있단 말인가?.
Numquid amando poterit esse pulchra? Numquid et
ille amando poterit esse formosus? 사랑한다고 해서
　미녀가 될 수 있습니까? 사랑한다고 해서 미남이 될 수
　있습니까?.(최익철 신부 옮김. 요한 서간 강해. p.411).
Numquid audisti quia laudat Dominum avaritia?
　탐욕이 주님을 찬미한다는 말을 들어 보셨습니까?
Numquid diu continebit in ira sua miserationes suas?
　분노로 당신 자비를 거두셨나요?.(교부문헌 총서 17, 신국론. p.2497).
Numquid duas habes patrias? 그대는 조국이 둘인가?
Numquid dubitas?.(dubito 참조) 그래 뭘 의심하니?
Numquid ego Judæus sum?(⑨ I am not a Jew, am I?)
　나야 유다인이 아니잖소?(성경 요한 18. 35)/
　내가 유다인인 줄로 아느냐?(공동번역 요한 18. 35)/
　나는 유대인이 아니지 않소?(200주년 기념 신약성서 요한 18. 35).
Numquid enim potest esse homo sicut Deus?
　사람이 하느님처럼 될 수 있단 말입니까?
Numquid et tu ex Galilæa es?(요한 8. 52)
　당신도 갈릴래아 출신이라는 말이오?
　당신도 갈릴래아 출신일 리가 없지 않은가?
Numquid fons de eodem foramine emanat dulcem et
amaram aquam?(⑨ Does a spring gush forth from the
same opening both pure and brackish water?) 같은 샘
　구멍에서 단 물과 쓴 물이 솟아날 수 있습니까?(야고 3. 11).
Numquid insultaretur ei si agnosceretur?
　이들이 알려져 있었다면 비난받았겠습니까?
Numquid invenisti? Nihil inveni.

N

828

그래 무엇을 찾긴 찾았나? 아무 것도 못 찾았습니다.
Numquid Mariam vidisti? Minime!
그래, 마리아를 보았단 말이냐? 아뇨 천만에요.
numquid me morare quin ego liber, ut justi, siem?
그러니까 나더러 자유민, 말하자면 법률상의 시민이 되지 못하는 한 잠자코 있으라는 말인가.
(성 염 지음, 사랑만이 진리를 깨닫게 한다, p.453).
Numquid non cælum et terram ego impleo?,
([영] Do I not fill both heaven and earth?)
내가 하늘과 땅을 가득 채우고 있지 않느냐?(예레 23, 24).
Numquid non valet manus mea eruĕre vos?
내 손이 너희를 구원할 힘이 없다는 말이냐?
Numquid Petrum vidísti?
너는 베드로를 보았느냐? 보았단 말이냐?
Minime. 아니오. 보지 못했습니다.
Numquid posset habere multos antichristos, nisi hora novissima. 마지막 때가 아니라면, 어떻게 많은 그리스도의 적들이 있을 수 있겠습니까?
Numquid potest diligere fratrem, et non diligere dilectionem? Necesse est ut diligat dilectionem.
형제는 사랑하고, 사랑은 사랑하지 않을 수 있겠습니까? 사랑을 사랑해야 합니다.(최익철 신부 옮김, 요한 서간 강해, p.419).
Numquid semper ægrotos visitare?.
병든 이들을 늘 찾아볼 수 있습니까?
Numquid semper discordantes concordare?.
다투는 이들을 늘 화해시킬 수 있습니까?
Numquid semper jejunare?. 늘 단식할 수 있습니까?
Numquid semper loqui?. 늘 이야기할 수 있습니까?
Numquid semper mortuos sepelire?.
죽은 사람을 늘 묻어 줄 수 있습니까?
Numquid semper nudum vestire?.
헐벗은 이들을 늘 입혀 줄 수 있습니까?
Numquid semper panem dare egenti?.
늘 굶주린 이들에게 빵을 줄 수 있습니까?
Numquid semper reficere corpus?.
늘 몸을 쉬게 할 수 있습니까?
Numquid semper tacere?. 늘 침묵할 수 있습니까?
Numquid Tuliam vidisti? Minime!.
그래 툴리아를 보았단 말이냐? 아뇨 천만에요.
Numquis venit? 누가 왔느냐? 누가 왔단 말이냐?
Nemo. 아무도 오지 않았습니다.
nunc, adv. 1. **이제**(vὺν), **지금**(vύv), 현재,
nunc demum(dénique) 이제야, 이제 겨우/
ut nunc est. 현 상태대로.
2. (과거에 대한 서술에서) 그래서, 그때에,
3. (미래.명령.권유) 자 이제, 자 그러니.
I nunc. 자 이제 그만 가거라.
4. (대립.반대) 그런데, 그러나,
5. nunc … nunc 어떤 때는 … 어떤 때는:
Nunc hāc parte, nunc illā mílites educébat. 그는 군인들을 이편으로 이끌고 갔다 저편으로 이끌고 갔다 하였다.
alia, quæ nunc memoriam meam refugiunt.(refugio 참조)
지금 생각나지 않는 다른 것들/
Assimilábo, quasi nunc éxeam.
나는 지금 나가는 것처럼 가장하겠다(quasi 참조)/
Fabŭla nunc ille est. 그는 지금 이야깃거리가 되어있다/
Finge, nunc fíeri sapiéntem.
누가 지금 현자(賢者)가 된다고 상상해 봐라/
hic et nunc. 지금 당장에, 현재 여기서/
Hic nunc iam interroga omnes hæreticos. 이제 이것을 모든 이단자들에게 물어보십시오(최익철 신부 옮김, 요한 서간 강해, p.299)/
homines qui nunc sunt. 현재 있는 사람들/
Illius opera nunc vivo. 나는 그의 보조로 지금 살고 있다/
Potes nunc mutuam drachmam dare mihi unam, quam cras reddam tibi? 내일 갚을 테니 너 지금 나한테 1 drachma 만 꿔줄 수 있니?/
quid est nunc quod non tunc.
지금은 존재하나 다른 때는 존재하지 않는 것/

Quid si nunc cælum ruat? 당장 하늘이 무너진다면 어쩔 테냐?(그것은 기우에 지나지 않는 거다).
Nunc antequam ad sententiam redeo, de me pauca dicam. 이제 본론으로 들어가기 전에, 내 일신에 관해서 몇 마디 언급 하겠다.
Nunc aut nunquam. 이 기회를 놓치지 말고
Nunc autem manet fides, spes, caritas, tria hæc.
그러므로 믿음과 희망과 사랑, 이 세 가지는 언제까지나 남아 있을 것입니다(공동번역 1코린 13, 13).
nunc cum maxime. 정확히 …한 때
nunc demum. 이제 겨우
Nunc Dimittis. 시므온의 노래(찬가)
Nunc dimittis servum tuum Domine.
주님, 이제 당신의 종을 놓아주소서.
Nunc domum propero. Mane, etsi properas.
지금 나는 급히 집에 가는 길일세, 잠깐. 급하더라도.
Nunc dubitanti magis quam docenti assimilatur.
지금 가르치는 사람이라기보다는 회의(懷疑)하는 사람에 가깝다.(지성단일성, p.113).
Nunc est bibendum. 마셔야 하는 때가 바로 지금이다.
Nunc est bibendum, nunc pede libera pulsanda tellus.(Horatius). 지금은 마셔야 하고, 맨발로 땅을 두들겨야 (=춤춰야) 한다.
nunc fluens. 흐르는 지금
Nunc illa miracula, quæ prædicatis facta esse, non fiunt? 전에 일어났다고 여러분이 설교하는 기적이 지금은 왜 일어나지 않는가?(교부문헌 총서 17, 신국론, p.2587).
Nunc illa videamus, judices, quæ statim consecuta sunt. 재판관들이여, 그러면 이제 당장 뒤따라 나온 결론을 살펴봅시다.
Nunc futurum tempus spectare debemus.
이제 우리는 미래를 바라보아야 합니다.
nunc in instanti. 지금 당장(hic et nunc)
Nunc inter eos tu sermo es.
지금 그들 사이에서는 네가 이야깃거리가 되어있다.
Nunc jam cum misericordibus nostris agendum esse uideo et pacifice disputandum.
이제 나는 우리네 자비론자들을 다루고 그들과 점잖은 논쟁을 벌여야 할 것으로 본다.
pacifice disputandum. 무난한 논쟁.
(교부문헌 총서 17, 신국론, p.2491).
Nunc legat Marcus. 이제 마르코가 읽어라.
Nunc milites Romani noctúrni procedunt.
지금 로마 군인들은 야간행진을 하고 있다.
Nunc nihil ad me attinet. 지금은 그것이 나와 상관없다
Nunc pátria nostra sui juris est.
지금 우리 조국은 자주 독립하였다.
nunc pueri. 요즈음 아이들
Nunc quidem profécto Romæ es.
네가 지금은 확실히 로마에 있다.
Nunc quispiam interroget.([영] Now a further question arises) 그렇다면 또 다른 문제가 제기됩니다.
Nunc Sancte nobis Spiritus.([영] Come, Holy Ghost)
거룩하신 성령이여 지금 우리에게…
(성령 기도문, 성령이 임하시기를 기원하는 찬미가).
Nunc se res sic habet. 지금의 사정은 이러하다
nunc stans. 서 있는 지금, 현재의 처지, 영원한 현재.
nunc transiens. 지나가는 현재.
nunc tempóris. 시간의 지금, 현재(現在)
Nunc vero párum mihi sedet judícĭum.
아직은 내가 판단을 완전히 내리지 못하고 있다.
Nunc videmus erravisse.
이제는 우리가 과오를 범한 것으로 보인다.
núncc̆ine(nunc+ce+ne⁴), adv. 지금이냐?
nunci… V. **nunti…**
nuncjam, adv. (=jam nunc) 바로 지금
núncŭbi(num+alícubi) adv. 도대체 어디에?, 도대체 언제?
nuncupátĭo, -ónis, f. (núncupo) 이름 부름,

N

명칭, 지칭(指稱), (증인 앞에서의) 상속인 지명, 책의 헌정(獻呈), 서원문 낭독(朗讀).
nuncupatívus, -a, -um, adj. (núncupo) 일컬어진, 명칭상의, 구두(口頭)의.
nuncupátor, -óris, m. (núncupo) 명명자(命名者)
núncŭpo, -ávi, -átum, -áre, tr. (nomen+cápio¹) (무슨 이름으로) 부르다, 명칭을 붙이다, 일컫다, (증인 앞에서 누구를) 상속자로 지명(指名)하다, (형식을 갖춘 말로) 성대하게 서원을 (신에게) 밝히다.
núndĭnæ, -árum, f., pl. (novem+dies) 장(7일 간의 간격을 두고 정기적으로 열리던 장), 장날("장"참조), 장터, 장사, 상업, 밀매음(密賣淫.[영] unlicensed prostitution-허가 없이 몰래 몸을 팖).
nundinális, -e, adj. (núndinæ) 아흐레만의, 장날의(아흐레 만에 장이 섰음).
nundinárĭus, -a, -um, adj. (núndinæ) 장날의, 시장의, 장터로 지정된.
nundinatícĭus, -a, -um, adj. (núndinor) 팔려고 내놓은, 남에게 보이려고 하는.
nundinátĭo, -ónis, f. (núndinor) 매매(賣買-팔고 삼), 거래(去來.[영] Business), 뇌물 주고받기, 매수(買收).
nundinátĭo puellárum. 소녀 매매, 인신 매매
nundinátor, -óris, m. (núndinor) 장사꾼(商人), 상인
núndĭno, -ávi, -átum, -áre, tr. (núndinus) (장터에서) 장사하다, 거래하다, (장터에서) 매매하다(מכר), 돈으로 매수(買收)하다.
núndĭnor, -átus sum -ári, dep., tr. (núndinæ) 장사하다, 거래하다, 매매하다(מכר), 불법적으로 거래하다.
núndĭnum, -i, n. (núndinus) 다음 장날까지의 기간. trinum nundinum. 장이 세 번 서는 기간.
núndĭnus, -a, -um, adj. (novem+dies) 아홉 번째 날의, 장날의.
nunqu··· V. **numqu**···
Nunquam ad te accédo, quin(=ut non) dóctior ábeam. 나는 너한테 갔다가 더 배워 가지고 돌아오지 않는 때가 한 번도 없다.
Nunquam diligit ullum. 그는 결코 그 누구도 사랑하지 않는다.
Nunquam étiam fui usquam, quin(=ut non) me amárent omnes. 어느 곳에서나 모든 사람들이 나를 언제나 사랑해주고 있었다.(나는 모든 사람들이 나를 사랑하지 않게 끔은 아무 곳에도 있어본 적이 없다). (부정적 결과문(ut non)을 지배하는 주문 자체가 부정형이거나 의문형일 때에는 ut non 대신에 가끔 quin을 쓴다).
Nunquam ex urbe is áfuit. 그는 한 번도 로마를 떠나가 있지 않았다.
Nunquam intermíttit diem quin véniat.(intermitto 참조) 그는 오지 않는 날이 하루도 없다.
nunquam minus solus quam cum solus, nec minus otiosus quam cum solus. 홀로 있다하여 홀로 있는 것이 아니요, 외견상 일을 맡지 않았다 하여 한가한 것이 아니다.
nunquam non(=semper, adv.). 항상 (드물게 non이 다른 부정사 뒤에 오면 긍정의 뜻이 강해진다).
Nunquam scelus scelere vincendum est. 결코 범죄는 범죄로 복수되어서는 안 된다.
Nunquam sic locutus est homo(요한 7, 46) ([영] Never before has anyone spoken like this one) 그분처럼 말하는 사람은 지금까지 하나도 없었습니다(성경)/ 이제까지 그분처럼 말하는 사람은 본 적이 없습니다. (공동번역)/일찍이 어떤 사람도 그렇게 이야기한 적은 한 번도 없습니다(200주년 기념 신약성서 요한 7, 46).
Numquam sic vidimus!([영] We have never seen anything like this) 이런 일은 일찍이 본 적이 없다(성경 마르 2, 12).
Nunquam tam male est Sículis, quin áliquid facéte dicant. Sicília인들은 재치 있는 말을 하지 못할 만큼 그렇게 난처해지는 때가 한 번도 없었다(quin 참조).
Numquam tibi credam, etiamsi te jurisiurando obstringas.(juris+iurando) 비록 네가 맹세를 함으로써 압박한다고 할지라도 나는 결코 너를 안 믿겠다.

nuntĭa, -æ, f. (núntius²) 알리는 여자, 통보자(通報者), 소식 전달자(消息 傳達者), 사자(ἄγγελοε.천사). Historia nuntĭa vetustátis. 과거를 알려주는 역사.
Nuntĭate, ut prodeat foras. 그에게 밖으로 나오란다고 전해라.
nuntiátĭo, -ónis, f. (núntio) 알림([영] Message), 통보, 통지(通知), (점괘 따위를) 일러줌, 발표(發表), 소유자 부재 고시, 재산 몰수(沒收) 통고(通告), 최고(催告-일정한 행위를 하도록 상대방에게 촉구하는 의사의 통지). Christi nuntiatio atque inculturatio. 그리스도의 선포와 토착화.
nuntiátor, -óris, m. (**nuntiátrix**, -ícis, f.) (núntio) 알리는 사람, 통보자, 소식 전달자, 고시인, 통고인. cicónia redeúntis anni nuntiátrix. 봄소식 전달자인 황새(Ciconia boyciana).
Nuntiatúra(Apostólica), -æ, f. 교황 대사관([영] Apostolic Nunciature).
núntĭo, -ávi, -átum, -áre, tr. (núntius²) 통지하다, 알리다(הגד.חוא.חוי.αναγγλλω.απαγγλλω), 보고하다. (法) 최고하다, 통고하다, 신고하다. commodióra multo, quam ut erat nobis nuntiátum. 우리에게 알려졌던 것보다 훨씬 더 유리한 것들/ Cui desideras nuntiare hoc factum. 이 사실을 누구한테 알리기 바라는가?/ firme teneamus quod non videmus; quia illi nuntiant qui viderunt. 우리는 보지 못한 것을 굳게 믿읍시다. 본 사람들이 선포하고 있기 때문입니다/ Romam nuntiátum est. 로마로 보고되었다.
núntĭum, -i, n. (núntius¹) 소식(消息.[영] Message), 통보(通報), 알림([영] Message), 통지, 예보(豫報).
núntĭus¹-a, -um, adj. (novus+vénio) 통보(通報)하는, 알리는, 예보하는, 소식 전하는.
núntĭus²-i, m. 알리는 사람, 소식 전달자, 통보자, 통지자, 사자(ἄγγελοε.천사), 전령(傳令), 인편, 소식(消息.[영] Message), 명령(命令), 지령(指令), 지시(指示), 이혼통고(장), 파혼통고(破婚通告). acérbus nuntius. 나쁜 소식/ Bonus Nuntius. 기쁜 소식(εὐαγγἐλιον.[영] Good News)/ Hic núntius áfficit me dolóre. 이 소식은 나에게 고통을 준다/ incutio *alci* núntium. 누구에게 소식을 불쑥 전하다/ núntium uxóri remíttere. 이혼하다/ per núntium certiórem fácere. 인편으로 누구에게 알리다/ Si núntium sponsa libérta remíserit. 해방된 노예 규수가 파혼을 통고하였을 경우에.
Nuntius*, -i, m. 교황 담화(教皇 談話)
Nuntius ac nova evangelizatio([영] Proclamation and the new evangelization) 선포와 새로운 복음화.
Nuntius Apostolicus([영] Apostolic nuncio), 교황대사. [비엔나 협약을 따르는 나라에서는 Nuntius라는 명칭으로 부임하고, 그렇지 않은 나라에서는 Pro-nuntius라고 부른다. 한국에서는 1966년까지 교황사절(Delegatus), 교황공사(Internuntius) 자격으로 있다가 교황대사로 승격되었다. 백민관 신부 엮음, 백과사전 2, p.903].
nuntius principatum in missione tenet perennem. 선교의 항구한 우선적 원칙.
Nuntius tres dies moratus est. 그 전령은 사흘을 늦었다
nŭo, nŭi, -ĕre, intr. 끄떡이다
nuper, adv. (comp. nupérius; superl. nupérrime) 요새, 최근에, 근일(近日-최근에), 일전에, 아까, 꽤 오래 전에.
Nuper, 악기의 사용(1977.2月. 회신)
Nuperrime, 신학교의 개혁(改革)(1968.11.7. 회람)
núpĕrus, -a, -um, adj. (nuper) 요새의, 최근의
nūpsi, "nubo"의 단순과거(pf.=perfectum)
nupta, -æ, f. (nubo) 새색시, 새댁, 새로 시집간 여자
nuptiæ, -árum, f., pl. (nubo) 결혼식(結婚式), 결혼잔치, 혼인(婚姻.[영] Marriage/Matrimony), 동거생활(同居生活), 혼례(nuptiæ novæ. 새 혼례). dico diem núptiis. 혼인 날짜를 정하다/ Filii sæculi huius nubunt et traduntur ad nuptias.

이 세상 사람들은 장가도 들고 시집도 간다(성경 루카 20. 34)/
Justæ nuptiæ. 정식결혼, 신법에 어긋나지 않은 혼인/
Magistras trinas nuptias uno die celebravit.
　여선생님은 하루에 세 쌍씩 결혼식을 주례하였다/
Nuptias non concubitus sed consensus facit.
　동침이 아니라 합의가 혼인을 만든다/
Unum instat, ut conficiántur núptiæ.(insto 참조)
　그는 결혼식 올릴 것만 재촉한다.
nuptiæ innúptæ. 불법적인 결혼
Nuptiæ non concubitus, sed consensus facit.
　결혼을 성립시키는 것은 동거 행위가 아니라 (혼인) 동의다.
nuptiæ novæ. 새 혼례
nuptiális, -e, adj. (núptiæ) 혼인의, 결혼의, 부부의.
　missa nuptiális. 혼배 미사.
nuptiáliter, adv. 혼인하는 날같이
núptŭla, -æ, f. 시집갈 여자
Nupturientes, 약혼자들(⑨ Engaged people)
nupturio, -ívi -íre, intr., desid. (nubo) 시집가고 싶어 하다.
nuptum, "nubo"의 목적분사(sup.=supínum)
nuptus¹ -a, -um, p.p. (nubo) 시집간, 결혼한
nuptus² -us, m. (nubo) 결혼, 혼인(⑨ Marriage/Matrimony)
nurus, -us, f. 며느리, 자부(子婦-며느리), 손자며느리
nusquam, adv. (ne²+usquam) 아무 데도 아니,
　아무 때도 아니, 쓸데없이, 아무 것도 아니게.
nusquam géntium. 세상 아무 데도 아니, 절대로 아니
Nusquam melius morimur homines, quam ubi libenter
viximus. 우리가 사람으로서 유쾌히 산 것보다
　더 잘 죽는 길이 결코 없다.[성 염 지음. 고전 라틴어. p.287].
nusquam non(=ubíque) 어단든지, 도처에(ubicumque, adv.).
　(드물게 non이 이른 부정사 뒤에 오면 긍정의 뜻이 강해진다).
nutátĭo, -ónis, f. (nuto) 끄떡끄떡함, 흔들거림, 비틀거림, 위기
nūto, -ávi, -átum, -áre, freq., intr. (nuo) 머리를 젖다,
　머리를 끄떡거리다, 이리저리 움직이다, 흔들리다,
　둥둥 떠 있다, 주저하다, 망설이다, 머뭇거리다,
　굽히다, 굴복(屈伏)하다.
nutríbilis, -e, adj. (nútrio) 자양분 있는
nutricátĭo, -ónis, f. (nutricátus, -us, m.) (ntríco)
　젖 먹임, 양육, (식물의) 성장(⑨ Growth), 발육(發育).
nutrícĭus, -a, -um, adj. (nutrix) 양육하는, 먹이는, 기르는.
　m., f. (어린이의) 양육(교육) 책임 맡은 사람.
　n., pl. 양육자 보수(급료), 교육자 보수.
Nutricius ecclesiæ. 교회 보호자(프로테스탄트 황제의 종교적 칭호)
nutríco, -ávi, -átum, -áre,(nutricor, -átus sum -ári, dep.)
　tr. (nutrix) 젖먹이다, 양육(교육)하다, 기르다(ריב.אבר).
Nutrico et exstinguo. 난(나는) 양육하고 불을 끈다.
nutrícŭla, -æ, f. 유모(乳母), 젖어머니
nutrímen, -mĭnis,(nutriméntum, -i) n. 먹이, 영양물,
　영양분(⑨ Nourishment), 양식, 양분, 양육, 부양.
　pl. (어린이들의) 초보교육, 교육시킨 자식들.
　nutrimentale humidum. 영양적 체액/
　nutriméntis terrestribus. 지상사물에(공의회 문헌 해설총서 1. p.223).
nútrĭo, -ívi(-ĭi) -ítum -íre, tr. 젖먹이다, **양육하다**,
　기르다(ריב.אבר), 사육하다, 영양분을 주어 키우다,
　배양하다, 보살피다, 돌보다, 보호하다, 보존한다.
　Quod sapit, nutrit. 맛있는 것이 살로 간다.
nutrítĭo, -ónis, f. (nútrĭo) 기름(養育), 양육(養育),
　영양물(營養物), 영양섭취(營養攝取).
　nutritionis opus. 영양 섭취 작용.
nutrítĭus = nutrícius
nutritívus, -a, -um, adj. (nútrĭo) 영양분 있는.
　nutritivæ opus. 영양의 작용.
nutrítor, -óris, m. (nútrĭo) 양육자, 교육자
nutritórĭus, -a, -um, adj. (nutrítor)
　양분(養分) 있는, 힘을 주는, 유아 양육의.
nutrítus, -us, m. (nútrĭo) 음식물, 영양물(營養物)
nūtrix, -ícis, 유모(assa nutrix. 젖을 물리지 않는 유모),
　젖어머니, 양육하는 여자, 보살피는 여자.
　pl. 유방(乳房), 젖가슴(⑨ the breast(s);the bosom).

nutus, -us, m. (nuo) 끄떡임, (아래로) 숙임, 숙어짐,
　뜻(θελημα), 의사표시(significátĭo voluntátis), 지시, 신호,
　수긍(首肯-그러하다는 뜻으로 고개를 끄떡임), 허락(許諾),
　동의(제기된 주장. 의견 등에 대하여. 의견을 같이함), 고개를 가로 저음.
　ad nutum et patientiam sacredotis.
　사제의 묵인과 용인 속에서/
　Ad nutum Sanctæ Sedis. 교황의 임의 임명직.
　(직역하면 "교황 성좌의 머리를 끄떡임으로"라는 뜻. 법적 절차 없이 교황이
　임명, 사면 전직이 가능한 직책을 뜻한다. 백민관 신부 엮음, 백과사전 1, p.34).
nux, nŭcis, f. (植) 호두, 호두나무,
　딱딱한 껍질이 있는 열매(호두.밤.가래 따위의).
nyctaginácěæ, -árum, f., pl. (植) 분꽃과(科) 식물
nyctalópĭa, -æ, f. (醫) 야맹증(夜盲症), 주맹증(晝盲症)
nýctălops, -ópis, adj. 밤눈 어두운, 야맹의, 주맹의
Nyctéis, -ĭdis(-ĭdos), f. Nýcteus의 딸(=Antíope)
Nyctélĭus, -a, -um, adj. Bacchus신의, nyctélĭus 밤의
Nýcteus, -ěi(-ěos), m. Bœótia의 왕, Antíope의 아버지
nycticorax, -ācis, m. (鳥) 수리부엉이(올빼미과의 새)
nyctúrĭa, -æ, m. (醫) 밤에 오줌 싸는 병
nympha¹ -æ, f. 신부(新婦), 새색시, 새댁, 양가집 처녀,
　규수(閨秀-혼기에 이른 남의 집 처녀를 점잖게 이르는 말),
　소녀, 아가씨, 물, 벌의 유충. (解) 소음순(小陰脣).
Nympha² -æ, (nymphe, -es.) f. 물의 요정, 바다.강.
　샘.호수.숲 속 따위에 사는 아름다운 반신반인의 소녀.
　Nympha vocális. 요정 Echo.
nymphǽa, -æ, f. (植) 수련(睡蓮) =f. baditis, -tĭdis
nympháeum¹ -i, n. Illýria의 항구
nympháeum² (nympheum) -i, n. 분수(噴水).
　Corínthus시에 있는 분수, Nympha들에게 바쳐졌음.
nymphománĭa, -æ, f. (醫) 성욕이상 항진증,
　(여자의) 색정광(色情狂.⑨ a sex-crazed person).
Nys(s)a, -æ, f.
　Cária의 도시, Bacchus 신의 출생지라는 Indĭa의 산.
Nýseus, -ěi, m. Bacchus의 별칭
Nysígěna, -æ, m., f. (Nysa+gigno) Nysa 태생의
nystágmus, -i, m. (醫) 안구진탕(眼球震詩)

N

o o o

O[1], o., f., n. indecl. 라틴 자모의 열다섯째 글자: 오 (o)

O[2], 略 1. O. = óptimus; omnis. 2. O. = ossa(유골).
　　3. (論) O = nego 특칭부정의 기호.

O[3], interj. (기쁨.감탄.고통.분노.조소 따위를 나타냄)
　O pater! 오 아버지!

O admirábilem impudentǐam! 놀라운 파렴치여!

O æterna veritas et vera caritas et cara æternitas.
　　오, 영원한 진리여, 참스런 사랑이여,
　　사랑스런 영혼이여.(고백록 7. 10).

O altitudo! 오 심오함이여

O-Antiphona(⑨ O Antiphons.獨 O-Antiphonen) 오 후렴

O bona Crux. 오 좋으신 십자가여

O bone, bone. 여보게.

O bone Deus! 어지신 하느님!

O clávis Dávid. 오 다윗의 열쇠여(「교창」 참조)

O cœles pudica sponsa et Domini porta!
　　오, 천상의 순결(純潔)한 신부이자 주님의 문이여!

O dea, sis felix! 오 여신이여, 가호의 손길을 펴소서!

O Deus, ergo amo te!
　　오 천주여, 나는 당신을 사랑하옵나이다.

O dii immortáles! 오, 불멸의 신(神)들이여!

O esca viatórum, 나그네 양식

　O esca viatórum, O panis angelórum, O manna coelitum.
　Esuriéntes ciba, Dulcédinem non priva Corda quæréntium.

　O lympha fons amóris, Qui puro Salvatóris,
　E corde prófluis. Te sitiéntes pota,
　Hæc sola nostra vota, His una súfficis.

　O Jesu, tuum vultum, Quem cólimus occúltum,
　Sub panis spécie. Fac ut, remóto velo,
　Post líbera in coelo, Cernámus fácie. Amen.

　오 나그네들의 양식이며, 오 천사들의 빵이며, 천국 시민들의 만나여,
　굶주린 자들을 먹이소서. 구하는 이들의 마음을 감미로움으로 빼앗지 마소서.

　오 샘물이시며, 사랑의 샘이시여. (샘물=당신에서는) 구세주의 깨끗한 마음에서
　흘러나오나이다. 당신을 목말라 하는 이들을 마시게 하소서.
　이것들이 우리의 유일한 간청들이옵나다.
　이것(간청)들에 한 방울의 샘물로 충분하나이다.

　오 예수님, 빵의 형상 아래에 감추어진 당신의 모습을 흠숭하나이다.
　멀리 떨어진 장막 안에(계시지만), 나중에 하늘에서는 벗으신
　얼굴로 우리가 (당신을) 알아 뵈올 수 있게 하소서.
　　　　　황치헌 신부 지음, 미사통상문을 위한 라틴어. pp.527~532]

　(O food of men wayfaring, The bread of angels sharing,
　O Manna from on high! We hunger: Lord, supply us,
　Nor thy delights deny us, Whose hearts to thee draw nigh.

　O Stream of love past telling. O purest fountain, welling
　From out the Saviour's side! We faint with thirst: revive us,
　Of thine abundance give us, And all we need provide.

　O Jesu, by thee bidden, We here adore thee, hidden
　'Neath forms of bread and wine. Grant when the veil is riven,
　We may behold, in heaven, Thy countenance divine.

O faciem pulchram! 오 아름다운 얼굴!

O fallacem hominum spem!
　　오, 인간의 헛된 소망이여!(오, 인생의 속절없는 희망!)

O fama ingens, ingentior armis.
　　오, 명성이 위대하고 군사로 더욱 위대한 이여!.
　　　　　(성 염 지음. 사랑만이 진리를 깨닫게 한다. p.397).

O Felix culpa! 오, 복된 탓이여!(오, 복된 죄여!)

O felix culpa, quæ talem ac tantum meruit habĕre
redemptorem! 오! 이처럼 위대한 구속자를 가질 수
있었던 복된 죄여!(S.Augustinus)

O felix hominum genus / si vestros animos amor, /
quo celum regitur, regat. 오, 인류는 행복하여라,
　　하늘을 다스리는 사랑이 그대들 마음을 다스릴 제.
　　　　　(성 염 옮김. 단테 제정론. p.37).

O formose puer, nimǐum ne crede colori!
　　오 미모의 소년이여, (너의 고운) 용모를 너무 믿지 말라.

O fortunáte adoléscens! 오- 행운의 젊은이여!

O frustra suscepti labores! 오 헛된 수고들이여!

O Jesu, 오 예수

[가톨릭 신학교에서 방학 전 9일 기도를 바치며 부르는 신학생들의 노래]

O Jesu mi dilecte, amabo te perfecte a te nusquam
abero ab hoc seminario protege nos intuere,
O Jesu dilectissime
Procul a seminario sæculum, dæmon et caro,
dira monstra nos impugnant, a sacrario nos vocant.
Sed O Jesu, nobis dicis, qui tuos magis diligis,
non (tu) es equidem me dignus, non es mei discipulus.
Ad aratrum nemo mittens et retro se se convertens,
amen amen dico vobis, est nunquam regni cœlestis.
Ut certam vocationem sicut et electionem,
faciatis, satagite, et a peccatis estote.

오 예수님, 나의 사랑하는 분이시여, 저는 당신을 완전히 사랑할 것입니다.
저는 당신으로부터 이 신학교에서 절대로 떠나지 않을 것입니다.
지극히 사랑하을 예수님 저희를 보호하시고 지켜봐 주소서.
신학교에서 멀리 떨어져 세속과 마귀와 육신과, 흉악한 괴물이 우리를 공격하며,
성소에서부터 우리를 불러냅니다.
그러나 오 예수님 당신은 우리에게 말씀하십니다. 자신의 것들을 더 사랑하는
너는, 정말로 나에게 합당하지 않으며, 나의 제자가 아니다.
내 진실로 말하노니, 쟁기를 잡고 뒤를 돌아보는 사람은 어느
누구도 하느님 나라에 들어갈 자격이 없다(하늘나라의 사람이 아니다)
너희들은 성소와 선택을 확실히 얻기 위하여 애쓰고, 죄에서 벗어나도록 하라!
　　　황치헌 신부 지음, 미사통상문을 위한 라틴어, pp.378~387]

O lingua benedicta, Quæ Dominum Semper
benedixisti et alios benedicere docuisti:
nunc perspicue cernitur quanti meriti fueris
apud Deum. 늘 주님을 찬미하고 다른 이들도
　　찬미하도록 하신 오 거룩한 혀여, 하느님 앞에서
　　얼마나 큰 공을 세웠는지 지금 분명히 드러납니다.
　　(성 안토니오가 돌아가신 후에 그의 혀가 부패되지 않았기 때문에
　　이런 찬미의 기도를 바쳤다. 보나벤투라 성인이 안토니오 성인을 찬미한 글로
　　유럽에서 발행된 우표 뒷면에 인쇄되었다.)

O Lumen Ecclesiæ. 오 교회의 빛

O magna vis veritátis! 오- 진리의 위대한 힘이여

O Maria, Mater Dei et Mater Ecclesiæ,
　　오, 하느님의 어머니시며 교회의 어머니이신 마리아님,
O Maria, Mater Dei et Mater Ecclesiæ,
beneficio Tuo, Annuntiationis die, novorum temporum diluculo,
totum humanum genus cum suis culturis
lætatum est se detegisse Evangelio idoneum.
Nova Pentecoste imminente
pro Ecclesia in Africa, pro Madagascaria et insulis circumiacentibus
Populus Dei cum suis Pastoribus ad Te convertitur atque Tecum exorat:
Spiritus Sancti effusio Africanas culturas
loca communionis in diversitate efficiat,
incolas magnæ huius continentis in animosos Ecclesiæ filios mutando,
quæ est Familia Patris, Filii Fraternitas, Imago Trinitatis,
germen et initium in terra illius æterni Regni
quod suam habebit plenitudinem
in Civitate cuius ædificator est Deus:
in iustitiæ, amoris et pacis Civitate.

오, 하느님의 어머니시며 교회의 어머니이신 마리아님,
당신의 은혜로, 새 시대를 여는 주님의 탄생 예고의 날,
전 인류는 자기 문화 안에서 복음을 맞이할 준비가
되어있음을 깨달고 기뻐했습니다.
아프리카와 마다가스카르 그리고 그 인근 제도들의 교회가 맞는
새 오순절 전야인 오늘 하느님의 백성은 사목자들과 함께
당신께 시선을 돌리며 당신과 함께 진심으로 기도합니다.
충만이 내리시는 성령께서 이 위대한 대륙의 민족들을
성부의 가족, 성자의 형제, 성삼의 모상인 교회.
지상에서 정의와 사랑과 평화의 도시인 하느님의 도시에서 완성될
영원한 왕국의 씨앗이요 시작인 교회의 너그러운 아들딸들이 되게 하심으로써
아프리카 문화들로 다양성 안에 친교의 장을 이루게 하소서,

O Mary, Mother of God and Mother of the Church,
thanks to you, on the day of the Annunciation, at the dawn of the new era,
the whole human race made it
rejoiced in recognizing itself ready for the Gospel.
On the eve of a new Pentecost
for the Church in Africa, Madagascar and the adjacent Islands,
the People of God with its Pastors
turns to you and with you fervently prays:
May the outpouring of the Holy Spirit make of the cultures of Africa
places of communion in diversity,
fashioning the peoples of this great Continent
into generous sons and daughters of the Church
which is the Family of the Father,
the Brotherhood of the Son, the Image of the Trinity,
the seed and beginning on earth of the eternal Kingdom
which will come to its perfection in the City that has God as its Builder:
the City of justice, love and peace.

(1995.9.14. 교황 요한 바오로 2세의 시노드 후속권고 "Ecclesia in Africa" 중에서.
-"로마에서 열린 주교대의원회의의 실무 회기 폐회식에서 형제 주교들께서 지어
올리신 기도"를 맨 끝 부분에서 인용).

O Maria, Mater Misericordiæ,
O Maria, Mater Misericordiæ, omnibus nobis prospice.

ne inanis reddatur crux Christi, ne deerret homo a via bonitatis,
neque peccati conscientiam amittat, sed spem sibi augeat in Deo,
"qui dives est in misericordia"(Eph. 2, 4),
libere exsequatur opera bona ab Eo præparata(Cfr. ibid. 2, 10)
et sic fiat totam per vitam "in laudem gloriæ eius"(Ibid. 1, 12).

오 마리아, 자비의 어머니, 저희 모두를 보살피소서.
그리스도의 십자가가 헛되지 않게 인간이 선의 길에서 벗어나지 않게
죄에 눈멀지 않게 하소서. 인간이 "자비가 풍성하신" (에페 2, 4) 하느님께
더욱더 희망을 두게 하소서.
하느님께서 마련하신 대로 자유로이 선한 생활을 하도록(에페 2, 10 참조)
그리하여 "하느님의 영광을 찬양하는"(에페 1, 12) 일생을 살게 하소서.

O Mary, Mother of Mercy, watch over all people,
that the Cross of Christ may not be emptied of its power,
that man may not stray from the path of the good
or become blind to sin, but may put his hope ever more fully in God
who is "rich in mercy" (Eph 2: 4).
May he carry out the good works prepared by God beforehand (cf. Eph 2: 10)
and so live completely "for the praise of his glory" (Eph 1: 12).

O Maria, orbis novi diluculum, Mater viventium,
오 마리아, 새 세상의 빛나는 새벽이시며
살아 있는 이들의 어머니!

O Maria, orbis novi diluculum, Mater viventium,
causam omnem tibimet vitæ commendamus:
multitudinem, Mater, respice innumeram
infantium quibus interdicitur ne nascantur,
pauperum quibus vivere ipsum redditur asperum,
mulierum et virorum quibus inhumana crudelitas infligitur,
senum atque ægrotantium quibus indifferens animus
mortem attulit pietasve fucata.
Credentes tuum in Filium effice ut Evangelium vitæ candide sciant amanterque
nostræ ætatis hominibus nuntiare.
Ipsis gratiam impetrato ut veluti novum usque donum illud amplexentur,
lætitiam vero ut memori mente
in vitæ suæ perpetuitate id venerentur, pariter constantiam
ut actuosa idem tenacitate testificentur
unde universis cum bonæ voluntatis hominibus
civilem veritatis amorisque cultum exstruere possint,
ad Dei vitæ Conditoris et amatoris laudem atque gloriam.
O Maria sine labe concepta.

오 마리아, 새 세상의 빛나는 새벽이시며 살아 있는 이들의 어머니!
생명의 모든 원리를 당신께 맡겨 드리나이다.
굽어보소서, 성모님,
세상에 태어나지 못한 수많은 아기들을 굽어보소서.
힘든 삶을 살아가는 불쌍한 이들을 굽어보소서.
무지한 폭력의 제물이 되고 있는 남녀들을 굽어보소서.
무관심이나 그릇된 자비로 죽어 가고 있는
노인과 병자들을 굽어보소서.
당신 아드님을 믿는 모든 사람이 정직과 사랑으로
이 시대 사람들에게 생명의 복음을 선포할 수 있게 해 주소서.
영원히 새로운 선물로 그 복음을 받아들일 수 있는 은총을 얻어 주소서.
일생 감사하는 마음으로 그 복음을 경축하는 기쁨을 얻어 주소서.
그리고 그 복음을 단호하게 증언할 수 있는 용기를 얻어 주소서.
그리하여 선한 의지를 가진 모든 사람과 함께
창조주이시며 생명을 사랑하시는 하느님께 찬미와 영광을 드리는
진리와 사랑의 문화를 건설할 수 있게 해 주소서.

O Mary, bright dawn of the new world, Mother of the living,
to you do we entrust the cause of life
Look down, O Mother, upon the vast numbers
of babies not allowed to be born,
of the poor whose lives are made difficult, of men and women
who are victims of brutal violence, of the elderly and the sick killed
by indifference or out of misguided mercy.
Grant that all who believe in your Son may proclaim the Gospel of life
with honesty and love to the people of our time.
Obtain for them the grace to accept that Gospel as a gift ever new,
the joy of celebrating it with gratitude throughout their lives
and the courage to bear witness to it resolutely, in order to build,
together with all people of good will, the civilization of truth and love,
to the praise and glory of God, the Creator and lover of life.
(1995.3.25. "Evangelium Vitæ"의 마지막에 드린 기도).

O Mater pietátis. 복되신 동정녀 마리아께 바치는 기도

O miseri, et causas cognoscite rerum(교부총서 15, 신국론, p.228).
오 가련한 자들이여, 부디 배워서 사물의 이치를 깨달으라!.

O miserum! 오, 저런! 쯧쯧

O Oriens, 오 동방의 빛이여("교창" 참조)

O quam cito transit gloria mundi!
오! 세상의 영화는 그 얼마나 빨리 지나 가는가! .

O radix Jesse. 오 이새의 뿌리여,("교창" 참조)

O rem miseram! 오, 비참한 사실이여!

O Rex gentĭum. 오 만민의 임금이여

O sacerdos! Tu quis es? 오 사제여! 그대는 누구인가?
Non es a te, quia de nihilo.
Non es ad te, quia es mediator ad Deum.
Non es tibi, quia soli Deo vivere debes.
Non es tui, quia es omnium servus.
Non es tu, quis alter Christus es.
Quid ergo es? Nihil et omnia,

O priest! Who art thou?
Thou art not from thyself, because thou art from nothing.
Thou art not to thine own self,
because thou art a mediator to God.
Thou art not for thyself,
because thou ought to live for God alone.
Thou art not of thyself,
because thou are the servant of all.
Thou art not thyself, thou who art another Christ.
What therefore art thou? Nothing and everything,

오 사제여! 그대는 누구인가?
그대는 그대 자신에게서 나온 존재가 아니다, 무에서 나왔기에.
그대는 그대 자신의 목적이 아니다, 하느님에게로 이끄는 중재자이기에.
그대는 그대 자신을 위한 존재가 아니다, 오로지 하느님을 위해 살아야 하기에.
그대는 그대 자신의 식구를 위한 존재가 아니다, 모든 이들의 종이기에.
그대는 그대 자신마저도 아니다, 다른 그리스도이기에.
그러면 그대는 도대체 누구인가? 아무 것도 아니며 또한 모든 것이다.

[이 글은 Norbert(1080~1134) 성인이 지은 것으로 알려져 있다. 성인은 독일 태생으로 1115년에 사제품을 받았다. 설교가로 명성을 떨쳤으며, 1120년 동료와 함께 프레몽트레 수도회를 설립했다. 이후 독일 마그테부르크의 대주교를 지냈다. 1582년 그레고리우스 13세 교황에 의해 시성되었다.
김창렬 주교 지음, 은수잡록, pp.192~193].

O sacrum convivĭum, in quo Christus sumitur!
그리스도를 모시는 거룩한 잔치여!

O Salutaris. 오 살루따리스.
(성 토마스 아퀴나스가 1263년경 성체 축일을 위해 작사한 찬미가).

O Salutaris Hostĭa.
구원을 위한 희생(가톨릭 성가집 104번), 오, 거룩한 성체여.

O sancta simplicitas! 오, 거룩한 단순함이여!

O sanctissima Virgo.([영] O Most Blessed Virgin Mary)
오 지극히 거룩하신 동정녀(1988.12.30. "Christifideles laici" 중에서).

O sanctissima Virgo, Mater Christi et Mater Ecclesiæ,
cum gaudio et cum admiratione,
tuo "Magnificat" unimur cantico,
tuo nempe grati amoris cantico.

Tecum gratias agimus Deo,
"cuius misericordia in progenies et progenies", propter splendidam vocationem
et multiformem christifidelium laicorum missionem,
a Deo nominatim vocatorum ut cum Illo in amoris
et sanctitatis communione vivant
et fraterne in magna filiorum Dei familia uniti sint,
missi ad lucem Christi irradiandam
et ad ignem Spiritus communicandum
in mundum universum per suam evangelicam vitam.
Virgo cantici "Magnificat", eorum corda gratitudine imple
et ardore ob hanc vocationem et ob hanc missionem.
Tu quæ cum humilitate et magnanimitate "ancilla Domini" fuisti,
nobis tuam ipsam servitio Dei et saluti mundi disponibilitatem dona.
Aperi corda nostra immensis Regni Dei
et proclamationis Evangelii omni creaturæ perspectivis.
In corde tuo materno pericula multa multaque mala,
quæ nostri temporis viros et mulieres opprimunt, semper sunt præsentia.
Sed præsentia quoque sunt tot boni incepta, magnæ ad valores appetitiones,
progressus in copiosis salutis producendis fructibus effecti.
Virgo strenua, nobis vim animi et fiduciam in Deum inspira,
ut omnia sciamus obstacula superare,
quæ in nostra missione invenimus adimplenda.
Doce nos mundi realitates vivo christianæ responsabilitatis
sensu tractare atque adeo in gaudiosa spe
adventus Regni Dei, novorum cælorum ac terræ novæ.
Tu quæ simul cum Apostolis orantibus in Cenaculo fuisti
adventum Spiritus Pentecostes exspectans,
eius renovatam invoca in omnes christifideles laicos,
viros et mulieres, effusionem,
ut eorum vocationi et missioni plene correspondeant, sicut palmites vitis veræ,
vocati ut fructum plus afferant pro mundi vita.
Virgo Mater, duc et sustine nos ut semper tamquam veri filii et filiæ Ecclesiæ
Filii tui vivamus et ad humanum et civilem cultum veritatis
et amoris in terra stabiliendum secundum optatum Dei
et ad Eius gloriam conferre possimus. Amen.

오 지극히 거룩하신 동정녀, 그리스도의 어머니시며 교회의 어머니,
기쁨과 경탄으로 당신과 함께 당신의 찬미가(Magnificat),
감사와 사랑의 노래를 우리도 함께 부르나이다.
당신과 함께 우리도 하느님께 감사드리나이다.
"그 인자하심은 세세대대에 미치시리라."
평신도들의 빛나는 소명과 다양한 사명을 위하여 감사드리나이다.
하느님께서는 평신도를 한 사람씩 따로 부르시어 사랑과 성덕의 친교로
당신과 결합되어 살게 하시고 당신 자녀들의 거대한 가정 안에서
하나가 되게 하셨으며 평신도들을 온 세상으로 파견하시어
복음적 생활로써 그리스도의 빛을 반사하며 성령의 불을 놓게 하셨나이다.
찬미가를 부르신 동정녀, 평신도들의 마음을 감사와 열정으로 채워 주시어
자신의 소명과 사명을 찬미하게 하소서.
겸손과 도량으로 "주님의 종"이 되신 분,
하느님을 섬기고 인류 구원에 기꺼이 봉사하신
당신의 그 마음을 우리에게도 심어 주소서.
우리의 마음을 열어 주시어 하느님 나라의 위대한 내림을 기다리며
모든 사람에게 복음을 선포하게 하소서.
어머니의 마음은 이 시대의 남녀가 당하는 무수한 위험과 죄악 들을 아시나이다.

O

동시에
선을 추구하는 수많은 계획들 참된 가치를 추구하는 위대한 열망들
풍성한 열매를 맺어 가는 구원의 진보도 보고 계시나이다.
강하신 동정녀, 우리의 마음도 강하게 하시고
하느님께 대한 신뢰를 굳게 하시어 우리의 사명을 수행하며 겪게 되는
온갖 장애를 극복할 줄 알게 하소서.
그리스도인의 책임 의식으로 세상에 현실에 대처할 수 있게 가르쳐 주시어
하느님 나라의 내림과 "새 하늘 새 땅"을 기다리소서
기쁨에 넘치는 희망을 품게 하여 주소서.
만찬 방에서 기도하는 사도들과 함께 오순절의 성령 강림을 기다리셨던 동정녀,
모든 남녀 평신도에게 새로운 성령 강림을 간청해 주시어
그들이 세상의 생활을 위하여 많은 열매를 맺도록 부르심을 받은
포도나무의 참 가지가 되어 자신의 소명과 사명에 오롯이 응답할 수 있게 하소서.
동정이신 어머니, 우리를 이끄시고 붙들어 주시어
당신의 아드님께서 세워 주신 교회의 참된 아들딸로서 살아가며
하느님의 뜻을 따라 진리와 사랑의 문화를 지상에 건설하고
하느님 영광에 공헌할 수 있게 하소서. 아멘.
O Most Blessed Virgin Mary,
Mother of Christ and Mother of the Church,
With joy and wonder we seek to make our own your Magnificat,
joining you in your hymn of thankfulness and love.
With you we give thanks to God,
"whose mercy is from generation to generation", for the exalted vocation
and the many forms of mission entrusted to the lay faithful.
  God has called each of them by name to live his own communion of love
  and holiness and to be one in the great family of God's children.
  He has sent them forth to shine with the light of Christ
  and to communicate the fire of the Spirit in every part of society
  through their life inspired by the gospel.
O Virgin of the Magnificat,
fill their hearts with a gratitude and enthusiasm
for this vocation and mission.
With humility and magnanimity you were the "handmaid of the Lord";
give us your unreserved willingness for service to God
and the salvation of the world.
Open our hearts to the great anticipation of the Kingdom of God
and of the proclamation of the Gospel to the whole of creation.
Your mother's heart is ever mindful of the many dangers
and evils which threaten to overpower men and women in our time.
At the same time your heart also takes notice of the many initiatives
undertaken for good, the great yearning for values,
and the progress achieved in bringing forth
the abundant fruits of salvation.
O Virgin full of courage, may your spiritual strength
and trust in God inspire us, so that we might know
how to overcome all the obstacles that we encounter
in accomplishing our mission.
Teach us to treat the affairs of the world
with a real sense of Christian responsibility
and a joyful hope of the coming of God's Kingdom,
and of a "new heaven and a new earth".
[Christifideles laici의 끝 부분의 기도인 이 번역문은 영어판을 불어판과
비교하여 작성한 다음, 세계주교대의원회의 제7차 정기 총회에 한국
대표로 참석하였던 김남수 주교가 라틴어판을 토대로 감수한 것이다].

O Sapiéntĭa. 오, 지혜시여!("교창" 참조)
O seri studiórum. 배우지 못한 자들아! .
O spectac(u)lum miserum! 오, 가련한 모습이여!
O stultitĭam singulárem! 오, 기이한 어리석음이여!
O tempora! O mores! 오, 세대여! 오 풍속이여!(개탄하는 말)
O testimónium ánimæ naturáliter christiánæ.
  오 본성적으로 그리스도교적인 양심의 증명이여.
o valde decora, et pro nobis Christum exora.
  오 아름다우신 분이여, 우리를 위해 그리스도께 빌어주소서.
Oænéum, -i, n. Illýria의 도시
O.A.M.D.G. 모든 것을 하느님의 영광을 위하여.
  = Omnia ad majorem Dei Gloriam(예수회의 표어).
oasis, -is, f. (希) 오아시스(⑨ oasis), 사막의 옥지(沃地),
  (쓸쓸함을 잊게 하는) 위안을 주는 곳.
Óaxes, -is, m. Creta섬의 강
ob. = obiit(영면하다, 잠들다, 죽다)의 약자(略字)
ob¹, præp.c.acc. (어디를) 향하여, 앞에(ἐμπροσθεν.
  ἐνώπιον.πρὸ), 때문에(διὰ), 인하여, 대가로, 대신에.
  mihi ob oculus versatur. 내 눈앞에 닥치다/
  quam ob rem? 무엇 때문에?.
ob eam causam. 그 일 때문에, 그 이유 때문에
ob eam rem(causam). 그렇기 때문에
ob hanc rem(causam). 이렇기 때문에
Ob imprudentiam magistratuum non solum gravissima
incommoda passuri fuimus, sed libertatem ipsam
amissuri. 관리들의 어리석음 때문에 우리는 생필품 부족을
겪어야만 했을 뿐만 아니라 자유 자제마저도 상실할
지경이었다.[성 염 지음, 고전 라틴어, p.232].
Ob mérita mea ómnibus carus sum.

나는 나의 공로 때문에 모든 이에게 귀여움을 받는다.
(원인이나 이유 특히 어떤 동기가 되는 이유를 표시하기 위하여서는
전치사 propter나 ob와 함께 대격을 쓴다.)
ob hanc rem(causa). 이렇기 때문에
ob óculos pónere. 눈앞에 놓다
ob óculos versári. 눈앞에 있다
ob pátriam pugnáre. 조국을 위하여 싸우다
ob rem. 유리하게, 이롭게, 성공적으로.
ob Romam dúcere. 로마 쪽으로 인도하다
ob-², prœvérbium. 1. 접두사로서 그 합성되는 단어에
  "앞에, 두루, 둘레에, 곁에, 해롭게, 거슬러" 따위의
  뜻을 붙여줌. 2. 모음 b, d, l, m, n, r, s, t, v자로
  시작되는 단어 앞에서는 ob-으로 합성되며, 그 밖의
  자음 앞에서는 ob- 그대로도 쓰고 때로는 뒷 자음과
  같은 자음으로 동화되기도 함. e.g. obfícĭo → offícĭo.
obærátus, -a -um, adj. (inusit. obǽro)
  (갚지 못해서 몸으로 대신 때울 정도로) 빚진,
  채무에 얽매인, m. 채무자(債務者).
obambulátĭo, -ónis, f. (obámbulo)
  왔다 갔다 함, 소요(逍遙-산책), 배회(徘徊).
obámbŭlo, -ávi, -átum, -áre, tr., intr. (ob²+) 앞으로 가다,
  돌아다니다, 왔다 갔다 하다, 배회하다, 답파(踏破)하다.
obármo, -ávi, -átum, -áre, tr. (ob²+)
  무기(武器)를 잡다(갖추다), 무장(武裝)하다.
obáro, -ávi, -átum, -áre, tr., intr. 주위를 갈다, 경작하다
obáter, -tra -trum, adj. (ob²+) 거무스름한
obatrátus, -a -um, adj. (ob²+ater) 거무스름한, 어두운
obaudiéntĭa, -æ, f. (obáudĭo)
  복종(服從.⑨ Submission), 순종(順從.⑨ Assent).
obáudĭo, -ívi(ĭi), -ítum, -íre, intr. 순종(順從)하다.
  복종(服從)하다, 따르다(רסד.אדר.לבק).
obaudítĭo, -ónis, f. (obáudĭo)
  복종(服從.⑨ Submission), 순종(順從.⑨ Assent).
obaurátus, -a -um, adj. (ob²+) 도금된, 금칠 한
obba¹-æ. f. 주둥이가 좁은 잔
Obba²-æ, f. Carthágo 부근의 도시
óbbĭbo, -ěre, tr. (ob²+) 단숨에 마시다
obbrutésco, -brútŭi, -ěre, intr., inch. (ob²+)
  짐승처럼 되다; 이성(정신)을 잃다, 혼비백산하다.
obbrútŭi, "obbrutésco"의 단순과거(pf.=perfectum)
obc… V. occ…
obdensátĭo, -ónis, f. 조밀하게 함, 빽빽하게 함
obdídi, "obdo"의 단순과거(pf.=perfectum)
obdítum, "obdo"의 목적분사(sup.=supínum)
obditus, -a -um, "obdo"의 과거분사(p.p.)
obdo, -dídi -dítum -ěre, tr. (ob²+do) 닫다(אחד),
  (막기 위해서) 앞에 놓다, 대립시키다, 싸다,
  막다(אחד.לכא.לאד), 휘감다, 매다(אחד.רטק).
obdórmĭo, -ívi -ítum -íre, intr. (ob²+)
  잠들다(אח.אחד), 깊이 잠들다.
obdormio in Dómino. 선종 하다
obdormísco, -ěre, intr., inch. (obdórmĭo) 잠들다
obdúco, -dúxi, -dúctum, -ěre, tr. (ob²+)
  앞으로 끌어내다, (어디를 향해) 인도하다, 덧씌우다.
  앞에다 쳐 놓다(설치하다), 꺼풀지게 하다, 가리다,
  아물게 하다, 덮다, 싸다, 들이켜다, 주름살 짓다,
  들이키다, 찌푸리다, 길쭉하게 하다, 숨기다, 감추다.
  frons obdúcta. 찌푸린(주름 잡힌) 이마/
  obdúctā nocte. 밤이 되어.
obdúco diem. 날을 보내다(지내다)
obdúctĭo, -ónis, f. (obdúco) 덮음, 가림,
  (사형수에게 씌우는) 용수(죄수의 얼굴을 못 보게 머리에 씌우던 기구).
obductum, "obdúco"의 목적분사(sup.=supínum)
obdúctus, -a -um, p.p., a.p. (obdúco) 덮인, 흐린,
  주름진, 구겨진, 찌푸린, 유착(癒着)된, (상처가) 아문.
obdúlco, -ávi, -átum, -áre, tr.
  달게 하다, 단맛이 나게 하다, 양념하다.
obdura, 원형 obdúro, -ávi, -átum, -áre, (ob²+)

[명령법. 현재 단수 2인칭 obdura, 복수 2인칭 obdurate].
Perfer et obdura; dolor hic tibi proderit olim.
참고 버텨라! 언젠가 이 고통이 당신에게 이로울 것이다/
Perfer et obdura: multo graviora tulisti(Ovidius).
참고 견디라! 그대는 이보다 훨씬 무거운 시련도 견디어냈다.
obdurátĭo, -ónis, f. (obdúro) 완악(성질이 억세게 고집스럽고 사나움),
완고(σκληροκαρδια.頑固-성질이 완강하고 고루한),
굳어짐, 고집(固執), 무정(無情-인정이나 동정심이 없음).
obdurésco, -rŭi -ĕre, intr. (ob²+durus) 굳어지다,
딱딱해지다, 견고해지다, 몰인정해지다, 완고해지다.
obdúro, -ávi, -átum, -áre, (ob²+)
intr. 완고해지다, 꿋꿋이 서다, 버티다.
tr. 굳어지게 하다; 완고(頑固)해지게 하다.
obdūrui, "obdurésco"의 단순과거(pf.=perfectum)
obduxi, "obdúco"의 단순과거(pf.=perfectum)
obedi… V. **obœdi**…
obediens(=obœdiens) -éntis, p.prœs., a.p.
순종하는, 복종(服從)하는, 따르는, 고분고분한.
obœdiens usque ad mortem([영] Obedience unto death)
죽음에까지 이르는 순종(로마 5,19; 필립 2,8 참조).
obedientia ut cadaver. 시체와 같이 순종(順從)
Obedire veritati Vitæ. 생명의 진리에 순종하라.
obeliscus, -i, m.
방첨탑(方尖塔→오벨리스크), 오벨리스크([영] obelisk→방첨탑).
óbĕo, -ívi(ĭi), -ĭtum, -íre, anom. (ob²+)
intr. 향해서 가다, …로 가다, 맞닥뜨리다, 접근하다,
수평선 저쪽으로 사라지다, (달.해.별이) 지다,
패망하다, 몰락하다, (사람에 대해서만) 죽다(ךטד.
ךדטנגד.גניד.תומ.ד.θνὴσκω).
tr. 가까이 가다, 찾아가다, 만나다(פגע), 당하다, 겪다,
두루 돌아다니다, 볼일 보러 분주히 돌아다니다,
편력(遍歷)하다, 유세(遊說)하다, 시찰(視察)하다,
사열하다, 쳐들어가다, 공격하다, 무찌르다, 이행하다,
완수(完遂)하다, 다하다, 실행하다(πρὰσσω).
morte óbitā. 죽은 뒤에/
obire maria. 바다들을 돌아다니다/
obire mortem. 일찍 죽다[e medio excedĕre(abire)]/
obire munus. 직무를 이행하다/
obire terras. 각국을 유람하다.
obeo diem. 정해진 날에 나타나다, 날짜를 지키다.
obeo diem(suum, suprémum), obeo mortem. 죽다
obéquĭto, -ávi, -átum, -áre, tr., intr.
(어디를) 말 타고 돌다(일주하다).
obérro, -ávi, -átum, -áre, intr. 이리저리 방황하다,
돌아다니다(סחר), 눈앞에서 아물거리다.
obésĭtas, -átis, f. (obésus) 비대(肥大-살이 찌고 몸이 큼),
살찜, 비만(肥滿.[영] fatness), 비만증(肥滿症),
지방과다(脂肪過多), (식물의) 과대성장(過大成長).
obésus, -a -um, adj.(p.p.)(inusit. óbedo)
갉아먹은, 침식된, 파먹은 (광산 따위), 야윈, 깡마른,
호리호리한, 살찐, 비대(肥大)한, 풍만한, 두꺼운, 부은,
불은, 팽창(膨脹)한, 미련한, 둔한.
obex(=objex, -jĭcis, m.) -ĭcis,(óbjĭcis) m., f. (objício)
문빗장, 방책(方策), 방색물(防塞物-들어오지 못하게 막는 구조물),
방해물, **장애**(障碍), 지장(支障-일을 하는 데 거치적거리는 장애),
빗장, (성사의 효과를 방해하는) 장애;
믿지 않는 혹은 회개하지 않는 고집.
obf… V. **off**…
obfui, "obsum"의 단순과거(pf.=perfectum)
obg… V. **ogg**…
obhǽrĕo, -ére, intr. (ob²+) 붙어 있다, 부착해 있다
obhǽresco, -hǽsi -ĕre, inch., intr. (obhǽrĕo)
붙다, 부착하다, 점착(粘着)하다.
ŏbhǽsi, "obhǽresco"의 단순과거(pf.=perfectum)
ŏbhǽsum, "obhǽresco"의 목적분사(sup.=supínum)
obícĭo = objícĭo 앞에 내놓다, 앞에 내던지다
obicio cibum canibus. 음식물을 개들에게 던져주다
óbĭens, -eúntis, p.prœs. (óbeo)
ŏbĭi, "obeo"의 단순과거(pf.=perfectum)
obiráscor, (-ĕris, -ĭtur), irátus sum, -sci, dep., intr.
(ob²+) 분노하다(ךגי.ךעז), 몹시 화내다.
óbĭter, adv. (ob²+iter) 지나는 길에, 내친(하는) 김에,
잠깐([영] a little while), 우연히, 동시에, 거의(다).
((法)) (재판관이 판결할 때 말하는) 부수적 의견.
obiter dictum. 부언(附言-덧붙여서 말함)
obitum, "obeo"의 목적분사(sup.=supínum)
ŏbĭtūrus, "obeo"의 미래분사(p.fut.=participíum futúrum)
óbĭtus, -us, m. (óbeo) 도착(到着-목적지에 다다름), 접근, 방문,
만남([영] Meeting), (해.달.별이) 짐, 사라짐, 최후(最後),
죽음(מָוֶת.θὰνατος.[영] Death), 파멸(破滅.破壞),
이행(履行.[영] Fulfillment), 완수(完遂), 실행.
dies óbitus. 사망일, 기일(忌日),
Mihi renuntiátum est de óbitu *alcjs*.
누구의 사망소식이 내게 전해졌다.
ŏbīvi, "obeo"의 단순과거(pf.=perfectum)
objácĕo, -jácŭi, -ére, intr. (ob²+)
앞에 누워 있다(놓여 있다), 위치하고 있다, 향하고 있다.
objēci, "objícĭo"의 단순과거(pf.=perfectum)
objectácŭlum, -i, n. (objécto)
장애(障碍.[영] an obstacle), 방축(防築-"방죽"의 본딧말).
objéctămen, -mĭnis,(**objectaméntum**, -i,) n. (objécto)
질문([영] Question), 비난(非難.[영] criticism).
objectátĭo, -ónis, f. (objécto) 마주 놓음, 반대, 비난.
Obiectationes Rosario factæ. 묵주기도에 대한 반대.
objéctĭo, -ónis, f. (objício) 앞에 내던짐, 맞세움,
반대(反對), 이론(異論), 이의(異議), 불복(不服), 비난.
Objectiones Vincentianæ. 빈첸시오의 반박서.
Objectio conscientiæ([영] Conscientious objection).
양심을 거스름.
objectivísmus, -i, m. 객관주의(客觀主義)
objectívĭtas, -átis, f. 객관성, 타당성(妥當性-타당한 성질)
objectivitas principii causalitátis. 인과율의 객관성
objectívus, -a -um, adj. (objéctum) 대상의, 목적물의,
개체의, 객관적. (文法) 객어적(客語的), 목적어의.
Beatitúdo obiectiva(obiectum beatitudinis)
객관적 복락(客觀的 福樂-복락의 대상)/
genetívus objectivus. 객어적 2격(속격)/
gloria objectiva. 객관적 영광/
ratio objectiva pulchri. 미(美)의 객관적인 의미.
objectívus concursus 객관적 병합(倂合)
objécto, -ávi, -átum, -áre, freq., tr. (objício)
앞에 내던지다(내놓다), 노출시키다, 맞놓다,
맞세우다, 비난하다(גער.גדף), 나무라다(גער.ירב),
듣기 싫은 소리하다, 반대(反對)하다.
objéctor, -óris, m. (objício) 비난자, 반대자, 비평가
objectum, "objícĭo"의 목적분사(sup.=supínum)
objéctum, -i, n. (objício) 대상(對象), 목적물, 물건,
물체, 사물. (哲) 객관, 객체(客體-작용의 대상이 되는 쪽).
(文法) 목적어(目的語), 객어(客語).
formale objectum fidei. 신앙의 형식적 대상/
Potentiæ specificantur per actus et objecta.
가능성은 행동과 대상을 통해 분류된다.
objectum actus. 활동의 대상
Obiectum actus deliberati.([영] The object of
the deliberate act) 자유로운 행위의 대상
objectum adæquátum.
적합 대상(適合對象-어떤 능력의 실질적 대상의 전체).
objectum desiderátum. 욕구의 대상(慾求 對象)
objectum directum 직접 객어
objectum fidei. 신앙의 대상(信仰 對象)
objectum formale. 형상적 대상, 체형적 대상, 형식적 객체,
본격적 대상, 형식대상(심상태 지음, 續.그리스도와 구원, p.287).
objectum in esse morale. 윤리적 대상(倫理的 對象)
objectum indirectum 간접객어
objectum internum 동의객어
Objectum liturgicum.([영] Liturgical Objects).

O

獨 Geräte liturgische) 전례 물품.
objectum materiale. 질료적 대상(공통적 일반대상),
　원질적 대상, 내용적 객체.
Objectum morale stricte dictum.
　협의적 의미의 윤리적 대상.
objectum proprium. 고유(本來的) 대상, 본연의 대상
objectum proximum. 가까운 객체
objectum remotum. 먼 객체
objectum sententiæ. 판결의 대상
objectum supernaturale. 초자연적 대상
objectum voluntátis. 의지의 대상
objectus, -us, m. (objício) 앞에 내놓음, 대립시킴,
　제시(提示-어떠한 의사를 말이나 글로 나타내 보임), 장애(障碍),
　지장(支障-일을 하는 데 거치적거리는 장애), 방해물(妨害物).
objectus consensus. 합의의 대상(合意 對象)
objex, -jĭcis, m. = obex 문빗장, 방책(防柵), 장애, 지장
objício, -jéci -jéctum -ĕre, tr. (ob²+jácio)
　앞에 내던지다, 앞에 내놓다(내밀다), 앞에 내맡기다.
　직면하게 하다, 보이게 하다, 제시하다, 대립시키다.
　맞세우다. 대항해서 …하다, 일으키다. 끼치다, 주다,
　침투(浸透.infiltration) 시키다, 나무라다, 비난하다,
　(방어하기 위하여) 반대하다, 논박(論駁)하다.
objécta. 돌출부, 내민 곳)
　óbjici rei(ad rem). (무슨) 일에 직면하다/
　Objiciuntur sæpe formæ. 가끔 어떤 모습들이 눈에 보인다.
objicio cibum cánibus. 음식물을 개들에게 던져주다
objicio terrórem alci. 누구에게 공포심을 일으키다
objurgátĭo, -ónis, f. (objúrgo) 꾸짖음, 견책(譴責)
　책망(責望-잘못을 꾸짖고 나무람), 비난(非難).
objurgátor, -óris, m. (objúrgo)
　책망자(責望者), 꾸짖는 사람, 비난자(非難者).
objurgatórius, -a -um, adj. (objurgátor)
　책망(責望)하는, 꾸짖는, 비난(非難)하는.
objúrgĭto, -áre, intens., tr. (objúrgo)
　몹시 꾸짖다, 야단치다.
objúrgo, -ávi, -átum, -áre, tr. (ob²+) 책망(責望)하다,
　나무라다(ירי,ירי), 질책(叱責-꾸짖어 나무람)하다,
　비난하다(ירי,ירי), 꾸짖다(ירי,ירי), 벌(罰)주다.
　Alteri alteros objurgant.
　　그들은 두 패가 되어 서로 비난하고 있다/
　Boni parentes objurgare liberos nonnumquam verberibus
　solent. 좋은 부모도 이따금 채찍으로
　　아이들을 벌주게 마련이다.
oblanguésco, -lángŭi, -ĕre, intr. (ob²+)
　쇠약해지다, 시들다, 피로하다, 신음(呻吟)하다.
oblati, -órum, m., pl. (oblátus) 수도지원 아동(중세기 때
　수도원 안에 거주하며 수도생활을 지원하던 어린아이들), 헌신자.
Oblatæ Regulares St. Benedicti. 성 베네딕도회 헌신회.
　(성녀 Francesca Romana가 1452년 '마리아 헌신회'란 이름으로 로마의 귀부인
　들을 규합해 신심 단체로 창설. 1433년 교황 에우제니오 4세 인가 받음).
Oblati Assumptiónis(O.A.) 성모승천 봉헌자 수녀회
　(㉫ Sisters Oblátes of The Assumption.
　　　　　　　(1865.5.24. d'Alzon 신부 창립).
Oblati benedetini. 베네딕도회 헌신자들
Oblati Mariæ Immaculatæ.(O.M.I.) 무염 성모 헌신회,
　원죄 없으신 마리아 헌신회, 프로방스 선교회.
Oblati Mariæ Virginis.(O.M.V.) 동정 마리아 헌신회.
　(1815년 Bruno Lanteri가 이탈리아 Torino 근처 Carignano에 창립).
Oblati regulares Sti. Benedicti. 성 베네딕도회 헌신회
Oblati Sacratissimi Cordis Jesu et Immaculati Cordis
Mariæ. 예수 성심과 원죄 없으신 마리아 성심 헌신회.
　(1843년 Ven. Muard가 프랑스 Burgundy에서 창설. 교육과 전교).
Oblati SS. Ambrosii et Caroli.
　성 암브로시오와 카를로 보르메오 헌신회.
　(1578년 Car. Borromeo가 Milano에 창립한 세속 신부 공동체).
Oblati St. Josephi.(O.S.J.) 성 요셉 헌신회
Oblati Sti Francisci Salesio.
　성 프란치스코 살레시오 헌신회.
oblatícĭus(=oblatitius) -a -um, adj. (óffero)
　봉헌되는, 바쳐지는, 드리는.

oblátĭo, -ónis, f. (óffero) 봉헌(προσφορα.㉫) offerings),
　제물 봉헌, 헌납(獻納), 바침, (경매의) 입찰, 선물(膳物),
　예물(禮物), 봉헌물(奉獻物.㉫ votive offerings).
　De frequenti Sacrificii oblatione. 잦은 미사 봉헌에 대하여/
　Donorum oblatio.(㉫ The presentation of the gifts)
　예물 봉헌(2007.2.22. "Sacramentum Caritatis" 중에서)/
　fundens supra oleum et tus imponens: similæ
　oblatio est. (kai. evpiceei/j evpV auvth.n e;laion kai. evpiqh,seij
　evpV auvth.n li,banon qusi,a evsti,n) (獨 und sollst Öldarauf
　tun und Weihrauch darauf legen. Das ist ein Speisopfer)
　(㉫ On this cereal offering you shall put oil and
　frankincense) 그 위에 기름을 붓고 유향을 놓는다.
　이것은 곡식 제물이다(성경 레위기 2. 15)/그 위에 기름을
　붓고 향을 얹어서 바쳐라. 이것이 곡식예물이다(공동번역)/
　Patres synodales mentem etiam converterunt in
　donorum oblationem. 세계주교대의원회의 교부들은
　예물 준비에도 관심을 기울였습니다/
　Quam Oblationem. 성령 청원 부분.
oblátĭonem rátĭonabilem. 합당한 봉헌(奉獻)
Oblationes et bona quæ offeruntur. 봉헌금과 기부금
oblátĭones pro ministrátĭonis sacramentórum*
　성무 봉헌금.
Oblationes pro sacramentorum administratione.
　성사 집전 봉헌금.
oblatiúncŭla, -æ, f. 작은 제물(선물)
oblatívus, -a -um, adj. 자발적인, 자진하여 바치는
oblátor, -óris, m. (óffero) 헌납자(獻納者),
　봉헌자(奉獻者), 기부자(寄附者), 예물자(禮物者).
oblatrátor, -óris, m. (oblatrátrix, -ícis, f.) (oblátro)
　짖어대는 자, 욕설자(辱說者)
oblátro, -áre, intr., tr. (ob²+) 향해서 짖다, 욕설하다
oblátum, "óffĕro"의 목적분사(sup.=supínum)
oblátum, -i, n. 봉헌물(奉獻物.προσφορα), 예물(禮物)
oblátus, -a -um, p.p. (óffero)
oblēvi, "óblĭno"의 단숙과거(pf.=perfectum)
oblectámen, -mĭnis,(=oblectamentum, -i) n. (oblécto)
　오락(娛樂), 여흥(餘興) 위안(慰安), 진정제(鎭靜劑).
oblectátĭo, -ónis, f. (obtécto) 오락, 여흥, 쾌락, 낙, 매력
oblectátor, -óris, m. (obtécto) 재미있게 해주는 사람,
　위로(慰勞)해주는 사람, 위안(慰安)해주는 사람.
oblectatórius, -a -um, adj. 재미있는, 오락의
oblécto, -ávi, -átum, -áre, tr. (ob²+lacto⁴) 즐겁게 하다,
　재미나게(흥나게) 하다, 심심치 않게 보내다.
oblecto se in alqã re. 재미있게 지내다
oblícus = oblíquus 기웃한, 비뚤어진, 비스듬한, 삐딱한
oblído, -lísi -lísum, -ĕre, tr. (ob²+lædo) 질식시키다,
　세게 조르다(죄다), 압축(壓縮)하다, 찌부러뜨리다.
obligátĭo, -ónis, f. (óbligo) 붙들어 맴, 속박(束縛),
　사슬. 의무(義務.㉫ Duty/Obligátion), 임무(任務).
　책임(責任.㉫ Responsibility), 채무 관계(債務關係),
　부채(負債-빚), 부담(負擔-어떠한 의무나 책임을 짐), 저당권.
　Impossibilium nulla obligátĭo est.
　　불가능에 대하여는 아무 의무도 없다/
　Non est obligatorĭum contra bonos mores præstitum
　iuramentum. 좋은 풍습을 거슬러 맹세한 것은 지킬
　　의무가 있는 것이 아니다/
　nuda pactio obligationem non parit.
　　단순한 약정은 채무관계를 발생시키지 않는다/
　obligátĭo ex ordinátĭone contractæ. 서품에 의한 의무.
obligátĭo ante sententiam. 판결 전 책임
obligátĭo applicationis Missæ. 미사 지향 적용 의무
obligátĭo civilis. 국법상 의무
obligátĭo et contractu. 도덕적인 측면에서 계약에 따른 책임
obligátĭo et delicto. 예견되었고 피할 수 있었는데도
　결과적으로 책임을 지게 되는 과실 책임.
obligátĭo naturális. 자연법상 의무
obligátĭo objectiva. 객관적 의무
Obligatio officii in choro.(㉫ Obligation of Office in

choir.獨 Chorpflicht) 합창 기도 의무.
obligátĭo paschalis.(⑨ Paschal Precept) 부활절 의무
obligátĭo post senténtiam. 판결 후 책임
Obligátĭo residéntia.(Onus residentiæ)
상주 의무, 정주 의무, 거주 의무.
obligátĭo solidális. 연대책임(連帶責任)
obligátĭo speciális. 특별한 의무
obligatórĭus, -a -um, adj.
구속력 있는, (법률상.도덕상으로) 의무적인.
obligátus, -a -um, p.p., a.p. (óbligo) 속박 받은,
구속된, 책임 지워진, 저당 잡힌, 봉헌된, 신성한.
óblĭgo, -ávi, -átum, -áre, tr. (ob²+lĭgo²)
비끄러매다. 처매다, 한데 묶다, 義務를(책임을) 지우다,
(무엇에 대해서) 구속력을 가지다, 고맙게 여기게 하다,
은혜를(무엇을 은혜로) 베풀다, 누구의 청을 들어주다,
재판에 걸다, 죄인으로 몰다, 저당(抵當)잡히다.
se obligo. 의무를 지다, 의무가 있다.
oblímo, -ávi, -átum, -áre, tr. (ob²+limus²)
진흙으로 덮다, 더럽히다(ᴨ²²), 탕진(蕩盡)하다,
틀어막다, 혼란(混亂)케 하다, 어둡게 하다.
óblĭno, -lévi -lĭtum -ĕre, tr. (ob²+) 바르다, 칠하다,
틀어막다, 밀봉하다, 지우다, 말소하다, 더럽히다(ᴨ²²),
스며들게(물들게) 하다, (빈 데를) 차곡차곡 채우다.
obliquátĭo, -ónis, f. (oblíquo) 경사(傾斜-비스듬히 기울어짐),
사면(斜面-경사진 面), 사선(斜線-비스듬하게 그은 줄)
oblíquo, -ávi, -átum, -áre, tr. (oblíquus)
비스듬하게 하다, 기울다, 기울게 하다,
빗나가게 하다, 비뚤어지게 하다, 넌지시 말하다.
oblíquus, -a -um, adj. 비스듬한, 삐딱한, 기울은, 경사진,
사면(斜面)의, 사각(斜角)의, 비뚤어진, 옆으로의, 간접의,
완곡한, 넌지시 하는 (말), 적의를 가진, 적대시하는.
(文法) 간접(화법)의, 사격(斜格)의.
ab(ex) oblíquo. 비스듬하게/
causa obliquus. 간접격, 사격(斜格)/
in obliquo. 은근하게(umbraliter, adv.)/
in(per) oblíquum. 비스듬하게/
línea oblíqua. 사선(斜線) / obliquo itinĕre. 옆길로/
obliquo oculo aspicĕre. 곁눈으로 보다, 질시하다/
oratio oblíqua. 간접 화법. 간접 담화
oratio recta. 직접 화법, 직접 담화.
oblísi, "oblído"의 단순과거(pf.=perfectum)
oblísum, "oblído"의 목적분사(sup.=supínum)
obliter⋯ V. **oblitter⋯**
oblitésco, -tŭi -ĕre, intr. (ob²+latésco¹)
숨다(ᴨᴨ), 피하다(⑨ avoid).
oblitterátĭo, -ónis, f. (oblíttero) 지워버림, 잊어버림,
말소(抹消-지워서 없앰), 망각(妄覺-잊어버림. 獨 Vergessenheit).
oblitterátor, -óris, m. (oblíttero)
지우는(말소하는) 사람, 잊어버리는 사람.
oblíttĕro, -ávi, -átum, -áre, tr. (ob²+líttera) 말소하다,
지워버리다, 잊어버리다, 기억(記憶)에서 지워버리다.
oblĭtŭi, "oblitésco"의 단순과거(pf.=perfectum)
oblĭtum, "oblíno"의 목적분사(sup.=supínum)
óblĭtus¹ -a -um, p.p. (óblino)
óblĭtus² -a -um, p.p. (oblivíscor)
Néscio, quid tibi sum oblítus hódie, ac vólui dícere.
잊어버려서 생각이 안 난다만 네게 오늘 말을 하려고 했다.
Oblitus sum. 나는 잊어버리고 있었다.
obliviális, -e, adj. 잊어버리게 하는
oblívĭo, -ónis, f. (oblivíscor) 잊어버림, 잘 잊어버림,
망각(妄覺-잊어버림. 獨 Vergessenheit), 건망(健忘-잘 잊어버림),
사면(赦免⑨ pardon), 대사(大赦).
alqd oblivióne obruo. 기억에서 지워버리다/
Injuriarum remedium est oblivio.(Seneca)
불의를 치유하는 길은 망각이다/
Olivionis artem mallem ; nam nemini etiam quæ nolo,
olivisci non possum quæ volo. 나는 망각의 기술을 더

바란다. 왜냐하면 나는 내가 기억하고 싶지 않은 것은
기억하고, 잊어버리고 싶은 것은 잊을 수가 없기 때문이다.
oblivĭósus, -a -um, adj. (oblívĭo)
잘 잊어버리는, 잊어버리게 하는.
oblivíscor, (-ĕris, -ītur), oblītus sum, oblivísci, dep.
intr.(tr.) 잊어버리다, 망각하다, 등한히 하다, 게을리 하다/
Amicum cum vides, obliviscere miserias.(Priscianus).
그대가 친구를 보거든 그대의 비참일랑 잊도록 하라!/
Est proprium stultitiæ aliorum vitia cernere, oblivisci
suorum.(Cicero). 남의 악덕은 유념하면서 자기 것은
망각하는 것은 어리석음의 고질이다/
Ira impotens sui est, decoris oblita, necessitudinum
immemor.(Seneca). 분노라는 것은 자기에 대한 무력함이요
체면의 망각이자 정작 필요한 것이 무엇인지
생각지 않음이다/
Memini, memini, neque umquam obliviscar noctis illius.
기억하다마다. 나로서는 그 날 밤을 결코 잊지 못할 게야/
Memini neque umquam obliviscar noctis illius.(Cicero).
그 날 밤을 나는 생생하게 기억하고 있을 뿐더러
결코 잊지 못할 것이다/
Obliviscendum est nobis acceptarum injuriarum.
우리는 받은바 모욕을 잊어버려야 한다/
Tui ne obliviscáris. 네 자신을 잊지 말라.
oblívĭum, -i, n. (oblívĭo)
잊음, 망각(妄覺-잊어버림, 獨 Vergessenheit).
oblívĭus, -a -um, adj. (oblívĭo) 기억에서 사라진,
잊혀진, 폐기된. oblívĭa duco. 잊어버리다.
óblŏco, -ávi, -átum, -áre, tr. (ob²+) 세 주다, 임대하다
oblocútĭo, -ónis, f. (óbloquor) 말을 중단시킴, 반대
oblocútor, -óris, m. (óbloquor)
반대자(反對者), 남의 말을 중단시키는 자.
oblongátus, -a -um, adj. (解) 연(延)….
medúlla oblongáta. 연수(延髓).
oblóngŭlus, -a -um, adj. dim. (oblóngus)
약간 길쭉한, 기름한.
oblóngus, -a -um, adj. 장방형의, 길쭉한, 옆으로 긴
oblóquĭum, -i, n. (óbloquor) 반대(反對), 억지(抑止),
무함(誣陷-없는 사실을 그럴듯하게 꾸며서 남을 어려운 지경에 빠지게 함).
óblŏquor, (-quĕris, -ĭtur), locútus(-quútus) sum, -qui,
dep., intr. 남의 말에 반대하다, 남의 말을 가로채다,
남의 말을 중단시키다. 노래에 맞춰 반주(伴奏)하다,
(새가) 지저귀다, 욕하다, 악담하다, 비난하다, 혹평하다.
obluctátĭo, -ónis, f. (oblúctor) 씨름, 투쟁(⑨ Battle)
oblúctor, -átus sum, -ári, dep., intr. (ob²+) 씨름하다,
겨루다, 싸우다, 항쟁(抗爭)하다, 저항(抵抗)하다.
oblúdo, -lúsi -lúsum -ĕre, intr. (ob²+)
(누구 앞에서) 놀다(ᴨᴨ), 농담하다, 속이다, 우롱하다.
oblúrĭdus, -a -um, adj. (ob²+) 매우 창백한
oblúsi, "obludo"의 단순과거(pf.=perfectum)
oblúsum, "obludo"의 목적분사(sup.=supínum)
obmítto = omítto 단념하다, 빠뜨리다, 그만두다(ᴨᴨ)
obmólĭor, -ítus sum -íri, dep., tr. (ob²+)
(무엇을) 쌓아서 방책(防柵)으로 삼다,
막다(ᴨᴨᴨᴨ.ᴨᴨᴨ.ᴨᴨᴨ), 방어(防禦)하다.
obmurmurátĭo, -ónis, f. (obmúrmuro)
원망(怨望-불평), 불평, 반대(反對.⑨ opposition).
obmúrmuro, -ávi, -átum, -áre, intr., tr. (ob²+)
불평하다(ᴨᴨᴨ.ᴨᴨᴨ), 원망(怨望)하다, 투덜대다,
중얼거리다, 반대하다(⑨ be against).
obmússo, -áre, tr. 원망하다, 투덜대다, 중얼거리다
Obmutesce, 원형 obmutésco, -mútŭi -ĕre, intr. (ob²+)
[명령법. 현재 단수 2인칭 Obmutesce, 복수 2인칭 obmutescite]
Obmutesce et exi de homine!
(⑨ Quiet! Come out of him!)
조용히 하여라. 그 사람에게서 나가라.(성경 마르 1. 25).
obmutésco, -mútŭi -ĕre, intr. (ob²+)
말을 못하다, 벙어리가 되다, 묵묵하다,
잠잠하다, 입 다물다, 그치다(ᴨᴨᴨ.ᴨᴨᴨ).

837

obmūtui, "obmutésco"의 단순과거(pf.=perfectum)
obnátus, -a -um, p.p. (inusit. obnáscor)
　곁에 난, 주위에 난.
obnéxus, -us, m. (ob²+) 계약(חרד.⑨ covenant),
　속박(束縛), 약속(ἐπαλλελίον.約束.⑨ Promise).
obnísus, -us, m. (obnítor), 노력, 힘씀, 수고
obnítor, -ěris, -ítur, -níxus(-nísus) sum, -níti,
　dep., intr. (ob²) 기대다, 의지하다, 노력하다,
　투쟁(鬪爭)하다, 저항(抵抗)하다.
obníxus(=-sus), a -um, a.p., a.p. (obnítor)
　애쓰는, 완강한, 요지부동의, 힘쓰는.
obnoxiétas, -átis, f. (obnóxius) 묶임, 종속(딸리어 붙음),
　복종(⑨ Submission), 예속(隷屬-남의 뜻대로 지배되어 따름).
obnoxiósus, -a -um, adj. (obnóxius)
　예속된, 복종(服従)하는, 따르는, 해(害)를 가져오는.
obnóxĭus, -a -um, adj. (ob²+noxa) 묶인, 매인(묶인),
　구속받는, 의무 있는, 채무 있는, 신세진, 관련된,
　연루된, 벌 받을, 죄 있는, 예속된, 노예가 된, 굴복하는,
　(위험.비난 따위를) 받기 쉬운, 위험을 지닌,
　(운명.불행.결과 따위를) 당할 수 있는(면할 수 없는),
　…에 노출된, 내맡겨진, (병 따위에) 걸리기 쉬운,
　비열(卑劣-하는 짓이나 성품이 천하고 졸렬한)한, 겁 많은.
　Omnes obnoxii sumus morti, omnes ætati communi.
　　우리 모두가 죽음에 매인 몸이요, 모두가 같은 세월에
　　실려 가는 몸이다(obnoxius, -a, -um+dat. 해를 입는)/
　urbs incéndiis obnóxia 화재의 위험성을 지닌 도시.
obnubilátĭo, -ónis, f. (obnúbilo)
　(醫) 실신(정신을 잃음), 몽롱(朦朧-흐리멍덩하여 아득함)
obnubilátĭo capitis. 인사불성, 혼수상태
obnúbĭlo, -ávi, -átum, -áre, tr. (ob²+) 구름으로 가리다,
　(표정 따위를) 어둡게(흐리게) 하다, 실신하게 하다.
obnúbĭlus, -a -um, adj. 구름 낀, 어두운, 흐린
obnúbo, -núpsi, -núptum -běre, tr.
　덮다(אסכ.יסכ.אפח.יסח), 가리다(יסכ.אסכ).
obnunciátĭo(=obnuntiátĭo) -ónis, f. (obnúntio)
　불길한 예고, 흉조의 예고(凶兆 豫告)
obnúntĭo, -ávi, -átum, -áre, tr. 흉조를 알리다,
　(점쟁이.관리 따위가) 흉보(凶報)를 전하다,
　불길한 예고를 하다, 말리다, 반대하다.
obnupsi, "obnúbo"의 단순과거(pf.=perfectum)
obnuptum, "obnúbo"의 목적분사(sup.=supínum)
obœdĭens(=obediens) -éntis, p.prœs., a.p. (obœdio)
　순종하는, 복종하는, 따르는, 고분고분한.
　Filius párentibus obœdiens. 부모에게 순종하는 아들/
　Ut obœdientes sibi sint invicem. 서로 순명할 것이다.
　　(성 베네딕도 수도규칙 제71장).
Obœdiens fides est forma quam coram Deo agente
eius vita omni tempore sumit.(⑨ Obedient faith in
response to God's work shapes her life at every moment)
　그분 삶의 모든 순간은 하느님 활동에 응답하는
　순종적인 믿음으로 이루어집니다.
obœdiéntĭa, -æ, f. 순종, 복종(⑨ Submission),
　순명[어원적으로 순명은 그리스어 hyp-akoé의 번역으로 말을 공손히
　듣는대(akoé)라는 뜻이다. 다시 말하면 자신을 낮추고(hypo) 말을 듣는다는
　뜻이다. 중세의 윤리학에서는 순명을 합법적인 장상의 명령을 따르는 덕목의 하나
　이다…. 백민관 신부 엮음, 백과사전 3, p.4~5. 하지만 교회법적으로 순명은
　무조건적인 것이 아니라 합리적인 순명을 의미한다.].
　Quod fratres debent vivĕre sine proprio et in
　castitate et obedientĭa. 형제들은 소유 없이
　　정결(貞潔)과 순종 안에서 살 것입니다.
obœdiéntĭa activa. 능동적 순명(성부에 대한 그리스도의 자의적 순명)
obœdiéntĭa canonica. 교회법적 순명(수도서원. 성직 서선 등)
obœdiéntĭa clericális. 성직자의 순명
obœdiéntĭa et pax. 순종과 평화
Obœdiéntĭa fidei. 신앙의 복종(⑨ Obedience of faith),
　신앙의 승복(信仰承服.⑨ Obedience of faith).
Obœdiéntĭa passiva. 수동적 순명(수난 시의 그리스도의 순종)
obœdiéntĭa religiosa. 수도 순명
obœdiéntĭa ut cadaver. 시체와 같이 순종

Obœdientia veritati etiam veritati quoad Deum et
hominem, est prima libertatis condicio.(⑨ obedience to
the truth about God and man is the first condition of
freedom) 하느님과 인간에 대한 진리에 순종하는 것은
　자유의 첫째 조건이다(1991.5.1. "Centesimus annus" 중에서).
obœdĭo(=obedio) -ívi(ĭi), -ítum, -íre, intr. (ob²+áudio)
　귀를 기울이다. 경청하다, 순종하다, 복종하다,
　obœdioad alci verba. 누구의 말대로 하다.
　tr. 완수(完遂)하다, 실행하다.
　invítus obœdire. 부르심에 순명함/
　Obœdire oportet deo magis quam hominibus. 사람에게
　　순종하는 것보다 하느님께 순종하는 것이 더욱 마땅합니다.
　　　　　　　　　　　　　　　　　　　　(사도 5, 29)/
　Obœdire veritati! 진리에 순종하라.
obœdite, 원형 obœdĭo(=obedio) -ívi(ĭi), -ítum, -íre, intr.
　[명령법. 현재 단수 2인칭 oboedi, 복수 2인칭 oboedite].
　Filii, oboedite parentibus per omnia: hoc enim placitum
　est in Domino. 자녀 여러분, 무슨 일에서나 부모에게 순종
　　하십시오. 이것이 주님 마음에 드는 일입니다(성경 콜로새 3. 18).
obœdítĭo, -ónis, f. 복종(服従.⑨ Submission),
　순명(順命), 순종(順従.⑨ Assent).
obœdítĭo fidei. 신앙의 복종, 신앙의 순종
obóléo, -lŭi -lére, tr. (ob²+) (무슨) 냄새를 풍기다(피우다)
oboleo allĭum. 마늘 냄새를 풍기다
obŏlui, "obóléo"의 단순과거(pf.=perfectum)
óbŏlus, -i, m. 돈, 희랍의 화폐(6분의 1 drachma),
　옛 희랍의 중량 단위(小量.少量).
obórĭor, (-rĕris, -rítur), -órtus sum -oríri, dep., intr.
　(ob²+) 곁에(앞에) 나다, 파생(派生)하다, 나타나다,
　자라다(יﬡ‎.אﬡ‎.יבר.אבר), 시작하다,
　일어나다(קום.מור.ﬢﬡם), 우연히 되다.
obp… V. opp…
obrádĭo, -áre, intr. (ob²+rádius) 눈앞에 빛나다
obrépo, -répsi -réptum -ěre, intr., tr. (ob²+)
　몰래 기어들다, 잠입(潛入)하다, 성큼 다가서다.
　모르는 사이에 다가오다, 기습하다, 그럴싸하게 보이다.
obrepsi, "obrépo"의 단순과거(pf.=perfectum)
obreptícĭus, -a -um, adj. (obrépo)
　몰래 이루어진, 사기(詐欺)로 얻은.
obréptĭo, -ónis, f. (obrépo) 몰래 기어 들어감,
　기습(奇襲-몰래 움직여 갑자기 들이침), 사기수단,
　사실 은폐, 기만(欺瞞.⑨ Fraud-남을 그럴듯하게 속임),
　허위 기재 언명(虛僞 記載 言明-교회법 용어로서 어떤 청원서나
　공문서에 기재 사실이 허위 또는 불충분하다는 것을 문서로 언명하는 것을
　말한다. 허위 기재Subreptio와 대조. 백민관 신부 엮음. 백과사전 3, p.6).
obreptio accidentális. 부수적 기만(欺瞞)
obreptio substantiális. 실질적 기만(欺瞞)
obrépto, -ávi, -átum, -áre, freq., intr. (obrépo)
　잠입(潛入)하다, 사기(詐欺)하다.
obreptum, "obrépo"의 목적분사(sup.=supínum)
obrétĭo, -ívi -ítum, -íre, tr. (ob²+rete)
　그물 쳐서 잡다, 덮치다.
obrigésco, -gŭi -ěre, intr. (ob²+)
　차가와 지다, 완전히 얼어붙다.
obrígui, "obrigésco"의 단순과거(pf.=perfectum)
obroborátĭo, -ónis, f. (inusit. obróboro) 굳어짐.
　(醫) 신경경직(信經硬直).
obróbo, -rósi, -rósum, -ěre, tr. 갉아 먹다
obrogátĭo, -ónis, f. (óbrogo) [Subrogatio와 대조]
　법률 개정(改定), (반대법에 의한) 철회(撤回).
óbrŏgo, -ávi, -átum, -áre, intr. (ob²+)
　법률을 수정하다, 개정안을 내다, 법안을 반대하다.
obrui, "óbrŭo"의 단순과거(pf.=perfectum)
óbrŭo, -rŭi -rŭtum -ěre, tr. (ob²+) 덮어(덮쳐) 씌우다,
　덮다(אסכ.יסכ.אפח.יסח), 파묻다(רבכ),
　(시체를) 매장하다(רבכ), (씨를) 심다(עבנ.בﬡﬢ),
　짓누르다, 덮쳐누르다, 짓밟다, 지워버리다,
　없애버리다, 능가(凌駕)하다.
　ære aliéno óbrui. 빚으로 망하다/

alqd oblivióne obruo. 기억에서 지워버리다/
óbrutus vino. 술이 잔뜩 취한 / se obruo. 술 취하다.
obrússa, -æ, f. 금을 불로 시험함.
시금(試金-술의 품질이나 함량을 시험하여 알아냄),
(도가니 따위에서의) 정련(精練).
aurum ad obrússam. 순금(純金, aurum merum).
obrutum, "óbrŭo"의 목적분사(sup.=supínum)
obryzátus, -a -um, adj. (도가니에서 정련된) 순금의
obrýzum, -i, n. 정련(精練)된 순금
obrýzus, -a -um, adj. (도가니로 시험된) 순금의
obsǽpǐo(=obsépǐo) -psi -ptum -íre, tr. (ob²+)
울타리를 치다, 둘러막다, 가로막다.
alci viam obsǽpio. 누구에게 길을 막다.
obsátŭro, -áre, tr. (ob²) 한껏 배부르게 하다.
obscæn… V. obscen…
obscǽvo, -ávi, -átum, -áre, intr. (ob²+scævus)
흉조(凶兆)를 보여주다.
obscéna, -órum, n., pl. (obscénus)
배설물, 똥(대변), 오줌, 음부(陰部-남녀의 생식기가 있는 곳).
obscénǐtas, -átis, f. (obscénus) 흉조(凶兆-불길한 조짐),
불길(不吉-운수 따위가 좋지 아니함), 음란(淫亂-음탕하고 난잡함),
외설(猥褻-성욕을 자극하거나 하여 난잡함),
음부(陰部-남녀의 생식기가 있는 곳).
De obscenitatibus, quibus mater deum a cultoribus
suis honorabatur. 여러 신의 어머니를 그 숭배자들이
받들던 외설스런 의식(교부문헌 총서 17. 신국론. p.2746).
obscénus, -a -um, adj.[obs(=ob²)+cænum, ob²+scena]
불길한, 흉조(凶兆)의, 상서롭지 못한, 더러운,
깨끗하지 못한, 못생긴, 흉한, 입맛 떨어지는, 음란한,
추잡한, **외설한**, 음담패설의. n. 음부(陰部).
obscurátǐo, -ónis, f. (obscúro)
어둡게 함, 어두워짐, (날이) 흐림, 희미함.
obscurátǐo solis. (天) 일식.
(日蝕.defectio solis/deliquǐum solis/eclipsis, -is, f.).
obscúrǐtas, -átis, f. (obscúrus) 희미함, 침침함,
어두움(σκοτος.⑨ Darkness), 몽롱(朦朧-흐리멍덩하여
아득함), 어두운 곳, 불분명, 모호(模糊-분명하지 않음),
불확실, 분명하지 않은 곳(것.점.말), 미천한 신분,
세상에 알려지지 않음, 이름 없는 존재(存在).
Obscuritas rerum multa nos cogit labore.
모호한 곳이 많아서 우리가 많은 말을 하게 되었습니다.
obscuro, -ávi, -átum, -áre, tr. (obscúrus)
희미하게 하다, 어둡게(캄캄하게) 하다, 가리다, 감추다,
덮다(ᴐᴐᴏ.ᴐᴄ.ᴐᴄᴧ.ᴔᴄᴛ), 모호(애매)하게 하다,
분명하지 않게 하다, 세상에 알려지지 않게 하다,
(눈.귀 따위를) 어둡게 하다, 아둔하게 하다, 퇴색케 하다.
habeo in obscúro vita. 은둔 생활을 하다.
obscuratum vitæ bonum(the eclipse of the value of life)
생명 가치의 상실.
obscúrum, -i, n. (obscúrus)
어두움(σκοτος.⑨ Darkness), 희미함, 불분명.
모호(模糊-분명하지 않음), 애매(曖昧-희미하여 확실하지 못함).
obscúrus, -a -um, adj. 어두운, 어두컴컴한; 잔뜩 흐린,
희미한, 가려진, 숨은, 보이지 않는, **분명(명료)하지 않은**,
뚜렷하지 않은, 모호한, 알아들을 수 없는,
알려지지 않은, 비천한, 알 수 없는, 비밀에 싸인.
Cǽsaria in bárbaris erat nomen obscúrius. 미개인들
사이에는 Cæsar의 이름이 비교적 알려져 있지 않았다/
Epistolæ Obscurorum Virorum. 우매한 자들의 글(1515-1517년)/
obscúro loco natus. 천민출생, 천민태생/
비천한 가문의 태생(loco obscuro ortus)/
sæculum obscurum. 암흑의 세기.
obsecrátǐo, -ónis, f. (óbsecro) 간원(懇願-간절히 원함),
간원 기도(성인 연송 청원기도 중 "주의 부활로 우리를 구하소서"와
같은 기도. 백민관 신부 엮음. 백과사전 3. p.7).
탄원(歎願.⑨ Supplicátion), 애원(哀願)
(기우제 따위에서 일정한 양식대로 하는) 공식기도,
(신의 이름을 부르며 하는) 저주(詛呪).맹세.

obsecrátor, -óris. m. (óbsecro) 탄원자, 애원자(哀願者)
óbsǽcro, -ávi, -átum, -áre, tr. (ob²+sacro)
간청하다(ᴌᴌᴋ.ᴌᴄᴦ.προσεύχομαι), 간원하다, 애원하다,
탄원하다(προσεύχομαι). (경탄.간청 따위 뜻의 삽입 형태).
Hem, quid est? Obsecro, Hercule, te!.
아이고, 이게 뭐야! 맙소사 헤라클레스여, 제발 빕니다/
per eam te obsecramus ambæ, si jus si fas est.
우리 (모녀)가 자네에게 비는 바이네. 그게 가당하다면
말일세…(성 염 지음. 사랑만이 진리를 깨닫게 한다. p.455)/
Silebitne fílius? Immo vero obsecrábit patrem….
아들 녀석이 잠잠할까?
잠잠하기는커녕 오히려 아버지에게 간청할거야.
Obsecro. 제발(경탄, 간청 따위 뜻의 삽입형식), 청컨대
Obsecro per Christum. 저는 그리스도를 통하여 확언합니다.
Obsěcro, quem vídeo? 아니 이게 누구야?.
Obsecro te, ne quid agas neve dicas. 나는 너한테
아무 것도 하지 말고 또 아무 말도 하지 말기를 간청한다.
óbsécúndo, -ávi, -átum, -áre, intr. (ob²+)
남의 뜻을 따르다, 순종하다, 동의하다(ᴌᴌᴄᴄ).
obsecundo impériis. 명령을 실천하다
obsecútǐo, -ónis, f. (óbsequor) 복종(⑨ Submission).
동의(제기된 주장, 의견 등에 대하여. 의견을 같이함), 승낙(承諾)
obsecútor, -óris. m. (óbsequor) 복종자, 순종자
obsédi, "obsídeo"의 단순과거(pf.=perfectum),
"obsído"의 단순과거(pf.=perfectum).
obsépǐo = obsǽpǐo 울타리를 치다, 둘러막다, 가로막다
obsequéla, -æ, f. (óbsequor)
비위 맞춤, 순종(順從.⑨ Assent), 고분고분함.
óbsěquens, -éntis, p.præs., a.p. (óbsequor)
누구의 뜻을 따르는, 순종하는, (신들 특히 Fortúna
신에게 붙이는 형용사) 어진, 호의를 가진(보이는).
obsequéntǐa, -æ, f. (óbsequens) 순종(⑨ Assent)
obséquǐæ, -árum, f., pl. (óbsequor)
(=Exsequiæ) 장례(⑨ Burial).
obsequiale. 장례 예식서, 예식서의 일부
obsequíbǐlis, -e, adj. (óbsequor) 친절한
obsequiósus, -a -um, adj. (obséquium)
순종하는, 고분고분한, 비위 맞추는, 환심을 사려는.
obséquǐum, -i, f. (óbsequor) 상냥함, 친절(χηστὸς.⑨
Benevolence), 호의(π.εὔνοια.χηστὸς.⑨ Benevolence),
관대(συνκατάβασις.寬大-마음이 너그럽고 큼), 아첨(阿諂-
남에게 잘 보이려고 알랑거리며 비위를 맞춤), 아부(阿附-남의 환심을
사기 위하여 알랑거리며 붙좇음), 비위맞춤, 순종(順從.⑨
Assent), 복종(服從.⑨ Submission), 고분고분함,
공손(恭遜-예의가 바르고 겸손함), 충성(忠誠-참마음에서 우러나는
정성), 흐뭇하게 함. pl. 수행원, 경호대.
Exuo obséquǐum in matrem. 어머니에게 불순명하다/
Manus ab obsequio. 아첨에 의한 성직 획득(獲得).
Obsequium amicos, veritas odǐum parit.
아첨(阿諂)은 친구들을 낳는데 진실은 증오를 낳는다.
obsequium fidei. 신앙의 순종
Obsequium parit amicos; veritas parit odǐum.
순종은 친구들을 만든다; 진실은 미움을 만든다.
óbsěquor, (-quéris, -ítur) -secútus(-quútus) sum, -qui,
dep., intr. (누구의) 뜻을 따르다, 하자는 대로 하다,
비위를 맞추다, 고분고분하다, 순종(順從)하다, 힘쓰다,
친절을 베풀다, 돌보아주다, 전념하다, 몰두(沒頭)하다.
óbsěro¹-ávi, -átum, -áre, tr. (ob²+sero⁹)
잠그다, 폐쇄하다, 막다(ᴐᴄᴦ.ᴢᴋᴧ.ᴢᴄᴐ).
óbsěro²-sévi -sǐtum -ěre, tr. (ob²+sero⁹)
씨 뿌리다(ᴧᴨ), 심다(ᴌᴄᴐᴦ.ᴌᴄᴄᴐ), 뒤덮다.
loca óbsita virgúltis. 잡목(雜木) 숲이 우거진 곳/
montes óbsiti nívibus. 온통 눈으로 덮인 산들>
observábǐlis, -e, adj. (obsérvo) 관찰할 수 있는.
눈에 뜨이는, 주목할 만한, 지킬 수(준수할 수) 있는.
inobservábǐlis, -e, adj. 관찰(觀察)할 수 없는.
obsérvans, -ántis, p.præs., a.p. (obsérvo)
(규칙.법칙 따위를) 잘 지키는, 준수하는,

(직분.책임을) 이행(완수) 하는,
경의를 표하는, 존경(공경) 하는,

Observantes = Fratres de Observantia(㉓ Observants)
프란치스코회 원시 회칙 준수파[1877년 레오 13세 이후 이 별칭을
사용한다. 현대의 모든 프란치스코 회원 수도자들을 Cordeliers(띠 띤 수도자)
라고도 한다. Conventuales와 대조…. 백민관 신부 엮음, 백과사전 3, p.7].

observántĭa, -æ, f. (obsérvans)
관찰(觀察), inspectus, -us, m.), 관측(觀測),
감시(監視), 주목(注目-눈길을 한곳에 모아서 봄), 주의(注意),
(규칙.의무.관례.의식 따위를) 지킴, 존경(㉓ Respect),
준수(遵守-규칙이나 명령 따위를 그대로 좇아서 지킴),
준봉(遵奉-前例나 명령을 좇아서 받듦), 경의(敬意-존경의 뜻).
Vana observántĭa. 미신적 풍습.

Observantĭa dignitátis personæ.(㉓ Respect for the
dignity of the person). 인간 존엄성의 존중.

observántĭæ consuetudo. 전통적인 축제.

observata, 원형 obsérvo, -ávi, -átum, -áre,
[수동형 과거분사. 자립분사. 여성 단수 주격 observata,
속격 observatæ, 여격 observatæ, 대격 observatam,
탈격 observata].

observátĭo, -ónis, f. (obsérvo) **관찰(觀察)**, 관측(觀測),
주목(注目-눈길을 한곳에 모아서 봄), 감시(監視), 주의 중,
규칙, 법칙, 규정, 관례, 세심한 주의, 신중(愼重),
경의(敬意-존경의 뜻), 존경(尊敬.㉓ Respect).
De Exordiis et Incrementis quarumdam in
Observationibus Ecclesiasticis Rerum.
교회 관찰에서 드러난 어떤 일들의 시작과 성장.

observátor, -óris, m. (**observátrix**, -ícis, f.) (obsérvo)
관찰자, 관측자, 감시인, 준수자, 준봉자, 참관인,
(규칙規則 따위를) 지키는 사람.

obsérvĭto, -ávi, -átum, -áre, tr., freq. (obsérvo)
열심히 지키다, 준수하다, 준봉(遵奉)하다,
주의 깊게 살피다. 주의 깊게 관찰하다.

obsérvo, -ávi, -átum, -áre, tr. (ob²+) 살피다, **관찰하다**,
주시하다, 관측(觀測)하다, 감시하다, 경비(警備)하다,
지키다(רטנ.רטס.נצר.שמר.נטר), 준수하다, 준봉하다,
(의식 따위를) 거행하다, 알아채다, 깨닫다.
존경(尊敬)하다, 경의(敬意)를 표하다.

obses, -sĭdis, m., f. (ob²+sédeo) 볼모, 인질, 저당, 보증.
obsidatus, -us, m. 볼모 신세.

obséssĭo, -ónis, f. (obsídeo) 포위(包圍), 봉쇄(封鎖),
들러붙음, 구신(악귀) 들림, 고착관념, 강박관념(强迫
觀念-머리에 들러붙어서 떠나지 아니하는 생각), 망상(妄想),
=státus animæ coactivæ. 강박(强迫), 아집(我執).
(심리분석학적 용어. 심적 충격으로 자기도 모르게 외곬으로만 비이성적으로
집착하는 헷갈리던 정신상태. 백민관 신부 엮음, 백과사전 3, p.7).

obsessio corporalis. 부마(付魔-귀신이 들림)
obsessio dæmoníaca. 마귀 들림
obsessio diabolica. 마습(魔襲)
(마습魔襲-마귀가 사람의 육신 밖에서 사람을 괴롭히는 일).

obséssor, -óris, m. (obsídeo) 봉쇄자(封鎖者), 포위자,
(어떤 곳에) 앉아서 머물러 있는 사람.

obsessum, "obsídeo"의 목적분사(sup.=supínum)
"obsído"의 목적분사(sup.=supínum).

obséssus, -a -um, "obsídeo"의 과거분사(p.p.),
"obsído"의 과거분사(p.p.).

Obsessus. 마귀 들린 자

obsĕvi, "obsĕro²"의 단순과거(pf.=perfectum)

obsidátus, -us, m. 볼모 신세, 볼모로 넘겨줌(잡혀감)

obsídĕo, -sédi -séssum -ére, intr. (ob²+sédeo)
(우두커니) 앉아 있다, 자리 잡고 있다, 머무르다(ㄱ.ㄱᄁ).
tr. (어디에) 정착하다, 자리 잡다, 머물러 있다.
(장소 따위를) 차지하다, 점유(占有하다,
가로막고 있다, 포위하다, 봉쇄하다, 꼼짝 못하게 하다,
곁에 붙어 있다. (마음.정신 따위를) 사로잡다,
점령(占領)하다, 소유(所有)하다(חזק.ירש.נחל),
지켜보다. 염탐(廉探-몰래 남의 사정을 살피고 조사함)하다, 노리다.
Ranæ stagna óbsident. 개구리들이 연못(가)에 서식한다.

obsidiális, -e, adj. (obsídium²)

포위(包圍)의, 포위에 관한, 봉쇄(封鎖)의.

obsídĭo, -ónis, f. (obsídeo) 포위(包圍), 봉쇄(封鎖), 농성,
점령(占領), 점유(占有-자기 소유로 함. 차지함), 감금(監禁),
억류(抑留-강제로 붙잡아 둠), 위급(危急), 위기, 큰 위험.
Obsidio per paucos dies magis quam oppugnatio fuit,
dum vulnus ducis curaretur. 장군의 상처가 회복되는
며칠간에는 접전보다는 농성만 있었다.

obsidionális, -e, adj. (obsídio)
포위(봉쇄)에 관한, 포위(包圍)를 물리친.
gramínea coróna obsidionális. 풀로 엮은 화관(적의
포위를 물리친 장군에게 주는 영예의 관).

obsidionális coróna. 적의 포위를 물리친 장군에게 주는 화관

obsídĭor, -ari, dep., intr. (obsídium²)
포위하여 잠복(潛伏)하다, 흉계를 꾸미다, 노리다.

obsidior, -ari, dep., intr. 흉계를 꾸미다

obsídĭum¹ -i, n. (obsídio) 방어시설, 방어망(防禦網),
포위(공격), 봉쇄(封鎖), 잠복(潛伏-숨어 있음), 매복(埋伏-
불시에 습격하려고 몰래 숨어 있음), 함정, 음계, 경계, 위기, 위험.

obsídĭum² -i, n. (obses) 볼모로 잡힘, 인질신세, 볼모

obsído, -sédi -séssum -ĕre, tr. (자리를) 차지하다(חזק),
점령하다, 포위하다, 봉쇄하다, 수비하다.
지키다(רטנ.רטס.נצר.שמר.נטר).

obsignátĭo, -ónis, f. (obsígno)
봉(封)함, 도장 찍음(封印), 봉인(封印.㉓ Seal).

obsignátor, -óris, m. (obsígno) 날인자(捺印者), 봉인자

obsígno, -ávi, -átum, -áre, tr. (ob²+)
날인하다, 봉인(封人)하다, 서명 날인(捺印)하다,
(문서.유서 따위를) 작성하다, 새겨 넣다, 포위하다.

obsĭpo, -áre, tr. (ob²+sipo²) 뿌리다(물, 흙 따위를)

obsísto, -stĭti -stĭtum -ĕre, intr. (ob²+) 막아서다,
앞에 버티고서서, 가로막다, 방해(妨害)하다(חבל),
못하게 하다, 대립(對立)하다, **저항(抵抗)하다**,
대항(對抗)하다, 반대(反對)하다, 맞싸우다.

obsitum, "óbsĕro²"의 목적분사(sup.=supínum)

óbsĭtus, -a -um, p.p. (óbsero²)
무엇으로 꽉 찬, 가득 들어선, 뒤덮인, 싸인.

obsitus ævo. 해묵은

obsolefácĭo, -féci, -fáctum, -cĕre, (obsóleo+fácio)
폐물(고물)이 되게 하다, 품위(권위)를 떨어뜨리다.

obsolefeci, "obsolefácio"의 단순과거(pf.=perfectum)

obsólĕo, -ére, intr. (ob²+sóleo, obs=ob²+óleo)
쓰이지 않다, 폐물(廢物)이 되어 있다.

obsolésco, -lévi, -létum, -ĕre, intr., inch. (obsóleo)
폐물(고물)이 되어 가다, (풍습 따위가) 없어지다,
가치(價値)가 떨어지다, 빛을 잃다.

obsolétum, "obsolésco"의 목적분사(sup.=supínum)

obsolétus, -a -um, p.p., a.p. (obsolésco) 낡아빠진,
헌 것이 된, 해어진, 폐물(廢物)이 된, (빛이) 바랜,
안 쓰이는, 폐용(廢用)의, 구식의, 보통의, 상스러운,
진부(陳腐)한(사상, 표현, 행동 따위가 낡아서 새롭지 못한), 저속한.

obsŏlĕvi, "obsolésco"의 단순과거(pf.=perfectum)

obsonátĭo, -ónis, f. (obsóno²) 반찬 준비,
(빵과 포도주 이외의) 식료품 구입.

obsonátor, -óris, m. 식료품 구매자(食料品 購買者)

obsonátus, -us, m. (obsóno²) 반찬 준비, 생선장만.

obsoníum, -i, n. 반찬, 요리; (특히) 생선
Non ego inmunditiam obsonii timeo, sed inmunditiam
cupiditatis. 저는 부정한 음식을 두려워하지 않고, 더러운
욕심이 두려울 뿐입니다(아우구스티노의 생애, p.97/
Labor juventuti optimum est obsonium.(Publilius Syrus).
청춘시절에 노동은 제일 좋은 반찬.

obsóno¹-ávi, -átum, -áre,(**obsónor**, -átus sum, -ári, dep.)
tr. 식료품을 사다, 장보다, 잘 차려먹다.

obsono famem. 식욕을 돋우려고 굶다.

obsóno²-áre, intr. (ob²+) 소리 내다, 소리로 훼방하다

obsópĭo, -ívi -ítum -íre, tr. (ob²+)
잠재우다, 깊이 잠들게 하다. pass. 깊이 잠들다.

obsórbĕo, -bŭi -ére, tr. (ob²+) 몽땅 마시다, 삼키다(גמא)

obsordésco, -dŭi -ĕre, intr. (ob²+) 더러워지다, 낡아지다
obsordui, "obsordésco"의 단순과거(pf.=perfectum)
obstáculum, -i, n. (obsto) 장애(물), 지장, 방해(물)
obstántĭa, -æ, f. (obsto) 반대, 저항(抵抗), 장애(障碍)
obstatum, "obsto"의 목적분사(sup.=supínum)
obstātúrus, "obsto"의 미래분사(p.fut.=particípium futúrum)
obstetrícĭus, -a -um, adj. (obstétrix)
  분만을 돕는, 산과(産科)의, 조산(助産)의.
  n., pl. (醫) 산부인과학, 조산술.
obstetríco, -ávi, -áre, intr. (obstétrix)
  분만을 돕다, 조산(助産)하다, 아기 받다.
obstétrix, -ícis, f. (ob²+sto², sisto)
  산파(産婆), 조산원(助産員), 분만 돕는 여자.
obstinátĭo, -ónis, f. (óbstino) 고집(固執), 완강(頑强)
  완고(ϭκληροκαρδια.頑固-성질이 완강하고 고루함), 끈질김,
  확고(確固), 견고(堅忍-굳게 참고 견딤), 불굴(不屈).
obstinátus, -a -um, p.p., a.p. (óbstino) 결의가 굳은,
  꿋꿋한, 확고한, 불굴의, 단호한, 변함없는,
  고집(固執)하는, 끝까지 버티는, 완고(頑固)한, 완강한.
óbstĭno, -ávi, -átum, -áre, tr. 결의를 굳히다, 관철하다,
  주장하다, 끝까지 버티다, 끈질기게 추구하다, 고집하다.
obstĭpátĭo, -ónis, f. (obstípo) 군중, 운집(雲集).
  ((醫)) (완고한) 변비(便秘-"변비증"의 준말).
obstípesco,(=obstupésco) -stúpŭi -ĕre, intr. (ob²+)
  마비되다, 굳어지다, 깜짝 놀라다, 아연실색하다, 얼빠지다,
  이가 시어지다. tr. 놀라다(חחה.להב), 경탄하다.
obstípo, -áre, intr. 다져 넣다, 꾹꾹 눌러 밀어 넣다
obstípus, -a -um, adj. (ob²+stipes)
  한쪽으로 기울어진, 삐딱한, 비스듬한; 젖혀진; 숙인.
óbstĭti, "obsísto"의 단순과거(pf.=perfectum),
  "obsto"의 단순과거(pf.=perfectum).
óbstĭtus, -a -um, p.p. (obsísto)
  (점술에서) 벼락 맞은, 기울어진, 비스듬한, 경사진.
obsto, -stĭti -státum -áre, intr. (ob²+) 앞에 서다,
  앞을 가리다(막다), 가로 막다, 방해하다(חשם), 예방하다,
  못하게 하다, 장애(障碍)가 되다, 반대하다, 저항하다.
  Princípiis obsta; noli medicínam sero paráre! Mala per
  longas moras valent. 처음에 막아라! 늦게 사 처방을
    마련하지 말라! 오래 지체하는 사이에 악은 드세어진다.
obstrágŭlum -i, n.
  신을 발등이나 발가락 사이에 걸어 매는 가죽 끈.
obstrepitum, "óbstrĕpo"의 목적분사(sup.=supínum)
óbstrĕpo, -strépŭi -strépĭtum -ĕre, intr.
  …의 주위가 요란하다, 앞에서(곁에서) 소리 내다,
  (연설 따위를 방해하기 위해) 소음(騷音)을 내다,
  소란으로 중단시키다, 성가시게(귀찮게) 굴다.
  방해하다(חשם), 훼방(毁謗)하다.
obstrĕpui, "óbstrĕpo"의 단순과거(pf.=perfectum)
obstríctum, "obstríngo"의 목적분사(sup.=supínum)
obstríctus, -a -um, p.p., a.p. (obstríngo)
  묶인, 졸라맨, 의무가 있는, (무슨) 죄인이 된.
obstrigillátor, -óris, m. (obstringillo) 방해자, 반대자
obstri(n)gíllo, -ávi, -átum, -áre, intr. (obstríngo)
  방해하다(חשם), 못하게 하다, 반대하다.
obstríngo, -strínxi -stríctum -ĕre, tr. (ob²+)
  단단히 매다, 붙들어 매다, 동여매다, 얽어(걸어) 매다,
  졸라매다, (떠나지 못하게) 붙잡아 두다,
  (어떤 유대로) 묶어놓다.속박하다, 의무를 지우다,
  (법.선서.信義 따위로) 책임을 지우다(약속 받다),
  누구에게 무슨 죄를 지우다, 단죄(斷罪)하다.
  benefícii vínculis obstríctus. 크게 신세진/
  obstríctus pátriæ parricídio. 조국반역의 죄인/
  se obstríngo algo crímine. (무슨) 죄인이 되다.
obstrinxi, "obstríngo"의 단순과거(pf.=perfectum)
obstrúctĭo, -ónis, f. (óbstruo) 폐색(閉塞-닫아 막음),
  막음, 봉쇄(封鎖), (醫) 변비(便秘-"변비증"의 준말),
  방해, 장애(障碍), 지장(支障-일을 하는 데 거치적거리는 장애).
obstructum, "obstruo"의 목적분사(sup.=supínum)

obstrúdo(=obtrúdo) -trúsi -trúsum -ĕre, tr. 다물다
  닫다(חתם), 막다(כרב.כרד.אלב.ליב), 세게 떠밀다.
óbstrŭo, -strúxi -strúctum -ĕre, tr. (ob²+) 가로막다,
  앞에(옆에) 구축하다(쌓다), 닫다, 막다, 틀어막다,
  봉쇄하다, 못하게 하다, 무디게 하다, 방해하다(חשם).
obstruxi, "obstruo"의 단순과거(pf.=perfectum)
obstupefácĭo, -féci -fáctum -ĕre, tr. (obstupésco+fácio)
  깜짝 놀라게 하다, 아연실색케 하다, 멍(청)하게 만들다,
  간담을 서늘케 하다, 얼빠지게 하다,
  무감각(無感覺)해지게 하다, 마비(痲痺)시키다(אדר).
obstupefío, -fáctus sum -fíeri, pass. (obstupefácĭo)
  깜짝 놀라다, 얼빠지다, 멍청해지다, 마비되다.
obstupésco,(=obstípesco) -stúpŭi -ĕre, intr. (ob²+)
  마비되다, 굳어지다, 깜짝 놀라다, 아연실색하다, 얼빠지다,
  이가 시어지다. tr. 놀라다(חחה.להב), 경탄하다.
obstúpĭdus, -a -um, adj. (ob²+)
  무감각한, 마비된, 얼빠진, 아연실색한.
obstŭpui, "obstípesco"의 단순과거(pf.=perfectum),
  "obstupésco"의 단순과거(pf.=perfectum).
obsum, (obes), óbfŭi(óffŭi), obésse, anom., intr. (ob²+)
  해롭다, 손해가 되다, 방해가 되다.
óbsŭo, -sŭi -sútum -ĕre, tr. (ob²+)
  깁다(⑨ sew, stitch), 봉하다, 막다(כרב.כרד.אלב.ליב).
obsurdésco, -dŭi -ĕre, intr. (ob²+)
  귀머거리가 되다, 귀를 기울이지 않다, 듣지 않다,
  약해지다(ליב.אלה.חשם), 감소(減少)하다.
obsurdŭi, "obsurdésco"의 단순과거(pf.=perfectum).
obtectum, "óbtĕgo"의 목적분사(sup.=supínum)
óbtĕgo, -téxi -téctum -ĕre, tr. (ob²+) 가리다(כסי.נס),
  덮다(נסא.סכ.אפה.חפ.נסי), 숨기다(נסא.סכ.רמה),
  감추다(נסא.סכ.אפה.חפ), 보호(保護.⑨ protection, shelter)하다.
obtemperátĭo, -ónis, f. (obtémpero)
  복종(服從.⑨ Submission), 순종(⑨ Assent).
obtemperátĭo légibus. 법률에의 복종(服從)
obtemperátĭo scriptis légibus. 성문법에의 복종
obtemperátor, -óris, m. (obtémpero) 복종자, 순종자
obtémpĕro, -ávi, -átum, -áre, intr. (ob²+)
  순종하다, 순명하다, 순응하다.
obténdo, -di -téntum -ĕre, tr. (ob²+)
  앞으로 내 펴다(펼치다), 내세우다, 앞으로 뻗게 하다,
  향하게 하다, 대립시키다, 구실을 대다, 핑계하다,
  덮다(נסא.סכ.אפה.חפ.נסי), 가리다(כסי.נס),
  (pass.) 마주 서 있다, 반대편에 있다.
Obtenebráta est in calígine ejus.
  구름 속에 어두워진 빛(어둔 밤. p.123).
obtenebrésco, -ĕre, intr. (ob²+) 어두워지다(יחד.ژהר)
obténĕbro, -ávi, -átum, -áre, tr. (ob²+)
  어둡게 하다, 캄캄하게 하다.
obténtĭo, -ónis, f. (obténdo) 가림, 가리움
obtentum, "obtíněo"의 목적분사(sup.=supínum)
obténtus¹ -a -um, p.p. (obténdo, otíneo)
obténtus² -us, m. (obténdo) 내뻗침, 앞에 내세우는 것,
  핑계(⑨ a pretext) 구실, 겉보기, 가림, 덮음, 감춤.
óbtĕro, -trívi -trítum -ĕre, tr. (ob²+) 짓밟다,
  깔아뭉개다, 부수다(חתת.רעע.רצב.רצץ), 분쇄하다,
  꺾다, 부러뜨리다, 섬멸(殲滅)하다, 없애버리다,
  짓이기다, 유린하다, 압박하다, 모욕하다, 무시하다.
obtestátĭo, -ónis, f. (obtéstor) 신을 증인으로 불러댐,
  신의 조람(照覽-부처나 보살이 빛으로 중생을 굽어 살핌)을 기원함,
  신의 이름으로 선서함, 간구(懇求), 탄원(歎願).
obtéstor, -átus sum, -ári, dep., tr. (ob²+)
  (신이나 권위 있는 사람을) 증인으로 부르다, 증인으로 삼다,
  간구(懇求)하다, 탄원하다(προσεύχομαι), 애원하다,
  간청(懇請)하다, 엄숙히 맹세하다, 맹세로써 확인하다.
obtéxi, "óbtego"의 단순과거(pf.=perfectum)
obtéxo, -téxŭi -téxtum -ĕre, tr. (ob²+)
  둘러서 짜다(織), 뜨다, 엮다(חתם),
  덮다(נסא.סכ.אפה.חפ.נסי), 가리다(כסי.נס).

obtextum, "obtéxo"의 목적분사(sup.=supínum)
obtexui, "obtéxo"의 단순과거(pf.=perfectum)
obticéntia, -æ, f. (obtíceo) ((修)) 묵설법(黙說法)
obtícĕo, -cŭi -ére, intr. (ob²+táceo) 말을 안 하다, 묵묵하다
obticésco(=opticésco) -ěre, inch., intr. (obtíceo)
    말을 안 하다, 묵묵하다.
obtícui, "obtíceo"의 단순과거(pf.=perfectum)
obtigi, "obtíngo"의 단순과거(pf.=perfectum)
obtinéntia, -æ, f. 얻음, 所有(κλῆρος), 말의 의미
obtíněo, -nŭi -téntum -ére, tr. (ob²+téneo) 차지하다(חזק),
    점유하다, 확보하다, 손에 넣다, 所有하다, 가지고 있다,
    꽉 잡고 있다, (어떤 지방을) 다스리다, 통치(統治)하다,
    유지하다(כהל,רטנ), 보존(보전)하다, 계속 지키다,
    고수하다, (의견을) 굽히지 않다, 관철하다, 주장하다,
    옹호(擁護)하다, 증명하다, 얻다(חזק,אנק,נקי),
    획득하다(חזק), 성취하다, 성공하다,
    (목적.지위 따위에) 도달하다, 이기다, 승리로 이끌다.
    intr. 우세하다, 계속되다, 유지되다, 오래가다.
    De pura et integra resignatione cordis ad obtinendam
    sui libertatem. 마음의 자유를 얻기 위해 자신을
        완전히 끊어 버림에 대하여(준주성범 제3권 37장).
    obtineo pristinam dignitatem.
        지난날의 품위를 보존하다.
obtíngo, -tígi -ére, intr., tr. (ob²+tango) (무슨 일이) 생기다,
    일어나다(רטנ,מוּר,מזו), 닥치다, 배당(배정) 되다,
    몫이 되다. tr. 닿다.
    Mihi obtínget sors. 나는 당첨될 것이다/
    Quod cuíque óbtigit, id quisque téneat.
        제 몫으로 돌아오는 것을 누구나 잡아야 한다.
obtínui, "obtíněo"의 단순과거(pf.=perfectum)
obtorpésco, -tórpŭi -ěre, inch., intr. (ob²+)
    뻣뻣해지다, 굳어지다, 곱아들다.
    몹시 저리다, 마비되다, 무감각해지다.
optorpui, "obtorpésco"의 단순과거(pf.=perfectum)
obtórquĕo, -tórsi -tórtum -ére, tr. (ob²+)
    비틀다, 뒤틀다, 빙빙 돌리다, 홱 돌리다.
obtorsi, "obtórquĕo"의 단순과거(pf.=perfectum)
obtortum, "obtórquĕo"의 목적분사(sup.=supínum)
obtrectátio, -ónis, f. (obtrécto) 험담(險談-남을 헐뜯어서 말함),
    비난, 혹평(酷評-가혹하게 비평함), 비방(남을 비웃고 헐뜯어 말함),
    중상(中傷).⑨ Calumny/slander), 헐뜯음, 깎아 내림.
    Contra linguas obtrectatorum.
        비평하는 자들의 말에 대하여(준주성범 제3권 28장).
obtrectátor, -óris, m. (obtrécto) 비난자(非難者),
    악평자(惡評者), 비방자(誹謗者), 중상자(重傷者).
obtrécto, -ávi, -átum, -áre, intr., tr. (ob²+tracto)
    비난하다(יגר,יגּר), 깎아 내리다, 비방하다(לקק),
    혹평하다, 중상(中傷)하다, 헐뜯다, 경쟁(競爭)하다.
    Obtrectáre alteri quid habet utilitátis.
        다른 사람을 악평하는 것이 무슨 유익이 있느냐?.
obtrítum, "óbtĕro"의 목적분사(sup.=supínum)
obtrítus, -us, m. (óbtero) 짓밟음, 짓누름
obtrívi, "óbtero"의 단순과거(pf.=perfectum)
obtrudo(=obstrúdo) -trúsi -trúsum -ěre, tr. (ob²+)
    세게 떼밀다, 마구 처먹다, 꿀떡꿀떡 삼키다.
    강요(强要)하다, 억지로 받아들이게 하다, 떠맡기다,
    닫다(אחז), 막다(כבד,אלא,לך), 닫치다; 다물다.
obtruncátio, -ónis, f. (obtrúnco) 가지치기, 순치기,
    (나무 따위의) 윗동을 자름, 참수(斬首-목을 자름).
obtrúnco, -ávi, -átum, -áre, tr. (ob²+)
    가지 치다, 순을 치다, 목을 조르다; 죽이다(הרג).
obtrúsi, "obtrúdo(=obstrúdo)"의 단순과거(pf.=perfectum)
obtrúsio, -ónis, f. (obtrúdo) 억지로 집어넣음, 밀쳐 넣음
obtrúsum, "obtrudo(=obstrúdo)"의 목적분사(sup.=supínum)
obtúĕor, -éri, dep., tr. (ob²) 뚫어지게 바라보다,
    보다(כסא,סכ,אזח,חזי), 응시하다, 자세히 보다.
obtúĭtus, -us, m. 뚫어지게 바라 봄, 응시(凝視), 주시(注視)
óbtŭli, "óffero"의 단순과거(pf.=perfectum)

obtúndo, -tŭdi -tú(n)sum -ěre, tr. (ob²) 때리다, 치다,
    두들기다, 후려갈기다, 무디게 하다, 弱하게 하다,
    (눈.귀 따위를) 어둡게 하다, (목소리를) 잠기게 하다,
    진력(盡力)나게 하다, 시달리게 하다, 지치게 하다.
obtúnsio, -ónis, f. (obtúndo) 때림, 후려갈김
obtúnsus = obtúsus 둔한, 마비된, 무디어진, 어두운
obturáculum(=obturaculuméntum) -i, n. (obtúro) 마개
obturátio, -ónis, f. (obtúro) 틀어막음, 마개막음,
    밀폐(密閉-꼭 닫거나 막음), 경화(硬化-단단하게 굳어짐).
    (醫) 폐쇄(閉鎖), 폐색(閉塞-닫아 막음).
obturbátio, -ónis, f. (obtúro) 혼란(混亂)
obtúrbo, -ávi, -átum, -áre, tr. (ob²+)
    교란(攪亂)하다, 혼란시키다(לבלב), 어지럽히다,
    소란 피워 (말.낭독 따위를) 방해하다.
obturgésco, -túrsi -ěre, intr. (ob²+) 붓다, 부풀다
obtúro, -ávi, -átum, -áre, tr. 막다(כבד,גבר,לך),
    마개를 박다, 밀폐(密閉)하다, 시장기를 풀다.
obtúsio, -ónis, f. (obtúndo) 구타(毆打-사람을 때림),
    때림(일격), 타격(打擊-때림), 감각의 무딤, 마비(麻痺)
obtúsus, -a -um, p.p., a.p. (obtúndo)
    얻어맞은, 부딪친, 무딘, 무디어진, 둔한, 무감각한,
    마비된, (눈.귀가) 어두운, 무감각한, 잠긴.
obtútus, -us, m. (obtúeor) 응시(凝視), 주시(注視)
    주목(注目-눈길을 한곳에 모아서 봄), 눈, 생각.
obumbrátio, -ónis, f. (obúmbro) 그늘 지움,
    어둡게 함, 어두움(σκὸτος.⑨ Darkness).
obumbrátrix, -ícis, f. (obúmbro) 감싸주는(비호하는) 여자
obúmbro, -ávi, -átum, -áre, tr. 그늘 지우다, 어둡게 하다,
    흐리게 하다, 덮다(אסכ,יסּ,אסמ,מחי), 가리다,
    감추다(כחד), 숨기다(אסכ,יסּ,למכ),
    보호(비호)하다, 감싸주다.
obúnclus, -a -um, adj. dim. (obúncus)
    조금 갈고리 진, 꼬부라진.
obúncus, -a -um, adj. 갈고리 진,
    (새의 부리.발톱.매부리코 따위가) 아래쪽으로 꼬부라진.
obundátio, -ónis, f. 홍수(洪水.⑨ Flood), 범람(汎濫)
obústus, -a -um, p.p. (insuit. obúro)
    온통 그을린, 돌아가며 타버린,
    (쇠가) 달구어져서 굳어진, (흙덩이가) 얼어서 단단해진.
obvágio, -íre, intr. (ob²+) (아기가) 울다(כבד,הר), 보채다
obvállo, -ávi, -átum, -áre, tr. (ob²+)
    방책(防柵)을 두르다, 성벽을 쌓아 방비하다.
obveni, "obvénio"의 단순과거(pf.=perfectum)
obveniéntia, -æ, f. (obvénio) 우발사건(accidentia, -æ, f.)
obvénio, -véni -véntum -íre, tr. (ob²+)
    앞에 오다, 마주 오다, 만나다(פגע), (일이) 생기다,
    (시간.기회 따위에) 대어오다, (기회 따위가) 돌아오다,
    (우연히) 일어나다(מזו,מוּר,רטנ), (누구의) 차지가 되다,
    (유산 따위가 누구 앞으로) 돌아오다(פגע).
obventícĭus, -a, -um, adj. (obvénio) 우연한, 생각지 않은
obvéntĭo, -ónis, f. (obvénio)
    (정상 수입 이외의) 우연한 수입.
obvéntum, "obvénio"의 목적분사(sup.=supínum)
obvéntus, -us, m. (obvénio) 조우(遭遇-우연히 만나거나 맞닥뜨림)
obvérsor, -átus sum -ári, dep., intr. (ob²+) 출석하다(서다)
    앞에 나타나다, 눈앞에서 어른거리다, 저항(대항)하다.
obvérsum, "obvérto"의 목적분사(sup.=supínum)
obverti, "obvérto"의 단순과거(pf.=perfectum)
obvérto, -ti, -vérsum, -ěre, tr. (ob²+verto)
    겨누다, 향해 돌리다, 향하게 하다.
    pass. 향하다, 향해 있다.
óbvĭam, adv. (ob²+viam) 마주쳐, 마주치게, 만나게,
    마중하러, 맞으러, 맞서, 거슬러, 대항하여(κατὰ),
    저지(沮止)하여, 대책을 강구하여(하러).
    cupiditáti obviam ire. 탐욕적으로 싸우다/
    exíre obviam alci. 누구를 마중 (나)가다/
    ire(prodíre) obviam alci. 누구를 마중 (나)가다.
obviam alci fíeri. 누구를 만나다.

O

Obviam patri procede. 아버지를 마중 나가라

obvígĭlo, -átum -áre, intr. (ob²+) 철야하다, 밤샘하여 지키다

óbvĭo, -ávi, -átum, -áre, intr. (ob²+)
만나다(חגפ), 마주치다(חגפ), 반대하다,
대항하다, 미연에 방지하다, 피해를 막다.

obvíŏlo, -áre, tr. (ob²+) 범하다, 침범하다, 침해하다

óbvĭus, -a, -um, adj. (ob²+via) 마주치는,
지나는 길에(오다가다) 만나게 되는, 마중 가는(오는),
저항(대항) 하는, 반대해 오는, 맞서는, 쉽게 만날 수 있는,
쉽게 얻어지는, 손쉬운, 가까이 있는, 상냥한, 친절한.
montes óbvii itíneri. 도중에 있는 산들.

obvolútĭo, -ónis, f. 쌈(包), 싸맴, 처맴

obvolutm, "obvólvo"의 단순과거(pf.=perfectum)

obvolvi, "obvólvo"의 목적분사(sup.=supínum)

obvólvo, -vi -volútum -ĕre, tr. (ob²+)
(보자기 따위로) 싸다, 씌우다(ימר.אמר),
포장하다, 덮다(חסה.סך.אפה),
가리다(כסה); 싸매다, 처매다.

O.C. = Oleum Catechumenorum 세례 성유의 약자(略字),
= Ordo Cisterciensium. 시토회의 약자(略字).

OCARM Ordo Frarrum Beatæ Mariæ Virginis de
Monte Carmelo. 가르멜회.

O.Cart. = Ordo Carthusiensis. 카루투시오회

O.C.C. = Ordo Carmelitarum Calceatarum.
(신발 가르멜 수녀회)의 약자(略字).

occa, -æ, f. (occo) 써레(논밭의 바닥을 고르는 데 쓰는 농구)

óccăbus(=óccăvus) -i, m. 팔가락지, 팔찌(brachiális, -is, n.)

occæcátĭo, -ónis, f. (occáeco)
심은 씨를 흙으로 덮음; 맹목적임.

occáeco, -ávi, -átum, -áre, tr. (ob²+) 눈멀게 하다,
소경 되게 하다, 어둡게 만들다, 캄캄하게 하다,
보이지 않게 하다, 정신 나가게(얼빠지게) 하다,
(무엇에) 눈이 어두워지게 하다, (심은 씨를) 흙으로 덮다.

occallátus, -a, -um, adj. (ob²+callum)
피부가 두꺼운; 무감각해진, 철면피의.

occallésco, -cállŭi -ĕre, inch., intr. (ob²+ calleo)
(피부.가죽 따위가) 굳어지다, 굳은살이 박이다.
무감각해지다, 아무렇지도 않게 되다.

occallui, "occallésco"의 단순과거(pf.=perfectum)

óccăno, -ŭi, -ĕre, intr., tr. (ob²+cano)
나팔소리 나다, 신호나팔을 불다.

occánto, -ávi, -átum, -áre, tr. (ob²+canto)
마술 걸다, 매혹(魅惑)시키다, 즐겁게 하다.

occásĭo, -ónis, f. (óccido¹) 기회(機會), (적당한) 시기,
호기(好機), 우연, 넉넉한 분량, Occasio 호기의 여신(女神).
immineo in occasiónem. 기회를 노리다/
Liberandæ Græciæ occasionem mirificam nobis nunc
dari puto.(동명사문). 나는 그리스를 해방시킬 놀라운 기회가
지금 주어지고 있다고 생각 한다/
occasióne datâ, 좋은 기회를 만나, 기회 있는 대로/
occasiónem dimitto. 기회를 포기(抛棄)하다/
Quod quædam sanctorum scripta ecclesiasticus
canon propter nimiam non receperit vetustatem,
ne per occasionem eorum falsa veris insererentur.
성도의 어떤 저작은 너무 오래되어 교회의 정전 목록에
받아들여지지 않았으니, 우발적으로라도 그들의 위서가
진서에 삽입되지 않기 위해서였다(교부문헌 총서 17, 신국론. p.2812).

Occasio ægre affertur, facile amittitur.
기회는 힘겹게 오고, 쉽사리 사라진다(ægre, adv. 힘겹게).

occasio dicendi. 말할 기회

occasio discendi. 배울 기회

occasio hortandi. 권고할 기회

Occasio in bello amplius solet juvare quam virtus.
전쟁에서는 용기보다는 우연이 훨씬 넓게 작용하는 법이다.

occasio manducándi. 먹을 기회

Occasio non facile offertur, sed facile amittitur.(Publilius
Syrus) 기회란 쉽사리 주어지지 않지만 상실하기는 쉽다.

occasio peccati. 죄의 기회

occasio proxima. 근 기회(죄의 자극이 강력해 여러 가지 정상을
고려해 볼 때 죄 지을 확률이 크다고 예견되거나 심각하다고 걱정되는 경우).

occasio remota. 원 기회(occasio proxima과 대조)

occasionális, -e, adj. (occásĭo) 우연한 기회의, 임시의,
때때로의. adv. **occasionálĭter**. 우연하게 기회의.

occasionalísmus, -i, m. (哲) 기회원인론, 우인론(偶因論).

occasionárĭus, -a, -um, adj. (occásĭo)
죄의 기회를 피하지 않고 그대로 계속하는.

occasiúncŭla, -æ, f. dim. (occásĭo)
작은 기회, (마침 잘된) 호기.

occasum, "óccĭdo"의 목적분사(sup.=supínum)

occásus¹ -a, -um, p.p. (óccido¹)

occásus² -us, m. (óccĭdo¹) 일몰(occubitus, -us, m.),
(해.달.별이) 사라짐, 해넘이, 해거름, 해지는 곳,
서쪽, 죽음, 멸망(滅亡), 몰락(沒落), 우연한 기회.
solis occasus. 달의 솟음, 월출.
(lunæ ortus. 태양의 짐, 일몰).

occasus solis. 해질 때에.

occátĭo, -ónis, f. (occo) 써레질, 씨앗을 흙으로 덮음

occátor, -óris, m. (occo) 써레질하는 사람,
흙덩이를 바수는 사람, 씨앗을 흙으로 덮는 사람.

occatórĭus, -a, -um, adj. (occátor)
써레질하는, 흙덩이를 바수는.

óccăvus, -i, m. 팔찌, 팔가락지

occédo, -céssi, -céssum, -ĕre, intr. (ob²+cedo²)
(누구) 앞으로 나아가다.

occentátĭo, -ónis, f. (occénto) 신호 나팔소리

occénto, -ávi, -átum, -áre, tr. (ob²+canto)
문(누구) 앞에서 노래하다, 소야곡을(세레나데를)
부르다(연주하다), 풍자하는 노래를 하다, 비꼬는 노래
로 공격하다, 새들이 불길하게 우짖다.

occéntus -us, m. (óccino) (부엉이.올빼미의) 우는 소리.

occépto, -ávi, -áre, tr., freq. (occípio) 시작하다.

occidánĕus, -a, -um, adj. 서쪽의.
ventus occidaneus. 서풍(西風).

óccĭdens, -éntis, p.præs. (óccido¹) 서쪽의, 서쪽나라의.
m. 서양(西洋), 서방(西方).
Monastica vita in oriente et occidente.
동방과 서방 교회의 수도생활.
[áquǐlo, aquilonis, m. 북쪽/auster, austri, m. 남쪽/
meridies, meridiei, m. 남쪽/occidens, occidentis, m. 서쪽/
oriens, orientis, m. 동쪽/septentrio, septentrionis, m. 북쪽/
cæli regiones quatuor. 사방, 동서남북/
mundi cardines. 사방 동서남북].
sicut enim fulgur exit ab oriente et paret usque in
occidentem, ita etiam adventus Filii hominis.
동쪽에서 친 번개가 서쪽까지 비추듯
사람의 아들의 재림도 그러할 것이다(성경 마태 24, 27).

occidentális, -e, adj. (óccidens) 서쪽의, 서양의

óccĭdi¹ "óccido¹"의 단순과거(pf.=perfectum)

occídi² "óccĭdo²"의 단순과거(pf.=perfectum)

occídĭo, -ónis, f. (occido²) 살육(殺戮-많은 사람을 마구 죽임),
몰살, 멸종(滅種), 전멸(全滅), 절멸(絶滅-완전히 滅하여 없앰).

óccĭdo¹ -cídi -cásum -ĕre, intr. (ob²+cado¹) 낙하하다,
떨어지다(יד.נפל), 추락(墜落)하다, 멸망(滅亡)하다,
죽다(ד.נוע.מות.גוע.חנק.θνῄσκω), 저물다,
(해.달.별이) 지다, 없어지다, 꺼지다, 사라지다.
occidénte sole. 해가 질 때에/
usque ad occasum solis. 해질 녘까지.
(종점은 ad. usque ad와 함께 대격을 쓴다).

occído² -cídi -císum -ĕre, tr. (ob²+cædo) 몹시 때리다,
후려치다, **죽이다**, 살육하다, 죽일 듯이 괴롭히다.
Milites alius alïum occidit. 군인들은 서로 죽였다/
Occiderunt Iudæi quem invenerunt in terra, exsufflant
isti eum qui sedet in cælo. 유대인들은 그들이 지상에서
만난 분을 죽였고, 이제는 하늘에 앉아 계시는 분을
조롱하는 것이다(최익철 신부 옮김, 요한 서간 강해. p.115)/
Pol me occidistis, amici, non servastis!.
정말 너흰 날 죽였어, 이 친구들아! 날 살려주지 않았다고!/

843

O

Roscius occisus est a cena rediens.
로스키우스는 만찬에서 돌아오다가 살해당했다.
occídŭus, -a, -um, adj. (óccido⁹) 해가 지는, 일몰의,
(달.별이) 지는, 서쪽의, 서방의, 죽을 때가 가까운.
occillátor, -óris, m. (occíllo)
괭이로 흙을 고르는 사람(農夫), 농부(農夫)
occíllo, -áre, tr. (occa) 흙덩이를 깨뜨리다, 농사일 하다
óccǐno, -cínǔi(-cécǐni), -ĕre, intr. (ob²+cano)
새가 불길하게 울다, 노래하다.
occípǐo, -cépǐ(cœpi) -céptum(cœptum) -ĕre, (ob²+cápǐo⁹)
intr. 첫 발을 내딛다, 시작하다.
tr. 시작하다, 손대다(בר,ריש), 계획하다(חז).
occipitális, -e, adj. (解) 후두부(後頭部)의, 후두의
occipítǐum, -i, n. (ob²+caput) 후두부(後頭部), 뒤편
óccǐput, -pǐtis, n. (ob²+caput) (解)
후두부(後頭部), 후두(後頭-인두咽頭와 기관氣管 사이의 부분).
occísǐo, -ónis, f. (occído⁹)
죽임, 살인(⑨ Murder), 살해(殺害), 도살(盜殺).
Occísǐo directa. 직접 살해
Occísǐo indirecta. 간접 살해
occísor, -óris, m. (occído⁹) 살인자, 살해자
occisórǐus, -a, -um, adj. (occído⁹) 재물로 쓸, 희생 될
occisum, "occído²˙"의 목적분사(sup.=supínum)
occísus, -a -um, p.p., a.p. (occído⁹) 살해된, 망한, 전멸한.
Homo si fulmine occisus est, ei justa nulla fieri oportet.
벼락을 맞아 죽는 자는 장례를 치러주지 말라.
occlámǐto, -áre, freq., tr. (ob²+)
고함(高喊) 지르다, 함부로 떠들다.
occlúdo, -clúsi -clúsum -ĕre, tr. (ob²+claudo⁹) 잠그다,
막다(סכר,אלכ.גר), 차단하다, 닫다(גחא), 폐쇄하다.
occlúsis áuribus. 두 귀를 틀어막고.
occludo linquam. 말을 못하게 하다
occludo óstium. 문을 잠그다
occlŭsi, "occlúdo"의 단순과거(pf.=perfectum)
occlúsǐo, -ónis, f. (occlúdo) 폐쇄(閉塞-닫아 막음), 폐쇄
occlúsum, "occlúdo"의 목적분사(sup.=supínum)
occlúsus, -a, -um, p.p., a.p. (occlúdo)
닫은, 잠근, 막은, (사람이) 꽉 막힌, 어리석은.
occo, -ávi, -átum, -áre, tr. 밭 갈다, 흙덩이를 부수다
occubitum, "óccubo"의 목적분사(sup.=supínum),
"óccumbo"의 목적분사(sup.=supínum).
occúbǐtus, -us, m. (occúmbo)
해 짐, 일몰(日沒, occasus solis).
óccŭbo, -bŭi, -bǐtum, -áre, intr. (ob²+cubo)
(옆에.곁에) 누워 있다, 무덤에서 쉬고 있다.
occúbŭi, "óccubo"의 단순과거(pf.=perfectum),
"occúmbo"의 단순과거(pf.=perfectum).
occŭcurri, "occúrro"의 단순과거(pf.=perfectum)
occúlco, -ávi, -átum, -áre, tr. (ob²+calco⁹) 짓밟다
óccŭlo, -cúlŭi -cúltum -ĕre, tr. (ob²+colo⁹)
(씨앗.초목 따위를 심고 흙으로) 덮다(חסמ.אסי.
בסכ.רסט.אסנ), 숨기다(רמט.רסט.אסנ), 감추다(רמט).
가리다, 위장(僞裝)하다.
(pass., refl.) **se occulo, óccŭli**. 숨다, 가리어지다.
occultas vias ago. 비밀 통로를 뚫다
occultátǐo, -ónis, f. (occúlto) 은닉(隱匿-숨기어 감춤),
숨김, 감춤. (修) 암시적 간과법(暗示的 看過法).
occultátátor, -óris, m. (occúlto)
감추는(숨기는) 사람, 은닉자.
occúlte(=occúlto, occúltim) adv. (occúltus)
몰래, 비밀히, 가만히.
occultis, 자기도 모르게 저지른 잘못 즉 의식하지 못하고
저지른 잘못.(alienis. 자기와는 상관없는 다른 잘못 즉 다른 사람이 개입되어
저질러진 잘못을 뜻하는 듯하다. 아우구스티노도 이 구절을 같은 의미로 주해
하였다. 시편 주해 18, I, 14; 참조. 사순시기 강론. 레오 대종. pp.167~168).
Ab occultis meis munda me, Domine, et ab alienis parce
servo tuo. 주여, 제 모르는 잘못에서 저를 깨끗이
해주시고, 다른 잘못들에서 당신 종을 용서하소서.

occultísmus, -i, m. 심령론(心靈論→오컬티즘), 비술주의,
신비학(神秘學), 오컬티즘(⑨ occultism), 암술, 밀교.
occúlto, -ávi, -átum, -áre, tr., intens. (ócculo)
숨기다(רמט.רסט.אסנ), 감추다(רמט).
(pass., refl.) **se occulto, occultári**. 숨다.
Aperte odisse magis ingenui est quam fronte occultare
sententiam.(Cicero) 면전에서 자기 생각을 슬쩍 감추는
것보다는 노골적으로 미워하는 것이 차라리 순수하다/
De occultanda gratia sub humilitatis custodia.
은총을 겸손으로 감춤/
Occultáre se in horto. 동산 안에 숨다.
occultum, "occulo"의 목적분사(sup.=supínum)
occúltum, -i, n. (occultus)
(흔히 pl.) 비밀(μυστήριον), 은밀(隱密), 가려진 곳(것).
in occulto. 비밀 장소에서, 비밀히 / per occúlto. 비밀로.
occultus, -a, -um, p.p., a.p. (ócculo) 숨겨진, 가려진,
감추어진, 비밀의, 몰래하는, 눈치 채이지 않는,
위장한, 가장한, 정체를 드러내지 않은, 엉큼한, 음험한.
impedimentum occultum. 은밀한 장애(隱密한 障碍)/
impedimentum omnino occultum. 전혀 은밀한 장애/
impedimentum simpliciter occultum. 단순히 은밀한 장애/
in occúlto. 비밀 장소에서, 비밀히/
occulta compensátǐo. 비밀배상/
occulta crimina. 비밀 죄/
occulta facinora. 입증되지 않은 범죄들/
facinora manifestiora. 입증된 범죄들/
Patientia animi occutas divitias habet.
인내로운 마음은 숨은 재산을 간직한 셈이다/
violátǐo occulta. 은밀한 위반(違反).
occultus venit. 그는 몰래 왔다.
occŭlui, "ócculo"의 단순과거(pf.=perfectum)
occúmbo, -cúbŭi -cúbǐtum -ĕre, intr., tr. (ob²+cubo)
쓰러지다, 넘어지다. (해.달.별이) 지다.
(때로는 mortem, morte, morti를 동반하기도 함)
죽다(ח.חתם.דינ.נוטטרסוט.ה.θνήσκω),
식탁에 마주 앉다(비스듬히 기대어 앉다).
occupátǐo, -ónis, f. (óccupo⁹) 차지함, 소유(κλήρος),
점유(자기 소유로 함. 차지함), 점령(占領), 점거(占據),
일(ἔργον.⑨ work), 업무, 직업(職業.⑨ Profession),
(일의) 종사, 분주(奔走-몹시 바쁘게 뛰어다님).
(修) 예변법(豫辨法-반대론을 예기하고 미리 예방선을 쳐두는 방법).
in maximis occupátǐonibus. 극도로 바쁜 중에
Occupátǐonis privátǐo. 실업(失業.⑨ Unemployment)
occupátor, -óris, m. (óccupo⁹) 점령자
occupatórǐus, -a, -um, adj. 점유의
occupátus¹-a, -um, p.p., a.p. (óccupo⁹) 주인 있는,
남편 있는, 점령된, 차지된, (일에) 바쁜, 분주한,
종사하는, 몸담은, (돈이) 쓰인, 소비된.
occupátus²-us, m. (óccupo⁹) = occupátǐo
소유(κλήρος), 일(ἔργον.⑨ work), 점거, 점령, 점유.
óccŭpo¹ -ávi, -átum, -áre, tr. (ob²+cápǐo⁹)
차지하다(חסנ), 소유하다(גנ,רי,חסנ), 점령하다,
점유하다, 강점하다, (제쳐놓고) 먼저 차지하다,
붙잡다(דיגעב.חת,תת.אחד), 손에 넣다, 가득 채우다,
메우다, 막다, 급습(急襲)하다, 달려들다, 앞지르다,
선수(先手)를 쓰다, 서두르다, (마음 따위를) 사로잡다,
종사하게 하다, 골몰(전념)하게 하다, **바빠지게 하다**,
(돈을) 사용하다, 쓰다, 중지시키다, 그치게 하다.
Cæsar milites his navibus transportat continentemque
ripæ collem improviso occupat. 카이사르는 배로 병사들
을 건너보냈으며, 강변에 잇단 능선을 불시에 점령했다/
Extrema gaudii luctus occupat.(잠언 14. 13)
(⑨ and the end of joy may be sorrow)
기쁨이 근심으로 끝나기도 한다(성경 잠언 14. 13)/
즐거움이 서글픔으로 끝나기도 한다(공동번역)/
환희의 종말에는 슬픔이 따라온다(성직자의 목상).
occupo ánimos. 사람들의 마음을 사로잡다
óccŭpo² -ónis, m. 도둑의 수호신, Mercúritus의 별명

occurréntĭa, -æ, f. (같은 날에 겹치는) 축일의 경합,
occurréntĭa festórum. 겹 축일, 경합축일,
(같은 날에 겹치는) 축일의 경합(Concurrentia와 대조).
occúrro, -(cu)cúrri -cúrsum -ĕre, intr. (ob²+curro)
만나다(ᄀᄀᄀ), 마주치다(ᄀᄀᄀ), 마주 가다(오다),
앞으로 나아가다, (때맞추어) 출석하다, 대어가다(오다),
앞에 놓여 있다, 맞은편에 있다(위치하다),
눈에 띄다, 생각나다, 머리에 떠오르다, 반대하다,
저항하다, 대립하다, 미리 막다, 예방하다, 고치다,
대책을 강구하다, 도와주러 가다(오다), 대답(응답)하다.
(軍) 마주쳐 싸우다, 습격(공격)하다.
Occurrendum Verbo Dei in sacra scriptura.
(⑧ Encountering the word of God in sacred Scripture)
성경 안에서 하느님 말씀을 만남/
Occurrit autem alia quæstio, quam contemnere non
debemus. 그러나 우리가 소홀히 하지 말아야 할 또 다른
문제가 있습니다.(이연학 최원오 역주, 아우구스티노의 생애. p.143)/
Silex sæpe occurrébat. (그곳에는) 가끔 바위가 있었다/
trepido occúrsum amíci. 친구를 만날까 무서워하다.
occúrri, "óccúrro"의 단순과거(pf.=perfectum)
Occúrrit quæstio quædam. 여기서 물음이 하나 생깁니다.
occursátĭo, -ónis, f. (occúrso) 마중, 만남(⑧ Meeting),
쏘다님, 만나러 다님, 인사 다님.
occursátor, -óris, m. (**occursátrix**, -ícis, f.) (occúrso)
쏘다니는(만나러 다니는) 사람, 출영인.
occúrsĭo, -ónis, f. (occúrro) 만남(⑧ Meeting),
상봉(相逢-서로 만남), 해후(邂逅-뜻밖에 만남),
해후상봉(邂逅相逢)방문(訪問), 마주침, 인사 다님.
occúrso, -ávi, -átum, -áre, freq., intr. (occúrro)
만나다(ᄀᄀᄀ), 마주치다(ᄀᄀᄀ), 마주 가다(오다),
달려오다(가다), 반항(저항)하다, 생각나다, 출석하다,
앞에 나타나다, (軍) 접근하다(ᄀᄀ), 기선을 제하다.
occúrsor, -óris, m. (occúrro) 마중하는 사람, 마주치는 사람
occursórĭus, -a, -um, adj. (occúrsor)
식사 전에(식사 처음에) 마시는.
occúrsum, "occúrro"의 목적분사(sup.=supínum)
occúrsus, -us, m. (occúrro) 만남, 마주침, 조우(遭遇)
occúrsus Domini. (그리스어 Hypapante. 휘파판테)
주님과의 만남 축일(동방교회에서는 주의 봉헌 축일을 이렇게 부르는
데 이것은 이날 성전에서 시메온과 안나가 성모 마리아와 아기 예수를 만난
데서 온 명칭이다. 백민관 신부 엮음, 백과사전 2, p.316, : 백과사전 3, p.13).
O.C.D. = Ordo Carmelitarum Discalceatarum.
맨발 가르멜 수녀회의 약자(略字)
Oceanénsis, -e, adj. (Océanus) 대양의, 큰 바닷가에 있는.
Océanus, -i, m. 대양(大洋-큰 바다)의 신, 해양, 대해,
(지구의 대륙을 둘러싸고 있는) 대양(大洋).
Roma의 큰 저수지 이름.
Oceanus Atlánticus. 대서양(大西洋)
Oceanus raris návibus aditur.
대해(大海)에는 소수의 배들이 다닌다.
ocellátus, -a, -um, adj. (océllus) 작은 눈 모양의
océllus, -i, m. dim. (óculus) 작은 눈, 귀여운 눈,
눈(眼), 귀중한(소중한) 것, 갈대 뿌리에 난 옹이(마디).
ochra, -æ, f. 황토(黃土-누르고 거무스름한 흙)
óchrĕa, -æ, f. (植) 엽초(葉草), 꼬투리 모양의 탁엽(托葉)
ócĭnum, -i, n. (植) 토끼풀의 일종, 클로버
ócĭor(m., f.), -īus(n.), gen. -óris., adj. comp.
(원급 없음) 더 빠른; 더 이른, 더 일찍 익는.
ocíssĭmus, -a, -um, superl., adj. (ócior)
가장 빠른, 가장 이른.
OCɪsᴛ Ordo Cisterciensis, Zisterziener, Cistercians. 시토회
ócĭter, adv. (comp. ócíus; superl. ocíssĭme) 빨리, 일찍
ocliférĭus, -a, -um, adj. (óculus+fério) 눈을 부시게 하는
Ockhamismus, -i, m. 오캄주의
Ocnus, -i, m. Mántua시의 창설자, 밑 빠진 독에 물
붓기 하는 사람, 로마 우화에서 당나귀가 자꾸 먹어
치우는 새끼를 끝없이 꼬던 사람.
O. Conv. = Ordo Conventualium(꼰벤뚜알회)의 약자

ócrĕa, -æ, f. (crus) 각반(脚絆), (특히 군인용의) 행전
(行纏-바지나 고의를 입을 때 정강이에 감아 무릎 아래에 매는 물건),
(갑옷의) 정강이 받이.
ocreátus, -a, -um, adj. (ócrea)
행전(行纏) 친, (군인용) 정강이 받이를 착용한.
Ocrésĭa, -æ, f. 노예로서 Sérvius Túllius의 어머니
Ocrícŭlum, -i, n. Umbrĭa의 도시
O.C.S.O. = O.C(ist).R. 엄격 수칙 시토회 약자
= Ordo Cisterciensium Strictioris Observantiæ.
octagónon, -i, n. 팔각형(八角形)
octáhĕdrum, -i, n. 팔면체(八面體)
octámĕter, -tra, -trum, adj. 여덟 개의 시각(詩脚)으로 된
octángŭlus, -a, -um, adj. (octo+ángulus) 팔각형의
octans, -ántis, m. 팔분의 일, ⅛
octasémus, -a, -um, adj. 8박자의
octastýlos, on, adj. 전면 기둥이 여덟 개 있는
octava, -æ, f. (octo) (sc. hora) 제8시. (音) 팔도.
(sc. pars) 8분의 1세(稅). 1주간 축제(8일 간의 축제),
8일 축제(고吉 8부 첨례. 대축일 후 그 축일을 포함한 8일 간의 축일)
Octava Communisa. 통상 8일 축제
Octava festi duplicis Ⅱæ Classis. 2급 대축일 8일 축제
Octava nativitatis Domini.(⑧ Octave of the Christmas.
獨 Weihnachtsoktav) 성탄 팔일 축제.
Octava Nativitátis Domini, Sollemnitas Sanctæ Dei
Genitricis Mariæ. 천주의 성모 마리아 대축일(1월 1일).
Octava Privilegiata(⑧ Privileged Octave). 특권 8일 축제
Octava Privilegiata 1, 2, 3 Ordinis.
1, 2, 3 등급 특권 8일 축제.
Octava Simplex. 단순 8일 축제
octaváni, -órum, m., pl. 제8군단 군인
octavaríum pro unitate.(⑧ Week of Prayer for Christĭan
Unity. 교회일치 기도주간.
octavaríum Romanum. [(1) 수호성인과 주보성인의 팔일 축제 때 낭송
해야 할 밤중 기도의 독서를 담고 있는 옛 전례서이며 그 내용은 로마
성무일도서의 팔일 축제에서 취했다. 1623년 우르바노 8세가 공표한 이 전례서에서는
점차 사용되지 않게 되었다. 실천적 목적에 따라 1955년 삭제되었고 성무일도를
위한 예식 거행 지침에 간략히 표현되어 있다. (2) 전에 전례주년에서 발견되는
세 개의 팔일 축제, 곧 예수 성탄 대축일, 예수 부활 대축일, 성령 강림 대축일의
팔일 축제 동안 매일 바쳐야 할 성무 전례를 담고 있는 책을 가리킨다. 시간전례
가 발행된 뒤에는 아직까지 어떤 옥타바리움도 나오지 않았다.
박영식 옮김, 주비언 피터 랑 지음, 전례사전, p.346].
octavárĭus, -a, -um, adj. (octávus) 8분의 1에 관한.
m. 8분의 1세 징수원(徵收員). n. 8분의 1 세금.
Octávĭus, -i, m. (Octávĭa, -æ, f.) Roma인의 씨족명,
adj. Octavianus, -a, -um.
Octavianus Aegyptum petiit et Alexandria, quo Antonius
cum Cleopatra confugerat, brevi potitus est. 옥타비아누스
는 이집트로 향하여 갔고, 안토니우스가 클레오파트라를
데리고 도망가 있던 알렉산드리아를 삽시간에 점령하였다/
Octavianus Augustus summam pecuniæ dedit in ærarium
vel plebi Romanæ vel dimissis militibus : denarium
sexiens milliens. 옥타비아누스 아우구스투스는 엄청난 돈
(summa pecuniæ)을 국고에 넣거나 로마평민들이나 퇴역
군인들에게 나누어주었다. 6000 데나리우스의 돈을!.
octávus, -a, -um, num., ordin. (octo) 제8의, 여덟 번째.
adv. **octávum, octávo**, 여덟 번 째로.
In octavo, resurrectiónis est plentitúdo.(가톨릭思想, 第7輯, p.155)
여드레 째 날에 부활의 충만함이 있다.
octavusdécĭmus, -a, -um., octavadécĭmus, octavadécĭmus,
num., ordin. 18째의, 제18.
octénnis, -e, adj. (octo+annus) 여덟 살의, 8년의.
octénnĭum, -i, n. (octo+annus) 팔 년 간, 8년 간.
octídŭum, -i, n. (octo+dies) 팔일 간, 8일 간
óctĭe(n)s, num., adv. (octo) 여덟 번, 8번
octiesdécĭes, num., adv. 열여덟 번, 18번
octingenárĭus, -a, -um, adj. 800에 달하는, 800으로 된
octingéni(octingenténi), -æ, -a, num., distrib.
800씩의, 매번 800.
octingentésĭmus, -a, -um, num., ordin. (octingénti) 제8백의
octingénti, -æ -a, num., card. (octo+centum) 800, 팔 백

octingentie(n)s, adv. 팔백 번
octingenties, num., adv. 팔백 번
óctĭpes, -ĕdis, adj. (octo+pes) 발이 여덟 달린; 문어의
óctĭpus, -i, m. (魚) 문어; 팔각류(八脚類)의 동물
octo, num., indecl., card. 여덟(8), 팔(8).
  Circa primum quæruntur octo.
    첫째에 대해서는 여덟 가지 문제가 제기 된다/
  De Octo quæstionibus ex Veteri Testamento.
    구약 성경에 관한 여덟 질문(419년 히포의 아우구스티노 지음)/
  De Octo Vitiosis Cogitationibus. 8가지 나쁜 생각/
  Et circa quæruntur octo.
    이 점에 대해서는 여덟 가지 문제가 제기된다.
Octo questiones. 여덟 가지 문제(윌리엄 오컴 1285~1349 지음)
Octóber, -bris, -bre, adj. (octo) 10월의.
  m. (sc. mensis) 10月(본래의 8월).
  Dixi in senatu cædem te optimatium contulisse in ante
  diem V Kalendas Novembres. 나는 원로원에서
    그대(=카틸리나)가 귀족들의 학살을 10월 28일로
    정했다고 말한 바 있다/
  Quarto nonas Octobris, die dominica, prima hora
  noctis præcedentis, pateret frater noster Franciscus
  migravit da Christum. 우리의 사부요 형제이신 프란
    치스코가 지난 10월 4일 일요일 밤 1시에 그리스도께
    께로 가셨습니다. (이재ццо 옮김. 아씨시 성 프란치스코의 생애. p.175).
Octobri Mense, 로사리오 기도(1891.9.22.)
octódĕcim, indecl., card., num. (octo+decem) 열여덟, 18
octogenárĭus, -a, -um, adj. (octogéni) 80세 된, 80의.
  m. 80명의 水兵을 거느리는 지휘관(指揮官)
octogéni, -æ, -á, num., distrib. 여든씩의
Octogésima Adveniens, 팔십 주년,
  노동헌장 반포 80주년에(1971.5.14. 교서).
octogésĭmus, -a, -um, num., ordin. (octogínta) 제80, 80째의
octogéssis, -is, m. (octogínta+as) 80as
octógĭe(n)s, num., adv. (octogínta) 여든 번
octogínta, indecl., num., card. 여든, 80.
  De diversis quæstionibus octogínta tribus.
    여든 세 가지 다양한 질문(388~396년 히포의 아우구스티노 지음)/
  Et completi sunt dies Isaac centum octoginta
  annorum. (evge,nonto de, ai` h`me,rai Isaak a]j e:zhsen e:th e`kato,n
  ovgdoh,konta) (獨 Und Isaak wurde hundertundachtzig
  Jahre alt) (영 The lifetime of Isaac was one hundred
  and eighty years) 이사악의 나이는 백 여든 살이었다(성경)/
    이사악은 백 팔십 세나 살았다(공동번역 창세 35. 28)/
  Ita fiunt omnes partes minimum octoginta et una.
    이렇게 해서 모든 부분은 최소한 여든 하나가 된다.
octogónus, -a, -um, (-os, on) adj. 8각형의
octójŭgis, -e, adj. (octo+jugum)
    말 여덟 필이 끄는, 팔 인조(八人組)의.
octonárĭus, -a, -um, adj. (octóni)
    여덟 개 있는, 여덟씩 있는.
octóni, -æ -a, num., distrib. (octo) 여덟씩의.
    (pl., tt. 명사에 대해) 여덟.
octóphŏros, -on, adj. 여덟 사람이 멘(메는).
    n. octóphoron, -i, 여덟 명이 메는 가마.
octóvir, -vĭri, m. (octo+) 8인 위원회의 한 사람
octuag… V. octog…
octuplicátĭo, -ónis, f. (octo+plico) 여덟 곱, 8배
octuplicátus, -a, -um, adj. (inusit. octúplico)
    여덟 배 한, 8배 큰.
óctŭplus, -a, -um, adj. 8배의, 여덟 곱절의, 여덟 겹의.
    n. 8배의 형벌(벌금).
    damnáre alqm óctupli. 아무에게 8배의 벌을 주다.
octússis, -is, m. (octo+as) 8as
oculáris, -e, adj. (óculus) 눈의, 눈에 관한.
    n. 안약, testis ocularis. 목격 증인.
  ocŭlaris médicus. 안과의사(medicus ab óculi)
oculárĭus, -a, -um, adj. (óculus) 눈의, 눈과 관계되는.
    m. 안과의(眼科醫), 안과의사(眼科醫師).

oculátus, -a, -um, adj. (óculus) 눈을 가진, 눈 모양의,
    눈처럼 생긴, 눈같이 생긴 반점이 있는,
    똑똑히 잘 보이는, 눈에 잘 띄는.
ocúlĕus, -a, -um, adj. (óculus)
    눈(眼)이 많은, 날카로운 눈의, 형안(炯眼)의.
oculiférĭus, -a, -um, adj. (óculus+fério) 눈을 부시게 하는.
oculissĭmus, -a, -um, adj. (óculus)
    눈(동자)처럼 귀중한, 매우 사랑스러운.
ócŭlo, -áre, tr. (óculus) 눈을 주다, 시력(視力)을 주다,
    밝혀주다, 명확하게 하다, 잘 보이게 하다, 미화하다.
oculomotórĭus, -a, -um, adj.
    (解) 눈을 움직이는, 동안(動眼) 신경의.
ócŭlus, -i, m. 눈(眼,ʊ.όφθαλμὸς), 시력(視力), 시각,
    관찰력, 마음의 눈, 心眼, 눈(동자) 같이 귀중한 존재,
    자랑거리, 보배, 주옥(珠玉), (식물의) 눈(芽), 싹,
    (표범 가죽이나 공작 꽁지의) 눈알 무늬.
  a Domino factum est istud et est mirabile in oculis
  nostris. (para, kuri,ou evge,neto au[th kai, e:stin qaumasth. evn
  ovfqalmoi/j h`mw/n) 이는 주님께서 이루신 일 우리 눈에
    놀랍기만 하네(성경 마르 12. 11)/주님으로 말미암아 된 일이라
    우리 눈엔 놀랍게 보이는도다(200주년 신약)/주께서 하시는
    일이라, 우리에게는 놀랍게만 보인다(공동번역 마르 12. 11)/
  ab alqā re óculos averto.
    무엇에서 눈을 돌리다, 외면하다/
  ad alqm óculos animúmque refero.
    누구에게 눈과 마음을 돌리다/
  Alci óculi dolent. (누구의) 눈꼴이 시다/
  ante óculus oppono manus. 두 손으로 눈을 가리다/
  ardor oculórum. 눈의 광채/
  Aspicito limis óculis, ne ille sentĭat.
    그가 눈치 채지 않도록 흘끔 보아라(limus 참조)/
  assuéta óculis regio. 낯익은 지방/
  deficiénte óculo distínguĕre parva.
    시력이 작은 것들을 분간하지 못하게 되어/
  defleo óculos. 눈물로써 적시다, 눈이 퉁퉁 붓도록 울다/
  defigo óculos in alqm. 아무를 응시(凝視)하다/
  deflecto óculos ab alqā re. 무엇에서 눈을 돌리다/
  dejecti in terram oculi. 아래로 내리 뜬 눈(déjicio 참조)/
  designo óculis ad cædem.
    눈짓으로 아무를 죽이도록 지시(指示)하다/
  Dóleo ab óculis. 나는 두 눈이 아프다/
  Dólui óculos. 나는 두 눈이 아팠다/
  dúplices óculi. 두 눈/
  elevat oculos ad cælum. 시선을 위로 향 한다/
  eminéntes óculi. 툭 튀어나온 눈/
  esse in óculis alcjs. 누구 앞에 나타나다.
    아무의(alcjs(alci))눈에 들다, 사랑 받다/
  excusátĭo oculórum. 눈 때문이라는 이유/
  fácere alqd in óculis alcjs. 누가 보는 앞에서 무엇을 하다/
  Felĭum in tenebris rádiant óculi.
    고양이들의 눈이 어둠 속에서 번득 인다/
  fero alqm in óculis. 누구를 대단히 사랑하다/
  figo óculos in alqd. 뚫어지게 보다, 응시(주시)하다/
  Fulminat illa oculis. 저 여자 눈에서 번개가 번쩍이고 있다/
  habére alqd in óculis. 지켜 보다/
  humentes oculi.(humeo 참조) 눈물이 글썽한 눈/
  in ictu óculi. 눈 깜빡할 사이에/
  In oculis animus habitat. 눈 속에 영혼이 깃들어 있다/
  Lex non respitis retro, non habet oculos retro.
    법은 뒤에 눈이 없어서 뒤를 안 본다/
  Lucerna corpóris tui est oculus tuus(마태 6, 22)
  (~O lu,cnoj tou/ sw,mato,j evstin o` ovfqalmo,j)
  (영 The lamp of the body is the eye)
    눈은 몸의 등불이다(성경.공동번역 마태 6, 22)/
    몸의 등불은 눈입니다(200주년 기념 신약성서)/
  Lumbi sedendo, oculi spectando dolent. 허리는 앉아
    있음으로 아파지고, 눈은 바라봄으로 아파진다/
  mihi ob oculus versatur. 내 눈앞에 닥치다/

Natura oculos membranis tenuissimis vestivit et sæpit.
자연은 눈을 지극히 엷은 막(膜)들로 입히고 감싸주었다/
Neque oculis prospicio sátis. 나는 눈도 잘 보이지 않는다/
nolo mireris, oculos non habent.
놀라지 마십시오. 그들은 눈이 없습니다/
Non ad oculos servientes. 눈앞에서만 섬기지 말라/
Nonne mihi mors ob oculos versabatur?
죽음이 내 눈앞에 닥치지 않았던가?/
obliquo oculo aspicĕre. 곁눈으로 보다/
Oculi animique natabant. 눈과 마음이 혼미해졌다/
oculi compréssi. 지그시 감은 눈/
Oculi mei. 눈(目)의 주일, 사순절 제3주일
(입당송의 라틴어 첫 말이 Oculi mei로 시작하기 때문에 전통적으로
이 주일을 이렇게 부른다. 백민관 신부 엮음. 백과사전 3, p.12)/
Oculi mei semper ad Dominum.
내 눈은 언제나 주님께 향하는 도다,
언제나 나의 눈은 주님을 향하여 있나이다(어둔 밤, p.144)/
oculi méntis. 마음의 눈/
oculi nostri non se vident, quasi non se norunt.
An in caritate compaginis corporalis non norunt se?
우리 두 눈은 서로 보지 못하고, 서로를 거의 알지
못합니다. 그렇다고 해서 온몸을 일치시키는 사랑 안에
서도 서로 모르겠습니까?.(최익철 신부 옮김. 요한 서간 강해, p.287)/
Oculi procidunt. 눈알들이 튀어나오다/
oculi stantes. 툭 튀어나온 눈(eminentes oculi)/
Oculi tui recta videant, et palpebræ tuæ dirigantur
coram te. (oi` ovfqalmoi, sou ovrqa, blepe,twsan ta. de. ble,fara,
sou neue,tw di,kaia) (獨 Laß deine Augen stracks vor sich
sehen und deinen Blick geradeaus gerichtet sein)
(英 Let your eyes look straight ahead and your glance
be directly forward) 눈은 똑바로 앞을 바라
보고 눈길은 앞으로만 곧게 두어라(성경 잠언 4, 25)/
한눈팔지 말고 똑바로 앞만 내다보아라(공동번역)/
Oculi vestri viderunt omnia opera Dómini magna,
quæ fecit. (o[ti oi` ovfqalmoi. u`mw/n e`w,rakan pa,nta ta. e;rga
kuri,ou ta. mega,la o[sa evpoi,hsen u`mi/n sh,meron) (獨 Denn eure
Augen haben die großen Werke des HERRN gesehen,
die er getan hat) (英 With your own eyes you have
seen all these great deeds that the LORD has done)
너희는 주님께서 하신 이 모든 위대한 업적을 두 눈
으로 보았다(성경 신명 11, 7)/너희는 야훼께서 하신
이 모든 엄청난 일을 눈으로 보았다(공동번역 신명 11, 7)/
oculi vigilantes. 경계(警戒)하는 눈/
óculis abeúntem prosequor udis.
떠나가는 사람을 눈물어린 눈으로 뒤쫓다/
oculis auribusque gaudíum haurio.
눈과 귀로 즐거움을 만끽하다/
oculis collýria illino. 눈약을 눈에 바르다/
Oculis in Christo defixis vivit iam Maria magnique facit
quodque eius verbum. 성모님께서는 그리스도께 시선을
고정시키고 사시며, 그분의 말씀은 무엇이든 소중히
간직하셨습니다("Rosarium Virginis Mariæ" 중에서)/
óculis inerro. 눈앞에서 가물거리다/
óculis mentibúsque ad pugnam inténtis.(intendo 참조)
눈과 마음을 전투에 집중시키고/
Oculis mihi signum dedit. 그는 내게 눈짓을 하였다/
oculis simul ac mente turbatus. 눈과 정신이 어리둥절한/
óculos de isto dejicio. 그것에서 눈을 (다른 데로) 돌리다/
Oculos habentes, non videmus. 눈을 가지고도 보지 못함이다.
(준주성범 제1권 3장 1)/
óculos intorqueo. 눈을 흘기다/
oculos opprímo 두 눈을 가리다/
oculum pro oculo, dentem pro dente, manum pro manu,
pedem pro pede. (ovfqalmo,n avnti, ovfqalmou/ ovdo,ntam avnti,
ovdo,ntoj cei/ra avnti, ceiro,j po,da avnti, podo,j) (獨 Auge um
Auge, Zahn um Zahn, Hand um Hand, Fuß um Fuß)
(英 eye for eye, tooth for tooth, hand for hand, foot for
foot) 눈은 눈으로, 이는 이로, 손은 손으로, 발은 발로.
(성경 탈출 21, 24: 출애굽기)/

Omnium ora et oculi in te conversi sunt.
모든 이의 입과 눈이 너한테로 向하여졌다/
ómnium se óculis ingero. 모든 사람 앞에 나서다/
operio óculos alci. 누구에게 눈을 감겨주다/
prae oculis habere. 잘 유념하다/
premo óculos. 눈을 감다/
propónere óculis suis alqd. 무엇을 상상하다/
Quæ in óculos incúrrunt. 눈에 들어오는 것들/
Quáre defigis óculos in fácie meâ?
너 왜 내 얼굴을 뚫어지게 보느냐?/
rectis óculis aspícere. 똑바로 쳐다보다/
removeo alqd ab óculis. 무엇을 보이지 않게 하다/
Révocas óculos meos.
너는 나의 눈길을 (네게로) 다시 돌리게 한다/
Solo enim corde videtur Verbum: caro autem et oculis
corporalibus videtur. 말씀은 마음으로만 뵐 수 있습니다.
그러나 육안으로는 육신만 볼 수 있습니다.
(아우구스티노 최익철 신부 옮김. 요한 서간 강해, p.59)/
sub óculis alcjs. 누구의 눈앞에(서)/
Te óculi mei desíderant. 네가 몹시 보고 싶다/
tero óculos. 눈을 비비다/
torqueo cérvices oculósque. 목과 눈을 이리저리 돌리다/
tundo oculos, látera alci. 누구의 눈을 옆구리를 치다/
Ubi amor, ibi óculus. 사랑이 있는 곳에 비전이 있다/
usúrpo óculis. 눈으로 보다/
vestíga óculis. 구석구석 살피며 찾아라/
visus oculórum. 시각(sensus videndi, videndi facultas)/
Volvo óculos huc illuc. 눈을 이리저리 굴리다.
oculus animæ. 영혼의 눈
oculus conturbatus. (醫) 난시(亂視, astigmátismus, -i, m.)
Oculus conturbátus non est probe affectus ad suum
munus fungéndum. 당황한 눈은 자기 기능을
제대로 발휘할 태세를 갖추지 못했다.
oculus cordis. 믿음의 눈
Oculus intelligentiæ. 지성의 눈
Oculus mentis. 정신의 눈
Oculus se non videns, (tamen) ália videt.
= Oculus, quamvis se non vídeat, tamen ália videt.
눈은 자기(자신)를 보지 못하면서 다른 것들은 본다.
ōda, -æ(ōde, -es) f. 시가(詩歌), 노래(ᾠ.英 Song),
송가(頌歌-공덕을 기리는 노래), 서정단시가(敍情短詩歌).
Odæ Salomónis. 솔로몬의 송가(42개의 짧은 찬양시들로 이루어진 모음집)
odárĭum, -i, n. 노래(ᾠ.英 Song), 대중가요
odeo, odivi(ii), odire, tr.
英 hate; dislike; be disinclined/reluctant/adverse to.
Oderint dum metuant. 그들은 두려워하는 동안에는 증오한다
Oderit vitĭa, diligat fratres(성 베네딕도 수도규칙 제64장 11)
악습(惡習)은 미워하되 형제들은 사랑할 것이다.
odéum, -i, n. (고대 희랍.로마의) 간이 음악당, 주악당, 소극장
ōdi, ōdisti(ōsus sum), odísse, tr., def.
미워하다(ᴐᴚ.ᴐᴚ), 싫어하다(ᴐᴚ.ᴐᴚ), 경멸하다.
Aperte odisse magis ingenui est quam fronte occultare
sententiam.(Cicero). 면전에서 자기 생각을 슬쩍 감추는
것보다는 노골적으로 미워하는 것이 차라리 순수하다/
Hunc hominem odi et odero. 나는 이 사람을 미워하고
있고 앞으로 두고두고 미워할 테야/
Oderint dum metuant.(Seneca).
그들이 나를 두려워하는 한, 나를 미워하게 놓아둬라/
oderunt di homines injurios. 신들은 불의의 자들을 미워
하신다(나이부스흐. 성 염 지음. 사랑만이 진리를 깨닫게 한다. p.460)/
Plebs cónsulum nomen per ósa erat.
민중은 집정관들의 이름을 몹시 미워하였다/
Qui me odit et Patrem meum odit(英 Whoever hates me
also hates my Father) 나를 미워하는 자는
내 아버지까지 미워한다(요한 15, 23)/
Quod autem te odit, ipse fecit; quod invidet, ipse fecit.
그대를 미워하는 것은 그 사람 자신이 행한 것이고,
그대를 시기하는 것도 그 자신이 행한 것입니다.

O

quod oderis, nemini feceris(성경 토빗 4. 15)
네가 싫어하는 일은 아무에게도 하지 마라/
Scelus est odisse parentes. 부모를 미워한다는 것은 罪惡이다/
Sed prorsus diligo Deum, quamvis oderim fratrem meum.
그래도 '나는 내 형제는 미워하지만 하느님은 온전히
사랑한다'고 하겠지요(최익철 신부 옮김. 요한 서간 강해. p.421).

	직설법 단순과거 (뜻은 현재)		접속법 단순과거 (뜻은 현재)
	sg.	pl.	sg.
1	odi	ódimus	óderim
2	odísti	odístis	óderis ect.
3	odit	odérunt	

	직설법 과거완료 (뜻은 미완료)		접속법 과거완료 (뜻은 미완료)
	sg.	pl.	
1	óderam		odíssem
2	óderas ect		odísses etc.

- 부정법 단순과거 odísse

(한동일 지음, 카르페 라틴어 2권, pp.139~140)

Odi profanum vulgus.(Horatius).
저속한 군중을 나는 혐오하노라!
Odia restringi et favores convenit amplari.
싫은 것은 좁히고 이로운 것은 넓히는 것이 당연하다.
odia tunc multa et inimicitiæ increverunt.
(㉢ much hatred and ill-will have accumulated)
많은 증오와 원한이 축적되었다.
odibílis, -e, adj. 미움 받을, 가증스러운
ódïens, -éntis, p.prœs. (odi) 미워하는
odio, odivi, odire, tr.
미워하다(שׂנֵא.שׂנֹא), 싫어하다(שׂנֵא.שׂנֹא), 경멸하다.
ódio esse alícui. 아무한테 미움 받다.
odiósus, -a, -um, adj. (ódium¹)
가증스러운, 미운, 밉살스러운, 싫은, 불쾌한.
Impatiens operabitur stultitiam, et vir versutus odiosus
est. (oχυ,qumoj pra,ssei meta. avbouli,aj avnh.r de. fro,nimoj polla.
u`pofe,rei) (獨 Ein Jähzorniger handelt töricht; aber ein
Ränkeschmied wird gehaßt) (㉢ The quick-tempered
man makes a fool of himself, but the prudent man is at
peace) 화를 잘 내는 자는 미련한 짓을 하고 음흉한
사람은 미움을 받는다(성경 잠언 14. 17)/어리석은 자는 성급
하게 굴고 신중한 사람은 오래 참는다(공동번역 잠언 14. 17).
Odit populus Romanus privatam luxuriam,
publicam magnificentiam diligit.(Cicero)
로마의 인민은 사적인 사치는 혐오(嫌惡)하지만,
공적인 호화로움은 사랑한다.
ódium¹ -i, n. (odi) 미움(㉢ Hatred), 반감(反感),
증오(憎惡.㉢ Hatred/malevolence-몹시 미워함),
원한(怨恨), 앙심(怏心-원한을 품고 앙갚음하기를 벼르는 마음),
싫음, 혐오(嫌惡-싫어하며 미워함), 불쾌(不快), 귀찮음,
상극(相剋), 한(恨-못내 분하고 억울하게 여겨져 마음에 맺힌 것).
alqd ódio habére. 무엇을 미워하다, 싫어하다/
Antonius tanto odio ferebatur in Ciceronem, ut non
solum ei, sed etiam omnibus ejus amicis esset inimicus.
안토니우스는 키케로에 대하여 대단한 미움을 품고
있어서 키케로 그 사람만 아니라, 그의 친지들과도
원수를 지고 있었다.(성 염 지음. 고전 라틴어. p.396)/
De odio suiipsius. 자기 자신에 대한 미움에 대하여/
Dum odium timet, bene non regnat. (정적들이)
증오를 두려워하는 한, 통치를 잘 못하는 것이다/
Ecce odium blanditur, et caritas litigat. 이처럼 미움은
살갑게 굴고, 사랑은 다툽니다(최익철 신부 옮김. 요한 서간 강해. p.451)/
exoletum jam vetustate odïum.
이미 오래되어 사그라진 미움/
gero ódium in alqm. 아무에게 대한 미움을 품고 있다/
habére ódium. 미움 받다/
habeo ódium in alqm. 누구를 미워하다/
in ódia hóminum incurro. 사람들의 미움을 받게 되다/

Magnifice dicebas: Diligo Deum; et odis fratrem!
그대는 '나는 하느님을 사랑합니다'라고 멋지게 말해
놓고도 형제를 미워합니다.(최익철 신부 옮김. 요한 서간 강해. p.421)/
Matrum doloris causa fratrum odium erat.
형제간의 미움은 어머니의 고통의 원인이다.
(라틴어에서 주어와 보어는 강조점에 따라서 위치를 자유로이 바꾼다.
강조하려는 문구가 첫머리에 놓인다. 성 염 지음. 고전 라틴어, p.84)/
Nemo ergo se odit. 아무도 자신을 미워하지 않는다/
Nemo habet odium ipsius.
아무도 자기 자신에 대한 미움은 품지 않는다/
Nemo umquam carnem suam odio habvit.
도대체 자기 몸을 미워하는 사람은 없습니다/
Non debet aliquis alterius odio prægravari.
누구도 타인의 증오로 짓눌리지 말아야 한다/
ódio esse alci, in ódio esse alci. 누구의 미움을 받다/
ódio fero in alqm. 누구를 몹시 미워하다/
Obsequium parit amicos; veritas parit odïum.
순종은 친구들을 만든다; 진실은 미움을 만든다/
Respiciat unusquisque cor suum: non teneat odium
contra fratrem pro aliquo verbo duro. 각자 제 마음을
살펴 조심할 일입니다. 좀 모진 말을 들었다고 해서 형제
에게 원한을 품지 마십시오.(최익철 신부 옮김. 요한 서간 강해. p.91)/
Tolle caritatem de corde; odium tenet, ignoscere non
novit. 마음에서 사랑을 빼어 보십시오. 증오만 지닌 채
용서할 줄 모르게 될 것입니다(최익철 신부 옮김. 요한 서간 강해. p.309)/
Ulterius ne tende ódiis. 더 이상 미워하지 마라.
odïum adversus(=erga) hostes. 적에 대한 증오심, 적개심
odïum Dei. 신의 미움
odïum hostïum(=odïum adversus hostes.)
적개심(敵愾心-적에 대하여 분개하는 마음).
cupiditas honoris. 명예심.
odïum hostïum adversus Romanos.
로마인들에 대한 적군들의 증오심(憎惡心).
Odïum humani generis. 인류에 대한 증오, 인간 협오자
odïum in malos. 악인들에 대한 미움
odïum sui. 자기 자신에 대한 증오
Odium suscitat rixas, et universa delicta operit
caritas. (mi/soj evgei,rei nei/koj pa,ntaj de. tou,j mh.
filoneikou/ntaj kalu,ptei fili,a) (Haß erregt Hader; aber
Liebe deckt alle Übertretungen zu) (㉢ Hatred stirs up
disputes, but love covers all offenses)
미움은 싸움을 일으키지만 사랑은 모든 허물을 덮어
준다(성경 잠언 10. 12)/미움은 말썽을 일으키고 사랑은
온갖 허물을 덮어준다(공동번역 잠언 10. 12).
Odium Theologicum. 신학적 증오(신학 토론자들의 용어로 신학적
우위성의 고자세, 편견에 대한 증오를 말함. 백민관 신부 엮음, 백과사전 3. p.15).
odïum² -i, n. = odéum
(고대 희랍.로마의) 간이 음악당, 주악당, 소극장.
Odomántes, -um, m., pl. Thrácia의 한 종족
Odonata, -árum, f., pl. (蟲) 잠자리목(目)
odontagógum, -i, n. 이 빼는 기구
ŏdor, -óris, m. 냄새, 향기(香氣), 악취, 예감, 낌새, 기미.
(pl.) 향료(香料), 향수, 향유(香油-향기가 나는 화장용 물기름),
유향(乳香-감람과의 상록 교목).
odor amóris. 사랑의 명령
Odor Christi. 그리스도의 향기(香氣)
odor dilutus. 김빠진 향기
odor excitátissimus. 대단히 강렬한 냄새
odor suávis. 아름다운 향기
Odor transit in vestes. 냄새가 옷에 밴다
Odor Unctionis Infirmorum eorumque Pastoralis Curæ.
병자 도유와 사목적 돌봄의 예절서.
Odor vino contingit. 술에서 향긋한 냄새가 난다.
odorábilis, -e, adj. (odóror) 냄새 풍기는, 향기 풍기는
odorámen, -mïnis,(odoraméntum, -i,) n.
향(香.㉢ Incense), 향료(香料).
odorárïus, -a, -um, adj. (odor) 향기의, 냄새의.
m. 향료장수.
odorátïo, -ónis, f. (odóror) 냄새 맡음, 후각(嗅覺)

odoratívus, -a, -um, adj. 향내 나는
odorátus[1] -a, -um, p.p., a.p. (odóro) 향기로운, 냄새 밴,
　향긋한(bene olidus), 냄새 풍기는, 방향 풍기는.
odorátus[2] -us, m. (odóror) 냄새 맡음, 후각, 향기, 냄새.
　Quinque sunt sensus córporis: visus audítus,
　odorátus gustus, tactus.
　신체의 오관은 즉 시각, 청각, 후각, 미각, 촉각이다.
Odores afflantur ex floribus. 꽃에서 香氣가 풍겨온다.
odoŕifer, -fĕra -fĕrum, adj. (odor+fero)
　향기로운, 방향(芳香) 풍기는, 향료를 생산하는.
odorísĕquus, -a, -um, adj. 냄새 맡고 따라가는
odóro, -ávi, -átum, -áre, tr. (odor)
　냄새피우다, 냄새나게 하다, 방향을 풍기다.
odóror, -átus sum -ári, dep., tr. (odor) 냄새 맡다,
　(냄새로) 찾다, 눈치(낌새) 채다, 탐구하다, 알아내다,
　조사하다, 추적하다, (학문 따위의) 겉만 핥다.
odórus, -a, -um, adj. (odor) 향내 나는, 향기로운,
　코를 찌르는, 역한 냄새나는, 예리한 후각(嗅覺)의.
ŏdos, -óris, m. (古) = odor 향료, 향수, 향기, 향유
Odysséa(=Odyssía), -æ, f. Homérus의 2대 서사시의 하나
O. E. = Orientalium Ecclesiarum (동방교회)의 약자
œcologia, -æ, f. 생태학(⑨ ecology).
　œcologiam socialem laboris.(⑨ social ecology of work)
　노동의 사회 생태학(1991.5.1. "Centesimus annus" 중에서).
œcologiæ humanæ.(⑨ human ecology) 인간 생태학.
　Prima et fundamentalis "œcologiæ humanæ" serviens
　compages est familia.(⑨ The first and fundamental
　structure for "human ecology" is the family)
　인간 생태계를 위한 제일의 기본 구조는 가정.
œcologicus, -a, -um, adj. 생태학의, 생태학적(⑨ ecological).
　Præter consumptionis quæstionem, aliquid sollicitudinis
　habet estque illi arcte iuncta, quæstio œcologica.
　소비 문제 외에 이것과 밀접하게 관련된 생태학적
　문제도 염려된다(1991.5.1. "Centesimus annus" 중에서).
œcónŏma, -æ, f. 가정 살림을 담당하는 여자, 주부
œconomía(-mía) -æ, f. 가정경제 관리, 가정(家政),
　재산관리(처리.분배), 관리, 경영, 절약, 검약, 경제.
　((神)) (인류의 창조.구원에 관한 하느님의) 계획,
　경륜(經綸.인류의 창조.구원에 관한 하느님의 계획.
　neque intenderent fabulis et genealogiis interminatis,
　quæ quæstiones præstant magis quam dispensationem
　(ædificationem) Dei, quæ est in fide(1티모 1, 4)/
　(mhde. prose,cein mu,qoij kai. genealogi,aij avpera,ntoij(ai[tinej
　evkzhth,seij pare,cousin ma/llon h' oivkonomi,an qeou/ th.n evn
　pi,stei) 신화나 끝없는 족보에 정신을 팔지 말라고 지시
　하십시오; 그러한 것들은 믿음을 통하여 알려지는
　하느님의 계획에는 도움이 되지 않고, 억측만 불러
　불러일으킵니다(성경 1티모 1, 4).
œconomĭa et ecclesia. 교회와 경제
œconomĭa gratiæ. 은총의 경륜
œconomia legis. 율법의 경륜
Œconomia namque solummodo aspectus est et modus
multiplicis humanæ industriati.(⑨ The economy in fact
is only one aspect and one dimension of the whole of
human activity) 사실 경제는 여러 인간 활동의 한 가지
　양상이며 차원이다(1991.5.1. "Centesimus annus" 중에서).
œconomĭa salutis. 하느님의 경륜(經綸)
œconomia salutis. 구원경륜(⑨ Economy of salvátion)
œconómĭcus[1] -a, -um, adj. 가사 관리의, 가정에 관한,
　계획성 있게 정돈(배열)된, 짜임새 있는, 경제상의,
　경제학적(經濟學的), 경제적인, 절약이 되는.
　Hæ improbationes non tantum impugnant rationem
　œconomicam, quantum rationem ethicam-culturalem.
　이러한 비판들은 윤리-문화적 체제보다는, 경제 체제에
　대해서 이루어졌다(1991.5.1. "Centesimus annus" 중에서)/
　homo œconomicus. 경제인(經濟人)/
　vita œconomica et animi cultura. 경제생활과 문화.
œconómĭcus[2] -i, m. 가산 관리인(家産 管理人),

재무담당(당가), 집사, 가정 경제에 관한 Xénophon의 저서.
Ordo œconomicus. 가족생활.
œcónŏmus, -i, m. 가정경제 관리인, 집사(執事.גמז),
　(교구.수도원.신학교의) 경리 담당자(當家)
　재정 담당(財政擔當.⑨ finance officer), 재무 담당,
　당가(當家-당가란 일가의 재정을 맡아본다는 뜻), 교회 재정부장.
　œconomis regni animális. 생명체의 배치.
　(1734년 Emanuel Swedenborg 지음).
œconomus Generális. 총원 재정담당
œconomus Locális. 지역(지역공동체) 재정담당
œconomus Provinciális. 관구 재정담당
œcuménĭcus, -a, -um, adj.
　전 세계적인, 보편적인, 전반적인, 全그리스도교회의.
　Concílium œcumenicum. 공의회/
　Directorium de re œcumenica. 일치 운동 지침서/
　œcumenicæ cooperationis campum latissimum socialis
　et culturalis præbet vita.(⑨ Social and cultural life
　offers ample opportunities for ecumenical cooperation)
　사회 문화생활은 교회 일치를 위한 협력에 풍부한
　기회를 제공합니다(1995.5.25. "Ut Unum Sint" 중에서)/
　Oecumenici orationes et canti(⑨ Ecumenical Texts and
　Songs.獨 Ökumenische Texte und Lieder).
　교파 간의 기도문과 노래/
　Oratio "œcumenica" muneri christiano servit eiusque
　probabilitati.(⑨ "Ecumenical" prayer is at the service of
　the Christian mission and its credibility) "일치"를 위한
　기도는 그리스도인의 사명과 그 신빙성에 도움을 줍니다.
Oecumenicus Ritus.(⑨ Ecumenical Rite.獨
　Ökumenischer Gottesdienst). 교파 간의 경신례.
œcumenicus motus.(⑨ ecumenical movement) 일치운동.
　Novissima finis œcumenici motus est visibilis
　redintegratio plenæ unitatis omnium baptizatorum.
　일치운동의 궁극 목적은 세례 받은 모든 이들의 완전한
　가시적 일치의 재건입니다(1995.5.25. "Ut Unum Sint" 중에서)/
　Primos gradus effecit œcumenicus motus intra
　Reformationis Ecclesias et Communitates. 일치운동은
　실제로 개혁 교회들과 공동체들 안에서 시작되었습니다.
œcumenismus(Can. 755條.) 일치운동(motus Œcumenicus)
　(⑨ ecumenical movement).
　Amor est aqua profluens altissima, quæ vitam dat et
　vigorem infundit processui ad unitatem. 사랑은 일치운동
　에 생명과 활력을 더해 주는 거대한 흐름 입니다/
　animam totius motus œcumenici.(⑨ the soul of the
　whole ecumenical movement) 모든 일치 운동의 영혼/
　De Catholicis œcumenismi Principiis.
　일치운동의 가톨릭 원칙/
　œcumenismus plane contendit ut communionem ex
　parte, quæ est inter christianos, augeat ad plenam
　communionem in veritate inque caritate.
　일치운동의 목적은 바로 그리스도인들 사이에 존재하는
　부분적 친교를 진리와 사랑 안에서 완전한 친교로 자라
　나게 하는 것입니다(1995.5.25. "Ut Unum Sint" 중에서)/
　Verus œcumenismus non est sine interiore conversione.
　(⑨ There can be no ecumenism worthy of the name
　without a change of heart) 참된 일치운동은 내적 회개
　없이는 있을 수 없습니다(일치교령. 7항).
œcumenismus spirituális. 영적 일치운동
œcus(-os) -i, m. 식당(食堂), 응접실(應接室)
œdéma, -átis, n. (醫) 수종(水腫), 부종(浮腫 →浮症)
Œdĭpus, -i(pŏdis) m. Thebœ의 왕 Láius와 Iocásta의 아들
　(숙명적으로 부왕을 모르고 살해했으며, sphinx의 수수께끼를 풀어 왕이 됨.
　역시 모르고 어머니인 왕비를 아내로 삼았다가 어머니는 목매어 죽고
　스스로는 두 눈을 빼고 방랑함).
œnánthe, -es, f. 야생 포도
Oenipons, -tis, f. 인스브룩
œnógărum, -i, n. 포도주와 어즙(魚汁)을 섞은 양념의 일종
œnómel, -méllis,(=œnómĕlum, -i,) n. 꿀 섞은 술
œnophórum, -i, n. 휴대용 술통, 술병
œnopōlĭum, -i, n. 선술집(술청 앞에 선 채로 술을 마시게 된 술집), 주점

849

œnothéra, -æ, f. 수면제 약초(睡眠劑 藥草)

œnus, -a, -um, adj. (古) = unus, -a, -um, adj.

œnístice, -es, f. 점술, 점술학

œsóphagus, -i, m. (解) 식도(食道)

œstrus, -i, m. (蟲) 쇠파리(쇠파릿과의 곤충), 등에(蟲→"파리"
참조-등엣과에 딸린 곤충을 통틀어 이르는 말), 광증(狂症)
격렬한 욕망, 심한 충동, 시인의 영감, 동물의 발정.

œsus, -us, m. (古) = usus² 경험, 사용, 시행, 실천,
이행, 사용권, 쓸모, 연습, 이용, 용익권, 유용, 유익.

œsypum, -i, n. 양털에 낀 때와 기름기,
양털의 때와 기름기에서 추출한 약.

ofélla, -æ, f. dim. (offa) 한 입, 한 조각, 고기의 한 점,
살점(큰 고깃덩어리에서 떼어 낸 살의 조각), 소량(少量).

offa, -æ, f. (cf. os¹) (음식물의) 한 입, 한 조각; 소량,
밀가루 단자(團子), 살점(⑩ a piece of meat;a chop),
(알 모양의) 둥근 덩어리, 미완성의 덩어리.

offatim, adv. 한 점씩 잘라서(떼어서)

offéci, "officio"의 단순과거(pf.=perfectum)

offéctio, -ónis, f. (officio) 물들임, 염색(染色)

offector, -óris, m. (officio) 물들이는 사람, 염색공

offectum, "officio"의 목적분사(sup.=supínum)

offectus, -a, -um, "officio"의 과거분사(p.p.)

offéctus, -us, m. (officio) 요술(妖術)
마술(魔術.ars magica), ⑩ Magic),
주문(呪文-음양가나 술가 등이 술법을 부릴 때 외는 글귀)

offéndi, "offéndo¹"의 단순과거(pf.=perfectum)

offendículum, -i, n. (발길에 채는) 돌부리, 장애물(障碍物)

offéndix, -ícis, f. (officio) 갓 끈, 모자 끈

offéndo¹ -di -fénsum -ĕre, (ob²+ inusit, fendo)
tr. 1. 부딪치다, 다치다, (머리로) 받다,
(무엇이 발에) 걸리다, (발 따위가 무엇에) 걸리다,
찌르다, 치다: cápite offénso. 머리를 다쳐서/ caput
ad alqd offendo. 머리를 무엇에 부딪치다/ offénso
límine. 문턱에 걸려서/ alqm cúbito offendo. 팔꿈치에
누가 부딪치다. 2. 상처 내다, 상하게 하다, 파손하다.
3. 마주치다, 만나다, 발견하다, alqm in platéa offendo.
누구를 거리에서 만나다/ Imparátum te offéndam.
내가 너를 불쑥 찾아갈 것이다. 4. 마음 상하게 하다,
마음(가슴) 아프게 하다, 감정을 해치다. 5. 잘못을
저지르다, 범really하다. 6. 못 마땅히(불쾌하게) 여기다.
intr. 1. 부딪치다, 받히다, 걸리다, 다치다. in córnua
offéndo. 뿔에 받히다. (누구의) 마음에 들지 않다.
미움을 사다, 환영받지 못하다, 잘못을 저지르다,
범죄(犯罪)하다, 못 마땅히(불쾌하게) 여기다.
마음에 들지 않다, 반대(反對)하다.
In multis enim offendimus omnes.
(⑩ for we all fall short in many respects)
우리는 모두 많은 실수를 저지릅니다(성경 야고 3. 2)/
우리는 모두 실수하는 일이 많습니다(공동번역)/
Si quis in verbo non offendit, hic perfectus est vir,
potens etiam freno circumducere totum corpus.
(⑩ If anyone does not fall short in speech, he is a
perfect man, able to bridle his whole body also)
누가 말을 하면서 실수를 저지르지 않으면, 그는 자기의
온몸을 다스릴 수 있는 완전한 사람입니다(성경 야고 3. 2).

offéndo² -dinis, f. = offénsio

offénsa, -æ, f. (offendo¹) 충돌(衝突).⑩ Conflict),
부딪침, 타격, 손상(損傷), 푸대접, 구박, 무례(無禮),
모욕(侮辱)하다, 마음 상하게 함, 가슴 아프게 함, 불쾌,
마음 상함, 언짢음, 짜증, 혐오(嫌惡-싫어하고 미워함),
반감(反感), 위법(違法), 위반(違反.παράβασις).

offensáculum, -i, n. (offénso)
장애(障礙), 충돌(⑩ Conflict), 걸려 넘어지게 하는 돌.
Offensæ contra Matrimonii dignitatem.
(⑩ Offenses against the dignity of marriage).
혼인의 존엄성에 어긋나는 죄.

offensátio, -ónis, f. (offénso) 찌름, 부딪침, 거치적거림, 걸림

offensátor, -óris, m. (offénso) 비틀거리는 사람, 실수하는 자

offénsio, -ónis, f. (offendo¹) 부딪침, 걸려 넘어짐,
충돌(衝突).⑩ Conflict), 손해 끼침, 손상(損傷),
상해(傷害-남의 몸에 상처를 내어 해를 입힘), 재난(災難),
불운, 실패(뜻을 이루지 못함), 패배(敗北), 불건강(不健康),
찌뿌드드함, 마음 상함, 짜증, 언짢음, 불쾌(不快),
혐오, 구박, 냉대(冷待), 모욕, 명예훼손(⑩ Detraction).
Omnibus enim malis lapis offensionis est Christus;
quidquid dicit Christus, amarum illis.
그리스도는 모든 악인에게 반대 받는 돌입니다. 이들에게
는 그리스도께서 하시는 말씀이 모두 쓰기만 합니다.
(최익철 신부 옮김, 요한 서간 강해, p.165).

offensiúncula, -æ, f. dim. (offénsio)
좀 감정 상함, 좀 언짢음, 불쾌(不快).

offensívus, -a, -um, adj. (offénsio)
감정을 상하는, 불쾌하게 하는, 비위에 거슬리는,
공격하는, 공격적인, 도발적(挑發的)인, 공세의.

offénso, -ávi, -átum, -áre, intens. (offéndo¹)
tr. 부딪치다. intr. 말을 더듬다, 말하다가 가끔 막히다.

offenso cápita. 머리들을 (어디에다) 부딪치다

offensor, -óris, m. (offendo¹)
남의 감정을 해치는 사람, 법률 위반자(違反者), 범인.

offensum, "offéndo¹"의 목적분사(sup.=supínum)

offensum, -i, n. (offensus¹) 감정을 상케 하는 것,
꼴사나움, 위반(違反.παράβασις), 모욕(侮辱), 무례.

offensus¹ -a, -um, p.p., a.p. (offendo¹)
부딪혀진, 감정 상한, 짜증내는, 화난, 혐오하는,
반감(反感)을 가진, 미움 받는(미움 받은).

offensus²-us, m. (offendo¹) 충돌(衝突.⑩ Conflict),
부딪침, 괴로움(dolor, -óris, m.), 짜증, 불쾌.

offérimus, 원형 óffero, óbtúli, oblátum, -férre,
[직설법 현재. 단수 주격 offero, 2인칭 offeris, 3인칭 offerit,
복수 주격 offerimus, 속격 offeritis, 3인칭 offerunt].
Offérimus tibi, Dómine, cálicem salutáris,
tuam deprecántes cleméntiam: ut in conspectu divínæ
maiestátis tuæ, pro nostra et totíus mundi salute,
cum odóre suavitátis ascéndat. Amen.
주님, 자비하심을 간구하며 구원의 잔을 주님께 드리오니,
저희와 온 세상의 구원을 위하여 지존하신 대전에
향기로이 오르게 하소서. 아멘.

óffero, (-fers, -fert), óbtúli, oblátum, -férre, anom., tr.
(ob²+fero) (⑩ offer; present; cause; bestow)
앞으로 가지고 가다, 앞에 갖다 놓다,
대립(대치) 시키다, 제시하다, 나타내다, 드러내다,
보이다, 주다, 베풀다, 봉헌하다(זבח.דבח), 바치다,
제공하다, 제헌하다, 끼치다, 생기게 하다, 일으키다,
(불리한 일.위험.죽음 따위 앞에) 내던지다.내놓다,
맡기다, 당하게 하다. se offero. 당하다, 무릅쓰다.
se offero alci, offérri. 나타나다.
Qualiter homo desolatus se debet in manus Dei offerre.
(⑩ How a Desolate Person Ought to Commit Himself
Into the Hands of God) -준주성범 제3권 50장-
사람의 위로가 없을 때 하느님께 의탁할 것/
Quod nos et omnia nostra Deo debemus offerre, et pro
omnibus orare.(⑩ We Should Offer Ourselves and All
That We Have to God, Praying for All).
우리 자신과 우리의 모든 것을 하느님께 바치고
모든 이를 위하여 기도할 것(준주성범 제4권 9장)/
Sacrificavit pro peccatis nostris. Ubi invenit hostiam?
Ubi invenit victimam quam puram volebat offerre?
Aliud non invenit, seipsum obtulit. 그분은 우리 죄인들을
위해 희생 제사를 바치셨습니다. 어디서 제물을 마련하
셨습니까? 당신께서 바치고자 원하던 순수한 제물을
어디서 찾으셨습니까? 다른 제물을 찾지 않으시고 당신
자신을 바치셨습니다.(최익철 신부 옮김, 요한 서간 강해, p.329).

offero se ad mortem. 목숨을 바치다

offero se perículis sine causá. 까닭 없이 위험을 당하다

offérte, 원형 óffero, óbtúli, oblátum, -férre, anom., tr.
[명령법 단수 2인칭 offerte, 복수 2인칭 offerte].

Offerte vobis pacem! 평화를 빕니다!
Offerte vobis pacem. Invicem benedicimus corde sincero.
(영 Let us offer each other the sign of peace. Peace be
with you!] 평화의 인사를 나누십시오. 평화를 빕니다!
offertórium, -i, n. (제물) 봉헌문(奉獻文),
  (미사의) 제물(빵과 포도주) 봉헌, 봉헌송(奉獻誦),
  제물 봉헌(영 Offertory), 제헌경(祭獻經), 봉헌노래.
  Processio offertorii. 봉헌 행렬/
  Postea dicit: Oremus, et antiphonam ad Offertorium.
  그리고 '기도 합시다' 하고 말하고 봉헌기도를 바친다.
offeruménta¹ -æ, f. (óffero) 채찍자국(등을 얻어맞은)
offerumenta² -órum, n., pl. 제물, 봉헌물(奉獻物)
Officia(영 Administrative Services). 교황청 사무처.
  Camera Apostolica(영 Apostolic Camera) 사도좌 관방처/
  Administratio Patrimonii Sedis Apostolicæ
  (영 Administration of the Patrimony of the Apostolic See)
  사도좌 재산 관리처/
  Præfectura Rerum Œconomicarum Sanctæ Sedis
  (영 Prefecture for the Economic Affairs of the Holy See)
  성좌 재무처.
officiális, -e, adj. (offícium) 직무상의, 직책에서 오는,
  공무에 관에, 관의, 공적 임무를 맡은, 공식의, 정식의,
  임직원(任職員). m. (고대 Roma의) 장관의 보좌관,
  관리, 법무관, 사무관, 공적 직책을 맡은 사람.
officíans, -ántis, m. (officium) 제례 집행자
officiális audiens. 공식적 알현
officiális foraneus. 시골 사무관
officiális urbicus. 도시 사무관
officíans, -antis, m. (officium) 제례 집행자
officína, -æ, f. (=opificína, ópifex) 공장, 제작소,
  제조소, 공작실, 훈련소(訓練所), 강습소,
  (음모 따위의) 발생지, 책원지(策源地).
  in officina aqualiculi sui. 부른 배의 제조소,
  그 위장의 공장에서(최민순 신부 옮김).
officina eloquentiæ. 웅변 연습장(雄辯 演習場)
officina typographia. -æ, f. 인쇄소(印刷所)
officinátor, -óris, m. (officinátrix, -ícis, f.)
  (officína) 직공장, 직공(職工).
offício, -féci -féctum -ěre, intr., tr. (ob²+fácio)
  가로막다, 차단하다, 방해하다(ㅁㅁㅁ), 해롭게 하다,
  해치다, 손해 주다, soli officio. 해를 차단하다.
Officiorum ac munerum, 공적인 직무의(레오 13세가 금서와
  도서검열에 관한 일반 법률 등을 포함하여 도서 검열을 전체적으로 통제함).
officiósus¹ -a, -um, adj. (offícium)
  친절한, 호의적인, 자진해서 하는, 예의바른, 정중한,
  공손한, 제구실하는, 본분을 지키는, 직책에 충실한.
officiósus² -i, m. 목욕탕에서 옷 지키던 노예(奴隸)
offícium, -i, n. (opifícium, opus¹+fácio)
  제구실, (자연으로부터 받은) 기능, **직책**(職責), 직분,
  직무(ㅁㅁㅁ.διακονία.λειτουργία.영 Ministry),
  임무(任務.영 Duty), **본분**(本分), 할 일,
  (도덕상.법률상) 의무(義務.영 Duty/Obligátion),
  (도덕상.법률상) 책임(責任.영 Responsibility),
  관청(부서), 호의(好意), 친절(親切), 봉사(奉仕), 시중,
  관리(官吏.영 a government official), 공무원.
  De officiis ecclesiasticis. 교회 직무론/
  De officiis publicis. 공적 임무에 대하여/
  De officiis singulorum deprum. 개별 신들의 직책(신국론, p.2762)/
  De officio mundi. 세상의 일(별로 지음)/
  dígrédíor offício. 직무에서 이탈(離脫)하다/
  distríngi offício molestíssimo. 아주 귀찮은 일에 붙들리다/
  ex conscientiæ officio. 양심의 의무에 의해/
  ex offício. 직책상/
  et omne quod ad istud officium spectabit solvere poteris
  et ligare. 풀고 맺을 수 있는 바는 문지기로서의
    직책에 해당하는 모든 것(성 염 옮김. 단테 제정론, p.175)/
  Hæc enim omnia officia necessitatum sunt. 사실 이 모든
  선행은 필요로 말미암은 의무입니다./

Illa res ad officium meum pertinet.
  그 일은 내 직무에 속한다/
  magister officiórum. 궁중 장관, 공직자들의 스승/
  Ne procedat judex ex officio.
  재판관은 직권으로 진행하지 말아야 한다/
  non desum offício. 본분을 소홀히 하지 않다/
  Officia caritatis pro tempore exhibeantur. 사랑의 의무는
    알맞은 때에 생기는 법입니다(최익철 신부 옮김. 요한 서간 강해. p.349)/
  Officia civíum(영 Duties of citizens). 국민의 의무/
  Officia Curiæ Romanæ. 교황청 비서국(秘書局)/
  officia divina.(Can. 2256)
    신품권 보유자만 수행할 수 있는 온갖 의식/
  officia incompatibília. 겸임 불가 직책/
  Officia mea sunt multa, sed semper beatus sum.
    나의 직무는 많다. 그렇지만 (나는) 항상 행복하다/
  officia orátóris. 연사의 업무/
  Officia parva. 소성무일도(小聖務日禱)
  Officia Religiosa(영 Duties religious). 종교적 의무/
  Officia Romana. 로마 성청 기도/
  Officia societátis(영 Duties of society). 사회의 의무/
  Officii conscientia.(영 Awareness of a mission) 사명의 인식/
  officii privátío* 직무 파면 처분(罷免 處分), 박탈처분/
  offício deésse. 본분을 등한히 하다/
  Officio Sanctissimo. 거룩한 임무(1887.12.22. 레오 13세 발표)/
  receptum offícium. 맡은 직책/
  Sanctum Officium. 검사(檢邪) 성성/
  supréma offícia. (마지막 봉사 즉) 장사지냄/
  usúrpo officium. 직무를 이행(履行)하다.
Officium animarum curam secumferentis.
  사목을 수반하는 직무/
  Officium secumferens plenam curam.
    전면적 사목을 수반하는 직무.
Offícium capituli. 소경구(小經句)
  (성무일도서 발전사에 있어서 Metz의 Chrodegang이 제1시과 기도의 제2부로
  부과한 기도부분. 백민관 신부 엮음. 백과사전 3, p.18).
officíum civile. 국가 직무
Offícium de Compassione B. M. V.
  성모 공동 수난의 성무일도서(성 보나벤뚜라 지음).
**Offícium de Liturgicis Celebrátionibus Summi
  Pontificis.**(영 Office for the Liturgical Celebrations of the
  Supreme Pontiff). 교황 전례처. 교황 전례원.
Offícium Defunctórum. 죽은 이들을 위한 성무일도(1605년)
Offícium diei. 그 날 성무일도
Offícium divínum.
  성무일과(hora canonica), 성무일도서(영 Breviary).
Offícium diurnum. 낮기도(성무일도서 새벽기도 Matutinum을 제외한
  다른 시과時課를 통 털어 가리키는 말. 백민관 신부 엮음 백과사전 3 p18).
officíum Ecclesiasticum(영 ecclesiastical offices).
  교회 직책, 교회 직무.
Offícium Hebdomadæ Sanctæ.
  성주간을 위한 성무일도(1585년).
Offícium lectiónis.(영 Office of Readings.獨 Lesehore)
  말씀 기도(lectio divina*),
  독서기도(→말씀기도), 영적독서(영 spiritual reading).
Offícium Lectiónum. 독서의 기도.
  (개편된 현행 성무일도서에서는 "독서의 기도"라는 명칭으로 바꾸고
  시기와 상관없이 매일 세 개의 시편과 2개의 독서로 단일화 되었다).
Offícium mihi est. (1980.12.15. 회람).
  어린이를 위한 성찬기도와 화해의 성찬기도.
Offícium nocturnum. 밤 기도(성무일도 정시기도 중에서 새벽기도
  Matutinum-현재는 독서의 기도를 가리키는 말. 시과時課용).
Officíum paracleticum. 성령의 위로 역할
Offícium parvum(영 little office.獨 Officium parvum)
  소시간전례, 신자용 일과 기도서, 매일 기도서(고古.일과절요).
Offícium parvum Beatæ Mariæ Virginis.
  성모 소성무일도(영 little office of Our Lady.
  (영 little office of the Blessed Virgin Mary).
Offícium pædagogicum. 교정직(矯正職)
Offícium pro Defunctis.(영 Office for the Dead.
  獨 Totenoffizium) 연미사 성무, 위령성무, 위령 시간전례.

O

Officĭum rhythmicum. 운율(韻律) 성무일도서.
Officĭum sacrum. 교황청 기구(機構).
officĭum scribendi impleo. 쓰는 일을 마치다.
Officĭum secretariæ status. 국무성성
Officĭum sepulcri. 무덤 예식(禮式)
Officium Spiritus. 성령의 사명.
 Præterea officium Spiritus est discipulos mutare in
 Christi testes(⑨ Furthermore, the Spirit's mission is
 also to transform the disciples into witnesses to Christ)
 한걸음 나아가서 그리스도의 제자들을 그리스도의
 증인으로 변모시키는 것도 성령의 사명입니다.
Officĭum stratoris. 말고삐 잡이(신성 로마제국 시대에 황제가
 교황에게 드리는 의무 중 하나로서 교황 발에 입맞춤. 교황 이름을 황제
 이름 앞에 붙일 것. 교황이 말 탈 때에는 말등자를 잡고 말고삐를 잡아야 했다.
 백민관 신부 엮음. 백과사전 3, p.564).
Officĭum strepæ. 등자(橙子) 잡이
offígo, -fíxi -fíxum -ĕre, tr. (ob²+)
 박다(זקף), 붙들어 매다, 고정(固定)시키다.
offirmátus, -a, -um, p.p., a.p. (offírmo)
 견고한, 확고한; 완고한, 고집 센.
offírmo, -ávi, -átum, -áre, tr. 견고히 하다, 공고히 하다
offirmo viam. 初志를 관철(貫徹)하다
offixi, "offígo"의 단순과거(pf.=perfectum)
offixum, "offígo"의 목적분사(sup.=supínum)
offixus, -a, -um, "offígo"의 과거분사(p.p.)
offlecto, -ĕre, tr. (ob²+) 구부리다, 돌아가게 하다
offóco, -áre, tr. (ob²+faux)
 질식(窒息) 시키다, 숨 막히게 하다, 목을 조르다.
offrenátus, -a, -um, p.p., a.p. (inusit. offréno)
 길든, 훈련된, 제어(制御)된.
offríngo, -frégi -fráctum -ĕre, tr. (ob²+frango)
 깨뜨리다, 땅을 기르다, 두 번 갈다.
offúcia, -æ, f. (ob²+fucus)
 화장, 화장품, 분(粉-가루, 분말), 사기, 속임, 거짓.
offúdi, "offúndo"의 단순과거(pf.=perfectum)
offui, "obsum"의 단순과거(pf.=perfectum)
óffŭla, -æ, f. dim. (offa) 고기 한 점, 음식 한 조각.
 canis sænítiem óffulā redimo.
 고깃점으로 개의 사나움을 달래다.
offúlgĕo, -fúlsi -ére, intr. (ob²+) 앞에서 빛나다,
 빛나다(וגה), 드러나다(זרח.זהר), 나타나다.
offulsi, "offúlgĕo"의 단순과거(pf.=perfectum)
offúndo, -fúdi -fúsum -ĕre, tr. (ob²+)
 앞으로 쏟다.흘리다.뿌리다, 주위를 덮다,
 주위에 퍼지게 하다, 어둡게 하다, 뒤덮다, 엄습하다,
 (공포심.생각 따위로) 휩싸다.
offúsco, -ávi, -átum, -áre, tr. (ob²+fuscus) 창피 주다,
 어둠침침하게 하다, 어둡게 하다, 낮추다, 폄척(貶斥)하다.
offusum, "offúndo"의 목적분사(sup.=supínum)
O.F.M. = Ordo Fratrum Minorum. 작은 형제회의 약자
O.F.M.Cap Ordo Fratrum Minorum Cappucinorum.
 카푸친 작은 형제회.
O.F.M.Conv. = Ordo Fratrum Minorum Conventualium.
 꼰벤뚜알 작은 형제회의 약자
ógdŏas, -ădis, f. 여덟의 수
oggánnĭo, -ívi(ĭi), -ítum, -íre, intr. (ob²+)
 투덜거리다, 뇌까리다; 수군거리다.
óggĕro, -ĕre, tr. (ob²+) 무더기로 가져오다, 한껏 안겨주다
oh, interj. 오!(기쁨.고통.의아.경이 따위의 표시)
Oh! Bona ventura. 오! 참 좋은 행운(幸運)이여!
Oh lacrimo gaudio!. 오, 눈물겹게 기뻐오.
Oh! tibi ego ut credam, furcifer?
 이 죽일 놈아, 내가 네 말을 믿어?
 (놀라움과 억울함 등을 표시하기 위해서, 어떤 드러난 주문의 지배를 받지
 않고 독립적으로 ut와 함께 접속법을 쓰는 수가 있었다.
Ohe, interj. 어이, 그만! 게 섰거라!(불러 세우며 말릴 때)
Oho, interj. 아니 왜?(예상외의 일에 대한 의아.놀람 표시)
O.I. = Olem infirmorum. 병자성유의 약자
oiéi, interj. 아이고!(비탄의 소리)

olácĭtas, -átis, f. (óleo) 고약한 냄새, 악취(惡臭)
ólĕa, -æ, f. (植)
 올리브 나무, 감람나무(올리브의 한역), 올리브 열매.
 in cellam oleárium hæc opus sunt. (in¹참조)
 술 광에 이것들이 필요하다.
 oleam sale inspergo. 올리브에 소금을 뿌리다.
olea sacra, -æ, f. 성유(聖油)
oleácĕus, -a, -um, adj. (óleo) 올리브 비슷한, 기름기 있는.
oleágĭna, -æ, f. 올리브 나무, 감람나무(올리브의 漢譯)
oleagínĕus(oleágĭnus), -a, -um, adj. (óleo) 올리브나무의,
 올리브나무 비슷한, 올리브빛의, 유질의, 유성의.
oleáris, -e, adj. (ólea) 올리브(나무)의, 기름의, 유성의.
oleárĭum, -i, n. 기름 그릇
oleárĭus, -a, -um, adj. (óleum) 기름에 관한.
 m. 기름 장수, 기름 짜는 사람. cella oleária. 기름 창고.
oleastéllus, -i, m. (植) 야생 올리브 나무, 쥐똥나무
oleáster, -tri, m. (óleo) 野生 올리브 나무
oleátus, -a, -um, adj. (óleum) 기름으로 만든
olecránon, -i, n. (解) 주두(肘頭), 척골 위 끝의 돌기
oleítas, -átis, f. (óleo) 올리브 수확(季節), 올리브기름 짜는 일
olens, -éntis, p.proæs., a.p. (óleo) 향기 풍기는, 나쁜 냄새나는
oléntĭa, -æ, f. (óleo) 향기(香氣), 냄새
olenticétum, -i, n. (óleo)
 두엄발치(두엄을 썩히는 웅덩이), 두엄더미, 더러운 곳.
ólĕo, olŭi -ére, intr., tr. 냄새를 풍기다, 냄새피우다.
 냄새나다, (본색이) 드러나다(זהר.זרח),
 알려지다; 드러내다, 김새가 있다.
 ungo cáules óleo. 채소에 기름 치다/
 súlfure oleo. 유황 냄새나다.
oleo unguénta. 향유 냄새를 풍기다
oleósus, -a -um, adj. (óleum) 기름 많은, 기름기 있는
olera sale macerata. 소금에 절인 야채
olerácĕus, -a, -um, adj. (olus)
 야채(野菜)처럼 생긴; 초본(草本) 모양의.
olerátor, -óris, m. (ólero) 야채 장수(商人)
ólĕro, -ávi, -átum, -áre, intr. (olus) 야채를 재배하다
olésco, -ĕre, intr. 자라다(אבר.יבר.רבא.אנם.ברא.יגי), 성장하다.
oletum¹ -i, n. (ólea) 올리브 심은 곳, 올리브 숲
oletum² -i, n. (óleo) 변소(便所), 배설물, 똥(대변).
 오줌, 오물(汚物-지저분하고 더러운 물건. 쓰레기나 배설물 따위).
ólĕum, -i, n. 올리브기름, 기름.
 성유(聖油.⑨ Oil.獨 Öle/heilige.프 huile).
 씨름, 레슬링(⑨ wrestling).
 Ibi de terrā óleum scáturit.
 그곳에서는 땅에서 기름이 솟고 있다/
 lúmini óleum instilláre. 등잔에 기름을 붓다/
 vicem ólei repreæsénto.
 기름을 대신하다, 기름 대용으로 쓰이다.
oleum catechumenórum. 세례 성유(聖油→예비신자 성유)
 예비자 성유(→예비 신자 성유).
oleum et operam peram.
 비용(시간)과 수고를 낭비하다, 헛수고하다.
oleum exorcizatum. 구마 성유(백민관 신부 엮음. 백과사전 3, p.20)
oleum exorcismi. 구마(驅魔)의 기름
oleum gratiárum actiónis. 감사의 기름, 감사 성유
oleum infirmórum*
 병자성유, 병자 성사의 성유(聖油.⑨ Oil of the Sick).
Oleum perdidisti. 너는 너의 기름을 잃었다.
oleum pro charismate* unctionem, unguentum, -i, n.)
oleum sancrum. 성유(聖油.⑨ holy oil)
oleum sanctificátum. 성화의 기름
oleum sanctum. 거룩한 기름, 축성(크리스마) 성유
oleum vivum. 석유(petroleum, -i, n.)
olfácĭo, -féci -fáctum -ĕre, tr. (óleo+fácio)
 냄새 맡다, 눈치 채다, 김새채다, 예감(豫感)하다.
olfactórĭŏlum, -i, n. 향수그릇
olfactórĭus, -a, -um, adj. 후각(嗅覺)의, 냄새 맡는.
 n. 향수병(香水甁).

olfáctrix, -ícis, f. (olfácĭo) 알아채는 여자, 냄새 맡는 여자
olfáctum, "olfácĭo"의 목적분사(sup.=supínum)
olfáctus, -us, m. (olfácĭo) 냄새 맡음, 후각(嗅覺)
olfēci, "olfácĭo"의 단순과거(pf.=perfectum)
ólĭdus, -a, -um, adj. (óleo) 고약한 냄새나는, 썩은 내 나는.
   bene olidus. 냄새 좋은, 향긋한.
oligarchía, -æ, f. 소수 독재정치, 과두정치(몇몇 사람이 국가의
   지배권을 장악한 정치). imperíum singuláre. 독재정치.
oligophrénĭa, -æ, f. (醫) 정신박약(精神薄弱)
oligúrĭa, -æ, f. (醫) 요량감소(尿量減少), 핍뇨증(乏尿症)
olim, adv. (ollus) 오래 전에, 일찍이, 옛날에,
   요즈음에, 요사이, 벌써 전에, 오래 전부터,
   장차, 앞으로, 이다음에, 언젠가는.
   Forsan et hæc olim meminisse juvabit.(Vergilius).
     혹시 이것도 미리 기억해 두면 도움이 되겠지(될 것이다)/
   Fuit olim senex, 옛날에 한 노인이 있었는데/
   Non alius est quam erat olim.
     그는 이전보다 달라지지 않았다/
   Quæ nunc antiqua sunt, olim fuerunt nova.
     지금은 옛 것도(quæ) 언젠가는(olim) 새 것이었다.
olim conditóres. 옛 창시자들
Olim Midas deo dicit: "Da mihi contactum aureum!"
   한번은(olim) 미다스가 신에게 말하였다. "나에게 황금
   촉각(만지기만 하면 황금이 되는 촉진법)을 주소서!".
Olim nos omnes subiecti sumus ab inimicis.
   과거 우리 모두가 원수들에게 굴종 당한 바 있었다.
ólĭtor, -óris, m. (olus) 야채상인, 야채 재배인
olitórĭus, -a, -um, adj. (ólitor)
   야채의, 야채 재배하는, 야채(野菜) 파는.
olíva, -æ, f. 올리브 (열매), 올리브 나무; 올리브나뭇가지
olivárĭus, -a, -um, adj. (olíva) 올리브의.
   n. 올리브 나무 밭.
olivétum, -i, n. (olíva) 올리브 나무 밭
olívĭfer, -fěra, -fěrum, adj. (olíva+fero)
   올리브를 생산하는, 올리브 가지로 만든.
olívĭtas, -átis, f. (olíva) 올리브 추수(收穫期)
olívĭtor, -óris, m. 올리브 재배자(栽培者)
olívo, -áre, intr. (olíva) 올리브를 따다
olívum, -i, n. 올리브기름, 향유(香油), 씨름
olla, -æ, f. 뚝배기; 질그릇단지, 유골(遺骨) 단지.
   Fervet olla, vivit amicitia. 뚝배기가 끓으면 우정이 살아난다.
olláris, -e, adj. 단지에 있는(저장된)
ollárĭum, -i, n. (ollárius)
   유골단지 넣어 두는 곳, 지하 납골소(地下 納骨所).
ollárĭus, -a, -um, adj. (olla) 단지의
olle, pron., demonstr. (古) = ille
óllŭla, -æ, f. dim. (olla) 작은 단지
ollus, -a, -um, pron.., demonstr. (古) = ille, -a, -ud
ololýgon, -ónis, m. 개구리(숫놈) 우는 소리
ŏlor¹, -óris, m. (鳥) 백조(白鳥), 고니
ŏlor², -óris, m. (ólea) 냄새
olórĭfer, -ěra, -ěrum, adj. (olor¹) 백조가 깃드는
olorínus, -a, -um, adj. (olor¹) 백조의
ólŭi(=holus), -lěris, n. (gen., pl. -rórum; abl. -ris도
   간혹 만남) 나물(식용할 수 있는 나뭇잎이나 풀을 통틀어 이르는 말),
   푸성귀(사람이 가꾼 채소나 저절로 난 나물 따위를 통틀어 이르는 말),
   채소(밭에서 기르는 농작물), 야채(野菜); 양배추.
   Aliménta ólerum et carnis. 채소와 고기의 식료품/
   trunco olus fóliis. 야채껍질을 벗기다.
olúscŭlum, -i, n. dim. (olus)
   소량의 채소, 작은 종류의 야채.
Olýmpia¹ -æ, f. Peloponnésus 서부의 Elis 지방의
   유명한 도시(가까이에 Júpiter의 신전이 있었으며 그곳에서
   4년마다 Olýpia² 제전이 개최되었음).
Olýmpia² -órum, n., pl. 올림픽 경기대회
Olympĭas, -ădis, f. 고대 올림픽 경기
   (올림픽 경기 대회에서 다음 올림픽까지의 4년을 말함).

olympioníces, -æ, m. 올림픽 경기에서의 우승자
omásum, -i, n. 소의 창자, 소의 내장.
   (動) 중판위(重瓣胃, 반추 동물의 제3위(胃)).
omen, -mĭnis, n. (좋은.나쁜) 징조, 전조(前兆-징조),
   예시, 예언(豫言), 축원(祝願-소원이 이루어지게 해 주기를 빎),
   징표(徵表.σημείον), 상서로움(행운)의 기원(祈願),
   성대한 약속, 장중한 관습, (장담할 때의) 조건(條件).
   accípere omen. (우연히 한 남의 말 따위를) 무슨 일의)
   좋은 징조로 돌리다/
   eo ómine, ut…c. subj. …한 조건으로/
   Nomen est omen. 이름이 징조다(이름은 내 운명)/
   prima ómina. (처음) 결혼(식).
oméntum, -i, n. 비계(脂肪), 지방(脂肪), 내장(內臟).
   (解) 장망막(腸網膜).
OMI Congregatio Missionariorum Oblatorum B.M.V.
   원죄 없으신 마리아 봉헌 선교 수도회.
omínális, -e, adj. (omen) 나쁜 징조의, 불길한, 흉조의
omínátĭo, -ónis, f. (óminor)
   점괘(占卦), 징조(徵兆), 전조(前兆-징조).
omínátor, -óris, m. (óminor) 점쟁이
ómĭnor, -átus sum, -ári, dep., tr. (omen) 점치다(קסם),
   (전조 따위로) 예측(예견.예언)하다,
   축원(祝願)하다, 간원(懇願)하다, 서약(誓約)하다.
ominósus, -a, -um, adj. (omen)
   흉조(凶兆)의, 나쁜 징조의, 불길한, 미리 알리는.
ŏmisi, "omítto(=obmítto)"의 단순과거(pf.=perfectum)
omíssĭo, -ónis, f. (omítto) 빼놓음, 생략(省略), 빠뜨림,
   누락(漏落-기록에서 빠짐), 묵과(黙過-알고도 모른 채 넘겨버림),
   (해야 할 것을 하지 않은) 태만(怠慢-게으르고 느림),
   소홀함(⑨ Omission), 하지 않음(⑨ Omission).
omissio commissio. 범죄미수(犯罪未遂)
ŏmissum, "omítto(=obmítto)"의 목적분사(sup.=supínum)
omíssus, -a, -um, p.p., a.p. (omítto)
   내버려둔, 소홀히 한, 무관심의; 빼놓은, 빠뜨린.
omítto(=obmítto) -mísi -míssum -ěre, tr. (ob²+)
   가게 버려두다, 놓아주다, 내보내다, 돌려보내다,
   내버리다, 집어던지다, 포기하다, 단념하다, 초탈하다,
   무시하다, 등한히(소홀히)하다, 해야 할 것을 하지 않다,
   그만 두다(ᴄᴏᴍᴍᴀ), 포기(抛棄)하다, 그치다, 빼놓다,
   빠뜨리다, 제쳐놓다, 생략(省略)하다, 묵과(黙過)하다.
   ánimam omitto. 죽다/
   Id omitto, quando vobis ita plecet.
     여러분에게 그토록 좋아 보인다니 나는 그것을 포기하겠소.
omitto timórem. 공포심을 집어 던지다.
ommatéum, -i, n. ((動)) (절족 동물의) 복안(複眼)
ommatícănus, -a, -um, adj. (omnis+cano)
   모든 것을 노래(말)하는.
Omne agens agit in quantum est in actu.
   무엇이든 현실태에 있는 만큼 행위 한다.
Omne agens agit propter finem.
   모든 행동체는 목적을 위해 행동 한다/
   모든 작용자는 목적 때문에 행위 한다/
   (작용하는 모든 것은 목적을 위해 작용한다).
Omne agens agit sibi simile.
   모든 작용자는 자신과 비슷하게 작용한다
   (모든 작용자는 자기에게 유사한 것을 행한다).
omne agens. 모든 행동자(行動者)
Omne bonum desuper. 모든 선한 것은 하늘로부터
omne colligatum. 결합된 것.(교부문헌 총서 16, 신국론, p.1377).
omne corpus esse fugiendum.
   물체(육체)는 일절 피해야 한다.
omne corpus est fugiendum.
   모든 육체(물체)를 피해야 한다.(교부문헌 총서 16, 신국론 p.1382).
omne datum optimum et omne donum perfectum.
   (⑨ every good endowment and every perfect gift)
   온갖 훌륭한 은혜와 모든 완전한 선물(야고 1, 17).
Omne diligit simile sibi.
   각자는 자기와 비슷한 것을 사랑한다.

O

853

Omne ens contingens habet causam efficientem.
모든 우연적 유는 능동인(산출인)을 갖는다.
Omne ens est bonum.
모든 유(존재)는 선이다, 모든 사물은 선하다.
Omne ens est verum. 모든 유는 진이다.
Omne ut ens est bonum. 존재는 존재인 만큼 선하다
Omne factum præsumitur rite factum.(ⓔ Everything
done is presumed to have been rightly done).
이미 이루어진 모든 사실은 올바로 된 것으로 추정한다.
omne genus(=omnis generis) 모든 종류의
Omne individuum rátiónális naturæ dicitur persona.
이성적 본성의 모든 개별체를 인격이라 한다(토마스 아퀴나스).
Omne individuum sua tota entitate individuatur.
모든 개체는 자신의 전 존재성에 의해서 개체화된다.
omne movens movetur. 모든 기동자(원인)는 움직여진다.
Omne quod movetur ab alio movetur.
모든 운동체는 다른 것에 의해 움직여진다.
움직여지는 모든 것은 다른 것에 의하여 움직여지는 것이다.
Omne quod radicatum est, nutritur calore solis,
non arescit. 뿌리내린 모든 것은 햇볕의 열기로 자라나
시들지 않습니다.(최익철 신부 옮김. 요한 서간 강해, p.181).
Omne quod videtur est verum. 보이는 모든 것이 참되다
Omne scitum a Deo necessaríum est bonum.
하느님에 의해 알려진 모든 것은 필연적으로 존재해야 한다.
Omne totum est majus sua(quam) parte.
모든 전체는 그것의 부분보다 더 크다(전체는 부분보다 크다).
Omne tulit punctum qui miscuit utile dulci.
유익한 것을 기분 좋은 것에 섞은 자가 총점수를 얻었다.
omne verum a quocumque dicatur a Spiritu Sancto est.
진리는 누가 발설하든지 간에 모두 성령으로부터 오는 것.
Omne volatile, quod mundum est, comedite.
(pa/n peteino.n kaqaro.n fa,gesqe)
(獨 Die reinen Vögel dürft ihr essen)
(ⓔ But you may eat any clean winged creatures)
그러나 정결하고 날개 달린 것은 모두 너희가 먹을
수 있다(성경 신명 14. 20)/정한 날벌레는 먹을 수 있다(공동번역).
Omne vivum ex ovo. 알로부터 나온 살아 있는 모든 존재
Omne vivum ex vivo. 모든 생물은 생물에서
Omnem formam sequitur appetitus naturális.
형상에게는 목적을 향한 경향성이 따른다.
omnem meditandis Scripturis operam dedi.
성경의 모든 작품을 묵상하였다(베다).
Omnem pecuniam ex ærario exhaurio.
국고금을 다 써버리다.
omnes, -ium, m., pl. 모든 사람.
　Extra Omnes. 외부인 전원 퇴장(外部人 全員退場)/
　Ut Omnes unum sint.(나길모 주교 사목표어, 요한 17. 21).
　　모든 이가 하나 되기를.
Omnes acerbitátes. 온갖 가혹한 운명을 참아 받다.
Omnes ad eam domum profecti sunt.
모두 그 집으로 떠나갔다.
Omnes ad speculándum. 사람들은 모두 구경하러 왔다.
(전치사 ad와 함께 쓴 동명사 또는 수동형용사의 대격은 목적 부사어가 된다).
omnes ad unum. 최후의 한사람까지 모두
Omnes amandi. 모든 이를 사랑함
Omnes autem bonum, aut Deus, aut ex Deo est.
모든 선은 하느님이거나 하느님께로부터 유래한다.
Omnes aves mundas comedite.
(pa/n o;rneon kaqaro.n fa,gesqe) (獨 Alle reinen Vögel esset)
(ⓔ You may eat all clean birds) 정결한 새는 무엇이든지
너희가 먹을 수 있다(성경)/정한 새는 어떤 것이든지
먹을 수 있지만(공동번역 신명 14. 11).
Omnes candidáti attóniti vocem præcónis exspéctant.
모든 응시자들이 전령의 음성을 초조하게 기다리고 있다.
Omnes certe qui exeunt de Ecclesia, et ab unitate
Ecclesiæ præciduntur, antichristi sunt: nemo dubitet.
교회에서 떨어져 나가고 교회의 일치에서 잘려 나가는
사람은 모두 그리스도의 적입니다. 누구도 이 사실을 의심

하지 마시기 바랍니다.(최익철 신부 옮김, 요한 서간 강해, p.165).
Omnes christíanos ex æquo esse sacerdotes.
모든 그리스도인이 동등하게 사제이다.
Omnes christifideles. 목자의 권고(1972.3.15. 회람)
omnes dicendi veneres. 모든 우아한 말솜씨
Omnes dormiemus. 우리 모두가 잠들 것입니다.
omnes fere, fere omnes. 모두가 거의 다
omnes gradus essendi. 존재의 모든 단계(段階)
Omnes homines, etiam inimicos vestros diligatis:
non quia sunt fratres, sed ut fratres sint. 모든 사람을.
심지어 여러분의 원수까지도 사랑하십시오. 그들이 형제
이기 때문에 사랑할 것이 아니라, 여러분의 형제가 될 수
있도록 사랑하십시오.(최익철 신부 옮김. 요한 서간 강해, p.453).
Omnes homines student fieri beati.
사람들은 모두 행복해지려고 노력한다.
(모든 사람은 다 복된 자 되기로 힘쓴다).(객어문 노릇을
할 때에는 그 부정법과 함께 쓴 부설명어는 주격으로 써야 한다. 객어문으로
서의 부정법문을 지배하는 주문의 동사는 대부분 보조동사이다. 그러므로
보조동사가 지배하는 부정법과 함께 쓰는 부설명어는 주격으로 쓰는 것이다).
omnes in tempore. 시간 속에 살아가는 모든 사람/
quæ tempore mensurantur. 시간으로 측정되는 모든 사물.
Omnes inimicos mihi répperi.
그들 모두가 내게 원수들임을 알았다.
Omnes quærunt te!.(ⓔ Everyone is looking for you)
모두 당신을 찾고 있습니다
omnes quod habet. 교회가 가진 모든 것
Omnes resurgemus. 우리 모두가 일으켜질 것입니다
omnes rumórum et contionum ventos collígere.
민중의 풍문과 여론을 모으다.
Omnes Sancti per orátionem sancti facti sunt.
모든 성인은 다 기도로서 성인이 된 것이다(성 알퐁소).
Omnes sumus morituri. Gaudeamus igitur.
우리는 모두 죽을 인생들이다. 그러니 즐기자!
[능동태 미래 분사 -turus, -tura, -turum 역시 수동태 과거분사처럼
조동사 sum과 더불어 특수한 미래 시제 문장을 만드는데 이것을 능동태 용장
활용(coniugatio periphrastica activa)이라 한다. 성 염 지음. 고전 라틴어, p.229].
Omnes superiores dies. 지난 모든 날들 동안에
Omnes tamen fratres operibus prædicent.
모든 형제들은 행동으로 설교할 것입니다.
omnes traditiones. 모든 전승들
Omnes videntes me deriserunt me locuti sunt
labiis et moverunt caput. 사람마다 나를 보며
업신여기며 * 머리를 끄덕대며 삐쭉거리나이다.
Omnes vos fratres estis. 너희는 모두 형제들이다.
　　　　　　　　　　　(작은 형제회 회헌 제61조. 33).
omni æternitate. 영원으로부터(ex æternitate)
omni ex parte. 全部(nihil non). 도처에서,
(non이 다른 부정사 뒤에 놓이면서 전적인 긍정을 드러냄).
omni exceptione major. 모든 이의를 초월하는,
의심의 여지가 없는 증인(교회법 해설 13, p.171).
omni exceptione major.
omni pede stáre. 있는 힘을 다해서 하다
omni præsentía. 무소부재(無所不在)
omni ratióne. 온갖 방법으로
omni sollicitudine curam gerat. 온갖 염려를 다하여
omni vilitate. 온갖 비천한 것
omnia, -ium, n., pl. 전부(全部), 모든 것, 만사,
모든 점, 만물(萬物).ⓔ Creature-세상에 있는 모든 것),
만유(萬有).ⓔ all things-우주에 존재하는 모든 것).
ante omnia. 무엇보다 먼저 우선/
eversio omnium opinionum. 모든 의견들의 붕괴/
Extrema ómnia experior. 마지막으로 모든 것을 해보다/
Hæc ómnia is feci. (is 참조) 이 모든 것을 내가 했다/
Homo fervidus et diligens, ad omnia est paratus.
열심하고 부지런한 사람은 모든 일을 행할 마음이 있다.
　　　　　　　　　　　(준주성범 제1권 25장 11)/
In beato omnia beata. 행운의 사람에게는 만사가 행운/
Intellectus fit omnia. 지성(知性)은 모든 것이 된다/
Is ómnia docétur. 그는 모든 것을 교육받고 있다/
Labor omnia vincit. 힘을 다하면 안 되는 일이 없다/

Letum non omnia finit.
　죽음이 모든 것을 끝내는 것이 아니다/
Nemo tam doctus est, ut omnia sciat.
　모든 것을 알만큼 박식한 사람은 아무도 없다/
Novi omnem rem. 나는 모든 사정을 다 알고 있다/
relictis rebus omnibus.(relinquo 9. 참조)
　만사를 제쳐놓고(omnibus rebus posthabitis)/
Utrum Deus æqualiter diligat omnia.
　하느님은 모든 것을 균등하게 사랑 하는가/
Utrum Deus omnia amet. 하느님은 모든 것을 사랑 하는가/
Utrum omnia sint vita in Deo?
　모든 것이 하느님 안에서 생명인가?.
Omnia a te exspéctant.
　그들은 너한테 모든 것을 기대하고 있다.
Omnia ad bellum apta ac parata.
　전쟁을 위한 모든 준비는 다 잘 되었다.
omnia ad oraculum refero.
　모든 일에 신탁의 지시를 따르다.
omnia alia a Deo non sunt suum esse,
sed participant esse. 신 이외의 모든 사물들은
　그들의 존재가 아니고 존재에 참여한다.
omnia alia accidentia referantur ad subjectum
mediante quantitate dimensiva. 모든 다른 우유들은
　규모적 양을 통하여 주체에 연결된다.
Omnia autem facite sine murmurátiónibus et
hæsitatiónibus. (Pa,nta poiei/te cwri.j goggusmw/n kai.
dialogismw/n) (獨 Tut alles ohne Murren und ohne Zweifel)
(英 Do everything without grumbling or questioning)
　무슨 일이든 투덜거리거나 따지지 말고 하십시오(성경)/
　무슨 일을 하든지 불평을 하거나 다투지 마십시오(공동번역)/
　무슨 일이든 불평하거나 주저하지 말고 하시오(200주년 필리 2. 14).
Omnia autem probate; quod bonum est tenete.
(pa,nta de. dokima,zete(to. kalo.n kate,cete)
(獨 Prüft aber alles, und das Gute behaltet)
(英 Test everything; retain what is good)
　모든 것을 분별하여, 좋은 것은 간직하고(성경 I 대살 5. 21)/
　모든 것을 시험해 보고 좋은 것을 꼭 붙드십시오(공동번역)/
　모든 것을 살펴보고 좋은 것을 지키시오(200주년 신약).
omnia cognoscentia cognoscunt impicite Deum in
quolibet cognito(De Veritate q.22, a.1, ad 1) 모든 인식자는 인식
　하는 모든 대상이 암묵적으로 신을 인식한다.
omnia corpora naturália. 모든 자연적 물체
Omnia creantur. 만물이 창조된다.
Omnia creata ordinatur in Deum.
　창조된 모든 것은 신 안에 질서를 가진다.
omnia de te requiro. 네게 대한 모든 것을 알아보다
Omnia ei peténti recepi.(recipio 참조)
　나는 그가 청하는 것을 다 약속했다.
Omnia entia habent attributionem ad ens primum
quod est Deus. 모든 존재는 신인 제일존재에 대한
　속성을 지닌다(Scotus주장).
Omnia fert ætas(fero 참조) 세월이 모든 것을 가져가 버린다.
omnia illa, quamquam expetenda,
　그 모든 것이 비록 추구되어야 할 것들이지만,
Omnia in mensura et numero et pondère disposuisti.
　주님은 모든 것을 잘 재고 헤아리고 달아서 처리하셨다.
Omnia in omnibus Deus.
　모든 것은 모든 것 안에서 하느님이 됩니다.
Omnia in sapientia fecisti. 지혜로 모든 것을 창조하셨다.
Omnia mea mecum porto.
　나는 나의 전 재산을 지니고 다닌다.
omnia mea tua sunt. 내 모든 것은 당신의 것이옵니다.
Omnia Mercurio similis vocem coloremque.
　목소리도 얼굴빛도 모두 다 Mercurius와 비슷한 자.
Omnia movet secundum modum eórum.
　하느님은 모든 것을 그것들 나름대로 움직이신다.
Omnia mutantur et nos mutamur in illis(Ovidius).
　모든 것이 변하며 우리도 그 안에서 덩달아 변하느니.

Omnia pacem appetunt. 모든 이가 평화를 바란다.
Omnia paráta ad bellum. 전쟁 준비가 다 되었다.
omnia principia reducuntur ad hoc sicut ad primum
impossibile est simul affirmare et negare.
　모든 원칙은 이 최초의 원칙으로 환원된다.
　긍정하면서 동시에 부정하는 것은 불가능하다.
Omnia prospère procedent.
　모든 것이 순조롭게 될 것이다.
omnia, quæ adeunda erant. 손대야 할 모든 일
omnia quæ corrumpuntur privantur bono.
　썩어 없어지는 모든 것이 선의 결핍.
omnia, quæ in promptu erant, 닥치는 대로 전부
Omnia quæ leguntur de Scripturis sanctis, ad
instructionem et salutem nostram, intente oportet
audire. 우리의 가르침과 구원을 위하여 성경에서 읽는
　모든 말씀을 주의 깊게 들어야 합니다.
omnia resonant nouitatem. 모든 게 새로움을 띤다.
Omnia sibi proclivia fore sperabant. 모든 것이 자기
　들에게는 쉬우리라는 희망들을 가지고 있었다.
Omnia sunt incérta, sum a jure discéssum est.
　모든 것은 정리에서 떠날 때마다 (보장할 수 없는)
　의심스러운 것이 되고 만다.
　(속문의 내용이 주문의 내용보다 나중에 되는 것임을 표시하기 위해서는 그
　논리적 의미에 따라서 주문의 시칭보다 후에 있는 시칭을 쓴면 된다. 이와
　같이 직설법 속문의 시칭이 그 지배주문과의 관계에서 보다 그 속문
　자체가 지니는 논리적 의미, 또는 접속사의 요구에 따라서 결정되어야 하는
　경우도 가끔 있다. 이를 직설법 시칭의 자립용법이라 한다데.
　관계문이나 직설법 요구의 시간문 같은 데서 가끔 만나게 된다.)
Omnia tempus habent. 모든 것은 때가 있다
Omnia vestra in caritate fiant. (I 고린 16. 14)
(pa,nta u`mw/n evn avga,ph| gine,sqw)
(獨 Alle eure Dinge laßt in der Liebe geschehen!)
(英 Your every act should be done with love)
　여러분이 하는 모든 일이 사랑으로 이루어지게 하십시오(성경)/
　그리고 모든 일을 사랑으로 처리하십시오(공동번역 I 고린 16. 14)/
　여러분이 하는 모든 일은 사랑으로 이루어지게 하시오.(200주년).
Omnia vincit amor. 사랑은 모든 것을 이긴다.
Omnia vincit labor. 노동은 모든 것을 극복한다.
omnibus clericis positis in ministerio.
　성직에 임명된 모든 성직자(가톨릭 신학 제8호, p.179).
Omnibus colendæ sunt virtutes(모두 덕을 닦아야 한다)
　모든 사람들에 의해서 덕이 닦여야 한다.
　[수동태 당위적 미래분사인 -ndus, -nda, -ndum 역시 동사적 형용사이다.
　그러므로 다른 분사들처럼 이것도 sum 동사와 합하여 동사 활용으로 사용되는데
　이것을 수동태 용장활용(coniugatio periphrastica passiva)이라고 한다. 라틴 문장
　에서는 수동태 용장활용을 무척 자주 볼 수 있다. 성 염 지음, 고전 라틴어, p.230].
Omnibus enim cognito existendi Deum ab ipso
naturaliter inserta est. 하느님 자신에 의해 모든 인간
　안에 하느님의 실재에 대한 본래적인 인식이 부여되었다.
Omnibus hominibus moriendum est.
　모든 사람은 죽어야 한다.
omnibus ignotus. 누구도 알지 못하는 사람
Omnibus in comperto, 축일미사 참여(1966.3.19. 회람)
Omnibus innátum est esse deos.
　모든 사람은 신성을 타고났다.
omnibus locis. 모든 곳에
omnibus mensibus. 다달이
Omnibus nobis moriéndum est. 우리는 모두 죽어야 한다.
　[수동형 용장활용에 있어서는 능동주 부사어로 탈격을 쓰지 않고 여격을
　쓰는 것이 원칙적이다. 이런 여격을 능동주 여격이라 한다. 그러나 여격 지배의
　동사에 있어서는 뜻을 분명히 하기 위하여 능동주 여격을 쓰지 않고 제대로
　(전치사 a를 가진) 능동주 탈격을 쓰기도 한다.
Omnibus omnia. 모든 사람에게 모든 것(I 고린 9. 22)
omnibus partibus. 사방에서
omnibus præstant ingenio. 재능이 누구보다도 뛰어난
Omnibus qui Christi famulatui se committere statuunt,
vitæ plenitudo conceditur. 그리스도를 따르고자 헌신하는
　모든 사람에게 충만한 생명이 주어집니다.
Omnibus quidem videntibus et loquentibus Filium et
Patrem, non autem omnibus credentibus. 모두가 성자와
　성부를 보고 말하지만, 모두가 믿는 것은 아니다.
omnibus rebus posthabitis.

만사를 제쳐놓고(relictis rebus omnibus)
Omnibus sententiis absolvi. 만장일치로 무죄 석방되다.
Omnibus sententiis resistitur.
　모든 의견이 반대에 부딪치고 있다.
omnifáriam, adv. (omnifárius) 모든 방면에서, 사방에서
omnifárĭus, -a, -um, adj.
　모든 방면의, 각종의, 온갖 방법의, 다방면에 걸친.
ómnĭfer, -fĕra, -fĕrum, adj. (omnis+fero)
　모든 것을 가진, 모든 것을 생산하는.
omnifórmis, -e, adj. (omnis+forma)
　모든 종류의, 온갖 모양의.
omnígĕnus¹ -a, -um, adj. (gen., pl. -num도 보임)
　(omnis+genus) 모든(온갖) 종류의.
omnígĕnus² -a, -um, adj. (omnis+gigno) 모든 것을 낳는
omnímĕdens, -éntis, adj. (omnis+médeor)
　모든 병을 고치는.
omnímŏdus, -a, -um, adj. (omnis+modus) 온갖 방법의,
　모든 수단의, 온갖 모양의, 모든 종류의, 온갖 종류의.
　adv. **omnímŏde, omnímŏdo, omnímódis.**
omnino, adv. (omnis) 모두, 합쳐서, 오직(μόνον), 다만,
　온전히, 완전히, 전적으로, 예외 없이, 일반적으로,
　보편적으로, 한마디로, 간단히 말해서, 확실히, 의심 없이.
　pauca videmus esse opus omnino. 신체적 본성은 적은
　것만을 필요로 한다(성 염 지음. 사랑만이 진리를 깨닫게 한다, p.421).
omnino æquivoce. 순수 다의성/pure æquivoca.
Omnino ita est. 정말 그렇습니다.
omnino non. 전적으로 아니
omnino similis. 전적으로 유사한 것
omnípărens, -éntis, adj. (omnis+pário°) 만물을 낳는(내는)
omnípăter, -tris, adj. (omnis+) 만물의 아버지
omnípŏllens, -éntis, adj. (omnis+pólleo) 전능한, 만능의
omnípŏtens, -éntis, adj. (omnis+) 전능한, 만능의, m. 全能者,
　전능하신 하느님(⑨ Almighty God.Deus Omnipotens),
　Unus omnipotens, non tres omnipotentes.(Sum. Theol I° 39, 3)
　하나의 전능이지 셋의 전능이 아니다(토마스 데 아퀴노).
Omnipotens Deus, qui cælum et terram in principio
creavit, formavit hominem de limo terræ. 한 처음에
　하늘과 땅을 창조하신 전능하신 하느님은 진흙으로
　사람을 빚어 만드셨다. [qui는 관계대명사로 주문의 주어인 Deus를 설명
　하며 주문과 속문을 연결하고, de는 전치사로 limo와 연결되어 재료화 구성
　요소의 뜻을 지닌 부사어로 쓰였다. 황치천 지음. 미사통상문을 위한 라틴어 p.77]
Omnipotens sempiterne Deus. 전능하시고 영원하신 하느님
omnipoténtĭa, -æ, f. (omnípŏtens) 전능, 만능.
　De omnipotentia Dei. 하느님의 전능에 대하여/
　facit quidquid vult, ipsa est omnipotentia.
　　원하는 바를 하는 것이 곧 전능이다/
　Quo magis contemplámur ópera Dei, eo magis
　admirámur omnipoténtiam ejus. 우리는 하느님의 업적을
　　묵상하면 할수록, 그의 전능을 더 탄복하게 된다/
　Quod in rebus miris summa credendi ratio sit
　omnipotentia Creatoris. 경이로운 사건에서는 창조주의
　　전능이 믿음의 최고 기준이어야 한다.(신국론 p2824)/
　Unus Deus est omnipotens. 신 홀로 전능하다.
omnipotentĭa Dei. 신의 전능
omnipræsens, -éntis, adj. (omnis+)
　편재(偏在)하는, 무소부재(無所不在)한.
omnipræséntĭa, -æ, f. 무소부재(無所不在).
　(神) 하느님의 편재(遍在-두루 퍼지어 있음).
omnis, -e, adj. 1. 전체의, 전부의, 하나도 빠짐없는,
　모든(ἅπας.ἅπασα.ἅπαν.ὅλος.η.ον.πάς.πάσα.πάν),
　(있는 수의) 모두를 망라한, 온갖 종류의. 모든 사람,
　(인원) 전체. 모두; n. omne. 전부; n., pl. ómnia 전부,
　모든 것, 만사, 모든 점; 만물, 만유(萬有): ante ómnia
　우선, 무엇보다도 먼저 / per ómnia. 모든 점에서,
　온전히/ in ómnibus 모든 일(점)에 있어서, 만사에.
　2. 각(各), 하나하나 모두: ómnibus ménsibus. 다달이.
　3. 온, 전(全), 전적(全的)인, 전체적인; omnis ínsula.
　온 섬이, **온갖**, 모든 종류의, 온갖 수단의.

(한동일 지음. 카르페 라틴어 1권. p.86)

bonum omnis boni. 모든 선들의 선/
contra omnes. 모두에게 맞서/
Deficit omne quod nascitur.(Quintilianus).
　무릇 태어나는 모든 것은 쇠망하느니/
Gustato spiritu, desipit omnis caro.
　영을 맛본 다음이면 육이 모두 싱겁다/
inclino omnem culpam in alqm.
　모든 탓을 누구에게 돌리다/
minister omnium. 만인의 봉사자/
Ut in omnibus glorificetur Deus.
　하느님은 모든 일에서 영광을 받으소서.
Omnis actio directa ad eludendum legem.
　법을 빠져나가기 위해 저지르는 모든 행위/
omnis ævi clari viri. 모든 세기의 위인들
omnis anima Romanórum principi subiecta sit.
　모든 인간은 로마 황제에게 종속된다.
omnis caro, omnis creatura. 너희는 모든 살이요, 모든 조물
Omnis cognitio incipit a sensibus.
　모든 인식은 감각으로부터 시작한다.
Omnis consummationis vidi finem.
　(⑨ I have seen the limits of all perfection)
　나는 모든 완성의 끝을 보았노라(新 서간 강해. 최익철 역).
　완전한 것에서도 다 끝을 보았지만(성경 시편 119, 96).
　완전하다 하는 것도 끝이 다 있건마는(최민순 역).
　아무리 완전한 것도 끝이 있는 줄 나 아오나(공동번역).
　모든 완전도 한계가 있음을 나는 보았으나(성영).
Omnis enim homo annuntiator Verbi, vox Verbi est.
　모든 인간은 말씀의 선포자이며 말씀의 소리다.
Omnis enim, quicumque invocaverit nomen Domini,
salvus erit. (pa/j ga.r olj a'n evpikale,shtai to. o;noma kuri,ou
swqh,setai) (獨 wer den Namen des Herrn anrufen wird,
soll gerettet werden) (⑨ everyone who calls on the
name of the Lord will be saved) (로마 10, 13)
　주님의 이름을 받들어 부르는 이는 모두 구원을 받을
　　것입니다(성경)/주님의 이름을 부르는 사람은 누구든지
　　구원을 얻으리라(공동번역)/주님의 이름을 부르는 이는
　　누구나 구원받을 것입니다(200주년 기념 신약성서 로마 10. 13).
omnis generis hómines. 모든 종류의 인간들
Omnis homo mendax. 모든 사람은 거짓말쟁이 이다
Omnis homo naturaliter scire desiderat.
　알고자 함은 사람마다 가진 천성이다
omnis intellectus affirmatívus. 모든 긍정적 지성
Omnis nostra cognitio incipit a sensibus.
　우리의 모든 인식은 감각에서부터 시작된다.
Omnis nostra cognitio transit per sensus.
　우리의 모든 인식은 감각을 통과한다.
Omnis perniciei stultitia est mater atque materies.
(=Stultitia est mater atque materies omnis perniciei).
　어리석음은 모든 재앙의 어머니요 그 구실(원인)이다.
omnis populus. 회중(populus congregátio*)
Omnis qui credit in illum, non confundetur(로마 10, 11)
(pa/j o` pisteu,wn evpV auvtw/| ouv kataiscunqh,setai)
(獨 Wer an ihn glaubt, wird nicht zuschanden werden)
(⑨ No one who believes in him will be put to shame)
　그를 믿는 이는 누구나 부끄러운 일을 당하지 않으리라(성경)/
　그를 믿는 사람은 누구든지 수치를 당하지 않으리라(공동번역)/
　그를 믿는 이는 부끄러움을 당하지 않으리라(200주년 기념성서).
omnis rerum memoria. 세계사(世界史)

	단　수		복　수	
	m., f.	n.	m., f.	n.
Nom.	omnis	omne	omnes	omnia
Gen.	omnis	omnis	omnium	omnium
Dat.	omni	omni	omnibus	omnibus
Acc.	omnem	omne	omnes	omnia
Abl.	omni	omni	omnibus	omnibus
Voc.	omnis	omne	omnes	omnia

Omnis res per Quascumque causas nascitur, per easdem dissolvitur. 무릇 어떠한 원인으로든지 생겨난 모든 것은 같은 원인에 의해 해소(解消)된다.
Omnis res quam Deus scit, est necessaria. 하느님이 아는 모든 사물은 필연적인 것이다.
Omnis Scriptura unus liber est, et ille unus liber Christus est. 성서 전체는 하나의 책이다. 그리고 그 하나의 책은 바로 그리스도이시다(성 빅토르의 휴고).
Omnis Utriusque sexus. 판공성사 규정 '모든 남녀 교우'. [제4차 라테라노 공의회(1215년)의 제21장 분별 연령의 모든 남녀 교우 최소의 의무사항 규정으로 적어도 1년에 한 번 부활절에 고해와 영성체할 것(한국 성교사규 제3항. 백민관 신부 엮음. 백과사전 3, p.29].
Omnis voluptas honestati est contraria. 일체의 식욕(貪慾)은 덕성과 상반된다.
omniscĭens, -éntis, adj. (ómnis+scio) 전지(全知)한
omniscĭus, -a, -um, adj. (omnis+scio) 모든 것을 다 아는, 전지한.
omniscientĭa, -æ, f. 전지(全知.[영] omniscience)
Omnisne pecunia debita soluta est? 빚진 돈 다 갚았느냐?
omnitŭens, -éntis, adj. (omnis+túeor) 모든 것을 다 보는
Omnium Atheniensium liberalissimus fuit Cimon. 키몬은 모든 아테네인들 가운데 가장 자유로운(교양 있는) 사람이었다.
omnium conexionem seriemque causarum. 모든 원인들의 조합과 연쇄 (교부문헌 총서 15, 신국론, p.541).
Omnium Defunctorum.([영] All Seouls' Day) 위령의 날
Omnium ecclesiárum matri, 예루살렘의 성 치릴로 서거 1,600주년(1987.3.7. 교서).
omnium entĭum principĭum. 만유의 근원.
fáctor omnĭum. 만물의 제조자(萬物 製造者).
omnium entĭum principĭum. 만유의 근원(根源)
omnium gentĭum. 세계를 정복(征服)한 사람
Omnium hominum doctissimus. 모든 사람 중에 제일 박학한 사람.
Omnium in Mentem. 모든 이의 관심
Omnium intĕrest concordiam habĕre. 평화를 누리는 것은 모두의 관심사이다.
Omnium intĕrest. 모든 이에게 관계 된다
Omnium ora et oculi in te conversi sunt. 모든 이의 입과 눈이 너한테로 향하여졌다.
omnium rerum. 최고 통치권(summa rerum)
Omnium rerum finis.(獨 Das Ende aller Dinge) 만물의 끝(1794년 임마누엘 칸트 지음).
omnium rerum immunitas. 온갖 의무의 면제
ómnium se óculis ingero. 모든 사람 앞에 나서다
omnívăgus, -a, -um, adj. (omnis+vagor[1]) 온갖 곳을 방황하는(떠도는).
omnívŏlus, -a, -um, adj. (omnis+volo[2]) 모든 것을 원하는
omnívŏmus, -a, -um, adj. (omnis+vomo) 죄다 뱉어 버리는
omnívŏrus, -a, -um, adj. (omnis+voro) 아무거나 다 먹는, 닥치는 대로 삼키는. (動) 雜食의. n., pl. (돼지.하마 따위의) 잡식 동물.
omophágĭa, -æ, f. 날고기를 먹는 일, 회(육회) 먹음.
omphácĭnus, -a -um, adj. 덜 익은, 떫은, 쓴
omphácĭum, -i, n. 덜 익은 올리브 즙(汁), 설익은 포도즙
Omphăle, -es, f. Lýdia의 여왕, Hécules를 종으로 데리고 있던 적이 있음.
omphálos, -i, m. (解) 배꼽, 중심(中心)
onăger(=onăgrus) -gri, m. (動) 야생 노새, (무기의 일종인) 암석 발사기.
onagrácĕæ, -árum, f., pl. (植) 바늘꽃과 식물
onanía, -æ, f. 수음(手淫.[영] masturbátĭon), 자독 행위, 용두질(手淫), 자위(自慰-수음), 성교 시 질외사정.
onanísmus, -i, m. (倫神) 성교중절(性交中絶), (피임도구를 사용하는 남녀의) 피임행위, 수음(手淫), 수음(手淫.[영] masturbátĭon), 오나니즘([영] onanism).
onanismus, -i, m. 피임행위
onco, -áre, intr. 당나귀가 울다; 당나귀 울음소리를 내다
oncología, -æ, f. (醫) 종양학
oncóma, -ătis, n. (醫) 종창(腫脹) (염증, 종양 따위로 몸의 어떤 부분이 부어오르는 일).
Oncorhynchus keta. (魚) 연어
oneirodýnĭa, -æ, f. (醫) 악몽(惡夢)
oneirodynia actíva. 몽유증(夢遊症)
oneirodynia passíva. 가위눌림
oneirógmus, -i, m. (醫) 유정(遺精) (성행위 없이 자기도 모르는 사이에 정액이 나오는 일. 누정漏精).
onerárĭus, -a, -um, adj. (onus) 짐 나르는, 짐 싣는, 화물 운반의. f. 화물선(貨物船).
onerária juménta. 짐 나르는 짐승.
ónĕro, -ávi, -átum, -áre, tr. (onus) **짐 지우다**, 짐 싣다. (소화가 잘 안 되는 음식이) 배를 가쁘게 하다, 가득하게 하다, 채우다, 뒤덮다, 무거운 책임을 맡기다, (아무에게 무엇을) 해내게 하다, 못살게 굴다, 괴롭히다, 압박하다, 지치게 하다, 힘들게(어렵게) 만들다, (불행.모욕 따위를) 끼치다, (욕설을) 퍼붓다, 악화시키다, 가중하다, (그릇에 무엇을) 가득 담다.
onero mensas dápibus. 여러 식탁에 진수성찬(珍羞盛饌)을 가득 차리다.
onerose, adv. 괴롭게(gráviter, adv.), 힘들게
onerósus, -a, -um, adj. (onus) 무거운(כָּבֵד), 짐스러운, 과중한, 어려운(קָשֶׁה), 힘든, 괴로운, 수고로운.
Onesícrĭtus, -i, m. Alexánder 대왕의 전기를 쓴 사람
onirócrĭtes, -æ, m. 해몽가, 꿈을 점치는 사람
oniromántĭa, -æ, m. 꿈으로 치는 점(占); 해몽(解夢)
oníscus, -i, m. (動) 쥐며느리
onocœtes, -æ, m. 이교도들이 "당나귀의 침대"라는 이름으로 욕한 그리스도교의 하느님.
ónŏma, -ĕtis, n. 이름, 명칭(名稱)
onomástĭcus, -a, -um, adj. 이름의, 명칭의
Onomástĭca Sacra. 성서 인명사전
onomatopœĭa, -æ, f. 의성(擬聲), 의성어(擬聲語). (修) 성유법(聲喩法-글 뜻을 언어의 음운 효과로 나타내는 수사법).
ononychítes, -æ, m. 당나귀 발굽을 가진 자. (이교도들이 그리스도교 신자들을 욕해서 하던 말).
ontogénĕsis, -is, f. (生) 개체발생
ontogenétĭcus, -a, -um, adj. (生) 개체발생의
ontología, -æ, f. (哲) 존재론, 본체론, 실체론.
argumentum ontologicum. 본체론적 논증, 존재론적 논증.
ontológĭcus, -a, -um, adj. 본체론적(本體論的).
qualitas ontologica. 존재론적 성질.
ontologísmus, -i, m. 존재직관주의. (神) 본체론주의, 존재주의.
onus, onĕris, n. **짐**(φορτίον), 하중(荷重-짐의 무게), 화물, 하물(荷物-짐), 태아(胎兒), (체내에 있는) 배설물.똥, 책임([영] Responsibility), 직책(職責), 중책, 부담(負擔), 귀찮음, 괴로움, 수고, 고생, 비용, 세금부담, 손해.
Hoc onere senectutis et te et me ipsum levari volo. 당신도 나도 노령의 이 짐으로부터 벗어나길 나는 바라오/
Honos habet onus. 영예에는 부담이 따른다(有名稅)/
impono *alci* onus. 누구에게 짐을 지우다/
Leve fit, quod bene fertur, onus.(Ovidius) 잘만 지면 짐도 가벼워진다/
Lintribus afferúntur ónera et regerúntur. 거룻배로 짐들을 실어가고 실어오고 한다/
Narrábo vobis fábulam de ásino onus portánte. 너희들에게 짐 지고 가는 당나귀 이야기를 해 주마/
ónera ferre. 중책을 맡다/
Qui sentit commodum, sentire debet et onus. 이익을 느끼는 자는 부담도 느껴야 한다/
tanti óneris turris. 육중한 탑/
tractandi verba veritatis tam periculosum onus. 진리의 말씀을 설명하는 그토록 위험한 직무. (히포의 아우구스티노가 '강론'을 묘사한 말).
Onus mihi commune tecum. 너와 나의 공동 임무
onus natúræ depónere. 분만하다
onus parvum. 작은 짐

O

onus probandi. (法) 거증책임

Onus probandi incumbit ei qui asserit.
원고는 자기의 주장을 입증할 책임이 있다.
증거 할(거증) 책임은 주장하는 이가 진다(Can 1526).

Onus residentiæ. 정주 의무(obligatio regidentiæ)

onústo, -ávi, -átum, -áre, tr. (onústus) 짐 싣다, 짐 지우다

onústus, -a, -um, adj. (onus) 짐 진, 짐 실은, 가득 찬, 만족한. naves onustæ frumento. 곡식 실은 배/ onusti cibo. 밥을 잔뜩 먹은 사람들.

onyx, onychis, m. (鑛) 무늬(얼룩 줄) 마노, 마노로 만든 향유 그릇, 손톱 색의 보석.

oogénĕsis, -is, f. (生) 난형성(卵形成)

oogónĭum, -i, n. (生) 난원세포(卵原細胞), ((植)) (엽상狀 식물의) 장난기(藏卵器), 난포낭(卵胞囊).

oogonĭum, -i, n. (植) 난포낭(卵胞囊)

O.P. = Ordo Prædicatorum(도미니꼬회)의 약자

opácĭtas, -átis, f. (opácus) 그늘짐, 그늘진 곳, 음지(陰地), 어두움, 컴컴함, 불투명(不透明).

opáco, -ávi, -átum, -áre, tr. (opácus) 그늘로 가리다. 그늘지게 하다, 덮다(ⴰⵣⵏ.ⴰⵣⵏ.ﬡⴰⵙ.ⵛⴸⵕ). 가리다(ⴰⵣⵏ.ⴰⵣⵏ)., 어둡게 하다.

opácus, -a, -um, adj. 그늘진, 그늘 많은, 가려진, 그늘 지우는, 침침한, 컴컴한, 깊숙한 곳에 있는, 어두운, 빽빽한, 조밀한, 두터운. opacum frigus. 그늘로 인한 냉기.

ópălus, -i, m. (鑛) 단백석(蛋白石-오팔)

O.P.C. = Ordo Pœnitemtiæ Claustralis. 봉쇄 참회의회

ope rátĭónis et conscientiæ. 양지양능(선을 알고 행하는 인간의 기본적인 경향 및 능력을 말함(선유의 천주사상과 제사문제, p.28).

opélla, -æ, f. dim. (ópera) 작은 일, 잔일

ópĕra, -æ, f. (opusˡ) 일(ἔργον.⑨ work), 노동, 수고, 노고, 공적 활동, 봉사(奉仕.διακονία.⑨ service), 보살핌, 배려(配慮), 도와줌, 보조; 힘씀, 노력(努力), (신에게 드리는) 제사, (무엇을 할) 틈, 여가(餘暇), (시간.마음의) 여유, 불일, 밭일의 하루 품, 하루 일, 일의 성과, 결과, 작품, 사실, 실제, 일꾼, 품팔이 꾼, 노동자(勞動者), 삯꾼, 돈 받고 박수(拍手) 치는 자.
alcjs óperā vívere. 누구의 보조로 살다/
datā óperā. 애써, 짐짓, 일부러/
Deest mihi opera. 나는 틈이 나지 않는다/
deputo parvi prétii óperam. 노력을 과소평가하다/
eádem(unā) óperā. 같은 식으로, 동시에/
esse in óperis. 공무에 종사하다/
Illius opera nunc vivo. 나는 그의 보조로 지금 살고 있다/
Legendo operam do. 나는 독서에 힘쓴다/
(meā.tuā.alcjs) óperā. 누구의 덕분으로 힘으로, 누구 때문에, 누구의 탓(잘못)으로/
Operæ Apostolatus Maritimi Gubernatio. 해양 사도직 단체의 방향/
operæ araneórum. 거미줄/
Operæ eórum pretĭum. 그들의 수고를 높이 평가하다/
Operæ prétium. 일의 평가(代價)
Operæ prétium est audire. 말은 경청할만한 가치가 있다/
Operæ pretĭum habent libertatem.
그들은 애쓴 보람으로 자유를 가지고 있다/
operæ pretĭum. 일의 평가/
Operam dabo, ut tibi sátisfaciam.
나는 네게 만족을 주도록 노력하겠다/
operam dáre. 힘쓰다/
operam dáre alci. 누구를 도와주다/
operam dáre alci rei. 무슨 일에 힘쓰다/
operam dáre fúneri. 장례(葬禮)를 치르다/
óperam do virtúti. 덕행에 힘쓰다/
Quæ sunt instrumenta bonorum operum.
착한 일의 도구들은 무엇인가/
Quo magis contemplámur ópera Dei, eo magis admirámur omnipoténtiam ejus. 우리는 하느님의 업적을 묵상하면 할수록, 그의 전능을 더 탄복하게 된다/

répŭto alci nec bona ópera nec mala.
아무에게 선행도 악행도 돌리지 않다.

Opera ad extra(transeuntia) 삼위일체의 외부 행위

opera apostolatus. 사도직 사업

Opera artifica in ecclesia. 교회 공예미술

Opera artis, 예술품의 관리(1971.4.11. 회람)

opera bona. 공로(ἔρλον-선업, meritum, -i, n.), 선행(εὐεργεσία.善行-선업, actus boni).
(계명과 권고를 잘 지키는 행위로서 기도, 대소재 수계, 자선으로 3대 구분한다. 선업은 궁극적으로 하느님께 대한 사랑의 실천으로서, 도움의 은총으로 이루어지며 구원을 위해 전제되는 필요사항이다. 백민관 엮음, 백과사전 2, p.174).
Membra autem cælestia, omnia opera bona. Surgentibus cælestibus membris, incipit desiderare quod timebat.
천상적인 지체란 모든 선행입니다. 천상적인 지체가 자라나면서 두려워했던 것을 열망하기 시작합니다.
(최익철 신부 옮김, 요한 서간 강해, p.391).
Quære illam, ne impediat forte morbida valetudo opera tua bona. Ergo non est ibi finis; quia propter aliud quæritur. 혹시라도 병이 그대의 선행에 지장을 주지 않도록 건강은 찾으십시오. 다른 것을 위하여 건강을 찾는 것이니, 그대에게 건강 자체가 끝은 아닙니다.
(최익철 신부 옮김, 요한 서간 강해. p.445).

opera caritátis spritŭális. 영적 자선사업

opera caritátis temporális. 현세적 자선사업

opera carnis(⑨ works of the flesh) 육체의 소행들

opera corporálĭa misericordiæ. 육적 자선사업

opera divina. 하느님의 활동

opera Domini. 하느님의 업적.
Laudant opera Domini Dominum; laudat cælum, terra, mare; laudant omnia quæ sunt in cælo.
주님의 업적이 주님을 찬미합니다. 하늘도 땅도 바다도 주님을 찬미합니다. 하늘에 있는 모든 것이 주님을 찬미합니다.(최익철 신부 옮김, 요한 서간 강해. p.173).

Opera Franciscana internationalia pro Leprosis.
프란치스코회(작은 형제회) 국제 나환자 사업회.

opera forensia(⑨ Official Works) 공공업무, 공사업무

opera humana. 인간의 활동

Opera ad intra. 삼위일체의 내부 행위(Opera ad extra와 대조)

opera librálĭa(⑨ Liberal Works) 자유민의 교양 있는 활동, 자유노동(영업의 성질을 띠지 않고, 공사 간 생활에 필수 불가결한 일, 정신노동을 말한다. 주일 휴식 법에 저촉되지 않는다. 백민관 엮음, 백과사전 3, p.36).

Opera loquuntur, et verba requirimus?
행동이 말하고 있는데 무슨 말이 필요하겠습니까?

Opera meritoria. 공덕(功德)

Opera misericordiæ(⑨ Works of Mercy) 자선 사업,

Opera misericordiæ, affectus caritatis, sanctitas pietatis, incorruptio castitatis, modestia sobrietatis, semper hæc tenenda sunt. 자선 행위, 애정, 거룩한 신심, 썩지 않는 순결, 정도를 지키는 절제는 늘 지녀야할 덕행입니다.(최익철 신부 옮김, 요한 서간 강해. p.341).

Opera misericordiæ cessabunt; numquid ardor caritatis exstinguetur? 자선행위가 없어진다고 사랑의 불길이 꺼져 버리겠습니까?(최익철 신부 옮김, 요한 서간 강해. p.353).

Opera mortua. 죽은 선행, 무익한 선행

Opera omnia. 전집(Fiaccadori 1852～1873 지음)

Opera periit. 일이 수포로 돌아갔다.

Opera Philosophica et Minerálĭa. 철학과 광물학적 저서.
(1734년 Emanuel Swedenborg 지음).

opera pietátis. 신심 사업(信心事業)

Opera Pontificia. 교황 포교 사업 후원회

Opera rediviva. 공덕 소생(蘇生)의 선업

Opera salutaria. 구원 선업, 영혼 구원에 도움이 되는 선업

opera salvifica Christi. 그리스도의 구원 업적

opera servilia(⑨ Servile Works)
노예노동, 육체노동, 힘든 육체적인 일.

opera spirituálĭa misericordiæ. 영적 자선사업

Opera supererogatoria.(⑨ Works of Supererogation)
의무 외적 선업, 충일(充溢) 공덕, 덤의 선행.
(수덕론자들이 제시한 3단계를 넘어서 의무 외적인 여러 가지 선업을 말한다. 그것은 자기희생을 전제로 한 선업으로 하느님 사랑과 이웃 사랑을 행동 동기로 한다. 백민관 신부 엮음. 백과사전 3. p.36; p.576).

Opera tam difficilia sunt ut senex celeriter ea conficere non possit. 그 일은 노인이 얼른 끝낼 수 있기에는 너무 힘들다.

Opera viva. 유효 선업, 산 선행(신학용어로서 "죽은 선행"에 반대되는 말)

operæ, -árum, f., pl. (복수에서는 단수보다 다른 뜻 더 가짐) 노동자

óperans, -ántis, p.proes., a.p. (óperor)
작용하는, 일하는, 효과를 낳는.
(神) ex ópere operántis. **인효적으로.**
(성사·준성사 이용자의 마음 자세-준비태세-에 의해써).

Operans actu est. 작용하고 있는 것은 현실태로 존재한다.

operans et cooperans. 자력과 조력

operánte, 원형 ópĕror, operátus sum, operári, 탈형동사 [자립분사]. 주격 operáns, 속격 operantis, 여격 operanti, 대격 operantem, 탈격 operante]
[N.B. 자립분사로 사용되는 현재분사의 단수 탈격 어미는 언제나 -e이다.]

operárĭus, -a, -um,
adj. (ópera) 일(노동)에 관한, 노동(자)의, 직공의.
m., f. (男女) 노동자, 근로자, 일꾼, 직공.
Motus operariórum. 노동운동/
Operarii autem pauci. 일꾼은 적다/
problemata operariorum. 노동 문제(勞動問題)/
Messis quidem multa, operarii autem pauci.
수확할 것은 많은 데 일꾼은 적다(루카 10. 2).

operárĭum vinum. 일꾼들에게 주는 술

operátĭo, -ónis, f. (ópera) 일(ἔργον.⑨ work).
노동(勞動.⑨ Work.labour), 노력, 작용, 역사,
활동(活動.⑨ Activity.獨 Aktualität), 효과, 효능,
제사, 희생, 자선사업(慈善事業.⑨ Works of Charity),
자선(慈善-남을 불쌍히 여겨 도와줌). (醫) 수술(手術),
intellectuális operátĭo. 지성적 작용(知性的 作用)/
operationes partium attribuntur toti per partes.
부분들의 작용도 부분들을 통해서 전체가 하는 것으로
부여된다(성 염 지음, 사랑만이 진리를 깨닫게 한다. p.163)/
quicquid prodit in esse est ad aliquam operationem.
존재하는 모든 것은 어떤 작용을 위해 존재한다.
(성 염 옮김, 단테 제정론. p.20)/
res sunt propter suas operationes.
사물은 그 작용을 보고서 존재 한다/
unitas secundum opĕrátĭonem. 작용적 일치/
Ut bona opĕrátĭo sequatur scientĭam.
지식에 선행이 뒤따라야 합니다/
Utrum vita quædam operátĭo? 생명은 어떤 한 작용인가?.

operátĭo ad extra. 외향적 활동

operátĭo ad intra. 내향적 활동

operatio alicuius effectus. 어떤 효과의 작용

operátĭo animalis. 동물적 지각

operátĭo Cæsárea(=sectio cæsárea) 제왕 수술,
제왕 절개수술(帝王切開術-제왕과 다름없는 위엄과 권세를 누린
로마의 쥴리어스 시저가 태어난 방법에서 유래).

operátĭo chirurgica. 외과수술(chirurgumena, -órum, n., pl.).

operatio Dei ad se animam convertentia.
영혼을 회신시키는 하느님의 작용.

operátĭo divina. 신적 인식

operatio effectus. 효과의 작용.

operatio est finis rei creatæ. 작용은 피조물의 목적이다.
[형상은 제1현실태(actus primus), 작용은 제2현실태(actus secundus)로 불린다.
그러나 현실태(actus)라는 명칭은 일차적으로 작용에 부여된다. 그리고 형상이
작용의 원리(principium)이고 목적(finis)인 한에서 이차적으로 형상에 현실태라는
명칭이 적용된다. 능력론 제1문제 제1절 참조. 이상섭 옮김, 신학대전 14. p.171)].

operatio immanens. 내재적 작용

operátĭo intellectualis. 지성적 인식

operátĭo intellectus. 이성 작용

operatio miraculorum. 기적 행위

operatio propria humanæ universitatis.
인류로서의 고유한 작용.

Operátĭo sequitur esse. 작용은 존재를 뒤따른다.

operátĭo sequitur essentĭam. 작용은 본질에 따른다.

operátĭo theándrica. (神) 신인양성의 작용

operátĭo virtuosa. 덕성스러운 작용, 덕스러운 작용

operatio vitæ. 생명 작용

operatívus, -a, -um, adj. (óperor)
작용하는, 작용적; 일하는, 활동하는, 효력이 있는.

operátor, -óris, m. (**operátrix,** -ícis, f.) (óperor)
일하는 사람, 조작자, 작용자, 작용인자(作用因子),
효과인자(效果因子), 창조자(創造者).

operatórĭus, -a, -um, adj. (ópera)
활동적, 유효(有效)한, 효과적(效果的).

operátus, -a, -um, p.p., a.p. (óperor)
일한, 작용하는, 효과 있는, 이루어진, 행하여진.
(神) ex ópere operáto.
사효적으로, 성사 자체의 힘으로, 자공적으로.

opércŭlo, -ávi, -átum, -áre, tr.
뚜껑을 닫다(덮다), 마개를 막다.

opércŭlum, -i, n. (opério) 덮개, 뚜껑, 마개.
((動)) (물고기의) 아가미 뚜껑, (소라고동 따위의)
구멍을 막는 딱지. (植) 삭개, 선개(蘚蓋-선류(蘚類)의 홀씨
주머니인 삭의 꼭대기 부분을 덮고 있는 뚜껑 모양의 기관. 홀씨주머니가
성숙하면 떨어져 홀씨가 흩어진다.

opĕre citato. 상게서(上揭書, opus citátum),
위에서 인용한 책(略.op. cit.), 인용된 작품에서(sim op cit).

operiméntum, -i, n. (opério) 덮개, 가리개; 이불

opério, opérŭi, opértum, operíre, tr. (ob⁴+inusit. pério)
덮다(ךסנ.רכס.חפה.ךסמ), 가리다(ךסנ.רכס),
묻다(埋.ןמט), 닫다, (눈을) 감다, 숨기다,
모르는 체하다, 휩싸다, 가득 채우다, 끼치다.
contuméliis opértus. 크게 모욕당한/
esse cápite opérto. 머리를 가리고(모자를 쓰고) 있다.

operio óculos *alci.* 누구에게 눈을 감겨주다.

opérĭor = **oppérĭor,** -pertus(peritus) sum, -íri, dep., tr.

Operistitium, -i, n. 동맹파업(獨 Streik)

óperо, -ávi, -átum, -áre, tr. (opus')
작용하다, 효과를 내다, (결과 따위를) 일으키다.

óperor, operátus sum, operári, dep., intr. (opus')
활동하다, **일하다**(חלפ.לעפ.ἐργάζομαι), 노력하다,
전념하다, 애쓰다, 몰두하다, 종사하다, 분주하다,
바쁘게 지내다, 제사 지내다, 작용하다, 효과(효력)을 내다.
operátus in *alqa* re. 무슨 일에 종사하는(분주한).
tr. 일을 하다, 사업하다, 실천하다, 행(실행)하다,
활동(活動)하다, 작용(作用)하다, 힘쓰다.
Operari sequitur esse. 행위는 존재를 따른다/
Pater meus usque modo operatur, et ego operor.
내 아버지께서 여태 일하고 계시니 나도 일하는 것이다(성경).
아직까지 내 아버지께서 일하고 계시며 나도 일하고
있습니다(200주년 기념 신약 요한 5. 17)/
Si quis non vult operari, nec manducet.
일하기 싫어하는 자는 먹지도 말라.

operor rei publicæ. 나라 일에 종사하다

operósĭtas, -átis, f. 큰 수고(operŭla, -æ, f. 작은 수고),
애씀, 공들임, 노력(努力.⑨ Commitment), 열심,
마음 씀, 어려움(f. difficúltas -átis.⑨ Tribulation).

operósus, -a, -um, adj. (ópera)
힘들이는, 애쓰는, 마음 쓰는, 열심히 일하는, 근면한,
분주한, 활동적인, 공들인, 공드는, 어려운, 힘든.
contemplatio operosa. 활동(행동) 하는 관상/
operosa caritas.(⑨ practical charity) 사랑의 실천/
operosa probátĭo. 사실적 증거.

opertánĕus, -a, -um, adj. (opértum)
은밀한, 신비로운, 감추어진.

opérte, adv. (opértus') 은밀히, 몰래, 신비로이, 풍자적으로.

opértĭo, -ónis, f. 덮음, 가림

opertórĭum, -i, n. (opério)
덮개, 가리개; 옷, 무덤(μνημεῖον.⑨ Tomb).

ŏpértum, "opério"의 목적분사(sup.=supínum)

opértum, -i, n. (opério) 비밀 장소(秘密場所),
아늑한 곳, 숨겨진 것, 비밀(秘密.μυστήριον).

opertus¹ -a, -um, p.p., a.p. (opério)
덮인, 가려진, 숨겨진, 비밀의.

opertus² -us, m. 덮개, 가리개

859

ŏpěrui, "opérĭo"의 단순과거(pf.=perfectum)
opérŭla, -æ, f. dim. (ópera) 작은 일,
작은 수고(operositas, -átis, f. 큰 수고), 하찮은 보수.
opēs, opum, f., pl. (ops) 재산(財産.[영] property),
부(富), 재화(財貨), 자원, 풍요, 힘, 세력, 재력(財力),
국력; 병력, 체력, 기력, 도움([영] Assistance), 원조,
Mecum sunt divitiæ et gloria, opes superbæ et iustitia.
(lou/toj kai. do,xa evmoi. u`pa,rcei kai. kth/sij pollw/n kai. dikaiosu,nh) ([영] With me are riches and honor, enduring wealth and prosperity) 나에게는 부와 영예가 있고
오래고 존귀한 재산과 번영도 있다(성경 잠언 8, 18)/
부귀와 영화뿐 아니라 의인이 물려받는 고귀한 것도
나에게서 나온다(공동번역).
opes violentæ. 포악한 권한, 폭군의 권력
ophĭăca, -órum, n., pl. 뱀에 관한 서적, 뱀에 관한 시(詩)
ophídĭon, -i, n. (魚) 봉장어(봉장어과의 바닷물고기)
ophidísmus, -i, m. (醫) 독사 중독
ophthálmĭa, -æ, f. (醫) 안염(眼炎-눈에 생기는 염증)
ophthalmiátrĭa, -æ, f. (醫) 안질 치료법
ophthálmĭcus, -a, -um, adj. 눈의, 안과의, 안염의.
m. 안과의사(眼科醫師).
ophthalmología, -æ, f. (醫) 안과학(眼科學)
ophthalmomeníngĕus, -a, -um, adj. (解) 안뇌막의
ópĭcus, -a, -um, adj. (Opĭci) 야만의, 미개한, 조야한, 무지한
ópĭfer, -fĕra -fĕrum, adj. (ops+fero)
도움을 가져다주는, 잘 도와주는, 구원의.
ópĭfex, -fĭcis, m., f. (opus[1]+fácio) 만드는 이, 제작자,
창조자, 수공업인, 세공인(細工人), 제조인(製造人).
optimus opifex. 지존하신 장인(匠人).
Ad summam: dum nos cogit in Christum mentem intendere, etiam pacis in orbe opifices nos Rosarium constituit. 한 마디로, 그리스도께 마음을 모아 묵주기도를
바치는 동안 우리는 세계 평화의 일꾼이 됩니다.
opificína, -æ, f. (=officína)
공장, 제조소(製造所), 제작소(製作所), 공작실.
opifícĭum, -i, n. (ops+fácio) 일(ἔργον.[영] work),
활동(活動.[영] Activity.[獨] Aktualität), 제작(製作),
제조(製造), 직업(職業.[영] Profession).
opílĭo, -ónis, m. = **upílĭo**, -ónis, m. 양치는 목자
opímĭtas, -átis, f. (opímus) 풍성(豊盛), 풍부(豊富)
opímo, -ávi, -átum, -áre, tr. (opímus)
불어나게 하다, 부풀어 커지게 하다, 비옥하게 하다,
풍성(풍부.풍요)하게 하다.
opímus, -a, -um, adj. (ops) 비옥한; 살찌게 하는,
살찐, 비만한, 많은(רַב.πολὺς.ἱκανὸς), 풍부한,
풍성한, 푸짐한, 알찬, 부요(부유)한, 부자의.
n., pl. 푸짐한 전리품(戰利品).
opinábĭlis, -e, adj. (opínor)
억측(臆測)의, 추측(推測)의, 유력한 의견의.
opinátĭo, -ónis, f. (opínor)
O
짐작(어림쳐서 헤아림), 추측(推測-미루어 헤아림).
opinátor, -óris, m. 짐작으로만 아는 사람, 추측자,
지방 군대의 식량 공급자.
opinátus[1] -a, -um, p.p., a.p. (opínor)
생각된, 여겨진, 믿어진, 짐작된, 상상된, 유명한.
opinátus[2] -us, m. (opínor) 짐작, 추측(推測)
opínĭo, -ónis, f. (opínor) 의견([영] Counsel), **견해**(見解),
생각, 기대, 예상, 상상, 억측, 추측(推測), 편견, 짐작,
(좋은) 평판(評判), 명성(名聲), 명망, 소문, 소식,
억견(臆見-짐작으로 하는 생각. 신학대전 제2권, p.32).
De opinione eorum, qui angelorum creationem anteriorem volunt esse quam mundi. 천사가 세계보다
먼저 창조되었다고 주장하는 사람들의 주장(신국론, p.2782)/
De opinione eorum, qui Deum animam mundi et mundum corpus Dei esse putaverunt. 신이 세계의 혼이고
세계는 신의 몸이라고 생각한 사람들의 견해(신국론, p.2754)/
De opinione eorum, qui humanum genus sicut ipsum mundum semper fuisse existimant. 인류가 세계처럼 항상
존재해 왔다고 믿는 사람들의 견해(신국론, p.2784)/
De opinione eorum, qui primorum temporum homines tam longævos, quam scribitur, fuisse non credunt. 성서에 기록된 것처럼 초기 인간들의 장수를
믿지 않는 사람들의 견해(교부문헌 총서 17, 신국론, p.2796)/
De opinione Platonicorum, qua putant animas hominum dæmones esse post corpora 인간 영혼이 신체를 벗어나면
정령이 된다는 플라톤 학파의 견해(신국론, p.2772)/
eversio omnium opinionum.
일체의 의견의 전도(성 염 지음, 사랑만이 진리를 깨닫게 한다, p.317)/
impias opiniones. 불경스런 주장들/
opinione ex aliqua rátĭone concepta.
어떤 개연적 이유에 근거한 억견으로/
opiniones rerum vanarum. 허황한 사태에 관한 중론/
præter(contra) opiniónem. 예상외로/
testis de opinione. 자기 의견을 말하는 증인/
ut opinio mea est(fert), 내 생각대로는, 내 생각에는/
vetusta opinio. 벌써 오래된 소문(所聞).
Opinio erat edita in vulgus.
그 소문이 민중 속에 파다하게 퍼졌다.
opinio juris. 법적 확신
opinio minus tuta. 덜 안전한 쪽
opinio præjudicata. 선입견(opinio præsumpta), 편견
opinio pública(existimátĭo hominum)
여론([영] Public opinion).
opinio tutior. 안전한 쪽
opiniósus, -a, -um, adj. (opínio)
상상(짐작.추측)을 많이 하는.
opiniúncŭla, -æ, f. dim. (opínio) 작은 의견, 변변치 못한 견해
opínor, -átus sum, -ári, dep., tr. 생각하다, **여기다**,
믿다, (어떻다고) 보다, 짐작하다, 추측하다,
근거 없이 판단하다, 상상하다, 가정하다,
누구에게 대하여 좋게(나쁘게) 생각하다(말하다).
opinor falso. 잘못 짐작하다
opínor, ut opínor. (삽입어) 내 생각인데, 내 생각에는
opípărus, -a, -um, adj. (ops+paro[1]) 풍성한, 화려한,
많은(רַב.πολὺς.ἱκανὸς), 호화로운, 굉장한.
opĭon(=opĭum), -i, n. 아편(阿片.[영] opium)
Opis, -is, f. Diána 여신(女神)의 동료 요정
opisthódŏmus, -i, m. 신전이나 공공건물의 뒤쪽
opisthógrăphus, -a, -um, adj. 뒷장에도 기록된
opitulátĭo, -ónis, f. (ops+fero) 도와줌, 지원(支援)
구원(救援.σωτηρὶα.[영] salvátĭon), 원조(援助).
opitulátor, -óris, m. (opítulor) 원조자(援助者),
지원자(支援者), 도와주는(편들어 주는) 사람.
opítŭlor, -átus sum, -ári, dep., intr.〔ops+tuli(fero)〕
도와주다, 원조(지원)하다, 구원하다(קרא.
כפר.σώζω). (醫) 효험이(효과가) 있다.
opitulor, -atus sum -ári, dep., intr. 원조하다
opĭum(=opĭon), -i, n. 아편(阿片.[영] opium)
opĭum pulverátum. 아편분말
Opĭum sensus abaliénat. 아편은 감각을 마비시킨다.
opobalsamétum, -i, n. 발삼나무 밭
opobálsămum, -i, n. (植) 발삼나무, 발삼 향액
opópănax, -ăcis, m. 일종의 방향수지(약에도 쓰고 향료로도 쓰임)
oporothéca, -æ,(=**oporothece**, -es,) f. 가을과일 저장실
opórtet, -tŭit -ére, impers. (opus[2]) 1. 마땅하다(oportet는 상대적 또는 윤리적 필요성, 즉 이치로나 현명함에서 나오는 필요나 의무를 표시한다), …**해야 한다**, 합당하다, …할 필요가 있다,
필요하다. Eum scire opórtet. 그는 알아야 한다/
Oportet exstent vestígia. 흔적(痕迹)이 남아 있어야
한다/ At non missam opórtuit. 그 여자를 보내지
않았어야 했다/ álio témpore atque oportúerit. 적당치
않은 때에. 2. (추측.개연성 표시) 아마도… 한다,
…것이 틀림없다(분명하다): Nostram hæc rem fabulátur: hanc scire opórtet, fília tua ubi sit. 이 여자가 우리 일을
이야기하고 있는 데, 아마도 네 딸이 어디 있는지를 알고
있는 것이 분명하다. 3. (pron., n.에 대해서는 personáliter)

Hæc facta ab illo oportébant. 이 일들은 그가 했어야 했다. (라틴-한글사전, p.583).
His quidem spectatis rebus illud quoque oportet memoretur. 이러한 문제에 관해서는 다음의 것을 상기해야 할 것이다(1991.5.1. "Centesimus annus" 중에서)/
Hoc fíeri opórtet.[me 참조] 이것은 (이렇게) 되어야 한다, 이것은 (응당) 이루어져야 한다, 이 일을 하는 것이 마땅하다/
Obœdire oportet deo magis quam hominibus. 사람에게 순종하는 것보다 하느님께 순종하는 것이 더욱 마땅합니다(사도 5, 29)/
Mulieres, subditæ estote viris, sicut oportet in Domino. 아내 여러분, 남편에게 순종하십시오. 주님 안에 사는 사람은 마땅히 그래야 합니다.(성경 콜로새 3, 18)/
Totam rem Lucúllo íntegram servátam opórtuit. 모든 것은 그대로 Lucúllus에게 남겨졌어야 할 것이었다/
Verumtamen oportet me hodie et cras et sequenti ambulare([영] Yet I must continue on my way today, tomorrow, and the following day) 그러나 오늘도 내일도 그 다음 날도 내 길을 계속 가야 한다(성경 루카 13, 33).
Oportet abire. 떠나가는 것이 마땅하다
Oportet hæc fiant.
이것들은 이렇게(마땅히) 되어야 하는 것이다.
Opórtet exstent vestígia. 흔적(痕迹)이 남아 있어야 한다.
Oportet rursus familia existimetur vitæ sacrarium. ([영] It is necessary to go back to seeing the family as the sanctuary of life) 그러나 반대로 가정을 "생명의 성역"처럼 생각해야 한다(1991.5.1. "Centesimus annus" 중에서).
Oportet sane indesinenter hunc repetere fontem.
우리는 끊임없이 이 원천으로 돌아가야 합니다.
Oportet te abire. 너로서는 떠나야 한다.
oportu… V. **opportu…**
oppallésco, -pállŭi -ĕre, intr. (ob[2]+) 창백해지다
oppándo, -pándi -pánsum(pássum) -ĕre, tr. (ob[2]+) 확장시키다, 발전시키다, 넓히다.
oppécto, -ĕre, tr. (ob[2]+)
빗어 뜯다; 껍질 벗기다; 생선 가시를 발라내다.
oppédo, -ĕre, intr. (ob[2]+pedo[2])
(누구에게 대고) 방귀를 뀌다, 모욕하다, 조롱하다.
oppérĭor, -pértus(perítus) sum, -íri, dep., tr.
기다리다, 기대하다.
Opperior, dum ista cognosco.
나는 이것들을 알게 될 때까지 기다리고 있는 중이다.
óppĕto, -ívi(ĭi), -ítum, -ĕre, tr. (ob[2]+)
마주 나아가다, 직면하다, 받다, 당하다, 죽다.
oppeto mortem. 죽음을 당하다
oppéxus, -us, m. 빗질, 머리 가꿈
óppĭco, -áre, tr. (ob[2]+pico) 송진으로 바르다
oppidán(ĕ)us, -a, -um, adj. (óppidum)
(Roma 이외의) 지방 도시의. m., pl. 지방도시민.
oppidátim, adv. (óppidum)
도시마다에서, 여러 도시에 걸쳐.
óppĭdo, adv. 많이, 매우(מְאֹד), 과하게, 온전히, 충분히, 극단으로(perquam, adv.), 물론, 아무렴(연극 속에서의 대답).
oppídŭlum, -i, n. (óppidum)
작은 도시, 자그마한(작은) 성채(城砦).
óppĭdum, -i, n. (ops+do) 성곽도시, (일반적으로) 도시, (Roma 이외의) 지방 도시, Roma시, 고을, 성읍(城邑), 도시(עִיר.πὸλεις), 경기하는 4두 마차 출발 대기소.
arma ex oppido profero. 도시에서 무기를 운반해 내오다/
ascisco sibi óppidum. 도시를 자기편으로 끌어넣다/
Convívia non iníbat, quippe qui ne in óppidum quidem veníret. 그는 도심에 조차 오지 않았으므로 연회석에는 참석하지 않았다(quippe 참조)/
Cras ad oppidum viros mittam.
내일 (내가) 도읍으로 사람들을 보내겠다/
dispértĭo exércitum per óppida.
군대를 여러 도시에 분산 배치하다/
Erat inter oppidum Herdam et proximum collem planities circiter passuum CCC. 헤르다 요새와 가까운 능선 사이에는 300보(步) 가량 되는 들이 있었다/
hujus ignarus óppidi. 이 도시를 모르는/
Milites ad oppidum tam celeriter appropinquaverunt ut id capere facillime potuissent. 병사들은 신속히 들이닥쳐 그 도시를 아주 쉽게 점령할 수 있었다/
Mílites ægre sunt reténti, quin óppidum irrúmperent. 군인들이 도시로 돌입하는 것을 막을 수 없었다/
Neque, quemadmodum óppida defendĕrent, habebant. 그들은 도시들을 방어할 방도도 없었다/
Oppĭdi cónditor Hércules memorabátur.
그 도시의 창설자는 Hércules라고 알고들 있었다/
Reliquis oppidi partibus est pugnátum.
성읍의 나머지 구역에서 전투가 있었다/
Venimus in oppidum, nescio quod. 무슨 읍인지는 모르나, 우리는 어떤 읍으로(조그마한 도시로) 왔다.
oppidum maritimum. 해안 요새(海岸要塞)
Oppidum nunc in villam abiit.
그 도시는 지금 시골로 변해버렸다.
oppidum recipio. 도시를 탈환(奪還)하다
oppignerátor, -óris, m. (oppígnero)
저당 잡는 사람, 전당포 주인(典當鋪 主人).
oppígnĕro, -ávi, -átum, -áre, tr. (ob[2]+)
저당하다, 전당 잡히다, 보증금(保證金)을 내다.
oppilátĭo, -ónis, f. (oppílo) 막음, 차단
oppílo, -ávi, -átum, -áre, tr. (ob[2]+pilo[1])
막다(סכר.כלא.כלי), 저지하다, 차단(遮斷)하다.
oppíngo, -ĕre, tr. (ob [2]+pango)
(무엇에 대고) 누르다(רצע.אנע.ינע), 찍다.
ópplĕo, -évi -étum -ĕre, tr. (ob[2]+)
가득 채우다, 뒤덮다, 어디에 짝 퍼지다.
oppklóro, -áre, intr. (ob[2]+) (dat.) 옆에서 울어대다
oppónens, -éntis, p.prœs., a.p. (oppóno)
대립하는, 반대의, 적대의.
oppóno, -pósŭi -pósĭtum -ĕre, tr. (ob[2]+)
앞에 놓다, 갖다 대다, 마주 배치하다, **맞서게 하다**, 맞은편에 놓다, **대립시키다**, 대항케 하다, 저당하다, 전당 잡히다, (내기에 무엇을) 걸다, **앞에 드러내다**, 노출시키다, 노정(露呈)하다, 내맡기다, 무릅쓰게 하다, (말로) 대들다, 위협하다, 들이대다, 앞에 내세우다, 주장하다, 개입시키다, (무엇을) 핑계 대다, 비교하다, 대비(對比)하다, (무엇을 약으로) 쓰다.바르다.
ad omnes intróitus armátos hómines oppono.
모든 입구에다 무장한 사람들을 배치하다/
Ager oppositus est pignori. 밭이 저당(抵當)되었다/
ante óculus oppono manus. 두 손으로 눈을 가리다.
oppono se perículis. 위험을 당하다, 위험 속에 뛰어들다
Opportunis locis castra posita erant.
적절한 자리에 진지(陣地)가 구축되어 있었다.
opportúnĭtas, -átis, f. (opportúnus) (장소.시기.인물 따위의) 적당함, 좋은 기회, 알맞음, 유리함, 편리함.
opportunitátes loci. 알맞은(유리한.편리한) 장소.
Subeunt scilicet sponte magnæ opportunitates, quas exhibent tum instrumenta communicationis socialis, tum instrumenta communicationis cœtuum.
여기서 사회 홍보수단들과 집단 홍보수단들이 제공하는 위대한 가능성들이 즉시 본인의 머리에 떠오릅니다.
Opportunitas directorii homiletici.([영] The fittingness of a Directory on Homiletics. 강론 지침서의 필요성.
opportúnus, -a, -um, adj. (ob[2]+portus)
(장소.시기 따위가) **적당한**, **알맞은**, 유익(有益)한, 좋은(טוֹבוֹת.ἀγαθὸς.καλὸς), 유리한, 편리한, 쾌적한, 할 준비(準備)를 갖춘, …할 자격 있는, 적임(適任)의, 공격(攻擊) 받기 쉬운, 방비(防備)가 잘 안된, (위험 따위를) 당하기 쉬운, (병에) 걸리기 쉬운.
locus opportúnus ad eam rem. 그것에 알맞은 자리.
oppositio, -ónis, f. (oppóno) 반대(反對), 대항(對抗), 대립(對立), 맞은 편, 대조(對照), 대비(對比).

(論) 대당(對當.獨 Aporie der Dialektik).[형식 논리학에서, 주사 (主辭)와 빈사(賓辭)를 공유하면서 질과 양을 달리하는 두 정언적 판단 간의 참과 거짓의 관계. 모순대당, 반대대당, 소반대대당, 대소대당(소)의 네 가지 경우가 있다.
De quatuor oppositis. 네 대당(對當)에 대하여
oppositio contradictoria. (論) 모순대당(矛盾對當)
oppositio contraria. 반대 대당(反對對當)/
coincidentĭa oppositórum. 대당의 합일(對當 合—)
("모순들이 무한 속에서 해결될 수 있을 것"이라는 원리)
oppositio nihilo. 무에 대당(無 對當)
oppositio relativa. 관계적인 대당성(對當性)
oppósĭtor, -óris, m. (oppóno)
반대자(反對者), 대립자(對立者), 이의자(異議者).
coincidentĭa oppositórum. 대립의 일치론.
oppósĭtum, "oppono"의 목적분사(sup.=supínum)
oppósĭtus¹ -a, -um, p.p., a.p. (oppóno) 면전에 있는, 직면한, 반대편에 있는, 대립해 있는, 반대의. n. 반대.
oppósĭtus² -us, m. (oppóno) 앞에 놓음, 반대(反對), 대치(置置-다른 것으로 바꾸어 놓음), 대조(對照).
Complexĭo oppositórum. 모순의 복합.
opposui, "oppono"의 단순과거(pf.=perfectum)
oppressi, "ópprĭmo"의 단순과거(pf.=perfectum)
oppréssĭo, -ónis, f. (ópprĭmo) 힘 있게 누름, 압박(壓迫), 억압(抑壓).⑨ Oppression), 압제(壓制), 학대(虐待), 박해(迫害.⑨ Persecution), 급습(急襲), 기습(奇襲).
oppressiúncŭla, -æ, f. dim. (oppréssĭo) 가볍게 누름
oppréssor, -óris, m. (ópprĭmo) 압박자(壓迫者), 억압자
oppréssum, "ópprĭmo"의 목적분사(sup.=supínum)
oppréssus, -us, m. (ópprĭmo) 누름, 압박(壓迫), 억압(抑壓.⑨ Oppression), 덮쳐누름.
ópprĭmo, -préssi -préssum -ĕre, tr. (ob²+premo)
세게 누르다, 짓누르다, **압박하다**, 가리다(כסה.טוח), 닫다, 막다(כסה.סכר.עצם), 덮쳐누르다, 눌러 덮다, 숨 막히게 하다, 조르다, 거꾸러뜨리다, 억누르다, 억제하다, 억압하다, 부당한 압박을 가하다, 학대하다, 탄압(彈壓)하다, 숨기다, 감추다, 비밀로 하다, 괴롭히다, 시달리게 하다, 허덕이게 하다, (기회 따위를) 포착(捕捉)하다, 들이닥치다, 기습(奇襲)하다, 엄습하다, 꼼짝 못하게 하다, 타도(打倒)하다, 압도해 버리다, 진압하다, 정복(征服)하다, 재기 불능케 하다, 없애버리다, 제거하다, 죽이다.
Hunc mihi timórem éripe, si verus est, ne ópprimar sin falsus, ut timére désinam. 이 공포심이 만일 근거 있는 것이라면 (참된 것이라면), 내가 압도되지 않도록 그것을 내게서 제거해 주고, 만일 근거 없는 것이라면 (거짓이라면) 그만 무서워하게 제거해 다오/
óculos opprimo. 두 눈을 가리다/
opprimi ære aliéno. 빚에 쪼들리어 허덕이다/
os opprimo. 입을 막다, 잠잠하다/
térrŭi, ne opprimeréntur.
압박 받지 않을까 하고 무서워 떨면서.
opprobraméntum, -i, n. (ópprobro)
비난(非難), 모욕(侮辱), 치욕(恥辱-부끄러움과 욕됨).
opprobrátĭo, -ónis, f. (ópprobro)
비난(非難), 질책(叱責-꾸짖어 나무람).
opprobriósus, -a, -um, adj. 치욕적, 모욕의
opprobríum, -i, n. (ob²+probrum)
치욕(恥辱), 모욕(侮辱), 불명예(不名譽), 오명(汚名), 욕설(辱說), 폭언(暴言), 비난(非難).
Ego factus sum opprobrio illis.
나는 그들에게 치욕이 되었도다(시편)/
oppróbrio esse alci. 누구에게 치욕이 되다.
ópprŏbro, -ávi, -átum, -áre, tr. (ob²+probrum)
비난(非難)하다, 모욕(치욕)을 주다.
oppugnátĭo, -ónis, f. (oppúgno²) 돌격(突擊-突進), (도시에 대한) 공격, 공략, 고발, 비난, 탄핵(彈劾).
oppugnatĭóne absísto. 공격을 중지하다.
oppugnátor, -óris, m. (oppúgno²) 공격자(攻擊者), 반대자(反對者), 습격자(襲擊者), 비난자(非難者).
oppugnatórĭus, -a, -um, adj. 공격하는, 반대하는
oppúgno¹ -ávi, -átum, -áre, tr. (ob²+pugno)

공격하다(口兀.口兀), 침공하다, 비난하다(יוי.וין), 논박(論駁)하다, 고발(告發)하다, 탄핵(彈劾)하다.
oppúgno² -ávi, -átum, -áre, tr. (ob²+pugno)
주먹으로 때리다.
oppŭto, -áre, tr. (ob²+) 자르다, 절단하다
OPRæM Candidi et Canonici Ordo Præmonstratensis.
프레몬트레회(성 로베르토가 1120년 프랑스의 프레몽트레에서 창립한 수도회).
ops¹ ŏpis, f. (sg. nom., dat.는 없어졌음; pl. opes, opum, ect.) 1. **힘**(δνὰαμις.⑨ Power), 능력(能力. δνὰαμις), 권한(權限.ἐξουσία); 체력, 용기(ἀνδρεὶα. ⑨ Fortitude), …, non opis est nostræ. …하는 것은 우리 능력 밖의 일이다. …하기에는 우리의 힘이 미치지 못한다. 2. **도움**(⑨ Assistance), 원조(援助), 조력, 구조수단(救助手段), ab alqo opem pétere. 아무에게 도움을 청하다. 3. pl. 재산(財産.⑨ property), 부(富), 재화(財貨-財物), 자원, 품요, 능력, 세력, 영향력, 재력(財力), 자력(資力), 병력, 국력, 체력, 도움, 기력(氣力-일을 감당할 수 있는 정신과 육체의 힘. 근력筋力).

		sg.	
격부족명사	Nom.	-	opes(재산, 세력, 병력)
	Gen.	opis	opum
	Dat.	-	ópibus
	Acc.	opem	opes
	Abl.	ope	ópibus

(한동일 지음, 카르페 라틴어 1권, p.67)
Homines, si parentibus nati sunt humilibus, vel animo vel fortuna augere debent opes suas.
사람이 만일 비천한 부모에게서 태어났다면, 정신력이나 행운으로 자기 재화를 늘려야 한다/
Ope Eucharistiæ Spiritus Sanctus "corroborat interiorem hominem", ut in Epistula ad Ephesios legimus.
(⑨ Through the Eucharist the Holy Spirit accomplishes that "strengthening of the inner man" spoken of in the Letter to the Ephesians. 에페소서의 말씀처럼, 성령께서는 성체성사를 통해 "내적 인간을 강건하게 하십니다"(에페 3, 16 참조).
Ops² Opis, f. 풍요와 수확의 여신(女神), Júpiter의 어머니
ops··· V. obs···
Optabam, ut veniret. 나는 그가 오기를 바라고 있었다
optábĭlis, -e, adj. (opta)
바랄만한, 바람직한, 추구해야 할, 바라마지 않던(않는).
Optat ephippia bos piger.
게으른 황소가 말안장을 원한다(자기 분수에 만족치 않는다).
Optatam Totius.
온 교회의 열망, 사제 양성에 관한 교령(1965.10.28 반포).
optátĭo, -ónis, f. (opta) 희망(希望.ἐλπὶς.⑨ Hope), 바람(희망), **소원**(所願), 희구(希求-바라며 구함), 기원(祈願), 선택(권). (修) 소원(願望) 표현법.
Optátissima Pax. 평화와 사회 무질서(1947.12.18.)
optatívus, -a, -um, adj. (opto)
((文法)) 소원(願望).기원(祈願)을 나타내는.
modus optatívus. 기원법(祈願法)
= subjunctívus optatívus. 소원 접속법.
optáto, adv. (optátus) 소원대로, 바라던 대로
optato, adv. 소원대로(ex sententĭa)
optátum, -i, n. (optátus) 소원, 희구(希求-바라며 구함).
impetráre optatum. 소원성취(所願成就)하다.
optátus, -a, -um, p.p., a.p.
바라마지 않던(않는), 탐내던(내는), 희구한, 바랄만한, 마음에 드는, 소중한, 귀중한, 사랑스러운.
Nihil mihi fuit optatius, quam ut ··· .
내게는 ··· 이상으로 바랄 것이 없었다.
Optávi, ut jam venisset. 나는 그가 벌써 와 있기를 바랐다.
óptĭce, -es, f. 광학(光學)
opticésco = obticésco
ópticus, -a, -um, adj. 눈의, 시력의; 시각의, 광학의, 광학적
optimárum pártĭum esse. 귀족계급에 속해 있다
óptĭmas, -átis, adj. (óptimus) 귀족의, 양반의; 귀족정치의.

optimátes, -ĭum(-um), f., m., pl. (óptĭmas) 귀족(貴族), 양반(兩班); 귀족당.
optimatium dominatus. 귀족 정치제제.
óptĭme, adv. superl. (bene) 매우 좋게, 매우 잘, 완전히
optime mĕreo de república. 국가에 대해 공훈을 세우다
Optime positum est beneficium, ubi ejus meminit qui accepit. 자선은, 받은 사람이 그것을 기억하고 있을 때에, 가장 잘 베풀어진 셈이다.
optimísmus, -i. m. 낙관주의(樂觀主義.⑨ optimism), 낙천주의, 낙관론. (哲.論) 낙천관(주의), 최선관(最善觀)
optimismus absolutus. 절대적 낙관주의
optimismus moderatus. 중용의 낙관주의
optimismus rátĭonalísta. 합리주의적 낙관주의
optimísta, -æ, m.(f.) 낙관주의자, 낙천가, 태평스러운 사람
optimístĭcus -a, -um, adj. 낙관(낙천)적인, 낙관주의적
óptĭmum, -i, n. (óptimus) 최선(最善-가장 좋거나 훌륭함), 제일 좋은 것, 최적(最適), 최우수(最優秀).
Causa non bona est? Immo óptima.
기회(이유)가 좋지 않다고? 천만에 가장 좋은 기회이지/
datum optimum. 첫 선물/
Domus optima. 집이 최고!/
Habet enim hoc optimum in se generosus animus, quod concitatur ad honesta. (세네카)
고결한 정신에서는 오히려 영예가 되기 때문에 모욕은 그 자체로 최상의 것이다/
illud est optimum quod est maxime unum.
최고로 하나인 것이 최고로 선하다/
Immo opima. 오히려 제일 좋은 것으로 본다/
optima frugum copia. 풍성한 추수.
Optimum factu videtur. 하기 좋은 일로 보인다.
Optimum quidque rarissimum est.
무엇이나 제일 좋은 것은 매우 드물다
(무엇이나 최선의 것은 매우 드물다).
óptĭmus, -a, -um, superl., adj. (bonus) 가장 좋은, 제일 훌륭한, 최선의, 최적의, 가장 착한(선량한).
m., pl. 대단히 착한 사람들; 양반, 귀족(貴族).
homo optimus. 최선의 인간
Id optimum putamus, quod erit rectissimum ;
speremus quæ volumus, sed quod accederit feramus.
가장 올바른 것 바로 그것을 우리는 최상으로 생각한다.
우리가 바라는 바에 희망을 걸자. 하지만 우리에게 닥쳐 오는 것은 견뎌내자(성 염 지음, 고전 라틴어, p.333)/
Tempus est optimus Judex. 시간이 가장 훌륭한 판관이다/
vel optimus. 가장 착한 사람이라도/
vir óptimo hábitu. 썩 좋은 성격의 사람.
optimus homo. 최선의 인간
Optimus legum interpres consuetudo.
관습은 법의 최선의 해석자이다.
optimus opifex. 지존하신 장인(匠人)
Optimus quisque studet virtuti.
선량한 사람은 누구나 덕행(德行)에 힘쓴다.
óptĭo¹ -ónis, f. (opto) 자유의사, 골라잡음, 선택의 자유, 선택(⑨ choice), 자유 선택권, 성직록 선정권(대주교가 속교구를 축성할 때 후자 주교의 공식 시 성직록을 선택할 권리를 가지는 것을 말한다. 백민관 신부 엮음. 백과사전 3, p.37)/
자결권(自決權), 선택할 수 있는 것,
(敎法) 추기경의 명의 성당 칭호변경 지망(권), 또는 위계지망(位階志望)(cf. C.I.C. can. 236).
óptĭo² -ónis, m. (opto) 보좌관(補佐官), 보조 장교, 백인대장 보좌(百人隊長 補佐), 부관(副官).
optio fundamentalis. 근본 선택
Optio præfĕrentiális.(⑨ Preferentĭal option) 우선적인 선택.
optionem præoptatam pro pauperibus.(⑨ preferential option for the poor) 가난한 이들을 위한 우선적인 선택.
optionátus -us, m. (óptĭo²) 보좌관직, 보좌관 계급.
optíto, -áre, freq., -tr. (opto) 갈망하다(대주교가 속교구를)
opto, -ávi, -átum, -áre, tr. 마음대로 고르다, 더 좋아하다, 축원하다, 낫게 여기다, 희구(希求)하다, 기원하다.

원하다(עֹב, .אנב, ,דיטח, רטח, דיטה ,יבא.אבג),
열망(熱望)하다, 간절히 바라다.
Ne difficília optémus. 너무 어려운 일은 바라지 맙시다/
Optábam, ut jam venísset.
나는 그가 이미 와있기를 바랐다/
Quam feminam in matrimonium ducere optas?.
당신은 어떤 여자를 혼인으로 맞아들이고 싶은가?/
Quid optas fieri? 너는 도대체 뭐가 되고 싶으냐?.
Opto, ut rem confécerit, priúsquam advénero.
나는 내가 도착하기 전에 그가 일을 다 마쳤기를 바란다.
(목적문이 객어문으로 사용되었을 경우에는, 주문의 시칭에 대한 과거로서 접속법 단순과거 또는 과거완료가 나올 수 있다).
óptŭmus = óptĭmus 가장 좋은, 가장 훌륭한, 최적의.
hic erit optumus hic poterit cavere recte,
jura qui et leges tenet. 바로 이 사람이 최적임자요.
이 사람이라면 제대로 해낼 것이요. 법률과 법규라면
착실히 지키지요(성 염 지음, 사랑만이 진리를 깨닫게 한다, p.452)/
valete, indices justissmi, domi, duellique duellatores
optumi. 안녕히 계십시오. 집안에서는 지극히 공정하신
심판 여러분! 그리고 싸움터에서는 지극히 훌륭한
투사 여러분!(성 염 지음, 사랑만이 진리를 깨닫게 한다. p.454).
ópŭlens, -éntis, adj. (ops) 풍요한, 부유한(עשׁיר),
영향력 있는, 세력(권세) 있는, 중요한, 귀족의.
opuléntĭa, -æ,(opuléntĭtas, -átis,) f. (ópulens)
재산(財産.⑨ property), 재력(財力), 부유(富裕),
(물자의) 풍부(豊富), 윤택(潤澤-물건이 풍부하여 넉넉함),
호화로움, 세력, 세도(勢道-정치상의 권세).
opulénto, -áre, tr. (opuléntus) 풍요(풍부·풍성) 하게 하다
opuléntus, -a, -um, adj. (ops) 부유한(עשׁיר), 풍부한, 풍족한, 사치스러운, 화려한, 호화로운, 세력 있는, 권력 많은, 영향력 있는, (책이) 두꺼운, 두툼한.
m., pl. 귀족, 양반.
hominem formalissimum, ingeniosissimum, sapientissimum, opulentissimum ac denique potentissimum efficere(성 염 옮김, 피코 델라 미란돌라, p.118)
인간을 가장 아름답고 가장 재주 있고 가장 지혜롭고 가장 자질 있고 가장 능력 있는 존재로 만들었다/
opuléntior agor virísque. 토지도 많고 하인도 더 많은.
opulésco, -ĕre, intr. 부유해지다
ŏpus, óperis, n. 일(ἔργον.⑨ work), 작업, 역사(役事), 노동(勞動), 농사 일, 밭일, 공예(공업)에 속하는 일, 건축공사, 토목공사, 군사 시설 공사, 병역, 군무, 인공, 기술, 예술, 방사, 행위(行爲.⑨ Gesture), 활동, 행동, 소행, 선업, **사업**(事業.⑨ Work), 직무, 업무, 사무, 이루어 놓은 일, 성과, **업적**, 공훈, 공덕, **작품**, 저작품, 저서, 완성품, 예술품, 건물, 축성(築城), 군사시설, 효과(效果), 작용(作俑), 수고, 노력, 편(編).
abl.: ópere 매우, 힘차게, 열심히.
bonum opus. 훌륭한 일/
De opere et eleemosynis. 일과 자선(치프리아누스 지음)/
De opere monachorum. 수도승의 노동(勞動).
(401년 아우구스티노 지음)/
De Operibus Dei. 하느님의 업적/
ex ópere operántis. (神) 인효적(人效的) 으로/
ex ópere operáto. (神) 사효적(事效的) 으로/
fides sine operibus. 행실 없는 믿음/
Finis coronat opus. 일솜씨는 끝손질을 보아야 안다/
hominis causa exsistit opus, non operis gratia homo.
(⑨ work is for man and not man for work)
노동이 인간을 위하여 있는 것이지
인간이 노동을 위하여 있는 것은 아닙니다/
indiscretæ opus imaginis. 미완된 모상의 작품/
ópera bona (신학적 의미의 공로를 이루는) 선업.선행/
ópera forénsia. 관공서 업무 및 시장노동(상업행위)/
ópera liberália. (직업적이 아닌 노동.두뇌노동 따위) 자유노동/
ópera pia. 신심행위/
servile opus. 노동일, 노예노동.
ŏpus, n., indecl. (수단으로서의 필요성, 때로는 유용성을 표시하며 esse-간혹 habére-와 함께 씀)

O

opus est. 필요하다(ᵀᵀᵀ), 필요가 있다, 소용되다,
(fuit, esse.수단으로서의 필요성을 말하며 원칙적으로 비인칭여형이다.
그러므로 조동사 esse는 각 시칭의 단수 3인칭만 나오게 된다).

Ad discendum nobis opus est libris.
배우려면 우리한테 책이 필요하다(비인칭 동사 opus est(…할
필요가 있다) :필요한 사람은 여격, 필요한 사물은 탈격으로 쓴다/

Discipulis opus erat magnistri auctoritate. 제자들에게는
스승의 권위가 필요했었다(바로 위 설명 참조)/

Eam, si opus esse vidébitur, convéniam.
필요하다고 생각될 경우 나는 그 여자를 만나겠다/

Facto opus est. 실행해야 한다(factum 참조)/

Hoc fieri opus est. 이렇게 되어야만 한다/

Hoc opus est amíco meo. 이것이 내 친구에게 필요하다/

Maturáto opus est. 서둘러야 한다(maturo 참조)/

Mi(=mihi) quoque opus est, ut lavem.
나도 씻어야 하겠다/

mihi opus est libris ad studéndum.
나는 공부하기에 책들이 필요하다/

Mílites opus sunt tibi. 네게는 군인들이 필요하다/

Multis opus est tibi milítibus.
네게는 많은 군인들이 필요하다/

Non est opus, pater. 아버지, 필요가 없어요/

Non opus est multis verbis. 많은 말이 필요 없다/

Novo consilio nunc mi opus est, illa omnia admissa
habeo quæ antea feci. 이제는 내게 새로운 계획이 필요하다.
내가 전에 만든 모든 계획들은 잘못된 것으로 생각 한다/

Nunc si me amas, mi amice, auctoritate tua nobis opus
est et consilio et etiam gratia. 나의 친구여, 그대가 만일
나를 아낀다면, 지금 우리에게는 그대의 지도와 고견과
호의가 절실하다오/

Opus habére alqā re. (누가) 무엇이 필요하다/

Opus sunt boves. 소들이 필요하다/

qui tántuli eget, quanto est opus.
자기가 필요한 만큼(없어서) 아쉬운/

Quid opus est tam valde affirmáre?
뭐가 그렇게 강력히 주장할 필요가 있느냐?/

Theoricum opus. 음악 이론(Napoli. 1480).

Opūs, -úntis, f. 희랍의 Locris의 도시

opus a Christo operátum. 그리스도의 행위에 의한 효력

opus acu pictum. 자수(刺繡-옷감이나 헝겊 따위에 여러 가지의
색실로 그림. 글자. 무늬 따위를 수놓는 일. 또는 그 수輔).

opus apostoloatus maris(⑨ apostleship of the sea).
해양사목.

opus arduum. 벅찬 일

Opus autem fidei ipsa dilectio est, dicente Paulo
apostolo: Et fides quæ per dilectionem operatur.
믿음의 실천이 바로 사랑입니다. 바오로 사도는 "사랑으로
행동하는 믿음"이라고 했습니다(최익철 신부 옮김. 요한 서간 강해. p.427).

opus caritátis. 사랑의 작품, 자선사업(⑨ Works of Charity).

opus censoriúm. 처벌 대상이 되는 행위

opus Christi sacerdotis eiusque Corpóris, quod est
Ecclesia. 사제이신 그리스도와 그분 몸인 교회의 일.

opus citátum. 상게서(上揭書, opère citato)

opus conditiónis. 조건 편(현대 가톨릭 사상 제11집, p.60)

opus creationis. 창조 작업

Opus de Doctrina Temporum. 세기를 통한 교리

opus de natura rerum. 자연 사물에 대한 연구

opus Dei. (베네딕도 수도회 회칙 43조의) 미사와 성무일과,
미사와 성무일도, 하느님의 일.

opus distinctionis. 구분 작업(창조 기록의 셋 3일 간의 작업을
만물 구분 작업으로. 후 3일 간의 작업을 장식 작업 또는 정비작업 opus
ornatus으로 보는 견해. 백민관 신부 엮음, 백과사전 3. p.38).

opus est. 필요하다(ᵀᵀᵀ) - ópus, n., indecl. 참조

opus evangelizátiónis. 복음 전파 사업, 복음화의 과업

opus expositionum. 주해집(註解集), 해설집(解說集)

Opus Fundatum Latinitas, quod Pauli PP. VI
chirographo Romani Sermonis die XXX mensis Iunii
anno MCMLXXVI est constitutum, exstinguitur.
바오로 6세 교황님께서 1976년 6월 30일 직서「로마의
언어」(Romani Sermonis)로 설립하신 '라틴어 재단'

(Opus Fundatum Latinitas)은 해체됩니다.

opus generativæ. 생성의 작용

Opus imperfectum. 미완성 작품

Opus íncipit nemo. 아무도 일을 시작하지 않고 있다

opus institutorium. 교육 활동

Opus iusti ad vitam, fructus autem impii ad peccatum.
(e:rga dikai,wn zwh.n poiei/ karpoi. de. avsebw/n a`marti,aj)
(獨 Dem Gerechten gereicht sein Erwerb zum Leben, aber
dem Gottlosen sein Einkommen zur Sünde) (⑨ The just
man's recompense leads to life, the gains of the wicked,
to sin) 의인의 소득은 생명에 이르고 악인의 소출은 죄악에
이른다(성경 잠언 10. 16)/착한 사람은 복된 삶을 상급으로
받지만 나쁜 사람은 죄밖에 받을 것이 없다(공동번역).

opus iustitiæ. 정의의 작품

Opus iustitiæ pax(⑨ peace as the fruit of justice)
평화는 정의의 열매(교황 비오 12세의 좌우명).

opus manuum. 손노동

opus meritorium. 행업

opus misericodiæ(⑨ Works of Charity). 자선사업.

Opus Morale in Præcepta Decalogi.
십계명에 관한 윤리(Sanchez 지음 1613년).

opus naturæ. 자연의 작용

Opus naturæ est opus intelligentiæ.
자연의 작품은 지성의 작품이다.

opus nonaginta dierum. 구십일 간의 일. 구십일의 작업,
구십(90)일 간의 저서(William Occam지음. 1298～1349년).

opus nutritionis. 영양 섭취 작용

opus nutritivæ. 영양의 작용

Opus operantis. 성사의 인효성, 인효적 행위

opus operátum. 성사의 사효성(事效性),
사효적 행위(전통적인 가톨릭 성사론의 용어. 인효적 행위의 반대).

opus oratórium. 법정에서의 변론(업무)

Opus Ornatus. 장식 작업, 정비 작업

Opus Pontificíum a Propagátione fidei.
교황 포교 사업 후원회, 전교회.

opus propositionum. 명제집(命題集)

opus proprium. 고유한 활동

opus quæstionum. 문제집(問題集)

opus restaurátiónis. 부활 편

Opus S. Petri. 성 베드로 사업회

Opus Sanctæ Infantiæ. 아기 예수회, 어린이 포교 후원회.
(프랑스 낭시의 주교가 자리꼬의 협력을 얻어 1843년 파리에 창설. 1856년
비오 9세가 교회법상 보호를 받는 회로 승격 시켰다. 총본부는 파리에 있으며
각국 지부는 여기에 대표를 파견하다. 백민관 신부 엮음. 백과사전 3. p.38).

opus sermonum. 설교집(liber Homílíárïus)

opus servile. 근육노동(筋肉勞動), 노예노동(奴隷勞動),
육체노동(肉體勞動, labor servilis).

Opus solidaritátis pax(⑨ peace as the fruit of solidarity)
평화는 연대성의 열매.

Opus Sti. Joseph. 성 요셉 사업(회), 사제 연령을 돕는 신심회

Opus Sti. Petri. 베드로 사업, 베드로 사업회(포교지방 성직자
양성사업후원회. 1889년 스테파니 비가르가 딸 잔과 함께 프랑스 깡에서 창립).

opus sunt boves. 소들이 필요하다

opus supererogatórium. 의무 이외의 선업,
여공(餘功)의 적선(積善)-라칭어 지음. 그리스도 신앙 어제와 오늘. p.263).

Opus Tessallatum(⑨ Mosaic) 모자이크,
다채로운 석편(tesseræ), 바둑판식,
모조 보석, 유리 등을 짜 맞추어 만든 회화 예술.

Opus Tripartitum. 삼부작(Maister Eckhart지음 1260～1328년)

Opus tumultarium. 요란스런 작품

Opus Vermiculatum. 연충식(蠕蟲式) 모자이크. 11～14세기의
이른바 코스마티 세공에서 널리 사용되어 왔다. 촛대. 책장
등의 장식으로 응용되었다. 백민관 신부, 백과사전 3. p.32; p.740).

opúscŭlum, -i, n. dim. (opus¹) 작은 일, 작은 작품.
소논문(小論文-articulus, -i, m.).

non spernanda opuscula. 깔볼 수 없는 작품/

Opuscŭla. 소책자(Bonaventura 제5권)/

Opuscŭla Luciani. 루치아노의 논문집/

Opuscŭla Postumĭani et Galli.
포스투미아노와 갈로의 소책자/

Opuscola sacra.(An internal 'o' might be rendered by 'u').
거룩한 소책자(보에티우스 지음), 신학소품집(E.K. Rand 지음).
opúscŭlum philosophica. 철학적 소논문
opúscŭlum theologica. 신학적 소논문
ŏra¹ -æ, f. (os⁴) 가, 가장자리, 언저리(둘레의 부근),
　변두리, 바닷가, 해안, 해변(海邊-해변), 연안, 경계,
　(공간적) 한계, 지방(地方), 지역(地域), 지대(地帶),
　땅(אָרֶץ.חֶלֶד.נ.γῆ.ⓖ Earth), 지구, 하늘.
Arma virumque cano, troiæ qui primus ab oris Italiam
fato profugus lauiniaque venit litora.
　병갑과 용사를 두고 내 노래하노니, 일찍이 트로이아
　해변을 떠나 운명에 떠밀려 이탈리아 땅을 최초로 밟고
　라비니아 강변에 당도한 사나이로다("아이네이스"의 첫 구절.
　우리는 여기서 인간 역사의 문제와 더불어 형이상학적 차원과 우주적 통찰의
　인간 문제들을 접하게 된다. 성 염 지음, 사랑만이 진리를 깨닫게 한다, p.376).
Et mens et rédiit versus in ora colo.
　정신이 들며 입가에 혈색이 돌았다/
lúminis oræ. 이 세상, 우리가 살고 있는 땅/
návibus oram Itáliæ lego.
　배들로 이탈리아의 해안(海岸)을 끼고 지나가다/
Quo caret ora cruore nostro?(Horatius). (이 땅의 경계치고)
　어느 언저리가 우리의 선혈로 물들지 않았겠는가?/
Si semper desideras, semper oras.
　항상 바란다면 항상 기도하라/
supina ora. 하늘을 향한 얼굴.
Ora della Desolata. 비탄의 시간
Ora et labora. 기도하라 그리고 일하라(성 분도회 모토)
Ora etíam antequam corpus cubile requiescat.
　침대에서 육신을 쉬기 전에도 기도할 것이다.
Ora, Labora et Lege. 기도하고 일하며 읽어라
Ora pro nobis. 우리를 위해서 기도해 주십시오.
Ora pro parentibus tuis. 네 양친 부모를 위해 기도하라
ora vestiménti 옷 가장자리
ŏra² -æ, f. (os⁴) (배를 붙들어 매는) 밧줄
ora, 원형 oro, -ávi, -átum, -áre, tr. (os⁴)
　[명령법. 단수 2인칭 ora, 복수 2인칭 orate].
orácŭlum(=orácŭlum) -i, n. (oro) 신탁, 탁선(託宣-신이
　사람에게 내리거나 꿈속에 나타나서 그 뜻을 알리는 일), 예언(豫言),
　현몽(現夢)에서의 예언(지시), 신관의 예언(지시),
　신탁을 받는 곳, 탁선소, 교훈의 말씀, 격언, 경구(警句).
　(聖) 하느님의 (지시) 말씀(명령).
ómnia ad orácŭlum refero.
　모든 일에 신탁(神託)의 지시를 따르다/
omnia ad oraculum refero.
　모든 일에 신탁의 지시를 따르다/
oracula ambigua. 애매한 신탁(神託)/
oracula verisimiliora. 참되게 보이는 신탁(神託)/
oracula vivæ vocis. 교황의 구두 지령(指令)/
philosophia oraculorum. 신탁의 철학.
orácŭlum = oráclum
oraculum Sibyllæ. 시빌라의 신탁(神託)
orale. 교황용 개두포(fanon의 옛 명칭)
orális, -e, adj. (os⁴) 입의, 구두의, 입으로 하는.,
　disputátĭo orális. 구두 변론(ⓖ oral debate).
orámen, -mĭnis,(oraméntum, -i,) n. (oro)
　기도(תְּפִלָּה.εὐχὴ.ⓖ prayer), 담화(談話).
Orandum est ut sit mens sana in corpore sano.
　건전한 육체에 건전한 정신까지 깃들면 바람직할 것이다.
　(고대 로마 시인 Juvenális).
Orans[ⓖ Orant.獨 Orante.프 Orant(e)]
　오란스, 기도하는 자세의 오란스 성상(고대 그리스도교 예술에
　양 손바닥을 위로 벌린 기도 자세. 순교자 유스티노, 떼르뚤리아누스. 오리게
　네스 등의 저서에 그 자료가 있다…. 백민관 신부 엮음, 백과사전 3, p.39).
oráre atque obsecráre. 청하고 또 간청하다
Oráre est laboráre. 기도함은 일함이다
Oráre pro me ad Dóminum Deum nostrum.(to pray for
me to the Lord our God) 저를 위하여 하느님께 빌어주소서.
orárĭum, -i, n. (os⁴) 입 닦는 수건
orárĭus -a, -um, adj. (ora⁴) 해안의

Orat (me), ut sibi rescribam.(oro 참조)
　그는 자기에게 회답을 써 보내 주기를 나한테 청하고 있다.
Orta est tamen stella spei(ⓖ Yet the star of hope has
risen) 그러나 희망의 별이 떠올랐습니다.
orate, 원형 oro, orávi, orátum, oráre, tr. (os⁴)
　[명령법. 단수 2인칭 ora, 복수 2인칭 orate].
Orate, fratres(ⓖ Pray, Brethren)
　형제 여러분, 기도합시다[fratres는 남성 복수 호격이다.
　복수 주격 fratres, 속격 fratrum, 여격 fratribus, 대격 fratres, 탈격 fratribus].
Orate, fratres: ut meum ac vestrum sacrificium
acceptabile fiat apud Deum Patrem omnipotentem.
　형제 여러분, 저와 여러분이 바치는 제사가 전능하신
　하느님 아버지에 의해 받아들여질 수 있도록 기도합시다.
Orate, ne intretis in tentationem.
　유혹에 빠지지 않도록 기도하여라(성경 루카 22, 40).
Orate vero ut hieme non fiant.(마르 13, 18)
(proseu,cesqe de. i[na mh. ge,nhtai ceimw/noj)
(獨 Bittet aber, daß es nicht im Winter geschehe)
(ⓖ Pray that this does not happen in winter)(마르 13, 18)
　그 일이 겨울에 일어나지 않도록 기도하여라(성경)/
　이런 일이 겨울에 일어나지 않도록 기도하여라(공동번역)/
　(이런 일이) 겨울에 일어나지 않도록 기도하시오.(200주년).
orátĭo, -ónis, f. 말, 담화(談話), 말함, 말투, 표현,
　언어, 구두제안, 진술, 연설, 강연, 변론, 구변, 웅변,
　화술, 산문(散文), 산문체(散文體), 산문(散文) 화법(話法),
　칙서(勅書), 국가 기관의 공문, 기구(祈求→기도), 기도문,
　기도(תְּפִלָּה.εὐχὴ.ⓖ prayer.獨 Gebet.프 prière).
abundans super necessitatem orátio.
　필요 이상으로 내용이 웅대한 연설/
ad extremam orátĭonem. 연설이 끝날 무렵/
agmen orátĭónis crispum. 잔잔한 물결의 흐름 같은 연설/
ardens orátĭo. 열화 같은 연설/
celeritate cæcáta orátĭo. 너무 빨라서 알아들을 수 없는 연설/
clamor orationis. 통성 기도/
commentáta orátĭo. 오래 준비한 연설/
De oratione mentali. 묵상에 대하여/
De oratione pro peccatoribus. 죄인들을 위한 기도에 대하여/
De variis orationis mentalis speciebus.
　여러 가지 묵상 방법에 대하여/
De tempore orationis mentalis. 묵상시간에 대하여/
dīláto orátĭónem. 연설을 길게 끌다/
Expressio externa orántis.(ⓖ External expression).
　기도의 외적 표현/
gemitus orationis. 탄식 기도/
Hac in veritate sinit nos oratio prorsus vivere.
　우리를 이러한 진리 안에 뿌리박게 하는 것은 기도입니다/
Hæc oratio omnium favori conciliando apta est.
　이 연설은, 화합을 조성함으로써, 모든 이의 공감을 살 만하다/
immodica orátĭo. 끝없는 연설/
In communione orationis Christus vere adest; precatur.
　(ⓖ In the fellowship of prayer Christ is truly present)
　그리스도께서는 기도의 친교 속에 참으로 현존해 계십니다/
In orátĭone tuă tecum ipse pugnabas.
　너는 네 연설에서 자가당착에 빠지고 있었다/
In Orátĭonem Dominicam, videlicet 'Pater noster'
　주의 기도 해설/
In ipso autem biduo more suo in orátĭone in fuit occupatus.
　이틀 동안 종전에 하던 대로 기도에 전념하였다/
Ipse orationem definit tamquam desiderii exercitium.
　(ⓖ He defines prayer as an exercise of desire)
　그는 기도를 열망의 훈련이라고 정의 합니다/
Me ad credéndum tua ducit orátĭo.
　네 연설이 나로 하여금 믿게 해 준다/
mentális orátĭo. 묵도(黙禱)/
orátĭonem ultimam Operis Dei. 하느님 일의 마지막 기도/
Orátĭones abhorrent inter se. 이 연설들은 서로 모순된다/
Orátĭones Communes. 공과(功課)/
Orátĭones Consolatoriæ. 예수의 마지막 위로의 기도.

O

orátĭones de adventu Domini. 대림절 기도문/
Orátĭones de Beatitudinibus.
참된 행복 설교(니싸의 그레고리오 지음)/
Orátĭones de imaginibus tres.
성화에 관한 세 편의 연설(다마스코의 요한 지음 †750)/
Orátĭones diversæ. 각종 기도문
(미사 중에 삽입될 수 있는 33조의 공정 기도문. 미사 경본의 한 부분)/
Orátĭones et Meditationes de Vita Christi.
그리스도 생애에 대한 기도와 묵상(토마스 아 캠피스 지음).
orátĭones horridulæ. 조잡한 연설/
orátĭones legitimæ. 법정 기도(法廷祈禱)/
Orátĭones post obitum hominis.
세상을 떠난 이를 위한 기도/
Orationes præsidentiales.(獨 Presidential.獨 Präsidialgebete)
주례자의 기도/
Oratĭones spei.(獨 Prayers of Hope) 희망의 기도/
Orátĭones sollemnes. 장엄기도(莊嚴祈禱)/
orátĭones theoloicæ. 신학적 연설/
Orátĭoni frequenter incumbĕre. 기도에 자주 열중하라.
(성 베네딕도 수도규칙 제4장 56)/
Orátĭonibus instate hóris et temporibus constitutis.
지정된 기도의 때와 시간을 지켜야 한다(아우구스티노회 회칙)/
Orátĭónis cœtus(獨 Prayer groups). 기도 모임/
oratĭoni cordis. 마음 기도/
Orátĭónis Formas. 기도 형태
Quæ orátĭo! 얼마나 훌륭한 연설이냐!
Quo hæc spectat orátĭo? 이 연설은 무엇을 노리고 있느냐?/
temperátĭor orátĭo. 균형(均衡) 잡힌 연설/
ut ratióne et viâ procédat orátĭo.
변론(辯論)이 이로 정연하게 진행되도록.
orátĭo ad complendium. 미사의 마침 기도(영성체 후)
orátĭo ad gradum altaris. 계단 기도.
(옛 전례에서 미사 집전자가 복사와 함께 제대 밑 계단에 꿇어 속죄의 기도를
올리고 제대로 올라갔다. 백민관 신부 엮음, 백과사전 3, p.229).
orátĭo ad persuadendum accommodata.
설복(說服) 시키기에 적절한 연설.
Oratio ad Sanctum Michæl(獨 Prayer to Saint Michæl)
Sancte Michæl Archangele, defende nos in prœlio,
contra nequitiam et insidias diaboli esto præsidium.
Imperet illi Deus, supplices deprecamur: tuque, Princeps
militiæ cælestis, Satanam aliosque spiritus malignos,
qui ad perditionem animarum pervagantur in mundo,
divina virtute, in infernum detrude. Amen.
교황 레오 13세 성하의 성 미카엘 대천사 기도문
(현재) 성 미카엘 대천사님. 싸움 중에 있는 저희를 방어해 주소서.
마귀의 악의와 간계에 대한 저희의 피난처가 되소서.
천상군대의 영도자여, 영혼들을 멸망시키기 위해
세상을 두루 다니는 사탄과 모든 악신들을
하느님의 힘으로 지옥에 떨어뜨리소서. 아멘.
교황 레오 13세 성하의 성 미카엘 대천사 기도문
(1997년 새 번역 개정 이전)
성 미카엘 대천사님, 싸움 중에 있는 저희를 보호하소서.
사탄의 악의와 간계에 대한 저희의 보호자가 되소서.
오! 하느님, 겸손되이 하느님께 청하오니 사탄을 감금하소서.
그리고 천상군대의 영도자시여 영혼을 멸망시키기 위하여
세상을 떠돌아다니는 사탄과 모든 악령들을 지옥으로 쫓아버리소서, 아멘.
교종 레오 13세 성하의 성 미카엘 대천신 기도문
(제2차 바티칸 공의회 이전)
엎디어 구하오니, 성 미카엘 대천신이여,
이 세상을 두루 다니며 영혼을 보호하사 마귀의 악함과 흉계를 방비케 하시고,
또 천주 저 마귀를 억제하여 굴복케 하시며,
너는 천국 모든 신을 총령하시는 자라.
세상을 두루 다니며 영혼을 삼키려는 사탄과
다른 악신의 무리를 천주의 힘으로 지옥으로 쫓아 내소서. 아멘.
※ 자료 출처 : 천주성교공과 (1963) / 목주기도로 드리는 9일기도 (2003)
[출처] Oratio ad Sanctum Michæl / 성 미카엘 대천사 기도문 /
전통 라틴 미사성제[Sancta Missa Traditio Latina] |작성자 트레드

(Saint Michæl the Archangel, defend us in battle: be our defense against the
wickedness and snares of the devil. May God thrust him, we humbly pray.
And do thou, O prince of the heavenly host, by the power of God thrust into
hell Satan and all the evil spirits who prowl about the world for the ruin of
souls. Amen. -This prayer was composed by Pope Leo XIII after he
experienced a horrifying vision. On October 13, 1884, while consulting with
his cardinals after Mass, Pope Leo XIII paused at the foot of the altar and
lapsed into what looked like a coma. After a little while the Pope recovered
himself and related the terrifying vision he had of the battle between the
Church and Satan. Afterwards, Pope Leo went to his office and composed

this now famous prayer to St. Michæl the Archangel and assigned it to be
recited after Low Mass, a position it occupied until Vatican II. It was
recently recommended by Pope John Paul II in a speech to a crowd of
pilgrims gathered in St. Peter's Square on Sunday April 24, 1994 as a
prayer for the Church. (See L' Osservatore Romano, April 27, 1994).

orátĭo affectiva. 정서적 기도
Oratio catechetica magna. 대교리 문답(니사의 그레고리우스 지음)
oratio christiana.(獨 Christian prayer) 그리스도인의 기도
orátĭo collecta. 본기도, 모음 기도
Orátĭo communis. 공동 기도.
Eiusmodi amor perfectissime declaratur oratione communi.
(獨 This love finds its most complete expression in
common prayer) 이 사랑의 완전한 표현은 공동기도에서
찾아볼 수 있습니다(1995.5.25. "Ut Unum Sint" 중에서).
Orátĭo communis seu fidelĭum.
공동 기도, 신자들의 기도(orátĭo universális).
orátĭo confusa. 뒤죽박죽이 된 연설
orátĭo consecrátĭónis. 축성기도(祝聖祈禱)
orátĭo constans. 조리 있는 연설
Orátĭo Contra Gentes. 이방인 논박(성 아타나시우스 지음)
Orátĭo contra malas cogitatĭónes.
악한 생각을 면하게 하는 기도(준주성범 제3권 23장 5).
Orátĭo Contritĭónis.(獨 Act of Contrition) 통회의 기도
Orátĭo de hominis dignitate.
인간 존엄성에 관한 연설[1486년 '르네상스 시대의 천재'인 이탈리아의
피코 델라 미란돌라 Giovanni Pico della Mirandola(1463~1494)가 24의 나이 때
출판한 책. 20대 청년학자의 기백과 야심에서 우러난 인간의 천부적 존엄과
학문의 자유 및 문화에 관한 놀랍도록 근대적이고 계몽적인 시각 전환을 담은
소책자. 성 염 옮김, 피코 델라 미란돌라, pp.4-5].
Orátĭo de Incarnatĭóne. 육화론(肉化論)
Orátĭo de pauperum amore.(나지안주스의 그레고리우스 지음)
가난한 이들의 사랑에 관한 연설
orátĭo directa. 직접화법
orátĭo dominica. 주의 기도(天主經). 마태 6. 9~13
Orátĭo Ecclesiæ(獨 Prayer of the Church). 교회의 기도
Orátĭo et vita christĭana(獨 Prayer and the Christĭan
life). 기도와 그리스도인 생활.
Orátĭo Eucharistica(獨 Eucharistic Prayer) 성찬기도
ORATIO FATIMÆ
Domine Iesu (O Mi Iesu), dimitte nobis debita nostra,
salva nos ab igne inferiori,
perduc in cælum omnes animas, præsertim eas,
quæ misericordiæ tuæ maxime indigent.
구원의 기도(파티마의 기도 원문 해석)
주 예수님(오 나의 예수님), 저희 죄를 용서하시며
저희를 지옥 불에서 구하시고
모든 영혼을 천국으로 이끄시되
특히 당신의 자비하심을 가장 필요로 하는 자를 돌보소서.
구원의 기도(현재)
예수님, 저희 죄를 용서하시며 저희를 지옥불에서 구하시고
모든 영혼을 천국으로 이끌어 주시며
특히 자비를 가장 필요로 하는 영혼들을 돌보소서.
구원의 기도(바뀌기 이전)
예수님, 저희 죄를 용서하시며 저희를 지옥불에서 구하시고
연옥 영혼을 돌보시며 가장 버림받은 영혼을 돌보소서.
구원의 기도(1997년 새 번역 개정 이전)
예수여, 우리 죄를 용서하시며, 우리를 지옥불에서 구하시고,
연옥 영혼을 돌보시며, 가장 버림받은 영혼을 돌보소서.
구원경(제2차 바티카느 공의회 이전)
예수여, 우리를 용서 하시며, 우리를 지옥불에서 구하시고
연옥 영혼을 돌보시되, 제일 버림읍 받은 영혼을 돌보소서.
※자료 출처 : 천주성교공과 (1963) / 가톨릭 기도서 (1972 / 1997)
[출처] ROSARIUM //라틴 미사 성제 [Sancta Missa Traditio Latina]
orátĭo fidelĭum.(獨 Common Prayer.獨 Allgemeines.
프 Prône) 공동 기도(共同 祈禱), 보편 지향 기도,
신자들의 기도(orátĭo universális).
orátĭo formalis. 정식 기도, 고유 내용 기도
Oratio igitur est mater et origo sursum-actionis.
기도는 위를 향한 모든 활동의 원천이며 근원이다.
orátĭo imperata. 명령기도,
지정 기도문(교황 또는 주교가 본기도에 추가하라고 지시한 기도문.
예: 평화를 구하는 기도 등. 백민관 신부 엮음, 백과사전 2, p.334).
Orátĭo in Ligarium. 리가리우스를 공격하는 논고.
Orátĭo pro Ligario. 리가리우스를 위한 변론.
Orátĭo in Spiritu Sancto.(獨 Prayer in the Holy Spirit).
성령 안에서 기도.

Orátĭo in Vetĕre Fœdĕre(⒤ Prayer in the Old Testament). 구약성서에서 기도.

orátĭo indirécta. (文法) 간접화법.

Oratio introitus. (preces ante gradum altaris) 층하경. [최윤환 옮김, 전례사목사전, p.525].

Oratio Itinerarii.(⒤ Orayer for trip.獨 Reisegebet) 여행자를 위한 기도.

orátĭo jaculátŏria(⒤ ejaculátory prayer/aspirátĭon). 화살기도.

Orátĭo Iesu.(⒤ Prayer of Jesus) 예수님의 기도

Orátĭo Joannis Pici Mirandulæ concordiæ comitis. De hominis dignitate.
요한네스 피코 델라 미란돌라의 연설문: 인간 존엄성에 관하여.

orátĭo manassis. 므나쎄의 기도.(προσευχὴ Μανασσή.
⒤ Prayer of Manasseh)(총 15절 37행으로 이루어진 참회 기도문).

orátĭo memoriale. 기념 기도

orátĭo mentális. 묵념기도(黙念祈禱), 묵상 기도, 묵도(黙禱)

orátĭo mollis et tenera. 부드럽고 유연(柔軟)한 연설

Orátĭo Mystica(⒤ Mystical Prayer) 신비 기도, 관상 기도.
(하느님의 특별은총으로 하느님과의 체험적인 일체를 이루며 관상하는 기도).

orátĭo obliqua. 간접화법

orátĭo orális. 구두기도, 구송 기도

orátĭo plena. 내용이 풍부한 연설

orátĭo populáris. 대중연설(大衆演說)

Orátĭo privata(⒤ Private Prayer.獨 Privatgebet) 개인기도, 사적 기도.

Oratio pro defunctis.(⒤ Prayer for the dead) 죽은 이들을 위한 기도.

Orátĭo pro illuminatĭóne méntis.
정신을 밝혀 주시기를 청하는 기도(주주성범 제3권 23장 8).

Oratio pro purgatione cordis et cælesti sapientia.
마음의 정결과 천상 지혜를 청하는 기도.

orátĭo psalmica. 시편 기도(詩篇 祈禱)

orátĭo publica. 공적 기도, 공공의 기도(祈禱)

Orátĭo quædam elegantissima. 극히 우아한 연설문

Orátĭo quædam elegantissima de hominis celsitudine et dignitate..(1504년 스트라스부르그판)
인간의 탁월함과 존엄성에 관한 극히 우아한 연설문.

Orátĭo quietis. 정숙 기도(그리스도교적 완덕은 영혼의 정숙과 하느님께 완전 귀의에 있으며 인간의 노력 따위에 기대지 않고 하느님께 완전히 맡기는 것을 '정숙의 기도'라고 했다. 백민관 신부 엮음, 백과사전 3, p.229).

orátĭo rapida. 격렬한 연설(演說)

orátĭo secreta. 은밀한 기도

Oratio semper debet suscipere onus illius sollicitudinis quæ est cupido unitatis. 기도는 늘 일치에 대한 갈망에 관심을 가져야 합니다(1995.5.25. "Ut Unum Sint" 중에서).

Orátĭo simplicitatis. 단순(純心) 기도, 신비가들의 기도.

Orátĭo super catechumenos. 예비자들에 대한 기도.

orátĭo super dona secreta. 선별된 예물 위에 바치는 기도.

orátĭo super oblata* 예물기도(⒤ prayer over the gifts. 獨 gabengebet), 봉헌기도(⒤ Secret Prayer), 봉헌된 예물 위에 바치는 기도.

orátĭo super oblata secreta. 묵념 예물기도.

Orátĭo super populum. 백성을 위한 기도, 백성 위에 주는 축복, 파견된 신자들의 기도.

Oratio tamquam spei schola.(⒤ Prayer as a school of hope). 희망의 학교인 기도.

oratio unionis. 일치를 위한 기도, 일치기도

orátĭo universális*[⒤ general intercessions. 獨 Fürbitten(Gläubigengebet)] 보편 지향 기도. (=신자들의 기도 orátĭo fidelĭum.⒤ general intercessions).

Orátĭo virtualis. 기도의 종결문

orátĭo vocális(⒤ vocal prayer). 송경기도(誦經祈禱), 구송기도, 독송기도, 소리기도(念經祈禱).

orátĭo volúbilis. 유창(流暢)한 연설(演說)

oratiúncŭla, -æ, f. dim. (orátĭo)
짧막한 담화, 짧막한 연설, 짧막한 기도.

orátor, -óris, m. (orátrix, -ícis, f.) (oro)
말하는 사람, 담화자(談話者), 대변자(代辯者),

사절(使節), 사신(ἀπόστολος.ἄγγελος), 연사(演士), **연설가**, 웅변가, 능변가(能辯家), **변론인**(辯論人), 변호인, 수사학(웅변) 선생, 기도하는 사람, 청원인.
Abesse plurimum a saltatore debet orátor.
연설가는 무용가와 크게 다른 점이 있어야 한다/
Alqs numquam est numerátus orátor.
아무는 한 번도 연설가로 인 받지 못했다/
Asiatici oratóres nimis redundántes.
말이 너무 많은 아시아의 연설가들/
fetus orátórum. 웅변가들의 배출(輩出)/
Institutiones oratori. 웅변교본(Quintillianus 지음)/
Nascuntur pœtæ fiunt oratóres.
시인들은 태어나고 웅변가들은 만들어 진다/
officia orátóris. 연사의 업무/
Orátorem dedecet irasci. 연설가는 화를 내서는 안 된다/
Orátorem et philosophum disjungo.
연설가와 철학가를 구별하다/
Orátorem irásci mínime decet. 연설가는 결코 화를 내서는 안 된다/분노하는 것은 연사에게 결코 합당치 않다.
(감정을 나타내는 비인칭동사들은 의미상의 주어를 대격으로 쓴다)/
Orátorem irásci mínime decet, simuláre non dédecet.
연설가는 결코 화내서는 안 되지만, 화내는 체하는 것은 무방하다(화난 척하는 것은 부당하지 않다).(Cicero)/
Oratores dixerunt se amicitiam malle quam vim experiri Poenorum. 연사들은 말하기를, 자기네는 카르타고인들의 위력을 맛보기보다는 그들의 우애를 더 맛보고 싶다고 하였다/
oratóres veláti ramis óleæ.
올리브 나뭇가지로 (손을) 가린 사신들(velo 참조)/
refero alqm in oratórum númerum. 아무를 연설가로 꼽다/
Sit orator antequam dictor.
설교자가 되기 위해서는 먼저 기도하는 사람이 되어야 한다/
statárĭus orátor. 동작 없이 고요한 연설가/
virtutes oratóris. 연설가의 품격/
vitiosissimus orátor. 아주 잘 못하는 연설가.

Orator, antequam agat in foro, in scholis diu multumque discere debet. 웅변가는 광장에 나서기 전에, 학교에서 오랫동안 많은 것을 배워야만 한다.

Orátor dicturus, populi clamabant.
연설자가 발언을 하려고 하자 시민들이 환성을 질렀다.

Orátor fit pœta nascitur.
웅변가는 만들어지나 시인은 태어난다.

orátor impetrábilis. 설득력 있는 연설가

orátor populi. 인기 있는 연설가

orátor sacer. 거룩한 설교자

oratórĭa, -æ, f. (oratórius) 웅변술(雄辯術)

oratóriani, -órum, m., pl. 오라토리오회

oratórĭólum, -i, n. dim. (oratórĭum) 소성당, 기도소, 기도원

oratórĭum* -i, n. (oratórĭus) 예배당(禮拜堂), 예배소, 성당(⒤ church/Sanctuary), 경당(經堂.⒤ chapel), orátory.프 chappelle), 오라토리오 수도회(의 성당), 성담곡(聖譚曲), 성가를 곁들인 특수기도(모임.행사).

oratórĭum domesticum. 가정용 소 성당(소 예배당)

oratórĭum privátum. 사용 경당(소 성당.소 예배당)

oratórĭum publicum. 공용 경당(성당.예배당)

oratórĭum semi-publicum. 준공용 예배당(경당.성당)

oratórĭus, -a, -um, adj. (orátor)
연설의, 웅변의, 변론의, 수사학적인, 기도에 관한.

orátus, -us, m. (oro) 간구(懇求-간절히 요구함), 기도(תֹּֽ פִלָּה.εὐχὴ.⒤ prayer), 기구(祈求→기도), 요청(요청), 청원(請願.⒤ Petition).

orbátĭo, -ónis, f. (orbo) 결핍(缺乏), 상실(喪失), 결여(στέρησις.缺如.⒤ Lack), 빼앗음.

orbátor, -óris, m. (orbátrix, -icis, f.) (orbo)
자식을(부모를) 뺏어 가는(죽이는) 사람, 탈취자.

orbiculáris, -e, adj. (obiculus) 둥근, 원형의

orbiculátim, adv. 둥글게, 원형으로

orbiculátus, -a, -um, adj. (orbículus)
원형의, 둥근, 고리 모양의, 환상(環狀)의.

867

orbículus, -i, m. (orbis) 작은 동그라미(원형),
　활차(滑車), 작은 바퀴(小輪), 작은 원, 작은 차륜.
orbiculus photographicus. 사진기 렌즈
órbīcus, -a, -um, adj. 동그라미의, 원형의
orbis, -is, m. 동그라미, 원(圓), 둥근 것, 원형(圓形);
　원형대열(圓形隊列); 원형배치; 바퀴, 차륜(車輪);
　(사리어진 물건.뱀 따위의) 사리, (눈의) 검은자위, 홍채,
　(드물게는) 구형(求刑), (천체의) 궤도, 회전, 계절의 순환,
　둥근 표면; 둥글게 만든 여러 가지 물건(덮개.탁자.
　거울.저울판.원반.방패), 해.달의 둥근 표면, 눈구멍,
　안와(眼窩), 눈(眼), 우주(⑨ Universe), 천공, 지구, 지방,
　세계(אֶרֶץ, תֵּבֵל, חֶלֶד, οἰκυμέγη, αἰώγ, κόσμος.
　　⑨ World), 땅(אֶרֶץ, תֵּבֵל, אֲדָמָה, γῆ. ⑨ Earth), 체계(體系),
　전체적 견지, 총체적 지식, 백과사전, 굴렁쇠 놀이.
　(修) 종합문(綜合文), 도미문(掉尾文).
communitas totius orbis(communītas totius mundi)
　전 세계 공동체/
Extende caritatem per totum orbem, si vis Christum
amare; quia membra Christi per orbem iacent.
　그대, 그리스도를 사랑하고 싶다면 온 세상에 사랑을
　펼치십시오. 그리스도의 지체가 온 세상에 퍼져 있기
　때문입니다.(최익철 신부 옮김. 요한 서간 강해. p.455)/
lacteus orbis. 은하(銀河)/
Numquid in orbe terrarum sancti non erant?
　온 세상에 성인들이 없었다는 말입니까?/
O Roma nobilis orbis et domina.
　숭고한 로마, 세계의 마님인 로마/
Sermo de Substantia Orbis. 세상의 실체론(아베로아스 지음)/
umbilicus orbis terrárum. 세상의 중앙/
Urbem fecisti quod prius Orbis erat.
　그대는 천하를 한 개 도성으로 만들었더이다.
orbis lacteus. 은하수(銀河水, via lactea)
orbis medius. 자오선(子午線)
orbis phonographicus. 레코드 판
orbis romanus. 로마 세상
orbis seraphicus. 천사와 같은 세상(Gubernatis 지음 +1690)
orbis terræ. 온 세상, 천하.
　Post ciuitatem uel urbem sequitur orbis terræ.
　도시국가나 도회지 다음에는 천하가 따라온다(신국론. p.2169).
orbis terrárum. 지구(地球), 천하(天下), 로마와 전 세계,
　세상(κόσμος.⑨ Universe/World).
órbĭta, -æ, f. (orbis) 수레바퀴 자국, 궤도(軌道),
　전철(前轍-앞에 지나간 수레바퀴의 자국이라는 뜻),
　포도가지의 묶였던 자국(흔적), 나쁜 전례(前例).
órbĭtas, -átis, f. (orbus) 부모 여읨, 고아상태,
　자식 여읨(잃음), 홀아비 상태, 과부 생활,
　결여(缺如.στέρησις.⑨ Lack), 결핍, 상실(喪失).
orbitósus, -a, -um, adj. (órbita) 바퀴 자국이 많은
orbitudo, -dínis, f. = órbĭtas, -átis, f.
orbo, -ávi, -átum, -áre, tr. (orbus)
　부모를(자식을.형제를) 여의게 하다(앗아가다),
　(누구에게서 무엇을) 빼앗다, 탈취하다, 잃어버리게 하다.
　mater orbáta fílio. 아들을 잃은 어머니.
Orbona, -æ, f. (orbus)
　부모에게 자식을 잃지 않게 해주는 보호 여신(女神).
orbus, -a, -um, adj. 자식 없는, 자식 잃은,
　(어버이.배우자를) 여읜, 고아의, (무엇이) 없는,
　결여된, 잃은, 빼앗긴, 결핍된, 빈, 불모의, 메마른.
　virgo orba patre. 아버지를 여읜 처녀.
orbus senex. 자식 없는 노인
orca, -æ, f. 단지, 항아리, 바다에 띄운 부표, 주사위통,
　(動) 범고래(balæna -æ, f. 고래).
orchas, -ădis, f. (植) 올리브의 일종
orchésta(orchéstes), -æ, m. 무언극의 무용가(舞踊家)
orchéstra, -æ, f. 무대 앞의 악단(합창단)석, 원로원,
　(Roma)극장 앞쪽의 원로원 의원 지정석, 관현악단,
　관현악(관악기. 타악기. 현악기 따위를 함께 연주하는 음악).
orchidaceæ, -árum, f., pl. (植) 난초과(科) 식물

órchĭon, -i, n. (植) 꼴 하늘지기(애기하늘지기.소모초)
orchis, -is(-ītis) f. (植) 난초, 올리브의 일종
orchis bracteáta. (植) 개제비란, 개제비 난초
orchis rupéstris. (植) 나비난초
orchítis, -tĭdis, f. (醫) 고환염
órcŭla, -æ, f. 작은 병(항아리.단지)
orculáris, -e, adj. (órcula) 작은 병(항아리.단지)의
Orcus, -i, m. 저승의 주재 신(主宰 神, Pluto),
　저승(שְׁאוֹל.황천.⑨ Realm of the dead/Sheol),
　황천(黃泉-冥府), 지하세계(地下世界),
　지옥(⑨ Hell/Realm of the dead), 죽음.
ordálĭum, -i, n. 신명심판(神明審判-불 또는 뜨거운 물에 손을
　넣거나 독을 마셔도 해를 받지 않는 자는 무죄로 판결
　되던 옛 신명심판), 신재(神裁), 시죄법(試罪法).
orde… V. horde…
órdĭa prima(=primórdia) 시초(ἀρχὴ.始初)
ordinale. 서품 예식서
ordinális, -e, adj. (ordo) ((文法)) 순서(차례)를 표시하는.
　numerália ordinália. 서수, 순서 수사.
ordinariatus militáres.
　군종 사제단(ordinariatus castrenses).
Ordinariatus militaria. 군종단(軍宗團)
ordinariatus militaris(⑨ military ordinariate)
　군종 대리구(vicariatus castrensis),
　군종교구(한국 1989.10.23.설립).
Ordinarii Regionális Synodális Coreæ.
　한국 지역 시노드의 주교들.
ordinárĭum, -i, n. (⑨ Ordinary.獨 Ordinarium)
　(가) 통상문(미사, 성무일과의 통상문),
　미사통상문(通常文.⑨ Ordinary of the Mass)
Ordinarĭum Breviarii Romani. 로마 성무일도서의 통상문
Ordinarĭum Missæ.(⑨ Ordinary of the Mass)
　미사 순서, 미사 경본 중 불변하는 부분.
　미사 성가집(Ordo Cantus Missæ), 미사통상문(通常文).
ordinárĭus¹-a, -um, adj. (ordo) 순서에 관한,
　순서 지워진, 순서대로의, 규칙에 따른, 질서 바른,
　정기적(定期的)인, 정규의, 통상(관례)적인,
　정상적인, 보통의, 일반적인, 평범한.
　disputátio ordináriæ. 정규 토론(현대 가톨릭 사상 제9집. p.21, p.32)/
　exorcismus ordinárĭus. 통상적 구마/
　expositio ordinária. 정규 주해(正規 註解).
ordinárĭus²-i, m. 보통 병사; 대장(隊長), 선두자,
　장교(將校.⑨ a commissioned officer). (가) 교구장.
ordinárĭus loci. 교구 직권자(⑨ Local ordinary),
　교구장(⑨ diocesan bishop).
ordinárĭus militaris. 군종단장(軍宗團長)
ordinárĭus proprius. 소속 직권자(所屬 職權者)
ordináta dilectio. 사랑의 질서
ordináte(ordinátim), adv. (ordinátus)
　줄을 지어, 질서정연하게, 규모 있게.
ordinátĭo, -ónis, f. (órdino) (ordinatio는 "ordinare"에서 나온 말로
질서를 창조하는 행위를 뜻한다. 명령을 뜻하는 영어의 "ordinance"와는 다르다.)
　줄 섬, 정리(整理), 정돈(整頓), 배열(配列), 배치(配置),
　질서(秩序.⑨ Order), 다스림, 학칙(學則), 행정(行政),
　규약(規約.⑨ ordinance/stipulátĭon), 명령, 예규,
　통치(統治), 임명, 서임(敍任), 칙령(勅令), 서품(敍品),
　서품식(敍品式.ritus ordinátĭonis.⑨ Ordinátĭon),
　성품성사(聖品聖事.⑨ Holy Orders/Ordination/
　Sacrament of order.獨 Weihesakrament/Ordination).
　(神) 하느님의 섭리(攝理), 안배(按配).
　De Ordinátĭone Diaconi. 서품 예식서/
　De sacra Ecclesiæ Ordinátĭonibus. 교회의 신품성사에 대해.
　　　　　　　　　　　　　　　　(장 모랭의 1655년 지음)/
　De sacra Ordinátĭone. 신품 성사론/
　qui omnibus placuerit ordinatur.
　　모든 이가 찬성하는 자를 서품하라/
　valor ordinátĭonis. 서품의 유효성.
ordinátĭo absoluta. 절대적 서품
ordinatio ad pœnam. 벌을 향해 방향 지워진 것

ordinátio Dei. 하느님의 섭리(가톨릭 신학과 사상 제44호. p.93)

ordinátio Epíscopi.(⊗ Ordination of Bishop.
獨 Bischofsweihe) 주교 수품.

ordinátio fidei. 신앙의 명령

ordinátio generális. 일반 서품식

ordinátio legislatoris. 입법자의 명령

ordinátio particŭláris. 개별 서품식

Ordinatio Presbyterorum.(⊗ Ordination of Presbyters.
獨 Priesterweihe.) 사제 수품.

ordinátio prudentíæ. 분별력의 명령

ordinátio rationis. 이성의 명령

ordinátio sacra 거룩한 서품(敍品)

ordinátio sine ratione.(=contra rationem) 반이성적 명령

ordinátio voluntatis. 의지의 명령

ordinátor, -óris, m. (ordinátrix, -ícis, f.) (órdino)
정리자(整理者), 질서 잡는 사람, 섭리자(攝理者),
명령자(命令者), 지도자(指導者), 사회자(司會者).

Ordinatus∗ -i, m. 수품자, 성품 받는 이(가톨릭용어집. p.55)

ordinátus, -a, -um, p.p., a.p. (órdino)
정리된, 잘 배치된, 질서 잡힌, 제자리에 있는.
disordinata voluntas. 무질서한 의지/
hierarchice non ordinata. 자치체제(自治體制)/
hierarchice ordinata. 중앙 집권체제(中央 集權體制)/
ordinata collectio creaturárum.
창조물들의 질서 정연한 모음/
ordinata dilectio. 질서가 바른 사랑/
ordinata imperandi ac obœdiendi concordia civium.
명령하는 자와 복종하는 자들 사이의 잘 정돈된 조화.

ordine, 원형 ordo, ordinis, m. [단수 주격 ordo, 속격 ordinis,
여격 ordini, 대격 ordinem, 탈격 ordine]

Ordine missæ, 미사 예식(禮式)(1969.4.6. 교령)

ordine naturale. 자연적 질서

Ordinem Fratrum de Pœnitentïa. 회개의 형제회

ordines docentes. 교직 수도회, 교육 수도회

ordines majores(⊗ major orders.) 고위 성직품, 대품

Ordines mendicantium. 걸식 수도회, 탁발(托鉢) 수도회

ordines minores.(⊗ minor orders.獨 Niedere Weihen)
소품(수문품.구마품.강경품.시종품─1972.8.15. 폐지), 낮은 성직품.

ordines peditum confundo. 보병대열을 흐트러뜨리다

Ordines Pontificales(⊗ Papal decorátïos.) 교황훈장

Ordines Romani. 로마 예식서집, 옛 로마 예절 책들의 모음.
[직역하면 「로마 의식문」을 뜻하며 중세 때 전례 행사들을 위한 지침을 기록한
책, 달리 일별 일종의 의식서를 가리킨다. 이 책들은「로마 미사 전례 기도집」과
「미사 전례 성서」에 나오는 본문들의 의식이 로마에서 어떻게 거행되는지를
알고자 했던 프랑스 성직자들의 요구에서 생겨났다. 50여 개의 의식서들이 10부로
나누어져 있는 이를 두 부류로 간추릴 수 있다. (1) 순수한 로마 의식문.
(2) 프랑스 - 로마 의식문. 가장 중요한 의식문들은 다음과 같다. 7세기 교황
미사를 다루는 첫 번째 의식문, 교리 교육 시기 예식을 묘사하는 열한 번째
의식문, 고대 로마 의식문으로도 알려져 있으며 10세기「로마 주교 예식서」의
핵심 부분이 된 첫 번째 의식문은 중세 때의 전례 연구를 위해 매우
중요하다. 박영식 옮김, 주비언 피터 랑 지음, 전례사전, p.344].

ordines S. Familïæ. 성가족(정) 수도회

Ordines sacræ. 성품(⊗ sacred orders/⊗ Holy Order)

ordines sacramentales. 성사적 품계(聖事的 品階)

Ordines Sancti Spiritus. 성령 수도회

ordines septenarii. 칠품(七品.⊗ Seven Orders)

ordines Sti. Georgii. 성 지오르지오 기사수도회 훈장

Ordines sunt episcopatus, presbyteratus et diaconatus.
성품은 주교품과 탁덕품 및 부제품이다.(Can. 1009).

Ordinis baptismi adultórum,
성인의 그리스도교 입문 예식(1972.1.6. 교령).

**Ordinis Sanctissimæ Annuntiátiónis Beatæ Mariæ
Virginis.** 성모 영보 수녀회
(발루아의 요안나가 설립한 관상 수녀회. 1501년 2월 14일 회칙 승인 됨).

órdino, -ávi, -átum, -áre, tr. (ordo) 순서대로 놓다,
가지런히 하다, **정리하다**(ㅁ기), (군대를) 편성하다,
규정하다, 지시하다, 다스리다, 관리하다, 안배하다,
골고루 분할하다, (장관·관리를) 임명(선정)하다,
(성직에) 서품(敍品)하다, 배열하다(ㅁ기).

órdior, orsus sum, ordíri, dep., tr. (베틀에) 날을 날다,
짜다, 엮다, 시작하다, 개시하다, 착수(着手)하다,

이야기를 시작(始作)하다, 이야기하다, 말하다.
A princípio ordiámur. 처음부터 이야기하기로 하자.

Ordo, -dīnis, m. (votum solémne 즉 장엄서원莊嚴誓願.
성대허원誠大許願을 하는) 수도회(⊗ religious Order).

ordo, -dīnis, m. (그리스어 Kosmos) **열**, 나란히 선 줄, 선(線),
(배의) 노열(櫓列), (극장 따위의) 좌석줄(계급별로 좌석
줄이 지정되었음. 맨 앞줄은 원로원 의원 지정석. 14단 좌석은 기사 계급
지정석 따위), 어휘의 배열, 어순(語順), 품계(品階), **계급**,
신분, **순서**, 차례, 순위(praecedentía, -æ, f. 우선순위),
서열(⊗ Hierarchy), 반열(품계.신분.등급의 차례),
계열, 연속적 계통, 일련(一連), **질서**(秩序).(⊗ Order),
정돈(整頓-가지런히 바로잡음), 배열(配列), 정렬, 영역(領域),
계(界), 규칙(規則), 규정(規定), 정규, 관례(慣例),
지령, 명령, **신품**, **성품**(⊗ sacred orders⊗ Holy Order)
오르도(⊗ Order-신분.품.예식부.지침.규범.장엄 서원 수도회
등의 뜻을 지닌 용어. 폭넓은 신학적 내용을 지니고 있으며 동시에 서양
전통에서 다양하고 복합적인 의미를 지닌 용어).
(軍) 전열(戰列), 편대, 부대, 중대, 백인대장.

árbores in órdinem satæ. 줄 맞추어 심은 나무/
Canones de sacramento ordinis. 신품성사에 관한 법규/
Cógere(redígere) in órdinem.(숙어)
장관(관리)에게 반항(항거)하다, 불복종하다,
모멸(侮蔑)하다, 계급을 떨어뜨리다, 강등시키다/
De ordine creaturarum. 피조물의 질서론(세비야의 이시도루스 지음)/
equéster ordo. 기사 계급/
extra órdinem. 변칙적으로, 예외로/
fatorum ordo. 운명의 질서/
vel quæ portenderet ira magna deum vel quæ fatorum
posceret ordo. 신들의 엄청난 분노가 예고하는 바가
무엇인지 운명의 질서가 요청하는 바가 무엇인지/
fructus ordĭnis. 질서의 열매/
impedimentum ordinis sacri. 성품 장애(聖品障碍)/
in órdine. 하나 씩 하나 씩, 차례대로/
in ordinem, 하나 씩 하나 씩, 규격대로(recte, adv.),
순서 있게(degestim, adv.), 차례대로/
naturæ ordo. 자연본성의 질서/
órdine. 차례로, 차근차근/
ordo est parium dispariumque rerum sua cuique loca
tribuens dispositio.(신국론 19. 13. 1)
질서란 동등한 것과 동등하지 않은 것들의 고유한
자리를 각각에게 부여하는 배치다/
per órdinem. 차례로/
sacraméntum Ordĭnis. 신품성사/
senatórius(amplíssimus) ordo. 원로원 의원 계급/
terno órdine. 3열로/
tranquillitas ordinis. 질서의 평온/
Unus ordo. 단일 계급/
vel quæ portenderet ira magna deum vel quæ fatorum
posceret ordo. 신들의 엄청난 분노가 예고하는 바가
무엇인지 운명의 질서가 요청하는 바가 무엇인지.

ordo accidentális. 부수적(附隨的) 질서(秩序)

Ordo Activus. 활동 수도회(Ordo contemplatívus와 대조)

ordo actualitátis. 현실성의 질서(秩序)

Ordo ad reconciliandos plures pænitentes. 고해성사 예식서

**Ordo ad reconciliandos plures pænitentes cum
confessione et absolutione generali.** 고해성사 예식서

Ordo ad reconciliandos singulos pænitentes.
고해성사 예식서(최윤환 신부, 가톨릭大學神學部論文集 第4집, p.8]

ordo addiscendi. 탐구의 질서(秩序)

ordo amoris. 사랑의 질서(秩序)

ordo angelicus. 천사의 질서

Ordo Antiquus. 옛 규범

ordo aspersiónis aquæ benedictæ.
성수예식(⊗ rite of sprinkling holy water, asperges)

Ordo B. Mariæ de Mercede redemptionis captivorum.
성모 포로 구제 수도회(古.성모 속노회贖虜會).

Ordo Beatæ Mariæ Virginis de Mercede.
속노(贖虜) 동정 마리아회, 놀라스꼬회.

Ordo Baptismi Parvulórum. 어린이 세례 예식서

Ordo benedicendi oleum catechumenórum et infirmórum et conficiendi chrisma. 성유 축성 예식.

Ordo benedictiónis abbátis et abbátissæ. 아빠스 축복 예식서(祝福 禮式書-1970년 교황청 발행).

Ordo benedictiónis annuæ familiárum in propris dominus. 연례 가정 방문과 축복.

Ordo Benedictiónis Desponsátórum. 약혼자들의 축복

Ordo Benedictiónis Filiórum. 자녀들의 축복

Ordo Benedictiónis mulieris ante oartum. 해산 전 부인의 축복식.

Ordo Benedictiónis mulieris post oartum. 해산 후 부인의 축복식.

Ordo canonicórum Regŭlaríum Sanctæ Crucis. 성 십자가 참사 수도회.

Ordo Cantus Missæ. 미사 성가집(Ordinaríum Missæ)

Ordo Carmelitárum 가르멜 수도회(1568.11.28.설립)

Ordo Cartusiensis. 카르투시오 수도회

ordo causæ ad effectum. 결과에 대한 원인의 질서

ordo causarum. 인과적 질서

Ordo celebrandi Matrimonĭum. 혼인 예식서, 혼인 예식(1969.3.19. 교령).

ordo certus. 명백한 질서(明白 秩序)

Ordo Cisterciensis.(O.C.) 시토회(⑨ Cistercians, Order of Cistercians).

Ordo Cisterciensĭum Reformátórum. 트라피스트회(⑨ Trappists, 1098년 프랑스 Citeaux에 설립).

Ordo Cisterciensĭum Strictióris Observantiæ. 엄률 시토회(시토회)(⑨ Trappists 1098년 프랑스 Citeaux에 설립).

ordo civicus. 관리 계급(階級)

ordo clarissimus. 귀족 계급

Ordo clericórum. 성직자 반열, 성직자 지위, 성직자단.

Ordo clericórum regŭlaríum. 수행 성직자 수도회, 규율 성직 수도회(⑨ Regŭlar clerical Order).

Ordo Clericórum Regŭlaríum a Somasc(h)a. 소마스카 수도 참사회.

Ordo Claricorum Regularium Matris Dei(D.R.M.D.) 천주의 성모 수도 성직자회(1573년 성 요한 Leonardi가 이탈리아의 Lucca시 "장미의 마돈나" 성당에서 창설. 백민관 신부 엮음. 백과사전 1, p.647).

Ordo Clericorum regularium Matris Dei Scholarum Piarum. 천주의 성모 수도 성직자 교직 수도회.

Ordo Clericorum regularium ministrantium infirmis. 가밀로회. 간호 수도 성직자회.

Ordo Claricorum Regularium Pauperum Matris Dei Scholarum Piarum. 천주의 성모 가난한 성직 수도회. (스콜라 삐아로, 청소년들의 교육을 목적으로 한 수도회. 1597년 창설).

Ordo Cluniacensis.(⑨ Order of Cluny). 클뤼니 수도회(베네딕도회 수족修族의 하나).

ordo cognitiónis. 지식상의 영역(領域), 인식 질서

ordo cognitionum. 심판 순서(審判 順序)

ordo cognoscendi. 앎의 질서, 지식의 질서

Ordo commendátiónis animæ. 하느님께 영혼을 맡겨 드리는 예식.

Ordo concilii Oecumenici celebrandi. 보편공의회 거행규정

Ordo Confirmátiónis. 견진성사 예식서

Ordo contemplatívus. 관상 수도회(Ordo Activus와 대조)

ordo creátiónis. 창조 질서

Ordo Dedicátiónis Ecclesiæ et Altaris. 성당 축성(봉헌) 예식서(聖堂 祝聖 禮式書).

ordo diaconórum. 부제계급(副祭階級)

ordo disciplinæ. 교육 방법의 질서, 학습의 순서, 교육의 순서, 가르침의 질서.

ordo disciplinaris vel administratívus. 행정 절차

Ordo divini Officii. 오르도, 성무일도 안내서, 전례 안내서.
=Ordo divini Officii Recitandi Sacrique Peragendi.
=Ordo divini Officii Persolvendi Missæque Celebrandæ. 성무일도 봉행과 미사성제 봉헌 안내서.

ordo doctrinæ. 가르치는 질서

ordo dynamicus. 동적 질서

ordo ecclesiasticum. 교회 규정(規定). (⑨ Order of the Church.獨 Kirchenordnungen).

ordo ecclesiasticus. 교역 계급, 교회의 서품, 교회의 위계

ordo episcopórum. 주교 계급(主敎階級)

ordo equester. 기사 계급(ordo equestrianus), 귀족 기사도

Ordo Equitum Sti. Joannis. 성 요한 기사 수도회

Ordo ĕremitárum S. Augustini(O.E.S.A.) 아우구스티노 은수사회(1567년 교황 비오 5세는 탁발 수도회로 지정).

ordo essendi. 존재의 질서

ordo essentiæ. 본질의 질서

ordo essentĭális. 본질적 질서

Ordo executionis. 완성 영역

Ordo exemptus. 교황 직할 수도회, 면속 수도회

ordo existentiæ. 실존의 질서

Ordo exsequiárum. 장례 예식서(葬禮 禮式書)

Ordo Exsequiárum Romani Præfectura Pontificis. 교황 장례 예식서(敎皇 葬禮 禮式書).

ordo extrinsecus. 외적 질서

ordo fatalis. 숙명의 질서

ordo finális et casus. 목적 질서와 우연

ordo finális et necessitas legum naturæ. 목적 질서와 자연법칙의 필연성.

ordo finális extrinsecus. 외적 목적 질서

ordo finális. 목적 질서

ordo formális. 형상적 질서

Ordo Franciscanus Sæcŭláris. 재속 프란치스코회

Ordo Fratrum B.M.V. de Monte Carmelo. 가르멜 수도회(Carmelitæ).

Ordo Fratrum Minimórum. 미소한 이들의 회, 미니모 수도회.

Ordo Fratrum Minórum.(O.F.M.) 프란치스코회, 작은 형제회(⑨ Ordo of Friars Minor).

Ordo Fratrum Minórum Capuccinórum. 카푸친회(⑨ Order of Friars Minor Capuchin).

Ordo Fratrum Minórum Conventualĭum. 꼰벤뚜알 성 프란치스코회(Conv., 1209.4.16.설립). (⑨ Frairs Minor Conventual, O.F.M. Con) (⑨ Order of Friars Minor Conventual).

Ordo Fratrum Prædicatorum. 도미니꼬 수도회

Ordo Fratrum Præmonstratensis. 도미니코 수도회(서울대교구 초청으로 1990.5.25. 한국진출).

Ordo Fratrum Sancti Augustini. 아우구스티노 수도회(O.S.A.) (⑨ Order of Brothers of Saint Augustine).

Ordo Fratrum Sancti Pauli Primi Eremitæ. 첫 은수자 성 바오로의 형제 수도회

ordo haruspicum. 제관 계급(祭官 階級)

Ordo generis Cassiodorum. 까씨오도루스 가문 족보

ordo gratiæ. 은총의 질서

Ordo Hebdomadæ Sanctæ. 성주간 예식서

Ordo Hospitaláríus S. Joannis de Deo. 성 요한 병자 간호 수도회(⑨ Brothers Hospitallers), 천주의 성 요한 수도회(1958.11.19. 한국진출).

Ordo Hospitalriórum S. Joannes Baptistæ. 요한 기사 수도회.

Ordo Initiátiónis. 입교 예식서(入敎 禮式書)

Ordo Initiátiónis Christĭanæ Adultórum. 어른 입교 예식서.

ordo intentiónis. 의도의 질서, 의향 영역

ordo intrinsecus. 내적 질서

ordo inventiónis. 탐구의 질서

ordo judiciáríus. 재판 규칙, 재판 절차

ordo juridicus. 법적 질서, 법질서

ordo justitiæ. 정의의 질서, 윤리적 질서

Ordo Laicalis. 평신도 수도회, 수사 수도회

Ordo Laicalis Sororum. (단식 서원의) 여자 수도회

Ordo Laicalis tertius. (정규 수도회: 프란치스코회,

도미니꼬회, 가르멜회 등의) 제3회.

Ordo Laicatus. 평신도계("세례 받은 모든 그리스도인")

Ordo laicórum. 평신도 반열, 평신도계, 평신도들의 지위

Ordo Lectionum.(獨 Leseordnung) 독서 배열

Ordo Lectionum Missæ, 미사 독서 목록(집),
미사 독서 총지침, 미사 독서 예식서(1969년),
미사 독서의 배열(1981.1.21. 교령).

ordo legis naturæ. 자연법칙의 질서

ordo libertátis. 자유의 질서

ordo logicus. 윤리적 질서

ordo major. 대품(大品.獨 major orders)

ordo materiális. 질료적 질서, 내용의 순서

Ordo mendicans. 구걸 수도회(Ordines mendicantíum.),
탁발 수도회(托鉢修道會.獨 mendicant Oders).

ordo metaphysicus. 형이상학적 질서

Ordo Militaris. 기사 수도회(獨 Military Order)

Ordo Militaris B.M.V. de Montesa.
몬떼사 성모 기사 수도회[1317년 스페인의 Aragon 왕 야고보 2세의
요청으로 교황 요한 22세(1316-1334)가 인가한 기사 수도회].

Ordo Militaris Christi. 그리스도 기사 수도회

Ordo Militaris St. Georgii. 성 지오르지오 기사 수도회

Ordo Militaris St. Jacobi. 성 야고보 기사 수도회

Ordo Militaris St. Michælis. 성 미카엘 기사 수도회

Ordo Militiæ S. Joannis Baptistæ Hospitalis
Hierosolymitani. 성 요한 기사 수도회.

Ordo Minimorum Eremitarum S. Francisci de Paula.
바울라회, 하찮은 형제회[1435년 바울라의 성 프란치스꼬가 이탈리아
Calabria에 있는 Cosenza 지방 Paola에 창립한 수도회로서 창립자의 이름을
따서 빠울라회라고도 한다. 백민관 신부 엮음. 백과사전 2, p.757).

Ordo Minorum conventualium. 꼰벤뚜알 수도회.

Ordo Missæ. 미사통상문(獨 Ordinary of the Mass)

Ordo Missæ cum populo.
회중미사(→교우들과 함께 드리는 미사).

Ordo Missæ sine populo. 회중 없는 미사

Ordo monachorum. 수도승의 지위

Ordo Monasterii. 수도원 규정(서), 수도원 회칙

Ordo monasterii feminis datus. 여자 수도원 규정

Ordo moralis. 윤리질서, 자연적 도덕률

ordo naturæ. 본성의 질서, 자연 질서

ordo naturalis. 자연 세계의 질서, 윤리질서, 자연적 도덕률

ordo nominis. 명칭의 질서

Ordo Novus. 새 규범

Ordo œconomicus. 가족생활

Ordo officiórum ecclesiæ Lateranensis.
라테란 교회 성무집행 안내서(1145년).

ordo ontologicus. 존재론적 질서

ordo orginis. 기원의 질서

Ordo Pænitentiæ. 고해성사 예식서

ordo pænitentíum. 참회자(懺悔者)들의 계열(系列)

Ordo Pianus. 비오 훈장

ordo plebejus. 평민 계급(平民 階級)

Ordo pœnitentiæ. 참회예식(참회예절.獨 Penitentíal Rite)

Ordo pœnitentiæ Jesu Christi. 마대 입은 수사 수도회
(프랑스에서 설립되어 1251년 교황 인노첸시오 4세의 승인을 받음. 이 수도회는
본래 프란치스코회 계통으로 창설되어 걸식 수도회였으나 수도 규칙은 도미니꼬
회의 규칙을 따랐다. 대부분의 수도원은 1274년 이후 다른 수도회에 흡수되었다.
백민관 신부 엮음, 백과사전 3, p.379).

ordo pœnitentíum. 참회자 예식, 회개자들의 회

Ordo Politicus. 정치 체제

Ordo præcedentiæ.(獨 Order of Precedence.
獨 Rangordnung der Feste) 전례일의 등급 순위.

Ordo Prædicátórum. 설교 수도회, 설교 수도자들

Ordo præmonstratensis. 프레몽트레회

ordo presbyterii. 사제계급(司祭階級)

ordo providentiæ. 섭리의 질서

Ordo publicus. 공공질서

ordo rátiónis. 이성의 질서, 정신의 질서

ordo reális. 실재의 질서

Ordo recitandi divini officii. 성무일도 봉독 지침서

Ordo reconciliátiónis. 화해 예식(전례와 생활, p.260)

Ordo regŭlaris. 성대서원을 하는 수도회, 규범적 신분

ordo rerum. 사물의 질서(ordo rei)

ordo rerum naturalíum. 자연사물의 질서

ordo rerum temporalíum. 현세 사물의 질서

Ordo Rituum Conclávis. 교황 선거 예식서

Ordo Romanus. 로마 전례 예식서

Ordo Romanus Primus. 제1 로마 전례 예식서

Ordo S. Basilii Magni. 성 바실리오 수도회

Ordo S. Benedicti. 성 베네딕도 수도회

Ordo S. Benedicti Montis et Sorores.
올리베따노 베네딕도 수도회.

Ordo S. Claræ. 글라라 수녀회

Ordo S. Gregorii Magni. 대그레고리오 교황훈장

Ordo S. Silvestri Papæ. 실베스테르 교황 훈장

Ordo S. Ursulæ. 우르술라 수녀회

Ordo sacer. 성품(獨 sacred orders/獨 Holy Order)

Ordo sacri Sepulchri. 성묘 훈장, 성묘 신심회

Ordo sæcŭlaris. 세속적 신분

ordo salutis. 구원의 순서

Ordo Sanctæ Claræ.
글라라회(獨 Poor Cláres-관상 봉쇄 수도회-1212년 설립).

Ordo Sanctæ Ursulæ(O.S.U.) 우르술라 수녀회.
(가장 오래되었고 중요한 여자 교육 수녀회. 1535년 성녀 안젤라 메리치가
이탈리아 브레시아에 그리스도교적 교육에 헌신하는 동정녀 단체로 창설했다).

Ordo Sancti Augustini. 아우구스티노회(O.S.A.)

Ordo Sancti Benedicti. (O.S.B.)
베네딕도회(獨 Order of St. Benedict/Benedictines).

Ordo Sancti Camilli. 가밀로회(O.S.C.)

Ordo Sancti Francisci. 프란치스코 수도회(O.S.F.)

Ordo Sancti Mariæ. 성모 하녀회(O.S.M.)

Ordo Sancti Sepulchri. 성묘 훈장

Ordo Sanctissimæ Trinitatis. (O.SS.T.) 삼위일체 수도회

Ordo Sanctissimæ Trinitatis de redemptione
Captivorum. 삼위일체 포로 구제 수도회, 속로회.

Ordo Sanctissimi Redemptoris. 구세주 수녀회(O.SS.R.)

Ordo Sanctissimi Salvatoris. 브리지따 수녀회

ordo senatórius(amplíssimus) 원로원 의원 계급.

Ordo Servórum Mariæ.
성모 하녀 수녀회, 마리아의 종 수도회(한국진출 1982. 9월).
(獨 Congregátion of the Servantes of Mary from Galeazza).

Ordo Socialis. 사회 질서

ordo staticus. 정적 질서(靜的 秩序)

Ordo Sti. Gregorii Magni. 그레고리오 기사장

Ordo Sti. Silvestri Papæ. 실베스텔 교황 훈장

ordo substantiális. 실체성의 질서, 실체적 질서

ordo supernaturális. 초자연적 질서, 초자연계

Ordo supremus Christi. 그리스도 (최고) 훈장

Ordo Synodi Episcoporum. 세계 주교 대의원회의 정관

ordo teleologicus extrinsecus. 외적 목적 질서

ordo teleologicus intrinsecus. 내적 목적 질서

Ordo Templariórum(獨 Knights of Templars).
성전 기사 수도회.

ordo tempórum. 시간의 질서

Ordo Teutonicorum. 독일 기사 수도회

Ordo Theatinórum. 테아티노회.(수행 성직자 수도회).

ordo transcendentális ad corpus.
육체에로의 초월적 질서.

Ordo Unctiónis Infirmórum Eórumque Pastorális Curæ.
병자성사 예식서,
병자 성사와 그 사목적 보살핌의 지도서(1972년).

ordo universi. 보편 질서(普遍秩序), 세계의 질서

ordo utilitátis. 실용성의 질서

Ordo veritas. 진리의 회(眞理 會)

Ordo virginum. 동정녀회(童貞女會)

Ordo virtutum. 도덕률(Hildegard 1098-1179.9.17. 지음)

Ordo Visitátiónis Beatæ Mariæ Virginis.
성 마리아 방문 수도회, 성모 방문 수도회.

ordo vivendi. 삶의 질서, 삶의 규범

O

ore, 원형 ōs[1] óris, n.
(단수 주격 os, 속격 oris, 여격 ori, 대격 orem, 탈격 **ore**)
Quod ore súmpsimus, Dómine, pura mente capiámus, et de múnere temporáli fiat nobis remédium sempitérnum.
주님, 저희가 (입으로) 모신 성체를 깨끗한 마음으로 받들게 하시고 현세의 이 선물이 영원한 생명의 약이 되게 하소서.
ore concurrente. 입술을 떨면서
oreæ, -árum, f., pl. 재갈
(소리를 내거나 말을 하지 못하도록 사람의 입에 물리는 물건).
oremus, 원형 oro, -ávi, -átum, -áre, tr. (os[1])
[접속법 현재. 단수 1인칭 orem, 2인칭 ores, 3인칭 oret, 복수 1인칭 **orémus**, 2인칭 orétis, 3인칭 orent].
Oremus ergo Dominum, ut dum nos illi foris ædificamus quæ videntur, ille in nobis intus ædificet illa guæ non videntur. 그러므로 우리가 건물의 보이는 외양을 짓는 동안에 하느님께서 우리 안에 보이지 않는 것들을 지어주시도록 주님께 기도합시다.
Oremus. Flectamus genua. 기도합시다. 장궤 하십시오
Orémus. Humiliáte cápita vestra Deo.
기도합시다. 천주 대전에 머리를 숙이십시오.
Oremus pro perfidis Jadæis.
불신앙의 유다인을 위해 기도합시다.
Oremus pro pontifice nostro Benedicto Sexto Decimo.
우리 교황 베네딕도 16세를 위하여 기도합시다.
[서수(순서수사)는 '몇 번째(quotus -a -um)'라는 것을 나타내며 모두 변화한다.
왕이나 황제나 교황의 대수는 서수로 표시한다.
Benedictus sextus decimus. 베네딕도 16세 /
Gregorius septimus. 그레고리오 7세 /
Johannes Paulus secundus. 요한 바오로 2세].
Oremus pro pontifice nostro Joanne.
우리 교황 요한을 위해 기도합시다.
Oramus te. Domine, per merita Sanctorum tuorum, quorum reliquiæ hic sunt, et omnium Sanctorum: ut indulgere digneris omnia peccata mea. Amen.
([영] We implore You, Lord, by the merits of all Thy Saints, whose relics are here, and of all the Saints, that thou wouldst deign to forgive me all my sins. Amen.
주님, 당신 성인들의 유해를 여기 모셨사오니, 모든 성인들의 공로를 보시어 저의 모든 죄를 너그러이 용서하여 주소서. 아멘.
Oreorchis coreana Finet. (植) 한라 감자 난초
Oreorchis patens. (植) 감자 난초
Orĕstæ, -ădis, f. 산의 요정
Orestes se esse perseverabat.
자기야말로 Orestes라고 계속 주장하였다.
orétĕnus, adv. 구두(口頭)로, 말로(口頭로)
órĕxis, -is, f. 식욕(食慾)
organárĭus, -i, m. 오르간 제조인, 오르간 연주자
orgánĭcus, -a, -um, adj. (órganum) 기계의, 기구의, 악기의, 풍금의, (특히) 파이프 오르간의, 조직적인, **유기적인**, 계통적인, (신체) **기관의**, 유기체의, 생명 있는. (化) 유기의. (醫) 기질성의.
m. 파이프 오르간 제작자(연주자).
impotentĭa organica. 기관적 불능.
organisátĭo(=organizátĭo) -ónis, f. (organízo)
조직(組織), 체제(體制), 편제(編制), 구성, 기구(機構), (어떤 목적을 위해 조직된) 단체, 조합(組合), 협회.
organisátĭo œconómica. 경제 조직
organisátĭo professionális. 직분적 사회질서, 직업 조직
organísmus, -i, m. 유기적 조직, 편제, 기구(機構), **유기체**(有機體), (유기적) 생체(生體), 생물.
organista, m.(f.) -æ, 파이프 오르간 연주자(演奏者)
Organistrum, -i, n. 칠현금(七絃琴),
중세 오르간(중세 교회에서 2인이 연주했다).
organízo, -ávi, -átum, -áre, tr. (órganum) 조직하다, 편제하다, 편성하다, 창립하다, 조합에 가입시키다, 조합으로 조직하다, (무엇에) 유기적인 행태를 주다, 체계화(體系化)하다, (조직적으로) 계획 준비하다.
Organizzazioni Intemazionali Non-Govemative con Rappr esentanza Permanente della Sancta Sede*
교황청 상임 대표부 파견 국제 비정부 단체.
orgánŭlum, -i, n. 작은 오르간, 새의 부리
órgănum(órgănon) -i, n. ([영] organ.獨 Orgel) 기계, 기구, (각종) 악기; **풍금**, 오르간, (특히) **파이프 오르간**, 화성적 중창, (신체의) 기관(器官), 장기(臟器), 발성기관, (유기적 통일 조직의) 기관(機關).
Pater et organum veritatis. 진리의 아버지이며 기관.
organum consultátĭónis. 자문기관(諮問機關)
organum corporeum. 신체 기관
organum óris. 혀([영] a tongue)
organum organorum. 도구 중의 도구
organum participátĭónis. 참여기관(參與機關)
organum transmissiónis. 전승기관(傳承機關)
organum vitale. 생명 유기체(生命 有機體)
orgásmus, -i, m. 쾌감의 절정(絶頂),
성교 쾌감의 절정([영] orgsm.프 orgasme)
Orgĭa, -órum, n., pl. Bacchus 신의 대주연,
주신제(酒神祭), 비교의식(秘敎儀式).
órĭa, -æ, f. 고기잡이 배, 어선(漁船)
oríbăta(-es), -æ, m. 산에 오르는 사람, 산타는 사람
orichálcum, -i, n. 놋쇠(구리에 아연을 10~45% 정도 가해 만든 합금), 황동(黃銅-"구리와 아연과의 합금"을 통틀어 이르는 말. 놋쇠), 놋쇠로 만든 나팔, 놋쇠 무기.
oricílla, -æ, f. dim. (auris) (=auricílla)
깜찍하게 작은 귀, 귓불(귓바퀴의 아래쪽에 붙어 있는 살).
oricul··· V. **auricul**···
orídĭa, -æ, f. (=oryza) 쌀
órĭens, -éntis, p.prœs. (órior)
m. 동녘, **동쪽**([영] orient), 동방, 동양(東洋), **아침 해**, 낮.
[áquĭlo, aquilonis, m. 북쪽/auster, austri, m. 남쪽/ meridies, meridiei, m. 남쪽/occĭdens, occidentis, m. 서쪽/ oriens, orientis, m. 동쪽/septentrio, septentrionis, m. 북쪽/ cæli regiones quatuor. 사방, 동서남북/
mundi cardines. 사방 동서남북].
Ab oriente portæ tres, et ab aquilone portæ tres, et ab austro portæ tres, et ab occasu portæ tres.
동쪽에 성문이 셋, 북쪽에 성문이 셋, 남쪽에 성문이 셋, 서쪽에 성문이 셋 있었습니다(성경 요한 묵시록 24, 13).
Oriantale Lumen, 동방의 빛(1995.5.2. 교황교서)
Orientales Ecclesias,
교회에 대한 공산주의의 박해(1952.12.15.).
Orientales omnes, 모든 동방교회인들(담화문 1945.12.23. 공표)
Orientális Ecclesiæ decus,
알렉산더의 성 치릴로 1,500주기(1944.4.9.).
orientális, -e, adj. (órior) **동녘의**, 동쪽의, **동양의**.
m., pl. 동방인(東方人), 동양인(東洋人).
f., pl. 동양산의 맹수들.
Profectus ergo Iacob venit in terram orientalium.
(kai. evxa,raj Iakwb tou.j po,daj evporeu,qh eivj gh/n avnatolw/n pro.j) ([영] After Jacob resumed his journey, he came to the land of the Easterners. 창세 29, 1)
야곱은 발걸음을 옮겨 동방인들의 땅으로 들어갔다(성경)/
야곱이 길을 떠나 동방 사람들이 사는 땅으로 가서(공동번역).
Orientalĭum Dignitas. 동방 교회의 존엄성(라틴 전례와 동방식 전례의 교류 및 동방식 전례 보존에 관한 레오 13세의 교령. 1894년).
Orientalĭum Ecclesiárum. 동방 가톨릭 교회에 관한 교령([영] Decree Eastern Catholic Churches. 1964.11.21.).
orientátĭo, -ónis, f. **동향**(動向-동쪽으로 향함. 또는 그 방향), (제단을 동쪽에 놓도록 하는) 교회 건축 방위(方位).
orifícĭum, -i, n. 좁은 입구(출구), 좁은 아가리, 구멍.
orificĭum vagínæ. 질구(膣口-질의 가장 아래쪽의 음문이 열린 부분)
orígănum, -i, n. (植) 꽃 박하
Origenismus, -i, m. 오리제네스 주의
origináĺia incardinátĭo. 원입적(原入籍)
originális, -e, adj. (orígo)
본원적인, 근원(근본)의, 원시(原始.元始)의, 원본의,
peccátum originále. (神) 원죄/
status justitiæ originalis. 원초의 올바른 상태/

O

textus originalis. 원문.
originálitas, -átis, f. (originális)
　본원성(本源性), 근본성(根本性), 근원성(根源性).
originárĭus, -a, -um, adj. (orígo)
　출신상의, (그 고장) 출신의, 원산의. m. 본토인.
　selecta orginaria. 근원적인 선택.
originátĭo, -ónis, f. (orígo)
　어원(語原), 개시(개통-시작), 시작, 시초(ἀρχή.始初).
orígo, -gĭnis, f. (órĭor) 기원(起源), 근원, 원천, 근본,
　시초, 출발; 태생, 출신, 혈통, 원인, 유래, 조상, 창시자,
　출생지, 출신지(1917년 Can. 956조), 조국, 모체가 되는 도시,
　duco orígĭnem ab alqo. 누구에게 기원을 두다/
　orígĭnem dúcere ab alqo.
　　기원을 누구에게 두다, 누구의 후예(後裔)이다/
　Originum sive Etymologiarum libri XX. 기원 혹은 어원론.
　[세비야의 이시도루스지음-중세 사람들이 가장 많이 사용했고 가장 유명한 이
　책은 그의 생애의 마지막 시기에 시작되었으나 완성되지 못했고, 후에 그의 친구
　이자 제자인 사라고사의 브라울리오에 의해 출간되었다. 이 책에서 이시도루스는
　백과사전 식의 질서정연한 형식을 통해 당대의 모든 지식을 보여주고 있다.
　근본적으로 언어에 관련된 작품인 이 책은 언어가 사물의 열쇠라는 원리에 근거
　하여 당시의 이용 가능한 모든 지식의 구성을 보이고 있다. 여기서 글자 그대로
　어원론적인 전개에 대해 서술하는 것이 아니고, 대략 임의적인-특히 조화를
　이끌어 내는-해석 방법에 대해 서술하고 있다. 예를 들면, 그것은 "'이름'은 거의
　'기호'를 말한다. 그 기호는 우리에게 자신의 그 단어로서 주목하는 사물을
　가리킨다. 등 (바티스타 몬딘 지음, 신학사 I. pp.832~833)].
origo divinárum Personárum. 하느님의 위격들의 기원
Origo Ecclésiæ. 교회의 기원(⑨ Origin of the Church)
origo peccati. 죄악의 원천(罪惡 源泉)
origo personæ. 위격의 기원(位格 起源)
origo speciéi. 종의 기원
orínda, -æ, f. Æthiópia 빵(의 일종)
Oríon, -ónis, m. (天) 오리온성좌,
　Diána에 의해 별이 된 Eœótia의 거인 사냥꾼.
órĭor, (-éris, -ítur), -ortus sum(oritúrus), oríri, dep.,
　intr. (indic. prœs.와 imper.는 제3활용; subj., impf.는
　제3.4활용). (해.달.별이) 뜨다, 돋다, 솟아오르다,
　(날이) 밝다, 일다, 일어나다(זמן.מור.קום),
　발생하다, 나오다, 생기다, 나다, 출생하다, 태어나다,
　기원되다, 기인(起因)하다, 유래(由來)하다,
　clamor óritur. 고함소리가 일어난다/
　De bonis oriundis ex sancta Sacerdotum vita.
　　사제들의 거룩한 생활에서 나오는 선에 대하여/
　Et sceleratis sol oritur.(Seneca).
　　사악한 죄인들에게도 태양은 떠오른다/
　loco obscúro ortus. 비천한 가문의 태생/
　ortā luce. 날이 밝은 뒤.

órĭor 동사는 제4활용에 속하지만 직설법 현재와 현재 명령법에서는 제3활용을 따름	
직설법 현재	**현재 명령법**
S. 1. órior 　2. óreris 　3. óritur	S. 2. órere P. 2. orímini
P. 1. órimur 　2. orímini 　3. oriúntur	**미래분사** oritúrus, -a, -um **당위분사** oriúndus, -a, -um

접속법 미완료에서는 제4활용이나 제3활용 마음대로 따름	
제4활용	**제3활용**
S. 1. orírer 　2. oriréris 　3. orirétur	S. 1. orérer 　2. oreréris 　3. orerétur
P. 1. orirémur 　2. orirémini 　3. oriréntur	P. 1. orerémur 　2. orerémini 　3. oreréntur

---

*다음 합성동사들도 oríri와 같이 활용 한다.
　coórĭor(coóreris), coórtus sum, cooríri. intr. 동시에 발생하다.
　exórĭor(exóreris), exórtus sum, exoríri. intr.
　　발생하다, 나오다, 기인하다, 일어나다.
　N.B. adórĭor(adóreris), adórtus sum, adoríri. tr.
　　"습격하다, 공격하다, 시작하다, 착수하다"의 뜻을 가진
　이 동사는 제4활용 oríri 대로 활용한다.
　　　　　　　　　　　　　　　(허창덕 지음. 중급라틴어. p.92)

óris confusio. 면목 없음
oritúrus, -a, -um, órior의 미래분사
oriúndus, -a, -um, órior의 당위분사;
　adj. 출신의, 태생의, 출생지의.
oríza, -æ, f. (=orýza) 쌀, 벼
Orménis, -nídis, f. Orménus의 딸
Orménus, -i, m. Orménion의 창건자
ornaméntum, -i, n. (orno) 장비, 장치(裝置), 설비, 의상,
　장신구(裝身具-몸치장하는 데 쓰는 제구. 비녀.목걸이 등), 비녀,
　패물(佩物-몸에 차는 장식물), **장식**(裝飾-치장함), 장식품(裝飾品),
　훈장(勳章, insignia virtutis.), 명예(名譽.⑨ Honor),
　영예, 자랑, 영광(בוד.δόξα.⑨ glory), 화려한 문체,
　diaconalis ornamentis. 부제복/
　leviticis ornamentis. 제관복/
　ornamenta equórum. 마구(馬具)/
　ornamenta etiam legioni, nedum militi, sátis multa.
　　군단에게도 과하지만 더구나 일개 사병에게는
　　너무 과한 장식(裝飾-치장함)/
　Ornamenta Pontificalia. 주교 제의/
　ornamenta sacra. 제의(祭衣.⑨ chasuble)/
　ornamenta trĭumphalĭa 개선 장식품(凱旋 裝飾品)/
　Quæ sunt ornamenta maris? omnia repentia. 바다를 꾸며
　　주는 것은 무엇입니까? 헤엄치는 모든 것입니다/
　Si quid vero ecclesia vel sumptibus vel in ornamentis
　habuit, fidei presbyteri, qui sub eodem domus ecclesiæ
　curam gerebat, dimisit. 교회의 재산은 현금이든 성물이든
　정직한 사제에게 맡겨, 그의 책임 아래 교회가 관리하게
　하셨다.(이연학 최원오 역주. 아우구스티노의 생애. p.155).
ornátĭo, -ónis, f. (orno) 꾸밈, 장식(裝飾-치장함)
ornátor, -óris, m. (orno) 장식하는 사람
ornátrix, -ícis, f. (orno) 장식하는 여자, 미용사(美容師)
ornátus¹ -a, -um, p.p., a.p. (orno) 필수품이 구비된,
　장비를 갖춘, 마련된, 꾸며진, 장식된, 다듬어진, 우아한,
　고운, 재능(덕성.소양)을 지닌, 고귀한, 영예로운, 존귀한.
ornátus² -us, m. (orno) 장비(裝備), 설비(設備), 장치,
　무장(武裝), 의상(衣裳), 장신구(裝身具), 꾸밈,
　장식(裝飾-치장함), 미화(美化), 몸치장, 머리 매만짐.
　Et ecce, occurrit illi mulier ornatu meretricio, cauta
　corde, garrula et rebellans. (h` de. gunh. sunanta/| auvtw/|
　ei=doj e¡cousa porniko,n h] poiei/ ne,wn evxi,ptasqai kardi,aj)
　(獨 Und siehe, da begegnete ihm eine Frau im
　Hurengewand, listig) (⑨ And lo! the woman comes to
　meet him, robed like a harlot, with secret designs)
　　보아라, 여자가 창녀 옷을 입고서 교활한 마음을 품고
　　그에게 막 온다(성경 잠언 7. 10)/엉큼한 계집이 창녀처럼
　　치장하고 그 앞을 막아서더라(공동번역 잠언 7. 10).
órnĕus, -a, -um, adj. (ornus) 마가목의
Orni, -órum, m., pl.
　Alcibíades가 설계해서 구축했던 Thrácia의 요새.
orníthon, -ónis, m. 큰 새장, 닭장
orno, -ávi, -átum, -áre, tr. 설비(設備)하다, 차려 놓다,
　장비(裝備)하다, 武裝하다, 꾸미다(נוט.נוד.בזע),
　장식하다, 化粧하다, 머리를 손질하다, 머리 빗다.
　준비하다, 필요한 것을 갖추다(마련하다), 칭찬하다,
　영예롭게 하다, 표창(表彰)하다.
orno fugam. 도망갈 태세를 갖추다
ornus, -i, f. (植) 마가목(sorbus -i, f.)
oro, -ávi, -átum, -áre, tr. (os¹) 이야기하다(אמר.יתי),
　말하다(בד.דלל.אמר.מין), 회담하다, 변론하다,
　변호(辯護)하다, 연설(演說)하다, 청하다(αἰτέω), 빌다,

기도하다(προσεύχομαι), 기구(祈求)하다.
auxilia regem oro. 왕에게 구원병을 청하다/
Dic, oro te, clarius. 제발 더 분명하게 말해다오/
hoc oro a vobis. 이것을 너희에게 청하다/
Laboráre est oráre. 일하는 것이 기도하는 것이다/
Multi homines nesciunt orare.
　많은 사람들이 기도할 줄을 모른다/
orandi causa. 기도하기 위하여/
orandi tempore. 기도할 시간에/
orandi tempus. 기도할 시간/
Orando operam do. 나는 기도하는 것에 힘쓴다.
　[동명사의 여격은 자기의 직접 객어를 가지고 있지 않을 경우에만
　여격 지배의 형용사나 동사와 함께 쓰인다/
Orans lectio sacræ Scripturæ et lectio divina.
(영 The prayerful reading of sacred Scripture and "lectio
　divina") 성경을 기도하며 읽는 것과 "거룩한 독서"/
Orat Apostolus pro plebe, orat plebs pro Apostolo. 사도
　는 백성을 위해 기도하고 백성은 사도를 위해 기도합니다/
Orat (me), ut sibi rescribam.
　그는 자기에게 회답을 써 보내 주기를 나한테 청하고 있다/
Omnes, quando oramus, mendici Dei sumus.
　기도할 때 우리 모두는 주님의 걸인들입니다/
Quomodo orat, qui timet ne exaudiatur.
　기도가 이루어질까 봐 두려워하는 사람이 어떻게
　기도합니까?.(최익철 신부 옮김, 요한 서간 강해, p.391)/
Recte novit vívere, qui recte novit oráre. 올바르게
　기도할 줄 아는 자는 올바르게 살 줄 아는 자이다.
Oro (rogo) áliquem. 나는 아무한테 청한다(객어가 하나만
　있을 때에는, 그것이 인물이거나 사물이거나 상관하지 않고 대격으로 쓴다.
Oro (rogo) auxílium. 나는 도움을 청한다/
Oro auxílium amicum. 나는 친구에게 도움을 청한다.
　(객어가 둘 다 나오는 경우에는 rogáre에 있어서 많은 인물을 ab áliquo로
　표시할 수도 있다. oráre에 있어서는 이중 대격을 써야 한다).
Oro causam. 소송 변론을 하다
oro pro algo. 누구를 위해 변호하다
oro te (vos). 제발, 부탁이다(삽입어형)
Oro te, ut veniam.
　나는 (네가 나를) 용서해주기를 네게 청하는 바이다.
Oro te, ut veniam des mihi.
　네가 나를 용恕해 주기를 네게 청하는 바이다.
orobancháceæ, -árum, f., pl. (植) 열당과 식물
orphanatoríum, -i, n. 고아원(고전 성당건축 구조에서 부속 건물 중 하나).
　(백민관 신부 엮음. 백과사전 3, p.58)
orphanotrophíum, -i, n. (그리스어 orphanotrophion)
　고아원[孤兒院, brephotropheum(-íum), -i, n.].
orphanótrŏphus, -i, m. 고아원 경영자(직원)
órphănus, -a, -um, adj. 부모 잃은, 고아의. m.(f.) 孤兒.
　Non relinquam vos orphanos, venio ad vos.(영 I will not
　leave you desolate; I will come to you). 나는 너희를
　고아로 버려두지 않고 너희에게 다시 오겠다(성경 요한 14. 18).
Orpheus(disyll) -ĕi(-ĕos), m.
　adj. Orphéus(Orphícus) -a, -um,
　Œágrus와 Callíope 여신(女神)의 아들, Eurýdice의 남편,
　Thrágrus와 시인이며 Lyra의 명수.

　　｜•희랍 인명의 어떤 격은 희랍대로의 격어미를 가
　　｜지기도 하는데 특히 시문학에서 그렇다.
　　｜　Nom. Ophéus　Dat. Ophĕo(-ēui)
　　｜　Voc. Ophĕu　Acc. Ophĕum(-ēa)
　　｜　Gen. Ophĕi(-ĕos)　Abl. Ophĕo
　　｜•위와 같이 변화하는 희랍 인명으로는 다음과 같다
　　｜　Péleus, Proméetheus, Théseus.

orsa, -órum, n., pl. (órdior) 시작한 일, 계획(計劃),
　기획(企劃), 말(λόγος.ρήμα=言), 말투.
orsus, -us, m. (órdior) 개시(開始), 시작(始作),
　계획(計劃), 기도(企圖-일을 꾸며내려고 꾀함).
orta luce. 날이 밝은 뒤(órior 참조)
orthocíssos(-us) -i, f. (植) 상춘등(常春藤.댕댕이덩굴),
　송악(植-두릅나뭇과의 상록 활엽 만목.댕댕이 덩굴),
　곧바로 올라가는 등나무.
orthocólus, -a, -um, adj.

사지가 빳빳해진, (말이) 제출혈(蹄充血)에 걸린.
Orthodóxia, -æ, f. 정통신앙(正統信仰), 정교(政敎)
orthodoxia doctrínæ. 교의의 정통성(敎義正統性)
orthodoxis catholicis Patribus. 정통 가톨릭 교부들
orthodoxórum patrum. 교부들의 정통 신앙
orthodóxus, -a, -um, adj. 정통적, 정통교리를 가진,
　정통파의, 정교의, 올바른 신앙(正敎).
　m. 정설(正說.ὀρθόδοξος.영 orthodox).
　De Fide Orthodoxa. 올바른 신앙에 대한 해설/
　De Fide Orthodoxa Contra Arianos.
　　아리우스파를 반대하여 정통교리를 논술함.
orthogénĕsis, -is, f. 정통발생(正統發生).
　[생물체의 발전과정(진화 과정)을 설명하는 내적 진화 원리. 모든 유기체
　형태는 하나의(단계통) 또는 약간 수의(다계통) 원시형태에서 형성 진행
　된다는 발생설. 백민관 신부 엮음, 백과사전 3, p.60]
　(生) 정향진화(定向進化). (社) 계통 발생설(系統 發生說).
orthográphĭa, -æ, f. (文法) 정자법, 철자법(綴字法).
　(建) 건축물의 정사도.
　De Accentibus et Orthographia Linguæ Hebraicæ.
　　히브리어의 철자법과 악센트에 관한 책(1518년)/
　De Orthographia. 철자법(베다 지음).
orthógrăphus, -a, -um, adj. 철자법의, 정자법의.
　m. 철자법 교사(綴字法 敎師).
orthomástĭus, -a, -um, adj. 가슴이 볼록 나온.
orthomástĭus mala. 큰 사과의 일종.
orthopǽdĭa, -æ, f. (醫) 정형외과학, 정형술(整形術)
orthopnœa, -æ, f. (醫) 호흡 곤란
orthopnóĭcus, -a, -um, adj. 호흡 곤란의
Orthóptera, -árum, (蟲) pl. (蟲) 메뚜기목
orthopýgĭum, -i, n. 꽁무니, 미저골(尾骶骨-꽁무니뼈)
ortívus, -a, -um, adj. (ortus⁴)
　(해.달이) 뜨는, 솟는 동쪽의.
ortus¹ -a, -um, p.p. (órior)
ortus² -us m. (órior) (해.달.별이) 떠오름, 돋음,
　솟음, 뜰 때, 해돋이, 일출(日出), 월출, 동쪽, 동녘,
　(바람 따위가) 일어남, 발생, 출생, 출현(ἐπιφάνεια),
　생겨남, 시작, 기원(起源), 유래(由來).
　[단수 주격 ortus, 속격 ortus, 여격 ortui, 대격 ortum, 탈격 ortu].
　ab ortu ad occasum. 동쪽에서 서쪽까지/
　Belgi a Germánis orti sunt.
　　Bélgium 사람들은 Germánia족의 후예이다/
　De ortu Salvatoris nostri, secundum quod Verbum caro
　factum est, et de dispersione Iudæorum per omnes
　gentes, sicut fuerat prophetatum. 말씀이 사람이 됨으로
　써 우리 구세주 출현이 이루어지고 예언된 대로 유다인
　들이 모든 민족 사이에 퍼졌다(교부문헌 총서 17. 신국론, p.2814)/
　jam inde ab ortu. 날 때부터 이미/
　lunæ ortus. 달의 솟음, 월출,
　(solis occasus. 태양의 짐, 일몰)/
Ortus a claris majoribus. 명문가의 출신
Ortus ab áliquo. 아무의 혈통을 이은, 아무 가문의 출신.
　[조상이나 가문을 표시하기 위하여서는 ortus 또는 oriúndus와 함께 전치사
　a(ab)를 가진 탈격을 쓴다]
ortus³ = hortus 과수원, 정원, 동산 뜰, 화원, 공원 등
ortygométra, -æ, f. 흰 눈썹 뜸부기, 메추라기.
　In consolationem enim desiderii ascendit illis de mari
　ortygometra. (영 For to appease them quail came to them
　from the sea)그들을 격려하기 위하여 바다에서 메추
　라기들이 올라온 것입니다(지혜서 19. 12)/바다에서 메추라기
　가 많이 나타나서 그들의 식욕을 채워주었다(공동번역).
oryx, -ygis, m. (動) 영양(羚羊)
oryza, -æ, f. (=oriza) 벼, 쌀
Oryzias latipes. (魚) 송사리
ŏs¹ óris, n. (단수 주격 os, 속격 oris, 여격 ori, 대격 orem, 탈격
ore)
　입(㘴.στόμα.영 mouth), 아가리, 주둥이,
　구강(口腔), 얼굴, 용모, 모습, 표정, 보는 앞, 면전,
　눈앞에 있음, 현존(現存), 외관, 가면, 뻔뻔스러움,
　후안(厚顔-낯가죽이 두껍다는 뜻으로, 뻔뻔스러움을 이르는 말),
　파렴치, 철면피(鐵面皮), 구멍, 출입구(出入口), 문(門),

언어(言語), 말, 말씨, 뱃머리.

decerpo ora puéllæ. 소녀의 입술을 훔치다/

ductus óris. 입의 윤곽/

esse in ore ómnium. 뭇사람 입에 오르내리다/

Et mens et rédiit versus in ora color.

　정신이 들며 입가에 혈색이 돌았다/

Et os meum annuntiábit laudem tuam.

　내 입이 당신 찬미를 전하오리다/

Et os meum non interrogastis.(갈멜의 산길, p.213)

　너희는 내 입에 묻지(물어 보지) 아니했다/

evéctus os amnis. 하구(河口)를 벗어나다(eveho 참조)/

Ex abundantia cordis, enim os loquitur.

　사실 마음에 가득 찬 것을 입으로 말하는 법이다/

exeo ex ore (말이) 입에서 나오다/

hábitus oris. 입의 생김새, 얼굴 표정/

in ore sita lingua. 입안에 있는 혀/

in recéssu oris. 입 속에서(recessus² 참조)/

Linguis micat ore trisulcis.

　뱀이 입에서 세 갈래 혀를 날름거린다/

nitélæ oris. 치약(齒藥)/

Omnĭum ora et oculi in te conversi sunt.

　모든 이의 입과 눈이 너한테로 향하여졌다/

oris confusio. 면목 없음/

premo ore alqd. 침묵(沈默)을 지키다/

pugnum in os impingo. 한 움큼 입에 넣다/

Si enim omnes interrogentur, omnes uno ore confitentur

Iesum esse Christum. 그들 모두에게 물어보면, 모두가

　한 입으로 예수님은 그리스도라고 고백합니다.

　　　　　　　　　(최익철 신부 옮김. 요한 서간 강해, p.169)/

traho auras ore. 숨 쉬다/

Unum os, duas aures, duas manus habent homines.

　사람들은 입 하나, 눈 둘, 손 둘을 갖고 있다/

Vena vitæ os iusti, et os impiorum operit violentiam.

(phgh. zwh/j evn ceiri, dikai,ou sto,ma de. avsebou/j kalu,yei

avpw,leia) (獨 Des Gerechten Mund ist ein Brunnen des

Lebens; aber auf die Gottlosen wird ihr Frevel fallen)

(英 A fountain of life is the mouth of the just, but

the mouth of the wicked conceals violence).

　의인의 입은 생명의 샘이지만 악인의 입은 폭력을

　감추고 있다(성경 잠언 10. 11)/착한 사람의 입은 생명의

　샘이 되지만 나쁜 사람의 입은 독을 머금는다(공동번역).

ŏs² ossis, n. 뼈, 화장한 뼈, 재, 유골, 뼈로 만든 펜,

나무·과일 따위의 속, 핵심(核心), 핵(核).

pl. 골격(骨格), 골수(骨髓)(영 bone marrow).

Dei non venis et nervis et ossibus continentur, nec escis

aut potionibus vescuntur. 신들은 혈관과 신경과 골격을

　갖고 있지 않으며, 음식과 음료로 섭생하지도 않는다/

Flagelli plaga livorem facit, plaga autem linguæ

comminuet ossa. 매에 맞으면 자국이 남지만,

　혀에 맞으면 뼈가 부서진다/

ossa légere. 화장한 다음 남은 뼈를 추리다/

Ossa quieta, precor, quiéscite.

　유해들이여, 부디 고이 쉬시라/

ossa tegebat humus. 뼈가 흙 속에 묻혔다(흙이 뼈를 덮었다)/

premo ossa 뼈를 파묻다/

Vita carnium sanitas cordis, putredo ossium invidia.

(prau<qumoj avnh.r kardi,aj ivatro,j sh.j de. ovste,wn kardi,a

aivsqhtikh,) (獨 Ein gelassenes Herz ist des Leibes eben;

aber Eifersucht ist Eiter in den Gebeinen)(잠언 14. 30)

(英 A tranquil mind gives life to the body, but

jealousy rots the bones) 평온한 마음은 몸의 생명이

고 질투는 뼈의 염증이다(성경 잠언 14. 30)/마음이 편안하면

몸에 생기가 돌고 마음이 타면 뼛속이 썩는다(공동번역).

os cleri Coloniensis. 쾰른 성직자의 입.

　　　[요한 그로페(1503～1559년) 신학자 지칭].

os didúctum. 억지로 벌린 입

os durum. 뻔뻔스러운(말 하는) 입

os fluminis. 하구(河口, ostĭum, -i, n.)

os humerosque deo similis.

　입과 두 어깨가 신을 닮은 사람

Os iusti germinabit sapientiam, lingua prava

abscindetur. (sto,ma dikai,ou avposta,zei sofi,an glw/ssa de.

avdi,kou evxolei/tai) (獨 Aus dem Munde des Gerechten

sprießt Weisheit; aber die falsche Zunge wird

ausgerottet) (英 The mouth of the just yields wisdom,

but the perverse tongue will be cut off) (잠언 10. 31).

　의인의 입은 지혜를 내놓지만 사악(邪惡)한 혀는 잘려

　나간다(성경 잠언 10. 31)/착한 사람의 입은 슬기를 내어도

　거짓말을 일삼는 혀는 잘린다(공동번역 잠언 10. 31).

os leónis. (植) 금어초(金魚草-금붕어 꽃), 금언(金言)

Os non comminuetis ex eo.(요한 19. 36/탈출기 12. 46)

(英 Not a bone of it will be broken)

　그의 뼈가 하나도 부러지지 않을 것이다(성경-탈출 12. 46)/

　그의 뼈는 하나도 부러지지 않을 것이다(공동번역. 출애)/

　그의 뼈가 상하지 않으리라(200주년 기념 성서).

os opprimo. 입을 막다

os portus. 항구의 출입구

Os stulti ruina eius, et labia ipsius laqueus animæ

eius(英 The fool's mouth is his ruin; his lips are a snare

to his life) 우둔한 자의 입은 그를 파멸시키고 입술은 그를

　옭아맨다(성경 잠언 18. 7)/미련한 자는 그 입으로 망하고

　그 입술에 스스로 옭아 매인다(공동번역).

Os suum a malo vel pravo eloquio custodire.

　나쁘고 추잡한 말을 입에 담지 말라.

O.S.A. = Ordo Sancti Augustini. 아우구스티노회

osánna, interj. = hosánna

O.S.B. = Ordo Sancti Benedicti. 베네딕도회

O.S.C. = Ordo Sancti Camilli. 가밀로회

Osce, adv. Osci족의 말(언어)로

oscédo, -dĭnis, f. (óscito) 자주 하품하는 병,

　입에 나는 종기(아구창), 아구창(鵝口瘡-입에 나는 종기)

oscĕn, -cĭnis, m.(os¹+cano; obs(=ob²)+cano)

　울음소리로 길흉을 알리는 새(특히 까마귀).

Osci, -órum, m., pl.

　이탈리아 Campánia 지방에 살던 고대 미개민족.

oscíllátĭo, -ónis, f. (oscíllo) 좌우로 흔들림,

　진동(振動), 줄에 매달려 흔들림,

　oscillatióne lúdere. 그네 뛰다.

oscíllo, -áre,(oscillor, -ari, dep.) intr. (oscíllum²)

　좌우(앞뒤)로 흔들리다, 진동 하다, 오뚝이 운동하다,

　(마음.의견 따위가) 동요하다(ע.רוע.רעע), 망설이다.

oscillum¹-i, n. dim. (os¹) 콩 중앙부의 움푹 파인 곳,

　Bacchus나 Satúrnus에 대한 미신행위로 나무에 걸던 가면상.

oscillum²-i, n. (os⁴+cillo) 그네, 진동(振動), 흔들림

óscĭnis, -is, m., f. 명금류(鳴禽類)의 새,

　울음소리로 길흉을 알리는 새(특히 까마귀).

óscĭnus, -a, -um, adj. 울음소리로 길흉을 알리는 새의

oscitabúndus, -a, -um, adj. 자주 하품하는

oscitátĭo, -ónis, f. (óscito) 입 벌림, 하품, 권태(倦怠)

　싫증, 무료(無聊-흥미 있는 일이 없어 심심하고 지루함).

óscĭto, -ávi, -átum, -áre, (oscitor, -ari, dep.) intr.

　(os¹+cito², cíeo) (꽃잎.잎 따위가) 벌어지다,

　입을 크게 벌리다, 하품하다, 권태(倦怠)를 느끼다,

　등한히 하다, 무관심(無關心.英 indifference)하다.

osculabúndus, -a, -um, adj. (ósculor) 입 맞추는

osculátĭo¹-ónis, f. (ósculor) 입맞춤

osculátĭo²-ónis, f. (ósculo) (醫) 정맥파열

Osculetur me osculo óris sui.

　당신의 입, 그 입술로 날 입 맞춰 주셨으면(아둠 밤, p.153).

óscŭlo, -áre, tr. (os¹)

　(고어) 입 맞추다, 정맥을 파열(破裂)시키다.

óscŭlor(=áuscŭlor) -átus sum -ári, dep., tr. (ósculum)

입 맞추다. 애무(愛撫)하다, 귀여워하다, 애지중지하다,

　비위 맞추다. (醫) 정맥(靜脈)이 터지다.

Deinde osculatur altare: et elevatis oculis, extendens,

elevans et iungens manus, caputque Cruci inclinans,

dicit: 제대에 친구하고, 시선을 위로하고 손을 폈다가
　손을 올리며 모은 후 십자고상을 향해 절하면서 말 한다/
Deinde osculatur Altare in medio,
et versus ad populum dicit. 제대 중앙에 친구하고 나서
　회중을 향해 돌아서서 말 한다/
Et, accepta benedictione, osculatur manum celebrantis:
　축복을 받고서 집전자의 손에 친구 한다/
manum osculor. 손에 입 맞추다/
osculatur altare et, iunctis manibus ante pectus, dicit:
　제대에 친구하고 손을 가슴 앞에 모은 후 말 한다/
osculatur Altare. 친구하며/
Osculatur Altare in medio. 제대 중앙에 입 맞추며/
Si danda est pax, osculatur altare, et dans pacem, dicit:
　만일 평화의 인사를 나눈다면 제대에 친구하고
　평화를 빌면서 말한다.
osculor filíum suum. 자기 아들에게 입 맞추다
ósculum, -i, n. (os²) 작은 입, 귀여운 입, **입맞춤**.
　친구(親口-입맞춤.⑨ Kiss).
　Osculatorium. 평화의 패(instrumentum pacis), 친구 패/
　supérma óscula. 작별 입맞춤(키스).
Osculum liturgicum.(⑨ Liturgical Kiss.
　獨 Kuß liturgicum) 전례적 입맞춤.
osculum pacis. 평화의 입맞춤, 평화의 친구(親口).
osculum pedis(⑨ Kissing of the Foot) 발 친구(親口).
　[중세 초 신성 로마 제국의 황제가 교황에게 경의 표시로 발 친구를 했다.
　자기 이름을 교황 이름 다음에 놓고, 교황의 말에 오를 때말 주동이를 잡고
　(officium stratoris) 말등자를 잡았다(officium strepæ). 새 교황이 선출되면
　추기경들은 시스티나 성당과 성 베드로 대성당에서 교황에게 세 번 발 친구를
　한다… 백민관 신부 엮음, 백과사전 2, p.476].
O.S.D. = Ordo Sancti Dominici. 도미니꼬 여자 수도회
Osea, -æ, f. (히브리어 Yehoshua. '주님이 구원하신다')
　호세아書. 구약성경의 12소예언서(Minor Prophets).
O.S.F. = Ordo Sancti Francisci. 프란치스코 수도회
O.S.F.S. = Institutum Oblatorum S. Francisci Salesii.
　살레시오 봉헌 수도회.
O.S.M. = Ordo Servorum Mariæ.
　성모 하녀회, 마리아의 종 수녀회.
osmósis, -is,(-ïdis) f. (生理) 삼투(滲透-스미어 들어감).
　삼투성(滲透性) osmosis;permeability).
Osmunda japonica. (植) 고비
ōsor, -óris, m. (odi) ((누구를)) 미워하는 사람, 증오자
O.S.P.P.E. Ordo Sancti Pauli Primi Eremitæ.
　첫 은수자 성 바오로 수도회.
Ossa quieta, precor, quiéscite.
　유해(遺骸)들이여, 부디 고이 쉬시라(os² 참조).
ossa tegebat humus.(os² 참조)
　뼈가 흙 속에 묻혔다(흙이 뼈를 덮었다)
ossárĭum, -i, n. 유골 안치소, 납골당(納骨堂)
ósséus, -a, -um, adj. (os²)
　뼈의, 뼈로 만든, 뼈와 비슷한, 뼈처럼 딱딱한.
ossiculáris, -e, adj. (ossículum) 잔뼈의
ossícŭlum, -i, n. (os²) 작은 뼈, 잔뼈.
　(解) 소골(小骨), 뼈 같은 조직; (특히) 고실(鼓室) 소골.
ossificátĭo, -ónis, f. (os²+fácio)
　(醫) 골화(骨化), 골화된 부분.
ossífrăgus¹ -a, -um, adj. (os²+frango) 뼈를 부러뜨리는
ossífrăgus² -i, m. (ossifraga, -æ, f.)
　(鳥) 물수리, (유럽산의) 수염수리
ossilágo, -gĭnis, f. 피부 경결(硬結-굳은 살), 굳은 살
ossilégĭum, -i, n. (os²+lego²) 화장 후 유골을 추림
ossílĕgus -i, m. 뼈를 모으는 사람
OSsR Ordo Sanctissimi Redemptoris. 구속주회 수녀회.
OSU Ordo Sanctæ Ursulæ. 우르술라 수녀회.
ossuárĭum, -i, n. 납골소(納骨所=cŏlumbárĭum)
ossuárĭus, -a, -um, adj. (os²) 뼈의, n. 유골상자,
　납골당, 유골단지, 고대인의 유골로 된 동굴(퇴적물).
ossuósus, -a, -um, adj. (os²) 뼈 많은
ostende, 원형 osténdo, -téndi -ténsum(-téntum), -ĕre, tr.
　[명령법. 단수 2인칭 ostende, 복수 2인칭 ostendite].

Osténde nobis, Dómine, misericórdiam tuam.
Et salutáre tuum da nobis.(⑨ Show us, O Lord,
your mercy. And grant us your salvation)
　주님, 당신의 자비를 저희에게 보여 주소서.
　또한 당신의 구원을 베풀어주소서.
Ostende vero. 자, 보여 달라.
osténdo, osténdi, osténsum(-téntum), osténdĕre, tr.
　(obs(=ob²)+tendo¹)앞에 내놓다, 제시(提示)하다,
　보이다(φαίνω), **드러내다**, 전시하다, 과시(誇示)하다,
　(적군에게) 위협적으로 보여주다, 노출(露出)시키다,
　일러주다, 알리다, 말로 증명(證明)하다(드러내다),
　설명하다, 밝히다, 약속(約束)하다, 기대하게 하다.
　Postquam castra attigit, Caligula, ut se acrem ac
　severum ducem ostenderet, legatos, qui auxilia serius
　adduxerant, cum ignominia dimisit. 요새(要塞)에 당도한
　다음, 칼리굴라는 자신이 날카롭고 엄격한 장군임을
　보이기 위해 보충병을 늦게 데려온 부사령관들을
　모욕하여 파면시켰다.(성 엽 지음. 고전 라틴어. p.404)/
　se ostendo, ostendi. 나타나다, 드러나다/
　Si non bene faciat pro fratribus suis, ostendit quid in se
　habeat. Tentationibus probantur homines.
　자기 형제에게 잘하지 않는 사람은 마음속에 지니고
　있는 것을 드러냅니다. 사람의 본색은 시련 중에
　알아보게 되는 법입니다.(최익철 신부 옮김. 요한 서간 강해. p.247).
ostendo os suum populo Romano.
　자기 모습을 로마 국민 앞에 드러내다
osténsĭo, -ónis, f. (osténdo) 보여줌, 드러냄, 제시,
　명시, 과시(誇示-자랑하여 보임), 증명(證明),
　성체현시(聖體顯示), Expositio Eucharistiæ).
　ostensio scripturarum. 성경의 증명.
ostensívus, -a, -um, adj. (osténdo)
　분명히 나타내는, 명시하는, 표면상의.
osténsor, -óris, m. (osténdo) 보여주는 사람, 제시자.
Ostensórĭum, -i* n. (osténdo) (⑨ monstrance.
　獨 Monstranz) 성광, 성체 현시대(=monstrantĭa).
ostensum, "osténdo"의 목적분사(sup.=supínum)
ostentárĭus, -a, -um, adj. 불가사의(경이.기적)에 관한
ostentátĭo, -ónis, f. (osténto) 보여줌, 드러냄, 자랑,
　과시(誇示-자랑하여 보임), 열병(閱兵-군대를 정렬한 다음 병사들의
　사기와 훈련 상태 따위를 검열함), 겉치레, 체면(體面-남을 대하기
　에 번듯한 면목), 허식(虛飾-실속 없이 겉만 꾸밈).
ostentátor, -óris, m. (ostentátrix, -ícis, f.) (osténto)
　드러내 보이는 자, 자랑(과시) 하는 자,
　남의 주의를 끄는 자.
ostento, -ávi, -átum, -áre, tr., freq., intens. (osténdo)
　자꾸 보여주다, 드러내다, 진열(陳列)하다, 펼쳐놓다,
　자랑하다, **과시(誇示)하다**, 위협(威脅)하다(זרק),
　내보이고 유혹하다, 일러주다, 알리다, 허세를 부리다,
　과장(誇張)하다, 겉치레하다, 증명(證明)해 보이다.
　밝히다, 설명하다, 기대를 갖게 하다, 약속(約束)하다.
ostento bellum. 전쟁을 위협하다.
ostento se. 자기 자랑하다.
ostentum, "osténdo"의 목적분사(sup.=supínum)
ostentum, -i, n. (osténdo) 징조(徵兆), 전조(前兆-징조),
　불가사의(不可思議), 경이(驚異-놀라움), 이적(異蹟),
　믿어지지 않는 것, 괴물(怪物).
osténtus, -us, m. (osténdo)
　보여줌, 관람시킴, 전시(展示), 겉치레(誇示),
　허식(虛飾-실속 없이 겉만 꾸밈), 과시(誇示-자랑하여 보임).
osteo- "뼈"와 관계되는 연결형
osteológia, -æ, f. (醫) f. 골학(骨學)
osteóma, -ātis, n. (醫) 골종(骨腫)
osteomalácĭa, -æ, f. (醫) 골연화증
osteomyélītis, -tĭdis, f. (醫) 골종염
ostiaria, -æ, f. 여자 문지기
ostiáriátus, -us, m. 수문품(⑨ ostiariate-1972년 폐지)
ostiárĭus, -a. -um, (óstium) (⑨ Door-keeper.獨 Ostiarier)
　adj. 문에 관한, 문지기의, 수위의.

m. 문지기, 수문직을 받은 최하급 성직자, 수문품자.
f. 여자 문지기. n. (sc. tribútum) 문세(門稅).

ostiátim, adv. (óstium)
집집마다, 매호마다, 샅샅이, 낱낱이.

ostiólum, -i, n. (óstium) 작은 문, 작은 구멍

óstĭum, -i, n. (os') 문, 출입구, 입구, 출구,
목구멍, 항구의 출입통로, 하구(河口, os flúminis).
Audio, ostíum pulsari. 문 두드리는 소리가 들린다/
occludo óstium. 문을 잠그다/
Ego sum ostium; per me, si quis introierit, salvabitur.
나는 문이다. 누구든지 나를 통하여 들어오면 구원을 받는다.

ostium Océani. Gibraltar 해협(海峽)
ostium rectum. 정문(正門), porta, -æ, f.
ostium sanctum. 고요함, 성스러운 여가(餘暇)

ostócŏpos, -i, m. 뼈아픔, 뼈가 쑤심

Ostórĭus, -i, m. Roma인의 씨족명

ostracísmus, -i, m. 패각 추방(貝殼 追放), 추방.
(위험인물을 재판하지 않고 사금파리.기와 조각.조가비 따위로
시민에게 투표시켜 10년 간 국외로 추방하던 방법).
탄핵(彈劾-죄상을 들어서 책망함. 성 염 지음. 사랑만이 진리를 깨닫게 한다. p.476).

ostracítes, -æ, m. (鑛) 부석(浮石-속돌), 속돌

óstrĕa, -æ, f. (óstrĕum -i, n.) 굴[먹는 굴]

ostreárĭum, -i, n. (óstrĕa) 굴 많이 붙은 곳

ostreárĭus, -a -um, adj. (óstrĕa) 굴의.
m. 굴 장수. n. 굴 많이 붙은 곳.

ostreátus, -a -um, adj. (óstrĕa)
굴 껍데기 달린, 딱딱한, 껄껄한.

ostreósus(=ostriósus) -a -um, adj. (óstrĕa)
굴이 많이 나는, 굴 많이 나는.

ostreum, -i, n. (óstrĕa, -æ, f.) 굴[먹는 굴]

óstrĭfer, -fĕra -fĕrum, adj. (óstreum+fero)
굴 생산하는, 굴 많이 나는.

ostrínus, -a -um, adj. (ostrum)
심홍색(深紅色)의, 자홍색(紫紅色)의.

ostrum, -i, n. 붉은 빛(紅色), 자홍색, 홍의(紅衣)

osúrus, -a -um, p. fut. (odi)

ōsus, -a -um, p.p., a.p. (odi) 미워하는, 미움 받는

O.T. Ordo Fratrum Domus Hospitalis Sanctæ
Mariæ Teutonicorum in Jerusalem,
Deutscher Orden, Deucsher Orden. 독일 기사단.

Othrýădes, -æ, m. Othrys의 아들(=Panthus).
Sparta의 장군(Argos와의 싸움에서 유일한 생존자).

Otia dant vitia. 한가함은 부덕(不德)을 낳는다.

otiabúndus, -a, -um, adj. (ótior) 한가한, 여가가 많은

óticus, -a, -um, adj. 귀의, 귀에 관한

otíŏlum, -i, n. dim. (ótium) 작은 여가(한가.겨를.틈)

ótior, -átus sum -ári, dep., intr. (ótium) 한가하다,
한가로이 지내다, 여가를 즐기다, 휴식을 갖다,
쉬다(ווח.נוח.עבד.שבת), 놀고 있다.
Doméstícus ótior. 나는 집에서 쉬고 있다/
Fruor otio. 나는 한가롭게 지내고 있다/
Otiáre, quo melius labóres!
더 잘 일할 수 있기 위해서 쉬어라.(목적문 속에 비교급 또는
비교급의 뜻을 가진 동사가 나올 때에는 ut 대신에 보통으로 quo를 쓴다).

otiosior, -or, -us, adj. otiósus의 비교급

otiosissimus, -a, -um, adj. otiósus의 최상급

otiósĭtas, -átis, f. (otiósus) 한가로움, 여가(餘暇),
안일(安逸-편하고 쉬움), 무료(無聊-흥이 있는 일이 없어 심심하고
지루함), 나태(懶怠.⑨ Acedia.Sloth-게으르고 느림).
Multam malítíam docuit otiositas.
한가함은 많은 악행을 가르친다.

otiósus, -a, -um, adj. (ótium) **한가한**, 하는 일 없는,
아무 것도 하지 않는, 쉬고(놀고) 있는, 게으른,
유휴(遊休)의, 공직에서 물러나 사생활에 전념하는,
학문연구 따위에만 종사하는, 중립(中立)의,
(전쟁 따위에서) 어느 편에도 가담하지 않는, 고요한,
평온한, 평화로운, 장황한, 시간 낭비의, 무익한, 쓸데없는.
Deus et natura nil otiosum facit.
신과 자연은 아무 것도 무의미하게 만들지 않는다/

Luxuria cito decipit hominem otiosum.
사음(邪淫)은 쉬 한가한 사람을 속인다(성 벨라도)/
negotíum otiosum. 여유 있는 분주함/
negotium otiosorum negotium.
여유로운 사업이요 여유로운 사람들의 사업/
Numquam minus solus quam cum solus, nec minus
otiosus quam cum solus. 홀로 있다하여 홀로 있는 것이
아니요, 외견상 일을 맡지 않았다 하여 한가한 것이 아니다/
spátium ab hoste otiósum. 적의 공격이 없는 시간/
traduco otiósam ætátem. 한가로운 세월을 지내다.

otítis, otitídis, f. (醫) 이염(耳炎), 귓병

otitis externa. 외이염
otitis interna. 내이염
otitis media. 중이염

ótĭum, -i, n. (opp. negótium) **한가**(閑暇), 틈, 겨를,
여가(餘暇, subsiciva tempora), 휴식(⑨ Rest), 한산,
무위, (공직.공생활에서의) 은퇴, 유유자적(悠悠自適),
서재활동(書齋活動), 학예활동, 시작(詩作), 평온,
화평(εἰρήνη), 평화(μʹשׁ.εἰρήνη.⑨ Peace), 평시,
휴가 지내는 장소, 별장(別莊).
ætas devéxa ad ótíum. 여생을 편히 지낼 나이/
De Otio Religiosorum. 수도자들의 파적(破寂)/
Fruor ótio. 나는 한가롭게 지내고 있다/
in ótio tumultuósi in bello segnes.
평화 시에는 소란하고, 전시에는 고요하/
nobis hæc ótía fácĭo. 우리에게 이 평화시대를 허락하다/
Nullum a labore me reclinat otíum.
나는 일에서 벗어나 한가로이 쉴 틈이 조금도 없다/
Otia dant vítía. 한가함은 부덕(不德)을 낳는다/
Plura scribam, si plus otii habuero.
나는 더 한가할 때에 더 많이 써 보내겠다/
reddo alqm ótio 누구를 쉬게 하다/
vestrum otium. 관상생활(이상규 옮김, 교부들의 사제 영성, p.228).

otíum cum dignitate. 명예로운 퇴임, 품위를 지닌 한가로움.

Otium et reges prius et beatas perdidit urbs.(Catullus).
한가함이라는 것은 먼저 군왕들도 멸쳤고 번성하는
도시들도 멸쳤다.[et… et… : 강조법이므로 '…도, …도'라고 번역할 만함.
한동일 지음. 카르페 라틴어 1권. p.309]

otíum ex labóre. 수고 뒤에 한가함

otíum sanctum 거룩한 여가(餘暇), 거룩한 한가로움

Otium sine litteris mors est.(Seneca).
문학이 없는 여가(餘暇)란 죽음과 마찬가지다.

otología, -æ, f. (醫) 이과학(耳科學)

otorhinolaryngología, -æ, f. 이비인후과(학)

otorhœa, -æ, f. (醫) 이루(耳漏-귓구멍에서 고름이 나오는 병)

otus, -i, m. 부엉이(⑨ owl)

ousia. (그리스어) 실체(Substantia), 본체.
[아리스토텔레스의 철학용어. 성 아타나시오(296-373년)는 성부와 성자의 동일
본질적 자립체라는 그리스도론을 수호하기 위해 homo(동일) ousios(본질)라는
용어를 썼고 그 후 교회 신학은 Ousioa라는 말을 personal(인격, 신격)를 설명
하는 말로 사용했다. 백민관 신부 엮음. 백과사전 3. p.66].
[ousía?는 철학에서 본격적으로 사용되어지기는 플라톤에 의해서이다. 일상용어로는
가장 기본적인 소유물. 즉 땅이나 금을 가리켰으며, 이 뜻으로부터 '독자성'이라는
정치적 의미가 부여되고 플라톤에 이르러서 우리가 흔히 실체라고 여기는 철학적
의미로 사용됨.
신학전망 제110호. 실체에 관한 합리론자들의 이해, 이종희 신부. pp.87~103].

ovális, -e, adj. (ovo) 군중의 열렬한 환영의.

ovariotomía, -æ, f. (醫) 난소 절제술

ovárĭum, -i, n. (解.動) 난소(卵巢-알집), (植) 자방(씨방)

ovárĭus, -i, m. (ovum) 계란 관리하던 노예, 양계 책임자

ovátĭo, -ónis, f. (ovo) 군중의 열렬한 환영,
갈채(喝采-크게 소리 지르며 칭찬함),
소규모(약식) 개선(凱旋-승리를 거둠).

ovatus¹-a, -um, adj. (ovum) 알 모양의, 타원형의.

ovatus²-us, m. (ovo) 개선(환영)의 환성, 환호성.

ovárĭus, -a, -um, adj. (ovis) 양의. f. 암캐, 양무리.

ovícŭla, -æ, f. dim. (ovis) 새끼 양, 작은 양.

ovíle, -is, n. (ovis) 양우리,
campus Mártíus(연병장)에 있던 (Roma 국민회의) 투표소.

ovílĭo, -ónis, m. 양치는 목동(牧童)

ovílis, -e, adj. 양(羊)의

ovíllus, -a, -um, adj. (ovis) 양의, 양에 관한.
ovínus, -a, -um, adj. (ovis) 양의, 양에 관한. f. 양고기
ovípărus, -a, -um, adj. (ovum+pário²)
알 낳는, 난생(卵生)의.
ŏvis, -is, m. (動) 양, 면양(綿羊), 양털, 순한 사람, 특징 없는 사람. (宗) 신자(信者), 신도(信徒).
[한 살 미만의 어린 양은 agnus, -i, m.]

명사 제3변화 제2식 C		
	단 수	복 수
Nom.	ovis	oves
Gen.	ovis	ovium
Dat.	ovi	ovibus
Acc.	ovem	oves
Abl.	ove	ovibus
Voc.	ovis	oves

(황치헌 지음, 미사통상문을 위한 라틴어, p.58)

Et numquid ovis erat pastori necessaria, et non ovi potius pastor necessarius erat?
양이 목자에게 필요했습니까? 아니면 양에게 목자가 더 필요했습니까?.(최익철 신부 옮김, 요한 서간 강해. p.381)/
lanátæ oves. 털 깍지 않은 양/
Hoc est animal, quod comedere potestis: bovem et ovem et capram. (tau/ta ta. kth,nh a] fa,gesqe mo,scon evk bow/n kai. avmno.n evk proba,twn kai. ci,maron evx aivgw/n) (獨 Dies aber sind die Tiere, die ihr essen dürft: Rind, Schaf, Ziege) (영 These are the animals you may eat the ox, the sheep, the goat) 너희가 먹을 수 있는 짐승은 이런 것들이다. 곧 소와 양과 염소(성경 신명 14, 4)/너희가 먹을 수 있는 짐승은 이런 것들이다. 소, 양, 염소(공동번역)/
oves delicátissimæ. 털이 아주 부드러운 양/
oves induco in rura. 양들을 시골로 몰고 가다/
Oves meæ vocem meam audiunt, et ego cognosco eas, et sequuntur me. (ta. pro,bata ta. evma. th/j fwnh/j mou avkou,ousin(kavgw. ginw,skw auvta. kai. avkolouqou/si,n moi) (영 My sheep hear my voice; I know them, and they follow me) 내 양들은 내 목소리를 알아듣는다. 나는 그들을 알고 그들은 나를 따른다(성경 요한 10, 27)/내 양들은 내 목소리를 듣습니다. 나는 그들을 알고 그들은 나를 따라옵니다(200주년 신약)/내 양들은 내 목소리를 알아듣는다. 나는 내 양들을 알고 그들은 나를 따라온다(공동번역)/
ovium teneros fetus. 양들의 가냘픈 새끼들
(성 염 지음, 사랑만이 진리를 깨닫게 한다, p.427)/
Rugit et pavida stupuerunt corda ferarum Pastorisque sui jussa sequuntur oves. (사자가) 포효하자 맹수들이 겁에 질리어 전전긍긍하였다. 양들은 목자의 명령에 따랐다.(461년 11월 10일에 레오 교황이 별세하자 그의 시신은 베드로 대성당의 회랑에 안치되었고, 688년 6월 28일 교황 세르지우스 1세에 의해 다시 대성당 내부에 안치되었는데 그의 묘비에 위와 같은 글귀가 새겨져 있다)/
Quis has huc oves adegit?
누가 이 양들을 여기로 몰아 왔느냐?/
tam placidum, quam ovem redděre.
양 만큼 유순(柔順)하게 만들다.
ovis timida. 겁 많은 양
Ovis tragelaphus. (動) 산양(capella, -æ, f./hædus, -i, m.)
ŏvo, -ávi, -átum, -áre, intr. (ovis) 개선(凱旋)하다, 소규모의 개선식을 올리다(말 한 필을 타고 군중이나 기병대의 환영을 받으며 Capitólium 신전으로 가서 양을 잡아 제헌하였다). 환영(歡迎)받다, 기뻐하다(ידה.אדה), 기뻐 춤추다, 환성(歡聲)을 지르다.
ovántes gútture corvi. 소리 질러 기쁨을 나타내는 까마귀.
óvŭlum, -i, n. dim. (ovum) 난자(卵子), 작은 알, (植) 배주기관(胚珠器官).
ōvum, -i, n. 알, 계란(鷄卵), 달걀(בצה), 만찬의 시작(식사 때 맨 처음에 계란이 나오고 맨 나중에 과일이 나온 데서부터 유래함). (신화에서) Leda가 낳은 백조 알, Circus(타원형 경기장)에서 4륜 경기마차의 경기장을 도는 회수를 지시하던 난형(卵形)의 목구(木球).
ab ovo usque ad mala.
달걀에서 사과까지 즉 만찬 시작부터 끝까지/
Aut si petierit ovum, numquid porriget illi scorpionem? (h' kai. aivth,sei wv|o,n(evpidw,sei auvtw/| skorpi,on) (영 Or hand him a scorpion when he asks for an egg?)
달걀을 청하는데 전갈을 주겠느냐?(성경 루카 11, 12)/
그리고 달걀을 청하는데 그에게 전갈을 주겠습니까?(200주년 신약)/달걀을 달라는데 전갈을 줄 사람이 어디 있겠느냐?(공동번역)/
Ex pravo pullus bonus ovo non venit ullus.
어떤 좋은 병아리도 나쁜 알에서 나오지는 않는다/
gallinaceum ovum. 달걀(בצה.㉣ ovum, -i, n.)/
nota ova recolligo. (새로) 난 달걀들을 거두어 모으다/
Omne vivum ex ovo.
알로부터 나온 살아 있는 모든 존재(存在)/
ova suci melióris. 더 맛있는 계란(알)/
ova thermapalus. 따뜻하고 신선한 계란/
ova urina. 무정란(=irritum ovum =zephyrius ova)/
ovi cortex, 계란 껍질 / ovi vestis. 계란 껍질/
Quando derelinquit ova sua in terra, in pulvere calefiunt. 타조는 땅에 알을 낳아 놓고 흙 위에서 따뜻해지라고 버려두고서는(성경 욥기 39, 14)/땅에 알을 낳아놓고는 땅의 온기만 받도록 버려두지 않느냐?(공동번역).
ovum paschale. 부활 달걀(영 easter egg)
ovum urinus. 무정란(無精卵, zephyrius ova), 달걀(בצה.gallinaceum ovum).
óxălis, -ĭdis, f. (植) 승아(→수영.산모酸模, 옴약藥으로 씀)
óxălis obtrianguláta. (植) 큰 괭이밥
Oxoniensis, -is, f. (영국의) Oxford.
(백민관 신부 엮음, 백과사전 3, p.66)
Oxónĭum, -i, n. (영국의) Oxford(라틴-한글사전, p.591)
Oxos(=Oxus), I, m.
카스피해로 흘러드는 중앙아시아의 강.
oxydátĭo, -ónis, f. (化) 산화(酸化), 산화물
oxýgărum, -i, n. 초 섞은 소스(영 sauce)
oxygénĭum, -i, n. (化) n. 산소
oxýgenĭum compréssum. 압축산소
óxymel, -mĕllis,(**óxyméli**, -ĭtis) n.
(藥) 초밀(醋蜜-벌꿀에 초산을 타서 묽게 한 것), 꿀 들어간 초(醋-3~5%의 초산을 함유하여 시고 약간 단맛이 있는 액체. 식초).
oxypórĭum, -i, n. 액체 소화제(液體 消化劑)
oxýpŏrus, -a, -um, adj. 소화 촉진제의
ozǽna, -æ, f. (醫) 축농증(부비 강에 고름이 괴는 "부비강염".), (醫) 취비증(臭鼻症-코에서 악취가 나는 위축성萎縮性 비염).

P P P

P, p, f., indecl. 라틴 자모의 17번째 글자, 뻬(pē)

P., 약(略) P. = Públius

P.C. Patres Conscrípti. 원로원 의원

p.Chr.n. = post Christtum natum. 기원 후, 천주강생 후,
a.Chr.n. = ante Christtum natum. 기원 전, 천주강생 전.

P.M. Póntifex Máximus. 교황, 대제관.

P.P. Pater Pátriæ. 국부(國父)

P.R. Pópulus Romanus. 로마 국민

P.S. Post scriptum. 추신, pecúniã suã. 자기 돈으로.

pabuláris, -e, adj. 사료의, 마초(馬草)의

pabulárĭus, -a -um, adj. 사료의, 사료 마련하는.

pabulátĭo, -ónis, f. 사료를 모음, 꼴 베러 감,
사육(飼育), 풀 먹임, 목축, 양식(⑨ Nourishment).

pabulator, -óris, m. 짐승에게 사료 주는 사람, 목동,
사료 마련하는 군인, 마량 수집인(징발인).

pabulatórĭus, -a -um, adj. 사료의, 마초의, 목초의

pábŭlor, -átus sum, -ári, dep., intr.
(짐승, 가축이) 사료를 먹다, 먹이를 찾아다니다,
사람이 양식을 구하러 다니다, (軍) 마량을 수집하다.
tr. 비료를 주다.

pábŭlum, -i, n. 사료, 목초, 건초, 여물, 꼴, 마량(馬糧),
식품, 식량, 양식, 먹이.

pacális, -e, adj. 평화의, 평화로운, 평화를 뜻하는.

pacátĭo, -ónis, f. 평정(平靜·평안하고 고요함), 평화롭게 함

pacátor, -óris, m. 평화를 도모하는 사람, 조정자, 중재인.

pacátus, -a -um, p.p., a.p. 평화로운, 평정된, 평온한.
n., pl. 우방, 우호국.

pace, 원형 pax, pacis, f. [단수. 주격 pax, 속격 pacis,
여격 paci, 대격 pacem, 탈격 pace].

pace tua. 양해해 주실 줄 믿고 죄송한 말씀이지만(숙어)

pacémque, 원형 pax, pacis, f. (pacem + que)
[단수 주격 pax, 속격 pacis, 여격 paci, 대격 pacem, 탈격 pace]
Hostem repellas longuis, pacemque dones protinus:
ductore sic te prǽvio vitemus omne noxium.
우리 원수 멀리 쫓아 참된 평화 주옵시며
당신 감도 순히 들어 재앙 면케 하옵소서.
[원수를 멀리 쫓아 주시고, 평화를 끊임없이 주소서. 이렇게 당신을
앞서 가는 인도자로 (모시며), 우리가 모든 재앙을 면하게 하소서].

pachydérmĭa, -æ, f. (醫) 상피병, 후피증(厚皮症)

pachyméninx, -íngis, f. (解) 경수막(硬膜膜)

pachytylus migratoárĭus. (蟲) 이주 메뚜기

pácifer, -féra, -férum, adj. (pax+fero)
평화를 가져오는, 평화를 이룩하는.

pacificátĭo, -ónis, f. 평화롭게 함, 강화, 화해, 유화(宥和)
조정, 중재(⑨ arbitrátĭon.獨 Schiedsgerichtsbarkeit).

pacificátor, -óris, m. 조정자(調停者), 화해자(和解者),
중재자(仲裁者.⑨ arbitrator.獨 Schiedsrichter).

pacificatórĭus, -a -um, adj. 평화를 도모하는(이룩하는),
중재(仲裁)의, 조정하는, 유화적인, 화해적인, 달래는.

pacifice disputandum. 무난한 논쟁.
(교부문헌 총서 17. 신국론, p.2491)/
Nunc iam cum misericordibus nostris agendum esse
uideo et pacifice disputandum.
이제 나는 우리네 자비론자들을 다루고 그들과
점잖은 논쟁을 벌여야 할 것으로 본다.

pacífico, -ávi, -átum, -áre, (pacíficor, -atus sum, -ari,)
dep., intr., tr. (pax¹ + fácio) 평화를 이룩하다,
평화롭게 하다, 평화조약을 맺다, 조정하다,
중재하다, 평정하다, 화해시키다(ἀποκαταλλάξαι).

pacíficus, -a -um, adj. (pax¹ + fácio) 평화적인,
평화를 이룩하는(좋아하는), 중재의, 조정의, 태평한,
평화로운, 안온한, 평온한. m. 평화를 가져다주는 사람.
De bono pacifico homine. 착하고 순량한 사람에 대하여/
Mare pacificum 평온의 바다.
(마젤란이 태평양에 붙인 이름. 여기서 Pacific Ocean 유래).

pacifísmus, -i, m. 평화주의(백민관 신부 엮음. 백과사전 3. p.70)

---

pacis beatitudo. 평화의 정복(淨福), (pax¹ 참조)

pacis comparationem et politicæ stabilitatis.
평화와 정치적 안정의 추구(1992.10.11. "Fidei depositum" 중에서).

Pacis dulcissimum et pulcherrimum nomen est.
평화의 이름(평화라는 단어)이야 말로
지극히 감미롭고 아름답다.

pacis instrumentum. 평화의 도구(道具)

Pacis nuntius, 유럽의 수호자 성 베네딕도 아빠스.
(1964.10.24. 교황교서).

pacis osculum. 평화의 입맞춤

pacis tranquillitas. 평화의 안온함

pacíscor, (-éris, -ítur), pactus sum, pacísci, dep., intr., tr.
계약하다, 협정하다, 동의하다, 합의하다,
약정하다, 바꾸다. 걸다.

pacíscor vitam pro laude. 명예를 위해 생명을 걸다.

paco, -ávi, -átum, -áre, tr. 평화롭게 하다, 평정하다,
진정시키다, 조정하다, 개척(개간)하다.

pacta, -æ, f. 약혼녀(約婚女)

pactícĭus(pactíus) -a -um, adj. 계약된, 약정된, 협정된.

páctilis, -e, adhj. 짜인, 엮어진

páctĭo, -ónis, f. 협정, 계약(חוזה.⑨ covenant), 약정(約定),
조약(⑨ treaty), 약속(ἐπαλλειον.⑨ Promise), 언약,
화해(和解), 휴전, 세금결정, 불법타협, 부패(腐敗)
nuda pactio obligationem non parit.
단순 약정은 채무관계를 발생시키지 않는다.

pactor, -óris, m. 계약자, 중재인, 알선자, 조정자.

pactum, "pango"의 목적분사(sup.=supínum)

pactum, -i, n. 협정, 계약(חוזה.⑨ covenant),
약정(約定.⑨ convention), 조약(⑨ treaty), 언약(言約).
álio pacto. 달리/ nullo facto. 절대로 …아니/
dictum meum pactum. 나의 말은 나의 문서/
Pacta conventa. 폴란드 종교 자유 협약(1573년 프랑스
Valois의 앙리를 폴란드 왕으로 뽑은 협약을 맺고 종교 자유를 인정했다)/
Pacta dotalis. 혼인계약(contractus matrimoniális)/
Pacta sunt servanda. 계약은 준수되어야 한다/
Pacta tertiis nec nocent nec prosunt.
조약은 제삼국에 해도 주지 않고 이익도 주지 않는다/
pactis stare. 약조를 지키다/ quo pacto? 어떻게?

pactum bilaterale. 쌍무 조약(雙務 條約)

pactum Calixtinum. 갈리스도 협약, 보름스 협약(1122년)

pactum cum diabolo. 악마와의 계약

pactum internátĭonale. 국제 조약설

Pactum Lateranense.(⑨ Lateran Pacts) 라테란 조약.
[1870년 이탈리아가 교황령 영토를 점령하자. 교황은 불법이라고 항의하였다.
이에 1922년 교황 비오 11세와 무솔리니가 문제의 해결을 논의한 후, 1929년 2월
11일 바티칸 시국의 라테라노 궁전에서 재정적 종교적 문제에 대해 협약을
하였다. 이때 이탈리아는 바티칸 시국이 일정한 영토와 국민 및 주권을 가진 독립
국가임을 인정하였다. 따라서 바티칸 시국은 화폐와 우표를 발행하고 국민을
다스릴 뿐만 아니라. 외교 사절을 파견 접수하는 등의 절대 독립 국가로서의
주권을 행사하게 되었다.

pactum prétĭum. 협정가격(協定價格)

pactum pro capite pretium. 합의된 몸값

pactum quasiinternátĭonale. 준국제 조약설

pactum subjectiones. 복종 계약

Pactum Westphaliæ. 베스트팔렌 조약(條約).
(⑨ Peace of Westphalia.獨 Westälische Frieden).

pactus¹ -a -um, p.p., a.p.
약정한, 협정된, 계약된, 언약한, 약속된, 약혼한.
filia pacta alci. 누구에게 정혼한 딸/
pacto inter se, ut…, …한다는 자기들끼리의 계약에 따라/
pactum prétĭum. 협정가격.

pactus², -a -um. "pango"의 과거분사(p.p.)

Pæan, -ánis, m. Apóllo(혹은 다른 신들)에게 바치는 개선가.

pædagóga, -æ, f. 여자 가정교사

pædagógĭa, -æ, f. 교육학, 교수법

pædagogia divina. 신의 교육학, 하느님의 교육학.

Pædagogia docet artem pueros educándi.
교육학은 청소년들을 교육하는 방법을 가르쳐 준다.

pædagógĭcus, -a -um, adj. 교육학의, 교수법의,
교육자의. f. 교육학(敎育學).

P

usus legis pædagogicus.
죄인을 회개로 이끌기 위한 법률의 적용, 교화.

pædagógĭum, -i, n. 교육받는 소년(노예)들,
저택에서 어린 노예들이 교사한테 교육받던 곳,
교육시설, (기숙사 시설이 있는) 학교.

pædagógus, -i, m. 가정교사, 교육자, 교육가, 훈장,
지도자, 안내자, 어린이들의 가정교육을 담당하던 교사.
ferulæ tristes sceptra pædagogorum.(교부문헌 총서 17.
신국론, p.2484) 선생님들의 서러운 회초리며 막대기/
sceptra pædagogórum. 훈장의 회초리.

pæderástĭa, -æ, f. (그리스어 paidos '소년'+Eran '사랑' 합성어)
남색, 계간(남자끼리 성교하듯이 하는 짓)

pædiatría, -æ, f. (醫) 소아과(小兒科)

pædiátros(-us), -i, m. (醫) 소아과 의사

pædicátĭo, -ónis, f. (⑨ Pederasty) 남색(비역), 계간(鷄姦).

pædíco¹ -áre, tr. 계간하다

pǽdico² -ónis, m. 소년 상대의 계간자(鷄姦者)

pædobaptismus, -i, m. 유아세례(백민관 엮음, 백과사전 3. p.72)

pædogénĕsis, -is, f. (動) 유생생식(幼生生殖)

pædor, -óris, m. 더러움, 불결(不潔), 악취(惡臭)

pæminósus, -a -um, adj.
깨진, 금이 많이 간, 쪼개진, 갈라진.

pæne, adv.(=pene) 거의, 전적으로, …라고 할 수 있을 만큼,
자칫, 하마터면, …일 뻔(하다), 방금.
Tam ferox hostium impetus erat ut muri pæne jam
capti essent. 적병들의 공격은, 성벽이 거의 다
점령될 뻔했을 정도로, 격렬했다.

Pæne décidi. 하마터면 나는 떨어질 뻔했다.

Pæne factum est, quin castra relinquerentur.
천막들을 (버리고) 떠날 뻔했다.

Pæne ille timore, ego risu corrui. 그는 무서워서,
나는 우스워서 죽을 뻔하였다(넘어질 뻔하였다).
(일반적으로 형용사나 현재 상태를 표시하는 과거분사. 또는 자동사. 특히 감정을
표시하는 동사 및 사물의 원인을 표시하기 위해서는 전치사 없는 탈격을 쓴다).

pænínsŭla, -æ, f. 반도(半島).
Iberian peninsula. 이베리아 반도.

pænite··· V. **pœnite···**

Pænitemini et credite Evangelio.(⑨ repent, and believe
in the Gospel) 회개하고 복음을 믿어라.(마르 1. 15).

pænitentia(pœniténtĭa) -æ, f. 참회(懺悔), 뉘우침, 통회.
De Primaria Causa Pænitentiæ. 참회의 첫 원인/
Ego quidem vos baptizo in aqua in pænitentiam.
나는 너희를 회개시키려고 물로 세례를 준다(성경 마태 3. 11)/
Facite ergo fructum dignum pænitentiæ.
회개(悔改)에 합당한 열매를 맺어라(성경 마태 3. 8)/
peccatum quod per pænitentiam non deletur, mox suo
pondere ad aliud trahit. 통회로써 제거되지 않는 죄를
그 자체의 무게 때문에 곧 다른 사람(죄)에 지운다.
(김 율 옮김, 은총과 자유, p.97)/
Reconciliátĭo et pænitentĭa. 화해와 참회(懺悔).
(교황 요한 바오로 2세의 교황권고. 1984.12.2.).

pænitentĭa canonica. 교회법적 참회고행(懺悔苦行)

pænitentĭa occulta. 은밀한 참회고행 (懺悔苦行)

pænitentĭa publica. 공개적 참회고행(懺悔苦行)

pænitentĭa sacramentalis. 성사 중 참회고행(懺悔苦行)

Pænitentiales sumus et in civitate Assisii nati fuimus.
우리는 회개자들이고 아씨시 도시에서 태어났습니다.

pænitentiális, -e, adj. = **pœnitentiális**

Pænitentĭam -æ, f. 참회의 규율(規律)(1966.2.17. 교황령)

Pænitentĭam agite; appropinquavit enim regnum
cælorum. 회개하여라. 하늘나라가 가까웠다(성경 마태 3. 2).

Pænitentĭaria. -æ, f. 성좌 내사원

Pænitentĭaria Apostolica. 사도좌 내사원

pænitentĭárĭus canonicus. 참회담당 의전 사제.
Pro necessitate sacramentalem absolutionem iterum
detegendi, in omnibus Diœcesibus semper adsit
Pænitentiarius. 용서의 성사를 재발견할 필요성을 생각할
때, 모든 교구에는 참회담당 의전 사제가 있어야 합니다.

후회하다, 유감으로 여기다, 뉘우치게(후회하게) 하다.
Me pænitetfalsum dixisse. 나는 거짓말한 것을 후회 한다/
Non me pænitet vixisse. 나는 살아온 것을 후회 않는다/
Non me vixisse pænitet, quoniam ita vixi ut non frustra
me natum esse existimem.(Cicero).
한 생을 산 것을 나는 후회 않는다. 나는 내가 태어난
것이 무익하지 않았다고 여기게끔 살아왔다/
Nos vitæ nostræ pænituit. 우리는 우리 인생을 후회하였다.
(감정을 나타내는 비인칭동사들은 의미상의 주어를 대격으로 쓴다)/
Num te hujusce gloriæ pænitebat?
그대는 이런 영광을 유감스러워 하고 있었단 말입니까?/
Pænitet me peccati mei. 나는 내 죄를 뉘우친다/
Solet se pænitere, cum aliquid fecit cum ira. 화가 나서
무슨 일을 저질러놓고서는 스스로 후회하기 마련이다.
[위 문장들처럼 심경을 나타내는 비인칭 동사의 단문인 경우, 의미상의 주어는
대격으로, 심경의 대상은 속격으로 표현한다. 그러나 대개는 일종의 복합문을
이루어 부정사나 대격 부정법문이 문장내의 주어가 된다.
me miseret. 측은하다 / me pænitet. 후회한다 / me piget. 싫다 /
me pudet. 부끄럽다 / me tædet. 싫증난다.
한동일 지음, 카르페 라틴어 2권, pp.147-149].

pænŭla, -æ, m. 겉옷, 외투(外套), 여행용 외투, 반 망토.

pænulárĭus, -i, m. 외투 제조인(外套 製造人)

pænulátus, -a -um, adj. 외투(비옷) 입은

pænúltĭmus, -a -um, adj. 끝에서 둘째의

pænúrĭa, = **penúria** -æ, f. 식량결핍, 빈궁(貧窮), 가난.

pæónĭa, -æ, f. (=fatuína rosa)(植) 모란, 작약.
(植-미나리아재비목 미나리 아재비과의 한 속).

Pæte non dolet. 여보 그것은 아프지 아닙니다.

pǽtŭlus, -a -um, adj. 약간 흘겨보는, 곁눈질하는, 힐끗 보는.

pætus, -a -um, adj. 흘겨보는, 곁눈질하는.

paganálĭa, -ium, n., pl. 시골 축제

pagánĭcus, -a -um, adj. 시골의, 촌락의, 이교도의.
f. 깃털을 넣은 공(球).

Paganísmus, -i, m. 이교, 사교, 미신숭상, 이교정신.

pagánus, -a -um, adj. 시골의, 촌락의, 미신자의
m.(f.) 시골사람(시골뜨기.촌사람), 미신자(未信者).
De multis diid, quos doctiores paganorum unum
eumdemque Iovem esse defendunt. 유식한 외교인들은
여러 신이 결국 동일한 유피테르라고 옹호한다.
(교부문헌 총서 17. 신국론, p.2754)/
De paganorum secretiore doctrina physicisque
rationibus. 외교인들의 비교와 자연주의 해석/
Deos paganorum numquam bene vivendi sanxisse
doctriam. 이교도의 신들은 선하게 사는 도리를
제정한 적이 없다(교부문헌 총서 17. 신국론, p.2746)/
Historia adversus paganos. 이교인 반박 역사/
Intendite: ecce in tenebris erat, quando paganus erat;
modo jam christianus factus est. 주의해서 들어 보십시오.
그가 외교인일 때는 어둠 속에 있었지만 지금은
그리스도인이 되었습니다.(최익철 신부 옮김, 요한 서간 강해, p.93).

pagátim, adv. 촌에서 촌으로

pagélla, -æ, f. 작은 책장의 한 면

pagénsis, -is, m. 시골사람(시골뜨기.촌사람), 농부

págĭna, -æ, f. 책장의 한 면, 면(面.⑨ page), 장(章),
작은 장부의 한 면(⑨ page), 페이지(⑨ page).
paginæ "obscuræ" Sacrarum Litterarum.(⑨ The "dark"
passages of the Bible) 성경의 "어두운" 면들/
quasi in extrémâ pagina. 거의 마지막 페이지에/
Quæstiones de divina pagina. 성서문제(멜런의 로베르또 지음)
Quæstiones de epistolis Pauli. 바오로 서간 목록.
(멜런의 로베르또 지음)/
Sacra Pagina. 거룩한 글, 거룩한 기록.

pagínŭla, -æ, f. 작은 면(⑨ page), 작은 장부의 한 면.

pago, -ĕre, tr. = **pango**

pagus, -i, m. 마을(κώμη.κώμας), 촌락(χώρα),
시골(χώρα), 구역, 지역, (城을 두르지 않은) 마을.

pala, -æ, f. 삽, 가래, 부삽, 반지의 거미발

palabúndus, -a -um, adj. 방랑하는, 정처 없이 떠돌아다니는.

palácra(**palácrána**), -æ, f. 지금(地金)

palæográphĭa, -æ, f. 고문서학, 고문자학, 고자체(古字體)
Palæographia Græca. 그리스 고문서학.

Palǽstina(-ne) -ǽ(-es), f. 팔레스티나

palǽstra, -æ, f. 격투(씨름) 연습장, 각종 경기 연습장,
　도장, 체육장, 레슬링, 웅변 연습장, 학교.

palǽstrĭcus, -a -um, adj. 경기 연습장의, 체육장의,
　도장의, 씨름의. m. 씨름사범, 체육 선생.
　f. 씨름, 레슬링(⑨ wrestling), 경기.

palǽstríta, -æ, m. 씨름꾼, 씨름사범, 체육선생

palǽstro, -áre, intr. 씨름(경기) 연습에 전념하다

palága, -æ, f. 지금(地金)(제품으로 만들거나 세공하지 않은 황금), 금괴.

palam, adv. 드러나게, 숨김없이, 만인 앞에서,
　공적으로(publice, adv.), 공공연하게, 알려지게, 면전에서.
　Etsi taceas, palam id quidem est.
　당신이 아무리 입을 다물고 있어도 사실은 명료하다.

Palam est res. 다 아는 바이다. 알려진 일이다.

palam populo. 국민 앞에서

palángæ, -arum, f., pl. 막대기, 목도(여러 사람이 무거운 물건
　이나 돌덩어리를 밧줄로 얽어 어깨에 메고 옮길 때 쓰는 굵고 긴 막대기)
　목도(몽둥이), 굴림대, 막대기.

paláris, -é, adj. 말뚝의, 버팀목의

palangárĭus(=phalangárĭus), -i. m. 목도꾼
　굴림대로 무거운 물건을 옮기는 사람.

palange(=phalange), -árum, f., pl.
　굴림대, 목도(몽둥이), 막대, 몽둥이.

palátĭo, -ónis, f. 말뚝 박음

palátĭum¹ -i, n. 옛 로마의 일곱 언덕 중 하나

palátĭum² -i, n. 궁전, 왕궁, 관저, 호화로운 저택.
　magister palatii. 황궁의 스승/
　Melius et tutius prosilitur in cælum de turgurio
　quam de palatio. 궁전에서보다 보잘 것 없는 헛간
　에서 하늘로 향하는 것이 더 좋고 안전하다/
　Peripateticus Palatinus. 궁중 소요(逍遙) 학자.

Palátĭum meum. 나의 왕궁(인칭대명사의 속격인 mei, tui, sui.
　nostri, vestri는 언제나 객어적 속격이므로 이를 주어적 속격으로는 쓸 수
　없다. 따라서 주어적 속격의 뜻을 표시하기 위해서는 각 인칭에 상응하는
　소유대명사(meus, tuus, suus, noster, vester)를 써야 한다).

Palátĭum regis. 왕의 궁전, 왕궁

Palátĭum regium. 왕궁(palatium regis.)
　(소유 속격은 다른 명사의 소유주를 표시하는 부가어이다.
　즉 '누구의 것인가'하는 물음에 대답이 될 말이다).

palátum, -i, n. (解) 입천장, 구개(口蓋-입천장),
　미각, 심미감각, 천공(天空-한없이 넓은 하늘),
　tergĕre palatum. 입천장을 간질이다 즉 아부하다(아첨하다).

pálea, -æ, f. 짚, 볏짚, 밀짚, 지푸라기, 왕겨(벼의 겉겨).
　Vos grana adloquitur; et qui palea erant, audiant, et
　grana fiant. 이 말씀은 밀인 여러분에게 주는 말씀입니다.
　가라지인 사람들은 잘 듣고 밀이 되기를 바랍니다.
　[교회는 거룩한 삶과 죄스런 사람이 섞여 있는 '뒤섞인 몸(corpus permixtum)과
　같다는, 아우구스티노의 '뒤섞인 교회(ecclesia permixta) 이론이다.
　-그리스도교 교양 3,32,45 참조. 교회는 밀과 가라지가 뒤섞여 있는 밭과 같고
　(마태 13, 24-30), 겨와 알곡이 뒤섞인 타작마당과 같으며(마태 3, 12); 금 그릇과
　질그릇이 뒤섞여 있는 집안과 같다(2티모 2, 20). 가라지를 뽑아내거나, 나쁜
　물고기를 골라낼 수 있는 권한은 오로지 하느님께 있고, 가라지를 불태우고 나쁜
　물고기를 내버리는 일은 세상 마지막 날에 주님 몸소 하실 몫이라는 것이다].
　(최익철 신부 옮김, 요한 서간 강해, p.174~175).

palea æris. 구리 부스러기(æs, æris, n. 구리)

paleális, -e, adj. 짚의, 밀짚의, 볏짚의, 지푸라기의.

pálĕar, -áris. n. 소 목 부분의 처진 가죽, 인후(咽喉)

paleáris, -e, adj. 왕겨의, 짚의

paleárĭum, -i, n. 헛간

paleátus, -a -um, adj. 밀짚 섞인, 왕겨 섞인

paleográphĭa, -æ, f. = palæográphĭa 고문서학

palimpíssa, -æ, f. 다시 녹인 송진(松津)

palimpséstos(-us) -i, m. 재기록 양피지 사본,
　(썼다가 지워서) 다시 이용된 양피지(羊皮紙).

palingénĕsis, -is, f. 재생(再生-거듭 남), 세례(洗禮),
　전생, 윤회(輪回). (生) 반복발생.

palinódĭa, -æ, f. 반복노래, 후렴(後斂)
　앞에서 말한 것을 번복함, 바꾸어 딴말을 함.

pálĭtor, -ari, dep., intr. 방랑(放浪)하다

paliúrus, -i, f., m. (植) 갯대추나무

palla -æ, f. (⑨ pall.獨 Kelchvelum)

성작 덮개, 성보(聖褓)(성작 덮개의 옛 말),
고대 로마의 길고 넓은 부인용 외투(망토),
수도복 망토, 관(棺)에 씌우는 검은 보.

pállăca, -æ, f. 첩(妾-小室), 시앗(남편의 첩)

pallacána, -æ, f. (植) 골파

Pálladis arbor. 올리브 나무

pallens, -éntis, p.prœs., a.p. 핏기가 없는, 창백한,
　파랗게 질린, 누렇게 뜬, 빛깔이 죽은, 퇴색한,
　어두운, 검은, 위태로운, 나쁜.

pállĕo, -ŭi, -ére, intr., tr. 핏기가 가시다, 창백해지다,
　파랗게 질리다, 색이 바래다, 퇴색하다.
　(일, 피로, 탐욕 따위로) 초췌해지다, 겁에 질리다,
　얼굴빛이 누렇게 뜨다, 근심하다, 걱정하다.
　두려워하다, 무서워하다, 겁내다.

pallésco, pállŭi -ĕre, inch., intr.
　창백해지다, 겁에 질리다, 파랗게 질리다, 퇴색하다.

palliástrum, -i, n. 다 떨어진 외투

palliástus, -a -um, adj. 희랍식의 외투를 입은.

pallídŭlus, -a -um, adj. 약간 창백한

pállĭdus, -a -um, adj. 창백한, 핏기가 가신, 초췌한,
　파랗게 질린, 색이 바랜, 퇴색한, 어두운, 컴컴한.

pállĭo, -áre, tr. 가리다, 겉꾸미다, 가식하다

palliolátim, adv. 외투를 입고

palliolátus, -a -um, adj. 희랍식 주의(周衣)를 입은

palliŏlum, -i, n. 두건 달린 희랍식 외투, 작은 주의(周衣),
　두건(頭巾), 제관들이 머리에 쓰는 고깔.
　Sæpe est etiam sub palliolo sordido sapientia.
　누추한 외투 밑에도 종종 지혜가 깃들어 있다
　(가난하거나 비천해도…).(성 ేబ 지음. 고전 라틴어. p.74).

pállĭum, -i* n. 빨리움(교황.대주교의 제복의 일부로 어깨 앞뒤로
　둘러 걸치는 양털로 된 흰 띠), 희랍식의 주의(周衣), 망토, 외투.
　Emissem pallium, si nummos haberem.(Seneca).
　나는 돈이 있다면 외투를 샀을 것이다/
　excutio pállium. 외투를 뒤지다/
　Postulatio pallii. 선출된 대주교 임명 요청/
　taxa pallii. 빨리움 사례금.

pállĭum altaris=Antependium. 제대 앞의 하수포(下垂布)

pallor, -óris, m. 창백(蒼白-해쓱함), 핏기 가심,
　(얼굴빛이) 누렇게 뜸, 초췌(憔悴-파리하고 해쓱함),
　공포(獨 terror.獨 die Furcht), 경악, 바랜 빛깔.

Pallottini Frthers. 팔로티시 수도회.
　(⑨ Society of the Cacholic Apostolate, 1990년 5월 1일 한국 진출).

pallui, "pállĕo"의 단순과거(pf.=perfectum),
　"pállésco"의 단순과거(pf.=perfectum).

pállŭla -æ, f. 부인용 작은 외투(外套)

palma, -æ, f. 손바닥, 손(ㅁㄱㄱ.χεῖρ), 승리, 우승,
　(植) 종려가지, 종려나무, 포도나무의 새(햇) 가지,
　그리스도와 순교자의 승리의 상징(시편 91. 13; 묵시 7, 9).
　Dominica Palmarum. 성지주일/
　palmæ facilis ad scandendum. 오르기 쉬운 종려나무.

palmáris, -e, adj. 손바닥만 한, 한 뼘 되는,
　칭찬 받을만한, 훌륭한, 굉장한.

palmárĭum, -i, n. 우수한 것, 걸작(magnum opus.),
　역작(力作-힘들여서 만든 작품), (승소한) 변호사 사례금.

palmátĭas, -æ, m. 지진의 진동.

Palmatorium. [bugia, -æ, f..Scotula]
　(주교 예식용) 촛대(백민관 신부 엮음, 백과사전 1, p.422; 3, p.80)

palmátus, -a -um, adj.
　손바닥 자국이 난, 손바닥 모양의, 종려가지로 장식된.

palmes, -mĭtis, m. 포도가지, 포도나무의 새(햇) 가지.
　Ego sum vitis, vos palmites.(⑨ I am the vine, you are
　the branches) 나는 포도나무요 너희는 가지다(요한 15, 5)/
　Sicut palmes non potest ferre fructum a semetipso nisi
　manserit in vite, sic nec vos, nisi in me manseritis.
　가지가 포도나무에 붙어 있지 않으면 스스로 열매를
　맺을 수 없는 것처럼, 너희도 내 안에 머무르지 않으면
　열매를 맺지 못한다(요한 15. 4).

palmétum, -i, n. 종려나무 숲(밭).

Cœlente Palmetum. 천상의 올리브 밭(17세기 일일기도서).

pálmĕus, -a -um, adj. 손바닥만 한, 손바닥 크기의,
한 뼘 되는, 종려나무(가지)로 만든.

pálmífer, -fĕra, -fĕrum, adj. (palma+fero)
종려를 가진, 종려를 생산하는.

palmipedális, -e, adj. (palmus+pedális)
한 자(尺)와 한 뼘 길이의.

palmo¹ -ávi, -átum, -áre, tr. 손바닥 자국을 내다.

palmo² -áre, tr. 포도나무의 새가지를 붙들어 매다.

pálmŭla, -æ, f. 작은 손, 작은 손바닥, 종려열매

palmus, -i, m. 손바닥, 뼘(길이의 단위)

palo, -ávi, -átum, -áre, tr. (포도나무를) 말뚝으로 버티다.

palor, -atus sum -ari, dep., (palo, -are.) intr.
뿔뿔이 흩어지다, 해산하다, 방황하다, 방랑(放浪)하다.

palpábĭlis, -e, adj. 손으로 만져볼 수 있는, 감촉할 수 있는.

palpaméntum(=palpamen, -mĭnis,) -i, n. 만짐,
어루만짐, 쓰다듬음, 아첨(阿諂). (醫) 촉진(觸診).

palpate, 원형 palpo¹ -ávi, -átum, -áre,
[명령법. 현재 단수 palpa, 복수 2인칭 palpate].

Palpate me et videte.(⑨ Touch me and see).
나를 만져 보아라(성경)/자, 만져보아라(공동번역)/
나를 만지고 살펴보시오.(200주년 신약성서 루카 24. 39).

palpátio, -ónis, f. 어루만짐, 더듬음, 쓰다듬음,
아첨(阿諂), (醫) 촉진(觸診-한방에서, 환자의 몸을 문지르거나
눌러 보고 그 반응으로 병증을 헤아리는 진찰법).

palpátor, -óris, m. 어루만지는(쓰다듬는) 사람,
만지는 사람, 아첨자(阿諂者)

pálpĕbra, -æ, f. (주로 pl.) 눈꺼풀, 속눈썹

palpebrális, -e, adj. 눈꺼풀의

palpebrátio, -ónis, f. 눈 깜빡임

pálpĕbro, -áre, intr. 눈 깜빡이다

palpitátio, -ónis, f. (심장의) 고동(鼓動), 두근거림, 脈搏

pálpĭto, -ávi, -átum, -áre, freq., intr. 심장(맥박)이 뛰다,
두근거리다, 펄떡이다, 경련을 일으키다.

palpo¹ -ávi, -átum, -áre, (palpor, -átus sum, -ári, dep.),
tr. 만져보다, 어루만지다, 쓰다듬다, 애무하다.
아첨하다(남에게 잘 보이려고 알랑거리며 비위를 맞추다), 아부하다.

palpo² -ónis, m. 아첨자(阿諂者)

palpum, -i, n. (=palpus, -i, m.) 애무(愛撫), 쓰다듬음, 아첨

paludaméntum, -i, n. (장군이나 사령관의) 군용외투

paludátus, -a, -um, adj. 군용 외투를 입은

paludívăgus, -a, -um, adj. (palus²+vagor¹)
늪지대를 방황하는(헤매는).

paludósus, -a, -um, adj. 늪지대의, 소택지의, 습지의.

palumba, -æ, f. 산비둘기

palúmbes, -is, f., m. (=palumbus, -i, m.)
(=palumba, -æ, f.) 산비둘기,
palúmbem ad áream alci addúcere.(누구에게나 산비둘기를
잡을 수 있도록 타작마당으로 몰아주다. 즉) 좋은 기회를 제공하다.

palúmbŭlus, -i, m. 귀여운 산비둘기(새끼) (愛稱)

palus¹ -i, m. 말뚝, 기둥, 막대기, 십자가의 세로목(종목),
군사 훈련용 말뚝, 한계선 푯말.

palus² -údis, f. 늪지대, 소택지(沼澤地)
수렁(곤죽이 된 진흙이나 개흙이 많이 괸 곳), 습지(濕地), 진펄.

Palus non látior pedes quinquaginta.
50척 이상은 넓지 못한 진펄.

palúster, -tris, -tre, (palústris, -e) adj.
소택지의, 늪이 많은, 진펄의, 수렁의.

pammáchĭum(-chum) -i, n. 권투와 씨름을 혼합한 경기.

pampinátio, -ónis, f. 포도넝쿨의 잎 따주기.

pampinátor, -óris, m. 포도넝쿨의 잎 따주는 사람.

pámpĭno, -ávi, -átum, -áre, tr. 덩굴손을 자르다,
연한 가지를 자르다(꺾다), 잎을 따주다.

pampinósus, -a, -um, adj. 새싹과 잎이 많은.

pámpĭnus, -i, m. 포도나무 순, 식물의 덩굴손,
포도나무의 새(햇) 가지, 포도나무 잎, 덩굴 손.

Pan¹ -nis(nos), m. 숲.들.목동의 신(머리에 뿔이 있으며
다리는 양을 닮았고 일곱 개의 대롱으로 된 피리를 불고 있음).

pan²("모든 범, 총" 따위의 뜻을 주는) 접두사

panacéa, -æ, f. (=panaces, -is, n.) 만병통치의 약초.

panarĭólum, -i, n. 빵 광주리

Panarion 약상자(살라미스의 에피파니우스 지음)

panárĭum, -i, n. 빵 바구니

panárĭus, -i, m. 빵 장수

panax, -ăcis, m. (植) 만병통치의 영약

panax Schinseng. (植) 야생 인삼, 산삼(山蔘)

panchrus, -i, m. (鑛) 단백석(蛋白石), 오팔(⑨ opal)

Pancarta(Cartularium, codex diplomaticus)
기록문서 대장(이 문서들은 외교문서 형식으로 되어 있기 때문에
Codex diplomaticus라고도 했어)(tours의 그레고리우스는 이 시기의 Chartanum-
tomi에 대하여 언급했다). 현존하는 기록대장 수사본은 9, 10, 11세기의 것이
가장 오래된 것들이다. 현존하는 대부분의 수사본들은 13세기 또는 그 이후의
것들이다. 백과사전 신부 엮음, 백과사전 1, p.577).

pancratiástes, -æ, m. (권투와 씨름의 혼합식)
투기(pancratium)의 경기자(우승자).

pancrátĭon, -i, n. (植) 꽃상치

pancrátĭum(-ĭon²) -i, n. (주먹.팔굽.발길을 사용
하여 하는) 권투(拳鬪)와 씨름의 혼합식 투기.

páncrĕas, -atis, n. (解) 췌장(膵臟), 지라(脾臟)

pancreatítis, -titidis, f. (醫) 췌장염

panctum, "pango"의 목적분사(sup.=supínum)

pandéctæ, -árum, m., pl. 전집, 백과사전, 총람(總攬)

pandémĭa, -æ, f. (醫) 대유행, (전국적.세계적) 유행병.

pandémus, -a -um, adj. 유행병의, 유행성의

pandi, "pando²"의 단순과거(pf.=perfectum)

pandiculátĭo, -ónis, f. 기지개(몸을 죽 펴고 팔다리를 뻗는 짓)

pandícŭlor, -ári, dep., intr. 하품하며 기지개 켜다

Pandion haliætus. (鳥) 물수리

pandis, 원형 pando² pandi, pansum(passum) -ere,
[직설법 현재 단수 1인칭 pando, 2인칭 pandis, 3인칭 pandit]
복수 1인칭 pandimus, 2인칭 panditis, 3인칭 pandunt].
O Salútaris Hóstia Quæ cáeli pándis óstium.
천국 문을 여시는, 오 구원의 희생제물이시여.

pando¹ -ávi, -átum, -áre, intr. 굽다, 휘다.
tr. 굽히다, 굴곡케 하다.

pando² pandi, pansum(passum) -ere, tr.
펴다, 벌리다, 확장하다, 펼쳐놓다, 널다, 펴서 말리다.
열다(תּחַ.ﬢﬨ), 개척하다, 드러내다, 개방하다.
쪼개다(חַג.חַ), 뚫다, 설명하다, 풀이하다,
알려(일러) 주다, 공표(公表)하다, 선전(宣傳)하다.
unus de Trinitate passus est in carne.
삼위일체의 한 분이 인간이 되셔서 고통을 겪으셨다.

pando januam. 문을 열다.

Pando rupem ferro. 쇠로 바위를 쪼개다.

pando uvam in sole. 포도를 햇빛에 말리다.

pando viam fugæ 도망갈 길을 개척하다.

pando viam rupem ferro. 쇠로 바위를 쪼개다.

pandúra, -æ, f. 삼현금(三絃琴), 기타모양의 삼선 악기

pandus, -a -um, adj. 둥글게 굽은, 휜

panegýrĭcus, -a, -um, adj. 대중 앞에서 예찬하는,
칭찬(찬양) 하는. m., pl. 칭찬하는 연설(글), 송덕문.

Panentheismus, -i, m. (그리스어 Pan '모든 것'+en '안에'+theos
'하느님'의 합성어) 만유재신론(萬有在神論)
만유신론(萬有神論-범신론)(교부문헌 총서 15, 신국론, p.461).

pange, 원형 pango, pépĭgi, pactum, pangĕre, tr.
[명령법 단수 2인칭 pange, 복수 2인칭 pangite].

Pange Lingua(⑨ Sing, My Tongue) 입을 열어 찬미하세,
성체 찬미가, 허들아 찬미하여라
노래하자 성체 보혈(성체성혈 대축일 저녁기도).

Pange, lingua, gloriósi Córporis mystérium,
Sanguinísque pretiósi, quem in mundi pretium
fructus ventris generósi Rex effúdit Géntium.

Nobis datus, nobis natus ex intácta Vírgine,
et in mundo conversátus, sparso verbi sémine,
sui moras incolátus miro clausit órdine.

In suprémæ nocte cenæ recúmbens cum frátribus
observáta lege plene cibis in legálibus,

cibum turbæ duodénæ se dat suis mánibus.

Verbum caro, panem verum verbo carnem éfficit:
fitque sanguis Christi merum, et si sensus déficit,
ad firmándum cor sincérum sola fides súfficit.

Tantum ergo Sacraméntum venerémur cérnui:
et antíquum documéntum novo cedat rítui:
præstet fídes suppleméntum sénsuum deféctui.

Genitóri, Genitóque laus et iubilátio,
salus, honor, virtus quoque sit et benedíctio:
procedénti ab utróque compar sit laudátio. Amen. Alleluia.

소리 높여 찬양하라 영광된 주의성체 고귀하신 주의 성혈
세상을 구하시려 태어나신 만민의왕 당신 피 흘리셨네
[하야, 찬미하라. 영광스러운 성체와 보배로운 성혈의 신비를, 고귀하온 태중의
아들께서 세상의 죄 값을 위하여 (성혈을) 백성의 임금께서 흘리셨네]
우리 위해 나셨도다. 동정녀 태중에서 두루 세상 다니시며
말씀을 전하시고 세상살이 마치실제 묘한 길 걸으셨네
[(그분은) 우리에게 주어지셨고, 우리를 위하여 순결하신 동정녀에게서 태어
나셨으며, 세상에서 변화하였고, 말씀의 씨앗이 뿌려지고 난 후(말씀의 씨앗을
뿌리신 후에) 자신의 지상에 머무른 시간들을 기묘한 질서로 마무리하셨네]
최후만찬 그 저녁에 제자들을 모으시고 구약율법 지키시며
법 따라 잡수시고 당신 몸을 음식 삼아 열두 명 먹이셨네
[최후의 만찬 밤에 제자들과 함께 식탁에 다가앉아,
율법이… 율법에 나온 대로의 (과월절) 음식을 잡수어 충실히 지켜진 후,
열두 제자들에게 음식인 자신을 당신의 손으로 주시네]
천주성자 말씀으로 참 빵이 살이 되고 순 포도주 피가 되니
오랜이 못 밀어도 신앙하나 우리 맘을 굳게히 믿게 하네.
[말씀이 육이 되고 실제 빵을 말씀으로 살로 만드시고, 그리고 순 포도주가
그리스도의 피가 되네. (그것으로 헤아릴) 감각이 부족하다면, 진실한 마음을
견고하게 하기 위해서는 오직 하나뿐인 믿음이면 족하네]
크시고도 크신 성사 엎드려 경배하니 옛날 예식 물러가고
새 예식 세워졌네 감각기능 부족함을 신앙이 채워주네
[그러므로, 이토록 저희 엎드려 (성체) 성사에 공경 드리세,
옛 계약이 새 예식으로 끝마치도다. 감각의 부족에도 신앙이 보충을 이루게 하소서]
성부께와 성자께와 찬미와 찬양기쁨 구원일에 능력 함께
축복이 있도소서 성령께도 같은 찬미와 환희 있으소서 아멘.
[성부와 성자께, 찬미와 환희와 구원과 영예와 권능과 축복이 있나이다.
그리고 양쪽에서 발하시는 성령께도 같은 찬미가 있나이다]
-1264년에 새로 제정된 그리스도의 성체성혈대축일을 맞아 교황 우르바노 4세의
특별한 요청으로 성 토마스 데 아퀴노가 쓴 다섯 개의 찬미가(Ador te devote,
Lauda Sion, Pange Lingua, Sacris Solemniis-Panis Angelicus,
Verbum Supernum-O Salutaris) 중 하나이다. 마지막 두 연은 Tantum Ergo로
알려져 있으며 성체강복에 사용된다. 그리스도의 성체성혈 대축일 제1저녁
기도와 이 축일의 행렬 찬미가와 주님 만찬 성 목요일에 사용된다.
황치헌 신부 지음, 미사통상문을 위한 라틴어, pp.416~426].

Pange lingua gloriosi.
나의 혀여 영광스런 이 싸움을 찬미하라.
pango, pépǐgi(panxi, pēgi), pactum(panctum), -ěre, tr.
박다(□□), 처박다, 든든하게 고정시키다, 꽃다,
(나무 따위를) 심다(□□□□), 글(詩)을 짓다, 쓰다,
노래로 찬미하다, 맺다, 협정하다, 약정하다, 작정하다,
결정(決定)하다, 약혼(約婚) 시키다.
Pange lingua(성 목요일 행렬 때 부르는 노래)
혀들아 찬미하라 (→ "내 입술이여 찬미하라")/
se pango alci. 약혼하다.
pango indutĭas. 휴전협정을 맺다.
pango ramulum. 나뭇가지를 심다 .
pango términos. 경계를 정하다.
panicéllus, -i, m. 작은 빵
panicĭum, -i, n. (植) 기장(볏과의 일년초)
seritur(terra) pánico. 땅에다 기장을 심는다.
panicǔum bisulcátum. (植) 개기장(蒜)
panicǔla, -æ, f. (植) 원추화서(圓錐花序),
(보리.기장.벼 따위의) 팬 이삭.
panicǔlus, -i, m. 작은 빵
pánĭfex, -fícis, m. (panis+fácio) 빵 제조인.
panífica, -æ, f. (panis+fácio) 빵 제조인(製造人)
panificĭum, -i, n. (panis+fácio) 빵 제조업, 제과, 빵.
panifícus, -i, m. (panis+fácio) 빵 제조인.
panis, -is, m. 빵(□□?.ἄρτος).֍ Bread.獨 Brot.
프 pain, 떡(영ㄷ?ἄρτος), 양식,
제병(֍ Bread, Host)(=particula consecrata.),
Fractio panis(֍ Fraction/Breaking of Bread.
獨 Brotbrechen) 빵 나눔, 빵 쪼갬.
accepit panem et gratias agens fregit, deditque discipulis
suis, dicens. 빵을 들고 감사를 드리신 다음 쪼개어
제자들에게 주시며 말씀 하셨나이다/

Aquæ furtívæ dulciores sunt, et panis in abscondito
suavior. (aːrtwn krufi,wn hˋde,wj a[yasqe kai. u[datoj kloph/j
glukerou/) (֍ Stolen water is sweet, and bread gotten
secretly is pleasing!) 훔친 물이 더 달고 몰래 먹는
빵이 더 맛있다!(성경 잠언 9. 17)/훔친 물이 더 달고
몰래 먹는 떡이 더 맛있다(공동번역 잠언 9. 17)/
Comedunt enim panem impietatis et vinum
iniquitatis bibunt. (oi[de ga.r sitou/ntai si/ta avsebei,aj oiˌnwǀ
de. parano,mwǀ mequ,skontai) (֍ For they eat the bread of
wickedness and drink the wine of violence)
그들은 불의의 빵을 먹고 폭력의 술을 마신다(성경
잠언 4. 17)/그들은 불의로 얻은 양식을 먹고 강제로
빼앗은 술을 마시는 자들이다(공동번역 잠언 4. 17)/
multiplicátio panis. 빵과 물고기의 기적, 오병이어.
(마태 14. 19: 마르 6. 41: 요한 6. 11)/
Non in solo pane vivit homo, sed in omni verbo Dei.
사람이 빵으로만 살지 못하고
하느님의 모든 말씀으로 살리라(마태 4. 4 참조)/
Panem cælestem accipiam, et nomen Domini invocabo.
(֍ I will take the Bread of heaven, and call upon the
Name of the Lord) 제가 하늘의 빵을 가지고 주님의 이름
을 부르리다/천상 양식을 받고 주님의 이름을 부르리라/
Panem et circenses. 빵과 서커스 놀이를/
panes occultos libenter edite, et aquam dulcem furtivam
bibite. 감추인 빵일랑 즐거이 자시오. 달디 단 물일랑
몰래 마시시오.(고백록 3.6.11.)/
panes propositionis. 공궤(供饋-윗사람에게 음식을 드림)의 빵,
제헌의 빵, 봉헌 빵(탈출. 25, 30 : 마태 12, 4)/
Venite, comedite panem meum et bibite vinum, quod
miscui vobis. (eːlqate fa,gete tw/n evmw/n aˌrtwn kai pi,ete
oi=non o]n evke,rasa uˋmi/n) (֍ Come, eat of my food, and
drink of the wine I have mixed!) 너희는 와서 내 빵을
먹고 내가 섞은 술을 마셔라(성경 잠언 9. 5)/와서 내가 차린
음식을 먹고 내가 빚은 술을 받아 마시지 않겠소?(공동번역).

panis angelicus. 천사의 빵(양식)
Panis angelicus fit panis hominum;
dat panis cælicus figuris terminum;
O res mirabilis: manducat Dominum
pauper, servus et humilis.
Te trina Deitas, Unaque poscimus,
Sic nos tu visita, Sicut te colimus;
Per tuas semitas Duc nos quo tendimus,
Ad lucem quam inhabitas.
The bread of the angels becomes the bread of man;
the bread of heaven is given a bounded form.
O wondrous thing!
The poor, the slave and the humble man feed on their lord.
Of you, threefold and one God, we ask:
Come to visit us as we worship you;
lead us on your paths to where we want to go:
to the light in which you dwell.(English translation)
Le pain des anges Devient le pain des hommes.
Le pain du ciel met Un terme aux symboles.
O chose admirable! Il mange son Seigneur
Le pauvre, le serviteur, le petit.
Dieu Trinite Et Un, nous te le demandons, Daigne par ta visite
Repondre a nos hommages. Par tes voies, conduis-nous
Au but ou nous tendons, A la lumiere ou tu demeures.(French translation)
천사의 양식은 인간들의 양식이 되고,
천상의 양식은 (성체의) 예표들에 끝을 맺어주시네.
오 오묘한 일이여, 가난하고 비천한 종이 주님을 영하나이다.
삼위일체 하느님, 저희는 당신께 청하나이다.
저희가 당신을 흠숭 하는 것과 마찬가지로, 그렇게 저희를 찾아오소서.
당신의 길을 통하여, 우리가 향하려고 애쓰는 곳으로,
당신께서 머무르고 계시는 빛으로 우리를 인도하소서.
황치헌 신부 지음, 미사통상문을 위한 라틴어, pp.533~537]

Panis autem, quem ego dabo, caro mea est pro mundi
vita.(֍ The bread I will give is my flesh, for the life of
the world) 내가 줄 빵은 세상에 생명을 주는 나의 살이다(요한 6, 51).
panis azymus.(֍ unleavened bread) 누룩 없는 빵.
panis exorciatus. 구마 된 빵.
panis fermentatus. 누룩들은 발효된 빵.
Panis hic remissio peccatorum. 이 빵은 죄를 용서해 준다.
[391년 암브로시오가 창세기 49장에 나오는 '야곱의 마지막 축복'을
주석한 작품.「성조」9, 39에 나오는 대목이다.]

panis hordeaceus. 보리떡(빵)(=maza, -æ, f.)

Panis ille quem videtis in altari, sanctificatus per Verbum Dei, corpus est Christi.
여러분이 보고 있는 제대 위에 놓인 저 빵은
하느님의 말씀으로 축성된 그리스도의 몸입니다.

Panis qui de cælo descendit(⑨ The bread come down from heaven) 하늘에서 내려온 빵.

panis quotidianus. 매일의 빵.

panis siccus. 아무 것도 곁들이지 않은 맨 빵.

panis sordidus. 조악한 빵(panis secundus.)

panlogísmus, -i, m. 범논리주의(汎論理主義)

pánnĕus, -a -um, adj. 누더기의, 남루한

pannículus, -i, m. 천 조각, 걸레조각, 헝겊

pannisellus, -i, m. 주교(대수도원장) 지팡이 끝 덮개.
(백민관 신부 엮음, 백과사전 3. p.82).

pannósĭtas, -atis, f. 쭈글쭈글함.
cute perditus. 쭈글쭈글한 병자(노인).

pannósus, -a -um, adj.
떨어진 옷의, 누더기의, 남루한 옷을 입은, 쭈글쭈글한.

pannúcĕa(-īa), -orum, n., pl. 누더기 옷

pannúcĕus(-cīus) -a -um, adj.
남루한, 누더기를 입은, 쭈글쭈글한, 주름살 있는.

pánnŭlus, -i, m. 천 조각, 남루한 옷, 누더기 옷

pannus, -i, m. 천(布), 옷감, 옷(ἰμάτιον.⑨ Clothing),
깃저고리, 포대기(강보), 이동 천개(天蓋),
주교의 무릎덮개. (醫) 붕대.

pannuvéllĭum, -i, n. 가락꼬치에 감은 실.

pannychísmus, -i, m. 철야(徹夜-밤새움), 밤샘.

pannýchĭus, -a -um, adj. 철야의, 밤새우는

Panope, -es, (Panopea, -æ,) f. 바다의 요정

panósus, -a -um, adj. 빵의, 영양분 있는, 빵의 성질 있는.

panpsychísmus, -i, m. 범심론(汎心論.⑨ pantheism)

pansum, "pando²"의 목적분사(sup.=supínum)

pantex, -tícĭs, m. (解) 위(胃), 밥통(胃), 배(腹).

pantheísmus, -i, m. (그리스어 pan '모든'+theos '하느님'의 합성어)
범신론(⑨ pantheism. 하느님과 만물은 같은 것이라는 철학설. 1705년
이신론자 J. Toland이 이 용어를 처음 썼다), 만유신교.

pantheísmus emanatísticus. 유출론적 범신론

pantheísmus evolutionísticus. 진화론적 범신론

pantheísmus evolutívus. 발전적 범신론

pantheísmus idealísticus. 관념론적 범신론

pantheísmus realis. 실재적 범신론

panther, -ěris, m. (動) 표범, 야수 사냥용 그물.

panthéra, -æ, f. 암표범(varia, -æ,), 사냥 그물.

pantherínus, -a -um, adj. 표범의, 표범무늬의, 교활한.

Pantocrator(희랍어 Παντοκρατωρ 총통치자)
전지전능한 창조주 예수 그리스도.
[6세기경 제작된 이콘으로 목판에 밀랍화로 84·45.5cm 크기. 이집트 시나이
성 카타리나 수도원 소재. 예수님께서는 오른 손을 올려 신자들에게 축복을
내리고 있고 왼손에는 성경을 들어 보이는 도상.]

Pantodape historia. Eusebius 연대사.

pantomíma, -æ, f. 무언극 여배우(無言劇 女俳優).

pantomimus, -i, m. 무언극 배우(無言劇 俳優), 무언극.

pantopólĭum, -i, n. 백화점(receptaculum novitatum).

panxi, "pango"의 단순과거(pf.=perfectum)

papa¹ -æ, f. 아기들이 먹고 싶을 때 내는 소리.

papa² -æ, m. 아버지. (가) 교황(Παπας.⑨ Pope).
Novéna Papæ. 교황 서거 9일 기도/
Papæ Renascentiæ. 르네상스 교황(1440년대부터 1520년대에
이르는 르네상스 시대에 활동한 10명의 교황을 말함)/
Papæ titulus. 교황 직함(職銜)/
Ubi Papa, ibi Curia. 교황이 있는 곳에 정부가 있다.

Papa Angelicus. 천사 같은 아버지(목자)

Papa emerito. 명예 교황(265대 베네딕도 16세 지칭)

Papa jure deponit imperatorem.
교황은 법적으로 황제를 파면할 수 있다.

papæ, interj. (=babæ) 어어!, 어머나! 암 그렇지! 어렵쇼!.

papális, -e, adj. 교황의
Menses papales. 교황의 달(공석 성직록 보충이 교황에게 보류
되어 있는 홀수의 달. 백민관 신부 엮음. 백과사전 2. p.725)/

papale altare. 교황 전용 제대.

papalis cappella. 교황 미사에 돕는 사람 전체,
시스티나 성당 소속 성가대.

papalis consociátĭo. 교황청 설립단체

papárĭum, -i, n. 아기들 음식(죽)

papas, -æ, m. 길러준 아버지,
(동방교회) 사제(Pope는 이 말에서 유래 됨).

papátus, -us, m. 교황직위(敎皇職位), 교황권(敎皇權)

Papatus Avenionensis.(⑨ Avignon Papacy)
아비뇽 교황들

papáver, -ĕris, n. (植) 양귀비, 앵속(罌粟-양귀비).
vescum papaver. 땅을 먹어 들어가는 양귀비.

Papaver rhœas. (植) 개양귀비(⑨ Common Poppy)

papavérĕus, -a -um, adj.
앵속(罌粟)으로 희게 만든, 양귀비로 부드럽게 만든.

papaveráceæ, -árum, f., pl. (植) 양귀비과 식물

papílĭo, -ónis, m. (蟲) 나비, 천막(?갸), 군막.

Papilionidæ, -arum, (蟲) f., pl. 호랑나비과

papilla, -æ, f. (解) 유두, 젖, 젖꼭지, 유방(乳房)
구진(丘疹-살갗에 돋아나는 발진), 여드름, 장미꽃 봉오리.

papilláris, -e, adj. 유두의, 작은 돌기가 있는

papillátus, -a -um, adj. 젖꼭지 모양의, 봉오리진

papillóma, -ātis, n. (醫) 유두종(乳頭腫)

papíssa, -æ, f. 여교황(⑨ Popess)

papísta, -æ, m. 교황 지지자(敎皇 支持者)

papístĭcus, -a -um, adj. 교황의

papo, -áre, tr. (아기가) 먹을 것을 달라고 하다, 먹다.

papp… V. pap…

pappus, -i, m. 노인(老人.⑨ Elderly), 할아버지,
(민들레.엉겅퀴 따위 씨의) 관모(冠毛)

pápŭla, -æ, f. (醫) 구진(丘疹), 여드름, 뾰루지(뾰족하게
부어오른 작은 부스럼. 뾰루지. 뽀두라지), (植) 작은 융기, 혹.

pápŭlo, -áre, intr. 뾰루지가 생기다, 여드름 나다

papýrĭo, -ónis, m. 파피루스papýrus 숲

papýrĭus, -a -um, adj. papýrus의, papýrus로 만든,

papýrum, -i, n. 파피루스(종이)

papýrus, -i, f., m. 파피루스(방동사니과에 속하는 다년초), 종이.
Nash Papyrus. 나슈 양피지(히브리 구약성서 부분에서 생존하는
가장 오래된 사본으로 1902년 W.L. Nash가 이집트에서 입수한 양피지 단편
수사본. 이 사본은 기원 전 2세기의 것이다. 케임브리지 대학 도서관에 소장
되어 있다…. 백민관 신부 엮음. 백과사전 2. p.847).

pār, páris, adj. 같은(ὁμοιος), 동등한, 같은 정도의,
같은 수의, 필적하는, 상응한, 어울리는, 적당한.
par alci consílio. 지혜에 있어서 누구와 동등한/
Pares cum paribus facíllime congregántur. 유유상종.
(같은 사람들은 같은 사람들과 모이기 쉽다)/
pari intervállo. 같은 간격으로/
ut par fuit. 그랬어야 했듯이.

par cum pari. 동등한 입장

par est. 합당하다, 마땅하다, 어울린다.

Par in parem non habet imperium.
동등한 자는 동등한 자에 대하여 명령권이 없다.

par pari refero. 대갚음하다

pār, páris, m., f. 한 쌍, 배우자, 동료(φιλος.同僚),
m. (격투에 있어서의) 호적수. n. 쌍, 짝수, 같은 것.
ex pari. 같은 입장에서/
tria pária amicórum. 친구 세 쌍.

Par pari respóndet. 똑같이 보복(報復)하다

para-, prœvérbium. "옆, 병렬, 부, 종, 이외, 이(異), 역,
반대, 대립, 대항, 방호, 부정, 과오" 따위의 뜻을 주는 접두어.

para-liturgia. 유사 전례

parábĭlis, -e, adj. 쉽게 얻을(장만할) 수 있는.

parabiósis, -is, f. (生) 병체유합(並體癒合)

parábŏla, -æ, (=parábŏle, -es,) f. 비교, 대치, 대조,
비유(παραβολὴ), 비유담, 우화(?ων). (數) 포물선.
Nescitis parabolam hanc(⑨ Do you not understand this parable?) 너희는 이 비유를 알아듣지 못하겠느냐?(마르 4. 13)/
Parabolæ de oratióne(⑨ Parables of prayer). 기도의 비유/
Revertamur iterum ad Evangelii parabolam.

(⑩ We continue in our reading of the gospel parable)
우리가 읽고 있는 복음의 비유는 이렇게 계속 된다/
Variæ parabolæ(⑩ Various parables). 여러 가지 비유.
parabólĭce, adv. 비유적(比喩的)으로, 비유(比喩)를 들어.
parábŏlus, -i, m. 무모한 자, 목숨을 마구 던지는 자
paracentésis, -is, f. (醫) 천개(穿開), 천자술, 침술
paracharáctes, -æ, m. 화폐위조자(貨幣僞造者)
paracharágma, -átis, n. 위조 화폐(plumbeus nummus)
paracharáxĭmus, -a -um, adj. 위조 화폐의
paraclétus(paraclítus) -i, m. 법률고문, 변호인,
　보호자(προστάτις), 위로자(위안자), 안위자,
　성령(πη.πνεμα.γιον.⑩ Holy Spirit), 성신(聖神),
　파라클리토(성령.παράκλητος.⑩ Paraclete),
　협조자(παράκλητος.⑩ Paraclete), 보혜사(개신교 번역).
　Spiritus, qui scrutatur profunda Dei, a Iesu sermonem
　habente in Cenaculo nuncupatus est Paraclitus(⑩ The
　Spirit who searches the depths of God was called by
　Jesus in his discourse in the Upper Room the Paraclete)
　예수님께서는 다락방의 고별사에서, 하느님의 깊은 속을
　헤아리시는 영을 파라클리토라고 부르셨습니다/
　Spiritus veritatis est Paraclitus(⑩ The Spirit of truth is
　the Counselor) 진리의 영께서는 위로자이신 것입니다.
paracorólla, -æ, f. (植) 부화관(副花冠)
párăda, -æ, f. 작은 배 위에 치는 천막.
paradígma, -atis, n. 보기, 견본, 모범(⑩ Example).
　예증. ((文法)) (격어미.인칭 어미 변화의) 범례(範例).
paradisícŏla, -æ, m., f. (paradísus+colo) 낙원 거주자.
paradísus, -i, m. 낙원(παραδεισος.⑩ Paradise-
　아베스타어의 pairidáeza에서 유래), 에덴동산(נ .עדן).
　⑩ garden in Eden)(ὁ παραδεισος της τρυφης-칠십인역
　성서에는 창세기 3, 23절과 24절에 언급된 "에덴동산"을 "풍요의 정원"
　으로 번역함), 천국(⑩ regum cælorum.獨 Himmel).
　Amen dico tibi: Hodie mecum eris in paradiso.
　(⑩ Amen, I say to you, today you will be with me in
　Paradise) 내가 진실로 너에게 말한다. 너는 오늘 나와
　함께 낙원에 있을 것이다(성경 루카 23, 43)/
　An primos homines in paradiso constitutos ullis
　perturbationibus, priusquam delinquerint, affectos fuisse
　credendum sit. 원조들은 낙원에서 타락하기 전에 감정의
　동요를 느끼도록 만들어져 있었을까(교부문헌 총서 17, 신국론, p.2792)/
　Esse cum Jesu dulcis paradisus est.
　예수님과 같이 있는 것은 즐거운 낙원이다/
　Hymni de Paradiso. 에덴동산 찬가.
paradisus corporalis. 지상 낙원, 육적 낙원(신국론, p.1396).
paradisus spiritualis. 신령한 낙원, 영적 낙원(신국론, p.1396).
Paradosis. (그리스어) 전승(傳承.⑩ Tradition)
paradóxa, -orum, m., pl. 역설(그리스어: 분명한 모순),
　기론(奇論), 배리(背理), 모순되는 말.
　(사도 바오로는 가끔 역설의 방법으로 가르쳤다. sicut egentes, multos autem
　locupletantes: tamquam nihil habentes, et omnia possidentes. (⑩ as poor yet
　enriching many; as having nothing and yet possessing all things)
　가난한 자같이 보이지만 실은 많은 사람을 부유하게 합니다. 아무것도 가지지
　않은 자같이 보이지만 실은 모든 것을 소유하고 있습니다. 성경 2 코린 6, 10.
　백민관 신부 엮음, 백과사전 3, p.88).
paradóxi, -orum, m., pl. 같은 날 예기치 않게도 씨름,
　(lucta)과 권투(pancrátium)에서 둘 다 승리한 사람.
paradóxus, -a -um, adj. 예기치 않은, 의외의, 전대미문의
paræsthésĭa, -æ, f. (醫) 감각이상, 착감각증(錯感覺症)
paragóga, -orum, n., pl. (文法) 파생어(派生語)
paragóge, -es, f. 어미음 첨가,
　후첨(後添-한 단어에 한 자 또는 한 음절을 첨가함).
paragógĭa, -orum, n., pl. 수도(水道), 수도관
paragórĭcus, -a -um, adj. 진정(鎭靜)의, 진통의.
paragrámma, -ătis, n. 잘못 씀,
　오서(誤書-글자를 잘못 씀. 또는 잘못 쓴 글자)/lapsus calami.
parágrăphus, -i, f., m. 항("§"), 절(節)

*희랍어에서 온 다음과 같은 명사들은 여성이다
átomus, -i, f. 원자　　　dialéctus, -i, f. 방언, 사투리
diphthóngus, -i, f. 중음　méthodus, -i, f. 방법
parágraphus, -i, f. 조항, 절 períodus, -i, f. 시기, 시대, 단락

(한동일 지음. 카르페 라틴어 1권, p.30).
Paraliturgia.(⑩ Paraliturgy.獨 Paraliturgie)
　유사전례(類似 典禮)
parallelismus, -i, m. 평행. ((修)) 병행체(竝行體),
　대구법(對句法). (哲) 병행론(竝行論)
parallelismus membrorum. ((修)) 어구병행(語句竝行),
　對句法(로버트 로웃이 1753년 처음으로 사용한 라틴어 전문 용어로
　동의적, 반의적, 종합적 형태를 취한다).
parallélus, -a -um, adj. 평행의, 병행의, 서로 비슷한,
　상사(相似)의, 대응(對應)하는.
　Sacra Patallela. 거룩한 대응 비교, 거룩한 병행 구절.
paralogísmus, -i, m. 논과(論過), 비논리, 배리(背理)
parálysis, -is, f. (醫) 마비(痲痹), 반신불수, 중풍(中風)
paralýtĭcus, -a -um, adj. 마비된, 반신불수의, 중풍의.
paramēnĭa, -æ, f. (醫) 월경불순(月經不純)
paraméntica, -æ, f. (⑩ Church Ornaments Science)
　제복학, 제의학(백민관 신부 엮음. 백과사전 3, p.89).
paraméntum, -i, n. 제복, 제구, 제식장식, 장신구.
parangárĭa, -æ, f. 임시부역(臨時賦役), 비상 부역.
parangárĭus, -a -um, adj. 비상 부역의.
paranoĭa, -æ, f. (醫) 편집병, 편집증.
paranýmpha, -æ, f. 신부의 들러리.
paranymphus, -i, m. 신랑의 들러리.
paraphásĭa, -æ, f. (醫) 언어 착오증(言語 錯誤症)
paraphemĭa, -æ, f. (醫) 언어 착오증, 착어증(錯語症)
paraphenomena. 심령 현상
paraphernálĭa, -īum, n., pl. (法) 아내의 재산
paraphernális, -e, adj. 아내 재산의(소유물의)
paraphonía, -æ, f. 성음변조(聲音變調)
paraphonísta, -æ, m. 성가대의 선창자(先唱者)
paráphrăsis, -is, f. 풀이말, 주해(⑩ Exegesis-주석), 의역,
　해석(解釋), 부연설명(敷衍說明).
paraphrástes, -æ, m. 주해자, 주해자, 알기 쉽게 풀이하는 사람
paraphrénĭa, -æ, f. (醫) 편집성 치매(癡呆)
paraplégĭa, -æ, f. (醫) 하반신 불수
Parapleurus alliaceus. (蟲) 벼메뚜기 붙이
parapléxĭa, -æ, f. (醫) 부분마비
parapódĭum, -i, n. (動) 곤충 애벌레의 측각(側脚)
parapráxis, -is, f. 실언(lapsus linguæ.), 깜빡 잊어버림
parapsis, -idis, f. = parópsis 접시, 대접
parapsychologia. 심령과학(심령술. 혹은 의사擬似 심리학
　이라고도 함) ⑩ parapsychology.한국가톨릭대사전, p.5555).
parare pretio. 대가를 치르고 장만하다.
parárĭus, -i, m. 대리인, 중개인, 중재인
Parascéve, -es, f. 안식일 준비일(즉 성 금요일), 준비일,
　성 금요일(⑩ Good Friday).
　Feria sexta in Passione et Morte Domini.
　주님의 수난과 죽음을 기념하는 금요일.
parasiopésis, -is, f. (修) 묵설법, 궐어법(闕語法)
parasíta, -æ, f. 여자 식객(食客), 기식갱(寄食客)
parasitátĭo, -ónis, f. 기식(寄食), 얻어먹으려고 아첨함
parasitologĭa, -æ, f. (醫) 기생충학(寄生蟲病學)
parasítor, -ári, dep., intr. 기식하다, 얻어먹으려고 아첨한다.
parasíyus, -i, m. 식객, 기식자(寄食者), 회식자,
　잔치 손님, (남의 식탁에 참석해서 이야기 따위로
　흥을 돋우는 것을 업으로 삼던) 반식자, 아첨꾼.
parastátĭcus, -a -um, adj. 사각주의
parasynápsis, -is, f. (生) 염색체의 측면 접착
parasynáxis, -is, f. 불법 비밀집회(不法 秘密集會)
parasýphĭlis, -is, f. (醫) 부패독(副梅毒), 변태매독
paráte, adv.
　준비하여, 조심스럽게, 정성 들여(cum cura), 자유로이.
parate, 원형 păro¹ -ávi, -átum, -áre, tr.
　[명령법. 현재 단수 2인칭 para, 복수 2인칭 parate]
Parate cenam bonam. 훌륭한 만찬을 준비 하여라!.
Parati semper. 국제 청소년의 해에 전 세계의 젊은이들
　에게 보내는 서한(⑩ To the Youth of the world.1985.3.31. 교황교서).
Parati sermones. 설교준비(說敎準備)
parátĭo, -onis, f. 준비, 장만, 계획, 획득, 노력.

P

paratior, -or, -us, adj. paratus, -a, -um의 비교급
paratissimus, -a, -um, adj. paratus, -a, -um의 최상급
paratorium, -i, n. 제의실[armarium/ gazophylacium/ sacrarium/
  sacretarium/ sacristaria/ sacristia/ salutatorium/ vestiarium/ ⑨ Sacristy/
  그리스어 diakonikon/시리아어 Prothesis. 백민관 신부 엮음, 백과사전 3, p.392].
paratragœdĭo, -áre, intr.
  변사(辯士)처럼 연극조로 말하다, 과장(誇張)하다.
paratúra, -æ, f. 준비, 예비, 개두포(Amictus) 술.
parátus¹ -a -um, p.p., a.p. 준비된, 장만된, 각오가 된,
  용의가 있는, 장비를 갖춘, 정통한, 만전을 기한, 쾌적한.
  Homo fervidus et diligens, ad omnia est paratus.
  열심하고 부지런한 사람은 모든 일을 행할 마음이 있다.
  (준주성범 제1권 25장 11)/
  Paratæ lacrimæ insidias indicant. 걸핏하면 흘리는
  눈물은 (그 눈물이) 속임수임을 가리킨다.
parátus² -us, m. 준비, 계획, 마련, 장비, 의상, 성장.
paratýphus, -i, m. (醫) 파라티푸스
paraverédus, -i, m. 역마[역participant 대기시켜 두고 관용에 쓰던 말]
parce, 원형 parco, pepérci, parsum(párcĭtum), parcere,
  [명령법. 현재 단수 2인칭 parce, 복수 2인칭 parcite].
  Tace, parce voci! 입 좀 다물어! 목소리 좀 아끼라고!.
Parce Domine. 주님 용서하소서.
  (플랑드르 출신의 Obrecht, Jacob 신부 지음. 4성부 미사곡).
  Jam parce sepúlto.(jam 참조) 묻힌 사람을 이제 그만 용서해라.
Parce, precor, fasso. 자백한 자를 제발 용서해 주어라.
  (제발, 자백한 자를 용서해 주어라).
Parcendum est téneris. 어린이들을 잘 돌봐 주어야한다.
parciloquĭum, -i, n. 과묵(寡黙=말수가 적고 침착함), 말이 없음.
parcimónĭa, -æ, f. 검소(儉素), 절약(節約), 검약(儉約).
parciprómus, -i, m. 구두쇠, 인색하고 욕심이 많은 사람.
párcĭtas, -atis, f. 절약(節約), 검약(儉約),
  관대, 용서, 사정 봐줌, 정상참작(情狀參酌).
parcitum, "parco"의 목적분사(sup.=supínum)
parco, pepérci(드물게 parsi), parsum(párcĭtum), parcere,
  intr., tr. (parcus) 아끼다, 절약(節約)하다,
  잘 보존하다, 잘 유지하다, 용서하다, 사(赦)하다,
  중지하다(חשב), 그만두다(חשב), 삼가다, 절제하다.
  Amícís a nobis parcendum est.
  우리는 친구를 용서(容恕) 해야 한다/
  Civibus victis ut parceretur laboravi. 나는 패배한
  시민들을 그가 관서(寬恕)해 주도록 노력하였다/
  Dummodo risum excutiat, sibi non, noncuiquam parcet
  amico.(Horatius). 자기를 두고도 웃을 만한 사람이라면
  어떤 친구도 잃지 않을 사람이다/
  Parcere subjectis et debellare superbos(신국론. p.123).
  굴복하는 자들은 용서하고 오만한 자들은 징벌 한다/
  Temporis parce! 시간을 아껴라!.
parcus, -a -um, adj. 절약하는, 아끼는, 검약하는,
  인색한, 문체가 간결한, 얼마 안 되는, 약간의, 적은,
  Timidus vocat se cautum, parcum sordidus.
  소심한 사람은 자기를 신중하다고 칭하며
  욕심쟁이는 자기를 검소하다고 칭한다(Publilius Syrus)/
  Videlicet illum fuisse parcum.
  그가 검소했다는 것이 확실(確實)하다.
parda, -æ, f. (動) 표범(leopardus, -i, m.)
párdālis, -is, f. 암표범(varia, -æ, f.)
pardalíum, -i, n. 표범 냄새 같은 향료.
pardus, -i, m. (=parda, -æ, f.) (動) 표범
parecclesia, -æ, f. 부(副)성당(비잔틴식. 백민관 엮음, 백과사전 3, p.90)
parectátus, -a -um, adj. 장성한, 다 자란
paregória, -æ, f. (醫) 진통(陣痛), 완화(緩和)
parenchýma, -átis, n. (解) (내장의) 실질,
  선세포 조직(腺細胞 組織), (植) 유연(柔軟)조직,
  ((醫)) (종양 따위의) 이상발육 조직(組織).
părens¹ -éntis, m., f. 어버이, 부모(양친),
  조부, 조상, 친족, 시조, 창시자, 창건자(創建者).
  paréntes, -um, m., pl. 부모(양친).
  Ames parentem, si æquus est: si aliter, feras.
  부모가 공정하면 그를 사랑하라. 그렇지 않더라도 참아라/

Boni parentes objurgare liberos nonnumquam verberibus
  solent. 좋은 부모도 이따금 채찍으로
  아이들을 벌주게 마련이다/
Filius parentibus obœdiens. 부모에게 순명하는 아들/
jussa paréntis efficio. 아버지의 명령을 이행하다/
Non est boni parentis, cum liberos negare non possis.
  그대가 자녀들에게 무엇을 거절하지 못하는 한,
  그것은 훌륭한 부모 노릇이 아니다(Cicero)/
Non ludebat de pare parentes hujus et mei. 나의 부모와
  이 양친의 부모와는 함께 어울린 적도 없었다/
Ora pro parentibus tuis. 네 양친 부모를 위해 기도하라/
Parentes ignoscunt quantoscumque contra se errores
  filiorum. 부모란 자기한테(contra se) [저지른다면]
  자식들의 제아무리 큰 잘못이라도(quantoscumque…
  errores) 용서 한다/
Parentes liberos docent litteras, jura leges.
  부모는 자녀에게 글과 법과 법률을 가르친다.
  (성 염 지음. 사랑만이 진리를 깨닫게 한다. p.453)/
paréntibus desoláta. 부모 잃은 여자/
Parentum admonitiónes sunt amoris testimonium.
  부모님의 훈계(訓戒)는 사랑의 증거(證據)이다.
  (주어가 복수이더라도 그 부설명어로 추상명사 또는 불가산 명사가 쓰일 때에는
  그 부설명어는 단수로 쓴다)/
Philosophiæ parens. 철학의 어버이/
revocat tua forma párentem.
  네 모습은 네 어버이를 생각나게 한다.
Parens scientĭarum. 학문들의 옹호자(擁護者).
  (1231년 그레고리오 9세 교황 발표)
párens² -éntis, p.prœs. 순종(복종) 하는, 온순한,
  parétes. 신하(臣下), 부하(部下)
parentálĭa, -íum, n., pl. 죽은 사람(친척)들을 위한 위령제.
parentális, -e, adj. 부모의, 양친의, 죽은 친척의.
parentátĭo, -ónis, f. 죽은 부모(친척)에게 제사지냄.
parentéla, -æ, f. 친족(親族.四), 일가(一家)
parentes, -um, m., pl. 부모(양친).
  amor erga parentes. 부모께 대한 사랑/
  In loco parentis. 부모의 대리로서/
  Non fuit in nostra potestate quos sortiremur parentes.
  어떤 사람을 부모로 삼아 태어나느냐는
  우리 소관이 아니었다/
  voluntas grata in parentes. 부모께 대해 고마워하는 마음.
Parentes liberique simul cæsi sunt in domo sua.
  부모와 자녀들이 자기 집에서 함께 피살당했다/
Parentes nos magis amant quam se ipsos.
  부모님은 우리를 당신 자신보다 더 사랑하신다.
  (보통 amant magis nos quam se ipsos.
  혹은 amant nos magis quam se ipsos) (성 염 지음. 고전 라틴어. p.114).
parénthĕsis, -is, f. (修) 삽입문, 삽입어구, 괄호(( ))
paréntĭa, -æ, f. 순종(⑨ Assent), 복종(⑨ Submission)
parentibus desolata. 부모 잃은 여자
Parentibus parere debemus. 부모에게 順從(복종)해야 한다.
parenticída, -æ, m. (parens¹ + cædo) 부모 살해범(殺害犯)
parénto, -ávi, -átum, -áre, tr. 성묘하다,
  (부모, 친척에게) 제사(祭祀) 지내다.
  죽은 사람의 원수(怨讐)를 갚다, 만족시키다.
páreo, -rŭi -rítum -ére, intr. 나타나다, 출현하다,
  명백하다, 뻔하다, 순종하다, 복종하다, 순명하다,
  종속되다, 양보하다, 굴복(屈服)하다, 꺾이다, 속해있다.
  Amemus patriam, pareamus senatui, consulamus bonis.
  조국을 사랑합시다. 원로원에 복종합시다.
  선량한 시민들을 돌봅시다/
  Appetitus rationi pareat. 욕망이 이성에 순종하게 하라/
  Cui parere debemus nos? Deo an hominibus?
  우리가 누구한테 복종해야겠는가? 신에겐가 사람에겐가?/
  Pareat juventus pudicitiæ suæ, ne effundat patrimonium,
  ne quam vi terreat, scelere careat.
  젊은이로 하여금 자신의 염치에 복종하게 하라,
  상속 재산을 낭비하지 않게 하라, 누구도 폭력으로 남을
  위협하지 말게 하라, 사악함이 없게 하라/
  Tempore cedere, id est necessitati parere, semper

sapientis est habitum. 세월에 순응하는 것, 다시 말해서
필연성에 복종하는 것은 늘 현자의 처신이라고 여겨졌다.
[habéri(← habere '…라고 여기다', '여겨지다'. 성 영 지음. 고전 라틴어, p.387].

pareo necessitáti. 필요 앞에 굴복(屈服)하다

Pares Európæ. 사제양성(1981.12.31. 교서)

parérgon, -i, n. (그림의) 부수장식

páresis, -is, f. (醫) 국부마비, 부전마비(不全麻痺)

pari ánimo esse. 같은 마음이다

pari intervállo. 같은 간격으로

pari portione 같은 비율로

Pari ratione. 비슷한 이치로, 동일한 이치로(Eadem ratione).

Paria delicta mutua compensatióne delentur.
같은 범죄는 상호 손해 배상으로 상쇄된다.

Paria esse debent posteriora superioribus.
아래의 것들이 위의 것들과 같아야 한다.

pariátio, -ónis, (=pariatiória, -æ,) f. 결제, 청산(淸算)

pariátor, -óris, m. 부채 상환자(負債償還者)

pariéns, -éntis, f. 산모

pariéntia, -æ, f. 복종(服從.⑨ Submission)

páries, -ětis, m. 벽(壁.⋎ᅲ), 바람벽, 집.
induco paríetes mármore. 벽에 대리석을 입히다/
intra paríetes. 집안에서, 사사로이/
Percutiet te Deus, paries dealbate!(사도행전 23. 3)
하느님께서 당신을 치실 것이오. 회칠한 벽 같으니!(200주년).
회칠한 벽 같은 자, 하느님께서 당신을 치실 것이오!(성경)/
utrósque paríetes línere.(격언)
양쪽 벽을 바르다.(즉 양쪽에 다 아첨하다).

parietális, -e, adj. 벽의

parietárĭus(parietínus), -a -um, adj. 벽의 바람벽의

parietínæ, -arum, f., pl. 쓰러져 가는 벽,
폐허(廢墟-파괴당하여 황폐하게 된 터), 허물어진 벽(壁).

párilis, -e, adj. 동등한, 같은 모양의.

parílitas, -atis, f. 동등(同等).
De parilitate annorum, qui eisdem quibus nunc spatiis et
in prioribus sæculis cucurrerunt. 初세기에도 1년은 지금과
똑같은 간격으로 흘렀고 지금과 동등했다.(신국론. p.2796)/
pulchra parilitas 아름다운 대칭.
(성 아우구스티노의 미학 용어. 교부문헌 총서 17, 신국론, p.2688).

párĭo¹ -ávi -átum -áre, intr. 같게 하다, 청산하다,
균형(均衡) 잡히게 하다, 빚을 완전히 갚다.
tr. 같다(ㄲㄲ), 동등하다.

pario² pépéri, partum (párĭtum), (paritúrus) -ere (어
(어미가) 낳다(ᆖᆔ.ᅷᄀ), 해산(분만)하다,
생산하다(ᆖᆔ), 일으키다, 초래하다, 얻다, 획득하다.
quæ terra parit. 땅이 生産하는 것/
Gratia gratiam parit. 사랑은 사랑을 낳는다/
Male parta, male dilabuntur.(Cicero) 악한 (수단으로)
획득한 것은 악한 절차로 상실하기 마련이다.

Parisii, -órum, m., pl. 파리(⑨ Paris)

páritas, -atis, f. 같음(ㄲㄲㄱ.ὀμοίωσις), 동등함, 평등함.

páriter, adv. 같게, 같이(καθὼς.ἅμα.σὺν.ὡς.ὥσπερ),
동등하게(ex æquo.), 또한, 역시(καὶ), 함께(μετὰ.σὺν).
cum lunā pariter. 달과 함께/
ferre jugum páriter. 고생을 같이하다/
Cumque descenderet nocte super castra ros, descendebat
pariter et man. 밤에 이슬이 진영 위로 내리면,
만나도 함께 내리곤 하였다(성경 민수기 11. 9)/
Et cum compleretur dies Pentecostes, erant omnes
pariter in eodem loco. 오순절이 되었을 때
그들은 모두 한자리에 모여 있었다(성경 사도행전 2. 1).

párĭto, -áre, freq., tr. 준비 중이다. …할 준비가 되어있다.

páritor, -óris, f. 수위(守衛-문지기), 수비병.

paritum, "párĭo²"의 목적분사(sup.=supínum)

pārĭtúrus, "pareo"의 미래분사(p.fut.=particípium futúrum)

pārĭtúrus, "pario²"의 미래분사(p.fut.=particípium futúrum)

parliaméntum, -i, n. 국회(國會), 의회(議會).

parma, -æ, f. 작고 둥근 방패, 방패, 검투사(劍鬪士).

parmátus, -a, -um, adj. 둥근 방패로 무장한

---

pármŭla, -æ, f. 작은 원형 방패

parmulárĭus, -i, m. 원형방패로 무장한 투사(鬪士).

păro¹ -ávi, -átum, -áre, tr. 준비하다(ᅲᄀ.ᅟᅵᄀ),
장만하다, 마련하다(ᅲᄀ), 차리다, 차려놓다, 채비를 하다,
태세를 갖추다, 마음먹다, 작정하다, 얻다(ᆓᄁ.ᄁᄀ.ᅲᄀ),
벼르다, 획득하다(ᄁᄁ), 주선하다, 조달하다, 사들이다.
rure suo paráre. 자기의 시골집에 준비하다.

păro² (-ávi) -átum -áre, tr.
같게 하다, 동등한 위치에 두다, 동등하게 평가하다.

paro³ -ónis, m. 좁고 기다란 배

párŏcha, -æ, f. 숙식제공(宿食提供)

paróchia(=parœcia), -æ, f. 본당 引牧區(παροικία),
본당(本堂.⑨) parish.獨 Pfarrei.státĭo residentiális).

paróchia personalis. 특정인 본당, 특정인 성당

parochiális, -e, adj. 성당구의, 본당의

parochiánus, -i, m. 본당교우, 본당 사목구 신자, 본당신자.

párŏchus, -i, m. 주임사제, 본당신부(⑨ parish priest),
공무 출장의 장관(관리)에게 숙식과 그 밖의 필수품을
마련(주선)해 주던 공무원.
ecclesia parochialis. 본당 교회, 상당구 성당/
quasi parochus. 준사목구(준성당구.준본당구) 주임.
parochus amovibilis. 유기 사목구 주임.

parochus asinus, Capellanus suspendendus.
주임 신부는 멍청이, 보좌 신부는 성무 집행 금지.

parochus inamovibilis. 종신 사목구 주임

parodia, -æ, f. 개작시문(남의 작품이나 연설 따위를 형식으로
모방하되 내용을 익살스럽게 고친 것), 희문(戱文).

parœcia, -æ, f. = paróchĭa 본당, 사목구(παροικια).
quasi parœcia. 준사목구(준성당구.준본당구).

parœcia amovibilis. 주임사제 유기제도 사목구

parœcia inamovibilis. 주임사제 종신제도 사목구

parœcia personalis. 속인적 사목구

parœcia territorialis. 속지적 사목구

parœcialis, -e, adj. 본당의, 교구의(⑨ parochial)

**Parœcialis opera insigni hac occasione congruenter
uti debet.**(⑨ Parish pastoral programmes should make
the most of this highly significant moment) 본당 사목은
이토록 뜻 깊은 순간을 매우 중요하게 여겨야 합니다.

parœmĭa, -æ, f. 속담(ᄁᄁ.俗談), 격언(格言)

Paronomásĭa, -æ, f. 동음이의어의 익살맞은 사용,
음(音)이 비슷한 말을 익살맞게 쓰는 일.
파로노마시아(그리스어.어원학적 말놀이).

paronýchĭa, -órum, n., pl. (醫) 손톱눈(발톱눈)의 염증,
손가락.발가락의 조허(爪下) 조직의 화농성 염증.

parópsis, -ĭdis, f. 접시, 대접(위가 넓고 운두가 낮은 모양의 그릇)

paróptus, -a -um, adj. 설 구운, 겉만 구운

Paros(-us), -i, f. Cýclades 군도의 섬(흰 대리석으로 유명).
adj. Parius, -a, -um.

> * 명사 제2변화에 속하면서 -us로 끝나는 섬 이름, 도시
> 이름의 어떤 고유명사는 단수 주격 어미가 -os로 되는 것이
> 있다.
> Delus 또는 Delos, -i, f. 섬 이름
> Parus 또는 paros, -i, f. 섬 이름
> Pharsálus 또는 Pharsálos, -i, f. 도시 이름

parótis, -ĭdis, f. (解) 이하선(耳下腺.귀밑샘)

parra, -æ, f. 올빼미(의 일종, 불길한 새로 여겨짐)

parricída, -æ, m, f. (pater+cædo) 어버이 살해자,
존속 살해자, 친족(동족) 살해자, 살해자, 자객(刺客).

parricidi(i)ális, -e, adj. 어버이(존속) 살해의, 친족 살해의.

parricídĭum, -i, n. 어버이 살해, 존속 살해, 친족 살해,
동포 살해, 국가원수 살해, 대반역(大反逆),
반란(反亂), 매국행위(賣國行爲), 매국죄(賣國罪).
De parricidio Romuli, quod dii non vindicarunt.
로물루스는 친족살해를 하고도 신들에게 징벌 받지 않았다.

pars, partis, f. 부분, 부, (한) 조각, 일부, 더러, 부분품
몫, 차지, 배당, 나름, 역할, 임무, …분의 1, 당파,
(주로 pl.) 정당, 소송 당사자(원고.피고), 편, 쪽,
측, 면, 입장, 방면, 방향, (책의) 부.

P

a toto ad partem. 전체로부터 부분으로/
Audiatur et altera pars. 상대방의 말도 들어봐야 한다/
De studiis partium si singillatim parem disserere,
tempus me deserat. 정치적 야심에 관해
  일일이 논하기로 한다면 시간이 없을 것이다/
dimidia pars terræ. 지구의 절반/
divido equitátem in omnes partes.
  기병대를 각 방면으로 분산 배치하다/
duæ tértiæ partes. 3분의 2/tértia pars. 3분의 1/
Et facta est civitas magna in tres partes, et civitates
gentium ceciderunt. 그리하여 큰 도성이 세 조각나고
  모든 민족들의 고을이 무너졌습니다(성경 요한 묵시록 16, 19)/
ex áliã parte. 다른 한편으로는/
ex áliquã parte. 어느 정도, 다소간, 부분적으로/
ex parte. 부분적으로/
ex parte viri. 남편 쪽에서 / ex unã parte. 한편으로는/
Gállia divísa est in partes tres. (in¹ 참조)
Gállia는 세 부분으로 분할되어 있다/
Gállia est omnis divísa in partes tres.
  전Gállia는 세 지역으로 나누어져 있다/
Gaudeo tua gloria, cujus ad me pars aliqua redundat.
  내게도 그 한몫이 돌아오는 너의 영광을 나는 기뻐한다/
Homines in rebus partium contentionis cupidiores sunt
quam veritatis. 사람들이란 진실 문제보다는 당파 싸움
  (partium contentio) 문제에 더 열을 올린다/
In dubio, pars mitior est sequenda.
  의심스러울 때에는 관대한 것을 좇아야 한다/
in neutram partem propensior. 어느 편에도 치우치지 않은/
in sinistra parte. 왼편에/
In toto partem non est dubium contineri.
  전체에 부분이 포함된다는 것은 의심할 여지가 없다/
in utrámque partem. 두 편을 다(찬성, 반대하다)/
in utramque partem disserere. 찬반양론으로 토론하다/
Ita fiunt omnes partes minimum octoginta et una.
  이렇게 해서 모든 부분은 최소한 여든 하나가 된다/
magná ex parte. 대부분/
magna(bona, multa) pars. 많은(상당수의) 사람들/
magna pars in certámine cæsi, céteri in castris.
  많은 군인들이 전투에서 죽고, 나머지는 진막 안에 있었다/
magnam partem. 대부분, 주로/
major pars. 더 많은 사람들/
maxíma pars. 대다수의 사람들 / multis pártibus. 훨씬/
(ab) omni parte. 전적으로, 온전히/
mulieris consecratæ præstantia et pars.
  봉헌된 여성의 존엄과 역할/
Neque ullam in patrem dispúto.
  내 연설은 찬반 어느 한쪽을 위한 것이 아니다/
operationes partium attribuntur toti per partes.
  부분들의 작용도 부분들을 통해서 전체가 하는 것으로
  부여된다(성 염 지음. 사랑만이 진리를 깨닫게 한다, p.163)/
Præcíditur inférior pars(árboris), quatenus vidétur
inhabitári (ab ápibus). 벌들이 살고 있음직한 곳까지
  나무의 밑동을 자른다(quátēnus 참조)/
Pares cum paribus facillime congregantur.
  같은 사람들은 같은 사람들과 모이기 쉽다.(類類相從)/
pars…, pars …, 더러는 …하고, 더러는 …하다/
pars prima. (책의) 제1부/
peiorem sequitur semper conclusio partem.
  결론은 항상 더 나쁜 부분을 따른다/
pro meá(tuã, suã) parte. 내(네, 자기) 힘껏/
pro parte. 제 나름대로/
Terra pars mundi est, ideo pars est etiam dei.
  땅은 세상의 일부이며, 따라서 신의 일부이기도 하다/
tértia pars. 3분의 1/duæ tértiæ partes. 3분의 2/
theologia quæ ad pars philosophiæ pertinet.
  철학의 부분인 신학/
Turpis est omnis pars universo suo non congruens.
  각 부분은 전체와 조화되지 않으면 추하다/

Una pars attingit flumen Rhenum.
  일부는 Rhenus 강과 인접해 있다/
uter eórum vita superárit, ad eum pars utriúsque
pervénit. 둘 중에서 생존조건을 잘 채우는 자에게
  두 사람의 몫이 돌아간다/
utpote solemnis liturgiæ pars necessária.
  장엄한 전례에서의 필연적 부분/
veníre in partem, partem fácere. 관여하다, 한몫 끼다.
pars ædificans. 건설적인 부분
pars cæremonialis. 예식적 요소
pars constitutiva(essentíalis) 구성적(本質的) 부분
pars conventa. 피고(⑨ defendant.獨 Beklagte),
  피청구인(actor, -óris, m. 청구인).
pars destruens. 파괴적(破壞的)인 부분
pars diœcesis. 교구의 한 부분
Pars dispositionum(⑨ Dispositive Part) 규정(規定)
pars dispositiva sententiæ. 판결의 주문(판결문의 실제적 결정)
pars essentíalis. 본질적 요소
pars expositiva sententiæ. 판결의 이유
pars integralis(quantitativa) 완정적(양적) 부분
pars materialis. 물질적 부분(物質的 部分)
pars metaphysica. 형이상학적 부분
pars mihi pacis erit dextram tetigisse tyranni
  내가 전제군주의 오른 손을 붙잡았던 것은
  평화의 신호였느니라(교부문헌 총서 15, 신국론, p.603).
pars necessaria ad judicii validitatem et integritatem.
  유효하고 공평 정대한 재판을 위하여 필수적인 한 부분.
pars physica. 물리적 부분
pars prima. (책의) 제1부
pars quantitativa. 양적 부분
pars rei. (건물 등의) 부분 물
Pars sanitatis velle sanari est.(Seneca).
  낫고 싶다는 마음도 치유의 일부에 해당한다.
parsi, "parco"의 단순과거(pf.=perfectum)
parsimónia, -æ, f. 절약, 검소, 검약, 절제, 절식, 살림.
parsimus, -i, m. 불 숭배교, 배화교, 자라투스트라교.
parsum, "parco"의 목적분사(sup.=supínum)
parsúrus, "parco"의 미래분사(p.fut.=particípium futúrum)
parta, -órum, n., pl. 획득(취득) 한 것
parte áliquã suórum frúctuum pacem sibi sempitérnam
redimo. 자기 수입의 일부를 들여 영구한 평화를 얻다.
parte plus dimidia. 절반 이상
partes, -ium, f., pl. 정당(Factio politica), 당(파)
partes essentíales. 본질적 부분
partes in causa. 소송 당사자(訴訟 當事者)
partes metaphysicæ. 형이상학적 부분
partes orátionis. 연설의 구성
partes propositionales. 비례적 부분
partes quantitativæ. 양적 부분
Partes quas habent Episcopi quoad universam
Ecclesiam. 보편 교회에 대한 주교의 역할.
partes quasi integrales justitiæ.
  정의를 완성하는 부분 덕들.
parthenogénesis, -is, f. (生) 단성생식, 처녀생식.
partiális, -e, adj. 일부분의, 부분적인(portionális).
  부분을 이루는, 국부의, 불완전한.
partiário, adv. 나누어서
partiárius, -a -um, adj. 참여하는 한 몫 보는(끼는)
partiátim, adv. 부분적으로, 부분 부분으로
partíbilis, -e, adj. 나눌 수 있는
pártibus, pars(partis, f. 부분) 의 복수 여격.탈격
párticeps, -cípis, adj. (pars+cápio) 참가(참여) 하는,
  관여(관계) 하는, 한몫 끼는, 가입하는.
  m. 관계자, 참여자, 동료(φίλος), 협력자(συνεργός),
  공모자(共謀者)(collusor, -óris, m.).
  æternitas particeps. 분여된 영원성/
  participes gratiæ. 은총(恩寵)에 참여하는 자.
participális, -e, adj. 참여하는, 관여하는, 한몫 끼는

participátĭo, -ónis, f. 참가, 관여, 가입, 한몫 낌, 분유,
참여(μετοχη.⑩ Participátĭon), 나누어 받음(줌), 분여.
(participátĭo는 partem capere, 즉 부분을 잡는다 혹은 partem habere,
즉 부분을 갖는다는 뜻이며 독일어의 teilnehmen이나 teilhaben과 같은 뜻이라는
점을 토마스의 "보에티우스의 테헵도마디부스 제1권 주해" 1. 2, n. 24를 인용.
설명한다. 따라서 우리가 토마스 철학에 대해 혼돈하हimport 참여 개념에 앞서
participátĭo는 먼저 '분유(分有)'로 써야 정확할 것이다.
　　　　　　　정의채 지음. 토마스 아퀴나스의 철학적 신학체계. p.67).
actuósa participatio.(⑩ active participation) 능동적 참여/
Personales condiciones pro actuosa participatione.
(⑩ Personal conditions for an "active participation")
'능동적 참여'를 위한 개인적 조건/
Authentica participatio.(⑩ Authentic participation)
진정한 참여(2007.2.22. "Sacramentum Caritatis" 중에서)/
ens per participationem. 분유에 의한 존재,
참여를 통한 존재자, 참여함으로써 존재하는 것/
Eucharístiæ participatiónem, 성찬례 참례(聖餐禮 參禮),
성찬기도(→감사기도)(1973.4.27. 회람)/
Expedit igitur ut explanetur hoc verbum significare non
velle simplicem exteriorem actionem tempore celebrationis.
('참여'가) 전례 거행 동안의 외적인 행위만을 의미하는
것이 아님을 분명히 하여야 합니다/
Infirmorum actuosa participatio.(⑩ Active participation
by the sick) 병자들의 능동적 참여/
Quǽsumus, Dómine, Deus noster: ut, quos divína tríbuis
participatióne gaudére, humánis non sinas subjacére
perículis. 우리 주 천주님 비오니, 이 거룩한 잔치로 주님을
즐겁게 한 이들을 사람들의 위험에 빠지지 않게 하소서/
totius populi plena et actuosa participatio.
전 백성의 완전하고 능동적인 전례 참여.
participátĭo actuosa.(⑩ Active Participation.
獨 Teilnahme/tätige) 능동적 참여.
Participatio christianorum non catholicorum.
(⑩ Participation by Christians who are not Catholic)
비가톨릭 그리스도인의 참여.
participatio creata. 창조적 참여.
Participátĭo in vita sociali.(⑩ Participátĭon in social life)
사회 참여.
Participátĭo legis æternæ in rátĭonali creatura.
이성적 피조물 안에서 영원법의 참여이다(=자연법).
Participatio per communicationis instrumenta.
(⑩ Participation through the communications media)
소통 미디어를 통한 참여.
Participatio sacerdotisque ministerium.(⑩ Participation
and the priestly ministry) 참여와 사제직.
participátor, -óris, m. (participatrix, -ícis, f.)
동료(φίλος), 참여자, 한몫 끼는 사람, 협력자(συνεργός).
participátum, -i, n. 몫, 배당액(配當額).
participes, 원형 pártĭceps, -cĭpis, adj. (속격 지배 형용사)
[남성. 복수 주격 participes, 속격 participum,
여격 participibus, 대격 participes, 탈격 participibus].
Et supplices deprecamur, ut Corporis et Sanguinis
Christi participes a Spiritu Sancto congregemur in unum.
간절히 청하오니 저희가 그리스도의 몸과 피를 받아
모시어 성령으로 모두 한 몸을 이루게 하소서.
[participes는 생략된 주어인 복수 1인칭을 꾸며주며 분사로 번역되고 있다.]
participes gratiæ. 은총(恩寵)에 참여하는 자
participium, -i, n. 참여(μετοχη.⑩ Participátĭon), 관여,
(文法) 분사(分詞-동사가 형용사적 기능을 갖게 된 형태), 관계, 협동.
participium absolutum. (文法) 자립 분사문
participium conjúnctum. 종속분사(從屬分詞)
particípo, -ávi, -átum, -áre, tr. 참여(참가) 시키다,
관여(관계) 시키다, 한몫 끼워주다, 일러주다.
(무엇을 누구와) 함께 하다, 나누다,
(누구에게) 일부를 주다, 참여하다, 관여(가담)하다.
한몫 끼다, 한몫 나누어 받다(가지다).
partícŭla, -æ, f. 미세한 부분, 분자, 극히 작은 조각, 단편.
(文法) 불변화 품사 특히 부사,
(의미가 명료한) 접두사(接頭辭).접미사(接尾辭).
(가톨릭) 작은 제병(祭餠),

성체 조각(⑩ Particle.獨 Partikel).
Cum ipsa particula signat ter super calicem, dicens:
성체조각으로 성작 위에 세 번 십자성호를 그으며 말한다/
initium sive particula civitatis. 도성의 시초 또는 부분/
Particulam ipsam immittit in calicem, dicens secrete:
성체 조각을 성작(聖爵)에 넣으며 조용히 말한다.
partícŭla adverbiális. 부사적 분자(원래 분자구는 품사별로 본다면
부사에 속할 성질의 불변화사이나 허항적 신분님을 배우는 편의 이해를 돕기
위해 편의상 분자라는 이름을 붙여 따로 설명함. 허창덕 지음. 중급 라틴어. p.150).
particula consecrata. 축성된 제병(=聖體),
성체(Corpus Christi euchaisticum).
partícŭla interrogativa. 의문분자
partícŭla interrogativa disjunctíva. 분립 의문분자
partícŭla negatíva. 부정분자
particuláris, -e, adj. 특별한, 특수한, 독특(獨特)한,
작은 부분에 관한, 부분적인 부정을 드러내는,
개별적(個別的), 개개의, 사사로운, 각별(各別)한.
authentica particularis. 판례 해석/
collatio multorum particularium. 반복된 지각.
　　　　　　　(신창석 옮김. 인식의 근본문제. p.240)/
delegátĭo particuláris. 개별적 위임/
interdictum particulare. 부분적 금지 처벌/
justítĭa particularis. 특수 정의, 개체의 정의/
particulare agens. 특수 작용자/
species in hoc individuo particulari.
특수한 개별자 안에 있는 종/
Clerici ab iis omnibus, quæ statum suum dedecent,
prorsus abstineant, iuxta iuris particularis præscripta.
성직자들은 개별법의 규정에 따라 자기 신분에 부적합한
모든 것을 전적으로 삼가야 한다(Can. 285. 1)/
Et huius ratio est quia effectus particularis sunt cause
particulares, et effectus universalis sunt cause
universales. 이것이 그런 이유는 특수한 결과에 대해
특수한 원인들이 있고, 보편적 결과에 대해 보편적
원인들이 있기 때문이다(스콜라 철학에서의 개체화. p.619 참조)/
Expleta tumulatione, inscriptio in librum defunctorum
fiat ad normam iuris particularis.(Can. 1182) (⑩ When the
burial has been completed, a record is to be made in
the register of deaths according to the norm of
particular law) 매장이 끝나면, 개별법의 규범에 따라
사망자 대장에 기입하여야 한다/
Lex particularis alios peremptionis terminos statuere
potest.(Can. 1520) (⑩ Particular law can establish other
terms of abatement) 개별법은 소권 소멸 확정의 기한을
달리 정할 수 있다/
Quælibet dioecesis aliave Ecclesia particularis dividatur
in distinctas partes seu paroecias.(Can. 374. 1)
어느 교구나 기타의 개별 교회든지 구별되는 부분들
즉 본당 사목구들로 분할되어야 한다.
particulárĭtas, -atis, f. 특별함, 독특함, 특수성(特殊性),
상세함, 자세함, 배타적인 개별성(個別性).
particulátim, adv. 개별적(個別的)으로, 따로따로,
부분적(部分的)으로, 자세히, 특별(特別)하게.
particulátĭo, -onis, f. 작게 나눔, 세분(細分)
partícŭlo, -ónis, m. 배당(한몫) 받는 사람, 참여자
pártĭlis, -e, adj. 분할할 수 있는, 가분성의
partim¹ adv. (古) = partem
partim² adv. 일부분은, 약간은, 개별적(부분적)으로.
pártĭo¹ -ónis, f. 출산(⑩ Fecundity), 해산, 분만, 산란.
pártĭo² -ívi(ĭi), -ítum, -íre, tr. 쪼개다(גוח.רזב),
나누다(פלג.גלפ), 할당(割當)하다(קלח), 분배하다.
Temporis partitio. 요일 배분.
partior, -ítus sum, partíri, dep., tr. 쪼개다(גוח.רזב),
나누다(פלג.גלפ), 분배하다, 할당하다(קלח).

탈형동사 제4활용 parti(분배하다, 나누다)

	직설법	접속법	명령법
현재	S.1. pártior 2. partíris 3. partítur P.1. partímur 2. partímini 3. partiúntur	pártiar partiáris partiátur partiámur partiámini partiántur	현재 S 2인칭 partire 　　　P 2인칭 partimini 미래 S 2인칭 partiitor S 3인칭 partiitor P 2인칭 partiitor P 3인칭 partiúntor
미완료	S.1. partiébar 2. partiebáris 3. partiebátur P.1. partiebámur 2. partiebámini 3. partiebántur	partirer partiréris partirétur partirémur partirémini partiréntur	**부정법** 현재 partíri 미래 partitúrus, -a, -um esse partitúri, -æ, -a esse partitúrum, -am, -um esse partitúros, -as, -a esse
미래	S.1. pátiar 2. patiéris 3. patiétur P.1. patiémur 2. patiémini 3. patiéntur		과거 partius, -a, -um esse partiti, -æ, -a esse partium, -am, -um esse partitos, -as, -a esse
단순과거	S.1. partitus, 　-a, -um sum 2. partitus, 　-a, -um es 3. partitus, 　-a, -um est P.1. partíti, 　-æ, -a sumus 2. partíti, 　-æ, -a estis 3. partíti, 　-æ, -a sunt	partitus, 　-a, -um sim partitus, 　-a, -um sis partitus, 　-a, -um sit partíti, 　-æ, -a simus partíti, 　-æ, -a sitis partíti, 　-æ, -a sint	**분사** 현재: pártiens, -iéntis 미래: partitúrus, -a, -um 과거: partítus, -a, -um **수동형 당위분사** partiéndus, -a, -um (마땅히 분배되어야 할)
과거완료	S.1. partitus, 　-a, -um eram 2. partitus, 　-a, -um eras 3. partitus, 　-a, -um erat P.1. partíti, 　-æ, -a erámus 2. partíti, 　-æ, -a erátis 3. partíti, 　-æ, -a erant	partitus, 　-a, -um essem partitus, 　-a, -um esses partitus, 　-a, -um esset partíti, 　-æ, -a essémus partíti, 　-æ, -a essétis partíti, 　-æ, -a essent	**동명사** 속격 partiéndi 여격 partiéndo 대격 ad partiéndum 탈격 partiéndo
미래완료	S.1. partitus, 　-a, -um ero 2. partitus, 　-a, -um eris 3. partitus, 　-a, -um erit P.1. partíti, 　-æ, -a érimus 2. partíti, 　-æ, -a éritis 3. partíti, 　-æ, -a erunt		**목적분사** 능동형 partitum (나누러) 수동형 partítu (나누기에)

(허창덕 지음, 중급 라틴어. p.196)

partire, 원형 partior, -ítus sum -íri, dep., tr.
　[명령법. 단수 2인칭 partire, 복수 2인칭 partimini].
partíte, adv. 조목조목, 또박또박, 질서 있게,
　순서(順序)대로, 방법론적(方法論的)으로.
partítĭo, -ónis, f. 구분, 구획, 분리, 칸막이, 분할, 분배,
　나눔(영 distribution), 분류, 정리, 배당, 몫, 분석, 해석.
　materiæ partitio. 내용의 배치.
pártubus,
　partus(-us, m. 분만, 해산; 자식) 의 복수 여격.탈격.
partitúdo, -dinis, f. 출산(영 Fecundity/Procréátĭon),
　해산(解産-출산), 분만(分娩).
partium contentio. 당파 싸움(pars의 복수 속격)
Pártŭla, -æ, f. 해산(解産)의 여신(女神)
partum, "párĭo²"의 목적분사(sup.=supínum)
partúra, -æ, f. 출산, 낳음(해산), 분만(分娩), 해산.
partúrĭo, -itus sum -íri, intr., tr. 낳으려고 하다,
　진통을 겪다, 산고 중에 있다, 낳다(ילד.ילד), 분만하다,
　산출하다, 내다, 고생하다, 획책(劃策)하다,
　계획(計劃)하다, (생각을) 품고 있다.
　Filioli, quos parturio(영 My little children with whom
　I am again in travail) 또다시 함께 산고를 겪어야
　할 나의 어린 자녀들(1988.8.15. "Mulieris dignitatem" 중에서)/
　Parturiunt montes, nescetur ridiculus mus.
　태산명동에 서일필(泰山鳴動 鼠一匹).
parturítĭo, -ónis, f. 해산, 출산(영 Procréátĭon), 분만.
partus, -a -um, "pario²"의 과거분사(p.p.)
partus, -us, m. [복수 3격(여격)과 복수 5격(탈격) 어미는 -ubus가 됨]

낳음, 출산, 해산, 분만, 산기, 해산시기, 신생아,
아기, (짐승의) 새끼, 열매.
septimanus partus. 일곱 달만의 분만(分娩).
partus immaturus. 유산(流産-달이 차기 전에 태아가 죽어서 나옴)
Partus instabat. 출산이 임박(臨迫)하고 있었다.
partus præmaturus. 조산(abortus, -us, f.)
parum, adv. (동사.형용사.부사를 수식함) 적게, 조금,
　너무 적게, 좀 모자라게, 부족하게, 불충분하게,
　조금 밖에, 덜, 얼마 안 되게, (명사적 용법) 적음, 과소,
　좀 모자람, 불충분, 조금. non parum. 충분히/
　Parva sæpe scintilla magnum excitat incendium.
　작은 불꽃이 흔히는 거대한 화재를 일으킨다/
　sapiéntiæ parum. 좀 부족한 지혜/
　si una parum est, 한 여자가(여자로써) 부족하다면.
parum diu. 잠깐 동안
**Parum est quia longe peregrinabamur; et languidi nos
movere non poteramus**. 우리가 먼 곳에서 떠돌고 있었
　다는 것은 허약해서 움직일
　수도 없었습니다.(최익철 신부 옮김. 요한 서간 강해. p.429).
parum est, quod(ut) …만으로는 불충분하다(부족하다).
parum habére(fácere) 대수롭지 않게 여기다.
Parum intellexisti. 네가 충분히 알아듣지 못했다.
parum multi. 얼마 되지 않는 사람들
Parum procedit, quod ago; at fácio sédulo. 내가 하는
　일이 조금밖에는 진전이 없지만 그래도 열심히는 하고 있다.
parum vini. 적은 술(부족한 술)
parúmper, adv. 잠깐
parúncŭlus, -i, m. 작은 배
Parura, -æ, f. 제의, 장백의 밑 부분을 장식한 사각형 자수.
　(백민관 신부 엮음. 백과사전 3. p.95).
Parusia(그리스어) 파루시아(그리스도의 재림.영 Parousia).
parusia Christi. 주님의 날(ἡέμρα κυρίου).
parvificéntĭa, -æ, f. 자린(恡吝), 인색함, 쩨쩨함.
　(대선심 magnificéntĭa와 대조).
parvipéndo, -ěre, tr. 경시하다, 작게 평가하다.
parvis, -is, f. 대성당 앞마당 광장(특히 베드로 대성당의 광장),
　일반 성당의 주랑(柱廊) 현관.(백민관 신부 엮음. 백과사전 3. p.95).
párvĭtas, -atis, f. 작음, 소량, 근소함, 중요치 않음, 약함.
párvŏlus = párvulus 조그마한, 아주 작은
Parvuli Fratres Mariæ = Fratres Máriæ Scholarum.
　마리아의 교직 수도회(백민관 신부 엮음. 백과사전 3. p.95).
párvŭlum, adv. 조금
párvŭlus, -a -um, adj. 조그마한, 아주 작은, 어린,
　젖먹이의, 서투른, 무식한, 우매한, 보잘것없는.
　m. 어린이(παιδίον.영 Children), 어린 것, 꼬마(애칭).
　Canones de communione sub utraque specie et
　parvulorum. 양형 영성체와 어린이 영성체에 관한 법규/
　Instructio de baptismo parvulorum. 어린이 세례 지침.
　(1980년. 신앙교리성성의 훈령)/
　Liber natalis pueri parvuli Jesu Christi.
　소년 예수 그리스도의 탄생(誕生)/
　parvuli nondum nati dignitas. 태아(胎兒)들의 존엄성/
　parvulos cogitatos. 사소한 유혹(성 베네딕도 수도규칙. p.49)/
　Parvulos non obligari ad communionem sacramentalem.
　어린이들은 성사적 영성체의 의무가 없음/
　Tortor parculorum. 우매한 자들의 고문가(拷問家).
parvum, -i, n. 작음, 조금, 소량, 근소, 소수, 소액, 과소.
　Parva leves capiunt animos.(Ovidius著. Ars Amatoria 1. 159).
　작은 것들이 마음을 쉽게 사로잡는다/
　Parva magnis intexo. 작은 것을 큰 것과 섞다/
　parvi esse. 별 가치가 없다/
　parvi facere(æstimáre, dúcere) 경시(輕視)하다/
　parvo contentus. 적은 것에 만족하는/
　vectigália parvo prétio redémta habére.(redimo 참조)
　싼값으로 관세징수를 도급 맡아 가지고 있다.
Parvum Asceticon. 소수덕집/ Magnum Asceticon. 대수덕집.
parvum flumen. 작은 강
Parvum Officium B.M.V.(영 Little office of the B.M.V.)
　성모 소성무일과.

P

Parvum parva decent. 소인에게는 작은 소임이 어울린다.
(감정을 나타내는 비인칭동사들은 의미상의 주어를 대격으로 쓴다).

parvum sanguïnis. 소량의 피

Parvum Vocabulárïum Latino-Coreanum.
나선소사전(羅鮮小辭典-홍봉 나자렛 인쇄소 간행.1891년).

parvus, -a -um, adj. (comp. minor, minus:
superl. mínimus) 작은(חֲלַק.μικρὸς.ὀλίγος), 소형의,
꼬마의, 적은(ὀλίγος.μικρός), 근소한, 얼마 안 되는,
미약한, 약소한, 잠시의, (시간이) 짧은, 나이 어린, 천한,
보잘것없는, 싼, 대단찮은, 변변치 않은, 하급의, 불초의.
a parvis ánimum ad majóra refero.
　작은 것에서 더 큰 것으로 마음을 돌리다/
camera parva. 작은 방/
deficiénte óculo distínguere parva.
　시력이 작은 것들을 분간하지 못하게 되어/
Felix est, qui didicit contentus vivere parvo. 작은 것에
　만족하면서 살줄을 배운 사람은 행복하다/
Magna di curant, parva neglegunt. 신들은 (인간) 대사는
　돌보지만 소사는 (인간 자유에 맡겨) 버려둔다/
parva campanula, tintinnabulum. 알람 역할을 하는 작은 종/
Parva magnis intexo. 작은 것을 큰 것과 섞다/
Parva sæpe scintilla magnum excitat incendium.
　작은 불꽃이 흔히 거대한 화재를 일으킨다/
Parvi sunt foris arma, nisi est consilium domi.
　안에서 총명이 없으면 밖에 있어서의 무기는 가치가 적다/
　국내에 탁견이 없다면, 국외의 병력은 가치가 적다/
parva sed potens. 작지만 강하다/
parvo contentus. 적은 것에 만족하는/
parvo labore. 별로 수고 없이/
parvo lavce. 별로 수고 없이/
Ut si priora tua fuerint parva, et novissima tua
multiplicentur nimis. 너의 시작은 보잘것없었지만
　너의 앞날은 크게 번창할 것이다.

Parvus carmina fingo.
보잘 것 없는 제가 시를 쓰는 척 합니다.

Parvus error in principio magnus est in fine.
시작에 있어서 작은 오류가 끝에 가서는 큰 오류로 된다.

parvus numerus navium. 몇 척 안 되는 배

pascális, -e adj. 목장의, 목축의

pasce, 원형 pasco, pavi, pastum, -ěre,
[명령법. 단수 속격 pasce, 복수 속격 pascite].

Pasce oves meas. 내 어린양들을 돌보아라(성경 요한 21, 17)
(bo,ske ta. avrni,a mou) (獨 Weide meine Schafe!)
(프 Pais mes brebis) (⑨ Feed my sheep)
　내 어린양들을 먹여 기르시오(2000주년 기념 신약 성경 요한 21, 17)/
　내 어린양들을 잘 돌보아라(공동번역 요한 21, 17).

Pasce oves pericope. 내 양들을 치라

Pascendi Dominici Gregis, 근대주의를 배격(排擊)
(비오 10세 회칙. 1907.9.8.)

pascális, -e adj. 목장의, 목축의

pasceolus, -i, m. 돈주머니, 지갑(紙匣)

Pascha⁕, -æ(n. pascha -atis), f. 해방절(解放節),
(이스라엘 민족의) 과월절(פֶּסַח), 넘이절(파스카),
부활절(復活節.⑨ Easter.獨 Ostern.프 résurrection),
파스카(⑨ Passover/Pasch →과월절).
Ecce Pasca est, da nomen ad Baptismum.(성 아우구스티노)
　이제, 파스카이다. 세례를 위해 당신의 이름을 등록하시오/
Quo vis eamus et paremus, ut manduces Pascha?
　스승님께서 잡수실 파스카 음식을
　어디에 가서 차리면 좋겠습니까?(성경 마르 14, 12).

Pascha annotinum 주년 파스카

Paschale Carmen. 부활노래

paschális, -e, adj. 과월절의, 부활 대축일의.
　부활절의, 부활 시기의.
Ad limen consistimus paschalium eventuum(⑨ We find
ourselves on the threshold of the Paschal events)
　우리는 지금 파스카 사건을 살펴볼 차례입니다/
Explicit tempus paschále. 부활시기 끝남/

tempus paschále. 부활시기.

Paschalis indoles consecratæ vitæ. 봉헌생활의 파스카 차원.

paschalis Mysterium. 파스카 신비.
In paschali Mysterio a malo morteque revera liberati
sumus.(⑨ In the Paschal Mystery, our deliverance from
evil and death has taken place) 파스카 신비로 우리는 죄와
죽음에서 해방되었습니다(2007.2.22. "Sacramentum Caritatis" 중에서)/
Missio ad quam inter nos venit Iesus in paschali
Mysterio completur. 예수님께서 우리 가운데 오셔서
이루고자 하셨던 사명은 파스카 신비로 완성되었습니다.

pascite, 원형 pasco, pavi, pastum, -ěre, tr.
[명령법. 현재 단수 2인칭 pasce, 복수 2인칭 pascite].

Pascite, qui est in vobis, gregem Dei.(성경 1베드 5, 2).
여러분 가운데에 있는 하느님의 양 떼를 잘 치십시오.

pasco, pavi, pastum, -ěre, tr. (가축을) 치다,
사료를 주다(먹이다), 풀을 뜯기다, 방축하다,
목축하다, 양육하다, 부양하다, 기르다(רבי.אבר),
(가끔) 손님을 청해 대접하다, 가꾸다.
pasco barbam. 수염을 기르다.

pasco óculos algā re. 무엇으로 눈을 만족시키다.

pascor, (ěris), pastus sum, pasci, dep., tr.
풀 뜯어먹다, 먹고살다, 즐기다.

páscŭa, -æ, f. 목초지, 풀밭, 목장, 목초, 사료.

pascuális, -e, adj. = pascális

pascuósus, -a, -um, adj. 목초가 많은, 목축에 알맞은.

páscŭum, -i, n. 목초지, 풀밭, 목장, 목초, 사료(飼料),
(사람이 먹는) 음식(飮食).
Mantua me genuit, Calabri rapuere,
tenet nunc Parthenope. cecini pascua rura duces.
　만토바 나를 낳고 칼라브리아가 나의 숨을 거두었으며
　지금은 파르테노페 여신이 나를 품고 있느니라.
　내 일찍이 전원과 들녘과 호걸을 노래하였느니라.
(베르길리우스의 묘비에서. 성 염 지음. 사랑만이 진리를 깨닫게 한다. p.374).

páscŭus, -a, -um, adj. 목축의, 목축에 적합한, 목장의.

passer, -eris, m. 참새, 넙치.
multis passeribus pluris estis vos.(공동번역 루카 12. 7)
(⑨ You are worth more than many sparrows)
　너희는 그 흔한 참새보다 훨씬 더 귀하지 않느냐/
Nonne quinque passeres veneunt dipundio?
　참새 다섯 마리가 두 아스에 팔리지 않습니까?(루카 12. 6).

passer marínus. 타조(駝鳥-키 2.5m. 현생 조류 중 가장 큼)

passerárïus, -a -um, adj. 참새의.

passércŭla, -æ, f. 작은 참새, 소녀의 애칭

passércŭlus, -i, m. 작은 참새, 애송이, 애인(의 애칭)

passerínus, -a -um, adj. 참새의, 참새에 관한.

passíbìlis, -e, adj. (고통을) 당할 수 있는,
감수적인, (종교적으로) 감동하기 쉬운.
qualitas passíbìlis. 수동적 성질(受動的 性質).

passibílĭtas, -átis, f. (고통 따위를) 당할 수 있는 성질,
(종교적인) 감동성, 감수성(獨 sensibilität).

passibus conjunctis. 발걸음을 맞추어.

passifloraceæ, -arum, f., pl. (植) 시계 꽃과 식물(植物)

passim, adv. 도처에, 사방에, 여기저기, 무질서하게,
마구 흩어져, 곳곳에(ubicumque, adv.), 구별 없이,
잡다(雜多)하게, 함부로.
Ut non præsumat passim aliquis cæedere.
　아무도 감히 함부로 때리지 말 것이다.

pássĭo, -ónis, f. 고뇌, 수난(⑨ passion), 격정, 열광, 욕정,
고난(⑨ Tribulátĭon/Illness), 수난기, 순교기록,
수동, 피동, 정동(情動), 자연의 혼란상태.
[단수 주격 passio, 속격 passionis, 여격 passioni, 대격 passionem, 탈격 passione].
[격정 또는 욕정이라고 번역되는 원어인 passio라는 말의 본뜻은 라틴어의 patiri
(겪다, 당하다, 참아 받다, 당하게 되다…)에서 왔다. 요컨대 passio는, 사람이 자기의 잘못이나
탓이 없이 당하게 되는 것으로 예컨대 갈증, 기아, 희로애락 등의 감정과
감각을 의미한다. 예수님께서 이러한 passio는 없을 수가 없었고, 없었다면
사람이 아니었을 것이다. 그래서 성 암브로시오와 그의 학파는 범인들이 갖는
passio와 구별하여 구세주께서는 pro-passio를 가지셨다고 말하였다.
　변기영 신부 옮김, 神聖論, p.102 참조].
De prædicatione Evangelii, quæ per passiones
prædicantium clarior et potentior facta est.

복음의 설교는 설교자들의 수난을 통해
더 유명해지고 더 강해졌다.(신국론. p.2814)/
in passionibus animæ. 영혼의 열정 안에서/
Dominica Passionis. 수난주일(사순 제5주일)/
Repræsentátio artistica Passionis(⑨ Representation of t
he Passion). 주님 수난의 예술적 표현.
passio animæ. 영혼의 상태, 영혼의 정념(情念)
Passio Carpi, Papyli et Agathonicæ.
카르포와 파필로, 아가토니카의 수난기(受難記)
Passio Christi.(⑨ Passion of Christ) 그리스도의 수난
passio corporis. 육체의 변형, 몸의 어떤 변형
passio corporis non latens animam.
육체를 안전하게 하지 못하는 육체의 정열
passio corporis per se ipsam non latens animam.
신체의 감염 그 자체가 영혼에게 가려져 있지 않다.
Passio Dómini nostri Jesu Christi secúndum
Matthǽum. 마태오에 의한 우리 주 예수 그리스도의 수난기.
passio entis. 유(有)의 수동
passio irascibilis. 분노적 열정
passio propria sensus 감각 고유의 수용력
Passio Septem Monachorum. 7인 수도자들의 수난사
passio sexualis. 성적 열정
Passio SS. Perpetuæ et Felicitatis.
페르페투아와 펠리치타의 수난기.
passionális, -e, adj. 감수성의, 고통을 받을 수 있는,
정열적, 정욕적, 격정적.
Passionale(Liber Passionarius) 수난 봉독서.
passione concupiscibile. 욕정적인 정
passione irascibile. 도전적인 정
passiones animæ. 영혼의 정념(情念)들
passiones appetitus irascibilis. 이반적 충동(衝動)
passiones convertibiles. 환치적 수동
passiones disjunctæ. 선언적 수동
passiones entis. 유(有)의 수동
passiones metaphysicæ. 형이상학적 속성들
passiones quantitatis. 양의 양상
passívĭtas¹ -atis, f. (동사의) 수동성, 피동성,
(일반적으로) 수동성(受動性), 수동적 행위,
소극성, 무저항(無抵抗), 묵종(黙從-말없이 따름), 인내.
passívĭtas² -atis, f. 난잡성(亂雜性), 무분별, 혼란(混亂)
passívĭtus, adv. 여기저기, 사방에, 순서 없이, 잡다하게.
passívus¹ -a -um, adj. 다른 것의 작용을 받는(당하는),
수동적(受動的)인, 소극적(消極的)인, 마지못해 하는.
(文法) 수동(형)의, 피동(태)의.
justitía passiva. 수동적 정의/
passiva subornátĭo. 수동적 매수(買收)/
passivum divinum. 신적 수동태/
passivum theologicum. 신론적 수동형(神論的 受動形)/
spirátĭo passiva. 수동적 기발(氣發)/
transmíssĭo passiva. 피고의 승계.
passívus² -a -um, adj. 여기저기 널려있는,
뒤섞여있는, 일반적(一般的)인, 공통적(共通的)인.
passum, -i, n. 건포도로 만든 술.
passus¹ -a -um, p.p.
펼쳐진, 펴놓은, 열린, 트인, 볕에 말린, 햇빛 쏘인.
passus² -a -um, p.p. (pátior)
passus³ -us, m. (pando²) 발걸음, 보조(步調), 발자국.
associáre passus alci. 누구와 함께 가다, 보조를 맞추다/
magnus passus extra viam. 잘못된 방향으로의 큰 발걸음/
passi graviora. 갈수록 힘겨운 걸음.
pasta, -æ, f. 풀(糊.⑨ pool), 살찐 암탉. (藥) 연고(軟膏).
pástĭcus, -a, -um, adj. (젖 떨어지고) 풀 뜯어먹는.
pastillárĭus, -i, m. 환약(錠劑) 제조인(製造人).
pastíllum, -i, n. 작은 떡, 과자, 제사에 쓰는 둥근 빵.
pastíllus, -i, m. 작은 빵, 과자, 알약, 정제(錠劑), 환약.
fingo pastíllos. 환약(丸藥)을 빚다.
pastinátĭo, -ónis, f. 포도밭 일구는 일, 포도밭.
pastinátor, -óris, m.

포도밭 가는 사람, 괭이로 땅을 일구는 사람.
pastinátum, -i, n. 괭이로 파 일군 땅.
pastino, -ávi, -átum, -áre, tr.
땅을 파 일구다, 포도밭을 일구다.
pástĭnum, -i, n. 땅을 고름, 포도밭 일굼.
괭이(땅을 파거나 흙을 고르는 데 쓰는 농구의 한 가지). 호미.
pástĭo, -ónis, f. 목축, 방목, 목장, 목초지, 목초.
pastor, -óris, m.(=actor pecoris.) 목동,
목자(⑰.ποιμήν, βόσκων 牧者),
(신자들의 영혼 사정을 보살피는) 사목자, 주임신부.
annus pastoralis. 사목의 해(年)/
Cœléstis Pastor. 천상 사목자(교황 이노첸시오 11세 회칙)/
Et numquid ovis erat pastori necessaria, et non ovi
potius pastor necessarius erat? 양이 목자에게 필요
했습니까? 아니면 양에게 목자가 더 필요했습니까?.
(최익철 신부 옮김. 요한 서간 강해, p.381)/
grex sine pastore. 목자 없는 양떼/
Instructiones pastorum. 사목자들의 교훈/
Liber ad pastorem. 목자를 위한 책
(요한 클리마쿠스 지음- 수도승원 장상들의 의무에 관한 내용)/
pastórum hábitu. 목동의 복장을 하고/
Quem vidisti, pastores?. 목동들아, 누구를 보았느냐?/
unus grex sub uno pastore.
하나의 양 무리는 하나의 목자 아래 있어야 한다/
Verus est pastor Qui novit quoque viam quæ per mortis
vallem transit.(⑨ The true shepherd is one who knows
even the path that passes through the valley of death)
참된 목자께서는 죽음의 골짜기를 지나는 길까지도
알고 계십니다(2007.11.30 "Spe Salvi" 중에서).
pastor æternus. 영원한 사목자
Pastor Angelicus. 천사적 목자, 천사 같은 목자.
Pastor ad montem appropinquat ut oves reperiat.
목자는 양들을 되찾으려고 그 산으로 다가가고 있다.
pastor bonus. 착한 목자(마태 18, 12~14: 루카 15, 3~7: 요한 10, 11)
Pastor et nauta. 목자와 선원
Pastor fatigatus cum sub arbore obdormuisset,
serpens ad eum prorepsit. 목동이 지친 나머지 나무
아래에서 깊은 잠에 빠지자 뱀이 기어왔다.
Pastor Hermæ(⑨ Shepherd of Hermas) 헤르마스 목자.
(사도시대 교부들 중 한사람. 다섯 번의 성현상, 12계명, 10비유로 구성된 책).
Pastor loci. 현지 사목자
Pastor primus. 일차 사목자, 주교
pastor proprius. 고유한 목자, 주임 신부(rector ecclesiæ)
Pastor proprius, ordinárĭus et immediatus.
고유하고 통상적(通常的)이며 직접적인 목자.
Pastor universæ Ecclesiæ in terris.(⑨ Pastor of
the universal Church). 보편 교회 목자,
지상의 보편교회의 목자(→교황의 칭호).
Pastorale Munus. 사목 임무(司牧任務)(자의교서)
pastorale opus vocationale. 성소 사목.
Opus pastorale vocationale, revera, totam debet
communitatem christianam in omni eius provincia
implicare. 성소 사목은 전체 그리스도교 공동체의
모든 생활 영역에 다 관련되어 있어야 합니다.
Pastoralia. 사목자 수첩(백민관 신부 엮음, 백과사전 3. p.104)
Pastoralia onera nostra.(⑨ Our own responsibilities as
Pastors) 목자로서 우리 자신이 지고 있는 책임들.
pastorális, -e, adj. 목자(목동)의, 사목적(⑨ Pastoral),
목장의, 전원의, 전원생활의, 사목의(⑨ Pastorall),
anulus pastorális. 주교 반지/
baculum pastorális* 목자의 지팡이, 주교의 목장/
Alterum deinde documentum afficit locum ipsum
catecheseos in pastoralibus Ecclesiæ propositis ac
rationibus(⑨) The second lesson concerns the place
of catechesis in the Church's pastoral programs)
둘째로 생각한 일은 교회의 사목 계획에서 교리교육이
차지하는 위치입니다.(1979.10.16. "Catechesi tradendæ" 중에서)/
De hac re mentem vertere cupimus ad quandam
quæstionem pastoralem, quæ nostro tempore sæpenumero

accidit. 이와 연관하여 저는 오늘날 자주 부딪히는 사목적 문제에 대하여 말씀드리고 싶습니다/
De vigilantia pastorali. 사목적 배려에 대하여/
Epistolæ Pastorales. 사목 서간/
formátĭo pastorális. 사목적 양성/
In pastorali opera agenda initiationis itineri christiana familia semper sociari debet.([영] In pastoral work it is always important to make Christian families part of the process of initiation) 사목 활동에서 그리스도인 가정들이 입교과정에 동참할 수 있게 하는 것이 언제나 중요합니다/
institutio pastorális. 사목 교육([영] pastoral training)/
lítteræ pastoráles. (교구장의) 사목 교서/
medicína pastoralis. 사목 의학/
pastorale episcopi. 주교의 목장(牧杖)/
Pastorale Munus, 사목 임무(자의교서)/
주교들의 권한과 특전(1963.11.30. 자의교서)/
Romani Pontifices, qui recentioribus temporibus fuerunt, ei singularem prorsus partem pastoralis sollicitudinis suæ triibuerunt([영] The most recent Popes gave catechesis a place of eminence in their pastoral solicitude) 최근의 교황님들은 사목적 배려에서 교리교육(Catechesi Tradendæ)에 탁월한 위치를 부여하셨습니다.
(교황 요한 바오로 2세의 1979.10.16. "Catechesi tradendæ" 중에서)/
Sollicitudines quædam pastorales.([영] Some pastoral concerns) 몇 가지 사목적 관심.

Pastoralis actio, 사목적 활동(1969.5.15), 어린이 세례(1980.10.20. 훈령).
Actio pastoralis ad Universitatem pertinens.([영] Pastoral Ministry) 사목적 봉사직(1990.8.15. "Ex corde ecclesiæ" 중에서).

Pastoralis cura Episcopi erga migrantes. 주교의 이민 사목.

Pastoralis migratorum cura, 이민사목(1969.8.15. 자의교서)

Pastoralis operæ vocationalis novus impetus. 성소 증진을 위한 새로운 노력.

Pastoralis regiminis modus et dioecesana communio. 사목 통치 방식과 교구의 친교.

Pastores Davo Vobis, 현대의 사제 양성(1992.3.25.)
[오늘날의 상황 속에 어떻게 사제 양성을 해야 하는가를 다루는 내용의 교황권고이다. 이는 특히 제삼천년기를 맞이하는 시점에서 온갖 도전에 직면한 사제 양성 문제의 여러 측면들을 자세히 다룬다. 전 세계적으로 사제직의 문제가 거론되고 한국교회에서조차 성소자가 급감하고 있는 현실에서, 현대의 사제 양성을 위해 반드시 읽어야 할 매우 의미 있는 문헌이다. 특별히 사제들의 평생(계속) 교육 필요성과 그 방법에 대해 언급한 최초의 공식 문헌이라 할 수 있다. 가톨릭신문 2014.1.12일자, 박준양 신부].

Pastores Ecclesiæ([영] Shepherds of the Church). 교회의 사목자.

pastoríciŭs(=pastorĭus), -a -um, adj. 목자(목동)의

pastum, "pasco"의 목적분사(sup.=supínum)

pastúra, -æ, f. 꼴(마소에 먹이는 풀), 목초, 사료(飼料).

pastus²-us, m. 먹이, 목초(牧草), 사료(飼料), 여물, (사람이 먹는) 양식(糧食), 식량(食糧).

patagiárĭus, -i, m. 옷의 가장자리 장식을 만드는 사람

patagiátus, -a -um, adj. 술 달린

patágĭum, -i, n. 술, 가장자리 술 장식, 술 달린 가장자리, 머리장식.

Patavium, -i, n. ([영] Padua) 파도바(이탈리아의 도시).
Universitas Padova. 파도바 대학교.

patefácĭo, -feci -factum -cere, tr. (páteo+fácio) (문 따위를) 열다(פתח.אתפ), 공개하다, 드러내다, (접근할 수 있도록 길 따위를) 개척하다, 찾아내다.

patefáctĭo, -ónis, f. 개방(開放), 공개(公開), 드러냄

patefío, -fáctus sum -fíĕri, pass. 열리다, 드러나다(גלה.גלי), 알려지다, 공개되다.

patélla, -æ, f. 접시, 대접, 제사용 그릇. (解) 종지뼈, (解) 슬개골(무릎의 관절을 이루고 있는 종지 모양의 뼈. 슬골. 종지뼈).

Patema cum benevolentĭa, 성년과 화해(1974.12.8. 교황권고).

pátĕna* -æ, f. 운두가 낮은 냄비, 음식 접시, 제물 담는 그릇(접시). (가톨릭) 성반(聖盤.[영] paten.獨 patene).
patenam osculatur, 성반에 친구하며.

patens, -éntis, p.prœs., a.p. 열리는(문 따위), 열려 있는, 개방된, 드러난, 활짝 트인, 넓은, 뻗어나간, 명료한, 명백한.

pátĕo, -tŭi -ére, intr. 열려있다(פתח.אתפ), 개방되다, 길이 나있다, 노출되다, 드러나 있다, 뻗쳐있다, 펼쳐지다, 할 수 있다, 접근할(들어갈) 수 있다, (흔히 비인칭적으로) 드러나다, 명백하다, 분명하다.
Novum in Vetere latet, Vetus in Novo patet. 신약은 구약에 숨어 있고, 구약은 신약에서 밝혀진다.

pater, -tris, m. 아버지(אב.πατὴρ.아빠), 창시자, (삼위일체) 성부(聖父). (敎史) 교부(敎父), 신(神).

명사 제3변화 제2식 C		
	단 수	복 수
Nom.	pater	patres
Gen.	patris	patrum
Dat.	patri	patribus
Acc.	patrem	patres
Abl.	patre	patribus
Voc.	pater	patres

(황치헌 신부 지음, 미사통상문을 위한 라틴어, p.58)

사제(그리스어 "πρεσβυτερος"에서 유래).
A Patre ad Patrem. 성부에게서 성부께로/
boni pater et fília. 착한 아버지와 딸/
consensus Patrum. 교부들의 일치된 의견/
De auctoritate Conciliorum et Patrum. 공의회와 교부들의 권위(權威)/
De vita Patrum. 선조들의 생애/
Diversorum patrum sententiæ. 여러 교부들의 말씀 모음/
dono fílio patrem. 아들을 봐서 아버지를 용서해주다/
ex eodem patre natua. 같은 아버지에게서 난 아들/
Hæres superest patri. 아버지에게는 상속인이 남아 있다/
Hoc monitus sum a patre.(=Hoc me mounit pater) 아버지께서는 이것을 나에게 알려주셨다/
Hoc patris magni interest. 이것은 부친에게 매우 중요하다/
Horatius patre libertino natus est. 호라티우스는 석방 노예를 부친으로 두었다.[어디에서 즉 유래함을 표현하는 동사는 전치사 ab, ex와 함께 탈격을 지배한다]/
imago Patris. 성부의 모상/
in memóriam patris. 아버지의 기념으로/
in Spiritu per Filium ad Patrem. 성령 안에서 성자를 통하여 성부께(사목 13 典禮神學, p.184)/
Insuévit pater hoc me.(insuésco 참조) 아버지가 나를 이것에 익숙해지게 해주셨다/
Patres ævi Apostolici. 사도 시대 교부/
Patres amplissimi. 추기경(樞機卿)/
Patres apologetici. 호교 교부들/
Patres apostolici.([영] Apostolic Fathers) 사도교부들, 사도시대 교부들/
patres cardinales et episcopi. 의원 추기경들과 주교들/
patres conscripti. 의원(議員-원로원 의원)/
Patres ecclesiæ. 교부(敎父)/
Patres ecclesiæ, 성 블라시오 서거 1,600주년 기념. (1980.1.2. 교황교서)/
Patres Græci. 그리스 교부(敎父)/
Patres Latini. 라틴교부(敎父.[영] Latin Fathers)/
Patres Orientales. 동방교부([영] Eastern Fathers)/
Patres sacræ congregátĭonis, 교회묘지(1973.9.20. 교령)/
Patri multa in mentem venérunt. 아버지의 머릿속에는 많은 생각들이 떠올랐다/
patris fidei([영] our father in faith) 우리 신앙의 조상/
Patrum Apostolicorum Opera. 사도시대 교부들의 저서/
patrum nostrorum memoria. 우리 조상 시대/
Quærámus, quæ tanta vítia fúerint in único fílio, quare is patri displicéret. 그 외아들이 아버지의 마음에 들지 못할 만한 큰 악습들이 무엇이었는지 알아보자/
Qui percusserit patrem suum aut matrem, morte moriatur. (o]j tu,ptei pate,ra auvtou/ h' mhte,ra auvtou/ qana,twl qanatou,sqwl) (獨 Wer Vater oder Mutter schlägt, der soll des Todes sterben) ([영] Whœver strikes his father or

P

mother shall be put to death) 자기 아버지나 어머니를 때린 자는 사형을 받아야 한다(탈출 21. 15)/부모를 때린 자는 반드시 사형에 처하여야 한다(출애굽기)/
Qui maledixerit patri suo vel matri, morte moriatur.
(o` kakologw/n pate,ra auvtou/ h' mhte,ra auvtou/ teleuth,sei qana,tw|) (獨 Wer Vater oder Mutter flucht, der soll des Todes sterben)(⑨ "Whœver curses his father or mother shall be put to death)/자기 아버지나 어머니를 욕하는 자는 사형을 받아야 한다(탈출 21. 17)/부모를 업신여기는 자는 반드시 사형에 처하여야 한다(공동번역 출애굽기 21. 17)/
Reverendissimus Pater. 수도원장/
Sunt tales, qualis pater tuus fuit.
자네 아버님이 그러셨던 그대로 그 자들도 그렇다네/
ulciscor patrem. 아버지의 원수를 갚다/
Unanimis consensus patrum. 교부들의 일치된 견해/
virgo orba patre. 아버지를 여읜 처녀.
pater adoptívus. 양부(養父.adoptator, -óris, m.)
Pater æterne, offero tibi Corpus et Sanguinem, animam et divinitatem dilectissimi Filii Tui, Domini nostri, Iesu Christi, in propitiatione pro peccatis nostris et totius mundi.
영원하신 아버지, 저희가 지은 죄와 온 세상의 죄를 보속하는 마음으로 지극히 사랑하시는 당신 아드님 우리 주 예수 그리스도의 몸과 피 영혼과 신성을 바치나이다.
(*예수님께서 성녀 파우스티나께 친히 가르쳐주신 자비의 기도로 묵주를 이용하여 바칠 때 주의 기도 사이에 바치는 기도)
Pro dolorosa Eius passione, miserere nobis et totius mundi. 예수의 수난을 보시고 저희와 온 세상에 자비를 베푸소서. (*예수님께서 성녀 파우스티나께 친히 가르쳐주신 자비의 기도로 묵주를 이용하여 바칠 때 성모송 사이에 바치는 기도)
Sanctus Deus, Sanctus Fortis, Sanctus Immortalis, miserere nobis et totius mundi. 거룩하신 하느님
전능하시고 영원하신 분이시여 저희와 온 세상에 자비를 베푸소서.(*예수님께서 성녀 파우스티나께 친히 가르쳐주신 자비의 기도로 묵주를 이용하여 바칠 때 기도 끝에 성모찬송 대신 바치는 기도).
Pater audísti. 너는 아버지라고 불렀다
Pater Decretalium. 교령의 아버지(교령 그레고리오 9세 교황 지칭).
Pater Ecclesiæ. 교부(patres œcumenici. 공교부)
pater est mendacii.(⑨ father of lies) 거짓말의 아비
Pater est sapiens Deus, et Trinitas est sapiens Deus. 성부는 지혜로운 하느님이다.
그리고 삼위일체는 지혜로운 하느님이다.
Pater et filius boni. 착한 아버지와 아들
Pater et filius sunt boni. 아버지와 아들은 착하다
Pater et mater ægri sunt. 아버지와 어머니가 편찮으시다
Pater et mater mórtua est. 아버지와 어머니는 돌아가셨다
Pater et organum veritatis. 진리의 아버지이며 기관
Pater et tuba Juris canonici. 교회법의 아버지이며 나팔
pater familias. 가장(家長).
sicut unus paterfamílias. 그 어떤 가장(家長)처럼.
Pater flilium ad equos quærendos misit(당위분사문)
(=Pater flilium ad quærendum equos misit-동명사문)
아버지는 말들을 찾기 위해 아들을 보냈다.
Pater generalis. (예수회) 총장
Pater illuminationis nostræ. 우리를 조명하는 아버지
Pater immensæ maiestatis. 한없이 위엄 있는 아버지
Pater, inquam, aderit jam hic meus.
내 말하거니와, 나의 아버지가 지금 여기로 오시리라는 거야.
Pater juris. 법의 아버지
Pater magister. 수련장
Pater me jurejurándo adégit, numquam amícum fore pópuli Románi.(jusjurándum 참조) 아버지는 나에게 결코 Roma인들의 친구가 되지 않겠다는 맹세를 시켰다.
pater mendacii.(⑨ the father of lies)
거짓말의 아비(요한 8. 44).
Pater meus dat vobis panem de cælo verum: panis enim Dei est, qui descendit de cælo et dat vitam mundo. 하늘에서 너희에게 참된 빵을 내려 주시는 분은 내 아버지시다. 하느님의 빵은 하늘에서 내려와

세상에 생명을 주는 빵이다.(요한 6. 32~33).
Pater monasterii. 대수도원장
Pater Noster. 주님의 기도, 천주경.
Pater noster, qui es in cœlis, sanctificétur nomen tuum.
Advéniat regnum tuum. Fiat volúntas tua sicut in cœlo et in terra.
Panem nostrum quotidiánum da nobis hódie.
Et dimítte nobis débita nostra,
sicut et nos dimíttimus debitóribus nostris.
Et ne nos indúcas in tentatiónem: sed libera nos a malo. Amen.
하늘에 계신 우리 아버지, 아버지의 이름이 거룩히 빛나시며
아버지의 나라가 오시며 아버지의 뜻이 하늘에서와 같이
땅에서도 이루어지소서!
오늘 저희에게 일용할 양식을 주시고 저희에게 잘못한 이를 저희가 용서하오니
저희 죄를 용서하시고 저희를 유혹에 빠지지 않게 하시고
악에서 구하소서. 아멘.
Pater noster alta voce clamavit ut a nobis audiretur.
우리 아버지는 하도 고성을 질렀으므로
우리한테까지 들릴 정도였다.
Pater peritorum. 전문가들의 아버지
Pater seraphicus. 아씨시의 성 프란치스코에 대한 칭호.
pater spiritualis. 신부(sacerdos, -ótis, m.). 영적 지도신부.
pátĕra, -æ, f. (흔히 제사 때 쓰는) 운두가 낮은 술잔.
excipio sánguinem pátĕrā. 피를 접시에 받다.
pátere, 원형 pátĭor, (tĕris, ĭtur), passus sum, păti,
[명령법. 단수 2인칭 patere, 복수 2인칭 patimini].
paterfamílias, patrisfamílias, m. 가장(家長).
jus patrisfamilias. 가부장권(사랑만이 진리를 깨닫게 한다. p.455).
patérne, adv. 아버지답게, 부성애로
patérnĭtas, -atis, f. 아버지 임, 아버지 자격, 부계,
부성(⑨ Fatherhood), 아버지다움, 아버지의 혈통.
삼위일체에서 성부의 부성적 성격.
paternitatis ministerium(⑨ The Service of Fatherhood)
부성의 봉사(1989.8.15. "Redemptoris custos" 중에서).
patérnus, -a -um, adj. 아버지의, 아버지로서의,
아버지다운, 부계의, 부조의,
(文法) paternus casus = genetívus 속격(=2격).
patésco, -pátŭi, -ĕre, intr., inch. 열리다, 펼쳐지다,
전개되다, 명백하게 되다, 드러나다.
patet, intr., impers. …이 명백하다, 분명하다
pathétĭcus, -a -um, adj. 감동적인, 감동시키는,
연민(憐憫)의 정을 자아내는, 슬픈, 비참(悲慘)한.
catharsis pathetica. 정화력.
páthĭcus, -a -um, adj. 음탕에 빠진, 쾌락에 젖은
pathologĭa, -æ, f. 병리학(病理學)
pathos, n.(m.) 열정, 정념(情念.apathia, -æ, f. 무정념).
감동, 측은한 느낌, 연민의 정을 자아내는 힘, 비애.
patíbĭlis, -e, adj. 참을 수 있는, 견딜만한, 감당할 만한,
다감한, 감수성(感受性) 있는, 수동적(受動的)인.
Jesus patibilis. 예수의 고난.
patíbulátus, -a -um, adj. 교수대에 묶인, 형틀에 달린
patíbŭlum, -i, n. 문 잠그는 빗장, 포도나무의 받침대,
(사형수의 목을 걸어 매다는 Y자형의) 교수대, 형틀,
(십자가의) 가름대 나무, 횡목(橫木), 십자가의 가로대.
pátiens, -éntis, p.prœs., a.p. 참을 줄 아는, 견디어내는,
인내력 있는, 자제력 있는, 감당할 수 있는,
허용하는, 괴로움 당하는, 병 앓는, 꿋꿋한, 확고한.
amnis návium patiens. 배가 지나 갈 수 있는 강/
homo patiens. 인내하는 인간(김광식 옮김. 基礎神學, p.248).
Patiens divina. 거룩한 고통(苦痛)
Patiens esto; si falsum audisti, gaude mecum, quia et ego falsa ab antichristis audio. 참아라, 네가 거짓을 듣고 있다면 나와 함께 기뻐하여라. 나도 그리스도의 적들로부터 거짓을 듣고 있기 때문이다.(최익철 신부 옮김. 요한 서간 강해. p.177).
patiéntĭa, -æ, ('견디다 pati'라는 어원에서 파생됨)
f. 인내(忍耐.⑨ Patience), 참아 받음, 견디어 냄, 인내력,
내구력, 지속성, 견인, 끈덕짐, (쾌락 욕정 따위에) 빠짐,
탐닉(耽溺.어떤 일을 지나치게 즐겨 거기에 빠짐).
ad nutum et patientiam sacerdotis.
사제의 묵인과 용인 속에서/
In patientia vestra possidebitis animas vestras.
(⑨ By your perseverance you will secure your lives)

너희는 인내로써 생명을 얻으리라(성경 루카 21. 19)/
Ipsa patientia exercet desiderium. Mane tu, nam manet
ille. 인내는 열망을 훈련시켜 줍니다. 그대 머무르십시오.
그분께서 머물러 계시기 때문입니다/
Marcet sine adversariis virtus : tunc apparet quanta sit
quantumque polleat, cum, quid possit, patientia ostendat.
덕은 역경 없이는 상하기 마련이다: 그것이 무엇을 할 수
있는지 인내로써 보여 줄 때에야 덕이 얼마만한지 그리고
과연 얼마큼 힘이 있는지 드러난다.(성 염 지음, 고전 라틴어. p.316)/
Non murmur resonat, non querimonia, sed cord
impavido, mens bene conscia conservat patientiam.
(성무일도 여러 순교자 축일 공통 저녁기도 찬미가에서)
군말도 없고 불평도 없이, 두려움도 모른 채 다만
아주 맑은 정신으로 인내해 나간 선열이여/
Sunt enim homines qui cum patientia moriuntur: sunt
autem quidam perfecti qui cum patientia vivunt.
참으면서 죽어 가는 사람이 있는가 하면, 참으면서 사는
완전한 사람도 있다.(최익철 신부 옮김, 요한 서간 강해. p.391),

Patientia animi occultas divitias habet.
인내로운 마음은 숨은 재산을 간직한 셈이다.
(인내심은 숨겨진 보물을 갖고 있다.)

Patientia est donum Dei. 인내는 하느님의 선물이다.
patientior, -or, -us, adj. pátiens, -éntis의 비교급
patientissimus, -a -um, adj. pátiens, -éntis의 최상급
patimini, 원형 pátior, (téris, ítur), passus sum, păti,
[명령법. 단수 2인칭 patere, 복수 2인칭 patimini].
pátina(=pátena) -æ, f. 운두 얕은 냄비, 접시.
pátior, (téris, ítur), passus sum, păti, dep., tr.
당하다, 감당하다, 견디다(רבק. סבל), 참다,
고통 받다(יסר.חיל), 수난하다, 따르다, 감수하다,
내버려두다, (하는 대로) 맡겨두다, 보고만 있다,
(쾌락 욕정 따위에) 빠지다, 탐닉(耽溺)하다.
Ars prima regni posse te invidiam pati(Seneca).
통치의 첫째 기술은 당신이 시기를 참을 수 있는 가이다/
fácile(æquo ánimo) patior.
기꺼이 허락하다(허가하다), 용인하다, 인정하다/
Hunc patiémur fíeri míserum? 이 사람이 가련하게
되는 것을 우리가 보고만 있겠느냐?/
impérium alcjs patior. 누구의 명령에 따르다/
Non possum pati, quin…, 나는 …하지 않을 수 없다/
Nullum patiebátur esse diem, quin…,
그는 하루라도 …하지 않는 날이 없었다/
Pati timetis: exire non vultis; quid faciam vobis.
그대들은 고통을 두려워하고 떠나기를 원치 않는구려.
내가 그대들을 위하여 무엇을 해야 한단 말인가?.
(이연학 최원오 옮김. 아우구스티노의 생애. p.117)/
Patienda potius sunt omnia quam officio deficitur.
의무를 포기하기보다는 차라리 모든 것을 감내해야만 한다/
Quare oportebat pati Christum et resurgere?
무엇 때문에 그리스도께서는 반드시 고난을 겪고
되살아나야 했습니까?.(최익철 신부 옮김, 요한 서간 강해. p.113)/
quisque suos patimus manis. 인생은 누구나 자기 분수를
겪어가게 마련이라성(성 염 지음. 사랑만이 진리를 깨닫게 한다. p.407)/
vincit qui patitur(속담) 참는 자가 승리한다.
Vinum non pátitur ætátem, quod….
…한 술은 오래가지 못한다.

달형동사 제3활용(B) pati(고통당하다, 참다)		
	직 설 법	접 속 법	명 령 법
현 재	S.1. pátior	pátiar	현 재 S 2인칭 pátere
	2. páteris	patiáris	P 2인칭 patímini
	3. pátitur	patiátur	미 래
	P.1. pátimur	patiámur	S 2인칭 pátitor
	2. patímini	patiámini	S 3인칭 pátitor
	3. patiúntur	patiántur	P 2인칭 －
			P 3인칭 patiúntor

					부정법
미완료	S.1. patiébar	páterer			현 재 pati
	2. patiebáris	pateréris			
	3. patiebátur	paterétur			미 래
	P.1. patiebámur	paterémur			passúrus, -a, -um esse
	2. patiebámini	paterémini			passúri, -æ, -a esse
	3. patiebántur	pateréntur			passúrum, -am, -um esse
미래	S..1. pátiar				passúros, -as, -a esse
	2. patiéris				
	3. patiétur				과 거
	P.1. patiémur				passus, -a, -um esse
	2. patiémini				passi, -æ, -a esse
	3. patiéntur				passum, -am, -um esse
					passos, -as, -a esse
단순과거	S.1. passus, -a, -um sum	passus, -a, -um sim			분 사
	2. passus, -a, -um es	passus, -a, -um sis			현재: pátiens, -iéntis
	3. passus, -a, -um est	passus, -a, -um sit			미래: passúrus, -a, -um
	P.1. passi, -æ, -a sumus	passi, -æ, -a simus			과거: passus, -a, -um
	2. passi, -æ, -a estis	passi, -æ, -a sitis			수동형 당위분사
	3. passi, -æ, -a sunt	passi, -æ, -a sint			patiéndus, -a, -um (말해져야 할)
과거완료	S.1. passus, -a, -um eram	passus, -a, -um essem			동 명 사
	2. passus, -a, -um eras	passus, -a, -um esses			
	3. passus, -a, -um erat	passus, -a, -um esset			속격 patiéndi
	P.1. passi, -æ, -a erámus	passi, -æ, -a essémus			여격 patiéndo
	2. passi, -æ, -a erátis	passi, -æ, -a essétis			대격 ad patiéndum
	3. passi, -æ, -a erant	passi, -æ, -a essent			탈격 patiéndo
미래완료	S.1. passus, -a, -um ero				목 적 분 사
	2. passus, -a, -um eris				
	3. passus, -a, -um erit				능동형 passum (참아 받으려)
	P.1. passi, -æ, -a erimus				수동형 passu (참아 받기에)
	2. passi, -æ, -a éritis				
	3. passi, -æ, -a erunt				

(허창덕 지음. 중급 라틴어. p.195)

patisco = **patésco**
pator, -óris, m. 열림, 벌어짐
patrá(s)ter, -tri, m. 의붓아버지
patrátĭo, -ónis, f. 완수, 수행, 달성, 이룩함, 저지름,
완성(כלה.⑨ Consummátĭon/Fullness), 성취.
patrátor, -óris, m. 수행자(遂行者), 달성자, 완수자,
행하는(이룩하는) 사람, (일을) 저지르는 사람, 범인.
pátrĭa, -æ, f. 조국, 고국, 고향(⑨ Homeland),
모국, 태생지(胎生地), 발상지(發祥地), 원산지.
Bónis cívibus patria carior est quam vita.
착한 시민들에게 있어서는 조국이 생명보다 더 귀중하다.
(비교되는 것들이 서로 같지 않아서 그 우열이 비교되는 경우에는
주문에 비교급의 형용사나 부사를 쓰고, 비교접속사 quam으로 시작되는
비교 속문으로 comma 없이 주문에 이어준다.)
Cariorem esse patriam nobis quam nosmetipsos puto.
조국은 우리 일신보다 더 귀한 것이라고 나는 생각 한다/
Corea, patria mea, mihi cara est.
내 조국 한국은 나에게 소중하다/
Currimus enim, et ad patriam currimus. 지금 우리는
달려가고 있습니다. 본향을 향해 달리고 있습니다.
(최익철 신부 옮김, 요한 서간 강해, p.73)/
defensio pátriæ. 국방(國防)/
Dulce et decórum est, pro pátriā mori.
조국을 위하여 죽는 것은 즐겁고 영광스러운 것이다.
(목적부사어는 전치사 pro와 함께 탈격으로 또는 propter. in. ad, erga
등과 함께 대격으로 표시한다)/
excússus pátriā. 조국에서 추방된(excutio 참조)/
extorris patria(domo) 조국으로부터 추방당한 사람/
fas patriæ. 조국의 정당한 권리/
gremium pátriæ. 조국의 품/
homo mínime resípiens pátriam.
자기 고향 냄새가 전혀 풍기지 않는 사람/
gremium patriæ. 조국의 품/
Imperator cepit consilium liberandi patriam.
원수(元帥)는 조국을 구할 결심을 하였다/

895

Imperator die noctuque cogtabat de liberanda patria.
원수(元帥)는 밤낮으로 구국에 대해서 생각하고 있었다/
Imperator omnes vires ad liberandam patriam contulit.
원수(元帥)는 구국에 모든 힘을 바쳤다/
in pátriam remeo. 고국(고향)으로 돌아가다/
Is pátriæ eum recordávit.
그가 이 사람에게 조국을 기억하게 했다/
jura patriæ. 조국에 대한 도리(의리)/
Largior pátriæ suum sánguinem.
자기 피를 나라에 바치다/
Mentem patriæ súbiit pietátis imágo.
애국심이 내 생각에 떠올랐다/
Nemo propheta acceptus est in patria sua([영] no prophet is accepted in his own native place) 어떠한 예언자도 자기 고향에서는 환영을 받지 못한다(성경 루카 4, 24)/
Non sum uni angulo natus : patria mea totus hic est mundus.(Seneca). 나는 세상 한 구석을 위해서 태어나지 않았다. 이 세상 전부가 내 조국이다/
Nunc pátria nostra sui juris est.
지금 우리 조국은 자주 독립하였다/
Plebiscíto in pátriam restitútus est. 그는 국민투표에 의해 유배지에서 풀려나 귀향하게 되었다/
Quæ patria, quo currimus? Christus dixit: Ego sum veritas. 우리는 어떤 고향을 향하여 달려야 합니까? 그리스도께서 말씀하셨습니다. 나는 진리이다/
reddo *alqm* pátriæ. 아무를 본국으로 돌려보내다/
reverto in pátriam. 귀국(歸國)하다/
Stetit res publica integra donec cives se fortes et ad omnia paratos pro salute patriæ præstiterunt.(Cicero). 시민들이 강직하고 조국의 안녕을 위하고 무엇이라도 무릅쓸 자세가 되어 있다면, 국가는 온존하다/
Ubi bene ibi patria. 좋게(잘) 있는 곳에(이) 조국이 있다/
Ubi libertas, ibi patria. 자유가 있는 곳에 조국이 있다, 자유가 있는 그곳이 (우리의) 조국(이다)/
Vita in patria. 고향에서 보내는 삶.

Pátria, cui nos totos dedo debémus.
우리 자신을 온전히 바쳐야 하는 조국.

Pátria unicuique diligenda et custodienda est.
조국은 누구에게나 사랑 받고 수호되어야 한다[수동태 용장활용].
(= 누구나 조국을 사랑하고 수호해야 한다).

patriárcha(patriárches) -æ, m. 시조, 가장, 족장, (이스라엘 백성의) 성조(聖祖.[영] Patriarchs), 대원로, (학교.교파.종족 따위의) 창시자(創始者), 개조(開祖), (가톨릭) 총대주교([영] Patriarch.獨 Patriarch. 그리스어 Patriarches.πατριαρχης에서 유래).
De benedictionibus Patriarcharum. 성조들의 축복.

Patriarcha Occidentalis. 서방 총대주교(교황 직함)

Patriarcha œcumenicus. 동방 총대주교([영] Patriarch)

patriarchæ hæreticorum. 이단자들의 선조

Patriarchalismus, -i, m. 족장 제도, 가장주의

Patriarchátus, -i, m. 가부장제(가톨릭대사전, p.27), 총대주교직, 총주교좌([영] patriarchate.πατριαρχεια 에서 유래=Sedes patriarchalis.).
matrimonĭum vi patriarchatus. 가장권에 의한 혼인.

patriarchatus minores. 하급 총주교좌

patriarchatus Romanus. 로마 총주교좌

patriciátus, -us, m. 귀족의 신분, 귀족의 지위

patricída, -æ, m. (pater+cædo) = **parricida** 동족 살해자, 살해자(殺害者), 어버이 살해자, 자객, 친족 살해자.

patrícĭi, -orum, m., pl. (고대 로마의) 특권층, 귀족.
exíre e patríciis. 평민이 되다/
nobiles, -ium, m., pl. 귀족/optimates, -um, m., pl. 귀족/
plebei, -eorum, m., pl. 평민.

patrícĭus, -a -um, adj. 귀족의.
patricium genus. 귀족출신(summo loco natus).

patrícĭus Romanorum. 로마 최고 귀족

pátrĭcus, -a -um, adj. 아버지의, 아버지다운

patrimónĭum*, -i, n. 상속재산, 세습재산, 가산(家産), 재산, 교황령([영] The states of the Church).
Pareat juventus pudicitiæ suæ, ne effundat patrimonium, ne quem vi terreat, scelere careat.
젊은이로 하여금 자신의 염치에 복종하게 하라, 상속재산을 낭비하지 않게 하라, 누구도 폭력으로 남을 위협하지 말게 하라, 사악함이 없게 하라

Patrimonium ecclesiæ. 교회의 영지(領地)

patrimonium hereditas.
유산(遺産.κλήρος.[영] patrimony/Inheritance).

patrimonium papale*([영] The states of the Church) 교황령.

Patrimonium Pauperum. 구빈 기금(5세기까지 주교좌 수입의¼).

Patrimonium Petri. 베드로 세습령(世襲領)

patrimonium philosophicum. 철학적 유산(Can.251조)

Patrimonium Principis. 군주의 영지

patrímus, -a -um, adj. 아버지가 아직 살아 계신, 생존한 아버지를 모시고 있는.

Patrini(patrinus et matrina)
대부모([영] sponsors/Godparents).

patrínus, -i, m. 대부([영] godfather.Can. 872-874)

patrióta, -æ, m. 동포, 동향인, 애국자, 우국지사

patriótĭcus, -a -um, adj. 같은 조국에 속하는, 동포의, 동향의 애국(우국)의, 애국심이 강한.

patriotísmus, -i, m. 애국심(amor in patriam.)

Patripassionismus, -i, m. 성부수난설([영] Patripassionism)

Patristische Texte und Studien* (略:P.T.S.)
교부 문집 연구서.

patrísso(patrízo), -áre, intr. 아버지를 본받다(뒤따르다)

patrístĭcus, -a -um, adj. (초기 그리스도교의) 교부의.
Enchiridion Patristicum. 교부 편람/
Institutum Patristicum Augustinianum.
아우구스티노 교부학 연구소/
Institutum Patristicum Coreanum.
한국 교부학 연구회(2002.1.17. 창립).

pátrĭus, -a -um, adj. 아버지의, 아버지다운, 조상전래의.
mos patrius. 가風(pátria potéstas. 부권).

patro, -ávi, -átum, -áre, tr. (일, 계획 따위를) 다하다, 이룩하다, 이루다, 완성하다(כּלּה.גמר), 완수하다, 성취(달성)하다, 저지르다, (죄.잘못을) 범하다,
patrátus 관여한, 참여한/
pater patrátus. 선전.강화에 관여한 제관단장.

patrocínĭum, -i, n. 담당 귀족의 평민비호(平民庇護), 법정변호, 수호, 보호([영] Defense), 성당의 수호성인 축일, 식민지.속령에 대한 로마 귀족의 보호, 보호관계.
gratuitum patrocinium. 무상 보호(保護)/
in patrocinium Ecclesiæ. 교회의 보호에.

Patrocínĭum B.M.V. 성모 마리아 보호 축일

Patrocínĭum María Virgo Perdolentis.
성모 마리아 보호 축일(현재 폐기됨).

patrócĭnor, -atus sum -ari, dep., intr. 보호하다, 비호권(庇護權)을 행사하다, 변호하다, 편들다.
Fraus et dolus alicui patrocinári non debet.
사기와 범의는 아무도 비호(庇護)하지 말아야 한다.

patrocinor sibi. 자기변호를 하다.

patrologĭa, -æ, f. 교부학(教父學.[영] patristics)

Patrologia græca* 그리스 교부 총서(J.P. Migne, 略:PG).

Patrologia Latina* 라틴교부 총서(J.P. Migne, 略:PL).

Patrologia Latina. Supplementum*
라틴교부 총서 보충판(J.P. Migne, 略: PLS).

Patrologia Orientalis. 동방 교부학

patróna, -æ, f. (가) 수호성녀(守護聖女), (남을) 수호하는 여자, 수호자, 후원자(後援者), (로마법) 여성 보호인
(자신의 노예를 해방한 여성으로 해방노예의 보호자가 된 여인을 말함).

patronális, -e, adj. 수호자(보호자)에 대한

patronátus, -us, m. 보호자(수호자.후원자) 신분(직위), 노예 석방한 주인의 권리, (노예의 전 주인과 해방된 노예와의) 보호관계

P

jus patronátus. 보호권.

patronus, -i, m. (가) 수호성인, 保護者(προστάτις), 보호인, 수호자, 후원자, 법정 변호인, 평민 보호를 담당하던 귀족. Catholicæ Ecclesiæ Patronum.(⑨ Patron of the Catholic Church) 가톨릭 교회의 수호성인/
In patrónis, 수호성인에 관한 규범(1984.1.7. 서한).

patronus ecclesiæ(⑨ patron Saints). 수호성인, 주보성인
Patronus Europæ. 유럽의 주보성인
Patronus si clienti fraudem faxit(=fecit), **sacer esto**. 후견인에게 사기를 행한 보호자는 죽여 신에게 바치도록 하라.
patronus stábilis. 고정 보호인(固定 保護人)
patroným̆icus, -a -um, adj. 아버지(조상)의 이름을 딴, 아버지(祖上)의 이름에서 유래한.
patruélis, -e, adj. 친사촌의, 종형제(자매)의. m. 친사촌 형제. f. 친사촌 누이(자매).
pătui, "pateo"의 단순과거(pf.=perfectum), "patesco"의 단순과거(pf.=perfectum).
patrum nostrorum memoria. 우리 조상 시대
pátrŭus[1] -a, -um, adj. 숙부의, 백부의, 친삼촌의
patruus[2] -i, m. 백부(伯父-큰아버지), 숙부(叔父-작은아버지), 親三寸(avunculus, -i, m. 外三寸), 훈계자, 엄격한 사람, 외삼촌(m. ăvúncŭlus, -i).
patruus magnus. 할아버지의 형제
patruus major. 증조부의 형제
patruus maximus. 고조부의 형제
pátŭlus, -a -um, adj. 열린, 개방(開放)된, 벌어진, 넓게 펼쳐진, 광대한(capax, -acis, adj.), 번잡한, 누구에게나 개방된, 대중적(大衆的).
pátŭlæ aures. 주의를 기울이는 귀.
pauca, -órum, n., pl. 간단한 말(言), 몇 마디 말.
Pauca addit. 그는 몇 마디 덧붙인다.
páucĭes(=páucĭens), adv. 드물게, 어쩌다가
paucilóquĭum, -i, n. 말이 적음, 과묵(말수가 적고 침착함).
paucior, -or, -us, adj. paucus, -a -um의 비교급
paucissimus, -a -um, adj. paucus, -a -um의 최상급
páucĭtas, -atis, f. 소수(primi numeri.), 얼마 안 되는 수.
De paucitate amatorum crucis. 예수의 십자가를 사랑하는 이의 수가 적음에 대하여/
De paucitate electorum. 간선자(揀選者)가 적음에 대하여.
páucŭlus, -a -um, adj. 아주 적은, 극소수의
paucus, -a -um, adj. 적은(ὀλὶγος.μικρὸς), 소수의, 많지 않은, 얼마 안 되는, 드문, 희귀한. m., pl. 소수의 사람들. n., pl. 몇 마디 (말), 간단한 말.
ad pauca redeo. 요약(要約)하다/
Collis léniter fastigiae paulátim ad planítiem rédibat. 완만하게 경사져 올라가던 언덕이 다시 비스듬히 내려가 평지에 가 닿았다/
Equites, quamquam erant pauci, tamen contra tantam multitudinem audacissime concurrunt. 비록 적은 수임 에도 불구하고 기병들은 그렇게나 큰 무리를 향해서 담대하게 돌진하였다(성 염 지음. 고전 라틴어. p.340)/
família ad paucos redácta.(redigo 참조) 소수의 식구로 줄어든 가정/
Hic ergo satis habemus pauca omnino memorare. (⑨ I shall therefore limit myself here simply to recalling one or two points) 여기서 본인은 한두 가지 점만 환기 시키는 데서 그치겠습니다.(1979.10.16. "Catechesi tradendæ" 중에서)/
in paucis diébus. 며칠 안에/
intra paucos dies. 며칠 안에(안으로), 수일 내에/
Montes petébant et pauci tenuére. 그들은 산으로 갔지만 몇 사람만이 도달하였다/
pauca videmus esse opus omnino. 신체적 본성은 적은 것만을 필요로 한다(성 염 지음. 사랑만이 진리를 깨닫게 한다. p.421)/
Pauci servorum manumissi sunt. 소수의 노예들이 해방되었다/
paucis annis ante. 몇 년 전에/
paucis ante diebus. 며칠 전/

Paucis carmina curæ sunt. 소수에게만 시가가 관심을 끌었다/
paucis post diebus. 며칠 후/
paucis diebus post. 며칠 후에/
pauci libertatem, pars magna justos dominos volunt. 소수만이 진정 자유를 바라며 대부분은 합법적인 주인 만을 바랄 따름이다(성 염 지음. 사랑만이 진리를 깨닫게 한다. p.482)/
paucis verbis 간단히, 몇 마디로/
Paucis verum absolvo. 몇 마디 말로 진리를 말하다/
paucorum annorum accessio. 수 개년 연장(延長)/
paucorum dominatus. 과두 정치체제/
paucorum improbitas est multorum calamitas. 소수 (정치인의) 부정이 다수 (국민의) 재앙이 된다/
paucos dies alci insumo rei. (누가) 무엇을 만드는데 몇 날 걸리다/
paucos menses. 몇 달 동안/
ut ad pauca redeam 요컨대/
vocíf̆eror pauca. 큰소리로 몇 마디 말하다.
paul(l)átim, adv. 점차, 조금씩, 차차, 점점, Paullátim ánimum recépit et circumstántes cœpit agnóscere. 그는 점차 정신을 차리고 주위 사람들을 알아보기 시작했다.
paul(l)ísper, adv. 잠깐, 잠깐 동안.
Utinam revoces animum paulisper ab ira. 제발 분노를 좀 거두어주셨으면 좋겠습니다.
paul(l)o, adv. 조금, 약간.
paul(l)o ante. 조금 전에(brevi ante./modico ante.)
Paulo ante hostes in urbe erant. 조금 전까지만 해도 도시에 적병들이 있었다.
paul(l)o mélior. 약간 더 좋은
paul(l)o minor. 조금 더 작은
paul(l)o plures. 좀 더 많은
paul(l)o post. 조금 후에
Paulo post verba supra memorata Iesus addit. (⑨ The words to which We will make reference here are found in the Gospel of John) 위에서 언급한 말씀을 하신 다음 예수님께서는 다음 내용을 덧붙이십니다.
paulo postea. 훨씬 후에(multo ante. 훨씬 전에).
paul(l)o præstáre. 조금 낫다(초월하다)
paul(l)úlo, adv. 아주 조금
paul(l)úlum, adv. 아주 조금, 아주 적게, 잠깐만. Quiescat paululum lingua, vitam interroga. 말은 잠시 쉬게 하고 삶을 물어보십시오(최익철 신부 옮김. 요한 서간 강해. p.169).
paul(l)úlus, -a -um, adj. (소량의 의미) 적은. n. 극소량
paul(l)um, -i, n. 적은 분량, 소량, 근소. adv. 조금. post paul(l)um 조금 후에.
paul(l)um commorári. 잠깐 머물다
paul(l)um supra. 조금 위에
paul(l)us, -a -um, adj. 매우 적은, 근소한, 약간, 얼마 안 되는. paulo mox. 미구에(얼마 오래지 아니하여)/ paulo sumptu. 적은 비용으로/ paulum ætate progressus. 나이를 좀 먹고.
Paulus, -i, m. 사도 바오로, Roma(의 Æmília씨족의 가문명. Paulum interroga apostolum. 바오로 사도께 여쭤보십시오/ Quid est Paulus? Modicus. Ergo quando Saulus, superbus, elatus; quando Paulus, humilis, modicus. 바오로란 무슨 뜻입니까? '작다'는 뜻입니다. 그가 사울 이었을 때는 교만하고 거만했습니다. 그러나 바오로가 되었을 때는 겸손하고 보잘 것 없었습니다.
[아우구스티노는 '조금'이라는 뜻을 지닌 부사 '파울로(paulo)'와 '작은'이라는 뜻을 지닌 형용사 '파울루스(paulus)'를 바오로의 이름 'paulus'와 연계하여 수사학적으로 설명하고 있다. 최익철 신부 옮김. 요한 서간 강해, p.347].
Páulus agnóvit injúriam ejus qui ei erat amícus. 바오로는 자기의 친구이던 그의 불의를 인정하였다.
[인칭대명사의 속격인 mei, tui, sui, nostri, vestri는 언제나 객어적 속격 이므로 그것을 주어적 속격으로는 쓸 수 없다. 그러므로 주어적 속격의 뜻을 표시하기 위해서는 각 인칭에 상응하는 소유대명사(meus, tuus, suus, noster, vester)를 써야 하는 것이며 그 소유대명사는 대명사적 부가어의 규칙에 따라 그 꾸며 주는 명사의 성, 수, 격에 있어서 일치 되어야한다].
Paulus ex Seoul. 서울 태생의 바오로(고유명사로서의 인명에

P

897

대한 출신지 또는 태생지를 밝힐 때에는 그 출생지명 앞에 전치사 ex를
붙여 표시하든지. 그 지명에서 나온 형용사를 부가어로 쓰든지 한다).

pauper, -éris, adj. 가난한(אֶבְיוֹן.דַּל.֎ poor), 빈궁한,
빈곤한, 불쌍한, 빈약한, 토박한., m. 가난한 자.
pauper. 가난한 자. páuperes. 가난한 이들(אֶבְיוֹנִים).
Apologia pauperum. 가난한 이들의 변론/
Beati Pauperes Spiritu. 마음이 가난한 이는 행복하다.
(베네딕도회 이더근 아빠스 문장)/
정신적(영적)으로 가난한 사람은 행복하다(가난의 설교 중에서)/
amator(amatrix) pauperum. 가난한 사람을 사랑한 사람.
(비문에 사용)/
alqs pauper aquæ. 물이 귀한 아무개/
Collegium pauperum Magistorum. 가난한 교수들의 대학/
De pauperibus et rudibus erudiendis.
가난하고 무지한 이들의 교육에 대하여/
Cura pauperum(֎ Poor Relief). 빈자 사목, 극빈자 구호사업/
De subventione pauperum. 구빈사업(救貧事業)/
evangelizare pauperibus. 가난한 사람들의 복음화/
ex paupérrimo dives factus. 극빈자에서 부자가 된/
hominem pauperem de pauperibus natum.
가난한 사람들에게서 태어난 가난한 사람/
Hospitale Pauperum. 가난한 이들의 숙소/
Marcus, qui ditissimus esse posset, pauper esse maluit.
마르코는 부자가 될 수 있었지만
차라리 가난하게 되기를 더 바랐다/
Misĕrere páuperum 너는 가난한 이들을 불쌍히 여겨라/
Non qui parum habet, sed qui plus cupit pauper est.
적게 가진 사람이 가난뱅이가 아니라 더 많이 탐하는
사람이 가난뱅이다.[plus '더 많은 것'(명사), '더 많이'(부사)]/
optionem præoptatam pro pauperibus.(֎ preferential
option for the poor) 가난한 이들을 위한 우선적인 선택/
pauperes Christ. 그리스도의 가난한 이들/
Paupéres domini(֎ the Lord's poor) 주님의 가난한 이들/
Paupéres Minores. 작은 빈자들/
Paupéres militiones Christi templi Solomonici.
그리스도와 솔로몬 성전의 보잘것없는 군인 동지들/
Pauperes recreare. 가난한 사람들에게 먹을 것을 주라/
Pauperibus succurrit. 그는 가난한 사람들을 도와준다/
Pauperis et tuguri congestum cæspite culmen.
가난한 초가집, 저 잡초가 우거진 지붕.
(성 염 지음. 사랑만이 진리를 깨닫게 한다. p.393)/
Pauperum preces divitum animos commoverant.
빈민들의 애걸이 부자들의 마음을 움직였다/
Quærite ibi, et videbitis multos multa tribuere
pauperibus. 얼마나 많은 사람이 가난한 사람에게 많은 것을
베푸는지 살펴보십시오(최익철 신부 옮김. 요한 서간 강해. p.263)/
Sunt enim "pauperes" qui præcipue Iesu prædicatione et
actione adficiuntur. 예수님의 설교와 행위의 대상은 누구
보다도 "가난한 이들"입니다(1995.3.25. "Evangelium Vitæ" 중에서)/
Ubi coepit pauper divitem imitari, perit.(Publilius Syrus).
가난뱅이가 부자를 흉내 내기 시작하면 망 한다/
usus pauper. 실천적 가난, 가난한 사용, 검소한 사용.
pauper ager. 토박한 땅
Pauper videri Cinna vult ; et est pauper.(Martialis).
킨나는 가난한 사람으로 보이고 싶어 하고 실제로 가난하다.
paupércŭlus, -a -um, adj.
매우 가난한, 빈궁한, 빈약한, 보잘것없는, 불쌍한.
habitacula paupercula. 매우 초라한 집.
pauperésco, -ĕre, intr. 가난해지다, 빈궁하여지다
paupéria, -æ, f. (**paupéries**, -éi.) 가난, 빈궁(貧窮),
빈곤(֎ poverty-가난). (法) 손해(짐승이 끼치는).
in paupéria. 가난 속에서/
paupériem fácere. 손해 끼치다.
pauperior, -or, -us. adj. pauper, -ĕris의 비교급
páupĕro, -ávi, -átum, -áre, tr. 가난하게 만들다,
가난해지게 하다, 빼앗다, 탈취(奪取)하다.
pauperrimus, -a -um, adj. pauper, -ĕris의 최상급
Quæro ex te sisne ex pauperrimo dives factus.
나는 당신이 과연 아주 가난한 사람에서부터 부자가

되었는지 당신한테 묻는 것이다(ex te. 너한테).
**Pauperrimus est qui vivit sine Jesu, ditissimus est
qui bene est cum Jesu.** 예수 없이 사는 사람은 극히
가난한 자요, 예수를 모시고 사는 사람은 큰 부자다.
paupértas, -átis, f. 가난, 빈곤(֎ poverty), 쪼들림,
궁핍(窮乏.֎ Needy), 결핍(缺乏), 적빈, 청빈(淸貧).
De Voluntaria Paupertate. 의도적인 가난에 대해/
Honesta res læta paupertas.(세네카).
고결한 것은 가난의 기쁨이다/
illa celsitúdo altissimæ paupertatis.
지극히 높은 가난의 극점(極點)/
Multa de tolerándo paupertátem dicúntur. 가난을 참음에
대하여 많은 것이 언급된다(많은 이야기가 있다)/
paupertasis provocatio. 청빈에 대한 도전/
præcipuus paupertatis amator. 특별한 청빈 애호가.
Paupértas probro hábita est. 가난은 수치로 여겨졌다.
Paupértas valet ad perfectionem.
완덕으로 이끌 힘이 있는 가난.
paupertínus, -a -um, adj.
빈궁한, 빈약한, 가난한(דַּל.֎ poor).
pauperum sanguis parentum. 가난한 부모의 자식.
**Pauperum levatio permagna est occasio moralis et
culturalis et ipsius oeconomici progressus omnium
hominum.** 가난한 이들의 향상은 모든 사람들의 윤리적이고
문화적, 그리고 경제적 발전을 위한 큰 기회가 된다.
(1991.5.1. "Centesimus annus" 중에서).
pauro ultra eum locum. 이곳 너머 좀 저쪽으로
pausa, -æ, f. 쉼, 휴식(֎ Rest), 중지(中止), 끝남,
휴지(하던 것을 그침) 중단, 휴전, 휴무(休務).
pausárĭus, -i, m. 노 젖는 사람들에게 신호를 주는 지휘자.
pausátĭo, -ónis, f. 중지(中止), 중단(中斷),
휴식(֎ Rest), 휴지(休止-하던 것을 그침), 종지(終止).
páusĕa(páusĭa), -æ, f. 고급기름을 내는 올리브나무의 일종
pauso, -ávi, -átum, -áre, intr. 서다(עֲמַד.קוּם),
정지하다, 쉬다(חָבַל.עָבַד.עֲבַר.שָׁבַת), 휴지하다.
pauxillátim, adv. 조금씩, 차차로
pauxillísper, adv. 작은 시간 안에, 잠깐
pauxillŭlus, -a -um, adj. 아주 조금의, 매우 적은.
n. 소량(小量), 조금.
pauxillum, adv. 조금
pauxíllus, -a -um, adj. 적은 분량의, 작은, 약간의.
n. 소량(小量), 적은 것.
pava, -æ, f. (鳥) 암 공작(sæcla pavónum. 공작의 새끼들)
pavefácĭo, -féci -fáctum -cĕre, tr.
겁에 질리게 하다, 놀라게 하다.
pávĕo, -pávi -ere, intr. 무서워 떨다, 겁에 질리다.
tr. 두려워하다(חִיל.יחיל.לֵהַב), 무서워하다.
pavésco, -ĕre, inch., intr., tr. 무서워하다, 겁내다
pávi, "pasco"의 단순과거(pf.=perfectum),
"paveo"의 단순과거(pf.=perfectum).
pavide, adv. 무시무시한, 무서움을 일으키는
pavidum, adv. 무시무시한, 무서움을 일으키는
pávĭdus, -a -um, adj. 무서워하는, 겁이 많은,
겁에 질린, 놀라 떠는, 무시무시한, 무서움을 일으키는.
pavimentárĭus, -i, m. 길에 돌을 까는 사람,
(길.바닥 따위를) 포장하는(돌을 까는) 사람.
pavimentátus, -a -um, p.p., a.p.
(콘크리트, 돌 따위로) 포장한.
pavimento, -ávi, -átum, -áre, tr.
(길, 바닥 따위를) 포장(鋪裝)하다.
pavimentum, -i, n. 포장도로(via strata.),
콘크리트.돌 따위로 깐 바닥.
pávĭo, -ívi -ítum -ire, tr. 두드리다, 치다,
편편하게 하다, 다져서 굳게 하다.
pávĭto, -ávi, -átum, -áre, freq., intr., tr.
매우 놀라다, 무서워 떨다.
pavo, -ónis, m. (鳥) 공작(pava, -æ, f. 암 공작)
pavonácĕus, -a -um, adj. 공작(公爵) 꽁지와 비슷한

P

pavonínus, -a -um, adj. 공작의, 공작 꽁지무늬의
pavor, -óris, m. 두려움, 전율(戰慄), 위구(危懼),
　　공포(恐怖).⑨ terror.獨 die Furcht). (P-) 공포의 신.
　　defíxi pavóre. 공포에 사로잡힌 사람들.
pavor nocturnus 밤중의 가위눌림(=惡夢)
pavus, -i, m. = pavo (鳥) 공작
pax¹ pacis, f. 평화(תׁׁ ׁ.εἰρήνη.⑨ Peace),
　　평안(εἰρήνη), 평온, 태평, 화평(εἰρήνη), (마음의) 평정,
　　안온, 침착, (신의) 가호, 도움, 신의 뜻. (P-) 평화의 여신.
　　Abiit in pace. 평화롭게 갔다(비문에 사용)/
　　amore per quella pace. 저 평화에 대한 동경/
　　Angeli tui sancti, habitantes in ea, nos in pace
　　custodiant. 이곳에 거하시는 당신의 거룩한 천사들이
　　　저희를 평화 속에 지키게 하소서/
　　Anima cum sanctis in pace. 영혼이 성인들과 함께 하시기를!/
　　Apostolus Pácis. 평화의 사도(使徒)/
　　beatitúdo pácis.
　　　평화의 정복, 평화로운 행복(pax beatitudinis)/
　　Candida pax homines, trux decet ira feras.(Ovidius)
　　　인간들한테는 드맑은 평화가 어울리고
　　　사나운 분노는 짐승들에게나 어울린다/
　　communicatio pacis. 평화의 친교/
　　De beatitudine pacis æternæ, in qua sanctis finis est,
　　id est vera pergectio. 성도에게는 영원한 평화의
　　　지복에 선의 목적, 곧 참된 完成이 있다/
　　De jure belli ac pacis. 전쟁법과 평화법(1225년 파리 초판)/
　　De pace servientium Deo, cujus perfecta tranquillitas
　　in hac temporali vita non potest apprehendi. 하느님을
　　　섬기는 사람들의 평화: 이 현세생활에서는 그 평화의
　　　완전무결한 평온을 달성할 수 없다(교부문헌 총서 17, 신국론, p.2818)/
　　De terrenæ civitatis vel concertatione vel pace.
　　　지상 도성의 갈등과 평화(교부문헌 총서 17, 신국론, p.2796)/
　　Defensor Pacis. 평화의 수호자(Marsilius 1326년)/
　　deputátio pacis. 평화 분과 / in pace. 평(화)시에/
　　dormivit in pace. 평화 속에 잠들었다(비문에 사용)/
　　dulcedo pax omnibus cara est.
　　　감미로운 평화는 모든 사람이 소중히 여기는 바이다/
　　et in bello et in pace utilis.
　　　전시에도 평화시에도 유용한 것(Aristoteles)/
　　Et in terra pax hominibus. 땅에서는 사람들에게 평화/
　　Etiam pax est fructus amoris(⑨ Peace too is the fruit
　　of love) 평화도 역시 사랑의 열매입니다/
　　Exspectávimus pacem, et non erat bonum.
　　　평화를 기다렸건만 좋은 것이 없더라(갈멜의 산길. p.189)/
　　Illi aliqua qui scandalum patiuntur, pacem perdunt.
　　　걸림돌에 시달리는 사람은 평화를 잃어버립니다.
　　　　　　　　　(최익철 신부 옮김. 요한 서간 강해. p.99)/
　　In Missis defunctorum non datur pax, neque dicitur
　　præcedens oratio. 장례미사에서는 평화의 인사는
　　　하지 않는다. 앞의 기도도 드리지 않는다/
　　in pace Domini. 주님의 평화 안에서/
　　In pace et pete pro nobis.
　　　평화가 있기를: 우리를 위해 기도해 달라/
　　in spem pacis. 평화를 희망하며/
　　in unitatem concordem pacis vinculo.(중세철학 제3호. p.26)
　　　평화의 사슬로 묶이는 합심하는 일치/
　　ingressus in pace. 평화 속에 들어갔다(비문에 사용)/
　　instrumentum pacis. 평화의 도구/
　　jus pacis. 평화의 법/
　　Legati missi sunt pacem petitum.
　　　사신들은 평화를 청하기 위해 파견되었다/
　　Libertas defendenda est pace belloque.
　　　자유는 평화로든 전쟁으로든 지켜야만 한다/
　　Nomen pacis dulce est. Pax est tranquilla libertas.(Cicero)
　　　평화라는 이름은 감미롭다. 평화란 평안한 자유를 말한다/
　　Nemo nisi victor pace bellum mutávit.
　　　승리자만이 평화로써 전쟁을 변화시켰다/
　　novum nomen pacis(⑨ the new name for peace)

평화의 새 이름/
　　pace tuã. 양해해 주실 줄 믿고, 죄송한 말씀이지만(속어)/
　　Pacem ad vos affero. 너희에게 평화를 가져다주노라/
　　Pacem dixit se velle, sed bellum maluit. 자기는 평화를
　　　바란다고 말했지만 실상 전쟁을 더 바랬다/
　　pacem fácere cum alqo. 강화하다. 평화협정을 맺다/
　　Pacem in Terris, 모든 민족들의 평화(지상의 평화).
　　　　　　　　　　　(교황 요한 23세 회칙 1963.4.11.)/
　　Pacem posco. 나는 평화를 청한다/
　　Pacem quam bellum probábam.
　　　나는 전쟁보다 평화를 찬성하였다(quam² 참조)/
　　Pacem vult Marcus? Arma deponat, roget, deprecetur.
　　　마르쿠스가 평화를 원한다고? 그러면 무기를 놓으라!
　　　소청을 하라! 아니 애걸하라!/
　　pars mihi pacis erit dextram tetigisse tyranni.
　　　내가 전제군주의 오른 손을 붙잡았던 것은
　　　평화의 신호였느니라(교부문헌 총서 15. 신국론. p.603)/
　　parte áliquã suórum frúctuum pacem sibi sempitérnam
　　redimo. 자기 수입의 일부를 들여 영구한 평화를 얻다/
　　per quella pace. 평화를 위해서/
　　Procedamus in pace. 평화 속에서 걸읍시다/
　　Quam ob rem summum bonum ciuitatis Dei cum sit
　　pax æterna atque perfecta. 하느님 도성의 최고 선은
　　　영원하고 완전한 평화이다(교부문헌 총서 17. 신국론. p.2217)/
　　Qui bene in pace est, de nullo suspicatur. 平和한 가운
　　　데 잘 있는 사람은 남을 의심치 않는다(준주성범 제2권 3장 1)/
　　quia ibi erit perfecta justitia, ubi perfecta pax.
　　　완전한 평화가 있는 곳에 또한 완전한 정의가 있을 것이다/
　　Quod pax non est ponenda in hominibus.
　　　평화를 사람에게 두지 말 것(준주성범 제3권 42장)/
　　recessit in pace. 평화 속에 물러갔다(비문에 사용)/
　　reconcilio pacem. 평화를 회복하다/
　　Si danda est pax, osculatur altare, et dans pacem, dicit:
　　　만일 평화의 인사를 나눈다면 제대에 친구하고
　　　평화를 빌면서 말한다/
　　Sub nomine pácis bellum latet.
　　　평화의 미명 아래 전쟁이 은폐(隱蔽)된다/
　　summã in pace. 태평세월 속에서/
　　tranquillitas pacis. 평화의 안온함/
　　Utrum pax sit propríus effectus cáritátis?
　　　평화는 애덕의 고유한 결과인가?/
　　versor in pace. 평화롭게 살고 있다/
　　visio pacis. 평화의 환시(幻視).
Pax a me póscitur. (누가) 나에게 평화를 청한다.
pax æterna. 영원한 평화
Pax Augustana. 아우크스부르크 강화조약(講和條約)
pax beatitudinis. 정복의 평화(淨福平和), 행복의 平和,
　　평화로운 행복(beatitudo pacis).
pax beatitudinis vel beatitudo pacis.
　　행복한 평화 혹은 평화로운 행복(지복에서 오는 평화 혹은
　　평화에서 오는 지복. 교부문헌 총서 17. 신국론. p.2248).
Pax bello paritur. 평화는 전쟁에서 나온다.
　　[일반적 수동태에 있어서 능동주 부사어는 그것이 유생물인 경우에는
　　a(ab)와 함께 탈격으로 쓰고, 무생물인 경우에는 그냥 탈격을 쓴다.
　　이러한 부사어로서의 탈격을 능동주 탈격이라고 한다.
Pax Catholica. 가톨릭 평화
Pax Christi. 그리스도의 평화.
　　Et pax Christi dominetur in cordibus vestris,
　　ad quam et vocati estis in uno corpore.
　　　그리스도의 평화가 여러분의 마음을 다스리게 하십시오.
　　　여러분은 또한 한 몸 안에서 이 평화를 누리도록
　　　부르심을 받았습니다(성경 콜로새 3, 15).
Pax Christi in regno Christi.
　　그리스도의 나라에서 그리스도의 평화.
pax civitatis. 국가의 평화
Pax Clementina. 클레멘스 평화
Pax convenit. 평화가 이루어졌다.
pax cordis. 마음의 평화.
　　In quibus firma pax cordis, et verus profectus consistit.

굳게 마음의 평화를 보존하고,
완덕에 그르침 없이 나아가는 방법(준주성범 제3권 25장).
pax domestĭa. 가정의 평화
Pax Domini([영] Sign of Peace.[獨] Friedensritus)
평화의 인사.
Pax Domini sit semper vobíscum.
주님의 평화가 항상 여러분과 함께.
Pax domus ordinata imperandi atque obœdiendi concordia cohabitantium. 가정의 평화는 함께 사는 사람들 사이에 명령하고 복종하는 질서 있는 화합이다.(신국론, p.2193).
Pax est tranquilla libertas. 평화란 평안한 자유다
Pax est tranquillitas ordinis. 평화는 질서의 평온이다.
(교부문헌 총서, 신국론, 제19권).
Pax et Bonum. 평화와 선(작은 형제회 모토)
pax et concordia. 평화와 합일
Pax hominum ordinata concordia. 인간들의 평화는 질서 있는 화합이다.(교부문헌 총서 17, 신국론, p.2193).
Pax hominum est tranquillitas ordinis.
사람들 사이의 평화는 질서의 평온이다(신국론 제19권 제13장).
pax imperfecta. 불완전한 평화
pax in vita æterna. 영원한 생명 안에 평화
Pax intrantibus. 이 집에 들어오는 모든 이에게 평화
Pax itaque corporis est ordinata temperatura partium.
신체의 평화는 부분들의 질서 있는 조화다.(신국론, p.2193).
Pax omnium rerum, tranquilitas ordinis.
모든 사물의 평화는 질서의 평온이다/
만유의 평화는 평온한 질서이다(질서의 평온, 평온한 질서.
아우구스티노의 평화에 대한 정의이다. 키케로는 '평화는 평온한 자유'
pax tranquilla libertas 라고 했다. 교부문헌 총서 17, 신국론, p.2192).
Pax Norimbergensis. 뉘른베르크 종교 평화회의(1532년)
Pax omnibus hominibus petenda est[수동태 용장활용].
평화란 모든 사람들에 의해서 추구되어야 한다.
Pax perniciosa. 유독한 평화
pax philosophica. 철학적 평화
Pax quædam sine ullo bello, bellum vero esse a liqua pace non potest. 전쟁 없는 평화는 성립되어도 평화 없는 전쟁은 성립되지 못한다.
Pax quidem indelebilis est anhelitus, præsens in corde cuiusque hominis.([영] Certainly there is an irrepressible desire for peace present in every heart)
분명히 오늘날 모든 이의 마음에는 평화에 대한 억누를 수 없는 소망이 자리하고 있습니다.
Pax Romana. 팍스 로마나
Pax tecum. 당신에게 평화를.
Et cum spiritu tuo. 당신 마음과 함께.
pax theologica. 신학적 평화
Pax Tibi sit, quicumque Penetralia christi Pectore pacifido candidus ingrederis.
평화로운 가슴으로 깨끗해져서 그리스도의 마음속으로 들어가는 그대에게 평화가 있기를!
pax totius mundi. 전 세계의 평화
pax universitatis. 만유의 평화(보편적 평화, 평화-만유의 평화, 보편 평화, 전 세계적 평화).
Pax vobis. 평화가 여러분에게
pax vobiscum.([영] Peace be with you) 평화가 그대들과 함께
Pax Westfaliensis. 웨스트팔리아 평화협정(1648년)
pax² interj. 조용히!, 이제 그만 닥쳐라! 좀 가만히 있어라!
p. Chr. n. (P.C.) = post Christum natum. 서력기원(후)/
A.C. = ante Christum. 서력기원 전/
a.Chr.n. = ante Christtum natum. 그리스도 강생 전.
peccámen, -minis, n.
죄(אָטְחַ.אטְּחַ.ἁμαρτία.ἀσέβεια.[영] sin).
peccans, -ántis, p.prœs., a.p. 죄짓는, 범죄 하는, 죄 있는.
m., f. 죄인(罪人). peccantes sacrilegii. 독성죄인(瀆聖 罪人).
Peccata capitalia. 죄종(罪宗.[영] Capital sins).
(다른 많은 죄의 근원이면서 악습을 만드는 죄들),
칠죄종(septem peccata capitales).
peccata contraho. 죄를 짓다
contraho, -traxi -tractum -ere, tr. 저지르다(πράσσω).
Peccata fugere debemus. 우리는 죄를 피하여야 한다.
peccata tenebræ sunt: quid erit nobis? 죄는 어둠이니, 우리는 어찌되는 것입니까?.(최익철 신부 옮김, 요한 서간 강해, p.73).
peccata venialis. 경죄(輕罪)
Peccati venia non datur nisi correcto.
죄인은 교정되지 아니하는 한 용서받지 못한다.
peccátĭo, -ónis, f. 범죄(犯罪), 과오(過誤)
peccatológĭa(그.[영] Hamartology) 죄론(罪論)
peccátor, -óris, m. (**peccatrix**, -ícis, f.)
죄인(ἁμαρτωλὸς.Humartia.[영] sinner), 범죄자.
De peccatoribus, et angelis et hominibus, quorum perversitas non perturbat providentiam. 천사든 인간이든 죄지은 자들의 악행이 섭리(攝理)를 훼손하지는 못한다.
(교부문헌 총서 17, 신국론, p.2794)/
Eia, fratres, omnes peccatores ex diabolo nati sunt, in quantum peccatres. 그렇습니다. 형제 여러분, 죄인들은 누구나 다 악마로부터 났습니다. 그래서 죄인들입니다.
(최익철 신부 옮김, 요한 서간 강해, p.215)/
Non enim veni vocáre justos, sed peccátores.(마태 9, 13)
나는 의인을 부르러 온 것이 아니라 죄인을 부르러 왔다/
peccatorum causa. 죄의 원인(罪原因)/
semel peccator, semper peccator.
한번 죄인은 언제나 죄인.
Peccator orate pro eo genuit filios et filias. 죄인, 그를 위해 기도하라. 그는 아들들과 딸들에게 생명을 주었다.
peccator publicus. 공개적 죄인, 공지 범죄자
peccatórĭus, -a -um, adj. 죄(罪)의
peccátum, -i, n. (**peccátus**, -us, m.)
죄(אָטְחַ.אטְּחַ.ἁμαρτία.ἀσέβεια.[영] sin), 죄악, 죄과(罪過), 범죄(犯罪), 과오(過誤), 잘못, 과실(過失).
An hoc ratio justitiæ habeat, ut non sint extensiora pænarum tempora, quam fuerint peccatorum. 형벌의 기간이 범죄의 기간보다 길어서는 안 된다는 것이 정당한가.
(교부문헌 총서 17, 신국론, p.2824)/
An propter declinationem peccati mors spontanea appetenda sit. 죄에 떨어지는 경향 때문에 자발적 죽음을 바라야 할 것인가.(교부문헌 총서 17, 신국론, p.2744)/
baptizabantur in Iordane flumine ab eo, confitentes peccata sua. (kai. evbapti,zonto evn tw/| VIorda,nh| potamw/| u`pV auvtou/ evxomologou,menoi ta.j a`marti,aj auvtw/n)([영] and they were being baptized by him in the Jordan River, as they confessed their sins). 자기 죄를 고백하며 요르단 강에서 그에게 세례를 받았다(성경)/자기 죄를 고백하며 세례를 받았다(공동 마태 3, 6)/자기들의 죄를 고백하며 요르단 강물에서 그에게 세례를 받았다(200주년 기념 성서)/
Caritas cooperit multitudinem peccatorum.
사랑은 많은 죄를 덮어줍니다/
causa peccati. 죄의 원인/
De qualitate peccati a primis hominibus admissi.
원조들이 범한 죄의 성격(교부문헌 총서 17, 신국론, p.2792)/
effectus peccati. 죄의 결과/
Ergo ut solvat peccata ille qui non habet peccatum.
그러니까 죄 없는 분이 이 세상에 오신 것은 죄를 없애기 위해서였습니다.(최익철 신부 옮김, 요한 서간 강해, p.227)/
Et facile est peccatum in hominem, in Deum solum non peccem. Quomodo non peccas in Deum, quando in dilectionem peccas?. 그대는 사람에게는 죄짓기 쉽지만 하느님께만큼은 죄짓지 않는다고 합니다. 사랑을 거슬러 죄를 지으면서, 어떻게 하느님께는 죄를 짓지 않는다는 것입니까?.(최익철 신부 옮김, 요한 서간 강해, p.319)/
Et quid facimus de peccatis? 죄는 어떻게 할 것입니까?/
excusátĭo peccati. 범죄(잘못)에 대한 변명/
fomes peccati. 죄로 이끄는 유도인(誘導因)/
gravitas peccati. 죄의 중함/
homo peccati. 죄악의 사람/
Homo, qui peccatum, est infelix. 범죄 하는 사람은 불행하다/
Hostia pro peccato. 속죄 제물/
in remissionem peccatorum. 죄의 용서를 위하여/
In quo non est peccatum, ipse venit auferre peccatum.

죄가 없는 분이 죄를 없애 주시려고 오셨다는 것입니다.
(최익철 신부 옮김. 요한 서간 강해. p.209)/
initium iustitiæ nostræ, confessio est peccatorum.
우리 의로움의 시작은 죄의 고백입니다/
insimulo se peccáti. 죄를 뒤집어쓰다/
Interpretátiónes peccati. 죄의 해석(⑨ Interpretátions of sins)/
Liberátió a peccato(⑨ Liberátion from sin). 죄에서 해방/
magis facienti quam patiendi obest omne peccatum.
죄악은 당한 자보다 행한 자를 파괴한다.
[성 아우구스티노의 윤리관.(교부문헌 총서 15, 신국론, p.292)]/
Magna pars hominum est quæ non peccatis irascitur,
sed peccantibus. 사람들 대부분은 죄악에 분노하지 않고
죄인들에게 분노한다/
Melius esset peccata cavére quam mortem fugure.
죽음을 피하는 것보다 죄를 피하는 것이 더 낫다
(준주성범 제1권 23장 1)/
natura peccati. 죄의 본성/
Ne dicas, peccator, sum, sed iniquus non sum: Peccatum
iniquitas est. 나는 죄인이지만 악인은 아니라고 말하지
마십시오. 죄는 곧 불의인 것입니다.
(최익철 신부 옮김. 요한 서간 강해. p.227)/
Non ergo regnet peccatum in vestro mortali corpore,
ut oboediatis concupiscentiis eius.
그러므로 죄가 여러분의 죽을 몸을 지배하여 여러분이
그 욕망에 순종하는 일이 없도록 하십시오(성경 로마 6. 12)/
Nondum perfecte splenduit vita tua, quia insunt peccata.
그대의 삶이 아직 완전하게 빛나지 않는 것은 죄가 있기
때문입니다.(최익철 신부 옮김. 요한 서간 강해. p.75)/
Nostrórum absolve víncula peccátórum.
우리 죄의 사슬을 풀어주소서/
Omnis, qui facit peccatum, et iniquitatem facit,
quia peccatum est iniquitas. 죄를 저지르는 자는 모두
불법을 자행하는 자입니다. 죄는 곧 불의입니다(1요한 3. 4)/
Pænitet me peccati mei. 나는 내 죄를 뉘우친다.
[pénitet. 후회하다. 뉘우치다/ piget. 유감으로 생각하다. 싫어하다/ pudet.
부끄럽다. 부끄러워하다/ tædet. 싫증나다. 권태를 느끼다/ míseret. 불쌍히
여기다 등과 같이 감정을 나타내는 동사인 비인칭 동사들은 뜻으로 본
우리말의 주어는 대격으로 써야 하고, 감정의 대상물은 속격 또는 동사의
부정법으로 표시한다. 허창덕 지음. 중급 라틴어, p.120)/
peccata habendi dura necessitas. 죄들을 지닐 수밖에
없는 냉혹한 필연성.(김 율 옮김. 은총과 자유. p.89)/
Peccata Reservata(⑨ Reserved Sins). 죄 사면 보류/
peccátis véniam reddo. 죄를 용서해 주다/
quanti ponderis sit peccátum. 죄가 얼마나 무거운지/
Qui conscius est peccati grávis. 중죄를 자각하는 이.
(현대 가톨릭 사상 제15집, p.248)/
Quid aliud ille ignis devorat, nisi peccata tua?
저 불은 네 죄 외에 무엇을 태우랴?/
Quid erit liberíus libero arbitrio, quando non poterit
servíre peccato? 죄를 지을 수 없을 정도가 된
자유의지처럼 자유로운 것이 또 있을까?/
Quolibet peccato mortali amitti gratiam, sed non fidem.
온갖 종류의 대죄로 신앙을 잃지는 않아도 은총은 잃음/
Quod peccatum non per peccatum debeat declinari.
죄짓지 않기 위해 죄에 떨어지는 일이 있어서는 안 된다.
(교부문헌 총서 17. 신국론. p.2744)/
virginem vitiasti quam te non jus fuerat tangere.
jam id peccatum sane magnum, at humanum tamen.
너는 네가 건드릴 권리가 없는 처녀를 범했어.
그것만도 벌써 큰 죄야. 하기야 인간적인 짓이긴 하지만.
(성 염 지음. 사랑만이 진리를 깨닫게 한다. p.456)/
peccatum actuale. 현행 죄
peccatum alienum. 사주 죄(使嗾罪), 교사죄(敎唆罪)
peccatum clamans ad cœlum. 호천죄(呼天罪)
peccatum commissionis. 행위 죄, 범죄
peccatum contra Spiritum Sanctum.
성령 모독죄, 성령을 거스르는 죄, 반 성령 죄.
peccatum ex causa excusante. 정상참작(情狀參酌)의 죄
peccatum ex certa malitia. 악의에서 비롯된 죄
Peccatum extenuat qui celeriter corrigit.(Publilius Syrus).
신속하게 바로잡아 주는 사람은 죄를 줄인다.

peccatum formale. 형상적 죄, 내실 죄, 본인의 죄(본의죄)
peccatum grave. 중죄 / capital, -alis(=capitale), n.
peccatum grave ex (toto) genere suo. 내용상 중죄
peccatum habituale. 관성적 죄, 습관적 죄
Peccatum illud est, quod, ex Verbo Dei revelato,
ceterorum omnium peccatorum principium efficit
radicemque(⑨ It is the sin that according to the revealed
Word of God constitutes the principle and root of all the
others) 하느님의 계시된 말씀에 따르면, 다른 모든 죄악의
기원과 뿌리는 죄입니다(1986.5.18. "Dominum et vivificantem" 중에서).
peccatum irremissibile. 용서받지 못할 죄
peccatum materiale. 질료적 죄, 본의 아닌 죄, 외형적 죄
peccatum meum contra me est semper.
내 죄 항상 내 앞에 있삽나이다.
peccatum mortale* 죽을 죄(mortale et veniale), 중죄,
대죄(⑨ Mortal sins) = peccatum grave. 사죄.
Peccatum mortale et veniale.(⑨ Mortal and venial sin)
대죄(죽을 죄)와 소죄.
peccatum multiplex. 복합적인 죄
peccatum naturæ. 본성적 죄
Peccatum non dimittitur nisi restituatur ablatum.
죄는 탈취한 것을 반환하지 않는 한 사면되지 않는다.
peccatum omissionis. 부작위 죄, 불이행 죄, 태만 죄.
peccatum originale(⑨ original sin). 원죄
peccatum originale originans.
기원 죄, 아담의 죄, 원초적으로 유발(誘發) 된 죄.
peccatum originale originatum. 유전 죄, 전수된 죄.
peccatum personæ. 인격적 죄
peccatum personale. 본죄(peccatum originale와 대조)
peccatum quod per pænitentiam non deletur, mox suo
pondere ad aliud trahit. 통회로써 제거되지 않는 죄를
그 자체의 무게 때문에 곧 다른 사람에게 지운다.
peccatum reservatum Sanctæ Sedi.
사죄가 보류된 자, 보류죄, 교황성좌에 유보된 죄.
peccatum veniale(⑨ Venial sins). 경죄, 소죄, 용서받을 죄.
peccatum voluntarium. 고의 죄
peccavi, 원형 pecco, -ávi, -átum, -áre, tr., intr.
[직설법 현재완료. 단수 1인칭 peccavi, 2인칭 peccavisti,
3인칭 peccavit, 복수 1인칭 peccavimus, 2인칭 peccavistis,
3인칭 peccaverunt].
Peccavi tradens sanguinem iustum(innocentem)
(⑨ I have sinned in betraying innocent blood)
죄 없는 분을 팔아 넘겨 죽게 만들었으니 나는 죄를
지었소(성경 마태 27. 4)/내가 죄 없는 사람을 배반하여
그의 피를 흘리게 하였으니 나는 죄인입니다(공동번역)/
내가 무죄한 피를 넘겨주어 죄를 지었소(200주년 신약).
Peccavi, peccavimus.
나는 잘못하였습니다. 우리는 죄를 범했습니다.
pecco, -ávi, -átum, -áre, tr., intr. (per² + ago)
죄 짓다, 범죄 하다, 과오(過誤)를 범하다, 악행하다,
(동물이) 병신이다. 결함(缺陷)이 있다.
Bis peccare in bello non licet.
전쟁에서는 두 번 실수가 용납되지 않는다/
Cui peccare licet, peccat minus.
죄를 지어도 괜찮은 사람은 죄가 가볍다/
Ego sum qui peccavi, ego inique egi.(성경 2사무 24. 17)
제가 바로 죄를 지었습니다. 제가 못된 짓을 하였습니다/
Hominem semper et peccare et non peccare posse.
인간은 언제나 죄를 지을 수도 죄를 짓지 않을 수도 있다/
non posse non peccare. 죄 짓지 아니할 수 없음/
Peccavi Domino(⑨ I have sinned against the LORD)
내가 주님께 죄를 지었소(성경 2사무 12. 13)/
posse non peccare. 죄 짓지 아니할 수 있음/
posse peccare et non posse non peccare etiam damnabiliter.
우리는 죄 지을 수 있음과 죄 짓지 아니할 수 없음/
potestas non peccandi. 죄를 짓지 않는 능력/
Tuum filium dedisti adoptandum mihi : is meus est
factus : si quid peccat, Demea, mihi peccat. 자네는 아들

을 나한테 입양시켜 주었네. 그 애는 내 자식이 된 게야.
데메아스, 걔가 무슨 잘못을 저지른다면 나한테다 잘못을
하는 거지.(mihi: 관심 여격. 성 염 지음. 고전 라틴어. p.398).

pecco in gestu. 행동으로 범죄(犯罪)하다.

pecia, -æ, f. 수사본의 한 뭇(束).
(13, 14세기 대학 서점에서 학생들에게 빌려 주기 위해 4장 정도의 수사본을
묶은 한 묶음. 백민관 신부 엮음. 백과사전 3, p.125).

pecorátus, -a, -um, adj. 가축이 많은

pecorínus, -a, -um, adj. 작은 가축의

pecorósus, -a, -um, adj. 가축이 많은

Pecta sunt servanda. 협약(契約)은 준수되어야 한다.

pecten, -tĭnis, m. (⑨ Comb) 얼레 빗, (베틀의) 바디,
빗[5세기경에 빗은 전례 때 쓰였고, 그것은 상아로 만든 것이어야 했다.
성 Lupus의 빗은(623년) 지금까지 보존되어 있고, 성 Blasius는(316년 순교)
쇠로 된 빗으로 찔리는 고문을 당했다. 백민관 신부 엮음. 백과사전 1, p.664]/
(양털 빗겨주는) 소모(梳毛) 빗, 쇠스랑, 갈퀴,
(리라 연주용) 작은 채, 노래, 시가(詩歌),
dígiti inter se péctine juncti. 깍지 낀 손가락.

pecten déntium. 치열(齒列)

pectinárĭus, -a -um, adj. (양털 빗는) 소모(梳毛) 빗의.

pectinátim, adv. 빗 모양으로

pectinátor, -óris, m. 양털 빗는 사람, 소모하는 사람.

péctĭno, -ávi, -átum, -áre, tr. 빗다, 빗질(갈퀴질)하다

pectio, -ónis, f. 빗질, 빗음

péctĭtum, "pecto"의 목적분사(sup.=supínum)

pecto, pexi, pexum(péctĭtum) -ere, tr. 빗다, 빗질하다,
소모(梳毛)하다, (쇠스랑 따위로 땅을) 고르게 하다.

pectora plaudo manu. 손으로 가슴들을 치다

pectorále, -is, n.
흉갑, 갑옷, 주교 가슴에 패용(佩用) 하는 십자가.

pectorális, -e, adj. 가슴의, 흉부의

pectorósus, -a, -um, adj. 가슴이 넓은, 가슴이 떡 벌어진.

pectus, -ŏris, m. (解) 가슴, 흉부(胸部), 흉곽(胸廓),
심장, 마음, 감정, 양심, 지혜, 생각, 기억력(記憶力).
deduco vestem húmero ad péctora.
옷을 어깨에서 가슴까지 끌어내리다/
Deus est in pectore nostro.(성 염 지음. 고전 라틴어. p.93)
신은 우리 가슴에 깃들어 있느니……/
Fluminis altitúdo equórum pectora adæquábat.
강물이 말(馬)들 가슴까지 찼다/
In pectore. 인 페토레(교황이 어떤 이를 추기경으로 승격하였지만 그
이름을 밝히지 않고 교황의 "가슴에 품고"있는 경우. "심중 추기경"이라고도 함)/
lungit eas ante pectus, et caput inclinat, cum dicit.
손을 가슴 앞에 모으고 고개 숙이며 말한다/
Manu dextera percutit sibi pectus, elata aliquantulum
voce dicens: 오른손으로 자기 가슴을 치며,
어느 정도 높은 목소리로 말한다/
Novus per pectora cunctis insinuat pavor.
새로운 공포가 모든 사람들의 가슴속에 스며들어 퍼졌다/
osculatur altare et, iunctis manibus ante pectus, dicit:
제대에 친구하고 손을 가슴 앞에 모은 후 말한다/
péctore tenus. 가슴(높이) 까지/
Percuit sibi pectus ter, dicens:
말하며 자신의 가슴을 세 번 친다/
Percussio pectoris(túnsĭo pectoris). 가슴을 침/
Perpetuis liquefiunt pectora curis(Ovidius).
끝없는 근심으로 마음은 (서서히) 무너진다/
proflo pectore somnum. 코를 골다/
reseráto péctore. 가슴을 열어젖히고(resero' 참조)/
reservátio in péctore. (추기경 등의 서임에 있어 이름은
밝히지 않은 채) 교황의 의중 인물 선정 표명/
signat librum, et se in fronte, ore, et pectore, et legit
Evangelium, ut dictum est. 그리고 독서책과 이마와 입과
가슴에 십자표를 한다. 그리고 복음을 봉독(奉讀)한다/
signat se cum patena a fronte ad pectus.
성반을 든 채로 가슴 앞에 십자성호를 그으며/
sub péctore. 가슴 속에(깊이)/
toto pectore cogitare 지혜(智慧)를 다해 생각하다/
transigo ensem per péctora. 칼로 가슴을 꿰뚫다/

túnsĭo pectoris(Percussio pectoris). 가슴을 침/
Volvo ingentes iras in péctore.
마음에 분노(忿怒)를 일으키다.

Pectus est quod disertos facit.
사람들을 감동시키도록 하는 것은 마음이다.

pectúscŭlum, -i, n. 작은 가슴, 가냘픈 가슴

pecu, -us, n. [복수 3격(여격)과 복수 5격(탈격) 어미는 -ubus가 됨]
가축(家畜), 짐승. Pecua 가축 떼.
boves et pécora(=omnes boves et ómnia pécora)
(=omnes boves et pécora) 모든 소들과 가축/
Natura hominis pecudibus antecedit.
인간의 본성은 짐승들을 초월(超越)한다/
Suevi maximam pæerem vivunt lacte et pecore.
Suevi인들은 대부분 우유와 가축의 고기로 산다.

pecuális, -e, adj. 가축의

pecuárĭum, -i, n. 가축의 목에다는 방울.

pecuárĭus, -a, -um, adj. 가축의.
m. 가축 떼를 가지고 있는 사람, 축산가(畜産家).
f. 가축 떼, 축산 기술. n., pl. 가축 떼.

pecuátus, -a -um, adj. 가축의, 짐승의.

pecudális, -e, adj. 짐승의

pecudes ad usum hominum procreátæ.
인간의 유익(有益)을 위하여 난 가축들.

pecudum ritu. 짐승들처럼

pecuínus, -a, -um, adj. 가축의, 짐승의

peculátor, -óris. m. 공금 횡령자, 국가 재산 착복자, 독직자.

peculátus, -us. m. 공금 횡령(公金 橫領), 독직(瀆職).

Peculiare Spiritus. 견진성사(1971.8.22. 교령)

Peculiares Commissiones Studiorum. 연구 소위원회.
(교회의 새로운 기구, p.35).

Peculiaria hominis eiusque modi agendi.(⑨ Man's
special features and his ways of acting).
인간의 특성과 행동 양식(行動 樣式).

peculiáris, -e, adj. 개인 재산의, 사유재산의, 독특한,
고유의, 특별한, 특수한, 색다른, 특이한, 두드러진.
domus peculiaris. 특별한 집/
nova ac peculiaris consecratio. 새롭고 특별한 봉헌.

peculiáris sollicitudo erga non videntes et non audientes.
(⑨ Particular concern for the visually and hearing
impaired) 시각, 청각 장애인들에 대한 특별한 배려.

peculiárĭtas, -atis, f. 특수성, 특별, 독특(獨特), 특유.

peculiárĭus, -a, -um, adj. 개인 재산의

peculiátus, -a, -um, adj. 개인 재산이 많은, 돈 많은, 부유한.

pecúlĭo, -áre, tr.
용돈을 주다, (누구에게) 개인 재산(財産)으로 주다.

peculiósus, -a, -um, adj.
유복한, 주인으로부터 개인 재산(財産)을 많이 받은.

pecúlĭum, -i, n. 부권 치하 자녀, 수도원장 허용 용돈,
개인 재산, 주인으로부터 받은 노예의 개인 재산(돈),
아버지로부터 받은 아들(딸)의 개인 재산,
남편이 아내로부터 받은 (지참금 이외의) 재산,
노예(奴隷)가 절약(저축)하여 모은 재산.

pecúlĭum ecclesiasticum. 교회 소득 재산.

pecúlĭum patrimoniale(industriale). 본가 소득 재산.

pecúlor, -átus sum, -ári, dep., tr.
공금을 횡령(橫領)하다, 독직(瀆職)하다.

pecunia, -æ, f. 돈(⑨ money), 금전, 화폐, 소유물, 재산,
aversor pecúniæ públicæ. 공금 횡령자(公金 橫領者)/
avidus pecúniæ. 돈을 탐내는 사나이/
capitum pecuniarum societas(⑨ society of capital goods)
자본의 사회(societas personarum. 인간의 사회)/
Cujus pecúnia multa est, illíus amíci étiam multi sunt.
돈이 많이 있는 자에게는 친구도 또한 많다/
Cum magná pecúniá venit. 그는 많은 돈을 가지고 왔다.
(동반 부사어는 전치사 cum과 함께 탈격으로 표시한다)/
deficio pecúniá. 돈이 떨어지다/
dies pecúniæ. 지불일/
Et caveant multum a pecunia.

P

돈을 극히 조심할 것입니다.(성 프란치스코 수도 3회 회칙 21)/
Filius a patre pecuniam petit.
　아들이 아버지한테 돈을 조르고 있다/
Fur pecuniæ alienæ ávidissimus est.
　도둑놈은 남의 돈을 몹시 탐낸다/
Hi homines pecuniam non habent sed laborare nolunt.
　이 자들은 돈도 없으면서 일도 하려고 하지 않는다/
Imo potius quosque servi eritis pecuniarum?
　여러분은 언제까지 돈의 종노릇을 할 작정입니까?/
impendo pecuniam in bellum. 전쟁에 돈을 쓰다/
imperata pecunia.(imperatus 참조) 바쳐야 할 돈/
Indigeo pecuniā. (누가) 돈이 없다/
insolens in pecuniā. 돈을 탕진하는/
Licet superbus ambules pecunia, fortuna non mutat
genus.(Horatius). 그대가 돈으로 으스대며 돌아다닐지라도,
　행운이 핏줄을 바꿔놓지는 못하지.(성 염 지음, 고전 라틴어, p.345)/
múlier aucta pecúnia. 돈이 불어난 여자/
multa pecuniaria. 벌금(罰金)/
Neminem pecunia divitem facit.(Seneca)
　돈이 부유하게 만들어 주는 사람은 아무도 없다/
Neque usquam nisi in peunia spem habére.
　돈밖에는 아무 것에도 희망을 두지 않다/
Noluit me mittere ut pecuniam rogarem parentibus.
　그는 내가 부모님께 돈을 부탁하라고 나를 보내고 싶어
　하지 않았다.(나를 시켜서 부모에게 돈을 요구할 생각에서. 그는 나를
　딴 데로 보내고 싶어 하지 않았다. 성 염 지음, 고전 라틴어, p.305)/
Omnísne pecúnia débita solúta est. 빚진 돈을 다 갚았느냐?/
omnem pecúniam ex ærário exhaurio.
　국고금을 다 써버리다/
Pater habuit multam pecuniam, qua egebat semper filius.
　[관계대명사가 속격, 여격, 탈격으로 나오면, 관계문 속의 동사가 속격, 여격, 탈격
　을 지배하는 특수한 동사인지 유의하여 번역한다. 여기서 egeo는 궁핍하다.
　부족하다는 부족한 대상물을 탈격으로 쓴다. 성 염 지음, 고전 라틴어, p.168]
　아들이 언제나 궁핍하던 돈을 아버지는 많이 가지고 있었다/
　아버지는 돈이 많았으나 아들은 언제나 돈이 궁핍하였다/
pecúniæ liberalis. 돈에 인색하지 않은/
pecúniæ studet nimis. 그는 너무 돈을 탐하다/
pluris fácere libertátem quam pecúniam.
　자유를 돈보다 더 중히 여기다/
pro ratióne pecúniæ. 돈의 액수에 비해/
Quod fratres non recipiant pecuniam.
　형제들은 돈을 받지 말 것입니다/
Si pecuniam haberem, Romam irem.
　만일 돈이 있다면 난 로마로 갈 텐데/
Sumus imparáti cum a milítibus, tum a pecúniā.
　우리는 군대도 돈도 준비되어 있지 않다/
super pecúnia legáre. 재산에 대해서 유언하다/
tantum pecuniæ(tanta pecúnia). 이 만한 돈/
tracto pecúniam públicam. 공금을 다루다.
pecunia adventicia. 예기치 않았던 돈
Pecunia avarum irritat, non satiat.
　돈은 욕심쟁이를 자극하지 만족시키지는 않는다.
pecunia ex venditionibus reféxta.
　여러 가지를 팔아서 마련한 돈.
pecúnia non invidiósa. 부럽지 않은 돈
pecunia numerata. 현금(pecunia præsens).
pecunia pro Kongso. 공소전(公所錢)
Pecunia superabat. 돈이 더 풍족했다
pecunia, quæ ex metallis redibat.
　광산에서 나오던(수입으로서의) 돈.
pecúniæ liberalis. 돈에 인색(吝嗇)하지 않은
pecúniæ publicæcoactor. 세리(τελώνης.⑨ Tax collector)
pecuniam abjuro. 거짓맹세로 빚진 돈을 부인하다
Pecuniam aliquis quærit; at non sit tibi finis: transi
tamquam peregrinus. 어떤 사람이 돈을 찾고 있습니다.
　이것이 그대의 끝이 되게 하지 마십시오. 그대, 나그네
　처럼 지나치십시오.(최익철 신부 옮김. 요한 서간 강해. p.443).
pecuniam capio. 뇌물 받다
pecúniam ex ærário erogatio in classem.

국고에서 함대(艦隊)를 위해 공금을 지출하다.
pecúniam expénsam ferre alci.
　누구 앞으로 된 돈 지출을 (장부 따위에) 기입하다,
　누구에게 돈을 맡기다, 꾸어주다/
pecúniam fácere. 재산(財産)을 모으다/
pecúniam fácio. 돈을 징수(徵收)하다
pecuniam prælato amicitiæ. 우정보다 돈을 더 중히 여기다.
pecuniam publicam averto. 공금을 횡령(橫領)하다
pecuniarum repetundarum reus.
　공금 횡령자(aversor pecuniæ públicæ).
pecunie conciliandæ causa. 돈을 마련하기 위해서
pecuniósus, -a -um, adj. 돈 많은, 부자의,
　부유한(עשר), 이득이 되는, 돈벌이가 되는.
pecuósus, -a -um, adj. 가축이 풍부한, 가축 많은
pecus¹ -cŏris, n. 가축 떼, (특히) 양떼, 짐승, 동물,
　balátus pécorum. 양떼의 우는 소리/
　spiritus pecoris. 짐승의 숨(교부문헌 총서 16, 신국론, p.1418).
pecore aberro. 가축 떼에서 떨어져 방황(彷徨)하다
pecori aspergo virus. 가축에게 독을 퍼트리다
pecori signum imprimere. 가축 무리에 낙인을 찍다
pecus² -ŭdis, f. 짐승, 가축, 사육동물, 양떼, 염소 떼,
　짐승 같은 놈, 미련한 놈. (pl.) 유지 동물.
　Suevi maximam partem vivunt lacte ac pecore.
　Suevi인들은 대부분 우유와 가축의 고기로 산다.
pedagogia Divina. 하느님이 마련해 주신 교육과정
pedámen, -mĭnis, (=pedamentum, -i,) n.
　(포도나무 따위의) 버팀목, 지주(支柱).
pedáněus, -a -um, adj. 지위가 낮은, 중요치 않은, 이류의.
pedátim, adv. 한 발짝씩
pedátus¹ -a -um, p.p., a.p. 발이 달린, 지주를 세운.
　male pedatus. 의족을 한.
pedátus² -us, m. 발로 걷어 참, 공격(攻擊)
pedeplána, -órum, n., pl. 일층, 단층집(planus pes.)
pedes, -dĭtis, m. (pes+eo³) 보행자, 도보자,
　보병(步兵), 보병대(步兵隊), 평민(平民), 서민(庶民).
pedéster, -stris, -stre, adj. 걸어서 가는,
　도보의, 보행의, 보병의, 평범한, 소박한, 산문적인.
　m., pl. 보병(步兵), pedéstres cópiæ. 보병부대/
　pedéstres navalésque pugnæ. 육지전과 해전.
pedetentim(pedetemptim), adv. (pes+tendo) 한 발짝씩,
　천천히 걸어서, 점차적으로, 신중하게, 서서히, 차차.
pédica, -æ, f. 올가미(올무), 덫, 거미줄
pedícĭnus, -i. m. 지주(支柱), 기둥, 그릇 따위의 발
pedicósus, -a, -um, adj. 이(虱)가 많은(낀)
pediculáris¹-e, (pediculárĭus, -a -um,), adj.
　이(虱)의, 이에 관한, 이로 말미암은
pediculáris resupinata. -is -æ. f. (植) 송이풀
pedícŭlus¹ -i. m. 작은 발. (植) 화경, 꽃가루, 열매꼭지.
pedícŭlus² -i. m. (蟲) 이(虱),
　In alio pediculum, in te ricinum non vides.
　다른 사람에게서 이는 보면서,
　네 자신에게서 진드기는 보지 못하는구나.
Pedilavium 발 씻김 예식(한국가톨릭대사전. p.3187).
　Mandatum. 세족례(⑨ washing of the Feet).
pedis, -is, f. (蟲) 이(虱)
pedíséqua, -æ, f. 시녀, 하녀, 동반 여자
pedíséquus, -i, m. (pes+sequor) 남자 시종,
　하인(δοῦλος), 주인 따라다니는 종, 수행원(隨行員).
peditátus¹ -a, -um, adj. 보병으로 편성된
peditátus² -us, m. 보병대(步兵隊)
peditum, "pedo²"의 목적분사(sup.=supínum)
péditum, -i, n. 방귀, 무례(無禮), 실례(失禮)
pedo¹ -ávi, -átum, -áre, tr.
　발을 달다, (포도나무 따위를) 버티어 주다.
　(건물, 건축물 등을) 기둥으로 받치다
pedo² pepédi, péditum, -ĕre, intr. 방귀뀌다.
pedo³ -ónis, m. 발 큰 사람
pedúlis, -e, adj. 발에 관한, 발에 맞춘. n. 신바닥, 샌들.

903

P

pedum, -i, n. 목자의 꼬부랑 지팡이

pedum rectum. 수직 목장(垂直 木杖), 교황 지팡이

Pégăsis, -ĭdis, f. 샘의 요정

pege, -es, f. 샘(泉)

pēgi, "pango"의 단순과거(pf.=perfectum)

pegma, -ătis, n. 건축의 비계, 발판, 서가, 시렁(선반),
　선반(懸盤), 무대의 효과용 기계장치. pl. 장식품.

pejerátĭo, -ónis, f. 거짓 맹세, 위증(僞證)

péjĕro, -ávi, -átum, -áre, intr., tr. (per² + juro)
　거짓 맹세하다, 위증(僞證)하다,
　맹세(서약)한 것을 지키지 않다, 거짓말하다.

pejor, pejus, adj. malus, -a -um의 비교급,
　더 나쁜, 더 악한.

Pejor est bello timor ipse belli.(Seneca)
　전쟁에 대한 공포 자체가 전쟁보다 더 나쁘다.

pejóro, -áre, tr. 더 나쁘게 만들다, 악화시키다.
　intr. 더 나빠지다, 악화되다.

pejus, adv. 더 악하게, 더 나쁘게.
　declino in pejus. 더 나빠지다/
　peiorem sequitur semper conclusio partem.
　결론은 항상 더 나쁜 부분을 따른다/
　Vitĭum pejus ex inópia venit.
　빈곤에서 더 큰 악습이 생긴다.

pelagi scrutator. 어부(漁夫)

pelágĭa, -æ, f. 진홍색의 바다소라

Pelagianismus, -i, m. 펠라지우스주의

pelágĭcus(=pelágĭus), -a -um, adj.
　바다의, 해양의, 원양의, 깊은 바다의.

pelágĭum, -i, n. (바다소라의) 진홍색

pélăgus, -i, m. 바다(θὰλασσα), 大洋(큰바다), 遠洋(먼바다)

pélămis, -idis, (=pelamys, -dis,) f.
　(1년生 미만의) 다랑어 새끼.

pelecínon, -i, n. 태양시계(horologium solárĭum)

pelicánus, -i, m. (鳥) 사다새, 펠리컨.
　Pie Pelicane, Jesu Domine, Munda me immundum,
　Tuo Sanguine. 주 예수 그리스도님, 사랑의 펠리칸이여,
　더러운 저를 당신 피로 씻어 주소서.

pellácĭa, -æ, f. 꾐, 유혹(誘惑 ⑨ Temptátĭon),
　사기(⑨ Fraud), 아첨(阿諂).

pellárĭus, -i, m. 모피 제조인

pellax, -ácis, adj. 꾀는, 유혹(誘惑)하는, 속이는.

Pelle et carnibus vestisti me et ossibus et nervis
conpegisti me. (de,rma kai, kre,aj me evne,dusaj ovste,oij de.
kai. neu,roij me evnei/raj) (獨 Du machtest mir Haut und Fleisch
angezogen; mit Knochen und Sehnen hast du mich
zusammengefügt) (⑨ With skin and flesh you clothed
me, with bones and sinews knit me together)
　살갗과 살로 저를 입히시고 뼈와 힘줄로 저를 엮으셨
　습니다(성경 욥기 10. 11)/가죽과 살을 입히시고 뼈와 힘줄로
　얽어 주셨습니다(공동번역 욥기 10. 11).

pellécĕbræ, -árum, f., pl. 미끼, 유혹, 매혹(魅惑)

pelléctĭo, -ónis, f. 통독(처음부터 끝까지 내리읽음), 독파.

pellectum, "pellícĭo)"의 목적분사(sup.=supínum)

pellesuína, -æ, f. 모피 점

pélleus, -a -um, adj. 가죽의, 모피의

pellex, -ícis, f. 첩, 시앗(남편의 첩)

pellexi, "pellícĭo,(=perlícĭo)"의 단순과거(pf.=perfectum)

pellicátor, -óris, m. 유혹자(誘惑者)

pellicátus, -us, m. 시앗 살이, 첩살이

pellícĕus, -a -um, adj. 가죽의, 피혁의

pellícĭo,(=perlícĭo) pellexi, pellectum, pellecere, tr.
　(per² + lácĭo) 끌어내다, 꾀다, 유혹하다, 속이다, 구슬리다,
　유인하다, 교묘한 수단으로 손에 넣다, 끌어당기다.

pellícĭus, -a -um, adj. 가죽으로(모피로) 만든.
　n. 가죽 옷. pellíciæ tunícæ. 가죽 옷.

pellícŭla, -æ, f. 작은 모피, 얇은 가죽, 피부(皮膚), 몸,
　처지(處地), 분수, 버릇, 성품(性品).
　pelliculam curáre. 몸을 돌보다.

pellícŭlo, -áre, tr. 모피로 덮다, 가죽을 입히다

péllĭo, -ónis, m. 모피(皮革) 제조인

pellis, -is, f. 가죽, 모피(毛皮-털가죽), 피부, 외피, 모포,
　신분(身分), 처지, 분수, 포장(包裝), 덮개, 봉투.
　in própria pelle quiéscere. 제 신분에 알맞게 살다/
　lanátæ pelles. 양모피(羊毛皮)/
　pellibus cincti 가죽옷을 걸친 사람들.

pellítus, -a -um, adj. 모피(가죽) 옷을 입은, 모피로 덮인.

pello, pépŭli, pulsum, pellĕre, tr. 두드리다, 빼다,
　때리다, 짓밟다, (현악기를) 타다, 밀치다, 내보내다,
　…하도록 시키다, 밀다, 이르게 하다,
　내쫓다(ㄲㄲ), 추방하다(ㄲㄲ), 귀양 보내다, 승리하다,
　없애다, 제거하다, 진정시키다, (허기, 갈증을) 풀다.
　aquam de agro pello. 밭에서 물을 빼다/
　ex urbe péllere. 도시에서 내쫓다.

pelluc… V. perluc…

pellucidus, -a -um, adj. 광채 나는(nitidus, -a -um)

pellucius, -a -um, adj. 투명한

péllŭo, -ŭi útum -ĕre, tr. (per²+luo)
　세척하다, 씻다(סחף.סחי).

pellúvĭa, -æ, f. (=pelluvĭum, -i, n.) (pes+luo)
　발 씻는 대야.

Peloponnêsus(-ōs), -i, f. 펠로폰네소스

pelóris, -ĭdis, f. 굵은 진주조개(貝)

pelta, -æ, f. 작은 방패, 반달 모양의 방패

peltástæ, -arum, m., pl. 반달모양의 방패로 무장한 군인

peltástus, -a -um, adj. 반달모양의 방패로 무장한

pelvícŭla, -æ, f. 작은 대야, 작은 세수 그릇

pelvis(-lŭis) -is, f. 대야(세면기), 쟁반(錚盤). (解) 골반.

```
┌─────────────────────────────────────────────────┐
│ ＊ 아래 동음절 여성 명사들은 단수 대격 어미로 -im, │
│   탈격 어미로 -i를 가지는 것이 원칙이지만,         │
│   간혹 -em과 -e를 가지기도 한다.                   │
│   febris, -is, f. 열, 열병, 학질,                  │
│   pelvis, -is, f. 대야                             │
│   puppis, -is, f. 고물, 선미(船尾)                 │
│   restis, -is, f. 밧줄, 끈(restis의 탈격 어미는 항상 -e) │
│   secúris, -is, f. 도끼                            │
│   turris, -is, f. 탑, 망루, 종각(鐘閣)             │
└─────────────────────────────────────────────────┘
```

pémphĭgus, -i, m. (醫) 천연두, 천포창(天疱瘡-天然痘).

penaria cella, -æ, f. 식료품 창고(食料品 倉庫)

penárĭus, -a -um, adj. 식료품 저장의.
　cella penaria. 식료품 저장실.

Penátes, penátĭum, m., pl. 집, 저택, 가정,
　(고대 로마의 가정의 수호신) 가신(家神), 토지 신.

penátor, -óris, m. 식량(食糧)을 가지고 다니는 자

péndĕo, pepéndi, -ére, intr. 매달려있다, 걸려있다,
　드리워져-늘어져.처져) 있다, 아슬아슬하게 서있다,
　속하다, 달려있다, 의존하다, 기인하다, 미완성이다.
　in pendénti esse(숙어) 불확실하다/
　pendére ex árbore. 나무에 매달려 있다/
　Somnus membra profudit. 늘어지게 잤다.

pendeo ab húmero(ex árbore)
　어깨에(나무에) 매달려있다.

pendeo ánimi. 나는 아직 미정이다(시문에 사용되는 animi(마음
속에)도 소재지를 표시하는 장소 속격 Genetívus locatívus이다.

pendeo narrántis ab ore. 말하는 이의 입에 달려 있다

pendígo, -ĭnis, f. (醫) 종기, 농양(膿瘍)

pendo, pepéndi, pensum, pendĕre, tr. 저울에 달다,
　계량하다, 무게를 달다, 깊이 생각하다, 고려하다,
　전형(銓衡)하다, 검토하다, 판단하다, 평가(評價)하다.
　intr. 무게가 나가다, 무겁다.
　culpam pendo. 과오(過誤)를 속죄(贖罪)하다/
　parvi pendo. 경시(輕視)하다/
　pecúniæ usúram alci pendo. 이자를 아무에게 갚다/
　pœnas pendo temeritátis.
　무모한 행동에 대한 벌을 받다.

pendo grates. 감사하다

péndŭlus, -a -um, adj. 디룽디룽 달린, 매달린,
　흔들리는, 경사진, 확실하지 않은, 미결의, 미정의.

n. (시계 따위의) 추(錘), 진자(振子).
pene(=pæne), adv. 거의, 전적으로, …라고 할 수 있을 만큼.
Pene profectus sum. 나는 금방 출발할 것이다(출발할 생각이다).
penes, prœp.c.acc. (누구의) 손에, 수중에, 권한 내에,
   소유하고 있는, 장악한, (누구의) 뜻에 달린,
   (누구의) 집에, 곁에, 편에, 한테, 옆에.
   potéstas judicándi penes prætórem esse.
   재판권은 검찰관 수중에(권한 안에) 있다.
Penes Iovem spes vitæ sunt hominum omnium(Plautus).
   모든 사람의 삶의 희망이 유피테르에게 달렸다.
penes me. 내 집에
penes quem est potéstas. 권력을 가진 사람
Penes se esse. 제 정신이다
penes te culpa est. 탓은 너한테 있다
Penes te es? 너 제 정신이냐?
penes unum. 한 사람의 손에
penetrábĭlis, -e, adj. 관통할 수 있는,
   뚫을 수 있는, 침투할 수 있는.
penétrăl(e), -is, n. (흔히 pl.) 내부, 깊숙한 곳,
   신주 모신 곳, 신전의 가장 깊숙한 안채, 비밀, 속마음.
penetrális, -e, adj. 꿰뚫는, 관통하는, 깊숙이 스며드는,
   깊숙한, 내부의, 그윽한, 비밀의.
penetrans sapiens. 현성(玄聖)(선유의 천주사상과 제사문제. p.77)
penetrátĭo, -ónis, f. 꿰뚫음, 관통(貫通),
   침투(浸透), 통달(通達), 통찰(通察-꿰뚫어 봄).
penetrátor, -óris, m. 관통자(貫通者), 꿰뚫어 보는 자,
   통찰자(通察者), 통달자(通達者).
pénĕtro, -ávi, -átum, -áre, tr. 꿰뚫다, 관통하다, 침투하다,
   안으로 파고들다, 스며들다, 침입하다, 꿰뚫어보다.
   통찰하다, 깊이 감동시키다, 깊은 인상을 받게 하다.
   penetro pedem. 발을 들여놓다/
   se penetro. 달아나다(통달하다).
   intr. 깊숙이 들어가다, 파고들다, 스며들다, 박히다,
   통과하다, 도달하다(מטא.מטי), 침투하다, 침입하다.
penicillínum, -i, n. (藥) 페니실린
penicíllum, -i, n. (penicíllus, -i, m.) 붓, 화필, 해면,
   스펀지, 헝겊조각, 상처에 대는 헝겊, 그림, 회화, 문체.
penícŭlus, -i, m. 작은 꼬리, 꼬리 끝에 있는 털 뭉치,
   화필, 솔, 귀얄(솔의 한가지로 풀칠이나 옻칠 따위를 할 때 씀).
   Summum luctum penicillo imitor.
   심한 슬픔을 붓으로 묘사(描寫)하다.
penínsŭla(pænne+ínsula), -æ, f. 반도(半島)
peninsula ad formam gladii porrecta.
   검 모양으로 길게 뻗은 반도.
penis, -is, m. (解) 꼬리, 남근(男根), 음경(陰莖)
penĭtus¹(penite) adv. 깊숙이, 속속들이, 내부까지,
   온전히, 깡그리, 완전히, 철저히.
penĭtus² -a -um, adj. 깊은, 내부의, 심오한
penĭtus³ -a -um, adj. (고기를 팔 때) 꼬리를 끼운
Penitus hunc nexum cognoscere nostræ omnino est
ætatis.(獨 A deeper understanding of this relationship is
needed at the present time)
   오늘날 이 관계를 더욱 깊이 이해할 필요가 있습니다.
penitus desperant. 그들은 완전히 절망하고 있다.
penitus intellegere. 완전히 알아듣다
penitus se malum fixit. 악이 뿌리 깊이 박혔다.
penna(=pinna), -æ, f. 날개
penna, -æ, f. 깃, 깃털, 날개, 날음, 비상,
   화살의 깃, 화살, 깃촉, 깃펜, 펜(獨 pen), = pinna.
   Gallínæ pennis fovent pullos, ne frígore lædántur.
   암탉들은 병아리들을 추위에
   상하지 않도록 날개로 품어준다/
   pennis(alis) plaudo. 날개 치다, 홰치다/
   pullos pennis foveo. 병아리들을 날개로 품다.
pennátus -a -um, adj.
   깃털 있는, 날개 있는(달린), 깃털처럼 생긴.
pennatum ferrum. 화살:missile telum(ferrum)
pennésco, -ére, intr. 깃털이 나다, 깃이 돋다

pénnĭfer(-ger), -ĕra, -ĕrum, adj. (penna+fero, gero¹)
   날개 달린, 지느러미 달린.
pénnĭpes, -pĕdis, adj. (penna+pes)
   발에 날개를 단, 걸음이 빠른.
pennĭpŏtens, -éntis, adj. (penna+potens)
   날 수 있는, 날개 달린, 새의.
pennor, -ári, dep., intr. 깃이 나다
pénnŭla, -æ, f. 작은 새털(깃), 작은 날개, 작은 지느러미
pensábĭlis, -e, adj.
   갚을 수 있는, 보상될 수 있는, 상쇄될 수 있는.
pensátĭo, -ónis, f. 보상(獨 Reparátĭon), 변상(辨償),
   배상(獨 Reparátĭon), 저울질함, 심사숙고, 검토.
pensátor, -óris, m. 저울에다는(저울질하는) 사람.
pensícŭlo, (-ávi) -átum -áre, tr. 측정하다, 검토하다.
pénsĭlis, -e, adj.
   (매) 달려 있는, 걸려 있는, 기둥 위에 있는, 높은 곳의.
pénsĭo, -onis, f. 저울질, 지불, 돈 치름, 연금, 세금,
   셋돈, 집세(habitátĭo, -onis, f.), 이자(獨 interest), 변리.
pensionárĭus, -a -um, adj. 연금(은급)을 받는.
pensis affixa puella. 숙제에 매달린 소녀(pensum 참조).
pensitátĭo, -ónis, f. 돈 지불(치름), 변상(辨償)
   보상(獨 Reparátĭon), 배상(獨 Reparátĭon), 비용(費用).
pensitátor, -óris, m. 무게를 다는 사람, 검토하는 사람
pénsĭto, -ávi -átum -áre, freq., tr. 무게를 달다,
   지불하다, 치르다, 깊이 생각하다, 검토하다, 비교하다.
pénsĭto vectigália. 세금(稅金)을 내다
pensiúncŭla, -æ, f. 얼마 안 되는 지불.
penso, -ávi, -átum, -áre, tr., freq. 저울에 달다,
   무게를 달다, 갚다, 상쇄(相殺)하다, 보상(報償)하다,
   대가를 치르다, 속죄하다, 보속(補贖)하다, 평가하다,
   판단하다, 생각해보다, 숙고하다, 검토하다, 매달다.
   benefíciis benefícia penso. 은혜를 은혜로 갚다/
   ex factis amícos penso. 행동을 보고 친구를 평가하다.
pensor, -óris, m. 계량자, 고찰(검토.음미) 하는 사람.
pensum, "penso"의 목적분사(sup.=supínum)
pensum, -i, n. (하루 길쌈의) 계량된 양털의 분량,
   하루 일, 숙제, 과제, 의무, 인간의 수명, 무게, 중량,
   지정 시편(獨 pensum.獨 pensum).
   æqua pensa rependo.
   받았던 양털 무게만큼의 실을 자아서 납품하다/
   pensis affixa puella. 숙제에 매달린 소녀.
pensúra, -æ, f. 계량(計量)
pensus, -a -um, p.p., a.p.
   무게 나가는, 값있는, 귀중한, 중요한.
   nihil pensi habére. 대수롭지 않게 여기다, 개의하지 않다.
pentachórda, -æ, f. 오현금(五絃琴)
pentachórdus, -a -um, adj. 오현금의
pentacontárchus, -i, m. 50인 대장
pentagónĭum, -i, n. 오각형, 오각, 미국 국방성.
pentaphármăcum, -i, n. 다섯 가지 종류로 된 요리.
pentaprotía, -æ, f. 오대관단, 5인 장관 위원회.
pentas, -ădis, f. 다섯(5.πέντε)
pentasýllăbus, -a -um, adj. 5음절의
Pentateuchus, -i, m. (-um, -i, n.) 모세 오경(五經).
   (그리스어 Penta '5' + teuchos '책')
   (תוֹרָה.Πεντάτευχος에서 유래.獨 Pentateuch).
Pentateuchus Samaritanus. 사마리아 오경(五經)
   (Σαμαρείτικον.獨 samaritan Pentateuch).
pentáthlum, -i, n. 오종 경기.
   (원반던지기.넓이 뛰기.씨름.달리기.창던지기).
pentáthlus, -i, m. 오종 경기자
pentecostális, -e, adj. 오순절의, 성령 강림절의.
Pentecóste, -es, f. (獨 Pentecost.獨 Pfingsten)
   성령 강림절, 오순절(πεντηκοστή.獨 Pentecost),
   성령강림 대축일(獨 Pentecost.獨 Dominica Pentecostes).

P

	단 수	복 수
Nom.	pentecoste	pentecostæ
Voc.	pentecostes	pentecostarum
Gen.	pentecostæ	pentecostis
Dat.	pentecosten	pentecostas
Acc.	pentecoste	pentecostis
Abl.	pentecoste	pentecostas

(황치헌 신부 지음, 미사통상문을 위한 라틴어, p.54).

Cum complerentur dies Pentecostes,
erant omnes pariter sedentes.
　오순절이 되었을 때 그들은 모두 한자리에 모여 있었다/
Hisce verbis Concilium Vaticanum II nuntiat Ecclesiæ
ortum die Pentecostes(영 In this way the Second
Vatican Council speaks of the Church's birth on the
day of Pentecost) 그렇기 때문에 제2차 바티칸공의회는
　오순절을 교회의 탄일이라고 말하는 것입니다/
Quibus ita inspectis, opus est ad Pentecostes redine
eventum(영 From this point of view we must return
to the event of Pentecost) 이런 견지에서, 우리는
　오순절 사건을 다시 살펴보아야 하겠습니다.

pentelóris, -e, adj. 띠 다섯 있는
penterémis, -is, f. 노(櫓) 다섯 개 있는 배
pentéris(penteres), -is, f. 노 젓는 자리가 다섯 개 있는 배.
pentórŏbon, -i, n. (植) 모란, 작약(함박꽃)
penultimus, -a -um, adj. 끝에서 둘째의, 마지막 둘째의.
　Penultimum Schema. 끝에서 두 번째 초안.
penum, -i, (penus, -nŏris) n. = penus 비축식량
penúrĭa, -æ, f. 식량결핍, 빈곤(영 poverty), 가난,
　빈궁(貧窮), 빈약(貧弱); Cleri penuria. 사제 부족.
penus, -i(-us), f., m. 비축식량, 저장된 식료품
pĕpēdi, "pedo²"의 단순과거(pf.=perfectum)
pĕpendi, "pendo"의 단순과거(pf.=perfectum)
pĕperci, "parco"의 단순과거(pf.=perfectum)
pĕperi, "pário²"의 단순과거(pf.=perfectum)
peperit et non peperit.
　출산하였으며 동시에 출산하지 않았다.
pépĭgi, "pango"의 단순과거(pf.=perfectum)
peplum, -i, n. (peplus, -i, m.)
　화려한 겉옷, 예복, 성작보(velum calicis),
　희랍의 여신상 장식용의 화려한 양모직 겉옷.
　(醫) 눈에 막이 덮이는 병.
pepo, -ónis, m. (植) 멜론, 큰 참외(민수 11,5), 수박(민수 11, 5).
　Recordamur piscium, quos comedebamus in Ægypto
　gratis; in mentem nobis veniunt cucumeres et **pepones**
　porrique et cepæ et alia. (evmnh,sqhmen tou.j ivcqu,aj ou]j
　hvsqi,omen evn Aivgu,ptw| dwrea,n kai. tou.j sikua,j kai. tou.j pe,ponaj
　kai. ta. pra,sa kai. ta. kro,mmua kai. ta. sko,rda) (영 We
　remember the fish we used to eat without cost in
　Egypt, and the cucumbers, the **melons**, the leeks, the
　onions, and the garlic) 우리가 이집트 땅에서 공짜로
　먹던 생선이며, 오이와 **수박**과 부추와 파와 마늘이 생각
　나는구나(성경)/이집트에서는 공짜로 먹던 생선, 오이,
　참외, 부추, 파, 마늘이 눈앞에 선하구나(공동번역 민수 11, 5).
peposci(=popósci), "posco"의 단순과거(pf.=perfectum)
péptĭcus, -a -um, adj. (醫) 소화의, 소화를 돕는
pĕpŭgi → púpŭgi(백민관 신부 지음, 라틴어 30일, 부록 p.10)
　pungo, púpŭgi, punctum, -ĕre, tr.
pĕpŭli, "pello"의 단순과거(pf.=perfectum)
per¹ præp.acc. (장소) 통하여, 거쳐서, 경유하여.
　invitáti per domos. 이 집 저 집에 (걸쳐) 초대된 사람들/
　(시간) 동안(내내), 걸쳐, 걸려,
　(중개.도움.간접적 전달 따위) 누구의 도움으로,
　덕분에, 힘을 빌려, 거쳐, 중개로, 말미암아, 의하여,
　(수단.도구.방법.방식.모양 따위) …로,
　(허락.묵인.양해 따위) 허락으로,
　핑계 삼아, 구실로, 내세워, 빙자하여, 명목으로,

(동기.원인.계기 따위) 때문에, 말미암아
　(맹세.간청 따위의 근거) …의 이름으로, (무엇을) 걸어.
　si per vos licet, 너희가 괜찮다면.
per² præverb. 1. (매우.철저히.완전히.대단히.몹시
　.계속적으로) 따위의 뜻을 나타냄, 2. 뜻의 약화 또는
　반대의 뜻을 표시하는 때도 더러 있음.
　e.g. perjúrus. 거짓 맹세하는, 서약을 깨뜨린.
per accidens. 우연히, 우유적인, 속성을 통해서, 간접적으로,
　다른 것을 통해, 부수적으로, 부대적(토마스 아퀴나스, p.210).
per aliud. 타자를 통해
per Alpes. 알프스 산을 넘어서
per ambáges, 우물쭈물 넘겨, 얼버무려
per annum perœtem. 만 일 년 동안
per annos ferme decem. 대략 10년 동안
per aversa urbis. 성 뒤로
per causam. 이유(理由)로 내세워
per causas. 원인들을 통하여
per centum. 퍼센트(영 percent)(%)
Per Christum ad Patrem. 그리스도를 통하여 아버지께.
Per Christum Dóminum nostrum.(영 Through Christ
Our Lord) 우리 주 그리스도를 통하여.
　[전례 의식에서 사용되는 주례자의 기도를 마치는 형식문이다. 이 형식문은
　그리스도의 중개 역할과 그리스도의 몸을 형성하는 교회인 우리가 성령의 일치
　안에서 아버지께 기도한다는 사실을 강조한다. 박영식 신부 옮김, 전례사전, p.355].
Per Christum Dóminum nostrum. Amen.
　우리 주님 그리스도의 이름으로 비나이다. 아멘.
**Per Christum Dóminum nostrum, per quem mundo
bona cuncta largíris.** 아버지께서는 우리 주 그리스도를
　통하여 세상에 온갖 좋은 것을 다 베풀어주시나이다.
Per constitutionem apostolicam,
　부제, 사제, 주교의 서품(1968.8.15. 교령).
per crucem ad lucem. 십자가를 통하여 빛으로
per definitionem et essentĭam. 정의와 본질을 통하여
per deos. 여러 신들의 이름으로
per deos, per deos immortales.
　불멸의 신들의 이름으로 맹세하거니와.
per diversum. 제각기 다른 곳을 거쳐
per ducatum Evangeli. 복음 성서의 인도함에 따라
per duos dies. 이틀 동안
per eam te obsecramus ambæ, si jus si fas est.
　우리 모녀가 자네에게 비는 바이네. 그게 가당하다면 말일세…
　(성 영 지음. 사랑만이 진리를 깨닫게 한다. p.455).
**per easdem artes patere viam mortalibus ad
felicitatem.** 이 모든 학문들을 거쳐서 사멸할
　인간들에게는 행복에 이르는 길이 열린다.
Per Evangelica dicta deleantur nostra delicta.
(영 Though the words of the Gospel may our sins be
wiped away) 이 복음의 말씀으로 우리 죄를 사하소서/
　et sacerdos osculatur Evangelium, dicens :
　"Per evangelica dicta, ut supra"
　그리고 사제는 복음서에 친구한 후 "이 복음의 말씀
　으로 저희 죄를 씻어주소서" 하고 말한다.
Per fas et nefas. 옳은 일과 그른 일을 통하여
per fidem enim ambulamus et non per speciem.
(dia. pi,stewj ga.r peripatou/men(ouv dia. ei;douj)
(獨 denn wir wandeln im Glauben und nicht im Schauen)
(영 for we walk by faith, not by sight) (II 고린 5, 7)
　보이는 것이 아니라 믿음으로 살아가기 때문입니다(성경)/
　사실 우리는 보이는 것으로 살아가지 않고 믿음으로 살아
　갑니다(공동번역)/사실 우리는 믿음으로 살아가지, 눈으로
　보고서 살아가는 것이 아닙니다(200주년 신약성서 II 고린 5, 7).
per flumen ferre. 강을 건너서 가다
Per frontis chrismátionem manus impositio designatur.
　이마의 도유에 의해서 안수가 표시된다.
per hostium turbam. 적군의 무리를 통과하여
per hoc. 이로 말미암아
**Per hujus, Dómine, operatiónem mystérii, et vítia
nostra purgéntur, et justa desidéria compleántur.**
　주님, 이 (미사의) 효험으로 저희 악습을 씻어 주시고,

P

올바른 소원을 채워 주소서.(주님, 이 신비의 제사를 거행함으로서 저희 죄를 씻으시며 또한 저희의 옳은 원의를 성취하게 하소서)

Per hunc collem transient hostes.
[통과나 경유지(어디를 지나서)를 나타내는 데에는 per와 대격을 쓴다].
적군은 이 능선으로 지나갈 것이다.

per generátĭonem. 씨앗의 형태로

Per instructionem, 의전 사제와 교회록과 본당 주임신부의 복장과 칭호(1970.10.30. 회람).

Per instructionem alteram, 미사통상문의 변경(1967.5.18. 교령).

per ipsa visibilia 가시적 사물을 통하여

per Ipsum, cum Ipso, in Ipso.
그분을 통하여, 그분과 함께, 그분 안에서.

per ipsum esse irreceptum et subsistens.
불수용적이며 자립적 존재 자체.

Per ipsum, et cum ipso, et in ipso, est tibi Deo Patri omnipoténti, in unitate Spíritus Sancti, omnis honor, et glória. per ómnia sǽcula sæcolórum.
(獨 Durch ihn und mit ihm und in ihm ist dir, Gott, allmächtiger Vater, in der Einheit des Heiligen Geistes alle Herrlichkeit und Ehre jetzt und in Ewigkeit. Amen.
(英 Through Him, and with him, and in him, O God, almighty Father, in the unity of the Holy Spirit, all glory and honor is yours, for ever and ever). 그리스도를 통하여, 그리스도와 함께, 그리스도 안에서, 성령으로 하나 되어, 전능하신 천주 성부 모든 영예와 영광을 영원히 받으소서.

Per istam sanctam unctionem. 이 성유를 바름으로써

per jocum. 농담으로(joci causā. 순 롱담으로)

Per Jovem! 맹세코 제기랄

per liberum arbitrium. 자유의지를 통해

Per littera ad universos, 사제 독신 관면(1980.10.14. 회람)

per lítteras. 편지로, 서면으로

per ludum et jocum. 장난삼아 농담으로

per ludos. 경기 대회 기간 동안

per manus. 손에서 손으로

per me sto. 오직 나에게 달려 있다

per metum. 공포(恐怖) 때문에

per ministrorum manus. 성직자의 손으로

per modum amoris. 사랑의 양태로

per modum identitatis. 동일성의 양태로써

per modum inhærentis. 내 속의 양태로

per modum justitiæ. 정의의 양태로

per modum misericordiæ. 자비의 양태로

per modum naturæ. 자연적인 방식으로

per modum suffragii. 전구를 통해, 대속기도 형식으로

per modum unius. 같은 것으로

Per Mortem ad Novam Vitam.
죽음을 통하여 새로운 삶에로(2005년 위령성월 이한택 주교 교서).

per multa media. 많은 단계

per mutua. 상호간에(mutuo, adv.)

per occúlto. 비밀로(per occultum)

per omnia. 모든 점에서, 온전히

Per omnia ad dialecticam confugere.
모든 것을 다루면서 논리적으로 피하라.

per omnia sǽcula sæculorum.(英 For Ever and Ever)
세세히 영원히(기도의 끝맺음 형식).

Per orbem terræ ecclesiæ latitudo diffusa.
교회의 영역이 세상 안에 퍼져 있다(오리게네스).

per ordinem. 순차적으로, 차례로(alius ex alio)

per organum corporale. 육체적 기관을 통해서

per præsentĭam essentĭæ. 본질의 현존(本質 現存)

per prius et posterius.
선차적 내지 후차적(secundum prius et posterius).

per prius. 우선적으로(a prioritate)

per proprietatem, 고유성을 근거로

per quella pace. 평화를 위해서

Per quem fecit et sæcula. 그분을 통해서 세계가 이루어졌다.

Per quem hæc omnia Domine, semper bona creas,
(signat ter super Hostiam, et Calicem simul dicens):

sancti+ficas, vivi+ficas, bene+dicis, et præstas nobis.
(英 Through Whom, Lord, Thou dost always create, sanctify +, fill with life +, bless +, and bestow upon us all good things). 주님, 당신은 이 모든 것을 항상 선으로 창조하시고, (성체와 성작 위에 동시에 십자성호를 그으며 말한다) 거룩하게+ 하시고, 살게+하시고, 축+복 하시며, 저희에게 베푸시나이다.

Per quem omnia. 모든 것을 그 분을 통해서
[제5대 전주교구장 김재덕(1947.10.28.수품) 주교 사목 표어].

Per Revelátĭonem, 계시(선유의 천주사상과 제사문제, p.111)

Per rispondere a una preoccupazione,
분파의 현상과 새로운 종교 운동들(1986.5.7. 문헌).

per saltum.(백민관 신부 엮음. 백과사전 3, p.135)
도약 서품, 한 계급 건너 뛴 서품(敍品).

per saturam. 뒤범벅으로, 순서 없이

per se. 그 자체, 그 자체로서, 본연의, 본질을 통해서,
자동적으로, 자립적, 자체(spons, -ontis, f.), 직접,
사실 자체로, 본질적(本質的)으로,
본래의(proprius, -a -um, adj.), 자체적(토마스 아퀴나스, p.210).
causa per se. 본연적 원인(unum per se. 본연적 일)/
primum principium immobile et per se necessarium.
그 자체로는 부동적이며 필연적인 제1원리.

per se accidens. 우유적인 집합(스콜라 철학에서의 개체화, p.403)

per se creesco. 자력으로 세력을 얻다

per se esse. 자체로서의 존재

per se et simpliciter. 그 자체로 그리고 절대적으로

per se nota. 자명한(신학대전 제2권, p.200).
propositio per se nota. 자명한 명제/
propositio per se nota quoad se et quoad nos.
자체와 우리에게 명백한 명제(命題).

per se notum. 자명(가톨릭 신학과 사상, 제47호, p.9)

per se objectum. 그 자체 대상

per se prædicátĭo. 그 자체 빈술

per senectútem. 늙었기 때문에

Per signum Crucis(英 By the Sign of the Cross)
Per signum Crucis de inimícis nostris líbera nos, Deus noster.(BY the sign of the cross deliver us from our enemies, O our God) 저희 하느님, 거룩한 십자표로 원수들에게서 저희를 구원하소서.(From the Roman Breviary. It recalls Phil. 3:18, "For many, as I have often told you and now tell you even in tears, conduct themselves as enemies of the cross of Christ").

per simulátĭonem, 하는 척하며, 겉으로만

per simulitudinem, 유사성을 근거로

per singulos dies. 매일(in dies.)

per somnia loqui. 잠꼬대하다

per speculatores rem cognovit. 탐험가들을 통해서

Per sua sancta vulnera gloriosa custodiat et conservet nos Christus Dominus. Amen.(英 Through His holy and glorious wounds may Christ the Lord preserve and keep us. Amen). (1) 주 그리스도님, 2) 거룩하시고,

	1		3) 영광스러우신 상처로 4) 저희를 지켜
4	2	5	주시고, 5) 보살펴 주소서. 아멘.(사제는 초에
	3		파놓은 구멍에 향 덩어리를 하나씩 순서대로 꽂으며 말한다)

per suam præsentĭam. 자기 현존을 통해서

per suam similitudinem. 그 유사를 통하여

per substantĭam. 실체적으로

per supergressio. 과도하게(præmodum, adv.)

per tacitum. 살금살금(tacito, adv.)

per te ipsum. 당신 친히

Per te tibi consulis. 너는 자신을 스스로 돌보고 있다

per totam noctem. 밤새도록

per totum diem. 하루 종일

per trepidatĭonem. 난국에

per tres dies. 사흘 동안

per triénnium. 3년 동안

per trigínta annos. 30년 동안

per turpitúdinem.(turpitúdo 참조) 부끄럽게도

per tutélam. 보호라는 명목 하에

P

per universum orbem terrarum. 온 세상
per uxorem tuam. 네 아내의 이름으로
per valetúdinem(ætátem) 건강이(나이가) 허락해서
Per venire incontro. 성직자 수도자 복장(1976.1.27. 회람)
per vim 강제로, 힘으로, 폭력으로
pera, -æ, f. 자루(囊), 배낭, 전대(纏帶), 망태(囊), 망태기
perabjéctus, -a -um, adj. 매우 미천한
perabsúrdus, -a -um, adj.
　　크게 부조리한, 말도 안 되는, 이치에 맞지 않는.
peraccommodátus, -a -um, adj. 매우 편리한, 최적의
peraccurátus, -a -um, adj.
　　정성들인, 매우 상세한, 정밀한, 정확한, 완전한.
perácer, -cris -cre, adj. 매우 날카로운, 매우 예민한,
　　철두철미(徹頭徹尾)한, 대단이 매움.
peracérbus, -a -um, adj. 매우 떫은, 매우 불쾌한(쓰라린)
peracésco, -ácŭi, -ĕre, intr., inch.
　　몹시 시어지다, 쓰라려지다.
peráctio(=déáctio) -ónis, f. 결말(結末), 완료(完了)
　　완성(1♢♢.⑨ Consummátion/Fullness), 해결(解決).
peractio mysterii. 신비 거행(神秘擧行)
pĕractum, "pérăgo"의 목적분사(sup.=supínum)
pĕrăcui, "peracésco"의 단순과거(pf.=perfectum)
peracútus, -a -um, adj. 매우 뾰족한(예리한),
　　매우 예민한, 날카로운, 재간 있는.
peraduléscens, -entis, m. 어린 사람, 아주 젊은 이
peradulescentulus, -i, m. 어린 사람,
　　아주 젊은이(admodum adolescens)
peræquátio, -ónis, f. 완전 동등, 완전 적합, 일치(一致)
peræquátor, -óris, m. (재산 정도에 따라) 세금을
　　공평(적정) 하게 부과하는 사람.
peræquo, -ávi, -átum, -áre, tr.
　　온전히 같게 하다, 평등하게 만들다.
peræquus, -a -um, adj. 아주 동등한
perágĭto, -ávi, -átum, -áre, tr. 마구 뒤흔들다,
　　진동케 하다, 교란하다, 흔들어 뒤섞다, 괴롭히다.
pérăgo, -égi -áctum -ĕre, tr. 꿰찌르다,
　　뚫고 지나가다, 죽이다, 끝까지 가다, 완수하다,
　　끝까지 해내다, 실행하다, 관철하다, 마치다, 성취하다,
　　(음식을) 삭이다, 소화(消化)시키다.
　　De consuetis actionibus bene peragendis.
　　일상행동을 잘 하는 것에 대하여.
peragrátĭo, -ónis, f. 돌아다님, 유람(遊覽), 편력(編曆)
pérăgro, -ávi, -átum, -áre, tr. 돌아다니다(ᠣᠮ), 편력하다
　　찾아다니다, 답사하다, 순항(順航)하다, 수행하다,
　　이행하다, 남김없이 언급(言及)하다, 파고들다.
　　silvas peragro. 여러 숲을 돌아다니다.
perálbus, -a -um, adj. 새하얀
peráltus, -a -um, adj. 아주 높은
pérămans, -antis, p.prœs., a.p. 대단히 사랑하는
perámbŭlo, -ávi -átum -áre, tr. 돌아다니다(ᠣᠮ),
　　배회(徘徊)하다, 찾아다니다, 순방(巡訪)하다.
peramícus, -a -um, adj. 절친한, 매우 우호적인
peramœnus, -a -um, adj. 매우 고운, 매력 있는
perámplus, -a -um, adj. 매우 넓은, 매우 큰
perangústus, -a -um, adj. 매우 좁은, 옹색한
peránno, -ávi, -átum, -áre, intr. 만1년을 지내다(살다)
perantíquus, -a -um, adj. 대단히 오래 된
perappósĭtus, -a -um, adj. 아주 적절한, 대단히 잘 맞는
perárdŭus, -a -um, adj. 매우 어려운, 매우 곤란한
pararésco, -árŭi, -ĕre, intr. 아주 마르다
peráridus, -a -um, adj. 아주 마른, 바싹 마른
perármo, -ávi, -átum, -áre, tr. 완전무장 하다
peráro, -ávi, -átum, -áre, tr. 주름살이 지게 하다,
　　(땅을) 충분히 파헤치다(갈다), 항해하다,
　　물결을 헤치고 가다, (글자를) 쓰다, 박아 쓰다.
perásper, -ĕra -ĕrum, adj. 거친, 아주 깔끄러운.
perássus, -a -um, adj. 바싹 구운
peratténtus, -a -um, adj. (per ²+atténtus¹)

크게 정신 차린, 주의 깊은.
peratticus, -a -um, adj. 매우 우아한, 기품 있는.
peraudiéndus, -a -um, gerundiv. 귀담아 들어야 할.
perbácchor, -átus sum, -ári, dep., intr.
　　진탕 마시고 떠들다.
perbeátus, -a -um, adj. 매우 행복한, 지극히 복된.
perbéllus, -a -um, adj. 대단이 귀여운, 매우 사랑스러운.
pérbĕne, adv. 썩 잘
perbenévŏlus, -a -um, adj. 매우 우호적인, 친절한.
perbenígne, adv. 매우 친절히
pérbĭbo, -bĭbi, -ĕre, tr. 마셔 치우다, 몽땅 빨아들이다.
　　잘 빨아들이다, 잘(순순히) 받아들이다.
pérbĭto, -ĕre, intr. 이동(移動)하다(ᠠᠣᠣ), 옮겨가다.
perblándus, -a -um, adj. 매우 매력적인, 매우 친절한.
pérbŏnus, -a -um, adj. 아주 좋은.
pérbrĕvis, -e, adj. 매우 짧은.
perca, -æ, f. (魚) 농어(농어과의 바닷물고기)
percalefácĭo, -féci, -fáctum, -cĕre, tr.
　　매우 따뜻하게 하다(덥게 하다).
percalésco, -cálŭi, -ĕre, intr., inch.
　　매우 더워지다(뜨거워지다).
percallésco, -cállŭi, -ĕre, intr. 굳어지다, 무감각하게 되다.
　　tr. 철저히 알다, 능통하다.
percallui, "percallésco"의 단순과거(pf.=perfectum)
percalui, "percalésco"의 단순과거(pf.=perfectum)
percándĭdus, -a -um, adj. 매우 깨끗한
percarditis, -ditidis, f. (醫) 심낭염(心囊炎)
percárus, -a -um, adj.
　　대단히 비싼, 대단이 사랑스러운, 소중한.
percáutus, -a -um, adj. 몹시 조심하는
percéléber, -bris -bre, adj. 대단이 유명한
percélébro, -ávi, -átum, -áre, tr. 사방에 알려지게 하다,
　　유명하게 하다, 많이 이야기하다.
pércĕler, -ĕris -ĕre, adj. 매우 빠른
percéllo, percúli, percúlsum, -ere, tr. 거꾸러뜨리다,
　　넘어뜨리다, 내리치다, 타격(打擊)을 가하다, 강타하다,
　　망쳐놓다, 멸망시키다, 붕괴(崩壞)시키다, 충동하다.
percénsĕo, -sŭi -ĕre, tr. 헤아리다, 열거하다, 답사하다,
　　훑어 보다(perlustro oculis), 하나하나 검사(檢査)하다,
　　살펴보다, 조사하다, 편력하다, 검토하다, 비판하다.
percépi, "percípĭo"의 단순과거(pf.=perfectum)
perceptíbĭlis, -e, adj. 감지될 수 있는,
　　파악(把握)될 수 있는, 지각(知覺) 할 수 있는.
percéptĭo, -ónis, f. 거두어들임, 수확, 받음, 이해(理解)
　　지각(⑨ Perception), 파악(把握), 인식(⑨ Knowledge).
　　revelatæ veritátis perceptio. 계시 진리의 이해.
perceptio clara et distincta. 명석 판명한 지각(知覺).
perceptio immediata. 직접적 지각
perceptio intellectiva. 지성적 지각
perceptio passionis. 수동적 지각함
percéptor, -óris, m. 지각(인식.이해) 하는 사람
perceptum, "percípĭo"의 목적분사(sup.=supínum)
percéptum, -i, n. 원리(原理), 원칙(原則), 지각의 대상,
　　지각된 것, 지각에 의해 만들어지는 표상.
percídi, "percído"의 단순과거(pf.=perfectum)
percído, -cídi -císum -ĕre, tr. (per² + cædo)
　　후려치다, 찧다(ᠠᠠᠠ), 계간(鷄姦)하다.
percíĕo, -ére, (percĭo, -cívi, -cítum, -círe) tr.
　　격렬히 움직이게 하다, 뒤흔들다, 동요케 하다,
　　자극(刺戟)하다, 흥분시키다, 선동(煽動)하다, 외치다.
percío, -cívi, -cítum, -círe, (percíĕo, -ére) tr.
　　격렬히 움직이게 하다, 뒤흔들다, 동요케 하다,
　　자극(刺戟)하다, 흥분시키다, 선동(煽動)하다, 외치다.
percipíbĭlis, -e, adj. 지각(파악.理解) 할 수 있는
percipiendam, 원형 percípĭo, -cépi -céptum -pĕre, tr.
　　[수동형 당위분사, 여성, 단수,
　　주격 percipienda, 속격 percipiendæ, 여격 percipiendæ,
　　대격 percipiendam, 탈격 percipienda].

percípio, -cépi -céptum -pěre, tr. (per²+cápio)
　꽉 잡다, 온전히 받아들이다, 받다, 모으다, 거두다,
　줍다, 얻다(חקַל,חאָר,חחָר), 획득하다, 감각하다,
　느끼다, 감지하다, 깨닫다, 지각하다, 이해(파악)하다,
　통달(通達)하다, 해득(解得)하다.
percísus, -a -um, "percído"의 과거분사(p.p.)
percitum, "percío"의 목적분사(sup.=supínum)
percítus, -a -um, "percíeo"의 과거분사(p.p.)
percivi, "percío"의 단순과거(pf.=perfectum)
percivílis, -e, adj. 매우 친절한, 예의 있는
percoctum, "pércŏquo"의 목적분사(sup.=supínum)
percognósco, -gnóvi, gnítum, -ěre, tr.
　완전히 알다(인식하다).
percolátio, -ónis, f. 여과(濾過), 걸러냄.
percólo¹ -ávi, -átum, -áre, tr. 거르다, 여과(濾過)하다,
　밭다(건더기가 섞인 액체를 체 따위로 걸러 국물만 받아내다),
　통과(通過)시키다, 스며들게 하다.
pércŏlo² -cólŭi -cúltum -ěre, tr. (per²+colo²)
　완성하다(חסַל,בסַל), 끝손질하다, 가꾸다, 닦다,
　다듬다, 공경하다, 존경하다, (처자를) 극진히 사랑하다,
　(행사를) 거행(擧行)하다, 기념(記念)하다.
percómis, -e, adj. 매우 우호적(友好的)인, 상냥한,
　호의(好意)를 가진, 세련된, 예의 바른.
percómmŏde, adv. 매우 적기에, 아주 적절하게
percómmŏdus, -a -um, adj. 매우 편리한, 합당한
percónor, -ári, dep., tr.
　계획을 수행(遂行)하다, 끝까지 해내다, 노력하다.
percontátio, -ónis, f. 질문(⑨ Question), 조회.
　(法) 심문, 탐문(探問-더듬어 찾아가 물음), 탐색, 수색.
percontatívus, -a -um, adj.
　일반적으로 알려진. (文法) 의문의, 질문의.
percontátor, -óris, m. 캐묻는 사람, 심문자, 질문자
percóntor, -átus sum, -ári, dep., tr. 묻다.
　캐묻다, 질문하다(ἐρωτάω), 탐문하다, 물어서 알아내다.
percóntŭmax, -ácis, adj. 고집쟁이의, 완고(頑固)한
percopiósus, -a -um, adj.
　대단히 풍부한, 수북한, 아주 많은, 말 많은.
pércŏquo, -cóxi -cóctum -ěre, tr.
　푹 끓이다(삶다), (과일, 술 따위를) 완전히 익히다.
percoxi, "pércŏquo"의 단순과거(pf.=perfectum)
percreb(r)ésco, -b(r)ŭi -ěre, inch., intr.
　화제가 되다, (소문 따위가) 널리 퍼지다.
percrebrui, "percreb(r)ésco"의 단순과거(pf.=perfectum)
pércrĕpo, -pŭi -pítum -áre,
　intr. 메아리치다, 크게 울려 퍼지다, 시끄럽게 들리다.
　tr. 크게 외치다, 찬양하다(חקר).
percrĕpĭtum, "pércrĕpo"의 목적분사(sup.=supínum)
percrĕpui, "pércrĕpo"의 단순과거(pf.=perfectum)
percríbro, -ávi, -átum, -áre, tr.
　곱게 빻아서 체질하다, (글의 내용 따위를) 다듬다.
percrúdus, -a -um, adj. 아주 날것인, 미숙한
percŭcurri, "percúrro"의 단순과거(pf.=perfectum)
percŭli, "percéllo"의 단순과거(pf.=perfectum)
perculsum "percéllo"의 목적분사(sup.=supínum)
percúlsus, -us, m. 동요, 충격(갑자기 부딪혔을 때의 심한 타격).
percúnctor = percóntor 묻다, 질문하다, 탐문하다
percúpĭdus, -a -um, adj. 열망(熱望)하는
percúro, -ávi, -átum, -áre, tr.
　완치시키다, 완전히 낫게 하다.
percurri, "percúrro"의 단순과거(pf.=perfectum)
percúrro, -(cu)cúrri, -cúrsum, -ěre,
　intr. (목적지까지) 뛰어가다, 달려가다, 빨리 가다,
　뛰어 통과하다, 주행하다, 쫙 퍼져 나가다.
　tr. (어디를) 뛰어 돌아다니다, 통행하다,
　이곳저곳 거쳐 지나가다, (여러 벼슬을) 역임하다,
　쫙 퍼지다(번지다), 광범위하게 언급하다, 열거하다,
　두루 생각하다, 두루 읽다, 죽 훑어보다.
　ómnium péctora metu percurrénte.

모든 이의 가슴에 공포가 퍼져서.
percursátio, -ónis, f. 편력(널리 각지를 돌아다님), 통과, 일주.
percúrsio, -ónis, f. 뛰어 지나감(돌아다님)
　(여러 가지를) 훑어가며 생각함,
　대충 이야기함, 개술(槪述-줄거리만 대강 말함).
percúrso, -ávi, -átum, -áre, tr. 뛰어 돌아다니다,
　뛰어서 지나가다, 횡행하다, 배회하다.
percursum, "percúrro"의 목적분사(sup.=supínum)
percussi, "percútio"의 단순과거(pf.=perfectum)
percússio, -ónis, f. 타격, 때림, 구타(毆打-사람을 때림),
　충격, 충돌, 박자를 침. (醫) 타진(打診).
　Percussio pectoris(túnsĭo pectoris). 가슴을 침
percussionális, -e, adj. (音) 박자의, (북 같은 것을) 치는.
percússor, -óris, m. 때리는 사람, 구타자(毆打者),
　타격자(打擊者), 자객(刺客), 살해자(殺害者)
percussum, "percútio"의 목적분사(sup.=supínum)
percussúra, -æ, f. 구타, 타격(打擊), 충격, 타박상
percússus, -us, m. 때림, 구타, 타격(打擊), 충격(衝擊).
percútio, percússi, -cússum -ěre, tr. 찔러서 구멍 내다,
　관통하다, 꿰찌르다, 절개하다, 치다, 때리다,
　죽이다(גטק), 쳐 죽이다, (감정·고통 따위를) 끼치다,
　타격 주다, 부딪게 하다, (악기를) 치다, (악기를) 타다.
　Cave ne percutias, cave ne violes, cave ne calces:
　novissima verba Christi sunt ista, ituri in cælum:
　나를 때리지 않도록 조심 하여라, 나를 폭행하지 않도록
　조심 하여라, 나를 짓밟지 않도록 조심하여라. 이것이
　하늘로 올라가시면서 주신 그리스도의 마지막
　말씀입니다(최익철 신부 옮김, 요한 강해. p.457)/
　Híccine percússit? 바로 이 자가 두드렸어?/
　percússus lápide. 돌에 맞은/
　percússus lítteris. 편지에 충격 받은/
　Qui percusserit et occiderit hominem, morte moriatur.
　(kai. aᵢnqrwpoj ojj aᵢn pata,xhᵢ yuch.n avnqrw,pou kai. avpoqa,nhᵢ
　qana,twᵢ qanatou,sqw) (獨 Wer irgendeinen Menschen
　erschlägt, der soll des Todes sterben)(⑨ Whoever takes
　the life of any human being shall be put to death)
　누구든지 사람을 때려 목숨을 잃게 한 자는 사형을
　받아야 한다(성경 레위 24. 17)/남의 목숨을 끊은 자는
　반드시 사형에 처해야 한다(공동번역 레위 24. 17)/
　Quomodo clamat lingua? Dolet mihi. O lingua, quis te
　tetigit? quis percussit? quis stimulavit? quis pupugit?
　혀는 뭐라고 외칩니까? '내가 아프다'고 합니다. 오, 혀야,
　누가 너를 건드렸느냐? 누가 너를 때렸느냐? 누가 너를
　찔렀느냐? 또 누가 너에게 상처를 입혔느냐?/
　Veto quominus percutiátur.
　그를 때리는 것을 나는 금지한다.
perdere posse sat est. 망하게 할 수 있고도 남는다.
perdíco, -díxi, -díctum, -ěre, tr. (per² +dico²)
　말을 마치다.
perdídi, "perdo"의 단순과거(pf.=perfectum)
perdídĭci, "perdísco"의 단순과거(pf.=perfectum)
perdifficílis, -e, adj. 대단히 어려운
perdíligens, -entis, p.p., a.p. 매우 근면한, 매우 성실한
perdísco, dídĭci, -ěre, tr. 철저히 배우다, 깊이 연구하여 알다.
pérdĭte, adv. 재생의 길이 없이, 방탕하게, 열렬히, 몹시
pérdĭtim, adv. 열렬히
perdítio, -ónis, f. 파멸(破滅,破壞), 멸망(滅亡).
　파괴된 곳, 紛失, 낭비(浪費), 탕진(蕩盡-다 써서 없앰).
　Et quoniam hæc faciunt, certum est quod in
　perditionem dabuntur. 그들이 이런 일을 하므로 멸망
　할 것이 확실 하옵니다(갈멜의 산길. p.209).
perditor, -óris, m. (perditrix, -ícis, f.) 망치는 자,
　파괴자(破壞者), 파멸시키는 자, 타락시키는 자.
perditor caritatis. 사랑을 상실한 사람
perdítum, "perdo"의 목적분사(sup.=supínum)
pérdĭtus, -a -um, p.p., a.p. 잃은, 손해 본, 망쳐진,
　탕진된, 가망 없는, 비참한, 절망에 빠진, 망한,
　신세 망친, 파멸(破滅)한, 사랑에 빠져 정신없는,

사랑하다 죽은, 타락(墮落)한, 방탕(放蕩)한, 지독한.
provínciam afflíctam et pérditam erígere atque
recreo. 시달려 비참해진 주를 일으켜 부흥시키다.
perditus dolor. 지독한 고통(agonia¹-æ, f. 죽음의 고통)
pérdiu, adv. 매우 오랫동안
pérdius, -a -um, adj. 하루 종일의
perdiutúrnus, -a -um, adj. 대단히 오랫동안의, 장구한
perdíves, -vĭtis, adj, 거부의, 부자의
perdix, -ícis, f., m. (鳥) 자고새(꿩科)
perdo, -dĭdi -dĭtum -ĕre, tr. 망하게 하다, 멸망시키다,
파멸(불행)에 몰아넣다, 붕괴시키다, 파괴(破壞)하다,
죽이다, 허비하다, 낭비하다, 탕진하다, 손해보다, 잃다,
실패하다, (경기.재판 따위에서) 지다, 타락시키다.
perdere posse sat est. 망하게 할 수 있고도 남는다.
perdóceo, -cŭi, -ctum, -ére, tr.
일러두다, 철저히(완전히) 가르치다.
Perdolens dolores Beatæ Mariæ virginis.
성모통고(聖母通告.獨 sorrows of Mary).
perdólĕo, -dólŭi, -dolĭtum, -ére, intr.
몹시 아파하다, 매우 괴로워하다(원통해 하다).
perdolésco, -dólŭi, -ére, intr., inch.
큰 고통을 느끼다, 매우 애석(원통)해 하다.
pérdŏlo, -ávi, -átum, -áre, tr. 가공하다, 깎다, 세공하다
perdólui, "perdólĕo"의 단순과거(pf.=perfectum),
"perdolésco"의 단순과거(pf.=perfectum).
perdómĭtor, -óris, m. 정복자(征服者)
perdómitus, -a -um, "perdomo"의 과거분사(p.p.)
pérdŏmo, -mŭi -mĭtum -áre, tr.
완전히 정복하다, 진압(鎭壓)하다, 충분히 길들이다.
perdormísco, -ĕre, intr. 계속 자다, 밤새도록 자다
perdúco, -dúxi -ductum -ĕre, tr. 안내하다, 데리고 가다,
(끝까지) 인도하다(ἄγω), 이끌고 가다, 연장(延長)하다,
길게 끌다, 계속(繼續)하다, 끝까지 이끌고 가다.
perdúctĭo, -ónis, f. 수도(물) 끌어 옴, 인수(물을 끌어댐)
perdúcto, -áre, tr. 가게 하다
perdúctor, -óris, m. 안내인, 인도자, 중매인, 뚜쟁이
perductum, "perduco"의 목적분사(sup.=supínum)
perdúdum, adv. 상당히 오래 전에
perduéllĭo, -ónis, f. 매국행위(국가에 대한)
(국가.군주.상관에 대한) 반역(反逆), 반란(反亂).
Actiónem perduellionis intendere. 반역죄로 고소하다.
perduéllis, -is, m. (전쟁 중인) 적군(vasa furoris)
perdurátĭo, -onis, f. 지속(끊임없이 이어짐), 영속, 인고.
perdúro, -ávi, -átum, -áre, intr. (시간이) 걸리다,
오래가다, 지속(영속)하다, 견디다(בחר.רבח),
계속(繼續)하여 나아가다. tr. 굳세어지게 하다.
perdúrus, -a -um, adj. 매우 굳은, 억지스러운, 건강부회의.
perduxi, "perduco"의 단순과거(pf.=perfectum)
pereat mundus sed fiat justitĭa.
세계는 소멸하고 정의는 이루어지리라.
pĕrēdi, "pérĕdo¹"의 단순과거(pf.=perfectum)
pérĕdo¹ -édi -ésum -ĕre, tr. 먹어 치우다,
소모(消耗)시키다, 소멸(消滅)시키다.
pérĕdo² -ĕre, tr. 일을 끝내다, 완성하다(בבכ.בכב),
완료(完了)하다, 세상에 내놓다.
peréffluo, -ĕre, tr. 아주 흐르게 버려두다,
바른 길에서 벗어나게 하다.
pereffóssus, -a -um, adj. 군데군데 구멍 난(뚫어진)
pérĕger, -gris, adj.(m., f.) (per²+ager) 멀리 여행 떠난
pĕrēgi, "pérago¹"의 단순과거(pf.=perfectum)
pérĕgre, adv. 타향에, 외국에, 고향 떠나, 타향으로,
외국으로, 타향(他鄕)으로부터, 외국에서(부터).
Hinc adolescentem peregre ablego.
젊은이를 여기서 외국에 보내버리다.
peregrégĭus, -a -um, adj. 매우 우수한,
매우 수려(秀麗-빼어나게 아름다움)한, 훌륭한.
peregri, adv. 외국에(서), 타향에(서)
peregrinans, 원형 peregrinor, -átus sum, -ári, 탈형동사.

[현재분사의 명사적 용법.
단수 주격 peregrinans, 속격 peregrinantis,
여격 peregrinanti, 대격 peregrinantem, 탈격 peregrinante].
peregrinans Ecclesia. 순례하는 교회
peregrinabúndus, -a -um, adj.
고향(故鄕) 떠나 돌아다니는, 여행(旅行)하는.
peregrinátĭo, -ónis, f.(巡禮.獨 Pilgrimage.獨 Wallfahrt
.프 pélerinage) 편력(遍歷), 외국여행, 타향살이,
방랑, 순례, 성지순례(聖地巡禮.獨 pilgrimage).
Peregrinationes Itinerarium. 순례기/
peregrinationis labor. 순례하는 노동/
peregrinationis fidei(獨 pilgrimage of faith) 신앙 여정/
Beata Virgo in peregrinatione fidei processit, suamque
unionem cum Filio fideliter sustinuit usque ad crucem.
복되신 동정녀께서도 신앙의 나그네 길을 걸으셨고 십자가
에 이르기까지 아드님과 당신의 결합을 충실히 견지하셨네/
timor Christi et amor peregrinationis.
그리스도께 대한 경외심과 순례에 대한 사랑.
Peregrinatio Animæ. 영혼의 순례
Peregrinatio Aetheriæ. 에테리아의 순례기
Peregrinátĭo est tacere.
순례한다는 것은 침묵하는 것이다(사목 圖 마음의 길. p.50).
Peregrinátĭo Silviæ. 실비아의 순례기
peregrinátĭo studiorum. 연학(研學)(중세철학 제2호, p.217),
수학여행(성 염 옮김. 피코 델라 미란돌라, p.101).
peregrinátor, -óris, m. 편역자(遍歷者), 순례자,
여행하는 사람, 성지 순례자(聖地 巡禮者).
peregrínĭtas, -átis, f.
(Roma 시민권이 없는) 외국인 신분, 외국풍, 외국어.
peregrinor, -átus sum, -ári, dep., intr. 외국을 여행하다,
외국에서 살다, 타향살이 하다, 편력(遍歷)하다, 여행하다,
순례하다, 외국인이다, 마음(정신)이 딴 곳에 가있다.
De Ecclesia in terris peregrinante.
이 세상에서 순례하는 교회에 대하여/
Peregrinans Ecclesia. 순례하는 교회/
Multi mortáles vitam, sicut péregrinantes, transegére.
많은 사람들은 마치 여행자들처럼 일생을 지냈다/
Parum est quia longe peregrinabamur: et languidi nos
movere non poteramus. 우리가 먼 곳에서 떠돌고 있었
다는 것은 부족한 표현입니다. 우리는 허약해서 움직일
수도 없었습니다.(최익철 신부 옮김. 고백록 강해, p.429)/
Peregrinari pro Christo. 그리스도를 위한 거룩한 순례/
Qui multum peregrinantur raro sanctificantur.
많이 돌아다니는(순례하는) 사람은 성화되기 어렵다.
peregrínus, -a -um, adj. 외국(外國)의, 타국의,
외래의, 외국산의, 나그네의, 타향의, 순례자의,
낯선, 생소한, 서툰, 잘 모르는, 풋내기의.
m., f. 외국인, 타국인, 본 주소 이외에 임시 거주하는 신자,
타향사람(peregrinus homo.), 순례자, 체재자(獨 traveler).
De morte Peregrini. 낯선 이들의 죽음.
(사모사타의 루치아누스 풍자시-그리스도인들의 신념과 일상적 행위를
몹시 어리석으며 형들을 자초하는 일딸 행위로 봄)/
homo peregrinus in terra. 지상의 나그네/
Itaque cives potiores quam peregrini.
그래서 동포가 외국인보다 낫다/
Non solus Papa factus est peregrinus.(獨 It is not just
the Pope who has become a pilgrim) 순례자는 교황만이
아닙니다(1995.5.25. "Ut Unum Sint" 중에서)/
mors péregrina. 객사(客死-객지에서 죽음)/
Pecuniam aliquis quærit; non sit tibi finis: transi
tamquam peregrinus. 어떤 사람이 돈을 찾고 있습니다.
이것이 그대의 끝이 되게 하지 마십시오. 그대, 나그네
처럼 지나치십시오.(최익철 신부 옮김. 요한 서간 강해. p.443)/
peregrina navis. 외국 선박/
peregrinæ aves. 철새(volucres advenæ)/
Peregrini autem atque incolæ officium est nihil præter
suum negotium agere, nihil de alio antuirere minimeque
esse in aliena re publica curiosum.(Cicero).

이방인이든 원주민이든 자기 직분 외에는 아무것도 하지
말 것이요, 다른 사람에 대해서 아무것도 캐묻지 말
것이며, 다른 나라에 대해서 조금도 호기심을 갖지
않음이 도리이다. (성 염 지음. 고전 라틴어. p.268)/
Si sic nos delectat peregrinos, in patria quomodo
gaudebimus? 사랑이 지상의 나그네인 우리를 이토록
즐겁게 해 준다면, 본향에서는 얼마나 더 기쁘겠습니까?.
　　　　　　　　　　　(최익철 신부 옮김. 요한 서간 강해. p.453)/
tamquam peregrinus non condidit urbem.
　나그네로서 도성을 세우지 않았다/
Variorum ordinum peregrini. 다양한 순례자들.
peréĕlégans, -ántis, adj. 매우 우아한
peréĕlŏquens, -antis, adj.
　매우 구변(口辯) 좋은, 말을 매우 잘하는.
pĕrémi, "pérĭmo(=péremo)"의 단순과거(pf.=perfectum)
peremne, -is, n. 장관이나 고관이 강 건널 때 치는 점
perémnis[1] -e, adj. (per²+amnis) 도강에 관한
perénnis[2] -e, adj. = perénnis 영원한(αἰώνιος)
pérĕmo(=pérĭmo) -émi -ém(p)tum -ere, tr.
　(per² +emo) 제거하다, 파괴하다(בלח), 없애버리다,
　전멸(멸망)하다, 실패케 하다, 죽이다(בלע).
　Fama est, Gallos peremptos esse.
　　Gallia인들이 전멸되었다는 소문(所聞)이 있다.
peremptális, -e, adj. 살해(殺害)하는, 파괴(破壞)하는.
perémptĭo, -ónis, f. 박멸(撲滅), 살해(殺害)
peremptum instantiæ. 소송 시행의 소멸(消滅)
perémptor, -óris, m. (peremptrix, -ícis, f.)
　살해자(殺害者), 박멸자(撲滅者).
peremptórĭus, -a -um, adj. 살해의, 결정적인, 단호한.
peremptum, "pérĭmo(=péremo)"의 목적분사(sup.=supínum)
peremtum, "pérĭmo(=péremo)"의 목적분사(sup.=supínum)
peréndĭe, adv. 명후일(明後日-모레) = perendino die.
peréndĭnus, -a -um, adj. 모레의(perendino die. 모레)
perénne, adv. 일 년 동안 내내, 영구히
perennis, -e, adj. 일 년간 내내 계속 되는, 끊임없는,
　영구적인, 영구한, 영원한(αἰώνιος), 구원(久遠)의.
　fons perennis. 고갈되지 않는 샘/
　valor perennis. 구원의 가치.
perennis fons. 마르지 않는(고갈되지 않는) 샘
perennis reformátĭo. 지속적 개혁(持續的 改革)
Perennis sancti Thomæ Aquinatis sententiarum
novitas. 토마스 데 아퀴노 사상의 항구한 독창성.
perennisérvus, -i, m. 종신 노예(終身 奴隷)
perénnĭtas, -átis, f. 영구(길고 오램), 계속, 영속(오래 계속함)
perénnĭter, adv. 끊임없이, 계속하여, 영구히, 항상
perénno, -ávi, -átum, -áre, tr. 오래 보존(保存)하다,
　계속(繼續)시키다, 영속(永續)시키다.
　intr. 일 년간 지속되다, 여러 해 동안 지속되다, 오래가다.
pérĕo, -ívi(ĭi), -itum, -íre, intr., anom. (per² + eo³)
　망하다, 멸망하다, 소멸하다, 없어지다, 허물어지다,
　파괴되다, 죽다(ת.ערע.עדע.בוע.מות.חוה.מ.θνήσκω),
　잃다, 몰락(沒落)하다, 실패(失敗)하다.
　fame pereo. 굶어죽다/
　Nisi caves, peribis. 조심하지 않으면 넌 망할 거다.
　　[접속사 Nisi는 속문 전체를 부정하고, Si non은 non이 붙는 단어만을 부정한다]/
　Opĕra périit. 일이 수포로 돌아갔다/
　Péeram si(si non, nisi) …, …라면 (아니라면) 내가 죽겠다/
　pereo ab alqo. 누구의 손에 죽다/
　Perierat totus orbis, nisi iram finiret misericordia(Seneca).
　분노를 자비가 끝내주지 않았더라면 온 세상이 망했을 것이다/
　Périi! (실망의 절규) 난 이제 망했다/
　Perii, interii, occidi. Quo curram, quo non curram.
　나는 망했다, 죽었다, 끝장났다!
　어디로 달려갈까? 어디로 달려가지 말까?/
　Ubi coepit pauper divitem imitari, perit.(Publilius Syrus).
　가난뱅이가 부자를 흉내 내기 시작하면 망한다.
peréquĭto, -ávi, -átum, -áre, tr., intr.
　말 타고 지나가다, 말 타고 돌아다니다.

perérro, -ávi, -átum, -áre, tr. 돌아다니다(חוה),
　방랑하다, 방황하다(שוט.שוט), 헤매다.
pererudítus, -a -um, adj. (per²+erúdio)
　매우 잘 아는, 정통(精通)한, 박학한.
pĕrēsum, "péredo¹"의 목적분사(sup.=supínum)
perexígŭus, -a -um, adj. 매우 작은, 매우 짧은, 잠시간의.
perexílis, -e, adj. 매우 얇은(가는)
perexpedítus, -a -um, adj.
　장애물이 적은, 마음 가벼운, 거리낌 없는, 매우 쉬운.
perexplicátus, -a -um, adj. 완수한, 다 끝난
perexspécto, -áre, tr. 학수고대하다, 오랫동안 기다리다
perfábrĭco, -ávi, -áre, tr. 속여 넘기다
perfácĭlis, -e, adj. 대단히 쉬운, 매우 상냥한(친절한)
perfacúndus, -a -um, adj. 매우 말 잘하는, 달변의
perfálsus, -a -um, adj. 전적으로 거짓인
perfamiliáris, -e, adj. 매우 친밀한, 절친한
perféci, "perficio"의 단순과거(pf.=perfectum)
perfécte, adv. 완전하게(perfectus¹ -a -um, p.p., a.p.)
　[형용사 1, 2변화는 어간에 어미 -e를 붙여서 부사를 만든다].
perféctĭo, -ónis, f. 완전성(τέλειον, τελειότης), 마무리,
　완전함(⑨ Perfection),
　완성(מֹלֶם.⑨ Consummátĭon/Fullness).
　(가) 완덕(⑨ spiritual perfection.Christĭan perfection).
　absolúte perfectio. 절대적 순수성/
　De perfectione justitiæ hominis. 인간 의로움의 완성.
　　　　　　　　　　　(415년 히포의 아우구스티노 지음)/
　De necessitate perfectionis in Sacerdotibus.
　　사제들에게 완덕이 필요함에 대하여/
　De possibilitate perfectionis in sæculo.
　　세상에서 완덕의 가능성에 대하여/
　ens perfectissimum. 가장 완전한 존재/
　implicátĭo omnium perfectionum diversorum.
　　서로 다른 것들의 모든 완전성의 함축(含蓄)/
　maximum in omni ordine perfectiónis. 완전성의 최고자/
　numeri perfectio 완전 수/
　Paupértas valet ad perfectionem.
　　완덕으로 이끌 힘이 있는 가난/
　perfectionem conversatiónis. 수도생활의 완성/
　perfectiones mixtæ. 혼합 완전성/
　perfectiones quantum ad statum vitæ
　　생활 신분에 관한 완덕/
　Quæ est perfectio dilectionis? Et inimicos diligere, et ad
　hoc diligere, ut sint fratres. 사랑의 완덕이 무엇입니까?
　원수까지도 사랑하여 형제가 될 수 있도록 사랑하는
　것입니다.(최익철 신부 옮김. 요한 서간 강해. p.87)/
　Schola Perfectionis. 완덕 학업기.
　　(예수회 수련 3기 회원들의 공부기간)/
　Si ergo ad hanc perfectionem nos invitat Deus,
　ut diligamus inimicos nostros sicut et ipse dilexit suos.
　하느님께서 우리를 이 완전함으로 초대하시는 것은 당신
　께서 당신 원수를 사랑하셨듯이 우리도 우리 원수를
　사랑하게 하시려는 것입니다(최익철 신부 옮김. 요한 서간 강해. p.395).
perfectio Christĭana. 그리스도교적 완덕,
　완덕(⑨ spiritual perfection.Christĭan perfection).
perfectio dilectionis. 사랑의 완성(가톨릭 신학과 사상, 제60호. p.223)
perfectio evangelica. 복음적 완성(福音的 完成)
perfectio perfectionum. 완전성 중의 완전성
perfectio gaudii. 기쁨의 완성
perfectio intellectus. 지성의 완전성
perfectio minorata 감소된 완전
perfectio mixta. 혼합 완전성
perfectio naturæ. 본성의 완전성
perfectio operantis. 일을 하는 자의 완성
perfectio operis. 일의 완성
perfectio perfectionem. 완전성 중의 완전성.
　　　　　　　　　　(중세철학 제5호, p.14).
perfectio positiva. 적극적 완전성
perfectio sacræ scripturæ. 성서의 완덕 보충
perfectio simplex. 단순 완전성(perfectio simpliciter)

perfectio transcendentalis. 초절적 완전성
perfectívus, -a -um, adj. 완성하는, 완성을 표시하는,
primo et principaliter dicitur bonum ens perfectivum alterius per modum finis. 일차적이고 근본적으로 선은 목적의 형태를 통해 다른 것을 완성시키는 존재를 뜻한다.
perfector, -óris, m. (**perfectrix**, -ícĭs, f.) 완성자.
perfectum, "perficio"의 목적분사(sup.=supínum)
perfectum universum. 완성된 우주
perfectus[1] -a -um, p.p., a.p. 완성된, 완료된, 완전한, 완벽한, 더할 나위 없는, 통달한, 숙달한, 정통한, 조예가 깊은, 완덕의 경지에 오른.
(文法) perféctum (라틴어의) 완전과거, 단순과거, 전과거.
caritas magna, magna justitia est; caritas perfecta, perfecta justitia. 위대한 사랑이야말로 위대한 정의요, 완전한 사랑이야말로 완전한 정의이다/
ens perfectissimum. 가장 완전한 존재/
ens perfectum. 완전자(가톨릭 철학 제4호, p.20)/
Ens summe perfectum. 최고 완전자/
Hæc perfecta esse gaudeo.
이것들이 완성된 것을 나는 기뻐한다/
integra et perfecta. 온전하고 완전한/
lex perfecta. 완전한 법/
perfecta caritas. 완전한 사랑/
perfecta communitas. 완전 사회/
perfecta ergo caritas hæc est.
이것이 바로 완전한 사랑입니다/
perfecta et perfetua propter regnum cælorum cotinentĭa. 완전하고 항구한 하느님 나라를 위한 금욕/
perfecta igitur hominis ratio. 인간의 완전무결한 이성(=덕)/
perfecta ove. 완전한 양/
perfecta similitudo. 완전한 유사(類似)/
Perfectæ Caritatis, (완전한 사랑)
수도생활의 쇄신 적응에 관한 교령(1965.10.28 반포)/
perfecte dat intelligere. 완벽하게 이해할 수 있게 해 준다/
perfectiorem iustitiæ formam inter homines.
([영] more perfect justice among people)
인간들 사이에 더욱 완전한 정의/
perfectum. (文法) 단순과거, 완전과거(prætéritum)/
perfectum historicum. 역사적 전과거.
(Hospites venerunt. 손님들이 왔다)/
perfectum logicum. 논리적 전과거
(Mundus a Deo procreatus est ex nihilo.
우주는 주님에 의해 무로부터 창조되었다)/
Perfectum non potest esse nisi singulare.
완전하게 될 수 있는 존재는 오직 개개인입니다/
perfectum opus rátĭonis. 이성의 완전한 작용/
quia ibi erit perfecta justitĭa, ubi perfecta pax.
완전한 평화가 있는 곳에 또한 완전한 정의가 있을 것이다.
perfectus actus justitiæ. 정의의 완전한 정의
perfectus[2] -us, m.
완성(שְׁלוֹם.[영] Consummátĭon/Fullness).
Perfectus eris et absque macula cum Domino Deo tuo. (te,leioj e;sh| evnanti,on kuri,ou tou/ qeou/ sou) (獨 Du aber sollst untadelig sein vor dem HERRN, deinem Gott) ([영] You, however, must be altogether sincere toward the LORD, your God) 너희는 주 너희 하느님께 흠이 없어야 한다(성경 신명 18, 13)/너희는 한마음으로 너희 하느님 야훼만 섬겨라(공동번역 신명 18, 13).
perfer, 원형 perfero, -tuli, -latum -férre, tr.
[명령법. 현재 단수 2인칭 perfer, 복수 2인칭 perferte].
Perfer et obdura; dolor hic tibi proderit olim.
참고 버텨라. 언젠가 이 고통이 당신에게 이로울 것이다.
Perfer et obdura: multo graviora tulisti(Ovidius).
참고 견디라! 그대는 이보다 훨씬 무거운 시련도 견디어냈다.
pérfĕrens, -éntis, p.prœs., a.p. 인내심이 매우 강한
perfero, -tuli, -latum -férre, tr. 완성하다(כלל.רענ), 운반하다, 전달하다, 통지하다, 알리다, 보고하다, (법을) 통과(通過)시키다, 실시하다, 견디다, 감당하다, 참다, 겪다, 당하다. se perfero. 가다.
pérfĕrus, -a -um, adj. 야만적인, 잔인무도한
perfetua cotinentĭa. 항구한 금욕(禁肉)
perficias, 원형 perficio, perféci, perfectum, perficĕre, [접속법 현재. 단수 1인칭 perficiam, 2인칭 **perficias**, 3인칭 perficiat. 복수 1인칭 perficiamus, 2인칭 perficiatis, 3인칭 perficiant].
perficiendus, -i, m. 실험(實驗), 수행(Can. 135條 3)
perficio, -féci -fectum -ĕre, tr. (per[2]+erúdio)
끝내다, 마치다, 종결하다, 완성하다(כלל.רענ), 실시하다, 제대로 만들다, 다듬다, 성취(成就)하다, 이룩하다.
Facile est perficere. 완성하는 것은 쉽다/
Patris voluntas simul perficienda.
하느님 아버지의 뜻을 다함께 실천한다.
pérficus, -a -um, adj. 성취시키는, 완성시키는.
perfidélis, -e, adj. 극히 충실한, 신용할만한, 아주 믿을만한.
perfídĭa, -æ, f. 배반, 배신, 불성실([영] Infidelity), 불신앙.
Oremus pro perfidis Jadæis.
불신앙의 유다인을 위해 기도(祈禱)합시다.
perfidióus, -a -um, adj. 늘 배신하는, 불성실한, 불신실한
pérfidus, -a -um, adj. 배신(背信)하는, 신의가 없는, 불성실한, 신용 지키지 않는, 믿을 수 없는, 위험한 (동물, 사물 따위가) 마음 놓을 수 없는.
perfidi Judæi. 신의를 지키지 않는 유대인
perfígo, -fíxi -físum -ĕre, tr. 관통하다, 여러 군데를 뚫다.
perfixi, "perfígo"의 단순과거(pf.=perfectum)
perfixum, "perfígo"의 목적분사(sup.=supínum)
perfixus, -a -um, "perfígo"의 과거분사(p.p.)
pérflábĭlis, -e, adj. 통풍할 수 있는, 관통할 수 있는, 바람이 불어 들어갈 수 있는, 고루 불어 들어가는.
perflagitiósus, -a -um, adj.
매우 창피한, 망신스러운, 수치스러운, 욕되는.
perflámen, -minis, n. 바람, 숨(רוּחַ.[영] Breath)
perflátus, -us, m.
바람이 불어 들어감, 통풍, 부는 바람, 공기의 흐름.
perfléxus, -a -um, adj. (per[2]+flecto) 많이 구부러진
perflo, -ávi, -átum, -áre, tr.
불어버리다, 불어 들어가다, (남에게) 비밀을 들려주다.
perflúctŭo, -are, tr.
퍼지다(ריגנ.דגנ.יוס.אונס), 움직거리다, 들끓다.
pérflŭo, -úxi -úxum -ĕre, tr. 흐르다, 세차게 흐르다, 계속 흐르다, (무엇이) 흘러 떨어지다, 흘러넘치다.
perfluxum, "perfluo"의 목적분사(sup.=supínum)
pérflŭus, -a -um, adj. 흐르고 있는, 부드러운.
perfixi, "perfluo"의 단순과거(pf.=perfectum)
perfōdi, "perfódĭo"의 단순과거(pf.=perfectum)
perfódĭo, -fodi -fossum -ere, tr.
뚫다(ארכ.ירכ), 관통(貫通)하다, 꿰뚫다, 파다.
perforácŭlum, -i, n. 송곳
perforátĭo, -ónis, f. 구멍 뚫음, 관통(貫通)
performatívus, -a -um, adj. 실행적, 실천적.
(informatívus, -a -um, adj. 정보 전달적).
pérfŏro, -ávi, -átum, -áre, tr. 뚫다(ארכ.ירכ), 꿰뚫리다, 구멍 내다, 돌파하다, 관통(貫通)하다.
perfóssĭo, -ónis, f. 구멍 냄, 뚫음
perfossor, -óris, m. 뚫는 사람
perfossum, "perfódĭo"의 목적분사(sup.=supínum)
perfóvĕo, -ére, tr. 따뜻하게 하다, 위안을 주다
perfratum, "pérfrĭco"의 목적분사(sup.=supínum)
perfractus, -a -um, "perfríngo"의 과거분사(p.p.)
perfrēgi, "perfríngo"의 단순과거(pf.=perfectum)
pérfrĕmo, -mŭi, -ĕre. intr.
큰소리로 포효하다, 으르렁거리다, 씩씩거리다.
perfremui, "pérfrĕmo"의 단순과거(pf.=perfectum)
pérfrĕquens, -entis, adj. 매우 빈번한
perfrequénto, -áre, tr. 뻔질나게 다니다
perfricátĭo, -ónis, f. 세게 긁음, 비빔, 마찰(摩擦).
perfrĭcavi, "pérfrĭco"의 단순과거(pf.=perfectum)

pérfrĭco, -cui(-cavi) -catum(ctum) -are, tr.
세게 긁다, 비비다, 마찰하다, 문지르다, 바르다.
perfríctĭo¹ -ónis, f. 오한(갑자기 몸에 열이 나면서 오슬오슬 추운 증세).
perfríctĭo² -ónis, f. 긁음, 긁어서 낸 부스럼, 찰과상.
perfríctum, "pérfrĭco"의 목적분사(sup.=supínum)
perfrícui, "pérfrĭco"의 단순과거(pf.=perfectum)
perfrigefácĭo, -ĕre, tr. 간담을 서늘케 하다
perfrígĕro, -ávi, -átum, -áre, tr. 냉각시키다, 차게 하다.
perfrigésco, -fríxi, -ĕre, intr., inch.
   매우 차게 되다, 식다, 감기에 걸리다.
perfrígĭdus, -a -um, adj. 매우 찬, 몹시 추운
perfríngo, -fregi -fractum -ere, tr. 깨다, 깨뜨리다,
   파손하다, 부수다(רבת.רבע.תמצ), 분쇄하다,
   부러뜨리다, 꺾다, 돌파하다, 뚫고 나아가다, 극복하다,
   정복하다, 뒤엎다, 폐기하다, 침해하다, 파괴하다.
pérfrĭo, -áre, tr. 부수다, 분쇄(粉碎)하다
perfrixi, "pérfrgesco"의 단순과거(pf.=perfectum)
perfrúctĭo, -ónis, f. 향유(⑨ Enjoyment-누려서 가짐),
   향수(복이나 혜택 따위를 받아서 누림), 누림(享有),
   쾌락(快樂.⑨ Pleasure), 향락(享樂-즐거움을 누림).
perfructus, -a -um, "perfruor"의 과거분사(p.p.)
pérfrŭor, -frúctus(-frúĭtus) sum -frŭi, dep., intr.
   누리다, 향수하다, 향유하다, 향락하다, 이행하다.
   ad perfruéndas voluptátes. 쾌락을 누리기 위하여.
perfruor ótio. 한가한 시간을 즐기다
perfúdi, "perfúndo"의 단순과거(pf.=perfectum)
pérfŭga, -æ, f. 도망자, 탈주병, 망명자, 변절자, 투항자.
   Cum rex populo Romano bellum intullisset, perfuga ab
   eo venit in castra. 그 왕이 로마 국민에게 전쟁을 일으
   키자 그에게서 빠져나온 도망자가 요새로 왔다[서술문: 주문의
   사실보다 먼저이므로 과거완료 시제이다. 성 염 지음. 고전 라틴어, p.328].
perfúgi, "perfúgio"의 단순과거(pf.=perfectum)
perfúgĭo, -fugi -fugitum -ere, intr. 피난(피신)하다,
   도피하다, 도망치다, 탈주하다, (적에게) 투항하다.
perfúgĭum, -i, n. 피난처, 대피소(待避所), 안전지대.
perfugium bonorum. 선인(善人)들의 피난처.
perfúlgĭdus, -a -um, adj. 번쩍거리는, 빛나는.
perfúnctĭo, -ónis, f. 관리, 집행, 이행(⑨ Fulfillment),
   극복(克復), 성취(成就).
perfunctórĭus, -a -um, adj. (per²+fungor)
   소홀한, 태만한, 아무렇게나(건성으로) 하는,
   되는 대로의, 겉으로 만의, 형식적인.
perfrunctus, -a -um, "perfungor"의 과거분사(p.p.)
perfúndo, -fúdi -fúsum -ĕre, tr.
   (물 따위를 누구에게) 끼얹다, 퍼붓다(רטפ), 흠뻑 적시다,
   (물에) 담그다, 물 뿌리다, 붓다, 쏟다,
   (pass.) 젖다, 물에 몸을 담그다, 목욕하다,
   (강물이 어떤 곳에) 창일(漲溢)하다, 물들이다, 뒤덮다,
   (먼지 따위를 뿌려서) 뒤집어쓰게 하다,
   (마음, 감정을) 사로잡다, 파묻히게 하다, 넘치게 하다.
   ~ alqm judício. 누구에게 재판의 번거로움을 끼치다/
   ~ alqm voluptátibus. 누구를 쾌락에 파묻히게 하다/
   Insŭla perfúnditur amne. 섬이 강물에 잠기다/
   lætítia perfúndi. 기쁨에 넘치다/
   púlvere perfúsus. 먼지에 뒤덮인.
perfúngor, (ĕris, ītur), -fúnctus sum, fúngi,
   dep., intr.(tr.) 이행하다, 다하다, 수행하다, 완수하다,
   성취하다, 실행하다, 마치다, 당하다, 겪다, 치르다,
   (passive) 경험되다, 겪어지다, 누리다, 향수(享受)하다.
   memoria perfuncti periculi. 당했던 위험의 기억/
   perícula, quibus perfúncti perículi. 우리가 당한 위험/
   vitā perfúnctus. 생애(生涯)를 마친 (사람).
perfungor múnere. 임무를 수행(遂行)하다
pérfŭro, -ere, intr. 미쳐 날뛰다, 격노하다, 맹위를 떨치다
perfúsĭo, -onis, f. 물 끼얹음, 물 뿌림(물 퍼부음),
   살수(撒水-물을 흩어서 뿌림), 적심(물에 적심), 물에 담금.
perfusórĭus, -a -um, adj.
   피상적인, 겉면의, 천박(淺薄)한, 모호한, 알쏭달쏭한.

perfúsum, "perfundo"의 목적분사(sup.=supínum)
pergaména, -æ, f. 양피지(羊皮紙)
pergáudĕo, -ere, intr. 매우 기뻐하다(기쁘다)
Perge legere. 계속해서 읽어라
pergnárus, -a -um, adj. 잘 아는, 정통한, 완전히 아는
pergo, perréxi, perréctum, -ere, tr. 계속해서 하다,
   (시작한 것을) 계속하다, 계속(繼續) 가다, 곧 바로 가다,
   직행하다, 전진하다, 착수(着手)하다, … 하려고 하다.
pergrǽcor, -átus sum, -ári, dep., intr.
   폭음폭식(暴飮暴食)하다, 희랍식으로 살다.
pergrandésco, -ere, intr. 커지다, 크게 자라다
pergrándis, -e, adj. 대단히 큰, 엄청나게 큰,
   아주 나이 많은, 고령(高齡)의.
pergrátus, -a -um, adj. 매우 기쁜, 대단히 고마운
pérgrăvis, -e, adj. 대단히 무게 있는, 중대한
pérgŭla, -æ, f. 발코니(⑨ balcony, 露臺), 화랑(畵廊),
   노점(露店), 수학교실, 초가집, 창녀의 집.
perháurĭo, -hausi -stum -ire, tr.
   다 마시다, 다 써버리다, 마셔버리다.
perhíbĕo, -bŭi -bĭtum -ére, intr. (per²+hábeo)
   내세우다, 끌어대다, 제시하다, 제공하다, 제출하다,
   (어떤 것에 효는, 힘 따위가 있는 것으로) 인정하다,
   천거하다, 말하다, 주장하다, 보고하다.
   ~ alci grátias. 누구에게 감사하다/
   De tolerantia injuriarum, et quis verus patiens perhibetur.
      모욕을 참음과 참된 인내의 증거에 대하여/
   testimónium perhibeo. 증명하다, 증언하다.
perhibeo exémplum. 예(例)를 하나 들다
perhibeo locum. 자리를 제공(提供)하다
perhíĕmo, -áre, intr. 겨울을 지내다, 겨울나다, 월동하다
perhílum, adv. 아주 적게
perhonoríficus, -a -um, adj.
   대단히 영예(명예)로운, 존경을(경의를) 표시하는.
perhórrĕo, -ére, tr. 몹시 두려워하다, 무서워하다
perhorrésco, -hórrŭi -ĕre, inch,. intr., tr. 무서워 떨다,
   전율하다, 몹시 무서워하다, 두려워하다(החד.ליחד.ليחד).
perhórrĭdus, -a -um, adj. 끔찍한, 대단히 무서운
pĕrhorrui, "perhorrésco"의 단순과거(pf.=perfectum)
perhumánus, -a -um, adj. 매우 친절한, 인정 있는
perhúmĭlis, -e, adj. 보잘 것 없는, 아주 낮은, 왜소한
pericardítis, -dítidis, f. (醫) 심낭염(心囊炎)
pericárdĭum, -i, n. (解) 심낭(心囊)
pericárpĭum, -i, n. (植) 과피(果皮)
pericárpŭm, -i, n. (植) 식용구근(食用球根) 식물의 일종
perichóndrĭum, -i, n. (解) 연골막(軟骨膜)
perichorésis, -is, f. (circuminséssĭo.Permeatio)
   (神) 성삼위의 상호내재 (관계).
   교류(交流)(가톨릭 교회의 가르침. 제30호, p.33).
periclitátĭo, -ónis, f. 시험(試驗), 실험(實驗)
periclĭtor, -átus sum, -ári, dep., intr., tr. 실험하다,
   시험하다(הסנ.אסנ.ןחב), 겪어보다, 음미하다, 해보다,
   모험하다, 위태롭게 하다, 감행(敢行)하다.
   Non est salus periclitánda rei públicæ.
      국가 안녕을 위태롭게 해서는 안 된다.
perícŏpe, es, (perícopa, -æ) f. (⑨ Pericopes)
   책의 한 구절(句節), 성서에서 발췌한 장구(長句),
   그 날 읽을 성서 발초(拔抄).
pericope adulteræ. 간음녀 부분 발췌
   (요한 복음 7장 53절에서 8장 11절까지 부분. 고발당한 간음녀와 주 예수와의
   대화 부분인데 고대 그리스어 사본들에는 Codex bezae를 제외하고는 거의 모든
   사본에 이 이야기가 빠져 있다. Ferrar 사본집에는 이 부분을 루카복음 21장 38
   절 뒤에 넣었다. 문체상 비슷한 점에 비추어 간음녀 부분이 루카복음서의 것일
   지도 모른다는 추리를 할 수 있다. 백민관 신부 엮음. 백과사전 3, p.137).
pericránĭum, -i, n. (解) 두개골막(頭蓋骨膜)
periculósus, -a -um, adj. 위험한, 위태로운,
   위험에 빠뜨리는, 모험적인, 무모한, 아슬아슬한.
   Milites nostri gessérunt bellum, quod pátriæ
   periculosíssimum erat. 우리나라 군인들이 전쟁을
   하였는데, 그 전쟁은 우리나라에 대단히 위태로웠다
   (위태로운 전쟁이었다)(라틴어의 관계문을 우리나라 말로 번역할 때

주문부터 먼저 번역하여 선행사를 다시 반복하여 번역하기도 한다)/
periculósa in illos recasúra.
그들에게 또 닥쳐올 위험한 일들/
Profiteri se esse sine peccato, periculosum est; et non solum periculosum, sed etiam mendosum.
자기는 죄가 없다고 주장하는 것은 위험합니다. 위험할 뿐만 아니라 거짓입니다.(최익철 신부 옮김, 요한 서간 강해, p.223).
perícŭlum, -i, n. 시험, 실험, 시도, 위험, 위난, 모험.
(法) 소송, 재판, 판결문, 중병, 파멸(破滅), 멸망(滅亡).
arceo alqm perículis. 아무를 위험에서 보호하다/
Commune periculum concordiam parit.
공동의 위기가 화해(결단)를 낳는다/
De Periculis Novissimorum Temporum.
최근의 위험들에 관해서(1256년 굴리엘모 생타무르 지음)/
deduco alqm in perículum. 위험(위험)으로 끌어넣다/
deprecátio perículi. 위험의 극복(危險 克服)/
domum periculo subjicio. 온 집안을 위험 앞에 노출시키다/
eripio alqm ex perículo. 위험(위험)에서 구해주다/
Flaccus periculum fortunarum et capitis sui præ mea salute neglexit : huic utinam aliquando gratiam referre possimus! 플라쿠스는 나의 안전을 위해서 자기 재산의 위험과 자기 목숨의 위험마저 무시하였다. 이 사람에게 언젠가 우리가 감사를 표할 수 있었으면!.
[Lucius Valerius Flaccus: 63년 법무관으로서 키케로를 도와서 카틸리나 음모를 분쇄한 사람. 성 염 지음. 고전 라틴어, p.298]/
Hoc magno cum periculo provinciæ futurum erat.
이것은 그 속주에 큰 위험을 주는 것이 될 것이다/
in caput alcjs perícula.
아무의 머리 위에 위험이 닥치기를 기원(祈願)하다/
in periculo mortis. 죽을 위험(危險)/
interior perículo vúlneris. 부상당할 위험이 더 큰/
labórem hóminum perículis sublevándis impertio.
사람들의 위험을 덜어주는 데에 수고를 들이다/
Magno cum periculo hoc fit. 이 일은 굉장히 위험스러워 지고 있다.[모양 탈격abulativus modi은 모양 부사어에서 다루어진 것처럼 행동의 양상을 묘사하며 방법 탈격이라고도 하는데 단독 탈격으로, 혹은 cum과 함께 탈격으로 나타낸다]/
mango cum periculo pugnáre. 큰 위험을 무릅쓰고 싸우다/
Magnum periculum fuit, ne návis mergéretur.
배는 침몰될 위험이 컸다/
Maximo periculo custoditur quod multis placet. 다수가 노리는 사물이라면 지켜내는데 크나큰 위험을 수반 한다/
Metus est instantis vel futuri periculi causa mentis trepidatio. 겁 또는 공포는 눈앞에 닥친 혹은 앞으로 닥칠 위험을 감지해 마음이 불안한 상태를 말한다/
Nemo diu tutus periculo proximus. 위험에 근접하고 있는 자로서 오랫동안 무사한 자는 아무도 없다/
offero se perículis sine causâ. 까닭 없이 위험을 당하다/
oppono se perículis. 위험을 당하다, 위험 속에 뛰어들다/
pericula ingredior. 위험(危險)을 겪다/
pericula pulso. 위험들을 막다/
pericula, quibus perfuncti sumus. 우리가 당한 위험/
Quantum ádiit perículum.
그는 얼마나 큰 모험을 하였는가?(quantus 참조)/
Quod amicitia bonorum secura esse non possit, dum a periculis, quæ in hac vita sunt, trepidari necesse sit. 선인들의 우정을 확고할 수 없으니, 현세 생활의 위험 으로 인해 호요하게 마련이다.(교부문헌 총서 17. 신국론, p.2816)/
recipio in se perículum.(recipio 15 참조)
(결과.품질 따위에 대해) 책임지다, 보증하다/
resérvo legiónes ad perículum alcjs.
아무의 위험에 대비하여 군단을도 따로 두다/
Se deféndere a perículo. 위험에 대하여 자신을 보호하다/
Tibi instat perículum. (insto 참조) 네게 위험이 닥쳐온다/
trano perícula. 위험을 뚫고 나가다/
Vir ad pericula fortis. 위험에 용감한 사나이/
Periculum est proximum. 위험이 지척간이다
Periculum in mora. 머뭇거리는 데에 위험이 있다.
(라틴어 문장에서 est 동사는 흔히 생략된다).
perícŭlum quod est magnum. 커다란 위험

peridónĕus, -a -um, adj. 가장 적합한, 적당한
periegésis, -is, f. 여행기(旅行記), 답사기(踏査記)
periegétĭcus, -i, m. 여행기 작가
Périi! (실망의 절규) 난 이제 망했다(péréo 참조)
périi, "péréo"의 단순과거(pf.=perfectum),
péréo, -ívi(ĭi), -itum, -íre, intr., anom. (per²+eo³).
Periit fuga a me et non est, qui requirat animam meam. 어디라 도망할 곳 있지 않고
* 이 목숨 보아줄 이 없나이다.
perillústris, -e, adj. 매우 밝은, 명백한,
매우 명성(名聲) 높은, 고명(高名)한.
perimáchĭa, -æ, f. 공격(攻擊)
perimbecíllus, -a -um, adj. 매우 약한, 약골의
perimetrítis, -tidis, f. (醫) 자궁 외막염
perimétrĭum, -i, n. (解) 자궁외막
perímĕtros, -i, f. 둘레, 주위(周圍), 주변(周邊)
pérĭmo(=pérĕmo) -émi -ém(p)tum -ere, tr.
(per²+emo) 제거하다, 파괴하다(חרב), 없애버리다,
전멸(멸망)하다, 실패하게 하다, 죽이다(רטק).
Fama est, Gallos peremptos esse.
Gallia인들이 전멸되었다는 소문(所聞)이 있다.
perimpedítus, -a -um, adj. 험난한, 방해가 대단한
perímplĕo, -évi, -ére, tr. 꼭 채우다, 완전히 이행하다
perimpróprĭus, -a -um, adj. 역설적(逆說的)
perinǽon(perinéon, perinéum), -i, n.
(解) 회음(會陰-사람의 음부와 항문과의 사이)
perinánis, -e, adj. 공허한, 아주 쓸데없는, 헛된
perincértus, -a -um, adj. 매우 불확실한, 의심스러운
perincómmŏdus, -a -um, adj. 매우 불편한, 크게 불리한
perínde, adv. 같은 모양(방법) 으로, 비슷하게.
haud perinde. 불충분하게.
Perinde ac cadaver. 시체처럼
perinde ac nomen indicat earum. 그 이름이 지적하듯이
Perinde ac scribit Concilium.
이에 대해 제2차 바티칸공의회는 이렇게 말하고 있습니다.
perinde ac si···, peride quasi···. ···이기나 한 듯이
perinde ut, perinde ac(atque) ···와 같은 모양으로
perindúlgens, -entis, adj. 매우 관대한, 마음이 약한
perinéos, -i, n. 회음(會陰-사람의 음부와 항문과의 사이)
perineúrĭum, -i, n. (解) 신경주막(神經週膜)
perinfámis, -e, adj. 아주 불명예스러운
perinfírmus, -a -um, adj. 매우 약한
peringeniósus, -a -um, adj. 매우 재능 있는, 영리한
pershow"iníquus, -a -um, adj.
매우 불공정한, 대단히 불만스러운, 못마땅한.
perinjúrĭus, -a -um, adj. 매우 옳지 못한, 부당한, 불공정한.
perinsígnis, -e, adj. 매우 현저한, 저명한
perintĕger, -gra -grum, adj.
순수(純粹)한, 아주 바른, 매우 완전한.
perinúndo, -áre, tr. 몹시 범람하다, (물에) 잠기게 하다
perinválĭdus, -a -um, adj. 매우 약한
perinvísus, -a -um, adj. 많이 미움 받는
perinvítus, -a -um, adj.
마음이 내키지 않는, 몹시 싫은 마음의, 억지로 하는.
periodéuta, -æ, m. (주교 대리로서의) 사목 순찰자, 순회 의사
periódĭcus, -a -um, adj. 규칙적으로 나타나는,
정기적(定期的), 주기적(週期的), 간헐적(間歇的).
periodísmus, -i, m. (神) 창조기록의 시기설(時期說)
periódus, -i, f. 시기, 시대, 기(期), 구분, 단락, 주기,
계절, 단계(段階). (修) 종합문(綜合文), 완결문.
periodus decisoria. 결정 단계
periodus discussoria. 변론 단계
periodus introductoria. 도입 단계(導入 段階)
periodus Festivitatis.(⑨ Period of Feast.獨 Festkreis)
축제 기간.
periodus probatoria. 증명 단계
periodus propedeutica. 예비(준비) 시기(삶을 생각하며, p.349)
perióstĕum(=perióstĕon) -i, n. (解) 골막(骨膜)

P

periostítis, -stítĭdis. f. (醫) 골막염

Peripatétici, -órum, m., pl. 소요학파 철학자들.
　Nunc autem considerare oportet quid alii Peripatetici de hoc ipso senserunt. 이제 다른 소요학파 사람들이 이 점에 대해 어떻게 생각했는지를 탐구해야 한다(지성단일성. p.129).

peripatétĭcus, -a -um, adj. 거니는, 소요(逍遙) 하는.
　Peripateticus Palatinus. 궁중 소요 학자.

peripetásma, -mătis, n. 양탄자

periphértĭa, -æ, f. 주위(周圍), 둘레, 원주(圓周), (물체의) 외면(外面), 외위(外圍), 주변(周邊). (解) 말초(末梢-사물의 끝 부분).

periphrásis, -is, f. (修) 완곡법(婉曲法), 우회적 표현법.

periphrástĭcus, -a -um, adj.
(修.文法) 완곡한, 우회적인, 용장한.
　conjugátio periphrasticus. 용장활용.

peripneumónĭa, -æ, f. (醫) 늑막폐렴

peripséma, -ătis, n. 쓰레기, 찌꺼기, 오물(汚物-배설물).

periptĕros, -i, m. 기둥으로 둘러싼 건축(建築).

perirátus, -a -um, adj. 격노한, 크게 성낸.

períscĕlis, -ĭdis, f. (**periscelium**, -i, n.)
종아리에 끼던 장식용 금(은) 고리.

perissodáctylus, -a -um, adj.
기수의 발가락이 있는, 기제류의.

perissologia, -æ, f. (修) 용어법.
(冗語法-논리적으로 불필요한 말을 써서 표현하는 방법).

peristálsis, -is, f. (生理) 연동(聯動).
(근육의 수축이 천천히 파급하듯이 이행하는 운동).

perístăsis, -is, f. 강연의 제목, 주제(主題).

Peristerium, -i, n. 제병(祭餠) 넣는 비둘기형 용기.

Peristi pulchre. 너는 이제 아주 망했다.

perístŏma, -ătis, n. (植) (이끼류의) 치모(齒毛), 삭치(朔齒).
(動) 입 둘레, 입 언저리, 입가.

peristróma, -atis, n. 모포, 양탄자

peristróphe, -es, f. (論) 환위(換位).

Peritis in arte credendum est
기술면에서 감정인(鑑定人)들을 믿어야 한다.

peristýl(ĭ)um, -i, n. [建] (성당의) 열주랑, 기둥으로 에워싼, 주랑 있는 후원.

perithécĭum, -i, n. (植) (지의류의) 피자기(被子器)

perítĭa, -æ, f. 경험, (실제적.전문적) 지식, 숙달, 숙련.

peritonǽum, -i, n. (解) 복막(腹膜).

peritum, "pérĕo"의 목적분사(sup.=supínum)
　pérĕo, -ívi(ĭi), -itum, -íre, intr., anom. (per²+eo³)

peritus¹-a -um, adj. 경험 많은, 숙련된, 숙달한, 노련한, 능숙한, 전문지식이 있는, 전문가인, 잘 아는, 정통한.
　m. 전문가(專門家), 감정인(鑑定人).
　Decede peritis. 전문가들에게 맡겨라/
　Pater peritorum. 전문가들의 아버지/
　Periti. 교회법상 전문위원, 감정인
　(교회 법원에서 진실 규명을 위해 판사를 돕는 인원.
　감정인 사용을 법이 정하는 때도 있고, 재판관의 재량으로 사용하는 때도 있다.
　교회법 1574, 1575, 1579, 1680조 등…한 사건을 판결하는 데 있어서 전문위원의
　참석을 법으로 정했는데도 재판관이 감정인 감정 없이 판결을 했다면 그 판결은
　위법하나 유효하다. 백민관 엮음. 백과사전 1, p.1043).
　Quis non eam, nisi inperitus aut invidus, congrua prædicatione laudabit? 무지하거나 시기하는 자가 아니라면 누가 그것을 예찬의 말로써 칭송하지 않겠습니까.
　(이연학 최원오 역주, 아우구스티노의 생애, p.147).

peritus extra-judicialis 재판 밖의 감정인

peritus judicialis 재판 중의 감정인

peritus necessárĭus 필요적 감정인

peritus privatus 사적 감정인

peritus voluntárĭus 임의적 감정인

pĕrivi, "pérĕo"의 단순과거(pf.=perfectum).
　pérĕo, -ívi(ĭi), -itum, -íre, intr., anom. (per²+eo³).

perizóma, -ătis, n.
팬티(⑨ panties), 속잠방이(바지나 고의 속에 입는 잠방이).

perizóma foliorum. 나뭇잎 두렁이(성인의 표상)

perjucúndus, -a -um, adj. 매우 즐거운(유쾌한)

perjurĭósus, -a, -um, adj.

위증하는, 헛맹세의, 서약 위반의, 거짓말하는.

perjúrĭum, -i, n. 거짓 맹세, 위증죄, 헛맹세(⑨ perjury)

perjúro, -ávi, -átum, -áre, intr. 거짓맹세를 하다, 위증하다, 맹세를 깨뜨리다, 거짓말하다.

perjúrus, -a -um, adj. (per²+jus¹) 거짓 맹세한, 맹세를 깨뜨린, 위증죄를 범한, 위증한, 거짓말하는.

perlábor, (-ĕris, -ĭtur), -lápsus sum, bi, dep., intr., tr.
미끄러져(미끄러지듯) 지나가다.

perlapsus, -a -um, "perlábor"의 과거분사(p.p.)

perláte, adv. (per²+latus²) 매우 넓게, 멀리

perlátĕo, -látŭi -ére, intr. 아주 숨다, 숨어살다

perlátĭo, -ónis, f. (목표물로) 가져감, 인내, 참아 받음

perlátor, -óris, m. (**perlatrix**, -ícis, f.)
운반인(運搬人), 전달자(傳達者), 배달인(配達人).

perlátum, "perfero"의 목적분사(sup.=supínum)

perlaudábĭlis, -e, adj. 크게 칭송(찬미) 할 만한

pérlăvo, -ávi, -átum, -áre, tr. 아주 깨끗이 씻다

perlécĕbra, -æ, f. 미끼, 유혹(⑨ Temptátĭon),
찜, 매혹(魅惑), 유혹물(誘惑物).

perlectum, "pérlĕgo"의 목적분사(sup.=supínum)

perlegi, "pérlĕgo"의 단순과거(pf.=perfectum)

pérlĕgo, -legi -lectum -ere, tr. 정확히 관찰하다, 훑어보다, 끝까지 읽다, 통독하다 큰소리로 읽다.

perlĕvi, "pérlino"의 단순과거(pf.=perfectum)

pérlĕvis, -e, adj. 경미(輕微)한, 매우 가벼운

perlexi, "perlícĭo,(=pellicio)"의 단순과거(pf.=perfectum)

perlíbens, -entis, p.proes., a.p.
매우 기뻐하는, 매우 좋아하는, 기분 좋은.

perlibénter, adv. 매우 기분 좋게, 대단히 기꺼이

perliberális, -e, adj.
매우 관대한, 매우 호의적인, 잘 교육된, 교양있는.

pérlĭbet, (búit-bítum est), -ére. impers.
매우 기뻐하다, 좋아하다, 마음에 들어 하다.

perlibrátĭo, -ónis, f. 수준 측량, 수평으로 함

perlíbro, -ávi, -átum, -áre, tr. 같아지게 하다, 정확히 수평이 되게 하다, 조준하여 발사하다(맞히다)

perlícĭo,(=pellicio) -léxi -léctum -ére, tr. (per²+lácio) 꾀다, 꾀어내다, 유인(誘引)하다, 유혹(誘惑)하다, 후리다, 유괴(誘拐)하다, 자기편에 끌어들이다.

perlínĭo, -íre, (**perlíno**, -lítum, -ĕre)
tr. 온통 바르다(칠하다)

perlíno, -íre, (**perlínĭo**, -lítum, -ĕre)
tr. 온통 바르다(칠하다)

pérlĭto, -ávi, -átum, -áre, tr. 신에게 제사를 드려 소원 성취하다, 길조가 나타나도록 신에게 희생물을 바치다.

perlitterátus, -a -um, adj.
학식이 매우 많은, 교양(敎養) 있는, 박학(博學)한.

perlítus, -a -um, "perlino"의 과거분사(p.p.)

perlóngus, -a -um, adj.
대단히 먼, (시간이) 아주 오래 걸리는, 지루한.

perlucens jam aliquid. 이미 다소간 빛나기 시작은 했으나.

perlúcĕo, -lúxi -ére, intr.
찬란히 빛나다, 꿰뚫어 비치다, 투명(透明)하다.

perlucídĭtas, -átis, f. 투명(透明)

perlucídŭlus, -a -um, adj. 약간 투명한

perlúcĭdus, -a -um, adj.
투명한, 비치는, 맑은, 밝은, 명료한.

perluctuósus, -a -um, adj. 매우 슬픈, 비통한

pérlŭo, -ŭi -útum -ĕre, tr. 깨끗이 씻다, 세척하다, 흠뻑 적시다. se perluo. 목욕하다/
sudore perlutus. 땀에 흠뻑 젖은.

perlústro, -ávi, -átum, -áre, tr. 둘러 보다, 답사하다, 편력하다, 검토하다, 심사숙고하다, 음미하다, 두루 살피다, (종교적 의식으로) 깨끗이 하다, 부정을 몰아내다.
Perlustrantibus nobis terrarum orbem lætitia in animum nostrum infunditur.(⑨ When we survey the world joy fills our hearts) 세상을 두루 바라볼 때, 우리의 마음은 기쁨으로 차오릅니다.(1995.5.25. "Ut Unum Sint" 중에서).

perlustro oculis. 훑어보다

permadefácĭo, -féci -fáctum -cĕre, tr.
　푹 젖게 하다, 흠뻑 적시다.

permadésco, -mádŭi -ĕre, intr.
　많이 젖다, 물에 붇다, 약해지다, 흐무러지다.

Permagni est hæc domus. 이 집은 대단히 비싸다

permagníficus, -a -um, adj. 매우 호화로운

permágnus, -a -um, adj. 매우 큰, 굉장히 큰,
　(數가) 대단한, 매우 중대한(중요한).
　adv. permágni. 대단히/permágno. 매우 비싸게/
　quod permágni est. 대단히 중대한 것.

permansi, "permánĕo"의 단순과거(pf.=perfectum)

pérmănens, -entis, p.prœs., a.p.
　영구적(永久的)인, 불변의, 내구의, 상설(常設)의.

permanens infirmitas mentis et corporis.
　정신과 육체의 지속적(持續的) 허약.

permanenter constitutus. 무기한 교구장 서리

permánĕo, -mansi -mánsum -ere, intr. 오래 가다,
　지속하다, 영속(永續)하다, 항구하다, 존속하다,
　끝까지 머물다, 계속하여 있다, 고수(固守)하다.
　in fide permanére. 약속을 충실히 지키다(fides 참조).

permáno, -ávi, -átum, -áre, tr. 흘러 지나가다,
　흘러 퍼지다, 침투하다, 뚫고 지나가다, 퍼지다,
　확산되다, 이르다, 도달하다, 스며들다, 번지다,
　소문나다, 알려지다, 전해지다.

permánsĭo, -ónis, f. 계속 머무름, 고수(固守-굳게 지킴),
　인내(忍耐), 굳게 지킴, 항구(恒久-변함없이 오래 감).

permansum, "permánĕo"의 목적분사(sup.=supínum)

permarínus, -a -um, adj.
　항해(航海)를 안내하는, 바다에서 보호(保護)하는.
　permarini dii. 바다의 보호 신, 항해의 보호신.

permaturésco, -rŭi, -ĕre, intr. 충분히 익다, 성숙하다

permātūrŭi, "permaturésco"의 단순과거(pf.=perfectum)

permatúrus, -a -um, adj. (과일 따위가) 충분히(잘) 익은

permeábĭlis, -e, adj. 통과(通過)할 수 있는,
　투과(透過) 할 수 있는, 침투(浸透) 할 수 있는.

Permeatio, -ónis, f. (circuminséssĭo.perichorésis, -is, f.)
　(神) 성삼위의 상호내재 (관계).

permeátor, -óris, m. 통과자, 침투자, 투과자(透過者)

permeátus, -us, m. 통로(通路), 통과(通過)

permediócris, -e, adj. 썩 알맞은, 중용의, 온건한

permédĭus, -a -um, adj. 꼭 중간의, 한가운데의

permensus, "permétĭor"의 단순과거(pf.=perfectum)

pérmĕo, -ávi, -átum, -áre, intr., tr. 통과하다,
　가로질러 지나가다, 통행(通行)하다, 왕래하다,
　도달하다, 침투(浸透)하다, 계속 전진하다, 가다.

permérĕo, -mérŭi -ére, intr.
　병역(兵役)을 마치다, 장기복무를 하다, 공을 세우다.

permétĭor, -ménsus sum -íri, dep., tr. 통과하다,
　온전히 측량(측정)하다, 지나가다(עבר.עבד),
　순행하다, 편력하다, 주의 깊게 살피다. (시간을) 지내다.

permílĭto, -ávi, -áre, intr. 군복무를 다하다

permíngo, -mínxi, -ĕre, tr. 오줌을 싸서 더럽히다

perminxi, "permíngo"의 단순과거(pf.=perfectum)

permírus, -a -um, adj. 매우 놀라운, 경탄할

permíscĕo, -míscŭi -míxtum(-místum) -ére, tr.
　섞다(בלל.ערב.גלב.בלל.ערב), 뒤섞다, 혼합하다,
　혼란시키다, 혼잡하게 만들다, 뒤죽박죽으로 만들다.
　corpus permixtum. 혼합된 공동체

permiscui, "permíscĕo"의 단순과거(pf.=perfectum)

permísi, "permítto"의 단순과거(pf.=perfectum)

permíssĭo, -ónis, f. 허가, 허락, 승낙, 묵인, 허용, 인가,
　(무조건) 항복, 처분(상대방 의사)에 맡김, 혼합하다.

permissio imprimendi = Imprimatur 출판인가.

permissio peccati finalis. 임종 시 죄 묵인(예정설 용어)

permissio primi peccati. 최초의 죄 묵인(예정설 용어)

Permissivus animus morum.
　퇴폐풍조에 관대한 태도(⑨ Moral permissiveness).

permissum, "permítto"의 목적분사(sup.=supínum)

permíssum, -i, n. 허가(된 것)

Permíssu meo. 나의 허락으로

permíssus¹ -a -um, p.p., a.p. 허락된, 허가받은,
　면제(免除)된, 하지 않아도 되도록 된.
　Quo judicio Dei in corpora continentium libido hostilis
　permissa sit. 하느님은 무슨 판단으로 금욕자들의 육체에
　적병의 욕정이 미치도록 허락했을까.(신국론, p.2744).

permíssus² -us, m. 인가(認可), 허가(許可), 허용(許容).

permist…V. permixt…

permistum, "permíscĕo"의 목적분사(sup.=supínum)

permistus, -a -um, "permisceo"의 과거분사(p.p.)

permítĭes, -éi(=pernícies), f. 멸망, 파멸(破滅.破壞).

permittas, 원형 permítto, -misi -missum -ere, tr.
　[접속법 현재 단수 1인칭 permittam, 2인칭 permittas, 3인칭 permittat,
　복수 1인칭 permittamus, 2인칭 permittatis, 3인칭 permittant]
　Et a te numquam separari permittas.
　(⑨ and never let me be parted from you)
　주님을 결코 떠나지 말게 하소서.

permítto, -misi -missum -ere, tr. 통행(通行)시키다,
　드나들게 하다, 돌진(突進)시키다, 앞으로 내몰다,
　달려가게 하다, 쳐들어가게 하다, 뛰어내리게 하다,
　뻗어나가다, 확장되다, 보내다, 운송하다, 송달하다,
　맡기다, 위탁(委託)하다, 넘겨주다, 부여(附與)하다,
　항복(降伏)하다, 투항(投降)하다, 자신을 내맡기다,
　허락하다, 허가하다, 용서하다, 관용하다.
　equos permitto in hostem. 말들을 적진으로 돌진시키다/
　ex summo se permitto. 꼭대기에서 뛰어내리다/
　Ne permittas me separari a te.
　　나로 하여금 당신에게서 떠나지 말게 하소서/
　se in hostem permitto. 적을 향해 달려가다.

permitto alci potestátem infinítam.
　아무에게 무제한의 권한(權限)을 부여하다.

permíxte(permíxtim), adv. 뒤섞어서, 한데 혼합하여

permíxtĭo, -ónis, f. 섞음, 혼합, 혼잡, 혼란.

permixtum, "permíscĕo"의 목적분사(sup.=supínum)

permixtus, -a -um, "permisceo"의 과거분사(p.p.)

permoléstus, -a -um, adj. 매우 귀찮은, 매우 번거로운,
　성가신, 괴로운(durus, -a -um, adj.).

permóllis, -a -um, adj. 매우 부드러운, 매우 무른

pérmŏlo, -ĕre, tr.
　아주 곱게 빻다, 빻아서(찧어서) 가루를 내다.

permotĭo, -ónis, f. 자극(刺戟), 감동, 격동, 격정, 감격,
　흥분(興奮-자극을 받아 감정이 북받치거나 분기함. 또는 그 감정).

permotum, "permóvĕo"의 목적분사(sup.=supínum)

permóvĕo, -móvi -mótum -ére, tr.
　세게 움직이다. 격동(激動)시키다, 감격(感激)하게하다,
　(감정을) 자극하다.일으키게 하다, 감동시키다,
　마음에 충격을 주다, 교란시키다, 설득(설복)하다.

permovi, "permóvĕo"의 단순과거(pf.=perfectum)

permúlcĕo, -mulsi -mulsum(-múlctum) -ere, tr.
　살짝 대다(닿다), 쓰다듬다, 어루만지다, 달래다,
　즐겁게 하다, 아부하다, 진정시키다, 누그러뜨리다.

permulctum, "permúlcĕo"의 목적분사(sup.=supínum)

permulsi, "permúlcĕo"의 단순과거(pf.=perfectum)

permulsum, "permúlcĕo"의 목적분사(sup.=supínum)

permulsus, -a -um, "permúlcĕo"의 과거분사(p.p.)

permúltus, -a -um, adj. 대단히(굉장히) 많은, 다수의.
　adv. permúlto, permúltum.

permúndo, -áre, tr. 말끔히 닦다, 깨끗하게 하다

permúndus, -a -um, adj. 매우 깨끗한.

permúnĭo, -ívi -ítum -íre, tr.
　방어 공사를 완성하다(마치다), 튼튼하게 방비하다.

permutábĭlis, -e, adj. 매우 변하기 쉬운, 쉽게 바꿀 수 있는.

permutátĭo, -ónis, f. 변화(μεταβολή), 변천, 변경,
　바꿈, 교환(חֲלִיפָה), 물물교환, 환전, 환금(돈으로 바꿈),
　성당구 주임 사제의 전임.(백민관 신부 엮음. 백과사전 3, p.137).

permúto, -ávi, -átum, -áre, tr. 바꾸다(הפך), 변경하다,

교환하다, 물물교환하다, 교역하다, 사다(וכו.יכו),
환전하다, 환금하다, (방향 따위를) 돌려놓다.
perna, -æ, f. 넓적다리, 절인 돼지고기(燻肉),
햄(⑨ ham.燻肉), 훈육(燻肉-절인 돼지고기).
pernárĭus, -i, m. 훈육(燻肉) 제조인, 햄 제조인.
pernecessárĭus, -a -um, adj.
매우 필요한, 절친한, 친척(親戚) 되는, 혈육의.
pérnĕco, -ávi, -are, tr. 죽여 버리다
pérnĕgo, -ávi, -átum, -áre, tr. 단연코 거부하다,
부정하다, 전적으로 부인하다, 단호히 거절하다(חרם).
perniciábĭlis(=perniciális), -e, adj.
멸망을 가져오는, 해로운, 치명적인, 파멸을 가져오는.
pernícĭes, -éi, f. 재앙(災殃), 파멸(破滅), 멸망(滅亡),
파괴(破壞), 해독(害毒), 손해(損害), 손실(損失),
치명상(致命傷), 멸망의 원인, 위험인물, 원흉(元兇).
Indulgentia parentum, filiorum pernicies.
부모의 지나친 관심은 아이들에게 해악(害惡)이다/
pernícies illápsa cívium in ánimos.
시민들의 가슴 속을 파고 든 멸망(滅亡).
perniciósus, -a -um, adj. 해로운, 해독을 끼치는,
위험한, 파멸(멸망)을 가져오는, 치명적인.
Pax perniciosa. 유독한 평화.
pernícĭtas, -atis, f. 빠름, 신속(迅速),
기민(機敏-동작이 날쌔고 눈치가 빠름).
pérnĭger, -gra -grum, adj. 새까만
pernímĭus, -a -um, adj. 너무 많은, 너무 큰
pérnĭo, -ónis, m. 발(발뒤꿈치)의 동상(凍傷)
pernítĕo, -ére, intr. 매우 빛나다
pernix, -ícis, adj. 지칠 줄 모르는, 꾸준한, 빠른,
신속한, 민첩한, 민활한, 활기(活氣) 있는, 경쾌한.
pernóbĭlis, -e, adj. 널리 잘 알려진, 유명한
pernoctánter, adv. 밤을 새워
pernoctátĭo, -ónis, f. 밤을 지냄, 밤샘, 철야(밤새움).
pernócto, -ávi, -átum, -áre, intr.
밤을 지내다, 밤을 새우다(בת), 밤샘하다.
pernónĭdes, -æ, m. 훈육(燻肉)의 자손(놀리는 말로)
pernósco, -novi -ere, tr. 정확히(똑똑히) 알다, 정통하다
pernotésco, -nótŭi -ere, intr. 정확히(확실히) 알려지다
pernótus, -a -um, adj. 매우 잘 알려진
pernox, -óctis, adj. 밤새도록의
pernúmĕro, -ávi, -átum, -áre, tr.
빠짐없이 셈하다, 지불(支佛)을 완료하다.
pēro¹-ónis, f. (주로 軍用) 가죽 반장화
Pēro²-us, f. *Néleus*의 딸, nestor의 자매
perobscúrus, -a -um, adj. 대단히 모호한, 잘 알 수 없는
perodiósus, -a -um, adj.
매우 미운, 성가신, 골치 아픈, 불쾌한.
perofficióse, adv. 매우 친절하게, 정중하게
peróleo, -ére, intr. 고약한 냄새가 나다
peropácus, -a -um, adj. 어두컴컴한
peropportúnus, -a -um, adj. 매우 편리한, 적절한
peroptáto, adv. 간절히 원하던(바라던) 대로
peroptátus, -a -um, adj. 간절히 원하는, 바라고 바라던
perópus est. 매우 필요하다
perorátĭo, -onis, f. (연설 따위의) 결론, 종결부,
(앞에서 말한 것을 요약해서 힘 있게) 맺는 말.
perórno, -ávi, -átum, -áre, tr.
굉장하게 장식하다, 성장(成長)하다.
peróro, -ávi, -átum, -áre, tr. 빼놓지 않고 다 말하다,
자초지종(自初至終)을 이야기하다, 열변을 토하다,
(연설에서) 결론을 내리다, 이야기를 마치다,
(앞에서 말한 것을 요약해서 힘 있게) 말을 맺다.
perósus, -a -um, p.p., a.p. 몹시 미워하는, 몹시 미움 받는
perpáco, -ávi, -átum, -áre, tr.
완전히 진정시키다, 가라앉히다, 평정시키다.
pérpărum, adv. 너무 적게, 매우 적게
perpárvŭlus, -a -um, adj. 극히 작은, 미소(微小)한
perpárvus, -a -um, adj. 아주 작은

perpásco, -pávi -pástum -ĕre, tr.
(가축 따위를) 양껏 먹이다.
perpastus, -a -um, "perpáscor"의 과거분사(p.p.)
perpástus, -a -um, p.p. 영양 섭취가 매우 좋은, 잘 먹인
perpaucŭlus, -a -um, adj. 매우 적은, 극소수의
perpáucus, -a -um, adj. (보통 pl.) 매우 적은, 극소수의
perpáulum, -i, n. 극소량(極少量)
perpáuper, -ĕris, adj. 적빈(赤貧)의, 극빈(極貧)의
perpauxíllum, adv. 아주 조금
perpavefácĭo, -ĕre, tr. 두렵게 하다, 몹시 겁나게 하다
perpéllo, -puli -pulsum -ere, tr. 몹시 때리다, 짓밟다,
세게 떼밀다, 밀치다, 깊은 감명을 주다, 감동시키다,
…하게 하다, …하도록 결심시키다, 설복하다.
perpendiculáris, -e, (=perpendiculárĭus) adj.
수직(守直)의, 연직(鉛直)의, 곧추 선, 직립의.
perpendiculátor, -óris, m. 수직(연직)을 잡는 사람
perpendiculátus, -a -um, p.p. 수직으로 놓인
perpendicŭlum, -i, n. 연추(鉛錘), 규범, 규칙, 규정.
ad perpendícŭlum. 수직으로.
perpendi, "perpéndo"의 단순과거(pf.=perfectum)
perpéndo, -di -sum -ĕre, tr. (무게를) 정확히 달다,
심사숙고하다, 자세히 조사하다, 검토하다, 판단하다.
perpensátĭo, -ónis, f. 검토, 숙고, 엄밀 점검(嚴密點檢)
perpénse, adv. 심사숙고(深思熟考) 하여, 깊이 헤아려.
perpénsĭo, -ónis, f. 검토(檢討), 심사숙고(深思熟考).
perpensus, -a -um, "perpétĭor"의 과거분사(p.p.)
pérpĕram, adv. 잘못, 틀리게, 그릇되게, 나쁘게.
pérperam facio. 잘못하는 짓이다.
pérpĕrus, -a -um, adj. 그릇된, 잘못된, 그르친, 결점 있는
perpes, -étis, adj. 영속하는, 오래 가는, 영구적,
(시간적으로) 온, 만(滿). nox perpes. 꼬박 하루 밤/
per annum pérpetem. 만 일 년 동안.
perpes dies. 하루 종일(a primo ad últimum solem)
perpessícĭus, -a -um, adj. 잘 참는, 인내심 많은,
잘 단련된, (苦痛.不幸 따위에) 시련 된.
perpéssĭo, -ónis, f. 겪음, 당함, 참음, 견디어 냄, 인내.
perpeti, 원형 perpes, perpétis, adj.
[f. 단수 주격 perpes, 속격 perpetis, 여격 perpeti,
대격 perpetem, 탈격 **perpeti**].
infirma nóstri córporis virtúte fírmans pérpeti.
저희 육신의 나약함을 끊임없는 힘으로 굳세게 하소서.
pérpĕtim, adv. 영구히, 계속적으로
perpétĭor, (-tĕris, tĭtur), -péssus sum -ti, dep., tr.
(per²+pátior) 당하다, 겪다, 참다, 인내하다, 해보다,
견디어내다, 허락하다(נשא.קרב), 내버려두다, 모험하다.
perpetrábĭlis, -e, adj.
감당할 수 있는, 해낼 수 있는, 허용(許容) 되는.
perpetrátĭo, -onis, f. 실행, 실천, 자행(恣行-방자하게 행동함),
완성(지껄).⑨ Consummátĭon/Fullness), 수행(遂行).
perpetrátor, -óris, m. 실행자(實行者), 실현자(實現者),
장본인(張本人), 범행자(犯行者), 자행자(恣行者).
pérpĕtro, -ávi, -átum, -áre, tr. (per²+patro) 마치다,
완성하다(כלל.נמר), 성취하다, 실행하다(πράσσω),
수행하다, 실천하다, 저지르다, (죄를) 범하다, 자행하다.
perpetuális, -e, adj. 영원한(αἰώνιος), 무궁한, 영구적인,
중단 없는, 일반적(一般的)인, 보편적(普遍的)인.
perpetuárĭus, -a -um, adj. 불변의, 영구적인, 항상 활동하는.
perpetuátĭo, -onis. f. 영속(永續) 시킴
perpetuítas, -atis, f. 영속성, 영존, 끝없이 계속됨,
불멸(不滅), 영구성(永久性), 무궁(無窮).
perpétŭo¹ adv. 영구히, 영원히, 끝없이, 종신토록
perpétŭo² -ávi, -átum, -áre, tr.
영구화하다, 영속시키다, 쉬지(끊지) 않고 계속하다.
perpétŭum, adv. 영원히, 영구히, 종신토록.
præsénti in perpetuum valituro. 이는 영구히 유효하다.
perpétŭus, -a -um, adj. 계속적인, 연이어진, 연속적인,
끝임없는, 부단한, 영원한(αἰώνιος), 무궁(無窮)한,
영구적(永久的)인, 변동 없는, 종신의, 일평생의.

P

Constans et perpetua voluntas,
jus suum cuique tribuendi. 정의는 각자에게 그의
권리를 부여하는 항구하고 부단한 의사이다/
excommunicátio perpetua. 종신적 파문/
id fuerunt quod sunt futuri in perpetuas æternitate.
영영세세에 존재할 그대로 존재하게 되었다
(성 염 지음, 사랑만이 진리를 깨닫게 한다. p.295)/
impedimentum perpetuum. 영구적 장애/
impotentia perpetua. 영구적 불능/
in perpetuum. 영구히, 영원히/
Nihil perpetuum, pauca diuturna sunt(Seneca) 영속하는
것은 아무것도 없으며, 소수의 것만 (약간) 오래갈 따름/
Nox perpétua una dormiénda. soso 잠자야 할 겨울밤/
perpetua cotinentia. 항구한 貞節(금욕)/
perpetua indulgentia. 영구적 은사/
perpetua institusio. 계속 교육(formátio permanens)/
perpetua Virgo. 영원한 동정/
Perpetuis liquefiunt pectora curis(Ovidius).
끝없는 근심으로 마음은 (서서히) 무너진다/
perpetuum mobile. 영구기관.
perpetuus dialogus qui caritate animatur.
사랑으로 고무되는 지속적인 대화
perplácĕo, -ére, intr. 썩 마음에 들다
perplánus, -a -um, adj. 대단히 명료(명확)한, 평이한.
perplexábĭlis, -e, adj. 어리둥절하게 하는, 모호한,
분명치 않은, 갈피를 잡지 못할, 아리송한.
perpléxe(perplexim), adv. 모호하게, 아리송하게, 섞갈리게.
perpléxio, -ónis, f. 착잡(錯雜), 뒤얽힘, 불분명, 불투명.
perpléxĭtas, -atis, f. 섞갈림, 까다로움, 복잡(複雜),
모호(模糊-분명하지 않음), 불명료(不明瞭).
perpléxor, -ári, dep., tr. 혼란하게 하다, 복잡하게 하다,
섞갈리게 하다, 헛갈리게 하다, 아리송하게 하다.
perpléxus, -a -um, adj. (per²+plecto²)
뒤얽힌, 복잡한, 착잡한, 섞갈린, 갈피를 잡을 수 없는,
불명료한, 모호한, 아리송한.
Doctor Perplexorum. 혼란된 자들의 박사.
perplicátus, -a -um, p.p. 뒤얽힌, 복잡한, 착잡한
pérplŭo, -ĕre, intr. 비가(물이) 새다, (비밀 따위가) 새다,
새어 나가다. tr. 적시다.
Ex ímbribus aqua pérpluit. 소나기로 물이 샌다/
pérpluit. 비가 들이치다/
Quum cœnáculum perplúeret, 식당에 비가 새기 때문에.
perplúres, -ium, adj. 상당히 많은
perplúrĭmus, -a -um, adj. 대단히 많은
perplúvĭum, -i, n. 큰 비, 폭우(暴雨), 호우(豪雨)
perpólĭo, -ívi -ítum -íre, tr.
잘 갈고 닦다, 다듬다, 끝손질하다, 완성하다.
perpolítio, -ónis, f. (말을) 다듬음, 세련되게 함
perpolítus, -a -um, p.p. 잘 연마된, 다듬어진, 매우 세련된
perpópŭlor, -átus sum, -ári, dep., tr. 파괴하다(ㄲㄲ),
완전히 황폐케 하다, 약탈(掠奪)하다, 유린(蹂躪)하다.
perpotátio, -ónis, f.
주연(술잔치), 폭음(⑨ Gluttony), 술을 계속 마심.
perpótior, -ítus sum -íri, dep., intr. 완전히 차지하다
perpóto, -ávi, -átum, -áre, tr. 다 마시다.
intr. 쉴 새 없이 마시다, 주연을 베풀다, 폭음(暴飮)하다.
pérprĭmo, -préssi -préssum -ĕre, tr. (per²+premo)
억세게 누르다, 압박(壓迫)하다.
perprobábĭlis, -e, adj. 매우 그럴듯한, 있음직한
perpropínquus, -a -um, adj. 매우 가까운
perprósper, -ĕra -ĕrum, adj. 매우 순조로운, 호조의
perprurísco, -ĕre, intr., incoh. (per²+prúrio) 몹시 가렵다
perpúgnax, -ácis, adj. 호전적인, 논쟁을 좋아하는
perpúlcher, -chra -chrum, adj. 매우 아름다운
perpŭli, "perpéllo"의 단순과거(pf.=perfectum)
perpulsum, "perpéllo"의 목적분사(sup.=supínum)
perpulsus, -a -um, p.p. 강타 당한, 충격(衝擊) 받은
perpúrgo,(=perpúrĭgo) -ávi, -átum, -áre, tr.

아주 깨끗해지게 하다, 설사시키다,
철저히 해결하다, 명백히 하다, 밝히다,
(빛 따위를) 갈다, 청산(淸算)하다.
perpúrĭgo,(=perpúrgo) -ávi, -átum, -áre, tr.
perpusíllus, -a -um, adj. 매우 작은, 매우 어린
pérpŭto, -áre, tr. 충분히 설명(論述)하다
perquam, adv. 최대한으로, 극단으로(oppido, adv.)
지극히, 몹시, 지독히.
Perquam velim scire. 알고 싶어 죽겠다
perquíro, -quisívi -quisítum -ĕre, tr. (per²+quæro)
확실히 조사하다, 애써 찾아내다, 탐구(探究)하다,
깊이 연구하다, 캐어묻다.
perquisíte, adv. 자세하게, 철저히
perquisítio, -ónis, f. 엄밀한 조사(調査)
perquisítor, -óris, m. 심문자(審問者), 조사인(調査人)
perráro, adv. 매우 드문
perrárus, -a -um, adj. 매우 드문
perrecónditus, -a -um, adj. (per²+recóndo)
온전히 덮인(숨겨진), 알기 어려운, 오묘함, 심원한.
perrectum, "pergo"의 목적분사(sup.=supínum)
perréxi, "pergo"의 단순과거(pf.=perfectum)
perrépo, -répsi, -réptum, -ĕre, intr., tr.
(어디까지) 기어가다, 기어서 도착하다.
perrépto, -ávi, -átum, -áre, tr., intr., freq.
기어 지나가다, 기어 돌아다니다.
perridícŭlus, -a -um, adj. 매우 우스운
perródo, -rósi, -rósum, -ĕre, tr.
아주 쏠아버리다, 침식하다.
perrogátio, -ónis, f. 법률통과(法律通過)
pérrŏgo, -ávi, -átum, -áre, tr. 일일이 찾아다니며 묻다,
참석한 전원에게 묻다, 법을 통과(通過) 시키다.
perrogo senténtias. 모든 참석자의 투표를 모으다
perrúmpo, -rúpi -rúptum -ĕre, intr. 부수고 지나가다,
뚫고 가다(들어가다), 길을 개척하다, 돌파(突破)하다.
tr. 쳐부수다, 깨뜨리다, 부러뜨리다, 뚫고 지나가다,
돌파하다, 무찌르다, (법을) 위반하다,
(위험, 난관 따위를) 극복하다, 벗어나다, 감동시키다.
perrupi, "perrúmpo"의 단순과거(pf.=perfectum)
perruptum, "perrúmpo"의 목적분사(sup.=supínum)
persæpe, adv. 매우 자주
persálsus, -a -um, adj. 기지 있는, 매우 재치 있는
persalutátio, -ónis, f.
모든 사람에게 하는 인사, 전반적인 인사.
persalúto, -ávi, -átum, -áre, tr.
일일이(두루) 인사하다, 정중히 자주 인사하다.
persánctus, -a -um, adj. 매우 거룩한, 지성(至聖)의
persáno, -ávi, -átum, -áre, tr. 완전히 고치다, 완치시키다
persánus, -a -um, adj. 매우 건강한(건전한)
persápiens, -éntis, adj. 매우 현명한, 지극히 지혜로운
pérscĭens, -éntis, p.prœs., a.p. 철저히 아는
persciénter, adv. 잘 알면서, 짐짓
perscíndo, -scídi, scíssum, -ĕre, tr. 찢어버리다
perscísco, -ĕre, tr. 자세히 알다
perscítus, -a -um, adj. 매우 영리한, 재치 있는,
매우 아름다운, 예쁜, 귀여운, 고운.
perscríbo, -scrípsi -scríptum -ere, tr. 전부 기록하다,
상세히(정확히) 기록하다, 수록하다, 등록하다,
문서를 작성하다, 장부(帳簿)에 적어 넣다, 기재하다,
서면으로 알리다, 횡선을 그어 나누다(분할하다).
perscríptio, -ónis, f. 기재, 기록, 문서작성, 부기,
기장, 지불 명령서, 수표(手票).
perscríptor, -óris, m. 서기(書記), 부기 기록인.
perscriptúra, -æ, f. 문서(γραφή), 등기(登記),
송장(送狀), 수표(手票), 사본(寫本).
perscriptábĭlis, -e, adj.
샅샅이 뒤질 수 있는, 정밀(精密) 조사할 수 있는.
perscrutátio, -onis, f. 정밀검사, 정밀조사, 탐구(探究).
perscrutátor, -óris, m. (perscrutatrix, -ícis, f.) 탐구자

P

perscrúto, -ávi, -átum, -áre, tr. = perscrútor
perscrútor, -átus sum, -ári, dep., tr. 빈틈없이 찾다,
  샅샅이 뒤지다, 수사(搜査)하다, 뒤지다,
  검토하다, 깊이 연구하다, 탐구하다.
perscúlptus, -a -um, adj. 완전히 조각된
pérsĕco, -sécŭi -séctum -áre, tr. 잘라버리다,
  가운데를 자르다, 절단하다, 베어 내다(צֹרֹא),
  구명(究明)하다, 분석하다, 세밀히 조사하다.
persĕctor, -átus sum, -ári, dep., freq., tr. 쫓다,
  추적(追跡)하다, 열심히 탐구(探究)하다.
persectum, "perseco"의 목적분사(sup.=supínum)
persĕcui, "pérsĕco"의 단순과거(pf.=perfectum)
persecútio, -ónis f. 추격(追擊-뒤쫓아 가면서 공격함), 추적,
  추구, 소송, 추궁, 학대(虐待), 속행(續行), 계속(繼續), 소추.
persecútio* -ónis, f. 박해(迫害.⑨ Persecution),
  교난(教難-宗教에 대한 박해, 또는 그로 인한 고난),
  군난(窘難, "박해"를 뜻하는 옛말).
  De fuga in persecutione. 박해 중의 피신.
  (Florens Tertullianus 지음. 박해 중 도망가는 사람들을 책망하는 내용)/
  De tempore novissimæ persecutionis nulli hominum
  revelato. 최후 박해의 시기는 어떤 인간에게도
  계시된 바 없다.(교부문헌 총서 17, 신국론, p.2814)/
  Persecutionem pro iustitía sustinere. 정의를 위하여
  박해를 참아 받아라(성 베네딕도 수도규칙 제4장 33).
persecutio christiánitatis. 그리스도교에 대한 박해
persecutor, -óris, m. (persecutrix, -ícis, f.) 박해자,
  뒤쫓아 가는 사람, 수행원, (권익보호를 위한) 소송인.
  De mortibus persecutorum. 박해자들의 최후(Lactantius
  지음. 303년부터 313년 사이에 일어난 박해자들의 비참한 종말 이야기)/
  mors persecutoris. 박해자의 죽음/
  Persecutori enim Saulo dixit desuper: Saule, Saule, quid
  me persequeris? 그분께서는 박해자 사울에게 하늘 높은
  곳에서 말씀하셨습니다. 사울아, 사울아, 왜 나를 박해
  하느냐?.(교의실 신부 옮김. 요한 서간 강해, p.459).
persédĕo, -sédi, -séssum -ére, intr. 오래(계속) 앉아 있다
persĕdi, "pérsedeo"의 단순과거(pf.=perfectum),
  "pérsido"의 단순과거(pf.=perfectum).
perségnis, -e, adj. 힘이 쭉 빠진, 느른한
pérséïtas, -atis, f. (哲) 자기성, 자립성, 자체성, 자존성.
persenésco, -nŭi -ĕre, intr., inch.
  늙어빠지다, 늙어 꼬부라지다.
pérsĕnex, -sĕnis, adj. 늙어 꼬부라진
persenílis, -e, adj. 매우 늙은, 노쇠한
perséntĭo, -sensi -sensum -ire, tr. 깊이 느끼다,
  통감(痛感)하다, 알아차리다, 깨닫다(יַדָע.מַד).
persentísco, -ĕre, tr., intens.
  감각(感覺)하다, 분명히 느끼다, 깨닫다.
persĕnui, "persenésco"의 단순과거(pf.=perfectum)
persephónĭum, -i, n. (植) 야생 앵속
pérséquax, -ácis, adj. 끈덕지게 추구하는
pérséquens, -éntis, p.proes., a.p. 열심히 뒤쫓는
pérséquor, -(quéris, -ítur), -secútus sum -qui, dep., tr.
  뒤쫓다, 추적(追跡)하다, 뒤따라가다, 끈덕지게 뒤쫓다,
  추격(追擊)하다, 사냥하다, 박해(迫害)하다,
  원수(怨讐) 갚다, 복수(復讐)하다, 추구(追求)하다,
  (모범.풍습.제도 따위를) 따라가다, 따라가다, 본받다,
  탐구(探究)하다, 계속해 나가다, 속행하다, 수행하다.
  Leo XIII Pontifex persequitur eas hunc in modum.
  (⑨ Leo XIII explained it in this way) 레오 13세는
  이같이 설명하였다(1989.8.15. "Redemptoris custos" 중에서).
persérvo, is, sérui, ĕre, 3개 넣다, 삽입하다
persérvo, -ávi, -átum, -áre, tr. 끝까지 보존하다, 항구하다.
persĕs, -ae, m. 페리시아인
persĕs, -arum, m, pl. 페르시아인들
persessum, "pérsedeo"의 목적분사(sup.=supínum),
  "pérsido"의 목적분사(sup.=supínum).
Perseus, -ei(eos), m. Jupiter와 Danaë의 아들,
  마케도니아 최후의 왕(Pydna에서 패하여(168 B.C.) 로마로 사로잡혀감).

Nihil satis paratum habebant Romani, cum Perseus
omnia præparata haberet. 페르세우스는 모든 것을 미리
갖추고 있었음에도 불구하고, 로마인들은 제대로
준비된 게 아무것도 없었다.(성 염 지음. 고전 라틴어, p.340).
persevérans, -antis, p.proes., a.p. 견지(堅持) 하는,
  고수(固守) 하는, 꾸준한, 끝까지 밀고 나가는, 집요한,
  불굴의, 끈기 있는, 지속(持續) 하는.
Perseverans Spiritus Sancti opera.
  지속되는 성령의 활동.
perseverántĭa, -æ, f. 인내(忍耐.⑨ Patience),
  참고 견딤, 견인불발(堅忍不拔), 백절불굴(百折不屈),
  항구(恒久-변함없이 오래 감), 항구성, 지속(持續).
  De dono perseverantiæ ad prosperum.
    인내의 은사론(Augustinus 지음)
  De perseverantiæ munere. 항구함의 은총에 대해.
perseverantia finalis. 선종의 은총
  (임종 시 은총 지위 상태를 유지하는 신의 은총).
perseverantia Simpliciter. 단순 견인(堅忍)
perseverantiam in esse. 항구적 존재(恒久的 存在)
persevéro, -ávi, -átum, -áre, intr. (per²+sevérus)
  견지하다, 고수하다, 고집하다, 관철하다, 버리지 않다,
  끝까지 버티다, 꾹 배겨내다, 항구 하다, 꾸준하다.
  tr. 계속하다, 꾸준히 …하다, 고집하다, 우기다, 주장하다.
persevero in suâ senténtĭâ. 자기 의견을 고집하다
persevérus, -a -um, adj. 대단히 엄격한
Pérsĭa, -æ, f. 페르시아
persíccus, -a -um, adj. 바싹 마른
pérsĭcum, -i, n. 복숭아(persicum malum)
persicus, -i, f. (植) 복숭아나무(prunus persica)
persídĕo, -sédi -séssum -ére, intr. (per²+sédeo)
  앉아서 버티다, 앉아 있다. 묵다.
persído, -sédi -séssum -ĕre, intr. 내려가다(נחַת),
  흐르다(נחַר.יִדֹר), 스며들다, 정착하다.
persígno, -áre, tr. 정확히 기록하다, 표하다, 기재하다
persímĭlis, -e, adj. 아주 흡사한
persímplex, -plĭcis, adj. 매우 간단한
persísto, -stīt -ĕre, intr. 항구하게 머무르다.
  여전히 계속하다, 집요하다, 고집하다, 지속(持續)하다.
persólĭdo, -áre, tr. 굳어지다, 엉기게 하다, 영기게 하다.
persólla, -æ, f. 작은 가면(假面), (욕설) 흉측한 놈
perso(l)láta, -æ, f. (植) 우엉(국화과의 이년생 재배 식물)
persŏlūtum, "persólvo"의 목적분사(sup.=supínum)
persolvi, "persólvo"의 단순과거(pf.=perfectum)
persólvo, -sólvi -solútum -ĕre, tr. 완전히 지불하다,
  청산하다, 돌려주다, 갚다, 보답하다, 속죄하다,
  (벌을) 받다, (의무.약속 따위를) 이행하다,
  수행하다, 회답하다, (문제.의문 따위를) 풀다, 해결하다.
  diis grátiam persolvo. 대가를 치르다/
  epístolæ persolvo. 편지 답장(答狀)을 쓰다.
persona*, -æ f. (per²+sono) (광대의) 탈, 가면, 마스크,
  배우, 배역, 역할, 신분, 지위, 직분, 직책, 대리, 대표,
  인물, 인격, 사람, 개인, 인격. (文法) 인칭.
  (哲.神) 위격(προσωπον.⑨ Hypostasis.person).
  ad personam 대표자격으로
  divina Persona. 신격(神格)/
  ēmánátĭo personarum. 위격들의 유출/
  gero persónam alcjs. 누구 역할을 하다/
  habilitas persónæ. 계약 자격(契約 資格)/
  in persona Christi.
    그리스도의 위격 안에서, 그리스도의 이름으로/
  in persona christi capitis. 머리이신 그리스도로서/
  in persona et nomine Christi.
    그리스도를 대신하여 그리스도의 이름으로/
  industria persónæ. 개인적 재능(⑨ personal qualificátĭon)/
  Integritas persónæ(⑨ Integrity of the person).
    전인, 완전한 인간/
  Non ab eo persona in monasterio discernatur.
    아빠스는 수도원 안에서 사람들을 차별하지 말 것이다.

P

Personæ divinæ in liturgia(⑨ Divine persons in the liturgy). 전례에서 성삼위/
Personæ divinæ(⑨ Divine Person). 하느님의 위격/
Personæ subeunt. 사람들이 내 생각에 떠오른다/
personæ turpes. 천인(賤人)/
personæ veritatis. 인격의 진리/
quid est homo? tamquam corpus sicut anima habens corpus, non facit duas personas, sed unum hominem. '인간이란 무엇인가' 영혼과 육체다.
육체를 가진 영혼이지만 (육체와 영혼이) 두 인격을 만드는 것이 아니라 한 인간을 만들 따름이다/
una essentía tres personæ. 하나의 본체와 세 위격/
una persona Christi in utraque natúra.
두 본성 안에 그리스도의 하나의 위격/
una persona in duabus naturis.
두 본성 안에서 하나의(단일의) 위격/
unitas personæ. 위격의 일위성.
Persona-amor est, Persona-donum est(⑨ He is Person-Love. He is Person-Gift) 그분께서는 위격이신 사랑이십니다. 그분께서는 위격이신 선물이십니다.
persona angeli. 천사의 위격(신학대전, 제5권, p.303)
Persona autem est substantía individua.
위격은 개별적 혹은 개체적 실체이다.
Persona Christi. 그리스도의 위격
persona communitatis. 공동인격(공동인격은 하느님 앞에 자기가 대표하는 집단 전체의 행실을 책임진다. 교부문헌 총서 16, 신국론, p.1860).
persona collegialis. 사단법인
persona Deus. 인격 신(人格 神⑨ personal God)
persona divina. 신적 위격, 하느님의 위격
Persona est naturæ intellecttualis incommunicábilis existentía. 인격은 지성적 본성의 직접적 실존이다.
Persona est naturæ rátionalis individua substantía.
위격은 이성적 본성의 개별적 실체이다(보에시우스)
Persona est subsistens distinctum im intellectu naturali. 위격(Persona)은 지성적인 것, 즉 자주체이다.
persona generante. 출생케 하는 위격, 출생된 위격
persona grata. 마음에 드는 사람, 선호 인물
Persona humana. 인간 인격(인간적 인격)
Persona humana, 성윤리의 몇 가지 문제점(1975.12.29. 선언)
persona humanæ naturæ. 인간성의 위격(교회와 성사, p.81)
persona in physica. 자연인에 의한 법인
persona ingrata. 기피(忌避) 인물
persona juridica(⑨ juridic person). 교회법인
persona juridica collegialis. 합의체 법인
persona juridica juris hominis. 사람의 법에 의한 법인
persona juridica non collegialis. 비합의체 법인
persona juridica privata. 사법인(私法人)
persona juridica publica. 공법인
persona major. 성년자(persona minor. 미성년자)
persona minor. 미성년자(persona major. 성년자)
persona missa. 파견된 위격(신학대전 제5권, p.311)
persona moralis(⑨ Juridic Personality) 법인(체), 법인(⑨ moral persons), 신법인(Can.113條)
persona moralis collegialis. 단체법인
persona moralis juris divini.
하느님의 법에 의한 법인 합의체 법인.
persona moralis non collegialis. 비단체 법인
persona mystica. 신비로운 위격
persona non collegialis. 재단법인(財團法人)
persona non grata. (persona grata. 선호 인물)
기피인물, 달갑지 않은 인물, 마음에 들지 않는 사람.
Persona Patris. 성부의 위격(位格)
persona physica. 자연인(自然人.⑨ physical person)
Persona significat id quod est perfectissimum in tota natura, scilicet subsistens in rationali natura.
인간은 전체 자연에서 가장 온전한, 이성적 본질을 가진 존재를 의미한다.(토마스 데 아퀴노의 Summa Theologiæ 1, q.29, a.3).

persona sacra. 신성한 자
Persona sola diligere valet valetque diligi sola persona.
(⑨ Only a person can love and only a person can be loved) 오직 인격체만이 사랑할 수 있고 인격체만이 사랑받을 수 있다(요한 바오로 2세의 1988.8.15. "Mulieris dignitatem" 중에서).
persona Spiritus Sancti procedentis.
발출 하는 성령의 위격(位格).
persona standi in judicio. 소송 행위 능력
persona vero rationabilis naturæ individua substantia.
인격은 이성적 본성의 개별적 실체이다
personális, -e, adj. 사람의, 개인의, 사사로운, 일신상의, 자기의, 본인(직접)의, 인격의, 위격적(位格的).
bonum personale. 인칭적 선/
bonum impersonale. 비인칭적 선/
identitas propria personális. 고유한 정체성/
interdictum personale. 인적 금지 처벌/
nomen personále. 개인 이름/
peccatum personale. 본죄(peccatum originale와 대조), 자기 죄/
transactío personális. 사람의 권리에 관한 화해/
unitas personális. 위격적 일성(位格的 一性)/
Concilium cum ad personalem conversionem hortatur, tum ad communem.(⑨ The Council calls for personal conversion as well as for communal conversion) 공의회는 공동체의 회개뿐만 아니라 개인의 회개도 요구합니다.
personalis Deus. 인격신(⑨ personal God)(인격과 상통하는 능력을 갖춘 신. 인격신은 신과 인간의 상호성 및 상통성이 전제되는 개념).
Personalis dignitas fundamentum æqualitatis omnium hominum inter se constituit.(⑨ The dignity of the person constitutes the foundation of the equality of all people among themselves) 인간 존엄성은 모든 인간들 가운데서 평등성의 토대가 된다(1988.12.30."Christifideles laici" 중에서).
Personalis dignitas indelebilis proprietas cuiuslibet hominis est.(⑨ The dignity of the person is the indestructible property of every human being).
인간 존엄성은 인간 각자가 지닌 불멸의 특성이다.
personalis indulgentía. 인적 은사(恩赦)
personalis responsio. 인격적 응답
personalísmus, -i, m. (哲) 인격주의(⑨ personalism)
personalitas, -átis, f. 개성, 인격(⑨ person), 인품, (개성을 지닌) 인물, 위격성.
personalitas canonica. 교회법적 인격
personalitas completa. 완전한 인격
personalitas ecclesialis. 교회적 인격
personalitas imcompleta. 불완전한 인격
personalitas juridica. 법인격
personalitas mystica. 신비적 인격
personalitas spiritualis. 영신적 인격성(人格性)
personalitate humana. 인간적 개성
personáliter, adv. 개인적(個人的)으로, 개인을 대상으로, 자기로서는, 친히, 직접.
Ipsum Verbum personaliter est homo.
말씀은 인간 자신이다(교회와 성사, p.29).
personarum acceptor. 인간 차별자(人間 差別者)
personátio, -ónis, f. 소리 냄, 우렁찬 소리
personátus, -a -um, adj. (가면극에서) 가면을 쓴, 탈을 쓴, 변장한, 가장한, …인 체하는.
personificátio, -ónis, f. (persóna+fácio)
화신, 인격화, 의인(擬人). (修) 의인법(擬人法).
personitum, "pérsŏno"의 목적분사(sup.=supínum)
pérsŏno, -sónŭi -sónĭtum -áre, intr. 울리다, 울려 퍼지다, 반향하다, 메아리치다, 악기를 연주하다. tr. (요란한) 소리로 가득 차게 하다, 큰소리로 외치다, 소리 내어 연주하다(찬미하다), 악기를 연주하다.
Cithárā Iópas pérsonat. Iópas가 거문고를 탄다/
clássicum persono. 신호나팔을 우렁차게 불다/
Domus cantu personabat.
온 집안에 노래 소리가 울려 퍼지고 있었다/
totam ejulatu persono régiam.

P

온 궁중에 통곡소리를 울려 퍼지게 하다.
persónui, "pérsŏno"의 단순과거(pf.=perfectum)
pérsŏnus, -a -um, adj.
　(소리를) 울려 퍼지게 하는, 온통 소리 나는.
　totam ejulatu persono régiam.
　온 궁중에 통곡소리를 울려 퍼지게 하다.
perspécte, adv. 식견(識見)을 가지고
perspéctĭo, -ónis, f. 식견(識見-학식과 의견),
　이해(理解.⑨ Intelligence), 통찰(通察-꿰뚫어 봄).
perspectívus, -a -um, adj.
　원근법에 의한 배경의, 투시화법(透視畵法)의.
　perspectíva Communis. 공통적 원근법(광학에 관한 교과서).
perspécto, -ávi, -átum, -áre, tr., freq. 전체를 보다,
　끝까지 지켜보다. 주의 깊게 관찰하다, 뚫어지게 바라보다.
perspéctor, -óris, m. 식별자(識別者), 탐구자, 통찰자.
perspextum, "perspícĭo"의 목적분사(sup.=supínum)
perspéctus, -a -um, p.p., a.p. 세밀히 조사된, 명백한,
　주의 깊게 관찰된, 인정받은, 확실한, 잘 알려진.
perspécŭlor, -átus sum, -ári, dep., tr.
　자세히 조사(調査)하다, 자세히 살피다.
perspérgo, -spérsi -spérsum -ere, tr.
　(물을) 뿌리다, 물에 적시다, 맛을 내다, 양념하다.
perspexi, "perspícĭo"의 단순과거(pf.=perfectum)
perspicácĭtas, -atis, f. 총명(聰明-영리하고 재주가 있음),
　명민(明敏-사리에 밝고 민첩함), 통찰력(通察力)
　형안(炯眼-사물의 본질을 꿰뚫어 보는 뛰어난 관찰력)
pérspĭcax, -acis, adj. 총명한, 명민한, 이해가 빠른,
　형안(炯眼)의, 통찰력 있는, 선견지명이 있는.
perspiciéntia, -æ, f. 충분한 인식(認識),
　명찰(明察-사정이나 사태를 똑똑히 살핌), 통찰(通察-꿰뚫어 봄).
perspícĭo, -spéxi -spéctum -ére, tr. (per²+spécio)
　속속들이 들여다보다, 꿰뚫어보다, 자세히 살펴보다,
　주의 깊게 관찰하다, 주시하다, 검사하다, 통찰하다,
　전체를 파악하다, 명찰하다, 깨닫다, 정확히 인식하다.
　Et hoc sic perspici potest. 이 말은 다음과 같이 파악될
　수 있다.(이상섭 옮김, 신학대전 14, p.111).
perspicúĭtas, -atis, f. 투명, 명료, 명쾌함, 자명(自明).
　Prima est eloquentiæ virtus perspicuitas.(Quintilianus).
　웅변의 첫째가는 덕목은 명료함이다.
perspícŭus, -a -um, adj. 들여 다 보이는, 투명한, 비치는,
　맑음(흐림이 없이 깨끗한), 명백한, 명료한, 확실한, 자명한.
　perspícuum est. 분명하다/
　Perspicuum est valide recipere non posse absolutionem
　pænitentes qui in permanenti statu peccati gravis
　versantur quique suam condicionem mutare non
　cogitant. 습관적인 중죄 상태에 있고 그러한 상황을 바꿀
　의지가 없는 참회자는 유효하게 사죄를 받을 수 없다는
　것이 명백하다(2002.4.7. "Misericordia Dei" 중에서).
perspirátĭo, -ónis, f.
　피부호흡(皮膚呼吸), 발한(發汗), 발한작용(發汗作用).
perspíro, -áre, intr. 사방으로 불다, (바람이) 계속 불다
perspísso, adv. 유유히, 아주 천천히
perstaturus, "persto"의 목적분사(sup.=supínum)
perstérno, -strávi, -stratum, -ĕre, tr.
　완전히 포장(鋪裝)하다, 온전하게 평평하게 하다.
perstíllo, -áre, intr. 물방울이 계속 떨어지다.(흐르다)
perstípo, -áre, tr. 빽빽하게 하다, 죄어들게 하다
perstĭti, "persísto"의 단순과거(pf.=perfectum),
　"persto"의 단순과거(pf.=perfectum).
persto, -stíti, -statúrus, -áre, intr. 꿋꿋이 서 있다,
　움직이지 않고 서 있다, 오래가다, 지속하다,
　계속 머무르다, 끝까지 버티다, 고집하다, 변치 않다,
　버리지 않다, 꾸준히 계속하다.
　in senténtia persto. 의견을 굽히지 않다.
pérstrĕpo, -pŭi, -pĭtum, -ĕre, intr., tr. 떠들썩하다,
　요란한 소리를 내다, 요란스럽게 울려 퍼지다.
perstrictum, "perstríngo"의 목적분사(sup.=supínum)
perstríctus, -a -um, p.p. 졸라 맨, 꼭 죈, 매우 엄격한,

간단한. adv. **perstrícte**, **perstríctim**.
perstríngo, -strínxi -stríctum -ĕre, tr. 꼭 죄다,
　꽉 붙들어 매다, 꼭 끼게 하다, 얼어붙게 하다,
　스치다, (밭을) 갈다, 무디게 하다, 마비시키다(ומד),
　움츠러들게 하다, 비난하다(ומד,ומד),
　나무라다(ומד,ומד), 공박(攻駁)하다, 비판(批判)하다,
　간단히 언급하다, 잠깐 이야기하고 지나가다.
perstrinxi, "perstríngo"의 단순과거(pf.=perfectum)
perstrictum, "perstríngo"의 목적분사(sup.=supínum)
perstudiósus, -a -um, adj. 매우 노력하는, 매우 열심한
persuádĕo, -suasi -suasum -ere, intr., tr. 확신시키다,
　믿게 하다, 설복하다, 설득하다, 납득시키다, 납득시키다.
　Civibus fraude persuasit imperator ut exirent cum
　liberis. 그 사령관은 속임수로, 시민들더러
　　자녀를 데리고 나오도록 설득했다/
　De algá re persuásum est nobis.
　　무엇에 대해서 우리는 확신을 가지고 있다/
　Helvétii persuádent alíquibus, ut cum iis proficiscántur.
　　Helvétia인들은 그들에게 자기들과 함께 출발할
　　것을 설득시키고 있다(iis 참조)/
　Huic persuádet, ut ad hostes tránsear. 적군한테로
　　넘어가도록 이 사람을 그가 설복한다/
　militibus persuaddeo, … 라는 것을 군인들에게 확신시키다/
　Nulli civitati Germanorum persuaderi potuit ut Rhenum
　transiret. 그는 게르마니아의 어느 성읍도 라인 강을
　　건너도록 설득시키지 못하였다/
　sibi persuaddeo. 확신하다, 납득하다.
persuāsi, "persuádĕo"의 단순과거(pf.=perfectum)
persusíbĭlis, -e, adj. 납득할만한, 설득력 있는
persuásĭo, -ónis, f. 설복(設伏), 설득(說得),
　납득(納得), 확신(確信), 신념(信念), 정견(定見).
　Quod ut mundus in Christum crederet, virtutis fuerit
　divinæ, non persuasionis humanæ.
　　세상이 그리스도를 믿는 것은 인간적 설득이 아니라
　　신적 능력 때문이다.(교부문헌 총서 17, 신국론, p.2828).
persuásĭo alterius. 남의 꾐(교부문헌 총서 10, p.332)
persuasio probábĭlis 개연적 확신(確信)
persuasívus, -a -um, adj. 설득력이 있는, 납득이 가게 하는
persuásor, -óris, m. (**persuastrix**, -ícis, f.) 설득자, 설복자
persuasórĭus, -a -um, adj. 설복(設伏)하는, 납득시키는
persuāsum, "persuádĕo"의 목적분사(sup.=supínum)
Persuasum est mihi(=Mihi persuasum est)
　나는 확신하고 있다.
Persuasum habére. 나는 확신하고 있다.[계속되는 상태를 표시
　하기 위하여 수동형 과거분사(대격)에 habére나 tenére를 붙여 쓰는 때도 있다.]
persuásus¹ -a -um, p.p., a.p.
　확실한 것으로 믿어진, 설복(說服) 당한, 확신하게 된.
　persuásum est mihi. 나는 확신하고 있다.
persuásus² -us, m. 설득(說得)
persuávis, -e, adj. 매우 감미로운
persubtílis, -e, adj. 매우 섬세한, 정교한, 훌륭한
persúlto, -ávi, -átum, -áre, intr., tr. 뛰어오르다,
　깡충깡충(날렵하게) 뛰어 다니다, 뛰놀다, 날뛰다,
　뛰어 돌아다니다, 기뻐 춤추다, 작약(雀躍)하다,
　(소리가) 울려 퍼지다, 호령하다.
pertáedet, -tǽsum est, -ére, intr., impers. 권태를 느끼다.
　몹시 싫증나다(싫어지다), 진저리가 나다.
pertǽsus, -a -um, p.p., a.p.
　몹시 싫증난, 싫어진, 진저리 난, 혐오(嫌惡)하는.
pértĕgo, -téxi -téctum, -ĕre, tr. 온전히 덮다(가리다)
pertémpto = perténto
pertendi, "perténdo"의 단순과거(pf.=perfectum)
perténdo, -di -sum, -ĕre, tr., intr.
　마치다, 끝내다, 수행(遂行)하다, (향하여) 가다,
　곧장 달려가다, 끝까지 하다, 고집하다.
pertensum, "perténdo"의 목적분사(sup.=supínum)
perténto, -ávi, -átum, -áre, tr. 두루 시험해보다.
　떠보다, 알아보다, 캐내다, 탐색하다, 뒤지다,

921

이것저것 해보다, 잘 생각해보다, 검토하다,
연구하다, 감동시키다, 가슴 벅차게 하다, 엄습하다.
perténŭis, -e, adj. 아주 얇은(가는), 가냘픈, 빈약한,
(모래 따위가) 고운, 사소한.
pertérĕbro, -ávi, -átum, -áre, tr.
(송곳 따위로) 뚫어버리다, 구멍 뚫다.
pertérgĕo, -térsi -térsum, -ére, tr.
닦(아 내)다, 훔치다, 살짝 닿다, 스치다.
pérterro, -trívi -trítum -ĕre, tr.
비비다, 빻다, 찧다, 갈다. (pass) 닳다.
perterrefácĭo, -feci -factum -ere, tr.
위협하다(חרד), 공갈하다, 몹시 놀라게 하다.
pertérrĕo, -térrŭi -territum -ére, tr. (pertérrĭto, -áre)
몹시 놀라게 하다, 위협하다(חרד).
perterrícrĕpus, -a -um, adj. 굉음이 나는, 무섭게 울리는
perterri, "pertérrĕo"의 단순과거(pf.=perfectum)
perterritum, "pertérrĕo"의 목적분사(sup.=supínum)
pertersi, "pertérgĕo"의 단순과거(pf.=perfectum)
pertersum, "pertérgĕo"의 목적분사(sup.=supínum)
pertéxo, -xŭi -xtum -ĕre, tr. 끝까지 짜다(織),
완성하다(גמר.רטל), 마무리하다, 끝맺다.
pertextum, "pertéxo"의 목적분사(sup.=supínum)
pertexui, "pertéxo"의 단순과거(pf.=perfectum)
pértica, -æ, f. 막대기, 장대(긴 막대), 지팡이(הטמ),
도리깨, 삿대("상앗대"의 준말. 배를 밀어 나갈 때 쓰는 장대)
perticális, -e, adj. 막대기의, 장대의
pertímĕo, -ere, tr. 몹시 무서워하다,
두려워하다(חרד.גור.ירא), 겁내다.
pertimésco, -tímŭi -ĕre, tr., intr., inch. 크게 놀라다,
몹시 무서워하다, 몹시 두려워하다(חרד.גור.רהב).
pertimui, "pertimésco"의 단순과거(pf.=perfectum)
pertinácĭa, -æ, f. 견인(굳게 참고 견딤), 불굴(不屈),
끈기 있음, 고집, 완강(頑强), 완고(σκληροκαρδια.頑固).
pértĭnax, -nácis, adj. 단단히 붙잡고 놓지 않는,
거머쥐는, 구두쇠의, 인색(吝嗇)한, 줄기찬, 꾸준한,
항구한, 한결같은, 끈기 있는, 끈임없는, 끊임없는,
완고한, 고집 센, 외고집의, 굽히지 않는, 완강한.
pertinax stúdium. 꾸준한 노력(incus, -údis, f.)
pertinénter, adv. 적절하게, 타당하게, 적당하게, 정당하게.
pertíněo, -tinui -ere, intr. …까지 미치다, 다다르다,
뻗다(נטי.נטה), 이르다, 파급되다, 속(屬)하다,
소속하다, 딸리다, 귀속하다, 관계되다, 이롭다, 적합하다.
pertíngo, -ere, tr. (per²+tango)
닿다, 다다르다, 이르다, 뻗다(נטי.נטה).
pertólĕro, -ávi, -áre, tr. 끝까지 참다, 견디어 내다
pertractátĭo, -ónis, f. 다룸(싸움), 취급, 처리, 연구, 논고.
pertrácto, -ávi, -átum, -áre, tr. 만지다, 쓰다듬다,
접촉하다, 주무르다, 접촉하다, 자세히 살피다, 검토하다,
숙고하다, 연구하다, 탐구하다, 다루다, 설명하다.
pertractum, "pértrăho"의 목적분사(sup.=supínum)
pertráctus, -us, m. (시간의) 연장, 영속, 지속.
pértrăho, -tráxi -tráctum -ĕre, tr.
끌어당기다, 잡아끌다, 끌고 가다, 데려가다, 끌어내다,
뽑아내다, (시간을) 길게 끌다, 연장하다.
Pertrahere hostem ad terga collis.
적군을 산 뒷면으로 유인(誘引)하다.
pertránsĕo, -ívi(ii), -itum, -ire, anom., intr. 통과하다
(가운데나 옆을) 지나가다, 넘어가다, 경과하다.
Ut umbra tantum pertransit homo.
인생은 한낱 그림자와도 같이 지나가 버린다.
pertranslúcĭdus, -a -um, adj. 매우 투명한
pertraxi, "pértrăho"의 단순과거(pf.=perfectum)
pertrécto = pertrácto
pertremísco, -ere, intr., tr.
크게 떨다, 전율(戰慄)하다, 몹시 무서워하다.
pertríbŭo, -ŭi, -ĕre, tr. 나누어주다, 교부하다
pertricósus, -a -um, adj.
심히 얽힌, 까다로운, 매우 복잡한.

pertrístis, -e, adj. 매우 슬퍼하는, 슬픔에 잠긴
pertrītum, "pértĕro"의 목적분사(sup.=supínum)
pertrītus, -a -um, p.p. 닳아빠진, 진부(陳腐) 한, 통속화한
pertrivi, "pértĕro"의 단순과거(pf.=perfectum)
pertŭdi, "pertúndo"의 단순과거(pf.=perfectum)
pertŭli, "perfero"의 단순과거(pf.=perfectum)
pertumultuóse, adv. 매우 소란스럽게
pertúndo, -túdi -túsum(-túnsum) -ĕre, tr.
관통(貫通)하다, 꿰뚫다.
pertunsum, "pertúndo"의 목적분사(sup.=supínum)
perturbátĭo, -ónis, f. 날씨 사나움, 악천후, 혼란(混亂),
무질서, 소동, 소란, 난동, 교란, 당황, (마음의) 산란,
동요, 불안(獨 die Angst), 격정. (天) 섭동(攝動).
animi perturbationes. 정신의 동요(動搖)/
De perturbationibus animi, quarum affectus rectos
habet vita justorum. 마음의 동요: 의인들의 삶은
그 올바른 감정만 간직한다(교부문헌 총서 17. 신국론. p.2792).
perturbátĭo mentis. 정신의 혼란(混亂)
perturbátor, -óris, m. (perturbatrix, -ícis, f.) 난동자,
소란(騷亂)을 일으키는 자, 교란자(攪亂者).
perturbátus, -a -um, p.p., a.p. (일기 따위가) 몹시 사나운,
격렬한, 어지러운, 소란한, 혼란(산란)해진, 동요된,
당황한, 불안해진, 깜짝 놀란, 겁에 질린.
pertúrbo, -ávi, -átum, -áre, tr. 뒤섞어 놓다,
혼잡하게 하다, 어지럽게 하다, 혼란(混亂)시키다,
교란하다, 질서를 문란케 하다, (마음을) 산란케 하다,
당황하게 하다, 어리둥절하게 하다, 불안하게 하다.
pertúrpis, -e, adj. 몹시 추운, 몹시 망신스러운
pertússis, -is, f. (醫) 백일해
pertusum, "pertúndo"의 목적분사(sup.=supínum)
pérŭla, -æ, f. 작은 자루, 배낭, 동냥 주머니
perunctum, "perúngo"의 목적분사(sup.=supínum)
pĕrunctus, -a -um, "perúngo"의 과거분사(p.p.)
perúngo, -únxi -únctum -ĕre, tr.
(기름, 고약 따위를) 두루 바르다, 칠하다, 문지르다.
perunxi, "perúngo"의 단순과거(pf.=perfectum)
perurbánus, -a -um, adj. 매우 예모 있는, 교양 있는,
세련된, 기품 있는, 재치 있는.
perúrgĕo, -úrsi -ére, tr. 밀어닥치다, 죄어 들어가다,
쳐들어가다, 압박하다, 압력을 가하다, 몹시 재촉하다,
다그치다(חרד).
perúro, -ússi -ústum -ere, tr. 태우다, 태워버리다,
몹시 그을리다, 그을리다, 동상에 걸리게 하다,
(욕망 따위에) 불타게 하다, 타오르게 하다,
불타다, 갈망하다, 괴롭히다, 고민하게 하다.
pĕrursi, "perúrgĕo"의 단순과거(pf.=perfectum)
pĕrussi, "perúro"의 단순과거(pf.=perfectum)
perústĭo, -ónis, f. 태움, 화상(火傷),
동상(凍傷-심한 추위로 피부가 얼어서 상하는 일).
pĕrustum, "perúro"의 목적분사(sup.=supínum)
perútĭlis, -e, adj. 매우 유익한
pervácŭus, -a -um, adj. 텅 빈, 매우 공허한 대단히 허약한
pervádo, -vási -vásum -ĕre, intr., tr. 뚫고 지나가다,
통과(通過)하다, 퍼지다(אום.סרם.ירו.נגד),
뚫고 들어가다, 침범하다, 침입(침투)하다, 스며들다,
휩쓸고 지나가다, (소문, 원성 따위가) 쫙 퍼지다,
다다르다, 이르다 말하다.
pervagátus, -a -um, p.p., a.p. 널리 퍼진, 알려진,
보급된, 보편화된, 일반적인, 평범한, 진부한.
pérvăgor, -átus sum, -ári, dep., intr., tr. 배회하다,
횡행하다, 편력하다, 두루 다니다, 널리 퍼지다,
전파되다, 확산되다, 번지다, 침투하다, 스며들다,
보통이 되다, 일반화되다, 너무 많아지다.
pérvăgus, -a -um, adj. 방랑하는, 방황하는
perválĭdus, -a -um, adj. 대단히 강한
pervási, "pervádo"의 단순과거(pf.=perfectum)
pervárĭus, -a -um, adj. 다양한, 여러 가지의, 잡다한
pervásĭo, -ónis, f. 침략, 침범, 침입, 침해(침범하여 해를 끼침)

pervásto, -ávi, -átum, -áre, tr.
　완전히 파괴하다, 황폐케 하다, 약탈(掠奪)하다.
pervasum, "pervádo"의 목적분사(sup.=supínum)
pervéctĭo, -ónis, f. 배달, 운송, 운반(運搬)
pervéctor, -óris, m. 배달인(perlatrix, -ícis, f.)
pervectum, "pervĕho"의 목적분사(sup.=supínum)
pérvĕho, -véxi -véctum -ĕre, tr. 운반하여 지나가다,
　통과하다, 운반(運搬)하다, 나르다(ᴖᴗᴗ.ᴐᴗᴗ.ᴗᴗᴗ),
　(수레, 배 따위로) 실어 나르다, 도달하다(ᴗᴗᴗ.ᴐᴗ).
　(pass.) pérvehi (말.수레.배 따위를) 타고 가다.
　Saxa navis provehit. 배가 바위들을 실어 나른다.
pervelli, "pervéllo"의 단순과거(pf.=perfectum)
pervéllo, -vélli -vúlsum, -ĕre, tr. 꼬집다, 잡아 뽑다,
　(귀 따위를) 잡아당기다(ᴗᴗᴗ.ᴗᴗᴗ), 아프게 하다,
　(신체의 기관을) 자극하다, 자극을 주다, 격려하다.
　고통을 주다, 나쁘게 말하다, 비난하다, 혹평하다.
Pervello alci aurem(숙어) 생각나게 하다
Pervengono a questo sacro dicastero,
　수도복에 관한 기준과 규범(基準規範-1972.2.25.공지)
pervéni, "pervénĭo"의 단순과거(pf.=perfectum)
pervénĭo, -véni -véntum -íre, intr. 마침내 이르다,
　다다르다, 도착하다, 도달하다, (누구에게) 돌아가다,
　(누구의) 차지가 되다, (누구에게) 알려지다,
　(누구의 귀에) 들어가다, 얻다, 달성하다,
　(무슨 일을) 당하다, 받다, (무엇에) 떨어지다, 빠지다,
　(어떤 상태에) 이르다.
　Pervenérunt in scholam. 그들은 학교에 도착하였다/
　Pervenérunt pueri alacres in scholam.
　　소년들은 명랑하게 학교에 도착했다/
　Spero, nos ad hæc pervenire posse.
　　우리는 이 목표물들에 도달할 것으로 나는 바라고 있다/
　ut omnis heréditas ad fíliam perveníret.
　　모든 유산(遺産)이 딸에게 돌아가도록.
pervenio ad desperatiónem. 실의에 잠기다
pervenio ad primos comœdos. 일류 희극배우가 되다
pervenio in ódium alcjs. 누구의 미움을 받다
pervenit, 원형 pervénĭo, -véni -véntum -íre
　[직설법 현재. 단수 1인칭 pervenio, 2인칭 pervenis,
　3인칭 pervenit, 복수 1인칭 pervenimus, 2인칭 pervenitis,
　3인칭 perveniunt].
　Et ómnes, ad quos pervénit áqua ista,
　sálvi fácti sunt et dícent, allelúja.
　　이 물이 닿는 모든 사람들은 구원을 받았도다.
　　그들은 외치리라. 알렐루야.
pervéntĭo, -ónis, f. 도달(到達), 도착(到着-목적지에 다다름)
perventio in finem. 목적에의 도달
pervéntor, -óris, m. 도달자(到達者)
perventum, "pervénĭo"의 목적분사(sup.=supínum)
pervenústus, -a -um, adj. 대단히 매력(魅力) 있는,
　우아한, 품위 있는, 대단히 아름다운.
Perversa est via, tua mihique contraia.
　　너의 길은 나쁘고 나를 어기는 것이다(갈멜의 산길. p.206)
perversa imitátĭo Dei. 하느님을 왜곡되게 닮음(=죄)
perverse amat. 비뚤게 사랑함(교부문헌 총서 16, 신국론, p.1264)
pervérsĭo, -ónis, f. 거꾸러뜨림, 전도(顚倒), 전복(顚覆),
　차례를 뒤바꿈, (뜻 따위의) 왜곡, 곡해, 도착(倒錯)
perversio sexualis. 변태성욕, 성욕도착(性慾倒錯)
pervérsĭtas, -átis, f. 선후도착(先後倒錯), 부조리,
　엉뚱함, 반자연, 전복(뒤집혀 엎어짐), 파괴, 타도, 도괴,
　악화(惡化), 타락(墮落), 부패(腐敗), 사악(邪惡).
　De peccatoribus, et angelis et hominibus, quorum
　perversitas non perturbat providentiam.
　　천사든 인간이든 죄지은 자들의 악행이 섭리(攝理)를
　　훼손하지는 못한다.(교부문헌 총서 17, 신국론, p.2794).
perversum, "pervérto"의 목적분사(sup.=supínum)
pervérsus, -a -um, p.p., a.p. 거꾸러진, 붕괴된,
　전복된, 전도된, 도착한, 비뚤어진, 비틀어진, 뒤틀린,
　일그러진, 찌그러진, 흐트러진, 너더분하게 흩어진,

잘못된, 그릇된, 정도에서 벗어난, 사악(邪惡)한,
　타락(墮落)된, 심술궂은, 악의(惡意)에 찬,
　나쁜(ᴗᴗ.κακία.κακός.πονηρός.πονηρία).
　De libris perversis et prohibitis. 나쁜 책과 금서에 대하여/
　perversum exitum(⑨ perverse end) 전도된 결말.
perverti, "pervérto"의 단순과거(pf.=perfectum)
pervérto, -vérti -vérsum -ĕre, tr. 거꾸러뜨리다,
　뒤집어엎다, 전복(顚覆)시키다, 전도시키다(ᴗᴗ),
　쓰러뜨리다, 붕괴(몰락) 시키다, 유린(蹂躪)하다,
　격파(격멸)하다, 파괴하다(ᴗᴗ), 멸망(滅亡)시키다,
　타락시키다, 부패하게 하다, 악화시키다, 망쳐놓다.
pervestigátĭo, -ónis, f. 탐구(探究), 탐사(探査)
pervestigátor, -óris, m. 탐구자(探究者)
pervestigo, -ávi, -átum, -áre, tr. 뒤쫓아 찾아내다,
　미행하다, 발견(發見)하다(ᴗᴗ), 찾아내다,
　탐사(探査)하다, 탐구(探究)하다, 연구(研究)하다.
pérvĕtus, -étĕris, adj. 매우 오래된, 오래 묵은, 아주 낡은.
pervetústus, -a -um, adj.
　매우 오래된, 오래 묵은, 아주 낡은.
pervexi, "pérvĕho"의 단순과거(pf.=perfectum)
pervicácĭa, -æ, f. (외) 고집(외곬으로 부리는 고집), 완고(頑固)
　완강(σκληροκαρδία.頑固), 견고, 확고, 단호(斷平),
　불굴(不屈), 항구성(恒久性), 내구력(耐久力), 끈덕짐.
　De pervicacia quorumdam, qui resurrectionem carnis,
　quam sicut prædictum est, totus mundus credit,
　impugnant. 예고된 육신 부활을 온 세상이 믿는데도
　반대하는 사람들의 완강한 고집(교부문헌 총서 17, 신국론, p.2830).
pervicacia contendendi. 끈덕진 시비.
pérvĭcax, -ácis, adj. 고집 센, 완고한, 완강한, 불굴의,
　확고한, 단호한, 꾸준한, 끈기 있는, 집요한,
　내구력 있는(=pervicus, -a -um, adj.).
pervíci, "pervinco"의 단순과거(pf.=perfectum)
pervictum, "pervinco"의 목적분사(sup.=supínum)
pérvĭcus, -a -um, adj. = pérvĭcax, -acis, adj.
pervídĕo, -vídi -vísum -ére, tr. 바라보다(ᴐᴗᴗ.ᴗᴗ),
　전망(조망)하다, 두루 보다, 자세히 관찰하다(알아보다),
　식별(識別)하다, 통찰하다, 깨닫다, 인식하다, 파악하다.
pervidi, "pervídĕo"의 단순과거(pf.=perfectum)
pervígĕo, -gŭi -ére, intr. 매우 융성하다, 강대해지다
pérvĭgil, -īlis, adj. 밤새 깨어있는, 계속 경계하여 살피는
pervigilátĭo, -ónis, f. 밤샘
pervigílĭum, -i, n. 밤샘, 철야(徹夜-밤새움), 철야제(徹夜祭).
　(醫) 불면증(不眠症).
pervígĭlo, -ávi, -átum, -áre, tr. 밤을 꼬박 새우다,
　철야하다, 자지 않다, 불침번을 서다.
pervílis, -e, adj. 값이 매우 싼, 헐값의
pervínco, -víci -víctum -ere, intr., tr. 완전히 이기다,
　극복하다, 온전히 정복하다, 능가하다, 월등히 낫게,
　설복하여 …하게 하다, 노력하여 성취(달성)하다,
　성공하다, 하고야 말다.
pérvĭrens, -éntis, p.prœs. 상록(常綠)의.
pervíridis, -e, adj. 새파란
pervísum, "pervídĕo"의 목적분사(sup.=supínum)
pérvĭum, -i, n. 통행(通行), 통로(通路)
pérvĭus, -a -um, adj. (per²+via) 통행할 수 있는,
　통하는, 접근(接近) 할 수 있는, 개방(開放) 된,
　통과시키는, 뚫고 지나가게 하는.
　equo loca pervia. 말이 지날 수 있는 곳.
pervívo, -víxi -víctum -ĕre, intr. 존속하다, 오래 살다
pervolg… … V. pervulg…
pervólĭto, -ávi, -átum, -áre, tr., intr., freq.
　날아서 지나가다(돌아다니다).
pérvŏlo¹ -ávi, -átum, -áre, intr., tr. 날아다니다,
　날아서 돌아다니다, (어디로) 날아가다,
　날아가듯 빨리 가다, 뛰어다니다.
　aérium pervolo iter. 공중을 날아다니다/
　Rumor agitatis pervolat alis.
　　소문이 날개 돋친 듯이 빨리 퍼져 나간다/

totam pervolo urbem. 온 도시를 뛰어다니다/
pervolo² (vis, vult), -vólŭi, -vélle, anom., tr.
몹시 원하다, 무척(많이) …하고 싶다.
pervolúto, -are, freq., tr. 책장을 부지런히 넘기다.
열심히 읽다, 자세히 조사(調査)하다.
pervŏlútum, "pervólvo"의 목적분사(sup.=supínum)
pervolvi, "pervólvo"의 단순과거(pf.=perfectum)
pervólvo, -vólvi -volútum -ěre, tr. (어디에다) 굴리다,
(책장을) 넘기다, 열심히 읽다, 통독(通讀)하다,
(어디에) 오래 머무르다(있다).
pervor… V. **perver…**
pervulgátus, -a -um, p.p., a.p. 널리 퍼진, 다 아는,
보통인, 누구나(늘) 하는, 공통적인, 통상적인, 예사인.
pervúlgo, -ávi, -átum, -áre, tr. 두루 퍼뜨리다,
전파하다, 널리 알려지게 하다, 공개하다, 보급시키다.
se pervulgo *alci*. 매음(賣淫)하다.
pervulsi, "pervello"의 단순과거(pf.=perfectum)
pervulsum, "pervello"의 목적분사(sup.=supínum)
pēs, pědis, m. (사람.동물의) 발(ποὺς),
(상.걸상.침대 따위의) 다리, (배 젖는) 노(櫓),
산(언덕) 기슭, 샘, 강물, (詩) 운각(韻脚), 운율(韻律).
(音) 박자, (척도 단위의) 자, 척(尺).
ad pedes descéndere.
기병이 말을 버리고 보병전으로 들어가다/
æquo pede. 순풍에 돛을 달고/
alqm pédibus protero. 아무를 밟아 뭉개다/
ante pedes(esse) 발 앞에(눈앞에) 있다, 당면하다/
altero pede. 두 걸음으로/
Cálcei hábiles atque apti ad pedem.
발에 편하고 잘 맞는 구두/
conférre pedem. 백병전을 하다, 돌격전을 벌이다/
conjícere se in pedes. 도망가다/
fácere pedem. 돛을 올리다/
I, pedes quo te rapiunt.
발길 닿는 곳으로 빨리 가거라(라틴-한글사전. p.743)/
laboro ex pedibus. 두 발이 아프다/
mero pede. 맨발로(merus' 참조)/
oculum pro oculo, dentem pro dente, manum pro
manu, pedem pro pede. (ovfqalmo.n avnti. ovfqalmou/ ovdo,nta
avnti. ovdo,ntoj cei/ra avnti. ceiro,j po,da avnti. podo,j)
(獨 Auge um Auge, Zahn um Zahn, Hand um Hand,
Fuß um Fuß) (영 eye for eye, tooth for tooth, hand
for hand, foot for foot) 눈은 눈으로, 이는 이로,
손은 손으로, 발은 발로(성경 탈출 21. 24: 출애굽기)/
omni pede in uno. 있는 힘을 다해서 하다/
pede terram pulsáre. 춤추다/pedem efférre. 나가다/
pedem ferre. 가다, 오다/pedem inférre. 들어가다/
pedem oppónere *alci*. 가로막다, 방해하다/
pedem reférre. 돌아오다(가다)/pedes posteriores. 뒷발/
pedes priores 두 앞발/ pédibus ire. 걸어서, 도보로, 육로로/
pédibus ire in senténtiam *alcjs*.
(특히 원로원에서) 누구의 의견(제안)에 찬성(찬동)하다/
pédibus merére. 보병으로 복무(服務)하다/
Quam speciosi pedes evangelizantium bona(로마 10. 15).
기쁜 소식을 전하는 이들의 발이 얼마나 아름다운가!/
secus pedes. 발치에(루카 7. 38)/
sub pédibus esse. 지배(支配) 하에 있다/
sub pédibus pónere. 무시(無視)하다/
ad me refero pedem. 나한테 되돌아오다/
équites peditésque. 귀족과 서민, 전 국민/
excipio se in pedes. 일어서다, 버티고 서다/
fero pedem. 가다(오다), 발걸음을 옮기다/
Impédiunt víncula pedes. 발이 사슬에 묶인다/
infero pedem. 들어가다/
infero pedem(gressum). 돌진하다, 육박해가다/
insisto altérnis pédibus.
(비틀거리며) 발을 번갈아 옮겨 놓다/
insisto in sinístrum pedem. 왼발을 딛고 서다/

Me réferunt pedes in Tusculánum. 나는 발길 따라
*Túsculum*에 있는 별장으로 돌아가고 있다/
Numerus peditum singularum legionum tunc minor erat
quam antea. 각 군단(legio)의 당시의 보병 수는
이전보다 작았다/
Pars sexta quattuor milia et octingentos pedes efficit.
여섯 번째 부분은 4,800 피트(보)에 이른다/
pedem efferre. 나가다(יצא)/
pedem ferre. 가다(ילך.צעד), 오다(אתא.אוב)/
pedem pede urgeo. 발걸음을 재촉하다/
pedem referre. 돌아오다, 돌아가다(se converto.)/
pédibus eo. 걸어서 가다/
pedibus plaudo choreas. 발의 동작으로 윤무들을 추다/
ponam sub pedibus tuis. 네 발 밑에(신국론. p.1860)/
retraho pedem. 뒷걸음질 치다/
turbo áciem péditum. 보병대열에 혼란을 일으키다/
Ubi pedem poněret, non habebat.
그는 발 들여놓을 자리가(들어갈 곳이) 없었다/
umbilicus septem pedes longus.
일곱 자 길이의 권축(卷軸)/
usque pedes. 발까지/
Videte manus meas et pedes.
내 손과 내 발을 보아라(루카 24. 39).
pedes lavare. 발을 씻다
pedes posteriores. 뒷발(antepes, -pedis, m., pl. 앞발)
pedes priores. 두 앞발
pes dexter(felix, secundus)
순조로운 도착, 행운(幸運)을 동반하는 도착.
Pes dolet. 발이 아프다
pessárĭum, -i, n. (醫) 자궁 압정기(子宮 壓定器),
(피임용) 자궁전(子宮栓).
pessime, adv. male의 최상급(비교급은 pejus)
pessimísmus, -i, m. 비관주의(영 pessimism),
비관론(悲觀論), 염세관(厭世觀).
adj. **pessimístĭcus**, -a, -um.
pessimísta -æ, m., f. 비관론자, 염세주의자.
péssĭmo, -áre, tr.
아주 나쁘게 만들다, 불행을 끼치다, 망그러뜨리다.
pessimum publicum. 국가의 손실, 나라의 손실
péssĭmus, -a -um, superl., adj. 가장(대단히) 나쁜,
가장 불량한(악질의), 극악의, 최악의.
mercátor Pessimus. 비열한 밀매자/
In pessima civitate plerumque leges plurimæ sunt.
흔히 아주 못된 국가일수록 법이 무척 많다.
péssŭlum, -i, n. = **pessárĭum**, -i, n. (醫) 자궁 압정기
péssŭlus, -i, m. 빗장, 자물쇠
pessum¹adv. 아래로, 깊이, 밑바닥까지,
pessum abíre. 바닷물에 가라앉다, 침몰하다
pessum dare.(pessúmdare) 망치다, 몰락시키다
pessum²-i, n. (**pessus**, -i, m.)
(옛날에는 부드러운 양털로 만든) 자궁전(子宮栓).
pessúmdo(pessúndo), -dědi, -dátum, -dăre, tr.
바다 밑으로 밀쳐 넣다, 침몰시키다, 전멸시키다,
망하게 하다, 몰락(沒落) 시키다.
péstǐfer, -ěra -ěrum, adj. (pestis+fero)
페스트 병을 퍼뜨리는, 전염력이 강한, 악취를 풍기는,
유해한, 해로운, 유독한, 해독을 끼치는, 파괴적인.
péstífera, -ŏrum, n. pl., 유해한 것들.
pestĭlens, -éntis, adj. 전염병의, 페스트성의, 전염성의,
전염병(傳染病)을 일으키는, 병들게 하는, 유해한,
해독을 끼치는, 악성의, 위험한, 치명적인, 파괴적인.
pestilens annus. 전염병이 도는 해(年)
pestiléntĭa, -æ, f. 페스트, 흑사병(黑死病-페스트),
(사망률이 높은) 전염병(傳染病), 유행성(流行性),
공해(公害), 독소(毒素), 해독(害毒),
병들게 하는 기후(풍토.공기.악조건).
Et contra pestilentiam humanæ consuetudinis in ea
scriptum ita habebat: Quisquis amat dictis absentum

rodere vitam, hac mensa indignam noverit esse suam.
사람들의 고약한 습관을 거슬러 식당에 이렇게 써 놓았다. 자리에 함께 있지 않은 사람을 즐겨 헐뜯는 사람은 이 식사를 함께 할 자격이 없음을 알아들을 것이다.(이연학 최원오 역주, 아우구스티노의 생애, p.99)/
In ea pestilentiā perierunt omnes boves et pecora.
그 페스트 병에 모든 소와 가축들이 모두 죽었다.
pestilentiárĭus, -a -um, adj. 해독을 끼치는, 독소를 지닌
pestilentiósus, -a, -um, adj. 전염병의, 디프테리아의, 악취를 풍기는, 유해한, 해독을 끼치는.
péstĭlis, -e, adj. 전염병(傳染病)의, 흑사병(黑死病)의, 병들게 하는, 건강을 해치는, 유해한.
pestílĭtas, -átis, f. 나쁜 병, 전염병(傳染病), 돌림병, 흑사병(黑死病), 재난, 재앙, 불행, 해독, 독소(毒素).
pestis, -is, f. 페스트, 흑사병(페스트), 전염병, 불행, 재해, 재난, 재앙, 패전, 죽음, 파멸, 멸망, 해충, 병충, 병충해, 해독, 해악, 해악을 끼치는 사람, 유해인물, 위험인물.
hæc tam adulta pestis. 이미 많이 퍼진 흑사병.
Pasteurella pestis 페스트균
Pestis eram vivus, moriens ero mors tua, Papa.
교황이여 내가 살아 있는 동안 나는 너의 페스트 였지만, 죽어갈 때는 나는 당신의 죽음이 될 것이다.
(교황에게 복종하기를 죽기보다 싫어했던 마틴 루터의 말).
Petalum, -i, n. ([영] Breastplate) 흉패(胸牌), 가슴받이(제사 때. 탈출 28, 15 참조. 백민관 신부, 백과사전 3, p.144).
petaminárĭus, -i, m. 곡예사, 줄타기 광대.
petasátus, -a -um, adj.
여행용 모자를 쓴, 여행 떠날 차비가 된.
pétăso, -ónis, m.
(돼지다리의 고기로 만든) 훈육, 햄([영] ham.燻肉).
pétăsus, -i, m. 챙이 넓은 여행용 모자
petaurísta(=**petauristárĭus**, -i,) -æ, m.
곡예사(曲藝師), 줄 타는 광대(funirepus, -i, m.).
petáurum, -i, n. (흔히 곡예사들이 쓰는) 공중 도약판, 철봉, 평행봉, 그네, (줄타기 하는) 줄.
petax, -ácis, adj. 몹시 찾는(탐하는), 갈망(渴望)하는
pete, 원형 peto, -tívi(tĭi) -títum -ĕre, tr.
[명령법. 현재 단수 2인칭 pete, 복수 2인칭 petite].
Pete a me, quod vis, et dabo tibi.(성경 마르 6, 22)
무엇이든 원하는 것을 나에게 청하여라. 너에게 주겠다.
Pete consilium a sapiente. 현자로부터 의견을 청해라
Pete et roga pro fratribus et sodalibus tuis.
형제들과 친지들을 위해 기도하고 청원해 달라.
petéchĭæ, -árum, f., pl.
(醫) 소자반(小紫斑), 혈반(血斑), 반상출혈(斑狀出血).
Petema Caritas, 분열을 하고 있는 아르메니아인들에게.
(제256대 레오 13세 교황 1888.7.25. 발표)
petens, -éntis, m., f. 탄원자, 건의자, 알현(謁見) 신청자.
Pétere Romam. 로마로 가다
petere veniam legatis mittendis.
사신(使臣)을 보내는 데 대한 동의를 청하다.
petésso, -ĕre, tr. 졸라대다, 얻으려고 노력하다, 추구하다, 열망하다, 간청하다(עבו.אנן.προσεύχομαι).
petherédĭum, -i, n. (法) 상속청구(相續請求)
pĕtii, "peto"의 단순과거(pf.=perfectum)
petímen, -mĭnis, n. 짐승 어깨에 나는 부스럼
petíŏlus, -i, m. 작은 발, (植) 잎 꼭지, 과일 벌레, (양.염소.송아지 따위의) 족발. (動) 육병, 육경.
petite, 원형 peto, -tívi(tĭi) -títum -ĕre,
[명령법. 현재 단수 2인칭 pete, 복수 2인칭 petite].
Petite, et dabitur vobis. (성경 마태 7, 7).
([영] Ask and it will be given to you)
청하라, 너희에게 주실 것이다.
Petite, quærite, pulsate. 청하라, 찾아라, 두드려라
petitio, -ónis, f. 공격, 무찌름, 일격(을 가함), 강타, 청원([영] Petition), 신청, 탄원, 의뢰, 요청, 청구, 요구, 요망. (法) 청구(소송), 청구권.
petitio accessoria. 부대요구, 추가채권(追加債券)
petitio hereditatis. 상속재산 청구소송(請求訴訟)
petitio principii. 선결 요청의 원리, 순환논법(circulus vitiosus), (論) 선결문제 요구의 허구, 오류추리.
petítor, -óris, m. (**petítrix**, -trícis, f.)
청구인, 요청자, 요망자, 청원자, 신청인, 간청자, 탄원자(歎願者), 구혼자, 관직 지망자, 입후보자, 민사소송 원고(民事訴訟 原告), 소유권 확인 소송자.
petitórĭus, -a -um, adj. 청원의, 탄원의, 청구(권)의, 청구소송의, 소유권 확인 청구의, 관직 입후보자의.
n. 청원서(請願書), 탄원서(歎願書).
áctio petitória 소유권 확인 청구소송.
pĕtītum, "peto"의 목적분사(sup.=supínum)
petitúrĭo, -íre, tr., desid. 관직 얻기를 열망하다
petítus, -us, m. 기울어짐, 청구, 요구, 요망.
Fátus est judex qui ultra petita judicat.
청구된 것 이상을 재판하는 재판관은 미련한 자이다/
gemitus alto de corde petiti.
마음속으로부터 우러나온 탄식(歎息)/
Legati missi sunt pacem petitum.
사신들은 평화를 청하기 위해 파견되었다.
pĕtīvi, "peto"의 단순과거(pf.=perfectum)
petivit, 원형 peto, -tívi(tĭi) -títum -ĕre, tr.
[직설법 현재완료.
단수 1인칭 petivi, 2인칭 petivisti, 3인칭 pativit,
복수 1인칭 petivimus, 2인칭 petivitis, 3인칭 peterunt]
peto, -tívi(tĭi) -títum -ĕre, tr. (어디를) 향하다, (어느 방향으로) 가다(הלך.לוא), 날아가다, 흘러가다, 길을 가다, 진로를 잡다, 도주(逃走)하다, 찾아가다, 방문하다, 만나다, 공격하다(מחא.מחץ), 쳐들어가다, 습격하다, 무찌르다, 타격을 가하다, 비난하다(רגן.ריגן), (무엇을) 찾아 (얻으러) 가다, (무엇을 어디서) 찾다, 얻다, 구해오다, 노획하다, 몹시 바라다, 청하다(αἰτὲω), 열망(갈망)하다(רטח.ריטח.גגר), 추구하다, 동경하다, 부탁하다, 간청하다, 탄원하다, 입후보하다, 벼슬자리를 구하다, 소구하다, 소송으로 청구하다.
a te peto, ut … , 너한테 … 하기를 부탁 한다/
alqm epístolā peto. 누구를 편지로 공격(비난)하다/
caput peto. 머리를 (겨냥하여) 공격하다/
De divino petendo auxilio et confidentia recuperandæ gratiæ. 하느님께 도움을 구하고 은총이 돌아올 때를 꾸준히 기다림에 대하여(준주성범 제3권 30장)/
e flammā peto cibum. 화염에서 음식을 구해오다/
gémitus alto de corde petíti.
마음속으로부터 우러나온 탄식(불평)/
in Itáliam peto óstreas.
이탈리아로 가서 (바다의) 굴을 구하다/
is qui petit. 청구 소송인, 원고(原告)/
iter terra pétere. 육지(陸地)로 향하다/
(is) unde(a quo) pétitur. (민사 소송의) 원고/
justum petere. 정당한 소청/
Legatos miserunt ut pacem peterent.
그들은 화친(和親)을 청하라고 사절들을 보냈다/
loca calidióra peto. (새들이) 더 따뜻한 지방으로 날아가다/
Multa petentibus desunt multa.(Horatius). 많은 것을 요청하는 사람들에게는 많은 것이 부족한 셈이다/
Ne atténderis pétĕre a me. 나에게 청할 생각은 하지 마라/
Non petam et non tentabo Dominum(성경 이사야 7, 12).
저는 청하지 않겠습니다. 그리고 주님을 시험하지 않으렵니다/
Petitis et non accipitis, eo quod male petitis, ut in concupiscentiis vestris insumatis.
여러분은 청하여도 얻지 못합니다. 여러분의 욕정을 채우는 데에 쓰려고 청하기 때문입니다(성경 야고 4, 3)/
peto *alqm* spículo. 누구를 창으로 치르다/
peto opem ab *alqo*. 누구에게 도움을 청하다/
Peto Romam (pátriam) 나는 로마로 간다.
[pétere가 ab(abl.) 없이 그냥 직접 객어만 가질 때에는 가끔 '방문하다, 찾아가다, 향발하다, 공격하다, 추구하다' 따위의 뜻을 가진다]/
præsídium peto ex *alcjs* benevoléntiā.

누구의 호의에서 보호를 얻어내려고 하다/
quod justum est petito vel quod videatur honestum
nam stultum petere est quod possit jure negari.
정당한 것을 법원에 소청하고 정직하다고 보이는 바를
소청한다. 법에 의해서 기각 당할 것을 소청하는 것은
어리석은 짓이다(성 염 지음. 사랑만이 진리를 깨닫게 한다. p.456)/
Ranæ regem petiérunt Jovem.
개구리들이 *Júpiter*에게 왕을 청하였다/
Submíssi pétimus terram.
우리는 무릎을 꿇는다. 땅에 엎드린다.
Peto a te, ne abeas neve nos deseras. 나는 떠나가
거나 우리를 버리거나 하지 말기를 네게 청한다.
Peto bene vivere. 잘 살아 보려고 몹시도 바라다.
peto cursu desérta. 광야로 달려가다.
peto fugam. 도망갈 길(곳)을 찾다.
Peto patriam. 나는 귀국한다.
Peto Roman. 나는 로마로 간다.
petór(r)ïtum, -i, n. 지붕이나 뚜껑이 없는 사륜마차.
petra¹ -æ, f. 돌(λιθος), 바위, 반석(넓고 편평한 바위), 암초.
Tu es Petrus, et super hanc petram ædificabo
Ecclesiam meam. 너는 베드로이다. 내가 이 반석 위에
내 교회를 세우리라.
petra² -æ, f. Illýria의 도시
petra sacra. 성석(⑨ sacred altar stone-성인.성녀나
순교자의 유해를 넣은 돌판.이동 제단 혹은 휴대용 제단의 성석聖石).
petræus, -a -um, adj. 바위에서 나는
petrárïum, -i, n. 채석장(採石場-석재를 떠내는 곳)
Petre, amas me? 베드로야, 너는 나를 사랑하느냐?
Petre, diligens es! 베드로야, 부지런해라!
pétrĕus, -a -um, adj. 돌의, 바위의
Petri cathedram atque Ecclesiam principalem unde
unitas sacerdotalis exorta est. 주교들의 일치는
베드로의 교좌이며 으뜸교회인 로마교회에서 나온다.
(교부문헌 총서 1, p.25).
pétrīnus, -a -um, adj. 돌의, 바위의
petro, -ónis, m. 촌사람, 시골사람, 늙은 숫양
petróleum, -i, n. 석유(oleum vivum.)
petrónïus¹-a -um, adj. 바위의.
petrónii canes. 험한 바위산에서 사냥하는 개.
petrósus, -a -um, adj. 바위 많은, 돌밭의, 바위로 된,
바위처럼 딱딱한. (解) 측두골의, 추체부의.
petrótos, -on adj. 화석이 된
Petrum et Paulum. (1967.2.22. 교황권고)
사도 베드로와 바오로의 순교 1,900주년기념
Petrus, -i, m. 예수의 수제자, 12사도의 으뜸, 초대교황.
De apostolici primatus in beato Petro institutione.
복된 베드로 안에서의 사도적 수위권의 설정/
Et unde constat quia hoc Petrus cum dilectione dicebat?
베드로가 사랑으로 이 말을 했다는 증거가 어디
있습니까?.(최익철 신부 옮김. 요한 서간 강해. p.431)/
In Novo Foedere Petri persona præstantem tenet locum.
(⑨ In the New Testament, the person of Peter has an
eminent place). 신약성서에서 베드로라는 인물은 뛰어난
위치를 차지합니다(1995.5.25. "Ut Unum Sint" 중에서)/
Matthæi Evangelium Petri in Ecclesia munus pastorale
describit et definit.(⑨ The Gospel of Matthew gives a
clear outline of the pastoral mission of Peter in the
Church) 마태오복음은 교회 안에서 베드로의 사목적 임무
를 명백하게 진술하고 있습니다(1995.5.25. "Ut Unum Sint" 중에서)/
Quid apostolus Petrus de novissimo Dei judicio
prædicarit. 사도 베드로는 하느님의 최후 심판에 대해
뭐라고 예고했는가(교부문헌 총서 17. 신국론. p.2820)/
Quomodo ad fidem hanc pervenit Petrus?
베드로는 어떻게 그러한 신앙에 도달할 수 있었습니까?/
tu vocaberis Cephas - quod interpretatur Petrus.
너는 케파라고 불릴 것이다. '케파'는 '베드로'라고
번역되는 말이다(성경 요한 1. 42).
Petrus ad vincula. 성 베드로 사슬 축일.
(백민관 신부 엮음. 백과사전 3. p.147).

Petrus dixit per Leonem. 레오를 통해 베드로가 말했다
Petrus est homo. 베드로는 인간이다
Petrus fullo. 마전장이 베드로
Petrus tam díligens est quam Paulus.
베드로는 바오로만큼 부지런하다[동등비교에서는 제1항에
tam(이만큼, 그만큼)+원급을 쓰고, 제2항은 quam(얼마만큼)으로 이어주면서,
상관적인 비교를 한다. 허창덕 지음, 중급라틴어. p.52].
pétŭlans, -ántis, adj. 거드럭거리는, 주제넘은,
건방진, 뻔뻔스러운, 염치없는, 제멋대로의, 버릇없는,
경박한, 극성스러운, 쏘아붙이는, 외설한, 음탕한.
imitátïo petulans. 버릇없는 흉내.
petulántïa, -æ, f. 뿔로 받음, 거드럭거림, 주제넘음, 항명,
건방짐, 뻔뻔스러움, 몰염치(沒廉恥-파렴치), 버릇없음,
무례(barbarismus morum), 불손, 경박, 경망, 경솔.
petúlcus, -a -um, adj.
뿔로 받는, 함부로 날 뛰는, 뻔뻔스러운, 넉살좋은.
peuce, -es, f. 소나무의 일종, 이집트 포도
pexátus, -a -um, adj. 빳빳한, 새 옷을 입은.
pexi, "pecto"의 단순과거(pf.=perfectum)
pexum, "pecto"의 목적분사(sup.=supínum)
pexus, -a -um, p.p., a.p.
pexa vestis. (보풀이 아직 빳빳한) 새 옷.
P.G. =Patrologia græca (J.P. Migne), 그리스 교부 총서
Phæacum abscondimus arces.
Phæacia인들의 요새는 우리의 시야에서 벗어났다.
phæcásïa, -æ, f. (phæcasíum, -i, n.) 희랍인들의 흰 구두
phæcasiátus, -a -um, adj. 흰 구두를 신은
phænolgía, -æ, f. 생물 기후학(生物 氣候學)
phænológïcus, -a -um, adj. 생물 기후학의
phænomenális, -e, adj. 자연현상의, 현상계의, 현상적인
phænomenalísmus, -i, m. (哲) 현상론, 현상주의.
adj. phænomenalístïcus, -a -um.
phænoménísmus, -i, m. = phænomenalísmus
phænomenología, -æ, f. [그리스어 Phainomena '나타남' + logos '논함].
이 용어는 18세기 J. H. Lambert(1728~1777, 저서 우주론)으로 처음 사용했고,
그 다음 Kant가 인식론을 펴면서 사용했다.
(哲) 현상학(⑨ Phenomenology-). (醫) 징후학.
phænóměnon(phænóměnum), -i, n.
현상, 자연현상(自然現象). (醫) 징후(徵候).
phænomenon naturalis. 자연현상(自然現象)
phænomenon rxtraordinárïum.
특수현상(特殊現象.⑨ extraordinary phenomenon).
Phænomenum Montessorianum. 몬테소리 현상
phagedǽna, -æ, f. 허기증(虛飢症), 이상 허기증.
(醫) 침식성 궤양(侵蝕性 潰瘍).
phagedǽnïcus, -a -um, adj.
이상 허기증(虛飢症)에 걸린. (醫) 침식성 궤양의.
phǽgo, -ónis, m. 대식가(大食家), 폭식가(暴食家)
phagocytósis, -is, f. 식세포(食細胞) 활동
phala, -æ, f. = fala
phalángæ(palángæ), -arum, f., pl.
굴림대, 목도(몽둥이), 막대, 몽둥이.
phalangárïus¹ (palangárïus) -i, m.
굴림대로 무거운 물건을 옮기는 사람, 목도꾼.
phalangárïus² (palangárïus) -i, m. 밀집부대의 병사
phalangítæ, -arum, m., pl.
(창.방패 따위로) 중무장한 밀집부대(密集部隊).
phalángïum(phalángïon) -i, n. (蟲) 독거미
phalángo(palango) -áre, tr.
굴림대로 무거운 물건을 옮기다. 목도로 운반하다.
phalanx, -ángis, f. ((軍)) (일반적으로) 밀집부대,
(창.방패 따위로) 중무장한 밀집부대, 정예부대,
집결, 군집, 대량(phalanges culparum. 수많은 잘못).
(解.動) 지골(指骨-손가락뼈). (植) 수꽃술 다발.
phaláris(phaléris) -ïdis, f.
(動) 물 닭의 일종. (植) 갈풀, 뱀 풀.
phálěræ, -arum, f., pl. 말의 이마.목 따위의 장식물.
(귀족 특히 군인들이) 가슴에 주렁주렁 다는 훈장.
미사여구, (말.문체의) 허식(虛飾).

P

phálĕro, -ávi, -átum, -áre, tr.
장식(裝飾)하다, 꾸미다(נצר. רבב. לבש).

phallísmus, -i, m. 남근숭배(男根崇拜)

phallus, -i, m. 남근 상(男根像-Bacchus 축제 때에 메고
돌아다니던 나무.유리.가죽 따위로 만든 생식력 상징의 남근상)

phantasía, -æ, f. 상상, 공상, 몽상, 망상, 환상, 환각.
(音) 환상곡(가극의 주요 부분만 발췌하여 편곡한 악곡. 판타지).
primum principium phantasiæ est a sensu secundum
actum. 상상력의 제1원리는 현실태에 따르는 감각으로
부터 온다. 이상섭 옮김, 신학대전 14, p.403).

phantasia sive imaginátĭo. 상상(想像)

phantásma, -átis, n. 심상, 감각상, 환상, 환상,
유령(幽靈-죽은 사람의 혼령이 생전의 모습으로 나타난 형상),
표상(表象-신체의 기관에 인각 되어 보존되어 있는 개별적 사물의 유사성
similitudo이다. 이것은 감각적 차원이다. phantasma(표상)는 시간과 공간의
제약을 받는 감각 능력에 속한다. 반면에 인간의 지성은 지성인 한에서 신체
기관을 이용하지 않는 순수한 정신적 능력이다. 그러나 인간의 지성이 신체의
형상(forma corporis)인 한 "표상에로의 전환(conversio ad phantasma)" 없이는
인식할 수 없다는 점에서 우유적으로 시간과 공간에 결부되어 있다.
(이상섭 옮김, 신학대전 14, p.253)/
conversio ad phantasmata. 표상으로의 전회.

	sg.	pl.
nom.	phantasma	phantasmata
voc.	phantasma	phantasmata
gen.	phantasmatis	phantasmatum(-órum)
dat.	phantasmati	phantasmatibus(-is)
acc.	phantasma	phantasmata
abl.	phantasmate	phantasmatibus(-is)

(허창덕 지음, 중급 라틴어, p.12)

phantasmata in organo sensus
감각 기관에 있는 감각상들.

phantasmátĭcus, -a -um, adj. 유령의, 환영의, 헛것의

Phántăsos, -i, m. 꿈의 신

phantástĭcus, -a -um, adj. 공상적인, 상상의,
환상적인, 망상적인, 가공의, 터무니없는, 엄청난.

Phárăo, -ónis, m. 파라오(Φαραω.⑨ Pharaoh),
고대 이집트 왕의 칭호(稱號).

phárĕtra, -æ, f. 전통(箭筒), 화살 통

pharetrátus, -a -um, adj. 화살 통을 멘.
pharetrata Virgo. 화살통 맨 처녀.

Pharisǽi, -órum, m., pl. 바리사이파(Φαρισαιοι.⑨ Pharisees).

Pharisæismus, -i, m. 바리사이주의, 바리사이파의 교리.

Pharisáĭcus, -a -um, adj. 바리사이파(사람)의, 위선의.
scándalum pharisáicum. 남의 선행을 자기 기준으로 악의적으로 해석
하여 단죄하거나, 그것을 계기로 자신이 죄를 짓는 행위.

Pharmaca nociva. 마약(痲藥.⑨ Drugs/harmful)
(마리화나.모르핀.코카인 따위).

pharmacéutrĭa, -æ, f. 여자 마법사(魔法師), 마녀(魔女)

pharmacía, -æ, f. 제약학, 조제학, 제약술(製藥術),
조제술(調劑術), 제약(조제)업, 약국(藥局), 약방.

pharmacísta, -æ, m. 약제사(藥劑師), 약사(藥師).

pharmacología, -æ, f. 약물학(藥物學), 약리학(藥理學).

pharmacopœĭa, -æ, f. 약전(藥典).

pharmacopóla, -æ, m. 약장수

pharmacopolium, -i, n. 약국(藥局)

phármăcum, -i, n. 약(藥)

pharos(=pharus), -i, f. 등대(燈臺), 신호등, 등표,
항로표시, 망루(望樓-망을 보기 위하여 세운 다락집. 관각).

pharyngítis, -tidis, f. (醫) 인두염(咽頭炎)

pharynx, -ríngis, m. (解) 인두(咽頭)

Phase, indecl., n. (聖) 과월절(פסח)

phasél(l)us, -i, f., m. (植) 강낭콩, 잠두(蠶豆), 완두콩

phaséŏlus, -i, m. (=phaseolus vulgaris) ((植)) 강낭콩

phasianárĭus, -i, m. 꿩 사육자(飼育者)

phasianus, -i, m. (phasiana, -æ, f.) (鳥) 꿩

phasis, -is, f. (변화.발달의) 기간, 양상, 국면, 형세.
(눈 또는 마음에 비치는 변화하는 것의 상.
((天)) (천체의) 상(相), (달의) 위상(位相).

phasma, -átis, n. 귀신(鬼神.δαιμόνιον), 유령(幽靈).

---

phellos, -i, m. (植) 코르크나무

phengítes, -æ, m. (鑛) 투명 석고(유리 대용으로 창문 등에 썼음)

phenobarbitálum, -i, n. (藥) 페노바르비탈(수면제로 쓰이는 극약)

phénŏlum, -i, n. (化-phenol) 석탄 산(石炭酸)

phenolum liquefactum. 액상(液狀) 석탄 산(石炭酸)

phétrĭum, -i, n. (단체.조합.협회의) 회원 집합소

phétrĭus, -i, m. (단체.조합.협회의) 회원

phéugydros, -i, f. (醫) 공수병(狂犬病-pavor aquæ.),
광견병(狂犬病-aqua-lyssa, -æ, f.).

phíăla, -æ, f. 대접(접시), 넓적하고 운두가 낮은 잔

Philænus spumárĭus. 거품벌레

philanthrópĭa, -æ, f. 박애(主義), 자선, 인애,
인류에의 공헌, 자선(박애) 행위(사업.단체).

philanthropion(philanthropium), -i, n. 중개 수수료,
구전(口錢=口文-흥정을 붙여주고 양쪽으로부터 받는 돈).

philanthropísmus, -i, f. 박애주의(⑨ philanthropy),
인류애주의(계몽 철학의 교육 이상).

Philanthropinum, -i, n. (인류애)의 학교

philanthrópos, -i, f. (植) 갈퀴덩굴

philárgĭcus, -a -um, adj. 쾌락(안일)을 좋아하는, 향락적인

philargýrĭa, -æ, f. 금전에 대한 욕심

philéma, -átis, n. 입맞춤

Philippus, -i, m. 사도 필립보

Philippus, -i, m. Macedonia의 여러 왕 이름
Philippum, Macedonum regem, rebus gestis et gloria
superatum esse a filio, facilitate et humanitate video
superiorem fuisse. 필리푸스는 마케도니아의 왕으로서
행적과 영광에 있어서 아들 알렉산더 대제에게 압도
당하기는 했지만, 친절과 교양에 있어서는 아들을 능가
하였다고 나는 생각한다.(성 염 지음, 고전 라틴어, p.4).

Philisthæi(Philisthim) 필리스테인, 필리스티아인,
불레셋인(공동번역). [히브리어로는 pelisthim, Pelesheth. 70인역에서는
philistieyim으로 철자했고, 모세오경과 여호수아 등 다른 성서에는 Allóphyloi
라고 되어있다…. 백민관 신부 엮음, 백과사전 3, p.162].

philitía, -æ, n., pl.
(자기 먹을 것을 가져오던) Sparta인들의 회식(연회).

philo- "사랑하는, 좋아하는" 이라는 뜻의 접두사

philocálĭa, -æ, f. 미의 애호, 교양.세련미 추구

philográecus, -a -um, adj.
희랍식 표현법을 좋아하는, 희랍식 용어를 좋아하는.

philología, -æ, f. 학식, 조예, 문헌학(文獻學), 언어학,
교양(학문, 지식, 등을 바탕으로 이루어지는 품위).
investigatio philologia. 문헌학적 접근.

philólŏgus, -a -um, adj. 호학의, 학식 있는, 조예 깊은,
교양 있는, 언어학의, 언어학적, 문헌학의.
m. 박학다식한 사람, 언어학자, 문헌학자.

philoméla, -æ, f. 밤 꾀꼬리, [Athénœ의 Pandion 왕의 딸.
Porcne의 동생. 형부 Téreus에게 능욕 당한 후 비밀 누설 방지로
혀를 잘리고 후에 밤 꾀꼬리(나이팅게일)로 변함].

Philomélĭum, -i, m. 동남 Phrýgia의 도시.
[subst. deriv.] **Philomelénses**, -īum, m., pl. 그곳 주민.

philoména, -æ, f. 필로메나(동정녀. 축일 7월 5일)

philosárca, -æ, m. 육체를 사랑(尊重)하는 자.
(동일한 육체로 부활한다고 생각하는 사람).

philósŏpha, -æ, f. 여류 철학자

philosopháster, -tri, m.
사이비(似而非) 철학자, 철학자인체 하는 사람.

philosophia, -æ, f. 철학(Φιλοσοφία.⑨ Philosophy).
Amor autem sapientiæ nomen Græcum habet
philosophiam, quo me accendebant illæ litteræ.
그러나 지혜에 대한 사랑이 그리스어로 "철학
philosophia"이라는 이름을 지닌 까닭에 나는 철학서에
열중하게 되었습니다.(고백록 3.4.8)/
Apud philosophos, Philosophia prima utitur omnium
scientiarum documentis. 철학 가운데 으뜸가는 철학은
다른 모든 학문의 기록이다/
ars bene beateque vivendi. 선하고 행복한 삶의 예술/
ars est enim philosophia vitæ. 철학은 삶의 예술이다/
ars vivendi. 삶의 예술/

P

censura philosophiæ Cartesianæ. 데카르트 철학의 검열/
De diversis philosophiæ statibus. 철학의 여러 입지들/
De ea philosophia, quæ ad veritatem fidei Christianæ propius accessit. 그리스도교 신앙의 진리에 가장 가까이 접근한 철학(교부문헌 총서 17. 신국론. p.2768)/
De mundi Philosopia. 우주철학/
De philosophia perenni. 구원의 철학론(1540년)/
divina philosophia. 신적 철학/
Ego philosophiæ semper vaco. 나는 언제나 철학 연구에 종사하고 있다.[격에 따라 목적어의 격이 달라지는 동사 vacare+여격 힘쓰다, 종사하다 / vacare+대격 없다, 비다(ab)]/
Est profecto animi medicina, philosophia. 철학은 참으로 정신 치료제이다/
Fons Philosopiæ. 철학의 원천/
Hoc tibi philosophia præstabit : numquam te pænitebit tui.(Seneca). 철학은 이 점을 그대에게 제공하리라: 그대가 그대 자신을 두고 결코 후회하지 않는 삶!/
instrumentum philosophiæ. 철학문서/
mea subtilior, interior philosophia. 나의 보다 근본적인 내적인 철학/
Nec quidquam áliud philosophía est præter stúdium sapiéntiæ. 철학이란 예지(叡智)의 연구 외에 다른 아무 것도 아니다/
Numquam laudari satis philosophia potest, cui qui pareat omne tempus ætatis sine molestia possit degere. 철학은 아무리 칭찬해도 부족하다. 그것에 복종하는 사람이 생애 전체를 근심 걱정 없이 보낼 수 있는 그런 것이다/
O vitae philosophia dux, quid vita hominum sine te esse potuisset? 오, 인생의 길잡이 철학이여, 그대 없이 인간의 삶이란 대체 무엇일 수 있으리?/
pax philosophica. 철학적 평화/
pax theologica. 신학적 평화/
Philosophi non artem, sed sapientiam capiunt in vita. 철인들은 인생에서 기술이 아니라 지혜를 탐한다/
Philosophiæ parens. 철학의 어버이/
Platonem non accepit nobilem philosophia, sed fecit. 철학이 이미 고상해진 플라톤을 품어준 것이 아니라 플라톤을 철학이 고상한 사람으로 만들었다(Seneca)/
prima philosophia. 제일 철학/
Princeps Thomistarum in Philosophia. 토미즘 철학의 왕자/
Princeps Thomistarum in theologia. 토미즘 신학의 왕자/
rationális philosophía. 논리학(論理學)/
rationális pars philosophíæ. 변증법(辨證法)/
Si quid est in philosophia boni, hoc est, quod stemma non inspicit.(Seneca). 철학이 좋은 점이 있다면, 그것은 혈통을 따지지 않는 일이다/
theologia quæ ad pars philosophiæ pertinet. 철학의 부분인 신학/
tracto partem philosophíæ. 철학의 한 부분을 논하다/
vera et divina philosophia. 참된 신적 철학.

philosophia a Revelátĭone evangelica penitus distracta. 복음의 계시로부터 완전히 동떨어진 철학. (가톨릭 교회의 가르침, 제10호, p.111).

Philosophia Academica. 학문적인 철학
philosophia activa. 활동철학
philosophia analytica([영] analytic philosophy). 분석철학.
Philosophia ancilla theologiæ. 철학은 신학의 시녀
philosophia autonoma. 자율철학
philosophia bene vivendi disciplina. 철학은 선하게 사는 학문이다(키케로 정의).
philosophia christĭana.([영] Christĭan philosophy) 그리스도교 철학.
philosophia culturæ. 문화철학([獨] Kulturphilosophie. [영] philosophy of culture)(제반 문화현상들을 총괄하는 철학의 한 분야).
philosophia essendi. 존재의 철학(存在 哲學)
philosophia Græca([영] philosopy of Greek). 그리스 철학
philosophia historiæ([영] philosophy of history). 역사철학
philosophia implicita. 함축적 철학
philosophia Indica. 인도 철학
philosophia juris([영] legal philosophy/jurisprudence). 법 철학.
philosophia lingua([영] philosophy of language). 언어철학
Philosophia Medii ævi([영] Medieval Philosophy). 중세철학
philosophia metaphysica. 형이상학(形而上學)
philosophia moderna([영] modern philosophy). 근대철학
philosophia moralis. 윤리철학
philosophia Mundi. 자연 세계의 철학
philosophia naturalis. 자연철학[중세인들이나 근세의 피코에게 philosophia naturalis란 하느님과 세계에 관해서 타고난 인간 이성으로 인식할 수 있는 사유범위를 의미하였으며 초자연적 계시에 관한 사유, 곧 신학과 대응되는 용어였다. 성 염 옮김, '피코 델라 미란돌라' p.30].
Philosophia Naturalis Principia Mathematica. 자연철학의 수학적 원리(1687년 아이작 뉴턴 지음).
Philosophia non est res subscivus. 철학은 한가해서 하는 일이 아니다.
Philosophia nos cum ceteras res omnes tum nosmet ipsos docet. 철학은 우리에게 다른 모든 것과 더불어 우리 자신을 (우리가 어떤 존재인지를) 가르쳐 준다.
philosophia oraculorum. 신탁의 철학
philosophia perennis. 영속적(영구한) 철학, 영원한 철학
Philosophia politica([영] political Philosophy). 정치철학
philosophia practica. 실천 철학
philosophia prima. 제1철학(형이상학)
philosophia quasi parens. 어머니와도 같은 철학
philosophia rationalis. 이론 철학
Philosophia religionis([영] Philosophy of Religion). 종교철학
Philosophia sapientiæ amor est et affectátĭo. 철학이란 예지에 대한 사랑과 추구이다.
philosophia Scholastica. 스콜라 철학
philosophia scientiæ. 과학철학
philosophia separata. 분리된 철학
philosophia socialis([영] social philosophy). 사회철학
philosophia speculativa. 사변 철학
philosophia valoris. 가치철학
philosophia vitæ. 생의 철학, 인생철학
philosophíæ assideo. 철학 연구에 몰두(沒頭)하다
Philosophiæ naturalis. 자연철학(φιλοσοφία φυσική.[영] natural philosophy).
Philosophiæ Naturalis principia Mathematica. ([영] Mathematical Principals of Natural Philosophy) 자연철학의 수학적 원리(미분학 발견자 Isaac Newton의 1687년 지음).
philosophica implicita. 함축적(含蓄的) 철학
philosophica institutio([영] philosophical training). 철학수업
philosóphĭcus, -a -um, adj. 철학의, 철학적.
Cursus philosophicus Thomistricus. 토마스 철학 강요/
superbia philosophica. 철학적 교만/
sub repéctus philosóphico. 철학적 견지(見地)에서/
Tractatus logico-philosophicus. 논리철학 논고. (비트겐슈타인 1889~1951 지음).
philósŏphor, -átus sum, -ári, dep., intr. 철학하다, 철학을 논하다, 철학적으로 사색(탐구.고찰)하다.
philosophorum placita. 여러 철학자들의 학설
Philosophumena. 철학적 사상(Hippolytus의 저서)
philósŏphus, -a -um, adj. 철학의, 철학적, 철학자의. m. 철학자(nimis philosophus. 너무 엄격한 철학자).
Christi Romanorum Religio ad philosophorum sapientiam conferruntur. 철학자들의 지혜에 비추어 견준 그리스도교와 로마인 종교(신국론 제8권)/
Collationes sive Dialogus inter Philosophum, Iudæum et Christianum.(아벨라르두스 지음) 철학자와 유대인과 그리스도교인 사이의 대화/
De falsa sapientia philosophorum. 철학자들의 거짓 지혜에 대하여(락탄티우스 지음)/
De quæstione naturalis theologiæ cum philosophis excellentioris scientiæ discutienda. 자연신학 문제는 뛰어난 지식을 갖춘 철학자들과 논해야 한다.(신국론. p.2768)/
homo est naturaliter philosophus.

인간 존재자는 그 본성상 철학자이다/
magnus astrologus idemque philosophus.
위대한 점성가이자 위대한 철학자/
Philosophi non artem, sed sapientiam capiunt in vita.
철인들은 인생에서 기술이 아니라 지혜를 찾는다/
Philosophi virtutis magistri juventuti erant et erunt.
철학자들은 청년에게 덕을 가르치는 스승이었고
앞으로도 그럴 것이다/
Si tacuisses, philosophus mansisses. 네가 그때 잠자코
있기라도 했더라면, 철학자 대접을 받았을 텐데…/
verus philosophus est amator Dei.(신국론 8. 1)
진정한 철학자는 하느님을 사랑하는 사람이다.

philosophus astrologus. 점성가 철학자
philosophus probat potentia infinita movet in instanti.
철학자는 무한한 능력은 순간적으로 운동한다는 것을
증명했다.[이 내용을 더 자세히 표현하면 '연속 없이 순간적으로(in instanti
absque successione)'이다. 그런데 '연속(successio)'은 시간의 개념을 구성하는
본질적 요소이다. 따라서 순간과 시간 사이에는 비례 관계가 없다. 왜냐하면
순간은 시간의 부분이 아니기 때문이다(instans non est pars temporis).
이런 맥락에서 제3이론에 대한 해답에서는 비시간 안에서(in non tempore)라는
표현이 사용된다. 이상섭 옮김, 신학대전 14. p.149].
philostórgus, -a -um, adj. (부모 자식 간의) 애정 어린
philtrum, -i, n. 미약(媚藥-성욕을 돋우는 약. 淫藥),
마약(痲藥)⑨ Drugs/harmful), 음약(淫藥).
philus, -a -um, adj. 친근한, 친구인
phílyra(=phílŭra) -æ, f. (植) 보리수(菩提樹).
phimus(=fritíllus), -i, m.
주사위통, 주사위를 넣고 흔드는 둥근 통.
phlasca, -æ, f. 술병(=flasca), 플라스크(⑨ flask)
phlebítis, -tĭdis, f. 정맥염(靜脈炎)
phlebotómĭa, -æ, f. 정맥 절개술, 사혈(瀉血), 방혈(防血)
phlebótŏmo, -ávi, -átum, -áre, tr.
(치료를 목적으로 정맥을 가르고) 피를 뽑다
phlebótŏmus, -i, m. (-um, -i, n.) ((醫)) (란셋-拔針
.바소.⑨ lancet) (정맥 절개 따위에 사용되는) 의료용 뾰족 칼.
phlégĕthon, -óntis, m. 불이 흐르는 저승의 강
phlegma(=flegma) -ātis, n. (生理) 점액, 점액질(粘液質),
담, 가래, 침, 둔감(鈍感), 지둔(遲鈍), 냉담(冷淡).
phlegmátĭus, -a -um, adj.
점액질의, 둔감한, 지둔한, 냉담한, 가래가 많은.
phlegmone, -es, (=phlegmon, -ŏnis) f.
(醫) 급성 결체 조직염, 봉과직염.
phlomis, -ĭdis, f. (=phlomis umbrosa)
속단(꿀 풀과의 여러해살이 풀).
phlox, -ŏgis, f. (植) 야생 오랑캐꽃, 플록스
phóbĭa, -æ, f. 공포증(恐怖症), 병적 공포.
phôca, -æ, (=phôce, -es,) f. 바다표범
Phœbea ars. 의술(醫術.ars medendi.)
Phœbea lampas. 태양(φωw.sol, solis, m.)
Phœbe(ĭ)us ales. 까마귀
Phœbe(ĭ)us ictus. 태양광선(太陽光線)
Phœbus, -i, m. 태양, 일륜, (방위의) 동.서.
sub utróque Phœbo. 동쪽과 서쪽에.
phœníce²-es, f. (植) 독보리(가라지.lolium temulentum),
(植) 메귀리(포아풀과의 한해살이 또는 두해살이풀).
phœnícĭum, -i, n. 붉은 색, 주홍색
phœnicóptĕrus, -i, m. (鳥) 홍학(紅鶴)
phœnicúrus, -i, m. (鳥) 딱새(딱샛과의 작은 새로 익조鳥)
phœnix, -ícis, m. 불사조, 봉황(鳳凰)(植) 종려나무.
Phœnix theologorum. 신학자들의 불사조.
phonáscus, -i, m. 발성법(낭독법) 교사
phonéma, -ātis, n. 말(λòγος.ρήμα-), 금언, 격언,
음소(더 이상 나눌 수 없는 음성학적 또는 음운학적 단위)
phonétĭcusus, -a -um, adj. 음성의, 발음의,
음성학의, 발음학의. f. 음성학, 발음학.
phonográphum, -i, n. 유성기, 전축("전기 축음기의 준말)
phonología, -æ, f. 음운론, 성음론, 음운론
phórmĭo¹-ónis. m. 거적, 멍석, 돗자리
Phórmĭo²-óris. m. 소요학파(逍遙學派)의 철학자.

phos hilaron. 환희(歡喜)의 빛
Phósphŏros(-us) -i, m. (=Lúcifer) 샛별, 명성, 효성.
Photinianísmus, -i, m. 포시우스주의
photográphĭa, -æ, f. 사진(寫眞), 사진술(寫眞術).
bractea negativa. 음화 필름/
bractea photographia. 사진 필름.
photographus, -i, m. 사진사(寫眞師)
photophóbĭa, -æ, f. (醫) 광선 공포증(恐怖症)
수명(羞明-눈이 부시어 밝은 빛을 바로 보지 못하는 병).
photopictor, -óris. m. 사진사(寫眞師)
photostaticus, -i, m. 사진복사(寫眞複寫)
photosýnthĕsis, -is, f. (植) (탄수화물 따위의) 광합성.
phototáxis, -is, f. (植) 주광성(빛의 자극에 따라 일어나는 주성)
phragmítis longiválvis, -is, f. (植) 갈대.
phrasis, -is, f. 말씨, 말투, 어법, 성구, 숙어, 관용어,
문구, 간결한 표현(語句), 명구, 미사여구(美辭麗句),
췌담(贅談→贅言), 췌언(贅言-쓸데없는 군더더기 말).

	sg.	pl.
nom.	phrasis	phrases
voc.	phrasis	phrases
gen.	phrasis(-ĕos)	phraseon(-īum)
dat.	phrasi	phrasibus
acc.	phrasim(-in)	phrases
abl.	phrasi	phrasibus

(허창덕 지음, 중급 라틴어, p.11)
phrenasthénĭa, -æ, f. (醫) 정신박약(精神薄弱)
phrenésis(phrenésĭa), -is, f. (醫) 섬망(譫妄), 정신착란.
phrenítis, -tĭdis, f. (醫) 뇌염(腦炎), 횡경막염,
(뇌염 따위의에 의한) 급성 섬망(譫妄).
phrenopathía, -æ, f. 정신병.
Phrixus(Phrixos), -i, m. Athămas와 Néphele의 아들,
Helle의 오빠(오누이가 계모의 학대를 피해 황금 털의 숫양을 타고
Hellespóntus 해협을 건너 Colchis의 Æéta 왕에게로 가다가 Helle는 바다에
빠져 죽었음). adj. Phríxéus(=Phrixiánus) -a -um.
Phrýgiæ vestes. (Phrýgia인들의) 금실로 수놓은 옷
Phrygium, -i, n. (=cámeláucum. 참조) 흰색 교황모자
phrýgĭo, -ónis. m. 금실로 수놓는 사람
phryma leptostáchya, -æ, f. (植) 파리풀
phthiríasis, -is, f. (醫) 이(虱) 때문에 생기는 피부병,
이(虱)가 한없이 꾀는 병(옛날에는 이 병으로 죽기까지 하였음).
phthisis, -is, f. 소멸, 소모. (醫) 폐결핵(肺結核), 폐병.
phthŏe, -es, f. 폐결핵(肺結核)
phu, phui, interj. 푸!(악취, 경멸의 표시)
phýlăca, -æ, f. 감옥(監獄.φυλακή), 노예 가두는 감방.
phylacísta, -æ, m. 감방지기
phylactérĭum, -i, n. 부적, 호부, 성구 갑(聖句匣. 마태 23, 5),
(聖) 구약성서의 구절을 적은 양피지를 접어 넣은 작은 갑
(유태인들은 끈으로 이것을 이마와 왼팔에 하나씩 잡아매어 가지고 다녔음).
씨름꾼이나 검투사들이 승리의 수대로 목에 걸던 목걸이,
Omnia vero opera sua faciunt, ut videantur ab
hominibus: dilatant enim phylacteria sua et magnificant
fimbrias. (pa,nta de. ta. e:rga auvtw/n poiou/sin pro.j to. qeaqh/nai
toi/j avnqrw,poi\j platu,nousin ga.r ta. fulakth,ria auvtw/n kai.
megalu,nousin ta. kra,speda)(獨 Alle ihre Werke aber tun sie,
damit sie von den Leuten gesehen werden. Sie machen
ihre Gebetsriemen breit und die Quasten an ihren
Kleidern groß) ⊕ All their works are performed to be
seen. They widen their phylacteries and lengthen their
tassels) 그들이 하는 일이란 모두 다른 사람들에게
보이기 위한 것이다. 그래서 성구갑을 넓게 만들고
옷자락 술을 길게 늘인다(성경 마태 23, 5)/그들이 하는 일은
모두 남에게 보이기 위한 것이다. 그래서 이마나 팔에
성구 넣는 갑을 크게 만들어 매달고 다니며 옷단에는
기다란 술을 달고 다닌다(공동번역)/그들은 모든 일을 사람
들에게 보이기 위해 합니다. 사실 그들은 성구갑을
넓적하게 하고 (옷단의) 술을 크게 합니다(200주년 신약).
phylárchus, -i, m. 족장, 추장(酋長-원시사회의 부족 우두머리)
phyláxis, -is, f. (醫) 감염에 대한 저항력

phyllis, -ĭdis, f. (일반적으로) 예쁜 시골처녀,
　Thrácia의 Lycúrgus 왕의 딸(약혼자인 Athénœœ의 Demóphoon이
　다른 볼일로 정한 날까지 돌아오지 않자 배신당한 줄로 알고 목매어 죽은
　다음 편도扁桃나무로 변하여 잎을 피우지 않고 있다가 뒤늦게 온 약혼자가
　그 나무를 끌어안자 잎을 피웠다고 함)
phyllocládĭum, -i, n. (植) (선인장 같은) 편평지, 엽상경.
phyllódĭum, -i, n. (植) 가엽(假葉-식물의 앞 꼭지가 변하여
　잎처럼 평평하게 되고 잎의 작용을 하는 부분. 잎의 변태變態의 한 가지로
　아카시아 따위에서 볼 수 있음. 헛 잎)
phylum, -i, n. (生) 문(門)(생물 분류 단위)
physéter, -éris, m. (動) 고래(의 일종)
phýsĭca[1] -æ, (=physĭce, -es) f. 자연과학, 물리학.
phýsĭca[2] -órum, n., pl. 자연과학(scientĭa naturalis.).
　Clavis physicæ. 물리 세계의 열쇠(호노리우스 지음)/
　De Platonicorum sensu in ea parte philosophiæ,
　quæ physica nominatur. 자연철학이라고 일컫는
　　철학 분야에 대한 플라톤 학파의 생각.(신국론, p.2768)/
　Physicorum ratione de diis selectis nihil quod ad
　veram felicitatem pertineat continetur.
　　신들에 관한 자연주의 해석과 참 행복(신국론, 제7권).
phýsĭcus, -a -um, adj. 자연계의, 물질적인, 형이하의,
　물리적, 물리학적, 육체의, 신체의.
　m. 자연과학자, 물리학자.
　ignorantĭa physice invincíbĭlis.
　　윤리적으로 극복할 수 없는 부지/
　impossibilitas physica. 물리적 불가능/
　imputabilitas physica. 물리적 죄책성/
　Liber physicæ Elementorum. 기본 자연과학.
　　　　　　　　(Hildegard 1098~1179.9.17. 지음).
physiognómon, -ónis, m. 관상가(觀相家)
physiognomónĭa, -æ, f. 관상학(觀相學), 인상학.
physiología, -æ, f. 생리학, 자연과학(scientĭa naturalis).
physiológĭcus, -a -um, adj.
　생리학(상)의, 생리적인, 자연(계)에 관한, 자연과학의.
physiólogus, -i, m. 동물 우화집,
　생리학자, 자연 과학자, 자연신비의 탐구자.
physis, -is, f. 자연(φὺσις,⑨ nature.phyo라는 동사에서 비롯됨),
　(고유한 이름이 붙지 않은) 보석,
　삼위일체론에서 본성 위격, 존재물, 피조물(⑨ Creature).
phytogénĕsis, -is, f. 식물 발생론(植物 發生論)
phytolaccaceæ, -arum. f., pl. (植) 자리공과(상륙과) 식물.
pia associátĭo. 신심 단체(confraternitas* -atis, f.)
pia causa. 신심 행위(기부, 유언 등)
pia confessio ignorantiæ. 신실한 무지의 고백
pia desideria. 경건한 요망사항, 경건한 염원(독일 Spener 목사가
　프로테스탄트교의 종교생활 부흥을 목표로 1675년 지음).
pia dictamina. 경건한 양심의 소리
pia exercitĭa(⑨ devotional exercises). 신심행사
pia mater, piæ matris, f. (解) 연막(軟膜), 유막(柔膜)
Pia Societas Filiarum Sti. Pauli. 성 바오로의 딸 수도회
**Pia Societas Missionariorum a St. Carolo pro Italis
　Emigratis**. = Scalabrinian. 성 보로메오 이민사목 수도회
　교구 소속 성직자회(1887년 미국 이민 사목을 위해 이탈리아에서 설립).
Pia Societas Missionum, Pallottini. 팔로티회(P.S.M.).
Pia Societas Sancti Pauli. 성 바오로 수도회(1962.1.15. 한국진출).
**Pia Societas Sti. Francisei Xaverii pro exteris
　missionibus**. 사베리오 외방 전교회(1898년 이탈리아 Parma에 창설).
Pia Societas Sti. Xaverii pro exteris missionibus.
　빠르마 외방 전교회, 사베리오 외방 전교회.
pia Unio Clerici pro Missionibus. 포교 후원 사제단.
pia unio confraternitas. 신심단체(associátĭo piæ unionis).
pia voluntas et pia fundatio. 신심의사와 신심기금.
piábĭlis, -e, adj. 보상할 수 있는, 속죄할 수 있는.
piaculáris, -e, adj. 보상의, 속죄의, 보속하는, 죄 많은.
　Piaculárĭa(sacrifícia) 속죄의 제사. adv. **piaculárĭter**.
piácŭlo, -ávi, -átum, -áre, tr. (누구에게) 속죄하다,
　속죄의 제사로 노여움을 풀게 하다.
piácŭlum, -i, n. 속죄의 제사(贖罪祭), 속죄의 제물(희생물),
　화해의 희생(犧牲), 속죄(贖罪)의 선행,
　죄의 대가, 벌(⑨ Punishment), 속죄, 보속,

보상(⑨ Reparátĭon), 배상(賠償), 속죄해야 할 악행,
죄(κ\υ.m\q.άμαρτία.άσέβεια.⑨ sin), 범죄,
신성모독, 불길한 징조, 재난(災難), 불행, 위험(危險).
Duc nigras pécudes: ea prima piácula sunto. 검은 가축
　들을 끌어 오너라, 그것들이 첫 번째 재물이 되어야 한다/
　grávia piácula exígere. 엄중한 처벌을 요구하다/
porco piáculum fácere.
　돼지를 잡아서 속죄의 제사를 지내다.
piaculum commíttere. 죄를 범하다
piaculum rupti fœderis. 계약 파기에 대한 속죄의 제물
piæ Discipulæ Divini Magistri. 스승 예수의 제자 수녀회
piæ fundátĭones autonomæ. 자치 신심기금
piæ fundátĭones non autonomæ. 비자치 신심기금
Piam et constantem, 육신의 화장(1963.7.5. 훈령)
piamen, -mĭnis, (=piamentum, -i,), n. 속죄의 제사.
　속죄(獨 Sühne.⑨ Atonement/Expiátĭon)
Pianum Comma. 비오 구두점, 코머
piátĭo, -ónis, f. 속죄(행위)
piátor, -óris, m. (piatrix, -ícis, f.)
　속죄의 희생을 바치는 사람.
pica, -æ, f. (鳥) 까치
picárĭa, -æ, f. 역청 제조소(瀝靑 製造所)
picátĭo, -ónis, f. 역청을 바름
Pícĕa, -æ, f. (植) 가문비나무
Picea jezoensis (植) 가문비나무
pícĕus, -a -um, adj. 역청의, 피치의, 역청같이 새까만.
pico, -ávi, -átum, -áre, tr. 목타르(역청瀝靑)를 바르다,
　(포도주 양조 때에 맛을 내기 위해) 송진을 뿌리다.
picrídĭæ, -arum, f., pl. (植) 씀바귀(苦菜)(국화과의 다년초)
picris, -ĭdis, f. (植) 쇠서나물, 모련채(毛蓮菜-쇠서나물)
picta fascia (영화 필름(pictura volubilis)
picti reges. 수놓은 옷을 입은 왕들
píctĭlis, -e, adj. 수놓은, 그림으로 장식한
pictor, -óris, m. 화가, 화공, 수놓는 사람, 얼굴 화장.
　imaginárĭus pictor. 초상화가(肖像畵家).
pictórĭus, -a -um, adj. 화가의, 그림의
pictum, "pingo"의 목적분사(sup.=supínum)
pictura, -æ, f. 그림 그리기, 화法, 그림, 회화,
　자수(刺繡), 모자이크, 얼굴화장, 생생한 묘사.
pictura in tabulis. 액면화
pictura lacunáris. 천정화(天井畵)
pictura parĭétum(⑨ Mural Paintings) 벽화(壁畵)
pictura téxtilis. 장식융단(裝飾絨緞)
pictura vitrearum. 색유리 그림
pictura volubilis. 영화 필름(bractea negativa. 음화 필름)
picturátus, -a -um, adj. 수놓은, 그림 그려진
pictus, -a -um, p.p., a.p. 그려진, 골들인, 화려한,
　여러 가지 빛깔로 채색된, 겉치레뿐인, 허황된, 내용 없는.
pícŭla, -æ, f. 덕지덕지 앉은 때
picus, -i, m. (鳥) 딱따구리
Pientissima mater, 병자성유(1965.3.4. 교령)
píĕtas, -átis, f. (부모.조상에 대한) 효도, 효심,
　효성(⑨ Piety), 효(⑨ filial piety), 효행, 효경, 가족애,
　혈족애, 우애, 우정, 우의, 애국심, 충의, 충성, 조국애,
　경건(εὐσέβεα), 신심(⑨ Devotion/Piety),
　신앙심, 자애(Ἰση), 사랑, 인자, 관대, 경건의 여신.
　exercitio pietátis. 신심행위(⑨ Devotion)/
　imago pietatis. 자애의 모습/
　itus pietatis. 종교심의 여정(교부문헌 총서 10. p.390)/
　Mentem patriæ súbiit pietátis imágo.
　　애국심이 내 생각에 떠올랐다/
　"Nemo pius est qui pietatem metu colit." Cave putes
　quicquam esse verius.(Cicero) "두려움으로 종교심을
　　가꾸는 자는 결코 경건한 사람이 아니다." 이보다
　　진실한 말이 있으리라 생각지 말라/
　Quid est píetas? 효도란 무엇인가?(어떤 말의 개념이나 정의를
　　물을 적에는 주어가 될 명사의 성을 상관하지 않고 Quid를 써서 묻는다)/
　Per pietatis viscera in se infirmitatem cæterorum

transferat. 연민의 마음으로 다른 이들의 나약함을
　자기 것으로 삼습니다/
rex erat Æneas nobis, quo justior alter nec pietate fuit,
nec bello major et armis. 아이네아스가 우리 주공이었
　는데, 경건에서 그보다 의로운 이 없었고 전쟁과 군사
　에서 그보다 출중한 이 없었더니라.
　　　　　　　(성 염 지음, 사랑만이 진리를 깨닫게 한다. p.400)/
Romanum imperium de fonte nascitur pietatis.
　로마 제국은 경건(敬虔)의 샘에서 탄생한다.
pietas erga fatum. 운명에 대한 경건한 복종.
　　　(성 염 지음. 사랑만이 진리를 깨닫게 한다. p.402).
pietas erga parentes. 부모님께 대한 효성.
pietas erga patriam. 조국애(祖國愛, Amor patriæ)
Pietas est jugis Dei memoria.(성 벨라도)
　신심이란 것은 부단히 하느님을 기억하는 것이다.
Pietas est voluntas grata in paréntes.
　효도심은 부모님에 대한 은혜를 아는 마음이다.
píetas filialis. 효성(孝誠)
Pietas liturgica.(獨 Liturgical Piety.
　獨 Frömmigkeit liturgische) 전례적 신심.
pietas popularis.(獨 Religiositas popularis*.
　英 Popular devotions.獨 Volksfrömmigkeit) 대중 신심.
pietas quærendi. 경건한 탐구(探究)
Pietas Seminarii. 신학교 신심(Olier 지음)
Pietas sine scientía aberrat.
　학문 없는 신심은 오류(誤謬)로 이끈다.
pietate, 원형 píetas, -átis, f.
　Sed pro tua pietáte prosit mihi ad tutaméntum mentis
　et córporis, et ad medélam percipiéndam.
　제 영혼과 육신을 자비로이 낫게 하시매 지켜주소서.
　(당신의 자애심으로 몸과 정신을 보호하도록, 그리고
　받아들여야 할 약이 되도록 나에게 이롭게 하소서).
pietate commotus. 딱한 생각이 들어.
　　(첼라노 지음. 아씨시 성 프란치스코의 생애. p.78)
pietísmus, -i, m. (17세기 말에 일어난) 경건주의
píger, -gra -grum, adj. 게으른, 태만한, 나태한,
　마지못해 하는, 억지로 하는, 굼뜬, 꾸물거리는, 잔잔한,
　한가로운, 빈둥빈둥하는, 지루한, 메마ън, 움츠러들게 하는,
　슬픈, 낙심한, 풀이 죽은, 가난한(ジ.ワ기 poor).
　ad lítteras scribéndas piger. 마지못해 쓰는 편지/
　mare pigrum. 잔잔한 바다/ piger annus. 지루한 1년/
　Optat ephippia bos piger. 게으른 황소가 말안장을 원한다.
　　　(자기 분수에 만족치 않는다/)
　Pigros non amamus; quia languentibus formidamus.
　저희는 게으른 사람을 사랑하지 않습니다. 저희는 시들
　시들한 사람을 두려워하기 때문입니다/
　Si pigri eramus ad amandum, non simus pigri ad
　redamandum. 우리가 사랑하는 데 게을렀다면, 응답하는
　데는 게으르지 맙시다.(최익철 신부 옮김. 요한 서간 강해. p.323)/
　Tu pigra sæpe ab aliis vituperata es.
　너(여자)는 게을러서 남들에게 자주 꾸중을 들었다.
piget, -gŭit(-gĭtum est) -ére, impers. 싫증을 느끼다,
　싫다, 귀찮(아 지)다, 짜증나다, 지긋지긋하다,
　뉘우쳐지다, 후회(後悔)하다, 부끄럽다, 거북살스럽다.
　Me piget stultítiæ meæ. 나는 나의 어리석음에 짜증이 난다/
　Non me piguit, te factum retulisse. 나는 네가 그 사실을
　보고한 것을 유감으로 생각지 않았다.
pigmentárĭus, -i, m. 염료(물감.향료.화장품.약품) 상인.
pigmentátus, -a -um, p.p. 색칠한, 물감 칠한,
　채색(彩色)한, 향유(香油) 바른, 화장(化粧)한.
pigméntum, -i, n. 그림물감, 물감, 염료, 분(粉),
　화장품, 향신료, 식물의 즙, 향료(香料), 약재, 약품,
　문채(文彩), 문식(文飾), 사조(詞藻), 문체(文體).
　infector succus. 화공제 염료.
pigneratícĭus, -a -um, adj. 저당(담보)의, 저당권 설정의.
pignerátĭo, -onis, f. 저당(抵當-채무의 담보로 삼음), 담보(擔保),
　전당(典當-물건을 담보로 돈을 꾸어주거나 꾸어 씀)
pignerátor, -óris, m. 저당 잡는 사람, 질권자(質權者)
pígnĕro, -ávi, -átum, -áre, tr. 저당(抵當)하다.

저당(抵當)에 넣다, 전당 잡히다, 保證으로 맡기다,
담보(擔保)로 맡기다, 義務 지우다, 붙잡아 놓다.
se pignero. 약속(約束)하다.
pígnĕror, -átus sum, -ári, dep., tr. 증거로 받아들이다,
　보증(保證)으로 받아들이다, 자기 것으로 요구하다,
　당연한 권리로 요구하다, 매이게 하다, 묶어 놓다,
　붙잡아 두다. Quod das mihi, pígneror omen.
　나는 네가 주는 것을 틀림없는 좋은 징조로(나에게
　대한 신의의 증거로) 받아들인다.
pignor… V. pigner…
pignus, -nŏris, n. 담보, 저당, 담보물, 저당물,
　의무담보, 공탁물, 볼모(약속 이행의 담보로 상대편에 잡혀 두는
　물건이나 사람), 인질, 보증(保證), 증거물(證據物),
　표적(表迹-겉으로 나타난 자취), (나무의) 접붙인 가지,
　Ager oppósitus est pígnori. 밭이 저당에 들어갔다/
　alqd pígnori dare. 무엇을 저당하다/
　certáre pígnore cum alqo. 누구와 내기하다/
　Creditor pignus naturaliter possidet.
　채권자는 질물의 자연적 점유를 가진다/
　fatale pignus 볼모(교부문헌 총서 15, 신국론, p.334)/
　pósito pígnore. 돈-(물건)을 걸고 내기로/
　rem alcjs pígnori accípere. 누구의 물건을 담보로 잡다.
pigrédo, -dīnis, f. 나태(懶怠.獨 Acedia.Sloth), 게으름
　해태(懈怠→나태, 칠죄 중 하나).
pigrésco, -ěre, inch., intr.
　게을러지다, 나태해지다, 느려 빠지다, 굼뜨다.
pigrítia* -æ, (pigríties, -éi,) f. 게으름, 태만(怠慢),
　소홀(疏忽), 나태(懶怠.獨 Acedia.Sloth-게으름 또는 느림),
　해태(海苔), 빈둥거림, 늑장, 위(胃)의 기능저하.
pígrĭtor, -átus sum, -ári, dep., intr., freq. 꾸물거리다,
　게으름부리다, 늑장부리다, 지체(遲滯)하다.
pigro, -ávi, -átum, -áre, (pigror¹ -ári, dep.) intr.
　게으르다, 게으름부리다, 꾸물거리다, 굼뜨다.
　느럭느럭 미루다, 질질 끌다.
pigror² -óris, m. = pigrítia 게으름, 태만(怠慢)
piissimus, -a -um, adj. pius, -a의 최상급.
　[pius, -a. -um 충성스러운, 효성스러운 - 비교급이 없고 최상급만 있다].
　piissimum pactus. 최선의 계약.
pīla¹, -æ, f. 절구, 방아, 마전통, 피륙 표백통,
　약연(藥碾-덩어리로 된 약을 부수어 가루로 만드는 데 쓰이는 기구)
pīla², -æ, f. 기둥, 받침다리, 방죽, 방파제,
　(건물기둥 주위에 벌여 놓은) 서적 노점(書籍 露店).
pīla³, -æ, f. (가지고 노는) 공, 구(球), 공놀이,
　공 모양의 물건, 실꾸리, 지구, 천구의, 수정구,
　호박구, 투표용(投票用) 작은 공(구슬),
　(속에 헝겊이나 양털을 넣어 만든) 인형 얼굴.
　Mea pila est. 내가 이겼다. 칼자루는 내가 잡았다.
pilā lúdere. 공을 가지고 놀다
pila pontis. 교각(橋脚-다리를 받치는 기둥)
pila vítrea(=crystallína) 화경(火鏡)
pilárĭum, -i, n. 납골당(納骨堂)
pilárĭus, -i, m. 몇 개의 공을 가지고 재주 부리는 사람
pilátim, adv. 받침 기둥들을 세워, 길게 뻗친 밀집전열.
pilátrix, -ícis, f. 약탈하는 여자(掠奪者)
pilátus, -a -um, adj. 투창으로 무장한
pileátus, -a -um, p.p. 모자(pileus)를 쓴,
　자유를 얻은(석방되는 노예에게 pileus 모자를 씌워 주었음).
　plebs pileáta. 질곡(桎梏)에서 벗어난 서민(庶民)
pileᥒtum, -i, n. 이륜마차
　(제사 도구 운반용 또는 귀부인용으로 축제일에 쓰이던 2륜 마차).
pileŏlus*, -i, m. (=piléŏlum, -i, n.)
　英 Pileolus.獨 Skull cap.獨 Pileolus)
　Zucchetto(혹은 Zucchettos)를 이른다.
　성직자용 모자, 반구형 작은 모자(꼭 뒤에 얹어놓은 주발뚜껑처럼
　생긴 성직자용 모자. 교황용은 흰색, 추기경용은 빨강, 주교나 고위 성직자용은
　자주, 특전 받은 그 밖의 성직자용은 검은 색 모자를 씀).
pileus, -i, m. (=pileum, -i, n.) 모전(毛氈) 모자,
　(모피로 만든 평상시의) 군인 모자, 양막(羊膜).
　(植) 균산(菌傘-버섯의 줄기 위에 있는 우산 모양의 부분. 버섯 갓).

n. (새의) 머리, 두부(頭部).
Hic pileus est Pauli. 이 모자는 바오로의 것이다.
pilícrĕpus, -i, m. (pila³+ crepe)
공을 던지며 받고 하며 노는 사람.
pililúdĭus, -i, m. 여러 개의 공을 가지고 재주 부리는 사람.
pille… V. = pile…
píllŭla, -æ, f. 작은 열매, 알약, 환약(丸藥)
pilo¹, -ávi, -átum, -áre, tr. 세게 누르다,
짓누르다, 압축(壓縮)하다, 깊이 박다, 꽂다. 약탈(掠奪)하
다, 강탈(强奪)하다.
pilo², -ávi, -átum, -áre, intr. 털이 나다.
tr. 털 뽑다, 털을 깎다, 대머리로 만들다.
pilósĭtas, -atis, f. 다모성(多毛性)
pílŭla, -æ, f. 작은 공(球), 작고 동그란 열매, 환약, 알약
pílum, -i, n. 공이, 절굿공이, 유봉(乳棒), 투창(投槍)
murália pila. 성벽(城壁)에서 적군에게 던지는 창.
Pilum est longius gladium. 창은 칼보다 길다
Pilum est longius quam gladium. 창은 칼보다 길다.
pílus, -i m. 털, 머리털, 머리카락, 털끝, 하찮은 것,
… ne pilum quidem(accépi) 나는 털끝만큼도(받지 못했다)/
caudæ pili equínæ. 말총/
folliculus pili. 모낭(毛囊-털주머니)/
Lupus pilum mutat non mentum.
늑대는 털을 바꿔도 마음은 바꾸지 못한다.
pīna, -æ, f. (魚) 삿갓조개, 섭조개(=pinna)
pinaceæ, -arum, f., pl. (植) 소나무과 식물
pinacothéca, -æ, (pinacothece, -es,) f.
화랑(畫廊), 그림 진열실(저명한 초상화 따위를 보관하는 곳).
pĭnax, -ācis, m. 널빤지, 널빤지에 그린 그림
pincérna, -æ, m. 술 따르는 심부름꾼, 헌작(獻爵) 시종
pínĕa, -æ, f. 솔방울, 잣, 소나무
pineális, -e, adj. 솔방울 모양의 (解) 송과선의
pinétum, -i, n. 소나무 숲, 솔밭
pingo, pinxi, pictum, -ĕre, tr. (그림) 그리다(γραφήλιν),
그려 보이다, 그림으로 나타내다, 수놓다, 자수하다,
물감 칠하다, 채색하다, 꾸미다(ציור, יפה),
장식하다, 여러 가지 빛깔로 아롱지게 하다.
(문장.이야기 따위를) 다채롭게 수식하다, 윤색하다,
picta toga.(개선하는 장군이나 축제 때에 집정관이 입던) 수놓은 toga/
Pingere marcum pigmentis ulmeis(속담) 마르꼬를
느릅나무 색으로 칠하다(보기 좋게 혼내주다).
pingo acu. 수를 놓다
pinguámen, -mĭnis, n. 비계(脂肪), 지방(脂肪), 기름기
pingue, -is, n. 기름기, 비계(脂肪), 지방(脂肪)
pinguécŭla, -órum, n., pl. (醫) 검열반(瞼裂斑)
pínguĕdo, -dĭnis, f. 지방(脂肪), 비계(脂肪), 기름기,
걸쭉함, 농도(濃度), 살찜, 비만(肥滿), 풍만(豊滿).
pinguefácĭo, -féci -fáctum -ĕre, tr.
살찌게 하다, 비대하게 하다, 걸게(되게)하다.
pinguésco, -ĕre, intr. 살찌다, 비만(비대)해 지다,
비옥해지다, 부풀다, 두꺼워지다, 굵어지다.
윤나다, 윤기가 돌다, 세게 발음되다.
pinguiárĭus, -i, m. 기름기를 좋아하는 사람
pinguícŭlus, -a -um, adj. 좀 살찐, 통통한, 토실토실한
pinguis, -e, adj. 살찐, 투실투실한, 비대한, 비만한,
통통한, 지방질의, 윤기가 도는, 비옥한, 기름진,
(실과가) 굵고 수분 많은, (이파리가) 두꺼운,
(무엇이) 많은, …투성이의,
(기름.진흙 따위를) 잔뜩 쳐 바른,
비옥(肥沃)하게 하는, 풍요로운, 진한, 걸쭉한, 짙은,
농후한, 맛이 부드러운, 우둔한, 시름없이 푹 쉬는.
fimus pinguis. (땅을) 기름지게 하는 두엄/
pingues arae.
(잦은 희생 봉헌으로) 온통 피투성이가 된 제단들/
pingues horti. 과실을 많이 산출하는 과수원.
pinguis mensa. 푸짐한 식탁(食卓)
pinguis vapor. 짙은 김
pinguitĭa, -æ, (pinguitĭes, -éi,) f. 비계(脂肪), 지방

pinguitúdo, -dinis, f. 지방, 비만(肥滿), 비계(脂肪)
걸쭉함, 짙은 색, (발음할 때의) 과장된 입놀림.
pínĭfer(=pínĭger), -ĕra, -ĕrum, adj. (pinus+fero, gero¹)
소나무가 나는, 소나무가 많은.
pinna¹(=penna) -æ, f. 깃, 깃털, 날개, 지느러미,
투구 꼭대기의 장식 깃털, 수차의 물받이 날개.
(植) 우상복엽의 한쪽 잎, 귓바퀴.
quæ absque pinnulis et squamis sunt, ne comedatis,
quia immunda sunt vobis. (kai. pa,nta o[sa ouvk e;stin
auvtoi/j pteru,gia kai. lepi,dej ouv fa,gesqe avka,qarta u`mi/n
evstin) (獨 Was aber weder Flossen noch Schuppen hat,
sollt ihr nicht essen; denn es ist euch unrein)
(㊛ but all those that lack either fins or scales you shall
not eat; they are unclean for you)
그러나 지느러미와 비늘이 없는 것은 너희에게 부정한
것이므로 먹어서는 안 된다(성경 신명 14. 10)/
지느러미도 없고 비늘도 없는 것은 먹지 못한다. 그것은
부정한 것이다(공동번역 신명 14. 10).
pinna²(=pina) -æ, f. (魚) 삿갓조개, 섭조개
pinnácŭlum, -i, n. 지붕 꼭대기(마태 4. 5), 뾰족탑,
작은 첨탑, 절정(絶頂), 정상(꼭대기), 첨봉(尖峰).
pinnátus = pennátus
pinni… V. penni…
pinnírăpus, -i, m. (pinna¹+ rápio) Sámnium인 검투사
의 투구 꼭대기 장식 깃털을 잡아채 가는 사람.
pinóphylax, -ācis,(pinotéres, -æ) m. 속살이,
(pina 조개 안에 살면서 그 조개에게 먹이 있는 데를 알려 주는 작은 게).
pinsátĭo, -onis, f. 짓찧음, 두들김
pinsi, "pinso²"의 단순과거(pf.=perfectum)
pínsĭtor, -óris, m. 찧는 사람, 절구질하는 사람
pinsĭtum, "pinso²"의 목적분사(sup.=supínum)
pínso¹, -átum -áre, tr. 빻다, 찧다, 가루로 만들다, 갈다
pínso², pinsi(pinsŭi), pinsum(pinsítum, pistum) -ĕre, tr.
빻다, (짓) 찧다, 갈아서 가루를 내다, 으깨다,
짓이기다, 매질하다, 채찍으로 때리다.
pinsui, "pinso²"의 단순과거(pf.=perfectum)
pinsum, "pinso²"의 목적분사(sup.=supínum)
pinus, -us(i). f. (植) (일반적으로) 소나무, 솔,
(소나무 목재로 만든) 배, 소나무 창(槍), 배 젓는 노.
Pini sunt in silva. 소나무들은 숲 속에 있다.
pinus densiflora. (植) 소나무, 육송(tæda(teda) -æ, f.)
pinus flagrans. 솔가지 햇불
pinus koraiensis. 잣나무(strobilus, -i, m. 잣)
pinus rigida. 리기다소나무.
pinxi. '내가 그렸음'의 뜻으로 저작 증명 서명한 것의 약자.
pinxi, "pingo"의 단순과거(pf.=perfectum)
pio, -ávi, -átum, -áre, tr. (신들의 마음을) 누그러지게 하다,
달래다, 흐뭇하게 하다, 종교적으로 공경(恭敬)하다.
경건하게 거행하다, 종교적으로 정화(淨化)하다.
pĭper, -eris, n. (植) 후추나무, 후추(胡椒), 신랄한 말
piperatorĭum, -i, n. 후추그릇
piperátus, -a -um, adj. 후추 친, 후추가 들어간.
n. 후추양념, 신랄한.
piperítis, -is(ídis), f. (植) 고추
pípĭo¹, -áre, intr. (병아리나 아가가) 삐삐하고 울다
pípĭo², -íre, intr. 지저귀다, 종잘거리다.
(병아리나 작은 새가) 삐삐(짹짹)하고 울다.
pípĭo³, -ónis, m. 비둘기 새끼
pípĭzo, -ónis, m. 새끼 학
pīpo, -áre, -intr. 암탉이 꼬꼬 하고 울다, 새매가 울다.
(어린아이들이) 볼멘소리를 내며 훌쩍훌쩍 흐느껴 울다.
pipulum, -i, n. (pipulus, -i, m.) 아기들의 울음소리,
아이들의 훌쩍이며 우는소리, 빽빽 소리 지름.
pirácĭum, -i, n. 배술(梨酒)
piráta, -æ, m. 해적(海賊)
Pirata est hostis humani generis. 해적은 인류의 적이다.
piratérĭa, -æ, f. 해적질, 해적행위, 약탈(掠奪)
piratĭa, -æ, f. 해적질, 해적행위

pirátĭca, -æ, f. 해적질, 해적행위, 해상 약탈(掠奪)
pirátĭcus, -a -um, adj. 해적의, 해적 행위를 하는.
  piraticum bellum. 해적과의 싸움.
pirum, -i, n. (植) 배(梨)
  Piro florénte aráre incípito.
  배나무 꽃이 필 때에 밭 갈기 시작해라/
  Pirum, non ulmum, accedas, si cupias pira.(Publilius Syrus)
  배를 따먹고 싶거든 느릅나무 말고 배나무로 가거라!.
pirus, -i, f. 배나무
pīsa¹ -æ, f. (植) 완두콩
piscárĭus, -a -um, adj. 물고기의, 고기잡이의.
  m. 생선 장수. f. 어시장(魚市場).
  forum piscárĭum. 어시장(魚市場).
piscárĭus, -i, m. 생선장수
piscátĭo, -ónis, f. 고기잡이, 어업(漁業), 낚시질.
piscátor, -óris, m. (piscatrix, -ícis, f.)
  어부(漁夫), 고기잡이, 낚시꾼.
  Annulus Piscatoris(⑨ Fisherman's Ring) 어부반지/
  Datum sub annulo piscatoris. 어부반지 봉인/
  Venite post me, et faciam vos piscatores hominum.
  (⑨ Come after me, and I will make you fishers of men)
  나를 따라오너라. 내가 너희를 사람 낚는 어부로 만들
  겠다(성경공동번역 마태 4. 19)/내 뒤를 따르시오. 당신들을
  사람 낚는 어부로 삼겠소(200주년 신약 마태 4. 19).
piscatórĭa, -æ, f. 어업(漁業)
piscatórĭus, -a -um, adj. 고기잡이의, 어부의,
  고기 잡는, 어업의. n. 어시장(魚市場).
  piscatoriæ naves. 고기잡이 배.
piscatúra, -æ, f. 고기잡이
piscátus, -us, m. 고기잡이, 어로작업(漁撈作業),
  어획물(漁獲物), 잡은 물고기.
piscatus saxatilis.
  바위틈에 있는 물고기를 손으로 잡는 고기잡이.
piscícăpus, -i, m. (piscis+cápio¹) 어부, 고기잡이
píscĭceps, -cĭpis, m. (piscis+cápio¹) 어부, 고기잡이
piscícŭlus, -i, m. 작은 물고기,
  (초기 그리스도교의 통용어) 초기 그리스도교 신자.
piscína, -æ, f. 양어장, 못(池), 수영장, 목욕하는 샘,
  (집오리.가축 따위를 위한) 물통, 물웅덩이,
  (나무로 만든) 저수탱크, (초대교회의) 세례반(洗禮盤),
  성수반(聖水盤), 사제가 손 씻는 벽감(壁龕) 물그릇.
  (제단 남쪽 벽에 마련한 물그릇으로 사제가 예절 후 손 씻거나
  성작과 성반patena을 씻는 곳).
piscinárĭus, -a -um, adj. 양어장의.
  m. 양어장 소유자, 양어 애호가.
piscínŭla, -æ, f. 작은 양어장, 작은 못(池).
piscis, -is, m. (魚) 물고기, 생선(生鮮-신선한 물고기),
  예수 그리스도를 상징하던 어형장(魚形章).
  (ichthus. 익투스. 희랍말. I-CH-TH-U-S. 그리스도의 상징. 예수 그리스도
  .하느님의 아들.구세주 Iesous, Chreistòs, Theu, Uios, Soter. 초대교회에
  서는 이 익투스. 즉 물고기로 그리스도 및 그의 정체를 상징하였었다).
  Adjícitur cibo pisciculus.
  음식에 작은 생선 한 마리가 더 나온다/
  Aut si piscem petierit, numquid serpentem porriget ei?
  (h' kai. ivcqu.n aivth,sei(mh. o;fin evpidw,sei auvtw/|)마태 7, 10)
  (獨 oder, wenn er ihn bittet um einen Fisch, eine
  Schlange biete?) (⑨ or a snake when he asks for a
  fish?) 생선을 청하는데 뱀을 줄 사람이 어디 있겠느냐?(성경),
  생선을 달라는데 뱀을 줄 사람이 어디 있겠느냐?(공동번역),
  또는 생선을 청하는데 그에게 뱀을 주겠습니까?(200주년)/
  desisto in piscem. 하반신이 물고기로 변하다/
  Hodie parvo pisces veneunt. 오늘 물고기는 싸게 팔린다/
  in glácie pisces ligáti. 얼어붙은 물고기(ligo 참조)/
  Magni pisces in profundo mari sunt.
  깊은 바다에는 큰 물고기들이 있다(큰 물고기들은 깊은
  바다에 있다). (로마인들은 '높다'와 '깊다'를 altitudo 한 단어로
  표현하였다 (성 념 지음. 고전 라틴어, p.85)/
  Nilus scatet piscibus. 나일 강에는 물고기들이 우글거린다.
Piscis primum a capite foetet. 생선은 먼저 머리부터
  썩는 냄새가 난다(부정부패는 위에서부터).

pisciúncŭlus, -i, m. 작은 물고기(piscis parvus)
piscor, -átus sum, -ári, dep., intr.
  고기잡이하다, 물고기를 낚다
  Pisco in ære.(속담) 공중에서 고기를 잡다(헛수고하다).
piscor hamo. 낚시로 고기를 잡다
pisculéntus, -a -um, p.p. 물고기 많은.
  n. 물고기로 만든 약.
  flúvii pisculénti. 물고기 많은 강들.
pīso¹ -atum -are, tr. = pinso¹ 빻다, 찧다.
pīso² -si -ere, tr. = pinso² 짓이기다, 짓찧다, 으깨다
pīso³ -onis, m. 절구(곡식을 찧거나 빻는 데 쓰는 기구)
pissaspháltus, -i, m. 목타르 섞인 아스팔트
pistácĭa, -æ, f. (植) 피스타치오(옻나무과의 작은 나무)
pistácĭum, -i, n. 피스타치오 열매
pistícus, -a -um, adj. 순수한, 순(純), 순수한
pistíllum, -i, n. (=pistillus, -i, m.) 절굿공이, 공이
Pistis Sophia. 신앙의 지혜, 믿음의 지혜
pisto, -átum -áre, freq., tr. 빻다, 찧다, 가루로 만들다
pistor, -óris, m. 절구질하는 사람, 방아 찧는 사람,
  물방앗간 일꾼, 빵 제조인, 빵 판매인, 과자 제조인.
pistórĭus, -a -um, adj. 제분업의, 빵 만드는.
  ars pistória. 빵.과자 제조업.
pistrílla, -æ, f. 작은 방앗간
pistrína, -æ, f. 제과점(製菓點), 빵 제조소(製造所)
pistrinárĭus, -i, m. 방앗간 주인
pistrínum, -i, n. 절구로 찧는 정미소, (물.풍차) 방앗간,
  (말.나귀 노새 등이 돌리는) 연자매간, 제분소.
  Maledictum canistrum et pistrinum tuum.(신명 28. 17)
  (evpikata,ratoi a` avpoqh/kai, sou kai. ta. evgkatalei,mmata, sou)
  (獨 Verflucht wird sein dein Korb und dein Backtrog)
  (⑨ Cursed be your grain bin and your kneading bowl!)
  너희의 광주리와 반죽 통도 저주를 받을 것이다(성경)/
  너의 광주리와 반죽 그릇이 저주를 받으리라(공동번역).
pistrinum exercére. 빵 제조업을 하다
pistris(pistrix¹) -ícis, f. (= pristis)
  (動) 고래, 상어, 혹은 기다란 배(선박).
pistrix² -ícis, f. 가루 빻는 여자, 빵 만드는 여자
pistum, "pinso²"의 목적분사(sup.=supínum)
pistúra, -æ, f. 절구질, 맷돌질, 빻아서 가루로 만듦
pistus, -a -um, "pínso¹"의 과거분사(p.p.)
pisum, -i, n. (植) 완두(豌豆), 콩, 팥, 완두콩
pithecanthrópus. -i, m. 원인(猿人).
  (1891년 Java에서 발견된 뼈에 붙여진 명칭).
Pithecanthropus erectus. 직립 유인원(자바 원인)
pithécus, -i, m. (動) 원숭이
pithiatísmus, -i, m. (醫) 신경장애, 히스테리
  (설득에 의해 치유될 수 있는 신경장애).
pittácĭum, -i, n. 양피지 조각(片), (물건에 붙이는) 표찰,
  쪽지, 메모, 비망록, 지급전표, 영수증, 반창고, 고약,
  (옷이나 구두 따위를 깁는) 헝겊조각, 가죽조각.
pittosporaceæ, -arum, f., pl. (植) 돈나무과 식물
pituíta, -æ, f. 콧물, 코, 담(痰-가래), 침, 점액, 고름,
  점막 분비물, 피고름, 종기(腫氣-부스럼), 수액(樹液)
pituitárĭus, -a -um, adj. 점액을 분비하는, 뇌하수체의
pituitósus, -a -um, adj. 콧물이 많이 나는,
  가래가 많은, 점액이 많은, 점액을 분비하는.
pityocámpa, -æ, (pityocampe, -es,) f. (蟲) 송충이
pityríăsis, -is, f.
  (醫) 머리에 벗겨 같은 발진이 생기는 피부병.
pĭus, -a -um, adj. 효성스러운, 효도심 있는, 애정이 두터운,
  우애 깊은, 애국심이 강한, 경건한, 신심 깊은, 덕성 있는,
  열심한, 자애로운, 자비로운, 상냥한, 사근사근한, 극락세계의.
  m., pl. 극락세계로 간 사람들, 고인들.
  gaudium pium. 경건한 기쁨/
  "Nemo pius est qui pietatem metu colit." Cave putes
  quicquam esse verius.(Cicero)
  "두려움으로 종교심을 가꾸는 자는 결코 경건한 사람이
  아니다." 이보다 진실한 말이 있으리라 생각지 말라/

pii exerciti. 신심 행사들/
pium bellum. 조국을 위한 전쟁/
piis fundátiónibus. 신심 기금(信心基金)/
Uniones Piæ. 경건한 모임, 신심회.
pius affectus credulitatis. 믿음이 경건한 정(情)
pius in (erga) **paréntes.** 부모에게 효성을 다하는
pius Marcus. 경건한 마르코
pius (quam) **novem annos natus.** 아홉 살 이상
pix, pĭcis, f. 목타르, 피치, 불에 그을린 樹脂(송진).
uva picem resípiens. 송진내가 나는 포도/
Vinum resipit picem. 술에서 송진 맛이 난다.
P.L. =Patrologia latina (J.P. Migne), 라틴 교부 총서
placábĭlis, -e, adj. [placo] (passive) 화해될 수 있는,
쉽게 달래어질 수 있는, 회유(懷柔)될 수 있는,
진정(鎭靜) 될 수 있는, 온화한, 관후한,
(active) 쉽게 화해시키는, 잘 무마하는, 진정시키는.
In postremum moneo, etsi non fuerit qui deprecetur,
ut te erroribus tuorum placabilem præstes.(Plinius junior).
마지막으로 충고하거니와, 비록 애걸해 오는 사람이 없다
하더라도, 그대는 그대가 거느리는 사람들의 잘못에
관대하게 처신하라!
placabílĭtas, -átis, f.
화해성, 달래기 쉬움, 쉽게 누그러짐, 온화(溫和).
placámen, -ĭnis, n. (placamentum, -i,) 화해수단,
화해방법, 회유(무마) 수단, (藥) 진정제.
placátĭo, -onis, f. 진정(鎭靜-가라앉힘), 완화(緩和),
화해(和解.⑨ Reconciliátion).
placatórĭus, -a -um, adj. 속죄의, 화해의, 진정시키는.
placátrix, -ícis, f. 달래는 여자, 무마시키는 여자.
placátus, -a -um, -e, p.p., a.p. 누그러진, 가라앉은,
무마된, 화해한, 조용한, 고요한, 평온한, 차분한,
평화로운, 잔잔한, 상냥한, 친절한, 온유한.
pláceat, 원형 pláceo, -cŭi -cĭtum -ére, intr.
[접속법 현재. 단수 1인칭 placeam, 2인칭 placeas, 3인칭 placeat.
복수 1인칭 placeámus, 2인칭 placeátis, 3인칭 placeant]
Pláceat.
Placeat tibi, sancta Trinitas, obsequium servitutis meæ:
et præsta; ut sacrificium, quod oculis tuæ maiestatis
indignum obtuli, sit acceptabile, mihique et omnibus,
pro quibus illud obtuli, sit, te miserante, propitiabile.
Per Christum Dominum nostrum. Amen.
(MAY the tribute of my humble ministry be pleasing to Thee, Holy Trinity.
Grant that the sacrifice which I, unworthy as I am, have offered in the
presence of Thy majesty may be acceptable to Thee. Through Thy mercy
may it bring forgiveness to me and to all for whom I have offered it:
through Christ our Lord. Amen.   -From the 9th century sacramentary of
Amiens, this prayer was traditionally recited by the priest after Mass.)
거룩하신 삼위일체 하느님, 이 종의 봉사를 만족히
여기소서. 저는 부당하오나 지존하신 대전에 이 제사를
봉헌하였사오니, 기꺼이 받아들이시고 주님의 자비로 저와
제가 기억한 모든 이에게 속죄의 제사가 되게 하소서.
우리 주 그리스도를 통하여 비나이다. 아멘.
Placeat tibi dare mihi hunc librum.
이 책을 제게 주시기 바랍니다.
Placebo. 쁠라체보[성무일도서 죽은 이를 위한 저녁 기도 명칭. 이 기도는
Placebo Domino(시편 Vugata 116)로 시작한다. 백민관 신부, 백과사전 3, p.185].
placens, -éntis, p.præs. (누구의) 마음에 드는,
(연극.배우 따위가) 갈채 받는, 인기 있는.
placenta[1] -æ, f. 케이크(⑨ cake), 과자(菓子)
placenta[2] -æ, f. (解.動) 태반(胎盤). (植) 태자리,
胎座(씨방 안에 밑씨가 붙는 암술의 한 부분).
placenta diffúsa. 균등태반(산재태반)
placenta zonária. 대상태반(환상태반)
placentárĭus, -i, m. 과자 제조인
pláceo, -cŭi -cĭtum -ére, intr. (누구의) 마음에 드다,
뜻에 맞다, 즐겁게 하다, 마음에 흡족하게 하다.
좋아하게 하다, 기뻐하다, 우쭐해 하다,
스스로 자랑스러워하다, 자신을 대견하게 여기다,
(배우.작품 따위가) 갈채를 받다, 인기를 끌다.
Ego mihi plácui. 나는 내 자신이 대견했다/

Frustra laborat qui omnibus placere studet.
모든 사람의 마음에 들도록 하려는 것은 헛수고이다/
Hoc studeo, tibi placere.
내가 힘쓰는 바는 당신 마음에 드는 것이다/
Placet hoc tibi? 이것이 네 마음에 드느냐?/
Placuit Deo in sua bonitate et sapientia Seipsum
revelare et notum facere sacramentum voluntatis suæ.
하느님께서는 당신의 선과 예지로써 당신 자신을 계시
하고 당신 의지의 성사를 알려주고자 결정하셨다/
sibi placeo. 스스로 흡족해 하다/
ut illi pláceam. 내가 그의 마음에 들도록.
Placet[1] plácŭit(plácĭtum est) placére, impers.
좋게 여기다, 찬동(贊同)하다, 생각하다, 작정되다,
(원로원 따위에서) 토의되다, 의결되다, 결정되다.
Donum puellæ mihi valde placet. 아가씨의 선물이
나의 마음에 무척 든다[placeo '누구의(dat.) 마음에 들다'는 주로
비인칭으로 쓰임](성 염 지음, 고전 라틴어, p.114)/
Ita nobis plácitum est, ut ea conscriberémus.
우리는 그것들을 함께 저술(著述)하기로 합의했다/
Maximo periculo custoditur quod multis placet. 다수가
노리는 사물이라면 지켜내는데 크나큰 위험을 수반 한다/
Nemo omnibus placet.
누구도 모든 사람을 즐겁게 하진 못한다/
Placuit pharaoni consilium et cunctis ministris eius.
(h:resen de. ta. r'h,mata evnanti,on Faraw kai. evnanti,on pa,ntwn
tw/n pai,dwn auvtou) (獨 Die Rede gefiel dem Pharao und
allen seinen Großen gut) (⑨ This advice pleased
Pharaoh and all his officials) 파라오와 그의 신하들은
이 제안을 좋게 여겼다(성경 창세 41. 37)/파라오와 그의
모든 신하는 이 제안이 좋아 보였다(공동번역 창세 41. 37)/
Qui omnibus placuerit ordinatur.
모든 이가 찬성하는 자를 서품하라/
Quod principi placuit, legis habet vigorem.
군주가 원하는 바는 법률의 효력을 가진다/
Sed quod Domino placet, melius est servare reliquias,
quam onerare corda nimio cibo. 그러나 주님께서 기뻐
하신다면, 푸짐한 음식으로 여러분의 마음을 무겁게
하기보다는, 남는 음식을 그대로 보관하는 것이 더
낫겠습니다.(최익철 신부 옮김. 요한 서간 강해. p.305)/
Sed quomodo vobis placet quando laudatis, sic vobis
placeat ut in coede servetis. 사랑을 찬양할 때 여러분이
기쁘듯이, 사랑을 마음속에 간직한다면 여러분이 기쁠
것입니다.(최익철 신부 옮김. 요한 서간 강해. p.331)/
si diis placet, 주제넘게도, 아니꼽게 시리/
si pecúnias æquári non placet.
금액이 등분되는 것이 싫다면/
si placet, 좋다면/
ut doctíssimis plácuit. 여러 학자들이 주장한 바와 같이.
Placet[2] n. (placere라는 말을 써서 나타내는) 찬성표명, 찬성투표,
(敎史) (교황.주교의 교서에 대하여 정부나 군주가 요구한) 교서 인가제도.
non placet. 불찬성/ Esto! 좋다 찬성이야.
Placet hoc tibi? 이것이 네 마음에 드느냐?
placet juxta modum. 조건부 찬성
placet mihi. 내 뜻에 맞는다, 마음에 든다.
displicet mihi. 뜻에 맞지 않는다.
Placet quod dicĭs. 옳은 말씀입니다
placídĭtas, -átis, f. 유순, 온유, 차분함, 안온, 평온
placído, -ávi, -átum, -áre, tr. 차분해지게 하다
placídŭlus -a -um, adj. 보드라운, 고운
placide, adv. 고요하게, 차분히, 평온히, 사뿐히, 지긋이
plácĭdus, -a -um, adj. 온화한, 온유한, 유순한, 친절한,
관대한, 차분한, 조용한, 고요한, 평온한, 잔잔한, 평화로운.
alqm plácidum reddo. 누구를 유순(柔順)해지게 하다/
plácidum mare. 잔잔한 바다/
tam placidum, quam ovem reddĕre.
양(羊) 만큼 유순(柔順)하게 만들다.
plácĭto, -áre, intr., freq. 썩 마음에 들다
placĭtum, "pláceo"의 목적분사(sup.=supínum)

P

plácĭtum, -i, n. 마음의 흡족(洽足), 의견, 학설,
전통적(傳統的) 가르침, 뜻, 생각, 지시(指示), 결정.
Ita nobis placitum est, ut ea conscriberemus.
우리는 그것들을 함께 저술하기로 합의했다/
medicórum plácita. 의사들의 처방(處方)/
philosophórum plácita. 여러 철학자들의 학설(學說).
placitum régium. (敎史) 교서 인가 제도
plácĭtus, -a -um, p.p., a.p. 마음에 드는,
(누구의 마음에) 흡족한, 합의된, 귀여운, 소중한, 결정된.
locus ambóbus placitus. 두 사람이 다 합의한 장소/
placita bona. 귀중한 재산(bonum pretiosum.)
plāco, -ávi, -átum, -áre, tr. 달래다, 가라앉히다,
진정시키다, 무마하다, 차분해지게 하다, 평온해지게 하다,
조용해(잔잔해) 지게 하다, (시장기.갈증 따위를) 풀다,
화해시키다, 마음을 돌리게 하다.
Donis impii ne placare audeant deos.(Cicero). 불경한 인간들로서 예물을 갖고 신들을 무마시키려 하지 말지어다/
Fac, illa ut placétur nobis.
그 여자로 하여금 우리와 화해하게 하라.
placo æquora tumida. 성난 바다를 잔잔해지게 하다
placo animum 마음을 가라앉히다
placor[1], -óris, m. (pláceo) 환심(歡心)
placor[2], -óris, m. (placo) 고요함, 평온
placuérunt, 원형 pláceo, -cŭi -cĭtum -ére,
[직설법 현재완료.
단수 1인칭 placui, 2인칭 placuisti, 3인칭 placuit,
복수 1인칭 placuimus, 2인칭 placuistis, 3인칭 placuerunt].
plăcui, "pláceo"의 단순과거(pf.=perfectum)
plāga[1], -œ, f. 타격(打擊), 강타, 구타(毆打-사람을 때림),
상처, 타박상(打撲傷), 창상(創傷-날이 있는 물건에 다친 상처),
재앙(災殃), 재난(災難), 천재(天災), 질병(疾病).
plaga mortífera. 치명상(致命傷)
plāga[2], -æ, f. 그물코, (야수사냥) 그물, 올무, 올가미,
거미줄, 베갯잇, 방석덮개, 지역, 지방, 지대, 구역.
ardens plaga. 열대(熱帶) 지방(地方)/
æthéria plaga. 천공, 하늘/
septentrionális plaga. 북부 지방.
plagális, -e, adj. 구타의, 매의. pœna plagalis. 태형(笞刑).
plagiárĭus, -i, m. 노예(奴隷) 납치자(유괴자),
자유인을 노예로 매매하는 자, 표절자(剽竊者).
plagiátor, -óris, m. 노예 납치자(유괴자), 노예 매매자,
어린이 유괴자(誘拐者).
plágĭger, -gĕra, -gĕrum, adj. (plaga[1]+gero[1])
늘 매만 얻어맞는.
plagigérŭlus, -a -um, adj. 늘 매 맞는
plágĭo, -ávi, -átum, -áre, tr. (자유인을) 노예로 팔다
plagipátĭda, -æ, m., f. (plaga[1]+ pátior)
노예(奴隷.δοῦλος.[영] slave), 채찍에 얻어맞는 사람.
plágĭum, -i, n. 노예 유괴죄(誘拐罪), 표절(剽竊),
자유인을 노예로 매매하는 행위, 코가 많은 그물.
plago, -ávi, -átum, -áre, tr. 때리다, 상해(傷害)하다
plagósus, -a, -um, adj.
매 맞은 상처투성이의, 매질하기 좋아하는.
plágŭla, -æ, f. 침대보, 홑이불, 옷자락에다는 천
plana, -æ, f. 대패(나무를 곱게 밀어 깎는 연장)
planarátrum, -i, n. 두 개의 바퀴가 달린 쟁기
planáris, -e, (**planárĭus**, -a -um,) adj. 평평한, 평면의.
planca, -æ, f. 널빤지, 널판때기, 석관에 씌우는 대리석판.
planctum, "plango"의 목적분사(sup.=supínum)
planctus, -us, m. 소리 나게 때림, (날개를) 푸덕거리는
소리, 철썩거리는 파도소리, 가슴을 치며 통곡함, 체읍
(涕泣-눈물을 흘리며 슬피 욺).
De planctu B. Mariæ. 성모 마리아의 애가/
De planctu naturæ. 자연의 개탄.
Planctus Mariæ. 성모님의 탄식(歎息)
plane, adv. 판판하게, 평평하게, 분명히, 명백히, 솔직히,
똑똑히, 알기 쉽게, 온전히, 전적으로, 아주, 전혀,
전연, 도무지, 완전히, 철두철미, 철저히, 고스란히,
썩(잘), (대답) 아무렴, 암 그렇고말고, 물론이지.
Plane Compertum, 이제는 분명히(1939.12.8.담화문)
Plane nativitas a Gabriele annuntĭatur.
가브리엘 천사는 주님의 탄생을 분명히 통보하였었다.
Plane qualis dominus, talis et servus.(Petronius).
정말 그런 주인에 그런 하인이구나.
planes, -étis, m. 혹성(惑星), 유성(流星)
planésco, -ĕre, intr.
평평하게 되다, 판판해지다, 평면이 되다.
planéta[1], -æ, m. 혹성(惑星), 유성(流星), 행성(行星)
planéta[2], -æ, f. (미사 때 입는) 제의(祭衣.[영] chasuble),
겉 제의[633년 공의회 문서에 발견되는 용어. 라틴어 Planeta는 그리스어 Planetes(거니는 자)란 말에서 나온 것으로 본래는 여행할 때 입었던 옷이다. 백민관 신부 엮음, 백과사전 3, p.186].
planéta plicáta. (장엄미사 때 착용하는) 부제용 제식복,
접어 겹친 제의(옛 미사 예절에서 보속 시기의 대미사 때 부제, 차부제의 제의는 앞자락을 접어 겹쳐서 입었다. 1960년 이후 이 예절은 없어졌다. 백민관 신부 엮음, 백과사전 3, p.186].
planetárĭus, -i, m. 천체 관측자, 점성가
plango, planxi, planctum, -ĕre, tr. 치다, 때리다,
부딪치다, 매우 슬퍼하다, 애통(哀痛)해 하다, 통곡하다.
fluctus plangentes saxa. 바위에 부딪치는 파도/
plangi. (pass.) 통곡하다.
plango péctora. 가슴을 치며 통곡(痛哭)하다
plangor, -óris, m. (소리 나게) 때림, 타격, 철썩거림,
(가슴.무릎 따위를 치면서 하는) 통곡, 애통(哀痛)
체읍(涕泣-눈물을 흘리며 슬피 욺), 비탄(悲嘆-슬퍼하여 탄식함).
plangúncŭla, -æ, f. 밀랍으로 만든 작은 인형(人形)
planílŏquus, -a, -um, adj. (plane+loquor) 분명하게 말하는.
planior, -or, -us, adj. plānus[1]-a -um의 비교급
plánĭpes, -pĕdis, m. (planus[1]+pes)
어릿광대, 맨발의 희극배우(喜劇俳優).
planissimus, -a, -um, adj. plānus[1]-a -um의 최상급.
plánĭtas, -átis, f. (文章의) 명료(明瞭)
planítĭes, -éi,(=planítĭa, -æ,) f.
평지, 벌판(ἄγρος), 평야, 평원, 평면(平面).
Collis léniter fastigátus paulátim ad planítiem redíbat.
완만하게 경사져 올라갔던 언덕이 다시 비스듬히
내려가 평지에 가 닿았다.
plano, -ávi, -átum, -áre, tr. 평평(평편.평탄) 하게 하다,
(길.땅 따위를) 고르다.
planta, -æ, f. (나무의) 햇가지, 새가지, 새싹 돋은 가지,
접지(接枝), 묘목(苗木), 초목, 식물, 풀, 발바닥, 발.
Non convalescit planta, quæ sæpe transfertur.
자주 옮겨지는 식물은 왕성하게 자라지 않는다.
plantágo, -gĭnis, f. (植) ~ (asiática) 질경이
plantárĭa, -ĭum, n., pl. 식물, 초목, 음모(陰毛)
plantárĭum, -i, n. 묘포(苗圃-묘목을 심어서 기르는 밭), 묘목 밭.
plantas abscindens de corpore.
모체에서 태아를 떼어내는 (자).
plantátĭo, -onis, f. (나무 따위를) 심음, 식목(植木),
이식(移植), 재배(栽培), 온상(溫床), 부식(扶植-어떠한 곳에 영향력이나 힘의 기틀을 마련.가톨릭 신학 제5호, p.241).
Plantátĭo Ecclesiæ. 교회의 부식(扶植.이식)
plantátor, -óris, m. (**plantátrix**, -ícis, f.) 심는 사람, 재배자.
planto, -ávi, -átum, -áre, tr. 심다(בצנ.ביענ),
식목하다, 이식하다, 세우다(יגב.אנב.יעוד.וזכ).
Plantare ibi vult arborem, caritatem. 그분은 이 밭에
사랑이라는 나무를 심고 싶어 하십니다.
(최익철 신부 옮김, 요한 서간 강해, p.129).
planto crucem. 십자가를 세우다
planum, -i, n. 평지(**planus locus**), 평야, 지면, 바닥
planúra, -æ, f. 평지, 평원, 평야, 벌판(ἄγρος).
plānus[1] -a -um, adj. 평평한, 판판한, 평탄한,
(바다가) 잔잔한, 평면의, 바닥의, 납작한, 손쉬운,
평이한, 순탄한, 즉석에서, 명료(明瞭)한, 명확한,
분명한, 쉽게 알아들을 수 있는.
(*alqd*) planum fácere. 무엇을 분명히 밝히다/
cantus planus. 그레고리안 성가/ de plano. 손쉽게.
planus locus. 평지(平地)

planus pes. (지하실도 다락방도 없는) 단층(집)

plǎnus² -i, m. 방랑자, 건달, 사기꾼, 협잡꾼

planxi, "plango"의 단순과거(pf.=perfectum)

plásěa, -æ, f. = palásea

plasma, -ătis, n. 피조물, 인간, 가상, 허구(虛構),
꾸며낸 이야기, 가성(假聲). (生) 원형질(原形質).
(生理.解) 혈장(血漿), 임파장(淋巴漿).
Imaginem quidem habens in plasmata.
모상은 피조된 것 안에 있다.

plasma ságuinis. (解) 혈장(血漿)

plasmátĭo, -onis, f. 조성, 형성, 창조(κτίσις.⑨ Creátĭon)

plasmátor, -óris, m. 제조자(製造人), 창조자(創造者).

plasmo, -ávi, -átum, -áre, tr.
흙으로 빚다, 만들다(ㅋㄱ), 조형(造形)하다, 형성하다.

plasmódĭum, -i, n. (生) 변형체, 말라리아 원충(原蟲)

plasmogonía, -æ, f. (生) 형질생식(形質生殖)

plasmolýsis, -is, f. (植) 원형질 분리(原形質 分離)

plastes, -æ, m. 도공(陶工.faber vasculárĭus),
소조자(塑造者-진흙으로 조각의 원형을 만드는 자),
조소가(彫塑家), 조형자, 조물주, 창조자.
sui ipsius plastes. 자기를 빚어내는 조각가/
tui ipsius plastes et fictor. 네 자신의 조형자요 조각자.

plastica, -æ, (=plastice, -es,) f. 조소술(彫塑術),
소상술(塑像術), 조소(彫塑-조각과 소상彫像).

plasticátor, -óris, m. 조소가(彫塑家),
소조자(塑造者-진흙으로 조각의 원형을 만드는 자).

plástĭcus, -a -um, adj. 이겨서(빚어서) 만드는(만든),
소조의, 조소의, m. 소조자(塑造者), 조소가(彫塑家).

plastus, -a -um, adj. = plásticus 가장의(거짓의),
모방(模倣)의, 속이는.

platálěa(-ia) -æ, f. (鳥) 저어새, 넓적부리 오리,
사다새(사다새과의 물새. 펠리컨), 펠리컨.

platanétum, -i, n. 플라타너스 숲

plátănon, -ónis, m. 플라타너스 숲

plátănus, -i(plátănus, -us), f. (植) 플라타너스.
sub umbra platani. 플라타너스 밑에.

platea¹ -æ, f. 길거리, 가로, 저자거리, 한길, 큰 길, 광장.
alqm in platéa offendo. 누구를 거리에서 만나다.

plátěa² -æ, f. (鳥) = platálea
저어새, 넓적부리 오리, 사다새.

platéssa, -æ, f. (魚) 가자미

plátĭce, -es, f. 개략(槪略-대강 간추려 줄인 것), 개요(槪要)

plátĭcus, -a -um, adj. 초보의 기초적인, 대강의.
adv. plátĭce, 대충, 대강.

Plato(n), -ónis, m. 희랍의 대철학자(428~347 A.C.).
Et Plato posuit diversas esse animas in homine,
secundum quas diversæ operationes vitæ ei conveniant.
플라톤은 다양한 생명 작용이 인간에게 속하는 한 인간
에게 다양한 영혼이 있다고 주장했다.(지성단일성. p.73)/
Platonem existimo, si genus forense dicendi tractare
voluisset, gravissime et copiossime potuisse dicere.
내가 생각하기에 플라톤은, 만약 법정 연설 분야(genus
forense dicendi)를 다루기로 했다면, 매우 위엄 있고 도도
하게 발언을 할 수 있었을 것이다.(그의 어조는 위엄과
수식이 풍부한 분야가 되었을 것이다)/
Platonem non accepit nobilem philosophia, sed fecit.
철학이 이미 고상해진 플라톤을 품어준 것이 아니라
플라톤을 철학이 고상한 사람으로 만들었다(Seneca).
Plato escam malorum appellat voluptatem,
quia ea homines capiat, velut hamus pisces.
플라톤은 쾌락(情慾)을 뿔의 미끼라고 불렀다. 마치 낚시가
고기를 낚듯 이것이(=쾌락) 인간을 사로잡기 때문이다.
De ternis contrariis, quibus secundum Platonicos
dæmonum hominumque natura distinguitur. 플라톤 학파
가 정령과 인간의 본성을 구별하는 세 가지 대립점.
(교부문헌 총서 17, 신국론. p.2772).
Plato rationem in capite sicut in arce posuit. 플라톤은
요새 꼭대기에 놓듯이 이성을 머리에다 자리 잡아 두었다.

Platónǐcus, -a -um, adj., m., pl. Platon 학파의 철학자들

Platonis Rátĭo. 플라톤 학설

Platonísmus, -i, m. 플라톤주의, 플라톤 철학.
neo-platonismus, -i, m. 신 플라톤주의.

Platonísmus médĭus. 중간 Platon 주의

Platónǐtas, -átis, f. Platon의 특성

platycorrĭásis, -is, f. (醫) 동공확대증

platyophtálmus, -i, m. (鑛) 안티몬(獨.Antimon)
(옛적에는 눈을 크게 하고 예쁘게 하는데 썼음).

platýsma, -ătis, n. (解) 광경근

plaude, 원형 plaudo, plausi, plausum, -ěre,
[명령법. 현재 단수 2인칭 plaude, 복수 2인칭 plaudite].
Spectatores, plaudite manibus! 관객 여러분, 박수를 치시오!.

Plaude tuo Marti, miles : nos odimus arma!
병사여, 그대나 그대의 마르스(군신)에게 갈채를 올려라.
우리는 무기 들기를 증오하노라.

plaudo, plausi, plausum, -ěre, intr. 쳐서 소리 내다,
(소리 나게) 치다, 훼치다, 손뼉 치다, 박수하다,
칭찬하다, 갈채 하다, 찬동하다, 흐뭇해하다, 야유하다.
tr. (소리 나게) 치다, 쳐서 소리 내다, 툭툭 두드리다.
alis(pennis) plaudo. 날개 치다, 훼치다/
péctora plaudo manu. 손으로 가슴들을 치다/
pédibus plaudo choréas.
발(과 몸)의 동작으로 윤무(輪舞)들을 추다/
Plaudite! 박수들을 보내주십시오!
(연극이 끝날 때 배우나 가수가 하던 말)/
plausis alis. 날개를 쳐서/
sibi plaudo. 자화자찬하다, 스스로 만족해하다.

plausi, "plaudo"의 단순과거(pf.=perfectum)

plausíbǐlis, -e, adj.
박수갈채 받을만한, 칭찬할만한, 인기를 얻을만한.

plausis alis. 날개를 쳐서

plausor, -óris, m. 박수(갈채) 하는 사람

plausor redemptus. 매수되어 박수(拍手) 치는 자

plaustéllum, -i, n. 작은 달구지

plaustrárĭus, -a -um, adj. 달구지의, m. 달구지꾼

plaustrum, -i, n. 달구지(소 한 마리가 끄는 짐수레),
우차(牛車-소달구지). (天) 대웅좌.

Plaustrum perculi. 내가 달구지를 넘어뜨렸다.
(속담-큰 낭패를 했다).

plausum, "plaudo"의 목적분사(sup.=supínum)

plausus, -us, m. 소리 나게 침, (새.닭의) 홰침,
(벌이 날개를) 진동시켜 붕붕 소리 냄,
손뼉 침, 박수, 갈채(喝采-크게 소리 지르며 칭찬함), 칭찬(稱讚).
alqm clamóre et plausu foveo.
아무를 박수갈채(拍手喝采)로 응원(應援)하다.

plautus¹, -a -um, adj. 평평한, 넓적한, 편평족의,
귀가 넓적하고 늘어진 (개).

Plautus², -i, m. Roma인의 가문명; (특히)
T. Máccius Plautus. Roma의 유명한 희극시인,
Umbrĭa의 Sársina 사람(254~184 A.C.).

plebanus, -i, m. (Parochus의 옛 호칭) 사목 사제, 주임 사제

plebécǔla, -æ, f. 천민(賤民), 하층민, 빈민, 평민(λαὸς)

plebéjus, -a -um, adj. 평민의, 서민의, 하층 계급의,
대중적인, 천한, 저속한, 세련되지 못한, 아류(亞流)의.
m., f. 평민(λαὸς).
Aediles plebeii, aliquot matronas apud populum probri
accusarunt. 평민 감찰관들은 귀부인 몇몇을 파렴치죄로
국민에게(=미회에) 고발하였다/
plebejum genus. 평민출신(infimo loco natus).

plebes(plebis) -is(ěi -i), f. (古) plebs

plebis scitum. 국민의 결정

plebícǒla, -æ, m., f. (plebs+colo²)
평민 편드는 사람, 서민(庶民) 영합자.

plebiscítum, -i, n. (plebs+scitum)
국민투표(referendum, -i, n.), 로마 국민의 결의.
Plebiscíto in pátriam restitútus est. 그는 국민 투표에
의해 유배지에서 풀려나 귀향하게 되었다.

plébǐtas, -atis, f. 서민신분, 평민신분

plebs, -bis, f. (gen., pl. plébium),
평민(λαὸς), 서민, 일반대중, 민중, 백성,
하층민, 천민, 빈민, 하층에 속하는 집단, 일별 떼.
armo plebem irā. 대중에게 분노를 일으키도록 자극하다/
Christiana plebs in defensione religionis attenta.
종교를 방어하면서 그리스도교 백성들을 위해 쓰인 것/
Consules patrum plebeiorumque patres familias in
curiam convocabant.(성 염 지음. 고전 라틴어, p.84) 집정관들은
귀족들과 서민들의 가장들을 원로원으로 소집하였다/
cujuslibet dei gregalis vel de turba plebis. 하찮은 신
혹은 천한 무리가 받드는 아무래도 괜찮은 신/
de unitate Patris et Filii et Spiritus Sancti plebs adunata.
(⑨ a people made one by the unity of the Father,
the Son and the Holy Spirit) -Cyprianus틀-
성부와 성자와 성령의 일치로 하나 된 백성/
deficio a pátribus ad plebem.
귀족들에게 떨어져 시민 편을 들다/
homo de plebs. 서민출신(庶民出身)/
Minaberis plebi? minaberis tribuno?
당신이 평민을 위협하려는가? 호민관을 위협하려는가?/
Orat Apostolus pro plebe, orat plebs pro Apostolo. 사도
는 백성을 위해 기도하고 백성은 사도를 위해 기도합니다/
tero in armis plebem. 군대를 전쟁에 소모(消耗)하다/
transeo a pátribus ad plebem.
귀족계급에서 평민으로 넘어오다/
Utrum defenditis plebem, an impugnatis?
당신들은 평민을 옹호합니까, 아니면 그들과 맞설니까?.
plebs ære aliéno demersa. 빚더미에 파묻혀 억눌린 서민
Plebs cónsulum nomen perósa erat.
민중은 집정관들의 이름을 몹시 미워하였다.
Plebs Hebréa tibi cum palmis obvia venit:
Cum prece, voto, hymnis, adsumus ecce tibi.
히브리 백성이 팔마 들고 마중 가니,
기도와 노래 불러 함께 기리나이다(성지주일).
plebs pileata. 질곡(桎梏)에서 벗어난 서민
plebs ultima. 최하층 서민(庶民)
Plecoglossus altivelis. (魚) 은어
plectíbílis, -e. adj. 처벌될, 벌 받을 만한, 처벌하는
pléctílis, -e. adj. 엮은, 짠, 얽힌, 복잡한
plecto¹, -ère, tr. 때리다, 체형을 가하다, 처벌하다.
cápite alqm plecto. 아무를 사형에 처하다/
multis in rebus neglegéntiä plecti.
많은 일에 있어서 소홀한 탓으로 벌 받다/
ut in judiciis culpa plectatur,
과오(過誤)가 재판을 통해서 처벌되도록.
plecto², plexi(plexûi), plexum, -ere. tr. 섞어 짜다,
엮다(תוע), 겯다(대, 갈대, 싸리 따위를 어긋나게 엮어 짜다), 합쳐 꼬다,
땋다(머리털이나 실 따위를 둘 이상의 가닥으로 갈라서 엇걸어 짜
엮어 한 가닥으로 하다).
pléctrum, -i, n. (lyra 따위 현악기를 탈 때에 사용하던
상아로 만든) 채.양금채, 칠현금(lyra), 서정시, (배의) 키.
plectúra, -æ, f. 얽힘, 교착(交錯-이리저리 뒤섞이어 엇갈림)
pleiochásĭum, -i, n. (植) 다출집산화서, 의산화본
plenárĭus, -a -um, adj. 완전한, 전권의, 절대적
무조건의, (회의 따위의) 전체의, 전원 출석의.
Concílium plenária. 전국 주교회의, 관구 연합회의/
indulgéntia plenária[in artículo mortis] (임종) 전대사/
plenária dispositio. 완전 처분권(完全 處分權).
plene, adv. 충만하게(plénus -a -um, adj.)
[형용사 1, 2변화는 어간에 어미 -e를 붙여서 부사를 만든다].
plenilúnĭum, -i, n. (plenus+luna) 보름달, 만월, 망일
plenípŏtens, -éntis, adj. (plenus+potens) 전권을 가진
plenior, -or, -us, adj. plénus -a -um의 비교급
plenissimus, -a -um, adj. plénus -a -um의 최상급.
Non materia multitudine arborum, non frumentum, cujus
erant plenissimi agri, deficere poterat.
나무들이 많아서 자재도 부족할 리 없었고, 또 들판이
곡식으로 그득하였으니까 곡식도 부족할 리 없었다/

Syracusis est fons aquæ dulcis, cui nomen Arethusa est,
incredibili magnitudine, plenissimus piscium.
시라쿠사에는 단물이 나오는 샘이 있다. 그 샘에는
아레투사라는 이름이 붙어 있으며, 믿기 어려울 정도로
크고 물고기로 가득하다.(cui: 소유 여격)
plénĭtas, -átis, f. 충만, 충분, 풍만, 풍요(豊饒), 포화.
plénĭter, adv. 가득히, 충분히, 완전히, 온전히.
plenitúdo, -dinis, f. 충만(가득하게 참), 가득함, 충분,
완전, 풍만, 풍부, 플레로마(充滿),
(醫) 포만(飽滿-일정한 용량에 넘치도록 가득 참), 만복(滿腹).
De die septimo, in quo plenitudo et requies
commendatur. 충만과 안식이 이루어진 일곱째 날/
Et de plenitudine eius nos omnes accepimus,
et gratiam pro gratia. (o[ti evk tou/ plhrw,matoj auvtou/ j
pa,ntej evla,bomen kai. ca,rin avnti. ca,ritoj) (獨 Und von
seiner Fülle haben wir alle genommen Gnade um Gnade)
(⑨ From his fullness we have all received, grace in
place of grace) 그분의 충만함에서 우리 모두 은총을
은총을 받았다(성경)/우리는 모두 그분에게서 넘치는 恩寵
을 받고 또 받았다(공동번역)/과연 그분의 충만함에서 우리
는 모두 은총에 은총을 받았다(200주년 신약성서 요한 1. 16)/
Ille qui habet plenitudinem entis.
존재자의 충만함을 가지고 계신 분/
In octavo, resurrectionis est plentitudo. 여드레 째 날에
부활의 충만함이 있다(가톨릭 思想 第7輯, p.155)/
plenitudinem temporis(⑨ fullness of time) 시간의 충만.
plenitudo communionis catholica.
온전한(충만한) 가톨릭 친교(親交).
plenitudo erga legis dilectio. 사랑은 율법의 완성입니다.
plenitudo legis in Christo est.("Veritatis Splendor" 중에서)
율법의 완성은 그리스도 안에서 이루어진다.
plenitudo omnium indistincta. 무구분적 충만.
plenitudo potestatis. 교황의 전권(全權)
Plenitudo temporis. 때가 차다
plenitudo temporum. 시간의 충만
plénus, -a -um, adj. 가득한(πλ῀ρης), 그윽한, 꽉 찬,
충만한(πλ῀ρης), 포화상태에 이른, 넘치는, 배부른,
실컷 먹은, 만족한, 임신한, 뚱뚱한, 살찐, 비만한,
굵은, 충분한, 완비한, 부족함이 없는, 완전한, 온전한,
힘찬, 우렁찬, 풍부한, 알찬, 많은, 다 큰, 장성한.
epistola plena. 길고 자세한 편지/
Et in hoc sæculo quis nobis nocebit plenis caritate?
이 세상에서 누가 사랑으로 가득 찬 우리를
해치겠습니까?. (최익철 신부 옮김, 요한 서간 강해, p.397)/
Gútture fac pleno sumpta redúndat aqua.
목구멍까지 가득 마신 물이(물을) 쏟아져 나오게 해라/
Omnium justorum spiritu plenus fuit.
그는 모든 의로운 이의 정신으로 채워져 있었다/
orátio plena. 내용이 풍부한 연설(演說)/
plena manu. 한껏, 힘껏(pro viribus)/
plena pecunia. 거액의 돈/
plena pulmentariorum in canistris. 큰 쟁반/
plena voce. 우렁찬 목소리로/
Pleni sunt cæli et terra gloria tua. 하늘과 땅에 가득 찬
그 영광(하늘과 땅에 당신의 영광 가득하나이다)/
plenissimis velis. 모든 돛에 바람을 가득 받고(전속력으로)/
pleno gradu. 빠른 걸음으로, 뛰다시피/
pleno ore laudare. 극구 칭찬하다/
plenum esse. 충만한 존재/
sensus plenior. 충만한 의미/
si plena sunt caritate, habes Spiritum Dei. 사랑으로 가득
차 있으면, 그대는 하느님의 영을 모시고 있는 것입니다/
vita plena voluptátibus. 쾌락에 파묻힌 생활/
Vir iste spiritu justorum omnium plenus fuit.
이 사람은 모든 의로운 이의 정신으로 채워져 있었다/
Vocalióra sunt vacua quam plena.
빈 것은 가득 찬 것보다 소리가 더 많이 난다.
plenus laboris. 수고로 가득 찬

P

Plenus rimarum sum.(내게서는 죄다 새어나간다)
　나는 아무 것도 숨기지 못한다.
plĕo, plḗre, tr. 채우다(실제로는 com-, ex-, im-,
　re-, 따위 접두사와 합성되어 사용됨).
pleonásmus, -i, m. (修) 용어구(冗語句),
　용어법(冗語法-논리적으로 불필요한 말을 써서 표현하는 방법).
pleríque, -ǽque, -ǽque, adj., pl. 대부분의, 대다수의,
　상당수의, 태반의, 거의 모든 점에서, 대부분의 경우.
　in plerísque. 대개는, 대부분의 경우/
　pleráeque boves. 대부분의 암소/
　pleráeque géntium. 대부분의 인종(人種)/
　pléraque. n., pl. 모든 것, 대부분/
　plerísque abditióribus locis.
　　꽤 멀리 떨어져 있는 많은 곳에서.
Plerique amicorum abjerunt. 수많은 친지들이 떠나버렸다.
pleríque credébant. 대다수의 사람들이 믿고 있었다.
pleríque milites. 대다수의 군인들
pleríque omnes. 거의 모든 사람
pleróma, -átis, n. 충만(充滿-가득하게 참), 플레로마(充滿)
plerúmque, n., indecl. 대부분.
　adv. 대부분, 거의 다, 일반적으로, 흔히.
plerúmque noctis. 거의 밤새도록
plerus, (古) = plerúsque.
plerúsque, -áque -úmque, adj. 대부분의, 대단히 많은,
　juvéntus pléraque. 대부분의 젊은이들.
plethóra(pletúra) -æ, f. 과다, 충만, 충일(充溢).
　(醫) 충만증, 다혈증, 적혈구 과다증(過多症).
plethora abdominalis. 복부다혈(腹部多血)
pléura, -æ, f. (解) 흉막(胸膜-肋膜),
　늑막(肋膜-폐의 표면과 흉곽의 내면을 싸고 있는 막).
pleurísis, -is, (pleurítis, -tidis,) f. (醫) 늑막염, 흉막염
pléuron, -i, n. (갑각류 따위의) 옆구리, 갑측(甲側)
plexi, "plecto²"의 단순과거(pf.=perfectum)
plexui, "plecto²"의 단순과거(pf.=perfectum)
plextum, "plecto²"의 목적분사(sup.=supínum)
plexus¹ -a -um, p.p.
　섞어 짠, 엮은, 땋은, 합쳐 꼰, 복잡한, 얼기설기 얽힌.
plexus² -us, m. 엮음, 땋음, 뒤얽힘, 착잡.
　((解)) (신경, 혈관, 섬유 따위의) 총(叢), 망상조직.
plexus solaris. 태양 신경총
plica, -æ, f. 주름, 접음, (解.動) 습벽(褶壁)
plicátǐlis, -e, adj. 접을 수 있는
plicátrix, -ícis, f. 옷을 개키는 여자
plicatúra, -æ, f. 접음, 개킴, 주름, 습벽(褶壁)
plicátus, -a -um, p.p.
　접힌, (解.動) 주름이 있는, 습벽(褶壁)이 있는.
　Planeta plicata(⑨ Folded Chasuble) 접어 겹친 제의.
plǐcǐtum, "plǐco"의 목적분사(sup.=supínum)
plǐco, -ávi(cǔi), -átum(cǐtum), -áre, tr. 접다.
　접어 겹치다, 개키다, 포개다, 사리다, 말다.
plǐcui, "plǐco"의 단순과거(pf.=perfectum)
plínthǐum, -i, n. (horologium solárǐum.)
　(사각형 석판 따위에 금을 그어 만든) 태양시계.
plinthus, -i, f. (建) 대석(臺石-받침돌), 대좌(臺座),
　(둥근 기둥 밑의 네모진) 주초(柱礎-'주추'의 잘못).
plōdo = plaudo 박수(拍手)하다, 갈채(喝采)하다
plœres (古) = plures 더 많은, 상당수의
plombator, -óris, m. 교황 납인 옥새 관리관
plorábǐlis, -e, adj. 한탄스러운, 통탄할, 울어야 할, 비통한
plorabúndus, -a -um, adj. 몹시 우는, 통탄하는
plorate, 원형 plōro, -ávi, -átum, -áre, intr., tr.
　[명령법. 현재 단수 2인칭 plora, 복수 2인칭 plorate].
Plorate ululantes in miseriis, quæ advenient vobis.
　(⑨ weep and wail over your impending miseries)
　그대들에게 닥쳐오는 재난을 생각하며
　소리 높여 우십시오(성경 야고 5, 1).
plorátǐo, -ónis, f. 울음(체읍), 울부짖음
plorátor, -óris, m. 목 놓아 우는 사람, 슬피 우는 사람

plorátus, -us, m. 울음, 울부짖음, 통곡(慟哭),
　체읍(涕泣-눈물을 흘리며 슬피 욺), 방울져 떨어지는 수액(樹液).
plōro, -ávi, -átum, -áre, intr., tr. 슬피 울다, 체읍하다,
　목 놓아 울다, 痛哭하다, 울부짖다(ㅋㅋ, זﾑﾏ,זﾑﾏ),
　슬퍼하다, 비탄(悲嘆-슬퍼하고 탄식함)하다.
　Júbeo te ploráre. 천벌을 받아라/
　júvenem raptum ploráre. 젊은이의 요절을 슬퍼하여 울다.
plostror, -ári, dep., intr. 짐수레꾼 노릇하다
plóxěmum, -i, (-num, -xǐmum) n.
　(가마처럼 생긴) 이륜마차의 좌석(二輪馬車 座席).
P.L.S. =Patrologia latina. Supplementum,
　라틴 교부 총서, 보충판.
pluant, 원형 pluo, plui(pluvi), -ěre, intr.
　[접속법 현재. 단수 1인칭 pluam, 2인칭 pluas, 3인칭 pluat,
　복수 1인칭 pluamus, 2인칭 pluatis, 3인칭 **pluant**].
　Roráte, cæli, désuper et núbes plúant justum.
　하늘은 이슬비처럼,
　구름은 비처럼 위에서부터 의인을 내려주소서.
pluit, plui(pluvit), -ěre, impers. 비가 오다, 비 오듯 하다.
　Dominus pluit super Sodomam et Gomorram sulphur et
　ignem a Domino de cælo.
　주님께서 당신이 계신 곳 하늘에서 소돔과 고모라에
　유황과 불을 퍼부으셨다(창세 19, 24)/
　Non pluit cælum. 비가 오지 않는다(비 오지 않는 하늘이다)/
　Pluet hodie. 오늘 비가 오겠다/
　Pluet super peccatores carbones ignitos et sulphur.
　죄인들 위에 이글이글 하는 숯불과 유황을
　비처럼 쏟아지게 하시리라(Ps 10, 7).
　[다음의 동사들은 비유적으로 사용될 때에 탈격을 지배한다.
　manare 흐르다, 흘러내리다.
　pluit 비가 온다, 비 오듯 한다.
　rorare 이슬 내리다, 이슬처럼 내리다.
　stillare 방울지어 떨어지다, 떨어지게 하다.
　sudare 땀 흘리다, 땀 흘리듯 하다.
　　　　황치헌 신부 지음, 미사통상문을 위한 라틴어, p.459].
Pluit lapidibus. 돌이 비 오듯 쏟아졌다.
　[Pluit는 '비가 온다'는 기상의 동사이지만, 어떤 때에는 인칭적 타동사로 사용
　되면서 '비처럼 오게 하다, 쏟아지게 하다'의 뜻을 가지는 수도 있다.
　따라서 '오는 것, 쏟아지는 것'은 직접대상으로 대격으로 쓴다.
　　　　황치헌 신부 지음, 미사통상문을 위한 라틴어, p460].
plūma, -æ, f. 새털, 가벼운 깃털, 우모(羽毛-깃과 털),
　솜털, 사소한 것(floccus, -i, m.), (갑옷 따위의) 미늘,
　홍모(鴻毛-'큰기러기의 털'이라는 뜻, '매우 가벼운 사물'을 비유하는 말),
　처음 나기 시작하는 수염, 새털 넣은 침구(베개, 요, 이불).
Pluma haud interest. 조금도 대단한 것이 아니다
plumácǐum, -i, n. 새털 넣은 요
plumárǐus, -a -um, adj. 새털의, 부드러운 깃털의,
　수놓는, 수놓은, m. 수놓는 사람.
plumátǐlis, -e, adj. 깃털의, 자수(刺繡)의
plumbágo, -gǐnis, f. (鑛) 흑연(黑鉛, 石墨)
plumbárǐus, -a -um, adj. 납의, 연(鉛)의.
　m. 납으로 가공하는 사람,
　n. 납으로 만든 기구(器具)를 두는 곳.
plumbanginaceæ, -árum, f., pl. (植) 갯길경과 식물
plumbátæ, -árum, f., pl. 연구(鉛球), 끝에 납덩어리를 단 채찍.
plumbatúra, -æ, f. 납땜
plumbátus, -a -um, p.p., a.p. 납땜한, 납으로 만든
plúmběus, -a -um, adj. 납의, 연(鉛)의, 납으로 만든, 무딘,
　날카롭지 못한, 무가치한, 싸구려의, 품질이 나쁜,
　위조된, 다습한, 음산한, 무거운, 심한, 둔감한, 미련한.
　f. 연구(鉛球), 탄환(彈丸). n. 납으로 만든 그릇.
　plúmbea cármina. 시가(詩歌)의 태작(駄作)/
　plúmbea vina. (품질 나쁜) 막 포도주/
　plumbeum pugio. 무력한 논증.
plumbeus gládius. 날이 무딘 검
plumbeus glans. 탄환(彈丸.plumbum, -i, n.)
plumbeus nummus. 위조화폐
plumbo, -ávi, -átum, -áre, tr.
　납으로 때우다, 납을 입히다, 납으로 만들다.
plumbósus, -a -um, adj. 납이 많이 섞인
plumbum, -i, n. 납(鉛), 연(鉛-납), 탄환(彈丸), 연관(鉛管)

P

insula, in qua plumbum próvenit. 연이 산출되는 섬.
plumbum aceticum. (化) 초산연(醋酸鉛)
plumbum oxydatum. (化) 일산화연
plumbum subcarbonicum. (化) 연백(鉛白)
pluměsco, -ěre, intr., inch. 털 나기 시작하다
plúměus, -a -um, adj. 새털의, 깃털의, 우모(羽毛)의,
깃털로 된, 새털 같은, 수놓은.
plumiger, -gěra -gěrum, adj. 깃털 달린, 깃털이 난
plūmo, -ávi, -átum, -áre, tr. 깃털로 덮다,
수놓다, 미늘("갑옷미늘"의 준말)을 입히다.
intr. (새, 병아리 따위가) 털이 나다.
plumósus, -a -um, adj. 깃털이 많은, 솜털로 덮인
pluo, plui(pluvi), -ěre, intr. 비가 오다, 비 오듯 하다,
비를 내리다. tr. 비처럼 내리우다, 쏟아지게 하다.
Bellária adórea pluébant. 무훈(武勳)을 세운 (군인들
에게 주는) 상이 무더기로 쏟아졌다/
Fundæ saxa pluunt.
많은 줄팔매가 돌을 비처럼 내리 퍼부었다/
Non pluit cælum. (하늘에서) 비가 오지 않는다,
비 오지 않는 하늘이다/
Nubes pluant justum.(Is. 45. 8)
구름은 의인을 비처럼 내리우라/
Qui pluit(마태 5, 45) 비를 내리시는 분.
Pluo panem de cælo. 하늘로부터 빵을 비처럼 내리리라
plura elementa sanctificationis et veritatis.
성화와 진리의 많은 요소들.
Plura scribam, si plus otii habuero.
나는 더 한가할 때에 더 많이 써 보내겠다.(속문의 내용이 주문
의 내용보다 과거 또는 전시前時일 경우, 즉 더 먼저 일어났을 경우의 종속용법
에서 주문의 미래에 대한 속문의 과거, 또는 전시前時는 미래완료로 표시된다).
Plura scribemus alias.
다른 기회에 우리는 더 많이 저술 할 것이다.
Plura tibi dícerem, sed tempus non habeo.
(=si tempus haberem)
나는 더 많은 말을 네게 할 것이지만 시간이 없다.
(비현실 주문 뒤에다 비현실조건문을 쓰는 대신에 sed 따위의 반대접속사를
가진 또 하나의 현실문을 대립시켜 줌으로써 비현실 조건문을 쓴 것과
마찬가지의 뜻을 드러내게도 할 수 있다).
Plura tibi dixíssem, sed tempus non habébam.
(=si tempus habuíssem) 나는 더 많은 말을 네게
할 것이었지만 그러나 시간이 없었다.
plurális, -e, adj. 복수의, 두 개 이상의, 여러.
(文法) genitívus pluralis. 복수 속격.
pluralis personarum. 위격의 복수성(位格 複數性)
pluralísmus, -i, m. (哲) 다원론, 이중 직물(二重織物)
pluralístícus, -a -um, adj. 다원론적
plurálǐtas, -atis, f. 복수(성), 다수성, 다종성,
다양성(@ Variety of creatures), 대다수, 과반수.
unitas in pluralitate. 다양성 안의 일치.
pluralitas formárum. 형상(체형의)의 다수성(多數性)
pluralitas numeralis. 수적인 다양성
pluralitas Trinitatis. 성삼위적 복수.
(성 아우구스티노의 특유한 용어. 교부문헌 총서 16, 신국론, p.1692).
pluralitas uxorum. 일부다처제(一夫多妻制)
plures, adj., comp., pl. 더 많은, 상당수의, 여러,
plura (verba) 많은 말/
Verum est quod secundum fidem possunt esse
plures formæ numero separatæ in specie una.
신앙에 따를 때 같은 종 안에 수적으로 다수의 분리된
형상들이 있을 수 있다는 것이 참이다.
Plures invenit socios mensæ, sed paucos abstinentiæ.
잔치의 벗은 많으나 재 지키는 벗은 적다(준주성범 제2권 11장 1).
Plures locorum ordinarii, 수난복음 독서(1965.3.25. 교령)
Plures menses, 사제양성의 새로운 차원(1967.3.7. 회람)
plúrǐes(pluriens), adv. 되풀이해서, 여러 번
plurifáríam, adv. 여러 곳에서, 여러 방면에(서),
여러 모양으로, 여러 가지로.
plurifáríus, -a -um, adj.
여러 곳의, 여러 가지의, 여러 가지 모양의.

plurifórmis, -e, adj. (plus¹+forma)
여러 모양의, 잡다한, 여러 가지의.
plúrǐmum¹ -i, superl., n. 가장 많음, 최다(수),
최대, 최대 분량, 대부분, 가장 비싸게, 최고 가격으로,
plurima destructio. 극심한 피해(被害)/
plurimaqua silva est. 많은 숲들이 있는 그곳에/
Plurimi esse 가치가 제일 크다, 값이 가장 비싸다/
Plurimi facere. 가장 존중하다, 제일 중대하게 여기다/
Plurimo hortum conduxi. 나는 대단히 비싸게 동산을 얻었다/
Te plurimi facio. 나는 너를 대단하게 평가한다.
plurimum matrimoniorum. 다중 혼인
plúrǐmum² adv.
가장 많이, 대단히, 최대한(으로), 대단히 오랫동안.
plúrǐmus, -a -um, superl., adj. 대단히 많은, 대다수의,
최대의, 대단히 큰, 대단한, 굉장한.
Plurimum juvat totas diligenter nosse causas.
모든 원인(사안)을 철저히 알아두는 것은 크게 유조하다/
plurimum studii. 최대의 노력/
Quæ plurimis meis laboribus quæsivi.(quæro 참조)
그것들은 네가 많은 수고를 들여 얻은 것들이다/
Quam plurimo vendére. 최대한으로 비싸게 팔다/
uniformis motus plurium voluntatum. 다수 의지의 획일
적인 운동(단체가 내리는 "화합"의 정의이다. 성 염 옮김. 단테 제정론, p.62).
plurimus sol. 대단히 큰 태양
plurívǒcus, -a -um, adj. (plus¹+vox) 여러 가지 뜻을 지닌
plūs¹ plúris, (adj.) n., comp. (본래는 multus의 비교급 중성으로서
단수에서 쓰고 acc.는 쓰고 gen.는 속. 즉 가치부사어로 씀.
복수는 plura, -rǐum으로서 제대로 형용사 구실을 함) 더 많은(πλεῖων),
더 많음, 더 이상의 것, 한층 더한 것, 더 오랫동안.
aliquid pluris æstimare. 무엇을 더 중히 여기다/
cum matre plus esse 어머니와 함께 더 오래 지내다/
Plura sunt ponderanda causarum elementa.
많은 다양한 요소를 고려하여야 할 것입니다/
plures milites ceciderunt. 수많은 병사들이 쓰러졌다/
pluribus verbis. 더 많은 말로/
pluris æstimáre pecúniam. 돈을 더 중히 여기다/
pluris emere. 더 비싸게 사다/ pluris esse. 더 비싸다/
pluris fácere libertátem quam pecúniam.(quam² 참조)
자유를 돈보다 더 중히 여기다/
Plurium deorum cultus mores pravos efficit.
그릇된 도덕을 낳은 다신 숭배(신국론 제2권).

	단 수			복 수	
	m.	f.	n.	m., f.	n.
Nom.	-	-	plus	plures	plura
Gen.	-	-	pluris	plurium	plurim
Dat.	-	-	-	pluribus	pluribus
Acc.	-	-	plus	plures	plura
Abl.	-	-	plure	pluribus	pluribus

★Plus의 단수는 중성뿐이고 남성과 여성 단수형은 없다.
그것도 명사로만 쓰인다. 복수는 정상적인 형용사 기능을 한다.
★단수에서는 plus가 명사로 사용되므로 수식하는 명사는 속격
으로 나온다.
(한동일 지음, 카르페 라틴어 1권, p.115).

plus æquo(abl.). 정당한 것보다 더(많이)
plus cibi. 더 많은 음식
plus dicturus est, intente audiamus. 잘 들어보면 더
많은 것을 들려줄 것입니다.(최익철 신부 옮김, 요한 서간 강해, p.317).
plus justo.(justum 참조) 정당한 것 이상으로
plus mihi debére. 내게 더 많은 빚을 지다
plus pecúniæ. 더 많은 돈
plus (quam) novem annos natus. 아홉 살 이상,
major novem annos natus. 아홉 살 이상/
minor novem annos natus. 아홉 살 이하/
minus (quam) novem annos natus. 아홉 살 미만.
Plus quam divitias scire valere scias.
아는 것이 재산 보다 가치 있다는 것을 알아야 한다.
plus quam pollícitus erat. 그가 약속했던 그 이상의 것
plūs² adv. maltum의 비교급(최상급은 plurimum),
더 많이, 더, 더 이상,

dimidio plus. 반 이상/
et Orationes, unam aut plures, ut ordo Officii postulat.
Ordo Officii.(기도 모음집)에서 하나, 혹은 그 이상의
기도를 골라 바칠 수 있다/
Ne plus ultra. 여기 이상 넘어가지 말라/
non plus quam semel. 한번 이상은 아니/
parte plus dimídiã. 절반 이상.
plus ab eo. 그 사람보다 더 많이
Plus amat quam te unquam amavit.
그는 너를 과거보다 더 사랑하고 있다.
plus annum. 1년 이상을
plus justo. 정당한 것 이상으로
plus minus. 대략(strictim, adv.), 대개, 약(ώς.約)
plus minúsve. 다소간
plus quam dimidia pars. 반수 이상
Plus scis quid faciendum.(Terentius)
뭘 해야 할지는 네가 더 잘 알고 있다.
Plus sitiuntur aquæ. 물을 더 마시고 싶어진다.
plus solito. 평소보다 더
Plus triginta milia hominum occisi sunt.
3만 명 이상의 사람들이 학살당했다.
plus ultra. 보다 더(potius quam./citius quam.)
plus valére. 힘이 더 있다
plúscŭlum, adv. 약간 더, 조금 더(많이)
plúscŭlus, -a -um, adj. 조금 더 많은
plusquamperféctum. (文法) 과거완료(大過去), 완료과거
Pluto(n), -ónis, m. (天) 명왕성(冥王星)
Plutus, -i, m. 부(富)의 신
plúvĭa, -æ, f. 비(βροχὴ.雨)
(aqua pluviæ./tenues pluviæ. 가랑비).
et rursum oravit, et cælum dedit pluviam, et terra
germinavit fructum suum(⑨ Then he prayed again,
and the sky gave rain and the earth produced its fruit)
그리고 다시 기도하자, 하늘이 비를 내리고
땅이 소출을 냈습니다.(야고 4, 18).
pluvia gratiæ. 은총의 비
pluviále -is, n. (⑨ Cope) 비옷(雨衣.vestis impluvia).
대까빠(행렬, 성식盛式 성무일도 등에서 주례자가 입는 전례복. 대까빠의
기원은 비옷에서 왔다. 백민관 신부 엮음, 백과사전 3, p.193).
pluviális, -e, adj. 비의, 비가 많이 오는
pluviósus, -a, -um, adj. 비가 많이(자주) 오는
plúvĭus, -a -um, adj. 비의, 비를 가져오는,
비가 자주 오는, 비와 관계있는.
aquæ plúviæ. 비, 빗물/ arcus pluvius. 무지개/
Pluuia defit, causa Christiani sunt(교부문헌 총서 15.
신국론, p.220) 비가 안 온다. 그리스도인들 탓이다/
pluvii venti. 비를 몰고 오는 바람.
P.M. (略) Póntifex Máximus 대제관(大祭官).
post merídiem. 오후, 하오(下午).
pneuma, -ătis, n. (πνεύμα) 숨(ㅁ.⑨ Breath), 호흡,
공기, 정신(νούς.νòησις.νòνσευς.ψυχὴ.⑨ Spirit),
바람, 영, 성령(ㅁ.πνεμα.γιον.⑨ Holy Spirit),
성신, 영혼, 숨(áẽr, áẽris, m. 공기).
pneumátĭca, -æ, f. 기체학(氣體學), 기력학(氣力學)
pneumatologia, -æ. f. 성령론(聖靈論)
pneumatomachi, -órum, m., pl. 성령 신성의 반대자들,
성령 피조설 이단자(→마체도니우스파).
[프네우마토마키. 성령 피조설파(聖靈被造說派). 성령의 완전신성을 부정한 4세기
이단자들을 가리키는 말. 마체도니오스파라고도 불리지만, 마체도니오스 자신과
관련이 있는지는 의문이다. 세바스테의 에우스타시오스가 친구 대바실리오와
결별함(373년) 뒤부터 이 파의 급진적 창도자가 되었다. 그들은 교황 다마소(재위:
374), 카파도치아 교부들(바실리오스, 나지안조스의 그레고리오스, 디두모스 등으로부터 자주 논박 당하였다.
그들의 전성기는 380년경이었는데, 콘스탄티노플 공의회(381년)에서 철저히 배격
되었다. 이 파 가운데 보수주의자들은 성령의 동질성(신성)은 인정치 않지만
성자의 동질성은 인정하였다. 로마 황제 테오도시우스 1세의 이단 박해로
인해 383년 이후 소멸하였다].
pneumónĭa, -æ, f. (醫) 폐렴(肺炎), 폐렴
pneumonia tuberculósa. 결핵성 폐렴
pnix, pnígis, f. 경련(痙攣-근육이 발작적으로 수축하는 현상)
pocíllum, -i, n. 작은 잔, 술 잔
poculéntum, -i, n. 음료(飮料)

pócŭlum, -i, n. 잔(⑨ Cup), 술잔, 음료, 음주(飮酒),
주연(酒宴), 독배(毒杯), 사약(死藥).
duco pócula. 술잔들을 단숨에 들이켜다/
pocula gemmis distincta. 보석으로 장식된 잔들/
pocula rorantĭa. 포도주를 방울방울 흘리는 술잔/
Tremor éxcutit póculum e mánibus.
손이 떨려서 잔을 떨어뜨린다/
vítea pócula. 포도주(葡萄酒).
pódăger, -gri, m. 통풍환자(痛風患者)
pódăgra, -æ, f. (醫) 발의 통풍, 통풍(痛風), 관절염.
De medenda podagra. 통풍 치료법(교황 요한 21세 지음).
podágrĭcus, -a -um, adj. 통풍의, 통풍에 걸린,
관절염(關節炎)을 앓는. m. 통풍환자(痛風患者).
podéres(poderis) -is, m.(f.)
(발목까지 내려오는) 제관(祭官)의 긴 두루마기.
pŏdex, -dícis, m. 궁둥이, 항문(肛門)
Podisma sapporensis. (蟲) 밑두리 메뚜기
pódĭum, -i, n. 노대(露臺-발코니), 발코니(⑨ balcony),
(장독대처럼) 높게 돋운 곳(臺), 높이 쌓은 단(壇),
교황 여가(輿駕), 성체 행렬 때 교황이 타는 가마.
Podium monticulus Golgotha. 골고타 언덕의 모형.
poéma, -ātis, n. 시(詩), 시가(詩歌)
Poëma cecinit puella cui placuit cantare.
[관계대명사가 속격, 여격, 탈격으로 나오면, 관계문 속의 동사가 속격, 여격,
탈격을 지배하는 특수한 동사인지 유의하여 번역한다. 여기서 동사 placeo는
'…의 마음에 들다'는 항상 여격을 지배한다. 성 염 지음, 고전 라틴어, p.168]
노래하기 좋아하던 소녀가 그 시가를 읊었다.
그 시가를 읊던 아가씨는 노래를 좋아하는 아가씨야.

	Singuláris	Plurális.
nom.	poéma	poémata
voc.	poéma	poémata
gen.	poématis	poématum(-órum)
dat.	poémati	poématibus(-is)
acc.	poéma	poémata
abl.	poémate	poématibus(-is)

* 위와 같이 변화하는 명사는 다음과 같다.

ænígma, -ātis, n. 수수께끼   anáthema, -ātis, n. 파문(破門)
baptísma, -ātis, n. 성세, 세례   diadéma, -ātis, n. 왕관
diplóma, -ātis, n. 졸업장, 면허장, 여권
dogma, -ātis, n. 신조(信條)   embléma, -ātis, n. 모자이크
epigrámma, -ātis, n. 제명, 경구 phantásma, -ātis, n. 유령
prográmma, -ātis, n. 목록, 계획
schisma, -ātis, n. 이교, 분리교, 교회분열
stigma, -ātis, n. 성흔(聖痕), 낙인 thema, -ātis, n. 제목, 주제

(허창덕 지음, 중급 라틴어, p.11)

poëmátĭum, -i, n. 단시(短詩), 짤막한 시(詩)
pœna, -æ, f. 벌(⑨ Punishment), 징벌, 처벌, 형벌, 형(刑),
과료, 보상, 보속, 고생, 고통, 고달픔.
aquális pœna. 물에 잠그는 벌/
Cogitationis pœnam nemo patitur.
어느 누구도 사고(생각)에 대하여 형벌을 받지 않는다/
De morte voluntaria ob metum pœnæ sive dedecoris.
처벌이나 치욕이 두려워 자결 하는 죽음(신국론, p.2742)/
De pænis temporalibus istius vitæ, quibus subiecta
est humana condicio. 인간 조건이 감당해야 하는
현세 생명의 잠시적 죄벌(교부문헌 총서 17, 신국론, p.2824)/
detrudo alqm in pœnam. 형벌로 벌주다/
dissolvo pœnam. 형벌(刑罰)을 치르다/
Dixitque Cain ad Dominum: "Maior est pœna mea
quam ut portem eam. (kai. ei=pen Kain pro.j to.n ku,rion
mei,zwn h` aivti,a mou tou/ avfeqh/nai, me) (獨 Cain aber sprach
zu dem HERRN: Meine Strafe ist zu schwer, als daß
ich sie tragen könnte) (⑨ Cain said to the LORD "My
punishment is too great to bear)(창세 4, 13)
카인이 주님께 아뢰었다. "그 형벌은 제가 짊어지기에
너무나 큽니다(성경)/그러자 카인이 야훼께 하소연하였다.
벌이 너무 무거워서, 저로서는 견디지 못하겠습니다(공동번역)/
Do pœnas temeritátis meæ.
나는 내 경솔함의 대가를 치르고 있다/
impono pœnas culpæ. 죄를 벌하다/

In pœnis benignior est interpretátio facienda.
형법은 범죄인에게 너그럽게 해석되어야 한다/
poena corporalis 태형
poena pecuniaria 재산형, 벌금형
justa pœna(=justum incommodum) 적법한 불이익/
mitissima pœna. 가장 경미한 징벌/
natura pœna damnati. 단죄 당한 인간의 본성.
　　　　　　　　　　　　　　(교부문헌 총서 10. p.59)/
Noxiæ pœna par esto. 벌은 죄에 상응해야한다/
Nulla pœna sine lege. 법률이 없으면 형벌도 없다/
Nullum crimen, nulla pœna, sine lege pœnali.
　형법이 없으면 형벌도 없고 범죄도 없다/
ordinatio ad pœnam. 벌을 향해 방향 지워진 것/
Pœnæ capitales non abrogandæ.
　극형은 폐지되어서는 안 된다/
Pœnæ reatus culpæ. 죄책과 죄벌
Pœnæ remissio metu gravi extorta irrita est.
심한 공포로 강요된 형벌의 사면은 무효다(Can. 1360)/
pœnæ remissio. 형벌의 사면(刑罰 赦免)/
pœnam subire 벌금형을 받다/
pœnas addere. 형벌을 부가(附加)한다/
pœnas addiicere. 형벌을 덧붙인다(pœnas applicare)/
pœnas adnectere. 형벌을 첨부(添附)한다/
pœnas constituere. 형벌을 설정(設定)한다/
pœnas declarare. 형벌을 선언(宣言)한다/
pœnas expendo. 벌을 받다
pœnas exsílio dependo. 벌을 유형(流刑)으로 치르다/
pœnas ferre. 형벌을 제정(制定)한다/
pœnas infligere. 형벌을 지운다/
pœnas irrogare. 형벌을 내린다/
pœnas reddo. (죄의) 벌을 받다/
pœnas sólvere. 벌을 받다/
pœnas statuere. 형벌을 규정(規定)한다/
Pœnas sustulit. 그는 벌을 받았다/
Prævaricatio primorum hominum quam primam
senserit pœnam. 원조들의 반역과 처음으로 당한 형벌.
　　　　　　　　　(교부문헌 총서 17, 신국론, p.2788)/
Qualis futura sit egressio sanctorum ad videndas
pœnas malorum. 악인들의 죄벌을 보려고 성도들이
　나오는 정경은 어떠할 것인가(교부문헌 총서 17, 신국론. p.2822)/
Te pœna manet. 너는 벌 받게 된다.
pœna a jure. 법에 의한 형벌, 법정 형벌
pœna ab homine. 사람에 의한 형벌, 인정 징벌
pœna ætérna. 영원한 벌
pœna capitalis. 사형(死刑.⑨ capital punishment)
pœna cruciatus. 혹독한 형벌
pœna damnationis. 단죄의 벌
pœna damni. (神) 실고(失苦), 상실(喪失)의 벌.
　멸망의 형벌, 지옥 벌.
pœna damni infinita. 처벌의 벌
pœna determinata = pœna a jure 확정 형벌, 법정 형벌.
pœna ecclesiastica. 교회 형벌, 교회 징벌
pœna expiatoria(⑨ expiatory penalty). 속죄 벌
pœna facultativa. 선택적 형벌
pœna ferendæ sententiæ(pœna latæ sententiæ와 대조)
　선고 처벌, 판결 처벌, 판결 부과 징벌.
pœna indeterminata. 미확정 형벌, 재량 판결 징벌
pœna latæ sententiæ. 자동 처벌(latæ sententiæ)
pœna medicinalis. 교정 처벌, 치료적인 벌, 약효 징벌
pœna munire legem. 법률을 형벌로 보호한다.
pœna obligataria. 의무 형벌
pœna peccati. 죄벌(罪罰), 죄의 벌(=고통), 죄의 징벌
pœna plagalis. 태형(⑩. 笞刑.flaglelum, -i, n.)
pœna præceptiva. 명령적 형벌
pœna sensus 각고(覺苦), 감각의 고통, 각고의 벌
pœna sensus finita. 감각의 벌
pœna tardior. 천천히 오는 벌
pœna temporalis. 잠벌(暫罰.⑨ tempora punishment)

pœna vindicativa. 응보적 형벌(應報的 刑罰), 응징 징벌
pœnális, -e, adj. 벌의, 형벌의, 처벌의, 죄 있는, 벌 받을.
　m.(f.) pl. 죄수. Lex pœnális. 형법/
　remédium pœnále. 예방처분/
　transactio pœnális. 벌칙에 덧붙인 화해.
pœniténdus, -a -um, gerundiv.
　뉘우쳐야 할, 후회(後悔)의 대상이 될.
　haud pœniténdus magíster.
　조금도 후회되지 않는(손색없는) 선생(교사).
pœnítens, -éntis, p.proes. 뉘우치는,
　m., f. 고백성사 받는 자, 뉘우치는 자, 통회하는 자, 고해자.
pœniténtia* -æ(⑨ penance), f. 뉘우침, 후회, 회개,
　참회(懺悔), 통회(痛悔), 보속(補贖-넓은 의미로는 끼친 손해의
　배상compensátio 및 보상restitútio을 뜻하며 그리스도교 신학에서의 보속은
　지은 죄를 적절한 방법으로 "보상" 하거나 "대가를 치르는 것"을 의미한다).
　속죄행위로서의 기도.고행(苦行).선업(善業).
　Canones de sanctissimo pœnitentiæ sacramento.
　지극히 거룩한 고해성사에 관한 법규/
　De misericordia in sacro pœnitentiæ tribunali tenenda.
　고해소에서 지녀야 할 자비에 대하여/
　Faciamus insuper fructus dignos pœnitentiæ.
　이 외에도 "회개했다는 증거를" 행동으로 보입시다/
　Minister sacramenti pænitentiæ est solus sacerdos.
　참회성사(懺悔聖事)의 집전자는 사제뿐이다(Can. 965)/
　pœnitentiam criminis veris doloribus exprimentes. 참으로
　통회하는 사람들에게 죄의 용서를 표하라(치프리아누스)/
　Sacramentum pœnitentiæ. 고해성사, 고백성사.
pœnitentiæ communis. 공동참회(共同懺悔)
Pœnitentiæ publica. 공적 속죄, 통회, 성식 속죄, 속죄 행위
Pœnitentiæ subiit regem. 왕에게 뉘우치는 마음이 싹텄다
Pœnitentiæ Sacramentum*
　참회성사(懺悔聖事), 회개의 성사(교리서 1423~4항)*
Pœnitentiæ sollemnis. 공적 속죄, 통회, 성식 속죄
pœnitentiále. (중세의) 고해 규정서
pœnitentiália. 고해 예식서, 고해 지도서.
　고해신부를 위한 고해 예식서.
pœnitentiális, -e, adj. 참회의, 통회의.
　institutio pænitentiális(pœnitentiális). 참회자 교육/
　Libri pœnitentiales.
　보속책(補贖冊), 참회서, 고해 예식서, 고해 지도서/
　Septem Psalmi pœnitentiales. 참회 시편,
　7통회 시편(시편 6, 32(31), 38(37), 51(50), 102(101), 130(129), 143(142)장].
Pœnitentiam agite! 속죄(贖罪)를 행하라!
Pœnitentiaria Apostolica. 로마 성청 내사원
Pœnitentiarius Major. 내사원장 추기경(樞機卿).
　Sacra Pœnitentiária Apostolica. 내사원(內赦院).
pœnitentiárius, -a -um, adj. 고백신부의, 징계의.
　m. 고백신부, 참회담당(懺悔擔當), 참회자 전담 사제,
　내사 참사원, 보류죄 고해신부(일정한 지역에서 고해성사 집행에
　관한 사항을 감독 조정하는 일을 맡은 성직자. 이 성직자는 참사원이며 특히
　교구장에게서 보류된 죄를 사하는 고해신부대(교법 508조). 우리나라 "교회법전"에서
　는 "참회 담당 의전 사제라고 번역했다. 백민관 신부 엮음·백과사전 3, p.194].
pœnítĕo, -ŭi, (-túrus) -ére, intr., tr. (=pæniteo) 뉘우치다,
　후회하다, 유감으로 여기다, 뉘우치게(후회하게) 하다.
　Me hæc condítio nunc non pœnitet.
　나는 지금의 이 처지를 후회하지 않는다/
　Non vult pœnitere a fornicatióne suâ.
　그 여자는 자기의 음행을 뉘우치려 하지 않는다/
　Pœnitebunt. 그들은 후회할 것이다/
　Pænitemini et credite Evangelio.(⑨ repent, and believe
　in the Gospel) 회개하고 이 복음을 믿어라.(마르 1, 15)/
　Poenitens consílii. 계획을 후회하는/
　Poenitens de matrimónio. (자기의) 결혼을 후회하는.
pœnitet, -tŭit -ére, impers. 뉘우치다, 참회(통회) 하다,
　후회(後悔)하다(μεταμελομαι), 불만이다, 한스럽다,
　여한이 없다, 짜증난다, 못마땅해 하다.
　Me mei poenitet. 나는 내 자신이 짜증난다/
　Neque me vixísse pœnitet.
　나는 내가 살아온 것을 후회하지 않는다/

Pópulum judícii sui pœnitébat.
국민은 자기들의 판결을 후회하고 있었다/
Quintum pœnitet, quod animum tuum offendit.
Quintus는 네 마음을 상하게 한 것을 뉘우치고 있다.
pœnitúdo, -dĭnis, f. 뉘우침, 후회(後悔)
poésis, -is, f. 작시법, 시작(詩作), 시풍, 시, 시가, 운문.
sacer poesis cultus. 시혼(성 염 지음, 사랑만이 진리를 깨닫게 한다, p.375).
Poesis liturgica([영] Poetry Liturgical.
[獨] Dichtung liturgische) 전례적 작시(作詩).

	sg.	pl.
nom.	poésis	poéses
voc.	poésis	poéses
gen.	poésis(-ĕos)	poéseon(-ĭum)
dat.	poési	poésibus
acc.	poésim(-in)	poéses
abl.	poési	poésibus

제3변화의 명사로서 복수에 가서는 제2변화를 따라가는 명사: 희랍 외래어로서 단수 주격이 -ma로 끝나고 속격은 -mătis 되는 중성의 중음절 명사는 복수에 가서 제2변화를 따라가는 수가 많다.
ænígma -ătis, n. 수수께끼
anáthema, -ătis, n. 파문(破門)
baptísma, -ătis, n. 세례, 성세
diadéma, -ătis, n. 왕관(王冠)
diplóma, -ătis, n. 졸업장, 면허장, 여권
dogma, -ătis, n. 신조(信條)
embléma, -ătis, n. 모자이크
epigrámma, -ătis, n. 제명(題名), 경구(警句)
phantásma, -ătis, n. 유령(幽靈)
probléma, -ătis, n. 문제, 난문
schisma, -ătis, n. 이교, 분리교, 교회분열
stigma, -ătis, n. 성흔(聖欣), 낙인
thema, -ătis, n. 제목, 주제
(허창덕 지음, 중급 라틴어, p.11)

poéta, -æ, m. 시인(vates, -is, m.), 만드는 사람, 제작자.
A vobis poetas Latinos libenter puto legi. 나는 라틴 시인들의 글이 너희들에게 쾌히 읽히리라고 여긴다/
Antiquum poëtam audivi scripsisse in tragoedia, mulieres duas peiores esse quam unam. Res itast(=ita est).(Plautus).
내가 듣기로 옛 시인이 어느 비극에서 이런 말을 썼다더구먼. 여자 둘을 거느리는 것은 하나보다 훨씬 고약하다고. 사실이 그렇다고(성 염 지음, 고전 라틴어, p.261)/
Aut prodesse volunt aut delectare poëtæ, aut simul et iucunda et idonea dicere vitæ.(Horatius). 시인들은 유익을 주려 하거나 재미를 주려 하거나, 아니면 재미있고 삶에 적절한 것을 한꺼번에 주려 하거나 셋 중의 하나다/
De theologis pœtis. 신화적 시인들/
Dedo aures suas poétis. 시인들의 말을 열심히 듣다/
homo pœta. 시인(詩人)/
Adhuc neminem cognovi poëtam qui sibi non optimus videretur.(Cicero). 자기 딴엔 최고의 시인이라고 자처 않는 사람을 나는 아직 하나도 알지 못한다.
Magister noster poëtæ bono multos libros dat.
우리 선생님은 훌륭한 시인에게 많은 책들을 주신다/
Nascuntur poetæ fiunt oratóres.
시인들은 태어나고 웅변가(雄辯家)들은 만들어 진다/
Orátor fit pœta nascitur.
웅변가는 만들어지나 시인은 태어난다/
Poétæ agri. 전원의 시인/
Poétæ agricola. 시인인 농부, 농부인 시인/
poetæ cibos nostro 우리의 시인에게 음식들을.
[poetæ nostro cibos: 라틴어에서는 수식어(nostro)와 수식되는 명사(poetæ)를 떼어놓는 수사학적 관례가 많다. 성 염 지음. 라틴어 첫걸음]/
poëtárum evolutio. 시를 읽음/
Poétæ laudes Athenarum celebrabant.
시인들은 아테네인들에 대한 찬사를 노래로 지었다/
poétæ, maximéque Homérus.
시인들 (그 중에서도) 특히 Homérus/
Poëtis legendis ars poëtica exercetur.(당위분사문).
(=Legendo poetas ars poetica exercetur-동명사문)
시인들의 글을 읽음으로써 시작 기술이 닦아질 것이다/
Poëtis quidem permittamus ista exempla sententiarum : non idem oratorem docebit.
물론 우리가 시인들에게는 그러한 예문을 허용한다 치자. 그러나 똑같은 그것이 연설가에게는 어울리지 않으리라/
tener pœta. 섬세한 시인/
violo poétæ nomen. 시인을 모독하다.
Poëta est gloria patriæ nostræ.
그 시인은 우리 조국의 영광이다.
Poëta Latini ævi carolini. 카롤로 왕조 시대의 라틴어 시.
Poëta multas fabulas de patria nostra narrat.
시인이 우리나라에 관하여 많은 이야기를 들려준다.
poétĭca, -æ, (**poétĭce**[1] -es,) f. 작시법, 시학(詩學).
figura pœtica. 시적 형상(성 염 지음, 사랑만이 진리를 깨닫게 한다, p.403).
poétĭce[2] adv. 시적(詩的)으로
poétor, -ári, dep., intr. 시를 짓다, 시인생활을 하다
poétrĭa, -æ, (pœtris, -ĭdis,) f. 여류(규수) 시인,
시에 조예(造詣) 가 깊은 여자.
pŏl, interj. 참으로, 정말이지, 맹세코
Pol, adepol! 정말!
Pol me occidistis, amici, non servastis!.
정말 너흰 날 죽였어, 이 친구들아! 날 살려주지 않았다고!.
Polacuus, -i, m. 폴란드(Poland)
polemónĭum racemósum, -i, n. (植) 꽃 고비
polénta, -æ, f. (**poléntum**, -i, n.) 보리 가루로 만든 죽
policraticus, -i, m. 국가 관료론(백민관 신부 엮음, 백과사전 3, p.196)
polímen, -mĭnis, n. 장식용 금속 구슬.
(解) 고환(睾丸-불알, proles, -lis, f.).
poliménta, -órum, n., pl. (解) 고환(睾丸-불알)
pólĭo[1], -ívi(-ĭi) -ítum -íre, tr. 닦다, 갈다, 다듬다,
광을 내다, 가꾸다, 꾸미다, 치장하다, 단장(丹粧)하다,
세련되게 하다. 연마하다, 품위 있게 하다.
polioencephalítis, -tidis, f. (醫) 뇌회백질염(腦灰白質炎)
poliomyelítis, -tĭdis, f. (醫)
척수 회백질염(脊髓 腦灰白質炎.소아마비).
pólĭo[2] -ónis, m. 무기를 손질하는 사람, 닦는 사람
politía, -æ, f. 국가(ἔθνος), 공화국, 정부, 정책(政策)
polítĭca, -æ, f. 정치([영] politics), 정책(rátĭo rei publicæ).
homo politicus. 정치적 인간(政治的 人間)/
imputabilitas politica seu legális. 법적 죄책성/
In libros Politicorum expositio. 정치학 주해(註解)/
theologia politica. 정치 신학/
usus legis politicus. 질서 유지를 위한 법률의 적용.
polítĭo, -ónis, f. 닦음, 연마(鍊磨), 치장(治粧),
단장(丹粧), 끝손질, 밭을 가꿈, 마무리,
완성(שְׁלוֹם.[영] Consummátĭon/Fullness).
polítor, -óris, m. 닦는 사람, 연마공,
가꾸는 사람, 밭에 끝손질을 하는 사람.
politior humanitas. 고등인문.
(아동교육보다 상위 개념으로 jus, philosophia, historia를 말함).
politúra, -æ, f. 갈고 닦음(鍊磨), 수선하여 정비함,
치장(治粧), 단장(꾸밈).
polítus, -a -um, p.p., a.p. 갈고 닦은, 연마된,
잘 다듬어진, 장식(裝飾)된, 치장한, 단장한, 세련된,
교양 있는, 품위 있는, 우아(優雅)한, 고상한.
pollen(=m., f. **pollis**), -lĭnis, n. 밀가루, 고운 가루, 분말.
(植) 꽃가루.
pollens, -éntis, p.prœs., a.p. 강한, 유능한, 능력 있는,
세력 있는, 영향력 있는, 효력 있는.
cuncta pollens. 만능의.
pollens vini. 술에 강한
polléntĭa[1] -æ, f. 힘(δνὺαμις.[영] Power), 세력, 권력
Polléntĭa[2] -æ, f. 힘의 여신(女神)
póllĕo, (póllŭi), -ére, intr. 능력이 있다, 유력하다,
세력(영향력.권력)이 있다, 강력하다, 효력이 있다.
Authenticum et auctoritate pollens Verbi ministerium.
참되고 권위 있는 말씀 봉사.
pollex, -lĭcis, m. 엄지손가락(꼽으면 호의를 표시하는 것이었음),

손, 엄지발가락,
Hominis digiti articulos habent ternos, pollex binos.
　사람의 손가락은 관절을 세 개씩 관절을 갖고 있는데,
　엄지는 두 개를 갖고 있다/
póllicem prémere. 호의 표시로 엄지손가락을 꼽다/
torqueo stámina póllice. 엄지손가락으로 실을 꼬다/
tracto ceram póllice. 손가락 끝으로 초를 만지작거리다/
utróque laudáre póllice.
　양 엄지손가락으로 (즉 무조건) 찬양하다.
pollicáris, -e, adj. 엄지손가락만 한
Pollice verso. 죽여라!
　("죽여라"의 뜻으로 엄지손가락을 세워 아래로 향하게 함).
pollíceo, -cítum, -ére, tr. (古) = pollíceor
pollíceor, -cítus sum, pollicéri, dep., tr. 약속하다,
　허락하다(ג־אא.ג־א), 보증하다, 제안하다, 제공하다.
　Iesus enim prædixerat pollicitus(⑨ Jesus had foretold
　and promised) 예수님께서는 전에 이미 이렇게 예언
　하시고 약속하셨습니다(1986.5.18. "Dominum et vivificantem" 중에서)/
　mária et montes polliceri.
　(바다와 산을 즉) 엄청난 것을 약속하여 유혹하다.
pollicitátio, -ónis, f. 자진약속(自進約束),
　약속(επαλλελιον.約束.⑨ Promise).
　tu serva fidem, et servat ille pollicitationem.
　그대가 믿음을 간직한다면 그분은 약속을 지키실
　것입니다.(최익철 신부 옮김. 요한 서간 강해. p.193).
pollicitátor, -óris, m. (pollicitatrix, -ícis, f.)
　자진하여 약속하는 사람.
pollícitor, -átus sum, -ári, dep., freq., tr. 자청하여 하다,
　자진하여 약속하다, 자주(여러 가지를) 약속하다.
pollícitus, -a -um, "pollíceor"의 과거분사(p.p.)
pollícitus, -a -um, pass. p.p. 약속된, 약속함.
　n. 약속(επαλλελιον.約束.⑨ Promise).
pollinárius, -a -um, (pollináris, -e) adj. 밀가루의,
　고운 가루를 치는. cribrum pollinárium. 고운 체.
polli(n)ctor, -óris, m. (장의사의) 시체 다루는 사람,
　인신 공양자(人身 供養者).
pollinctum, "pollíngo"의 목적분사(sup.=supínum)
pollíngo, -ínxi -ínctum, -ére, tr.
　시체를 씻고 향유를 발라서 매장(埋葬)하다.
pollínium, -i, n. (植) 화분괴(花粉塊)
pollinósis, -is, f. (醫) 화분증(花粉症)
pollinxi, "pollíngo"의 단순과거(pf.=perfectum)
pollis, -linis, m., f. = pollen 분말(粉末), 고운 가루
pollúbrum, -i, n. 대야(세면기), 세면기(대야)
pollúceo, -úxi -úctum, -ére, tr., intr. 제사 지내다,
　신에게 희생을 바치다, 희생연(犧牲宴)을 베풀다,
　식탁에 차려 내놓다, 한턱내다, 향응(饗應)하다.
pollucíbilis, -e, adj. 푸짐한, 융숭한
pollucíbílitas, -átis, f. 융숭함, 푸짐함
polluctum, "pollúceo"의 목적분사(sup.=supínum)
polluctúra, -æ, f. 성대한 향연(饗宴), 진수성찬(珍羞盛饌).
polluctus, -a -um, "pollúceo"의 과거분사(p.p.)
polluctus, -a -um, pass. p.p. 푸짐하게 얻어먹은, 한턱먹은,
　참석한 모든 사람이 먹도록 식탁에 차려 내놓은.
póllŭo, -ŭi -útum -ĕre, tr. (por=pro²+luo)
　더럽히다(חאא), 불결하게 하다, 오염시키다, 모독하다,
　욕되게 하다, 침해하다, 침범하다, 망신스럽게 하다.
pollútio, -ónis, f. (성당 등의) 독성(瀆聖),
　더럽힘, 오염(汚染). (醫) 유정(遺精).
　(倫神) 자위행위(⑨ Masturbátion), 수음(手淫).
pollutio involuntária. 불수의적사정(不隨意的射精)
pollutio noctúrna. 몽정(夢精)
pollútus, -a -um, p.p., a.p. 더럽혀진, 오염된, 난잡한.
　pollutum hospitium. 무너진 신의(信義).
　(성 염 지음. 사랑만이 진리를 깨닫게 한다. p.401)
Pollux, -úcis, m. (天) 쌍둥이좌의 β성(星).
polluxi, "pollúceo"의 단순과거(pf.=perfectum)
Polónia, -æ, f. 폴란드 / Polonus, -i, m. 폴란드인.

pólubrum, -i, n. 대야(세면기)
pŏlus, -i, m. 극, 남극, 북극, 양극, 음극. (天) 북극성.
　((物)) (전기.자기의) 극(極).
polus austrinus. 남극(南極)
polus boreus. 북극(=septentrio, -ónis, m.)
poly- 여러, 다(多), 복(復) 따위의 뜻을 드러내는 접두사.
polyandría, -æ, f. 일처다부(一妻多夫)
polyandria simuitanea. 동시적 일처다부
polyandria succesiva. 계속적 일처다부
polyarthrítis, -tídis, f. (醫) 다발성 관절염
polycárpos, -i, f. (植) 여뀌[마디풀과 Polygonaceae)에 속하는 1년생 초]
Polycarpus, -i, m. 뽈리까르뿌스 교회 법령집
Polydæmonismus, -i, m. 다수 악마 신봉교[성서 비판학자 Julius
　Wellhausen(1844~1918)이 이스라엘 종교 발달사를 연구하면서 유일신교에
　이르기까지 여러 종류의 다신교 신봉 중 한 단계로 다수 악마 신봉의 흔적이
　모세 오경에 남아 있다고 주장했다. 백민관 신부 엮음. 백과사전 3, p.197].
Polycarpus Smyrnensis. 폴리카르포의 순교록
polygamia, -æ, f. 일부다처(一夫多妻.⑨ Polygamy),
　일부다처제(一夫多妻制), 복혼제(複婚制.一夫多妻).
polygamia simultanea. 일부동시다처혼(一夫同時多妻婚)
polygamia succesiva. 계속적 일부다처
polýgămus, -i, m. 일부다처자(一夫多妻者)
polygénĕsis, -is, f. (生) 다원발생설(多元發生說)
polyglóttus, -a -um, adj. 여러 나라 말로 쓴,
　수 개 국어 대역(對譯)의, 여러 나라 언어에 능한.
　f. 수 개 국어 대역(對譯) 성서, 다언어 대역(對譯) 성서.
　polyglótta Complutensis. 다국어 대역 성서.
polygonaceæ, -arum, f., pl. (植) 마디풀과(여뀌과) 식물
polygónĭus, -a -um, adj. 다각형의, 다변형의.
　n. 다각형(多角形)
polygónum, -i, n. 다각형, 다변형(多邊形)
polýgŏnus, -i, f. (植) 여뀌(마디풀과에 속하는 1년생 초)
polygynia simultanea. 동시적 일부다처(一夫多妻)
polygynia succesiva. 계속적 일부다처(一夫多妻)
polymitárĭus, -a -um, adj. 알록달록한 무늬옷감을 짜는.
　m. 무늬옷감 짜는 사람.
polýmĭtus, -a -um, adj. 여러 가지 빛깔의 실로 짠,
　알록달록한 무늬의. n., pl. 알록달록한 옷(감).
polyópĭa, -æ, f. (醫) 복시(複視), 중시증(重視症),
　다시증(多視症-하나의 물체가 여러 개로 보이는 병증).
polýphăgus, -i, m. 대식가(大食家)
polyphonía, -æ, f. (樂) Polyphony.獨 Mehrstimmigkeit)
　다성음악, 혼성음악, 중복 선율법(重複 旋律法),
　대립법(對立法.counterpoint).
polyplúsĭus, -a -um, adj. 매우 부요한
polýpŏda, -órum, n., pl.
　다족류(多足類).두족류(頭足類) 따위 (발 많은) 동물.
polypodiaceæ, -árum, f., pl. (植) 고란초과 식물
polypódĭum, -i, n. (植) 나도우드풀
polýptycha, -órum n., pl. 장부(帳簿), 대장(臺帳), 명부
polýpus, -i, m. (動) 폴립(⑨ polyp), 욕심쟁이.
　(醫) 비용(鼻茸), 용종(茸腫).
polysémus, -a -um, adj. 여러 가지 의미를 가진, 다의의
polytheísmus, -i, m. 다신교(多神敎.⑨ Polytheism)
Poma degénerant. 과일들이 제 맛을 잃고 있다.
Poma ex arbóribus, cruda si sunt, vix evellúntur.
　실과는 익지 않으면 나무에서 잘 떨어지지 않는다.
poma ex arbóribus recentia. 나무에서 갓 딴 과일들
Poma ex arbóribus, si cruda sunt, vi avellúntur. 실과들
　이 익지 않았을 때는 나무에서 억지로 비틀어 따게 된다.
pomárĭum, -i. n. 과수원(果樹園), 실과 저장소
pomárĭus, -a -um, adj. 실과의, 과수의.
　m. 과수 재배인, 과일장수
pomátĭo, -ónis, f. 과실 수확(果實 收穫)
pomellum, -i, n. 성작의 배 부분(백민관 신부 엮음. 백과사전 3, p.198)
pomeridiánus, -a -um, adj. (=postmeridiánus)
　오후의, 하오의.
pomerídĭem, adv. 오후에
pomérĭum(pomœrĭum), -i, n. (post¹+mœrus=murus)

943

성역(聖域), 경계(境界), 한계(限界).

pométum, -i, n. 과수원(果樹園)

pómꞮfer, -fĕra, -fĕrum adj. (pomum+fero)
열매 맺는, 실과가 열리는, 과일을 생산하는, 결실의.

Pomis se arbor induit. 나무가 과일로 뒤덮였다.

Pomóna, -æ, f. 과실과 과수의 여신(女神)

pomósus, -a -um, adj. 과일이 많은, 실과가 풍성한.

pompa, -æ, f. 화려하고 성대한 행렬, 성대한 결혼 행렬,
성대한 장례(개선) 행렬(行列), 축전행렬, 일단의 수행원,
화려, 호화, 장관, 현란(絢爛), 허세, 허식, 과시, 허영.
pompam duco. 행렬을 선도(先導)하다/
pompas istas vanas omnia mala sequuntur. 이 헛된 허영
에 모든 악이 따릅니다.(최익철 신부 옮김. 요한 서간 강해. p.449).

pompa diaboli. 악마의 영화, 이교적 흥행물

pompa funebris. 장례 행렬

pompabílis, -e, adj. 찬란한, 호화로운, 화려한

pompabílítas, -átis, f. (시, 글의) 현란(絢爛)

pompális, -e, adj. 화려한, 눈부신

pompálítas, -átis, f. (시, 글의) 현란(絢爛)

pompátꞮcus, -a -um, adj. 현란한, 화려한

Pompéjus(Pompéïus), -i, m. 고대 로마 공화정 말기의 장군.
[Julius Cæsar와 Pharsálus에서 싸워 크게 패함. 106～48A.C.].
Cavebat magis Pompeius quam timebat.
폼페이우스는 무서워했다기보다는 조심을 하였다/
Cum Pompeio iter facit ne a vobis accusetur.
그는 너희한테서 고발을 당하지 않으려고
폼페이우스와 함께 여행에 나선다/
Pompei acies habuit quadraginta milia peditum, equites
in sinistro cornu sexcentos, in dextro quingentos.
폼페이우스의 진영은 4만 명의 보병, 좌익 기병 600명,
우익 기병 500명을 거느리고 있었다.

Pompejus, insidias veritus, munitionibus appropinquare
non audebat, ita ut pridie ausus erat.
폼페이우스는 복병이 겁나서, 전날에 과감히 했던 것처럼,
그렇게 과감히 성채에 접근하려고 하지 않았다.

Pompeius, quotienscumque me vidit, gratias tibi agit
singulares. 폼페이우스는 나를 볼 적마다 당신한테 각별한
사의(謝意)를 표하곤 한다(singuláris, -e. adj. 각별한).

Pompilius, -i, m. Numa Pompilius.
[(715～673 B.C.): 전설적으로 선정을 베풀었다는 로마 제2대 왕]
Numa ea pietate omnium pectora imbuerat, ut fides ac
jus jurandum civitatem regerent.(성 염 지음. 고전 라틴어. p.308).
누마는, 신의와 법정의가 국가를 지배하게 할 정도로, 모든
이의 가슴에 경건한 정신을 주입시켰다.

pómpꞮlus, -i, m. (魚) 방어(의 일종)

pōmum, -i, n. 실과, 과일(genimen, -mϯnis, n.), 과수.
겨울 미사 중 사제의 손을 덥히는 사과 모양의 물병.
Carpent tua poma nepotes.(Vergilius)
손자들이 그대(가 심은 나무)의 과실을 따 먹으리/
decerpo árbore pomum. 나무에서 실과를 따다/
Duæ feminæ tribus viris decem poma dederunt.
두 여자가 세 남자에게 열 개의 사과를 주었다/
Dulce pomum cum abest custos.
지키는 사람이 없을 때 과일은 (더) 달다/
Pomis se arbor índui. 나무가 과일로 뒤덮였다/
Quasi poma ex arbóribus, cruda si sunt, vix avellúntur,
sic…. 마치 과일이 익지 않았을 때에는 나무에서
억지로 비틀어 따게 되는 것처럼 그렇게(quasi 참조)/
Sunt nobis mitia poma, castaneæ molles et pressi copia
lactis. 우리한테는 잘 익은 과일과 달콤한 밤과 넉넉한
치즈가 있지요.[소유여격dativus possessivus은 sum 동사와 더불어 쓰며,
사물의 소유자를 여격으로 지칭한다. 성 염 지음. 고전 라틴어, p.396]/
Timeo furem cáulibus et pomis.
배추와 과일 때문에 도둑을 두려워하다.

pōmus, -i, f. 과수(果樹), 과실나무, 과일(frux, frugis, f.).
Mater poma bina filiis dedit.
어머니는 아들들에게 과실을 두 개씩 주었다.

ponantur ante oculos nostros gesta præterita,
propter cavenda futura. 과거의 일을 목전에 놓아

장래의 경종(警鐘)으로 삼자(성 아우구스티노의 역사 개념)

ponderábꞮlis, -e, adj. 무게를 달 수 있는, 무게가 있는

ponderátim, adv. 무겁게, 진지하게

ponderátꞮo, -onis, f. 무게를 달아 봄, 저울질

ponderátor, -óris, m. 무게를 다는 사람, 저울질하는 사람

ponderátus, -a -um, p.p., a.p. 저울에 단, 검토된, 심사숙고된

póndĕro, -ávi, -átum, -áre, tr. 무게를 달다, 저울에 달다,
숙고하다, 고찰하다, 검토하다, 평가하다.

ponderósus, -a -um, adj.
무거운(גָּבָהּ), 무게 있는, 유력한, 중요한.

pondus, -dĕris, n. (=libra: 327.45gr.)
저울추, 무게, 중력(⑨ gravitátĭon), 중량, 균형, 평형,
덩어리, 권위, 영향력, 중요성, 짐(φoρτίον), 부담.
amor meus pondus meum. 사랑의 비중/
Hoc quidem loco primæ Communionis pondus collustrare
volumus.(⑨ Here I would emphasize the importance of
First Holy Communion) 여기서 저는 첫 영성체의
중요성을 강조하고자 합니다/
magnum argenti pondus. 커다란 은괴/
magnum pondus artificum. 대단히 많은 기능공들/
Non habebis in sacculo tuo diversa pondera maius
et minus. (ouvk e;stai evn tw/| marsi,ppw| sou sta,qmion kai.
sta,qmion me,ga h' mikro,n) (獨 Du sollst nicht zweierlei
Gewicht, groß und klein, in deinem Beutel haben)
(⑨ You shall not keep two differing weights in your
bag, one large and the other small) 너희는 자루에
크고 작은 두 개의 저울추를 가지고 있어서는 안 된다
(성경 신명 25. 13)/너희는 주머니에 크고 작은 두 다른
저울추를 가지고 있어서는 안 된다(공동번역 신명 25. 13)/
quinque auri pondo. 금 5파운드/
saxa magni ponderis. 대단히 무거운 바위(돌)들.

pondus caritatis. 사랑의 중력(重力)

pondus cupiditatis. 탐욕(貪慾)의 중력(중세철학 제3호. p.24)

pondus diei et æstus. 일상의 짐과 불안

Pondus et statera iusta Domini sunt, et opera
eius omnes lapides sacculi. (r`oph. zugou/ dikaiosu,nh
para. kuri,w| ta. de. e;rga auvtou/ sta,qmia di,kaia) (獨 Waage und
rechte Waagschalen sind vom HERRN; und alle Gewichte
im Beutel sind sein Werk) (⑨ Balance and scales belong
to the LORD; all the weights used with them are his
concern) 올바른 저울과 저울판은 주님의 것이고 주머니
속의 저울추도 그분의 소관이다(성경 잠언 16. 11)/
저울과 천 명은 야훼의 손 안에 있고 주머니 속의
저울추도 다 그가 만드신 것이다(공동번역 잠언 16. 11).

pondus meum amor meus. 나의 무게는 나의 사랑.
(성 아우구스티노의 고백록 13권 7장).

pōnĕ, adv. (장소적 의미로만) 뒤에, 뒤에서.
p.proes.c. acc. 뒤로, 뒤편에, 후방에/
movéri et ante et pone. 앞뒤로 움직이다.

pone ædem. 신전 뒤편에

Pone ánimos. 만용(蠻勇)을 버려라.

Pone nos recéde. 우리 뒤로 물러가거라

Pone te semper ad infimum.
너는 항상 제일 낮은 곳에 있어라(준주성범 제2권 10장 4).

pone versus. 뒤로

pono, pósŭi, pósĭtum(postum), ponĕre, tr. 놓다(נָתַן),
두다(שׂוּם), 넣다, 발을 들여놓다, 들어가다,
(軍) 배치하다, 설치하다, (陣을) 치다, 구축(構築)하다,
세우다(קוּם.בָּנָה.אֲנַב), 건립하다, 건설하다,
짓다, 건축하다, 창건하다, 심다(נָטַע), 정돈하다,
투자하다, 대출하다, 내려놓다, 매장(埋葬)하다, 파묻다,
소비하다, 쓰다, 쏟다, 바치다, 값을 놓다(정하다),
가치를 부여하다, (… 라고) 말하다, 주장하다,
… 라고 치다, … 라고 인정하다, 가정하다, 제출하다,
제기하다, 개진(開陳)하다, 버리다(נָתַן),
포기(抛棄)하다, 그만두다, (생명을) 내놓다, 바치다.
p.p. pósitus, -a -um, 매장된, 죽은.
alci custódes pono. 누구에게 감시원을 배치하다/

944

alqd in ærário(ignem) pono.
 무엇을 금고에(불 속에) 집어넣다/
alqd pro certo pono. 무엇을 확실한 것으로 주장하다/
alqm in metu non pono. 누구를 두려워하지 않다/
alqm primum ómnium pono.
 아무를 모든 이 중의 제1인자로 판단하다/
arma pono 무기를 놓다 / esse positum. 정착된 존재성/
génua pono. 두 무릎을 꿇다/
hoc pósito. 이것이 사실이라면(그렇다고 하면)/
huic signo pono míllia centum.
 이 조각품에 10만 어치 값을 놓다/
in colle castra pono. 야산에 진을 치다/
in fero sellam pono. 법정에 걸상을 놓다/
in laude pósiti. 칭찬 받은 사람들/
in lucris pónere. 이득(利得)으로 간주하다/
in medio pónere(propónere) 공개(公開)하다/
pónere *alqd* in ignem. 무엇을 불 속에 집어넣다/
in possessiónem libertátis pedem pono.
 자유를 차지하다(누리다)/
In tuto pónere. 안전한 곳에 두다/
inter poétas poni. 시인 중의 하나로 인정되다/
leges in póculis pono. 음주 규칙(規則)을 세우다/
Mortem in malis pono. 죽음을 하나의 악(불행)으로 여기다/
omnem spem in *alqā* re(in *algo*) pono.
 온 희망을 무엇에(아무에게) 걸다/
Pone, Domine, custodiam ori meo, et ostium
circumstantiæ labiis meis : ut non declinet cor meum in
verba malitiæ, ad excusandas excusationes in peccatis.
 주여, 제 입에 파수꾼을 세우시며, 내 입술의 문에
 문지기를 세우시어, 제 마음이 악을 행하는 데로
 기울지 않게 하소서/
Ponere in mediā viā. 길 가운데 놓다/
pónere ratiónem *alcjs* rei. 무엇에 대한 셈을 따지다(밝히다)/
pono *alci* quæstiúnculam. 누구에게 조그마한 문제를 내놓다/
pósitā sub nive. (하늘에서) 내린 눈 밑에/
pósito bello. 전쟁(戰爭)이 중지되었을 때에/
Quod pax non est ponenda in hominibus.
 (㉥ Peace is Not to Be Placed in Men)
 평화를 사람에게 두지 말 것(준주성범 제3권 42장)/
rebus novis nova nómina. 새 것들에는 새 이름을 붙여주다/
retro pónere. 경시(輕視)하다/
Roma in móntibus pósita. 여러 언덕 위에 세워진 Roma/
se pono. 앉다/
tempus in attentíssimā cogitatióne pono.
 정신 차려 생각하는 데에 시간을 바치다/
Ubi pedem póneret, non habébat.
 그는 발 들여놓을 자리가(들어갈 곳이) 없었다.
pono animam. 목숨을 바치다
pono ante óculos lætítiam. 기쁨을 보이다
pono libros e manibus. 책을 손에서 내려놓다
pono vestem. 옷을 벗어놓다
pono vitĭa. 악습(惡習)들을 버리다
pons, pontis, m. 다리(橋), 교량, 선제(船梯), 갑판(甲板),
 area adversus pontem. 다리를 마주 보는 공지(空地)/
 Cæsar iubet pontem rescindi.
 카이사르는 다리를 파괴하라고 명령하였다/
 dejicio de ponte *alqm* in Tíberim.
 아무를 다리에서 밀쳐 Tíberis 강에 처넣다/
 induco pontem saxis. 바위 위에 다리를 걸쳐놓다/
 pontem efficio. 다리를 놓다/
 pontem in flúmine fácere. 강에 다리를 놓다/
 pontem ingredior. 다리에 들어서다/
 Pontem jubet rescíndi. 그는 다리를 파괴하기를 명령하였다/
 Pontem rescindi Cæsari visum est.
 Cæsar는 다리를 파괴하기로 작정하였다/
 pontem rescindo. 다리를 끊다.

제3변화 제2식(남성.여성 명사)

	단 수	복 수
Nom.	pons	pontes
Voc.	pons	pontes
Gen.	pontis	pontium
Dat.	ponti	pontibus
Acc.	pontem	pontes
Abl.	ponte	pontibus

(한동일 지음. 카르페 라틴어 1권. p.42)
pons asinorum. 당나귀 다리(중간 명사 찾기가 어렵다는 뜻으로
 논리학에서 학생들이 삼단 논법의 중간 명사를 발견하는 데 도움을 주기 위해
 petrus Tartaretus가 만든 도형. 백민관 신부 엮음. 백과사전 3, p.446).
pons flúmini impósitus. 강에 놓은 다리
Pons magna tempestate interruptus, pæne reficietur
a militibus. 거대한 폭풍으로 끊어진 다리는 머지않아
 군대에 의해 복구될 것이다.
pons Varolii. 뇌교(腦橋)
 (중뇌와 연수 사이의 뇌. 소뇌에 이어져 있고 많은 뇌신경의 핵이 있음).
pontárĭus, -i, m. (가벼운 상처만 입히는) 검투사
pontederiaceæ, -arum, f., pl. (植) 물옥잠과 식물
pontícŭlus, -i, m. 작은 다리(橋)
póntĭfex, -ficis, m. (pons+fácio) 대제관,
 주교(Pontem '다리를' + faciens. '놓는 사람').
 De summo Romano Pontifice, Capite visibili Ecclesiæ,
 Christi in terris Vicario. 지상 교회의 머리이며
 그리스도의 대리자인 교황에 대하여/
 Pontifices Romani ac Mariale Rosarium.
 교황들과 묵주기도/
 Románum decet Pontificem. 로마 교황에게 마땅한
 일이다(교황 Innocentius 12세의 족벌주의를 배척한 대서시)/
 sub esse Romano Pontifici omni humanæ creaturæ.
 모든 인간 제도는 로마 교황에게 종속되어야 함.
 (성 염 옮김. 단테 제정론, p.221)/
 universalis Pontifex. 보편 교황.
Pontifex Máximus(P.M.) 교황(敎皇.Παπας.㉥ Pope),
 수석 대제관(略.P.M.), 대사제(αρχιρευς.summus sacerdos),
 최고의 사제장(㉥ Supreme Pontiff) / Summus Pontifex.
Pontifex maximus, episcopus episcopœum.
 주교들의 주교인 대사제(大司祭.αρχιρευς).
Pontificale. 주교용 전례서, 주교가 행하는 전례 예식.
Pontificale Gullielmi Durandi. 굴리엘모 둘란의 주교 예식서.
Pontificale romano-Germanicum.
 로마-게르만(독일) 주교 예식서(1950년).
Pontificále Románum, -lis -ni, n. 주교용 예식서,
 로마 주교용 예식서(1596년 클레멘스 8세 교황 발간).
Pontificale Romanum de Ordinátĭone. 로마 서품 예식서.
pontificalis ritus. 주교 예식(1968.6.21. 훈령)
Pontificalia, 주교 복장(㉥ Pontificals), 주교용 제식 용품,
 주교 미사 때 주교급 고위 성직자가 착용하는 용품.
pontificalia insignia, 주교 표식, 주교 표장.
 (교황 바오로 6세의 자의교서 1968.6.21 공포).
pontificális, -e, adj. 대제관의, 주교의.
 n., pl. 주교용 전례복 및 착용품.
 missa pontificalis. 주교 대례(大禮) 미사.
Pontificalium Operum Missionalium a Propagá-
tĭone Fidei. 교황청 전교회(1822년).
Pontificalium Operum Missionalium a Sancta
Infantĭa. 교황청 어린이 전교회(1843년).
Pontificalium Opus Missionale a S. Perto
Apostolo. 교황청 베드로 사도회(1888년).
pontificátus, -us, m. 대제관직, 주교직, 주교 지위, 교황직.
Pontificia Academia Latinitatis conditur, cuius sedes
in Statu Civitatis Vaticanæ locatur, quæ linguam
Latinam et cultum promoveat extollatque.
 (㉥ The Pontifical Academy for Latin, with headquarters
 in Vatican City State, is established for the promotion and
 appreciation of the Latin language and culture)
 교황청 라틴어 학술원은 라틴어와 라틴 문화의 육성과
 증진을 위하여 설립되며, 바티칸 시국에 자리한다.

P

(교황 베네딕도 16세 2012.11.10. 자의교서 "Latina Lingua" 중에서).

Pontificia Academia Latinitatis Præsidem, Secretarium, Consilium Academicum ac Sodales, qui Academici quoque nuncupantur, complectitur. 교황청 라틴어 학술원은 원장, 사무처장, 학술 평의회, Academici라고도 불리는 학술원 회원들로 구성된다. (교황 베네딕도 16세 2012.11.10. 자의교서 "Latina Lingua" 중에서).

Pontificia Academia Mariana internationalis. 교황청립 국제 마리아학회.

Pontificia Commissio. 교황청 위원회(Pontificia Consilia)

Pontificia Commissio a Justitĭa et Pace. 교황청 정의평화 위원회.

Pontificia Commissio Biblica. 교황청 성서위원회

Pontificia Commissio Cor Unum de humana et Christĭana Progressione fovenda. 교황청 사회사업 위원회.

Pontificia Commissio de Patrimonio Artis et Historiæ conservando([영] Pontifical Commission Preserving the Patrimony of Art and History) 예술적 및 역사적 세습 자산 보존 위원회.

Pontificia Commissio pro America Latina([영] Pontifical Commission for Latin America) 교황청 라틴 아메리카 위원회.

Pontificia Consilia. 평의회(評議會)

Pontificia Consilium de Iustitĭa et Pace. 교황청 정의평화 위원회.

Pontificia Consilium pro Dialogo cum Non credentibus. 미신자 대화 평의회.

Pontificia consilium pro Familia. 교황청 가정 사목 위원회, 가정 평의회(1981.5.9. 설립).

Pontificia Consilium pro Laícĭs. 교황청 평신도위원회

Pontificia Legátĭo. 교황사절관(敎皇使節館).

Pontificia Unione Missionárĭa. 교황청 전교연맹(1916년)

Pontificiæ Academiæ Latinitatis Statutum. ([영] Statutes of the Pontifical Academy for Latin) 교황청 라틴어 학술원 정관.

Pontificialia insignia. 주교 미사 예식(1968.6.21. 자의교서)

Pontificialis domus. 교황 궁전(1968.3.28. 자의교서)

Pontificialis Romani. 부제, 사제, 주교 서품을 위한 새 예식(1968.6.18. 교황령).

Pontificio Commissio de Patrimonia Artis et Historiæ Conservando. 교황청 문화재 위원회.

Pontificio Consilium de Spirituali Migrantium atque Itinerantium Cura. 교황청 이주 사목 평의회.

Pontificio Instituto Liturgico "S. Anselmo" 교황청립 성 안셀모 연구소.

pontifícĭum, -i, n. 교황직위, 주교직, 대제관의 권한.권위.권능.대제관직(위).

Pontificium Consilium ad Unitatem Christĭanorum Fovendam([영] Pontifical Council for Promoting Christian Unity). 교황청 그리스도교인 일치 촉진 평의회.

Pontificium Consilium "Cor Unum"([영] Pontifical Council Cor unum) 사회 사목 평의회, 한마음(사회복지) 평의회.

Pontificium Consilium de Apostolatu pro valetudinis Administris([영] Pontifical Council for Pastoral Assistance to Health Care Workers). 교황청 보건 사도직 평의회.

Pontificium Consilium de Communicátĭonibus Socialibus([영] Pontifical Council for Social Communications) 교황청 사회 홍보 평의회(1948.1.20. 설립).

Pontificium Consilium de Cultura([영] Pontifical Council for Culture) 교황청 문화 평의회.

Pontificium Consilium de Iustitĭa et Pace.([영] Pontifical Council for Justice and Peace). 정의평화 평의회.

Pontificium Consilium de Legum Textibus Interpretandis.([영] Pontifical Council for the Interpretation of Legislative Texts) 교황청 교회법전 해석평의회(1917.5.27.설립).

Pontificium Consilium de Spirituali Migrantium atque Itinerantium Cura. 교황청 이주 사목 위원회.

Pontificium Consilium pro Dialogo cum non Credentibus([영] Pontifical Council for Dialogue with Non-Believers) 교황청 비신자 대화 평의회.

Pontificium Consilium pro Dialogo inter Religiones. ([영] Pontifical Council for Inter-Religious Dialogue). 교황청 종교간 대화 평의회.

Pontificium Consilium pro Familia.([영] Pontifical Council for the Family) 가정 평의회.

Pontificium Consilium pro Laícĭs.([영] Pontifical Council for the Laity) 평신도 평의회.

Pontifícium Institútum Altioris Latinitatis. 고전 라틴어 연구소(1964년).

Pontifícium Institútum Bíblicum. 교황청립 성서대학, 성서 연구원.

Pontificium Institutum Mediolanense pro Missionibus Exteris.(P.I.M.E.) 밀라노 외방 전교회.

Pontificium Institutum Missionale Scientificum. 교황청 선교학 연구소(1933년).

Pontificium Institutum Orientalium Studiorum. (귀일歸一 동방교회 또는 분리 동방교회 성직자 양성을 위한 기관. 1917년 교황 베네딕도 15세가 창설. 연수기간 2년으로 신학, 교회법, 전례학, 교회사, 일반역사, 고고학을 과목으로 하며 예수회가 운영한다). 동방교회 연구소([영] Pontifical Institute for Oriental Studies).

pontificium mandatum. 성좌의 위임(委任).

Pontificium Opus a Sancto Petro Apostolo pro clero Missionum. 교황청 전교지방 성직자 원조 성 베드로 사업회.

Pontificium Opus Missionale a Propagátĭone Fidei. 교황청 전교사업후원회.

Pontificium Opus Missionale a Sancto Petro Apostolo. 베드로 사도회.

pontifícĭus, -a -um, adj. 대제관의, 주교의, 교황의. institutum juris pontificii. 성좌 설립회(設立會)/ pontifício jure. 대제관의 권한으로.

pontílis, -e, adj. 다리의, 교량의

Póntius Pilátus, Póntii Piláti, m. ([영] Pontius Pilate) 본시오 빌라도(기원 26~36년까지 유다 지방의 로마 총독(Procurator). 그 치하에서 예수 그리스도가 십자가형을 받았다.).

potívăgus, -a -um, adj. (pontus+vagor[1]) 바다를 방황하는

ponto, -ónis, m. 바닥이 평평한 나룻배, 가축 차량 수송선

pontónĭum, -i, n. 나룻배

pontus[1] -i, m. 바다(θάλασσα.humens campus), 심연(深淵), 해파(海波), 파도(波濤-큰 물결). discludere Nereum ponto. 네레우스를 바다에 가두다/ Ponto nox incubat. 밤이 바다 위에 깔렸다/ pontum repono. (풍랑을 가라앉혀) 바다를 잔잔하게 하다.

pontus[2] -i, m. 흑해(흔히 Pontus Euxinus라고 함)

pŏpa[1] -æ, m. 뚱뚱이 배, 희생 제물을 잡아 준비해 주는 조수

popa[2] -æ, f. 주점 여주인(酒店 女主人), 희생동물의 육류 장사하는 여자.

pópănum, -i, n. 제사용 과자

popéllus, -i, m. 영세민(零細民), 천민(賤民), 하층 계급.

popína, -æ, f. 음식점, 요리점, 술집, 요리, 요리점 여주인. Bibitur, quasi in popina, haud secus. 영락없이 술집에서처럼 마시고들 있다.

popinális, -e, adj. 음식점의, 요리점의

popinárĭus, -i, m. 요리점.음식점.술집 주인

popinátor, -óris, m. 요리점(술집) 단골손님

popíno, -ónis, m. 식도락가, 요리점에 자주 드나드는 사람

popínor, -ári, dep., intr. 요리점(술집)에 드나들다

poples, -lĭtis, m. (解) 오금(무릎의 구부러지는 안쪽), 무릎(ברך). duplicáto póplite. 무릎을 구부리고.

poplícŏla[1] -æ, m. (pópulus[1]+colo[2]) 민중에게 아첨(영합) 하는 자.

pópŏlus, -i, m. (古) = **pópulus[1]**

popósci(=peposci), "posco"의 단순과거(pf.=perfectum)

poppýsma, -ătis, n. (**poppýsmus, -i, m.**) 입술을 다물었다 터뜨리는 소리, 손뼉 치는 소리, (贊意 표시로) 혀끝 차는 소리.

populábĭlis, -e, adj. 파괴될 수 있는, 유린당할 수 있는, 황폐해 질 수 있는.

P

populabúndus, -a -um, adj.
  황폐케 하는, 파괴(破壞)하는, 유린(蹂躪)하는.
populares, -íum, m., pl. 평민당(平民黨), 민주주의자들,
  (군인과 구별되는) 민간인(民間人).
populária, -íum, n., pl. 국민, 민중, 대중
populáris, -e, adj. 국민의, 인민의, 백성의, 평민의,
  서민의, 민중의, 대중의, 민중의 환심을 사는, 동포의,
  동향의, 같은 지방의, 같은 무리의, 통속적인, 값싼.
  aura popularis. 대중의 인기, 민중의 지지/
  cívitas popularis. 민주국가, 공화국/
  Devotio popularis(⑨ Popular Devotion). 민간 신심/
  leaéna popularis. 같은 지방의 암사자/
  orátio poularis. 대중연설/
  populares conjurátíonis. 음모의 공범자들/
  populáres leges. 국민의 決定에 의해 제정된 법률.
popularis tuus. 너의 동포(동향인)
populáritas, -atis, f. 같은 나라의 국민임, 동포관계,
  대중성, 인기, 인망, 가담, 참여(μετοχη.⑨ Participátíon).
populáriter, adv. 통속적으로, 서민적으로,
  인기 작전을 써서, 선동적(煽動的)으로.
populátío¹ -ónis. f. 유린(蹂躪─남의 권리나 인격을 함부로 짓밟음),
  파괴(破壞), 황폐(荒廢), 약탈(掠奪), 약탈품, 노획물.
populátío² -onis. f. 인구, 주민 수
populátor, -óris. m. (**populatrix**, -ícĭs, f.)
  파괴자(破壞者), 황폐케 하는 자, 약탈자(掠奪者)
populátus, -us. m. 파괴(破壞), 황폐(荒廢), 약탈(掠奪)
populétum, -i, n. 백양나무 숲, 양버들 숲, 미루나무 숲
populi Dei portio. 하느님 백성의 일부(一部)
populífer, -féra, -férum, adj. (pópulus¹+fero)
  포플러를 생산하는.
populiscítum,(pópuli scitum) -i, n. (pópulus¹+scio)
  국민의 결정, 국민의결.
pópulo, -ávi, -átum, -áre, (**pópŭlor**, -átus sum, -ári, dep.)
  tr. 황폐하게 하다, 파괴하다(ᴍᴍ), 유린(蹂躪)하다,
  약탈(掠奪)하다, 침식(侵蝕)하다, 망치다, 없애버리다.
  Formam populábitur ætas.
    나이는 용모를 볼품없이 만들 것이다/
  populátus hamus. 미끼 떼인 낚시.
Populorum Progressio, 민족들의 발전(1967.3.26.)
populos universos tuéri. 온 백성을 다 보호하다
populósitas, -átis, f. 군중(群衆.ὄχλος.πλῆθος),
  무리(어떤 관계로 한데 모인 여러 사람), 인구가 많음.
populósus, -a, -um, adj. 인구가 많은, 식구 많은
Populum judicii sui pœnitébat.
  국민은 자기들의 판결을 후회하고 있었다.
Pópulum tuum, quǽsumus, Dómine, propítius réspice:
atque ab eo flagella tuæ iracúndiæ cleménter avérte.
  주님 비오니, 당신 백성들을 인자로이 굽어보시어, 그들로
  하여금 주님 진노의 편태를 은혜로이 면하게 하소서.
populus¹ -i, m. 국민, 인민, 주민, 전 국민, 민중, 대중, 군중, 벌 떼.
  인민, 주민, 전 국민, 민중, 대중, 군중, 벌 떼.
  A pópulo repúlsam fero. 국민 투표에서 낙선되다/
  at pópulum provoco. 국민들의 판결에 호소하다/
  Distribuo populum in quique classes.
    국민을 다섯 계급(階級)으로 분류(分類)하다/
  Dividere populum in duas partes.
    국민을 두 부분(부류)로 나누다/
  duo populi in unum confusi. 하나로 통합된 두 민족/
  erga pópulum fides. 국민에 대한 신의/
  fácĭo pópulum. 민중을 소집(召集)하다/
  fero ad pópulum. 안건(案件)을 국민 앞에 제출하다/
  fides erga pópulum Románum. 로마 국민에게 대한 충성/
  in tribus pópulum convocáre. 부족별로 백성들을 소집하다/
  orátor pópuli vendibilis. 인기 있는 연설가(演說家)/
  Pater me jurejurándo adégit, numquam amícum fore
    pópuli Románi.(jusjurándum 참조) 아버지는 나에게 결코
    Roma인들의 친구가 되지 않겠다는 맹세를 시켰으며/
  Popule meus, quid feci tibi.
    내 백성아, 내가 네게 무엇을 했느냐/
  Populi et singuli homines suam ipsorum liberationem
    affectant(⑨ Peoples and individuals aspire to be free)
    민족들과 개인들은 자유롭기를 희구(希求) 한다/
  populi libertatis zelatores. 민주주의자(간혹 '자유를 열렬히
    애호하는 민중'으로 잘못 번역한다. 성 엄 지음. 단테 제정론, p.51)/
  populi Romani justissimum esse in Gallia imperium.
    갈리아에 대한 로마 국민의 지배권은 지극히 정당하다.
    (성 엄 지음. 사랑만이 진리를 깨닫게 한다. p.472)/
  populi uni deo dediti. 하나이신 하느님을 섬기는 백성/
  populorum præpositi. 주교(교부문헌 총서 15, 신국론. p.136)/
  recitari in populis ilcò9 가운데서 낭독(朗讀)하다.
    (미사 중 독서를 지칭하는 전례용어. 교부문헌 총서 17, 신국론, p.2612)/
  rego império pópulos. 절대권을 가지고 백성을 다스리다/
  Res publica est res populi.
    국가(공공의 것)는 국민의 것이다/
  Revocata res ad populum. 사건이 국민에게 회송되었다/
  salútem pópuli auguro. 백성의 안녕에 대해서 점치다/
  senátus popuúsque Románus.(略 S.P.Q.R.)
    Roma의 원로원과 국민, 전Roma 국가/
  totius populi plena et actuosa participatio.
    전 백성의 완전하고 능동적인 전례 참여/
  tunicátus pópulus. 서민(庶民.⑩ f. vulgus, -i, n.)/
  unitas populi. 국민(인민)의 통일체/
  vir primarius pópuli. 국민 중에 첫째가는 인물.
populus a senátu disjúnctus.
  원로원과 유리(琉璃) 된 국민.
Populus Christianus. 그리스도교적 백성
populus congregátío* 회중(⑨ Assembly.omnis populus)
Populus Dei. 하느님 백성(λαὸς τού θεού)
  (교회가 바로 '하느님의 백성Populus Dei이다'라는 개념은 성 아우구스티노
  이후에 거의 망각되어 오다가 현대의 교회론 안에서 재발견된 개념이다.
  이미 성경은 베드로 1서 2장에서 'Populus Dei'에 대해서 잘 말해주고 있다.)
  Primum profecto genus, quo participationi favetur Populi
  Dei sacri Ritus, ipsius Ritus apta est celebratio.
    하느님 백성들이 거룩한 예식에 참여하도록 독려하는
    으뜸가는 방법은 예식을 합당하게 거행하는 것 자체입니다.
**Populus Dei pro celebratione congregatus laudes canit
Dei**.(⑨ The People of God assembled for the liturgy sings
the praises of God) 전례를 드리려고 모인 하느님의 백성은
  하느님을 찬양하는 노래를 부릅니다.
**Populus hic labiis me honorat, cor autem eorum
longe est a me**. 이 백성이 입술로는 나를 공경
  하여도 마음은 나에게서 멀리 떠나 있구나(마르 7, 6).
**Populus Numam Pompilium Romam vocavit ad
regnandum**.(명령사문). 국민은 누마 폼필리우스를 불러
  로마를 통치하게 하였다.(서구어 전체가 그렇지만 라틴어에서도 vocavit
  ad regnandum을 vocando fecit regnare로 바꾸어 번역하면 우리말로 무난한
  경우가 많다. 성 엄 지음. 고전 라틴어, p.249).
populus mundi. 세상의 백성
populus Romanus. Roma 국민 전체.
  Populum Romanum servire fas non est, quem di immortales
  omnibus gentibus imperare voluerunt. Aliæ nationes
  servitutem pati possunt, populi Romani est propria
  libertas.(Cicero). 불사의 신들은 로마 국민이 만민을 통솔하기
  바라므로 로마 국민이 누구에게 예속함은 불가하다. 다른
  나라들이야 예속을 인종(忍從)할 수 있을지 모르지만, 자유
  야말로 로마 국민의 고유한 권리다.(성 엄 지음. 고전 라틴어, p.357).
Populus Romanus Ciceronem consulem declaravit.
  로마 국민이 cicero를 집정관으로 선언하였다.
populus urbanus. 민간인(군인과 구별되는 민간인)
Populus vitæ. 생명의 백성
populus vitæ et pro vita(⑨ a people of life and for life)
  생명의 백성, 생명을 위한 백성.
populus² -i, f. (植) 백양나무, 포플러,
  populorum copiam altarum. (= 수많은 포플러나무들을),
  키 큰 포플러나무들의 '많은 숫자를'.
populus alba. 은백양
populus Davidiana. (植) 사시나무(tremulus, -i, f.)
Populus est altissima ex arboribus.

947

포플러는 나무들 가운데 가장 키가 크다.

populus glandulosa. (植) 수원 사시나무

populus koreana. (植) 물황철(쌍떡잎식물 버드나무目 버드나무과의
낙엽관목. 산지의 물가나 골짜기에서 자람. 높이 25m).

populus monilfera. 미루나무

populus nigra. 양버들

porca, -æ, f. 암퇘지(porcus femina), 두둑, 이랑

porcárĭus -a -um, adj. 돼지의, m. 돼지 치는 사람.

porcélla, -æ, f. 돼지새끼

porcéllĭo, -onis, m. (動) 쥐며느리

porcéllus, -i, m. 새끼돼지, 새끼 산돼지

porci caput. (軍) 어린진(魚鱗陣.caput porcinum)

porcílĭa, -æ, f. 젖먹이는 암퇘지

porcína, -æ, f. 돼지고기(caro suilla)

porcinárĭum, -i, n. 돼지우리

porcinárĭus, -i, m. 돼지고기 장수

porcínus, -a -um, adj. 돼지의,
    caput porcinum. (軍) 어린진(魚鱗陣.caput porcinum).

porco piaculum facere. 돼지를 잡아서 속죄의 제사를 지내다.

pórcŭla, -æ, f. 새끼 암퇘지

porculátĭo, -ónis, f. 돼지사육

porculátor, -óris, m. 새끼 돼지 돌보는 사람

porculétum, -i, n. 이랑 낸 밭

pórcŭlus, -i, m. 새끼 돼지, 포도 압착기의 밧줄 거는 쇠고리

porcus, -i, m. [sŭs'sŭis, (=suis, seúris,) m., f. 참고]
    (動) 돼지, 돼지 같이 처먹는 놈.
    bucca porci. 돼지 코(세르지오 4세 교황 어릴 때 별명)/
    porci caput. (軍) 어린진(魚鱗陣.caput porcinum)/
    porcum saxo silice percutere. 돌멩이로 돼지를 때리다/
    Nolite dare sanctum canibus neque mittatis margaritas
    vestras ante porcos. 거룩한 것을 개들에게 주지 말고,
    너희의 진주들을 돼지들 앞에 던지지 마라(성경 마태 7. 6).

porcus marinus. 해돈(海豚)

porgo = pórrigo²

Pornographia, 포르노(⑩ Pornography), 외설물

porphyréticus, -a, -um, adj. 자홍색(紫紅色)의

porphyrítes, -æ, m. (이집트에서 산출되는) 붉은 반암(斑岩)

porphyrítis, -ĭdis, adj. 자홍색(紫紅色)의

porréctĭo, -ónis, f. (손, 발 따위를) 폄(펴는 동작), 신장, 직선

porréctĭo Instrumentorum(⑩ Tradition of the
    Instruments. 제구 전수식.

porrectum, "pórrĭgo"의 목적분사(sup.=supínum)

porréctum, -i, n. 직선(直線), in porrectum. 길이로

porréctus¹ -a -um, p.p. 제공된, 제물로 바쳐진, 제출한

porréctus² -us, m. p.p., a.p.
    길게 뻗은, 펼쳐진, 신장된, 주름살 없는 (이마), 명랑한.
    adv. **porréctĭus,** 더 넓게, 더 멀리.
    Medicus venit ad ægrotos, via porrecta est ad
    peregrinos. 의사가 환자에게 오셨고, 나그네에게 길이
    열렸습니다.(최익철 신부 옮김, 요한 서간 강해, p.429).

porréxi, "pórrĭgo"의 단순과거(pf.=perfectum)

porrícĭo, -réci, -réctum, -ěre, tr. (por=pro²+jácio)
    신에게 제물로 바치다, (땅이) 산출하다.

porrigíbĭlis, -e, adj. 펼칠 수 있는

porriginósus, -a, -um, adj. 두부백선(두창)에 걸린,
    버짐(白癬菌에 의하여 일어나는 피부병을 통틀어 이르는 말)이 생긴.

porrígo¹ -gĭnis, f. 두창(頭瘡-머리에 나는 온갖 부스럼),
    두부백선(頭部白癬), 버짐.

pórrĭgo² -réxi -réctum -ěre, tr. (por=pro²+rego)
    펴다, 벌리다, 뻗다(רגנ.דרנ), 내밀다, 펼치다,
    길게 하다, 넓히다, 확대하다, 신장하다, 퍼뜨리다,
    땅에 눕히다, 주다(דדי.בהי.ןתנ), 수여하다, 내놓다,
    제공하다, 제출하다, 드리다, (시간을) 끌다, 천연하다,
    연장(延長)하다, 미루다, 연기(延期)하다.
    (pass) 뻗쳐 있다, 펼쳐지다, 이르다.
    déxteram alci porrigo.
    (우정, 신의, 도움의 표시로) 오른 손을 내밀다/
    dígitum porrigo. 손가락을 펴다/

porrigo alci bráchia. 누구를 향해 두 팔을 벌리다/

porrectis manibus. 두 손을 벌려서/

península ad formam gládii porrécta.
    검(劍) 모양으로 길게 뻗은 반도(半島)/

**Ratem unam ducentos longam pedes, quinquaginta latam
a terra in amnem porrexerunt.** 그들은 길이 200보에
넓이 50보의 뗏목을 땅에서 강에다 펼쳐놓았다.

porrigo manum. 찬성의 표시로 손을 들다, 찬성하다,
    (필요한 것을 집거나 얻기 위해서) 손을 내밀다

porrigo púero poma. 소년에게 과일들을 주다

porro, adv. 더 앞으로, 전방으로, 더 멀리, 떨어진 곳에,
    역시, … 까지도, 그런데, 계속해서 (말하다).
    áliis porro impertíre. gáudium.
    남들에게도 기쁨을 나누어주다/
    sed perge porro. 계속해서 말하다/
    Has porro necessitates omnes convertit Ecclesia in
    precationem. 교회는 이런 요구들을 기도로 전환 시킨다/
    Tu porro sequéris? 네가 장차 따라가겠느냐?

Porro intra eos limites, ubi veritas abstinenter
pervestigatur, lucem sibi recipit significationemque
necessitudo fidem inter ac rationem. 온전한 진리
추구의 맥락 안에서 신앙과 이성 간의 관계가 드러나고
의미를 지니게 된다(1990.8.15. "Ex corde ecclesiæ" 중에서).

porro ire. 앞으로 더 가다

porrum, -i, n. (porrus, -i, m.) ((植)) 부추

porta, -æ, f. 대문, 성문(城門), 관문, 문, 출입문, 방법,
    정문(ostium rectum).
    ante portam. 문 앞으로, 문 앞에/
    Attolite portas. 성문을 열어라/
    foras portam. 성문 밖으로/
    Intrate per angustam portam. 좁은 문으로 들어가라/
    O cœles pudica sponsa et Domini porta!
    오, 天上의 순결한 신부이자 주님의 문이여!/
    Portæ tam graves sunt ut a pueris aperiri non possint.
    문들은, 소년들에 의해서는 열릴 수
    없을 만큼 그렇게 무겁다/
    Quibus e portis? 어떤 방법으로? 무슨 수로?/
    scribesque ea in postibus domus tuæ et in portis tuis.
    (kai. gra,yete auvta. evpi. taj flia.j tw/n oivkiw/n u`mw/n kai. tw/n
    pulw/n u`mw/n) (獨 und du sollst sie schreiben auf die
    Pfosten deines Hauses und an die Tore) (⑩ Write them
    on the doorposts of your houses and on your gates)
    그리고 너희 집 문설주와 대문에도 써 놓아라(성경)/
    문설주와 대문에 써 붙여라(공동번역 신명 6. 9)/
    tergeminus Porta. Roma의 Aventínus 언덕에 있는
    세 개의 아치(虹霓門홍예문)가 있는 문/
    triumphális porta. 개선문(凱旋門).

	sg.	pl.
nom.	porta	portæ
voc.	porta	portæ
gen.	portæ	portárum
dat.	portæ	portis
acc.	portam	portas
abl.	porta	portis

(박기용 지음, 희랍어 라틴어 비교문법, p.402)

porta aurea(sancta). 황금의 문, 황금 성문.

porta (Janua) cœli(⑩ Gate of Heaven).
    천국의 문, 하늘의 문.

porta et clavis. 문이요 열쇠.

porta Labitinénsis.
    (죽은 검투사의 시체를 내가던) 원형 경기장의 대문.

Porta Fidei, 신앙의 문(2011년 10월 11일 베네딕도 16세 교황 성하의
    '신앙의 해' 제정 자의 교서).

Porta, qua gressum extuleram.
    내가 걸어 나왔던 그 성문.

Porta saxo delebitur. 그 문은 바위로 부숴 질 것이다.
    [라틴어에서 피동적인 행위가 발생하는 수단 혹은 도구를 탈격으로 나타내며, 이때
    에는 전치사를 사용하지 않는다. 수단 탈격은 능동문에서도 그대로 남을 수 있다.]

Porta Sancta([영] Holy Door). 성년의 문(聖年 門), 성문.
Portæ inferi. 지옥의 문(마태오 복음 16, 18에 한 번 나옴).
Et ego dico tibi: Tu es Petrus, et super hanc petram ædificabo Ecclesiam meam; et portæ inferi non prævalebunt adversum eam. (kavgw. de, soi le,gw o[ti su. ei Pe,troj(kai. evpi. tau,th| th/| pe,tra| oivkodomh,sw mou th.n evkklhsi,an kai. pu,lai a[|dou ouv katiscu,sousin auvth/j) ([영] And so I say to you, you are Peter, and upon this rock I will build my church, and the gates of the netherworld shall not prevail against it) 나 또한 너에게 말한다. 너는 베드로이다. 내가 이 반석 위에 내 교회를 세울 터인즉, 저승의 세력도 그것을 이기지 못할 것이다(성경 마태 16, 18)/잘 들어라. 너는 베드로이다. 내가 이 반석 위에 내 교회를 세울 터인즉 죽음의 힘도 감히 그것을 누르지 못할 것이다(공동번역).
portábĭlis, -e, adj. 지닐 수 있는, 휴대할 수 있는, 짊어질 수 있는, 운반할 수 있는.
portárĭus, -i, m. 문지기.
portátĭlis, -e, adj. 휴대할 수 있는, 휴대용의.
altáre portátile. 휴대 제단(携帶 祭壇).
portátĭo, -onis, f. 운반, 수송, 운송, 휴대(携帶), 지님.
portator, -óris, m. (**portatrix**, -ícis, f.)
운반인(運搬人), 휴대자(携帶者), 지니고 있는 사람.
portatórĭus, -a -um, adj. 나르기에 적합한, 운반하는.
portendi, "porténdo"의 단순과거(pf.=perfectum)
porténdo, -ndi -ntum -ĕre, tr. (por=pro²+tendo¹)
미리 알리다, 예고하다, 예언하다, 전조로 나타내다.
(pass) 예고되다, … 의 전조가 있다.
porténsis, -e, adj. 항구의
portentíficus, -a -um, adj. (porténtum+fácio) 놀라운, 경이적인, 기적적인, 괴상한, 기형적인, 괴물의.
portentilóquĭum, -i(porténtum+loquor), n. 괴담(怪談).
portentósus, -a -um, adj. 놀라운, 경이적인, 굉장한, 괴상한, 기이한, 기형적(畸形的)인.
porténtum, "porténdo"의 목적분사(sup.=supínum)
porténtum, -i, n. (길흉의) 전조, 징조(徵兆), 조짐, 경이, 놀라운 일, 불가사의, 이적, 괴상, 기형, 기적(ת.אפתא.פֶּלוֹם.δὺναμις.σημεἰον.[영] Miracles), 위험인물, 꾸며낸 기담, 괴담.
portentus, -a -um, "porténdo"의 과거분사(p.p.)
pórtibus, porus(-us, m. 항구) 의 복수 여격
porticátĭo, -onis, f. 열주(列柱-줄지어 늘어선 기둥), 주랑(柱廊-기둥을 여러 개 나란히 세운 복도).
portícŭla, -æ, f. 작은 주랑(柱廊)
pórtĭcus, -us, f. (지붕 있는) 주랑(柱廊-주로 산책, 때로는 여러 가지 사무처리.재판.약혼식.진기한 물건 전시.학술토론 따위를 하던 장소였음), 회랑(回廊-正堂의 양옆에 있는 긴 집채), 행각(行閣), 누각(사방이 탁 트이게 높이 지은 다락집), 성당 입구, 성당 현관, 스토아학파.
pórtĭo, -ónis, f. 부분, 일부, 몫, 차지, 할당, 비율, 비례.
magna mortálium portio. 대부분의 사람들/
pari portióne ad *alqd*. 무엇에 비례하여, 비례대로
tértia portio. 3분의 1.
pórtĭo canonica. 법정 4분의 1,
성직자 유산 4분의 1을 주교에게 납부,
장례 사제가 주임 사제에게 납부하는 수납분.
pórtĭo congrua. 성직자 최저 수입
portio ex summa. 전체에서 나오는 파생물
pórtĭo gratialis. 은급(恩級), 연금(年金)
pórtĭo legitima. 법적 유산 배분
portioális, -e, adj. 일부분의, 부분적인
portionarius, -i, m. 성직록 수혜자(백민관 엮음, 백과사전 3, p.217)
portiones ecclesiæ. 부분 교회(ecclesiæ particulares)
portíscŭlus, -i, m. 노 젓는 사람들에게 신호를 주는 지휘자
pórtĭtor¹-óris, m. 관세 징수인, 통행세 징수인
pórtĭtor²-óris, m. 나룻배 사공, 나루터지기,
운반인(運搬人), 나르는 사람.
portiúncŭla, -æ, f. 작은 부분, 조각(부스러기)
porto, -ávi, -átum, -áre, tr. 나르다(עָטַס.לבם.טען),
운반하다, 운송(수송)하다, 데려가다(오다),
지니고 다니다, 지니고 있다, 가져다주다,
가져오다, (의미 따위를) 지니다, 내포하다.
alci auxília porto. 누구를 도와주다/
alqd collo porto. 목에 걸고 다니다/
alqd húmeris porto. 무엇을 어깨에 메고 가다/
alqd in sinu porto. 무엇을 가슴에 품고 있다/
alqd manu porto. 무엇을 손에 들고 다니다(있다)/
Omnĭa mea mecum porto.
나는 나의 전 재산을 몸에 지니고 있다/
se porto. 가다, 다니다/
sub alā *alqd* porto. 겨드랑이에 끼고 다니다/
vehículo portári. 수레에 실려 가다.
portórĭum, -i, n. 관세(關稅), 수입세(輸入稅), 수출세, 통과세(通過稅), 입항세(入港稅), 통행세(通行稅).
pórtubus, porus(-us, m. 항구) 의 복수 5격(탈격)
pórtŭla, -æ, f. 작은 문, 옆문, 샛문
portuláca(olerácĕa), -æ, f. (植) 쇠비름
portuósus, -a, -um, adj.
항구가 많은, 배를 쉽게 댈 수 있는.
portus, -us, m. 항구, 포구, 하구, 관세, 관세 징수인, 피난처(避難處), 안식처(安息處), 화물창고.
beati portus. 복된 포구/
fauces portus. 항만(港灣)의 좁은 입구/
in portu óperas dare. 항만세관에 종사하다/
ut portus tuerétur. 항구가 보호되기 위하여.
portus in arcum curvatus. 활 모양으로 굽어든 항구.
Portus in meridiem vergit. 항구가 남쪽을 향해있다.
portus os, 항구(港口)의 출입구.
porus¹ -i, m. 도관(導管), 기공(氣孔), 호흡공(呼吸孔).
porus² -i, m. (鑛) 石灰華-석회질의 수용액에서 침전된 탄산석회)
pōsca, -æ, f. 물과 식초의 혼합 음료.
posco, popósci, poscĕre, tr. 청구하다, 청하다(αἰτὲω), 요구하다(עבת.אעב.יעב.ἐρωτὰω), 물어보다, 간청(懇請)하다(אעב.יעב.προσεὺχομαι), 알아보다, 값을 부르다, 값을 매기다.
posco *alqm* numos. 누구에게 돈을 요구하다/
Fíliam tuam mihi posco uxórem.
당신의 딸을 저의 아내로 삼게 해 주십시오/
Nulla salus bello : pacem te poscimus omnes. 전쟁에는 구원이 없다. 우리 모두가 그대에게 평화를 청하는 바이다.
posítĭo, -ónis, f. 놓음, 심음, 놓여있는 자리, 위치, 장소, 지위, 신분, 상황, 형편, 상태, 자세.
(修) 어휘의 용법. (論) 명제, 주제, 논제.
(教法) 재판관에게 제출하는 심문요항(尋問要項).
(文法) 어미(語尾-음절에 있어서 모음의 장단을 바뀌게 하는 위치. 단모음이 두 개 이상의 자음 또는 x, z자 앞에 놓일 때에는 원칙적으로 장모음이 되며 이것이 마지막 두 번째 음절일 경우에는 accéntus를 받게 됨. 그리고 모음으로 시작되는 음절 앞에 있는 모음은 일반적으로 단모음이 됨. e.g. senéctus, necessárius).
positio ultima. 최종 처지(심상태 지음, 익명의 그리스도인, p.100)
positivísmus, -i, m. 실증주의, 실증론, 실증철학.
theoría positivística juris. 법실증론.
positivismus historícĭsta. 역사주의적 실증주의
positivismus Juridicus. 법실증주의
positivismus liberalis. 자유 실증주의
positívus, -a -um, adj. 확실한, 명확한, 실제의, 절대적인, 실증적, 적극적, 긍정적. (文法) 원급의. (醫) 양성의. (數) 정수의. (電) 양의. (寫) 양화의.
adv. positive, 긍정적으로, 적극적으로,
atheismus positívus. 적극적 무신론/
attributa positiva. 적극적 속성(積極的 屬性)/
lex positíva. 실정법(實定法)
principium positivum unde aliquid procedit secundum dependentiam in esse. 어떤 것이 존재의 측면에서 종속되는 방식으로 그것으로부터 발전하는 긍정적인 원리.
positívus ordo juris. 성문법(成文法)
posito pignore. 내기로

P

pósĭtor, -óris, m. 건설자(建設者), 창건자(創建者)

pósĭtum, "pono"의 목적분사(sup.=supínum)

positúra, -æ, f. 위치, 배치, 배열, 놓인 모양.
(文法) 구두법(句讀法), 구두점(句讀點).

positus, -us, m. 위치, 부위, 머리 맵시, 머리 장식.
in transversum pósitus. 가로질러 놓인,
omnibus clericis positis in ministerio.
성직에 임명된 모든 성직자(가톨릭 신학 제9호. p.179)/
In alto positum non alte sapere dificile est. 높은 자리
에서 높음을 즐기지 않는다는 것은 어려운 일이다.

positus super armamentárium 병기창(兵器廠) 감독관

posología, -æ, f. (醫) 용양학, 약량학(藥量學), 용량, 약량.

posse, "possum"의 부정사
[- posse의 어원을 따지자면 옛 형용사 potis, -e (능한)와
　조동사 esse가 합쳐지면서 형용사의 어미가 생략된 형태이다.
　e.g. potis+sum=possum, pote+est=potest.
- 조동사의 첫 글자가 s로 시작되면, pot-의 t가는 s자로 동화된다.
　e.g. possum(pot-sum), possim(pot-sim)
- 조동사 esse의 첫 글자가 e일 때에는 pot-의 t는 그대로 남는다.
　e.g. pot-es, pot-est etc.
- 그러나 현재 부정법 esse 또는 접속법 미완료 essem과 합병될 경우에는
　po--sse, po- -ssem만이 남는다.
　e.g. posse(pot-esse 대신), possem(pot-essem 대신)
- 과거 어간 사용의 시청들은 옛 동사 poteo의 단순과거 pótui를
　활용하서 쓴 것이다.　　　허창덕 지음, 중급 라틴어, p.100
- posse는 흔히 다른 동사의 부정법과 함께 쓰는 보조동사이나
　본동사 노릇을 하기도 한다. 아래 참조. 백민관 지음, 라틴어 30일, p.91).

Non possum bene cantáre. 나는 노래를 잘하지 못 한다/
Illi et illæ potuérunt. Cur non ego (pótero).
그들과 그녀들이 할 수 있었는데 난들 왜 못하랴.

	인칭	직설법	접속법		인칭	직설법	접속법
현재	S.1	pos-sum	pos-sim	미완료	S.1	pót-eram	pos-sem
	2	pot-es	pos-sis		2	pót-eras	pos-ses
	3	pot-est	pos-sit		3	pót-erat	pos-set
	P.1	pós-sumus	pos-símus		P.1	pot-erámus	pos-sémus
	2	pot-éstis	pos-sítis		2	pot-erátis	pos-sétis
	3	pos-sunt	pos-sint		3	pot-erant	pos-sent
미래	S.1	pót-ero		단순과거	S.1	pótu-i	pótu-erim
	2	pót-eris			2	potu-ísti	pótu-eris
	3	pót-erit			3	pótu-it	pótu-erit
	P.1	pot-érimus			P.1	pótu-imus	potu-érimus
	2	pot-éritis			2	potu-ístis	potu-éritis
	3	pót-erunt			3	potu-érunt	pótu-erint
과거완료	S.1	potú-eram	potu-íssem	미래완료	S.1	pótu-ero	
	2	potú-eras	potu-ísses		2	potu-éris	
	3	potú-erat	potu-ísset		3	potú-erit	
	P.1	potu-erámus	potu-issémus		P.1	potu-érimus	
	2	potu-erátus	potu-issétis		2	potu-éritis	
	3	potú-erant	potu-íssent		3	potú-erint	

(한동일 지음, 카르페 라틴어 1권, p.215)

posse esse. 존재 가능(신학과 사상. 제19호. p.101)
posse esse et non esse.
존재하거나 존재하지 않을 수 있는 것(=우연적인 것)
posse non esse. 존재하지 않을 수 있음
('존재하지 않을 수 있음'은 존재할 수도 존재하지 않을 수도 있음 즉 '우연적
으로 존재함'을 의미함. 이상섭 옮김, 신학대전 14. pp.103~105).
posse non moriori. 죽지 아니할 수 있음
posse non peccare. 죄 짓지 아니할 수 있음
posse peccare et non posse non peccare etiam
damnabiliter. 우리는 죄 지을 수 있음과
죄 짓지 아니할 수 없음.
posse proficere. 실행의 능력.(김 율 옮김. 은총과 자유. p.30).
posse stare. 저항의 능력.(김 율 옮김. 은총과 자유. p.30).
Posse vident, et possunt.
할 수 있다고 보면 할 수 있는 것이다.
possédi, "possídeo"의 단순과거(pf.=perfectum),
"possído"의 단순과거(pf.=perfectum).
posséssĭo, -ónis, f. 所有(κλῆρος), 소유권, 취득, 점유,
취임(就任.獨 Installation.獨 Amtseinführung),

소유물, 재산(獨 property), 부동산, 소유지, 마귀 들림.
canónica possessio. 교구 정주 주교의 교구장 취임,
교황청 임명의 교구 임시 관리직 취임(就任)/
interdictum possessiónis.
점유 보호 청구권, 점유의 금령(禁令)/
Recedite, prædones; recedite, invasores possessionis
Christi. 이 도둑들아 물러가라. 그리스도의 소유를 약탈한
자들아, 썩 물러들 가라.(최익철 신부 옮김. 요한 서간 강해. p.335)/
tota simul et perfecta possessio. 온전하고 완벽한 점유/
usúrpo amíssam possessiónem. 잃었던 소유권을 찾다.
possessio ætérna. 영원한 소유
possessio bonæ fidei. 선의의 점유
possessio civilis. 민법상 점유
possessio cum titulo. 권원이 있는 점유
possessio diabolica. 마귀 덮임, 부마(附魔)
possessio dubiæ. 의심 중의 점유
possessio gratiæ. 은총의 소유
possessio hæc est cognitionis, technicæ artis, totius
scientiæ.(獨 the possession of know-how, technology and
skill) 이 소유 재산은 지식, 기술적 숙련, 모든 과학의 소유이다.
possessio injusta. 부당한 점유
possessio injusta bonæ fidei. 부정당한 선의의 점유
possessio injusta malæ fidei. 부정당한 악의의 점유
possessio justa. 정당한 점유
possessio justa bonæ fidei. 정당한 선의의 점유
possessio justa malæ fidei. 정당한 악의의 점유
possessio malæ fidei. 악의의 점유
possessio naturalis. 자연적 점유
possessio omnis ævi. 영원한 시간의 소유
possessio privata et universalis bonorum addictio.
사유 재산과 물질적 재화의 보편적 목적.
possessio rei. 물건의 점유
possessio sine titulo. 권원이 없는 점유
possessiones communes. 공동체 재산
possessiones privatæ(獨 private property).
사유 재산권(jus possessionis privatæ).
possessiúncŭla, -æ, f. 작은 재산, 약간의 소유물
possessívus, -a -um, adj. 소유에 관한, 소유를 표시하는.
casus possessivus. 소유격, 속격(속격)/
pronómen possessívum. 소유대명사.
posséssor, -óris, m. (possestrix, -ícis, f.)
소유자(ἀπαθὴς), 소유주, 지주, 점유자.
((法) (민사소송의) 피고인(被告人).
cæli possessor. 천국의 소유자/
et pie moriens celi possessor efficitur.
또 경건하게 죽어서는 천국의 소유자가 된다/
Ille beatissimus est et securus sui possessor,
qui crastinum sine solicitudine espectat.
내일을 걱정 없이 맞이하는 자가 가장 훌륭한
사람이며, 자기 몸 하나로 안전한 사람이다.
Possessor præsumitur bonæ fidei.
점유자(占有者)는 선의로 추정된다.
Possessor præsumitur proprietaris.
점유자(占有者)는 소유주로 추정된다.
possessórĭus, -a -um, adj. 소유의, 소유에 관한.
점유의, 점유에 관한. áctio possessória. 소유권 확정소송.
possessum, "possídeo"의 목적분사(sup.=supínum),
"possído"의 목적분사(sup.=supínum).
posséssus¹ -a -um, p.p. 소유된, 점유된.
posséssus² -us, m. 소유(κλῆρος), 점유, 소유권
possibile esse et non esse 존재하거나 존재하지
않을 수 있음(논리적 가능태 potentia logica).
possibile non esse. 가능비존재(신학대전 제2권. p.230)
possíbĭlis, -e, adj. 가능한(ἱκανός),
있을 수 있는, 일어날(될) 수 있는.
esse possibile. 가능한 존재/
in possibilibus aliter se habere. 달리 될 수 있는 것들.
possibilis intellectus 가능지성

possibilis salus 가능한 구원(한국교회와 신학, p.499)
possibílĭtas, -atis, f. 가능성, 능력(δνὺαμις).
  De possibilitate perfectionis in sæculo.
   세상에서 완덕의 가능성에 대하여/
  simultánea possibilitas. 이중적 가능성(인식의 근본문제, p.220),
   동시적인 가능성(신학석 옮김. 인식의 근본문제. p.280).
possibilitas extrinseca 외적 가능성
possibilitas intrinseca 내적 가능성
possibilitas moralis 정신적 가능성
possibilitas naturalis 자연적 가능성
possibilitas non moriendi.
   불사불멸 가능성, 원조 아담의 상태.
possibilitas physica 물리적 가능성
possibilitas simultaneitatis. 동시적인 가능성
possibilitas utriusque. 선악 양방향 가능성
possídeo, -sédi -séssum -ére, tr. 차지하다(πα),
  소유(所有)하다(ןא,צף,תמ), 가지다, 취득하다,
  얻다(πﬧﬥ,ﬧﬧ,ﬧ), 점유하다, 확보(점거)하다.
  Laudatur caritas vobis; si placet, habete, possidete.
   사랑이 여러분에게 찬미 받고 있습니다. 마음에 든다면
   여러분이 가지고 소유하십시오(최익철 신부 옮김. 요한 서간 강해. p.333).
possído, -sédi -séssum -ére, tr. (potis+sido),
  손에 넣다, 차지하다(πα), 점유하다, 침입(점령)하다.
possum, (potes, potest), pótŭi, posse, anom., intr.,(tr.)
  (possum= '할 능력이 있다'는 적극적 의미이고
  queo는 "어쩔 수 없이" '발생할 수도 있다'는 소극적 의미로 본다).
  (potis+sum¹) 할 수 있다, 있을 수 있다, 가능하다,
  세력(영향력)이 있다, 효과가(효력이) 있다,
  (때로는) 해야 하다, 마땅하다.
  Ambulare possum. 나는 걸을 수 있다/
  Exércitus hóstium pótŭi fugári.
   적의 군대는 격퇴될 수 있었다/
  faciliter posse. 쉽게 할 수 있다/
  Laudári possum. 나는 칭찬 받을 수 있다.
  (보조동사 다른 동사의 수동형 부정법은 지배할 수 있으되
  원칙적으로 자기 자신은 수동형으로 쓰이지 못한다/
  Nec tecum possum vivere, nec sine te.
   그대와 함께도 살 수 없고 그대 없이도 살 수 없고.
   [nec, nec(접속사) '…도 아니고 …도 아닌': tecum = cum te; nec sine te =
   nec(possum vivere) sine te] (성 염 지음, 고전 라틴어, p.74)/
  Nihil sumus, nihil possumus, nihil valemus.(성 요한 우드)
   우리는 아무 것도 아니요, 아무 것도 못하며, 아무 가치도 없음/
  Non omnia possumus omnes(Vergilius).
   우리 모두가 모든 일을 해낼 수는 없다/
  Non pótui hoc dícere. 나는 이 말을 할 수 없었다/
  plúrimum possum. 대단한 영향력을 가지고 있다/
  plus, quam pótero. 내가 장차 할 수 있는 것 이상으로/
  Possunt, quia posse videntur.(Vergilius).
   할 수 있다고 보이기 때문에 할 수 있다/
  potest fieri, ut… 될 수 있다, … 일이(때가) 있을 수 있다/
  Potest fieri, ut fallar. 내가 속을 수 있다/
  Quam possum máximā voce dico.
   나는 최대한의 큰 목소리로 말한다/
  Quantas máximas possum grátias ago.
   나는 최대한의 감사를 드린다(quantus 참조)/
  quia sine me nihil potestis facere.
  (⑩ Apart from me you can do nothing)
   나를 떠나서는 너희가 아무것도 할 수 없다(요한 15. 5)/
  simpliciter posse 할 수 있게 되었다/
  Te videre possum. 나는 너를 볼 수 있다/
  ut gravíssime pótui. (그때에) 나로서는 최대한으로 엄중히/
  Veni, si posses. 올 수 있다면, 오너라!.
possum bene cantáre. 나는 잘 노래할 수 있다.
possum enim intelligere. 내가 인식할 수 있음
post¹ adv. (장소) 뒤에, 뒤쪽에, 뒤편에, 뒤쪽으로,
  (시간) 후에, 뒤에, 나중에,
  post longa siléntĭa rursus inchoo.
   오랜 침묵 끝에 다시 논의하기 시작하다/
  multis post annis. 여러 해 뒤에/
  paucis diébus post. 며칠 후에.

post² prœp. c. acc. (장소.위치) 뒤에, 뒤편에, 다음에,
  후방에, 뒤를 따라서.쫓아서,
  (시간.사건 따위 표시) 후에, 뒤에, 다음에, 지나서,
  (순서.서열 따위) 다음(으로), 버금으로, 보다 못하게.
  hunc post. 이 사람 다음으로는/
  Ut Post Completorĭum Nemo Loquatur.
   "끝기도" 후에는 아무도 말하지 말 것이다.
post aliquanto. 조금 후에
post Carthaginem deletam(B.C. 146)
   카르타고 멸망 이후 …년.
Post christum natum.(略 p. chr. n.) 그리스도 강생 후,
  ante christum natum.(略 a. chr. n.) 그리스도 강생 전,
  Anno decimo quarto post christum natum.
   그리스도 탄생 후(기원 후) 14년에/
  Anus millesimus nongentesimus nonagesimus
  tertius p. Chr. n. 서기(구주 강생) 1993년.
post cineres. 죽은 후에.
  trans hominem 그 사람이 죽은 후에.
Post communionem.(⑩ Prayer after Communion/
  Postcommunion.獨 Schlußgebet). 영성체 후 기도.
  Insuper haud neglegatur pretiosum tempus gratiarum
  actionis post Communionem.(⑩ Furthermore, the
  precious time of thanksgiving after communion should
  not be neglected) 더 나아가 영성체 이후 감사를 드리는
  소중한 시간도 소홀히 해서는 안 됩니다.
post diem sextum, quam discésserant.
  그들이 떠난 지 엿새 만에(quam² 참조).
Post diem tertium gesta res est, quam dixerat.
  그가 말 한지 사흘 만에 (그대로) 일이 되었다.
Post disceptátĭonem, 그리스도교 가정의 역할(1980.10.24. 전의)
Post duos annos. 이태가 지난 다음.
  duobus post annis. 이태 후.
Post duos annos, quam discesseram. 내가 떠난 지
  2년 만에(=Duobus annis, postquam discesseram).
post factum dispensátĭo. 사전의 관면
post hæc. 그 다음에, 그 후에
post hinc. 그 다음에
post hoc. 그 뒤에, 이것 후에(posthoc, adv.)
post hoc, ergo propter hoc. 오비이락(烏飛梨落).
  [이후에 (이런 일이 일어났는데), 그러므로 이것 때문에 (이런 일이 일어났다) -
  (논리의 오류를 지적하는 문구, 닭이 울었다. 해가 떴다. 닭이 울어서 해가 떴다).
post homines natos. 유사 이래로
post hominum memoriam. 역사 이래로, 유사 이래로,
  자고로("자고이래로"의 준말), 유사이래.
Post Kyrie, eleison, dicitur: Oremus. Flectamus genua.
  자비경 후에 기도합시다. 라고 말한 후 장궤하십시오.
post libertatem receptam. 자유를 다시 찾은 후
post longa siléntĭa rursus inchoo.
  오랜 침묵 끝에 다시 논의하기 시작하다.
post me. 내 다음에
post mediam noctem. 밤중이 지나서
post menses admodum septem. 정확히 일곱 달 후에
post montem. 산 뒤편에, 산 뒤에
Post mortem. 사후에, 사후(⑩ After death)
post non multo. 오래지 않아
Post paucas horas magnus tremor terræ erat.
  몇 시간 뒤에(몇 시간 안 되어) 거대한 지진이 있었다.
post paucos dies. 며칠 후
post paul(l)o, 조금 후에 = **post paul(l)um.**
post reges exactos(B.C. 509) 왕정 폐지 …년(공화정)
post Romam conditam. 로마 창건 후
post Sabínum habéri. Sabinus보다 못하게 여겨지다
post Sanctus. 삼성송 후 기도
post scriptum(=postscriptum.略 P.S.) 후기(後記)
  재계, 추계, 후백, 첨기, 추신(subscriptio, -ónis, f.).
post tanto. 그렇게 오래 후에
post terga *alcjs* **manus revoco.**
  아무의 손을 등 뒤로 돌려 묶다.

P

post tertium mensem. 석 달 후에

post tres dies = tribus post diébus
  =tribus diébus post. 3일 후에.

post tres menses. 석 달 후에

post-communio. 영성체 후 기도(Post communionem).

post-formátio. 평생 양성

Post-Mysterium. 축성기도문 후의 기도문

postdelíctum, -i, n. 재범행

póstĕa, adv. (post¹+ea) 후에(μετὰ), 나중에.
  그 다음에, 이다음에, 그밖에 또, 그리고 또.
  paulo postea. 훨씬 후에(multo ante. 훨씬 전에)/
  Quid postea? (반문) 그래서?, 그리고는? 그 다음에는 (뭐냐)?

Postea accipit librum de Altari, et rursus genulfexus
petit benedicationem a Sacerdote, di cens Jube,
Domine benedicere. 제대에서 독서집을 가지고 다시
  장궤하여 "주여, 축복을 허락 하소서" 하고 말하고
  집전자로부터 축복을 받는다.

Postea alternatim cum Ministris dicit sequentem.
  그 다음에 복사들과 번갈아 다음의 시편 구절을 부른다.

Postea dextera se signans cum hostia super patenam,
dicit: 성체를 든 오른손으로 성반 위에서 성호를 그으며.

Postea Diaconus, recepto thuribulo a Celebrante,
incencat illum tantum.
  후에 부제는 향로를 집전자로부터 받아, 그에게 분향 한다/

Postea dicit: 그리고 나서 말한다.

Postea dicit: Oremus, et antiphonam ad Offertorium.
  그리고 '기도 합시다' 하고 말하고 봉헌기도를 바친다.

Postea in medio Altaris extendens et jungens manus,
caputque aliquantulum inclinans, dicit, si dicendum
est. 그리고 제대의 중앙에 서서 모아진 손을 펴며,
  고개를 약간 숙이고 말한다.

Postea incensatur Sacerdos a Diacono, deinde alii per
ordinem. Interim Sacerdos lavat manus, dicens:
  그리고 사제는 부제로부터 분향 받는다. 그 후 차례대로
  분향한다. 그리고 사제는 손을 씻으며 말한다.

Postea Sacerdos, junctis manibus, facit absolutionem,
dicens: 그리고 사제는 손을 모으고 사죄경을 왼다.

posteáquam, conj. = postquam

Posteáquam a te diiunctior fuerim, totum erit aliud.
  일단 그대에게서 떠나 있게 되면, 만사가 달리 보이겠지요.

Posteaquam Cretam advenit Theseus, Ariadne eo
monstravit Labyrinthi exitum. 테세우스가 크레타에 도착
  하고 나서 아리아드네가 그에게 미궁의 출구를 보여 주었다.
  [Ariadne: 크레타의 왕녀. 테세우스에게 반하여 미노스 궁전의 미로를 빠져
  나오게 돕는다. 훗날 테세우스에게 버림받음. 성 염 지음, 고전 라틴어, p.326]

póstĕri, -órum, m., pl. 후대자손, 후손, 후예-후손

postérĭor, -ĭus, adj. póstěrus, -a -um의 비교급
  뒤의, 후면의, 후의, 나중의, -
  아래의, … 만 못한, 가치 없는.
  m., pl. (3代孫 이하의) 자손, 후손.
  hæc libertáte posterióra dúcere/
  이것들을 자유보다 못하게 여기다/
  Hoc institutum, sicut a majoribus accepimus,
  sic posteris tradamus. 이 제도는 선조한테서 우리가 받은
  그대로 후손에게 물려주기로 하자/
  Pária esse debent posterióra superióribus.
  아래의 것들이 위의 것들과 같아야 한다/
  Posteriores cogitationes sapientiores esse solent prioribus.
  뒤에 나온 생각이 먼저 나온 것보다 더 현명한 것이 상례다.
  (후대의 생각이 선대의 생각보다 더 현명한 법이다).

postérĭtas, -átis, f. 미래(⑨ Future), 장래, 후세.
  in posteritatem promineo. 후손에까지 미치다

postérĭus, adv. 그 다음에, 나중에

postérŭla, -æ, f. 뒷문, 뒷길

póstĕrus, -a -um, adj. (superl. postrémus, póstumus)
  뒤에 오는, 뒤따르는, 다음의, 후의, 장래의,
  homo longe in posterum prospiciens.
  장래를 멀리 내다보는 사람/
  in pósterum. 앞으로(in reliquum), 다음날로, 장래로, 미래로/

in pósterum diem. 다음날로/

in posterum diem iter confero. 여행 날짜를 다음날로 정하다/

postero die. 다음날에, 이튿날(proxima nocte. 이튿날 밤)/
Postero die equites in castra venient.
  이튿날 기병(騎兵)들이 성채(城砦)로 올 것이다/

Postero die legiones ad pontem longum venerunt.
  이튿날 군단은 큰 다리에 도달했다/

postero die mane. 다음날 아침에.

postfáctus, -a -um, p.p. 후에 생긴, 나중에 된, 사후의

postféro, (fers, fert), -látum, férre, anom., tr.
  경시하다, (무엇보다) 못하게 여기다.

postfutúrus, -a -um, p.fut. 후에 있을, 뒤에 올.
  m., pl. 후대인들, 후손들, 후세. n. 未來(⑨ Future).

postgénĭtus, -a -um, adj. 나중에, (후에) 태어난

posthábĕo, -bŭi, -bĭtum, -ére, tr.
  경시하다, 제쳐놓다, … 보다 못하게 여기다.
  ómnibus rebus posthábitis. 만사를 제쳐놓고.

posthac, adv. 금후(amodo. adv.), 앞으로, 장차, 이후, 이제부터.
  Nulla mihi res posthac potest jam interveníre.
  앞으로는 아무것도 나에게 간섭할 수 없다(jam 참조).

posthæc(post hæc), adv. 그 후에, 그 다음에

posthinc(post hinc), adv. 그 다음에

posthoc(post hoc), adv. 그 뒤에, 이다음에, 이것 후에.
  Post hoc ergo propter hoc. 오비락락.
  이것 뒤에 그러므로 이것 때문에.

pósthŭmus, -a -um, adj. = póstumus
Posthumous Name. 묘호(廟號-임금의 시호)
  (선유의 천주사상과 제사문제. p.175)

póstĭbi, adv. 그 다음, 그 후

postíca, -æ, f. 뒷문

postícum, -i, n. 뒷문, 뒷방, 집 뒤, 뒤쪽, 후면, 항문.

postícus, -a -um, adj. 뒤에 있는, 뒤쪽의, 후부의.

postídĕa, adv. (post¹+id+ea) 그 후, 그 다음에.

postiléna, -æ, f. 껑거리 끈, 밀치 끈(→껑거리 끈)

postilĭo, -onis, f. 신이 배상 받는 것을 액막이로 요구하는 제사.

postílla, adv. (post illa. '이 말씀 후에') 그 후에,
  (성서) 방주(榜點), 난외주석(欄外註釋)(중세기에 성서 본문 난외에
  주석을 단 것. 이 난외주석은 그 날의 복음서와 서간경을 해석하는 강론용으로
  난외에 주석을 달았다. 백민관 신부 엮음, 백과사전 3. p.22).

Postillæ perpetuæ in universam S. Scripturam.
  성서 전체에 관한 연구 각주(리라의 니콜라오 1270-1340년 지음).

postis, -is, m. (建) 문(門), 문짝,
  문설주(문의 양쪽에 세워 문짝을 끼워 닫게 한 기둥).

postlimínĭum, -i, n. (post¹+limen) 귀향, 귀가, 귀국권,
  귀가할 권리, 복귀(復歸), 회복(回復).

postmeridiánus, -a -um, adj. 오후의, 하오의

póstmŏdo(póstmŏdum), adv.
  잠시 후에, 곧(εὐθέως,εἰθὸς), 이어서.

póstŏmis(próstŏmis), -idis, f. (철사로 엮은) 부리망.

postpártor, -óris, m. 상속인(相續人), 후계자(後繼者)

postpóno, -pósŭi, -pósĭtum -ĕre, tr.
  경시하다, … 보다 못하게 여기다, 제쳐놓다.

postpositívus, -a -um, adj.
  ((文法)) (다른 말) 뒤에 두는, 후치(後置)의.

postpósĭtum, "postpóno"의 목적분사(sup.=supínum)

postpŏsŭi, "postpóno"의 단순과거(pf.=perfectum)

postprincípĭa, -órum, n., pl. 계속행(繼續行), 속행, 결과.

póstpŭto, -ávi, -áre, tr. 대수롭지 않게 여기다, 경시하다

postquam, conj. … 한 후에, … 한 다음에, … 하자,
  … 하고서, … 한 후로부터, … 한 이래로.
  quartum post annum, quam rediérat.
  그가 돌아온 후 4년 만에/
  Solon postquam leges scripsit, navi proféctus est.
  Solon은 법률들을 쓰고 난 후 배를 타고 출발하였다.
  (주문의 시칭이 과거-보통의 단순과거-또는 현재인데 대하여 속문에는
  직설법 단순과거를 쓰는 것이 원칙적이며 일반적이다.

Postquam autem crucifixerunt eum, diviserunt
vestimenta eius sortem mittentes. (Staurw,santej de.
auvto.n diemeri,santo ta. i`ma,tia auvtou/ ba,llontej klh/ron)

(獨 Als sie ihn aber gekreuzigt hatten, verteilten sie seine Kleider und warfen das Los darum) (⑨ After they had crucified him, they divided his garments by casting lots;)
그들은 예수님을 십자가에 못 박고 나서
제비를 뽑아 그분의 겉옷을 나누었다(성경 마태 27, 35)/
그들은 예수를 십자가에 못 박고 나서 주사위를 던져
예수의 옷을 나누었다(공동번역 마태 27, 35)/
그들은 예수를 십자가에 달고는 주사위를 던져
그분의 겉옷을 나누었다(200주년 기념 신약성서 마태 27, 35)

Postquam castra attigit, Caligula, ut se acrem ac severum ducem ostenderet, legatos, qui auxilia serius adduxerant, cum ignominia dimisit. 요새(要塞)에 당도한 다음, 칼리굴라는 자신이 날카롭고 엄격한 장군임을 보이기 위해 보충병을 늦게 데려온 부사령관들을 모욕하여 파면시켰다.(성 염 지음, 고전 라틴어, p.404).

Postquam comedit rem, rátĭonem putat.
그는 물건을 다 소비하고 난 후에 절약한다.

postquam illi more regio justa magnifice fecerunt.
왕실 관습에 따라 성대하게 장례를 치른 다음.
(성 염 지음, 사랑만이 진리를 깨닫게 한다, p.480).

Postquam Xerxes in Græciam descendit, Aristides in patriam restitutus est. 크세르세스가 그리스로 내려온 후 아리스티데스는 본국으로 복귀되었다.

postremo, adv.
결국(tandem, adv./últĭme, adv.) 나중에, 마지막에.

Postremo necesse est ut maiorem habeamus fidem spemque de divinis inceptis.(⑨ Finally, we need to have ever greater faith and hope in God's providence) 마지막으로 우리는 하느님의 섭리에 언제나 더욱 큰 믿음과 희망을 두어야 합니다.

postremum, adv. 결국(denique, adv.), 나중에, 마지막으로.
In postremum moneo, etsi non fuerit qui deprecetur, ut te erroribus tuorum placabilem præstes.(Plinius junior). 마지막으로 충고하거니와, 비록 애걸해 오는 사람이 없다 하더라도, 그대는 그대가 거느리는 사람들의 잘못에 관대하게 처신하라!(성 염 지음, 고전 라틴어, p.345).

postremum et infimum. 최후의 그리고 최하의.

postrémus, -a -um, adj. póstĕrus, -a -um의 최상급
마지막의, 최후의, 제일 뒤의, 최종의, 끝의.
adv. postremo, postremum, 마침내, 결국, 끝으로,
마지막으로, 요컨대, 형편없는, 최하의, 최악의.
n. 마지막(ἔσχατος), 최후, 끝.
ad postrémum. 끝내, 마침내, 드디어, 기어이/
in postrémo libro. 책 끝(장)에/
in postrémo vitæ. 죽기 직전에/
mense postrémo. 마지막 달에/
Postrema cœna(⑨ Last Supper.獨 Abendmahl).
최후의 만찬/
Postrema elocutio. 짧은 마침 기도/
Si id facis, hodie postremum me vides.
네가 그 짓을 한다면, 다시는 날 못 봐.

Postremis hisce annis, 신학생들을 위한 교회법학 교육.
(1975.4.2. 획).

postrídie(=postriduo), adv. (pósterus+dies)
다음날에, 그 이튿날에, 익일(翌日-이튿날)에.

postridie ejus diéi. 그 날 다음날에.

postrídie Idus Júnias.(postr. Id. Jun) 6월 14일.

Postridie intellexi, quam discessi.
나는 떠난 다음날 깨달았다(Postquam이 주문 속에 있는 Postridie로 제한될 때에는 post를 생략하고 "quam"만 쓴다.

postrídie Kaléndas Februárias.(postr. Kal. Feb.) 2월 2일.
(Idus, Kaléndæ, Nonæ의 다음날은 postridie+대격으로 한다).

postrídie Nonas Octóbres. (postr. Non. Oct.) 10월 8일.

postrídie quam discessi. 내가 떠난 다음날에.

postriduánus, -a -um, adj. (그) 다음날의

postscǽnium(=postscénĭum), -i, n. (post¹+scena)
무대 뒤, 막후(幕後).

postscríbo, -scrípsi -scríptum -ĕre, tr.
(무엇) 뒤에 쓰다, 뒤에 이어 쓰다.

postscrutínĭum, -i, n. 선거결정(選擧決定)

postsignáni, -órum, m., pl. 군기 뒤에 배치된 병사

póstŭlans, -antis, m., f. (수련소의) 수련 청원자

postulans baptismi. 성세(영세) 지망자

postula, 원형 póstŭlo, -ávi, -átum, -áre, tr.
[명령법. 현재 단수 2인칭 postula, 복수 2인칭 postulate].

Postula quod vis, ut dem tibi.
내가 너에게 무엇을 해 주기를 바라느냐?.(성경 1열왕 3, 5).

postulatícĭus, -a -um, adj. 요청된, 순서에 없이 청해진.

postulátĭo, -onis, f. 요구, 청구, 신청, 청원, 제청(提請), 불평, 탄원, 배상 또는 액막이로 신이 요구하는 제사, 선임 요구, 선출 주교를 세 번 성청에 임명 요구함.
(法) 소송 신청(訴訟申請), 고소(告訴).
(敎法) 피선거인에 대한 선거인들의 추천, 추거, 추거요.
Verbi Dei postulationes haud renuntiandæ.
하느님 말씀의 필수 요구들.

postulátor, -óris, m. 요구자, 청구인, 신청인, 청원인, 제청자, (권리의) 주장자, 시복 신청 추기경.
(法) 고소인, 원고(原告.⑨ plaintiff.獨 Kläger).

postulátum, -i, n. 요구, 청구, 요청, 청원, (권리의) 주장,
선결 요청의 공준(公準:어떤 이론을 발전시키기 위해 먼저 요구되는 공리. 이 공준은 논증이 필요 없는 원리이다. 예를 들면 뉴턴의 운동법칙에서 요구되는 에너지 보존 원리 같은 것이다. 백민관 신부 엮음, 백과사전 3, p.222).
Humana postulata exsistunt quæ eius logicam consecutionem effugiunt. 논리를 벗어나는 인간적 욕구들이 있다(1991.5.1. "Centesimus annus" 중에서)/
postulata hodierna et officia. 오늘날 요구되는 과제들/
Sed quædam exsistunt postulata humana quæ ad mercaturam non attinent(⑨ But there are many human needs which find no place on the market)
그러나 시장으로 충족되지 않는 인간욕구들이 있다.
(1991.5.1. "Centesimus annus" 중에서).

postulatus, -us, m. (=postulátĭo, -onis, f.)
(수도회의) 지원기(志願期).

póstŭlo, -ávi, -átum, -áre, tr. 청구하다, 요청(αἰτὲω)하다, 요구하다(רבד.אבצ.עבּ.ἐρωτάω), 청원하다, 부탁하다, 원하다, 갈망(渴望)하다, 바라다, 기대하다, 고발하다, 기소(起訴)하다, 소환하다, 소송(訴訟)하다.
Aquam a pumice nunc postulas.(Plautus).
당신은 지금 돌에서 물이 나오기를 원하고 있다/
Ego a meis me amári postulo.
나는 내 가족들한테 사랑 받기를 원 한다/
et æquum et rectum est quod tu postulas.
귀관이 소청하는 바는 공평하고 정대한 일이요.
(성 염 지음, 고전 라틴어, p.450)/
Póstulo abs te, ut… . 나는 …해 주기를 네게 요구 한다/
Quod necessitates nostras Christo aperire et eius gratiam postulare debemus.(⑨ We Should Show Our Needs to Christ and Ask His Grace) 우리의 곤궁을 그리스도께 드러내어 그분의 은총을 구함(준주성범 제4권 16장)/
Suum jus póstulat. 그는 자기 권리(權利)를 주장한다.

póstum, "pono"의 목적분사(sup.=supínum)

póstŭmus, -a -um, superl., adj. 맨 끝의, 마지막의,
최후의, 마지막의, 아버지가 죽은 다음에 난, 유복자의.
f. 막내 딸. m. 막내아들. n. 맨 뒤, 말단(末端).

Postvérta, -æ, f. (Postvorta, -æ, f.)
난산을 돕는 로마의 여신(女神)

pósŭi, "pono"의 단순과거(pf.=perfectum)

pota, 원형 pōto, -ávi(potus sum), -átum(potum), -áre,
[명령법. 단수 2인칭 pota, 복수 2인칭 potate].

potábilis, -e, adj. 마실 수 있는, 마실만한

potáculum, -i, n. 마심(먹음), 음주(飮酒), 주연(酒宴)

potámentum, -i, n. 마실 것, 음료(飮料)

pótámis, -ĭdis, adj., f. 강(江)의, 하천(河川)의

potamogetonaceæ, -árum, f., pl. (植) 가래과 식물

potamophylácĭa, -æ, f. 하천감시(河川監視)

potátĭo, -onis, f. 마심(먹음), 음주(飮酒), 주연(酒宴)

potátor, -óris, m. 마주가(飮酒家), 주객(酒客), 술꾼

potatórĭus, -a -um, adj. 마시는데 쓰는

P

potátus, -us, m. 마심(먹음), 음주(飮酒)

pŏte = potis

poteatas sacerdotalis. 사제적 권한(司祭的權限)

pŏtens, -éntis, p.prœs., a.p. 세력 있는, 권세 있는,
영향력이 큰, 강력한, 힘센, 능력이 있는, (유)능한,
재능 있는, 통제력 있는, 제어력 있는, 지배하는,
성취한, 차지한, 갖춘, 행복한, 효과적인, 효험이 있는.
m., pl. pŏtens, -éntis, 권력자, 부자.
hominem formalissimum, ingeniosissimum,
sapientissimum, opulentissimum ac denique
potentissimum efficere.(성 염 옮김. 피조 델라 미란돌라. p.118)
인간을 가장 아름답고 가장 재주 있고 가장 지혜롭고
가장 자질 있고 가장 능력 있는 존재로 만들었다/
hostes neque pugnæ poténtes. 전투할 능력도 없는 적군/
Roma potens ópibus. 막대한 재력의 Roma/
volándi potens. 날 수 있는.

potens fieri aliud qualitative.
성질적으로 다른 것이 될 수 있는 능력.

Potens mei non eram. 나는 내 정신이 아니었다.

potens naturale 자연적 가능태

potens omnia fieri intelligibiliter.
지성적으로 모든 것이 될 수 있는 능력.

potens voti. 소원을 성취한

potentátus, -us, m. 힘(δύναμις.⑨ Power),
능력(δύναμις), 주권(⑨ Lordship/sovereignty), 통치권,
지배권, 패권(覇權), 세력(勢力), 힘센 사람, 세력가.

potentes, 원형 pŏtens, -éntis, p.prœs., a.p.
[명사적 용법 남성 복수. 주격 potentes, 속격 potentium,
여격 potentium, 대격 potentibus, 탈격 potentes].
Depósuit poténtes de séde, * et exaltávit húmiles.
권세 있는 자를 자리에서 내치시고
미천한 이를 끌어 올리셨도다.

poténtia, -æ, f. 힘(δύναμις.⑨ Power),
능력(δύναμις), 잠재력(潛在力), 약효, 효력, 효험, 권력,
세력, 권능, 통치권, 지배권(potestas dominativa),
위력(威力), 권위(權威.ἐξουσία.⑨ authority),
(哲) 가능태(可能態.δύναμις→可能有), 가능유.
[potentia는 능력이라는 의미와 함께 '…에 대한 가능성'의 의미를 갖고 있다].
bonum est indivisio actus a potentia. 선은 행위가 능력
으로부터 분리되지 않음이다(토마스 아퀴나스의 형이상학. p.192)/
de potentia absoluta. 절대적인 능력으로/
De Potentía et Actu. 가능태와 현실태에 대해/
De potentia intellectus seu de libertate humana.
지성의 능력 혹은 인간의 자유에 대하여(Spinoza 지음)/
ens in potentia subjectiva. 주관적 가능태에 있는 존재/
ex natura potentiæ. 가능태의 본성으로부터/
lactare se vult in honoribus; magnus sibi videtur homo,
sive de divitiis, sive de aliqua potentia(요한 서간 강해. p.143)
인간은 명예로써 자신을 드높이고 싶어 합니다. 재물로나
권력 따위로 자신을 대단한 인물이라고 여기기도 합니다/
non potentia sed jure. 세도가 아니라 법도로
(tum non potentia sed jure res publica administrabatur.
그때는 세도가 아니라 법도로 정치가 좌우되었다.
성 염 지음. 사랑만이 진리를 깨닫게 한다. p.475)/
Potentiæ specificantur per actus et objecta.
가능성은 행동과 대상을 통해 분류 된다/
Utrum essentia animæ sit ejus potentia.
영혼의 본질 자체가 곧 영혼의 능력인가.

potentia absoluta. 절대적 전능, 절대적인 능력, 절대적 힘

potentia activa. 능동적 가능유(가능태). (神) 능동적 능력.

potentia admirationis. 감탄 능력

potentia agendi. 작용의 능력(作用能力)

potentia æstimativa. 평가 능력

potentia animæ. 영혼의 능력

potentia appetitiva. 욕구기능(가톨릭 철학 제4호. p.25)

potentia cognitionis. 인식 능력

potentia cognoscitiva(virtus cognoscitiva) 인식 능력

potentia concupiscibile. 욕정적 힘.
(가톨릭 신학과 사상. 제 61호. p.132).

potentia contradictionis 모순(矛盾)의 가능태(可能態)

potentia Dei. 하느님의 권능(⑨ Power of God),

potentia Dei absoluta. 신의 절대적 권능

potentia Dei ordinata. 통상 능력의 전능

potentia divinæ. 하느님의 능력.
Nihil potest dici miraculum ex comparatione potentiæ
divinæ. 어떤 것도 하느님의 능력과 비교해서 기적이라
불릴 수 없다.(이상섭 옮김. 신학대전 14. p.193).

potentia est principium operátionis.
능력들은 활동들의 원리이다.

potentia et actus dividunt omne ens.
있는 모든 것은 가능성과 현실성으로 나누어져 있다.

potentia generandi. 낳는 능력, 낳음의 능력

potentia generativa. 생식 능력

potentia hominis. 인간의 능력

potentia imaginativa. 구상 능력

potentia irascible. 도전적 힘(가톨릭 신학과 사상. 제61호. p.132)

potentia logica 논리적 가능태

potentia naturalis. (神) 자연적 능력

Potentia non potest esse immaterialior aut simplicior
quam eius essentia. 능력은 그 능력이 도출되는 본질(실체)
보다 더 비물질적이거나 단순할 수 없다(지성단일성. p.41).

potentia obedientiālis 순종적 능력, 복종 능력
던져져 있을 가능성(가톨릭 철학 제2호. p.74).

potentia obedientiālis passiva. 복종적 수동적 수용성

potentia obiectiva 객관적 가능유, 객관적 가능태

potentia obœdientialis 수용 가능성, 순종 능력,
순종적 가능태, 순종적 가능유. (神) 종순(從順) 능력.

potentia operativa 능동적 가능태, 작용적 기능, 작용력

potentia ordinata. 규정된 권능, 질서 안의 능력

potentia passiva 수동적 가능유(가능태),
수동적 가능태. (神) 수동적 능력.

potentia passiva pura 순수 수동적 가능유.

potentia proportionatur suo objecto
가능태는 그 대상에 비례한다.

potentia realis 실재적인 가능성, 실재적 가능태

potentia secundum se considerata.
그 자체로서 고찰된 능력.

potentiā secundus a rege. 왕 버금가는 권력자,
권력에 있어서 왕 버금가는 사람.

potentia sive virtus operandi. 작용의 능력 혹은 힘

potentia speculativa. 사고 능력(思考能力)

potentia subjectiva. 주관적 가능태.
ens in potentia subjectiva. 주관적 가능태에 있는 존재.

potentia trinitatis. 삼위일체의 능력

potentia voluntatis. 의지 능력

potentiális, -e, adj. 힘 있는, 강력한, 가능한(ἱκανὸς),
가능성을 지닌, 잠재적인, 잠세력의.

potentialitas, -atis, f. 잠재력(潛在力)(철학여정. p.193)

Potentibus autem durum instat scrutinium.
(toi/j de. krataioi/j ivscura. evfi,statai e;reuna)
(獨) Die Mächtigen aber werden streng verhört werden)
(⑨ but for those in power a rigorous scrutiny impends)
그러나 세력가들은 엄정하게 심리하신다(성경)/
그러나 권력자들은 엄하게 다스리신다(공동번역 지혜서 6. 8).

potérium, -i, n. 술잔

Potest fieri, ut fallar. 내가 속을 수 있다.
fíeri potest. ut… 일이 있을 수 있다(fio 참조)/
fíeri non potest. quin(=ut non)
…게 되지 않을 수 없다, 될 수밖에 없다(fio 참조)/
Nihil fíeri potest. 아무 것도 될 수 없다(fio 참조).

Potest incidere quǽstio. 문제가 발생할(제기될) 수 있다

potestas, -atis, f. 능력(δύναμις), 권, 권한(ἐξουσία),
권능, 권리, 주권, 통치권, 지배, 패권, 직권, 직책,
이성, 통제력, 할 수 있음, 해도 좋음, 허가, 기회, 편의.
(聖) Potestátes 능품천사(能品天使),
civitátem in potestátem redigo. 도시를 장악하다/
esse in potestáte alcjs. 누구에게 속해(달려) 있다/

P

esse suæ potestátis. 자제력(自制力)이 있다/
exíre ex(de) potestáte. 이성을 잃다. 제 정신이 아니다/
fácere *alci* potestátem sui fácere.
자기를 만날 기회(機會)를 주다/
habens potestatem causarum.
원인들에 대한 권능을 가진 자/
plenitudo potestatis. 교황의 전권/
Quare hæc est naturalis potestas hominis in ista?
왜 이런 것들에 대한 인간의 자연적 권한이 주어진
것입니까?.(최익철 신부 옮김, 요한 서간 강해, p.357)/
Quod judicio et potestate dei veri omnium regum
atque regnorum ordinata sint tempora.
참 하느님의 심판과 권능으로 모든 국왕과 왕국의
때가 결정되어 있다.(교부문헌 총서 17, 신국론, p.2756)/
Quorum habeat potestatem?
무엇에 대한 권한을 지니게 하셨습니까?/
sacra potestas. 거룩한 권한/
sub potestátem redígere. 굴복시키다, 예속시키다/
terræ potestas finitur ubi finitur armorum vis.
영역권은 무력이 끝나는 곳에서 끝난다/
Vitæ necísque potestátem habére in *alqm*.
누구에게 대해 사생권을 가지고 있다.
potestas absolutionis. 사죄권(forma absolutionis)
potestas ad actum expedita.
자유로이 행사할 수 있는 권한.
potestas administrativa. 행정권, 관리권.
potestas administrativa et legislativa. 입법권.
([영] legislative power-법으로 규정된 방식에 따라 법을 제정하는 권한).
potestas capitis. 수장권(首長權)
potestas civilis. 국가권력(國家權力)
potestas clavium. = **potestas ligandi et solvendi**.
([영] Binding and loosing). 계석권(繫釋權-맺고 푸는 권한).
potestas clavis. 열쇠권([영] power of the keys)
potestas coactiva 강제권(强制權)
potestas critica. 비판력(批判力)
potestas defendendi. 방어(防禦) 할 권리.
potestas delegata. 수임권(受任權), 위임된 통치권.
potestas deliberativa. 결의권([영] deliberative vote)
potestas directa. 직할권
potestas directa Ecclesiae in temporalibus.
현세 안에서 교회의 직접 권한.
potestas disciplinaris. 양성권(교육권)
potestas Divina. 신적인 (하느님의) 권능
potestas docendi 가르치는 권세(權勢),
교도권([영] power of magisterium).
potestas domestica. 가정권, 친권.
potestas dominativa. 지배권(potentia[1] -æ, f.), 결정권.
potestas dominica. 가장권
potestas ecclesiastica. 교회의 권한,
교회의 권력([영] ecclesiastical power).
potestas excellentiæ. 우월권
potestas exsecutiva vel administrativa.
집행권(執行權), 행정권(行政權).
potestas exsecutoris. 집행인의 권한.
potestas extraordinaria. 비상권
potestas gubernandi. 통치하는 권세.
potestas immediata. 직접적 권력
potestas imperialis. 제국의 통치권, 황제권(皇帝權)
potestas in corpus eucharisticum. 성체에 관한 권한
potestas in corpus mysticum. 신비체에 관한 권한
potestas in Ecclesia. 교회 안의 권력
potestas independens. 독립된 권력
potestas indirecta. 간접적인 권력, 후견권, 간접 권한
potestas judicandi penes prætorem esse.
재판권은 검찰관 수중에 있다.
potestas judicialis. 사법권(司法權), 재판권(裁判權)
potestas jurisdictio([영] jurisdiction). 재치권(裁治權)
potestas jurisdictionis. 관할권, 통치권(potestas regiminis)
potestas legislativa([영] legislative power). 입법권
potestas ligandi et solvendi([영] Binding and loosing).
= **potestas clavium**. 계석권(繫釋權-맺고 푸는 권한), 열쇠권.
potestas magisterii. 교도권(mundus docendi*)
potestas maritalis. 부권(夫權).
(남편이 아내에 대하여 가지는 신분 및 재산상의 권리).
potestas ministerii. 성사 집행권
potestas ministerialis. 집행권(執行權)
potestas misericordiæ. 자비의 능력
potestas non peccandi. 죄를 짓지 않는 능력
potestas œconomica. 경제권
potestas ordinárĭa. 정규 권한, 정규권, 법정 권한, 통상권,
직권([영] ordinary power), 정규 통치권(正規 統治權).
potestas ordinárĭa propria. 고유 직권
potestas ordinárĭa vicárĭa. 대리 직권
potestas ordinis. 성품권(聖品權-신품권), 품급권
potestas pastoralis publica. 사목적 공권력
potestas patria. 부권(父權)
potestas plena seu integra. 완전한 권력
potestas probátĭonis. 승인권(承認權)
potestas procurandi et dispensandi. 분배 관리 권한
potestas propria. 고유권
potestas publica([영] the political Authority). 공권력.
potestas regimĭnis. 모든 통치권
potestas regiminis ordinárĭa. 정규 통치권
potestas regiminis seu iurisdictionis.
재치권(裁治權.[영] jurisdiction), 통치권(統治權).
potestas sacra. 거룩한 힘, 성스러운 권한.
potestas spiritualis. 영적 권한
potestas suprema. 최상의 권력
potestas temporalis. 현세적 권한
potestas testandi fidem. 신앙 증언권(信仰 證言權)
potestas utendi. 사용 권한
potestas universalis. 보편적 권력
potestas vicárĭa. 대리 직권
potestas vicárĭa Dei. 하느님의 대리권(代理權)
potestatem intercedendi collégæ abrogo.
동료의 중재권(仲裁權)을 박탈(剝奪)하다.
potestates, -um, f., pl. 능품천사(Archiangelus. 대천사)
Potestne hoc fieri, an non?
이 일이 될 수 있느냐 없느냐?
potestatívus, -a -um, adj. 능력(권능)을 가진
pótĭlis, -e, adj. = **potábilis** 마실 수 있는, 마실만한
potin' = **potísne** (es)? 너 할 수 있느냐?
pótĭo[1] -ónis, f. 음료를 마심, 음주, 마실 것, 음료, 물약,
독약, 마약(痲藥.[영] Drugs/harmful), 미약(媚藥).
cinnus potionis genus ex multis liquoribus confectum.
여러 약초로 섞어 만든 음료/
Dei non venis et nervis et ossibus continentur, nec escis
aut potionibus vescuntur. 신들은 혈관과 신경과 골격을
갖고 있지 않으며, 음식과 음료로 섭생하지도 않는다/
potióne sitim depello. 음료로 갈증을 풀다.
pótio ex absínthio. 쑥 차(茶)
potio refrigeratoria. 청량음료(淸凉飮料)
pótĭo[2] -ívi -ítum -ĭre tr. 누구를 노예로 만들다
potióno, -átum -áre, tr. 마실 것을 주다, 물약을 먹이다
pótĭor[1] -ítus sum, potíri, dep., intr., tr. 차지하다(חסן),
소유하다(אנק.ינק.חסן), 잡다, 장악하다, 정복하다,
점령하다, 노획하다, 누르다, 얻다, 도달하다,
(불행 따위에) 빠지다, (재난을) 당하다,
potiri rerum. 주권을 잡다(관용구.rebus로는 쓰지 못한다)
potítus monte. 산꼭대기에 올라간/
rerum potior. 정권(政權)을 잡다/
voluptátibus potior. 쾌락을 누리다.
pótĭor[2] -ĭus, comp., adj. (더) 나은, 우세한, 우월한,
우선권이 있는, 더 능한, 더 중요한, 더 가치 있는,
더 위대한, 더 유익한.
Honesta mors turpi vita potior est.(Tacitus)

P

추루한 삶보다는 영예로운 죽음이 낫다/
Itáque cives potióres quam peregríni.
그래서 동포가 외국인 보다 낫다/
Qui prior est tempore potĭor est jure.
시간 상 먼저의 사람이 권리가 우세하다.
potior gradus. 보다 나은 직급(職級)
pŏtis(pote) adj., indecl. … 할 수 있는, 능력이 있는.
potin' (=potísne es) dícere? 네가 말 할 수 있느냐?
Nec quisquam pote (est) dícere. 아무도 말할 수 없다/
quoad potis es reperrire. 네가 발견 할 수 있을 때까지/
Videámus, quid pastóres potis sint.
목동들이 무엇을 할 수 있는지 보자.
potíssĭmum.(potissŭmum) adv. 무엇보다도,
그 중에서도, 특히, 우선(優先), 주로(주되게), 첫째로.
Potissimum Institutioni. 수도자 양성지침(1990.2.2.발표)
potíssĭmus, -a -um, superl., adj. 제일 좋은, 가장 나은,
제일 우수한, 뛰어난, 가장 중요한, 첫째의.
pótĭto, -áre, tr., freq. 자주 마시다, 많이 마시다
potítor, -óris, m. 점령자
potitum, "pótĭo²"의 목적분사(sup.=supínum)
potítus, -a -um, p.p. 차지한, 다다른.
(passíve) 포로가 된(적군의), 잡혀서 노예가 된.
potiúncŭla, -æ, f. 소량의 음료
pótĭus, adv. 차라리, 오히려(μᾶλλον).
Patienda potius sunt omnia quam officio deficitur.
의무를 포기하기보다는 차라리 모든 것을 감내해야만 한다.
Potius mori quam fædari.
수치(羞恥)를 당하느니 죽는 것이 낫다,
더러워지기보다는 차라리 죽기를 더 원해라(성 벨라도).
potius quam. 보다 더(plus ultra./citius quam),
Depugna potius quam servias!
종노릇하기보다는 차라리 싸워라!
Potius sero quam numquam.([영] It's better late than never)
안 하는 것보다는 늦게라도 하는 것이 낫다.
pŏtīvi, "pótĭo²"의 단순과거(pf.=perfectum)
pōto, -ávi(potus sum), -átum(potum), -áre, intr., tr.
마시다, 술 마시다, 폭음(暴飮)하다, 마시게 하다,
흡수(吸收)하다, 빨아들이다, 물이 들다.
"Potare tecum collibitum est mihi". "Et edepol mihi
tecum : nam quod tibi libet, idem mihi libet,
mea voluptas". "당신과 함께 (술을) 마시는 일이 제겐
아주 즐거웠습니다." "물론 당신과 마신 것이 제게도
즐거웠습니다. 왜냐하면 당신 마음에 드는 것이 제
마음에도 들고, 제 즐거움이기 때문입니다."/
Totos dies potabatur.
그들은 여러 날 동안 종일 마시고 있었다/
Vestis sudorem potat. 옷이 땀을 흡수한다.
poto *alqod* **flumen**. 무슨 강가에 살다
pōtor, -óris, m. (**potrix** -ícis, f.)
(술.물 따위를) 마시는 사람, 술꾼, 술고래, 주정뱅이.
janua potorum saucia rixis.
술꾼들의 싸움으로 부서진 문.
potórĭus, -a -um, adj. 마시는 데 쓰는. n. 술잔
pótŭi, "possum"의 단순과거(pf.=perfectum)
potuit, decuit, fecit. 할 수 있었고, 좋았고, 그래서 했다.
("할 수 있었고, 좋은 일이었으므로 했다." '가능-적합-성취' 이론. Scotus가 성모 마리아의 원죄 없으신 잉태 교리를 주장하며 논거로 내세웠던 말이다. "하느님은 이 일을 할 수 있었고, 좋았다. 그러므로 하셨다"라는 뜻.
백민관 신부 엮음, 백과사전 3, p.223).
Potuit sed noluit.
신은 할 수 있었으나 하기를 원하지 않았다.
potuléntus, -a -um, adj. 마실 수 있는, 음료의,
(술) 취한, 만취한. n., pl. 마실 것, 음료, 술(酒).
pōtum, "poto"의 목적분사(sup.=supínum)
Potum meum cum fletu miscébam.
나는 나의 음료에 울음(눈물)을 섞었노라.
pōtus¹ -a -um, p.p. (술) 마신, (술) 취한.
anus pota. 취한 노파/
sánguine tauri poto. 황소 피를 마시고.
pōtus² -us, m. 마심, 음주, 마실 것, 물(水.מַיִם.ὕδωρ),
음료, 주연, 만취(滿醉-술에 잔뜩 취함), 오줌(f. urína -æ).
Caro mea vere est cibus, et sanguis meus vere est
potus. 내 살은 참된 양식이고 내 피는 참된 음료다/
frigidi potus appetitio 시원한 음료에 대한 갈망/
leones rari in potu. 물을 드물게 마시는 사자들/
récreans vires potus vini.
기운을 회복(回復)시켜 주는 술(음주).
Potus iste non frangit jejunium.
이 음료는 금식 규정에 위배되지 않습니다.
P.R. (略) = pópulus Románus
práctĭce¹ -es, f. 실천, 실행, 실습, 실시, 실제, 실지.
práctĭce² adv. 실제로
práctĭcus, -a -um, adj. 실천적, 실행의, 활동적,
실무에 종사하는, 노련한, 실제의, 실지의, 실용적인,
atheismus practicus. 실천적 무신론(實踐的 無神論),
intellectio practica. 실천적 사고/
intellectus practicus. 실천 이성, 실천적 지성/
investigátĭo practica. 실천적 탐구(實踐的 探究)/
judicium proxime practicum. 직접적으로 실천적인 판단/
judicium remote practicum. 간접적으로 실천적인 판단.
præ¹ adv. 먼저, ~ ut, ~ quam …와 비교하여,
… 에 비해서, … (하)기에 앞서.
præ² prœp. c. abl. 앞에, 앞으로, 앞서, … 보다,
때문에, … 한 나머지, 외에, 말고도.
cultrum præ se tenens. 자기 앞에 칼을 들고서/
Tu præ nobis beátus es 네가 우리보다는 복되다.
præ gáudio, ubi sim, néscio.
나는 너무 기뻐서 내가 어디 있는지 모르고 있다.
Præ lacrimis non posssum reliqua cogitare nec scribere. 눈물 때문에 나는 나머지 일들을
쓸 수도 생각할 수도 없구나.
præ nobis sápiens. 우리보다 지혜로운.
præ se ágere. 앞으로 몰고 가다
præ se ascinum gerere. 나귀를 앞세우다.
præ se fero. 드러내다, 내세우다
præ se ferre. 보이다, 드러내다, 과시하다
præ se pugiónem ferre. (방어태세로) 단도를 쥐고 있다.
præ timóre. 무서워서, 무서운 나머지, 두려운 나머지
præ-³ prœvérbium, 1. 합성된 동사, 형용사 및 그
파생어에 "먼저, 미리, 앞서, 앞에, 앞질러, 일찍, 지레"
따위의 뜻을 부여함. e.g. **prædícere**. 미리 말하다,
예언하다. præmatúrus 조숙한. 2. 형용사와 합성되면
서 "대단히, 매우, 퍽" 따위의 뜻을 보태어 줌.
e.g. **præclárus**. 대단히 유명한.
præácŭo, -ŭi -útum -ĕre, tr. 앞(끝)을 뾰족하게 하다
præáltus, -a -um, adj. 매우 높은, 매우 깊은
præámbŭla, -órum, n., pl. 예비적 전제, 전구(前驅)
præambula fidei. (神) 신앙의 (논리적) 제전제(諸前提),
신앙의 관문(가톨릭 신학과 사상 제49호, p.157), 신앙의 관문,
신앙의 선행사(先行事)(정의채 지음, 존재의 근거문제, p.327)
신앙의 예비(信仰의 諸前提)(중세철학 제5호, p.143).
præambuli fidei. 신앙의 현관(가톨릭 신학과 사상 제11호, p.168)
præámbŭlo, -áre, intr. 앞서가다
præámbŭlus, -a -um, adj. 앞서가는
Præanimismus, -i, m. 전물활론(前物活論 만물에 감추어진 신비력의 신앙. 원시종교의 한 형태. 백민관 신부 엮음, 백과사전 3, p.224).
præáudĭo, -ívi -itum -íre, tr. 미리 듣다
præbénda, -æ, f. (敎法) 성직록(聖職祿-주교좌 성당의 수입 에서 참사회원에게 지급되는 성직녹), titulus beneficii,
주교좌 성당 참사회 및 그 성직록('공급하다'라는 뜻의 præbere에서 præbenda라는 말이 생겼고, 이 성직록을 받는 사람을 præbendarius라고 했다).
præbendátus, -i, m. (敎法) 성직록 수령자
prǽbĕo, -bui -bitum -ere, tr. (præ³+ hábeo) 내주다,
디밀다, 들이대다, 내맡기다, 공급하다, 제공하다,
베풀다, 내밀다, 주다(נתן.יהב.זון), 바치다,
드러내다, 처신(處身)하다, 태도(態度)를 가지다,
(어떻게) 행동하다, … 하게 내버려두다, (시어)허락하다.

adulatóribus latus præbére.
아부하는 자들에게 허점을 보이다/
ánimum præbeo leníssimum.
마음을 대단히 침착하게 드러내다(가지다)/
canis párvulo præbens úbera.
강아지에게 젖을 내맡기는 개(犬)/
nímium fáciles aurem præbére puéllæ.
너무도 쉽게 귀를 기울이는 소녀들/
præbere auxílium. 도와주다/
Præbuit ipsa rapti?
그 여자는 납치되도록 자신을 내 맡겼다/
terga fugæ præbeo. 도망가다/
virum se præbére. 사나이임을 드러내다(주체성을 보이다).
prǽběo aurem(aures), 경청(傾聽)
prǽběo se supérbum. 교만(驕慢)하게 行動하다
prǽbĭa, -órum, n., pl. 호부(護符)
prǽbĭbo, -bíbi -ěre, tr.
앞에서 마시다, 건강을 빌며 마시다, 축배를 들다.
prǽbĭta, -órum, n., pl. 생계 보조비, 지급되는 생활필수품
prǽbítĭo, -ónis, f. 만찬 대접(초대), 제공, 공급
prǽbĭtor, -óris, m. 주는 사람, 공급자(供給者)
præcálĭdus, -a -um, adj. 매우 따뜻한, 뜨거운
præcándĭdus, -a -um, adj. 매우 흰, 희게 빛나는
præcáno, -ěre, tr. 예언하다, 마법(魔法)의 힘을 막다
præcantátĭo, -ónis, f. 마법(secretæ artes), 요술(妖術)
præcantátor, -óris, m. (præcantatrix, -ícis, f.)
마술사(魔術師), 마법사(魔法師) f. 마녀(魔女)
præcánto, -ávi, -átum, -áre, tr.
예언하다, 마법(魔法)을 쓰다, 홀리게 하다.
præcántor, -óris, m. (præcántrix, -ícis, f.)
성가대 선창 성직자, 합창을 지휘하는 참사원,
마술사(魔術師), 마법사(魔法師) f. 마녀(魔女).
præcánus, -a -um, adj. 지레 백발이 된
præcárpo, -psi -ptum -ěre, tr. (=præcérpo)
익기 전에 따다, 미리 따다.
præcárus, -a -um, adj. 대단히 비싼
præcatechumenus, -i, m. 예비자(→예비 신자)
præcáutĭo, -ónis, f. 경계(警戒), 조심(操心),
미리 조심함, 예방조치(豫防 措置).
præcáutum, "præcáveo"의 목적분사(sup.=supínum)
præcávěo, -cávi -cáutum -ére, intr., tr. 피하다,
예방(豫防)하다, 방지(防止)하다, 조심하다(בבֿ),
주의하다, 경계하다, 자신의 안전에 유의(有意)하다.
præcávi, "præcáveo"의 단순과거(pf.=perfectum)
præcedéntĭa, -æ, f. 앞섬, 선행, 우위, 선사 석순,
우선(권), 우선순위, 서열(序列). (天) 세차(歲差).
præcécĭni, "præcíno"의 단순과거(pf.=perfectum)
præcédo, -céssi -céssum -ěre, intr., tr. 앞서가다,
先行하다, 먼저 일어나다(생기다), 먼저 있다,
먼저 이르다, 우월(優越)하다, 앞서다.
præcedens inclinatio. 선행적 경향.
præcedo alqm ætáte. 나이가 누구보다 위다
prǽcěler, -eris -ere, adj. 매우 빠른
præcélěro, -áre, intr. 매우 빨리 가다.
tr. 빨리 걸어 앞지르다.
præcéllens, -éntis, p.proes., a.p. 탁월한, 뛰어난, 우수한
præcelléntĭa, -æ, f. 우월(優越), 탁월(卓越), 우수성
præcellentior, -or, -us, adj. præcéllens, -éntis의 비교급
præcellentíssimus, -a -um, adj.
præcéllens, -éntis의 최상급.
Doctor Præcellentíssimus Philosophiæ. 탁월한 철학박사.
præcéllo, -célsum -ěre, intr. 뛰어나다, 탁월하다.
더 낫다, 초월(超越)하다, 능가하다, 지배(支配)하다,
통치(統治)하다(ㄱㄷㄷ), 지휘(指揮)하다.
præcélsus, -a -um, adj. 매우 높은, 우뚝 솟은
præcéntĭo, -ónis, f. 나팔 신호,
제사나 전쟁 전에 부는 나팔소리.
præcénto, -áre, intr. 주문을 외다

præcéntor, -óris, m. 선창자, 합창 지휘자, 성가 대장
Præcentor stultorum. 바보들의 대장(성탄 전야 놀이마당 사회자)
præcéntum, "præcíno"의 목적분사(sup.=supínum)
præcépi, "præcípio"의 단순과거(pf.=perfectum)
præceps¹ -cípĭtis, adj. (præ³+ caput) 곤두박이는,
거꾸로 떨어지는, 급한, 황급한, 쏜살같은, 잽싼,
신속(迅速)한, 빨리 흐르는, 획 지나가는, 가파른,
몹시 비탈진, 급경사진, 험한, 위험한, 위급(危急)한,
끝나 가는, 저무는, 성급한, 경솔한, 무모한, 지각없는,
저돌적(猪突的)인, (어떤 성격에) 잘 기울어지는,
alqm de pórtico præcípitem in forum dejícere.
아무를 회랑에서 광장으로 거꾸러 떨어뜨리다/
in tam præcípiti témpore. 이렇게 위급한 때에/
præcípiti jam die. 날이 다 저물었을 때에/
Raperis in præceps? tene lignum. Volvit te amor mundi?
tene Christum. 그대, 커다란 위험 속으로 떠나려가고 있
습니까? 나무를 붙드십시오. 세상에 대한 사랑이 그대를
휘감고 있습니까? 그리스도를 붙드십시오.
(최익철 신부 옮김. 요한 서간 강해. p.133)/
Væ homini cujus auriga superbia est, necesse est enim
ut præceps eat. 교만을 마부로 삼는 사람은 불행합니다.
고꾸라질 수밖에 없기 때문입니다.
(최익철 신부 옮김. 요한 서간 강해. p.363).
Præceps in occasum sol erat. 해가 뉘엿거렸다
præceps² -cípĭtis, n. 낭떠러지, 절벽, 벼랑, 심연(深淵),
위기(危機), 위험한 고비, 파멸(破滅),
in præceps dare. 위기(파멸)로 몰아넣다.
præceps³ adv. 곤두박이게, 위기로(몰아넣다), 파멸로
præceps⁴-cípĭtis, adj. 먼저(일찍) 당하는
præcepta ac leges. 규칙과 법(15개 항목으로 구성 됨)
præcepta atque instituta. 규칙과 제도.
(18개 항목으로 구성 됨-하성수 옮김. 교부학. p.483).
præcepta atque judicia. 규칙과 판단.
(16개 항목으로 구성 됨-하성수 옮김. 교부학. p.483).
præcepta beneficia. 일찍이 받은 은혜(恩惠)
præcepta cæremonialis. 예식 법규
præcepta Dei. 천주의 계명
Et quæ sunt præcepta Dei? 하느님의 계명은 무엇입니까?.
præcepta Dei factis cotidie adimplere. 하느님의 계명을
매일 행동으로써 채워라.(성 베네딕도 수도규칙 제4장 63).
præcepta disseréndi. 논증법(論證法)
præcepta ecclesiæ. 교회 법규
præcepta judicialia. 재판 법규
præcepta officii conjuncta naturæ.
자연에 부합하는 윤리법칙.
præcepta vitæ. 생활의 계명(誡命)
præcepta vivendi vel regulæ credendi.
생활의 계명(誡命)이나 믿음의 규범.
præcéptĭo, -ónis, f. (法) 선취권(先取權), 유산의 선취,
선입견(先入見), 가르침, 교훈, 명령, 계명(誡命).
Præcépti oboediendæ. (마땅히) 따라야 할 계명들
Præcéptis salutáribus móniti, et divína institutióne
formáti, audémus dícere.
하느님의 자녀 되어, 구세주의 분부대로 삼가 아뢰오니,
[구세주의 가르침으로 권고를 받으며, 또 하느님의 지침으로 가르침을 받아.
삼가 아뢰나이다. 황치헌 신부 지음. 미사통상문을 위한 라틴어. p.314].
præceptívus, -a -um, adj. 명령적인, 교훈적인.
præcépto, -áre, tr., freq. 자주 명령하다, 자주 교훈하다.
præceptor, -óris, m. (præceptrix, -ícis, f.) 교사, 선생,
스승(διδάσκαλος), 지도자, 교훈자, 명령자.
Est præceptor tuus, qui te nunc fallaciam docuit.
이런 거짓술수를 너한테 가르쳤다니 과연 네 선생이로구나!/
Præceptor interrogantibus libenter respondat,
non interrogantes percontetur ultro.
교사는 질문하는 자들에게 기꺼이 대답하시라. 그리고
질문을 않는 자들에게는 교사가 캐물도록 하시라.
præceptor Germaniæ. 독일의 스승
præceptum, "præcípio"의 목적분사(sup.=supínum)
præcéptum, -i, n. 계명(ἐντολή.⑨ commandments)
(윤리신학에서 지켜야 할 의무사항을 명령으로 표현한 것. "권고"와 대조).

명령(⑨ precept), 지시, 규정, 규칙(⑨ rule), 법칙,
가르침, 교훈(앞으로의 행동이나 생활에 지침이 될 만한 가르침).
Conserva, fili mi, præcepta patris tui et ne reicias
legem matris tuæ. (ui`e, fu,lasse no,mouj patro,j sou kai.
mh avpw,shl qesmou,j mhtro,j sou) (獨 Mein Sohn, bewahre
das Gebot deines Vaters und laß nicht fahren die
Weisung deiner Mutter) (⑨ Observe, my son, your
father's bidding, and reject not your mother's
teaching) 내 아들아, 아버지의 계명을 지키고 어머니의
가르침을 저버리지 마라(성경 잠언 6. 20)/아들아, 아비의
훈계를 지키고 어미의 가르침을 저버리지 마라(공동번역)/
Et quid est finis Christus? quia Christus Deus, et finis
præcepti caritas, et Deus caritas. 끝이신 그리스도는
무슨 뜻입니까? 그리스도께서는 신이시고,
계명의 끝은 사랑이며, 하느님은 사랑이시라는 뜻입니다.
(최익철 신부 옮김. 요한 서간 강해, p.443)/
Festum de Præcepto(⑨ Holy days of obligatíon).
의무축일/
In quibus duobus præceptis? 어떤 두 계명입니까?/
Opus Morale in Præcepta Decalogi. 십계명에 관한 윤리.
(Sanchez 지음 1613년)/
Præcepta ecclesiæ(⑨ Commandments of the Church).
교회 법규/
quomodo diligis eum, cujus odisti præceptum? 그분의
계명을 미워하면서 어떻게 그분을 사랑할 수 있습니까?.
(최익철 신부 옮김. 요한 서간 강해, p.421)/
præcepti obœdiendæ. (마땅히) 따라야 할 계명들/
Sed qui Deum diligit, præcepta ejus diligit. 그러나 하느님
을 사랑하는 사람은 그분의 계명도 사랑합니다.
(최익철 신부 옮김. 요한 서간 강해, p.437).
præceptum commune. 공동 명령
præceptum dominativum. 지배적 명령
Præceptum exsequi festivum.(⑨ Living the Sunday
obligation) 주일 의무의 실천.
præceptum fori externi. 외적 법정의 명령
præceptum fori interni. 내적 법정의 명령
præceptum judiciale. 재판상 명령
præceptum jurisdictionale. 관할 명령
præceptum pœnale. 형벌 명령(⑨ penal precept)
præceptum simplex. 단순한 명령
præceptum singulare. 개별 명령
præcérpo, -cérpsi, -cérptum -ĕre, tr. (præ³+carpo)
지레 거둬들이다, 추수(秋收)하다, 미리 따다(뜯다),
먼저 가지다, 선수를 치다, 가로채다, 발췌(拔萃)하다.
præcérpsi, "præcérpo"의 단순과거(pf.=perfectum)
præcérptum, "præcérpo"의 목적분사(sup.=supínum)
præcéssi, "præcédo"의 단순과거(pf.=perfectum)
præcéssio, -ónis, f. 앞서 감, 앞지름, (天) 세차(歲差)
præcéssor, -óris, m. 전임자(前任者)
præcéssum "præcédo"의 목적분사(sup.=supínum)
præcía, -æ, m. (고대 Roma의) 제관이 지나가기 전에
앞질러 가며 직공·노동자들에게 작업 중지를 외치던 사람.
præcidánéus(præcidáríus), -a -um, adj.
먼저 도살되는(희생 제물).
fériæ præcidáneæ. 본 축제일 전에 미리 지내는 휴가(휴일).
præcídi, "præcído"의 단순과거(pf.=perfectum)
præcído, -cídi -císum -ĕre, tr. (præ³+cædo)
먼저 도살하다, 앞을 자르다, 끝을 자르다, 잘라내다,
베어내다, 절단하다, 토막 내다, 후려치다, 짧게 하다,
단축하다, 요약하다, 중단하다, 단절(斷絶)하다, 중단시키다,
뺏다, 제거(除去)하다, 한마디로 거절(拒絶)하다.
alci spem præcido. 누구의 희망을 꺾다/
amicitíam præcido. 절교(絶交)하다/
linguam præcido. 말을 못하게 하다/
præcisum iter. 지름길(via compendiária).
præcido sibi réditum. 자기의 수입(귀환)을 포기하다
præcido sinum(maris). 해만(海灣)을 질러가다
præcínctio, -ónis, f. 원형극장의 관람석 계층 사이에
(다닐 수) 있는 좀 넓은 장소, 허리띠.

præcinctórium, -i, n. 허리띠, 앞치마
præcínctum, "præcíngo"의 목적분사(sup.=supínum)
præcinctúra, -æ, f.
허리띠, 옷자락을 끌릴 정도로 둘러 걸친 모양.
præcínctus¹ -a -um, p.p. 띠를 띤, 허리에 두른,
허리를 졸라맨, 가뜬한 차림의, 군인 신분의.
præcínctus² -us, m. 띠를 두름, 옷, 옷맵시, 매무새.
præcíngo, -cínxi -cínctum -ĕre, tr. 띠로 묶다,
띠를 매주다, 두르다, (칼 따위를) 차다, 둘러싸다.
anus línteo præcíncta. 치마(아마포)를 두른 노파.
præcíno, -cínūi(-cécĭni) -céntum -ĕre, (præ³+cano)
intr. 앞에서 노래(연주)하다, 연회나 제사에서 노래하다,
(병자를 고쳐주는) 노래를 하다.주문(呪文)을 외다.
tr. 선창(先唱)하다, 예고(豫告)하다, 예언(豫言)하다.
præcínui, "præcíno"의 단순과거(pf.=perfectum)
præcíxi, "præcíngo"의 단순과거(pf.=perfectum)
præcípes, -is, adj. (古) = præceps¹
præcípĭo, -cépi -céptum -ĕre, tr. (præ³+cápio¹)
먼저 잡다(차지하다.받다), 앞질러 가다(오다),
먼저 출발(도착)하다, 앞당기다, 먼저(미리.지례)… 하다,
먼저(우선적으로) 상속받다, 미리 알다, 예감하다,
예견하다, 예측하다, 미리 일러 주다, 지시하다,
권유하다, 명하다, 가르치다, 강의하다.
mons ab alqo præcéptus. (누가) 먼저 차지한 산/
præcépta benefícia. 일찍이 받은 은혜(恩惠)/
si me præcéperit fatum. 내가 먼저 죽거든.
præcipio ánimo victóriam. 승리를 예측하다
præcipitátĭo, -ónis, f. 추락(墜落), 곤두박질, 성급함
præcipiti jam die. 날이 다 저물었을 때에
præcipítĭum, -i, n. 절벽, 낭떠러지, 벼랑, 위기(危機),
추락(墜落), 몰락(沒落)→쇠하여 보잘것없이 됨).
præcípĭto, -ávi, -átum, -áre, tr. 추락하다, 추락시키다,
곤두박이치게 하다, 붕괴(崩壞)시키다, 망쳐놓다,
다그치다, 촉진(促進)하다, 앞당기다, 단축하다.
intr. 거꾸로(아래로) 떨어지다, 급강하하다,
(시간) 끝나가다, 다 지나가다, 다 되어가다,
몰락(沒落)하다, 망해가다, 멸망(滅亡)으로 치닫다.
in fossam præcípito. 호(壕)에 굴러 떨어지다/
Nilus præcipititat ex móntibus.
Nilus 강은 산간지방으로부터 급하게 흘러내린다/
sol præcípians. 다 저물어 가는 태양.
præcipuæ de animarum cura quæstiones.
사목 문제에 대한 주안점(主眼點).
præcípŭe, adv. 주로(주되게), 특히, 무엇보다도, 유별나게.
Cæsar semper Aeduorum civitati præcipue indulserat.
카이사르는 아이두이인들의 도성에 늘 각별히 관대하였다.
præcípŭum, -i, n. (유산의) 독점권.선취권(先取權)
독특한 우월성, 탁월(卓越), 주요한 곳, 요점(要點),
주안점(主眼點), 최고선에 가까운 것.
præcipua membra ecclesiæ. 특선된 교회 인원/
Præcipui gressus in occursu fidei rationisque.
신앙과 이성이 만나게 되는 주요 계기들/
præcipui viri in philosophia. 철학에서 가장 뛰어난
인물들, 탁월한 철학자들(가톨릭 철학, 제3호, p.169).
præcípŭus, -a -um, adj. 독특한, 특유한, 독자적인,
특수한, 특별한, 유별난, 두드러진, 주요한, 특출한,
뛰어난, 저명한, 유명한, 으뜸가는, 첫째가는, 특효의.
Præcipuus diei Dominici locus in anno liturgico.
주님의 날의 중심성과 전례주년.
præcipuus paupertatis amator. 특별한 청빈 애호가
præcisaméntum, -i, n. 잡색 줄무늬
præcíse, adv. 간결하게, 단적으로, 무조건(無條件),
간단명료하게(breviter et significánte), 덮어놓고, 아무거나.
præcísĭo, -onis. f. 잘라버림, 절단(切斷), 자른 자리.
(修) 돈절법(頓絶法. f. reticéntĭa -æ.).
præcisio veritatis. 진리의 절단(眞理의 切斷)
præcisismus, -i, m. 정밀주의(경건주의의 일파로 윤리 무관성을
구하는 데 필요하다고 하는 주장. 백민관 신부 엮음. 백과사전 3. p.224).

præcísor, -óris, m. 앞니

præcísum, "præcído"의 목적분사(sup.=supínum)

præcisúra, -æ, f. 다듬어 버리는 부분, 부스러기, 밭뙈기

præcísus, -a -um, p.p., a.p. 절단된, 잘라낸, 거세된, 험준한, 깎아지른 듯한, 험한, 간결한, 간단명료한, 명확한, 정확한. n. 창자토막, 고기토막. præcisa veritas. 정확한 진리.

præclámo, -ávi, -átum, -áre, tr. 미리 소리 지르다, 경고(警告)하여 소리 지르다.

Præclara. 쁘레글라라(비오 13세의 동방정교회의 교회 연합에 관한 회칙)

Præcláre! adv. 아주 똑똑히, 분명히, 명쾌(明快) 하게, 훌륭하게, 뛰어나게, 썩 잘, 참 잘, 영광스럽게, 장하다.

præclaréo, -ére, intr. 뛰어나게 빛나다(유명하다)

præclárus, -a -um, adj. 매우 밝은 환한, 찬란한, 대단히 맑은, 잘생긴, 아름다운, 화려한, 고귀한, 명문의, 대단히 유명한, 이름난, 뛰어난, 비범한, 훌륭한, 굉장한, 빛나는, 악명 높은. Præclara Gratulátionis Publicæ Testimonia, 명백한 증거들(교황 레오 13세.1894.6.20. 공표)

præclúdo, -clúsi -clúsum -ěre, tr. 닫다, 차단하다, 막다(םדק.אלכ.רגס), 봉쇄(封鎖)하다, 제지하다, 방해하다(רעש), 가로막다, 못하게 하다, 금지하다.

præclúěo, -ére (præclŭo, -ěre) intr. 매우 유명하다, 널리 알려져 있다.

præclúsi, "præclúdo"의 단순과거(pf.=perfectum)

præclúsĭo, -ónis, f. 막음, 차단(遮斷)

præclúsor, -óris, m. 가로 막는 사람, 방해자(妨害者)

præclúsum, "præclúdo"의 목적분사(sup.=supínum)

præco, -ónis, m. 전령사, 선전자, 정리(廷吏), (법정에서의) 죄수 호명자, 경매 부르는 사람, (집회에) 군중을 불러 모으는 사람, 극장의 장내 정리인, 큰 소리로 포고를 알리는 사람, 장례 주관인, 예찬자, 선전자, 경기 승리자의 선전인, 전구자, 기리는 시인. O fortunate adulescens, qui tuæ virtutis Homerum præconem invenieris! 오, 행복한 젊은이여, 그대 용맹을 기려 줄 시인으로 호메로스를 두었으니!

præcoctum, "præcóquo"의 목적분사(sup.=supínum)

præcogitátĭo, -ónis, f. 미리 생각함, 사전계획.

præcógito, -ávi, -átum, -áre, tr. 미리 생각하다, 사전에 계획하다, 궁리(窮理)하다.

præcognítio, -ónis, f. 미리 앎. 예지(叡智).⑨ Prudence-사물의 본질을 꿰뚫는 뛰어난 지혜.)

præcógnĭtor, -óris, m. 예지자(豫知者)

præcognósco, -gnóvi gnítum -ěre, tr. 미리 알다.

præcŏlo, -cólŭi -cúltum -ěre, tr. 미리 마련하다, 미리 가꾸다(닦다.연마하다), 낮게 여기다, 숭상(崇尙)하다, 다듬다, 세련(洗練)하다, 꾸미다.

præcŏlui, "præcŏlo"의 단순과거(pf.=perfectum)

præcompósĭtus, -a -um, p.p. 미리 준비된, 미리 계획된.

præconcinnátus, -a -um, p.p. 계획적인, 미리 준비된.

præcóndĭtus, -a -um, p.p. 먼저 창조된, 미리 만들어진.

præconféssĭo, -ónis, f. 미리 인정함, 사전고백.

præconiális, -e, adj. 칭찬 받을, 칭송될 만한

præconisátĭo, -ónis, f. (추기경 회의에서 주교 선정의) 교황 공시.

præconĭum, -i, n. 경매인의 직책, 공고, 공시, 선전, 광고, 예찬(禮讚), 칭찬(稱讚), 칭송, 찬양(讚揚), 찬사.

præconium Paschale.(=Exultet) 부활찬송. (부활 전야에 부활 초 앞에서 노래하는 부활찬송.)

præcónor, -ari, dep., tr. 공고하다, 포고하다, 큰 소리로 두루 알리다.

præconsúmo, -súmpsi -súmptum -ěre, tr. 미리 소비(消費)하다, 미리 써버리다.

præcontemplátĭo, -ónis, f. 미리 내다봄

præcontrécto, -are, tr. 미리 건드려보다, 시험해보다

præcóquis, -e, adj. (præcoquus, -a -um) 일찍 익은, 조숙한. n., pl. 조생종 실과(早生種 實果).

præcŏquo, -cóxi -cóctum -ěre, tr. 먼저(일찍.완전히) 익히다.

præcórdĭa, -órum, n., pl. (præ³+cor) ((解)) 횡격막, 폐(肺), 內臟, 오장육부, 심장, 가슴, 폐부(肺腑), 감정, 심정(心情-마음에 품은 생각과 감정), 마음(ユ⃗.コユ⃗.καρδία.ψυχή).⑨ Heart/Spirit).

præcorrúmpo, -rúpi -rúptum -ěre, tr. 미리 매수하다, 뇌물(賂物)로 미리 부패(腐敗) 시키다.

præcox, -cŏcis, adj. 일찍 익은, 조생종의, 일찍 꽃피는, 조숙(早熟)한, 조기의, 조기 발생의. dementia præcox. 조발성 치매증(早發性 癡呆症).

præcoxi, "præcŏquo"의 단순과거(pf.=perfectum)

præcrássus, -a -um, adj. 매우 두꺼운

præcucurri, "præcúrro"의 단순과거(pf.=perfectum)

præcúlco, -ávi, -átum, -áre, tr. (præ³+calco) 명심하도록 미리 가르치다

præcúltum, "præcŏlo"의 목적분사(sup.=supínum)

præcúpĭdus, -a -um, adj. 몹시 탐내는, 매우 애호(愛好)하는, 열중(熱中)하는.

præcúro, -áre, tr. 미리 준비(장만)하다, 손질하다, 예비(豫備)하다.

præcurri, "præcúrro"의 단순과거(pf.=perfectum)

præcúrro, -(cu)cúrri -cúrsum -ěre, tr., intr. 먼저 달려가다(오다), 앞질러 뛰다, 앞서다, 능가하다, 탁월(卓越)하다, 우위(優位)에 있다, 월등(越等)하다. alqm ætáte præcurro. 누구보다 시대적으로 앞서다.

præcursátor, -óris, m. 정찰병(偵察兵), 척후병(斥候病).

præcúrsĭo, -onis, f. 앞섬, 먼저 감, 탐색전(探索戰), 전초전(前哨戰-본격적 전투 시작 전에 하는 소규모 전투), (변론의) 준비(準備) 작업, 예비(豫備) 과정.

præcúrsor, -óris, m. 먼저(앞서) 가는 사람, 전구자(前驅者), 선구자(先驅者), 정탐자, 염탐꾼. (軍) 선봉, 첨병(尖兵), 군기(軍旗)의 전위. Hic Præcursor Domini Natus est. 여기 주님의 선구자가 나셨다.

præcursórĭus, -a -um, adj. 선행하는, 선구적(先驅的), 미리 알리는, 예비(豫備)의, 준비(準備)로서의.

præcursum, "præcúrro"의 목적분사(sup.=supínum)

præcúrsus, -us, f. 앞서 감, 앞지름

præcússi, "præcútĭo"의 단순과거(pf.=perfectum)

præcússum, "præcútĭo"의 목적분사(sup.=supínum)

præcútĭo, -cússi -cússum -ěre, tr. (præ³+quátĭo) 앞에서(미리) 흔든다.

præda, -æ, f. 노획물(鹵獲物), 전리품, 약탈품(掠奪品), 사냥거리, (사냥) 포획물, 먹이, 어획물(漁獲物), 이득(利得), 이익(利益), 횡재(橫財), 습득물(習得物). Captivi militum præda fuerant. 포로(捕虜)들은 군인들의 노획물(鹵獲物)이었었다(주어가 복수이더라도 그 부설명어로 추상명사 또는 불가산 명사를 쓸 때에는 그 부설명어는 단수로 쓴다/ Dividere prædam per milites. 노획물을 군인들에게 고루 나누어주다/ Equites præda famaque onusti ad montem Taunum revertuntur. 기병들은 노획물과 명성을 가득 안고서 타우누스 산으로 돌아왔다/ Illi se prædæ accingunt. 그들은 약탈할 채비를 하였다/ in bonis sectio. 차압물 경매/ in prædam sese ruo. (독수리가) 사냥감을 향해 쏜살같이 내려가 덮치다/ præda sub corona. 노획물 공매.

præda compotes. 전리품(戰利品)을 얻은.

Præda omnis recepta est. 약탈(掠奪)당했던 것을 모두 도로 뺏었다.

Præda Romanis cessit. 전리품은 로마인들에게 돌아갔다.

prædabúndus, -a -um, adj. 많이 노획한, 약탈(掠奪)하는, 노략질하는.

prædamnátĭo, -ónis, f. 미리 내린 유죄판결

prædámno,(prædémno) -ávi, -átum, -áre, tr. 미리(앞당겨) 유죄선언하다, 미리 단정(단념)하다, 지레 포기(抛棄)하다.

prædatícĭus, -a -um, adj. 노획한, 노획물의, 전리품의.

959

prædátĭo, -ónis, f. 노획(虜獲), 약탈(掠奪), 노략, 수탈.
prædátor, -óris, m. (prædátrix, -ícis, f.)
 노획자(鹵獲者), 약탈자(掠奪者), 강탈자(强奪者),
 날강도, 사냥꾼, 탐욕자(貪慾者)
prædatus¹ -a -um, p.p. 노획한, 약탈한,
 노획물을 많이 가진, 노획된, 포획된.
prædatus² -a -um, adj. (præ³+do) 먼저 주어진(준)
prædecéssor, -óris, m. 선임자, 전임자, 선배(先輩)
Prædecessores Nostri, 우리 선임자들(1882.5.24. 레오 13세의 교황령).
prædelásso, -ávi, -átum, -áre, tr. 미리 약화시키다,
 미리 지치게 하다, 일찍 지치게 하다.
prædelegátĭo, -ónis, f. 사절의 조기 파견(派遣)
prædénsus, -a -um, adj. 매우 빽빽한
prædesignátus, -a -um, adj. 예정된, 미리 지정된
prædesignatus peccator. 예정된 죄인
prædestinatianísmus -i, m. 예정설(⑨ predestinarianism).
prædestinátĭo, -ónis, f. 예정(豫定.⑨ Predestination).
 (神) 구령(救靈) 예정(豫定).
 causa efficiens instrumentalis prædestinationis.
  예정의 도구적 능동인/
 causa efficiens prædestinationis. 예정의 능동인/
 causa efficiens principalis prædestinationis.
  예정의 주 능동인/
 causa exemplaris prædestinationis. 예정의 모형인/
 causa finalis prædestinationis. 예정의 목적인/
 causa prædestinationis. 예정의 원인/
 De Prædestinatione contra Joannem Scotum.
  요한 스코투스(=Erigena)를 반대하는 예정설에 대해(852년)/
 De Prædestinatione sanctorum. 성인들의 예정에 대하여/
 De veritate prædestinationis et gratiæ.
  예정과 은총의 진실에 대해(성 Fulgentius 1612년 지음)/
 effectus prædestinationis. 예정의 결과/
 finis prædestinationis. 예정의 목적/
 gemina Prædestinatio. 쌍(双) 예정/
 objectum prædestinationis. 예정의 대상/
 Prædestinationis temerariam præsumptionem cavendam
 esse. 예정설에 관한 무분별한 추정을 피해야 함/
 totus prædestinátĭonis effectus.
  전체로서의 예정의 결과.
prædestinátĭo ad gratiam et gloriam ante prævisa
 merita. 공덕 이전에 은총과 영광에로 예정.
prædestinátĭo ad interitum propter præscita mala
 merita. 저지른 악행을 미리 알고 영벌로 예정.
prædestinátĭo ad sempiternum interitum.
 영원한 파멸을 향한 예정
prædestinátĭo ad vitam æternam. 영원한 생명을 향한 예정.
prædestinátĭo gémina. 이중예정(절대 이중예언).
prædestinátĭo gratiæ. 은총의 예정.
Prædestinatus. '예정설에 대해' 책 이름.
prædestinatus peccator. 예정된 죄인.
prædéstĭno, -ávi, -átum, -áre, tr.
 미리(지)정하다, 예정하다, 미리 작정하다.
prædeterminátĭo, -ónis, f. (神) 선정(先定), 선결(先決)
prædeterminátĭo moralis. 윤리적 선결,
 정신적(윤리적) 선정(성 아우구스티노 설).
prædeterminátĭo physica. 물리적 선결,
 물리적(형이하적) 선정(토미즘).
prædéxter, -tĕra -tĕrum, adj.
 매우 재간 있는, 매우 능숙(能熟)한, 능란(能爛)한.
prǽdia subsignata. 저당(抵當) 잡힌 땅
prædiátor, -óris, m. 토지 경매(競賣) 낙찰자(落札者)
 세금미납으로 압류된 토지의 구매자.
prædiatórĭus, -a -um, adj.
 압류된 토지구매에 관한, 압류(押留)된 토지 경매의.
prædiatúra, -a, f. 세금미납으로 압류(押留)된 토지의 구매,
 경매낙찰(세금 미납으로 압류된 토지의 구매).
prædiatus, -a -um, adj.
 토지를 소유하고 있는, 부유한, 토지를 압류(押留) 당한.

prædica, 원형 prǽdĭco¹-ávi, -átum, -áre, tr.
 [명령법. 현재 단수 2인칭 prædica. 복수 2인칭 prædicate].
Prædica verbum, insta opportune, importune, argue,
increpa, obsecra in omni longanimitate et doctrina.
 말씀을 선포하십시오. 기회가 좋든지 나쁘든지 꾸준히
 계속하십시오. 끈기를 다하여 사람들을 가르치면서,
 타이르고 꾸짖고 격려하십시오(성경 2티모 4. 2).
prædicábĭlis, -e, adj. 공개할만한, 칭찬(찬미) 받을만한,
 자랑할 만한, 단정할 수 있는, 속성으로 돌릴 수 있는.
 n.(pl.) ((論)) 객위어, 빈위어(賓位語), 빈술(客位語).
 prædicabilia. 빈위어(賓位語)
 prædicabilia accidentĭa 객위어로서의 부수성.
prædicaméntum, -i, n. (論.哲) 범주(範疇).
 (論) 빈위어(賓位語), 빈사(賓辭)
 In librum Prædicamentorum quæstiones.(스코투스 저서)
 범주들의 저서에 나오는 논점들/
 Quæstiones in Prædicamenta. 범주론에서의 질문들.
Prædicantes. 설교 수도자, 도미니코회(O.P.) 신부의 통칭
prædicátĭo* -ónis, f. 복음선포(⑨ Evangelizátĭon),
 공표(公表), 공개, 공포(公布), 선포(宣布), 칭찬, 예찬,
 찬양(讚揚.εύλογία.חזוּק.⑨ Praise), 상찬,
 설교(⑨ homily/Preaching/sermon.獨 Predigt), 전도,
 전교, 서술(敍述. accidentalis prædicátĭo. 우유적 서술),
 단언(斷言), 단정(斷定), 명제(命題).
 De prædicatione Evangelii, quæ per passiones
 prædicantium clarior et potentior facta est.
  복음의 설교는 설교자들의 수난을 통해 더 유명해지고
  더 강해졌다.(교부문헌 총서 17. 신국론. p.2814)/
 De prædicatione verbi divini. 강론에 대하여/
 ergo talis prædicatio religiosorum periculosa est
 Ecclesiæ Dei. 그러므로 탁발 수사들의 설교는
  하느님의 교회를 위협하게 된다/
 Quis non eam, nisi inperitus aut invidus, congrua
 prædicatione laudabit? 무지하거나 시기하는 자가 아니
  라면 누가 그것을 예찬의 말로써 칭송하지 않겠습니까.
  (이연학 최원오 역주. 아우구스티노의 생애. p.147)/
 super Lectione et prædicatione. 성서 교육과 설교/
 Verbi prædicatio. 말씀의 선포.
prædicátĭo catechetica. 학습적 복음 선포,
 학습적 설교(1960년 예수회 도미니꼬 그라쓰 신부 구분).
prædicátĭo ecclesiastica. 교회의 설교(說敎)
Prædicátĭo et eius argumenta principalia(⑨ Preaching
and its main subjects). 설교와 그 주제들.
prædicátĭo evangelica. 복음에로의 준비(準備)
prædicátĭo kerygmatica. 선교적 복음 선포.
 (1960년 예수회 도미니꼬 그라쓰 신부 구분).
Prædicatio laici.(⑨ Prediction of the lay.
 獨 Laienverkündigung) 평신도 강론.
prædicátĭo mystagogica. 신비적 복음 선포.
 신비적 설교(1960년 예수회 도미니꼬 그라쓰 신부 구분).
prædicátĭo Petri. 베드로의 설교
prædicatívus, -a -um, adj. (prædicátum)
 단순단정의, 단정적. (文法) 서술어의, 서술어 노릇하는,
 서술(어)적, 설명어적. usus prædicatívus. 서술적 용법.
prædicátor, -óris, m. (prædicatrix, -ícis, f.)
 공개자, 공표자, 선포자, 예찬(칭찬.찬양)하는 사람,
 설교자(說敎者), 전도자(傳道者)
 Eruditio religiosorum prædicatorum. 설교 수도자의 교육/
 fratres prædicátores. 설교자 형제들, 설교 수도자들/
 Liber promissionum et prædicatorum Dei.
  하느님의 약속과 설교가들의 책.
prædicatórĭus, -a -um, adj. 설교(찬양)하는, 찬사의.
 Summa de arte prædicatoria. 설교 방법론 총서.
prædicátum, -i, n. (修) 서술어(敍述語), 설명어, 술어.
 (論) 빈사(賓辭), 빈(위) 개념(賓位槪念).
prǽdĭco¹ -ávi, -átum, -áre, tr. (præ³+dico¹)
 소리 높여 발표(공포)하다, (상인.경매인 따위가) 외치다,
 공표하다, 드러나게 말하다, 선포하다(기그기),

전교(전도)하다, 칭찬(예찬.찬양.찬미)하다,
가르침을 전하다, 설교하다, 강론하다, 예고하다, 예언하다,
(文法) 서술하다, 속성을 나타내다.
artes prædicandi. 설교법(說敎法)/
Fiat ergo in nobis beatitudo quam Dominus prædixit
futuram. 주님께서 앞날을 내다보고 말씀하신 이 행복이
우리에게서 이루어지기를 바랍니다/
Iesus enim prædixerat pollicitus(⑨ Jesus had foretold
and promised) 예수님께서는 전에 이미 이렇게 예언
하시고 약속하셨습니다(1986.5.18. "Dominum et vivificantem" 중에서)/
Quia prædicatur in nomine ejus pænitentia et remissio
peccatorum per omnes gentes. 죄의 용서를 위한 회개가
그의 이름으로 모든 민족들에게 선포되고 있기
때문입니다.(최익철 신부 옮김. 요한 서간 강해. p.115).
prædíco² -díxi -díctum -ĕre, tr. (præ³+dico²)
미리(전에.그때 벌써) 말하다, 예언하다, 예보하다,
예고하다, (일정.시간 따위를) 정식으로 정하다,
명하다, … 하도록(않도록) 지시하다.타이르다.
Tu igitur ipse de te hæc prædicas? Dixerit quispiam.
그러니 네가 너 자신을 두고 이것을 공언한다는 말인가?
그런 말이야 누구라도 할 법하다.
prædíctĭo, -ónis, f. 예언(נְבוּאָה.προφητεία.⑨ Prophecy),
예고, (修) 모두, 예변법(반대론을 예기하고 미리 예방선을 쳐두는 방법).
prædictívus, -a -um, adj. 예측하는, 예언의, 예보의
prædíctum, "prædíco²"의 목적분사(sup.=supínum)
prædíctum, -i, n. 예언(נְבוּאָה.προφητεία.⑨ Prophecy),
지시, 명령, 약속(ἐπαλλελἱον.⑨ Promise), 협정.
De pervicacia quorumdam, qui resurrectionem carnis,
quam sicut prædictum est, totus mundus credit,
impugnant. 예고된 육신 부활을 온 세상이 믿는데도
반대하는 사람들의 완강한 고집.(교부문헌 총서 17. 신국론. p.2830).
prædifficílis, -e, adj. 매우 어려운
prædiólum, -i, n. 자그마한 토지, 땅뙈기
prædírus, -a -um, adj. 지겨운, 끔찍한, 고약한, 흉악한
prædísco, -dídci -ĕre, tr.
미리 공부하다, 미리 익히다, 예습(豫習)하다.
prædispósĭtus, -a -um, p.p.
미리 준비된, 미리 배치된, 준비 태세를 갖춘.
prǽdĭtus, -a -um, adj. (præ³+do) 구비한, 갖추어 가진,
부여되어 있는, 타고난, 천부의, (무엇이) 있는,
(병 따위에) 걸려 있는, (어떤 악습에) 빠져 있는,
(신이 무엇을) 맡아 다스리는, 관장(管掌)하는.
Staberius grammaticus tanta honestate præditus fuit ut
proscriptorum liberos sine mercede ulla in disciplinam
receperit. 문법교사 스타베리우스는 탁월한 청렴을 갖추고
있어서(præditus honestate) 보수를 한 푼도 받지 않은 채,
재산몰수를 당한 사람들의 자제들을 문하에 받아 들였다.
prǽdĭum, -i, n. 토지, 농장, 전답(밭과 논), 소유물, 부동산.
Urbanum prædium distinguit a rustico, non locus,
sed materia. 도시부동산을 농촌부동산과 구별하는 것은
장소가 아니라 용도이다.
prædíves, -vĭtis, adj. 매우 부유한, 부호의
prædivinátĭo, -ónis, f. 예견(獨 Weissagung),
예감(獨 Ahnung), 예측(豫測), 예상(豫想), 미리 짐작함.
prædivíno, -ávi, -áre, tr. 예견(예감.예측.예상)하다,
미리 알다, 미래를 알아내다.
prædixi, "prædíco²"의 단순과거(pf.=perfectum)
prædo¹, -ávi, -átum, -áre, tr. (=prædor)
약탈(掠奪)하다, 강탈(强奪)하다, 탈취(奪取)하다.
prædo², -ónis, m. 약탈자, 강도(强盜), 해적(海賊),
유산의 불법 점유자(遺産 不法 占有者).
Suis facultátibus captos a prædónibus rédimunt.
그들이 자기 재산을 털어서 몸값으로 치르고 납치된
자들을 강도들로부터 구해낸다(Redimo 참조).
prædócĕo, (-dócui), -dóctum -ére, tr. 미리 가르쳐주다
prædóctum, "prædócĕo"의 목적분사(sup.=supínum)
prædocui, "prædócĕo"의 단순과거(pf.=perfectum)
prǽdŏmo, -dómŭi -áre, tr.

미리 길들이다, 사전에 극복(克復)하다.
prædŏmui, "prǽdŏmo"의 단순과거(pf.=perfectum)
prædor, -átus sum, -ári, dep., intr., tr. 노획하다,
훔쳐내다, 강탈(强奪)하다, 약탈(掠奪)하다, 노략질하다,
(누구의 물건을) 뺏다, 탈취하다, …에서 이득을 보다,
이익을 얻다, (짐승.물고기 따위를) 잡다.포획하다.
prædúco, -dúxi -dúctum -ĕre, tr.
앞에다 구축(축조)하다, 전면에 (호를) 파다,
(줄 따위를) 앞으로 그어나가다, 앞으로 끌어가다.
præductum, "prædúco"의 목적분사(sup.=supínum)
prædúlce, adv. 매혹적으로
prædúlcis, -e, adj. 매우 단, 매우 유쾌한, 기분 좋은,
감미로운, 매혹시키는. n., pl. 아주 단 것.
prædúro, -ávi, -átum, -áre, intr. 몹시 굳어지다.
tr. 몹시 굳게 하다, 딱딱해지게 하다,
견고하게 하다, 냉정해지게 만들다.
prædúrus, -a -um, adj. 매우 굳은, 딱딱한, 단단한,
몹시 질긴, 대단히 힘센, 건장한, 강인한, 완고한,
매우 힘든, 고된, 뻔뻔스러운, 무례(無禮)한.
præduxi, "prædúco"의 단순과거(pf.=perfectum)
prædæléctĭo, -ónis, f. 예선(豫選), 선발(選拔),
더 낫게 여김, 우선적 선택(選擇).
prædælígo, -legi -lectum -ere, tr. 선발하다,
선택하다(בָּחַר), 더 낫게 여기다, 더 좋아하다.
prædæmínens, -éntis, p.p., a.p. 우월한
prædæminéntĭa, -æ, f. 뛰어남, 우월(優越), 탁월(卓越),
출중(出衆-뭇사람 속에서 뛰어남), 걸출(傑出).
præ(e)mínĕo, -ere, intr., tr. 뛰어나다, 출중하다,
두드러지다, 능가하다, 우월(탁월)하다, 우위에 있다.
prǽĕo, -ívi(ĭi), -ítum, -íre, intr., tr. 앞서 가다,
앞장서다, 선도(先導)하다, 앞지르다, 먼저 가다,
선창(先唱)하다, 명하다, 지시(指示)하다, 가르쳐주다.
præesse est prodesse. 지배하는 것은 도움이 되는 일이다.
으뜸이 되는 것은 종이 되는 것이다.
præexercitátĭo, -ónis, f. 예습(豫習), 예행(豫行)
præex(s)ístens, -éntis, p.præs. 먼저 있는, 먼저 존재하는
præex(s)isténtĭa, -æ, f. 먼저 있음.
선재(先在.⑨ preexistence.예수 그리스도의 위격적인 실존이
인간이 되기 전부터 생성되어 있었음을 의미하는 용어).
præex(s)isténtĭa animarum. (神) 영혼선재설(靈魂先在說)
præex(s)istentianísmus, -i, m.
(神) 영혼선재설(靈魂 先在說-Platon의 설로 플라톤은 영혼이
어떻게 육체 속에 결합되었는가를 설명하면서 영혼이 전생에서 죄를 지어
육체라는 감옥에 갇히게 되었다고 함).
præex(s)isto, -éxstĭti -ĕre, intr. 먼저 존재하다
præfámen, -mínis, n. (præ³+for) 서문(序文), 서언.
præfátĭo, -ónis, f. 서언(序言), 서문(序文), 서설(序說),
입문, 종교적 예식문, (선서.계약 따위의) 소정 양식.
((가)) (미사의) 서송(序誦).
감사송(⑨ præfátĭo.⑨ preface.獨 Präfation).
Præfationem incipit ambabus manibus positis hinc inde
super altare: quas aliquantulum elevat, cum dicit:
감사송을 시작하면서 두 손을 제대 위에 올렸다가
손을 약간 들어 올리며 말한다.
præfátĭo Adventu. 대림 감사송
præfátĭo Communis. 연중 평일 감사송
præfátĭo de Angelis. 천사 감사송
præfátĭo de Apostolis. 사도 감사송
præfátĭo de Ascensione Domini. 예수 승천 감사송
Præfatio et Communicantes de Ascensione.
예수 승천 감사 서문경.
præfátĭo de beata Mária Virgine.
복되신 동정(童貞) 성모 마리아 감사송.
præfátĭo de D. N. Jesu Christo Rege.
그리스도 왕 감사송(1925년 제정).
præfátĭo de Martyris. 순교자 감사송
præfátĭo de pastoris. 목자 감사송
præfátĭo de Quadragesima. 사순절 감사송
præfátĭo de S. Cruce. 성 십자가 감사송

P

præfátĭo de S. Joseph, Sponso B.M.V. 성 요셉 감사송.
(1919년 제정).
præfátĭo de Sacratissimo Corde Jesu. 예수 성심 감사송.
(1928년 제정).
præfátĭo de Sancti. 성인 감사송
præfátĭo de Spiritu Sancto. 성령 감사송
Præfátĭo de SS. ma Eucharistĭa* 성찬(聖餐) 감사송
præfátĭo de SS. ma Trinitate.
삼위일체 감사송, 성삼 감사서문경.
Præfatio-De suscepti operis consilio et argumento.
서언-본서의 집필 계획과 주제.(교부문헌 총서 17, 신국론, p.2742).
præfátĭo Defunctorum 죽은 이들을 위한 미사 감사송
præfátĭo Epiphania Domini. 주님 공현 감사송
præfátĭo Nativitate Domini 성탄 감사송
præfátĭo Paschalis 부활 감사송
præfátĭo Passione Domini. 주님 수난 감사송
præfátĭo tempus per annum. 연중 주일 감사송
præfátus[1] -a -um, p.p. (무엇에 앞서) 먼저 말한,
서언으로(모두에서) 말한. n. 서문, 서론.
præfátus[2] -us, m. 미리 말함(豫告), 예고(豫告)
præfēci, "præfícĭo"의 단순과거(pf.=perfectum)
præfécta, -æ, f. 가정주부(家庭主婦)
præféctĭo, -ónis, f. 앞에 내세움, 장(감독) 임명
præféctor, -óris, m. (로마의) 장관(長官), 총독(總督)
præfectórĭus, -a -um, adj.
장관의, 총독의, 전직 장관(총독)의, 친위대장의.
præfectum, "præfícĭo"의 목적분사(sup.=supínum)
præfectúra, -æ, f. 감독직책, 관리직, 지휘관 직책,
지방 사령관직(地方 司令官職), 총독의 직책(職責),
지방 장관직, (고대 이탈리아의) 지방 자치도시.
Præfectura Apostólica. 교황 파견 선교구(宣敎區),
(포교지방의 교황 직할) 감목(교)구(監牧敎區),
대목구, 지목구(知牧區.[영] apostolic prefecture).
præfectura morum. 풍기 감찰관직
Præfectura Pontificalis Domus.
([영] Prefecture of the Papal Household).
교황 궁내원(敎皇 宮內院), 교황궁내처.
Præfectura Rerum œconomicarum Sanctæ Sedis.
([영] Prefecture for the Economic Affairs of the Holy See)
성좌 재무처(財務處), 교황청 성좌 재무 심의처.
præfectus, -i, m. 관리자, 지휘관, 장, 감독관, 장관,
군대의 (각급) 최고 지휘관(指揮官), 지방 사령관,
기병(보병) 대장, 식민지 총독, 교황청 성성 장관, 집정관,
학생감, 사감(舍監-기숙사에서 기숙생들의 생활을 감독하는 사람).
præfectus ærario. 재무 장관
præfectus apostolicæ missionis. 교황 파견 선교단장
præfectus Apostolícus 감목 교구장, 교황 파견단장,
지목구장(知牧區長.[영] prefect apostolic).
præfectus classis. 제독(提督-함대의 사령관)
præfectus Dei. 하느님의 집정관
præfectus evocatorum. 징병 사령관(徵兵 司令官)
præfectus fabrum. 공병대장, 기능공 십장, 목수 감독.
Fabri cando fit faber. 만들면서 장인이 된다.
præfectus legiónis. 군단장
præfectus morum. 감찰관
præfectus navis. 선장(magister navis)
præfectus prætorii. 통감(사목연구 제16집, p.48)
præfectus prætorio. 지방총독(地方總督)
præfectus socium. 반장(班長-級長)(faber 및 sócius는 præféctus
라는 명사와 연결되면 그 복수 속격 어미가 -um이 되기도 한다).
præfectus studii. 교학 처장(敎學處長)
præfectus urbis. 市 총독(總督), 로마 집정관
præferentĭa. -æ, f. 선호(選好)(철학여정, p.90)
præfĕro, (fers, fert), -tŭli, -látum, -férre, anom., tr.
앞으로 들다, 앞에 지니다, 앞에서 들고 다니다(지나가다),
앞으로 가져가다(오다), (손 따위를) 내밀다, 가져다주다,
제공하다, 앞으로 달려오다, 앞을(옆을) 달려서 지나가다,
(소문 따위가) 퍼지다, 드러내다, 나타내다, 보이다,
더 낫게 여기다, 더 좋게 여기다, 더 좋아하다, 앞세우다,
… 보다 차라리 (무엇을) 택하다, (기일을) 앞당기다,
Cato mortem prætulit servituti.
카토는 예속(隸屬)보다는 죽음을 택했다/
in vultu præfero. 얼굴에 드러내다/
lumen præfero menti meæ. 내 정신을 비춰주다/
pecuniam prælato amicitiæ. 우정보다 돈을 더 중히 여기다/
præláto die. 날짜를 앞당겨서/
Quis pacem bello non præferre?
누가 전쟁보다 평화를 더 좋아하지 않겠는가?/
se præfero áliis. (자기가) 남들보다 낫다(뛰어나다)/
Virtutem præfer divitiis! 부(富)보다는 덕을 앞세우라!/
vultu præfero dolorem animi.
마음의 고통(苦痛)을 얼굴에 드러내다.
præfero diem. 날짜를 앞당기다
præfero opem. 도움을 주다
præfĕrox, -ócis, adj. 매우 사나운, 난폭한, 오만불손한
præferrátus, -a -um, adj.
쇠를 붙인, 쇳조각이 달린, 쇠테를 두른, 쇠사슬에 묶인.
præferre patriam liberis regem decet.
왕은 자기 자식들보다 조국을 더 중히 여겨야 어울린다.
præfértĭlis, -e, adj. 매우 비옥한, 매우 풍요한
præférvĭdus, -a -um, adj. 몹시 뜨거운, 격렬한
præfestíno, -ávi, -átum, -áre, tr. 몹시 급하게 하다,
너무 빨리 서두르다, 재빨리 통과하다.
præfica, -æ, f. (초상집에) 고용되어 곡하는 여자 우두머리
præfícĭo, -féci -féctum -ĕre, tr. (præ[3]+fácio)
누구로 하여금 무엇을 지휘(감독)하게 하다,
관장하게(맡아 다스리게) 하다, 장으로 임명하다.
alqm Arméniis præficio.
누구를 Arménia인들의 왕으로 삼다.
præficio *alqm* classi. 누구를 함대사령관으로 임명하다
præfídens, -éntis, a.p. 너무 자신 있는, 자부심이 강한
præfidens tibi. 자신만만한 너
præfígo, -fíxi -fíxum -ĕre, tr. 앞에(끝에.가에) 박다,
꽂다, 앞에 붙이다(대다), 끝에(꼭대기에) 붙이다,
(창문 따위를) 가려 막다, 꿰찌르다, 관통하다.
jácula præfíxa ferro. 쇠 칼날을 붙인 투창.
præfigurátĭo, -ónis, f. 예시, 예표([영] Prefigurátĭon)
præfigúro, -ávi, -átum, -áre, tr.
미리 형성하다, 미리 표상(表象)하다, 예시(豫示)하다.
præfinĭo, -ívi(ĭi), -itum, -íre, tr.
미리 정해놓다, 규정하다, 한정(제한)하다.
præfinítĭo, -ónis, f. 미리 정함
præfiníto, adv. 예정된 시간에, 제한된 시간 내에.
præfiscĭne(præfiscĭni) adv. (præ[3]+fáscinum)
(자랑하거나 칭찬 받을 경우의 삽입어).
(아무도) 언짢게 생각하지 말기를 바라면서, 외람되지만.
præfixi, "præfígo"의 단순과거(pf.=perfectum)
præfixtum, "præfígo"의 목적분사(sup.=supínum)
præflórĕo, -flórŭi -ére, intr. 일찍 피다
præflóro, -ávi, -átum, -áre, tr. (præ[3]+flos)
꽃을 일찍 지게 하다(시들게 하다),
(영광.세력 따위를) 감소(실추) 시키다,
한물가게 하다, (여자의 정조를) 먼저 짓밟다.
præflorui, "præflórĕo"의 단순과거(pf.=perfectum)
præflŭo, -ĕre, intr., tr. 앞으로 흐르다, 흘러 지나가다
præflŭus, -a -um, adj. 앞으로 흐르는, 흘러 지나가는
præfocábĭlis, -e, adj. 숨 막히게 하는, 질식(窒息)시키는
præfocátĭo, -onis, f. 질식(窒息) 시킴
præfóco, -ávi, -átum, -áre, tr. (præ[3]+faux)
숨 막히게 하다, 질식(窒息)시키다, 교살(絞殺)하다,
(길.구멍 따위를) 메게 하다, 메우다.
præfōdi, "præfódĭo"의 단순과거(pf.=perfectum)
præfódĭo, -fódi -fóssum -ĕre, tr.
앞을 파다, 미리(먼저) 파다, 일단 팠다가 묻어주다.
præfor, -fátus sum -ári, dep., tr.
(무엇을) 하기에 앞서 말하다(외다),
(종교예식 따위에서) 선창하다, 서두에서 말하다,

P

서론으로 말하다, (무엇을) 먼저 말하다, 예언하다, (유명한 권위자의) 이름을 미리 들다(인용하다).
præfor carmen. (종교예식에서 주례자가) 선창하다.
præfor véniam. (말을 시작하기 전에) 미리 양해를 구하다.
præformátor, -óris, m. 교사(διδὰσκαλος), 교육자
præformído, (-ávi), -átum, -áre, tr. 미리 놀라다, 지레 겁내다, 예비하다, 만들다(עבד).
præfórmo, -ávi, -átum, -áre, tr. 미리 형성하다, 미리(일찍) 교육시키다, 준비교육을 시키다.
præfórtis, -e, adj. 매우 힘센, 매우 용감한
præfossum, "præfódĭo"의 목적분사(sup.=supínum)
præfráctum, "præfríngo"의 목적분사(sup.=supínum)
præfráctus, -a -um, p.p., a.p. 앞부분(끝)이 부러진, (문장이 급전하여) 연락이 끊긴, 신축성이 없는, 완고한, 딱딱한, 엄격한, 강직한.
præfrēgi, "præfríngo"의 단순과거(pf.=perfectum)
præfrígĭdus, -a -um, adj. 몹시 찬, 한랭한
præfríngo, -fégi -fráctum -ĕre, tr. [præ[2]+frango] 앞부분(끝)을 부러뜨리다.꺾다.깨뜨리다.
præfúgĭo, -fúgi -ere, intr. 미리 피하다
præfui, "præsum"의 단순과거(pf.=perfectum)
præfúlcĭo, -fúlsi fúltum -íre, tr. 앞에서 떠받치다, 버티다, 괴다, 보강(補强)하다.
præfúlgĕo, -fúlsi -ére, intr. 눈부시게 빛나다, 눈길을 끌다, 두드러지다.
præfúlgĭdus, -a -um, adj. 찬란히 빛나는, 눈부신
præfulsi, "præfúlcĭo"의 단순과거(pf.=perfectum), "præfúlgĕo"의 단순과거(pf.=perfectum).
præfultum, "præfúlcĭo"의 목적분사(sup.=supínum)
præfúrnĭum, -i, n. (præ[3]+furnus) 아궁이
prægélĭdus, -a -um, adj. 몹시 추운, 매우 차가운.
prægĕro, géssi -géstum -ĕre, tr. 앞에 지니다, 앞에서 들고 있다, 먼저 행하다.
prægésta, -órum, n., pl. 전(前) 에 있은 일
prægéstĭo, -íre, tr. 간절히 원하다, 몹시 …하고 싶어 하다
prægnans, -ántis, (**prægnas**, -átis) adj. (præ[3]+gigno) 잉태한, 임신한, (植) 발아한, 수정된, 부푼, 불룩한, 가득한(πλήρης), 많이 함유한, 함축성 있는. f. 임신부.
Creditur virgini prægnanti.
임신한 처녀는 믿어진다(혼인 외 출생자의 아비에 대하여).
prægnátĭo, -ónis, f. 임신(姙娠.[영] Conception), 잉태. (植) 발아(發芽-싹틈), 수정, 번식력을 주는 근원(하느님).
prægrácĭlis, -e, adj. 매우 가느다란, 홀쭉한
prægrándis, -e, adj. 매우 큰, 거대한(גדול), 고령의
prægrávĭdus, -a -um, adj. 몹시 무거운
prægrăvis, -e, adj. 매우 무거운, 다루기 힘든, 대단히 힘든, 거추장스러운, 고된, 크게 부담스러운, 비용이 많이 드는.
prægrávo, -ávi, -átum, -áre, tr. 몹시 무겁게 하다, (무게로) 처지게 하다, 무겁게 내리누르다, 큰 부담을 주다, (무엇보다) 훨씬 우세하다, 압도하다. intr. 축 늘어지다, 처지다.
prægravántes aures. 축 늘어진 두 귀.
prægrédĭor, (dĕris, dĭtur), prægréssus sum, prægrĕdi, dep., intr., tr. (præ[3]+grádior) 앞서가다, 먼저 가다, 앞질러 가다, 통과하다, 지나가다(ארע.ידע), 앞을 지나가다, 능가(凌駕)하다, 앞지르다.
prægréssĭo, -ónis, f. 先行(앞섬), 우선(優先), 우위(優位).
prægressus, -a -um, "prægrédĭor"의 과거분사(p.p.)
prægustátor, -óris, m. 미리 맛보는 사람, 시식.시음 하는 종.
prægústo, -ávi, -átum, -áre, tr. 미리 맛보다, 시식하다, 시음하다, 먼저 먹어보다, 먼저 음미하다.
In terrena Liturgia cælestem illam prægustando participamus. 우리는 이 지상의 전례의 참여할 때 천상의 전례를 미리 맛보고 그것에 참여하는 것이다.
præhíbĕo, -bui -bitum -ere, tr. (=**prǽbeo**) 주다(נתן.יהב.זון), 제공(提供)하다.
præhonóro, -are, tr. 가장 존경(尊敬)하다

prǽii, "prǽeo"의 단순과거(pf.=perfectum)
prǽitum, "prǽeo"의 목적분사(sup.=supínum)
præjácĕo, -cui -ere, intr., tr. 앞에 누워있다, 앞에 놓여 있다.
præjácĭo, -jeci -jactum -ere, tr. 앞으로 던지다, 능욕(凌辱-남을 업신여겨 욕보임)을 가하다, 모욕(侮辱)을 주다.
præjácto, -ávi, -átum, -áre, tr. 거만스럽게 말하다, 큰소리치다, 호언(豪言)하다.
præjactum, "præjácĭo"의 목적분사(sup.=supínum)
præjăcui, "præjácĕo"의 단순과거(pf.=perfectum)
præjeci, "præjácĭo"의 단순과거(pf.=perfectum)
præjícĭo, -ĕre, tr. 앞에다 놓다
præjúdex, -dícĭs, m. 예심판사(豫審判事)
præjudicátum, -i, n. 당초의 결정(계획), 선입견(先入見)
præjudicátus, -a -um, p.p., a.p. 예심에서 판결 받은, 인정심문(認定審問)을 받은, 예측된, 미리 판단 내려진.
opínio præjudicáta. 선입견(先入見), 편견(偏見).
præjudiciális, -e, adj. 예심의, 제1심의, 선결의, 잠정적, 예비적인, 선입견의, 편견의, (손)해를 가져오는, 불리한. adv. **præjudiciálĭter**. 손해 되게, 불리하게.
præjudícĭum, -i, f. 예심(豫審), 선례, 전례(前例-선례), 판례(判例), 인정심문(認定審問), 당초의 결심, 예측(豫測), 예단(豫斷), 억측, 선입견, 선입관, 편견(偏見), 손해(損害), 불리(不利), 장애(障碍).
absque præjudicio. 선입견 없이/
Homines judicant aliquo præjudicio mentis quam veritate. 인간들이란 진실보다는 지성의 어떤 선입견으로 (사물을) 판단한다(성 염 지음. 고전 라틴어. p.148).
præjúdĭco, -ávi, -átum, -áre, tr. (præ[3]+) 인정심문하다, 예심에서 처리하다, 예비심사 하다, 미리 판단하다, 미리 결정하다, 법적으로 불리하게 만들다.
præjurátĭo, -ónis, f. (præ[3]+) 선서문 선창(宣誓文 先唱).
prǽjŭvo, -juvi -are, tr. (præ[3]+) 미리 도와주다.
prælábor, (-ĕris, -ĭtur), lápsus sum, lábi, dep., intr., tr. (præ[3]+) 1. [*absol.* ; in, juxta *acc.* ; *alqd*] 미끄러지듯 나가다(들어오다), (강이) 흘러 지나가다. 2. [*absol.* ; *alqd*] (시간.감정 따위가) 지나가다, 흘러가다.
prælámbo, -ere, tr. 미리 핥아 보다, 맛보다(טעים.טעם), 강물이 스쳐가다.
prælápsus, -a -um, "prælábor"의 과거분사(p.p.)
prælare, adv. 뛰어나게, 명쾌하게, 아주 똑똑히, 훌륭하게.
prælárgus, -a -um, adj. 대단히 광대한, 푸짐한.
prælati Ecclesiæ. 교회의 우위성(教會 優位性)
prælátĭo, -ónis, f. 더 좋아함, 낫게 여김, 선택, 우선.
Ut nemo appropriet sibi prælátĭonem.
아무도 장상직을 자기 것으로 소유하지 말 것입니다.
prælātum, "prǽfĕro"의 목적분사(sup.=supínum)
prælatúra, -æ, f. (教法) 고위 성직자의 지위.
prælatura nullius(=abbatĭa nullius) 고위 성직자구, 독립 대수도원구, 면속구([영] abbacy nullius).
prælatura personalis([영] personal prelature). 성직자치단.
prælatura territorialis. 성직 자치구(聖職 自治區)
prælatus, -i, m. (教法) 고위 성직자([영] Prelate.獨 Prälat), 대수도원장, 주교(ἐπίσκοπος.이탈리아어 vescovo. 스페인어 obispo.프랑스어 evêque.獨어 Bischof).
prælatus domesticus. 교황 사실 고위 성직자
prælatus honóris causā([영] Honorary Prelate) 명예 고위 성직자.
prælatus major. 상급 고위 성직자
prælatus minor. 하급 고위 성직자
prælatus territorialis. 성직 자치구장(聖職自治區長)
præláutus, -a -um, adj. 대단히 사치스러운, 호화로운
præléctĭo, -ónis, f. 수업(授業), 강의(講義)
præléctor, -óris, m. 교사(διδὰσκαλος.[영] Teacher), 선생(διδὰσκαλος), 강사(講師).
prælégo[1], -ávi, -átum, -áre, tr. (præ[3]+lego[1]) 유언(遺言)으로 미리(먼저) 상속(相續)시키다, 유산분배 전에 (받도록) 증여(贈與)하다.
prælego[2], -légi -léctum -ĕre, tr. (præ[3]+lego[2])

강의하다, 낭독하며 설명하다(가르치다),
미리 골라내다, 선택하다, (해안 따위를) 따라서 지나가다.
præliber, -ĕra -ĕrum, adj. 매우 자유로운
prælibo, -ávi, -átum, -áre, tr. 미리 맛보다,
맛보기 위해 떼어내다, 훑어보다, 음미(吟味)하다.
prælicénter, adv. (præ[3]+ licens) 너무 자유롭게, 제멋대로
præligámen, -mĭnis, n. 호부(護符)
præligo, -ávi, -átum, -áre, tr. 앞(끝)에다 (무엇을) 묶다,
둘레(가장자리)에 동여매다, 붙들어 매다, 싸매다,
처매다, 덮다(ⴰⴽ.ⴰⴽ.ⴰⴺⴰⴽ.ⴰⴺ).
가리다(ⴰⴽ.ⴰⵛ), 속박하다, 꼼짝 못하게 하다.
prælíno, -lītum(-linítum) -ĕre, tr. (앞면을) 칠하다, 바르다
prælītus, -a -um, "prælíno"의 과거분사(p.p.)
prælocútĭo, -ónis, f. 미리(먼저) 말함, 서설, 서언(머리말)
prælóngus, -a -um, adj. 상당히 긴
prælóquĭum, -i, n. 전제(前提), 서언(序言-머리말)
præloquium major.(=præmissa major) 대전제
præloquium minor.(=præmissa minor) 소전제
prælŏquor, (-ĕris, -ītur) -locútus sum -qui,
dep., intr., tr. 먼저 말하다, 서론(序論)을 말하다.
prælúcĕo, -luxi -ere, intr., tr. 앞에서 비추다,
앞을 비추다, (빛 따위가) 밝게 비치다, 비추다,
더 빛나다, … 보다 뛰어나다
prælúdĭum, -i, n. (præ[3]+ ludus) 준비행위(準備行爲), 서막.
(音) 전주곡(前奏曲), 서곡(序曲).
prælúdo, -lúsi -lúsum, -ĕre, intr., tr. [præ[3]+]
서막을 상연하다, 전주곡을 연주(演奏)하다, 준비하다,
준비태세를 갖추다, 예행(豫行)하다, 미리 해보다.
prælum, -i, n. (=prelum) 압착기(壓搾機)
인쇄기(印刷機), 복사기(複寫機).
prælúmbo, -áre, tr. (præ[3]+ lumbus)
허리를 부러뜨리다, 두들겨 패다.
prælúsi, "prælúdo"의 단순과거(pf.=perfectum)
prælúsĭo, -onis, f. 전주(前奏), 서곡(序曲), 서막(序幕)
prælusórĭus, -a -um, adj.
서두(序頭)가 되는, 전조가 되는, 전주의, 서곡의.
prælústris, -e, adj. (præ[3]+lustro)
매우 빛나는, 찬란한, 맑게 갠, 쾌청(快晴)한.
prælusum, "prælúdo"의 목적분사(sup.=supínum)
præluxi, "prælúcĕo"의 단순과거(pf.=perfectum)
præmandáta, -órum, n., pl. 체포령(逮捕令)
præmándo[1] -ávi, -átum, -áre, tr. (præ[3]+mando[1])
주문하다, 구해 달라고 부탁하다, 영장을 발부하다.
præmando[2] -ere, tr. (præ[3]+mando[2])
미리 씹다(먹다), 차근차근 설명하다.
præmatúre, adv. 너무 일찍(빨리), 조숙(早熟)하게.
præmatúrus, -a -um, adj. 일찍 익는, 조생종의,
너무 이른, 시기상조(時機尙早)의, 조숙(早熟)한.
præmedicátus, -a -um, p.p., a.p. (præ[3]+médico)
예방약을 먹은, 약.주문 따위로 예방책을 쓴.
præmeditátĭo, -onis, f. 대비, 준비, 예비조치(豫備措置)
præmeditatórĭum, -i, n. 준비실(準備室)
præmeditátus, -a -um, p.p. 미리 생각한, 사전에 고려된.
præméditor, -átus sum -ári, dep., tr. 미리 생각하다,
미리 궁리하다, 대비하다, 서곡을 연주(演奏)하다.
præmémor, -óris, adj. 잘 기억하는, 생생하게 기억하는
præménsus, -a -um, p.p. 미리 측정된
præmércor, -átus sum, -ári, dep., tr. 미리 사두다
præmétĭum, -i, n. (præ[3]+métior)
Ceres 여신(女神)에게 바치는 첫 수확(맏물).
præméto, -ĕre, tr. 첫 수확(맏물)을 거두다.
præmétior, -átus sum, -ári, dep., tr.
미리 측량하다, 미리 경계(境界)를 정하다.
præmetátus, -a -um, p.p. (passive) 미리 측량된.
præmétŭo, -tui -ere, intr., tr. 미리 염려(걱정)하다,
미리 두려워하다, 조심하다(ⴰⵛ).
præmínĕo = præemíneo
præminíster, -tri, m. (præminista, -æ, f.)
앞에서 시중드는 사람, 심부름꾼, 사환(使喚), 시녀(侍女).
præminístro, -are, tr. 공급하다.
intr. 시중들다, 심부름하다.
præmĭo, -áre, tr. 포상(褒賞)하다, 상(賞)주다, 보답하다
præmĭor, -ari, dep., tr. 벌다, 이익을 얻다
præmísi, "præmítto"의 단순과거(pf.=perfectum)
præmíssa, -æ, f. (論) 전제(前提).
Horum autem solutio apparet et his quæ præmissa sunt.
이 어려움의 해결책은 앞에서 말한 데서 드러난다.
præmissa major.(=præloquium major) 대전제
præmissa minor.(=præloquium minor) 소전제
præmíssĭo, -ónis, f. 앞으로 가져감, 서설, 서언(머리말).
præmíssum, "præmítto"의 목적분사(sup.=supínum)
præmítis, -e, adj. 매우 온화한
præmítto, -mísi -míssum -ĕre, tr.
먼저 보내다, 미리 보내다, 앞으로 보내다,
전제하다, 선행하다, 통보하다, 공표하다.
præmĭum, -i, n. (præ[3]+emo) 노획물(鹵獲物),
(사냥에서 잡은) 포획물(捕獲物), 소득, 벌이, 이득,
이익, 편리, 특전(⑩ privilege), 혜택(惠澤), 특권,
보수(報酬), 사례(謝禮), 품삯, 상(賞), 상급, 상금, 상품.
alci præmium reddo. 누구에게 상(賞)을 주다/
Cum discipuli bene studerent, magister eis præmia dedit.
학생들이 열심히 노력한다고 해서 선생님은
그들에게 상을 주었다/
hiatus præmiórum. 상(賞)에 대한 갈망(渴望)/
Majus præmium quam pro mérito.
공로에 비해서는 너무 큰 상급/
merces præmiumque virtutis. 덕에 주어지는 상급/
Puellæ tam diligenter laborant ut præmia accipiant.
소녀들은 상을 받을 정도로 그렇게 열심히 일 한다/
Rex præmia centum militibus dedit.
국왕은 100명의 병사에게 상(賞)을 주었다/
Scio cur cives victoribus præmia dare cupiant.
왜 시민들이 승리자들에게 상을 주고 싶어 하는지 나는 안다/
Tibi præmium dabo. Contratum aureum tibi. dabo.
너에게 상급을 내리겠노라. (만지기만 하면 황금이 되는)
황금 촉각을 그대에게 주리라/
viridióra præmiórum génera. 더 싱싱한 보상(補償).
præmium virtutis. 덕(德)의 보상(補償)
præmŏdum, adv. 과도하게(per supergressio), 너무 지나치게.
præmœnio(præmúnĭo) -ívi -titum -íre, tr. 미리 갖추다.
præmoléstĭa, -æ, f. 장래에 대한 걱정.불안(不安)
præmólĭor, -ítus sum -íri, dep., tr. 미리 준비하다,
미리 계획(計劃)하다, 미리 기도(企圖)하다.
præmóllis, -e, adj. 매우 연한, 매우 부드러운, 말랑말랑한.
præmónĕo, -nŭi -nítum -ére, tr. 미리 주의시키다,
당부하다, 미리 일러주다, 미리 권고(忠告.경고)하다,
예고(豫告)하다, 예보(豫報)하다, 예언(豫言)하다.
præmonítĭo, -ónis, f.
미리 충고함, 예고(豫告), 예계(豫戒-미리 조심함).
præmónĭtor, -óris, m. 미리 충고(경고)하는 사람, 예고자.
præmonitórĭus, -a -um, adj.
미리 경고하는, 미리 알리는, 전조(前兆)의.
præmónĭtum, "præmónĕo"의 목적분사(sup.=supínum)
præmónĭtum, -i, n. 주의, 경고, 예계(豫戒)(미리 조심함), 예고.
præmónĭtus, -us, -i, n. 충고, 경고, 예계(豫戒), 예고, 예보.
præmonstrátĭo, -ónis, f. 미리 가리킴, 미리 일러줌, 예시.
præmonstrátor, -óris, m.
미리 일러주는 사람, 안내자(案內者), 예시자(豫示者).
præmónstro, -ávi, -átum, -áre, tr. 미리 지시하다,
미리 일러주다(가르쳐 주다), 예언하다, 예고하다.
præmŏnui, "præmónĕo"의 단순과거(pf.=perfectum)
præmórdĕo, -mórdi(mórsi), mórsum, -ére, tr. (몹시) 물다,
끝을 깨물다, 물어뜯다, 조금씩 덜어내다, 깎아 들어가다.

964

præmórdi, "præmórdĕo"의 단순과거(pf.=perfectum)
præmórdǐcus, -a -um, adj.
　가장자리(끝)만 먹는, 연한 부분만 먹는(야채 따위).
præmórior, (rěris, rǐtur), -mórtuus sum -mǒri, dep., intr.
　일찍 죽다, 요절하다, (감각기능.기력 따위가) 쇠약해지다.
præmórsi, "præmórdĕo"의 단순과거(pf.=perfectum)
præmórsum, "præmórdĕo"의 목적분사(sup.=supínum)
præmórsus, -a -um, "præmórdĕo"의 과거분사(p.p.)
præmórtuus, -a -um, "præmórior"의 과거분사(p.p.)
præmótio, -ónis. f. 선동(先動), 예동(豫動)
præmotio indifferens. 불편적 선동
præmotio moralia. 정신적 선동
præmotio physica. 물리적 선동, 물리적 선운동
præmóvěo, -móvi -mótum -ére, tr. 먼저(미리) 움직이다
præmunio(=præmœnio,) -ívi -títum -íre, tr.
　앞을 가려 막다, 앞쪽에 보루(堡壘)를 구축하다,
　방비(대비)하다, 튼튼하게 보호하다, 미리 갖추다,
　앞세우다, 앞에 내놓다.
præmunítio, -ónis. f. 방비(防備), 방위, 방어물, 예방.
　(修) 청중에게 마음의 준비를 시키는 일, 복선(伏線).
prænárro, -ávi, -átum, -áre, tr. 미리 이야기하다
prænáto, -áre, tr., intr. 앞서서 헤엄치다,
　(앞.옆을) 흘러 지나가다, 헤엄쳐 지나가다.
prænavigátio, -ónis. f. 연안 항해(沿岸航海), 항해(航海)
prænávĭgo, -ávi, -átum, -áre, intr., tr.
　항해하다, 해안을 따라 항해하다,
　(앞.옆을) 항행하다, 배타고 지나가다.
prænávĭgo vitam. 인생항로를 항해하다.
prænítĕo, -tui -ere, intr. 유난히 번쩍이다.
　찬란히 빛나다, 혁혁하다, … 보다 뛰어나다.
prænóbĭlis, -e, adj. 매우 고귀한, 훌륭한
prænómen, -minis. n. 본명(고대 로마인의 첫째 이름."姓" 참조)
Prænomen Marcus 마르꼬라는 이름.
prænómĭno, -átum -áre, tr.
　(개인) 이름을 지어 붙이다, (개인) 이름을 부르다.
prænoscéntia, -æ. f. 미리 앎, 선견(先見), 예지(미리 앎)
prænósco, -nóvi -nótum -ěre, tr. 미리 알다
prænotátio, -ónis. f.
　앞에 표시함, 책이름.저자 이름을 표지에 써 붙임.
　prænotanda. 일러두기(전례의 토착화, p.91).
prænótio, -ónis. f. 예비지식, 직관적 인식, 예상, 예지, 예감.
prænóto, -ávi, -átum, -áre, tr. 미리 표를 하다,
　앞에다 표시하다, 미리 일러두다, 예언하다.
　미리 제시하다, 미리 적어놓다.
prænoto librum. 책의 이름을 (뭐라고) 붙이다
prænúbĭlus, -a -um, adj. 구름이 많이 낀, 몹시 어두운
prænunci… = prænunti…
prænuntiátio, -ónis. f. 예보(豫報),
　예언(נְבִיא.προφητεία.ⓖ Prophecy).
prænuntiátor, -óris. m. (prænuntiátrix, -ícĭs, f.)
　예언자(נָבִיא.προφητης.豫言者.ⓖ Prophet).
prænúntio, -ávi, -átum, -áre, tr. 미리 알리다,
　예고(豫告)하다, 예보(豫報)하다, 예언(豫言)하다.
prænúntius, -a -um, adj. 미리 일러주는, 예고하는,
　예보하는, 예언하는, 전조(징조)인.
　m., f. 豫言者(נָבִיא.προφητης.ⓖ Prophet),
　　미리 일러 주는 자, 예고자(豫告者).
　n. 전조(前兆-징조), 징조(徵兆).
　lucis prænuntius ales. 새벽빛을 예고하는 새, 수탉.
præoccupátio, -onis. f. 선취(先取), 선점, 먼저 차지함.
　(醫) 장폐색증(腸閉塞症-장불통증.吐糞症).
　(修) 예변법(豫辯法-반대론을 예기하고 미리 예방선을 쳐두는 방법).
præoccúpo, -ávi, -átum, -áre, tr. 미리 차지하다,
　먼저 점령하다, 선취(先取)하다, (아무에게) 선수를 쓰다,
　기습하다, 앞질러 …하다, 마음을 빼앗다.사로잡다.
præólĕo, -ere, intr. 냄새가 멀리 풍기다.
præopímus, -a -um, adj. 많이 살찐
præopínor, -ári, dep., tr. 예상하다, 예측(豫測)하다

præópto, -ávi, -átum, -áre, tr. 더 좋아하다,
　더 낫게 여기다, 차라리 (무엇을) 선택(選擇)하다.
　optionem præoptatam pro pauperibus.(ⓖ preferential
　option for the poor) 가난한 이들을 위한 우선적인 선택.
præordíno, -ávi, -átum, -áre, tr.
　미리 정하다, 작정하다, 미리 결정하다.
præosténdo, -di -ensum -ere, tr.
　미리 보여주다, 미리 지시(指示)하다.
præpándo, -ěre, tr. 앞에 열어놓다, 앞에 펼쳐놓다
præparátio, -onis. f. 예비, 준비, 마련, 장만(갖추어 놓음),
　기초작업, 마음준비, 각오(覺悟), 용의, 예습(豫習).
　De evangelica præparatione. 복음 준비에 대하여/
　De præparatione ad Missam. 미사 준비에 대하여/
　præscientia culpæ et præparatio poenæ(=reprobatio).
　죄의 예지와 벌의 준비(영벌).
Præparatio ad Quadragesimam.(ⓖ preparation to Lent.
　獨 Vorfastenzeit). 사순시기 전 시기(時期).
Præparátio ad sacramenta recipienda. 성사 받을 준비
　(ⓖ Preparátion for receiving the sacraments).
præparátio altaris. 제대 준비
præparátio altaris et donorum. 제대와 예물 준비
præparátio donorum.(ⓖ preparation of the Gifts.
　獨 Gabenbereitung) 예물준비(禮物準備).
Præparátio evangelica. 복음의 준비, 복음적 준비.
　(312～320년, 체사레아의 에우세비오 지음).
præparátio evangelica. 예비작업(가톨릭 철학, 창간호. p.11),
　복음의 준비(가톨릭 신학과 사상, 제56호. p.152).
præparátio fidei. 신앙의 준비(信仰 準備)
præparátio proxima ad baptismum.
　세례의 가까운 준비.
præparátio spiritualis. 영성적 준비
præparátio technica. 기술적 준비
præparátor, -óris. m. 준비하는 자
præparátus[1] -a -um, p.p., a.p. 미리 준비된, 태세를 갖춘,
　미리 차려 놓은, 미리 마련된, 대기(待機)하고 있는.
præparátus[2] -us. m. 대기태세(待機態勢),
　준비태세(準備態勢), 채비(←差備).
præpárcus, -a -um, adj. 몹시 절약하는(아끼는), 인색한
præpáro, -ávi, -átum, -áre, tr. 준비하다(נֶדָה.נוּד),
　대비하다, 예비하다, 마련(장만)하다, 채비를 하다,
　예습하다, 태세를 갖추게 하다, 각오하게 하다.
　준비시키다(נֶדָה), (약.음료.요리 따위를) 조제하다,
　조리(調理)하다, (무엇을 어떤 원료에서) 만들어 내다,
　획득(습득.달성) 하려고 기도(企圖)하다.
　Hominis est animum præ parare, et Domini est
　responsio linguæ. (獨 Der Mensch setzt sich's wohl vor
　im Herzen; aber vom HERRN kommt, was die Zunge
　reden wird) (ⓖ Man may make plans in his heart, but
　what the tongue utters is from the LORD)
　마음의 계획은 사람이 하지만 혀의 대답은 주님에게서
　온다(성경 잠언 16. 1)/계획은 사람이 세우고 결정은
　아훼께서 하신다(공동번역 잠언 16. 1).
præpediméntum, -i, n. 방해(妨害), 방해물, 장애(障碍)
præpédĭo, -ívi(ĭi), -ítum, -íre, tr. (præ[3]+pes)
　(사슬로) 묶어 놓다, (자유를) 속박하다, 방해하다,
　훼방하다, 못하게 하다, 막다, 저지하다, 지장을 주다.
præpéndĕo, -péndi, -ére, intr.
　앞에 걸려 있다, 앞에 매달려 있다.
præpes, -ětis, adj. (præ[3]+peto) 앞으로 질주하는, 빠른,
　쾌속한, 날아가는, 날개 달린, 날아다니는, 길조의, 행운의.
　m., f. 새, 날개 가진 동물.
præpes deus. 날개 달린 신(Cupído 신)
præpes ferrum. 날아드는 창
præpes Jovis. Júpiter의 새, 독수리
præpes Medusǽus. Pégasus(날개 돋친 전설상의 말)
præpilátus, -a -um, adj. (præ[3]+pila[3])
　끝이 (공처럼) 둥근, 깃대의 봉오리처럼 만든(연습용 창).
præpínguis, -e, adj.

P

965

대단히 살찐, 대단히 비옥한, 굵직한(목소리).
præpóllens, -éntis, p.proes., a.p.
　대단히 강력한, 세력이 매우 큰, 탁월한, 우월한.
præpolléntia, -æ, f. 큰 세력, 탁월(卓越)
præpólleo, -lúi -ere, intr. 더욱 강력하다,
　세력이 매우(더) 크다, 우월하다, 우세하다, 뛰어나다.
præponderátio, -ónis, f. 더 무거움, 우세함.
præpóndĕro, -ávi, -átum, -áre, tr. 무겁게 내리 누르다,
　능가하다, 압도하다, … 보다 우세하다.
　intr. 더 무겁다, 무게가 더 나가다,
　(한쪽으로) 기울어지다, 더 중요하다.
præpóno, -pósŭi -pósĭtum -ere, tr. 앞에 놓다(두다),
　… 에 앞서 내놓다(말하다), 차라리 무엇을 택하다,
　(누구에게 무엇을) 지휘(감독)하게 하다,
　(누구를 무엇의) 장으로 세우다,
　… 보다 더 중히 여기다, 더 낮게 생각하다.
　hóminem præpono Jovi.
　　인간을 Júpiter 신보다 상위에 두다/
　priúsquam … , pauca præponam.
　　나는 …하기 전에 먼저 몇 마디 말을 하겠다.
　Præpono *alqm* província. 누구를 주지사로 임명하다
　Præpono última primis.
　　맨 마지막 것을 맨 처음 것 앞에다 놓다.
præpórto, -ávi, -átum, -áre, tr.
　앞에 지니고 있다, 드러내다.
præposita, -æ, f. 수녀원장
præposítio, -ónis, f. 먼저 내놓음, 앞에 둠,
　지휘자로(監督.長으로) 세움. (文法) 전치사.
præpositívus, -a -um, adj.
　(文法) 앞(자리)에 놓이는, 전치(前置)의.
præpósĭtum, "præpóno"의 목적분사(sup.=supínum)
præpositúra, -æ, f. 상관의 지위(직책),
　장상의 지위, 수석의 위치.
præpósĭtus, -i, m. 군대 지휘관(軍隊 指揮官), 사령관,
　책임자, 감독(ἐπίσκοπος), 관리인, 대성당 참사 회장,
　(영국의 몇몇 유명 단과 대학의) 학장(영 Provost).
　(가) 주교좌 성당의 주임(수석) 신부, 수도원장 대리,
　원장신부, 교회 자산관리자. f. 수녀원장(antistita, -æ, f.).
　n.(pl.) (최고의 선은 아닌) 비교적 좋은 것, 보통의 선,
　윗분(영 One placed over)(자기 수도원의 장상을 '쁘레뽀시뚜스,
　윗분'이라 부른다.
　populorum præpositi. 주교(교부문헌 총서 15, 신국론, p.136).
præpósĭtus Generalis. 삐아리스트회(Piarists)의 총장
præpóssum, -pótŭi, -pósse, anom., intr.
　세력(勢力)이 강대하다, 강력하다.
præpostérĭtas, -atis, f. 앞뒤를 바꿈
præpóstĕro, -ávi, -átum, -áre, tr. 앞뒤(순서)를 바꾸다
præpóstĕrus, -a -um, adj.
　앞뒤(순서)가 뒤바뀐, 거꾸로 된, 도착(倒錯)된,
　잘못된, 비정상적, 거꾸로 하는, 심술궂은.
præpósui, "præpóno"의 단순과거(pf.=perfectum)
præpótens, -éntis, a.p.
　대단히 세력있는, 강대한 세력의, 지배하는, 관장하는.
præpoténtes, -ĭum, m., pl. 권력층, 세력가, 부호.
præpoténtia, -æ, f. 탁월(卓越)한 권능, 강력한 권력
præpótui, "præpóssum"의 단순과거(pf.=perfectum)
præproperánter, adv. 몹시 서둘러, 황급히
præprópĕro, -are, intr. 몹시 서두르다
præprópĕrus, -a -um, adj.
　매우 급속한, 몹시 서두르는, 조급한, 경솔한.
præputiátio, -ónis, f. 할례를 받지 않고 있음, 이교도임
præpútĭo, (-átum) -áre, tr. 할례를 받지 않은 상태에 두다,
　p.p. **præputiátus** -a -um, 할례 받지 않은, 할례 없는.
præpútĭum, -i, n. (解) 포피(包皮), (종교적) 부정(不淨)
præquam, adv. … 에 비하여
præquést, -a -um, p.p. 먼저 불평부터 말한, 미리 투덜댄
prærádĭo, -are, intr., tr. 찬란하게 비추다, 눈부시게 빛나다
prærápĭdus, -a -um, adj. 매우 급한, 매우 빠른

præredémptĭo, -ónis, f. (神) 예견 구원(예견 구령)
præréptor, -óris, m. 선취자, 강탈자, 횡령자(橫領者)
præreptum, "prærípĭo"의 목적분사(sup.=supínum)
prærigésco, -rígŭi -ĕre, inch., intr.
　몹시 굳어지다, 뻣뻣해지다, 경직(硬直)하다.
prærígui, "prærigésco"의 단순과거(pf.=perfectum)
prærípĭa, -órum, n., pl. 강가(강변), 강변(강가)
prærípĭo, -ripui -reptum -ere, tr. (præ+rápio)
　탈취하다, 불시에 빼앗다, 채가다, 가로채다,
　일찍 빼어가다, 선수를 쓰다, 먼저 차지하다, 앞질러 …하다.
prærĭpui, "prærípĭo"의 단순과거(pf.=perfectum)
præródo, -rósi -rósum -ĕre, tr. 끝을 갉아먹다(쏠다),
　깨물어 끊다(뜯다), 아주 쏠아버리다.
prærogátĭo, -ónis, f. 분배(分配), 배급(配給)
prærogatíva, -æ, f. 특권(特權), 특전(영 privilege),
　우선권, 사전보증(事前保證), 확실한 보증, 징후(徵候).
prærogatívus, -a -um, adj. (præ+rogo)
　먼저 투표하는, 우선 투표권이 있는, 특권의, 특권이 있는.
prærogátor, -óris, m. 분배자(分配者)
prærŏgo, -ávi, -átum, -áre, tr. 먼저 물어보다,
　먼저 청하다, 미리 지불하다, 선불하다, 분배하다,
　배정하다, 갖다 주다, (자비 따위를) 미리 베풀다.
prærósi, "præródo"의 단순과거(pf.=perfectum)
prærósum, "præródo"의 목적분사(sup.=supínum)
prærúmpo, -rúpi -rúptum -ĕre, tr.
　앞(끝)을 자르다, 끊다, 부러뜨리다, 찢다(그따).
prærúpi, "prærúmpo"의 단순과거(pf.=perfectum)
prærúptio, -ónis, f. 벼랑, 양쪽으로 갈라진 낭떠러지.
prærúptum, "prærúmpo"의 목적분사(sup.=supínum)
prærúptum, -i, n. (주로 pl.) 벼랑, 낭떠러지, 절벽.
prærúptus, -a -um, p.p., a.p. 험준한, 급경사의,
　깎아지른 듯한, 벼랑의, 층암절벽의, 성급한, 난폭한,
　우락부락한, 우악스러운, 무모한, 위험천만한.
　adv. **prærúpte**, 깎아지른 듯이.
præs[1] prædis, m. 보증인, 보증인의 재산(財産)
præs[2] adv. = **præsto**
præsǽpe(præsepe) -is, n. (præ[3]+sæpes), 구유(영 manger),
　짐승의 먹이통, 여물통, 짐승 우리, 가축우리,
　헛간, 집, 벌통, 유곽(遊廓-창녀가 모여서 몸을 팔던 집이나 그 구역).
præsǽpes(præsepis), -is, f. (præsǽpĭa, -æ) = præsepe
præsǽpi, "præsǽpĭo"의 단순과거(pf.=perfectum)
præsǽpĭo, -sǽpsi, -sǽptum, -íre, tr. 울짱으로 앞을 막다,
　울타리를 치다, (입구.통행 따위를) 차단하다.
præsǽpĭum(-sépĭum) -i, n. (영 Christmas Crib.
　獨 Krippe) 구유(영 manger), 성탄 구유.
præsǽptum, "præsǽpĭo"의 목적분사(sup.=supínum)
præságĭo, -ívi(íi) -ítum -íre, (præsagior, -íre, dep.)
　tr. 예감하다, 예측(豫見)하다, 미리 알다, 예고하다,
　예시하다, 미리 알게 하다, 미리 짐작케 하다, 예언하다.
præsagítĭo, -ónis, f. 예감(獨 Ahnung), 예시(豫示),
　예견(獨 Weissagung), 예언(고대그리스.προφητεία).
præságĭum, -i, n. 예감(獨 Ahnung), 예상,
　전조(前兆-징조), 징조, 예고, 예시, 예언(영 Prophecy).
præságus, -a -um, adj.
　예감하는, 예측(豫測)하는, 예언하는, 점치는, 예시하는.
præsáno, -ávi, -átum, -áre, tr.
　일찍(빨리) 고치다(낫게 하다).
præsciéntĭa, -æ, f. 예지(豫知-미리 앎), 선견(先見),
præscientia culpæ et præparatio pœnæ(=reprobatio).
　죄의 예지와 벌의 준비(永罰).
præsciéntĭa electivus. 선택적 예지
præsciéntĭa generalis. 일반적 예지
præscientia infallibilis Dei. 하느님의 무류적 예지
præscii, "præscío"의 단순과거(pf.=perfectum)
præscíndo, -ĕre, tr. 앞(끝)을 찢다, 갈라놓다, 분리하다.
præscío, -ívi(íi) -ítum -íre, tr. 미리 알다, 예지하다
præscísco, -scívi -ĕre, tr.
　미리(사전에) 알다, 감지(感知)하다, 예지(豫知)하다.

P

966

præscítĭo, -ónis, f. 미리 앎, 예지(豫知-미리 앎),
　예감(豫感.獨 Ahnung), 예견(豫見.獨 Weissagung).
præscítum, "præscĭo"의 목적분사(sup.=supínum)
præscítum, -i, n. 예감(獨 Ahnung), 예지(미리 앎)
præscítus, -a -um, "præscĭo"의 과거분사(p.p.)
præscíus, -a -um, adj. 미리 아는, 예견하는,
　선견지명이 있는, 예언하는, 미래를 점쳐 아는.
præscívi, "præscĭo"의 단순과거(pf.=perfectum)
præscríbe, 원형 præscríbo, -scrípsi -scríptum -ĕre, tr.
　[명령법. 현재 단수 2인칭 præscribe, 복수 2인칭 præscribite].
　Mihi præscribe quid faciendum sit!
　무엇을 해야 할지 내게 지시하시오!.
præscríbo, -scrípsi -scríptum -ĕre, tr. 명령하다(ṣṣ),
　지시하다(ṣṣ), 일러주다, 규정하다, 한정하다,
　받아쓰게(외게) 하다, 구수(口授)하다,
　핑계(구실)로 내세우다, 윤곽을 그리다, 결정하다.
　(法) 항변하다, 이의를 제기하다, 시효에 걸리게 하다.
præscrípsi, "præscríbo"의 단순과거(pf.=perfectum)
præscríptĭo, -ónis, f. 지시, 명령, 규정, 제한, 한정,
　이의, 항변, 구실, 핑계, 제목. (法) 시효(時效).
　De præscriptione hæreticorum. 이단자들의 규정.
　　이단자들에 대한 항고(Tertullianus 지음).
　　이단자들의 시효에 대하여.
præscriptio acquisitiva. 취득 시효(取得 時效)
præscriptio exstinctiva. 소멸 시효(消滅 時效)
præscriptio extraordinária. 이례적 시효(異例的 時效)
præscriptio liberativa. 소멸 시효(消滅 時效)
præscriptio ordinária. 통상적 시효(通常的 時效)
præscriptio tricennii. 30년 시효(時效)
præscriptívus, -a -um, adj. 규정하는, 지시하는,
　규제하는, (法) 시효(時效)에 의한.
præscrípto, -áre, tr., freq. 시효에 의하여 취득하다
præscríptum, "præscríbo"의 목적분사(sup.=supínum)
præscríptum, -i, n. 규정, 지시, 명령, 규칙,
　(횟가루로 그어놓은) 결승선, 한계(선), 처방,
　(어린이들에게 공부시키는) 글씨본, 덧 글씨본.
præsécatum, "præséco"의 목적분사(sup.=supínum)
præséco, -sécŭi, -secátum(-séctum) -áre, tr.
　앞(끝)을 자르다, 가장자리를 자르다, 잘라버리다, 깎다.
præséctum, "præséco"의 목적분사(sup.=supínum)
præsécui, "præséco"의 단순과거(pf.=perfectum)
præsédi, "præsídĕo"의 단순과거(pf.=perfectum)
præségmen, -mĭnis, n.
　깎은 부스러기, 잘라낸 조각, 베어낸 조각.
præseminátĭo, -ónis, f. (præ³+sémino) 태아(胎兒)
præsémĭno, -ávi, -átum, -áre, tr.
　미리(먼저) 씨 뿌리다(심다).
præsens, -éntis, p.proes., a.p. 출석한, 참석한, 현존한,
　현실의, 당장 있는, 존재하는, 이(그) 자리에 있는,
　현재의, (마음속.기억 따위에) 있는, 현장에 있는, 지금의,
　현금의, 목하의, 당면한, 문제되고 있는, 현행의, 당장의,
　즉석의, 즉각(卽刻)의, 즉시의, 당장 쓸 수 있는,
　틀림없는, 분명한, 확실한, 긴박한, 실효 있는, 강력한,
　대단한, 생생한, 단호한, 확고한, 용감한, 날카로운,
　명민한, 자비로운, 호의를 베푸는.
　((文法)) (tempus) præsens 현재(시청.시제).
　ad præsens. 지금은/
　et in hac præsenti et in futura vita felix beatusque
　habetur. 현세생활에서든 미래생활에서든 항상 그리고
　어느 시기에도 인간은 행복하고 유복해야 한다.
　　　　　　　　　(성 염 옮김, 피코 델라 미란돌라, p.119)/
　historia rerum præsentis temporis.
　　현대 사물들에 관한 역사/
　in omni terrarum loco præsentes.
　　세상 곳곳에 있는 현존/
　in præsens. 현재(에), 지금은/
　in præsénti. 지금/
　in rem in præséntem. 문제되고 있는 곳으로, 현장으로/

memória præséntior. 더 생생한 기억(記憶)/
pecúnia præsens. 현금(現金)/
præséntes insídiæ. 분명한 흉계(凶計)/
præsénti tempore. 지금(은)/
præséntissimum remédium. 매우 효과 있는 치료제.
præsens confusum. 혼란(混亂) 된 현재
præsens de futuris. 미래의 현재화
præsens de præsentibus. 현재의 현재화
præsens de præteritis. 과거의 현재화
præsens historicum. 역사적 현재[라틴어에서는 과거의 사실들을
　생생하게 표현하기 위해서 직설법 현재완료 대신에 현재 시청을 사용하는 때가
　자주 있다. 이러한 현재를 역사적 현재 또는 서술 현재라고 하는데 번역은 가끔
　과거로 하게 된다. 황치헌 지음. 미사통상문을 위한 라틴어, p.179].
præsens narrativum. 서술 현재
præsens pœna. 당장 받는 벌, 즉각적인 벌
præsens tempus. 현재 (時間), 지금 시대
præsénsi, "præséntĭo"의 단순과거(pf.=perfectum)
præsénsĭo, -ónis, f.
　예감(豫感.獨 Ahnung), 예상, 선천적 관념(개념).
præsénsum, "præséntĭo"의 목적분사(sup.=supínum)
præsentális, -e, adj.
　현재의, 현실의, 눈앞에, 지금 데리고 있는.
præsentanĕe, adv. 곧(εὐθέως.εἰθὺς), 즉시(卽時)
præsentánĕus, -a -um, adj. 현재의, 현실의, 즉효의,
　당장에 작용하는, 즉각적(卽刻的)인.
præsentárĭus, -a -um, adj. 수중(手中)에 있는,
　당장 쓸 수 있는, 즉각(卽刻) 작용하는.
præsentátĭo, -ónis, f. 봉헌(奉獻), 봉정(奉呈-상거 드림),
　진정(進呈-물건을 자진하여 드림), 소개, 제청(提請),
　추천(推薦.⑨ postulátĭon), 제출, 제시, 제공(提供).
　(敎法) 성직 천거(薦擧), 지명(指名).
　In præsentatione B. M. V. 성모 마리아 자헌 축일/
　In præsentatione Domini. 주님의 봉헌 축일(2월 2일)/
　Iesu præsentatio in templo(⑨ The Presentation of Jesus
　in the Temple) 성전에서의 예수 봉헌/
　Jus præsentationis. 지명권, 추천권/
　præsentiæ et actionis novæ exspectationes.
　　현존과 활동의 새로운 가능성/
　Sorores præsentationis. 동정 성 마리아 봉헌 수녀회.
Præsentátĭo Domini. 주님 봉헌 축일(2월 2일.성모 자헌축일).
　(⑨ Presentation of the Lord.獨 Darstellung des Herrn).
Præsentátĭo Iesu in Templo. 주님 봉헌(奉獻).
　(⑨ Presentátĭon of Jesus in the Temple).
præsénti ad septenium valituro.
　이는 7년 동안 유효하다.
præsénti auxílio Dei. 천주의 효능적인 도움으로.
　[형용사로 쓰는 현재분사는 제3변화 형용사(제3식)대로 변화한다.
　(즉 단수 탈격 어미로 -i, 복수 속격 어미로 -Ium을 가진다).
præsénti in perpetuum valituro. 이는 영구히 유효하다.
Præsenti per Annum Fidei tantum valituro.
　이 교령은 신앙의 해에만 유효하다.
præséntĭa¹ -æ, f. 현존(現存), 실재(實在), 출석(出席),
　참석(參席), 임석(臨席), 나타남, 이(그) 자리에 있음,
　면전(面前), 목전(目前), (누구) 앞, 어전(御前), 효과,
　힘(δύναμις.⑨ Power), 위력, 보호(保護), 도와 줌.
　apprehensio per præsentíam. 현존 지각을 통한 포착/
　De vera præsentia corporis Christi in sacramento
　Eucharistiæ. 성체성사 안에 그리스도의 참된 현존/
　Eius dulcis Præsentia. 그분의 감미로운 현존/
　præsentiæ et actionis novæ exspectationes.
　　현존과 활동의 새로운 가능성.
præséntĭa animi. 침착(沈着), 평정(平靜-평안하고 고요함)
Præséntĭa Christi*(⑨ Presence of Christ.獨 Gegenwart)
　그리스도의 현존.
Præséntĭa Christi in Eucharistĭa(⑨ Presence of Christ
　in the Eucharist). 성체성사에 그리스도 현존.
præséntĭa circumscriptiva. 주변 임재, 획일적 현존.
præséntĭa definitíva. 한정적 현존(限定的 現存)
præséntĭa Dei(⑨ Presence of God). 하느님의 현존.

præsentia immediata. 직접적 현존(直接的 現存)
præsentia intentionale. 지향적 현존(指向的 現存)
præsentia moralia. 정신적 현존(精神的 現存)
præsentia passiva seu mere materialis.
　수동적 또는 순수 물리적 임석(臨席).
præsentia physica. 물리적 현존(物理的 現存)
præsentia pysichalis. 신체적 현존(身體的 現存)
præsentia realis. 사실상의 현존, 실제적 현존,
　실재(⑨ Realities.獨 Realität).
præsentia sacramentalis. 성사적 현존, 성사 안의 임재
præsentia simplex. 단순 현존
præsentia substantiälis. 본질적 현존(本質的 現存)
præsentia verba. 지금 사용되고 있는 말
præsentia veri. 진리의 힘
præsentia² -īum, n., pl. 현상, 현재의 상황, 지금의 형편
præsentiáliter, adv. 자신이 직접, 친히(몸소),
　몸소(친히.in propriâ personâ), 스스로(secum=cum se).
præséntĭo, -sénsi -sénsum -sentíre, tr.
　예감(豫感)하다, 미리 깨닫다, 미리 짐작하다.
præsentissimum remedium. 매우 효과 있는 치료제
præsénto, -ávi, -átum, -áre, tr. 봉헌하다(ברק,בריב),
　보이다(φαίνω), 추천(推薦)하다, (누구) 앞에 내놓다,
　제출하다, 제시하다, 주다, 제공하다, 바치다,
　진정(進呈)하다, 천거(薦舉)하다, 지명하다.
　Præsentato in templo Iesu Lucas notat evangelista.
　(⑨ After the presentation in the Temple the Evangelist
　Luke notes) 루카는 성전에서의 봉헌 다음에 이렇게
　보도한다(1989.8.15. "Redemptoris custos" 중에서).
præsep… V. præsæp…
præséro, -ěre, tr. (præ³+séro⁴)
　미리 씨를 뿌리다, 미리 심다.
præsértim, adv. (præ³+séro³) 특히, 무엇보다도, 유달리
Præsertim dilucidetur oportet perspicuitas quoad
peculiaria sacerdotis munera. 사제의 특별한 직무에
　관한 설명을 반드시 할 필요가 있다
præsertim in Tertio Mundo. 특히 제3세계에서
præsérvĭo, -íre, intr. 섬기다(חלק), 봉사하다
præses¹, -sĭdis, adj. (præ³+sédeo)
　보호하는, 관장하는, 맡아 돌보는, 보살피는.
præses², -sĭdis, m., f. 호위자, 보호자, 수호자, 옹호자,
　우두머리, 주재자, 지휘자, 감독자, 지방 장관, 지사,
　총재, (황제가 파견한) 대사, 의장, 총재(總裁), 대통령.
　Academiæ Præses a Summo Pontifice in quinquennium
　nominatur. Præsidis mandatum in alterum quinquennium
　renovari potest. 학술원 원장은 교황이 5년 임기로 임명
　한다. 원장의 임무는 1회 연임될 수 있다/
　Ad Præsidem spectat:Academiæ rebus agendis præesse.
　원장의 임무는 학술원의 활동을 감독한다.
præses collegialis tribunalis. 합의제 재판부의 재판장
præses consularis. 현감(사목연구 제16집, p.48)
præses libertatis. 자유의 수호자
præses mali. 악의 우두머리(교부문헌 총서 8, p.66)
Præses, si forte absit vel impediatur, Secretarium
delegat, ut ipsius vice fungatur. 원장은 부재나 유고의
　경우에 사무처장에게 자신을 대행하도록 위임한다.
præsidátus, -us, m. 수호임무(守護任務), 지사직(知事職)
　지방장관직(地方 長官職), 총독의 직위(職務).
præsidens, -éntis, p.proes., a.p. 주재(主宰)하는,
　통할(統轄- 모두 거느려서 관할함)하는, 다스리는.
　m. 주관자(主管者), 주재자(δεσπότης), 의장(議長),
　통치자(統治者.ἄρχων), 감독자(監督者), 총독(總督)
　præsidentem veritatem. 지배하는 진리.
præsidens Delegatus. 의장
præsídĕo, -sédi, (-séssum), -ére, intr., tr. 앞에 앉다,
　보호(수호)하다, 지키다(רזר,רטנ,רנ,רטש),
　방어(防禦)하다, 주재하다, 관장하다, 통할(統轄)하다,
　지휘하다, 통치하다(חחז), 관리(감독)하다,
　다스리다(βασιλεὺς.חזך,לשמ,נוד,דך,וֹר).

præsidiárĭus, -a, -um, adj. 경비하는, 수비하는,
　지방장관의, 총독의. præsidiárii mílites. 경비병.
præsídĭor, -ári, dep., tr. 수비(守備)하다,
　수호(守護)하다, 지키다(רזר,רטנ,רנ,רטש).
præsídĭum, -i, n. 보호(保護.⑨ Defense), 수호,
　호위(護衛), 경호(警護), 방위수단, 보호대책, 예방책,
　경호인, 호위병, 위수병, 수비대, 주둔군, 보루(堡壘),
　참호, 요새, 군대주둔지, 도움, 원조, 조력,
　거들어 줌, 안전책, 안전지대, 피난처, 지부, 치료제, 약,
　쁘레시디움(Legio Mariæ의 조직 중 하나로 가장 작고 기초적인 단위).
　Imperator exercitum in urbe reliquit civibus præsidio.
　사령관은 시민들을 보호하기 위하여
　군대를 도시에 남겨 두었다/
　Sub tuum præsidium confugimus.
　당신 보호의 품으로 달려드나이다/
　urbs nuda præsidio. 무방비 도시(無防備 都市).
præsignátĭo, -ónis, f. 미리 표시함, 사전지시(事前指示)
præsignátor, -óris, m. 유산처리를 미리 지시하는 자.
præsignificátĭo, -ónis, f. 예시(豫示), 암시(暗示)
præsignífico, -are, tr. 미리 보여주다, 미리 알려주다
præsígnis, -e, adj. (præ³+signum)
　뛰어난, 탁월한, 눈에 띄는, 주목할 만한.
præsigno, -ávi, -átum, -áre, tr. 미리 표시하다
présŏno, -sónŭi, -áre,
　intr. 앞에서 연주되다, 먼저 소리 나다(소리 내다).
　tr. (무엇보다) 소리가 더 낫다, (다른 소리를) 압도하다.
præsŏnui, "præsŏno"의 단순과거(pf.=perfectum)
præspárgo(præspérgo) -ěre, tr. (præ³+spargo¹)
　앞에(미리) 뿌리다(살포하다).
præsta,
　원형 præsto² præstĭti, pæstĭtum, (pæstatúrus) -áre, tr.
　[명령법. 단수 2인칭 præsta, 복수 2인칭 præstate]
présta méæ ménti de te vívere,
et te ílli semper dúlce sápere. 제 영혼 당신으로
　살아가고 언제나 그 단맛을 느끼게 하소서.
præstábilis, -e, adj. 뛰어난, 탁월(卓越)한, 훌륭한,
　가치 있는(ἱκανός), 고귀한, 이로운, 유익한, (더) 나은.
præstabilítus, -a -um, adj. (præ³+stabilio)
　미리 설정된, 예정된.
　(哲) harmonía præstabilíta. 예정조화(豫定 調和).
præstans, -ántis, p.proes., a.p. 뛰어난, 탁월한, 출중한,
　우수(優秀)한, 더할 나위 없는, 훌륭한, 두드러진,
　눈에 띄는, 훌륭한 효과를(효력) 내는.
　ómnibus præstans ingénio. 재능이 누구보다도 뛰어난/
　Quid est virtute præstántis?
　덕행보다 더 뛰어난 것은 무엇이냐?.
præstans animi juvenis. 뛰어나게 용맹한 젊은이
præstántĭa, -æ, f. 탁월(卓越), 우수(優秀), 우월(優越),
　우위(優位), 수월(優勢), 효력(效力), 효능(效能).
　mulieris consecratæ præstantia et pars.
　봉헌된 여성의 존엄과 역할.
præstantia naturæ humanæ. 인간 본성의 출중함.
　(성 염 지음. 사랑만이 진리를 깨닫게 한다. p.301).
præstat, impers. 더 좋다, 더 낫다
Præstat nobis mori quam peccáre.
　우리는 죄를 범하는 것보다 차라리 죽는 것이 더 낫다.
præstátĭo, -ónis, f. 보증(함), 책임짐, 지불,
　납부(納付), 지불 이행(支佛履行).
　ad præstatiónem scríbere.
　기록 내용에 대해 책임지다(보증하다)/
　Sola præstatio usurarum longo tempore facta non inducit
　obligationem usurarum in futurum. 장기간 행해진 이자의
　지급만으로는 장래의 이자채무를 발생시키지 않는다.
præstátor, -óris, m. 보증인(保證人)
præstátúrus,
　"præsto²"의 미래분사(p.fut.=particípium futúrum).
præstérno, -strávi, -strátum, -ěre, tr.
　앞에 깔다(펴다), (덮일 정도로) 뿌리다, 뿌려서 덮다.

praestes, -stĭtis, adj. 보호(守護)하는.
  m., f. 보호자(保護者.προστάτις), 수호자(守護者),
  우두머리, 지휘자(指揮者).
praestet, 원형 praesto² praestĭti, pæstĭtum, -áre, tr.
  [접속법 현재. 단수 1인칭 praestem, 2인칭 praestes,
  3인칭 praestetet,
  복수 1인칭 praestemus, 2인칭 praestetis, 3인칭 praestent].
praestigiæ, -árum, f. pl. (praestígĭum, -i, n.)
  눈속임, 요술(妖術), 현혹(眩惑- 제정신을 못 차리고 홀림.
  또는 홀리게 함), 사기(詐欺.⑨ Fraud), 협작, 속임(수).
  verbórum praestigiæ. 감언이설(甘言利說), 엉터리 수작.
praestigiátor, -óris, m. (praestigiatrix, -ícis, f.)
  요술쟁이, 마법사(魔法師), 사기꾼.
praestígio, -áre, (praestígĭor, -ári, dep.) tr.
  속임수를 쓰다, 현혹시키다, 착각을 일으키게 하다.
praestigiósus, -a, -um, adj. 요술의, 눈속임하는,
  교식(矯飾-겉만 꾸미어 치레함) 하는, 사기로 가득 찬.
praestínguo, -nxi, nctum, -ĕre, tr.
  어둡게(캄캄하게) 하다, 끄다.
praestíno, -ávi, -átum, -áre, tr. 사다(רבק.חנז), 사들이다
praestĭti, "praesto²"의 단순과거(pf.=perfectum)
praestĭtor, -óris, m. 주는 사람, 공급자(供給者)
praestítŭi, "praestítŭo"의 단순과거(pf.=perfectum)
praestĭtum, "praesto²"의 목적분사(sup.=supínum)
praestítŭo, -ŭi -útum -úĕre, tr. (præ³+státuo) 미리 정하다
praestítutum, "praestítŭo"의 목적분사(sup.=supínum)
praesto¹, adv. (præ³+situs¹) 여기에, 자리에 (있다),
  가까이에, 마침(있다), 출석하여, 나타나(다), 대령하여,
  대기태세에, 준비된 상태에, 유익하게, 유리하게,
  도움 되게, 적대하여, 불리하게, 방해(妨害)하여.
  ad portam praesto esse. 성문 간에 모이다/
  alci esse praesto. 누구를 도와주다/
  Hic praesto est. 그는 여기 있다/
  Ibi mihi praesto fuit (alqs) cum lítteris tuis.
    그는 네 편지를 가지고 거기에 있는 내 앞에 나타났다/
  salúti alcjs praesto esse. 누구의 안전에 도움이 되다.
praesto², praestĭti, pæstĭtum, (pæstatúrus) -áre, tr.
  앞에 서다, 뛰어나다, 우수하다, 출중하다, 더 낫다,
  우월하다, 능가(凌駕)하다, 초월하다, 앞서다, 보증하다,
  보장하다, 책임지다, 장담하다, 성취하다, 달성하다, 다하다,
  완수하다, 이행(履行)하다, 보존하다, 드러내다, 보여주다,
  증명하다, 주다(חנז.הבר.נתז), 제공하다, 베풀어주다.
  De obedientia Episcopo praestanda.
    주교에게 해야 할 순명에 대하여/
  Ego tibi a vi nihil praesto possum.
    나는 폭력에 대해서 네게 아무 것도 책임질 수 없다/
  Mori milites præstĭtit quam hæc pati. 군인들은 이런
    일을 당하느니 차라리 죽는 편이 더 나았다/
  se praesto. 자기를 드러내다/
  suum munus praesto. 자기의 사명(직책)을 다하다/
  vicem alcjs rei praesto. 무엇을 대신하다/
  virtútem praesto. 용기(勇氣)를 드러내다.
praesto alci certam summam pecúniæ.
  아무에게 일정한 액수의 돈을 주다.
praesto se invíctum. 굴하지 않다
praesto sunt oculis. 눈에 현전한다(교부문헌 16. 신국론. p.1141)
praestolantes, 원형 praestolor, -átus sum, -ári, 탈형동사
  [현재분사. 단수 praestolans, 복수 praestolantes].
  Sed et praestolántes álterum eius adventum, offérimus
  tibi, grátias reféntes, hoc sacrifícium vivum et
  sanctum.(⑨ and as we look forward to his second
  coming, we offer you in thanksgiving this holy and
  living sacrifice) 성자의 재림을 기다리며, 감사하는 마음
  으로 거룩하고 살아있는 이 제물을 아버지께 봉헌하나이다.
praestolátio, -ónis, f. 기다림, 기대, 희망(ἐλπὶς.⑨ Hope)
praestolor, -átus sum, -ári, dep. (praestólo, -áre,)
  intr., tr. 기다리고 있다, 대기하다, 기대(期待)하다.
praestrángŭlo, -are, tr. 목을 죄다, 말을 막다

praestríctim, adv. 매우 간단히
praestríctum, "præstríngo"의 목적분사(sup.=supínum)
praestríngo, -strínxi -stríctum -ere, tr. 몹시 죄다,
  앞을 죄다, 졸라매다, (목 따위를) 조르다.
  엉기게 하다, 굳어지게 하다, 싸매다, 처매다,
  스치다, 스쳐 지나가다, 언급하다, 몹시 놀라다.
  (눈을) 부시게 하다, 현혹시키다, 홀리게 하다,
  (칼날 따위를) 무디게 하다, (광택을) 흐리게 하다.
praestrínxi, "praestríngo"의 단순과거(pf.=perfectum)
praestrúctio, -ónis, f. 준비작업(準備作業), 기초(基礎)
praestructúra, -æ, f. 얼개(기계나 조직체의 짜임새), 구조(構造)
praestrŭo, -úxi -úctum -ĕre, tr. 먼저 구축(建築)하다,
  앞에 구축(構築)하다, 기초 작업을 하다, 기초를 닦다,
  차단(遮斷)하다, 막다, 준비작업(準備作業)을 하다.
praestúpĭdus, -a -um, adj. 매우 우직한, 매우 우둔한
praesul -sulis, m., f. 주교(ἐπίσκοπος.⑨ bishop.獨어
  Bischof.이탈리아어 vescovo.스페인어 obispo.프랑스어
  evêque) 관리인, 감독(監督.ἐπίσκοπος), 장(우두머리),
  지도자, 스승(διδάσκαλος.⑨ Teacher), 장관(長官),
  후원자, 보호자(保護者.προστάτις), 高位 성직자.
praesulátus, -us, m. 주교직(主敎職.⑨ Episcopacy)
praesúlsus, -a -um, adj. 매우 짠
praesultátor(praesultor), -óris, m. 무용 지도자
praesum, (-es, -est), -fŭi, ésse, anom., intr. 지휘하다,
  감독(監督)하다, 관리하다, 다스리다, 통치(統治)하다,
  (지방) 장관으로 지내다: in eā província praesum.
  그 주(州)의 지사로 지내다. 장관이로서 하다, 주모자이다.
  illi crudelitáti praesum. 그 포학성의 주모자이다/
  보호하다, … 의 보루(堡壘)가 되다.
  discípulis præésse. 학생들을 감독하다/
  milítibus praeésse. 군사들을 지휘하다/
  Non tam præesse quam prodesse desidero.
    우두머리가 되기보다는 종이 되기를 원 한다/
  Præesse est prodesse. 으뜸이 되는 것은 종이 되는 것이다/
  prodesse magis quam præesse. 支配하기보다는 有益이 되어.
praesum classi. 함대(艦隊)를 지휘(指揮)하다
Præsumitur ignorantia ubi scientia non probatur.
  지식이 증명되지 않는 곳에는 부지가 추정된다.
praesúmo, -súmpsi -súmptum -ĕre, tr. 추정하다,
  예기하다, 예상(예측)하다, 짐작하다, 추측하다, 넘겨짚다,
  감행하다, 대담하게(감히) 하다, 주제넘게 기대하다,
  먼저(미리) 취(取)하다, 미리 얻다, 차지하다,
  향유(享有)하다, 앞질러하다, 미리 약화(弱化)시키다.
  filium obiisse falso præsumo.
    아들이 죽은 줄로 잘못 짐작하다/
  opínio præsúmpta. 선입견(先入見)/
  præsumpti patris(⑨ presumed father) 양부(養父)/
  spem praesumo. 미리부터 희망을 가지다.
praesúmpsi, "praesúmo"의 단순과거(pf.=perfectum)
praesúmptio, -ónis, f. 추정(推定.⑨ presumption),
  짐작(어림셔서 헤아림), 추측(推測), 억측(臆測), 지레짐작,
  미리 가짐(먹음.마심), 미리 얻음(차지함.누림),
  사전향유(事前享有), 주제넘은 기대(自信.自負),
  그릇된 선입견(先入見-선입관).
  (神) 과망, 구령(救靈)에 대한 참월(僭越) 한 기대(필요한
    수단을 강구하지 않고 함부로 자신하는 구령에 대한 기대).
  Praedestinationis temerariam præsumptionem cavendam
  esse. 예정설에 관한 무분별한 추정을 피해야 함.
praesumptio comprehendendi et demonstrandi.
  파악(把握)하고 증명하고자 하는 오만함.
praesumptio est rei incertæ probábilis conjectura.
  불확실한 사항에 대한 개연적인 추측(推測).
praesumptio ethica. 윤리적 추정(倫理的 推定)
praesumptio facti. 사실의 추정(推定)
praesumptio gravis. 무거운 추정(推定)
praesumptio hominis. 인위적 추정(推定)
praesumptio judicialis. 사법적 추정(司法的 推定)
praesumptio juris. 법률상 추정(法律上 推定)

P

præsumptio juris et de jure. 확정적(법적) 법률상 추정
præsumptio juris simpliciter. 단순한 법률상 추정
præsumptio levis. 가벼운 추정(推定)
præsumptio naturæ. 본성의 추정(本性 推定)
Præsumptio naturæ prævalet præsumptioni facti.
　　본성의 추정이 사실의 추정보다 우선(優先) 한다.
Præsupmtio præsumptionis admitti non potest.
　　추정의 추정은 인정(認定)될 수 없다.
præsumptio probábĭlis 개연적 추정(蓋然的 推定)
præsumptio temerária. 경솔(輕率)한 추정(推定)
præsumptio violenta. 강력한 추정(推定)
præsumptiósus, -a -um, adj. 당돌한, 참월(僭越)한,
　　주제넘은, 건방진, 자부심(自負心)이 강한.
præsumptívus, -a -um, adj. 추정의, 추정에 의거한,
　　추측의, 당돌한, 건방진, 참월(僭越)한.
præsúmptor, -óris, m. 당돌하게 자신만만한 사람,
　　불법선취자(不法先取者.præreptor, -óris, m. 선취자),
　　횡탈자(橫奪者), 자부심(自負心)이 강한 사람.
præsumptórĭus, -a -um, adj.
　　당돌하게 자신만만한, 자부심이 강한, 참월(僭越)한.
præsúmptum, "præsúmo"의 목적분사(sup.=supínum)
præsumptuósus = præsumptiósus
præsúmptus, -a -um, p.p., a.p.
　　추정된, 지례짐작의, 미리 단정된.
　　matrimonium præsumptum. 추정된 혼인/
　　titulus præsumptus. 추정된 권원.
præsuppóno, -ĕre, tr. 예상(豫想)하다, 예측(豫測)하다,
　　(무엇을) 전제조건(前提條件)으로 하다.
prætectus, -a -um, "prætego"의 과거분사(p.p.)
prætego, -téxi -téctum -ĕre, tr.
　　앞을 덮다, 가리다(כסא.חפי), 감추다(מור), 보호하다.
prætendo, -téndi -téntum(-ténsum) -ĕre, tr.
　　앞으로 펴다, 내밀다(내놓다), 내뻗게 하다, 뻗어있다.
　　펼쳐져 있다, 표면에 내세우다, 빙자하다, 겉꾸미다.
　　보여 주다, 표시(表示)하다, 내색하다.
prætensus → prætentus
præténto¹(prætémpto) -ávi, -átum, -áre, tr.
　　(præ³+tento) 미리 조사(검토)하다, 미리 알아보다.
　　정찰(탐색)하다, (앞을) 더듬어 보다, 짚어보다.
　　미리 해보다, 먼저 시험해보다, 떠보다, 건드려보다.
prætento báculo iter. (장님이) 지팡이로 길을 더듬다.
prætento² -ávi, -átum, -áre, tr., freq. 앞으로 펼치다.
prætentúra, -æ, f. 국경수비대, 변경수비대(邊境守備隊).
prætentus, -a -um, "prætendo"의 과거분사(p.p.)
prætepésco, -tépŭi, -ĕre, intr., inch. 미리 더워지다.
prætepŭi, "prætepésco"의 단순과거(pf.=perfectum)
præter¹, adv. 제외하고, … 이외에, … 밖에나,
　　Amor præter se non requirit causam,
　　non fructum fructus ejus, usus ejus. 사랑은 자기
　　이외의 어떠한 원인이나 결과를 필요로 하지 않는다.
　　그 자체가 결과요 그 자체가 수단인 것이다/
　　consuetúdo contra aut præter legem.
　　법률에 반하거나 법률을 제외시키는 관습/
　　Multa præter spem scio multis bona evenisse(Plautus).
　　내가 알기로는, 많은 사람들에게는 (그야말로 전혀)
　　가망이 없을 때에 좋은 일들이 많이 생겼어/
　　Nil præter canna fuit. 갈대 밖에는 아무것도 없었다/
　　prætérque. 그리고 또, 게다가, 그밖에 또/
　　præter quam …보다 더, …이상으로/
　　præter quod …를 제외(除外)하고/
　　præter si …하는 경우 외에는/
　　Vanitas vanitatem, omnia vanitas præter Deum servire
　　et amare. 헛되고 헛되다. 하느님을 섬기고
　　사랑하는 일 외에 모든 게 헛되다.
præter², prœp. c. acc. 앞에(서), 옆에서, 앞(옆)을 지나서,
　　(무엇을) 따라서, 외에, …와는(보다는) 달리,
　　…말고도, 외에도, …에다, 제외하고, 빼놓고, 내놓고,
　　외에는, 밖에는, 보다 더(이상), …에 비해 더.

esse præter formam. 형상 외의 존재/
Omnes præter eum. 그를 제외하고는 (나머지 사람) 모두가/
præter ordinem divinæ gubernationis.
　　신적 통치의 질서 밖에.
præter animi sententíam. 본의 아니게.
præter castra Cǽsaria. 케사르의 진영을 지나서.
præter castra copias traduxit. 진지 옆을 지나.
præter céteros beatus es. 너는 딴 사람보다 행복하다.
præter céteros, præter álios. 다른 사람들보다 더.
Præter céteros tu metúere non debes.
　　너는 다른 사람들보다 더 무서워해서는 안 된다.
　　[명사나 대명사와 함께 쓴 præ(abl.). præter(acc.) …등의 전치사들도 원급의
　　형용사나 부사 또는 동사에 대하여 비교의 결과를 이루어주는 때가 있다.]
Præter consumptionis quæstionem, aliquid sollicitudinis
habet estque illi arcte iuncta, quæstio oecologica.
　　소비 문제 외에 이것과 밀접하게 관련된 생태학적 문제도
　　염려된다(1991.5.1. "Centesimus annus" 중에서).
præter exsecutionem congruentis cantus, admodum
utile potest esse etiam in meditatione silere.
(㉰ besides the singing of an appropriate hymn, it can
also be most helpful to remain recollected in silence)
　　알맞은 성가를 부르는 것은 물론, 고요히 묵상하는 것도
　　매우 도움이 될 것입니다.
præter exspectátionem. 예기치 않게.
Præter matrem alii item crebrius de morte infantis
nondum enati decernunt. 태중의 아기를 죽이려는 결정을
　　어머니 이외에 다른 사람들이 내리는 경우도 많습니다.
præter modum. 지나치게, 정도를 넘어선
præter natúram. 자연을 넘어서, 거슬러
præter opinionem.(spem) 뜻밖에(ex necopinato), 예상외로
præter oram. 해안선(海岸線)을 따라서
præter pedes. 발 앞에서
præter ripam ambulare. 강변을 따라 산책하다
præter sólitum. 여느 때와는 달리
præter spem. 절망 상태에서
præter spem, præter exspectatiónem. 기대와는 달리
præter supra dicta. 앞에서 말한 것 말고도
præter te. 너 말고는
præter te néminem amícum hábeo.
　　너 외에는 내게 아무 친구도 없다.
præter-³, præverbium, 복합어에서 "넘어서.옆에서.
　　옆을 지나서.앞에서.초과하여.과(過).더욱" 따위의
　　뜻을 드러냄.
prætérăgo, -átum, -ĕre, intr., tr. 달려서 통과하다,
　　(말 따위를) 몰아서(어디를) 지나가다(עבר.עדא).
præterbíto, -ĕre, intr., tr. 지나가다, 지나쳐가다
præterdúco, -ĕre, tr. 데리고 지나가다
prætérĕa, adv. (præter³+ea) 그 외에는, 그 외에 또, 게다가,
　　그밖에도, 더욱이(또), 그뿐 아니라 또한, 그리고, 그 다음에.
　　Qui præterea successoribus suis docendi munus tradunt.
　　(㉰ They transmitted to their successors the task of
　　teaching) 사도들은 가르치는 직책을 후계자들에게 전수
　　시켰습니다.(교황 요한 바오로 2세의 "Catechesi tradendæ" 중에서).
prætérĕo, -ívi(ii), -ĭtum, -íre, anom., intr. 지나가다,
　　통과하다, 스쳐가다, (시간이) 지나다, 흐르다, 경과하다.,
　　nocte, quæ prætériit. 지난밤에.
　　tr. 지나가다(עבר.עדא), 지나빠지다, 통과하다, 묵과하다,
　　언급하지 않다, 그냥 넘어가다, 내버려두다, 빼놓다,
　　빠뜨리다, 소홀히 하다, 고려해주지 않다, 무시하다,
　　제외(除外)하다, 배제(排除)하다, 누락(漏落)시키다,
　　제명하다, 앞지르다, 능가(凌駕)하다, 면하다, 피하다.
　　alqm prætereo. 누구를 가지다.
　　nihil prætereo. 아무것도 묵과(黙過) 하지 않다/
　　Non me prǽterit, me prolápsum esse.
　　내가 실수(失手)했다는 것을 모르는 바 아니다/
　　prætereo dícere. 말하지 않고 넘어가다/
　　prætereo non pótui, quin …
　　나는 … 않고서는 그냥 넘어갈 수 없었다/

P

præteriti senatóres. 제명된 원로원 의원/
ripas prætereo. 강변(江邊)을 따라 흐르다/
sýllabas prætereo. 음절(音節)들을 빠뜨리다/
Te non práeterit, quam sit difficile.
　얼마나 어려운지를 너는 알고 있다.
præteréquĭtans, -ántis, p.prœs. 말 타고 지나가는
prætereúndus, -a -um, gerundiv. 지나쳐 버려야 할
prætereúnter, adv. 지나는 길에, 아무렇게나
præterflúo, -ĕre, intr., tr.
　흘러 지나가다, (시간적으로) 지나가다, 경과하다.
præterfúgĭo, -ĕre, tr. 도망가다(ירב), 빨리 지나가다
prætergrédĭor, (dĕris, dĭtur) -gréssus sum -grĕdi,
　dep., intr. (præter³+grádior) (옆을) 지나가다,
　능가(凌駕)하다, … 보다 뛰어나다.
prǽterhac, adv. 이 이상 더, 더 계속해서
prætérĭi, "prætérĕo"의 단순과거(pf.=perfectum)
prætierítĭo, -ónis, f. 지나감, (修) 암시적 간과법(看過法),
　(상속의 일부를 받아야 할 사람에 대한) 유언의 누락.
prǽterĭtum, "prætérĕo"의 목적분사(sup.=supínum)
prætérĭtum, -i, n. (文法) 과거(시칭.시제),
　지난 일, 과거지사(過去之事).
in præterĭtum. 과거를 통해서, 과거에.
præteritum imperfectum. 미완료, 반과거(半過去)
præteritum perfectum. 단순과거, 전과거(全過去)
præteritum plusquamperfectum. 대과거, 과거완료
prætérĭtus, -a -um, p.p., a.p. 지나간, 과거의, 이전의.
　si præterita respicimus. 과거를 돌이켜보면.
prætérĭvi, "prætérĕo"의 단순과거(pf.=perfectum)
præterlábor, (-ĕris, -ĭtur), lápsus sum, lábi, dep., intr.
　(præter³+labor¹) 옆(앞)을 흐르다, 흘러 지나가다,
　옆으로 지나가다, 항해하여 지나가다, 머릿속에서 사라지다.
præterlámbo, -ĕre, tr. 옆을 흘러 지나가다
præterlapsus, -a -um, "præterlábor"의 과거분사(p.p.)
prætérmĕo, -áre, tr., intr. 옆(앞)을 지나가다, 통과하다
prætermísi, "prætermítto"의 단순과거(pf.=perfectum)
Prætermissa repetimus, inchoata persequimur.
　우리는 중단된 것을 다시 시작하며, 시작된 것을 계속한다.
prætermíssĭo, -ónis, f. 빠뜨림, 빼놓음, 생략(省略),
　소홀(疏忽), 등한(소홀), 태만(怠慢-게으르고 느림), 부주의.
prætermíssum, "prætermítto"의 목적분사(sup.=supínum)
prætermítto, -mísi -míssum, -ĕre, tr. 지나가게 하다,
　지나쳐 보내다, (기회 따위를) 놓치다, 소홀히 하다,
　등한히 하다, 빠뜨리다, (…하는 것을) 잊어버리다,
　묵과하다, 생략하다, 빼놓다, 용서하다, 관용하다,
　눈감아주다, 간과(看過)하다, 묵인(黙認)하다.
　nihil prætermitto, quin … 하나도 빼지 않고 …하다/
　nullum diem prætermitto. 하루도 그냥 보내지 않다.
prætermitto neminem. 아무도 지나쳐 보내지 않다
præternaturális, -e, adj. (神) 외자연적, 자연외적, 과자연적.
　dona præternaturália. 과성(과자연성) 은혜.
præternávĭgo, -áre, intr., tr. 항해하여 지나가다
prǽterŏro, -trívi, -trítum -ĕre, tr.
　(줄 따위로) 쓸다, 갈다, 마멸케 하다, 짓찧다.
præterprópter, adv. 대개(대략), 가량, 그럭저럭
præterquam, adv. 외에(는), 밖에(는), 제외하고, 빼고, 말고.
　Nullas iis, præterquam ad te, dedi litteras.
　　나는 너한테 보내는 편지 말고는 그들에게 아무
　　편지도 부탁한 일이 없다.
prætersum, -fúi, -ésse, anom., intr.
　주의하지 않다, 등한히 하다
prætervéctĭo, -ónis, f. 배타고 지나감, 항해(航海)
prætervectus, -a -um, "prætérvĕhor"의 과거분사(p.p.)
prætérvĕhor, (-hĕris, -hĭtur), véctus sum, hi,
　dep., intr., tr. 항해하여 통과하다, (일반적으로) 지나가다,
　(말.수레, 특히 배 따위를) 타고 (어디를) 지나가다,
　locum siléntio prætervehor. 어떤 대목을 그냥 넘어가다.
prætérvŏlo, -ávi, -átum, -áre, intr., tr. 날아서 지나가다,
　(공기.물 따위를) 가르고 빨리 지나가다,

깨닫지 못하게 지나가다, 사라지다, 자취를 감추다.
prætéxo, -téxŭi -téxtum -ĕre, tr. (præ³+)
　앞자락을 짜다, 가장자리를 달다, 선을 두르다;
　(그물 따위를) 뜨다. (앞.전면을) 장식하다.
　첫머리에 (엮어) 놓다. (앞을) 가리다, 뒤덮다.
　호도(糊塗)하다, 어물어물 덮어 버리다.
　구실로 내세우다, 빙자(憑藉)하다.
prætéxta, -æ, f. 심홍색 술을 달거나 선을 두른 toga.
　(미성년복으로 귀족남아들이 남자 15~17세까지, 여자들은 결혼 때까지
　입었음. 성년복은 고관.원로원 의원제관 등이 축제일에 입었음).
prætéxtum, "prætéxo"의 목적분사(sup.=supínum)
prætéxtum, -i, n.
　가장자리의 마무리, 장식(裝飾-치장함), 구실, 핑계.
prætéxtus¹ -a -um, p.p., a.p. 가장자리에 선을 두른,
　장식된, 앞을 가린, 심홍색 선이 둘린 겉옷을 입은.
prætéxtus² -us, m. 구실, 핑계, 빙자(憑藉-핑계로 내세움),
　장식(裝飾-치장함), 겉모양, 외관(外觀.ιδεα).
prætéxŭi, "prætéxo"의 단순과거(pf.=perfectum)
prætímĕo, -ŭi -ĕre, tr. 지레 겁먹다, 미리부터 무서워하다.
prætímĭdus, -a -um, adj.
　매우 겁 많은, 지레 겁먹는, 소심한.
prætímŭi, "prætímĕo"의 단순과거(pf.=perfectum)
prætor, -óris, m. ["prætor"라는 관직은 "법과 군대를 주관하는(præ-ire)
　사람"이므로 prætor라고 설명. Marcus Terentius Varro지음. BC 116~27].
　선두에 선 사람, 지휘자(指揮者), 장수(將帥),
　총사령관(總司令官), 軍을 통솔한 집정관(執政官),
　지방의 군정장관(軍政長官), 장군(將軍), 총독(總督),
　Catone prætore. 카토가 법무관으로 있을 적에/
　peregreinus. 순회 법무관 / Urbanus 시민 법무관/
　prætorius, -i, m. 전임 법무관(proprætor -oris, m.)
　edictum prætori. 법무관 고시(告示)/
　Potestas judicandi penes prætorem esse.
　　재판권은 검찰관 수중에 있다.
　tuteláris prætor. 후견인을 임명하는 집정관.
Prætor crudelibus legibus gravia onera imposuit super
cines. 법무관은 잔혹한 법률로
　시민들에게 무거운 짐을 지웠다.
Prætor plurima clementer, mansuete, juste, moderate,
sapienter fecit. 법무관은 친절하게, 온순하게, 정의롭게,
　절도 있게, 그리고 현명하게 그 많은 일을 처리했다.
Prætor pontem faciendum curavit.
　법무관은 다리 건축을 보살폈다
prætoriánus, -a -um, adj. 근위병의, 친위대의.
　m., pl. 근위병(近衛兵)
prætorĭólum, -i, n. 귀족의 시골별장, 선장실(船長室)
prætórĭum, -i, n. 본영, 총사령관 관저(總司令官 官邸),
　(법정을 겸한) 총독 관저(官邸), 왕궁, 궁전(宮殿),
　(시골에 있는) 호화별장, (로마황제의) 근위대, 친위대.
prætórĭus, -a -um, adj. 집정관의, 지방장관의,
　총독의, 총사령관의, 본영의.
　prætoria cohors. 총사령관 직속 보병대(친위대)/
　prætória navis. (함대 사령관의) 지휘함(指揮艦)/
　prætória porta. (적군에 직면한) 본영정문(本營正門)/
　prætórium jus. 집정관(대행자의) 권한.
prætórquĕo, -tórsi -tórtum -ére, tr. 앞으로 비틀다
prætórsi, "prætórquĕo"의 단순과거(pf.=perfectum)
prætórtum, "prætórquĕo"의 목적분사(sup.=supínum)
prætórtus, -a -um, "prætórquĕo"의 과거분사(p.p.)
prætractátus, -us, m. 서론, 서설, 서언(머리말), 입문.
prætrácto, -áre, tr. 미리 검토(檢討)하다, 미리 다루다
prætrépĭdo, -áre, intr. 몹시 떨다, 몹시 불안(초조)해하다
prætrépĭdus, -a -um, adj.
　설레는, 매우 떠는, 안절부절못하는, 불안한, 초조한.
prætritum, "prǽterŏro"의 목적분사(sup.=supínum)
prætrítus, -a -um, "prǽterŏro"의 과거분사(p.p.)
prætrívi, "prǽterŏro"의 단순과거(pf.=perfectum)
prætrúnco, -áre, tr.
　자르다(פסק.גזר), 잘라내다(גזר.גזז), 잘라내다.
prætŭli, "præfero"의 단순과거(pf.=perfectum)

P

prætúra, -æ, f. 집정관 대행직, 법무관직.
præúmbrans, -ántis, p.prœs. 그늘지게 하는, 그림자를 던지는
præúro, -⁻ússi -⁻ústum -ére, tr.
　　동상 걸리게 하다, 앞(끝)을 태우다.
præut, adv. (præ³+ut) ⋯ 에 비하면, 비추어 보아.
prǽvalens, -éntis, p.prœs., a.p. 매우 힘센,
　　대단히 세력 있는, 강대한, 더 우세한, 더 나은.
prævaléntia, -æ, f. 우월, 탁월(卓越), 우세, 더 나음.
prǽválĕo, -válŭi -ére, intr. 매우 건장하다,
　　더(대단히) 강하다, 더 힘 있다, 우세하다, 우월하다,
　　더 낫다, 더 가치 있다, 세력(영향력)이 더 크다.
prævalésco, -ére, intr., inch. [prævalĕo]
　　(식물이) 더 튼튼해지다, 억세어지다.
præválidus, -a -um, adj. 매우 강한, 강한, 억센,
　　매우 강력한, 강대한, 굉장한 세력을 가진.
prævalŭi, "prævalĕo"의 단순과거(pf.=perfectum),
　　"prævalésco"의 단순과거(pf.=perfectum).
prævaricátĭo, -ónis, f. 불성실, 직무유기(職務遺棄),
　　직무일탈(職務逸脫), 직무태만(gravis neglectus).
　　(法) 통모(通謀-남몰래 서로 통하여 共謀함), 결탁소송(結託訴訟),
　　배임 수증재죄(背任 受贈財罪), 법률위반(legis violátĭo),
　　범법(⑨ Transgression), 범죄(犯罪), 거역(拒逆), 반역.
　　Quod in prævaricatione Adæ opus malum voluntas
　　præcesserit mala. 아담의 범죄에 있어 악한 의지가
　　　악한 행위를 선행했는가.(교부문헌 총서 17, 신국론. p.2792).
Prævaricatio primorum hominum quam primam
senserit pœnam. 원조들의 반역과 처음으로 당한
　　형벌(刑罰).(교부문헌 총서 17, 신국론. p.2788).
prævaricátor, -óris, m. (prævaricatrix, -ícis, f.)
　　직무 유기자(일탈자). (法) 통모자(通謀者), 담합자.
　　(法) 소송에서 상대방(피고측)과 결탁(공모)한 자,
　　범법자(犯法者), 범죄자, 죄인(ἁμαρτωλὸς.⑨ sinner).
prævárĭco, -ávi, -átum, -áre, intr.
　　(법을) 거스르다, 어기다, 위법하다, 범법하다, 담합하다.
prævárĭcor, -átus sum, -ári, dep., intr. (tr.)
　　(præ³+várico) 빗나가다, 비뚜로 나가다,
　　(法) 통모(通謀)하다, 배임행위(背任行爲)를 하다,
　　상대방과(특히 원고가 피고와) 공모(결탁)하다.
prævárus, -a -um, adj. 불규칙적, 엉망인
prævéhor, (-héris, -hítur), véctus sum, hi, dep.
　　(præ³+vehor) intr. 운반(運搬)되어 가다,
　　(말.배.수레 따위를) 타고 앞으로 가다,
　　발사(發射) 되어 날아가다. tr. (강이) 흘러 지나가다.
prævélli, "prævéllo"의 단순과거(pf.=perfectum)
prævéllo, -vélli(-vúlsi) -vúlsum -ére, tr. 뽑아내다
prævélo, -átum -áre, tr. 앞을 가리다, 덮어 가리다
prævélox, -lócis, adj. 매우 빠른, 재빠른
prævéni, "prævénĭo"의 단순과거(pf.=perfectum)
prævénĭo, -véni -véntum -íre, intr., tr. 먼저(일찍) 오다,
　　앞서다, 앞지르다, 미리(일찍) 당하게 하다,
　　미리(먼저.앞당겨) 베풀다, 먼저 고소(고발)하다,
　　앞당겨 하다, 더 낫다, 능가(凌駕)하다.
　　nisi morte præventus fuísset.
　　그가 먼저(일찍) 죽지 않았더라면/
　　præveniens et subsequens. 선행과 후속/
　　Si cœptum iter properassent, Cæcinam prævenire
　　potuissent. 기왕 시작된 여정을 서둘렀더라면,
　　　그들은 카이키나를 앞지를 수 있었을 것이다.
prævéntĭo, -ónis, f. 먼저(일찍) 옴, 앞지름, 선행(앞섬),
　　선수를 씀, 사전조치(media præventiva), 예방(豫防),
　　선착수(⑨ prevention-어떤 일에 남보다 먼저 손을 대는 일).
　　forum præventionis. 선착수(先着手)의 법원(法院).
prævéntor, -óris, m. 정찰병(偵察兵), 전초병, 공격 개시병
prævéntum, -i, "prævénĭo"의 목적분사(sup.=supínum)
prævérbĭum, -i, m. (præ³+verbum)
　　(文法) 접두사, 접두어(接頭語.prœverbium, -i, m.).
prævérro, -ére, tr. 미리 쓸다, 미리 청소하다
prævérsum, "prævérto"의 목적분사(sup.=supínum)

prævérti, "prævérto"의 단순과거(pf.=perfectum)
prævérto, -vérti -vérsum -ĕre, tr. 더 중히 여기다,
　　낮게 여기다, ⋯보다 앞세우다, 우선적으로 택하다,
　　앞지르다, 앞서다, 더 빨리 달리다, 못하게 막다,
　　예방하다, 미리 피하다(면하다), 먼저 헐뜯다,
　　미리 마시다(먹다), 먼저 차지하다, 먼저 사로잡다,
　　우선(優先)하다, 능가(凌駕)하다, 전념(專念)하다.
　　cursu pedum præverto ventos.
　　　바람보다 더 빨리 달려가다/
　　se præverto. ⋯로 방향을 돌리다.
prǽvĭans, -ántis, p.prœs. 앞에서 길을 인도하다.
prævidentĭa socialis. 사회보장(securitas socialis.)
prævídĕo, -vídi -vísum -ére, tr. 앞을 내다보다,
　　예견하다, 예상하다, 멀리서 이미 바라보다,
　　미리 조심하다, 염려하다, 대비하다.
prǽvidus, -a -um, adj. 앞을 내다보는,
　　용의주도(用意周到)한, 조심성(操心性) 있는.
prævígĭlo, -are, intr. 매우 조심하다, 정신 차리다
prævíncĭo, -vínxi -vínctum -íre, tr.
　　먼저(미리) 묶다, 단단히 묶다.
prævísĭo, -ónis, f. 선견, 예견(獨 Weissagung), 예상, 예측.
prævítĭo, (-ávi), -átum, -áre, tr.
　　미리 망쳐놓다, 미리 더럽혀 놓다, 미리 못쓰게 만들다.
prǽvĭus, -a -um, adj. (præ³+via)
　　앞서가는, 선행(先行)하는, 앞선, 선도(先導)하는.
prævŏlo, -ávi, -áre, intr. (præ³+volo¹) 앞서서 날아가다
prævórto, -vórti -vórsum -ĕre, tr. = prævérto
prævulsi, "prævéllo"의 단순과거(pf.=perfectum)
prævulsum, "prævéllo"의 목적분사(sup.=supínum)
pragma, -átis, n. 사무(事務), 실무(實務)
pragmaticárĭus, -i, m. 칙령 기초자(勅令基礎者)
pragmáticus, -a -um, adj. 사무(실무)의, 실무에 관한,
　　실무에 경험이 있는, 법률 사무에 관한.
　　(哲) 실용주의적, 법률에 정통한, 국사에 관한.
　　m. 법률(사무)에 조예가 깊은 사람, 법률고문.
pragmatismus, -i, m. (哲) 실용주의(⑨ pragmatism),
　　실제주의, 실용주의적(계몽적) 역사(서술).
prándĕo, prandi, pránsum, prandére.
　　intr. 점심 먹다, 아침 식사를 하다.
　　tr. 아침 식사에 (무엇을) 먹다.
prandi, "prándĕo"의 단순과거(pf.=perfectum)
prándĭum, -æ, n. 점심, 식사, 연회, 가축에게 주는 먹이
pránsĭto, -ávi, -átum, -áre, freq., intr. 아침밥을 먹다.
　　tr. 아침 식사에 (무엇을) 먹다.
pransor, -óris, m. 아침밥(점심) 먹는 사람,
　　아침(점심) 식사에 초대(招待)된 사람.
pránsum, "prándĕo"의 목적분사(sup.=supínum)
pránsus¹, -a -um, p.p., a.p. 조반 먹은, 점심 먹은
　　pransus et parátus.
　　　아침밥을 든든히 먹고 전투 준비가 되어 있는 (군인).
　　pransus porus.
　　　활동에 지장이 있을 정도로 배불리 먹고 마신.
pránsus², -us, m. 조반(朝飯), 점심
prásĭnus, -a -um, adj. 부추 빛깔의, 녹옥색의, 녹색의.
　　m. (鑛) 녹옥(綠玉-에메랄드)
prásĭus, -i, m. (鑛) 녹옥(綠玉-에메랄드), 벽옥(碧玉)
praténsis, -e, adj. 풀밭의, 목장의, 초원에서 자라는.
prátŭlum, -i, n. 작은 풀밭.초원.목장
prátum, -i, n. 풀밭(pascuum, -i, n./virectum, -i, n.).
　　초원, 목초지, 목장, 목초, 풀, 잔잔한 해면.
　　In prato quondam rana conspexit bovem et tacta est
　　invidia tantæ magnitudinis. 한번은 개구리가 풀밭에서
　　　황소를 보았는데 몸집이 하도 큰데 대해서 샘이 났다/
　　Prata pubéscunt variorum flore colorum.
　　　풀밭들이 가지각색의 꽃으로 뒤덮여 있다.
pravicórdĭus, -a -um, adj. (právicors, -córdis)
　　나쁜('מַ.κακὶα.κακὸς.πονηρὸς.πονηρία), 마음이 악한.
právĭtas, -átis, f. 기형(畸形), 불량, 나쁨, 흠(티), 결점,

비뚤어져(비틀려.찌그러져.꾸부러져) 있음, 잘못되었음,
결함, 不正(바르지 않음), 사악(邪惡). 악함(κάκοποιόν),
악의(惡意), 고약함, 타락(墮落.⑨ Fall), 부패(腐敗).
práviter, adv. 고약하게, 악의(惡意)를 가지고
právus, -a -um, adj. 비뚤어진, 비틀린, 찌그러진,
　꾸부러진, 기형(畸形)의, 제대로 생기지 않은, 不良한,
　나쁜(דוז.κακία.κακός.πονηρός.πονηρία),
　그릇된, 잘못된, 악한(דוז.πονηρός.πονηρία),
　부정한, 못된, 고약한, 악의를 품은, 사악한, 타락한.
　contra hominem justum prave condendere noli; semper
　enim deus injustas ulcisitur iras. 의로운 사람에게
　악의로 시비를 걸지 말라. 신은 불의한 분노를 반드시
　복수하시느니라(성 염 지음, 사랑만이 진리를 깨닫게 한다. p.456)/
　Os suam a malo vel pravo eloquio custodire.
　나쁘고 추잡한 말을 입에 담지 말라/
　quam multa injusta ac prava fiunt moribus!
　사람의 도리라면서 얼마나 많은 불의와 행악이
　가해지는지!(성 염 지음. 사랑만이 진리를 깨닫게 한다. p.457)/
　Remove a te os pravum, et detrahentia labia sint
　procul a te. (peri,ele seautou/ skolio,n sto,ma kai. a;dika
　cei,lh makra.n avpo. sou/ a;pwsai) (獨 Tu von dir die
　Falschheit des Mundes und sei kein Lästermaul)
　(⑨ Put away from you dishonest talk, deceitful speech
　put far from you) 거짓된 말을 치워 버리고 비방(誹謗)
　하는 말을 멀리하여라(성경 잠언 4. 24)/
　남 속이는 말은 입에 담지도 말고 남 해치는 소리는
　입술에 올리지도 마라(공동번역 잠언 4. 24).
praxis, -is, m. 실행(實行), 실지, 실제, 실습, 연습,
　응용(應用), 경험(經驗), 노련(老鍊), 관습(慣習).
praxis Apostolorum. 사도들의 실천(實踐)
praxis canonica. 교회법적 관례(慣例)
praxis pastoralis. 사목 실습(⑨ pastoral practice)
praxis paterna. 교부들의 관례(慣例)
praxis theoria. 실천이론(實踐理論)
pre-formátio. 예비사제 양성(豫備司祭 養成)
preambulæ fidei. 신앙의 제(諸) 전제들
precámen, -mĭnis, m. 간청(懇請), 간원(懇願-간절히 원함),
　탄원(歎願.⑨ Supplicátion), 애원(哀願),
　기도(דוז.εὐχή.⑨ prayer).
precárĭa vita. 덤으로 사는 목숨
precárĭo, adv. 간청(懇請)하여, 간원(懇願)하여,
　탄원(歎願)하여, 빌어서, 졸라서, 달래서.
precárĭum, -i, n. 가점유(假占有), 기원소(祈願所),
　염원 성취, 교회 부동산 대여(precaria).
precárĭus, -a -um, adj. 간청해서 얻는(얻은),
　가점유(假占有)의, 한때의, 일시적인, 임시의,
　언제 어떻게 될지 모르는, 확실하지 않은.
　precária vita. 덤으로 사는 목숨.
precátĭo, -ónis, f. 청원(請願.⑨ Petition), 간청(懇請),
　탄원(歎願.⑨ Supplicátion), 기구(祈求), 기원(祈願),
　기도(דוז.εὐχή.⑨ prayer).
　Iesu precationi. 예수님 기도/
　Non est eventus gravis, significans, quin mutua
　præsentia et precatione christianorum fruatur.
　아무리 중요하고 의미 있는 행사라도 그리스도인들이
　함께 모여 기도하지 않는다면 얻는 것이 없습니다/
　Rosarium contemplativa precatio. 관상 기도인 묵주기도.
precátĭo summi sacerdotis.
　예수 그리스도의 고별기도, 위로의 기도(요한 13. 31～16. 33).
precatiúncŭla, -æ, f. 조그마한 청
precatívus, -a -um, adj.
　청원의, 간청의, 부탁의, 간청(懇請)하여 얻는(얻은).
　precatívo modo. (유언 따위에서) 부탁하는 형식으로/
　verba precatíva. (청하다.간청하다 등) 청원 동사.
precatíva pax. 청해서 얻은 평화
precátor, -óris, m. (**precatrix**, -ícis, f.)
　간청(간구懇求.탄원.기원.기구.부탁) 하는 사람,
　남을 위해 대신 간청(懇請)하는 사람, 전구자(前驅者).

precatórĭus, -a -um, adj. 간청(탄원.기원)하는, 기구의
precátus, -us, m. 간청(懇請), 간구(懇求-간절히 요구함)
preceptum singulare 個別命令(⑨ individual precept)
prĕces*, -um, f., pl. 간청, 간원, 탄원(⑨ Supplicátion),
　기구, 기도문, 기도(ה־לה.εὐχή.⑨ prayer),
　(성무일도 본기도, 청원기도, 응송기도(기리에 등).
　Ignavis precibus Fortuna repugnat.
　행운의 여신(女神)은 터무니없는 기도를 뿌리친다/
　ínfimis précibus. 겸허한 간청(懇請)으로/
　Liber Precum. 기도서(옛 工課)/
　Prece Eucharistica, 성찬기도와 감사송(1968.5.23. 교령)/
　Variæ Preces. 각종 기도문.
preces ad repellendam tempestatem.
　(⑨ Prayer for the Good Weather)
　풍년 기원 기도, 좋은 날씨를 비는 기도
preces ante gradum altaris. 층하경(層下經)
preces effúndo. 기도(祈禱)하다
Preces eucharisticæ. 성찬 기도문(聖禱文)
Preces eucharisticæ pro Missis cum pueris.
　어린이들과 함께 하는 미사를 위한 성찬 기도문.
Preces eucharisticæ pro Missis de reconciliátióne.
　화해를 위한 성찬(聖餐) 기도문.
preces feriales. 평일 기도
preces horariæ. 시간 기도(時間祈禱)
preces Jesus. 예수기도(⑨ Jesus prayer)
preces matutinæ. 아침기도(⑨ Lauds/Morning Prayer),
　조과(朝課)(⑨ morning prayer-매일 아침 교우들이 바치던 기도).
　Preces nostras, quæsumus, Domine, clementer exaudi;
　et hunc electum tuum N. (hanc electam tuam N.), N.
　crucis Dominicæ impressione signatum (-am),
　perpetua virtute custodi; ut magnitudinis gloriæ tuæ
　rudimenta servans, per custodiam mandatorum, ad
　regenerationis gloriam pervenire mereatur (-antur).
　Per Christum Dominum nostrum. Amen.
　주님 비오니, 저희의 간절한 기도를 인자로이 들어주시어,
　이제 십자 인호를 받음으로 간선된 당신의 종 (　)를
　항구한 능력으로 보호하소서. 그를 호위하시어 당신의
　고상한 빛의 첫 자취를 충실히 보존하여 당신 계명을
　준수하며, 다시 태어남의 영광을 누리게 하소서.
　우리 주 그리스도를 통하여 비나이다. ◉ 아멘.
　　[출처] 라틴-한글 전통 유아 성세성사 예식서 (전통 라틴 미사성제).
　Preces pópuli tui, quæsumus, Dómine, cleménter
　exáudi: ut, qui juste pro peccátis nostris affligimur,
　pro tui nóminis glória misericórditer liberémur.
　주님 비오니, 당신 백성의 기도를 인자로이 들어주시어,
　죄로 근심하는 저희로 하여금 주님 이름의 영광을 위하여
　은혜로이 구원을 얻게 하소서.
Preces pro defunctis. 연도(連禱.⑨ Suffrage),
　위령기도(⑨ Prayer for the dead).
Preces quotidianæ. 매일 기도 일상 기도
preces receptæ 받아들여진 간청(懇請)
preces serotinæ. 만과(晚課.만과경.저녁기도),
　저녁기도(⑨ evening prayer/evensong/vespers).
preces vespertinæ.
　저녁기도(⑨ evening prayer/evensong/vespers).
preciæ(pretiæ) -árum, f., pl. 조생종 포도(의 일종)
precibus addúctus 간청(懇請)에 못 이겨서
prĕcor, -átus sum, -ári, dep., tr. 빌다, 기도드리다,
　간청하다(צבא.צור.προσεύχομαι), 애원(哀願)하다,
　탄원(歎願)하다(προσεύχομαι), 기구(祈求)하다,
　기원(祈願)하다, 축원(祝願)하다, 저주(詛呪)하다.
　alci bene precor. 누구에게 잘되기를 축원(祝願)하다/
　alci malem precor. 죽으라고 저주(詛呪)하다/
　Deum precor. 하느님께 기구(祈求)하다/
　Ossa quiéta, precor, quiéscite.
　　유해(遺骸)들이여, 부디 고이 쉬시라/
　Parce, precor, fasso. 자백한 자를 제발 용서해 주어라/
　verba precántia. 애원(哀願)하는 말.

P

precor opem. 도움을 청하다

precursor, -óris, m. (그리스도의) 선구자, 세례자 성 요한.
(백민관 신부 엮음, 백과사전 3, p.231).

predella, -æ, f. 촛대 단, 십자가, 촛대, 기타 장식품을
놓는 제대 뒤쪽(지금은 앞쪽) 한 계단 높은 장소.(제대의
일부분으로 16세기부터 사용되었다. 백민관 신부 엮음, 백과사전 2, p.183).

Prehende furem! 도둑놈 잡아라!

prehéndo, -héndi -hénsum -ére, tr. 잡다,
붙잡다(חזק,תפש,אחז), 부여잡다, 움켜쥐다,
껴안다(חבק), 포획(捕獲)하다, 손아귀에 넣다,
차지하다(תפש), 점령하다, 체포(逮捕)하다, 덮치다.
(法) 체포하여 구금(투옥)하다. 다다르다, 이르다,
깨닫다, 파악(把握)하다, 알아듣다.
intr. (땅이 식물을) 뿌리박고 자라게 하다.
alqm prehendo pállio. 누구의 망토자락을 잡다/
prehénde furem. 도둑놈 잡아라!
prehéndi in furto. 훔치다가 현장에서 붙잡히다.

prehendo oras Itáliæ. 이탈리아 해안에 이르다

prehénsĭo, -ónis, f. 붙잡음, 파악(把握), 체포(逮捕)
구금(拘禁), (호민관의) 구속할 권리(權利).

prehénso, -ávi, -átum, -áre, tr., freq. 자주 잡다,
꼭 붙잡다, 집다, 붙잡고 청하다, 관직을 청탁하다

prēlum, -i, n. (포도.올리브 따위의) 압착기(壓搾機),
(종이.옷 따위의 주름을 펴는) 압착기(壓搾機),
인쇄기(印刷機.machina typographica.).

prelum catholicum 가톨릭 언론(言論)

premediated murder. 모살(謀殺-사람을 죽일 것을 꾀함)

prēmo, pressi, presum, prēmere, tr. 짓누르다,
누르다(עשׁק,אכף,דכא), 압박(壓迫)을 가하다.
(발자취를) 밟다.따르다, 뒤쫓다, 죄다, 조르다,
꽉 잡다, 거머쥐다, 바싹 붙이다, 스치다, 깨물다,
물어뜯다, 씹다, 짜내다, 압착하다, 압축(壓縮)하다,
(짐을) 지우다, 짊어지우다, 장식하다, 압박(壓迫)하다,
괴롭히다, 박아 넣다, 꽂아 넣다, 눌러(밀어) 넣다,
파다, (나무를) 심다, 낮추다, 얕게 하다, 멎게 하다,
멈추다, 닫다, 막다, 덮다, 뒤덮다, 씌우다, 가리다,
감추다, 숨기다, 파묻다(קבר), 추격하다, 돌격하다,
내리누르다, 떨어뜨리다, 깎아 내리다, 헐뜯다,
경시하다, 무시해버리다, 억누르다, 억제하다, 꾹 참다,
드러내지 않다, 저지(제지)하다, 억압하다, 지배하다,
예속시키다, 때려눕히다, 찔러 죽이다, 압도(壓倒)하다,
위압하다, 능가하다, 추궁하다, 을러대다, 독촉(재촉)하다,
끈덕지게 요구하다, 강제하다, 강조하다, 역설하다,
증명(證明)하다, 간단하게 줄이다, 요약(要約)하다.
ære alĭéno premi. 빚에 쪼들리다/
alqd premo acu. 수놓다/
canítiem gáleă premo. 백발에 투구를 눌러쓰다/
cavérnæ in altitúdinem pressæ. 깊이 판 동굴들/
cúbito presso. (식탁에서) 팔꿈치를 낮추고/
ense presso. 칼을 빼어 꽉 잡고/
gravi ónere armórum pressi.
무거운 무기(武器)를 짊어진 병사들/
Matres pressére ad péctora natos.
어머니들이 아들들을 가슴에 꼭 껴안았다/
Noli verbo premere. 말 트집을 잡지 마시오/
nudo pressa uva pede. 맨발로 밟아 짠 포도(즙)/
obsidĭóne urbem premo. 도시를 포위공격 하다/
presso gradu(pede) 꿋꿋한 발걸음으로/
presso gressu. 바싹 뒤좇다/
presso ore. 입을 꽉 다물고 / pressum lac. 치즈/
vestígia alcjs. 누구를 본받다.

premo curam sub corde. 마음 속 걱정을 드러내지 않다
premo famam alcjs. 누구의 명예를 훼손(毁損)하다
premo gradum. 발걸음을 멈추다
premo humum. (죽어서) 땅에 쓰러져 있다
premo iram. 분노(憤怒)를 참다
premo litus. 해안에 바싹 붙어 항해(航海)하다
premo merce ratem. 배에 짐을 싣다

premo óculos. 눈을 감다
premo ore alqd. 침묵(沈默)을 지키다
premo ossa 뼈를 파묻다
premo sánguinem. 피를 멎게 하다(sanguiem sisto)
premo sulcum. 밭고랑을 내다
premo vocem. 목소리를 죽이다(낮추다)

prémunt, 원형 prēmo, pressi, presum, prēmere, tr.
[직설법 현재, 단수 1인칭 premo, 2인칭 premis,
3인칭 premit,
복수 1인칭 premimus, 2인칭 premitis, 3인칭 premunt]
Bélla prémunt hostilia; Da róbur, fer auxsílium.
원수와의 싸움이 억누르고 있으니, 힘을 주시고, 도와주소서.

prendo, -di -sum, -ēre, tr. = prehéndo

prensátĭo, -ónis, f. (prenso =prehénso) 관직 청탁운동

presbyophréniă, -æ, f. (醫) 노인성 백치, 망령(妄靈)
치매(癡呆-정상적인 정신 상태를 잃어버린 상태), 노망(늙어서 망령을 부림).

presbyópĭa, -æ, f. (醫) 노안(老眼)

présbyter* -teri, m. (πρεσβυτερος.獨) presbyter.
獨 Priester)), 신부(獨 priest),
사제(司祭-그리스어 "πρεσβυτερος 원로元老"에서 유래), 원로, 장로.
Perpetuo ipse movetur ut verus Dei sit investigator
neve tamen hominum simul relinquat sollicitudines.
(사제는) 계속 자기 형제자매들을 염려하면서도 동시에
하느님을 끊임없이 추구하고자 참되게 추구하도록 부름 받았습니다/
solitárĭus Scholasticus Presbyter. 고독하고 공부하는 사제/
Si quid vero ecclesia vel sumptibus vel in ornamentis
habuit, fidei presbyteri, qui sub eodem domus ecclesiæ
curam gerebat, dimisit. 교회의 재산은 현금이든 성물이든
정직한 사제에게 맡겨, 그의 책임 아래 교회가 관리하게
하셨다.(이연학 최원오 역주, 아우구스티노의 생애, p.155).

presbyter assistens. 주교 미사의 부제역 사제
presbyter cardinalis. 사제급 추기경
presbyter religiosus.
수도 사제(獨 religious priest, sacerdos religiosus).
presbyterális, -é, adj. 신부의, 사제의.
Consílium presbyterále. 사제 평의회.
presbyterátus*, -i, m. 사제직, 신부직, 신품(神品-사제품),
탁덕품(鐸德品.獨 presbyterate/priesthood).
a quinquennio saltem in presbyteratus ordine constitutus.
탁덕 수품 후 적어도 5년이 지난 자/
Ecclesiæ doctrina presbyteralem ordinationem dicit eam
esse condicionem quæ prætermitti non potest pro valida
Eucharistiæ celebrationem. 교회는 사제 서품이 성찬례의
합당한 거행을 위한 필수 불가결한 조건이라고 가르칩니다.

Presbyteri sacra. 사제 평의회(1970.4.11. 회람)
Presbyterian. 장로교(長老敎.獨 Presbyterian)
presbyterianísmus, -i, m. (교회의) 장로제도
presbyteriánus, -i, m. (주로 pl.) 장로교파 사람
Presbytérĭum*, -i, n. (獨 Presbyterium) 원로단, 장로단.
한 성당 소속의 신부 전체, 성당 안의 신부석,
신부 거주소, 사제관, 제단(מזבח.獨 Altar).
사제단(獨 Presbyterate, 주로 포함-천주교 용어집, p.40).

Presbyterorum Apostolicæ Sedis. 로마 성직자단
Presbyterorum Ordinis, 사제생활 교령(1965.11.18.),
사제의 직무와 생활에 관한 교령(1965.12.7. 반포),
사제품(사제의 생활과 교역에 관한 교령).

presse, adv. 눌러서, 죄어서, 혹독하게, 치밀하게, 좁게,
촘촘히, 짧게, 꽉꽉, 또박또박, 똑똑히, 명확하게,
간결(簡潔)하게, 간단명료하게(breviter et significánte)
pressi, "prēmo"의 단순과거(pf.=perfectum)
pressĭo, -ónis, f. 누름, 중량(重量-무게), 압력(壓力),
압착(壓搾-눌러 짜냄), 지레의 지점(支點).
pressio sánguinis. 혈압(血壓)
presso, -áre, intens. (꼭) 누르다, 짜다, 압착하다
presso gradu(pede) 꿋꿋한 발걸음으로(V. premo)
presso ore. 입을 꽉 다물고(V. premo)
pressor, -óris, m. 몰이꾼
pressórĭus, -a -um, adj. 누르는, 압박하는, 짜는, 압착하는.

974

n. 압착기(壓搾機).

pressum, "prēmo"의 목적분사(sup.=supínum)

pressúra, -æ, f. 압박(壓迫), 압력, 짜냄, 압착(눌러 짜냄),
(무거운) 짐, 혼합, 밀집, 혼수(昏睡-의식이 어려짐),
재앙(災殃), 재난(災難), 환난(ἀνάγκη.患難-근심과 재난),
고생, 고통(βάσανος.⑨ suffering, 苦痛-병고), 진통(陣痛).

pressus[1] -a -um, p.p., a.p. 눌린, 짓눌린, 억눌린, 억제된,
압착된, 꽉 쥐어진, 박아 넣은, 새겨진, 표해진,
(목소리 따위가) 낮은, 암갈색의, 간결한,
간단명료한, 정확한, 치밀한/
gravi onere armorum pressi.
무거운 무기를 짊어진 병사들.

pressus[2] -us, m. 누름, 압력, 압박, 오므림, 움켜잡음

prester, -éris, m. 불 회오리바람, 빙빙 도는 불기둥

prétĭo, -ónis, f. 값을 매기다, 평가하다.
impénso prétio. 비싼 값으로, 비싸게.

pretiósĭtas, -átis, f. 값, 가치, 고가, 고귀, 귀중함

pretiósus, -a -um, adj. 비싼, 고가의, 값진, 보배로운,
귀중한, 돈을 헤프게 쓰는, 낭비(浪費)하는.
Pretiosa Rosaria. 소중한 묵주들/
Sanguis Christi Pretiosissimus. 성혈(腥血).

prétĭum, -i, n. 값, 가격(價格), 가치(價値), 비용,
대가(代價.⑨ Wage), 몸값, 포로 석방금, 보수,
임금(賃金.⑨ Salary/Wage-勞賃), 품삯, 상, 상금,
호평, 존중(尊重.⑨ Respect), 보람, 쓸모(있음),
명성(⑨ Fame/good reputátĭon),
벌(罰.⑨ Punishment), 응보(應報),
duóbus prétiis véndere. 이중가격으로 팔다/
intendo prétia. 값을 올리다/
óperæ eórum pretium fácere.
그들의 수고를 높이 평가하다(인정하다.존중하다)/
Operæ pretium est audíre…, …듣는 것은 유익한 일이다.
(누구의) 말은 경청할만한 가치가 있다/
óperæ pretium fácere. 애쓴 보람이 있는 일을 하다/
Operæ pretium habent libertatem.
그들은 애쓴 보람으로 자유를 가지고 있다/
pactum pro cápite prétium. 합의된 몸값/
paráre prétio. 대가를 치르고 장만하다/
parvi prétii esse. 싸다, 가치가 작다/
pro prétio fácere. 보수(報酬)만큼 하다/
vectigália parvo prétio redémta habére.(redimo 참조)
싼값으로 관세징수를 도급 맡아 가지고 있다.

pretium curæ, pretium óperæ. 애쓴(수고한) 보람(있는 일).

pretium frumento. 곡식(穀食)에 가격을 매기다

pretium laboris. 일의 보상

prevangelizátĭo, -ónis, f. 예비선교(⑨ prevangelizátĭon)

prex, précis, f. 간청(懇請), 간원(懇願), 탄원(歎願),
애원(哀願), 기도(תְּפִלָּה.εὐχή.⑨ prayer),
기구(祈求), 기도문(祈禱文), 저주(詛呪).

Prex Eucharistica.⑨ Eucharistic prayers.
獨 Hochgebet(eucharistisches)],
성찬 기도(聖餐 祈禱)*, 감사 기도문, 감사기도.
[감사기도(Prex Eucharistica)의 명칭은 최후만찬 때에 예수께서 빵과 잔을 손에
들고 바치신 감사기도 또는 찬양기도의 그 기원을 두고 있다. 그때를 예수님의
기도는 유대인들의 종교적 축제 때에 가장히 빵과 잔을 들고 바치는 찬양기도
'베라카'였음이 틀림없다. 사도교회는 이 감사 찬양기도는 뜻으로 'Eulogia'
또는 감사기도라는 뜻으로 'Eucharistica'라 불렀다. 그런데 로마를 비롯한 서방
교회에서는 중세기 이래 '감사의 전문 Canon gratiarum actionis', 또는 단순히
'전문 Canon', '로마 전문 Canon Romanum'이라 부르기도 했다. 동방 전례에서는
이 기도를 'Anaphora'라고 한다. 이 기도를 통하여 하느님께 제물을 봉헌한다고
생각했기 때문이리라 짐작한다. 황치헌 신부 지음, 미사통상문을 위한 라틴어, p.209].

**Prex eucharistica est "centrum et culmen totius
celebrationis".**(⑨ The Eucharistic Prayer is "the centre
and summit of the entire celebration").
감사 기도는 "전체 거행의 중심이요 정점" 입니다.

Prex Eucharistica prima,
성찬 기도(聖餐 祈禱)의 사용 규범(1968.5.23. 지침).

Prex Manasse(προσευχὴ Μανασση)
(⑨ The Prayer of Manasseh) 므나쎄의 기도.
(총 15절 37행으로 이루어진 참회 기도문).

Domine Deus omnipotens patrum nostrorum Abraham et

Isaac et Iacob et semini eorum iusto;
Domine qui fecisti cælum et terram cum omni ornatu
eorum;
qui signasti mare verbo præcepti tui, qui conclusisti
abyssum et signasti eam terribili et laudabili nomine tuo;
quem omnia pavent et tremunt a vultu virtutis tuæ,
quia importabilis est magnificentia gloriæ tuæ et
insustentabilis ira super peccatores comminationis tuæ;
inmensa vero et investigabilis misericordia promissionis
tuæ,
quoniam Tu es Dominus altissimus super omnem
terram benignus longanimis et multum misericors et
pænitens super malitias hominum.
Tu, autem, Domine, secundum bonitatem tuam
promisisti pænitentiam et remissionem iis qui
peccaverunt tibi; et multitudine miserationum tuarum
decrevisti pænitentiam peccatoribus in salutem.
Et, tu, igitur, Domine, Deus iustorum, non posuisti
pænitentiam iustis Abraham et Isaac et Iacob his qui
tibi non peccaverunt, sed posuisti pænitentiam propter
me peccatorem.
Quoniam peccavi super numerum harenæ maris,
multiplicatæ sunt iniquitates meæ, Domine, multiplicatæ
sunt iniquitates meæ!
Et non sum dignus intueri et aspicere altitudinem cæli
præ multitudine iniquitatum mearum.
Incurvatus sum multo vinculo ferro, ut non possim
attollere caput meum et non est respiratio mihi,
quia excitavi iracundiam tuam et malum coram te feci
statuens abominationes et multiplicans offensiones.
Et nunc flecto genua cordis mei, precans ad te
bonitatem Domine.
Peccavi, Domine, peccavi, et iniquitatem meam agnosco.
Quare peto rogans te, Domine, remitte mihi,
remitte mihi! Ne simul perdas me cum iniquitatibus
meis neque in æternum iratus reserves mala mihi
neque damnes me in infima terræ loca.
Quia tu es, Deus, Deus inquam pænitentium,
et in me ostendes omnem bonitatem tuam!
Quia indignum salvabis me secundum magnam
misericordiam tuam,
et laudabo te semper omnibus diebus vitæ meæ.
Quoniam te laudat omnis virtus cælorum et tibi est
gloria in sæcula sæculorum. Amen.

[O Lord Almighty, God of our fathers Abraham, Isaac and Jacob,
and of all their righteous seed;
O Lord Thou who hast made heaven and earth with all their adornments;
Thou who hast marked the sea with Thy word of command, Thou who hast
confined the deep and marked it with Thy terrible and glorious name;
at Whom all things quake and tremble before the face of Thy power;
for unbearable is the majesty of Thy glory and overwhelming is the threat of
Thy wrath upon sinners;
yet truly immeasurable and unsearchable is the promise of Thy mercy,
for Thou art the Lord, the Most High over all the earth, compassionate,
long-suffering, full of mercy, and lamenting over the evils of men.
But Thou, O Lord, according to Thy goodness, hast promised repentance and
forgiveness for those who have sinned against Thee; and in the multitude of
Thy mercies Thou hast appointed repentance for salvation of sinners.
Therefore, Thou, O Lord, God of the just, hast not appointed repentance for
Abraham, Isaac, and Jacob, who did not sin against Thee,
but Thou hast appointed penance for me on account of my sins.
For my sins number more than the grains of sand in the sea, my sins I have
multiplied, O Lord, my sins I have multiplied! I am not worthy to gaze upon
and behold heaven above because of the multitude of my sins.
I am bowed down by many fetters of iron, so that I cannot lift my head nor
can I breathe, for I have provoked Thy wrath and done evil in Thy sight,
setting up abominations and multiplying my offenses.
And now I bend my knee and humble my heart, beseeching Thy goodness,
O Lord.
I have sinned, O Lord, I have sinned, and I acknowledge my transgressions.
For this reason I beg to ask Thee, O Lord, forgive me, forgive me! Do not
destroy me with my transgressions nor be angry forever with me nor

condemn me to the depths of the inferno. For I say Thou art,
O God, the God of the repentant,

and in me Thou wilt show Thy great goodness! For, unworthy as I am,
Thou wilt save me according to Thy great mercy.

and I will praise Thee always for all of the days of my life. For all the host
of the heavens praise Thee and to Thee be glory forever. Amen.
　　-The Prayer of Manasseh, though not a part of the Canon of Scripture
proper, was included by Jerome in his Vulgate, and the Council of Trent placed
it in the Vulgate's Appendix as a part of the Apocrypha. Written sometime in
the first 2 centuries BC, the Prayer of Manasseh is a classic of penitential
devotion. It is associated with the wicked king of Judah, Manasseh,
who composed a prayer in exile asking for forgiveness of his many sins (2Chr
33:13) and makes a fitting meditation for Confession].

[J.H. Charlesworth가 직역한 "므나쎄의 기도"를 가능한 우리말로 옮기면
오 주님, 우리 선조들의 하느님,
아브라함과 이사악과 야곱과 그들의 의로운 후손들의 하느님
하늘과 땅과 그들의 온갖 장식품들을 만드신 분
당신 말씀의 명령으로 바다의 경계를 세우신 분
심연을 막으시고, 당신의 능하시고 영광스러운 이름으로 그것을 봉인하셨나이다.
당신의 위력 앞에서 만물이 두렵고 떨게 되는 분.
당신의 장엄하신 그 영광은 아무도 감당할 수 없고 죄인들에 대한 당신의
진노 앞에 견딜 자 또한 없기 때문입니다.
그러나 당신이 약속하신 자비는 무한하되 측량할 수 없습니다.
당신은 주님이시고, 오래 참으시며, 자애로우시고 자비가 충만하시며,
인간이 당하는 모든 괴로움을 가엽게 여기시기 때문입니다.
오 주님, 당신은 당신의 넘치신 은총으로, 자기 죄를 뉘우치는 이들에게 용서를
약속하시고, 풍성하신 자비로 죄인들의 구원을 위하여 회개를 정하여 놓으셨나이다.
오 주님, 당신은 의로우신 하느님이십니다.
당신은 아브라함과 이사악과 야곱처럼 당신에게 죄를 짓지 않은 이들뿐만 아니라,
저와 같은 죄인에게도 은총을 약속하셨나이다.
제 죄들은 바다의 모래보다 더 많삽고 제 죄악의 엄청남을 알기에,
제 눈을 들어올릴 힘도 없사옵니다.
그리고 지금, 오 주님, 저는 받아 마땅한 괴로움을 당하고 있나이다.
저는 괴롭힘 당해 마땅하옵니다. 저는 이미 올가미에 걸려 있었기 때문입니다.
그리고 저는 수많은 쇠사슬에 묶여 있어 제 머리를 들어 올릴 수 없사옵나이다.
제 눈을 들어 올려 지으신 하늘을 바라볼 자격도 없나이다. 제 사악한 행동들의
죄가 많기 때문입니다. 당신 앞에서 악을 행했기 때문입니다. 저는 당신의 진노를
불러일으켰나이다. 저는 우상들을 세워 부정함을 많게 하였나이다.
이제 보소서, 저는 당신 앞에 제 마음의 무릎을 꿇고 당신의 호의를 애원하나이다.
저는 죄를 지었나이다. 오 주여, 저는 죄를 지었나이다.
그리고 저는 분명 제 죄를 알고 있나이다.
저는 당신 앞에서 애원합니다. 저를 용서해 주소서. 오 주님, 저를 용서해 주소서.
제 죄로 인하여 저를 멸망시키지 마시고, 영원히 제게 분노하시지 마시고, 제 죄악
들을 기억하지 마시고, 저를 단죄하지 마시고, 땅 속 깊은 데 내치시어 허무
하게 만들지 마시옵소서. 왜냐하면 당신은 참회자들의 하느님이시기 때문입니다.
그러면 당신의 은총이 제 안에 충만할 것입니다. 제가 비록 무가치하지만
당신 자비의 풍요로움으로 저를 구원하실 것입니다.
이 구원으로 인해 저는 제 생명이 다하는 날까지 쉬지 않고 당신을 찬미하게
되리이다. 하늘의 모든 군대가 당신을 찬미하고 당신께 세세대대로 노래하리이다.
　　　　　　　　　　　　　　　　　　　한국가톨릭대사전. pp.2907~2908.

전능하신 주님, 아브라함, 이삭과 야곱과 우리 조상들의 하느님
그들을 의롭게 하시고 번영케 하신 하느님
당신은 하늘과 땅을 질서 있게 내시고 바다를 당신의 명령으로 흔드셨나이다.
바다의 깊음을 재시고, 당신의 무섭고 영광스러운 이름으로 바다를 덮으셨사오니
모든 만물은 당신의 이름을 듣고 떨며 당신의 능력 앞에서 두려워하나이다.
당신의 영광은 파조된 것이요,
죄인들을 위협하는 당신의 분노는 거역할 수 없나이다.
당신이 약속하신 자비는 셀 수도, 찾을 수도 없나이다.
당신은 지극히 높으신 하느님이시요 오래 참으시고 자비로우며 열정이 있으신
분이시옵니다. 당신은 인간들의 죄악 때문에 후회하시오나 주님, 당신은 지극히
선하시므로 당신에게 범죄한 자들에게 회개와 용서를 약속하셨나이다.
당신의 자비는 무한하므로 죄인의 구원을 위하여 회개를 예비하셨나이다.
그러므로 의인의 주 하느님이시여, 당신에게 죄지지 않은 아브라함
이삭과 야곱과 같은 의인을 위해 당신이 회개를 예비하지 않으시고
나 같은 죄인을 위해 회개를 예비하셨나이다.
제가 저지른 죄는 바다의 모래보다 더 많사오며,
오 주님, 제 죄는 그 보다 몇 곱이나 더 많사오니
저 높은 하늘을 쳐다볼 자격도 없나이다. 저는 너무 많은 행악을 저질렀나이다.
저는 수많은 족쇄를 차게 되었나이다 저의 많은 죄 때문에 저는 추방되었나이다.
이제 제게 아무 위안도 없나이다. 이건 다 제가 주님의 분노를 터뜨렸기
때문이나이다. 저는 주님 앞에 악한 짓을 행했나이다.
주께 가증스러운 일을 했고 악행을 쌓았나이다.
이제 저 제 마음의 무릎을 꿇사옵나이다 주여 당신의 인자함을 구하나이다.
제가 범죄하였나이다. 오주여, 제가 범죄하였나이다.
이제 저는 저의 죄를 깨달았사오나
간절히 바라옵건대 주여 저를 용서하소서. 오 주님 저를 용서하소서!
저의 죄 때문에 저를 죽이지 마시옵소서! 제게 영원히 분노하지 마옵시고,
제게 재앙을 쌓지 마옵소서 제가 영원히 분노하시어 땅 속 깊은데 빠지지 않게 하소서
당신은 제게 당신의 선함을 보여 주셨사오며
무가치한 나를 당신의 자비로 구원하셨나이다.
하늘의 모든 천군들이 주를 찬양하나이다.
당신의 영광이 세세 무궁하기를 비옵나이다.　　프로테스탄트 번역문에서]

priapísmus, -i, m. (醫) 음경경직증(陰莖硬直症),
　병적 지속발기(病的 持續勃起).

prídem, adv. 얼마 전에, 꽤 오래 전에, 이전에,
　예전에, 전부터, 벌써부터, …하기 얼마 전에.

non ita pridem. 그다지 오래 전은 아니지만/
non pridem. 최근에/
quam pridem…. 얼마나 오래 전에, …하기 얼마 전에/
quod ad me pridem scrípseras.
　네가 오래 전에 나한테 써 보낸 것.

pridiánus, -a -um, adj. 전날의, 어제의
pridianus cibus. 어제(전날) 먹은(먹던) 음식(飮食)
prídĭe, (pris+dies) adv. 전날에, 하루 전에.
　n., indecl. (하루) 전날, 전일(前日).
Diem prídie Idus Apríles collóquio statuérunt.
　4월 12일을 회의 날로 작정하였음/
Ex ante diem VI Idus Januárias usque ad prídie
　Kaléndas Februárias. 1월 8일부터 31일까지/
Hæc epístola est prídie data quam illa. 이 편지가
　그 편지보다 하루 전에 발송된 것이다(quam² 참조)/
Hódie dies quintus est ante Kaléndas Apríles.
　오늘은 3월 28일이다/
Hódie est dies ante diem V Kal. Apr.
　오늘은 3월 28일이다/
usque ad pridie Nonas Majas. 5월 4일까지.
prídie Idus Augustas. 8월 12일.
prídĭe Idus Júnias.(Pr. Id. Jun.) 6월 12일.
　(Idus, Kaléndæ, Nonæ의 전날은 pridie+대격으로 한다).
pridie Idus Octobres. 10월 14일
prídĭe Kaléndas Februárias.(Pr. Kal. Febr.) 1월 31일.
Pridie Kalendas Iunias. 5월 31일.
prídĭe Kaléndas Septembres. 8월 31일.
　[로마의 날짜 이름은 음력을 반영하고 있다. "ante diem" 참조
　Idus, iduum, f., pl. "약자 Id." 열나흘(13일) :
　　Martius, Maius, Julius, October는 15일
　Kalendæ, Kalendarum, f., pl. "약자 K. Kal." 초하루(1일)
　Nonæ, Nonarum, f., pl. "약자 Non." 초닷새(5일) :
　　Martius, Maius, Julius, October는 7일. 성 염 지음. 고전 라틴어, p.378].
prídĭe Nonas Augustas. 8월 4일
pridie Nonas Iulias. 7월 6일
prídĭe Nonas Octóbres.(Pr. Non. Oct.) 10월 6일
Prima¹ -æ, f. (⑨ Prime.獨 prim)
　성무일과의 제1시 기도(Hora prima), 일시경.
prima² -órum, n., pl. 시작(始作), 초(始初.ὰρχὴ)
　a prima pueritĭa. 아주 어렸을 적부터.
prima acies. 제1전선(acies, -ei, f. 전선戰線)
prima agens in missione. 선교의 주역
prima æstate. 초여름에
Prima bonitas actus moralis attenditur ex objecto
convenienti. 도덕적 행위의 첫 선성은 대상에서 오는
　것이다.(삶을 생각하며, p.381).
prima causa. 최초 원인(最初原因)
prima causa efficiens incausata. 무원인적 제1능동인
Prima Confessio.(⑨ First Confession.獨 Erstbeichte)
　첫 고해.
Prima Communio.(⑨ First communion.
　獨 Erstkommunion) 첫 영성체.
Prima Communio eucharistica. 첫 영성체
Prima declinátio. 제1변화
prima effluxio Dei creatum primum.
　신의 첫째 발출이요 최초의 피조물.
prima est in eam quæ creat et non creatur.
　창조하고 창조되지는 않는 자연(하느님에 대한 첫 단계).
prima exemplar. 제일 원형(第一原形)
Prima feria quinta. 첫 목요일
　(⑨ First Thursday devotion). 첫 첨례 오(瞻禮 五).
Prima feria septima. 첫 토요일
　(⑨ First Saturday devotion). 첫 첨례 칠(瞻禮 七).
Prima feria sexta. 첫 금요일
　(⑨ First Friday devotion). 첫 첨례 육(瞻禮 六).
prima instantia. 제일심(第一審)
prima juventa. 젊은이 볼의 잔털
prima luce. 꼭두새벽에, 첫 새벽에(primulo diluculo)
prima materia. 원질료
prima missa.(⑨ first mass.獨 primiz) 첫 미사

P

prima naturalis humanæ societatis
copula vir et uxor est.
인간사회의 첫째가는 결연(結緣)은 남편과 아내이다.
prima nocte. 첫날밤에
prima operatio. 제1작용 / secunda operatio. 제2작용
Prima pars Secundæ partis. 제2부 제1편
Prima Primaria. 로마에 있는 마리아 신심회 본부
prima professio. 첫 서원
prima revelátio. 원초적 계시(revelátĭo principalis.)
Prima Sedes. 최고좌(最高座)
Prima Sedes a nemine iudicatur.
최고좌는 아무한테서도 재판 받지 않는다(Can. 1404).
prima specie. 처음 보기에는
prima tabula. 제일서판(Scotus 命名)
prima tonsura. 삭발례(⑩ first tonsure.1972.8.15. 폐지)
prima veritas. 제1진리
prima via. 시초부터(ab initio)
prima vice. 첫 번으로, 처음으로
primæ, -árum, f., pl. (연극의) 주역(主役),
첫째가는 것, 첫째 자리(직책.지위), 1등.
primæ partes. 주역(主役), 주연배우(主演俳優)
primǽvĭtas, -átis, f. 청년시대의 초기(初期)
primǽvus, -a -um, adj. (primus+ævum)
젊디젊은, 청춘기의, 초기의.
primánus, -a -um, adj. 제1군단의,
m.(pl.) 제1학년생, 제1군단 군인, 제1반 소속자.
[primánus. 제1학년생/ secundánus. 제2학년생/ tertiánus. 제3학년생/quartánus.
제4학년생. 또는 primánus를 최학년으로 삼고 차례대로 내려가는 수도 있음].
primarium, -i, n. 소기도서
primárĭus, -a -um, adj. 으뜸가는, 첫째가는, 제1위의,
수위의, 제1급의, 첫 줄의, 주된, 주요한, 원래의, 본래의.
(文法) 일차의, 제1의. ((敎法)) (단체의) 본부가 되는.
datum primárium. 첫 소유/
lector primárĭus. 책임 교수(토마스 아퀴나스 수사, p.359)/
primario loco. 첫 자리/
sensus primarius. (말의) 본 뜻, 첫째 뜻/
socíetas primária, primária únĭo. 본부단/
tempus primárium. 제1시칭(시제), 일차 시칭/
únĭo primaria(=Archi-confraternitas) 대신심회/
vir primarius pópuli. 국민 중에 첫째가는 인물.
Primarium officium ac principale, de sacris quod oritur
Mysteriis quæ celebramus, illud est ut vita nostra
testimonium reddamus. 우리가 거행하는 그 거룩한 신비
에서 솟아나는 으뜸가는 근본 사명은 삶의 증언입니다.
Primas, -átis, m., f. 으뜸가는 자, 수석 대주교
Primas Abbas. 수석 대수도원장(首席 大修道院長)
Primas Italiæ. 이탈리아 수석 주교(교황 직임)
primátus* -us, m. 수위, 수석, 수좌, 우위, 수석 주교,
수석 대주교권, (베드로 사도.교황의) 수위권(⑩ Primacy/
Primacy of the Pope),
De apostolici primatus in beato Petro institutione.
복된 베드로 안에서의 사도적 수위권의 설정.
Primatus Petro datur. 베드로에게 수위권이 주어졌다.
Primatus primas(⑩ Primate). 수석 대주교
primatus rátĭonis. 이성의 우위(優位)
primatus Romani Pontifícĭs. 수위권(首位權).
⑩ Primacy/Primacy of the Pope), 로마 교황의 수위권.
primatus spiritualis. 영성의 우위(靈性 優位).
Primatus Textus(약 P.T.) 수위권 사본(首位權 寫本).
prime, adv. 특히. 우선(優先).
primi urbis. 도시의 유지들
primiceriátus, -us, m. 최상위자의 지위.직책.
primicérĭus, -i, m. 최상위자, 장(우두머리), 연장자, 수석.
(primus in cera. '밀랍으로 칠한 명단의 첫 자리'라는 말에서 나온 말.
교회 공직자 중 연장자를 가리키는 말… 백민관 신부 엮음, 백과사전 3, p.241).
primifórmis, -é, adj. (primus+forma) 원형의
primígénus, -æ, m. (primus+gigno) 최초로 태어난 사람
primigénĭus, -a -um, adj. (primus+gigno) 최초의,
최초로 생겨난, 근원의, 원시의, 원시형태의, 자연그대로의.

(n., pl.) primigénia rerum. 대자연, 자연계.
jus primigenium. 생득권(innatum. 존재 자체로 얻어지는 권리).
primígēnus, -a -um, adj. (primo+gigno) 최초의
primípăra, -æ, f. (primus+pário²) ((醫)) 초산부(初産婦).
primipiláris(=primopiláris), -is, m. 제3전열,
제1백인대장, 전직 제1 백인대장(투창부대장)
(敎史) 주교(ἐπίσκοπος.⑩ bishop.이탈리아어 vescovo.
스페인어 obispo.프랑스어 evêque.독어 Bischof).
primipilátus, m. 제1백인대장직, 투창부대장직
primípílus, m, -i. (primus+pilus²)
(제3전열의) 제1백인대장. 투창부대장.
primípŏtens, -éntis, adj. (primus+potens) 제일 능한, 전능한
primis sub annis. 어릴 때에(in téneris)
prímĭter, adv. 첫째로, 처음으로(prima vice), 처음으로
primítĭæ, -árum, f., pl. (primus+eo³) 계절 최초의 수확물,
첫 열매, 맏물 봉헌, 첫 은혜, 첫 혜택(惠澤), 첫 미사,
맏물(ברכורים.תרומה.πρωτότοκος.ἀπαρχὴ).
⑩ First-fruits, 히브리인들이 하느님께 희생 제물로
봉헌한 첫 열매, 맏배, 첫아들), 시초(ἀρχὴ.始初).
Primitiæ missarum. 첫 미사(⑩ First mass/Premice Mass)
[서품식과 첫 미사는 동시에 하지 않는다. 첫 미사의 사상은 성서의
첫 곡식(first Fruits)에서 전의된 것이다. 백민관 신부 엮음, 백과사전 2, p.38].
primitívus, -a -um, adj. 맨 먼저 생겨난(열린),
(꽃 따위가) 맨 먼저 핀, 최초의, 원시의, 원시시대의,
초기의, 근본의, 근원의, 기본의, 원시적(原始的)인,
미개(未開)한, 소박한, 단순한, 발달되지 않은.
color primitivus. 원색(原色)
Hypothesis evangelii primitivi. 原初 복음서.
primitivus verbum. 기본 동사(基本動詞)
prímĭtus, adv. 처음으로, 맨 먼저, 시초에, 처음에,
애초에, 우선(優先) 무엇보다도 먼저(primum omnium).
prīmo, adv. 최초에, 처음에는, 먼저(πρῶτος), 첫째로
primo et principaliter dicitur bonum ens perfectivum
alterius per modum finis. 일차적이고 근본적으로 善은
목적의 형태를 통해 다른 것을 완성시키는 존재를 뜻한다.
Primo ipsam similitudinem adtende. 우선은 이 둘이
비슷하다는 점을 눈여겨보십시오.(최익철 신부 옮김, 요한 서간 강해, p.95).
primogénitalis, -e, adj. 맨 먼저 난
primogénĭtor, -óris, m. (primus+geno=gigno)
조상(祖上), 선조(先祖.⑩ Patriarchs), 시조(始祖).
primogenitúra, -æ, f. 맏아들임, 장자의 신분.
(法) 장자 상속권(長子相續權).상속법(相續法).
primogénĭtus, -a -um, adj. (primus+génitus¹)
맨 먼저 난, 첫 아이의, 맏아이(아들)의. n., pl. 장자권.
m. 첫아들(본래 '태막胎膜을 가르고 나온 첫째' 뜻).
Cui dixit Iacob: "Vende mihi prius primogenita tua".
(ei=pen de. Iakwb tw/| Hsau avpo,dou moi sh,meron ta.
prwtoto,kia, sou evmoi,) (獨 Aber Jakob sprach:Verkaufe
mir heute deine Erstgeburt) (⑩ But Jacob replied, "First
give me your birthright in exchange for it.")
그러나 야곱은 "먼저 형의 맏아들 권리를 내게
파시오." 하고 말하였다(성경 창세 25. 31)/
야곱이 형에게 당장 상속권을 팔라고 제안하자(공동번역).
primogenitus in multis fratribus.(⑩ the first-born of
many brethren). 많은 형제들 중에서 맏이.
Primogenitus omnis creaturæ.(⑩ first-born of all
creation). 피조물 중 첫 번째로 태어나신 분.
primopilaris(=primipiláris), -is, m.
주교(ἐπίσκοπος.⑩ bishop.이탈리아어 vescovo.
스페인어 obispo.프랑스어 evêque.독어 Bischof).
primopílus = primipílus
primoplástus, -i, m. 최초로 창조된 인간, 아담.
primordiális, -e, adj.
최초의, 초기의, 원시의, 원시시대부터의.
adv. primordialiter, 처음부터(Ab initio), 당초부터, 본래.
primordialis causa. 원초적 원인
primordialis exempla. 원초적 모형들
primórdĭum, -i, n. (primus+órdior) 처음(πρῶτος.ἀρχὴ),

977

P

시작, 시초(始初.ἀρχή), 초기(初期), 기원(起源),
발단(發端), 즉위(卽位-登極), 원소. (生) 원시세포.
primóris, -e, adj. 첫, 맨 처음(먼저)의, 초기의, 맨 앞의,
첫 부분의, 앞(끝)부분의, 전방에 있는, 지체 높은,
명문의, 고귀한 지위의, 으뜸가는, 중추적인.
m., pl. 귀족, 지도 계급(의 인물들).
in primóre libro. 책의 첫머리에/
in primóre puerítiā. 소년시대의 초기에/
inter primoris dimicáre. 일선에서 싸우다/
primore aspectu. 첫눈에 / primores dentes. 앞니/
primores feminæ. 귀부인들(principes feminæ)/
primori in ácie. 일선에서/
primóribus labris. 입술 끝으로, 건성으로(수박 겉 핥기로)/
primorum institutionis rudimentorum cura.
입문 양성에 대한 투신(1996.3.25. "Vita Consecrata" 중에서)/
primos recolligo annos. 지난날의 젊음을 되찾다.
primótĭnus, -a -um, adj. 일찍(먼저) 나는, 조생의, 이른
primulaceæ, -árum, f., pl. (植) 앵초과 식물
prímŭlus, -a -um, adj. 첫, 맨 처음의, 막 시작한.
primulo diluculo. 첫 새벽에(prima luce), 꼭두새벽에.
primum¹ adv. 첫째로, 우선, 처음에는, 비로소, 처음으로.
primum omnium. 무엇보다도 먼저(ante omnia)/
quam primum. 즉시, 될 수 있는 대로 빨리/
Visne hoc primum videámus?
너는 우리가 이것을 첫째로 보기를 원하느냐?.
primum² -i, m. 전구(前驅), 전위(前衛), 당초, 시초(始初),
시작(始作), 개시(開始), 전제(前提), 전치문(前置文).
Primum Absolutum. 제일 절대자(第一 絶對者)
primum agens. 제일 능동자(제일 행동자), 제1 산출자.
primum agmen. 선봉부대(전위대)
primum cognitum. 제일차적 인식
primum effectivum. 첫 산출자
primum efficiens. 제일 능동자
Primum efficiens dirigit effectum suum ad finem.
제일 능동자는 자기 결과를 목적으로 이끈다.
primum eminens. 첫 우월자
primum esse ontologicum. 존재에 있어서 첫 번째의 것
primum finitivum. 첫 목적자
Primum logicum est primum ontologium.
원초 이치와 원초 본체는 같다
primum movens. 제1동자, 제1기동자
primum movens immobile.
부동의 원동자(不動 原動者), 부동적 제일동자.
primum movens immobile. 부동의 제일 원동자
Primum movens, quantum est ex se, potest producere
infinita simul ut probabitur. 제일동자는 자기로부터
존재하는 한, 동시에 무한한 것들을 산출할 수 있다.
primum objectum. 인식대상(id quod cognoscitur).
primum operis instar. 작품의 첫째 표본(標本)
primum principium. 궁극적 근원, 제일 원인
primum principium actionis. 작용의 근본원리
Primum principium est. 제일원리는 존재 한다.
primum principium immobile et per se necessarium.
자체로는 부동적이며 필연적인 제1원리.
Primum principium per se notum est.
제일원리는 자명하다.
primum quod in mente cadit ens.
정신 안에 떠오르는 최초의 것은 존재자다.
primum reale. 최초 실재
primum seminárĭum. 기초 신학교
Primum vivere deinde philosophari.
우선은 사는 것 그 다음은 철학하는 것이다.
prīmus, -a -um, adj. 첫, 첫째의, 제1, 맨 먼저의,
최초의, 처음의, 첫 머리의, 맨 앞의, 선두의, 최전방의,
이른, 빠른, 초(初), 시작의, 으뜸가는, 첫째가는,
제1인자의, 고귀한, 지위 높은, 존귀한 신분의, 주요한,
중요한, 두드러진, 뛰어난, 탁월한, 훌륭한, 우수한,
a primo. 처음부터 / ad prima. 특별히 /

alci rei primas dare.
무엇에 제일 큰 몫(가장 큰 비중)을 두다/
Ego primus et ego novissimus, et absque me non est
Deus. 나는 처음이며 나는 마지막이다.
나 말고 다른 신은 없다(성경 이사 44. 6)/
et quicumque voluerit in vobis primus esse,
erit omnium servus. 으뜸이 되고자 하는 사람은
모든 사람의 종이 되어야 한다/
Hoc expédi primum. 이것을 먼저 밝혀라/
in primis. 선두에 나서서, 선두에서,
주로, 주되게[magnam(maximam) partem]/
in primo. 맨 앞에(서)/
primā luce. 첫 새벽에 / primā nocte. 초저녁에/
primæ partes. 주역(主役), 주연 배우/
primas ágere. 중요한 역할(직책)을 담당하다/
primi fratres. 초기 형제들/
primi fratres et socii. 초기 형제들과 동료들/
primi status. 처음 상태/
primi urbis. 도시의 유지들 / primo mane. 이른 아침에/
primo quoque témpore. 될 수 있는 대로 빠른 시간에
(quisque, quæque, quidque, quodque를 동반하면서 "될 수 있는 대로 이른,
빠른, 맨 첫 번의" 따위로 뜻이 강화됨)/
primo vere. 이른 봄에(첫째 봄이 아니고, "봄의 시작이다!")/
primo vespere. 초저녁에.
primus actus vitæ. 인생의 제1막
primus autem homo de terra terrenus in animam
viventem factus est, non in spiritum vivificantem.
첫 사람은 땅에서 나서 흙으로 빚어졌지만 둘째 사람
(그리스도)은 하늘에서 났습니다.
(교부문헌 총서 16, 신국론, p.1402).
primus causa incausata. 원인자를 원인 받지 않은 제일원인
primus Factor rerum. 제1조성자
primus intellectus. 근원적 지성
Primus inter pares. 동류들 중에서 첫째(으뜸),
군계일학(群鷄一鶴)(닭의 무리 가운데 한 마리의 학이라는 뜻으로,
많은 사람 가운데 가장 뛰어난 인물을 이르는 말)/
Primus itaque fuit terrenæ ciuitatis conditor fratricida.
지상 도성의 최초의 창건자는 형제살해자였다(신국론, p.1555).
Primus metropolita. 관구장 대주교(管區長 大主教)
primus mobilis. 제일 운동체
primus motor. 부동의 제일 동자(第一動者)
primus motor immobilis. 부동의 제일동자
(스스로는 안 움직이고 타자를 움직이는-한국가톨릭대사전, p.7286).
Primus navali proelio Caius Duilius vicit. 카이우스
두일리우스가 맨 처음으로 해전에서 승리를 거두었다.
Primus venisti. 네가 첫째로 왔다.
Primus venit. (셋 이상 중에서) 첫째로 왔다.
princeps¹, -cīpis, adj. (primus+cápio¹) 첫, 첫째,
최초의, 선두의, 제일 먼저의, 으뜸가는, 제1인자의,
수위의, 주요한, 두드러진, 뛰어난, 우수한, 존귀한.
discipinæ principes. 주요과목/
discipinæ auxiliares. 보조과목/
príncipe loco génitus. 양반 집안에 태어난/
príncipes féminæ. 귀부인들/
supremus omnium et princeps homo.
만유의 최고 원리는 곧 인간(성 염 옮김. 피코 델라 미란돌라. p.136).
princeps², -cīpis, m. 군주(君主), 임금(βασιλεὺς.나라님),
국가원수, 제후(諸侯), 제일, 장, 단장, 감독, 관리자,
지도자, 시조, 왕자, 제안자, 주동자, 주모자(主謀者).
Inter scholasticos doctores omnium princeps et magister.
모든 스콜라 학자들의 왕자요 스승/
munus principis. 황제의 직분/
omnis anima Romanorum principi subiecta sit.
모든 인간은 로마 황제에게 종속되어야 한다/
Quod principi placuit, legis habet vigorem.
군주가 원하는 바는 법률의 효력을 가진다/
voluntas principis. 집권자의 의지.
princeps Apostolorum. 수위 사도 베드로, 교황
princeps Asiæ. 아시아의 지도자(指導者)

Princeps Averroistarum. Averrœs 철학의 왕자

Princeps captos Romam mittet.
　그는 사로잡은 족장들을 로마로 보낼 것이다.

princeps cervícis. 후두 동맥의 지맥(支脈)

Princeps, confectus in proelio, pacem petivit.
　장군은 전투에서 제압당하자(confici) 화평을 청하였다.

princeps hujus mundi. 이 세상의 임자

princeps juventutis.
　(명문출신 특히 기사계급의) 장래가 유망한 젊은이.

Princeps legibus solutus. 군주는 법에 구속되지 않는다.

Princeps nominalium. 왕자

princeps omnium peccatorum et præpositus mortis.
　모든 죄악의 임자요 죽음의 주관자.

Princeps pastorum. 사목자들의 원리(1959.11.28.)

princeps philosophorum. 철학의 군주

princeps pollícis. 엄지손가락 안쪽 동맥

Princeps sacerdótum. = Summus Sacerdos
　(가) 대제관, 사제들의 으뜸.

Princeps Scotistarum. Scotus주의의 왕자

Princeps senátus. 원로원의 유공 수석의원, 원로원 의장

Princeps subtilitatum. 정교함의 왕자

princeps tenebrarum. 어둠의 임자

Princeps Thomistarum in Philosophia. 토미즘 철학의 왕자

Princeps Thomistarum in theologia. 토미즘 신학의 왕자

principális, -e, adj. 원시의, 당초의, 본래의, 근원의,
　최초의, 시조의, 제1의, 으뜸가는, 주요한, 주된.
　(軍) 지휘관(指揮官)의, 장교의, 총사령부의, 본영의.
　m. 으뜸, 장, 감독자(監督者).
　causa efficiens principalis. 주 능동인/
　causa principalis. 주원인/
　ideæ principales. 원형(παρὰδειγμα.prototypus, -i, m.)/
　interventus principális. 주된 참가/
　principales viri. 주요인물, 중심인물/
　principalis porta. 본영 대문(4대문의 하나)/
　principalis agens. 우위의 작용자/
　propositio principalis. 주문, 주절/
　únio minus principalis. 불평등 병합,
　　únio exstinctiva. 소멸 병합.

principalis animi motus. 영혼(靈魂)의 주된 운동(運動)

principalis spiritus. 위대한 영

principalissimum officium. 가장 중요한 직무(職務)

principalitas, principalitatis, n. 으뜸가는 지위
　(⑨ superiority, pre-eminence, excellence; first place).

principaliter, adv. 원칙적으로, 근본원리상으로

principatus, -us, m. 수위(首位), 제1위, 수석(首席),
　최상위, 우위(優位), 최우선권, 패권, 최고 권력, 왕권,
　지배자의 지위, 최고 지위, 제위(帝位), 시작, 최초, 기원.
　(聖) 권품천신.
　Gratiæ principatus. 은총의 우위성/
　principátum sneténtiæ teneére. 우선권 투표권을 가지다/
　témporis principatus. 시간의 시작.

principatus ministrátionis. 봉사하는 수위권(首位權)

Principes sui conservandi causâ profugerunt.
　높은 사람들은 자기가 살아야겠다는 이유로 도망갔다.

principiális, -e, adj. 맨 처음의, 최초의, 원시의

princípio, -áre, tr. 말머리(冒頭)를 꺼내다

principium, -i, n. 시작, 개시, 처음, 시초, 최초, 발단, 단서,
　태초, 효모(冒頭), 기원, 근원(ἀρχή), 시작, 지경, 기초,
　기본명제, 원리, 원칙(原則), 법칙(法則), 율(律), 주의(主義),
　근본 방침, 시조(始祖), 조상(祖上). (軍) 최전선, 제1선.
　críminis pricipium invenére. 범죄의 단서를 발견하다/
　De mundi sensibilis et Intelligibilis Forma et Principiis.
　감각 세계와 지성 세계의 형식과 원리에 대해/
　De primo rerum omnium principio.
　만물의 제일원리론/
　De uno veroque principio, quod humanam naturam
　humanam purgat atque renovat. 인간 본성을 정화
　하고 쇄신하는 유일하고 진정한 원리.(신국론. p.2778)/

duo principia. 두 개의 원리/

essendi principium. 존재의 근원/

habitúdo ad principium. 근원과의 관련/

Hoc erat in principio apud Deum(요한 1. 2)
(ou-toj h=n evn avrch/| proj to.n qeo,n)
(獨 Dasselbe war im Anfang bei Gott)
(⑨ He was in the beginning with God)
　그분께서는 한 처음에 하느님과 함께 계셨다(성경)/말씀은
　한 처음 천지가 창조되기 전부터 하느님과 함께 계셨다.
　(공동번역)/그분은 맨 처음에 하느님과 함께 계셨다(200주년)/

in principio. 맨 처음에(έν ἀρχή), 시초에, 태초에/

In principio creavit deus cælum et terram.
　태초에 신은 하늘과 땅을 창조했다/

intellectus principiorum. 원리들의 이해/

intrinsecum individuátiónis principium.
　내밀한 개체화의 원리/

Ipse dux cum aliquot principibus capti sunt(caput est)
　장군 자신이 몇 명의 제후들과 함께 포로가 되었다/

nec principium nec finem habére. 시작도 끝도 없다/

omnia principia reducuntur ad hoc sicut ad primum
impossibile est simul affirmare et negare.
　모든 원칙은 이 최초의 원칙으로 환원된다.
　긍정하면서 동시에 부정하는 것은 불가능하다/

primum principium immobile et per se necessarium.
　자체로는 부동적이며 필연적인 제1원리/

principia cognoscendi. 인식하는 근원들/

principia entis. 존재의 원리(principium essendi)/

principia Ethica. 윤리학 원론(Moore지음 1903년)/

principia in Sacrum Scripturam. 성경 안의 원리들/

principia in se. 생성원리(生成原理)/

Principia Mathematica. 수학원리(1910년 ~ 1913년)/

principia per se. 그 자체로 있는 원리들/

principia per se nota. 스스로 알려지는(自明的) 원리/

principia reflexa. 반성 원리(pricipium replexum)/

Principia Rerum Naturalium.
　자연계의 원리(1734년 Emanuel Swedenborg 지음)/

Principiis obsta; noli medicinam sero parare! Mala per
longas moras valent. 처음에 막아라! 늦게 사 처방은
　마련하지 말라! 오래 지체하는 사이에 악은 드세어진다/

principio máriano. 마리아적 원칙(복음과 문화. 제3호, p.27)/

principio petrino. 베드로적 측면(복음과 문화. 제3권, p.28)/

principio rerum. 세상 시초에/

Principiorum Fidei Doctrinalium Demonstratio.
　주된 신앙 교리의 논증(1578년)/

Principiorum primorum cognitionis metaphysicæ nova
dilucidatio. 형이상학적 인식의 제1원리에 관한 새로운
　해석.(칸트 1724 ~ 1804지음. 칸트는 이 논문으로 교수자격을 획득하였다/

principium alcjs rei capéssere. 무슨 일을 시작하다/

Quod tandem sit principium individuationis in omnibus
substantiis creatis. 모든 피조된 실체들에서의 개체화의
　원리는 무엇인가(스콜라 철학에서의 개체화, p.919 참조)/

Sex principiorum liber. 여섯 원리론/

Tu quis es? Principium, qui et loquor vobis.
　나는 원리다. 그리고 원리로서 당신들에게 말하고 있다/

unamquanque entitatem per seipsam esse suæ
individuationis principium. 그것의 개체화 원리는 그 자체
　를 통한 각각의 존재성이다(스콜라 철학에서의 개체화, p.919 참조)/

universalitas principii causalitátis. 인과율의 보편성.

principium actionis. 행위의 근원, 작용의 원리

principium activum. 능동적 시원, 작용 원리(능동적 원리)

principium actualitatis. 현실태의 원리, 현실성의 원리

principium agendi. 작용의 근거(根據)

principium agendi in aliuid. 타자에 대한 작용의 원리

principium animalium. 생명체들의 원리

principium Bibliæ. 성경의 원리

principium causalitas. (哲) 인과율(⑨ principle of causality)

principium causalitatis. 인과 원리, 인과율(因果律)

principium cognoscendi. 인식의 원리(principium cognitionis)

principium cognoscendi ex parte cognoscentis.
아는 자의 측면(側面)에서의 인식의 원리.
principium cognoscendi ex parte rei cognoscitæ.
인식되는 실재의 측면에서의 인식의 원리.
principium cognoscitivum. 인식적인 근원(신학대전, 제2권, p.160).
principium conscientiæ. 의식 원리
principium consubstantĭale. 동일 실체적 근원
principium continuitatis. 연속성의 원리
principium contradictionis. (論) 모순원리, 모순률
principium coordinans. 협조 원리(철학여정, p.191)
principium determinatĭonis. 규정성의 원리
principium distinctionis. 구별의 근원
principium duplícĭs effectus. 이중 결과의 원칙(原則)
([영] The Principle of the Double Effect).
principium effectivum. 산출적 근원
principium effectus. 결과의 근원
principium essendi. 존재의 근원, 존재 원리
principium essentĭale. 본질적인 근원(根源)
principium exclusi medii. 배중율(排中律), 배삼율
principium exclusi tertii. 배삼율(排三律), 배중율
principium exemplaritatis. 모형인의 원리
principium exterius. 외적 원리
principium finalitatis. 목적인의 원리
principium formale. 형상적 원리
principium generans. 출산 근원
principium generationis. 생성 원리
principium geniti. 낳음을 받은 자의 근원
principium identitatis. 동일률(同一律), 동일성 원리
principium immanentiæ. 내재원리, 내재성의 원리
principium immateriale. 비물질적 원리
principium in genere entis. 유의 류(類) 안에 있어서 원리
principium indentitatis indiscernibilium.
식별 불가능 사물의 동일 원리.
principium individuationis. 개성 원리, 개별화의 원리
principium infinitum. 무한한 근원
principium intellectivum. 지성적 원리
principium intellectuale. 지성적 원리
principium intellectualis operatĭonis.
지성적 작용의 원리.
principium intelligendi. 사유행위의 원리, 인식의 원리
principium interius. 내적 원리
principium juris. 법의 원리
principium limitatĭonis. 제한성의 원리
principium lineæ. 선의 근원
principium materiale. 질료적 질료(質料的 質料)
principium moralitatis. 윤리 원칙, 도덕 원리.
Bonum faciendum, malum vitandum.
선은 행하고, 악은 피하라.
principium no-contradictionis. (論) 비모순 원리
principium non de principio. 근원에서 오지 않는 근원
principium numeri. 수의 근원
principium ordinis. 질서의 원리
principium orginis. 기원의 근원
principium participatĭonis. 참여의 원리(參與 原理)
principium passivum. 수동적 시원(受動的 始原)
principium patiendi ab alio.
타자에 의해 작용 받음의 원리.
principium per se notum quoad nos.
우리 인식에 대해서 본연적으로 명료한 원리.
principium per se notum quoad se.
그 자체에 있어서 본연적으로 명료한 원리.
principium personæ. 위격의 근원(位格 根源)
principium positivum unde aliquid procedit secundum dependentiam in esse. 어떤 것이 존재의 측면에서 종속되는 방식으로 그것으로부터 발전하는 긍정적인 원리.
principium primum movens. 제일 동자적 근원
principium principio. 근원으로부터 오는 근원
Principium, qui et loquor vobis. 나는 태초요, 그리고 당신들에게 말을 건네고 있는 사람이요.(요한 8, 25).
principium quo. 작용동인(作用動因)
principium quod. 원리자체(原理自體), 작용주체
principium quod et quo actionis. 작용주체와 작용동인
principium ratĭo. 작용의 근거
princípium ratiónis sufficiéntis.(ratio 22 참조)
근거율, 충분 이유율, 충족이유의 원리.
principium religionis. 종교의 근원(宗敎 根源)
principium secundum. 제2근원
principium selectionis naturalis. 자연 도태 원리
principium separatum. 분리된 원리
principium solidarii officii([영] principle of solidarity).
연대성의 원리.
principium speciei. 종의 근원
principium Spiritus Sancti. 성령의 발출 원리.
(사목연구 제17집, 2006년 겨울호, p.171).
principium subsidiarii officii([영] principle of subsidiariity).
보조성(補助性)의 원리(1931년 교황 비오 11세가 회칙 Quadragestimo anno에서 가르친 사회 교서. 여기서 교황은 세 가지를 강조했다. 첫째 사회는 개인의 인격을 존중할 것, 둘째 큰 단체는 작은 단체를 보호할 것, 셋째 국가는 개인이든 단체이든 국민을 보호할 것. 백민관 신부 엮음, 백과사전 3, p.569).
principium subsistendi. 자립함의 근원
principium sufficientiæ materialis. 수요 충족 원리
principium traditionis. 전통의 원리
principium transcendentiæ. 초월적 원리(超越的 原理)
principium unitatis. 일치의 원리
principium vitæ. 생명의 원리
príncĭpor, -ári, dep., intr. 지배하다, 지배자이다, 으뜸가다
Princips Pastorum, 포교(布敎)(1959.11.28.)
prīnus, -i, f. (植) 떡갈나무
prĭor, prĭus, adj. 먼저의, (둘 중의) 첫, 전(前)의, 앞의, 지난 (날의), 더 나은, 더 뛰어난, 우월한, 능가하는, 장상의, 더 중요한, 더 중대한, 우선적인, 더 긴요한, 더 긴급한.
m. 시장, (베네딕도 수도회의) 원장신부, 수도원 원장.
m., pl. 조상(祖上), 선조(先祖).
color flore prior rosæ. 장미꽃보다 더 아름다운 빛깔/
consul anni prióris. 이전 해(年)의 집정관/
Ille prior quam pater, móritur.
그는 아버지보다 먼저 죽는다/
Nam unde diligeremus, nisi ille prior dilexisset nos?
그분께서 우리를 먼저 사랑하지 않으셨다면 우리가 어떻게 사랑할 수 있겠습니까?(최익철 신부 옮김, 요한 서간 강해, p.411)/
Omnis hominum vis in animo et corpore sita est: prior communis est cum dis, alterum cum beluis.
사람의 모든 기력은 혼과 몸에 깃들어 있다.
전자는 신들과 공유하고 후자는 짐승들과 공유한다/
opuléntius quam prióres reges. 이전 왕들보다 화려하게/
pedes prióres. 두 앞발/
prióre loco dícere. (차례에 있어서 둘 중에) 먼저 말하다/
Priorissa. 여자 수도원장[정규 수도원(Ordo religiosus)의 Prior에 해당되는 여자 수도원의 원장…. 백민관 신부 엮음, 백과사전 3, p.242].
prior causa. 선행적 원인(先行的 原因)
prior curiæ. 성청의 원장(院長)
Prior Generalis. (가르멜회) 총원장(총장)
Prior provinciális.
(아우구스티노와 도미니꼬 수도회 등의) 관구장.
priorátus, -us, m. 우위(優位), 우월(優越), (베네딕도 수도회의) 수도분원(修道分院).
prioratus conventualis. 자립 수도원
prioratus simplex. 종속(從屬) 수도원(修道院)
priores sedes. 수석(首席)
priórĭtas, -atis, f. 선행(先行-앞섬), 선행성(先行性), 선재성(先在性), 우위(優位), 상위(上位), 우선(권).
prioritas logica. 논리학상의 선행(先行)
prioritas naturæ. 본질상의 선행
prioritas originis. 기원상의 선행
prioritas temporis. 시간상의 선행
prisce, adv. 근엄하게

prīscus, -a -um, adj. 옛, 옛적의, 고대의, 이전의,
지난날의, 먼저 있은, 고풍의, 질박한, 근엄한,
오래되어 위풍이 있는. m., pl. 옛 사람들.
Prisci homines in specubus habitabant, arcubus feras
necabant. 원시인들은 동굴에서 살았고 활로 짐승을 잡았다.
prisma, -ātis, n. (機) 각주(角柱-네모진 기둥).
(光) 프리즘(⑨ prism), 능경(稜鏡).
prista, -æ, m. 톱질하는 사람
prīstīnus, -a -um, adj. 이전의, 그전의, 지난날의,
기왕의, 바로 전의, 전날의, 최근의, 옛, 오래된,
위에서 언급한, 이미 말한.
in prístinum statum redíre. 그전 상태로 돌아가다/
In vobis résident mores prístini.
너희에게는 아직도 옛 풍습(風習)이 남아 있다/
Me ad pristina stúdia revocávi.
전날의 연구생활로 돌아갔다/
obtineo pristinam dignitatem. 지난날의 품위를 보존하다/
hábitum vestitúmque prístinum reduco.
옛 의상을 다시 도입하다/
sómnium prístinæ noctis. 지난(전날) 밤의 꿈.
pristis, -is, f. = **pistris**(pistrix) ((動)) 고래(orca, -æ, f.)
prĭus, adv. 먼저(πρῶτος), 미리, 일찍이, 차라리,
오히려(μάλλον), 예전에, 옛적에.
cármina non prius audíta. 일찍이 들어보지 못한 시가/
Concepit prius mente quan ventre.
태(胎)에서 보다 마음으로 미리 잉태(孕胎)했다.
Prius disce, quid sit vivere.
산다는 것이 무엇인지를 먼저 배워라.
priusquam. … 하기 전에(prius와 quam을 갈라놓기도 함).
Quod ego, prius quam loqui cœpísti, sensi.
네가 말을 시작하기 전에 나는 벌써 그것을 느꼈다.
Priusquam te formarem in utero, novi te et, antequam
exires de vulva, sanctificavi te.
모태에서 너를 빚기 전에 나는 너를 알았다. 태중에서
나오기 전에 내가 너를 성별하였다.(예레미야서 1. 5).
priva, 원형 prīvo, -ávi, -átum, -áre, tr.
[명령법. 단수 2인칭 priva, 복수 2인칭 private]
Dulcédinem non priva Corda quæréntium.
구하는 이들의 마음을 감미로움으로 빼앗지 마소서.
[quæréntium, 원형 quæro, quæsívi(-sīī), quæsítum, -ěre,
현재분사의 명사적 용법. 복수 주격(1격) quærentes, 속격(2격) quærentium,
여격(3격) quærentibus, 대격(4격) quærentes, 탈격(5격) quærentibus)
황치현 신부 지음. 미사통상문을 위한 라틴어. p.528].
privántïa¹ -æ, f. 제거, 박탈(剝奪), 상실(喪失), 결성(缺性)
결여(缺如.στέρησις.⑨ Lack), 상실(喪失).
privantïa² -īum, n., pl. (文法) 결성사(缺性辭),
결여(缺如)를 나타내는 말. (論) 결성개념,
(論) 결성개념(缺性概念, conceptus privatívus).
privátim, adv. 사사로이, 사적으로, 개인적으로,
비공식으로, (자기) 개인의 힘으로, 따로, 특별히,
자기 집에. privatim se tenére. 자기 집에 유폐하다.
privátĭo, -ónis, f. 빼앗음, 탈취(奪取), 박탈(剝奪), 제거,
없음, 결여(缺如.στέρησις.⑨ Lack), 결핍(缺乏),
상실(喪失), 파면(罷免), (성직자의) 면직, 전직(轉職).
malum est privatio boni. 악은 선의 결핍이다/
officii privátĭo. 박탈 처분/
privationes et defectus nullatenuspossint cognosci nisi
positiones. 결여와 결함은 단지 긍정적 존재를 통해서만
인식될 수 있다/
speciei privatio. 형상의 결핍(缺乏).
privátĭo boni. 선의 결핍.결여(=악, bonum deficiens)
privátĭo debitæ perfectionis.
있어야 할 완전성의 결핍.결여(=악).
privátĭo entis. 존재의 결핍(存在 缺乏.결여)
privátĭo judicialis. 사법적 파면(司法的 罷免)
privátĭo justitiæ orginalis. 원초 정의의 상실
Privatis Diebus Qualiter Agantur Matutini.
평일의 "아침기도"는 어떻게 바칠 것인가.
privatívus, -a -um, adj. 박탈적인, 뺏는 힘이 있는,

결여(缺如)를 나타내는, 결여(缺如) 되어 있는,
결성의, 소극(消極)의. concéptus privativus. 결성개념.
privatizátĭo, -ónis, f. 사유화(私有化)
privátus, -a -um, p.p., a.p. 뺏긴, 박탈당한, 사사로운,
사적(私的)인, 개인의, 사용(私用)의, 사유(私有)의,
관직(官職)에 있지 않은, 재야(在野)의, 비공식의,
황제 이외의, 황제(皇帝)의 것이 아닌.
m. 일개인, 사인(私人).
audiéntia privata. 개인 알현(교황과의 단독면담)/
bonum privatum. 사사로운 선익(善益)/
ex privató. 개인 돈으로(돈에서)/
exorcismus privátus. 사적 구마(私的 驅魔)/
in priváto. 사적으로, 집에서, 집안사람끼리/
in privátum. 개인용으로/
interpretátĭone privata. 사적 해석/
privata consociátĭo. 사립 단체/
Privatorum conventio juri publico non derogat.
사적인 약정으로써 공공권리를 제한하지 못 한다/
usus privátus. 특수사용/
vita privata. 사생활.
privígna, -æ, f. 의붓딸, 전처의 딸,
(어머니가 결혼 전에) 낳아 가지고 들어온 딸.
privignus¹ -a -um, adj.
(식물에 대해서만 씀) 옮겨 심은, 자생이 아닌.
privignus² -i, m. (privus+gigno) 의붓아들, 전처의 아들,
(어머니가 결혼 전에) 낳아 가지고 들어온 아들.
privilegiárĭus, -i, m. 특권을 누리는 사람, 특권자
privilegiátus, -a -um, adj.
특권을 가진, 특권(特權)이 부여된, 특전이 부여된.
Octava Privilegiata(⑨ Privileged Octave). 특권 8일 축제.
privilégium, -i, n. (privus+lex)
(특전은 privus와 lex가 합친 합성어로 특전은 영구적이다)
특권(特權), 특전(特典.⑨ privilege), 예외법규.
Ex desuetudine amittuntur privilegia.
특권의 사용 중지로 특권은 상실 된다/
Privilegia libertatis. 자유의 특전(자유의 특전)/
Privilegia realia transeunt ad hæredes, non personalia.
물적 특권은 상속인에게 이전하지만,
인적 특권은 그렇지 않다/
privilegio gregoriano. 그레고리오 특전.
(1585.1.25. 교황 그레고리오 13세가 반포한 Populis et nátionibus 지칭)/
privilegio piano. 비오 특전.
(1571.8.2. 교황 비오 5세가 반포한 Romani Pontificis 지칭)
privilegium affirmativum. 적극적 특전, 긍정적 특전
privilegium altaris(⑨ privileged Altar). 특전 제대
privilegium altaris portatilis. 휴대 제대 특권
Privilegium asyli. 교회 내 도피자 비호권
privilegium canonis. 교회법상 특권, 불가침 특권
Privilegium commune. 공통적 특전
Privilegium communiter personale. 공동적 특전
Privilegium competentiæ. 성직자 신분 보장 특권
Privilegium contra jus. 법에 반한 특권
privilegium crucis. 십자가의 특권(特權)
privilegium de investitura. 임직 특권
Privilegium emigrandi = Beneficium migrandi.
이주(移住) 특권.
Privilegium est lex privata favorábilis.
특전은 혜택(惠澤)을 주는 사적인 법률이다.
Privilegium exemptionis. 면속 특권
privilegium favorabile. 혜택의 특전(惠澤의 特典)
privilegium fidei. 신앙의 특전(信仰의 特典)
Privilegium fori. 치외법권(治外法權),
(성직자의 민.형사소송상의) 법정특권(法廷 特典).
privilegium grátĭosum. 호의의 특전
Privilegium immunitatis. 공무(병역) 면제 특권
privilegium locale. 장소의 특전
Privilegium (juris) asyli. 교회 내 도피자 비호권.
Privilegium majus. 대특권
Privilegium minus. 소특권

P

Privilegium mixtum. 겸용(兼容)의 특전.

privilegium negativum. 부정적 특전, 소극적 특권, 사면특권.

privilegium odiosum. 혐오(嫌惡)의 특전(남에게 부담 지우는 특권)

privilegium onerosum. 부담(負擔)의 특전

Privilegium Paulinum.(⑨ Pauline Privilege)
(미신자 사이의 적법 혼인의 해소에 관한) 바오로 특전.

privilegium paupertatis 가난의 특전(特典)

privilegium perpetuum. 영구적 특전

Privilegium personale, quod scilicet personam
sequitur, cum ipsa extinguitur. 인적 특전 즉 사람을
따르는 것은 그 사람과 함께 소멸된다(Can.78).

privilegium personale. 인적 특전(人的 特典)

privilegium petrinum.(⑨ Petrine Privilege) 베드로 특전.
[바오로 특전은 바오로 사도가 코린토 신자들에게 보낸 편지(1코린 7,12~15)에
근거해서 세례 받은 신자들의 신앙을 보호하고자 첫 번째 혼인 유대를 해소하는
것입니다. 반면에 베드로 특전은 지상에서 예수 그리스도의 대리자인 사도
베드로의 후계자 곧 교황의 특별한 권한으로 신자들의 신앙의 유익을 위해
혼인유대 해소의 특전을 내리는 것입니다.]

Privilegium præter jus. 법외 특권, 습성적 특권.

Privilegium privatum. 사적 특전.

privilegium reale. 물적 특전(物的特典)

privilegium remuneratorium. 보상(補償)의 특전.

privilegium sabbaticum. 토요특전(⑨ Saturday privilege)
[주일 미사나 의무 축일 미사를 그 전날 저녁(오후 4시 이후)에 드리는 미사.
제2차 바티칸 공의회 이후 신자들의 주일 미사 참여 기회를 넓히고자 단행된 전례
개혁 가운데 하나로, 그 신학적 배경은 교회의 전통에 있다.
구약 시대의 유다인들은 하루를 일몰부터 다음날 일몰까지로 계산했고,
전례력에서도 축일이 그 전날 저녁 7시 때부터 시작되었던 것이다.]

Privilegium scripto datum. 서면 수여의 특전.

Privilegium singulariter personale. 개인적 특전.

Privilegium tantum valet quantum sonat.
특전은 소리 나는 만큼 유효하다.

privilegium temporale. 일시적 특전

Privilegium vivæ vocis oraculo. 구두 수여의 특전

privo, -ávi, -átum, -áre, tr. 빼앗다, 박탈(剝奪)하다,
사면(赦免)하다, 면제(免除)해주다, 풀어주다(ἀπολὑω),
해방(解放) 시키다, 덜어주다, 없애주다.
me somno privo. 나를 못 자게 하다/
óculis se privo. 자기의 두 눈을 빼버리다.

privo alqm dolóre. 누구의 고통(苦痛)을 덜어주다

privo alqm exsílio. 누구에게 귀양을 풀어주다

privo alqm vitā. 아무에게서 생명을 빼앗다, 죽이다

privus, adv. 매(每), 개개의, 각각의, 하나씩의, … 마다,
각자의, 저마다의, 개인의, 특별한, 독특(獨特)한,
(무엇이) 없는, (무엇을) 면한.
in dies privos. 날로, 나날이.

pro¹, p.præp. c. abl. 위하여, 위한, 편들어, 앞에서,
전면에, 공개적으로, 앞으로, …에 대한 보답으로,
대하여, 때문에, 대신에, 대신하여, … (으)로, -껏,
…나 마찬가지로, 대로, …에 따라, 만큼, …에 비하여.
alqd pro certo habére. 무엇을 확실한 것으로 여기다/
alqm pro dictis ulcísci.
아무에게 (무슨) 말에 대한 보복(報復)을 하다/
Cæsar legiónes pro castris collocávit.
캐사르는 군대를 진지 전방에 배치하였다.
Ego ibo pro te. 내가 너 대신 가겠다/
esse alci pro hoste. 누구에게 적(敵)이나 다름없다/
esse pro alqo. 누구에게 유리(有利)하다,
누구를 위하는 것이다, 누구 편이다/
facio vítulā pro frúgibus.
농산물(農産物) 대신 암송아지로 제사 지내다/
Gratis pro Deo. 은총으로 하느님을 위해/
Hunc amávi pro meo.
나는 이 사람을 내 아들처럼 사랑했다/
Ille mihi unus est pro centum míllibus.
그는 혼자이지만 나에게는 10만 명이나 같다/
múltiplex, quam pro número, damnum.
수(數)에 비해서 여러 갑절 되는 손해(quam² 참조)/
prœlium atrócius quam pro número pugnántium fuie.
교전은 전투원의 수에 비해 너무 치열하였다/
se pro cive gérere. 시민으로 행동하다, 시민 노릇을 하다/

Sedens pro æde Cástoris dixit.
그는 카스토르 신전(神殿) 앞에 앉아서 말하였다/
stare pro alqo. 누구의 편을 들다.

pro æde Cástoris. Castor 신전(神殿) 앞에

Pro alcjs cápite aurum erat repénsum.
누구의 머리 값으로 그 무게만큼의 금이 지불되었었다.

Pro beneficiis. 은혜(恩惠)에 대하여

Pro Christi unitate. 그리스도교 일치를 위하여

pro cónsule(=procónsule, procónsul)
집정관 대리, 지방 총독(總督)

Pro di immortales, quæ fuit illa, quanta vis!. 불멸의
신들에 맹세코, 그 여자 얼마나 멋있던가! 얼마나 힘차던가!.

pro ecclesia et Pontifice. 교회와 교황의 공로패(功勞牌)

pro eo ac débui. 나는 응당 그랬어야했듯이

Pro eo est, atque si adhíbitus non esset.
그가 채용되지 않았던 경우나 마찬가지이다.

Pro eo quanti te fácio. 내가 너를 평가하는 그만큼

pro foribus Ecclesiæ. 속죄 예비자(공개적 속죄는 세례 예비자와
함께 사순절보다 시기적으로 훨씬 그 이전부터 실시되었다는 것은 확실하다.
죄의 경중, 따라서 속죄행위의 경중은 사적인 행위에서 보다는 미사성제나
공동체적 전례행사에 참여 여부로 표현되는 공적인 행위에서 드러났다.
대개 4개의 유형으로 구별했다. 1. 성당 안에도 들어올 수 없는 "속죄 예비자"
(pro foribus Ecclesiæ), 2. 예비신자의 상태로 전락되어 말씀의 전례에만 참여하고
돌아가야 하는 자(Audientes). 3. 일정한 장소에서 미사성제에 참여하는 하지만
"꿇어야 하는 자"(genua flectantes), 4. "서서 하는 자"(Consistentes) 들로 구분
됐으며 마지막 두 부류의 속죄자들은 제물봉헌이나 영성체는 할 수 없었고 미사
끝에 주교에게 강복을 받았다. 최윤환 신부, 가톨릭大學神學部論文集. 제4집, p.12]

pro meā parte. 나로서 할 말은

pro multitúdine hóminum. 사람 수에 비해서

Pro novo humanæ vitæ cultu(⑨ For a new culture of
Human Life) 인간 생명의 새로운 문화를 위하여

pro pátria mori. 조국을 위하여 죽다

pro rostris. 연단 앞에(서), 연단에서

pro se quisque. 각자 자기를 위하여,
각자의 능력대로, 각자 자기가 할 수 있는 대로.

pro tribunáli. 법정에서

pro tua sapiéntia. 네 지혜대로

pro viribus. 자기 능력대로, 힘대로, 힘껏(plenā manu)

pro virilis parte. 있는 힘을 다하여

pro virilis parte, virilis portione
각자 자기 나름대로(자기 수완 것).

pro vitā hóminis vitam hóminis reddo.
인명의 대가로 인명을 치르다.

pro-², præverbium. 합성된 단어에 "앞(앞으로, 앞을,
앞의), 먼 조상의, 드러나게, 공공연하게, 대신에(의),
부(副), 에 따라, 염려, 옹호, 유리함" 따위의 뜻을
보태어 줌. e.g. procédere. 앞으로 나아가다.
próavus. 증조부, procónsul. 집정관 대리,
propórtio. 조화, 비례, protégere. 보호하다.

pro³, (proh) interj. (경탄.비탄.절규 따위 표시)
아! 오! 슬프도다!
Pro deum hominúmque fidem!
아! 신들과 사람들의 성실함이여/
Pro dolor! 슬프게도, 불행하게도/
Pro dii immortales! 아! 불사의 신들이여/
Pro scelus! 끔찍도 해라/
Tantum pro! degenerámus.
슬프게도 우리가 이렇게까지 타락하다니.

pro bona voluntate. 선한 의지를 통해서

Pro bono publico. 공익(公益)을 위해서

pro captu meo. 내 나름대로 힘껏

Pro cauto timidum compello.
신중(愼重)한 사람을 비겁한 자라고 나무라다.

Pro certo habeto omnes tibi favere.
모든 사람이 그대에게 호의를 갖고 있음을 확실히 아시라!

pro comperto sane.
로마 교황청 내의 일부 교구장 주교들(1967.8.6. 자의교서).

pro comperto. 확실한 것으로, 분명히(videlicet, adv.)

pro cura animarum. 영혼들을 보살피기 위하여

Pro deorum atque hóminum fidem!

P

천우신조(天佑神助)로!, 신들과 인간들의 도움으로!
Pro deum fidem! 오 신들의 성실함이여.
Pro di immortales, quæ fuit illa, quanta vis.
불멸의 신들에 맹세코, 그 여잔 얼마나 멋있던가!
얼마나 매력 있던가!
Pro dolorosa Eius passione, miserere nobis et totius mundi. 예수의 수난을 보시고 저희와 온 세상에 자비를 베푸소서. (예수님께서 성녀 파우스티나께 친히 가르쳐주신 자비의 기도로 묵주를 이용하여 바칠 때 성모송 사이에 바치는 기도. Pater æterne 참조).
Pro domo sua. 자기의 집을 위하여
Pro Ecclesiasticæ Unitatis Defensione.
교회 일치를 수호함(헨리 왕 행동 규탄. 레지날드 폴 지음 1534~1536년).
Pro Evangelizátĭone Populorum.
민족들의 복음화를 위한 미사.
pro forma 형식상
pro hoc vice tautum 이번만, 짧은 기간 동안만
pro illo qui est verus papa. 참 교황인 그 분을 위하여.
pro indiviso. 공동으로(conjuncte, adv.)
Pro libertate mori. 자유를 위하여 죽다.
Pro libertate nobis pugnandum est. 자유를 위하여 우리는 싸워야 한다.[행위자 여격 문장으로 동사의 행위가 어떤 사람에 의해 이루어져야 함을 나타낸다. 소위 수동태 용장활용에서 행위자 탈격을 대신한다].
Pro materna, 여행자들에 대한 권한과 특전(1982.3.19. 교령)
pro mea(tuā.suā) parte. 내(네.자기) 힘껏
Pro memoria. 기억(記憶)을 위해
pro multitudine hóminum. 사람 수(數)에 비해서.
Pro Mundi Vita. 세상의 생명을 위하여
Pro nihilo duco amici consilium(=Nihili facio amici consilium) 나는 친구의 의견을 무시한다.
pro nihilo esse. 아무 것도 아니다.
pro nihilo putare. 아무 것도 아닌 것으로 여기다
pro parte. 제 나름대로
Pro patria. 조국을 위해서
Pro patria mori. 조국을 위해서 죽다
Pro possessore habetur qui dolo desiit possidere.
범의 없이 점유하는 자는 점유자(占有者)로 여겨진다.
Pro quibus labórant paréntes.(의문사는 문장 첫머리에 놓지만 전치사와 쓸 때는 전치사가 앞에 온다) 부모들은 누구를 위하여 일하는가.
pro re. 상황에 따라, 형편대로(e re natā)
pro re natā(약: p.r.n.) 필요(必要)에 따라,
상황이 그러하여, 임시로(**temporarie**, adv.).
pro rei veritate. 객관적 진실을 위하여
pro salute veritatis. 진리(眞理)를 지키기 위해서
pro se quisque 각자 자기를 위하여
pro suā famā. 자기 명예를 위하여 싸우다
pro suā prudentĭa. 자기 재량(裁量)에 따라
pro tempore. 환경(環境)에 맞추어, 당시로는
pro tua sententia. 너의 의사대로
pro tuo arbitrio. 너의 자유의지에 따라서
pro validitate matrimonii. 혼인의 유효성을 위하여
pro víribus. 힘대로, 힘껏
pro vita rogo. 살려 달라고 탄원하다
pro vobis et pro multis. 여러분과 또한 많은 이를 위하여
(1966.5.31. 마산교구장 김수환 주교 사목표어).
pro voto. 너의 희망대로
pro-existentia. 위존(爲存).
Pro-Nuntius Apostolicus([영] Apostolic pro-nuncio).
교황대사.
pro-præfectus apostolicus([영] apostolic pro-prefect).
지목구장 직무대행.
pro-præses, -ĭdis, m. 의장 대행(議長代行)
pro-vicárĭus apostolicus([영] pro-vicar apostolic).
대목구장 직무대행.
proábbas, -átis, m. 대수도원장 대리
proámĭta, -æ, f. 증조부의 자매(姉妹),
할아버지의 고모(amita, -æ, f. 姑母).
proárche, -es, f. 만물의 첫 원리(근원)
proáuctor, -óris, m. 시조(始祖), 먼 조상,
창시자(創始者), 최초의 소유자, 원저자(原著者).
proávĭa, -æ, f. 증조모(曾祖母)
proavítus, -a -um, adj. 증조부(모)의, 선조의
proavúncŭlus, -i, m. 증조모의 (남자) 형제
próăvus, -i, m. 증조부, 외증조부, 조상.
Tua eadem virtus fuit quæ in tuo proavo.
당신의 용맹은 당신 증조부에게 있었던 것과 똑같았다.
probabile argumentum. 개연적 논증(蓋然的 論證)
probabiliorismus, -i, m. 안전 개연론, 엄격 개연주의.
æquiprobábĭlismus, -i, m. (倫) 동등 개연론.
probábĭlis, -e, adj. 있음직한, 있을 수 있는, 그럴싸한, 아마 그럴듯한, 믿을만한, 개연적(蓋然的)인, 훌륭한, 알아줘야 할, 인정받을 자격이 있는, 칭찬 받을만한.
adv. **probábĭlĭter.** 아마(어쩌면), 십중팔구는, 훌륭하게.
probábĭlismus, -i, m. 개연론(蓋然論), 개연설.
æquiprobábĭlismus, -i, m. (倫) 동등 개연론.
probabílĭtas, -atis, f. 있음직함, 있을 법함, 그럴 듯함, 믿을 만함, 가망성(可望性), 확률(確率), 공산(公算).
(哲) 개연성(蓋然性-어떤 일이 일어날 수 있는 확실성의 정도).
probabiliter opinata. 개연적인 의견(정의채 지음. 존재의 근거문제, p.184)
probaméntum, -i, n. 증명(證明),
증거(μαρτυρὶα.μαρτὺριον.[영] Witness).
probata, -órum, n., pl. (一般的으로) 가축(家畜),
(특히) 양떼([영] Flock.greges agnorum).
probate, 원형 prŏbo, -ávi, -átum, -áre, tr.
[명령법. 현재 단수 2인칭 proba, 복수 2인칭 probate].
Omnia probate, quod bonum est, tenete.
좋은 모든 것을 시도하고 잡아라.
probátĭo, -ónis, f. 시험(試驗), 시험해 봄, 살펴 봄,
전형(銓衡-사람을 여러모로 시험하여 골라 뽑음), 감정(鑑定),
(가해진) 시련(試鍊.[영] Test), 수련(修鍊),
인가(認可), 승인(承認), 증명(證明),
증거(證據.μαρτυρὶα.μαρτὺριον.[영] Witness).
Probationis et testimonia contra Donatistas. 도나투스파 반박 증명과 증언(소실 됨)(405년 히포의 아우구스티노 지음)/
probationis tentatio. 시련(試鍊)/
tertia probatio. 제3차 수련(예수회. 신학 수료 후 1년 간)/
valor probátĭónis. 공문서의 효력/
valor probátĭónis peritialis. 감정서의 평가(評價).
probátĭo directa. 직접 증거(證據)
probátĭo extra-judicialis. 재판 밖의 증거
probátĭo indirecta 간접 증거
probátĭo judicialis. 사법적 증거
probátĭo plena. 충분한 증거
probátĭo semi-plena. 불충분한 증거
probatívus, -a -um, adj. 시험해 보는, 입증의,
증명(證明)하는, 증거를 제공(提供)하는.
probátor, -óris, m. 관찰자(observator, -óris, m.),
(시련 따위로) 시험해 보는 자,
찬성자(贊成者), 찬동자(贊同者), 증명인(證明人).
probatoria, -æ, f. 추천서(推薦書), 자격 증명서
probatórĭus, -a -um, adj. 증명하는, 추천하는
probátus, -a -um, p.p., a.p. 시험을 거친, 훌륭히 증명된,
훌륭한, (자격.성능.가치 따위를) 인정받은(받는),
정평 있는, (누구의) 마음에 드는, 사랑(귀염) 받는.
adv. **probate.** 훌륭히.
Mundi probatus Magnister. 만인이 알아주는 스승.
prŏbe, adv. 참 잘, 좋게, 옳게, 올바로(in recto), 똑바로,
제대로, 훌륭히, 매우(מְאֹד), 심히, 온전히, 아주.
Narras probe. 거 참 좋은 소식이다.
Probe! 바로 그렇다!, 좋아!(pulchre! interj.), 참 잘했다!
probe scire. 똑바로 알다
Probida Mater Ecclesia. 섭리의 어머니이신 교회.
(비오 12세 교령 1947년 2월).
probitas, -atis, f. 착함, 덕성(德性), 정직(착함), 단정,
성실(אֱמֶת.πὶστις.[영] Fidelity), 결백(潔白), 얌전함,
청렴(淸廉-마음이 고결하고 재물 욕심이 없음), 겸허(謙虛),
정숙(貞淑-특히 여자의 말이나 행실이 곧고 마음씨가 맑은 것).
exémplum probitátis et fídei. 정직과 성실의 본보기/

P

Juventus probitati, non divitiis studeat!.
젊은이들은 재산이 아니라 정직을 추구할 지어다!.
Probitas laudatur et alget.
정직은 칭찬 받지만 싸늘하다(소홀히 한다).
probléma, -atis, n. 문제(問題), 과제(課題), 의문(疑問),
문제점(問題點), 난문(難問), 난점(難點), 난제(難題),
Interpretationis Problema, 해석의 문제(1989년 발표).
problemata de frequentǐa incolarum.
인구문제(人口問題.⑨ populátǐon problems).
problemata operariorum. 노동 문제(勞動問題).
Motus operariórum. 노동운동.
problemata ruralia. 농업 문제(農業問題)
problemata socalia.(quæstio socialis)
사회문제(⑨ socíl issues).
problemátǐcus, -a -um, adj. 문제의, 문제가 되는,
문젯거리의, 미해결의, 의문의, 의심스러운.
prŏbo, -ávi, -átum, -áre, tr.
(자격.적성.성능.가치 따위를) 시험하다(ロ띠ロ.ロㅁ띠),
시험해 보다, 감정하다, 겪어보다, 살펴보다, 확인하다,
조사(검사)하다, 판단하다, 평가하다, 알아보다,
인정하다, 승인하다, 찬성(찬동.동의.환영)하다,
칭찬(稱讚)하다, 여기다, 생각하다, 믿다, 납득시키다,
증명하다(ロדℸ.ロ.ロㅁㅣ), 입증하다, 믿게 하다.
Ad unum omnes Vercingetorigem probant imperatorem.
모든 이들이 한결같이(ad unum) 베르킹게토릭스를
사령관으로 추대하였다/
Æquitatem tuam non potui non probare.
당신의 공정성은 내가 인정하지 않을 수가 없었다/
amicítias utiltáte probo. 우정을 이용가치로 평가하다/
argéntum igne probátum. 불로 감정한 은(銀)/
Discit enim citius meminitque libentius illud quod quis
derídet, quam quod probat et veneratur.(Horatius).
사람은 자기가 인정하고 존중하는 일보다 자기가 조소
하는 일을 보다 빨리 배우고 보다 기꺼이 기억해둔다/
Ignis probat ferrum, et tentátǐo hominem justum.
불은 쇠(鐵)를 증명해 주고 시련은 의인을 증명해 준다.
(준주성범 제1권 13장 5)/
Libros tibi probábo. 내 책들이 너한테 호평을 받을 것이다/
locus probándæ virtútis. 용기를 시험해 볼 기회(機會)/
Nemo malus nisi probetur.
아무도 입증되기 전에는 악인이 아니다/
probári alci(ab alqo) 누구에게 받아들여지다/
Qui nimium probat, nihil probat. 너무 따지는 사람은
아무것도 시도하지 못한다. [너무 (철저히) 증명하려는
사람은 (결국) 아무것도 증명하지 못한다]/
Quod enim homo sit intellectus tantum vel anima
tantum, multipliciter probatur. 인간이 지성만도 영혼만도
아니라는 점은 여러 방식으로 입증된다.(지성단일성. p.165)/
Unde probas? 어떻게 증명합니까?/
Unde probas quia mendax est? 그가 거짓말쟁이라는
것을 그대는 어떻게 증명하겠습니까?/
(최익철 신부 옮김. 요한 서간 강해. p.417)/
Unde probamus? 어떻게 증명할 수 있습니까?/
Vídeo melióra probóque, deterióra sequor.
나는 (더) 좋은 것을 보고 인정(認定)하지만
그러나 (실제로는) 나쁜 것을 따라간다.
probo *alqm* **júdicem.** 누구를 재판관으로 받아들이다
probo pecúniam. 돈을 확인(確認)해 보다
probo se *alci*, **probári** *alci*. 누구에게 호감을 사다,
칭찬 받다, 신임을(신뢰를) 받다.
probóscis, -ǐdis, f. (개.돼지 따위의 코를 포함한)
내민 주둥이, (특히) 코끼리의 코.
probrósus, -a -um, adj. 치욕적인, 모욕적(侮辱的)인,
명예훼손(名譽毁損)의, 수치스러운, 불명예스러운.
prŏbrum, -i, n. 비도덕적 행위, 파렴치 죄, 간통(姦通),
부정(不貞-정조를 지키지 않음), 음탕(淫蕩), 간통(姦通),
추행(醜行-도의에 벗어나 추잡하게 행동함. 음란한 짓. 난행),
능욕(陵辱), 강간(强姦), 수치(羞恥-부끄러움), 망신(亡身),

창피, 불명예(不名譽), 치욕(恥辱-부끄러움과 욕됨),
욕설(辱說), 모욕(侮辱), 비난(非難).
Aediles plebeii, aliquot matronas apud populum probri
accusarunt. 평민 감찰관들은 귀부인 몇몇을 파렴치죄로
국민에게(=민회에) 고발하였다.
prŏbus, -a -um, adj. (질적으로) 좋은, 쓸모 있는,
유용한, 적합한, 착한(רושכב), 덕성 있는, 성실한,
정직한, 올곧은, 청렴(淸廉)한, 결백한, 예의바른,
겸허한(infimus, -a -um, adj.), 염치(廉恥) 있는,
단정한, 정숙한, 능숙한, 노련한.
procácǐtas, -atis, f. 뻔뻔스러움, 건방짐, 무례함.
철면피(鐵面皮-무쇠처럼 두꺼운 낯가죽이라는 뜻. 면장우피, 후안),
후안무치(뻔뻔스러워 부끄러움을 모름), 염치없음, 오만불손.
procámbǐum, -i, n. (植) 전형성층(前形成層)
procátǐo, -ónis, f. 개가(改嫁) 할 남편을 구함
prŏcax, -acis, adj. 뻔뻔스러운, 후안무치한, 염치없는,
자꾸 달라고만 하는, 넉살좋은, 짓궂은, 건방진, 불손한,
함부로 내뱉는, 마구 헐뜯는, 미친 듯이 날뛰는, 분방 자재한.
Procedamus in pace. 평화 속에서 걸읍시다.
Procedamus in pace. In nomine Christi. Amen.
평화로이 가십시오. 주님의 이름으로. 아멘.
procedens. 발출자(發出者)(신학대전 제3권. p172. p.178)
procedenti, 원형 procédo, -céssi -céssum -ěre, intr.
[현재분사의 명사형. m. 단수 주격 procedens,
속격 procedentis, 여격 **procedenti**, 대격 procedentem,
탈격 procedente].
procédo, -céssi -céssum -ěre, intr. 나아가다,
전진하다, 행렬하다, 가다, 진군하다, 진격(進擊)하다,
행진(行進)하다, 나가다, 나오다, 나타나다, 출현하다,
돋다, 돋아나다, 돌출하다, 내밀다, (시간이) 지나다,
진보하다, 승진하다, 쌓이다, 누적(累積)되다, 잘되다,
성공하다, 성취하다, 도움(보탬)이 되다, 이롭다,
유리(유익)하다, 일어나다, 발생(發生)하다,
법적(소송) 절차를 밟다, …에 대한 처분을 내리다.
Eo ira procéssit, ut… ,
분노는 …할 정도에까지 이르렀다/
Omnia prospere procedent.
모든 것이 순조롭게 될 것이다/
si *alci* consília processíssent.
아무의 계획이 성공(成功)되었더라면.
procedo castris. 진영(陣營)에서 나오다
Procedo honóribus lóngius. 더 높은 벼슬에 오르다
Procedura, -æ, f. 절차(節次), 소송절차(교회법전 1997년. p.963)
procélla, -æ, f. 폭풍(우), 풍랑(風浪), 풍파, 돌풍(突風),
회오리바람, 선풍(旋風-회오리바람), 폭풍우,
소동(騷動), 소란(騷亂), 맹렬한 공격, 습격(襲擊),
돌격(突擊-돌진), 강습(强襲), 사자후(獅子吼-크게 열변을 토함).
procéllo, -ěre, tr. (pro²+cello¹) 앞으로 내던지다,
뒤엎다, 둘러엎다. procello se. 앞으로 다가가다.
procellósus, -a -um, adj. 폭풍우가 심한(휘몰아치는),
풍랑이 이는, 폭풍우를 몰고 오는.
procéphǎlon, -i, n. (解) 전두부(前頭部).
adj. **procéphalǐcus**, -a -um.
prŏcer, -ěris, m. (주로 pl.) 지도층(指導層), 요인(要人),
간부(幹部), 고관(高官), 장관(長官), 귀족(貴族),
권위자(權威者), 대가(大家), 거장(巨匠)
선생(διδάσκαλος), 스승(διδάσκαλος.⑨ Teacher).
procérǐtas, -atis, f. 높이, 키, 신장(사람의 키), 크기(큼), 길이
procérus, -a -um, adj. (pro²+cresco) 높은, (키가)
큰(רﬦﬤ.μέγας.πολὺς), 긴, 기다란, 길게 내민.
prŏcessi, "procédo"의 단순과거(pf.=perfectum)
processícǔlus, -i, m. 재판(소송) 절차의 기록(記錄).
processícǔlus diligentiárum(시복 후보자의 기록물 조사
에 있어서) 충분한 주의를 기울인 조사 보고서(소송기록).
procéssǐo, -onis, f. ⑨ Procession.獨 Prozession)
행렬, 행진, 전진, 진격(進擊), 기출, 발출(獨 Ausgang).
vel, si qua liturgica processio sequatur,
만일 다른 예식이 이어진다면.

P

processio ad extra. 밖으로의 발출
processio ad intra. 안으로의 발출
processio æterna. 성령의 영원한 발출
processio amoris. 사랑의 발출
processio cum candelis. 촛불 행렬
processio divinæ personæ. 하느님 위격의 발출
processio Eucharistiæ. 성체거동
processio in Trinitate. 삼위일체 안의 성령 발출
processio interior. 내적 발출
Processio oblationis.(@ Offertory Procession.
獨 Opfergang) 봉헌 행렬.
Processio offertorii. 봉헌 행렬, 제헌 행렬
processio orginis. 기원적 발출
processio Spiritus Sancti. 성령의 발출, 영의 발출
Processio SS. Sacramenti* 성체거동, 성체행렬
Processio theophorica. 성체거동
processio verbi. 말씀의 발출
processio voluntatis. 의지의 발출
Processionale. 행렬 전례서
processionis terminus. 발출(發出)의 도착점
processionis terminus temporalis. 발출의 시간적 도달점.
processuális, -e, adj. 소송의, 수속법의
prōcessum, "procédo"의 목적분사(sup.=supínum)
procéssus¹, -a -um, p.p. 지나간 (시간)
procéssus², -us, m. 전진, 행렬, 행진, (시간의) 경과,
(해.동.식) 돌기, 융기(隆起), 진행, 과정, 추이,
공정(工程), 절차(節次), 순서, 처리, 방법, 진보(進步),
향상(向上), 증진(增進), 성공, 행운, 소송(訴訟),
재판(審理), 소송절차, 수속법(手續法), 절차법, 소송기록.
unitas totius processus educationis. 유기적 통일성.
processus administratívus. 행정 절차(行政節次)
processus apostolicus. 교황청에서의 절차
processus canonicus. 교회법상의 절차법, 교회법상 수속
processus canonisátionis. 시성 조사(諡聖調査), 시성 절차
processus contentiosus oralis. 구두 민사소송 절차
processus contentiosus ordinárĭus. 보통 민사소송 절차
processus de non cultu. 종교 외적 부문 조사 시성(諡聖)
processus generalis. 파문선고(중세 때 성 목요일에 이 판결을 했음)
processus in causis. 원인에 있어서의 과정
processus in infinitum. 무한에로의 과정
processus in infinitum per se. 자체 무한 계열/
in infinitum per accidens. 우유적 무한 계열.
processus informatívus. 시복 조사
Processus iudicialis(judicialis).
수도자의 사퇴(1974.3.2. 교령). 사법 절차.
Processus matrimoniales(Canonici).
혼배 소송법 절차, 혼배소송(Can 1671~1707).
processus ordinárĭus. 시복 조사 과정
processus ordinárĭus seu informatívus. 교구에서의 절차.
processus pœnalis. 형벌 절차
processus pyramidalis. (解) 추체돌기(椎體突起)
processus summárĭus. 약식 재판절차
processus summárĭus extra-judicialis.
재판 외의 약식절차(裁判外 略式節次).
processus ultrajudicialis. 초사법 절차
procidéntĭa, -æ, f. (醫) 탈수(脫垂), 탈출.
procidentĭa ani. 탈항(脫肛.sedes procidua)
prōcídi, "prócĭdo"의 단순과거(pf.=perfectum)
prócĭdo, -cídi, -ĕre, intr. (pro²+cado) 앞에 떨어지다,
(신체의 기관이) 제자리에서 물러나다(빠지다), 탈출하다.
Ocŭli prócidunt. 눈물들이 튀어나오다.
procídŭus, -a -um, adj. 앞으로 넘어진, 엎어진, 엎드린,
(신체의 기관이) 제자리에서 빠져나온.
sedes procídua(procidentĭa ani.). 탈항(脫肛)
procinctus¹ -a -um, p.p. 전투 준비(태세)를 갖춘
procinctus² -us, m. (pro²+cingo) 전투장비, 전투준비,
전투 직전(戰鬪直前), 전투, 전장, 싸움터, 준비태세,
(언제든지 할 수 있는 상태의) 준비.용의.각오.

In procinctu testámentum facere.
전투 직전에 전우들 앞에서 유언을 발표하다.
proclamátĭo, -onis, f. 소리 짖음, 부르짖음,
절규(絶叫-힘을 다하여 부르짖음), (노예의) 자유요구,
자유 청구의 호소(呼訴), 발표, 고시(告示),
참사 회의실에서 한 수도자의 잘못을 다른 수도자가
고발하는 일…(백민관 신부 엮음. 백과사전 1. p.562).
Mysterii proclamatio. 신비의 선포/
Sollemnis Verbi Dei proclamatio.
하느님 말씀의 장엄한 선포.
Proclamátĭo elécti episcopi. 주교 선정의 발표
Proclamátĭo elécti Papæ. 교황당선 확정의 발표
Proclamátĭo Verbi Dei(@ Proclamátĭon of God's Word).
하느님 말씀의 선포.
Proclamátĭo Verbi et ministerium lectoratus.
(@ Proclamation of the word and the ministry of Reader)
말씀의 선포와 독서자의 직무.
proclamátor, -óris, m. 소리(고함) 지르는 자, 선언자,
외치는 사람, 형편없는(나쁜) 변호사(辯護士), 공표자.
proclámo, -ávi, -átum, -áre, intr., tr. 고함지르다,
큰소리로 외치다, 소리쳐 알리다, 소리 높여 항의하다,
법정에서 큰소리로 변론(변호)하다.
proclámo ad(in) libertátem.
(노예가) 법에 호소하여 자유를 요구(주장)하다.
proclinátĭo, -ónis, f. 경사(傾斜), 비탈 앞으로 기울어짐.
proclívis, -e, (proclivus, -a -um,) (pro²+clivus)
adj. 앞으로 기울어진, 경사진, 언덕진, 비탈진, 끝나 가는,
종말에 가까운, 막바지의, …에 잘 기울어지는,
경향이 있는, (병 따위에) 잘 걸리는, 쉬운, 용이한.
n. 경사면, 언덕, 비탈, 쉬움, 쉬운 것.
adv. proclívĭter, 쉽게,
Dictu est proclíve. (그것이) 말하기는 쉽다/
esse in proclívi. 쉽다/
Omnia sibi proclivia fore sperabant. 모든 것이 자기들
에게는 쉬우리라는 희망들을 가지고 있었다.
proclívĭtas, -atis, f. 경사(傾斜-비스듬히 기울어짐), 비탈,
언덕, (惡 따위에) 기울어짐, 버릇, 성향.
proclívĭum, n. 경사면, 언덕, 비탈
proclúdo, -ere, tr. (pro²+claudo¹)
막다(יכ.אלכ.רבד), 가두다.
proco, -áre, (proco, -ári, dep.) tr.
조르다, 요구하다(אעב.יבעמ.עבר.ἐρωτάω).
proceton, -ónis, m. 옆방, 부속실(附屬室), 대기실
procónsul, -ŭlis, m. 집정관 대리, 지방총독, 주지사.
proconsuláris, -e, adj. 집정관 대리의, 지방총독의, 주지사의.
Tiberius Germanico proconsulare petivit. 티베리우스는
게르마니쿠스를 위해 전직 집정관 권한을 요구하였다.
[관심 여격dativus ethicus 문장으로 관심 여격은 동사가 표현하는 행위에 대해
화자나 필자의 관심을 나타내기 위해 여격 인칭대명사와 함께 사용된다. 이때
사용된 여격 인칭대명사를 관심 여격이라고 한다. 한동일 지음, 카르페 라틴어
2권, p.210].
proconsulátus, -us, m. 집정관 대리직, 주지사직,
지방 총독직(地方 總督職), 총독직(總督職).
procrastinátĭo, -onis, f. 미룸, 연기(延期),
지연(遲延-오래 끎), 천연(遷延-지체하거나 미룸).
procrástĭno, -ávi, -átum, -áre, tr. (pro²+clástinus)
미루다, 연기(延期)하다, 질질 끌다, 천연(遷延)하다.
procreátĭo* -ónis, f. 생식(生殖-낳아서 불림), 자손(子孫),
출산(@ Fecundity/Procreátĭon)[교리서 2201항].
생식(生産), 산출(産出), 산물(産物).
procreátĭo et educatio prololis. 자녀의 출산 및 교육
procreátor, -óris, m. (procreatrix, -ícis, f.)
낳는 사람, 어버이, 아버지(어머니), 창조자(創造者),
만들어 내는 사람. m., pl. 부모(父母, 양친).
De duobus ex uno genitore procreatis patribus atque
principibus. 한 부친에게서 태어난 두 인물이 성조이자
군주(君主)가 되었다.(교부문헌 총서 17. 신국론. p.2796).
prócrĕo, -ávi, -átum, -áre, tr. 낳다(דלי.רלי), 생식하다,
산출(産出)하다, 생산하다(דלי), 나게 하다, 만들어 내다.

pécudes ad usum hóminum procreátæ.
인간의 이익을 위하여 난 가축들.

procrésco, -crévi -ěre, inch., intr. 나다(出生),
발생하다, 자라다(אבר.רב.אום.רום), 성장하다.

proctítis, -titidis, f. (醫) 직장염(直腸炎), 항문염.

proctodǽum, -i, n. (發生) 항문도, 항항(肛陷).

procúbǐtor, -óris, m. 야간 보초병, 불침번, 파수병.

procúbǐtum, "procúmbo"의 목적분사(sup.=supínum).

prócǔbo, -are, intr. 엎드려 있다, 땅에 펴놓아져 있다,
깔려 있다, (그림자가) 뻗쳐있다.

prōcǔbui, "procúmbo"의 단순과거(pf.=perfectum).

prócǔbus, -a -um, adj. 엎드려 있는

prōcǔcurri, "procúrro"의 단순과거(pf.=perfectum).

prōcǔdi, "procúdo"의 단순과거(pf.=perfectum).

procúdo, -cúdi, cúsum, -ěre, tr. 두들겨 늘이다(펴다),
벼리다, 형성하다, 틀을 잡다, 모양새를 만들다,
만들어 내다, 퍼지게 하다, 낳다.

prócul, adv. 멀리, 떨어져, …에서 먼 곳에, 멀리서,
…와 간격을 두고, …와 상관없이, 동떨어지게,
…에서 사라져, 없이.
Abste procul recédam. 나는 너에게서 멀리 물러나겠다/
et jam summa procul villarum culmina fumant
majoresque cadunt altis de montibus umbræ.
어느새 마을에는 집집이 연기가 오르고 높디높은
묏등에는 땅거미가 짙어져 내리고 있소이다.
(성 염 지음. 사랑만이 진리를 깨닫게 한다, p.433)/
Hæc omnia quæ requiris procul dubio scies, diligenter
sciendo quid credi, quid sperari debeat, quid amari.
당신은 믿고 소망하고 사랑하여야 할 바를 성실하게
연구함으로써 이 모든 것을 알게 될 것이다.
(바티스타 몬딘 지음. 신학사 1, p.423)/
haud procul occásu solis. 해지기 조금 전에.
Procul a seminario sæculum dæmon et caro,
dira monstra nos impugnant a sacrario nos vocant.
신학교에서 멀리 떨어져 세속과 마귀와 육신과, 흉악한
괴물이 우리를 공격하며, 성소에서부터 우리를 불러냅니다.
Procul aberam ab re ipsa et a locis.
나는 그 일과 그 곳에서 멀리 떨어져 있었다.
procul hinc. 여기서 멀리 떨어져
procul dúbio. 의심 없이

proculcátǐo, -onis, f. 짓밟음, 밟고 다님,
전복(顚覆-뒤집혀 엎어짐), 파괴(破壞).

proculcátor, -óris, m. 척후병(斥候兵), 첨병(尖兵)

procúlco, -ávi, -átum, -áre, tr. 짓밟다, 밟아 뭉개다,
무시(無視)하다, 멸시(蔑視)하다, 경멸(輕蔑)하다.

prócǔlus, -a -um, adj. 늘그막에 낳은,
아버지가 멀리 떠나가 있는 동안 에 난.

procúmbo, -cúbǔi -cúbǐtum -ěre, intr. 앞으로 숙이다,
구부러지다, 휘어 늘어지다, 펼쳐져 있다.
엎드리다(סגד.רוד), 부복하다, 절하다(סגד.רכד.כרע),
눕다(עבר.שכב), 누워 쉬다(자다), (짐승이) 앉아 있다,
쓰러지다, 죽어 넘어지다, 덤벼들다, 몰락하다, 붕괴하다,
망하다, 영락하다, (쾌락 따위에) 빠져(파묻혀) 버리다.
ante génua alcjs procumbo.
누구의 무릎아래(앞에) 엎드리다/
Tremens procúmbit humi bos.
소가 부르르 떨며 땅에 죽어 자빠진다.
procumbo humi. 땅바닥에 엎드려 절하다

procúra, -æ, f. 살림 맡은 부서(部署), 경리(經理),
관리(管理), 대리(代理), 대행(代行), 위임(委任).

procurátǐo, -onis, f. 관리, 경영, 처리, 조치(措置),
조처(措處-조처는 조정이나 규제가 필요한 상황을 수습하는 행정행위),
지방(州) 재무행정, 배려(配慮), 염려(念慮), 도모(圖謀),
주선(周旋-일이 잘되도록 여러모로 두루 힘씀), 실시(實施),
(제사에 의한) 속죄(贖罪), 고사(告祀).
De censibus et procurationibus. 세금과 거마비에 대하여.

procurátǐo abortus. 낙태 주선(落胎周旋)

procuratiúncǔla, -æ, f. 사소한 직무(관리)

procurátor, -óris, m. (procuratrix, -ícis, f.)
관리인, 지배인, 대리인, 회계 담당 노예, 섭정(攝政),
(재정과 행정권을 가진) 행정장관, 지방(州) 재무행정관,
소송 대리인(⑨ procurator). (가) 修道院의 당가(當家).

procurator extrajudicialis. 재판 밖의 대리인.

procurator fiscalis. 교구청 재무 감사

procurator fiscalis generalis Urbis. 교황청 재판국

procurator generalis. 로마 주재의 수도회 대표(총대리)

procurator judicialis. 재판상 대리인(代理人).

procurator liber. 임의 대리인

procurator necessárǐus. 필요적 대리인

procurator particularis. 개별적 대리인

procurator pauperum. 가난한 사람들의 수호자(守護者)

procurator pauperum et defensor pupilorum.
가난한 이들을 보살피는 사람이며 약자의 변호자.

procurator principalis. 주된 대리인

procurator specialis. 특별한 대리인

procuratores substitutus. 대체된 대리인

procuratores pauperum. 가난한 사람들의 대리인

procúro, -ávi, -átum, -áre, intr., tr. 돌보다, 보살피다,
(나무 따위를) 가꾸다, 염려하다, 걱정하다, …하도록 하다,
관리(관장, 감독)하다, 맡아보다, 처리하다, 대리하다,
다스리다(βασιλεύω.תדד. שׂשׂ.רנ.דבר),
(액막이로) 제사(고사)를 지내다, 주선(시행)하다.
Procuratum est. 고사(告祀)를 지냈다.

procuro abórtum. 낙태(落胎) 시키다

procúrri, "procúrro"의 단순과거(pf.=perfectum)

procúrro, -(cu)cúrri -cúrsum -ěre, intr. (pro²+)
앞으로 뛰어가다(달리다), 내닫다, 돌출하다,
내밀어 있다, 뻗다, 진전하다, 진보하다.

procursátǐo, -onis, f. 탐색전(探索戰), 소전투,
전초전(前哨戰-본격적 전투 시작 전에 하는 소규모 전투).

procursátor, -óris, m. 전초병, 척후병, 첨병(尖兵)

procúrsǐo, -onis, f. 전진(前進), 본론에서의 일탈.

procúrso, -ávi, -átum, -áre, intr., freq.
전초전(前哨戰)을 벌이다, 힘차게 전진(前進)하다.

prōcúrsum, "procúrro"의 목적분사(sup.=supínum)

procúrsus, -us, m. (軍) 탐색(探索), 전초전(前哨戰),
진격(進擊), 앞으로 뛰어감, 힘찬 전진(前進),
진보(進步).⑨ Advancement/Growth), 돌출(突出).
Duæ civitates comparantur in procursu rerum
gestarum. 역사 진행 속의 두 도성 비교(신국론 제18권).

procúrvo, -ávi, -átum, -áre, tr.
앞으로 구부러지다, 휘게 하다.

procúrvus, -a -um, adj. 구부러진, 굽은, 만곡한, 휜

prócus, -i, m. 구혼자(求婚者), 야심가(野心家),
지위(地位) 따위를 노리는 사람.

procusum, "procúdo"의 목적분사(sup.=supínum)

prōdactum, "pródǐgo"의 목적분사(sup.=supínum)

prōdactus, -a -um, "pródǐgo"의 과거분사(p.p.)

prodeámbǔlo, -áre, intr. 산책(散策) 나가다

prodecéssor, -óris, m. = prædecéssor

prōdégi, "pródǐgo"의 단순과거(pf.=perfectum)

próděo, -ǐi -ǐtum -íre, anom., intr. (pro²+eo³)
나가다(הלך), 나오다(הלך), 나서다, 전진하다, 생기다,
(사람들 앞에) 나타나다, 세상에 나오다, 등장하다,
돌출(突出)하다, 쑥 나오다, 내밀다, (초목이) 나다,
싹이 트다, (시간이) 경과(經過)하다.
extra modum prodeo. 한도를 넘다, 정도를 지나치다/
Hæc consuetúdo prodeo cœpit.
이런 관습(慣習)이 생기기 시작했다/
in prœlium prodeo. 전투(戰鬪)하러 나가다/
novæ quæ pródeunt comœdiæ. 새로 나오는 희곡들/
prodendi exempli causa. 모범을 보이기 위해서/
prodis ex júdice turpis.
재판관이던 네가 결국 불명예스럽게 되는구나.

prodesse, 원형 prosum¹(prodes, prodest), prófǔi, prodésse,
prodesse magis quam præesse.

P

986

지배하기보다는 유익이 되어.

prodícĭus, -a -um, adj. (祕密 따위를) 누설(漏泄)하는,
폭로(暴露)하는, 내통(內通)하는, 배신(背信)하는.

prodíco, -díxi -díctum -ĕre, tr. 예언하다, 예고하다,
(날짜 따위를) 미리 정하다, 예정하다.

prodico diem. 연기(延期)하다, 기일을 옮기다

prodictátor, -óris, m. 독재 집정관 서리, 임시 독재자.

prodíctĭo, -ónis, f. 연기(延期)

prōdĭdi, "prodo"의 단순과거(pf.=perfectum)

prodigális, -e, adj. 낭비하는, 아까운 줄 모르고 쓰는,
사치(奢侈)한, 방탕(放蕩)한.

prodigálĭtas, -atis, f. 낭비(浪費), 사치(奢侈), 허비(虛費).

prodigéntĭa, -æ, f. 낭비(浪費), 사치(奢侈), 허비(虛費).

prodigiális, -e, adj. 이상한, 신기(神奇)한, 경이적인,
놀라운, 기적적인, 괴물의, 불길한, 불길을 막는(몰아내는).
adv. **prodigiálĭter, prodigiále** 불길하게, 이상하게.

prodigiátor, -óris, m. 점쟁이

Prodígiis a dis admonémur.
우리는 여러 가지 이적으로 신들의 경고를 받는다.

prodigiósus, -a -um, adj. 이상한, 놀라운, 경이적인,
신기한, 불가사의한, 기적적인, 불길한, 괴이한.

prodígĭum, -i, n. 놀라운 일, 기이한 일(monstrum, -i, m.),
신기한 일, 경이(驚異-놀라움), 불가사의(不可思議),
기적(תֹ.אֹתֹ.אֹ.δύναμις.σημεῖον.⑨ Miracles),
이상한 전조, 흉조(凶兆), 불길한 일, 괴변(怪變), 괴물.

pródĭgo, -égi -áctum, -ĕre, tr. (pro²+ago)
앞(밖)으로 몰다, 멀리 쫓다, 낭비(浪費)하다,
아까운 줄 모르고 쓰다, 알맞게(넉넉히) 쓰다.

pródĭgus, -a -um, adj. 낭비의, 허비의, 헤프게 쓰는,
사치한, 방탕한, 삼가지 않는, 신중(愼重)하지 못한,
아끼지 않는, 대수롭지 않게 여기는, 자학적(自虐的)인,
풍부(豊富)한, (무엇이) 많은, 많이 산출(産出)하는,
(냄새 따위가) 온통 풍기는.
filius prodigus. 탕자(방탕한 아들)/
lingua prodiga. 함부로 놀리는 혀/
locus prodigus herbæ. 풀이 많이 나는 곳/
Si velim nominare homines prodigos, nonne possum?
기인들을 거명하기로 한다면야 나라고 못하겠는가?.

prōdii, "pródĕo"의 단순과거(pf.=perfectum)

proditĭo¹-ónis, f. 누설(漏泄-비밀이 새어 나감), 폭로(暴露),
내통(內通), 배신(背信), 반역(反逆), 연기(延期).
Omnes principes civitatis, insimulati proditionis,
a Romanis interfecti sunt. 도시의 모든 지도자들은
반역죄(proditio)를 뒤집어쓰고 참살(斬殺) 당했다/
Quia hoc fecit Pater et Filius in caritate; fecit autem
hoc Iudas in proditione. 아버지와 아드님께서는 사랑으로
행하셨고, 유다는 배반으로 행하였습니다.

proditio indirecta. 간접 누설(漏泄)

proditio sigilli. 직접 누설(漏泄)

proditĭo²-ónis, f. 나타남, 출현(ἐπιφάνεια), 진출, 진격.

prodítĭus, -a -um, adj. = prodícius

proditor, -óris, m. (proditrix, -ícis, f.) 누설자(漏泄者),
폭로자, 내통자, 밀통자, 배신자, 반역자, 매국노.

proditum, "prodeo"의 목적분사(sup.=supínum),
"prodo"의 목적분사(sup.=supínum).

prōditus, -a -um, "prodo"의 과거분사(p.p.)

prōdo, -dĭdi -dĭtum -ĕre, tr. (pro²+do) 드러내다,
나타내다, 보이다(φαίνω), 밖으로 내보내다(내놓다),
공표(발표)하다, 일반에게 알리다, 누설하다, 폭로하다,
털어놓다, 일러주다, 세상에 내놓다, 산출(算出)하다,
(후대에) 전하다(παραδίδωμι), 수교(修交)하다, 물려주다,
전승시키다, (관직 따위에) 임명하다, 배신(背信)하다,
배반하다, 내통(內通)하다, (적에게) 팔아넘기다,
(위험, 불행 따위를) 당하게 하다, 버리다, 포기하다,
잃다, 연기(延期)하다, (시간을) 미루다, 끌다.
alqd memóriæ prodo. 무엇을 후대에 전하다/
alqd prodo vultu. 무엇을 얼굴에 드러내다/
alto suspíria prodo péctore.

가슴속으로부터 한 숨을 내쉬다/
ea, quæ scriptóres prodidérunt.
저술가(著述家)들이 써 남겨 놓은 것/
prodéndi exémpli causā. 모범을 보이기 위해서.

prodo cónscios. 공모자(共謀者)들의 이름을 대다.

prodo patriam. 조국을 팔아먹다.

prodórmĭo, -ívi(ĭi), -íre, intr. 계속해서 자다

pródrŏmus, -i, m 선구자(先驅者), 밀사(密使),
천사(ἄγγελος.使者.gestor negotiorum),
삼복 전에 약 8일간 부는 북북동풍, 조생 무화과.

**Prodromus Philosophiæ Ratiocinantis de Infinito et
Causa finali Creationis**.(스웨덴보리의 1734년 지음)
무한과 창조의 목적 원인에 대한 추리 철학의 선구자.

prodúco, -dúxi -dúctum -ĕre, tr. 앞(밖)으로 인도하다,
이끌다, 이끌어 내다, 불러대다, 대동하다, 데리고 가다,
인솔(引率)하여 나가다, (전선으로) 출동시키다,
(법정으로) 소환하다, 소개하다, 출전(出戰)시키다,
(배우를) 등장(출현) 시키다, (팔려고) 내놓다,
경매에 붙이다, 길게 하다, 늘이다, 펼쳐 놓다,
산출하다, 내다, 생산하다(יִצָּר), 낳다(יָלַד.יָרָה),
돋아나게 하다, 생겨나게 하다, 촉진(促進)시키다,
분발(奮發)시키다, 유인하다, 길게 끌다, 연장시키다,
오래가게 하다, 계속하다, (시간을) 보내다,
지내다, 가르치다, 교육하다.
castris produco exércitum.
진영(陣營)에서 군대를 인솔(引率)하여 나오다/
in áeciem cópias produco. 군대를 전선으로 출동시키다/
pro castris cópias produco.
군대를 진영 앞으로 인솔하다/
sermónem in multam noctem produco.
밤이 이슥하도록 이야기를 계속하다/
vitam produco. 생명을 연장(延長)시키다.

produco alqm ad necem. 사형장으로 이끌어 가다

produco alqm in contiónem. 대중 앞으로 불러내다

prodúcta, -órum, n., pl. (=proégmĕna) 하위의 선
(스토아학파의 용어로 재산.건강.명예 따위와 같은 하위의 선을 말한다).

prodúcte, adv. 연장하여

prodúctĭlis, -e, adj. (망치 따위로) 두드려 만든.
vas productilium. 두드려 만든 종.

productĭo, -ónis, f. 연장(延長), 천연(遷延-지체하거나 미룸),
음절(音節)을 길게 함, 이끌어 냄, 인솔(引率),
생산(生産), 산출(産出), 만들어 냄.
De ipsa lucis productione. 빛의 산출에 대하여/
média productiónis. 생산 수단/
necesse sit productionem effectus preoperari causam.
결과를 생성해내려면 먼저 원인이 작용해야 한다.
(성 염 옮김, 단테 제정론, p.198)/
super vísio productiónis. 생산 관리(통제).

productio rei. 사물의 산출(事物 産出)

productio rerum in esse. 사물을 존재하게 하는 것

productívus, -a -um, adj. 연장된, 연장시키는,
생산적인, 생산력 있는, 산출하는. (文法) 파생(派生)의.

prōductum, "produco"의 목적분사(sup.=supínum)

prōdúctus, -a -um, p.p., a.p. 긴, 길어진, 늘어난, 뻗은,
연장된, 오래 계속된, 길게 끈(끄는).

produúmvir, -víri, m. 이두 정치가(duúmvir)의 대리인

produxe = produxísse

prōduxi, "produco"의 단순과거(pf.=perfectum)

prœbía, -órum, n., pl. 호부(護符)

proégmĕna, -órum, n., pl. (=producta) 외부적인 선

prœliáris(=prœliális), -e, adj. 전투의, 교전의

prœliátor, -óris, m. 전투(교전)하는 사람, 전사, 전투원

prœlior, -átus sum, -ári, dep., intr.
전투(교전)하다, 접전(接戰)하다, 투쟁(鬪爭)하다.
cum equítibus prœlior. 기병들과 교전(交戰)하다/
Primus navali proelio Caius Duilius vicit. 카이우스 두일
리우스가 맨 처음으로 해전에서 승리를 거두었다.

prœlĭum, -i, n. 전투, 교전, 접전(collátĭo signorum),

전쟁([영] War), (동물의) 싸움, 다툼, 경쟁, 대항(對抗).
(pl.) 전투원, 전투병들.
Confecto prœlio, tum vero cerneres quanta audacia quantaque animi vis fuisset in exercitu Catilinæ.
전투가 끝나고 나서, 당신은 카틸리나의 군대에 얼마나 큰 대담함과 얼마나 큰 정신력이 있었는지 알아볼 수 있었으리라/
dēpúgo prœlium. 결전하다, 전투를 결판내다/
descendo in prœlium. 전투장에(싸우러) 나가다/
Ex usu est prœlium commítti. 전투하는 것이 유리하다/
in prœlium prodeo. 전투하러 나가다/
Milites nostri feriunt multos hostes in proelio. 우리 병사들은 전장에서 수많은 적병들에게 상처를 입혔다/
Nullum prœlĭum timueris.
너는 어떠한 전투라도 두려워하지 마라/
Primus navali prœlio Caius Duilius vicit.
카이우스 두일리우스가 맨 처음으로 해전에서 승리를 거두었다.[Caius Duilius Nepos(3C. B.C.): 로마의 장군이요 정치가. 제1차 포에니 전쟁에서 카르타고의 함대를 격파(260년)하여 승기를 잡았음. (성 염 지음, 고전 라틴어. p.375).

prœlium accendo. 전투를 도발(挑發)하다

Prœlium atrócius quam pro número pugnántium éditur. 교전은 싸우는 사람들의 수에 비하여 너무 처참한 것이다(너무 처참하게 생긴다).
[제1항에 비교급을 쓰는 동시에 quam 다음에 제2항으로 pro와 함께 명사의 탈격을 쓰면 "즉 비교급+quam pro(abl.)는" "…에 비하여, …를 보아서는, 너무, 더, 지나치게"의 뜻이 있다].

Proelium finiri jussit rex. 국왕은 전투가 끝나게 하라고 (직역: '전투가 끝나라고') 명령했다.
[iussit(proelium finiri) : 수동태 대격부정법문. 성 염 지음, 고전 라틴어. p.194].

Prœlium multos utrimque absumpsit.
전투가 쌍방에서 많은 전사자를 내게 했다.

proémbryo, -onis, f. 전배(前胚)(식물의 배 발생의 초기단계)

Proenotanda ordinis Lectionum Missæ.
미사 독서 목록 일러두기.

prœpectus empiricus-positívus individualisticus.
경험적-적극적 전망(철학여정, p.224)

prœverbium, -i, m. 접두어(接頭語.文法)

Profana autem et vaniloquia devita.(디모 후 2, 16)
(ta.j de. bebh,louj kenofwni,aj perii<staso)
(獨 Halte dich fern von ungeistlichem losem Geschwätz)
([영] Avoid profane, idle talk) 속된 망언을 피하십시오.
(성경)/속되고 헛된 말은 피하시오(공동번역 디모 후 2, 16)/
속되고 허튼 소리를 피하시오(200주년 기념 성서).

profanátĭo, -ónis, f. 신성 모독(מְעִילָה.[영] Blasphemy), 신성을 더럽힘, 속화(俗化), 남용(濫用), 모독(冒瀆).

profanátor, -óris, m. 신성 모독자

profánĭtas, -átis, f. 신성하지 못함, 이교도임

profano[1] -ávi, -átum, -áre, tr. (pro[2]+fanum) 봉헌하다(בֵּירֵך.ברך), 제헌(祭獻)하다.

profano[2] -ávi, -átum, -áre, tr. 신성한 것을 더럽히다, 신성을 모독하다, 불경한 짓을 하다, 더럽히다(חלל), 속화시키다, (비밀을) 누설하다, 탄로(綻露)시키다.

profano pudorem. 매음(賣淫)하다, 정조(貞操)를 팔다

profánus, -a -um, adj. 신성하지 못한, 부정(不淨)한, 세속적인, 속된, 범속(凡俗)한, 비속한, 속인(俗人)의, 신성모독의, 불경스러운, 불경건한, 흉악(凶惡)한 모르는, 문외한(門外漢)의, 불길한, 흉조(凶兆)의.
m. 속인(俗人). n. 불경(不敬), 흉악(凶惡), 죄악(罪惡).
n., pl. 속된 것, 부정한 것.
Odi profanum vulgus.(Horatius).
저속한 군중을 나는 혐오하노라!.

profátum, -i, n. 말(λὸγος.ῥήμα-言), 발언(發言), 격언(格言), 금언(金言), 신의 지시(명령).

profátus, -us, m. 말(λὸγος.ῥήμα-言)함, 발언, 말투

prōdfēci, "proficio"의 단순과거(pf.=perfectum)

profectícĭus, -a -um, adj. 아버지나 할아버지한테서 나오는.
dos profectícia.
아버지가(친정에서 직접 간접으로) 마련해준 지참금.

proféctĭo, -ónis, f. 떠남, 출발, 여행, 유래, 기원, 출처.

Profectio verius quam fuga est. (=proféctio non fuga est) 도망이라기보다는 차라리 출발이다.
(명사 앞에서는 pótius quam 대신에 vérius quam을 쓸 수도 있다).

profécto, adv. (pro[2]+facto, factum) 확실히, 과연(nempe, adv., conj.), 참으로, 의심 없이, 결단코.

profectum, "profícĭo"의 목적분사(sup.=supínum)

profectus[1], -a, -um, p.p. (profício, & proficíscor)

profectus[2], -us, m. 진보([영] Advancement/Growth), 전진(前進), 향상, 증대(增大), 성장(成長.[영] Growth), 성공(成功), 이익(利益), 이윤(利潤), 성과(成果), (병세 따위의) 호전(好轉), (건강의) 회복(回復).

profectus continuus. 연속적 전진(連續的 前進).

profectus est sérius quam débuit.
그는 떠났어야 한 것(시간) 보다 더 늦게 떠났다.

prófĕro, (fers, fert) -tŭli -látum -férre, anom., tr. 밖(앞)으로 운반(運搬)하다, 내가다, 내오다, 꺼내다, 내밀다, 내놓다, 주다, 산출하다, (씨 따위를) 맺다, 발음하다, 만들어 내다, 발명하다, 발표하다, 드러내다, 나타내다, 폭로하다, 공개하다, 알려주다, 표현하다, (소문을) 퍼뜨리다, 인용하다, 끌어대다, 이야기하다, 말하다, 언급하다, 열거하다, 연기하다, 미루다, (어떤 상태를) 연장시키다, 늘리다, 확장하다.
arma ex oppido profero.
도시(성 안)에서 무기를 운반해 내오다/
extrémas sýllabas non profero.
마지막 음절(音節)들을 발음(發音)하지 않다/
Non sum mentitus. Testes certos proferam.
나는 거짓말하지 않았다. 분명한 증인들을 내 세우겠다/
nova nomina profero. 새 이름들을 만들어 내다/
Proferunt se stellæ. 별들이 나타난다/
Rana profert ex stagno caput.
개구리가 연못에서 머리를 내밀고 있다/
se profero. 나가다, 나오다, 나타나다.

profero gradum(pedem).
앞으로 걸어가다, 발걸음을 내딛다.

proféssĭo(ομολογησις)* -ónis, f. ([영] Profession.獨 Profeß) 공언, 선언(宣言), 표명, 공약, (신앙) 고백, 재산신고, 등록, 등기, 직업, 전문직, 기술, 서원식, 선서*(宣誓.[영] oath), (수도자의) 서원*(誓願.[영] Vow), 서약*(נְדָרִים.맹세하고 약속함).
De professione Religiosorum.
수도자들의 수도서원에 대하여(1869년 출판).

professio catholicæ fidei 가톨릭 신앙 선서(宣誓)

professio fidei. 신앙 선서(宣誓.[영] profession of Faith), 신앙고백([영] Profession/confession of faith/symbola fidei).

professio fidei Tridentĭa.
트리엔트 신앙 선서문(비오 4세 교황이 확정 발표).

professio Jubilaris. 수도서원 금경축

professio perpetua. 종신 서원(votum perpetuum.), 종신 선서(終身宣誓.[영] perpetual profession).

professio præparatoria. 준비 선서

professio publica. 공식 서원

professio religiosa([영] religious profession).
수도 서원, 수도 선서(修道宣誓).

professio simplex. 단식 서원

professio sollemnis. 성식 서원

professio temporárĭa. 유기 선서(有期宣誓), 시한부 서원, 유기 서원(有期誓願, votum temporárĭum).

Professionis ritus, 수도 서원 예식(1964.5.19. 교령)

professivus, -a -um, adj. 공언하는, 공식적으로 알리는

professor, -óris, m. 교수(教授), 명예교수(名譽教授), 수련장 보조, 전문가, (때로는) 의사, 철학자, 수사학자, 선생(διδὰσκαλος-초등학교를 제외한 교육기관에서 가르치는 선생).

professor eméritus. 명예교수

professórĭus, -a -um, adj. 교수의, 교수다운, 수사학자적

prŏfessus, -a -um, "profiteor"의 과거분사(p.p.)

proféssus, -a -um, p.p. 공언한, 드러낸, 솔직히 드러내는, 공공연한, 드러난, 널리 알려진, 밝혀진, 명백한.

P

m., f. 서원한 수도자. adv. **profésse**, 명백하게, 솔직하게.
ex profésso. 공공연하게, 드러나게, 솔직(率直)하게.
proféssus quattuor votorum. 4가지 수도 서원자(예수회)
proféstus, -a, -um, adj. (pro²+festus, frofánus)
축제일이 아닌, 평일의, 일하는 날의, 세속의, 속인의.
profestus dies. 평일(feria, -æ, f.), 일할 수 있는 날.
proficiénter, adv. 이롭게, 유리하게, 성공적으로
profíciat, 원형 profícĭo, -féci -féctum -ĕre,
[접속법 현재. 단수 1인칭 proficiam, 2인칭 proficias,
3인칭 proficiat, 복수 1인칭 proficiamus, 2인칭 proficiatis,
3인칭 proficiant].
Hæc Hóstia nostræ reconciliatiónis profíciat, quǽsumus, Dómine, ad totíus mundi pacem atque salútem.([영] May this Sacrifice of our reconciliation, we pray, O Lord, adveance the peace and salvation of all the world)
주님, 이 화해의 제물이 온 세상의 평화와 구원에 이바지하게 하소서.
profícĭo, -féci -féctum -ĕre, intr. (propro²+fácio)
앞으로 나아가다, 前進하다, 진보하다, 성과를 거두다,
(값이) 오르다, (초목 따위가) 자라다, 이롭다,
유익하다, 유리하다, 도움이 되다, 공헌(貢獻)하다,
영향(影響)을 미치다, 건강이 회복(回復)하다,
약효(藥效)가 있다, 효능(效能)이 있다.
In memóriam rédiit Quínctius, quo die proféctus sit.
*Quínctius*는 기억을 더듬어 자기가 어느 날 떠났는지를 돌이켜 생각해보았다/
Qui non proficit, deficit. 진보하지 않는 사람은 퇴보 한다/
Si in philosophíā *alqd* profécimus.
철학에서 우리가 어떤 성과를 거두었다면.
proficíscor, (ĕris, ĭtur), -féctus sum, proficisci, dep., intr.
출발하다, 가다(הלך.אזל), 떠나다, 물러나다(ἀνεχωρεῖν),
가려고 하다, 마음먹다, (…에 대해서) 말을 계속하다,
(말.글 따위가) 시작되다, 출발하다, …에서 비롯되다,
…에 이르다, 시작하다, 나오다, 기원(起源)하다.
a me proficiscor. 내게서 떠나다/
ad eam domum proficiscor. 그 집으로 가다/
Cras profícĭscemur. 우리는 내일 떠날 것이다/
ex Asĭā domum versus proficiscor.
Asĭā에서 본국을 향해 출발하다/
Helvétii persuádent *alíquibus*, ut cum iis proficiscántur.
*Helvétia*인들은 그들에게 자기들과 함께 출발할 것을 설득시키고 있다(is 참조)/
In pugnam proficísci. 결전장으로 출발하다/
in pugnam proficiscor. 전장으로 떠나다/
ómnia quæ a me profécta sunt in te,
나한테서 발단해서 네게 미친 것이 모두/
profécti ab Aristótele. Aristóteles의 제자들/
Profectus est serius quam debuit.
그는 떠났어야 할 시간보다 더 늦게 출발했다/
Quǽstio ab eo profíscitur, quod …
문제는 …하는 거기에서부터 시작 된다/
subsídio *alci* proficiscor. 누구를 도와주러 떠나다.
proficíscor ad dormiéndum 자러 가다
Profícĭscor Romā, urbe æternā.
나는 영원의 도성 로마를 출발한다.
Proficite, currite, crescite, novissima hora est.
마지막 때가 왔으니 앞으로 나아가고, 뛰어가고,
성장하라는 뜻입니다.
profícŭus, -a -um, adj. 유리(有利)한, 유익한, 이로운.
profílĭus, -i, m. 손자(孫子)
profítĕor, féssus sum, -éri, dep., tr. (propro²+fáteor)
공언(公言)하다, 언명하다, 드러내 놓고 말하다,
공약(公約)하다, 솔직히 인정하다, 자처(自處)하다,
(종교 신봉을) 고백하다(ידה.ידי.δοκὲω),
(신앙을) 선언하다, (교리를) 믿다, 신봉(信奉)하다,
(자기가 …임을) 밝히다.드러내다.알리다,
(직업적으로.전문적으로) 가르치다, 교수(敎授)하다,
제안(提案)하다, 자진 약속(約束)하다,
(이름.재산 따위를) 신고(申告)하다, 등록(登錄)하다,
(관직 따위를) 지원(입후보) 등록(登錄)을 하다,
(수도회에서) 서원(誓願)하다, 서원을 세우다.
grammáticum se profiteor. 문법학자로 자처하다/
indícium profiteor. 공범자를 대다(폭로하다)/
qui profiténtur. 수사학 교수들.
profiteor justus. 의롭다고 선언하는 것.
(의화에 대한 프로테스탄 측 이해).
profítĕor philosophíam. 철학을 가르치다
proflátus, -us, m. 바람, 코고는 소리
proflíctus, -a -um, p.p. (propro²+fligo) 망쳐진, 허비된.
profligátĭo, -ónis, f. 낭비(浪費), 빚 갚음, 청산(清算)
profligátor, -óris, m. 낭비자, 방탕자, 파괴자(破壞者)
profligatus, -a -um, p.p., a.p. 타격 받은, 기가 꺾인,
풀이 죽은, 낙심한, 부패(腐敗)한, 타락한, 흉악한,
천하에 고약한, 끝나 가는, 다 된, 고령(高齡)의.
proflígo, -ávi, -átum, -áre, tr. (propro²+fligio)
때려눕히다, (적을) 격파하다, 무찌르다, 패주시키다,
망쳐 놓다, 무너뜨리다, 멸망(파멸) 시키다, 파괴하다,
소비하다, 낭비하다, 끝내가다, 종반에 접어들게 하다,
거의 결판(決判)나게 하다.
profligatum bellum ac pæne sublatum.
끝판에 이른 전쟁(戰爭)/
profligatæ ætatis homo. 고령의 노인/
rempúblicam profligo. 나라를 망쳐놓다/
valetúdinem profligo. 체력을 소모시키다, 건강을 해치다.
prōflo, -ávi, -átum, -áre, tr. 내불다, 내뿜다, 분출하다,
(분통이 터져) 씩씩거리다, (금속을) 용해하다, 녹이다.
proflo pectore somnum. 코를 골다
prófluens, -éntis, p.prœs., a.p. 흐르는, 흘러가는,
유창한, 거침없는, 거침없이 나오는. f. 흐르는 물.
aqua profluens. 흐르는 물 / éxitus profluéntes. 하수구.
profluentĭa, -æ, f. 흘러넘침, 유창한,
달변(達辯-能辯, linguæ solutio).
prófluo, -flúxi -flúxum -ĕre, intr. 흐르다(נגר.ניגר),
흘러나오다(내리다), 유창하게(거침없이) 나오다,
말이 술술 나오다, 배출(輩出) 되다,
…에서 출발하여 …에까지 이르다.
Lácrimæ ab óculis prófluunt.
두 눈에서 눈물이 주르르 흐른다/
profluxio mortalitatis humanæ. 인간 사멸의 흐름.
prófluus, -a -um, adj.
흐르는, 흘러나오는, 물 흐르는 듯 하는, 유창한.
proflúvĭum, -i, n. 흘러나옴, 유출, 배출, 배설(排泄),
profluvium alvi. 설사
profluvium mulierum. 월경(menstruátĭo, -ónis, f.)
profluvium sanguinis. 出血(profusio sanguinis.)
profluvium urinæ. 배뇨(排尿-오줌을 눔, vesica, -æ, f.)
proflúvĭus, -a -um, adj.
흘러나오는, 불안정한, 항구하지 못한, 한결같지 않은.
m. 가축 특히 말의 코에서 화농성 분비물이 배출되는 병.
prōfluxi, "prófluo"의 단순과거(pf.=perfectum)
proflúxĭo, -ónis, f. 흐름, 격류(激流)
prōflúxum, "prófluo"의 목적분사(sup.=supínum)
prŏfor, -átus sum, -ári, dep., tr.
말하다, 입 밖에 내다, 솔직히 말하다, 예언(豫言)하다.
prŏfūdi, "profúndo"의 단순과거(pf.=perfectum)
prófŭga, -æ, m. 도망자(逃亡者), 탈주병(脫走兵)
prŏfūgi, "profúgĭo"의 단순과거(pf.=perfectum)
profúgĭo, -fugi -fugitum -ere, intr. 도망하다, 도주하다,
피난하다, 피신하다. tr. 피하다, 피해가다.
profúgitum, "profúgĭo"의 목적분사(sup.=supínum)
prófŭgus, -a -um, adj. 도망하는, 도피하는, 쫓긴,
격퇴(擊退)당한, 추방된, 유배된, 방랑하는, 방황하는.
m.(f.) 추방(追放) 당한 사람, 피난민(避難民).
Arma virumque cano, troiæ qui primus ab oris
Italiam fato profugus lauiniaque venit litora.
병갑과 용사를 두고 내 노래하노니, 일찍이 트로이아

해변을 떠나 운명에 떠밀려 이탈리아 땅을 최초로 밟고
라비니아 강변에 당도한 사나이로다("아이네이스"의 첫 구절.
우리는 여기서 인간 역사의 문제와 더불어 형이상학적 차원과 우적 통찰의
인간 문제들을 접하게 된다. 성 염 지음, 사랑만이 진리를 깨닫게 한다. p.376)

Profugus ex Africâ abierat.
그 도망자는 아프리카에서 떠나가 버렸(었)다.

profundæ silvæ. 정글(⑨ Jungle)

profúndĭtas, -atis, f. 깊이, 높이, 심오(深奧), 위력,
막강(莫强), 심원(深遠-생각이나 사상:뜻 따위가 매우 깊음).

profúndo, -fudi -fusum -ĕre, tr. 흘리다, 쏟다,
붓다(זרק.יצק.נסך.נטף.יזל), 쏟아버리다, 내다, 내보내다.
축 늘어지게 하다, 쏟아놓다, 산출(産出)하다,
(감정 따위를) 터뜨리다, 토로하다, 드러내다, 발산시키다.
내던지다, (정력.노력 따위를) 기울이다, 내닫게 하다,
(힘.재능 따위를) 발휘(發揮)하다, 물 쓰듯 하다,
(돈.재산 따위를) 낭비(浪費)하다, 쾌척(快擲)하다,
희사(喜捨)하다, 바치다, 희생하다, 말하다, 설명하다.
Lácrimæ se súbito profudérunt. 눈물이 왈칵 쏟아졌다/
Multitúdo se profúdit. 무리가 몰려 나왔다/
Natura in profundo veritatem abstrusit.
자연은 진실을 깊숙이 숨겨두었다/
ódium in alqm profundo.
누구에게 대한 증오심(憎惡心)을 드러내다/
Púerum natúra profúdit. 자연은 사내아이를 탄생시켰다/
se profundo. 쏟아져 나오다, 넘쳐 나오다, 터지다, 폭발하다/
se punfundo in acc.
몰두(沒頭)하다, 마음을 쏟다, 자신을 내맡기다/
Somnus membra profúdit. 늘어지게 잤다.

profundo clamórem. 고함지르다
profundo vires ánimi. 정력(精力)을 기울이다
profundo vitam pro patria. 조국을 위하여 목숨을 바치다
profundo voces. 목소리를 내다
profúndum, -i, n. 깊이, 깊은 곳, 심연(深淵), 바다,
구렁(땅이 움푹하게 팬 곳. 깊이 빠진 곳), 헤아릴 수 없는 곳,
심오함, 신비(神秘).
Aqua profunda est quieta. 깊은 물은 고요하다/
De profundis clamo ad te Domine.
어둠의 골짜기에서 주님을 향해 부르짖나이다/
profunda Dei(⑨ the depths of God) 하느님의 깊은 속.
profúndus, -a -um, adj. (propro²+fundus) 깊은, 깊숙한,
밑바닥의, 지하세계의, 높은, 드높은, 빽빽한, 밀집한,
한이 없는, 끝이 없는, 무한한, 만족을 모르는, 심오한,
심장(深長)한, 심원(深遠)한, 헤아릴 수 없는.
aqua profunda. 깊은 물/ cælum profúndum. 높은 하늘/
inceptor profundus. 심오한 강사/
inclinátĭo profúnda. 허리를 굽혀 하는 최경례, 국궁(鞠躬)/
profúndæ silvæ. 밀림/
Romanos injustos, profunda avaritia communis omnium
hostis. 불의한 로마인들, 그 극심한 야욕으로 말하면
만민의 공동의 적(성 염 지음. 사랑만이 진리를 깨닫게 한다. p.482)/
sensus profondus. 심오한 의미.
profúse, adv. 질서 없이, 혼잡하게, 앞을 다투어,
흥청망청, 큰돈을 들여, 낭비하여, 마구, 가리지 않고.
profúsĭo, -ónis, f. 쏟음, 흘림, 유출(流出),
일출(溢出-물 같은 것이 넘쳐흐름), 낭비(浪費).
(pl.) profusiones. (제사 지낼 때 무덤 위에) 술.
우유.향수.희생물의 피 따위를 따라 붓는 의식.
profusio sánguinis. 출혈(出血)
pröfúsum, "profúndo"의 목적분사(sup.=supínum)
profúsus, -a -um, p.p., a.p. 긴, 늘어진, 길게 뻗어나간,
지나친, 과도한, 흥청망청 쓰는, 낭비하는, 방탕한,
사치스러운, 호화로운, 너그러운, 인색(吝嗇) 하지 않은.
progémmans, -ántis, p.proes. 싹 뜨는, 싹이 돋는.
prógĕner, -ĕri, m. 손녀의 남편(男便), 손서(孫婿)
progenerátĭo, -ónis, f. 낳음, 생식(生殖-낳아서 불림)
progenerátor, -óris, m. 조상(祖上)
progenĕro, -ávi, -átum, -áre, tr. 낳다(ילד.ילדה), 생식하다
progénĭes, -éi, f. 혈통, 계통, 가계, 기원, 유래, 자식,

자손, 후손, 후예(後裔-後孫), 세대(世代), 식물의 새싹.
progenitívus, -a -um, adj.
생식력 있는, 번식(繁殖)하는, 파생케 하는.
progénĭtor, -óris, m. (**progenitrix,** -ícis, f.)
할아버지(할머니), 조상, 선조(⑨ Patriarchs)
prögenítum, "prógĕro"의 목적분사(sup.=supínum)
prögĕnui, "progígno"의 단순과거(pf.=perfectum)
progérmĭno, -are, intr. 발아하다, 싹이 나다
prógĕro, -géssi, -géstum, -ĕre, tr. 밖으로 내가다,
들어내다, 실어내다, 반출하다, 앞으로 가져가다.
progígno, -génŭi, -génĭtum, -ĕre, tr.
낳다, 생기게 하다, 발생(發生) 시키다.
proglóttis, -idis, f. (蟲) (곤충의 몸의) 한 마디(體節),
(蟲) 체절(體節.⑨ segment).
prognárĭter, adv. (propro²+gnarus)
능란하게, 매우 정확하게.
prognátus, -a, -um, p.p. (부모에게서) 난, 자생한.
(손자.증손.고손 따위의) 후손으로 태어난.
m., pl. 후손(後孫), 후예(後裔). m., f. 아들, 딸.
Progne, -es, f. = Procne
prognósis, -is, f. 미리 앎, 예지(叡智), (醫) 예후(豫後)
prognóstĭcus, -a -um, adj. 미리 아는, 예지능력이 있는,
전조(前兆)의, 징조(徵兆)의, (醫) 예후(豫後)의.
n. 전조(前兆), 징조(徵兆).
prográmma, -ătis, n. 공고문(公告文), 공시, 포고(布告),
선포(宣布), 프로그램, 목록(目錄), 계획(計劃),
(행사 따위의) 진행 순서표, 예정표, 계획표(計劃表).

	sg.	pl.
nom.	prográmma	prográmmata
voc.	prográmma	prográmmata
gen.	prográmmatis	prográmmatum(-órum)
dat.	prográmmati	prográmmatibus(-is)
acc.	prográmma	prográmmata
abl.	prográmmate	prográmmatibus(-is)

Progrediamur oportet in spe! 희망을 가지고 나아갑시다!
Progrediente Concilio, 비그리스도교 사무국 설치.
(1964.5.19. 교황교서).
progredior, (dĕris, dítur), -gréssus sum, progrĕdi,
dep., intr. (propro²+grádior) 나아가다, 전진하다,
(앞으로) 걸어가다, 나가다(קרב), 나오다, 진행하다,
진척하다, (말.일 따위를) 계속하다, 집적거리다,
착수하다, 나이가 많아지다, 나이를 먹다, 진보하다,
발전하다, (어느 정도까지) 이르다, 다다르다.
ad réliqua progredior. 나머지에 대해서 말을 계속하다/
lóngius progredior. (말을) 계속하다/
paulum ææáte progréssus. 나이를 좀 먹고/
progredientibus ætatibus. (우리는) 나이가 많아짐에 따라/
Quid est avarum esse? Progredi ultra quam sufficit.
탐욕스럽다는 것은 무슨 뜻입니까? 넉넉한 것을 넘어
서는 것입니다.(최익철 신부 옮김, 요한 서간 강해, p.355)/
Tridui viam progressi reverterunt.
그들은 사흘 길을 전진(前進)했다가 돌아왔다.
progredior foras. 밖으로 나가다
progréssĭo, -onis, f. 나아감, 전진(前進), 진행(進行),
진보(進步.⑨ Advancement/Growth), 향상, 발전, 증진,
(修) 누진법(累進法), 점층법(漸層法), (數) 급수(級數).
Hac de causa alterum pacis nomen est progressio.
(⑨ For this reason, another name for peace is
development) 이러한 이유로 평화의 다른 이름은 발전이다/
nemo dubitat progressionem idem valere ac pacem.
(⑨ Development is the new name for peace)
발전은 평화의 새 이름이다/
Sicut omnium est officium bellum vitare, ita omnium est
progressum provehere. 마치 전쟁을 피하는 것이
모든 이의 책임이듯이, 발전을 촉진시키는 것도

모든 이의 책임이다.

Progressio denique non concipi debet aliqua ratione dumtaxat nummaria verum æstimatione prorsus humana. 끝으로 발전은 다만 경제적 이유에서뿐 아니라, 절대적으로 인간적 의미에서 이해되어야 한다.
(1991.5.1. "Centesimus annus" 중에서).
Progressio imprimis animum ad res faciendas promptum a regionibus postulat, quæ eo indigent. (⑨ Development demands above all a spirit of initiative on the part of the countries which need it) 개발은 무엇보다도 개발이 필요한 나라들 편에서 창의의 정신을 발휘하도록 요구한다.[민족들의 발전, 55項].

progréssus, -a -um, "progredior"의 과거분사(p.p.)

progréssus, -us, m. 나아감, 전진, 진행, 진보, 발전, 향상, 점진(漸進-조금씩 나아감), 증진(增進), 시작(始作), 처음 단계, (진행) 과정. ((天)) 혹성의 운행(運行).
hominum progressus. 인류의 진보(進步)/
In stúdiis tantos progréssus facere.
　연구에 있어서 이토록 크게 발전(진보)하였다.

progressus ætatis. 나이를 먹어감

progubernáor, -óris, m. 대리 키잡이, 부조타수

Proh. interj.(=pro³) 슬프게도!

Proh dii immortáles! 오 불사불멸의 신들이여

Proh dolor! 슬프게도!, 아, 슬프다!, 아, 원통하게도!
Nunc vero, proh dolor!., status oeconomici respectu ad progressionem nitentes modo Civitates sunt sane multo plures ipsis progressis(⑨ Unfortunately, from the economic point of view, the developing countries are much more numerous than the developed ones) 불행히도 경제적 관점에서 개발도상국들이 선진국들 보다도 숫자가 많다(1987. 12. 30. "Sollicitudo rei socialis" 중에서).

prohíbĕo, -bŭi -bĭtum -ére, tr. (pro·pro²+hábeo) 막다(נגד.אלכ.אלכ), 말리다, 못하게 하다, 방해하다(נוד), (법령.명령.실제 행동 따위를) 금하다, 가까이 가지(오지) 못하게 하다, 쫓아버리다, 격퇴하다, 억제하다, 제지하다, 견제하다, 자제하다, 삼가게 하다, 보호하다, 지키다, 안전하게 하다, 방어(방위)하다.
a perículo prohibeo rem públicam.
　나라를 위험에서 보호하다/
alqm ab illā prohibeo.
　아무를 그 여자에게 가까이 가지 못하게 하다/
De libris perversis et prohibitis.
　나쁜 책과 금서(禁書)에 대하여/
itínere exércitum prohibeo.
　군대의 전진(행진)을 견제하다/
Si quis dixerit, licere christianis plures simul habere uxores, et hoc nulla lege divina esse prohibitum.
　만일 누가 그리스도인들은 여러 아내들을 동시에 가질 수 있다고 주장하고, 그리고 이것은 신법에 의해 금지된 것이 아니라고 주장한다면, 그는 파문 받아야 한다.

prohibítĭo, -ónis, f. 금지(禁止), 금제(金製), 금령(禁令), 저지(沮止-막아서 못하게 함. 沮抑), 제지(制止-말려서 못하게 함).

prohibitio lectionis Sacræ Scripturæ. 성서 독서 금지

prohibitio librorum. 금서(禁書)

prohibitívus, -a -um, adj. 금지하는, 금령(禁令)의.
(文法) propositio prohibitíva. 금령문(禁令文).

prohíbĭtor, -óris, m. 막는 사람, 제지자, 금지하는 사람

prohibitórĭus, -a -um, adj. 금지의, 방해(妨害)의.
Index librórum prohibitorum.
　금서목록(⑨ index of prohibited Books).

prŏhinc. adv. 그래서, 그러므로, 따라서(κατὰ)

proício, -jéci -jéctum -ĕre, tr. = projício

proínde. adv. 그러므로, 그러니, 그런고로, 따라서(κατὰ), …와 마찬가지로, …하는(한) 것처럼, 마치 …한 듯이.
Vita et mors hominis sunt, proinde, in manu Dei, in eius potestate. 따라서 인간의 생명과 죽음은 하느님 손에, 그분 권능에 달려 있습니다.

Proinde eloquere istud quid sit.

그러니 그게 뭔지 말해봐라.

Proinde quasi plures forfunáti sint quam infelíces. 행운을 타고 난 사람들이 불행한 사람들보다 더 많기나 한 듯이.

prŏjĕci, "proícĭo"의 단순과거(pf.=perfectum), "projícĭo"의 단순과거(pf.=perfectum).

projectícĭus, -a -um, adj. 버림받은, 내버려진, 무시당한.

projéctĭo, -ónis, f. 내던짐, 발사, 투사(投射), 뻗침, 내뻗음, 사영(寫影), 투영(投影), 돌출, 돌출부.

projécto, -áre, freq., tr. 앞에 내던지다, 노출시키다, (위험 앞에) 내놓다, 나무라다, 비난(非難)하다.

prŏjéctum, "projícĭo"의 목적분사(sup.=supínum)

projectúra, -æ, f. 돌출부(突出部), 두드러진 부분.

projéctus¹, -a -um, p.p., a.p. 앞으로 내던져진, 쑥 내민, 튀어나온, 돌출한, 두드러진, 뻗어나간, 뻗쳐있는, 엎드린, 드러누운, 제멋대로의, 무절제한, 걷잡을 수 없는, 방종한, 탐닉하는, 뻔뻔스러운, 천한, 비굴한, 비열한, 멸시 당한, 처드런. n. 돌출부, 튀어나온 것, 발코니(露臺).

projéctus², -us, m. 돌출(突出), 뻗음, 펼쳐짐

projícĭo, -jéci -jéctum -ere, tr. 앞으로 던지다, 내던지다, 내던지다, 내팽개치다, 던져 주다, 던져 넣다, 엎드리다(נפל.קדד), 쓰러지다, 드러눕다, 뛰어들다, 급히 가다, 달려가다, 급히 나오다(나가다), (무기 따위를) 놓다(זקק), 내던지다, (아기를) 버리다, 유기(遺棄)하다, 쏟다, (눈물을) 흘리다, 추방(追放)하다, 내쫓다, (적군을) 격퇴하다, 내밀다, 돌출(突出) 시키다, 내뻗게 하다, 드러지게 하다, 포기(抛棄)하다, 버리다, 단념하다, 멸시(蔑視)하다, 무시(無視)하다, 따돌리다, (권위 따위를) 떨어뜨리다, 무릎쓰게 하다, (위험.불행 따위를) 당하게 하다, 끼어들게 하다, (전쟁 따위에) 내몰다, 미루다, 연기하다, 늦추다.
ad superbiam prolabor. 교만(驕慢)에 빠져들다/
alqm in ínsulam projício. 섬으로 추방하다(귀양 보내다)/
alqm projício ab urbe. 도시에서 추방(追放)하다/
bráchium projéctum. 쑥 내뻗은 팔/
ex arbore prolabor. 나무에 미끄러져 떨어지다/
In has misérias projéctus sum.
　나는 이런 불행(不幸)에 떨어지고 말았다/
Marcus projici se jussit inhumatum. 마르꼬는 자기 (屍體)를 묻지 말고 내팽개쳐 두라고 부탁했다/
projící ad terram … 그들은 땅에 엎드려/
se in alqd projício. 무엇에 끼어들다, 뛰어들다/
se projício. 모험(冒險)하다.

projícĭo in ignem. 불 속에 던져 넣다

projícĭo se ex navi. 배에서 급히 내리다

projícĭo se in flumen. 강에 뛰어 들다

projícĭo spem. 희망(希望)을 버리다

projícĭo vitam. 죽다

prolabor, (-ĕris, -ítur), -lápsus sum -lábi, dep., intr. (앞으로) 미끄러지다, 미끄러져 내려가다(떨어지다.빠지다), 미끄러져 나오다, 무너지다, 내려앉다, 푹 꺼지다, 끌려 들어가다, 빠져들다, 기울어지다, …에 이르다, … 되다, 그르치다, 과오를 범하다, 저지르다, 실패(失敗)하다, 타락하다, 전락(轉落)하다, 잘못되다, 파멸하다, (말이) 빗나가다, 생각나지 않다.
ex árbore prolabor. 나무에 미끄러져 떨어지다/
in misericórdiam prolabor. 측은한 마음이 들기 시작하다.

prolápsĭo, -ónis, f. 미끄러져 떨어짐, 낙하(落下), 무너짐, 붕괴(崩壞), (청소년의) 탈선(脫線), 실수(失手)

prōlapsus, -a -um, "prolabor"의 과거분사(p.p.)

prolápsus, -us, m. (= prolápsĭo, -ónis f.)
(醫) 탈출(脫出), 탈수(脫垂), 탈증(脫症).

prolapsus uteri. 자궁 탈증(子宮脫症)

prolátĭo, -ónis, f. 발음(發音), 인용(引用), 언급(言及), (예를) 들어 말함, 확장(擴張), 확대(擴大), 연기(延期), 미룸, 보류, 유예(猶豫-일을 결행하는 데 날짜나 시간을 미루고 끎).

prolatívus, -a -um, adj. (입으로) 발음되는, 말해지는

proláto, -ávi, -átum, -áre, tr., freq. 넓게 하다, 확대하다,

P

991

확장하다, 미루다, 연기하다, 연장하다(חור.חוור).
prolátor, -óris, m. 생산자, 제작자, 공포자, 입법자.
prōlātum, profero"의 목적분사(sup.=supínum)
prolátus, -us, m. 생산(生産), 제조(製造), 발음(發音).
prolectíbĭlis, -e, adj. 매혹적인, 유혹적인
prolécto, -ávi, -átum, -áre, tr. (propro^2+lacto^2)
꾀다, 유혹(誘惑)하다, 유인(誘引)하다, (마음을) 끌다, 자극(刺戟)하다, 화나게 하다.
prolegátus, -i, m. 대리대사, 사절대리(使節代理)
prolegóměna, -órum, n., pl.
서문(序文), 서론(序論), 입문, 신학 예비지식.
Confutatio Prolegomenorum Brentii.(1558년)
브렌츠의 신학입문을 반박함(스타니슬라우스 호시우스 지음).
Prolegomena ad Homerum. 호메루스에 대한 서언.
(Friedrich August Wolf 지음).
Prolem sine matre creatam. 어머니 없이 태어난 아이.
prolepsis, -is, f. (修) 예변법(豫辨法-반대론을 예기하고 미리 예방선을 쳐두는 방법), 시일전기(時日前記-나중에 발생한 사건 따위를 실제보다 먼저 있었던 것으로 기록하는 일), 예기, 예상(豫想).
prōles, -lis, f. (propro^2+olésco) 자녀, 자손, 후예(後裔), 직계비속(直系卑屬-자기로부터 아래로 이어 내려가는 혈족), 자식(子息-아들과 딸), 인간, 인류, 종족, 동물의 새끼, (식물의) 열매(καρπὸς), 젊은이들, 젊은 세대, 젊은 군인들. (解) 고환(睾丸-불알).
ascita proles. 양자로 받아들인 자식/
effera proles. 맹수(猛獸)/
intentio contra bonum prolis. 자녀 출산을 거슬리는 의지.
proles adulterina. 간통의 자녀
proles ex se creata. 자기가 낳은 자식(子息-아들과 딸)
proles illegitimus. 불법의 자녀(子女)
proles incestuosa. 근친상간의 자녀
proles legitimatus. 합법화 된 자녀
proles legitimus. 합법의 자녀
proles naturalis. 자연적 자녀
proles nefárĭa. 극악의 자녀
proles sacrilega. 독성의 자녀
proles supria. 사생의 자녀
proletariátus, -us, m. 무산계급(無産階級), 최하층 사회
Proletariatus coram miseria collocatus adseveravit Leo XIII([영] Faced with the poverty of the working class, Pope Leo XIII wrote) 프롤레타리아의 곤궁에 당면하여 레오 13세는 다음과 같이 긍정했다(1991.5.1. "Centesimus annus" 중에서).
proletárĭus, -a -um, adj. 최하층 사회의, 저속한.
m. 빈민, 천민, 최하층 시민(평상시에는 병역의 의무가 없고 인구증식에만 기여하는 계급이었음). n., pl. **proletárii** 무산자.
prólěvo, -áre, tr. 건져주다, 구조하다(sospito, -áre, tr.)
prōlexi, "prolícĭo"의 단순과거(pf.=perfectum)
prolícěo, -ŭi -ére, intr. (propro^2+líqueo) 흐르다
prolícĭo, (-léxi) -ěre, tr. (propro^2+lácio) 유혹(誘惑)하다, 꾀어내다, 흥분(興奮)시키다, 자극(刺戟)하다.
prōlĭcui, "prolícěo"의 단순과거(pf.=perfectum)
proliquátus, -a -um. p.p. 유동체로 된, 액체화한
prolíxe, adv. adv. 풍부(豐盛)하게, 후하게, 아낌없이, 무성하게, 길게, 장황(張皇)하게, 쾌히, 기꺼이, 선뜻.
P
prolíxĭtas, -atis, f. 길이, 기다람, 광대함, 넓음, 오램, 길게 끌어감, 장황함, 지루함, 용장(冗長-쓸데없이 장황함).
prolixitúdo, -dĭnis, f. 용장(冗長), 장황함
prolíxo, -are, tr. 길게 하다, 늘이다
prolixum, adv. 오래, 오래도록
prolixus, -a -um, adj. (propro^2+laxus) 긴, 기다란, 길게 늘어진, 쭉 뻗은, 늘씬한, 넓게 퍼진, 우거진, 먼, (시간이) 긴, 오랜, 오래 된, 길게 끈, 장황한, 용장한, 지루하도록 이야기하는, (말의) 내용이 풍부(豐富)한, 뜻이 깊은(넓은), 관후한, 호의적인, 남에게 잘해주는, 기꺼이 하는, 다행스러운, 순조로운, 뜻대로 잘되는.
prolocútĭo, -ónis, f. 말머리, 서언(序言-머리말), 말함, 제의(提議-의논이나 의안을 냄), 주장(主張).
prolocútor, -óris, m. 변호사

prológĭum, -i, n. = **prólogus** 개회, 개회사(開會辭)
prologus, -i, m. 머리말, 서언(序言),
(연극의) 개막 전의 서언, 서사(序詞), 서시(序詩), 개회, 개회사, 서곡, 서막(序幕), 서사.서시 낭독자.
prologus galeatus. 저자가 자기 변론하는 서론(序論)
prologus generalis. 전반적인 서문
prolóngo, -ávi, -áre, tr. 길어지게 하다, (시간을) 오래 끌다, 오래 걸리게 하다, 천연(遷延) 시키다, 연장(延長)하다.
Christus prolongatus. 연장되는 그리스도.
prolóquiŭm, -i, n. 말머리, 머리말, 서언, 명제, 선고.
prólŏquor, (-ĕris, -ĭtur), -locútus sum -qui, dep., intr., tr. 말하다(ימי.אמי.ללמ.דִּבֵּר), (생각을) 말로 표시하다.발표하다, 말을 꺼내다, 서론(序論)을 펴다, 예언(豫言)하다.
proloquor mendácium. 거짓말을 하다
prolúbĭum, -i, n. (propro^2+lubet) 욕망(慾望.[영] Desire/Lust), 갈망(渴望), 충동(衝動), 소원(所願), 부러움, 흐뭇함, 선망(羨望-부러워함), 유쾌, 통쾌(썩 유쾌함), 쾌감(快感).
prolúdĭum, -i, n. 예행연습, 군사훈련(軍事訓練)
prolúdo, -lúsi -lúsum -ěre, intr. 작전 훈련을 하다, (전투.시합 따위에 대비하여) 연습하다, 모의전을 실시하다, (낭독.연설 따위를) 준비하다(זמן.הזמן).
prólŭo, -lŭi -lútum -ěre, tr. (pro^2) 적시다(לבט), 씻다(אחס.רחס), 깨끗이(말끔히) 씻다, (물을 넣어) 부시다, 세척(洗滌)하다, (폭우.폭풍 따위가) 휩쓸어가다, 낭비하다, 탕진하다.
prōlūsi, "prolúdo"의 단순과거(pf.=perfectum)
prolúsĭo, -onis, f. 군사훈련, 작전훈련(作戰訓練) 준비(행우), (예행) 연습(練習).
prolúsum, "prólŭdo"의 목적분사(sup.=supínum)
prolútum, "prólŭo"의 목적분사(sup.=supínum)
prōlūtus, -a -um, "prólŭo"의 과거분사(p.p.)
prolúvĭes, -éi, f. 홍수(洪水.[영] Flood), 범람(氾濫-汎溢), 배설물(排泄物), 설사(泄瀉).
prolúvĭo, -ónis, f. 범람(氾濫-汎溢), 홍수([영] Flood)
proluviósus, -a -um, adj. 범람하는, 휩쓰는
prolúvĭum, -i, n. 범람(氾濫-범일), 과도함, 풍부(豐富), 낭비(浪費), 오물(汚物-대소변 따위의 배설물).
prólytæ, -arum, m., pl. 법학도(法學徒)
(5년간의 법률공부를 하고 졸업한 법학도).
promagíster, -tri, m. 부관(副官), 장의 대리(副官)
promatértěra, -æ, f. 증조모의 자매(matertera major.)
promercális, -e, adj. (propro^2+merx) 상업(商業), 매매(賣買-팔고 삼), 장사([영] Business.商業).
proméręo, -mérŭi -mérĭtum -ére,
(**promerěor**, -ĭtus sum -éri, dep.) intr., tr.
(상.벌.칭찬.비난.감사 따위를) 마땅히 받다, 받을 만하다, 받을 만한 일을 하다, 공로를 세우다, 공헌(貢獻)하다, 은혜(호의)를 베풀다, 나쁜(罰 받을) 일을 하다, 손에 넣다, (공들여) 얻다(ינק.אנק.קָנָה), 획득하다(קָנָה), 환심(歡心)을 사다, 지지(支持)를 얻다.
bene de multis ~ 많은 사람들에게 은혜를 베풀다, 도움.기쁨을 주다, 공을 세우다/
in promeréndis sóciis. 동료들의 지지를 받음에 있어서/
Promeruísti, ut … 너는 …할 만큼 공로가(자격이) 있다/
reus lévius punítus, quam sit ille proméritus.
자기의 죄상에 비해서 가벼운 죄를 받은 죄인/
Velim me promeréntem ames.
내가 너의 사랑을 받을 자격이 있기를 바란다.
Promereo actióni favórem. 행동에 지지를 얻다
Promereo pœnam. 벌 받을 짓을 하다
Promereo ómnium voluntátem.
모든 사람의 지지를 얻다.
promérgo, -ěre, intr. 나타나다, 돋다
promérĭtum, -i, n. 공로(ἔρλον.선업-opera bona), 잘한 일, 잘못한 일, 죄과, 공과, 상벌(賞罰).
reus levius punitus, quam sit ille promeritus.

자기 죄상(罪狀)에 비해 가벼운 벌을 받은 죄인.
prómīco, -are, intr. 반짝(번쩍)이다, 반짝반짝 빛나다, 반짝이며 나오다(내밀다.보이다).
  tr. 튀어나오게 하다, 내던지다.
prómĭnens, -entis, n. 돌출부(突出部).
  p.proes., a.p. 돌출한, 내민, 툭 비어진, 불거진, 튀어나온, 솟아 있는, 치솟은.
  adv. **prómĭnenter** 앞쪽으로.
prominéntĭa, -æ, f. 돌기(突起), 돌출부(突出部), 융기(隆起), 두드러짐, 탁월(卓越), 현저함.
prómĭnĕo, -mínŭi -ére, intr. 돌출하다, 내밀어져 있다, 돌기하다, 튀어나오다, (앞.밖으로) 길게 뻗어 나와 있다, 불거지다, 비어지다, 솟아있다, 미치다.
  dentes qui próminent.
   밖으로 길게 뻗어 나온 한 쌍의 이(=象牙), 상아(象牙)/
  in posteritatem promineo. 후손(後孫)에까지 미치다/
  Phasélis próminet in altum.
  Phasélis(란 도시)가 높이 치솟아 있다/
  Próminet in pontum collis.
   바다 쪽으로 언덕이 돌출(突出) 해 있다.
prómĭno, -áre, tr. (가축을) 몰다, 몰고 가다
prominŭlus, -a -um, adj.
  도도록한, 도드라진, 좀 솟아 있는, 볼록한, 약간 돌출한.
promiscĕo, -ere, tr. 뒤섞다, 혼합하다
promiscuĭtas, -atis, f. 뒤섞인 상태, 혼잡(混雜), 잡혼(雜婚), 난혼(亂婚), 무차별 잡혼(원시사회에서의 동부족 내 잡혼).
promiscŭus, -a -um, adj. 뒤섞인, 혼합된, 혼잡한, 차별 없는, 구별 없는, 보통의 통상적인, 일상의 평범한.
  conúbia promíscua. 귀족과 평민 사이의 혼인(婚姻)/
  in promíscuo spectáre.(신분.지위의 고하를
   막론하고) 함께 뒤섞여서 구경하다/
  promíscua cædes. 무차별 살육(殺戮).
promíscua ac vília mercántes. 값싼 일용품 상인들
prōmīsi, "promítto"의 단순과거(pf.=perfectum)
promissio, -ónis, f. 언약(言約-말로 약속함. 또는 그 약속), 약속(ἐπαλλελìον.約束.⑨ Promise), 서약(תֶדֶר.誓約-맹세하고 약속함), 장래의 희망(希望), 촉망(囑望-잘 되기를 바라고 기대함),
  De filiis carnis et filiis promissionis.
   육의 자식과 약속의 자식(교부문헌 총서 17. 신국론. p.2796)/
  De promissione æternæ beatitudinis sanctorum et perpetuis suppliciis impiorum 성도들의 영원한
   지복과 악인들의 영원한 형벌에 대한 약속/
  Liber promissionum et prædicatorum Dei.
   하느님의 약속과 설교가들의 책/
  Promissionem vitæ æternæ desiderate. 영원한 생명의
   약속을 갈망하십시오.(최의철 신부 옮김. 요한 서간 강해. p.181)/
  Terra promissionis. 약속의 땅(⑨ Promised Land).
promissio matrimonii. 혼인 예약(婚姻豫約)
promissio bilateralis. 쌍방 약속(雙方約束)
Promissio prophetica Spiritus(⑨ Prophetic promise of
  the Spirit). 성령에 대한 예언적 약속.
Promissio sponsalitia. 혼약(婚約), 약혼(約婚).
promissio unilateralis. 일방약속(一方約束)
promissiones baptismatis. 성세 서원, 세례 맹세.
  영세 서원(⑨ baptismal vows/baptismal promises).
promissívus, -a -um, adj. 약속의, 장래의.
  tempus promissívum. 미래(시청.시제).
promíssor, -óris, m. 약속자, 서약자(תֶדֶר.誓約者),
  약속만 하는 사람, 허풍선이(허풍을 잘 떠는 사람).
promissórĭus, -a -um, adj. 약속의, 약정한
prōmíssum, "promítto"의 목적분사(sup.=supínum)
promíssum, -i, n. 언질(나중에 증거가 될 말),
  약속(ἐπαλλελìον.⑨ Promise), 계약(תֶדֶר.⑨ covenant),
  서약(תֶדֶר.誓約-맹세하고 약속함),
  In mális promissis fides non expedit observari.
   악한 약속에서는 신의가 지켜지지 않는 것이 낫다/
  promíssa reposco regem.

왕에게 약속 받은 것을 청구하다/
  reddo promíssa *alci*.
   누구에게 약속한 것을 지키다(해주다).
promíssus[1] -a -um, p.p., a.p. 자라게 내버려둔, 늘어진,
  길게 자란, 긴, 내민, 약속된, 언약된, 기대된, 촉망된.
promissus[2] -us, m. 약속(ἐπαλλελìον.⑨ Promise).
  Multa fidem promissa levant.
   약속이 많으면 신용도가 엷어진다/
  promíssa libero. 폐기(廢棄)하다,
   (계약 따위를) 무효(無效)로 만들다/
  Quomodo intellegenda sit promissa homini a Deo
  vita æterna ante tempora æterna.
   영원한 시간 전에 하느님이 인간에게 언약한 영원한
   생명을 어떻게 이해할 것인가(교부문헌 총서 17. 신국론. p.2786).
promítto, -mísi -míssum -ěre, tr. 자라게 내버려두다,
  길어지게 하다, 뻗어나가게 하다, (소리를) 길게 뽑다,
  약속하다, 언약하다, 기대하게 하다, 확약하다, 서약하다,
  엄포하다, 위협(威脅)하다(דבר), 으르다, 장담(壯談)하다,
  보증(保證)하다, 다짐하다, (징조를 보여) 미리 알리다,
  예고하다, 예언하다, 예상하게 하다, 서원(誓願)하다,
  (얼마에 사겠다고) 값을 놓다, 입찰하다.
  Ad cœnam mihi promítte.
   내 집 만찬에 꼭 와다오(온다고 약속해 다오)/
  alqs, qui et promísit oratórem et præstitit.
   연설가로 촉망(囑望) 되었고 또 실제로 된 아무/
  capíllum et barbam promitto.
   머리와 수염을 (특히 애도의 표시로) 깎지 않고 기르다/
  damni infécti promitto. 끼친 손해의 배상을 약속하다/
  Gállia est longe huc usque promíssa.
   *Gállia*가 여기까지 길게 뻗어 나와 있다/
  Me promísi ultórem. 내가 복수하겠노라고 을러 놓았다/
  ramos promitto. 가지들을 (치지 않고) 자라게 내버려두다.
promitto sibi ómnia.
   자기가 모든 것을 차지하게 될 줄로 기대(期待)하다.
prōmo, prompsi, promptum, -ěre, tr. 꺼내다, 내놓다,
  내밀다, (싹이) 나서 자라다, 제시하다, 드러내다,
  발휘(發揮)하다, 설명하다, 발표하다, 진술(陳述)하다,
  말하다(דבר.לֶלֶמֶ.אָמֶ.מֶד),
  개진(改進-개선되어 발전함)하다, 공개(公開)하다.
  linguam promo. 혀를 내밀다/
  se promo. 나오다 / sentépromo promo. 의견을 말하다.
promo *alci* vinum. 누구에게 술을 내놓다
promóněo, -ére, tr. 미리 경고하다, 미리 알리다, 예고하다
promontórĭum, -i, m. 돌출부(突出部), 등성이, 마루터기,
  산등성이, 갑(岬→곶. 바다나 호수로 가늘게 뻗어 있는 육지의 끝 부분),
  갑각, 해각(海角), (解) 융기, 돌기, 갑각(岬角).
promontorium Bonæ Spei. 희망봉(希望峰)
promóta, -órum, n., pl. = **proégmena**
promótĭo, -ónis, f. 승진(昇進), 승급(昇級), 진급(進級),
  발탁(拔擢-많은 사람 가운데서 특별히 사람을 뽑아 씀),
  전진(前進), 촉진(促進-재촉하여 빨리 진행하도록 함), 발기(發起).
promotio vocátiónis(⑨ promotion of vocátíons).
  성소의 증진.
promótor, -óris, m. 승진 발령자, 발탁자, 발기인,
  제기인(提起人), 제안자, 선동자(煽動者).
promotor fidei. ((敎法))
  (諡福諡聖 절차에서의) 신빙성 조사담당 검사(檢事),
  신앙 검찰관(信仰檢察官), 신앙 촉구관(信仰 促求官),
  증성관(證聖官.⑨ promotor of the faith).
promotor fídei ad casum. 임시 신앙 촉구관
promotor fiscalis. 공금 보전관(公金 保全官)
promotor justitiæ. (가) 교구의 검사(敎區 檢事),
  검찰관(檢察官.⑨ promotor of justice).
prōmótum, "promóvěo"의 목적분사(sup.=supínum)
promótus[1] -a -um, "promóvěo"의 과거분사(p.p.)
promótus[2] -us, m. 전진, 진보(⑨ Advancement/Growth).
Promovendus* -i, m. 수품(서품) 후보자(Can.1016조)
promóvěo, -móvi, -mótum -ére, tr. 전진시키다,

993

앞으로 움직여 보내다, 앞으로 밀다(옮겨 놓다),
뻗치다, 확대(확장)하다, 증대시키다, 신장(伸張)하다,
증진(增進)시키다, 발전시키다, 촉진(促進)하다,
승진시키다, 진급시키다, 발탁(拔擢)하다, 진보(進步)하다,
성과를 거두다, 성공하다, 성취(달성)하다, 기여(寄與)하다,
도움이 되다, 세상에 드러내다, 발표하다, 연기하다, 미루다.
in studio abunde promoveo. 공부에서 크게 진보하다/
sanctitas promovenda. 성덕의 추구.
promoveo parum. 별로 성공하지 못하다
prómovi, "promóvĕo"의 단순과거(pf.=perfectum)
prompsi, "promo"의 단순과거(pf.=perfectum)
prompte(promptim) adv. 즉시, 빨리, 선뜻, 흔연히,
기쁜 마음으로, 얼른, 냉큼, 주저하지 않고, 쉽게,
손쉽게, 분명하게, 솔직하게.
promptitúdo, -dinis, f. 민속(敏速-날쌔고 빠름), 즉각적 반응,
기민(機敏-동작이 날쌔고 눈치가 빠름), 민첩(敏捷-재빠르고 날램).
prompto, -áre, tr., freq. 선뜻 내주다, 아낌없이 쓰다.
prompt(u)árĭus, -a -um, adj. 저장해 두는, 보관하는.
n. 생활용품 넣어 두는 방(장), 일용품 창고. pl. 감옥.
armárĭum promptuárĭum. 광, 식료품 저장실, 찬장, 옷장/
cella promptuária. 광, 생활용품 저장실.
promptum, "promo"의 목적분사(sup.=supínum)
promptus¹ -a -um, p.p., a.p. 겉으로 드러난, 노출된,
내 놓여진, 명백한, (언제라도) 준비가 되어있는,
손닿는 곳에 있는, 즉각의, 태세를 갖춘, 용의가 있는,
각오가 된, 자진하여(기쁘게.즉시) … 하는,
선뜻 마음 내키는, 사양하지 않는, 서슴지 않고 해낼,
민속한, 민첩한, (재)빠른, 용감한, 단호한, 쉬운, 용이한.
ad vim promptus. 폭력사용도 불사하는/
in rebus genéndis promptus. 일 처리를 신속히 하는/
proṁpta et profluens eloquentía. 유창(流暢)한 즉석 웅변/
prompta sagitta. 당장 쓸 수 있는 화살/
prómptior linguá quam menu. 행동보다 말이 앞서는.
promptus libertati aut ad mortem animus.
자유 아니면 죽음을 각오한 마음.
promptus² -us, m. (실제로는 "in promptu"로만 쓰임)
드러나 있음, 드러내 보임, 명백함, 준비 완료태세.
준비가 되어있는 상태, 손닿는 곳, 쉬움, 용이(容易).
Ea dicam, quæ mihi sunt in promptu.
나는 준비되어 있는 것을 말 하겠다/
Hoc in promptu manifestúmque esse vidémus.
우리는 이것이 명명백백함을 본다/
in promptu esse. 쉽다/
in promptu habére. 준비해 가지고 있다/
ómni, quæ in promptu erant,
(손닿는 곳에 있던 것을) 닥치는 대로 전부.
promúlcum, -i, n. (배를) 끄는 밧줄
promulgátĭo, -ónis, f. 공포(公布-두루 알림. 또는 그 절차),
발포(發布-사회에 널리 펴서 알림), 반포(頒布-세상에 널리 폄),
공표(公表-세상에 널리 알림), 발표(發表), 교회 법규의 공표.
Promulgátĭo Codice, (1983.9.12. 교령)
전례서의 새로운 편집에 있어서 도입할만한 변경들.
promulgátor, -óris, m. 공포자, 발포자, 공표자,
반포자(頒布者), 퍼뜨리는 사람.
promúlgo, -ávi, -átum, -áre, tr. (propro²+vulgus)
공포하다, 발포하다, 반포하다, 공고하다, 공표하다.
발표하다, 두루 알리다, 퍼뜨리다(ㄱㄱ).
promulsidáre, -is, (**promulsidárĭum**, -i,) n.
맨 처음에 나오는 요리접시.
promúlsis, -ĭdis, f. 맨 먼저 나오는 요리(料理)
promuntúrĭum, -i, n. (=promontórĭum) 돌출부, 등성이
promurále, -is, n. (propro²+murális) 외곽(外郭,ιδὲα)
prōmus, -a -um, adj. 식료품(식량) 저장의.
m. (식구들의 식량을 창고에서 꺼내주는) 집사(ㄱㄱ.執事),
식료품 분배인(食料品 分配人).
n. 식량 창고, 식료품 저장실.
promútŭum, -a -um, adj. 미리 받은, 선불의, 가불의.
n. 가불금(假拂金), 선불금(先拂金).

promycélĭum, -i, n. (植) 전균사체(前菌糸體)
prona via. 가파른 길(pronus 참조)
pronátĭo, -ónis, f. ((生理)) (손.발의) 내전(內轉)
pronáto, -áre, intr. 헤엄쳐 나아가다
pronátor, -óris, m. (解) 회내근(回內筋), 회전근(回前筋)
pronáus, -i, m. 신전의 현관(의 주랑)
pronécto, -ĕre, tr. 길게 엮다(짜다),
(시간을) 길게 끌어 나가다, 이어나가다, 연장하다.
prónĕpos, -ótis, m. 증손(曾孫-아들의 손자)
pronéptis, -is, f. 증손녀(曾孫女)
prónis, -e, adj. = pronus 가파른, 경사진, 비탈진
prōno, -ávi, -átum, -áre, tr.
앞으로 수그리다, 엎드리다, 앞으로 기울게 하다.
pronœa, -æ, f. 신의 뜻, 섭리(攝理.⑨ Providence)
pronómen, -mĭnis, n. (文法) 대명사(代名詞).
adjectivum pronominale. 대명사적 형용사.
pronomen correlativum. (文法) 상관(相關) 대명사.
pronomen demonstrativum. 지시 대명사.
pronomen indefinitum. 미한정 대명사.
pronomen interrogativum. 의문 대명사.
pronomen personale. 인칭 대명사.
pronomen possessivum. 소유 대명사.
pronomen reflexívum. 재귀 대명사.
pronomen relativum. 관계 대명사.
pronómina recíproca. 재귀 대명사.
pronominális, -e, adj. 대명사의, 대명사적.
pronominátĭo, -ónis, f. (修) 환칭(換稱)
pronómĭno, -áre, tr. 대명사로 누구를 지칭하다
pronótum, -i, n. (곤충의) 전배판(前背板)
prónŭba, -æ, f. 여자 들러리(규수를 신랑 집으로 데려다 주던
여자 들러리, 신랑 편은 auspex, prónubus).
prónŭbus, -a -um, adj. 혼인을 맺어주는, 중매하는,
들러리서는. m. 남자 들러리.
pronúclĕus, -i, m. (生) 난기(卵基), 전핵(前核),
수정(受精) 전의 알 및 정자의 핵(核).
pronum, -i, n. 경사면(傾斜面), 내리받이, 비탈, 언덕
pronunci… V. pronunti…
pronuntĭari ad bestĭas. 맹수 형을 선고(宣告)받다
pronuntiátĭo, -ónis, f. 발음(發音), 발음법, 말, 공시, 포고,
선포, 발표, 판결, 선고(宣告.⑨ Kerygma), 언도(言渡).
(論) 명제(命題). ((修)) (연설의) 음성 및 몸짓.손짓.
pronuntiátĭo judícĭs. 재판관의 선고
pronuntiatívus, -a -um, adj. 직설적, 직설법의
pronuntiátor, -óris, m. 낭독자(朗讀者), 선포자,
(말.글로) 서술하는 사람, 이야기하는 사람.
pronuntiátum, -i, n. (論) 공리(公理).
(軍) 하달되는 명령, 하달되는 지시(指示).
pronuntiátus, -a -um, m. 발음, 어조, 낭독(朗讀)
pronúntĭo, -ávi, -átum, -áre, intr., tr. 발표(發表)하다,
말하다, 이야기하다(ㄲㄴ.ㄲㄱ), 소리 지르다, 외치다,
공표(公表)하다, 공포(公布)하다, 선포하다(ㄱㄱ),
선언(宣言)하다, 선고(宣告)하다, 언도(言渡)하다,
판결문을 낭독하다, 판결하다, 단결하다, 명령하다,
지시하다(ㅁㄱ), 명령을 하달하다, 공약(公約)하다,
현상(懸賞-어떤 목적으로 조건을 붙여 상금이나 상품을 내거는 일)하다,
(계약 따위를) 규정(規定)하다, (상속자를) 지명하다,
(사는 사람에게 물건의 흠 따위를) 밝히다, 일러주다,
발음하다, 음독하다, 낭독하다, 낭송하다.
Alius capta (esse) jam castra pronúntĭat.
다른 사람은 병영이 이미 점령되었다고 외치고 있다/
Dolóre prohíbeor pronúntĭo, quæ gesta sunt.
나는 고통 때문에 사건의 경위를 이야기할 수가 없다/
leges pronúntĭo. 법률들을 공포(公布)하다/
nómina magná voce pronuntio.
이름들을 큰소리로 발표(發表)하다/
prœlio in pósterium diem pronuntiáto.
다음 날의 전투를 명령 내리고/
pronuntĭari ad bestĭas. 맹수 형을 선고(宣告)받다/

Pronuntīatur, primā luce itúros(esse).
첫새벽에 행군하라는 지시가 있다/
servus pronuntiátus. 유죄판결을 받은 노예(奴隷).
pronuntio de calúmniā. 무고죄에 대하여 재판하다
pronuntio eos prætores. 그들을 집정관으로 선포하다
pronuntio senténtiam. 판결을 내리다, 선고하다
pronúper, adv. 얼마 전, 최근에
prónúrus, -us, f. 손자며느리(⑨ wife of a grandson)
pronus, -a -um, adj. 앞으로 굽은, 앞으로 기울어진,
수그린, 엎드린, 아래를 향한, 엎어놓은, 경사진,
(어느 쪽을) 향한, 비탈진, 가파른, 내리받이의,
저무는, (해.달.별 따위가) 막 지려고 하는,
급히 (흘러) 내려가는, 미끄러져 내려가는, 줄달음치는,
(시간이) 빨리 지나는, 기울어지는, 경향(傾向)이 있는,
쉽게 …하는, 버릇이 있는, 친절한, 호의적인, 쉬운.
n. 비탈, 내리받이.
Id prónius ad fidem est. 그것은 더 믿을 만하다/
iter pronum ad honóres. 입신양명의 쉬운 길/
loca aquilóni prona. 북향지방/
pécora, quæ natúra prona finxit.
자연이 땅을 향하도록 만들어 놓은 짐승들/
prona via. 가파른 길/
pronis áuribus accípere *alqd.* 기꺼이 듣다, 경청하다.
pronus ad iracúndiam. 화를 잘 내는
pronus ad merídiem. 남쪽을 향한
pronus in *alqm.* 누구에게 친절한
pronus in obséquium. 잘 순종(順從)하는
pronus in ventrem. 배를 깔고 엎드린
prooeconómĭa, -æ, f. 준비(準備)
procemĭor, -ári, dep., intr.
머리말을 시작하다, 서두를 꺼내다.
procemĭum, -i, n. 서언(序言-머리말), 서론(序論 introduction),
머리말, 서문(序文), 입문(institutio litterária), 시작,
처음(πρώτος.ἀρχὴ), 전주곡(前奏曲) 서곡, 서막(序幕).
propaganda fidei* 포교(布教-종교를 널리 폄)
propagare sæcla. 자손(子孫)을 퍼뜨리다
propagátĭo fidei* 포교(布教)
propagátĭo, -ónis, f. 번식(繁殖), 증식(增殖), 배양(培養),
전파(傳播), 선전(宣傳), 보급(補給), 만연(蔓延-널리 퍼짐),
포교(布敎), 전교(傳敎), 선교(宣敎.⑨ Missions),
전도(傳道), 확장(擴張), 확대(擴大), 신장(伸張).
propagátĭo vítium. 포도 넝쿨의 번식(繁殖)
propagátor, -óris, m. 번식(繁殖)시키는 사람,
전파자(傳播者), 확대자(擴大者), 확장자(擴張者).
propáges, -gis, f. 취목(取木-휘묻이), 휘문이 가지,
꺾꽂이 싹, 자손(子孫), 후예(後裔-後孫).
propaginátĭo, -ónis, f. 취목(取木), 휘문이, 꺾꽂이.
propágĭno, -ávi, -átum, -áre, tr. 취목(取木)하다,
(특히 포도나무를) 휘묻이하여 번식(繁殖)시키다.
propágo¹ -avi -atum, tr. (propro²+pango)
취목(取木)으로 번식(繁殖) 시키다, 휘문이하다,
자손을 번식시키다, 후손을 남기다, 대를 잇게 하다,
전파(傳播)하다, 널리 전하다, 선전하다, 보급하다,
퍼뜨리다(ㄱㄱ), 만연(蔓延)시키다, (영토 따위를) 넓히다,
신장(伸張)하다, 확장(擴張)하다, 확대(擴大)하다,
(시간적으로) 연장(延長) 시키다, 계속(繼續) 되게 하다,
오래 가게 하다, 후대에까지 전해지게 하다.
propago vitam. 생명을 연장(延長)시키다
propago² -gĭnis, f. 취목 가지, 휘문이 묘목(苗木),
꺾꽂이 가지, 자식, 자녀, 후예(後裔), (동물의) 새끼,
혈통(血統), 가문(家門), 문벌(門閥). pl. 족보(族譜).
própălam, adv.
드러내게 드러내 놓고, 공공연하게, 공공연히, 버젓이.
própălo, -ávi, -átum, -áre, tr. 드러내다, 드러나게 하다,
공개하다, 퍼뜨리다(ㄱㄱ), 폭로(暴露)하다.
propánsus(propássus), -a -um, p.p.
(날개 따위가) 펼쳐진, 편.
propátor, -óris, m. 조상, 선조(先祖.⑨ Patriarchs)

propátrŭus, -i, m. 증조부의 형제(兄弟)
propátŭlus, -a -um, adj.(propro²+(páteo)드러나 있는,
노출된, 훤히 트인, 가려지지 않은, 한데의, 노천의.
n. 한데, 노천, 옥외, 공개된 장소, 사람들이 보는 앞.
in propátulo. 옥외에서, 앞뜰에서, 공공연히/
in propátulo loco. 훤히 트인 앞뜰에.
prŏpe¹, adv. (비교급 propius, 최상급 proxime)
가까이, 부근에, 가까이에서, 곁에, 옆에, 거의,
거의 다, 거지반, 임박한 상태에, (時間的으로) 멀지 않게.
prope a domo 집에서 가까이
prope a meis ædibus. 내 집 가까이에
Prope adest, ut fiat palam.
그것이 거의 드러나게 되어 있다
prope dictum. 정확하게 말해서
prope me. 내 곁에
prope Romam sum. 나는 로마 근방에 와 있다
prope seditionem ventum est.
(사태는) 폭동 직전에 와 있다.
prope servile jugum. 거의 노예적 멍에
Prope summa ceperant.
그들은 (산)꼭대기를 거의 다 점령(占領)했었다.
prŏpe², prœp. c. acc. (장소.시간) 가까이, …에 가깝게,
부근에(서), 곁에, 이제 곧, 금방, 방금, 직전에,
임박하여, 쯤에, 경(頃)에. prope te. 네 곁에서.
Cognoscam cur sacerdos prope templum stet.
왜 그 사제가 신전 가까이에 서있는지 내가 알아보겠다
Prope seditionem ventum est. 폭동 직전에 와 있다.
propédĭem, adv. 머지않아, 곧(εὐθέως.εἰθὺς),
근일 중에, 얼마 안 있어서.
propéllo, própŭli, propúlsum, -ĕre, tr. 몰고 가다,
(짐승 따위를 앞으로) 몰다, 내몰다, 추진(推進)하다,
나아가게 하다, 앞으로 밀다, 쫓다, 격퇴(擊退)하다,
가까이 오지 못하게 하다, 뒤엎다, 쓰러뜨리다,
무너뜨리다, 자극(刺戟)하다, 感動시키다, 충동하다,
몰아넣다, (억지로) …하게 하다, 막다, 물리치다.
alqm ad voluntáriam mortem propello.
아무를 자살(自殺)하게 하다.
propémŏdum, adv. (prope¹+modus)
대개(대략), 대체로, 거의(다), 얼추(대강), 대부분
propémptĭcum(-on), -i, n. 송별시(送別詩),
송별사(送別辭- 떠나는 이를 위하여 보내는 이가 하는 인사말).
propéndĕo, -péndi -pénsum -ere, intr. 처지다,
아래로 늘어져 있다, (저울판 따위가) 무게로 기울어지다,
무게가 더 나가다, 우세하다, 호의를 가지다,
(누구에게) 마음이 기울어지다(향하다).
herba ex ramis propendens.
나무 가지들에서 늘어져 있는 풀/
nec depéndes nec propéndes.
너는 무게가 덜 나가지도 더 나가지도 않는다/
propendentes aures. (개의) 축 처진 두 귀.
propéndŭlus, -a -um, adj. 앞으로 늘어진
propense, adv. 선뜻, 자발적으로, 자진하여, 자청하여
propénsĭo, -ónis, f. 경향(傾向), 마음이 기울어짐
propénsus, -a -um, p.p., a.p. 아래로(앞으로) 늘어진,
처진, 기울어지는, 쏠리는, 치우치는, (마음이) 향하는,
경향이 있는, 마음 쓰는, 호의적인, 편드는, 관대한,
자발적인, 자진하여 하는, 무게가 더 나가는, 우세한,
가까운, 근사한.
in neutram partem propensior.
어느 편에도 치우치지 않은.
propensus ad misericórdiam. 동정심이 많은
próperans, -antis, p.prœs., a.p.
빠른, 서두는, 바삐 하는, 조급한.
properanter, adv. 빨리, 급히, 바삐, 서둘러서, 허둥지둥
properántĭa, -æ, f. 빠름, 급속, 서두름, 급히 함, 바삐 감.
properatim(-to), adv. 빨리, 급히, 바삐, 허둥지둥, 서둘러
properátĭo, -ónis, f. 서두름, 급히 함, 급히 감, 급속
properátĭo definitionis judicialis. 신속(迅速)한 종결

P

Properáto opus est. 서둘러야 한다.
properátus, -a -um, p.p., a.p. 급속한, 신속(迅速)한,
　황급한, 서두른, 빨리 된, 급조(急造)의, 이른.
　n. 서두름, 급히 함.
　Properáto opus est. 서둘러야 한다.
propere, adv. 급히, 바삐, 빨리, 얼른
propérĭpes, -pedis, adj. (próperus + pes) 발이 빠른
properiter, adv. 급히, 바삐, 빨리, 얼른
própĕro, -ávi, -átum, -áre, intr., tr. 급히 하다,
　서두르다(רהט), 빨리(서둘러) …하다,
　빨리 …하려고 하다, 촉진(促進)하다,
　빨리(바삐) 가다.오다, 빨리 떠나다(물러가다).
　Nunc domum propero. Mane, etsi properas.
　지금 나는 급히 집에 가는 길일세, 잠깐, 급하더라도.
Propert cornua vultru. 독수리가 뿔을 내밀다(불가능의 격언).
própĕrus, -a -um, adj. 빠른, 재빠른, 급한,
　빨리(바삐) …하는, 서두르는.
　adv. própĕre(própĕrĭter) 빨리, 급히, 얼른.
própĕrus iræ. 분노 잘 내는
prŏpes, -pĕdis, m. 돛 아래쪽을 붙들어 매는 줄
propéxus, -a -um, adj. (propro²+pecto) 빗어 내린,
　(머리.수염 따위가) 길게 늘어진.
prophéta(prophetes) -æ, m. 선지자(先知者.איבנ),
　예언자(איבנ.προφήτης.⑨ Prophet).
　(신탁소에서) 신탁(信託)을 해석하던 신관(新官).
　Passio Septem Monachorum. 7인 수도자들의 수난사/
　Quæ fuerit civitas Dei tempore prophetarum.
　예언자 시대의 하느님 도성.(신국론 제17권).
propheta magno.(⑨ great prophet) 위대한 예언자
prophetæ minores. 소예언서(小豫言書)
prophetam infantem. 아기 예언자(교부문헌 총서 8. p.208)
prophetális, -e, adj. 예언자의
prophetátĭo, -ónis, f. 예언(האובנ.προφητεία).
prophetía, -æ, f. 예언(הבנ.προφητεία.⑨ Prophecy).
　(聖) 예언서(הבנ.תומכא.προφήται.豫言書),
　De prophetia Malachielis, qua Dei judicium ultimum
　declaratur et quorumdam dicitur per purificatorias poenas
　facienda mundatio. 일부는 하느님의 최후 심판을, 일부는
　정화의 벌을 거쳐 속량 됨을 말하는 말라기의 예언.
　(교부문헌 총서 17. 신국론. p.2822)/
　De prophetia quæ in oratione Ambacu et continetur.
　하바꾹의 기도와 노래에 담긴 예언.(신국론. p.2812)/
　Prophetiæ Messianicæ. 메시아 예언/
　prophetias nolite spernere. (profhtei,aj mh. evxouqenei/te)
　(獨 Prophetische Rede verachtet nicht)
　(⑨ Do not despise prophetic utterances)
　예언을 업신여기지 마십시오(성경)/성령의 감동을 받아
　전하는 말을 멸시하지 마십시오(공동번역)/
　예언을 업신여기지 마시오(200주년 기념 신약 1데살 5. 20)/
　Tria hæc sunt, quibus et scientia omnis et prophetia;
　fides, spes, charitas. 이처럼 온갖 지식과 예언이
　추구하는 바는 세 가지이니 믿음과 희망과 사랑이다.
Prophetia Abdiæ(הידבע.⑨ Book of Obadiah).
　오바디아서.
Prophetia Aggæi(⑨ Book of Haggai). 하깨서.
Prophetia Amos(סומע.⑨ Book of Amos). 아모스서.
Prophetia Baruch(⑨ Book of Baruch). 바룩서.
　("축복 받은 이"라는 뜻을 지닌 히브리어 "바룩".
　예레미야의 편지를 포함하여 모두 6장으로 구성된 제2정경)
Prophetia Danielis(לאינד.⑨ Book of Daniel). 다니엘서
Prophetia Ezechielis(⑨ Book of Ezekiel). 에제키엘서
Prophetia futuri. 미래 예언(未來豫言)
Prophetia Habacuc(⑨ Book of Habacuc). 하바꾹서
Prophetia Isaiæ(והיעשי.Ἡσαίας.⑨ Book of Isaiah).
　이사야서.
Prophetia Jeremiæ(הימרי.⑨ Book of Jeremia). 예레미야서
Prophetia Jœl(לאוי.⑨ Book of Jœl). 요엘서
Prophetia Jonæ(הנוי.⑨ Book of Jonah). 요나서
Prophetia Malachiæ(⑨ Prophecy of Malachias). 말라기서

Prophetia Messianicæ. 메시아 예언
Prophetia Micheæ(היכימ.⑨ Prophecy of Micheas). 미가서
Prophetia Nahum(⑨ Book of Nahum). 나훔서
Prophetia Osee(⑨ Book of Osee). 호세아서
Prophetia realis. 현실 예언
Prophetia Sophoniæ(Σοφονιας.⑨ Book of Zephaniah).
　스바니야서, 스파니야, 소포니야 예언서.
Prophetia Zachariæ(⑨ Book of Zachária). 즈가리야서
prophetiális, -e, adj. 예언의
prophétĭcus, -a -um, adj. 예언자의, 예언자적,
　예언의, 예언을 기록한, 예언하는, 예언적(豫言的).
　illumínátĭo propheticus. 예언적 조명/
　Propheticum coram magnis provocationibus testimonium.
　커다란 도전에 직면하는 예언적 증거/
　Quod prophetica auctoritas omni gentilis philosophiæ
　inveniatur antiquior. 예언문학은 이교도 철학의 기원보다
　오래된 것으로 확인된다.(교부문헌 총서 17. 신국론 p2812).
prophetíssa, -æ, (prophetis, -tídis,) f.
　여자 예언자(איבנ.προφήτης.豫言者.⑨ Prophet).
prophetízo, -áre, tr. 알아맞히다
prophéto, -ávi, -átum, -áre, tr. 예언하다
Prophoristica, -æ, f. (백민관 신부, 백과사전 2, p.245; 백과사전 3, p.254)
　서술 형식(성서 해석의 방법론 중 하나).
prophylácticus, -a -um, adj. ((醫)) (병을) 예방하는
prophyláxis, -is, f. ((醫)) (病 따위의) 예방, 예방법
propinátĭo, -ónis, f. 술잔을 돌림, 권주(勸酒), 건배(乾杯),
　주연에의 초대, 건강을 위한 축배, 장례 때의 주연.
propinátor, -óris, m. 술을 권하는 사람
propíno, -ávi, -átum, -áre, tr. 축배를 들다, 건배하다,
　(자기가 마시던) 술잔을 돌리다, 술을 권하다,
　주연에 초대하다, (술.음료 따위의) 마실 것을 주다,
　내주다, 내맡기다, 넘겨주다.
　Nulli cálicem tuum propínas.
　너는 네 술잔을 아무에게도 돌리지 않고 있다/
　propino salútem tibi. 네 건강을 빌며 건배하다.
propínquĭtas, -atis, f. 가까움, 이웃(⑨ Neighbor).
　근처, 인접(隣接), 근접(近接), 친척(親戚) 관계,
　일가친척 사이, 친밀(한 사이), 친근(親近).
propínquo, -ávi, -átum, -áre, intr., tr. 다가가다(오다).
　가까이 가다(오다), 가까이 와지다, 접근하다(ברק),
　임박하다(in cervicibus esse.), 박두(迫頭-가까이 닥쳐옴)하다,
　친밀(親密)해지다, 가까워지게 하다, 빨라지게 하다.
　재촉하다(רהמ.שוח). in propinquo esse. 가까이 있다.
propínquum, -i, n. 가까운 곳
propínquus, -a -um, adj. 가까운, 가까이 있는,
　(시간적으로) 가까운, 임박한, 박두한, 비슷한, 유사한,
　친척 되는, 친밀한, 친근한. f., m. 친구(φίλος), 친척.
　ex propínquo. 가까이서/
　in propínquo esse. 가까이 있다/
　propinquus ratio seminalis. 근(近) 배아 이유/
　propinquissimum medium. 가장 근사한 수단/
　Non solum nobis divites esse volumus, sed liberis,
　propinquis, amicis maximeque rei publicæ. 우리만을
　위해서 부자가 되자는 것이 아니요, 내 자식들을 위해,
　친척을 위해, 친지들을 위해, 특히나 공화국을 위해서다.

<table>
<caption>최상급 없이 비교급만 있는 것</caption>

*adoléscens, -ntis 젊은	adolescéntior	-
ágilis, -e 활발한 날쌘	agílior, -ius	-
credíbilis, -e 믿을만한	credibílior, -īus	-
*júvenis, -is, 젊은	júnior	-
mirábilis, -e 기묘한	mirabílior, -īus	-
propínquus, -a. -um. 가까운	propínquior, -īus	-
*senex. -is 늙은	sénior	-
*adoléscens. *júvenis. *senex. 및 그 비교급은 중성이 없다		
</table>

própĭo, -ávi, -átum, -áre, intr.
　접근하다(ברק), 가까이 가다(오다).
própĭor, -ius, adj. 더 가까운, 비교적 가까운, 임박한,

(시간적으로) 별로 멀지 않은, 비교적(比較的) 최근의,
(지나간 둘 중에) 나중의, (혈연관계에서) 더 가까운,
더 친밀한, 더 친근한, (類似性에 있어서) 더 가까운,
더 비슷한, 더 닮은, 더 긴밀(緊密)한, 깊이 관계되는,
더 긴급한, 더 긴박한, 더 중대한 더 적절한, 더 어울리는.
n., pl. 가까운 곳(것), 근처(近處), 근접점(近接點).
Quod própius vero est. 그것은 진실에 더 가깝다/
vacca fáciem tauro propior. 얼굴이 황소같이 생긴 암소.
propior epístola. 최근의 편지(便紙)
propitiábilis, -e, adj. 화해적인, 자비로운, 관용을 베푸는,
(누구의) 관용을(자비를) 받을 만한.
propitiátĭo*, -ónis, f. 신의 노여움을 풀게 함,
속죄(獨 Sühne.⑨ Atonement/Expiátion),
속죄의 제물(sacrifícium propitiatórium.), 희생 제물,
속죄의 제사.기도, 관용(寬容), 관서(寬恕-너그럽게 용서함),
자비(ווֹם.אֹם.χηστὸς.⑨ Benevolence/Mercy/pity).
propitiátor, -óris, m. (propitiátrix, -ícis, f.)
(속죄의 제사로) 화해시키는 사람,
중재자(仲裁者.⑨ arbitrator.獨 Schiedsrichter).
죄의 용서(容恕)를 얻어주는 사람.
propitiatórĭum, -i, n. (히브리어.Kapporeth.
그리스어 Hilasterion.獨 Gnadenstuhl).
화해(속죄) 수단, 속죄소, 속죄판(⑨ the Mercy Seat).
(유다인들의 성전 안에 있는 하느님의 거처로 알려진 "성약의 궤" 위에 올린
황금 덮개. 백민관 신부 엮음, 백과사전 3, p.254).
sacrifícium propitiatórium. 속죄의 제사(제물).
propitiatórĭus, -a -um, adj. 화해적인, 유화적인, 속죄의.
propítĭo, -ávi, -átum, -áre, tr. 노여움을 풀게 하다,
달래다, 유화(宥和)하게 하다, 화해(和解)시키다,
(누구에게) 속죄행위를 하다, 속죄의 제물을 바치다,
안심시키다, 마음을 가라앉게 하다.
propítĭus, -a -um, adj. 호의를 가진, 호의적인,
자비를(관용을) 베푸는, 관대한, 유화적(宥和的)인,
인자(仁慈)한, 온유(溫柔)한, 平溫한.
própĭus, adv. (부사 prope의 비교급) 더 가까이(서)
propius a terris. 지구에서 더 가까이
proplásma, -ătis, n. 백점토로 만든 모형(본), 원형(原型).
propnigéum, -i, n. 땀을 말리도록 욕탕 또는
격투 연습장에 붙어 있는 따뜻한 방.
propódĭum, -i, n. (動) 전족(前足), 앞발.
propóla, -æ, f. 고물상점, 소매상점. m. 소매상인, 고물상인.
propolis, -is, f. 밀랍(蜜蠟)(밀초-꿀 찌꺼기를 끓여 만든 물질),
봉랍(封蠟-마개로 막은 대나 물건을 봉한 자리에 바르는 밀랍).
própŏma, -ătis, n. 식사 전에 마시는 음료, 식욕증진제
propóno, -pósŭi -pósĭtum -ĕre, tr. 앞에 놓다(두다),
내놓다, 내걸다, 진열하다, 내세우다, 팔려고 내놓다,
공시(公示)하다, 게시(揭示)하다, 발표하다, 공포하다,
제시하다, 드러내다, 공개하다, 상상하다, 생각하다,
머릿속(눈앞)에 그리다, 제안하다, 제출하다, 약속하다,
경고하다, 위협하다, 결정하다, 결심하다, 작정하다.,
alci pœnam propono. 누구를 처벌한다고 위협하다/
alqd sibi propono exémplar. 무엇을 본보기로 삼다/
Homo próponit, Deus dispónit. (맹인사 득천명)
인간은 계획하고, 하느님께서 이루신다/
Huic sermóni própositum est, ut …
이 연설의 의도는 …하는 것이다/
Propone tibi duos reges. 두 명의 왕을 상상해 봐라/
propono illuc ire. 그리로 가기로 작정했다/
Propositum est mihi hoc facere.
나는 이것을 하기로 작정했다.
propono præmium *alci*. 아무에게 상을 약속하다
propórro, adv.
그밖에, 게다가, 더욱이(atque etíam.) 전혀, 아주, 온전히.
propórtĭo, -ónis, f. 비례(比例), 비율(比率), 균형(均衡),
조화(⑨ Harmony), 어울림, 상칭(서로 대응하여 균형이 맞음).
jus est realis et personalis hominis ad hóminem
proportio. 법이란 인간이 인간에게 갖는 실제적이고
인격적인 비례관계이다.(성 염 옮김, 단테 제정론, p.51).

proportio inæqualitatis. 불균등성의 비례(比例)
proportio per modum naturæ incompletæ.
불완전한 자연의 방식에 따른 비례
proportio rei. 사물의 비례(比例)
proportionális, -e, adj. 균형 잡힌, 비례하는, 조화된
proportionálĭtas, -átis f. 균형 잡힘, 비례를 이룸,
비례(성), 균형성(均衡性).
geometrica proportionalitas. 기하학적 비례성(比例性).
proportionátus, -a -um, adj.
균형 잡힌, 조화된, 비례한, 상응한.
proportionem ejus ad rem. 적합 관계(適合 關係)
proposítĭo, -ónis, f. 내놓음, 차려놓음, 제시, 제출,
제안, 제의, 의도(⑨ Intention), 계획, 작정, 결심,
명제, 주제, 제목, 논제. (文法) 문.절.구(句) 정리.
(삼단논법의) 대전제, 제사 빵(교리서 2581항).
dictum propositionis. 명제에 의해 말해지는 것/
Hæc proposítio neque constat. 이 명제는 명백하지 않다/
Maximæ propositiones. 최대 명제/
panes propositiónis.(Ex. 25, 30: Matth. 12, 4) 제단의 빵,
제헌의 빵, (구약시대에 제상에 차려놓은) 봉헌 빵/
propositiones per se notæ. 개념으로부터 알려진 명제들/
qualitas propositionis. 명제의 성질(性質).
propositio abbreviata 간략문(簡略文)
propositio adverbialis. 부사문(副詞文)
propositio affectiva. 의욕문(意慾文)
propositio affirmativa. 긍정 명제, 긍정문(肯定文)
propositio amplificata. 확장 단문
propositio antecedens. 전속문(前屬文)
propositio attributiva. 부가어문(附加語文)
propositio categorica. 정언 명제(定言命題)
propositio causalis. 이유문(理由文)
propositio comparativa. 비교문(比較文)
propositio composita. 복합 명제(複合命題), 복합문
propositio concessiva. 양보문(讓步文)
propositio condicionalis. 조건문(條件文), 조건 명제
propositio condicionalis irrealis. 비현실 조건문
propositio condicionalis potentialis. 가능 조건문
propositio condicionalis realis. 현실 조건문
propositio condicionalis restrictiva. 제한 조건문
propositio consecutiva. 결과문, 종속문(從屬文)
propositio consequens. 후속문(後屬文)
propositio demonstrábilis. 논증적 명제
propositio dependens. 종속문(propositio incidens.)
propositio disiunctiva. 선언 명제(選言命題)
propositio enuntiativa. 서술문(敍述文)
propositio finalis. 목적문(目的文)
propositio hypothetica 가언 명제(假言命題)
propositio imperativa. 명령문(命令文)
propositio improprie. 비본래적 명제(非本來的 命題)
propositio incidens. 속문, 종속문(propositio dependens)
proposítio independens. 자립문.
propositio interjectiva 감탄문(感歎文)
propositio intermedia. 중간 속문
propositio interrogativa. 의문문(疑問文)
propositio interrogativa directa. 직접 의문문
propositio interrogativa disjunctiva. 분립(선언) 의문문
propositio interrogativa dubitativa. 의혹(疑惑) 의문문
propositio interrogativa indirecta. 간접 의문문
propositio interrogativa rhetorica. 연설 의문문
propositio interrogativa simplex. 단순 의문문
propositio irrealis. 비현실문(허구의 사실이나 전혀 없는 일.
그렇지 않은 일 등은 불가능한 사실을 가정적으로 표현하는 문장).
propositio modalis. 양상명제(樣相命題), 형태문.
proposítĭo negativa. 부정 명제, 부정문(否定文)
propositio nuda. 순단문(純短文)
propositio objectiva 객어문(客語文)
propositio optativa. 소원문, 원망문, 원의문, 희망문.
Utinam conata perficere possim!

P

나는 시작한 일을 마칠 수 있다면 좋겠다/
Utinam pater venerit! 아버지께서 오셨다면 좋겠는데!/
Utinam pater veniat! 아버지께서 오신다면 좋겠는데.
propositio parenthetica. 삽입문(揷入文)
propositio participialis. 분사문(分詞文)
propositio per se nota. 자명한 명제
propositio per se nota quoad se et quoad nos.
자체와 우리에게 명백한 명제(命題).
propositio per se nota quoad se. 자체로 명백한 명제.
propositio potentialis 가능문(可能文)
propositio principalis. 주문
propositio prohibitiva. 금령문(부정적 명령문 즉 금지를 표시하는 문장)
propositio realis. 현실문.
  (실제로 있는 사실을 그대로 표현하는 문으로 직설법을 쓴다.)
propositio relativa. 관계문(關係文)
propositio simplex. 단문, 단순 명제(單純 命題)
propositio subjectiva. 주어문(主語文)
propositio temporalis. 시간문(時間文)
propositio universalis. 보편적 명제(普遍的 命題)
propositiones damnatæ. 금지 명제
propositiones modalis. 양상명제(dictum, -i, n. 정언)
propositiones personales. 성삼위의 각 명칭
prōpŏsĭtum, "propono"의 목적분사(sup.=supínum)
prōpŏsĭtum, -i, n. 제안, 제의, 결심(inductio ánimi),
결의, 초지(初志-처음에 품은 뜻이나 의지), 계획, 기획(企劃),
계략, 의향(⑨ Intention), 의도(⑨ Intention).
정개(다시는 죄를 짓지 않겠다는 굳은 결심-정개를 하지 않은 고해성사는
  죄 사함을 받지 못한다고 했다. 백민관 신부 엮음, 백과사전 3. p.277),
목적(τέλος.⑨ Destiny), 목표, 제목, 주제, 논제,
생활방침(원칙), 생활철학, (삼단논법의) 대전제.
egredior a propósito. 주제에서 이탈(離脫)하다/
digressio a propósitá orátióne. 주제에서의 이탈/
Fransciscanum vitæ propositum. 프란치스칸 생활양식.
                       (1982.12.8. 회칙)/
Universale Dei propositum, 한국 순교자들의 전례거행.
                        (1985.3.12. 교령).
propositum emendandi. 개심의 목표
Propositum est mihi hoc facere.
나는 이것을 하기로 작정했다(V. propono).
propositum nostræ intentionis. 우리가 의도하는 목적,
  우리가 의도하고 있는 선결과제(先決課題).
propositum suum. 자기가 하고자 하는 일
propositum vitæ. 생활 철학, 생활 계획
prōpŏsui, "propono"의 단순과거(pf.=perfectum)
propriátim(propritim) adv. 특별히, 각별히, 독특하게.
próprie, adv. 개인적으로, 사사로이, 개별적으로, 고유하게,
독자적으로, 특유하게, 독특하게, 국한되게, 유독(여럿 가운데
홀로), 본시, 원래, 본래의 의미로, 정확히, 꼭 들어맞게.
próprie attributio. 본래적 속성
proprietárĭus, -a -um, adj. 소유자의, 원래 임자인,
  자기 소유의(것인). m. 소유주(所有主).
propríĕtas, -átis, f. 고유성(固有性), 독자성(獨自性),
특(유)성, 독특(獨特), 개성, 특질(특별한 성질이나 기질),
특색, 소유권, 재산권(⑨ rights of property), 소유물,
재산(⑨ property), (말의) 적절, 적확(的確), 독특한 표현.
Dialogus oecumenicus in hoc documento sua instruitur
proprietate. 교회 일치를 위한 대화는 특유한 성격을
  지니고 있습니다(1995.5.25. "Ut Unum Sint" 중에서)/
habitudinem ad proprietatem. 고유성으로서의 성향/
Magister de proprietatibus. 소유에 대한 선생님/
proprietates individuales. 개체화시키는 속성들/
unitas proprietátis. 고유성의 일성.
proprietas collectiva. 공동체 재산
proprietas essentĭalis. 본질적 특성(本質的 特性)
proprietas personalis. 위격적 고유성(固有性)
proprietas personifica. 삼위일체의 위격적 특성
Proprietas privata(bonum privatum).
  사유재산(⑨ Property/private).
proprietas transcendentalis.

초월적 성격 특성(超越的 性格特性)(존재의 근거문제. p.147).
Proprietates animi orantis(⑨ Properties of the praying
soul). 기도하는 영혼의 자세.
Proprietates et natura fidei(⑨ Properties and nature of
faith). 신앙의 특성과 본질.
propriis voluntatibus. 자기 뜻(voluntas Dei. 하느님의 뜻)
proprio nomine. 자기 권리로
proprĭocéptor, -óris, m. (生理)
  자기 감수체(自己 感受體-자기 자극을 감응하는 말초신경).
proprĭum, -i, n. 특성(特性-특수한 성질), 특징, 특색, 자기 것,
소유(κλῆρος), 소유물, 특정 전례문(미사 경본, 성무일도),
고유부분(固有部分.⑨ Proper).
De Rerum Natura Juxta Propria principia.
  고유 원리에 따른 사물의 본질(1587年 이탈리아 Telesio 지음)/
Fuit hoc quondam proprium populi Romani, longe a
domo bellare et sociorum fortunas non sua tecta
defendere. 집으로부터 멀리 떨어서 전쟁을 치르고,
  자신들의 집만이 아니라 동맹들의 재산도 지켜 주는
  것이 로마 국민의 특성이라오/
Hoc est ergo proprium donum; ipse est singularis fons.
이것은 고유한 선물이며 유일한 샘입니다.
          최익철 신부 옮김. 요한 서간 강해. p.321)/
signa propria. 고유한 표지.
proprium Coreanum. 한국적 특성(韓國的 特性).
Proprium de sanctis.(⑨ Proper of the Saints.
  獨 Sanctorale) 성인들의 고유시기, 성인 고유 미사.
Proprium de tempore.(⑨ Proper of the Season.
  獨 Temporale) 고유시기, 주년 고유미사, 전례시기 고유부분.
proprium humanum. 인간다운 것.
proprium Missæ(⑨ Proper of Mass) 미사 고유문.
proprium nomen. 고유한 명칭(名稱)
proprium Sanctorum. 성인력, 성인 축일 전례문.
**proprium vitæ consecratæ tributum evangelizationi
additum**. 복음화에 대한 봉헌생활 고유의 공헌.
própriŭs, -a -um, adj. 고유한, 독특한, 독특한, 특수한,
남다른, 독자적인, 개인적인, 개인 소유의,
(남의 것이 아닌) 자기 자신의(것인), 원래의,
본래의(per se), 적절한, 적합한, 항구한, 영구한, 고정적.
Amittit merito proprium qui alienum appetit.(Phædrus).
  남의 것을 탐하는 사람은 의당 자기 것마저 잃는다/
De confessione propriæ infirmitatis, et hujus vitæ
miseriis. 자신의 약함과 현세의 고역에 대해/
De propria consideratione. 자기를 살핌에 대하여/
De discussione propriæ conscientiæ et emendationis
proposito.(⑨ The Examination of Conscience and the
Resolution to Amend) 자기 양심을 살피고
  죄를 고치기로 결심함(준주성범 제4편 7장)/
dispositio propria sensus. 감각 고유 성품(性稟)/
domicilium proprium. 독자적 주소/
esse proprium. 고유의 존재/
Est proprium stultitiæ aliorum vitia cernere, oblivisci
suorum.(Cicero). 남의 악덕은 유념하면서 자기 것은
  망각하는 것은 어리석음의 고질이다/
Id non próprium senectútis vítium est.
  그것은 노인들만의 결점(缺點)은 아니다/
identitas propria personális. 고유한 정체성/
Ille aliquando ita propriam descripsit cotidianam vitam.
  그는 다음과 같은 말로 자신의 일상생활을
  묘사한 적이 있습니다/
in propria personâ. 몸소.친히(præsentïaliter, adv.),
  스스로(secum = cum se)/
Nemo judex in propria causa.
  아무도 자신의 사건에 재판관이 될 수 없다/
nomen próprium. (文法) 고유명사/
non per propriam voluntatem.
  자기 의지를 통해서가 아니다/
operatio propria humanæ universitatis.
  인류로서의 고유한 작용/

P

propria intimitas(vita privata.) 사생활(⑨ own privacy)/
propria operátĭo. 고유활동(固有活動)/
propria rátĭo. 고유한 근거(根據), 고유한 성격/
propria rátĭo personarum. 위격들의 고유성/
propria voluntas. 고유한 의지(意志)/
propriæ ignorantiæ occultatio cum ostentatione sapientiæ
apparentis. 지혜로운 척하며 자신의 무지를 감추려는 태도/
propriæ passiones. 고유적 작용들/
proprio dorso submisso, ne caderet, sustentabat.
자기 등을 밑에 들이밀어 무너지지 않게 떠받쳤다.
('submittere 밑으로 들어가다'와 'sustinere 떠받치다. 견디다'는
프란치스코 영성에서 매우 중요한 주제이다/
Quid proprium Christiani? 그리스도인은 누구인가?/
Sapientis est proprium nihil, quod pænitere possit,
facere.(Cicero) 후회할 만한 짓을 하나도 하지 않는 것이
현자의 고유한 처신이다/
Utrum pax sit proprĭus effectus cáritátis?
평화는 애덕의 고유한 결과인가?.
proprius effectus Dei. 하느님의 고유한 작용
propter[1] adv. 가까이, 옆에, 곁에, 나란히.
duo fílii propter cubántes. 나란히 누워있는 두 아들.
propter[2] prœp., c. acc. (간혹 지배하는 말 뒤에 놓이는 수 있음)
가까이에, 옆에 곁에, 때문에(διὰ), …로 인하여, 위하여,
[N.B. 원인이나 이유, 특히 어떤 동기가 되는 이유를 표시하기 위하여
전치사 propter나 ob과 함께 대격을 쓴다]
Grátĭas ágĭmus tibi propter magnam glórĭam tuam.
(⑨ we give you thanks for your great glory)
주님 영광 크시오니 감사 하나이다/
Ibi est finis; propter hoc currimus; ad ipsam currimus;
cum venerimus ad eam requiescemus. 바로 거기에 끝이
있습니다. 우리는 그 끝을 위해서 달리고 있고, 그 끝을
향하여 달리고 있습니다. 그 끝에 다다를 때 우리는 비로
소 편히 쉬게 될 것입니다.(최익철 신부 옮김. 요한 서간 강해. p.441)/
Iam vos mundi estis propter sermonem, quem locutus
sum vobis(⑨ You are already pruned because of the
word that I spoke to you) 너희는 내가 너희에게
한 말로 이미 깨끗하게 되었다(요한 15. 3)/
Me míserum! Te istă virtúte, in tantas ærúmnas
propter me incídísse! 오 불쌍한 나로구나! 그런 용기를
가진 네가 나 때문에 원 이런 곤경에 빠져버리다니!
(경탄·감탄이나 의문을 강력하게 표시하기 위해서 자립문에 대격 부정법을
쓰는 수가 있다. 이러한 경우의 부정법을 경탄 부정법이라고 하며, 의문을
표시하는 대격 부정법에는 "ne"를 쓴다. 경탄을 표시하는 대격 부정법은 결국
vídeo, puto 등 동사의 지배를 은연 중 받은 것이라고 생각하면 된다.)/
non operatio propria propter essentiam, sed hæc propter
illam habet ut sit. 작용(활동)이 본질을 위해서 존재하는
것이 아니라 본질이 작용(활동)을 위해 존재 한다/
Nos ex Deo sumus(1요한 4. 6). Videamus quare: videte si
propter aliud quam propter caritatem. 우리는 하느님께
속한 사람들입니다. 왜 그런지 봅시다. 사랑 말고 다른
이유가 있는지 보십시오.(최익철 신부 옮김. 요한 서간 강해. p.315)/
Si quis dixerit, hæc sacramenta propter solam fidem
nutrienda instituta fuisse.
만일 누가 이 성사들은 오직 신앙을 양육하기 위해서
설정되었을 뿐이라고 주장한다면, 그는 파문 받아야 한다.
(보편 공의회 문헌집 제3권 주세페 알베리고 외 엮음. pp.684~685)/
Videamus quare: videte si propter aliud quam propter
caritatem. 왜 그런지 봅시다. 사랑 말고 다른 이유가
있는지 보십시오.(최익철 신부 옮김. 요한 서간 강해. p.315).
Propter amícos hoc dixi. 나는 친구들 때문에 이 말을
하였다.(원인이나 이유 특히 어떤 동기가 되는 이유를 표시하기 위해서는
전치사 propter나 ob과 함께 대격을 쓴다)
propter aquam, tardis ingens ubi flexibus errat
Mincius et tenera prætexit harundine ripas.
거대한 강줄기는 느릿느릿 굽이쳐 휘돌고 민키우스 강은
강변을 하늘하늘 갈대로 뒤덮었으며.
(성 염 지음. 사랑만이 진리를 깨닫게 한다. p.428).
Propter arbores altas ab aliis amicis non visi sumus.
키가 큰 나무들 때문에 우리는 다른 친구들에게
들키지 않았다(눈에 띠지 않았다).
propter baptismum et pænitentiam. 세례와 참회 때문에

Propter Dei invicitissimam voluntatem.
신의 결연한 의지(교부문헌 총서 16. 신국론 p.1374).
Propter Christi in Cruce sacrificium semel in
perpetuum reparata est Regni Dei victoria.
십자가상에서의 그리스도의 희생을 통하여 하느님
나라의 승리는 한번이자 영원히 성취되었다.
(1991.5.1. "Centesimus annus" 중에서).
Propter divinitatem inseparabilem. 불가분적 신성 때문에.
propter dolorem. 고통 때문에
propter eam causam. 그 이유로 인하여
propter flumen. 강 가까운데
Propter fluminis diluvium agri et omnes vici aqua
inundabuntur. 강의 범람 때문에 전답과 모든 마을들이
물에 잠길 것이다.
Propter honorem id facio.(=Honoris causa id facio)
나는 명예(名譽) 때문에 이것을 한다.
(원인이나 이유 특히 어떤 동기가 되는 이유를 표시하기 위해서는
전치사 propter나 ob과 함께 대격을 쓴다)
propter infirmitátem consílĭi. 생각이 모자라서
propter injuriam. 손해(損害)를 피하기 위해서
propter justitiam prudentiamque suam.
그 인물의 의덕과 현명 때문에.
propter me. 나 때문에
propter metum. 무서워서
propter nostram salutem. 우리 구원을 위한
propter Platónis státuam. Plato의 동상 옆에
propter quid. 그것 때문에
Propter quod unumquodque tale et illud magis.
무엇이 이루어지는 것은 그보다 더 나은 것에
의해서 이루어진다.
propter regnum cœlorum. 하늘나라를 위하여.
propter revelationem sui ipsius nobis.
우리에게 당신 자신을 계시하기 위하여.
propter semetipsum. 그 자신 때문에
Propter te factus est temporalis, ut tu fias æternus.
그대가 영원한 자가 되도록, 그대를 위해서 그분은
시간적인 존재자가 되었다(현대 가톨릭 사상 제7집. p.152).
Propter virtutem jure laudamur et in virtute recte
gloriamur.(Cicero). 우리는 의당히 덕성 때문에 찬사를
받고 당연히 덕성(德性)을 두고 자랑한다.
proptérĕa(=eaprópter) adv. 그 때문에, 그러므로, 그래서.
Hæc proptereæ scripsi, ne me non sine causa laborare
intelligeres. 내가 이유 없이 일을 않는 것처럼 네가 생각
하는 일이 없게 나는 이것들을 (편지로) 써 보낸 것이다.
(내가 이 글을 써 보낸 것은, 내가 이유 없이 일을 하느라고 네가 생각하지
않도록 하려는 것이었다. 성 염 지음. 고전 라틴어. p.305)/
Sed hoc consilium tibi propterea non sufficit.
그러나 이러한 조언이 그대에게는 넉넉지 않은 듯합니다.
(이연학 최원오 역주, 아우구스티노의 생애. p.129).
propterea …, ut … , …하기 위해서
propterea ergo non videt Deum, quia non habet
dilectionem. Nam si habeat dilectionem: Deum videt.
이처럼 하느님을 빚지 못하는 것은 사랑을 지니고 있지
않기 때문입니다. 사랑을 지니고 있다면 하느님을 빚게
됩니다.(최익철 신부 옮김. 요한 서간 강해. p.419).
propterea quod(quia, quóniam). …하기 때문에
proptósis, -is, f. (醫) (눈알 따위가) 튀어나옴, 돌출(突出-돌기)
propudiósus, -a -um, adj. 파렴치한, 상스러운, 음탕한
propudium, -i, n. (propro[2]+pudet) 파렴치한 짓, 추잡함,
음탕(淫蕩), 외설(猥褻), (욕설) 쌍놈, 후레자식.
propugnácŭlum, -i, n. 성채(城砦), 요새(要塞), 성벽,
방책(防柵), 엄폐물(掩蔽物), 방어시설(防禦施設),
방어(防禦), 수비(守備), 수호(守護)⑨ Defense),
보호(⑨ Defense), 방패, 간성(干城-방패와 성벽이라는 뜻).
propugnátĭo, -ónis, f. 방어전(防禦戰), 방어(防禦),
수비전(守備戰-방어전), 방위(防衛), 옹호(擁護),
보호(保護).⑨ Defense), 수호(守護).⑨ Defense).
propugnátor, -óris, m. (propugnatrix, -ícĭs, f.)
방어하는 전투원, 방어자, 수비자, 수호자(守護者),
보호자(保護者.προστάτις), 옹호자(擁護者).

propúgno, -ávi, -átum, -áre, intr., tr. 출격(出擊)하다,
(잠복했다가) 튀어나와 싸우다, 방위하다, 수비하다,
방어하기 위해 싸우다, 보호하다, 수호하다, 옹호하다,
지키다(נצר,נטר,נטה,רעט.שמר), 엄호하다, 변호하다.
ex silvis propugno. 숲 속에서 튀어나와 싸우다.
própüli, "propéllo"의 단순과거(pf.=perfectum)
propulsátio, -ónis, f. 물리침, 격퇴(擊退-적을 쳐서 물리침),
배제(排除.⑨ Exclusion-물리쳐서 없앰).
propulsátor, -óris, m. 물리치는 사람, 격퇴자(擊退者)
propúlsio, -onis, f. 전진(前進), 추진(推進), 추진력
propulsívus, -a -um, adj. 추진시키는 추진력 있는
propülso, -ávi, -átum, -áre, tr. 물리치다, 격퇴하다,
멀리 쫓다, 막다(נדד,אבד.גזר), 배제(排除)하다.
clipeo tela propulso. 방패로 창들을 막다/
frigus, famem propulso. 추위와 기아(饑餓)를 몰아내다.
propúlsor, -óris, m. 가축 몰이꾼
própülsum, "propéllo"의 목적분사(sup.=supínum)
propúlsus, -us, m. 전진(前進), 추진(推進), 추진력
propyláeum(propylæon) -i, n. (신전 따위의) 입구, 성문,
(신전 따위의) 정문, (신전 따위의) 현관, 성당 정문.
proquǽstor, -óris, (proquæstore, indecl.)
m. 고대 로마 지방재무관.
próquam(pro quam) conj. …에 비하여, 준하여,
…에 따라, …하는 만큼, …하는 비례로.
proquiríto, -ávi, -átum, -áre, tr. 선포하다(קרא),
공포(公布)하다, 큰소리로 외치다.
próra, -æ, f. 이물(배의 머리 쪽), 뱃머리,
동기.목적 이유의 전부, 배(πλοῖον.船), 선박(船舶).
détórquĕo proram ad undas.
뱃머리를 깊은 바다로 돌리다.
Prora avértit. 뱃머리가 방향을 바꾸었다
prora et puppis. (이물과 고물 즉) 온통, 전부
(이물과 고물 즉) 전체(全體, summus res.).
prorépo, -répsi -réptum -ĕre, intr. 기어 나오다,
(어디로) 기어가다, (뿌리.년출 따위가) 뻗어나가다,
(액체가) 새다, 스며 나오다.
prōreptum, "prorípĭo"의 목적분사(sup.=supínum)
proréta, -æ, m. 뱃머리에서 풍향 등을 감시하는 선원,
2등 향해사(배의 방위 측정. 승무원 지휘 따위를 맡아 하는 선박의 직원).
prorípĭo, -rípŭi -réptum -pĕre, tr. (propro²+rápio)
빼내다, (강제로) 끌어내다, 붙잡아오다,
홀쩍 퇴장(退場)하다, 냅다 달려 나오다(나가다).
e cúriá per iram se proripio.
분격하여 의사당에서 퇴장(退場)해 버리다/
se proripio. 잽싸게 빠져 나오다(나가다).
proripui, "prorípĭo"의 단순과거(pf.=perfectum)
proríto, -ávi, -átum, -áre, tr. 자극하다, 유발시키다,
고무하다, (용기 따위를) 북돋우다.
prorito alqm ad fúrias. 누구를 분격(憤激) 시키다/
stómachum prorito. 식욕(食慾)을 돋우다.
prorogátio, -ónis, f. (임기 따위의) 延長, 연기(延期)
Decretum prorogationis definitionis quatuor articulorum
de sacramento eucharistiæ et salviconductus. 성체성사에
관한 네 개 항목의 결정 보류와 안전 통행증에 관한 교령/
Decretum prorogationis publicationis canonum.
법규의 발표 연기에 관한 교령/
Decretum prorogationis sessionis. 회기 연기에 관한 교령.
prorogatívus, -a -um, adj. 미룰 수 있는, 연기될 수 있는
prorogátor, -óris, m. 나누어주는 사람, 희사자(喜捨者)
prórŏgo, -ávi, -átum, -áre, tr.
(⑨ prolong, keep going; put off, defer)
(임기 따위의) 연장하다, 연기하다, 미루다, 천연(遷延)하다,
오래 보존하다, 신장(伸張)하다, 번식(繁殖)시키다,
퍼뜨리다, 선불(先拂)하다, 희사(喜捨)하다.
paucis ad solvéndum prorogátis diébus.
지불날짜를 며칠 연기하고/
prorogatur publicatio decretorum. 교령의 반포가 연기됨/
prorogatur publicatio decretorum in futuram sessionem,

quæ indicitur. 교령의 반포가 연기되고, 그 회기가 공지됨.
Prorsa (dea), -æ, f. 순산의 여신(順産 女神)
prorsus¹(prorsum), adv. (propro²+versus) 앞으로, 곧장,
전적으로, 철저히, 모조리, 몽땅, 쫄딱, 전부, 아주,
전혀, 도무지, 정확히, 틀림없이, 한마디로, 간단히.
ire prosum in navem. 배 있는 데로 곧장 가다/
Sed prorsus diligo Deum, quamvis oderim fratrem
meum. 그래도 '나는 내 형제는 미워하지만 하느님은
온전히 사랑 한다'고 하겠지요(최익철 옮김. 요한 서간 강해. p.421).
Prorsus adsentior. 전적으로 동의합니다.
Prorsus donum Dei est diligere Deum.
한마디로 사랑은 하느님의 선물입니다.
Prorsus non diligis Deum, si odis fratrem. Et modo
probo alio documento. 그대가 형제를 미워한다면, 그대는
하느님을 전혀 사랑하지 않는 것입니다. 당장 다른 증거를
하나 대겠습니다.(최익철 옮김. 요한 서간 강해. p.421).
Prorsus perii. 난 쫄딱 망했다
prorsus jucúnde. 아주 유쾌하게
prorsus nemo. 전혀 아무도 아니
prorsus², -a -um, adj. (propro²+versus)
곧은, 직선의, 산문의, 산문적인.
prórtoriorum coactor. 통행세 수납원(受納員)
prorúi, "prórŭo"의 단순과거(pf.=perfectum)
prorúmpo, -rúpi -rúptum -ĕre, tr. 세게 밀쳐내다,
내던지다, 내달리게 하다, 분출(噴出)하다, 터뜨리다,
쏟아져(터져) 나오다, 튀어나오다, 불쑥 나타나다,
번져 나가다, 내닫다, 돌진(突進)하다, 뛰어들다,
달려가다, 힘차게 흘러들다.
Lácrimæ prorúmpunt. 눈물이 펑펑 쏟아진다/
prorumpo in hostes. 적군들 속으로 뛰어들다/
prorúpta audácia. 만용(蠻勇-사리를 분별함 없이 함부로 날뛰는 용맹)
prórŭo, -rŭi -rūtum -ĕre, intr., tr. 돌진하다, 달려들다,
맹렬히 습격하다, 쓰러지다, 무너지다, 붕괴(崩壞)하다,
거꾸러지다, 넘어뜨리다, 쓰러뜨리다, 거꾸러뜨리다,
무너뜨리다, 붕괴(崩壞)시키다, 파괴하다(חרב).
domus apparátïor. 비교적 잘 꾸며진 집/
prorúptæ domus. 쓰러진 집들
proruo colúmnam. 기둥을 넘어뜨리다
proruo se. 내닫다
prorúpi, "prorumpo"의 단순과거(pf.=perfectum)
prorúptĭo, -ónis, f. 달려듦, 돌진(突進), 습격(襲擊)
prorúptum, "prorumpo"의 목적분사(sup.=supínum)
prorutum, "proruo"의 목적분사(sup.=supínum)
prorútus, -a -um, "proruo"의 과거분사(p.p.)
prosa, -æ, f. 산문(散文), 산문체, 연속(連續),
후속(後續), 속송(續誦=sequentĭa),
부속가(附續歌=sequentĭa, -æ, f..⑨ sequence).
prosáĭcus, -a -um, (prosális, -e) adj. 산문의,
산문체로 된, 산문적인, 평범한, 단조로운,
무미건조(無味乾燥)한. m. 산문작가(散文作家)
prosápĭa, -æ, (prosapies, -éi,) f. 혈통, 가계, 가문, 문벌.
prósator, -óris, m. 생식자(生殖者)
prōsátum, "prósĕro²"의 목적분사(sup.=supínum)
proscénĭum(proscénĭum) -i, n. 앞무대,
(막을 내려도 관중석에서 보이는) 무대의 전면(前面)
무대(舞臺), 극장(劇場).
próschŏlus, -i, m. (propro²+schola) 조교사(助敎師)
prōscídi, "proscíndo"의 단순과거(pf.=perfectum)
proscíndo, -scídi -scíssum -ĕre, tr. 찢다(גזז)
쪼개다(בזע,נקב,פלג), 자르다(קרס,פרס),
토막 내다, 가르다(פלג,פלח), 일구다(פלח), 개간하다,
(밭을) 갈다, 경작하다, 헐뜯다, 비웃다, 모욕(侮辱)하다,
비방하다(רגן), 비난하다(ירה).
proscíssĭo, -ónis, f. 개간(開墾-거친 땅을 일구어 논밭을 만듦),
개척(開拓-거친 땅을 일구어 논밭을 만듦), 경작(耕作).
prōscíssum, "proscíndo"의 목적분사(sup.=supínum)
proscíssum, -i, n. 고랑(밭고랑), 밭고랑(밭이랑)
proscríbo, -scrípsi -scriptum -ere, tr. 써 붙이다,

1000

게시하다, 공고하다, 광고하다, 발표하다, 공포하다,
(팔거나 세놓을 물건의) 값을 매겨 게시(揭示)하다,
경매 광고를 내다, 공매처분(公賣處分)하다, 추방하다,
(품위를) 욕되게 하다, 금지(禁止)하다, 못하게 하다.
Staberius grammaticus tanta honestate præditus fuit ut
proscriptorum liberos sine mercede ulla in disciplinam
receperit. 문법교사 스타베리우스는 탁월한 청렴을 갖추고
있어서(præditus honestate) 보수를 한 푼도 받지 않은 채,
재산몰수를 당한 사람들의 자제들을 문하에 받아 들였다.
proscrípsi, "proscríbo"의 단순과거(pf.=perfectum)
proscríptĭo, -ónis, f. 팔 것으로 내놓음, 매각광고,
재산몰수.추방(חרם).사형대상자 공표(公表).
proscríptor, -óris, m. 추방하는 자
proscríptum, "proscríbo"의 목적분사(sup.=supínum)
proscríptus, -i. m. (주로 pl.) 재산을 몰수당하고 추방된 자
próséco, -cŭi, séctum, -áre, tr. 썰다, 희생물을 바치다,
(제사용으로 삼은 희생물 특히 그 내장을) 자르다,
베다, 밭을 일구다, 개간(開墾)하다.
prosécta, -æ, f. (=prosécta, -órum, n., pl.)
= prosectum, -i, n.
prosectĭo, -ónis, f. 잘라 냄, 절단(切斷)
proséctor, -óris, m. 절단하는 사람, 해부하는 사람
prōsectum, "proseco"의 목적분사(sup.=supínum)
proséctum, -i. n. 희생동물을 삶아서 잘라낸 내장
(일부는 제단에, 일부는 제관에게 바쳤고, 나머지는 나누어 먹었음).
proséctus, -us. m. 벰, 자름(절단),
창상(創傷-날이 있는 물건에 다친 상처).
prōsécui, "proseco"의 단순과거(pf.=perfectum)
prosecútĭo(proseqqútĭo) -ónis. f. 따라감, 수행, 동반,
호위, 경호, 배웅(陪行), 작별인사, 연설의 계속(繼續).
prosecutio appellátionis. 상소의 수속(手續).
prosecútor, -óris. m. 동반자, 수행원(隨行員), 검사,
호위자(護衛者), 경호원(警護員), 안내자(案內者),
호송하는 사람, 자기 권리를 추구(옹호) 하는 사람.
prosecutória, -æ, f. 공금 호송장(公金 護送帳)
prosέda, -æ, f. 매춘부(賣春婦), 창녀(娼女)
prosélytus, -a -um, adj. 이교도로서 유대교에 개종한,
개종(改宗)한, 새로 귀의(歸依)한, 새로 입교(入敎)한.
m., m. f. 유대교로 개종한 이교도(異敎徒).
proseмíno, -ávi, -átum, -áre, tr. 씨를 뿌리다,
번식(繁殖)시키다, 증식(增殖)시키다, 퍼뜨리다(גרר).
prosencéphalon, -i, n. (解) n. 전뇌(前腦)
prosenchýma, -átis, n. (植) 방추 조직(組織)
prosέntĭo, -sensi -íre, tr. 예감(豫感)하다, 예상하다.
próséquor, -(quéris, -quítur), -secútus sum -qui,
dep., tr. (⑨ pursue; escort; describe in detail)
따라가다(오다), 뒤쫓다, 계속 뒤따르다,
동반하다, 수행하다, 호위하다(גאה,לוה), 호송하다,
추격하다, 추적하다, 박해하다, 공격하다, 본받다,
존중하다. (누구에게 무엇으로써) 경의를 표하다,
알아주다, 예우(禮遇)하다, 대(對)하다, 기리다,
(호의.따위를) 보이다. 너그러이 베풀다(주다.바치다),
(말·글로) 묘사하다, 표현하다, 이야기하다, 언급하다,
말을 계속(繼續)하다.
alqm lapídibus prosequor. 아무에게 돌을 던지다/
alqm verbis vehementióribus prosequor.
누구를 맹렬히 공박(攻駁)하다/
Benedicit Oblata, prosequendo.
봉헌물 위에 십자성호를 그으며/
delíctum vénĭa prosequor. 죄를 용서(容恕)하다/
Eadem sacrosancta synodus, reformationis materiam
prosequens, hæc in præsenti statueda deserunt.
개혁 작업을 지속하고자 본 거룩한 공의회는
본 회기에서 다음의 사항들을 결의하였다/
Et inclinatus prosequitur. 고개를 깊숙이 숙이고/
et secrete prosequitur: 조용히 말 한다/
et surgens prosequitur" 일어서서 계속 한다/
Extensis manibus prosequitur: 손을 벌리고 계속 한다/

Eum virórum bonórum benevoléntĭa prosecúta est.
착한 사람들의 호의가 그에게 대해 끊이지 않았다/
gratá memórĭa virtútem *alcjs* prosequor.
누구의 덕행(德行)을 추모(追慕)하다/
invitátos prosequor ubérrimo congiárĭo.
초청객들에게 푸짐한 선물을 증정(贈呈)하다/
marítum rus prosequor. 시골로 남편을 따라가다/
misericórdĭa prosequor *alqm.* 누구에게 자비를 베풀다/
óculis abeúntem prosequor udis.
떠나가는 사람을 눈물어린 눈으로 뒤좇다/
Videte quæ laudes prosequantur hanc fidem.
이러한 믿음에 어떤 찬사가 따르는지 보십시오.
prosequor hostem. 적을 추격(追擊)하다
prosequor *alqm* **láudibus.** 누구를 칭찬(稱讚)하다
próséro¹ -sérŭi -sértum -ěre, tr. (propro²+sero³)
내밀다, 내보내다, 나오게 하다, 나타나게 하다.
próséro² -sévi -sátum -ěre, tr. (propro²+sero⁴)
씨를 뿌려서 생산하다, 심어서 산출하게 하다,
만들어내다, 창조(創造)하다.
p.p. **prósatus,** -a -um, adj. …에(게)서 난,
출생(出生)한, 나온, 발생(發生)한.
proserpináca, -æ, f. (植) 마디풀(의 일종)
prosérpo, -ěre, intr. 기어가다(오다), 기어 나오다,
움트다, 서서히 기어 나오다, (상처 따위가) 파고들다.
prosertum, "próséro¹"의 목적분사(sup.=supínum)
proséucha, -æ, f. 유태 교회당
prosérŭi, "próséro¹"의 단순과거(pf.=perfectum)
prōsévi, "próséro²"의 단순과거(pf.=perfectum)
procícĭæ, -árum, f., pl. (procícĭes, -éi, f.) =proséctum
prōsílĭi, "prosilío"의 단순과거(pf.=perfectum)
prosílĭo, -lŭi(-lívi, -lĭi) -ĭre, intr. (propro²+sálio¹)
뛰어 내리다(나가다), 튀어나오다, 돌진(突進)하다,
뛰어들다, 벌떡 일어나다, 뛰어내리다, 나다, 출생하다,
(초목이) 싹트다, 흘러나오다, 솟아 나오다, 내뿜다,
자라다(יניב.יבר.אבנ. אוס.), (불꽃 따위가) 튀다,
불쑥 나타나다, 닥치다, 달려가다, 달려들다.
prōsílĭvi, "prosilío"의 단순과거(pf.=perfectum)
prōsílŭi, "prosilío"의 단순과거(pf.=perfectum)
prosístens, -éntis, præs. 비죽비죽 내민
prósócer, -ěri, m. 장인의 아버지, 아내의 할아버지
prósócrus, -us, f. 아내의 할머니
prosódĭa, -æ, f. 음절의 억양, 음조(音調), 음조학,
어조(語調), 작시법(作詩法), 운율학(韻律學).
prosodíacusus, -a -um, adj. 음조가 바른, 작시법의,
신들에게 탄원하는 노래에 맞는 억양의, 운율학의.
prosopálgĭa, -æ, f. (醫) 삼차 신경통, 안면통(顔面痛)
prosopoplégĭa, -æ, f. (醫) 안면마비
prosopopœĭa, -æ, f. (修) 의인법(擬人法), 활유법(活喩法).
prospécte, adv. 주의 깊게, 조심성 있게, 현명하게.
prospéctĭo, -ónis, f. 선견(先見), 염려(念慮-마음을 놓지 못함),
배려(配慮-여러모로 자상하게 마음을 씀), 세심한 주의, 점검.
prospectívus, -a -um, adj.
전망의, 조망(眺望)의, 훤히 내다보이는(창문 따위).
prospécto, -ávi, -átum, -áre, tr., intens. 멀리 바라보다,
조망(眺望)하다, (어느 쪽으로) 향해 있다, 트여있다,
바라보이는 위치에 있다, 관찰(觀察)하다, 주시하다,
전망(展望)하다, 응시(凝視)하다, 기대하다, 기다리다,
대기하고 있다, 예기(예상)하다, 앞을(미리) 내다보다.
incéndium e turre prospecto. 망루에서 화재를 바라보다/
locuslate prospéctans. 훤히 트여 있는 곳/
villa, quæ prospéctat Sículum mare.
Sicilia 바다가 바라보이는 별장(別莊).
prospéctor, -óris, m. 조망자(眺望者), 관망자(觀望者)
prospectum, "prospício"의 목적분사(sup.=supínum)
prospéctus, -us, m. 멀리 바라봄, 조망(眺望), 전망, 경관,
풍경, 시계, 시야(視野), 일별(一瞥-한 번 흘낏 봄), 외관,
멀리 바라 볼 수 있는 곳, 고려, 참작(參酌), 예견, 예측.
esse in prospéctu. 바라보이는 곳에 있다. 시야에 들어오다/

1001

immensum mare prospectum. 아득히 보이는 광대한 바다/
In venturum tempus prospectus. 미래를 바라보며.

prospéctus in urbem. 도시를 바라볼 수 있는 고지.

prospéculor, -atum -ari, dep., intr., tr. 관찰(觀察)하다,
멀리서 바라보다(ロ⅄.ロ⅄), 살피다, 정찰(偵察)하다.
adventum imperatoris e muris prospeculor.
총사령관의 도착을 성벽(城壁) 위에서 바라보다/
alqm prospeculátum míttere.
누구를 보내어 정찰(偵察)하게 하다.

prosper(prósperus), -ĕra -ĕrum, adj. 소원대로 되는,
잘되는, 순조로운, 유리한, 축복받은, 행운의, 다행한,
행복한(μακάριος), 번영하는, 번창하는, 융성한,
호의적인, 자애로운, 자비를 베푸는. n., pl. 행운, 성공.
fortuna próspera(secunda) 행운, 다행/
próspera advérsaque fortúna. 행운과 불행.

prosperátĭo, -ónis, f. 행운(幸運), 성공(成功)

prosperior, -or -us, adj. prosperus(prosper)의 비교급.

prosperrimus, -a -um. adj. prosperus(prosper)의 최상급.

prospéritas, -átis, f. 소원대로 됨, 순경(res secundæ)
행운, 행복(ロ⅂ㅈ.⑨ Happiness), 순조로움, 성공,
번영(繁榮) 번창(繁昌), 융성(隆盛-대단히 번성함).
De prosperitatibus, quas Constantino imperatori
Christiano Deus contulit. 그리스도인 황제 콘스탄티누스
에게 하느님이 베푼 번영(繁榮)(신국론, p.2760).

próspĕro, -ávi, -átum, -áre, tr. 소원대로 되게 하다,
성공하게 하다, 순조로워 지게 하다, 유리하게 하다,
다행하게 하다, 행운을 안겨주다, 행운이 깃들게 하다,
축복하다, 번영(번창)하다, 조점술에서 길조를 보이다.
prospere cedo. 다행스럽게 되다.

prosperus(prosper), -a -um, adj. 소원대로 되는, 잘되는,
순조로운, 유리한, 축복받은, 행운의, 다행한, 행복한,
번영하는, 번창하는, 융성한, 호의적인, 자애로운,
자비를 베푸는. n., pl. 행운, 성공.
De dono perseverantiæ ad prosperum.
인내의 은사론(Augustinus 지음)/
fortuna próspera(secunda) 행운(幸運), 다행(多幸)/
próspera advérsaque fortúna. 행운과 불행.

prospex, -spícis, m. 점쟁이(남의 신수를 점쳐 주는 일을 업으로
삼는 사람), 예언자(ㅈㅜㅈ.προφήτης.⑨ Prophet).

prospexi, "prospícĭo"의 단순과거(pf.=perfectum)

prosphysectómĭa, -æ, f. ((醫)) (맹장의) 충양돌기 절제술

prospiciens, -entis, p.præs.
미리 내다보는, 조심(操心)하는, 주의(注意)하는.
homo longe in posterum prospiciens.
장래를 멀리 내다보는 사람.

prospiciens senectutem. 노년기에 접어들려는 사람.

prospicienter, adv. 주의 깊게, 신중히

prospiciéntĭa, -æ, f. 조심(操心), 경계(警戒), 주의(注意),
배려(配慮), 대비(對比). pl., 겉모양, 외형.

prospícĭo, -spéxi -spéctum -cĕre, intr. (propro²+spécio)
멀리 바라보다, 앞쪽을 바라보다. 내다보다, 망보다,
지켜보다, 보살피다, 돌보다, 장래를 염려(念慮)하다,
조심(操心)하다, 경계(警戒)하다, 예방조치 하다.
Ego jam prospíciam mihi. 나 이제는 몸조심 하련다/
ex superióribus locis prospicio in urbem.
높은 곳에서 도시를 바라보다/
homo longe in pósterum prospíciens.
장래(將來)를 멀리 내다보는 사람/
Prospéxit legislátor, ne…
입법자는 …하지 못하도록 미리 조치(措置)하였다.
tr. 앞쪽으로 (무엇을) 바라보다, 조망(眺望)하다,
멀리서 살펴보다, 바라다보다, (어느 쪽을) 향해 있다.
바로 앞에서 바라보다, 눈앞에 두다, 보다, 쳐다보다,
예견(豫見)하다, 미리 내다보다, 예측(豫測)하다,
미리 알다, 마련하다, 장만(腸滿)하다.
alqm prospicio propter novitátem ornátus.
아무를 새로운 의상(衣裳) 때문에 쳐다보다/
domus, quæ próspicit agros. 밭들이 바라보이는 집/

ex édito monte cuncta prospicio.
높은 산에서 전체를 내려다보다/
Hæc sane prospicientes Patres synodales edixerunt.
(⑨ Precisely with this in mind the Synod Fathers said)
바로 이러한 생각에서 시노드 교부들은
다음과 같이 말하였다/
imménsum mare prospéctum. 아득히 보이는 광대한 바다/
Neque óculis prospício satis. 나는 눈도 잘 보이지 않는다/
prospiciens senectutem. 노년기에 접어들려는 사람/
Quoniam una vobiscum servare non possum, vestræ
quidem vitæ prospiciam. 어차피 나를 너희와 함께 보전할
수는 없으니, 나는 너희의 생명만이라도 돌보려 한다.

prospicio salúti alcjs. 누구의 안전을 돌보다

prospicio tempestátem futúram.
앞으로 닥쳐올 폭풍(暴風)을 미리 알다.

Prospicite salúti. 너희는 건강에 주의 하여라

prospícŭus, -a -um, adj. 멀리서 보이는, 우뚝 솟아 있는,
미래를 내다보는, 선견(先見)이 있는.
adv. **prospícŭe**, 장래(將來)를 염려하여.

prostas, -ādis, f. 입구(入口), 현관(玄關)

prostáta, -æ, f. (解) 섭호선(攝護腺-전립선)

prosterno, -strávi -strátum -ĕre, tr. 먼저 깔다,
(땅에) 깔다, 쓰러뜨리다, 넘어뜨리다, 엎어뜨리다.
땅에 거꾸러뜨리다, 타도(打倒)하다, 몰락하게 하다.
Cadávera prostráta sunt in desérto(Hebr. 3, 17)
시체들이 광야에 깔려 있었다/
se ad pedes alcjs prosterno. 누구의 발 앞에 엎드리다/
se prosterno. 엎드리다, 부복(俯伏)하다.

prósthĕsis, -is, f. (文法) 어두음첨가(語頭音添加).
((치과)) (의수.의족.의치 따위를 해 넣는) 보철(補綴).

prostíbĭlis, -e, adj. 창녀의, 매음의

prostíbŭla, -æ, f. 창녀(娼女)

prostíbŭlum, -i, n. 창녀(娼女), 유곽(遊廓), 창녀소굴.

prostítŭo, -tŭi -tútum -ére, tr. (propro²+státuo)
매음하다, 몸을 팔다, 정조(貞操)를 팔다, 매음시키다,
(남의 명예를) 훼손하다, 나쁜 소문을 퍼뜨리다,
(명예.지조.재능 따위를) 비열하게 팔아먹다.

prostítuo, -tŭi -tútum -ĕre, tr. (몸을) 팔다

prostituta, -æ, f. 매춘부(賣春婦), 창녀(娼女)

prostitútĭo, -ónis, f. 매매춘(賣買春.⑨ Prostitution),
매음(賣淫), 매춘(賣春), 욕되게 함, 모독(冒瀆).
pública prostitutio. 공창(公娼).

prostitútor, -óris, m. 매음 중개자, 모독자,
뚜쟁이('밀매음齒齒淫을 주선하는 사람'을 속되게 이르는 말).

prostitútus, -a -um, p.p., a.p. 매음한, 몸을 판, 외설한.
f. 창녀, 매춘부(賣春婦).

prosto, -stĭti -státum -áre, intr. 두드러지다, 돌출하다,
내밀다, (거래하러) 나서 있다, 몸을 팔다, 매음하다.
Liber prostat. 팔릴 책이 나와 있다.

próstŏmis(póstómis), -ĭdis, f. (철사로 엮은) 부리망
(가는 새끼로 그물처럼 얽어서 소의 주둥이에 씌우는 물건).

prostómĭum, -i, m. (動) 구전엽(口前葉)

prostrátĭo, -onis, f. 엎드림, 부복(俯伏-고개를 숙이고 엎드림),
엎드려 절함, (육체적 정신적) 쇠약(衰弱-쇠퇴하여 약함),
부복례, 엎드림(서품식, 수도 서원 때).

prostrátum, "prosterno"의 목적분사(sup.=supínum)

prostrátus, -a -um, p.p., a.p. 쓰러진, 엎드린,
(지쳐서) 쭉 뻗은. arbor prostrata. 쓰러진 나무/
prostratus ad pedes. 발아래 엎드린.

prostrávi, "prosterno"의 단순과거(pf.=perfectum)

prosúbĭgo, -ere, tr. 밟아 으깨다,
발로 파서 밟아지다. 짓밟다(tr. supercalco -are, tr.).

prosum¹, (prodes, prodest), prófŭi, prodésse,
anom., intr. 이롭다, 유익하다, 유리하다, 도움이 되다,
소용이 있다, 쓸모가 있다, 약효가 있다, 효험이 있다,
…에 좋다. in commúne profutúra. 공익이 될 (것)/
Exemplo omnibus profuisti.
모범을 보임으로써 나는 모든 이들을 이롭게 하였노라!/

nec sibi, nec álteri prosum.
자신에게도 남에게도 이롭지 못하다/
Non tam præésse quam prodésse desídero.
우두머리가 되기보다는 종이 되기를 원한다/
Præésse est prodésse. 으뜸이 되는 것은 종이 되는 것이다/
prodésse magis quam præésse. 지배하기보다는 유익이 되어.

prōsum², adv. = prorsum

prosúmĭa, -æ, f. 작은 탐사선(探査船), 관측선(觀測船)

prótăsis, -is, f. (論) 삼단 논법의 대전제, 가언적 삼단논법,
(고대 희랍) 연극의 전제부(등장인물이 소개되며 주제가 제시됨).

prótĕa, -æ, f. (植) 수련(睡蓮)

protéctĭo, -ónis, f. 처마를 냄, 보호(保護.⑨ Defense),
옹호(擁護-편들어 지킴), 방어(防禦), 비호(庇護-감싸 보호함),
방비(적의 침공이나 재해를 막을 준비를 함. 또는 그 준비), 후원(後援).

protectívus, -a -um, adj. 방어(옹호.보호)하는, 지키는

protéctor, -óris, m. 경호원(警護員), 호위병, 옹호자,
방어자(防禦者), 보호자(保護者.προστάτις), 후원자.

Protéctor noster, áspice, Deus: ut, qui malórum
nostrórum póndere prémimur, percépta misericórdia,
líbera tibi mente famulémur. 저희의 보호자이신 천주님,
악행의 무게로 눌린 저희로 하여금 주님 자비하심을
깨달아 자유로운 마음으로 주님을 섬기게 하소서.

prōtéctum, "prótĕgo"의 목적분사(sup.=supínum)

protéctum, -i, n. 처마(지붕이 도리 밖으로 내민 부분)

protéctus, -us, m. 처마(지붕이 도리 밖으로 내민 부분), 차양.

protege, 원형 prótĕgo, -téxi -téctum -ĕre, tr.
[명령법 단수 2인칭 protege, 복수 2인칭 protegite].

prótĕgo, -téxi -téctum -ĕre, tr. (앞을) 가리다,
덮다, 막다, 처마를 내다, 보호하다, 옹호(擁護)하다.
비호(庇護)하다, 숨기다, 감추다, 은폐(隱蔽)하다.

protélo, -ávi, -átum, -áre, tr. 멀리 쫓다, 축출하다,
격퇴(擊退)하다, 길게 연장하다, 뻗게 하다,
연기(延期)하다, 미루다, 이끌어 가다.

protélum, -i, n. 봇줄(써레나 쟁기 따위를 마소에 매는 줄),
여러 마리의 소를 한데 연이어 맴, 연속(連續),
계속(繼續), 일련(一連-하나로 이어지는 것).

proténam, adv. = prótinam 끊임없이, 곧(εὐθέως.εἰθὺς)

proténdo, -téndi -téntum(ténsum) -ĕre, tr. 내뻗다,
쭉 펴다, 내밀다, 내지르다, 길어지게 하다,
(시간적으로) 길게 끌다, 연장(연기)하다,
말의 표현을 길게 하다, 장음절이 되게 하다.
hastas protendo. 창(槍)들을 앞으로 내지르다.

proténsĭo, -ónis, f. 뻗침, 내뻗음, 연장, 길이, = prótasis

prōténsum, "prótĕndo"의 목적분사(sup.=supínum)

prōténtum, "prótĕndo"의 목적분사(sup.=supínum)

proténtus(protensus) -a -um, p.p., a.p. 늘린, 연장된, 긴

prótĕnus, adv. = prótinus 곧(εὐθέως.εἰθὺς), 즉시

proteolýsis, -is, f. (生化) 단백질 가수분해(加水分解)

prótĕro, -trivi -tritum -ĕre, tr. 짓밟다, 밟아 뭉개다,
유린(蹂躪)하다, 밟아 쓰러뜨리다, 깔아뭉개다,
찌부러뜨리다, (곡식을) 떨다, (줄칼 따위로) 쓸다,
마멸시키다, 구박하다, 천대(賤待)하다, 학대(虐待)하다,
처부수다, 분쇄(粉碎)하다, 박살내다, 격파(擊破)하다,
궤주(潰走)하게 하다, 궤멸(潰滅) 시키다, 패배시키다,
파괴하다, 폐허로 만들다, 쫓아내다, 사라지게 하다.
ágmina curru protero. 전투마차로 군대를 깔아뭉개다/
alqm pédibus protero. 아무를 밟아 뭉개다/
Ver próterit æstas. 여름이 봄을 사라지게 한다.

protérrĕo, -rŭi -rĭtum -ére, tr. 위협하여 쫓아버리다,
혼겁(魂怯) 하여(놀라서) 도망치게 하다.

protérritus, (pl.) 놀라서 달아난, 혼나서 쫓겨 간.

proterve(proterviter), adv. 격렬한, 맹렬한, 사나운, 세찬.

protervĭtas(protérvĭa) -atis, f. 주제넘음, 뻔뻔스러움,
건방짐, 당돌함, 안하무인(眼下無人), 제멋대로 함.

proterviter(proterve), adv. 격렬한, 맹렬한, 사나운, 세찬

protérvus, -a -um, adj. 뻔뻔스러운, 철면피의, 넉살좋은,
건방진, 주제넘은, 당돌한, 제멋대로의, 오만 불손한,
방약무인(傍若無人)한, 안하무인(眼下無人)의.

adv. proterve, proterviter 격렬한, 맹렬한, 사나운, 세찬.

protestántes, -ĭum, m., pl. 개신교도(원래 1529년 독일의
Speyer 국회에서 신교파가 다수파의 결의에 대하여 '항의'한 이래의 명칭)
Salvusconductus datus protestantibus Germanis.
독일 프로테스탄들에게 주어진 안전 통행증.
Salvusconductus datus protestantibus Germanis a sacra
synodo Tridentina. 거룩한 트리엔트 공의회가
독일 프로테스탄들에게 부여한 안전 통행증.

protestantísmus*, -i. m. 개신교(의 교리), 개신교도,
프로테스탄트. adj. protestantícus, -a -um,

protestátĭo, -onis, f. 공언(公言), 언명(言明-분명히 말함),
증언(עדות.μαρτυρία.μαρτύριον.⑨ Witness),
확언(確言-확실하게 말함), 항의(抗議).

protésto, -átum -áre, tr. (古) = protéstor

protéstor, -átus sum, -ári, dep., tr. 공언하다, 언명하다,
주장하다, 단언(확언)하다, (드러내어) 증명하다,
증언하다(עדה.עדה.מεμαρτύρηκεν),
항의(抗議)하다, 이의를 제기하다.

Próteus, -ĕi(éos), m. 변덕쟁이, 쉽게 변절하는 사람,
변하기 쉬운 것(사람).
모습을 제 마음대로 바꾸고 예언하는 힘을 가졌던 바다의 신.
imaginatio est tamquam Protheus vel Cameleon.
상상력이라는 것은 모습을 마음대로 바꾸는 바다의 신
프로테우스나 카멜레온과 흡사하다.
(성 염 옮김, '피코 델라 미란돌라' p.18).

prōtexi, "prótĕgo"의 단순과거(pf.=perfectum)

prothállĭum, -i, n. (양치류의) 전엽체(前葉體)

protheorémăta, -um, n., pl. 기하학(幾何學) 초보.원리

prósthĕsis, -is, f. = prósthesis 제의방(祭衣室),
미사 제구(祭具) 따위의 준비실(準備室),
미사에 쓸 제헌물을 준비하는 예식을 행하는 상,
동방 비잔틴 교회 성당 후진(apis), 제헌물 준비 예식.

prothórax, -ácis, m. (動) 절족 동물의 전흉(前胸)

prótĭnam, adv. (古) = protinus

prótĭnus, adv. (propro²+tenus²) 앞으로, 곧장, 잇따라,
연속적으로, 멈추지(쉬지) 않고, 끊임없이, 간단(間斷)없이,
계속, 연면(連綿)히, 곧(εὐθέως.εἰθὺς), 즉시, 즉각, 바로,
당장(recenti re), …하자 곧, …하자마자.
(法) 자신(본인)이 직접.
Volo ut protinus des mihi in disco caput Ioannis
Baptistæ. 당장 세례자 요한의 머리를 쟁반에 담아
저에게 주시기를 바랍니다.(성경 마르 6, 25).

protinus atque poma decidérunt. 열매들이 떨어지자 곧.

protinus dicere. 당장 말하다

protinus post cibum. 식사 후 즉시

protinus ut descéndit. 그는 내려오자마자

proto- præverbium.
"주요한.원시의.최초의.원형의" 따위를 뜻하는 접두어.

proto diaconus, -i, m. 선임 부제(先任 副祭)

Proto sacerdos* -ótis, m. 첫 사제(천주교 용어집. p.77)

Proto Sacramentum. 성사의 원형(聖事 原型)

protoabbas, -i, m. 아빠스(한국가톨릭대사전. p.5683)

protoabbatĭa, -æ, f. 원초 수도원

protocérĕbrum, -i, n. (動) 전대뇌(前大腦)

protocóllum, -i, n. 공문서의 서식(書式),
(교황 칙서 따위의) 첫머리와 끝의 정식문(定式文),
정식 전문(定式 全文), 정식 결문(定式 結文),
(재판소 따위의) 기록, 조서(調書), 조사서, 외교문서,
(외교상의) 의정서, (공식적인 의식이나 행사의) 의례준칙.

protœvangélĭum, -i, n. 원복음(가톨릭의 의미로
원복음原福音은 언제나 창세기 3장 15절의 대목을 가리킨다).

Protœvangelium Jacobi. 야고보 원복음서(외경)

protóllo, -ere, tr. (propro²+tollo¹) 앞으로 내밀다, 쳐들다,
뻗대다(עתר), 미루다, 연기하다, 늦추다,
연장(延長)하다(עתר. עתר), (목소리를) 높이다.

protomártyr, -tyris, m. 최초의 순교자, 첫 순교자.

protonéma, -ătis, n. (植) 원사체(原絲體), 사상체(絲狀體)

protonephrídĭum, -i, n. (動) 원신관(原腎管)

protonotárĭus(apostolícus), -i, m.

P

교황청 서기관, 교황청 성성의 대서기관(大書記官).
protonotaries apostolica. 명예 사도 서기관(書記官)
protonotárīus participans. 현직 대서기관
protonotárīus titularis. 명예 대서기관
protoparéntes, -um, m., pl. 인류의 원조(아담과 에와)
protoplásma, -ātis, n. 최초의 피조물, 최초의 인간.
(生) 원형질(原形質- 생물체의 세포를 이루는 기초 물질).
protoplástus, -a -um, adj. 맨 처음 형성된.
최초로 발생한. m., pl. 인류의 원조, 아담과 에와.
protopráxīa, -æ, f. 선취특권(先取特權.jus præventīonis).
채무(債務) 이행에 대한 우선 청구권.
protoprésbyter, -teri, m. (동방교회의) 지역구장
Protosacerdos*, -ótis, m. 첫 사제(천주교 용어집. p.77)
protostásīa, -æ, f. 세무서장의 직위
protótŏmus, -a -um, adj. 맨 처음 잘라낸.
caules protŏtomi.
(봄에 돋아난 야채에서) 맏물로 잘라낸 연한 줄기.
prototýpīcus, -a -um, adj. 원형(原型)의
protótpus, -a -um, adj. 원형의, 전형의, 표준의.
m. 원형(παραδειγμα.ideæ principales).본(원형).
protozóa, -zoórum, n., pl. 원생동물, 원충류(圓虫類)
protráctīo, -ónis, f. 길게 끌어감(잡아당김), 연장(延長),
연기(延期), 천연(遷延-지체하거나 미룸).
protráctor, -óris, m. 시간.행위를 오래 끄는 사람.
(解) 신근(伸筋), 신장근(伸長筋), (醫) 이물 적출기(摘出器).
(數.측량) 분도기(分度器), 각도기(角度器).
prōtractum, "prótraho"의 목적분사(sup.=supínum)
prótrăho, -tráxi -tráctum -ĕre, tr. 끌어내다, 뽑아내다,
드러내다, 나타내 보이다, 폭로(暴露)하다, 알려주다,
누설(漏泄)하다, 억지로(할 수 없이) …하게 하다.
…하도록 강요(强要)하다, 미루다, 연기하다, 오래 끌다,
연장하다(תרך.חרר), (범위 따위를) 확대(擴大)하다.
alqd ad indícium protraho.
아무로 하여금 정보를 제공하지 않을 수 없게 하다/
alqd protraho in lucem. 무엇을 백일하에 드러내다/
alqd vulséllā protraho. 무엇을 족집게로 뽑아내다/
protraho in médium. 아무를 가운데로 끌어내다/
prōtraxi, "prótraho"의 단순과거(pf.=perfectum)
protréptīcon, -i, n. (**protreptium**) 교훈서(敎訓書),
권고(勸告), 권장시(勸奬詩.protreptium, -i, n.).
Protrepticus ad græcos.
그리스도인들을 향한 권고(알렉산드리아의 클레멘스 지음.
그리스도교 신앙으로 회심할 것을 종용하는 글).
prōtrītum, "prótero"의 목적분사(sup.=supínum)
protrítus, -a -um, p.p., a.p. 닳도록 사용된,
일상적(日常的)으로 쓰이는, 대중화(大衆化) 된.
prōtrívi, "prótero"의 단순과거(pf.=perfectum)
protrúdo, -úsi -úsum -ĕre, tr. 내밀다(내놓다),
앞으로 밀어내다, 추진시키다, 떼밀다, 연기하다, 미루다.
prōtrúi, "prótrudo"의 단순과거(pf.=perfectum)
prōtrúsum, "prótrudo"의 목적분사(sup.=supínum)
protuberántīa, -æ, f. 융기(隆起), 돌기(突起).
(醫) 결절(結節-맺힌 마디).
protúbĕro, -are, intr.
불룩이 내밀다, 돌기(突起)하다, 혹처럼 자라다.
prōtúli, "prófero"의 단순과거(pf.=perfectum)
protúmīdus, -a -um, adj. 부풀어 오른
protúrbo, -ávi, -átum, -áre, tr. 쫓아버리다, 몰아내다,
격퇴(擊退)하다, 내쫓다(חד), 추방(追放)하다(חד),
(불평.원망 따위를) 터뜨리다, 쓰러뜨리다, 혼내다,
무너뜨리다, 몹시 혼란(당황)케 하다, 혼란에 빠뜨리다.
protutéla, -æ, f. 부후견직(副後見職), 후견인 대리임무
protutór, -óris, m. 후견인 대리
prŏut, conj. …에 따라, …는 대로, 만큼, …와 같이.
Et prout vultis, ut faciant vobis homines, facite illis
similiter. 남이 너희에게 해 주기를 바라는 그대로 너희도
남에게 해 주어라(성경 루카 6, 31).
Prout cujúsque ingénium erat, interpretabántur.

각자 자기 나름대로 해석하였다.
prout intéllīgo. 내가 알아듣기에는
provectīo, -ónis, f. 진급(進級), 승진(昇進), 영전(榮轉),
출세, 진보(進步).⑨ Advancement/Growth),
전진, 진출, 추진(推進), 운송, 해상 운송(海上 運送)
Provectīo dignitatis humanæ(⑨ Promotion of
humandignity). 인간 존엄성의 증진.
provéctor, -óris, m. 추진인(推進人)
provéctus¹ -a -um, p.p.
(배.수레.말 따위를) 타고 나아간, 승진한, 전진한, 진출한,
a.p. 나이가 많은, 나이를 많이 먹은, 시간이 경과한.
ætáte provectus. 노경(老境)에 이른/
die jam provécto. 날은 이미 저물었는데/
provéctior natu. 더 고령인(늙은이).
provéctus² -us, m. 전진, 진출, 진취(進就), 진보(進步),
승진(昇進), 영전(榮轉), 나이 먹음, 나이가 많아짐,
시간의 경과(經過), 향상(向上), 제고(提高-정도를 높임).
próvĕho, -véxi -véctum -ĕre, tr. 앞으로 끌어오다(가다),
(배.수레.말 따위로) 나르다(סכ.סבל.נהג),
실어 나르다, 운반하다, 태워가다, 전진(진보) 하게 하다.
향상(向上)시키다, 격려(激勵)하다, 성원(聲援)하다,
승진(昇進) 시키다, 지위를 높여주다, 발탁(拔擢)하다,
출세(出世) 하게 하다, 이끌어 가다, 끌어(몰아) 넣다,
(아무로 하여금) …하게 하다(내게 하다.),
…에 이르게 하다, 자극(刺戟)하다, 격앙게 하다.
pass. próvehi. (배가) 전진(항해)하다,
(배.수레.말 따위를) 타고 나아가다(전진하다),
이끌리다, 끌려들다, …에 이르다, 계속해 나아가다.
유지(維持)해 나아가다, (시간이) 지나가다, 경과하다.
길어지다, (나이가) 많아지다.
a terrā provéctæ naves. 육지에서 떠나 바다로 나간 배들/
alvos apum mulis proveho. 벌통들을 노새에 실어 나르다/
Bellum lóngius provéctum est. 전쟁이 상당히 길어졌다/
e gregário ad summa milítiæ provéctus. 일개 병졸로
(출발하여) 군대의 최고 지위에까지 승진(昇進)한/
eo usque corruptiónis provéctus, ut …
그는 …할 정도로 부패(腐敗)하게 되어/
equo provéctus. 말(馬)을 타고 전진한/
hæc spes provéxit, ut (illi) …
이 희망(希望)이 그들로 하여금 …하게 하였다/
Id vitam provénit in altum. 그것이 생명을 험난한
바다로(재난의 위험 속으로) 몰아넣었다/
Provécta nox erat. 밤이 이슥했었다/
Quid ultra próveho?
무엇 때문에 내가 더 계속(繼續)한단 말이냐?/
Saxa navis próvehit. 배가 바위들을 실어 나른다/
senéctus provécta. 노령(老齡), 고령(高齡)/
si me ultérius provéxerit ira,
나를 더 이상 화나게 할 것 같으면/
stúdio rerum rusticárum provéctus sum.
나는 시골 생활에 취미를(애착을) 가지게 되었다/
studiósos proveho. 학문 애호가들을 성원(聲援)하다.
proveho *alqm* **ad summos honóres.**
아무를 최고의 관직(官職)으로 영전(榮轉) 시키다.
Proveho lóngius in amicítia.
우정을 더 오래 유지(維持)해 나가다.
Proveho omnes ad largius vinum.
모든 이로 하여금 술(酒)을 더 많이 마시게 하다.
proveho portu. 배를 타고 항구에서 나오다(떠나다)
prōvéni, "provénīo"의 단순과거(pf.=perfectum)
provénīo, -véni -véntum -íre, intr. 나오다(בכ), 등장하다.
나타나다, 출현하다, 배출(輩出)하다, 나다, 출생하다,
부화(孵化)하다, 산출되다, 산출하다 (식물이) 자라다,
발생하다, 생기다, 일어나다, (일.불행 따위가) 닥치다,
(결과로서) 나오다.나타나다, 잘되다, 성공하다(יכח),
성과가 좋다(אבד).
Ex stúdiis gáudium próvenit. 노력에서 기쁨이 나온다/
ex uno non provenit nisi unum. 일자에서는 오직

그 자체가 하나인 것만이 발생할 수 있다/
Gratia prveniens. 유래 은총/
ínsula, in qua plumbum próvenit. 연(鉛) 이 산출되는 섬/
provéni néquiter. 나는 일이 고약하게 되었다/
rebus felíciter proveniéntibus. 그 일들이 잘되어서/
si destináta proveníssent.
　마음먹은 일들이 성공이었더라면/
Tu recte provenisti. 너는 일이 잘 되었다.
Proveni nequiter. 나는 일이 고약하게 되었다
prōventum, "provénio"의 목적분사(sup.=supínum)
provéntus, -us, m. 출생, 발생, 생장, 산출, 생산,
　출산(⑨ Fecundity/Procreátĭon), 수확(收穫),
　수익(收益), 번식(繁殖), 배출, 풍요, 풍부, 다량(多量),
　결과(結果), 좋은 성과(成果), 성공(成功).
provérbĭum, -i, n. (propro²+verbum) 속담(俗談.っつ),
　격언(格言), 금언(金言), 잠언(箴言).
　Alĭquid in proverbii consuetudinem venit.
　어떤 일이 격언(格言)대로 되었다/
　Nos habémus hoc provérbium: " ".
　우리는 이런 속담이 있다, 즉 " "./
　Liber Proverbiórum. ((聖)) (구약성서의) 잠언/
　ut in provérbio est, 속담에 있는 대로.
provérsus, -a -um, p.p., a.p. 앞으로 향해 가는
prōvexi, "proverho"의 단순과거(pf.=perfectum)
Provicárĭus(Apostólĭcus) -i, m. 교황 대목교구장 서리
provida Mater Ecclesiæ. 섭리의 어머니이신 교회
próvĭdē, adv. 열심히, 주의 깊게, 신중하게
próvĭdens, -éntis, p.præs., a.p. 선견지명이 있는,
　주의 깊은, 조심성(操心性)있는, 용의주도(用意周到)한,
　신중(愼重)한, 슬기로운, 현명한. adv. **próvĭdenter.**
　Custos providentissime divinæ Familiæ.
　(⑨ the provident guardian of the divine Family)
　천상 가정의 신중한 수호자.
providéntĭa, -æ, f. 선견, 선견지명, 예견, 조심, 주의,
　신중(愼重), 용의주도(用意周到), 신의, 안배(按配),
　(신의) 섭리(攝理).⑨ Providence).
　An temporum calamitates Dei providentia regantur.
　시대의 재앙과 하느님의 섭리(攝理)(신국론 제1권)/
　De ministerio sanctorum Angelorum, quo providentiæ
　Dei serviunt. 하느님의 섭리(攝理)에 이바지하는, 거룩한
　천사들의 봉사(교부문헌 총서 17, 신국론, p.2776)/
　De peccatoribus, et angelis et hominibus, quorum
　perversitas non perturbat providentiam. 천사든 인간이든
　죄지은 자들의 악행이 섭리(攝理)를 훼손하지는 못한다.
　(교부문헌 총서 17, 신국론, p.2794)/
　De universali providentia Dei, cuius legibus omnia
　continentur. 만유를 포괄하는 하느님의 보편적 섭리(攝理).
　(교부문헌 총서 17, 신국론, p.2758)/
　Videamus primum decorumne providentia mundus
　regatur, deinde consulant ne rebus numanis.
　먼저 세계가 신들의 섭리(攝理)에 의해 다스려지는지를,
　다음으로 그들이 인간사에 상관하는지를 살펴보자.
providéntĭa Dei. 신의 섭리, 신의 안배.
providéntĭa divina(Dei) 하느님의 섭리, 신적 섭리
providéntĭa et mala physica. 신의 섭리와 물리적 악.
providéntĭa illa inenarrábĭlis. 형언 할 수 없는 섭리.
providéntĭa specialis. (인류와 개인에 대한) 특별 섭리.
providéntĭa specialissima
　(신자의 구원에 대한) 최특별 섭리.
providéntĭa universalis. (세계에 대한) 보편적 섭리.
Providentíssima Mater Ecclesia. 어머니 교회의 섭리.
　(1917.5.27. 베네딕도 15세 교황령. 교회법전 공포).
Providentíssimus Deus, 성경 공부, 최상 섭리의 하느님,
　섭리(攝理)의 하느님(성서 연구에 대한 레오 13세 회칙. 1893.11.18.).
provídĕo, -vídi -vísum -ére, intr., tr. 앞쪽을 보다,
　멀리 떨어져 보다, 미리 보다, 예견하다, 예측하다,
　예감하다, 미리 알다, 미리 조심(주의.경계)하다,
　예방하다, 대비하다, 미리 조치하다, 배려하다, 섭리하다,
　미리 돌보다, 보살피다, 마련하다(תקן), 장만하다,

준비하다(תקן.תקן), 필요한 것을 공급하다, 규정하다.
　navis provísa. 멀리 보이는 배/
　Nisi providísses tibi pereúndum fuísset. 네가 미리
　조심하지 않았더라면 파멸을 면치 못했을 것이다/
　salúti(sibi) provideo. 안전(자신)을 미리 돌보다/
　Ut rectíssime agántur ómnia, provideo.
　모든 것이 똑바로 잘되도록 조치하다.
prōvĭdi, "provideo"의 단순과거(pf.=perfectum)
próvĭdus, -a -um, adj. 앞을 내다보는, 예견하는,
　예측하는, 미리 아는, 선견지명이 있는, 조심성 있는,
　주의(注意)하는, 신중(愼重)한, 용의주도한, 현명한,
　염려(念慮)하는, 돌보는, 보살피는.
províncĭa, -æ, f. (propro²+vinco) (로마 통치 하에 있던) 주,
　(행정구역으로서의) 도(道), 성(省), (막연하게) 지방,
　직무(מ"ש.διακονία.λειτουργία.⑨ Ministry),
　직분, 직책, 할 일, 소임, 임무, 활동분야(범위),
　대주교 관구, (수도회의) 관구(vice provincia. 준관구).
　e provínciâ recens. 최근에 지방장관직을 그만 둔/
　extra provinciam. 그 지방 밖으로/
　frumentor provínciam. 지방의 양곡을 풍족히 마련하다/
　Hoc magno cum periculo provinciæ futurum erat.
　이것은 그 속주에 큰 위험을 주는 것이 될 것이다/
　iter *alci* per provinciam do.
　아무에게 주(州)를 가로지르는 통로를 제공하다/
　nationes, quæ número hóminum ac multitúdine
　póterant in províncias nostras redundo. 인구가 넘쳐
　서 우리의 속령에 까지 흘러들 수 있었던 민족들/
　pro império, pro exércitu, pro providénĭa, etc., pro his
　igitur ómnibus rebus. 나라를 위해, 군대를 위해,
　지방을(州를) 위해, 요컨대 모든 것을 위해서/
　Provínciam cepísti duram! 너 어려운 일 맡았구나/
　Provínciam afflictam et perditam erigere atque
　recreo. 시달려 비참해진 주(州)를 일으켜 부흥시키다/
　Tétigit provínciam. 그는 시골에 도착했다/
　triumphális provincia. 개선지방, 개선이 이루어진 곳/
　universa provincia. 지방 전체(地方 全體).
províncĭa ecclesiastica. 관구, 수도회 관구
provinciális, -e, adj. 주(州)의, 속령의, 성의, 도의, 지방의.
　m. 주(州)에 사는 사람, 지방민, 지방출신, 수도회 관구장.
　Concilium provinciale. 관구 주교회의, 관구장 회의.
provinciátim, adv. 주(州)마다, 지방별로
provísĭo, -ónis, f. 예지(叡智), 선견, 예견, 예측, 예상,
　조심, 주의, 경계, 예방, 대비, 대책, 준비, 식량 조달,
　조처(措處.⑨ provisĭon-조처는 조정이나 규제가 필요한 상황을
　수습하는 행정행위이다). (敎法) 서임(敍任-벼슬자리를 내림).
provisĭo canonica. 교회법적 서임(敍任), 법정 서임
provisĭo extraordinárĭa. 비정규적 서임
provisĭo libera. 임의적 서임
provisĭo minus plena. 덜 완전한 서임
provisĭo necessárĭa. 필요적 서임
provisĭo officii ecclesiastici. 교회직 서임
provisĭo ordinárĭa. 정규적 서임
provisĭo plena. 완전한 서임
províso, -ĕre, tr., freq. 보러 가다(오다) 알아 보다
provísor, -óris, m. 예견자, 미리 아는 사람,
　(교구장 유고 시) 교구장 대리 관리자,
　성당구 임시 관리 사제,
　(프로테스탄트 신자에서 선발된) 교회 관재인,
　장만(준비)하는 사람, (교회 경영의) 자선사업 관리자,
　섭리자(攝理者). sapiens provisor. 지혜로운 섭리자.
provisoria ecclesia. 임시 성당(臨時聖堂)
provisórĭus, -a -um, adj. 앞일에 대비한, 미리 장만한,
　미리 앞을 내다본, 일시적인, 잠정적인, 임시의 당분간의.
　exsecutio provisoria. 가집행(假執行).
prōvísum, "provideo"의 목적분사(sup.=supínum)
Provisum I.II.III. 교황청 각 부서가 제출 받은 질문
　이나 청원에 대한 답서로 "청원에 대하여 응답하면
　다른 기득권이 무용하게 될 수 있으므로 답서를 보내

지 않는다는 뜻"이다(교회법 해설 ③ 교회의 최고 권위, p.277).
provísus, -us, m. 멀리 떨어져 봄, 선견, 예견, 조심,
예견(豫見.獨 Weissagung), 경계, 주의, 장만, 공급,
(神의) 섭리(攝理.⑨ Providence).
provisus rei frumentáriæ. 식량공급(食糧供給)
provívo, -víxi -ére, intr. 더 살다, 생명을 연장하다
provocábilis, -e, adj. 쉽게 흥분하는, 쉽게 화내는
provocábŭlum, -i, n. 대명사, 다른 말 대신에 쓰는 말
provocari* 상소(→상소.Can.1644조 1항.
⑨ appeal.獨 Berufung).
Ab omni judicio provocari licet.
모든 재판에 대하여 상소할 수 있다.
provocátio, -ónis, f. 도발(挑發), 도전(挑戰),
공소(控訴-'항소'의 옛 용어), 上訴(⑨ appeal), 자극, 유발,
성나게 함, 격려(激勵), 抗訴(→상소.獨 Berufung).
Hujus temporis provocationes. 오늘날의 과제/
Provocationes præsentes.(⑨ Present-Day Challenges)
오늘날의 도전들.
provocatívus, -a -um, adj. 유발된, 촉발된, 자극된,
흥분한, 유발하는, 자극하는, 야기(惹起)시키는,
화나게 하는, 도발하는, 도전적인, 설사(泄瀉)나게 하는.
provocátor, -óris, m. (**provocatrix**, -ícis, f.)
도전자, 도발자, 유발자(誘發者)
provocatórĭus, -a -um, adj. 도전에 관한, 도전의,
유발하는 일으키는, n. 하제(下劑-설사를 하게 하는 약. 瀉劑).
próvŏco, -ávi, -átum, -áre, tr. 불러내다, 나오게 하다,
도전하다, 도발(挑發)하다, 시합을 걸다, 자극(刺戟)하다,
(감정 따위를) 불러일으키다, 야기하다, 유발하다,
자극하여 …하게 하다, 분발시키다, 흥분시키다,
분개(憤慨)시키다, 조르다, 청하여 …하게 하다,
필적(匹敵)하다, …와 견줄만하다, 상소하다,
공소하다, 상고하다, 항고(抗告)하다.
Ab omni judício provocári licet.
모든 재판에 대하여 상소(上訴)할 수 있다/
alqm maledíctis. 욕설(辱說)로 아무를 성나게 하다/
alqm omni comitáte ad hilaritátem provoco.
명랑과 상냥함을 다하여 아무를 기분 좋게 하다/
at pópulum provoco. 국민들의 판결에 호소하다/
bellum provoco. 전쟁을 유발(誘發)하다/
elegíā Græcos provoco.
비가에 있어서 희랍인들과 견줄만하다/
júdicem provoco. 재판관에게 상소하다/
me ad iracúndiam provoco. 나를 분노하게 하다(Is. 1. 20).
provoco *alqm* **ad pugnam**. 누구에게 도전하다
provólgo, -ávi, -átum, -áre, tr. (V. **provulgo**)
provólo, -ávi, -átum, -áre, tr. (propro²+)
(앞으로.멀리.훌쩍) 날아가다, 빨리 달려가다(오다),
급히 뛰어가다. (p. præs.) próvolans. 돌출한.
súbito provolo. 갑자기 달려 나오다.
provólvo, -vólvi -volútum -ére, tr. (propro²+)
앞으로 굴리다, 굴려 넘어뜨리다(떨어뜨리다),
나동그라지게 하다, 굴려 던지다, 굴려 뒤치다.
(pass.) provólvi (불행 따위에) 떨어지다, 망하다.
fortúnis provolvo. 불운에 떨어지다/
provolútus ad pedes, génibus *alcjs* provólvi.
(누구의) 발 앞에 엎드려/
se provolvo *alci* ad pedes, ad génua *alcjs* provólvi.
누구의 발 앞에 부복하다/
se provolvo, provolvi 엎드리다, 엎드려 절하다.
prŏvŏlútum, "provolvo"의 목적분사(sup.=supínum)
próvŏmo, -ere, tr. (propro²+) 토해내다
prŏvolvi, "provolvo"의 단순과거(pf.=perfectum)
provúlgo(provólgo) -ávi, -átum, -áre, tr. 공개하다,
누설(漏洩)하다, 폭로(暴露)하다, 공적으로 발표하다.
prox, interj. 미안합니다만, 죄송하지만(bona venia).
Excusatum habeas me, rogo.
대단히 죄송합니다. 사양하겠습니다.
proxenéta,(proxenetes) -æ, m. 중개인, 중매인(거간꾼)

proxenétĭcum, -i, n. 구전(口錢→口文), 주선료(周旋料),
구문(口文-흥정을 붙여주고 양쪽으로부터 받는 돈), 중개료(仲介料).
proxima nocte. 이튿날 밤(proximo 참조)
próxĭme, superl., adv. (부사 prope의 최상급)
아주 가까이, 아주 최근에, (지나간) 마지막 번에,
아주 가까운 장래에, 머지않아 곧, 바로 다음에(으로),
버금으로, 아주 정확하게 정밀히.
præp., c. acc. 아주 가까이, 아주 가까운 곳에,
직후에, …한 다음에 곧, 비슷하게, 처럼, 같이,
judicium proxime practicum. 직접적으로 실천적인 양심판단.
Proxime atque …와 거의 같게
Proxime accessit(accesserunt). ((略:prox. acc.))
그는 2등 했다(차석이다. 차점자이다).
Proxime morem Románum. Roma(인들의) 풍습과 같이
Proxime solis occásum. 일몰 직후에
proxímĭtas, -atis, f. 가까움, 인근(隣近), 부근(附近),
인접(隣接), 비슷함(יﬢ.הﬢ.ὁμοίωσις),
유사성(類似性.⑨ similarity.獨 Affinität),
친척 관계(親戚關係), 혈연(血緣).
próxĭmo¹ adv. = **próxime**
próxĭmo² -ávi, -átum, -áre, intr., tr. 가깝다,
가까이 있다, 가까워지다, 가까이 가다, 접근하다(קרב).
próxĭmus¹ -a -um, superl., adj. 제일 가까운,
가장(대단히.아주) 가까운, 바로 이웃의,
(과거) 최근의, (지나간) 마지막의, 바로 다음의,
다음, 오는, 래(來), (아주) 비슷한, 근사한, 그럴듯한,
친밀한, 친근한, 가까운 친척 되는, 친족의, 친구의,
혈육관계에 있는, 쉬운, 손쉬운, 비근한, 명백한, 뻔한.
amor proximi. 이웃 사랑/
amor proximi propter Deum. 하느님을 위한 이웃 사랑/
De benigna charitate erga proximum.
이웃에 대한 너그러운 사랑에 대하여/
Caritas erga proximos. 이웃사랑, 박애(博愛)/
ex próximo. 아주 가까이에서/
finis proximus. 경과목적/
in próximo. 아주 가까운 곳에/
Locus maxime idoneus castris est proximus mari.
요새에 가장 적합한 장소는 바다에 아주 가깝다/
mihi, qui a te proximus sum. 너 버금가는 내게/
Montes proximi sunt urbi in qua habito.
산들은 내가 사는 도시에서 아주 가깝다/
Nemo diu tutus periculo proximus. 위험에 근접하고
있는 자로서 오랫동안 무사한 자는 아무도 없다/
proxima abhinc æstate. 이제 돌아오는 여름에/
próximā æstáte. 오는 여름에/
próximā nocte 간밤에, 이튿날 밤(postero die. 이튿날)/
proxima occassió peccati. 죄의 근유인(近誘因)/
próxima virtútibus vítĭa. 덕행처럼 보이는 악습/
práximæ(lítteræ), quas accépi. 내가 받은 마지막 편지/
próximum est, ut…, 이제 남은 것은 …하는 것이다/
proximum principium actiónis. 작용의 직접적 원리/
transfero se in annum próximum. 내년으로 미루다.
Proximus sum egomet mihi.(Terentius)
나야말로 나한테 가장 가까운 이웃,
나에게 가장 가까운 사람은 (그래도) 나뿐!
próxĭmus² -i, m. 친척(親戚), 친구(φιλος), 남(타인),
이웃(⑨ Neighbor), 고대 로마의 문서보관 책임자.감독.
proxum…, V. **proxim…**
prozœmium, -i. n. 전주곡(前奏曲)
prūdens, -entis, adj. 미리 내다보는, 예견하는, 미리 아는,
알면서도 하는, 고의적인, 전문지식이 있는, 해박한,
조예가 깊은, 정통한, 경험 많은, 노련한, 능란한,
숙련된, 현명한, 슬기로운, 지혜로운, 분별 있는,
통찰력 있는, 신중(愼重)한, 용의주도한, 주의 깊은.
adv. **prudénter**. 현명하게, 능란하게, 해박(該博)하게.
Amícos prudens prætéreo. 나는 친구들을 故意로 지나친다/
Fúeris doctus, fúeris prudens, sed bonus non fuísti.
그대가 아는 것도 많고, 지혜롭기도 하였겠지만

P

선량하지는 못하였다/
homo prudens. 지혜로운 사람/
juris prudens. 법률가, 법학자/
milites belli prudéntes. 전쟁에 노련한 군인들.

prudens in jure civíli. 민법(民法)에 정통한.
Prudens, sciens pereo. 나는 뻔히 알면서도 망한다.
prudente inadvertence. 슬기로운 부주의.
prudénter, adv. (제3변화의 형용사로서 주격이 -ns로 끝나는 것은
속격 어미 -is 대신 -er를 붙여서 부사로 한다).
지혜롭게, 현명하게, 능란하게, 해박(該博)하게.
Tu prudenter celavi sermonem nostrum.
나는 신중하게 우리 의논을 너한테 숨겼다.
prudentĭa, -æ, f. 미리 앎, 예견(豫見.獨 Weissagung),
전문지식, 조예(造詣-어떤 분야에 대한 깊은 지식이나 이해),
숙지(熟知-충분히 잘 앎), 정통(精通), 노련(老鍊), 사려(思慮),
숙련(熟練-무슨 일에 숙달하여 능숙해짐), 통찰력, 이해력,
현명(賢明), 지혜(智慧.חׇכְמׇה.σοφία.⑨ Wisdom),
슬기, 분별, 지각, 신중(愼重.φρόνησις-매우 조심성이 있음),
재량(裁量-스스로 판단하여 처리함), 용의주도(用意周到),
에지*(叡智.사주덕의 하나, 교리서 1805항).
[Prudentia는 그리스어 phronesis의 라틴어 번역이다. 우리말로 지혜나 현명함으로
번역하기도 하나 그렇게 할 경우 prudentia란 말은 sapientia(그리스어 sopia,
영어로 wisdom)와 혼동될 우려가 있다. 아리스토텔레스와 토마스 아퀴나스에게서
sapientia(wisdom)와 prudentia(prudence)는 분명히 다른 지성능력이다. Sapientia
는 순수한 이론적인(사변적인) 지성능력인 데 비하여 prudentia는 실천적인 지성
능력이다. Prudentia를 실천지로 번역하기도 하는데 실천지實踐智는 prudentia를
설명하는 말이지 prudentia 자체의 직접적인 번역이 될 수 없다. Prudentia의
우리말 번역으로는 "사려"가 가장 좋을 듯하다. 우리는 오랜 경험을 통해 현실
생활에서 올바른 판단능력을 가진 사람을 가리켜 보통 "사려 깊은 사람"이라고
말한다.
                       가톨릭철학, 제9.0호(2007), 전헌상, p.53]
arma prudentiæ. 지혜의 무기(智慧의 武器)/
ascisco sibi prudéntiam. 현명한 사람으로 자처하다/
Cimon habebat magnam prudentiam cum juris civilis
tum rei militaris. 키몬은 국법에도 군사에도 뛰어난
지혜를 갖추고 있었다(성 염 지음, 사랑만이 진리를 깨닫게 한다, p.475)/
Fili mi, attende ad sapientiam meam, et prudentiae
meæ inclina aurem tuam. (ui`e, evmh/l sofi,al pro,sece evmoi/j
de. lo,goij para,balle so.n ou=j) (獨 Mein Sohn, merke auf
meine Weisheit: neige dein Ohr zu meiner Lehre)(⑨ My
son, to my wisdom be attentive, to my knowledge
incline your ear) 내 아들아, 내 지혜에 주의를 기울이고
내 슬기에 귀를 기울여라(성경 잠언 5. 1)/아들아, 내 지혜에
마음을 쏟고 내 슬기에 귀를 기울여라(공동번역 잠언 5. 1)/
Gens enim absque consilio est et sine prudentia.
(o[ti e:qnoj avpolwleko,j boulh,n evstin kai. ouvk e:stin evn auvtoi/j
evpisth,mh) (獨 Denn Israel ist ein Volk, dem man nicht
mehr raten kann, und kein Verstand wohnt in ihnen)
(⑨ MyFor they are a people devoid of reason, having
no understanding) 정녕 그들은 소견이 없는 백성이며
슬기가 없는 자들이다(성경 신명 32. 28)/이 생각 없는
민족, 철없는 것들(공동번역)/
In duce prudentiam, in milites virtutem laudamus.
장수에게서는 현명함을, 병사에게서는 용맹을 (우리는)
칭찬한다(성 염 지음, 고전 라틴어, p.83)/
ordinátĭo prudentíæ. 분별력의 명령/
pro sua prudentĭa. 자기 재량에 따라/
propter justitiam prudentiamque suam.
그 인물의 의덕과 현명 때문에/
Prudéntiam, ut cétera áuferat, adfert certe senéctus.
노년기가 비록 다른 것은 없애버린다 하더라도
확실히 지혜(知慧)만은 가져다준다/
regulæ prudentíæ. 현명의 법칙/
Senum prudentia juvenum inscitiam adjuvat.
노장들의 현명함이 장년들의 무지를 거들어 준다/
Tego summam prudéntiam simulatióne stultítiæ.
자기의 지혜를 바보로 가장하여 숨기다/
Tu quā es prudéntiā, (=pro tuā prudéntiā)
너는 너의 현명함에 따라/
Vir magnæ prudentiæ est. 그는 매우 신중한 사람이다.
**Prudentia, et stultitia et opinio et alia huiusmodi
similia, non sunt nisi in essentia animæ. Ergo anima**

non est una sed est multæ numero, et eius species
una est. 사려, 우둔 그리고 이런 종류의 나머지 것들은
영혼의 본질 안에만 존재한다. 그러므로 영혼은 하나가
아니라 수적으로 여럿이며, 그것의 종은 하나다.
**Prudentia omnium civium consilia civitatem nostram
servaverant.**
모든 시민들의 현명한 의견들이 우리 국가를 보전했었다.
prudentĭa senilis(=prudentĭa senum)
노인들의 슬기(노인다운 슬기).
prudentĭor, -or., -us, adj. prūdens, -entis의 비교급
Prudentĭor me es(=quam ego) 너는 나보다 더 현명하다
prudentissimus, -a -um, adj. prūdens, -entis의 최상급
prúïna, -æ, f. 서리(霜), 된서리, 눈(雪), 추위, 겨울.
rigidæ pruinæ. 된서리(늦가을에 아주 되게 내린 서리).
pruïnósus, -a -um, adj. 서리에 덮인, 서리가 많이 내린
prūna, -æ, f. 잉걸불(불이 이글이글하게 핀 숯덩이). 이글이글한 숯불.
(⑨ a lively burning charcoal fire-잉걸불).
Aut ambulare super prunas, et non comburentur
plantæ eius? (h' peripath,sei tij evpV avnqra,kwn puro,j tou.j
de. po,daj ouv katakau,sei) (獨 Oder könnte jemand auf
Kohlen gehen, ohne daß seine Füße verbrannt
würden?) (⑨ Or can a man walk on live coals, and his
feet not be scorched?) 누가 숯불 위를 걸어가는데 발을
데지 않을 수 있겠느냐?(성경 잠언 6. 28)/숯불 위를 걸어
가는데 어찌 그 발을 데지 않겠느냐?(공동번역 잠언 6. 28).
prunícĭus, -a -um, adj. 이글이글 타오르는, 잉걸불의
prūnum, -i, n. 오얏, 자두
prūnus, -i, f. (植) 오얏(자두'의 잘못)/(⑨ plum-tree).
prunus Ansu. 살구나무(armeniaca, -æ, f).
prunus mandshurica. 개살구나무
prunus Mume. 매실(매화) 나무
prunus Padus seoulénsis. 서울 귀룽나무
prunus Pérsica. 복숭아나무
prunus Robústa. 거문도 벚나무
prunus Salicína. 오얏(자두) 나무
prunus Serrulata. (植) 벚나무(cerasus, -i, f.)
prunus Tomentósa. (植) 앵두나무
pruriginósus, -a -um, adj. 가려운, 호색(好色)의.
prurígo, -gĭnis, f. 가려움. (醫) 양진(痒疹), 색정(色情).
prúrĭo, -íre, intr.
가렵다, 몹시 …하고 싶다, 色情이 일어나다.
prurítus, -us, m. (醫) 가려움(蟻走感), 소양증(搔痒症).
색욕(色慾), 색정(色情-남녀 간의 성적 욕망. 욕정. 정욕).
Prússĭa, -æ, f. (⑨ prussia.獨 Preussen) 프러시아, 프로이센
**Psallam et intellegam in via immaculata; quando
venies ad me?** 참미 노래 부르며 흠 없는 길에 뜻을
두리니 언제 저에게 오시렵니까?(시편 101. 1~2 참조)
Psallentium. 입당송 시편(미사)(백민관 신부 엮음. 백과사전 3, p.265)
Psallite, 원형 psallo, psalli, -ĕre, intr.
[명령법 현재 단수 2인칭 psalle, 복수 2인칭 psallite]
Psallite Domino in cithara, in cithara et voce psalmi.
비파와 함께 주님께 찬미 노래 불러라, 비파와 노랫가락과
함께(성경 97. 5)/거문고를 뜯으며 야훼께 노래 불러라. 수금과
많은 악기 타며 찬양하여라(공동번역)/수금을 타면서 주님을
노래하라, 수금에 가락 맞춰 노래 불러라(최민순 신부 譯).
psallo, psalli, -ĕre, intr. 노래 불러 찬미하다,
(구약성서의) 시편을 읊조리다, 성시를 노래하다,
찬미가를 부르다, 현악기를 타다, 연주하다(זמר).
psalma, -ātis, n. (⑨ chant), 성시(聖詩.聖歌),
시편(מִזְמוֹר.Bβλος Ψαλμν.⑨ Psalms.獨 Psalmen).
De Psalmo sexagesimo octavo, in quo ludæorum
infidelitas. 유다인들의 불신앙과 완고함을 단언하는
시편 68편.(교부문헌 총서 17. 신국론, p.2808)/
De studio David in dispositione mysterioque Psalmorum.
시편의 비의와 시편 편집에 있어 다윗이 행한 노력,
                    (교부문헌 총서 17, 신국론. .p.2806)/
Enarrátĭonis in Psalmos. 시편 상해/
In psalmis Davidicis, quæ de fine sæculi hujus et

P

novissimo Dei judicio prophetentur. 다윗의 시편에는 세상 종말과 최후심판에 관해 무슨 예언이 있는가/
Septem Psalmi pœnitentiales. 참회 시편, 7통회 시편[시편 6, 32(31), 38(37), 51(50), 102(101), 130(129), 143(142)장].

Psalmi graduales. 층계 시편, 등정 시편.

Psalmi idiotici. 무학자 시편.
(성서 시편에 관해 2~3세기 작의 시편이나 찬미가를 말함. 현재는 Te Deum, Gloria만 사용. 백민관 신부 엮음, 백과사전 3, p.266).

Psalmi imprecatorii. 저주 시편(이스라엘 백성이 원수들에게 저주를 비는 시편. 79, 6-12; 83, 10-19; 129, 5-8/ 시편 작가(다윗)의 개인적인 원수를 저주하는 시편 5, 11; 6, 11; 7, 10; 10, 15; 28, 4; 31, 19, 35, 4; 40, 15-16; 54, 7; 58, 7-11; 69, 23-29; 139, 19; 140, 9-12; 141, 10; 143, 12. 백민관 신부 엮음, 백과사전 1, p.770).

Psalmi Messianici([영] Royal Psalms). 메시아 시편.

Psalmi Pœnitiales([영] Penitential Psalms). 통회(속죄) 시편

Psalmi Responsoriales. 시편 응송

Psalmi Salomonis. 솔로몬의 시편

psálmĭcen, -cĭnis, m. (psalma+cano) 성가 부르는 사람

psalmísta, -æ, m. 시편(성시) 작가, 성가 부르는 사람

psalmódĭa, -æ, f. (송독.영창을 위한) 성시 편성, 시편 송독, 시편 송가, 시편 영송.
De Psalmodiæ Bono. 시편 사용의 유익성.
(시편을 의미하는 라틴어 Psalmus와 "노래 또는 노래 부를 수 있는 시"라는 뜻의 Ode를 합성하여 Psalmodia로 한 이 용어는 1987년 대구대교구 손상오 루카 신부가 "시편성가"를 출판한 뒤부터 한국 가톨릭 교회 안에서 통용되기 시작함).

psalmógrăphus, -i, m. 성시 작가, 찬미가 시인

psalmus, -i, m. 시편(תהלים.Bβλος Ψαλμν.[영] Psalms), 거문고 소리에 맞추어 부르는 노래, 시편서, 찬미가.
In Psalmorum inscriptione. 시편의 표제.
(니사의 그레고리우스 지음)/
versus psalmi. 시편의 한 절/
versus psalmi Allelujaticus. 알렐루야 송.

Psalmus contra partem Donati(394년 히포의 아우구스티노 지음). 도나투스파를 논박하는 시편 주해.

Psalmus in directum. 직영창(直詠唱)

Psalmus populo cantandus est. 시편은 백성에 의해서 노래 불러져야 한다(백성은 시편을 노래해야 한다).
[수동형 용장활용에서는 능동주 부사어로 탈격을 쓰지 않고, 여격을 쓰는 것이 원칙이다. 이러한 것을 능동주 여격(Dativus Auctoris, 또는 Agentis)이라 한다. 여격은 관심의 대상을 표현하는 격이고 수동형 용장활용에서는 이 여격을 통하여 의무나 필요성을 가진 행위자를 나타내 준다. 그러나 여격 지배 동사에서 뜻을 분명히 하기 위해서는 능동주 여격을 쓰지 않고, 전치사 a를 가진 능동주 탈격을 쓴다.
황치헌 신부 지음, 미사통상문을 위한 라틴어, p.53].

psalmus responsórĭus*([영] responsory/Responsorial Psalm .獨 Antwortpsalm) 화답송(n. responsorium, -i).

Psalmus, vox Christi. 시편은 그리스도의 목소리

psalter Collects. 시편 기도문.
(옛날 직무상 기도드리는 사제가 매 시편 끝에 바치던 기도문).

psaltérĭum, -i, m. 십현금(수금 비슷하게 생긴 현악기의 일종), 현악기 반주에 맞추어 부르는 노래, 성시집, 성무일과의 기도용으로 편집한 시편부, 시편(תהלים.Bβλος Ψαλμν.[영] Psalms.獨 Psalmen).

Psaltérĭum Davidicum. 다윗 성영.

Psaltérĭum feriatum. 평일용 시편집.

Psaltérĭum juxta hebræos. 히브리 시편, 서방 시편집.

Psaltérĭum non feriatum. 공송 기도용 시편집.

P

Psaltérĭum Pianum. 비오 시편집(1941년 교황 비오 12세가 그때까지 성무일도에서 사용하던 시편이 이해의 난점이 있어 성서 연구소에 명령해 번역하게 한 새 시편 번역. 백민관 신부 엮음, 백과사전 3, p.268).

Psaltérĭum Romanum. 로마 시편집.

psaltes, -æ, m. (수금 따위의) 현악기 연주자, 가수

psáltrĭa, -æ, f. 현악기 연주하는 여자, 가희(歌姬-여자 가수), 기녀(妓女), 기생(妓生).

psáltrĭus, -us, m. 현악기 연주자(絃樂器 演奏者), 가수

psammosaurus scincus. 큰 도마뱀

psĕcas, -ădis, f. 여자 미용사(美容師), 미용사(美容師), 여주인의 머리를 매만져주던 여종.

psephisma, -tis, n. (고대 그리스어 아테네에서 시민 투표로 통화한) 법령

pseudapóstŏlus, -i, m. 가짜 사도(使徒)

Pseudepigraphische Literatur. 위경문학(僞經文學)

pseudo- prœvérbium.
"위…, 가…, 가짜, 사이비"라는 뜻의 접두사(接頭辭).

Pseudo-Propheta. 가 예언자

Pseudochrístus, -i, m. 가(假) 그리스도

Pseudoclementinæ 가(假) 클레멘스 문서(文書)

pseudodiácŏnus, -i, m. 가짜 부제(副祭)

pseudœpíscŏpus, -i, m. 가짜 주교(主敎)

pseudoevangelium Matthæi. 가명 마태오 복음서(위경)

pseudográphĭa, -æ, f. 위서(僞書), 위작(僞作)

Pséudŏlus, -i, m. "거짓말쟁이"(Plautus의 희곡 제목)

pseudóměnus(-os) -i, m. 궤변(詭辯), 궤변적 삼단논법

pseudomónăchus, -i, m. 가짜 수도자, 가짜 중

pseudoparenchýma, -ătis, n. (植) 위유조직(爲柔組織)

pseudopódĭum, -i, n. (動) (原生動物의) 위족.가족.허족

pseudoprésbyter, -ĕri, m. 가짜 장로(長老)

pseudoprophéta, -æ, m. 가짜 예언자, 사이비 예언자.
Non ergo pseudoprophetæ sunt?
그들은 거짓 예언자들이 아닙니까?

pseudoprophetía, -æ, f. 거짓 예언(豫言)

pseudoprophétis, -ĭdis, f. 가짜 예언녀(豫言女)

Pseudorasbora parva. (魚) 참붕어

pseudostellárĭa coreána, -æ, f. (植) 참개별꽃

Pseudostellárĭa davidii. (植) 덩굴개별꽃

pseudóthyrum, -i, n. 비밀 통로로서의 뒷문, 비밀방법

psiáthium, -i, n. 돗자리

psīla, -æ, f. 한 면에만 털이 있는 이불

psilocitharísis, -is, f. 노래 없는 비파연주

psíthĭus, -a -um, adj. 포도의.
n. psíthia, -i, 포도주(葡萄酒.[영] Wine).

psittacósis, -is, f. (獸醫) 앵무병
(폐렴이나 장질부사와 비슷한 증후의 전염병으로 사람에게도 전염됨).

psíttăcus, -i, m. (鳥) 앵무새

psoas, -ătis, m. (解) 요근(腰筋)

psōra, -æ, f. (醫) 개선(疥癬-옴. 옴벌레의 기생으로 생기는 전염성 피부병), 옴(疥癬. 疥瘡), 건선(乾癬-마른버짐), 마른버짐.

psoríăsis, -is, f. (醫) 건선(乾癬-옴), 마른버짐(疥癬)

psssĭo concupiscibilis. 탐욕적(貪慾的) 열정

psórĭcus, -a -um, adj. 개선의, 옴의, n. 옴약

psyche[1]-æ, f. 영혼(נפש.ψυχὴ.靈魂.[영] soul-인간의 영적 근원), 정신(νοῦς.νὸησις.νὸησευς.ψυχὴ.[영] Spirit), 마음(לב.לבב.καρδὶα.ψυχὴ.[영] Heart/Spirit).

psyche-Pneuma. 정신과 영혼.
(육체와 결합된 영혼, 즉 정신과 일체인 영혼, 즉 순수 영혼).

psychiatría, -æ, f. (醫) 정신의학, 정신법 치료법

psychica infirmitas. 심리적 쇠약(心理的 衰弱)

psýchĭcus, -a -um, adj. 영혼의, 정신의, 마음의, 물질을 대상으로 삼는 심성의, 물질주의의, 유물주의의.
m., pl. (인간의 육체적.동물적 면만 보는) 유물주의자.

psychoanalýsis, -is, f. 심리분석(한국가톨릭대사전, p.5558), 정신분석([영] psychoanalysis), 정신분석학.

psychogénĕsis, -is, f. 정신발생, 정신발생학

psychognosía, -æ, f. 정신 구조학
(비엔나의 Franz Brentano의 설로서 그는 철학의 기본학을 기술적 심리학이라 하고 이것을 정신 구조학이라고 했다. 백민관 신부 엮음, 백과사전 3, p.270).

psychogonía, -æ, f. (Platon 철학에서) 영혼 발생설

psychogramma, -æ, f. 심리지표[교육 심리학에서 차이 심리학이라 하여 각 개인의 심리적 차이(재능 있는 자와 그렇지 못한 자, 지능 곡선), 그 밖의 특성들을 기입한 지표. 백민관 신부 엮음, 백과사전 3, p.270].

psychología, -æ, f. 심리학(心理學.[영] psychology)

psychología ascetica([영] Psychology of Ascetice). 수덕 심리학.

psychología animalium. 동물 심리학

psychología collectiva. 집합 심리학

psychología comparativa. 비교 심리학

psychología criminalis. 범죄 심리학

psychología empirica. 경험 심리학

psychología experimentalis. 실험 심리학

psychología formæ. 형태 심리학

psychología genetica. 발생 심리학

psychología mysticorum. 신비사상의 심리학, 신비 심리학

psychología pastoralis([영] pastoral psychology). 사목 심리학.

psychología populórum. 민족 심리학

psychología profúndi. 심층 심리학(인간 행동을 설명하는 데
  있어서 행동 동기와 무의식 인자에 중점을 두는 심리학).

psychología rátǐonalis. 이성적 심리학

psychología religiónis(@ Psychology of Religion).
  종교 심리학.

psychología sociális. 사회 심리학

psychológǐcus, -a -um, adj. 심리학상(의), 심리학적,
  심리상태의, 정신의, 정신 현상의.

psychologísmus, -i, m. 심리주의(心理主義)

psychomantíum, -i, n. 정신감응, 무술, 교령술(交靈術),
  죽은 사람의 영혼이 심문(審問) 받는 장소.

psychopathía, -æ, f. 정신병, 정신장애(이상),
  adj. psychopáthǐcus, -a, -um,

psychopathología, -æ, f. 정신병리학(精神病理學)
  adj. psychopathológǐcus, -a, -um,

psychóphthǒros, -i, m. 그리스도의 영혼을 부정하는 자.
                                  (Apollinárius라는 이단자).

psychósis, -is, f. 정신병(morbus spiritus), 정신이상

psychosis degeneratiónis. 변질적 정신병

psychosis symptomático seu delíria. (醫) 정신착란

psychrolúsǐa, -æ, f. 냉수욕(冷水浴)

psychrolúta(-tes) -æ, m. 냉수욕하는 사람

-pte, 접미사. 원칙적으로 소유대명사의 단수 탈격에 붙임,
  1인칭 대명사의 대격 me에 붙인 경우도 있음
  (내.네.제.우리.너희) 자신의(…로), 바로 자신의.
  nostrápte culpā. 우리 자신의 탓으로/
  suápte manu. 바로 제 손으로/
  suópte póndere. 자체의 무게로.

Psycologia rátǐonalis. 이성적 심리학.
            (1740년 Emanuel Swedenborg 지음)

pteridǐum aquilínum, -i, n. (植) 고사리(양치식물 무리)

pteridophýta, -órum, n. pl. (植) 양치류 식물

ptěris, -ǐdis, f. (植) 양치류 식물(羊齒類), 고사리류)

ptěris inæqualis. (植) 깃 반쪽 고사리

ptěris multífida. 봉의 꼬리

ptěris semipinnata. (植) 큰 반쪽 고사리

pternix, -ǐcis, f. 선인장의 곧은 줄기

Pterocarpus santalinus. (植) 자단

pteróma, -átis, n. 희랍신전의 측면주랑(側面 柱廊)

ptilósis, -is, f. (醫) 눈썹 탈락증

ptísǎna, -æ, f. 보리쌀, 보리미음

ptisanárǐum, -i, n. 보리미음,
  미음(米飮-쌀이나 좁쌀을 푹 끓여 체에 밭인 음식).

ptochéum(ptochium, ptochotrophíum) -i, n. 빈민 수용소.

ptochótrǒphus, -i, m. 빈민 급식자(貧民 給食者).

ptosis, -is, f. (醫) 하수증(下垂症), 안검하수증.

ptyalísmus, -i, m. (醫) 유연증(流涎症-침 흘리는 병).

pubéda, -æ, m. (pubes¹) 젊은이(@ Youth)

pūbens, -éntis, adj. 思春期에 접어든, 묘령의, 활짝 핀,
  결혼 적령기에 이른, (성숙한 잎.열매 따위가) 솜털에 덮인,
  pubentes rosæ. 활짝 핀 장미.

pūber, -ěris, adj. = pubes¹

pubértas, -atis, f. 사춘기(思春期), 성숙기(成熟期),
  발정기(發情期), 청춘기(靑春期), 묘령(妙齡),
  (성년의 표인) 수염, 음모, 생식력, 남자다움, 청소년,
  젊은이(@ Youth). (植) 개화기, (열매 따위의) 솜털.

pūbes¹ -ěris, adj. 사춘기에 이른, 성숙기에 접어든,
  묘령의, 장성한, 성년이 된, 성년의, 병역 적령의,
  장정의, (잎.줄기.열매 따위가) 솜털이 있는,
  솜털에 덮인, 싱싱한. m., pl. 장정.

pūbes² -is, f. 1. 음모(陰毛-거웃). 2. 머리털(exuviæ capitis),
  수염. 3. 음부, 치부(恥部-남에게 알리고 싶지 않은 부끄러운 부분),
  샅(아랫배와 두 허벅다리가 이어진 어름. 고간. 서혜).
  (解) 치골(恥骨-불두덩 뼈). 4. 젊은이들, 청장년층. 5. 사람들,
  민중(民衆.ὄχλος.πλήθος), 백성(m.λαός.δήμος),
  인민(λαὸς.δήμος.人民.@ People). 6. 어린 가축.

pubésco, púbǔi, -ěre, inch., intr. 장성하다,
  사춘기(성숙기)에 접어들다, 청년(어른)이 되다,

(앳된) 수염이 나기 시작하다, 성숙하다, 한창이다,
(초목이) 자랄 대로 자라다, 무르익다, 무르녹다,
(과일.술 따위가) 한창 익다,
(무엇으로) 온통 뒤덮이다, 싸이다.

ántequam pubéscat bellum. 전쟁이 고비에 이르기 전에/
Parata pubéscunt variórum flore colórum.
  풀밭들이 가지각색의 꽃으로 뒤덮여 있다/
pubescénte vere. 봄이 한창 무르녹을 때에.

pubis, -is, f. 치골(恥骨-불두덩 뼈)

públǐca, -æ, f. 公路, 國道(via publica/loca publica),
  가두(街頭-시가지의 길거리), 매춘부(賣春婦), 창녀(娼女).
  conversio rei publicæ. 혁명/
  homines novarum rerum cupidi. 혁명파/
  dubitátǐo ad rem publicam adeúndi.
    정치(政治)에 나서기를 주저함/
  et iniecerunt manus in apostolos et posuerunt illos in
  custodia publica. (kai. evpe,balon ta.j cei/raj evpi, tou.j
  avposto,louj kai. e;qento auvtou,j evn thrh,sei dhmosi,a|) (@ laid
  hands upon the apostles and put them in the public
  jail) 사도들을 붙잡아다가 공영 감옥에 가두었다(성경)/
    사도들을 붙잡아 관청 구치소에 가두었다(200주년 신약)/
    사도들을 잡아다가 자기네 감옥에 처넣었다(공동번역)/
  fides publica. 공신력(公信力), 국가의 보장/
  impedimentum publicæ honestatis. 내연관계의 장애/
  moléstiam ex pernície rei públicæ tráhere.
    난관이 국운의 쇠퇴(衰退)에서 오다/
  quicumque bonum rei publicæ intendit, finem juris
  indendit. 공화국의 선익을 도모하는 사람은 법정의의
    목표를 도모하는 사람이기도 하다(이 명제는 실정법 사상이
    강한 로마인에게 법정의의 공리로 통해 왔다. 성 염 옮김, 단테 제정론, p.93)/
  rátǐo rei públicæ. 정치, 정책/
  rátǐo rei públicæ sociális(de frequéntia incolárum)
    사회(인구) 정책/
  res publica. 공화정, 공화국/
  tempero rem públicam. 나라를 조직하다/
  tracto pecúniam públicam. 공금을 다루다.

publica disciplina. 공공의 법도

publica documenta. 사회 문제에 관한 이론
                    (성 염 옮김, 단테 제정론, p.13).

publica epistolarum et telegraphiæ mensa.
  전신소(státǐo telegraphi).

publica licitátǐo. 경매입찰

publica pro salute humani generis.
  인류의 공공복지를 위하여.

publica prostitútǐo. 공창(公娼)

publica sacra. 국민이나 공익을 위해서 공금으로 지내는 제사

publicánus, -a -um, adj. 세리의, 징세원의.
  m. 세리(稅吏.τελὼνης.@ Tax colléctor).
  Ecce homo vorax et potator vini, publicanorum amicus
  et peccatorum!. 보라, 저자는 먹보요 술꾼이며 세리와
    죄인들의 친구다(성경 마태 11. 19)/
  muliércula publicána. 세리의 아내/
  Nonne et publicani hoc faciunt?
  (@ Do not the tax collectors do the same?
    그것은 세리들도 하지 않느냐?(성경 마태 5. 46).

publicátǐo, -ónis, f. 몰수(沒收), 압류(押留), 발표, 공표,
  공고, 공시(일반에게 널리 알림), 발포(사회에 널리 펴서 알림), 공포,
  (판결의) 언도(言渡-宣告), 출판, 발행, 간행, 서품 공고.
  prorogatur publicatio decretorum. 교령의 반포가 연기됨/
  prorogatur publicatio decretorum in futuram sessionem,
  quæ indicitur. 교령의 반포가 연기되고, 그 회기가 공지됨.

publicátǐo actorum. 기록문서의 공표(公表)

publicátǐo matrimonialis. 혼인 공시

publicátǐo pro ordinatione. 서품 공시

publicatiónes ad ordines(@ publicátǐons for ordinátǐons).
  성품 공고.

publicatiónes quoad matrimonium. 혼인공고

publicatiónis matrimoniales. 혼인 공시

publicátor, -óris, m. (**publicatrix**, -ícis. f.) 공표자,
발표자, 비밀 공개자(漏泄者), 출판인, 발행인.

públĭce(publicĭtus) adv. 국가(국민)의 이름으로,
국가 공권으로, 국가(국민)의 대표로, 공무상으로,
국가의 이익이 되도록, 공식적으로, 공적으로,
국고금으로, 공비로, 공금으로, 공공연히, 누구나 다,
사람들 면전에서, 드러내 놓고, 모두, 일반에게 널리,
공개적으로(volgo, vulgo¹), 전체적으로.

públĭco, -ávi, -átum, -áre, tr. 국가 소유로 만들다,
몰수(沒收)하다, 공유재산으로 만들다, 발행하다,
공용에 제공하다, 발표(공표)하다, 공고(공시)하다,
공포(발포)하다, 출판(발간)하다, 공개하다,
(일반에게) 개방하다, 드러내다, 누설(漏泄)하다,
몸을 팔다, 매음(賣淫- 여자가 돈을 받고 몸을 파는 일)하다.

publicola, -æ, m. (**públicus¹**+colo²)
대중에게 아첨(영합) 하는 자.

públĭcum, -i, n. 공유지, 국유지(ager publicus.),
공유재산, 국유재산, 국고(금), 국고수입, 조세(租稅),
국세, 세원, 공익, 정부의 (곡물저장) 창고,
공문서 보관소, 공중목욕탕, 공공장소(loca communia),
광장(forum¹ -i, n.), 가두(街頭-시가지의 길거리), 거리,
공중, 사람들 눈앞, 세상. caráre público. 은퇴하다/
in publicum (in público) propónere. 공포(공표)하다/
in publicum redígere. 국가소유로 몰수하다.

publicum spectaculum. 공연(公演)

públĭcus¹, -a -um, adj. 공공의, 국민의, 공적인, 공식적인,
관공서의, 국가 명의의, 국가의, 국유의, 공립의, 공중의,
일반 사람의, 공용의, 통용되는, 공개의, 일반에게 개방된,
공공연한, 세상에 드러난, 널리 알려진, 대중적인, 평범한,
범속한, 별로 신통치 않은.
aversor pecúniæ públicæ. 공금 횡령자/
bonum públicum. 공익, 국민의 복리/
De officiis publicis. 공적 임무에 대하여/
exorcismus publicus. 공적 구마(公的 驅魔)/
impedimentum publicum. 공개된 장애/
Non est salus periclitánda rei publicæ.
국가 안녕을 위태롭게 해서는 안 된다(períclĭtor 참조)/
opínio pública. 일반 여론/
pecúniam públicam averto. 공금을 횡령하다/
péssimum público. 국가의 손실(손해)/
pública sacra. 국민이나 공익을 위해 공금으로 지내는 제사/
pública verba. 의례적인 공용어/
públici cultus cæremoniis. 공적 경배의식/
res pública. 국사, 국정, 나라, 공화국/
Res publica est res populi.
국가(공공의 것)는 국민의 것이다/
sine summa justitia rem publicam regi potest.
정의가 없이는 공화국이 통치될 수 없다/
tábulæ públicæ. (국세조사.호적 등의) 기록원본, 등록대장.

publicus², -i, m. 공무원(公務員.curagendárĭus, -i, m.),
관리(官吏), 고관 후위(奴隷).

publicus inimicus. 공적(公敵)

pubocapsuláris, -e, adj. (解) 치골낭(恥骨囊)의

púbŭi, "pubésco"의 단순과거(pf.=perfectum)

Púdeat te negligéntiæ tuæ.
너는 너의 부주의함(태만)을 부끄러워해라.

pudéndum, -i, n. ((解)) (여성의) 외음부(pudéndum
mulíebre. 남녀 생식기의 몸 겉으로 나타나는 부분),
(pl.) 음부(陰部-남녀의 생식기가 있는 곳), (pl.) 항문(肛門).

pudéndus, -a -um, gerundiv. 부끄러워해야 할,
창피하게 여겨져야 할, 수치스러운.

púdens, -éntis, p.proæs., a.p. 부끄러워하는, 수줍은,
수줍어하는, 얌전한, 단정한, 정숙한, 염치를 아는,
점잖은, 조심성(操心性) 있는, 면목(체면)이 서는.
adv. **pudénter**.

pudéntĭa, -æ, f. 수줍음, 수줍어함, 단정함

púdĕo, -dŭi -dĭtum -ere, intr., tr.
부끄러워하다, 부끄럽다(ב`ג), 창피하다,

부끄럽게 하다(누가 부끄러워하다).
Ita nunc púdeo. 이렇게도 지금 나는 부끄럽다/
Non te hæc pudent? 너는 이 일들이 부끄럽지도 않느냐?/
Pudeat te negligentiæ tuæ.
너는 네 태만함을 부끄러워해야 한다.
(감정을 나타내는 비인칭동사들은 의미상의 주어를 대격으로 쓴다).

pudéscit, -ěre, impers., inch. 부끄러워지다, 부끄럽다

pudet, -dŭit(dĭtum est) -ěre, impers.
부끄러워하다, 부끄럽다, 창피(해)하다.
Me quid pudeat? 내가 부끄러울 것이 뭐냐?/
Nihil pudet. 조금도 부끄럽지 않다/
Sunt hóines, quos infámiæ suæ neque púdeat. 자기들의
불명예를 부끄럽게 여기지도 않는 그따위 사람들이 있다/
Te id facere puduit. 너는 그런 짓 하는 것을 부끄러워했다.

pudet dictu. 말하기(조차) 부끄럽지만(삽입문)

pudet me non tui. 내가 너를 창피하게 생각하는 것이 아니다

pudibúndus, -a -um, adj. 부끄러워하는, 창피해 하는,
부끄럽게 여기는, (passive) 부끄러워 여겨져야 할,
창피(猖披)한, 불명예스러운.

pudicítĭa, -æ, (**pudicities**, -éi.) f. 정숙(貞淑), 단정(端整),
점잖음, 정조(貞操-여자의 곧고 깨끗한 절개), 청순(清純),
정결(貞潔.תחקٮ9 Chastity/Purity), 부부의 신의,
순결(純潔).9 Purity), 정절(貞節-여자의 곧은 절개).
De bono pudicitiæ. 좋은 정결(히에로니무스 지음)/
delibáta pudicítia. 망쳐 놓은 정조(貞操).

pudícus, -a -um, adj. 정숙한, 얌전한, 단정한, 점잖은,
정결한, 순결한(καθαρὸς), 청순한, 순수한, 염치를 아는,
정조(정절)를 지키는, 흠 없는, 나무랄 데 없는,
어엿한, 떳떳한.
Animo virum pudicæ, non oculo eligunt.
정숙한 여인은 눈이 아니라 마음으로 남자를 선택한다.

puditum, "púdeo"의 목적분사(sup.=supínum)

pŭdor, -óris(9 modesty), m. 부끄러움, 수치심(羞恥心),
수줍음, 염치(廉恥), 체면(體面), 점잖음, 정숙(貞淑),
정결(貞潔), 정조(貞操), 정려(념려(念慮), 걱정, 불안,
수치(羞恥), 창피(猖披), 치욕(恥辱), 불명예, 망신감,
붉은 피부색, 홍조(紅潮), 음부(陰部-남녀의 생식기가 있는 곳).
De pudore concubitus non solum vulgaris, sed etiam
coniugalis. 성교는 저속한 것만은 아니지만 부부의 행위
조차 남 보기에는 부끄럽다.(교부문헌 총서 17, 신국론, p.2792)/
exúta pudórem. 정숙함을 잃어버린 여자(exuo 참조)/
malæ, sedes pudóris. 수치심이 드러나는 자리인 두 볼/
Non is es, quem(=ut te) pudor a scélere révocet.
너는 수치심으로 말미암아 죄악에서 제지될
(그런 정도의) 사람이 아니다.
Pudorem gerere condecet. 수치심을 지니는 것이 온당하다/
Pudorem rubor consequitur. 부끄러우면 얼굴이 빨개진다/
pudóri esse alci. 누구에게 수치(羞恥)가 되다/
pudoris signum. 부끄러워하는 기색(氣色).

Pudor doceri non potest, nasci potest.(Publilius Syrus).
정숙함은 가르침 받을 수 없고 타고 날 수 있을 따름이다.

pudrátus, -a -um, adj. 정숙(貞淑)한

pudŭi, "púdeo"의 단순과거(pf.=perfectum)

puélla, -æ, f. 소녀, 계집아이, 애인, 젊은 여자,
젊은 부인, 아기 엄마.
Amat puella quædam quendam.
어느 처녀가 누군가를 사랑하게 마련이지(다)/
ardor puéllæ cándidæ. 청순한 소녀에 대한 사랑/
Cum puella clamaret, mater eam culpavit.
소녀가 소리를 지른다고 어머니는 꾸짖었다/
decerpo ora puéllæ. 소녀의 입술을 훔치다/
Dedit puer rosas puellæ duabus manibus.
소년이 소녀에게 장미꽃을 두 손으로 바쳤다/
Ea est puella quam amem.
그 소녀가 내가 사랑할 만한 사람이다/
Puellæ Cantores. 노래하는 여성들/
Puellæ Caritatis. 애덕 수녀회/
Puellæ rosis pulchris aram Sanctæ Marií ornant.

소녀들이 아름다운 장미꽃들로써
성모 마리아의 제단을 꾸민다/
Puellæ Sabinæ a Romanis raptæ.[분사 raptæ는 수동태 과거(납치당한)를 표시한다. 성 염 지음, 고전 라틴어, p.217].
로마인들에게 납치당한 사비나 처녀들/
Quampiam puellam oculis dulcibus spectas tu in via.
너는 길에서 만나는 여자한테마다 윙크를 보내는구나/
Tanta multitudo hominum clamaverat ut puellæ parvæ lacrimare inciperent. 하도 많은 사람들이 외쳐대니까
어린 소녀들은 눈물을 흘리기 시작하였다.

Puella apud avunculum habitavit.(avunculus 외삼촌, patruus 친삼촌) 처녀는 외삼촌댁에서 살았다.

Puella canit poëma cujus meministi bene.
[memini는 항상 속격 지배] [관계대명사가 속격, 여격, 탈격으로 나오면, 관계문 속의 동사가 속격, 여격, 탈격을 지배하는 특수한 동사인지를 유의하여 번역한다. 성 염 지음, 고전 라틴어, p.168].
네가 잘 기억하는 그 시가를 소녀가 읊고 있다.

Puella cibum multum nautis dat.
아가씨가 사공들한테 많은 음식을 준다.

Puella eam fabulam audire non desiderat.
소녀는 그 이야기를 듣고 싶어 하지 않는다.

Puella est filia magistri. 그 소녀는 선생님의 딸이다

Puella it in matrimonium sine dote.
소녀가 지참금 없이 시집간다.

puella natos suos amatura. 자기 자식들을 사랑하게 될 소녀.[분사 amatura는 능동태 미래(사랑할, 사랑하게 될)를 표시한다].

puella parentum suorum reverens.
자기 부모에게 공손한 소녀.

puella pulchra mea. 나의 아름다운 아가씨

Puella pupam portans, domum venit.
인형을 갖고 있는 소녀는 집으로 왔다.[현재분사 portans는 형용사로 성, 수, 격에 있어 수식어 puella와 일치한다. 동시에 현재분사 portans는 동사로 직접 목적어로 대격 pupam을 지배한다. 성 염 지음, 고전 라틴어, p.220].

Puella quam laudat agricola, est pulchra.
농부가 칭찬하는 처녀는(quam) 아름답다.

puella quam vocavisti. 네가 불렀던 소녀

puella resoluta capillos. 머리를 풀어헤친 소녀

Puella tam timida est ut multa non dicat.
그 소녀는 말을 조금밖에 하지 않을 만큼 수줍다.

Puella, tibi dico, surge([영] Little girl, I say to you, arise) (=Talitha, qum! = [영] Talitha koum)
소녀야, 내가 너에게 말한다. 일어나라!(마르 5, 41).

puelláris, -é, adj. 소녀의, 소녀다운, 어린, 젊은, 연약(軟弱)한, 순진(純眞)한, 청순(淸純)한.

puellarĭter, adv. 소녀처럼, 소녀답게

puéllŭla, -æ, f. 아주 어린 소녀

puéllus, -i, m. 작은 사내아이, 어린 소년

pŭer, puĕri, m. 아이(παιδìον.τὲκνον), 아동, 어린 것, 어린이(παιδìον.[영] Children), 사내아이, 소년, 어린 아들, 어린 시절, (애칭적으로 나무랄 때) 녀석.
a púero, a púeris. 어릴 때부터, 소년시절부터/
a púero quæro horas. 소년에게 시간들을 알아보다/
alqm inspícĭo a púero.
누구의 생애를 어릴 때부터 훑어 보다/
clamor pueri. 소년의 고함소리/
Désine plura, puer. 이 녀석아, 이제 그만 말해라/
Dicit ergo eis Iesus: "Pueri, numquid pulmentarium habetis?". Responderunt ei: "Non". (le,gei ou=n auvtoi/j o` VIhsou/j\ paidi,a(mh, ti prosfa,gion e;ceteÈ avpekri,qhsan auvtw/|\ ou;) ([영] Jesus said to them, "Children, have you caught anything to eat?" They answered him, "No.")
예수님께서 그들에게, "얘들아, 무얼 좀 잡았느냐?" 하시자, 그들이 대답하였다. "못 잡았습니다."(성경 요한 21, 5)/
그러자 예수께서 그들에게 말씀하셨다. "어린 (친구들), 먹을 것 좀 갖고 있소?" 그들은 예수께 "아니오" 하고 대답하였다(200주년 신약)/예수께서 "얘들아, 무얼 좀 잡았느냐?" 하고 물으시자 그들은 "아무것도 못 잡았습니다." 하고 대답하였다(공동번역)/
ex púeris excédere. 소년기를 벗어나다/
Excédere e púeris. 청년이 되다, 어른이 되다/
Fratres, nolite pueri effici sensibus, sed malitia parvuli estote; sensibus autem perfecti estote. (VAdelfoi,(mh. paidi,a gi,nesqe tai/j fresi.n avlla. th/| kaki,a| nhpia,zete(tai/j de. fresi.n te,leioi gi,nesqe)([영] Brothers, stop being childish in your thinking. In respect to evil be like infants, but in your thinking be mature)
형제 여러분, 생각하는 데에는 어린아이가 되지 마십시오. 악에는 아이가 되고 생각하는 데에는 어른이 되십시오(성경 1고린 14, 20)/형제 여러분, 생각하는 데는 어린아이가 되지 마십시오. 악한 일에는 어린아이가 되고, 생각하는 데는 어른이 되십시오(공동번역)/
insignis ad deformitátem puer. 유별나게 못생긴 아이/
Iste puer flere solet. 저 애는 울기를 잘한다(fleo 참조)/
Liturgia pro pueris.([영] Litugy for Youth. 獨 Jugendgottesdienst) 청소년 전례(典禮)/
me puero. 나 어렸을 적에/
Mea puer, 내 어린 아들아(딸아)/
O formose puer, nimĭum ne crede colori! 오 美貌의 소년이여, (너의 고운) 용모를 너무 믿지 말라/
pueri æquitátem deféndere docéntur.
어린이들에게 정의를 옹호하기를 교육 한다/
pueri annorum senum septenum denum.
16, 7세쯤 되는 소년들/
Pueri certo teneri et generosi Domini Iesu amoris sunt meta([영] Children are certainly the object of the Lord Jesus' tender and generous love) 어린이들은 분명히 주 예수님의 온화하고도 아낌없는 사랑을 받는 대상이다/
púeri dentiéntes. 이(齒)가 나는 어린이들/
pueri discunt grammaticam(pueri docentur grammaticam)
아이들은 문법을 배우고 있다/
pueri legere et discere coguntur a senibus.
늙은이들이 아이들더러 읽고 배우라고 강요한다/
Pueri mutantur insingulas horas.
아이들은 시시각각으로(시간마다) 변한다/
Púeri, mensam appónite. 아이들아 상 차려라/
Púeri, mensam malum versum. 얘들아 상 차려라/
Pueri oblati. 수도 봉원(奉願) 아동/
Púeri orbáti sunt paréntibus.
= Púeros orbavérunt paréntibus.
아이들은 부모를 잃었다. 고아가 되었다/
Puero cæco, nihil dicam.
소년이 장님이므로, 나는 아무 말도 않겠다/
puero uno comitátĭor. 노예(奴隸)를 하나 더 데리고/
pueros baptizatos. 세례(洗禮) 받은 어린이/
pueros venatum ablegavit. 그는 아이들을 사냥 내보냈다/
puerum natura profudit. 자연은 사내아이를 출생시켰다/
teres puer. 토실토실한 아이/
Videmúsne, ut púeri áliquld scire se gáudeant?
어린이들이 무엇을 좀 안다고 얼마나 기뻐하는지 보느냐?/
vultu ambíguo puer. 계집에 같이도 보이는 사내애.

명사 제2변화 제2식 A		
	단 수	복 수
Nom.	puer	púeri
Voc.	puer	púeri
Gen.	púeri	puerórum
Dat.	púero	púeris
Acc.	púerum	púeros
Abl.	púero	púeris

(초급 라전어 변화표Tabellæ Declinationum에서)

Puer a patre monitus, ad scholam properavit.
아버지한테 충고를 받은 그 소년은 학교로 서둘러 갔다.
(소년은 아버지한테 꾸중을 듣고서, 학교로 서둘러 갔다).

puer alte cinctus. 옷을 걷어 올려 질끈 동여맨 소년

puer amandus. 사랑을 받아야할 아이

puer ambulans. 걷고 있는 소년

Puer autem crescebat et confortabatur plenus sapientia; et gratia Dei erat super illum.
아기는 자라면서 튼튼해지고 지혜가 충만해졌으며,

하느님의 총애를 받았다(루카 2. 40).

Puer autem eram ingeniosus et sortitus sum animam bonam. (pai/j de. h;mhn euvfuh.j yuch/j te e;lacon avgaqh/j) (㉹ Now, I was a well-favored child, and I came by a noble nature) 나는 재능을 타고났으며 훌륭한 영혼을 받은 아이였다(성경 지혜서 8. 19)/나는 좋은 기질을 타고난 어린이였으며 훌륭한 영혼을 받은 아이였다(공동번역 지혜 8. 19).

puer docendus artes. 학예(學藝)를 교육받을 소년
puer dormiturus. 잠자려는 아이
puer duodecim annorum. 열 두 살 되는 아이,
   Annos viginti habet iste puer. 저 아이는 스무 살입니다.
puer festivissimis argutiis. 희색이 만면한 소년
puer flavis capillis. 노랑머리 소년
puer flavis capillis et glaucis oculis.
   노랑머리에 새파란 눈을 가진 소년(신체상의 특성이나 잠시 지나가는 임시적인 특성에 대해서는 형용 탈격만 쓴다).
Puer fructum manducaturus. 실과를 먹으려는 소년
puer ingenii ambigui. 잘될지 잘 못될지 모를 아이
puer insignis facie. 뛰어난 미모의 소년
puer ludens. 놀고 있는 아이
Puer ludit in horto. 사내아이가 정원에서 놀고 있다.
   [소재지(어디에)를 표시하는 데는 전치사 in과 함께 탈격을 쓴다].
puer magni ingenii. 재주 많은 소년
puer natus. 탄생(誕生)한 아이, 태어난 아이
puer senex. 애늙은이
Puer tam bene recitabat ut eum laudarem. 그 아이는 하도 낭송을 잘하여 나한테서마저 칭찬을 들을 정도였다.
puer telum ne habeat. 어린애는 창(槍)을 들지 말라
puer teres. 토실토실한 아이
púĕra, -æ, f. 소녀, 계집아이. adj. 소녀의, 소녀 같은
Pueráría lobata. (植) 칡(낙엽 덩굴나무)
Pueráría Thunbergiána -æ, f. (植) 칡(낙엽 덩굴나무)
puerárĭus, -i, m. 어린이를 사랑하는 사람
puerásco, -ĕre, intr., inch. 소년기로 접어들다, 젊어지다
puerílis, -e, adj. 어린이의, 소년의, 어린이다운.
   철없는, 유치(幼稚)한, 미련한.
   adv. pueríliter 소년으로서, 어린애답게, 어린애같이,
   철없이, 유치(幼稚)하게.
   ultra pueriles annos. 소년 시대 이후.
puerilis institútio. 아동교육(兒童敎育)
puerílĭtas, -átis, f. 소년기, 어린 시절, 어린이다움.
   철없음, 유치(幼稚)함.
puerítĭa, -æ, (puerílites, -éi) f. 소년기, 소년시절,
   순결(純潔), 시작, 초기, 유치함.
   a prima pueritia. 아주 어렸을 적부터/
   a pueritĭa. 어려서부터/
   in primóre puerítiá. 소년시대의 초기에/
   in pueritĭa. 소년 시절에/
   Jam a puerítiá.(jam 참조) 어렸을 때부터 이미.
Pueros Baptizatos,(로마 교황청 1973.11.1. 지침)
   어린이 미사(㉹ Mass for children).
pueros baptizatos. 세례(洗禮) 받은 어린이
pueros venatum ablegavit. 그는 아이들을 사냥 내보냈다.
puérpĕra, -æ, f. (puer + pário²) 산모(産母), 산부(産婦)
puerpérĭum, -i, n. 분만(分娩), 해산(海産), 산고(産苦),
   산기(産期), 해산시기, 갓난아기, 영아, (식물의) 열매,
   (갓 난 동물의) 새끼, 한배 새끼. (醫) 산욕기(産褥期)
puérpĕrus, -a -um, adj. (puer + pário²)
   분만의, 해산의, 분만에 관한, 분만을 돕는.
puértĭa, -æ, f. = puerítia
puérŭlus, -i, m. 어린 소년, 어린애, 어린 노예(奴隷)
pūga, -æ, f. 궁둥이, 엉덩이, 둔부(臀部-엉덩이)
pŭgil, -gĭlis, m. (pugnus) 권투선수, 권투가
pugilátĭo, -ónis, f. 권투(경기)
pugilátor, -óris, m. 권투선수, 권투가, 도둑
pugilatórĭus, -a -um, adj. 권투하는, 권투가의
pugilátus, -us, m. 권투(拳鬪)
pugilíce, adv. (pugil) 권투선수 모양으로

pugíllar, -áris, n. = pugilláres
pugilláres, -ĭum, m., pl. (간편한) 분판(粉板), 필기장,
   밀초 입힌 칠판(여러 장을 칠하여 첨필로 그 위에 글을 썼음).
pugillariárĭus, -i, m. 분판(칠판) 제조인(製造人)
pugilláris, -e, adj. 손아귀로 잡을 수 있는, 필기용 분판의.
   m., sg. = pugilláres.
pugillator¹ -óris, m. 편지 배달인, 사기꾼, 협잡꾼
pugillator² -óris, m. = pugilátor 권투가, 권투경기자
pugíllus, -i, m. (pugillum, -i, n.) 작은 주먹, 한 움큼, 한줌
púgĭlor(pugíllor), -átus sum, -ári, dep., intr.
   주먹으로 때리다(싸우다), 권투하다, (말이) 앞발질하다.
púgĭo, -ónis, m. 단검(短劍), 단도(短刀), 비수(匕首-황제
   .사령관.호민관 등이 권한과 위엄의 표시로 차고 다녔음).
   plúmbeum pugio.
   (납으로 만든 단도란 뜻으로서) 무력한 논증.
pugiúncŭlus, -i, m. 작은 단검, 작은 단도, 작은 비수
pugna, -æ, f. 주먹다짐, 권투(拳鬪), 싸움, 전투, 전쟁,
   투쟁(㉹ Battle), 논쟁, 논전, 사기(㉹ Fraud), 속임수.
   ávidi commíttere pugnam. 전투를 갈망(渴望)하는 자들/
   decerno pugnam. 결전하다, 승패를 결정짓다/
   edo pugnam. 전투를 벌이다/
   expédio se ad pugnam. 전투태세를 갖추다/
   Humiles estote, ne cadatis in pugna. 싸움에서 쓰러지지
   않도록 겸손하십시오..(최익철 신부 옮김. 요한 서간 강해, p.127)/
   in pugnam proficísci. 결전장으로 출발하다/
   in pugnam proficiscor. 전장으로 떠나다/
   ratiónem pugnæ insisto. 전법을 따르다/
   laxata pugna. 휴전(休戰), feriæ belli)(laxo 참조)/
   mala pugna. 참패한 전쟁(戰爭)/
   óculis mentibúsque ad pugnam inténtis. (intendo 참조)
   눈과 마음을 전투에 집중시키고/
   pugnæ memoriam posteris tradere.
   전쟁기록을 후대에 물려주다/
   pugnam in adversarium delendum, contentionem et
   bellum ipsum, afferre profectum et progressum historiæ.
   반대자를 없애려는 투쟁, 경쟁 그리고 전쟁 자체가 역사
   의 전진과 발전을 가져온다(1991.5.1. "Centesimus annus" 중에서)/
   Pugnándum est nobis. 우리는 싸워야 한다/
   Pugnátum est. 싸웠다/
   Pugnátum est a nobis. 우리는 싸웠다/
   Pugnátum est ácrius quam prudéntius(또는 magis ácriter
   quam prudénter) 현명하게 싸웠다기 보다는 맹렬하게
   싸웠다.[두개의 형용사 또는 부사를 서로 비교할 때에는 둘 다 비교급으로 써
   서 quam으로 이어주든지, 둘을 다 원급으로 쓰되 제1항에서는 비교급 부사
   magis(차라리, 더나 minus(차라리, 덜)을 쓰고, 제2항 앞에 quam을 놓는다]/
   Pugnátur a nobis. 우리는 싸우고 있다/
   rátiónem pugnæ insisto. 전법을 따르다/
   tenórem pugnæ serváre. 전쟁을 계속하다/
   traho pugnam aliquandiu. 전쟁을 얼마동안 버티다/
   tumultuária pugna. 기습적(奇襲的)인 전쟁(戰爭).
pugna ad Cannas. 칸나 부근에서 벌어진 전투
Pugna aspera surgit. 처절한 싸움이 일어나다
pugna civilis. 시민전쟁
pugna equéstris. 기병전(騎兵戰)
pugna navalis. 해전(海戰.naumachia, -æ, f.)
Pugna navalis ad (insulam) Martham.
   Martha 섬 부근의 해전(海戰).
pugnábilis, -e, adj. 싸워 이길 수 있는
pugnácĭtas, -atis, f. 전투욕(戰鬪慾), 호전성(好戰性),
   투지(鬪志-싸우고자 하는 굳센 의지).
pugnácŭlum, -i, n. 성채(城砦), 요새(要塞)
pugnans, -ántis, p.prœs. 싸우는, 전투하는, 반대하는,
   저항(抵抗)하는, 대립(對立)하는, 모순된, 완강(頑强)한.
Pugnándum est. 싸워야 한다.
   Mihi pugnándum est. 나는 싸워야 한다.
pugnántĭa, -ĭum, n., pl. 대립(對立), 모순(矛盾).
   Prœlium atrócius quam pro número pugnántium
   éditur. 교전은 싸우는 사람들의 수에 비하여 너무
   처참한 것이다(너무 처참하게 생긴다).

[제1항에 비교급을 쓰는 동시에 quam 다음에 제2항으로 pro와 함께 명사의 탈격을 쓰면 "즉 비교급+quam pro(abl.)는" "…에 비하여, 를 보아서는, 너무, 더, 지나치게"의 뜻이 있다].

Pugnantia te loque non vides?
당신이 모순되는 말을 하고 있다고 생각지 않으십니까?

pugnáte, 원형 pugno, -ávi, -átum, -áre, intr., tr. [명령법. 현재 단수 2인칭 pugna, 복수 2인칭 pugnate].

pugnáte, ut vincátis; vincíte, ut coronémini; humíles estóte, ne cadátis in pugna.
이기기 위해서 싸우고, 월계관을 쓰기 위해서 이기십시오. 싸움에서 쓰러지지 않도록 겸손하십시오.

pugnátor, -óris, m. 전투원(戰鬪員), 전투병, 전사, 투사(鬪士), 싸움하는 짐승.

pugnátor gallus. (動) 투계(鬪鷄), 싸움닭(cicirrus, -i, m.)

pugnatórĭus, -a -um, adj. 전투용의, 전투원이 사용하는. pugnatoria arma. 전투무기.

pugnátor, -óris, m. 전사(戰士).
Dóminus quasi vir pugnátor; Dóminus nomen eius! (⑨ The LORD is a warrior, LORD is his name!)
주님은 전쟁의 용사 그 이름 주님이시다(탈출 15. 3)/
야훼는 용사, 그 이름 야훼이시다(공동번역 출애굽기).

pugnátrix, -ícis, adj. 호전적(好戰的)인.
f. 여자 전투원(戰鬪員), 여자 투사(鬪士).

pugnatrix nátio. 호전적 민족

pugnax, -ácis, adj. 싸우기 좋아하는, 호전적(好戰的)인, 투쟁적(鬪爭的)인, 투지가 왕성한, 시비조(是非調)의, 신랄(辛辣)한, 완고(頑固)한, 완강(頑强)한, 악착스러운.

púgnĕus, -a -um, adj. 주먹의

púgnĭtus, adv. 주먹으로, 주먹다짐으로

pugno, -ávi, -átum, -áre, intr., 싸우다, 전투하다, 교전하다, 토론하다, 논쟁하다, 반대하다, 저항하다, 상충(相衝)하다, 대항하다, 반박하다, 힘쓰다, 애쓰다, 분투(노력)하다, …하려고 하며, (희극 용어) 속이다, 속여먹다,
(A me) pugnabátur. (나는) 싸우고 있었다/
(A me) pugnátum est. (나는) 싸웠다/
(A me) pugnátur. (나는) 싸운다/
Bene pugnátum est. 잘 싸웠다/
cum hoste pugno. 적(敵)과 싸우다/
Hæc pugnant invicem. 이것들은 서로 상치(相馳) 된다/
In oratióne tuā tecum ipse pugnábas.
너는 네 연설에서 자가당착(自家撞着)에 빠져 있다/
Magna celeritáte pugnátum est.
매우 신속히(magna celeritate) 전투가 치러졌다/
magnam pugnam pugno. 큰 싸움을 하다, 큰 전투를 하다/
(Mihi) pugnándum est. (나는) 싸워야 한다/
pugna summa contentióne pugnáta. 악착스럽게 싸운 전투/
Pugnábat velut si salus civitátis in se poneretur.
그는 국가의 안전이 마치 자기한테 달린 것처럼 싸웠다/
Pugnámus pro civitáte justíore.
우리는 보다 정의로운 국가를 위하여 싸우는 중이다/
pugnándo deficio. 전투에 지치다.허덕이다/
pugnáre cum hóstibus. 적과 싸우다/
Pugnátum est acrius quam prudéntius(magis acriter quam prudénter) 현명하게 싸웠다기 보다는 맹렬하게 싸웠다/
Pugnátum (est) ámplius duábus horis.
두 시간 이상 전투하였다/
Pugnátur armis. 무기를 가지고 싸우고 있다/
Réliquis óppidi pártibus est pugnátum.
성읍의 나머지 구역에서 전투가 있었다/
Si non pugnáre vis, licet fúgere, patet jánua exi!
만일 싸우기 싫으면 너는 도망해도 좋다.
문은 열려 있으니 나가거라.

pugno ex equo. 말 타고 전투하다

púgnus, -i, m. 주먹, 주먹질, 권투(拳鬪), 한줌, (한)움큼, 한 주먹의 부피.
gestiunt mihi pugni. 나는 주먹이 근질근질하다/
pugna ad Cannas. 칸나 부근에서 벌어진 전투/
pugnum fácere. 주먹을 쥐다/
pugnum in os impingo. 한 움큼 입에 넣다.

pulce…, pulcri… V. **pulche…, pulchri…**

pulchéllus, -a, -um, adj. 예쁘장한, 귀여운, 고운, 곱살한

pulcher, -chra -chrum, adj. 아름다운(까ɔ.καλὸς), 예쁜, 고운, 잘생긴, 훌륭한, 멋진, 좋은, 제대로 잘된, 귀중한, 값진, 존귀한, 명문의, 유명한, 즐거운, 행복한, 영광스러운, 영예로운, 용감한, 늠름한, 당당한.
De pulchro et apto. 아름다움과 알맞음(성 아우구스티노 지음)/
Ferrum est minus pulchrum quam utile.
쇠는 유익함에 비해서 아름다움은 덜하다/
Ideo sis pulcher, ut ille te amet.
그분께서 그대를 사랑하시도록 아름답게 지내십시오. (최익철 신부 옮김, 요한 서간 강해, p.417)/
imago pulchra. 아름다운 모상/
O faciem pulchram! 오 아름다운 얼굴!/
pulchra parílitas 아름다운 대칭.
(성 아우구스티노의 미학 용어. 교부문헌 총서 17. 신국론, p.2688)/
pulchra ut luna. 달처럼 아름답다(아가 6. 10)/
Pulchrius nihil exstat quam attingi, quam admiratione affici, de Evangelio, a Christo. 복음을 통해, 그리스도와 만남을 통해 경이를 느끼는 것보다 더 아름다운 일은 없습니다(2007.2.22. "Sacramentum Caritatis" 중에서)/
Quomodo erimus pulchri? amando eum qui semper est pulcher. 우리는 어떻게 아름다워지겠습니까?
영원히 아름다우신 그분을 사랑하면서 아름다워집니다/
ratio objectiva pulchri. 미(美)의 객관적인 의미/
sponsa pulchérrima. 아름다운 부인.

	단 수		
	m. (남성)	f. (여성)	n.(중성)
Nom.	pulcher	pulchra	pulchrum
Voc.	pulcher	pulchra	pulchrum
Gen.	pulchri	pulchræ	pulchri
Dat.	pulchro	pulchræ	pulchro
Acc.	pulchrum	pulchram	pulchrum
Abl.	pulchro	pulchra	pulchro

	복 수		
	m. (남성)	f. (여성)	n.(중성)
Nom.	pulchri	pulchræ	pulchra
Voc.	pulchri	pulchræ	pulchra
Gen.	pulchrórum	pulchrárum	pulchrórum
Dat.	pulchris	pulchris	pulchris
Acc.	pulchros	pulchras	pulchra
Abl.	pulchris	pulchris	pulchris

(한동일 지음, 카르페 라틴어 1권, p.75)

pulchre, adv. 아름답게, 훌륭하게, 제대로 잘, 썩 잘, 후하게, 푸짐하게, (나쁜 뜻으로) 아주, 철저히, (감탄사) 좋아!(Probe!), 잘했다!(sophos! adv.), 잘됐다!

Pulcher es iam: sed noli te adténdere, ne perdas quod accepísti; illum adténde, a quo factus es pulcher.
그대는 이미 아름답습니다. 그러나 그대가 받은 아름다움을 잃지 않으려거든, 그대 자신을 바라보려 하지 마십시오.
그대를 아름답게 해 주신 그분을 바라보십시오.
(최익철 신부 옮김, 요한 서간 강해, p.417).

pulchérrimus, -a, -um, adj. pulcher, -ra -rum의 최상급.
⑨ pretty, beautiful, handsome, noble, illustrious.

Pulchrésco, -ĕre, intr., inch. 아름다워지다, 고와지다

Pulchrífico, -áre, tr. (pulcher+fácio) 아름답게 만들다

pulchrior, -or -us, adj. pulcher, -ra, -rum의 비교급
⑨ pretty, beautiful, handsome, noble, illustrious.

pulchritúdo, -ĭnis, f. 아름다움(κάλλος.⑨ Beauty), 미(美), 잘생김, 훌륭함, 우수함, 탁월(卓越), 미점(美點).
insatiábilis pulchritúdo. 한없는 아름다움/
Inter álias præstítimus pulchritúdine.
우리는 다른 여자들보다 뛰어나게 아름다웠다/
Fallax gratia et vana est pulchritudo mulier timens Dominum ipsa laudabitur.
(yeudei/j avre,skeiai kai. ma,taion ka,lloj gunaiko,j gunh. ga.r suneth. euvlogei/tai fo,bon de. kuri,ou au[th aivnei,tw)
(⑨ Charm is deceptive and beauty fleeting;

P

the woman who fears the LORD is to be praised)
우아함은 거짓이고 아름다움은 헛것이지만 주님을
경외하는 여인은 칭송을 받는다(성경 잠언 31. 30)/
아름다운 용모는 잠깐 있다 스러지지만 야훼를
경외하는 여인은 칭찬을 듣는다(공동번역 잠언 31. 30)/
Vera pulchritudo est amor Dei qui se definitive nobis in
Mysterio paschali revelavit.(㉫ The truest beauty is the
love of God, who definitively revealed himself to us in
the paschal mystery) 참된 아름다움은 파스카의 신비로
당신을 궁극적으로 우리에게 계시하시는 하느님의 사랑입니다.
Pulchritudo et actionis liturgicæ congruentia insigniter
in ordine manifestantur quo unusquisque vocatur ad
actuosam participationem.
전례의 아름다움과 조화는 모든 이가 능동적으로
참여하도록 부름 받은 품계에서 잘 드러납니다.
Pulchritudo et liturgia.(㉫ Beauty and the liturgy)
아름다움과 전례.
Pulchritudo liturgiæ pars est huius mysterii.
전례의 아름다움은 이 신비의 일부입니다.
Pulchritudo nihil aliud est quam æqualitas numerosa.
미(美)는 다름 아닌 수적 균형이다.
pulchritudo rationis. 비례의 아름다움.
(성 아우구스티노의 미학 용어. 교부문헌 총서 17, 신국론. p.2688).
Pulchritudo Sæculi. 아름다운 세기.
(고 김태관 1918.3.15. ~ 1990.4.10. 신부 지음).
Pulchrum est a laudatis viris laudari.
칭찬 받는 사람들에게서 칭찬 받는 것은 멋진 (일)이다.
Pulchrum est id quod visum placet.
아름다움이란 이해됨에 있어 기쁨을 주는 것이다.
Pulchrum est, pro patria mori.
조국을 위하여 죽는 것은 아름다운 일이다.
Pulchrum respicit vim cognoscitiva. Pulchra enim
dicuntur quæ visa placent. 미는 인식력과 관련이 있다.
미는 보이게 되면서 즐겁게 하는 것이기 때문이다.
puléjum(pulégĭum), -i, n. 감미로움, 향긋함
pūlex, -lícis, f. (蟲) 벼룩
pulicósus, -a, -um, adj. 벼룩투성이의
pullárĭus¹ -a, -um, adj. 병아리의, 망아지의, 어린이의,
   pullária feles. 어린이를 유괴(誘拐)하여 腐敗시키는 자.
pullárĭus² -i, m. 어린이를 유괴(誘拐)하여 腐敗시키는 자,
   병아리의 모이 먹는 모양새를 보고 점치는 자.
pullátĭo, -ónis, f. 알을 품음, 포란(抱卵-알을 품음)
pullátus, -a, -um, adj. 상복(喪服)을 입은, 노동복을 입은,
   때 묻은(남루한) 옷을 입은.
   m., pl. 천민(賤民), 서민(庶民), 빈민(貧民).
pullejácĕus, -a, -um, adj. 거무스름한, 거무튀튀한, 흑갈색의.
pulli columbini. 비둘기 새끼(pullulus² -i, m.)
pulli hirundinum. (鳥) 제비새끼
pullicénus, -i, m. 병아리
púllĭger, -ĕra, -ĕrum, adj. (pullus⁴+gero¹) 유정란의
pullígo, -ĭnis, f. 흑갈색(黑褐色)
pullínus, -a, -um, adj. (짐승) 새끼의, 망아지의, 병아리의.
   stercus pullínum. 병아리 똥.
pullities, -éi, f. 알을 품음, 포란(抱卵-알을 품음)
pullos pennis foveo. 병아리들을 날개로 품다

P

pullulásco, -ere, inch., intr. 싹이 트다(חמצ), 순이 돋다
   (초목이) 자라다(אבר.יבר. אסנ.יסנ), 발육하다.
pullulátĭo, -ónis, f. 싹틈, 발아(發芽-싹틈), 새싹, 순(싹)
   움(나무 등걸의 뿌리나 풀의 뿌리에서 새로 돋는 싹이나 어린줄기),
   초목의 상록(常綠), (죄악 따위의) 만연(蔓延)
púllŭlo, -ávi, -átum, -áre, intr., tr. 싹이 트다(חמצ),
   그루터기에서 순이 돋아나다, 만연(蔓延)하다, 번지다,
   퍼지다(אסנ.יסנ.חור.גור.ית), 낳다, 발생하게 되다.
   (동물의 몸 같은 데서) 돋아나다.
púllŭlus¹, -a, -um, adj. 거무스름한
púllŭlus², -i, m. 동물의 새끼, 병아리, 비둘기새끼,
   (남자) 어린 아기, 귀염둥이, 새싹,
   (특히 그루터기.등걸에서 돋는) 순.

pullus¹, -a, -um, adj.
   어린, 새끼의, (토양 따위가) 부드러운, 기름진.
pullus², -a -um, adj. 깨끗한(καθαρός), 순수한
pullus³, -a -um, adj. 어두운 빛깔의, 칙칙한, 흑갈색의,
   거무스름한, 표백(가공) 하지 않은 모직물로 만든,
   서민층이 사용하는.
   n. 칙칙한 빛깔, 생모직 옷, 상복(喪服).
   pulla vestis. 거무튀튀한 생모직 옷.
pullus sermo. 서민 대중의 언어(言語)
pullus⁴, -i, m. (포유) 동물의 새끼, (특히) 망아지,
   (알에서 부화하는) 새끼, (특히) 병아리, (식물의) 새끼,
   (애칭) 어린 아이, (그루터기.등걸에서 돋는) 순, 새가지.
   Ex pravo pullus bonus ovo non venit ullus.
   어떤 좋은 병아리도 나쁜 알에서 나오지는 않는다/
   Fácĭunt vólucres pullos. 새들이 새끼를 깐다/
   Gallínæ pennis fovent pullos, ne frígore lædántur.
   암탉들은 병아리들을 추위에 상하지 않도록 날개로 품어준다/
   pulli columbíni. 비둘기 새끼/ pulli gallinácei. 병아리/
   pulli hirúndinum. 제비새끼/
   pullos pennis foveo. 병아리들을 날개로 품다.
pullus apum. 아기 벌
pullus asininus. 나귀새끼
pullus equinínus. 망아지(갓 태어나거나 덜 자란 어린 말)
pullus glirium. 들쥐새끼
pullus milvínus. (솔개새끼처럼) 욕심 사나운 녀석, 탐욕자
pullus ranæ. 올챙이(ranunculus, -i, m.)
pulmentárĭum, -i, n. (빵에 곁들여 먹는) 부식물,
   (빵 다음에 먹는) 부식물(副食物), 음식, 새의 먹이, 모이.
pulméntum, -i, n. (빵에 곁들여 먹는) 부식물, 죽(粥),
   (일반적으로 먹는) 음식, 먹을 것.
   ita et de pulmentis dabitis ea Domino.(민수 15. 21)
   (avparch.n fura,matoj u`mw/n kai. dw,sete kuri,wl avfai,rema eivj
   ta.j genea.j u`mw/n) (獨 so sollt ihr auch dem HERRN den
   Erstling eures Teigs geben für alle Zeit)(㉫ Throughout
   your generations you shall give a contribution to the
   LORD from your first batch of dough) 너희는 대대로
   처음 반죽한 것에서 얼마를 주님에게 봉헌물로 올려야
   한다(성경)/너희는 대대로 처음 반죽한 떡반죽 예물을
   야훼께 바쳐야 한다(공동번역 민수 15. 21).
pulmo, -ónis, m. (解) 폐(肺), 허파, 폐엽,
   Aspera pulmonem tussis quatit.
   모진 기침이 폐를 울리게 한다/
   Ecclesia duobus pulmonibus suis respirare debet!
   (㉫ the Church must breathe with her two lungs!)
   교회는 두 허파로 숨을 쉬어야 한다!/
   Laborat hic alumnus morbo pulmonum.
   이 학생은 폐병(肺病)을 앓는다/
   Mirífice pulmóni facit. 그것은 폐에 신통하게 좋다/
   Pulmónes se cóntrahunt aspirántes.
   폐는 숨을 내쉬면서 수축(收縮) 된다/
   recondo ensem in pulmóne. 칼로 폐를 찌르다.
pulmonátus, -a, -um, adj. 폐를(폐 모양의 기관을) 가진,
   유페류(有肺類)의, n., pl. 유페류(有肺類).
pulmónĭa, -æ, f. 폐렴(肺炎)
pulpa¹ -æ, f. 살, 살코기, 과일의 살, 과육(果肉),
   (식물의) 수(髓), (生理) 치수(齒髓).
pulpa² -æ, f. (魚) 낙지, 문어
pulpaméntum, -i, (pulpamen, -mĭnis,) n. 살, 살코기,
   다진 고기로 만든 요리, 맛있는 요리, 부식물(副食物).
púlpĭtum, -i* n. (pulpitus, -i, m.) 발판, 무대(舞臺),
   연단(演壇), 강론대(講論臺.㉫ Pulpit.獨 Kanzel),
   설교대(說敎壇), 교단, 독서대(㉫ Ambo/Lectern/pulpit),
   책 틀(㉫ Bookstand.獨 Pult).
pulpo, -áre, intr. (고기 본 독수리 따위가) 소리 지르다.
pulpósus, -a, -um, adj. 살이 많이 붙은, 살찐
puls, pultis, f. (콩이나 밀가루 따위로 만든) 죽
pulsábŭlum, -i, n. (현악기 연주용의) 채,
   픽(pick-기타나 만돌린 따위를 연주할 때 쓰는 물건. 손가락 대신에

이것으로 줄을 타는데, 이것의 재료로는 셀룰로이드 따위로 만듦).

pulsate, 원형 pulso, -ávi, -átum, -áre, freq., tr.
[명령법. 현재 단수 2인칭 pulsa, 복수 2인칭 pulsate].
Petite, quærite, pulsate. 청 하여라, 찾아라, 두드려라.

pulsate, et aperietur vobis.
(㉥ knock and the door will be opened to you)
문을 두드려라, 너희에게 열릴 것이다.

pulsátĭo, -ónis, f. 두드림, 때림, 침(때림.두드림), 타격(打擊),
타격(打擊-때림), 구타(毆打-사람을 때림), 맥박이 뜀,
고동(鼓動-혈액 순환에 따라 심장이 뛰는 일).

pulsátor, -óris, m. 두드리는(치는) 사람,
(거문고 등 현악기의) 탄주자(彈奏者), 소송인(訴訟人).

púlsĭo, -ónis, f. 내쫓음, 밀쳐냄

pulso, -ávi, -átum, -áre, freq., tr. 떼밀다, 밀치다, 치다,
두드리다, 때리다, 갈기다, 구타하다, (땅바닥을) 구르다,
찧다, 빻다, 탄주(彈奏)하다, (樂器를) 치다, 타다,
자극하다, 일으키다, 충동하다, 무찌르다, 쳐부수다,
함락시키다, 몰아내다, 물리치다, 모면하(게 하)다,
막다(חגר.אלף.סגר), 침해(侵害)하다, 모독(冒瀆)하다,
고소(告訴)하다, 고발(告發)하다.

chordas dígitis pulso. (현악기의 줄을) 손가락으로 퉁기다/
perícula pulso. 위험(危險)들을 막다/
prata pulso choréis. 풀밭에서 떼 지어 춤추다/
pulsant acres látera (navis) fluctus.
거센 파도들이 배의 양옆구리를 후려치다/
pulsári crímine falso. 무고(誣告) 당하다/
Ululátus pulsat aures. 울부짖는 소리가 귓전을 때린다.

pulso *alqm* **manu.** 아무를 손으로 때리다

pulso aríete muros. 파벽 차로 성벽들을 쳐부수다

pulso campánam. 종을 치다

pulso humum pédibus. 두 발로 땅바닥을 구르다

pulso omne, quod obstat.
장애(障礙)가 되는 모든 것을 물리치다.

pulso óstium. 문을 두드리다

pulso terram grándine. 우박으로 땅을 후려갈기다

pulso verecúndiam. 수치심(羞恥心)을 일으키다

pulsum, "pello"의 목적분사(sup.=supínum)

pulsus¹ -a, -um, p.p. (pello)

pulsus² -us, m. 때림(일격), 타격(打擊), 일격(一擊),
충격(衝擊), 밀침, 추진력(推進力), 탄주(彈奏),
(현악기를) 탐, 인상, 감동, 충동(衝動), 자극(刺戟).
(醫) 맥박(脈搏), 고동(鼓動).

pulsus altus. 강맥(强脈)

pulsus celer. 속맥(速脈-정상보다 빠른 맥박)

pulsus debilis. 약맥(弱脈)

pulsus irregularis. 부정맥(不整脈)

pulsus pedum. 걷어 참, 발을 구름

pulsus remórum. 노를 저음

pulsus tardus. 지맥(遲脈)

pulsus terræ. 지진(地震)/terræ motus(=terræmotus)

pulsus venárum. (醫) 맥박(脈搏)

pultárĭus, -i, m. (약탕관 비슷하게 생긴) 죽 냄비, 단지,
뚝배기(찌개나 지짐이 따위를 끓이거나 설렁탕 따위를 담을 때 쓰는 오지그릇).

pultátĭo, -ónis, f. (문 따위를) 두드림

pultícŭla, -æ, f. 죽(粥)

pultiphagónĭdes, -æ, (pultiphăgus, -i,) m.
죽 먹는 사람(희극에서 로마인 지칭).

pulto, -áre, freq., tr. 두드리다, 때리다, 치다

pulverárĭus, -a, -um, adj. 먼지의, 먼지투성이의

pulverátĭca, -æ, f. (pulveraticum, -i, n.)
봉사료(㉥ tip), 사례금(謝禮金), 행하(行下-품삯 이외에 더
주거나, 경사가 있을 때 주인이 하인에게 주던 돈이나 물품), 노임(勞賃),
품삯, 팁(㉥ tip), 보수(報酬).

pulverátĭo, -ónis. f. 포도나무 주위를 파헤쳐서 먼지를
일으키는 일(포도가 익기 시작할 무렵에 포도 보호의 수단으로 행함).

pulvere perfusus. 먼지에 뒤덮인.
voluto se in púlvere. 먼지 속을 뒹굴다.

pulveres compositi, -um -órum, m., pl. (藥) 복합산제.

pulvereus, -a, -um, adj. 먼지의, 먼지투성이의, 가루의,
분말모양의, 먼지를 일으키는.

pulverízo, -ávi, -átum, -áre, tr. 가루로 만들다, 빻다

púlvĕro, -ávi, -átum, -áre, intr., tr. 먼지를 일으키다,
먼지로 덮다, 가루로 만들다, 빻다, 바스러뜨리다,
나무뿌리 주위를 김매주다, 먼지가 앉다.

pulveruléntus, -a, -um, adj. 먼지투성이의, 먼지로 덮인,
수고스러운, 노고(勞苦)로 얻어지는.

pulvésco, -ĕre, intr., inch. 먼지가 되다.

pulvíllus, -i, m. 작은 방석, 작은 베개.

pulvínar, -áris, n. (일반적으로) 베개, (제사용) 방석, 보료,
(신전에서 신들에게 향연을 베풀 때) 신상들을 받쳐
놓는 방석, (신들의 기념 축제 때 타원형 경기장에서)
방석에 받쳐놓은 신상들을 두는 곳, 신전(神殿),
(고대 Roma 식탁에서의) 귀빈석(貴賓席),
황제(皇帝)의 부부침상. (生理) 시상침(視床枕).

pulvinárĭum, -i, n.
방석 받쳐놓은 신상들의 좌석, 정박하는 곳.

pulvínus, -i, m. 방석, 보료, 베개, 모래둔덕, 모랫돌,
두둑(밭두둑), 화단(花壇), areola, -æ, f. 작은 화단).

pulvis, -věris, m. (드물게는 f.) 먼지(אׇבׇק), 티끌,
사진(沙塵), 고운 모래, 가루, 분말.
(藥) 가루약, 산제(散劑-가루로 된 약). 화장한 유골(의 재),
흙, 땅, 토기 흙, 수고, 노력, 노고(勞苦),
At illi, excusso pulvere pedum in eos, venerunt
Iconium. (oi` de. evktinaxa,menoi to.n koniorto.n tw/n podw/n
evpV auvtou.j h=lqon eivj VIkonion.) (㉥ So they shook the dust
from their feet in protest against them and went to
Iconium) 그들은 발의 먼지를 털어 버리고 나서 이코
니온으로 갔다(성경 사도 13, 51)/두 사도는 그들에게 항의
하는 뜻으로 발의 먼지를 털어 버리고 이고니온으로
갔다(공동번역)/바오로와 바르나바는 그들을 거슬러 발의
먼지를 털어 버리고 이고니온으로 갔다(200주년 신약)/
formatus iste pulvis. 형체를 갖춘 그 먼지(신국론. p.1414)/
Munera pulveris. 먼지의 선물(카 러시민 1872년 지음)/
quando funditur pulvis in solidum, et glebæ
compinguntur? (ke,cutai de. w[sper gh/ koni,a keko,llhka de.
auvto.n w[sper li,qw] ku,bon) (㉥ So that the dust of earth
is fused into a mass and its clods made solid?)
먼지가 덩어리로 굳어지고 흙덩이들이 서로 달라붙을
때에 말이다(성경 욥기 38, 38)/먼지가 덩이와 덩이로
굳어졌다 하나로 뭉쳐지게 되도록(공동번역)/
quia pulvis es et in pulverem reverteris.
(㉥ For you are dirt, and to dirt you shall return)
너는 먼지이니 먼지로 돌아가리라(성경 창세 3, 19)/
Recordatur (Dominus), nos pulverem esse.
주님께서는 우리가 먼지라는 것을 기억하고 계시다/
sulcos in púlvere dúcere. 모래밭에 고랑을 내다(헛수고하다).

pulvis ærophorus. (藥) 비등산(沸騰散)

pulvis Olympicus. 올림픽 경기장(競技場)

pulvis stomáchicus. 건위산(健胃散)

pulvis sulfureus sine fumo. 무연화약(無煙火藥)

pulvíscŭlus, -i, m. 먼지, 티끌, 미소분말,
치마분(齒磨粉-이를 닦을 때 칫솔에 묻혀 쓰는 가루 치약),
cum pulvísculo. 먼지하나 남기지 않고, 깨끗이.

pūmex, -mīcis, m. (鑛) 부석(浮石-속돌), 경석(輕石-속돌),
속돌(浮石), 구멍 많은 바위.
Aquam a pumice nunc postulas.(Plautus)
당신은 지금 돌에서 물이 나오기를 원하고 있다.

pumicátor, -óris, m. 갈고 닦는 사람

púmĭco, -ávi, -átum, -áre, tr. 부석(浮石)으로 갈다(닦다).
p.p. pumicátus, -a, -um, adj.
매끈하게 다듬은, 갈고 닦은.

pumicósus, -a, -um, adj.
부석(浮石)처럼 생긴, 구멍이 많은

pumílĭo, -ónis, f., m. 난쟁이, 왜소한(소형의.꼬마) 동식물

púmĭlus, -a, -um, adj. 꼬마의, 난쟁이의, 왜소한, 소형의.
m. 난쟁이.

puncta, -æ, f. 뾰족한 끝으로 찌름
punctátim, adv. 요컨대, 한마디로
punctátor, -óris, m. (敎法) 출석 검사원(出席 檢査員)
punctátus, -a, -um, adj. (주로 동식물이) 작은 반점이 있는
punctíllum, -i, n. 아주 작은 반점(斑點)
punctim, adv. 찔러서
púnctĭo, -ónis, f. 찌름, (벌 따위가) 쏨, 찌르는 듯한 아픔, 쑤심. (醫) 천자술(穿刺術).
punctiúncŭla, -æ, f. 살짝 찌름, 가벼운 고통
púnctŭlum, -i, n. 가볍게 찌름, 작은 첨단, (바늘.가시 따위에) 찔린 자리, 작은 점(오점)
punctum, "pungo"의 목적분사(sup.=supínum)
punctum, -i, n. (punctus, -i, m.) 뾰족한 끝, (가시.바늘.살 따위로) 찌름, 쏨, (찔러서 생긴) 작은 구멍, (바늘 따위에) 찔린 자리, 통점(痛點), 작은 반점(斑點), 점(點), 종지부(終止符), (comma, colon 따위의) 구두점, (기하학적 개념으로) 점, 공간상의 점, 지점(地點), 저울눈금 사이점(時點), 순간(瞬間-눈 깜짝할 사이), 일순(一瞬.일순간의 준말), 당면찰라(當面刹那, 선유의 천주사상과 제사문제 p.117), 문제점(問題點), 논점(論點), 요점(要點), (글.말의) 작은 대목, 소절(小節-문장의 짧은 한 구절).
duo púncta. 포갤 점(:)/
puncto temporis. 순식간에/
vulnus acu punctum. 바늘에 찔린 상처(傷處).
punctum cum vírgula. 나눔표(;)
punctum inclinatum. 능형음부(菱形音符)
Punctum Mora. (音) 부점(附點 ".")(Gregorio 聖歌에서 nota에 붙여 2배의 음의 길이를 표시하거나 곡의 종지나 절을 표시함).
Punctum Quadratum. (音) 정방형(正方形) 방형음부(音-Gregorio 성가에서 일반적으로 사용되는 음부 Nota).
punctúra, -æ, f. 찌름, 찔린 자국, 자상(刺傷)
punctus, -us, m. 찌름, 찔린 상처, 점(點) 자상(刺傷-칼 따위의 날카로운 기물에 찔린 상처).
pneuma, -ătis, n. 바람(숨)
pungo, púpŭgi, punctum, -ĕre, tr. 찌르다, (뱀이) 물다, 벌레 따위가 쏘다, 꿰찌르다, 꿰뚫다, 관통하다, 점찍다, 점으로 표시하다, (감각 따위를) 자극(刺戟)하다, (맛 따위가) 꼭 쏘다, 마음 아프게(상하게) 하다, 괴롭히다, 못살게 굴다, 마음에 걸리게 하다, 안타깝게 하다.
puncto tempore. 순식간에/
vulnus acu punctum. 바늘에 찔린 상처(傷處).
puni, 원형 púnĭo, -ívi(ĭi), -ítum, -íre [명령법. 현재 단수 2인칭 puni, 복수 2인칭 puníte]
Magister, me puni, si honestus non vivam. 선생님, 만일 제가 정직하게 살지 못한다면, 저를 벌해 주십시오!
punibílĭtas seu criminalĭtas 가벌성(可罰性)
Punica fides. 카르타고의 믿음(信義 없는 맹세)
punica granatum(=punica malus) (植) 석류나무(學名)
puníceŭs[1] -a, -um, adj. = Pœníceus
puníceŭs[2] -a, -um, adj. 자주 빛의, 붉은, 빨간
púnĭcum, -i, n. (植) 석류(石榴.ᄆᆡᄅ.® pomegranate)
punĭi, "púnĭo"의 단순과거(pf.=perfectum)
púnĭo, -ívi(ĭi), -ítum, -íre, tr. 벌하다, 벌주다, 처벌하다, 징벌하다(παιδεὺειν), 원수를 갚다(ברְ), 복수하다, 보복하다(ברְ), 앙갚음하다(ברְ).
alqm manu vitam punio. 누구를 사형하다/
Nemo bis punitur pro eodem delicto. 어느 누구도 동일한 범죄에 대하여 거듭 처벌받지 않는다/
Non fuit illud fácinus puniéndum. 그 행위는 처벌해야 할 것이 아니었다/
reus punítus. 처벌된 죄인/
Si clamaret, eum puniremus. 만일 그가 소리를 지른다면 우리는 그를 처벌하리라/
Si clamavissent, eos punivissemus. 만일 그들이 소리를 질렀더라면 우리는 그들을 처벌했으리라/
suā manu vitam punio. 자살하다.
púnĭor, -ítus sum -íri, dep., tr.

= púnĭo -ívi(ĭi), -itum, -íre, tr.
punítĭo, -ónis, f. 징계(懲戒), 징벌(懲罰) 벌(® Punishment), 처벌(處罰.® Condemnátĭon).
punítor, -óris, m. 벌하는 사람, 보복자(報復者), 복수자, 징벌자, 처벌자(處罰者), 앙갚음하는 사람.
punítum, "púnĭo"의 목적분사(sup.=supínum)
punívi, "púnĭo"의 단순과거(pf.=perfectum)
pūpa, -æ, f. 소녀, 아가씨, 인형. (動) 번데기.
Puella pupa bella est. 이 소녀의 인형은 예쁘다/
Puella pupam portans, domum venit. 인형을 갖고 있는 소녀는 집으로 왔다.
pupárĭum, -i, n. 번데기 껍질.
pupílla, -æ, f. 부모를 여윈 어린 소녀, 피후견인 소녀. (解) 눈동자, 동공(瞳孔-눈동자), 눈.
pupilláris, -e, adj. 피후견 소녀(소녀)의, 미성년(기)의, 눈동자의, 동공(瞳孔)의.
pupillátus, -us, m. 부모를 여윈 미성년(의 신분), 피후견 연령(被後見 年齡).
pupíllus, -i, m. 아버지(부모) 없는 미성년 소년, 어린 소년, 피후견(被後見) 소년.
Relinque pupillos tuos, ego faciam eos vivere; et viduæ tuæ in me sperabunt. (u`polei,pesqai ovrfano,n sou i[na zh,shtai kai. evgw. zh,somai kai. ch/rai evpV evme. pepoi,qasin) (獨 Verlaß nur deine Waisen, ich will sie am Leben erhalten, und deine Witwen sollen auf mich hoffen) (® Leave your orphans behind, I will keep them alive; your widows, let them trust in me) 너의 고아들은 남겨 두어라. 내가 살려 주겠다. 너의 과부들도 나를 의지하게 하여라(성경 예레미야 49. 11)/ 뒤에 남은 고아를 살려줄 사람이 없고 뒤에 남은 과부의 의지가 되어줄 사람도 없으리라(공동번역 예레 49.11)/
Viduæ et pupillo non nocebitis. (pa/san ch,ran kai. ovrfano,n ouv kakw,sete) (獨 Ihr sollt Witwen und Waisen nicht bedrücken) (® You shall not wrong any widow or orphan) 너희는 어떤 과부나 고아도 억눌러서는 안 된다(성경)/ 과부와 고아를 괴롭히지 마라(출애굽기 22. 21).
puppis, -is, f. 고물(배의 뒤쪽이 되는 부분), 배의 뒤쪽, 선미(船尾), 배(πλοίον.船), (희곡에서) 사람의 등.
púpŭgi, "pungo"의 단순과거(pf.=perfectum)
púpŭla, -æ, f. 작은 여자 아이, 눈동자, 눈
púpŭlus, -i, m. 작은 남자 아이, 소아(小兒), 인형
pūpus, -i, m. 남자 아이, 아동(兒童), 눈동자
pura mens. 순수 지성(純粹 知性)
pura naturalia. 순진한 본성
pura poténtĭa. 순수한 가능태
pura spirituálĭtas. 순영관(純靈觀-선유의 천주사상과 제사문제. p.61)
puræ genæ. 맨송맨송한 두 볼
pūre, adv. 깨끗이, 맑게, 말끔히, 말쑥하게, 순수하게, 순전히, 덕스럽게, 깔끔하게, 순결(純潔)하게, 정결(貞潔)하게, (종교의식 따위에서) 목욕재계하고, 성실하게, 있는 그대로, 세련된 솜씨로, 정확하게, 더할 나위 없이, 명백(명확)하게, 무조건, 대번에, 단박에.
pure æquivoca. 순수 다의성(omnino æquivoce.)
pure et simpliciter. 순순히
purgábilis, -e, adj. 쉽게 발라낼 수 있는, (알맹이의) 껍질이 쉽게 벗겨지는, 쉽게 정화될 수 있는.
purgámen, -minis, n. 쓰레기, 오물(汚物-배설물), 정결례(貞潔禮), 속죄수단(贖罪手段), 속죄의식(贖罪禮式), 깨끗함, 청정(淸淨), 순수성(純粹性), 순도(純度).
purgaméntum, -i, n. 쓰레기, 찌꺼기, 오물(汚物-배설물), 속죄수단(제사), 액막이로 강이나 길가에 버리는 물건, 인간쓰레기, 찌꺼기 같은 인간, 잡초, 세정제(洗淨劑), 하제(下劑), 속죄(獨 Sühne.® Atonement/Expiátĭon)
purgans, -ántis, n. (藥) 설사약, 하제(下劑)
purgátĭo, -onis, f. 깨끗하게 함, 깨끗이 씻어냄, 청소, 정화(淨化.® Purificátĭon.獨 Fegfeuer), 소제(掃除), 설사 시킴, 하제 복용, 세척(洗滌), 월경, 쓰레기, 찌꺼기,

오물(汚物-배설물), 속죄(獨 Sühne), (유태인들의) 정결례,
해명, 변명, 혐의(嫌疑) 따위에서 벗어남, 무죄증명.
((神) (연옥에서) 잠벌(暫罰)을 치름.
Contra opinionem eorum, qui putant criminosis supplicia
post mortem causa purgationis adhiberi. 죄인들에게 사후
의 형벌이 정화의 명분을 가진다는 의견을 논박함/
De theurgia, quæ falsam purgationem animus
dæmonum invocatione promittit. 정령을 불러내어 영혼을
정화시켜 준다고 거짓으로 약속하는 초혼(신국론. p.2776)/
ignis purgátiönis. 정화하는 불(=煉獄 불)/
Unde sit sanctis adversum dæmones potestas et
unde cordis vera purgatio. 성인들의 정령 대항 능력과
참다운 마음의 정화는 어디서 나오는가(신국론. p.2778).
purgátĭo canonica. 교회법상의 배증(排證)
(증거 불충분으로 무효화하기 위한 배척 증언. 백민관 엮음. 백과사전 3, p.274).
purgátĭo ecclesiastica. 교회 결백 판별법
purgátĭo vulgaris. 민중 결백 판별
purgatívus, -a, -um, adj. 설사(泄瀉) 나게 하는, 하제의,
깨끗하게 하는, 정화의, 혐의(嫌疑)에서 벗어나는, 해명의,
(수덕신) via purgatíva. 정화의 길.
purgátor, -óris, m. (purgatrix, -ícis, f.)
정화하는 사람, 청소하는(깨끗하게 하는) 사람.
purgatórĭum, -i, n. 연옥(煉獄).⑨ purgatory)
정화(淨化).⑨ Purificátĭon.獨 Fegfeuer.1133년 Lavardin
의 대주교 Hildebert가 맨 처음 사용함. 연옥. p.16), (藥) 설사약.
anima Purgatorii(⑨ Holy Souls). 연옥영혼/
Decretum de Purgátorio, 연옥에 관한 교령(DS 1820).
purgatórĭum Patricii. 성 파트리치오의 연옥.
(아일랜드 Lougu Derg라는 곳에 있는 순례지. 12세기부터 성 파트리치오를
공경하는 순례지로 전해져 내려온다. 그러나 실제로 이 장소와 성 파트리치오
와는 아무 관련이 없다. 백민관 신부 엮음. 백과사전 3, p.106).
purgatórĭus, -a, -um, adj. 설사 나게 하는, 깨끗하게 하는,
정화력 있는, 교정(矯正) 시켜주는, 연옥의.
purgátus, -a, -um, p.p., a.p. 정화 된, 말끔히 씻은,
닦아 낸, 청소한, 깨끗한(καθαρὸς), 청결한, 순수한,
사심 없는, 순정의, 순결(純潔)한, 해명된, 변명된,
혐의(嫌疑)를 벗은, 잘못(탓)없음이 증명된.
Miror purgátum te illius morbi esse.
나는 네가 그 병이 나은 것이 신통하다/
purgata auris. (깨끗이 닦은 귀. 즉,) 정신 차려 듣는 귀.
purgo, -ávi, -átum, -áre, tr. 깨끗이 하다(חרא.סחס),
청소하다, 말끔히 씻다(닦다.치우다), 청결하게 하다,
(몸.마음 따위를) 깨끗이 씻다, 정화(淨化)하다,
세척하다, 치료하다, 제거(除去)하다, 일소(一掃)하다,
발라내다, 벗기다, 바로잡다, 숙청하다, 지우다, 청산하다,
변호하다, (어떤 사실을) 증명하다, 해명하다, 죄를 씻다,
(종교적으로) 깨끗해지게 하다, 부정(不淨)을 몰아내다.
metum dolóris purgo. 고통에 대한 공포를 떨쳐버리다/
Miror purgátum te illíus morbi esse.
나는 네가 그 병이 나은 것이 신통하다/
óleam a fóliis et stércore purgo.
올리브에서 잎사귀들을 골라내고 새똥을 말끔히 닦다/
purgátis sórdibus. (양털의) 때를 뺀 다음/
si parum vobis essem purgátus.
나의 무죄가 너희에게 불충분하게 증명되었더라면/
Te mihi de algo purgas.
네가 나한테 아무에 대해 변명(辨明) 한다/
vermes purgo. 구더기를 죽여 없애버리다.
purgo vulnera. 상처를 치료(治療)하다
purificális, -e, adj. 깨끗하게 하는
purificátĭo, -onis, f. 깨끗하게 함, 청결하게 함,
부정(不淨)을 몰아냄, 청정식(淸淨式),
정화(淨化).⑨ Purificátĭon.獨 Fegfeuer),
(특히 산후 부인에 대한 유태인들의) 정결예식.
In Purificatione B. MARIÆ V.
복되신 동정 마리아 정결례(성모 취결례) 첨례/
Memoriæ purificatio. 기억의 정화.
Purificátĭo Beatæ Mariæ Virginis. 성모 취결례
purificatórĭum* -i, n. (⑨ purificator.獨 purifikatorium)

성작 수건, 물수건.
Purim(⑨ Purim). 부림제[아람어로 푸림이라 불리는 부림은 "주사위"를
의미하는 "푸르"에서 유래되었으며 아람어 푸르puru에서 비롯된 것으로 여겨
진다. 유다의 봄, 즉 Adar 달 14일 또는 15일에 지내는 해방절의 하나. 푸림이라
는 명칭은 페르시아어 또는 인도어에서 온 것으로 여기기도 했지만, 지금은
아시리아어 puru(운. 당첨)와 관련된 것이라는 것이 정설이다.
백민관 신부 엮음. 백과사전 3, p.276).
dies Sortium. 부림절.
purior, -or -us, adj. purus, -a, -um의 비교급
purissimus, -a, -um, adj. purus, -a, -um의 최상급
púrĭtas¹ -átis, f. 깨끗함, 청결(淸潔-맑고 깨끗함),
결백(潔白), 조촐함, 정결(תֵּנָע.⑨ Chastity/Purity),
(액제의) 맑음, 청순(淸純), 순결(純潔.⑨ Purity),
청정(淸淨-맑고 깨끗함), (심신의) 깨끗함, 말쑥함,
청아(淸雅-속된 티 없이 맑고 아담함), (문체 따위의) 우아함,
청초(淸楚.Simplex munditiis).
púrĭtas² -átis, f. 고름(곪은 곳에서 생기는 끈끈한 액체)
Puritas B.M.V. 순결의 성모 마리아 축일
puritas cordis. 마음의 순결(純潔)-[라틴사전 apathía 참조]
púrĭter, adv. 깨끗하게, 맑게
purítĭa, -æ, (purities, -éi) f. 정결함, 깨끗함
púro¹ -áre, tr. 깨끗이 부시다(닦다), 깨끗하게 하다
púro² -áre, intr. 곪다, 화농(化膿)하다
púrpŭra, -æ, f. 자(홍)색의 권패류(특히 소라), 자주 빛,
자색, 심홍색, 자(홍)색 옷(아이들이나 지위 높은 사람들이 입었음),
황제, 고관, 장관, 대신, 고위 성직자의 표시.
(醫) 자반(紫斑-피부 조직에 내출혈로 말미암아 나타난 자줏빛 얼룩기).
Ad Purpurátórum Patrum, 홍의교부(1965.2.11. 바오로 6세 자의교서).
purpura hæmastoma. 쇠고둥
purpurárĭus, -a, -um, adj. 자(홍)색의, 자색 염료의.
m. 자(홍)색 옷감 가공업자.상인.
f. 자(홍)색 의류 파는 여자, 자(홍)색 염색(옷감) 공장.
purpurásco, -ěre, intr., inch.
자주 빛이 되다, 자(홍)색을 띠다.
purpurátus, -a, -um, p.p. 자색(심홍색) 복장을 한.
m.(pl.) 고관대작(高官大爵), 대신,
고위 성직자, 추기경(⑨ cardinal, 별칭.홍의주교).
purpuream vomere animam. 선혈을 토하다
purpúrěus, -a, -um, adj. 심홍색의, 자색의, 빛나는,
자색(심홍색) 옷을 입은, 번쩍거리는, 화사한.
purpuream vomere animam. 선혈을 토하다.
purpurissátus, -a, -um, adj. 붉은 색칠한, 홍조를 띤
purpuríssum, -i, n. 홍색(紅色), 붉은 빛(紅色),
연지(臙脂-잇꽃의 꽃잎에서 뽑아낸 붉은 물감)
purpurítes, -æ, m. (鑛) 운반석, 흰 반점이 있는 붉은 돌.
púrpŭro -ávi, -átum, -áre, tr., intr. 붉게(피로) 물들이다.
자주 빛(심홍색)으로 만들다, 장식하다, 붉게 물들다,
자주(붉은) 빛이 돌다, 찬란히 꾸며지다.
pursatilla cérnua, -æ, f. 가는 잎 할미꽃
pursatilla cérnua koreána. 할미꽃(미나리아재빗과의 다년초).
purulentátĭo, -ónis, f. (醫) 화농(化膿-종기가 곪아 고름 생김).
고름(곪은 곳에서 생기는 끈끈한 액체).
puruléntĭa, -æ, f. (醫) 고름, 곪음, 화농(化膿)
puruléntus, -a, -um, adj. 곪은, 고름이 가득한, 화농성의.
n., pl. (醫) 고름(곪은 곳에서 생기는 끈끈한 액체).
purum, -i, n. 청명한 하늘
purus, -a, -um, adj. 깨끗한(καθαρὸς), 맑은, 말간, 밝은,
순수(純粹)한, 잡물이 섞이지 않은, 순전한, 순종의,
(다른 것 없이) 그것뿐인, 무늬 따위가 없는, 맨송맨송한,
本來의 목적대로 사용된, 제구실을 한, 죄가 없는,
결백한, 정당한, 합법적인, 순결한(καθαρὸς), 정결한,
정숙한, 청순한, 꾸미지 않은, 현란하지 않은, 소박한.
(法) 무조건의, 예외가 인정되지 않은, 절대적인.
argéntum purum. 아무 장식도 없는 은그릇/
charta pura. (아무 것도 쓰지 않은) 백지/
in puri naturalibus. 순수 본성적으로/
manibus puris. 깨끗한 손으로/
Mater Dei est pura creatura.
하느님의 어머니는 단순한 피조물/

P

puræ genæ. 맨송맨송한 두 볼/
purum esse. 순수한 존재 / sol purus. 밝은 태양/
Vivamus puri, quasi simus cras morituri.
내일 죽더라도(마치 내일 죽는 것처럼) 순수하게 살자.

purus campus. 허허벌판

purus fons. 맑은 샘, 맑은 우물

purus vítio. 악습에 빠지지 않은

pus, pūris, n. 고름, 독살스런 인간

pūsa, -æ, f. 소녀

pusillánĭmis, -e, (**pusillanimus**, -a, -um,) adj. (pusíllus+ánimus) 소심한, 겁 많은, 용기가 없는.

pusillanímĭtas, -atis, f. 소심, 겁 많음, 용기가 없음, 세심(細心.[영] scrupulosity), 담소함(膽小-겁이 많고 용기가 없음), 담약함(膽弱-膽小).

pusíllĭtas, -atis, f. 아주 작음, 미소, 미약(微弱), 소심, 세심(細心.[영] scrupulosity).

pusíllum[1] adv. 약간, 조금

pusíllum[2] -i, n. 아주 작음, 사소한 것(일), 잠깐, 잠시, 약간(若干- n. 조금. 얼마쯤, adv. 얼마 안 되게. 얼마쯤).

pusíllus, -a, -um, adj. 작은(זוּט.μικρὸς.ὀλὶγος), 조그마한, 미소(微小)한, 사소한, 짤막한, 보잘 것 없는, 하찮은, 빈약(貧弱)한, 미약(微弱)한, 가냘픈, 쩨쩨한, 도량이 좁은, 아량 없는, 소심한, 용기(과단성) 없는.

pusillus grex. 작은 양 떼

púsĭo, -ónis, m. 애송이, 어린 소년

pusíŏla, -æ, f. 아주 작은 소녀

pustélla(pustílla) -æ, f. (醫) 물집(살가죽이 부르터 그 속에 물이 잡힌 것. 수포), 농포(膿疱.[영] pustule-화농으로 인한 발진發疹), 수포(水泡-살갗이 부풀어 올라 속에 물이 잡힌 것. 물집).

pústŭla, -æ, f. (醫) 물집, 농포(膿疱), 여드름, 수포, 기포. (動) (두꺼비 등 따위의) 작은 융기. (植) (잎 표면에 생기는 수포모양의) 부르튼 부분.

pustulátĭo, -ónis, f. 부르틈, 농포가 생김, 물집이 생김

pustulátus, -a, -um, adj. 물집이 가득한, 기포가 많은, 온통 부르튼(intertriginosus, -a, -um, adj. 부르튼), 농포 투성이의, 여드름이 많이 난, 기포가 많은, 제련된.

pústŭlo, -ávi, -átum, -áre, tr. 부르트게 하다, 물집을(농포를) 생기게 하다. intr. 부르트다, 물집이(농포가) 생기다.

púsŭla, -æ, f. (醫) 물집, 농포(膿疱), 거품, 수포, 기포. relevátĭo, -ónis, f. 오줌의 거품.

pusulátus, -a, -um, adj. 기포(氣泡)가 많은, 오톨도톨한, 정제(精製)된, 제련(製鍊)된.

pusulósus, -a, -um, adj. 물집 투성이의, 농포(膿疱)로 고생하는, 농포(膿疱) 투성이의.

pūsus, -i, m. 사내아이

pŭta, adv. 예를 들면, 즉, 가령, 이를테면

putámen, -mĭnis, n. (나무에서) 쳐낸 가지, 자투리, 다듬어 버리는 부분(것), 잘라(깎아) 낸 것, 외각(外殼), 껍데기, 껍질, (특히) 계란껍질, (콩) 깍지, 겨(糠). (植) 핵과(核果)의 내과피(內果皮).

putátĭo[1] -onis, f. (나무의) 가지치기, 전지(剪枝-가지치기)

putátĭo[2] -ónis, f. 계산(計算), 헤아림, 산정(算定), 촌수(寸數-친족親族 간의 멀고 가까운 관계를 나타내는 수), 부자관계, 여김, 추정(推定.[영] presumptĭon-미루어 헤아려서 판정함).

putatívus, -a, -um, adj. (그렇다고) 추정되고 있는, (그런 줄로) 여겨지고 있는, 假想的인, 추측상의.

putátor, -óris, m. (나무의) 가지 치는 사람, 전정(剪定-剪枝) 하는 사람.

pútĕal, -ális, n. (大理石 따위로 만든) 우물둔덕

puteális, -e, (**puteánus**, -a, -um,) adj. 우물의

puteárĭus, -i, m. 우물 파는 사람

pútĕo, -tŭi, -ére, intr. 썩다, 악취가 나다

pŭter, -tris, -tre, (**putris**, -e) adj. 썩은, 삭은, 문드러진, 썩은 냄새나는, 부스러지기 쉬운, 무른, 푸석푸석한, (흙.모래.재 따위가) 마른, (근육 따위가) 축 늘어진, 처진, 시들어 버린, 생기 없는, 기운 없는, 초췌한.

putésco(putísco) -tŭi -ĕre, inch., intr. 썩다, 썩어가다

pútĕus, -i, m. (**puteum**, -i, n.) 우물, 구덩이, 굴(동굴), 갱("갱도坑道"의 준말), 움(광), 움막, 수도의 공기통, 노예(奴隸)를 가두어 벌주던 땅굴.
Fovea enim profunda est meretrix, et puteus angustus aliena. (pi,qoj ga.r tetrhme,noj evsti.n avllo,trioj oi=koj kai. fre,ar steno.n avllo,trion) (獨 Denn die Hure ist eine tiefe Grube, und die fremde Frau ist ein enger Brunnen) ([영] For the harlot is a deep ditch, and the adulteress a narrow pit) 창녀는 깊은 구렁이고 낯선 여자는 좁은 우물이다(성경 잠언 23, 27)/창녀는 깊은 구렁이요, 남의 계집은 좁은 우물이다(공동번역)/
Haurire aquam ex puteo. 우물에서 물을 긷다/
Tenebrae ibi erant tamquam in puteo.
거기는 마치 우물 속처럼 깜깜하였다.

puteus jugis. 물이 마르지 않는 우물

putícŭli, -órum, m., pl. (**putícŭlæ**, -árum, f pl.) Esquíliœ 성문 밖에 있던 시체 매장 구덩이.

putidiúscŭlus, -a, -um, adj. 좀 귀찮은, 꽤 성가신, 추근추근한, 좀 아니꼬운.

putídŭlus, -a, -um, adj. …인체 하는, 같잖은, 아니꼬운, 부자연스럽게 꾸미는.

pútĭdus, -a, -um, adj. 썩은 냄새나는, 악취를 풍기는, 썩은, 문드러진, 늙어빠진, 귀에 거슬리는, 아니꼬운, 불쾌감을 주는, (연설.글 따위가) 지긋지긋한, 넌더리나는, 지나치게 자세한, 현학적(衒學的)인.

putíllus, -i, m. 어린 소년

pŭto[1] -ávi, -átum, -áre, tr. 깨끗하다, (항아리를) 부시다, (나무를) 가지 치다, 전지(剪枝)하다, 전정(剪定)하다.

pŭto[2] -ávi, -átum, -áre, tr. 계산하다, 셈하다, 따지다, 평가하다, 심사숙고하다, 여기다, 생각하다(δοκὲω), 간주하다, 깊이(곰곰이) 생각하다, 삼다, 추정하다, 믿다. (삽입어) **puto**. 생각건대, 아마, 틀림없이. (부사적으로) **puta**. 예를 들자면, 가령, 이를테면.
Dum ille rediit, putavimus te Capuæ esse. 그가 돌아올 때까지는 우리는 네가 카푸아에 있는 줄로 생각하였다/
Expedit esse deos, et, ut expedit, esse putemus.(Ovidius). 신들이 존재하는 것이 이롭다. 이로운 만큼, 존재한다고 여기자!(성 염 지음, 고전 라틴어, p.309)/
hoc pro certo puto. 이것을 확실한 것으로 여기다/
In forúnā quādam est illa mors, non in pœnā putánda. 그 죽음은 천벌(天罰)로 여길 것이 아니고 하나의 행운(幸運)으로 여겨야 한다/
Putabam vos erravisse non illos.
나는 그들이 아니고 너희들이 틀렸다고 생각해왔다/
Putamusne major quam mater sua? Maior plane quam mater. 그분이 당신 어머니보다 연세가 많을 거라고 생각합니까? 과연 그분은 당신 어머니보다 연세가 많으십니다. (최익철 신부 옮김, 요한 서간 강해, p.123)/
Te repertúrum (esse) putas? 네가 찾아낼 줄 아니?/
ut puto. 내 생각에는.

Puto istam margaritam esse illam quam homo negotiator quæsisse describitur in Evangelio. 복음서에서 말하는 장사꾼이 찾는 진주가 바로 이 사랑이라고 저는 생각합니다.

Puto manifestatum esse vobis magnum et necessarium secretum et sacramentum. 저는 여러분에게 위대하고도 필수 불가결한 비밀과 신비를 밝혀 드렸다고 믿습니다.

Puto se solum beatum. 저 혼자만 복된 줄로 생각하다.

Puto, si hic mansissémus, ómnibus nobis moriéndum fuísse. 만일 우리가 여기에 그대로 머물러 있었더라면, 우리는 다 필연코 죽었을 것이라고 나는 생각한다. (과거 비현실 조건문의 후건 즉 주문에 사용된 非인칭의 수동형 용장활용은 -ndum fuísse로 고쳐진다).

Puto, te prudentĭorem esse quam me. 나는 네가 나보다 더 현명(賢明)하다고 생각한다.

pŭtor, -óris, m. 악취(惡臭), 썩는 냄새, 고약한 냄새

putrámen, -mĭnis, n. 썩음, 부패(腐敗), 부패물(腐敗物)

putrédo, -dinis, f. 썩음, 부패(腐敗).

o putredo, o monstrum vitæ et mortis profunditas!
아으, 썩고 썩었음이여! 아으, 흉물스런 삶이여!
아으 죽음의 깊음이여(고백록 2.6.14.).

putrefácĭo, -féci -fáctum -cĕre, tr. (puter+fácio) 썩히다,
썩게 하다, 삭게 하다, 부식(腐蝕)하다, 녹게 하다.

putrefáctĭo, -ónis, f. 부패(腐敗), 썩음.

putrefío, -fáctus sum -fíeri, anom., pass.
썩다, 삭다, 부스러지다, 부패하다(ᄀᄀ).

pútrĕo, -ŭi -ére, intr. 썩어있다, 노쇠하다

putrescíbilis, -e, adj. 썩을(수 있는)

putrésco, -trŭi -ĕre, inch., intr. 썩다, 삭다, 물러지다,
(흙 따위가) 푸석푸석해지다, 부드러워지다.

pŭtrui, "pútĕo"의 단순과거(pf.=perfectum),
"putésco(putísco)"의 단순과거(pf.=perfectum).

putríbilis, -e, adj. 삭아버릴

pútrĭdus, -a, -um, adj. 썩은, 삭은, 무른, 쇠약한.
dentes putridi. 썩은 이(齒).

putris, -e, (pŭter, -tris, -tre,) adj. 썩은, 삭은, 마른

pŭtus¹ -a, -um, adj. (가끔 purus와 겹쳐 씀) 순수한,
순전한, 진짜의, (다른 것이 아니고) 바로 그 (본인).
argéntum purum putum. 순은(純銀).

putus² -i, (=pusus) m. 사내아이

pyǽmĭa, -æ, f. (醫) 농독증(膿毒症), 농혈증(膿血症).핏독)

pycnídĭum, -i, n. (植) 분포자기(粉胞子器)

pycta(pyctes), -æ, m. 권투선수

pyelítis, -tidis, f. (醫) 신우염(腎盂炎)

pýĕlus, -i, m. 욕조(浴槽)

pyga, -æ, f. (=puga) 궁둥이, 엉덩이, 둔부(臀部)

pygárgus, -i, m. (動) 독수리의 일종, 영양(羚羊)의 일종

Pýlădes -æ(-is), m. Phocis의 王인 Stróphius의 아들,
Oréstes의 절친한 친구. adj. **Pýladéus**, -a, -um.
pyladeus amicítia. 진정한 우정(友情).

Pylades Orestem se esse dixit, ut pro illo necaretur.
필라데스는 오레스테스를 대신하여 죽으려고
자기가 오르스테스라고 하였다.

pylæ, -árum, f., pl. 협로(狹路-小路), 좁은 골짜기 길

pylórus, -i, m. ((解)) (胃의) 유문(幽門)

pyogénĕsis, -is, f. (醫) 화농(化膿-종기가 곪아 고름 생김) 작용.

pyogenétĭcus, -a, -um, adj. (醫)
고름 있는, 고름이 생기는, 화농성의.

pyométra, -æ, f. (醫) 농자궁(膿子宮), 자궁축농(子宮蓄膿)

pyorrhœa, -æ, f. (醫) 농루(膿漏-고름이 계속 흘러나오는 증상)

pyorrhœa alveolaris. (醫) 치조농루

pyósis, -is, f. (醫) 화농(化膿-종기가 곪아 고름 생김)

pyothórax, -acis, m. (醫) 흉강축농(胸腔蓄膿→농흉),
농흉(膿胸-흉막강膜腔에 고름이 차는 병으로 결핵균에 의한 것이 많음).

pyra, -æ, f. 화장터에 쌓아올린 장작더미.

pyrális, -lĭdis, f. 불 속에 산다는 파리만 한 곤충(昆蟲)

pyramidális, -e, adj. 피라미드 모양의, 첨탑의,
각추(角錐)의, (解) 추체(錐體)의, 능추(稜追)의.
músculus pyramidális. 추체근(錐體筋)/
procéssus pyramidális. 추체돌기.

pyramidátus, -a, -um, adj. 피라미드 모양으로 된, 각추의.

pýrămis, -ĭdis, f. 피라미드(⑨ pyramid) 장미꽃봉오리,
첨탑(尖塔-지붕 꼭대기가 뾰족한 탑), 각추(角錐-"각뿔"의 구용어),
금자탑("후세에까지 빛날 훌륭한 업적"을 비유하여 이르는 말).

pyráusta(pyraustes) -æ, m. (=**pyrális**, -lĭdis, f.)
불 속에 산다는 파리만 한 곤충(昆蟲)

pýrĕthrum(pýrĕthron), -i, n. 제충국(除蟲菊-국화과의 다년초)

pýrĕthrum Pallasiánum. 솔인진.
(쌍떡잎식물 초롱꽃목 국화과의 여러해살이풀)

pyrgus, -i, m. 그릇(주사위를 던지기 전에 집어넣고 흔들던 탑 모양의 그릇)

pyrítes, -æ, m. (鑛) 부싯돌(lapis igniárĭus),
절구 만들던 돌, 황동광(黃銅鑛), 황철광(黃鐵鑛),
백철광(白鐵鑛-흰빛이나 엷은 놋쇠 빛깔을 띤, 철의 황화광물黃化鑛物).

		*희랍어 혹은 그 밖의 외래어로서 단수 주격에 -as, -es(남성 어미) 또는 -e(여성 어미를 가진 것은 불규칙적으로 변화한다.
nom.	pyrítes	*불규칙 변화에 속하는 몇 가지 예
voc.	pyrita(-e)	Aenéas, -æ, m. (트로이의 왕자) 에네아
gen.	pyrítæ	áloë, -es, f. 알로에 Ananías, -æ, m. 아나니아스
dat.	pyrítæ	cométes, -æ, m. 혜성, 꼬리별
acc.	pyríten(-am)	epítome, -es f. 개요, 대요 Isaías, -æ, m. 이사야
abl.	pyrita(-e)	Lucas, -æ, m. 루가 Thomas, -æ, m. 토마스

(허창덕 지음, 중급 라틴어, pp.3~4)

pyritis, -tĭdis, f. 검은 색 보석의 일종

pýrŏis, -roéntis, m. 화성, 태양신의 말 이름

pýrŏla denticuláta, -æ, f. (植) 애기노루발

pyrola incarnata. (植) 분홍 노루발

pyrola japonica. (植) 노루발 풀

pyrola minor. (植) 주걱 노루발

pyrománĭa, -æ, f. 방화광(放火狂)

pyromantía, -æ, f. 불로 치는 점

pyrophóbĭa, -æ, f. (醫) 공화증(恐火症)

pyrópus, -i, m. 金과 銅의 1:4 비율의 합금, 홍류석

pyrósis, -is, f. (醫) 탄산증(呑酸症)

pyrotéchnĭca, -æ, f. 화공술(火工術), 꽃불 제조술

pyrrhichárĭus, -i, m. 전무(戰舞) 추는 사람

pyrrhíchĭus, -a, -um, adj. (詩) 단단격(短短格)의.
m. 단단격(의 운율)

pýrrhŭla, -æ, f. (鳥) 피리새

pyrus montána. -i, -æ, f. (植) 돌배나무

pyrus seoulénsis. (植) 문배나무

Pythágŏras, -æ, m. Samos섬 출신인 희랍의 유명한
철학자.수학자.종교가(?BC 580~?BC 500).

Pythagoras ægyptum profectus ibi summam scientiam
consecutus est.[탈형동사 문장] 피타고라스는 이집트로 가서
거기서 최고의 학문을 탐구했다.

Python¹, -ónis, m. Apóllo가 Delphi에서 죽인 큰 뱀.

python², -ónis, m. (무당 등에게) 들리는 신, 피톤 귀신,
점치고 예언하게 하는 신, 신들린 사람, 점쟁이.
(사도행전 16장 16절에 나오는 말의 So말번역에는 '점 귀신이 붙은 여종'이라고
번역했으나, 원문에는 'Python 귀신'으로 되어 있다. Phthon 귀신은 Delphes
신탁의 "Python 뱀"을 말한다. 백민관 신부 엮음, 백과사전 3, p.279).

pythónĭcus, -a, -um, adj. 탁선(託宣)의, 예언의

pythoníssa, -æ, f. 무녀(巫女), 무당(巫堂)

pytísma, -átis, n. 포도주(葡萄酒)를 맛보고 뱉는 침.

pytísso, -áre, intr. 포도주(葡萄酒)를 맛보고 뱉다.

pyúrĭa, -æ, f. (醫) 농뇨증(膿尿症).⑨ pyuria

pyxidícŭla, -æ, f. 작은 갑(匣)

pyxídĭum, -i, n. (植) 개과(蓋果), (解) n. 배상와(杯狀窩).

pyxis, -ídis* f. (병자한테 성체를 모셔갈 때 쓰는)
성합(聖盒.⑨ ciborium/pyx), 갑(匣),
(화장품.약품 따위를) 넣는 상자, 작은 함.
[본래 그리스어 pyxis는 화장품 등을 넣어 두는 목재의 작은 갑을 뜻하는 말이다.
이 용기가 교회에 도입되어 병자에게 성체를 모시고 갈 때 한두 개의 성체를
넣는 용기 성체합으로 쓰인다. 성체를 담을 만한 크기의 금이나 은으로 도금된
납작한 그릇이다. 성체갑을 운반할 때에는 작은 성체보로 싸서 이를 위한 성체갑
주머니에 넣어 사제가 몸에 걸고 간다. 성체 현시를 위한 감실(龕室)에 모시는
성합도 Pyxis라 한다. 백민관 신부 엮음, 백과사전 3, p.279]

Hostiæ consecratæ quantitate fidelium necessitatibus
sufficient in pyxide seu vasculo serventur, et
frequenter, veteribus rite consumptis, renoventur.
축성된 제병은 신자들의 필요에 충분한 양만큼 성합이나
작은 그릇에 보존하고 묵은 것은 올바로 소비하여 자주
새것으로 갈아야 한다(Can. 939).

P

QQQ

Q[1], q, f., n., indecl. 라틴 자모의 열일곱째 글자 꾸(쿠)(cu)(원칙적으로 자기 뒤에 u를 동반하며 뒤 따르는 다른 모음과 함께 비로소 완전한 음절을 이룸)

Q[2]. 약자 1. Q. = (개인 이름의) Quintus.
2. Q.=quæstor. 재무관 : Q.A.=quæstor ærárii. 국고 재무관 ; Q.K.=quæstor Kandidátus. 재무관 지망자; Q.P.P.=quæstor pecúniæ públicæ. 공금 재무관,
3. Q., QQ., Q.Q.=quinquennális. 5년간의.
4. Q.=-que : S.P.Q.R.=senátus populúsque Románus, Roma의 원로 및 Roma 국민, 전 Roma.
5. Q.=qui, quæ, quod : Q.D.A.=quā de ágitur. 문제 중에 있는; Q.I.S.S.=quæ infra scripta scripta sunt. 이하에 기록된 사항들 ; Q.V.A.=qui vixit annos …. 그는 …년 동안 살았다. (라틴-한글사전, p.722).

Qóhēlet, m., indecl. (히브리어) 코헬렛 = (聖) Ecclesiástes(전도서).

quā, adv.(abl. sg. f.) (qui[1])
1. (통과지 표시의 의문부사)
어느 길로, 어디로 해서, 어디를 거쳐서(통과하여): Illuc qua véniam? 그리로 나는 어느 길로 해서 갈까?/ scire, qua itúri sint. 그들이 어디를 통과해 갈지 알다.
2. (통과지.소재지.출발점 따위 표시의 관계부사) (그곳을) 통해서.거쳐서, 그리로 해서; …하는 그곳(쪽)에(서): omnes intróitus, qua adíri póterat in eum fundum. 그 토지로 들어 갈 수 있는 모든 입구/ plúrima qua silva est. 많은 숲들이 있는 그곳에/ porta, qua gressum extúleram. 내가 걸어 나왔던 그 성문 / vagári, qua velit. 그는 마음 내키는 곳 어디나 방황하다. 3. (방법.정도.한도.비례 따위 표시의 관계부사) …하는 방법으로, …하는 한에 있어서, …는 점에 있어서, …대로: qua possum. 내가 할 수 있는 한에서/ qua par est, 마땅한(대로)/ homo qua talis. 인간인 한의 인간. 4. …로서, 자격으로: non qua fílius *alcjs*, sed qua homo. 누구의 아들로서가 아니라 한 인간으로서. 5. qua … qua, …도 …도; 한편 … 한편: omnes qua viri, qua mulíeres. 남자들도 여자들도 모두.

Qua ætate es? 너는 몇 살이냐?

qua de causa? 무슨 이유로? 왜?

Qua de causa consul ire nolebat.
그러한 사정 때문에 집정관은 가려고 하지 않았다.

Qua de re, vita æterna est ipsa Dei vita simulque vita filiorum Dei. 그러므로 영원한 생명은 바로 하느님의 생명이며, 동시에 하느님 자녀들의 생명입니다.

Qua diffunditur ista remissio peccatorum? "Per omnes gentes, incipiens ab Ierusalem".
죄의 용서는 어디까지 퍼져 나갑니까? "예루살렘에서부터 시작하여 모든 민족들에게(루카 24, 47)" 퍼져 나갑니다. (최익철 신부 옮김, 요한 서간 강해, p.465).

quā féminæ quā viri. 여자들도 남자들도

qua homo ex Abraham. 아브라함으로부터 나신 사람

Qua iacet? Per totam terram. 어디에 누워 있느냐? 온 세상에 두루 누워 있다.(최익철 신부 옮김, 요한 서간 강해, p.459).

Qua in re necesse addere est condiciones valde inter se diversas reperiri.([영] Here it should be stated that a wide variety of situations exists) 이와 관련하여 매우 다양한 상황들이 존재한다는 것을 밝혀 둘 필요가 있습니다.

Qua norma iudicari potest illud "esse bonum"?
([영] By what standard are we to judge its goodness?) 어떤 기준으로 세상의 좋음을 판단할 수 있는가?

Qua pervenistis ad oppidum cum liberis vestris?.
여러분의 자녀를 데리고서 어디를 거쳐 도회지에 당도하셨소?

Qua Synodo exeunte, Patres Summo Pontifici amplissiimam exhibuerunt documentorum copiam.
([영] At the end of that synod the fathers presented the Pope with a very rich documentation). 그 시노드가 끝날 때에 교부들은 교황께 내용이 매우 풍부한 문서를 제출하였습니다.(1979.10.16. "Catechesi tradendæ" 중에서).

qua rátĭone. 어떤 방법으로?, 무슨 까닭에서인가?

Qua re noluisti consilia nostra sequi?.
너는 무엇 때문에 우리의 계획을 따르려고 하지 않는가?

Qua transierunt hostes, ea transferiemus equos nostros. 적군이 통과해간 지점으로 우리도 말을 끌고 지나갈 것이다(Qua…, ea… . …이 통과한 그곳을 지나).

Qua venerant isti? Ponte fluvii an via agrorum.
그들이 어디로 해서 왔었소? 강의 다리로, 아니면 들길로?

quāad = quoad

quacúmque(=quacúnque), adv. (qua와 cumque를 갈라 쓰기도 함) Ⅰ. 1. (통과지) 어느 길(곳.쪽)을 통해서, … 든지, 어디로 해서 …거나: Quacúmque ingrédimur, …. 우리가 어느 길을 통해서 들어가든지(간에).
2. (소재지.방면) 어디서 … 든지(간에): Quacúmque custódiant, …. 그들이 어디서 지키고 있든 간에(들어갈 길이 있다)/ mundus convéxus, quacúmque cernátur. 어디서 보든지 궁륭형(穹窿形-활등이나 반달처럼 굽은 모양의 형상)인 우주.
Ⅱ. (indefinítum) 어느 길로든지(상관하지 않고), 어디든지 닥치는 대로 통해서.

quad vide(略.q.v.) 앞에 언급된 내용을 보라

quadámtĕnus(=quadántĕnus), adv.
(quadam과 tenus를 갈라 쓰기도 함) 어느 정도(점) 까지.

Quadi, -órum, m., pl. Germánia의 Suévi계의 한 종족.

quădra, -æ, f. (quadrus) 네모꼴, 정사각형, 정방형(정사각형), 주추(기둥 밑에 괴는 돌 따위의 물건), 네모진 물건, 빵 덩어리의 4분의 1, 빵 조각, 과자조각. aliénā vívere quadrā. 다른 사람의 것을 얻어먹으며 살다.

quadragéna, -órum, n., pl. (quadragéni)
고대의 속죄 규정의 40일 간 단식(斷食).

quadragenárĭus, -a, -um, adj. 40의, 40세의, 40주년의

quadragéni, -æ, -a, num., distrib. (gen. -órum 대신에 -um도 있음) 각각 40씩 되는, 마흔씩의.
(pl. tt. 명사의 기본수사) 마흔(40), 40개의.

quadragénnális, -e, adj. (quadragínta+annus)
40(주)년의, 40년째의.

Quadragésĭma, -æ, f. (quadragésimus) (sc. pars)
40분의 1, 40분의 1 세금, 사순절, 사순절의 단식재, 사순시기([영] Lenten Season. 獨 Quadragesima), 봉재시기(1968년 이후→사순시기).
De jejunio quadragesimæ. 사순시기의 단식에 대하여/
Dominica Prima In Quadragesima. 사순 제1주일/
Dominica Quarta In Quadragesima. 사순 제4주일/
Dominica Quinta In Quadragesima. 사순 제5주일/
Dominica Secunda In Quadragesima. 사순 제2주일/
Dominica Tertĭa In Quadragesima. 사순 제3주일/
Explicit Regula quadragesimális. 사순절 규칙의 끝/
Incipit Regula quadragesimális. 사순절 규칙의 시작.
initĭum Quadragesimæ. 사순절의 시작/
Præparatio ad Quadragesimam([영] preparation to Lent. 獨 Vorfastenzeit) 사순시기 전 시기(時期)/
Quadragesimæ horæ([영] Forty Hours Devotion. 獨 Vierzigstündiges Gebet) 사십 시간 기도.

Quadragesimale. 사순절 강론(Segneri 지음, 1679년 피렌체에서 출판)

Quadragesimo Anno, 사회 질서의 재건에 대하여, 사십 주년(교황 비오 11세 회칙. 1931.5.15. 반포).

quadragésĭmus, -a, -um, num., ordin. (quadragínta)
제40, 마흔 번째의.

quadrágĭe(n)s, adv., num. (quadragínta) 마흔 번, 40번, 40배.

quadragínta, num., indecl., card. 마흔(40), 사십.
Adhuc quadraginta dies, et Ninive subvertetur. 이제로부터 사십일 안에 니니베는 망하리라/
Anno quinto et quadragesimo regni. 재위 45년에/
ferme annis quadraginta. 거의 사십 년 동안/
Pompei acies habuit quadraginta milia peditum, equites

in sinistro cornu sexcentos, in dextro quingentos. 폼페이우스의 진영은 4만 명의 보병, 좌익 기병 600명, 우익 기병 500명을 거느리고 있었다/ ultra quadraginta milia hominum. 4만 명 이상.

quadragínta Martyres. 40인 순교자

quadranguláris, -e,(**quadrangulátus**) -a, -um,) adj. (quáttuor+ángulus) 사각형의, 네모난.

quadrángŭlus, -a, -um, adj. (quáttuor+ángulus) 사각형의, 네모난. n. 사각형.

quadrans¹ -ántis, adj. (p.prœs.) (quadro) 年利 4%의

quadrans² -ántis, m. (quadro) 4분의 1, 하루의 4분의 1, 여섯 시간, 전체 유산의 4분의 1, (무게) 4분의 1 libra, 3 únciœ, 4분의 1척(尺:pes), (토지면적) 4분의 1 júgerum, (용량) 4분의 1 sextárius, (화폐) 4분의 1 as, 3 únciœ, 소액(少額), 푼돈, (시간) 15분.

quadrans horæ. 15분(dodrans horæ. 45분)

quadráta líttera. 대문자(quadrátus 참조)

quadrántal, -ális, n. (quadrantális) 입방체(立方體), (용량단위) 8 cóngii, 48 sextárii, 1 ámphora(dir 20l).

quadrantális, -e. adj. 4분의 1척(尺:pes)의

quadrantárĭus, -a, -um, adj. (quadrans²) 4분의 1의, 4분의 1 as짜리의, 싸구려의, tábulæ quadrantáriæ. 채무를 4분의 1로 삭감하는 Valérius 법.

quadras, -ādis, f. 4, 넷(의 수)

quadratárĭus, -a, -um, adj. (quadrátum) 네모꼴의, 사각형으로 다듬은. m. (대리석을 사각형으로 다듬거나 거기에 대문자로 글자를 다듬는) 석공, 석수.

quadrátĭo, -onis, f. (quadro) 정방형(正方形-정사각형), 네모꼴, 정사각형, 평방.

quadrátor, -óris, m. (quadro) = **quadratárius**, -i, m.

quadrátum, -i, n. (quadrátus) 사각형, 평방형, (특히) 정방형(正方形-정사각형), 네모난 물건. (天) 구(矩-지구에서 볼 때, 외행성이 태양과 직각 방향에 있는 현상. 또는 그 시각. 동쪽에 있을 때는 동구, 서쪽에 있을 때는 서구라 한다)

quadratúra, -æ, f. (quadro) 정방형, 정사각형, 네모꼴, 사분원(四分圓). (數) 구적법(미분 방정식을 부정적분으로 푸는 법). (天) 구(矩).

quadrátus, -a, -um, p.p., a.p. (quadro) 정방형의, 평방의; 직각(直角) 사각형의, 자승(自乘)의, 대문자의, 균형이 잘 잡힌, (키가) 크지도 작지도 않은, (말·문장 따위가) 짜임새 있는, 잘 다듬어진. m. (sc. lapis) 네모나게 다듬은 돌(대리석). quadráta líttera. 대문자/ quadrátum agmen. 보급품 수송마차 주위를 사각형으로 둘러싼 무장병 대열.

quadrátus númerus. 자승수(제곱수의 옛 용어), 제곱수(어떤 수를 제곱하여 이루어진 수. 4는 2, 9는 3의 제곱수임).

quadriángŭlus, -a, -um, adj. (=**quadrángŭlus**) 사각형의, 네모난.

quádrĭceps, -cípĭtis, adj. (quáttuor+caput) 머리가 넷 있는. m. (解) 사두근(四頭筋).

quadridu… V. **quatridu…**

quadriénnis, -e, adj. (quáttuor+annus) 4년(간)의; 네 살 된.

quadriénnĭum, -i, n. (quáttuor+annus) 4년 간

quadrifárĭam, adv. 네 부분으로, 네 방면으로, 넷으로 나누어, 네 가지 모양(방법)으로; 네 겹으로.

quadrifárĭus, -a, -um, adj. (quáttuor) 네 겹의, 4중의; 네 가지의, 네 갈래의.

quadrífidus¹ -a, -um, adj. (quáttuor+findo) 네 쪽으로 된, 넷으로 쪼개진(쪼개지는), 네 갈래로 된, 네 부분으로 이루어진.

quadrífidus² -a, -um, adj. (quáttuor+findes) 사현의.

quadrifínĭus, -a, -um, adj. (quáttuor+finis) 사방으로(사면이) 경계 진.

quadríflŭus, -a, -um, adj. (quáttuor+fluo) 사면으로(네 갈래로) 흐르는.

quadrifolium, -i, n. 4엽형 창문(백민관 신부 엮음. 백과사전 3. p.281)

quadrífŏris, -e, adj. (quáttuor+foris) 네 개의 문이 있는, 사방으로 열린(통하는).

quadríga, -æ, f. (quáttuor+jugum) 사두마차의 마필, 사두마차, (특히) 4두 2륜 경기마차(전투마차.전투), 4인조; 네 짝으로 된 1조.

quadrigális, -e, adj. (quadríga) 4두 2륜 마차의.

quadrígămus, -i, m. 네 번째 결혼한.

quadrigárĭus, -a, -um, adj. (quadríga) 4두 2륜 경기(전투) 마차의. m. 4두 2륜 마차 경기선수; 2륜 전차 조종자.

quadrigátus, -a, -um, adj. (quadríga) 4두 2륜 마차가 새겨져 있는 (화폐).

quadrigémĭnus, -a, -um, adj. (quáttuor+) 네 개로 된, 네 개로 짝을 이룬.

quadrigéni = **quadringéni**

quadrigónus, -a, -um, adj. 사변형의, 사각형의

quadrígŭla, -æ, f. dim. (quadríga) 4두 마차의 작은 말. (pl.) 작은 4두 2륜 마차.

quadríjŭgus, -a, -um, (-jŭgis, -e,) (quáttuor+jugum) adj. 4두 마차를 끄는 네 필의, 4두 2륜 마차의. m., pl. 2륜 마차를 끄는 네 마리 말.

quadrilátĕrus, -a, -um, adj. (quáttuor+latus²) 사변형의, 사각형의.

quadrílibris, -e, adj. (quáttuor+libra) 4libra의

quadrímānis, -e, adj. (**quadrímānus**, -a, -um) (quáttuor+manus) 손이 넷 있는; 사수류(四手類)의.

quadrimátus, -us, m. (quadrímus) 네 살; 네 살 박이.

quadrimémbris, -e, adj. (quáttuor+menbrum) 네 발 가진.

quadriménstrŭus, -a, -um, adj. (quáttuor+mensis) 4개월의, 4개월 되는.

quadriméstris, -e, adj. (quáttuor+mensis) 사 개월의, 4개월 되는, 4개월짜리의. n. 4개월 간, 일사분기(1/4분기).

quadrímŭlus, -a, -um, adj. (quadrímus) 겨우 네 살 된, 네 살짜리의.

quadrímus, -a, -um, adj. (quáttuor+annus) 네 살 되는, 4년 되는.

quadringenárĭus, -a, -um, adj. (quadringénti) 4백 개가 있는, 4백 명 되는, (수가) 4백에 이르는.

quadringéni, -æ, -a, num., distrib. (quadringenti) 4백(개) 씩의, 각 4백의.

quadringentésĭmus, -a, -um, num., ordin. (quadringenti) 제4백, 4백 번째의.

quadringenti, -æ -a, card., num. (quáttuor+centum) 사 백(400), 4백 개의. Rex Iuba quadringentos pedites et sescentos equites misit. 유바 왕은 보병 400명과 기병 600명을 보냈다.

quadringéntĭe(n)s, adv., num. 사백 번

quadríni, -æ, -a, num., distrib. (quatérni) 각각 넷씩, 넷씩의.

quadrinóctĭum, -i, n. (quáttuor+nox) 나흘 밤(동안)

quadripártĭo, -íre, tr. (quáttuor+) 넷으로 나누다, 사분하다

quadripártĭor(=**quadripértĭor**), -títus sum -íri, dep., tr. (quáttuor+) 넷으로 나누다, 사분하다.

quadripartítĭo(=**quadripertítĭo**), -ónis, f. 〔quadripártĭo(r)〕넷(네 몫)으로 나눔.

quadripartíto(=**quadripertíto**), adv. (quadripartítus) 네 몫으로, 넷으로 나누어.

quadripartítus(=**quadripertítus**), -a, -um, p.p., a.p. (quadripártĭor) (pass.) 넷(네 몫.네 부분)으로 나누인

quadripe…, **quadripl…** V. **quadrupe…**, **quadrupl…**

quadrirémis, -e, adj. (quáttuor+remus) 사단(四段) 노(櫓)의, 사렬(四列) 노(櫓)의. f. 노(櫓)가 네 줄 있는 배.

quadrisémus, -a, -um, adj. (quáttuor) 4음절의

quadrisómum, -i, n. 시체 넷이 묻힌 무덤

quadrisýllăbus, -a, -um, adj. (quáttuor+sýllaba) 4음절의

quadrivíum, -i, n. (quadrívius) 네거리, 중세대학의 7개 교양 학문 가운데 4학과.

Q

(교양학문 중 산술, 음악, 기하학, 천문학을 말함 - 3학과는 Trivium이라 하며 문법, 수사학, 논리학을 가리킴).
quadrívĭus, -a, -um, adj. (quáttuor+via) 네거리의.
dii quadrívii. 사거리 수호신.
quadro, -ávi, -átum -áre, (quadrus)
tr. 사각형(정방형)으로 만들다, 네모지게 하다,
넷째 것을 마무르다, 꼭 맞게 하다, 적절하게 하다,
(말.글 따위를) 짜임새 있게 하다, 운율적으로 만들다.
intr. 규격이 맞다, 꼭 들어맞다, 잘 어울린다, 알맞다,
운율적으로 되다, 계산이 맞아떨어지다,
남지도 모자라지도 않다.
quádrŭla, -æ, f. dim. (quadra) 작은 정사각형
quadrum, -i, n. (quadrus) 정사각형, 정방형(정사각형),
문장의 균정(均整-고루 가지런함), 균제(均齊-고르고 가지런함).
dolo in quadrum. 네모지게 다듬다.
quadrúpĕdans, -ántis, p.prœs., a.p. (quadrúpĕdo²)
네 발로 다니는, 네 발로 달리는. m. 말, 준마(駿馬).
quadrúpĕdo¹ adv. [sc. gradu] (quadrúpedus)
네 발로 뛰어, 질주(疾走-빨리 달림)하여.
quadrúpĕdo² -áre, intr. (quadrúpedus)
네 발로 걷다(뛰다.달리다).
quadrúpĕdus, -a, -um, adj. (quáttuor+pes)
네발로 다니는(기는); 네발로 뛰는(달리는), 질주하는.
quádrŭpes, -ĕdis, adj. (quáttuor+pes)
네 발 달린, 네발로 다니는(뛰는),
(사람) 손발을 한데 묶은, 손발로 기는.
m. 말, 소, 사슴, (욕설로) 개돼지 같은 놈.
f. (sc. béstia). n. (sc. ánimal. pecus) 네 발 짐승.
Tumidissimum animal! 가장 교만한 동물이여!
quadruplátor, -óris, m. (quádruplor)
네 배로 늘리는 사람, 과장하는 사람, 밀고자(도박이나 고리대금 행위를 밀고하고 관계된 재산의 4분의 1을 받았음),
관세 징수 청부인(관세의 4분의 1을 가졌음).
quádrŭplex, -ĭcis, adj. (quáttuor+plico) 4배의, 4중의,
네 겹의, 네 개로 이루어진, 네 번 (되풀이) 하는. (詩) 넷.
(símplex, -lĭcis 한 겹의 단순한/ duplex, -lĭcis 두 겹의, 이중의/ triplex, -lĭcis 세 겹의, 삼중의/ quádruplex, -lĭcis 네 겹의, 사중의/ décemplex, -lĭcis 열 겹의, 십 배의/ múltiplex, -lĭcis 여러 겹의, 여러 종류의. 이상의 것은 모든 수에 걸쳐 같은 형식으로 만들어지는 것이 아니라 대략 위에 열거한 것이 제일 많이 쓰이는 배수형용사이다).
quádrŭplex judícium.
(100인 법정 centúmviri의) 4개 분과위원회의 연석재판.
quadruplicátĭo, -ónis, f. (quadrúplico)
네 배, 네 곱, 네 벌, (문서 따위의) 4통 작성.
quadruplicáto, adv. (quadrúplico) 4배로
quádrŭplo, -ávi, -átum -áre, tr. (quádruplus) 4배로 하다
quádrŭplor, -ári, dep., intr. (quádruplus)
밀고자 노릇을 하다(cf. quadruplátor).
quádrŭplum, -i, n. (quádruplus)
4배; 4중, 네 겹, 4배의 배상(벌금.형량).
quádrŭplus, -a, -um, adj. (quáttuor) 4배의, 4중의
quadrus, -a, -um, adj. (quáttuor)
네모 난, 정방형(正方形)의, 사각형의.
quádrŭus, -a, -um, adj. (quadrus)
네모 난, 정방형의, 4배의; 4중의.
Quæ ab Isaia de Christo et Ecclesia sint prædicta.
이사야는 그리스도와 교회에 대해 무엇을 예언했는가.
(교부문헌 총서 17, 신국론, p.2812).
quæ accepĕrant tradĕre. 받을 것을 넘겨주다
Quæ animalia tunc in terra et in mari vivebant?.
그 당시 땅과 바다에는 무슨 동물들이 살고 있었던가?
Quæ arbor? 어느 나무?
Quæ æternæ vitæ sit religio. 영원한 생명의 종교
Quæ belli usus poscunt, suppeditáre.
전쟁에 필요한 것을 공급하다.
Quæ causa sit beatitudinis angelorum bonorum et quæ sit miseriæ angelorum malorum. 선한 천사들이
행복하고 악한 천사들이 비참한 원인은 무엇인가.
(교부문헌 총서 17, 신국론, p.2784).
Quæ credibilior causa sit, qua error paganitatis inoleverit. 이교의 오류가 퍼져 나가는 그럴듯한
명분은 무엇인가.(교부문헌 총서 17, 신국론, p.2764).
quæ cuique est fortuna hodie, quam quisque secat spem. 각자가 오늘 맞고 있는 운명이 어떤 것이든, 각자가
품는 희망이 무엇이든(성 염 지음, 사랑만이 진리를 깨닫게 한다, p.382).
quæ cum ita sint(=cum hæc ita sint)
사정이 이렇기 때문에.
Quæ de homine exeunt, illa communicant hominem.
사람에게서 나오는 것들이 사람을 더럽힌다.
(Quod de homine exit, illud coinquinat hominem.
사람에게서 나오는 것, 그것이 사람을 더럽힌다 성경 마르 7, 20).
Quæ domus tam stabilis est quæ non discordia possit everti?. 그 어느 집안이 불화로 뒤집어지지 않을 만큼
단단하단 말인가?
Quæ duabus æstatibus gesta.
이 년에 걸쳐 이루어진 역사(役事).
Quæ fuerit civitas Dei tempore prophetarum.
예언자 시대의 하느님 도성.(신국론 제17권).
Quæ fuit durum pati, meminisse dulce est.(Seneca).
견뎌내기 힘겨웠던 일이 회상하기에는 감미롭다.
Quæ in óculos incúrrunt. 눈에 들어오는 것들
Quæ iumenta et uehicula bene intelleguntur adiutoria esse diuina per cuiusque generis ministeria Dei, uel angelica uel humana.
여기 나오는 가축과 수레는 신적 보우라고 이해하는
것이 옳고, 천사든 인간이든 하느님을 받드는 갖가지
직무를 통해 이 보우가 드러난다.(교부문헌 총서 17, 신국론, p.2365).
Quæ peccamus iuvenes, ea luimus senes.
우리는 젊어서 지은 죄의 대가를 늙어서 치른다.
Quæ, malum! est ista tanta audacia atque amentia?
못됐다! 그 따위 뻔뻔함과 정신 나간 짓은 대체 뭐란 말인가?.
Quæ mutare non potestis, æquo animo ferte! (그대가)
변화시킬 수 없는 것들이면 고요한 마음으로 (참아) 견디라!.
Quæ nimis appárent retĭa, vitat ávis.
너무 노골적인 그물은 새가 피해 달아난다.
quæ non est. 비존재[非存在(무無)](summe esse 혹은 summa essentia의 반대개념. 교부문헌 총서 16, 신국론, p.1246).
Quæ nunc antiqua sunt, olim fuerunt nova.
지금은 옛 것도 언젠가는(olim) 새 것이었다.
Quæ omnia vehementer Nos exoptantes fidelibus cunctis, præcipue vero mulieribus in Christo sororibus, Apostolicam Nostram dilargimur Benedictionem.
([영] With these sentiments, I impart the Apostolic Blessing to all the faithful, and in a special way to women, my sisters in Christ) 이런 원의들을 가지고 본인은 사도적 축복을
모든 신자들에게, 특별히 그리스도 안에서 나의 자매들인
여성들에게 보내 드린다(1988.8.15. "Mulieris dignitatem" 맨 끝 문장).
Quæ orátĭo!. 얼마나 훌륭한 연설이냐!
Quæ oriri forsan potuerit, in primis necesse est auferre ambiguitatem([영] In the first place a possible misunderstanding has to be eliminated)
먼저, 일어날 만한 오해가 제거되어야 하겠다.
(1987. 12. 30. "Sollicitudo rei socialis" 중에서).
Quæ plurimus meis laboribus quæsivi(quæro 참조)
그것들은 네가 많은 수고를 들여 얻은 것들이다.
Quæ pœna huic facinori par est?
이 행악에 어떤 벌이 맞갖을까?.
Quæ qualisque intellegenda sit Dei requies, qua postopera sex dierum requievit in septimo.
엿새 일한 다음 이렛날 쉬었다는 하느님의 안식을
어떻게 이해할 것인가(교부문헌 총서 17, 신국론, p.2780).
Quæ ratio fecerit ut Jacob etiam Israel cognominaretur. 야곱이 이스라엘이라는 이름을
받게 된 연유는 무엇인가(교부문헌 총서 17, 신국론, p.2804).
Quæ ratio fuerit, ut Cain inter principia generis humani conderet civitatem. 인류의 시초에 카인이
도성을 건설한 명분은 무엇인가.(교부문헌 총서 17, 신국론, p.2796).
Quæ scelĕrum facies? 어떤 종류의 범죄?
Quæ sequuntur ergo ex ordine videamus.

Q

이어지는 말씀을 순서대로 보기로 합시다.
(최익철 신부 옮김. 요한 서간 강해. p.427).

Quæ rerum natura prohibentur, nulla lege
confirmata sunt.(Celsus) 사물의 본성에 의해 금지되는
것은 어떤 법규범으로도 승인되지 않는다.

Quæ sit carnis resurrectio et vita æterna.
육신의 부활과 영원한 생명.

Quæ sit Christianorum Imperatorum et quam vera
felicitas. 그리스도인 황제들의 행복은 어떤 것이며
무엇이 참된 행복인가.(교부문헌 총서 17. 신국론. p.2760).

Quæ sit inter philosophicas artes religiosi
excellentia Christiani. 철학적 학문에서도 그리스도
종교인의 역할이 얼마나 탁월한가(교부문헌 총서 17. 신국론. p.2768).

Quæ sit prima resurrectio, quæ secunda. 첫째 부활은
무엇이며 둘째 부활은 무엇인가.(교부문헌 총서 17. 신국론. p.2820).

Quæ sit ratio sanctorum corpora sepeliendi.
성도의 시신을 매장하는 명분은 무엇인가.

quæ sit via ad veram felicitatem obtinendam.
(영 Where lies the path to true happiness?)
진실한 행복으로 가는 길은 어디 있는가?

quæ sub aspectum veniunt. 시야에 들어오는 것.

Quæ sum passura, recordor.
나는 내가 장차 당할 일들을 곰곰이 생각해본다.

Quæ sunt instrumenta bonorum opĕrum.
착한 일의 도구들은 무엇인가.

quæ tempore mensurantur. 시간으로 측정되는 모든 사물.
omnes in tempore. 시간 속에 살아가는 모든 사람.

quæ terra párit. 땅이 생산하는 것

Quæ ventura sint in judicio novissimo.
최후 심판에서 닥칠 일들.

Quæ verbo objecta, verbo negáre sit.
말로 반박하는 것은 말로 부정해도 된다.

Quæ vero ipsæ sunt huius fiduciæ tantæ rationes?
(영 What are the reasons for such great confidence?)
그 같이 큰 신뢰의 동기는 무엇인가?

Quæ volumus et credimus libenter,
et quæ sentimus ipsi, reliquos sentire speramus.
우리가 간절히 원하고 믿는 바, 그리고 우리 스스로
느끼는 바를 딴 사람들도 느끼기 바라는 것입니다.

Quæcumque enim antea scripta sunt, ad nostram
doctrinam scripta sunt. 성경에 미리 기록된 것은
우리를 가르치려고 기록된 것입니다(성경 로마 15, 4).

Quæcumque sterilizátio, 가톨릭 병원들의 불임수술.
(1975.3.13. 회신).

Quædam bestiolæ unum diem vivunt.
어떤 곤충은 하루를 산다.

Quædam christianæ vitæ eucharistica forma, ad
Ecclesiam pertinere.(영 A eucharistic form of Christian
life, membership in the Church) 그리스도인 삶의
성찬적 모습의 하나인 교회에 대한 소속
(2007.2.22. "Sacramentum Caritatis" 중에서).

quædam circulátio vel regirátio. 일종의 윤회

Quædam falsa veri speciem ferunt.
어떤 허위는 진리의 모습을 띤다.

Quædam historiæ adiuncta hunc accedunt unde maior
præstantia Rosario denuo provehendo addatur.
지금의 역사적 상황이 묵주기도의 부흥에
커다란 효과를 더해 주고 있습니다.

Quædam jura non scripta, sed omnibus scriptis
certiora sunt.(Seneca) 어떤 법은 (문자로) 기록되어
있지 않으나 어느 성문법보다도 더 확실하다.

Quænam sit auctoritas, 신학교 설립(1972.2.11. 회신)

Quænam sunt christifidelium laicorum formationis
loci et media?.(영 Where are the lay faithful formed?
What are the means of their formation?)
평신도 교육의 장소와 수단은 무엇인가?.

Quæquæ herba habet utilitatem suam pro hominibus.
어느 초목이나 사람들에게 자기 (나름의) 효용이 있다.

Quærat quispiam. 누가 물어볼지도 모른다.

Quære ubi transeas, non ubi remaneas.
지나갈 곳을 찾지, 머무를 곳을 찾지 마십시오.
(최익철 신부 옮김. 요한 서간 강해. p.443).

Quærebam, quis veniret. 나는 누가 오느냐고 물었다.

Quærebam, quis venisset. 나는 누가 왔느냐고 물었다.

Quærebam, quis venturus esset.
나는 누가 올는지 물어보았다.

Quærere debetis, judices, uter utri insidias fecerit.
재판관들이여 그대들은 (이 두 사람 중에) 누가 누구
에게 사기를 행하였는지를 심문해야 한다.

Quærere Deum. 하느님 추구

Quærit Semper. 항구한 노력(Quibus Constitutio apostolica
Pastor bonus immutatur atque quædam competentiæ a
Congregatione de Cultu Divino et Disciplina
Sacramentorum ad novum Officium de processionis
dispensationis super matrimonio rato et non consummato
ac causis nullitatis sacræ Ordinationis, apud Tribunal
Rotæ Romanæ constituum, transferuntur.
이 자의 교서로 교황령「착한 목자」(Pastor Bonus)를
개정하여, 성립되고 미완결된 혼인의 관면 절차와 성품
무효 사건에 대한 관할권을 경신성사성에서 로타 로마나
법원의 신설 부서로 이관합니다.
(교황 베네딕도 16세 성하의 자의 교서. 2011년 8월 30일).

Quærit semper Apostolica Sedes sua moderaminis
instituta pastoralibus necessitatibus accommodare,
quæ annorum decursu in Ecclesiæ vita identidem
exstiterunt, structuram ideo immutans et
competentias Dicasteriorum Curiæ Romanæ.
성좌는 그 행정 조직을, 역사의 각 시대마다 교회의 삶
속에서 생겨난 사목적 필요에 맞추고자 항구한 노력을
기울여 왔고, 이에 따라 교황청 부서들의 조직과 관할권을
개편해 왔습니다.(교황 베네딕도 16세 자의 교서. 2011년 8월 30일).

quærite, 원형 quærĭto, -ávi, -átum -áre, freq., tr.
[명령법. 현재 단수 2인칭 quære, 복수 2인칭 quærite].
Petite, quærite, pulsate. 청 하여라, 찾아라, 두드려라.

quærite et invenietis.(영 seek and you will find)
찾아라, 너희가 얻을 것이다.

Quærite faciem eius semper. 항상 그분의 얼굴을 찾으라!

quærĭto, -ávi, -átum -áre, freq., tr. (quæro)
열심히 찾다, 뒤적이다, 얻으려고 힘쓰다.
물어보다, 알아보다, 조사하다.

quærito, -ávi, -átum -áre, freq., tr. 알아보다

Quæritur an sit possibile ac debitum et virtuosum
credere sine ratione?. 이성이 없이 믿는다는 것은
가능하고 적합하며 윤리적으로 바른 것일까?

quæro, quæsívi(-sii), quæsítum, -ĕre, tr. 찾아다니다.
1. 찾다(בﻗﺵ,ﺑﻌﻰ), 구하다, 얻으려고 하다; t
e ipsum quæ. 바로 너를 찾다/
in sterquilínio escam quæro.(병아리가) 두엄더미에서
먹이를 찾다. 2. …려고 하다, …하고 싶어 하다,
…려고 애쓰다, 해보다, 추구하다: quæro páscere tigres.
호랑이들을 사육해 보려고 하다. 3. 찾아 얻다, 장만하다,
마련하다, 확보하다, 획득하다. Quæ plurimus meis
laboribus quæsivi. 그것들은 네가 많은 수고를 들여 얻은
것들이다/ glóriam sibi quæro. 영광을 얻다. 4. 애써 벌다,
밥벌이를 하다, (생활수단 따위를) 수고해서 얻다:
ea, quæ(is) voce quæsierat, 그가 목소리로 벌어들였던 것.
5. 필요를 느끼다, 필요로 하다, 아쉬워하다. (무엇이.
누가) 없는 것을 한스러워하다, 간절히 바라다, 요망하다,
요구하다. 6. 골똘히 생각하다, 궁리하다, 검토하다, 알려고
하다, 연구하다, 탐구하다, 모색하다: consílium quæro.
의견(계획)을 생각해 내다. verum quæro. 진실을 알고
싶어 하다/Quæritur inter médicos, cujus géneris aquæ
sint utilíssimæ. 어떤 종류의 온천이 가장 이로운지 하는
것이 의사들 사이에서 연구되고 있다/ si quæris, 네가
알고 싶다면, 궁금하다면/ (삽입문) Noli quærĕre. 말도
마라; Quid quæris? 말해 뭣하니?. 7. (누구에게 무엇을)
묻다, 물어보다, 알아보다, 질문하다(ἐρωτάω), a púero

quæro horas. 소년에게 시간들을 알아보다/Quæsívit a médicis, quemádmodum se habéret. 그는 의사들에게 자기의 건강 상태가 어떤지를 물어보았다/ Fuge quærĕre. 묻지 마라, 찾지 마라(fugio 참조)/quǽrĕre ex *alqo*. 아무한테 묻다. 8.〔*alqd*, de *alqā* re; de *alqo* (누구를) in *alqm*(누구에게 대하여)〕심문하다, 조사하다, 심리하다: rem quæro. 사실을 심문하다/ quærode morte *alcjs*. 누구의 사망에 대해 조사하다/ De servo in dóminum ne torméntis quidem quæri potest. 주인에 대해서 종을 고문할 수 없다/ légibus quæro. 법대로 심리하다, 엄정한 심판을 내리다. (라틴-한글사전, p.725).

Cicero de re publica multa quæsivit et scripsit. 키케로는 공화정에 관해서 많은 것을 연구하고 글을 썼다. [논리 탈격은 무엇에 관해서 논의되는지를 표현하며 de와 함께 탈격을 쓴다]/

De pace quærenda, et zelo proficiendi. 평화를 얻음과 성덕의 길로 나아가려는 열정에 대하여/

Dulcédinem non priva Corda quæréntium. 구하는 이들의 마음을 감미로움으로 빼앗지 마소서. [quæréntium, 원형 quæro, quæsívi(-sĭi), quæsítum, -ĕre, 현재분사의 명사적 용법. 복수 주격 quærentes, 속격 quærentium, 여격 quærentibus, 대격 quærentes, 탈격 quærentibus) 황치헌 신부 지음, 미사통상문을 위한 라틴어. p.528]/

neque enim quæro intelligere, ut credam; sed credo, ut intelligam. 나는 믿기 위해 알아들으려고 하지 않고 알아듣기 위해 믿는다(캔터베리의 성 안셀모)/

nihil est quærere. 질문하는 것은 무의미하다/

Quærébam, num brevi puniréntur. 나는 그들이 앞으로 벌 받을 것이냐고 물어 보았다/

Quærébam, quis véniret. 나는 누가 오는지 물어보았다/

Quærébam, quis vénisset. 나는 누가 왔는지 물어보았다/

Quærébam, quis ventúrus esset. 나는 누가 올는지를 물어보았다/

Quem quǽritis? 너희는 누구를 찾느냐? (quǽrere가 '찾다'의 뜻을 가질 적에는 흔히 직접 객어만 가진다)/

Quod verum solatium in solo Deo est quærendum. 참다운 위로는 하느님께만 구할 것/

Te ipsum quæro. 내 바로 당신을 찾던 중이라오.

Quæro, an vivĕre velitis. 살고 싶으냐고 너희에게 묻는 거다.

Quæro ex te sisne ex pauperrimo dives factus. 나는 당신이 아주 가난한 자에서부터 부자가 되었는지 당신한테 묻는 것이다(ex te 너한테).

Quæro, num eum mox pæníteat. 나는 그가 장차 후회하겠는지를 물어본다.

Quæro quare diligas inimicum: quare illum diligis? 저는 그대가 왜 원수를 사랑하느냐고 물으렵니다. 그대는 왜 원수를 사랑합니까?.(최익철 신부 옮김, 요한 서간 강해, p.367).

Quæro, quis véniat. 누가 오는지 나는 물어본다.

Quæro, quis vénerit. 누가 왔는지 나는 물어본다.

Quæro, quis venturus sit. 누가 올 것인지 내가 묻는 거다

Quæro, utrum hoc vĕrum an falsum sit. = Quæro, utrum hoc verúmne an falsum sit. =Quæro, utrum hoc vĕrum an falsúmne sit). 나는 이것이 참된 것인지 혹은 거짓된 것인지 물어본다.

quæsĭi, "quæro"의 단순과거(pf.=perfectum)

Quæsita 400 pro examinandis qui ad animarum curam vel confessiones audiendis promovendi sunt. 영혼 사목과 고해소에서 더 잘하기 위한 검토사항 400가지 문제(1596년. 죠반니 바띠스따 꼬라도 1536~1606 지음).

quæsítĭo, -onis, f. (quæro) 질문, 고문, 심문.

Quæsítĭones ad Simplicianum. 심플리치아누스에게 묻는다.

quæsítor, -óris, m. (quæro) 찾는 사람, 탐광자(探鑛者), 조사하는 사람, 탐구자, 연구자, 예심판사(豫審判事), (로마시대의) 검찰관(檢察官).

quæsítum, "quæro"의 목적분사(sup.=supínum)

quæsítum, -i, n. (quæsítus[1]) 얻은 것, 벌어들인 것, 이득(이윤), 소득, 축적물(蓄積物), 질문([영] Questĭon), 심문(審問-자세히 따져서 물음), 문제.

quæsítus[1] -a, -um, p.p., a.p. (quæro) 찾은, 찾아 낸, 얻은, 획득한, 애써 벌어놓은, 짐짓(억지로) 꾸민, 보통 아닌, 특별(特別)한, 골라 찾아낸, 희구한.

quæsítus[2] -us, m. (quæro) 탐구, 조사, 탐문(더듬어 찾아가 물음).

quæsívi, "quæro"의 단순과거(pf.=perfectum).

In omnibus requiem quæsivi, et nusquam inveni nisi in angulo cum libro. 모든 것에서 안식을 찾았지만, 책이 있는 이 구석 말고는 아무데도 발견하지 못했네.

quæso, -ívi(ĭí) -ĕre, tr. (quæro)〔직설법 현재 1인칭 복수는 quǽsumus〕1. 찾다(בעא.בעי), 구하다(קרפ .עבת), 찾아 얻으려고 하다. 2. 청하다(αἰτὲω), 간청하다(בעא.בעי.προσεὺχομαι), 빌다, 탄원(歎願)하다 (προσεὺχομαι), 기원하다: deos quæso, ut…, …하여 주기를 신들에게 빌다/ Quæso parcas mihi. 나를 용서해 주기를 네게 청 한다/ Quæso ventorum paces. 좋은 날씨를 기원하다. 3. (정중한 부탁.요청.간구.물음 따위에 곁들이는 말) **quæso**, **quǽsumus**, 제발, 청컨대: Tu, quæso, crebro ad me scribe. 제발 편지나 자주 보내 주시오 / Consul ego quæsívi. 집정관인 내가 조사했다/ Da mihi, quæso, panem. 청컨대 저에게 빵을 주십시오. (quæso, quǽsumus. '청합니다, 청컨대 빕니다, 부탁 합니다'라는 뜻의 이 동사는 그 밖의 활용은 없고 보통 첫마디 다음에 놓는다)/

Quǽsumus, Domine, Deus noster: ut, quos divinis reparare non desinis sacramentis, tuis non destituas benignus auxiliis. 성체성사로 끊임없이 새로운 힘을 저희에게 주시는 주 하느님 비오니, 저희를 항상 자비로이 도와주소서.

Quæso, sédeas. 어서 앉으십시오.

quæstícŭlus, -i, m. (quæstus) 작은 소득(이득.이익)

quǽstĭo, -onis, f. (quæro) 찾음, 질문([영] Questĭon), 물음, 질의(質疑), 설문(設問), 문제(問題), 문제점, 현안(懸案-이전부터 논의되어 왔으나 결론이 나 있지 않은 문제나 의안), 논점(論點-논의의 중심이 되는 문제점), 논제, 심문(審問), 신문(訊問), 조사, 수사(搜査), 고문, 신문하는 재판관.

Ad quem articulum disputatio præmissa pervenerit et quid discutiendum sit de residua quæstione. 지금까지 논한 내용과 앞으로 논해야 할 문제(교부 총서 17, 신국론, p.2772)/

Altera nunc est Nobis quæstio aggredienda.([영] Now a second question) 이제 두 번째 문제가 대두됩니다. (교황 요한 바오로 2세의 1979.10.16. "Catechesi tradendæ" 중 53번)/

De diversis quæstionibus 83. 여든 세 가지 다양한 질문. (히포의 성 아우구스티노 지음)/

Intendite, protulimus aliquid in quo bene intellegentibus soluta est quæstio. 잘 들으십시오. 저희는 잘 알아듣는 사람에게는 해결책이 되는 어떤 것을 제안 하였습니다/

Iterum redimus ad difficultatem quæstionis. 우리는 다시 어려운 문제로 되돌아왔습니다. (최익철 신부 옮김, 요한 서간 강해, p.169)/

judex quæstiónis. 주심판사, 수석판사/

Loquelæ quæstio. 언어의 문제/

Magna quæstio est et angusta. 크고도 고민스러운 문제입니다(교부문헌 총서 19, 최익철 신부 옮김, 요한 서간 강해, p.219)/

mihi quæstio factus sum, et ipse est languor meus. 내가 나에게 의문거리가 되었나이다. 나 자신이 나의 번뇌로소이다/

Nunc tamen quæstio proponitur. ([영] Yet at this point a question arises) 그러나 여기에서 한 가지 질문이 제기 됩니다/

Occŭrrit quæstio quædam. 여기서 물음이 하나 생깁니다/

operariorum quæstione.([영] condition of the workers) 노동자들의 문제.(1991.5.1. "Centesimus annus" 중에서)/

Potest incídere quǽstio. 문제가 발생할(제기될) 수 있다/

Prudens quæstio dimidium scientiæ. 현명한 질문은 지식의 절반(무엇을 질문해야 할지 아는 것은 이미 반은 알고 있는 것이다)/

Quæstĭones de Perfectione Evangelica(QQPE). 복음적 완덕에 관한 논제들/

Quæstiónes et dubis. 문제와 의심.(성 막시모 지음, 626년)/

Quæstiónes evangeliorum. 복음서에 관한 질문. (399~400년 히포의 성 아우구스티노 지음)/

Quæstiónes expositæ contra paganos numero sex. 이교인 반박 여섯 질문.(408~409년 히포의 성 아우구스티노 지음)/

quæstiónes perpétuæ. 공금.횡령.살인.모반 따위의

특별 범죄에 대한 심문(법정)/
Quæstiónes Theologicæ. 신학 논제/
Quæstiónes XVI in Matthæum. 마태오 복음의 열여섯 질문. (399~400년 히포의 성 아우구스티노 지음)/
quæstionibus spiritus([영] questions of the spirit) 정신의 문제/
Semper hac de re quæstio ponitur([영] And in this regard the question always arises) 또한 이와 관련하여 언제나 다음과 같은 물음이 생깁니다/
Summa quæstionum. 질문 대전/
Videtis certe quæstionem; hæc quæstio et nos et ipsos turbat, si non intellegatur. 이 문제를 분명히 보십시오. 잘 이해하지 않으면, 이것은 그들과 우리를 다 괴롭히는 문제가 됩니다.(최익철 신부 옮김, 요한 서간 강해, p.169).

Quæstio biblica. 성서 문제(聖書 問題)

Quæstio de abortu, 준비된 유산(流産)(1974.11.18. 선언)

quæstio de jure appellandi. 상소권에 대한 문제

Quæstio de renuntiátĭone. 포기에 대한 문제

quæstio facti. 사실상의 문제(사실문제)

quæstio juris. 권리문제, 법률상의 문제(법적 문제)

quæstio missĭonális([영] missĭonary questĭon). 선교 문제

Quæstio Romana. 로마문제

Quæstiones. 교령 문답집(중세기에 교회법 학자들이 역대 교령들을 문답 형식으로 내용을 해설한 책. 백민관 신부 엮음, 백과사전 3, p.281).

Quæstiones altere supra libros prime philosophie Aristoteles.
아리스토텔레스 제일 철학의 책들에 대한 다른 질문들.

Quæstiones De cælo et mundo libros Aristotelis.
하늘과 땅에 대한 질문들.

Quæstiones de divina pagina. 성서문제(멜린의 로베르또 지음).

Quæstiones de Perfectione Evangelica.
복음적 완덕에 대한 질문들.

Quæstiones de scientia Christi.
그리스도의 지식에 관한 문제

Quæstiones disputatæ. 신학 논제집, 정규 토론집.

Quæstiones disputatæ de malo. 악에 대한 토론집.

Quæstiones disputatæ de potentĭa Dei.
하느님의 권능에 대한 토론집.

Quæstiones disputatæ de rerum Principio.
사물의 원리에 대한 토론 문제집.

Quæstiones disputatæ de spiritualibus creatris.
영적 피조물에 대한 토론집.

Quæstiones disputatæ de veritate. 진리에 대한 토론집.

Quæstĭones et Solutĭones in Exodus.
출애굽기의 문제와 해결(Alexandria의 Philo 지음).

Quæstĭones et Solutĭones in Genesis.
창세기의 문제와 해결(Alexandria의 Philo 지음).

Quæstiones evangeliorum. 복음서 발췌 주해. (400년 히포의 아우구스티노 지음).

Quæstiones graves dirimendæ sunt; sin minus, aliis temporibus eadem cum forma, aut diversa, revertentur([영] Serious questions must be resolved, for if not, they will reappear at another time, either in the same terms or in a different guise). 심각한 문제들은 반드시 해결되어야 합니다. 그렇지 않을 경우, 그 문제들은 언젠가는 같은 형태로든 다른 모습으로든 다시 등장할 것이기 때문입니다.(1995.5.25. "Ut Unum Sint" 중에서).

Quæstiones in De anima secundum tertiam.
영혼론에 대한 질문들.

Quæstiones in Heptateuchum. 구약 칠경 발췌 주해. (주해서.히포의 성 아우구스티노 지음).

Quæstiones in Metaphysicam. 형이상학에서의 질문들.

Quæstiones in Prædicamenta. 범주론에서의 질문들.

Quæstiones in primum et secundum librum Perihermeneias. 범주론(範疇論)(요한네스 둔스 스코투스 지음).

quæstiones injustæ. 누명(陋名-사실이 아닌 일로 이름을 더럽히는 억울한 평판) (성 염 지음, 사랑만이 진리를 깨닫게 한다, p.482).

Quæstiones miscellanæ De formalitatibus.
형식론에 관한 잡다한 문제집.

Quæstiones Naturales. 본성에 관한 질문

Quæstiones Particuláres. 특별사항들

Quæstiones quodlibetales. 수의(隨意) 문제 토론집, 임의 토론집(任意 討論集), 자유문제집(Scotus).

Quæstiones subtilissimæ super libros Metaphysicorum Aristoteles.
아리스토텔레스의 '형이상학'의 대단히 까다로운 문제들/
아리스토텔레스의 형이상학 저서들에 관한 정밀한 문제집.

Quæstiones super sententias. 신학 문제집 해설

Quæstiones supra libros prime philosophie Aristoteles.
아리스토텔레스 제일 철학의 책들에 대한 질문들

quæstionálĭter, adv. (quǽstio) 질문형식(방법)으로

quæstionárĭus, -i, m. (quǽstio) 문제집(問題集), (죄인의 자백을 받기 위한) 고문을 가하는 형리(刑吏).

quæstióno, -átum -áre, (**quæstionor**, -ári, dep.) tr. (quæstio) 심문(審問)하다; 고문(拷問)하다.

quæstiúncŭla, -æ, f. dim (quǽstio) 변변찮은 질문; 작은 문제

quæstor, -óris, m. (quæsítor) 1. (Roma의) 검찰관(국민에 의해 2명이 선정되었으며, 그 임무는 살인, 공금횡령 등의 형사사건 중범죄를 심문.심리하고 재판관들을 소집하여 선고를 내리게 하였다 사형.추방에 관여한 까닭에 quæstóres rerum capitálium, quæstóres parricídii, 즉 '살인범 검찰관'이라고도 하였음). 2. quæstóres urbáni(ærárii), Roma의 **재무관**(그 임무는 Satúrnus 신전에 비치되어 있던 국고 관리.전리품매각.군기를 보관했다가 출전하는 집정관들에게 내어 주는 일.외국사절 접대.국민 보건 담당 등이었다. 양곡 관리 재무관은 quæstor Ostiénsis 'Ostĭa 주재 재무관'이라고도 했음). 3. quæstóres militáres 총사령관.출전 집정관의 재무 보좌관. 4. quæstóres provinciáles 지방장관(주지사.총독)의 재무 보좌관, 부지사. 5. quæstóres candidáti príncipis, quæstóres Cǽsaris(príncipis, palátii), Roma 제정시대에 원로원에서 황제를 대리하여 교서.칙령 따위를 전달하던 보좌관(輔佐官). (라틴-한글사전, p.725).
(공금 모집을 위한) 설교가(트리엔트 공의회에서 금지함).

quæstor sacri palatii. 법무장관(法務長官)

quæstórĭus, -a, -um, (quæstor)
adj. 검찰관의, 재무관의, 재무관에 관한. m. 전재무관.
n. (sc. tentórium) 병영 내의 재무 보좌관 막사,
(sc. ædifícium) 지방 재무관(부지사) 관저(官邸).

quæstuárĭus, -a, -um, (quæstus)
adj. 벌이하는, 장사하는, 거래하는.
f. (sc. múlier) 매춘부, m. (sc. homo) 기능공, 목수, 석공.

quæstuósus, -a, -um, adj. (quæstus) 벌이가 되는, 이득이 있는, 이윤이 많은, 이익이 되는, 이득을 추구하는, 돈벌이에 악착스러운, 돈을 많이 번, 부유한.

quæstúra, -æ, f. 재무관직, 검찰관직(檢察官職)

quæstus, -us, m. (quæro) 이득(이윤), 이문(利文-이익이 남은 돈), 이윤([영] profit-이익), 이익, 수익, 소득, 수입, 벌이, 생업, 직업([영] Professĭon), 영업, 매춘; 매춘 소개업.
Nullus est tam tutus quæstus, quam quod habeas parcere. 당신이 갖고 있는 것을 절약하는 것만큼 안전한 이득은 없다/
quæstum fácere ex *alqā* re.
어떤 일에서 이득을 취하다, 무엇으로 돈벌이하다/
quæstum sibi instituo. 이익을 얻다.

Quæstus tamen non est solus condicionum administrationis index. 그러나 이윤이 기업 조건의 유일한 지표는 아니다(1991.5.1. "Centesimus annus" 중에서).

quǽsumus, 원형 quæso, quæsivi, quæsere,
[직설법 단수 1인칭 quæso, 2인칭 quæssis, 3인칭 quæsit, 복수 1인칭 **quǽsumus**, 2인칭 quæsitis, 3인칭 quæsunt]
Hæc ergo dona, quǽsumus, Spiritus tui rore sanctifica.
간절히 청하오니, 성령의 힘으로 이 예물을 거룩하게 하시어/
Respice, quǽsumus, in oblatiónem Ecclésiæ tuæ.
([영] Look, we pray, upon the oblation of you Church)
교회가 바치는 이 제사를 굽어보소서.

Quales debent esse judices?.(qualis -e, 성질이나 품질을 묻는다).
법관이란 어떤 인간이라야 하는가?.
Debent esse æqui atque justi. 공평하고 정의로워야 한다.

Quales esse debent seminaistæ?

신학생은 어떠한 사람이어야 하느냐?/
Seminarístæ debent esse pii et indústrii.
신학생들은 신심이 많고 부지런한 사람이어야만 한다.
Quales simus, tales esse vidémur.
우리는 겉으로 보이는 그대로이다.
quálǐbet(=quálǔbet), adv. 어느 길로든지,
어디로 해서든지, 어떤 방법으로든지, 어떻게 해서든지.
Eum qualibet poena dignum existimo.
나는 그 자가 어느 형벌을 (받아도) 마땅하다고 여깁니다/
In qualibet curia constituatur cancellárius.
교구청마다 사무처장이 선임되어야 한다/
Totum et integrum Christum ac verum sacramentum
sub qualibet specie sumi.
두 가지 형상 중에서 한 형상만으로도 온전하고
완전무결하게 그리스도와 참된 성사를 영함.
qualificátǐo, -ónis, f. (qualífico) 성질을 부여함,
형용(形容), 자격.권한.권능의 부여(인정.증명);
(부여.인정.증명된) 자격.권한.권능.능력.
적성.적임.적격.자질.
(法) 정상이 참작된(가중되는 수도 있음).
delíctum qualificátum. 특수 사정에 의한 범죄.
qualificátǐo doctrinális. 교리교수 자격(資格)
qualificátor, -óris, m. (qualífico) (敎會法))
신학자(교황청의 검사성성 S. congregátio Sancti Officii에 제소된 교리
도덕문제 관계의 명제propositiones나 서적 내용의 오류 여부를 심의 규정
하는 성성聖省 소속의 신학자를 가리킴).
qualificátus, -a, -um, p.p., a.p. (qualífico)
(어떤) 성질을 부여받은, 형용된, 자격(권능.권한)이 있는,
적성(適性)이 있는, 적임(適任)의, 적격(適格)의.
testis qualificátus. (敎法) 공직자로서의 증인(공직자가 자신이
직무상 다루었던 사항에 대해 증언하는 경우).
qualífico, -ávi, -átum -áre, tr. (qualis+fácio)
성질을 부여하다(나타내다), 형용하다,
자격.권한.권능.적성을 부여(인정.증명)하다.
((法)) (죄의 경중에 관하여) 정상을 참작(해석)하다.
quális, -e, pron. (adj.)
1.(interr., exclam., 성질.품질.특성 표시)어떠한,
어떤(τις), 어떻게 생긴: Quális ista philosophía est?.
그 철학은 어떤 것이냐?/ Ego te, quális sis, scio.
나는 네가 어떤 (성품의) 사람인지를 안다/ Qualem te
pátriæ custódem di genuérunt. 신들이 너를 얼마나
훌륭한 조국의 수호자(守護者)로 만들어 놓았느냐!.
2.(correlat., talis의 기준)(어떠한) 만큼(그러한
(=talis): Quális pater (est), tális filius (est). 부전자전,
그 아버지에 그 아들. 3.(relat.)(앞에 말한 것의 예로서)
그러한 것은 …따위다. 이를테면 … 따위의: Ad apérta
(sómnia) veniámus, quale est de illo interfécto …,
quale (est) de Simónide. 분명한 꿈 이야기로 돌아가자,
이를테면 …살해된 그 사람에 대한 것이라든가
Simónides에 대한 것 따위 말이다. 4.(indef.)(막연하게)
어떤 성질을 띤, 어떤 성질의. 5.(겹쳐서 총망라.
무제한 표시)qualis qualis…, 어떠한 …든지 간에,
어떠한 …든 지를 막론하고. (라틴-한글사전. p.727).
Quale erat iter in silvis præter ripam?
강변을 따라 숲으로 난 여로는 어떠했나?/
Qualem faciem habet dilectio? qualem forma habet?
qualem staturam habet? qualem pedes habet? qualem
manus habet? nemo potest dicere. 사랑은 어떤 얼굴을
지니고 있습니까? 어떤 형상을 지니고 있습니까? 어떤
몸집을 가지고 있습니까? 어떤 발을 지니고 있습니까?
또 어떤 손을 지니고 있습니까? 누구도 말할 수
없습니다. (최익철 신부 옮김. 요한 서간 강해. pp.329~331)/
Quáli labore, quanta pietate hæc fecerunt pro civitate
sua! 그들은 얼마나 힘든 수고로, 얼마나 (큰) 정성으로
자기네 조국을 위해서 이 일을 했던가!/
Tális est filius, quális est mater.
아들이 어머니의 성질을 닮았다/
Vidi filíum non talem, quális est pater suus.
부전자전이 아닌 아들을 나는 보았다.

Qualis amor est qui reddit pulchram amantem?
어떤 사랑이 여인을 아름답게 만들어 줍니까?.
Quális erat istorum oratio pro Pompeianis?.
폼페이우스 일당을 (변호하는) 그자들의 연설이 어떠했는가?
[oratio pro Pompeio 폼페이우스를 변호하는 변론,
oratio in Pompeium 폼페이우스를 성토하는 논고. 성 염 지음. 고전 라틴어. p.144]
Quális homo, qualis christanus?.
너는 어떤 사람이냐? 너는 어떤 그리스도인이냐?
Quális ista philosophía est?. 그 철학은 어떤 것이냐?
Quális orator et quantus homo fuit!. 그가 얼마나
훌륭한 연설가요 얼마나 위대한 인간이었던가!
qualis quisque est talis finis videtur ei.
목적은 그 사람이 어떤 사람인가에 따라
저마다의 방식으로 나타난다.(김 율 옮김. 은총과 자유. p.88).
Quális rex, talis grex. 왕에 따라서 군중이 결정된다.
Quális vixit, tális periit. 살아온 성품 그대로 죽었다
qualiscúmque(=quálǐscúnque), qualecúmque,
pron. (adj.) indef. (qualis) 1.(indef.)어떤 …든지
간에(하여튼), 무슨 …든지를 막론하고: Qualescúmque
sumus, hæc pati non debúimus. 우리가 어떤 사람
이든 간에 이 일들을 참을 것이 아니었다.
2.(막연한 무한정)어떤 …든지 가리지 않고, 아무거나
덮어놓고: cármina commendáre qualiacúmque.
무슨 시든지 덮어놓고 칭찬하다. [라틴-한글 사전. p.726].
Qualemcumque magistratum accipiet, totum corrumpet
iste. 그 자는 어는 관직을 맡든 속속들이
부패시키고 말 것이다.
qualíslǐbet, qualélǐbet, pron., indef.
어떤…든지 (상관없이), 어떤 (종류의) …이거나.
qualísnam, qualénam, pron., indef.
도대체 어떤 (성질.종류의).
quálǐtas, -átis, f. 성질, 질(ποίον.質-사물의 근본이 되는 성질),
품질, 종류(種類.γὲνος), 자질(資質-타고난 성품이나 소질),
속성(屬性-사물의 본질을 이루는 고유한 특징이나 성질),
특질(特質-특별한 성질이나 기질), 특성, 품성, 됨됨이, 자격,
신분(身分.@ State), (사회적) 지위(地位).
qualitates primáriæ. 제일성질/
qualitates secundáriæ. 제이성질.
qualitas acquisitus. 습득된 성질(性質)
qualitas activa. 능동적 성질
qualitas animæ. 영혼의 속성
qualitas difficile movilis. 움직일 수 없는 자질들
qualitas effectiva. 감동적 성질
qualitas entitativa. 본체적 성질(속성)
qualitas individuális. 배타적인 자질(資質)
qualitas interrogátǐonem. 심문의 성질
qualitas mentis. 영혼의 특성
qualitas ontologica. 존재론적 성질
qualitas operativa. 작동적 성질
qualitas passíbǐlis. 수동적 성질
qualitas per modum transeuntis. 전이적 방식의 질
qualitas propositíonis. 명제의 성질
qualitatívus, -a, -um, adj. (quálitas)
성질(상)의, 질적인; 성질(품질)을 표시하는.
quálǐter, adv. (qualis) 어떻게? 어떤 모양(방법)으로,
…하는 그런 모양으로, …처럼, …와 같이.
Qualiter æstátis Tempore Agatur Nocturna Laus.
여름철의 "야간 찬미기도"는 어떻게 할 것인가.
(성 베네딕도 수도규칙 제10장).
Qualiter Diebus Dominicis Vigiliæ Agantur.
주일의 "야간기도"는 어떻게 할 것인가.
Qualiter homo desolatus se debet in manus Dei
offerre.(@ How a Desolate Person Ought to Commit
Himself Into the Hands of God)-준주성범 제3권 50장-
사람의 위로가 없을 때 하느님께 의탁할 것.
Qualiter illa lux fecerit diem et noctem.
어떻게 낮과 밤이 만들어졌는가?
Qualiter instante tribulatione Deus invocandus est et
benedicendus.(@ How We Must Call Upon and Bless the

Q

Lord When Trouble Presses) 괴로움을 당할 때 어떻게
하느님을 부르고 찬미할 것인가(준주성범 제3권 29장).
**Qualiter standum sit ac dicendum in omni re
desiderǎbili.** 모든 사모하는 일에 취할 방법(준주성범 제3권 15장).
qualitercúmque, adv. (quáliter+) 어떤 모양으로든지.
quálǔbet(=quálǐbet), adv. 어느 길로든지,
어디로 해서든지, 어떤 방법으로든지, 어떻게 해서든지.
qualus, -i, m. (=**qualum, -i,** n.) 바구니, 광주리
quam¹ adv. 1.(주로 형용사, 부사, 때로는 동사를 수식
하는 의문 감탄부사)**얼마나,** 얼마만큼. Quam multis
opus erit? 얼마나 많은 사람들이 필요하겠느냐?/
Heri quam immodéstus fuísti! 네가 어제 얼마나
무례했는지 모른다/ Nescis, quam dóleam. 내가 얼마나
아픈지 너는 모른다. 2.(최상급의 최대한 수식, 때로는
posse를 동반)한껏, 최대한으로, 할(될)수 있는 대로,
더할 수 없이: quam maximum malum. 또 있을 수 없는
최대의 불행/quam citissime. 될 수 있는 대로 빨리/
Quam máximā possum voce dico. 나는 낼 수 있는
최대의 목소리로 말하고 있다. 3.(원급의 정도 강화)
매우, 크게, 대단히: quam familǐáriter. 매우 친근하게.
quam²(동등비교, 흔히 tam과 함께 상관비교)
···**만큼,** 처럼. tam plácidum, quam ovem réddere.
양처럼 유순하게 만들다/homo non, quam is it
sunt, gloriósus. 저 사람들처럼 으쭐하지 않는 사람.
2.(우열의 비교)···**보다,** ···에 비해서,(더, 너무; 덜):
major quam···. ···보다 더 큰/pluris fácere libertátem
quam pecúniam. 자유를 돈보다 더 중히 여기다/
major, quam pro número, jactúra. 수에 비해서 너무
큰 손실/ commodióra multo, quam ut erat nobis
nunciátum. 우리에게 알려졌던 것보다 훨씬 더 유리한
것들/ Mori práestitit quam hæc pati. 이런 일들을 당하기
보다는 죽는 편이 더 나았다. 3.(간혹 비교급 없이도
비교를 이룰 수 있음)···보다 : Tácita bona est múlier
quam loquens. 말하는 여자보다 묵묵한 여자가 좋다/
Pacem quam bellum probábam. 나는 전쟁보다 평화를
찬성하였다. 4.(차이.상이.반대.상사.정도.초과
따위를 드러내는 말과 함께)···와(는), 이외에, ···보다,
만큼: áliter, quam···, ···와 달리. Quid est áliud fortitúdo
nisi virtus? 용맹은 덕이 아니고 무엇이냐?(quam² 참조)/
Nihil æque eos térruit quam ···. 아무것도 ···와 같은
정도로 그들을 놀라게 하지는 못했다/ Contra fáciunt,
quam proféssi sunt. 그들은 공언한 바와는 반대로 행한다/
ultra, quam satis est. 충분한 것 이상으로/ supra, quam
fíeri possit. 될 수 있는 것 이상으로. 5.(수량 표시의
말과 함께)···보다, ···에 비해서: múltiplex, quam pro
número, damnum. 수에 비해서 여러 갑절 되는 손해/
ferraménta dupícia, quam númerus servórum éxigit.
노예들의 명수에 비해 2배나 되는 농기구/ dimídium,
quam quod accéperat. 그가 받았던 것에 비해 절반.
6.(전후를 표시하는 시간 부사어 뒤에(cf. ántequam,
priúsquam, prídie, postquam, postrídie))···보다,
···하기(전에), ···한지(얼마 후에): Hæc epístola est
prídie data quam illa. 이 편지가 그 편지보다 하루 전에
발송된 것이다/ post diem sextum, quam discésserant.
그들이 떠난 지 엿새 만에/ die vicésimā, quam creátus
est, ···. 그가 선출 된지 20일 되던 날에.
7. tam ··· quam 도···도. (라틴-한글사전. p.727).
ætáte inferióres quam Július.
Július보다(나이가) 젊은 사람들/
Hæc via est magis longa quam lata.
이 길은 넓다기 보다는 (차라리) 긴 편이다/
Heri quam immodestus fuisti!
네가 어제 얼마나 무례했는지 모른다/
homo non, quam is it sunt, gloriósus.(quam² 참조)
저 사람들처럼 으쭐하지 않는 사람/
Nihil turpius est quam mentiri.
(Quid turpius est quam mentiri)
거짓말하는 것보다 더 추잡한 것이 무엇이냐?/

tam placidum, quam ovem réddere.
양(羊)처럼 유순하게 만들다.
Quam aërumnosa,
아메리카에 있는 이탈리아 거주자들(1888.12.10.).
Quam bene laborabis, tam cito adveniet vesper.
그대가 일을 부지런히 할수록 저녁은 그만큼 빨리 오리라.
Quam bonus es!. 너는 얼마나 착한지!(Quam은 비교문에 쓰이는
것 이외에도 감탄문에서 종종 형용사를 수식하기도 한다).
Quam desiderabam redire in patriam!
고국으로 돌아가기를 (나는) 얼마나 바랬던가?
quam Deus in nobis sine nobis operatur. 하느님이 우리
없이 우리 안에서 작용시키는 그것이다.(은총과 자유, p.108).
**Quam diligentissime exploratores advenire castra
cœperunt.** 정찰병들은 온 힘을 다해 진영에 도달하려 애썼다.
quam facile sacrificīum. 가장 실천하기 쉬운 전례.
(성 아우구스티노).
Quam feminam in matrimonium ducere optas?.
당신은 어떤 여자를 혼인으로 맞아들이고 싶은가?
Quam feminam inducĕre optas uxorem?
당신은 어떤 여자를 아내로 맞아들이고 싶은가?
Quam magnum bonum sit ipsum esse.
존재한다는 그 자체가 얼마나 위대한 선인가!
Quam malus est, culpam qui suam alterius facit.
자신의 잘못을 다른 이의 탓으로 돌리는 것은 얼마나 나쁜가.
quam maxime. 최대한으로
Quam maxima possum voce dico.
나는 가능한 큰소리로 말한다.
Quam maxime possum. 내가 할 수 있는 대로
quam maximus. 최대한으로 제일 큰
quam minimum tempóris. 아주 짧은 시간
Quam multa injusta ac prava fiunt moribus!
사람의 도리라면서 얼마나 많은 불의와 행악이
가해지는지!(성 염 지음. 사랑만이 진리를 깨닫게 한다. p.457).
Quam multa scripsit de Ulixe Homerus! 호머는 율리시스
에 관해서 얼마나 많은 것을 기록으로 남겼는지 모른다.
Quam multi Alexandri Magni res gestas narraverunt.
얼마나 많은 사람들이 알렉산더 대왕의 무훈을 이야기했던가!
Quam multos (viros) sub undas volves, Thybri pater.
티베르 강의 아버지여, 얼마나 숱한 사나이들을 파도
속으로 잠겨들게 하시나이까?(Tiberis, Tibris, Thybris. 시어에서
호격으로 Thybri를 사용하기도 한다. 성 염 지음. 고전 라틴어, p.215)/
Quam multos vidisti hostes?.
당신이 본 적병들은 얼마나 많았소?
quam ob rem(causam) 그 이유 때문에, 무엇 때문에
Quam Oblationem. 성령 청원 부분.
quam pius in Ecclesiam. 경건한 사람이 교회에 하듯이.
(성 염 지음. 사랑만이 진리를 깨닫게 한다. p.233).
Quam plurimo vendĕre. 최대한으로 비싸게 팔다
quam primum. 가능한 한 빨리, 될 수 있는 대로 빨리(일찍)
Quam quisque norit artem, in hac se exerceat.
각자는 자기가 알고 있는 그 기술에 있어서 자신을 연마하라.
Quam singulari. 어린이 영성체에 관한 교령(1910.8.8. 만7세에
달한 어린이들은 영성체를 하도록 권고하고, 자유분방주의를 이단으로 단죄 함).
Quam sordet mihi tellus, dum cœlum aspicio.
하늘을 처다볼 때 땅은 얼마나 더러우냐.
quam sublime sacrificīum. 얼마나 위대한 희생
quamcumque in partem. 어느 방면으로든지
quámdǐu(quándǐu), (quam과 diu를 갈라 쓰기도 함) adv.
1. (interr.) 얼마동안? 얼마나 오래(오랫동안)?.
2. (relat.) ···하는 (그)동안, ···하는 한.
Tamdiu discendum est, quamdiu vivas.
살아있는 동안은 배워야 한다.
Quamdiu manebant apud fossam oppidi nostri?.
그자들이 우리 도성의 해자 앞에 얼마동안 머물렀소?
Quamdiu mihi insidiátus es, ···(C.)
네가 내게 대해 음모를 꾸민 그동안(나는)···
Quamdiu potuit, tacuit.
그는 침묵을 지킬 수 있는 한(있을 때까지) 가만히 있었다.
Quamdiu Romæ gerebant consules.

로마에서는 집정관들이 얼마 동안 재임하였는가?

quamdiu sunt, bona sunt. 사물들이 존속하는 한 선한 것.
(토마스 아퀴나스의 형이상학, p.188).

quamdúdum, adv. (quam¹⁺) 얼마 전부터?, 얼마나 오랫동안?

quámlĭbet(=quámlŭbet) adv. 얼마든지(마음대로),
좋을 대로, 어느 정도이든 상관없이, 얼마나 …든지(간에),
아무리 …더라도, …(할)지라도.
quamlibet parvum sit, … 얼마나 작든(간에).

quámóbrem(quam ob rem), adv. 왜? 무슨 이유로?
무엇 때문에? …하는(…한) (이유), 그래서, 그 때문에.
Hoc est hómini, quam vitam amet. 이것이 바로 사람이
생명을 사랑하는 이유이다/ Multæ sunt causæ,
quam cúpio … 내가 …하고 싶어 하는 이유는 많다.

quamplúres, -ra, adj., pl. (quam¹⁺)
수많은, 다수의, 상당수의, 여러.
Quamplures episcopi, 성주간 예식의 변경(1965.3.7. 교령).

quamplúrĭmus, -a, -um, adj. (quam¹⁺)
대단히 많은, 최다수의, 한없이(한껏) 많은.

quamprímum, adv. (quam¹⁺) 될 수 있는 대로 빨리.일찍.

quamquam, conj., subord., concess.(원칙적으로 직설법을 쓰나
가능문(prop. potentiális)의 생각을 띠었을 경우에는 접속법을 씀: 형용사나 분사와
함께 being때는 v. finítum이 생략되는 수가 있음: 뒤따르는 주문에는 가끔
반대 접속사 tamen을 씀) **비록 ~ 할지라도,** …더라도,
…기는 하지만: Quamquam est scelés_tus, 그가 흉악
한 사람이기는 하지만/ ómnia illa, quam expeténda,
… 그 모든 것이 비록 추구하여야 할 것들이지만.
adv. (새 문장 첫 머리에 또는 자기 말을 교정할 적에)
그렇지만, 그럴지라도, 그러나 역시.
Et quamquam plurima obstant, homines sperare possunt
et debent.(⑨ Despite all this, then, humanity is able to
hope. Indeed it must hope) 따라서 이 모든 어려움에도,
인류는 희망을 가질 수 있다. 인류는 참으로 희망을
가져야 한다(1988.12.30. "Christifideles laici" 중에서).

**Quamquam adeo excellebat Aristides abstinentia,
ut unus Iustus sit appellatus, tamen, a Themistocle
collabefactus, exilio decem annorum multatus est.**
아리스티데스는 유일하게 '의인(義人)'이라고 불릴 정도로
절제 면에서 타의 추종을 불허했음에도 불구하고
테미스토클레스한테서 모함을 받아서 10년간의 귀양살이에
처해졌다.

Quamquam innocens erat, (tamen) damnátus est.
그는 비록 무죄였지만 처형되었다.

Quamquam longissimus, dies cito condítur.
날이 제아무리 길 다해도(결국은) 저물고 만다.
(양boxed접속사들은 어떤 때 완전한 문장을 이루지 않고 종결 동사 없이
단순한 어떤 형용사나 분사 또는 부사만 쓰는 경우가 있다.
허창덕 지음, Syntaxis Linguæ Latinæ, p.288).

**Quamquam omnisvirtus nos ad se allicit,
tamen justitia et liberalitas id maxime efficit.**(Cicero).
무릇 모든 덕성이 우리를 끌어당기지만
정의와 관용이 각별히 그렇게 한다.

Quamquam tu hoc fecisti, vitupĕraberis.
너는 이것을 했지만 책망 받을 것이다.
(속문의 내용이 주문의 내용보다 나중에 되는 것임을 표시하기 위해서는 그
논리적 의미나 따라서 주문의 시칭을 쓴다. 이와
같이 직설법 속문의 시칭이 그 지배주문과의 관계에서 보다 그 속문 자체가
지니는 논리적 의미, 또는 접속사의 요구에 따라서 결정되어야 하는
경우도 가끔 있다. 이를 직설법 시칭의 자립용법이라 하며
관계문이나 직설법 요구의 시간분 같은 데서 가끔 만나게 된다).

quamvis,(quam+(volo²), vis)1. adv. 아무리 …라도,
한껏(plena manu), 최대한으로(quam maxime),
극히, 몹시, 지독히, 매우(לאד), 대단히.
2. conj., subord,m concess. **아무리 …(할)지라도,**
아무리 …다 해도, 비록 …일지라도(…지만).
Quamvis prudens sis, tamen… 네가 아무리 현명하다
해도 그러나/ quamvis est rústica, 비록 시골여자이긴
하지만/ (서술동사 없이 쓰는 수도 있음) alqā ratióne,
quamvis falsā, … 비록 틀린 방법이긴 해도 어떻게 해서/
Ad hoc et aliud est addendum simile priori, quamvis e
diversa iudicandi ratione(⑨ At this point another
observation must be made on the same lines but from

a different point of view) 이 시점에서 다른 문제를
하나 더 살펴야 하겠습니다. 이념은 같지만 관점은 다른
문제입니다(1979.10.16. "Catechesi tradendæ" 중에서)/
Unusquisque vitæ cupidus est, quamvis infelix sit.
사람은 아무리 불행할지라도 누구나
생명에 대한 애착이 있다.

quamvis diu. 아무리 오래더라도

**Quamvis exercitus suus sit magnus,
non periclitabitur omne una acie.** 자기 군대가 제아무리
많다고 한들, 모든 승부를 전선 하나로(= 한 판
싸움으로) 가리려는 모험은 그가 하지 않을 것이다.

Quamvis excipĕre fortúnam. 어떤 운명이든지 감수하다

quamvis longum tempus. 아무리 긴 시간이라도

quamvis ridiculus. 대단히 우스꽝스러운

**Quamvis voluptate capiatur, occultat et dissimulat
appetitum voluptatis propter verecundiam.**(Cicero).
인간은 탐욕에 사로잡혀 있으면서도 수치심 때문에
탐욕의 욕구를 숨기거나 아닌 체한다.

quánam, adv. adv., interr. 어느 길로? 어디로 해서?
어느 곳을 통하여? 무슨 방법으로? 어떻게 해서?.

quando? adv. 1.(interr.)언제?(πότε) 어느 시대에?
(num, ne, si, nisi 뒤에서는 indef.)(=aliquándo)
언젠가, 장차; 일찍이.
2. conj., subord. …때에: tum, quando …mísimus.
우리가 보낸 그때에. …(하)기 때문에, …이기에,
…므로, …니까: quando hoc bene succéssit, …
이 일이 잘되었으므로.
Si quis dives est, ille edit, quando vult; si quis pauper
est, ille edit, quando habet, quod edat.
만일 누가 부자라면 그가 먹고 싶을 때 먹는다.
그러나 만일 누가 가난하면 먹을 것이 있을 때(먹을
것을 가지고 있을 때에나) 먹는다.

Quando abis, Antipho? Mane, inquam.
언제 떠나는가, 안티포? 말하자면 아침에.

Quando consurgam? (⑨ When shall I arise?)
언제나 일어나려나?(성경 욥기 7, 기).

**Quando conveniunt feminæ, garrire incipiunt et ab hoc
et ab hac.** 여자들이 모여 앉으면, 이 남자 저 여자
이야기를 지껄이기 시작한다.

Quando mundus "melior" est?(⑨ when is the world
"better"?). 언제 '더 나은' 세상이 되는가?

Quando natus es? 언제 태어났느냐? / Natus sum anno
millesimo nongentesimo septuagesimo. 1970년에 났다.

Quando pervenit nuntius, tunc spes populi revenit.
사신이 도착하자 백성의 희망이 되살아났다.

Quando Romam discedes?. 언제 로마로 떠날 거니?
[discedo: 보통은 ex. ab + abl. 떠나는 목적지는 대격].

**Quando tibi non valet auctoritas senatus, provoco ad
populum.** 당신에게는 원로원의 권위가 소용이 없으니
나는 국민에게 상소하는 바이오.

Quando vidistis eos in monte?.
당신들이 그들이 산에 있는 것을 본 것은 언제였소?

**quando voluit et quantum voluit Romanis regnum
dedit.** 하느님은 당신이 원할 적에 원한만큼
로마인들에게 왕권을 준 것이다.

Quando venisti? 너 언제 왔니?

Quando videtis puellas?.
언제 너희들은 소녀들을 만나 보느냐?
Videmus puellas hodie. 우리는 오늘 소녀들을 만나본다.

quandocúmque(=quandocúnque)
conj. …할 때에는 언제나, …할 때마다,
adv. 언제라도, 언제든지(ὅταν.언제라도).

quandónam, adv. 도대체 언제?

quandóque, adv. 언제고, 언젠가, 장차; 어떤 때, 한때,
일찍이, 때때로, 이따금, (=et quando) 그리고 또 언제?.
conj., subord. …할 때에는 언제나, …(하)기 때문에, …므로.

quandoque moventia et mota. 때때로 운동시키는 것들과
움직여지는 것들.(김 율 옮김, 은총과 자유, p.126).

Q

quandóquǐdem, conj., subord., causális(indic.)
(실로.사실) …(하)기 때문에, …니까, …므로, …한 이상.
Quanta beneficia adeptus es!
너는 얼마나 큰 은혜들을 받았느냐!
Quanta cura. '얼마나 큰 관심으로.'
(1864년 비오 9세의 금서목록Syllabus를 발표한 회칙).
Quanta hæsitátǐo tractusque verborum!
말을 얼마나 주저(躊躇)하며 질질 끄는가!
Quanta inter eos morum studiorumque distantia!
그들 사이에는 습관이나 (추구하는)
열정의 거리(=차이)가 얼마나 먼가!
Quanta in eo sapiéntia! 그의 지혜는 얼마냐 크냐!
quantâ máxima pótuit celeritáte.
그에게 가능했던 최대한의 신속(속력)으로(quantus 참조).
Quantas máximas possum grátias ago.
나는 최대한(最大限)의 감사를 드린다(quantus 참조).
quanti, (quantum²) adv. **얼마에?** 얼마의 값으로,
얼마 중히(크게.높이.값지게), …값만큼, …값에 따라.
Emit tanti, quanti vóluit.
그는 자기가 구입한 만큼의 값을 원했다/
Scis, quanti *alqm* fáciam.
내가 아무를 얼마나 귀중히 여기는지 너는 안다.
Quanti cœnávisti? 얼마 내고 저녁 먹었니?
Parvo cœnávi. 적게 내고 먹었다.
Quanti constat? 그거 얼마냐?
Quanti emit? 그가 얼마에 샀느냐?
Quanti est sápere!. 이해한다는 것은 얼마나 값진 것이냐?
Quanti hóminis putas esse históriam scríbere?
역사를 기록하는 것이 얼마나 위대한 사람의 일이라고
생각하느냐?(quantus 참조).
quanti id eo anno fuit, tantum æs dare …
그 해에 그것이 값나갔던 만큼의 돈을 주다.
quanti ponderis sit peccátum. 죄가 얼마나 무거운지
quantíllus, -a, -um, adj. dim. (quántulus)
얼마나 작은(적은).
quantísper, adv. (quantus) 얼마동안? …하는 동안
quántǐtas, -átis, f. (quantus) **크기, 양**(ποσόν.量), 분량,
수(량), 액수, 정도, 경중. (文法) 모음.음절의 장단(長短).
(法) quántǐtas delícti. 범죄의 경중(輕重).
(論) quántǐtas propositiónis(enunciatiónis)
(주사의 외연에 의한) 명제의 양(量).
De quantitate animæ. 영혼의 크기(히포의 성 아우구스티노 지음)/
dimensiva quantitas. 부피를 가진 질량/
entitas (est) quasi entis quantitas.
존재성은 존재의 양과 같은 (것이다)/
forma quantitatis. 양적 형상/
omnia alia accidentia referantur ad subjectum mediante
quantitate dimensiva. 모든 다른 우유들은
규모적 양을 통하여 주체에 연결된다.
quantitas contigua. 접속적 양(接續的 量)
quantitas continua. 계속적 양(繼續的 量), 연속량
quantitas discontinua. 반계속양(反繼續量)
quantitas discreta(discontinua) 단편량(反繼續)
(라틴어 철학용어집, 1965년, p.49).
quantitas discreta. 비연속량, 양의 비연속성
quantitas potentiális 가능적 양(可能的 量)
quantitas virtuális. 잠세적 양(潛勢的 量), 가상의 질량
quanto, adv. (quantum²)
〔주로 비교급과 함께〕얼마나(더): Videtóte, quanto
secus fécerim. 내가 얼마나 달리 했는지 너희는 보아라.
〔~+비교급〕(…하면) **할수록**.('tanto+비교급' 더욱더,
그만큼 더) Quanto diútius consídero, tanto mihi
res vidétur obscúrior. 나는 오래 생각하면 생각할
수록 일이 더욱 모호해지는 것 같다.
〔tanto가 생략된 예외적인 경우〕
Sus fémina quanto fecúndior est, celérius senéscit.
암퇘지는 다산형일수록 더 빨리 늙는다.
Quanto magis delectábunt!

그들이 (사람들을) 얼마나 더 기쁘게 해주겠는가?.
Quanto major similitudo, tanto major dissimilitudo.
유사성이 있는 곳에는 또한 그만큼의 비유사성이 있다.
**quanto tuos est animu' natu gravior, ignoscentior,
ut meæ stultitiæ in justitia tua sit aliquid præsidi.**
영감은 나이가 많아 심이 깊고 도량이 넓지 않소?
내 어리석음일랑 영감의 의덕으로 뭔가 메워주구려.
(성 염 지음. 사랑만이 진리를 깨닫게 한다. p.458).
quantócǐus, adv. (quanto+ócius) 되도록 빨리(속히)
quantópěre, adv. (quantus+opus) (quanto ópere로 쓰는
수도 있음) 얼마나, 얼마만큼, 얼마나 많이(열심히),
…하는 만큼(그만큼 = tantópere).
Nosti(=novisti), puer quantopere te tui parentes
amarint(=amaverint). 아이야, 네 부모가 너를 얼마나
사랑하셨는지 넌 알고 있다.
quántǔlum¹ adv., interr. (quántulus)
얼마나 작게(적게), 얼마나 조금.
quántǔlum² -i, n. (quántulus) 얼마나 작음(적음).
얼마만큼의 소량?, (…하는) 만큼의 소량.
quántǔlus, -a, -um, adj. dim. (quantus) 얼마나 작은(적은),
(얼마나) 작은(적은) 만큼(그만큼 작은(적은)=tántulus.
Id autem quántulum est? 그것은 얼마나 작으냐?
Sol quantulum nobis vidétur!
태양이 우리에게 얼마나 작게 보이는가!
quantuluscúmque(-cúnque), -laúmque, -lumcúmque,
pron., indef., ralat. 아무리 작은(적은) …라도,
아무리 작더라도. adv. (아무리) 조금이라도.
n. 아무리 작은(적은) 것(이라도),
libéllum tuum ego, quantuluscúmque est, …
네 책자가 아무리 작더라도 나는 그것을 ….
quantum¹ adv. (quantus)
〔interr., exclam.; 원칙적으로 동사와 함께, 간혹 형용사
.부사와도〕**얼마나**, 얼마만큼, 어느 정도까지나.
Credíbile non est, quantum scribam die. 내가 하루에
얼마나 쓰는지는 믿어지지 않을 정도이다.
〔pr. relat. restrictíva; in quantum으로도 씀〕
…하는 만큼, …하는 대로, …한에서, …하는 바에 따라:
Rescríbas ad me, quantum potest(=quantum fíeri
potest). 될 수 있는 대로 (빨리) 나한테 회답을 써
보내다오/ Scribe, quantum potest. 할 수 있는 대로
빨리 편지 써 보내라/ In quantum sitis atque fames
poscunt, … 갈증과 기아가 요구하는 만큼(한도에서)/
in quantum fíeri potest, … 될 수 있는 대로.
〔correlat.: Tantum으로 …하는 만큼(그만큼=tantum),
…하는 정도대로: Quantum quisque timet, tantum fugit.
각자는 무서워하는 정도에 따라 도주한다. (라틴-한글 사전).
in quantum sunt, in tantum enim et vera sunt.
존재를 하는 한에서는 진실하다.
(성 염 지음. 사랑만이 진리를 깨닫게 한다. p.55)/
Quam cito dicitur: Deus dilectio est! Et hoc breve est:
si numeres, unum est; si appendas, quantum est!.
얼마나 쉽게 "하느님은 사랑이십니다"라고 말할 수
있습니까! 이 문장은 짧아, 세어보면 한 문장입니다.
그러나 헤아려보면 얼마나 심오합니까!.
(최익철 신부 옮김, 요한 서간 강해, p.387).
quantum² -i, n. (quantus)(interr., exclam.; 흔히 gen.,
partit.를 동반함)얼마나 큰 것, 얼마만큼의 것;
quanti(gen., partit.) 얼마의 값으로, 얼마에,
얼마나 중하게(v. quanti), …만큼 큰 것, …만큼의 것.
quantum ad *alqm*(est). 아무에게만 관한 한.
Quantum amor potest in hominibus. 인간들에게 있어서
사랑은 얼마나 힘 있는가!(=얼마나 많은 일을 해내는가!).
quantum audio. 들리는 바에는
Quantum est labóris? 얼마나 큰 수고냐?
Quantum exercitum posuit Cæsar pro castris?.
카이사르는 진지를 (지키기) 위해서
얼마나 많은 군대를 배치했더냐?
quantum fíeri potest. 할 수 있는 한, 될 수 있는 한.
Quoad possunt ab hómine cognósci.

1029

Q

사람이 (그것들을) 인식할 수 있는 한에 있어서.
quantum in se est, per se nota est.
그 자체로는 자명한 것.
Quantum in te crescit amor, tantum crescit
pulchritudo; quia ipsa caritas est animæ pulchritudo.
여러분 안에서 사랑이 자라날수록 아름다움도 자라납니다.
이 사랑은 영혼의 아름다움이기 때문입니다.
(최익철 신부 옮김. 요한 서간 강해, p.413).
quantum in te est, 네게 관한 것.
quantum is vóluit, datum est. 그는 원하는 것만큼 받았다
Quantum labóris in litteris consumpsi!
나는 얼마나 큰 수고를 공부에 들였던고!
Quantum librum habes? 너는 얼마나 큰 책을 가졌느냐?
Quantum mutátus ab illo!
지금의 그는 옛날의 그가 아니다!.
quantum potui, 힘자라는 데까지.
quantum me posse fecisti,
임께서 허락하신 힘자라는 데까지
quæsiui te, 임을 두고 저는 물었습니다.
et desideraui intellectu uidere quod credidi,
믿는 바를 이치로 알고 싶어서
et multum disputaui, et laboraui.
따지고 따지느냐 애썼습니다.
Domine deus meus, 임이시여 저의 하느님이시여
una spes mea, exaudi me,
제게는 둘도 없는 희망이시여 제 간청을 들어주소서.
ne fatigatus nolim te quærere,
임을 두고 묻는 데 지치지 않게 하소서.
sed quæram faciem tuam semper ardenter.
임의 모습을 찾고자 늘 몸 달게 하소서.
Tu da quærendi uires, 임을 두고 물을 힘을 주소서.
qui inueniri te fecisti, 임을 알아 뵙게 하신 임이옵기에
et magis magisque inueniendi te spem dedisti,
갈수록 더욱 알아 뵙게 되리라는 희망을 주신 임이옵기에
Coram te est firmitas et infirmitas mea;
임 앞에 제 강함이 있사오니
임 앞에 제 약함이 있사오니
illam serua, 강함은 지켜 주소서
istam sana. 약함은 거들어 주소서
Coram te est scientia et ignorantia mea;
임 앞에 제 앎이 있사오니 임 앞에 제 모름이 있사오니
ubi mihi aperuisti, 임께서 열어 주신 곳에
suscipe intrantem; 제가 들어가거든 맞아주소서
ubi clausisti aperi pulsanti.
임께서 닫아두신 곳에 제가 두드리거든 열어 주소서
Meminerim tui; 임을 생각하고 싶습니다.
intellegam te; 임을 이해하고 싶습니다.
diligam te. 임을 사랑하고 싶습니다.
Auge in me ista, 이 모든 염원을 제 안에 키워 주소서.
donec me reformes ad integrum.
임께서 저를 고쳐 놓으실 때까지 고쳐서 완성하실 때까지.
(아우구스티노의 삼위일체론 De Trinitate.15, 28, 51:) -아우구스티노가 '삼위
일체론(388~419년)'을 마무리하면서 바치는 '사랑의 기도'에서는 에로스와 아가페
가 아름답게 화음으로 울려 퍼지고 있다. 최익철 신부 옮김, 요한 서간 강해, p.45).
Quantum præstiterunt nostri majores prudentĩa
ceteris gantibus. 우리 조상들은 그 현명함에 있어
다른 민족을 보다 얼마나 뛰어났던고!
Quantum quidem mihi nunc occurrit, aut docere,
aut discere. 제 생각에 우리는 가르치거나 배우기를
원합니다. (아우구스티노의 '교사론' 1, 1.).
Quantum quisque timet, tantum fugit.
각자는 무서워하는 정도에 따라 도주한다.
Quantum sufficit, 부족하지 않을 정도로 적량(처방 용어)
quantum suspicor. 추측컨대
Quantum temporis est, ex quo hoc ei accidit?.
아이가 이렇게 된 지 얼마나 되었느냐?(마르 9, 21).
Ab infantia. 어릴 적부터입니다.
Quantumcúmque, adv. (quantuscúmque)
얼마나 크게 또는 작게 …든지;

얼마나 많이 또는 적게 …든지.
siquidem veritatem eam dicimus qua vera sunt omnia in
quantumcumque sunt, in tantum autem sunt in quantum
vera sunt(영혼의 불멸 De immortalitate animæ 12. 19)
무릇 진리란 존재하는 모든 것이 그것으로 말미암아
진실한 것이 된다면, 또 진실한 그만큼 온전하게
존재하게 된다(성 염 지음, 사랑만이 진리를 깨닫게 한다. p.55).
Quantumcumque dolorem suffers, noli accusáre deos!
그대가 제 아무리 큰 고통을 당할지라도
신들을 원망하지는 말라.
Quantumcumque te dejeceris, humilior Christo non
eris. 나를 버리지 않고서는 그리스도보다 겸손할 수 없다.
quantúmlïbet, adv. 얼마든지.
conj., subord. 아무리 많이 …더라도.
quantúmvis, (quantúsvis)
adv. 얼마든지(많이) 대단히, 매우(7ᄉᄃ).
conj., subord. (가끔 서술동사가 생략됨)
아무리 …더라도, 비록 …이지만.
ille catus, quantumvis rústicus.
비록 시골뜨기이기는 해도 영리한 그 사람.
quantus, -a, -um, adj. (quam[1])
1.(interr., exclam.)얼마나 큰: 얼마나 다량(다수)의,
얼마나 긴: Quanti hóminis putas esse históriam
scríbere? 역사를 기록하는 것이 얼마나 위대한 사람
의 일이라고 생각하느냐?/ Quantum ádiit perículum.
그는 얼마나 큰 모험을 하였는가?
2.(correlat.: tantus의 기준)(얼마나 큰.많은) 만큼
(그만큼 큰.많은=tantus): cum tantis cópiis, quantas
nemo hábuit. 아무도 일찍이 가지지 못했던 만큼 큰
재산을 가지고. 3.(relat., 흔히 máximus, plúrimus를
동반하면서 posse와 함께 가능한 '최대'를 드러냄)
nox acta, qunata fuit. 지나간 온 밤/ Dedit mihi,
quantum máximum pótuit. 그는 자기가 줄 수 있었
던 최대한의 것을 내게 주었다/ Quantas máximas
possum grátias ago. 나는 최대한의 감사를 드린다/
quantá máximá pótuit celeritáte. 그에게 가능했던
최대한의 신속(속력)으로. 4.(겹처 쓰면)quantus
quantus. 얼마나 크든지, 아무리 클지라도: Quanta
quanta mea paupértas est, tamen …, 내가 아무리
가난할 지라도 그러나.   (라틴-한글사전. p.729).
Quantam habuit iste avarus pecuniam sub tecto suo?
저 구두쇠는 자기 집에(sub tecto suo = domi) 얼마나
많은 돈을 갖고 있었는지 모른다(성 염 지음. 고전 라틴어. p.144)/
Quantam sellam portavisti? 얼마나 큰 걸상을 옮겼느냐?
Tantam portavi ego. 이만큼 커다란 것을 옮겼다.
Quantus labor fuit cassus!
얼마나 큰 수고가 헛되게 되었느냐!
Quantus sudor adest equis!
말들이 어떻게나 땀을 흘리는지!
quantuscúmque, -tacúmque, -tumcúmque, pron.(adj.)
얼마나(아무리) 크든지(간에), 그 크기가 얼마이든.
아무리 작은 간에: 얼마나 많든지, 그 수량이 얼마이든.
(indef.) 크든 작든, 얼마간의; datá quantacúmque
quiéte témporis, 얼마간의 고요한 시간이 있은 다음.
quantúslïbet, -tálïbet, túmlïbet, adj., indef.
아무리 큰 …라도, 어떤 크기의 …라도.
quantúsvis, -tãvis, -túmvis, pron. (adj.) indef.
아무리 큰 …라도(든지), 자기 나름으로 큰.
quaprópter, adv. (interr.) 왜? 무엇 때문에?
(그것 때문에) …하는(한.된) 이유.까닭.
(connéxio relat.) 그래서, 그 때문에, 그런 이유로.
Tu mirári-, quid sit, quapropter jussi.
내가 명령한 이유가 무엇인가 하여 너는 이상히 여긴다.
Quapropter, cum Dei sensus amittitur, hominis quoque
sensus urgetur et polluitur. 결과적으로, 하느님 의식이
사라지면 인간 의식도 위협받고 훼손됩니다.
Quapropter necessitas instare videtur ut linguæ
Latinæ altius cognoscendæ eiusque congruenter

Q

utendæ fulciatur cura, sive in ecclesiali sive in patentiore cultus campo(廏 It therefore appears urgently necessary to support the commitment to a greater knowledge and more competent use of Latin, both in the ecclesial context and in the broader world of culture) 그러므로 교회의 영역이나 문화의 폭넓은 분야에서 라틴어를 더 깊이 알고 더 잘 사용하려는 노력을 지원하여야 할 필요성이 절실하게 보입니다.
(2012.11.10. 교황 베네딕도 16세 자의교서 'Latina Lingua' 중에서).

Quapropter perfecta dilectio, est inimici dilectio: quæ perfecta dilectio est in dilectione fraterna. 그러므로 완전한 사랑은 원수 사랑입니다. 완전한 사랑은 형제적 사랑에 있습니다.(최익철 신부 옮김, 요한 서간 강해, p.371).

quāquā, adv. (quisquis) 어디로(해서) …든지, 아무 쪽으로 …든지, 어디에 …든지. 사방으로, 어디로든지.

quaquavérsum(-sus), adv. 어디로든지, 사방으로

quāque, adv. (quisque) 어디로든지, 어느 쪽으로든지

quáre, adv. (qui¹+res) 1. 왜? 무엇 때문에?/Illud quáre negásti? 그것을 네가 왜 부인했느냐?/(삽입어) néscio quare. 왠지 모르나?. 2. …하는(할)(이유.원인.동기. 방법.목적 따위가 되는 것)Quærámus, quæ tanta vítia fúerint in único filio, quare is patri displicéret. 그 외아들이 아버지의 마음에 들지 못할 만한 큰 악습들이 무엇이었는지 알아보자/Quid affers, quare … putémus? 너는 우리가 …라고 생각할 이유로 무엇을 대겠느냐?/ Permúlta sunt, quæ dici possunt, quare intelligátur, …. …라는 것이 이해되도록 말할 수 있는 것이 대단히 많다. 3. 어떻게, 어떤 방법으로?. 4. 그래서, 그 때문에, 그러니, 그러므로.

Quare autem non agnoscitur? mundus eum non agnoscit. Quis est mundus? Illi habitatores mundi, quomodo dicitur domus, habitatores ejus. 어째서 알려지지 않았습니까? 세상이 그들을 알지 못하기 때문입니다. 세상은 누구입니까? 세상에 사는 사람들 입니다. 마치 '집'이라는 말이 그 집에 사는 사람들을 뜻하는 것과 같습니다.(최익철 신부 옮김, 요한 서간 강해, p.199).

Quare catechistæ, modo cum illo arctissime coniungantur, certe lumen ac vim haurient, ut catechesim ratione germana et optabili renovent. (廏 Only in deep communion with Him will catechists find light and strength for an authentic, desirable renewal of catechesis) 교리교사가 교리교육의 올바르고도 바람직한 쇄신을 기하는 데 비추임을 받고 힘을 얻기 위해서는 그분과 깊은 친교를 나누는 길밖에 없습니다.
교황 요한 바오로 2세의 1979.10.16. "Catechesi tradendæ" 중에서).

Quáre defigis óculos in fácie meā? 너 내 얼굴을 뚫어지게 보느냐?

Quare dicis, Iacob, et loqueris, Israël?(성경 이사 40, 27). 야곱아, 네가 어찌 이런 말을 하느냐? 이스라엘아, 네가 어찌 이렇게 이야기하느냐?.

Quare ergo non amem quod Deus fecit? 그런데 어찌하여 하느님이 만드신 것을 내가 사랑하지 말아야 한단 말입니까?.(최익철 신부 옮김, 요한 서간 강해, p.135).

Quare ergo se tangi noluit, nisi quia contactum illum spiritalem intellegi voluit? 그렇다면 왜 당신을 만지는 것을 원하지 않으셨습니까? 이제는 그분을 영적으로 접촉해야 한다는 사실을 깨닫게 하려는 것이 아니고 무엇이겠습니까?.(최익철 신부 옮김, 요한 서간 강해, p.153).

Quare hoc? 왜 그렇습니까?, 왜 그랬습니까?

Quare, in quo? 찾아보십시오. 어디서입니까?

Quáre in parabolis loqueris eis? 왜 저 사람들에게 비유로 말씀하십니까?(마태 13, 10).

Quáre inquietasti me, utsuscitárer?(갈멜의 산길, p.206) 어찌하여 나를 부활(復活) 하라고 괴롭혔느냐?

Quáre non quod fecit Deus? 하느님께서 만드신 것을 왜 사랑하지 말아야 한다는 것입니까?

Quare non videt Deum? Quia non habet ipsam dilectionem. 왜 하느님을 못 뵙니까? 사랑 자체를 지니

고 있지 않기 때문입니다(최익철 신부 옮김, 요한 서간 강해, p.419).

Quare nos non potuimus eicere eum?.(廏 Why could we not drive it out?) 어째서 저희는 그 영을 쫓아내지 못하였습니까? Hoc genus in nullo potest exire nisi in oratione(廏 This kind can only come out through prayer) 그러한 것은 기도가 아니면 다른 어떤 방법으로도 나가게 할 수 없다(성경 마르 9, 28~29).

Quare? Quia non diligo vos?(2코린 11, 11). (廏 And why? Because I do not love you?) 무엇 때문이겠습니까? 내가 여러분을 사랑하지 않기 때문이겠습니까?(200주년 신약/내가 왜 그렇게 하였겠습니까? 내가 여러분을 사랑하지 않아서겠습니까?(성경).

Quare sic fecisti? 어찌하여 네가 그런 짓을 하느냐?

Quare venit Christus in carne? Nonne Deus erat? 그리스도께서는 왜 사람의 몸으로 오셨습니까? 그분은 하느님이 아니셨습니까?.(최익철 신부 옮김, 요한 서간 강해, p.299).

Quare vicisti? 어떻게 여러분이 이겨냈습니까?.

quarta, -æ, f. (sc. pars) (quartus) 4분의 1.

Quarta Declinátio. 제4변화.

quarta funerária. 장례식 사례금의 4분의 1(주임사제 수납분)

quarta pauperum. 4분의 1의 구빈(救貧) 기금

Quarta semis hora est.(=Hora quarta cum dimídia est) 4시 반이다.

quartadecumáni, -órum, m., pl. (quartus+decumánus) 제14군단의 군인들.

quartána, -æ, f. (quartánus) ((醫)) 사일열(四日熱)

quartanárĭus, -a, -um, adj. (quartána) 사일열에 걸린

quartáni, -órum, m., pl. (quartánus) 제4군단 군인들

quartánus, -a, -um, adj. (quartus) 제4군단(학년)의, 나흘마다의.(primánus. 제1학년생/ secundánus. 제2학년생/ tertiánus. 제3학년생/ quartánus. 제4학년생. 반대로 primánus 최고학년으로 삼고 차례대로 내려가는 수도 있음).

quartárĭus, -i, m. (quartus) (용량) sextárius의 4분의 1. (이익금의 4분의 1을 받던) 노새몰이 품꾼.

quartáto, adv. 네 번(연거푸)

quarte quæ non creat nec creatur. 창조하지도 않고 창조되지도 않는 자연(전 우주의 목적으로서의 하느님).

quarto, adv. (quartus) 네 째로, 네 번째로. lúmine quarto. 넷째 날에.

Quarto nonas Octobris, die dominica, prima hora noctis præcedentis, pateret frater noster Franciscus migravit da Christum. 우리의 사부요 형제이신 프란치스코가 지난 10월 4일 일요일 밤 1시에 그리스도께로 가셨습니다. 이재성 옮김, 아씨시 성 프란치스코의 생애, p.175).

Quarto quoque anno. 4년마다

Quarto quoque anno celebraverunt Græci Olympiadem. 매 4년마다 그리스인들은 올림픽을 거행하였다.

quartodecimáni, -órum, m., pl. (부활축일의 날짜 결정에 대한) 14일 파(派).

quartum¹ adv. (quartus) (가끔 동일한 것에 대해서) 네 번째(로).

quartum² -i, n. (quartus) 4분의 1, 사 분의 일(¼).

quartus, -a, -um, num., ordin. (quáttuor) 네 째, 제4: quarta pars. 4분의 1; m. (sc. liber³) 제4권. m. (sc. lapis) 제4 이정표석(里程標石), m. (sc. dies) 제4일. f., n. 제4; (sc. hora) 제4시, 오전 10시, Et factum est vespere et mane, dies quartus. (kai. evge,neto e`spe,ra kai. evge,neto prwi, h`me,ra teta,rth) (獨 Da ward aus Abend und Morgen der vierte Tag) (廏 Evening came, and morning followed--the fourth day) (창세 1, 19) 저녁이 되고 아침이 되니 나흘날이 지났다(성경)/이렇게 나흘날도 밤, 낮 하루가 지났다(공동번역)/ Quarto Idus Apríles. (4월 Idus 전 제4일 즉) 4월10일에.

quartusdécĭmus, -a, -um, num., ordin. 열넷째, 제14

Quas Primas, 처음의 것 [교황 비오 11세, 1925.12.11. 1925년 12월 11일 교황 비오 11세가 반포한 「그리스도의 왕권에 관한 회칙」의 라틴어 제목('처음의 것'을 뜻하는 첫 두 단어)이다. 회칙은 성서와 교부들의 저술을 이용하여 "사람이 되신 그리스도께서는 엄밀한 실재에서 왕의 칭호와 권력을 받으실 자격이 있다"는 것을 밝힌다 (9항). 이 문헌은 그리스도의 왕권 신심을 성체성사와 예수 성심 공경과 연결

Q

1031

짓는다. 교황은 회칙을 통해 그리스도께서 사람의 마음과 정신과 의지를 다스리신다는 것을 깨닫게 하여 세속주의와 무신론주의를 극복하도록 **그리스도 왕 대축일을 제정**하였다. 또한 비오 11세는 바로 이 회칙에서 "전례는 교회의 일반 교도권의 가장 중요한 기관이다"라는 유명한 말을 남겼다. 전례사전, p.467]

quasi, (quam+si) 1. conj., subord., comp.〔가상적. 가정적 비교에는 subj., partícipium; proínde, quippe, si, ut, uti; vero 따위의 부사.접속사를 동반하기도 함, 주문에는 가끔 sic, ita, ítidem 따위의 부사.대명사를 씀〕…**기나 한 듯이**, …인 듯이, 마치 …인 것처럼: Assimilábo, quasi nunc éxeam. 나는 지금 나가는 것처럼 가장 하겠다/ Sensu amísso fit idem, quasi natus non esset omníno. (사람이) 감각을 잃으면 전혀 나지 않았던 것과 같이 된다/ Sic ávide …, quasi diutúrnam sitim explére cúpiens. 마치 오랜 갈증을 풀고 싶어 못 견뎌 하듯이 그렇게 열망적으로. 2.〔실제적 비유.비교에는 indic.; 주문에 ita, sic 따위 부사를 쓰기도 함〕…처럼, …하듯이, …와 같이, …와 마찬가지로: Quasi poma ex arbóribus, cruda si sunt, vix avellúntur, sic…. 마치 과일이 익지 않았을 때에는 나무에서 억지로 비틀어 따게 되는 것처럼 그렇게 3.〔생략법에 의한 직접 비교〕마치 …처럼, (말하자면) …와도 같이(같은), 어떤 의미에서(의): Quasi mures, semper édimus aliénum cibum. 우리는 쥐들처럼 늘 남의 밥만 먹고 있다(quasi 참조)/ philosophía … quasi parens. 어머니와도 같은 철학. adv. 거의, 얼추(대강), 대략, 약(ὡς.約), 가량, 준(準), quasi decem. 열 가량/ hora quasi séptima. 7시 경/ quasi in extrémā página. 거의 마지막 페이지에/ ad médium quasi. 거의 중간까지. (라틴-한글사전, pp.729~730)

quasi affinitas. 준(準) 인척

Quasi agrum invenit corda hominum. Sed quomodo invenit? Si silvam invenit, exstirpat; si agrum purgatum invenit, plantat. 그분은 인간의 마음을 마치 밭처럼 살피십니다. 어떻게 살피십니까? 수풀이라고 여기시면 뽑아내실 것이고, 깨끗해진 밭이라고 여기시면 심으실 것입니다.(최익철 신부 옮김, 요한 서간 강해, p.129).

quasi domicilĭum. (敎法) 준주소, 기류처(寄留處)

Quasi eriguntur aures ad discernendos spiritus. 영을 식별한다는 말에 귀가 번쩍 뜨입니다. (최익철 신부 옮김, 요한 서간 강해, p.295).

Quasi et opere operato. 준 사효적(準 事效的)

quasi intellectus quidam. 거의 어떤 지성

Quasi lignum, 생명의 나무(1255.4.14. 알렉산더 4세 교황 칙서)

quasi mensibus tribus([영] about three months) 석달 가량

Quasi modo geniti infantes, ratĭonabiles, sine dolo lac concupiscite. 갓난아기 같이 너희도 순수하고 신령한 젖을 사모하라. 그로써 너희는 자라나 구원을 얻게 되리라. (부활 제2주일 입당송).

Quasi mures, semper edimus aliénum cibum. 우리들은 쥐들처럼 늘 남의 밥만 먹고 있다(quasi는 직설법과 함께 쓰는 경우가 있고, 또 때로는 순전히 부사로 사용되기도 한다).

quasi parochus. 준사목구 주임(準司牧區 主任)

quasi parœcia. 준본당 사목구(準本堂 司牧區)

quasi Pontifex. 대제관(선유의 천주사상과 제사문제, p.83)

quasi possessĭo. 준점유(準占有)

quasi possessĭo juris. 권리의 준점유(權利의 準占有)

quasi quædam eloquéntia(quīdam 참조) 말하자면 일종의 웅변(雄辯)이랄 것.

quasi res quidam. 거의 어떤 사물

quasi subjectum. 유사 주체(類似主體)

Quasi subrepit quædam desperatio et tristitia. 이리하여 절망과 슬픔 같은 것이 파고듭니다. (최익철 신부 옮김, 요한 서간 강해, p.71).

quasi una mystica persona. 거의 하나의 신비로운 인격체

quasidomicílĭum, -i, n. (quasi+) (敎法) 준주소, 기류처(寄留處), 기류 주소.

quasillárĭa, -æ, f. 서민 가정의 하녀; 양털 길쌈하는 여직공

quasíllum, -i, n. (**quasíllus**, -i, m.) dim. (qualus) 바구니, 광주리; (특히) 양털 바구니.

quasipárŏchus, -i, m. (quasi+) (敎法) (quasiparœcia의) 본당 신부([영] párish priest), 주임신부.

quasiparœcia, -æ, f. (quasi+) (敎法) 〔포교지방의 대목교구(Vicariátus Apostólicus)나 감목교구(Præfectúra Apostólica)에 있는〕본당, 성당구(diœcésis의 parœcia에 해당함)

quasipossésssĭo, -onis, f. (quasi+) (法) 준점유(準占有)

quassa voce. 떨리는 목소리로

quassábĭlis, -e, adj. (quasso) passíve. 동요되기 쉬운, 뒤흔들릴 수 있는, 부서지기(으스러지기) 쉬운, 뒤흔드는, 부서뜨리는, 으스러뜨리는.

quassátĭo, -onis, f. (quasso) 흔들어 댐, 동요(動搖), 진동(震動-흔들리어 움직임), 교란(交欄-뒤흔들어 어지럽게 함), 충격(衝擊-갑자기 부딪쳤을 때의 심한 타격), 타박(打撲-패거나 때림), 진탕(震盪-몹시 흔들려 울림).

quassatúra, -æ, f. 타박상(打撲傷)

quassi, "quátĭo"의 단순과거(pf.=perfectum)

quasso, -ávi, -átum -áre, intens., (quásio) intr. 흔들리다, 떨다. tr. 세게 흔들다, 뒤흔들다, 후둘 거리다, 동요시키다, 진동(振動)시키다, 휘두르다, 설레설레 젓다, 부들부들 떨게 하다, 부서뜨리다, 부러뜨리다, 깨뜨리다, 타박상을 주다, 으스러지게 하다, 허물어뜨리다, 파손시키다, 약화시키다, 혼란시키다(כּוּל.כִּיל.כַּלְכֵּל), 쇠약하게 하다, 시달리게 하다, 지치게 하다.

quassum, "quátĭo"의 목적분사(sup.=supínum)

quassus[1] -a, -um, p.p., a.p. (quásio) (뒤)흔들린, 동요된, 휘둘린; 충격 받은; 떨리는, 부서진, 파손된, 깨진, 쪼개진, 부러진, 무너진, 약화된, 쇠약해진, 시달린, 지친. quassā voce. 떨리는 목소리로.

quassus[2] -us, m. (quásio) 진동(흔들리어 움직임), 동요(童謠), 충격(衝擊-갑자기 부딪쳤을 때의 심한 타격), 타격(打擊-때림).

quatefácĭo, -féci -fáctum -ĕre, tr. (quásio+fácio) 뒤흔들다, 동요케 하다, 교란하다, 타격을 주다.

quátĕnus, (qua+) adv. 1. 어디까지, 어느 정도(한도) 까지나, 얼마나, …하는 **한(限)에 있어서**, …라는 점에서, …하는 범위(한도.정도)에서, …함에 따라, …대로; …하는데 까지, 언제까지?, 어떻게?(πῶς). Præcíditur inférior pars(árboris), quatenus vidétur inhabitári (ab ápibus). 벌들이 살고 있음직한 곳까지 나무의 밑동을 자른다/ quatenus intélligit, putat … 그는 자기가 알아듣는 한도에서 …라고 믿는다/ quatenus prógredi débeat. 어디까지 나아가야 할 지/ statúere quátenus. 한도를 정하다. 2. conj. (이유; quátinus로 쓴 것도 있음) …므로, …니까?, 때문에. quatenus nobis denegátur diu vívere. 오래 사는 것이 우리에게 허락되지 않으므로. (목적) …하도록, …하기 위하여, …하라고. Præcéperat ei pater, quatenus moderarétur …. 아버지는 그에게 (무엇을) 조절하라고 일러 놓았었다.

quăter, adv., num. (quáttuor) 네 번; 네 곱. ter aut quater. 서너 번/ ter et quater. 서너 번/ terque quatérque. 서너 번.

quater quatérna. 사 곱하기 사(4×4)

Quater quina sunt viginti. 5 곱하기.4는 20이다

quaterárĭus, -a, -um, adj. (quatérni) 넷을 포함한, 넷의, 네 요소로(부분으로)된, 한 벌이 네 개로 된.

quatérni, -æ, -a, num., distrib. (quáttuor) (gen. 흔히 -um) (각각.매번) 넷씩, (pt., tt. 및 그밖에도 num., card.로 쓰임) 4, 넷, 네 개.

quatérnĭo, -ónis, m. (quatérni) 넷(이라는 數), 4인조, 4인대, (넉 장으로 된) 공책.

quaternio terminorum. 사방의 경계

quatérnĭtas, -átis, f. 사위일체, 넷임, 네 개 한 벌, 사인조

quátĭo, (quassi), quassum, -ĕre, tr. 동요시키다, 흔들다(טָרַף.טָרַד), **휘두르다, 진동케 하다**, (발로 땅을) 구르다, 떨(리)게 하다, 울리게 하다, 명동(鳴動)하게 하다, 떼밀어 내몰다,

(웃음·울음 따위를) 터뜨리게 하다, 후려치다,
부서뜨리다, 깨뜨리다, 무너뜨리다, 쳐부수다,
격파(擊破)하다, 파손하다, 혼란케 하다, 당황케 하다,
놀라게 하다, 뒤흔들어 놓다, 불안하게 하다,
발칵 뒤집다, 충격(타격)을 주다, 괴롭히다,
시달리게 하다, 지치게 하다.
　Aspёra pulmónem tussis quatit.
　모진 기침이 폐를 울리게 한다.
quátĭo membra. 사지를 덜덜 떨게 하다
quátĭo secúrim. 도끼를 휘두르다
quatriduánus, -a, -um, adj. (quatrídŭum) 나흘 된, 4일간의
quatrídŭum, -i, n. (quáttuor+dies) 나흘, 4일 간.
　Dies quatuor sunt evoluti. 나흘이나 지나고 말았다.
quátrĭo, -ónis, f. (주사위의) 4점
quát(t)uor, num., indecl. 넷, 4, 네 개,
　bis bina sunt quáttuor. 이 곱하기 이는 사(2·2=4)/
　proféssus quattuor votorum. 4가지 수도 서원자(예수회)/
　Soliloquium de quattur mentalibus exercitiis.
　네 가지 정신 수련에 대한 독백(성 보나벤투라 지음)/
　ter quátuor. 12, 열 둘.
Quattuor abhinc annos. 4년 전(1984년 경신 성사성 서한).
quát(t)uor libri sententiarum. 신학 명제집
Quattuor mirӕ dotes.(⑨ Glorified Bodies)
　네 가지 기이한 은혜, 사기지은(한글-라틴 사전 참조).
quattuor mund; cardires 세상의 중요한 네 개의 힘
　(추기경의 사주모)
Quattuor Notӕ Verӕ Ecclesiӕ. 참 교회의 네 가지 표.
　[하나(unam), 거룩함(Sanctam), 공변됨(Catholicam), 사도전승(Apostolicam)].
Quattuor mundi cardines 세상의 중요한 네 개의 점
　(추기경이 쓰는 사각모를 말함)
Quattuor partes. 4/5[분자가 분모보다 하나 아래이면 분모는
　표시하지 않아도 된다. 이 경우에는 partes를 기본수사 뒤에 써 넣어야 한다]
　septem partes(=septem octávae partes) 7/8].
quattuor species. 사직(四則)(+-×÷ 네 가지 셈법)
Quattuor tempora.(⑨ Ember Days.獨 Quatembertage)
　사계 재계일(四季齋戒日).
　[춘계는 사순절 제1주일 후, 하계는 성령 강림 후, 추계는 9월 제3주일 후,
　동계는 대림절 제3주일 후의 수, 금, 토요일이 사계재계일이다. 사계재계일은
　농사에서 추수, 포도수확, 파종기와 맞이떨어진다. 이 시기에 이교도들은 축제
　를 지냈다. 사계재계일은 아마도 이 이교도 습관과 관련이 있는 듯싶다.
　전통적으로 교황 갈리스도(220년) 때에 시작한 것으로 전해지고, 레오 대 교황
　(440-461년)은 사계재계에 대한 설교를 했다. 1969년 전례개혁 후 재계일은
　필요에 따른 기도일로 바꾸었다. 백민관 신부 엮음, 백과사전 1 p.964].
Quattuor Virtutes Cardinales. 사추덕(四樞德).
(⑨ The Four Cardinal Virtues)
　Prudentia(⑨ Prudence), Iustitia(⑨ Justice),
　Fortitudo(⑨ Fortitude), Temperantia(⑨ Temperance).
　지덕-현명, 의덕-정의, 용덕-용기, 절덕-절제.
　　-The four classic Cardinal Virtues, whose roots got back to ancient Greek
　Philosophers See CCC: 1805~1809
quat(t)uordécĭes, adv., num. (quatuuórdĕcim) 열네 번
quat(t)uórdecĭm, num., indecl., card. 열 넷, 14
quatuórdĕcim statiónes viӕ crucis.
　십사처(十四處 → 십자가의 길).
quat(t)uorprími, -órum, m., pl. (quáttuor+primus)
　상위의 4인 위원(고대 Roma의 자치도시.식민지 의회의원들
　중에서 상위의 4인 위원).
quat(t)uorvirátus, -us, m. (quattórviri)
　Roma의 4인 (도로) 감독관직,
　자치도시.식민지의 4인 연대장관직(連帶長官職).
quat(t)uórviri, -órum, m., pl. (quáttuor+vir)
　Roma시의 도로포장 담당 4인 감독관, (자치도시.
　식민지의 의회의원 중에서 선출된) 4인 연대장관직.
-que, conj., enclítica. 1. (et, ac, atque와 같은 뜻을
　가진 전접 연계접속사로 그 이어주는 단어꼬리에 붙임.
　전치사 뒤에서는 하나 더 뒤로 물러나기도 하고, 여러
　단어를 나열할 경우에는 맨 끝에만 붙이기도 함)
　…와(과), 그리고(또): terrá maríque.
　육지와 바다에(서)/ domi bellíque. 평화 시와 전시에.
　2. -que -que, ~ et, ~ et~ …도 …도, …나 …나.
　3. 혹은, …나, 내지(乃至): terque quatérque. 서너 번.
　4. 즉, 다시 말하면: ambáctus clientésque habére.

하인들 즉 부하들을 거느리다.
5.(부정 뒤에서)(…아니고) 도리어, 오히려, 오직.
　ad alqm óculos animúmque refero.
　누구에게 눈과 마음을 돌리다/
　De recte sancteque vivendi regula.
　올바르고 착하게 살기 위한 규칙에 대하여/
　hábitum vestitúmque prístinum reduco.
　옛 의상을 다시 도입하다/
　propter justitiam prudentiamque suam.
　그 인물의 의덕과 현명 때문에.
queis, dat., pl. (quis) ((古)) = quibus
quem ad modum id dicebatur ætatis.
　그 시대에 그렇게 표현했듯이.(1991.5.1. "Centesimus annus" 중에서).
Quem di diligunt adolescens moritur.
　신들의 총애(寵愛)를 받는 자는 일찍 죽는다.
Quem di diligunt adulescens moritur,
dum valet, senitit, sapit.
　신들이 총애하는 사람은 젊어서 죽는다. 즉 한창 건장하고
　(감관이) 활달하고, (인생을) 맛보는 동안 죽는다.
Quem dicunt homines esse Filĭum hominis?
(⑨ Who do people say that the Son of Man is?)
　사람의 아들을 누구라고 들고 하느냐?(성경 마태 16, 13)/
　사람들이 인자를 누구라 하더뇨?(공동번역 마태 16, 13)/
　사람들이 인자를 누구라고 합니까?(200주년 신약성서).
Quem me dicunt esse homines?.
　(⑨ Who do people say that I am?)
　사람들이 나를 누구라고 하느냐?(성경 마르 8, 27).
Quem quӕritis? 너희는 누구를 찾느냐?
　(quӕrĕre가 "찾다"의 뜻을 가질 적에는 흔히 직접 객어만 가진다).
Quem queritis? (ti,na zhtei/te) (獨 Wen sucht ihr?)
　(⑨ Whom are you looking for?)(요한 18, 4)
　누구를 찾느냐?(성경)/누구를 찾고 있소?(공동번역)
　누구를 찾습니까(200주년 기념 신약성서 요한 18, 4).
Quem queritis in presepio?
　구유에서 누구를 찾느냐?(성탄 전례극).
Quem ut vidi, equidem vim lacrimarum profudi.
　그를 보자마자 나는 눈물을 펑펑 쏟았다.
Quem vidisti, pastores?. 목동들아, 누구를 보았느냐?
Quem, Virgo, concepísti.(Mt 1:18, Lc 1:26~38)
María Jesum concépit. 마리아 예수를 잉태하심.
　(⑨ Him Whom thou didst conceive) 환희의 신비 1단.
Quem, Virgo, genuísti(Lc 2:6-12) 환희의 신비 3단
María Jesum génuit. 마리아 예수를 낳으심.
　(⑨ Him Whom thou didst give birth to).
Quem visitando Elisabeth portasti.(Lc 1:39~45)
María Jesum Elísabeth visitándo portávit.
　(⑨ Him Whom thou didst carry while visiting Elizabeth)
　환희의 신비 2단. 마리아 엘리사벳을 찾아보심.
quem vita reliquit. 숨이 끊어진 사람
Quem vultis dimittam vobis: Barabbam an Iesum,
qui dicitur Christus?. 내가 누구를 풀어 주기를 원하오?
　예수 바라빠요 아니면 메시아라고 하는 예수요?(성경 마태 27,
　17)/누구를 놓아주면 좋겠느냐? 바라빠라는 예수냐?
　그리스도라는 예수냐?(공동번역)/내가 누구를 여러분에게
　풀어 주기를 원하오? (예수) 바라빠요 아니면 그리스도라
　하는 예수요?(200주년 기념 신약성서).
quemádmŏdum, (quem ad modum으로도 씀)
　1. adv. 어떻게?(πῶς), 어떤 방법(방도.방식)으로?
　(어떻게) …하는(할) 방법(방도.방식):
　Neque, quemádmodum óppida deféndent, habébant.
　그들은 도시들을 방어할 방도도 없었다.
　2. conj., subord., comp. (주문에는 sic, ita, eódem modo
　따위의 지시부사도 가끔 씀) …와 같이, …처럼, 대로.
　quemadmodum spero, 내가 바라는 대로/
　quemadmodum supra dixi. 위에서 내가 말한 바와 같이/
　Quӕsívit a médicis, quemadmodum se habéret. 그는
　의사들에게 자기의 건강 상태가 어떤지를 물어보았다.
Quemadmodum, 젊은이들의 보호를 위한 요청(1946.1.6.)

Q

1033

Quemadmodum liquet, Eucharisticus Annus a mense Octobri anni MMIV ad mensem Octobrem anni MMV. 아시다시피, 성체성사의 해는 2004년 10월부터 2005년 10월까지 거행될 것입니다.

Quemcumque mittes, libenter videbimus. (그대가) 누구를 보내든지 간에, 나는 기꺼이 만나보겠다.

Quemcumque tibi infestum inveni, opportunis verbis placavi. 너한테 적의를 가진 사람 누구를 (내가) 만나든, (나는) 적당한 말로 무마(撫摩)시켰다.

Quemnam cognoscis?. 도대체 네가 누구를 안단 말이냐?

quemvis duro laborem. 어떤 일이든지 배겨내다

quĕo, -ívi(-ii) -ítum -ire, anmo., tr. (eo³와 같이 활용함)
  (possum은 '할 능력이 있다'는 적극적 의미이고
  queo는 '어쩔 수 없이 발생할 수도 있다'는 소극적 의미로 본다.
  nequeo, nequívi, nequíre 할 수 없다).
  …할 수 있다: Non queo réliqua scríbere. 나는 나머지를 쓸 수 없다/ Si queant, 그들이 만일에 할 수 있다면.
  (inf. pass.를 지배할 경우에는 queo 자체도 pass. 또는 dep.로 쓰는 수가 많음).
  Forma nosci non quita est. 형상은 알아볼 수가 없었다/ Nihil jam queo dicere.
  이제 나는 더 이상 아무 말도 할 수 없다/
  Nummum nusquam reperire queo.
  나는 정말 한 푼도 찾을 수 없다/
  Quietis significatio atque operis(⑨ The meaning of rest and of work). 휴식과 노동의 의미.

quércĕrus = quérquerus

quercétum, -i, n. (quercus) 참나무 숲, 떡갈나무 숲

quércĕrus(quércĭcus, quércĭnus) -a, -um, adj. (quercus) 참나무의, 상수리나무의, 떡갈나무의.

quercus, -us(-i), f. [복수 여격과 복수 탈격 어미는 -ubus가 됨]
  [-ibus로 표기할 때 다른 뜻을 가졌으나 형태가 같은 단어들과 혼동을 피하기 위해 다른 형태의 어미변화를 가진다. 가령 "arx, arcis, f. 포대, 요새"라는 명사의 복수 여격과 탈격 arcíbus와의 혼동을 피하기 위해 arcubus가 되었다. 이런 변화로는 acus, -us. f. 바늘/ arcus. -us m. 활, 아취, 무지개/ lacus. -us, m. 호수/ quercus. -us f. 참나무/ specus. -us, m. 동굴 둥이 있다.]
  (植) 참나무, 떡갈나무, 참나무·떡갈나무 잎으로 엮은 관(冠),
  참나무·떡갈나무의 열매, 도토리,
  참나무(떡갈나무)로 만든 배·창·술잔.
  Quercum fructus subus jucundi sunt.
    참나무 열매(상수리)는 돼지들한테 반갑다/
  synodus ad Quercum Epidryn. 에피드린의 느티나무 회의.

quercus acutissima. 상수리나무

quercus aliéna (植) 갈참나무

quercus dentata. (植) 떡갈나무(가랑잎나무)

Quercus, regina silvæ. 수풀의 여왕 참나무(동격어가 가변성 명사의 경우와는 그 성과 수에 있어서도 자기가 꾸며주는 명사와 일치되어야 한다. 그러나 가변성 명사가 중성 명사의 동격어일 때에는 남성이다.

querél(l)a, -æ, f. (queror) 불평, 불만, 원망(怨望·불평), 푸념(넋두리), 야속하게 여김, 가정불화, (法에의) 호소, 고소(告訴), 제소(提訴-소송을 일으킴), 소송(訴訟), 자장가, 동물의 울음소리, (특히) 개구리.소.까치.까마귀. 비둘기.백조.밤 꾀꼬리(philoméla)의 울음소리, (구슬픈) 피리소리, 신음(呻吟-앓는 소리를 냄), 병고(病苦).

quérela damni. 손해배상 소송

quérela nullitátis. 무효 확인 소송(rescissoria actío). 판결 무효 확인의 항고(⑨ complaint of nullity).

Quǽrere Deum. 하느님을 찾음

queribúndus, -a, -um, adj. (queror) 불만스러워하는, 불평하는, 투덜대는, 푸념하는, 원망하는, 신음하는.

querimónia, -æ, f. (querimónĭum, -i, n.) (queror) 불평, 불만, 원망(怨望·불평), 투덜댐, 푸념, 야속하게 여김, 가정불화, 탄식(歎息-한탄하여 한숨을 쉼), 한탄(恨歎), 비탄(悲嘆-슬퍼하여 탄식함).

quérĭtor, -ári, dep., intr., intens. 불평하다(רגן.יגר), 통탄해하다, 몹시 원망하다.

quĕror, (-réris, -rítur), questus sum, quĕri, dep., tr., intr. 원망하다, 한탄하다(יכב.אכב.רמא.רימ), 불평하다(רגן.יגר), 투덜대다, 푸념하다. 야속하게 여기다, 하소연하다, 지저귀다.

(새.짐승 따위가) 청승맞게 울다,
(피리.7현금 따위 악기가) 청승맞은 소리를 내다,
법에 호소하다, 고소하다, 소송하다.
  Injurias inimici quéreris.
    너는 원수의 불의를 원망하고 있다/
  suum fátum queror. 자기들의 운명을 한탄하다.
quĕror de conditióne. 조건에 대해서 불평하다.
quĕror, quod sermo est dissipátus.
  그 말이 쫙 퍼진 것을 한탄하다.
queror tecum. 너에게 하소연하다
querquédŭla, -æ, f. ((動)) (일반적으로) 오리(종류)
quérquĕrus, -a, -um, adj. 덜덜 떠는, 오한의, f. 오한
Querquetulánus, -a, -um, adj. (quercétum)
  (본뜻은) 참나무(떡갈나무) 숲의.
  Querquetulána porta.
    Cœlius 산과 Esquilínus 산 사이의 성문.
Querquetulánus mons, Roma의 Cœlius산의 옛 이름.
querquétum, -i, n. (quercus) 참나무 숲, 떡갈나무 숲
querulósus, -a, -um, adj. (quérulus) 불평 많은, 투덜대는.
quérŭlus, -a, -um, adj. (queror)
  불평만 늘어놓는, 불만에 가득 찬, 투덜대는,
  한탄하는, 한탄스러운, 통탄할, 원통한, 청승맞은, 구슬픈.
ques, m., f., pron., interr. (古) = qui(quis의 pl.)
quéstĭo, -ónis, f. (queror) 불만스러운 호소, 비장함,
  비탄(悲嘆-슬퍼하여 탄식함). (pl.) questiónes. 비장한 대목.
questus, -a, -um, "quĕror"의 과거분사(p.p.)
questus, -us, m. (queror) 한탄(恨歎), 신음(呻吟),
  비탄(悲嘆-슬퍼하여 탄식함), 비통(悲痛), 불만 섞인 호소,
  원성(怨聲), 비난, (새.짐승의) 구슬픈 울음소리.
qui¹ quæ, quod, pron., adj.
  Ⅰ. interr. (dir. & indir.), exclam. 어느, 무슨, 어떤:
    Qui fúeris, memíneris.
      네가 어떤 사람이었는지를 기억해주기 바란다.
  Ⅱ. relat.(고어에는 abl. sg.로 quī를 쓴 것도 있음)
    1.(성과 수는 선행사와 일치되고 격은 관계문의 성분.직분에 따라 결정됨, 지시대명사로만 표시되는 선행사는 생략되는 경우도 있음)e.g. Abige a me hanc vim, quæ me excrúciat. 나를 몹시 괴롭히는 이 폭력을 내게서 제거해 다오/ Qui …non quit, …할 수 없는 자는(=Is, qui …). 2.(성과 수의 동화 법칙(attráctio géneris et númeri): 관계문 속의 주격보어.목적보어가 보통명사일 경우에는 관계대명사의 성과 수를 그 선행사 보다는 가끔 그 보어와 일치시킴) e.g. ánimal, quem vocámus hóminem. 우리가 사람이라고 부르는 동물. 3.(관계문이 현실문(pr. reális)의 성격을 띠었을 경우 에는 그 종결동사(verbum finítum)를 직설법으로 쓰고, 가능문(pr. potentiális).비현실문(pr. irreális).소원문 (pr. optatíva).권고문(pr. hortatíva).결과문(pr. consecutíva).이유문(pr. cauaális).목적문(pr. finális). 양보문(pr. concessíva).조건문(pr. conditionális).제한 관계문(pr. relat. restricttíva) 따위 부사문(pr. adverbiális)의 뜻을 지녔을 경우에는 그 종결동사를 필요한 시칭(시제 tempus)의 접속법으로 씀)e.g. Sunt quidam, qui moléstas amicítias fáciunt. 우정을 괴롭게 만드는 사람들이 더러 있다/(결과 관계문)Qui paret, dignus est, qui aliquándo ímperet. 복종하는 사람은 장차 명령할 자격이 있는 그러한 사람이다/ est (sunt), qui c. subj.: inveniúntur(reperiúntur), qui c. subj. …한 그런 사람들이 있다/ Qui est qui hoc fáciat? 이것을 할 사람은 누구냐?/(이유 관계문)Antíochus, qui ánimo pueríli esset, …. Antíochus는 어린애 마음이었기 때문에. 4.(비교급+quam+결과 관계문)…하기에는 너무나: Majóra delíquerant quam quibus ignósci posset. 그들은 용서받을 수 있기에는 너무나 큰 죄를 범했었다. 5.(제한 관계문)(1)(관계대명사+ quidem(modo)+ 접속법)…하는 한, …한에 있어서: Aristídes unus, quem quidem audíerimus. 우리가 들은 한에 있어서는 Aristídes 한사람만이. (2)(선행사 없이 (quod+접속법)의

Q

특수형태)…한에 있어서는. quod sciam 내가 아는 한에 있어서는. (3)(비인칭적인 (quod ad acc. áttinet), 때로는 복수 3인칭의 선행사를 따라가는 "관계대명사+ad acc. áttinet"(ad acc.는 quod 앞에 오는 수도 있음))…에 관해서는, …에 있어서는. …로 말하면: quod ad me áttinet (ad me quod áttinet) 나로 말하면, 나에게 관해서는.
6.(quā+명사의 abl.+esse)…함에 따라, 대로: Tu quā es prudéntiā, (=pro tuā prudéntiā) 너는 너의 현명함에 따라. 7.(connéxio relatíva(연락 관계문): 앞에 나온 말 또는 문장과의 긴밀하고도 우아한 연결의 표시로 지시 대명사 대신에 관계대명사를 쓴 것임, 이 경우에는 지시 대명사적으로 알아들어야 함)
e.g. Quæ cum ita sint, (=Cum hæc ita sint,) (앞에 말한) 사정이 이렇기 때문에. (라틴-한글사전. p.732)

	단 수			복 수		
	m.	f.	n.	m.	f.	n.
Nom.	qui	quæ	quod	qui	quæ	quæ
Gen.	cujus	cujus	cujus	quorum	quarum	quorum
Dat.	cui	cui	cui	quibus	quibus	quibus
Acc.	quem	quam	quod	quos	quas	quæ
Abl.	quo	quā	quo	quibus	quibus	quibus

N.B. 형용사적으로 쓰는 **의문대명사**는 위의 관계대명사와 똑같은 것이다.
qui? quæ? quod? (어느, 무슨, 어떤?)
(한동일 지음. 카르페 라틴어 1권. p.148)

qui² qua(quæ), quod, pron., indef. (=áliqui¹qua, quod, (si, nisi, ne, num 따위 뒤에서는 ali-가 생략됨) (막연하게) 어떤, 무슨, 특정되지 않은, 모(某).
qui³ adv.(abl. = quo(qui)의 옛 형태)1.(interr., dir. & indir.)(1) 어떻게, 무슨 수로(방법으로), 무엇으로? Quī scire possum? 어떻게 내가 알 수 있느냐? (2) 왜, 무엇 때문에? (3)(가치.평가)얼마나, 얼마나 중하게?. 2.(exclam.)(=útinam) 바라건대, …했으면 좋으련만. 3.(relat. (=abl. sg. quā, quo) 복수 선행사에 대해서도 씀)…하는(할) 방법.수단.근거(따위가 되는 것): Dóleo me non habére, qui tradam. 나는 전해줄 방도가 없는 것이 괴롭다/ vehícula, qui vehar. 내가 탈 수레를. (라틴-한글사전. p.732)

qui a fide catholica aut a communione Ecclesiæ publice defecerit
가톨릭 신앙이나 교회의 친교에서 공적으로 떠난 자.
qui ab déxteram Patris sedes, ad interpellándum pro nobis: Kýrie eléison.(㊎ You are seated at the right hand of the Father to intercede for us: Kyrie eleison).
성부 오른편에 중개자로 계신 주님, 자비를 베푸소서.
qui ab Ecclesiæ communione notorie defecit.
교회의 친교에서 공공연히 떠난 자.
qui ad ordinem sacerdotalem non promotus liturgicam eucharisticì Sacrificii actionem attentat. 사제품에 오르지 아니하고 성찬 제헌의 전례 행위를 시도하는 자.
Qui adhæret Domino, unus spiritus est.
주님과 슴하는 사람은 주님과 영적으로 하나가 됩니다.
Quid(=cur) ego tibi commendarem eum, quem tu ipse diligis? 그대 몸소 아끼는 그 사람을 내가 왜 굳이 그대에게 천거했겠는가?.[성 염 지음. 고전 라틴어, p.298].
Qui amant, mundum, fratrem amare non possunt.
세상을 사랑하는 사람은 자기 형제를 사랑할 수 없습니다.
Qui amat, misera afficitur ærumna.(Plautus).
연애를 하는 사람은 가련한 번뇌(煩惱)에 시달리리니.
Qui amore tangitur, percipere incipit quid proprie "vita" sit. 사랑과 접촉한 사람은 누구나 '생명'이 참으로 무엇인지 깨닫기 시작합니다.
Qui apud iordanem baptizátus est.
예수님께서 세례 받으심(빛의 신비 1단).
Qui audet adipiscitur. 용감한 사람이 얻는다.
qui autem dixerit fratri suo: Racha, reus erit concilio;
qui autem dixerit: Fatue, reus erit gehennæ ignis.
자기 형제에게 '바보!'라고 하는 자는 최고 의회에 넘겨

지고, '멍청이!'라고 하는 자는 불붙는 지옥에 넘겨질 것이다.(성경 마태 5. 22).
qui autem gloriatur in Domino glorietur.
(~O de. kaucw,menoj evn kuri,w| kauca,sqw\) (㊎ Whoever boasts, should boast in the Lord.) (프 Que celui qui s'enorgueillit mette son orgueil dans le Seigneur.) (2코린 10. 17).
자랑하려는 자는 주님 안에서 자랑해야 합니다.
Qui autem perseveraverit in finem, hic salvus erit.
그러나 끝까지 견디는 이는 구원을 받을 것이다.
Qui autem se exaltaverit, humiliabitur; et qui se humiliaverit, exaltabitur.(㊎ Whoever exalts himself will be humbled; but whoever humbles himself will be exalted) (o[stij de. u`yw,sei e`auto.n tapeinwqh,setai kai. o[stijtapeinw,sei e`auto.n u`ywqh,setai) 누구든지 자신을 높이는 이는 낮아지고 자신을 낮추는 이는 높아질 것이다(성경 마태 23. 12).
Qui bene amat bene castigat.
매우 사랑하는 자는 잘 책벌 한다.
Qui bene habet. 잘 지내는(잘 되는) 사람
Qui bene in pace est, de nullo suspicatur. 평화한 가운데 잘 있는 사람은 남을 의심치 않는다(준주성범 제2권 3장 1).
Qui bona consuescit, semper cum laude senescit.
좋은 습관이 몸에 배어 있는 사람은 늙어서도 항상 칭송 받는다.
Qui causa esse. 존재인(存在因)
(주재용 신부의 지성인을 위한 교리해설 2002년. p.135)
Qui cavet, ne despiciatur.
멸시(蔑視) 당하지 않도록 조심하는 사람.
qui colunt sursum. 높은 곳에서 농사짓는 사람들
Qui conscius est peccati grávis. 중죄를 자각하는 이.
(현대 가톨릭 사상 제15집, p.248).
qui creavit te sine te, non justificabit te sine te.
(하느님은) 그대 없이 그대를 창조했지만 그대 없이 그대를 의화하지 않을 것이다(김 율 옮김. 은총과 자유, p.109).
Qui debet, limen creditoria non amat.
빚을 진 사람은 빚쟁이네 문턱을 좋아하지 않는다.
qui decimum septimum ætatis annum nondum compleverit. 아직 17세를 만료하지 않은 자/
Qui dedit beneficium taceat, narret qui accepit.
선행을 베푼 사람은 입을 다물라.
이야기는 받은 사람이 할 것이다.(Seneca).
qui delictum apostasiae, haeresis aut schismatis commiserit. 배교나 이단 또는 이교의 죄를 범한 자.
Qui dígitus est validíssimus? Dextra.
[셋 이상. 여럿 중에 누구 할 때는 quis(대명사), qui(형용사)를 쓴다]
어느 손가락이 제일 힘센가? 바른 손이다.
qui dignus effectus est. 합당하게 된 사람
Qui discípulus est dignus? 어느 학생이 적당하냐?
Qui docet discit. 가르치는 자는 배운다.
Qui dubii hodie sese interrogant complures sane sunt: Quorsum consecrata via? 오늘날 많은 사람들은 알 수 없다는 듯이 다음과 같이 묻습니다. 봉헌생활의 핵심은 무엇인가?(1996.3.25. "Vita Consecrata" 중에서).
Qui enim dicit illi Ave, communicat operibus eius malignis. 그에게 인사하는 이는 그의 나쁜 행실에 동조하는 것입니다.
Qui enim fecerit voluntatem Dei, hic frater meus et soror mea et mater est.(㊎ (For) whoever does the will of God is my brother and sister and mother.]
하느님의 뜻을 실행하는 사람이 바로 내 형제요 누이요 어머니다(마르 3. 35).
Qui enim in hoc servit Christo, placet Deo. 이러한 정신으로 그리스도를 섬기는 사람은 하느님을 기쁘시게 합니다.
Qui enim non est adversum nos, pro nobis est.
Quid enim prodest homini, si mundum universum lucretur, animae vero suae detrimentum patiatur?
사람이 온 세상을 얻고도 제 목숨을 잃으면 무슨 소용이 있겠느냐?(마태 16. 26).
Qui enim timet ne veniat regnum Dei, timet ne.
(㊎ For whoever is not against us is for us).(성경 마르 9. 40).

우리를 반대하지 않는 이는 우리를 지지하는 사람이다.

exaudiatur. Quomodo orat, qui timet ne exaudiatur.
하느님 나라가 올까 봐 두려워하는 사람은 그 기도가 받아
들여질까 두려워합니다. 기도가 이루어질까 봐 두려워하는
사람이 어떻게 기도합니까?(최익철 신부 옮김. 요한 서간 강해. p.391).

Qui (es) tu? 너는 누구냐?

Qui est(Yahweh) 있는 자(야훼), 존재하는 분

Qui est, misit me ad vos.(⑳ I AM sent me to you)
"있는 나"께서 나를 너희에게 보내셨다(성경 탈출기 3. 14)/
있는 그가 나를 너희에게 보냈다(공동번역 출애 3. 14).

qui est et qui erat et qui venturus est.
(⑳ who is, who was, and who is to come)
지금 계시고 전에도 계셨고 미래에 오실 분.

Qui Eucháristĭam instituit.
예수님께서 성체성사를 세우심(빛의 신비 5단).

Qui fecit coelum et terram.(⑳ Who made heaven and
earth). 하늘과 땅을 만드신 분이시로다.

Qui finem quæris amoris, cedit amor rebus: res age,
tutus eris. 사랑 (여자관계)의 청산을 바라는가?
재물에는 애정도 물러서는 법일세. 재물을 뿌리게.
그러면 자넨 안전할 걸세.

Qui fúeris, memíneris.
네가 어떤 사람이었는지를 기억해주기 바란다.

Qui genus iactat suum, aliena laudat. 자기 혈통을
두고 자랑하는 사람은 남의 것을 칭찬하는 셈이다.

Qui gladio ferit gladio perit. 칼로 죽인 자 칼로 망한다.

Qui gloriatur, in Domino glorietur(I 고린 1. 31)
(⑳ Whœver boasts, should boast in the Lord)
자랑하려는 자는 주님 안에서 자랑하라(성경 I 고린 1. 31)/
누구든지 자랑하려거든 주님을 자랑하십시오(공동번역)/
누구든지 자랑하려거든 주님 안에서 자랑하라(200주년).

Qui habent caritatem, nati sunt ex Deo; qui non
habent, non sunt nati ex Deo. 사랑이 있는 사람은
하느님에게서 태어난 사람이고, 사랑이 없는 사람은
하느님에게서 태어난 사람이 아닙니다.

Qui habet.(habeo 참조) 가진 자, 재산 있는 자

Qui habet aures audiendi audiat.
들을 귀가 있는 사람은 알아들어라.

Qui homo timidus erit in rebus dubiis, nauci non erit.
의심스러운 사정에 처하여 소심한 사람은
(적어도) 값싼 인간은 되지 않으리라.

Qui id ægre ínvenit. 그것을(먹을 것) 어렵게 얻은 사람

qui impedimento ad ordines recipiendos detentus,
illegitime ordines recepit. 성품을 받기에 장애에 걸려
있으면서 불법적으로 성품을 받은 자.

Qui in cælum ascendit.(Lc 24:46~53)
Jesus ascéndit in coelum.
(⑳ He Who ascended into heaven).
예수 승천 하심(영광의 신비 2단).

Qui in carne sunt, Deo placĕre non possunt(로마 8. 8)
(oi˙ de. evn sarki. o˛ntej qew/| avre,sai ouv du,nantai)
(獨 Die aber fleischlich sind, können Gott nicht gefallen)
(⑳ and those who are in the flesh cannot please God)
육안에 있는 자들은 하느님 마음에 들 수 없습니다(성경)/
육체를 따라 사는 사람들은 하느님을 기쁘시게 해드릴
수가 없습니다(공동번역 로마 8. 8)/육체를 따라 사는 사람들
은 하느님을 기쁘게 해드릴 수가 없습니다(200주년 신약).

qui in publico ecclesiastico documento falsum asserit.
교회 공문서에서 거짓을 주장하는 자.

Qui invidet, minor est.
질투를 하는 사람은 (이미 그 상대방보다) 못한 사람이다.

Qui invidet, non amat. Peccatum diaboli est in illo;
quia et diabolus invidendo deiecit. 시기하는 자는 사랑
하지 못합니다. 악마의 죄는 바로 이 시기에 있습니다.
악마도 시기로써 인간이 넘어지게 하였기 때문입니다.
(최익철 신부 옮김. 요한 서간 강해. p.245).

Qui ipsum revelávit apud Canense matrimonĭum.
예수님께서 가나에서 첫 기적을 행하심(빛의 신비 2단).

Qui instanter quæ rit bonum, quæ rit
beneplacitum; qui autem investigator malorum
est, hæc advenient ei. (tektaino,menoj avgaqa. zhtei/
ca,rin avgaqh,n evkzhtou/nta de. kaka, katalh,myetai auvto,n)
(獨 Wer nach Gutem strebt, trachtet nach Gottes
Wohlgefallen; wer aber das Böse sucht, dem wird es
begegnen) (⑳ He who seeks the good commands favor,
but he who pursues evil will have evil befall him)
선을 추구하는 이는 호감을 사지만 악을 뒤좇는
자에게는 악이 닥친다(성경 잠언 11. 27)/
좋은 일을 애써 찾으면 호감을 사지만 나쁜 일을
좇으면 그것을 되받는다(공동번역 잠언 11. 27).

qui irregularitate ad ordines recipiendos dum
afficiebatur, illegitime ordines recepit. 성품을 받기에
무자격이면서 불법적으로 성품을 받은 자.

Qui ita docet, ei uni nomen 'Magistri' merito tribuitur
(⑳ One who teaches in this way has a unique title to the
name of 'Teacher.') 그와 같이 독특하게 가르침을
내리는 분은 '선생님(스승)'이라는 특유한 칭호를 받습니다.
(교황 요한 바오로 2세의 1979.10.16. 'Catechesi tradendæ' 중에서).

qui iure Episcopo dioecesano aequiparantur.
법률상 교구장 주교와 동등시되는 자.

qui jus ignorant neque tenent. 법도를 무시하고 지키지
않는 자(=불의한 인간)(성 엄 지음. 사랑만이 진리를 깨달게 한다. p.460).

Qui legunt opěra Cideronis, sunt Latinstæ.
Cicero의 작품들을 읽고 있는 이들은 Latin 학도들이다.

qui locutus est per prophetas(⑳ has spoken through
the Prophets) 예언자들을 통하여 말씀하셨다.

Qui loquitur mendacium, de suo loquitur.
거짓을 말하는 것은 자기-자기 것-를 드러내는 것입니다.

qui maiorem ætatem nondum attigerit.
아직 성년에 이르지 않은 자.

Qui maledixerit patri aut matri, morte moriatur. 아버지
나 어머니를 욕하는 자는 사형을 받아야 한다(마르 7. 10).

Qui malis tulit auxilium, mox pænitentiam feret.
악인들에게 도움을 준 사람은 머지않아
대가를 치를 것이다.

Qui manducat me, et ipse vivet propter me.
(⑳ He who eats me will live because of me)
나를 먹는 사람도 나로 말미암아 살 것이다.(요한 6. 57).

Qui me invéniet vitam et hauriet salutem a Domino.
나에게 오는 사람은 생명을 얻고
주님께 구원을 받을 것입니다.

Qui me odit et Patrem meum odit.(요한 15. 23)
(o˙ evme. misw/n kai. to,n pate,ra mou misei/)
(獨 Wer mich haßt, der haßt auch meinen Vater)
(⑳ Whœver hates me also hates my Father)
나를 미워하는 자는 내 아버지까지도 미워한다(성경)/
나를 미워하는 자는 나의 아버지까지도 미워한다(공동번역)/
나를 미워하는 자는 나의 아버지까지도 미워합니다(200주년).

Qui missus es sanáre contríᵉᵗ corde: Kýrie eléison.
진심으로 뉘우치는 사람을 용서하러 오신 주님,
자비를 베푸소서.

Qui modeste paret, videtur dignus esse qui aliquando
imperet. 점잖게 복종하는 사람은 언젠가는
명령하기에 합당할 사람으로 보인다.

Qui multum peregrinantur raro sanctificantur.
많이 돌아다니는(순례하는) 사람은 성화되기 어렵다.

Qui natus est ex Deo, non peccat. 하느님에게서
태어난 사람은 아무도 죄를 저지르지 않는다.

Qui ne dit mot consent. 침묵하는 자는 동의한다.

Qui nescit dissimuláre nescit regnáre.
숨기는 것을 모르는 사람은 통치할 줄 모른다.

Qui nihil alteríus causā facit.
다른 사람을 위해서는 아무 것도 안하는 사람.

Qui nil potest sperare, desperet nihil. 희망을 가질
것이 아무것도 없는 사람은 절망하면 안된다.

Qui nimium probat, nihil probat. 너무 따지는 사람은

아무것도 시도하지 못한다.[너무(철저히) 증명하려는
사람은 (결국) 아무것도 증명하지 못한다].

qui non baiulat crucem suam et venit post me,
non potest esse meus discipulus.
누구든지 제 십자가를 짊어지고 내 뒤를 따라오지 않는
사람은 내 제자가 될 수 없다(루카 14, 27).

Qui non diligit, non novit Deum, quoniam Deus
cáritas est.(1요한 4, 8) (o` mh, avgapw/n ouvk e;gnw to.n qeo,n(
o[ti o` qeo.j avga,ph evsti,n) (獨 Wer nicht liebt, der kennt
Gott nicht; denn Gott ist die Liebe) (⑨ Whœver is
without love dœs not know God, for God is love)
사랑하지 않는 사람은 하느님을 알지 못합니다.
하느님은 사랑이시기 때문입니다(성경.공동번역 1요한 4, 8)/
사랑하지 않는 자는 하느님을 모릅니다. 하느님은 사랑
이시기 때문입니다(200주년 신약 1요한 4, 8).

Qui non vetat peccare, cum possit, jubet. 할 수 있는
데도 범죄를 말리지 않는 자는 (범죄 하도록) 명령하는 셈이다.

Qui nos, Dómine, sacraménti libátio sancta restáuret:
et a vetustáte purgátos, in mystérii salutáris fáciat
transíre consórtium. 주님, 이 영성체로 저희에게 새로운
힘을 주시고, 저희의 묵은 악습을 씻어 주시어,
신비로운 구원에 참여하게 하소서.

qui ob causas naturæ psychicæ obligationes
matrimonii essentiales assumere non valent.
심리적 원인 때문에 혼인의 본질적 의무를 질 수 없는 이.

Qui omnes jam tum florénte repúblicâ floruérunt.
그들은 모두 나라가 흥왕하던 바로 그 당시에 활약하였다.

Qui omnibus placuerit ordinatur.
모든 이가 찬성하는 자를 서품(敍品)하라.

Qui paret, dignus est, qui aliquándo ímperet.
복종하는 사람은 장차 명령할 자격이 있는 그러한 사람이다.

Qui peccatóres votáre venísti: Christe, eléison.
죄인을 부르러 오신 그리스도님, 자비를 베푸소서.

Qui per alium facit per seipsum facere videtur.
다른 사람을 시켜서 무엇을 이루는 사람은 본인 스스로
그 일을 이루는 것으로 간주된다.(사주죄使嗾罪)

Qui per Christum justificantur.
그리스도를 통해 의화(칭의)하는 자.

Qui percússerit et occiderit hominem, morte moriatur.
(kai. a;nqrwpoj o]j a'n pata,xh| yuch.n avnqrw,pou kai. avpoqa,nh|
qana,tw| qanatou,sqw) (獨 Wer irgendeinen Menschen
erschlägt, der soll des Todes sterben) (⑨ Whœver takes
the life of any human being shall be put to death)
누구든지 사람을 때려 목숨을 잃게 한 자는 사형을
받아야 한다(성경)/남의 목숨을 끊은 자는 반드시
사형에 처해야 한다(공동번역 레위 24, 17).

qui pluit. 비를 내리시는 분(마태 5, 45 참조)

Qui pluribus. 시대의 오류(誤謬)들(1846.11.9. 비오 Ⅸ세 회칙)

qui portat Deum(=theophoros)
하느님을 모시고 다니는 사람들.

Qui potest capere, capiat.(⑨ Whoever can accept this
ought to accept it) 받아들일 수 있는 사람은 받아들여라.
(성경 마태 19, 12) 이 말을 받아들일 만한 사람은 받아들여라(공동번역)
이해할 수 있는 사람은 이해하시오(200주년 기념 신약 마태 19, 12).

Qui pridie, quam pro nostra omniumque salute
paterétur, hoc est hodie, (Accipit Hostiam),
accepit panem in sanctas ac venerabiles manus suas,
Elevat (oculos ad coelum), et elevatis oculis in coelum
ad te Deum, Patrem suum omnipotentem,
(Caput inclinat), tibi gratias agens, (Signat super
Hostiam), bene + dixit, fregit, deditque discipulis suis,
dicens: Accipite, et manducate ex hoc omnes.
예수님께서는 수난 전날 거룩하시고 존엄하신 당신 손에
(제병을 집는다) 빵을 드시고 (하늘을 바라보며)
하늘을 우러러 보시며, 전능하신 천주 성부께 (목례하며)
감사를 드리시고 (제병 위에 십자를 그으며) 축복+하시고
쪼개어 제자들에게 나누어주시며 말씀하셨나이다.
너희는 모두 이것을 받아먹어라.

Qui prior est tempore potíor est jure.
시간 상 먼저 사람의 권리가 우세하다.

Qui prior strinxerit ferrum, ejus victoria erit.
칼을 먼저 뽑은 자가 승리하리라.

Qui pro nobis crucem baiulavit(In 19:16~22)
Jesus pro nobis sánguinem sudávit.
(⑨ He Who carried the Cross for us)
예수 우리를 위하여 십자가 지심.(고통의 신비 4단).

Qui pro nobis crucifixus est(In 19:25~30)
Jesus pro nobis crucifíxus est.
(⑨ He Who was crucified for us). (고통의 신비 5단)
예수 우리를 위하여 십자가에 못 박혀 돌아가심.

Qui pro nobis flagellatus est.(Mt 27:26, Mc 15:6~15, In 19:1)
Jesus pro nobis flagellátus est.
(⑨ He Who was scourged for us)
예수 우리를 위하여 매 맞으심.(고통의 신비 2단).

Qui pro nobis sanguinem sudavit.(Lc 22:39~46)
Jesus pro nobis sánguinem sudávit.
(⑨ He Who sweated blood for us)
예수 우리를 위하여 피땀 흘리심(고통의 신비 1단).

Qui pro nobis spinis coronatus est(In 19:1~8)
Jesus pro nobis spinis coronátus est.
(⑨ He Who was crowned with thorns for us).
예수 우리를 위하여 가시관 쓰심(고통의 신비 3단).

Qui pro vobis et pro multis effundetur in remissionem
peccatorum. Hoc fácite in meam
commemoratiónem.
죄를 사하여 주려고 너희와 모든 이를 위하여 흘릴 피다.
너희는 나를 기억하여 이를 행하여라.

Qui properat nimium, res absolvit serius.(Publilius Syrus).
너무 서두르는 사람은 일을 뒤늦게 처리하기 마련이다.

qui proprii corporis cremationem elegerint ob rationes
fidei christianæ adversas. 그리스도교 신앙을 반대하는
이유로 자기 몸의 화장을 선택한 자들.

Qui propter nos hómines et propter nostram salútem
descéndit de cælis.(For us men and for our salvation he
came down from heaven) 성자께서는 저희 인간을 위하여,
저희 구원을 위하여 하늘에서 내려오셨음을 믿나이다.

Qui quæ vult dicit, quæ non vult audiet. 마음 내키는
대로 발설하는 사람은 내키지 않는 (소리를) 듣게 되리라.

qui reddet unicuique secundum opéra eius.(로마 2, 6)
(o]j avpodw,sei e`ka,stw| kata. ta. e;rga auvtou/\)
(獨 der einem jeden geben wird nach seinen Werken)
(⑨ who will repay everyone according to his works)
하느님께서는 각자에게 그 행실대로 갚으실 것입니다
(성경)/하느님께서는 각 사람에게 그 행실대로 갚아주
실 것입니다(공동번역)/그분은 각자에게 그 행실대로
갚아 주실 것입니다(200주년 기념 신약성서 로마 2, 6).

Qui Regnum Dei annuntiávit.
예수님께서 하느님 나라를 선포(빛의 신비 3단).

Qui regulæ vivit, Deo vivit.
규칙에 사는 자는 하느님과 사는 것이다(St. Gregórius).

Qui resurrexit a mortuis.(Mc 16:1~7)
Jesus resurréxit a mórtuis.
(⑨ He Who arose from the dead).
예수님께서 부활하심(영광의 신비 1단).

Qui rogat non errat. 질문하는 사람은 실수하지 않는다

Qui sævo imperio regit, timet timentes, metus in
auctorem redit. 가혹한 통수권으로 다스리는 사람은
자기를 두려워하는 사람들을 또한 두려워하며,
그 두려움은 (결국 두려움을 만든) 장본인에게 돌아간다.

Qui scribit bis legit. 쓰는 사람은 두 번 읽는 것이다.

Qui se ipse laudat, derisorem cito invenit.(Publilius Syrus).
자기를 칭찬하는 사람은 당장 비웃는 사람을 만날 것이다.

Qui se ipsum norit(=noverit), aliquid se habere sentiet
divinum. 스스로를 아는 사람이라면 자신이 신성한
무엇을 간직하고 있음을 느끼리라.

Q

Qui sedes ad dexteram Patris, miserere nobis.(you are seated at the right hand of the Father, have mercy on us) 성부 오른 편에 앉아 계시는 분, 저희를 불쌍히 여기소서.

Qui seipse laudat, derisorem cito invenit. 자기를 칭찬하는 사람은 당장 비웃는 사람을 만날 것이다.

qui seipsum vel alium graviter et dolose mutilaverit vel sibi vitam adimere tentaverit. 자기 자신이나 타인을 고의로 심하게 절단 상해하거나 자살을 시도 한 자.

Qui seminat bonum semen est Filius hominis. Ager autem est mundus. 좋은 씨를 뿌리는 이는 사람의 아들이요 밭은 세상이다(마태 13, 38 참조).

Qui seminat verbum seminat. 씨 뿌리는 사람은 실상 말씀을 뿌립니다(성경 200주년 기념 신약성서 마르 4, 14).

Qui sentit commodum, sentíre debet et onus. 이익을 느끼는 자는 부담(負擔)도 느껴야 한다.

Qui simulat, nihil facit. 허위 의사표시를 한 사람은 아무것도 한 것이 아니다.

qui sint fideles laici.(⊕ Who are the lay faithful) 평신도는 누구인가(1988.12.30. "Christifideles laici" 중에서).

Qui spem habet, aliter vivit; quoniam nova vita data est illi. 희망을 가진 이는 다른 삶을 살게 됩니다. 희망하는 이는 새 생명의 선물을 받습니다.

Qui spiritu Dei aguntur, ii sunt filii Dei. 하느님의 영에 따라 행위를 하게 되는 자들은 하느님의 아들이다. (김 율 옮김. 은총과 자유. p.239).

Qui Spiritum Sanctum misit.(Acta 2:1~7)
Jesus Spíritum Sanctum misit.
(⊕ He Who sent the Holy Spirit)
예수님께서 성령을 보내심(영광의 신비 3단).

qui statum clericalem amiserit. 성직자 신분을 상실한 자
qui sufficienti rationis usu carent. 충분한 이성의 사용이 결여되어 있는 이.

qui sunt ab eā disciplínā. 그 학파에 속하는 사람들
Qui sunt qui de mundo loquuntur? 세상에 속한 것들을 말하는 자들이 누구입니까?.(최영철 신부 옮김. 요한 서간 강해. p.313).

Qui tacet, consentíre videtur. 침묵은 동의로 본다 (침묵하는 사람은 동의하는 것으로 여긴다).

Qui tacet, consentit. 입을 다물고 있는 사람은 동의하는 셈이다.

Qui te assumpsit.(Ps 16:10) (영광의 신비 4단)
Jesus Maríam in cœlum assúmpsit.
(⊕ He Who assumed thee into heaven)
예수님께서 마리아를 하늘에 불러올리심.

Qui te in cælis coronávit.(Apoc 12:1) (영광의 신비 5단)
Jesus Maríam in cœlo coronávit.
(⊕ He Who crowned thee Queen of Heaven)
예수님께서 마리아께 천상 모후의 冠을 씌우심.

Qui timide rogat, docet negare.(Seneca). 소심하게 청탁 하는 사람은 (상대방더러) 거절해 달라고 가르치는 셈이다.

Qui tollis peccáta mundi, miserére nobis.(⊕ You take away the sins of the world, have mercy on us) 세상의 죄를 없애주시는 주님, 저희에게 자비를 베푸소서.

Qui transfigurátus est. 예수님께서 거룩하게 변모(빛의 신비 4단).

qui tribulant me inimici mei, infirmati sunt, et ceciderunt. 나를 괴롭히던 나의 적 그 원수들이 비실비실 쓰러졌도다.

Qui tum agebant. 그 당시 살던 사람들
Qui vicit non est victor nisi victor fatetur. 이겨도 (상대방이) 승자라고 인정해주지 않으면 승자가 아니다.

Qui vidit me, vidit Patrem.(요한 14, 9) 나를 본 사람은 곧 아버지를 뵌 것이다.

Qui vir es tu. 너는 (도대체) 무슨 사내냐?
Qui vivit et regnas in sæcula sæculorum. (⊕ Who live and reign for ever and ever) 그(주님)는 영원히 살아 계시며 다스리시나이다.

Qui vos audit, me audit. 너희 말을 듣는 자는 내 말을 듣는 것이다.

quĭa, conj., subord. 1. causális[원칙적으로 indic.; 법의 동화(assimilátio modi) 또는 타인의 주관적 이유 표시에는 aubj.; 주문에는 eo, ídeo, idcícor, proptérea 따위의 이유 지시부사가 쓰이기도 함]…므로, …(하)기 때문에, 까닭에, …하는 그 이유로: Quia natura non potest, idcirco veræ amicitiæ sempiternæ sunt. 본성은 변할 수 없기 때문에 참된 우정은 영원한 것이다/ Mater iráta est mihi, quia non redíerim domum. 내가 집으로 돌아오지 않았다고 해서 어머니는 내게 화내셨다.

2.(후기 라틴어에서는 verba sentiéndi vel dicéndi(지각 동사 및 언명동사)에 속하는 acc. c. inf. 또는 접속사 quod(reále, explicatívum) 대신에 쓴 경우도 많음) …라는 것을, …라고: scire, quia…. …라는 것을 알다/ dícere, quia …라고 말하다.

quia de caritate quid dictum est? 사랑에 대해서는 뭐라고 말합니까?.(최영철 신부 옮김. 요한 서간 강해. p.77).

Quia Dominus est Filius hominis etiam sabbati. (⊕ The Son of Man is lord of the sabbath) 사람의 아들은 안식일의 주인이다(성경 루카 6, 5)/ 사람의 아들이 바로 안식일의 주인이다(공동번역)/ 인자는 안식일의 주인입니다(200주년 기념 신약성서 루카 6, 5).

quia enim (Deus) bonus est sumus. 신이 선하셔서 우리가 존재한다.

Quia fides christiani cum dilectione est; dæmonis autem sine dilectione. 그리스도인의 믿음은 사랑과 더불어 있지만, 마귀들의 믿음은 사랑 없이 있습니다. (최영철 신부 옮김. 요한 서간 강해. p.431).

quia gratia sanat voluntatem, qua justitia libere diligatur. 은총은 의지를 고치므로, 이를 통해 자유로운 의(義)를 즐거워하게 된다.

quia ibi erit perfecta justítia, ubi perfecta pax. 완전한 평화가 있는 곳에 또한 완전한 정의가 있을 것이다.

Quia in occulis non est homo judex. 인간은 숨겨진 사실로 인하여 법정에 세워지지 않는다.

Quia innovávit te dólor? 고통이 너를 새롭게 했기 때문인가?
quia legibus iudiciisque hominum lex antecedit iudiciumque Christi. 왜냐하면 인간의 법과 판단에 그리스도의 법과 판단이 선행하기 때문이다.

Quia lux venit in mundum, et dilexerunt homines magis tenebras quam lucem. 빛이 이 세상에 왔지만, 사람들은 빛보다 어둠을 더 사랑하였다.

Quia major magnitudo habet majorem virtutem. 더 큰 것은 더 큰 능력을 갖기 때문이다.

Quia melior est dies una super millia. 하루는 천 날보다 낫다(시편).

Quia natúra mutari non potest, idcirco veræ amicitiæ sempiternæ sunt. 천성이 변할 수 없는 고로 참다운 우정은 영속(永續)하는 것이다.

Quia natúra non potest, idcirco věræ amicitiæ sempiternæ sunt. 본성은 변할 수 없기 때문에 참된 우정은 영원한 것이다.

Quia nominor leo. 내가 사자를 불렀기 때문이다
Quia non est veritas in eo. 그 속에는 진리가 없습니다.
quia non viderunt nec sciunt. 그들은 보지 못했고 또 알지도 못하기 때문에.

Quia omnia peccata arguebat in hominibus. 사람들 안에 있는 모든 죄를 드러내셨기 때문입니다.

Quia per sanctam crucem tuam redemisti mundum. (⊕ Because by Thy holy Cross Thou hast redeemed the world.) 주님께서는 십자가로 온 세상을 구원하셨나이다.
Adoramus te, Domine Iesu Christe, et benedicimus tibi.
(⊕ We adore Thee, O Christ, and we bless Thee.)
예수 그리스도님 경배하며 찬송하나이다.

Quia prope est dies Domini. 주님의 날이 가까웠다
Quia qui audit nos, spiritum habet veritatis: qui non audit nos, spiritum habet erroris. 우리의 말을 듣는 사람은 진리의 영을 지니고 있고, 우리의 말을 듣지 않는 사람은 거짓의 영을 지니고 있습니다.

quia quod iam est, non fit. 왜냐하면 이미 존재하는 것은 생성되지 않기 때문이다.['fieri'는 (이미) 존재함이 아니라 '존재하게 됨', 즉 '생성'을 의미한다. 그러므로 '(이미) 존재하는 것'은 '존재하게 되는 것'이 아니다. 이상섭 옮김. 신학대전 14, p.107].

Quia si mali, non episcopi.
왜냐하면 나쁜 주교는 주교가 아니기 때문이다.

quia sine me nihil potestis facere.(֍ Apart from me you can do nothing) 나를 떠나서는 너희가 아무것도 할 수 없다(요한 15, 5).

Quia tetigit hominem, confessus est Deum.
사람을 만지고 하느님을 고백한 것입니다.

Quia tu es, Deus, fortitudo mea: quare me repulisti, et quare tristis incedo, dum affligit me inimicus?
(֍ For Thou, O God, art my strength, why hast Thou forsaken me? And why do I go about in sadness, while the enemy harasses me?) 당신은 제 피난처 하느님이시건만 어찌하여 저를 버리셨습니까?
어찌하여 제가 원수의 핍박 속에 슬피 걸어가야 합니까?

Quia tuum est regnum, et potéstas, et gloria in saecula.(֍ For the kingdom, the power and the glory are yours now and for ever)
주님께 나라와 권능과 영광이 영원히 있나이다.
[백성이 미사에서 주님의 기도와 후속 기도 끝에 응답하는 영광송의 성격을 띤 환호송이다. 이 환호송은 신약성경에서 유래한다. 비잔틴 전례에서는 항상 주님의 기도 다음에 곧바로 이 환호송을 외쳤는데 아마 "악에서 구하소서"라는 부정적인 문장으로 기도를 마치고 싶지 않은 욕구에서 생겨난 것으로 보인다. 이 환호송의 주제는 하느님 나라의 충만한 실현을 청한 주님의 기도와 연결된다.]

Quia vos tranquillos video, gaudeo.
당신들이 평온한 것을 보니 기쁘오.

quíanam, adv. 왜, 무슨 이유로?

quían, conj. …하기 때문이냐?

quiasi-parœcia. 준(準) 본당

Quibus e portis? 어떤 방법으로?(무슨 수로?)

Quibus Hóris Oportet Reficĕre Fratres.
형제들이 어느 시간에 식사해야 하는가.

Quibus impĕra est, (ei) diligenter curant(수동태 비인칭 용법).
명령받은 그들은 열심히 그 일을 돌보고 있다.

Quibus rebus cognitis(=his rebus cognitis)
이 일들을 알고 나서.

quibus recte vivitur. 올바로 살아갈 수 있는

Quibus verbis prolatis, deponit calicem super corporale, et dicens: 축성문을 바치고, 성작(聖爵)을 성체포 위에 올려놓고 말한다.

Quibus viis ad hanc pervenitur "bonitatem"?
(֍ What are the paths that lead to this "goodness"?)
이 '좋음'으로 이끄는 길은 무엇인가?.

quicqu… = quidqu… (cf. quisqu…)

quicquid prodit in esse est ad aliquam operationem.
존재하는 모든 것은 어떤 작용을 위해 존재한다.
(성 염 옮김, 단테 제정론, p.20).

quicum = quocum, cum quo, (qui¹ Ⅱ.)

quicúmque(quicúnque), quæcúmque, quodcúmque, pron., indef. 1.(relat.)…하는 사람은 누구든지, 누구를 막론하고 …하는 사람, …하는 것은 무엇이냐; (그것이) 누구(무엇)이든: Quicúmque is est, ei …. 그가 누구이든 그에게/ Omnia, quæcúmque ágimus,… 우리가 하는 것은 무엇이나 다/ hoc præcéptum, cujuscúmque est, …. 누구의 명령이든 간에 이 명령은, 2.(adj. indef.)누구든지, 아무 …든지: quamcúmque in partem. 어느 방면이든지/ de quacúmque causa. 무슨 이유로든지. (라틴-한글사전, p.733).

Quicumque(Athanasian Creed) 아타나시오 신경.
Symbolum Athanasianum.(4세기경 Athanasius 성인이 특별히 삼위일체 교리를 강조하여 엮은 신앙 개조信條. 이 신경은 "누구든지 구원되기를 원하는 사람은"이라는 말로 시작하기 때문에 그 첫마디를 따서 이렇게 부른다.)

Quicúmque Amoris non participat veritatem cum suo fratre aut sorore, nondum satis tribuit.(֍ Anyone who has not shared the truth of love with his brothers and sisters has not yet given enough) 사랑의 진리를 형제자매들과 나누지 않은 사람은 아직 다 준 것이 아닙니다.

quicumque bonum rei publicæ intendit, finem juris indendit. 공화국의 선익을 도모하는 사람은 법률상 요구되는 정의의 목표를 도모하는 사람이기도 하다
[이 명제는 실정법 사상이 강한 로마인에게 법률상 요구되는 정의를 공리(公理)로 여겼다. 성 염 옮김. 단테 제정론, p.93].

Quicumque enim Spiritu Dei aguntur,
ii sunt filii Dei. 누구든지 하느님의 성령의 인도를 따라 사는 사람은 하느님의 자녀입니다.

Quicumque fefellit alios, etiam verum dicit, cui non credent homines. 누구든지 남을 속인 사람은, (그가) 비록 참말을 할지라도, 사람들이 믿어 주지 않는다.

Quicumque hæc dicat, errat.
누가 이 말을 하든지 간에 (상관없이), (그는) 틀렸다.

Quicumque illum fide exspectant, cum venerit gaudebunt; qui sine fide sunt, cum venerit quod nunc non vident, erubescent. 신앙으로 그분을 기다리는 이는 누구나 그분이 오실 때 기뻐할 것이다. 그러나 믿음이 없는 사람은 지금 보이지 않는 그분이 오실 때 부끄러움을 당할 것입니다.(최익철 신부 옮김. 요한 서간 강해, p.191).

Quibuscumque in contrarium facientibus non obstantibus. 이와 반대되는 규정은 모두 무효하다.

quicumque intendit finem juris intendit cum jure graditur. 누구든지 법정의의 목적을 도모하는 자는 정당하게 처신하는 것이다.(성 염 옮김, 단테 제정론, p.103).

quicumque Spiritu Dei aguntur.(֍ all who are led by the Spirit of God) 하느님의 성령의 인도를 받아 사는 사람들.

Quicumque fefellit alios, etiam verum dicit, cui non credent homines. 남을 속인 사람은 누구든지, 비록 참말을 할지라도, 사람들이 믿어 주지 않는다.

Quicumque vult(=Symbolum Quicumque). 귀둔궤 신조, 아타나시오 신경(이 신경은 "누구든지 구원되기를 원하는 사람은"이라는 말로 시작하기 때문에 그 첫마디를 따서 이렇게 부른다).

quid¹, pron. Ⅰ. interr., exclam. (quis¹) 1. 무엇?
어떤 것? 어느 것?: Quid? 뭐라고?/(c. gen. partit.) quid novi? 무슨 새로운 것? 무슨 새소식?/ Quid est, quod …(indic)? …것은 (도대체) 뭐냐(무슨 뜻이냐)?
2.(c. gen.)얼마나 (많은(큰)것)?: Quid mármoris apud illum putátis esse? 너희는 그에게 대리석이 얼마나 있다고 생각하느냐?/ Captivórum quid ducunt! 그들이 포로들을 얼마나 많이 데려오고 있느냐!.
3. 무슨 이유, 무엇 때문이냐? Quid est, quod álios accúses? 네가 다른 사람들을 비난하는(할) 이유가 무엇이냐? / aliud quid. 다른 어떤 것/
In quid sol diem exténdit et cóntrahit? 무엇 때문에 태양이 날을 연장시켰다 단축시켰다 하는가?.
Ⅱ. indef. (quis²)(=álquid(áliquis))(si, nisi, ne, num 따위 뒤에서 ali-가 생략됨)무엇, 어떤 것: quid pro quo 무엇 대신에 어떤 것. 대상물(代償物); 가는 말에 오는 말. 보복, 응수(應手).
Tu autem quid? 그대는 어떤 사람입니까?

quid² adv. (quid¹) 왜, 무엇 때문에?: Quid venísti? 왜 왔느냐?/ Quæsívi, quid dubitáret proficísci. 그가 왜 출발을 주저하는지를 나는 물어 보았다/ Quid ita? 왜 이러냐?/ Quid ni? (1) 왜 아니(겠느냐)? (2) 어떻게. (라틴-한글사전, p.733).

Quid ad me venístis? 너희는 무엇 때문에 나한테 왔느냐? An speculándi causâ. 관찰하러 온 것이냐?
(정상적인 의문문 다음에 특별한 주의를 환기시키면서 다시 새로운 또 하나의 의문문을 끌어들이기 위해서도 an을 사용한다.)

Quid admisi in te? 내가 너한테 뭘 잘못했니?

Quid agam?. 나는 무엇을 할까?

Quid agatur timeo. 무엇이 일어날지 불안스럽다

Quid aliud ille ignis devorat, nisi peccata tua?
저 불은 네 죄 외에 무엇을 태우랴?

Quid amplius dici potuit, fratres?.
형제 여러분, 더 이상 무슨 말을 할 수 있었겠습니까?.
(최익철 신부 옮김. 요한 서간 강해, p.317).

Quid attinet dicĕre? 말해봐야 무슨 소용이 있느냐?

Quid aut tam necessárĭum quam?
그런데 그 이상 뭐가 더 필요하단 말인가?

Q

1039

Quid avarius illo, cui Deus sufficere non potuit?
하느님으로도 만족할 줄 몰랐던 자보다 더 탐욕스런
사람이 어디 있겠습니까?.(최익철 신부 옮김, 요한 서간 강해, p.355).

quid bonum et quid peccatum.(㊟ What is goodness and
what is sin?) 선이 무엇이고 죄는 무엇인가?

Quid cessas?. 왜 그만 두니?

Quid dabo tibi pro istis millibus bonis?
이런 헤아릴 수 없는 모든 은혜를 무엇으로써 갚으리이까?

Quid de Tulliola mea fiet?.
나의 툴리올라(사랑하는 툴리아)에게 무슨 일이 일어날까?

Quid dicam de Platone?.
플라톤에 대해 무엇을 말할 것인가?

Quid dicam, incertus sum.
나는 어떻게 말해야 할지 망설여진다.

Quid dicit? 뭐라고 합니까?

Quid dicit? Mihi dic! Cur taces?. 그가 뭐라고 했느냐?
내게 말해라! 왜 입을 다물고 있느냐?.

Quid dicit apostolus Paulus? Et iterum quid dicit?
바오로 사도는 뭐라고 말합니까? 또다시 뭐라고 말합니까?

Quid dicit, Evangelium? 복음서는 뭐라고 합니까?

Quid dixi? 제가 뭐라고 말씀드렸습니까? 제가 무슨 말씀을
드린 겁니까? Sed quid ait? 어떻게 말씀하셨습니까?

Quid dixit, Joannes?. 요한은 뭐라고 말했습니까?

Quid dixit, Mihi dic! Curtaces?
(그가) 뭐라고 했느냐? 내게 말해 다오! 왜 말을 않느냐?

Quid docere voluit?. 무엇을 가르치고자 하셨습니까?.

Quid dulcius dilectione ista, fratres?. 형제 여러분, 이
사랑보다 더 달콤한 것이 무엇입니까?(요한 서간 강해, p.441).

Quid dulcius quam habere amicum quocum omnia
loqui potes?(Cicero). 모든 일을 다 털어놓고 이야기할
친구를 둔다는 것보다 유쾌한 일이 무엇이랴?

Quid ego nos?. 우리는 어떠합니까?

Quid ego nos erimus, quando hoc videbimus?.
그렇다면 이것을 볼 때 우리는 어떻게 되겠습니까?

Quid ego nunc faciam? Domum ire cupio:
uxor mea non sinit. 이제 뭘 할까? 집으로 가고 싶은데.
마누라가 가만 두지 않지.

Quid(=Cur) ego tibi commenderem eum, quem tu ipse
diligis. 왜(quid?) 그대 몸소 아끼는 그 사람을 내가 굳이
그대에게 천거했겠는가?

Quid enim dabit homo commutationem pro anima sua?
(㊟ What could one give in exchange for his life?)
사람이 제 목숨을 무엇과 바꿀 수 있겠느냐?(성경 마르 8. 37).

Quid enim, fratres mei, quis amat quod non videt?.
나의 형제 여러분, 보지 못하는 것을 누가 사랑합니까?

Quid enim proderit homini si lucretur mundum totum
et detrimentum faciat animae suæ? 사람이 온 세상을
얻고도 제 목숨을 잃으면 무슨 소용이 있느냐?(성경 마르 8. 36).

Quid enim sumus nos? Aut quid estis vos.
저희가 무엇이며 또 여러분이 무엇입니까?

Quid ergo?(㊟ What then?)(로마 6. 15)
그렇다면 우리가 무엇이라고 말해야 합니까?(성경)
그러니 어떻게 해야겠습니까?(2000주년 기념 신약 로마 6. 15).

Quid ergo ait? Omnis qui diligit Patrem, diligit Filium.
무슨 말입니까? 아버지를 사랑하는 사람은
누구나 아드님을 사랑한다는 뜻입니다.

Quid ergo dicimus de illo qui cœpit timere diem
iudicii?. 심판 날을 두려워하기 시작하는 사람에 대해 무슨
말을 하겠습니까?.(최익철 신부 옮김, 요한 서간 강해, p.395).

Quid ergo facimus. 그렇다면 우리는 무엇을 해야겠습니까?

Quid ergo facimus, fratres mei?.
나의 형제 여러분, 그렇다면 어떻게 해야 하겠습니까?.

Quid ergo, qui diligit dilectionem, ideo diligit Deum?.
사랑을 사랑한다는 것은 하느님을 사랑하는 것이
아니겠습니까?.(최익철 신부 옮김, 요한 서간 강해, p.419).

Quid ergo? Qui diligit fratrem, diligit et Deum?
뭐라고요? 자기 형제를 사랑하는 사람이 하느님도
사랑한다는 말입니까?.(최익철 신부 옮김, 요한 서간 강해, p.417).

Quid ergo vult nos? 우리에게 바라는 것이 무엇입니까?

Quid erit liberĭus libero arbitrio, quando non
poterit servīre peccato? 죄를 지을 수 없을 정도가
된 자유의지처럼 자유로운 것이 또 있을까?.

Quid es ergo, Deus meus?(고백록 1.4.4)
내 하느님이시여, 그럼 당신은 뉘시오니까?

Quid es tam tristis? 너 뭐가 그렇게 슬프냐?.
Recte mater. 아무 것도 아니에요. 어머니.

Quid esset de mundo si religiosi ibidem non essent?
수도자가 없다면 이 세상은 어떻게 되겠습니까?.

Quid est aliud fortitudo quam(nisi) virtus?
용맹은 덕이 아니고 무엇이냐?

Quid est argento factum? 그 은화는 어떻게 됐지?(fio 참조).

Quid est crescere? proficere. Quid est decrescere?
deficere. 자라난다는 것은 무엇입니까? 진보하는 것입니다.
쪼그라든다는 것은 무엇입니까? 퇴행하는 것입니다.
(최익철 신부 옮김, 요한 서간 강해, p.151).

Quid est: 'De fonte alieno ne biberis?'. Spiritui alieno
ne credideris. '이상한 샘에서 마시지 마라'는 것은 무슨
뜻입니까? 이상한 영을 믿지 말라는 말입니다.
(최익철 신부 옮김, 요한 서간 강해, p.293).

Quid est Deus? 신이 무엇입니까?

Quid est dignum? 무엇을 해야 마땅합니까?

Quid est enim tempus? 시간이란 무엇인가?

Quid est ergo pulchrum? et quid est pulchritudo?
아름다운 것이 무엇인가? 또 그 아름다움이란 무엇인가?

Quid est ergo quod in epistula tua priore posuisti?
당신의 앞 편지에서 뭐라고 썼습니까?.
(이연학 최원오 역주, 아우구스티노의 생애, p.133).

Quid est hoc? 이것이 무엇이냐?

Quid est hoc, fratres? 형제 여러분, 무슨 말씀입니까?.
형제 여러분, 이것이 무슨 말일까요?.

Quid est homo, quod memor es eius,
aut filius hominis, quoniam visitas eum?
인간이 무엇이기에 이토록 기억해 주십니까?
사람이 무엇이기에 이토록 돌보아 주십니까?(시편 8. 5).

quid est homo? tamquam anima corpus sicut
anima habens corpus, non facit duas personas,
sed unum hominem. '인간이란 무엇인가' 영혼과
육체다. 육체를 가진 영혼이지만 (육체와 영혼이) 두
인격을 만드는 것이 아니라 한 인간을 만들 따름이다.

Quid est igitur quod facit unum hominem. 그렇다면
인간을 단일체로 만드는 것은 무엇인가?.(지성단일성, p.153).

Quid est, in manifestatione? in sole, id est in hac
luce. 나타남 안에서란 무엇입니까?
해, 곧 이 빛 안에서라는 말입니다.

Quid est iste? 그것이 무엇이냐?.
Quis est iste? 그는 누구인가?.

quid est justitia?.(㊟ what is justice?) 정의란 무엇인가?

Quid est lex, nisi mandatum? 법이란 계명이 아니고
무엇입니까?.(최익철 신부 옮김, 요한 서간 강해, p.99).

quid est nunc quod non nunc.
지금은 존재하나 다른 때는 존재하지 않는 것.

Quid est píetas? 효도심은 무엇이냐?

Quid est veritas? (獨 Was ist Wahrheit?) (㊟ What is
truth?) (Qu'est-ce que la vérité?) (ti, evstin avlh,qeia)
진리가 무엇이오?(요한 18. 38).

Quid est virtúte præstántis?
덕행보다 더 뛰어난 것은 무엇이냐?

Quid est, quod(cur) fleas? 네가 우는 이유가 무엇이냐?

Quid est, quod jam amplius exspeces?
네가 이제 더 이상 기대할 것이 무엇이냐?

Quid est quod timet? 무엇을 걱정합니까?

Quid est re vera? 그렇다면 사실 무엇입니까?

Quid eum bonum reddit?(㊟ What makes it good?)
무엇이 세상을 좋게 만드는가?

Quid fáciam! 나는 무엇을 할까?. 무엇을(어떻게, 해야)
할까?.(의혹이나 망설임을 표시하기 위해서는 의혹접속법을 쓴다).

Quid faciam? Eloquar an taceam?

Q

나는 무엇을 해야 할까? 말해 버릴까, 아니면 침묵할까?

Quid faciet ut pulcher sit? Exspectat ut veniat pulchritudo? 아름다워지려면 무엇을 해야 하겠습니까?
아름다움이 오도록 마냥 기다려야 하겠습니까?.
<small>(최익철 신부 옮김, 요한 서간 강해, p.413).</small>

Quid facis, homo? 이 사람아 무엇을 하는 겐가?

Quid facit reddere malum pro malo.
악을 악으로 갚으면 어떻게 됩니까?

quid faciunt divisæ domus, divisa conjugia? quid facit communis lectus, et divisus Christus?. 왜 집안이 갈라지고 부부가 헤어집니까? 어찌하여 한 침대를 쓰면서도 그리스도는 나누어집니까?.<small>(최익철 신부 옮김, 요한 서간 강해, p.167).</small>

Quid factum est, alqo(alqā re)?
(누가) 어떻게 됐느냐?<small>(fio 참조).</small>

quid fecisti? 무엇을 했느냐? 네가 무슨 짓을 저질렀느냐?

Quid gladii volunt? 이 칼들은 무엇을 뜻하느냐?

Quid generatio ista quaerit signum?.
어찌하여 이 세대가 표징을 요구하는가?<small>(성경 마르 8. 12).</small>

Quid habes quod non accepisti.
가지고 있는 것으로서 받지 않은 것이 무엇입니까?

Quid hic statis tota die otiosi?.(圖 Why do you stand here idle all day?) 당신들은 왜 온종일 하는 일 없이 여기 서 있소?<small>(마태 20. 6).</small>

Quid hoc fecisti?.(圖 Why did you do such a thing?)
너는 어찌하여 이런 일을 저질렀느냐?<small>(성경 창세 3. 13).</small>

Quid hoc homine facias? 이런 자를 가지고 뭘 할 거냐?

Quid hoc nomine non faceres honoris? 영예라는 이런 명분으로라면 네가 무슨 짓인들 하지 않았으랴?.

Quid (hoc) significat? non vim?
이것은 무엇을 뜻하느냐? 폭력이 아니란 말이냐?

Quid hoc rei est?(=Quid hoc est) 이것은 무엇이냐?

Quid huic homini facias?
이 사람에게 어떻게 하겠다는 거냐?

Quid id ad rem? 그것이 이 일과 무슨 상관이냐?

Quid igitur reapse concupiscimus?
(圖 So what do we really want?)
그렇다면 우리가 진정으로 원하는 것은 무엇입니까?

Quid igitur vis? "Esse". 그래 뭘 하고 싶냐?. "먹는 것이오."

Quid illam misĕram animi excrucias?
왜 그 불쌍한 여자에게 정신적 고문을 가하느냐?

Quid illi simile bellos fuit?.
무엇이 그 전쟁과 흡사했을까?

Quid illos tu docebat? quid instruebas?
quid ædificabas. 그들에게 무엇을 가르치신 것입니까?
무엇을 일깨우셨습니까? 또 무엇을 양성하셨습니까?

Quid inter vos conquiritis?.
(圖 What are you arguing about with them?)
저들과 무슨 논쟁을 하느냐?<small>(성경 마르 9. 16).</small>

Quid isti et istæ, cur non ego? An isti et istæ in seipsis possunt, ac non in Deo suo?
이 사람 저 사람 다 가능하다면 왜 나라고 못하랴.
하느님 안에서 왜 못하겠는가?

Quid ita? 왜 이러냐?

Quid manducabimus?.(圖 What are we to eat?)
우리가 무엇을 먹을까?.<small>(성경 마태 6. 31).</small>

Quid? Martyres qui ad bestias pugnaverunt, et ferarum morsibus lacerati sunt, non erant sub Deo?
뭐라고요? 그렇다면 짐승들과 맞서 싸우며 맹수의 이빨에 찢긴 순교자들은 하느님 아래 있지 않았다는 말입니까?

Quid marmóris apud illum putátis esse?
너희는 그에게 대리석이 얼마나 있다고 생각하느냐?

Quis me commemorat? 그 누가 내게 알려 주리이까?

Quis me commemorat peccatum infantiæ meæ.
그 누가 내 갓난아이 적 죄악을 내게 알려 주리이까!

Quid me fecisti sic. 나를 왜 이렇게 만들었소?<small>(성경 로마 9. 20)</small>

Quid me istud rogas? 왜 나한테 그것을 묻느냐?

Quid me arbitramini esse? Non sum ego<small>(성경 사도 13. 25).</small>
너희는 내가 누구라고 생각하느냐? 나는 그분이 아니다.

Quid mihi Celsus agit. 켈수스가 날 위해 하는 게
도대체 뭔가?<small>(관심여격dativus ethicus 문장으로 동사 행위에 관련이나 본분을 갖는 사람을 여격으로 한다. 성 영 지음, 고전 라틴어, p.397).</small>

Quid mihi es? 당신은 나의 무엇이 되시나이까?

Quid mihi postea dabit, quia in hoc sæculo me video laborare inter tentationes? 저는 이 세상에서 유혹 가운데 살고 있으니, 나중에 제게 무엇을 주실 겁니까?.<small>(최익철 신부 옮김, 요한 서간 강해, p.177).</small>

quid mors, iudicium et retributio post mortem.
(圖 What is the truth about death, judgment and retribution beyond the grave?)
죽음은 무엇이고 죽은 후의 심판과 징벌은 어떨 것인가?

Quid ni? 왜 아니겠느냐?

Quid nimis probat nihil probat.
과다하게 증명하는 것은 아무것도 증명하지 못한다.

Quid nobis promissum est?.
우리에게 무슨 약속이 주어졌습니까?

Quid nos docet, nisi ut facta interrogemus, non verba credamus? 우리에게 가르쳐 주는 바, 말만 믿지 말고 행동을 따져 물으라는 것이 아니고 무엇이겠습니까?

Quid nos monet? 우리에게 무엇을 권고하는 것입니까?

Quid nos manet hanc post vitam?
이생이 끝난 다음에는 무엇이 있는 것일까?

Quid novi? 어떤 새로운 것이 있나?. 무슨 새 소식

Quid nunc rogem te, ut venias, mulierem ægram et corpore et animo confectam? Non rogem? Sine te igitur sim?. 왜 내가 지금 당신을, 병든 여자를, 육체적으로나 정신적으로나 망가진 여인을 오라고 애원하는 것일까? (그렇다고) 애원을 않으랴? (그럼) 당신 없이 살 수 있기라도 하다는 말인가?<small>(ut venias. 당신이 오기를).</small>

Quid optas fieri? 너는 도대체 무엇이 되고 싶으냐?.

Quid opus est tam valde affirmáre?
뭐를 그렇게 강력히 주장할 필요가 있느냐?

Quid peccávi? 내가 무슨 죄를 지었느냐?

Quid petam?.(圖 What shall I ask for?)
무엇을 청할까요?.<small>(성경 마르 6. 24).</small>

Quid petis ab Ecclesia Dei? Fidem
천주 성교회에서 무엇을 청합니까? 신앙을 청합니다.
Et quid tibi donat fides? Vitam æternam.
신앙은 그대에게 무엇을 줍니까? 영원한 생명을 줍니다.

Quid plura? 이 이상의 말을 더해 무엇 하랴?
<small>(연설체에 있어서는 의문문의 설명어가 가끔 빠져버리는 경우가 있다.)</small>

Quid possem timebam.
내가 무엇을 할 수 있을 지 자신이 없었다.

Quid proprium Christiani? 그리스도인은 누구인가?

Quid prodest quia credis, et blasphemas?
Adoras illum in capite, blasphemas in corpore.
그대가 믿는다면서 하느님을 모독한다면 무슨 소용이 있습니까? 그대는 머리로는 그분을 흠숭하지만 몸으로는 그분을 모독합니다.<small>(최익철 신부 옮김, 요한 서간 강해, p.455).</small>

Quid putas puer iste erit?(圖 What, then, will this child be?) 이 아기가 대체 무엇이 될 것인가?<small>(성경 루카 1. 66).</small>
이 아기가 장차 어떤 사람이 될까?<small>(공동번역 루카 1. 66).</small>

Quid quæris? 말해 뭣하니?

Quid quæris quietem, cum nátus sis ad laborem?
너는 일하러 왔건만 왜 편히 쉬려 드느냐?<small>(준주성범 제2권 10장 1).</small>

Quid respondérem? 그 당시 나는 무어라 대답하였을 것인가?
<small>(지난간 일에 대한 의혹이나 회상을 표시하기 위해서는 접속법 미완료를 쓴다).</small>

Quid retribuam Domino pro omnibus,
quæ retribuit mihi? 주님께서 제게 베푸신 은혜,
제가 무엇으로 갚으리이까?.

Quid rides? Mutato nomine, de te fabula narratur.
뭘 웃나? 이름만 바꾸면, 너에 대해 이야기하는 것인데.

Quid secus est? 뭐가 다르냐?

Quid si nunc cælum ruat? 당장 하늘이 무너진다면 어쩔 테냐?(그것은 기우에 지나지 않는 거다).

Quid sibi hoc vult? 이것은 무슨 뜻이냐?/
이것은 무엇을 의미하느냐?/무엇을 목적하느냐?.

Quid sit homo.(圖 What is a human being?)

사람이란 무엇인가?

Quid sit in homine.(영 Is inside a person)
인간 안에는 무엇이 있는가!.

Quid sit justificatio impii, et quæ ejus causæ.
죄인의 의화가 무엇이며, 그 원인들은 무엇인가.

Quid sit male facĕre? 악은 어디에 성립하는가?

Quid sit malum? 악의 본질은 무엇인가?(악은 어디로부터 오는가)

Quid sit? (獨 Was es ist?) 그것이 무엇이냐?

Quid státis aspicientes in cælum? (사도 1. 11장)
(영 why are you standing there looking at the sky?)
너희는 어찌하여 하늘을 쳐다보며 서 있느냐?(성경.200 주년
신약)/왜 너희는 여기에 서서 하늘만 쳐다보고 있느냐?(공동번역).

Quid tam bonum est quam litteris studĕre.
공부하는 것보다 더 좋은 것이 무엇이냐?

Quid tam cæcum, quam isti qui oderunt fratres?
자기 형제를 미워하는 사람보다 더 눈먼 사람이 있습니까?
(최익철 신부 옮김. 요한 서간 강해. p.101).

Quid tam tuum quam tu, quid tam non tuum quam tu.
너보다 더 네 것이 무엇이며 또 너보다 덜 네 것이 무엇이냐?

Quid te feci?. 내가 네게 무엇을 했단 말이냐?

Quid tibi donet? Cælum ipse fecit, terram ipse fecit:
quid tibi donaturus est? 무엇을 그대에게 주시겠습니까?
그분 몸소 하늘을 만드셨고, 그분 몸소 땅을 만드셨으니,
그대에게 무엇을 주시겠습니까?.

Quid tibi hanc curátio est rem?
이 일에 네가 무슨 상관이냐?

Quid tibi iubet Deus? Dilige me. 하느님께서는 그대에게
무엇을 명하십니까? '나를 사랑하라'고 하십니다.

Quid tibi respondeam non invenio.
무엇이라고 답변 드려야 할지 모르겠습니다.

Quid tibi videmur efficere velle cum loquimur?
네 생각에 우리가 말을 할 때 우리는 무엇을 하려는 것이냐?/
Quantum quidem mihi nunc occurrit, aut docere, aut
discere. 제 생각에 우리는 가르치거나 배우기를 원합니다.
(아우구스티노의 '교사론' 1. 1.).

Quid tibi vis? 너는 무엇을 원하고 있느냐?
(재귀대명사의 3격도 가끔 이해 313으로 사용된다).

Quid tibi vis faciam?. "Domine, ut videam"
(영 What do you want me to do for you? "Lord, please
let me see") 내가 너에게 무엇을 해 주기를 바라느냐?"
"주님, 제가 다시 볼 수 있게 해 주십시오"(성경 루카 18. 41).
나에게 바라는 것이 무엇이냐? 주님. 볼 수 있게 해주십시오(공동번역).

Quid timeam, si aut non miser post mortem, aut
beatus etiam futurus sum?.(Cicero).
사후에는 불행하지 않거나 (사후에도) 행복하거나
할 것인데 내가 무엇을 두려워하겠는가?

Quid times ne male facias alicui? Quis male facit ei
quem diligit?. 그대는 왜 누구에겐가 악하게 행동할까봐
두려워합니까? 누가 사랑하는 사람에게 악하게 대해겠습니까?

Quid tum responderem?
그때에 나는 무슨 대답을 했어야 할까?

Quid turpius est quam mentiri
(=Nihil turpius est quam mentiri)
거짓말하는 것보다 더 추잡한 것이 무엇이냐?

Quid ultra próvehor? 무엇 때문에 내가 더 계속한단 말이냐?

Quid valeat caritas, omnis Scriptura commendat; sed
nescio si alicubi amplius quam in ista Epistola
commendet. 사랑이 얼마나 소중한지에 대해서는 성경
전체가 권고하고 있지만, 이 편지에서보다 더 폭넓게 권고
하는 곳은 없다고 생각합니다.(최익철 신부 옮김. 요한 서간 강해. p.255).

Quid venisti? 왜 왔느냐?

quid vero est secundum substantiam et naturam,
incomprehensibile est hoc omnino et ignotum.
하느님의 본질과 본성에 따르면 그분이 무엇인가라는
것은 절대적으로 이해될 수 없고 알려지지 않는 것이다.

Quid vides? Nihil video.
(너는) 무엇을 보느냐? 아무것도 (안 보인다).

Quid videt Marcus. 마르코는 무엇을 바라보는가?
Marcus videt undas. 마르코는 파도들을 바라본다.

Quid viro miserĭus usu veníre potest?
사람에게 더 비참한 일이 있을 수 있겠느냐?

Quid vis? utrum amare temporalia, et transire cum
tempore; an mundum non amare, et in æternum vivere
cum Deo? 그대 무엇을 원합니까? 일시적인 것들을 사랑
하여 시간과 함께 스러져 버릴 것입니까, 아니면 세상을
사랑하지 않고 하느님과 더불어 영원히 살 것입니까?

Quid vis vidĕre, quod non licet habĕre?(주주성법 제1권 20장 7)
네가 소유하기 부당한 것을 무엇 하러 보려 드느냐?

Quid vobis ostendi? aliquos colores protuli.
aurum et argentum proposui?. 제가 여러분에게 무엇을
보여 드렸습니까? 어떤 색깔을 보여 드렸습니까?
금이나 은을 내놓았습니까?.

Quid vobis videtur?(영 What is your opinion?)
너희는 어떻게 생각하느냐?(성경 마태 18. 12).

quidam, quædam, quiddam(subst.), quoddam(adj.)
pron. indef.(알면서도 특정적으로 명시하지 않음.
그러나 가끔 막연한 부정의 뜻으로도 씀: m., f.도
명사적으로 씀)1. 어떤(사람.것), 그 어떤, 그 어느,
아무, 모(某): quidam natus témpore. 그 어느 때에,
옛적에 한번/ quodam modo. 어떤 모양(방법.양식)
으로, 어느 모로(보아)/ quidam ex advocátis. 변호사
들 중 한 사람/ quidam bonórum cæsi. 선량한 사람들
중에서 살해된 여러 명/ quidam quartam partem,
nonnúlli…. 어떤 사람들은 4분의 1을, 어떤 사람들은…/
quiddam mali. 어떤 악, 일종의 악. 2. 일종의, (말하
자면) …와 같은, 어떤 의미에서의; 어느 정도의:
quasi quædam eloquéntia. 말하자면 일종의 웅변이랄 것.

quidam bonorum cæsi. 선량한 사람들 중에서 살해된 여러 명

Quidam episcopi,
성직자에게 금지되어 있는 단체와 운동들(1982.3.8. 선언).

quidam ex advocátis. 변호사들 중 한 사람

quidam majus quam cogitári possit.
생각될 수 있는 모든 것보다도 더 크신 분.
(St. Anselmus의 '하느님' 규정. 가톨릭 철학 제2호. p.13).

Quidam missionis areopagi. 새로운 분야의 사명

quiddĭtas, -átis, f. (quid¹) 하성(何性-무엇임.獨 Washeit),
(사물의) 본질, 본성(φύσις.영 nature): 통성원리,
하성원리, 정의 원리, 본성, 본질 규정 내용.
라틴어 Quid?(무엇이냐)에 대한 대답이 되는 사물의 정의.
formátio qiddidátum. 하성(何性)의 형성/
Est ergo dicendum secundum sententiam Aristotelis
quod intellectum quod est unum est ipsa natura vel
quiddatis rei. 아리스토텔레스의 견해에 의하면,
(수적으로) 하나인 사고 대상은 사물의 본성 또는
하성 자체라고 말해야 한다.(지성단일성. p.211).

quidditas rei. 사물의 무엇임

quidditas rei materiális. 물질적 본체의 하성,
물질적 사물의 본성, 물질 사물의 하물성.

quidditas rei sensibilis. 감각적 사물의 통성원리

quidditas sive natura in materia corporali existens.
실존하는 물체의 무엇임 또는 본성.

quĭdem, adv. 1. 참으로, 정말, 사실, 실로, 과연, 확실히,
Ista quidem vis est. 그것은 정말 폭력이다.
2.(앞의 것에 대한 부가(보충) 설명)
et quidem. 그것도, 좀 더 자세히 말하면, 더구나: Mihi
uno die tres(litteræ) sunt rédditæ, et quifem abs te
datæ. 나한테 편지가 하루에 세 통이나 그것도 너한테
서 보내온 세 통이 날아들었다. 3.(ne와 quidem 부사
사이에 부정하는 말을 넣는다)ne … quidem 조차 아니
(못), …(라)도 아니: ne unus quidem. 단 한사람도 아니.
4.(양보.용인 표시; 뒤에는 곧 뒤따위의 반대 접속사
가 따름)(비록) …기는 하지만(그러나): Mísera est
illa quidem consolátio, sed tamen necessária. 그 위로
가 비참한 것이기는 하지만 그러나 필요하다.
5.(범위 제한)적어도 … 는(만은): Nunc quidem
profécto Romæ es. 네가 지금은 확실히 Roma에 있다/
Non vídeo causam, cur ita sit, hoc quidem témpore.

왜 그런지 지금으로서는 원인을 모르겠다. 6. 그러나
…는(은): …, re quidem verā. 그러나 사실은.

Quidnam dixerunt isti judices?
저놈의 판사들이 대체 무슨 말을 했을까?

Quidnam est Deus?. 신이란 도대체 무엇인가?

quidni, adv. (quid²+ni) 왜 아니?

quidquid¹ n., pron., indef. (quisquis)
그것이 무엇이든지, 무엇이거나를 막론하고.
Non quidquid jucundum est honestum.
재미있다고 해서 다 훌륭하지는 않다.

quidquid² adv. 얼마나 …하든 간에

Quidquid contingenter existit causam habet.
우연적으로 존재하는 것은 다 원인을 갖는다.

Quidquid contrarium est Verbo Dei, in Antichristo est.
하느님의 말씀을 반대하는 것은 무엇이나 다 그리스도의
적에 속합니다.(최익철 신부 옮김, 요한 서간 강해. p.173).

Quidquid datur, per modum dántis datur(격언)
주어지는 것은 무엇이든지 주는 사람의 방식대로 주어진다.

Quidquid enim tibi fecerit homo, non te angustat.
사람이 그대에게 무슨 짓을 할지라도
그대를 옹색하게 할 수는 없습니다.

**quidquid est, Deus iam ipse fit, præter unam essentiæ
identitatem.** 모든 것은 하느님이 된다. 그러나 본질과의
모든 동일화는 제외된다.

**Quidquid est in aliquo quod est præter essentiam ejus
oportet esse causatum.** 자기 본질의 바깥에 속하는
어떤 것 안에 있는 것은 무엇이든지 원인을 통해 기인한
것이어야만 된다(박승찬 옮김, 토마스 아퀴나스의 형이상학. p.303).

Quidquid est in territorio est etiam de territorio.
영토 내에 있는 것은 또한 영토의 것이다.

Quidquid fit cum virtute, fit cum gloria.
덕성으로 이루어지는 일은 영예로이 이루어지는 셈이다.

**Quidquid honestum est, utile est; quidquid autem
turpe est, inútile est.** 무엇이든지 올바른 것은 유익하다.
반대로(그러나) 추악한 것은 무엇이든지 쓸데없다.

Quidquid honestum est, utile quoque est.
무엇이든 정직한 것은 (빠짐없이) 또한 유용한 것이다.

**Quidquid ibi non audis laudem dare Domino, non fecit
Dominus.** 주님을 찬미한다는 말을 들어 보지 못한 것은
무엇이나 주님께서 만드신 것이 아닙니다.

Quidquid id est, jam sciam.
그것이 무엇이든 간에 나는 이제 곧 알게 될 것이다.

Quidquid increpúerit.(increpo 참조) 무슨 소리만 나면

Quidquid latet, appárebit.
무엇이나 은밀한 것은 다 드러나리라.

Quidquid Latine dictum sit, altum videtur.
라틴어로 표현된 것은 무엇이든지 심오해 보인다.

Quidquid movetur ab alio movetur.
움직이는 모든 것은 다른 것에 의해 움직여진다.

**Quidquid petieris a me, dabo tibi, usque ad dimidium
regni mei.** 네가 청하는 것은 무엇이든, 내 왕국의
절반이라도 너에게 주겠다.(성경 마르 6, 23).

Quidquid pollicitus erit, perficere conabitur. 그가 무엇
을 약속하게 되든 그는 그것을 완수하려 애쓸 것이다.

Quidquid recipitur ad modum recipientis recipitur.
무엇이든 받아들일 때에는 받아들이는 자의
모양에 따라 받아들인다.

quidquid sit. 아무튼, 어떻든

Quidquid tu es substantialiter, hoc ego sum.
그대의 진면목(眞面目), 그것이 바로 나입니다.

Quidquid vis habe. 그대, 원하는 것 다 가지십시오.

quidvis anni.(quīvis 참조)
연중 아무 때나(quovis anni tempore).

quidvis pérpeti(quīvis 참조) 무엇이나 견디다

quĭes¹ -étis, f. 1. 쉼, 휴식(休息).⑨ Rest), 휴게(休憩),
휴지(休止), 휴양, 안정, 안식: quiéti se dare, quiétem
cápere. 쉬다, 휴식을 취하다; 자다. 2. 잠, 수면: ire ad
quiétem. 자러 가다. 3. 꿈. 4. 취침시간. 5. 정계에서의

은퇴. 6. 중립; 평화. 7. 고요함, 조용함, 정적, 침묵;
평온, 안온. 8. 영면(永眠), 죽음. 9. 휴식처, 안식처.
expello quiétem. 고요를 깨뜨리다/
secundum quietem. 잠들자마자/
tunicáta quies. 마음 편한 생활/
Verba deprehendit quies. 죽음이 말을 중단시켰다.

Quiescat paululum lingua, vitam interroga.
말은 잠시 쉬게 하고 삶을 물어보십시오.
(최익철 신부 옮김, 요한 서간 강해, p.169).

quiesce, 원형 quiésco, -évi -étum -ēre, intr., tr.
[명령법. 현재 단수 2인칭 quiesce, 복수 2인칭 quiescite].

Quiesce! 안심하여라(평정시켜라. 교부문헌 총서 16, 신국론, p.1568).

quiésco, -évi -étum -ēre, intr., tr. (quies¹) **휴식하다,**
쉬다(חוו.נוח.שבת.שאנ.רגע.רבע), 휴지(休止)하다, 자다,
시름(마음) 놓고 지내다, 안심하고 있다.
평화롭게 지내다, 중립을 지키다, 사인(私人)으로 지내다,
(정치 관직에서) 은퇴하다, 잠잠하게 있다, 가만히 있다,
조용해지다, 고요해지다, 멎다, 움직이지 않다,
활동하지 않다, 평온하다, (바람.물결 따위가) 자다,
(죽어서) 고이 잠들다, 그치다, 그만두다, 중지하다,
내버려두다, 허용하다.
Quiescébant voces hominúmque canúmque.
사람소리도 개 짖는 소리도 조용해져 갔다.

quietátĭo, -onis, f. (quies¹) 그침, 끝남, 중지(中止)

quietísmus, -i, f. (quies¹) 정관파(靜觀派) 신비주의,
정적주의(靜寂主義.⑨ quietism), 정관적 신비주의.

quiéto, -áre, (quiétor, -ári, dep.) tr. (quies¹)
쉬게 하다, 고요하게 하다.

quiétus, -a, -um, p.p., a.p. (quiésco) 가만히 있는,
쉬고 있는, 잠자는, **고요한, 조용한,** 한적한, 걱정 없는,
안심하고 있는, **차분한,** 침착한, 안온한, 중립을 지키는,
싸움에 말려들지 않는, 중립의, (공직에서) 은퇴한,
공명심(야심) 없는, 평화로운, 평온한, 전쟁 없는,
유순한, 온화한, 잔잔한, 죽은(사람).
anima quieta. 그 무엇으로도 흔들리지 않는 평정/
trado se quiéti. 세상모르고 잠자다/
urbs impune quiéta. 평온한 도시.

quiēvi, "quiésco"의 단순과거(pf.=perfectum)

quietum, "quiésco"의 목적분사(sup.=supínum)

quĭī, "quĕo"의 단순과거(pf.=perfectum)

quílĭbet(quílŭbet), quáelĭbet, quódlĭbet,
adj. 누구든지, 무엇이든지.

quílĭbet(quílŭbet), quáelĭbet, quódlĭbet(subst.),
pron., indef.(m., f.도 명사적으로 씀) 아무것이나, 어떤,
아무(어느.무슨) …든지(닥치는 대로.가리지 않고),
하찮은, 별것 아닌, 보잘 것 없는, 닥치는 대로의.
cuílibet dare. 아무에게나 주다/
cum quólibet hoste. 보잘 것 없는 적(敵)과/
quídlibet dícere. 아무 말이나 하다/
quólibet nomen. 아무 이름이나/
Stultus quidlibet dicit. 미련한 자는 무엇이든지 말한다/
urbs impune quieta. 평온한 도시.

**Quilibet nautarum tranquillo mari gubernare potest;
ubi sæva orta tempestas est ac rapitur vento navis,
tum viro et gubernatore opus est.**(Livius).
평온한 바다에서야 어느 사공이나 키를 잡을 수 있다.
그렇지만 심한 폭풍이 일고 배가 바람에 나부끼면 그때는
사나이다운 키잡이(vir et gubernator)가 필요하다.

quin¹ conj., subord. c. subj. (qui³+ne²)(주문에 원칙
적으로 부정사 또는 의문사가 있음)1. …하지 않고,
…않고서는: Fácere non possum, quin ad te mittam.
나는 너한테 보내지 않고서야 못 배긴다(않을 수 없다)/
Fíeri non potest, quin (=ut non) …게 되지 않을 수
없다, …게 될 수밖에 없다. Exspectári diútius non
opórtuit, quin irétur. 가지 않고 더 오래 기다릴 필요가
없었다. 2.(다음의 quin은 문법적으로는 주어문
(pr. subjectíva)을 이루는 접속사임)non multum(haud
multum, non longe, paulum, nihil) abest, quin …할

Q

1043

뻔하다, 거의(자칫하면) …게 되다: Paulum áfuit, quin Varum interfíceret. 그는 Varus를 죽일 뻔했다/ Pæne factum est, quin castra relinqueréntur. 천막들을(버리고) 떠날 뻔했다. 3.(부정 결과문(ut non).부정 결과 관계문(qui non, quæ non, quod non) 대신에)…않을 만큼(정도로), …못하도록, …(하지) **않을**(않는): Nunquam tam male est Sículis, quin áliquid facéte dicant. Sicília인들은 재치 있는 말을 하지 못할 만큼 그렇게 난처해지는 때가 한 번도 없었다/ Nemo erat, quin … díceret. …라고 말하지 않을 사람은 아무도 없었다/ Nulla est cívitas, quin …. …하지 않을 도시 는 하나도 없다/Nihil est, quin …. …하지 못할 것은 하나도 없다/Dies fere nullus est, quin hic véntitet. 이 사람이 오지 않는 날은 거의 없다/ Quis est, quin …. …하지 못할 사람이 누구냐? 4.(부정이나 의무를 동반하는 의혹.방해.제지.불확실.무지.소홀 따위를 표시하는 말 뒤에서는)…(하)는(하다는) 것(을), …하기(를)ː 때로는 "…하기 위하여, …하는 데에" 따위로도 번역됨: Non dúbito, quin … vitáre non possim. 나는 내가 (무엇을) 면할 길이 없다는 것을 의심하지 않는다/ Non dubitári debet, quin fúerint ante Homérum poétæ. Homérus 이전에도 시인들이 있었다는 것을 의심해서는 안 된다/ Haud dúbium est, quin …. …것은 조금도 의심 없다, …에 대해 의심이 없다/ Quis ignórat, quin …? …라는 것을 누가 모르냐?/ De viâ nihil prætermísi, quin enucleáte ad te scríberem. 나는 길에 대해서 조금도 빠뜨리지 않고 분명하게 너한테 써 보냈다/ Mílites ægre sunt reténti, quin óppidum irrúmperent. 군인들이 도시로 돌입하는 것을 막을 수 없었다. 5.(부정.의문의 이유명사 뒤에)…하지 않을 (이유.까닭): Nihil causæ(nulla causa) est, quin …. …하지 않을 이유가 없다/ Quid est causæ, quin … possint? 그들이 …하지 못할 이유가 뭐냐?. 6.(부분 부정의 이유접속사(non quod) 대신에) Non quin ipse disséntiam, sed quod …. 내 자신이 달리 생각해서가 아니라, …하기 때문에. Nemo est quin illam fabulam sæpe audiverit. 여러 차례 그 이야기를 듣지 않았을 사람이 아무도 없다.
  [quin=qui+non]: 주문에 부정사가 있을 때. '…하지 않고서는, 않을 만큼. 못하도록' 성 염 지음, 고전 라틴어, p.314].
Quia est quin cernat, quanta vis sit in sensibus? 감관에 얼마만 한 힘이 있는지 알아채지 못할 사람이 누구이랴?.
quin² adv. (qui³+ne²) 1. 왜 아니?: Quin áccipis? 왜 안 받느냐? 2.(단어의 강화.보강)더구나 또한, 오히려 (도리어, 더욱), 차라리: quin mihi moléstum est. 그것은 오히려 내게 귀찮은 것이다 / Te non rogo, ut domum rédeas; quin hinc ipse evoláre cúpio. 내가 너더러 집으로 돌아가라고 청하는 것이 아니다. 도리어 내 자신이 여기서 빠져나가고 싶을 뿐이다/ quin immo, quin étiam. 오히려 / quin pótius. 오히려 더욱/ quin contra. 도리어 반대로. 3.(권유.재촉)자 그러면: Quin uno verbo dic. 자 그러면 한마디로 말해봐라/ Nemo vatat quin emas. 네가 사는 것을 아무도 금하지 않는다. (라틴어-한글사전. p.734)
Quin audi! 그러면 들어라!
Quin dicis quid sit? Quasi tu nescias.
  왜 너는 그것이 무엇인지 말하지 않는가? 너 모르라고!.
Quin mihi molestrum est.
  그것은 오히려 내게 귀찮은 것이다.
quin potius. 오히려 더욱
Quin taces? 왜 가만있지 않느냐?
Quin uno verbo dic. 자 그러면 한마디로 말해봐라
quīnam, quænam, quodnam, pron.(adj.) interr. (qui¹+) 도대체 어떤, 어느, 무슨?
Quīnam homo virtutes non colet?.
  (인간치고) 어느 인간이 덕(德)을 떠받들지 않겠는가?
quinárĭus, -a, -um, adj. (quini) 다섯의, 다섯 개(가지)로 된. m. quinárĭus (nummus) 반 denárĭu 짜리 은화.

Quincit … (古) = Quinti…
quincunciális, -e, adj. (quincunx) 12분의 5의, 5úncia 짜리의.
quincunx, -úncis, m. (quinque+úncia) (전체 특히 1 as의) 12분의 5, 5únciœ, (용량단위) 5 cýathus(에 해당), 5부 이자, (사각형의 네 각과 복판에 배열한) 다섯 눈(점) 모양, dirécti in quincúncem órdines. 오점형으로 심은 나무의 열(列).
quíncŭplex, -plĭcis, adj. (quinque + plico) 다섯 겹의, 다섯 번 접은.
quindecenniális, -e, adj. 15주년의
quindecénnĭum, -i, n. (quíndĕcim+annus) 15년, 15년 간
quíndecies(=quindeciens) num., adv. (quíndĕcim) 열다섯 번.
quíndĕcim, indecl., num., card. (quinque+decem) 십 오, 열다섯(15).
  Dies circiter quindecim iter fecerunt et inter novissimum agmen hostium et nostrorum primum quina aut sena milia passuum erant. 그들은 약 15일 동안 행군을 하였으며, 적군의 후미와 우리 군의 선두 사이에는 5,000보 내지 6,000보의 거리가 있었다/
  Per quindecim annos Hannibal in Italia fuit. 한니발은 (장장) 15년간을 이탈리아에 (진주해) 있었다.
Quindecim sacris faciundis. 시빌라 점서 해독관(15인)
quíndĕcim vigesimæ. 15/20(분자가 2 이상일 때 분자를 기본 수사로. 분모를 순서수사로 한다. '분자' 표시에 아래와 같이 partes를 쓰기만 쓰지 않을 때도 가끔 있다. duæ tertiæ. 삼분의 이 ⅔. semptem decimæ. 7/10).
quindecimprími, -órum, m., pl. 자치도시.식민지 의회의 상위 15인 의원.
quindécĭmus, -a, -um, num., ordin. 열다섯 째, 제15
quindecímvir, -víri, m. quindecímviri 중의 1인, 경작지 분배의 특별 감독관.
quindecimvirális, -e, adj. (quindecímviri) 옛 Roma의 15인 신관(神官)의.
quindecímvĭri, -órum, m., pl. (quíndecim+vir) Sibýlla (여자 예언자)의 예언서를 낭독하고 해석하던 15인 신관.
quinéni, -æ -a, num., distrib., pl. (=quinidéni) 열다섯 씩(의).
quingenárĭus, -a, -um, adj. (quingéni) 500의; 500명으로 편성된.
quingéni, -æ -a, num., distrib., pl. (=quinidéni) 각 500씩의, 매번 500씩, (pl. tt. 명사의 기본 수) 500.
quingentenárĭus, -a, -um, adj. 500주년의
quingentésĭmus, -a, -um, num., ordin. (quingénti) 500번째의, 제500.
  Anno quingentesimo quinquegesimo post urbem conditam Scipio consul fuit. 로마 건국 550년에는 스키피오가 집정관이었다.[ab urbe condita = post urbem conditam. 로마의 건립으로 부터. 로마의 연대 표기법으로 로마인의 역법은 기원 753년 로마 건립 원년 기준을 했던 일을 지음. 카르페 라틴어 1권. p.97].
quingentésĭmus alter annus ab urbe condita.
  로마 창건 제502년[라틴어 문장을 보면 20이상의 서수에서 primus 대신 unus, secundus 대신에 alter를 자주 쓰게 된다.
quingénti, -æ -a, num., card. 오 백(500),
  Darius classem quingentarum navium comparavit. 다리우스는 500척의 선단을 마련하였다.
  quingentum civium. 500명 시민들의
quingénties(=quingéntiens) adv., num. (quingénti) 오백 번
quini, -æ -a, num., distrib. (=quinque) (gen., pl. -um도 있음) 각 다섯씩의, 매번 다섯씩, (pl. tt. 명사의 기본 수) 5, 다섯.
quinidéni, quinædénæ, quinadéna, num., distrib. pl. (갈라서 quini deni로도 씀) 각 열다섯씩의.
quinímmo, adv. (quin²+) 더구나 또한
Quinimmo beati, qui audiunt verbum Dei et custodiunt!. 하느님의 말씀을 듣고 지키는 이들이 오히려 행복하다.
quínĭo, -ónis, m. 다섯(이라는 수), (주사위의 다섯 점) 다섯 점.

quinivicéni, quinævicénæ, quinavicéna, num., distrib. (갈라서 quini vicéni로도 씀) 각 스물다섯씩의.

quinquæ viæ. 다섯 가지 방식, 신 존재 증명 5가지 길

quinquagenárĭus, -a, -um, adj. (quinquagéni) 50의, (어떤 단위의) 50을 포함하는; 50주년의, 50세 된, 50대의 (사람). m. 50인 대장.
equárum grex quinquagenárĭus. 50마리의 암말 떼.

quinquagéni, -æ -a, num., distrib. (=quinquagínta) (gen., pl. -um도 있음) 각 50씩의, (pl. tt. 명사의 기본 수) 50, 오십, 쉰.

quinquagésĭes, num., adv. (quinquagínta) (=quinquágies) 쉰 번, 50번, 오십 번.

quinquagesies(=quinquagies), num., adv. 오십 번

Quinquagésima, -æ, f. 성령 강림 주일.
옛 전례력에서 부활축일 전 50일 되는 날(재의 수요일 전 주일), 오순절(πεντηκοστή).⑨ Pentecost-부활축일 후 50일 되는 날).

quinquagésĭma, -æ, f. (quinquagésimus) 50분의 1 세금

quinquagésĭmus, -a, -um, num., ordin. (quinquagínta) 쉰 번째의, 제50.

quinquágĭes(=quinquágĭens) adv. 쉰 번(50), 오십 번

quinquagínta, num., indecl., card. 쉰(50).
Ter quinquagínta fiunt 150. 50의 3배는 150이다(fio 참조).

quinquángŭlus, -a, -um, adj. (quinque+ángulus) 오각형의

Quinquátrus, -ŭum, f., pl.〔quinque〕 (Quinquátrĭa, -iórum 또는 -ĭum, n., pl.) Minérva 신의 축제일(두 가지가 있었음).

Quinquátrus majóres. (3월19일~23일의) 대축제일

Quinquátrus minóres. (6월 13일의) 소축제일

Quinquátrus minúsculæ. (6월 13일의) 소축제일

quinque, indecl., num., card. 다섯(5.πέντε).
Et circa hoc quæruntur quinque.
이 점에 대해서는 다섯 가지 문제가 제기 된다/
Exsilĭum quinque annorum. 5년 유형(계량.시간.연령.
모양.등급 같은 것을 표시하기 위하여서는 반드시 형용 2격을 써야 한다)/
inferióres quinque dies. 마지막(지난) 닷새.

Quinque anni sunt, ex quo (또는 cum) te non vidi.
내가 너를 못 본지 (못 본때부터) 5년 된다.

Quinque autem novam liras. 그밖에 다섯 새 밭고랑

Quinque compilationes antiquæ. 고대 법령집 주석 다섯 권

Quinque sunt sensus córporis: visus audítus, odorátus gustus, tactus.
신체의 오관은 즉 시각, 청각, 후각, 미각, 촉각이다.

Quique sui memores alios fecere merendo. 그들은 공덕을 쌓아 다른 이들로 하여금 자기를 기억 하게 했더니라.
(교부문헌 총서 17, 신국론, p.2555).

quinque viæ. 다섯 가지 방법, 5가지 길

Quinque Vulnĕra. 오상(五傷)⑨ stigmatizátĭon.στίγμα)

quinquefólĭus, -a, -um, adj. (quinque+fólĭum) 다섯 잎의, 잎이 다섯 있는. n. 다섯 잎의 풀(이름).

quinquelibrális, -e, adj. (quinque+libra) (무게가) 5 libra의

quinqueméstris, -e, adj. (quinque+mensis) 다섯 달의, (생후) 5개월 되는.

quinquennális, -e, adj. (quinquénnis)
(5년째마다의 뜻으로) 4년마다의, (만) 4년마다 한 번씩의, 5년 동안의, 5년 간 계속되는, 임기 5년의.
n., pl. (만) 4년마다 거행되는 경기대회.
m. (로마시의 호구총감censor에 해당되는) 자치도시. 식민지의 (임기 5년의) 자치장관.
Facultates Quinquennales. (교황 보류사항의 특별사면을 주는) 주교의 5년 한정 특별권한.

quinquennálĭtas, -átis, f. (quinquennális)
자치도시.식민지의 감찰관직.

quinquénnis, -e, adj. (quinque+annus)
5년의, 5년 되는; 다섯 살 된, 5세의,
filia quinquennis. 다섯 살 된 딸/
vinum quinquénne. 5년 묵은 포도주.

quinquénnĭum, -i, n. (quinquénnis) 5년 간

quinquepartitus(=quinquepertítus), -a, -um, adj.

(quinque+pártĭo²) 다섯 부분으로 나누어진, 다섯으로 갈라진.

quinqueprími, -órum, m., pl. (갈라서 quinque prími로 쓰기도 함) 자치도시 의회의 5인 최고 원로.

quinquerémis, -e, adj. (quinque+remus) 오단노(五段櫓)의, 노(櫓)가 다섯 줄 있는. f. 오단노(五段櫓)의 배(군함).

quinquevirátus, -us, m. (quinquéviri) (관직으로서의) 5인 위원직.

quinquéviri, -órum, m., pl. 5인 위원 중의 한사람(sg.), (관리로서의) 5인 위원(위원회 별로 국유 농경지 분배.금융기관 감독.성곽 보수.야간 순찰 등 여러 가지 특수 임무에 임했음).

quínquĭes(=quínquĭens), adv., num. (quinque) 다섯 번.
Hoc anno quinquies domum remeavi ibique denos dies fui. 금년에 나는 다섯 번 귀가(歸家)하여
그때마다 그곳에 열흘씩 머물렀다.

quínquies in die. 하루 다섯 번

quinquíplĭco, -áre, tr. (quinque+plico) 5배하다, 다섯 곱하다

Quinta Declinátĭo. 제5변화

quintadecumáni(=quintadecimáni), -órum, m., pl. (quintus¹+décimus) 제15군단 병사들.

quintánus, -a, -um, adj. (quintus¹) 제5군단의, 다섯 번째에 속하는(해당하는); (어느 달) 5일에 해당하는.
m., pl. **quintáni**, -órum,
f. **quintána**, -æ, f. 로마 병영의 제5중대(부대)와 제6중대(부대) 사이를 가로지른 큰 길(시장거리였음).

Quintílis, -e, adj. 로마력의 제5월의, 7월의(지금의 Július의 옛 명칭). m. (sc. mensis) 7월.

quinto, adv. (quintus¹) (순서에 있어서) 다섯째로.

quintum, adv. (quintus¹) 다섯 번째로.
In quarto autem bellum Punicum est primum, in quinto secundum. 제4권에는 제1차 포에니 전쟁,
제5권에는 제2차 포에니 전쟁이 실려 있다.

Quintum filĭum severĭus adhibebo.
다섯째 아들 녀석을 더 엄하게 다루겠다.

Quintum Publilium leges secundas plebi, adversas nobilitati tulisse ferunt. 퀸투스 푸블릴리우스는
평민들에게는 유리한 법률, 귀족들에게는 불리한 법률을 제안했다고 전해진다.

quintus¹ -a, -um, num., ordin. (quinque) 다섯째의, 제5의,
Compilatio Quinta. 제5편집(호노리오 3세 교황지음 방대편 교령집 모음)/
Est hora quinta cum quadránte. 5시 15분이다/
Est hora quinta cum dodránte. 5시 45분이다/
Est hora quinta cum viginti minutis. 5시 20분이다/
Quater quina sunt viginti. 5 곱하기 4는 20이다/
Quinta essentia. 제5원소(에텔)/
quinta (hora) cum dimídia. 5시 반이다/
Quota hora est? 몇 시냐? Est hora quinta. 5시다.

quintus² -i, m. Roma인의 개인 명

quintusdécĭmus -tadécĭma, -tumdécĭmum, num., ordin. 열다섯째의, 제15의.

quinus, -a, -um, adj., sg. (quini) 5의,
lex quina vicenária.
25세 미달자의 계약을 인정하지 않는 법.

quippe, adv., conj. 1.〔앞에 말에 대한 이유 제시〕
…니 말이다, 왜냐하면, …기 때문이다: Jam fáteor, …
Quippe vides, …. 이제 나는 (…라는 것을) 고백하는 바이다, 네가 (…것을) 아니까 말이다. 2.〔이유 제시의 다른 접속사 앞에서 의미 강화〕quippe enim, quippe étenim 왜냐하면 …(하)기 때문이다; quippe quia, quippe quod, quippe quóniam, quippe quando, quippe ubi: (특히) quippe cum. 사실(특히) …(하)므로, …(하)기 때문에. 3.〔이유문(pr. causális)을 대신하는 이유 관계문(pr. relat. causális)을 명시함〕quippe qui(quæ, quod) 사실 …(하) 므로, …(하)기 때문에: Convívia non iníbat, quippe qui ne in óppidum quidem veníret. 그는 도심에 조차 오지 않았으므로 연회석에는 참석하지 않았다. 4. 물론, 확실히, 정말, 참으로, 의심 없이, 과연: Sol Demócrito magnus vidétur, quippe hómini erudíto. Demócrito에게는 태양이 크게 보인다. 과연 박학한 사람인 그에게는 말이다.(quippe

Q

참조. 비꼬는 뜻이 있음). (한글-라틴 사전. p.736).

Beata quippe vita est gaudium de veritate.
진정한 행복은 진리를 즐기는 것(S. Ag. Confess. 10,23,33)/
Hæc quippe prima sapientiæ davis definitur, assidua
scilicet et frequens interrogatio. 바로 이것, 즉 끈질기고
철저한 질문이야말로 지혜의 첫 열쇠이다/
Sic quippe ostendit æterno igne diabolum et angelos
eius arsuros. 그렇게 해서 악마와 그의 천사들이 영원한
불에 탈 것임을 보여 주었다.(교부문헌 총서 17. 신국론. p.2507)/
terræ quippe insufflauit Deus in faciem flatum uitæ,
cum factus est homo in animam uiuam. 하느님은 흙
의 얼굴에다 생명의 입김을 불어넣었으며 그러자 사람은
살아있는 혼이 되었다. 17. 신국론. pp.2353~2354)/
Unde cælestis societas cum terrena civitate pacem
habeat et unde discordiam. 천상 사회와 지상 도성
사이의 평화와 불화(교부문헌 총서 17. 신국론. p.2818).
quíppĭam = quípiam. adv. 좀 약간. V. **quíspiam.**
quíppĭani(=quíppěni) adv. 왜 아니냐? 물론이지
quíre, inf. (queo)
Quiris¹ -rítis, m. (Quirítes) Roma인, Roma 시민
quiris² = curis
quiritátĭo, -onis, f. (quiritátus, -us, m.) (quiríto)
구조요청의 고함소리. 절규(絶叫-힘을 다하여 부르짖음).
비명(悲鳴-일이 매우 위급하거나 몹시 두려움을 느낄 때 지르는 외마디 소리).
Quirítes, -íum(-um), m., pl. (Cures) 1. (원래는 Tátius
통치하의 Sabína의 옛 도시인) Cures의 주민, Sabíni인.
2.(Tátius와 Rómulus의 동맹으로 두 나라가 통합된
후부터 공민 자격을 가진 민간인으로서의) Roma인.
Roma 시민(정치.군사상 자격에 있어서의 Románi와
구별되었음. 로마인들의 초기 명칭. 유스티니아누스
법학제요에 따르면(I.1.2.2), 전설적인 로마의 건설자
로물루스의 별칭 퀴리누스Quirinus에서 기원한다.).
Jus Quirítium. 고대 로마 시민법.
Vos, Quirites, quoniam jam est nox, in vestra tecta
discedite! 로마 시민들이여, 이미 밤이 되었으니
여러분의 집으로 돌아가시오!
quiríto, -átum -áre, (quiritor, -ári, dep.) intr., tr.
(Quirítes) (원래는 로마인들의 보호.도움을 소리높이
청한다는 뜻) 소리 질러 도움을(구조를) 청하다(αἰτέω),
소리 지르다, 부르짖다, 절규하다, 날카롭게 외치다,
호소하다, 비명을 지르다, 울부짖다(זﬠֵק,זﬠַק,קﬠַק).
quís¹, quid, pron., interr. 1. quis(gen. 이하의 격변화는
qui¹(m.)와 같음)누가, 누구?: Quis (es) tu? 너는
누구냐?/ Qui sunt. 그들이 누구냐?/ Quis ea est? 그
여자는 누구냐?/ Cujus es? 너는 누구에게 속한 사람
이냐?/ Quis sim, ex eo cognóscas. 내가 누구인지는
그에게 알아보시오/ Consídera, quis quem fraudásse
dicátur. 누가 누구를 속였다는 건지 자세히 알아보아라.
2. (=qualis) 어떤 사람? "Quis víderor"-대답 "Miser æque
atque ego" '내가 어떤 사람으로 보이느냐' '나와 마찬
가지로 가련한 사람으로(보인다)'
3. quid 무엇?: Quid dicam de pietáte? 내가 효성
(경건)에 대해 무슨 말을 할까?. (라틴-한글 사전. p.736)
Cui desideras nuntiare hoc factum?
이 사실을 누구한테 알리기 바라는가?/
Cujus hæc navis est? 이 배는 누구의 것인가?
Cujus servus es tu? Pompei an meus?
넌 누구 종이냐? 폼페이우스의 종이냐 내 종이냐?/
Qua re non aperuistis portas domino?
너희는 무슨 일로(왜) 주인한테 문을 열어 드리지 않았느냐?/
Quem vidisti, pastores? 목동들아, 누구를 보았느냐?/
Quid vidisti in via? 길에서 무엇을 보았나요?/
Quo vadis? 어디로 가느냐?/
Quocum ambulavisti in horto publico.
너 공원에서 누구와 함께 산책을 했지?

	단 수			복 수		
	m.	f.	n.	m.	f.	n.
Nom.	quis	quis	quid	qui	quæ	quæ
Gen.	cujus	cujus	cujus	quorum	quarum	quorum
Dat.	cui	cui	cui	quibus	quibus	quibus
Acc.	quem	quem	quid	quos	quas	quæ
Abl.	quo	quā	(quo)	quibus	quibus	quibus

(한동일 지음. 카르페 라틴어 1권. p.144)

quís², qua(quæ), quid, pron., indef.(사람.사물을 막연
하게 지시함, 가끔 관계문 안에서 또는 특히 si, ne,
num 따위의 접속사.부사 뒤에서 áliquis etc.의 ali-
가 생략된 것)아무, 어떤 누구, 누가, 누군가; 어떤 것,
무엇: Simóni me adésse, quis(vestrum) nuntiáte.
내가 Simon을 도와주고 있다고 (너희 중에) 누가
전해라/ Si quis quid rumóre accéperit, ….누가 만일
풍문에 무슨 말을 들을 것 (같으면)
Ne quid nimis. 무엇이나 지나치지 않게.
Quis aliquando vidit clericum cito pœnitentem.
빨리 회개(悔改)하는 성직자를 누가 보았느냐!.
Quis autem non audivit martyres, aut in cuius
christiani ore non quotidie habitat nomen martyrum?
'순교자들martyre'이라는 말을 듣지 못했거나,
'순교martyrum'라는 말을 날마다 입에 올리며 살지 않는
그리스도인이 어디 있겠습니까?.
(최익철 신부 옮김, 요한 서간 강해. p.61).
Quis coniugalis amoris fructus hoc ipso pulchrior esse
poterit?(1996.3.25. 'Vita Consecrata' 중에서)
이보다 더 아름다운 부부애의 결실이 어디 있겠습니까?
Quis creávit mundum? 누가 세상을 창조했느냐?
Quis custodiet ipsos custodes.
감시자들을 누가 감시할 것인가?.
Quis dives salvetur? 어떤 부자가 구원되는가?
(알렉산드리아의 클레멘스 지음).
Quis dúbitet? 누가 의심하느냐?(혹 의심할는지도 모르지만)
(가능문의 성질 띤 의문문에는 가능 접속법을 쓴다)
Quis egomet sum? 나는 누구인가?
Quis enim cognovit sensum Domini?.
누가 주님의 생각을 안 적이 있습니까?(성경 로마 11. 34).
Quis enim malus non bene vult loqui? 번드르르하게
말하기를 원하지 않는 악인이 도대체 누구입니까?
Quis errat in hoc monte. 누가 이런 산에서 헤매겠습니까?
Quis es tu? 너는 누구냐?
Quis est Alexander? 알렉산더는 누구인가?
Quis est christus Christi?
그리스도의 '기름 부어 세운 분'은 누구인가?
(그리스도의 그리스도는 누구인가?-직역-교부문헌 총서 16. 신국론. p.1840).
Quis est, de quo dicit? 그분이 말씀하시는 사람은 누구인가?
Quis est finis?. 끝은 무엇입니까?
Quis est iste? 그는 누구인가?
Quid est iste? 그것이 무엇이냐?
Quis est magíster vester? 너희 선생님은 누구냐?
Quis est mendax? 누가 거짓말쟁이입니까?(성경 1요한 2. 22)
Quis est mundus? Illi habitatores mundi, quomodo
dicitur domus, habitatores ejus. 세상은 누구입니까?
세상에 사는 사람들입니다. 마치 '집'이라는 말이 그 집에
사는 사람들을 뜻하는 것과 같습니다.
Quis est orator? Marcus! Qui orator est? Bonus!.
연사는 누구가? 마르코입니다. 어떤 연사입니까? 훌륭합니다.
Quis est qui condemnet? (ⓟ Who will condemn?)
누가 그들을 단죄할 수 있겠습니까?(성경 로마 8. 34)/
누가 감히 그들을 단죄할 수 있겠습니까?(공동번역)/
단죄할 자가 누구입니까?(200주년 기념 신약성서 로마 8. 34).
Quis est qui confitetur Iesum Christum in carne
venisse? 예수 그리스도께서 사람의 몸으로 오셨다는 것을
고백하는 사람은 누구입니까?
Quis est qui de se confunditur? qui se cognoscit
peccatorem. 자기 스스로 부끄러워하는 사람은
누구입니까? 자신을 죄인으로 인식하는 사람입니다.

Q

1046

Quis est, qui hoc nesciat? 이것을 모를 사람이 누구냐?
Quis est qui hoc sciat. 이 일을 알 만한 사람이 누구겠는가?
["quis est qui…?" 같은 사람이 …할 사람이 누구냐?" 같은 관용법은 특정한 인물을 지적
하지 않고 의미상 결과문의 성격을 띠고 있어서 접속법을 쓴 부사적 관계문을
유도한다. "Sunt qui…, …하는 사람들이 있다. nemo est …, …하는 사람은
아무도 없다" 같은 관용구도 마찬가지이다. 성 염 지음, 고전 라틴어, p.313].

Quis est qui non credit quod Iesus sit Christus?
qui non sic vivit quomodo præcepit Christus.
예수님께서 그리스도임을 믿지 않는 사람은 누구입니까?
그리스도께서 명령하신 대로 살지 않는 사람입니다.
(최익철 신부 옮김, 요한 서간 강해, p.427).

Quis est qui operetur in vinea, et recedat illi de corde
quod accepturus est?. 포도밭에서 일하는 사람 치고
자기가 받을 대가를 마음속으로 생각하지 않을 사람이
있겠습니까?(최익철 신부 옮김, 요한 서간 강해, p.176).

Quis est qui patri matrique non credat?.
아버지 어머니를 믿지 않을 사람이 누구이랴?

Quis est qui tyrannos non oderit?.
폭군들을 미워하지 않을 사람이 누구인가?

Quis est qui vincit mundum, nisi qui credit quoniam
Iesus est Filius Dei?[⑭ Who (indeed) is the victor over
the world but the one who believes that Jesus is the Son
of God?] 세상을 이기는 사람은 누구입니까? 예수님께서
하느님의 아드님이심을 믿는 사람이 아닙니까?(성경 1요한 5, 5).

Quis est quin cernat, quanta vis sit in sensibus?.
감관에 얼마만한 힘이 있는지
알아채지 못할 사람이 누구이랴?

Quis est regina. 누가 여왕이냐?

Quis est spiritus qui non est ex Deo.
하느님께 속하지 않는 영은 누구입니까?.
Qui negat Iesum Christum in carne venisse.
예수 그리스도께서 사람의 몸으로 오셨다는 것을
부인하는 영입니다.

Quis est vicinus tuus? 네 이웃사람은 누구냐?

Quis eum diligat, quem metuat?
자기가 무서워하는 사람을 누가 사랑하랴?

Quis est orator? Paulus! Qui orator est? Bonus!
연사는 누군가? 바오로입니다. 어떤 연사인가? 훌륭합니다.

quis fecit me? 누가 나를 만들었나?
nonne deus meus, non tantum bonus sed ipsum bonum?
선하실 뿐 아니라 선 자체이신 나의 하느님이 아니던가?

Quis genuit? Pater. Quis est genitus? Filius.
낳으신 분은 누구입니까? 아버지입니다.
나신 분은 누구입니까? 아드님입니다.

Quis hæc credat, nisi sit pro teste vetustas?
고전의 증언(典據)이 없다면 누가 이것을 믿겠습니까?

Quis has huc oves adegit?
누가 이 양(羊)들을 여기로 몰아 왔느냐?

Quis hic, amabo, est?. 이 사람은 누군가요?

Quis hoc dicat? 누가 그렇게 말할 수 있습니까?

Quis hoc dixit? 누가 이 말을 했습니까?

Quis hoc nomine non faceres honoris?. 이러한 영예
라는 명분이므라면 네가 무슨 짓인들 하지 않았으랴?.

Quis hoc putaret præter me?
나 이외에 누가 이것을 생각해낼 수 있었겠는가?.

Quis hoc vel demens dicat? 누가 그따위 헛소리를
하겠습니까?.(최익철 신부 옮김, 요한 서간 강해, p.273).

Quis id ait? Quis vidit. 누가 그 말을 하던? 누가 봤니?

Quis ignórat? 누가 모르느냐?(만일 의문문 안에 의문대명사나
의문부사가 오는 경우에는 그 의문사를 높이 발음한다.

Quis ignórat quin…? …라는 것을 누가 모르랴?

Quis invocávit Dominum et despexit illum.
누가 주님을 부르고서 멸시(蔑視) 당한 일이 있는가.

Quis istic habet? 누가 거기 사느냐?

Quis militat suis stipendiis umquam?
도대체 누가 제 돈을 들여서 군인 노릇을 하겠습니까?

Quis misĕrebitur incantátori, a serpente percusso.
뱀에게 물린 땅꾼을 누가 동정하랴.

Quis neget eximiam quoque gloriam sæpius fortunæ
quam virtutis esse beneficium.
뛰어난 영광이 흔히는 용맹에서 오는 혜택이라기보다
행운에서 오는 혜택이라는 것을 누가 부인할 것인가?

Quis neget quia delectant?.
그런 것들이 즐거움을 준다는 것을 누가 부정합니까?

Quis non adulterinum animum convinceret?
이런 간음의 마음을 누가 단죄하지 않겠습니까?

Quis non detestaretur hanc amentiam?.
이런 미친 여자에게 누가 진절머리를 내지 않겠습니까?.

Quis non eam, nisi inperitus aut invidus, congrua
prædicatione laudabit?. 무지하거나 시기하는 자가 아니
라면 누가 그것을 예찬의 말로서 칭송하지 않겠습니까.
(이연학 최원오 역주, 아우구스티누스의 생애, p.147).

Quis nos separabit a caritate Christi?.
Tribulatio? an angustia? an persecutio? an fames?
an nuditas? an periculum? an gladius?.
(⑭ What will separate us from the love of Christ?
Will anguish, or distress, or persecution, or famine,
or nakedness, or peril, or the sword?) 무엇이 우리를
그리스도의 사랑에서 갈라놓을 수 있겠습니까?
환난입니까? 역경입니까? 박해입니까? 굶주림입니까?
헐벗음입니까? 위험입니까? 칼입니까?(성경 로마 8, 35).

Quis pacem bello non præferre?.
누가 전쟁보다 평화를 더 좋아하지 않겠는가?

Quis quem ex quo amaverat? 누가, 누구를 때문에(ex quo) 사랑했었던가?

Quis quid ubi quibus auxiliis cur quomodo quando?
누가 무엇을 어디에 어떤 방법으로 왜 어떻게 언제?

quis, quid, quando, ubi, cur, quomodo.
육하원칙[누가(who), 무엇을(what), 언제(when),
어디서(where), 왜(why), 어떻게(how). 5W1H].

Quis Rĕrum Divinarum Hĕres.
신적 상속자(Alexandria의 Philo 지음)

Quis sacramentum Ordĭnis recipĕre possit?
(⑭ Who may receive the sacrament of Holy Order?).
누가 성품성사를 받을 수 있습니까?

Quis sapientia par erit Platoni?.
지혜(智慧)에 있어서 누가 플라톤에 필적하겠습니까?
[제한 탈격tabulativus termini은 한도 내에서 가리키고자 하는 동사, 명사,
형용사가 표현하고자 하는 관점을 표현한다. 제한 탈격은 우리말로 "~에 관해서는,
~라는 점에 있어서" 라고 옮긴다. 한동일, 카르페 라틴어 2권, p.241].

quis sensus et finis vitæ nostræ(⑭ What is the
meaning and purpose of our life?)
인생의 의미와 목적은 무엇인가?.

Quis sim, ex eo cognoscas.
내가 누구인지는 그에게 알아보시오.

Quis sis, non unde natus sis, reputa!
그대가 어느 (가문에서) 태어났는가를 헤아리지 말고
그대가 (지금) 누군가를 헤아리라!.

Quis te amat?. 누가 너를 사랑하느냐?
Marcus me amat. 마르꼬가 나를 사랑한다.

Quis tibi tollit quod diligis? Si nemo tollit tibi quod
diligis, securus dormis. 그대가 사랑하는 것을 누가
그대에게서 빼앗겠습니까? 아무도 그대가 사랑하는 것을
빼앗을 수 없다면, 그대는 편안하게 잠을 잘 것입니다.
(최익철 신부 옮김, 요한 서간 강해, p.449).

Quis tolerare potest aliis divitias superare, nobis rem,
rem familiarem etiam ad necessaria deesse?.
남들한테는 재산이 넘치는데 우리한테는 생필품마저,
필수적인 가족 생필품마저 없는 상황을
누가 참고 견딜 수 있겠는가?(성 염 지음, 고전 라틴어, p.287].

Quis tulerit Gracchos de seditione querentes?
혁명을 주창하는 그라쿠스 형제를 누가 그냥 두겠는가?

Quis umquam fortunæ stabilitate confisus est?
도대체 누가 운세의 확고함을 믿었단 말인가?

Quis venit? 누가 왔느냐?
(현실문의 성질을 띤 직접 의문문에는 원칙적으로 직설법을 쓴다)/
Quisnam venit? 도대체 누가 왔느냐?

Quis vestrum? 너희들 중에 누가?

Quis vestrum novit Olympum montem.
여러분 가운데 누가 올림퍼스 산을 아십니까?

Q

Quis vestit flores campi sub sole?
누가 천하의 들꽃들을 옷 입혀 주는가?
Quis vincet? Qui donum acceperit.
(❀ Who will win? The one who welcomes the gift)
결국 누가 승리하겠습니까? 그 선물을 받아들일 줄
아는 사람이 승리자가 될 것입니다.
Quis vidit bovem ejus? 누가 그의 소를 보았느냐?
Quis(=Quomodo) vocáris? Vocor Marcus.
네 이름이 무엇이냐? 마르꼬이다.
Quisnam, quidnam, pron., interr.
도대체 누구(누가); 도대체 무엇.
Quisnam hic loquitur tam prope nos?.(hic 여기서)
도대체 누가 여기 우리 가까이서 말을 하고 있는가?
Quisnam libros tuos portavit?
도대체 누가 네 책들을 가져갔을까?
Quisnam venit. 도대체 누가 왔느냐?(의문대명사나 의문부사에는
가끔 그 꼬리에 -nam을 접미어로 붙여서 의문에 힘을 주는 수가 있다.).
quíspiam, quaépiam, quodpíam, adj. 어떤
quíspiam, quaépiam, quídpiam(quíppiam) -긍정문에만 나옴.
quódpiam(adj.), pron., indef. 어떤 사람, 혹자, 아무;
어떤 것, 무엇;(막연하게) 어떤, 무슨, 아무:
adv. quíppiam, 좀 약간.
áliud quódpiam membrum. 다른 어떤 지체(肢體)/
grávius quíppiam dícere. 좀 더 중대한 것을 말하다/
Quærat quíspiam. 누가 물어 볼는지도 모른다/
quispiam dicet. …. 혹자는 …라고 말하리라/
Quodpiam beneficium exspectare ab amicis non est dignum.
친구들한테서 무슨 혜택을 바라는 것은 온당하지 못하다.
quisquam(m., f.), quidquam(quicquam), pron., indef.
(n., gen. ullíus rei: dat. ulli rei: abl. ullā re)
1. (부정사 뒤에) **아무도** …(아니), **아무것도** …(아니);
아무(어떤) …도(아니): nec quisquam. 아무도 …(아니)/
neque hómini cuíquam crédere. 아무 사람도 믿지 않다/
Nec quisquam locus est. 아무 자리도 없다/
nec quisquam ália múlier. 다른 어떤 여자도 아니/
Nil vidétur múndius, nec magis compósitum
quidquam. 아무것도 더 깨끗하게 보이지 않고 또
아무것도 더 질서정연한 것으로 보이지 않는다.
2.((함축적으로 부정적 대답.결론이 전제되는)
의문문에)어떤 사람, 누가 (또); 어떤 것, 무엇:
An quisquam est æque miser? 누가 그렇게 (같은
정도로) 불쌍한 사람이 또 있(겠)느냐?. 3. (막연하게)
어떤; 누가; 무엇이, 어떤 것: Nemo est indígnior,
quem quisquam homo ádeat. 누구의 방문을 받기에는
너무 부당한 그런 사람은 아무도 없다/ Indígnor
quidquam reprehéndi. 무슨 일이 비난당하는 것을 나는
못 마땅히 여긴다. 4. (드물게는) 아무든지 (상관없이),
Néminem vidi, nec quisquam me vidit. 나는 아무도
보지 못하였다. 그리고 어떤 아무도 나를 못 보았다
[nemo와 같은 뜻으로 그 앞에 벌써 어떤 부정사가 있으면 nemo 대신에
quisquam을 쓰고 형용사는 ullus. -a, -um(unus, -a, -um과 같이 변화)을 쓴다]/
Nemo est indígnior, quem quisquam homo ádeat.
누구의 방문을 받기에는 너무 부당한
그런 사람은 아무도 없다.
Quisquam perfecit magnum sine nullo dolore.
아무런 고통 없이 위업을 성취한 인물은 한 사람도 없다.
quisque. quæque. quidque. quodque(adj.), pron., indef.
1.(주로 재귀 대명사, 의문 대명사(부사), 관계대명사
(부사), 비교급.최상급(간혹) 원급, 순서수사 따위 뒤에
쓰는 것이 원칙이나 때로는 아무 제약 없이도 씀)
각자, …마다; 어떤(무슨) …든지 (빠짐없이): suum cuíque
각자에게 자기 것을 (주라)/ Quod cuíque óbtigit, id
quisque téneat. 누구나 자기 몫으로 돌아오는 것을
잡아야 한다/ Quo majus (est) quodque ánimal, eo….
어떤 동물이나 크면 클수록 그만큼 더/ Optímum
quidque raríssimum est. 무엇이나 제일 좋은 것은
매우 드물다/ Ut quisque est vir óptimus, ita difficíllime
esse álios ímprobos suspicátur. 사람은 누구나 착
하면 착할수록 남을 악인으로 추측하기가 대단히

어려운 법이다/ quinto quoque anno 다섯째 해마다
(4년마다)/ annis quibúsque 해마다/ prout cuíque
libído est. 누구에게나 나름대로의 욕구가 있듯이/
tuórum quisque necessariórum. 네 친척들이 저마다.
2.(primus(a, um) quisque+시간명사)될 수 있는 대로
이른(빠른), 맨 처음의, 첫 번째로 돌아오는: primo
quoque die. 될 수 있는 대로 빠른 시일에/ primā
quāque occasióne. 첫 번째 기회가 있을 때 곧.
3.(의미상의 일치법(constrúctio ad sensum): quidque
에 대한 종결동사(v. finítum)의 수와 인칭은 실질적인
의미대로 결정됨)e.g. Pro se quisque nostrum …
debémus. 우리는 각자 자기 나름대로 …해야 한다.
4.(둘에 대해서는 utérque와 같음)둘이 각각 다.
5.(relat. indef. = quicúmque)…하는 사람은 누구나:
Quemque vidéritis hóminem, deturbatóte in viam.
너희는 눈에 띄는 사람은 모조리 한길로 몰아내어라.
[라틴-한글 사전, pp.737~738]
Bonus quisque studet virtuti proter naturam humanam.
선인이라면 누구나 인간적 천성으로 인해서 덕을 닦는다.

	단 수		
	m.	f.	n.
Nom.	quisque	quisque	quidque
Gen.	cujusque	cujusque	cujusque
Dat.	cuique	cuique	cuique
Acc.	quemque	quemque	quidque
Abl.	quoque	quāque	quoque

	복 수		
	m.	f.	n.
Nom.	quique	quæque	quæque
Gen.	quorumque	quarumque	quorumque
Dat.	quibusque	quibusque	quibusque
Acc.	quosque	quasque	quæque
Abl.	quibusque	quibusque	quibusque

* 가장 대표적인 미한정 대명사이다. 의문 대명사
(형용사)에 -que만 붙인다. 대명사와 형용사 형태가
동일하지만 단수 중성 주격에서 명사는 quidque,
형용사는 quodque로 다를 뿐이다.
(한동일 지음. 카르페 라틴어 1권. p.162)

Quisque donum suum expectavit.
각자가 자기 선물을 기다렸다.
Quisque fortunæ suæ faber est.(Sallustius)
각 사람이 자기 운명의 창조자다.
Quisque puellam laudat. 누구나 그 소녀를 칭찬한다.
Quisque sua amat.
누구든 자기 것은 아끼는(좋아하는) 법이네.
Quisque suos patimus manis. 인생은 누구나 자기 분수를
겪어가게 마련이라(성 엄 지음. 사랑만이 진리를 깨닫게 한다. p.407).
Quisque tyrannus solet dicere non tam sua,
sed rei publicæ interesse. 어느 폭군이나 말로는
자기는 개인 사정이 아니라 공화국을 염려하노라고 한다.
quisquíliæ, -árum, f., pl. (quisquílĭa, -órum, n., pl.)
나무 부스러기, 낙엽, 검불(가느다란 마른 나뭇가지, 마른 풀, 낙엽
따위를 통틀어 이르는 말), 쓰레기, 폐물, 인간쓰레기, 무용지물.
quisquiliæ littorales. 바닷가의 나무 부스러기
quisquis, quidquid(subst.): quisquis, quæquæ,
quodquod(adj.), pron., indef. 1. (…하는 사람이) 누구
이든; (그것이) 무엇이든; 어떤 …든지: Quisquis est
ille, …. 그가 누구든 간에/ …, múlier, quisquis es.
부인이여, 당신이 누구이든 간에/ Quidquid id est, jam
sciam. 그것이 무엇이든 간에 나는 이제 곧 알게 될
것이다/ Quisquis erit ventus, …. (장차 그것이) 어떤
바람이든 간에/ Quemquam hóminem attígerit, ….
그가 (장차) 어떤 사람과 마주치든 간에 그 사람은/
Quoquo modo se res hábeat, …. 사정이야 어떻든/
quidquid sit, 하여간, 아무튼, 어떻든/ Quidquid
movétur, ab álio movétur. 움직이는 것은 무엇이나
다른 것에 의해 움직여진다/ Quidquid recípitur, ad

modum recipiéntis recípitur. 수용되는 것은 무엇이나
수용자의 (받아들이는) 양식대로 수용된다.
2. (=quisque, quidque) 각자, 누구나; 아무것이나:
Quocúmque in loco quisquis est, …. 각 사람은 어떤
곳에 있든 간에. 3. quidquid, adv. 얼마나 …하든 간에:
quidquid progrédior, …내가 얼마나 전진하든 간에.

**Quisquis amat dictis absentem rodere vitam,
hac mensa indignam noverit esse suam.**
자리에 함께 있지 않은 사람을 즐겨 헐뜯는 사람은 이
식사를 함께 할 자격이 없음을 알아들을 것이다.
(이연학 회원오 역주, 아우구스티노의 생애, p.99).

Quisquis amat se ipsum. 사람은 누구나 자신을 사랑한다.

Quisquis amat, timet. 누구나 사랑에 빠지면
(반드시 사랑을 잃을까) 두려워한다,
누구든지 사랑을 하게 되면 (반드시) 두려움도 품게 된다.

Quisquis deorum judicium timere debet.
신들의 심판이라면 누구나 두려워해야 마땅하다.

**Quisquis domo Domini perfectis ordine votis egrederis,
remea corpore, corde mane.**
주님의 집에서 충만한 은총을 받고 나가는 사람은
누구든지 몸으로는 돌아가라. 그러나 마음으로는 남아라.

**Quisquis ea sola novit quæ corporis sensus attingit,
non solum cum Deo esse non mihi videtur, nec secum
quidem.** 오직 물질적인 것들만 아는 개인은 하느님과 함께
있지 못할 뿐 아니라 자신의 내면생활조차 영위하지 못한다.

**Quisquis enim odit fratrem suum, non dicat quia in
lumine ambulat.** 자기 형제를 미워하는 사람은 누구나 빛
속에서 걷고 있노라 말하지 마십시오(요한 서간 강해 p.91).

**Quisquis ergo non habet caritatem, negat Christum in
carne venisse.** 그래서 사랑이 없는 사람은 누구든지
그리스도께서 사람의 몸으로 오셨다는 것을 부인합니다.
(최익철 신부 옮김, 요한 서간 강해, p.299).

**Quisquis ergo violat caritatem, quodlibet dicat lingua,
vita ipsius negat Christum in carne venisse.**
그러므로 사랑을 거스르는 사람은, 허끝으로는 어떤 말을
한다할지라도 자기 삶으로는 그리스도께서 사람의 몸으로
오셨다는 것을 부인하는 사람입니다.

Quisquis es, audi me. 네가 누구이든 간에 내 말을 들어라

**Quisquis fiduciam habet in die iudicii, perfecta est in
illo caritas.** 심판 날에 확신을 가지는 사람 안에서는
사랑이 완성되었습니다.(최익철 신부 옮김, 요한 서간 강해, p.389).

**Quisquis homo ad me venerit trans mare, meum
beneficium accipiet.** 누구든지 간에 바다를 건너 나한테
온다면, 나의 은전을 (반드시) 입을 것이다.

Quisquis huic hereditati non communicat, foras exiit.
누구든지 이 유산과 친교를 나누지 않으면 밖으로 떨어져
나가게 됩니다.(최익철 신부 옮김, 요한 서간 강해, p.169).

quitum, "quĕo"의 목적분사(sup.=supínum)

quĭtus, -a, -um, p.p. (queo)

quivi, "quĕo"의 단순과거(pf.=perfectum)

quīvis, quævis, quodvis, adj. 누구든지, 무엇이든지

quīvis, quævis, quidvis(subst.),
pron., indef. 아무나, 누구든지(ὅστις); 아무것이나,
무엇이든지; 아무(어느.어떤.무슨)…든지(가릴 것
없이, 마음대로로): quivis unus 아무나 한 사람/
Dícere hic quidvis licet. 여기서는 무슨 말이나 할 수
있다/ Quamvis excípere fortúnam. 어떤 운명이든지
감수하다/ Cujúsvis hóminis est erráre. 사람은 누구
든지 잘못하는 수가 있다/ quidvis anni(quovis anni
témpore) 연중 아무 때나.   [라틴-한글 사전, p.737]
Avarítia ad quodvis maleficium impéllit(Cicero).
탐욕은 무슨 행악(行惡)도 저지르게 충동한다.

Quivis alicui rei aptus est.
누구든지 무슨 일에 적합하게 마련이다.
누구든지 어느 한 가지 적성을 갖는 법이다.

quivis unus. 아무라도 한 사람

quiviscúmque. quæviscúmque, quodviscúmque,
pron. (adj.) indef. = quivis

quo¹ adv. (qui) I . interr. 1.(목적지.도착지)**어디로?**
어디를 향해서?: Quo me ducis?(En.) 어디로 나를
끌고 가느냐?/ Quo vadis? 어디로 가십니까?/
Quo terrárum(géntium) (이 세상) 어느 곳으로?/
Quillæ illæ nubent?(Pl.) 저 여자들이 누구들한테로
시집갈 것이냐? 2.(c.gen)어느 정도에까지? 어디까지?
얼마만큼?: Ne hódie quidem scire vidémini, quo
améntiæ progréssi sitis. 너희는 너희의 미친 짓이
어디까지 이르렀는지를 오늘도 알지 못하는 모양이다.
3.(목표.목적.의도.용도)무엇을 목표하여? 무슨
목적으로? 무엇 때문에? 어디에 쓰려고?: Quo hæc
spectat orátio? 이 연설은 무엇을 노리고 있느냐?/
Quo tantam pecúniam?(C.) 어디에 쓰려고 이렇게 큰
돈을?/ Dixit, quo vellet aurum?(C.) 그는 무엇 때문
에 금을 원하는지 말했다. 4. Quo mihi(tibi) alqd(acc.)
또는 inf. 내게(네게) 무슨 소용이 있느냐?: Quo mihi
fortúnam, si non concéditur uti? 행운을 누리는 것이
허락되지 않는다면 내게 무슨 소용이 있(겠)느냐?
5. Quo bonum est inf.? …하는 것이 이익이 있느냐?
II . indef. (si, ne, num 따위 뒤에서 áliquo의 ali-가
생략된 것) 어디로, 어디론가: Si quo tu me ire vis,
…(Pl.) 내가 어디로 가는 것을 네가 원한다면.
III . relat. 1.(도착지.목적지.접근의 대상 따위를
표시하는 관계부사)가는(오는)(곳.그곳으로): vici,
quo adíre poóerant. 그들이 쳐들어갈 수 있었던 마을들/
Quo telum ádjici potest. 창을 던져 보낼 수 있는 곳/
Quo ego vado, vos non potéstis veníre.(Jo. 13,13) 내가
가는 곳에 너희는 올 수 없다/ apud eos, quo(=ad
quos) se cóntulit. 그가 접근해간 그 사람들 앞에서.
2.(c. subj.)…할 이유.까닭.근거.재료.수단.
방법(따위가 되는 것): Non habes, quo vincáris, 너는
질래야 질 것이 없다.
IV . comp. correlat.("eo(hoc, tanto)+비교급" 의 기준;
주문에 eo 따위 부사 없이 비교급만 쓰는 수도 간혹
있음)<quo+비교급> (…하면) **할수록** (더욱더=<eo+
비교급>), …하는 만큼(그만큼 더), …하는 만큼 novi,
eo sǽpius. 내가 더 알면 알수록 그만큼 더 가끔.
V . connésio relat.(이유.원인 표시)그로(이로)
말미암아, 그래서, 이리하여, 그 때문에: Quo étiam
scripsit, …. 그 때문에 그는 또한 …라고 썼다/ Quo
factum est, ut …. 그래서 … 되었다.

quo² conj., suord. c. aubj. 1. finális(목적 ut과 같음,
특히 비교급이 따를 경우에는 quo를 씀)…하기 위하여,
…하려고, …하도록: Quo mare fíniat iram, …. 성난
바다가 가라앉도록/ Otiáre, quo mélius labóres. 너는 일
을 더 잘하기 위해서 쉬어라/ quo ne …. …하지 않도록/
quo minus V. quóminus. 2. causális(이유.원인 표시)
…하기 때문에, …한 이유로, 까닭에: Quod scribis,
non quo ipse audíeris, sed …. 네가 그 말을 기록하는
것은 (네가) 직접 들었기 때문이 아니고 …/ Non eo
dico, quo mihi véniat in dúbium tua fides. 내가 이렇게
말하는 것은 너의 성실성이 의심스러워서가 아니다/
Quare, in quo? 찾아보십시오. 어디에서입니까?.

Quo anno eras consul? 당신은 어느 해에 집정관이었소?

Quo aptius, 교황청 기구 개편(1973.2.27. 자의교서)

Quo autem pacto exoriri potuit similis rerum condicio?
어떻게 이런 상황이 벌어지게 되었습니까?

**quo bonum eligitur gratia assistente et malum gratia
desistente.** 은총이 도우면 선을 택하고,
은총이 떠나면 악을 택하는 그것

Quo caret ora cruore nostro?. (이 땅의 경계치고) 어느
언저리가 우리 선혈로 (물들지) 않았겠는가?

Quo civĭum iura, 바티칸 시국 안에서의 교회법의 적용.
(1987.11.21. 자의교서).

Quo diútius exercéris, eo mélior evádes. 너는 단련되는
시간이 오래면 오랠수록, 더 착한 사람이 되어라.

**Quo enim perficiatur audivimus; unde incipiat
audiamus.** 우리는 사랑이 어떻게 완성되는지에 대해서

Q

들었거니와, 이제 그 사랑이 어디서 시작되는지
들어 봅시다. (최익철 신부 옮김. 요한 서간 강해, p.251).

Quo est. 존재 양상(existence)/ **Quod est.** 존재체(essence)

Quo factum est, ut… 이로 말미암아 …게 되었다(fio 참조)

Quo fata trahunt retrahuntque sequimur; quidquid erit,
superanda omnis fortuna ferendo est. 운명이 우리를
어디로 잡아끌고 뒤로 끌든 우리는 따르겠노라. 무슨
일이 닥치든 온갖 운세를 인정하면서 극복해야 하리라.

Quo fata trahunt, virtus secura sequetur.
운명이 이끌어 가는 곳이라면 덕성은
확실하게 따라와 줄 것이다.(Lucanus).

Quo finito, respondet minister: "Laus tibi, Christe"
복음 선포가 끝나면, 봉사자는 "그리스도님 찬미합니다"
하고 응답한다.

Quo hæc spectat orátĭo?
이 연설(演說)은 무엇을 노리고 있느냐?

Quo hostes fugérunt, eo mílites nostri persecúti sunt.
적군들이 도망한 그곳으로 우리 군사들이 추격하였다.

Quo illæ nubent?
저 여자들이 누구들한테로 시집갈 것이냐?

Quo iturus es? quo fugies?
그대 어디로 가겠습니까? 어디로 도망가겠습니까?

Quo is? (너는) 어디로 가느냐?

quo jure quaque injuria. 옳든 그르든
(성 염 지음, 사랑만이 진리를 깨닫게 한다. p.457).

Quo magis tegitur, tectus magis æstuat ignis.
덮으면 덮을수록 불꽃은 지붕을 세차게 핥는다.(Ovidius).

Quo me ducis? 어디로 나를 끌고 가느냐?

Quo me vocat domina tua?
네 안주인이 나를 어디로 (오라고) 부르는 거니?

Quo mittebant impedimenta sua?.
어디로 진지를 구축하던가요?

Quo modo?(Quomodo?) 어떻게?(πώς)

Quo modo ad vitam consecratam vocati se non
implicari sentire possunt? 봉헌생활에 부름 받은 사람
들이 어떻게 이에 무관심할 수 있겠습니까?

Quo modo hoc est consequens illi, sic illud huic.
이것이 그 사람에게 적절한 것과 마찬가지로
그것은 이 사람에게 적절하다(quomodo 참조).

Quo morbo? Avaritiæ.
무슨 병이었습니까? 탐욕이었습니다.

quo nihil melius cogitári potest. 그보다 더 좋은
것이 전혀 생각될 수 없는 존재(=하느님. 성 보나벤투라).

Quo nomine vocáris? Vocor Marcus.
네 이름이 무엇이냐? 마르꼬이다.

Quo non ascendet? 그가 어디에 오르지 않는가?

Quo nullus est superior.(=신. 자유의지론 2. 6. 14)
그보다 상위의 존재가 없는 존재.

quo objectum cognoscitur. 인식의 수단(手段)

Quo ordine sermo fieri debet.
어떤 순서로 강론해야 하는가.

Quo pacto? 어떻게?(πώς)

Quo pervenit? ab omnes gentes. 어디로 퍼져 나갑니까?
모든 민족들에게 입니다.(최익철 신부 옮김. 요한 서간 강해, p.115).

Quo rápitis me? 너희가 나를 어디로 끌고 가느냐?

Quo tantam pecuniam? 어디에 쓰려고 이렇게 큰돈을?

quo telum adjici potest. 창을 던져 보낼 수 있는 곳

Quo tendis? 어디로 가느냐?

Quo tendis nunc, amice?.
친구여, 이젠 어디로 (발걸음을) 돌리나?

Quo vadam ego miser?.
이 가련한 신세로 나는 어디로 갈 것인가?

Quo vadis? 어디로 가십니까?

Quo vadis Domine? 주님? 어디로 가십니까?

Quo versus? 어느 방면(方面)으로?

Quo virgo percurrit, eo adolesens succurrit.
처녀가 달아나는 쪽으로 젊은이가 뒤쫓아 가고 있다.

quoad¹ adv. I . interr. 1. 언제까지? 얼마동안이냐?:

Senem quoad exspectátis vestrum? 너희의 영감을
언제까지 기다릴 셈이냐? 2. 어디까지? 어느 한도(정도)
까지? 얼마나?: Vidéte, quoad fécerit iter, apértius.
그가 어디까지 갔는지 더 똑똑히 보아라.

II . relat restrictivum 1.(범위.한도 표시)(의 conj.로
해석해도 무방함))…하는 한도까지, …하는 한도(범위)
에서, …한 만큼, …하는 한(限): summā voce, quoad
vires valent. 힘자라는 데까지 큰 목소리로/ quoad
possunt ab hómine cognósci.(C) 인간이 인식할 수
있는 한도까지/(~ejus와 함께 posse로써 가능한 한도
표시)quoad ejus fácere póteris, …. 네가 장차 할 수
있는 한에서. 2.(c. acc.)에 관해서는, …로 말하(자)
면: quoad vólucres(Caj.) 날짐승들에 관해서는/
quoad me 나로 말하자면.

III.(최상급의 수식)될 수 있는 대로, 최대한으로:
quoad longíssime(C.) 될 수 있는 한 멀리(오래).

quoad² conj., subord., temporális. 1.(주문의 기간과
동일한 기간 표시: c, indic.)…하는 동안: Cato quoad
vixit, virtútum laude crevit. Cato는 살아있는 동안
그의 덕행에 대한 칭송이 줄곧 커가기만 했다.
2.(기한: c. indic., 기대.목적.가능성 따위의 뜻이
내포되었을 경우에는 c. subj.)…할 때까지: quoad te
non pœnitébit.(C.) 네가 후회하지 않게 될 때까지.

quoad longissime. 될 수 있는 한 멀리

quoad possunt ab hómine cognosci.
인간이 인식할 수 있는 한도까지.

Quoad vixit, credidit ingens pauperiem vitium:
omnis enim res, virtus, fama, decus,
divina humanaque pulchris divitiis parent.(Horatius)
그는 살아생전에 가난을 대단한 악덕으로 간주하였다.
만사가 덕도 명성도 영예도 인간사와 신적인 일도 저
아름다운 재물 앞에 굴복하기 마련이다.
[성 염 지음, 고전 라틴어, p.329]

quoadúsque, conj., suborad.
…할 때까지. =quoúsque, =usquequáque.

quocírca, conj. 그래서, 그러므로, 그 때문에.

Quocum?(=Cum quo?) 누구와 함께?

Quocum(또는 cum quo) ambulásti? 누구와 함께 다녔느냐?

Quocum ambulásti. in horto publico?
너 공원에서 누구와 함께 산보를 했지?

quocum mihi est magnus usus.
내가 많이 관계하는 그 사람.

quocúmque, adv. relat. indef. 어디로 …든지: Sequar
te, quocumque íeris.(영 Teacher, I will follow you
wherever you go)(마태 8. 19) 스승님, 어디로 가시든지
저는 스승님을 따르겠습니다(성경)/선생님, 저는
선생님께서 가시는 곳이면 어디든지 따라가겠습니다.
(공동번역)/선생님 당신이 어디로 가시든지 당신을
따르겠습니다(200주년 신약 마태 8. 19).

Quocumque tendis, Virgines sequuntur.
당신께서 어디로 향하시든 간에 동정녀들은 따라가나이다.

quocumque, adv. 어디로든지

quod¹ n., pron. 1. interr.(qui¹의 1.) 어느, 무슨. 2. indef.
(qui²의 n.) 어떤. 3. relat.(qui의 II). 4. connéxio
relat.(앞에 나왔거나 전제된 중성 단수의 선행사 또는
문장 전체의 사실.내용을 이어받음, 지시대명사로
알아들을 것)그것, 그 사실, 이 일 etc: Milltes turrim
ædificavérunt; quo nuntiátum est hóstibus. 군인들이
망루를 구축하였는데 이 사실이 적군들에게 전하여
졌다/ quod est, (略:q.e.) 그것은, 즉.

quod² conj. I . causális. 1.(이유 표시에 있어서 실제적
인 사실에 대해서는 indic., 남의 주관적인 이유.의견
.생각에 대해서는 subj.; 흔히 감정동사(v. efféctuum)
또는 찬미.축하.감사.책망.고발.단죄 따위를
표시하는 동사의 이유.동기.내용을 드러냄: 주문에는
eo, idcírco, proptérea, ob eam causam(rem), eā de
causā 따위의 이유 지시의 부사어가 쓰이기도 함)
…(하)기 **때문에,** …므로, …기에; …라는 이유로.

···고 하여; Tibi ago grátias, quod me vívere coëgísti. 나를 억지로라도 살게 해주어서 네게 감사 한다/ Noctu ambulábat in público Themísrocles, quod somnum cápere non posset. *Themístocles*는 잠들 수 가 없다면서 밤에 큰 거리를 거닐고 있었다. 2. non qoud ···(subj), sed quod(quia) ···(indic.). ···기 때문이 아니고 ···기 때문에. 3. (원칙적으로 subj.) ···할(하는) 이유.까닭.필요; Nil esr illic, quod morémur diútius. 거기에서 우리가 더 오래 지체할 이유는 조금도 없다/ None est, quod multa loquámur. 우리가 많은 말을 할 필요가 없다/ est, quod ···; habeo, quod ···할 이유가 있다/ Quid est(causæ), quod ···? ···할(하는) 이유가 무엇이냐?/ nihil est(causæ), quod ···; nihi(non) hábeo, quod ···할 이유가 없다.

II. 사실 qoud(~reále 현실 quod), 설명 qoud(quod explicatívum)(~종결동사(v. fínitum)는 원칙적으로 indic., 희망.기대.의견.추측.우연한 지식 따위의 대상을 표시할 경우에는 subj.로 쓰기도 함)···한다는(···라는) **사실.것.** 1.(주어문(pr. subjectíva) 도입; 주문에는 가끔 hoc, illud, id, 따위의 가주어가 나타남) e.g. Magnum beneficium est natúræ, quod necésse est mori. 죽는 것이 필연적이라는 것은 자연의 큰 은혜이다/ Quod victor victis pepércit, loudándum est. 승자가 패자들을 용서했다는 것은 칭송할 일이다/ accédit, quod ···(C.) 게다가 ···하기까지 하다. ···하는 일도 또 있다. 2.(객어문 (pr, objectíva) 도입; 지각 동사(v. sentiéndi), 언설동사(v. dicéndi) 따위에 속하는 acc. c. inf.를 대신하기도 함)e.g. Nemo refert, quod Itália extérnæ opis índiget. *Itália* 가 외부의 도움을 필요로 한다는 사실을 아무도 보고하지 않고 있다/ áddere, quod ···(Ov). ···라는 것(점)을 보태다(덧붙여 말하다.아울러 생각하다/ præteríre, quod ···(C.) ···하는 것을 묵과하다/ bene fácere, quod ···(C.) ···하는 것은 잘하는 일이다. 3.(설명적 보충(epexegésis)) e.g. oblivísci recéntium injuriárum, quod ···, quod ··· 최근의 모욕들 즉 ···한 것과 ···한 것을 잊어버리다/ vítium, quod tu nimis magnum stúdium in rem non necessáriam confers. 네가 불필요한 일에 너무 큰 열성을 들이는 그 결점/ In hoc omnis est error, quod existimant ···(C.) 모든 오류는 그들이 ···라고 생각 하는 그 점에 있다/ ex hoc, quod ···(C.) ···라는 이 사실에서/pro eo, quod ···(C.) 하는(한) 그것 때문에.

III.(기타) 1.(제한관계문 (pr. relat. restrístiva, 주문 의 판단에 대한 제한))···하는 한에서는.한에 있어서; ···에 관해서는. ···로 말하면; quod sciam, ···(C.) 내가 아는 한에서는/ Quod vero impudéntiam admirátus es eórum, ···(C.) 그들의 파렴치에 대해 네가 놀란 사실 에 관해서는/ quod ad acc. áttinet, ···에 관해서는, ···로 말하면. 2.(시간 경과) ···때부터, ···한지; Jam diu est, quod victum non datis. 너희가 식량을 주지 않는지가 벌써 오래 된다. 3.(양보.용인)비록 ···지만: quod dicas mihi, ···(T.) 너는 내게 말하지만. 4.(대립적인 문장을 새로 시작할 때, 특히 si, nisi, cum(temporále), ubi(···때에, ···하자마자), ut ne 따위 의 접속사 또는 útinam, contra, nunc 따위의 부사 앞 에)**그런데 그러나**: Quod si ···,(C.) 그러나 만일 ···면.

quod³ (古) = quot

Quod abominor! 하느님 맙소사!(Ne dii sinant)

Quod abominándum est. 가증스러운 것

Quod acerbum fuit ferre, tulisse jucundum est. 당하는 동안은 쓰라리던 것이 견뎌낸 다음에는 (돌이켜 보면) 유쾌하다.

Quod ad hoc attinet, genus humanum conscium esse debet suorum munerum et officiorum erga futura sæcula. 이러한 관점에서 인류는 오늘날 미래의 세대들을 위한 직무와 의무를 의식해야 한다.
(1991.5.1. "Centesimus annus" 중에서).

quod ad me áttinet. 나에 관한 한, 나로 말하면(quoad me)

Quod adversus Deum iustitiæ nomine arguitur id non iuvat.(㉎ To protest against God in the name of justice is not helpful) 정의의 이름으로 하느님께 맞서는 것은 도움이 되지 않습니다(2007.11.30. "Spe Salvi" 중에서).

Quod agitur? 잘 있느냐?

Quod alias bonum et iustum est, si per vim vel fraudem petatur, malum et iniustum efficitur. 선하고 의로운 것도, 만일 이것을 추구함에 있어서 위력이나 사기를 써서 하면 악하고 부정한 것이 된다.

quod amando facit, non ex necessitate. 사랑해서 행동하는 것은 필연에 의한 것이 아니다.

Quod amanti sapit Deus super omnia, et in omnibus. 사랑하는 자는 모든 것을 초월하여 또 모든 사물에 하느님만을 맛들임(준주성범 제3권 34장).

Quod Apostolici Muneris, 사회주의에 대하여, 사회주의, 공산주의, 허무주의(1878.12.28.).

Quod approbo, non reprobo. 나는 내가 (한번 좋다고) 승인한 것은 (다시 나쁘다고) 비난하지 않는다.

Quod ardenti amore, et vehementi affectu suscipiendi Christum. 그리스도의 성체를 영하려는 치성한 사랑과 간절한 원의(願意).

Quod áttinet ad me(=quoad me) 내게 관해서는, 나로 말하면

Quod áttinet dícěre? 말해봐야 무슨 소용이 있느냐?

Quod Auctoritate, 특별 성년의 선포(1885.11.1.)

Quod autem desideras, nondum vides: sed desiderando capax efficeris, ut cum venerit quod videas, implearis. 그대는 열망하는 것을 아직은 보지 못합니다. 그러나 열망 하면서 보는 능력을 펼치게 되고, 보아야 할 것이 올 때 비로소 그대는 충만해 질 것입니다.
(최익철 신부 옮김, 요한 서간 강해, p.205).

Quod autem illa "desponsata" est Iosepho, iam in ipso concluditur Dei consilio.(㉎ The fact that Mary was "betrothed" to Joseph was part of the very plan of God) 마리아가 요셉과 "약혼한" 사실은 하느님의 계획 자체 안에 포함된 것입니다(1989.8.15. "Redemptoris custos" 중에서).

Quod bonum, felix, faustum fortunátumque sit! 이 일이 잘되고 무사하고 다행하여 좋은 결과를 가져오기를!(행사 前 축원의 말).

Quod autem homo factus est, a Deo factus est. 그가 사람으로 창조되었다는 것은 하느님으로 말미암아 이루어진 일입니다.(최익철 신부 옮김, 요한 서간 강해, p.369).

Quod autem te odit, ipse fecit; quod invidet, ipse fecit. 그대를 미워하는 것은 그 사람 자신이 행한 것이고, 그대를 시기하는 것도 그 자신이 행한 것입니다.

Quod cognoscitur certitudinaliter, cognoscitur in luce "æternarum rátĭonum". 확실한 인식은 "영원한 이념"들에 의한 빛 안에서 인식된다.

Quod consueta aliorum norma non debeat esse Sacerdotis regula. 다른 이들의 관습을 사제의 규율로 삼지 말 것.

Quod cuique obtigit, quisque teneat. 제 몫으로 돌아오는 것을 누구나 잡아야 한다.

Quod desideria cordis examinanda sunt et moděranda. 마음에 일어나는 원을 살펴 조절함(준주성범 제3권 11장).

Quod Deterĭus Potĭori insidiári solet. 선을 공격하는 악(Alexandria의 Philo 지음).

Quod Deus immutábilis est. 하느님의 불변성(Alexandria의 Philo 지음).

Quod enim est jus civile? Quod neque inflecti gratia, neque perfringi potentia, neque adulterari pecunia possit. 국법이란 것이 어떤 것인가? 특혜로 훼절될 수 없고 세도로 유린될 수 없고 금전으로 부패될 수도 없는 것이어야 한다.(성 염 지음, 고전 라틴어, p.336).

Quod enim non potest non esse, non indiget ut conservetur in esse. 사실 존재하지 않을 수 없는 것은 존재가 보존될 필요가 없다.(·'존재하지 않을 수 없음'(non posse non esse)은 '필연적으로 존재함'을 의미하며, 반면에 '존재하지 않을 수 있음'(posse non ess)은 '존재할 수도 존재하지 않을 수도 있음', 즉 '우유적으로 존재함'을

Q

1051

의미한다. 그런데 세 번째 신 존재 증명에서 볼 수 있듯이, '필연적으로 존재하는 것'은 다른 것에 의해 필연적으로 존재하거나 자기 자신을 통해서 필연적으로 존재한다(이상섭 옮김, 신학대전 14, pp.103~105)].

Quod ĕrat demonstrandum. 증명될 주제였다.
증명 끝 (증명되었어야 했던 것),
보여져야만 되었던 것 즉 보아야만 했던 것.

Quod ergo Deus coniunxit, homo non separet.
(영 Therefore what God has joined together, no human being must separate) 하느님께서 맺어 주신 것을 사람이 갈라놓아서는 안 된다.(성경 마르 10, 9).

Quod est, 그것은(略: q.e.), 즉(略: q.e.), 있는 그것, 존재체(essence)[Quo est. 존재 양상(existence)].

quod est hic et non alibi.
여기에는 있고 다른 곳에 없는 것.

Quod est hoc peccatum? Facere contra mandatum Cjristi, contra Testamentum novum.
이 죄는 무엇입니까? 그리스도의 계명을 어기는 것이고, 새로운 계약을 거스르는 것입니다.

Quod est inconveniens. 이것은 불합리하다.
Quod est mandatum? 계명은 무엇입니까?
Quod est mandatum novum. 새 계명은 무엇입니까?
quod est magis verisimile. 더 참말 같은
Quod est virtute præstantius?
덕(德)보다 탁월한 것이 무엇인가?
Quod est áliud melle. 꿀과는 다른 것
Quod exponere non est. 설명할 것이 없습니다.
quod faciendum est opĕrentur. 해야 할 일
Quod facis, bene fac. (기왕에) 하는 바를 잘 하라!
Quod factum est, in ipso vita ĕrat.
생겨난 모든 것이 그에게서 생명을 얻었다.
Quod factum est infetum reddere nequimus.
손으로 만질 수 없는 것이면, 손을 떼라!
quod ferme é venit. 보통 일어나는 일
Quod fortuna fert, fer!.
운명이 가져다주는 것, 그것을 짊어지라!
Quod fratres debent vivĕre sine proprio et in castitate et obedientĭa. 형제들은 소유 없이 정결(貞潔)과 순종 안에서 살 것입니다.
Quod fratres non ingredintur monasteria monacharum.
형제들은 수녀원을 출입하지 말 것입니다(작은 형제회 회헌 제11장).
Quod fratres non recipiant pecuniam.
형제들은 돈을 받지 말 것입니다.
Quod gratia Dei non miscetur terrena sapientibus.
(영 God's Grace Is Not Given to the Earthly Minded) 세상의 것을 맛 들이는 사람에게는 하느님의 은총이 내리지 않음(준주성범 제3권 53장).
Quod gratia devotionis humilitate, et sui ipsius abnegatine acquiritur.(영 The Grace of Devotion is Acquired Through Humility and Self-Denial) 신심의 은혜는 겸덕과 자기를 끊음으로 얻음(준주성범 제4권 15장).
Quod habet hoc est. 본질이 곧 존재이다
[신의 본질(Quod habet)과 존재(hoc est)가 동일함을 말하면서 속성과 실체가 동일한 신성을 표현한 문장(교부문헌 총서 16, 신국론, p.1164).
Quod hoc non est illud. 이것은 저것이 아니다
Quod hoc unicum est nomen in mundo.
그 이름은 전 세계에서 유일하다.[그레고리오 7세(재위 1073.4.22~1985.5.25) 교황이 1075년 "교황 훈령 Dictatus Papae"에서 베드로의 후계자에게 '교황'이라는 말을 사용하라고 언급한 문장].
Quod hominibus opus est, Dei amor est atque congressio cum Christo in Eumque fides.
(영 What the world needs is God's love; it needs to encounter Christ and to believe in him)
세상이 필요로 하는 것은 하느님의 사랑입니다.
세상은 그리스도를 빕고 그분을 믿어야 합니다.
Quod homo nihil boni ex se habet, et de nullo gloriári potest.(영 Man Has No Good in Himself and Can Glory in Nothing)
사람에게 본래 아무 선도 없고 어느 방면으로 보든지 영광으로 삼을 것이 없음(준주성범 제3권 40장).
Quod homo non reputet se consolatione dignum,

sed magis verberibus reum.(영 A Man Ought Not to Consider Himself Worthy of Consolation, But Rather Deserving of Chastisement) (준주성범 제3권 52장)
위로보다 벌 받는 것을 마땅하게 생각함/
Quod homo non sit curiosus scrutator Sacramenti, sed humilis imitator Christi, subdendo sensum suum sacræ fidei.(영 Man Should Not Scrutinize This Sacrament in Curiosity, But Humbly Imitate Christ and Submit Reason to Holy Faith)
[성체 성사를 호기심으로 연구하려고 하지 말고, 오직 오관을 신덕에 복종시켜 겸손하게 그리스도를 본받을 것(준주성범 제4권 18장)].
Quod homo non sit importunus in negociis.(영 A Man Should Not Be Unduly Solicitous About His Affairs)
어떤 일에든 당황하지 않음.
무슨 일에 당황함을 피함(준주성범 제3권 39장).
Quod homo non sit nimis dejectus, quando labitur in aliquos defectus(영 A Man Should Not Be Too Downcast When He Falls Into Defects)
무슨 단점이 있다고 낙심하지 말 것(준주성범 제3권 57장).
Quod homo sciat se Deum nescire.
인간은 하느님을 알지 못한다는 사실을 아는 것.
Quod humilibus insistendum est operibus, cum deficitur a summis.(영 When We Cannot Attain to the Highest, We Must Practice the Humble Works)
위대한 일에 힘이 부족하면 작은 일에 전력함.
Quod in Deo super omnia bona et dona requiescendum est.(영 Above All Goods and All Gifts We Must Rest in God) 모든 선과 모든 은혜를 초월하여 하느님 안에서 평안히 쉼에 대하여(준주성범 제3권 21장).
Quod in juventute non discitur, in matura ætate nescitur. 젊어서 배워지지 않은 것은 나이 들어서 모른다.
Quod in veritate et humilitate coram Deo onversandum est.
진실하고 겸손하게 하느님 대전에서 행할 것.
quod instat.(insto 참조) 당장 급한 것
quod intellegam. 내가 이해하는 한에서는
Quod ipsum esse sit. 존재 자체가 존재한다.
Quod isti et istæ, cur non ego? 이 남자, 저 여자들이 한 것을 나라고 못할 것이냐?(성 아우구스티노).
Quod magna charitas(bonitas) et bonitas Dei in Sacramento exhibetur homini.(영 God's Great Goodness and Love is Shown to Man in This Sacrament) 성체에 드러나는 하느님의 위대한 어지심과 사랑(준주성범 제4권 2장).
Quod magna diligentia se debeat communicaturus Christo præparare.(영 The Communicant Should Prepare Himself for Christ with Great Care) 성체를 영하는 사람은 착실한 예비를 할 것(준주성범 제4권 12장).
quod materia sit una numero in omnibus rebus.
질료가 모든 사물들 안에서 수적으로 하나.
quod meminerim. 내가 기억하는 한에서는
quod mihi magnæ voluptati fuit.
나를 크게 즐겁게 해준 것.
Quod misero mihi denique restat?
불쌍한 나에게 결국 뭐가 남아 있느냐?
Quod multa bona præstantur devote communicantibus.
(영 Many Blessings Are Given Those Who Receive Communion Worthily) 신심 있게 영성체 하는 사람은 많은 선을 받음(준주성범 제4권 4장).
Quod multum, 헝가리의 종교자유(1886.8.22.)
Quod necessitates nostras Christo aperire et eius gratiam postulare debemus.(영 We Should Show Our Needs to Christ and Ask His Grace) 우리의 곤궁(困窮)을 그리스도께 드러내어 그분의 은총을 구함(준주성범 제4권 16장).
Quod nimis miseri volunt, hoc facili credunt.
가련한 (처지에서 무엇을) 너무도 (간절히) 바라다보면 그걸 쉽사리 믿게 된다.
Quod nimis probat nihil probat.
과다하게 증명하는 것은 아무 것도 증명하지 못한다.
Quod non est in actis non est in mundo.
재판 기록문서에 포함(包含)되지 않은 것은

이 세상에 없는 것으로 여긴다.

Quod non est licitum in lege,
necessitas facit licitum. 법률상 불가한 것이라도
  필요성이 있으면 가한 것이 된다.

Quod non est securitas in tentatióne in hac vita.
(英 There is No Security from Temptation in This Life)
  현세에는 시련이 없을 수 없음(준주성범 제3권 35장).

Quod non fecerunt barbari, fecerunt Barberini.
  야만인들(바르바리)이 하지 않은 일을 바르베리니가 했다.

Quod non prosunt singula, multa juvant. 개개(箇箇)
  의 불충분한 증거라도 여럿이면 충분한 증거로 된다.

Quod non vetat lex, hoc vetet fieri pudor.(Seneca)
  법률이 금지하지 않은 것이라도 수치가 하지 못하게 금할
  지라. (법률이 금지하지 않는 것이 행해지는 것을 염치가 금지한다. 세네카).

Quod non vis tibi fieri, non facias alteri.
  네가 싫어하는 일은 아무에게도 행하지 말아라.

Quod nos et omnia nostra Deo debemus offerre,
et pro omnibus orare.(英 We Should Offer Ourselves
and All That We Have to God, Praying for All)
  우리 자신과 우리의 모든 것을 하느님께 바치고
  모든 이를 위하여 기도할 것(준주성범 제4권 9장).

Quod nos metipsos abnegare et Christum imitari
debemus per crucem.(英 We Ought to Deny Ourselves
and Imitate Christ Through Bearing the Cross)
  자기를 끊어 버리고 십자가를 지고 그리스도를 따름.

Quod nullius est, est domini regis.
  어느 누구에게도 속하지 아니하는 것은 군주에게 속한다.

Quod omnes tangit debet ab omnibus probári. 모든
  이에게 관련되는 것은 모든 이로부터 입증되어야 한다.

Quod omnia ad Deum, sicut ad finem ultimum sunt
referénda.(英 All Things should be Referred to God as
their Last End)
  모든 것을 최종 목적인 하느님께 돌림(준주성범 제3권 9장).

Quod omnia grávia pro ætérna vita sunt tolĕranda.
(英 Every Trial Must Be Borne for the Sake of Eternal
Life) 영원한 생명을 얻기 위하여 모든 어려운 일을 감수함.
  (준주성범 제3권 47장).

Quod omnibus non est credendum, et de facili lapsu
verborum(英 All Men Are Not to Be Believed, for It Is
Easy to Err in Speech) 모든 사람을 다 믿을 것이 아님,
  말에 그르침을 삼감(준주성범 제3권 47장).

Quod Omnis Probus Liber sit.
  선인들의 자유(Alexandria의 Philo 지음).

Quod omnis sollicitudo in Deo statuenda sit.
(Quod omnis sollicitudo in Deo ponenda est)
(英 All Our Care is to Be Placed in God)
  모든 걱정을 하느님께 맡김(준주성범 제3권 17장).

Quod omnis spes et fiducia in solo Deo est figenda.
(英 All Hope and Trust Are to Be Fixed In God Alone)
  하느님께만 모든 희망과 미쁨(믿음)을 둘 것(준주성범 제3권 59장).

Quod ore sumpisimus, Domine, pura mente capiamus:
et de munere temporali fiat nobis remedium
sempiternum(英 What has passed our lips as food, O Lord,
may we possess in purity of heart, that what is given to
us in time, be the healing of our souls for eternity.
  주님, 저희가 모신 성체를 깨끗한 마음으로 받들게 하시고,
  현세의 이 선물이 영원한 생명의 약이 되게 하소서.

Quod optimum factu videbitur, facies. 그대는 (결국)
  그대가 하기에 가장 좋다고 여기는 대로 하게 될 것이다.

Quod pax non est ponenda in hominibus.
(英 Peace is Not to Be Placed in Men)
  평화를 사람에게 두지 말 것(준주성범 제3권 42장).

quod permagni. 대단히 중대한 것

Quod principi placuit, legis habet vigorem.
  군주가 원하는 바는 법률의 효력을 가진다.

Quod privatus amor a summo bono maxime retardat.
  사사로운 사랑은 최상선을 얻는 데 제일 큰 방해임.

Quod propius vero est. 그것은 진실에 더 가깝다

Quod quisque amat, desiderat.
  각자는 자기가 좋아하는 것을 원한다.

quod reliquum est. 여생(餘生, reliquum vitæ)

Quod sacra Communio de facili non est relinquenda.
(英 Do Not Lightly Forego Holy Communion)
  영성체를 함부로 궐하지 말 것(준주성범 제4권 10장).

Quod sapit, nutrit. 맛있는 것이 살로 간다

quod sciam. 내가 아는 바로는(한에 있어서는)

Quod scis, nescis. 네가 아는 것을 너는 모르는 거다.
  네가 아는 것을 모르는 것으로 한다(비밀 부탁의 말).

Quod scripsi, scripsi. [o] ge,grafa(ge,grafa)(빌라도)
(英 What I have written, I have written)
  내가 한번 썼으면 그만이오(성경 요한 19. 22)/
  한번 썼으면 그만이다(공동번역 요한 19. 22)/
  내가 쓴 것은, 이미 쓴 것이오(200주년 신약성서 요한 19. 22).

Quod si quis contentiósus reperitur, corripiatur.
  만일 누가 다투기를 좋아하거든 책벌할 것이다.
  (성 베네딕도 수도규칙 제70장).

Quod spreto mundo, dulce est servíre Deo.
  세속을 떠나 하느님을 섬기는 취미(준주성범 제3권 10장).

quod supĕrest. 남은 것

Quod supĕrest, date eleemosynam.
  남은 것으로 자선을 베풀어라.

quod superst(숙어). 지금은(in præsens), 게다가, 그런데.

Quod supplicium dignum libidine ejus invenias?
  그의 탐욕에 걸맞은 어떤 벌을 그대는 찾아낼 수 있을까?

quod tacui et tacendum putávi.
  내가 침묵을 지켰고 또 지켜야 한다고 여긴 것.

Quod tandem sit principium individuationis in
omnibus substantiis creatis. 모든 피조된 실체들에서의
  개체화의 원리는 무엇인가(스콜라 철학에서의 개체화, p.919 참조).

Quod temporales miseriæ Christi exemplo æquanimiter
sunt ferendæ.
  그리스도의 표양을 따라 현세의 곤궁을 즐겨 참음.

Quod tibi nomen est?. 네 이름이 무엇이냐?(성경 마르 5. 9)
  Legio nomen mihi est, quia multi sumus.
  제 이름은 군대입니다. 저희 수가 많기 때문입니다.

Quod toto corde anima devota Christi unionem in
Sacramento affectare debet.(英 With All Her Heart the
Devout Soul Should Desire Union with Christ in the
Sacrament) 신심 있는 영혼은 그리스도와 결합하기를
  사모할 것(준주성범 제4권 13장).

quod ubique, quod semper, quod ab omnibus .
  어디에든 있는 것, 항상 있는 것, 모든 이들로부터 있는 것.

quod ubique, quod semper, quod ab omnibus
creditum est. 어디서나, 항상, 그리고 만인으로부터
  믿어지는 것(=dogma catholicum. 가톨릭 교의)/
  (가톨릭 교회에서 가장 주의를 기울여야 할 것) 어디서든,
  언제나, 모두가 믿어야 할 바를 견지하는 것이다.

Quod ultile est, non semper grátum est.
  유익한 것이 반드시 유쾌하지는 않다.

Quod unus sit Christus.
  그리스도는 한 분이라는 사실(치릴루스 지음).

Quod utile sit(est) sæpe communicare.
(英 It Is Profitable to Receive Communion Often)
  자주 영성체함은 매우 유익함(준주성범 제4권 3장)

quod ultima hominis felicitas non sit in hac vita.
  인간의 궁극 행복이 이 세상에는 없다.

Quod veniale est plebi, criminale est sacerdoti.
  일반인에게는 소죄가 되는 것도 사제에게는 대죄가 된다.

Quod verba Dei cum humilitate sunt audienda,
et quod multi ea non ponderant.
  하느님의 말씀은 겸손을 다하여 들을 것인데,
  많은 사람들이 그 말씀을 중히 여기지 않는다.

quod verbum sumatur ex verbo. 단어에 단어를 집어넣는
Quod verbum tibi non excidit.
  그 말은 네가 우연히 한 것이 아니다.

Quod verum dixísti? 네가 말한 것이 그게 무슨 참된 것이냐?

Q

Quod verum solatium in solo Deo est quærendum.
하느님께만 구할 참다운 위로.

Quod veri est in hoc? (무슨 참된 것의 일부라도
있느냐?) 여기에 무슨 참된 것이 있느냐?

Quod veritas intus loquitur sine strepitu verborum.
진리는 요란한 음성이 없이 마음속에서 말씀하심.

Quod victor victis pepercit, laudandum est.
승자가 패자들을 용서했다는 것은 칭송할 일이다.

Quod vide. 해당기사를 보라(Quæ vide)

Quod vidimus et audivimus, annuntiamus et vobis,
ut et vos communionem habeatis nobiscum.
우리가 보고 들은 것을 여러분에게도 선포합니다. 여러분
도 우리와 친교를 나누게 하려는 것입니다(1요한 1. 3).

Quod vítium est máximum. 어떤 악습이 가장 크냐?

Quod vult ignosci, non vult agnosci. 제게서 감추다
마소서, 당신 얼굴을(제게서 돌이키지 마소서. 당신 얼굴을).

quodam tempora. 옛적에 한번

quodámmŏdo, adv. (quidam+modus)
어떤 모양(양식.방법) 으로, 어느 모로, 어떻게 보면,
어느 의미에서, 어느 정도, 다소(magis et minus).
Anima se ipsum semper intelligit, et se intelligendo
quodammodo omnia entia intelligit.
영혼은 언제나 자체를 인식한다. 자체를 인식함으로써
어느 면에서 존재하는 모든 것을 인식한다.

Quodcumque. 무엇이든지(미한정 대명사)

Quodcumque argumentum tractaturus es, id diligenter.
그대가 어떤 논제를 다룬다고 할지라도,
근면하게 연구해야만 한다.

Quodcumque dices, tibi non credam.
(네가) 무슨 말을 하더라도, 나는 너를 믿지 않겠다.

Quodcumque dixerit vobis facite.(요한 2. 5)
(o[ti a'n le,ghl u`mi/n poih,sate) (獨 Wat hij u zegt, doet dat)
(프 Quoi qu'il vous dise, faites-le) (영 Do whatever he
tells you) 무엇이든지 그가 시키는 대로하여라(성경.공동번역)/
그가 무엇이든지 당신들에게 이르는 대로하시오(200주년 신약).

quodcumque retro est. 지나간 것은 무엇이나

Quodcumque voles, faciam.
네가 무엇을 원하든 나는 하겠다.

quoddam Cœleste. 천물(天物).(선유의 천주사상과 제사문제. p.91)

quoddam corpus subtile. 어떤 섬세한 물체

quoddam fictum. 허구(虛構)

quoddam seminarium civitatis. 사회기반

Quoddam transcendentale. 신물(神物).
(선유의 천주사상과 제사문제. p.91)

Quodque bellum pueros orbat parentibus.
어떤 전쟁이든 부모에게서 자식들을 앗아간다.

quoi, quojus, (古) = cui, cujus(dat., gen., sg.) (qui¹, quis).

quólĭbet, adv. (마음대로) 어디로든지
omnia cognoscentia cognoscunt impicite Deum in
quolibet cognito(De Veritate q.22, a.1, ad 1) 모든 인식자는 인식
하는 모든 대상에서 암묵적으로 신을 인식한다.

Quolibet nomen. 아무 이름이나

Quolibet peccato mortali amitti gratiam, sed non
fidem. 온갖 종류의 대죄로 신앙을 잃지는 않아도 은총은 잃음.

quom, conj. (古) =cum²

quómĭnus, conj., subord. c. subj.(quo²+minus²)
〔방해.저항.제지.거절.경고 따위를 표시하는
일련의 방해동사(v. impediéndi)의 종속문)〕···하지 못
하게, 못하도록, 않도록; ···하기를, ···하는 것을:
deterrére alqm, quominus ···. 누구로 하여금 ···하지
못하도록 말리다, 못하게 하다/ alqm tenére, quominus
···. 누구로 하여금 못하도록 지장을 주다/ Deest alqd,
quominus ···. 무엇이 부족해서 ···하지 못하게 되다,
···하기에는 무엇이 부족하다.

quómŏdo, (qui²+modus)(quo와 modo를 갈라 쓰기도
함) Ⅰ. adv. 1. (interr.) 어떻게?, 어떤 모양(방법)으로?
Hæc negótia quomodo se hábeant, ne epístolā

quidem narráre áudeo. 이 난처한 사정이 어떠한지를
나는 편지로도 감히 이야기할 수 없다.

2. (exclam) 어떻게, 그렇게도,

Ⅱ. conj. (주문에 가끔 ita, sic 따위의 지시부사를 씀)
···와 같이, 처럼, 듯이, ···하는 모양(방법) 대로:
quomodo nunc est, ···. 지금 그러한 바와 같이/
Quo modo hoc est consequens illi, sic illud huic.
이것이 그 사람에게 적절한 것과 마찬가지로
그것은 이 사람에게 적절하다. (라틴-한글사전. pp.739~740).

Et quomodo? 어떻게? 어떻게 말입니까?
(최익철 신부 옮김. 요한 서간 강해. p.437)/

quis, quid, quando, ubi, cur, quomodo
육하원칙[누가(who), 무엇을(what), 언제(when),
어디서(where), 왜(why), 어떻게(how). 5W1H]/
Sed quomodo laudetur? Quomodo dicit psalmus.
그러면 어떻게 칭찬 받아야 하겠습니까? 시편이 들려
주듯이 하면 됩니다.(최익철 신부 옮김. 요한 서간 강해. p.445).

Quomodo ad fidem hanc pervenit Petrus?
베드로는 어떻게 그러한 신앙에 도달할 수 있었습니까?

Quomodo aliter fieri posset?.(영 How could it be
otherwise?) 어찌 그러시지 않을 수 있겠습니까?.

Quomodo arma deponemus coram hostibus
cum equis?. 말 타고 있는 적군 앞에서 (우리가)
어떻게 무기를 내려놓겠는가?.

Quomodo autem radicamini, ut non eradicemini?
뿌리 뽑히지 않으려면 어떻게 뿌리 내려야 합니까?.

Quomodo cadit quem continet Deus?.
하느님께서 품고 계시는 사람이 어찌 넘어지겠습니까?

Quomodo docebitis tuos, eomodo ipsi discetis.
너의 학생들을 가르치는 성의만큼
너희 스스로도 배울 것이다.

Quomodo Dormiant Monachi.
수도승들은 어떻게 잠자야 하는가.

Quomodo ergo iam dudum: Dilectio ex Deo est;
et modo: Dilectio Deus est?.
그러면 조금 전에 들은 '사랑은 하느님에게서 옵니다'라는
말씀과, 방금 들은 '하느님은 사랑이십니다'라는 말씀을
어떻게 조화시키겠습니까?

quomodo ergo est societas luci et tenebris?
그러니 어찌 빛과 어둠이 한데 어울리겠습니까?

Quomodo erimus pulchri? amando eum qui semper est
pulcher. 우리는 어떻게 아름다워지겠습니까?
영원히 아름다우신 그분을 사랑하면서 아름다워집니다.

Quomodo, et quare tales nos fecit? 어쩌자고, 우리를
이 꼴로 만들었습니까?.(최익철 신부 옮김. 요한 서간 강해. p.173).

Quomodo, fratres? 형제 여러분, 어떻게 하라는 것입니까?

quomodo hic et nunc iustitia est exsequenda?.
어떻게 하면 지금 여기에서 정의를 이룰 수 있겠는가?

Quomodo hoc consequi licet? Oratione in primis.
(영 How is the Church to obtain this grace? In the first
place, through prayer) 교회는 어떻게 이 은총을 얻을 수
있겠습니까? 그 무엇보다도 먼저 기도를 통해서입니다.

Quomodo illud facit Deus? 하느님께서는 어떻게 하셨습니까?

Quomodo in vitā suā dilexérunt se, ita et in morte
non sunt separáti. 그들은 생전에 서로 사랑하였던
것처럼, 죽음에 있어서도 서로 갈리지 않았다.

Quomodo, inquies, verum esse poterit?
그게 어떻게 참말일 수 있느냐고 자넨 말할 참이지?.

Quomodo, inquis, fratres diligimus?
우리가 어떻게 형제를 사랑하느냐고 그대는 묻습니까?.
(최익철 신부 옮김. 요한 서간 강해. p.367).

Quomodo, inquies, verum esse poterit?.
그게 어떻게 참말일 수 있느냐고 당신은 말할 참이지?

Quomodo intelligatur, impium per fidem et gratis
justificari. 믿음을 통하여 무상으로 주어지는
죄인의 의화를 어떻게 이해할 것인가.

Quomodo invenimus pulchrum Iesum?
우리는 이 아름다운 예수님을 어떻게 찾을 수 있습니까?.

Q

Quomodo Matutinorum Sollemnitas Agatur.
성대한 "아침기도"는 어떻게 바칠 것인가.
Quomodo medici diligunt ægrotos? Numquid ægrotos diligunt? 의사들이 환자를 얼마나 사랑합니까?
그들은 환자가 아프기 때문에 사랑합니까?.
(최익철 신부 옮김, 요한 서간 강해, p.373).
Quomodo mortem filii tulit!
그가 어떻게 용케도 아들의 죽음을 견디어냈구나!
Quomodo multæ mansiones apud Patrem si non pro varietate meritorum. 만일 보상이 여러 가지로 주어지지 않는다면 어떻게 아버지의 집에 많은 거처가 있을 수 있겠는가?('meritum'이란 용어를 신학에서 처음 사용한 사람은 테르툴리아누스로 그는 각종 공로에 대한 상응한 보상을 인정했다).
Quomodo nomináris? Vocor Marcus.
네 이름이 무엇이냐? 마르꼬이다.
Quomodo novissima hora? 어떻게 마지막 때란 말인가?
Quomodo novissimum tempus?
어째서 마지막 시기란 말인가?
Quomodo orat, qui timet ne exaudiatur.
기도가 이루어질까 봐 두려워하는 사람이 어떻게 기도합니까?.(최익철 신부 옮김, 요한 서간 강해, p.391).
Quomodo pĕragendæ sunt,
성삼일에 있어서의 장례식의 거행 방법(1975.10월. 회신).
Quomodo potest homo nasci, cum senex sit?(요한 3, 4)
이미 늙은 사람이 어떻게 또 태어날 수 있겠습니까?
Quomodo putamus quia non cogniscunt?
어떻게 서로를 알지 못한다고 말할 수 있습니까?.
Quomodo, quando membra Christi diligis? 그대가 그리스도의 지체를 사랑한다면, 어떻게 그럴 수 있습니까?.
Quomodo reliquerunt oppida nostra?.
그들이 우리 도성을 어떻게 버려두고 갔소?
Quomodo se res habet? 사정이 어떠하냐?
Quómodo te habes? 어떻게 지내느냐? (잘 있느냐?), bene habeo se. 잘 있다.
Quomodo te habes his diébus?
너 요사이 어떻게 지내고 있니?.
Bene me hábeo. 잘 지내고 있어.
Quomodo te habes, magister?
선생님, 어떻게 지내십니까?
Quomodo te habes? 너 어떻게 지내니?
Male me habeo. 잘 지내지 못한다.
Quomodo vis non doleam, quando non sum separata?
내가 지체와 떨어져 잇지 않거늘, 어찌 당신은 내가 아파하지 않기를 바라는 거요?.(최익철 신부 옮김, 요한 서간 강해, p.457).
Quomodo volebat omnes esse æquales.
어떻게 모두가 같아지기를 바랄 수 있었겠습니까?.
quomodocúmque, adv. 어떤 모양으로 …든지, 어떻게 …든지, 어떻게든지, 어떤 모양으로든지.
quomodólĭbet, adv.
어떤 모양(方法)으로든지, 마음대로, 아무렇게나.
quomódŏnam, adv. 그래(도대체) 어떻게?
quōnam, interr., adv. 도대체 어디로?, 도대체 어디까지?, 어느 정도까지?, 언제까지?.
quondam, adv. (quom+) 옛적에, 옛날에, 이전에, 일찍이, 한때는, 어떤 때, 때로는; 때때로, (장차) 언젠가는(ποτε), 언제고.
Quondam juvenem portabant milites in vinculo.
군인들이 어느 장년 남자를 사슬로 묶어 끌고 가는 중이었다.
quónĭam, conj. (quom+jam) 1. causális(객관적 이유. 동기 표시에는 indic., 남의 주관적 이유.의견 또는 채택되지 않는 이유에 대해서는 subj.) …하기 때문에, …하므로, …한 까닭에, …니까, …것으로 보아서.
Quóniam ad hunc locum pervéntum est, …. 이곳까지 왔으니/ non quoniam hoc sit necésse, verum ut …. 이것이 꼭 필요해서가 아니라 오직 …하기 위해서.
2. (시간) …하고 나서, …한 후에, …하자: Quóniam nos delusístis, …. 너희가 우리를 속이고 나서.
3. (후기 라틴어에서는 지각동사(v. sentiéndi), 언설동사(v. dicéndi)의 acc. c. inf. 대신에 쓰기도 함) …한다는(…라는) 것, …라고. (라틴-한글사전, p.740).
Deus Veritas est. Hoc enim scriptum est: quoniam Deus lux est.(De Trinitate 8. 2. 3)
하느님은 진리이시다. 성경에 기록되어 있기를 하느님은 빛이시라고 하였다.
Quoniam ego Dominus Deus uester, et non mutor.
나는 너의 주 하느님이라, 나는 변하지 않는다(신국론, p.2395).
Quoniam iniquitatem meam ego cognosco, et peccatum meum contra me est semper.([영] For I know my offense; my sin is always before me) 저의 죄악을 제가 알고 있으며 저의 잘못이 늘 제 앞에 있습니다.(시편 51, 5).
Quoniam me una vobiscum servare non possum, vestræ quidem vitæ prospiciam.
(어차피) 나를 너희와 함께 보전할 수는 없으니, 나는 너희의 생명만이라도 돌보려 한다.
Quoniam nemo mundus a peccato coram te, nec infans cuius est unius diei vita super terram.
당신 앞엔 아무도 죄에서 깨끗한 자 없으오니 세상에 하루를 사는 아기라도 그러하거늘.
["아무런 죄도 없다면 어린이들이 무엇 때문에 괴로움을 당하느냐? 전능하시고 의로우신 하느님께서 이렇듯 죄 없는 이들에게 당치 않은 벌을 막으실 수 없다는 말이냐?"라고 말하듯이, 원죄의 결과가 어린이에게도 나타난다 하였다. 원죄로 말미암은 인간의 비참, 동시에 은총으로 구원되는 인간의 초자연적 가치! 이것이 아우구스티노 신학의 중심 과제이다. 고백록, 성 바오로 출판사, 1991년, p.33]
Quoniam non potest id fieri quod uis. Id uelis quod possis. 그대가 바라는 바는 이루어질 수 없는 것이니 그대가 이룰 수 있는 것이나 바라게(신국론, p.1529).
Quoniam quæ de homine exeunt, illa communicant hominem.(마르 7, 20) ([영] But what comes out of a person, that is what defiles) 사람에게서 나오는 것, 그것이 사람을 더럽힌다(성경)/참으로 사람을 더럽히는 것은 사람에게서 나오는 것이다(공동번역)/사람에게서 나오는 것, 그것이 사람을 더럽힙니다(200주년 기념 신약).
quoniam quidem unus Deus.
정녕 하느님은 한 분이십니다(성경 로마 3, 30).
quoniam tu solus sanctus. 당신만이 홀로 거룩하시니
Quoniam tu solus Sanctus, tu solus Dominus, tu solus Altissimus Jesu Christe. 당신은 홀로 거룩하시고, 홀로 주님이시며, 홀로 높으신 예수 그리스도님.
quoniam virum non cognosco.(ἄνδρα οὐ γινώσκω)
제가 남자를 알지 못하기 때문에, 제가 남자와 관계를 하지 않기 때문에.
quópĭam, adv. (quíspiam) 어디론가, 어떤 곳으로
quōquam, adv. 어디로도, 어느 곳으로도, 어떤 것을 목표로, 어떤 방향으로.
quoque[1] adv. (역설하는 말 뒤에 놓음) …**도 또한**, …까지도: Helvétii quoque. Helvétia인들도 또한, álii quoque étiam. 다른 사람들까지도.
Hominis quoque peccatum in perpetuum luit Dei Filius. ([영] Human sin was also redeemed once for all by God's Son) 또한 하느님의 아드님께서는 인간의 죄를 단 한 번에 씻으셨습니다(히브 7, 27; 1요한 2, 2 참조).
quoque[2] **= et quo**
quoquevérsus(quoquevérsum) =quoquovérsus
quoquo, adv., relat., indef. (quisquis)
어디로 …든지, 어느 곳으로 …든지.
Quoquo consilio amicus tuus hæc dixit, stultus et insipiens est. 무슨 생각으로 네 친구가 이 말을 했던지 간에, (그자는) 멍청하고 우둔하다.
quoquo modo. 어떤 방법으로든지, 무슨 수단을 써서라도
quoquo modo se res habet. 사정이 어떻든 간에
quoquómŏdo, adv. (quisquis+modus) 어떻게 …든지, 어떤 모양(방법)으로 …든지, 어떻게든지, 아무렇게나.
Quoquómŏdo fiet istud, quoniam virum non cognosco, *id est quia virgo sum*. 저는 남자를 알지 못하는데, **저는 처녀인데**, 어떻게 그런 일이 있을 수 있겠습니까?.
(루카 1, 34 참조. 토마스 아퀴나스 주석가인 J. Gætano 번역. 계약의 신비 안에 계시는 마리아, p.87).
quoquovérsus(-sum, -vórsum), adv.

Q

모든 방향(방면)으로, 어느 쪽으로든지.
quorsum(=**quorsus**) adv. (quo¹+versus¹, versum)
어느 곳(쪽)으로, 어디로? 무엇을 목표로,
무엇 때문에, 무슨 목적으로?.
Verébar, quorsum id casúrum esset.
그것이 어떤 결과에 이를지 나는 불안스러웠다.
Quorsum eum inquirit?([영] Why does God seek man out?) 왜 하느님께서 인간을 찾아 나서십니까?.
Quorum habeat potestatem?
무엇에 대한 권한을 지니게 하셨습니까?
Quorum militum hæc arma erunt?.
이 무기들이 어느 병사들의 것이 되겠는가?
Quos dixit antichristus?.
누구를 두고 그리스도의 적들이라고 일컫습니까?
Quos filios Dei? membra Filii Dei. 어떤 하느님의 자녀들입니까? 하느님의 아드님의 지체들입니다.
Quos vituperatis, alii laudant.
당신들이 책망하는 사람들을 다른 사람들은 칭찬합니다.
quot? indecl., pl., adj. 1. **몇**, 얼마나?, 얼마나 많은?,
Quot sunt? 그들이 모두 몇 명이냐?/ Si, bis bina quot essent, didicísset, …. 그가 만일 2×2가 얼마인지 배웠더라면. 2. (tot, tótidem의 기준) …의 수(數) 만큼(대로), …많은 만큼(그만큼 많은=tot).
3.〔연(annus), 월(mensis), 일(dies) 따위 시간 명사의 abl., pl. 와 함께 써서 '…마다', '매(每)'의 부사를 이루기도 함〕(라틴-한글사전, p.740).
Habeo tot sorores quot fratres.
나는 형제나 자매나 숫자가 같다.
quot annis(=**quotánnis**) 해마다
Quot annos erimus in Europa?.
우리는 몇 해나 유럽에 있을까?
Quot annos habes? 너는 몇 살이냐?
(=Quā ætáte es? =Quotum annum agis?)
Quot annos nátus es? 너는 몇 살이냐?
Duodevigínti annos hábeo.
나는 열아홉 살(만 열여덟 살)입니다.
(=Duodevigínti annos natus sum.
=Sum adoléscens duodevigínti annórum.
=Undevicésimus annum ago).
Quot annos vixit?. 그 사람 몇 살까지 살았나?
Quot capita conferre. 십인십색(十人十色)
Quot capita tot sensus. 각인각색(各人各色)
Quot capita tot sententĭæ.
머리 숫자만큼의 다양한 의견(=十人十色).
Quot contorsit spicula virgo, tot Phrygii cecidere viri.
처녀가 살촉을 쏘아대는 대로 프리기아의 사나이들이 쓰러졌다. [(cecidere=ceciderunt) Phrygii: Phrygia는 트로이아가 자리 잡고 있던 땅이었으므로 트로이아인들을 가리킨다. 아이네아스의 군사들이 여걸 Camilla의 화살에 쓰러지는 내용. 성 염 지음, 고전 라틴어, p.342]
Quot dies habet hebdomas? 일주간은 몇 날이냐?
Quot et quanta civitates cepit Alexander!.
알렉산더는 얼마나 많은 도성들을,
또 얼마나 큰 도성들을 정복하였던가!.
Quot exempla proferri possunt ad illustranda quæ diximus! 이것을 입증할 수 있는 예들은 얼마든지 있습니다.
Quot generationes, tot gradus.
세대수가 친등이다(세대수만큼 친등이다).
Quot hinc in familiam derivantur doctrinæ principia!
([영] How much the family of today can learn from this!)
오늘날의 가정이 이 사실에서부터 배울 수 있는 것이 얼마나 많은가!(1989.8.15. "Redemptoris custos" 중에서).
Quot homines(sunt), tot sententĭæ(sunt).
십인십색, 사람 수만큼 많은 의견(十人十色).
Quot homines, tot cáusæ.
사람 수만큼 그만큼 까닭도 많다(저마다의 송사).
Quot homines, tot sententiæ: suus cuique est mos.
사람 수만큼이나 의견도 여러 가지(十人十色):
사람마다 자기 멋이 있는 법[성 염 지음, 고전 라틴어, p.179].
Quot milites, totidem(tot idem) arma erant.
군인들 숫자만큼의 (각양각색의) 무기가 있었다.
Quot orationes fecit Cicero in Antonium!.
키케로는 안토니우스를 성토하여(in Antonium) 얼마나 많은 연설을 했던가!(성 염 지음, 고전 라틴어, p.144).
Quot pæne verba, tot sententiæ.
말마디 하나하나가 곧 문장의 의미를 지니고 있을 정도다.
Quot panes habetis? 너희에게 빵이 몇 개나 있느냐?.
Septem et paucos pisciculos.
일곱 개가 있고 물고기도 조금 있습니다(마태 15, 34).
Quot pugnæ, tot victoriæ.(=Tot victoriæ, quot pugnæ.)
싸우는 숫자만큼 승리한다(=연전연승).
Quot, quantas, quam incredibiles vitaveras difficultates. 얼마나 많은, 얼마나 큰, 얼마나 믿기지 않을 만큼 (엄청난) 난관들을 (그대는) 피했었더냐!
Quot sancti suam genuinam reddiderunt vitam suam propter eucharisticam pietatem!([영] How many saints have advanced along the way of perfection thanks to their eucharistic devotion!) 얼마나 많은 성인들이 성체 신심에 힘입어 진정한 삶을 살았습니까!.
Quot sunt? 그들이 모두 몇이냐?
Quot sunt alumni in classe vestra?
너희 반에 학생들이 몇 명이나 있느냐?
Quot sunt pueri in horto? 정원에 있는 아이들이 몇인가?
Sunt octo. 여덟 명이다.
Quota hora est? 몇 시냐?(quotus 참조). Hora tértia. 세 시다.
Est hora tértia minus quindecim minútis. 3시 15분 전이다/
Est hora tértia minus viginti minútis. 3시 20분 전이다/
Hora tértia cum decem minutis. 3시 10분이다/
tértia cum dimidia (hora). 3시 반/
tértia cum dodrante. 3시 45분/
tértia cum quadrante. 3시 15분/
tértia cum viginti (minutis). 3시 20분/
quotánnis(=quot annis) adv. 해마다, 매년(每年).
Quoteni consules creabantur quotannis Romæ?
고대 로마에서는 매년 집정관 몇 명씩을 선거하느냐?.
Bini consules. 집정관 두 명씩.

* 아래의 단어는 합성되어 부사로 사용되는 몇몇 단어들	
ántea (ante-ea) 전에	óbviam(ob-viam) 마중
dénuo(de-novo) 다시	póstea(post-ea) 후에
hódie(hoc-die) 오늘	proptérea(propter-ea) 그 때문에
imprímis(in-primis) 특별히	quotánnis(quot-annis) 매년
intérea(inter-ea) 그동안에	scílicet(scire-licet) 즉, 곧
ínvicem(in-vicem) 서로	vidélicet(vidére-licet) 즉 두말할 것 없이
magnópere(magno-opere) 매우, 대단히, 크게	

quotcumque, adv. 수(數)가 얼마나 많이 …든지,
quotcumque senátus créverit, ….
원로원이(인원수에 있어서) 얼마나 증가되었든지 간에.
quoténi, -æ, -a, adj., pl. (num., distrib.)
(quot) 몇씩, 얼마씩, 각각 얼마나 많은?
Quoteni consules creabantur quotannis Romæ?
고대 로마에서는 매년 집정관 몇 명씩을 선거하느냐?.
Bini consules. 집정관 두 명씩.
quoténnis, -e, adj. (quot+annus) 몇 해나 된? 몇 년 묵은?
quotidiáno, adv. 날마다
quotidiánus, -a, -um, adj. (quotídie) 매일의, 날마다의, 나날의, 그 날 그 날의, 일상의, 보통 있는, 늘 있는, 통상의, adv. **quotidiáno**, adv. 날마다,
panis quotidianus. 매일의 빵.
quotídĭe, adv. 매일(每日, in dies), 날마다,
Sed multi homines quotidie pereunt, in peccatum cadentes.
그런데 많은 사람들이 매일 잘못되고 죄에 빠진다.
Quotídĭe morimur; quotidie enim demitur aliqua pars vitæ, et tum quoque cum crescimus, vita decrescit.
우리는 날마다 죽어간다: 왜냐하면 날마다 생명의 한 부분이 덜어지고(깎기고) 있기 때문이다. 그리고 우리가 자라는 사이에도 생명은 줄어들고 있다.
quótĭe(n)s, adv. (quot) 몇 번?, 몇 번이나?,
〔(relat., 흔히 correlat.: tóties(그만큼 번번이, 이렇게 여러 번)의 기준〕…할 때마다.

Quotiens discordiam gerimus, totiens amittimus
amicos. 불화를 저지르는 횟수만큼 우리는 `
친한 사람을 잃는 셈이다.
Quotiens isti aquam et cibum portaverunt?
그자들이 물과 음식을 몇 번이나 날라 갔나요?.
Quotiens petivit hic adulescens filiam tuam.
이 총각이 자네 딸을 (달라고) 몇 번이나 청했던가?
quotiescúmque, adv., relat., indef. …할 때마다(번번이)
quotiéslíbet, adv. 몇 번이고 마음대로, 몇 번이든지
Quotocuíque lorica est!(quotusquisque 참조)
갑옷 입은 사람이 얼마나 소수인지!
quotquot, indecl., num., adj.
얼마나 많든지 간에, 몇이든지, 얼마이든지, …마다.
quotquot annis. 해마다
Quotquot enim habet Eccclesia periuros, fraudatores,
maleficos, sortilegorum inquisitores, adulteros,
ebriosos, fœneratores, mangones, et omnia quæ
numerare non possumus! 얼마나 많은 위증자, 사기꾼,
악행을 일삼는 이, 점집 찾는 이, 간음하는 이, 술 취한 이,
고리대금업자, 노예 상인, 그리고 이루 헤아릴 수도 없는
무리들이 교회 안에 있습니까?.
(최익철 신부 옮김, 요한 서간 강해, p.171~172).
quotquot estis omnes. 너희가 모두 몇이든지 간에.
Quotum annum agis? 너는 몇 살이냐?, 몇 살이냐?.
Undevice simum annum ago. 18살입니다.
quótŭmus, -a, -um, adj. (quotus) 몇 번째의?
quótŭplex, -plĭcis, adj. 몇 갑절의, 몇 겹의?.
Quótúplicem paríetem habet hæc domus?
이 집의 벽은 몇 겹이냐? Dúplicem paríetem. 두 겹이다.
quótus, -a, -um, adj. (quot)(num., ordin.에 대한
물음)몇째의?, 몇? 얼마나 적은(작은),
Quota hora est? 몇 시냐?.
Quotus esse velis, rescríbe.
(내 집 만찬 식탁에서 네가 몇째이기를 즉)
너까지 몇 사람이나 초대되기를 원하는지 확답해 다오.
quotusquísque, quotaquæque, quotumquódque, adj.
(quotus와 quisque를 갈라 쓰기도 함)
얼마나 적은(소수의, 드문), 얼마나 작은,
Quotocuíque lorica est!
갑옷 입은 사람이 얼마나 소수인지!/
Quotus quisque juris peritus est?
법률 전문가가 얼마나 적으냐?
quoúsque, adv. =quoadúsque, =usquequáque,
어디까지? 어느 정도까지?
언제까지?(Quousque tandem), …하는 데까지.
Quousque tandem, Catilina, abutere patientia nostra?
도대체 언제까지나, 카틸리나여, 우리 인내심을 악용
하려는가?(abutere = abuteris).
quôvis, adv. (quivis) 어디로든지
quum, (古) = cum²
Quum constitutio, 그레고리오 성가집 발행(1964.12.14. 교령)

Q

R R R

R¹, r, f., n., indecl. 라틴 자모의 열여덟 번째 글자:
(에르)(ĕr)

R², (약) 1. R. = Románus; P.R. = Pópulus Románus;
R.C. = Romána Cívitas. 2. R. = Rufus. 3. R. = recte,
regnum, reficiéndum. 4. R. = res pública. 5. R.P. =
ratiónes relátæ. 6. R.P.XX. = retro pedes vigínti.

rabbi, m., indecl. (히브리어) 선생님, 스승님,
(유대교의) 율법학자(γραμματεὺς.διδά σκαλος.
⑨ scribe), 랍비(Ραββὶ.히브리어-"나의 선생님" 뜻).
Vos autem nolite vocari Rabbi; unus est enim Magister
vester, omnes autem vos fratres estis. (As for you,
do not be called 'Rabbi'. You have but one teacher, and
you are all brothers) (u`mei/j de. mh. klhqh/te r`abbi,\ ei-j ga,r
evstin u`mw/n o` dida,skaloj(pa,ntej de. u`mei/j avdelfoi, evste)
너희는 스승이라고 불리지 않도록 하여라. 너희의 스승
님은 한 분뿐이시고 너희는 모두 형제다(성경 마태 23, 8)/
여러분은 랍비라고 불려서는 안 됩니다. 사실 여러분의
선생은 한 분이요 여러분은 모두 형제들입니다(200주년 신약).

Rabbi censor. 검열관 랍비

Rabbi doctorum. 박사들의 랍비

Rabbi lux. 빛 랍비

Rabboni, ut videam(⑨ Master, I want to see).
선생님, 제 눈을 뜨게 해주십시오(공동번역)/
랍부니, 제가 다시 볼 수 있게 해 주십시오.(200주년 신약)/
스승님, 제가 다시 볼 수 있게 해 주십시오(성경 마르 10, 51).

rábĭa, -æ, f. = **rábĭes**, -éi, f. (rábies)

rábĭdus, -a, -um, adj. (rábies) 미친, 발광하는, 실성한,
제정신이 아닌, 광견병(공수병) 걸린, 사나운, 광포한,
미친 듯이 날뛰는, 광란의, 맹렬한, 걷잡을 수 없는,
격렬한, 몹시 화난, 대단히 성난, 격노하는, 노발대발하는.

rábĭes, -éi, (=**rábĭa**, -æ,) f. (rábio) 광기(amentĭa -æ, f.),
미침(狂症,정신이상), 광란(狂亂, debacchátĭo, -ónis, f.),
실성(失性), 광포(狂暴), 사나움, 맹렬(猛烈), 격렬(激烈),
격노(激怒), 분노(⑨ Anger), 노발대발(怒發大發),
걷잡을 수 없는 욕망(慾求, desire), 공수병(狂犬病,
pavor aquæ), 광견병(狂犬病, pheugydros, -i, f.)

Rabies theologorum. 신학자들의 격분.(종교 개혁파 Melanchthon이
우유부단한 타협주의에 대한 다른 신학자들의 격분을 표현한 말. 이 때문에
만년에 멜랑흐톤은 의기소침해졌다고 한다. 백민관 신부 엮음. 백과사전 3, p.289).

rabies ventris. 허기증(虛飢症)

rábĭo, -ĕre, intr. 미쳐있다, 실성하다, 격노(격분)하다

rabiósŭlus, -a, -um, adj. dim. (rabiósus)
미친 듯한, 막 갈겨 쓴, 난필의.

rabiósus, -a, -um, adj. 광견병(공수병)에 걸린,
미친, 실성한, 정신착란의, 사나운, 광포한, 맹렬한,
격렬한, 광란의, 아우성치는, 몹시 성난, 격노하는,
걷잡을 수 없는, 아우성치는, 노발대발하는.

răbo¹ -ĕre, intr. = **rábĭo**

răbo² -ónis, m. (=**árrabo**) 계약금, 담보, 보증금(保證金).

rábŭla, -æ, m. (rábĭo) 수다스러운 엉터리 변호사, 악덕 변호사

rabulátĭo, -ónis, f. (rábŭla) 억지 떠들어 댐

răca, indecl., m. (히브리어) 바보, 미련한 놈

ra(c)co, -áre, intr. (호랑이가) 울다

racemárĭus, -a, -um, adj. (racémus)
포도나무 가지의, 포도 달리지 않은 가지의.

racemátĭo, -ónis, f. (racémor)
포도 이삭줍기, 따고 남은 포도 주워 모으기.

racemátus, -a, -um, adj. (racémus)
(포도 따위의) 송이가 달린.

racémor, -átus sum, -ári, dep., tr. (racémus)
수확 후 남은 포도를 따(주워) 모으다.

racemósus, -a, -um, adj. (racémus)
송이가 가득한, (포도) 송이가 많은; 송이가 알찬(굵은).
포도송이 모양으로 된. (植) 총상화서(總狀花序)의.

racémus, -i, m. 포도송이, (포도처럼) 송아리로 맺힌 과실.

포도: 포도즙, (植) 총상화서(總狀花序).

rachis, -ĭdis, f. (動) 우축(羽軸, 깃의 윗부분).
((植)) (총상화서의) 꽃대, 화축(花軸).
(작은 잎사귀가 여럿 붙은) 잎대, 엽축(葉軸).
(解) 척추(脊椎), 등(골) 뼈.

r(h)achítis, -is, f. (植) 과실위축(果實萎縮)
(醫) 곱사병, 구루병(佝僂病-등뼈나 가슴뼈 따위가 굽는 병. 곱삿병).

racísmus, -i, m. 인종주의(人種主義),
인종차별(⑨ racism-인종적 편견을 토대로 이루어지는 갈등).

radiális, -e, adj. (rádius) 광선의, 방사형(放射形)의,
복사(輻射)의, 반경(半徑)의. (解) 요골(橈骨)의.

radians aurum. 번쩍이는 금(radio 참조)

radiantia lumina solis. 찬란히 비치는 햇빛

radiáta coróna. 후광(後光.⑨ halo), 원광(圓光)

radiátĭlis, -e, adj. (radiátĭo) 빛을 발산하는

radiátĭo, -ónis, f. (rádĭo) 방사(放射), 복사(輻射),
(열.빛.전기.소리 따위의) 발산, 방산, 발광(發光),
방열(放熱), 빛살, 햇살; 방사선(放射線); 복사열.

radiátus, -a, -um, p.p., a.p. (rádĭo)
(바퀴의) 살을 댄, 햇살 비치는, 빛을 발산하는,
빛나는, 방사(放射)하는, 복사(輻射)의, 방사형의.

radicális, -e, adj. (radix) 뿌리의, 뿌리에서 나는,
뿌리 깊은, 근본적, 철저한, 완전한, 급진적, 과격한.
adv. **radicáliter**, 뿌리째, 근본적으로, 철저히.
infinitas radicális. 근원적 무한성(無限性)/
radicale humidum. 근원적 체액.

radicális insufficientĭa mundi. 이 세상의 근본적 부족

radicalísmus, -i, m. 급진주의(急進主義), 과격론.

radicésco, -ĕre, intr., inch. (radix)
뿌리박다, 뿌리를 내리다.

radícĭtus, adv. **뿌리째**, 뿌리까지, 송두리째,
밑바닥까지, 근본적으로, 철저히.

radicitus amputandum. 뿌리째 뽑아 버려야 할.

radíco, -ávi, -áre, (**radícor**, -átus sum, -ári, dep.)
intr. (radix) 뿌리박다, 뿌리내리다.
planta radicáta. (식물이) 모종, 묘목/
Radicata est caritas? securus esto. 사랑이 뿌리를 내리고
있습니까?. 그렇다면 안심입니다/
Radicata est cupiditas? 탐욕이 뿌리를 내리고 있습니까?/
sémina radicáta. (식물의) 모종, 묘목.

radicósus, -a, -um, adj. (radix) 뿌리가 많은

radícŭla, -æ, f. dim. (radix) 작은 뿌리, 잔뿌리, 무.
((解)) (혈관.신경의) 끝 뿌리, 근상부(根狀部).

radiculárĭus, -a, -um, adj. (解) 근상부(根狀部)의.

rádĭo, -ávi, -átum -áre, (rádĭus) intr.
빛을 발하다, 찬란히 빛나다, 빛이 방사되다,
번뜩이다, 번쩍이다, 빛이 사방으로 퍼지다.
Félium in ténebris rádiant óculi.
고양이가 눈이 어둠 속에서 번득이다/
radiántia lúmina solis. 찬란히 비치는 햇빛/
rádians aurum. 번쩍이는 금.
tr. (수레바퀴에) 살을 붙이다(대다), 빛나게 하다,
빛살을 뻗치다, 번쩍이게 하다, 빛을 방사(발산)시키다,
방열(放熱)시키다, (열을) 복사시키다,
radiáta coróna. 후광(後光.⑨ halo), 원광(圓光)/
rota radiáta. 살을 댄 바퀴/
Templa auro radiantur. 신전들이 금으로 번쩍인다.

Radio Vaticana. 바티칸 라디오(1931.2.12. 첫 송출)

radioactívĭtas, -átis, f. 방사능(放射能)

radioactívus, -a, -um, adj. 방사선의, 방사능이 있는

radíŏlus, -i, m. dim. (rádĭus)
빠끔히 비치는 햇빛, 적은 햇살. (植) 올리브의 일종.

radiophónĭum, -i, m. 라디오(⑨ radio).
instrumenta videlicet televisifica, radiophonica, scripta
typis edita, orbes sonori, tæniolæ magnetophonicæ,
universus apparatus audivisualis.(⑨ television, radio,
the press, records, tape recordings-the whole series of
audio-visual means) 텔레비전, 라디오, 신문, 레코드,

녹음기를 비롯한 시청각 수단 전부를 두고 하는 말입니다.
rádĭor, -ári, dep., intr.
빛나다(זהר), 찬란하다, 빛이 퍼지다, 번쩍이다.
radiósus, -a, -um, adj. (rádius)
많은 광선을 발하는; 찬란히 빛나는.
radius, -i, m. 막대기, 말뚝, 평미레, 평목(平木→평미레), 자막대기, (원.구의) **반경**(半徑-반지름), 반지름, 수레바퀴의 살, (베틀의) 북, (닭 따위의) 며느리발톱, 기름한 올리브(의 일종), **광선**(光線), 빛살, 햇살, 햇빛, 달빛, 별빛, 번개 빛, 불빛, 광휘(光輝-환하게 빛남, 또는 그 빛), 광채(光彩.ἀπαὺγαμα.정기 어린 밝은 빛), 눈빛, 안광(眼光.눈빛.눈의 정기), 눈의 정기(精氣).
(解) 요골(橈骨-아래팔의 바깥쪽에 있는 뼈).
Et emitte cælitus lucis tuæ radĭum.
당신의 빛, 그 빛살을 하늘에서 내리소서/
luna radiis solis accensa. 태양광선에 빛나는 달/
non habet radicem in ære, statim cessat lumen, cessante actione solis. 빛은 공기 안에 근원을 갖지 않기 때문에 태양의 작용이 그치게 되면 즉시 사라지게 된다.
(이상섭 옮김, 신학대전 14, p.115)/
tero rádios. 바퀴살을 문질러 닦다.
rādix, -ícis, f. 뿌리, 무, 밑동, 밑뿌리, 기저, 산기슭, 근본, 바탕, 기원(起源), 확고한 기초, 근원(ἀρχὴ), 지반(地盤).
Coquitur radix, donec succum omnem remittat.
진이 다 빠질 때까지 뿌리를 삶는다/
Firmamentum salutis est, habere radicem caritatis, habere virtutem pietatis, non formam solam.
구원의 토대란 사랑의 토대를 지니는 것이며 신심의 덕을 간직하는 것인데, 그것은 겉모양만으로 되는 것이 아닙니다.(최익철 신부 옮김, 요한 서간 강해, p.131)/
Habe formam, sed in radice. Quomodo autem radicamini, ut non eradicemini? 그대, 겉모양을 지니되 뿌리 속에서 지니십시오. 뿌리 뽑히지 않으려면 어떻게 뿌리 내려야 합니까?.(최익철 신부 옮김, 요한 서간 강해, p.131)/
Hæc si non teneatur, et grave peccatum est, et radix omnium peccatorum. 이 사랑을 지키지 않으면 무거운 죄가 되고, 그것이야말로 모든 죄의 뿌리가 됩니다.
(최익철 신부 옮김, 요한 서간 강해, p.229)/
Hic radix reperitur universalis destinationis bonorum terræ.([영] This is the foundation of the universal destination of the earth's goods) 여기에서 지상 재화의 보편적 목적의 근거가 발견된다(1991.5.1. "Centesimus annus"중에서)/
Hiems est, intus est viriditas in radice.
겨울에도 뿌리 안에는 푸름이 깃들어 있습니다/
Noli adtendere quod floret foris, sed quæ radix est in terra. 밖에 핀 꽃을 보지 말고, 땅 속에 있는 뿌리를 눈여겨보십시오.(최익철 신부 옮김, 요한 서간 강해, p.365)/
O radix Jesse. 오 이새의 뿌리여,("교창" 참조)/
Quomodo autem radicamini, ut non eradicemini?
뿌리 뽑히지 않으려면 어떻게 뿌리 내려야 합니까?/
radice corrupta. 타락한 본성(신국론, p.1370)/
radícem(-radices) ágere. 뿌리를 뻗다(박다)/
radicem immortalitatis.([영] root of immortality)
불멸의 근원/
sive taceas, dilectione taceas; sive clames, dilectione clames; sive emendes, dilectione emendes; sive parcas, dilectione parcas: radix sit intus dilectionis, non potest de ista radice nisi bonum exsistere. 침묵하려거든, 사랑으로 침묵하고, 외치려거든 사랑으로 외치며, 바로잡아 주려거든 사랑으로 바로잡아 주고, 용서하려거든 사랑으로 용서하십시오. 그대 안에 사랑의 뿌리를 내리십시오. 이 뿌리에서는 선한 것 말고는 그 무엇도 나올 수 없습니다.(최익철 신부 옮김, 요한 서간 강해, p.327)/
subtĕractæ radices. 아래로 뻗은 뿌리.
Radix est vescendo. 이 뿌리는 먹을 수 있다.
radix gratiæ. 은총의 근저(恩寵 根柢)
radix liquirítiæ (藥) 감초(甘草)
radix omnium malorum avaritia. 탐욕은 모든 악의 뿌리.
radix platýcodi. 도라지뿌리
rādo, rāsi, rāsum, -ĕre, tr. (머리.수염.털 따위를) **깎다**, 밀다, 면도하다(ספר), 긁다, 문지르다, 비비다, 긁어서 벗기다, 문질러 벗어지게 하다, 할퀴다, 대패질하다, (재목을) 다듬다, (줄 따위로) 쓸다), (바닥.길 따위를) 빤빤하게 깎다(밀다), 닦다, 갈다, 연마하다, 솔질하다, (비로) 쓸다, 지워버리다, 문질러 (긁어) 없애다, 스쳐 지나가다, 닿을 듯 말 듯 지나가다, (강물이 강변을) 스쳐서 흙모래 따위를 씻어가다, (돈을) 긁어모으다, 문장을 뜯어고치다, 다듬다.
aures rado. 귀에 거슬리게 하다.
rádŭla, -æ, f. (rado) 긁어내는 도구, 깎아내는 기구.
((動)) (연체동물의) 치설(齒舌-부족류 이외의 연체동물의 입 속에 있는 줄 모양의 혀).
ræda(=rēda) -æ, f. 사륜마차
rædárĭus(=redárĭus) -a, -um, adj. (ræda) 사륜마차의. m. 사륜 마차꾼.
ráĭa, -æ, f. (魚) 가오리
raincarnátĭo, -ónis, f. 환생(還生.[영] Reincarnátĭon)
rāllum, -i, n. 쟁기의 흙을 긁어내는 철제 기구.
rāllus, -a, -um, adj. dim. (rado)
(옷감이) 성긴, f. 얇은 옷.
ramále, -is, n. (ramus) 꺾은 잔가지, 마른 나뭇가지(surus, -i, m. 나뭇가지), 삭정이(살아 있는 나무에 붙은 채 말라 죽은 작은 가지), 섶(잎나무, 풋나무, 물거리 따위의 땔나무를 통틀어 이르는 말).
ramentósus, -a, -um, adj. (raméntum)
깎은 부스러기가 많은, 부스러기 같이 생긴.
raméntum, -i, n. (rado) (주로 pl.) 깎은(긁어낸) 부스러기, 지저깨비(나무를 다듬거나 깎을 때 생기는 잔 조각), 파편, 조각, 음식 부스러기, 보잘 것 없는 것.
((植)) 잎 열매의) 비늘 모양의 털, 인모(鱗毛-비늘털).
raménta ferri. 줄밥/ raménta (ligni). 대팻밥/
raménta flúminum. (강의) 모래.
ramentum sulphurátum. 성냥([영] match)
rāmes, -mĭtis, m. (醫) 탈장(脫腸-헤르니아). 헤르니아
ráměus, -a, -um, adj. (ramus) 나뭇가지의
rāmex, -mĭcis, m. (ramus) 막대기, 지팡이(טקל).
(pl.) ((解)) 기관지(氣管支); 폐동맥(정맥); 폐.
(醫) 탈장(脫腸-헤르니아); 정색 동맥류(精索 動脈瘤).
rami alii in alios imissi. 접목한 가지
rami Sámii. 인생의 선악 두 갈래 길(Samos섬 출신인 Pythágoras가 Y자에 비유한 인생의 선악 두 갈래 길).
ramicósus(ramiticósus) -a, -um, adj.
(ramex, rames) 탈장에 걸린.
Ramnes(Ramnénses), -ĭum, m., pl.
Rómulus 지배하의 원시 라틴족,
고대 Roma의 기사계급(騎士階級).귀족.
ramósus, -a, -um, adj. (ramus) 가지가 많은(무성한), 여러 가닥이 있는, 여러 가닥으로(갈래로) 갈라진.
ramulósus, -a, -um, adj. (rámulus)
잔가지가 많은; 여러 가닥으로 잘게 갈라진.
rámŭlus, -i, m. dim. (ramus) 작은(잔) 가지, 어린 가지
rāmus, -i, m. (나무의) **가지**, 나무, 수목; 나뭇잎, 사슴뿔의 가지, 분지(分枝), 가닥, 갈래, 지류(支流), 지맥(支脈), 분파([영] religious sect), 지파(שֵׁבֶט.支派), 부문(部門), 계보, 족보(의 촌수).
oratóres veláti ramis óleæ.
올리브 나뭇가지로 (손을) 가린 사신들(velo 참조)/
rami álii in álios imíssi 접목한 가지/
rami Sámii. 인생의 선악 두 갈래 길(Samos섬 출신인 Pythágoras가 Y자에 비유한 인생의 선악 두 갈래 길)/
ramos promitto. 가지들을 (치지 않고) 자라게 내버려두다.
rāna, -æ, f. 개구리, 소 혓바닥에 생기는 종기,
Inflat se tamquam rana.(속담) 개구리가 황소 배를 흉내 내듯 한다(뱁새가 황새를 따라가면 가랑이가 찢어진다)/
Ranæ cum muribus quondam certaverunt. 한 번은 개구리들이 쥐들과 싸움을 하게 되었다.[행위에 동반하거나 수반되는 사물은 동반 탈격abulativus comitatus으로 cum과 탈격을 쓴다]/

R

Ranæ regem petiérunt Jovem.
개구리들이 Júpiter에게 왕을 청하였다/
Ranæ stagna óbsident. 개구리들이 연못가에 서식 한다.
Rana marína. (바닷물고기) 아귀; 빨간씬벵이
Rana profert ex stagno caput.
개구리가 연못에서 머리를 내밀고 있다.
ranácĕus, -a, -um, adj. (rana) 개구리의
rancens, -éntis, adj. (insuit. ráncĕo) 부패한, 썩은
rancésco, -ĕre, inch., intr. (insuit. ráncĕo)
악취가 나다, 썩기 시작하다, 산패(酸敗)하다, 쉬다
ráncĭdo, -áre, tr. (ráncĭdus)
싫은 냄새가 나다, 역겹게 하다.
rancídŭlus, -a, -um, adj. dim. (ráncĭdus) 산패(酸敗)한,
약간 쉰내 나는, 좀 썩은, 아니꼬운, 불쾌한.
ráncĭdus, -a, -um, adj. dim. (rancor)
악취 나는, 썩은 냄새나는: 쉰, 산패(酸敗)한,
불쾌한, 기분 나쁜, 아니꼬운, 역겨운.
ranco, -áre, intr. 호랑이가 울다
rancor, -óris, m. 쉰내(음식 따위가 쉬어서 나는 시큼한 냄새),
썩은 냄새, 구린 냄새, 숙원(宿怨-오래 묵은 원한), 원한(怨恨).
ránŭla, -æ, f. dim. (rana)
작은 개구리, 올챙이(pullus ranæ), 소 혓바닥의 종기.
ranunculácĕæ, -árum, f., pl. (植) 미나리아재비과 식물
ranúncŭlus, -i, m. dim. (rana) 올챙이, 작은 개구리,
(일반적으로) 개구리, (植) 미나리아재비.
răpa, -æ, f. (植) 순무
rapácia, -órum, n., pl. 요리재료로 쓰이는 순무의 잎과 줄거리
rapacia virtutis ingenia. 덕행을 제 것으로 만드는 재질
rapácĭda, -æ, m. (rapax) 날도둑놈, 노상강도(路上强盜)
rapácĭtas, -átis, f. (rapax) 욕심(慾心), 착취(搾取),
탐욕(貪慾.⑨ Concupiscence/Gluttony), 강탈(强奪)
răpax, -ácis, adj. (rápio) 잡아채는, 착취(搾取)하는,
약탈하는, 강탈(强奪-강제로 빼앗음)하는, 다른 동물을 잡아먹는,
맹수의, 맹금(猛禽)의, 맹렬한 세력의(기세)의,
휩쓸어 가는, 맹위를 떨치는, 욕심 많은, 움켜잡는,
…에 대한 욕망이 강한, 놓지 않는, 제 것으로 만드는.
f. (R-) 맹위 군단(제21군단의 별명).
m. 날도둑놈. m., pl. (R-) 제21군단의 병사들.
dentes rapáces. 앞니/
rapacia virtutis ingenia. 덕행을 제 것으로 만드는 재질.
rapax ventus. 휩쓸어 가는 바람
Ráphǎel, -elis, m. 라파엘("하느님의 영약" 뜻) 대천사
[대천사 가운데 하나로 토비트서에 묘사되어 있다. 이 책에서 라파엘 대천사는
연로한 토비트의 시력을 회복시켜 주었다. 그래서 라파엘이라는 이름은 '하느님
께서 고쳐 주셨다'를 뜻한다. 젊은 토비아의 길잡이가 되었던 라파엘은 여행자
들의 수호성인으로 그려지기도 한다. 라파엘 대천사는 소경, 간호사, 내과 의사,
여행자들의 수호성인이기도 하다. 전례 거행은 9월 29일(축일)이며 주제는
라파엘 대천사가 우리의 병을 고쳐 주시고 인생 여정을 안내하고 보호해
주시기를 바란다는 것이다. 박영식 신부 옮김, 전례사전, p.106].
Raphǎel Sodalícĭum. 라파엘 봉사회
Raphǎelem cœlestem medicum. 천상 의사 라파엘
raphánĭnus, -a, -um, adj. 무의
raphanítis, -ĭdis, f. (植) 창포(菖蒲)의 일종
ráphǎnus, -i, m. (植) 무우, 무, (학명) ~ sativus.
raphe, -es, f. (醫) 봉합(縫合), 봉선(縫線), 이어 아문 자리
raphis, -ĭdis, f. (植) 세포 속에 엉켜있는 바늘 모양의 결정체
rapícĭus, -a, -um, adj. (rapum) 순무의. n., pl. = rapácia
rapídĭtas, -átis, f. (rápidus) 신속(迅速), 빠름,
급격(急激), 세차름(빠름.급격), 급류(急流), 격류(激流).
rapídŭlus, -a, -um, adj. dim. (rápidus) 꽤 빠른
rapídus, -a, -um, adj. (rápio) 신속한, 빠른, 쾌속의,
급격한, 빠르고 세찬, 격렬한, 맹렬한, 급류의, 격류의,
날쌘, 잽싼, 덥석 잡아채는, 타는 듯한, 찌는 듯한.
orátio rápida. 격렬한 연설(演說)/
rápidum venénum. 맹독(猛毒).
rapidus æstus. 폭염(暴炎-暴屠), 혹서(酷暑)
rapidus flúvius. 물살이 센 강
rapína¹ -æ, f. (rápio) 강탈(强奪), 약탈(掠奪), 강도, 절취
강도죄(强盜罪), 탈취(奪取), 착취(搾取), 약탈품(掠奪品),
노획물(鹵獲物), 사냥거리, 어획물(漁獲物).

rapina² -æ, f. (rapa) 순무 밭
rápĭo, -pŭi -ptum -ĕre, tr.
1. 날쌔게 잡다, 잽싸게 붙잡다, 덥석 움켜잡다.
2. 잡아채다, 날름 가로채다. 3. 후딱 꺼내가다(오다).
4. 붙들어가다, 억지로 끌어가다(데려가다), Quo rápitis
me? 너희가 나를 어디로 끌고 가느냐?. 5. 재판정에
내세우다, 법정으로 끌어오다. 6. 당장 끌어다 벌하다,
(형장으로) 끌어내다. 7. 날쌔게 빼내다, 비틀어 떼다
(떼다), 빨리 떼어놓다(떨어지게 하다). 8. (발걸음을)
재촉하다, (어디를) 뛰어 지나가다. 9. 빨리 가져가다
(옮기다): I pedes quo te rápiunt. 발길 닿는 대로
빨리 가거라/ se rapio. 잽싸게 가다, 빨리 달려가다,
곧 물러가다, 도망하다. 10. 급히 출동시키다, 별안간
끌어내다. 11. 빼앗다, 강탈하다, 휩쓸어가다,
훔쳐가다. 12. 납치하다. 13. (병.재난 따위가) 일찍
(갑자기) 죽게 하다: (pass.) 일찍 죽다: júvenem
raptum ploráre. 젊은이의 요절을 슬퍼하여 울다.
14. (무엇에) 이르게 하다, 빠지게 하다, 끌어들이다,
rapido alqm in invídiam. 누구로 하여금 질투심을
일으키게 하다/ opinióníbus vulgi rapi in errórem.
대중의 여론 때문에 오류에 빠지다. 15. 끌어당기다,
마음을 뺏다, 사로잡다, 매료하다: cæco raptus amóre.
눈먼 사랑에 사로잡힌. 16. 빨리 모으로 만들다, 놓치지
않고 빨리 포착하다, 재빨리 해치우다: rapio fugam.
즉시 도망하다. 17. (pass.) (책 따위가) 동날 정도로
잘 팔리다. (라틴-한글사전. p.743)
Raperis in præceps? tene lignum. Volvit te amor mundi?
tene Christum. 그대, 커다란 위험 속으로 떠내려가고
있습니까? 나무를 붙드십시오. 세상에 대한 사랑이
그대를 휘감고 있습니까? 그리스도를 붙드십시오.
(최익철 신부 옮김. 요한 서간 강해, p.133).
rapístrum, -i, n. (rapum) ((植) 야생 순무
răpo, -ónis, m. (raptor) 강탈자(强奪者), 약탈자(掠奪者)
rapsi, (古) = rápui, pf. (rápio)
rapta, -æ, f. (rápio)(dat., abl., pl. -ábus)약탈혼의 규수
raptátĭo, -ónis, f. (raptátus, -us, m.) (rapto)
유괴(誘拐.⑨ kidnapping), 유혹(誘惑).
rapte = **raptim**
raptim(=rapte) adv. (raptus, rápio)
강탈하여, 뺏어, 황급히, 급하게, 급속히, 총총히.

* -im 어미를 가진 부사	
catervátim 무리를 지어	paulátim 점점, 차차
certátim 다투어가며	privátim 사사로이
furtim 비밀히, 몰래	raptim 급속히
generátim 보통으로	sensim 점점
gradátim 차차, 점점	separátim 따로따로
nominátim 지명하여, 하나씩	statim 즉시
passim 여기저기	vicíssim 서로, 번갈아
singillátim, singulátim 각각, 따로따로, 하나씩 따로 개별적으로	

ráptĭo, -ónis, f. (rápio) 납치(拉致), 유괴(誘拐)
ráptĭto, -áre, freq., tr. (rápio) 빼앗다, 탈취하다
rapto, -ávi, -átum -áre, tr., intens.
강제로 끌어가다(오다), 급히 끌고 가다(돌아다니다),
빼앗다, 강탈하다, 약탈하다, 고발하다.
고소하다, (마음을) 사로잡다, 넋을 잃게 하다.
raptor, -óris, m. (raptrix, -ícis, f.) (rápio)
강탈자, 약탈자, 절취자, 횡령자(橫領者), 생포자,
유괴자(誘拐者), 납치자(拉致者), 강간자(强姦者).
magnes raptor ferri. 쇠를 끌어당기는 자석/
matrimónium per raptum. 약탈 결혼.
raptórĭus, -a, -um, adj. (raptor)
강탈의, 잡아당기는, 견인(牽引) 하는.
raptum, "rapio"의 목적분사(sup.=supínum)
raptum, -i, n. (rapio) 약탈(掠奪), 강탈(强奪-강제로 빼앗음),
절취(竊取-남의 물건을 훔치어 가짐), 횡령(橫領-남의 재물을 불법
으로 가로챔), 빼앗은 물품, 강탈한 물건, 약탈물(掠奪物).
Matrinonium per raptum. 약탈 결혼(⑨ Rapt marriage).
raptus, -us, m. (rápio) 약탈(掠奪), 강탈(强奪-강제로 빼앗음),

노략질([영] plunder, pillage), **유괴**(誘拐), **납치**(拉致), (약탈혼인 'matrimónium per raptum'에서) 여자납치(약탈). (醫) 발작폭행. ((神)) (일종의) 탈혼상태(본래 raptus는 약취, 탈취란 뜻인데 종교적으로 어떤 신비스런 힘에 이끌려 무아지경에 끌려들어 가는 상태를 말한다. 백민관 신부 엮음, 백과사전 3, p.292).
impedimentum raptus. 유괴장애(誘拐障碍)/
Præbuit ipsa rapti. 그 여자는 납치되도록 자신을 내맡겼다.
raptus hystericus. 히스테리성 폭행(暴行)
raptus in Cœlum. 공생활 전 예수의 승천(소시누스파의 설)
rapui, "rapio"의 단순과거(pf.=perfectum)
rápŭla, -æ, f. (=**rapulum**, -i, n.) (植) 작은 순무
rāpum, -i, n. (植) 순무(십자화과에 속한 한 두해살이풀. 무의 하나로, 뿌리는 둥글고 길며 물이 많다. 봄에 노란 꽃이 총상 꽃차례로 핀다. 원산지는 유럽이다. 학명은 Brassica rapa이다)
Rara ávis in terris. 지상에서 희귀한 새
rara ávis. 희귀조(稀貴鳥)
rarefácĭo, -féci, fáctum, -ĕre, tr. (rarus+fácio) 희박하게 하다.
pass. **rarefío**, fáctus sum, fíeri. 희박해지다.
rarésco, -ĕre, inch., intr. (rarus) 희박해지다, 엷어지다, 넓어지다, 트이다, (수數가) 적어지다, 듬성듬성해지다, 성기어지다, 엉성해지다, 드물어지다, 뜸해지다.
raripĭlus, -a, -um, adj. (rarus+pilus¹) 털이 적은(성긴)
rarior, -or, -us, adj. rarus, -a, -um의 비교급
rárior aër 비교적 가벼운 공기, 비교적 희박한 공기
rarissimus, -a, -um, adj. rarus, -a, -um의 최상급.
In omni arte optimum quiquid rarissimum est.(Cicero). 어느 예술(기술)에서나 최선의 작품은 아주 드문 법이다/
Optimum quidque rarissimum est(Cicero) 매우 좋은 것은 아주 드물다오/
Ut quidque otimum est, sic rarissimum. 무엇이든 최고의 것이란 그만큼 드문 법이다.
rárĭtas, -átis, f. (rarus) 성김, 듬성듬성함, 엉성함, 희박, (해면.허파 따위의) 다공성(多孔性), 드문드문함, 적음, 희소(稀少-드물고 적음), 희귀(稀貴-드물고 진기함), 좀처럼 없는 것(일), 진품(珍品).
raritúdo, -dĭnis, f. (rarus) 희박(稀薄-묽거나 엷음. 일의 가망이 적음)
raro, adv. (rarus) 드물게, 어쩌다, 듬성듬성, 성기게
Raro fit, ut omnes idem séntĭant. 모든 사람들이 같은 것을 생각하는 일은 드물다(fio 참조).
rārus, -a, -um, adj. **성긴**, 듬성듬성한, (그물의) 코가 큰, 띄엄띄엄(드문드문) 있는, 배지(빽빽하지) 않은, **희박한**, 가벼운, (직물이) 얇고 비치는, **드문**, 희소한, 흔치 않은, 소수의, 어쩌다 있는, 좀처럼 없는, 잦지 않은, 희귀한, 희유(稀有)의, 진귀한, 보기 드문, 특출한, 아주 뛰어난.
adv. **rare**, (**rerénter**, **rerĭter**, **raro**).
árbores raræ. 띄엄띄엄 서있는 나무들/
ávis alba. 보기 드문 일/
Cæsar rarus egréssu. 좀처럼 외출하지 않는 Cœsar/
leónes rári in potu. 물을 드물게 마시는 사자들/
Océanus raris návibus áditur. 대해(大海)에는 소수의 배들이 다닌다/
rara avis. 희귀조(稀貴鳥)/
rárior aër. 비교적 희박한 공기/
rétia rara. 코가 큰 그물/
textum rarum. 비치는 천.
rāsi, "rado"의 단순과거(pf.=perfectum)
rásĭlis, -e, adj. (rado) 깎을 수 있는, 연마할 수 있는, 깎은, 간, 닦은, 갈은, 다듬은, 매끈한.
rásĭo, -ónis, f. (rado) 깎음(머리.수염 따위를), 문지름, 비빔, 마찰(摩擦.문지름.[영] rubbing).
rāsis, -is, f. 마른 송진(소나무나 잣나무에서 분비되는 끈적끈적한 액체)
rásĭto, -ávi, -áre, tr., freq. (rado) 자주 면도하다
rasor, -óris, m. (rado) 7현금 따위의 현악기 연주자, 이발사; 면도해주는 자.
rasórĭum, -i, n. (rado) 이발 기구, 면도기구
rasta, -æ, f. Germánia인들의 거리 단위(약 4.5km)
rastéllus, -i, m. dim. (raster) 작은 갈퀴, 작은 쇠스랑
rāster, -tri, m. (**rastrum**, -i, n.) (rado) (쇠나 나무로 만든 여러 가지 종류의) 갈퀴, 쇠스랑(쇠로 서너 개의 발을 만들어 자루를 박은 갈퀴 모양의 농구農具), 써레(논밭의 바닥을 고르는 데 쓰는 농구).
rastrum dentátum. 쇠스랑
rāsum, "rado"의 목적분사(sup.=supínum)
rasúra, -æ, f. (rado) 깎음, 면도질, 긁어냄, 깎은(긁어낸) 부스러기.
rasura gulæ. 후두음(喉頭音)의 조악(粗惡)한 발음
rāsus, -us, m. (rado) 긁음, 깎음
ratárĭæ, -árum, f., pl. (ratis) 뗏목, 뗏목 배
ratiárĭus, -i, m. (ratis) 뗏목 꾼
ratificátĭo, -onis, f. (ratífico) 재가(裁可-결재하여 허가함), 인준(認准-정식으로 인정하는 행정 행위), 비준(批准).
ratífico, -ávi, -átum -áre, tr. (ratus+fácio) 재가(裁可)하다, 인준(認准)하다, 비준(批准)하다.
ratihabítĭo, -onis, f. (ratus+hábeo) 승인(承認), 인정, 재가(裁可-결재하여 허가함), 추인(追認.[영] confirmátĭon).
Ratihabitio mandato comparatur. 추인은 위임에 비하여진다(추인은 위임에 견주어진다).
rátĭo, -onis, f. (reor, ratus) 1. **계산**(計算), 셈, 헤아림, 타산(打算-자신에게 도움이 되는지를 따져 헤아림), 회계(會計), 결산(redditĭo rátĭonum), 산정. ratiónem dúcere(iníre). 계산하다/ ratiónem numerúmque habére piratárum. 해적들의 수를 헤아리다/ pónere ratiónem *alcjs* rei. 무엇에 대한 셈을 따지다(밝히다)/ in ratiónem indúcere. 계산에 넣다/ libri ratiónum(Aurélius Victor) 장부. 2. 기록부(記錄簿), 출납부(codex accepti et expensi), 장부, 대장, 일람표, 통계표(統計表); 재산(비품) 목록, 물품 명세서: rátĭo carceris. 감옥의 수감자 대장. 3. 수량, 액수(額數), pro ratióne pecúniæ. 돈의 액수에 비해/ Ea nímia est rátĭo. 그 수량은 너무 많다. 4. 비례, 비(比), 비율(比率). 5. 일(ἔργον.[영] work), 사업([영] Work), 용건, 용무, 사무, 업무: (현안의) 문제, (일의) 관계; 거래(去來.[영] Business), 영업, 경영, 운영, 처리: rátĭo nummária. 금전관계(거래.문제). 6. rátĭo rei públicæ. 정치, 정책: rátĭo rei públicæ sociális(de frequéntiā incolárum). 사회(인구) 정책. 7. (pl.) 이익, 이해관계: meæ(tuæ, ect.) rationes. 나(너)의 이익. 8. (전말) 보고, 석명(釋明), 해명, 설명, 답변: *alci* ratiónem *alcjs* rei(de *alqā* re) réddere. 아무에게 무엇에 대해 사실대로 보고하다, 석명하다; 셈해 바치다, ratiónem ab áltero vitæ repóscere. 사생활의 내막을 털어놓기를 남에게 요구하다. 9. **고려**(考慮-생각하여 헤아림), 감안(勘案), 참작, 유의(留意), 주시, 관심, 괘념(掛念-마음에 두고 걱정하거나 잊지 않음), 개의, 견지, 관점: non ullíus ratiónem sui cómmodi dúcere. 자신의 어떠한 이익(利益)도 전혀 고려하지 않다/ ratiónem *alcjs* rei habére. 무엇을 고려(참작)하다/ sauciórum hábitā ratióne 부상자들이란 점을 감안하여/ rátĭone hábitā témporis. 시간적 관점(의미)에서는. 10. (사물의) 성질, 성격, 특질; 양상, 상태, 정도, 형편, 사정. 11. 종류, 부류, 부문, 계열, 분야. 12. **양식**, **방식**, 모양, 수법, 기술, **방법**, 수단, 방도; cogitándi ratio. 사고방식/ mea ratio in dicéndo. 나의 말하는 방식/ quā ratióne. 어떻게, 어떤 방법으로/ omni ratióne. 온갖 방법으로/ nullā ratióne. 결코 아니, 어떤 모양으로도 아니(못)/ malā ratióne. 졸렬하게/ ratióne belli geréndi. 작전, 전술. 13. 순서, 차례; 조리: ut ratióne et viā procédat orátio. 변론이 이로정연(理路整然)하게 진행되도록. 14. (말.글의) 내용(內容), 화제, 주제(主題), 15. 관련, 상관, 교섭, 관계(關係.獨 Verhältnis), 교제, 접촉(接觸): cum hac áliquid ratiónis habére. 이 여자와 어떤 관계가 있다/ neque quidquam cum *alqo* ratiónis habuísse. 누구와는 아무 관련(접촉)도 없었다. 16. 규칙, 법칙, 규정, 규준: Rátĭo studiorum. 예수회의 학사규정, 연학지침(1599년 예수회 학교에 적용할 학교 조직과 교육방법에 관한 통일된 규범). 17. 균형(均衡), 조화,

R

18. 이성(사물의 이치를 논리적으로 생각하고 판단하는 마음의 작용),
이지, 19. 이해(력), 사고(력), 판단(력). 20. 분별, 양식,
도리(ὁδὸς.도리). 21. 합리성, 현명, 잘함, 당연함,
Minari divisóribus, rátĭo non erat. 득표공작금 배부자
들을 협박한 것은 미련한 짓이었다/ Rátĭone facĕre.
잘하다, 잘하는 일이다. 22. 이유, 까닭, 동기. Cur sic
opinétur, ratiónem súbjicit. 그는 왜 그렇게 생각하는
지 이유(까닭)를 댄다. (論) princípium ratiónis
sufficiéntis. 근거율, 충분 이유율, 충족이유의 원리.
23. 근거(根據), rátĭo concépta. 주관적 근거.
24. 원칙, 방침(方針). 25. 의견(⑨ Counsel), 견해, 생각:
Mea sic est ratio. 내 의견은 이렇다. 26. 의도(意圖.
⑨ Intentĭon), 계획(計劃), (…할) 생각. 27. 논제, 논설,
28. 지식(⑨ Intellect/Knowledge/Science), 아는 바:
sine ullá ratióne dijudicáre. 아무런 전문지식도 없으
면서 판결하다. 29. 이론(理論.θεωρια), 학설, 주의,
학문체계, 철학(Φιλοσοφία.⑨ Philosophy), Platónis
ratio. 플라톤의 학설/ ratióne semináles. 배종설
(胚種說). 30. 개념(槪念.ὁρος), 이념. 31. 논지(論旨-
의논의 요지나 취지), 논증, 추리, 추론(推論). (라틴-한글사전. p.744).
[아우구스티노에게 이성(mens, ratio)이란 무엇을 가리키는가? 이성이란 그에게
사고(cogitatio)라고 일컫는 하나의 작용이 아니라 정신(animus) 혹은 영(spiritus),
심지어는 영혼(anima)과 동의로 쓰인다. 이성의 대상은 육체 감관이 제공해 준
표상이 아니라 순수 이성적 사물이며, 지성의 정곡(acies mentis) 또는 이성의 빛
자체(ipsum lumen rationis)가 발현하는 거기에서 사물을 파악한다.
성 염 지음. 사랑만이 진리를 깨닫게 한다. p.76].

ad veritátem revoco ratiónem.
    이유(근거)를 진실에 비추어 판단하다/
ávius a vĕra ratióne. 올바른 이성을 잃은/
cosmica verbi ratio. 말씀의 우주적 차원/
Catholica fides præscribit et certissima ratio docet.
    가톨릭 신앙이 규정하고 아주 확실한 이성이 가르친다/
De rationali et ratione uti.(교황 실베스텔 2세 지음)
    이성적인 것과 이성을 사용함에 대하여/
diffidentĭa de ratióne.
    이성에 대한 불신(가톨릭 교회의 가르침 제10호. p.104)/
distantĭa inter fidem et rátĭonem.
    신앙과 이성 사이의 격차(隔差)/
divina ratio. 신적 이성/
duæ animæ non sunt in eodem corpore.
Ergo, pari ratione, neque duo angeli in eodem loco.
    두 영혼은 같은 육체 안에 있을 수 없다. 그러므로
    같은 이유로 두 천사들은 같은 장소에 있을 수 없다/
Est autem sciendum quod hæc ratio plurimos movit.
    이런 논변이 여러 사람에게 영향을 미쳤다는 사실에
    주목해야 한다.(지성단일성. p.107)/
Et hoc ratione apparet.
    이것은 다음의 논거로 분명해 진다/
ex rationis inquisitione. 이성적 탐구/
experimentum rátĭonis. 이성의 체험(體驗)/
Genus humanum arte et ratióne vivit.
    인류는 문화(藝術)와 이성으로 산다(토마스 데 아퀴노)/
Hoc volo sic jubeo sit pro rátĭone voluntas.
    내가 원하고 명령하니 뜻이 이유를 위해 존재 하여라/
homo rátĭone utens. 이성을 사용하는 사람/
in ratiónem indúcere. 계산에 넣다/
licita causa seu rátĭo. 합당한 이유(理由)/
"Magni mysterii" ratio symbolica(⑨ The symbolic
dimension of the "great mystery")
    "위대한 신비"의 상징적 차원/
natúrali humanæ rátĭónis lumine.
    인간 이성의 자연적인 빛/
Nihil est sine rátĭone. 근거 없이는 아무 것도 없다/
perfecta igitur hominis ratio.
    인간의 완전무결한 이성(=덕)/
pulchritudo rationis. 비례의 아름다움.
    (성 아우구스티노의 미학 용어. 교부문헌 총서 17. 신국론. p.2688)/
Quæ sit ratio sanctorum corpora sepeliendi.
    성도의 시신(屍身)을 매장하는 명분은 무엇인가.
    (교부문헌 총서 17. 신국론. p.2742)/

Rationarium Temporum. 시대의 통계표(1633년)/
ratione miserationis. 자비의 이치/
ratiónem ab alqo reposco. 누구에게 전말보고를 요구하다/
Rationem hominibus di dederunt.
    이성을 신들이 인간들에게 주었다/
ratiónem ineo. 셈하다, 계산하다; 깊이 생각하다, 알아내다/
ratiónem pugnæ insisto. 전법을 따르다/
rationes ideales. 관념적 원인(이유)/
Rationes Incarnatĭónis(⑨.Reason for the Incarnatĭon).
    강생의 이유/
rationes seminales. 종자적 근거/
Rationes vero quas in contrarium adducunt non difficile
est solvere. 실제로 그들이 상반되는 입장을 위해 제시한
    논변들을 반박하는 것은 어렵지 않다.(지성단일성.p.171)/
Rationi merito maximam laudem tribuit.
    이성에 커다란 찬사를 바치고 있다/
recta ratio. 올바른 이성/
relatio rationis. 개념의 관계, 논리적(관념적) 관계/
Tibi ego rationem reddam?
    내가 네게 이유를 설명해야겠느냐?/
Ubi eadem est rátĭo, idem jus.
    동일한 이유가 있는 곳에는 동일한 권리가 있다/
Ubi eadem rátĭo, ibi idem jus. 이치가 같으면 법도 같다/
Ultima rátĭo regum. 왕들의 최후의 논쟁 무력/
ut ratióne et viâ procédat orátio.
    변론(辯論)이 이로 정연하게 진행되도록/
vera ratio unius. 단일성의 참된 근거.
    (성 염 옮김. 단테 제정론. p.33)/
veritas rationis. 이성적 진리/
voluntas est quæ quid cum ratione desiderat.
    의지란 무엇을 이치에 따라서 열망하는 것(신국론. p.1458).
ratio accidentis. 우유적인 것의 본성
rátĭo administrátĭónis. 관리보고(管理報告)
rátĭo anima. 이성(理性)
Rátĭo atque Institutio Studiorum Societatis Jesu.
    예수회 연학 학사 규정.
ratio causalis. 인과적 이유
rátĭo cogitativa. 특수(特殊) 理性, rátĭo particuláris)
rátĭo cognoscendi. 인식의 근거(認識 根據)
ratio cognoscendi tota sola. 유일하고 전체적인 인식 근거
Rátĭo constat. 경우가 같다, 사리가 맞는다
rátĭo discursiva. 논증적 이성
rátĭo dissĕrendi. 변증법(辨證法.⑨ dialetic)
rátĭo divinæ sapientiæ.
    하느님의 지혜로운 이성(한국가톨릭대사전. p.3261).
rátĭo divinæ paternitátis et filiátĭonis.
    하느님의 부성과 자성(子性)의 특성.
rátĭo éntis. 유의 근거(根據), 유의 이유(理由)
rátĭo essendi.
    작용 근거, 존재근거(causa essendi), 존재함의 이유.
ratio et via. 방법론(성 염 지음. 고전 라틴어. p.238).
ratio et veritas numeri. 수(數)의 이치와 진리
**Ratio etiam quædam est memoranda, quandoquidem
ad christianam spem exercendam magnum habet
pondus**.(⑨ A further point must be mentioned here,
because it is important for the practice of Christian hope).
    여기에서 그리스도교 희망을 실천하는 데에 중요한 한 가지
    사항을 더 말씀드리겠습니다(2007.11.30. "Spe Salvi" 중에서).
rátĭo expediendæ salutis. 살길을 모색하는 방법
rátĭo fidei. 신앙의 근거, 신앙의 이성(intellectus fidei)
rátĭo formális. 형상적 근거,
    형식적 이성(표준과 기준 역할을 하는 이론이나 원리).
rátĭo formális rei(essentĭa). 사물의 형상적 계기(본질)
Rátĭo fundamentális institutĭonis Sacerdotális,
    사제양성의 기본지침(1970.1.6. 가톨릭 교육성성 발표).
ratio inductiva. 귀납적 논리(성 염 옮김. 단테 제정론. p.261)
rátĭo inferior. 저급한 이성, 하급적 이성, 하부(하위) 이성
rátĭo institutĭonis. 양성지침(養性指針)

R

Rátio institutiónis Sacerdotális. 사제양성 지침서
rátio instrumentális. 도구적 이성(가톨릭 철학 제2호. p.25)
rátio intellectus. 지성의 이유(理由)
rátio intellegendi. 인식의 근거
ratio interpretandi. 해석 방식
Rátio ipsa monet amicitas comparáre.
　　바로 이성이 우정을 맺기를 권고하고 있다.
　　(monére수 "권고하다.충고하다.설유設諭를 말로 타이를 의 뜻을 가질 때
　　긍정적 객어before에는 "ut+접속법" 또는 그냥 접속법. 그리고 드물게는 부정법을 쓴다.)
rátio justitíæ. 정의의 개념(概念)
rátio legis. 이성의 법
Ratio legis, anima legis. 법률의 이성은 법률의 정신이다.
ratio loquendi et enarratio auctorum. 말하는 이치와
　　작가들의 화술(성 엄 지음. 사랑만이 진리를 깨닫게 한다. p.485).
Rátio lux lumenque vitæ est.(Cicero)
　　이성은 삶의 광명이요, 광채이다.
rátio missíonis 파견(派遣)의 개념(概念)
rátio naturális.(⑨ natural reason). 자연이성, 자연적 이성
ratio necessario complenda adque nostram ætatem
accommodanda. 완전하고 새로운 '양성 계획'의 필요성.
rátio nominis. 명칭의 의미(내용)
ratio numeri. 수(數)의 이념
ratio objectiva pulchri. 미의 객관적인 의미
Rátio omnia vincit. 이치(理致)가 모든 것을 이겨낸다.
Rátio omnĭum domina est. 이성은 만유의 주인이다.
rátio ordĭnis. 질서의 이념(理念)
ratio ordinandorum in finem. 목적을 향한 질서지음의 근거
rátio ordĭnis rérum. 범형인(範型人)(중세철학 제2호. p.95)
ratio practica. 실천적 이성
rátio particuláris. 특수 이성
rátio prædicabilitátis. 빈술성의 이거(理據)
rátio rátĭonális. 인간적 이성
rátio recta. 올바른 이성(고대표현 orthos logos)
rátio rei publicæ sociális. 사회정책(社會政策)
rátio rotunditátis. 원주율(圓周率,π)
rátio scientíæ. 학문적 이성
Rátio Studiorum.(Rátio atque Institutio Studiorum Societatis Jesu.
　　'예수회 연학 학사 규정' 약자) 공부의 이유, 교육 이념, 연학지침,
　　연학 방법론, 학사 규정, 교육지침서, 학업지침.
rátio subsistens. 자립하는 관계
rátio superior. 고급 이성, 상급적 이성, 상부(상위) 이성
rátio theologica. 신학적 이거(神學的 理據),
　　(정의채 신부 지음, 존재의 근거문제, p.211).
rátio translátionis. 번역 지침(飜譯指針)
rátio ut subsistens. 자립하는 것으로써의 관계
rátio veritátis. 진리의 이성
ratiocinális, -e, adj. (ratócinor) 추리에 바탕을 둔, 추론의.
ratiocinátio, -ónis, f. (ratócinor) 추리(推理), 추론(推論),
　　추리작용, 심사, 숙고(熟考), 반성, 자문자답식 추론,
　　삼단논법(三段論法), 철학적 논거(論據), 건축의 이론.
ratiocinátio per analogiam(類比推理)
ratiocinatívus, -a, -um, adj. (ratiocinátio)
　　추리의, 추론적인; 삼단논법적. (文法) 결론의.
　　conjúnctio ratiocinatíva. 결론 접속사(ergo, igitur 따위).
ratiocinátor, -óris, m. (ratiócinor) 심사숙고하는 자,
　　추론자(推論者), 계산하는 자, 평가자(評價者),
　　ratiocinatores. 추론가(본뜻은 '추론가' 혹은 '따지기 좋아하는 사람들')
ratiocinĭum, -i, n. (ratócinor) 계산(計算), 평가(評價),
　　회계(會計, tribuni aërárii), 기록(記錄.γραφή).
　　(論) 추론(推論), 추리(推理.⑨ inference).
ratiocinium argumentativum. 치밀한 논증.
　　(성 엄 지음. 사랑만이 진리를 깨닫게 한다. p.327).
ratiócinor, -átus sum -ári, dep., tr., intr. (rátio)
　　계산하다, 타산하다, 심사숙고하다, 반성하다, 검토하다,
　　추리하다, 추론하다, …에서 결론을 내다. pass. 계산되다.
rationabile est. 합리적이다(consentaneum est)
rationabile obsequĭum. 합당한 응답(應答),
　　도리에 맞는 예배, 진정한 예배(로마 12. 1 참조).
rátĭonabiles cibos et mistica secreta.
　　영적인 양식과 신비적인 비밀들(복음과 문화 제8호, p.54).
rationábilis, -e, adj. (rátio) 이성을 가진, 이유가 있는,
　　이치(理致)가 맞는, 합리적인.
　　adv. rátĭonabiter. 합리적으로.
　　persona vero rationabilis naturæ individua substantia.
　　인격은 이성적 본성의 개별적 실체이다.
rationabilis pulchritudo.
　　이성으로 파악하는 미(교부문헌 총서 17, 신국론, p.2720).
　　sensibilis pulchritudo. 감관으로 파악하는 미(美).
rationabílĭtas, -átis, f. (rationábilis)
　　이성, 판단력(判斷力), 합리성(合理性).
rationabílĭtas negativa. 소극적 합리성
rationabílĭtas positiva. 적극적 합리성
rátĭonabiter, -e, adv. 합리적으로.
　　Hoc non dicitur rátĭonabiliter.
　　理性的으로 보면 그렇게 말할 수 없다.
rátĭonabiter investiganti. 이성적 탐구자들
rationále, -is, n. 전례 규정서, 흉대(胸帶), 가슴받이,
　　(중세에) 주교 제의의 어깨 앞뒤로 둘러 걸치던 장식 띠.
rationále (judícii). 고대 유태교 대제관의 흉패.흉판
rationale ac librerum voluntátis arbitrĭum.
　　이성적이고 자유로운 의지.
Rationale divinorum officiorum. 거룩한 직무들의 이론,
　　성무일도의 근본원리(윌리암 두란두스 지음).
rationale natúra. 이성적 본성
rationális, -e, adj. (rátio) 계산의, 회계의, 수납의,
　　이성적, 이성있는, 이치(理致)에 맞는, 합리적, 논리적,
　　이론적, 추리의, 삼단논법의. (수) 유리(有理)의.
　　m. 회계관, 수납관, 수세관(收稅官).
　　anima rationalis. 이성혼(플로티누스가 지성혼anima intellectualis과
　　영성혼anima spiritualis으로 구분하였다)/
　　disciplína rationalis. 이론과학/
　　Homo est ánimal rationále. 사람은 이성적 동물이다/
　　númerus rationalis. 유리수(有理數).
rationális creatura. 이성적 피조물
rationális naturæ individua substantĭa.
　　이성적 본성을 갖는 개체적 실체(個體的 實體),
　　지적 본성을 지닌 개별적 실체(=인격, 보에티우스).
rationális philosophía. 논리학(論理學)
rationális pars philosophíæ. 변증법(辨證法)
rationalisátĭo, -ónis, f. (rationális) 합리화, 이론적 설명
rationalísmus, -i, m. (rationális) 이성주의(理性主義),
　　합리주의, 유리주의(唯理主義), 주리론(主理論).
　　adj. rationalístĭcus, -a, -um,
rationalismus absolutus. 절대적 합리주의
rationalismus moderátus. 중도적 합리주의
Rationalismus philosophicus deos in ambitum
non-exsistentiæ relegaverat.(⑨ Philosophical rationalism
had confined the gods within the realm of unreality)
　　철학적 합리주의는 신들을
　　비현실 세계에 가두어 버렸습니다.
rationalísta, -æ, m.(f.) 합리주의자, 유리주의자.
rátĭonálĭtas, -átis, f. (rationális) 이성향유(理性享有),
　　합리성, 이치에 맞음, 합리적인 의견.행동, 추리력.
rationarĭus, -a, -um, adj. (rátio) 계산의, 회계의, 통계의.
　　m. 회계원. n. 통계표, 예정표, 계산표(計算表), 장부.
rátĭone et viã. 이성적으로 그리고 방법론적으로
rátĭone habitã tempóris. 시간적 의미에서는
rátĭonem incomplexorum concipit intellectus.
　　비복합적인 가지상, 사물로부터 포착(捕捉)하는 형상.
rátĭonem pugnæ insisto. 전법을 따르다
rátĭones æternæ. 영원한 이유들, 영원한 근거들,
　　영원한 이성, 영원의 개념들.
rátĭones belli gěrendi. 작전(作戰), 전술(戰術)
rationes credibilitatis. 믿을만한 근거
rátĭones ideales. 이상적 이념
Rátĭones Incarnátĭonis(⑨.Reason for the Incarnátĭon).
　　강생의 이유.

R

rátĭones necessáriæ.
　필연적 이유, 이성의 필연적 근거(根據).
rátĭones omnĭum rĕrum. 만물의 이념들
rátĭones seminales. 배아의 이유(S. Augustinus), 배종설,
　배종이성(胚種理性)(교부론헌 총서 16, 신국론, p.1158),
　이념적 종자, 배종적 이념(아우구스티노 이래로 신플라톤
　학파로부터 차용. 성 염 옮김, 피코 델라 미란돌라, p.18),
　종자적 이성들(보나벤뚜라. 스콜라 철학에서의 개체화, p.277).
rátĭonis usus. 이성의 사용(理性의 使用)
rationis seminales. 배아 이유
rătis, -is, f. 떼, 뗏목, 배(πλοίον.船), 선박(船舶).
　Ago ratem in amnem. 뗏목을 강으로 띄워가다/
　Fecunda ratis. 풍요로운 떼(Liège의 Egbert 지음)/
　insinuo ratem terris. 배를 육지에 살며시 들이대다/
　Ratem unam ducentos longam pedes, quinquaginta latam
　a terra in amnem porrexerunt. 그들은 길이 200보에
　넓이 50보의 뗏목을 땅에서 강에다 펼쳐놓았다.
rátis longa pedes ducentos. 길이가 200척 되는 뗏목.
　[연장(exténsio:즉 길이, 넓이, 깊이 등)을 표시하는 명사에는 측정의
　표준 단위 명에 측정의 수(기본수사)를 붙인 형용 2격을 붙여준다.]
Ratísbŏna, -æ, f. 독일의 Regensburg
ratítus, -a, -um, adj. (ratis) 배(船)의 그림을 새긴 (돈).
ratiúncŭla, -æ, f. dim. (rátĭo) 짧은(자그마한) 계산,
　빈약한 이론, 궤변(詭辯.⑨ sophistry; casuistry),
　박약(薄弱)한 근거, 변변치 못한 이유.
rătus, -a, -um, p.p., a.p. (reor) 여긴, 생각한, 계산된,
　산정된, 배정된, **일정한**, 결정된, 확정된, 고정된,
　부동의, 바뀌지 않는, 항구한, 영구불변의, 인정된,
　인준된, 재가 된, 유효한, 추인된.
　alqd ratum habére.
　(법적으로) 무엇을 유효한 것으로 인정하다/
　motus síderum rati. 고정된(일정한 궤도상의) 운행/
　pro ratá. 일정한 비율로(비례대로), 배정된 몫에 따라,
　그에 비례하여/
　pro ratá parte(portióne). 일정한 비율로(비례대로),
　배정된 몫에 따라, 그에 비례하여/
　Ratum habere. 교회법상 유효로 인정함/
　ratum matrimónium. 성립된 혼인(婚姻), 유효 인정 혼인,
　(교회법상) 유효(로 인정된) 혼인(육체적 교섭 이전 상태)/
　Ratum mihi est. 나는 인정한다/
　Ratum non consummatum. 동침 이전의 유효 인정 혼인.
rauca¹ adv. (raucus) 목쉰 소리로; 시끄럽게
rauca² -æ, f. (蟲) 굼벵이
raucédo, -dĭnis, f. (raucus) 목소리가 쉼(목쉼), 목이 잠김
raucésco, -ĕre, intr., inch. (raucus) 목이 쉬다
raucídŭlus, -a, -um, adj. dim. (raucus) 약간 목쉰
ráucĭo, rausi, rausum, -íre, intr. (raucus)
　목이 쉬다, 목이 쉬어 있다.
raucísónus, -a, -um, adj. dim. (raucus+sonus¹)
　쉰 목소리의, 목쉰 소리의.
ráucĭtas, -átis, f. (raucus) 목이 쉼, 쉰 목소리, 코고는 소리.
rauco, -áre, intr. (호랑이가) 울다
raucus, -a, -um, adj.
　목쉰, 목소리가 쉰(잠긴), 쉰 목소리의, 볼멘소리의,
　(여러 가지 동물이 귀에 거슬리는 소리로) 시끄럽게 우는,
　까악 까악(꺽꺽.쓰르람 쓰르람.개골개골) 우는,
　(파도.폭풍.천둥 따위의 소리가) 소란스러운,
　(악기의 소리가 맑지 못하고) 거센 소리 나는, 시끄러운.
　adv. **rauce**(raucum, rauca,) 목쉰 소리로; 시끄럽게.
raudus(=rodus, = rudus) -dĕris, n. (rudis¹)
　(금속 특히 구리의) 조광(粗鑛=原鑛=파낸 그대로의 광석),
　가공하지 않은 동(銅), (때로는) 화폐로서의 동(銅).
raudúscŭlum, -i, n. dim. (raudus)
　작은 동괴(銅塊), 동전, 소액의 돈.
rauduscŭlum, -i, n. 소액의 돈
rausi, "raucio"의 단순과거(pf.=perfectum)
rausum, "raucio"의 목적분사(sup.=supínum)
rausūrus, "raucio"의 미래분사(p.fut.=particípium futúrum)
ravastellus(rávistéllus) -i, m. 반백의 신사(紳士)

rávĭdus, -a, -um, adj. (ravus¹) 회색빛을 띤
rávĭo, -íre, intr. (ravis) 목이 쉬도록 이야기하다
rāvis, -is, f. 목이 쉼, 목이 잠김, 쉰 목소리
rávistéllus(ravastellus) -i, m. 반백(半白)의 신사
rávŭlus, -a, -um, adj. dim. (raucus) 약간 목쉰
ravus¹ -a, -um, adj.
　(누런 바탕의) 회색; 다갈색의, 황갈색의.
ravus² -a -um, adj. (=raucus) 목쉰
re-¹, red-, prœverbĭum. 1. 합성되는 단어에(주로 동사에)
　"다시, 대단히, 대항, 도로, 뒤로, 멀리, 반대, 반복, 서로,
　상호, 완성, 이탈, 정반대의 상태" 따위의 뜻을 보태어
　주는 접두어. 2. 모음 및 "h"자 앞에서는 "red-"로, "k"와
　"r"자를 제외한 자음 앞에서는 "re-"로 합성 됨. 그러나
　후기 라틴어에서는 모음 앞에서도 "re-"로 합성 됨.
　"돌려주다 réd-de-re"와 "재생한 redí-vívus"의 특수한
　경우도 있으며, 자음으로 시작하는 동사 앞에서 그 같은
　자음을 하나 더 보태어 가지는 경우도 있음. e.g.
　"rét-tuli 도로 가져왔다")　　　　(라틴-한글사전, p.746)
re² (re verá) adv. (res)
　과연(nempe, adv., conj.), 실제로, 사실은.
re Judicata.
　기판사항(旣判事項-뒤짚을 수 없게 확정된 종국판결을 말함).
　Magis expedit res judicatas esse firmas quam esse
　justas. 기판사항은 정당함보다 견고함이 더 이롭다.
rěa, -æ, f. (=rěus, -i, m.) 피고(⑨ defendant.獨 Beklagte),
　죄 있는 여자, 여자 피고, 기소(起訴)된 사람.
Rêa Sílvĭa, -æ, f. = Rhea Sílvĭa.
reaccénsus, -a, -um, p.p., a.p. (insuit. reaccéndo)
　다시 불붙은; 다시 달아오른.
reaccíngo, -ĕre, tr. (re¹+) 다시 두르다.졸라매다
reáctĭo, -ónis, f. (re¹+) 반작용, 반동, 반응(反應),
　(진보적인 운동에 대한) 보수적 경향, 역행(逆行).
reædificátĭo, -onis, f. (reædifico) 재건, 개축(改築)
reædífico, -ávi, -átum -áre, tr. (re¹+) 다시 짓다,
　재건(再建)하다, 개축(改築)하다, 다시 건설(建設)하다.
reagentĭa, -órum, n., pl. (藥) 반응물(反應物), 반응력.
　(藥) 시약(試藥), 시제(試劑).
reagnósco, -ĕre, tr. (re¹+)
　재인식(再認識)하다, 생각해내다, 다시 알아보다.
reágo, -ĕre, tr. (re¹+) 다시 몰다.밀어내대다
reális, -e, adj. (res) 물적인, 물건에 관한, **현실적**,
　실제적, 실지의, 사실(상)의, **실질적**, 물질의, **실재적**.
　jus est realis et personalis hominis ad hominem
　proportio. 법이란 인간이 인간에게 갖는 실제적이고
　인격적인 비례관계.(성 염 옮김. 단테 제정론. p.51)/
　Prophetĭa realis. 현실 예언/
　transactĭo reális. 사물에 관한 화해.
reális identitas. 실제적 동일성
reális indulgentĭa. 성물적 은사
realisátĭo, -ónis, f. 실현(實現), 현실화(現實化)
realismus, -i, m. 현실주의, 문학.예술의 사실주의.
　(哲) 실재론(實在論.⑨ réalism), 실재주의.
realismus criticus. 비판적 실재론
realismus exagerátus. 과장(誇張) 실재론, 극단 실재론.
reálismus ingenuus. 순진한 실재론(철학여정, p.227)
reálismus moderátus.
　온건 실재론, 중화 실재론, 온건 실존주의(實存主義).
reálismus ontológicus. 본체론적 실재론
reálĭtas, -átis, f. 현실(성), 실제(성), 사실(성), 실지,
　실재(성). ultima realitas. 궁극적 실재(窮極的 實在).
Realitas Coreana. 한국적 실재(심상태 지음. 續.그리스도와 구원. p.361)
realitas Dei. 신의 실재
realitas divina. 신적 실재
realitas essentĭæ. 본질의 실재성(本質 實在性)
realitas subjecti. 주체의 실재
reápse. adv. (re+eápse)
　실지로, 실제로, 참으로, 사실로, 사실은.
　Reapse, nemo umquam Deum vidit sicut ipse est.

R

(⑨ True, no one has ever seen God as he is)
실제로 하느님을 있는 그대로 본 사람은 아무도 없습니다.
reassúmo, -súmpsi -súmptum -ĕre, tr. (re¹+)
되찾다, 다시 맡다, 다시 인수하다.
reassúmptĭo, -ónis, f. (re¹+) 되찾음, 다시 인수함
reátus, -us, m. (reus) 미결(구류의) 상태(기간),
미결 중에 있는 피의자(피고인) 신분, 죄책(罪責),
죄, 죄과, 죄목, 미결 중인 피고인의 복장.
Poenæ reatus culpæ. 죄책과 죄벌.
reátus culpæ. 죄책(罪責). (神) 죄과 있는 상태, 단죄성
reátus poenæ. 원죄의 결과. (神) 죄과에 대한 처형성,
마땅히 벌 받아야 하는 상태(성질.입장.신분).
rebaptísma, -ătis, n. (re¹+) 다시 받는 세례, 재세례(再洗禮).
rebaptizátĭo, -ónis, f. (rebaptízo) 다시 세례 줌
rebaptizátor, -óris, m. (rebaptízo) 다시 세례 주는 사람
rebaptízo, -áre, tr. (re¹+) 다시 세례(洗禮) 주다
Rebécca, -æ, f. 모반(謀反), 반역(反逆), 폭동(暴動).
(聖) Isaac의 아내, Esau와 Jacob의 모(母)(창세 25, 20 참조).
rebellátĭo, -ónis, f. (rebéllo) 반란(反亂), 폭동(暴動),
모반(謀反), 반역(反逆), 반항(反抗).
rebellátrix, -ícis, f. (rebéllo) 반란자(反亂者),
폭동(暴動.⑨ rioting) 일으키는 여자.
rebéllĭo¹ -ónis, f. (rebéllis) 반란, 폭동, 모반(謀反),
반역(反逆), 반항(反抗), 적대행위를 취함.
rebéllĭo² -ónis, m. (rebéllis) 반란자, 반역자, 폭도.
rebéllis, -e, adj. (re¹+bellum) 투항했다가 다시 도전하는,
반란을 일으키는, 반역(모반)하는, 반역(자)의.
m., pl. 반역자들, 반역도.
rebéllĭum, -i, n. (rebéllo) 반란(反亂)
rebéllo, -ávi, -átum, -áre, intr. (re¹+)
투항했다가 다시 도전하다, 반란을 일으키다(ㅁㄱㄱ),
반역(모반)하다, 폭동(暴動)을 일으키다,
적대행위를 하다, 반항(反抗)하다, 거역(拒逆)하다,
(결정.욕망.감정.세력 따위가) 다시 일어나다.
rebíto, -ĕre, intr. intr. (re¹+beto) 돌아오다(가다)
rebóo, -áre, intr. (re¹+) 되울리다, 메아리치다.
반향(反響)하다, 맞서 으르렁대다, 메아리치게 하다.
rebúllĭo, -ívi(ĭi), -ítum, -íre, (re¹+)
intr. 다시 부글부글 끓다, (술이) 부걱부걱 괴다.
tr. 끓어오르며 (무엇을) 내보내다.
rebus afflictis. 절망상태에서
rebus decísis. 사건이 처리된 다음
rebus in arduis. 역경 속에서
rebus novis nova nomina.
새 것들에는 새 이름들을 붙여 주다.
recálcĭtro, -ávi, -áre, intr. (re¹+)
(말 따위가) 뒷발질하다, 반항하다.
recálco, -átum -áre, tr. (re¹+)
되밟다, 다시 짓밟다, 되풀이하다.
recálco, -átum -áre, tr. 되밟다
recal(e)fácĭo, -féci -fáctum -ĕre, tr. (re¹+)
다시 덥히다, 다시 따뜻하게 하다. 되살려 일으키다.
recal(e)fácĭo, -fio -fáctus sum -fíeri, pass. 다시 더워지다
recalefácĭo, -féci -factum -ĕre, tr. 다시 덥히다
recálĕo, -ére, intr. (re¹+) 다시 더워지다
몹시 뜨거워지다, 소생해 있다. 생생하게 남아 있다.
recalésco, -cálŭi -ĕre, inch., intr. (recáleo)
다시 더워지다, 다시 분발하다.
rĕcálui, "recalésco"의 단순과거(pf.=perfectum)
recalváster, -tri, m. (recálvus) 이마 벗겨진 사람, 대머리.
recalvátĭo, -ónis, (recalvítĭes, -éi.) f.
벗어진 이마, 대머리(⑨ a baldhead).
recálvus, -a, -um, adj. (re¹+ calvus¹)
이마 벗어진, 대머리의.
recandésco, -dŭi -ĕre, inch., intr. (re¹+) 희어지다,
흰 거품이 일다, 다시 뜨거워지다, 달아오르다.
작열하다, 다시 격앙되다, (분노가) 다시 치밀다.
rĕcandui, "recandésco"의 단순과거(pf.=perfectum)

recăno, -ĕre, intr. (re¹+) 서로 노래로 응답하다,
화답하다, 걸린 마술을 벗어나다.
recánto, -ávi, -átum, -áre, intr., tr. 메아리치다,
울려 돌아오다, 다시 (반복해서) 노래하다,
마술로 (주문을 외워) 물리치다.제거(除去)하다,
취소(取消)하다, 철회(撤回)하다.
Recapĭ tulátĭo. 총괄 실현(總括實現.⑨ Recapitulátĭon),
총괄 갱신(總括更新·가톨릭 교회 교리서 제1편, p.194).
Recapitulátĭo* -onis, f. (recapítulo) 요점의 되풀이,
요약, 개괄(槪括·대중을 간추려, 요점이나 줄거리를 뭉뚱그림),
재창조(再創造.⑨ recapitulátĭon)(교리서 518항),
요약 복습, 회복, 총괄적 회복(⑨ 이레네오), 하나로의 환원,
본디의 상태로 회복(anakephalaiōsis).
recapítŭlo, -áre, (recapítŭlor, -átus sum, -ári, dep.)
tr. (re¹+capítulum) 요점을 다시 말하다,
요점을 추려서 다시 설명하다, 요약하다.
recasúrus, -a, -um, p. fut. (récido¹)
recáuta, -órum, n., pl. (recáveo)
석방(釋放), 방면(放免·석방), 면제(免除).
recávĕo, -cávi, -cátum, -ére, intr. (re¹+)
서로 안전 조치를 취하다, 보증을 서로 주고받다.
récăvus, -a, -um, adj. (re¹+) 오목한?
recávum spéculum 오목거울.
réccĭdi = récidi, pf. (récido¹)
recede, 원형 recédo, -céssi -céssum -ĕre, intr.
[명령법. 현재 단수 2인칭 recede, 복수 2인칭 recedite].
Recede, ait, et sta illic. 물러나 거기 서 있어라(2사무 18, 30).
recédo, -céssi -céssum, -ĕre, intr. (re¹+ cedo²)
물러가다(ἀνεχωρεῖν), 돌아가다(ㅁㄱ), 자러(침실로) 가다,
가버리다, 떠나가다, 물러나다, 떠나다, 그만두다,
손 떼다, 버리다, 멀어지다, 사라지다, 떨어져 나가다,
분리되다, 헤어지다, 갈라지다, 먼 곳에서
멀리 떨어져 있다, 깊숙이 (들어가) 있다.
Non recedamus a via; teneamus unitatem Ecclesiæ,
teneamus Christum, teneamus caritatem. 길에서 벗어
나지 맙시다. 교회의 일치를 지킵시다. 그리스도를 모십
시다. 그리고 사랑을 지닙시다/
Recedat amor mundi, et habitet Dei; melior accipiat
locum. 세상에 대한 사랑은 물러가고 하느님에 대한
사랑이 깃들기를 바랍니다. 우리 안에 더 좋은 것이
자리를 차지하기를 바랍니다/
Recedite, prædones; recedite, invasores possessionis
Christi.이 도둑들아 물러가라. 그리스도의 소유를 약탈한
자들아, 썩 물러들 가라.(최익철 신부 옮김. 요한 서간 강해. p.335)/
Urbes recedunt. 도시들이 점점 멀어진다.
recedo a vitá. 자살하다
recéllo, -ĕre, (re¹+ cello¹) tr. 뒤로 젖히다.
intr. 뒤로 기울어지다, 나자빠지다, 뒤로 주저앉다.
rĕcēns, -éntis, adj. (abl. sg. -ti; gen. pl. -tǐum, -tum)
신선한, 싱싱한, 오래 되지 않은, 생생한,
막(방금.새로) …한, 갓 난, 햇-, 풋-, 흐르는, **새로운,**
신참(新參)의, **최근의,** 최근에 일어난(생긴.있은),
…하자 마자의, 바로 직후의, …바로 뒤에 안 되는,
거의 동시(대)의, 최근(最近)에 그만 둔(떠난),
(감정에 대해) 아직도 생생한(새로운), 새삼스러운,
(비교급으로) 근대의, 현대의, **발랄한,** 생기 있는,
팔팔한, 원기 왕성한(integer viribus.), 활기찬.
m., pl. recentióres. 현대의 저술가(철학자.작가)들,
n., pl. **recéntia.** 최근의 일들,
adv. **recénter, recens,**
최근에, 요사이, 요즈음, 근래에, 새로, 막, 방금,
ætas recentior. 근대, 근세/
causa recentior. 근래의 안건/
cátuli recéntes. 갓 난 (토끼) 새끼들/
Deus recens(Ps. 80,10) 새로운(다른) 신/
e província recens. 최근에 지방장관직을 그만 둔/
Eo venérunt, Romā recéntes.
그들은 Roma를 떠나는 길로 그곳에 왔다/

R

epístola recentíssima. 가장 최근의(마지막) 편지/
Hæc vox est, a qua resens sum.
이것은 방금 내가 들은 소리이다/
Homérus, qui recens ab illórum ætáte fuit.
시대적으로 그들의 바로 직후에 있었던 Homérus/
in recénti. 최근에, 새로이/
lac recens. 신선한 우유/
poma ex arbóribus recéntia. 나무에서 갓 딴 과일들/
pullum asinínum a partu recéntem.
막 출생한 당나귀 새끼를/
recéntes in dolóre. 새삼스럽게 괴로워하는 그들/
recénti re(negótio) 즉시, 곧(εὐθέως.εἰθὺς), 당장/
Recentium dolorum memoria minime est felix.
최근의 고통에 대한 기억은 결코(minime) 행복하지 못하다/
recéntius ævum. 근대, 근세/
sol recens. 막 솟아오르는 해.
recens a vúlnere Dido. 방금 부상한 Dido.
recens aqua. 방금 길어온 물, 생수(生水).
acqua viva. 살아 있는 물.
recens fretum. 흐르고 있는 해협
recens sanguis. 선혈(鮮血), 유혈(流血)
recénsĕo, -sŭi -sum(sítum) -ére, tr. (re¹+)
점검하다, 점호하다, (수.상태 따위를) 조사하다,
검사하다, 검열하다, 사열하다,
열병하다, 곰곰이 생각하다, 숙고하다,
음미하다, 이야기하다, 열거하다,
(글.책 따위를) 교정하다, 교열하다.
recénsĭo, -ónis, f. (recénsĕo)
인구(호구) 조사(등록), 검사, 음미, 교정(校訂).
De recensione librorum. 책들의 수정본.
Recensio liturgica.(⑨ Liturgical review.
獨 Zeitschriften liturgische) 전례 잡지.
recéns, adv. 최근에, 요사이, 요즈음, 근래에, 새로, 막, 방금
rĕcensui, "recénsĕo"의 단순과거(pf.=perfectum)
rĕcensum, "recénsĕo"의 목적분사(sup.=supínum)
recensus, -us, m. (recénsĕo) 인구(호구) 조사,
검사(檢査), 검열(檢閱), 반성, 성찰(省察)
recentárĭus, -i, m. (rcentárĭa, -æ, f.) (recens)
눈으로 냉각시킨 포도주 파는 사람.
recénter, adv. 최근에, 요사이, 요즈음, 근래에, 새로, 막, 방금.
An foemina partum recenter editum trucidans, capite
plectanda sit? Quæstio est inter Doctores controversa.
막 태어난 아이를 살해하는 여인은 극형으로 처벌받아야
만 하는가? 이것은 법학자들 사이에 다투어지는 문제이다.
recenti re. 곧(εὐθέως.εἰθὺς), 당장(in præséntia), 즉시
Recentíores episcoporum synodi.
종말론에 관한 몇몇 의문들(1979.5.17. 서한).
recentius ævum. 근세(ætas recentĭor)
recentórĭcus, -a, -um, adj. (recens) 새로 개간한
recentóricus ager Sicilĭénsis.
Sicília에 새로 개간한 Roma 국유 농토.
rĕcépi, "recípio"의 단순과거(pf.=perfectum)
receptábilis, -e, adj. (recépto)
받아들일 수 있는, (고난 따위를) 당할 수 있는.
receptácŭlum, -i, n. 용기(容器), 그릇(מִזְרָק.יַעַ),
(초대교회에서 성혈 수혈 때) 받치는 보,
저장소, 저수지(貯水池), 피난처, 은신처, 대피소.
Faciesque in usus eius lebetes ad suscipiendos cineres
et vatilla et pateras atque fuscinulas et ignium
receptacula; omnia vasa ex ære fabricabis.
(kai. poih,seij stefa,nhn tw/| qusiasthri,w| kai. to.n kalupth/ra
auvtou/ kai. ta,j fia,laj auvtou/ kai. ta,j krea,graj auvtou/ kai. to.
purei/on auvtou/ kai. pa,nta ta. skeu,h auvtou/ poih,seij calka/)
(⑨ Make pots for removing the ashes, as well as
shovels, basins, forks and fire pans, all of which shall
be of bronze). 그리고 재 받이와 삽과 쟁반, 고기갈고리
와 부삽 등 제단에 딸린 모든 기물을 청동으로 만들
어라(성경 탈출 27, 3)/그을음 받이와 부삽과 피 뿌리는

쟁반과 집게와 향로 등 제단에 딸린 모든 기구를
놋쇠로 만들어라(공동번역 출애 27, 3).
receptaculum genĕrale. 시장(syndicus municipális).
receptaculum novitátum. 백화점(pantopolíum, -i, n.)
recéptans, -ántis, m.(f.) (recépto)
(가해자를) 은닉하는 자: 장물 취득자(臟物 取得者)
receptátĭo, -ónis, f. (recépto) 다시 취함, 숨을 다시 쉼.
((法) (범죄자의) 은닉.은신처 제공(隱身處 提供).
receptátor, -óris, m. (**receptátrix,** -ícis, f.) (recépto)
받아들이는 사람, 수용자(受容者),
(도둑.강도.적군 따위의) 은닉자(隱匿者): 장물보관인.
receptíbilis, -e, adj. (recípio)
도로 찾을 수 있는, 받아들일 수 있는, 회복할 수 있는.
receptícĭus(receptítĭus), -a, -um, adj. (recéptĭo)
유보(留保)의, 유보되어 있는.
recéptĭo, -onis, f. (recípio) 받아들임, 수용(受容),
접수, 수령(受領), 영수(領受), 맞아들임, 모셔 들임,
응접(應接-손님을 맞이하여 접대함), 영접(迎接-손을 맞아 접대함),
환영(歡迎-기쁘게 맞음), 입회허가(⑨ admissĭon), 가입.
Receptĭo Epíscopi.(⑨ Reception of Bishop.
獨 Empfang des Bischofs liturgischer) 주교 영접 예식.
receptívus, -a, -um, adj. (recípio)
(사상.인상 따위를) 잘 받아들이는, 감수성이 예민한,
이해력이 빠른, 감각기관(感覺器官)의.
recépto, -ávi, -átum, -áre, tr., freq. (recípio) 도로 잡아채다,
잡아 뽑다, 다시 잡다(가지다), 도로 받아들이다, 회복하다,
(사람을) 자주 받아들이다, 숨겨주다, 숨을 곳을 제공하다,
은닉(隱匿)하다, 접수하다, 받다.
Meum recéptas fílium ad te.
너는 내 아들을 너한테 자주 드나들게 한다/
se recepto (in acc.) 물러가다, 돌아가다, 피난하다, 숨어들다.
recéptor, -óris, m. (**receptrix,** -ícis, f.) (recípio)
받아들이는 사람, 수용자(受容者), 영수자(領受者),
(도둑.강도.적군 따위의) 은닉자(隱匿者); 장물 보관자,
되찾는 사람, 회수자(回收者), 만회자(挽回者).
(生理) 감각기관. ((生) (세포의) 감각 접수체.
receptórĭus, -a, -um, adj. (recípio) 은신하기에 적당한,
피난처의. n. receptorĭum, -i, n. 은신처, 피난처.
Receptui cecinit. 퇴각 나팔소리가 울렸다.
Classicum cecinit. 신호 나팔소리가 울렸다.
recéptum, "recípio"의 목적분사(sup.=supínum)
recéptum, -i, n. (recípio) 언질(나중에 증거가 될 말),
약속(ἐπαλλελίον.約束.⑨ Promise), 보증(保證),
책임짐, 담보(擔保), (약의) 처방(處方).
receptum offícium. 맡은 직책
receptus¹ -a, -um, p.p., a.p. (recípio)
받아들여진, 만인에게 인정받은, 관례적인,
일반적으로 행하여지고 있는, 통례적인, 통용되는.
receptus, -us, m. 안전지대(安全地帶)
receptus, -us, m. 피신처(避身處)
receptus, -us, m. 후진(後進)
receptus² -us, m. (recípio) 되돌림, 되돌아 옴, 회복,
회수(回收), 철회(撤回), 취소(取消-지우거나 물러서 없앰),
중지, 포기(抛棄.⑨ Abandonment-버리고 돌아보지 않음),
물러남, 은퇴(隱退), 후퇴, 퇴각(退却), **철수(撤收)**
퇴조(退潮-기운, 세력 따위가 줄어듦), 썰물(desidia máris),
간조(干潮-썰물로 해면의 높이가 가장 낮아진 상태),
피신처(避身處), 피난처(避難處), 안전지대; 보금자리.
recéptui cánere. 나팔신호로 철수시키다/
recéptui signum dare. 퇴각신호를 하다/
Spíritus … sit nec in recéptu dífficilis.
숨을 들이쉬기가 곤란해서도 안 된다/
Teneamus eum cursum qui semper fuit optimi cujusque,
neque ea signa audiamus quæ receptui canunt.
모든 위인이면 누구나 가던 그 행로를 견지합시다. 후퇴
하라고 불어대는 신호는 듣지 맙시다.
recéssa, -æ, f. (recédo) 썰물(desidia máris).
간조(干潮-썰물로 해면의 높이가 가장 낮아진 상태), 퇴조(退潮).

R

rĕcessi, "recédo"의 단순과거(pf.=perfectum)

recéssim, adv. (recédo) 뒤로 물러나서.물러가서

recéssĭo, -ónis, f. (recédo) 물러감, 퇴장, 퇴거, 후퇴(後退)

recessum, "recédo"의 목적분사(sup.=supínum)

recessus[1] -a, -um, p.p., a.p. (recédo)
뒤로 물러나 있는, 안쪽으로 깊숙이 들어간.

recessus[2] -us, m. (recédo) 물러감, 떠나감, 퇴거(退去),
후퇴, 퇴근(退勤), 귀가(歸家), 멀어짐, 멀찍이 함, 기피,
회피(回避), 혐오(嫌惡), 썰물, 퇴조, 간조, 피신처, 외딴 곳,
격리된 장소, 한적한 곳, 후미진 곳, 해만(海灣),
그윽한(깊숙한) 곳, 구석진 곳, 마음 속, 심오(深奧), 휴식.
(解) 와(窩), (기관의) 오목 들어간 곳.
In ánimis hóminum sunt tanti recéssus.
사람들 마음속에는 대단히 그윽한 데가 있다/
in recéssu oris. 입 속에서/
Recessum primi milites ultites non dabant.
첨병들은 마지막 후발대에게 후퇴(휴식)를 주지 않았다.

recessus spirituális.
피정(避靜).⑨ retreat.⑩ exercítium spirituále.

réchămus, -i, m. 복활차(復滑車)의 첫 도르래.

recidasum, "récĭdo[1]"의 목적분사(sup.=supínum)

rĕcĭdi, "récido[1]"의 단순과거(pf.=perfectum)

rĕcĭdi, "recido[2]"의 단순과거(pf.=perfectum)

recidivátus, -us, m. (recidívus) 재건, 복구, 재생(거듭 남)

recidivitas, -átis, f. 누범(累犯)(교회법 해설 11. p.108).
ficta recidivitas. 가장된 누범/
véra recidivitas. 진정한 누범.

recidívus, -a, -um, adj. (récido[1]) (병이) **재발하는**,
다시 일어나는, 회귀의, 재건의, 재생의,
(같은 죄를) 거듭 범하는, 재범의, 누범의, 상습범의.
m. 재범자(再犯者), 누범자(累犯者)
상습적 범죄자(고해 후에도 동일한 죄를 반복하는 자).

récĭdo[1] -cĭdi -cásum -ĕre, intr. (re[1]+ cado)
다시(도로) 떨어지다, …에 다시 빠지다,
(병에) 다시 걸리다, 다시(또.도로) 당하다,
(다시) 돌아가다(חזר), …에 이르다,
전락(轉落)하다, (누구에게) 또 닥치다,
귀속(歸屬)하다, (누구의) 소유로 돌아가다.
ex lætítĭa ad luctum recido. 기쁨에서 슬픔으로 전락하다/
Húccine tandem hæc ómnia recidérunt, ut …?
이 모든 것이 결국 …할 정도(사태)에 까지 이르렀는가?/
in morbum recido. 병에 다시 걸리다/
periculósa in illos recasúra.
그들에게 또 닥쳐올 위험한 일들.

recido in antíquam servitútem.
옛 노예 지위로 돌아가다.

recido in cassum. 수포로 돌아가다

recido in eámdem fortúnam. 같은 운명을 또 당하다

recido in invídiam. 다시 질투하다.

recido in terram. 땅에 도로 떨어지다

recido[2] -cídi -císum -ĕre, tr. (re+cædo[1])
자르다(חתך.גזר.חסד.קבע.קצץ.רדד), 잘라내다, 잘라버리다,
절단하다, 베어 내다(גדע), (풀 따위를) 뜯어먹다.
(털.손(발)톱.풀 따위를)깎다, (벌집에서 꿀을) 뜨다,
덜다, 감소시키다, 줄이다, 삭감하다, (품삯을) 깎다,
지워버리다. 삭제하다, 생략하다, 없애버리다.
제거(除去)하다, 근절(根絶).⑨ extermination)시키다.

recinctum, "recíngo"의 목적분사(sup.=supínum)

recíngo, -cínxi -cínctum -ĕre, tr. (re[1]+)
(띠 따위로 졸라맸던 것을) 풀다, 끄르다,
(지녔던 것을) 내려(벗어) 놓다, 옷을 벗다,
띠를 다시 띠다, 띠로 다시 졸라매다.
pass. refl. (칼을) 다시 차다, 무기를 다시 잡다.
pass. refl. **recíngi**.
recíngi ferrum. 찼던 검을 내려놓다/
Recíngor. 나는 옷을 벗는다/
vestis recíncta. 풀어헤친 옷.

recingo zonam. 띠를 풀다

rĕcíno, -ĕre, intr., tr. (re[1]+ cano) 거듭 울려나오다,
반향(反響)하다, 메아리치다, 계속 지저귀다,
거듭(받아) 노래하다, 복창(復唱)하다, 받아 외다,
메아리(⑨ an echo) 치게 하다, 거듭 울리게 하다,
소리 내어 찬미하다, 후렴(後斂)을 노래하다.
Recíngor. 나는 옷을 벗는다(recíno. 참조)

recinxi, "recíngo"의 단순과거(pf.=perfectum)

recipe, 원형 recípĭo, -cépi, -céptum, -ĕre,
[명령법. 현재 단수 2인칭 recipe, 복수 2인칭 recipete].

Recipe me ad te, mors, amicum.
죽음아, 나를 너의 친구로 받아들여다오.

recipe te ad me. 나한테로 돌아오너라.

reciper… V. recuper…

recipĕrátæ cibo somnoque vĭres.
음식과 수면(睡眠)으로 회복된 기력.

recípĕro(=recúpĕro), -ávi, -átum, -áre, tr. (recípio)
도로 찾다, 회복(回復)하다, 만회하다, 회수하다.

recípĭo, -cépi, -céptum, -ĕre, tr. (re[1]+cápio[1])
1. 다시 잡다; 돌려받다, 도로 찾다, 회복하다: dandis
recipiendísque méritis. 서로 신세들을 입히거나 지거나
하며/ post libertátem recéptam. 자유를 다시 찾은 후/
spiritum recipio, animam recipio. 다시 숨 쉬다, 숨을
돌리다/Paullátim ánimum recépit et circumstántes
cœpit agnóscere. 그는 점차 정신을 차리고 주위 사람
들을 알아보기 시작했다/ mente recéptā. 정신을 차리고/
a pavóre ánimum recipio. 공포심을 버리고 용기를
되찾다/ Arma et ánimos recepére. 그들은 다시 용기를
내어 무기를 잡았다. 2. 도로 뺏다, 탈환하다. 수복하다
하다. Præda omnis recépta est. 약탈당했던 것을 모두
도로 **뺏었다**/ óppidum recipio. 도시를 탈환하다.
3. (도로) 빼내다.뽑다: Sagítta ab áltera parte
recipiénda est. (박힌) 화살을 다른 쪽으로 뽑아야
한다. 4. 구출하다, 구해내다, 무사히 데려오다: Illum
médio ex hoste recépi. 나는 그를 적의 한가운데로
부터 구해냈다. 5. refl. **se recipio**. 1) **돌아오다**(가다):
e Sicília se recipio. Sicília에서 돌아가다/ Récipe te
ad me.(Pl.) 나한테로 돌아오너라. 2) (ad acc.) 돌아
서다, 전향하다, 방향을 돌리다: se ad frugem bonam
recipio. 착실한 생활로 돌아서다. 개과천선하다.
3) [ex abl.; absol.] 원상으로 돌아가다, 원래대로 되다:
완쾌하다; 제정신으로 다시 돌아오다, 정신을 차리다;
…에서 벗어나다: Nondum tota me mente recepi.
내가 아직 정신을 온전히 차리지 못했다/ ex timóre
se recipio. 공포에서 벗어나 원기를 되찾다. 4) ((軍))
[ex abl.; inde, hinc - in, ad, intra acc.; eo(그리로)]
철수하다, 후퇴(퇴각)하다. 6. (팔리는 물건에) 포함
시키지 않다, 따로 떼어두다, 유보(留保)하다. 7. **받다**,
영수(領收)하다: Heri duas epístolas recépi. 어제 나는
편지 두 장을 받았다 / Récipe ferrum. 칼 받아라!(쓰러져
시합중지 처분을 간청하는 검투사에게 이를 허용치 않던 관중의 고함소리).
8. (alqm, alqd -ad, in, intra, inter acc.; in abl; abl.;
acc. loci) **받아들이다**, 들여놓다. (회.단체 따위에)
가입시키다, 입회를 허가하다; 맞이하다. **맞아들이다**,
영접(환영.환대) 하다: recipio alqm spléndide. 아무를
성대하게 환영하다/ Récipe me ad te, mors,
amícum.(Pl.) 죽음아, 나를 너의 친구로 받아들여다오/
alqm in deditiónem recipio. 아무의 투항을 받아들이다/
recipio alqam in matrimónium. 어떤 여자를 아내로
맞다/ alqm tecto(domum suam) recipio. 아무를 (자
기) 집에 맞아들이다/ preces recéptæ. 받아들여진
간청(懇請)/ verba aure recipio. 귀로 들은 말/
eucharistiam recipio. 성체(성사)를 받아 모시다.
9. [alqm in acc.] (아무를 어떤 관계.상태에) 놓이게
하다, (아무와 어떤) 사이가 되다, (아무와 어떻게)
지내다: alqm in amicítiam meam recipio. 아무를 나의
친구로 삼다(나의 우정에 받아들이다)/ alqm in
familiaritátem recipio. 아무와 친밀한 사이가 되다.
10. (alqd in acc.) 채용(채택)하다, (무슨 용도로) 쓰다:

R

Scólymon in cibos récipit Oriĕns. 동양에서는 엉겅퀴
(의 일종)도 식용으로 한다/ gallínæ Afrícæ in mensas
recéptæ. 요리에 쓰이는 Afríca 암탉. 11. (장사에서)
이익을 얻다, 이득을 보다, 수입을 올리다.
12. ((軍)) 점령하다, 장악(掌握)하다. 13. 허락(허용)하다,
용납하다, 인정하다, 받아들이다, 참아주다:
nec recipiénte jam dilatiónem re, 사태가 더 이상의
지연(遲延)을 허락지 않아서/ Antíquitas recépit fábulas,
hæc autem ætas réspuit. 신화들을 옛 시대는 용납
하였으나 현대는 배척(排斥)하고 있다. 14. **떠맡다**,
담당하다, 책임 맡다: causam recipio. 소송사건을 떠맡다/
recéptum offícium. 맡은 직책. 15. [alqd - alci; de
abl., pro alqo; ad, in se; acc. c. inf.] 보증(보장)하다,
장담하다, 책임지다, 약속하다: Si neque de fide bar-
barórum quidquam recipio nobis potes, … 야만인들의
신의에 대해 네가 우리에게 아무것도 보증할 수 없다면/
Omnĭa ei peténti recépi. 나는 그가 청하는 것을 다
약속했다/ recipio in se perículum. (결과.품질 따위에
대해) 책임지다, 보증하다/ Recipio ad me: fáciet. 장담
하거니와 그는 (꼭) 할 것이다. 16. (法) [nomen alcjs.
alqm inter reos] (집정관 "prætor"이 아무에 대한)
고소를(소송을) 접수하다(받아들이다), 아무를 피의자로
인정하다. 17. (노예를) 숨겨주다, 은닉하다, 피신처를
제공하다. 18. 약이 (여러 가지 성분으로) 조제되다:
Antídotos(-us) récipit hæc: …. 해독제는 다음과 같은
것들로 즉 …로 만들어진다.   (라틴-한글사전. pp.749~750).
Cum exercitu Romam see recepit.
    그는 군대를 거느리고 로마로 퇴각했다/
De recipiendis et non recipiendis.
    인정받거나 인정받지 못하는 저술들에 대하여/
Dignus est decipi qui de recipiendo cogitavit cum daret.
    줄 때 돌려받을 생각을 하는 사람은 속아 마땅하다/
Gratulor tibi, quod salvum te ad tuos recepisti. 네가 건강
    하게 너의 가족에게 되돌아 왔음을(네가 너를 건강하게
    네 가족에게 되돌려 주어서) 너에게 축하하는 바이다/
Quidquid recipitur ad modum recipientis recipitur.
    무엇이든 받아들일 때에는 받아들이는 자의
    모양에 따라 받아들인다/
Recepit quidem Ecclesia Evangelium tamquam lætitiæ
atque salutis nuntium fontemque. 교회는 복음을 하나의
    선포로, 기쁨과 구원의 원천으로 받았습니다/
recipitur libri sacri et traditiones apostolorum. 성경과
    사도들의 전승을 수용함(1546년 4월 8일 트리엔트공의회 제4차 회기)/
Recipitur symbolum fidei catholicæ. 가톨릭 신앙의
    신경을 수용함(1546년 2월 4일 트리엔트공의회 제3차 회기)/
Recipitur vulgata editio bibliæ præscribiturque modus
interpretandi sacram scripturam etc. 라틴어 불가타본
    성경의 수용과 성서 해석 방식에 대한 규정들.
Recipio ad me: faciet.
    장담하거니와 그는 (꼭) 할 것이다.
reciprocátĭo, -onis, f. (reciprocátus, -us, m.)
(recíproco) 뒷걸음질로 되돌아옴, 본 위치로 돌아옴,
역류(逆流), 썰물, 상호적임, 교환(交換. חֲלִיפָה),
주고받기, 겨끔내기(서로 번갈아 하기),
호혜(互惠-서로 특별한 편익을 주고받는 일), 보복(報復-앙갚음),
(같은 모양.방법의) 양갚음, 교체(交替),
(기계의) 왕복운동(往復運動).
reciprócĭtas, -átis, f. (recíprocus) 상호성(相互性),
상호관계(相互關係.relátĭo mutua), 교호성(交互性),
교호작용(交互作用), 상호작용, 상호의존(相互依存),
교환(交換.חֲלִיפָה), 호혜관계(互惠關係).
recíprŏco, -ávi, -átum, -áre, (recíprocus)
tr. (앞뒤로) 왔다 갔다 하게 하다, 밀었다 당겼다 하다.
드나들게 하다, 왕복운동을 시키다, 교호작용을 하다,
주거니 받거니 하다, 뒷걸음치게 하다, 되돌아가게 하다,
(물이) 빠지게 하다. pass. 명제를 역(逆)으로 만들다.
Reciprocári mare cœpit.
    바닷물이 빠지기(나가기) 시작했다.

intr. 되돌아가다, (바닷물이) 빠지다.나가다,
    왔다 갔다 하다, 조수(潮水)가 드나들다.
recíprŏco ánimam. 숨을 쉬다(내쉬다)
recíprŏco serram. 톱질하다
recíprŏcus, -a, -um, adj. 썰물의, 퇴조(退潮)의,
조수(潮水)가 밀려왔다 밀려가는, (왔다가) 되돌아가는,
(갔다가) 되돌아오는, 회귀의, **상호적인**,
주고받고 하는, 대갚음하는, 호혜적인, 교호적인, 교대의,
갈마드는, 파상적(波狀的)인. (文法.古) 재귀(再歸)의.
æstus maris recíproci. 밀물과 썰물, 간만(干滿)/
mare recíprocum. 썰물 때의 바다/
pronómina recíproca. 재귀대명사(再歸代名詞)/
recíprocæ epístolæ. 서신 교환(書信 交換)/
recíprocæ taliónes. 상호간의 동태복수/
voces recíprocæ. 되울려 퍼지는 메아리.
recisaméntum, -i, n. (recído²)
(깎여.잘려 떨어진) 조각, 부스러기.
recisamentum, -i, n. 조각(彫刻)
recisío, -ónis, f. (recído²) 자름(절단), 절단(切斷), 깎음,
가장자리를 침, 감소(減少), 감축(減縮), 감원(減員).
recisum, "recido²"의 목적분사supinum(sup.=supínum)
recísus, -a, -um, adj. (recído²)
잘린, 깎인, 축소된, 짧아진, 단축(短縮)된, 간단한.
Recita de epistola reliqua.
    편지의 나머지 부분을 낭독(朗讀)해라.
recitari in populis. 회중 가운데서 낭독하다.
    (미사 중에를 지칭하는 전례용어. 교부문헌 총서 17. 신국론. p.2612).
recitátĭo, -ónis, f. (récito) 소리 내어 읽음, 낭독(朗讀),
낭송(朗誦), 암송(暗誦), 기도문을 읽, 독경(讀經).
(詩.演說文 따위의) 공개발표(낭송.낭독), 열거(列擧).
(법정에서 증빙문서.판례문 따위의) 인증(引證) 낭독.
recitátor, -óris, m. (récito) 낭독자(朗讀者), 낭송자,
암송자, (자작시.연설 원고 따위의) 공개 발표자.
(법정에서 증빙문서.판례문 따위를) 인증하여 낭독하는 사람.
récĭto, -ávi, -átum, -áre, tr. (re'+cíto²) **낭독하다**,
소리 내어 외다, 낭송하다, 암송하다, 기도문을 외다,
기도드리다, (주로 친구들 모임에서 자작시.연설
원고 따위를) 공개 발표하다.
(법정.원로원 같은 공석에서 증빙문서.유언장.법조문
.판례문.명단 따위를) 인증(引證)하다, 인용하여 읽다,
열거(列擧)하다, 다시 불러오다, 소집(召集)하다.
Puer tam bene recitabat ut eum laudarem. 그 아이는
    하도 낭송을 잘하여 나한테서마저 칭찬을 들을 정도였다.
recito sacramentum. 선언문(宣誓文)을 낭독하다
reclamátĭo, -ónis, f. (reclámo) 환호(성),
소리 질러 항의함, 불찬성(반대.비난)의 함성(喊聲).
reclámĭto, -áre, freq., intr. (reclámo)
소리 질러 항의하다, 반대하여 소리 지르다.
reclámo, -ávi, -átum, -áre, tr., intr. (re'+)
소리 질러 항의(抗議)하다, 반대하여 소리 지르다.
비난하다(זיד.דבב), 아우성치다, 외치다, 부르짖다.
울려 퍼지다, 메아리치다, 거듭 소리쳐 부르다.
in libertátem reclamo.
    자유를 요구하다, 자유 신분 확인을 호소하다.
reclinátĭo, -ónis, f. (reclíno) 뒤로 젖힘, 뒤로 기울어짐.
휴식(⑨ Rest), 쉼, a labóribus reclinátĭo. 일을 쉼.
reclinatórĭum, -i, n. (reclíno)
(의자의) 등받이; (침대의) 머리 기대는 부분.
reclínis, -e, (reclínus, -a, -um,) adj. (reclíno) 뒤로 기댄,
뒤로 젖혀진(기울어진), 자빠진, (바로.모로) 누운.
reclíno, -ávi, -átum, -áre, tr. (re'+) 쉬게 하다(ἀπολύω),
(뒤로.옆으로) 기울이다, 뒤로 젖히다, 눕히다, 누이다,
뒤로 기대어 놓다, (무엇에서) 떼어놓다,
(누구에게 책임.짐을) 짊어지우다, 떠맡기다.
intr. 눕다, 누워 자다.
p.p. **reclinátus**, -a, -um, 뒤로 기댄, 누운, 누워 있는.
Nullum a labóre me reclínat ótium.
    나는 일에서 벗어나 한가로이 쉴 틈이 조금도 없다/

R

se reclino. 뒤로 기대다.
reclívis, -e, (**reclívus**, -a, -um,) adj. (re[1]+clivus) (뒤로) 기울어진, 경사진, 비스듬한.
reclúdo, -clúsi -clúsum -ĕre, tr. 열다(פתח.אפתח), 열어주다, 개방하다, 열어 헤치다, 드러내다, 터놓다; 파 일으키다, 절개(切開)하다, 털어놓다, 폭로하다, (분노 따위를) 터뜨리다, 가두다, 감금하다, 닫다, 따로 격리시키다, 폐쇄하다, 비밀로 하다, 숨기다.
ensem recludo. 칼을 뽑다/
hosti recludo portas. 적군에게 성문을 열어주다/
via reclúsa. 터놓은(뚫린) 길.
rĕclūsi, "reclúdo"의 단순과거(pf.=perfectum)
reclúsĭo, -ónis, f. (reclúdo) 개방(開放), (눈을) 뜸
rĕclūsum, "reclúdo"의 목적분사(sup.=supínum)
rĕcoctum, "récŏquo"의 목적분사(sup.=supínum)
recogitátĭo, -onis, f. (recógito) 회상(回想), 추억(追憶), 숙고(熟考), 재고(再考), 반성(反省).
recógĭto, -ávi, -átum, -áre, intr. (re[1]+) 재고하다, 다시 생각하다, 심사숙고하다, 반성하다, 연구하다.
recognítĭo, -onis, f. (recognósco) 재조사, 재검토, 다시 살핌, 검열, 심사, 검증, 재인(再認-"재인식"의 준말), 인정, 승인(承認), 인가(認可), 인준(認准).
eorum recognitionem. 검표(檢票)/
numerationem suffragiorum. 계표(計票)/
Recognitiones Clementinæ. 클레멘스 시인(是認)/
suffragiorum diribitionem. 개표(開票).
recognitĭo juridica. 법정 심사(法廷審査)
recognitĭo sui. 자기 자신에 대한 성찰(省察)
Recognitis ex decreto, 주교 예식서(1984.9.14. 교령)
Recognito Iuris, (1984.1.2. 자의교서)
교회법전의 참된 해석을 위한 위원회의 설립.
recógnĭtor, -óris, m. (recognósco)
다시 조사(검열) 하는 사람.
rĕcognĭtum, "recognósco"의 목적분사(sup.=supínum)
recognósco, -gnóvi -gnĭtum -ĕre, tr. (re[1]+) 다시 알아보다, 재인식하다, 다시 깨닫다, 인정하다, 승인(承認)하다, 기억해내다, 기억(記憶)을 되살리다, 돌이켜 생각하다, (무엇이) 생각나다, 재검토하다, 음미(吟味)하다, 검열(檢閱)하다, 다시 살펴보다, 점검(點檢)하다, 교열(校閱)하다, 검증(檢證)하다.
Ita nos in tempore miratos fuisse scimus et recognoscimus. 사실 그 순간 우리가 놀랐던 것이 기억납니다.(이연학 최원오 역주, 아우구스티노의 생애, p.73).
recognovi, "recognósco"의 단순과거(pf.=perfectum)
recógo, -ĕre, tr. (re[1]+) 다시 모이게 하다, 재조직하다
recollecta multitudine. 군중이 다시 모였을 때(recolligo 참조)
recolléctĭo* -ónis, f. (recólligo) *피정 ([영] retreat), 정념(→묵상), 정신집중(精神執中), 잠심(潛心→黙想), 명상(冥想.[영] recollectĭon), (주로 묵상에 있어서의) 정신집중(통일), 묵상*(黙想.μελέτη.[영] meditátĭon).
recollectĭo menstrua. 월례 1일 대묵상, 월례 피정
rĕcollectum, "recóllĭgo"의 목적분사(sup.=supínum)
rĕcollēgi, "recóllĭgo"의 단순과거(pf.=perfectum)
recóllĭgo, -légi -léctum -ĕre, tr. (re[1]+cólligo[2]) 다시 모으다, 거두어 모으다, 모아들이다, 수집하다, 집합(집결)시키다, (버렸던 것을) 다시 거두어 오다, (무기를) 다시 잡다, (회상하기 위해서) 記錄해 두다, 되찾다, 회복(回復)하다, 화해(和解)시키다.
nota ova recolligo. (새로) 난 달걀들을 거두어 모으다/
primos recolligo annos. 지난날의 젊음을 되찾다
recollecta multitudine. 군중이 다시 모였을 때/
se recolligo. 제정신이 들다, 침착해지다, 건강을 회복하다/
vĭres recolligo. 힘을 회복(回復)하다.
recóllĭgo sese in antrum. 굴속으로 들어가 숨다
recólo[1] -áre, tr. (re[1]+colo[1]) 다시 거르다(밭다), 여과시키다
récŏlo[2] -cólui -cúltum -ĕre, tr. (re[1]+colo[2]) 다시 경작하다, 재개발하다, (어떤 곳을) 다시 찾아가다, 다시 거주(居住)하다, 새롭게 하다, 다시 실행하다, (재능.정신을) 다시 연마(鍊磨)하다, 다시 공경하다, 다시 숭상(崇尙)하다, 다시 선양(宣揚)하다, (명예.지위 따위를) 회복(回復)하다, 다시 생각하다, 다시 음미하다, 깊이(곰곰이) 생각하다, 추모하다, 추억하다, 기념하다, 회상하다, 상기하다.
recolo metálla. 광산(鑛山)을 다시 캐내다.
rĕcŏlui, "récŏlo[2]"의 단순과거(pf.=perfectum)
Recommendátĭo animæ([영] Commending the soul). 영혼을 (주님 손에) 맡김.
recommentor, -átus sum -ári, dep., tr. (re[1]+comméntor[1]) 생각나다, 기억해내다.
recomminíscor, (-ĕris, -ĭtur), -méntus sum -nísci, dep., tr. (re[1]+) 생각나다, 기억해내다.
recommónĕo, -ére, tr. (re[1]+) 다시 권고(경고)하다, 다시 일깨우다(상기시키다).
recompensátĭo, -ónis, f. (recompénso) 배상(賠償.[영] Reparátĭon), 보상([영] Reparátĭon).
recompénso, -ávi, -átum, -áre, tr. (re[1]+) 배상(賠償)하다, 보상(報償)하다.
recompensa inmerecida. 부당한 보상.
recompóno, -pósŭi -pósĭtum -ĕre, tr. (re[1]+) 다시 정리(정돈)하다, 재조정하다, 수리(수선)하다, 다시 진정시키다, 침착성(냉정)을 되찾게 하다, 다시 차분해지게 하다.
reconciliátĭo, -ónis, f. (reconcílio) 회복, 갱신(更新), 복구(復舊), **화해**(和解.[영] Reconciliátĭon), **화합**, 중재(→전구), 조정(調停.[영] conciliátĭon), 화해선언, (장소의) 정화(淨化.[영] Purificátĭon.獨 Fegfeuer), (배교자 등 특정 범죄자의) 교회와의 화해.교회로의 복귀 허용, 법적 절차에 의한 파문처분 따위의 사면. (教法) 독성된 성당이나 묘지의 복성(復聖).
Reconciliátĭo et pænitentĭa. 화해와 참회. (요한 바오로 2세의 교황권고. 1984.12.2.).
reconciliátĭo gratĭæ.
화해([영] Reconciliátĭon.[라]compositĭo seu concordia).
Reconciliátĭonem,
참회 예식(참회 예절.[영] Penitentĭal Rite)(1973.12.2. 교령).
Reconciliátĭonis Sacramentum* 화해의 성사(교리서 1423~4항).
Sacerdotes cuncti studiose, actuose periteque vacent Reconciliationis sacramento ministrando.
모든 사제는 기꺼이, 헌신적으로, 또한 자질을 갖추고 고해성사를 집전하는 데에 주력하여야 합니다.
reconciliátor, -óris, m. (**reconciliátrix**, -ícis, f.) (reconcílio) 회복시키는 사람, 화해시키는 사람, 조정자.
reconcílĭo, -ávi, -átum, -áre, tr. (re[1]+) (우호관계.화목.평화.영예 따위를) **회복하다**, 되찾다, 다시 얻다, 다시 이룩하다, 다시 달성하다, **화해시키다**(apokatallaxai: ἀποκαταλλάξαι), 융화(融和)시키다, 화합(화목)하게 하다, (누구의) 마음을 되돌아오게 하다, 중재(仲裁)하다, 다시 데려오다, 다시 돌아오게 하다.
(활용특례) **reconciliásso** = reconciliávero(fuit. exact.);
reconciliássere = reconciliatúrum esse.
alqm domum reconcilio. 아무를 집으로 다시 데려오다/
ánimum patris sui sodóri reconcilio.
자기 아버지를 누이와 화해시키다/
artículum reconcilio. 관절을 제자리에 맞추다/
de reconciliándis ínvicem ánimis. 서로 화목함에 대하여/
eos in grátiam reconcilio. 그들을 화해시키다/
grátiam cum fratre reconcilio.
형제와의 우애를 회복(回復)하다/
Inimíci in grátiam reconciliabántur.
원수졌던 사람들이 화해하고 있었다/
me cum *alqo* reconcilio. 나는 아무와 화해시키다.
reconcilio mundum Deo. 세상을 하느님과 화해시키다
reconcilio pacem. 평화를 회복(回復)하다
reconcínno, -áre, tr. (re[1]+)

R

수리(수선)하다, 복구(復舊)하다, 만회(挽回)하다.

rěcondĭdi, "recóndo"의 단순과거(pf.=perfectum)

recóndĭta, -órum, n., pl. (recónditus)
제관만 출입할 수 있는 신전의 깊숙한 곳.

recondĭtĭo, -ónis, f. (recóndo) 재건(再建)

recóndĭtor, -óris, m. (recóndo) 감추어 두는 사람

reconditórĭum, -i, n. 저장실(貯藏室), 창고(倉庫)

rěcondĭtum, "recóndo"의 목적분사(sup.=supínum)

recóndĭtus, -a -um, p.p., a.p. (recóndo)
숨겨놓은, 감추어진, 비밀로 한, 발길이 미치지 않은,
알려지지 않은, 격리된, 외딴, 폐쇄된, 개방되지 않은,
심원한, 심오한, 비밀에 싸인, 알기 어려운, 난해한.
n. 비밀 장소.

recóndo, -dĭdi -dĭtum -ĕre, tr. (re¹+)
(제자리에) 다시 두다(꽂다), **저장하다**, 보관하다.
담아두다, 덮어(묻어) 두다, 감추다(ᄀᄀᄀ), 은닉하다,
숨기다(ᄀᄀᄀᄀ, ᄀᄀ, ᄀᄀ), 드러나지 않게 하다,
박다, 찌르다, 파묻다. 매장(埋葬)하다, 비밀로 하다,
비밀(秘密)을 지키다. (마음속에) 품고 있다.
alqd recondo alvo. 꿀꺽 삼키다/
gládium in vagínam recondo. 칼을 칼집에 다시 꽂다/
óculos recondo. 눈을 다시 감다/
se recondo. 은퇴하다, 칩거하다/
se recondo in locum … . (어떤) 곳에 숨다.
recondo ensem in pulmóne. 칼로 폐를 찌르다.

recondúco, -dúxi -dúctum -ĕre, tr. (re¹+)
다시 빌리다, 다시(계속해서) 세 들다.
보수를 받고 떠맡다(책임지다), 청부맡아 실어 나르다.

recónflo, -áre, tr. (re¹+) 다시 타오르게 하다

reconstítŭo, -ĕre, tr. (re¹+) 다시 구성(편성.조직)하다

recónstrŭo, -ĕre, tr. (re¹+) 재건하다, 개조(개축)하다

recóntrans, -ántis, p.prœs. (inusit. recóntro)
(dat.) 뒷발질하는, 반항(反抗)하는, 반역(反逆)하는.

reconvalésco, -ĕre, intr. (re¹+) 건강을 회복하다

reconvéntĭo, -ónis, f. (re¹+convénio)
(法) 반소(反訴).⑨ counterclaim.獨 Widerklage).

reconventĭo imperfecta. 불완전 반소(不完全 反訴)

reconventĭo perfecta. 완전한 반소(反訴)

Reconvéntĭo reconventĭonis non admittitur.
반소에 대한 반소는 인정되지 않는다.(Can. 1494).

reconventionális, -e, adj. (reconvéntĭo) 반소의,
áctĭo reconventionális. 반소(민사 소송에서 소송이 진행되고
있는 도중에 피고가 원고를 상대로 제기하는 소송. 자신을 방어하기 위하여
본 소송의 절차에 병합하여 새로운 소를 제기하는 것으로 소송 경제.형평
의 원칙에 따라 인정되는 제도이다).

reconvínco, -ĕre, tr. (re¹+)
완전히 납득(설득.확신) 시키다.

récŏquo, -cóxi, -cóctum, -ĕre, tr. (re¹+)
다시 삶다(끓이다.익히다.굽다), 재탕하다.
볕에 여러 번 바래다, 다시 달구다(단련하다),
다시 벼리다, (금속을) 다시 녹이다, 개주(改鑄)하다.

recordábĭlis, -e, adj. (recórdor)
기억할 수 있는 (것), 기억해야 할 (것).

recordántĭa, -æ, f. (recórdor) 회상(回想), 추억(追憶),
기억(ᄀᄀ).⑨ remembrance), 기념(記念).

recordáre, 원형 recórdor, -átus sum -ári, dep., tr., intr.
[명령법 단수 2인칭 recordáre, 복수 2인칭 recordamini]

Recordáre, Dómine, Ecclésiæ tuæ toto orbe diffúsæ,
ut eam in caritáte perfícias una cum Papa nostro N.
et Epíscopo nostro N. et univérso clero.
주님, 온 세상에 널리 퍼져 있는 교회를 생각하시어
교황 (   )와 저희 주교 (   )와 모든 성직자와
더불어 사랑의 교회를 이루게 하소서[N.: Nomen의 약자].

recordátĭo, -ónis, f. (recórdor) 생각나는 일, 기억,
회상(回想), 추억(追憶), 기념(記念).
acerba recordátĭo. 쓰라린 추억/
De recordatione multiplicium beneficiorum Dei.
하느님의 많은(풍부한) 은혜를 생각함에 대하여/
Ecce est coram te, Deus meus, viva recordatio animæ

meæ. 보소서 내 주님, 내 영혼의 생생한 추억이
당신 앞에 있사옵나이다/
grata recordátĭo. 즐거운 추억, 즐거운 회상/
grata recordationis memorativa. 즐거운 기억/
Mariæ recordationes. 성모님의 기억.

recordátus, -us, m. (recórdor) 추억(追憶), 회상(回想),

Recordatur (Dominus), nos pulvěrem esse.
주님께서는 우리가 먼지라는 것을 기억하고 계시다.

recórdo, -ávi, -átum, -áre, tr. (re¹+cor)
(드물게 쓰이며 격 지배는 alqm alcjs rei)
다시 생각나게 하다, 기억(회상.추억)하게 하다.
Is pátriæ eum recordávit.
그가 이 사람에게 조국을 기억하게 했다.

recórdor, -átus sum, recordári, dep., tr., intr. (re¹+cor)
다시 생각나다, **기억하다**, 기억하고 있다.
회상(回想)하다, 깊이 생각하다, 상상(想像)하다.
recordátus, quod nihil cuíquam præstítísset. 그는 자기가
아무에게도 뭐 하나 해준 것이 없었다는 것이 생각나서/
Quæ sum passúra, recórdor. 나는 (여자인) 내가
장차 당할 일들을 곰곰이 생각해본다.

Recordor sane. 잘 기억(記憶)합니다.

Recordor desperatiónes eórum.
그들이 실망하던 것을 나는 기억(記憶)하고 있다.

recorpoátĭo, -ónis, f. (recórporo)
(그전 상태대로의) 육체의 재형성(재구성).
육체의 기능(機能)을 회복(回復) 시킴.

recorpoatívus, -a, -um, adj. (recórporo)
육체의 기능을 회복 시키는 (힘이 있는).

recórpŏro, -áre, tr. (re¹+) 육체의 기능을 회복시키다.
육체를 (이전 상태대로) 다시 갖추게 하다(형성하다).

recorréctĭo, -ónis, f. (recórrigo) 고침, 수정, 개정(改定)

recórrigo, -réxi -réctum -ĕre, tr. (re¹+)
고치다, 바로잡다, 수정(修整)하다, 개정(改正)하다.

rěcoxi, "récŏquo"의 단순과거(pf.=perfectum)

recrástĭno, -áre, tr. (re¹+crástinus)
(내일로) 미루다, 연기 하다.

recreábĭlis, -e, adj. (récreo)
휴식이 되는, 상쾌한, 즐거운, 오락의.

recreans vires potus vini.(récreo 참조)
기운을 회복시켜 주는 술(음주).

recreátĭo, -onis, f. (récreo) (⑨ Rest.獨 Muße.프 repos)
재창조(⑨ recapitulátĭon), 개조, (건강 따위의) 회복(回復),
휴식(⑨ Rest), 휴게(休憩), 오락, 기분전환(氣分轉換).
aula recreátĭónis. 오락장(娛樂場), 휴식장소/
imago recreátĭónis. 구원의 모상, 재창조의 모상.

recreátor, -óris, m. (récreo) (재창조자), 개조자,
(체력.정신력 따위를) 회복(소생) 시키는 사람.

recreatórĭum, -i, n. (récreo) 휴양소(休養所)

recreméntum, -i, n. (re¹+cerno)
폐물(못 쓰게 된 물건), 쓰레기, 오물(汚物-배설물), 부스러기,
찌꺼기, 광재(鑛滓.⑨ slag), 똥(대변), 오줌.

récrĕo, -ávi, -átum, -áre, tr. (re¹+) 다시 창조하다,
고쳐 만들다, 개조하다, 개신(改新)하다, 다시 살리다,
소생(甦生.蘇生)시키다, 부흥시키다, 보강(補强)하다,
심신을 새롭게(상쾌하게)하다, 기운(활력)을 되찾게 하다,
활기를 띠게 하다, 용기(勇氣)를 불어넣다(북돋다),
회복시키다, 다시 낫게 하다, 쉬게 하다(ἀπολύω),
휴식(休息)을 취하게 하다, 다시 선출(選出)하다.
(pass., refl.) se recreo, recreári,
소생하다, 회복되다, 힘을 얻다, 쉬다, 휴식하다.
e grevi morbo recreáti. 중병에서 회복된(소생한) 사람들/
Lítteris récreor. 나는 문학으로 활력을 되찾는다/
provínciam afflíctam et pérditam erígere atque
recreo. 시달려 비참해진 주(州)를 일으켜 부흥시키다/
récreans vires potus vini. 기운을 회복시켜 주는 술(음주).

Recreo afflictos animos bonorum.
절망에 빠진 선량한 사람들의 용기를 북돋아주다.

récrĕpo, -áre, (re¹+)

1070

intr. (악기.소리가) 울리다, tr. (소리를) 울리다.

recrésco, -crévi -crétum -ĕre, intr. (re¹+)
다시 자라다(성장.커지다), 다시 생장하다, 재생하다.

rĕcretum, "recrésco"의 목적분사(sup.=supínum)

rĕcrēvi, "recrésco"의 단순과거(pf.=perfectum)

recrudésco, -crúdŭi -ĕre, inch., intr. (re¹+)
(병.상처 따위가) 도지다; 다시 악화하다, 다시 격화하다.

rectā, adv. (sc. viā) [rectus] 곧바로, 일직선으로, 직접

recta intentĭo. 올바른 의도

Recta itaque voluntas est bonus amor.
바른 의지는 선한 사랑이다.

**Recta itaque uoluntas est bonus amor et uoluntas
peruersa malus amor**. 올바른 의지는 곧 올바른
사랑이며 비뚤어진 의지는 곧 나쁜 사랑이다.
(의지의 본질을 사랑으로 규정한 명언. 교부문헌 총서 16, 신국론, p.1452).

recta ratio. 올바른 이성

Recta via vitæ sapientia nominatur.
지혜의 또 다른 이름은 올바른 생활 방식이다.

rectagónum, -i, n. 구형(矩形-직사각형의 옛 용어),
장방형(長方形).㉖ rectangle-직사각형), 직사각형.

rectángŭlus, -a, -um, adj. (rectus+)
직각의, 직각이 있는, 구형(矩形)의, 장방형의.
rectángulum triángulum. 직각 삼각형.

recte, adv. **곧게**, 바르게, 똑바로, 직선으로, 수평(수직)으로,
직립 하여, 곧장, 쉬지 않고, 줄곧, **옳게**, **바로**, 제대로,
규격대로, 잘(καλώς), 좋게, 의당히(jure merito.), 당연히,
으례(당연히), 안전하게, 무사히, 다행히, 성공적으로, 성과 있게,
유리하게, 이롭게, 상서롭게, 좋은 징조로, 명백하게,
솔직하게, 똑바로, 곧이곧대로, 조심하여, 정신 차려,
상당히, 많이, 대단히, 좋이, 후하게, 관대하게, 아주, 완전히,
철저히, 태연하게, 담담하게, 건강하게, 몸성히, 탈 없이,
(친근한 사이의 동감.찬성.칭찬하는 대답)
좋아!, 잘한다!, 됐어!,
(정중한 회피의 대답) 아무 것도(뭐 별것) 아니다.
Allicio ad recte faciéndum. 올바로 하도록 유인하다/
Apud matrem recte est. 그는 어머니 곁에서 잘 지낸다/
De recte sanctéque vivendi regula.
올바르고 착하게 살기 위한 규칙에 대하여/
Fecisti, edepol, et recte et bene! 자넨 진정 제대로 잘 했어!/
quibus recte vivitur. 올바로 살아갈 수 있는/
Quid es tam tristis? 너 뭐가 그렇게 슬프냐?/
Recte mater. 아무 것도 아니에요. 어머니/
Rex eris, si recte facies.(Terentius). 올바르게만(recte)
처신한다면 그대는 왕이 되는 셈이지
　　　　　　　　 [고전 라틴어. 성염 지음. p.355]/
viam recte gradior. 길을 똑바로 걷다/
Vive recte et gaude. 똑바로 살아라. 그리고 즐거라.

recte ambuláre. 곧장 가다

recte atque honeste vivere appetere.
바르고 정직하게 살기를 희구함.

recte atque juste vivĕre. 바르고 의롭게 살려는 의지

recte facta. 잘한 일들

Recte mater. 아무 것도 아니에요, 어머니.

Recte novit vivĕre, qui recte novit oráre.
올바르게 기도할 줄 아는 자는 올바르게 잘 아는 자이다.

rectiángulus, -a, -um, adj. (rectus+) = rectángulus.
n. 직각 삼각형.
forma schedulæ debet esse rectiangula.
투표용지는 직사각형이어야 한다.
(요한 바오로 2세 1996.2.22. "Universi Dominici Gregis" 중에서).

rectificátĭo, -ónis, f. (rectífico)
교정(校訂), 정정(訂正-잘못을 고쳐 바로잡음), 바로 잡음.

rectifico, -áre, tr. (rectus+fácio) 바르게 하다,
바로잡다, 교정하다, 수정(修整)하다, 고치다.

rectilíneus, -a, -um, adj. (rectus+línea)
직선의, 직선으로 된(둘러싸인).

réctĭo, -ónis, f. (rego) 다스림, 통치(統治-다스림),
관리(管理), 지도(指導), 지휘(指揮)

rectior, -or, -us. adj. rectus, -a, -um의 비교급

rectissimus, -a, -um, adj. rectus, -a, -um의 최상급.
Id optimum putamus, quod erit rectissimum ; speremus
quæ volumus, sed quod accederit feramus.
가장 올바른 것 바로 그것을 우리는 최상으로 생각한다.
우리가 바라는 바에 희망을 걸자.
하지만 우리에게 닥쳐오는 것은 견뎌내자/
Rectissima norma vitæ humanæ.
인간 생활의 가장 올바른 규범(規範)/
Rectissime te facere judico, quod timeri a servis tuis
non vis. 그대가 그대의 노예들에게 두려움의 대상이 되기
를 원치 않는다니, 나는 그대가 참 잘 한다고 판단한다.

réctĭtas, -átis, f. (rectus) 곧음, 똑바름, 올바름

rectitátor, -óris, m. (inusit. réctito)
통치자(統治者.ἄρχων), 지배자, 지도자(指導者).

rectitis, rectitídis, f. (醫) 직장염(直腸炎)

rectitúdo, -dĭnis, f. (rectus) 곧음, 똑바름, 옳음, 올바름,
공정(ת֫֫֫֫֫֫֫֫), 정직(正直), 정확(성), 바른 방법.
eius est immutare voluntatem, cuius est iustificare: cum
iustitia sit rectitudo voluntatis. Sed solus Deus est qui
iustificat. 자유롭게 하는 자가 의지를 변화시키는 자이다.
왜냐하면 정의는 의지의 올바름이기 때문이다. 그런데
정의롭게 하는 자는 오직 하느님뿐이다.(신학대전 14, p.213).

rectitudo sola mente perceptíbilis.
정신으로 밖에는 지각될 수 있는 올바름(=진리)(안셀무스).

rectitudo voluntátis. 의지의 올바름

recto, adv. (rectus) 바로(e regione), 직접(直接).
in recto. 올바로, 직접적으로.

rector, -óris, m. (rego) 키잡이, 조타수(操舵手),
마소나 코끼리 부리는 사람, 통치자(統治者.ἄρχων),
지배자, 행정 책임자, 통솔자(統率者), 통제자, 지도자,
주관자(主管者), (각급) 학교장, (예수회의) 수도원장,
사령관, 부대장(部隊長), 군대 지휘관, 청소년 지도자,
선생(διδάσκαλος), 교사(διδάσκαλος.㉖ Teacher).
In omnibus negotiis pertractandis personam
seminarii gerit eius rector. 학장이 모든 업무 처리에서
신학교를 대표한다.(Can. 238)/
institutio rectoris. 학장 제도(學長 制度)/
reipúblicæ rector. 국가 통치자(國家 統治者)

rector ecclésiæ. 성당 주관자(교회법 제479조),
주임신부(pastor proprĭus), 본당 신부,
참사회 성당(수도원 성당) 소속 주임 사제.

Rector emeritus. 명예학장(학부장)

Rector Magníficus. 대학교 총장(大學校 總長),
총장(總長, Supremus moderátor).

Rector parochiæ. 성당구 주임 사제

Rector regens. 학생 주임

rector scholæ. 교장(㉖ magister principális), 학교장

Rector seminarii. 신학교장

Rector studiorum. 학생장

rectouterínus, -a, -um, adj. (解) 직장자궁의

rectovesicális, -e, adj. (解) 직장 방광의

rectrix, -ícis, f. (rector) 교사(διδάσκαλος.㉖ Teacher),
지배(통솔.통제.주관) 하는 여자, 선생(διδάσκαλος).

rēctum, "rego"의 목적분사(sup.=supínum)

rectum, -i, n. (rectus) 곧은 것, 직선(直線), 옳은 것,
바른 것, 공정(公正-공평하고 올바름), 정당(正當),
(解) rectum(intestinum) 직장(直腸).
et æquum et rectum est quod tu postulas.
귀관이 소청하는 바는 공평하고 정당한 일이요.
(성 염 지음, 사랑만이 진리를 깨닫게 한다, p.450)/
in rectum. 직선으로 곧게, 곧은길로.

rectum æs. 곧은 나팔(rectus 참조)

rectum episema. (音) 수선(垂線 " | "),
(Gregorio 성가에서 nota의 위나 밑에 붙는 1박자 표시).

rectum est. 옳다(ἐξεστιν), 정당하다.
Vicisti. 네가 옳다(대화체에서).

rectúra, -æ, f. (rectus) 똑바른 방향, 정면 방향,
지도(指導), 지휘(指揮), 통솔(統率-무리를 거느려 다스림).

rectus, -a, -um, adj. (p.p. rego) **곧은**, 똑바른, 꼿꼿한, 직선의, 곧추 선, 직립의, 일어선, 기립한, 깎아지른 듯한, 정면의, 정면으로 향한, **옳은**(δἰκαιος), **바른**, 정확한, 맞는, 틀림없는, 합리적인, 도리(이치)에 맞는, 정당한, 타당(妥當)한, 공정한, 적합한, 적절한, 알맞은, 건전한, 올바른, 온전한, 완벽한, 좋은, 흠잡을 데 없는, 잘생긴, 참한, 솔직한, 고지식한, 정직한, 성실한, 소박(素朴)한, 꾸미지 않은, (목소리.말 따위가) 억양(抑揚)이 없는, 자연스러운, 굳건한, 굳센, 확고부동(確固不動)의, 건장(健壯-몸이 튼튼하고 기운이 셈)한, 정정한, 정식의, 제대로의, 규정(규격)대로의, 정규(正規)의.
(文法) causa rectus(=nominatívus) 주격(主格).
m. (sc. músculus) ((解)) 직근(直根).
ángulus rectus. 직각(直角) / cœna recta. 정찬(正餐)/
concupiscentia cum reatu. 죄과에 따른 욕망/
De recta fide ad Imperatorem.
황제에게 보내는 참된 신앙에 대한 변론(치릴루스 지음)/
equus rectus in pedes. (앞발을 쳐들고) 뒷발로 일어선 말/
Facile omnes cumvalemus, recta consilia ægrotis damus.
우리 누구나 건강할 때면 아픈 사람들에게 그럴싸한 (rectus, -a, -um, 옳은, 그럴듯한) 충고를 [곧잘] 내린다(Terentius)/
rectis óculis aspícere. 똑바로 쳐다보다/
rectum æs. 곧은 나팔/ saxa recta. 깎아지른 듯한 암석.
rectus logos. 바른(참된) 이성(vĕra ratĭo)
recubatórĭum, -i, n. (récubo) 발 올려놓는 상, 발걸이 상(床)
rĕcŭbavi, "récŭbo"의 단순과거(pf.=perfectum).
rĕcŭbĭtum, "recúmbo"의 목적분사(sup.=supínum)
recúbĭtus, -us, m. (recúmbo)
(바닥에 떨어졌다가) 튀어 오름, 연석(宴席),
(옛 풍습대로) 식탁 앞에 모로 비스듬히 기대어 눕는 자리.
récŭbo, (-bŭi -bávi), -áre, intr. (re[1]+)
드러눕다, (똑바로) 누워 있다, 자빠져 자다.
rĕcŭbui, "récŭbo"의 단순과거(pf.=perfectum),
"recúmbo"의 단순과거(pf.=perfectum).
récŭla(=réscŭla), -æ, f. dim. (res)
사소한 일(것), 작은 재산, 보잘 것 없는 가산(家産).
recúltum, "récŏlo²"의 목적분사(sup.=supínum)
recúltus, -a, -um, "récolo²"의 과거분사(p.p.)
recumbens, 원형 recúmbo, -cúbŭi, -cúbĭtum, -ĕre, intr. [현재분사. m. 단수 **recumbens**, 복수 recumbentes].
recúmbo, -cúbŭi, -cúbĭtum, -ĕre, intr. (re[1]+cubo)
(다시) 드러눕다, 누워 자다,
식탁에 다가앉다(다가 눕다-비스듬히 누워서 먹었음),
(안개 따위가 땅에) 깔리다, 가라앉다, 잠기다,
내려앉다, 잔잔해지다, 자빠지다, 쓰러지다, 주저앉다,
쏠리다, 기울어지다, 치우쳐 있다.
Statim transi, recumbe. 어서 와 식탁에 앉아라(루카 17, 7).
recuperátĭo, -ónis, f. (recúpero) 회복, 회수(回收),
만회(挽回), 탈환(奪還), 건강회복(健康回復), 병이 나음.
recuperatívus, -a, -um, adj. (recúpero)
회복의, 회복될 수 있는, 회수(回收)의, 회복력이 있는.
recuperátor, -óris, m. (recúpero)
탈환자(奪還者), 회복(회수) 하는 자,
3명 또는 5명의 중재단.심판위원회
(Roma인과 외국인 또는 자국인들 사이의 보상 문제나 그 밖의 분쟁을 조정.심판하기 위하여 구성되는 중재단).
recuperatórĭus, -a, -um, adj. (recuperátor)
(3명 또는 5명으로 구성되는) 중재단의, 심판위원회의.
recúpĕro(=**recípĕro**) -ávi, -átum, -áre, tr. (recipio)
([영] regain, restore, restore to health; refresh, recuperate)
도로 찾다, 회복하다, 회수(回收)하다, 만회하다,
다시 얻다, (호감.환심을) 다시 사다.
pass., *refl*. **se recupero**, **recuperári**,
원기를(건강을) 회복(回復)하다.
De divino petendo auxilio et confidentia recuperandæ gratiæ. 하느님께 도움을 구하고 은총이 돌아올 때를 꾸준히 기다림에 대하여(준주성범 제3권 30장)/
reciperátæ cibo somnóque vires.
음식과 수면으로 회복된 기력/
sanitatem recupero. 건강을 회복하다/
villam suam ab *alqo* recupero.
자기 별장을 누구한테서 도로 찾다.
recúro, -ávi, -átum, -áre, tr. (re[1]+)
열심히 보살피다(돌보다.간호하다.치료하다),
완쾌시키다, 회복시키다, 정성 들여 만들다(손질하다).
recúrrens, -éntis, adj. (p.prœs. recúrro)
주기적으로 재발하는, 회귀성(回歸性)의, 회귀(回歸)의,
((解.植)) (신경동맥가지 따위가) 원래 방향으로 되돌아가는.
m. (醫) 회귀열(回歸熱- 재귀열 스피로헤타 spirochæ ta).
Recurrens mensis October, (1969.10.7. 교황권고),
마리아의 도움 청하기 위한 묵주기도(默珠祈禱).
recurrĕre* 소원(訴願)하다(교회법 제1649조 2항)
rĕcurri, "recúrro"의 단순과거(pf.=perfectum)
recúrro, -cúrri, -cúrsum, -ĕre, intr. (re[1]+)
뛰어 돌아가다(오다), 급히 돌아가다, 되돌아가다,
원래의 자리로 돌아가다, 회귀(回歸)하다,
주기적으로 돌아오다, (단순히) 달려가다(오다),
회상(회고)하다, 기억을 더듬어 생각해보다,
기억 속에 되살아나다, (동일한 것으로) 되돌아가다,
…에 호소하다, 힘을 빌리다, 도움을 청하다,
의지하다. (法) **소원**(訴願)**하다**.
ad eásdem deditiónis conditiónes recurro.
같은 항복 조건으로 되돌아가다/
valetúdines témpore certo recurréntes.
일정한 때가 되면 다시 도지는 병(病).
recúrsĭo, -ónis, f. (recúrro) 되돌아 옴, 회전, 운행.
(醫) 구토(嘔吐-먹은 음식물을 토함).
recúrso, -áre, intr., freq. (recúrro) 뛰어(급히) 돌아오다,
자주 되돌아오다, 기억(마음) 속에 다시 떠오르다.
recursum, "recúrro"의 목적분사(sup.=supínum)
recúrsus, -us, m. 뛰어 돌아옴, 다시 돌아옴,
복귀(復歸-본디의 자리나 상태로 되돌아감), 회귀, 역류(逆流).
(醫) 구토(嘔吐). (法) **소원**(訴願), 상소([영] appeal).
De bono regimine in externis, et recursu ad Deum in periculis. 외적 생활을 잘 처리함과(주의하여 처신하고) 위험 중에 하느님께 의탁함에 대해(준주성범 제3권 38장).
recursus ad abusu(=appellatio tamquam ad abusu)
직권 남용에 대한 탄원, 상소.
recursus ad fontes. 원천에 대한 추구
recursus ad Sedem Apostolicam.
교황청에 제출된 소원(訴願).
recursus extraordinárĭus. 이례적 소원
recursus hiĕrarchicus. 위계적 소원
recursus in devolutivo. 집행정지의 효력이 없는 소원
recursus in suspensivo. 집행정지의 효력이 있는 소원
recúrvo, (-ávi), -átum, -áre, tr. (re[1]+) 휘게 하다,
뒤로(다시) 구부리다, 뒤틀리게 하다, 뒤로 젖히다.
recúrvus, -a, -um, adj. (re[1]+) 뒤로 휜, 뒤틀린,
뒤로 구부러진(꼬부라진), 꼬불꼬불한, 굴곡 된.
æra recúrva. 낚시 / tectum recúrvum. 미궁(迷宮).
recusábĭlis, -e, adj. (recúso) 거절(거부)될 수 있는
recusátĭo, -ónis, f. (recúso) 거절(拒絶), 사절(거절),
거부(拒否-거절), 기피(忌避-꺼리거나 싫어하여 피함).
(法) 항의, 항변(抗辯), 이의, 반증제시(反證提示),
(피고인의) 자기변호의 답변(答辯).
Recusátĭo obœdientĭæ.
불순종(不順從.παρακοή.[영] Refusal to obey).
recusatívus, -a, -um, adj. (recúso) 거절의, 거절하는
recúso, -ávi, -átum, -áre, tr. (re[1]+causa)
(*alqm*, *alqd-alci*; de abl.; inf.; ne, 부정 다음에 quin, quóminus; absol.) **거절하다**(ארמ), 사절(사양)하다,
마다하다, 거부(拒否)하다, 물리치다, 받아들이지 않다,
퇴박하다, 기피(忌避)하다, 말리다, 항의(항변)하다,
반증(反證)하다, 반대의 이유(근거)를 대다.
Si deus largiatur ut repuerascam, valde recusem.
신이 나한테 다시 어린애로 돌아가도 좋다한다면

R

나는 한사코 거절하겠다.
Vespere promittunt multi quod mane recusant.
많은 사람들이 아침이면 거절할 것을 저녁에 약속한다.
rĕcussi, "recútĭo"의 단순과거(pf.=perfectum)
recússum, "recútĭo"의 목적분사(sup.=supínum)
recússus, -us, m. (recútĭo) 튀어 돌아옴, 반동, 반발
recútĭo, -cússi, -cússum, -ĕre, tr. (re¹+quátĭo) 물리치다,
되받아 치다, 튀어 되돌아가게 하다, 되 밀치다, 뒤흔들다.
recússus somno. 흔들어 깨우는 바람에 잠을 깬.
recutítus, -a, -um, adj. (re¹+cutis)
껍질이 벗겨진, 포피(包皮)를 잘라낸.
rĕda(=ræda) -æ, f. 사륜마차
redaccéndo, -nsum, -ĕre, tr. (re¹+) 다시 불 켜다
redáctĭo, -ónis, f. (rédigo) 감산(減算), 빼기,
삭감(削減-깎아서 줄임. 臧倂), 감소(減少), 할인(割引),
축소(縮小-줄여서 작게 함), 편집, 개정(改訂). (化) 환원.
redactum, "redigo"의 목적분사(sup.=supínum)
redactus, -a, -um, "redigo"의 과거분사(p.p.)
redáctus, -us, m. (rédigo) 이익, 수입(收入), 성과.
família ad paucos redácta 소수의 식구로 줄어든 가정/
spes ad irritum redácta. 수포로 돌아간 희망.
redámbŭlo, -áre, intr. (re¹+) 다녀오다, 돌아오다(שוב)
redámo, -ávi, -átum, -áre, tr. (re¹+)
사랑을 사랑으로 갚다, 사랑에 보답하여 사랑하다.
redanimátĭo, -ónis, f. (redánĭmo) 소생(甦生-다시 살아남),
부활(復活.⑨ resurrectĭon), 생명의 회복(回復).
redanímo, -ávi, -átum, -áre, tr. (re¹+)
부활시키다, 생명을 다시 넣어주다, 소생(蘇生)시키다.
redapérĭo, -íre, tr. (re¹+) 다시 열다
redardésco, -ĕre, intr. (re¹+)
다시 뜨거워지다, 다시 타오르다.
redárgŭo, -gŭi, -gútum, -ĕre, tr. (re¹+)
거짓.잘못 따위를 지적(증명.폭로)하다,
반박(논박.반박)하다, 비난하다, 꾸짖다, 경멸하다.
redargútĭo, -ónis, f. (redárgŭo) 비난(非難),
경멸(輕蔑-남을 깔보고 업신여김), 모멸(侮蔑-업신여기고 깔봄),
반박(反駁-반대하여 논박함), 논박(論駁-상대의 의견이나 설의
잘못을 비난하고 공격함), 변박(辨駁), 반론(反論).
redárĭus = rædárĭus
redármo, (-ávi), -átum, -áre, tr. (re¹+) 다시 무장시키다
redáuspĭco, -áre, intr. (re¹+) 다시 새 점(鳥占)을 치다,
처음으로 되돌아가다, 다시 시작하다.
reddere quæ sunt Dei, Deo.
하느님의 것은 하느님께 돌리다.
reddere unumcuique quod suum est.
각자에게 그의 것을 부여(附與)하는 것(=正義)(성 토마스).
reddídi, "reddo"의 단순과거(pf.=perfectum)
reddítĭo, -ónis, f. (reddo) 돌려줌, 반환(返還),
(세금) 납부, 이유 설명, 보고, 제시.
((修)) (조건문의) 귀결(문), 결론(結論).
redditĭo rátĭonum. 결산(決算)
Reddítĭo symboli. 신경 승복식, 신경 응답,
영세(領洗) 직전(옛적에는 직후)의 신경공송(복송).
réddĭtor, -óris, m. (reddo)
반환하는 사람, 지불인(支拂人), 대갚음하는 사람.
redditum, "reddo"의 목적분사(sup.=supínum)
reddo, -dídi -dítum, -ĕre, tr. (re+do) 1. 돌려주다,
돌려보내다, 반환하다, 갚다 : Potes nunc mútuam
drachmam dare mihi unam, quam cras reddam tibi?
내일 갚을 테니 너 지금 나한테 1 drachma만 꿔줄 수
있니?/ reddo alqm pátriæ. 아무를 본국으로 돌려보내다.
2. [alqm alci rei] (아무를) 어떤 상태에 두다(있게 하다)
이르게 하다): reddo alqm ótio 누구를 쉬게 하다/
ex magná desperatióne tandem salúti réddĭtus. 큰 실망
속에서 마침내 무사히 구원된 3. (refl.) se reddo alci rei
(어디로) 되돌아가다(오다): se reddo astris. 별나라로
돌아가다. 4. [alqd alci] (편지.명령 따위를) 전해주다,
전달하다: Lítteras mihi réddĭdit. 그가 내게 편지를 전해

주었다. 5. [alqd alci] (줄 것을) 주다, 수여하다, 맡기다:
…하여 주다: alci prǽmium reddo 누구에게 상을 주다/
suum cuíque honórem reddo. 각자에게 (마땅한) 요직을
맡겨주다/ reddo alci testimónium indústriæ. 누구에게
근면성을 증명해 주다/ Tibi ego ratiónem reddam? 내가
네게 이유를 설명해야겠느냐?/ ratiónem eárum rerum
reddo. 그 일들에 대한 보고(서)를 내다/ peccátis véniam
reddo. 죄를 용서(容恕)해 주다. 6. (은혜.신세 따위를)
갚다(גמל), 보답하다: benefícium reddo. 누구에게
은혜를 갚다/grátiam alci reddo 누구에게 사례(감사)하다.
7. 보복하다(גמל), 복수(復讐)하다, 앙갚음하다(גמל); 응수
하다: reddo hosti cladem 적에게 (당한) 패배를 보복하다.
8. (대가를.대가로 무엇을) 치르다, 지불(支佛)하다;
죄의 값을 치르다, (벌을) 받다: pro vitá hóminis vitam
hóminis reddo. 인명의 대가로 인명을 치르다/
pœnas reddo. (죄의) 벌을 받다. 9. vitam(ánimam,
últimum spíritum, lucem, summum diem) reddo. 죽다,
숨을 거두다. 10. corpus humo(sepultúræ) reddo. 시체를
땅에 묻다, 매장하다. 11. 내보내다,
토하다, 배설하다: spinam fáucibus adhæréntem reddo.
목구멍에 걸린 가시를 토해내다/ sánguinem reddo. 피를
토하다/ urínam reddo. 오줌을 누다. 12. (소리 따위를)
내다: reddo voces. 여러 가지 목소리를 내다/
sonum reddo. (악기가) 소리를 내다 13. (땅이) 내다, 산출
하다, 생산하다. 14. (나머지를) 계속해서 이야기(서술.
진술.기술)하다, 이야기를 마저 하다: Tértium actum
póstea tibi reddam. 제3막은 다음에 이야기해 주마.
15. (들은 것을) 따로 외다, 암송하다, 복창(復唱)하다,
강바치다(배운 글을 스승이나 시관 또는 웃어른 앞에서 외어 올리다);
(말을) 흉내 내어 되풀이하다: verba bene reddo. (앵무새가
사람이) 말을 흉내 내다. 16. (alqd-alci) 대답하다, 응답
하다. 17. 번역하다, 다른 말로 옮기다: alqd Latine
reddo. 무엇을 라틴어로 옮기다/ verbum pro verbo reddo.
직역하다, 축자역하다. 18. (alqm, alqd) 재현하다, 반영시
키다, 닮(았)다, 어떤 모양을 하다(드러내다); (문체.서체
따위를) 모방하다, 복사모사(模寫)하다/ (무슨 맛.냄새
따위를) 내다, 풍기다 19. (약속 따위를) 지키다, 이행하다:
reddo promíssa alci. 누구에게 약속한 것을 지키다(해주다).
20. [서원(誓願).맹세한 것을] 이행(履行)하다; (제물을)
바치다. 21.(alqd alci) 돌려주다, (요청을) 들어주다.
22. judícium reddo. 재판을 해주다/ 판결을 내리다/ reddo
jus. 판결을 내리다, 선고하다. 23. [alqm(alqd) c. acc.
prǽd.(주로 형용사.분사)] (누구를.무엇을 어떤 상태.
성질의 것으로) 만들다, (어떻게) 되게 하다: alqm
plácidum reddo. 누구를 유순하게 하다 / reddo mare
tutum. 바다를 안전하게 하다/ reddo alqm irátum. 누구를
화내게 만들다/ Verba tua me reddunt irátum. 네 말은
나를 화나게 한다/ reddo alqd efféctum 무엇을 이루어
지게 하다/(Alqd) dictum ac factum réddidi. 나는 그것을
즉시 해치웠다/ alqm avem reddo. 누구를 새로 만들다.
(새가 되게 하다). (라틴-한글사전, pp.755~756).
Qualis amor est qui reddit pulchram amantem?
어떤 사랑이 여인을 아름답게 만들어 줍니까?.
Qui reddet unicuique secundum opera eius.(로마 2. 6)
하느님께서는 각자에게 그 행실대로 갚으실 것입니다/
Quid eum bonum reddit?(⑨ What makes it good?)
무엇이 세상을 좋게 만드는가?/
Reddi mihi dona quæ tibi dedi.
내가 너한테 준 선물을 나한테 돌려다오!
[타동사의 상당수는 대격으로 나오는 직접 목적어(…을 더불어)와 더불어 간접
목적어(…에게)를 여격으로 갖는다. "주다, 맡기다, 지시하다" 등의 수여동사(verba
dandi와 일부 전치사(ad, ante, cum, de, ex, in, inter, ob, post, sub, super)와
합성된 동사와의 여격 목적어를 많이 볼 수 있다. 성 염 지음. 고전 라틴어, p.391].
Si odisti illum et tu, contra reddis malum pro malo.
그대도 그를 미워한다면, 그대 또한 악을 악으로 갚는
것입니다.(최익철 신부 옮김. 요한 서간 강해, p.373)/
Valeas, tibi habeas res tua, reddas meas. 잘 가거나.
자네 것은 자네가 갖고, 내 것은 내게 돌려주게나.
reddo alqm pátriæ. 아무를 본국으로 돌려보내다

R

reddo hosti cladem. 적에게 당한 패배를 보복하다

reddo jus. 판결(判決)을 내리다, 선고(宣告)하다

reddo mare tutum. 바다를 안전하게 하다

reddo voces. 여러 가지 목소리를 내다

Redeamus ad illud, unde devertimus.
우리가 벗어났던 본론(主題)으로 돌아가자.

rĕdēgi, "rédigo"의 단순과거(pf.=perfectum)

rĕdēmi, "rédimo"의 단순과거(pf.=perfectum)

redemit, 원형 rédimo, redémi, redém(p)tum, redimére, tr.
[직설법 현재완료. 단수 1인칭 redemi, 2인칭 redemisti,
3인칭 redemit, 복수 1인칭 redemimus, 2인칭 redemistis,
3인칭 redemerunt].
Agnus redémit oves. 어린양은 양떼들을 구하셨네.
[황치헌 신부 지음. 미사통상문을 위한 라틴어, p.473]

Redemisti nos, Domine, in sanguine tuo, ex omni
tribu et lingua et populo et natione: et fecisti nos
Deo nostro regnum.
주님의 피로 모든 종족과 언어와 백성과 민족 가운데
에서 사람들을 속량하시어 하느님께 바치셨나이다.

redemptĭo*, -ónis, f. (rédimo)
(구원redemptio와 복원reparatio은 같은 뜻이다. 그러나 엄밀히 구별하여 말하면,
redemptio는 인간이 죄를 지어 마귀의 종살이를 하게 되었는데 인간 스스로 벗어
날 수 없기 때문에 하느님께서 당신 아들의 십자가 수난으로 값을 치르고 우리를
사셨다는 의미다. 반면 reparatio는 인간이 죄로 인해 잃어버리고 망가져버린 것이
본래의 상태로 회복된다는 의미다. 사순시기 강론집, 레오대종. p.232)
몸값을 치르고(노예.포로.죄수 등을) 풀려나게 함,
속량(贖良.ἐξαγοράζειν→대속), 몸값, 속금(贖金),
대속(代贖.λυτρὸν.⑨ redemptĭon/atonement),
(재판관) 매수, 증회(贈賄.⑨ giving a bribe-뇌물을 줌),
(조세 따위의) 징수청부, (神) 구속(救贖-구원), 구제,
구원(救援.σωτηρία.⑨ salvátĭon), 구제, 구령, 속죄,
(敎史) redemptĭónes. (중세 초기의) 엄격한 특정
보속의 사면.

Alind patris officium est primogeniti redemptio quæ a
Iosepho est peracta(⑨ The ransoming of the first-born
is another obligation of the father, and it is fulfilled by
Joseph) 첫아들의 속죄 봉헌은 부친의 또 다른 의무이고
그것은 요셉에 의해 실현된다(1989.8.15. "Redemptoris custos" 중에서)/
Cur dolor in redemptĭone?
왜 구속 안에는 고통이 있는가?/
Hoc principium novum est mundi redemptĭo(⑨ This new
beginning is the Redemption of the world)
이 새로운 시작은 세상의 구속입니다/
Nostræ sacramentum est Eucharistia redemptionis. Sponsi
sacramentum est Sponsæque(⑨ The Eucharist is the
sacrament of our redemption. It is the sacrament of the
Bridegroom and of the Bride) 성체성사는 구원의 성사
입니다. 그것은 신랑의 성사요 신부의 성사입니다/
redemptĭónem mísit Dóminus in populo suo.
주님께서 당신 백성에게 구속을 내리셨도다.

redemptio liveratíva. 해방적(치료적) 구원(救援)

redemptio objectiva. 객관적 구속

redemptio præservatíva. 보존적(예방적) 구원(救援)

redemptio subjectiva. 주관적 구속

Redemptiónis Anno, 구원의 성년(1984.4.20.),
모든 믿는 이들의 거룩한 유산 예루살렘(1984.4.20. 교서).

Redemptiónis donum, 구원의 은총(恩寵),
구원의 신비에 비추어 보는 수도자 축성(1984.3.25. 교황권고).

redémpto, -áre, tr., freq. (rédimo)
되사다, 몸값을 치르고 구해내다.

redémptor, -óris, m. (rédimo) (공공사업의) 청부업자,
몸값을 치르고 노예나 포로를 구출하는 사람.
(神) [R-] 구세주(救世主), (인류의) 구원자(救援者).
Gloria, laus et honor tibi sit, Rex Christe, Redemptor:
Cui puerile decus prompsit Hosanna pium.
영광, 찬미, 영예, 모두 임의 것, 그리스도 임금님 구세주!
아이들의 기쁜 노래 또한 호산나로다/
Mater Dei ac Redemptóris. 하느님이신 구세주의 참 모친.

Redemptor hominis, 인류의 구원자(1979.3.4.),
교황직 시작에 대한 요한 바오로 2세의 회칙.

[요한 바오로 2세의 첫 번째 회칙이다. 이는 사도좌의 직무를 이제 막 시작하는
요한 바오로 2세가 제2차 바티칸공의회(1962～1965)의 핵심 문건이자 가장 마지막
으로 작성, 발표된 '사목 헌장'의 정신을 이어받아 이 혼란스러운 현대의 시기에
인류 전체에 대한 사랑과 관심을 표명하며 인간의 구원은 우주와 역사의 중심
이신 예수 그리스도를 통해 이루어짐을 다시 한 번 천명하는 의미를 지닌다고
할 수 있다. 즉, '사목 헌장'의 1장 시작에서, "기쁨과 희망(Gaudium et Spes),
슬픔과 고뇌, 현대인들, 특히 가난하고 고통 받는 모든 사람의 그것은 바로
그리스도 제자들의 기쁨과 희망이며 슬픔과 고뇌이다"라고 했던 것을 이어받는
맥락에서 이 회칙이 공포된 것이다. 가톨릭신문 2014.1.12일자. 박준양 신부).

redemptor óperis, 각종 공사의 청부업자

redemptor vectigálium. 관세징수 청부인(關稅徵收 請負人)

Redemptóris Custos, 구세주의 보호자(1987.3.25.회칙)

Redemptóris Mater, 구세주의 어머니(1987.3.25.회칙)
[특별히 성모신심이 강했던 요한 바오로 2세가 마리아론의 신학적 주제에 대해
본격적으로 다루는 첫 회칙이다. 여기에서는 특히 마리아와 교회의 관계가 강조
되어 설명된다. 가톨릭신문 2014.1.12일자. 박준양 신부).

Redemptóris Missĭo, 교회의 선교사명(1990.12.7.)
[현대 세계 안에서 교회의 선교 사명이 무엇인지를 설명하는 매우 중요한 회칙
이다. 그것은 급변하는 현대 세계의 다양한 상황 속에서 선교의 전통적인
정의와 가치에 대한 논란이 많이 제기되었고, 이에 대해 새로운 의미 정립이 요청
되던 시점에서 이 회칙이 공포되었다 할 수 있다. 이 회칙은 모든 선교의 전제와
근거로서 유일한 구세주이신 예수 그리스도에 대한 믿음을 새로이 고백한 다음,
선교의 주역은 인간이 아니라 바로 성령이심을 분명히 밝힌다. 그리고 하느님
나라와 교회의 관계에 대한 신학적 설명을 제공한 후, 선교의 분야와 방법 등
선교에 관한 여러 측면들을 다루게 된다. 마지막 장에서는 선교 영성이 무엇인지
에 대하여 고찰하여 설명한다. 가톨릭신문 2014.1.12. 박준양 신부).

Redemptóris Nostri, 예루살렘의 개방(1949.4.15.)

Redemptorístæ, -árum, m., pl. 레뎀토리스트회.
[1732년 성 알폰소 리구오리(St. Alphonsus Maria de Liguori)가 창설한
성직자 수도회. '지극히 성스런 구세주 수도회'라고도 한다. 저작활동은 비롯하여,
성당에서의 명신수련 지도 및 미신자에 대한 선교활동 등의 사목적을 수행한다.

redémptrix, -ícis, f. (redémptor) 구원을 가져오는 여자.
f. Coredemptrix, -ícis. 공동 구속자(라틴-한글사전 참조).

rĕdemptum, "rédĭmo"의 목적분사(sup.=supínum)

redemptúra, -æ, f. 청부(업), 도급 맡음

redemt… V. redempt…

rĕdemtum, "rédĭmo"의 목적분사(sup.=supínum)

redeo, -íĭ(ívi) -itum -íre, anom., intr. (re¹+eo³)
1. [ex, ab abl.: abl.: adv. loci: in, ad acc.: objectum
internum: absol.] 돌아가다(חזר), 돌아오다. a cœna redeo.
만찬에서 돌아오다/ in cælum redeo. 하늘로 돌아가다/
Itque redítque viam. 길을 왔다 갔다 한다/
(pass. impers.) Redeumdum est mihi. 나는 돌아가야 한다.
2. (ad se) 제정신으로 돌아가다(오다), 의식을 회복하다:
침착해지다, 냉정을 되찾다; 본래의 상태로 돌아가다.
본색을 드러내다: Réprime iracúndiam atpue ad te redi.
분노를 누르고 냉정해져라. 3. (in viam) 옳은 길로 들어
서다, (잘못 따위를) 바로잡다, 고치다, 각성하다.
4. [in, ad acc.] (그전 상태로) 복귀하다, 회복하다,
다시 …하게 되다: redeo in amicítiam alcjs. 누구와의
우정을 회복하다, 화해하다/ redeo in concórdiam 다시
화목하다. 5. (in grátiam - cum alqo) 화해하다, 사이가
다시 좋아지다. 6. (정신.용모.기억에) 나다, (정신에) 들다:
Et mens et rediit versus in ora color. 정신이 들며 입가
에 혈색이 돌았다/ Memoria redit. 기억이 난다.
7. (in memóriam) 기억을 더듬다, 기억에 떠올리다:
In memóriam rédiit Quínctius, quo die proféctus sit.
Quínctius는 기억을 더듬어 자기가 어느 날 떠났는지를
돌이켜 생각해보았다. 8. [ánimo] (무엇이) 생각나다, 회상
되다, 그립다. 9. [adsol.:alci]회귀하다, 정기적(주기적)으로
돌아오다. 10. (ad, in acc.; illuc) 말머리(화제)를 (어디로)
돌리다: Ad rem redi. 본론으로 돌아가거라/
Illuc redeámus. 화제를 그리로 돌리자. 11. ad pauca
redeo. 요약하다: ut ad pauca redeam. 요컨대.
12. (alqd ex abl. - alci)수확되다, (수입으로) 들어오다,
(이익.수입이) 나오다: pecúnia, quæ ex metállis redíbat.
광산에서 나오던 (수입으로서의) 돈. 13. [ad alqm] (어떤
것이.특히 유산 따위가 누구에게) 돌아가다, 귀속되다.
(누구의) 차지가 되다. 14. [ad, in acc.] (무엇에.어떤
지경에) 이르다, 귀착(낙착)하다, (결국) …게 되다: In eum
res rédiit locum, ut sit necésse. 그 일은 그렇게 될 수
밖에 없는 그런 형편에 이르러 있었다/ Collis léniter
fastigátus paulátim ad planítiem redíbat. 완만하게
경사져 올라갔던 언덕이 다시 비스듬히 내려가 평지에
가 닿았다. [라틴-한글사전. p.756].

R

1074

Domum redibimus. 우리는 집으로 돌아가겠다/
Hic mane, dum redeam!.
　내가 돌아올 동안 여기서 기다려라!/
Redi ad dominam tuam, tene dominicam pacem.
　그대 주님께 돌아가 주님의 평화를 누리시오/
Redite ergo intro, fratres; et in omnibus quæcumque
facitis, intuemini testem Deum. 형제 여러분, 내면으로
　돌아가십시오. 여러분이 하는 모든 일에서 하느님을
　증인으로 삼으십시오.(최익철 신부 옮김, 요한 서간 강해, p.365).
Redeo a patre. 아버지한테서 돌아오는 길이다
redhálo, -áre, tr. (re¹+halo) 내뿜다, 숨을 내쉬다
redhíbĕo, -bŭi, -bĭtum, -ére, tr. (re¹+hábeo)
　(판 사람이) 물려주다, (샀던 것을) 도로 무르다,
　돌리다, 반환(返還)하다, 되돌려 주다
redhibítĭo, -ónis, f. (redhíbĕo) (판 사람이) 물러줌,
　(샀던 것을) 도로 무름, 물려받음,
　매매(계약)의 취소(取消), 돌려 줌, 반환(返還).
redhíbĭtor, -óris, m. (redhíbĕo)
　무르는 사람, 물러주는 사람.
redhibitórĭus, -a, -um, adj. (redhíbĕo)
　(팔았던 것을) 물러 주는 데 관한, 매매취소의,
　상각(償却).⑨ repayment-보상하여 갚아 줌)의.
redíco, -ĕre, tr. (re¹+) 거듭 말하다, 되풀이해서 말하다
rédĭens, redeúntis, p.prœs. (rédeo)
rédĭgo, redégi, redáctum, -ĕre, tr. (re¹+ago)
　1. (alqm, alqd - in acc.) 되돌려오다, 다시 돌아오게
　(가게) 하다, 다시 데려오다, (짐승 따위를) 몰아오다
　(가다): redigo capéllas. 암염소들을 몰아오다/
　redigo alqos in grátiam. 어떤 사람들을 화해시키다/
　alqd redigo in memóriam 무엇을 기억해내다.
　2. (alqm in acc.) 쫓아 보내다, 물러가게 하다.
　3. 거두어들이다, 모으다: fructus redigo. 과실을 거두어
　모으다. 4. [pecúniam - ex abl.] (돈을) 받아내다,
　수금하다, 회수하다, 징수하다; [alqd in pecúniam]
　(팔아서) 돈으로 만들다. 5. [alqm, alqd - in, ad, sub
　acc.; ut; acc. prœd.] 강제하다, 강박하다,
　강제로 …하게(되게) 하다; (어떤 상태.처지로) 몰아
　넣다(밀어 넣다.빠지게 하다.떨어지게 하다), 예속
　시키다, …에 이르게 하다, …로 만들다, (어떻게) 되게
　하다: Ædui in servitútem redácti. 꼼짝 못하고 노예(신세)
　가 된 Ædui족/ civitátem in potestátem redigo. 도시를
　장악하다/ ad inópiam redigo alqm. 아무를 곤경에 빠뜨
　리다/ ad summam desperatiónem rédigi. 극도의 실망
　에 빠지다/ rédigi victóriam ad vanum et írritum.
　승리를 수포로 돌아가게 하다/ alqd ad níhilum rédigi.
　무엇을 無로 돌아가게 하다/ alqd in unum rédigi.
　무엇을 하나로(한 덩어리로) 만들다/ alqm ad numer-
　um rédigi. 아무를 (같은 종류의) 수에 집어넣다, …의
　하나로 열거하다(삼다)/ hos infirmióres rédigi.
　이들을 더 약화시키다. 6. (alqm, alqd ad acc. - ex
　abl.) 줄이다, 감소(감축.축소)하다, (값을) 저락(하락)
　시키다: família ad paucos redácta. 소수의 식구로
　줄어든 가정/ Ex hóminum mílibus sexagínta ad
　quingéntos … sese redáctos esse, dixérunt.
　그들은 자기들의 병력이 6만 명에서 5백 명으로
　줄어들었다고 말했다.　　　(라틴-한글사전. p.757)
rĕdii, "redeo"의 단순과거(pf.=perfectum)
Redimentes tempus quoniam dies mali sunt.
(evxagorazo,menoi to.n kairo,n(o[ti ai` h`me,rai ponhrai, eivsin)
(獨 und kauft die Zeit aus; denn es ist böse Zeit)
(⑨ making the most of the opportunity, because the
days are evil) (에페 5. 16)
　시간을 잘 쓰십시오. 지금은 악한 때입니다(성경)/
　이 시대는 악합니다. 그러니 여러분에게 주어진 기회를
　잘 살리십시오.(공동번역)/때를 선용하시오. 시대가
　악하기 때문입니다(200주년 기념 신약성서 에페 5. 16).
redímĭæ, -árum, f., pl. 속금(贖金), 인질대금(人質代金)
redimícŭlum, -i, n. (redímio)

(머리.이마를 장식하는) 끈.리본(⑨ ribbon),
머리 끈, 댕기; 목걸이, 모자 장식 띠, 사슬, 줄.
redímĭo, -íi(-ívi) -ítum -íre, tr.
　(어디에 띠 따위를) 두르다, 감다,
　(화환 따위로) 장식하다, 화관(花冠)을 씌우다.
　frontem corónā redimio. 화관으로 이마를 장식하다/
　redimítus témpora lauro. 머리에 월계관을 쓴.
rédímo, redémi, redém(p)tum, rediměre, tr. (re¹+emo)
　1. 다시 사다, 되사다. 2. (alqm - alqā re - ab, ex
　abl.) 몸값을 치르고 (포로.노예 따위를) 구해내다,
　해방시키다, 자유의 몸으로 만들다: Suis facultátibus
　captos a prædónibus rédimunt. 그들이 자기 재산을
　털어서 몸값으로 치르고 납치된 자들을 강도들로부터
　구해낸다/ se a Gallis auro redimo. 황금을 주고 Gallia
　인들에게서 해방되다/ redimo e servitúte captos 몸값을
　치르고 포로(捕虜)들을 노예의 멍에에서 구출하다.
　3. (alqm, alqd - alqā re - ab abl.) 대가를 치르고
　(무엇을) 면하게 하다, 벗어나게(빠져나오게) 하다,
　구원하다(יקב.חרפ.חקל.פֶּדֶה.σώζω): eum suo sánguine
　ab Acherónte redimo. 자기 죄로 그를 황천(죽음)에서
　구원하다/ (refl.) se redimo. 면하다, 벗어나다.
　4. (神이) (하느님의 아들 예수 그리스도가 인간을)
　구원(救援)하다, 구속(救贖)하다(יקב), 구제(救濟)하다.
　5. 속죄(贖罪)하다, 보속(補贖)하다, (잘못.죄 따위를)
　씻다(חרפ.חקל.갚다(יקב), 보상(報償)하다: cóngio
　culpam redimo. 무상배급으로 잘못을 속죄(贖罪)하다/
　redimo vítia virtútibus 허물을 덕행으로 보상하다.
　6. (다른 것을) 대신 사주다; 서로 사다. 7. 매수하다,
　고용하다: plausor redémptus. 매수되어 박수치는 자.
　8. 청부하다, 도급(都給)으로 맡다: navem fabricándam
　redimo. 선박건조를 청부하다/ vectigália parvo prétio
　redémta habére. 싼값으로 관세징수를 도급 맡아 가지고
　있다. 9. ((alqd alqā re)) (대가를 치르고) 얻다, 확보
　하다, 장만하다, 사다: parte áliquā suórum frúctuum
　pacem sibi sempitérnam redimo. 자기 수입의 일부를
　들여 영구한 평화를 얻다/ illórum amicítiam ejus
　morte redimo. 그의 죽음으로 저들과의 우호관계를
　확보하다/ largitióne redimo mílitum voluntátes.
　관대(寬大)함을 보여 군인들의 환심(歡心)을 사다.
　10. ((alqm, alqd - ab abl.)) (얼마나 무슨 수를 써서)
　막다, 못하게 하다: redimo delatorem 밀고자를 매수
　하여 고발을 막다/ canis sævítiem óffulā redimo.
　고깃점으로 개의 사나움을 달래다. (라틴-한글사전, p.757)
　Illorum amicitiam ejus morte redimo.
　그의 죽음으로 저들과 우호관계를 확보(確保)하다/
　Redemptus homo in vitam æternam restituitur.
　영원한 생명의 복원인 인간의 구속(신국론 제13권).
redintegrátĭo, -onis, f. (redíntegro) 다시 새롭게 함,
　갱신(更新.⑨ renewal), 일신(日新-날이 새로워짐),
　부흥(復興-쇠퇴하였던 것이 다시 일어남), 반복(反復), 되풀이,
　(원기.건강 따위의) 회복(回復), 복구(復舊),
　Unitátis Redintegrátĭo, 일치운동에 관한 교령(1964.11.21.).
redintegrátor, -óris, m. (redíntegro)
　갱신자(更新者), 재건자(再建者), 회복자(回復者),
　somnus redintegrátor vírium. 원기를 회복시켜 주는 잠.
redíntĕgro, -ávi, -átum, -áre, tr. (re¹+)
　처음부터 새로 하다, 새롭게 하다, 갱신하다,
　반복하다, 보완하다, 보충하다, (힘 따위를) 회복하다,
　(힘 따위를) 되찾다. intr. 새로워지다,
　Jucúnditas redintegrábit. 즐거움이 새로워질 것이다.
redinvénĭo, -íre, tr. (re¹+) 다시 발견하다
redipíscor, (-ĕris, -ítur), -sci, dep., tr. (re¹+ apíscor)
　다시 손에 넣다, 다시 찾아 얻다
redite, 원형 redeo, -íi(ívi) -itum -íre, anom., intr.
　[명령법. 현재 단수 2인칭 redi, 복수 2인칭 redite].
Redite huc circiter meridiem.
　너희들 정오쯤 여기에 다시 오너라!.
redítĭo, -ónis, f. (rédeo) 귀환(歸還), 다시 돌아 옴

reditio completa. 자기 복귀(復歸)

reditio in seipsum. 자기에로 귀환(reditio ad seipsum)

rédĭtum, "redeo"의 목적분사(sup.=supínum)

rédĭtus, -us, m. (rédeo) 다시 돌아 옴(감), 귀환(歸還),
수입(收入), 수익(收益-이익을 거두어들임), 소득(所得),
재림(再臨).⑨ Advent/Parousia/Return),
환원(還源.獨 Rückfluss)
Hæc ómnia deléta vidéntur réditu meo.
이 모든 것은 내가 돌아옴으로써 없어진 것으로 보인다.
(인칭제로 활용된 연계동사로서의 vidéri는 다른 동사의 부정법을 주격으로
지배한다. 그러므로 'esse+분사' 또는 용장활용의 부정법에 있어서는 그
분사들은 부설명어의 규칙대로 주어의 성, 수를 따라 주격으로 써야 한다.
이 경우의 부정법은 가끔 조동사 esse없이 주격의 분사만 쓰는 수가 있다.
허창덕 지음. Syntaxis Linguæ Latínæ, p.333).
Imperator prohibuit milites a reditu.
사령관은 병사들의 귀환을 금지했다/
Vester reditus omnibus civibus circumlatus est.
너희들의 귀환이 모든 시민들의 입에 올랐다.

reditus ad *alqm.* 누구에게로 돌아 감

reditus ad Deum. 신께로의 귀환(歸還).
Exitus a Deo. 하느님으로부터 나감.

reditus in cælum. 하늘로 돌아 감

reditus in patriam a bello. 전장으로부터의 귀국

reditus Neapoli. 나폴리로부터의 귀환(歸還)

reditus Romam. 로마 귀환(歸還)

rĕdivi, "redeo"의 단순과거(pf.=perfectum)

redivǐa, redivíosus V. reduvi···

redivívus, -a, -um, adj. (re¹+vivus) 다시 살아난,
소생(蘇生)한, 부활한, 갱생(更生)한, 재생한,
(다른 데에 쓰였다가) 다시 쓰이는, 재활용되는, 재생품의.
lapis redivívus. 재활용의 석재(石材).

rēdo, -ónis, m. 가시가 없는 물고기(의 일종)

redólĕo, -lŭi, -ére, tr., intr. (re¹+)
냄새를 풍기다, 냄새가 나다.
frusta esculénta vinum redoléntia.
(토해 놓은) 술 냄새나는 음식물/
mella rédolent thymo. 꿀이 백리향 냄새가 난다/
redoléntia mala. (植) 향긋한 사과.

redoleo antiquitátem. 옛 냄새를 풍기다.

redómĭtus, -a, -um, p.p., a.p. (*inusit.* rédomo)
다시 길들여진.

redóno, -ávi, -átum, -áre, tr. (re¹+) 돌려주다,
반환하다, 다시 은혜를 베풀다, 허락하다(ㄱ갓.ㄱㄴ).

redopérĭo, -rŭi -íre, tr. (re¹+opério)
다시 벗기다, 드러나게 하다.

redoperui, "redopérĭo"의 단순과거(pf.=perfectum)

redórdĭor, -íri, dep., tr. (re¹+órdior) 실을 풀다; 실을 뽑다.

redórmĭo, -íre, intr. (re¹+) 다시 자다

redórmítĭo, -ónis, f. (redórmio) 다시 잠

rĕdŏlui, "redólĕo"의 단순과거(pf.=perfectum)

reducite, 원형 redúco, -dúxi -dúctum -ĕre, tr.
[명령법. 현재 단수 2인칭 reduce, 복수 2인칭 reducite].
Grandinat, fulgurat : reducite greges ad ovilia!.
우박이 오고 번개가 친다.
양떼를 다시 우리로 몰아가거라!

redúco, -dúxi -dúctum -ĕre, tr. (re¹+)
1. (*alqm, alqd* - ad, in acc.; ab, de, ex abl.) 도로
데려오다(가다), 데리고 돌아오다, 다시 돌아오게 하다,
다시 인도하다; (원래의 자리.상태로) 환원시키다;
(군대를) 철수하다, 철병(撤兵)하다: uxorem reduco.
(헤어졌던) 아내를 다시 데려오다/ reduco *alqm* de
exsilio. 아무를 유배지에서 귀국시키다/ reduco *alqm*
ad rectam viam. 아무를 바른 길로 돌아오게 하다/
reduco *alqm* in gratiam cum *alqo.* 아무를 누구와
다시 화해시키다/ reduco *alqm* in memoriam *alcjs*
rei. 누구에게 무엇을 상기시키다. 2. (domum; absol.)
집으로 데려다 주다, 모셔다 드리다. 3. (*alqm* ab abl.)
빼내다, 구출하다: reduco sócios a morte 동료들을
죽음에서 구출하다. 4. (*alqd* - ab abl.) 도로(뒤로)
당기다, 뒤로 물러나게 하다. 5. (*alqd*) 다시 끌어들이다
(도입하다), 부흥(복구.회복)시키다: reduco ejúsmodi
exémplum. 그런 전례를 다시 끌어들이다/ hábitum
vestitúmque prístinum reduco. 옛 의상을 다시 도입
하다. 6. (*alqd*) 열어젖뜨리다, 벌려 젖히다, (옷 따위를)
풀어헤치다. 7. (*alqd*) 수축시키다, 줄어들게 하다.
8. [*alqd* in, ad acc.] (무엇을 어떤 형상.상태로)
만들다, (어떻게) 되게 하다: corpus sensim ad máciem
reduco. 몸을 점점 야위게 만들다/ fæcem in summum
reduco. 찌꺼기를 위로 떠오르게 하다.(라틴-한글사전, p.758).
ferrum redúctum. (化) 환원철(還元鐵).

redúctĭo, -ónis, f. (redúco) 도로(다시) 데려옴,
복귀(복직) 시킴, (내렸더가) 다시 들어 올림,
삭감(削減-깎아서 줄임. 감삭), 감면(減免), 할인(割引).
(論) 변격법, 환원(법). (生) 감수분열(減數分裂).
(數) 약분(約分), 환산(換算). (化) 환원(還元).
(가) 제대 축성 해체식, 종교(재단) 법인의 기부행위 변경,
((주로 pl.)) (17세기 초의 남미에 있어서의) 보호통치.

reductio ad absúrdum. 귀류법(歸謬法), 오류에로의 환원법

reductio ad unum. 하나에로 귀결, 하나로의 축소

reductio clericorum ad státum laicalem.
(敎法) 성직자의 환속처분(還俗處分).

reductio impossíbile. 배리법(背理法)

reductio indirécta. 간접 환원법(間接 還元法)

reductio juridica. 법적 환속법(法的 還俗)

reductio onĕrum. 부담삭감

reductio theologica. 신학적 환속

redúcto, -áre, freq., tr. (redúco) (군대를) 철수하다

redúctor, -óris, m. 다시 데려오는(가는) 사람,
복구자(復舊者), 재건자(再建者).

redúctum, "reduco"의 목적분사(sup.=supínum)

redúctum ferrum. (化) 환원철(還元鐵)

redúctus, -a, -um, p.p., a.p. (redúco)
뒤로 물러난, 격리된, 멀리 떨어진, 외딴, 구석진.

redúlcĕro, -ávi, -átum, -áre, tr. (re¹+úlcero)
굳어서 다시 부스럼 나게(헐게) 하다.
상처를 덧들이다, 아픈 데를 다시 건드리다.

redúncus, -a, -um, adj. 뒤로 굽은, 뒤로 꼬부라진

redúndans, -ántis, p.prœs., a.p. (redúndo)
남아도는, 넘쳐흐르는. adv. redundánter.

redundánter, adv. 넘쳐흐르도록, 지나치게, 풍부하게

redundántĭa, -æ, f. (redúndo) 넘쳐흐름, 과잉(過剩),
과다(過多), 과도(過度), 풍부(豊富), 쓸데없는 말,
군말(하지 아니하여도 좋을 쓸데없는 말. 군소리).

redundátĭo, -ónis, f. (redúndo) 충일(充溢-가득 차서 넘침),
넘침, 과다(過多), 천체의 공전(公轉), 별의 운행, 역행.

redundátĭo stómachi. 구토(嘔吐), 속이 뒤집힘

redundátus, -a, -um, a.p. (redúndo) 넘쳐흐르는

redúndo, -ávi, -átum, -áre, intr. (re¹+undo) 1. (강.물
.액체 따위가) 넘쳐흐르다, 범람하다, 충일(充溢)하다:
Nilus redundat. *Nilus*강이 범람 한다/ Gútture fac plemo
sumpta redúndet aqua. 목구멍까지 가득 마신 물이
(물을) 쏟아져 나오게 해라. 2. (abl.; absol.) 넘치다,
(무엇으로) 가득 차다; 넘치도록(남아돌아갈 만큼)
많다, 풍부하다: Hic locus acervis coporum et civium
sanguine redundavit. 여기는 시체더미로 가득 차고
시민들의 유혈이 낭자했던 곳이다/ Hæc defensio
redundavit joco. 이 변론은 익살에 넘쳐 있었다.
3. (absol.; abl.) 지나치게 많다(풍부하다), 과잉상태이다:
Asiátici oratóres nimis redundántes 말이 너무 많은
아시아의 연설가들. 4. (in, ad acc.) 넘쳐서 …에게
이르다(돌아가다.미치다.끼쳐지다): nationes, quæ número
hóminum ac multitúdine póterant in províncias
nostras redundo. 인구가 넘쳐서 우리의 속령에 까지
흘러들 수 있었던 민족들/ Gáudeo tuā glróiâ, cujus
ad me pars áliqua redúndat. 내게도 그 한몫이 돌아
오는 너의 영광을 나는 기뻐한다. (라틴-한글사전. p.758).

reduplicátĭo, -onis, f. (redúplico)

R

이중(二重), 중복, 배가(倍加-갑절로 늘어남), 반복(反復), (文法) 동일한 글자.음절의 중복(重複).
redúplĭco, -átum -áre, tr. (re[1]+) 배가(倍加)하다, 중복되게 하다, 반복하다(תנא.תני).
redurésco, -ĕre, intr. (re[1]+) 다시 견고하여지다, 다시 굳어지다.
redúvĭa, -æ, f. 손거스러미(손톱이나 발톱이 가시처럼 된 부분), 발톱 거스러미, 사소한(하찮은) 일, 쓸데없는 것, 먹다 남은 찌꺼기.
reduviósus, -a, -um, adj. (redúvia) 거스러미 투성이의, 조잡한, 엉성한, (문체가) 난삽한([영] be in distress-글이나 말이 매끄럽지 못하면서 어렵고 까다롭다).
rĕdux, -ŭcis, adj. (무사히) 돌아온, 귀환한, 복귀한. f., m. 귀환(歸還), 돌아옴([영] Return), 복귀(復歸). *alqm* réd ucem fácere in pátriam. 누구를 고향(故鄕)으로 돌아오게 하다.
reduxi, "redúco"의 단순과거(pf.=perfectum)
refábrĭco, -áre, tr. (re[1]+) 다시 만들다, 개축(改築)하다
rĕfēci, "refícĭo"의 단순과거(pf.=perfectum)
refécti o, -onis, f. (refício) 修理, 수선(修繕), 보수(補修), 중수(重修-낡고 헌 것을 다시 손대어 고침), 개수(改修), 휴식(休息.[영] Rest), 휴양(休養), 피로회복(疲勞回復), 원기회복(元氣回復), 가벼운 식사.
reféctor, -óris, m. (refício) 수리자(修理者), 수선자(修繕者), 보수자(補修者), 개수자(改修者).
refectórĭus, -a, -um, adj. (refício) (음식 따위로) 기운을 회복(回復)시켜 주는. n. 기숙사.수도원.학교 등의 식당.
refectum, "refícĭo"의 목적분사(sup.=supínum)
refectus[1] -a, -um, p.p., a.p. (refício) 다시 힘을 얻은; 보수된
refectus[2] -us, m. (refício) 수익(收益), 음식 따위에 의한 원기회복(영양보충).
refello, -félli -ĕre, tr. (re[1]+fallo) 논박(반박)하다, 물리치다, 허위(虛僞)를 지적하다, 거짓임을 증명하다.
refer, 원형 réfĕro, ré(t)tŭli, relátum, -férre, anom., [명령법. 현재 단수 2인칭 refer, 복수 2인칭 referte].
Refer animum ad veritatem, si vis sapientiam consequi. 지혜를 얻기 위한다면 진리로 정신을 되돌려라.
refércĭo, -férsi -fértum -íre, tr. (re[1]+fárcio) 가득 채우다, 쑤셔 넣다, 가득 집어넣다, 꽉 들어차게 하다, 가득 늘어 넣다. *alqd* refercio in oratióne suā. 자기 연설에서 무엇을 가득 늘어놓다.
referendárĭus, -i, m. (réfero) (중세기에) 상소를 전달하고 군주(교황)의 지시를 재판관에 전하던 관리(官吏), 승지(承旨), 서기(書記), 전지관(傳旨官).
Referendárĭus Apostolicus. 교황의 승지(承旨)
referéndum, -i, n. (gerundív. régero) 일반투표, 국민투표(의회를 통과한 정책 따위에 대하여 그 가부를 선거민에게 묻는 국민투표), 국민결의권(國民決議權), (외교관이 본국 정부에 보내는) 특별 지령 청원서.
referéndus, -i, m. (gerundív. régero) 군주에게 특별 임명을 받은 원로원 의원.
referéntes, 원형 réfĕro, ré(t)tŭli, relátum, -férre, [현재분사. 단수 referens, 복수 referentes]. Sed et præstolántes álterum eius adventum, offérimus tibi, grátias referéntes, hoc sacrifícium vivum et sanctum. 성자의 재림을 기다리며, 감사하는 마음으로 거룩하고 살아있는 이 제물을 아버지께 봉헌하나이다.
referíva(=refríva), -æ, f. (sc. faba) 밭에서 제사용으로 집에 가져온 콩.
reférĭo, -íre, tr. (re[1]+) 맞 때리다, 매를 매로 갚다, 반격하다, (pass.) 반사되다, (거울에) 비치다; 메아리치다.
réfĕro, (-fers, -fert), ré(t)tŭli, relátum, -férre, anom., tr. (re[1]+) 1. (*alqm, alqm* - ad, in acc.; dat.; ab, ex *abl.*) **도로**(다시) **가져오다**(가다), **가지고 돌아오다**, 집으로 가져가다; 되돌려오다: Reférte ánulum ad me. 너희는 반지를 나한테 다시 가져 오너라/ ad me refero pedem. 나한테 되돌아오다/ Refero in convívia gressum. 연회장으로 돌아가다/ Me réferunt pedes in Tusculánum. 나는 발길 따라 Túsculum에 있는 별장으로 돌아가고 있다/ refero caput. 자객이 살해한 사람의 머리를 (자기에게 시킨 사람한테로) 갖다 주다/ Refero victóriam. 승리를 안고 돌아오다.
2. *pass., refl.* **se refero, reférri**.(ad, in acc.; ab abl.) 돌아가다.오다: íterum Romam se refero. 로마로 다시 돌아오다. 3. (軍) [se, pedem, gradum, *etc.*: *pass.*] 후퇴(後退)하다, 퇴각(退却)하다. 4. 뒤로 돌리다, 뒤로 가져가다; 뒤로 밀다: ad nomen caput refero. 이름 부르는 소리에 뒤를 돌아보다/ naves eodem, unde erant profectæ, relatæ. 출발했던 그 자리로 되밀려간 배들. 5. 되돌려 주다, (빚 따위를) 갚다, 물어주다, 지불하다. 6. (소리를) 반향 시키다, 메아리치게 하다, 울려 퍼지게 하다; (소문.명성 따위를) 퍼져나가게 하다. 7. (마음.눈길 따위를) 돌리다, 향하게 하다; ad *alqm* óculos animúmque refero. 누구에게 눈과 마음을 돌리다/ a parvis ánimum ad majóra refero. 작은 것에서 더 큰 것으로 마음을 돌리다. 8. (탓.죄 따위를) 돌리다, 전가하다, Culpam in *alqm* refero. 탓을 아무에게 돌리다/ Causa ad matrem referebátur. 원인을 어머니에게 돌리고 있었다. 9. 가져다주다, 기여하다, 끼치다, 10. 갚다, **보답하다**; par pari refero. 대갚음하다. refero *alci* plúrimam (salútem) 답례하여 문안하다/ *alci* refero grátiam[드물게는 grátias] (수고.신세.은혜 따위를) 실제행위로 보답하다. 11. 다시 (시작)하다, 재개하다, 반복하다. 12. (*alqd, alqm* - *alqd* re) 재현하다, (풍습 따위를) 다시 끌어들이다, 본뜨다, 모방하다, 닮다, 반영시키다. 13. 회상하다, 돌이켜 생각하다. 14. (*alqd* - *alci*, ad *alqm*; acc. c. inf.) 이야기하다, **보고하다**, 전하다(παραδιδωμι), 알리다(חוי. דבר.חוא.ἀναγγλλω.ἀπαγγλλω). 15. (*alqd*, de *alqa* re ad *alqm*) 의견을 청하다, (누구의) 결정에 맡기다, 결정을 따르다: ómnia ad oráculum refero. 모든 일에 신탁의 지시를 따르다/ de hoc ad consílium refero. 이것을 참모위원회의 결정에 맡기다. 16. (de *alqā* re, *alqd* ad senátum) 원로원에 제출하다, 제안하다, (토의·결정하도록) 회부하다, 문의하다, (결정·지시 따위를 하도록) 요청하다. 17. [*alqd* - *alci*; acc. c. inf.] (말· 글로) 대답하다, 회답하다, 답변하다. 18. (*alqd* in *alqd*) 기록하다, 등록(騰錄)하다, 기입하다, 기재하다, 장부에 올리다. 19. (rati ónes) 계산서에 기입하다; 계산서를 제출하다, 계산을 보고하다. 20. (*alqm, alqd* in, inter acc.) 수(數)에 집어(계산해) 놓다, …의 하나로 꼽다(포함시키다.여기다·삼다): refero *alqm* in oratórum númerum. 아무를 연설가로 꼽다/ in reos referri 죄인 축에 들다. 21. [*alqd, alqm* ad acc.] (무슨 기준으로) 평가하다, …에 비추어 판단하다, …의 기준을[목표를] (어디에) 두다. 22. (*alqd, alqm* ad acc.) **관련(연관·관계) 시키다**.
referre, 원형 réfĕro, ré(t)tŭli, relátum, -férre, anom., [명령법. 수동형 현재 단수 2인칭 referre, 복수 2인칭 referimini].
Non referre beneficiis gratiam est turpe.(Seneca). 은혜에 고마움을 표하지 않는 것은 부끄러운 일이다.
refersi, "refércĭo"의 단순과거(pf.=perfectum)
refert, rétŭlit, reférre, *impers.*, intr. (res+fero; réfero) **관계되다**, 상관있다, 문제가 된다, 중대한 일이다, 중요하다; 이롭다, 유익하다. 1. ((cf. interest) 1) 문법상 주어: pron., n., sg.(hoc, id, illud, quid, quod); inf.; prop. subjectiva(acc. c. inf.; ut; interr. indir.). 2) "누구에게.무엇에"는 1.2인칭 및 재귀적 3인칭은 고유 대명사의 abl., sg.(meā, tuā, suā, nostrā, vestrā); 그 밖의 명사.대명사는 gen., 간혹 dat.(*alci* rei), ad acc. 3) 흔히 여러 가지 정도 표시의 부사나 gen. prétii를 동반함): Id meā mínime refert. 그것은 내게 조금도 대단한 것이 못 된다/ Ipsíus ducis hoc reférre vidétur, ut …. …하다는 이것은 장군자신에게 관계되는 것으로 생각 된다/ Nihil refert. 괜찮다, 아무 상관없다,

R

무방하다. 2. (아주 드물게는 명사가 주어로 나타나는
수 있으며, 중성대명사에 한하여 복수로 쓰는 수도
있음): Longitúdo refert. 길이가 문제가 된다/ percontári,
quæ ad rem réferunt. 그 일과 관계되는 것들을 물어보다.
[라틴-한글 사전. p.760].
Magni mea refert te perfecisse labores.
네가 그 일을 해냈다는 것이 내게는 매우 중요하다.

Referte anulum ad me.
너희는 반지를 나한테 도로 가져오너라.

rĕfertum, "refercĭo"의 목적분사(sup.=supínum)

refértus, -a, -um, p.p., a.p. (refércio) 가득한(πλήρης),
가득(꽉) 차있는, 풍부한, 많이 있는, 득실거리는.

reférvĕo, -férbŭi(-férvi) -ére, intr. (re¹+)
끓어오르다, 부글부글 끓다, 포악(暴惡)하다,
악독(惡毒)하다, 끓다가 멈추다, 식다.

refervésco, -ĕre, inch., intr. (reférveo)
다시 뜨거워지다, 다시 끓기 시작하다.

reficĭo, -féci -féctum -ĕre, tr. (re¹+ fácio)
다시 만들다, 복구하다, 재건하다, 수리(수선)하다,
고치다, (불을 살려서) 다시 붙게 하다, 보충하다,
보강(補强)하다, (군대를 신병으로) 충원(充員)하다,
(재산.비용 따위를) 마련하다, 장만하다,
(집정관 등을) 재선하다, 재임명하다, 쉬게 하다,
기운을 회복시키다, 활기를 띠게 하다, 소생시키다,
완쾌하게 하다, 고무(鼓舞)하다, 정신 차리게 하다.
cibo reficio vires. 음식으로 힘을 다시 얻다/
pecúnia ex venditiónibus reféta.
(여러 가지를) 팔아서 마련한 돈/
quoad me refíciam, 내가 건강을 회복할 때까지/
socórum ánimos reficio. 동료들의 기를 북돋다.

refígo, -íxi -íxum -ĕre, tr. (re¹+) 뜯다, 떼다, 뽑다,
(법률을) 폐지(廢止)하다(גלה), 치우다, 제거하다.
dentes refigo. 이를 뽑다.

refigurátĭo, -ónis, f. (refigúro) 모양을 바꿈, 변형, 고쳐 만듦

refigúro, -áre, tr. (re¹+)
모양을 바꾸다, 변형시키다, 고쳐 만들다.

refíngo, -ĕre, tr. (re¹+) 다시 만들다, 다시 형성하다.
refl. se refingo. …처럼 보이게 하다, …인 체하다.

refirmátus, -a, -um, p.p., a.p. (inusit. refírmo)
다시 튼튼하게 만들어진.

rĕfixi, "refigo"의 단순과거(pf.=perfectum)

refixum, "refigo"의 목적분사(sup.=supínum)

reflábĭlis, -e, adj. (reflo)
쉽게 증발하는, 수분이 쉽게 빠지는, 다시 부풀어 오르는.

reflágĭto, -áre, tr. (re¹+)
다시 간청하다, 다시 요구(요청)하다.

reflátĭo, -onis, f. (reflo) 증발(蒸發), 발산(發散), 발한(發汗),
취한(取汗.發汗, 병을 다스리려고 몸에 땀을 내어 그 기운을 발산시킴).

reflátus, -us, m. (reflo) 역풍(逆風), 거슬러 부는 바람,
(고래의) 내뿜는 숨, 역운(逆運), 역경(逆境).

reflécto, -fléxi -fléxum -ĕre, tr., intr. (re¹+)
1. 뒤로 구부리다(꼬부리다), 비틀어 돌리다; 뻐드러지게
하다, 2. 뒤로 돌리다: léviter caput reflecto. 고개를
살짝 돌리다/ reflecto gressus. 돌아오다. 3. 딴 데로
돌리다, 방향을 바꾸다: visus reflecto. 시선을 돌리다.
4. 반사하다. 5. (마음.정신 따위를) 돌리게 하다.
돌리다, 바꾸게 하다, 6. (ánimum) 반성하다, 곰곰이
생각하다. 7. (論) 환위(換位)시키다.
intr. (병세 따위가) 돌리다. (라틴-한글사전. p.760).

rĕflexi, "refléto"의 단순과거(pf.=perfectum)

refléxĭo, -ónis, f. (refléto) 뒤로 돌림, 반사, 반영,
성찰(⑨ Reflection/examinátion of conscience), 반성,
심사(深思), 숙고(熟考). (論) 환위(換位), 환위법.
reflexio contemplativa. 명상적 사고(冥想的 思考)
reflexio pastorális. 사목자들의 숙고(熟考)
reflexio reálistica. 실재주의적 성찰(實在主義的 省察)
reflexio speculativa. 사변적 사고
refléxum, "refléto"의 목적분사(sup.=supínum)

refléxus, -us, m. (refléto) 굽이진 곳, 후미진 곳,
만(灣-바다가 육지로 쏙 들어간 곳), 되돌아 감,
회귀(回歸-한 바퀴 돌아 다시 본디의 자리로 돌아옴). (解) 와(窩).

rĕflo, -ávi, -átum, -áre, tr. (re¹+)
intr. (바람이) 거슬러(거꾸로.반대로) 불다,
역풍이 불다, 역운(逆運)이 닥치다, 역경을 가져오다.
tr. 내뿜다, 입김을 내불다, 증발시키다,
(불어서) 부풀게 하다, 팽창하게 하다.

reflorésco, -rŭi -ĕre, inch., intr. (re¹+) 다시 꽃피다,
다시 무성해지다, 혈기(血氣)가 다시 왕성해지다.

reflúamen -mĭnis, n. (réfluo) 넘쳐흐른 것, 대단치 않은 것

reflúctŭo, -áre, intr. (re¹+)
물결쳐 왔다가 되돌아가다, 역류(逆流)하다.

reflŭo, -flúxi -ĕre, intr. (re¹+) 거꾸로 흐르다, 역류하다,
(조수가) 써다(밀물이나 밀린 물이 물러 나가다), 넘치다.

rĕfluxi, "réflŭo"의 단순과거(pf.=perfectum)

réflŭus, -a, -um, adj. (réfluo) 거슬러(거꾸로) 흐르는,
역류의, (물이) 써는, 남아도는, 먹다가 남은(흘린).

reflúxĭo, -ónis, f. (réfluo) 썰물(desidia máris), 역류(逆流).

refocillátĭo, -ónis, f. (refocillo) 회복, 기운 차리게 함

refocíllo(=refocílo), -ávi, -átum, -áre, tr. (re¹+)
활력을 넣어두다, 원기를 회복케 하다, 소생시키다.

rĕfódi, "refódio"의 단순과거(pf.=perfectum)

refódĭo, -fódi -fóssum -ĕre, tr. (re¹+)
파내다(חפר), 발굴(發掘)하다.

reformábĭlis, -e, adj. (refórmo) 뜯어고칠 수 있는,
개량할 수 있는, 개선할 수 있는, 개혁할 수 있는.

reformátĭo, -ónis, f. (refórmo) 변신(變身), 탈바꿈, 개조,
개량(改良-고치어 좋게 함), 개선, 개정, 개혁, 변혁(變革),
혁신(革新), 변형(變形), 쇄신(刷新).(⑨ Renewal).
[R-] 종교개혁(⑨ Reformátĭon).
Canones super reformatione circa matrimonium.
혼인의 개혁에 관한 법규/
De reformatione virium animæ. 영신력 쇄신/
Decreta super reformatióne. 쇄신을 위한 교령/
Decretum de reformatione. 개혁교령/
deputátĭo reformátiónis. 개혁 분과/
Eadem sacrosancta synodus, reformationis materiam
prosequens, hæc in præsenti statuenda deservit.
개혁 작업을 지속하고자 본 거룩한 공의회는
본 회기에서 다음의 사항들을 결의하였다/
Eadem sacrosancta Trientia synodus, reformationis
materiam prosequens, hæc, quæ sequuntur, in præsenti
decernenda esse statuit ac decernit. 본 거룩한 트리엔트
공의회는 개혁 과제를 수행하면서 일단 다음의 것을
공표하기로 결정하고 명하는 바이다.
(주세페 알베리고 외 엮음. 보편 공의회 문헌집 제3권. p.744)/
Verbum Dei manet in æternum.(V.D.M.I.E.)
하느님 말씀은 영원히 머무른다(종교개혁의 표어).

reformátĭo agrária. 토지 개혁(土地改革)
reformátĭo calendárii 개력(改曆-역법曆法을 고침)
Reformátĭo Catholica
반종교개혁 운동, 가톨릭 혁신 운동, 가톨릭 개혁(改革)
Reformátĭo Gregoriana(⑨ Gregorian Reform).
그레고리오 개혁.
Reformátĭo in capite et membris. 머리와 지체의 개혁
Reformátĭo Legum Ecclesiasticarum.
교회법 개정(책. 1571년 출판).
reformátĭo pĕrenis 지속적 개혁(持續的 改革)
reformátor, -óris, m. 개조자(改造者), 개량자(改良者)
개혁자(改革者), 혁신자(革新者-혁신을 일으키는 사람).
református, -us, m. 개조, 개혁, 쇄신(⑨ Renewal), 혁신.
Ecclesia est semper reformanda.
교회는 항상 쇄신(刷新)되어야 한다.
Reformatæ Ecclesia 개혁파 교회(改革派 敎會)
reformidátĭo, -ónis, f. (reformído)
공포(⑨ terror.獨 die Furcht), 두려움, 전율(戰慄).
reformído, -ávi, -átum, -áre, tr. (re¹+)

두려워하다, 무서워하다, …에 기가 죽다, 전율하다, 무서워 뒷걸음치다, 무서워 피하다.
refórmo, -ávi, -átum, -áre, tr. (re¹+) 본래의 모양(형상.모습)을 되찾다, (다른 형상으로) 바꾸어 놓다, 변형(변신)케 하다, 탈바꿈하게 하다, 번복하다, 개선(개량)하다, 바로잡다, 개조(개량)하다, 개혁하다, 혁신(변혁)하다, 일신(날마다 새롭게 함)하다, (변상으로) 물어주다. reforma calendarii([영] Reform of the Calender. 獨 Kalenderreform) 달력 개정/ Reforma Liturgica.([영] Reform of Liturgy. 獨 Liturgiereform) 전례 쇄신.
rĕfossum, "refodio"의 목적분사(sup.=supínum)
refotum, "refóvĕo"의 목적분사(sup.=supínum)
refōtus, -a, -um, "refóvĕo"의 과거분사(p.p.)
refóvĕo, -fóvi -fótum -ére, tr. (re¹+) 덥히다, 따뜻하게 감싸다, 다시 따뜻하게 하다, 품어주다, 소생시키다, 원기를 회복케 하다, 기운 내게 하다, (불.열심 따위를) 다시 일으키다, 재흥(再興)시키다.
refovi, "refóvĕo"의 단순과거(pf.=perfectum)
refractariŏlus, -a, -um, adj. dim. (refractárĭus) 억지스러운, 좀 고집 센, 곧잘 대드는, 잘 따지는.
refractárĭus, -a, -um, adj. (refríngo) 완강한, 고집 센, 자기주장만 내세우는.
refráctĭo, -ónis, f. (refríngo) 굴절(屈折-휘어서 꺾임)
refractívus, -a, -um, adj. (refríngo) 굴절의. (文法) 재귀의. pronómina refractíva. 재귀대명사.
refractum, "refringo"의 목적분사(sup.=supínum)
refráctus, -us, m. (refríngo) 굴절, 반사, 반향(反響)
refræ… V. **refren**…
refragátĭo, -onis, f. (refrágor) 저항(抵抗), 반대(反對)
refragátor, -óris, m. (refrágor) 반대자(反對者), 적대자(敵對者), 대항자(對抗者), 정적(政敵).
refrágĭum, -i, n. (refrágor) 저항(抵抗), 반대(反對), 방해(妨害), 장애(障碍).
refrágor, -átus sum, -ári, dep., intr. 반대투표를 하다, (입후보자.지망자 따위를) 반대하다, 불찬성하다, 지지하지 않다, 반대 입장을 취하다, 좌절(挫折)시키다, 반항(反抗)하다, 거스르다, 배치(背馳-서로 반대로 되어 어그러지거나 어긋남) 되다, 지장(支障)을 가져오다.
rĕfrēgi, "refringo"의 단순과거(pf.=perfectum)
refrenátĭo, -onis, f. (refréno) 억제, 제어(制御), 견제(牽制).
refréno, -ávi, -átum, -áre, tr. (re¹+) (재갈로 어거하여 -고삐를 당겨-말 따위를) 세우다(כון.יעד.אנב.נב), 억제(抑制)하다, 억누르다, 제어하다, 견제(牽制)하다, 못하게 하다, 막다(סכר.כלא.כלי).
réfrĭco, -cŭi -átum -áre, intr. 덧나다, 도지다. tr., intr. 다시(몹시) 문지르다, 마찰(摩擦)하다, 비비다, (상처 따위를) 긁어서 덧내다, 새삼스럽게 하다, 다시 들추어내다, 다시 느끼게 하다, 되살아나게 하다.
refrígĕo, -frígŭi(-fríxi) -fríctum -ĕre, intr. (re¹+) 식다, 차가와 지다, 냉각(冷却-식어서 차게 됨)되다.
refrígĕrans, -ántis, n. (refrígero) (암모니아 따위) 냉각제, 냉각용 얼음(물.눈), 청량제. (藥) 해열제(解熱劑).
refrigerátĭo, -onis, f. (refrígero) 시원(서늘)하게 함, 청량(淸凉), 차게 함, 냉각(冷却), 냉동(冷凍), 냉장(冷藏), 아픔이 가심(멎음), 진정(鎭靜-가라앉힘).
refrigeratívus, -a, -um, adj. (refrígero) 차게 하는, 냉각(冷却)시키는.
refrigerátor, -óris, m. (refrígero) (현대어적 용법) 냉각시키는 물건, 냉장고(冷藏庫), 냉동기(冷凍器), 냉각장치(冷却裝置).
refrigeratórĭus, -a, -um, adj. (refrígero) 시원(서늘)하게 하는, 청량한, 차게 하는, pótio refrigeratória. 청량음료(淸凉飮料).
refrigerátrix, -ícis, f. (refrígero) (여성명사의 동격어로) 시원(서늘)하게 하는 여자.
refrigérĭum, -i, n. (refrígero) 서늘함, 시원함, 차게 함, 청량, 냉각, (고통 따위의) 경감(輕減-덜어서 가볍게 함), 완화(緩和-긴장된 상태나 급박한 것을 느슨하게 함), 위안, 추도식.
refrigéro, -ávi, -átum, -áre, tr., intr. (re¹+frigus) 차게 하다, 식히다, 냉각시키다, 시원(서늘)하게 하다, (심신을) 상쾌하게 하다, 느긋하게 하다, 누그러지게 하다, 한풀 꺾이게(죽게) 하다, 겁을 먹게 하다, 약화시키다, (열의.흥미 따위를) 잃게 하다, 무관심하게 하다, 냉담케 하다, 기운 내게 하다, 격려하다. (intr.) 식다.
refrigescéntĭa, -æ, f. (refrigésco) 상쾌(爽快), 위안
refrigésco, -fríxi -ĕre, inch., intr. (re¹+) 차가와 지다, 식다, 서늘해지다, 쇠퇴(감퇴)하다, 세력이 약화되다, 힘이 떨어지다, 침체(沈滯.[영] stagnation;dullness)하다, (열의.흥미 따위가) 식다, 관심이 없어지다, 냉담해지다. Refrigeret Deus spiritum tuum. 하느님께서 네 영기(靈氣)를 식혀 주시기를.
refringo, -frégi -fráctum -ĕre, tr. (re¹+frango) 짓부수다, 깨뜨리다, 파쇄(분쇄)하다, 꺾다, 부러뜨리다, 잡아 찢다, (문 따위를) 부수고 열다, 타파(打破)하다, 타도(打倒)하다, 막다, 제지하다, [pass.] (광선이) 굴절하다, 반사하다. verba refringo. (아기들의 발음처럼) 말을 부정확하게 하다.
refrīgui, "refrígĕo"의 단순과거(pf.=perfectum)
refríva(=referíva) -æ, f. 밭에서 제사용으로 집에 가져온 콩
refrīxi, "refrígĕo"의 단순과거(pf.=perfectum), "refrigésco"의 단순과거(pf.=perfectum).
refrondésco, -ĕre, intr., inch. (re¹+) 잎이 다시 돋다
refūdi, "refundo"의 단순과거(pf.=perfectum)
réfŭga, -æ, f., m. (refúgio) 도주자(逃走者), 탈주자(脫走者), 탈옥수(脫獄囚), 배교자(背敎者). [refuga(그리스 교회에서 쓰던 배교자 apostata를 라틴어로 옮긴 것으로 원래는 군대의 '탈주병'이나 전투 중의 '도망병'인데 '배반자'나 '반역자'라는 의미까지 확대된다. 교부문헌 총서 17, 신국론, p.2340)]
refūgi, "refugio"의 단순과거(pf.=perfectum)
refúgĭo, -fúgi -fúgĭtum -ĕre, (re¹+) intr. 도망하여 돌아가다(오다), 퇴각(退却)하다, 도주(탈주)하다, 피해 달아나다, 멀리 떨어지다, 시야에서 멀어지다(사라지다), 피하다, 회피하다, 기피하다, 뿌리치다, 피신하다, 피난(避難)하다, (어디로.누구에게로) 도피(逃避)하다; 의지하다, tr. 피하다, 회피(回避)하다, 꺼려하다, 멀리하다. 물리치다, 거절(拒絶)하다, ália, quæ nunc memóriam meam refúgiunt. 지금 생각나지 않는 다른 것들.
refugitum, "refugio"의 목적분사(sup.=supínum)
refúgĭum, -i, n. (refúgio) 피난(避難), 피신(避身), 도피(逃避), 대피(待避), 의지(依支), 피난처(避難處), 대피소(待避所), 피신처(避身處), 은신처(隱身處). Deus, refugĭum nostrum et virtus. 하느님께서는 우리의 피난처, 우리의 힘/ peccatorum Refugium([영] Refuge of Sinners) 죄인들의 피난처(避難處).
réfŭgus, -a, -um, adj. (refúgio) 달아나는, 도망하는, 도주(탈주)하는, 퇴각(후퇴)하는. m. 도망자, 탈주자.
refulgentĭa, -æ, f. (refúlgeo) 광휘(光輝-환하게 빛남. 또는 그 빛), 찬란(燦爛), 광채(光彩.ἀπαύγαμα.정기 어린 밝은 빛).
refúlgĕo, -fúlsi -ére, intr. (re¹+) 반사광으로 번쩍이다, 찬란히 빛나다, 반짝이다, (빛, 희망 따위가) 비치다.
refūlsi, "refúlgĕo"의 단순과거(pf.=perfectum)
refúndo, -fúdi -fúsum -ĕre, tr. (re¹+) 다시 붓다, 퍼붓다(מטר), 되 쏟다, 되돌아 흐르게 하다, 되 흘러가게 하다, 역류(逆流)하게 하다, 넘쳐흐르게 하다, 쏟아 놓다, 흘러내리게 하다, 녹아 흐르게 하다, 융해 시키다, 다시 흘러들게 하다, 다시 집어(밀어) 넣다, 돌려주다, 되돌리다, 회복시키다, (탓.원인 따위를 어디에) 돌리다. pass. 펼쳐지다.
refúsĭo, -ónis, f. (refúndo) 다시 쏟음, 다시 쏟아짐, 일출(溢出-물 따위가 넘쳐흐름), 되돌려줌, 반환(返還), 반송.
refusórĭus, -a, -um, adj. (refúndo) 반환(반송)에 관한. refusóriæ lítteræ. 반송장(返送狀).

R

refúsum, "refúndo"의 목적분사(sup.=supínum)

refutábĭlis, -e, adj. (refúto)
반박할 수 있는, 물리쳐야 할, 내버려야 할.

refutátĭo, -ónis, f. (refúto) 변박(辨駁-옳고 그름을 가리어 논박함), 논박(論駁-상대의 의견이나 說의 잘못을 비난하고 공격함), 반박(反駁-반대하여 논박함), 반증(反證).

Refutátĭo ominum hæresĭum.
모든 이단에 대한 논박(異端 論駁)(히뽈리뚜스 지음).

refutátor, -óris, m. (refúto) 논박자, 반박자, 변박자

refutatórĭus, -a, -um, adj. (refúto) 논박(論駁)의, 반박(反駁)의, 변박(辨駁) 하는. n., pl. 반박문.

refutátus, -us, m. (refúto) 반박(反駁-반대하여 논박함),
변박(辨駁-옳고 그름을 가리어 논박함), 논박(論駁).

refúto, -ávi, -átum, -áre, tr. (re¹+futo) 격퇴(擊退)하다,
수락(受諾)하지 않다, 거절(사절)하다(ㅇㄱ),
제지(制止)하다, 논박(반박.변박)하다.

regalíŏlus, -i, m. dim. (regális) ((鳥)) 굴뚝새

regális, -e, adj. (rex) 왕의, 임금의, 왕에게 속한(관한),
왕이 사용하는, 왕다운, 고귀한, 장엄한, 호화로운.
adv. **regaliter**, m., pl. 왕자들, 왕족,
n., pl. 왕궁, 궁전, 왕에게 어울리는 물건, 왕권,
(왕관.왕장.왕검 따위) 왕의.왕권의 표지(상징).
regale sacerdotium. 군왕 사제직.

regális res publica. 군주국가(君主國家)

regálismus, -i, m. (regális) 군주 교권주의

Regalitas populus regális.
왕직(王職).⑨ Kingly Office/Kingship.

regaliter, adv. 왕처럼, 호화롭게, 굉장하게(dapsile, adv.),
폭군(暴君)처럼, 횡포(橫暴)하게, 거만(倨慢)하게.

rege, 원형 rĕgo, rēxi, rēctum -ēre, tr.
[명령법. 현재 단수 2인칭 rege, 복수 2인칭 regite].
Animum rege, qui nisi paret imperat. 감정을 다스려라,
감정이란 복종하지 않으면 명령하는 법이다/
Corrige præteritum, rege præsens, cerne futurum.
과거를 바로 잡고, 현재를 다스리고, 미래를 판단하라.

regelátĭo, -ónis, f. (régelo) 해빙(解氷-얼음이 풀림), 녹임,
녹음, 융해(融解-물리학에서, 열을 받은 고체가 액체로 되는 현상).

régĕlo, -ávi, -átum, -áre, tr. (re¹+gelo¹)
(얼음.언 것을) 녹이다, 해빙하게 하다, 융해하게 하다,
(통풍을 시켜) 차게(서늘하게) 하다, 냉각시키다.

regenerátĭo, -onis, f. (regénero) 재생(거듭 남), 다시 남,
새로 남*(교리서 556항), 갱생(更生- 거의 죽음 지경에서 다시 살아남),
부흥(復興), 부활(⑨ resurrectĭon), 혁신, 갱신(更新).
divina regenerátĭo. 신적 재생(세례 성사를 뜻함)
(교부문헌 총서 9, 레오 교종의 사순시기 강론집, p.133)/
lavacrum regenerationis. 세례(signaculum fidei).

Regenerátĭo christĭana(⑨ Regenerátĭon of Christĭan).
그리스도인의 다시 태어남

regenerátĭo mundi 세계의 갱신(更新)

regenerátĭonis ablutĭo. 재생의 목욕(再生의 沐浴)

regenerátĭonis lavacrum. 재생의 목욕(디도 3. 5)

regenerátrix, -ícis, f. (regénero) 재생시키는 여자

regénĕro, -ávi, -átum, -áre, tr. (re¹+)
다시 나게 하다, 갱생(更生)하게 하다, 재생시키다,
다시 살게 하다, 같은 것을 만들어 내다, 닮게 만들다.
De Morte, quam quidam non regenerati pro Christi
confessione suscipiunt. 세례로 재생을 입지 못한 자들이
그리스도를 고백함으로써 당하는 죽음.(신국론, p.2788).

regens, -éntis, m. (p.proæs.) [rego] 군주, 통치자(統治者),
관리자(管理者), 대리대사, 교황사절 서리(⑨ regent).

regens seminárii. 신학교 교장(神學校 校長)

regerminátĭo, -ónis, f. (regérmino)
싹이 새로(다시) 돋아남, 새 순.

regérmĭno, -áre, intr. (re¹+) 새순이 돋아나다, 새싹이 나다

régĕro, -géssi -géstum -ĕre, tr. (re¹+gero¹)
1. 가지고 돌아오다(가다), 다시 운반(運搬)해 오다,
(다른 것을) 대신 날라 오다. Líntribus afferúntur
ónera et regerúntur. 거룻배로 짐들을 실어가고 실어오고

한다. 2. 반환(返還)하다, 되돌려 보내다, 되받아 던지다,
반사하다. 3. (alqd in acc.) (무더기로) 쌓다, 퇴적하다.
4. (흙을) 파내다: (부싯돌 따위로 불을) 일으켜 내다.
5. (가열하여) 증발시키다. 6. (alqd in acc.) 옮겨 쓰다,
베끼다, 모아서 기록하다. 7. (alqd alci, in alqm)
들씌우다. (탓.책임.미움 따위를 누구에게) 돌아가게
하다, 전가(轉嫁)하다. 8. 보복하다(ㅁㄲ), 응수(應手)하다.

regessi, "régĕro"의 단순과거(pf.=perfectum)

regésta, -órum, n., pl. (regéstum)
목록(目錄), 일람표(一覽表), 요람(搖籃), 명단(名單).

regéstum, "régĕro"의 목적분사(sup.=supínum)

regéstum, -i, n. (régero) 파내어 쌓아놓은 흙더미

régĭa, -æ, f. 왕궁, 궁궐(宮闕), 궁성, 궁정(궁궐 안의 마당),
조정(朝廷-임금이 나라의 정치를 집행하던 곳),
야전지에서의 왕의 천막, 왕의 신변, 왕이 있는 도시,
수도(首都), 조신의 생활(신분), (Roma에서 제관들이
모여 제사를 지내거나 회의를 하던) 신성한 장소.
insignia regia. 왕가의 문장/
totam ejulatu persono régiam.
온 궁중에 통곡소리를 울려 퍼지게 하다/
trajicio sese ex régia ad alqm.
궁궐에서 …에게로 옮기다.

régĭa áuctĭo.(regius 참조). 왕의 재산 경매

régĭa família.(regius 참조). 왕가, 왕실

régĭa potéstas.(regius 참조). 왕권(regális potestas)

regíbĭlis, -e, adj. (rego) 다스리기(다루기) 쉬운,
가르치기 쉬운, 유순(柔順)한, 고분고분한.

regíficus, -a, -um, adj. (rex+fácio)
호화로운, 화려한, 으리으리한.

regifúgĭum, -i, n. (rex+fugo) Roma 제7대(마지막) 왕인
Tarquínius Supérbus의 축출을 기념하던 축제일(2월24일).

regígno, -ĕre, tr. (re¹+) 다시 낳다: 재생시키다

regigno, -ĕre, tr. 재생(再生)시키다

regii satellites. 근위대[satellitĭum(-cĭum), -i, n.]

regíllus¹ -a, -um, adj. (rego, rectus)
[직조방법] 서서 바디를 치켜 올리며 짠.
dim. (régius) [해학적 의미]
왕이거나 한 듯한: 호화로운 듯한.

regíllus² -i, m. dim. (rex) 작은 왕

régimen, -mĭnis, n. (rego) 지도(指導), 지휘(指揮),
통솔(統率), 조타(操舵-배가 나아가게 키를 조종함), 조종(기술),
(배의) 키, 통치, 지배(κράτος.Governing-거느려 부림. 다스림),
관리(管理), 정치(⑨ politics.⑨ rátĭo rei publicæ),
정권(政權.res publica), 통치권(統治權), 정부(政府),
지도자, 지휘자, 통치자. (文法) 격지배(格支配).
De bono regimine in externis, et recursu ad Deum in
periculis. 외적 생활을 잘 처리함과(주의하여 처신하고)
위험 중에 하느님께 의탁함에 대하여(준주성범 제3권 38장)/
forma regíminis. 정체(政體-국가의 정치 형태)/
vinculi ecclesiastici regiminis. 교회 통치의 유대.

regiméntum, -i, n. 통치(統治-다스림), 통치권(統治權),
지휘권(指揮權), 통수권(統帥權).

Regimini ecclesiæ Universæ, 로마 교황청(敎皇廳),
보편 교회의 통치(1967.8.15. 바오로 6세 교황령-예수회 인가).

Regimini militantis ecclesiæ.
신전(神戰) 교회의 통치(1540년 교황 바오로 3세-예수회 창설 윤허).

regína, -æ, f. 여왕, 왕후, 왕비, 모후, 여신, 왕녀, 공주,
귀부인, 마님, 여왕 격인 여자(것), (…의) 여왕.
Sed et regina Saba, audita fama Salomonis -in hono
rem nominis Domini- venit tentare eum in
ænigmatibus. (kai. basi,lissa Saba hːkousen to. oːnoma
Salwmwn kai. to. oːnoma kuriːou kai. hːlqen peiraːsai auvtoːn evn
aivniːgmasin) The queen of Sheba, having heard of
Solomon's fame, came to test him with subtle questions.
스바 여왕이 주님의 이름 덕분에 유명해진 솔로몬의
명성을 듣고, 까다로운 문제로 그를 시험해 보려고 찾아
왔다(성경 上 열왕 10, 1)/세바라는 곳에 여왕이 있었는데
솔로몬의 명성을 듣고는 그를 시험해 보려고 아주

어려운 문제를 준비하여 방문 온 일이 있었다.(공동번역)/
Virtus justítiæ est regína.
정의의 덕이 모든 덕의 여왕이다.
regína clemens. 어진 여왕
Regína Cœli. 성모 찬미가, 천상의 모후(天上 母后)
　Regína cœli, lætáre, allelúia;
　Quia quem meruísti portáre, allelúia,
　Resurréxit sicut dixit, allelúia.
　Ora pro nobis Deum, allelúia.
　천상의 모후여 기뻐하소서, 알렐루야.
　그분을 품으시기에 마땅한 분이셨기 때문입니다. 알렐루야
　그분은 말씀하신대로 부활하셨습니다. 알렐루야.
　우리를 위하여 하느님께 빌어주소서 알렐루야.
　(황치헌 신부 지음, 미사통상문을 위한 라틴어, p.434].
Regína cœli lætáre, alleluja.
하늘의 모후님 기뻐하소서 알렐루야.
regína dominatíone. 왕의 국유교회
Regína Pacis. 평화의 모후(母后,⑩ queen of peace)
Regína pátriæ nostræ. 우리나라의 왕후(소유대명사는 보통
　명사 뒤에 놓는다. 그러나 역설하기 위해 명사 앞에 놓는 경우도 있다).
regína Saturnia. 사투르누스 왕국
regína scientíarum. 지식의 녀왕
Regínæ Beatæ Maríæ vírginis.(축일 8월22일)
성모 마리아 여왕 축일(1954년 비오 12세 회칙).
régio, -ónis, f. (rego) 1. 방향, 쪽, 방면: rectá regióne.
직선 방향으로(거리로)/ rectá flúminis Danúbii regióne.
Danúbius 강쪽으로 병행(竝行)하여/ de rectá regióne
defléctere. 바른 길에서 빗나가다(벗어나다).
2. 직선. e regióne. 직선으로, 곧게. 3. e regióne. 맞바로.
맞은편에(서), 정면에서(으로), 그와 반대로.
4. 점 지팡이로 하늘에 그은 경계선. 5. 한계(限界),
범위, 경계선. 6. 방위, 녘: regióne. 동서남북. 7. 곳,
장소; 공간; (우주의) 한 구역(區域), 층(層). 8. **지방**,
지대, 지역, 구역(區域-領域). 9. (Roma 시의) 행정구.
10. (이탈리아 본토의) 행정구역, 주(州). 11. (Roma
본토 이외의) 통치구역, 식민지, 속주(屬州). 12. 영역,
분야. 13. ((解.動)) (신체의) 부위, 국부(局部-局所).
assuéta óculis regio. 낯익은 지방.
regio dissimilitúdinis. 닮지 않은 영역
　[고백록(VII 10)에 나온다. 아우구스티노는 이 용어로 하느님과 피조물 사이에
　넘을 수 없는 존재론적 차이를 표현하고 있다.
　앤드루 라우스 지음, 배성옥 옮김. 서양 신비사상의 기원, p.76].
regio ecclesiástica. 교회 연합구(教會 聯合區)
regio hostibus ignara. 적들이 모르는 지방
regio invicem a suis atque hoste vexata.
자기편과 적에게 번갈아 가며 시달린 지방.
regionális, -e, adj. (régio) 지방의, 지역의, 속주의,
((教法)) (어느 나라의) 전국적(全國的).
　Concílium regionále. 전국 주교회의(교회회의).
regionáliter, adv. (régio) 지방별로, 지역적으로, 각 지방에서.
regionátim, adv. (régio) 지방별로, 지역별로
regiónes affines barbáris.
야만인(野蠻人)들이 사는 곳 가까이에 있는 지방
regis nomen assúmo. 왕의 명칭을 참칭(僭稱)하다
registrátio, -ónis, f. (regístro) 기재(記載-써넣음),
등기, 등록(登錄.⑩ registration), 기록(記錄.γραφή).
registratiónes parochiales.
본당문서(⑩ párish registers.⑪ libri parœciales).
registro, -ávi, -átum, -áre, tr. (regésta, régero)
정식으로 기재(記載)하다, 등기하다, 등록(登錄)하다.
registrum, -i, n. (regésta) 표(nota, -æ, f.), 목록(目錄),
색인, 기록부, 등록부(登錄簿), 오르간의 스톱(音栓),
음전(音栓.Stop-오르간 따위의 음색 높낮이를 바꾸기 위한 마개).
　Registra Avenionénsia. 아비뇽 기록문서/
　Registra Vaticána. 바티칸 기록실/
　Registra Supplicatiónum. 청원문서.
Registrum epistularum. 서간목록(書簡目錄)
Regium Placet(Exequatur) 교황 교서의 국왕 찬동 제도.
　[어떤 속권의 통치 아래에 있는 영토 안에 교황 교서가 나갔을 때, 왕의 찬동을
　받는 제도. 17세기와 18세기 프랑스의 안세니즘과 갈리까니즘에 제동을 거는

교황교서가 나갔을 때 이 제도의 문제가 야기되었다. 비오 9세(1846-1878) 교황은
왕의 찬동 제도를 없애려고 'Syllabus(오류 선언. 1864)'를 냈지만 큰 성과는
거두지 못했다. '실라부스Syllabus'라고 하면 '강의계획서'로 일반에게 더
알려졌는데, 이 단어에는 '오류표. 오류 목록'이라는 의미가 있어 필자는
개인적으로 사용하지 않는다.
régius, -a, -um, adj. (rex) 왕의, 왕에게 속한(관한),
임금의, 왕다운, 군림(君臨)하는, 왕처럼 행동하는,
위풍 있는, 뛰어난, 으뜸가는, 고귀한, 호화로운,
화려한, 전제(독재)적인, 횡포(橫暴)한.
m., pl. 신하들, 왕의 친위병(親衛兵).
　morbus régius. 황달(黃疸)
　(왕처럼 호화롭고 안락하게 지내야 낫는 병이라 하여 붙여진 이름)/
　postquam illi more regio justa magnífice fecérunt.
　왕실 관습에 따라 성대하게 장례를 치른 다음.
　(성 염 지음. 사랑만이 진리를 깨닫게 한다. p.480)/
　régia áuctio. 왕의 재산 경매/
　régia família. 왕가, 왕실/
　régia potéstas. 왕권(regális potestas)/
　Regium impérium. 왕권.
reglútino, (-ávi) -átum, -áre, tr. (re'+)
떼어내다, 밀어내다, 다시 붙이다.접착시키다.
regális, -e, adj. (regnum)
국왕 제위 중의, 성대의, ⋯왕 치하의, 왕(국)의.
Regnans in excélsis. 천상의 통치(1570.2.25. 교황 바오로 5세 대칙서
-영국 여왕 엘리자베스 1세를 이단자와 찬탈자로 탄핵하고 파문 선고한 대칙서).
Regnári volébant. 그들은 왕을 원하였다
regnat. 원형 regno, -ávi, -átum, -áre,
　[직설법 현재 단수 1인칭 regno, 2인칭 regnas, 3인칭 **regnat**
　복수 1인칭 regnamus, 2인칭 regnatis, 3인칭 regnant].
Regnat pópulus. 국민이 통치한다(Arkansas州 표어)
regnátor, -óris, m. (regno)
군주, 왕(הדר.βασιλεύς), 통치자, 군림하는 자.
regnátrix, -ícis, f. (regnátor) [여성명사의 동격어로]
다스리는(통치.지배.군림하는) 여자.
regnícŏla, -æ, m., f. (regnum+colo²) 왕국의 시민
regno, -ávi, -átum, -áre, (regnum)
intr. 왕노릇하다, 군림하다, 왕권을 장악(행사)하다.
통치하다(ㄲㄲ.⑩ reign), 지배하다,
다스리다(βασιλεύω.ㄲㄲ.יחי.ןחי.ㄲㄲ),
절대적 권한을 행사하다, 좌우하다,
권세를 부리다(휘두르다), (사물이) 위력을 발휘하다,
맹위를 떨치다, 기승을 부리다, 판을 치다, 온통 휩쓸다.
tr., pass., tt. 통치되다, 지배받다.
　regnáta féminis gens. 여자들의 통치를 받는 종족.
　Si júdicas, cognósce ; si regnas, jube.(Seneca).
　그대가 재판을 하는 입장이면 (사리를) 인지하라!
　그대가 통치하는 입장이면 명령하라!
regnum, -i, n. (rex) 왕권, 왕위, 왕정, 왕령(王令),
왕국(βασιλεια), 나라, 국가, 최고 권한, 절대적 세력,
최고의 권위(權威), 전제(專制), 독재(獨裁), 폭정(暴政),
학정(虐政), 횡포(橫暴), 소유지, 땅, 농장, 임금, 왕.
Ars prima regni posse te invídiam pati(Seneca).
　통치의 첫째 기술은 당신이 시기를 참을 수 있는 가이다/
　áuspícor regnum. 왕국을 창건(創建)하다/
　Propter Christi in Cruce sacrifícium semel in perpétuum
　reportáta est Regni Dei victória.(⑩ Through Christ's
　sacrifice on the Cross, the victory of the Kingdom of
　God has been achieved once and for all) 십자가상에서
　의 그리스도의 희생을 통하여 하느님 나라의 승리는 한번
　이자 영원히 성취되었다(1991.5.1. "Centésimus annus" 중에서)/
　Quod judício et potestáte dei veri ómnium regum atque
　regnórum ordináta sint témpora. 참 하느님의 심판과 권능
　으로 모든 국왕과 왕국의 때가 결정되어 있다(신국론. p.2756).
**Regnum animále, anatímice, physice et philosóphice
perlustrátum.** 해부학적.생리학적.철학적으로 고찰한
　생명체의 세계(1724년 Emanuel Swedenborg 지음).
regnum cælorum.(cælus, m.) (regnum)
천국, 하늘나라(βασιλεια τών ούρανών).
Non omnis, qui dicit mihi: 'Dómine Dómine', intrábit in
regnum cælorum.(⑩ Not every one who says to me,
'Lord, Lord', will enter the kingdom of heaven).

R

나더러 '주님, 주님' 하고 부른다고 다 하늘나라에 들어가는 것이 아니다(마태 7, 21).
Regnum Dei(Cœlorum.[영] Kingdom of God) 하느님의 나라(βασιλεὶα τού θεού).
Cui simile est regnum Dei, et cui simile existimabo illud?([영] What is the kingdom of God like? To what can I compare it?) 하느님의 나라는 무엇과 같을까? 그것을 무엇에 비길까?(성경 루카 13, 18)/
ecce enim regnum Dei intra vos est(성경 루카 17, 21). 보라, 하느님의 나라는 너희 가운데에 있다/
In evangelio est Dei regnum Christus ipse. 복음에 있어서 하느님의 나라는 곧 그리스도 자신이다/
impletum est tempus et appropinquavit Regnum Dei. ([영] the time is fulfilled and the Kingdom of God is at hand) 때가 다 되어 하느님 나라가 다가왔다/
Non venit regnum Dei cum observatione(성경 루카 17, 20). 하느님의 나라는 눈에 보이는 모습으로 오지 않는다/
Quando venit regnum Dei?(when the kingdom of God would come) 하느님 나라가 언제 옵니까?(성경 루카 17, 20)/
Qui enim timet ne veniat regnum Dei, timet ne exaudiatur. Quomodo orat, qui timet ne exaudiatur. 하느님 나라가 올까 봐 두려워하는 사람은 그 기도가 받아들여질까 두려워합니다. 기도가 이루어질까 봐 두려워하는 사람이 어떻게 기도합니까?
Regnum Ecclesia militans. 신전의 교회 왕국
Regnum Ecclesia triumphans. 개선(凱旋)의 교회 나라
Regnum gloriæ. 영광의 나라(천국의 성인들)
regnum gratiæ. 은총 왕국, 은총의 세계(칸트의 구분)
Regnum Hierosolymitanum. 예루살렘 왕국
regnum hominis. 인간의 왕국
regnum imbecillum. 약소국가
Regnum Judæ([영] Kingdom of Juda) 유다 왕국
Regnum Israël([영] Kingdom of Israël) 이스라엘 왕국
regnum libidĭnis. 정욕에의 굴종(屈從)
regnum naturæ. 자연의 왕국, 자연의 세계(칸트의 구분)
Regnum potensiæ. 권능의 왕국, 그리스도의 세계 주재
Regnum Satanæ([영] Kingdom of Satan). 사탄의 나라
regnum Spiritus. 성령의 왕국
rĕgo, rēxi, rēctum -ĕre, tr. 조종(操縱)하다, 부리다, 조작하다, 인도하다, 이끌어 주다, 몰고 가다, 겨누어 던지다.쏘다, 토지를 구획하다, 경계를 긋다, **다스리다**(βασιλεὺω.רדה.דרך.שלט.נגד.נגיד), 통치하다(רדה), 지배하다, 관리하다, 지휘(지도)하다, 감독하다, 통솔하다, 명령하다, 통제하다, 충고하다, 바로잡아 주다, 고쳐주다, 선도(先導)하다, (의심 따위를) 풀어주다.
suscípere júvenem regéndum. 젊은이의 지도를 떠맡다.

	현 재	미완료	미 래
sg. 1인칭	rego	regebam	regam
2인칭	regis	regebas	reges
3인칭	regit	regebat	reget
pl. 1인칭	regimus	regebamus	regemus
2인칭	regitis	regebatis	regetis
3인칭	regunt	regebant	regent

(성 염 지음, 라틴어 첫걸음, p.75)

	단순과거	과거완료	미래완료
sg. 1인칭	rexi	rexeram	rexero
2인칭	rexisti	rexeras	rexeris
3인칭	rexit	rexerat	rexerit
pl. 1인칭	reximus	rexeramus	rexerimus
2인칭	rexistis	rexeratis	rexeritis
3인칭	rexerunt	rexerant	rexerint

(성 염 지음, 라틴어 첫걸음, p.105)

rego ánimi motus. 감정들을 통제하다
rego império pópulos. 절대권을 가지고 백성을 다스리다
regradátĭo, -onis, f. (régrado) 좌천(左遷), 강등(降等), 파면(罷免.[영] dismissal-잘못이 있어 직무나 직업에서 내쫓음), (régrador) 혹성(惑星)의 역행(逆行).
régrădo, -ávi, -átum, -áre, tr. (re[1]+gradus) 좌천(강등)시키다, 파면하다, 그전 위치로 돌려놓다.
régrădor, -átus sum, -ári, dep., intr. (régrado) (혹성惑星이) 역행하다.
regrédĭor, (-dĕris, -dĭtur), -gréssus sum -grĕdi, dep., intr. (re[1]+grádior) 뒷걸음질하다, 뒤로 물러나다, 후퇴하다, 퇴각(退却)하다, 철수하다, 돌아오다(가다), 회귀(回歸)하다, 상환 청구하다, 소구(遡求-상환청구)하다.
In memóriam regrédior audísse me. 들은 기억이 난다.
regréssĭo, -ónis, f. (regrédior) 돌아감(옴), 귀환(歸還), 회귀(回歸-한 바퀴 돌아 다시 본디의 자리로 돌아옴), 후퇴(後退), 퇴보(退步), 퇴화(退化), 역행(逆行), 소급(遡及). ((修)) (열거한 것보다 더 자세한) 반복설명.
regressus, -a, -um, "regrédĭor"의 과거분사(p.p.)
regréssus, -us, m. (regrédior) 돌아감(옴), 귀환(歸還), 회귀(回歸), 후퇴, 퇴각, 역행, 물러섬, 버림, 그만둠, …할 여지(餘地), 만회(挽回), 돌이킴, 호소, 소구(遡求), 소급(遡及-과거에까지 거슬러 올라가서 미치게 함), 상환청구.
Regressus in infinítum. 무한한 소급(후퇴). (아리스토텔레스의 철학에서 우리 지성이 파악하는 것은 변화하는 세계의 원인을 파악하는 것인데, 변화하는 세계가 있으면 변화하지 않는 세계가 있어야 하고, 인간 지성은 이 변화하지 않는 영원한 세계에 대해서는 원인을 규명할 수가 없다고 보았다. 이것을 영원으로의 역진이 불가능하다고 표현했다. 백민관 신부 엮음, 백과사전 3, p.30).
régŭla, -æ, f. (rego) 곧은 자(尺), 자막대기, 곱자, 곡척(曲尺), 곧은 막대기, 오리목, 부목(副木), 납작한 쇠막대기, 착유기(窄油機)의 평원반(平圓盤), 척도(尺度), 표준, 규칙([영] rule), 규정, 법칙(法則), 규율(規律), 규준, 규범(κανὼν.[영] norm.[獨] Norm.[프] norme), 정규, 규격, 관례, 통례, 상례, 양식, 방식, (…하는) 법, 원칙, 주의, (수도회의) 회칙.
Exceptĭo probat regulam. 예외는 규칙이 있는 증거이다/
Fides in regula cogita est. 신앙은 규범 안에만 있다/
Qui regulæ vivit, Deo vivit. 규칙에 사는 자는 하느님과 사는 것이다(St. Gregórĭus)/
ratiocinandi regulæ . 논리학(교부문헌 총서 15, 신국론, p.230)/
Regulæ ad directionem ingenii. 정신 지도를 위한 규칙들(데카르트 지음)/
Regulæ brevius tractatæ. 간추린 규칙서, 짧게 거론된 규칙서/
Regulæ circa Christianorum omnium ecclesiasticam unionem. 교회 합동 규준/
Regulæ fusius tractatæ. 광범위한 규칙서, 길게 거론된 규칙서/
Regulæ Juris. 법의 통칙(通則)/
regulæ numerorum. 수의 법칙
regulæ prudentĭæ. 현명의 법칙/
regulæ sapientĭæ. 예지(叡智)의 법칙/
simonia per regressum. 반환 약속에 의한 퇴임.
Regula ad Servos Dei. 하느님의 종들을 위한 규칙서
regula ambulándi. 산책 규칙
Regula Augustini. 아우구스티노의 규칙서
regula aurea. 황금률([영] golden rule).
quod oderis, nemini feceris.([영] Do to no one what you yourself dislike). 네가 싫어하는 일은 아무에게도 하지 마라(성경 토빗 4, 15).
Regula Bullata. 인준 받은 수도 규칙
Regula Cæsárii virginum. 거룩한 동정녀들의 규정서(略 REV.).
Regula Canonica Sti Augustini. 성 아우구스티노의 의전 사제 규칙서.
Regula Canonicorum. 의전 사제단 규칙서
Regula Canonicorum Regulárĭum. 공주 의전 사제단 규칙서.
Regula Cœnobiális. 수도원 규칙(골롬바노 지음)
regula Communis. 공동 규칙서, 공동생활 규칙서
regula dilectĭonis. 사랑의 규범(規範)
Regula Explicit quadragesimális. 사순절 규칙의 끝.

R

regula fidei* (⑨ Rule of Faith)
　신앙의 규범, 신앙의 기준, 신앙규칙. (神) 신앙신조.
regula fidei credendi scilicet. 믿어야 될 신앙의 규범
regula fidei et caritatis. 신앙과 사랑의 규칙
regula fidei immediata(proxima).
　신앙의 직접적 규범 즉 사도 전례의 교리.
regula fidei mediata(remota). 신앙의 간접적 규범
regula fidei proxima. 교회의 교도직 활동
regula fidei remota. 신앙의 간접 규준
Regula Incipit quadragesimális. 사순절 규칙의 시작
Regula juris authentica. 법의 유권적 통칙(通則)
Regula juris doctrinális. 법의 학리적 통칙(通則)
Regula Magistri. 스승의 규칙서(총95장으로 구성)
Regula Monachorum.
　수도승 규칙, 수도승들의 규칙서, 수도자들의 규칙.
regula morális. 윤리규범.
　(⑨ moral norm/moral rule.⑨ norma morális).
regula moralitátis. 윤리규율(倫理規律)
　(양심의 명령 dictamen rationis).
Regula non Bullata. 인준 받지 않은 수도 규칙
regula normata. 규범 받는 규범
regula ordínis(⑨ religious rule). 수도 규칙서
regula orientális. 동방 규칙서(총 47장으로 구성)
Regula Pachomii(⑨ Pachomius's rule). 파코미오 규칙서
Regula pastorális. 사목 규칙
regula pietátis. 경건심(敬虔心)
regula pro eremitoriis data. 은수처를 위해 쓴 회칙
regula proxima. 가까운 규범
Regula recepta. 일반 규칙
regula regulata. 측정되어진 측정
regula remota. 먼 규범
Regula Sancti Augustini.
　아우구스티노 회칙(아우구스티노 공동생활 규칙).
Regula Sancti Basilii(⑨ Rule of St. Basil the Great).
　바실리오 규칙서.
Regula Sancti Benedicti(⑨ Benedictine Rule).
　베네딕도 규칙서.
Regula sine bulla. 인준 받지 않은 회칙
Regula St. Augustini(⑨ Rule of St. Augustine).
　아우구스티노 규칙서.
regula superstitiónis vel impietátis.
　미신과 불경의 규범.
regula ultima. 궁극적 기준(窮極的 基準)
Regula Veritatis. 진리의 규범
Regula Virginum. 동정녀들의 규칙
Regulæ ad directionem ingenii. 사고 진행 규칙(데카르트 지음)
Regulæ brevius tractatæ. 짧게 거론된 규칙들
Regulæ fusius tractatæ. 길게 거론된 규칙들
reguláris, -e, adj. (régula) 막대기의, 막대기로 된,
　규칙적인, 질서정연한, 균형 잡힌,
　규칙.규격.표준에 맞는, 정규의, 통례의, 관례적인,
　보통의, 정례적인, 정기적인, 일정한, 고른, 이상 없는.
　(文法) 규칙변화(의). (敎法) 성대서원을 하는 수도회의.
　m., f. 성대서원(盛大誓願)을 한 수도회원, 정규 수도자.
　Canonici regulares. 정규 수도 공주 참사원(員)/
　Clerici regulares. 수도 성직자, 수사 신부, 율수 성직자/
　Decretum de regularibus et monialibus/
　Ordo regularis. 성대서원을 하는 수도회.
reguláris* -is, f. 수녀(⑨ religious sister/nun).
　m. 수도자(修道者⑨ religious), 정규 수도 성직자.
Reguláris Concordia. 일치 수도 규칙서(970년 영국 Winchester
　지방의 교회 대표자회의에서 전 영국 교회를 위해 작성 인준한 수도생활 규칙서).
Reguláris Militaris(⑨ Military Order). 기사 수도회
Reguláris Parœcia. 수도원 성당구
reguláriter(=regulátim) adv. (reguláris)
　규칙대로, 규칙에 따라서, 통례대로, 의례 하듯이.
Regulátio procreátionis(⑨ Regulátion of births). 출산조절
régulo, -áre, tr. (régula) 지도하다, 바로 잡다,

조절(조정)하다, 가감(加減)하다, 정리하다(ㄲㄲ),
　…의 규칙(規則)을 만들다, 통제(統制)하다.
régulus, -i, m. dim. (rex) 어린(젊은) 왕, 왕자,
　작은 나라의 군주, 제후(諸侯), 영주(領主),
　왕봉(王蜂-여왕벌), 장수벌(여왕벌). (鳥) 굴뚝새.
　=basilíscus(괴상한 독사, 독기 있는 도마뱀의 일종).
regurgitátio, -ónis, f. (re¹+gúrgito) 새김질(反芻-되새김),
　반추(反芻-되새김. 새김질), 혈액의 역류.
regústo, -ávi, -átum, -áre, tr. (re¹+) 다시 맛보다,
　맛을 즐기다, (편지.책 따위를) 다시 읽어보다, 음미하다.
regýro, -ávi, -áre, intr. (re¹+) 선회하다
reici…, reiect… V. **rejici…, reject…**
reincarnátio, -onis, f. (re¹+) 재화신, 윤회(輪廻),
　영혼재래설(죽은 후에 영혼이 다시 새 육신에 깃들어 태어난다는 설),
　윤회설(輪廻說-인간 영혼이 육신을 떠나 다른 육신으로 재생됨는 과정을
　영혼이 완전 정화될 때까지 되풀이한다는 것을 주장하는 교설…윤회설은
　죽은 후에 육신이 부활해 자기 영혼과 재결합한다는 그리스도교의 교리와는
　근본적으로 다르다. 백민관 신부 엮음. 백과사전 2, p.734).
reintegr… V. **redintegr…**
reinvíto, -áre, tr. (re¹+)
　다시 초대하다, (초대 받은) 답례로 초대하다.
reípsā, adv. (res+ipsa)
　참으로, 과연(果然.nempe. adv., conj.), 사실(실지로).
reipúblicæ rector.(rector 참조) 국가 통치자
reítēro, -áre, tr. (re¹+) 되풀이하다, 거듭하다,
　반복하다(ㄲㄲ.ㄲㄲ), 다시 하다(ㄲㄲ).
rējéci, "rejíciŏ"의 단순과거(pf.=perfectum)
rejectaménta, -órum, n., pl. (rejécto)
　폐물(못 쓰게 된 물건), 폐기물(廢棄物), 쓰레기,
　배설물(排泄物), 해안에 밀려온 해초.표착물.난파물.
rejectáněus, -a, -um, adj. (rejício)
　버릴만한, 거절(거부)할만한, 버려야 할.
rejéctio, -ónis, f. (rejício) 뱉음, 토함(게움), 내던짐,
　내버림, 포기(抛棄 ⑨ Abandonment-버리고 돌아보지 않음),
　배제(排除.⑨ Exclusion-물리쳐서 없앰), 폐기(廢棄-폐지
　하여 버림), (재판관) 기피(忌避-꺼리거나 싫어하여 피함),
　거절(拒絶), 거부(拒否-거절), 배척(排斥-물리쳐 버림),
　각하(却下.⑨ abatement) 기각(棄却), 부결(否決).
rejécto, -ávi, -átum, -áre, tr., freq. (rejício)
　반향(反響)시키다, 메아리쳐 돌아가게 하다.
　도로 내던지다.내버리다, 토하다, 게우다.
rējectum, "rejíciŏ"의 목적분사(sup.=supínum)
rejício, -jéci -jéctum -ĕre, tr. (re¹+jácio)
　1. (alqd-in acc.) 마주(맞받아) 던지다, 되던지다,
　되짚어 보내다; 반사시키다. 2. (alqd-in, ad, post acc.)
　뒤로 보내다, 뒤로 돌리다: mánibus ad tergum rejéctis.
　뒷짐을 지고서. 3. (alqd-de, ex abl.) 벗어 던지다,
　벗어젖히다. 4. (문 따위를) 밀어 열다. 5. 내던지다:
　fatigáta membra rejicio. 지쳐버린 나머지 벌렁 나자빠
　지다. 6. refl. pass. se rejicio, réjici(in acc.) 드러눕다,
　자빠지다, 쓰러지다: se in grabátum rejicio. 침상에
　드러눕다/ rejicio se in eum flens. 울면서 그의 품에
　쓰러져 안기다. 7. (alqm in acc.) 다시 몰아넣다, 도로
　들이몰다. 8. 토하다, 게우다. 9. (alqm-ab abl.) 내쫓다
　(ㄲㄲ), 쫓아버리다. 10. (alqd-ab, ex abl.) 멀리하다,
　떼어놓다, 떨쳐버리다; 내버리다, 팽개치다. 11. **물리치다,**
　거절하다, 거부하다, 배척(배격)하다, 받아들이지
　않다, 퇴박하다, 퇴짜 놓다. 12. 경멸(멸시)하다, 무시하다.
　13. 격퇴(擊退)하다. 14. pass. réjici(absol.; in acc.]
　(배.항해자가 풍랑을 만나) 되돌아가다, 후퇴하다; 항로를
　바꾸다. 15. (alqd-ab abl.) 막다, 저지하다, 방지하다.
　16. (alqd, alqm ad acc.) 딴 데로 넘기다(보내다), 남에게
　밀다, 이관하다. 17. (alqd in acc.) 미루다, 연기하다.
　18. (재판관을) 기피하다, 거부하다(라틴-한글사전. pp.764~765).
　Æneam rejicite, Pium accipite(recipite).
　에네아스를 버리고 비오를 받아들여라(비오 2세 교황 구호).
rejicŭlus, -a, -um, adj. (rejício)
　버릴, 무용지물(無用之物)의, 쓸모없이 된.
relábor, (-ĕris, -ítur) -lápsus sum -lábi, dep., intr.

(re¹+labor¹) 도로 흐르다, 흘러 되돌아가다, 역류하다.
뒤로 떨어지다. 미끄러져 내려오다; 미끄러지듯 빠져
나가다, 다시 스르르 빠져들다, (예전 상태로) 되돌아
가다, 다시 떨어지다·빠지다; 다시 범죄(犯罪)하다.
relámbo, -ère, tr. (re¹+) 다시 핥다
relanguésco, -gŭi -ère, inch., intr. (re¹+)
쇠약해지다, 힘이 빠지다, 힘없이 쓰러지다,
(바람 따위가) 자다, 가라앉다, 멎다, (빛깔이) 날다,
희미해지다, (의욕 따위가) 사라지다(기기,기기),
시들해지다, 누그러지다, (애정 따위가) 식다.
relangui, "relanguésco"의 단순과거(pf.=perfectum)
relapsus, -a, -um, "relábor"의 과거분사(p.p.)
relátĭo, -ónis, f. (réfero) 다시 가져감, (탓.책임 따위의)
전가(轉嫁), 넘겨씌움; 반소(反訴).⑨ counterclaim.
獨 Widerklage), 갚음, 보답, (원로원에서의) 제안, 제의,
보고(報告), 보고서(報告書), 이야기; 진술(陳述),
관계(關係.獨 Verhältnis), 관련(關聯), 연관(聯關),
relatiónem confícere. 보고서를 작성하다/
relatiónem fácere(exhibére) alci de(super) alqā re.
무엇에 대해서 누구에게 보고하다.보고서를 제출하다/
sine relatione creator. 창조주와의 관계없이.
relátĭo æquiparántiæ. 평등관계(平等關係)
relátĭo analogica. 유비적 관계
relátĭo essentiális. 본질적 관계
relátĭo gratĭæ. 사례(謝禮).⑨ remunĕrátĭo, -ónis, f.)
relátĭo interpersonális. 상호 인격적 관계(關係)
relátĭo mundi ad Deum. 우주의 대신관계
relátĭo mutua. 상호관계(reciprocitas, -átis, f.)
relátĭo necessária. 필연적 관계
relátĭo opposita. 대립 관계(아버지와 아들 관계, 성령의
아버지와 아들에게서의 취발(吹發 spiratio 관계).
relátĭo paternitátis. 부성의 관계
relátĭo personális. 위격적 관계(位格的 關係)
relátĭo personarum. 위격들의 관계
relátĭo prædicamentális(accidens) 범주적 관계(부수적 유).
relátĭo rátĭonis. 논리적(관념적) 관계, 사고 상의 관계
relátĭo reális. 실재적 관계(삼위일체의 4관계. 즉 아들을 낳으시는 성부
(generatio activa), 낳음을 받으시는 성자(generatio passiva), 성령을 불러일으키는
성부와 성자(spiratio activa), 성부와 성자에게서 불러 일으켜지는
성령(inspiratio passiva). 백민관 신부 엮음, 백과사전 3, p.308).
relátĭo sexuális. 성관계(性關係)
relatio subsistens. 존립하는 관계, 자존적 관계
relátĭo teleologica. 목적론적 관계
relátĭo transcendentális. 초월적 관계
　　[모든 현존하는 피조물은 창조주에게 근원적으로 종속되어 있다. 이를 두고
　　스코투스는 "초월적 관계"라고 정의 함. 둔스 스코투스의 철학 사상. p.80]
Relátĭones in territóris,
지역 교구장과 선교 지방 선교회의 관계(1969.2.24. 훈령).
Relátĭones inter Deum et hominem(⑨ Relátĭons
between God and man). 하느님과 인간의 관계.
relationes transcendentales. 초월적인 관계들
relátĭonis oppositĭo. 관계의 대립, 관계의 상반
relativismus, -i, m. (relatívus) ((哲)) 상대주의, 상대론
relatívĭs, -átis, f. (relatívus) 관련성(關聯性),
상관성(相關性). (哲.物) 상대성(相對性).
theoría(princípium) relativitátis. 상대성 이론.
relatívus, -a, -um, adj. ((réfero)) (…에) 관계가 있는,
서로 관련된, 엇갈린, 상관적인; …에 관한, **상대적**,
비교적인. (文法) 관계를 나타내는, 관계를 이루어주는.
attributa relativa. 상대적 속성(相對的 屬性)/
impedimentum relativum. 상대적 장애/
imperitĭa relativa. 상대적 부적합, 상대적 불능/
incompetentĭa relativa. 상대적 무관할권/
infinitum relativum seu secundum quid. 상대적 무한/
pronómen relatívum. 관계대명사.
relátor, -óris, m. ((réfero)) (원로원에서의) 제안자,
보고자, 전언자, 진술자(陳述者), 서술자(敍述者),
(누구의) 전기를 쓴 사람.
((敎法)) (재판 절차법상의) 보고관(報告官).

주심관(ponens relátor). assessor, -óris, m. 배심관.
relatória, -æ, f. 영수증(領收證), 인수증(引受證-영수증)
relátrix, -ícis, f. (relátor) 보고(이야기) 하는 여자
relátum, "refero"의 목적분사(sup.=supínum)
relátum, -i, m. (réfero) ((修)) 같은 말의 의식적 반복
relátus¹ -a, -um, p.p. (réfero)
relátus² -us, m. (réfero) 보고(報告), 설명, 이야기
relavi, "rélăvo"의 단순과거(pf.=perfectum)
rélăvo, -lávi -áre, tr. (re¹+) 다시 씻다
relaxátĭo, -ónis, f. (reláxo) 이완(弛緩-느즈러짐.풀어
느슨해짐), 해이(解弛-마음이나 규율이 풀리어 느즈러짐), 풀림,
누그러짐, 완화(緩和), 경감(輕減-덜어져 가볍게 함),
휴식(休息.⑨ Rest), 편히 쉼, 긴장해소(緊張解消),
기분 전환, 소창(消暢-갑갑한 마음을 풀어 후련하게 함), 오락.
relaxátor, -óris, m. (reláxo)
늦추어 주는 사람, 터주는 사람, 열어 주는 사람.
reláxo, -ávi, -átum, -áre, tr. (re¹+) 풀(어 주)다(ἀπολύω),
느슨하게(느즈러지게) 하다, 힘이 풀리게(빠지게)하다,
늦추다, 이완(弛緩)하게 하다, 해이해지게 하다,
(얼음 따위를) 녹이다, 풀리게 하다, 열다(חחח,מח),
벌리다, 푹 쉬게 하다, 긴장을 풀다, 홀가분해지게 하다,
(휴식 따위로) 가뜬해지게 하다, 명랑해지게 하다,
누그러지게 하다, 완화하다, 경감하다, 덜어주다.
se occupatióne relaxo. 분주한 일에서 떠나 푹 쉬다/
tristem vultum relaxo. 슬픈 얼굴을 밝아지게 하다.
relaxo ánimum. 마음의 긴장을 풀다
relaxo se vínculis. 사슬에서 풀려나다
reléctum, "rélĕgo²"의 목적분사(sup.=supínum)
reléctus, -a, -um, p.p. (rélego²)
relegátĭo, -ónis, f. (relégo¹) 귀양(←원말은 귀향),
유배(流配.⑨ Exile), 유형(流刑), 추방(חιτιכר).
relegi, "rélĕgo²"의 단순과거(pf.=perfectum)
relégo¹ -ávi, -átum, -áre, tr. (re¹+lego¹)
외딴 곳으로 보내다, 멀리 보내다, 격리(隔離)시키다,
물러나게(떠나게)하다, 떨어져 있게 하다,
추방하다(חחח), 유배(流配)하다, 귀양 보내다.
거절(拒絶)하다, 물리치다, 경원(敬遠)하다,
전가(轉嫁)하다, 돌리다, 유증(遺贈)하다.
rélĕgo² -légi -léctum -ère, tr. (re¹+lego²)
다시 모으다, 다시 거두어들이다, 회수(回收)하다,
(같은 길.항로.장소 따위를) 되돌아가다,
전철(前轍)을 밟다, 다시 읽다, 음미(吟味)하다,
(편지 따위를) 다시 훑어 보다, 돌이켜 생각하다.
filo regegáto. (늘어놓았던) 실을 다시 감아 가지고.
relentésco, -ère, inch., intr. (re¹+) 느려지다,
다시 느슨해지다, 다시 해이해지다(חΝח,חΝ), 약해지다.
relevámen, -mĭnis, n. (re¹+) 경감(輕減-덜어서 가볍게 함),
완화(緩和), 위로(慰勞-위안), 위안(慰安), 안심시킴.
Relevat ab onĕre probandi jus.
점유자는 자기의 권리를 입증할 책임이 감면된다.
relevátĭo, -onis, f. (rélevo) 짐을 덜어줌, 줄임,
경감(輕減-덜어서 가볍게 함), 완화(緩和), (오줌의) 거품.
rélĕvi, "relíno"의 단순과거(pf.=perfectum)
rélĕvo, -ávi, -átum, -áre, tr. (re¹+levo²)
들어 올리다(נטל,נ,סבל,ΑΝΟ,NΟΝ,לΝΟ),
추켜올리다, (다시) 일으키다, 쳐들다, 가볍게 하다,
덜다, 덜어주다, 완화(緩和)시키다, 경감하다, 줄이다,
절감(節減)하다, (누구에게 무엇을) 감면(減免)해주다,
벗어나게 하다, 면하게 하다, 위로(위안)하다,
안심시키다, 견디어 낼 수 있게 하다, 격려(激勵)하다,
쉬게 하다, 피로를 풀게 하다, 힘을 회복하게 하다,
원래의 상태로 회복(回復)시켜 주다.
curā metu relevári. 걱정과 공포에서 벗어나다/
e terrā corpus relevo. 땅에서 몸을 일으키다.
relevo membra in cúbitum. 침대에 올라가 눕다
relícĭnus, -a, -um, adj.
(머리를 뒤로) 빗어 젖힌, (이마가) 벗겨진.
relíctĭo, -ónis, f. (relíctus¹ -us, m.) [relínquo]

포기(抛棄).⑨ Abandonment-버리고 돌아보지 않음),
버림, 분리(分離.χωρισμὸς).
relictis rebus omnibus.(relínquo 9. 참조)
만사를 제쳐놓고(omnibus rebus posthabitis).
relíctum, "relínquo"의 목적분사(sup.=supínum).
relictus¹ -us, m. 분리(分離.χωρισμὸς), 버림,
포기(抛棄).⑨ Abandonment-버리고 돌아보지 않음).
sibi relicta. 그 자체로 버려진 것.
relictus² -a, -um, p.p., a.p. (relínquo)
남겨진, 남아있는, 버려진. n. 나머지, 잔여(殘餘).
relícŭus = rélíquus
relído, -lísi, -lísum, -ěre, tr. (re¹+lædo) 힘있게 부딪다,
부딪쳐 깨지게 하다, 울려 퍼지게 하다,
(탄주 악기가) 힘찬 소리를 내다, 부정(부인)하다, 거절하다.
religámen, -mĭnis, n. (réligo) 끈, 띠
religátĭo, -ónis, f. (réligo) 묶음, 붙들어 맴, 잡아 맴
rélĭgens, -éntis, adj. (p.præs.) [inusit. relígere.]
경건한, 신앙심(信仰心) 있는, 종교심(宗敎心) 있는.
relígĭo, -onis, f. [réligo] (신적인 존재에 대한) 경외,
경건(敬虔.εσὐεβεα-깊이 공경하여 삼가고 조심하는 데가 있음),
숙연(肅然-고요하고 엄숙함), 종교심(宗敎心), 신앙(심),
종교(⑨ Religion), …교(敎), 경신행위(敬神行爲),
경신덕, 신성함, 신성성, 신성한 물건(장소),
숭배의 대상(물), 신상, 위구심, 양심의 불안(가책),
죄책(감), 도덕의식, 양심, 양심적임, 종교적 모독,
신선모독, 독성(瀆聖), 신의 저주, 미신(迷信), 진실(성),
성실, 사실대로의 증언, 신성(엄숙한 약속, 선서,
(선서) 준행(遵行)의 의무, 성실한 직무수행(이행),
(생활의) 결백, 치밀, 빈틈없음, 용의주도(用意周到),
완벽, 엄정(嚴正), 공경, 존중(尊重), 소중히 여김,
수도회(교회법 제488조). pl. 종교예식(행사).
Christi Romanorum Religio ad philosophorum
sapientiam conferruntur. 철학자들의 지혜에 비추어
견준 그리스도교와 로마의 종교(신국론 제8권)/
Contra impugnantes Dei cultum et religionem.
하느님의 아식과 수도회를 공격하는 자들에 대한 반론/
Contra pestiferam doctrinam retrahentium pueros
religionis ingressu. 수도회를 멀리하는 사람들에 대한 반론/
De harmonia Religionis et Philosophiæ.
종교와 철학의 조화(스페인의 무슬림 철학자 아베로에스 지음)/
De immutabilitate veritatum religiosarum.
종교 진리의 불변성/
De Věra et Falsa Religione. 참된 종교와 거짓 종교/
De věra religione. 참된 종교(390년 히포의 아우구스티노 지음)/
Homo sine religione est sicut equus sine freno.
종교심을 갖지 않은 인간은 재갈을 물리지 않은 말과 같다/
Institutio religionis Christĭanæ. 그리스도교 요강.
(1536년 칼뱅 지음)
Quæ æternæ vitæ sit religio. 영원한 생명의 종교.
(신국론 제10권)
Quod non possint ibi veræ esse virtutes, ubi non est
vera religio. 참다운 종교가 없는 곳에 참다운 덕성이
있을 수 없다.(교부문헌 총서 17. 신국론. p.2818)/
Quod omnis religio paganorum circa homines
mortuos fuerit implicata. 이교도들의 모든 종교는
죽은 사람들과 연관된다(교부문헌 총서 17. 신국론. p.2770)/
Religione Tamen Catholica Romana in locis sic
restitutis, in statu quo nunc est, remanente. 현재 있는
그대로의 장소와 복구된 상태의 로마 가톨릭 교회는
현상유지를 한다(1697년 10월 30일 리스빅 평화조약 제4항에 이 문장을
삽입함으로써 1679년 Nijmegen 조약 때 종교지역 협약을 가톨릭에 유리하게
만듦. 백민관 신부 엮음, 백과사전 3. p.375)/
summa religionis christianæ. 그리스도적 종교의 총화/
Tota Christian religio humilitas est.
그리스도교 생활 전체가 겸손이다(성 아우구스티노)/
Ubi unus dominus, ibi una sit religio.
한 통치자가 있는 곳에 한 종교가 있다/
vera religio. 참 종교
religio advecta. 도입한 종교

religio christĭana. 그리스도교(christĭanismus, -i, m.)
Religio et fides anteponatur amicitĭæ.
종교와 신앙은 우정보다 중시되어야 한다.
religio fratrum* 수도회(instituta religiosa), 평수사회
religio humana. 인간적 종교(人間的 宗敎)
religio illicita. 금지된 종교
Religio importat ordinem ad Deum.
종교심은 하느님께로 향한 질서.
religio Judaica. 유태교(猶太敎.Judea교)
Religio licita. 공인된 종교, 허용된 종교
religio munda et immaculata. 순수하고 하자 없는 종교
religio nátĭonális(⑨ nátĭonal religion). 국민종교, 민족종교
religio naturális(⑨ Natúral Religion). 자연종교
Religio non licita. 공인되지 않은 종교
Religio Plurálismus(⑨ Religious Plurálism).
종교 다원주의.
religio primitiva. 원시종교(原始宗敎)
religio publicæ. 국교
religio publicae auctoritatis. 국교
religio rátĭoni soli innitens. 이성종교
religio revelata(⑨ Revealed Religion). 계시종교.
Religio Romana. 로마 종교
religio supernaturális. 초자연종교
Religionum laicalĭum.
수도회 장상들에게 위임된 권한들(1966.5.31. 교령).
religiosa* -æ, m, f. 수도자, 수녀
religiosa consociátĭo. 수도회 설립 단체
religiosam feminam. 열심한 여신자
religióse, adv. (religiósus) 종교적으로, 경건하게, 독실하게,
종교적 열성으로, 신앙심을 가지고, 양심적으로, 성실하게,
세심(細心)하게, 정성껏, 조심스럽게, 조심조심.
religiósĭtas, -átis, f. 종교성(宗敎性), 종교심(宗敎心),
경건(敬虔.εσὐεβεα-깊이 공경하여 삼가고 조심하는 데가 있음),
양심적임, 감상적 신심, 광신(狂信), 신앙심이 깊은 체험.
religiositas populáris*
대중신심(⑨ Popular devotĭons), 종교심성(교리서 1674항).
religiósŭlus, -a, -um, adj. dim. (religiósus) 좀 열심한
religiósum obsequĭum. 종교적 순종(⑨ religious respect)
religiósus, -a, -um, adj. (relígio) 하느님을 경외하는,
천지신명을 두려워하는, 경건한, 종교심(신앙심)이 있는,
독실한, 경신적(敬神的), 치성(致誠)하는, 숭배하는,
신의 마음을 기쁘게 하는, 종교의, 종교적, 종교에 관한,
종교적 의구심의, 삼가는, 금기(禁忌)의, 불경스러운,
미신의, 미신적(迷信的), 양심적인, 성실한,
진실한, 신성한, 거룩한, (일진이) 불길한,
종교적으로 금지된, 수도회의, 수도자의.
m., f. 수녀(⑨ religious sister/nun), 수도자(⑨ religious).
apostolica vita religiosa. 사도적 수도생활/
De Otio Religiosorum. 수도자들의 파적(破寂)/
De religiosa habitatione in eremis.
은수처에서의 수도자들의 머무름/
domus religiósa(⑨ Religious House). (일반적으로) 수도원/
Habitus religiosus(⑨ Religious habit). 수도복/
Homo est religiosus. 인간은 종교적이다/
homo religiosus. 종교적 인간/
in testimónio religiosus. 진실을 증언하는/
Indifferentĭa religiosa(⑨ Indifference religious).
종교적 무관심/
institutum religiosum apostolicum. 사도직 활동수도회/
institutum religiosum contemplativum.
명상생활 수도회(冥想生活 修道會)/
Nomen religiosum(⑨ religious names). 수도명/
Quæ sit inter philosophicas artes religiosi excellentia
Christiani. 철학적 학문에서도 그리스도 종교인의
역할이 얼마나 탁월한가.(교부문헌 총서 17. 신국론. p.2768)/
Sacerdos religiosus(⑨ Religious Priest).
수도신부, 수사신부, 수도사제/
Vita religiósa(⑨ Religious life). 수도생활/

Vota religiósa(영 Religious Profession).
　수도 생활 맹세, 수도서원, 허원(許願)/
Zelus religiósus(영 Zeal religious). 종교적 열성.
religiosus a Matre Magnā.
　(Mater Magna라고도 불리던) Ceres 여신(女神)의 숭배자.
religiosus de Capitólio.
　*Capitólium*의 *Júpiter* 신을 열렬히 섬기는.
réligo, -ávi, -átum, -áre, tr. (re¹+ligo¹)
　[religio는 re-eliger(다시 선택하다), re-legere(다시 모으다), re-ligare(다시
　묶다)라는 의미를 다 가지고 있다. 교부문헌 총서 15, 신국론, p.1000].
　뒤로 묶다, 묶다(קשׁר, קטר, אסר),
　매다(קטר, קשׁר), 매다, 동이다, (선박을) 계류(繫留)하다,
　정박(碇泊)시키다, 얽매이게 하다, 풀다, ㄲㄹ다.
　ad currum religátus. 수레에 비끄러매어진/
　naves ad terram religo. 배를 육지에 대어 정박시키다.
rélĭno, -lévi, -lĭtum, -ĕre, tr. (re¹+)
　(밀랍송진 따위로 봉했던 것을) 뜯어 열다,
　(벌집에서) 꿀을 뜨다.
Relinquebátur una via. 길이 하나 남아 있었다.
Relinquitur, ut quiescamus.
　우리에게는 쉬는 것만 남았다.
relínquo, -líqui -líctum -ĕre, tr. (re¹+) 1. [*alqm, alqd*
　-in, sub abl.; ad acc.; dat.] **두고 가다,** 남겨두고 떠나다.
　2. [*alqm, alqd-alci*] 남겨놓고 죽다, 유산으로 남기다.
　물려주다, 죽어서 남기다: Ea mórtua est: relíquit
　filiam adolescéntulam. 그 여자는 어린 딸을 남기고
　죽었다/ **relícta** 과부(寡婦)/ sidi laudem relínquo.
　죽어서 공적(이름)을 남기다. 3. [*alqm, alqd*] **떠나다,**
　버리다: domum relínquo. 집을 떠나다/ relícta matre.
　(송아지가) 어미를 떠나서/ ánimam relínquo, vitam
　relínquo. 죽다/ quem vita relíquit. 숨이 끊어진 사람/
　ánimo relíctus 실신한(까무러친) 사람. 4. [*alqd-alci*; inf.]
　남겨놓다, 남아있게 하다, (여유.여지.기회.틈.희망
　따위를) 남기다.주다.허용하다: partem sidi relínquo.
　일부를 자기에게 남겨놓다/ Relinquebátur una via. 길이
　하나 남아있었다/ Nec précibus nostris relínquit locum.
　그는 우리에게 간청할 기회도 주지 않는다(자진하여 한다).
　5. pass.[*alqd*: ut(*consecut.*: *prop. subjectiva*)] (…만) 남아
　있다: Nihil relínquitur nisi fuga. 도망하는 수밖에 없다/
　Relínquitur ut quiescámus 우리에게는 쉬는 것만 남았다.
　6. [*alqm, alqd alci* rei; in *alqā* re] (…하도록) 내맡기다,
　(판단 따위에) 맡기다. 7. [*alqd* in abl., apud acc.] (감명
　따위를) 주다.끼치다.남기다. 8. [*alqm, alqd* - acc.
　proed.; in abl.] …한 채 버려두다, …한 상태로 놓아두다,
　버리고 떠나다: *alqos* insepúltos relínquo. 그들을 파묻지
　않고 내버려두다. 9. [*alqd*] 버리다, 포기하다, 그만두다.
　단념하다: (일을) 제쳐놓다: relíctis rebus ómnibus 만사를
　제쳐놓고. 10. 말하지 않고 지나가다, 그냥 넘어가다, 언급
　하지 않다, 묵과하다. 11. (밭을) 묵히다.　(라틴-한글사전, p.766).
　Dux præsidio castrorum decem cohortes reliquit.
　장군은 요새의 방어에 10개 대대를 남겨 두었다/
　in médio relínquĕre. 미결로 남겨두다, 각자의 판단에 맡기다/
　Pacem relinquo vobis, pacem meam do vobis.
　너희에게 평화를 두고 가며 내 평화를 주노라.
　[직설법 현재, 단수 1인칭 **relinquo**, 2인칭 **relinquis**, 3인칭 **relinquit**,
　복수 1인칭 **relinquimus**, 2인칭 **relinquitis**, 3인칭 **relinquunt**]
　Si illum relinquo, ejus vitæ timeo.
　만일 내가 그를 버리면, 그의 목숨이 걱정 된다/
　Tu vero istam artem ne reliqueris, quam semper
　ornasti. 그대가 늘 칭찬해온 저 재주를 버리지 마시오.
relinquósus, -a, -um, adj. (relínquo) 잊어버리고 놓아두는
reliqua gloria.(reliquus 참조) 장래의 영광
reliqua habĕre.(reliquum 참조) 빚을 지고 있다
Reliqua præ lacrimis scribĕre non potui.
　나는 눈물 때문에 나머지를 더 쓸 수가 없었다.
reliquátĭo, -onis, f. (réliquor)
　잔고(殘高-잔액), 잔액(殘額), 남은 빚, 여생(餘生).
reliquátor, -óris, m. (reliquátrix, -ícis, f.) (réliquor)
　채무 불이행자(不履行者), 빚을 다 갚지 못한 사람.

---

relíqui, "relínquo"의 단순과거(pf.=perfectum)
relíquĭæ, -árum, f., pl. (réliquus) **남은 것,** 남은 자(영
　remnant-커다란 자연 재앙이나 전쟁 같은 참변에서 살아남은 자),
　잔여(殘餘-처져 있는 나머지), 잔해(殘骸), 찌꺼기,
　(sg.) 잇새에 낀 음식물, 남은 음식, 상존자(尙存者),
　잔존자(殘存者), (싸움 따위에서) 살아남은 사람들,
　(살아남은) 자손, 패잔병(敗殘兵), 잔당(殘黨),
　유해(遺骸→聖骸), 유골(遺骨-주검을 태우고 남은 뼈), 화장한 재,
　성해(聖骸.영 sacred relies-성인의 유해를 이르는 말),
　순교자.성인의 유물(遺物.영 relic), 유품(遺品),
　배설물(排泄物), 유업(遺業), 자취(남아 있는 흔적),
　흔적(痕迹), 유적(遺跡-옛 인류가 남긴 유형물의 자취), 인상(印象).
　Orémus te, Dómine, per mérita Sanctórum tuórum,
　quorum relíquiæ hic sunt, et ómnium Sanctórum:
　ut indulgére dignéris ómnia peccáta mea. Amen.
　주님께 비오니, 여기 유해(遺骸)를 모신 당신 성인들의
　공로와 또한 모든 성인들의 공로를 보시고 제 모든 죄를
　너그러이 용서하소서. 아멘/
　Sacras reliquias vendĕre nefas est.(영 It is absolutely
　wrong to sell sacred relics) (獨 Es ist verboten, heilige
　Reliquien zu verkaufen) (이탈리아어 E assolutamente
　illecito vendere le sacre reliquie) (프 Il est absolument
　interdit de vendre des saintes reliques)
　거룩한 유해(遺骸)는 팔 수 없다(Can. 1190)/
　Sed quod Domino placet, melius est servare reliquias,
　quam onerare corda nimio cibo. 그러나 주님께서 기뻐
　하신다면, 푸짐한 음식으로 여러분의 마음을 무겁게
　하기보다는, 남는 것을 그대로 보관하는 것이 더
　낫겠습니다.(최익철 신부 옮김, 요한 서간 강해, p.305).
Reliquiæ verborum Baruch. 예레미아서의 보충.
　(쓰인 연대가 확실치 않은 유다 계통의 책. 2세기 초에 작자미상의 그리스도교
　신자가 손대어 출판했다…. 백민관 신부 엮음, 백과사전 2, p.400).
reliquiárĭum, -i, n. (réliquiæ) 성유물함(thêca) 상자,
　가슴(胸) 모양의 성 유물함(=Harma, -æ, m.).
Reliquis oppidi partibus est pugnátum.
　성읍의 나머지 구역에서 전투가 있었다.
reliquit fílĭam adolescentulam.
　그 여자는 어린 딸을 남기고 죽었다.
Reliquium(영 Relics.獨 Reliquien) 유해(遺骸)
rélĭquo, -áre, tr. (réliquus)
　빚을 다 갚지 못하고 있다. (나머지를) 갚아야 한다.
réliquor, -átus sum, -ári, dep. (réliquus)
　tr. (갚지 못하고) 빚지고 있다.
　intr. (누가) 빚이 남아 있다, 빚을 다 갚지 못하고 있다.
réliquum, -i, n. (réliquus) 남은 것, 나머지,
　잔여(殘餘-처져 있는 나머지), 그 밖의 것, 다른 것,
　(주로 pl.) 남은(밀린) 빚, 미불 잔금, 다 받아내지 못한 잔액,
　Audi réliqua. 다른 이야기를 또 들어 보아라/
　et réliqua 등등, 기타, …따위, 그 나머지 것/
　in reliquum tempus. 나머지 시간에/
　Non queo reliqua scribĕre. 나는 나머지를 쓸 수 없다/
　Quod reliquum est: de réliquo, reliquum
　그 외에, 그밖에 또, 그리고는 / 그리고 또/
　Recita de epistola reliqua.
　편지의 나머지 부분을 낭독하라/
　reliqua habĕre.(reliquum 참조) 빚을 지고 있다.
réliquum tempus a labóre intermitto.(intermitto 참조)
　일을 중단하고 나머지 시간을 보내다
reliquum vitæ. 여생(餘生.영 quod reliquum est)
reliquus, -a, -um, adj. (relínquo) 1. 남은, 남아있는,
　남겨진, 나머지의, 잔여의, 잔류(殘留)의: alqd alci
　relíquum facere. 1) 무엇을 누구에게 남겨놓다
　2) 소홀(등한)히 하다, 제쳐놓다, 빠뜨리다, 언급하지
　않다/ nihil réliauе fácere. 하지 않는 것이 없다, 남김
　없이 하다/ relíquum est, ut (*subj.*: inf.) …하는 것만
　남았다. 2. 살아남은, 건재한: eos relíquos fácere.
　그들을 살아남게 하다. 3. 다 갚지 못한(빚), 밀린.
　남은, 미제액(未濟額)의; 다 받지 못한(빚). 4. 장차의,

장래의, 앞으로 있을: réliqua glória. 장래의 영광/ quod réliquum est. 여생 / in réliquum.(tempus) 앞으로, 장차; 장래를 위해서. 5. **그 밖의**, 기타의, 그 외에 다른, 딴 : *alqm* réliquum habére, qui … *subj*. …할 사람을 달리 또 가지고 있다. (라틴-한글사전, p.767)
Per exploratores Cæsar certior factus est tres jam partes copiarum Helvertios flumen Ararim traduxisse, quartam fere partem citra flumen reliquuam esse. 정찰병들을 통해 카이사르는 헬베티아인들의 군대 4분의 3이 아라르 강을 벌써 건넜으며 대략 4분의 1이 강가에 남겨져 있음을 알았다.[성 염 지음, 고전 라틴어, p.404].
relĭtum, "relĭno"의 목적분사(sup.=supínum)
rellig…, **relliq…** V. **relig…**, **reliq…**
rélŏco, -ávi, -átum, -áre, tr. (re¹+)
제자리에 도로 놓다(맞추다), 다시 빌려 주다(세놓다).
relúcĕo, -lúxi -ére, intr. (re¹+)
다시 빛나다, 반짝이다.번뜩이다.
relucésco, -lúxi -ĕre, inch., intr. (relúceo)
(다시) 빛나기(비치기) 시작하다, 밝아지다.
Reluctante natúra, irritus labor est.
자연을 거슬려서 하면, 그 수고가 헛되다.
reluctátĭo, -onis, f. (relúctor) 저항(抵抗), 반항(反抗)
relúcto, (-ávi), -átum, -áre, intr. (re¹+)
맞서 싸우다, 저항하다, 부대끼다.
relúctor, -átus sum -ári, dep., intr. (re¹+)
대항하여 싸우다, 저항(반항)하다, 대들다, 버티다, (물결 따위가) 맞부딪치다, (바람이) 거슬러 불다, 마음 내키지 않다, 마지못해 억지로 하다.
Reluctante natura, irritus labor est.(Seneca). 자연을 거슬러서 하면, 그 수고가 헛되다(= 헛수고를 하게 된다).
relúdo, -lúsi -ĕre, intr., tr. (re¹+)
농담(희롱)하다, 농담으로 대꾸(응수)하다.
reluminátĭo, -ónis, f. (relúmino) 다시 밝게 함
relúmĭno, -áre, tr. (re¹+)
다시 밝게 하다, 광명(시력)을 되돌려주다.
cæcos relúmino. 장님들의 눈을 뜨게 하다.
rélŭo, -ĕre, tr. (re¹+) (저당 잡혔던 것을) 도로 찾아오다
rĕluxi, "relúcĕo"의 단순과거(pf.=perfectum)
rem, **rēs**, **rĕi**, f. 4격
rem augeo laudándo. 일을 찬양하여 과대 선전하다
rem augére. 재산을 늘리다, 증식시키다
rem bene gero. 일을 잘 처리하다(돌보다), 성공하다
Rem civili sanguine conflant.
그들은 국민의 고혈(膏血)을 착취해서 치부한다.
rem expedio. 일을 마치다, 일을 해결하다
rem habére cum áliquo. 아무와 관계가 있다, 볼일이 있다
rem habére cum *alqo*. 어떤 남자와 교제(관계)하다
rem hujus sæculi. 이 세속의 일
rem publicam. 정치생활(政治生活)
rem quæro. 사실을 심문(審問)하다
Rem tene, verba sequentur. 내용을 포착하라, 그것을 표현하는 언어는 저절로 따라 나오니까. (성 염 지음, 사랑만이 진리를 깨닫게 한다, p.464).
remacrésco, -crŭi -ĕre, inch., intr. (re¹+)
매우 마르다, 여위다, 파리해지다.
remacrui, "remacrésco"의 단순과거(pf.=perfectum)
remaledíco, -ĕre, intr. (re¹+) 서로 맞대고 악담하다, 욕설을 욕설로 응수하다, 맞받아 저주(詛呪)하다.
remancipátĭo, -ónis, f. (remáncipo) 다시 소유자가 됨
remáncĭpo, -ávi, -átum, -áre, tr. (re¹+)
다시(도로) 소유하다, 자기의 소유로 다시 찾다.
remándo¹ -ávi, -átum, -áre, tr. (re¹+mando¹)
대답으로(…라고) 통고하다, 다시 명령(지시)하다.
remándo² -mánsi -mánsum -ĕre, tr. (re¹+mando²)
새김질하다, 반추(反芻)하다, 되씹다.
remánĕo, -mánsi -mánsum -ére, intr. (re¹+)
(떠나지 않고) 그냥 남아 있다, 잔류(殘留)하다, 머물러 있다, 체류하다(ㄲㄱ), 영속(지속)하다, 계속되다, 전해져 내려오다, 사라지지 않다, (어떤 상태로) 건재(健在)하다,
Quære ubi transeas, non ubi remaneas. 지나갈 곳을 찾지, 머무를 곳을 찾지 마십시오(최익철 신부 옮김, 요한 서간 강해, p.443)/ Quæris laudem? Si Dei quæris, bene facis: si tuam quæris, male facis; remanes in via. 그대 칭찬을 찾고 있습니까? 하느님의 칭찬을 찾고 있다면 잘하는 짓입니다. 그러나 그대 자신에 대한 칭송을 찾는다면 잘못 하는 것이며, 길가에 머물러 있는 것입니다/
Si apud vos memória rémanet avi mei, 너희에게서 내 할아버지의 기억이 사라지지 않았다면.
remanet offiĉium retinendi rátĭonem totius personæ humanæ. 전체적 인간상을 유지(維持)할 임무는 각 사람에게 남아 있다.
remáno, -áre, intr. (re¹+) 거꾸로 흐르다, 역류하다
remánsi, "remánĕo"의 단순과거(pf.=perfectum)
remánsĭo, -onis, f. (remáno) 머무름, 체류(滯留), 잔류(殘留.[영] remaining-남아서 처져 있음).
remánsor, -óris, m. (remáneo)
휴가를 얻어 귀가 중에 있는 병사, 휴가 기간이 지나도록 귀대하지 않는 병사.
remansum, "remánĕo"의 목적분사(sup.=supínum)
remeábĭlis, -e, adj. (rémeo)
돌아 올 수 있는, 되돌아오곤 하는.
remeátĭo, -ónis, f. 본문제로 돌아감
remeátus, -us, m. (rémeo) 돌아옴([영] Return), 귀환
remedia pœnálĭa. 예방처분(견책, 감시 등)
remediábĭlis, -e, adj. (remédio) 고칠 수 있는, 회복이 가능한, 돌이킬 수 있는, 구제할 수 있는, 효과 있는, 유익한.
remediális, -e, adj. (remédio)
치료의, 치료(治療)에 이르는, 치료의 효능이 있는.
remediátĭo, -ónis, f. (remédio) (병이) 나음, 치유(治癒.רפא.ἴαμα.[영] Healing), 완쾌(完快), 쾌차(快差-개운하게 다 나음), 건강회복(健康回復).
remediátor, -óris, m. (remédio)
병을 고쳐주는 사람, 건강을 회복시켜 주는 사람.
remédĭo, -ávi, -átum -áre, tr. (remédium)
치료하다, (병을) 고치다, 낫게 하다.
Remédio sunt cucurbítulæ. 애호박들이 약이 된다.
remeditor, -ári, dep., intr. (re¹+) 다시 깊이 생각하다
remedĭum, -i, n. 약(藥), 치료제(治療劑), 치료효능, 치료(법), 구제(수단), 구제책(救濟策), 예방약, 대책, 방비, 예방책(豫防策), 예방조치(수단), 호부(護符),
De Remediis Utriusque Fortunæ. 두 운명의 치유에 대하여.(Petrarca 만년의 시집으로 인간 현세 생활의 덧없음을 명상함)/ præséntissimum remedĭum. 매우 효과 있는 치료제/ Ubi jus ibi remedium.
권리가 존재하는 곳에는 구제(救濟)가 있다.
remedĭum celer. 속효약(速效藥), 신속한 속효약
remedĭum concupiscentĭæ. 성욕의 해소, 정욕의 진화(情慾鎭和), 정욕의 치료(情慾 治療).
remedĭum extra-ordinárĭum. 비통상적 구제
remedĭum juris. 법적 구제(救濟.[영] legal redress)
Remedium mali peius idcirco exstabat quam malum.
이렇게 악의 치유는 더 큰 악으로 나타난다.
remedĭum ordinárĭum. 통상적 구제
remedĭum pœnale. (계고戒告.견책譴責.감시 따위의) 예방제재(豫防制裁), 예방처분.
remedĭum venéni. 해독제(解讀劑.[라] antidotus, -i, f.)
remélĭgo, -gĭnis, f. 지체(肢體), 지연(遲延-오래 끎), 동작이 느린 여자, 꾸물거리는 여자.
reméminì, -ísse, anom., intr. (re¹+)
상기(想起)하다, 다시 생각나다, 회상(回想)하다.
rememorátĭo, -ónis, f. (rememoro)
회상(回想), 추억(追憶), 상기(想起-지난 일을 생각해 냄).
remémŏro, -áre, tr. (re¹+) 상기하다, 추억하다, 회상하다
remémŏror, -átus sum -ári, dep., tr. (re¹+) 다시 생각나다, 기억하고 있다, 잊지 않고 있다, 상기하다, 회상하다.

R

remensus, -a, -um, "remétĭor"의 과거분사(p.p.)

remensúro, -áre, tr. (re¹⁺) 다시 재다, 다시 측량하다

rémĕo, -ávi, -átum -áre, intr., tr. (re¹⁺) 돌아오다(가다).
in pátriam remeo. 고국(故鄕)으로 돌아가다.

remeo castra. 진영(陣營)으로 돌아오다.

remérgo, -ĕre, tr. (re¹⁺) 다시 잠기게(빠지게) 하다

remétĭor, -ménsus sum -íri, dep., tr. (re¹⁺)
다시 재다(되다), …만큼 계량(측정)하다.
같은 길을 되돌아가다, 도로 토하다,
(같은 분량으로) 되돌리다, 다시(되풀이하여) 말하다,
(지난 것을) 다시 곰곰이 생각하다.
[pass.] pélago reménso. 대해를 되돌아 항해하고,
[pass.] Remetiétur vobis. 너희도 척량해 받으리라.
reménsus iter. 길을 되돌아와서/
vinum omne vómitu remetior. (마신) 술을 죄다 토하다.

rĕmex, -mĭgis, m. (remus¹⁺ago) 노 젓는 사람, 노수,
노질하는 수부, (집합명사로 sg.) 노질하는 전체 인원.

remigátĭo, -ónis, f. (rémigo) 노 젓기, 노를 저음

remígĭum, -i, n. (remex) (노질하여 가는) 항해.항행,
노(배)를 저음, 노질하는 도구(장치), 노(櫓),
(여러 사람이 층층이 줄지어 앉아서 젓도록 설비된) 노의 열,
노 젓는 선원(수부.노예奴隷), 노 젓듯이 하는 운동(행동).
remígio alárum. 날개를(노 젓듯이) 움직여며.

remígo, -ávi, -átum -áre, tr., intr. (remex) 노를 젓다,
배를 젓다, 노질하다, 노질하여 항해(항해)하다.

remigrátĭo, -ónis, f. (rémigro) 고향으로 다시 이주함,
돌아옴(⑨ Return), 귀환(歸還.⑨ repatriation).

remígro(⑨ to return), -ávi, -átum -áre, intr. (re¹⁺)
도로 이주(이사)하다, 고향으로 돌아가 살다,
다시 돌아오다(가다).
ad justítiam remigro. 정의를 다시 실천하다/
Rémigrat ánimus mihi. 내가 정신이 다시 든다.

reminiscéntĭa, -æ, f. (reminíscor) 다시 생각 남,
기억(תַּ.記憶.⑨ remembrance), 추억(追憶),
회상(回想), 상기(想起-지난 일을 생각해 냄).

**Reminiscĕre misĕrátĭonum tuarum, domine,
et misericordiæ tuæ, quæ a sæculo sunt.**
불쌍히 여기심을 주님 돌아보소서.
영원하신 그 자비(慈悲)를 헤아리소서.

reminíscor, (-ĕris, -ítur) reminísci, dep., intr., tr.
(re¹⁺mémini) 다시 생각(기억)나다, 다시 생각하다,
회상(回想)하다, 추억(追憶)하다, 상기(想起)하다,
착상(着想)하다, 생각해 내다, 마음속에 그리다.

rémĭpes, -ĕdis, adj. (remus¹⁺)
물갈퀴를 가진, 오리발의, 노로 나아가는.

remiscĕo(⑨ to mix up), -cŭi -míxtum(místum) -ére,
tr. (re¹⁺) (다시) 섞다, 혼합하다, 뒤섞다.

remiscui, "remíscĕo"의 단순과거(pf.=perfectum)

remíssa, -æ, f. (remíssus) 면제(免除), 사면(赦免),
용서(容恕.χηϛτὸς.⑨ Forgiveness).

remísse, adv. (⑨ carelessly, mildly) 늦추어서,
느슨하게, 까다롭지 않게, 엄하지 않게, 부드럽게,
격렬하지 않게, 찬찬히, 조용조용히.

rĕmissi, "remítto"의 단순과거(pf.=perfectum)

remissíbĭlis, -e, adj. (remítto)
용서받을(사면될) 수 있는, (소화되기) 쉬운, 부드러운.

remíssĭo, -onis, f. (remítto) **돌려보냄**, 송환(送還),
반환(返還), (찌푸렸던 것을) 폄, 늦춤, 누그러뜨림,
(긴장 따위의) 완화, 이완(弛緩), (목소리를) 낮춤,
위축(萎縮), 무기력(無氣力), 의기소침(意氣銷沈),
활기 없음, 중단(中斷.tempus interruptum),
멈춤, 멈칫거림, 누그러짐, (신열이) 내림,
(병세의) 차도(差度-병이 조금씩 나아가는 정도), 기분전환,
휴식(休息), 유화(宥和-서로 너그럽게 용서하며 사이좋게 지냄),
관대(寬大.συνκατάβασις-마음이 너그럽고 큼),
경감(輕減-덜어서 가볍게 함), 감면(減免), 면제(免除),
용서, 사면(赦免), 유면(宥免-용서하여 놓아줌), (죄를) 사함.
Et omnia pæne in sanguine mundantur secundum

legem, et sine sanguinis effusione non fit remissio.
(kai. scedo,n evn ai[mati pa,nta kaqari,zetai kata. to,n no,mon kai.
cwri.j ai`matekcusi,aj ouv gi,netai a;fesij) (According to the
law almost everything is purified by blood, and without
the shedding of blood there is no forgiveness)
율법에 따르면 거의 모든 것이 피로 깨끗해지고, 피를
쏟지 않고서는 죄의 용서가 이루어지지 않습니다(성경)/
율법에 따르면 피로써 깨끗해지지 않는 것이 거의
없습니다. 그리고 피 흘리는 일이 없이는 죄를 용서
받지 못합니다(공동번역 히브 9. 22)/

Panis hic remissio peccatorum. 이 빵은 죄를 용서해 준다.
[391년 암브로시오가 창세기 49장에 나오는 '야곱의 마지막 축복'을
주석한 작품『성조.9.39에 나오는 대목이다]

Ubi autem horum remissio, iam non oblatio pro peccato.
(o[pou de. a;fesij tou,twn| ouvke,ti prosfora. peri. a`marti,aj)
(Where there is forgiveness of these, there is no longer
offering for sin) 이러한 것들이 용서된 곳에는 더 이상
죄 때문에 바치는 예물이 필요 없습니다(성경 히브 10. 18)/
죄를 용서받았으므로 이제는 죄 때문에 봉헌물을 바칠
필요는 없게 되었습니다(공동번역 히브 10. 18)/

Ubi remissio pecatorum, Ecclesia est.
죄의 용서가 있는 곳에 교회가 있습니다.

Remissĭo et Reconciliátĭo(⑨ Forgiveness and
Reconciliátĭon). 용서와 화해.

Remissĭo formarum. 형상의 감축(減縮)[중세기 스코투스학파
Ripa의 요한이 주장한 내포(內包)의 축소. 백민관 신부 엮음, 백과사전 3, p.315].

remissĭo justa. (軍) 만기제대(滿期除隊)

Remissĭo peccátorum. 죄의 사함, 사죄(赦罪)
죄의 용서(⑨ Absolution/Forgiveness of sins)

Remissĭo sacramentális peccátorum.(⑨ Sacramental
forgiveness of sins) 성사를 통한 죄의 용서.

remissĭóra frígora. 좀 누그러진 추위(remissus 참조).

remissívus, -a, -um, adj. (remítto)
(부은 것을) 가라앉히는, 완화시키는, 부드럽게 하는.
(文法) advérbis remissíva(paulátim, sensim 따위와 같이)
점차적인 경감.완화.진행을 표시하는 부사(副詞).

remissor, -óris, m. (remítto) 용서(사면) 해주는 사람

remissoriális, -e, adj. (remítto)
((敎法)) (타지방 재판관에게) 증인 심문을 의뢰하는.
litteræ remissoriáles. 증인 심문 의뢰장.

rĕmissum, "remítto"의 목적분사(sup.=supínum)

remíssus, -a, -um, p.p., a.p. (remítto) 느즈러진,
느슨한, 늦추어진, 이완(弛緩)한, 누그러진, 맥 풀린,
세력이 약해진, 잔잔해진, 저음의, 느리고 낮은(소리의),
온유한, 온화한, 부드러운, 침착한, 차분한, 느긋한,
너그러운, 까다롭지 않은, 유쾌한, 쾌활한, 명랑한,
장난기 있은, 무기력한, 박력 없는, 활발하지 못한,
느린, 게으른, 둔한, 무관심한, 소홀한, (값이) 싼.
remissĭóra frígora. 좀 누그러진 추위.

remissus et subrídens, inquit, ….
그는 부드럽게 미소 지으면서 …라고 말했다.

remistum, "remíscĕo"의 목적분사(sup.=supínum)

remistus, -a, -um, "remíscĕo"의 과거분사(p.p.)

remítto, -mísi -míssum -ĕre, tr. (re¹⁺)
1. [alqm, alqd-alci, ad alqm ; in acc., ex abl]
돌려보내다. 돌아가게 하다: (집회 따위를) 해산하다:
되돌려 던지다. 2. 돌려주다, 반환하다. 3. [alqd alci,
ad alqm] (회답으로 답장.지령 따위를) 보내다.
4. ((法)) [núntium-alci] 이혼(파혼) 통고장을 보내다.
이혼하다. 5. (선물 따위를) 답례로 보내다, 보답하다.
6. 반향(反響)하게 하다, 메아리치게 하다, 울려 퍼지게
하다. 7. 석방(釋放)하다, 방면하다, 놓아 보내다. 8. 내다,
내보내다, 내놓다, 생기게 하다, 산출하다: Cóquitur
radix, donec succum omnem remíttat. 진이 다 빠질
때까지 뿌리를 삶는다/ Stérilis quodcúmque remíttit
terra. 토박한 땅에서 나는 것은 무엇이나/ sonum
remitto. 소리를 내다. 9. **늦추다**. 느슨하게(느즈러지게)
하다: 늘어나게 하다. 처지게 하다. 처뜨리다: habénas
vel addúcere, vel remitto. 고삐를 혹은 잡아당기고

혹은 늦추어주고 하다. 10. (닿았던 것을) 떼다, (잡았던 것을) 놓다, (사슬.껴안았던 팔 따위를) 풀다.
11. 녹이다, 융해(融解)하게 하다. 12. [alqd alci] (샀던 것을) 무르다. 13. 버리다; 포기하다, 손 떼고 물러나다.
14. [alqd: inf] 집어치우다, 그만두다(㎜), 중단하다 (㎝.㎢.㎕); 미루다. deos deprecor, ut remíttant minas. 위협(威脅)을 중지해 주기를 신들에게 빌다/
15. [alqd ad alqm] 내맡기다, 일임(一任)하다.
16. [alqd-in abl.] 등한히(소홀히)하다; [ánimum ab abl.] 정신 차리지 않다. 17. [alqd-alci; de, ex alqa re] 덜다, 줄이다, 감소(減少)시키다, 완화(緩和)시키다, 경감하다: Remitténdum de celeritáte existimábat. 그는 속도(速度)를 줄여야 할 것으로 생각하였다.
18. [ánimum] 느긋해지다, 마음의 긴장(緊張)을 풀다. 시름 놓고 지내다. 19. [refl.] se remitto. (정신 마음의) 긴장(緊張)을 풀다, 쉬다, 기운을 되찾다.
20. [refl. pass] se remitto, remítti. (아픔 따위가) 가시다.멎다, (열이) 내리다.떨어지다; 추서다(병을 앓다가 몸이 지쳐서 허약하여진 몸이 차차 회복되다): Dolor et inflammátio se remisérunt. 아픔과 염증이 가시었다/ remíssus(sc. dolóre cápitis) 두통이 멎은 (사람).
21. [alqd alci; ut: inf.: absol.] 인정(認定)하다; 허가 (許容.허락)하다: vitam alci remitto. 아무를 살려 주다. 22. [alqd-alci] 감면(減免)하다, 면제해주다, 용서하다(㎞), 사면(赦免)하다, (죄를) 사하다: multam remitto. 벌금을 면제해주다. 23. intr. (고통苦痛 .바람.비 따위가) 멎다, 가시다, 누그러지다, (바람 따위가) 자다.잔잔해지다. (라틴-한글사전. p.769). Non remíttitur peccatum, nisi restituátur ablátum. 끼친 손해를 기워 갚지 않으면 죄는 용서받지 못한다.

remívăgusus, -a, -um, adj. (remus¹+) 노(櫓) 젓는 힘으로 나아가는, 노로 추진(推進)되는.

remixtum, "remíscěo"의 목적분사(sup.=supínum)

remíxtus, -a, -um, p.p. (remísceo)

remólĭor, -ítus sum, -íri, dep., tr. (re¹+) 힘들여 옮기다, 밀어 제치다, (무기 따위를) 다시 잡다, (전쟁.음모 따위를) 다시 획책(劃策)하다.

remolítus, -a, -um, p.p. (remólior) (pass.) 무너진, 부서진, 파괴(破壞)된.

remollésco, -ěre, inch., intr. (re¹+) 부드러워지다, 누글누글해지다, 녹다, 유약(나약)해지다, 힘이 빠지다, 진정되다, 가라앉다. 누그러지다, 무마(撫摩)되다.

remóllĭo, -ítum -íre, tr. (re¹+) (다시) 부드러워지다, 유연(부드럽고 연함), 해지게 하다, 유약하게 하다, 진정(鎭靜)시키다, 가라앉히다, 달래다.

rémŏra, -æ, f. (re¹+mora¹) 지체(遲滯), 지연(遲延-오래 끎), 방해(妨害), 장애(물), 빨판상어(echeneis, -ídis, f.).

remorámen, -mĭnis, n. (rémoror) 늦음, 지연(遲延-오래 끎), 방해(妨害), 장애(障碍), 지장(支障-일을 하는 데 거치적거리는 장애).

remorátor, -óris, m. (**remorátrix**, -ícis, f.) (rémoror) 지체(遲滯)하는 사람, 꾸물거리는 사람.

remórděo, -di, -mórsum, -ére, tr. (re¹+) 다시(서로) 물어뜯다, (맛 따위를) 얼얼하게 하다. 괴롭히다, 못살게 굴다, 불안하게 하다, 가책을 느끼게 하다.

rémŏris, -e, adj. (rémoror) 늦어지게 하는, 지체(遲滯)하게 하는.

rémŏror, -átus sum -ári, dep. (re¹+moror¹) intr. 지체하다(㎜), 꾸물거리다, 머뭇거리다, 머무르다. tr. 지연(遲延)시키다, 늦어지게 하다, 늦추다, 미루다, 지체하게 하다, 못 가게 붙잡아두다, 머물러 두다, 방해하다(㎞), 못하게 하다, 막다(㎜.㎝.㎕.㎢.㎕).

remórsus, -us, m. (remórdeo) 되받아 물어뜯음, (양심의) 가책(呵責), 자책(自責-스스로 자기를 책망함).

remótĭo, -ónis, f. (remóveo) 멀리함, 떼어 놓음, 옮김, 치움, 제거(除去), 해임(解任). ⓐ amotǐo ad officio. 면직(免職), 파면(罷免-잘못이 있어 직무나 직업에서 내쫓음),

(책임의) 회피(回避-책임을 지지 아니하고 꾀를 부림).전가.

remotǐo admĭnistrativa. 행정적 해임

remotis arbitris. 증인들을 물러가게 하고

remotum, "remóvĕo"의 목적분사(sup.=supínum)

remótus, -a, -um, p.p., a.p. (remóveo) 먼, 멀리 떨어진, 아득한, 외떨어진, 외딴, 동떨어진, 인연이 먼, …와 상관(관련) 없는, (罪.혐의.의심.하자 따위가) 없는, (무엇으로= a re) 멀리하는, 가까이 하지 않는, 초연한. n. (pl.) 먼 곳, 멀리 떨어진. causa remóta. 원인(먼 원인)/ fábula a veritáte remóta. 진실과는 거리가 먼 전설/ in remóto. 먼 곳에(서), 멀리 떨어져/ remota individuali unitate, dicimus quod non manet unitas formalis vel transcendentalis. 만일 개별적 단일성이 제거된다면 형상적 단일성도 초월적 단일성도 남아 있지 않다(스콜라 철학에서의 개체화, p.874 참조)/ remota justitia quid sunt regna nisi magna latrocinia. 정의 없는 국가는 대규모 강도 떼.

remóvĕo, -móvi -mótum -ére, tr. (re¹+) 1. 옮기다, 치우다, 철거하다; 떼어놓다, removeo alqd ab óculis. 무엇을 보이지 않게 하다, 감추다. 2. 물러가게 하다, 멀리 가게 하다, 쫓아 보내다. 떨어지게 하다, 격리(隔離) 시키다, remótis árbitris. 증인들을 물러가게 하고/ Me in arcem ex urbe remóvi. 나는 도시에서 산성 으로 물러갔다. 3. refl. se removeo. (ab abl.) (관계 따위를) 끊다; (일.활동 따위를) 그만두다, 물러나다: (혐의嫌疑 따위에서) 벗어나다: ab amicitia alcjs se removeo. 누구와의 친교를 단절하다/ se ab alqo removeo. 누구와 관계를 끊다, …에게서 이탈하다. 4. 버리다 (㎞), 집어치우다, 그만두다(㎜) remóto joco. 농담은 집어치우고. 5. (누구에게 무엇을) 못하게 하다, 금지하다, 방해하다(6. .)㎜ 해임하다, 파면(면직)하다, 제거하다, 삭제하다. (라틴-한글사전. p.770).

removi, "remóvĕo"의 단순과거(pf.=perfectum)

rempúblicam profligo. 나라를 망쳐놓다

remúgĭo, -ívi(ĭi), -íre, intr. (re¹+) (소가) 큰소리로 맞받아 울다, 큰소리로 응답하다. 반향(反響)하다, 요란하게 울려 퍼지다, 꿍음을 내다.

remúlcĕo, -múlsi -múlsum, -ére, tr. (re¹+) (개 따위가 꼬리를 다리 사이에) 사리어 넣다, (동물이 귀를) 뒤로 쫑긋 치켜세우다, 어루만지다, 쓰다듬다, 진정시키다, 가라앉히다, 차분해지게 하다.

remúlcum, -i, n. 배를 예인하는 밧줄, 예인선(曳引船-다른 배를 끄는 배).

remulsi, "remúlcěo"의 단순과거(pf.=perfectum)

remulsum, "remúlcěo"의 목적분사(sup.=supínum)

remulsus, -a, -um, "remúlcěo"의 과거분사(p.p.)

rémŭlus¹ -i, m. dim. (remus) 작은 노(櫓)

Rémŭlus² -i, m. Alba의 옛 왕

remunerábĭlis -e, adj. (remúneror) 보수(報酬)를 받을 수 있는, 賞받을 만한.

remunĕrátĭo, -ónis, f. (remúneror) 보수(報酬), 보상, 사례(謝禮), relátio gratíæ), 포상(褒賞), 응보(應報).

remunerátor, -óris, m. (**remunerátrix**, -ícis, f.) 보상자(報償者), 보수를 주는 자, 상을 주는 자.

remúnĕro, -ávi, -átum -áre, tr. (re¹+) **보답하다**. 갚다(㎡), 보수를 주다, 포상(褒賞)하다, 응분의 상(벌)을 주다, 보복(報復-앙갚음)하다.

Remúrĭa¹ -órum, n., pl. = Lemúria (5월에 거행되는 망령亡靈들에게 지내는 제사).

Remúrĭa² -æ, f. (Remus²) Aventínus 언덕 꼭대기 (Remus가 Roma시를 창건할 자리를 둘러보며 점쳤다는 자리).

remúrmŭro, -ávi, -átum -áre, tr., intr. (re¹+) 서로 중얼거리다, 철썩거리다. 반향(反響)하다, 울려 퍼지게 하다, 혈뜯다.

rēmus¹ -i, m. (배 젓는) 노(櫓-물을 헤쳐 배를 나아가게 하는 기구), ((pl.)) (헤엄치는 사람의) 팔다리(새들의) 날개. impello navem remis. 노(櫓)로 배를 젓다/

R

incumbo remis. 열심히 노질하다/
Nulla navis plus quam trígintа remis ágitur.
아무런 배도 서른 개 이상의 노로써 저어지는 것은 없다(수사나 명사 자체가 탈격인 경우에는 비교 탈격과의 혼동을 피하기 위해 quam을 쓰는 것을 원칙으로 한다)/
pulsus remorum. 노(櫓)를 저음/
remis velísque, velis remísque, remis ventísque.
[노와 돛(바람)으로] 전속력으로, 있는 힘을 다하여.

Rĕmus[2] -i, m. Rómulus의 쌍둥이 형제(동생)

remúto, -áre, tr. (re[1]+muto[1]) 다시 바꾸다, 변경하다

rēn, rēnis, m. (=rĭen, -énis, m.) (주로 pl.: -nes, -um.) (解) 신장(腎臟-콩팥), 콩팥, 허리, 요부(腰部).

rena márina. (魚) 아귀

Renadus, -i m. 레나도

renális, -e, adj. (ren) 신장(腎臟)의, 콩팥의, 요부의

renárro, -áre, tr. (re[1]+) 다시(되풀이하여) 이야기하다, 이야기하다.

renascéntĭa, -æ, f. (renáscor) 문예부흥(文藝復興), 르네상스(14~16세기 유럽에서 일어난 문화운동), 혁신(운동).

renascéntĭa Ottonica. 오토 왕조의 문예부흥

renascibilítas, -átis, f. (renáscor) 재생의 가능성

renáscor, (-ĕris, -ĭtur), -nátus sum, -násci, dep., intr. (re[1]+) 다시 나다, 재생(갱생)하다, 재출발하다, 혁신(革新)되다, 재흥(再興)하다, 부흥(復興)하다.

rénăto, -ávi, -átum -áre, intr. (re[1]+) 부상(浮上)하다, 다시 떠오르다, p.p. renatátus, -a, -um, 부유물이 떠 있는(호수 따위).

rĕnātus, -a, -um, "renáscor"의 과거분사(p.p.)

renávĭgo, -áre, intr., tr. (re[1]+) 항해하여 돌아오다, 배타고 돌아오다, 다시 항행하다.

renécto, -ĕre, tr. (re[1]+) 뒤로 붙들어 매다.묶다, 함께 매다

rénĕo, -ére, tr. (re[1]+) (실을) 다시 잣다; (짰던 것을) 풀다

renes, -um, m., pl. (解) 신장(腎臟-콩팥)

renidéntĭa, -æ, f. (renídeo) 빵긋 웃음, 미소(微笑-소리를 내지 않고 빙긋이 웃음).

renídĕo, -ŭi, -ére, intr. [re[1]+*obsol.* nídeo(=níteo)] 광채가 흐르다, (다시) 찬란히 빛나다, 눈부시다, 반짝(번쩍)이다, 희망의 서광(瑞光)이 비치다, 기쁜 빛을 띠다, 희색이 만연하다, 미소 짓다, 빙그레 웃다, tr. (*alqd*; *inf.*) 기뻐하며 미소 짓다.

renidésco, -ĕre, inch., intr. (renídeo) 빛나기(번쩍거리기) 시작하다.

rĕnidŭi, "renídĕo"의 단순과거(pf.=perfectum)

rĕnīsus, -a, -um, "renítor"의 과거분사(p.p.)

renísus, -us, m. (renítor) 저항(抵抗), 반항(反抗)

reniténtĭa, -æ, f. (renítor) 혐오(嫌惡), 저항, 반항

renítĕo, -ŭi, -ére, intr. (re[1]+) (새로이) 빛나다

renítor, (-ĕris, -ĭtur), -nísus(níxus) sum, -níti, dep., intr. (re[1]+nitor) 거스르다, 저항하다, 반항하다, 항거하다, 가로 거치다, 굽히지 않다.

rĕnīxus, -a, -um, "renítor"의 과거분사(p.p.)

reníxus, -us, m. (renítor) 저항(抵抗), 반항(反抗)

rĕno[1] -ávi, -átum -áre, intr. (re[1]+) 헤엄쳐 돌아오다, 물위로 다시 떠오르다, p.p. renátus, -a, -um, 부유물이 떠 있는(호수 따위).

rēno[2] -ónis, m. 가죽옷, 모피상의(毛皮上衣-옛 Gállia와 Germánia 사람들이 걸치던 모피상의毛皮上衣).

renódo, -ávi, -átum -áre, tr. (re[1]+) 뒤로 매듭을 짓다, 매듭을 이루도록 매다, 매듭 풀다.

renovámen, -mĭnis, n. (rénovo) 갱신(更新), 개신(改新), 혁신(革新), 새로운 상태, 변화(變化.μεταβολὴ).

renovátĭo, -ónis, f. (rénovo) (다시) 새롭게 함, (수도 서원 또는 혼배 유효화의 경우 동의의) 갱신(更新), 쇄신(刷新.[영] Renewal), 일신(나날이 새로워짐), (종교생활의) 革新, 改善, 개량(改良), 수선(修繕), 수리, 처음부터 다시 함, 복리(複利), 복리법.

renovátĭo homĭnis. 인간 쇄신, 인간 혁신

Renovatio Imperii Romani. 로마제국의 쇄신

renovátĭo promissĭonis baptismi. 세례 서약 갱신, 성세 서원 갱신, 영세 서원 갱신. ([영] renewal of the baptismal promise)

renovátĭo vocátĭonis. 소명의 갱신(更新)

Renovátĭonis Causam. 쇄신의 문제(1969.1.6. 훈령), 수도자 양성의 쇄신(修道者 養成 刷新)(1969.1.6. 훈령).

renovátor, -óris, m. (rénovo) 새롭게 하는 사람, 갱신자(更新者), 쇄신자(刷新者), 혁신자(革新者).

renovéllo, -áre, tr. (re[1]+) 새롭게 하다, (포도밭에) 새 묘목을 심다, 새 묘목으로 바꾸다.

rénŏvo, -ávi, -átum -áre, tr. (re[1]+) **새롭게 하다**, 갱신(更新)하다, 쇄신(刷新)하다, 일신하다, 혁신하다, 새것으로 바꾸다, 다시 시작하다, 재차하다, 재개하다, 거듭하다, 반복하여 말하다, 덧들이다, 덧나게 하다, (상처 따위를) 더치다, 새로 고치다, 수리하다, 재건하다, 복구하다, 부흥(부활)시키다, (힘을) 회복시키다, (기운을) 소생시키다, 활기 띠게 하다, 격려(激勵)하다, (용기를) 북돋다, (밭 따위를) 새로 갈아엎다, 복리법(複利法)으로 계산하다.
ánima a fatigatióne renovo. 정신의 피로를 회복시키다/
fiducia renovata. 새로운 신뢰(1996.3.25. "Vita Consecrata" 중에서)/
memóriam renovo. 기억을 새롭게 하다/
se renovo *alqā* re. 무엇으로 힘을 회복하다.

renúbo, -ĕre, intr. (re[1]+) 다시 시집가다, 재혼하다

renúdo, -ávi, -átum -áre, tr. (re[1]+) 드러내다, 벗기다(חלק.חילק), 빼앗다, 박탈(剝奪)하다.

renúdus, -a, -um, adj. (re[1]+) 벗은

rĕnui, "renuo"의 단순과거(pf.=perfectum)

rénŭli, -órum, m., pl. dim. (ren) 콩팥, 신장(腎臟-콩팥)

renumerátĭo, -ónis, f. (renúmero) 요약해서 다시 열거함, 계산해서 돌려줌, 반환(返還).

renúmĕro, -ávi, -átum -áre, tr. (re[1]+ número[1]) 다시 세다, 계산(計算)하다, 계산해서 바치다, 계산해서 돌려주다, 지불(支佛)하다.

renunci… V. **renunti**…

renúncŭli, -órum, m., pl. dim. (ren) 콩팥, 신장(腎臟-콩팥)

rĕnui, "rénŭo"의 단순과거(pf.=perfectum)

renuntiátĭo, -ónis, f. (renúntio) 알림, 통보(通報), 통고, 보고(報告), 발표(發表), 공고(公告), 당선 선포, 성직록 또는 직권 포기, 포기(抛棄.[영] Abandonment), 법권 포기, 기권(棄權), 사임, 사퇴, 탈퇴(선언), 끊어버림, 세속의 포기(抛棄), 단념, 체념, 자아포기.
invitátĭo ad renuntiátĭonem. 사임 권고.

renuntiátĭo actĭonis. 소권의 포기(訴權抛棄)

Renuntiátĭo diaboli([영] renunciation of the Devil). 마귀 끊는 선서.

Renuntiátĭo divitus([영] renunciation of riches). 재물에 대해 초연함.

renuntiátĭo expressa. 명시적 사임(明示的 辭任)

renuntiátĭo instantĭæ. 소송의 포기(訴訟 抛棄)

renuntiátĭo sub condicione. 조건부 사임(辭任)

renuntiátĭo tacita. 묵시적 사임(辭任)

renuntiátor, -óris, m. (renúntio) 알리는 사람, 보고자, 공고자, 밀고자, 기권자(棄權者), 포기자(抛棄者).

renúntĭo, -ávi, -átum -áre, tr. (re[1]+) [*alqd-alci*, ad *alqm*; de *alqā* re; acc. c. inf., interr. indir.; pass. impers.] 통지(通知)하다, 소식 전하다, 통고하다, **알리다**(דבר.חוה.אות.יוד.ἀναγγλλω.ἀπαγγλλω), **보고하다**, 공식으로 통보하다: Mihi renuntiátum est de óbitu *alcjs*. 누구의 사망소식이 내게 전해졌다. 2. [*alqm* acc. prœd.] (아무를) 당선자로 공고(선포)하다; (무슨 책임자로) 임명하다: renúntĭo *alqm* cónsulem. 아무를 집정관 당선자로 선포하다/ Eo modo sacérdos Climáchias renuntiátus est. 그런 방법으로 Cilmáchias가 신관으로 임명되었다. 3. [*alqd-alci*, ad *alqm*] (약속 따위를) 취소하다, 철회(撤回)하다, 가지 못 한다 (오지 말라)고 전하다. 4. [*alqd alci*] 거절하다, 물리치다; 관계단절을 통고(선언)하다, (관계.인연 따위를) 끊다.

파기(폐기)하다: renúntĭo *alci* amicítiam 아무에게
절교를 선언하다. 5. [dat.; absol.] 포기하다, 버리다,
관계를 끊다; 작별인사를 하다; **사임하다, 사퇴하다.**
Renuntio tibi, Satana, et omni servitio tuo et omnibus
operibus tuis. 사탄아, 나는 너와, 네게의 복종과, 네 일을
모두 끊어 버린다[라칭어 지음. 그리스도 신앙 어제와 오늘, p.89].
renúntĭus, -i, m. (renúntĭo) 보고인, 회답 전달자
rénŭo, -nŭi -nútum -ĕre, (re¹+)
　intr. 머리나 손을 저어 부인하다, 부인(거절)하다,
　반대의사를 표시하다, 찬성(인정)하지 않다,
　싫어하다(ᴐᴎ,ᴎᴒ), 못하게 하다.
　tr. 거절하다(ᴑᴚᴅ), 싫어하다(ᴐᴎ,ᴎᴒ); 금하다.
renúto, -áre, freq., intr., tr. (rénuo)
　거절하다(ᴑᴚᴅ), 거부(拒否)하다, … 하지 못하다.
rĕnutum, "rénŭo"의 목적분사(sup.=supínum)
renútus, -us, m. (rénuo) 머리를 저음, 거절, 거부
réor, (-rĕris), rátus sum, rēri, dep., tr. …라고 생각하다,
　…라고 믿다, 여기다, 추측(推測)하다, 인정하다.
recordinátĭo, -onis, f. (re¹+)
　((敎法)) 재서품, 신품(성사)의 재수여(再受與)
repágŭla, -órum, n., pl. (re¹+pango) 울타리(ᵃᵍ),
　빗장, 울짱[말뚝 따위를 잇달아 박아서 만든 울타리. 사립짝],
　장애(障), 지장(支障), 제어(制御), 가로막음.
repándo, -ĕre, tr. (re¹+pando²) (다시) 열다, 열어젖히다
repándus, -a, -um, adj. (re¹+)
　위로 구부러진, 위쪽으로 불거진, 뒤로 휜.
repángo, -ĕre, tr. (re¹+) 심다(ᴐᴒᴤᴢᴚᴐ).
reparábĭlis, -a, -um, adj. (réparo) 원상 복구할 수 있는,
　돌이킬 수 있는, 만회할 수 있는, 회복이 가능한,
　수선할 수 있는, 고칠 수 있는, **보상할 수 있는,**
　쉽게 재생할 수 있는, 늘 준비 태세를 갖춘.
reparátĭo, -onis, f. (réparo) 수선(修繕), 수리(修理),
　보수(補修), 재생(거듭 남), 갱생, 갱신, **회복,** 원상복구,
　복원(復原.ἀποκτάστασις), 만회, 구제(救濟), 구원,
　보상(⑨ Reparátĭon), 배상(⑨ Reparátĭon), 속죄.
　(구원redemptio과 복원reparatio은 같은 뜻이다. 그러나 엄밀히 구별하면,
　redemptio는 인간이 죄를 지어 마귀의 종살이를 하게 되는데 인간 스스로 벗어
　날 수 없기 때문에 하느님께서 당신 아들의 십자가 수난으로 값을 치르고 우리를
　사셨다는 뜻이다. 반면 reparatio는 인간이 죄로 인해 잃어버리고 망가져버린 되
　본래의 상태로 회복된다는 뜻을 뜻한다. 레오대종. 사순시기 강론집, p.232)
De lapsis et eorum reparatione.
　죄에 떨어진 자들과 그들의 회복에 대해.
reparátor, -óris, m. (réparo) 수선자, 수리자, 보수자,
　복구자, 재건자, 부흥자, 보상자, 배상자, 구세주.
repárco, -ĕre, intr., (tr.) [re¹+]
　삼가다, 절제(節制)하다, 그만두다.
réparo, -ávi, -átum -áre, tr. (re¹+pato¹)
　다시 준비(장만)하다, 다시 획득하다, 개비(改備)하다,
　수선(수리.보수)하다, 다시 손질하다,
　(병력 따위를) 보충하다, 회복하다, 복원(復原)하다,
　재건하다, 도로 찾다, 만회(挽回-바로잡아 복원함)하다,
　(호감.환심.따위를) 다시 사다, 보상하다, 배상하다,
　속죄하다, 구속하다, 새로 다시 만들어 내다.생산하다,
　(있는 것을 팔고 다른 것을) 다시 사들이다,
　(물건을 주고 다른 것과) 교환하다, 다시 하다,
　재개하다, 다시 일으키다, 힘을 다시 얻게 하다.
　원기를 회복시키다, 기운을 내게 하다.
　status naturæ reparatæ. 본성이 치유된 상태.
repastinátĭo, -ónis, f. (repástino) 다시 파 일굼.
　두벌갈이(⑨ alter sulcus-논이나 밭을 두 번째로 가는 일. 이듬갈이),
　이듬[논밭을 두 번째 갈거나 매는 일], 교정, 다듬음.
repástino, -ávi -átum -áre, tr. (re¹+) 다시 파 일구다.
　두벌갈이하다, 이듬하다[논밭을 두 번째 갈거나 매다],
　호미.괭이 따위로 밭에서 돌을 골라내거나 김을 매다,
　(손톱.발톱에 낀 때를) 닦아내어 깨끗이 하다,
　청결(淸潔-맑고 깨끗함)하게 하다, 개선(혁신)하다,
　(사용.용도를) 억제(抑制)하다, 제한(制限)하다.
repatésco, -tŭi -ĕre, intr., inch. (re¹+)
　다시 보급(普及)되다.퍼지다.

repátrĭo, -ávi, -átum -áre, intr. (re¹+pátria)
　귀국하다, 고향으로 돌아가다, 돌아가다(ᴴᴴ).
rĕpátui, "repatésco"의 단순과거(pf.=perfectum)
repáuso, -áre, (re¹+) intr. 쉬다(ᴐᴎᴒ,ᴒᴚᴠ,ᴘᴑᴎ).
　tr. 멎게 하다. 진정시키다. 가라앉히다.
repécto, -péxum -ĕre, tr. (re¹+) 다시 빗질하다
rĕpendi, "repéndo"의 단순과거(pf.=perfectum)
répĕdo, -ávi, -átum -áre, intr. (re¹+pes)
　(뒤로) 물러가다(ἀνεχωρεῖν), 돌아가다(ᴴᴴ).
repéllas, 원형 repéllo, ré(p)pŭli, repúlsum, repúllum, -ĕre, tr. (re¹+)
　[접속법 현재, 단수 1인칭 repellam, 2인칭 repellas, 3인칭 repellat,
　복수 1인칭 repellamus, 2인칭 repellatis, 3인칭 repellant].
repéllo, ré(p)pŭli, repúlsum, -ĕre, tr. (re¹+)
　물리치다, 쫓아버리다, **격퇴하다,** 몰아내다, 축출하다,
　얼씬하지 못하게 하다, 밀어 제치다(젖히다).
　떼어놓다, 격리시키다, 제외하다, 배제하다, 따돌리다.
　제거(除去)하다, 거절(거부)하다, 받아들이지 않다.
　배척하다, 퇴박하다, 퇴짜 놓다, 반박하다, 못하게 하다,
　막다, 방해(妨害)하다, 금하다, 낙선(落選)시키다,
　(관직 입후보자를) 탈락(脫落)시키다.
　æra repúlsa. 서로 부딪쳤다 떨어지면서 울리는 심벌즈/
　hómines a templi áditu repello.
　　사람들을 신전에 들어오지 못하게 하다/
　repúlsus. 낙선자(落選者)/
　vim vi repello. 힘을 힘으로 물리치다.
repéllo *alqm* a consulátu.
　아무를 집정관 선거에서 떨어뜨리다.
rĕndi, "repéndo"의 단순과거(pf.=perfectum)
repéndo, -péndi -pénsum -ĕre, tr. (re¹+)
　1. 무게가 같아지게 하다, (되돌려주는) 무게가 (얼마)
　나가게 하다: æqua pensa rependo. 받았던 양털 무게
　만큼의 실을 자아서 납품하다. 2. 정당한 무게로 지불
　하다(주화가 사용되기 전에는 금속을 저울에 달아서 값으로 지렸음), 해당한
　값을 치르다. (얼마에) 사다: Pro *alcis* cápite aurum
　erat repénsum. 누구의 머리 값으로 그 무게만큼의
　금이 지불되었다. 3. 보상하다, 대가를 치르다.
　rependo sceléribus pœnas pares. 죄과에 상응한 벌을
　받다. 벌충하다, (부족을) 메우다. 5. 보복하다(ᴐᴒᴤ).
　6. 갚다(ᴘᴑᴤ), 보답하다: grates rependo. 감사하다.
　7. 곰곰이 생각하다, 심사숙고하다, 검토(檢討)하다.
rĕpens¹ -éntis, adj.
　갑작스러운, 예기치 못한, 돌연한, 최근의.
　adv. **repens,** repénte. 돌연, 갑자기, 불시에, 불쑥.
repens² -éntis, p.prœs. (repo)
repensátĭo, -ónis, f. (repéndo)
　보상(⑨ Reparátĭon), 빚 갚음, 상환(償還).
repénsĭo, -ónis, f. 보상(⑨ Reparátĭon), 보수(報酬)
repénso, -ávi, -átum -áre, freq., tr. (repéndo)
　[*alqd*(무엇의 대가로) *alqā* re(무엇을)]
　　같은 무게로 지불하다,
　[*alqd*(무엇을) *alqā* re(무엇으로)]
　　보상하다, 갚다(ᴘᴑᴤ); 벌충하다; 보복하다(ᴐᴒᴤ).
repensum, "repéndo"의 목적분사(sup.=supínum)
repensus, -a, -um, "repéndo"의 과거분사(p.p.)
repénte, adv. 돌연(突然-갑자기), 갑자기, 불시에, 불쑥.
Repente dives factus est nemo bonus(Publilius Syrus).
　갑자기 부자가 된 사람은 결코 선량한 사람이 아니다.
repentínus, -a, -um, adj. (repens¹)
　갑작스러운, 돌연한, 예기치 못한, 불쑥 나타난.
　adv. **repentíne,** repentíno.
　homo repentínus. 벼락출세한 사람.
rĕpercussi, "repercútĭo"의 단순과거(pf.=perfectum)
repercússĭo, -ónis, f. (repercútĭo) 되 튀김, 반동(反動),
　(빛의) 反射, (소리의) 반향(反響), 반응, 영향(影響).
repercússum, "repercútĭo"의 목적분사(sup.=supínum)
repercússus, -us, m. (repercútĭo) 맞받아 부딪침,
　반격(反擊-되받아 공격함), 맞부딪쳐 되밀려감.
　반사(反射), 반사광, 반향(反響), 울림(메아리).

R

repercútĭo, -cússi -cússum -ĕre, tr. (re[1]+)
맞받아 때리다(부딪치다), 반격(反擊)하다, (맞부딪쳐) 되밀려가게(오게) 하다, (유혹 따위를) 물리치다, 반박하다, 응수(應手)하다. pass. 반사되다, 반영되다, 반향(反響)하다, 울리다, 메아리 쳐 되돌아오다, 반동으로 튀어 오르다.

repérĭo, réppĕri, -pértum -íre, tr. (re[1]+pário[1])
1. **발견하다**(אצמ), 찾아내다, 찾아 얻다, 얻어 만나다, furta repérta. 발견된 도난품. 2. 얻다(ינק.אנק.קנה), 획득하다(קנה). 3. (pass.) 있다. Reperiebántur nonnúlli, qui nihil laudárent. 아무 것도 칭찬하지 않는 그런 사람들이 더러 있었다. 4. 깨닫다, 알아차리다, 알게 되다, (배워서.들어서) 알다, 확인(確認)하다, 경험하다, …라고 생각(판단)하다: Omnes inimícos mihi répperi. 그들 모두가 내게 원수들임을 알았다/ ut repério, 내가 아는 대로는. 5. 생각해 내다, 안출(고안.창안)하다, 발명하다. (라틴-한글사전, p772~773).

reperi rem, quómodo do. 내가 주는 방법을 발견했다
Reperiebantur nonnulli, qui nihil laudarent nisi sibi placeret. 자기 맘에 들지 않으면 아무 것도 칭찬하지 않으려는 사람들이 적지 아니 발견되곤 했다/ Reperit in Maria Christi contemplatio specimen insuperabile suum. 그리스도 관상에서 성모님께서는 그 누구와도 비길 수 없는 탁월한 모범을 보여 주십니다.

repértĭo, -ónis, f. (repério) 발견, 발명, 고안, 창안

repértor, -óris, m. (**repertix**, -ícis, f.) (repério) 발견자, 발명자, 만들어낸 사람, 창안자, 창시자, 시조.

repertórĭum, -i, n. (repério) 재산목록, 목록, 일람표

Repertorĭum hymnologicum. 성가학 편람(便覽)

rĕpertum, "repérĭo"의 목적분사(sup.=supínum)

repertus[1] -a, -um, p.p., a.p. (repério) n.(pl.) 고안(考案), 창안(創案); 발명품.

repertus[2] -us, m. (repério) 발견, 찾아 냄, 발명

repete, 원형 répĕto, -tívi(tĭi) -títum -ĕre, [명령법. 현재 단수 2인칭 repete, 복수 2인칭 repetite]. Nisi molestum est, repete qu coeperas. 귀찮지 않다면 (괜찮다면) 당신이 시작했던 말을 다시 해봐요!.

repeténtĭa, -æ, f. (répeto) 추억(追憶), 기억력(記憶力), 기억(זָכַר.[영] remembrance.[라] vis memorativa).

rĕpetĭi, "répĕto"의 단순과거(pf.=perfectum)

repetítĭo, -ónis, f. (répeto) 반환 청구권(返還 請求權), 반복(反復), 되풀이, 복습, (전쟁 따위의) 재개(再開). ((修)) (번번이 같은 단어로 시작하는) 반복법.

Repetitĭo est mater studiorum. 반복은 학습의 어머니

repetítor, -óris, m. (répeto) 반환 청구자(返還 請求者), (신학교 등의) 복습 교사([영] Repetent).

rĕpetitum, "répĕto"의 목적분사(sup.=supínum)

rĕpetivi, "répĕto"의 단순과거(pf.=perfectum)

répĕto, -tívi(tĭi) -títum -ĕre, tr. (re[1]+)
1. 거듭 공격(습격)하다. 2. 다시 기소(起訴)하다. 3. 돌아가다, 귀환(歸還)하다. 4. (병이) 재발하다, 5. 다시 불러오다, 다시 오게 하다, 다시 데려오다. 6. 다시 시작(착수)하다, (중단했던 것을) 다시 계속하다, 재개(再開)하다. 7. **반복하다**(ינת.אנת), 되풀이하다, 거듭하다. 8. 처음 (시작)부터 이야기하다, 기원을 찾다(두다), 유래를 밝히다, (어디에서) 끌어오다. 가져오다. pass. 전래(유래)되다. 9. (시간적으로) 거슬러 올라가다, (날짜.시간을) 소급하여 계산하다. 10. 기억을 되살리다, 기억하다, 생각나다, 회상(회고)하다, 돌이켜 생각하다: memóriā vétera repeto. 옛일들을 회상하다/ *alcjs* rei memóriam repeto. 무엇에 대한 기억을 되살리다, 추억하다/ noctem repeto. 그 날 밤을 회상하다. 11. 다시금 청하다(조르다). 12. 반환을 청구하다, 돌려주기를 요구하다; 대가를 요구하다. 13. 탈환(奪還)하다. 14. 변상하게 하다, 배상(보상)을 요구하다. 15. 벌을 받게 하다, 처벌을 요구하다. 16. (권리를 주장하며 무엇을) 요구하다, 도로 찾다, 회복(回復)하다, in repeténdā libertáte. 자유를 도로 찾음에 있어서. (라틴-한글사전, p.773) ex alto repétĕre. 처음부터 다시 장황하게 말하다.

repetúndæ, -árum, f., pl. (sc. pecúniæ, res) (古 gerundívum verbi répeto) [가끔 pecúniæ를 동반함] (변상의 의무가 따르는) 직무상 부당취득, 공유재산의 착복, 배임죄(背任罪), (재판관의) 수회죄(收賄罪-뇌물을 받은 죄), lex repetundárum, Lex pecuniárum repetundárum (de pecúniis repetúndis). 직무상 부당취득에 관한 처벌법(범인의 재산을 공매 처분하여 해당액을 환수하였음)/ pecuniárum repetundárum reus. 부당이득 착취범.

repéxus, -a, -um, p.p., a.p. (repécto)

repígnĕro(=**repígnŏro**), -áre, tr. (re[1]+) (부채를 상환하고) 저당물(담보물)을 도로 찾다.

repígro, (-ávi), -átum -áre, tr. (re[1]+piger) 늦추다, 지연(遲延)시키다.

repígnŏro(=**repígnĕro**), -áre, tr. (re[1]+)

replánto, -ávi, -átum -áre, tr. 다시 심다, 옮겨 심다

replasmátĭo, -onis, f. (re[1]+) 재창조(再創造.[영] recapitulátĭon), 재형성(再形成).

réplĕo, -plévi -plétum -ére, tr. (re[1]+inusit. pleo) 다시 채우다, (새 살을) 돋게 하다, 충만하게 하다, 가득 채우다(메우다-מלא), 보충하다, 보완(補完)하다, 배부르게 하다; 충족(充足)시키다, 임신(姙娠)시키다, (기운을) 회복시키다, 완전히 마치다, 완성(완결)하다, (값을) 다 치르다, 풍부(豊富)하게 하다, 넘치게 하다, 불어나게 하다, In quorum manibus iniquitates sunt: dextera eorum repleta est muneribus. 그들의 손은 죄악에 물들었고, 오른손은 뇌물(賂物)로 가득 찼나이다.

repléti, 원형 réplĕo, -plévi -plétum -ére, [수동형 과거분사. repletus, -a, -um → pl. repleti, -æ, -a] [N.B. 수동형 과거분사는 형용사, 명사, 분사의 역할을 한다. 수동형 과거분사가 절로 번역될 때 본동사보다 앞서는 시칭을 갖는다. 때로는 본동사와 같은 시칭으로 번역되는 경우도 있다. 또한 합성 시칭에서처럼 그 어미들은 주격으로 한정되며 성에 따라 변한다. 라틴어의 어미들은 항상 주어의 지배를 받기 때문이다. 황치헌 신부 지음, 미사통상문을 위한 라틴어. p.288]. Spiritu eius Sancto repleti, 우리가 그 성령으로 충만하게 되어…

replétĭo, -ónis, f. (rélpeo) 가득 채움; 충만(가득하게 참), 만복(滿腹), 과식(過食-지나치게 많이 먹음), 보충, 완성.

repletum, "réplĕo"의 목적분사(sup.=supínum)

replétus, -a, -um, p.p., a.p. (répleo) 가득 찬, 충만한(πλήρης).

replevi, "réplĕo"의 단순과거(pf.=perfectum)

replicábĭlis, -e, adj. (réplico) 다시 접을 수 있는, 반복할만한 가치가 있는, 몇 번이고 다시 부를 만한.

replicátĭo, -onis, f. (réplico) 1. (천체의) 회전, 자전; 회귀(回歸-한 바퀴 돌아 다시 본디의 자리로 돌아옴). 2. 대답, 답변(答辯), 응답(應答). 3. ((法)) (항변.이의異意에 대한) 재항변(再抗辯). 4. (數) 약분(約分). 5. 반복, 다시 함, 재개. 6. (神) 동시 다소 존재, 이중존재.

réplĭco, -ávi, -átum -áre, tr. (re[1]+) 뒤로 접다(말다.젖히다.굽히다.휘게 하다), 뒤집어 접다(말다); 오그라지게(오므라지게) 하다; (껍질 따위를) 벗기다(ילק.חילק), (빛을) 반사시키다, 펴다, 펼치다, 전개(展開)시키다, 뒤지다, 들추다, 열람(閱覽)하다, 곰곰이 생각하다, 숙고(熟考)하다, 되뇌다, 되풀이하다, (기억을 살려) 다시 이야기하다. ((法)) (이의異意.항변抗辯에 대해) 재항변(再抗辯)하다. (數) 약분하다, 곱한 수를 다시 환원(還元)시키다. replicáto volúmine. 두루마리를 펴서.

replico memóriam témporum. 지난 시대를 쭉 훑어 보다, 지난 시대를 쭉 뒤지다.

replico vestígium suum. 온 길을 되짚어 돌아가다.

replúmbo, -átum -áre, tr. (re[1]+) 납땜으로 붙인 것을 떼다.

replúmis, -e, adj. (re[1]+pluma) 깃털이 다시 돋친

rēpo, rēpsi, rēptum, -ĕre, intr, **기다, 기어 다니다**; 기어 올라가다, 헤엄치다. (이동식 망루가) 움직여 가다,

R

느릿느릿 걸어가다. (배가) 느리게 가다,
(물이) 느리게 흐르다, 마차에 앉아 길을 가다(여행하다),
(뿌리.넌출 따위가) 뻗어나가다, 뻗어 올라가다,
번지다, 퍼지다(ʊ.ʊ.ʊ), (안개 따위가) 깔리다.
flumen repo. 강을 헤엄쳐 다니다.
repólio, -íre, tr. (re¹+pólio) 다시 다듬다, 다시 잘 손질하다
repóno, -pósui -pósítum -ěre, tr. (re¹+)
  제자리에 놓다(두다.넣다.맞추다), 도로 갖다 놓다,
  원상으로 복귀시키다, 복위(復位)시키다, 고치다, 수리하다,
  복구하다, (도로) 평온(잔잔) 하게 하다, 돌려주다,
  갚다(ʊ), (같은 방법으로) 보복하다, 응수(應手)하다,
  뒤로 젖히다, 뒤로 구부리다(꺾다), 보관하다, 저장하다,
  보존하다, 감추(어 두)다, 숨겨두다, (땅에) 파묻다,
  매장(埋葬)하다, 대신 놓다(넣다.들어서게 하다),
  바꿔 놓다, 대치(대체)하다, 내리다, 내려놓다,
  (일반적으로) 놓다, 두다, 넣다, (그릇에) 담다, (머리에) 이다,
  (희망 따위를) 걸다.두다, (무엇을 어디에) 의지하다,
  (운명.안전 따위가) 달려 있다, 내맡기다,
  (연극 따위를) 재상연하다, (남의 것을) 재탕하다,
  대담하다, 축에 끼게 하다, 대열에 들게 하다(넣어주다),
  …로 삼다, …의 하나로 간주(생각)하다.
  cervicem repono. 고개를 젖히다/
  crura repono. (걷거나 뛸 적에) 오금을 구부려
    다리를 쳐들었다가 내리다/
  pontum repono. (풍랑을 가라앉혀) 바다를 잔잔하게 하다/
  suo quemque loco lápidem repono.
    돌을 각각 제자리에 놓다.
repono pontum. (풍랑을 가라앉혀) 바다를 잔잔하게 하다
reportátio, -ónis, f. (repórto)
  가지고 돌아옴; (승리를) 거둠, 개선.
repórto, -ávi, -átum -áre, tr. (re¹+)
  가지고 돌아오다(가다), 데리고 돌아오다, 돌아가게 하다,
  (승리를) 거두다, (승리하고) 돌아오다,
  (영광.전리품 따위를) 얻다.획득하다, 보고하다,
  (소식.답을) 가지고 오다.전하다.
reposco¹ -ěre, tr. (re¹+) 돌려달라고(갚으라고) 요구하다,
  반환청구 하다, (약속 따위의) 이행을 요구(촉구)하다,
  (일반적으로) 요구(要求)하다, 요청(要請)하다,
  (용기.주의 따위를) 불러일으키다.
  promíssa reposco regem.
    왕에게 약속 받은 것을 청구하다/
  ratiónem ab alqo reposco.
    누구에게 전말보고를 요구하다/
  ratiónem ab áltero vítæ repóscere.
    사생활의 내막을 털어놓기를 남에게 요구하다.
reposco² -ónis, m. (repósco¹) 집요한 요구자, 독촉자
reposítio, -onis, f. (repóno) 저장(貯藏), 보관(保管),
  보존(保存), 제자리에 둠, 저장소(貯藏所), 창고(倉庫).
  ((가)) (성 목요일 저녁미사 직후에 성체를 다른 장소
    즉 무덤제대의 감실로 옮겨) 안치함
  locus repositionis. 안식소(安息所)/
  locus (sacellum) repositióni sanctissimi sacramenti*.
    수난감실(受難龕室).⑨ repository.古 무덤 제대).
repositórium, -i, n. (repóno) 큰 쟁반(요리접시.과일그릇
  따위를 얹어놓기 위해 식탁에 비치된 큰 쟁반), 목판,
  무덤(μνημεῖον.⑨ Tomb), 보고, 곡물창고(저장소).
  repostórium: (일반 주택의) 보물.귀중품 보관 장소.
repósítum, "repóno"의 목적분사(sup.=supínum)
repósítus, -a, -um, p.p., a.p. (repóno)
  보관된, 저장된, 멀리 떨어진, 먼.
repóstor, -óris, m. [repóno] (신전의) 복구자, 수리자.
rěpǒsui, "repóno"의 단순과거(pf.=perfectum)
repótia, -órum, n., pl. `(re¹+potus) 결혼식 다음날의 잔치,
  생일잔치, 연회 후에 또 벌이는 술잔치, 이차 주연(酒宴).
réppěri, "repério"의 단순과거(pf.=perfectum)
réppǔli, "repéllo"의 단순과거(pf.=perfectum)
repræsentánéus, -a, -um, adj. (re¹+) 현재의, 지금의
repræsentátio, -onis, f. (repræsénto) 눈앞에 보이게 함,

제시(提示-어떠한 의사를 말이나 글로 나타내 보임), 묘사(描寫),
표현(表現.⑨ Manifestátion), 재현(再現-나타냄),
상(像), 그림, 초상(화), 조각상(彫刻像)-본보기,
표상, 상상, 맞돈, 현금(지불), 대표함, 대리(참석).
Repræsentátio Passionis.
  주님 수난의 예술적 표현(⑨ Representation of the Passion).
repræsentátor, -óris, m. (repræsénto)
  다른 이의 모습을 그대로 반영하는 사람,
  대표(代表), 대리자(代理者.⑨ Vicar).
repræsénto, -ávi, -átum -áre, tr. (re¹+præsens)
  눈앞에 보이게(있게) 하다, 현존하게 하다,
  제시하다, **드러내다**, 발휘(發揮)하다, (빛을) 띠다,
  (책의 내용을) 따로 외다, 암기하고 있다, **표현하다**,
  나타내다, **묘사(描寫)하다**, 그리다, 재현(再現)하다,
  머릿속에 그리다, 상상하다, 현금으로 지불하다,
  즉시 지불하다, 대표하다, 대리하다, 즉각 이행하다,
  곧 실행(실시.표현)하다, 앞당기다.
  (refl. pass.) se repræsénto, repræséntári.
    출석(출두)하다, 현장에 있다, 나타나다/
  étiam post annum repræsénto víridem sapórem.
    일 년 후에도 싱싱한 맛을 지니다/
  vicem ólei repræsénto.
    기름을 대신하다, 기름 대용으로 쓰이다.
repræsento fáciem máris. 바다의 면모를 드러내다
repræsto, -ávi, -áre, tr. (re¹+præsto²)
  공급(供給)하다, 조달(調達)하다, 제공(提供)하다.
reprehéndi, "reprehéndo"의 단순과거(pf.=perfectum)
reprehéndo, -di -nsum -ěre, tr. (re¹+)
  (가는 사람.도주자를) 붙잡다, 붙들다, 못 가게 하다,
  억제하다, 꾸짖다(ʊʊ.ʊ), 책망(責望)하다,
  힐책(詰責-잘못된 점을 따져 나무람)하다, 나무라다(ʊʊ.ʊʊ),
  비난(非難)하다(ʊʊ.ʊʊ), 잘못을 지적하다,
  비평(혹평酷評)하다. (修) 반박(反駁)하다.
  Indígnor quidquam reprehéndi.
    무슨 일이 비난 당하는 것을 나는 못마땅하게 여긴다/
  Non te reprehendo, quippe cum ipse istam
  reprehensionem non fugerim. 그대를 책망하지 않소,
    내 자신도 똑같은 책망을 피할 길 없을 것이기 때문이오.
reprehensíbilis, -e, adj. (reprehéndo) 힐책(非難)받을 만한
reprehénsío, -ónis, f. (reprehéndo)
  (이야기를) 잠깐 멈춤(끊음), 꾸짖음, 책망, 힐책(詰責)
  나무람, 비난, 잘못. (修) 반박(反駁-반대하여 논박함).
reprehénso, -áre, tr., freq. (reprehéndo)
  붙잡고 늘어지다, 만류(挽留-붙들고 못하게 말림)하다.
reprehénsor, -óris, m. (reprehéndo) 비난자(非難者),
  힐책자(詰責者), 비판자(批判者), 바로 잡는 사람.
reprehénsum, "reprehéndo"의 목적분사(sup.=supínum)
represse, adv. (réprimo) 자제하면서, 신중히, 조심하여
représsi, "réprimo"의 단순과거(pf.=perfectum)
repressio, -onis, f. (réprimo) 진압(鎭壓-억눌러서 가라앉힘)
  억압(抑壓.⑨ Oppressíon), 제지(制止-말려서 못하게 함),
  억제(抑制), 견제(牽制), 퇴각(귀영歸營) 신호(나팔소리).
représsor, -óris, m. (réprimo)
  진압자, 억압자, 억제자(抑制者), 제한자(制限者).
représsum, "réprimo"의 목적분사(sup.=supínum)
reprime iracundiam arque ad te redi.
  분노를 누르고 냉정(冷靜)해져라.(redeo 참조)
réprimo, -préssi -préssum -ěre, tr. (re¹+premo)
  (강 따위의) 범람을 막다, (땀을) 들이다,
  (병.상처.부기 따위를) 가라앉히다, 억누르다,
  억제하다, 꾹 참다, 제지(저지)하다, 못하게 하다,
  방해하다, 물리치다, **진압하다**, 억압하다(ʊʊ.ʊʊ),
  멎게 하다, (속도 따위를) 늦추다.
  se reprimo. 자제(自制)하다.
reprobábilis, -e, adj. (réprobo) 배척할, 비난할
reprobátio, -ónis, f. (réprobo) 배척(排斥-물리쳐 버림),
  배격(排擊-싫어하여 물리침), 비난(非難).
  (神) 영벌(⑨ eternal punishment), 영원한 정죄(定罪).

(神) 구원에서 제외하는 영구불변의 결정.
((教法)) (증인·증언에 대한) 기피(忌避-꺼리거나 싫어하여 피함).
[reprobatio-'배척'은 토마스 용어이다. 예정이 하느님으로부터 영원한 생명인
질서지어지는 자들에 관한 섭리의 한 부분인 것처럼, 배척은 그 목적에서
이탈하는 자들에 관한 섭리의 한 부분이다. 따라서 배척은 예지만을 지칭하는
것이 아니라 개념적으로 다른 어떤 것도 첨가한다. 섭리가 은총과 영광을 베푸는
의지를 내포하는 것과 같이, 배척은 어떤 사람이 죄에 떨어지는 것을 허용하고
그 죄를 위해 단죄의 벌을 부과하는 의지를 내포한다.
윤주현 신부 옮김. 바티스타 몬딘 지음. 신학적 인간학, p.298].
præscientia culpæ et præparatio poenæ(=reprobatio).
죄의 예지와 벌의 준비(永罰)
reprobátor, -óris, m. (**reprobátrix**, -icis, f.)
(réprobo) 배격자(排擊者), 비난자(非難者).
réprŏbo, -ávi, -átum -áre, tr. (re¹+) 물리치다,
거절하다(ロコ), 배척(排斥)하다, 인정(찬성)하지 않다.
내버리다, 나무라다(ḏ가.ḏ가), 비난하다(ḏ가.ḏ가).
(神) 영원히 정죄(定罪)하다, 영벌(永罰)에 처하다.
((教法)) (증인을) 기피하다.
réprŏbus, -a, -um, adj. (re¹+) 위조의, 모조의, 가짜의,
배척당한, 버림받은, 불합격된, 낙제의, 실격(失格)한,
쓸모없는, (ad acc.) 적성(適性)이 없는.
repromísi, "repromítto"의 단순과거(pf.=perfectum)
repromíssĭo, -ónis, f. (repromítto)
상호약속(保證), 약속(ἐπαγγελίον.約束.⑨ Promise)
언약(言約-말로 약속함. 또는 그런 약속), 약속된 것.
Terra repromissionis. 약속의 땅, 가나안 복지(福地)
repromíssor, -óris, m. (repromítto) 보증인, 담보인.
repromíssum, "repromítto"의 목적분사(sup.=supínum)
repromítto, -mísi, -míssum, -ěre, tr. (re¹+)
(상대방의 약속 또는 이행에 대하여) 대응적으로 약속하다,
새로 다시 약속하다, 약속(확약·보증)하다.
repropítĭo, -áre, tr. (re¹+)
다시 노여움을 풀게 하다, 달래다.
관용을 베풀게 하다, (속죄의 제물로) 죄를 벗겨주다.
rêpsi, "repo"의 단순과거(pf.=perfectum)
reptabúndus, -a, -um, adj. (repto) 기어 다니는, 벌벌 기는
reptátĭo, -ónis, f. (repo)
기는 행동, 기어 다님, 포복(匍匐-배를 땅에 대고 김).
reptátus, -us, m. (repo) 기어 다님, 포복(匍匐).
파행(爬行-벌레나 짐승 따위가 땅위를 기어 다님).
(덩굴·넌출이) 길게 뻗어나감.
réptĭlis, -e, adj. (repo) 기어 다니는, 포복하는,
파행하는, 길짐승의, 파충류의. n. 길짐승, 파충류.
repto, -ávi, -átum -áre, freq., intr. (repo)
기다, 기어가다, 포복하다, 파행(爬行)하다,
엉금엉금(굼뜨게) 걷다, 몸을 질질 끌다,
(덩굴·넌출이) 뻗어나가다.
p.p. pass. (다른 것이) 기어(끌려) 지나간, 헤엄쳐 지나간.
repto ager(ab angue). 뱀이 기어 지나간 잔디밭
reptus¹ -a -um, p.p. (repo)
reptus² -i, m. (=reno²) 가죽 옷, 모피상의(毛皮上衣)
repubésco, -ěre, inch., intr. (re¹+)
다시 젊어지다, 청춘기로 되돌아가다.
repudiátĭo, -onis, f. (repúdĭo) 거절(拒絶), 拒否(거절),
배척(排斥-물리쳐 버림), 절연(絶緣-인연이나 관계를 끊음),
이혼(離婚.חֲזֵרוֹת.ἀποστάσιον.⑨ Divorce.
Senum exclusio a sociali vita vel eorum plana repudiatio
mala sunt quæ tolerari non possunt. 노인을 무시하고
그들을 철저하게 거부하는 행위는 용인할 수 없습니다.
repudiátor, -óris, m. (repúdĭo) 거절자, 거부자(拒否者),
배척자(排斥者), 아내를 소박하는 자, 이혼자.
repúdĭo, -ávi, -átum -áre, tr. (repúdĭum)
배우자나 약혼자를 버리다, 내보내다, 소박하다,
이혼하다, 퇴혼(파혼)하다, **거절하다**(ロコ), **물리치다**,
거부(拒否)하다, 배척(排斥)하다, 받아들이지 않다.
((法)) (유산·상속을) 거절하다, 포기(抛棄)하다.
repudio legem. 법률안을 부결하다
repudiósus, -a, -um, adj. (repúdĭum) 거절해야 할,
떳떳하지 못한, 마땅치 않은, 파혼(이혼)해야 할.
repúdĭum, -i, n. (re¹+pes) 파혼(破婚),

소박(疏薄-아내를 박대하거나 내쫓음), 내(외) 소박,
이혼(離婚.חֲזֵרוֹת.ἀποστάσιον.⑨ Divorce).
dictum est autem quicumque dimiserit uxorem suam
det illi libellum repudii. (VErre,qh de,\ o]j a'n avpolu,sh| th.n
gunai/ka auvtou/(do,tw auvth/| avposta,sion) (獨 Es ist auch
gesagt: Wer' sich von seiner Frau scheidet, der soll ihr
einen Scheidebrief geben) (⑨ It was also said, 'Whœver
divorces his wife must give her a bill of divorce.)
'자기 아내를 버리는 자는 그 여자에게 이혼장을 써주어라.'
하신 말씀이 있다(성경)/또한 '누구든지 아내를 버리려면
그에게 이혼장을 써주어라.' 하신 말씀이 있다(공동번역)/
'자기 아내를 버리는 사람은 그에게 이혼장을 써주어라'
하고 말씀하셨습니다.(200주년 신약. 마태 5, 31)/
libellus repúdii.(⑨ bill of divorce)
(남편이 아내에게 써주던) 이혼장(마태복음 5, 31).
repuellásco, -ěre, inch., intr. (re¹+puélla) 다시 소녀가 되다
repuerásco, -ěre, inch., intr. (re¹+)
다시 소년이 되다, 갱소년하다, 유치해지다.
Si quis deus mihi largiátur, ut repueráscam, 어떤 신이
나를 다시 소년이 되게 해준다 하더라도(largior 참조).
repúgnans, -ántis, p.prœs., a.p. (repúgno)
반대되는, 저항(반항)하는, 적대하는, 반감을 품은.
adv. **repugnánter**, 반감을 가지고, 불쾌한 마음으로,
모순(矛盾)된, 당착(撞着)하는, 앞뒤가 맞지 않는.
repugnántĭa¹ -æ, f. 동물의 저항수단, 방어무기,
모순(矛盾), 당착(撞着-서로 맞부딪힘), 상반(相反),
상충(相沖-어울리지 않고 서로 마주침), 불일치, 부조화,
혐오(嫌惡-싫어하고 미워함), 비위에 거슬림, 반감, 저항.
repugnántĭa² -um, n., pl. (repúgno)
반대(상반) 되는 것, 모순, 당착(撞着-서로 맞부딪힘).
repugnátĭo, -ónis, f. (repúgno) 반대, 저항, 장애물(障碍物).
repugnátor, -óris, m. (repúgno) 반대자, 저항자
repugnatórĭus, -a, -um, adj. (repúgno)
저항에 적합한, 방어용의.
repúgno, -ávi, -átum -áre, intr. (re¹+)
대항하여(맞받아) 싸우다, 대적(대항)하다, **저항하다**,
막아내다, 거스르다, 반대하다, 거역하다, 방해하다,
혐오(嫌惡)하다, **상반되다**, 상충하다, 양립되지 않다.
모순되다, 당착(撞着)하다, 일치하지(어울리지) 않다.
repuli, "repello"의 단순과거(pf.=perfectum)
repullésco, -ěre, intr. (re¹+pullus⁴) 다시 싹트기 시작하다
repúllŭlo, -ávi, -áre, intr. (re¹+)
다시 움트다, 새순이 다시 돋다.
repúlsa, -æ, f. (répello) (후보의) 탈락(脫落), 낙선,
불합격, 실패, 거절(拒絶), 거부(拒否-거절), 각하(却下).
A pópulo repúlsam fero. 국민 투표에서 낙선되다/
repúlsam ferre(accipěre) 낙선되다.
repúlsĭo, -ónis, f. (répello) 물리침, 격퇴(적을 쳐서 물리침),
반격(反擊-되받아 공격함), 반발(反撥-되받아 퉁김),
배척(排斥-물리쳐 버림), 거절, 배제(排除).⑨ Exclusĭon-
받아들이지 아니하고 물리쳐 제외함), 반박(反駁-반대하여 논박함).
논박(論駁-상대의 의견이나 설의 잘못을 비난하고 공격함).
repúlso, -áre, tr. (re¹+) 격퇴(擊退)하다, 물리치다,
배척(排斥)하다, 반향(反響)시키다, 메아리치게 하다.
repúlsor, -óris, m. (répello)
물리치는 사람, 배격자(排擊者), 배척자(排斥者).
repulsórĭus, -a, -um, adj. 격퇴하는.
n. 격퇴수단, 방어수단(防禦手段)
repulsum, "repello"의 목적분사(sup.=supínum)
repúlsus¹ -a, -um, p.p., a.p. (répello)
격퇴된, 물러 난, (무엇에서) 떨어진, 격리(隔離)된,
거절당한, 퇴박맞은, 낙선 된, (관직지망에서) 탈락된.
repúlsus² -us, m. (répello) 맞부딪쳐서 나는 소리,
맞부딪침, (이를) 악물기, (빛의) 반사(反射), 반영,
(소리의) 반향, 반동, 반발(反撥-되받아 퉁김), 저항(抵抗).
repumicátĭo, -ónis, f. (re¹+púmico) 갈고 닦음, 연마
repúngo, -ěre, tr. (re¹+) 다시 찌르다, 맞받아 찌르다
repúrgĭum, -i, n.(repúrgo) 청소(淸掃),

소제(掃除-먼지나 더러운 것 따위를 떨고 쓸고 닦아서 깨끗이 함).

repúrgo, -ávi, -átum -áre, tr. (re¹+) 말끔히 청소하다,
깨끗이 치우다(씻다.닦다), 청정(淸淨)하게 하다,
정화(淨化)하다, (밭에서) 돌을 골라내다,
잡초를 제거하다, 김매다, 준설하다, 정련(精練)하다,
(속에서) 빼내다, 끄집어내다, 추려내다, 간추리다.

reputátĭo, -onis, f. (réputo) (누구 앞으로의) 계산,
산입(셈에 넣음), 고찰, 재고, 숙고, 검토, 음미, 헤아림.

reputésco, -ĕre, intr. (re¹+) 썩다, 몹시 부패하다

rĕpúto, avi, atum, are, tr. [re¹ +puto²] 1. 계산하다,
계산에 넣다; 계산하여 부담하다, 따져서 돌려주다:
Sumptus rĕpúto. 비용을 따져 부담하다. 2. [alqm,
alqd in acc.; cum abl.; prœd. nomĭnále; quod] 여기다,
생각하다, 간주하다, 판단하다: in nĭhĭlum reputári.
(Act. 19. 27). 무시당하다. (무엇을 누구에게) 돌리다,
무엇으로(ad in alqd) 간주하다: rĕpúto alci nec
bona ópera nec mala. 아무에게 선행도 악행도
돌리지 않다. 4. [alqd, alqm-mecum, tecum, secum,
cum ánimo; de abl.; acc. c. inf.; interr. indir.; absol.]
깊이 생각하다, 헤아리다, 숙고(熟考-곰곰 잘 생각함)하다,
검토(음미)하다, 살펴보다.
Quis sis, non unde natus sis, reputa!.(Livius).
네가 어느 가문에서 태어났는가를 헤아리지 말고
네가 지금 누군가를 헤아려라!

Réquĭem, acc., f. (requies -etis의 단수 4격) 연(煉)미사,
위령미사(⑨ Mass for the Dead/Mass of Christĭan
Burial), 죽은 이를 위한 미사, 진혼미사, 진혼곡(鎭魂曲)
레퀴엠(⑨ Requiem-죽은 자를 위한 미사. 최근에까지 가톨릭 위령미사
에 공통적이었던 라틴어 입당송의 첫마디 "주님, 그에게 영원한 안식을 주소서"
라는 의미의 "Requiem æternam dona eis, Domine"에서 처음 자들 따서 이렇게
이름 지었다. 옛 용어는 '연미사', 공식 용어는 '위령미사'이다. 과거에 책 이름.
곡 이름,등의 이름 등은 시작하는 첫 글자나 두 글자를 따서 짓곤 하였다.
Non video hic requiem esse aliquam; mortalitas ipsa
adgravat animam, et corpus quod corrumpitur premit ad
inferiora. 여기서는 어떠한 안식도 얻지 못하고, 죽어야
하는 운명은 영혼을 짓누르고, 썩어버릴 육신은 저를
심연으로 몰아붙인다.(최익철 신부 옮김. 요한 시간 강해. p.177).

requiem æternam. 영원한 안식(安息)

Requiem æternam Deo. 신에게 영원한 안식을

Requiem æternam dona eis, Domine.
죽은 이를 위한 미사곡

Requiem æternam dona eis,
Dómine: et lux perpetua luceat eis.
주님, 그들에게 영원한 안식을 주소서.
영원한 빛을 그들에게 주소서.

réquĭes, -étis(-éi), f. (re¹+quies¹) 쉼, **휴식**(⑨ Rest),
휴게(休憩), 휴가(休暇), 휴업(休業), 멎음, 중지(中止),
(마음의) 평안(εἰρήνη), 안정, **안식**(安息.⑨ Rest),
휴양, 정양, 영면(영원히 잠든다는 뜻으로 '죽음'을 뜻하는 말), 안식처.
hujúsce modi réquies. (hicce 참조) 이러한 휴식(休息)/
Non introibunt in requiem meam.(히브 3. 11)
(⑨ They shall not enter into my rest)
그들은 내 안식처에 들어가지 못하리라(성경 히브 3. 11)/
requies dolóris. 고통이 멎음.

Requiescant in Pace. 평안히 잠드소서.

requiésco, -quĭévi -quĭétum -ĕre, (re¹+)
intr. 쉬다(חבר.חבש.עבר), 휴식하다,
안식하다, 휴양하다, (하던 일을) 쉬다, 휴무하다,
차분히 가라앉다, 진정되다, 조용해지다, 멎다,
(시름.위험 따위에서 벗어나) 편히 지내다(쉬다),
마음 놓고 있다, 머무르다, 깃들이다, 안주하다,
의지하다, 영면하다, (죽어서) 고이 잠들다.
tr. 쉬게 하다, 멎게(멈추게)하다, 고요(조용)해지다.
Cor nostrum inequietum donec requiescat in Te.
주님 안에 쉬기까지는 우리 마음 쉬지 못하나이다.
Quod in Deo super omnia bona et dona requiescendum
est. 모든 선과 모든 은혜를 초월하여
하느님 안에서 평안히 쉼에 대하여(준주성범 제3권 21장).

Requiéscant in pace.

망자(고인)들은 고이 잠드소서.

Requiescat in pace! 편히 쉬어라!(시편 4. 9)

Requiescat In Pace. (略 R.I.P.)
(돌아가신 분이) 평화롭게 쉬시기를("쉬시기를"이라는 말은 평안
함을 이미 얻었다는 뜻이 아니라 평안함을 얻으라는 축원의 말로. 천주교의 연옥
교리를 전제로 한 말이다. 주correct례용 신부의 지성인을 위한 교리해설. p.436).

requiétĭo, -ónis, f. (réquies) 쉼, 안식(休息.⑨ Rest),
안식(安息.⑨ Rest), 영면(永眠), 안식처(安息處).

requĭetórĭum, -i, n. (requiésco) 휴식처(休息處),
묘지(⑨ Cemetery-무덤이 있는 땅), 무덤(μνημεĩον.⑨ Tomb).

requiétum, "requiésco"의 목적분사(sup.=supínum)

requĭétus, -a -um, p.p., a.p (requiésco) 충분히 쉰,
휴식(休息)을 취한, 피로(疲勞)가 회복된, 체력을 회복한,
휴한지의, 묵힌 (땅), (우유.계란 따위가) 오래 된,
묵은, 신선(新鮮)하지 못한.

rĕquĭévi, "requiésco"의 단순과거(pf.=perfectum)

requírĭto, -áre, freq., tr. (requíro)
찾다(בקשׁ.שׁאל.זוע), 캐묻다, 세밀히 알아보다.

requíro, -quisívi -quisítum -ĕre, tr. (re¹+quæro)
1. (열심히.다시금) **찾다**(בקשׁ.שׁאל.זוע), 찾아다니다.
2. [alqd-ab, ex alqo; de abl.; alqm de alqa re; interr
indir.;absol] 묻다, 질문하다(ἐρωτάω), 알아보다; 캐다,
조사하다, 탐구하다, 검토하다, 연구하다: óminia de te
requiro. 네게 대한 모든 것을 알아보다/ alqd de
antiquitáte ab eo requiro. 옛 시대에 대해 그에게
무엇을 물어보다/ Ex quibus requíram, quonam modo
latúerint. 나는 그들한테 어떻게 숨었는지 알아보겠다/
Uno eórum requisíto, quid factitárent. 그들이 무슨
일을 하고 있느냐고 그들 중 하나에게 물어본 다음.
3. 보존(保存)하다, 잘 지키다: 보살피다, 돌보다.
4. **요구하다**(דרשׁ.בעה.בקשׁ.ἐρωτάω), 요청(요망)
하다; 가지려고(얻으려고) 하다; 필요로 하다.
pass. requíre(in abl., ad acc.) 요구되다, 필요하다.
5. 아쉬워하다, 아쉽다, 없음을 애석해하다. 절실하게
느껴지다.   (라틴-한글사전. p.776).
Opera loquuntur, et verba requirimus?
행동이 말하고 있는데 무슨 말이 필요하겠습니까?

requisita ad licitam ordinatiónem. 수품의 적법요건

requisita ad validam ordinatĭónem. 수품의 유효조건

requisita extrinseca senténtĭæ. 판결의 외적 요소

requisita intrinseca senténtĭæ. 판결의 내적 요소

requisítĭo, -onis, f. (requíro)
찾음, 조사(調査), 탐구(探究), 연구(硏究).

rĕquísĭtum, "requíro"의 목적분사(sup.=supínum)

requisítus, -a, -um, p.p. (requíro)
조사(탐구.연구) 된, 질문 받은, 조사(탐구.연구) 된,
요구되는, **필요한**, 없어서는 안 될, 필수(必須)의.
n., pl. 요구되는 것, 필요불가결의 것, 필요조건, 요청, 명령.
ad requisítum natúræ. 용변하러 (가다).

rĕquīsívi, "requíro"의 단순과거(pf.=perfectum)

Rĕrum Ecclésĭæ, 교회의 일.
(비오 11세의 1926.2.28. 중국포교에 관한 회칙)

Rĕrum Italcarum Scriptóres. 이탈리아 사가 전집

Rĕrum Monachalĭum Rátĭones. 수도생활의 기초

rĕrum natúra. 사물의 본성(natúra rei).
대자연(primigenia rĕrum), 자연계, 자연학.

Rerum naturæ tutela mundique creati custodia.
환경 존중과 피조물 보호.

rĕrum noárum amor. 새로운 것들에 대한 애착(愛着)

rĕrum notítĭa. 사물의 지식.

Rĕrum Novárum, 노동헌장.
(레룸 노바룸 '새로운 사태'라는 뜻.교황 레오 13세 회칙. 1891.5.15 반포).

rerum novárum amor. 새로운 것들에(일들에) 대한 애착.

rerum novitas. (⑨ newness of things) 사물들의 새로움

Rĕrum omnĭum Perturbatĭónum,
살레시오의 성 프란치스코 300주기(1923.1.26.).

Rĕrum Orientárĭum, 동방교회와의 재일치(1928.9.8.).

rĕrum potĭor. 정권(政權)을 잡다

rerum potíri. 통치권(統治權)을 장악하다

R

Rerum sapientia custos. 지혜는 만물의 수호자/
rērum similitúdines. 사물의 유사(類似)/
rēs, réi, f. 1. **것**, **일**, 사물: 물건, 물체; 관련된 것: Quid
hoc rei est?(Quid hoc est?) 이것은 무엇이냐?/ rerum
natúra. 자연계, 대자연/ res divína. 제사, 종교행사,
예배; 신에 관한 일/ res cibi(=cibus) 먹을 것, 음식/
res animáta 유생물/ (哲) res in se(독일어의 Ding an
sich) 물자체(物自體). 2. pl. 인간사: res humánæ.
덧없는 인간사/ Mors última línea rerum est. 죽음은
덧없는 인생의 마지막 한계선이다. 3. pl. 세상, 세계:
princípio rerum 세상 시초에. 4. 소유물, 재산, 가산,
돈: rem augére. 재산을 늘리다/ res angústa domi.
궁한 살림, 생계에 쪼들림/ Res tuas tibi habe(habéto).
[여자에 대한 이혼선언 양식] 네 것들을 네가 가져라,
너와는 이혼이다. 5. **사실**(事實), **실제**(實際), **진실**
(眞實).⑩ⓣⓡⓤⓣⓗ); 실질(實質), 현실(現實);
실물, 내용: non re, sed nómine 사실상으로는 아니고
이름만으로/ Res ipsa lóquitur. 사실 자체가 말해준다.
사실 자체에 의해서 추정되는 것이다/ re verá. 사실로,
참으로, 정말, 과연, 실제로. 6. **사정**, 실정, **사태**, 형편,
상황(狀況.獨 Kontext), 상태(狀態), 경우(境遇), 처지,
조건(條件), 여건: res advérsæ. 역경(逆境), 불운(不運)/
res secúndæ 순경(順境)/ si res postulábit, 필요한
경우에는/ Nunc se res sic habet. 지금의 사정은
이러하다/ pro re. 상황에 따라, 형편대로/ pro re natá.
상황이 그러하여, 필요에 따라, 임시로/ e re natá. 형편상,
상황에 따라. / quae cum ita sint. 사정이 이러하여.
7. 결과, 실적. 8. pl. 행적, 전기, 역사, 내력, 사적(事績):
scriptor rerum. 역사가/ in rebus Nerónis. Nero의 전기에/
res gestæ. 업적, 행적; 역사. 9. 경험, 체험. 10. 행동,
실천, 실행: Res plus valet quam verba. 실천은 말보다
더 힘 있다. 11. 군사행동, 전투, 작전, 전쟁. 12. (지시.
의문.관계대명사 동반) 이유, 까닭: eā re. 그 이유로,
그 일로 인해/ ob eam rem. 그 때문에. 13. 수단, 방법:
Réperi rem, quómodo do. 내가 주는 방법을 발견했다.
14. 소송(사건), 쟁의, 법정투쟁: res judicáta.
기결사건, 확정판결이 내려진 기결사항/ 기판력(旣判力).
15. 통치권, 정권, 국권: 국가; 국력: rerum potíri. 통치권
을 장악하다/ res Romána. 로마 공화국/res pública. 국사,
정무, 정치활동; 정권, 정부, 정체; 국가, 공화국. 16. 볼일,
할 일, 임무, 필요한 일, (현안의) 문제, 교제, 관계:
Tecum mihi res est. 나는 너하고 (해결해야) 할 일이
있다/ rem habére cum *alqo*. 어떤 남자와 교제(관계)하다/
17. 이익, 유익, 유리; 쓸모, 쓸데, 소용: in rem *alcjs* esse.
누구의 이익이 되다/ ea, quæ in rem erant. 그 당시에
이익이 되던 것/ ob rem fácere. 유리하게 하다/ alci rei
esse. 다소간 쓸모 있다, 적합하다/ nulli rei esse. 아무
쓸모도 없다/ in rem est, inf.(acc. c. inf.; ut) …하는 것이
유익(유리)하다/ Ex tuā re non est, ut emórii. 내가
죽어 버리는 것이 너한테 이로울 것 같지 않다. 18. ab re
1) 까닭 없이; 쓸데없이: Non ab re esse visum est
interésse. 참가하는 것이 쓸데없는 것 같지는 않았다.
2) 손해 되게, 불리하게: Ab re cónsulit blandiloqué-
tulus. 그는 아첨하며 불리한 충고를 한다. (라틴-한글사전).
Ad restim res rédiit. 목매달아 죽어야 할 형편이 됐다/
ad usus cívium res útilis. 시민들의 용도에 필요한 것/
amplio rem. 재산을 늘리다/
æquam rem imperito. 옳은 일을 명하다/
bellum gero, rem gero. 전쟁하다, 전쟁을 수행하다/
cognitio æternarum rerum. 영원한 사물의 인식/
consúlere suis rebus. 자기 일을 돌보다, 이익을 도모하다/
conversio rei publicæ. 혁명/
homines novarum rerum cupidi. 혁명파/
De re irreparabile ne doleas.
돌이킬 수 없는 것에 대해 슬퍼하지 말라/
De rebus gestis reférre. 지난간 일에 대하여 보고하다/
ea res.(is 참조) 그 일/
esse rei. 사물의 존재/

Est modus in rebus. 만물에는 한도(限度)가 있다,
만사에는 정도(定度, 분수)가 있다(Horatius)/
Et mihi res, non me rebus subiungere conor.(Horatius).
나는 사업이 나한테 매어야지 내가 사업에 매이는 일이
없도록 노력한다.[성 염 지음. 고전 라틴어. p.261]/
ethica ad rem. 사물들에 관련된 윤리/
eventus rei. 사태(事態)/
ex gubernatione rerum. 사물들의 통치에서부터/
ex natura rei. 본성적으로, 사물의 본성으로부터/
Fácio, me álias res ágere. 나는 다른 일을 하는 척 한다/
Felix qui potuit rērum cognoscĕre causas.
만물의 원인을 인식할 수 있었던 사람은 행복하다/
fortiter in re, suáviter in modo.(태도는 부드럽게 행동은 꿋꿋하게)
사건 자체에 있어서는 단호하며, 방법에 있어서는 유연하게/
gero rem públicam. 국정을 맡아 다스리다/
Hæc res facilis est ad cognoscendum. 이 일은 알기 쉽다/
Hæc res facilis est cógnitu. 이 일은 알아보기 쉽다/
His rebus cognitis, tumultus in foro ortus est.
이 일이 알려지자 광장에서 소요가 일어났다/
historia rerum præsentis temporis.
현대 사물들에 관한 역사/
homo sacra res homini.
인간에 대한 거룩한 존재로서의 인간/
Honesta res læta paupertas.(세네카).
고결한 것은 가난의 기쁨이다/
hujúsce rei causa. 이 일 때문에(hic⁴ 참조)/
Illa res ad officium meum pertinet.
그 일은 내 직무에 속한다/
impotens rerum suárum. 자기 일을 처리하지 못하는/
In eum res rediit locum, ut sit necésse. 그 일은
그렇게 될 수밖에 없는 형편에 이르러 있었다/
in hanc rem. 이 일을 위해, 이 일에/
In medias res. 사물의 한 가운데서/
In quo ego rei publicæ plus hoc tempore prodesse
possim? quid est quod aut populo Romano gratius esse
debeat aut sociis exterisque nationibus optatius esse
possit aut saluti fortunisque omnium magis accomodatum
sit? 언제 지금 이 시기보다 내가 더 국가에 유용할 수
있으랴? 로마 국민에게 보다 더 고마울 바가 무엇이며,
혹은 동맹국이나 외국에 보다 더 바람직할 것이 무엇
이며, 혹은 모든 사람의 안전과 재산에 보다 더
안성맞춤일 것이 무엇이랴?[성 염 지음. 고전 라틴어. p.315]/
in rebus advérsis. 역경에서/
In rebus asperis et tenui spe fortissima quæque consilia
tutissima sunt.(Livius). 역경에 처하고 희망이 거의 없을
때에는 무엇이든 아주 강력한 계획을 품는 것이
가장 안전한 방도다(성 염 지음. 고전 라틴어. p.261]./
in rem *alcjs* esse. 누구의 이익이 되다/
in rem præsentem. 문제되고 있는 곳으로, 현장으로/
in túrbidis rebus.(turbidus 참조) 불안한 일에서/
Incipit res melius īre. 일이 더 잘되기 시작 한다/
indifferentĭa rei. 사물의 비차이성(非差異性)/
Intellegat Caritas vestra. Magna res.
사랑하는 여러분, 잘 들어 보십시오. 위대한 사실입니다/
ipsum esse rei. 사물의 존재 그 자체/
malam rem juménto suo arcéssere.(속담)
불행을 자초(自招-어떤 결과를 자기가 생기게 함)하다/
Meam rem non cures, si recte facias.
Num ego curo tuam? 네가 제대로 한다면 내 일을
걱정하지 말아라. 내가 네 일을 걱정할까 보냐?/
Mihi res, non me rebus, subiungere conor.(Horatius)
나는 나를 일에 매이게 하는 것이 아니라
일이 나에게 매이게 힘쓴다/
mínimis rebus deos insero.
하찮은 일에 신들을 개입시키다/
Mira res valde et vehementer stupenda.
너무나 기묘하고 매우 놀라운 일입니다/
Multæ res fáciles dictu, dífficiles factu sunt.

많은 일들은 말하기는 쉽고 행하기는 어렵다.
(수동형 목적분사는 "…함을 받기에"라는 뜻을 가진 탈격 부사어이지만 우리말로는
"…하기에"로 번역한다. 많이 사용되는 수동형 목적분사는 다음과 같다.
audítu 듣기에, cógnitu 알아보기에, díctu 말하기에, fáctu 행하기에,
intelléctu 알아듣기에, memorátu 기억하기에, scítu 알기에, vísu 보기에)/
Novi omnem rem. 나는 모든 사정을 다 알고 있다/
Nulla mihi res posthac potest jam interveníre.
　앞으로는 아무것도 나에게 간섭할 수 없다(jam 참조)/
nulli rei esse. 아무 쓸모도 없다/
ob eam rem. 그 (일) 때문에/
ómnibus rebus posthábitis. 만사를 제처놓고/
ómnium rerum immunitas. 온갖 의무의 면제/
opiniones rerum vanarum. 허황한 사태에 관한 중론/
per speculatores rem cognovit. 탐험가를 통해서/
potíri rerum.(관용구. rebus는 쓰지 못한다) 주권을 잡다/
pro império, pro exércitu, pro provínciâ, etc., pro his
igitur ómnibus rebus. 나라를 위해, 군대를 위해,
　지방을(州를) 위해, 요컨대 모든 것을 위해서/
qua re(quare) 무엇 때문에?(의문) 이 일 때문에,
　이로 말미암아(연관적)/
quam ob rem. 무엇 때문에?(의문), 이 일 때문에,
　이로 말미암아(연관적)/
quod materia sit una numero in omnibus rebus.
　질료가 모든 사물들 안에서 수적으로 하나/
rationem eárum rerum reddo.
　그 일들에 대한 보고(서)를 내다/
re et essentia a mundo distinctus.
　사상(事象)과 본질상 세상과 구별되는 분/
re vera(revéra) 참으로, 진실로, 사실로, 과연/
rei novitas. 혁명(革命)/
Nemo est tam fortis quin rei novitate perturbetur.
　혁명으로 당황하지 않을 만큼 담이 큰 사람은
　아무도 없다(Cæsar)/
rem augére. 재산을 늘리다, 증식시키다/
rem bene gero. 일을 잘 처리하다(돌보다), 성공하다/
rem habére cum áliquo.
　아무와 관계가 있다, 볼일이 있다/
rerum incommutabilis forma. 사물의 불변하는 형상/
rerum natúra. 자연계, 대자연
scritor rerum. 역사가/
Scientia Dei est causa rerum.
　하느님의 앎은 사물의 원인이다/
Sed duplex est accidens, scilicet necessarium quod non
separatur a re, ut risibile ab homine; et non
necessarium quod separatur, ut album ab homine.
　그러나 우유에는 두 가지가 있다. 즉 인간에게 '웃을 수
　있다'는 것처럼 사물로부터 분리되지 않는 필연적
　우유들과, 인간에게 '희다'는 것처럼 사물로부터 분리되는
　비-필연적 우유들이 있다(스콜라 철학에서의 개체화. p.762 참조)/
Si ita res se habet, fortiter feramus.
　사정이 그렇다면, 용감하게 견뎌나가자!/
summa sequar vestigia rerum. 사물이 이뤄내는 최고의
　자취를 따라갈 따름이다.(성 염 옮김. 단테 제정론, p.83)/
tálibus in rebus(=in tálibus rebus)
　이러한 경우에, 이런 일에 있어서는/
tanquam si tua res agátur. 마치 네 일 인양/
temporales Res spirituales. 영적 사항, 세속 사항/
Tempus edax rerum. 모든 것을 잡아먹는 시간/
Tempus rebus gerendis immaturum erat.(동명사문.)
　일을 진척시키기에 때가 일렀다/
transfiguro rem in rem.
　한 물건을 다른 물건으로 변화시키다/
transfórmo in rem. 어떤 것으로 변형시키다/
transilio rem unam. 단 한 가지를 빼놓다/
trépidi rerum suarum. 자기 일들 때문에 불안해하는/
universális rerum finis. 사물의 보편적인 목적/
Unam rem explicabo et maximam. 나는 한 가지 일을,
　하지만 매우 중요한 일을 설명 하겠다/
usum habére ex alqa re. 어떤 것을 이용하다/

úsui esse ad rem. 무슨 일에 소용되다/
ut res éxigit. 형편상 필요한 대로/
ut res fěret, 앞으로의 형편대로/
verbum sequitur rem. 언어는 사고를 따른다.

명사 제5변화(Quinta declinátio)		
	단 수	복 수
Nom.	res	res
Gen.	rei	rerum
Dat.	rei	rebus
Acc.	rem	res
Abl.	re	rebus

제5변화의 명사는 원칙적으로 dies와 res만 그 복수의 격들
을 온전히 가지고 있고, 그 밖의 명사들은 복수로 쓰지 않거
나 혹은 쓴다 해도 주격, 호격, 대격만을 쓰곤 한다.
ácies, -éi, f. 전선, 진지; 군대
effígies, -éi, f. 초상, 모상
fácies, -éi, f. 얼굴, 낯
séries, -éi, f. 차례, 계열, 列, 연속
spes, -éi, f. 희망, 기대
spécies, -éi, f. 외모, 외관; 종
(한동일 지음. 카르페 라틴어 1권. p.58)

res acerbæ. 미완성의 일
Res acta est. 일은 끝났다
res adversæ. 역경(逆境.㉘ tempora dubia)
res adversária hómini. 사람에게 장애가 되는 일
res agendæ. 행동
res agendæ et sperandæ. 행동과 기대
res agrárïus. 토지분할(土地分割)
Res alci in íntegro est. 일이 누구의 권한에 속하다
Res aliusmodi est, ac putatur. 사정이 생각과는 다르다
res angusta domi. 궁한 살림, 생계에 쪼들림
res apta ætati. 나이에 알맞은 일
res artificiális. 인공물(人工物)
res aspěræ. 까다로운 일
res cælestes atque terrestres. 천상과 지상의 사정
res cælestis. 천상의 사물
res cibi. 음식(飮食.㉘ esca, -æ, f.)
Res clamat ad dominum.
　사물은 주인을 향하여 소리 지른다(사물은 주인에 속한다).
　물건은 주인을 부른다.(주인의 손에 돌아가야 한다).
res cognita. 인식되는 사물
res cogitans. 사유적 본체, 사유하는 존재.
　사유하는 실체, 사고하는 사물.
res controversa. 소송물(訴訟物)
res corporales. 유체물(有體物.㉘ corporeal things)
res corporális. 물체적 사물
res creata. 창조된 사물
res difficilis. 어려운 일(volutabrum, -i, n.)
Res difficilis, atque ómnïum difficillima.
　어려운 일, 더구나 제일 어려운 일.
Res difficilis et inexplicabilis. Atqui explicanda est.
　어렵고 설명할 수 없는 일이다. 그러나 해명되어야만 한다.
res digna auribus eruditis.
　식별력 있는 사람이 귀를 기울일 만한 일.
res divína. 예배(禮拜.㉘ Worship), 희생물,
　제사(祭祀.㏊.θυοΐα.㉘ sacrifice),
　종교행사(宗敎行事-해마다 정기적으로 거행하는 종교행사).
res divínæ. 종교행사, 천주께 관한 일
res divinum. 신법(神法.㉘ jus divinum./lex divina)
Res enim quæ est alba, potest esse nigra.
　사실 흰 것으로 있는 사물이 검은 사물일 수 있다.
Res est facilis dictu. 말로 하기는 쉬운 일이다.
　Multae res faciles dictu, difficiles factu sunt.
　많은 일이 말하기에는 쉽지만, 행하기에는 어렵다.
Res est in arbitrio. 중재인 판결을 기다리는 중이다.
Res est in cardine. 일이 한 고비에 다다랐다.
Res est inquieta felicitas. 사물은 불안한 행복이다.
　(눈에 보이는 것을 행복의 기준으로 삼을 수 없다).
res et res. 두 개의 사물들

R

res et sacramentum. 실제와 성사

res extensa. 연장적 본체(철학의 원리 I, p.171),
  연장적 실체, 연장된 실체(종교철학이란 무엇인가. p.308).

res factu facilis. 하기 쉬운 일

res familiaris. 가사, 가산(집안의 재산), 유산, 문중재산, 집안 일.
  Suam quisque rem familiarem curet.
  각자가 자기 집안일을 보살피도록 하라.

Res fructíficat dómino. 물건의 열매는 주인의 것이다.
  (소유물에서 나오는) 과실은 주인에게 귀속된다.

res fruendi. 향유할 사물(事物)

res gestae. 역사(Geschichte.⑩ history.ιστορὶα),
  업적(ἔργον.⑩ Work/Opus), 된 일, 있은 일, 행적,
  역사적 사건, 공훈(功績), 전공(戰功-전투에서 세운 공로).
  Ab initio res gestas vobis exponemus, ut facilius
  cognoscere possitis. 우리는 너희가 보다 쉽게 알아듣게
  사건의 내막을 처음부터 너희에게 설명하겠다.

Res habet delibĕrátionem. 사건은 토의 대상이 된다.

Res hostium legari potest. 적의 물건은 유증될 수 있다.

res humanæ. 인생, 인간사, 덧없는 인간사

Res in angusto est.
  사정이 곤경에 빠져 있다, 형편이 난처하다,
  사정이 딱하게 되었다, 일이 매우 어렵게 되었다.

res in se. (哲) 물자체(物自體.獨 Ding an sich)

res incorporales(⑩ incorporeal things). 무체물(無體物)

res intellecta. 인식된 사물, 인식된 실재(實在)

res inter se aptæ. 서로 밀접히 연결된 것(일)

Res inter alios acta aliis nec nocet nec prodest.(타인들
  사이에 행한 것은 제3자에게 해를 끼치지도 않고 이롭게 하지도 않는다)
  타인간의 행위는 우리를 해하지도 이롭게 하지도 않는다.

Res ipsa loquitur. 사실 자체가 증명한다.
  (사실 자체에 의해서 추정되는 것이다).

Res ipsæ observari animadvertere possunt,
cum causæ non reperiuntur rerum. 사물들의 원인이
  발견되지 않을 때, 사물 자체가 관찰되고 숙고될 수 있다.

res irrationabilis. 비이성적 사물

Res jucunda auditu. 듣기에 재미있는 일

res judicata. 기결(旣決) 사건, 기판력(旣判力)

Res judicata pro veritate accipitur.
  기판 사항은 진실로 받아들여진다.

Res judicata pro veritate habetur.
  판결된 일은 진실 편을 든다(확정된 판결은 진실한 것으로 인정한다).

res jure judicatæ. 법률적 심판이 내려진 사건

Res liquentes. 액체(液體)

res litigiosa. 계쟁물(소송에서 다툼의 대상이 되는 목적물)

res liturgicæ. 전례

res magis necessáriæ. 더 필요한 것들(물건들)

res magni monenti. 중대한 일(materia grávis)

res materialis. 질료적 사물

res maxime necessária. 지극히 필요한 것

res media. 중개자(仲介者)

Res mihi arriserat. 일이 내 마음에 들었다

res mihi est cum áliquo. 나는 아무와 관계가 있다

res militáris. 군사(軍事), 전술병법

res minime dubitanda. 절대로 의심하지 못할 일

res missiles, missília.
  군중에게 던져서 주어 가지게 하는 선물.

res mixtae. 공동 관심사

res naturæ. 자연의 사물(자연적 사물).

res natúrales. 자연물들

res naturalis. 자연적 사물, 자연물.

Res naturalis inter duos intellectus constituta.
  사물들이 두 지성들 사이(신과 인간사이)에
  놓여 있다(토마스 데 아퀴노).

Res non verba. 말이 아닌 사실.

res nova. 새 소식, 새로운 일, 최근에 일어난 일

Res nullius. 어떤 사람의 일도 아니다.

res oblata. 제물(祭物.⑩ supplex dona)

res permanentes. 영속적 사물.
  (축성된 성물.봉헌된 성당.축복된 사물).

Res plus valet quam verba. 실천은 말보다 더 힘 있다.

res populi. 국민의 사물

res præscriptíbilis. 시효 가능사물(時效 可能事物)

res privata. 사유물(私有物)

res publica. 공화국(共和國.⑩ civitas populáris),
  국가(國家.ἔθνος), 국사(⑩ summa rei publicæ),
  국유재산, 국정(⑩ habenæ rĕrum/summa rei publicæ),
  정권(政權.⑩ regimen, -mĭnis, n.), 정치활동,
  정무, 정부(政府.⑩ regimen, -mĭnis, n.), 공공의 사물,
  공화국(어원상 populus→poplicus→publicus 유래. 신국론. p.274).
  Adeo perditæ erant omnesque de re publica desperabant,
  ut nemo imperium accipere auderet. 아무도 통수권을
  수락하려고 하지 않을 정도로, 모든 것이 실패하였고
  모두가 공화국에 대해서 절망하고 있었다/
  ars rei publicæ administrandæ. 공화국을 통치하는 방법/
  Consulis erat rem publicam defendere.
  국가를 수호하는 것은 집정관의 본분이다/
  Cum ad gubernacula rei publicæ temerarii atque audaces
  homines accesserat, maxima ac miserrima naufragia
  fiebant.(Cicero). 그 대신 파렴치하고 과격한 사람들이
  공화국의 키를 잡으러 덤벼들면서부터 거창하고 참담한
  국가의 침몰이 일어나곤 하였다/
  De Illustrium Feminarum in Republica Administranda
  Anctoritate Libellus. 공화국을 다스린 유명한 여인들/
  Difficilis est ars regendæ rei publicæ.(동명사문).
  공화국을 통치하는 방법은 어렵다/
  Iis amicis sociisque confisus, Catilina oppromendi rem
  publicam consilium ceperat.[성 염 지음. 고전 라틴어, p.279].
  그 친구들과 우방들을 믿고서 카틸리나는
  공화정을 전복할 계획을 세웠다/
  Ne mortem timeamus pro rei publicæ salute.
  국가의 안녕을 위해 죽음을 두려워하지 맙시다/
  Nihil aliud fecerunt nisi rem publicam defenderunt.
  그들이 한 짓이라고는 공화국을 수호한 것뿐이다/
  Non solum nobis divites esse volumus, sed liberis,
  propinquis, amicis meis maximeque rei publicæ. 우리만을
  위해서 부자가 되자는 것이 아니요, 내 자식들을 위해,
  친척을 위해, 친지들을 위해, 특히나 공화국을 위해서다/
  Nulla umquam res publica bonis exemplis major fuit
  quam Romana. 과거 어느 공화국도 로마 공화국보다
  훌륭한 표양(表樣)으로 뛰어난 바 없었다/
  Numquam res publica labefiet vigilia civium.
  시민들의 파수에 의해서라면(시민들이 감시한다면)
  국가는 결코 흔들리지 않을 것이다/
  Stetit res publica integra donec cives se fortes et ad
  omnia paratos pro salute patriæ præstiterunt.(Cicero).
  시민들이 강직하고 조국의 안녕을 위함이라면 무엇이라도
  무릅쓸 자세가 되어 있는 한, 국가는 온존 한다/
  Talis est quæque res publica, qualis ejus est aut natura
  aut voluntas. 어느 나라든 그 국가의 성격이나 의지가
  그러한 대로, 그렇게 지속하는 법이다/
  Talis est quæque res publica, qualis ejus voluntas qui
  illam regit. 공화국을 통치하는 사람의 의지가 어떤
  것이냐에 따라서 그 공화국의 성격이 정해진다.

rem publicam constituere 공화국을 세우다

Res pública Christiana. 그리스도교 공화국

Res pública est res populi.
  국가(공공의 것)는 국민의 것이다.

Res pública Coreána. 대한민국

res publica litteraria. 글을 읽을 줄 아는 대중.

Res pública paulatim ex pulcherrima et optima
pessima ac flagitiosissima facta est. 공화국이 지극히
  아름답고 훌륭한 공화국에서 가장 사악하고 재난이
  심한 공화국이 되고 말았다.(성 염 지음. 고전 라틴어, p.260).

res quæ ad significandum aliquid adhibentur.
  다른 것을 뜻하기 위하여 사용되는 사물.

res quæ fruuntur. 향유하는 사물(중세철학 창간호. p.211)

res quæ utuntur. 사용하는 사물(중세철학 창간호. p.211)

R

res quædam in se. 어떤 그 자체로 있는 사물
res rátĭonis. 이성의 사물
res reális. 실재적 사물(實在的 事物), 실재적인 사물
Res revocátur ad sortem. 결과는 운에 맡겨진다.
Res Romana. 로마 공화국
res rústica. 농사 일.
Res rustica sic est : si unam rem sero feceris, omnia
opera sero facies.(Cato). 농사라는 것은 이렇다. 그대가
　한 가지 일을 늦게 하면 모든 작업을 늦게 하게 되리라.
res sacra. 신성한 물건, 영적 사물
res sacra in temporalibus. 현세적인 것에서 거룩한 것
res sacræ.(sacræ supellectiles.)
　성물(聖物.ㅁㅁㄱ.⑨) sacred things→성당 기물), 제구.
res sacramenti. 성사의 실제(聖事 實際)
res sane difficilis. 대단히 어려운 일
res secundæ. 순경(順境.⑳ prosperitas, -átis, f.)
res senatui grata acceptaque.
　원로원이 좋아하고 환영(歡迎)하는 일.
res sensata extra oculum. 눈 바깥의 감각 사물
res sensata 감각된 사물
res sensíbilis. 감각적 사물
Res sibi respondent simili formå, atque colore.
　(거울에 비친) 물체들이 자기의 모양과 빛깔로 반영된다.
Res sic se habet. 사정이 이렇다
res significata. 표시된 사물
res singuláris 개별적 사물(個別的 事物)
res spirituális. 영신적 사항(靈身的 事項)
res spirituális adnexa. 영신적인 것에 결부된 사항
res sua. 자기 일
　Ejus negotium exposuerunt ut si esset red sua.
　그들은 마치 자기 일인 양 그의 고충을 설명해 주었다.
res subsistens. 자존적 실재(...)
res sunt propter suas operationes.
　사물은 그 작용을 보고서 존재한다.
res tális. 그런 것
res tantum. 최종의 결과
Res tuas tibi habe(habéto) 네 것들을 네가 가져라.
　(이혼 선언 양식으로, 혼인 때에 여성이 가지고 온 혼인 지참금을 가져가라는
　의미이다).
res universales. 보편적 실재들
res universális. 보편적 실재
res urbanæ. 도회지 소식(消息)
res utendi. 사용할 사물
Res venit prope secessiónem. 일이 분열 상태에 이르렀다.
res vilissimæ. 헐값의 물건
res visa. 보이는 사물(토마스 아퀴나스.신학대전 1권, p.192)
res visu fœda. 보기에 끔찍한 것
resácro, -ávi, -átum -áre, tr. = resecro
reséévĭo, -íre, intr. (re¹+)
　다시 미쳐 날뛰다, 다시 사나와지다, 다시 격노하다.
resalutátĭo, -ónis, f. (resalúto) 답례(答禮), 마주하는 인사.
resalúto, -ávi, -átum -áre, tr. (re¹+)
　답례하다, 맞절하다, (인사 받고) 마주 인사하다.
resálvo, -átum -áre, tr. (re¹+) 다시 구원하다
resanésco, -sánŭi -ĕre, inch., intr. (re¹+)
　다시 건강해지다, 다시 낫다, 다시 성하기 시작한다.
resáno, -ávi, -átum -áre, tr. (re¹+) 다시 낫게 하다,
　고치다, 회복시키다, 치료하다, 개과천선하게 하다.
rĕsanŭi, "resanésco"의 단순과거(pf.=perfectum)
resárcĭo, -sársi -sártum -íre, tr. (re¹+)
　깁다, 수선(修繕)하다, 수리하다, 배상(보상)하다.
resárrĭo, -íre, tr. (re¹+)
　다시 김매다, (호미 따위로) 잡초를 뽑다.
rĕsársi, "resárcĭo"의 단순과거(pf.=perfectum)
rĕsártum, "resárcĭo"의 목적분사(sup.=supínum)
rescíndi, "rescíndo"의 단순과거(pf.=perfectum)
rescindíbilis, -e, adj. (rescíndo)
　철회(취소) 될 수 있는, 취소 가능한.

rescíndo, -scĭdi -scíssum -ĕre, tr. (re¹+) 찢다(ㄱㅈ),
　찢어(뜯어)내다, 자르다(ㅁㅁ,ㅈㄱ,ㅈㅂ),
　끊다, 가르다, 절개하다: 파열시키다, 헤어지게 하다,
　헤집다, 파헤치다, (상처를) 덧들이다, 덧나게 하다,
　아픈 데를 건드리다, (길을) 트다, 개척(開拓)하다,
　(법률 따위를) 폐기(폐지)하다, 무효(無效로 하다,
　철회(취소)하다, 파기(破棄)하다, 해약(解約)하다.
　pontem rescindo. 다리를 끊다.
réscĭo, -ívi(ĭi), -ĭtum, -íre, tr. (re¹+)
　(비밀 따위를) 알게 되다, 여기지 않던 것을 알다,
　(불리하거나 잘못되었음을) 깨닫다(ㅁㅈ.ㅁㄱ),
　(불리하거나 잘못되었음을) 발견하다(ㄱㅈㅇ).
rescísco, -ĕre, inch., tr. = réscĭo
rescíssĭo, -ónis, f. (rescíndo) 찢음, 폐기(廢棄-폐기하여 버림),
　폐지(廢止-그만두거나 없앰), 무효화(無效化),
　취소(取消-지우거나 물러서 없앰), 철회(撤回)
　파기(破棄-깨뜨리거나 찢어서 없애 버림), 해약(解約.止).
rescissórĭus, -a, -um, adj. (rescíndo) 폐기하는,
　무효로 하는: 취소(철회.파기.해약) 하는.
　rescissória áctĭo. 무효 확인 소송(quérela nullitátis).
rescíssum, "rescíndo"의 목적분사(sup.=supínum)
rescríbo, rescrípsi, rescríptum, -ĕre, tr. [re+scribo]
　1. [alqd-alci, ad alqm; alci rei, ad alqd; acc. c. inf.,
　interr. indir.; absol.] 회답을 써 보내다, 서면으로 회답하다,
　회신하다: tuis lítteris rescríbo, lítteras ad epístolam tuam
　rescríbo. 네 편지에 회답을 쓰다 / Rescrípsi ad alqm,
　quam illud inést difficile. 나는 아무에게 답장을 내어
　그것이 얼마나 어려운 일인지를 알렸다. 2. (법률관계의
　질문.청원 따위에 대하여 군주가) 칙서로 회답하다, 칙답
　(勅答-임금이 대답함. 또는 그런 대답)하다. 3. [de abl., dat., ad acc.]
　글로 반박(논박.항변)하다: recribo vetéribus oratiónibus.
　옛 연설집을 반박하는 글을 쓰다. 4. (가사를 악보에) 맞추
　어 쓰다, 기입(記入)하다. 5. 다시(새로) 쓰다, 고쳐 쓰다,
　(썼던 것을) 수정하다. 6. (돈을) 돌려주다, 상환하다.
　7. ((軍)) (제대군인을) 재징집(再徵集)하다. Rescribas ad
　me, quantum potest.(=quantum fíeri potest) 될 수 있는
　대로 빨리 나한테 회답을 써 보내다오. [라틴-한글 사전, p.777].
rescrípsi, "rescríbo"의 단순과거(pf.=perfectum)
rescríptĭo, -ónis, f. (rescríbo) 칙답(勅答-임금이 대답함. 또는
　그런 대답), 조칙(詔勅.詔書), 교서(敎書-교황청의 교서),
　조서(詔書.조명.조칙), 답서(答書 rescript), 회신(回信).
rescríptum, "rescríbo"의 목적분사(sup.=supínum)
rescríptum* -i, n. (rescríbo) 답서(答書.⑨ rescript),
　교황답서(⑨ rescript), 교황청의 교서, 답장(答狀), 회신,
　(관리의 질의나 일반인의 청원에 대한) 로마황제의 칙답.
rescriptum ex audientia. 재판관의 심리에 의한 답서,
　판결에 의한 답서
rescriptum genérale. 일반적 답서
rescriptum gratiæ. 은전의 답서
rescriptum justitiæ. 정의의 답서
rescriptum mixtum. 겸용(兼用)의 답서
rescriptum particuláre. 개별적 답서
réscŭla, -æ, f. dim. (res) = récula
　사소한 일(것), 작은 재산, 보잘 것 없는 가산(家産).
rescúlpo, -psi -ĕre, tr. (re¹+)
　다시 새기다.조각하다, 다시 새롭게 하다, 재현하다.
resecátĭo, -ónis, f. (réseco) 절단(切斷), 절제(切除)
rĕsecatum, "réseco"의 목적분사(sup.=supínum)
réseco, -sécŭi, -séctum(-secátum) -áre, tr. (re¹+)
　자르다(ㅁㅈㄱ,ㅈㅂ,ㅈㄱ), (ㅊㄹㄷ,ㅈㅂ,ㅈㄱ), 잘라내다, 절단하다,
　도려내다, 절제(切除)하다, (수염.머리 따위를) 깎다,
　(불필요한.해로운 것을) 잘라 버리다, 삭제하다,
　제거(除去)하다, 떨어버리다, 엄밀히 제한(制限)하다,
　한정(限定)하다. 요약(要約)하다, 추리다.
résecro, -ávi, -átum -áre, tr. (re¹+sacro) 애원하다,
　거듭 간청하다, 저주를 철회하다, 저주에서 풀어주다.
reséctĭo, -ónis, f. (réseco) 자름, 절단(切斷), 가지치기,
　전정(剪定-가지치기), 전지(剪枝-가지치기). (醫) 절제(切除).

R

rěsectum, "résĕco"의 목적분사(sup.=supínum)

rěsecui, "résĕco"의 단순과거(pf.=perfectum)

reséda, -æ, f. (植) 목서초(木犀草)

rěsēdi, "resídĕo"의 단순과거(pf.=perfectum),
"resído"의 단순과거(pf.=perfectum).

resédo, -áre, tr. (re¹+) 진정시키다, 가라앉히다, 낮게 하다

reségmen, -mĭnis, n. (réseco)
[주로 pl.] (자를 때 떨어지는.깎은) 부스러기.

resémĭno, -áre, tr. (re¹+)
다시 씨 뿌리다, 다시 번식(繁殖)시키다.

rèsĕquor, (-ĕris, -ítur), -secútus(-sequútus) sum, -qui,
dep., tr. (re¹+) 즉시 응답하다; 반향(反響)하다.

resĕrata dies. 밝은 새 날(resero¹ 참조)

reserátĭo, -ónis, f. (résero¹) 열어젖힘, 개방(開放)

reserátus, -us, m. (résero¹) (두루마리.책 따위를) 펼침.

résĕro¹ -ávi, -átum -áre, tr. (re¹+sero²) 열어젖히다,
(자물쇠.문 따위를) 열다(חתפ,חתפ), 터놓다,
개방(開放)하다, 트이게 하다, 개통(開通)시키다,
(고름 따위를) 짜내다, (부스럼을) 째다, 개시하다,
시작하다, (비밀 따위를) 드러내다, 밝히다, 알려주다.
reseráta dies. 밝은 새 날/
reseráto péctore. 가슴을 열어젖히고.

resero² -sévi -ĕre, tr. (re¹+sero⁴)
다시 씨 뿌리다, 다시 심다

Reservata Facultas. 보류된 권한(權限)

Reservata Peccata(영 Reserved Sins). 죄 사면 보류

reservátĭo, -ónis, f. (resérvo) 보관(保管), 보존(保存),
남겨 둠, (좌석 따위의) 예약.지정, 보류(保留).
유보(留保-법률에서. 권리나 의무에 관하여 제한을 붙임); 유보된 권리,
은폐(隱蔽-주변을 이용하여 인원이나 장비, 시설 따위를 숨기는 일).
De casuum reservatione. 유보된 경우들.

reservátĭo in péctore. (추기경 등의 서임에 있어 이름은
밝히지 않은 채) 교황의 의중 인물 선정 표명.

reservátĭo mentális.
(진술.선서 따위에서의) 의중유보, 진의의 은폐(隱蔽).

Reservátĭo peccátorum. 특정한 죄의 사면권 유보,
유보 죄(留保罪.영 Reserved sins).

Reservátĭo simpliciter. 단순 보류

Reservátĭo speciali modo. 특별 보류.
specialissimo modo. 최특수 보류.

Reservatum ecclesiasticum. 교회 보류 사항.
('영주에게 속한 영토는 영주의 종교(Cujus regio, ejus relio'라는 아우크스부르크
평화조약에 따라 주교나 수도원의 아빠스가 영주인 지역에서 주교나 영주가
루터교로 개종하면 그의 가톨릭 교회의 성직 지위를 잃는다는 규정이며.

rěsévi, "resero²"의 단순과거(pf.=perfectum)

resérvo, -ávi, -átum -áre, tr. (re¹+) 따로 남겨 두다,
간수(간직)하다, 따로 남겨 두다, 확보(確保)해 두다;
후일로 넘기다, 보류하다, (무사하게) 보전하다, 보호하다,
구제(救濟)하다, 유보(留保)하다, 보유(保有)하다.
alqd in áliud tempus reservo. 무엇을 다른 시기로 미루다/
peccátum reservátum Sanctæ Sedi.
(사면권이) 교황성좌에 유보된 죄/
testis ad extrémum reservátus. 마지막으로 남겨둔 증인.

resérvo legiónes ad perículum alcjs.
아무의 위험에 대비하여 군단들을 확보해 두다.

rěses, -sídis, adj. (resídeo) 움직이지 않고 있는,
한 상태에 계속 머물러 있는, 정체(停滯)된,
(물 따위가) 괴어 있는, 조용한, 게으른, 나태한,
느려빠진, 굼뜬, 무기력(無氣力)한, 활기 없는,
빈둥거리는, 한가로이 지내는, 무위(無爲)의.

resessum, "resído"의 목적분사(sup.=supínum),
"resídeo"의 목적분사(sup.=supínum).

rěsex, -sécis, m. (réseco) 가지치고 남겨진 포도가지

resíbĭlo, -áre, tr. (re¹+) 획획(쉿쉿)하는 소리로 응답하다

residéntĭa, -æ, f. (resídeo) 거주지, 주재지, 임지(任地),
거주, 주재, (임지에서의) 정주(일정한 곳에 자리 잡고 삶).
De residentia Pastoris. 사목자의 상주(常主)에 대하여/
ficta residentĭa. 가장된 상주/
obligátĭo(onus) residéntiæ. 정주 의무.

residentĭa accidentális. 부속적 상주

residentĭa completa. 온전한 상주

residentĭa formális. 형상적 상주

residentĭa materiális. 질료적 상주

residentĭa substantiális. 실질적 상주

residentiális, -e, adj. (residéntia)
거주의, 정주의, 임지에 정주할 의무가 있는.

residentiális épíscopus. 교구 정주주교, 정임주교.

resídĕo, -sédi, -séssum, -ére, intr. (re¹ +sédeo)
1. [in abl., abl.; absol.; 드물게는 dat., tr.; acc.]
앉아 있다, 자리 잡고 있다, 깃들어 있다. 2. (재판관이)
좌정(坐定)하다, 착석하다. 3. 일어나 앉다. 4. 거주하다,
살고 있다, 주재하다, 정주하다. 5. [absol.; tr.: acc.]
가만히(우두커니) 있다, 있어야만 있다, 쉬면서 지내다.
6. [in, ex, de abl.; apud, intra acc.] 남아 있다, 잔류(잔존)
하다, 내재 하다, 건재(健在)하다: In vobis résident
mores pristíni. 너희에게는 아직도 옛 풍습이 남아 있다/
Etíam nunc résidet spes in virtúte tuā. 지금도 너의
용기에는 희망이 건재 한다. (라틴-한글사전. p.778)

resído, -sédi -séssum -ĕre, intr. (re¹+)
앉다, 머무르다(ךלה,ךלה), 눌러 앉다, 물러가다, 물러서다,
가라앉다, 내려(주저)앉다, 내리밀리다, 침전(沈澱)하다,
멎다, 가시다, 누그러지다, 진정되다, 약해지다.

residŭum, -i, n. (residuus) 나머지, 남은 것,
잔여(殘餘), 잉여, 잔재(殘滓-쓰고 남은 찌꺼기).
(pl.) residua. 미납금(未納金), 체납금(滯納金).

residŭus, -a, -um, adj. (resídeo) 나머지의, 남은,
잔여의, 잔류(殘留)의, 잔존(殘存)하는, 잉여의,
살아남은, 게으른, 느려빠진, 무기력한, 무위의.
resídua peccúnia.
남은 돈, 미납금, 잔금(殘金-잔액), 체납금(滯納金).

resignácŭlum, -i, n. (re¹+) 인영(印影→인발),
인발(印影-찍어 놓은 도장의 남은 흔적이나 자취).

resignátĭo, -ónis, f. (resígno) 개봉(開封), 사퇴(辭退),
사임(辭任), 사직(辭職-직무를 그만두고 물러남),
(권리.상소 등의) 포기(抛棄.영 Abandonment),
(권리, 상소 등의) 단념(斷念), 기권(棄權),
(神의 뜻에 대한) 인종(忍從).복종, 체념(滯念).
De oblatione Christi in Cruce, et propria resignatione.
(영 The Offering of Christ on the Cross; Our Offering)
그리스도의 십자가상 제사와, 우리 자신을 하느님께 맡겨
버림에 대하여(준주성범 제4권 8장)/
De pura et integra resignatione cordis ad obtinendam
sui libertatem.(영 Pure and Entire Resignation of Self to
Obtain Freedom of Heart) 마음의 자유를 얻기 위해
자신을 완전히 끊어 버림(준주성범 제3권 37장).

resígno, -ávi, -átum -áre, tr. (re¹+)
개봉(開封)하다, (봉인封印.편지 따위를) 뜯다,
(뚜껑 따위를) 열다(חתפ,חתפ),
취소(폐기.파기)하다, 무효(無效)로 만들다,
(신용.규정 따위를) 깨뜨리다, 사퇴(사임)하다,
기권하다, 포기하다, (받은 것을) 되돌리다,
알려(일러) 주다, 설명하다, 밝히다,
(범법 군인의 봉급에 대한) 지불 금지를 기입하다.

rěsĭlii, "resílĭo"의 단순과거(pf.=perfectum)

resílĭo, -lŭi(-lĭi) -súltum -íre, intr. (re¹+sálio¹)
도로(다시) [훌쩍] 뛰어들다, 되튀다, 반사하다,
물러서다, 물러가다, 피하다, 벗어나다,
움츠려(오그라)들다, 수축하다, 줄어들다.

rěsĭlui, "resílĭo"의 단순과거(pf.=perfectum)

resímus, -a, -um, adj. (re¹+) 위로 잦혀진, 뒤로 굽은.
nares resímæ. 들창코/grypus, -i, m. 매부리코.

resína, -æ, f. 나무의 진, 수지(樹脂)
resina pini. 송진[tæda(teda), -æ, f.]

resinácĕus, -a, -um, adj. (resína)
수지(樹脂)의, 진이 나는, 수지질의; 송진의.

resinátus, -a, -um, adj. (resína)
수지(樹脂)를 칠한, 향 액 바른; 수지를 섞은.

1100

resinósus, -a, -um, adj. (resína) 수지(樹脂)의, 송진의, 수지질의, 수지를 함유한, 진이 많은, 송진 섞은.

resinúla, -æ, f. dim. (resína) 수지 알맹이로 된 향(香).

rĕsipíi, "resipísco"의 단순과거(pf.=perfectum)

resípĭo, -ĕre, tr. (re¹+sápio) (무슨) 맛이 나다, 풍미가 있다, (무슨) 냄새가 나다, (…한) 티(데)가 있다, 풍기다. intr. 아취(흥취)가 있다.
homo mínime resípiens pátriam.
자기 고향 냄새가 전혀 풍기지 않는 사람/
uva picem resípiens. 송진내가 나는 포도/
Vinum resipit picem. 술에서 송진 맛이 난다.

resipiscéntĭa, -æ, f. (resipísco)
뉘우침, 회오(悔悟)⑨ morse-잘못을 뉘우치어 깨달음)
회개(悔改.μετάνοια.⑨ Conversĭon),
개심(잘못된 마음을 고침), 개오(改悟-잘못을 뉘우치고 깨달음),
개전(改悛-잘못을 뉘우치고 마음을 바르게 고치어 먹음).

resipísco, -pŭi(-pívi, -pĭi) -ĕre, inch., intr. (resípio)
의식을 회복하다, 깨어나다(ן٦٦), 정신을 다시 차리다,
제정신이 들다, 회한하다, 잘못을 깨닫고 정신 차리다,
개심하다, 회오(悔悟)하다, 회개(悔改)하다(μετανοὲω).
resipiscant a diaboli laqueis.(2 Tim. 2. 26)
제정신으로 돌아가 악마의 올가미에서 벗어나다.

resipisco in bonum. 개과천선하게 하다

rĕsipívi, "resipísco"의 단순과거(pf.=perfectum)

rĕsipŭi, "resipísco"의 단순과거(pf.=perfectum)

resiste, 원형 resísto, -stíti, -ĕre, intr. (re¹+),
[명령법, 현재 단수 2인칭 resiste, 복수 2인칭 resistite].
Resiste! 게 섰거라!(resisto. 참조)

resisténtĭa, -æ, f. (resísto) 저항, 반항, 대항, 반대

resistentĭa inviolábĭlis(⑨ nonviolent resistance).
비폭력 저항(非暴力 抵抗).

resísto, -stíti, -ĕre, intr. (re¹+) 1. [absol.:in abl.; ad acc.] 멈추어 서다, 더 나아가지 않다, 정지(停止)하다; 멎다, 중단되다: Resíste. 게 섰거라/ Si non restíterit dolor. 고통이 멎지 않을 경우에. 2. 머무르다, (어디에) 남다. 3. [dat.: contra acc.; ne, 부정 뒤에 quin, quóminus; absol.; pass. impers.] 저항(抵抗)하다, 반항(대항)하다, 맞서다, 항의(抗議)하다, 항거(거역)하다; 반대하다, 막다, 방해하다, 못하게 하다; 물리치다: hostibus resísto. 적군에게 저항하다/ vi contra vim resísto. 힘에는 힘으로 대항하다/ Omnibus sententiis sistitur. 모든 의견이 반대에 부딪치고 있다/ A nostris resistitur. 우리 군대가 저항하고 있다. 4. [dat.:contra, adversus, ad acc.] 이겨내다, 견디어내다; (작용.영향을) 안 받다, 당하지 않다: frigori resísto. 추위를 이겨내다. 5. [dat.] (무엇에) 약효가(효험이) 있다, 예방이 되다. 6. 재기(再起)하다. (라틴-한글사전. p.779).
De resistendis tentationibus. 시련을 이김에 대하여/ hostibus resisto. 적군에게 저항(抵抗)하다/ Non resistere malo.(⑨ offer no resistance to one who is evil) 악인에게 맞서지 마라.(성경 마태 5. 39).

resolidátus, -a, -um, p.p. (inusit. resólido)
굳세어진, 활기를 되찾은.

resolúbĭlis, -e, adj. (resólvo) 분해(해체) 될 수 있는, 분해되기 쉬운, 녹을 수 있는, 융해(용해)될 수 있는.

resoluta comas. 머리를 흩트린 여자

resolútĭo, -ónis, f. (resólvo) (끈.띠 따위를) 끄름; 풀어짐, 이완(弛緩), 마비(麻痹), 분해, 해체(解體), 분석, 융해, 용해, 죽음, 파기(破棄), 무효화, 결단, 결의, 결심, 각오, 과감(過感), 용단(勇斷), 단호함. (詩) 장음절 하나 대신 단음절 둘 쓰기.

resolutĭo in principia. 원리환원(原理還元)

resolutĭo ventris.
설사(泄瀉.⑨ ventris et stomachi solutĭo).

resolutórĭus, -a, -um, adj. (resólvo) 분석의, 분석에 관한. f. 분석론(分析論).

resólutum, "resólvo"의 목적분사(sup.=supínum)

resolútus, -a, -um, p.p., a.p. (resólvo) 풀린, 풀려난,

녹은, 융해된, 힘 빠진, 무른, 축 늘어진, 지쳐버린, 가누지 못하는, 마비된, 걷잡지 못하는, 해약한, 파기한.

resólvi, "resólvo"의 단순과거(pf.=perfectum)

resólvo, -vi, -lútum, -ĕre, tr. (re¹+) 1. [alqm, alqd-abl.; acc. Gr. in pass.] 풀다, 끄르다, 풀어헤치다; 해방(석방)하다: resólvo vulnus. 상처의 붕대를 풀다/ virgo resolúta caténis. 감금에서 풀려난 처녀/ puélla resolúta capíllos. 머리를 풀어헤친 소녀. 2. 열다(חתפ .םתפ), 개봉하다, 뜯다; 벌리다; 절개하다, (먹을) 따다; (껍질을) 벗기다: resólvo litteras. 편지(便紙)를 뜯다. 3. 녹이다, 융해(용해溶解)하다; 엷어지게 하다. 4. 흩어지게 하다, 부서뜨리다, 분해(分解)하다, 무너뜨리다, 허물다, 해체하다. 5. 나누다, 분할(分割-나누어 쪼갬)하다. 6. 축 늘어지게 하다, 가누지 못하게 하다, 지쳐버리게 하다, 녹초가 되게 하다: resólvi somno. 늘어지게 자다/ fatigatióne resolútus. 피로에 지쳐버린. 7. 긴장을 풀다; 누그러뜨리다, 완화(緩和)하다. 8. (돈.빚을) 갚다(חלש), 지불하다, 보상하다; 침해(침범)하다. 10. 끝내다, 해결하다; 제거하다, 떨어버리다. 11. 풀이하다, 설명하다; 밝혀내다. 12. 해약(解約)하다, 파기하다, 취소하다(약속.의무 따위를) 어기다.(라틴-한글사전. pp.779~780)

resonábĭlis, -e, adj. (résono) 소리를 울리는, 반향 하는

resonántĭa, -æ, (**resonátĭo**, -ónis,) f. (résono)
울림, 메아리(소리가 산이나 골짜기에 부딪혀 되울려 오는 현상), 반향(反響-소리가 반사하여 다시 들리는 현상), 공명(共鳴).

resonátĭo, -ónis, (**resonántĭa**, -æ,) f.
산울림, 메아리, 반향(反響), 공명(共鳴).

rĕsónavi, "résŏno"의 단순과거(pf.=perfectum)

résŏno, -návi(-nŭi) -áre, intr., tr. (re¹+)
[古 제3활용의 résono, ĕre가 가끔 있음]
울리다, 울려 나오다(퍼지다), 울리는 소리로 가득 차 있다, 반향하다, 메아리치다, 공명(共鳴)하다, 울리게 하다, 반향시키다, 울려 퍼지게 하다, 메아리쳐 보내다, 말해주다.

rĕsŏnui, "résŏno"의 단순과거(pf.=perfectum)

résŏnus, -a, -um, adj. (résono)
울려 퍼지는, 메아리치는, 반향(反響) 하는.

resórbĕo, -ére, tr. (re¹+) (다시) 삼키다,
(다시) 빨아들이다, 재흡수하다, (다시) 들이마시다.
fletum resorbeo. 복받치는 설움을 꾹 참다.

resorcínum, -i, n. (化) 레조르신(염료.의약.사진용)

respéctĭo, -ónis, f. (respício) 되돌아 봄, 조사, 음미

respective, adv. 각기, 경우에 따라, 그때그때의

respectívus, -a, -um, adj. (respício) 각자의, 저마다의, 각각, 그때마다의, 직접 관계(관련) 되는, 해당…, 관계당사자의, 당해(當該)(바로 그 사물에 해당됨을 나타내는 말).

respécto, -ávi, -átum -áre, freq., intr., tr. (respício)
자주 뒤돌아보다, 바라보다(רבס,םבס), 지켜보다, 주시(注視)하다, 돌보다, 관심을(주의를) 기울이다. 소중히 여기다, 기다리다, 기대(期待)하다.

respéctum, "respício"의 목적분사(sup.=supínum)

respéctus, -us, m. (respício) 1. 뒤돌아봄: sine respéctu fúgere. 뒤도 돌아보지 않고 도망하다. 2. 피난처 (避難處), 의지할 곳. 3. 견지(見地-어떤 사물을 판단하거나 관찰하는 입장), 관점: sub repéctus philosóphico. 철학적 견지(見地)에서. 4. 관계(關係), 관련(關聯). 5. (gen. objectis., ad acc.) 고려(考慮), 참작(參酌-참고하여 알맞게 헤아림), 관심: sine respéctu humanitátis. 인도적 고려도 없이/ respéctum ad senátum non habére. 원로원에 대한 고려를 하지 않다/ si áliquis respéctus est mei. 내게 대해 참작의 여지가 있다면. 6. 존중(尊重), 체면; 경의(敬意-존경의 뜻), 존경(尊敬): respéctu mei. 내 자신의 체면상/ respéctus humánus. 체면(體面-남을 대하기에 떳떳한 도리나 얼굴). (라틴-한글사전. p.780).

respérgo¹ -spérsi -spérsum -ĕre, tr. (re¹+spargo¹)
(물 따위를) 뿌리다, 살포(撒布)하다, 끼얹다, 적시다(הבר), 튀기다, 묻히다, 물들이다(צוב) 얼룩지게 하다, 더럽히다(ךכד).

respérgo² -gĭnis, f. (물 따위를) 뿌림, 끼얹음

respérsi, "respérgo¹"의 단순과거(pf.=perfectum)

respérsĭo, -ónis, f. (**respersus**, -us, m.) (respérgo¹)
(물 따위를) 뿌림, 끼얹음, 살포(撒布).

respersum, "respérgo¹"의 목적분사(sup.=supínum)

respéxi, "respícĭo"의 단순과거(pf.=perfectum)

respexit, 원형 respícĭo, respéxi, respéctum, respicĕre,
[직설법 현재완료. 단수 1인칭 respéxi, 2인칭 respexísti, 3인칭 **respéxit**.
복수 1인칭 respéximus, 2인칭 respexístis, 3인칭 respéxerunt].
Quia respéxit humilitátem ancíllæ súæ.
당신 종의 비천함을 돌보셨음이로다.

réspice, 원형 respícĭo, -spéxi, -spéctum, -cĕre, (re¹+spécĭo)
[명령법. 현재 단수 2인칭 respice, 복수 2인칭 respicite].

réspice (ad) me. (고개를 뒤로 돌려) 나를 돌아 봐라
Respice, Domine, quǽsumus, nostram propitius
servitutem: ut, quod offerimus, sit tibi munus
acceptum, et sit nostræ fragilitatis subsidium.
주님 비오니, 저희의 제사를 인자로의 굽어보시어,
저희가 봉헌하는 제물을 즐겨 받아들이시고
나약한 저희를 보호하소서.

Respice! Fides tua te salvum fecit.
(⑨ Have sight; your faith has saved you)
다시 보아라. 네 믿음이 너를 구원하였다(성경 루카 18. 41)/
자, 눈을 떠라. 네 믿음이 너를 살렸다(공동번역)/
다시 보시오. 당신의 믿음이 당신을 구원했습니다(200주년).

Réspice finem. 결과를 생각해라, 끝을 내다 봐라

Respice, quǽsumus, in oblatiónem Ecclésiæ tuæ.
(⑨ Look, we pray, upon the oblation of you Church)
교회가 바치는 이 제사를 굽어보소서.

Réspice stellam, Mariam. 별을 보고 마리아를 불러라

respicientes suspicientesque et despicientes.
뒤돌아보는 자, 올려다보는 자, 그리고 내려다보는 자들.

respicias, 원형 respícĭo, respéxi, respéctum, respicĕre,
[접속법 현재. 단수 1인칭 respiciam, 2인칭 **respicias**, 3인칭 respiciat,
복수 1인칭 respiciamus, 2인칭 respiciatis, 3인칭 respiciant].
ne respícias peccáta nostra, sed fidem Ecclésiæ tuæ.
(⑨ Look not on our sins, but on the faith of your
Church) 저희 죄를 헤아리지 마시고 교회의 믿음을 보소서.

respícĭo, respéxi, respéctum, respicĕre, intr., tr. (re¹+spécĭo)
1. [ad acc.], 간혹 in acc.; absol.; acc.] 뒤돌아보다:
Réspice (ad) me. (고개를 뒤로 돌려) 나를 돌아 봐라.
2. [acc.; acc. c. inf.; in acc.] 바라보다(סכה,ראה),
쳐다보다(3.)סכה,סכר [ad acc.] 관계(관련) 되다:
(혐의 따위가) 돌아가다. 4. [alqd] 돌아보다, 돌이켜보다,
회고하다. 5. [acc.] 주의 깊게 살펴보다, 관찰(觀察)하다,
주목(주시.주의)하다, 내다보다; 숙고하다, 고려하다,
참작(參酌)하다: Réspice finem. 끝을 내다봐라, 결과를
생각하라. 6. [alqd; interr. indir.; acc. c. inf.] 깨닫다,
알다; [refl.] se respicio. 자신의 분수(처지.결과 따위)를
알다.생각하다. 7. [acc.; ad, super acc.] 돌보다, 보살펴
주다, 굽어보다, 가호(加護)하다, 염려하다, 소중히 여기다;
괘념(掛念-마음에 두고 걱정하여나 잊지 않음)하다. 8. [alqd-ab
alqo; in alqa re] 기대하다, 바라다. (라틴-한글사전. p.780).
nullus enim respiciens ad malum operatur. 누구도 악을
염두에 두고서 작용하지 않는다(이상섭 옮김. 신학대전 14. p.99).

respirábilis, -e, adj. (respíro) 호흡할 수 있는, 호흡에 적합한

respirácŭlum, -i, n. (respíro) 호흡(呼吸)

respirámen, -mĭnis, n. (respíro) 호흡, 숨통, 기관(氣管)

respiraméntum, -i, n. (respíro) 위로(慰勞-위안),
위안(慰安), 완화(緩和), 경감(輕減-덜어서 가볍게 함).

respirátĭo, -ónis, f. (respíro) 호흡(呼吸), 숨,
(피부식물의) 호흡작용, 증발, 휴지(休止), 잠깐 멈춤.

respirátĭo artificiális. 인공호흡(人工呼吸)

respirátórĭus, -a, -um, adj. (respíro) 호흡의, 호흡기관의

respirátus, -us, m. (respíro) 호흡(呼吸)

respíro, -ávi, -átum -áre, tr., intr. (re¹+) 호흡하다,
숨을 쉬다; 들이쉬다, 내쉬다, 한숨 돌리다, 한시름 놓다,
마음 놓다. (수고.불안.걱정.고통 따위에서) 벗어나다,
소생(蘇生)하다, 멈추다, 멎다, 그치다, 내뿜다,
발산(發散-사방으로 퍼져 나감)하다, (피리가) 소리 나다.

R

Ita respirátum est. 이렇게 해서 한숨 돌리게 되었다.

respiro a metu. 공포에서 벗어나다

respiro ánimam. 숨을 내쉬다

resplendéntĭa, -æ, f. (respléndeo)
광채(光彩.ἀπαυγαμα-정기 어린 밝은 빛),
광휘(光輝-환하게 빛남. 빛남. 또는 그 빛), 눈부신 빛.

respléndĕo, -úi, -ére, intr. (re¹+) 광채가 반사되다.
반사되어 빛나다; 다시 빛나다, 찬란히(눈부시게) 빛나다.

respóndĕo, -spóndi, -spónsum, -ére, tr., intr. (re¹+)
1. [acc. c. inf.] (상대방의 약속에 대하여) 이쪽에다
약속(보증)하다: (일반적으로) 보증하다. 2. [alqd alci
rei; alci rei alqã re] 대응하다, 응수하다, 같은 정도로
되돌리다, 보답하다: amóri amóre respondeo. 사랑을
사랑으로 보답하다. 3. [alqd-alci; alci rei; ad,
advérsus, contra add.; acc. c. inf.; interr. indir.;
absol.] **대답하다**, 응답(應答)하다; 회답하다; 답변하다;
해답(解答)하다. 4. (상대편의 인사에) 답례(答禮)하다.
5. [acc. c. inf.] 신탁(神託)으로 대답하다; (점쟁이가)
예언하여 대답하다. 6. [dat., acc.; absol.] 반향(反響)
하다, 소리를 되울려 보내다, 메아리치다: (두드리면)
소리 나다. 7. 반영(反影)되다, 비치다: Sídera respóndent
in aquã. 별들이 물속에 비친다/ Res sibi repóndent
símili forma atque colóre. (거울에 비친) 물체들이
자기의 모양과 빛깔로 반영된다. 8. [dat.] 대항하다,
저항(抵抗)하다. 9. (法) [dat.; ad acc.; de abl.] 변박
(辨駁)하다, 항변(抗辯)하다; 해명하다. 10. (法) [jus,
de jure] 법률에 관한 자문에 응하다, 조언(助言)하다.
11. 소환(징집)에 응하다, 출두하다; 출석(出席)하다.
12. [dat.; ad acc.] **부응하다**, 호응하다, (희망.기대.
요구.목적 따위를) **만족시키다**, 맞추다, 마음에 들다:
respondeo ad tempus. 시간에 맞추다/ Villa non tota
ad ánimum ei repónderat. 별장이 그의 마음에 꼭
들지는 않았다. 13. [dat.; ad acc.] (약속.의무를)
이행(履行)하다; (빛 따위를) 갚다(נתן), 청산(淸算)
하다: respondeo nomínibus. 부채를 갚다. 14. [dat.;
ad acc.; absol] 일치(합치)하다, 들어맞다, 부합하다;
적합하다, 어울리다, 상응하다, 균형이 맞다: Dictis
respóndent cétera martis. 그 밖의 것들은 어머니의
말씀과 일치 한다/ fructu non respondénte labóri. 수고
한 만큼의 수입이 따르지 않아서. 15. [ad acc.; dat.]
엇비슷하다, 동등(同等)하다, 필적(匹敵)하다. 16. [dat.;
absol.] 제대로 잘(순조롭게) 되어가다, 제구실을 하다:
Venter mihi non respóndet. 나는 속이 좋지 않다.
17. (약 따위가) 효험이 있다. 18. [dat.; absol.] 생산
하다, 산출하다. 19. ad tempus respondeo. (통증 따위가)
정기적으로 돌아오다. 20. [dat.] …에 속하다. 20. [dat.]
마주 바라보이는 위치에 있다. [라틴-한글사전. p.781].
Ego ei respondissem, si mihi repondisset.
그가 나에게 답신했더라면 나도 그에게 답신했을 텐데/
Nisi me intellegunt, mihi non respondent.
그들이 내 말을 이해 못하면 나에게 대답 못 한다/
Responderunt nos vobiscum fuisse(대격 부정법문).
우리가 너희들과 함께 있었다고 그들은 답했다/
respondit Dominus per magistrum.
주님께서 스승을 통해 대답하신다/
Respondit, Etĭam. 그는 그렇다고 대답하였다/
Respondit unde esset. 자기가 어디 출신인 지를 말했다/
Sabinius, qui primum impudenter respondere coeperat,
ad extremum nihil negavit.
사비니우스는 처음에는 무례하게 대꾸하기 시작했지만
결국에는 아무것도 부인하지 못했다/
Si te rogavero aliquid, nonne respondebis?
만일 무엇인가를 내가 너에게 묻는다 해도
네가 과연 대답할 것 같으냐?.

responsábilis, -e, adj. (respónso) 책임이 따르는,
책임 있는, 책임져야 할, 변명(답변)할 의무가 있는.

responsabílitas, -átis, f. 책임(責任.⑨ Responsibility)

responsális, -is, m. (respóndeo) 대리인(代理人)

respónsĭo, -ónis, f. (respóndeo) 대답, 응답(應答),
회답, 답변, 반응(反應). (修) 자문자답(自問自答).
De geminis adhuc in utero Rebeccæ matris inclusis
quid indicaverit divina responsio. 어머니 리브가의
품속 쌍둥이에게 내린 신탁(신학론. p.2802).
Responsio ad convitia Martini Lutheri.
마르틴 루터 비방에 대한 답장(1523년 토마스 모어 지음).
Responsio ad Lutherum. 루터에게 보내는 답변.
Assertionis Lutheranæ Confutatio. 루터의 주장에 대한 반박.
Responsio est certe affirmans.(⑨ the answer is
certainly in the affirmative) 대답은 분명히 긍정적이다.
**Responsio mollis frangit iram, sermo durus suscitat
furorem.** (ovrgh. avpo,llusin kai. froni,mouj avpo,krisij de.
u`popi,ptousa avpostre,fei qumo,n lo,goj de. luphro,j evgei,rei ovrga,j)
(Eine linde Antwort stillt den Zorn; aber ein hartes Wort
erregt Grimm) (⑨ A mild answer calms wrath, but a
harsh word stirs up anger)(잠언 15. 1)
부드러운 대답은 분노를 가라앉히고 불쾌한 말은 화를
돋운다(성경)/부드럽게 받는 말은 화를 가라앉히고 거친
말은 노여움을 일으킨다(공동번역 잠언 15. 1).
Responsio sane implicata est.(⑨ The answer is
obviously complex) 대답은 분명히 복잡적이다.
Responsio tantundem negans est.(⑨ the reply is
certainly negative) 대답은 부정적이다.
responsĭto, -ávi, -áre, tr., intr., freq. (respónso)
법률.규정 따위의 질의에 응답하다.
responsívus, -a, -um,
adj. (respóndeo) 대답의, 대답으로서의.
n. 대답(對答). adv. **responsíve** 대답으로.
respónso, -áre, freq., intr. (respóndeo)
말대답(말대꾸)하다, 대답하다, 응답하다, 울려 퍼지다.
메아리치다, 거스르다, 맞서 싸우다, 항거(抗拒)하다,
저항하다, 거부하다, 물리치다, 보답하다, 갚다(ᒣᒥ).
responso cupidínibus. 탐욕(貪慾)과 싸우다
respónsor, -óris, m. (respóndeo)
대답하는 사람, 해답자(解答者), 대주는 사람.
Responsoriale. 계응송 집, 응답송집[전례에서 성서의 말씀을 한편은
성기고 한편은 응답하는 식으로 노래 또는 독송讀誦하는 부분을 모은 책].
responsórĭum, -i, n. (⑨ Responsories). 대답, 응송, 응답노래,
화답송적 노래(응송), 화답송(psalmus responsórĭus).
Graduale Simplex. 단순 응송집/
Hoc differt inter responsórium cui chorus respondet
et tractum cui nemo. 회중이 응답하는 화답송과 아무도
응답하지 않는 연송과는 서로 다르다(아말라리오).
[미사 전례는 역할을 맡은 사람을 기준으로 볼 때 미사를 집전하는 '사제'와
미사에 참례한 '회중', 그리고 노래를 부르는 '독창자와 성가대' 이렇게 세 그룹
으로 나눌 수 있다. 초기에는 사제와 회중이 대화하는 경우을 읽고 응답을 하였
으나, 신자 수가 증가하고 성전이 커짐에 따라 보통의 성량으로는 안 되게
되었다. 이때는 성경과 성가집이 보급되지 않은 시기이므로 의사전달이 어려웠을
것이다. 그래서 사제는 모든 신자들이 잘 알아들을 수 있도록 문체에 따라
힘을 받아서 노래를 하는데, 두 그룹으로 나누어 한 구절씩 주거니 받거니 교창
이라 한다. 사제의 Accentus에 대하여 회중은 응답을 하였는데 이것을
Responsorium이라고 한다. 사제가 긴 전례문이나 성가(시편)를 선창하면 회중이
이를 받아서 노래를 한다든데, 두 그룹으로 나누어 한 구절씩 주거니 받거니 교창
하였다. 이 교창을 안티포나(Antipona)라고 한다. Antipona의 원뜻은 그리스어
옥타브(Octave), 즉 8도 간격의 음을 말한다. 이렇게 두 그룹으로 나누어
노래를 하면 남성보다 여성이 한 옥타브 높은 음이어서 이런 말이 생겼지만, 세월이
흐르면서 'Antipona'란 말은 '대송' 또는 '교창'이란 뜻으로 사용하게 되었다.
김건정 지음, 교회전례음악, 2011년, pp.45~46].
responsórĭum graduale. 층계 화답송
respónsum, -i, n. (respóndeo) 대답, 응답, 회답, 회신,
신탁(信託), (점쟁이의) 예언적 대답, 법률의 유권해석.
anceps responsum. 애매한 대답/
Legati a Delphis venerunt congruentem sortem responso
adferentes. 사절들은 신탁(responsum)에 상응한 제비를
뽑아 갖고서 델피에서 돌아왔다/
Responsa Nicolai ad Consulta Bulgarorum.
불가리아인들의 요청에 대한 니콜라오의 답변.
responsum medĭum. 모호한 대답
responsum postulátis. 청구에 대한 회답(回答)
respónsus, -us, m. (respóndeo)
대답, 회답, 조화(調和), 균형(均衡), 대칭(對稱).

Responsa ad quæstiones. 물음과 답변/
Responsa Moralia. 윤리문제 응답(1651년 루고의 후안 지음).
respúblĭca, reipúblicæ, f. [res와 pública(공적公的)라는 형용사가 합성된
단어이기 때문에, 한 단어로 붙여 쓸 적에도 res와 pública를 각각 변화하면서
써야 한다. e.g. rempúblicam. 공화국을. 한동일 지음, 카르페 라틴어 1권, p.63].
(동일한 목적이익으로 맺어진) 단체, 공동체, 사회,
국사, 정부, 정체, 국가, 공화국(civitas populáris).
respúblĭca Christiana.
그리스도교 국가, 그리스도교 공화국, 그리스도교 공동체.
réspŭo, -ŭi, -ěre, tr. (re¹+) 도로 뱉다, 뱉어내다,
토하다, 물리치다, 배척(排斥)하다, 거절(拒絶)하다,
타기(唾棄)하다(업신여기거나 아주 더럽게 생각하여 돌아보지 않고 버림),
무시하다, 멸시(蔑視-업신여기거나 하찮게 여겨 깔봄)하다.
restagnátĭo, -ónis, f. (restágno) 철철 넘침, 범람(氾濫-汎溢),
창일(漲溢-물이 불어나 넘침), 게움(토함), 토함(게움).
restágno, (-ávi) -átum -áre, intr. (re¹+stagno¹)
흘러넘치다, 범람(氾濫)하다, 창일(漲溢)하다,
물바다가 되다, 침수(沈水)되다.
restaurátĭo, -ónis, f. (restáuro) 재건, 복구, 복원, 보수,
중수(重修), 갱신(更新), 회복, 부흥(復興), 복고(復古).
Liber de restauratione. 쇄신의 책(1142~1147년).
Restaurátĭo Catholica. 가톨릭 교회 혁신운동.
반종교개혁 운동[16세기부터 유럽에서 일어난 가톨릭 교회 혁신운동. 이
운동은 30년 전쟁(1618~1648)까지 계속되었다. '프로테스탄트의 종교개혁'에 대응
하는 운동이란 뜻으로 '반종교개혁 운동'이란 말이 생겨났는데. 가톨릭의 교회
개혁운동은 프로테스탄트의 종교개혁과 거의 같은 시기에 일어났다. 양 진영의
운동은 같은 이유에서 시작되었지만 다른 방향으로 진행되었다…
백민관 신부 엮음 백과사전 1 p731].
restaurátor, -óris, m. (restaurátrix, -ícis, f.) (restáuro)
재건(복구.복원.중수) 하는 사람;
부흥자(復興者), 갱신자(更新者), 혁신자(革新者).
restaurátor philosophiæ pěrennis. 구원 철학의 중건자.
(몬시뇰 잠보니 1875~1950).
restáuro, -ávi, -átum -áre, tr.
수리(수선.보수.중수)하다, 재건(복구.복원)하다,
복고(復古)하다, 복귀(복직.복위)시키다,
부흥시키다, 갱신(更新)하다, 또다시 하다, 재개하다.
bellum restauro. 전쟁을 재개(再開)하다.
restiárĭus, -i, m. (restis)
노끈(가는 밧줄.새끼) 제조인(製造人) 또는 장수.
restíbĭlis, -e, adj. (re¹+stábilis) 여러해살이의,
(밭 따위가) 해마다 경작되는, 거르지 않고 낳는.
restícŭla, -æ, f. dim. (restis) 가는 밧줄(새끼.끈)
resticulum, -i, n. (=restícŭla, -æ, f.)
resticulus, -i, m. (=restuculum, -i, n.)
restifórmis, -e, adj. (resis+forma) [解] 색상(索狀)의.
restíllo, -ávi, -átum -áre, (re¹+) intr. 방울져 흘러들다.
tr. 서서히 주입(注入)하다, 스며들게 하다.
restínctĭo, -ónis, f. (restínguo)
(불.갈증 따위를) 끔, 해갈(解渴-목마름을 풀),
욕구해소(欲求解消), 해소(解消-지워 없앰).
restínctum, "restínguo"의 목적분사(sup.=supínum)
restínguo, -stínxi -stínctum -ěre, tr. (re¹+)
(불.빛 따위를) 끄다, 식히다, (갈증을) 풀다, 해독하다,
중화시키다, 가라앉히다, 진정시키다, 사그라뜨리다,
종식(終熄)시키다, 없어지게(사라지게) 하다, 제거하다.
restínxi, "restínguo"의 단순과거(pf.=perfectum)
réstĭo, -ónis, m. (restis)
밧줄 제조인.장수, 밧줄로 매 맞는 자.
restipulátĭo, -ónis, f. (restípulor) 쌍무 계약(雙務契約)
restípŭlor, -ári, dep., tr. (re¹+)
교차적으로 약속하다, 쌍무 계약 하다.
restis, -is, f. (acc. -im, -em; abl. -i, -e)
(가는) 밧줄, 새끼, 끈, (마늘.파의) 이파리.
Ad restim res rédiit. 목매달아 죽어야 할 형편이 됐다.
restíti, "resisto"의 단순과거(pf.=perfectum),
"resto"의 단순과거(pf.=perfectum).
réstĭto, -áre, intr., freq. (resto) 자주 멈춰서다.
성큼 떠나지 않다, 서성거리다, 저항을 시도하다.
restítŭo, -tŭi -tútum -ěre, tr. (re¹+státuo)

1. 제자리에 도로 세우다(놓다). 2. 수리(재건.복구)
하다; 원상태로 바로잡다, 재정비하다. 3. 낮게 하다,
고치다, 교정(矯正)하다. 4. 되살리다, 회복시키다:
restituo se. 되살아나다, 원기를 회복(回復)하다/
restituo alci ánimum. 누구에게 용기를 다시 내게
하다. 5. (전투 따위를) 재개(再開)하다, 다시 벌이다.
6. [alqm-in acc.] 복권(복직)시키다, 복귀(復歸)시키다:
Plebiscíto in pátriam restitútus est. 그는 국민투표에
의해 유배지에서 풀려나 귀향하게 되었다. 7. [alqd,
alqm-alci,: in ad acc.] 돌려주다, 반환(返還)하다,
돌려보내다: restituo alqm in ædes suas. 아무를 자기
집으로 돌려보내다. 8. [alqd-alci] 배상하다, 보상하다.
9. 내주다, 넘겨주다. 10. 내다, 산출하다. 11. [refl.
pass] restituo se alci, restítui alci 아무와 화해하다,
다시 친근해지다. 12. [alqm in acc.-ex abl.] 아무를
어떤 상태에 다시 이르게 하다, 되찾게 하다: restituo
alqm in gáudia. 아무를 다시 기쁘게 만들어주다/
restituo alqm ex servitúte in libertátem. 아무로 하여금
노예지위를 벗어나 자유시민권을 되찾게 해주다/
in íntegram restitúere(alqm, alqd)
이전(원래의) 상태로 회복시키다(복귀시키다).
restitútĭo, -ónis, f. (restítuo) 수리(修理), 복구(復舊),
재건, 회복(回復), 환원(還元), 돌려줌, 반환(返還),
(손해) 배상(賠償.⑨ Reparátĭon), 보상(補償),
복권(復權) 유배지에서의 복귀(소환).
Edictum restitutionis. 복위 칙령(勅令)
(1552년 Passau 협약 이후 프로테스탄트 교회에 빼앗긴 교회 재산의 반환을
정한 Ferdinand 2세의 1629년 칙령. 백민관 신부 엮음, 백과사전 3, p.324).
restitutĭo in íntegram. 원상회복(原狀回復), 원상복구
restitútor, -óris, m. (restitutrix -icis, f.) (restítuo)
복구자(復舊者), 재건자(再建者), 복원자(復原者),
회복시키는 사람, 돌려주는 사람, 반환자(返還者).
restitutor salutis. 구원자(救援者)
restitutórĭus, -a, -um, adj. 원상회복에 관한, 환원의
resto, -stíti -áre, intr. (re¹+sto²) 머물다, 정지하다,
멈추다(תﬡ.סﬡﬡ.סﬡﬡ.בﬡﬡ), 뒤에 처지다,
거스르다, 저항(抵抗)하다, 맞서다, 완강히 버티다,
남다, **남아 있다**, 살아남다.
De vigínti restábam solus.
그 당시 스무 명 중에서 나 혼자 살아남았다/
Quid mísero mihi dénique restat?
불쌍한 나에게 결국 뭐가 남아 있느냐?/
Ubi restíteras? Ubi mi libitum est. Istuc ego satis scio.
Cur ergo quod scis me rogas? 어디서 빈둥거렸니?
나 좋을 대로. 그 정도는 나도 잘 알아.
그럼 알면서 왜 내게 묻나?.
restrícte, adv. 신중히; 인색하게, 엄격히, 엄밀히
restríctim, adv. (restríngo) 곰곰이, 치밀하게
restríctĭo, -ónis, f. (restríngo) 제한(制限), 한정,
국한, 제약, 억제, 절제, 존절(알맞게 절제함), 유보(留保).
(醫) 변비증(대변이 순조롭게 누이지 않는 증세).
restrictĭo late mentális. 광의의 의중 유보
restrictĭo mentális. 의중유보(意中留保-留保罪),
(진술.선서에서의) 진의은폐(眞意隱蔽), 심중 보류권.
restrictĭo pure mentális. 순수 의중 유보
restrictĭo sub reservationis(conditione) Jacobea.
야고보의 신심조건.
restríctum, "restríngo"의 목적분사(sup.=supínum)
restríctus, -a, -um, p.p., a.p. (restríngo)
죄어진, 졸라 매인; 좁은, 꼭 끼는, 빠듯한, 제한된,
한정된, 제약된, 신중한, 수줍은, 꺼리는, 인색한,
빡빡한, 엄한, 엄격한, 엄중한, 준엄(峻嚴)한, 엄밀한.
restrícta alvus. (醫) 변비(便秘-"변비증"의 준말).
restríngo, -strínxi -stríctum -ĕre, tr. (re¹)
졸라매다, 단단히 묶다, 붙들어 매다, 죄다, **제한하다**,
(수갑.족쇄 따위를) 채우다(תﬡﬡﬡ), 한정(국한)하다, 제약하다,
긴축하다, 억제(견제)하다, 제기하다, 죄었던 것을 풀다,
(다물었던 것을) 벌리다, 열다, 트다, 드러내다.

dentes restríngo. 이(齒)들을 드러내다/
restríctis ad terga mánibus. 두 손을 등 뒤로 묶(이)고/
restríctis labéllis. 입술을 헤벌리고/
si manus mánicis restringántur,
두 손에 수갑(手匣)이 채워진다고 하면.
restrínxi, "restríngo"의 단순과거(pf.=perfectum)
réstrŭo, -strúxi -strúctum -ĕre, tr. (re¹)
재건하다, 복구하다, 다시 일으키다, 부흥시키다.
resudátĭo, -ónis, f.
(땀.액체의) 삼출(渗出-액체가 스며서 배어 나옴), 스며 나옴.
résŭdo, -áre, (re¹) tr. 배출(輩出)하다.
intr. 땀나다, 스며 나오다, 새다, 습기가 차다.
resúlco, -áre, tr. (re¹) (보습 따위로) 거듭 고랑을 내다,
거듭 갈아엎다, (아무는 상처를) 긁어 덧나게 하다.
resultátĭo, -ónis, f. (resúlto) 되튀어 오름,
반향(反響), 울려 퍼지는 소리, 여운(원래의 운치가 다한 뒤에도
아직 가시지 않고 남은 운치), 반발(反撥-되받아 퉁김),
거부(拒否-거절), 거절(拒絶), 반항(反抗).
resúlto, -átum -áre, freq., intr. (resílio)
도로(뒤로.반동으로) 튀다, 튀어 되돌아오다,
다시 튀어 오르다, 솟구쳐 튀다, 울리다, 메아리치다,
(소리.장소가) 반향하다, (말.문체가) 토막토막 잘리다,
(발음 따위가) 짤막짤막 끊기고 딱딱하다, 거스르다,
반항(저항)하다, 결과로 생기다, …로 끝나다, 귀착하다,
메아리치게 하다, (소리를) 울리다, 울려 퍼지게 하다.
resúltum, "resílĭo"의 목적분사(sup.=supínum)
resúmo, -súmpsi -súmptum -ĕre, tr. (re¹) 다시 잡다,
도로 집어 들다, 다시 취하다(가지다), 다시 차지하다
되찾다, (힘.건강.자유 따위를) 회복하다, 다시 하다,
다시 시작(계속)하다, 속행(續行)하다, 재개(再開)하다,
(병자를) 회생(회복) 시키다.
resumo ánimam. 다시 살아나다
resumo interrúptum somnum. 깼던 잠을 다시 자다
resúmpsi, "resúmo"의 단순과거(pf.=perfectum)
resúmptĭo, -ónis, f. (resúmo) (건강의) 회복,
(병세의) 차도(差度-병이 조금씩 나아가는 정도).
(修) 중복(重複), (修) 반복(反復).
resumptívus(=resumptórĭus) -a, -um,
adj. (resúmo) 건강회복의.
resúmptum, "resúmo"의 목적분사(sup.=supínum)
resŭo, -sútum, -ĕre, tr. (re¹) 솔기를 뜯다.
(p.p.) resútus, -a, -um, (바느질한데가) 터진.
resupíno, -ávi, -átum -áre, tr. (re¹) 뒤로 젖히다,
뒤로 자빠뜨리다, 무너뜨리다, 쓰러뜨리다, 파괴하다.
capite resupináto. 고개를 뒤로 젖히고,
p.p. **resupinátus**, -a, -um,
뒤로 벌렁 나자빠진, 뒤로 구부러진.
resupínus, -a, -um, adj. (re¹) 뒤로 젖힌, 뒤로 자빠진,
반듯이 누운, 등을 바닥에 대고 누운, 고개를 젖힌,
거만한, 무른, 유약(幼弱)한, 등한(等閒)한, 무관심한.
resurgéntis, 원형 resúrgo, -surréxi -surréctum -ĕre
[현재분사의 명사적 용법. m., sg.
주격 resurgens, 속격 resurgentis, 여격 resurgenti,
대격 resurgentem, 탈격 resurgente]
Sepúlcrum Christi vivéntis, et glóriam vidi resurgéntis:
살아 계신 그리스도의 무덤과
부활하신 분의 영광을 나는 보았네.
resúrgo, -surréxi -surréctum -ĕre, intr. (re¹)
다시 일어나다(일어서다), 힘.세력을 되찾다, 다시 하다,
다시 나타나다(드러나다.열리다), 되살아나다, **부활하다**.
resurréctĭo, -ónis, f. (resúrgo) 재기, 소생(甦生-다시 살아남),
(앉았다가) 다시 일어섬, 부활(復活.⑨ resurrectĭon).
An abortivi non pertineant ad resurrectionem,
si pertinent ad numerum mortuorum. 낙태아들은 죽은
이들의 숫자에는 들어가지만 부활에는 해당하지 않는가.
(교부문헌 총서 17, 신국론. p.2828)/
De corporibus sanctorum post resurrectionem,
quæ sic spiritalia erunt, ut non in spiritum caro

R

vertatur. 부활한 성인들의 육체는 영적 육체가 되지만,
몸이 영으로 되는 것은 아니다(교부문헌 총서 17, 신국론, p.2790)/
De resurrectione carnis, quam quidam mundo credente
non credunt. 온 세상이 육신 부활을 믿는 데도 더러는
여전히 믿기를 거부한다(교부문헌 총서 17, 신국론, p.2828)/
Et exspecto resurrectionem mortuorum et vitam venturi
sáeculi. Amen.(영 and I look forward to the resurrection
of the dead and the life of the world to come. Amen.
죽은 이들의 부활과 내세의 삶을 기다리나이다. 아멘/
Huius postrema denique mysterii significatio accidit die
Resurrectionis(영 The definitive expression of this
mystery is had on the day of the Resurrection)
이 신비는 부활 날에 결정적으로 드러났습니다/
In octavo, resurrectiónis est plenitúdo. 여드레 째 날에
부활의 충만함이 있다(가톨릭 사상 제7집, p.155)/
negatores et dubitatores resurrectionis.
부활을 부인하고 의심하는 자들/
Primæ Resurrectionis testes(영 First witnesses of the
Resurrection) 부활의 첫 증인들/
Quæ sit prima resurrectio, quæ secunda. 첫째 부활은
무엇이며 둘째 부활은 무엇인고.(교부문헌 총서 17, 신국론, p.2820)/
Quare ergo venit in carne? Quia oportebat nobis ostendi
spem resurrectionis. 그런데 왜 사람의 몸으로 오셨습니까?
우리에게 부활의 희망을 보여 주셔야 했기 때문입니다.
(최익철 신부 옮김. 요한 서간 강해, p.299)/
Quid respondendum sit eis, qui putant resurrectionem
ad sola corpora, non etiam ad animas pertinere.
부활은 영혼 말고 육체에만 해당한다는 사람들에게
뭐라고 대답할 것인가.(교부문헌 총서 17, 신국론, p.2820).

Resurréctio Carnis. 육신의 부활.
(그리스도의 재림 시에 죽었던 사람들이 육신과 영혼이 결합된 상태에서 다시
일어나 천상 생명으로 들어가 구원이 완성된다는 그리스도교의 교리).

Resurrectio Christi* (영 Resurrectíon of Christ)
예수 그리스도의 부활.

resurréctio corpóris. 육신의 부활

Resurrectio Domini. (영 Easter Vigil.獨 Osternacht)
부활 성야(Vigilia paschalis). 부활 전야.

Resurrectio mortuorum(영 Resurrectíon of the dead).
죽은 이들의 부활.

resurrectiónis in morte. 죽는 순간의 부활

resurrectiónis negátores. 부활을 부인하는 자들

resurréctum, "resúrgo"의 목적분사(sup.=supínum)

rĕsurrectúrus,
"resúrgo"의 미래분사(p.fut.=particípium futúrum).

resurrexi, "resúrgo"의 단순과거(pf.=perfectum)

resurrexit, 원형 resúrgo, -surréxi -surréctum -ĕre, intr.
[직설법 현재파생. 단수 1인칭 resurréxi, 2인칭 resurrexisti, 3인칭 **resurrexit**.
복수 1인칭 resurreximus, 2인칭 resurrexistis, 3인칭 **resurrexerunt**]

Resurrexit Dominus vēre Halleluijah!
주님 참으로 부활하셨도다 알렐루야!

resuscitátio, -ónis, f. (resúscito) 소생시킴, 부활시킴,
부활(復活.영 resurrectíon), 소생(甦生-다시 살아남).

resuscitátor, -óris, m. (resúscito) 소생(부활)시키는 자

resúscito, -ávi, -átum -are, tr. (re¹)
되살아나게 하다, 소생(蘇生)시키다, 부활시키다.
다시 일으키다, 재건(再建)하다, 새로워지게 하다.

retábulum, -i, n. (re¹+tábula) 제대(祭臺) 뒤편의 장식 벽

retálio, -ávi, -átum -áre, tr. (re¹+tálio) 똑같은 방법으로 보복하다(גמר),
앙갚음하다(גמר), 동태복수법(同態復讐法)을 적용하다.

retardátio, -ónis, f. 지체(遲滯-때를 늦추거나 질질 끎),
지연(遲延-오래 끎), 늦어짐, 머뭇거림.

retárdo, -ávi, -átum -áre, tr., intr. (re¹) (영 delay, hold up)
지연(지체)시키다, 늦어지게(더디어지게) 하다,
억제(抑制)하다, 저지하다, 못하게 하다, 막다,
방해(妨害)하다, 늦어지다, 처지다, 지체하다(נמגמ).
Quod privatus amor a summo bono maxime retardat.
사사로운 사랑은 최상선을 얻는 제일 큰 방해임.

retáxo, -áre, tr. (re¹) 트집 잡다, 맞받아 비난하다

rēte, -is, n. (=retis, -is, f.) 그물, 새그물, 사냥그물,

어망(漁網), ((解) (신경섬유.혈관 따위의) 망,
망상조직(網狀組織-림프절, 지라의 내부나 골수 따위에서 볼 수
있는 특수 형태의 결합조직. 가는 망상(網狀)으로 둘기를 가진 세포가 그
둘기끼리 서로 결합하여 있다), 계략(計略), 모략, 올가미.
At illi continuo, relictis retibus, secuti sunt eum.
(영 At once they left their nets and followed him)
그러자 그들은 곧바로 그물을 버리고 예수님을 따랐다/
In verbo Tuo laxabo rete. 스승의 말씀대로 그물을
치리이다(제4대 전주교구장 한공렬 베드로-1939.6.24. 수품-주교 사목표어)/
Mittite in dexteram navigii rete, et invenietis. 그물을 배
오른쪽에 던져라. 그러면 고기가 잡힐 것이다(요한 21. 6)/
Quæ nimis appárent rétia, vitat avis.
너무 노골적인 그물은 새가 피해 달아난다.

rete acromiále. (解) 견봉동맥망

rete canális hypoglóssi. (解) 설하신경관정맥망

rete foráminis ovális. (解) 난원공정맥망

rete testis. (解) 정소망(精巢網)

retectum, "rétěgo"의 목적분사(sup.=supínum).

rétěgo, -téxi -téctum -ĕre, tr. (re¹) 벗기다(גלה,קלף,פשׁט),
덮개를 치우다, 드러나게 하다, 열다(פתח,חמד),
(칼을 칼집에서) 빼다, 폭로하다, 드러내다, 누설하다,
(비밀.계획 따위를) 밝히다, 적발하다, 다시 덮다.가리다.
dentes retécti. 드러난 이빨들.

retego thecam. 상자를 열다

retémpto = reténto² -ávi, -átum -áre, tr.

reténdo, -téndi -ténstum(-téntum) -ĕre, tr. (re¹)
늦추다, 느슨하게 하다, 누그러뜨리다, (긴장을) 풀다.

retentátor, -óris, m. (retentátrix, -icis, f.) (reténto¹)
불법 점유자(不法 占有者), 소지자(所持者).

reténtio, -ónis, f. (retíneo) 억제(抑制), 제동(制動),
만류(挽留), 보존, 유지(維持), 보유(가지고 있음), 보류,
압류(押留-국가 기관이 채무자의 재산의 사용이나 처분을 금함.
또는 그 행위), 감금(監禁), ((醫)) 정체(停滯), 분비폐지.

retentio urínæ. 폐뇨(閉尿), 요폐(尿閉)

reténto¹ -ávi, -átum -áre, tr., freq. (retíneo)
(…못하게) 붙잡다, 만류하다, 정지시키다, 제동을 걸다,
붙잡아(머물러.숨겨) 두다, 차지하다(חסה), 점유하다,
(분노 따위를) 꾹 참다, 억누르다, 억제하다, 보존하다,
유지하다(סבר,תרס,רטנ), 지탱하다, 존속시키다.
cœlum a terris retento. 하늘을 땅에서 떨어져 있게 하다/
retento frena. 고삐를 잡아당기다.

reténto² -ávi, -átum -áre, tr. (re¹+tento)
다시 해보다, 다시 시도(시험)하다, 다시 손잡다.잡다.

reténtor, -óris, m. (retíneo)
속박자(束縛者), 꼼짝 못하게 붙잡는 자.

retentórius, -a, -um, adj. (retíneo) 제지하는, 견제하는

retentum, "reténdo"의 목적분사(sup.=supínum),
"retíněo"의 목적분사(sup.=supínum).

reténtus, -a, -um, p.p. (reténdo, retíneo)

retérgěo, -térsi -ĕre, tr. (re¹+)
닦다, 씻다(חמר,חלם), 청소하다, 깨끗하게 하다.

rétěro, -trítum -ĕre, tr. (re¹+) 몹시 닳게 하다,
마모되게 하다, 제로 치다, 키질하다, 까부르다.

rétěxi, "rétěgo"의 단순과거(pf.=perfectum),
"retéxo"의 단순과거(pf.=perfectum).

retéxo, -xŭi(-xi) -xtum -ĕre, tr. (re¹+)
(짜놓은 피륙의 올을) 도로 풀다, 분해(分解)하다,
해체시키다, 다시 줄어들게(작아지게) 하다, 망쳐놓다,
몰락(沒落)케 하다, 수포(水泡)로 돌아가게 하다.
공든 탑을 무너뜨리다, 철회(취소)하다,
(말.글 따위를) 수정(정정)하다, 다시 짜다(뜨다.엮다),
다시(거듭.새로) 하다, 반복하다(חנה,שׁנה),
다시 이야기하다, (왔던 길을) 되돌아가다.

retextum, "retéxo"의 목적분사(sup.=supínum)

rétěxui, "retéxo"의 단순과거(pf.=perfectum)

rétĭa, -æ, f. 그물

retĭa rara. 코가 큰 그물

retiáculum, -i, n. (rete+jáculum)

그물, 투망(投網), 그물처럼 생긴 것, 철망(鐵網).
retiális, -e, adj. (rete) 그물의
retiárĭus, -i, m. (rete)
  (삼지창과 그물을 가지고 싸우던) 투망 검투사(gladiátor).
  Contra retiárium férula.(속담.바늘로 몽둥이 막는다)
  회초리로 투망 검투사와 대항(對抗)하다.
retiátus, -a -um, adj. (rete) 창살 있는, 창살로 된, 격자의
reticenda, -órum, n., pl. 비밀로 해야 할 것, 비밀(μυστήριον).
reticéntĭa, -æ, f. (retíceo) 침묵(⑨ Silence), 할 말을 안 함.
  묵비(黙秘)-비밀로 하여 말하지 않음, 언급하지 않음.
  (修) 돈절법(頓絶法). (修) 묵설법(黙說法).
retíceo, -cŭi -ére, intr., tr. (re¹+táceo) 침묵하다,
  아무 말(대답)도 하지 않다, 묵비(黙秘)하다,
  아무 소리도 나지(내지) 않다, 비밀로 하다,
  (진실 따위를) 숙기다(그꼬.חסה.כסה.כחד),
  겉으로 드러내지 않다. n., pl. reticenda, -órum.
reticuláris, -e, adj. (rete) ((解)) 그물모양으로 된, 망상의.
reticulátim, adv. (retículum) 그물처럼
reticulátus, -a, -um, adj. (retículum) 그물 모양으로 된, 격자로 된, 방안조직(方眼組織)의.
retículum, -i, n. (=reticulus, -i, m.) dim. (rete)
  코가 작은 그물, 망태기, 그물처럼 엮은 작은 자루.
  (소녀들의) 공놀이 망태기(그물모양의 자루),
  (남자들의) 공놀이 라켓(⑨ racket), 모기장, 격자.
  (動) 봉소위(蜂巢胃-반추동물의 제2위). (植) 망상섬유(網狀纖維).
  (解) 망상조직(網狀組織), 세망(細網).
Reticulus. 노아 방주에 대한 논설(성 Victor 지음)
retícus, -a, -um, adj. (rete)
  망태기의, 그물모양으로 된 자루의.
rétĭfex, -fĭcis, m. (rete+fácio) 그물 만드는 사람
retifórmis, -e, adj. (rete+forma) 그물모양의 망상의
retína, -æ, f. (rete) ((解)) 망막(網膜).
  (안구眼球의 가장 안쪽에 있는, 시신경視神經이 분포되어 있는 막).
retinácŭlum(=retinaclum) -i, n. (retíneo) (주로 pl.)
  잡아(얽어) 매는 것, 끈, 밧줄, 새끼; 사슬: 고삐, 닻줄.
  기반(羈絆), 반연, 인연, 연줄, 유대(⑨ Solidárity).
  Víncula abrumpit equus. 말이 고삐(줄)를 끊어버린다 한다.
rétĭnens, -éntis, p.prœs., a.p. (retíneo)
  보존하는, 유지하는, 견지하는, 고수하는, 충실히 지키는.
retinéntĭa, -æ, f. (retíneo) 추억, 기억에 머물러 둠
retíneo, -nŭi -téntum -ére, tr. (re¹+téneo) 잡다
  놓지 않다, 붙잡다(תמך.חזק.אחז.חזק), 붙들다.
  못 가게 하다, 머물러 있게 하다, 가두다, 차지하다,
  점유하다, 단속하다, 검잡다, 제지하다, 말리다,
  못하게 막다, 보존하다, 유지하다(כבש.עבד),
  견지하다, 간직하다, 지키다(נצר.שמר.רצ.רטר),
  고수(固守)하다, 확보하다, 기억하고 있다, 생각나다.
  Fortúnam citius repéries quam retíneas.(Publilius Syrus.)
  행운을 붙들기보다는 보다 빨리 차지하도록 하라!/
  memóriam alcjs rei retineo. 무엇을 오래도록 기억하다.
  memóriam retineo alqd.
  무엇을 오래도록 기억(記憶)하다(잊지 않다).
retinítis, -tĭdis, f. (rétina) (醫) 망막염
retínnĭo, -íre, intr. (re¹+) (소리가) 다시 울리다
retínŭla, -æ, f. dim. (rétina) ((解)) 망막세포
retíŏlum, -i, n. dim. (rete)
  작은 그물, 머리에 쓰는 망사(網紗).
retis, -is, f. (=rête, -is, n.)
rétŏno, -áre, intr. (re¹+) 메아리치다
retónsus, -a, -um, p.p. (re¹+tóndeo)
  (곡식을) 다시 벤.깎은.
rĕtĭnui, "retíneo"의 단순과거(pf.=perfectum)
retórpĕsco, -ĕre, inch., intr. (re¹+)
  마비되다, 감각이 없어지다.
retórquĕo, -tórsi -tórtum -ére, tr. (re¹+) 뒤로 돌리다,
  뒤틀다, 비틀다; 비비꼬다, 휘감다, 되밀다; 몰아내다.
  물리치다, 같은 길로 되돌아들다. 다른 데로 돌리다.
retórrĭdus, -a -um, adj. (re¹+) 바싹 마른,

(햇볕 따위에) 타버린, 말라비틀어진, 시들어진,
쪼그라진, 쭈글쭈글해진, 서리 맞은, 잔뜩 찌푸린,
까다로운, 교활한, 약아빠진, 맹랑한.
retórsi, "retórquĕo"의 단순과거(pf.=perfectum)
retórtum, "retórquĕo"의 목적분사(sup.=supínum)
rĕtóstus, -a, -um, ""의 과거분사(p.p.)
retractátĭo, -ónis, f. (retrácto) 추억(追憶), 회상(回想),
  (의견 따위의) 철회. 取消(지우거나 물러서 없앰), 수정(修正).
  정정(訂正-잘못을 고쳐 바로잡음), 주저(躊躇-머뭇거리거나 나아
  가지 못하고 망설임), 망설임, 거리낌, 거절, 기피(忌避).
  (修) 다른 뜻으로 하는 같은 말의 반복, 재론(再論).
  sine retractatióne. 망설이지 않고, 서슴지 않고, 거침없이.
Retractátĭones. 재론(再論), 재논고(再論考)(아우구스티노 지음)
retractátor, -óris, m. (retrácto)
  거절(기피.회피)하는 사람, 반복자, 재검토자(再檢討者)
retractátus¹ -a, -um, p.p., a.p. (retrácto)
  고친, 정정한, 수정한.
retractátus² -us, m. (retrácto)
  (새삼스러운) 검토, 반복된 조사, 주저(躊躇), 망설임.
retráctĭo, -ónis, f. (rétraho) 뒤로 물러남, 움츠러듦,
  오므라듦, (윗 계단이 아래 계단에서) 드티어진 간격(넓이),
  덜어냄, 감축(減縮), 단축(短縮), 회수, 철회(撤回),
  거절, 주저(躊躇-머뭇거리거나 나아가지 못하고 망설임), 망설임.
retrácto, -ávi -átum -áre, tr.
  1. (re¹+) 다시 잡다(들다), 다시 건드리다, 다시 다루다,
    다시 손질하다.매만지다, 다시 살펴(훑어)보다,
    다시 점검하다, 재검토하다, 다시 생각하다.
    돌이켜 생각하다, (기억을) 새롭게 하다, 정정하다,
    (말글 따위를) 뜯어고치다, (법을) 개정(改正)하다.
  2. (retrécto로도 쓰는 수 있음) freq. (rétraho)
    뒤로 물러서다, 버티고 나아가지 않다, 하기 싫어하다,
    거절하다, (말.약속.주었던 것 따위를) 철회하다,
    취소(取消)하다, (가치.평판 따위를) 깎아 내리다,
    헐뜯다, 비난(非難)하다.
retráctum, "rétrăho"의 목적분사(sup.=supínum)
retráctus¹ -a, -um, p.p., a.p. (rétraho)
  물러 선, 멀리 있는, 후퇴한.
retráctus² -us, m. (rétraho) 뒤로 끌어당김
retrádo, -ĕre, tr. (re¹+) 돌려주다, 반환(返還)하다
rétrăho, -tráxi, -tráctum, -ĕre, tr. (re¹ +) 1. [alqm,
  alqd-ab abl.; an acc.] 뒤로 끌어(잡아) 당기다, 뒤로
  물러서게 하다, 되돌아가게(오게) 하다; 움츠리다;
  끌어내다: retraho pedem. 뒷걸음질 치다/ se retraho.
  뒤로 물러서다/ ab eo (convíctu) se retraho. 연회석
  에 빠지다. 2. (도망자를) 붙잡아 끌어오다. 3. [alqm
  ab abl.] 떠나게 하다, 멀어지게 하다, 그만두게 하다.
  4. [alqm(alqd) ab, ex abl.] 구출(救出)하다, 건져내다.
  면하게 하다. 5. [alqm in acc.] 복귀시키다, (이전
  지위로) 회복시켜 주다. 6. [alqm in, ad acc.] …로
  전환시키다, 바꾸게(되게) 하다. 7. [refl.] se retraho.
  회피(回避)하다, 발뺌하다, 신의를 지키지 않다.
  8. (하던 이야기를 미덥지 않은 사람이 와서) 걷어치우다,
  중단하다. 9. (능력 따위를) 다 발휘하지(드러내지) 않다.
  10. [alqd-ex abl., ad acc.] 줄이다, 축소(縮小)하다,
  단축하다. 11. [alqd ad, in acc.] …로 다시 끌어내다.
  12. [alqd-ad acc.] 다시 끄집어내어 쓰다, 재활용하다.
                   (라틴-한글사전. p.784~785).
retránsĕo, -íre, intr., tr. (re¹+)
  다시 지나가다, 다시 넘어가다.
retransítĭo, -ónis, f. (retránseo) ((文法)) 재귀(再歸)
rĕtraxi, "rétrăho"의 단순과거(pf.=perfectum)
retrécto V. retrácto, -ávi, -átum -áre, tr.
retríbŭo, -bŭi -bútum -ĕre, tr. (re¹+) 돌려주다, 반환하다,
  갚다(שלם), 보답하다, 보수를 주다, 답례(答禮)로 주다.
  응분의 상(벌)을 주다, 앙갚음하다(נקם), 보복하다(נקם).
  justítia est æquitas jus cuique retríbuens pro dignitate
  cuiúsque. 정의는 각자의 품위에 따라 각자에게
    자기 것을 돌려주는 행위/

R

Quid retribuam Domino pro omnibus, quæ retribuit mihi?
주님께서 제게 베푸신 은혜, 제가 무엇으로 갚으리이까.

retribútĭo, -ónis, f. (retríbuo) 갚음, 보답, 응보(應報),
포상(褒賞), 보수, 상(받음), 임금(⑨ Salary/Wage-노임勞賃).
De justitia retributionis, quam primi homines pro sua
inobœdientia. 원조가 자신들의 불순종으로 받은 응보의
정당함.(교부문헌 총서 17, 신국론. p.2792).

Retributio Divina æterna. 하느님의 영원한 보상

retribútor, -óris, m. 보답자, 응보자, 포상자(褒賞者)

retriméntum, -i, n. (rétero) 찌꺼기, 재강(술을 거르고 남은
찌끼), 잔재(殘滓-나머지 찌꺼기), (금속의) 쇠똥, 배설물.

retritúro, -áre, tr. (re¹+)
탈곡하다, 곡식을 말끔히 떨다, 다시 빻다.

retrítus, -a, -um, p.p. (rétero) 닳아빠진

rĕtro, adv. 1. (장소적) 뒤로, 뒤에, 뒤편에, 뒤에서,
vestigia retro legĕre. 뒤에서 발자취를 따라가다/
retro respícere. 뒤돌아보다. retro pónere. 경시하다.
(de, a와 함께 쓰는 수도 있음) ante et a retro.
앞뒤에서. 2. (시간적) 과거로 거슬러 올라가, 소급하여,
지난날에 (있은): quodcúmque retro est, 지나간 것은
무엇이나. 3. 거슬러, 역행하여: 거꾸로, 반대로, 반대
방향으로, retro vívere. 다른 사람들과 반대로 살다.
4. 도로, 되돌려. 5. (간혹 prœp. c. acc.) 뒤에, 후면에.
inhíbeo retro navem. 배를 저어 뒤로 가다.

Retro tabula. (제단 뒤) 장식벽[제대 뒷벽에 장식 용도로 설치한
툭 튀어나온 대(臺)나 판자 틀. 튀어나온 대(臺)는 'gradine'라고 하며 판자 틀
형식으로 된 것을 'reredos'라고도 한다. 백민관 신부 엮음. 백과사전 3, p.327].

retroáctĭo, -ónis, f. (retroágo) 반동(反動), 반작용.
((法)) (법적 효력의) 소급(遡及).

retroactum, "retróágo"의 목적분사(sup.=supínum)

retróágo, -égi -áctum -ĕre, tr. (retro+) 뒤로 밀어 보내다.
후퇴(후진)시키다, 역행시키다. (분노를) 가라앉히다.
(순서를) 거꾸로 하다, 전도시키다. 위치를 바꿔놓다.
뒤에서부터 거슬러 올라가다.
capíllos retroago. 머리를 뒤로 빗어 넘기다.

retrocédo, -céssi -céssum -ĕre, intr. (retro+cedo²)
물러가다(ἀνεχωρείν), 후퇴하다, 되돌아가다.

retrocéssĭo, -ónis, f. (retrocédo) 후퇴(後退), 후진(後進)

retrocéssus, -us, m. (retrocédo) 후퇴, 후진, 되돌아감

retrodúco, -dúxi -dúctum -ĕre, tr. (retro+)
도로 데려오다, 되돌아오게 하다.

rĕtroégi, "retróágo"의 단순과거(pf.=perfectum)

retróĕo, -íre, intr. (retro+eo³)
뒤로 가다, 되돌아가다, 뒷걸음질하다.

retroflécto, -fléxi, -fléxum, -ĕre, tr. (retro+)
뒤로 구부리다, p.p. **retrofléxus,** -a, -um, 뒤로 굽은(휜).
(醫) 반굴(反屈)…, 후굴(後屈)….
(音聲) 혀끝이 올라가 꼬부라진 (소리).

retrogradátĭo, -ónis, f. (retrógrado)
뒷걸음질, 역진(逆進-반대 방향으로 나아감), 퇴보, 퇴화,
(뒤로 가는 것처럼 보이는 혹성의) 역행(逆行).

retrográdior, (-dĕris, -dítur) -gréssus sum -grádi,
dep., intr. (retro+) 뒤로 가다, 뒷걸음질하다.
뒤로 물러가다, 후퇴(後退)하다, 되돌아가다.
역행(逆行)하다, 퇴화(退化)하다, 퇴보(退步)하다.

retrógrádis, -e, adj. (retrógradus) 되돌아가는, 후퇴하는

retrógrádo, -áre, intr. (retrógrados)
뒷걸음질하다, 역진(逆進)하다, 후퇴하다.

retrogradus, -a, -um, adj. (retrográdior)
뒷걸음질하는, 역행(역진)하는, 되돌아가는.

retrogréssus, -us, m. (retrográdior) 역행(운동),
역진(逆進-반대 방향으로 나아감), 후진(後進), 뒤로 돌아감.

retrólĕgo, -ĕre, tr. (retro+lego²)
해안선(海岸線)을 끼고 되돌아 항해(航海)하다.

retrorsum(=retrorsus¹) adv. (retro+versum)
뒤로, 뒤로 향하여, 뒤로 돌아, 뒤로 거슬러 올라가,
소급하여, 거꾸로, 역(逆)으로, 반대로; 도로.

retrorsum redíre. 뒷걸음질 치다(retraho pedem)

retrorsus² -a, -um, adj. (retrovérsus²)
뒤로 향한, 뒤로 돌이킨, 이전의, 오래된.
sæpe retrórsa respíciens. 그 여자는 가끔 뒤돌아보면서.

retrospéctĭo, -ónis, f. (retrospício) 추억(追憶), 추상,
회고(回顧-지난 일을 돌이켜 생각함), 회구(懷舊).

retrospectívus, -a, -um, adj. (retrospício)
과거를 돌이켜보는, 회고하는, 과거(사)에 대한.

retrospício, -cĕre, tr. (retro+spécio) 뒤를 돌아보는.
(실제로는 p.prœs. -spíciens가 보일 뿐임).

retroversim, adv. (retrovérsus²) 뒤로, 반대방향으로.
(=retroverso, retroversum, retroversus¹)

retrovérsus² -a, -um, p.p. (retrovérto) 뒤로 향한,
뒤로 돌아선, 반대로(거꾸로.역으로) 된.

retrovérto, -ti, -vérsum, -ĕre, tr. (retro+)
뒤로(반대방향으로) 돌려놓다.

retrúdo, -trúsi -trúsum -ĕre, tr. (re¹+)
뒤로 밀치다, 뒤로 떼밀다, 밀쳐 넣다.
in metállum retrudéndus. 광산 중노동에 처해야할 죄인.

retrúsi, "retrúdo"의 단순과거(pf.=perfectum)

retrúsum, "retrúdo"의 목적분사(sup.=supínum)

retrúsus, -a, -um, p.p., a.p. (retrúdo)
(흔히 abditus와 함께 씀)
멀리 밀려난, (눈앞에서) 치워버린, 숨겨진, 감추어진.

ré(t)tŭli, "réfero"의 단순과거(pf.=perfectum)

rétŭdi, "retúndo"의 단순과거(pf.=perfectum)

rétŭli, "réfero"의 단순과거(pf.=perfectum)

retúndo, rétŭdi -tú(n)sum -ĕre, tr. (re¹+)
(끝.날을) 무디게 하다, 세력을(기세를) 꺾다, 억제하다,
둔화(약화)시키다, 눌러놓다. 가라앉히다, 가시게 하다.
linguas Ætólórum retundo. Ætólia인들을 침묵케 하다.

retú(n)sum, "retúndo"의 목적분사(sup.=supínum)

retú(n)sus, -a, -um, p.p., a.p. (retúndo) **무딘,** 둔화된,
약화(弱化)된, 희미해진, 두들겨 맞은, 두들겨 맞은.

reúnĭo, -ónis, f. (re¹+unio²) 재결합, 재통합
reunio ecclesiárum. 교회 통합운동, 이단교파의 복귀운동.

rĕus, -i, m.(=rĕa, -æ, f.) 쟁송(爭訟)의 양쪽 당사자,
소송의 원고.피고, 채무자: 약속이행의 의무가 있는 사람,
피의자(범죄의 혐의는 받고 있으나 아직 기소되지 않은 사람. 용의자),
채무자, **범인**(犯人), 죄인(ἁμαρτωλὸς,⑨ sinner),
피고(被告.⑨ defendant.獨 Beklagte), 기소된 사람,
(잘못에 대해) 책임 져야 할 사람, 탓이 있는 사람.
Absente reo, judex causam non cognoscere potuit.
피고가 궐석 하였으므로 재판관은 사건을 심리할 수
없었다(non cognoscere potuit = non potuit cognoscere)/
alqm reum fácere(ágere) 아무를 기소(고소)하다/
de vi reus. 폭력범(暴力犯)/
Non debet actori licere, quod reo non permittitur.
피고에게 허락되지 아니하는 것은
원고에게 허가되지 말아야 한다/
rea ex animam. 영혼 바깥 사물/
voti reus. (신에게 대한) 서원이행의 의무가 있는 자.

reus impietátis. 불경죄인(不敬罪人)

reus levius punitus, quam sit ille promeritus.
자기 죄상(罪狀)에 비해 가벼운 벌을 받은 죄인.

reus mortis. 죽일 죄인

**Reus non accusatus et judicatus, damnari a nullo
poterit.** 고발당하지도 않고 (유죄)선고를 받지도 않는 한,
혐의자는 어느 누구한테서도 단죄 받을 수 없다.[어느
누구한테서도 유죄한 사람(reus)으로 단죄 받을 수 없다].
[nisi… et…(erit)의 속문으로 간주할 수도 있음. non…et… = non… nec.
성 염 지음. 고전 라틴어, p.203].

reus punitus. 처벌된 죄인

Rerus qui est falsus in uno, falsus in omnibus.
한 가지 사안에서 거짓말을 한 죄인은
모든 일에 거짓말을 할 수 있다.

Reus sequitur fórum actóris.
피청구인이 청구인의 법원을 따른다.

revalésco, -lŭi -ĕre, inch., intr. (re¹+) 치유(治癒)되다,

R

(아무가) 병이 낫다(אסא.אסֹ), 건강을 되찾다,
원상으로 복구(회복)되다, 힘(세력)을 회복하다.
ex capitáli morbo revalesco. 죽을병에서 살아나다.
revalui, "revalésco"의 단순과거(pf.=perfectum)
revécto, -áre, freq., tr. (réveho)
다시 운반하다, 다시 실어(태워) 가다.
revectum, "révĕho"의 목적분사(sup.=supínum)
révĕho, -véxi -véctum -ĕre, tr. (re¹+)
(말.수레.배 따위에) 태워 도로 데려가다,
싣고 돌아가다(오다),
(이야기로 사람을) 이끌고 과거로 거슬러 올라가다,
(명성 따위를) 지니고 돌아오다.
pass. révehi. 타고 돌아가다(오다).
Revela ad Dominum viam tuam et spĕra in eum.
네 길을 주께 드러내고 그를 믿어라.
revelátæ veritátis perceptĭo. 계시 진리의 이해
revelátĭo, -ónis, f. (revélo) 드러냄(⑨ Manifestátĭon),
드러냄, 노출, 나타남, 폭로(暴露), 공개, 누설(漏泄),
계시(Ἀποκαλυψις,獨 Offenbarung.⑨ revelátĭon),
천계(天啓-천주님의 계시), 묵시(黙示).
Argumenta Revelátĭonis(⑨ Arguments of Revelátĭon).
계시의 내용/
Hæc revelationis oeconomia fit gestis verbisque
intrinsece inter se connexis. 이 계시의 계획은 업적과
말씀이 서로 긴밀히 연결되어 실현 된다/
Multis gentílĭum facta fuit revelátĭo.
계시는 수많은 이교인들에게도 주어져 있다/
Normæ de modo procedendi in diudicandis præsumptis
apparitionibus ac revelationibus.
추정된 발현이나 계시의 식별 절차에 관한 규범/
Nullus novit Deum esse nisi per revelationem.
인간은 아무도 계시에 의하지 않고는
신이 존재한다는 것을 알지 못 한다/
Symphonia armonie cælestum revelationum.
천상 계시 조화의 교향곡(Hildegard 1098～1179.9.17. 지음)/
Transmíssĭo Revelátĭo(⑨ Transmíssĭo of Revelátĭon).
계시의 전달.
Revelátĭo activa. 능동적 계시
Revelátĭo Dei(⑨ Revelátĭon of God). 하느님의 계시
Revelátĭo Dei sub contrário.
상반 속에서의 하느님 계시(가톨릭 사상 제3집, p.114).
Revelátĭo Dei ut Trinitátis.(⑨ Revelátĭon of God as
Trinity) 삼위일체이신 하느님께 대한 계시.
Revelátĭo generalis. 일반적 계시
Revelátĭo immediata. 직접 계시
Revelátĭo in historia salutis(⑨ Revelátĭon in the History
of Salvátĭon). 구원 역사에서 계시.
revelátĭo magna. 위대한 계시
Revelátĭo mediata. 간접 계시
revelátĭo naturális(impropria) 자연적(비본래적) 계시
Revelátĭo objectiva. 객관적 계시
revelátĭo particuláris. 구체적(특수) 계시
Revelátĭo passiva. 수동적 계시
revelátĭo primitiva(獨.Uroffenbarung). 원시적 계시
revelátĭo principális. 원초적 계시(prima revelátĭo)
revelátĭo privata(⑨ private revelátĭon). 사적계시
Revelátĭo publica. 공적 계시
Revelátĭo reverata. 드러난 계시
revelátĭo speciális. 특별한 계시, 특별 계시
revelátĭo supernaturális. 초자연적 계시
Revelátĭo universalis. 보편적 계시
Revelátĭo virtualis. 잠재적 계시
revelátor, -óris, m. (revélo) 드러내는 사람, 계시자
revelatórĭus, -a, -um, adj. (revélo)
드러내는, 계시의, 계시하는.
revelli, "revéllo"의 단순과거(pf.=perfectum)
revéllo, -vélli(간혹 -vúlsi) -vúlsum(-vólsum) -ĕre, tr.
(re¹+) 빼내다, 뽑아내다, 뜯어(찢어)내다, 떼어내다,

파내다, 파헤치다, 절개하다, 쳐부수다, 파괴하다,
제거하다, 뽑아버리다, 근절시키다, 말살(抹殺)하다,
(signa) 군기를 걷고 군대를 이동시키다.
revélo, -ávi, -átum -áre, tr. (re¹+)
(가린 것.덮개 따위를) 벗기다(אלגּ,אלגּ,),
드러나게 하다, 노출시키다, 까발리다, 드러내다,
나타내다(φαίνω), 정체를 밝히다, 적발하다,
계시하다, (비밀 따위를) 알려주다.
(aurem, aurículam) 몰래 일러주다.
revéndo, -dĭdi -ĕre, tr. (re¹+) 다시 팔다, 전매하다
revénĕo, -ĭi -íre, intr. (re¹+) 다시 팔리다
reveni, "revénĭo"의 단순과거(pf.=perfectum)
revénĭo, -véni, -véntum, -íre, intr. (re¹+)
다시 오다, 돌아오다(בוש).
revéntus, -us, m. (revénĭo) 다시 돌아옴, 귀환(歸還)
reverá(re verá), adv. (res+verus)
참으로, 정말, 사실로, 과연(果然), 실제로는.
Revera nescimus quid vere velimus.
(⑨ We do not know what we would really like).
우리는 우리가 정말 무엇을 바라는지 모릅니다.
revérbĕro, -ávi, -átum -áre, tr. (re¹+) 튀어 돌아가게 하다,
맞부딪쳐 되밀려가게 하다, 튀겨 돌려보내다,
(가로 막힌 뿌리를) 굴절시키다, 반사시키다, 물리치다,
배척(排斥)하다, 반격하다. pass. 튀어 돌아오다.
Revĕrende Pater, placeat tibi dáre mihi nunc librum.
(=Pláceat Reveréndo Patri dare mihi nunc librum.
공경하올 신부님, 이 책을 저에게 주십시오.
Reverendissimi ac reverendi patres: placetne vobis
proximam futuram sessionem celebrari die iovis,
feria quinta post primam dominicam subsequentis
quadragesimæ, quæ erit dies tertia mensis martii?
[Responderunt: placet] 지극히 존경하올 교부들이여,
다가오는 사순 제1주일 바로 다음 목요일인 3월 3일에
다음 회기를 거행하는 데에 찬성하십니까?
[그들은 대답하였다: 찬성합니다].
Reverendissimus Pater. 수도원장
reveréndus, -a, -um, adj. (gerundív. revéreor)
경외할, 존엄한, (R-) 성직자에 대한 존칭,
(略) Rev.:고위 성직자에 대해서는 최상급으로 씀, (略) Rev. mus.
Excellentíssimus ac Reverendíssimus Dóminus.
지극히 존귀하신 주교 각하.
Revĕrendus Dóminus(Pater) 존경하올 신부님
révĕrens, -éntis, p.præs., a.p. (revéreor) 경의를 표하는,
공경(존경) 하는, 정중한, 공손한, 존엄한.
adv. **reverénter.**
공경하는 태도로, 경의를 표하며, 정중하게, 공손하게.
puélla paréntum suórum revĕrens.
자기 부모에게 공손한 소녀/
sermo erga *alqm* revĕrens.
아무에게 대하여 정중하게 한 연설(말).
reveréntĭa, æ, f. [revéreor] 1. [absol.; gen.; erga,
adversus acc.] 경외심(敬畏心), 공경(恭敬.⑨ Worship),
존경(尊敬.⑨ Respect), 경의(敬意-존경의 뜻); 정중(鄭重-
태도나 분위기가 정겹고 엄숙함), 공손(恭遜-예의가 바르고 겸손함).
reveréntiam præstáre *alci*. 누구에게 경의를
표시하다/ (웃사람에 대한 비판.반대 따위의 실례를
무릅쓸 경우의 양해 요청) salvá revéntĭa. 대단히
외람 된 말씀이오나. 2. (존경받을 만한) 귀하(貴下);
[R-] (서한 따위에 쓰이는 성직자에 대한 경칭)
R- Vestra (직접호칭으로서의) 신부님/ Sua R- (간접
호칭으로서의) 신부님. 3. (여러 가지 외부적 행위로서의)
경례(敬禮). 4. (아랫사람에 대한) 배려(配慮), 염려,
하념(下念-윗사람이 아랫사람을 염려하여 줌. 또는 그런 염려를 아랫
사람이 높여서 이르는 말. 주로 편지에서 많이 쓴다); 체면 살려줌,
존중(尊重). 5. 두려움, 용기가 선뜻 나지 않음.
6. 위압(威壓), 존엄(尊嚴). 7. 수치심(羞恥心-부끄러움을
느끼는 마음), 염치(廉恥-체면을 차릴 줄 알며 부끄러움을 아는 마음).
Ad reverentiam vobis loquor. 나는 여러분을 부끄럽게

하려고 이 말을 합니다.(이연학 최원오 역주. 아우구스티노의 생애. p.89).

Reverentia erga Eucharistiam.(⑨ Reverence for the Eucharist) 성체 공경(2007.2.22. "Sacramentum Caritatis" 중에서).

reverentia erga vitam a conceptione ad mortem usque. (⑨ respect for life from the moment of conception until death) 잉태의 순간부터 시작해서 죽음에 이르기까지의 생명에 대한 존중(1991.5.1. "Centesimus annus" 중에서).

Reveréntĭa Vestra. 신부님(간접호칭으로서의 신부님)

reverentiális, -e, adj. (reveréntia) 경의의, 존경을 표시하는, 경건한, 정중한, 공손한.

revérěror, -vérĭtus sum -éri, dep., tr. (re¹+) 어려워하다, 두려워하다, 경외(敬畏)하다, 존경하다, 경의를 표하다, 공경하다(ᄀᄀᄀ), 부끄러워하다.

revérro, -ěre, tr. (re¹+) (모았던 것을) 쓸어 흩뜨리다, 낭비(浪費)하다.

revérsĭo, -ónis, f. (revérto) (강제.필요에 의해 중도에서) 되돌아옴, 복귀, (열병.천체 따위의 주기적) 회귀(回歸), 도치법(倒置法)(e.g. cum me→mecum, de hac re→hac de re-문장의 정상적인 순서를 바꿔 먼저 말하여 할 것을 뒤로 돌리는 일).

revérso, -átum -áre, tr. (re¹+) 뒤치다, 뒤집다, 뒤집어 놓다

reversum, "revérto"의 목적분사(sup.=supínum)

Reversurus, 레베르수루스(1867년 비오 9세가 아르메니아 총대주교 및 주교 선정에 평신도의 개입을 금지한 회칙. 백민관 신부 엮음. 백과사전 3, p.331).

reversus, -a, -um, "revértor"의 과거분사(p.p.)

revérti, "revérto"의 단순과거(pf.=perfectum)

revertícŭlum, -i, n. dim. (revérto) (태양의) 공전, 회귀(回歸-한 바퀴 돌아 다시 본디의 자리로 돌아옴).

revérto, -vérti -vérsum -ěre, [더 흔히는 **revértor,** (-těris, -tĕris), -vérsus sum, -ti, dep.] (re¹+) intr. **돌아가다**(ᄀᄀ), **돌아오다,** 회귀하다, 귀속하다, 귀착(다른 곳에서 어떤 곳으로 돌아오거나 돌아가 닿음)하다, (본래의 화제.주제로) 되돌아가다.
Cum a foro revértor, 내가 법정에서 돌아오고 있을 때에/
Domum revérto. 나는 집으로 돌아간다/
Revertamur iterum ad Evangelii parabolam.
(⑨ We continue in our reading of the gospel parable) 우리가 읽고 있는 복음의 비유는 이렇게 계속 된다/
revérti in grátiam cum algo. 누구와 화해하다/
revértit ex itínere. 그는 여행에서 돌아왔다/
ut ad me revértar. 다시 내 자신에 대해 말하자면/
ut ad propósitum revertámur. 다시 본론으로 돌아가서.

revértor, (-těris, -tĭtur), -vérsus sum, -ti, dep. V. reverto

revéstĭo, -ívi(ii), -ítum, -íre, tr. (re¹+) 다시 (옷) 입히다

revéstii, "revéstĭo"의 단순과거(pf.=perfectum)

revéstítum, "revéstĭo"의 목적분사(sup.=supínum)

revéstívi, "revéstĭo"의 단순과거(pf.=perfectum)

rěvexi, "reveho"의 단순과거(pf.=perfectum)

revibrátĭo, -ónis, f. (revíbro) (빛의) 반사(反射)

révíbro(-víbro) -ávi, -áre, (re¹+) intr. 반사되다. tr. 반사시키다.

revici, "revínco"의 단순과거(pf.=perfectum)

revíctĭo, -ónis, f. (revínco) 반박(反駁-반대하여 논박함), 논박(論駁-상대의 의견이나 설의 잘못을 비난하고 공격함).

revictum, "revínco"의 목적분사(sup.=supínum)

revictus, -a, -um, "revínco"의 과거분사(p.p.)

revídĕo, -ére, (re¹+) tr. 다시 보다. intr. 다시 찾아가다.만나러 가다.

revigésco, -ěre, inch., intr. (re¹+) 다시 힘(세력)을 얻다, 생기가 다시 돌다.

revilésco, -ěre, inch., intr. (re¹+) 가치가 다시 떨어지다, 천해지다.

revincíbĭlis, -e, adj. (revínco) 반박(反駁)할 수 있는, 반증(反證)할 수 있는.

revíncĭo, -vínxi -vínctum -íre, tr. (re¹+) 뒤로 묶다, 단단히 묶다, 비끄러매다, 붙잡아 매다, 동여매다, 결박하다, 고정시키다, 꼼짝 못하게 하다, 풀어주다. látices in glácіem revíncti. 꽁꽁 얼어붙은 음료.

revínco, -víci -víctum -ěre, tr. (re¹+) (다시) 이기다, 정복하다, 압도하다, 진압하다, 반박하다, 논파(論破)하다, 사실임을 명백히 증명하다, (유죄를) 적발하여 증명하다.

revinctum, "revíncĭo"의 목적분사(sup.=supínum)

revinctus, -a, -um, "revíncĭo"의 과거분사(p.p.)

revinxi, "revíncĭo"의 단순과거(pf.=perfectum)

revírĕo, -ŭi, -ére, tr. (re¹+vireo¹) 다시 푸르러지다, 생기를 되찾다.

revíresco, -vírŭi -ěre, intr. (re¹+) 다시 푸르러지다, 다시 싱싱하게 자라다, 다시 젊어지다, 젊음을 되찾다, 힘을 되찾다, 생생하게 되살아나다.

revirui, "revirésco"의 단순과거(pf.=perfectum)

Revíse ad me.(revíso 참조) 나를 다시 찾아와 다오.

Revíse nos.(revíso 참조) 우리를 다시 방문(訪問)해 다오

rěvisi, "revíso"의 단순과거(pf.=perfectum)

revísĭo, -ónis, f. (revídeo) 다시 봄, 교열(校閱-검열하여 잘못된 것을 바로잡음), 심사(審査), 정정(訂正-잘못을 고쳐 바로잡음), 수정, 개정.

revisionísmus, -i, m. 수정론, 수정주의(修正主義), 개정론.

revisíto, -áre, freq., tr. (revíso) 자주 찾아가다, 다시 방문하다.

revíso, -vísi -vísum -ěre, intr., tr. (re¹+) 다시 보러 가다(오다), 다시 찾아가다(오다), 다시 방문하다, 교열(校閱)하다, 심사(審査)하다, 재검토하다, 정정(수정.개정)하다.
Furor revísit. 광기(狂氣)가 재발하였다/
Revise ad me. 나를 다시 찾아와 다오/
Revise nos. 우리를 다시 방문해 다오.

reviso ad stábulum. 외양간을 다시 보러가다.

revísor, -óris, m. (revíso) 교열자, 수정자, 개정자, 심사원.

rěvísum, "revíso"의 목적분사(sup.=supínum)

revivificátĭo, -ónis, f. (revivífico) 되살아나게 함, 소생(부활) 시킴, 기력회복(氣力回復).

revivífico, -átum -áre, tr. (re¹+) 되살리다, 부활시키다, 소생시키다.

reviviscéntĭa, -æ, f. (revivísco) 소생(甦生-다시 살아남), (동면에서) 깨어남, 재유효화(再有效化).

reviviscentĭa meritorum. 공덕의 재유효화

reviviscentĭa monentanea. 일시적 갱생(更生) (선유의 천주사상과 제사문제, p.160).

reviviscentĭa sacramentórum. 성사의 재생, 성덕의 재유효화

revivísco, -víxi -ěre, inch., intr. (re¹+) 다시 살아나다, 소생(甦生)하다, 재생하다, 활기를 띠다, 부흥(復興)하다.

revívo, -víxi -víctum -ěre, intr. (re¹+) 다시 살다, 되살아나다, 부흥(復興)하다.

rěvixi, "revívo"의 단순과거(pf.=perfectum)

revocábĭlis, -e, adj. (révoco) 다시 불러올 수 있는, 되돌려 올 수 있는, 만회할 수 있는, 취소할 수 있는.

revocámen, -mĭnis, n. (révoco) 마음 돌리게 함, 안하도록 설득함, 포기(抛棄)시킴, 단념(斷念)시킴.

revocas oculos meos. 너는 나의 눈길을 다시 돌리게 한다.

revocat tua forma párentem. 네 모습은 네 어버이를 생각나게 한다.

Revocata res ad populum. 사건이 국민에게 회송되었다

Revocate animos. 너희는 용기를 다시 내어라

revocátĭo, -ónis, f. (révoco) 도로 불러옴, 소환(召喚) 취소(取消-지우거나 물러서 없앰), 법률의 폐지(廢止), 파기(破棄-깨뜨리거나 찢어서 없애 버림), 해제(解除-설치하였거나 장비한 것 따위를 풀어 없앰), (軍) 철수명령(撤收命令).

revocátor, -óris, m. (révoco) 도로 불러오는 사람, 소환자(召喚者), (죽은 사람을) 도로 살리는 사람.

Revocemur ergo ad conscientiam, de qua dicit Apostolus. 그러니 사도가 말하는 양심으로 돌아갑시다.

révŏco, -ávi, -átum -áre, tr. (re¹+) 1. 도로 불러오다, 다시 불러들이다, **소환하다:** 떠나가지 못하게 불러 세우다. 2. [algm-ab, de, ex abl.; ad, in acc.] (외지. 속령.유배지.망명 등으로부터의) 귀환(歸還)을 명령하다, 돌아오게 하다. 3. [domum, forum] 자신의

거주지 법정에 공소(상고)하다. 4. ((軍)) [alqm-ab abl.] 철수시키다, 물러서게 하다, 중지시키다; 원대 복귀를 명하다. 5. 다시(고쳐) 낭독하게 하다; (배우에게) 연기.낭독을 재청하다; (선전자로 하여금) 반복하여 외치게 하다. 6. [alqm-a morte] (죽은 사람을) 다시 살려내다. 7. [alqd-in acc.] 다시 돌리게 (향하게) 하다; 뒤로 잡아당기다: Révocas óculos meos. 너는 나의 눈길을 (네게로) 다시 돌리게 한다/ revoco gradum. 발길을 되돌리다 / post terga alcjs manus revoco. 아무의 손을 등 뒤로 돌려 묶다. 8. (늘어진.뻗은 가지를) 치다. 9. [alqd] 다시 계속(착수)하다: stúdia intermíssa revoco. 중단했던 연구 활동을 다시 계속 하다. 10. (힘.건강.용기.신용 따위를) 회복(回復)하다, 도로 찾다: Revocáte ánimos. 너희는 용기(勇氣)를 다시 내어라/ se (ad se) revoco. 제정신을 차리다, 정신 차리다. 11. 다시 이끌어 들이다, 부활(부흥) 시켜주다, 다시 실시하다. 12. [alqd alci] 돌려주다, 되찾게 하다. 13. [memóriam] 기억을 되살리다.불러일으키다.새롭게 하다. 14. [alqm in memóriam alcjs rei; alqd-alci in memóriam] (누구에게 무엇을) 생각나게 하다, 상기시키다, 회상하게 하다: rersus revocátus in memóriam alcjs rei. 그는 무슨 일이 다시 생각나서/ Révocat tua forma aréntem. 네 모습은 (네) 어버이를 생각나게 한다. 15. [alqm ab abl., abl.-ad acc.; inf.] 마음을 돌리게 하다, 버리게 하다, 벗어나게 하다, 돌아서게(물러나게) 하다, 그만두게(못하게) 하다: revoco alqm a consilio. 누구에게 계획(計劃)을 버리게 하다/ revoco alqm ab errore ad rectiorem viam. 아무로 하여금 오류(誤謬)에서 벗어나 바른 길로 들어서게 하다. 16. [alqm(alqd) ab, ex abl.; ad, in acc.](어떤 상태로) 돌아가게 하다, …에 이르게 하다, 끌어(불러) 들이다, …하게 하다: Me a morte ad vitam revocávit. 그는 나를 죽을 고비에서 살려주었다/ Me ad prístina stúdia revocávi. 나는 전날의 연구 생활로 돌아갔다/ ad reatiónem víllicum revoco. 마름(지주를 대리하여 소작권을 관리하는 사람)으로 하여금 셈에 바치게 하다/ Medicínam revocávit in lucem Hippócrates. Hippócrates는 의학을 세상에 끌어들였다. 의학의 시조였다/ in dúbium revicári. 의심스러워지다, 불확실해지다. 17. [alqd ad acc.] …에 비추어 판단(判斷)하다, (무슨 기준으로) 결정짓다, (무엇의 기준.표준을) 어디에 (ad acc.) 두다, …에 맞추다: ad veritátem revoco ratiónem. 이유(근거)를 진실에 비추어 판단하다/ rem ad sortem revoco. 일을 제비로 결정짓다. 18. [alqd ad acc.] (어디로) 돌아가게 하다, 돌려보내다; …와 관계시키다: Revocáta res ad pópulum est. 사건이 국민에게 회송되었다. 19. **취소하다**, 철회하다; 무효로 하다. 20. 다시 부르다.초대(招待)하다. 21. 답례로 초청(招請)하다. (라틴-한글사전. pp.787~788)

révŏlo, -ávi, -átum -áre, intr. (re¹+volo¹) 뒤편으로 날아가다; 날아서 돌아가다(오다).

revols… V. revuls…

revolúbĭlis, -e, adj. (revólvo) 굴려 가져 갈(올) 수 있는, ; 뒤로 굴러(말려) 가는.

revolútĭo, -ónis, f. (revólvo) 회전, 선회, (천체의) 운행, 공전(公轉), 순환(循環), 회귀(回歸), 주기(週期), **혁명**(conversĭo rei publícæ), 대변혁(大變革). De revolutionibus Orbium Cælestium. 천체 운동에 관하여(1543년 Galileo 지음).

factum revolutiónis cosmicæ. 천지운수(天地運數). (선유의 천주사상과 제사문제. p.91).

revolutĭo cosmica. 우주적 운행(宇宙的) (선유의 천주사상과 제사문제. p.114).

revolutĭo gallica. 프랑스 대혁명(1789년 7월 14일~1794년 7월 27일)

rĕvŏlútum, "revólvo"의 목적분사(sup.=supínum)

rĕvŏlvi, "revólvo"의 단순과거(pf.=perfectum)

revólvo, -vólvi -volútum -ĕre, tr. (re¹)
1. 뒤로(다시) 굴리다; 회전(回轉)시키다, 돌리다,

소용돌이치게 하다; 말다; 휘말아 올리다;
(pass. refl.) revólvi. 도로 자빠지다; 도로 굴러 떨어지다. 2. (pass. refl.) **se revolvo**, revólvi. 순환하다, 회귀하다, (날.계절 따위가) 돌아오다; (천체가) 공전(자전)하다; (시간이) 지나가다. 3. (두루마리.책 따위를) 펴다, 펴서 읽다; 반복하여 읽다, 숙독하다. 4. (실을) 다시 감다, 5. iter revolo. 길을 되돌아가다. 6. [alqm in acc.; alqa re; alqd alci] 다시 당하게(겪게) 하다, 도로 이끌어 넣다. 7. [pass. refl.] **revolvi** [ad, in acc., alqo(어디로)] 되돌아가다; 다시 떨어지다(빠지다.전락하다), 다시 휘말려들다: In metus revólvor. 나는 다시 공포에 휩싸인다/ revolútus in luxúriam 방탕(사치)에 다시 빠진/ revólvi ad írritum. 수포로 돌아가다. 8. 같은 이야기를 또 하다, 되뇌다. 9. 깊이(이리저리) 생각하다, 묵상하다: alqd secum revólvo. 무엇을 혼자 곰곰이 생각하다. (라틴-한글 사전. p.788).

révŏmo, -vómŭi -ĕre, tr. (re¹) 게우다, 토하다, 뱉어놓다

revor… V. **rever…**

revúlsĭo, -ónis, f. (revéllo) 뽑아냄, 찢어냄, 뜯어냄, 떼어냄, (감정의) 격변(激變)

rĕvúlsi, "revello"의 단순과거(pf.=perfectum)

rĕvúlsum, "revello"의 목적분사(sup.=supínum)

rex¹ rēgis, m. (rego) [단수 주격 rex, 속격 regis, 여격 regi, 대격 regem, 탈격 rege]. 1. 임금, 왕(王.רֶ.βασιλεὺς), 국왕, 군주, 최고 통치자: 영주. (聖) rex regum(묵시록 19. 16) 왕중의 왕(그리스도)/ (가) Jesus Christus universórum Rex. 온 누리의 왕이신 예수 그리스도. 2. pl. 왕과 왕후; 왕자들: 왕족. 3. (희랍식 표현을 따른 호칭으로) Pérsia의 대왕: In Asĭam ad regem ábiit. 그는 Asĭa로 떠나 (Persia의) 대왕한테로 갔다/ rex regem 왕 중 왕(Pérsia 대왕에게는 여러 명의 부하 왕이 있었음). 4. 폭군, 전제군주. 5. 왕신(주로 Jupiter, 때로는 다른 신을 가리키기도 함): deum suprémus rex. 신들의 최고 王인 Jupiter/ rex aquárum. 바다의 왕 Neptunus/rex umbrárum, rex inférnus(Stygius). 명부의 왕 Pluto/ rex tértiæ sortis. 명부의 왕 Pluto/ rex antíqui poli, mundíque prióris(Júpiter 이전의 황금 시대에 세계를 지배한) Satúrnus. 6. rex sacrórum [sacríficulus, sacríficus] (로마인들의) 희생물 봉헌담당 제관. 7. 우두머리, 수령; 대세력가, 권력자, 거물, 거부; (부하.의뢰인의) 보호자. 8. rex causárum(Ascónius) (법정에서 능변으로 소송하던) 변호사 Horténsius의 별명. 9. 왕에 필적할 만한 것: ferárum rex. 맹수들의 왕/ rex arménti. 가축의 왕(황소) / fluviórum rex Erídanus. 강 중의 왕인 Eridanus 강. 10. adj. 지배자인, 통치자인. (라틴-한글사전. p.788).

ætas apta regi. 왕에게(왕으로서는) 적당한 나이/ cujus rex veritas, cujus lex caritas, cujus modus æternitas.(=하느님 도성) 진리를 군주로, 사랑을 법도로, 영원을 척도로 두는 완전 사회다/ Cum penes unum est omnium summa (potestas) rerum, regem illum unum vocamus. 만사에 대한 최고 권력이 한 사람 수중에 있을 때 우리는 그 한 사람을 왕이라고 부른다/ Est regis tueri subditos. 부하들을 보호하는 것은 왕의 본분이다/ impleo se regum sánguine. 왕들의 피로 만족하다/ is rex.(is 참조) 그 임금/ Israël es tu Rex, Davidis et inclita proles: Nomine qui in Domini, Rex benedicte, venis. 이스라엘 임금이요, 다윗 임금의 후예(後裔)시로다. 주님의 이름으로 오시는 복되신 임금님, 오소서/ Morbum regis. 왕의 괴질/ Nihil aliud potest rex quam quod de jure potest. 국왕은 법에 의거하여 할 수 있는 것과는 달리 아무것도 못 한다/ O Rex gentĭum. 오 만민의 임금/ Proelium finiri jussit rex. 국왕은 전투가 끝나게 하라고 (직역: '전투가 끝나라고') 명령했다. [jussit(proelium finiri): 수동태 대격부정법문. 성 염 지음. 고전 라틴어. p.194]/ promíssa reposco regem. 왕에게 약속 받은 것을 청구하다/ Quod nullius est, est domini regis.

R

어느 누구에게도 속하지 않는 것은 군주에게 속한다/
reges germanici. 게르만 국왕들/
Sempiternus Rex. 영원하신 왕(임금님)(교황 비오 12세 회칙).
rex ætheris. 하늘의 왕
rex armenti 가축의 왕(황소)
Rex Christianissimus([영] Christian majesty His Most)
그리스도교 왕 폐하(1464년부터 교황이 프랑스 왕을 부를 때 쓰던 호칭. 백민관 신부 엮음, 백과사전 1, p.600).
Rex crederis esse venturus. 당신이 왕이 되어 오시리라고 믿어집니다(남들이 그렇게 믿습니다).
Rex Diffusiónis Littĕrárum.(선유의 천주사상과 제사문제, p.76)
(당고종이 공자를 지칭하여) 문선왕(文宣王).
rex erat Æneas nobis, quo justior alter nec pietate fuit, nec bello major et armis. 아이네아스가 우리 주공이었는데, 경건에서 그보다 의로운 이 없었고 전쟁과 군사에서 그보다 출중한 이 없었더이다.
(성 염 지음, 사랑만이 진리를 깨닫게 한다, p.400).
Rex eris, si recte facies.(Terentius).
올바르게만(recte) 처신한다면 그대는 왕이 되는 셈이지.
(성 염 지음, 고전 라틴어, p.355).
Rex gentĭum. 만민의 임금
Rex gloriæ. 영광의 왕
Rex, in æternum vive!([영] O king, live forever!)
임금님, 만수무강하시기를 빕니다(성경 다니 6, 22).
Rex ipse classi regiæ præficiebat in poelio navium.
국왕은 그를 (세워) 해전에서 함대를 지휘하게 하였다.
rex justus. 의로운 왕
Rex nomine magis quam imperio. 유명무실의 왕.
(실권이 없는 이름만의 왕).
Rex non potest fallere nec falli(속여서도 안 되고 속아서도 안 된다).
국왕은 속일 수도 없고 속을 수도 없다!
Rex præfecit ducem exercitui.
왕은 장군으로 하여금 군대를 지휘하게 하였다.
Rex præmia centum militibus dedit.
국왕은 100명의 병사에게 상을 주었다.
Rex regum. 왕 중의 왕(그리스도)
rex sacrificulus. 신정관(神政官)
Rex sæculorum. 세기의 왕(신국론에서 '그리스도'를 지칭함),
모든 세기들을 통치하는 임금.(교부문헌 총서 16, 신국론, p.1546).
rex sapiens. 지혜로운 왕
Rex socius. 동맹 영주.
(로마 제국과 우호 관계에 있던 우방 영주. 백민관 신부 엮음, 백과사전 3, p.334).
Rex tremendæ maiestátis. 무섭고 위엄(威嚴) 있는 임금
Rex[2] Rāgis, m. Március 씨족의 가문명
rēxi, "rego"의 단순과거(pf.=perfectum)
Rha, m., indecl. Sarmátia에 있는 지금의 Wolga(Volga) 강
rhabdomyóma, -ătis, n. (醫) 횡문근종(橫紋筋腫)
rhabdos, -i, f. (본뜻은) 막대기,
색채 띤 빛을 길게 그어 가는 유성, 유성의 예광(曳光).
rhachi… V. **rachi**…
Rhadamánthus(-os), -i, m. Júpiter와 Európa의 아들.
(생전에는 정의의 귀감으로 존경받고, 죽어서는 Minos, Æăcus와 함께 지하세계의 재판관이 됨).
r(h)achitis, -is, f. 구루병(佝僂病-등뼈나 가슴뼈 따위가 굽는 병. 곱삿병).
Rhǽtĭa, -æ, f. **Rǽtia**
Rhamnénses, -ĭum, m., pl. = **Ramnénses**.
rhamnus[1] -i, f. (植) 갈매나무
rhamnus[2] -úntis, f. Attĭca 동해안의 마을[Némesis 여신(女神)의 신상神像으로 유명하였음]. adj. rhamnúsĭus, -a, -um,
Rhamnúsia virgo = Rhamnúsis.
Rhamnúsis, -ĭdis, f. Rhamnús[2]의 여신(女神)(=Némesis)
rhapísma, -átis, n. 곤장(棍杖-죄인의 볼기를 치던 형구刑具),
태형(מַכּוֹת. 笞刑-오형五刑의 하나. 매로 볼기를 치던 형벌).
rhapsódĭa, -æ, f. (고대 희랍의) 음송 서사시(吟誦 敍事詩,
특히 Homérus의 Odysséa나 Ilĭas를 엮어 놓은 시집),
열광적이며 엉뚱한 문장.시가.말투.
(音) 광상곡(狂想曲), 광시곡(狂詩曲).
Rhĕa[1] -æ, f. Cýbele의 딴 이름
Rhĕa[2]**(Sílvĭa)** -æ, f. Númitor의 딸(Ilĭa),
Rómulus와 Remus의 어머니.
rhécŏma, -æ, f. (植) 대황(大黃), 장군 풀(大黃)
rhectæ, -árum, m., pl. 격진(激震), 강진(强震)
rhēda(rēda), -æ, f. 사륜마차
rheda equis juncta. 말 메운 사륜마차
rhedárĭus, -a, -um, adj. (rhēda) 사륜마차의.
m. 사륜마차의 마부, 사륜마차 제작인.
rhedárum artifex. 마차 제조인(馬車製造人)
Rhégĭum = Régium; **Rhemi** = Remi
rhēno, -ónis, m. rēno[2]
Rhēnus, -i, m. 라인(Rhein) 강
rheotáxis, -is, f. (生) 주류성(물의 흐름에 따라 일어나는 주성. 추류성)
Rhēsus, -i, m. Thrácia의 왕
(Troja 전쟁 때 Troja 편을 도우러 오다가 Diomédes와 Ulixes에게 살해됨).
rhētor, -ŏris, m. (acc. sg. -tŏra; pl. -tŏras도 있음)
웅변(연설.변론)술 교사, 수사법 학자(修辭法 學者),
(직업적) 연살가(演說家), 변론가(辯論家).
rhetores victoriáti. 하찮은 웅변가.
rhetor hordeárĭus. 경솔하고 과장하는 수사학자
rhetórĭca, -æ, f. (=**rhetorice**, -es, f.) (rhetóricus)
웅변설, 연설법(演說法), **수사학**(修辭學), 수사법.
Ecclesiastica rhetorica. 교회 수사학(1576년 Ludovicus 지음)/
interrogátĭo rhetorica. 형식뿐인 질문.
rhetorice, adv. 연설조로, 웅변조로, 수사학적으로,
미사여구(美辭麗句)를 나열하여.
rhetórĭco, -ávi, -áre, tr.
(**rhetórĭcor**, -átus sum, -ári, dep.) intr. (rhetóricus)
웅변조로 말하다, 수사학적으로 미사여구를 나열하다.
rhetoricótĕros, -a, -um, adj. (희랍어적 comp.) (rhetóricus)
연설을 더 잘하는, 더 연설가다운, 수사학에 더 능한.
rhetórĭcus, -a, -um, adj. (rhetor) 웅변술의, 연설법의,
수사학(법)의, 수사학에 관한, 수사적인, 미사여구를 나열한.
m.(pl.) (sc. liber[3] libri) 수사법에 관한 책.
f. (sc. ars) 수사학(법), 웅변술, 연설법.
n., pl. 수사법에 관한 연구.지식; 수사학. adv. **rhetorice**.
interrogátio rhetórica.
(대답을 필요로 하지 않는) 수사법적 질문(의문).
rheum, -i, n. (植) 대황(大黃-장군 풀),
sirupus rhei. (藥) 대황(大黃) 시럽.
rheum coreanum. (植) 장군 풀, 황대황
rheum undulátum. (植) 대황(大黃-장군 풀)
rheuma(=reuma) -ătis, n. (rheuma -æ, f.)
조수(潮水-아침에 밀려들었다가 나가는 바닷물), 밀물과 썰물.
((醫)) (병적인 눈물.콧물과 같은) 점막 분비물(分泌物).
((醫)) (병적인 눈물.콧물과 같은) 콧물감기.
rheumarthrítis, -tidis, n. (醫) 류머티즘성 관절염
rheumátisma, -ătis, n. (醫) 류머티즘([영] rheumátism)
rheumatísmus, -i, m. (**rheumátisma**, -ătis, n.)
(醫) 류머티즘([영] rheumátism).
rheumátismus articulórum. 관절(關節) 류머티즘
rheumátismus gonorrhóicus. 임질성(淋疾性) 류머티즘
rheumátismus musculórum. 근육(筋肉) 류머티즘
rheumatízo, -ávi, -áre, intr.
rheuma에 걸리다, 병적으로 눈물이 흐르다.
rhīna, -æ, f. (動) 상어(의 일종)
rhinencéphălon, -i, n. ((解)) (뇌수의) 후뇌(嗅腦)
rhinítis, -tĭdis, f. (醫) 비염(鼻炎-비카다르), 비카다르(비염)
rhinócĕros, -ótis, m. (acc. -tem, -ta)
(動) 코뿔소, (외뿔.쌍뿔) 무소.
rhinolálĭa, -æ, f. (醫) 콧소리(비성), 비성(鼻聲-콧소리)
rhinolálĭa aperta (醫) 개방 비성(開放 鼻聲)
rhinolálĭa clausa. (醫) 폐색성 비성(閉塞性 鼻聲)
rhinología, -æ, f. (醫) 비과학(鼻科學)
rhinophónĭa, -æ, f. (醫) 콧소리(鼻聲), 비성(鼻聲-콧소리)
rhinorrhágĭa, -æ, f. (醫) 코피
rhinoscópĭa, -æ, f. (醫) 비경 검사법(鼻鏡 檢査法)
Rhiphǽi(-pǽi) = **Riphǽi**
rhiza, -æ, f. (希) 뿌리
rhizóma, -ătis, n. (植) 근경(根莖-뿌리줄기)

Rho, n., indecl. 희랍자모의 열일곱 번째 문자 (P)
Rhodeus uyekii. (魚) 각시붕어
Rhódīnus, -a, -um, adj. 장미의
Rhododéndron mucronulátum, -i, n. (植) 진달래
rhombencéphălon, -i, n. (解) 능뇌(菱腦)
rhomboídes, -is, f. (rhombus)
　능형(菱形-'마름모'의 옛 용어), 마름모꼴.
rhomboídis, -e, adj. (rhombus) 능형의, 마름모꼴의
rhombus(=rhombos) -i, m. 마술용 방추(紡錘),
　능형(菱形-'마름모'의 옛 용어), 사방형(斜方形-'평행 사변형'의
　옛 용어), 마름모꼴, 능면체(菱面體-마름모꼴의 평면으로 둘러싸인
　육면체). (魚) 가자미, 넙치(=sumbus, -i, m.).
rhomphǽa(=romphǽa), -æ, f.
　(Thrácia인들의) 긴 쌍날 칼(창).
rhonchus(=ronchus) -i, m. 코고는 소리,
　개골개골하는 소리, 조소(嘲笑), 비웃음.
　(醫) 수포음(水泡音), (가슴에서 들리는) 쿨럭 거리는 숨소리.
　rhonchi sibilántes. 적성(笛聲) 수포음(水泡音)/
　rhonchi sonóri. 천명(喘鳴) 수포음(水泡音).
rhotacísmus, -i, m. (1) 'r' 자음의 과도한 반복 사용,
　(2) 's' 따위를 'r' 음으로 전환하여 발음함.
rhus, rhóis, m., f. (acc. rhun, -um)
　(植) 옻나무(漆木) (學名 rhus vernicíflua)
rhysis, -is, f. 흐름
rhýthmǐca, -æ,(=rhýthmǐce, -es,) f.
　율동법(律動法), 음률학(音律學), 운율론(韻律論).
　historia rhythmica. 운율의 역사.
rhýthmǐcus, -a, -um, adj. 율동의, 율동적(律動的)인,
　리듬이 경쾌한, 쾌적한 박자의, 음률의, 운율의,
　규칙적으로 순환하는(반복되는).
　m. 운율학자; 음률을 잘 살리는 사람.
rhythmopœía, -æ, f. (音) 음률(音律-음악의 곡조)
rhýthmǔlus, -i, m. (rhythmus) 작은 율동, 작은 박자
rhythmus, -i, m. 규칙적인 순환(반복) 운동, 박자(拍子),
　율동(律動), 주기적인 운동, 음률(音律-음악의 곡조),
　운율(韻律-시문詩文의 음성적 형식. 외형률과 내재율이 있음. 리듬 등).
rhythmus in metrica(numerus pœticus) 율격(律格)
rhythmus Sancti Thomæ Aquinátis
　성 Thomas의 (Adóro te devóte로 시작하는) 성체찬가.
rhythmus venárum. 규칙적 맥박(脈搏)
rhýtĭum, -i, n. 뿔 모양의 술잔
rīca, -æ, f. 양털로 짠 머릿수건(고대 Roma에서 주로 제관부인
　들이 제사 지낼 때 또는 평소에 쓰던 양털로 짠 머릿수건).
ricínĭum, -i, n. dim. (rica) 네모난 겹 수건(초상.장례.제사 때
　또는 무대에서 어깨와 머리를 가리던 남녀 공용 특히 부인용의 네모난 수건).
ricínus¹ -a, -um, adj. (rica) 머릿수건의, 머릿수건을 쓴
ricínus² -i, m.
　(蟲) 진드기. (植) 아주까리(피마자), 덜 익은 오디.
　In alio pediculum, in te ricinum non vides. 다른 사람에게
　서 이는 보면서, 네 자신에게서 진드기는 보지 못하는구나.
risto, -áre, intr., freq. (ringor)
　(개.표범 따위가) 아가리를 벌리고 으르렁거리다.
rictus¹ -a, -um, p.p. (ringor)
rictus² -us, m. (=rictum, -i, n) (ringor)
　(말하거나 웃을 때 또는 동물이) 입을 벌림,
　벌린 입(아가리.주둥이.부리), 벌린 입 모양, 눈을 뜸.
rícǔla, -æ, f. dim. (rica) 작은 머릿수건
ridéndus, -a, -um, adj. (gerundív. rídeo)
　웃어야 할, 우스운, 가소로운.
ridendus, -a, -um, adj. 우스운
Ridens dico. 나는 웃으면서 말한다.
　(주문의 시청과 동시적인 것을 표시하기 위해서는 현재분사를 쓴다).
rídĕo, rísi, rísum, -ére, (-dĕor, dep.로 쓴 경우가 두어
　번 있음) intr. (m.ㅠ.ㅠ.ㅠ), 시시덕거리다.
　미소 짓다, 상냥하게(방긋) 웃다, 호의를 보이다.
　(날씨가) 청명(淸明)하다, (물결 따위가) 잔잔하다.
　(누구의) 마음에 들다, 즐겁게 하다, 빛나다, 아름답다.
　곱다, 화사하다, 비웃다, 코웃음 치다.
　tr. 누구를.무엇을 웃다, 비웃다, (무엇을) 보고(듣고) 웃다,

　(누구에게) 미소 짓다, 미소(微笑)를 보내다.
　Dummodo risum excutiat, sibi non, noncuiquam parcet
　amico.(Horatius). 자기를 두고도 웃을 만한 사람이라면
　어떤 친구도 잃지 않을 사람이다/
　Etiam rides? 네가 웃기까지 해?/
　Florum colóribus almus ridet ager.
　　자애로운 대지가 아롱진 꽃들로 곱게 단장되어 있다/
　loca tua risi. 네 농담을 두고 나는 웃었다/
　Nemo ridet amantis amentiam.
　　사랑에 빠진 사람의 치기를 아무도 비웃지 않는다/
　Quid rides? mutato nomine de te fabula narratur(Horatius)
　　왜 웃나? 이름만 바꾸면 그 우화는 네 이야기가 된다/
　Ridendo castigat mores. 웃음으로 습관을 고친다/
　Ridentem dicere verum quid vetat?.(Horatius).
　　사람이 웃으면서 진실을 말하는데 무슨 수로 막을쏜가?/
　Video (videbam, vidi, videbo) te ridentem.
　　나는 웃고 있는 너를 본다(보았다, 보겠다).
　(주문의 시청과 동시적인 것을 표시하기 위해서는 현재분사를 쓴다).
Rideo istos, qui turpe existimant cum servo suo
canare. 자기 노예와 저녁을 드는 것을 더럽다고
　여기는 사람들을 나는 조소한다!(Seneca).
ridibúndus, -a, -um, adj. (rídeo) 웃는, 잘 웃는, 싱글벙글하는
ridíca, -æ, f. 포도나무를 버티는 모난 막대기
ridiculáris, -is, m. (ridículus) 익살꾼
ridiculárĭus, -a, -um, (ridículus)
　adj. 웃음을 자아내는, 익살맞은, 우스꽝스러운.
　m. 익살꾼. n., pl. 익살(남을 웃기려고 일부러 하는 우스운 말이나 짓).
　ridiculária fúndere. 익살부리다.
ridiculósus, -a, -um, adj. (ridiculus) 가소로운, 웃음거리의,
　우스꽝스러운, 우스운, 어리석은, 어처구니없는, 터무니없는.
ridículus, -a, -um, adj. (rídeo) 웃음을 자아내는,
　웃기는, 재미있게 하는, 농담 잘하는, 익살스러운, 우스운,
　가소로운, 우스꽝스러운, 웃음거리의, 어리석은.
　m. 익살꾼, 식객 노릇 하는 만담가(parasítus).
　n. 웃음거리, 익살, 가소로운 일(말); 어리석은 일.
　Illa, quamvis ridicula essent, mihi tamen risum non
　moverunt. 그것은 우스꽝스러운 일이었지만
　　내게서 웃음을 자아내지 못하였다.
rĭen, -énis, m. (=rēn, rēnis, m.)
　(解) 신장(腎臟-콩팥), 콩팥, 허리, 요부(腰部).
Rigans montes de superioribus suis. 높은 다락집에서
　산에 산에 물주시니(토마스 아퀴나스 수사, p.126).
rigátĭo, -ónis, f. (rigo)
　물 줌, 관개(灌漑), 살수(撒水-물을 흩어서 뿌림)
rigátor, -óris, m. (rigo) 물주는 자, 관수자(灌水者)
rigátus, -us, m. (rigo) 물 줌, 관개(灌漑)
rĭgens, -éntis, p.prœs., a.p. (rígeo)
　언, 얼어붙은, 뻣뻣한, 뻣뻣한, 꼿꼿한, 딱딱한,
　굳어 버린, 경직(硬直)한, 완고(頑固)한, 완강한, 곧은.
rígĕo, -gŭi, -ére, intr. 1. 얼다, 얼어붙다, 얼어있다.
　2. 굳어(뻣뻣해.딱딱해)지다, 경직하다, 빳빳이 일어
　서다; 굳어있다, 뻣뻣하다, 딱딱하다: Comæ terróre
　rigébant. 공포에 질려 머리가 쭈뼛 일어서고 있었다.
　3. (신화 따위에서) 금으로 변하다; 돌이 되다, 돌로
　변하다. 4. 싸늘해지다. 냉정해지다. 5. 서슬이 시퍼렇다.
　6. 앙상하게 서 있다.
rigésco, -gŭi, -ĕre, intr. inch. (rígeo)
　얼기 시작하다, 얼다, 얼어붙다, 굳어지다, 뻣뻣해지다.
　딱딱해지다, 쭈뼛이 일어서다, 엄격해지다.
rígidæ feræ. 맹수(猛獸)
rígidæ pruínæ. 된서리
rígĭde, adv. (rígidus)
　굳게, 딱딱하게, 단단히, 똑바로, 곧게, 엄격히.
rigídĭtas, -átis, f. (rígidus) (나무 따위의) 굳음,
　단단함, 딱딱함, 억셈, 경직(硬直-굳어서 뻣뻣하게 됨),
　엄격(嚴格), 엄중(嚴重-엄격하고 정중함), 준엄(峻嚴-매우 엄격함).
rígĭdo, -áre, tr. (rígidus) 굳어지게 하다, 꼿꼿하게 하다.
rígĭdus, -a, -um, adj. (rígeo) 1. 꽁꽁 언, 얼어붙은; 차디찬:

R

rígidæ pruínæ. 된서리. 2. 굳은. 딱딱한, 뻣뻣한, 경직한.
3. 곧은, 꼿꼿한; 쭈뼛한, (털 따위가) 곤두 선, 우뚝 서있는.
4. 엄격한, 엄중한, 강직한, 확고한, 꿋꿋한. 5. 목석같은,
냉정한, 냉혹한, 가차 없는; 우직한. 6. 악착(억척)스러운,
모질게 사는. 7. 사나운. 거친, 거센, 우악스러운.
rígidæ feræ. 맹수/vox rigida. 거센 목소리.

rĭgo, -ávi, -átum -áre, tr. 1. [aquam-per acc]
물을(어디로) 끌다. 물길을 내다; 흘러 퍼지게 하다.
2. [*alqd-aquā*, abl.] (무엇에) 물을 주다(대다), 관개하다;
물을 넘치게 하다: Hortus fonte rigátur aquæ. 동산에
샘물을 대주다/ Desíderant rigári árbores. 나무들은 물이
공급되기를 갈망 한다/ Imbres mária ac terras rigant.
폭우가 바다와 육지에 물을 넘치게 한다. 3. [*alqd alqā* re]
적시다(ㅂㄱㄱ), (눈물 따위를) 어리게 하다: rigo lácrimis
vultum. 얼굴을 눈물로 적시다. 4. [*alqd[alqm] alqā* re]
(젖 따위를) 먹여서 키우다, 육성하다. 5. [*alqd*] (무엇에)
가득 차다, 퍼지다; [*aldq* per acc.] 가득 차게 하다,
퍼지게(넘치게) 하다. (라틴-한글사전. p.791).

Ridodúlum, -i, n. Gállia Bélgica의 도시

rĭgor, -óris, m. [rígeo] 1. 얼어붙음, 동결(凍結-얼음이 얼어
붙음.氷結); 한랭(寒冷), 혹한(酷寒, gelu ingens).
2. 굳음, 뻣뻣함, 휘지 않음, 딱딱함, 경직(硬直-굳어서
뻣뻣하게 됨), 경도(硬度): rigor mortis 사후경직(死後
硬直). 3. 경련(痙攣), 마비(麻痺). 4. 물살의 방향.
5. (밭 경계의) 직선(방향). 6. 똑바름, 똑바른 상태.
7. **엄격**(嚴格), 엄중(嚴重-엄격하고 정중함), 준엄(峻嚴-매우
엄격함); 냉엄(冷嚴-냉정하고 엄격함), 냉혹(冷酷). 8. 고집.
9. 세련되지 못함, 조잡(粗雜).

ridorísmus, -i, m. (rigor) (엄격주의로 Montanismus와 Novatianismus가
여기에 속한다) 엄숙주의(嚴肅主義), 엄정주의(嚴正主義),
엄격주의(嚴格主義.[영] rigórism), 과엄주의(엄격주의).

rigorísta, -æ, m. (rigorísmus) 엄격주의자, 과엄주의자.

rígŭi, pf. (rígeo, rigésco)

rígŭus, -a, -um, adj. (rigo) 1. (actíve) 물을 공급하는,
물주는, 적시는. 2. (passíve) 급수된, 적셔진, 물기 많은.
n. 급수. n., pl. 질척한 곳, 습지(濕地); 수도(水道).

rīma, -æ, f. 틈, 틈바귀("틈바구니"의 준말), 틈새기(틈의 극히 좁은
부분), 갈라진 금, 균열(龜裂-거북 등의 무늬처럼 갈라져 터짐),
(입술.손발.피부 따위의) 튼 데, 갈라진 데.
((醫.解)) …열(裂), 열구(裂溝), 여자의 음부, 빈틈.
ígnea rima micans. 번개/
Plenus rimárum sum. 나는 아무 것도 숨기지 못 한다
(내게서는 죄다 새어나간다)/
rimas ágĕre(dúcere, fácere). 갈라지다, 금가다, 터지다/
rímas explére. 빈틈을 메우다.

rima corneális (解) 각막열(角膜裂)

rima glóttidis. (解) 성문열(聲門裂)

rimabúndus, -a, -um, adj. (rimor) 탐구하는, 깊이 연구하는

rimátim, adv. 틈으로

rimátor, -óris, m. (rimor) 탐구자(探究者), 연구자

rīmor, -átus sum -ári, dep., tr. (rima)
(밭을) 갈다, 고랑을 내다, 뒤지다, 뒤져서 찾다,
파헤치다, (찾기 위하여) 헤집다, 두루 찾다, 조사하다,
검사하다, 깊이 연구하다, 탐구하다, 찾아(알아)내다,
(점을 치려고 짐승의 내장을) 뒤척이며 관찰하다.

rimósĭtas, -átis, f. (rimósus)
갈라져(벌어져) 있음, 틈이 많음.

rimósus, -a, -um, adj. (rima)
틈이 많은, 금이 간, 구멍이 많은, 숭숭한, 새는.

rímŭla, -æ, f. 작은 틈

ringor, (-gĕris, -gĭtur), -rictus(-rinctus) sum, -gi,
dep., intr. 입을 벌려 이(齒)를 드러내다, 성내다,
이빨을 드러내고 으르렁거리다, 화내다, 짜증내다.

R.I.P. = Requiescant in Pace.
묘표(墓標) 문자, '평화롭게 안식하소서.

rīpa, -æ, f. **강변**, 강가, 강기슭, 바닷가, 해변, 해안.
divérsa ripa. 건너편 강변/
Eo die ad ripam pervenimus.
그 날 우리가 강둑에 도착했다/
propter aquam, tardis ingens ubi flexibus errat Mincius
et tenera prætexit harundine ripas. 거대한 강줄기는 느릿
느릿 굽이쳐 휘돌고 민키우스 강은 강변을 하늘하늘
갈대로 뒤덮었었네(성 염 지음, 사랑만이 진리를 깨닫게 한다. p.428)/
ulterior ripa. 건너편 강변.

ripar(i)énsis, -e, adj. (ripa)
강변(특히 Danúbius 강변)에 주둔하는, 강변 경비대의.

ripárĭus, -a, -um, adj. (ripa) 강기슭에 서식하는.
m. 강변지기, 강변 경비원(江邊 警備員).
hirúndines ripáriæ. 갈색 제비/
Ripárum vestitus viridissimi. 강가를 덮은 푸르디푸른 잔디.

ripénsis, -e, adj. (ripa)
강변에 있는; 강변에 주둔하는, 강변 경비대의.

Ripuaria(獨 Rhein.[영] Rhine) 라인 강

rípŭla, -æ, f. dim. (ripa) 작은 강변.강기슭

riscus, -i, m. (부인용) 옷상자, 패물상자(ornamentum, -i, n.
패물), 트렁크([영] trunk-여행용 큰 상자).

rīsi, "rídĕo"의 단순과거(pf.=perfectum)

risíbĭlis, -e, adj. (rídeo) 웃는, 웃을 수 있는,
웃기 잘하는, 웃음거리의, 웃기는, 가소로운.
Sed duplex est accidens, scilicet necessarium quod non
separatur a re, ut risibile ab homine; et non
necessarium quod separatur, ut album ab homine.
그러나 우유에는 두 가지가 있다. 즉 인간에게 '웃을 수
있다'는 것처럼 사물로부터 분리되지 않는 필연적
우유들과, 인간에게 '희다'는 것처럼 사물로부터 분리되는
비-필연적 우유들이 있다(스콜라 철학에서의 개체화, p.762 참조).

risibílĭtas, -átis, f. (risíbilis) 웃는 능력, 웃음의 감각,
웃기 잘하는 성질, 웃기 잘하는 버릇.

risilóquĭum, -i, n. (risus+loquor) 담소(談笑), 농담(弄談)

rísĭo, -ónis, f. (rídeo) 웃음

rísĭto, -áre, freq., intr., tr. 자주 웃다, 조소(嘲笑)하다

rīsor, -óris, m. (rídeo) 비웃는 사람, 놀리는 사람,
희롱자(戲弄者), 웃는 사람, 잘 웃는 사람.

risórĭus, -a, -um, adj. (rídeo) 잘 웃는, 웃음 띤, 가소로운

rīsum, "rideo"의 목적분사(sup.=supínum)

Rīsus, -us, m. (Thessália인들이 공경하던) 웃음의 신

rīsus, -us, m. (rídeo) **웃음**, 비웃음, 조소; 희롱(戲弄),
(좋은 뜻.나쁜 뜻으로) 웃음거리.
alci risum movére. 누구를 웃기다/
Córpóris tractu risus lacéssitur. 몸짓으로 웃음이 터진다/
De Isaac secundum promissionem nato, cui nomen ex
risu utriusque parentis est inditum. 언약에 따라 태어난
이사악의 이름은 양친의 웃음에서 비롯되었다(신국론, p.2802)/
dirúmpi risu. 웃음이 터지다, 우스워 죽다/
Etiam in risu cor dolore miscebitur, et extrema gaudii
luctus occupat. (evn euvfrosu,naij ouv prosmei,gnutai lu,ph
teleutai,a de. cara. eivj pe,nqoj e;rcetai) ([영] Even in laughter
the heart may be sad, and the end of joy may be
sorrow) 웃으면서도 마음은 괴롭고 기쁨이 근심으로 끝나
기도 한다(성경 잠언 14, 13)/웃음 속에도 슬픔이 있고
즐거움이 서글픔으로 끝나기도 한다(공동번역)/
excutio risum *alci*. 웃음을 터뜨리게 하다/
Miseri estote et lugete et plorate; risus vester in luctum
convertatur, et gaudium in mærorem. (talaipwrh,sate kai.
penqh,sate kai. klau,sate o` ge,lwj u`mw/n eivj pe,nqoj metatraph,tw
kai. h` cara. eivj kath,feian) ([영] Begin to lament, to mourn,
to weep. Let your laughter be turned into mourning
and your joy into dejection) 탄식하고 슬퍼하며 우십시오.
여러분의 웃음을 슬픔으로 바꾸고 기쁨을 근심으로 바꾸
십시오(성경 야고 4, 9)/탄식하고 슬퍼하며 눈물을 흘리시오.
여러분의 웃음은 슬픔으로, 기쁨은 근심으로 바꾸시오(200
주년 신약)/여러분은 괴로워하고 슬퍼하며 우십시오. 웃음을
슬픔으로 바꾸고 기쁨을 근심으로 바꾸십시오(공동번역)/
risu corrúere. 우스워 죽다/ risu émori. 우스워 죽다/
Risum multum aut excussum non amáre.
많은 웃음이나 지나친 웃음을 좋아하지 말라/

R

risum tenére. 간신히 웃음을 참다.
Risus coortus est. 웃음이 동시에 터져 나왔다.
Risus ĕrumpit. 웃음이 터져 나온다.
risus vester in luctum convertatur, et gaudium in
mærorem.(⑨ Let your laughter be turned into mourning
and your joy into dejection) 여러분의 웃음을 슬픔으로
바꾸고 기쁨을 근심으로 바꾸십시오.(성경 야고 4, 8).
rīte, adv. (ritus) 종교예식대로, 종교적 전통의식대로,
종교적 격식을 갖추어, 습관대로(ex consuetudine),
관례(慣例)대로(ex consuetudine), 늘 하던 대로,
재래의 방식대로, 법대로(secundum legem/jure, adv.),
규정대로, 절차를 밟아서, 정식으로, 정당하게, 제대로,
합법적으로, 잘(καλώς), 옳게, 알맞게, 무사히, 다행하게.
Rite Expiátis, 아씨시의 성 프란치스코 700주기(1926.4.30.)
Riteniamo bene, 재속 수도회(1984.1.6. 서한)
Ritibus exsequiárum, 장례 예식(1069.8.15. 교령)
Ritibus hebdomadæ sanctæ,
성유 축복과 크리스마 축성 예식(1970.12.3. 교령)
Ritibus in sacris,
사제들의 사목 활동에 있어서의 젊은이(1985.3.31. 교서).
ritu ferino. 들짐승 모양으로
Rituále.(⑨ Ritual.獨 Rituale) 예식서
Rituále Románum. 로마 사제용 예식서(司祭用 禮式書).
(1614년 바울로 5세 교황 발간).
rituális, -e, adj. (ritus) 종교의식(예식)의.
n. (종교의식의 절차.기도문 등을 수록한) 예식서.
adv. rituálĭter, 종교적 의식을 갖추어,
Rituáles libri. 종교의식에 관한 책/
Rituale Parvum. 소예식서[Memoriale Rituum. 예식서 초본이라고도
함. 성당구용으로 초 축성, 재의 축성, 성지 축성, 성삼일 예식 등 간단한
예식의 요식을 모은 전례서. 비오 12세는 이 책을 폐기하고 성주간 예식서를
만들었다. 백민관 신부 엮음, 백과사전 2, p.722].
rituálismus, -i, m. (rituális) 의식 고수주의
rituálísta, -æ, m. 의식(儀式) 고수주의자(固守主義者).
adj. rituálístĭcus, -a, -um,
rituálĭtas, -átis, f. (rituális) 종교적 의식 관습
rĭtui, 원형 ritus, ritus, m. [접속법 현재 주격 ritus,
속격 ritus, 여격 ritui, 대격 ritum, 탈격 rituu].
Tantum ergo sacramentum, venéremur cernui,
et antíquum documéntum novo cedat rítui.
지존하신 성체 앞에 꿇어 경배 드리네.
묵은 계약 완성하는 새 계약을 이뤘네.
[그러므로 이토록 저희 엎드려 (성체) 성사에 공경 드리세.
옛 계약이 새 예식으로 끝마치도다]
rītus, -us, m. (⑨ Rite.獨 Ritus) [단수 주격 ritus,
속격 ritus, 여격 ritui, 대격 ritum, 탈격 ritu].
전례(典禮.⑨ Liturgy-그리스말 leitourgia에서 유래),
종교의식(儀式), 전례양식, 관례(慣例, mos, mōris, m.),
관습(慣習), 풍습(風習-풍속과 습관을 아울러 이르는 말),
관습법(⑨ customary law.⑩ consuetudo juris),
예법(禮法.⑨ rite), 예식(禮式-예법에 따라 치르는 의식),
(흔히 abl.로 쓰며 명사의 gen., 형용사의 abl.를 동반함)
방식(方式), 양식(樣式-일정한 모양이나 형식), 모양.
defectus substantiális ritus. 서품 예식의 결함(결여)/
Fides in ritu exprimitur et ritus fidem roborat et
fortificat. 믿음은 예식 안에서 표현되고, 예식은 믿음을
강화하고 굳건하게 합니다(2007.2.22. "Sacramentum Caritatis" 중에서)/
Ignorásne ritus? 너는 예절을 모르느냐/
pécunum ritu. 짐승들처럼/
ritu feríno. 들짐승 모양으로/
Si quis dixerit, ea ipsa novæ legis sacramenta a
sacramentis antiqua legis non differre, nisi quia
cæremoniæ sunt aliæ et alii ritus externi.
만일 누가 이러한 새로운 법의 성사들이 예식과 외적인
예법에서 서로 다르다는 것을 제외하고는 옛 법의 성사
들과 차이가 나지 않는다고 주장한다면, 그는 파문 받아
야 한다. 공의회 문헌집 제3권, 주세페 알베리고 외 엮음. pp.684~685).
ritus aspersiónis aquæ benedictæ.
성수예식(⑨ rite of sprinkling holy water, asperges).
ritus Baptismi(βάπτσμα μετανοία) 세례 예식

ritus Beneventanus. 베네벤또 예식
ritus Communiónis. 성찬식(聖餐式), 영성체 예식,
성찬례(聖餐禮.⑨ Eucháristic celebrátion).
ritus conclusiónis* 마침 예식,
폐회식(→마침 예식.⑨ concluding rite).
Ritus Conclusiónis cantata. 퇴장도식
Ritus Confirmátiónis, 견진예식(⑨ Rite of Confirmátĭon)
ritus dimmisiónis* 파견(派遣.π.ἀποστέλλω)
ritus Dominicanus. 도미니꼬회 예식
Ritus exsequiarum.(⑨ Funeral Rites and Ceremonies.
獨 Begräbnisliturgie) 장례 예식.
ritus fractiónis panis et immixtiónis.
빵 나눔과 빵을 섞는 예식, 빵 나눔과 혼합 예식.
ritus inferior. 하급 예절(ritus superior의 대조)
ritus initiales* (⑨ Introductory Rites.獨 Eröffnungsriten
der Messe) (미사의) 시작 예식.
ritus latínus. 라틴 전례(서방 가톨릭 교회의 일반적인 전례)
ritus Mediolanensis. 밀라노 전례, 밀라노 예식
ritus oblationis. 봉헌 예식
ritus ordinátiónis. 서품식.
(敍品式.⑨ Ordinátĭon.⑩ ordinátĭo* -ónis, f.).
ritus orientális.(⑨ Eastern Rite.獨 Orientalische Riten)
동방 전례, 동방 교회 예식.
ritus pacis(⑨ sign of peace). 평화 예식.
Unde liquide intellegitur fervor quo sæpe ritus pacis
vivitur in Celebratione liturgica.(⑨ We can thus
understand the emotion so often felt during the sign of
peace at a liturgical celebration).
그래서 우리는 전례 거행에서 평화의 인사가 흔히
활기를 띠게 되는 이유를 이해할 수 있습니다.
Ritus Pœnitentiæ.(Pœnitentialis) [⑨ Penitential Rite.
獨 Bußakt der Meßfeier/Bußgottesdienste)
참회 예식(懺悔禮式), 참회 예절(懺悔禮節).
ritus professiónis* 서원식(誓願式),
선서식(→서언식.⑩ juramentum, -i, n.).
Ritus proprium.(⑨ Rite proper.獨 Sonderriten) 특수 예식
ritus Romanus. 로마 전례
ritus Sárum. 사룸 전례(⑨ Sárum rite-영국 Solisbury 교구 전례).
Ritus servandus. 예절 수칙서
Ritus servandus in Celebratione Missæ.
미사를 거행하는 데 지켜야할 예절 절차.
Ritus servandus in Solemni Expositione et Benedic-
tione SS. Sacramenti. 성체 강복과 성체 현시 예식.
ritus superior. 상급 예절(ritus inferior의 대조)
rivális¹ -e. adj. (rivus) 개울(물)의, 시내의, 도랑의.
m., pl. 도랑의 공동 사용자.
rivális² -is, m. [abl. sg. -e, -i,] (rivális¹)
(같은 여자를 사랑하는) 연적(戀敵),
경쟁상대(競爭相對), 적수(敵手-서로 어금 지금 한 상대).
riválĭtas, -átis, f. (rivális²) 연적관계(戀敵關係),
경쟁(競爭), 대항(對抗), 질투심(嫉妬心),
적대(敵對-서로 적으로 대함), 각축(角逐-서로 이기려고 다툼).
rivo, -áre, tr. (rivus) (시냇물을) 끌어 흐르게 하다
rívŭlus, -i, m. dim. (rivus)
작은 개울, 시내, 도관(導管-물관), 수도관(水道管).
Tardi ingenii est rivulos consectari, fontes rerum non
videre.(Cicero). 시냇물들을 거슬러 올라갈 줄은 알면서도
사물의 원천을 보지 못한다는 것은 미숙한 지성의
표다.(=지성이 미숙하다는 표다).
rívus, -i, m. 개울(garrulus rívus 졸졸 흐르는 개울),
내, 시내(그다지 크지 않은 내), 도랑, 하천, 물길, 수로, 수도.
e rivo flumen fácere. 침소봉대(針小棒大)하다/
Rivo torto. 꼬불꼬불한 강.
rixa, -æ, f. 싸움(⑨ Battle/Conflict), 다툼, 시비(是非),
말다툼, 언쟁(言爭-말다툼), 논쟁(論爭).
janua potorum saucia rixis.
술꾼들의 싸움으로 부서진 문/
labia stulti miscent se rixis.

어리석은 자의 입술은 논쟁에 개입한다(잠언).

rixátor, -óris, m. (rixor)
싸움 장이, 언쟁자, 논쟁자(論爭者), 트집 장이.

rixor, -átus sum -ári, dep. (古 rixo, -áre) intr. (rixa)
싸우다, 다투다, 언쟁(言爭)하다, 논쟁(論爭)하다,
(나무 따위가) 얽혀 자라다, 상충(相衝)하다.

rixósus, -a, -um, adj. (rixa)
걸핏하면 싸우는, 싸움 장이의.

Robigália, -íum, n., pl. Robígo 신의 축제(4월25일)

robígǐno, -áre, intr. (robígo) 녹슬다

robiginósus, -a, -um, adj. (robígo)
녹이 잔뜩 슨, 질투하는, 시기심(猜忌心) 많은.

robígo¹ -gínis, f. (robus¹) (금속의) 녹(綠靑),
(맷돌 따위의) 퇴적한 덕지, 치석(齒石), 무위(無爲),
나태(懶怠-행동, 성격 따위가 느리고 게으름), 오래 묵혀둠,
사장된 상태, 악습, 퇴폐(頹廢-도덕이나 기풍이 문란해짐),
시기(猜忌), 질투(嫉妬), 악의, 깜부기, 흑수병(黑穗病).
Agricolæ timebant ne mala robigo culmos frumenti esset.
농부들은, 못된 해충이 이삭을 먹어 치울까봐
걱정하곤 했다.

Robigo² -ginis, f.
흑수병(깜부깃병. 맥각병)을 막아주는 여신(女神)

robínia pseudoacácia, -æ, f.
(植) 아카시아(⑨ acasia-콩과의 낙엽 교목)

rōbor = rōbur

róbǒrans, -ántis, n. (róboro) ((藥)) 강장제(强壯劑)

roborárǐum, -i, n. (robur) 가축 가두는 우리(울타리)

roborásco, -ěre, inch., intr. (robur) 건장해지다

roborátus, -a, -um, p.p., a.p. (róboro)
힘센, 강한, 튼튼한, 파상풍(破傷風)에 걸린.

roborétum, -i, n. (robur) 떡갈나무 숲(밭)

robórěus, -a, -um, adj. (robur)
떡갈나무의, 참나무의, 떡갈나무로 만든.

róbǒro, -ávi, -átum -áre, tr. (robur)
튼튼하게(견고하게) 하다, 굳세어지게 하다,
억세어지게 하다, 강력(强力)해지게 하다,
힘세게 하다, 강장케 하다, 강화(强化)하다.
Roborat enim Eucharistia insertionem in Christum,
baptismate incohatam Spiritus dono.
성찬례는 세례를 통하여 성령을 받아 이루어진
그리스도와 일치를 강화시켜 줍니다(1고린 12,13: 27 참조).

roborósus, -a, -um, adj. (robur) 파상풍에 걸린

rōbur, robǒris, n. 경재(硬材-휠성수에서 나온 목재),
(떡갈나무.참나무 따위의) 굳은 나무(목재), 참나무,
떡갈나무, 경재로 만든 것(창자루.곤봉.걸상 따위),
지하(牢獄) 감옥, 견고(堅固), 굳음, 경도(硬度), 억셈,
힘(δνύαμις,⑨ Power), 능력(能力.δνύαμις),
역량, 위력, 체력, 기운, 정신력, 용기, 정력, 강인,
박력, 굳셈, 가장 중요(우수)한 부분, 정수(精髓-사물의
본질을 이룬 가장 뛰어난 부분. 가장 중요한 것), 핵심(부분.인물),
정병(精兵), 정예부대(精鋭部隊), 파상풍(破傷風).
Civitatem fortium ascendit sapiens et destruit robur
fiduciæ eius. (po,leij ovcura.j evpe,bh sofo.j kai. kaqei/len to.
ovcu,rwma evfV w-j evpepoi,qeisan oi` avsebei/j) (⑨ The wise man
storms a city of the mighty, and overthrows the
stronghold in which it trusts) 지혜로운 이 하나가 용사
들이 지키는 성읍에 쳐 올라가 그들이 믿는 요새를 허물
어뜨린다(성경 잠언 21. 22)/지혜가 있어야 용사들이 지키는 성에
쳐 올라가 그들이 기대는 요새를 허물 수 있다(공동번역)/
De robore animi. 굳센 마음에 대하여/
Qui dat lasso virtutem et invalido robur multiplicat.
(didou.j toi/j peinw/sin ivscu.n kai. toi/j mh. ovdunwme,noij lu,phn)
(⑨ He gives strength to the fainting; for the weak he
makes vigor abound) 그분께서는 피곤한 이에게 힘을 주
시고 기운이 없는 이에게 기력을 북돋아 주신다(이사 40. 29).

robur aratri. 쟁기.
(술.성에.한마루를 삼각형 모양으로 맞춘 농기구. 논밭을 갊).

Robur est ligni positum ante oculos.

눈앞에 떡갈나무가 있다고 합시다.

robur letális. 창(槍)

robus¹ -a, -um, adj. 적갈색의

robus² -óris, n. = robur, (굳은) 밀(소맥)의 일종

robústěus, -a, -um, adj. (robur) (떡갈나무 따위의) 굳은 목재의

robústus, -a, -um, adj. (robur) 떡갈나무로 만든, 경재(硬材)의,
굳은, 단단한, 튼튼한, 견고(堅固)한, 억센, 힘센, 건장(健壯)한,
강력(强力)한, 힘 있는, 우렁찬, 굳건한, 굳센, 씩씩한, 꿋꿋한,
영양이 많은(음식).

rochet(t)us*, -i, m. 小白衣(가톨릭용어집. p.53)

rochétum, -i, n. (rogo)
고위 성직자의 소백의(로셰뚬), 로세뚬(고위 성직자의 소백의小白衣).

rōdo, rōsi, rōsum, -ěre, tr. **쏠다, 갉아먹다**, 좀먹다,
부식(腐蝕)하다, (녹.녹 따위가) 침식(侵蝕)하다,
헐뜯다, 비방(誹謗-남을 비웃고 헐뜯어서 말함)하다.
roděre ungues. 곰곰이 생각하다(secum considero).

rōdus(= raudus, = rudus) -děris, n. (rudis¹)
(금속 특히 구리의) 조광(粗鑛-原鑛-캐낸 그대로의 광석).

rogális, -e, adj. (rogus)
화장터 장작더미의, 화장터의, 화형장의.

rogaméntum, -i, n. (rogo) 질의(質疑), 제의(提議)

Rogant me, quo eam.(rogo 참조)
그들은 나에게 어디로 가느냐고 묻고 있다.

Rogate Deum auxílium. 하느님께 도움을 청 하여라

rogátǐo, -ónis, f. (rogo) 물음, 질문(⑨ Question),
법률안 제출(고대 Roma에서 국민의 의결을 얻기 위한 집정관의
법률안 제출), (제출된 그) 법률안, 요구, 요청, 간청,
청원(請願 ⑨ Petition), 기원(祈願), 기구(祈求),
기도(祈禱.תְּפִלָּה.εὐχή.⑨ prayer),
(국민회의comitia에서의) 관직청원.

Rogátǐones(⑨ Rogation Day.獨 Bittgebet)
풍년 기원 삼일 미사, 청원 기도일.
(가) 삼일 기도(예수 승천 대축일 직전에 풍작을 기원하던 3일 기도.
이 3일 간의 기도 행사는 성인연송 호칭 청원기도를 하며 행렬하는 것인데 이
관습은 프랑스 Vienne의 주교 성 Mamertus가 명령해 처음 시작했다…).
백민관 신부 엮음. 백과사전 3, p.344).

rogatiúncŭla, -æ, f. (rogátǐo) 작은 물음, 작은 질문,
(국민 앞에 제출된) 조그마한 법률안.

rogátor, -óris, m. (rogo)
(국민의 의결을 위한) 법률안 제출자(法律案 提出者),
(국민회의comitia의) 사회자,
(국민회의comitia에서) 투표를 관리하고 거두는 서기,
제안자, 제의자(提議者), 요청자, 청원자(請願者),
구걸하는 자, 걸인(乞人), 거지.

rogátus, -us, m. (rogo) 요구, 요청, 간청(懇請), 기원

rogitátǐo, -ónis, f. (rógito) (국민의 의결에 붙이는) 법률안

rógǐto, -ávi, -átum -áre, freq., tr. (rogo)
자꾸 물어보다, 캐어묻다, 묻다, 물어보다,
청하다(αἰτέω), 조르다, 빌다, 기원(祈願)하다.
Rogitávit me, ubi fúerim.
그는 나에게 어디 있었느냐고 물었다.

rǒgo, -ávi, -átum -áre, tr.
1. [alqd 가지러(구하러) 가다, 가져오다(ᴄᵁᴷ), 구해오다,
2. [alqm, alqd: alqm alqd, de abl.: interr. indir.: absol]
묻다, 질문하다: Te rogo. 내가 너한테 묻는다/
Dic, qoud rogo. 내가 묻는 것이나 대답해라/
Quid me istud rogas? 왜 나한테 그것을 묻느냐?/
Rogant me, quo eam. 그들은 나에게 어디로 가느냐고
묻고 있다/ rogo alqm senténtiam(주로 원로원 같은 데서)
누구에게 의견(意見)을 묻다 [pass.에서 senténtiam은
acc.로 남아있음을 주의할 것] rógatus senténtiam a
cónsule. 그는 집정관으로부터 자기의 의견을 질문받고,
3. [legem, pópulum, plebem, alqd:absol.] (국민의 의결을
얻기 위해) 법안을 제출하다, 법안에 대한 민의를 묻다,
法을 통과시키다(제출된 법안에 대해서 국민이 "utirogas:
제출한 대로, 찬성"이라고 대답하면 법안은 통과되는 것이
었음. 초기에는 가결된 법조문 첫머리에 다음과 같은 말을
기록해 놓았음): Consul(Cónsules) pópulum jure rogávit
(rogavérunt), populúsque jure scivit. 집정관은 법(규정)

R

1115

대로 (법안을) 국민의 의결에 붙였고 국민은 법대로 가결
하였음. 4. [magistrátum(pópilum, plebem:국민에게)] (어떤
관직의) 장관을 선임하도록 제정하다. 5. [mílites
(sacraménto)] 군인을(군대 복무에) 선서시키다. 6. [alqm,
alqd; alqm alqd; alqd ab alqo; alqm, de abl.; pro abl.;
ut, ne; subj.; inf.; absol.] 청하다(αίτέω), 부탁하다,
구하다, 청원하다, 탄원하다(προσεύχομαι), 애걸하다.
빌다, 기원(기구)하다: rogo auxílium. 도움을 청하다/
Nolite, rogo vos, dare. 제발 너희는 주지 마라/ rogo
divítas deos. 신들에게 재산을 청하다/ pro vitâ rogo. 살려
달라고 탄원하다/ rogátus, ut cantáret. 그는 노래
하라는 청을 받고/ Malo émere quam rogáre. (속담) 애걸
하느니 차라리 사고 말겠다, 비굴한 짓은 못하겠다.
7. [alqd-ab alqo] 빌다, 빌려달라고 하다. 8. [alqm-in,
ad acc.] 와달라고 하다, 초청하다. (라틴-한글사전. p.793)
Excusátum hábeas me, rogo.
  대단히 죄송합니다, 사양 하겠습니다/
Me una voce universus plebis me primum sententiam
rogavit. 로마 국민 전체가 한 목소리로
  나를 집정관으로 선언하였다/
Noveritis me hoc tempore nostræ calamitatis id Deum
rogare. 우리가 겪고 있는 이 재앙의 시기에 나는 하느님
께 기도합니다.(이연학 회원오 역주. 아우구스티노의 생애. p.125)/
pro vitâ rogo. 살려 달라고 탄원(歎願)하다/
Qui rogat non errat. 질문하는 사람은 실수하지 않는다/
Rogabat denique cur umquam fugissent(Horatius).
  한참 달려 가다가 그는 도대체 어째서
  도망을 가느냐고 묻는 것이었다/
rogatus rogo. 거지들의 거지/
Rogem te ut venias? Non rogem?
  너더러 오라고 조를까, 말까?
rogito pisces. 생선 값을 묻다/
Si te rogavero aliquid, nonne respondebis?
  만일 무엇인가를 내가 너에게 묻는다 해도
  네가 과연 대답할 것 같으냐?/
Te rogamus, audi nos(® Lord, hear our prayer)
  주님 저희의 기도를 들어 주소서/
Te rogamus ut servo ignoscas.
  그 노예를 용서해주기를 당신에게 저희가 비는 바입니다/
Te rogo, ne discédas a me.
  나한테서 떠나지 말기를 나는 너에게 청한다.
  [청하는 물건이나 일이 명사나 대명사 또는 중성 형용사 등으로 만은
  표시할 수 없는 경우에는 ut(하기를, 하여 주기를) 또는 ne(하지 말기를)
  따위의 접속사를 사용한 객어문을 쓴다.
rogo auxílium. 도움을 청하다
rogo divítas deos. 신들에게 재산을 청하다
Rogo donum patrem(a patre)
  나는 아버지한테 선물을 청한다.
  (객어가 둘 다 나오는 경우에는 rogáre 동사만은 인물을 ab áliquo로 표시할 수도
  있다. 반면 oráre 동사는 이중 대격을 써야 한다.)
Rogo (intérrogo) áliquem senténtiam.
  나는 아무에게 (그의) 의견을 물어 본다.
Rogo te, noli docere ipsum invidentiam tuam.
  간청하건대, 그 사람에게 그대의 시기심을 가르치려 하지
  마십시오.(최익철 신부 옮김. 요한 서간 강해. p.363)/
Rogo te, ut mihi ignóscas.
  용서해 주기를 나는 너한테 청한다.
  [청하는 물건이나 일이 명사나 대명사 또는 중성 형용사 등으로 표시할 수 없는
  경우에 ut(하기를, 하여 주기를) 또는 ne(하지 말기를) 등의 접속사를 사용한
  객어문을 쓴다.
Rogo te, ut vénias. 네가 와주기를 나는 네게 청한다.
  (속문의 사실이 주문의 사실보다 나중에 있는 것일 때에라도, 주문의
  동사가 이미 미래의 뜻을 담고 있는 성질의 동사, 예컨대 목적동사Verba
  finália나 공동동사Verba timéndi일 때에는, 속문의 시칭을 주문의 시칭과 동시로
  써야 한다. 허창덕 신부 지음. 문장론. p.325).
Rogo vos, facite hoc. 너희가 이 일을 해주기를 부탁한다.
Rogo vos multa. 나는 너희들에게 많은 것을 청하는 바이다.
rŏgus, -i, m. 화장용 장작더미, 화장터, 화형장,
  무덤(μνημείον.® Tomb).
Rôma, -æ, f. (=urbs Ænéæ) Látium의 수도(기원전 753년에
  Tíberis 강변에 창건된 Látium의 수도), 고대 Roma 제국의 수도,

(현재) 이탈리아의 수도, Roma 교황의 본거지(주교좌를
  Roma에 정한 베드로 사도의 후계자인 교황의 본거지), Roma 교황청,
  (Vatican 시국의) 소재지로서 가톨릭 교회의 중심지.
  adj. **Románus**, -a, -um,
Amici mei Romam(ad urbem, domum, rus, in oppidum)
revenerunt. 나의 친구들은 로마로(도시로, 집으로, 시골로,
  마을로) 되돌아갔다/
Civis Romanus sum. 나는 로마 시민이오!/
Cum fueris Romæ, Romano vivito more.
  로마에서는 로마의 관습에 따라 살라/
Cum uxore nunc sum Romæ, in urbe clarissima.
  나는 지금 아내와 함께 가장 유명한 도시 로마에 와 있다/
Ego vobis Romæ propitius ero.
  내가 로마에서 너희를 돕겠다/
Eos bellum Románum urébat.(uro 참조)
  로마 전쟁은 그들의 나라를 황폐케 했다/
Proficíscor Româ, ex urbe ætérnâ.
  나는 영원의 도시 로마로 출발한다/
Res quæ pópuli Románi áccidit.
  일은 로마 백성에게 유리하게 돌아간다/
Si fueris Romæ, Romano vivito more.
  그대가 로마에 가 있거든 로마식으로 살아라!/
Sum Romæ, in urbe claríssimâ.
  나는 대단히 유명한 도시 로마에 있다/
Transívi Româ, urbe vetustíssimâ Itáliæ.
  나는 이탈리아의 고도(古都) 로마를 통과하였다/
Veni Romam, in urbem præcláram Itáliæ.
  나는 이탈리아의 유명한 도시 로마에 왔다.
Roma caput mundi. 로마는 세계의 수도.
Roma, cave tibi. 로마여, 네 자신을 돌보라.
Roma die uno non ædificata est.
  로마는 하루아침에 이루어지지 않았다.
Roma est urbs pulcherrima totius terræ.
  로마는 전 세계에서 가장 아름다운 도시이다.
Româ, ex urbe aeterna. 영원한 도시 로마로부터
Roma in montibus posita. 여러 언덕 위에 세워진 로마/
  arx septicollis. 일곱 언덕의 로마(Septimontium, mons æntinus,
  Cælius, Captitolinus, Esquilinus, Palatinus, Quirinalis, Viminalis).
Roma locúta (est), causa finíta (est).
  로마가 말했으니 논의는 끝났다(최종 판결이 내려진 것이다),
  로마에서 발언하였으니 사건은 끝났다.
Roma superata, cives ad montes festinaverunt.
  로마가 함락되자 시민들은 서둘러 산으로 피신했다.
Romæ fui. 로마에 있었다 / Ubi fuisti? 너 어디 있었니?
Romæ habito. 로마에 살다
**Romæ primus regum Romulus fuit, postremus
Tarquinius Superbus**. 로마의 첫 번째 국왕은 로물루스
  였고, 마지막 국왕은 타르퀴니우스 수페르부스였다.
  (성 염 지음. 고전 라틴어. p.259)
Romam nuntiátum est. 로마로 보고되었다.
Romam peto 로마로 가다.
Romam proficisci. 로마로 떠나가다.
Romam veni amícos vidéndi causâ (grátiâ).
  =**Romam veni amicórum videndórum causâ (grátiâ)**.
  나는 친구들을 보러 로마에 왔다(동명사 또는 수동형용사의 속격으로
  뒤에 causâ, grátiâ를 써서 목적부사어나 원인부사어를 이룰 수 있다).
Romam veni studiórum causâ. 나는 공부하러 로마에 왔다.
  [어떤 목적이나 욕망을 포함한 이유를 표시하기 위해서는
  causâ, grátiâ(때문에) 앞에다 명사의 속격을 그 부가어로 쓴다]
Romam versus. 로마로 향하여(versus는 후치사이다. 그리고
  versus가 변화할 수 있는 도시명과 함께 쓸 때에는 전치사 'ad. in' 없이 쓴다).
Roman collar. 로만 칼라
Romána, -órum, n., pl. (Románus) Roma 영토.역사,
  (Latin어.Latin 문학.연설.저술가 따위의)
  Látium 계통의 사물.인물.
Romana est, sed etíam nostra.
  로마의 것이지만, 또한 우리의 것.
Romanæ diocesis, 로마에 있는 교회 유지 재산 관리권.
  (1968.6.30. 자의교서).
Romanæ turres et vos valeatis, amici.

로마의 탑들과, 친구들이여, 당신들도 평안하기를!
Romanæ Universális Inquisitiónis Congregátio.
로마 전 세계 감찰성.
Romanénsis, -e, adj. (Roma)
로마의, 외부에서 와서 로마의 것이 된,
장편(소설)의, 꾸며낸 긴 이야기의.
fábula Romanensis cathólica. 가톨릭 소설.
Rom“nía, -æ, f. (Roma)
로마인들에게 정복된 지방, 로만스어 지역.
Románicus, -a, -um, adj. (Roma)
고대 로마(사람)의, 고대 로마식의,
고대 로마 문화를 이어받은, 로만스어의,
(이탈리아.스페인.포르투갈.프랑스.루마니아어 등)
Latin어에서 전화한 언어의, 로마네스크(미술.건축) 양식의.
Romanísmus, -i, m.
로마 사람(민족)의 기질.풍습, 로마 제도(정신),
(흔히 경멸의 뜻으로) 가톨릭교, 가톨릭 교리.
Romanísta, -æ, m. (경멸의 뜻으로) 로마 숭배자,
가톨릭 신자, 고대 로마 제도.문학 연구가,
로마법 학자, 로만스어 학자.
Románitas, -átis, f. Roma인들의 풍습.제도
Romano pontifici eligendo, 교황 선출,
교황좌의 공석과 로마 주교의 선출(1975.10.1. 교황령).
Romanorum Imperator Augustus. 로마인의 황제
Romanos Pontifices. 로마노스 뽄띠피체스.
(레오 13세의 영국 주교와 수도자와의 관계 조정에 관한 교황령).
Romanticísmus, -i, m. 낭만주의(⑨ romanticism),
낭만주의 특징.태도정신, 공상적인 분위기(경향),
낭만파 모방, 중세 소설적 취미(趣味).
románticus, -a, -um, adj. 낭만파의, **낭만적인,**
공상적(空想的)인, 신비로운, 기이한, 소설같은,
schola romántica. 낭만파(浪漫派).
Románum decet Pontíficem. 로마 교황에게 마땅한 일이다.
(교황 Innocentius 12세의 족벌주의를 배척한 대칙서).
Romanum imperium de fonte nascitur pietatis.
로마 제국은 경건(敬虔)의 샘에서 탄생한다.
Romanum regimen. 로마 통치권
Románus, -a, -um, adj.
로마의, 로마인의, 로마식의, 로마인다운.
m. (pl.) 로마인, adv. Románe, 로마인답게, 솔직하게.
De abiciendo cultu deorum cohortatio ad Romanos.
로마인들에게 다신 숭배를 포기하라고 충고함(신국론. p.2748)/
De Romano pontifice. 로마 교황론(Pole 추기경 지음)/
Ea fuit Romána gens, quæ(=ut ea) victa quiéscere
nescíverit. 로마 민족은 지고서는 가만히 쉬고
있을 줄을 모른 그러한 민족이었다/
Jus Románum. 로마법/
Lingua Romána. 라틴어/
Romani injusti. 불의한 로마인들/
Romani rem militarem colant sciantque et ita posteris
tradant. 로마인들은 군사를 익히고 알아야 하며
그래서 후손들에게도 전수해 주어야 한다/
Romani soliti erant triumpho victorias celebrare.
로마인들은 개선행진(triumphus)으로 승리를 축하하곤 했다/
Romanis neque cibus neque aqua deerat.
로마인들에게서는 음식도 물도 부족한 적이 결코 없었다/
Romanos injustos, profunda avaritia communis omnium
hostis. 불의한 로마인들, 그 극심한 야욕으로 말하면
만민의 공동의 적(성 염 지음, 사랑만이 진리를 깨닫게 한다. p.482)/
Románo more. 로마식으로, 로마인답게, 솔직하게/
Romanorum res gestæ judicio percurruntur.
로마사의 비판적 회고(신국론 제3권)/
Romanum se aiebat esse.
그는 자기가 로마인이라고 말하곤 했다/
sub esse Romano Pontifici omni humanæ creaturæ.
모든 인간 제도는 로마 교황에게 종속되어야 함.
(성 염 옮김, 단테 제정론, p.221)/
transfúgio ad Romános. 로마군에 도망가다.
Romanus catholicus. 로마 가톨릭.

Corpus christi est ecclesia romana catholica.
그리스도의 몸은 바로 로마 가톨릭 교회다.
Romanus Pontifex. 교황(敎皇.Παπας.⑨ Pope),
로마 주교(→敎皇), 로마 군주,
로마의 사제장(司祭長.⑨ Roman Pontiff).
romphǽa, -æ, f. = **rhomphǽa**
(Thrácia인들의) 긴 쌍날 칼(창).
Rómula, -æ, f. (Rómulus) Dácia의 도시, 로마의 식민지가 됨.
Rómulus, -i, m. Mars와 Ília(Rhea Silvia)의 아들.
(쌍둥이 형제 Remus와 함께 Tiberis 강에 버려졌으나 무사하여 늑대의 젖을 먹고
자라다가 목동 Fáustulus에게 발견되어, 이 목동부부(아내는 Acca Laréntia)에게
양육되었다. 장성한 후 로마시를 창건하고 그 첫 왕이 됨.
Campus Mártius(Mars 연병장)에서 열병하다가 갑작스런 폭풍우로
일어난 암흑 속에 사라짐으로 그 최후를 맞음. 죽은 후 Quirínus라는
이름의 신으로 받들어짐) (라틴-한글사전, p.794).
Ex septem regibus Romulus unus in cælum ascendit.
(로마 건국 초의) 일곱 임금 가운데
로물루스만 천계에 올랐다.
**Romulus vidit potestate regia melius gubernari et regi
civitates, si esset ad illam vim dominationis adjuncta
auctoritas.** 로물루스는, 만약 이러한 지배력에 권위가 덧붙
여지기만 한다면, 도시 국가들은 왕권에 의해서 더 잘
통치되고 지배된다고 보았다.[이중 복합 조건문].
ronchus, -i, m. = **rhonchus**
조소(嘲笑), 비웃음. (醫) 수포음(水泡音)
ronchi(=rhonchi) sibilantes. 적성(笛聲) 수포음
ronchi(=rhonchi) sonori. 천명(喘鳴) 수포음 (=rhonchi)
rorárius, -a, -um, adj. [ros] (Roma의) 경무장한 전초병의.
m. (흔히 pl.) 경무장 전초병.
Rorant pennæ. 날개에서 (빗물이) 주르르 흐른다.
Rorate. 원형 róro, -ávi, -átum -áre, (ros)
[명령법. 단수 2인칭 rora, 복수 2인칭 **rorate**].
Rorate. 천주의 모친 마리아께 봉헌하는 미사. 로라테.
(Rorate, cæli, desuper et rubes pluant justum-"하늘이여 이슬비처럼 의인을 내려
주소서"로 시작되는 입당송에 따라 붙여진 이름. 대림 촛불만 켜고 드린다.
대림시기 12월16일까지 드릴 수 있다. 가톨릭에 대한 상식 사전, p.143).
[Rorate는 하느님 어머니의 공경을 위한 기원 미사 때 부르는 입당송이다.
이사야서 45, 8절에서 유래하며 대림시기 토요일뿐만 아니라 평일에도 Rorate
미사를 드리며 이 노래를 부른다. 황치헌 지음. 미사통상문을 위한 라틴어. p.457].
Roráte, cæli, désuper et núbes plúant justum.
Ne irascáris Dómine, ne ultra memíneris iniquitátis:
ecce cívitas Sáncti fácta est desérta:
Síon desérta fácta est, Jerúsalem desoláta est:
dómus sanctificatiónis túæ et glóriæ túæ,
ubi laudavérunt te pátres nóstri.
Peccávimus, et fácti súmus tamquam immúndi nos,
et cecídimus quasi fólium univérsi.
Et iniquitátes nóstræ quasi véntus abstulérunt nos:
abscondísti faciem túam a nóbis,
et allisísti nos in mánu iniquitátis nóstræ.
Víde Dómine afflictiónem pópuli túi,
et mítte quem missúrus es:
emítte Agnum dominatórem térræ.
De Pétra desérti ad móntem fíliæ Síon:
ut áuferat ípse júgum captivitátis nóstræ.
Consolámini, consolámini, pópule méus:
cito véniet sálus túa: quare mæróre consúmeris,
Quia innovávit te dólor? Salvábo te, nóli timére,
égo enim sum Dóminus Déus túus,
Sánctus Israël, Redémptor túus.
하늘은 이슬비처럼,
구름은 비처럼 위에서부터 의인을 내려주소서.
주여 분노 마옵시고, 우리 죄악을 기억마옵시며, 주의 성읍
광야 되고, 시온이 광야 되었으며, 예루살렘 황폐되었고,
그곳은 우리의 조상들이 당신을 찬양했던
당신의 거룩함과 영광의 성전입니다.
우리는 죄를 지었고, 마찬가지로 불결해졌으며,
온 누리의 가랑잎처럼 떨어졌나이다.
우리의 죄악은 바람처럼 우리를 말려들게 하고,
당신은 우리에게서 당신의 얼굴을 숨기며,
우리를 우리 죄악의 손에 내던지셨나이다.

R

주님, 당신 백성의 괴로움을 처다보소서.
그리고 당신이 보내실 분을 보내소서.
땅의 지배자이신 어린 양을 파견하소서.
광야의 바위에서 시온 딸의 산으로.
그분께서 친히 우리의 포로 신세의 멍에를 없애시도록
안심하여라, 안심하여라, 내 백성아,
네 구원이 어서 임하리라.
너는 어째서 슬픔으로 기진맥진해졌는가.
고통이 너를 새롭게 했기 때문인가?
내가 너를 구원하리라. 두려워 말라. 나는 너의 주 하느님,
이스라엘의 거룩하신 분, 너의 구세주로다.
[미사통상문을 위한 라틴어, 황치헌 신부지음, pp.457~470].

Rorate, cæli, desuper, et nubes pluant justum.(이사 45. 8)
하늘아, 위에서 이슬을 내려라. 구름아, 의로움을 뿌려라.
Rorate Missa. 로라테 미사(獨 Rorate-Messe).
rorátio, -ónis, f. (roro) 이슬 내림; 이슬,
포도 열매가 서리 맞고 떨어지는 병,
물시계의 방울지어 떨어지는 일.
rorídus, -a, -um, adj. (ros) 이슬에 젖은
róri̇fer(-ger), -ĕra, -ĕrum, adj. (ros+fero, gero)
이슬기가 있는, 이슬 머금은, 이슬에 젖은.
rōro, -ávi, -átum -áre, (ros)
Ⅰ. 1. intr. 이슬을(이슬비를) 내리다. 2. [inpers.] 이슬이
내리다. 이슬비가 오다: Nonuunquam rorat. 이따금
이슬이 내린다. 3. 방울지어 떨어지다(רטנ.ףטנ.ףטר),
이슬 맺혀 흐르다, 찔끔찔끔 흘러나오다: Lácrimæ
rorántes. 뚝뚝 떨어지는 눈물. 4. [abl.: absol.] 무엇이
(abl.) 방울지어 떨어지다. 주르흐 흐르다, 무엇을(abl.)
찔끔찔끔 흘리다: (무엇에) 젖어있다: Rorábunt quercéta
favis. 참나무 숲에서 개꿀이 방울지어 떨어질 것이다/
Rorant pennæ. 날개에서 (빗물이) 주르르 흐른다.
Rorate, cæli, desuper et rubes pluant justum.
하늘이여 이슬비처럼 의인을 내려 주소서.
Ⅱ. tr. 1. 이슬(비)로 적시다(ךכז), 이슬로 덮다: tellus
rorata. 이슬에 젖은 땅. 2. [alqd-alqā re] 젖게 하다,
젖게 하다, 물을 뿌리다: lácrimis roro genas 눈물로
두 볼을 적시다/ Lácrimis óculi rorántur. 눈물이 두
눈에 어린다. 3. [alqd: absol.] 이슬(비)처럼 내리게
하다; 방울지어 떨어지게 하다, 찔끔찔끔 흘리다.
pócula rorántia 포도주를 방울방울 흘리는 술잔.

> ＊ 기상에 관한 동사
> advesperáscit, advesperávit, advesperáscere. 저녁때가 되다.
> fulget(fúlgurat), fulsit, fulgére. 번개 치다.
> fúlminat, fulminávit, fulmináare. 번개가 치다, 벼락 치다.
> grándinat, - , grandinâre. 우박 오다.
> illucéscit, illúxit, illucéscrer. 밝아 오다, 동이 트다, 날이 새다.
> lucéscit, luxit, lucéscere. 동이 트다, 날이 밝다.
> ningit, ninxit, níngere. 눈이 오다.
> pluit, pluit, plúere. 비가 오다.
> rorat, rorávit, roráre. 이슬이 내리다.
> tonat, tónuit, tonáre. 천둥이 치다.
> vesperáscit, vesperávit, vesperáscere. 저녁때가 되다.
> (한동일. 카르페 라틴어 2권. pp.146-147)

roruléntum, -i, n. 이슬 내린 땅?
tellus rorata.(roro 참조) 이슬에 젖은 땅.
roruléntus, -a, -um, adj. (ros)
이슬 맞은, 이슬로 덮인, 이슬에 젖은.
rōs, rōris, m. **이슬**. 물(水.מזם.ὕδωρ), 눈물, 수분,
(여러 가지) 액체, 즙액, 향액, 피(血), 유혈(流血).
[단수 주격 ros, 속격 roris, 여격 rori, 대격 rorem, 탈격 rore].
vitális ros. 젖.
R
ros máris.(=rōs = rōs marínus)
로즈메리(지중해 지방 원산 박하 속의 상록관목).
ros purus. 맑은 물(aqua turbida. 흙탕물)
rṓsa, -æ, f. (植) **장미**(薔薇); 장미꽃; (집합명사로) 장미꽃밭;
장미 꽃다발(화환), 장미향유.향수, 장미 철, 5월, 장밋빛.
Dedit puer rosas puellæ duabus manibus.
소년이 소녀에게 장미꽃을 두 손으로 바쳤다/
mea rosa. 내 사랑아(연인에 대한 애칭)/
pubentes rosæ. 활짝 핀 장미(薔薇)/

Si Lesbiæ rosas daretis, vobis gratias ageret.
너희가 레스비아에게 장미를 선사한다면
그녀는 너희에게 고마워할 텐데/
Suavem odorem fundit rosa. 장미가 달콤한 냄새를 풍긴다/
vívere in rosā. 장미꽃밭(쾌락 속)에 파묻혀 살다.
Rosa Aurea(⑨ Golden Rose) 황금 장미 훈장.
(교황이 사순 제4주일에 하사).
rosa chinénsis. 월계화(月季花-장미과의 상록 활엽 관목. 사계화四季花)
rosa koreana. 흰인가목
rosa pulchra. 아름다운 장미꽃
Rosa, quo spinosior, fragratior.
가시 많은 장미가 더 향기롭다.
rosa rugósa. (植) 해당화
rosa satúrata vernis roribus.
봄 이슬을 함빡 머금은 장미(薔薇).
rosácĕus, -a, -um, adj. (rosa) 장미의, 장미꽃으로 만든,
장밋빛의, 장미꽃 모양의, 장미과의. n. 장미향유.
rosális, -e, adj. (rosa) 장미(薔薇), 장미꽃으로 하는.
n., pl. **rosálĭa**, -íum, 무덤을 장미 꽃다발로 장식하는 축제.
rosárĭum, -i, n. (rosárius) 장미 밭, 장미원, 묵주(默珠),
로사리오(⑨ rosary.獨 Rosenkranz-'장미화관', '장미 꽃다발' 뜻).
(pl.) = rosália(cf. rosális). 매괴(玫瑰→묵주).
Cruciata Rosárii. 로사리오 십자군(제2차 세계대전 이후 앵글로
색슨 여러 나라에서 시작한 가정 성화를 위한 신심회)/
Rosárii Confraternitas. 로사리오 신심회(信心會)/
Rosárii recitatio in familia. 가정 로사리오/
Suapte natura ad pacem intenditur precatio Rosarii quia
ipsa in Christi contemplatione constat qui Princeps est
pacis et "nostra pax"(Eph 2, 14). 묵주기도는 그 본질상
평화를 위한 기도입니다. 평화의 임금님이시며 "우리의
평화"(에페 2.14)이신 그리스도를 관상하는 기도이기
때문입니다(2002.10.16. "Rosarium Virginis Mariæ" 중에서)/
Pro pace precatio Rosarium est etiam semper oratio
ipsius familiæ et pro familia. 평화의 기도인 묵주기도는
또한 언제나 가정의 기도, 가정을 위한 기도입니다.
rosárĭum(Beátæ Maríæ Vírginis). 묵주, 묵주의 기도
Rosarium contemplativa precatio. 관상 기도인 묵주기도.
Initio a Mariæ ipsius experientia facto, Corona Marialis
exsistit prex præcipue contemplativa. 바로 성모님의 체험
에서 시작된 묵주기도는 더 없이 훌륭한 관상 기도입니다.
Rosárĭum Cruciferorum. 십자가 수도회 로사리오
Rosarium iterum detegendus thesaurus. 묵주기도는
다시 찾아야 할 보화(2002.10.16. "Rosarium Virginis Mariæ" 중에서).
Rosárĭum perpetuum. 항구적(恒久的) 매괴회
Rosarium Stæ Birgittæ. 비르짓다의 로사리오.
(성모 마리아의 연령을 63세로 추산해 성모송 63번 하는 묵주의 기도.
백민관 신부 엮음, 백과사전 3, p.360).
Rosarium Virginis Máriæ, 동정 마리아의 묵주 기도
(2002.10.16. Rosarium Virginis Mariæ-교황 교서로,-교황 요한 바오로 2세께서 이 교서를 통하여, 2002년
10월부터 2003년 10월까지를 '묵주기도의 해'로 선포하시며, 성모 마리아와
더불어 그리스도의 생애를 깊이 관상하고 복음의 핵심에 다가가는 데 묵주기도가
매우 훌륭한 방법임을 역설하신다. 또한 묵주기도가 더욱 완전한 '복음의 요약'이
되도록 적절히 보완하고자, 기존의 세 가지 신비(환희의 신비, 고통의 신비, 영광
의 신비)에 예수님의 어린 시절과 나자렛 생활에 이어 공생활을 묵상하는 '빛의
신비'를 덧붙임으로써 그리스도의 신비와 동화되는 길에 신자들을 초대합니다).
Rosárĭum vivens(⑨ Living Rosary)
생활 지속 로사리오회 기도회.
Rosárĭum vivum. 생활 매괴회(玫瑰會)(1826년 Járicot 발족)
rosárĭus, -a, -um, adj. (rosa) 장미의
rosátĭo, -ónis, f. [inusit. rosáre] (무덤 위에) 장미꽃 뿌림
rosátus, -a, -um. p.p. (inusit. rosáre) 장미꽃으로 만든.
n. 장미꽃을 가미한 포도주, 장미꽃 섞은 음식물.
róscĭdus, -a, -um, adj. (ros) 이슬의, 이슬 맞은,
이슬로 덮인, 이슬에 젖은, 이슬같이 방울지는,
이슬방울 같은, 젖은, 축축한, 습지의.
herba róscida. 이슬 맞은 풀/
róscida cǽspitum. 이슬로 덮인 잔디밭/
róscida dea = Auróra.
Rósĕa(Rósia), -æ, f. Reáte 부근의 비옥한 땅이름
roséŏla, -æ, f. dim. (rosa) (醫) 장미진(疹) 홍진
rosétum, -i, n. (rosa)

장미원(밭), 장미(나무); 장미꽃, (장밋빛) 젖꼭지.
Rosetum Exercitiórum. 수행의 장미꽃 동산.
(Mauburnus 지음. 새 신심운동의 백과사전 같은 것).
róséus, -a, -um, adj. (ros) 장미의, 장미로 장식된, 장미 빛의; 발그레한, 불그레한, (장미꽃같이) 예쁜, 미모의.
rōsi, "rodo"의 단순과거(pf.=perfectum)
rósĭdus, -a, -um, adj. = **róscidus**
rósĭo, -ónis, f. (rodo) 갉음, 침식(侵蝕), 부식(腐蝕), 복통(腹痛); 내장기관의 고통(苦痛).
rosmárinum, -i, n. (**rosmárinus**, -i, m.) (ros) 로즈메리(지중해 지방 원산 박하속의 상록관목).
rōsor, -óris, m. [rodo] (쥐 따위의) 갉아 먹는 놈
rostéllum, -i, n. dim. (rostrum) 작은 주둥이(부리)
rostra, -órum, n., pl. (복수에서는 단수보다 다른 뜻 더 가짐) 부리; 연단 강론대; 뱃머리.
rostrális, -e, adj. (rostrum) 부리의, 주둥이의, (뱃부리로 장식한) 연단(演壇)의(cf. rostrum 3).
rostrans, -ántis, adj. (p.prœs., inusit. rostro) (땅을) 갈아 일으키는 (보습 따위).
rostrátus, -a, -um, adj. (p.p., inusit. rostro) 부리(주둥이)가 있는, 부리 모양으로 굽은, (敵船을 무찌르는) 충각(衝角-뱃부리 rostrum) 장치의, 충각 모양이 새겨져 있는, 충각으로 장식한,
rostráta coróna. 해전관(해전에서 맨 먼저 적선에 뛰어든 장병에게 주던 해전관海戰冠으로 소형 충각이 새겨져 있었음).
rostráta colúmna. 해전 승리 기념주(Carthágo인들과의 해전에서 얻은 적선들의 충각들로 장식한 Roma의 해전 승리 기념주記念柱).
rostráta navis, rostrátæ(sc. naves) 충각을 장비한 전함.
rōstrum, -i, n. (rodo) **부리**, **주둥이**, 부리모양의 물건, (포도밭에서 쓰는) 낫의 날, 보습(땅을 갈아 흙덩이를 일으키는 데 쓰는 삽 모양의 쇳조각), 곡괭이.망치의 쇠대갈, 충각(衝角-적함을 무찌르기 위해 군함의 이물 아래쪽에 부리 모양으로 장치되었던 충각), 뱃부리, 이물(배의 머리 쪽), 선수(船首), (일반적으로) 연단(演壇), 강단(講壇).
(pl) Roma 광장의 연단(기원전 338년에 Roma군이 Antĭum인들로부터 노획한 배들의 충각으로 장식한 로마 광장의 연단).
(pl.) (Roma의) 집회광장(forum),
(pl.) (국민회의장.연설장에 몰린) 군중(群衆).
descéndere de rostris. 연단에서 내려오다/
in rostra ascéndere. 연단으로 올라가다.
rósŭla, -æ, f. (rosa) 작은(귀여운) 장미
rosuléntus, -a, -um, adj. (rosa) 장미가 많은, 장미의, 장미 빛의.
rōsum, "rodo"의 목적분사(sup.=supínum)
rōsus[1] -a, -um, p.p. (rodo)
rōsus[2] -us, m. (rodo) = **rósio**
rŏta[1] -æ, f. **바퀴**, 차륜, (질그릇 만들 때 쓰는) 녹로. (轆轤-질그릇을 만들 때 모형과 균형을 잡는 데 쓰이는 물레), 형차(刑車-고대 희랍에서 죄인을 바퀴살에 얽어 매달아 놓고 돌리며 고문하던 기구), Ixíon이 벌 받던 불 수레바퀴, 굴림대, 굴령쇠, 수레, 동그라미, 원(圓), 회전(回轉), 공전(公轉), 변천(變遷-세월이 흐름에 따라 바뀌고 변함), 변하기 쉬움, 변덕(變德), (哀歌의) 연구(聯句)의 시격(詩格).
dextérĭor rota 오른쪽 바퀴 / solis rota. 둥근 해/
et aspectus earum similitudo una illis quattuor, quasi sit rota in medio rotæ. (kai. h` o;yij auvtw/n o`moi,wma e]n toi/j te,ssarsin o]n tro,pon o[tan h=| troco.j evn me,swl trocou/) (영 All four of them seemed to be made the same, as though they were a wheel within a wheel)
그것들의 모습은 넷이 똑같은 형상인데, 바퀴 안에 또 바퀴가 들어 있는 것 같았다(성경 에제키엘 10. 10)/
네 개가 다 같은 모양으로 바퀴 속의 바퀴가 돌아가듯 되어 있었다(공동번역)/
Ventilat impios rex sapiens et incurvat super eos rotam. (likmh,twr avsebw/n basileu.j sofo.j kai. evpibalei/ auvtoi/j troco,n)(獨 Ein weiser König sondert die Gottlosen aus und läßt das Rad über sie gehen) (영 A wise king winnows the wicked, and threshes them under the cartwheel) 지혜로운 임금은 악인들을 가려내고 그들 위로 탈곡기 바퀴를 굴린다(성경 잠언 20. 26)/지혜로운 임금은 나쁜 사람을 갈라 세우고 탈곡기를 굴려 짓바순다(공동번역).
rota aquária. (수차의) 물레바퀴
rota nativitátis.(야고보서 3. 6) 온 생애(生涯), 일생
rota radiata. 살을 댄 바퀴
Rŏta[2] -æ, f. ((敎法)) [정식명칭은 Sacra Rota Romána] Roma 교황청의 상소법원(교회 대법원).
rotabúndus, -a, -um, adj. (rŏta[1]) 뱅뱅 도는
rotális[1] -e, adj. (rŏta[1]) 바퀴 있는, 바퀴 달린
rotális[2] -e, adj. (rŏta[2]) (교황청) 상소법원의
rotárĭus, -a, -um, adj. (rŏta[1]) (각종) 수레의, 차량의, 도는, 회전하는, 회전식의.
rotátĭlis, -e, adj. (roto) 빙빙 도는, 회전하는
rotátim, adv. (rŏta[1]) 둥글게, 원을 그리며
rotátĭo, -ónis, f. (roto) 빙빙 돌아감, 회전(回轉), 선회(旋回-둘레를 빙빙 돎), (지구의) 자전(自轉), 갈마듦, 윤번(輪番-돌려가며 차례로 번듦), 순환(循環-끊임없이 자꾸 돎).
rotátor, -óris, m. (roto) 회전시키는 사람(물건). (解) 회선근(回旋筋-목이나 손을 돌리게 하는 근육).
rotátus[1] -a, -um, p.p. (roto) 회전한, 선회한, 간결하고 짜임새 있는 (연설).
rotátus[2] -us, m. (roto) 회전(回轉), 돌림, 굴림
rotélla, -æ, f. dim. (rŏta[1]) 작은 바퀴, 소륜
rŏto, -ávi, -átum -áre, tr. (rŏta[1]) 돌리다, 회전시키다, 선회(旋回)하게 하다. 휘두르다, 굴리다.
intr. 돌다(גוּר), 회전(선회)하다(הפך),
(공작이) 꽁지를 펼치고 돌다.
(pass. refl.) **rotári** 돌다, 선회하다.
rótŭla, -æ, f. dim. (rŏta[1]) 작은 바퀴, 소륜.
Rotulus cardinalitius.(백민관 신부 엮음, 백과사전 3, p.364) 추기경 수입, 추기경 회의 고유 재산에서 받는 돈.
rotundátĭo, -ónis, f. (rotúndo) 둥글게 함, 원형(圓形)
rotundifólĭus, -a, -um, adj. (rotúndus+fólium) 둥근 잎의.
rotúndĭtas, -átis, f. (rotúndus) 둥근 모양, 원형(圓形), 동그라미, 원(圓), 알, (문장 따위의) 고름, 균제(均齊-고르고 가지런함), 매끈함.
rotúndo, -ávi, -átum -áre, tr. (rotúndus) 둥글게 하다, 동그랗게 하다, 원형(구형)으로 만들다, 우수리 없는 수로 만들다, (문장 따위를) 고르게 하다, 균형 있게 하다, 매끈하게 하다.
(p.p.) **rotundátus**, -a, -um.
rotúndus, -a, -um, adj. (rŏta[1]) **둥근**, 원형의, 공 모양의, 동그스름한, 각이 지지 않은, (옷이 몸에) 잘 맞는, (성격 따위가) 원만한, 무던한, 세련된, 유창한, (문장.말 따위가) 매끈한, 술술 나오는(내려가는).
Roxáne, -es, f. Alexánder 대왕의 아내
Roxoláni, -órum, m., pl. Sarmátia의 한 종족
R. P. (略) 1. = res pública(나라, 공화국).
2. Reveréndus Pater(신부님).
R.S.C.J. Religiosa Satissimi Cordis Jesu. 예수 성심 수녀회
rubédo, -dĭnis, f. 붉은 색
rubefácĭo, -féci, -fáctum, -cĕre, tr. (rúbeo+fácio) 붉게 하다, 붉게 물들이다.
(p.prœsens.) **rubefácĭens**, -éntis, (약품 따위가) 피부를 빨갛게 하는.
rubéllus, -a, -um, adj. dim. (ruber) 불그스름한, 붉은 빛 도는
rŭbens, -éntis, p.prœs., a.p. (rúbeo) 붉은, (얼굴이) 붉어지는, 붉어진.
ferrum rubens igne. 불에 벌겋게 단 쇠/
ver rubens. 붉게 물든 봄/
vina rubéntia. 붉은 포도주.
rúbĕo, -bŭi -ēre, intr. (ruber) 붉다, 붉게 물들다, 붉은 빛을 띠다, (얼굴이) 붉어지다, 부끄러워하다, 부끄럽다.
rŭber, -bra -brum, adj. **붉은**, 적색의, 벌건, 빨간.
(고유 형용사적) mare Rubrum, Rubra ǽquora. 홍해.
(Saxa Rubra. Etrúria의 Crémera 강 근처의 마을).
Societas a cruce rubra(영 Red Cross) 적십자사.

	단 수		
	m. (남성)	f. (여성)	n.(중성)
Nom.	ruber	rubra	rubrum
Voc.	ruber	rubra	rubrum
Gen.	rubri	rubræ	rubri
Dat.	rubro	rubræ	rubro
Acc.	rubrum	rubram	rubrum
Abl.	rubro	rubra	rubro

	복 수		
	m. (남성)	f. (여성)	n.(중성)
Nom.	rubri	rubræ	rubra
Voc.	rubri	rubræ	rubra
Gen.	rubrórum	rubrárum	rubrórum
Dat.	rubris	rubris	rubris
Acc.	rubros	rubras	rubra
Abl.	rubris	rubris	rubris

(성 염 지음, 고전 라틴어, p.65)

Quare ergo rubrum est indumentum tuum, et vestimenta tua sicut calcantis in torculari?. (dia. ti, sou evruqra. ta. i`ma,tia kai. ta. evndu,mata, sou w`j avpo. pathtou/ lhnou/) (⑨ Why is your apparel red, and your garments like those of the wine presser?)
어찌하여 당신의 의복이 붉습니까? 어찌하여 포도 확을 밟는 사람의 옷 같습니까?(성경 이사 63, 2)/
어째다가 당신이 당신 옷에 붉은 물이 들었습니까? 당신 옷은 마치 포도주 틀을 밟다가 물든 것 같군요.(공동번역)/
Transtulit illos per mare Rubrum et transvexit illos per aquam nimiam. (diebi,basen auvtou,j qa,lassan evruqra.n kai. dih,gagen auvtou,j diV u[datoj pollou/)(⑨ She took them across the Red Sea and brought them through the deep waters)
또 그들을 홍해 너머로 데려가고 깊은 물을 가로질러 인도하였다(성경 지혜 10, 18)/지혜는 그 많은 물을 갈라서 그들을 인도하여 홍해를 건네주었다(공동번역).

rubésco, -bŭi -ĕre, inch., intr. (rúbeo)
붉어지다(ᴅᴍᴀ,ᴅᴍᴀ), 붉게 물들다, 붉은 빛을 띠다.
rubéta, -æ, f. [rubétum] (가시덤불 속에 사는) 두꺼비
rubétum, -i, n. [rubus] (주로 pl.) 가시덤불, 나무딸기 숲
rúbĕus, -a, -um, adj.
(ruber) 적갈색의, 다갈색의, (rubus) 나무딸기의.
Rŭbi, -órum, m., pl. Apúlia의 도시(지금의 Ruvo).
rúbĭa, -æ, f. (植) 꼭두서니(붉은 물감의 원료로 사용함)
rubia chinénsis. 큰 꼭두서니
Rúbĭco(n), -ónis, m. Gállia Cisalpína와 Itália와의 경계를 이루었던 작은 강, 루비콘강(리미니Rimini 인근)
(캐사르에게 무장하고 건너오지 말라는 Roma 원로원의 금지령이 있었으나. 그는 기원전 49년에 "Jacta est álea(주사위는 던져졌다)"라고 말하며 이 강을 건너 Pompéjus와 싸웠음; 지금의 Rugone강).
rubicúndŭlus, -a, -um, adj. dim. (rubicúndus) 불그스름한
rubicúndus, -a, -um, adj. (rúbeo)
붉은, 불그레한, 붉게 물든.
rúbĭdus, -a, -um, adj. (rúbeo) 불그레한, 적갈색의
rubigĭn… V. robigin…
rubígĭno, -áre, intr. (robígo) 녹슬다
rubigo, -inis, f. 부식(腐蝕).
morsus rubíginis. 녹으로 인한 부식(腐蝕).
Vita humana prope uti ferrum est. Si exerceas, conteritur; si non exerceas, tamen rubigo interficit. Itidem homines exercendo videmus conteri. Inertia atque torpedo plus detrimenti facit, quam exercitatio.(Cato). 인생은 쇠와 흡사하다. 그것을 쓰면 닳아지고 쓰지 않으면 녹이 슨다. 우리가 보기에도 사람은 활동하면서 소진한다. 그렇지만 타성과 나태는 활동보다 더 큰 해를 끼친다.
[성 염 지음, 고전 라틴어, p.356].
rúbor, -óris, m. (rúbeo) 붉음, 붉은 색, 붉은 물감. 홍조(紅潮-부끄럽거나 취하여 붉어진 얼굴), (얼굴.피부 따위의) 빨개짐, 충혈(充血), 발적(發赤-피부가 빨갛게 부어오르는 상태), 수줍음, 부끄러움, 수치(羞恥), 창피, 망신(亡身).
rubor dilutus. 연분홍색

rubra æquora. 홍해(⑨ Red sea.㉰ mara rubrum)
rubríca, -æ, f. (rubrícus) (⑨ Rubric.獨 Rubrik)
적토(赤土), 석간주(石間硃), (일반적으로) 붉은 흙, (법령.법규의) 제목, 항목(옛날에는 붉게 썼음), 법규, 전례규범(미사경본.성무일도.예식서 등의 붉은 글자로 인쇄된), 예식규정(미사경본.성무일도.예식서 등의 붉은 글자로 인쇄된).
rubricísmus, -i, m. 지침주의(指針主義)
Rubricismus liturgicus. 전례에 대한 지침주의
rubricista, -æ, f. 지침주의자
rubríco, -átum -áre, tr. (rubrícus) 붉게 하다, 붉게 물들이다
rubricósus, -a, -um, adj. (rubríca)
빨간 흙이 많은, 홍토(紅土)의, 적토(赤土)의.
rubrícus, -a, -um, adj. (ruber)
붉게 물들여진, 빨갛게 물들여진.
rúbrus, -a, -um, adj. = ruber 붉은, 적색의, 벌건, 빨간.
biretum rubrum. 붉은 모자.
rùbui, "rúbĕo"의 단순과거(pf.=perfectum)
rúbus, -i, m. (ruber, rúbeo)
(植) 나무딸기(學名 rubus Idáeus).
가시덤불, 형극(荊棘-나무의 온갖 가시. 고난).
Dixit ergo Moyses: "Vadam et videbo visionem hanc magnam, quare non comburatur rubus". (ei=pen de. Mwush/j parelqw.n o;yomai to. o[rama to. me,ga tou/to ti, o[ti ouv katakai,etai o` ba,toj) (⑨ So Moses decided, "I must go over to look at this remarkable sight, and see why the bush is not burned.") 모세는 '내가 가서 이 놀라운 광경을 보아야겠다. 저 떨기가 왜 타 버리지 않을까?' 하고 생각하였다(성경 탈출 3. 3)/모세가 "저 떨기가 어째서 타지 않을까? 이 놀라운 광경을 가서 보아야겠다." 하며.
(공동번역 출애굽기)/
Et expletis annis quadraginta, apparuit illi in deserto montis Sinai angelus in ignis flamma rubi.(⑨ Forty years later, an angel appeared to him in the desert near Mount Sinai in the flame of a burning bush)
사십 년이 다 찼을 때, 시나이 산 광야에서 천사가 떨기 나무 불길 속에서 그에게 나타났습니다(성경 사도 7. 30)
사십 년이 지난 어느 날 모세는 시나이 산 광야에 있었습니다. 그 때에 한 천사가 가시나무 덤불 불길 속에 나타났습니다(공동번역)-
그리고 사십 년이 다 지났을 때에 천사가 시나이 산 광야에 가시덤불 불꽃 가운데 그에게 자기를 나타냈습니다.(2007년 신약성서 사도 7. 30).
rubus ardens. 불타는 가시덤불. 나무떨기
rubus coreánus. (植) 복분자 딸기
rubus cratægifólius. (植) 산딸기나무
rubus hongnoénsis (植) 가시딸기
rubus parvifólius. (植) 멍석 딸기
Rubus sanguineus. (植) 성지딸기
ructabúndus, -a, -um, adj. (ructo) 자주 트림하는
ructámen, -mìnis, n. 트림(먹은 음식이 위에서 잘 소화되지 아니하여여 생긴 가스가 입으로 뿜뿌쳐 나옴. 또는 그 가스).
ructátĭo, -ónis, f. (ructo)
트림(⑨ belching;eructation), 화산의 분출(噴出).
ructátor, -óris, m. 트림하는 사람, 설교하는 사람.
ructus, -us, m. (ructo) = ructus 트림
rúcto, -ávi, -átum -áre, (ructor, -átus sum -ári, dep.)
intr., tr. (ructus) 트림하다, (무슨 음식의) 트림이 나다, (먹은) 음식 냄새를 풍기다, 토하다, 내뿜다.
분출하다(ㅍㄱ), (태도.말 따위에서) 풍기다.
ructo aprum. 멧돼지 고기 트림을 하다.
ructuátĭo, -ónis, f. (rúctuo) 내뿜음, 분출(噴出)
rúctŭo, -ávi, -átum -áre, tr. (ructo) 트림하다, 내뿜다
ructuósus, -a, -um, adj. (ructus) 트림 많이 하는
rúctus, -us, m. 트림(⑨ belching;eructation).
rudéctus, -a, -um, adj. (rudus')
(밭 따위가) 돌이 많은, 토박한, 메마른.
rŭdens¹ -éntis, m.(f.) (배의) 색구(索求),
(특히 돛의) 용총줄.활줄 따위,
(일반적으로) 밧줄, 동아줄, 배, 돛단배; 돛; 항해.
rŭdens² -éntis, p.præs. (rudo)
rudĕrátĭo, -ónis, f. (rúdero) 잡석더미,
잡석이나 낡은 벽돌조각 따위와 모르타르로 포장함.

rúděro, -ávi, -átum -áre, tr. (rudus¹)
  잡석이나 낡은 벽돌조각 따위로 포장하다.
rudiárĭus, -i, m. (rudis²)
  현역에서 은퇴하여 연금 받던 검투사(劍鬪士).
rudícŭla, -æ, f. (rudis²) (끓일 때 휘 젓는) 작은 주걱
rudiméntum, -i, n. (rudis¹) 1. [흔히 pl.] (학문.기술
  따위의) 기초원리, 기본, 초보(初步), 입문: Rudiménta
  linguæ Latínæ. 라틴어 초보, 초급 라틴어/ imbútus
  rudiméntis milítiæ. 군대의 기본훈련을 받은/
  rudiméntum pónere, rudiménta depónere. 초보단계를
  벗어나다, 초보를 마치다. 2. 첫 시도(실험). (진출의)
  제일보, 첫 출발. 3. 싹수, (발전하면 완전해질 수
  있는) 소지(素地).바탕. ((生)) (앞으로 발달할 기관의)
  원틀, 잔적(殘跡), 퇴화기관(退化器官), 흔적기관(痕迹機關).
  De Rudimentis Hebraicis. 히브리어 초보(1506년)/
  primorum institutionis rudimentorum cura.
    입문 양성에 대한 투신(1996.3.25. "Vita Consecrata" 중에서).
rŭdis¹ -e, adj. 자연 그대로의, 천연의, 가공하지 않은,
  원료로서의; 개간하지 않은, (풀 따위가) 저절로 난,
  처녀지의, 초벌의, 손질하지 않은, 매만지지 않은,
  다듬지 않은, 가꾸지 않은, 꾸밈새 없는, 조잡한, 거친,
  미완성의, 아주 새 것의, 갓 난, 첫 경험의, 때 있는,
  아직 한 번도 사용하지 않은, 생소한, 덜 익어 딱딱한,
  미개한, 계발되지 않은, 세련되지 않은, 촌스러운,
  조야한, 버릇없는, 무례한, 배우지 못한, 무식한,
  미숙한, 서툰, 경험 없는, 초심자(初心者)의, 풋내기의.
  De pauperibus et rudibus erudiendis.
    가난하고 무지한 이들의 교육에 대하여.
rudis² -is, f. (abl. sg. -de, -di)
  (끓일 때 휘젓는) 주걱.막대기,
  군인.검투사의 훈련용 목검(木劍),
  (현역에서의 은퇴가 허가된 검투사가 받는) 영예의 막대기,
  (직책에서의) 해방(解放), 휴직(休職), 은퇴(隱退).
  prima rudis. 검투사 훈련 교관/
  rude donári, rudem accípere.
  (공로.연한.병약 등으로) 은퇴(휴직)하다, 휴가를 받다/
  rudem dare. 직책을(임무를) 면해주다/
  rudem meréri. 휴직(퇴임)하다/
  secúnda rudis. 전자의 조수/
  summa rudis(summárudis). 검투사 훈련 교관.
rúdĭtas, -átis, f. (rudus¹) 무식, 무지, 미숙, 경험 없음
ruditum, "rudo"의 목적분사(sup.=supínum)
rudítus, -us, m. (rudo) 당나귀 울음소리
rŭdívi, "rudo"의 단순과거(pf.=perfectum)
rŭdo, -ívi -ítum -ěre, intr. (당나귀가) 울다,
  (사슴.곰.사자 따위가) 울부짖다. (사람이) 고함지르다.
  울부짖다, 삐걱거리다, 덜걱거리다.
rūdus¹ -děris, n. 흙덩이,
  (돌.벽돌.기와.벽토 따위의) 파편(破片).조각,
  자갈.잡석 따위와 회반죽으로 포장한 바닥.도로.
rudus (novum). (바닥.도로 포장용의) 자갈.잡석.벽돌조각
rudus (vetus). 허문 집의 벽돌조각.
rudus²(=raudus, =rodus) -děris, n. (rudis¹)
  (금속 특히 거칠은 구리의) 조광(粗鑛-원광-파낸 그대로의 광석).
rufésco, -ěre, inch., intr. (rufus¹) 불그죽죽해지다
rúfius, -i, m. (動) 살쾡이
rufo, -áre, tr. (rufus¹) 적갈색으로 만들다
rúfŭlus, -a, -um, adj. dim. (rufus¹) 불그스름한
rufus¹ -a, -um, adj. (ruber) 불그스름한, 붉은 빛을 띤,
  적갈색의, 적황색의, 다갈색의, 갈색머리의.
Rufus² -i m. 로마인의 가문명(가문의 별명)
rūga, -æ, f. 주름, 주름살, 구김살, 시들어 쭈글쭈글함.
  찡그림, 찌푸림, 슬픔, 걱정, 엄격. pl. 늙음, 노년기.
rugĭi, "rúgĭo"의 단순과거(pf.=perfectum)
rúgĭo, -ívi(ĭi), -ítum, -íre, intr.
  (사자가) 포효(咆哮-크게 울부짖음)하다, 으르렁대다.
  (당나귀.사슴 따위가) 울부짖다, (뱃속에서) 쪼르륵하다.
Rugit et pavida stupuerunt corda ferarum Pastorisque

sui jussa sequuntur oves. (사자가) 포효하자 맹수들이
  겁에 질리어 전전긍긍하였다. 양들은 목자의 명령에 따랐다.
  (461년 11월 10일에 레오 교황이 별세하자 그의 시신을 베드로 대성당의 회랑에
  안치하였고, 688년 6월 28일 교황 세르지우스 1세가 다시 대성당 내부에
  안치하였는데 그의 묘비에 위와 같은 글귀를 새겼다.)
rugítum, "rúgĭo"의 목적분사(sup.=supínum)
rugítus, -us, m.
  (사자의) 포효: 울부짖음, (배에서 나는) 쪼르륵 소리.
rugivi, "rúgĭo"의 단순과거(pf.=perfectum)
rŭgo, -ávi, -átum -áre, (ruga)
  intr. 주름지다, 주름살 잡히다, 구겨지다.
  tr. 주름지게 하다, 구김살지게 하다, 쭈글쭈글해지게 하다.
rugo frontem. 이맛살을 찌푸리다(contraho frontem)
rugósĭtas, -átis, f. (rugósus) 주름이 많음, 주름투성이
rugósus, -a, -um, adj. (ruga)
  주름이 많은, 주름투성이의, 주름진, 쭈글쭈글한.
rŭi, "rŭo"의 단순과거(pf.=perfectum)
ruína, -æ, f. (ruo) 달려듦, 돌진, 돌격, 떨어짐, 추락, 낙하,
  무너짐, 쓰러짐, 도괴(倒壞-무너짐), 붕괴, 와해(무너져 흩어짐),
  파괴, 그르침, 타락, 파멸, 멸망, 패망, 몰락, 실패, 참패,
  패전, 재난, 죽음, 폐허, 잔해(殘骸), 무너져 떨어지는 것,
  멸망을 가져오는 자, 파괴자(破壞者): 화근(禍根).
  cæli ruina. 폭풍우(暴風雨)
  Cum ceciderit inimicus tuus, ne gaudeas, et in ruina
  eius ne exsultet cor tuum. (eva.n pe,sh| o` evcqro,j sou mh.
  evpicarh/|j auvtw/| evn de. tw/| u`poskeli,smati auvtou/ mh. evpai,rou)
  (⑨ Rejoice not when your enemy falls, and when he
  stumbles, let not your heart exult) 네 원수가 쓰러졌다
  고 기뻐하지 말고 그가 넘어졌다고 마음속으로 즐거워
  하지 마라(성경 잠언 24. 17)/원수가 넘어졌다고 좋아하지
  말고 그가 망했다고 기뻐하지 마라(공동번역)/
  do urbem ruínis. 도시를 폐허로 만들다/
  in ruinam multorum. 많은 사람들의 파멸
    (성 열 지음, 사랑만이 진리를 깨닫게 한다. p.401)/
  Os stulti ruina eius, et labia ipsius laqueus animæ eius.
  (sto,ma stultou/ suntri,bei auvtw/| ta. de. cei,lh auvtou/ pagi,j th/|
  yuch/| auvtou/) (獨 Der Mund des Toren bringt ihn ins
  Verderben, und seine Lippen bringen ihn zu Fall)
  (⑨ The fool's mouth is his ruin; his lips are a snare
  to his life) 우둔한 자의 입은 그를 파멸시키고 입술은
    그를 옭아맨다(성경 잠언 18. 7)/미련한 자는 그 입으로
    망하고 그 입술에 스스로 옭아 매인다(공동번역).
ruina poli. 우뢰(tonitrus, -us, n.), 벼락(manubia, -æ, f.)
ruinósus, -a, -um, adj. (ruína)
  무너지려(쓰러지려) 하는, 파멸을 초래하는, 망치는,
  파괴적인, 무너진, 폐허가 된, 황폐한. n., pl. 폐허(廢墟)
ruĭtúrus, "ruo"의 미래분사(p.fut.=partícĭpium futúrum)
rullus -a, -um, adj. 시골뜨기의, 촌스러운, 무지막지한
rūma, -æ, f. (=rūmis, -is, f.) 유방(⑨ breast), 젖꼭지,
  후두(喉頭-咽頭와 氣管에 이어지는 호흡 통로), 목구멍.
Rumánĭa, -æ, f. 루마니아(발칸반도 동북부에 있는 사회주의 공화국)
rūmen, -mĭnis, n. 인후(咽喉-목구멍), 식도(食道)
  (반추동물의) 첫째 위(胃), 혹위, 젖, 유방(乳房)
rūmex, -mícis, m., f. (植)) (rumex acetósa) 수영, 승아.
  (植) 산모(酸模→수영.승아, 여과의 다년초).
rumex coreanus. (植)
  소리쟁이(마디풀과의 다년초), 소루 쟁이(→소리쟁이).
Rúmĭa, -æ, f. Rúmína
rumífico, -áre, tr. (rumor+fácio)
  소문 퍼뜨리다, 공개적으로 칭찬하다.
rumigerátĭo, -ónis, f. (rumígero) 소문 퍼뜨림
rumígěro, -áre, (rumigeror, -ári, dep.) tr.
  (rumor+gero) 소문내다, 소문 퍼뜨리다, 광고하다.
rumigérŭlus, -a, -um, adj. 소문 퍼뜨리는, 입이 싼
rúmĭgo, -áre, tr. (rumor+ago)
  되씹다, 반추(反芻)하다, 새김질하다.
Rumina, -æ, f. (ruma, rumis)
  유모의 여신(女神), 젖과 젖먹이를 돌보는 여신.
rumĭnális, -e, adj. (rúmino, rumen)

새김질하는 반추(反芻) 동물의.

ruminátĭo, -ónis, f. (rúmino) 되씹음, 새김질, 되새김.
반추(反芻)-되새김. 새김질), 반복, 되돌아옴, 회귀,
되새겨 곰곰이 생각함, 숙고, 반성(反省).

rúmĭno, -ávi, -átum -áre, (**ruminor**, -ári, dep.)
intr., tr. (rumen) 되씹다, 새김질하다, 반추하다,
곰곰이 생각하다, 되새겨보다, 심사숙고하다,
생각에 잠기다, (기쁨을) 맛보다.

rūmis, -is, f. (acc. sg. -im; abl. -i) (=**ruma**) 유방, 젖.

rūmor, -óris, m. 철썩(철써덕) 거리는 소리, 떠들썩함,
소란한 소리, 외치는 소리, 함성(喊聲), **소문(所聞)**,
풍문(風聞), 들리는 말, 낭설(浪說-터무니없는 헛소문),
떠도는 이야기, 평판(評判), 세평(世評).
dispergo rumórem. 소문을 퍼뜨리다/
Et processit rumor eius statim ubique in omnem
regionem Galilææ. (kai. evxh/lqen h` avkoh. auvtou/ euvqu.j
pantacou/ eivj o[lhn th.n peri,cwron th/j Galilai,aj)
(영) His fame spread everywhere throughout the whole
region of Galilee) 그리하여 그분의 소문이 곧바로 갈릴
래아 주변 모든 지방에 두루 퍼져 나갔다(성경 마르 1. 28)/
그리하여 그분의 소문은 곧 갈릴래아 인근 온 지방에
두루 퍼져 나갔다(200주년 신약)/예수의 소문은 삽시간에
온 갈릴래아와 그 근방에 두루 퍼졌다(공동번역)/
rumores ambitiosi. 계획적(計劃的)으로 퍼뜨린 소문.

Rumor agitátis pervolat ális.
소문이 날개 돋친 듯이 빨리 퍼져 나간다.

Rumor seu ephemeridum fama.
소문 또는 명성(영 Notoriety or "newspaper fame").

rumpe, 원형 rumpo, rūpi, ruptum, -ěre, tr.
[명령법. 현재 단수 2인칭 rumpe, 복수 2인칭 rumpite].
Eia, age, rumpe moras!. 아이고, 자 이제 그만 꾸물거려!

rúmpĭa, -æ, f. 긴 쌍날 칼(창)

rumpo, rūpi, ruptum, -ěre, tr. 1. 꺾다, 부러뜨리다, 끊다:
깨뜨리다, **터뜨리다**, 파열시키다: 찢다(ㄱ기), 뜯어내다.
자르다(ㅇ꜀ㄱ, ㅇ꜀.ㄱㄷㄷ, ㅇ꜀), 쪼개다(ㄥ꜀.ㄱㄷㄷ).;
[pass. refl.] rumpi, se rúmpere. 터지다, 깨지다, 찢어지다,
쪼개지다. 부러지다. 2. [alqd] 무엇에(acc.) 터질 정도로
가득 타있다. 3. 돌파하다: (길을) 개척하다, 열다, 트다,
뚫다(ㄱㄱ, ㄱㄷ), 뚫고 나가다(지나가다). 4. 상처 입히다,
파열상을 일으키다, 멍들게 하다. 5. 솟아(터져,쏟아져)
나오게 하다: [pass. refl.] 솟아 나오다. 6. (목소리를)
내다, (울음.웃음을) 터뜨리다, (불평 따위를) 털어놓다.
7. (약속.신용.침묵 따위를) 깨다, 어기다, 위반하다,
파기(破棄)하다, 무효하게 하다, (권리 따위를) 침해
(침범)하다. 8. 중단하다, 그만두다, 그치다: 막다, 방해
하다. 9. 떼어(갈라)놓다. 10. pass. rumpi(absol.;
invidia) 괴로움 당하다, 몹시 괴롭다. (라틴-한글사전, p.798).

rumpus, -i, m. 포도넝쿨(덩굴)

rumúscŭlus, -i, m. dim. (rumor) 허튼 소리, 하찮은 평판

runa, -æ, f. 던지는 창(무기의 일종).

Runa, -æ, f. 고대 북유럽 문자(스칸디나비아.게르만인들 사용),
룬 문자(고대 북유럽문자. 스칸디나비아.게르만인들이 사용했음).

runcátĭo, -ónis, f. (runco¹) 김매기, 제초, 김(풀), 잡초(雜草).

runcátor, -óris, m. (runco¹) 김매는 사람

rúncĭna¹ -æ, f. **대패**(나무를 곱게 밀어 깎는 연장), 끌

Runcina² -æ, f. (runco¹) 김매기를 맡아 다스리는 여신(女神)

runco¹ -áre, tr. 김매다, 잡초(雜草)를 뽑다,
(무엇의) 털을 뽑다, (곡식을) 베다, 낫질하다.
Runcándæ ségetes sunt. 밭곡식들은 김매줘야 한다.

runco² -ónis, m. 호미, 김매는 팽이

rúnĭcus, -a, -um, adj. (runa)
(고대 북유럽 문자인) 룬 문자의, 룬 문자로 쓴(새긴)

rŭo, rŭi, rŭtum (p. fut. ruitúrus) -ěre,
I . intr. 1. [absol.: in, ad, per acc.; adverbiale loci]
들이닥치다, 돌진(突進)하다, 뛰어들다, 달려들다,
덤벼들다: 밀려들다, 몰려 닥치다, 쇄도(殺到)하다:
in ampléxum alcjs ruo. 누구를 와락 끌어안다.

2. (말.소리가) 터져 나오다. 3. (강물이) 빨리 흐르다.
4. (때가) 빨리 오다, 다가오다. 5. [adsol.; in, ad, super
acc.] 떨어지다, 추락하다, 전락하다; **무너지다**,
쓰러지다, 붕괴하다, 몰락하다, 파멸하다.
6. 죽어 쓰러지다, 고꾸라져 죽다. 7. (하늘이 무너지는
듯이) 천둥.번개 치다, (비가) 억수로 쏟아지다; (기우杞憂
의 뜻으로 하늘이) 무너지다: Quid si nunc cælum ruat?
지금 만일 하늘이 무너진다면 어떻게 하겠느냐?
8. [inf.] 급히 서두르다. 9. [absol.: in abl.] 함부로 막하다,
되는 대로하다, 덤비다, 실수하다, 잘못을 저지르다.
II . tr. 1. [alqd-ab, ex abl.] 밀쳐내다, 밀어젖히다.
2. 파내다(ㄱㄷ); 긁어모으다. 3. [alqd, alqm-ad acc.]
무너뜨리다, 쓰러뜨리다, 붕괴(괴멸)시키다, 거꾸러
뜨리다, 전복시키다, 곤두박이게 하다:
in prædam sese ruo. (독수리가) 사냥감을 향해 쏜살
같이 내려가 덮치다. 4. (물을) 퍼붓다(ㄱㄷ), 억수로
쏟아지게 하다. 5. 무너뜨려 평평하게 하다.

rūpes, -is, f. (rumpo) 암벽(岩壁), 벼랑, 낭떠러지,
절벽(絕壁), 암초(暗礁), 바위, 암석, 동굴, 암굴.
látus rupis excísum in antrum. 굴을 뚫은 바위 옆 대기/
Pando rupem ferro. 쇠로 바위를 쪼개다.

rūpěus, -a, -um, adj. (rupes) 바위의, 암석의

rūpex, -pĭcis, adj. (rupes) 돌의, 암석의, 우둔한,
시골뜨기의, 촌스러운, 조야(粗野)한, 미개한.
m. 깨지 못한 사람, 미개인(未開人).

rūpi, "rumpo"의 단순과거(pf.=perfectum)

rupícăpra, -æ, f. (rupes+capura) (動) 영양(羚羊)

rúpĭco, -ónis, m. (rupex) 미개한(교양 없는) 사람

rupina, -æ, f. (rupes) 암석 투성이의 땅, 벼랑, 낭떠러지.

rupsit = rúperit, fut exact. (rumpo)

rúptĭo, -ónis, f. (rumpo) 깨뜨림, 터뜨림, 찢음.
파쇄(破碎-깨뜨려 부숨), 가해(加害-해를 끼침),
상해(傷害.ㄱㄱㄷ-남의 몸에 상처를 내어 해를 입힘),
터짐, 파열(破裂-짜개지거나 갈라져 터짐).

ruptor, -óris, m. (rumpo) 터뜨리는(깨뜨리는) 자,
위반자(違反者.παραβάτης), 위배자, 결렬시키는 자.

ruptum, "rumpo"의 목적분사(sup.=supínum)

ruptúra, -æ, f. (rumpo) 부러짐, 터짐,
파열(破裂-짜개지거나 갈라져 터짐), 결렬(決裂), 찢어짐.

ruptus, -a, -um, "rumpo"의 과거분사(p.p.)

rurális, -e, adj. (rus) 시골의, 농촌의, 전원의, 농사의, 농업의.
capitulum rurale. 시골 참의회.

rurátĭo, -ónis, f. (ruro) 농사(農事), 농촌생활(農村生活)

rure paterno. 고향의 시골집에서

rure redíre. 시골에서 돌아오다

ruri habitáre. 시골에 살다

rurícŏla, -æ, adj. (rus+cola²) 농사짓는, 농부의,
밭일하는, 밭갈이하는, 시골에 사는, 시골사람의.
m. (gen., pl. -árum, -lūm) 농부(農夫).

ruricoláris, -e, adj. (rurícola) 농부의, 시골사람의

rurígĕna, -æ, m., f. (rus+geno)
시골에서 난 사람, 농촌출신.

rūro, -áre, (ruror, -ári, dep.) intr. (rus)
시골에 살다, 농사(農事)짓다.

rursum(-us), adv. 뒤로, 도로, 그와 반대로, 반면에.
거꾸로, 다시(πάλιν), 또 한 번, 거듭.
Christi rursus audiamus verba(영 Again we turn to the
words of Jesus) 예수님의 말씀으로 다시 돌아가자)
et rursum oravit, et cælum dedit pluviam, et terra
germinavit fructum suum. (kai. pa,lin proshu,xato(kai. o`
ouvranoj u`eto,n e;dwken kai. h` gh/ evbla,sthsen to,n karpo,n auvth/j)
(영) Then he prayed again, and the sky gave rain and
the earth produced its fruit) 그리고 다시 기도하자,
하늘이 비를 내리고 땅이 소출을 냈습니다(성경 야고 5. 18)/
그가 다시 기도하니 하늘이 비를 내려 땅이 열매를 냈습
니다(200주년 신약)/그가 다시 기도하자 하늘은 비를 내렸고
땅에서는 곡식이 열매를 맺게 되었습니다(공동번역)/
Et rursus in consequentibus audis.

R

그런데 이어서 듣게 되는 말씀은 이와는 정반대입니다.
(최익철 신부 옮김, 요한 서간 강해, p.217)/

Exspectátis autem ultra septem diébus aliis, rursum
dimísit colúmbam ex arca. (kai. evpis
cw.n e;ti h`me,raj e`pta.
e`te,raj pa,lin evxape,steilen th.n peristera,n evk th/j kibwtou/)
(獨) He waited seven days more and again sent the dove
out from the ark) 그는 이레를 더 기다리다가 다시 그
비둘기를 방주에서 내보냈다(성경 창세 8. 10)/
노아는 이레를 더 기다리다가 그 비둘기를
다시 배에서 내보냈다(공동번역)/

Hoc autem factum est per ter, et retrácta sunt rursum
ómnia in cælum. (tou/to de. evge,neto evpi. tri,j(kai.
avnespa,sqh pa,lin a[panta eivj to.n ouvrano,n)
(獨) This happened three times, and then everything
was drawn up again into the sky) 이러한 일이 세 번
거듭 되고 나서 그것들은 모두 하늘로 다시 끌려올라
갔습니다(성경 사도 11. 10)/이런 일이 세 번 있고 난 뒤에
그것들은 모두 다시 하늘로 끌려 올라갔습니다(200주년
신약)/이런 말이 세 번이나 오고 간 뒤에 그것들은 모두
다시 하늘로 들려 올라갔습니다(공동번역)/
post longa siléntia rursus inchoo.
오랜 침묵 끝에 다시 논의하기 시작한다.

rursus, adv. = rursum
Opórtet rursus família existimétur "vitæ sacrárium".
그러나 반대로 가정을 "생명의 성역"처럼 생각해야 한다.

Rursus episcopórum synodus, 평신도의 소명과 사명.
(1987.4.22. 교서).

rursus justificári. 새로이 의화 됨
Rursus nobis Concílium auxílio venit.
(獨) Here once again the Council proves helpful)
여기서 공의회는 다시 한 번 우리에게 도움을 줍니다.

rus, rúris, n. [gen. lòcativus ruri(시골에)] 1. **시골**(xω,ρα),
농촌; 전원, 전야; 농지, 농장, 소유지; 시골에 있는 집.
2. [usus adverbiális] 1) [소재지 "시골에(서)"]: 단독으로
쓸 적에는 원칙적으로 ruri로 표시하고 (간혹 rure도
만나게 됨), 형용사.소유대명사가 동반하면 in과 함께
또는 그것 없이 abl. rure로 표시한다] e.g. ruri habitáre.
시골에서 살다/ rure paterno 고향의 시골집에서/ rure
suo paráre. 자기의 시골집에 준비하다/ in Velitérno rure.
Velítroe 교외의 시골에서. 2) [목적지.도착점 "시골로":
단독으로 쓸 적에는 전치사 없이 acc. **rus**로 표시하고,
형용사.소유대명사가 동반하면 전치사 in을 쓴다]
e.g. rus ire. 시골로 가다/ in Albénse rus. Alba 교외의
시골로. 3) [출발점.출처(시골에서부터): 단독으로 쓸 적
에는 전치사 없이 **rure**로 표시하고, 형용사.소유대명사
가 동반하면 전치사 ex를 쓴다] e.g. rure redíre. 시골
에서 돌아오다/ ex meo rure 나의 시골집으로부터.
3. 촌스러움, 세련되지 못함, 조야(粗野). (라틴-한글사전, p.799).
A rure amoeno. 경치 좋은 시골에서부터/
Ex rure meo. 나의 별장에서부터/
(출발점을 나타낼 때는 탈격 앞에 전치사 ex, a 등을 붙인다)/
Fortunáte senex, ergo tua rura manébunt.
운도 좋은 노인네, 그래서 자네 전답은 남는구먼.
(성 염 지음. 사랑만이 진리를 깨닫게 한다. p.400)/
in rura sua reveníre. 자기 농장으로 돌아가다/
in rura sua veníre. 자기의 농촌으로 돌아오다.
(목적지를 표시하기 위해서는 4격 앞에 in을 쓴다)/
in rus amoenum. 아름다운 별장으로/
Mántua me génuit, Calábri rapuére,
tenet nunc Parthénope. cécini páscua rura duces.
만토바 나를 낳고 칼라브리아가 나의 숨을 거두었으며
지금은 파르테노페 여신이 나를 품고 있느니라.
내 일찍이 전원과 들녘과 호걸을 노래하였느니라.
(베르길리우스의 묘비명. 성 염 지음. 사랑만이 진리를 깨닫게 한다. p.374)/
Mílites Roma(domo, rure, ex óppido, Athénis)
properavérunt. 병사들은 로마로부터, 시골에서부터, 시골로
부터, 마을로부터, 아테네로부터) 급히 떠났다.
(소재지를 표시하기 위해서는 아무 전치사 없이 그냥 5 탈격을 쓴다)/
oves indúco in rura. 양(羊)들을 시골로 몰고 가다/
Rura peragrántes. 시골들을 돌아다니는 사람들/

Rure patérno. 아버지의 시골 별장에.
(소재지를 표시하기 위해서는 아무 전치사 없이 그냥 로 5 격을 쓴다)/
Rure proféctus est. 그는 시골 별장을 떠났다.[domus, -us f.
집 가정을 고향, humus, -i f. 땅 땅바닥, rus. ruris n. 시골 별장 등은 단독으로
장소 나타낼 때 전치사 없이 여러 격을 쓴다. 성 염 지음. 고전 라틴어, p.317]/
Rure suo. 자기 별장에/
Suburbáno rure. 교외의 시골에
rúscŭlum, -i, n. dim. (rus) 조그마한 시골(집)
rúscum, -i, n. (=ruscus, -i, f.) ((植))
나도 죽백(竹栢-백합과의 식물로 비를 만들), 나도 죽백 덤불.
ruscus, -i, f. (植) 나도 죽백(백합과)
rusor, -óris, m. (rusum) 돌아가게 하는 자
Rusor, -óris, m. (rusum)
땅의 소산물을 주기적으로 돌아오게 하는 전원시(田園神)
rúspor, -ári, dep. (ruspo, -áre,) tr.
자세히 조사하다. 뒤지다.
russátus(=ryssátus), -a, -um, adj. (russus)
붉게 물든, 붉은 옷 입은.
rússĕus, -a, -um, adj. (russus) 붉은, 붉은 옷 입은
Rússi, -órum, m., pl. 러시아인
Rússĭa, -æ, f. 러시아, 노서아(露西亞-러시아의 음역), 소련
Russicum, -i, n. 대러시아인 가톨릭 포교 진흥회.
(1927년 로마에 창립. 백민관 신부 엮음. 백과사전 3. p.372).
russum, adv. (古) = rursum
russus, -a, -um, adj. 붉은, 불그스름한
rustárĭus, -a, -um, adj. (rustum)
덤불을 베는 데 쓰는 (낫 따위).
rústĭca, -æ, f. (rústicus) 시골여자, 농촌일.
De Corrcetióne rusticórum. 농촌인들의 개선.(브라가의 성
마르티노 520~580년 대주교 지음. 당시 포르투갈 농촌생활을 아는데 큰 도움)/
De re rustica. 농사론(Marcus Terentius Varro 지음. BC 116~27.
당대 로마에서 통하던 소유권 이전의 여섯 가지 경우를 열거하고 있음)/
Homo vel alieníssimus rusticæ vitæ, si in agrum
tempestíve venit, summa cum voluptáte natúræ
benignitátem mirátur. 사람은 심지어(vel) 농촌 생활에
극히 낯설더라도 적시에 농촌에 온다면, 자연의 혜택을
참으로 유쾌하게(summa cum voluptáte) 만끽하게 된다/
Stúdio rérum rusticárum provéctus sum.
나는 시골생활에 애착을(취미를) 가지게 되었다.
rustica gallína. 멧닭
rustica vox et agréstis.
시골사람의 목소리와 농사꾼의 목소리.
rusticánus, -a, -um, adj. (rústicus)
시골의, 농촌의, 전원(생활)의.
rusticátim, adv. (rústicus) 촌스럽게, 촌티 나게
rusticátĭo, -ónis, f. (rústicor) 시골(전원)생활, 농사일.
rusticéllus, -a, -um, adj. dim. (rustículus)
좀 시골티 나는, 좀 촌스러운, 좀 촌티 나는.
rustícĭtas, -átis, f. (rústicus) 농업(農業), 농사일,
시골생활, (집합적) 시골사람들; 질박(꾸민 데가 없이 수수하다),
순박(거칠거나 꾸밈이 없이 순수하며 인정이 두텁다), 솔직(率直),
소박(꾸밈이나 거짓이 없고 수수하다), 시골티, 시골말, 야비(野卑),
예모(교양) 없음, 조야(粗野), 수줍음, 촌답 관청 출입격.
rústĭcor, -ári, dep., intr. 시골에서 살다.지내다.
농사짓다, 농사일 하다, 시골말을 하다, 촌스럽게 말하다.
rustícŭla, -æ, f. (sc. gallína) ((動)) (유럽산) 멧 닭(암컷)
rustícŭlus, -a, -um, adj. dim. (rústicus)
rustículus, -a, -um, adj. 좀 촌스러운, 시골티 나는; 조야한.
m. 시골뜨기.
rústĭcus, -a, -um, adj. (rus) 시골의, 농촌의, 전원의,
전야의, 시골티의, 촌스러운, 시골말(사투리)의,
세련되지 못한, 교양 없는, 야비한, 버릇없는,
배우지 못한, 무식한, 미련한, 거친, 우락부락한,
무뚝뚝한, 수줍어하는, 수줍음 많은, 순박한, 질박한,
소박한, 솔직한, 가식(말이나 행동 따위를 거짓으로 꾸밈) 없는.
m. 시골사람, 농부(農夫).
ille catus, quantúmvis rústicus.
비록 시골뜨기이기는 해도 영리한 그 사람/
quámvis est rústica, 비록 시골여자이긴 하지만/
rústica gallína. 멧닭 / vita rústica. 전원생활.

R

rusticus urbano confusus. 도시인과 어울린 시골뜨기
rustum, -i, n. (가시) 덤불
rusum, adv. (古) = rursum
ruta¹ -æ, f. (植) 운향과(蕓香科)의 쓴 약초(향신료로 쓰였음),
　쓰라림, 고초(苦草-"고추"의 원말), 신랄(辛辣-맛이 몹시 쓰고 매움).
ruta² -(et) cæsa, -órum, n., pl. (ruo+cædo)
　((法)) 동산.집물(什物).가재도구.가옥매매 때
　　집주인이 (캐어가고 베어갈 수 있는 것도 포함하여)
　　가져갈 수 있는 모든 것.
rutábŭlum, -i, n. (ruo) 부지깽이, 부삽(아궁이의 재를 치거나 불을
　담아 옮기는 데 쓰는 작은 삽), (나무로 만든) 국자, 남근(男根).
rutaceæ, -árum, f., pl. (植) 운향과 식물
rutátus, -a, -um, adj. (ruta¹)
　운향 풀로 양념한, 운향 풀잎에 싼.
rutéllum, -i, n. 작은 평미레(rutrum, -i, n. 평목)
rútĭlans, -ántis, p.prœs., a.p. (rútilo) 금빛 나는, 번쩍이는.
rutilésco, -ĕre, inch., intr. (rútilus)
　불그스름한 빛을 띠다, 다갈색이 되다, 붉게 빛나다.
rútĭlo, -ávi, -átum -áre, intr. 붉게 빛나다, 금빛 나다.
　tr. 불그스름한 빛을 띠게 하다, 다갈색으로 만들다,
　붉게 물들이다.
rútĭlus, -a, -um, adj. 붉은, 핏빛의, 벌건, 불빛의,
　누런, 금빛의, 금발의, 빛나는, 찬란한.
rutrum, -i, n. (ruo) 괭이(땅을 파거나 흙을 고르는 데 쓰는 농구의
　한 가지), 삽, 가래(삽), 흙손, 평미레, 밀대 방망이(平木).
rútŭla, -æ, f. ((植)) 작은 운향(蕓香) 풀
Rútŭli, -órum, m., pl. Látium의 옛 주민(Ardea를 수도로 하였음).
rŭtum, "rŭo"의 목적분사(sup.=supínum)
rutúndus, -a, -um, adj. (=rotúndus)
Rutúpĭæ, -árum, f., pl. Británnia 동남부의 도시(현 Richborough)
　adj. Rutupínus, -a, -um.
rŭtus, -a, -um, "ruo"의 과거분사(p.p.)
ryssátus(=russátus), -a, -um,
　adj. 붉게 물든, 붉은 옷 입은
rythm… V. rhythm…

R

S S S

S, s, f., n., indecl. 라틴 자모의 19번째 글자, 에스(ēs)
Sp. = Spúrius; spíritus.
Ss.mus = Sanctíssimus.
S.D. = Salútem dicit.
S.P.D. = Salútem plúrimam dicit.
S.P.P. = suā pecúniā pósuit.
S.S.P. = suis súmptibus pósuit.
S.V. = sacra urbs; spectátus vir.
sabacthāni, indecl. (당신은) 나를 버리셨나이다.
sabája, -æ, f. 보리로 만든 약한 알코올음료
sábă**num**, -i, n. 수건, (가리거나 두르는) 보자기
Sabaoth, indecl., n. (히브리어) 군대, 만군(萬軍).
Dominus Sabaoth([영] Lord of Hosts) 만군의 주/
Vineam Domini Sabaoth. 만군의 주님의 포도원(얀세니즘을 단죄한 교황 헌장. 1705년 7월 16일 교황 클레멘스 11세가 반포한 헌장).
sabbatárĭ**us**, -a, -um, adj. 안식일의.
m., pl. (안식일을 지키는) 유태인들.
sabbátĭ**cus**, -a, -um, adj. 안식의, 휴한(休閑)의.
annus sabbátĭcus. 안식년, 휴한년/
privilegium sabbaticum([영] Saturday privilege). 토요특전.
sabbatísmus, -i, m. 안식일 엄수주의(嚴守主義), 토요일을 안식일로 지킴; 그런 교파.
sabbatísta, -æ, m. (토요일을 안식일로 지키는) 안식교도.
sabbatizátĭ**o**, -ónis, f. 안식일을 지킴
sabbatízo, -áre, tr. 안식일을 지키다, 안식일로 지내다
sábbă**tum**, -i, n. 유태교의 안식일(토요일에 해당), 일주일, 일주간, 토요일(saturni dies.).
dies sábbati. 안식일(שַׁבָּת.σάββατον.[영] Sabbath)/
Jejúno bis in sábbato.(루카. 18, 12)
저는 일주일에 두 번 단식재를 지킵니다/
Memento, ut diem sabbati sanctifices(탈출 20, 8)
([영] Remember to keep holy the Lord's Day)
안식일을 기억하여 거룩하게 지켜라(탈출 20, 8, 출애굽기)/
주일을 거룩히 지내라(십계명 3) (mémini 참조)/
Sabbata mea custodite et sanctuarium meum metuite. Ego Dominus. 너희는 나의 안식일을 지키고, 나의 성소를 경외해야 한다. 나는 주님이다(성경 레위 19, 30)/
sabbati iter. 안식일에 다닐 수 있는 거리(약 1km).
sábbă**tum in albis**. 사백 토요일(卸白 土曜日)
Sabbatum Sanctum([영] holy Saturday/Easter Even) 성 토요일, 부활대축일 전날(古.망부활).
In Missis Defunctorum, et in Missis de Tempore a Dominica Passionis usque ad Sabbatum sanctum exclusive, omittitur. 장례미사, 주님 수난 주간의 미사에서는 위의 시편을 생략한다. 성 토요일까지 생략한다.
sabbatum terræ. 농토의 안식년(6년 걸러 1년씩 밭을 묵혀야 했음)
Sabellianismus, -i, m.
사벨리우스 주의(→성부 수난설)(삼위일체론의 이단).
sabina, -æ, f. (植) 향나무, 노간주나무의 일종
Sabínum, -i, n. Sabini인들의 지방에서 나는 포도주
sabl··· V. **sabul**···
sabulétum, -i, n. (흙 섞인) 굵은 모래밭, 모래톱, 자갈밭
sábŭ**lo**, -ónis, m. 모래흙, 굵은 모래, 모래. pl. 결석(結石).
haustus arenæ. 모래 한 줌.
sabulósus, -a, -um, adj. 모래흙의, 모래가 많은.
((醫)) (오줌 따위에) 침전물이 많은. n., pl. 모래밭.
sábŭ**lum**, -i, n. 모래흙, 굵은 모래, 자갈.
ramenta fluminum. 모래.
sabúrra, -æ f. (醫) 위 속에 남아 있는 (소화불량성의) 찌끼, (배의 균형을 잡기 위해 밑바닥에 싣는) 모래주머니.
saburrárĭ**us**, -a, -um, adj.
배의 바닥짐을 싣고 부리고 하는 사람.
sabúrro, (-ávi), -átum -áre, tr. (pass) 잔뜩 먹다, (배의 균형을 잡기 위해) 바닥짐을 싣다, (향기를) 풍기다, 발산(發散)하다.
sacal, n., indecl. (이집트産) 황색 호박(琥珀)
saccárĭ**us**, -a, -um, adj. 부대의, 자루의.
f. 부대(자루) 운반업. m. 부대 운반인, 부대 제조인.
saccátum, -i, n. 소변, 오줌(humor saccatus córporis.), 포도주 재강에 물을 부어 걸러낸 음료(飮料).
saccellátĭ**o**, -ónis, f. 찜질, 찜질 주머니를 환부에 갖다 댐
saccéllo, -áre, tr. 찜질하다
saccéllus, -i, m. (**saccéllum**, -i, n.)
찜질 주머니, 작은 자루, 주머니.
sáccĕ**us**, -a, -um, adj. 올이 굵은 천으로 만든
sácchă**rum**(**sácch**ă**ron**) -i, n. 약용 당말, 사탕, 설탕, 당분(糖分). saccharum lactis. 유당(乳糖-젖당).
Saccharum offcpnarum. 사탕수수
saccifórmis, -e, adj. (saccus+forma) 주머니 모양의
saccínus, -a, -um, adj. 투박한(거친) 천으로 만든
saccipérĭ**um**, -i, n. (-rĭo, -ónis, m.) (saccus+pera) 돈주머니, 전대(纏帶), 돈지갑을 넣는 자루.
sacco[1] -ávi, -átum -áre, tr. 거르다, 밭다, 여과하다.
humor saccátus córporis. 오줌.
sacco[2] -ónis, m. 수전노(守錢奴), 구두쇠
sáccŏ**mel**, -méllis, n. 꿀 찜질
sacculárĭ**us**, -i. m. 공금 횡령자(橫領者)
sáccŭ**lus**, -i, m. 작은 자루(부대.주머니), 돈지갑, 돈주머니. (解) 구형낭(球形囊).
Non habebis in sacculo tuo diversa pondera maius et minus. (ouvk e;stai evn tw/| marsi,ppw| sou sta,qmion kai. sta,qmion me,ga h' mikro,n) (Du sollst nicht zweierlei Gewicht, groß und klein, in deinem Beutel haben) (You shall not keep two differing weights in your bag, one large and the other small) 너희는 자루에 크고 작은 두 개의 저울추를 가지고 있어서는 안 된다(성경 신명 25, 13)/너희는 주머니에 크고 작은 두 다른 저울추를 가지고 있어서는 안 된다(공동번역)/
sacculum pecuniæ secum tulit, in die plenæ lunæ reversurus est in domum suam. 돈 자루를 가져갔으니 보름날에나 집에 돌아올 거예요(성경 잠언 7, 20).
Sacculus ad colligendum stipem. 헌금 바구니.
saccus, -i, m. 자루(囊), 부대, 주머니, 돈주머니, 전대(纏帶-중간을 막고 양끝을 튼 긴 자루), 낭(囊).
congéstis saccis indormio. 쌓아 놓은 자루 위에서 잠자다/
effundo saccos nummórum. 돈주머니를 쏟아놓다/
Induam cælos luctu et saccum ponam operimentum eorum. 나는 흑암으로 하늘을 입히고 자루 옷으로 그 덮개를 만든다(성경 이사 50, 3)/
Itaque festinato deponentes in terram saccos aperuerunt singuli. 그들은 서둘러 곡식 자루를 땅에 내려놓고 저마다 제 곡식 자루를 풀었다(성경 창세 44, 11).
saccus vinárĭ**us**. 포도주 받는 자루(囊)
sacéllum*, -i n. 경당([영] chapel/orátory.프 chappelle), 소성당(小聖堂), 성당([영] church/Sanctuary), 예배실, 지붕 없이 제단만 있는 작은 사당(祠堂).
in domo inædifico sacéllum. 집안에 사당(祠堂)을 짓다.
sacellum mobile. 이동 경당(移動 經堂)
sacellum privatum. 사설 예배실
sacéna, -æ, f. (祭官이) 희생을 바칠 때 쓰는 도끼
sácer, -cra -crum, adj. 거룩한(ἅγιος), 경건한, 신성한, 신에게 바친, 축성한, 성스러운, 엄숙한, 장엄(莊嚴)한, 종교적인, 놀라운, 훌륭한, 어마어마한, 저주(咀呪)할, 가증스러운, 저주(천벌) 받을, 고약한, 흉악한, 금지된.
auri sacra fames. 황금에 대한 저주스러운 탐욕.탐욕/
Bíblia Sacra, Sacra Scriptúra. 성서(聖書)/
locus sacer. 성소(聖所)/
morbus sacer. 거룩한 병(간질병의 경우)/
os sacrum. (解) 제5요추(腰椎), 선골(仙骨)/
persona sacra. 신성한 자/
res sacra. 신성한 물건, 영적 사물/
Sacrum Impérium Románum. 신성 로마제국.

divérsus, -a, -um (서로 다른) - diversíssimus, -a, -um
falsus, -a, -um (거짓) - falsíssimus, -a, -um
novus, -a, -um (새로운) - novíssimus, -a, -um
sacer, -cra, -crum (신성한) - sacérrimus, -a, -um

비교급이 필요한 경우에는 비슷한 뜻의 다른 형용사로부터
빌려다 쓰거나, magis와 함께 원급으로 쓰거나 하면 된다.
예컨대 novus의 비교급으로 recens(새로운)의 비교급
recéntior, -īus를 대용한다.

sacer morbus(=epilepsia) 지랄병, 전간(癲癇-지랄병)
sacer poesis cultus. 시혼(詩魂).
(성 염 지음, 사랑만이 진리를 깨닫게 한다. p.375).
sacérda, -æ. f. 여자 신관(神官), 여제관(女祭官)
Sacerdocium commune fidelium. 평신도 공통 사제직
sacerdos＊, -ótis, m., f. 신관, 신탁관, 제관, 신부, 승려,
　사제(그리스어 "πρεσβυτερος"에서 유래, 주교 포함),
　ad nutum et patientiam sacredotis.
　사제의 묵인과 용인 속에서/
　Cognoscam cur sacerdos prope templum stet.
　왜 그 사제가 신전 가까이에 서있는지 내가 알아보겠다/
　Congressiones sacerdotalis. 사제 모임/
　De bonis oriundis ex sancta Sacerdotum vita.
　사제들의 거룩한 생활에서 나오는 선에 대하여/
　De differentia inter spiritualem et terrenum Sacerdotem.
　영성적 사제와 지상적 사제 사이의 차이에 대하여/
　De domo Sacerdotis. 사제관에 대해서/
　De gemitu Sacerdotis in inferno.
　지옥에서의 사제의 통곡에 대하여/
　De gravitate peccatorum in sacerdotibus.
　사제들에 있어서 죄의 중함에 대하여/
　Devotio sabbatica pro sacerdotibus(⑨ Saturday
　devotion for the Priests) 사제를 위한 토요 신심/
　Eo modo sacérdos Clímáchias renuntiátus est.
　그런 방법으로 Cilmáchias가 신관으로 임명되었다/
　formátio sacerdotis indigeni.(⑨ training of
　indigenous priest) 현지인 성직자 양성/
　Identitas ministerii sacerdotis(⑨ Identity of priestly
　ministry sacerdotis). 직무 사제직의 정체성/
　In iis per factorum eloquentiam videtur quid significet
　usque ad finem sacerdotem esse. 그들의 훌륭한 모범은
　끝까지 사제로 남는다는 것이 어떤 의미인지 보여 줍니다/
　Induerunt se sacerdotes ciliciis. 제관들은 고복을 입었다/
　Intellego cur sacerdotes in templum veniant.
　왜 사제들이 신전으로 들어가는지 나는 이해한다/
　júvenis ad sacerdótium aptus. 사제직에 적당한 청년/
　non ad sacerdotium, sed ad ministerium. 사제직을
　수행하기 위해서가 아니라 오직 봉사하기 위하여/
　nulli sacerdotum suos liceat canones ignoráre. 교회법
　조문에 대한 무지는 어느 사제에게도 용인되지 않는다/
　princeps sacerdotum. 사제장/
　Omnes christíanos ex æquo esse sacerdotes.
　모든 그리스도인이 동등하게 사제(司祭)이다/
　Quod veniale est plebi, criminale est sacerdoti. 일반인
　에게는 소죄가 되는 것이라도 사제에게는 대죄가 된다/
　Quomodo si dicatur propheta, quomodo si dicatur
　sacerdos; sic Christus commendatur unctus, in quo cesset
　redemptio totius populi Israæl. 어떤 이는 예언자라 불리고
　어떤 이는 사제라 불리듯, 그리스도는 온 이스라엘 백성
　의 구원을 이룩하실 '기름 부음 받은 이'라는 뜻입니다/
　Sacerdotum Sanctissimo. 사제 중 가장 거룩한 사제/
　suffrágia pro defunctis sacerdotibus.
　죽은 사제를 위한 대속(代贖) 기도회/
　summus sacerdos. 대사제/
　unum Christi sacerdotíum. 그리스도의 유일무이한 사제직.
sacerdos celebrans. 거행 사제(擧行 司祭)
sacerdos circulantes et visitátores. 순회 사목 사제
Sacerdos dicit: Amen, et erigit se.

사제는 '아멘'이라고 말하며 몸을 세운다.
Sacerdos est extentio manuum Episcopi.
　사제는 주교(主教) 손의 연장(延長).
Sacerdos et Pontifex. 사제이자 대사제
Sacerdos Imperator. 사제인 황제.
　[로마제국의 황제는 교회의 수장으로서 국가의 신앙 교리적 문제들과 규율문제에
　대한 결정권도 자기 자신에게 귀속시켰다. 더 나아가 초대 교회의 많은 공의회
　들은 황제에 의하여 소집되었고 이단과 이교에 대한 반대 교회법률들을 사회법과
　동등한 효력을 지니도록 발표하였다. 또 451년 칼체돈 공의회는 황제에게 '사제인
　황제(Sacerdos Imperator)' 칭호를 부여하였고, 황제 유스티니아누스(527~565)
　시기에는 그리스도 교회가 그야말로 제국의 유일한 종교로서 제국의 근본을
　형성하는 중요한 요인으로 변모되었다. 더 나아가 이 유일 그리스도교 신앙고백은
　곧 제국의 정치적 일치와 같은 의미로 받아들여지게 되었다. 이러한 국가사회
　입장에서 '정교 일치주의'는 그리스도의 자유에 커다란 위험을 초래하게 되었다고
　교회역사는 증명한다. 한영만 신부 가톨릭 신문 2009.1.18일자 제2632호].
Sacerdos domi mansit ut discipulis suis epistolas
criberet. 그 사제는 자기 제자들에게
　편지를 쓰려고 집에 머물렀다.
sacerdos in æternum. 영원한 사제
sacerdos Magnus(⑨ High Priest) 대제관, 대사제.
Sacerdos paratus cum ingreditur ad Altare, facta illi
debita reverentia, signat se signo crucis a fronte ad
pectus, et clara voce dicit: 준비된 사제는 제대로
　걸어가서, 제대아래서 궤배 후 가슴 앞에서 스스로 성호를
　그으면서, 명확한 목소리로 말한다.
Sacerdos pro aliis. 남을 위해 있는 사람(=사제)
sacerdos religiósus.(presbyter religiósus)
　수도 사제.(⑨ religious priest) 수사 신부.
Sacerdos repetit Antiphonam.
　사제는 다음의 응답송을 반복한다.
sacerdos sæcularis. 교구사제,
　재속신부(교구사제를 이르는 말, ⑨ secular priest).
　diœcesanum presbytérium. 교구 사제단.
Sacerdos secrete dicit: 사제가 조용히 말한다.
sacerdos secularis.(⑨ secular priest)
　재속 신부(在俗神父-교구사제를 이르는 말).
Sacerdos submissa voce dicit:
　사제는 낮은 목소리로 말한다.
sacerdóta, -æ, f. 여자 신관(神官), 여제관(女祭官)
sacerdotális[1], -e, adj. 신관의, 제관의, 신부의,
　사제의, 사제다운, 성직자의. Sacerdotale. 사제용 예식서.
　adv. **sacerdotálĭter**, adv. 사제답게.
　Contradicit sacerdotali idoneitati quisque conatus se
　ipsos ponendi veluti actionis liturgicæ primos auctores.
　자신을 전례 행위의 중심으로 삼으려는 모든 시도는
　사제의 신원을 거스르는 일입니다.
sacerdotális[2] -is, m. 주(州.província)의 수석 제관,
　전직 주제관, 제관처럼 청렴(清廉)하게 사는 사람.
Sacerdotalis cælibatus, 사제의 독신생활(1967.6.24. 회칙).
　Cælibatus sacerdotalis mature transactus, lætitia
　deditioneque, maxima est pro Ecclesia ipsaque societate
　benedictio. 성숙한 태도로 기쁘고 오롯하게 실천하는
　사제 독신 생활은 교회와 사회에 커다란 축복입니다/
　Quamobrem non sufficit cælibatum intellegere
　sacerdotalem in verbis mere officiosis. 사제 독신제를
　기능적인 측면에서만 이해하는 것은 충분하지 않습니다.
sacerdotalis gradus. 사제 직급
sacerdotalis spiritalitas. 사제 영성.
　Etenim sacerdotalis spiritalitas suapte natura est
　eucharistica.(⑨ Priestly spirituality is intrinsically
　eucharistic) 사제 영성은 본질적으로
　성찬의 성격을 지닙니다.
sacerdotalísmus, -i. m. 사제제도, 성직자 중심(존중) 주의.
Sacerdotes a Sacro Corde Jesu, St. Quentin
　생깡땅의 예수 성심 사제회.
Sacerdotes Adoratores. 성체조배 사제회(1858년 복자 Eymard가
　교구 신부들을 위해 빠리에서 조직한 사제회. 백민관 엮음. 백과사전 3, p.379).
Sacerdotes cuncti studiose, actuose periteque vacent
Reconciliationis sacramento ministrando.(⑨ All priests
should dedicate themselves with generosity, commitment
and competency to administering the sacrament of

S

Reconciliation) 모든 사제는 기꺼이, 헌신적으로, 또한 자질을 갖추고 고해성사를 집전하는 데에 주력하여야 합니다.
Sacerdotes Operarii([영] Worker Priests) 노동 사제
Sacerdotes res divinæ administrabant secundum ordinem. 사제들은 규례(ordo)에 따라 '종교 의식'(神事)을 집전하곤 했다.
sacerdotii ministérĭum. 사제의 봉사 직무
Sacerdotii Nostri Primordia, 우리 사제직의 기원, 아르스의 성자 100주년(1959.8.1.).
sacerdotis Christi os, mens manusque concordent. 무릇 사제의 입과 생각과 손은 그리스도의 입과 생각과 손이어야 한다.
sacerdotíssa, -æ, f. 여자 신관(神官), 여제관(女祭官)
sacerdótĭum, -i, n. 신관직(神官職), 제관직(祭官職), (신부.주교의) 사제직([영] Priesthood, munus sacerdotale), 사제단([영] Presbyterate), (이교도들의) 제관록.
Iesus enim suæ mortis in pervigilio Eucharistiam instituit eodemque tempore Novi Testamenti sacerdotium condidit. 예수님께서는 돌아가시기 전날 밤 성체성사를 세우시면서 동시에 새로운 계약의 사제직도 세우셨습니다/
non ad sacerdotium, sed ad ministerium. ([영] not for priesthood but for service) 사제직을 위해서가 아니라 오로지 봉사 직무를 위하여/
regale sacerdotium. 군왕 사제직.
sacerdotium commune* 보편 사제직, 공통 사제직
sacerdotium commune fidelium. 신자들의 공통 사제직, 신자들의 보편 사제직, 모든 신자들의 공통 사제직.
sacerdotium fundamentale. 기반적 사제직
Sacerdotium ministeriale* 직무적(직위적) 사제직, 성찬례의 봉사자에 관련한 몇 가지 질문들(1983.8.6. 서한)
sacerdotium ministeriale hierarchicum. 성직자들의 직무 사제직.
sacerdotium ministeriale seu hierarchicum. 성직자의 사제직(聖職者 司祭職).
Sacerdotium Salvificans Christi. 구원의 사제직
sacerdotium universale laicorum. 평신도의 일반 사제직.
sacerdótŭla, -æ, f. 젊은 여제관(여승), 하급 여제관
sacóma, -ătis, n. 분동(分銅), 평형추(平衡錘).
ad sacoma. 정확한 무게로.
sacra, -æ, f. 칙령(勅令-임금의 명령), 황제의 교시(教示)
sacra conficio. 제사 지내다
Sacra congregátĭo, 성성, 참회 성사의 보호(1973.3.23. 선언), 한스 큉의 저서들에 대하여(1975.2.15. 선언).
Sacra congregátĭo Concilii. 공의회 성성(옛 제도, 현재 없음)
Sacra congregátĭo Consistorialis. 교구 성성(옛 제도)
Sacra Congregátĭo de disciplina Sacramentorum. 성사 규율 성성(→성사 경신성성의 전신).
Sacra Congregátĭo de Propaganda Fide. 포교성성(→인류 복음화성성), 포교 심의회.
Sacra Congregátĭo de seminariis et Universitatibus Studiorum. 신학교와 대학교 심의회
Sacra Congregátĭo della Indulgenze. 대사성(大赦省)
Sacra Congregátĭo Immunitatis. 치외법권 심의회
Sacra Congregátĭo Indicis. 금서성성
Sacra Congregátĭo Inquistiónis 교황청 검사성성
Sacra Congregátĭo Negotiis Religiosorum sodalium. 수도자 단체들의 업무 성성(1917년).
Sacra Congregátĭo pro causis sanctorum. 시성성. ([영] Congregátĭon for the Causes of saints).
Sacra Congregátĭo pro Clericis. 성직자성성.
Sacra Congregátĭo pro Cultu Divino. 경신성성.
Sacra congregátĭo pro doctrina fidei, 혼인을 무효화하는 성교 불능(1977.5.13. 교령).
Sacra Congregátĭo pro Doctrina Fidei. 신앙 교리성성
Sacra Congregátĭo pro Ecclesiis Orientalibus. 동방교회성성(東方教會聖省).
Sacra Congregátĭo pro Episcopis. 주교성성
Sacra Congregátĭo pro gentium evangelizátĭone. 인류 복음화성성(人類 福音化聖省).
Sacra Congregátĭo pro Gentium Evangelizátĭone seu propaganda Fide. 인류 복음화 포교성성.
Sacra Congregátĭo pro Institutione Catholica 가톨릭 교육성성(1967. 교황 바오로 6세).
Sacra congregátĭo pro Religiosis. 수도회 퇴회자들에 대한 도움(1974.1.25. 교령).
Sacra Congregátĭo pro Religiosis et Institutis Sæcularibus. 수도자 및 재속 수도회 성성.
Sacra Congregátĭo pro Sacramentis et Cultu Divino. 성사 경신성성.
Sacra Congregátĭo Rituum. 예부성(禮部省)
Sacra Congregátĭo sacrórum Rituum. 예부성성
Sacra Congregátĭo Sancti Officii. 성무성성 (교황 비오 10세 1908.6.29 "Sapienti consilio" 발표로 확정).
sacra doctrina 거룩한 가르침, 성스러운 가르침.
theologia quæ ad sacram doctrinam pertinet. 신성한 가르침에 속하는 신학.
sacra est hominis vita atque inviolabilis. 신성 불가침한 인간 생명.
sacra exercitia. 거룩한 신심행사
sacra facere. 제사 지내다(드리다.זבח)
sacra fero. 제사 지내다
sacra heros 거룩한 영웅(英雄)
Sacra imago. (가) 상본(像本.[영] Holy picture)
sacra mysteria. 성경, 성서, 계시, 성사, 거룩한 신비.
ad sacra mystéria celebrándum. 거룩한 신비를 거행하기 위하여[동명사의 4격은 반드시 4격 지배의 전치사, 특히 ad과 함께 쓰는 것으로 이 경우에는 목적부사어를 이룬다. 황치헌 신부 지음, 미사통상문을 위한 라틴어, p.81].
sacra ornamentum. 성예복(聖禮服)
Sacra Pagina. 거룩한 글, 거룩한 기록
Sacra parallela 거룩한 병행구절, 거룩한 대응 비교
Sacra Pœnitentiaria Apostolica. 내사원(內赦院).
Pœnitentiárĭus Major. 내사원장 樞機卿.
Sacra Pœnitentiaria. 사도좌 법원(使徒座 法院) ([영] Tribunals of the Apostolic See).
Sacra Pœsia Hebræorum. 히브리 성시, 시법(詩法)
Sacra potestas. 거룩한 권한
Sacra privata colo. 집에서 사사로이 제사지내다.
Sacra pro episcopis. 주교 성성
Sacra Propediem, 성 프란치스코 제3회 700주년(1921.1.6.)
sacra quædam ambitio. 경건한 야심. (성 염 지음, 사랑만이 진리를 깨닫게 한다, p.309).
Sacra rituum Congregátĭo, 예부성성 개편-경신과 시성성성으로 양분(1969.5.8. 교황령).
Sacra Romana Rota. 로타 로마나, (13세기에 창설되어 1908년 교황 성 비오 10세에 의해 재건되었다. '공소원'이라는 용어는 일본의 법원 체계에서 따온 것으로 우리나라의 법원 체계에는 없는 용어이다. 그래서 원문 그대로 로타 로마나로 옮겼다. 로타 로마나는 교회의 대법원 기능을 하는 곳이다. 이러한 이유로 '교회 대법원 로타 로마나' 정도로 옮길 수 있다. 아울러 '사도좌 대심원'의 대심원도 일본의 법원 체계에서 따온 용어이다. 사도좌 대심원은 '교회 최고 법원' 기능을 하는 곳이다.)
Tribunal Rotæ Romanæ. 로타 로마나 법원
Sacra Rota Romana. (현대에 들어 사용하는 명칭) 로타 로마나
Sacra Scriptura(Biblia Sacra). 성경(聖經), 성서(聖書),
Cum Sacræ Scripturæ in Ecclesia leguntur, Deus ipse ad populum suum loquitur et Christus, præsens in Verbo suo, Evangelium annuntiat. 교회 안에서 성경이 봉독 될 때에는 하느님께서 당신 백성에게 말씀하시며 말씀 안에 현존하시는 그리스도께서 복음을 선포하신다/
prohibitio lectionis Sacræ Scripturæ. 성서 독서 금지.
Sacra Scriptura crescit cum legente. 성서는 독자와 함께 자란다.(성경은 읽는 이와 함께 자란다). [이 표현은 원래 사라고사의 타이우스(Sententiæ, 40: PL 80, 896)가 한 것이다. 그레고리우스 대교황은 이 문장을 거의 그대로 받아 "에제키엘서 강론"에서 '하느님 말씀들은 읽는 이와 함께 자란다 Divina eloquia cum legente crescunt' 라고 쓰기도 하고, '성경 말씀들은 독자들의 정신과 함께 자란다 Dicta sacri eloquii cum legentium spiritu crescunt'라고 표현하기도 한다. 대그레고리우스 '에제키엘서 강론 Homiliæ in Ezechielem' Ⅶ 8~9, SCH 327, 244~246 참조].
Sacra Scriptura et Lectionarium.([영] Sacred Scripture and the Lectionary) 성경과 독서집.

Sacra Scriptura et Sacramenta.(⑨ Sacred Scripture and the sacraments) 성경과 성사들.

Sacra Scriptura in diversis artis formis.(⑨ Sacred Scripture in the variety of artistic expressions) 다양하게 예술적으로 표현된 성경.

Sacra Scriptura in magnis ecclesialibus congressionibus.(⑨ Sacred Scripture in large ecclesial gatherings). 교회의 대규모 집회 안의 성경.

Sacra scriptura sui ipsius interpres. 성서 그 자체가 스스로의 해석자이다.
[여러 책에서 드러나는 바이거니와 아우구스티노가 성경을 해석, 해설하는 방식은 이른바 성경이 성경을 해석하게 하는(Sacra scriptura sui ipsius interpres) 방식이다. 곧 한 부분의 말씀을 다른 부분의 말씀으로 비추어 해설한다. 이런 해석 방법의 토대는 성경 전체가 사실은 하느님의 유일한 말씀(로고스)의 여러 반영이므로, 서로 '화음'을 이루고, 결국 신구약의 성경 전체는 단 하나의 책일 뿐이라고 믿는 성경단일성의 원리가 있다. 아우구스티노 뿐 아니라 많은 다른 교부들과 중세 스콜라신학자들이 이런 성경 주석 방법론이 엿보인다. 그 성경단일성의 근거는 생 빅토르의 후고(1096~1141) 의 다음과 같은 말에도 잘 드러나 있다. "모든 성경은 사실 단 한 권의 책이며, 이 책의 이름은 예수 그리스도시다~노아의 방주 3, 18, 1. 교부문헌총서 19. 최익철 신부 옮김, 요한 서간 강해, pp.400~401].

Sacra Significatio. 거룩한 의미

Sacra Sindon(Sudarium). 성수의(聖壽衣), 성염포(聖殮布)

sacra templorum vestrorum. 너희 신전들의 거룩한 것들(=성물들)/

Sacra traditio. 성전(聖傳.⑨ Tradition)

Sacra Virginitas, 복음적 순결의 탁월성(1954.3.25.)

Sacræ disciplinæ leges, 새 교회법전 반포(1983.1.25. 교황령)

Sacræ Disciplinæ Letges 거룩한 규율법(1983.1.25.)

sacræ liturgiæ quasi administra. 거룩한 전례의 준봉사자(=전례음악. 1955.12.25.).

sacræ rei signum 거룩한 실재의 표지(標識)

Sacræ Romanæ Ecclesiæ Cardinaris 거룩한 로마 교회의 중추자.

sacræ supellectiles* 성당기물, 성구(聖具→성당 기물), 성물(חֲצַ׃.⑨ sacred things→성당 기물, res sacræ), 제구(חֲצַ׃.⑨ sacred vessels → 성당 기물, vasa sacra)

Sacræ Theologiæ Magister. (수도회에서) 신학교수 자격자, 신학박사.

Sacræ Theologiæ Professor. 신학 교수

sacrabíliter, adv. 간질병 환자 모양으로

Sacram Communionem, '거룩한 영성체를'(1957. 자의교서)

Sacram Liturgiam, 거룩한 전례(1964.1.25. 자의교서),
전례헌장 일부 규정의 발효(規定 發效)(1964.1.25. 자의교서).

Sacram unctionem infirmorum, 병자들의 거룩한 도유.
(1972.11.30. 교황령).

Sacramentále, -is, n. (⑨ Sacramentals.獨 Sakramentale)
준성사(7성사에 포함되지 않는 모든 전례적인 표지를 말한다).

sacramentale sigillum. 고해성사의 비밀봉인

Sacramentalem indolem,
증인들만이 있는 혼인의 합법적 거행(1974.5.15. 훈령).

Sacramentali communione, 양형 영성체(1970.6.29. 훈령).

Sacramentalia. 준성사(⑨ Sacramentals)(Rufinus ? ~ 1190? 사용)

Sacramentális, -e, adj. 성사의, 성사적, 거룩한 예식의.
Character sacramentalis. 성사 인호/
Forma sacramentalis. 성사의 형상, 체형/
materia sacramentalis. 성사의 질료, 원질/
turris sacramentalis.
탑형 성체 보관소, 중세기 고딕 성당에 많이 설치됨/
únio Sacramentalis. 성사적 일치/
vi sacramentalis consecrationis. 성사적 축성의 힘.

Sacramentális qualitas Verbi. 말씀의 성사적 성격

Sacramentálĭtas, -átis, f. (神) 성사성(聖事性)

Sacramentárĭum, -i, n. 성사집(⑨ Sacramentary. 獨 Sakramentar). 성사 예식서, 성무 집전서, 전례서(典禮書.⑨ liturgical book, Libri Liturgici), 사크라멘타리움(⑨ Sacramentary.성무 집전서).

Sacramentárĭum Gelasianum. 젤라시오 성무 집전서

Sacramentárĭum Gelasianum Novum. 신젤라시오 성무 집전서.

Sacramentárĭum Gregorianum. 그레고리오 성무집전서, 그레고리오 전례서.

Sacramentárĭum Hadrianum. 하드리안 성사집(801~804년 완성).

Sacramentárĭum Leonianum. 레오 전례서(典禮書)

Sacramentárĭum Veronense. 베로나 성무 집전서

Sacramentorum initiationis ordo.(⑨ The order of the sacraments of initiation) 입문 성사의 순서.

sacramentorum sanctitatis. 성사의 성성 보호.
(신앙 교리성에 유보된 중대 범죄에 관한 규범을 발표하는 교황 요한 바오로 2세의 자의 교서. 2001년 4월 30일).

sacraméntum, -i, n. 분쟁 공탁금, 소송, 충성의 맹세.
선서(宣誓.⑨ oath, 일반적인 선서), 신성한 맹세,
서약(חֲצַ׃.⑨ 誓約=맹세하고 약속함), 비밀(μυστήριον),
성사(⑨ Sacrament-Tertullian이 처음 사용),
신비(μυστήριον.⑨ Mystery), 심오한 진리.계획,
신비한 뜻, 하느님의 말씀.
Aliud est ergo aqua sacramenti, aliud aqua quæ significat Spiritum Dei. Aqua sacramenti visibilis est; aqua Spiritus invisibilis. 성사의 물이 다르고, 하느님의 영을 뜻하는 물이 다릅니다. 성사의 물은 눈에 보이지만, 영의 물은 보이지 않습니다.(최익철 신부 옮김, 요한 서간 강해. p.291)/
alqm sacraménto sólvere. 아무를 제대(除隊)시키다/
aqua sacramenti. 성사의 물.
Canones de sacramentis in genere.
성사 일반에 관한 법규/
Canones de sacramento baptismi. 세례성사에 관한 법규/
Canones de sacramento matrimonii. 혼인성사에 관한 법규/
Canones de sacramento ordinis. 신품성사에 관한 법규/
Canones de sacrosancto eucharistiæ sacramento.
지극히 거룩한 성체성사에 관한 법규/
Canones de sanctissimo pœnitentiæ sacramento.
지극히 거룩한 고해성사에 관한 법규/
Canones super reformatione circa matrimonium.
혼인의 개혁에 관한 법규/
De Sacramentis Christianæ Fidei.
그리스도교 신앙의 성사에 대해/
Deus gratĭam suam non alligávit sacraméntis.
하느님은 당신 은총을 성사에 얽매이게 하지 않으신다/
Ergo si vis nosse quia accepisti Spiritum, interroga cor tuum: ne forte sacramentum habes, et virtutem sacramenti non habes. 그러므로 그대가 성령을 받았는지 알고 싶으면, 그대 마음에 물어보십시오. 성사는 지니고 있지만 성사의 힘은 지니지 못한 것이 아닌지 물어 보십시오.[아우구스티노에 따르면 이단자와 열교자에게도 유효한 성사를 베풀 수 있다고 본다. 그것은 성사를 베푸는 이는 집전자가 아니라 그리스도 자신이고, 성사의 '유효성'(validitas)은 전적으로 그리스도에게 달려 있기 때문이다. 그러나 비록 유효한 성사라 하고, '성사의 친교'(communio sacramentorum)를 누리고 있다 하더라도, 사랑이 없으면 성사의 참된 '효력'(effectus)을 누릴 수 없다. 성사의 본질은 사랑이며, 성사는 사랑과 맺어 그 힘을 지니기 때문이라는 것이다. 최원호 '교부들의 교회론' '가톨릭 신학과 사상' 50 (2004년) pp.154~159 참조. 최익철 신부 옮김, 요한 서간 강해. p.288]/
Eucháristiæ sacramentum,
미사 밖에서 하는 영성체와 성체조배(1973.6.21. 교령)/
intentio contra bonum sacramenti.
영속성을 거슬리는 의지/
legalia sacramenta. 율법적인 성사들/
Liber sacramentorum. 미사 예식서, 전례서/
Ministerium sacramentorum. 성사 직무/
Puto manifestatum esse vobis magnum et necessarium secretum et sacramentum. 저는 여러분에게 위대하고도 필수 불가결한 비밀과 신비를 밝혀 드렸다고 믿습니다/
Qui sunt peiores, qui contempserunt quia hominem putabant, an qui sacramenta eius exsufflant, quem iam Deum confitentur. 인간이라 여겼기에 그분을 멸시한 사람들과, 이미 하느님으로 확인된 분께서 세우신 성사를 조롱하는 사람들 가운데 누가 더 나쁩니까?.
[가톨릭 교회에 베풀어진 성사는 무효하다고 주장하는 도나투스파를 빗대어 하는 말이다. 도나투스파는 죄인들이 집전한 성사, 최스런 교회 안에서 베풀어진 성사의 유효성을 전적으로 부정했다. 성사를 '그리스도의 행위'(actus christi)로 보지 않고 '인간의 행위'(actus hominis) 또는 '교회의 행위'(actus ecclesiae)로 보았기 때문이다. 아우구스티노는 이에 맞서, 성사의 집전자는 '종이요 봉사자'(minister)에 지나지 않음은, 성사를 베푸시는 분은 오직 그리스도 임을 강조하며 성사론의 큰 틀을 세웠다. 아우구스티노 성사론의 핵심은 이 한 문장에 잘 요약되어 있다.
"베드로가 세례를 베풀어도 세례 주시는 분은 그리스도이시고, 바오로가 세례를

베풀어도 세례 주시는 분은 그리스도이십니다.-요한 복음 강해 6, 7-"
(최익철 신부 옮김, 요한 서간 강해, pp.114~116)/
recito sacramentum. 선언문(宣誓文)을 낭독하다/
sacramenta Christi. 그리스도의 성사들/
Sacramenta efficiunt quod figurant.
성사는 상징하는 것을 낸다/
Sacramenta initiátĭónis.([영] sacraments of initiátĭon)
입문성사/
sacramenta minora(=sacramentale.) 작은 성사(준성사)/
sacramenta principalia. 으뜸가는 성사들/
sacramenta significando efficiunt gratiam.
성사들은 은총을 의미하면서 이루어준다/
sacramenti dispensatio. 성사의 관리/
sacramenti testátĭo. 성사에 대한 서약(誓約)/
sacramenti Votum fidei. 신앙(세례.성사)의 열망/
Sentiamus, quǽsumus, Domine, tui perceptione sacramenti, subsidium mentis et corporis: ut, in utroque salvati, cælestis remedii plenitudine gloriemur. 주님 비오니, 저희가 받아 모신 주님의 성사로 도움을 받고 영혼의 육신이 구원되어 천상 영광을 충만히 누리게 하소서/
Si quis dixerit, hæc sacramenta propter solam fidem nutriendam instituta fuisse. 만일 누가 이 성사들은 오직 신앙을 양육하기 위해서 설정되었을 뿐이라고 주장한다면, 그는 파문 받아야 한다(보편 공의회 문헌집 제3권, p.683)/
Si quis dixerit, hæc septem sacramenta ita esse inter se paria, ut nulla ratione aliud sit alio dignius.
만일 누가 이 일곱 성사가 서로 동등해서,
어떤 한 성사가 다른 성사보다 결코 더 큰 존엄성을
지니고 있지 않다고 주장한다면, 그는 파문 받아야 한다.
Signum rei sacræ in quantum est sanctificans homines.
(=Sacramentum. 성 토마스 아퀴나스)/
simulátĭo sacramenti. 성사의 위장.
(사제가 아닌 자가 미사 거행, 평신도에 의한 고해 등)/
Tantum ergo Sacramentum. 지존하신 성체/
Tantum ergo sacramentum, venĕremur cernui.
머리를 굽혀, 이토록 위대한 성사를 경배하나이다/
Totum et integrum Christum ac verum sacramentum sub qualibet specie sumi.
두 가지 형상 중에서 한 형상만으로도 온전하고
완전무결하게 그리스도와 참된 성사를 영함/
universale salutis sacramentum. 구원의 보편적 성사.
sacramentum absolutiónis. 용서(容恕)의 성사
sacramentum altaris. 제대의 성사(祭臺 聖事)
Sacramentum Baptismatis. 성세성사(→세례성사)
Sacramentum Caritatis. 사랑의 성사
(베네딕도 16세 교황성하의 세계주교 대의원회의 후속 교황권고 2007.2.22.).
Sacramentum Confirmátĭónis. 견진성사(堅振聖事)
sacramentum conversiónis. 회개(悔改)의 성사
Sacramentum Eccesiæ. 교회의 성사(敎會 聖事)
Sacramentum Eucharistiæ*
성체성사([영] Sacrament of Eucharist).
Sacramentum exeuntium. 임종자들의 성사
Sacramentum extremæ unctiónis.
종부 성사(2차 바티칸 공의회 이전 용어→병자성사).
Sacramentum Fidei. 신앙의 성사
sacramentum generale. 총성사
Sacramentum Infirmorum. 병자 성사
Sacramentum magnum, in Christo et in ecclesia.
위대한 성사는 그리스도와 교회 안에 있다.
Sacramentum Matrimonii* 혼인성사(婚姻聖事)
sacramentum militiæ Christi. 그리스도 군사의 선서
sacramentum mundi. 세상을 구하는 성사, 세상의 성사
Sacramentum mortuorum. 죽은 성사, 죄인이 받은 성사
Sacramentum nativitatis Christi.
그리스도의 탄생의 신비.
Sacramentum nuptiarum. 혼인성사(In Ioan. tr.IX, n. 2).
Sacramentum Ordinis*
성품성사(신품성사.[영] Sacrament of order).
Canones super abusibus circa administrationem sacramenti ordinis. 신품성사 집행을 둘러싼 남용에 관한 법률/Examinantur iidem canones super abusibus sacramenti ordinis. 신품성사 남용에 관한 법조문들에 대한 토론(사목연구 제16집)/
vera et catholica doctrina de sacramento ordinis ad condemnandos errores nostri temporis.
우리 시대의 오류들을 단죄하기 위해 천명하는
신품성사에 관한 참된 가톨릭 가르침.
sacramentum pænitentiæ. 참회(懺悔)의 성사, 고해성사
Sacramentum permanens. 영구적 성사
sacramentum pietatis, signum unitatis, vinculum caritatis([영] a sacrament of love, a sign of unity, a bond of charity!) 사랑의 성사요 일치의 표지이며 애덕의 끈.
Sacramentum plenum. 충만한 성사
Sacramentum Pœnitentiæ.
고해성사, 고백성사(Confessio sacramentalis).
Sacramentum ponitur in genere signi.
일반적으로 성사는 표징(標徵)으로 드러난다.
sacramentum primordiale. 원성사
sacramentum reconciliátĭónis. 화해의 성사
sacramentum regenerátĭónis. 재생의 성사(聖事)
Sacramentum Sacramentorum. 성사 중의 성사
Sacramentum unctiónis infirmorum.
병자성사([영] Anointing of the Sick),
종부성사(2차 바티칸공의회 이전 용어→병자성사).
Sacramentum Unitatis. 일치의 성사
sacramentum unitatis totius generis humani.
([영] sacrament of the unity of the whole human race)
인류 전체의 일치의 성사.
Sacramentum vivórum. 산 성사, 죄 없는 이가 받는 성사,
영적으로 살아 있는(은총 지위에 있는) 자들의 성사.
Sacramentum voluntatis suæ.
하느님 뜻의 신비(神秘, 계시 2항.에페 1, 9 참조).
sacránda, 원형 săcro[1]sacrávi, sacrátum, sacráre,
[수동형 당위분사.
중성 복수 주격 sacranda, 속격 sacrandorum,
여격 sacrandis, 대격 **sacranda**, 탈격 sacrandia.
N.B. 수동형 당위분사-동사가 직접 목적어를 지배하는 타동사인 경우에 그 동명사구를 수동태 당위분사로 바꾸어 쓸 수 있다. 수동형 당위분사는 동사상 형용사로 자기가 꾸며 주는 명사와 성, 수, 격에 있어서 일치되어야 한다.
Súpplices ergo te, Dómine, deprecámur, ut hæc múnera, quæ tibi sacránda detúlimus, eódem Spíritu sanctificáre dignéris - jungit manus. 아버지, 간절히 청하오니, 아버지께 봉헌하는 이 예물을 성령으로 거룩하게 하시어-손을 모은다.
저희가 당신께 바치려고(**성별하려고**) 가져온 이 예물들을…
저희가 당신께 가져 온 이 **성별되어야 할** 예물들을…
황치헌 신부 지음, 미사통상문을 위한 라틴어, p.266]
sacrárĭa, -æ, f. 여자 성당(신전)지기, 여자 성물 보관인
sacrárĭum*, -i, n. 성물 보관실(聖物保管室),
(敎法) 제의실(祭衣室.[영] sacristy), 제의방(祭衣室),
[armarium/ gazophylacium/ paratorium/ sacrarium/ sacretarium/ sacristaria/ sacristia/ salutatorium/ vestiarium/ [영] Sacristy/ 그리스어 diakonikon/ 시리아어 Prothesis. 백민관 신부 엮음, 백과사전 3, p.392].
예배실, 작은 성당, 성소(מִקְדָּשׁ.קֹדֶשׁ.ναὸς.ἱερὸν),
은밀(隱密)한 곳, 비밀장소(秘密場所), 전용 장소.
sacraria litterarum. 수사학 교실(修辭學 敎室).
Sacrarium hominis.([영] Man's sanctuary) 인간의 지성소
sacrárĭus, -i, m. 성당(신전) 지기, 성물 보관인
Sacras reliquias vendere nefas est.
거룩한 유해(遺骸)는 팔 수 없다.(교회법 제1190조).
sacrata eloquéntia. 불후(不朽)의 명연설
sacráte, adv. 거룩하게, 경건하게, 신비롭게
sacrátĭo, -ónis, f. 신성하게 만듦, 성별(聖別),
축성(祝聖.[영] consecrátĭon).
sacratisimum(=sanctissimum) cor jesu. 예수 성심
sacratissimum pactum. 가장 성스러운 계약(契約)
sacratissimum Triduum crucifixi, sepulti, suscitati.
(십자가에) 못 박히고(무덤에) 묻히고 부활하신
지극히 거룩한 성삼(성 아우구스티노).

S

sacrátor, -óris, m. 신성하게 만드는 자

sacratus, -a, -um, p.p., a.p. 거룩한(ἅγιος), 불멸의,
 불후(不朽)의, 신성불가침의, 신성한, 신에게 봉헌된.

sacratus numerus. 거룩한 숫자

Sacri Canones, 거룩한 조문들(1990.10.18.)

Sacri sacerdotii defensio contra Lutheranos.
 루터파에 반대하여 사제직을 옹호함(John Fisher 추기경 지음).

sacrícǒla, -æ, f., m. (sacer+colo²) 제관(祭官),
 제물 바치는 사람, 제사(祭祀)에 참석하는 사람.

sácrĭfer, -fĕra, -fĕrum, adj. (sacer+fero) 제물을 가져오는

sacrificális(sacrificiális) -e, adj.
 제사의, 제사에 쓰는, 제물의, 희생(犧牲)의.
 Dapes sacrificiales. 희생의 성찬.

Sacrificate sacrificium justitiæ, et sperate in
domino. 의로운 희생을 제사 드리고,
 주님 안에 너희 희망 다져 두어라.

sacrificátio, -ónis. f. 제헌(祭獻), 희생을 바침,
 제사(祭祀.חַי.θυσία.⑨ sacrifice) 드림.

sacrificátor, -óris. m. (sacrificatrix, -ícis, f.)
 제물 바치는 사람, 제관(祭官).

sacrificátus, -us, m. 제물을 바침, 제헌(祭獻),
 제사(祭祀.חַי.θυσία.⑨ sacrifice).
 sacrificati. Decius의 박해 때 불에 태운 제물을 바친 이들.

Sacrificia Christi(⑨ Sacrifice of Christ).
 그리스도의 희생제사(犧牲祭祀).

sacrificĭum, -i, n. 제사(祭祀.חַי.θυσία.⑨ sacrifice.
 獨 Opfer.프 sacrifice) 제물(祭物), 희생(犧牲),
 희생제물(⑨ Victim-희생제사),
 희생제사(חַיָר.犧牲祭祀.⑨ Sacrifice).
 Canones de sanctissimo missæ sacrificio.
 거룩한 미사성제에 관한 법규/
 De sacrificiis, quæ Deus non requirit, sed ad
 significationem eorum offerri voluit, quæ requirit.
 하느님은 제사를 요구하지 않지만 당신 요구들의 상징
 으로 제사가 봉헌되기를 바란다(교부문헌 총서 17, 신국론. p.2776)/
 De vero perfectoque sacrificio. 참되고 완전한 제사.
 (교부문헌 총서 17, 신국론. p.2776)/
 hæc dona, hæc munera, hæc sancta sacrificia illibata.
 이 거룩하고 흠 없는 예물/
 Hoc sacrificium sit utilitati nobis.
 이 제사가 우리를 위하여 이익이 되게 하소서/
 Orate fratres, ut meum ac vestrum sacrificium
 acceptabile fiat apud Deum Patrem omnipotentem.
 형제 여러분, 저와 여러분의 제사가 전능하신 아버지께
 받으실 만한 것이 되도록 기도합시다/
 quam facile sacrificĭum.
 가장 실천하기 쉬운 전례(성 아우구스티노)/
 quam sublime sacrificĭum. 얼마나 위대한 희생/
 Quod uni vero Deo sacrificium debeatur.
 제사는 유일한 참 하느님께만 바쳐야 한다(신국론. p.2776)/
 Si quis dixerit, blasphemiam irrogari sanctissimo Christi
 sacrificio, in cruce peracto, per missæ sacrificium,
 aut illi hoc derogari. 만일 누가 십자가 위에서 실현된
 그리스도의 거룩한 희생 제사가 미사성제를 통해 모독당
 하거나 퇴색된다고 주장한다면, 그는 파문 받아야 한다/
 signacula sacrificii. (그리스도의) 성흔.

sacrificium Abrami. 아브라함의 제헌

sacrificium crucis. 십자가 제사(祭祀)

sacrificium cruentum. 유혈제(流血祭)

Sacrificium et Sacerdotium. 제사와 사제직(1563.7.15. 교령)

sacrificium eucharisticum. 성찬 제헌(聖餐 祭獻),
 감사제(感謝祭.⑨ Offerings of thanksgiving),
 미사성제(⑨ celebrátion of the Eucharist).

sacrificium gratiarum actionis. 감사의 제사

sacrificium holocaustum.
 번제(חַי.燔祭.ὁλοκαύτωμα.⑨ burnt sacrifis).

sacrificium humanum. 인신공양, 인신공물

sacrificium impetrátorĭum. 기원제(祈願의 제사)

sacrificium incruentum. 무혈제(無血祭)

sacrificium indesinens. 끊임없는 희생제물(희생제사)

sacrificium intellectus. 지성(知性)의 희생(犧牲)

sacrificium latreuticum. 예배의 제사, 흠숭(欽崇)의 제사

Sacrificium laudis, 찬미의 제사(讚美 祭祀-아침기도),
 성무일도 공동 거행의 라틴어(1966.8.15. 교황교서).

sacrificium missæ(⑨ celebrátion of the Eucharist).
 미사성제.

sacrificium pro peccato(⑨ Sin offerings). 속죄제(贖罪祭)

sacrificium propitiátórium.
 속죄의 제물, 속죄제, 하느님과의 화해의 제사,
 속죄의 희생물, 속죄의 제사(현대 가톨릭 사상, 제13집, p.93).

Sacrifícium quadragesimális inítii sollémniter
immolámus, te, Dómine, deprecántes: ut, cum
epulárum restrictióne carnálium, a noxiis quoque
voluptátibus lemperémus. 주님, 사순 시기를 맞이하여
 성대하게 제사를 드리며 주님께 간구하오니, 육신의
 향연을 제한하고 해로운 쾌락도 끊어 버리게 하소서.

sacrificium satisfactórium.
 (죄의 벌을 사면하는) 보속(보상)의 제사.

sacraficium temporis perduti. 사라진 시간의 희생

Sacrificium vespertinum. 저녁 제사

sacrífico, -ávi, -atum -áre, intr. (sacrum+fácio)
 제사 지내다(드리다.חַבר).
 tr. 제물로 바치다, 희생하다, (사람을) 불행에 빠뜨리다.
 An verus sit Deus, cui Chrisiani serviunt, cui soli
 debeat sacrificari. 그리스도인들이 섬기는 하느님은 참
 하느님이며 제사는 그분께만 올려야 하는가(신국론. p.2818)/
 Sacrificavit pro peccatis nostris. Ubi invenit hostiam?
 Ubi invenit victimam quam puram volebat offerre?
 Aliud non invenit, seipsum obtulit. 그분은 우리 죄인
 들을 위해 희생 제사를 바치셨습니다. 어디서 제물을
 마련하셨습니까? 당신께서 바치고자 했던 순수한 제물을
 어디서 찾으셨습니까? 다른 제물을 찾지 않으시고 당신
 자신을 바치셨습니다.(최익철 신부 옮김, 요한 서간 강해. p.329).

sacríficǔlus, -i, m. 하급 제관(祭官)

sacríficus, -a, -um, adj.
 제사 지내는, 제관의, 제사의, 제사에 관한, 제사에 쓰는.

sacrilegium* n. 성물 절도죄, 독성(⑨ Sacrilege),
 신성 모독(חָלַל.⑨ Blasphemy)
 독성죄(瀆聖罪.sacrilegium carnale).

sacrilegium carnale. 독성(육체적 독성. 성직자나 수도자의 음행)

sacrilegium locále. 신성한 장소의 독성

sacrilegium personále. 성직에 관한 독성(瀆聖),
 (성직자.수도자 등) 사람에 관한 독성.

sacrilegium reále. 성물 독성

sacrílĕgus, -a, -um, adj. (sacrum+lego²) 성물을 훔치는,
 신전(성당)을 터는, 독성의, 신성 모독의, 불경한,
 무엄(無嚴)한, 신법의, 악질의.
 m., f. 성물 도둑, 독성죄인, 신성 모독자, 불법자.
 Patrem et Filium singularem Deum prædicare,
 sacrilegum est. 성부와 성자를 단독적인 하느님으로
 하는 것은 모독이다.(힐라리우스)/
 Sit fur, sit sacrilegus, sit flagitiorum omnium
 vitiorumque princeps ; at est bonus imperator, at felix
 et ad dubia rei publiæ tempora reservandus.
 그 자가 도둑이고 신성 모독자이고 온갖 파렴치와 악행의
 두목이라고 하자. 그러나 그는 훌륭한 전투사령관이다.
 그러니 공화국의 위태로운 시기를 생각해서 그가 운이
 좋은 사람이려니 하고 그냥 남겨 둘 만하다.
 [성 염 지음, 고전 라틴어, p.299]/
 vis egestas injustitia solitudo infamia. hocin sæclum!
 o scelera, o genera sacrilega, o hominem inpium.
 폭력에다 가난에다 불의에다 고독에다 수치라!
 빌어먹을 세상, 저 몹된 짓, 천벌 받을 종자,
 양심 없는 남자 같으니.
 (성 염 지음, 사랑만이 진리를 깨닫게 한다. p.458).

Sacris Liminibus. 거룩한 입문

sacris litátis. (신의 마음에 드는) 제물을 바치고(lito 참조)

Sacris Solemniis.(At This Our Solemn Feast)
거룩한 축제일에, 거룩한 축제, 장엄한 축제.

Sacris solemniis iuncta sint gaudia,
et ex præcordiis sonent præconia;
recedant vetera, nova sint omnia, corda, voces, et opera.

Noctis recolitur cena novissima, qua Christus creditur
agnum et azyma dedisse fratribus,
iuxta legitima priscis indulta patribus.

Post agnum typicum, expletis epulis,
Corpus Dominicum datum discipulis,
sic totum omnibus, quod totum singulis,
eius fatemur manibus.

Dedit fragilibus corporis ferculum,
dedit et tristibus sanguinis poculum,
dicens: Accipite quod trado vasculum;
omnes ex eo bibite.

Sic sacrificium istud instituit,
cuius officium committi voluit solis presbyteris,
quibus sic congruit, ut sumant, et dent ceteris.

Panis angelicus fit panis hominum;
dat panis cælicus figuris terminum;
O res mirabilis: manducat Dominum
pauper, servus et humilis.

Te, trina Deitas unaque, poscimus;
sic nos tu visita, sicut te colimus;
per tuas semitas duc nos quo tendimus,
ad lucem quam inhabitas.

거룩한 축제두고 기뻐하여라 마음속 깊은데서 찬미하여라
옛것이 물러가고 새로워저라 마음도 목소리도 생활도 함께
주님의 최후만찬 기념이로다 그옛날 조상들의 율법지키며
양고기 밀떡함께 제자들에게 주님이 주시었다 믿어지도다
접시에 당신성체 담아주시고 술잔에 당신성혈 담아주시며
약하고 걱정하는 제자들에게 받아서 마시어라 말씀하셨네
이렇게 미사성체 제정하시고 봉헌코 사제들만 가지게하사
영하고 남들에게 영해주기는 오직지 사제들의 특권이로다
천사의 귀한음식 사람이먹고 천상의 묘한음식 형상가졌네
가냘코 비참한종 주님먹이니 놀랍고 놀라워라 성찬의 신비
삼위신 한천주여 간구하오니 당신을 흠숭하는 우리찾으사
당신의 좁은길로 인도하시고 보고픈 당신빛 보여주소서. 아멘.

AT this our solemn feast let holy joys abound,
and from the inmost breast let songs of praise resound;
let ancient rites depart, and all be new around,
in every act, and voice, and heart.

Remember we that eve, when, the Last Supper spread,
Christ, as we all believe, the Lamb, with leavenless bread,
among His brethren shared, and thus the Law obeyed,
of all unto their sire declared.

The typic Lamb consumed, the legal Feast complete,
the Lord unto the Twelve His Body gave to eat;
the whole to all, no less the whole to each did mete
with His own hands, as we confess.

He gave them, weak and frail, His Flesh, their Food to be;
on them, downcast and sad, His Blood bestowed He:
and thus to them He spake, "Receive this Cup from Me,
and all of you of this partake."

So He this Sacrifice to institute did will,
and charged His priests alone that office to fulfill:
tn them He did confide: to whom it pertains still
to take, and the rest divide.

Thus Angels' Bread is made the Bread of man today:
the Living Bread from heaven with figures dost away:
O wondrous gift indeed! the poor and lowly may
upon their Lord and Master feed.

Thee, therefore, we implore, o Godhead, One in Three,
so may Thou visit us as we now worship Thee;
and lead us on Thy way, That we at last may see
the light wherein Thou dwellest aye.

－St. Thomas Aquinas(1225-1274)가 교황 우르바노 4세(1261-1264)의 특별한 요청을 받아 1264년에 새로 제정된 그리스도의 성체 성혈 대축일을 위해 성체 안에 계신 예수님을 경배하며 만든 찬미가의 라틴어 제목('거룩한 축제', 곧 '장엄한 축제'를 뜻하는 첫 두 단어)이다. 찬미가는 주님의 최후만찬 때 세상에서 순례하는 인간들에게 천상 양식을 음식으로 주신 성체성사 제정을 묘사한 경건한 서정시이다. 시간 전례의 라틴어 본에서는 그리스도의 성체 성혈대축일 말씀 기도에서 사용된다. 본 번역은 현존하는 여러 번역 가운데 하나이다. 마지막 두 연은 빠나스 안젤리꾸스 Panis Angelicus로 알려진 유명한 찬미가로 사용되며 여러 가지 악곡으로 불려진다. 주변의 피터 랑 지음, 박영식 옮김, 전례사전, p.205].

sacrísta, -æ, m. 제의실 담당자, 성기 보관실 책임자,
성당지기(sacrárĭus, -i, m., sacrárĭa, -æ, f.).

sacristía*, -æ, f. [armarium/ gazophylacium/paratorium/
sacrarium/sacretarium/sacristaria/sacristia/salutatorium/
vestiarium/그리스어 diakonikon/시리아어 Prothesis.
백민관 신부 엮음, 백과사전 3, p.392]
제의실(獨 sacristy.獨 Sakristei), 성물 보관실.

sắcro[1] -ávi, -átum -áre, tr. 신에게 바치다, 성별하다,
신성하게 만들다, 신으로 모시다.공경하다, 바치다,
불후의 것으로 만들다, 저주(천벌) 받게 하다,
diis votum sacro. 신들에게 약속한 신전을 지어 바치다/
leges sacrátæ. 신성법.
(위반자는 그 가족.재산과 함께 어떤 신에게 바쳐 처벌하였음)
quercus sacráta Marti. Mars 신에게 바쳐진 참나무/
sacrata eloquéntia. 불후(不朽)의 명연설(名演說).

sacro alcjs caput Jovi.
아무를 죽여서 Júpiter 신에게 바치다.

Sacro cardinalium consilio, 추기경단 의장의 선출.
(1965.2.26. 자의교서).

sacro fœdus. (제사.맹세 따위로) 계약을 굳게 맺다

Sacro Speco. 거룩한 동굴

Sacro vergente anno, 다가오는 성년(회칙 1952.7.7. 공표)

sacro[2] "신성한, (解) 선골(仙骨)…"등의 뜻을 나타내는 접두어

sacrococcýgĕus, -a, -um, adj. 선골 미골(尾骨)의

sacrodýnĭa, -æ, f. (解) 선골통(仙骨痛)

sacroilĭăcus, -a, -um, adj. 선골 장골(腸骨)의

sacrospinósus, -a, -um, adj. 선골 좌골극의

Sacrosanctum Concilium, 거룩한 전례(1963.12.4. 헌장),
거룩한 공의회, 거룩한 전례에 관한 헌장, 전례헌장.

sacrosánctus, -a, -um, adj. 신성불가침의, 침범할 수 없는,
(일반적으로) 불가침의, 신성한, 지극히 거룩한.

sacrúfico, (古) = sacrífico.

sacrum, -i, n. 신에게 바쳐진 것, 신성한 것, 신전,
성물(רֶדֶק.רֶדֶק) sacred things → 성당 기물),
성소(שדקמ.שדק.ναὸς.ἱερὸν), 종교예식, 예배,
제사(祭祀.חזֶ.θυσία.獨 sacrifice), 제물(祭物),
미사성제(獨 celebrátion of the Eucharist), 희생(犧牲).
pl. (기술.지식 분야의) 비결, 비법, 신비한 기교.
homo sacra res homini.
인간에 대한 거룩한 존재로서의 인간/
imago sacra. 성화(聖畫.獨 iconographa, -æ, f.)/
Inter sacrum saxúmque stare. 속담-(희생물과 그것을
처 죽이는 돌 사이에 즉) 극도의 위기에 처해 있다/
perfectio sacræ scripturæ. 성서의 완덕 보충/
sacra fácere. 제사 지내다/
stata sacra. 해마다 정기적으로 거행하는 종교행사/
vasa sacra(Supelex sacra). 제구(祭具).

Sacrum collegium(獨 college of cardinals).
추기경단(Collegium Cardinalium).

Sacrum collegium cardinalium. 추기경단 회의

sacrum commercium. 거룩한 교제(交際)

sacrum depositum. 성스러운 유산

Sacrum Cor. 성심(聖心.獨 Sacred Heart)

Sacrum Diaconátus Ordinem, 거룩한 부제품,
종신 부제직(獨 permanent diaconate)(1967.6.18. 자의교서).

Sacrum hoc dicastérĭum,
어린이 미사와 화체미사의 성찬기도(1977.12.10. 회람).

Sacrum Impérĭum. 신성제국(神性帝國)

Sacrum Impérĭum Romanum(獨 Holy Roman Empire).
신성 로마 제국(800년 성탄일 카를로 황제가 교황 레오 3세(795-816)에
게서 로마의 황제로 대관식을 받은 후부터의 제국을 말한다. 마지막 대관식은
1529년 카를로 5세였고, 1806년 나폴레옹 1세가 이 명칭을 폐기했다.

sacrum ligamen 거룩한 결연(수도회 서약.약속 의미)

Sacrum numisma. 성패(聖牌), 메달[앞질면에 성인이나 종교적인
사랑을 표시하는 그림 또는 기도문을 인각(印刻)한 동전 모양의 패. 성패를
몸에 메거나 지니는 관습은 초대 그리스도교 동방교회의 성화상 공경 관습
에서 비롯되었다…. 백민관 신부 엮음, 백과사전 2, p.709].

sacrum ornamentum*(Vestimenta liturgica.獨 Liturgical
vestments.獨 Gewänder/liturgische/Paramente)
전례복典禮服(獨 Liturgical vestments).
제의(祭衣.獨 ornamenta sacra..獨 chasuble).

sacrum robur. 목마(木馬)

S

sacrum septenarĭum. 성령칠은: donum septenarĭum.
(sapientia, intellectus, consilium,
scientia, fortitudo, pietas, timor).
Sacrum Sepulchrum. 성묘소(㊎ Holy Sepulcher.
십자가에서 죽은 예수를 매장하였던 예루살렘의 동굴.
이스라엘 성지에서 가장 중요한 장소이다).
sacrum signum 거룩한 표징(=성사.성 아우구스티노)
Sacrum triduum.(㊎ Ester Triduum/Sacred Triduum.
獨 Österliches Triduum) 성삼일(聖三日).
Sadducæi, -orum, m., pl.
사두가이파(Σαδδουκαιος.㊎ Sadducees) 사람들.
sadísmus, -i, m. 학대 음란증(虐待 淫亂症),
가학애(苛虐愛.Sadism), 가학색정광(苛虐色情狂).
(타인에게 고통이나 치욕을 가함으로써 만족을 느끼는 성도착증. 정신분석은
가학증이라는 개념을 성(性)과학자들에 의해 기술된 도착증을 넘어서 확장시킨다.
한편으로 정신분석은 좀 더 잠재된, 특히 유아적인 수많은 가학증의 형태가
있음을 인식하고, 다른 한편으로 가학증을 욕동의 기본 요소 중 하나로 삼는다.
임진수 옮김, 정신분석 사전. 2005년 발행 p.29).
sæcla pavónum. 공작의 새끼들
sæclum = sǽculum
sæcularis, e, adj. 세기의, 세기에 걸친, 장구한 세월의,
세속의, 세속적, 속세의, 현세의, 지상의, 평신도의.
((教法)) (수도회원이 아닌) 교구 소속의, 재속의.
m. 교구 소속(재속) 사제. adv. **sæculárĭter**. 세속적으로.
ante témpora sæculária. 천지창조 이전에/
carmen sæculáre. 백년제의 노래/
eruditio sæcularis. 세속지식/
institutum sæculare(㊎ secular institute). 재속회/
ludi sæculáres. 백 년제.
(대략 백년마다 3주 야간에 거행되던 국태민안의 기원축제).
sæcularísmus, -i, m. 비종교주의, 세속주의,
정교분리론(政敎分離論), 교육과 종교의 분리론.
sæcularizátĭo, -ónis, f. 世俗化(㊎ secularizátĭon.
獨 Säkularisation/Säkularisierung/'Verweltlichung),
(교육 따위의) 교회로부터의 분리(分離),
교회재산 몰수(沒收), (수도자.성직자의) 환속(還俗).
['세속화'에 해당하는 서양 용어는 라틴어 명사 'sæculum'에서 유래하는
'secularizatio'이다. 독일어도 '세속화'를 뜻하는 단어로서 'Säkularisation'이외
에도 서로 관련되면서도 의미를 약간 달리하는 'Säkularisierung'이나 'Säkularität'
단어들도 사용된다. 'sæculum'이란 단어는 '세대'(世代)를 뜻하고 여기에서
'인간연령', '세계연령', '시대'나 '세상'이란 의미가 파생한다. 그런데 '세상'이란
의미의 'sæculum'은 공간적 '세계'를 뜻하는 단어 'mundus'(그: κοσμος; 영: world)
와는 달리 창조로부터 시작하여 종말을 향하는 역사현실의 차원을 뜻하고 있어서
그리스어 'αιων'이나 영어 'age'에 해당된다. 'sæculum'에서 유래하여 '시간적'이나
'세상적'이라는 의미의 형용사 'sæcularis'가 파생한다.
심상태 신부, 세속화 현상이란?].
sæcularízo, -ávi, -atum -áre, tr. 세속화하다,
교회 재산을 몰수(국유화)하다,
(성직자.수도자를) 환속(還俗)시키다.
sǽculŭm(=sēclum) -i, n.
[복수 주격 sæcula, 속격 sæculrum, 여격 sæculis, 대격 sæcula, 탈격 sæculis].
종족, 부류(部類), 자손, 후손, 후예(後裔), 혈통(血統),
통치기간, 치세세대, 대, (일)세대(世代), 일생, 생애,
수명, (오랜) 세월, 시대, 세기, (어느) 시대의 사람들,
세속, 속세, 현세, 세상(κòσμος.㊎ Universe/World).
aurea sæcula Saturnia. 태평성대/
De sæculis sæculorum. 무궁한 세계(신국론, p.2786)/
Et in hoc sæculo quis nobis nocebit plenis caritate?
이 세상에서 누가 사랑으로 가득 찬 우리를
해치겠습니까?.(최익철 신부 옮김, 요한 서간 강해, p.397)/
fuga sæculi. 세상의 도피(逃避)/
Homo alterius sæculi. 딴 세상사람/
in sæcula sæculorum. 영구히, 영원히/
in sæculi, in (per ómnia) sǽcula sæculórum.
세세에 영원히, 영원 무궁히/
in sæculum. 세세 대대로(in æternum. 영원토록)/
novus ordo seclorum. 시대의 새 질서/
propagáre sæcla, 자손을 퍼뜨리다/
Quibus sententiis Domini Salvatoris divinum judicium
futurum in fine sæculi declaretur.
구세주의 말씀에는 세상 종말의 최후심판이 어떻게
선언되어 있는가(신국론, p.2820)/
sæcula benedictina. 베네딕도인들의 세기(世紀)/
sæcula erudita. 문명시대(civilisátĭo, -ónis, f. 문명)/
sǽcula sæculórum. 무궁한 세기들, 항상/
Sæculo Exeunte Octavo, 포교(1940.6.13.)/
sæcula pavónum. 공작(새)의 새끼들/
sǽcula erudíta. 문명시대/
scriptórum sæcla priórum. 옛 저술가들/
ut sit in te timor castus, permanens in sæculum sæculi.
그리하여 영원히 이어지는 순수한 두려움이 여러분 안에
머물도록 하십시오.(최익철 신부 옮김, 요한 서간 강해, p.417).
sæculum aureum. 황금시대(黃金時代, ætas aurea.)
sæculum numero.
여러 번(semel atque iterum), 자주(sæpe numero).
sæculum Obscurum. 암흑의 세기
sæpe, adv. 가끔, 누차(累差-여러 차례), 종종(가끔).
Avarítĭa sæpe scelerum fons est.
탐욕(貪慾)이 흔히 범죄들의 원천이 된다/
Ignoscito sæpe alteri, numquam tibi ipsi.
타인은 자주 용서하되 그대 자신은 결코 용서하지 말라/
Objiciuntur sæpe formæ. 가끔 어떤 모습들이 눈에 보인다/
Quod utile est sæpe communicáre.
자주 영성체를 영함은 매우 유익함(준주성범 제4권 3장)/
Silex sæpe occurrébat. (그곳에는) 가끔 바위가 있었다/
verum illud, Chreme, dicunt: "Jus summum sæpe
summast malitia."(성 염 지음, 사랑만이 진리를 깨닫게 한다, p.457)
크레메스, 사람들이 하는 말이 옳고 말구.
최고의 정의란 최고의 해악이야.
sæpe alias, 다른 때에 가끔
Sæpe est etiam sub palliolo sordido sapientia.
누추한 외투 밑에도 종종 지혜가 깃들어 있다
(가난하거나 비천해도…)(성 염 지음, 고전 라틴어, p.74).
**Sæpe fit, ut miles tímidus in prœlio fúgiat, símulac
hostem víderit**. 비겁한 군인은 전투에 있어서 적군을
보자마자 도망하는 일이 가끔 있다.
Sæpe male agimus, et peius excusamus. 자주 우리
는 잘못하고도 핑계하여 악을 더한다.(준주성범 제2권 5장 1).
sæpe numero. 여러 번, 자주(sæculum numero.)
sæpe retrórsa respíciens. 그 여자는 가끔 뒤돌아보면서
**Sæpe Vetus Testamentum "ignem de cælo" memorat,
qui hostias comburebat ab hominibus oblatas**(㊎ The
Old Testament on several occasions speaks of "fire from
heaven" which burnt the oblations presented by men).
구약성서에는 사람들이 봉헌한 제물을 태우던
"하늘의 불"에 대한 이야기가 자주 나옵니다.
sæpenúmĕro, adv. 여러 번, 자주, 가끔가끔
sæpēs, -is, f. 울타리(גָּדֵר), 바자, 둘러막은 곳, 장벽,
울짱(말뚝 따위를 잇달아 박아서 만든 울타리. 사립짝), 양 우리.
in tenebrica sæpe. 어두운 감옥(監獄)에서/
viva sæpes. 생나무 울타리.
sǽpĭa, -æ, f. (魚) 오징어, 오징어의 먹물,
그 먹물로 만든 물감, 필기용 먹물, 잉크.
sæpícŭla, -æ, f. 작은 울타리
sæpícŭle, adv. 좀 가끔, 이따금
sæpīméntum, -i, (**sæpīmén**, -mĭnis,)
n. 울타리(גָּדֵר), 울짱, 담(담장).
sǽpĭo, -psi(-pívi, -ĭi), -ptum, -íre, tr. 방책을 두르다,
울타리로 둘러막다, 보호망을 두르다, 둘러싸다,
가두다, 빠져나가지 못하게 하다, 간직하다, 보존하다,
지키다, 보호하다, 가리다, 감추다, 방해하다, 가로막다.
alqm sæpio custódiā mílitum.
누구 주위에 경비병들을 세워 지키게 하다/
donum custódibus sæpio. 도시를 성벽으로 둘러막다/
Natura oculos membranis tenuissimis vestivit et sæpit.
자연은 눈을 지극히 엷은 막(膜)들로 입히고 감싸주었다.
sǽpĭo urbem muris. 도시를 성벽(城壁)으로 둘러막다
sæpiótĭcum(-on) -i, n. 먹(잉크.검은 색 액), 문서.
atramentum, -i, n. 검은 잉크.
sæpíssĭme, adv., superl. 매우 자주, 퍽 여러 번
sæpíssĭmus, -a, -um, adj., superl. 매우 잦은

S

sǽpĭus, adv. 더 가끔, 더 자주

sæpiúscŭle, adv. 비교적 좀 가끔

sæps, sæpis, f. = sæpes

sǽptĭo, -ónis, f. 울타리(ㄲ)를 두름, 둘러막음, 울타리 내부(內部), 담으로 둘러막은 곳.

sǽptum, -i, n. 울타리, 울짱, 담, 담장, (짐승의) 우리, 닭장, 양어장, (제방의) 수문, 갑문(閘門). (解) 격막(隔膜), 격벽(隔壁).

sǽptum lini. (사냥의) 포위망(包圍網)

sǽptum mediastinale. (解) 종격벽

sǽptum transversum. 횡격막

sǽptum venátĭónis. (둘러막은) 수렵구역

sæptuose, adv. 모호하게

sæptuósus, -a, -um, adj. 모호한, 알아들을 수 없는

sǽta, -æ, f. 짐승의 빳빳한 털, 말총(말의 갈기나 꼬리의 털), 갈기, (돼지, 멧돼지 따위의 빳빳한 털) 강모(剛毛), 사람의 껄껄한 털, 침엽(針葉), (밤송이 따위의) 가시, 낚시 줄, 강모(剛毛)로 만든 솔.붓.

sǽtĭger, -ĕra, -ĕrum, adj. (sæta+gero¹) 강모(剛毛)를 가진, 강모(剛毛)가 나있는. m. 멧돼지.

sætósus, -a, -um, adj. 강모가 많은, 털이 많이 난

sævídĭcus, -a, -um, adj. (sævus+dico²) 노호(怒號)하는, 폭언(暴言)의.

sǽvĭo, -íi -itum -íre, intr. 미쳐 날뛰다, 광란하다, 성나 달려들다, 광포(가혹.잔악.악랄) 하게 행하다, 사납게 굴다, 격노(激怒)하다, 노발대발(怒發大發)하다, 맹위(猛威)를 떨치다, 노호(怒號)하다, 병이 창궐하다, (바람.물결이) 거세게 불다.일다, 용맹(용감)하다, (고통이) 격심해지다, (냄새가) 진동하다, (감정.욕망 따위가) 걷잡을 수 없이 일어나다.
Amor sævit, caritas sævit: sævit quodam modo sine felle, more columbino, non corvino. 사랑은 모질고 애정도 모집니다. 사랑은 까마귀가 아니라 비둘기처럼 독(毒) 없이 모집니다/
Fel columba non habet: tamen rostro et pennis pro nido pugnat, sine amaritudine sævit. 비둘기는 독을 지니고 있지 않습니다. 그럼에도 둥지를 지키기 위하여 부리와 깃털로 싸우고 아프지 않게 쪼아댑니다/
Ne sævi, magna sacerdos! lege has litteras. 위대한 (여)사제여, 성내지 마시오! 이 편지를 읽어보시오/
Primo fuderunt cum sævirent, nunc biberunt cum crederent. 처음에는 그분께 화를 내며 피를 흘리게 했지만, 나중에는 그분을 믿으면서 그 피를 마셨습니다.
(최익철 신부 옮김, 요한 서간 강해. p.87)/
sævi fluctus. 격랑(激浪-거센 물결).

sǽvĭo in se. 자학(자살)하다

Sǽvit in te homo? Ille sævit, tu precare; ille odit, tu miserere. 그대를 괴롭히는 사람이 있습니까? 그는 괴롭히 지만, 그대는 기도하십시오. 그는 미워하지만 그대는 자비를 베푸십시오.(최익철 신부 옮김, 요한 서간 강해. p.373).

sǽvĭtas, -átis, f. 격노(激怒), 노발대발(怒發大發), 노호(怒號-성내어 소리 지름), 혹독(酷毒-정도가 지나치게 심하다), 잔혹(殘酷-잔인하고 혹독함), 맹위(猛威-맹렬한 기세. 맹렬한 위세).

sævítĭa, -æ, f. (=sævíties, -éi; sævitúdo, -dĭnis) 미쳐 날림, 성나 달려 듦, 격노(激怒), 혹독(酷毒), 잔인, 잔혹, 가혹(苛酷), 포학(暴虐), 무자비, 준엄, (바람.물결 따위의) 거셈, 사나움, 맹위(猛威), 맹렬(猛烈), 격렬(激烈), (곡가穀價의) 폭등(暴騰).
canis sævitiem óffulâ redimo. 고깃점으로 개의 사나움을 달래다/
Noli adtendere verba blandientis, et quasi sævitiam obiurgantis; venam inspice, radicem unde procadant quære. 아첨하는 자의 말을 들으며 하지 말고, 꾸짖는 사람의 쓴 소리를 들으십시오. 행동이 나오는 원천을 살피고 뿌리를 찾아보십시오.
(최익철 신부 옮김, 요한 서간 강해. p.451)/
Sed forte corripis? Amor hoc facit, non sævitia. 그대, 혹시 꾸짖고 있습니까? 혹독함이 아니라 사랑이

꾸짖게 하십시오.(최익철 신부 옮김, 요한 서간 강해. p.451).

Sævitia therapeutica(獨 "Over-zealous" treatment). 지나친 치료.

sǽvus, -a, -um, adj. 사나운, 광포한, 몹시 성난, 격노한, 미친 듯이 날뛰는, 포악한, 잔인한, 잔혹한, 가혹한, 악랄한, 무자비한, 준엄한, 호된, 무뚝뚝한, 무서운, 접근할 수 없는, 복받치는, 격렬한, 모진, 험한, 끔찍한, 혹독(酷毒)한, 지독한, 격심한, 맹렬한, 거센, 불길한, 용감한, 용맹한.
Qui sævo imperio regit, timet timentes, metus in auctorem redit.(Seneca). 가혹한 통수권으로 다스리는 사람은 자기를 두려워하는 사람들을 또한 두려워하며, 그 두려움은 (결국 두려움을 만든) 장본인에게 돌아간다/
Quilibet nautarum tranquillo mari gubernare potest ; ubi sæva orta tempestas est ac rapitur vento navis, tum viro et gubernatore opus est.(Livius). 평온한 바다에서야 어느 사공이나 키를 잡을 수 있다. 그렇지만 심한 폭풍이 일고 배가 바람에 나부끼면 그때는 사나이다운 키잡이(vir et gubernator)가 필요하다.
adv. sæve, sævĭter, sævum, 사납게, 거칠게, 모질게, 혹독하게, 포악하게, 잔인(가혹)하게, 준엄하게, 격렬하게, 지독하게.
custódia sæva. 삼엄한 경비(警備).

sævus canis. 맹견(猛犬, Cave canem. 맹견조심)

sága¹ -æ, f. 무당(巫堂), 마녀(魔女), (여자) 뚜쟁이

sága² -æ, f. = sagum, -i, n.

sagácĭtas, -atis, f. 총명(聰明-영리하고 재주가 있음), 영리(怜悧-똑똑하고 눈치가 빠름), 안식(眼識), 혜안(慧眼), 통찰력(通察力), 기민(機敏-동작이 날쌔고 눈치가 빠름), (개의) 후각의 예민(銳敏), (일반적으로) 감각의 예민.

ságána, -æ, f. 무당(巫堂), 점쟁이, 마녀(魔女)

sagárĭus, -a, -um, adj. 소매 없는, (군용) 외투의. f. 외투 제조업. m. 소매 없는 외투상인.제조인.

sagátus, -a, -um, adj. 소매 없는 (군용) 외투를 입은, 투박한 외투천으로 만든.

sǽgax, -ácis, adj. 총명한, 영리한, 현명한, 통찰력 있는, 후각이 예민한, (일반적으로) 감각이 예민한, (관찰력.재치.감정 따위가) 날카로운, 약삭빠른, 기민한.

sagéna, -æ, f. (물고기 잡는) 큰 그물, 어망(魚網), 유혹(誘惑 獨 Temptátĭon), 함정(陷穽.檻穽).

sagína, -æ, f. (살찌우는) 먹이, 모이, 사료(飼料), 식량, 음식, 요리, 진수성찬, 영양물, 자양분, 사육(飼育), 비육(肥育), 비만(肥滿), 비대(肥大), 살찐 짐승.

saginárĭum, -i, n. 비육장(肥育場), 사육장(飼育場)

saginátĭo, -ónis, f. 비육(肥育), 사육(飼育), 살찌움

saginátor, -óris, m. 비육자(肥育者), 살찌우는 사람

saginátus, -a, -um, p.p., a.p. 살찐, 부유해진, 비대해진

sagíno, -ávi, -átum -áre, tr. 살찌우다, 비육(肥育)하다, 배불리 (잘) 먹이다. 비옥하게 하다, 기름지게 하다. pass. 배불리 먹다.

ságĭo, -íre, intr. 냄새를 잘 맡다, 예민하게 감지하다. 직각적(直覺的)으로 알다.

sagítta, -æ, f. 화살, (醫) 란셋, 바소, 피침, 접지의 끝 부분. ((植)) (화살촉 모양의 잎을 가진) 보풀.소귀나무.
attenuáta cacúmine sagítta. 활촉 끝이 닳아버린 화살/
Cervus sagitta vulneratus est. 그 사슴은 화살에 상처를 입었다/
Milites nostri sagittis utentes, impedimentis hostium potiri conabantur. 우리 병사들은 화살을 써서 적병들의 보급품을 장악하려고 시도하였다/
Rex sagittis servorum vulneratus est. 왕은 노예들의 화살에 상처 입었다/
succis lino sagíttas. 화살에 독을 바르다/
virgínea sagítta. Diána 여신(女神)의 화살.

Sagitta, -æ, f. (天) 화살좌(座)

Sagitta ab altera parte recipienda est. (박힌) 화살을 다른 쪽으로 뽑아야 한다.

Sagitta tam celeris erat ut a nobis non videretur. 그 화살은 우리 눈에 보이지 않을 만큼 빨랐다.

S

sagittárĭa, -æ, f. 보풀(소생식물목 택사과의 여러해살이 풀)
sagittaria obtúsa. (植) 쇠귀나물
sagittaria trifólĭa. (植) 벗 풀
sagittárĭus, -a, -um, adj. 화살의, 화살에 관한.
　m. 화살 제조인, 궁수, 화살 쏘는 복병: 경무장병,
　사수좌(射手座), 인마궁(人馬宮).
sagittátor, -óris, m. 궁수(弓手)
sagíttǐfer(-ger) -ěra -ěrum, adj. (sagítta+fero, gero),
　화살을 지닌, 활로 무장한, 활을 잘 쏘는, 궁술이 능한.
　m. 사수좌(射手座), 인마궁(人馬宮).
sagítto, -ávi, -átum -áre, intr., tr. 화살(활)을 쏘다,
　화살로 쏘다.맞히다, 독설(毒舌)로 중상하다.
　sagittátus. 화살 맞은, 화살에 상처 입은.
sagittǐpotens, -éntis, adj. 활을 잘 쏘는
sagma, -átis, n (-æ, f.) 길마, 안장
Sagma, super quo sederit, immundum erit.
　(kai. pa/n evpi,sagma o;nou evfV o] a`n evpibh/| evpV auvto. o`
　gonorruh,j avka,qarton e;stai e[wj e`spe,raj)
　(Auch der Sattel, auf dem er reitet, wird unrein)
　(Any saddle on which the afflicted man rides, is
　unclean) 고름을 흘리는 남자가 타고 다니는 안장은
　모두 부정하게 된다(성경 레위기 15. 9)/고름을 흘리는
　사람이 타고 다니던 것은 다 부정하다(공동번역).
sagmárĭus, -a, -um, adj. 길마의. m. 길마(안장) 제조인,
　길마로 짐 나르는 말(길마나귀.노새).
　n. 길마(짐을 실기 위하여 소의 등에 안장처럼 얹는 도구)에 실은 짐.
sagulátus, -a, -um, adj. 소매 없는 군인 외투를 입은.
　m., pl. 군인들.
ságŭlum, -i, n. 소매 없는 군인외투(사병용.장교용이 있음)
ságum, -i, m. (고대 로마의) 소매 없는 군인용 외투.망토,
　(전투.공격의 표시로서의) 군복, 무장, 전투태세,
　(농부나 빈민 혹은 노예의 허름한) 겉옷(단초로 여밈),
　양털이나 염소 털로 짠 투박한 담요, (덧씌우는) 천막.
Saguntum, -i, n. (Saguntus, Saguntos, -i, f.)
　Hispánia Tarraconénsis의 도시(현 Murviedro).
　[로마에 충성하여 카르타고에 항거하다 함락됨].
　Dum Romæ consulitur, Saguntum expugnatum est.
　로마에서 숙의에 숙의를 거듭하는 동안 사군툼은
　초토화되었다.(Livius). [성 염 지음, 고전 라틴어, p.329].
sagus¹ -a, -um, adj. 예감(예언)하는, 점쟁이의,
　마법(魔法)의, 마술적(魔術的)인.
sagus² -i, m. = ságum
sāl, sălis, m., n. (pl.에서는 m.으로만)
　소금(ἅλς.ἅλας.פ salt.獨 Salz.프 sel), 바닷물, 바다,
　짠맛, 간, 급료(給料), 녹(祿), 보석의 흠, 익살, 재담(才談),
　기지(奇智), 재치(才致- 눈치 빠르고 재빠르게 응하는 재주),
　해학(諧謔), 풍자(諷刺), 약삭빠름, 묘미(妙味), 멋,
　아취(雅趣), 세련미, (욕망.갈증을 유발하는) 자극(刺戟).
　cum sale panis. 소금 곁들인 빵, 조식(粗食)/
　cumpi salis. 창해(滄海-넓고 푸른 바다)/
　delectári sale nigro. 신랄한 풍자를 좋아하다/
　óleam sale inspergo. 올리브에 소금을 뿌리다/
　Accipe sal sapientiæ: propitiatio sit tibi in vitam
　æternam. Amen. 상지의 소금을 받으십시오. 이는
　그대에게 영원한 생명의 유익이 될 것입니다. 아멘.
　　　　　　　　[출처] 라틴•한글 전통유아 성세성사예식서/
　Vos estis sal terræ.(u`mei/j evste to. a[laj th/j gh/j)
　(⑨ You are the salt of the earth)
　너희는 세상의 소금이다(성경 마태 5. 13).
sal fossicius.(fóssilis) 산염(山鹽).석염(石鹽).암염(巖鹽)
sal marinus(marítimus) 해염(海塩)
salácĭtas, -átis, f. 음욕(淫慾), 색정(色情), 음탕(淫蕩),
　호색(好色), 외설(猥褻-성욕을 자극하는 난잡한 행위)
sálăco, -ónis, m. 허세 부리는 사람, 허풍선이
salamándra, -æ, f. 불도마뱀(불 속에서 산다는 괴물)
　불 속에서 사는 요정(妖精-요사스러운 정령精靈. 님프),
　(動) 도룡뇽, 영원(蠑螈-도룡뇽과의 동물)
sălar, -aris, m. 송어(松魚-연어과의 바닷물고기)

salariárĭus, -i, m. 봉급 수령자, 월급쟁이
salarǐum, -i, n. 급료(給料-봉급), 급여(給與-급료),
　(군인들에게 소금 값으로 주던) 급여금, 일당(日當) 벌
　봉급(stips, stipis, f. 적은 봉급), 월급(月給),
　임금(賃金.⑨ Salary/Wage-노임勞貨).
salarium nempe quod vitæ familiæ sufficeret.
　가정의 생활을 위한 충분한 임금.
salárǐus, -a, -um, adj. 소금의, 소금에 관한.
　m. 소금 장수.
sălax, -lácis, adj. 호색적인, 다음(多淫)의,
　성욕이 왕성한, 음욕(淫慾)을 자아내는, 최음성의.
sálěbra, -æ, f. 울퉁불퉁한 곳, 험한 길, 난관(難關)
　곤경(困境), 난처(難處), 난관(難關), 장애(障碍),
　(호흡) 곤란(困難), (문체의) 까다로움, 난삽(難澁).
salebrátim, adv. 고르지 않게, 울퉁불퉁하게,
　(길 따위의) 험난(險難), 험악(險惡).
salebrósus, -a, -um, adj. 울퉁불퉁한, 돌투성이의,
　험한, (문장 따위가) 뒤얽힌, 난삽한.
sales, -um, m., pl. (복수에서는 단수보다 다른 뜻 더 가짐) 익살, 재담
Salesǐánus, -a, -um, adj. (가톨릭 수도회의 하나) 살레시오회의
　m., f. 살레시오 회원. Socíetas Salesiána. 살레시오회.
sálgăma, -órum, n., pl. 담근 것, 오이지(따위)
　(과일.채소 따위를 소금물.식초로) 절인 것.
salgamárǐus, -i, m., pl.
　절인 (과일.채소 따위의) 식료품 장수(제조인).
saliáris¹ e, adj. 춤추는, 무용의
saliáris² e, adj. 호화스러운, 사치스러운
salicétum, -i, n. 버드나무 밭(숲)
salictárǐus, -a, -um, adj. 버드나무의, 버들 숲의
salíctum, -i, n. 버드나무 밭(숲), 버드나무, 버들
salíentes, -ium, m., pl. 분수(噴水), 도수관(導水管).
　aquæ salientis in vitam æternam(⑨ water welling up to
　eternal life) 영원한 생명을 주시는 물/
　fonte aquæ salientis in vitam æternam.
　(⑨ a spring of water welling up to eternal life)
　샘물처럼 솟아올라 영원히 살게 할 그 물.
salifodína, -æ, f. (sal+fódio) 암염(巖鹽) 광산
saligia. 칠죄종(교만 superbia(pride), 인색 avaritia(Covetousness).
　색정 luxuria(Lust), 분노 ira(Anger), 탐식 gula(Gluttony), 질투 invidia(Envy),
　나태 pigritia(Accidie. Acedia. Sloth). 첫 글자들을 따서 saligia라는 말이 생김.
　그 자체가 죄이면서 동시에 '사람이 자기 자신의 뜻에 따라 지은 모든 죄'
　peccatum proprium의 근원이 되는 일곱 가지 죄. 백민관 신부, 백과사전 3. p.416).
sălǐi, "sálǐo"의 단순과거(pf.=perfectum)
salíllum, -i, n. 작은 소금그릇
salínæ, -árum, n., pl. 염전(鹽田), 제염소(製塩所)
salinárǐus, -a, -um, adj. 염전의, 제염의, 소금의
salinátor, -óris, m. 소금 장수, 소금 생산자
salínum, -i, n. 소금 그릇, 소금 단지
salínus, -a, -um, adj. 소금의
sálǐo¹ -íi, salítum(salsum), salíre, tr.
　소금 치다, 소금에 절이다, 짜게 하다.
sálǐo² -lúi(-lǐi, -lívi). saltum, salíre, intr. (깡충) 뛰다,
　도약(跳躍)하다, 튐뛰다, 뛰어오르다(내리다), 뛰어들다.
　뛰어넘다, 건너뛰다, (병아리가 껍질을) 깨고 나오다.
　(초목이 땅을) 뚫고 나오다, (물이) 솟아오르다.
　분출하다, 흘러나오다, (맥박.심장이) 뛰다, 두근거리다.
　tr. (동물의 수컷이) 흘레하다, 교미(交尾)하다.
salitǐo, -ónis, f. 말에 뛰어 올라탐, 곡마(曲馬)
salitum, "sálǐo¹"의 목적분사(sup.=supínum)
salitúra, -æ, f. 소금에 절임
saliúnca, -æ, f. (植) 야생 감송향
salíva, -æ, f. 침(針), 타액(唾液-침), 점액(粘液),
　느지렁이(끈끈하고 는질거리는 액체), 맛, 풍미(風味), 욕망, 갈망.
　arcánæ salívæ. 마법의 침, 사랑의 묘약/
　unā salívā. 단숨에, 단김에.
salívans, -ántis, n., pl. (藥) 타액 분비 촉진제
salivárǐus, -a, -um, adj. 침의, 점액의, 느지렁이의.
　n. 입 속에 들어있는 재갈.
salivátǐo, -ónis, f. 침을 흘림

salivátum, -i, n. (獸醫) 가축의 침 흘리는 병, 식육회복약

sălivi, "sálĭo²"의 단순과거(pf.=perfectum)

salívo, -átum -áre, tr. 침을 흘리다, 점액을 분비하다,
(약재로) 침을 분비하게 하다.

salivósus, -a, -um, adj.
침이 가득한, 침이 질질 흐르는, 끈적끈적한.

sălix, -lícis, f. (植) salix (koreénsis) 버드나무
salix babylónica. 수양버들

Salmácĭdes, -æ, m. (사내답지 못하고) 유약(나약)한

salmácĭdus, -a, -um, adj. (sálgama+ácidus, Sálmacis)
짭짤하고 신, 소금기 있는, (여자처럼) 나약한, 여성적인.

salméntum, -i(=salsaméntum), n.
소금에 절인 물고기, 자반(물고기를 소금에 절인 반찬).

salmo, -ónis, m. (魚) 연어

salo(=sallo), salsum, -ĕre, tr. = salío

Sálŏmon, -ónis, m. 솔로몬 왕(다윗의 아들).
Odæ Salomónis. 솔로몬의 송가/
Psalmi Salomonis. 솔로몬의 시편(詩篇)/
Testamentum Salomonis. 솔로몬의 언약/
An promissæ pacis veritas illis temporibus possit
ascribi, quæ sub Salomone fluxerunt. 솔로몬 치하의
하느님의 평화 언약이 지난 세월에 그대로 적용될까.
(교부문헌 총서 17, 신국론, p.2806).

Salomon quippe pacificus est Latine. 솔로몬은
라틴어로 '파치피쿠스(평화로운 사람)'를 의미한다.
(교부문헌 총서 16, 신국론, p.1869).

sălor, -óris, m. (sal) 바다의 청록색

salpa, -æ, f. (魚) 대구(의 일종)

salpi(n)cta(=salpísta) -æ, m. 나팔수

salpingítis, -tidis, f. (醫) 나팔관염, 난관염(卵管炎),
이관염(耳管炎), 구씨관염(歐氏管炎).

salpinx, -píngis, f. 나팔, (解) 난관(卵管.수란관輸卵管),
나팔관(난자를 자궁으로 보내는 나팔 모양의 관), 구씨관(歐氏管).

salpúga, -æ, f. (蟲) 독개미(의 일종)

salsámen, -minis, n. 절인 물고기, 자반(소금에 절인 생선)

salsamentárĭus, -a, -um, adj. 소금에 절이는,
m. 자반 만드는 사람, 자반 장수(negotians salsárĭus).

salsaméntum, -i, n. 소금(물)에 절인 물고기, 자반,
(생선 따위를 절이는) 소금물.

salsárĭus, -a, -um, adj. 자반의. n. 자반 담는 그릇.
negótians salsárĭus. 자반장수.

salsátĭo, -ónis, f. 소금절이

salse, adv. 짜게, 재미있게, 영리하게, 재치 있게

salsédo, -dĭnis, f. 짠맛

salsilágo, -gĭnis, f. 염분(鹽分), 짭짤한 맛

sálsĭtas, -atis, f. 짠맛, 염분(鹽分), 신랄(辛辣), 풍자(諷刺)

salsitúdo, -dĭnis, f. 짠맛

salsúgo, -gĭnis, f. 염분(鹽分), 수금물.
소금쩍(어떤 물건에 소금기가 배거나 내솟아 허옇게 엉긴 것).
terra salsúginis. 염분 많은 불모지.

salsum, "sálĭo¹"의 목적분사(sup.=supínum)

salsúra, -æ, f. 소금절이, 소금에 절임, 자반,
소금에 절인 (돼지) 고기, 불쾌함, 풍자(諷刺).

salsus, -a, -um, p.p., a.p. 소금 친, 소금에 절인, 짠,
소금기 있는, (눈물.땀.피 따위가) 찝찔한, 기분 좋은,
재미있는, 재치 있는, 익살맞은, 웃음을 자아내는,
농담 좋아하는, 풍자적인, 해학적인, 신랄한.
n. 자반, n., pl. 농담, 익살. mare Salsissimum. 사해(死海).

saltabúndus, -a, -um, adj. 춤추는, 작약 하는

saltátim, adv. 깡충깡충 뛰면서

saltátĭo, -ónis, f. (기기.ⓒ) Dance.獨 Tanz
춤(-몸으로 이루어지는 표현 예술), 무용, 무도(舞蹈-춤을 춤), 무언극.

saltátor, -óris, m. 춤추는 사람, 무용가, 무희, 무언극 배우

saltatórĭus, -a, -um, adj. 춤의, 춤추는, 무용(舞踊)의,
도약하는, 도약하기에 알맞은, 약진하는, 격변하는.
in ludum saltatórium. 무도회장으로.

saltatrícŭla, -æ, f. 작은 무희, 춤추는 여자

saltatrix, -ícis, f. 무희, 춤추는 여자

---

saltátus, -us, m. 춤(기기), 무용(舞踊), 무도(舞蹈-춤을 춤)

saltem(=saltim), adv. 적어도(ad minimum), 최소한,
하다못해, (non, neque 따위의 부정사와 함께) 조차도 아니.
Erĭpe mihi hunc dolórem, aut mínue saltem. 이 고통
을 내게서 제거해주든지 아니면 적어도 덜어다오/
Nec mihi statúta saltem cibária præstabántur.
내게는 정해진 식량조차 공급되지 않고 있었다.

sáltĭcus, -a, -um, adj. 춤추는

saltim, adv. = 1. saltem, 2. [saltus¹] 팔짝 뛰어서

sáltĭto, -áre, intr., freq. 덩실덩실 춤추다

salto, -ávi, -átum -áre, freq., intr.
춤추다, 무용하다, 몸짓.손짓(무언극)으로 표현하다,
(말이나 글에서) 짤막짤막 잘린 구절들로 이어가다.
tr. (춤을) 추다, 춤으로 표현하다,
무언극(몸짓.손짓)으로나 나타내다.
Nemo fero saltat sóbrius, nisi forte insánit.
혹시라도 정신 이상에 걸리지 않고서는 멀쩡한
사람으로서 춤추는 사람은 거의 없다.
(로마인들은 춤을 예의에 어긋나는 것으로 생각했다)/
saltatiónem salto. 춤을 추다/
tragœdiam salto. 비극을 무언극으로 상연하다.

saltuárĭus, -i, m. 삼림간수, 토지 관리인(土地 管理人)

saltuátim, adv. 껑충껑충 뛰어가며, (글 따위를) 산만하게

sáltum, "sálĭo²"의 목적분사(sup.=supínum)

saltuósus, -a, -um, adj. 숲이 많은, 나무가 우거진

saltus¹ -us, m. 뜀, 뛰어오름(내림), 도약(跳躍)
비약(飛躍), 뜀뛰기, 넓이 뛰기, (심장이) 뜀, 고동,
춤, 무용(음악에 맞추어 몸을 움직여 감정과 의지를 나타내는 예술).
Natura non facit saltum. 자연은 비약하지 않는다/
per saltum. 도약 서품, 한 계급 건너 뛴 서품.

saltus² -us, m. 삼림지대, 밀림지대(profundæ silvæ)
삼림(森林), 밀림(密林), 숲, 숲속의 목초지,
소유지, 소유림, 산협(山峽), 협곡(峽谷-좁고 험한 골짜기).
pl. 여자의 음부(陰部-남녀의 생식기가 있는 곳).

saluber, -bris -bre, (=salubris, -e,) adj. 건강에 좋은,
몸에 이로운, 위생적인, 이로운, 유익한, 유리(有利)한,
효과적인, 건강한, 건전한, 힘 있는, 강한, 건장한.
adv. salubríter, 건강에 좋게, 이롭게, 유리하게, 헐값으로.
salúbre pretium. 헐값, 싼값(vílitas, -atis, f.)/
Salubris severitas vincit inanem speciem clementiæ.
건전한 엄격이 자비의 허황한 모양을 능가 한다/
Siciliæ cœlum salubre est. 시실리아의 하늘은 건강에 좋다.

saluberrimus, -a, -um, adj. saluber, -bris -bre의 최상급

salubrior, -or, -us, adj. saluber, -bris -bre의 비교급

salúbritas, -atis, f. 건강에 좋음, 위생적(衛生的) 상태,
위생 보건, 건전함, 순수성(純粹性), 유리(有利),
건강(健康.ⓒ Health/physical), 건장(健壯-몸이 크고 굳셈).

sălui, "sálĭo²"의 단순과거(pf.=perfectum)

sălum, -i, n. 깊은 바다, 창해(滄海-大海),
(바다의) 파동, (배의) 옆질, 바다빛, 세파(世波)
고해(苦海), 고생, (생각의) 착잡(錯雜), 불안.

sălus, -útis, f. 건강(健康.ⓒ Health/physical),
안녕, 평안(εἰρήνη), 탈 없음, 무고, 무사, 안전(משׁל),
살아남음, 생존, 생명, 다행, 복지(福祉), 복리, 도움,
유익, 구원(救援.σωτηρία.ⓒ salvátĭon) 구령(救靈)
구조(救助), 구출(救出), 살길, 구제(救濟), 인사,
문안(問安), 안부(安否-편안히 잘 있는지를 물음), 고별인사.
bona salúte. (신의 가호로) 다행히도/
Estne salus in Ecclesia? 교회 안에 구원이 있는가.
Extra Ecclesiam nulla salus(Cyprianus 200~258년)
교회 밖에는 아무런 구원도 없다/
Estne salus in Ecclesia sine Christo?
그리스도 없는 교회에 구원이 있는가?/
Gratuitas salutis.(ⓒ Gratuitousness of salvátĭon)
구원의 무상성/
historia salutis. 구원역사(救援歷史)/
Homines enim ad deos nulla re proprius accedunt quam
salutem hominibus dando.(Cicero).

사람들에게 안녕을 제공하는 것보다도 인간들이 신에게 더 가까이 가는 길이 없다/
in extrémā spe salútis. 구원의 희망이 없는 상태에서/
impertio *alqm* salúte.
누구에게 건강을 빌어주다, 인사하다, 경의를 표하다/
Impértit tibi multam salútem. 그가 네게 많이 문안한다/
meum stúdium erga salútem et incolumitátem tuam.
너를 안전하고 무사하게 하려는 나의 노력/
Modo enim salus nostra in spe, nondum in re: non enim tenemus iam quod promissum est, sed venturum speramus. 지금 우리 구원은 희망 속에 있고 아직 실재 속에 있지 않습니다. 우리는 이미 약속된 바를 지금 지니고 있지는 못하지만, 장차 이루어질 것을 희망합니다.
(최익철 신부 옮김, 요한 서간 강해, p.193)/
Non est salus periclitánda rei públicæ.
국가 안녕을 위태롭게 해서는 안 된다(periclĭtor 참조)/
Nostra vita salutaris 건강을 돌보는 삶/
propter nostram salutem. 우리 구원을 위한/
propter revelationem sui ipsius nobis.
우리에게 당신 자신을 계시(啓示)하기 위하여
Quid sit in fundamento habere Christum et quibus spondeatur salus per ignis usturam.
그리스도를 기초로 함과 불의 시련을 거쳐 구원이 보장됨이란 무슨 뜻인가.(교부문헌 총서 17, 신국론, p.2826)/
rátio expediéndæ salútis. 살 길을 모색하는 방법/
salútem (dícere) alci. (편지 따위의 첫머리에)
누구에게 안부를 묻다, 인사를 드리다/
salúte hóriæ. 고기잡이배가 무사히/
salúte nostrā. 우리는 안전하게/
salúti esse *alci*. 아무에게 이롭다/
universale salutis sacramentum. 구원의 보편적 성사.
salus ægroti. 환자(患者)의 건강
salus animarum. 영혼의 구원(靈魂 救援)
Salus animarum suprema lex (esto).
영혼 구원이 최상의 법이다.
최상의 법은 영혼들의 구원(救援)이다.
[이 명문은 키케로가 자신의 책 '법률론(De legibus)'에서 한 법언 "국민의 안녕이 최상의 법이다(Salus populi supreama lex esto)"를 가톨릭 교회가 한 단어만 바꾸어 차용한 조문이다.
([영] In causis translationis applicentur præscripta canonis 1747, servata æquitate canonica et præ oculis habita salute animarum, quæ in Ecclesia suprema semper lex esse debet. 전임의 경우에도 제1747조의 규정이 적용되어야 하고, 아울러 교회법적 공평을 지키며 영혼들의 구원을 명심하여야 한다. 이것이 교회에서 항상 최상의 법이어야 한다.(교회법 제1752조)
[獨] Bei Versetzungssachen sind die Vorschriften des [link] can. 1747 anzuwenden, unter Wahrung der kanonischen Billigkeit und das Heil der Seelen vor Augen, das in der Kirche immer das oberste Gesetz sein muß. Can. 1752).]
salus carnis. 육신구원(肉身救援)
Salus extra ecclesiam non est.(Cyprianus 편지, 73,21,2)
([영] Outside the Church no salvātĭon)
교회 밖에서는 구원이 없다(Cyprianus 200~258년).
Salus Infirmorum. 병자의 나음
Salus nulla est, nisi in societate.
하느님과 친교를 나누지 않고서는 구원이란 없습니다.
salus populi. 백성의 안녕, 국민의 안전, 신자들의 구원
Salus populi est suprema lex.(국민의 안녕이 최고의 법률)
백성의 구원(救援)이 최상의 법이다.
Salus populi romani. 로마인들의 구원
Salus populi suprema est lex.
국민의 안녕이 최고의 법이다,
국민의 행복이 최고의 법이 되어야 한다(Missouri주 표어).
salus publica. 공공복지(公共福祉)
salus quam cupiebam. 내가 욕심내던 건강
Salus rei publicæ suprema lex esto.
국가의 안녕이 최고의 법이다.
salus reipublicæ. 공공의 안녕(Johann Gerhard)
Salus stat in armis. 전쟁에 구원(救援)이 달려있다.
salus tua ego sum([영] I am your salvation)
나는 너의 구원이다(시편 35, 3).
Salutant te filii sororis tuæ Electæ.
(VAspa,zetai, se ta. te,kna th/j avdelfh/j sou th/j evklekth/j)
([獨] Es grüßen dich die Kinder deiner Schwester, der Auserwählten) ([영] The children of your chosen sister send you greetings) 선택받은 그대 자매의 자녀들이 그대에게 안부를 전합니다(성경)/선택을 받은 당신의 언니의 자녀들이 당신에게 문안합니다(공동번역Ⅱ요한 1, 13)/선택받은 당신 언니의 자녀들이 당신에게 문안합니다(200주년 신약).
Salutant vos omnes ecclesiæ Christi.(로마 16, 16)
(avspa,zontai u`ma/j ai` evkklhsi,ai pa/sai tou/ Cristou/)
([獨] Es grüßen euch alle Gemeinden Christi)
([영] All the churches of Christ greet you)
그리스도의 모든 교회가 여러분에게 안부를 전합니다(성경),
그리스도의 모든 교회가 여러분에게 문안합니다(공동번역),
그리스도의 모든 교회가 여러분에게 문안합니다(200주년기념).
salutáris, -e, adj. 몸에 좋은, 건강에 이로운,
(약초 따위가) 효험이 있는, 효능이 있는, 살려주는,
(병을) 고쳐주는(예방하는), 생명(구원)을 주는, 유익한,
안녕(안전.무사함.다행)을 가져다주는, 이로운,
구령(救靈)에 도움 되는, 남에게 잘해주는, 격려적인.
m. 구세주, 구원자. n. 구원(救援). n., pl. 건강, 다행.
dígitus salutaris. 집게(둘째) 손가락/
lítteræ salutáres. 소생의 희망을 가지게 해주는 격려 편지/
líttera salutaris. 살려주는 글자
(즉 A =Absólvo "나는 사면한다"라는 법관의 판결 약자)/
Dómine, misericórdiam tuam et salutáre tuum da nobis.
([영] O Lord, your mercy. And grant us your salvation)
주님 저희에게 자비를 베푸소서.
또한 저희를 구원하여 주소서.
[명사적 용법 중성 단수 주격 salutare, 속격 salutaris, 여격 salutari, 대격 salutare, 탈격 salutari]/
salutária bíbere. 건강.행복을 빌며 건배하다.
salutaris ars. 의술(醫術)
Salutate Ampliatum dilectissimum mihi in Domino.
내가 주님 안에서 사랑하는
암플리아도에게 문안해 주시오.
Salutate Apellen probum in Christo. 그리스도 안에서 시련을 이겨낸 아벨레에게 문안해 주시오.
Salutate Ephænetum dilectum mihi.
나의 친애하는 에베네도에게 문안해 주시오.
Salutate fratres omnes in osculo sancto.
모든 형제들에게 거룩한 입맞춤으로 인사드리시오.
(200주년 신약Ⅰ데살로니카 5, 26).
Salutate invicem in osculo sancto.(로마 16, 16)
(avspa,sasqe avllh,louj evn filh,mati a`gi,w)
([獨] Grüßt euch untereinander mit dem heiligen Kuß)
([영] Greet one another with a holy kiss)(로마 16, 16)
거룩한 입맞춤으로 서로 인사하십시오(성경.공동.200주년).
Salutate Mariam, quæ multum laboravit in vobis.
여러분을 위하여 수고를 많이 한 마리아에게 문안해 주시오.
salutátĭo, -ónis, f. ([영] Greeting.[獨] Begrüßung)
인사(人事), 경례(敬禮), 절, 안부(安否), 문안(問安),
인사 행위([영] Greeting.[獨] Gruß),
(인사차 하는) 방문, 예방, 알현(謁見).
accéptā ac rédditā salutatióne. 서로 인사를 나누고 나서/
ubi salutátĭo defluxit, 손님들이 물러가자.
salutátĭo altaris. 제대 인사(祭臺人事)
salutátĭo angélica. 천사의 인사, 성모송(Ave Maria로 시작)
Salutátĭo Beatæ Mariæ Virgins.
복되신 동정 마리아께 드리신 인사.
salutátĭo populi congregati. 교우 인사
Salutátĭo Virtutum. 덕행들에게 바치는 인사
salutátor, -óris, m. (**salutatrix**, -icis, f.)
인사하는 사람, 예방객, 알현자(謁見者)
(청탁을 목적으로) 찾아와 인사하는 사람.
salutatórĭus, -a, -um, adj. 인사의, 예방객의.
n. 응접실, ((가, 古)) (인사하는 방이라는 뜻에서) 제의실.
[armarium/ gazophylacium/ paratorium/ sacrarium/ sacretarium/ sacristaria/ sacristia/ salutatorium/ vestiarium/ [영] Sacristy/ 그리스어 diakonikon/ 시리아어 Prothesis. 백민관 신부 엮음, 백과사전 3, p.392].
salutatórĭus casus. (文法) 호격(呼格)
salute horiæ. 고기잡이배가 무사히

S

salutem dicit(略.S.D.) 인사(문안) 한다

Salutem plurimam dicit. 충심으로 문안드립니다(略 S.P.D.).

salútem pópuli auguro. 백성의 안녕에 대해서 점치다

salutifera passio. 구원의 수난(受難)(전례와 생활. p.216)

salútifer, -ěra, -ěrum, adj. (salus+fero)
건강(다행.복.구원)을 가져오는, 약효(藥效)가 있는,
유익한, 인사를 전하는, 문안(問安) 하는.
herbæ salutíferæ. 약초(藥草).

salutificátor, -óris, m. 구세주(救世主)

salútiger, -ěra, -ěrum, adj. (salus+gero¹)
건강(다행.안녕)을 가져오는, 안부 전하는,
문안(인사) 하는, m. 안부전하는 직책을 맡은 사환.

salutiger libéllus. 문안편지(問安便紙)

salutigérǔlus, -a, -um, adj. (salus+gérulus)
인사를 전달하는, 안부 전하는 사환의.

salúto, -ávi, -átum -áre, tr. 인사하다, 문안하다,
무사히 보존하다, 경례(敬禮)하다, 경의(敬意)를 표하다,
…로 받들어 모시다, …라고 부르며 인사하다,
(특히 부하.피보호인 등이) 인사차 방문하다, 예방하다,
알현하다, (신에게) 경배하다, 기도하다, 작별인사를 하다.
alqm imperatórem saluto.
아무를 총사령관으로 받들어 모시다/
Cur ego poéta salútor?
왜 내가 시인이라는 이름으로 인사를 받는단 말인가?/
Dionýsius te salútat. Dionýsius가 네게 문안 한다/
ex magná desperatióne tandem salúti rédditus.
큰 실망 속에서 마침내 무사히 구원된/
invicem salutare. 상호간에 인사하다, 서로 인사하다/
Salutare tuum exspectabo, Domine!
(th.n swthri,an perime,nw kuri,ou) (獨 HERR, ich warte auf
dein Heil!) (`hw")hy> ytiyWIqi ^t.['Wvyli ←읽기)
(쭁 I long for your deliverance, O LORD!)
주님, 제가 당신의 구원을 기다립니다(성경 창세 49. 18)/
야훼여, 나 당신의 구원을 기다립니다(공동번역).

saluto plebem.
(선거운동으로) 서민들을 찾아다니며 인사하다.

Salva igitur proprietate utriusque naturæ et in
unam cœunte personam. 두 본성은 각각 제 고유성을
간직한 채 한 위격 안에서 일치를 이루었다.(DS 293).

Salva res est. 그거 잘됐다(일, 형편이).

salva reverentiá. 대단히 외람된 말씀이오나
(사람에 대한이나 반대 따위의 실례를 무릅쓸 경우의 양해 요청).

salva virginitate. 처녀성을 상실하지 않고

salváto, 원형 salvo, -ávi, -átum -áre, tr.
[직설법 미래. 단수 1인칭 salvabo, 2인칭 salvabis, 3인칭 salvabit.
복수 1인칭 salvabimus, 2인칭 salvabitis, 3인칭 salvabunt].

Salvábo te, nóli timére,
égo enim sum Dóminus Déus túus,
Sánctus Israël, Redémptor túus.
내가 너를 구원하리라. 두려워 말라. 나는 너의 주 하느님,
이스라엘의 거룩하신 분. 너의 구세주다.
[황히친 신부 지음. 미사통상문을 위한 라틴어, p.469].

salvaméntum, -i, n. 구원(σωτηρία.쭁 salvátion.獨 Heil),
구제(救濟-어려운 처지에 있는 사람을 도와줌).

salvátio, -ónis* f. 구원(σωτηρία.쭁 salvátion.獨 Heil),
구령(救靈), 구세, 구제(救濟), 구조(救助), 구출(救出).
typus salvátiónis. 구원의 전형.

Salvátor, -óris* m. 구조자(救助者), 구출자(救出者),
구원자(救援者), 구세주(예수).
De confessione Divinitatis Jesu Christi Savatoris nostri.
구세주의 천주성에 대한 고백에 대하여/
De Ortu beatæ Mariæ et Infantia salvatoris.
성모 마리아의 출생과 구세주의 유년 시기/
Hoc enim agit salvátor, ut isdem vestigiis quibus
admissa fuerant delicta purgentur. 구세주는 인류가
범한 죄악의 흔적(痕迹)을 씻으시기 위해 이를 행하셨다/
Jesus Hominum Salvátor. 인류의 구세주 예수(略 I.H.S.).

Salvátor Noster. '우리의 구세주'(교황 Sixtus 4세의 대칙서.
1476년 8월 3일 성인들의 성당에 내린 대사령. 이 대사령은 죽은 이들을 위한
전대사를 내린 첫 사례이다. 백민관 신부 엮음. 백과사전 3. p.418).

Salvátor Rex. 임금이신 구원자(救援者)

salvátor salvandus. 구원이 필요한 구세주(救世主)

salvátor salvátus. 구원받은 구세주(救世主)

Salvator unicus, Iesus Christus.(쭁 Christ Jesus, the
one Saviour) 예수 그리스도, 유일한 구세주.

salvatrix, -ícis, f. 구조하는 여성

salve¹ adv. 건강하게, 무사히, 탈 없이,
별고 없이, 잘(καλώς).
Quam salve agit Démeas? Démeas가 어떻게 지내느냐?/
Satin salve?(Satísne agis-ágitis, ágitur)
별고 없느냐?, 잘 지내느냐?.

salve², pl. salvéte, imper. 안녕(들) 하십니까? 문안드립니다.
(Avete, Salvete! 만날 때, 헤어질 때 모두 사용/Valete!는 헤어질 때 주로 사용).

Salve divina parens. 하느님의 어머니
(플랑드르 출신의 Obrecht. Jacob 신부지음. 4성부 미사곡).

Salve et vale. 영원토록 고이 잠드소서.

Salve, vera Jovis proles!
여, 유피테르의 자손, 안녕하신가?
[Vale, valete, valeto(동사 valeo의 명령형) 편지를 맺거나 작별하는 인사로
쓰인다. 성 염 지음. 고전 라틴어. p.343].

Salve Regina. 여왕이시여!,
Sálve, Regína, máter misericórdiæ, vita, dulcédo, et spes nóstra, sálve.
Ad te clamámus éxsules fílii Hévæ.
Ad te suspirámus, geméntes et fléntes in hac lacrimárum válle.
Eia, ergo, advocáta nóstra, illos túos misericórdes óculos ad nos convérte.
Et Iésum, benedíctum frúctum véntris túi, nóbis post hoc exsílium osténde.
O clémens, O pía, O dúlcis Virgo María. Amen.
V. Ora pro nobis, sancta Dei Genetrix.
R. Ut digni efficiámur promissiónibus Christi.
Oremus Omnipotens sempiterne Deus, qui gloriosæ Virginis Matris Mariæ
corpus et animam, ut dignum Filii tui habitaculum effici mereretur,
Spiritu Sancto cooperante, præparasti: da, ut cuius commemoratione lætamur;
eius pia intercessione, ab instantibus malis, et a morte perpetua liberemur.
Per eundem Christum Dominum nostrum. Amen.
여왕이시며 사랑에 넘친 어머니, 우리의 생명, 기쁨, 희망이시며,
당신 은혜의 하와의 그 자손들이
눈물을 흘리며 애원하나이다. 슬픔의 골짜기에서
우리의 보호자 성모여, 불쌍한 우리 인자로운 눈으로 굽어보소서.
귀양살이 끝날 그때 당신의 아드님, 우리 주 예수를 뵙게 하소서.
너그러우시고, 자애로우시며, 오 아름다우신 동정 마리아. 아멘.
HAIL holy Queen, Mother of mercy, our life, our sweetness, and our hope.
To thee do we cry, poor banished children of Eve.
To thee do we send up our sighs,
mourning and weeping in this valley of tears.
Turn then, most gracious Advocate, thine eyes of mercy toward us.
And after this our exile show unto us the blessed fruit of thy womb, Jesus.
O clement, O loving, O sweet Virgin Mary. Amen.
V. Pray for us, O Holy Mother of God.
R. That we may be made worthy of the promises of Christ.
Let us pray Almighty, everlasting God, who by the cooperation of the Holy
Spirit, didst prepare the body and soul of the glorious Virgin-Mother Mary to
become a worthy dwelling for Thy Son: grant that we who rejoice in her
commemoration may, by her loving intercession, be delivered from present
evils and from the everlasting death. Amen.

Sálve, Regina, Máter misericórdiæ.
하례하나이다, 자애로운 어머니시여!

Salve, sancta Parens, enixa puerpera Regem:
qui cælum terramque regit in sæcula sæculorum.
성모님께 하례하나이다. 당신께서는 천상천하를
세세에 영원히 다스리시는 임금을 낳으셨나이다.

sálvěo, -ére, def., intr. 잘 있다, 안녕하다, 무사하다,
Dionýsium velium salvére júbeas.
Dionýsius에게 안부 전해주시오/
Jubémus te salvébis, mater. "Salvéte, puéllæ"
어머니, 저희가 문안드립니다.
오냐, (소녀들아) … 너희도 잘들 있느냐?/
Salve et vale. 영원히 고이 잠드소서(죽은 사람에게)/
Salve, Regína. (마리아 찬미 기도를 바칠 때)
(자비의 어머니) 모후시여, 하례 하나이다/
Salvébis a meo Ciceróne.
나의 Cícero로부터 네게 안부 전한다.

salvetur mundus per ipsum(쭁 that the world might be
saved through him) 이 세상을 구원하기 위하여.

salvia, -æ, f. (植) 샐비어(꿀 풀과의 일년초)

salvia officinalis. (약용 및 요리 향료로 쓰이는) 샐비어

salvia splendens. 관상용 샐비어

salvificátio, -ónis. f. 구제(救濟-어려운 처지에 있는 사람을 도와줌),
구원(救援.σωτηρία.쭁 salvátion).

Salvifici doloris, 구원에 이르는 고통(苦痛),
인간 고통의 그리스도교적 의미(1984.2.11. 교서).
[1983년 전 세계의 교회에 특별히 반포된 '구원의 성년'을 기념하며 작성, 발표
된 교황 교서이다. 여기에는 인간 고통의 그리스도교적 의미에 대한 진지한
신학적 성찰이 담겨있다. 이는 오늘날 여러 가지 차원에서 발생하는 인간
고통의 의미를 묻는 심각한 질문에 대한 요한 바오로 2세의 답변이다.
가톨릭신문 2014.1.12일자, 박준양 신부].

salvífico, -áre, tr. (salvus+fácio) 구해주다, 구원하다
salvíficus, -a, -um, adj. 구해주는, 구원을 가져다주는.
historia salvifica. 구원역사(救援歷史)/
opera salvifica Christi. 그리스도의 구원 업적.

salvo, -ávi, -átum -áre, tr. (병자를) 낫게 하다,
(병자를) 쾌유시키다, 무사히(고스란히) 보존하다,
살아남게(건재하게) 하다, 구(救)하다(תֹשַׁע),
구조(구출)하다, 구원하다(סוֹצֵ,טַפֵּ,דַכֹ,נ).
Domine, pauci sunt, qui salvantur?
(Lord, will only a few people be saved?)
주님, 구원받을 사람은 적습니까?(성경 루카 13, 23)/
Salvemur ab ipso, ambulemus per ipsum.
우리는 그분으로 말미암아 구원받고, 그분을 통해서
걸어갑시다.(최익철 신부 옮김. 요한 서간 강해, p.429).

Salvórum apostoli, 성 치릴로와 메토디오 1,100주년(1985.6.2.)

salvus, -a, -um, adj. 잘 있는, 탈 없는, 성한, 건강한,
무사한, 안전한, 건재 하는, 살아있는, 멀쩡하게 나은,
쾌유된, 온전한, 고스란한, 손상(損傷)되지 않은,
구원(救援)된, 무사히 보존된, 효력(效力)을 않은,
계속 성한, 구조된, 구제된, 제외하고,
Ego vos salvos sistam. 내가 너희를 안전하게 해 주겠다/
Meo beneficio cives salvi fuerunt.
내 덕택으로 시민들이 구원되었다/
Nolo salvus esse sine vobis.
여러분이 없다면 나는 구원을 받고 싶지도 않다/
Salva res est. 그거(일.형편이) 잘됐다/
salvā virginitáte. 처녀성(處女性)을 상실하지 않고/
salvis rebus. 나라 사정이 좋던 때에/
salvum signum est. 봉인(封印)이 그대로 있다.

Salvus sis.(=salve) 안녕하십니까?(ăve, imper.)
Salvus sum, si hæc vera sunt.
이게 사실이라면 난 살았다.

**Salvusconductus datus protestantibus Germanis a
sacra synodo Tridentina**. 거룩한 트리엔트 공의회가
독일 프로테스탄트에게 부여한 안전 통행증.

**Salvusconductus datus Germanis in generali
congregatione die 4 martii 1562**. 1562년 3월 4일
총회에서 독일인들에게 부여된 안전 통행증.
Extensio ejusdem salviconductus ad alias nationes.
다른 국가들에 대한 안전 통행증의 확대.

Salvusconductus datus protestantibus Germanis.
독일 프로테스탄트에게 주어진 안전 통행증.

samara(=samera) -æ, f. (植) 느릅나무 열매, 시과(翅果)
samárdācus, -i, f. 협잡꾼, 사기꾼, 야바위꾼
samaría, -æ, f. 사마리아(Σαμαρίεα.㉗ samaria)
samarita(-tes) -æ, m. 사마리아인(Σαμαριταις)
bonus Samaritánus. 착한 사마리아 사람.
samarítīda, -æ, f. 사마리아 여자
samaritanus, -i, m. 사마리아인(Σαμαριταις)
sambuca, -æ, f. 수금(竪琴) 비슷한 삼각형의 현악기,
sambúca 여자 연주자(女子 演奏者),
적군의 성벽에 오르기 위해 걸쳐놓은 사다리.
sambúcĕus, -a, -um, adj. 딱총나무의
sambucina(sambucístrīa) -æ, f. sambúca 타는 여자
sambúcus¹-i, m. sambúca 연주자
sambucus²-i, f. (植) 딱총나무, 말 오줌나무
sámĕra, -æ, f. = sámara
samiárīus, -i, (samiátor, -óris,) m.
(무기.연장을 벼리어 Samos 숫돌로 가는) 연마공(研磨工).
sámĭo, -ávi, -átum -áre, tr. 연마(研磨)하다,
(Samos 섬에서 나는 숫돌로) 갈다.
sampsa, -æ, f. 올리브 열매의 살

sampsúchum, -i, n. (=sampsúchus, -i, m., f.)
(植) =amáracus 마요라나, 꽃 박하.

Sámŭel, -élis, m. (혹은 indecl. m.) 구약시대의 예언자.
Et peperit filium vocavitque nomen eius Samuel,
eo quod a Domino postulasset eum. '내가 주님께 청을
드려 얻었다.' 하면서, 아이의 이름을 사무엘이라 하였다.
(성경 1사무 1, 20)/'야훼께 빌어서 얻은 아기'라고 하여
이름을 사무엘이라 지었다.(공동번역 1사무 1, 20).

sanábilis, -e, adj. 치료(치유) 될 수 있는,
나을(고쳐질) 수 있는, 이로운, 유익(有益)한.

sanátĭo, -ónis, f. 치료(治療), 건강회복, 교정(矯正),
바로잡음, 치유(治癒.ꭓⲁⲙⲙⲁ.㉗ Healing).
sanatio animæ. 영혼의 고침
sanátĭo imperfecta. 불완전한 근본 유효화
sanátĭo in radice. ((敎法)) (혼인의) 근본적 보정,
근본 유효화, 혼인의 根本的 보정(補整), 소급적 유효화,
근본 소급 유효화(교회법에 위배되어 무효가 되었던 결혼을 무효 요소를
제거하고 교회법에 의한 혼인 유효화 시킬 때, 그 결혼을 시초부터 유효한 하는 법적
절차를 말한다. 특별한 단서 사항이 없으면 혼인무효 장애사항, 즉 조당이
제거되고 혼배성사의 형식을 취했을 당시부터 근본 소급 유효화가 이루어진다.
교회법 제1165조. 백민관 신부 엮음. 백과사전 3, p.424).
convalidátĭo matrimonii. 혼인의 유효화.
sanátĭo perfecta. 완전한 근본 유효화
sanatio voluntatis. 의지의 고침

sanátor, -óris, m.
병 고쳐 주는 사람, 치료자, 의사(醫師).㉗ Physician).

sanatórĭum, -i, n. 요양소(療養所)

sanatórĭus, -a, -um, adj. 병 고치는, 치료의, 요양의

sanciendæ fidei grátĭā. 신의를 공고히 하기 위하여

sáncĭi, "sáncĭo"의 단수과거(pf.=perfectum)

sáncĭo, sanxi(sáncĭi), sanctum(sancítum), -íre, tr.
(종교 예식 따위로써) 신성불가침의 것으로 만들다,
(법을) 제정하다, 법으로 결정(규정.명령)하다,
법으로 금지하다, 인준(認准)하다, 비준하다, 확립하다,
확정하다, 공고(확고)히 하다, 바치다, 헌정하다, 처벌하다.
Hæc lex in amicítiā sanciátur, ut…, …야 한다는
이런 법칙이 우정(友情)에 있어서 세워져야 한다/
incéstum suprémo supplício sancio.
근친상간(近親相姦) 죄를 최고형으로 처벌하다/
sanciendæ fidei grátĭā. 신의를 공고히 하기 위하여.

sancio alci cármina. 노래를 아무에게 바치다
sancio disciplinam. 규율을 확립하다

sancitum, "sáncĭo"의 목적분사(sup.=supínum)
sancta civitas. 성스러운 도읍
Sancta clavis(㉗ Holy Nails) 거룩한 못(釘)
Sancta Dei Civitas, 프랑스의 3개 수도회(1880.12.3.)
Sancta Ecclesia. 거룩한 교회, 성교회
Sancta Familia. 성가정(㉗ Holy Family)
Sancta Liga, -æ, f. (敎史) 신성동맹(㉗ Holy Alliance)
(16세기에 프랑스에서 개신교에 반대한 가톨릭 교도의 동맹).
Sancta Maria, -æ, f. 성모 마리아,
sigillum sanctæ Mariæ. 성 마리아의 비밀(호노리우스 지음).
[성모 마리아의 여러 호칭
Auxilium Christianorum. 그리스도인들의 도움/
Causa nostræ lætitiæ. 우리 즐거움의 원천/
Refugium peccatorum. 죄인들의 피난처/
Regina Apostolorum. 사도들의 모후/
Regina Confessorum. 증거자들의 모후/
Regina Martyrum. 순교자들의 모후/
Regina pacis. 평화의 모후/
Regina sine labe originali concepta. 원죄 없이 잉태되신 모후/
Regina Virginum. 동정녀들의 모후/
Stella maris. 바다의 별.
황치헌 신부 지음. 미사통상문을 위한 라틴어, pp.443~444].
Sancta Maria degli Angeli. 천사들의 성모 마리아
Sancta Maria Maggiore Basilica. 성모 마리아 대성전
(㉗ St. Mary Major Basiloica/Our Lady of the Snow).
**Sancta Maria, Mater Dei, Mater nostra,
credere, sperare diligereque nos tecum doce.
Eius ad regnum nobis demonstra viam!
Maris stella, illumina nos nosque itinerantes dirige.**
(㉗ Holy Mary, Mother of God, our Mother,
teach us to believe, to hope, to love with you.

S

1138

Show us the way to his Kingdom!
Star of the Sea, shine upon us and guide us on our way!
거룩한 마리아, 하느님의 어머니이시며 저희 어머니시여,
저희에게 당신과 함께 믿고 바라고 사랑하는 법을 가르쳐 주소서.
그분의 나라에 이르는 길을 저희에게 보여 주소서!
바다의 별이시여, 저희에게 빛을 비추어 저희의 길을 이끌어 주소서!

Sancta Maria, Mater Dei, veram mundo dedisti lucem,
Iesum, Filium tuum - Dei Filium.
Penitus te Deo vocanti tradidisti atque ita scaturigo
facta es bonitatis, quæ ex eo manat.
Iesum nobis monstra.
Ad eum nos dirige.
Doce nos eum cognoscere eumque amare,
ut nos pariter evadere veri amoris possimus capaces
atque sitienti coram mundo
aquæ vitæ reperiamur fontes.

(® Holy Mary, Mother of God, you have given the world its true light,
Jesus, your Son ? the Son of God.
You abandoned yourself completely to God's call
and thus became a wellspring of the goodness which flows forth from him.
Show us Jesus. Lead us to him. Teach us to know and love him,
so that we too can become capable of true love
and be fountains of living water in the midst of a thirsting world)

하느님의 어머니이신 성모님.
어머니께서는 세상에 참된 빛을.
당신의 아드님이시며 하느님의 아드님이신 예수님을 주셨나이다.
어머니께서는 하느님의 부르심에 온전히 자신을 맡기시며
하느님에게서 흘러나오는 선의 샘이 되셨나이다.
저희에게 예수님을 보여 주소서. 저희를 예수님께 인도해 주소서.
예수님을 알고 사랑하는 법을 저희에게 가르쳐 주시어
저희도 참된 사랑을 할 수 있게 해 주시고
목마른 세상 한가운데에서 생명의 물이 솟아오르는 샘이 되게 하소서.
교황 베네딕도 16세의 회칙 "Deus Caritas Est" 중에서.

Sancta Maria Mater Unitatis. 일치의 어머니 성 마리아
Sancta Mater Dei. 하느님의 거룩한 어머니
Sancta Mater Ecclesia, 자모이신 교회(1964.4.21.),
복음서들의 역사적 진실(1964.4.22. 훈령).

Sancta Mater, istud agas, Crucifixi fige plagas
Cordi meo valide. 어머니께 청하오니 내 맘속에
주님 상처 깊이 새겨 주소서.

sancta rusticitas. 성스런 무지(無知)
Sancta sanctis! 거룩한 것들은 거룩한 사람들에게
Sancta sanctórum. 지성소(至聖所. עֲדָשִׁים קֹדֶשׁ. קֹדֶשׁ
קֹדֶשׁ.ἅγια τῶν ἁγίων.® Most Holy Place).
Sancta Sedes* (® Holy See) 성좌(sidus, -deris, n.)
Sancta sit societas civium inter ipsos. 시민 상호간의
일치는 신성한 것이다(인칭대명사를 주어의 인칭에 맞추어 쓸
수 없는 경우에는 3인칭에 inter ipsos, inter eos 등을 쓴다).
Sancta Terra 거룩한 땅
Sancta Trinitas* 성삼위, 삼위일체(Trinitas, -atis, f.)
Suscipe, sancta Trinitas, hanc oblátionem.
거룩한 삼위일체시여, 이 제물을 받아들이소서.
sanctæ conversátiónis habitum.
거룩한 수도생활의 복장(服裝).
Sanctæ Infantiæ (® Association of the Holy Childhood).
성영회(聖嬰會).
Sanctæ manus. 청렴(淸廉)한 두 손.
sancte, adv. 경건하게, 경외심을 가지고, 엄숙하게,
성스럽게, 거룩하게, 성실(충실) 하게, 양심적으로,
순결(純潔) 하게, 고스란히, 고이(그대로 고스란히).
Sancte custodit, fideliter exponit.
거룩하게 보전하고 충실하게 개진한다(신앙의 유산을).
Sancti catacombarum. 카타꼼바의 성인들
Sancti in cælo gáudiis æternis fruuntur.
성인들은 천국에서 영원한 복락을 누리고 있다.
sánctifer, -ěra, -ěrum, adj. (sanctus+fero)
거룩함을 지닌, 거룩한.
sanctífica, 원형 sanctífico, -ávi, -átum -áre, tr.
[명령법. 단수 2인칭 sanctifica, 복수 2인칭 sanctificate]
Hæc ergo dona, quæsumus, Spíritu tui rore sanctífica,
ut nobis Corpus et + Sanguis fiant Dómini nostri Iesu
Christi. 간구하오니 성령의 힘으로 이 예물을 거룩하게
하시어 우리 주 예수 그리스도의 몸과 + 피가 되게 하소서.
sanctificátio, -ónis. f. 거룩하게 함, 거룩하여 짐,

성화(聖化.® Sanctificátĭon), 축성(® consecrátĭon)
(주일·특정 대축일 따위를) 거룩하게 지냄.
De sanctificatione sacerdotum secundum exigentias
temporis nostri. 우리 시대의 요청에 따른 사제들의 성화/
plura elementa sanctificationis et veritatis.
성화와 진리의 많은 요소들.
sanctificátĭo creaturæ. 피조물의 성화
sanctificátĭo sui ipsius. 개인 성화
sanctificátĭonis Auctor. 성화의 원동자
sanctificátĭonis donum. 성화의 은사(恩赦)
sanctificátor, -óris, m. 거룩하게 하시는 분
sanctifícĭum, -i, n. 성화(® Sanctificátĭon),
성화 시키는 곳.자리.
sanctífico, -ávi, -átum -áre, tr. 거룩하게 하다,
거룩한 것으로 만들다, 성화 시키다, 축성(祝聖)하다,
성별하다, (주일이나 특정 축일을) 거룩하게 지내다.
Sanctificati in Christo Iesu atque ad sanctitatem vocati.
그리스도 예수를 믿어 하느님의 거룩한 백성이
되었습니다(1고린 1. 2).
sanctifícus, -a, -um, adj. 거룩하게 하는
sanctílŏquus, -a, -um, adj. (sanctus+loquor)
거룩한 이야기를 하는, 하느님의 말씀을 이야기하는.
sanctimónĭa, -æ, f. 신성(神聖), 거룩(聖德), 덕성(德性),
순결(純潔.® Purity), 정덕(貞德), 단정(端正-얌전하고 바름).
sanctimoniális, -e, adj. 덕성스러운, 성덕에 전념하는,
경건한, 수도하는. f. 수도생활 하는 여자.
sanctimónĭum, -i, n.
거룩함(ἱερὸς), 신성(神聖), 순교(殉敎-Cypriánus).
sánctio, -ónis, f. 법규(法規), (구속력을 가진) 법령(חֹק),
제재(制裁), 처벌규정, 벌칙, 상벌(규정), 재가(裁可),
비준(批准), (계약의) 약관(約款), 조관(條款).
sanctio in ecclesia. 교회형법,
교회의 제재(® sanctions in the church).
sanctio naturalis. 자업자득(自業自得), 천벌(天罰)
sanctio pœnalis. 형벌 제재(刑罰 制裁)
sanctio pragmatica. 국헌 조서, 국본 조칙
sanctior, -or, -us, adj. sanctus, -a, -um의 비교급
sanctissima Eucharistia. 지성한 성찬(聖餐)
sanctissima femina. 가장 거룩하게 산 여자(비문에 사용)
Sanctissime Pater. 교황님(교황을 부를 때)
Sanctissimi Nominis Beata María Virgo.
성모 성명 축일(현 폐기).
Sanctissimum Nomen Jesu. 예수 성명
Sanctissimum Sacramentum.
지극히 거룩한 성사(® the Blessed Sacrament).
sanctissimus, -a, -um, adj. sanctus, -a, -um의 최상급
Sanctissimus Dominus, 지극히 거룩하신 주님.(교황 복자
Innocentius 11세 회칙으로 '윤리신학에 관한 65개의 타락 조항' 단죄).
Sanctissimus Pater. 지극히 거룩한 아버지
Sanctissimus, sacratissimus et theologicissimus.
지극히 거룩하고 성스러우며 신학적이다.
sánctitas, -átis, f. 거룩함(ἱερὸς), 성성(sanctitas vitæ),
신성(神聖), 존엄(尊嚴.® Dignity), 성덕(聖德),
덕성(德性), 신성불가침(神聖不可侵), 고결(高潔),
정직(正直-쟉함), 청렴(淸廉-마음이 고결하고 재물 욕심이 없음),
순결(純潔), 정결(貞潔.חֲהֹר.® Chastity/Purity),
정숙(貞淑-특히 여자의 말이나 행실이 곱고 마음씨가 맑은 것),
정조(貞操-여자의 곧고 깨끗한 절개), (神.망령에 대한) 효경심,
경건(敬虔.ɛσϋεβεα-깊이 공경하여 삼가고 조심하는 데가 있음),
(교황에 대한 경칭) Sua sanctitas. 교황 성하(聖下),
(주교에 대한 경칭) sanctitas Tua(Vestra) 주교님,
Sanctitatis nova signa.(토마스 첼라노 지음)
성성의 새로운 표징/
Sanctitatis Spiritu ducti. 성화하시는 성령의 인도를 받아.
Sanctitas accidentalis. 부수적 성덕
sanctitas amborum. 성성(聖性)(교부문헌 총서 16. 신국론. p.1202)
Sanctitas claríor,
빛나는 성덕(자의교서 1969.3.19.), 시성시복(1969.3.19.).

S

sanctitas moralis. 윤리적인 성덕(聖德)
sanctitas ontologica. 존재론적인 성덕(存在論的 聖德)
sanctitas per opera bona. 선업에 의한 성덕
　선행을 통해 거룩하게 됨, 선행에 의한 의화.
sanctitas perfecta. 완성적인 성덕, 완전한 거룩함
sanctitas promovenda. 성덕의 추구
Sanctitas substantialis. 본질적 성덕
sanctitas substantialis et consubstantialis amborum.
　실체적 성성이자 양편과 실체를 함께 하는 분.
　(교부문헌 총서 16. 신국론, p.1202).
Sanctitas Tua(Vestra). 주교님 / Sua sanctitas. 교황 성하.
Sanctitas Vestra. 성하(聖下).⑨ His Holiness=略 S.V.)
sanctitas vita. 삶의 거룩함
sanctitas vitæ. 생애의 성덕(生涯 聖德)
sanctitúdo, -dĭnis, f. 거룩함(ἱερὸς), 신성(神聖),
　존엄(尊嚴.⑨ Dignity), 신성불가침(성), 덕성(德性),
　성덕(⑨ sanctity), 고결(高潔-고상하고 깨끗함), 정덕.
sanctor, -óris, m. 법 제정자(法 制定者)
Sanctorale. 미사경본이나 성무일도서의 성인편(성인 편을 별책
　으로 만들어 특별 성인 축일에 쓰도록 한 것. 백민관 엮음. 백과사전 3, p.425).
Sanctoralis. 성인력(proprĭum Sanctórum.)
Sanctórum altrix, 성 베네딕도 탄생 1,500주년에
　　　　　　　　　　　　(1980.7.11. 교서).
Sanctórum priscórum patrum vitæ
　거룩한 옛 교부들의 생애(生涯).
Sanctuarĭum* -i, n. 성소(聖所), 성전(聖殿),
　지성소(至聖所.רָבָד רָשֶׁק שֶׁדֹק).
　ἅγια 'τών' ἁγίων.⑨ Most Holy Place),
　(성인의 묘소.순례지 따위의) 성지(聖地.Holy Land),
　(성당의) 중앙 제단 주위, 제단(חֵבְּזִמ.⑨ Altar),
　경당(⑨ Sanctuary.프 chappelle),
　성당(⑨ church/Sanctuary), 순례지 성당(巡禮地 聖堂),
　(법률의 힘이 미치지 못하는) 성역(holy places).
sánctŭlus, -a, -um, adj. 거룩한 체하는, 좀 거룩한
sanctum, "sáncĭo"의 목적분사(sup.=supínum)
sanctum, -i, n. (그리스어.hagios) 신성한 곳, 성소,
　(가끔 pl.) 지성소(至聖所.הֵּקַה רָשֶׁק. םֵשְׁדָק רָשֶׁק.
　ἅγια 'τών' ἁγίων.⑨ Most Holy Place),
　거룩한 것, 성물(聖物). sancta sanctórum. 지성소.
Sanctum Chrisma. 축성 성유
sanctum corpus(⑨ Sacrament of Eucharist). 성체성사.
Sanctum Fœdus(獨 Heilige Allianz.⑨ Holy Alliance)
　신성 동맹.
Sanctum Ioannem de Capestrano,
　군종 신부들의 수호자 성 요한 카페스트라노(1984.2.10. 교령).
Sanctum Officium Sanctissimæ Inquisitiónis.
　검사성성(檢査聖省)(직역: 지극히 성스러운 종교재판의 성스러운 직무부서).
Sanctum Sabbatum.(⑨ Holy Saturday.獨 Karsamstag).
　성 토요일.
sanctum sacramentum 거룩한 성사(聖事)
Sanctum sanctórum. 성인들 중에 성인
sanctum sanctórum. 지성소(至聖所)(민수 4, 19)
　(רָשֶׁק שֶׁדֹק. םֵשְׁדָק רָשֶׁק.ἅγια 'τών' ἁγίων.
　⑨ Most Holy Place.Holy of Holies).
sanctus¹ -a, -um, p.p., a.p. 침범(침해)하지 못할,
　(법령의 규정에 의한) 신성불가침의, 존엄(尊嚴)한,
　거룩한(ἅγιος), 신성(神聖)한, 성별된,
　(시성에 의한) 성인의, 양심적인, 죄 없는,
　덕성스러운, 성자(군자)다운, 청렴(淸廉)한,
　순결(純潔)한(καθαρὸς), 청순(淸純)한, 정숙(貞淑)한.
　m. 성인(聖人.Sancta, -æ, f. 성녀). m., pl. 성인들.
　ærárium sánctius. 유사시에 대비한 국고(금)/
　Bibliotheca Sanctorum. 성인 대사전/
　De laude sanctorum. 성인들의 찬양/
　Liturgia Hebdomadæ Sanctæ. 성주간 예절/
　Magna spe repleti, sancti magnum humanæ exsistentiæ
　iter conficere potuerunt eadem ratione qua antea id fecit
　Christus. 성인들은 큰 희망으로 가득 차 있었기 때문에
　그리스도께서 앞서 보여 주신 대로 인간 삶의 위대한

여정을 걸어갈 수 있었습니다(2007.11.30. "Spe Salvi" 중에서)/
Numquid in orbe terrarum sancti non erant?
　온 세상에 성인들이 없었다는 말입니까?/
Sacerdotum Sanctissimo. 사제 중 가장 거룩한 사제/
sanctæ conversatiónis habitum. 거룩한 수도생활의 복장/
sanctæ manus. 청렴(淸廉)한 두 손/
sanctæ mulieres. 성녀(전례서에서 동정녀, 과부, 부인 등
　성녀가 된 여인들을 통칭하는 말)/
Tribúni sancti sunto. 호민관들은 어떤 권력기관의
　간섭도 받을 수 없(어야 한)다/
Tu solus Sanctus. 홀로 거룩하시고/
urbs sancta. 성도(聖都).⑨ holy city)/
vírgines sanctæ. 청순한 처녀들.
Sanctus² indecl. 거룩하시다(→쌍투스. 삼성창)
Sanctus Cæsarii Episcopi Regula Monachórum.
　수사들을 위한 규칙서(총26장으로 구성되어 있음).
Sanctus Gregorii Magni vita.
　성 그레고리오 대교황의 생애(生涯).
Sanctus opera. 성무(聖務)
Sanctus Patronus. 수호성인(Sancta Patrona. 수호성녀)
Sanctus pontifex. 참회성사와 첫 영성체(1973.5.24. 선언)
Sanctus Sanctus Sanctus Dominus Deus omnipotens
qui est et qui erat et qui venturus est.
　거룩하시다, 거룩하시다, 거룩하시다 전능하신 주 하느님,
　지금도 계시고 전에도 계셨고, 장차 오실 분 이시로다.
Sanctus Spiritus. 거룩한 영
sándāla, -æ, f. = scándula
sandaliárĭus, -a, -um, adj. 샌들의,
　m. 샌들 제조인.장수.
sandaligérŭla, -æ, f. (sandálium+gero¹)
　여주인의 샌들을 들고 다니는 하녀.
sandálĭum, -i, n.
　(가죽신으로 여자용 고급) 샌들(⑨ sandal).
　sandalia pontificalia. 전례용 주교 구두.
sandápĭla, -æ, f., n. 널, 목관(木棺),
　(서민.사형수의 시체 운반용) 상여(喪輿),
　(상류 계급의 것은 lectíca).
sandapilárĭus, -i, m. 상여꾼, 시체 운반인(屍體 運搬人)
sandáraca(sandaracha) -æ, f. 계관석(⑨ realgar.鷄冠石),
　사다락 수지(樹脂-나무에서 분비하는데 정도점도가 높은 액체).
sandyx, -ýcis, (sandix, -ícis,) f. 주색(朱色-붉은 색),
　(뿌리를 삶아서) 빨간 물감을 만들어 내는 풀(이름),
　연단(광명단) 같은 빛, 연지(의 일종).
sāne, adv. 건강하게, 성히, 건전하게, 분별 있게,
　賢明하게, 온전한 정신으로, 정상적으로, 참으로,
　정말, 사실, 실로 확실히, 과연(果然, atqui), 상당히,
　몹시, 대단히, 매우, 아주, 굉장히(nimis, adv.). 끔찍이도,
　무던히도, 그래 …라고(하다고) 하자, (반어) 꽤나,
　(대답) 그래, 그렇고말고, 암 그렇지, 물론.
　Beneficium magnum sane dedit.
　그가 꽤나 큰 은혜를 베풀었군 그래/
　bonus sane vicínus 정말 좋은 이웃/
　Fuit ad me sane diu.
　그는 내 집에 꽤 오래 머물러 있었다/
　res sane difficilis. 대단히 어려운 일/
　Responsio sane implicata est. 대답은 분명히 복잡하다/
　Sint sane liberales. 그들은 모름지기 너그러워야 한다/
　Videtur sane. 그렇다고 봅니다.
Sane quam sum gavísus. 나는 더할 나위 없이 기뻤다
sanésco, -ĕre, inch., intr. 치유(治癒)되다, 아물다,
　(병, 상처 따위가) 낫다(אֹסֵ.אֹס).
Sanguális = Ságaris
sanguen, -guïnis, n. (古) = sanguis
sanguícŭlus, -i, m. 선지 순대
sanguiem sisto. 피를 멎게 하다(premo sanguinem.)
sanguinális, -e, adj. 피의,
　(植) herba sanguinális. 여뀌(의 일종).
sanguinárĭus, -a, -um, adj. 피에 관한, 피 흘리는,

S

유혈의, 피비린내 나는, 피투성이의, 피에 굶주린,
유혈(살생)을 좋아하는, 살벌한, 잔인(殘忍)한.
(植) herba sanguinária. 여뀌(의 일종).
sanguinátĭo, -ónis, f. 출혈(出血), 피가 남
sanguíněus, -a, -um, adj. 피의, 혈액의, 피에 관한,
피로 된, 피가 흐르는, 유혈이 낭자한, 피 묻은, 붉은,
피비린내 나는, 피투성이의, 피에 굶주린, 핏빛의.
sanguínei orbes. 붉게 충혈(充血) 된 두 눈
sanguĭno, -ávi, -atum -áre, intr. 피가 나다.흐르다,
출혈하다, 월경하다, 핏빛이 되다, 흡혈귀 짓을 하다,
tr. 피를 흘리게 하다.내다, 피를 뽑다, 피 묻게 하다,
사혈(瀉血)하다, 피로 물들이다, 핏빛이 되게 하다.
sanguinoléntĭa, -æ, f. 유혈(流血, recens sanguis.),
출혈(피가 혈관 밖으로 나옴), 충혈(充血).
sanguinoléntus, -a, -um, adj. 피나는, 유혈의,
피 묻은, 피투성이의, 피맺힌, 충혈 된, 핏빛의, 빨간,
피비린내 나는, 고혈을 착취하는, 중상적(中傷的)인.
sanguinósus, -a, -um, adj. 혈액의, 피가 많은, 다혈증의
sánguis, sanguĭnis, m. 또는 sanguĕn, sanguĭnis, n.
(血.מ.αἷμα.⑨ Blood.獨 Blut).
피(血.cruor, -óris, m.), 혈액, 혈통, 혈연, 가계, 가문,
혈족, 겨레, 자식, 자손, 후예, 유혈, (식물의) 즙액, 핏빛,
혈기, 힘, 활력, 활기, (연설 따위의) 박력, (귀중한) 돈.
De corpore et sanguine Christi. 그리스도의 성체 성혈/
De omni Sanguine Christi Glorificato.
그리스도의 영광스러운 성혈(보헤미아파 종교 개혁자 Huss 지음)/
Devotio pretiosissmi sanguinis.
성혈 신심, 예수 보혈(寶血) 신심/
Dominus pro nobis sanguinem suum fudit, redemit nos,
mutavit spem nostram. 주님께서는 우리를 위해서 피를
흘리시고, 우리를 구원하시고, 우리의 희망을 새롭게
하셨습니다.(최익철 신부 옮김. 요한 서간 강해, p.135)/
eáténus sanguis séquitur, quátenus emíttitur.
피가 나오는 (그)만큼 흐르고 있다/
Ecclesia abhorret a sanguine. 교회는 피 흘림을 싫어한다/
Eum suo sanguine ab Acherónte redimo.
자기 피로 그를 황천(죽음)에서 구해내다/
excipio sánguinem páterǎ. 피를 접시에 받다/
ferrum contactum sanguine. 피 묻은 무기(武器)/
figura corporis et sanguinis Domini.
주님의 몸과 피의 형상(形象)/
hereditatem, quam Iesus Christus acquisivit
sanguine suo.(⑨ the beloved inheritance which Jesus
Christ purchased by his blood) 예수 그리스도께서
당신 피로써 속량 하신 귀중한 유산/
Hic est calix sanguinis mei. 이는 내 피의 잔 이니라/
Hic locus acervis corporum et civium sanguine
redundavit. 여기는 시체더미로 가득 차고 시민들의
유혈이 낭자했던 곳이다/
Hostiæ Sanguine madentes. 피 흐르는 성체/
impleo se regum sánguine. 왕들의 피로 만족하다/
insatiábĭlis sanguinis. 피에 굶주린/
insons fraterni sanguinis. 형제 살해에 대해 결백한/
Largior pátriæ suum sánguinem.
자기 피를 나라에 바치다/
Liber de corpore et sanguine Domini. 주님의 육신과
피에 관한 책(Paschasius Radbertus가 844년에 간행한 책)/
Miraculum sanguinis. 피의 기적/
mitto sánguinem. 피를 흐르게 하다(뽑다)/
Multi ex eis crediderunt, et dimissus est eis fusus
saguis Christi. 그들 가운데 많은 이가 믿고 그리스도께서
흘리신 피로 용서를 받았습니다/
omnis anima, quæ ederit sanguinem, peribit de
populis suis. (pa/sa yuch, h] a:n fa,ghǀ ai-ma avpolei/sh
h` yuch, evkei,nh avpo, tou/ laou/ auvth/j) (獨 Jeder, der Blut
ißt, wird ausgerottet werden aus seinem Volk)
(⑨ Should any flesh from the sacrifice be left over
on the third day, it must be burned up in the fire)

어떤 피든 피를 먹는 자는 자기 백성에게서 잘려
나가야 한다. (성경 레위 7. 27)/어떤 피든지 그것을 먹는
사람은 겨레로부터 추방해야 한다(공동번역)/
páuperum sanguis paréntum. 가난한 부모의 자식/
premo sánguinem. 피를 멎게 하다(sanguiem sisto)/
sanguine conjúncti. 겨레붙이들/
sánguinem míttere. 사혈(瀉血)하다, 피를 뽑다/
Sanguinem nostrum sitiebat.
그자는 우리 피를 목말라하였다/
sanguinem reddo. 피를 토하다/
sudor sanguinis(⑨ Sweat of Blood) 피땀/
Superstitio sanguinis. 피의 미신/
Terra sudat sanguine. 땅은 피투성이다/
Tum multum sanguinis fusum est.
당시 많은 사람들이 살상(殺傷)되었다/
turpo aram sánguine. 제단을 피로 더럽히다/
Ultio sanguinis. 피의 복수/
Victoria multorum sangune constitit.
승리는 많은 사람의 피의 대가로 얻어진 것이다/
vir ánguinum(IISam. 16. 7) 살인마(殺人魔).
Sanguis Christi. 그리스도의 피, 그리스도의 성혈
Sanguis Christi custódiat me in vitam ætérnam.
(⑨ May the Blood of Christ keep me safe for
eternal life) 그리스도의 피는 저를 지켜 주시어
영원한 생명에 이르게 하소서.
Sanguis Christi inebria me.(Anima Christi에서)
그리스도의 피는 나를 취하게 한다
Sanguis Christi Pretiosissimus. 성혈(聖血)
**Sanguis Domini nostri Jesu Christi custodiat animam
meam in vitam æternam. Amen.** 우리 주 예수 그리스도
의 피는 제 영혼을 영원한 생명에로 지켜주소서 아멘.
Sanguis est illa tuus. 그 애는 네 딸자식이다
Sanguis inúndat gutter.(inundo 참조)
피가 목구멍을 흘러넘친다.
Sanguis martyrum semen Christianórum.
순교자들의 피는 그리스도인의 씨앗(떼르툴리아누스).
Sanguis Pretiosissimus. 성혈(⑨ Blood/Precious Blood)
sanguis uvæ. 포도즙(mustum, -i, n./tryx, -gis, f.)
sanguisórba, -æ, f. (植) 오이 풀(종류)
sanguisorba alpína. 큰 오이 풀
sanguisorba officinális. 수박 풀, 오이 풀
sanguisorba rectíspica. 긴 오이 풀
sanguisúga, -æ, f. (sanguis+sugo) ((蟲)) 거머리
sánĭes, -éi, f. 피고름, (컷구멍에서 나오는) 고름,
(열매.거미 따위의) 늘지렁이, (독사 따위의) 독액,
젓국, (양털 염색용으로 짜낸) 자홍색 권패류의 즙.
sanĭósus, -a, -um, adj. 피고름의, 피고름이 가득한
sánĭtas, -átis, f. 건강(⑨ Health/physical), 건전,
좋은 건강상태, 치유(治癒), (정신의) 건전, 제정신,
온전한 정신, 냉정(冷靜), 사려분별(思慮分別),
지각(知覺), 양식(良識), 건실, 온전, 적절, 간결(簡潔),
(말.문체의) 정확, 과장(꾸밈) 없음,
bona sanitas 좋은 건강/
Et sic patet scientiam esse formam animæ, et sanitatem
corporis. 그래서 건강이 신체의 형상이듯이 지식은
영혼의 형상임이 분명하다.(지성단일성. p.79)/
Pars sanitatis velle sanari est.
낫고 싶다는 마음도 치유의 일부이다/
reverto ad sanitátem. 건강을 되찾다/
sanitátem recupero. 건강을 회복(回復)하다/
Timor medicamentum, caritas sanitas. 두려움은 약이고,
사랑은 건강입니다.(최익철 신부 옮김. 요한 서간 강해. p.399).
sanitas animi 정신 건강
sánĭter, adv. 건전하게, 합리적(合理的)으로
sanna, -æ, f. 비웃음, 조롱(嘲弄-깔보거나 비웃으며 놀림).
입을 헤벌리고 이를 드러내며 익살스럽게 찌푸린 얼굴.
sáno, -ávi, -átum -áre, tr. 건강하게 하다, 치료하다,
(상처.병을) 고치다, 낫게 하다, 아물게 하다,

1141

S

(고통.걱정.공포 따위를) 멎게 하다, 가시게 하다,
가라앉히다, (냄새 따위를) 제거(除去)하다,
(정신.마음.잘못된 점 따위를) 고치다, 고쳐주다,
바로잡다, 바꾸어 놓다, 개선하다, 호전(好轉) 시키다,
회복(回復)시키다.
  morte sano scelus. 죽음으로 속죄(贖罪)하다/
santalaceæ, -árum, f., pl. (植) 단향과 식물
santonínum, -i, n. (藥) 산토닌(회충약의 한 가지), 회충약
Sanun(=Sanúsne) es? 너 제 정신이냐?
  mentis suæ esse. 제 정신이다/
sānus, -a, -um, adj. 건강한, 건전한, 성한, 멀쩡한,
  (병.상처 따위가) 나은, 싱그러운,
  (공기 따위가) 썩지(탁하지) 않은, 좋은 상태의, 무사한,
  이상 없는, 물들지 않은, 제정신의, 온전한 정신의,
  (정신상태가) 정상적인, 지각 있는, 이성을 잃지 않은,
  냉정한, 분별(分別) 있는, 사리판단이 정확한,
  (생각.행동 따위가) 건전한, 상식에 어긋나지 않는,
  (문체.연설.연사 따위가) 과장(꾸밈) 없는, 간결한,
  필요 적절한 (말의), (박력 없이) 정확하기만 한.
  Animus sanus in corpore sano.
    건전한 육체(肉體)에 건전한 정신/
  Mens sana in córpore sano. (⑨ A sound mind in a
    sound body) 건전한 정신은 건전한 신체에(깃든다)/
  Ulcĕra sana fáciet sine dolóre.
    그는 궤양들을 아프지 않게 고쳐줄 것이다/
  ut sani solent hómines.
    흔히 정상적인 사람들이 하는 것처럼.
  Ut sanus sit in hac vita? quid, si non illi expedit?
    그가 이승의 삶에서 건강해지기를 바라서입니까?
    건강이 그에게 도움이 안 된다면 무슨 소용이
    있겠습니까?.(최익철 신부 옮김. 요한 서간 강해, p.367).
  Sanus fiet ex eo morbo. 그는 그 병에서 나을 것이다
  sanus utrísque óculis. 두 눈이 성한(사람)
  sánxi, "sáncĭo"의 단순과거(pf.=perfectum)
  săpa, -æ, f. (원액을 반쯤 혹은 ⅓정도 되도록) 달인 포도주
  saphéna, -æ, f. (解) 복재정맥(伏在靜脈)
  saphírus, -i, f. = sapphírus
  saphon, -ónis, m. 배의 이물에 두는 밧줄
  sapidus, -a, -um, adj. 감미로운, 맛있는, 풍미 있는,
    슬기로운, 현명한. sapida sapientia 감미로운 지혜(智慧)
  sápĭens, -éntis, p.prœs., a.p. 지혜로운, 슬기로운, 현명한,
    사려분별이 있는, 총명한, 똑똑한, 영리한, 지덕이 뛰어난,
    (사물을) 잘 이해하는, 성현(현자)의 자격을 갖춘,
    감식안(鑑識眼)이 있는, 맛(보는)을 아는,
    (동물 따위가) 약은, 교활한, 간사한.
    m. 지혜(슬기)로운 사람, 똑똑한 사람,
    (sujst.; abl. sg. -ti, -te; gen. pl. -tīum, -tum)
    성현(聖賢), 현인, 현자, 군자, 철인(哲人).
  a sapiente. 현자한테서/
  a sapienti viro. 현명한 사람한테서/
  Aiunt ipsum sapientem, quod dixerit, interdum, si ita
  rectius sit, mutare.[이중 복합조건문]. 현자마저도, 그렇게 하는
    것이 더 옳다면, 자기가 말했던 바를 바꾼다고들 사람들
    은 말한다.(사람들이 하는 말에 의하면…)/
  Animo imperabit sapiens stultus serviet.(Publius Syrus)
    현인은 감정을 다스리고, 어리석은 이는 감정을 따른다/
  Consilia sapientium. 현자들의 의견/
  Et vitio alterius sapiens emendat suum.
    현자는 타인의 악덕에서 자기 악덕을 고친다/
  femina sapientior(⑨ the wiser woman) 더 현명한 여인/
  Finge, nunc fíeri sapiéntem.
    누가 지금 현자가 된다고 상상해 봐라/
  homo sapiens. 지혜인(智慧人)/
  in sapiéntem incurro.(incúrro 참조) 현자가 당면하다/
  Ne sis sapiens apud temetipsum; time Dominum et
  recede a malo. (mh, i:sqi fro,nimoj para, seautw/| fobou/ de.
  to.n qeo,n kai, e:kkline avpo, panto,j kakou/) (獨 Dünke dich
  nicht weise zu sein, sondern fürchte den HERRN und

weiche vom Bösen) (⑨ Be not wise in your own eyes,
fear the LORD and turn away from evil. (잠언 3. 7)
  스스로 지혜롭다 여기지 말고 주님을 경외하며 악을
  멀리하여라(성경 잠언 3. 7)/스스로 지혜로운 체하지 말고,
  야훼를 두려워하여 섬기고 악을 멀리하여라(공동번역)/
Nemo est tam sapiens ut numquam erret. 절대로 실수를
  저지르지 않을 만큼 똑똑한 사람은 아무도 없다/
Neque turpis mors forti viro potest accidere,
neque immatura consulari, nec misera sapienti.
  강한 사내에게는 부끄러운 죽음이 닥칠 수 없고, 집정관
  을 지낸 사람에게는 때 이른 죽음이 닥칠 수 없으며,
  현명한 사람에게는 가련한 죽음이 닥칠 수 없다/
Omnes sapientes feliciter, perfecte, fortunate vivunt.
  현자들은 모두 행복하고 완벽하고 운 좋게 살아간다/
præ nobis sápiens. 우리보다 지혜로운/
pro tua sapiéntia. 네 지혜대로/
Sapientis est omnia in breve cogere.
  모든 것을 간결하게 종합하는 것은 현자의 일이다/
Sapientis est proprium nihil, quod pænitere possit,
facere.(Cicero). 후회할 만한 짓을 하나도 하지 않는 것이
  현자의 고유한 처신이다.[성 염 지음. 고전 라틴어. p.389]/
sapiéntem non attíngo. 현자와 관계없다/
Sapientes se ipsos non laudant.
  지혜로운 사람들은 자기 자신을 칭찬하지 않는다/
Sapientes senes a juvenibus colebantur et diligebantur.
  현명한 노인들은 젊은이들에게 받들어지고 또 사랑 받는다/
Sapientes voluptates, quas alii maxime cupiebant,
contempserunt. 현자들은, 남들이 몹시 탐하던 쾌락들을
  (quas) 업신여겼다. (현자들은 쾌락을, 딴 사람들이
  몹시 탐하는 것임에도, 업신여겼다)/
Sapientis est proprium nihil, quod pænitere possit,
facere. 후회할 만한 것을 하나도 하지 않는 것이
  현자의 고유한 처신이다/
Stulti timent fortunam, sapientes ferunt. 어리석은 이들은
  운명을 두려워하나 지혜로운 이들은 운명을 가지고 다닌다/
Te sapientem appellant. 사람들이 너를 현자라고 부른다/
Via stulti recta in oculis ejus; qui autem sapiens est
audit consilia. 미련한 자는 제 길이 바르다고 여기지만,
  지혜로운 이는 충고에 귀를 기울인다/
vinum apostatare facit etĭam sapientes.
  술이란 지혜로운 사람들까지도 탈선하게 만든다/
vir sapiens. 지혜로운 사람.
Sapiens contra omnes arma fert cum cogitat.
  현자는 (혼자서) 사색을 할 때에도 모든 사람들을 상대로
  무기를 잡는 셈이다(Publilius Syrus. 성 염 지음. 고전 라틴어. p.185).
Sapiens dominabitur astris.
  현자(賢者)는 (행운의) 별을 지배한다.
sapiens fera. (動) 여우(f. volpes -is/f. vulpes -is)
Sapiens legibus non propter metum paret, sed quia id
salutare maxime judicat. 현자는 두려움 때문에 법률에
  복종하는 것이 아니라, 그렇게 하는 것이 매우 유익하다고
  (salutaris, e) 판단하기 때문에 복종한다.
sapiens mens. 지각(知覺)하는 지성(知性)
Sapiens mulier ædificavit domum suam insipiens
instructam quoque destruet manibus.(잠언 14. 1).
(sofai. gunai/kej wv|kodo,mhsan oi;kouj h` de, a;frwn kate,skayen
tai/j cersi,n auvth/j) (獨 Die Weisheit der Frauen baut ihr
Haus; aber ihre Torheit reißt's nieder mit eigenen
Händen) (⑨ Wisdom builds her house, but Folly tears
hers down with her own hands)
  지혜로운 여자는 집을 짓고 미련한 여자는 제 손으로
  집을 허문다(성경)/슬기로운 집이 일어서고 어리석
  으면 제 손으로 집을 망가뜨린다(공동번역 잠언 14. 1).
Sapiens nihil affirmat quod non probet.
  지식은 그것을 증명하지 않는 아무 것도 단정하지 않는다.
Sapiens nom doleat patriam deletam?.
  현자라고 조국이 멸망해도 슬퍼하지 않을 것인가?.
Sapiens parvi divitias ducit. 현인은 재물을 경시한다.

S

Sapiens prorsus cum Deo est, nam et seipsum intelligit sapiens. 반대로 철학자는 자기 자신을 알고 있기 때문에 하느님과 함께 있다.

sapiens provisor. 지혜로운 섭리자(攝理者)

Sapiens verbis innotescit paucis.
지혜로운 사람은 적은 말로 드러난다.

sapiénter, adv. 지혜(슬기)롭게, 현명하게, 신중하게, 잘 알아서, 너그럽게, 약게, 교활(狡猾)하게.
Interest ómnium, sapiénter vívere.
현명하게 산다는 것은 모든 사람에게 중대한 일이다.

Sapienti Consilio. 지혜로운 의견.
(1908.6.29. 비오 10세 교황령. 교황청을 전반적으로 개편).

sapiéntia, -æ, f. 지혜(σοφἰα.⑨ Wisdom), 예지(叡智), 상지(上智), 이지(理智), 철리(哲理), 철학(哲學), 현명(賢明), 총명(總名), 영리, 명석(明晳), 사려분별, 양식(良識), 통찰력, 노련, 신중(愼重), 건전한 상식, 맛, 미각(味覺), 기호(嗜好).
Arcanum Divínæ Sapiéntiæ. 하느님 지혜의 비밀/
Apud te est enim sapientia.
지혜는 당신께 있사옵니다.(고백록 3.4.8)/
Christi Romanorum Religio ad philosophorum sapientiam conferruntur. 철학자들의 지혜에 비추어 견준 그리스도교와 로마인 종교(신국론 제8권)/
Consilia virórum sapiéntium. 현인들의 의견/
De laudibus sapiéntiæ divínæ. 하느님 지혜 찬양/
Despondeo sapiéntiam. 지혜에 대한 희망을 포기하다/
Divina Sapiéntia. 신적 지혜, 하느님의 지혜/
doctóres sapiéntiæ. 철학자들/
horologium sapiéntiæ. 지혜의 시계, 지혜의 대화시간.
[Suso(+1366)의 저작. 자기와 강생 하신 말씀과의 대화 신심서]/
huius mundi sapientia. 이 세상의 지혜/
léctio libri Sapiéntiæ. 지혜서 낭독(朗讀)/
liber Sapiéntiæ. 구약성서의 지혜서/
Mater ómnium bonárum artíum sapiéntia.
모든 예술의 근원은 지혜이다/
Non ætate adipiscitur sapiéntia.
지혜는 나이로 얻어지는 것이 아니다/
recta via vitæ sapientia nominatur.
지혜의 또 다른 이름은 올바른 생활 방식이다/
Refer animum ad veritatem, si vis sapientiam consequi.
만일 지혜를 얻기 원하거든 진리에로 정신을 되돌려라!/
Rerum sapientia custos. 지혜는 만물의 수호자/
sapientiam percipiet. 지혜롭게 될 수 있다/
Sapiéntium(또는 sapiéntum) est divítias spérnere.
(=Vivórum sapiéntium est divítias spérnere.)
재산을 업신여기는 것은 현자들의 특성이다/
Satis eloquentiæ, sapiéntiæ parum.
충분한 웅변(雄辯)이지만 좀 부족한 지혜(知慧)/
studium vel amor sapiéntiæ. 지혜의 연구 또는 사랑.

Sapientia christiana,
그리스도교적 지혜, 대학교육(요한 바오로 2세 1979.4.29. 교황령).

sapientia cordis. 마음의 지혜(知慧)

sapientia creata. 창조된 지혜(知慧)

Sapientia cum mango studio vobis petenda est.
너희들은 큰 열정을 가지고 지혜를 추구 해야만 한다.

Sapientia Dei(⑨ Wisdom of God). 하느님의 지혜

sapientia doctrínæ. 교설(敎說)의 지혜

Sapientia foris prædicat, in plateis dat vocem suam.
(sofi,a evn evxo,doij u`mnei/tai evn de. platei,aij parrhsi,an a;gei)
(獨 Die Weisheit ruft laut auf der Straße und läßt ihre Stimme hören und den Plätzen)
(⑨ Wisdom cries aloud in the street, in the open squares she raises her voice) 지혜가 바깥에서 외치고 광장에서 목소리를 높인다(성경 잠언 1. 20)/지혜가 거리에서 외치고 장터에서 목청을 돋우며(공동번역 잠언 1. 20).

sapientia genita. 낳아진 지혜(知慧)

Sapientia hujus mundi stultitia est apud Deum.
이 세상의 지혜(知慧)는 하느님 앞에 어리석음.

Sapientia humana. 인간적 지혜

sapientia illius eruperunt abyssi, et nubes rorem stillant. (evn aivsqh,sei a;bussoi evrra,ghsan ne,fh de. evrru,hsan dro,souj) (獨 Kraft seiner Erkenntnis quellen die Wasser der Tiefe hervor und triefen die Wolken von Tau) (⑨ By his knowledge the depths break open, and the clouds drop down dew) 그분의 지식으로 심연이 열리고 구름이 이슬을 내린다(성경 잠언 3, 20)/ 지식으로 깊은 물줄기를 터뜨리시고 구름에서 이슬이 돋게 하셨다(공동번역 잠언 3. 20).

sapientia in se. 자체에 있어서의 예지(sapientia ut sic)

sapientia increata. 창조되지 않은 지혜

Sapientia maxime appetibilis est sapientia æterna.
최고로 욕구할 만한 지혜는 영원한 지혜이다.

Sapientia prima stultítia caruísse.
어리석음이 없었다는 것이 현명의 제1보이다.

Sapientia scit omnia et intellegit.(지혜서 9. 11)
지혜는 모든 것을 깨닫고 모든 것을 알고 있다.

Sapientia Salomónis. 솔로몬의 지혜(智慧)

sapientia superíor. 상급의 지혜(智慧)

sapientia ut sic. 자체에 있어서의 예지(sapientia in se)

Sapiéntiæ Christianæ. 그리스도인의 지혜,
신자 시민들의 주요 의무들(1890.1.10. 교황 레오 13세 사회회칙).

sapiéntiæ parum. 좀 부족한 지혜(智慧)

sapientiális, -e, adj. 이지(理智)의, 지혜의, 지혜서의.
libri sapientiális. 지혜서(구약의 잠언, 전도서, 아가, 지혜서, 집회서의 총칭).

sapientialis amplitudo. 지혜적 차원

sapientior, -or, -us, adj. sápíens, -éntis의 비교급,
Posteriores cogitationes sapientiores esse solent prioribus.
뒤에 나온 생각이 먼저 나온 것보다 더 현명한 것이 상례다.

sapientípǒtens, -éntis, adj. (sapiéntia+potens)
매우 지혜로운, 지혜가 뛰어난.

Sapientis est ordinare.(신학자 토마스 아퀴나스, p.107)
질서(秩序)를 주는 것은 지혜로운 사람의 일이다.

Sapientis est propríum, nihil, quod pœnitere possit, gacere. 후회(後悔)할 일은 조금도 안 하는 것이 현자의 특징(特徵)이다.

sapientissimus, -a, -um, adj. sápíens, -éntis의 최상급.
Sapientissimi sapiens confessi sunt se multa ignorare, pauca scire.[탈형동사 문장. 성 염 지음, 고전 라틴어, p.277]
아주 현명한 자들마저도 자기들이 많은 것에 무지하며 적은 것만을 알고 있노라고 종종 자백했다.

Sapientium sapiens.(선유의 천주사상과 제사문제, p.77)
지성(至聖.至聖=지덕을 아울러 갖추어 더없이 뛰어난 성인).

săpĭi, "sápĭo"의 단순과거(pf.=perfectum)

sapin··· V. sappin···

sápĭo, -ívi(ĭi, ŭi) -ěre, intr., tr. 맛이 있다, 맛이 나다, 맛을 가지고 있다, 맛보다, 맛을 알다, 만들이다, 냄새가 나다, 냄새를 풍기다, 같은 티를 내다, (태도.성질 따위가 누구와) 비슷하다, 지혜롭다, 현명하다, 똑똑하다, 잘(제대로) 알다.생각하다, 이해하다, 깨닫다, 사물을 분간할 줄 알다, 바로 판단하다, 생각이 맞다, 생각나다, ···에 마음을 쓰다, ···에 밝다, 정통하다, 훤히 알다.
Cum ames non sapias aut cum sapias non ames.
사랑을 하게 되면 정신을 차릴 수 없을 테고, 정신을 차리고 나면 사랑을 못할 테고···(Publilius Syrus)/
Iste servus sapit hircum ab alis.
저놈의 종 겨드랑이에서 암내가 난다/
Magis sapísset, si dormivísset domi.
그가 집에서 잠이나 잤더라면 더 현명했을 텐데/
Mella herbam eam sápiunt.
꿀들에서 그 풀 맛이(풀 냄새가) 난다/
Núbere vis alqd : sapísti.
네가 아무에게 시집가고 싶어 하는데 잘 생각한 일이다/
Quod amanti sapit Deus super omnia et in omnibus.
사랑하는 자는 모든 것을 초월하여 또 모든 사물에 하느님만을 맛들임(준주성범 제3권 34장)/

S

1143

Quod sapit, nutrit. 맛있는 것이 살로 간다/
Recte ego rem meam sápio.
　내가 내 사정을 제대로 잘 안다/
Scribendi recte sapere est et principium et fons(Horatius).
(=scribendi et principium et fons est recte sapere)
　바로 안다는 것은 글을 쓰는 시작이요 원천이다/
Sapiat et fari possit quæ sentiat.(Horatius).
　본인이 뭐라고 느끼는 지 알아내고 말할 수 있어야 한다/
Si⋯, óleum male sápiet.
　⋯하면 올리브기름의 맛이 나쁠 것이다/
Unguénta, quæ crocum sápiunt. 사프란 향기가 나는 향유.
săpívi, "sápĭo"의 단순과거(pf.=perfectum)
sâpo, -ónis, m. 비누. guttula sapónis. 비눗방울(거품).
sapo medicátus. 약용 비누
saponáceus, -a, -um, adj.
　비누 같은, 비누 성질의, 말만 번지르한.
saponátum, -i, n. 비누거품, 비눗물
saponárĭus, -i, m. 비누 제조인(製造人)
săpor, -óris, m. 맛(味覺), 풍미(風味), 향미(香味),
　맛 좋은 음식, 진미(珍味), 진수(珍羞-맛이 썩 좋은 음식),
　미각(味覺), 냄새, 방향(芳香), (일반적으로) 감관(感官),
　멋(태도나 차림새 따위에서 풍기는 세련된 기품),
　재미, 매력(魅力), 세련미(洗練味- 세련된 맛).
étiam post annum repreæsento víridem sapórem.
　일 년 후에도 싱싱한 맛을 지니다/
homo sine sapóre. 멋없는(싱거운) 사람/
infúsco sapórem. 맛을 가게(변하게) 하다.
Sapor mellis dulcis est. 꿀맛은 달다
saporátus, -a, -um, p.p., a.p. 맛이 든, 맛있는, 양념된
sapóro, -atum -áre, tr. 맛있게 하다, 맛을 내다.
　조미하다(음식 맛을 좋아지게 함), 양념하다, 재미있게 하다.
sapórus, -a, -um, adj. 맛있는, 맛좋은, 재미있는, 풍미 있는
sapp(h)irátus, -a, -um, adj. 청옥(青玉)으로 장식한
sapp(h)irínus, -a, -um, adj.
　청옥(青玉)의, 사파이어의, 청옥색의.
sapp(h)irus, -i, f. 청옥(青玉), 사파이어(鑛.⑨ Sapphire)
sapphísmus(=saphísmus) -i, m. (醫) 여자 동성애,
　여자끼리의 성욕도착증(Sappho와 그 제자들이 즐겼다는 전설에서).
sappíneus(-nĭus) -a, -um, adj. 전나무의
sappínus, -i, f. (植) 전나무(의 일종),
　전나무의 옹이 없는 줄기를 내리 켠 목재(木材).
sapræmĭa, -æ, f. (醫) 패혈증(敗血症- 화농균이 혈액이나
　림프액 속으로 들어가 심한 중독 현상이나 급성 염증을 일으키는 병).
săprus, -a, -um, adj. 썩은, 부패한
săpŭi, "sápĭo"의 단순과거(pf.=perfectum)
Sara 아브라함의 정실부인
　(원래는 사래-"까"로 사라가"까로 바뀌었다. "사라" 참조).
Sarabaita(콥트어) 방랑 수사, 사라바이타(공동체로부터 분리된 이들)
sarabál(l)a, -æ, f. (=sarabállum, -i, n.)
　= sarabára 가랑이가 넓은 persia식 바지.
sarabára, -æ, f. (=sarabaræ, -órum, n., pl.)
　가랑이가 넓은 persia식 바지.
sarcásmos(=sarcasmus) -i, m. 비꼼, 신랄한 풍자,
　야유(揶揄-남을 빈정거리며 놀림. 또는 그런 말이나 짓), 증오에 찬 조롱.
sarcásticus, -i, m. 신랄한 풍자의, 비꼬는
sarcímen, -ínis, m. 옷 깁기, 수리(修理), 수선
sárcĭna, -æ, f. 보따리(sarcinula, -æ, f. 작은 보따리),
　봇짐, 짐, 짐짝, 하물, 뱃속의 새끼, 태아(胎兒),
　짐스러움, 부담, 중책, 걱정, 괴로움, 수고.
　pl. (행군하는) 군인 각자의 분담하물.
sarcínas itíneri apto. 짐을 꾸려 행군할 채비를 하다.
sarcinális, -e, -um, adj. 짐의, 하물 운반의
sarcinárĭus, -a, -um, adj. 짐의, 하물 운반의.
　m. 역축 몰이꾼.
sarcinárĭum juméntum. 하물 운반 역축(役畜).
sarcinátor, -óris, m. (sarcinatrix -icis, f.)
　재봉사(裁縫師), (특히 옷 따위를) 수선하는 사람, 짐꾼.
　(f.) 짐 지키는 여자.

sarcinátus, -a, -um, adj. 짐 진, 짐 실은
sarcinósus, -a, -um, adj. 무겁게 짐 진
sarcínŭla, -æ, f. 작은 보따리(sarcina, -æ, f. 보따리), 봇짐.
sárcĭo, sarsi, sartum, -íre, tr. 깁다, 고치다, 수리하다
　수선하다, 보수하다, (상처를) 아물게 하다,
　보상(補償)하다, 배상(賠償)하다.
sarcolémma, -átis, n. (解) 근섬유초(筋纖維鞘)
sarcóma, -átis, n. (醫) 육종(肉腫-腫瘍), 종양(腫瘍-肉腫)
sarcóphăgum, -i, n. (=sarcophagus¹ -i, m.)
　(조각 따위로 장식한) 石棺, 무덤(μνημείον.⑨ Tomb).
sarcophagus¹ -i, m. 무덤(μνημείον.⑨ Tomb), 석관.
　conditus in sarcophago. 석관 속에 누워 있음(비문에 사용).
sarcophagus² -a, -um, adj.
　고기를 먹는, 육식의, 살을 (빨리) 썩히는.부식시키는.
sarcophagus lapis. 석관용재의 대리석(의 일종)
sarcoplásma, -átis, n. (解) 근형질(筋形質)
sarcósis, -is, f. (醫) 부기(浮氣-부증으로 부은 상태), 부종(浮腫)
sarculátĭo, -ónis, f. 제초(除草), 김매기, 풀 뽑기
sárcŭlo, -ávi, -atum -áre, tr. 제초하다, 김매다
sárcŭlum, -i, n. (=sárcŭlus, -i, m.) 호미(김을 매는 데 쓰는
　농구의 한 가지), 괭이(땅을 파거나 흙을 고르는 데 쓰는 농구의 한 가지).
sarda¹ -æ, f. (魚) 정어리, (鑛) 홍옥수(紅玉髓)
Sarda², -æ, f. Sardínia 여자
sardínĭa, -æ, f. (魚) 정어리
sárdĭus, -i, m. (鑛) 홍옥수(紅玉髓)
Sardónĭa herba, -æ, f. (植) 미나리아재비(의 일종)
sárdŏnyx, -ychis, m., f. (=sárdónychus, -i, m.)
　(鑛) 붉은 무늬 마노(瑪瑙-석영의 한 가지).
sargus, -i, m. ((魚)) (이집트 근해에서 나는) 숭어(의 일종)
sarĭi, "sárĭo"의 단순과거(pf.=perfectum)
sárĭo, -ívi(-íi, -úi) -itum -íre, tr.
　제초(除草)하다, (호미로 두 벌) 김매다.
sarís(s)a, -æ, f. Macedónĭa인들의 긴 창(槍)
sarís(s)óphŏrus, -i, m. saríssa 창으로 무장한 군인
sarítĭo, -ónis, f. (두 벌) 김매기, 제초(除草)
sarítor, -óris, m. 김매는 사람
saritórĭus, -a, -um, adj. 김매기의
saritum, "sárĭo"의 목적분사(sup.=supínum)
sarivi, "sárĭo"의 단순과거(pf.=perfectum)
saritura, -æ, f. (두 벌) 김매기
sarmática hiems. 엄동설한(嚴冬雪寒)
Sarmáticum mare. 흑해(黑海)
sarmentícĭus, -a, -um, adj. (포도) 나뭇가지의.
　m., pl. 섶나무 불에 화형 당한 그리스도교 순교자들.
sarmentósus, -a, -um, adj.
　넌출이 무성한, 덩굴이 많은(있는), 섬복지가 많은.
sarméntum, -i, n. 포도넌출, 포도나무의 햇가지,
　포도나무의 (쓸데없는) 곁가지.삭정이,
　(일반적으로) 나뭇가지.
　immísĭo sarmentórum.
　　포도가지를 (자르지 않고 남겨 두어) 자라게 함.
Sarmentum præcisum nonne in ignem mittitur?
Habe formam, sed in radice. Quomodo autem
radicamini, ut non eradicemini? 잘린 포도덩굴은 불에
　던져지지 않겠습니까? 그대, 겉모양을 지니도 뿌리 속에서
　지니십시오. 뿌리 뽑히지 않으려면 어떻게 뿌리 내려야
　합니까?.(최익철 신부 옮김. 요한 서간 강해. p.131).
sarpo, sarpsi, sarptum, -ère,
　전지(剪枝)하다, (포도나무 따위를) 가지 치다.
Sarrácum, -i, n. 짐마차, 하물 운반차, (天) 대웅좌
sárrĭo, sarrit⋯ V. sário, sarit⋯
Sarrogium, -i, n. 사로거움.
　[중세기 아우구스티노 참사회의 수도복. 검은 투니카(수단) 위에 양어깨에
　흰 천을 앞뒤로 늘어드린 옷. 백민관 신부 엮음. 백과사전 3. p.434].
sarsi, "sarcio"의 단순과거(pf.=perfectum)
sartágo, -gĭnis, f. 프라이팬(⑨ frypan), 냄비, 번철
sártĭo, -ónis, f. 두 벌 김매기
sartor¹ -óris, m. (sartrix, -ícis, f.) 재봉사(裁縫師),

옷 깁는 사람(여자), 수선(보수) 하는 사람(여자).
sartor² -óris, m. = saritúra
sartum, "sarcio"의 목적분사(sup.=supínum)
sartura¹ -æ, f. 옷을 기움, 수선(修繕), 수리(修理)
sartura² -æ, f. = saritúra
sartus, -a, -um, p.p., a.p. (sarcio) 기운(옷 따위), 고쳐진,
　수리된, (상처가) 아문, 회복된(우정 따위),
　(주로 건축 따위가) 하자 없는, 잘 손질된, 잘 보관된,
　고스란한(축나거나 변하거나 하지 않고 그대로 온전한), 이지러지지 않은.
　Sarta tecta tua præcepta usque hábui.
　　나는 너의 훈계들을 계속 잘 명심하고 있다/
　sarta tecta. 잘 손질 된 건물(建物).
sarui, "sário"의 단순과거(pf.=perfectum)
sat(=satis), adj. indecl. 넉넉한(ἱκανὸς), 충분한(ἱκανὸς),
　상당한(ἱκανὸς), 꽤 많은, 필적(匹敵) 하는.
　dii, quibus sat esse non quem.
　　나로서는 필적할 수 없는 그런 신들/
　Exspectáre sat est. 기다리는 것으로 족하다/
　Pérdere posse sat est. 망하게 할 수 있고도 남는다.
sat est. 넉넉하다, 충분하다(교교).
Sat funera vidimus. 우리는 꽤 많은 시체들을 보았다
sat habére. 만족하다
sat pœnæ. 충분한 벌(罰)
sat testium. 상당수의 증인(證人)들
sat(=satis), adv. 넉넉히, 충분히, 상당히,
　어지간히, 꽤, 만족할 만큼, 실컷.
　Non sat scio. 나는 그다지 잘 알지 못 한다/
　Verbum sat sapienti.
　　현명한 사람에게는 말 한마디면 충분하다.
sat bonus. 꽤 좋은
Sat cito si sat bene. 결과가 좋다면 늦지 않는다.
sat diu. 꽤 오래
săta, -órum, n., pl. 씨 뿌린 땅, 경작지, 농작물, 밀밭.
satagite, 원형 sátăgo, (egi, satis), -ĕre, intr. (satis+ago)
　[명령법 단수 2인칭 satage, 복수 2인칭 **satagite**].
　Fratres, magis satagite, ut firmam vestram vocationem
　et electionem faciatis. 형제 여러분, 여러분이 받은
　　소명과 선택이 굳건해지도록 애쓰십시오(성경 2베드 1, 10)/
　Ut certam vocationem sicut et electionem, faciatis,
　satagite, et a peccatis estote. 너희들은 성소와 선택을
　　확실히 얻기 위하여 애쓰고, 죄에서 벗어나도록 하라.
satágĭto, -áre, intr. 하려고 힘쓰다, 애쓰다
satágĭus(-éus), -a, -um, adj. (sat+ago) 안간힘쓰는, 애쓰는
sátăgo, (egi, satis), -ĕre, intr. (satis+ago) 골몰하다,
　분주(奔走)하다, 여념이 없다, 전력을 다한다,
　열성을 내다, 힘쓰다, 노력하다, 애쓰다, 고생하다,
　고전하다, 채무이행을 힘껏 하다, 빚돈을 갚다.
　satagéntibus(equítibus) occúrrrere.
　　고전하는 기병들을 지원(支援)하다.
satago circa frequens ministérĭum.
　시중들기에 골몰하다(루카 10, 40).
satan, m., indecl. (=sátănas, -æ, m.)
　원수(怨讐).⑨ Enemy), 적대자, 마귀(魔鬼.⑨ Demon),
　악마(惡魔), 마왕, 사탄(נּשׂ Σατανάς.⑨ Satan),
　Abrenuntias satanæ? Abrenuntio.
　　마귀를 끊어버립니까? 끊어버립니다.
　Et omnibus operibus eius? Abrenuntio.
　　마귀의 모든 행실을 끊어버립니까? 끊어버립니다.
　Et omnibus pompis eius? Abrenuntio.
　　마귀의 영광과 체면을 끊어버립니까? 끊어버립니다/
　Vade retro Satana. 사탄아 물러가라(Retro Satana!).
Satanas expetivit vos ut cribraret triticum.
　사탄이 너희를 흔들기를 마치 밀을 까부르는 듯이 하리라.
satanismus, -i, m. 마귀 숭배(⑨ Worship of Satan),
　사탄주의(⑨ Satanism), 악마주의(dæmonismus, -i, m.).
satēgi, "sátăgo"의 단순과거(pf.=perfectum)
satélles, -lĭtis, f., m. 근위병(近衛兵), 친위병, 호위병,
　경호원(警護員), 경찰관, 수행원(隨行員), 종자(從者),

(심복) 부하, 동료, 조수, 공범자, 동조자. (天) 위성.
régii satéllites. 근위대(近衛隊=satellítĭum).
satellítĭum(-cĭum) -i, n. 근위대(regii satellites),
　친위대(親衛隊), 보호(保護.⑨ Defense), 호위(護衛).
satiábĭlis, -e, adj. (active) 배부르게 할 수 있는,
　만족시키는, 포만(飽滿)하게 하는,
　(passive) 배부를 수 있는, 넘칠 수 있는,
　포만(만족) 할 수 있는, 가득 채워질 수 있는.
satiánter, adv. 배불리, 실컷(ad satietatem)
sátias, -átis, f. (=satíetas) 푸짐함, 다량(多量),
　풍족한 양(量), 풍부(豊富), 실컷 함,
　(포만에서 오는) 싫증, 권태, 혐오, 지긋지긋함.
satiáte, adv. 배불리, 실컷
satiemur, 원형 sátĭo¹ satiávi, satiátum, satiáre.
　[수동형 접속법 현재.
　단수 1인칭 satier, 2인칭 satieris, 3인칭 satietur,
　복수 1인칭 **satiemur**, 2인칭 vmini, 3인칭 satientur]
　Ubi fore sperámus.
　ut simul glória tua perénniter satiémur.
　　저희도 거기서 주님의 영광을 영원히 함께 누리게 하소서.
sátĭes, -éi, f. 포만(飽滿-일정한 용량에 넘치도록 가득 참), 푸짐함,
　풍성(豊盛), 풍부(豊富). ad sátiem. 배불리, 푸짐하게.
satíetas, -átis, f. 풍부한 분량, 다량, 다수, 풍성, 풍부,
　배부름, 만복(滿腹-배가 잔뜩 부름), 포만(飽滿), (동물의) 똥,
　싫증(싫은 생각), 권태(倦怠-게으름이나 싫증), 지긋지긋함,
　혐오(嫌惡-싫어하고 미워함), 물림.
　ad satietátem. 충분히, 실컷, 배가 터질 정도로/
　cibi satietas. 음식에 물림/
　Mirum me desiderium tenet urbis, incredibile memorum
　atque in primis tui, satietas autem provinciæ.
　　(로마) 도시에 대한 이상한 그리움이 나를 사로잡고,
　　나의 식구들 특히나 당신에 대한 믿기지 않는 그리움이
　　나를 사로잡았으며 더군다나 시골에 대한 싫증이
　　나를 사로잡았소.(성 염 지음. 고전 라틴어. p.3)/
　usque ad satietátem. 싫증나도록.
satillum, -i, n. 소량(小量)
satin…? (=satísne…?) 넉넉하냐? …지 않는단 말이냐?,
　충분히(정확히.틀림없이.정말로) …냐?.
satin sanus es, qui me, id rógites?
　네가 나한테 그것을 조르다니, 너 정말 네 정신이냐?.
Satin salve? 별고 없느냐?, 잘 지내느냐?
Satin tu sanus es? 너 정말 제 정신이냐?
　Sic sum, ut vides. 보시다시피 이렇게 멀쩡하다.
sátĭo¹ satiávi, satiátum, satiáre, tr. 배부르게 하다,
　배불리 먹이다, (식욕을) 채우다, (시장기.갈증을) 풀다,
　(욕망 따위를) 채우다, 충족(만족) 시키다, 싫증나게 하다,
　직성 풀리게 하다, 지긋지긋해지게 하다, 물리게 하다,
　(많은 비.눈이) 흠뻑 내리다, 가득 차게 하다,
　담뿍 주다(넣다), 한껏 가지게(누리게) 하다,
　(물감 따위를) 흠씬 물들게 하다,
　(냄새 따위를) 물씬 풍기게 하다.
　(pass.) **satiári** 싫증나다, 지긋지긋해지다.
　agrícola satiátus arátro. 쟁기(질)에 싫증난 농부/
　alqd óleo satio. 어디에 기름을 잔뜩 바르다/
　desideria naturæ. 식욕을 채우다/
　satiári lúmine Phœbi. 햇빛을 담뿍 받다/
　satiátus somno. 실컷 자고 난 /
　satim satio. 갈증을 풀다/
　solum stércore satiátum. 거름을 듬뿍 준 땅/
　Utrum non potest satiáre judex.
　　판사(判事)가 두 사람 다 만족시킬 수는 없다/
　vultur satiátus humáno cadávere.
　　사람의 시체로 배를 불린 독수리.
sátĭo iram. 화풀이를 하다
sátĭo² -ónis, f. 파종(播種), 식부(植付), 식목, 꺾꽂이, 재배지
sationális, -e, adj. 재배하기에 알맞은
sátĭra, -æ, f. 풍자시(諷刺詩), 풍자문, 풍자극, 풍자,
　(여러 가지 운율과 내용을 가진) 혼합 시(混合詩).

S

1145

satírĭcus, -a, -um, adj. 풍자시의, 풍자적, m. 풍자시인
satirógrăphus, -i, m. 풍자시인(諷刺詩人)
satis(=sat) adj., indecl. 넉넉한(ἱκανός), 충분한,
　필요한 만큼의, 만족스러운, 꽤 많은, 더 나은, 더 이로운,
　(명사적 용법) 넉넉함, 충분함, 상당량.
　De María numquam satis? 마리아에 대해 아무리 말해도
　충분치 않다(이러한 표현은 근거 없이 클레르보의 베르나르도가 했다고
　여겼다. 베르나르도의 마리아 신학은 역설적이게도 그녀에 대한 예찬보다는
　그리스도의 어머니의 겸손에 대해 더 초점이 맞춰진다. 그럼에도 불구하고 형식은
　그 시대에 만연한 마리아 신심에 중점을 둔다. 유봉준 옮김. 마리아. p.56).
　Ego virtúte deum et majórum nostrórum dives sum
　satis : non ego omníno lucrum omne esse inutíle hómini
　existĭmo. 나는 신들과 우리 조상들 덕택에 넉넉할 만큼
　부유하다. 나는 재물이 사람에게 전적으로 무익하다고는
　생각지 않는다(성 염 지음. 고전 라틴어. p.396)/
　Erit hæc terra… sátior. 이 땅이 더 나을 것이다/
　Neque óculis próspicio sátis.
　나는 눈도 잘 보이지 않는다/
　Non satis exáctum, quid agam.
　나는 아직 어떻게 할지 결정하지 못했다/
　ornaménta étiam legióni, nedum míliti, satis multa.
　군단에게도 과하지만 더구나 일개 사병에게는
　너무 과한 장식/
　quibus autem satis est, non mihi, sed Deo mecum
　gratias congratulántis agant. Amen. Amen. 넉넉하다고
　보는 사람은 내게 감사할 것이 아니라 나와 함께 기뻐
　하면서 하느님께 감사드릴 일이다. 아멘, 아멘(신국론. p.2731)/
　Sátius est mihi interíre.
　죽여 버리는 것이 내게는 더 낫다/
　témporis satis habére. 충분한 시간을 가지다/
　ultra, quam satis est. 충분한 것 이상으로(quam² 참조).
satis ac nímium boni. 충분하고도 남는(과남한) 행복
Satis Cógnitum. 충만한 인식
　(1896.6.29에 발표된 레오 13세의 회칙으로 "교회론"이 잘 요약되어 있다.)
Satis eloquéntiæ, sapiéntiæ parum erat in Catilína.
　카틸리나에게는 웅변술은 넉넉한데 지혜가 부족하였다.
Satis erat respóndere. 대답하는 것으로 충분했다.
Satis habebátis ánimam retinére.
　너희는 목숨이 붙어 있는 것만으로도 만족해하였다.
satis habére. 만족하다
Satis hoc tibi est. 네게는 이것이 넉넉하다.
Satis putant vítio carére.
　그들은 결함(缺陷)이 없는 것으로 넉넉하다고 여긴다.
satis(=sat) adv. 넉넉히, 충분히, 필요한 만큼, 상당히,
　매우(자못), 잘, 그런 대로, 원만히, 꽤, 어느 정도.
　sátius, comp. 차라리, 오히려, 더 낫게.
　Ego istuc satis scio. 나는 그것을 충분히 잘 알고 있다/
　Sumus satis fortes ut vos serváre possímus.
　우리는 너희 모두를 보호해 줄 수
　있을 만큼 충분히 강력하다.
satis ago(=sátago) 힘쓰다, 애쓰다, 고생하다, 고전하다
satis aquæ. 넉넉한 물(nuda vada. 물이 마른 여울)
satis bene. 꽤 좋게, 어지간히, (pl.) 상당히 잘
satis bonus. 그런 대로 좋은
satis Cognitum, 교회일치(1896.6.29.), 충만한 인식(認識),
　충분히 인식된 사실(1896. 6.29. 교황 레오 13세가 반포한 회칙).
Satis eloquéntiæ, sapiéntiæ parum.
　충분한 웅변(雄辯)이지만 좀 부족한 지혜(知慧).
Satis est. 넉넉하다, 만족(滿足)이다
satis offérre. 보증인(保證人)을 세우다
satis pœnárum. 충분한 벌
Satis superque dictum est. 충분하고도 남을 만큼 말했다.
Satis superque dixi. 나는 (그 일에 대해서) 충분히,
　아니 그 이상 발언을 했다.
satis superque vixísse. 넉넉히 그리고 너무 살았다
satisdátĭo, -ónis, f. (⑨ giving security)
　f. 담보제공(擔保提供), 보증(保證), 변제(辨濟).
satísdáto, adv. 보증하고, 보증인을 세워
satísdător, -óris, m. 담보인(擔保人), 보증인(保證人)

satísdo(satis do) -dědi -dátum -dăre, tr., intr.
　보증하다, 담보(擔保)하다.
Satisféci magístro.
　나는 선생님의 마음을 만족시켜 드렸다.
satisfácĭo(satis fácĭo) -féci -fáctum -ěre, intr.
　만족시키다, 만족을 주다, (뜻.소원 따위를) 채워주다,
　충족(充足)시키다, (약속.의무 따위를) 이행하다,
　할 일을 다 하다, 만족스럽게 하다, 충분히 해내다,
　…에 충분하다, 변제하다, 빚 갚다, 채무를 이행하다,
　사과(사죄)하다, 배상(보상)하다, 벌을 치르다,
　속죄(贖罪)하다, 보속(補贖)하다, 보증(保證)하다,
　충분히 보여주다.증명하다, (신에게) 제사 드리다.
　Opěram dabo, ut tibi satisfáciam .
　나는 네게 만족(滿足)을 주도록 노력 하겠다/
　Satisfíeri póstulat ille sibi.
　그는 자기에게 사과(謝過)할 것을 요구한다/
　Virtútem satisfácio beátæ vitæ conténdimus.
　우리는 덕행이 생활을 충분히
　복되게 해준다고 주장하는 바이다.
satisfácĭo condiciōni. 조건을 충족시키다
satisfáctĭo, -ónis, f. 만족(滿足), 충족(充足), 만족감,
　변제보증, 담보제공, 진사(陳謝-까닭을 밝히며 사과의 말을 함),
　사과(謝過), 사죄(謝罪-자신이 지은 죄에 대하여 용서를 빎),
　보상(補償-어떤 것에 대한 대가로 갚음. ⑨ Reparátĭon),
　대리보상(代理報償), 배상(賠償-남에게 입힌 손해를 물어 줌),
　대속*(代贖.λυτρόn.⑨ redemption/atonement),
　속죄*(獨 Sühne.⑨ Atonement/Expiátĭon),
　보속*(補續-넓은 의미로는 끼친 손해의 '배상compensátĭo' 및 '반환restitútĭo'을
　뜻하며, 그리스도교 신학에서 보속은 지은 죄를 적절한 방법으로 '보상'하거나
　'대가를 치르는 것'을 의미한다).
　Imputátĭo Satisfactiónis Christi.
　그리스도의 보상의 전가(프로테스탄 주장).
Satisfáctĭo Christi. 그리스도의 충만한 보상(補償)
satisfáctĭo substitutíva. 대리 보상(가톨릭 思想 第4輯. p.83)
satisfáctĭo vicária. 대리 속죄, 대속
satisfactionális, -e, adj. 사과하는 내용의
satisfactórĭus, -a, -um, adj.
　보속(補贖)의, 속죄(贖罪)의, 벌을 사면(赦免)해 주는.
satispássĭo, -ónis, f. 일시적 속죄소.
　(이 세상에서 죄에 대한 보속을 다 하지 못한 영혼이 천당에 들기 전 일시적으로
　자기 죄벌을 정화하는 곳. 즉 '연옥'을 말한다. 백민관 엮음. 백과사전 3, p.435).
sátĭus, adj., n. ; adv., comp. 더 나은, 더 낫게, 차라리
satius est mihi interíre. 죽어버리는 것이 내게는 더 낫다
satívus, -a, -um, adj.
　심어서(씨 뿌려) 가꾼, 재배된, 경작된, 재배의.
săto, -ávi, -áre, tr., intens. 열심히 씨 뿌리다, 계속 심다
sător, -óris, m. 씨 뿌리는 사람, 심는 사람. 재배자,
　창시자, 창조자, (낳아준) 아버지, 장본인, 주동자, 주모자.
sator-Arepo. 싸또르 문자표
sátrăpa(=satrapes) -æ(-p(e)s, -pis)m.
　(속국.식민지의) 총독(總督),
　(고대 Pérsia 제국의) 지방총독, 태수(太守).
sátrăp(e)s, -pis, m. (속국.식민지의) 총독(總督),
　(고대 Pérsia 제국의) 지방총독, 태수(太守).
satrapéa(=satrapía) -æ, f.
　(고대 Pérsia 제국의) 총독의 통치지역.
satúllo, -áre, tr. 배부르게 하다
satúllus, -a, -um, adj. 배부른, 배불리 먹은
satum, "sero⁴" 의 목적분사(sup.=supínum)
satum, -i, n. (유태인들의) 곡물 용량 단위(약12ℓ)
sătur, -tŭra -tŭrum, adj. 배부른, 배불리 먹은, 포식한,
　포만한, 만족한, 흐뭇한, 살찐, 풍요한, 풍성한, 그득한,
　수확이 많은, (빛깔이) 짙은, 진한, 풍부한 내용의,
　ire, quo satúris solent. 뒤보러 가다(점잖은 표현).
sătŭra, -æ, f. (여러 가지 법규.법안의) 일괄처리,
　순대(다진 고기에 포도 잣 기타 여러 가지를 으깨어 섞어 넣은 순대),
　혼합시(混合詩 =sátira), 풍자시(諷刺詩).
Sátŭra quidem tota nostra est.
　풍자문학(諷刺文學)은 전적으로 우리 (로마인의) 것이다.

saturábĭlis, -e, adj. 배불릴 수 있는,
만족(滿足) 시킬 수 있는, 포화될 수 있는.
saturámen, -mĭnis, n. 배불림, 식량(食糧)
saturamini, 원형 sáturo, -ávi, -átum -áre,
[명령법. 수동형 현재 단수 2인칭 saturare,
수동형 현재 복수 2인칭 saturamini].
Ite in pace, calefacimini et saturamini.(야고 2, 13).
평안히 가서 몸을 따뜻이 녹이고 배불리 먹으시오(성경).
saturánter, adv. 충분히(non parum), 완전히,
물리도록, 실컷(ad satietatem)
saturátĭo, -ónis, f. 배불리(실컷) 먹임, 포화상태(飽和狀態)
saturátor, -óris, m. 배불리 먹이는 사람
saturátus, -a, -um, p.p., a.p. 포식한, 배불리 먹은,
함빡 젖은.머금은, 잘 염색된, (빛깔이) 짙은, 진한,
homines saturati honoribus. 높은 벼슬에 만족한 사람들/
rosa saturáta vernis róribus.
봄 이슬을 함빡 머금은 장미/
saturátĭor color. 더 짙은 빛깔.
saturéja, -æ, f. (**saturéja**, -órum, n., pl.) 꿀 풀과의 다년초
saturéja coreána. (植) 층층이 꽃
satúrĭtas, -átis, f. 배부름, 배불리 먹음, 만족(滿足),
충족(充足), 포만(飽滿-일정한 용량에 넘치도록 가득 참),
(빛깔의) 짙은 농도, 풍부, 풍성(豊盛), 배설물, 똥.
Ubi saturitas, ibi libido dominatur.
포식이 있는 곳에 음란이 지배된다(성 예로니모).
Saturnálĭa, -ĭum(-iórum), n., pl. *Satúrnus* 축제
(매년 12월 17일부터 3일 내지 7일 동안 큰 잔치를 베풀고 선물도
서로 보내곤 했으며 노예들도 쉬게 하고 잔치 상에 앉혔음)
명절, 축제소동, (3월1일에 거행되는) 부인들의 *Mars* 축제,
Non semper erunt saturnalia. 날마다 명절일 수는 없다/
secúndis saturnálibus. *Satúrnus* 축제 제2일에.
Satúrni dies. 토요일
saturnísmus, -i, m. (醫) 연중독(鉛中毒)
Satúrnus, -i, m. (天) 토성(Satúrnia stella),
이탈리아 농사의 신(교부문헌 총서 15, 신국론, p.448).
sátŭro, -ávi, -átum -áre, intr. 가득 차다.
tr. 배부르게 하다, 배불리 먹이다, 먹여 살리다,
(시장기를) 풀다, (식욕을) 채우다(ㅁㅁ), 배불리 먹다,
만족시키다, (욕망.감정을) 충족시키다,
흐뭇해지게 하다, 만끽하게 하다, 흠뻑 젖어들게 하다,
머금게 하다, (물.거름 따위를) 흠뻑 주다,
(송진.기름 따위를) 잔뜩 먹이다.바르다,
진하게 염색(染色)하다(ㅁㅁ), 흠씬 물들이다,
꽉 들어차게 하다, 채우다, 포만(飽滿)하게 하다.
hómines saturáti honóribus. 높은 벼슬에 만족한 사람들.
sátus¹ -a, -um, p.p. 심은, 씨 뿌려진, 씨에서 싹터 난,
태어난, (누구에게서) 태어 난, 후예인.
sátus² -us, m. 씨 뿌림, 심음, 식부(植付-나무나 풀을 심음),
씨, 종자, (아버지가) 낳음(해산), 생산, 출생, 혈통.
sátyra¹ -æ, f. (=**sátira**) 풍자극(諷刺劇), 풍자(諷刺),
풍자시(諷刺詩-사회의 죄악상이나 불미스러운 점을 풍자한 내용의 시).
satyra² -æ, f.
납작코 여자, 암 원숭이(simius, -i, m. 숫 원숭이).
satyríãsis, -is, f. ((醫))
(남자의) 황음증(荒淫症), 병적인 성욕 항진.
satýrĭchos, adv. 풍자(諷刺)하여, 풍자적(諷刺的)으로
satýrĭcus, -a, -um, adj.
(반인반수인) Sátyrus 신의, 풍자적(諷刺的), 풍자의.
Satyrus, -i, m. *Bacchus* 신의 동료인 숲의 신(상반신은
인간. 하반신은 염소의 모습을 하고 술과 여자를 좋아함), 호색가(好色家).
sauciátĭo, -ónis, f. 상처(傷處) 입힘,
상해(ㅁㅁ.傷害-남의 몸에 상처를 내어 해를 입힘).
sáucĭo, -ávi, -átum -áre, tr. 타박상(打撲傷)을 입히다,
(때려.찔러.할퀴어) 상처 내다, 상해(傷害)하다,
(뿌리.가지 따위를) 베다(ㅁㄱ), 잘라내다,
(땅을) 파 일으키다, 죽이다, 살해(殺害)하다,
마음 상하게(아프게) 하다, 감정(感情)을 해치다,
(명예 따위를) 훼손(毁損-체면이나 명예를 손상함)하다.

sáucĭus, -a, -um, adj. 상처 입은, 부상당한, 다친,
타격 받은, 훼손된, 손상된, 긁힌, 할퀸, 쪼개진,
(도끼 따위에) 찍힌, 깨진, (햇볕에) 녹은(얼음),
(술 따위에) 취한, 자극(刺戟)된, 병든, 앓는, 탈이 난,
고생하는, 마음(감정) 상한, 화가 난, 마음 언짢은,
상심(傷心)한, 불안한, (공포에) 질린, (피로에) 지친,
사랑에 병든(멍든.배반당한). m., pl. 부상자, 부상병.
bélua male sáucia. 굶주림에 허덕이는 야수(野獸)/
jánua potórum sáucia rixis. 술꾼들의 싸움으로 부서진 문/
sauciórum hábĭtā ratióne. 부상자들이란 점을 감안하여/
suo saucius ense látus. 자기 칼에 옆구리를 찔려 다친/
Milites saucii pugna excedebant. 부상당한 병사들은
전쟁터에서 물러났다.[분리. 제거, 결여, 박탈, 면제, 부재, 혹은 단념을
뜻하는 동사는 전치사 ab. ex와 함께, 혹은 전치사 없이 탈격을 취한다].
Saul(=m. **Saul**, -ulis). indecl. 사울(Σαoὺλ)
Saulus, -i, m. 사도 Paulus의 옛 이름
saura, -æ, f. (動) 도마뱀
saurix, -ĭcis, m. (動) 올빼미
saxátĭlis, -e, adj. 바위틈(사이)에서 사는, 바위에 나는,
바위의, 돌의. m., n., pl. 바위틈에서 사는 바닷물고기.
imber saxatilis. 비처럼 쏟아지는 돌/
piscátus saxatilis.
바위틈에 있는 물고기를 손으로 잡는 고기잡이.
saxétum, -i, m. 돌 많은 땅, 자갈밭
sáxĕus, -a, -um, adj. 암석의, 바위의, 돌의, 돌로 된,
돌로 만든, 대리석의, 돌같이 굳은, 딱딱한, 냉혹한,
목석같은, 무정한. tecta sáxea. 대리석 가옥.
sáxĕus pons. 돌다리
saxícŏla, -æ, m. (saxum+colo²) 우상 숭배자
sáxĭfer, -ĕra, -ĕrum, adj. (saxum+fero)
돌을 운반하는(던지는).
saxificus, -a, -um, adj. (saxum+fácio)
돌이 되게 하는, 암석으로 변하게 하는.
saxífrăga, -æ, f. (植) 범의 귀
saxifragáceæ, -árum, f., pl. (植) 범의 귀과 식물
saxífragus, -a, -um, adj. (saxum+frango) 바위를 깨는
saxígénus, -a, -um, adj. (saxum+gigno)
암석에서 나는, 돌끼리 부딪쳐서 생겨나는(불꽃 따위)
sáxĭtas, -átis, f. (바위의) 경질(硬質), (돌같이) 굳음.
((醫)) (종기.조직 따위의) 경화(硬化).
saxórum asperitátes. 울퉁불퉁한 바위
saxósus, -a, -um, adj. 암석이 많은, 바위(돌) 투성이의,
바위틈에서 나는(사는), 바위 많은 곳에서 자라는,
바위 깔린 계곡을 흐르는. n., pl. 바위(돌) 많은 곳.
sáxŭlum, -i, n. 작은 바위
saxum, -i, n. 바위, 암석(岩石), 돌덩이, 큰 돌, 암산,
암벽, 벼랑, 암초, 대리석, 성벽. pl. 바위 많은 곳,
Amnis volvit saxa. 강물이 큰 바위들을 굴린다/
fluctus plangentes saxa. 바위에 부딪치는 파도/
Fundæ saxa pluunt.
많은 줄팔매가 돌을 비처럼 내리퍼부었다/
induco pontem saxis. 바위 위에 다리를 걸쳐놓다/
manuále saxum. 손으로 던질 수 있는 돌/
Nonne vides etiam guttas in saxa cadentes umoris
longo in spatio pertundere saxa.(Lucretius).
바위에 떨어지는 이슬방울들도 기나긴 세월이 지나면
바위를 뚫는다는 것을 자네는 알지 못하는가?/
porcum saxo silice percutere. 돌멩이로 돼지를 때리다/
Saxa ingéntia fluctus trahunt.
파도가 큰 바위를 휩쓸어 간다/
Saxa magna a sevis vestris sæpe portata sunt.
커다란 돌들이 너희 노예들에 의해 빈번히 날라졌다.
saxa magni ponderis. 대단히 무거운 바위들/
Saxa navis provehit. 배가 바위들을 실어 나른다/
saxa recta.(rectus 참조) 깎아지른 듯한 암벽(岩壁)/
saxa rotantia. 구르는 바위들/
saxórum asperitates. 울퉁불퉁한 바위/
traho naves in saxa. 배를 바위 있는 데로 끌다/

S

1147

transeo in humum saxúmque. 흙과 돌로 변하다.
saxum silex. 차돌 바위(silex, -lícis, m. 차돌)
Saxum vólvere.(속담) 바위를 한없이 반복해서 굴려
올리다(Sisyphus의 이야기-아무리 힘들어하고 또 해도 쓸데없는 헛수고만 한다).
S.C. = senátus consúltum
scabéllum(=scabíllum) -i, n. 발판, 발 돋음,
발로 밟아 소리 내는 캐스터네츠 비슷하게 생긴 타악기,
발 딱따기(주로 무대에서 피리 주자가 썼음).
scáber, -bra -brum, adj.
우툴두툴한, 껄껄한, 껄끄러운, 거칠거칠한, 옴 오른,
세련되지 못한, 조잡한, 더러운, 불결한, 지저분한.
scábi, "scábo"의 단순과거(pf.=perfectum)
scábídus, -a, -um, adj. 옴 오른, 개선(疥癬)의, 옴 같은,
부스럼 난, 딱지 앉은, 근질근질한.
scábíes, -éi, (=scábia, -æ,) f. 껄껄함, 껄끄러움,
우툴두툴함, 주물(鑄物) 따위의 거칠거칠한 표면돌기.
(醫) 옴(개선, 개창), 습진(濕疹), 부스럼(딱지),
(양.소, 때로는 사람에게 생기는) 개선(疥癬),
(나무 열매 껍질에 생기는) 부패 병,
유혹, …하고 싶음, 강렬한 욕망(慾望), 색정(色情)
scabíllum = scabéllum
scábío, -ávi, -áre, intr. 옴 오르다, 개선으로 고생하다
scabíŏla, -æ, f. 유혹(誘惑).⑨ Temptátĭon)
scabiósa, -æ, f. (植) 체꽃
scabiósus, -a, -um, adj. 우툴두툴한, 거칠거칠한, 옴 오른,
개선(疥癬) 투성이의, 진 무른, 부스럼 딱지가 많이 앉은.
scabitúdo, -dínis, f. 몹시 가려움, 소양(搔痒)
scábo, scábi, -ére, tr. 긁다, 우비다, 비비다, 문지르다,
긁어 파다. mútuum scabo. 서로 치켜세우다.칭찬하다.
scabrátus, -a, -um, adj. 깔쭉깔쭉한, 매끈하지 않게 잘라진
scabrédo, -dínis, f. 짓무름, 습진(濕疹), 옴(개선, 개창),
개선(疥癬→옴. 옴벌레의 기생으로 생기는 전염성 피부병),
녹슬어 거칠거칠함.
scábrĕo, -ére, intr. 거칠다, 껄껄하다, 우툴두툴하다
scabres, -éi, f. = scabrítia
scábrĭtas, -a, -um, adj. = scaber
scabrítĭa, -æ, (scabrítĭes, -éi) f. 우툴두툴함,
거칠거칠함, 깔깔함, 껄껄함. (醫) 습진(濕疹),
(醫) 옴(개선, 개창-옴벌레의 기생으로 생기는 전염성 피부병).
scabrósus, -a, -um, adj. 우툴두툴한, 거칠거칠한,
조잡한, 더러운, 지저분한, 추잡한.
scæna, -æ, f. 무대(舞臺), 무대장치.배경, 극장,
연극, (특히) 비극, 무언극, 각본, (연극 따위의) 장면,
상연, 광경, 정경, 장관(壯觀), 구경거리, 화려한 행렬,
겉치레, 허울, 과시(誇示), (사건 따위의) 현장, 전모,
조작극, 음모(陰謀), 대중 앞, 활동무대, 정자나무 그늘,
(웅변 연습의) 연단, 관람석, 정자(亭子), 천막(天幕).
scænális, -e, adj. 무대의, 배경의, 연극의
scænárĭus, -a, -um, adj. 무대의, 배경의, 연극의.
n. 배경(背景), 무대장치.
scænáticus, -i, m. 등장인물(登場人物)
scénica, -æ, f. 배우(俳優)
scénicus, -a, -um, adj. 무대의, 배경의, 극장의, 연극의,
희곡의, 각본의, 연극에서의, 연극에서 쓰는, 배우의,
연극 같은, 연극에나 있을, 거짓으로 꾸민, 조작된, 가짜의.
m., f. 배우(俳優, artifices scenici.).
De ludis scænicis, in quibus dii non offenduntur editione
suarum turpitudinum, sed placantur. 신들이 자신들의
추행 공연에 분노하기는커녕 오히려 무라되는 공연축제.
(교부문헌 총서 17, 신국론. p.2746).
De scænicorum institutione ludorum. 공연 축제의 제정.
(교부문헌 총서 17, 신국론. p.2744).
scænofactórĭus, -a, -um,
adj. (scæna+fácĭo) 천막 제조(업)의.
scænográphia, -æ, f.
원근도(원근화법), 투시도(透視圖), 무대 배경 장식법.
scæptrum, -i, n. = sceptrum
scæva¹ -æ, m. 왼손잡이

scæva² -æ, f. 징조, 불길한 전조, 흉조(凶兆-불길한 조짐)
scǽvĭtas, -átis, f. 서투름, 재간 없음, 不幸(ㄲ,ㄲㄲ),
불운(不運), 재수 없음, 불길(不吉-운수 따위가 좋지 아니함).
scǽvus, -a, -um, adj. 왼편의, 왼쪽에 있는, 왼손잡이의,
서투른, 재간 없는, 우둔한, 미련한, 시시한, 못된,
고약한, 불길한, 불리한, 불운의, 불길한.
scála, -æ, f. [scalæ, -árum, f., pl.] (주로 pl.로 사용)
사다리, 계단, 층계, (집의) 층, (계단의) 단.
De ascensione mentis in Deum per scalas rerum
creaturarum. 피조물들의 사다리를 통해서 하느님께로
가는 정신의 상승에 대하여(벨라르민 추기경 지음)/
gallinária scala. 홰로 오르는 작은 사다리/
infero scalas ad mœnia. 사다리를 성벽에 갖다 대다/
Scalis hábito tribus. 나는 3층에 살고 있다.
scala Claustrálium. 수도승들의 사다리
scala Iacobi. 야곱의 사다리(야곱의 사다리나 일반 사다리는 철학자들과
신비가들이 영혼의 정화와 상승을 기술하는 비유로 빈번하게 사용해 왔다).
Scala Perfectiónis. 완덕의 단계(힐턴 1343~1396 지음)
Scala prædicamentalis. 설명서 사다리
Scala Sancta(=Scala Pilati). 거룩한 계단, 빌라도 계단,
티로(Tyro. 옛 페니키아 항구도시) 산 대리석으로 쌓은 28계단.
(로마 라테라노 대성당 옆에 있다. 전승에 따르면 이 계단은 그리스도가 사형
선고를 받고 걸어 내려온 계단이라고 하며, 성녀 헬레나가 예루살렘의 빌라도
관저에서 가져다 전해진다… 지웅현 신부 엮음, 백과사전 3, p.439).
scaláris, -e, adj. 사다리의, 층계의, 계단의.
n.(pl.) 원형극장의 관람석으로 올라가는 계단.
scalárĭus, -i, m. 사다리(층계) 만드는 사람
scalénus, -a, -um, adj. (機) 부등변의. (解) 사각근의.
m. 사각근(斜脚筋-목 근육의 한 가지, 숨을 들이쉬는 일을 돕는 구실을 함).
scalmus, -i, m. 노걸이(뱃전에 손아 있는 노를 끼우는 나무 못),
놋좆(→노걸이), 노받이, 노, 작은 배.
scalpéllum, -i, n.(=scalpéllus, -i, m.) 외과용 작은 칼,
작은 해부도, 바소(破鍼-곪은 데를 째는 침), 피침,
란셋(피침披針.바소.⑨ lancet), (책장 찢는) 주머니칼.
scalpo, -psi -ptum -ĕre, tr. 긁다, 비비다, 문지르다,
긁어내다, 후벼내다, 파내다(ㄲㄲ), 깎아내다, 간질이다,
(칼.끌.정 따위로 얕은) 새기다, 조각(彫刻)하다.
scalprátus, -a, -um, adj. 날이 있는 날카로운
scalprum, -i, n. (=scalper, -pri, m.) 날 서있는 연장,
(세화공.조각용) 칼(劍.ㄲㄲ.⑨ dagger/sword),
끌, 정, (가지 치는) 낫, 해부용 칼,
란셋(피침披針.바소.⑨ lancet-양날의 끝이 뾰족한 의료용 칼),
(갈대 펜 깎는) 주머니 칼, 구두방구 칼.
scalpsi, "scalpo"의 단순과거(pf.=perfectum)
scalptor, -óris, m. 조각사(彫刻師), 인각(印刻)하는 사람
scalptórĭum, -i, n. (손 모양의) 등긁이
scalptum, "scalpo"의 목적분사(sup.=supínum)
scalptúra, -æ, f. 새김, 조각술(彫刻術), 새겨 놓은 모양,
조각품, 인각(印刻-나무.돌.쇠붙이 따위에 그림이나 글자를 새기는 일)
scalpu(r)rígo, -gínis, f. 긁어줌, 긁어서 시원하게 함
scalpú(r)rĭo(=scalptúrĭo) -íre, tr. 긁다, 긁어내다,
우비다(구멍이나 틈의 속을 긁어내는 것), (닭이) 발로 파헤치다
scamus, -a, -um, adj. 다리가 안쪽으로(X字形으로) 휜
scamma, -átis, n. 씨름, 격투(激鬪), 경기(競技),
(도랑을 둘러 팠거나 새끼줄 따위로 둘러친) 씨름판, 격투장.
sca(m)mónĭa(-éa) -æ, f. (植) 스카모니아(메꽃의 일종)
scamnum, -i, n. 발판, (딛고 올라서는) 승강대, 디딤대,
의자, 벤치, (팔걸이.등받이 없는) 걸상, 좌석,
옥좌(⑨ Throne), 왕위, 왕권, 제대 오른쪽의 복사석,
(앉을 수 있을 만큼) 충분히 굵은 나뭇가지,
(밭의) 두둑, 길이 보다 폭이 넓은 땅.
scándala, -æ, f. = scándula
scandalízo, -ávi, -átum -áre, tr. 걸려 넘어지게 하다,
(누구에게) 나쁜 본보기를 보이다, 악의 길로 유인하다,
죄짓게(죄에 떨어지게) 하다, 죄의 기회를 만들어 주다,
못마땅하게 여기게 하다, 비위에 거슬리게 하다.
Beatus est quicumque non fuerit scandalizatus in me.
나에게 의심을 품지 않는 사람은 참으로 행복하다.
scándălum, -i, n. 걸려 넘어지게 하는 돌.장애물,

S

악한 본보기, 죄짓게 하는 언동.유혹(유혹).자극,
남에게 죄의 기회가 되는 언행, 추문(醜聞),
망신감, 의옥(疑獄-죄가 있는지 없는지 의심스러워 판결하기 어려운 형사 사건. 대규모의 정치적 뇌물수수 사건의 경우).
걸림돌([영] Scandal), 악한 표양(表樣.[영] Scandal).
Et quos dixit non pati scandalum, aut non facere? diligentes legem Dei. 걸림돌에 시달리지도 않고 걸림돌을 놓지도 않는 사람은 누구이겠습니까? 하느님의 법을 사랑하는 사람입니다.(최익철 신부 옮김, 요한 서간 강해, p.99)/
Illi ergo patiuntur scandalum, qui relinquunt aut Christum aut Ecceliam. 그리스도나 교회를 버리는 사람 사람이야말로 걸림돌로 말미암아 고통을 받는 사람들입니다.(최익철 신부 옮김, 요한 서간 강해, p.95)/
Illi ergo qui scandalum patiuntur, pacem perdunt. 걸림돌에 시달리는 사람은 평화를 잃어버립니다/
Pacem multam dixit eis qui diligunt legem Dei, et ideo non eis esse scandalum. 하느님의 법을 사랑하는 사람에게는 큰 평화가 있고, 그래서 그들에게는 걸림돌이 없다는 말입니다.(최익철 신부 옮김, 요한 서간 강해, p.99)/
Qui sunt qui patiuntur scandalum, aut faciunt? Qui scandalizantur in Christo et in Ecclesia. 걸림돌로 말미암아 고통 받는 사람이나 걸림돌을 놓는 사람은 누구입니까? 그리스도와 교회 안에서 걸려 넘어지는 사람들입니다.(최익철 신부 옮김, 요한 서간 강해, p.95)/
Si tenueris caritatem, nec in Christo scandalum patieris, nec in Ecclesia. 그대가 사랑을 지니면 그리스도 안에서도 걸려 넘어지지 않을 것이고, 교회 안에서도 그러할 것입니다.(최익철 신부 옮김, 요한 서간 강해, p.95).

scandalum actívum diréctum. (직접 능동적 악 표양) 의도적으로 남에게 범죄의 기회를 주는 언행.

scandalum actívum indiréctum. 의도적은 아니더라도 가능성을 예견하면서 범죄의 기회를 주는 언행.

Scandalum Crucis. 십자가의 수치(羞恥)

Scandalum es mihi.([영] You are a hindrance to me) 너는 나에게 걸림돌이다.(마태 16, 23).

scandalum passívum accéptum. 보는 사람 편에서만 죄의 기회가 될 수 있는 (남의) 언행.

scandalum passívum datum.
그 자체로서 남에게 범죄의 기회가 될 언행.

scandalum pharisáicum. (위선적 악 표양) 바리사이(위선)적으로 해석하여 판단하는 나쁜 본보기

scandalum publicum. 공개적인 추문(醜聞), 공적 추문

scandalum pusillórum. 소심자의 눈에 주관적으로 비친 나쁜 본보기(보는 사람의 연소.무지.도덕적 허약 때문에 죄의 기회가 되는 남의 언행).

scandens, -éntis, p.prœs., a.p. 기어오르는, 올라타는, 높아지는, 높이 떠오르는, 높은, 우뚝 솟은.

scandi, "scando"의 단순과거(pf.=perfectum)

scando, -di -sum -ĕre, intr., tr. (기어) 오르다, 올라가다(ילע.אלע.סור.מיר), 올라타다, (물결 따위가) 높아지다, (해가) 높이 떠오르다, (두려움 따위가) 커지다, (시를) 운율적으로 읽다, 운각(韻脚)으로 나누다.

scándŭla, -æ, f. (=scíndŭla) 지붕을 이는 엷은 판자, 지붕 널, (나무) 너와, 스펠트 밀(미국의 개량종 밀).

scánsĭlis, -e, adj. (나무 따위의) 기어오를 수 있는, (길.층계 따위의) 올라가는.

scansilis annórum lex. (인생의) 고비가 되는 나이 , 일정한 나이에 닥치는 액년(厄年-운수가 사나운 해).

scánsĭo, -ónis, f. 기어오름, 올라감, 올라탐, 낮은 음에서 높은 음으로 올라감, 음정의 상행, 시(詩)의 운율 분석(운율에 맞춰 읽기), 장단 맞춘 낭송.

scăpha, -æ, f. 쪽배, 마상이(거룻배 따위의 작은 배), 종선, 거룻배(돛을 달지 않은 작은 배. 거도선, 소선).

scaphárĭus, -i, m. 거룻배 사공(沙工), 쪽배 사공

scáphĭum(=scápĭum), -i, n. 쪽배 모양의 그릇.술잔, 반구형의 태양 시계, 요강(방에 두고 오줌을 누는 그릇).

scăpho, -ónis, f. 거룻배 이물의 밧줄

scáphŭla, -æ, f. 쪽배, 작은 거룻배, 목욕통

scáprĕo, -ére = **scábreo**

scápŭla[1] -æ, f. 어깻죽지, 견갑골(肩胛骨-어깨뼈), 견갑, 어깨, 등, (드물게) 날개, 기계장치의 (어깨에 해당하는) 윗부분, 산등성이.

scápŭla[2] -æ, f. 포도의 일종

scapulare, -is, n. 수도자의 소매 없는 겉옷(어깨에 걸쳐 앞뒤로 길게 늘어 뜨려 입는데 수도회에 따라 약간씩 다름), 스카풀라([영] scapulars).
(교회가 승인한 스카풀라레는 18가지인데 이중 다섯을 겸용할 수 있다. 즉 가르멜 산의 갈색, 수난의 붉은 색, 7고의 검은 색, 원죄 없으신 잉태의 청색, 삼위일체의 백색이다. 백민관 신부 엮음, 백과사전 3, p.440).
[scapulare는 일할 때 입는 일복으로서 시대에 따라 변천되어 왔기에 정확한 모양은 알 수 없다. 스카풀라레는 아마 일할 때 "Cucula" 대신 입는 옷으로 일하기 편하게 꾸꿀라를 변형시킨 것 같다. 오늘날의 수도복의 명칭은 규칙서에 나오는 명칭과는 다르다. 수단 위에 모자 달린 '스카폴라레'를 입고 꾸꿀라는 공동 기도석에서나 전례 거행 시에 '스카폴라레' 위에 입는 풍성한 옷이다. 베네딕도 수도규칙, 제55장, p.203].

scapulare Beatæ Mariæ Virginis. 성모성의(聖母 聖依)

scāpus, -i, m. (초목의) 줄기(צִקְצָר), 대, 엽병(葉柄.잎자루.꽃자루), 화경(花莖.잎자루.꽃자루), 포도 알의 꼭지, 기둥 몸, 주신(柱身-기둥의 몸), 저울대, 촛대, (직조기의) 바디, 음경(陰莖).

scapus pili. 모간(毛幹-털의, 피부 표면에 노출되어 있는 부분)

scarabǽus(=scarabeus) -i, m.
(蟲) 풍뎅이(taurus[1]-i, m.)의 일종, 신성투구풍뎅이.

scarifátĭo(=scarificátĭo) -ónis, f. (醫) 난자법(亂刺法), (나무껍질에 낸) 조판, 밭고르기, 간단한 경작.

scarífico(=scarífo), -ávi, -átum -áre, tr.
살짝 째다(터트리다), 바소 따위로 절개하다, 난자법(亂刺法)으로 절개(切開)하다,
scarífare dolórem. 아픔을 난자법으로 가시게 하다/
scarífare gingívas. 잇몸을 살짝 긁어 째다.

scarífus, -i, m. (醫) 바소(파침破鍼-곪은 데를 째는 침), 난절도, 란셋(醫-피침披針.바소.[영] lancet-양날의 끝이 뾰족한 의료용 칼).

scariph··· = **scarif**···

scarlatína, -æ, f. (醫) 성홍열(猩紅熱)

scărus, -i, m. (魚) 놀래기(의 일종, 로마인들이 좋아하던 고급 생선)

scátĕbra, -æ, f. 샘솟음, 용솟음, 분출(噴出), 용솟음치는 물, 용출(湧出-물이 솟아남) 하는 샘터, 쏟아져 나오는 무리.떼.

scatebrósus, -a, -um, adj. 많은 물이 용솟음치는

scátĕo, (tui) -ére, (**scáto**, -ĕre) intr. 샘솟다, 용솟음치다, 분출(용출)하다(נבע), 많이 있다, 가득 차 있다, 충일(充溢)하다, 득실거리다, 우글거리다, 쏟아져 나오다, 부글부글 끓다, 부글거리다.
puer festivíssimis argútiis. 희색이 만면한 소년.

scatur(r)ex, -rĭgis, m. 용솟음치는 샘, 풍부한 원천,

scatur(r)iginósus, -a, -um, adj. 풍부하게 쏟아져 나오는

scatur(r)igo, -ginis, m. 용솟음치는 샘, 수원(水原), 샘물, (개미 따위의) 우글거리는 떼.

scatur(r)io, -ívi -íre, intr. 샘이 솟다, 솟아나다, 넘쳐 있다, 분출(용출)하다, 쏟아져 나오다, 우글거리다, 가득하다.
Ibi de terrā óleum scáturit.
그곳에서는 땅에서 기름이 솟고 있다/
Summi scatúrient montes.
여러 높은 산에서 샘들이 솟아날 것이다/
vita peccátis scatúriens. 죄들로 가득 차 있는 생활.

scaturīvi, "scatur(r)io"의 단순과거(pf.=perfectum)

sceda(=scheda=schida) -æ, f. 종잇장, 책장(冊張)

sceleráte(=sceleratim) adv. 불경하게, 흉악(凶惡)하게

sceleratior, -or -us, adj. sceleratus, -a, -um의 비교급

sceleratissimus, -a -um, adj. sceleratus, -a, -um의 최상급

scelerátor, -óris, m. 악한(惡漢), 흉악범.

scelerátus, -a, -um, p.p., a.p. 악행(죄악)으로 더렵혀진, 죄악이 저질러진(장소 따위), 흉악한, 극악무도한, 비인도적인, 고약한, 몹쓸, (신에게) 불경한, 불효막심한, 패륜한, 불충한, 끔찍한, 지독한, 교활한, 간교한, 비참한, 천벌 받은, 불운한, 비운의, 불행한, 죽음의 길로 가는 치명적인, 해로운, 독성의, 유독한.
Et sceleratis sol oritur. 죄 많은 인간들에게도 태양은 뜬다.

S

scelérĭtas, -átis, f. 범죄, 악행(惡行.⑨) evil deed)
scelerósus, -a, -um, adj.
　흉악한, 악덕의, 고약한, 몹쓸, 천벌 받을.
sceléstus, -a, -um, adj. 죄악적인, 흉악한, 몹쓸.
　고약한, 악독한, 극악무도한, 패륜한, 천벌 받을.
　불운한, 불행한, 비참한.
　Et sceleratis sol oritur.(Seneca).
　　사악한 죄인들에게도 태양은 떠오른다.
scĕlus, -lĕris, n. 흉악한 범죄(犯罪),
　악행(惡行.⑨) evil deed), 대죄(⑨ Mortal sins),
　죄악(罪惡.⑨) Lawlessness), 불법(不法.ἀνομία),
　(신에게 대한) 불경(不敬.ἀσέβεια.⑨) Irreligion),
　모독(冒瀆), 패륜(悖倫), 재앙(災殃), 재해(災害),
　(동식물의) 독성, (죄에 대한) 벌, 불행, 불운, 불상사,
　악한짓(惡漢), 깡패, 고얀 놈(년).
　alqm in scélere. 아무를 범죄현장에서 체포(逮捕)하다/
　apertum scelus. 대낮에 저지른 불법(不法)/
　Avarítĭa sæpe scelerum fons est.
　　탐욕(貪慾)이 흔히 범죄들의 원천이 된다/
　citra scelus. 죄가 안 되는/
　Cui prodest scelus, is facit.(Publilius Syrus)
　　범죄에서 이익을 보는 사람, 그가 (범행을) 저지른다/
　expéndo scelus. 죄의 대가(代價)를 치르다/
　fúriæ víndices scélerum. 흉악범에 대한 광적인 복수/
　Hoc cum confiteris, scelus concedis.
　　네가 이것을 수긍하는 것은 즉 유죄를 인정하는 것이다/
　impello alqm ad scelus. 누구를 죄로 유인하다/
　Non intellegis quos homines et quales viros mortuos
　summi sceleris arguas? 그대는 이미 고인이 된 어떤
　　인물, 어떤 위인들을 두고 최악의 죄명(=반역죄)을
　　뒤집어씌우고 있는지를 깨닫지 못하고 있소/
　Nunquam scelus scelere vincendum est.
　　결코 범죄는 범죄로 복수되어서는 안 된다/
　Pro scelus! 끔직도 하여라/
　vis egestas injustitia solitudo infamia. hocin sæclum!
　o scelera, o genera sacrilega, o hominem inpium.
　　폭력에다 가난에 불의에다 고독에다 수치라!
　　빌어먹을 세상, 저 못된 짓, 천벌 받을 종자,
　　양심 없는 남자 같으니!.
　　　　　　(성 염 지음. 사랑만이 진리를 깨닫게 한다. p.458).
scelus deprehensum. 발각(發覺)된 범죄
Scelus est odisse parentes.
　부모를 미워한다는 것은 죄악이다.
scelus naturæ. 천재(天災)
Scenopégĭa, -æ, f. (=Scenopegia, -órum, n., pl.)
　장막절, 장막 축일(帳幕祝日=초막절. 요한 복음 7, 2),
　초막절(חֹכּוֹת.帳幕祝日, 출애 34, 22. 요한 7, 2).
scepticísmus, -i, m. (哲) 회의론(懷疑論), 회의주의
scéptĭcus, -a, -um, adj. 회의적인, 회의론자의,
　회의학파의, 신앙교리를 의심하는.믿지 않는.
　m., pl. 회의학파(懷疑學派), Pyrrho의 제자들.
scéptrĭfer(=scéptrĭger) -ĕra, -ĕrum, adj.
　(sceptrum+fero, gero) 왕장(권장)을 잡고 있는.
scéptrum, -i, n. (왕권의 상징인) 왕장, 왕홀(王笏),
　권장(權杖-왕권의 상징 혹은 권력의 상징인 지팡이),
　지휘봉(Augustus 시대에 황제.개선장군.집정관 등이 지니는 상아로
　만든 지휘봉), (주로 pl.) 왕권, 왕위, 통치권(統治權)
sceptra pædagogórum. 훈장의 회초리
sceptúchus, -i, m. 왕장(王杖) 잡은 사람,
　권병(權柄) 가진 동방의 고관.
Schamanísmus, -i, m. 샤머니즘(⑨ shamanism).
　(시베리아 북부의 원주민 사이에서 시작되어 극동 지방으로 전해진 원시
　종교의 한 형태. 샤면, 곧 무당이나 박수가 신 내린 상태에서 신령이나 죽은
　이의 영혼을 불러내어, 길흉의 판단이나 예언 따위를 하게 하는 종교.
　샤먼-퉁구스만주어로 '아는 사람'이라는 뜻의 shaman에서 유래를 중심
　으로 하는 종교현상. 시베리아인과 우랄 알타이어족의 종교와
　세계 다른 민족들의 유사한 종교에서 병자를 고치고 저 세상과 의사소통
　하는 능력을 지녔다고 믿는 인물이다).
schéda(=sceda=schida) -æ, f. 책장(冊張), 종잇장
schédĭos(-us), -a, -um, adj. 급조의, 즉석에서 만든.

즉흥의, 임시변통의. n. 즉흥시(卽興詩).
　f. (파선했을 때의) 뗏목(배).
schédŭla, -æ. f. 쪽지, 종잇조각, 투표용지,
　표(nota, -æ, f.), 일람표(一覽表).
Schedula deversarum artium. 공예 개설
Schedula substantialis. 생활비 보고서(아우구스티노회)
schēma, -ătis, n. (=schēma, -æ. f.) 옷 (차림), 복장,
　자세, 태도, 틀, 형(型), 본보기, 형식, 양식, 도식,
　도표(圖表), 도형(圖形), 윤곽(輪郭), 약도(略圖)
　초안, 안, 계획(計劃), 일람표, 개략(槪略), 개요(槪要),
　대요(大要), (체계적인) 요점 초록, (삼단 논법의) 격,
　천체의 위치도, (점성술의) 천상도.
　De schematibus et tropis. 강세와 비유론(베다 지음)/
　De schematibus et tropis Sacræ Scripturæ.
　　성경의 강세와 비유론(베다 지음-세속적 웅변술의 스승들이
　　찬양하는 수사학의 그 모든 절묘함에 비해 성경 문체가 지닌
　　아름다움과 성경의 우위성에 대해 설명)/
　Penultimum Schema. 끝에서 두 번째 초안.
Schema Constitutiónis de sacrórum alumnis
formandis. 신학생 양성을 위한 현장 초안(憲章草案).
Schema Decreti de Vocátiónibus ecclesiasticis
fovendis. 교회 소명의 육성을 위한 교령 초안.
schema musculare. 근육도면(筋肉圖面)
schema versiónis. 번역 초안(飜譯草案)
schemátĭcus, -a, -um, adj. 비유적 표현의, 본보기대로의,
　형식대로의, 획일적인, 한결같은, 도식으로 나타낸,
　도표의, 초안의, 개략(槪略)의, 간략(簡略)한.
schematísmus, -i, m. 비유적 표현(比喩的 表現),
　도식화, 도식론, 형식(획일) 주의(獨.uniformísmus),
　개관(槪觀), 개요, 직원 명부, 성직자.수도자 명부.
schida = scheda = sceda
schídĭa, -æ, f. 대팻밥, 끌밥, 대리석 파편,
　(목수.석수가 다듬을 때 떨어지는) 나무 부스러기.
Schintoísmus, -i, m. 신도(神道.⑨) Schintoism)
　(일본인과 일본 사회의 대표적인 신앙체계).
schīnus, -i, f. (植) 유향나무(=lentíscus)
schisma, -ătis, n. 분리(χωρισμὸς), 분열(⑨ Divisions),
　의견대립, 분파, 이교(離敎-그리스어 '베어낸다'에서 유래한다),
　교회 분리(교황 권위에 대한 불인정.복복종).

	sg.	pl.
Nom.	schisma	schismata
Voc.	schisma	schismata
Gen.	schismatis	schismatum(-órum)
Dat.	schismati	schismatibus(-is)
Acc.	schisma	schismata
Abl.	schismate	schismatibus(-is)

　　　　　　(허창덕 지음. 중급 라틴어, p.12)
　Quam multi se in hæresibus et schismatibus martyres
　dicunt! 심지어 이단자와 열교자 가운데 얼마나 많은 사람
　　들이 스스로 순교자라고 떠들고 있습니까/
　Quos autem urit Ecclesia tamquam luna per noctem?
　Qui schismata fecerunt. 그렇다면 밤중에 달빛에 타듯이
　　교회로 말미암아 타는 사람은 누구입니까? 열교를 만든
　　사람들입니다.(최익철 신부 옮김. 요한 서간 강해. p.97)/
　Unde enim facta sunt schismata? Cum dicunt homines:
　Nos justi sumus: 열교는 어디에서 생겨나는 것입니까?
　　'우리는 의로운 사람이다'라고 말할 때 생겨나는
　　것입니다.(최익철 신부 옮김. 요한 서간 강해. p.83)/
　Unde venit in mentem, fratres mei, dicere vobis quia illi
　violatores caritatis schisma fecerunt.
　　나의 형제 여러분, 사랑을 거스르는 사람이 열교를 일으
　　켰다는 사실을 말씀드려야겠다는 생각이 들었습니다.
Schisma donatistarum. 도나투스 열교.
　[디오클레티아누스 황제의 박해(303~305년) 때, 그리스도인은 배교의 표지로
　성경을 비롯한 거룩한 책을 당국에 '넘겨주(tradere) 했고, '넘겨준 이들'
　(traditores)은 글자 그대로 '배교자'(traditores)가 되었다. 혹독한 박해가 끝나자,
　카르타고의 대부분에선 체칠리아누스는 서둘러 주교품을 받고 공석이던 카르타고
　주교좌에 올랐다. 그러나 도나투스는 누미디아의 주교들과 더불어 체칠리아누스의
　주교 서품식을 공동 집전한 주교 셋 가운데 압톰기의 펠릭스가 배교자라고 주장
　하며 체칠리아누스의 서품을 무효화했으며, 마침내 대립 주교 마요리누스를
　카르타고에 앉혔는데, 이것이 바로 도나투스 열교의 시작이다. 도나투스파는

가톨릭 교회 전체를 '배교자들'이라고 몰아붙이며 끊임없이 자신들을 합리화하였다.
교부 문헌 총서 19. 최익철 신부 옮김. 요한 서간 강해. p.463]

Schisma Laurentianum. 라우렌시우스 분리교

Schisma Magnum(⑨ Great Schism). 분리교 대란, 대이교

Schisma Magnum Occidentale.
서방 분리 대란, 서구 대이교(⑨ western schism).

schisma Maximianorum. Maximianus 열교(裂敎)
(막시미아누스 열교는 도나투스파에서 다시 갈라져 나간 파당으로, 카르타고의
도나투스파 부제였던 Maximianus가 그 주인공이다. 자신의 주교 프리미아누스
에게서 쫓겨난 Maximianus는 100여 명의 도나투스파 주교들이 모인 교회회의
(373년)에서 카르타고의 도나투스파 대립 주교로 선출되었다. 이때 프리미아누스는
300명의 도나투스파 주교들과 함께 Maximianus과 그 서품자들을 단죄하고,
Maximianus 열교와 재통합을 추진하였다(394년). 도나투스파는 효과적인 재통합을
위해 Maximianus 열교를 '재세례(rebaptisma)' 없이 자신들의 교회에 받아들
였는데, 이는 도나투스파가 처음부터 줄기차게 주장해 온 성사론의 원리를 스스로
뒤집는 것이었다. '시편 상해' 36: 최익철 신부 옮김. 요한 서간 강해, p.104].

Schisma Orientale. 동방이교(⑨ Eastern Schism)

schismáticus, -a, -um, adj. 분리의, 분열의, 이교의.
m. 이교자(離敎者), 이교 신봉자(離敎 信奉者).

schistos, -a, -um, adj. 갈라지는, 쉽게 쪼개지는, 분리된

schizophrenia, -æ, f. 인격 분열증(백민관 신부. 백과사전 3, p.443)

schistosóma, -átis, n. 주혈흡충(동물 혈관 속에 기생하는 虫).

schistosomíátis, -is, f. (醫) 주혈흡충병(住血吸虫病)

schœniculæ, -árum, f., pl.
(등심초 향유로) 천한 화장을 한 매춘부(賣春婦)들.

schœnóbátes, -æ, m. 줄 타는 광대(petauristárîus, -i, m.)

schœnus, -i, m. (=schœnum, -i, n.) 등심초 향유,
골풀(植-등심초라고도 한다. 들의 물가나 습지에서 자란다.).

schŏla, -æ, f. (=scola) 수업, 수업시간, 강의, 강좌,
학술토론, 학급, 학원, 학파, 조합, 단체, 화랑, 연병장,
Angelus Scholarum. 학교들의 수호자/
elementária schola. 초등학교/
In scholâ sumus, ut litteris studeámus.
　우리는 학문을 연구하기 위해 학교에 있다/
In schola tabula est. 학교에 흑판이 있다/
Nolebamus, discipulos tædĕret scholæ.
　우리는 학생들이 수업을 싫어하는 것을 원치 않았다/
Pervenérunt in scholam. 그들은 학교에 도착하였다/
scholam frequénto. 학교 다니다/
Schoras habebant dissentientes, et templa communia.
　학파는 다르면서 공통된 신전을 두고 있었다.

Schola Alexandrina. 알렉산드리아 학파

schola Amoris. 사랑의 학교

Schola Antiochena. 안티오키아 학파

schola cantórum.(⑨ Choirs.獨 Schola) 성가대, 성가학교,
합창학교, 성가를 가르치는 곳.
노래학교(교황 그레고리오 1세 설립), 음악학교(cantoria, -æ, f.),
성가대(⑨ choir, chorus, -i, m.), 성가대석, 가대(歌臺).
(1) 성가나 합창곡을 가르치거나 훈련시키는 학교를 뜻하며 전례 음악을 체계적으
로 교육하기 위해 설립되었다. 이미 10세는 가능하다면 4세기에 생겨나 20세기
초까지도 존속했던 합창 학교를 계속 이어갈 것을 권하였다.
(2) 공적 경배를 바치는 동안 전례 음악을 노래하는 선발된 성가대원들이며 특히
어려운 성가나 작품을 예술적으로 표현하는 사람들을 가리킨다. 그들은 전례
회중이 성가를 잘 부르도록 이끌어 가는 사람들이기도 하다. 전례사전. p.273].

schola cantus. (주로 그레고리안) 성가시간

schola capitularis(episcopalis). 참사회 학교

schola catechetica. 교리 학교

schola catechetica parœcialis(⑨ Sunday School).
주일학교(主日學校).

schola cathedralis. 주교좌 성당학교, 주교좌 학교

schola catholica. 가톨릭 학교

schola claustralis. 수도회 학교(修道會 學校)

schola dominicalis(⑨ Sunday School). 주일학교.
[영국 교회의 Robert Raikes(1735~1811) 신부가 1780년 자기 성당에 처음 창설.
지방 어린이들이 주일에 버려진 채로 지내는 것을 안타깝게 생각해 주일에 성당
에 학교를 창설해 성서, 읽고 쓰기, 그 밖의 초등교육 실시.
백민관 신부 엮음. 백과사전 3, p.576].

schola dominici servitii. 주님의 봉사대(분도회의 표어)

schola elementaris. 기초학교(基礎學校)

schola episcopalis(cathedralis). 주교좌 부설학교

schola exterior. 외부인들을 위한 외부학교

schola extraneórum 외국인 강좌(토마스 아퀴나스 수사 p160)

schola generalis. 일반학교(一般學校.학원)

Schola Hillel. 힐렐 학파(⑨ school of Hillel)

---

schola interior claustri. 수도자들을 위한 원내 학교

schola Ioniæ. 이오니아학파(⑨ Iónische school)

schola media. 중등학교(중학교와 고등학교)

schola monachalia. 수도원 학교

schola monastica. 수도원 부설학교

schola monasterialis. 수도원 학교(⑨ Monastic school)

schola pagana. 세속학교(世俗學校)

schola palatina(palatii). 궁정 학교, 궁중 학교

schola parochialis. 성당부속학교

Schola Perfectionis. 완덕 학업기
(예수회 수련 3기 회원들의 공부기간.)

schola presbyteralis. 성당 부설학교

schola primaria. 초등학교(初等學校)
(elementaria schola/ludus litteraius.).

schola privata. 사립학교(私立學校)

schola professionalis. 직업학교(職業學校)

schola publica. 공립학교(公立學校)

Schola Romana. 로마 학파

schola romantica. 낭만파(浪漫派)

schola Shammai.
샴마이 학파(שׁמַּאי.⑨ school of Shammai).

schola superîor. 고등학교, 상급학교

schola technica. 기술학교(技術學校)

schola tyranni. 티라노 학원, 디란노 학원
(사도 바오로가 에페소에 있을 때 2년 동안 매일 설교하던 장소. 사도 19, 9).

Schola vacat. 학교 수업이 없다

scholæ bestiarum. 원형 경기장(圓形 競技場)

scholáris, -e. adj. 학교의, 학원의, 학교에 관한

scholasterium, -i, n. (=seminaristicum) 신학교 유지세.
(1563년 트리엔트 공의회가 정한 각 교구 신학교의 유지비 마련책의 하나로 각
교구 주교와 주교좌 성당 참사원은 신학교 유지세를 내도록 정했다.
백민관 신부 엮음. 백과사전 3, p.445).

scholasticatus, -i, m. (수도회의 철학, 신학의) 연학기,
연학 수사관, 연학원(백민관 신부 엮음. 백과사전 3, p.446).

scholasticus¹ -a, -um, adj. 학교의, 학원의, 학구적,
학문적, 수사학의, 웅변술의, 연설법의,
스콜라학(철학.신학)의, 스콜라학적.
philosophía scholástica. 스콜라 철학.

scholasticus² -i, m. 수사학가, 학자, 선비, 연학 수도자,
웅변술(연설법) 강사.선생(훈련된 노천 같은 데 모인 청중
을 대상으로 하였음), 고전학자, 문법학자, 수도회의 수학수사,
스콜라학의 학자, 신앙 교리를 학문으로 체계화한 스승,
학사관(Magister Scholarum/ Cancellarius),
(욕실) 얼간이 샌님, 반거들충이.

Scholastica Franciscana. 프란치스코회 스콜라학파

scholiástes(-ta) -æ, m. 고전 주석자, 평주자(評註者)

schólîon,(scholium, -i,) -i, n. 주석(註釋.⑨ Exegesis),
평주(評註), (희랍.로마의) 고전의 난외주해(欄外註解).

scholium scholia. 난외주해(欄外註解), 주석(註釋).
(옛 사본her 난외에 비평, 문법, 설명 등을 적어 넣은 주해의 글. 고대 그리스
학교에서 이런 작업을 많이 했다. 백민관 신부 엮음. 백과사전 3, p.449).

S.C.I. Congergatio Sacerdotum a Sacro Corde Iesu,
Herz-Jesu-Priester. 예수 성심 성직 수도회.

sci. 원형 scîo, scîvi(îi), scîtum, scîre, tr.
[명령법 현재. 단수 2인칭 **sci,** 2인칭 scite]

sciámus, 원형 scîo, scîvi(îi), scitum, scîre, tr.
[접속법 현재. 단수 1인칭 sciam, 2인칭 scias, 3인칭 sciat,
복수 1인칭 **sciamus,** 2인칭 sciatis, 3인칭 sciant].
Per te sciámus da Pátrem, noscámus atque Fílium;
　당신을 통하여 성부를 알게 해주시며,
　또한 성자도 알게 해주소서.

Sciant sacerdotes scripturas sacras et canones.
사제들은 성서와 법조문들을 숙지(熟知)해야 한다.

scîca, -æ, f. 좌골(坐骨)

scîadeus, -êi, m. (魚) 송어의 일종(수컷)

sciǽna, -æ, f. 송어(암놈)

sciagráphîa, -æ, f. 투시도(법)

sciátîcus, -a, -um, adj. 좌골(坐骨)의, 좌골신경통의.
n.(f.) 좌골 신경통(神經痛).

scibam, impf. (古) = sciébam

S

scíbĭlis, -e, adj. (사람의 지식으로) 알 수 있는, (사람의 지식으로) 이해될 수 있는.

scibo, scibis, = 古 sciam, scies.

scīda, -æ, f. = sceda.

scīdi, 원형 scindo, scīdi, scissum -ěre, "scindo"의 단순과거(pf.=perfectum).

scĭens, -éntis, p.prœs., a.p. 아는, 알고 있는, (무엇에 대한) 지식이 있는, (가끔 prudens, videns와 함께 씀) 고의의, 일부러 하는, 짐짓 하는, 잘 아는, 유식한, 정통한, 전문 지식(知識)이 있는, 능숙(能熟)한.
   Scienti igitur bonum facere et non facienti, peccatum est illi!(㉹ So for one who knows the right thing to do and does not do it, it is a sin) 그러므로 좋은 일을 할 줄 알면서도 하지 않으면 곧 죄가 됩니다.(성경 야고 4, 17).

scĭénter, adv. 알면서, 일부러, 고의로(consulte, adv.), 잘 알고, 유식하게, 전문지식을 가지고, 능란(능숙)하게.

scĭéntĭa, -æ* f. 앎(㉹ Knowledge), 학식(學識), 숙지, 지식(㉹ Intellect/Knowledge/Science), 정통, 조예, 학문, 학술, 학, 과학, 전문적인 지식체계, 이론(理論), 원리(原理), 기술(技術), 인지(認知), 인식,
   Contra eos, qui dicunt ea, quæ infinita sunt, nec Dei posse scientia. 무한한 것은 하느님의 지식으로도 파악되지 않는다는 주장을 반박함(교부문헌 총서 17, 신국론, p.2786)/
   De essentia et scientia et utriusque amore. 존재와 인식 그리고 양편의 사랑(교부문헌총서 17, 신국론, p.2782)/
   De qualitate scientiæ, quæ dæmones superbos facit. 정령들을 오만하게 하는 지식(교부문헌 총서 17, 신국론, p.2774)/
   Divini Amoris Scientĭa. 하느님 사랑의 학문(교서 1997.10.19.)/
   Donum scientĭa. 지식의 은사(恩賜)(성령 칠은의 하나)/
   Et sic patet scientiam esse formam animæ, et sanitatem corporis. 그래서 건강이 신체의 형상이듯이 지식은 영혼의 형상임이 분명하다.(지성단일성. p.79)/
   in scientĭa mundana. 세속적인 학문/
   instruo alqm scientĭá. 누구에게 지식을 가르치다/
   Ipsa scientĭa potestas est. 아는 것 그 자체가 힘이다/
   melior est fidelis ignorantia quam temeraria scientia. 외람 된 지식보다는 믿음 있는 무지가 낫다/
   Non est scientia quæ hominem redimit. Homo per caritatem redimitur. 인간을 구원하는 것은 과학이 아닙니다. 인간은 사랑으로 구원 받습니다/
   scienti et volenti non fit injuria. 알고 또한 원하는 자에 대해서는 인격권침해는 존재하지 않는다/
   scientĭarum Deminus. 지식의 주님/
   testis de scientĭa. 직접 증인(直接證人).

scientia acquista. 획득적(獲得的) 지식, 습득한 지식

scientia activa. 활동적 인식

scientia actualis. 실천적 학문

scientia amoris. 사랑의 학문

scientia amorosa. 사랑 어린 인식

scientia biblica. 성서학(㉹ biblical science)
   (다양한 학문과 방법론의 도움을 받아 성서의 의미를 해석하려는 학문).

scientia christĭana. 그리스도교적 지식

scientia collativa. 대조 지식

scientia conclusionum. 결론적 지식

scientia confessionum. 종파론(宗派論), 신조비교신학(信條比較神學)(獨 Konfessionskunde).

scientia cum pietate ædificat. 학문은 신심과 함께 건설된다.

scientia Dei. 신의 지식

Scientia Dei est causa rerum. 하느님의 앎은 사물의 원인이다.

scientia Dei et Beátórum. 하느님과 지복자들의 학문. (심상태 지음, 속။그리스도와 구원, p.286).

scientia discursiva. 유동적 지식(知識)

scientia divina. 신적 지식, 신학(㉹ theology, scientia theologica).

scientia divinitus inspirata. 신의 영감에 의한 학문

scientia est potentĭa. 아는 것이 힘이다.

scientia experimentalis. 경험지

scientia experimentis. 실험과학

scientia fundamentalis. 근원적 학문(根源的 學問)

scientia habitualis. 습성적 지식(習性的 智識)

scientia humana. 인간 지식(人間知識), 인간적 학문

scientia infúsa. (예수 그리스도의) 천부적(天賦的) 지식. (하느님의 조명을 받아 알게 된 지식).

Scientia Juris. 법학

scientia libera. 자유로운 지식. (하느님의 자유의사에 속하는 존재들에 대한 지식).

Scientia Liturgica Pastoralis.(㉹ Pastoral-Liturgical Science.獨 Pastoraliturgik) 사목 전례학.

scientia matutina. 아침 지식(토마스 아퀴나스의 천사 지식론)

scientia media. 중도인식, 중지(中知), 중간지, 중립적 앎. (예수회원 Molina의 용어. 피조물의 조건적인 미래의 자유행위에 대한 하느님의 지식. 라틴-한글사전, p.822/ 미래에 있을 일에 대한 하느님의 인식을 가리키는 말로 예수회원 Molina가 인간의 자유행위와 하느님의 예지를 조화시키기 위해 만들어 낸 용어. 이 지식을 중간 지식이라 하는 것은 미래에 있을 수도 있는 순 가능성과 미래에 실제로 있을 현실적 미래 일과의 사이에서 인식하는 지식이라는 뜻이다. 몰리나의 설에 따르면 이 중간 지식은 하느님의 자유결정과 관계없이 하느님의 예지 안에 있는 지식으로 하느님의 자유결정과 무관하다. 중간 지식의 문제는 토마스학파의 반대를 받았고 예수회 신학과 도미니꼬회 신학 사이의 다른 점 중의 하나이다. 백민관 신부 엮음, 백과사전 3, p.451).

scientia naturalis. 자연과학(physica, -órum, n., pl.)

scientia necessaria. (하느님의) 필연적(본성적) 지식

scientia perfecta. 완전한 지식

scientia politica. 정치학(政治學).
   In libros Politicórum expositĭo. 정치학 주해(註解).

scientia possibilis. 가능지(단순지성의 지식)

scientia practica. 실천학문(實踐學問)

scientia propria dicta. 본래적 지식(本來的 知識)

scientia puræ intelligentĭæ. 순수 지성의 지식

scientia realis. 실재에 대한 학문, 실재의 학문, 실제지(實在知.直觀知).

scientia religiónis. 종교학(㉹ Science of Religion)

scientia rerum civílium. 국가학(國家學)

scientia salutaris. 구원의 학문

scientia simplicis intelligentĭæ. 단순인지(單純認知-존재할 수는 있으나 결코 존재하지 아니할 사물을 앎), (하느님의) 단순 지성의 지식, 가능지(可能知).

scientia sine pietate inflat. 신심 없는 학문은 자만심을 갖는다.

scientia spiritualis. 영적인 학문, 영적 인식

scientia subalternata. 추출 학문(抽出 學問) (심상태 지음, 속။.그리스도와 구원, p.286).

scientia tantarum rerum. 이렇게 큰일들의 지식

scientia vera. 참 지식

scientia vespertina. 저녁 지식(토마스 아퀴나스의 천사 지식론)

scientia visiónis. (하느님의) 직관 지(직관에 의한 지), 직관인지(하느님께서 작정하신 대로 분명히 존재할 사물들을 앎).

scientĭæ cupíditas. 지식욕(知識慾)

scientĭæ humanæ. 인문과학(獨 Geisteswissenschaft)

scientĭæ mediæ. 매개(媒介)된 학문(토마스 아퀴나스 수사, p.221)

scientiális, -e, adj. 학(的)적인

Scientiarum Academia Pontificia. 교황청 학술원

scientĭarum Deminus. 지식의 주님

scientíficus, -a, -um, adj. (sciéntĭa+fácĭo) 학문의, 학술(상)의, 고학(상)의, 학술적(學術的), 과학적(科學的).
   evolutionismus scientificus. 과학적 진화론/
   Investigátĭo scientifica(㉹ Scientific investigátĭon). 과학적 탐구/
   Scientifica experimenta(㉹ Scientific experiments). 과학적 실험.

scientíŏla, -æ, f. 보잘 것 없는 지식, 천박한 지식

scientĭor, -or -us, qdj. scĭens, -éntis의 비교급

scientísmus, -i, m. 과학주의(㉹ Scientism)(철학여정, p.129).
   Pro dolor, quod ad interrogationes pertinet de vitæ sensu, notandum est a fautoribus scientismi eandem haberi quæstionem tamquam propriam orbis irrationalis aut omnino ficti. 불행하게도 과학주의는 인생의 의미 물음과 관련된 모든 것을 비합리적인 환상으로 간주한

S

다는 사실을 주목하여야 합니다(1998.9.14. "Fides et Ratio" 중에서).

scientíssimus, -a, -um, adj. scíens, -éntis의 최상급

scíi, 원형 scío, scívi(ii), scítum, scíre
　"scío"의 단순과거(pf.=perfectum)

Sciiamchiamensis(Xianggang). 홍콩(Hong Kong)

scílicet, adv. (scire+licet¹) 분명하다, 명백하다, 확실히,
　틀림없이, 의심 없이, 물론, 암, 당연히, 바로(그렇게),
　과연(nempe, adv., conj.), 공교롭게도, 하필이면, 즉,
　곧(εὐθέως.εἰθὺς, 略 sc.).
　civis dicitur simpliciter, scilicet qui potest agere ut
　civis, id est, consilio et judicio. 시민이란 간단하게
　　말해서 사려와 판단력에 따라서 행동하는 사람이다.
　　(성 염 지음, 사랑만이 진리를 깨닫게 한다, p.215)/
　in eodem scilicet dogmate, eodem sensu, eademque
　sententia. 동일한 교의에서, 동일한 의미에서
　　그리고 동일한 해석에 따라/
　Moysis scilicet est figura. 바로 모세의 모습입니다.

scilla, -æ, f. (植) 무릇(백합과의 다년초), (魚) 갯가재.

scimpódium, -i, n. 접을 수 있는 긴 의자, (휴대용) 침대.

scímus, 원형 scío, scívi(ii), scítum, scíre,
　[직설법 현재. 단수 1인칭 scio, 2인칭 scis, 3인칭 scit,
　복수 1인칭 scimus, 2인칭 scitis, 3인칭 sciunt].
　Scimus Christum surrexísse a mórtuis vere:
　tu nobis, victor Rex, miserére. Amen.
　　그리스도께서 부활하심을 저희는 참으로 알고 있사오니
　　승리하신 임금님, 자비를 베푸소서. 아멘

Scin'(=scisne) 너 아느냐?(친근한 사이의 회화 같은 데에는 -ne가
　접미어로 붙으면서 그 붙는 말의 끝 글자가 모음이거나 또는 s인 경우에는
　s는 없애버리고 s는 동시에 -ne의 e를 잃어버리고 마는 경우가 있다.
　ain?=aisne?, men?=mene?, satin?=satisne?, scin?=scisne?, ten?=tene?,
　tun/=tune?, viden?=videsne?, vin?=visne?).

Scin'(=scisne) **quomodo?** 너 어떻게 아니?(특별한 관용구)

scincus(scincos) -i, m. 도마뱀(악어 비슷하게 생긴 열대산 도마뱀)

scindo, scídi, scissum -ĕre, tr. 찢다(그때), 잡아 찢다.
　째다, 쥐어뜯다, 뜯어내다, 쪼개다(고까,그때),
　빠개다, (장작 따위를) 패다, 터지게 하다, 파열시키다,
　(음식물.고기를) 썰다, 썰어 내놓다,
　(물결을) 가르며 지나가다.건너가다, (땅을) 갈다,
　일구다, 파헤치다, 파내다, 갈래로 나누다, 분열시키다,
　갈라지게 하다, 분리시키다, 중단하다(חסף.פסק),
　(고통 따위를) 되살아나게 하다, 돌파하다, 뚫고 지나가다,
　무찌르다, 무너뜨리다. 파괴하다,
　(현악기를) 찢어지는 소리 나게(귀에 거슬리게) 하다.
　crines scindo solútos. 풀어헤친 머리를 쥐어뜯다/
　epístolam scindo. 편지를 찢다/
　fletu scindo verba. 흐느낌으로 말을 중단하다/
　se scindo, scindi. 갈라지다.

scíndula, -æ, f. = scándula

scínifes(-phes) -um, m., f., pl. = cínifes 곤충, 벌레,
　모기, 각다귀.

scintilla, -æ, f. 불꽃(stella comans), 불똥, 불티,
　비화(튀어 박히는 불똥), 불씨, (광물의) 반짝이는 광점,
　재기의 번뜩임, 싹수, 기색, 기미, 낌새, 자손, 후손.
　Parva sæpe scintilla magnum excitat incendium.
　　작은 불꽃이 흔히는 거대한 화재를 일으킨다/
　sílicis scintíllam excudo.
　　차돌을 때려서 불꽃을 튀게 하다/
　synderésis scintilla. 양심의 불꽃.

scintilla ánimæ.(獨 Seelenfünklein)
　영혼의 불꽃, 영혼의 섬광(靈魂 閃光).

scintillátio, -ónis, f. 눈부심, 현훈(眩暈-정신이 어찔어찔 어지러움),
　눈앞에서 불똥이 튀는(별이 아른거리는) 것처럼 보임.

scintíllo, -ávi, (-átum) -áre, intr.
　불똥(불꽃) 튀다, 반짝거리다.

scintillósus, -a, -um, adj. 불꽃 튀는, 반짝거리는

scintíllula, -æ, f. 작은 불똥(불씨), (재능 따위의) 번뜩임

scintíllula notítiæ. 신(神) 인식의 섬광(閃光).

scío, scívi(ii), scítum, scíre, tr. 알다(ㄱㄷㄷ), 알고 있다.
　잘 알고 있다, 해박한 지식이 있다, …에 정통하다,

…할 수 있다, 가결(可決)하다, 재가(裁可)하다,
결정(決定)하다, 동침(同寢)하다.
ab alqo ómina scio. 누구한테서(들어서) 죄다 알다/
De humili scire sui ipsius.
　겸손히 자기를 낮춤에 대하여/
Desidero scire. 알기를 원한다/
Ego te, quális sis, scio.
　나는 네가 어떤 (성품의) 사람인지를 안다/
Haud scio, an aliter sentias.
　네가 달리 생각할는지도 모르겠다/
Haud scio, an recte dixerim.
　내가 옳게 말했는지는 모르겠다(옳게 말한 것으로 안다)/
Hoc autem scitote. 이것을 명심하여라(성경 루카 12, 39)/
inquantum scio. 내가 아는 한에는/
Latine scire. Latin 말을 제대로 말할 줄 알다/
Ne vivam, si scio. (맹세코 나는 모른다)
　내가 알고 있다면 (나는) 죽일 놈이다/
Nemo tam doctus est, ut omnia sciat.
　모든 것을 알만큼 박식한 사람은 아무도 없다/
Non scire fas est omnia(Horatius)
　모든 것을 알 수는 없는 법(=모두 아는 것이 꼭 온당하지는 않다)/
Nunc scio quid sit amor.
　이제 나는 사랑이 무엇인지 알겠네/
Omnis homo naturaliter scire desiderat.
　알고자 함은 사람마다 가진 천성이다/
Plus quam divitias scire valere scias.
　아는 것이 재산 보다 가치 있다는 것을 알아야 한다/
Qui scire possum? 어떻게 내가 알 수 있느냐?/
Quod homo sciat se Deum nescíre.
　인간은 하느님을 알지 못한다는 사실을 아는 것/
quod sciam. 내가 아는 한에 있어서는(아는 바로는)/
Quod scis, nescis. 네가 아는 것을 모르는 것으로 한다.
　네가 아는 것을 너는 모르는 거다.
　　(비밀 부탁의 말을 할 때 사용 함)
Scimus adjutos a Petro.
　우리는 베드로로부터 도움 받았음을 안다/
Scimus cur cives bono viro gratias agant. 시민들이
　어째서 그 선량에게 고마워하는지 우리는 안다/
Scire cupio quamdiu Romæ futurus sis, ut aut quo dem
posthac litteras sciam, aut ne dem frustra.
　나는 네가 얼마나 오랫동안 로마에 머물지 알고 싶다.
　이후에 어디로 편지를 보내야 할지 알기 위함이기도
　하고, 공연히 보내는 일이 없기 위함이기도 하다/
Scire est. 알 수 있다/
Scire tuum nihil est.
　너의 앎(지식)은 (네가 안다는 것은) 아무 것도 아니다/
Scis te esse. 그대가 존재함을 아는가?/
Sciunt se amicos meos esse(대격 부정법문).
　그들은 자기들이 나의 친구임을 안다/
Unde scimus? Quia diligimus fratres. 우리가 어떻게
　압니까? 우리가 형제를 사랑하기 때문입니다/
Unum hoc scio. 나는 이것 하나만 안다/
ut scitis. 너희가 아는 바와 같이/
Videmúsne, ut púeri áliquld scire se gáudeant?
　어린이들이 무엇을 좀 안다고
　얼마나 기뻐하는지 보느냐?.

Scio cur cives victoribus præmia dare cupiant.
　왜 시민들이 승리자들에게 상을 주고 싶어 하는지 나는 안다.

Scio cur ille vir Romæ fuerit.
　왜 저 사람이 로마에 있었는지 나는 안다.

Scio cur nobis amici sint.
　왜 그들이 우리에게 우호적인지 나는 안다.

scio fidibus. 현악기를 탈 줄 알다

scio Latine. 라틴어를 할 줄 알다

Scio me cogitare. 나는 내가 생각하고 있다는 것을 안다

Scio me scire me vivere.
　내가 살아 있음을 내가 안다는 것을 내가 안다.

Scio me vivere. 내가 살아 있음을 나는 안다

sciŏlus, -i, m. 사이비 학자, 설 배운 사람, 반거들충이
scípĭo, -ónis, m. 지팡이(מַקֵּל), 막대
scípĭo ebúrneus. 상아막대.
(개선장군.제정시대의 집정관 등이 지니던 지휘봉).
scírpĕa, -æ, f. 광주리(cartallus, -i, m.),
(왕골 따위로 만든 거름 운반용) 소쿠리.
scirpícŭlus,(= **surpícŭlus**) -a, -um, adj.
사초.방동사니의, 그런 풀로 만든.
m., f. 광주리, 소쿠리(대나 싸리로 만든 그릇).
scirpiculi piscarii. 어살(물고기를 잡기 위해 물 속에 둘러 꽂은 나무 울).
scirpo, (-ávi), -átum -áre, tr.
(골풀.방동사니 따위로) 잡아매다, 엮다.
scirpus, -i, m. (植) 사초(莎草-방동사니.왕골.부들의 일종)/
수수께끼(שִׁיר, 古.슈지-"수수께끼"의 옛말), 알아맞히기
Nodum in scirpus.(속담) 사초에서 마디를 찾다.
(뻔한 일을 어려워하다).
scirr(h)us(-os) -i, m. (醫) 경성암(硬性癌)
scíscĭdi, pf. (古) = **scidi**
sciscitátĭo, -ónis, f. 알아봄, 물어 봄, 조사(調査),
탐구, 조회(照會-자세한 사정이나 명확하지 못한 점 등을 알아봄).
sciscitátor, -óris, m. 조사자(調査者), 탐구자(探究者)
sciscito, -átum -áre, tr. (希) = **scíscitor**
sciscitor, -átus sum -ári, dep., tr.
알아보다, 물어보다, 조회하다, 캐어묻다, 조사하다,
탐구(探究)하다, (적합한지를) 시험해 보다.
scisco, scīvi, scītum, -ére, tr., inch. 알려고 힘쓰다,
알아보다, 탐구(조사)하다, 알게 되다, 가결(의결)하다,
규정하다, 결정하다, (법을) 제정하다, 재가(裁可)하다,
(법안 따위를) 찬성하다, 승낙(承諾)하다.
scisne saltem te vivere.
적어도 그대가 살아 있음은 아는가?.
scíssĭlis, -e, adj. 찢어지는, 찢어지기 쉬운,
쪼개질 수 있는, 갈라지는, 찢어진, 해어진(낡은).
scissim, adv. 갈라지며, 쪼개지며, 찢어지며
scíssĭo, -ónis, f. 찢음, 쪼갬, 분할(分割), 분열, 찢어짐,
갈라짐, (갈라진) 틈, 균열. (文法) 분절(중모음으로 이루어진
음절을 두 개의 모음으로 따로따로 나누어서 두 음절이 되게 하는 분절).
scissor, -óris, m. 식탁에서 음식물을 썰어 나누는 사람,
찢는(쪼개는) 사람, 쓰러진 적수를 토막 치는 검투사.
scissúra, -æ, f. 갈래, 갈라진 금, 벌어진 틈, 찢은 조각,
균열(龜裂-거북의 등딱지 모양으로 갈라짐), 불화(不和),
분열(分裂.㊇ Divisions).
scissum, "scindo"의 목적분사(sup.=supínum)
scissus, -a, -um, p.p., a.p. 갈라진, 쪼개진, 찢어진,
갈래를 이룬, 쥐어뜯긴, 터진, 주름살 잡힌.
n., pl. 찢어진(터진) 데.
scitaménta, -órum, n., pl. 진미(珍味), 문장의 수식,
미사여구, 산해진미(conquisitissimæ epulæ).
scitátĭo, -ónis, f. 물어 봄, 질문(㊇ Question), 조사, 탐구
scitátor, -óris, m. 조사자(調査者), 탐구자(探究者)
scīte, adv. 유식하게, 세련되게, 멋지게, 훌륭하게,
능숙하게, 솜씨 좋게, 요령 있게, 빈틈없이, 똑 알맞게.
scito, 원형 scĭo, scīvi(ĭi), scītum, scīre, tr.
[명령법 미래. 단수 2인칭 **scito**, 2인칭 scitote]
Scito, patriam mihi vita mea carĭorem esse.
조국은 내게 있어서 내 생명보다
더 귀중하다는 것을 너는 알라.
(대격 부정법문이 비교문을 이루면서 그 제1항의 비교되는 명사나 대명사가
주어인 경우에는 그것을 물론 대격으로 써야하며, 제2항도 대격으로 써야한다.
그러나 애매한 점이 없는 경우에는 그 제2항을 비교 탈격으로도 쓸 수 있다).
scitor[1] -átus sum -ári, dep., tr., freq. 물어보다,
조사하다, 탐구하다, 알아보다.
scitor[2] -óris m. 식자(識者), 감식자(鑑識者), 전문가.
scitote 원형 scĭo, scīvi(ĭi), scītum, scīre, tr.
[명령법 미래. 단수 2인칭 scito, 2인칭 **scitote**].
Hoc autem scitote. 이것을 명심하여라(성경 루카 12, 39).
Scitote vos nobis carissimos esse.
여러분이 우리에게 아주 소중한 존재라는 것을 알라.
scítŭlus, -a, -um, adj. 세련된, 기품 있는, 귀여운,
매력 있는, 능란(能爛)한(어떤 일에 썩 익숙한).
scītum, "scĭo"의 목적분사(sup.=supínum),
"scīsco"의 목적분사(sup.=supínum).
scītum, -i, n. 결정(決定), 의결(議決), 규정(規定),
명령(命令), 원리, 원칙, 격률(格率), 주의.
scitus[1] -a, -um, p.p., a.p. 유식한, 잘 아는, 조예가 깊은,
정통한, 능숙한, 능란한, 노련한, 많이 해본, 솜씨 좋은,
재치 있는, 빈틈없는, 약사 빠른, 멋진, 세련된, 우아한,
예쁜, 귀여운, 매력 있는, 적절한, 알맞은, 적당한.
scitum dictum. 재치 있는 발언(發言)/
scitus vadórum. 여울목을 잘 아는.
scitus[2] -us, m. (=scitum) 결정, (국민의) 의결(議決)
sciúrus, -i, m. (動) 다람쥐
scĭus, -a, -um, adj. 아는, 알고 있는(하는), 잘 아는,
해박(該博-여러 방면으로 학식이 넓음)한, 정통(精通)한.
vir Latinæ linguæ scius. 라틴어를 잘 아는 자.
scīvi, "scĭo"의 단순과거(pf.=perfectum),
"scīsco"의 단순과거(pf.=perfectum).
sclavínĭa, -æ, f. 순례 외투(外套)
sclera, -æ, f. (解) 눈의 공막(鞏膜)
scleréncһyma, -ătis, n. (植) 경막조직(硬膜組織)
scléria tesselláte, -æ, f. (植) 너도고랭이
scleríăsis, -is, f. (醫) 경피증(硬皮症)
sclerítis, -tĭdis, f. (醫) 눈의 공막염(鞏膜炎)
sclerodérma, -ătis, n. (醫) 경피증(硬皮症)
scleróma, -ătis, n. (醫) 경화종증(硬化腫症)
sclerophýtes, -æ, f. (植) 경엽식물(莖葉植物)
sclerósis, -is, f. (醫) 경화(硬化-단단하게 굳어짐), 경화증.
(植) 세포벽 경화.
sclerótĭum, -i, n. (生) 균핵(菌核)
scling,-ĕre, intr. (거위가) 꿱꿱거리다
sclo(p)pus, -i, m. 볼록한 뺨을 톡톡 때릴 때 나는 소리
scobina, -æ, f. (나무 쓰는) 거친 줄
scŏb(i)s, -is, f. ((간혹 m.)) (고운) 톱밥, 줄밥,
(송곳질 할 때의) 부스러기, 마모되면서 떨어지는 가루,
(상아.뿔 따위의) 깎은 부스러기, 비듬.
scola, etc. = **schola**, etc.
scŏlax, -ăcis, m. 밀초심지, 촛불, 횃불
scōlex, -ĕcis, m. 동록(銅綠-구리의 거죽에 슨 푸른 녹), 산화동.
((蟲)) (촌충의) 머리마디.
scoliósis, -is, f. (醫) 척추측곡(脊椎側曲)
scólĭus, -i, m. (詩) 단장단격(短長短格)
scolopácĕus, -a, -um, adj. 도요새 모양의, 도요새 같은
scólŏpax, -ăcis, m. (鳥) 도요새
scolopéndra, -æ, f. (蟲) 지네
scolopéndrĭum(-on) -i, n. (植) 골 고사리
scólymos(-us), -i, m. (植) 엉거시, 엉겅퀴(의 일종).
Scólymon in cibos récipit Orĭens.
동양에서는 엉겅퀴도 식용으로 한다.
scomber, -bri, m. (魚) 고등어
scomma, -ătis, n. 비웃음, 조롱(嘲弄), 비꼼, 풍자(諷刺)
scōpa[1] -æ, f. (植) 댑싸리(의 일종). (pl.) 새싹, 잔가지.
(pl.) 풀, 잔가지 묶음, 비, 싸리비, 댑싸리비.
((蟲)) (꿀벌의 다리에 있는) 꽃가루 채집용의 강모열(剛毛列).
scopas dissólver.(속담)
(비를 풀어 헤치다) 아무 쓸모없이 만들다.
scŏpa[2] -æ, f.
(천체 따위의) 관찰(contemplátĭo, -ónis, f.), 관측.
scopárĭus, -i, m. 청소부(淸掃夫)
scópĭo, -ónis, (**scopius**, -i,) m.
화경(花梗), 꽃꼭지, 포도 알이 달려있는 꼭지.
scopius, -i, m. 포도 알이 달려있는 꼭지
scōpo[1] -ávi, -áre, tr. (비로) 쓸다, 비질하다
scopo[2] -ĕre, tr. 고찰(考察)하다, 관찰하다, 탐구하다,
검사(檢査)하다(בקר), 검토(檢討)하다, 성찰(省察)하다
scópŭla, -æ, f. 잔 나뭇가지, 작은 비.
((蟲)) (꿀벌의 다리에 있는) 꽃가루 채집용의 강모열,
(거미의 다리나 집게 끝에 있는) 거미줄 치는 데 쓰는
강모군(剛毛群).

scopulósus, -a, -um, adj. 바위투성이의, 암석 많은, 암초(暗礁) 많은, 험난한, 위험한.
scópŭlus, -i, m. 바위, 암석, 깎아지른 듯이 솟은 바위, 낭떠러지, 절벽(locus directus), 암초(暗礁), 위험물, 장애물, 곤경(困境), 궁지(窮地), 파국(破局), 파멸(破滅.破壞).
minax scópulus. 위태로운 암초/
Scopulos superjacit undā pontus
바다가 암초(暗礁) 위로 파도를 일으킨다.
scopus, -i, m. 과녁(貫的), 목표(目標), 목적(目的)
scordálĭa, -æ, f. 말다툼, 시비(是非), 논쟁(論爭)
scórdălus, -i, m. 싸움질하는 사람.
scordiscárĭus, -i, m. 가죽안장 제조인(製造人)
scordiscum, -i, n. (=**scordiscus**, -i, m.) 가죽안장
scórĭa, -i, m. 녹은 쇠찌끼, 쇠똥, 광재(鑛滓-쇠찌끼), 용재(鎔滓-鑛滓), 화산암 찌끼.
scorpiăcum, -i, n. 전갈한테 쏘인 데 쓰는 약
scórpĭo, -ónis, m. (動) 1. (動) 전갈. 2. (天) 전갈좌; 천갈궁. 3. 투석기, 투사기(돌덩이나 창 따위를 쏘아 보내던 무기). 4. (쇠갈고리나 매듭이 달린) 전갈 채찍. 5. (바닷가에 나는) 작은 가시나무 관목. 6. 양볼락과의 바닷물고기. 7. 밭 경계에 쌓아 놓은 돌무더기.
scorpiones. 전갈 채찍질, 가시 돋친 쇠 채찍(1열왕 12, 11-14).
scorpiónĭus, -i, m. 전갈의, 전갈과 관계되는
scórpĭus(=**scorpios**), -i, m. = **scórpĭo** (動) 전갈
scortátĭo, -ónis, f. 오입(誤入-제 아내 아닌 여자와 상관하는 일), 방탕(放蕩.[영] Lust), 외도(外道-誤入).
scortátor, -óris, m. 오입쟁이, 방탕아(放蕩兒)
scortátus, -us, m. 오입, 외도, 방탕(放蕩.[영] Lust)
scórtĕus, -a, -um, adj. 가죽의, 피혁의,
scórtĕa, -æ, f, 가죽 옷, 가죽부대
scórtĕa, -órum, f., pl. 가죽 제품
scortíllum, -i, n. 창녀(娼女), 매춘부(賣春婦)
scortínus, -a, -um, adj. = 가죽의, 피혁의
scórtĭus, -a, -um, adj. = **scórtĕus**
scortor, -ári, dep., intr. 창녀와 상종하다, 오입질하다, 방탕한 짓을 하다, (창녀가) 매음하다.
scórtŭlum, -i, n. (특히 사자의) 가죽
scortum, -i, n. 가죽, 피혁(皮革), 창녀, 매춘부(賣春婦).
scorteum scortum. 늙어빠진 창녀.
Scotísmus, -i, m. Scotus 학파
scotodínĭa, -æ, f. (醫) 현기증(眩氣症-어지럼증)
scotóma, -ătis, n. ((醫)) (망막상의) 현기증(眩氣症)
scotomátĭcus, -a, -um, adj. 현기증이 있는
scotómo, -áre, tr.
현기증 나게 하다, 시력(視力)을 어둠침침하게 하다.
Scotula, -æ, f. [bugia.Palmatorium]
(주교 예식용) 촛대.(백민관 신부 엮음, 백과사전 1, p.422 : 3, p.80).
scpophulariaceæ, -árum, f., pl. (植) 현삼과 식물
scrĕa, -æ, f. 가래(침)
screátor, -óris, m. 가래침 뱉는 사람
screátus, -us, m. 기침하여 가래침 뱉음
scrĕo, -áre, intr. 기침하여 가래침 뱉다
scrība, -æ, m. 서기(관), 비서(秘書), 기록 담당관, (고대 유대교의) 율법학자(γραμματεὺς.διδὰ σκαλος. [영] scribe), Credíbile non est, quantum scribam die.
내가 하루에 얼마나 쓰는지는 믿어지지 않을 정도이다.
scribátus, -us, m. 서기직(書記職), 율법학자 직위
Scribe, quantum potes.
할 수 있는 대로 빨리 나에게 편지를 써 보내라.
Scribébam epístolam, cum amícus tuus advénit.
네 친구가 도착하였을 때, 나는 편지를 쓰고 있었다.
scribendi cacœthes. 저작광(著作狂)
scriblíta, -æ, f. 치즈 넣은 과자
scriblitárĭus, -i, m. 치즈 넣은 과자 제조인
scrībo[1] scrīpsi, scrīptum, -ĕre, tr. 새기다, (낙인 따위를) 찍다, 긋다, 그리다(γραφήιν), (글자를) 쓰다(כתב.[영] write), (글.시 따위를) 쓰다, 저술(저작)하다, 집필(執筆)하다, 서술하다, 묘사하다, 기록하다, (문서 따위를) 작성하다, 서면으로 처리하다, 편지하다, 써 보내다, 편지로 알리다.전하다, 서면.편지 따위로 지시하다, (문서로) 지명하다, 지정하다, 징집하다, 입대시키다, 명부(名簿)에 올리다.
alqm herédem scribo. 아무를 상속인으로 지정하다/
dicam scríbere *alci*. 누구에게 서면으로 소송을 제기하다/
Et hæc scribimus nos, ut gaudium nostrum sit plenum.
우리의 기쁨이 충만해지도록 이 글을 씁니다(성경 1요한 1, 4)/
Fugit me ad te scríbere.
나는 네게 편지 쓰는 것을 잊어버렸다(fugio 참조)/
Hac super re scribam ad te.
이 일에 대해서는 내가 너에게 써 보내마/
hac super re scríbere. 이것에 대해서 쓰다/
Hæc avis scribitur noctu cenere.
이 새는 밤에 운다고 기록되어 있다/
Illud utinam ne scriberem.
나는 그것을 쓰지 않게 되었으면 좋겠는데!/
leges scribo. 법(조문)을 작성(制定)하다/
líneam scribo. 선을 긋다/
Nihil hábeo ad te scríbere(quod ad te scribam).
너한테 편지 써 보낼 것이 하나도 없다/
nomen scribo acu. 이름을 수놓다/
Non scripsi vobis quasi nescientibus veritatem sed quasi scientibus eam. 내가 여러분에게 이 글을 쓰는 까닭은, 여러분이 진리를 모르기 때문이 아니라 진리를 알기 때문입니다(성경 요한 1서 2, 21)/
Quanti hóminis putas esse históriam scríbere?
역사를 기록하는 것이 얼마나 위대한 사람의 일이라고 생각하느냐?(quantus 참조)/
Qui scribit bis legit. 쓰는 사람은 두 번 읽는 것이다/
scribéndo adésse, ad scribéndum esse.
(원로원의 긴급 포고령 작성.결정 따위에) 증인으로 입회하다.서명하다/
Scribere amor jussit. 애정이 (글을) 쓰라고 명령했다/
Scribere est agere.
(글을) 쓴다는 것은 곧 행위를 하는 것이다/
Scribimus indocti doctique(Horatius)
우리는 무식하든 유식하든 (모조리) 글을 쓴다/
scribit ipse. 자신의 표현대로/
Scripsi étiam(nam at oratiónibus disjúngo me fere), scripsi igitur. 나는 이 글을 또한 썼다(연설하는 일은 거의 중단하고 있지만) 하여간 나는 글을 썼다.
scribo carmen in *alqm*. 아무에게 헌정하는 시를 쓰다
scribo in anima. 마음속에 새겨두다, 명심하다
scribo in vento et aquā.
바람과 물에 쓰다(말로만 약속하다).
scribo pecúniam. 어음을 작성하여 서명(署名)하다
scribo salútem *alci*. 아무에게 문안편지를 보내다
Scribo vobis hæc omnia, ut coniungatur fides vestra et mea. 내가 여러분에게 이 편지를 쓰는 것은 여러분과 나의 믿음을 일치시키려는 것입니다.
scrībo[2] -ónis, m. 징병관(徵兵官)
scriniárĭus, -i, m. 문고보관인, 서류 보관인(書類保管人)
scriníŏlum, -i, n. 작은 상자, 문고(文庫)
scrínĭum, -i, n. 함(궤), 귀중품 보관상자, 서류함, 문고.
Si luxerit, ad scrinia curram.
날이 밝는 대로 나는 서류함으로 달려가겠다.
Scrinium Sanctæ Sedis. 성좌 문서고
scríptĭlis, -e, adj. 기록될 수 있는, 글자로 표시될 수 있는
scríptĭo, -ónis, f. 글(씨) 쓰기, 문자, 자구(字句-문자와 어구), 기초, 초안, 초고, 원고, 글, 기록, 원문, 채무증서, (노예.죄수에게 찍은) 낙인(烙印-불에 달구어 찍는 쇠도장).
scríptĭto, -ávi, -átum -áre, tr., freq. 자주(흔히) 쓰다, 끼적거리다, 자주 편지하다, 편지질하다, 편지로 알려(일러) 주다, 자주 글 짓다, 초고를 작성하다.
examen in scripto. 필기시험(筆記試驗).
Scripseram epistolam, cum amicus advenit.
친구가 도착하였을 때는 내가 (이미) 편지를 다 쓴 때였다.

scrípsi. "scríbo¹"의 단순과거(pf.=perfectum)
scriptiúncŭla, -æ, f. 작은 글귀.글발
scripto, -áre, tr. = scríptĭto
scriptor, -óris, m. 필기자(筆記者), 비서(秘書), 서기,
　저작자, 저술가, 작가, 문필가, 시인, 역사가, 편찬인,
　작성자, 공증인(公證人), 유서 대서인(遺書 代書人).
scriptor rerum. 역사가(歷史家, historicus, -i, m.)
scriptor Trojáni belli. Troja 전쟁 작가
Scriptores ecclesiastici(⑨ Writers of the Church)
　교회 저술가.
Scriptores Ordinis Minórum. 작은 형제회의 저술가들.
　(1650년 와딩 루크 지음).
scriptores veteres. 옛 저자들
scriptórum sæcla priórum. 옛 저술가들
scriptórĭus, -a, -um, adj. 글 쓰는 데 사용되는.
　n. (밀랍판 기록용의) 첨필(尖筆), 철필(鐵筆),
　　(고서 따위의) 필사실, 수사본 필사실, 문서실.
script(ŭ)lum, -i, n. (장기판의) 줄,
　((pl.)) (열두 줄이 그려져 있는 옛) 장기(將棋).
scriptum, "scríbo¹"의 목적분사(sup.=supínum)
scriptum, -i, n. 써 놓은 것, 필기(물), 기록물, 편지,
　글(γράμμα), 원고(原稿), 서면, 서류, 문서(γραφή), 증서,
　원본, 원문, (pl.) 논문, 서적(書籍), 저서, 작품, 시,
　법률(法律), 법령(法令), 규정(規定), 줄, 선.
　(pl.) (열두 줄이 그려져 있는) 장기(의 일종).
cătálŏgus scriptorum ecclesiasticorum.
　교회 저술가 목록(1494년).
de scripto dícere. 원고를 보며 연설하다, 원고를 낭독하다/
Defensiones et animadversiones scriptæ sint.
　방어와 견해는 서면으로 해야 한다(교회법 제1602조)/
Deus Veritas est. Hoc enim scriptum est:
quoniam Deus lux est.(De Trinitate 8. 2. 3)
　하느님은 진리이시다. 성경에 기록되어 있기를
　하느님은 빛이시라고 하였다/
duódecim scriptis lúdere. (열두 줄) 장기를 두다/
édita scripta. 간행물 / exámen in scripto. 필기시험/
periódica scripta. 정기 간행물/
post scriptum(=postscriptum, 略 P.S.) 후기, 추신(追伸)
Quæcumque enim antea scripta sunt, ad nostram
doctrinam scripta sunt. 성경에 미리 기록된 것은
　우리를 가르치려고 기록된 것입니다(성경 로마 15. 4)/
sine scripto. 원고도 없이.
Scriptum aliquid, sive divinum sive humanum.
　하느님의 말씀이나 인간의 말(하느님이나 인간에 관한 글).
scriptum fácere. 필경(筆耕)을 직업으로 하다
Scriptum super libros Sententĭarum.
　명제집 주해(命題集註解.1254～1256.토마스 아퀴나스 지음).
Scriptum Super Sententĭas.
　명제집 주해(命題集註解.1254～1256.토마스 아퀴나스 지음).
scriptúra, -æ, f. 글자 쓰기, 글쓰기, 필치, 문체(文體),
　(윤곽.모습 따위의) 선, 기록문, 각명(刻銘), 글(γράμμα),
　원고, 서면, 서류, 문서, 탄원서(歎願書), 시, 문학작품,
　(관공서의) 일지, 역사적 기록, 연대기(χρονικόν),
　유언장, 유서, 법문, 조문, 농토의 지적도, 목장 사용료,
　(구약.신약) 성서, (공유지에서의) 방목세.
De Deo Dicere non debemus quod in Scriptura non
invenitur, vel per verba vel per sensum.
　우리는 하느님께 관하여 성경에서 언어들로 혹은 의미로
　표현되지 않는 것은 말하지 말아야 한다/
Et quid ait Scriptura?
　이에 대해서 성경은 뭐라고 했습니까?/
ignoratio Scripturarum ignoratio Christi est.
(⑨ ignorance of Scripture is ignorance of Christ)
　성경을 모르는 것은 그리스도를 모르는 것이다/
Intelligant Scripturas non ex sensu quem faciunt,
sed ex sensu ex quo fiunt.
　성경이 만들어 내는 의미대로가 아니라,
　성경을 '만드는' 그 의미에 따라 성경을 이해해야 한다/

Omnis Scriptura unus liber est, et ille unus liber
Christus est. 성서 전체는 하나의 책이다. 그리고 그
　하나의 책은 바로 그리스도이시다(성 빅토르 휴고)/
Ignoratio enim Scripturarum ignoratio Christi est.
　성서에 대한 무지는 그리스도께 대한 무지이다/
perfectio sacræ scripturæ. 성서의 완덕 보충/
Recipitur vulgata editio bibliæ præscribiturque modus
interpretandi sacram scripturam etc. 라틴어 불가타본
　성경의 수용과 성서 해석 방식에 대한 규정들/
Scripturam ex scriptura explicandum esse..
　성경은 성경에서 가장 잘 설명 된다/
Scripturas audiamus. 성경 말씀을 들어 봅시다/
Sed quid ait Scriptura?
　그러나 성경은 어떻게 말씀하셨습니까?/
Ubi invenimus hoc in Scriptura?
　성경 어디에서 이런 구절을 찾아볼 수 있습니까?
scriptura Dei. 천문(天文)(선유의 천주사상과 제사문제. p.102)
Scriptura Sacra. 성서(λραφἠ.⑨ Holy Bible).
De schematibus et tropis Sacræ Scripturæ.
　성경의 강세와 비유론.
scriptura sacra sui ipsius interpres.
　성서의 자기 주석 원리.
scriptura superĭor. 먼저의 글
scripturárĭus, -i, m. 방목세 징수인(徵收人)
scriptúrĭo, -íre, intr., desid. 몹시 쓰고 싶어 하다.
Scripturarum thesaurus. 불가타 개정판 간행(1979.4.25. 교황령).
scríptus, -us, m. 서기직(書記職)
scripularis, -e, adj. 극히 경량의, 미량(微量)의
scripulátim, adv. 미량(微量)으로, 아주 조금
scrípŭlum, -i, n. 아주 작은 돌, 부스러기 돌,
　24분의 1시간(=scrúpŭlus, -i, m.), ⅓ denárĭus(은화),
　극소량(極少量, scrupulum, -i, n.), 미량(微量).
scrobátĭo, -ónis, f. (나무 심을) 구덩이 파기
scrobícŭlus, -i, m. 우묵한 작은 구멍, 작은 구덩이
scrobiculus cordis. (解) 명치(心窩), 심와(心窩), 위와(胃窩)
scrōbis, -is, f. 구덩이, 우묵한 구멍, 무덤구덩이,
　묘혈(墓穴-무덤구덩이), 음부(陰部-남녀의 생식기가 있는 곳).
scrōfa(=scrōpha) -æ, f. 씨암퇘지
scrofínus, -a, -um, adj. 씨암퇘지의. f. 암퇘지 고기
scrofipáscus, -i, m. 암퇘지 기르는 사람
scrófŭlæ, -árum, f., pl. 연주창(連珠瘡), 경부임파선의 종창
　[목에 많은 멍울이 나서 곪아 터지는 병으로 왕의 괴질 morbum regis이라고도
　부르는 것은 11세기 프랑스 왕 로베르 2세(996～1031)가 환부에 손을 댐으로써
　병이 나았다는 전설에서 유래한 듯하다…. 백민관 신부 엮음, 백과사전 2, p.475].
scrofulósis, -is, f. (醫) 선병질(腺病質)
scrōpha(=scrōfa) -æ, f. 씨암퇘지
scrōtum, -i, n. (解) 음낭(陰囊-포유류 수컷의 음경 기부에 있어 정소,
　부정소 등을 내부에 함유하는 주머니처럼 생긴 것).
scrúpĕda, -æ, m., f. = scrupípĕda
scrúpĕus, -a, -um, adj. 거친돌이 많은, 울퉁불퉁한,
　까다로운, 어려운(חּקּ), 고된, 험난한.
scrupípĕda, -æ, m., f. (scrupus+pes) 휘청휘청 걷는 사람,
　(맨발로 자갈밭을 걸을 때처럼) 절름거리는 사람.
scrupósus, -a, -um, adj. 거친돌이 많은, 울퉁불퉁한,
　까다로운, 어려운(חּקּ), 고된, 험난한.
scrupulósĭtas, -átis, f. 과잉 면밀(세밀), 지나치게 꼼꼼함,
　과도한 신중(φρόνησις.愼重-매우 조심성이 있음),
　(병적인) 세심(⑨ scrupulosity), 불안(獨 die Angst),
　의구(疑懼-의심하고 두려워함).
scrupulósus, -a, -um, adj. 돌투성이의, 거칠거칠한,
　험한, 세밀한, 면밀한, 꼼꼼한, 지나치게 신중한(조심하는),
　(병적으로) 세심한, 불안해하는, 걱정하는, 의구심 많은,
　까다로운, 귀찮은, 성가신(자꾸 들볶거나 번거롭게 굴어 귀찮거나 괴로운).
scrúpŭlum, -i, n. = scrúpŭlum 미량(微量)
scrúpŭlus, -i, m. 모난 작은 자갈, 굵은 모래알,
　24분의 1시간(=scrípŭlum, -i, n.), 과잉 면밀(세밀),
　불안, 걱정, 의구(疑懼-의심하고 두려워함), 병적인 세심(細心),
　죄에 대한 그릇된 인식.판단에서 오는 공포심.
alci ex ánimo scrúpulum evéllere.

S

1156

누구의 마음에서 걱정을 제거(除去)해 주다.

scrúpus, -i, f. 거칠고 모난 작은 돌, 불안(獨 die Angst), 걱정, 의구(疑懼), (병적인) 세심(⑨ scrupulosity).

scrūta, -órum, n., pl. 폐물, 고물(古物-폐품), 몽당이, 헌 옷, 누더기, 넝마, 이 빠진 그릇, 늙어빠진 역축.

scrutábĭlis, -e, adj. 조사의 대상이 될 수 있는, 샅샅이 뒤질 수 있는, 헤아릴 수 있는.

scrutabílĭtas, -átis, f. 탐구성

scrutabúndus, -a, -um, adj. 샅샅이 뒤지는

scrutans corda et renes Deus. 사람의 마음과 뱃속을 헤쳐보시는 하느님(시편 7, 9).

scrutánter, adv. 구석구석 뒤져서, 면밀히, 샅샅이

scrutárĭus, -a, -um, adj. 폐물의, 고물의, 넝마의. f., n. 고물상(古物商), 넝마장사. m. 고물(넝마) 장수.

scrutátĭo, -ónis, f. 샅샅이 뒤짐, 수색(搜索), 검색(檢索), 조사, 탐구(探究), 면밀한 검사(檢査), 검토(檢討).

scrutátor, -óris, m. (**scrutatrix**, -ícis, f.) 조사자, 검사자, 샅샅이 뒤지는 사람, 검색자, 수색자, 탐사자, (투표를 모아서 검사.개표.발표하는) 투표 검사인, 탐구자, 연구자, 꿰뚫어 보는 사람, 감별자(鑑別者) (마음 속 비밀 따위를) 들여다보고 아는 사람.
pélagi scrutator. 어부(漁父)/
Quod homo non sit curiosus scrutator Sacramenti, sed humilis imitator Christi, subdendo sensum suum sacræ fidei.(⑨ Man Should Not Scrutinize This Sacrament in Curiosity, But Humbly Imitate Christ and Submit Reason to Holy Faith) 성체 성사를 호기심으로 연구하려고 하지 말고, 오직 오관을 신덕에 복종시켜 겸손하게 그리스도를 본받을 것(준주성범 제4권 18장).

scrutátor auri. 금광 발굴인(金鑛發掘人)

scrutíllus, -i, m. 돼지순대

scrutínĭum, -i, n. (⑨ Scrutinies.獨 Skrutinum)
[세례와 주교 수품 전에 하는 신앙과 생활 상태에 대한 시험이라······중략 루페르트 베르거 지음, 최윤환 옮김, 전례사목사전, p.332].
정밀한 조사(調査), 재검토(再檢討).
(초대교회에서) 영세 지원자에 대한 시험(신앙검사).
세례를 받으려는 지원자의 교리시험,
서품 지원자의 시험, 투표, 투표에 의한 선거,
(교황 선거 방법 하나로서의) 비밀투표.

scruto, -ávi, -átum -áre, tr.
⑨ search/probe/examine carefully/thoroughly; explore/ scan/scrutinize/investigate.
De altioribus rebus et occultis Dei judiciis non scrutandis.(⑨ High Matters and the Hidden Judgments of God Are Not to Be Scrutinized) 심오한 문제와 하느님의 은밀한 판단을 탐구하지 말 것에 대하여(준주성범 제3권 58장).

scrūtor, -átus sum -ári, dep., tr. 샅샅이 뒤지다, 뒤져서 찾다, 모색(摸索)하다, 탐사하다, 탐색하다, 수색(검색)하다, 탐험하다, 조사(검사)하다, 검토하다, 음미하다, 탐구하다, 연구(궁구)하다, 구명(究明)하다, 찾아내다, 알아내다, 탐지(探知)하다, 꿰뚫어보다.

sculpo, sculpsi -ptum -ĕre, tr. 새기다, 조각하다, 새겨서 만들다, 아로새기다, 명심하다, (문장을) 다듬다. sculpsit. (아무개) 작(作), 조각함(略:sc., sculp., sculps.).

sculpónĕæ, -árum, f., pl. 나막신
(진땅에서 신는, 나무로 만든 신. 목극. 목리. 목혜).

sculponeátus, -a, -um, adj. 나막신 신은

sculpsi, "sculpo"의 단순과거(pf.=perfectum)

scúlptĭlis, -e, adj. 새겨서 만든, 조각품의.
n. 조각상, 우상(偶像-신앙의 대상으로 삼는 잡신의 상).

sculptor, -óris, m. 조각가(彫刻家), 조각사, 석공(石工)

sculptum, "sculpo"의 목적분사(sup.=supínum)

sculptúra, -æ, f. 조각술(彫刻術), 조각, 조각품(彫刻品)

sculptura eburnea. 상아세공(象牙細工)

scurra, -æ, m. 만담가(漫談家), 익살꾼, 어릿광대.
(도회지의) 멋쟁이, 한량(閑良), 호위병, 근위병.

scurrílis, -e, adj. 익살스러운, 어릿광대의, 상스러운,

저속한, 야비한(성질이나 언행이 상스럽고 더러운).

scurrílĭtas, -átis, f. 점잖지 못한 농담(弄談), 저속하고 야비한 익살.

scurror, -ári, dep., intr. 익살부리다, 아첨하다

scutále, -is, n. 줄팔매(투석기)의 돌멩이 끼우는 가죽 끈

scutánĕus, -a, -um, adj. 장방형의 방패모양으로 된

scutárĭus, -a, -um, adj. 장방형 방패의.
장방형 방패로 무장한. m. 방패 제조인(防牌 製造人).
m.(pl.) 방패로 무장한 검투사(근위병).

scutátus, -a, -um, adj. 장방형 방패로 무장한.
m., pl. 방패부대(防牌部隊), 방패로 무장한 군인들.

scutélla, -æ, f. 운두가 얕은 사발(술잔), 대접,
우묵한 접시, 쟁반(錚盤-음식 그릇을 받쳐 드는 데 씀), 받침 접시.

scútĭca(=**scytica**), -æ, f. 가죽 채찍

scútĭfer, -eri, m. (scutum+fero) 방패 잡이

scutigérŭlus, -i, m. (scutum+gero) 상관의 방패를 들고 다니는 병사(종).

scutra, -æ, f. 대접, 접시, 쟁반(錚盤)

scutríscum, -i, n. 작은 대접(접시), 탕기

scútŭla¹ -æ, f. 작은 접시, 대접, 쟁반, 마름모꼴, 바둑무늬

scútŭla² -æ, f. 굴림대

scutulátus, -a, -um, adj. 마름모꼴의, 바둑무늬의.
n., pl. 바둑무늬 옷.

scútŭlum, -i, n. 작은 장방형 방패.
scútula opérta. 어깨뼈, 견갑골.

scūtum, -i, n. (-us, -i, m.) (장방형) 방패, 방패 무장병,
보호(保護)⑨ Defense), 옹호(擁護), 지원(支援),
((動)) (곤충의 가슴과 등을 덮는) 순판(楯板), 인갑(鱗甲)

scýbălon, -i, n. 똥(대변), 배설물, 분뇨(糞尿-똥오줌).
(醫) 토끼 똥 모양의 변괴(便塊).

scymnus, -i, m. 짐승새끼, 사자새끼

scýphŭlus, -i, m. 작은 등잔, 작은 잔

scyphus, -i, m. 잔(⑨ Cup), (잔치.제사용) 술잔, 毒杯

scýtĭca(=**scútica**), -æ, f. 가죽채찍

S.D. = salútem dicit.(아무가) 인사.문안하다(편지 따위에서)

S.D.B. Societas S. Francisci Salesii. 살레시오회.

S.D.S. Societas Divini Sakvatoris. 구세주회.

se¹ pron. 자기(들)을, 자기(들)로

se² prœp.c. abl. = sine (없이), **se fraude.** 속이지 않고

se-³ prœvérbium. = **semi.** = **sex**(여섯)

se⁴ adv. = **seórsum** (따로)

se⁵ conj. (古) = **si** (만일)

se a mortalitáte asserto. 죽음의 처지에서 해방되다

se ad frugem bonam recipio. 착실한 생활로 돌아서다, 개과천선하다.

se (ad se) revoco. 제정신이 들다, 정신 차리다.

se ago pro victóre. 승리자 행세를 하다

se amo. 스스로 만족하다, 자부하다, 이기적이다

se Athenis colloco. *Athenæ*에 자리 잡다

se colligo. 기운 차리다

se concutio. 깊이 반성(反省)하다

Se conjicio in signa. 군기(軍旗) 있는 데로 뛰어들다.

se consecro, consecrari. 몸을 바치다

se contineo. 머물러 있다

se converto. 돌아가다(pedem referre.)

se corripio. 날쌔게 움직이다

se corroboro. 튼튼해지다

Se deféndere a perículo. 위험에 대하여 자신을 보호하다

se devestio. 옷 벗다

se devoveo *alci* rei. 무엇에 몰두(沒頭)하다

se duco foras. 밖으로 나가다

Se eripuit flammā. 그는 화염에서 재빨리 빠져 나왔다

se ex láqueis explico. 올가미에서 빠져나오다

se exúere ex his láqueis. 이 올가미에서 벗어나다

se exauctóro. 제대(除隊)하다

se explico, explicári. 전개하다, 뻗어나가다

se gero *algo* modo.
어떻게 행동하다, 처신하다, 태도를 가지다(드러내다).

se gero honéste. 단정하게 행동하다

se gero pro cive. 시민으로 처신(處身)하다

se habeo. 있다, 지내다, 건강이 어떻다(좋다, 나쁘다),
상태가(사정이) 어떻다.

se humilio. 낮아지다, 겸손해지다.

se immergo. 빠지다, 잠기다, 탐닉하다, 몰두하다

se immítto. 뛰어들다, 돌입하다, 돌진하다

se immítto in médios hostes. 적중에 돌진하다

se impleo, (impléri) 배불리 먹다

se implico societáte cívium. 시민들과 사귀다

se in grabátum rejicio. 침상에 드러눕다

se in hostem permitto. 적을 향해 달려가다

se injicio. 뛰어 들다

se ipsam transformantis natura.
자기 자신을 변형시키는 본성.

se ipsum signat. 스스로 십자성호를 그으며

Se ipsum vicisse pulchérrima victória est.
자기 자신을 극복하였다는 것은 가장 아름다운 승리다.
(부정법은 명사적으로 사용되면서 주어 또는 부설명어 노릇을 할 수 있다.
명사적으로 사용되는 부정법은 단수 중성으로 이루어진다).

se jugulo. 자멸(自滅)하다

Se láteri agglómerant nostro.
그들이 우리 옆에 바싹 붙는다.

se non contemno. 자기가 잘난 줄로 생각하다

se non gráviter habeo. 건강이 아주 나빠지는 않다

Se non modo consulatu, sed étiam libertáte abdico.
집정관직 뿐 아니라, 자유까지도 포기(抛棄)하다.

se non tenére, quin. … 하지 않고서는 못 견디다

se occupatióne relaxo. 분주한 일에서 떠나 푹 쉬다

se perluo. 목욕하다(pérlŭo, -ŭi, -útum -ěre, tr. 깨끗이 씻다)

se pignero. 약속(約束)하다.

Se quisque amat. 각자는(누구든지) 자신을 사랑한다.

se reclino. 뒤로 기대다

se recolligo. 제정신이 들다, 침착해지다, 건강을 회복하다

se reddo alci rei (어디로) 되돌아가다

se reddo astris. 별나라로 돌아가다

se redimo. 면하다, 벗어나다

se refingo. …처럼 보이게 하다, …인 체하다

se remitto. (정신.마음의) 긴장을 풀다, 쉬다, 기운을 되찾다.

se reprimo. 자제(自制)하다

se respicio. 자신의 분수(처지.결과 따위)를 달다.생각하다.

se retraho. 뒤로 물러서다

se súaque ómnia Cǽsari dedo.
Cœsar에게 항복하고 자기의 모든 것을 넘겨주다.

se subtraho. 빠져나가다

se superfundere in Asiam. 아시아로 퍼져 나가다

se ulciscor. 복수(復讐)하다.

sebácĕus, -i, m. 수지(獸脂-짐승의 기름), 양초,
(짐승의 기름으로 만든).

sēbo, -áre, tr. (=sēvo)
녹인 짐승기름을 심지에 먹이고 발라서(양초를) 만들다.

seborrhœa, -æ, f. 지루증(脂漏症), 피지루(皮脂漏)

sebósus, -a, -um, adj. 지방분 많은, 비계 투성이의

sēbum, -i, n. 수지(獸脂-짐승의 기름), 지방, 피지(皮脂), 기름.

sebum bubulinum(bovínum) 우지(牛脂)

secábĭlis, -e, adj. 자를 수 있는,잘 자라서 가를 수 있는

secále, -is, n. (植) 호밀, 쌀보리, 나맥(裸麥-밀)

secále cornútum. 맥각균(麥角菌)

secaménta, -órum, n., pl. 나무 세공품, 목각품(木刻品)

Secare æthera pennis. 날개로 공기를 가르다

secatum "sēco"의 목적분사(sup.=supínum)

sěcávi, "sēco"의 단순과거(pf.=perfectum)

secédo, -céssi -céssum -ěre, intr. 떠나가다, 이별하다,
물러가다(ἀνεχωρείν), 떨어져 지내다, 떨어져 나가다,
이탈(離脫)하다, 탈퇴(脫退)하다, 빠져 나오다, 피하다,
(반란을 일으켜) 어디로 가서 농성(籠城)하다, 버리다,
떠나다, 은퇴(隱退)하다, 은둔(隱遁)하다, …로 돌아가다,
(거리가) 떨어져 있다, 멀리 있다, 세상 떠나다, 죽다.

Secedant improbi, secernant se a bonis, unum in locum
congregentur. 악당들은 물러가라! 선량한 사람들로부터
스스로 떨어져라! 한 자리로 모여라!.

secérno, -crévi -crétum -ěre, tr. 추려내다, 골라내다,
선별(選別)하다, 분간하다, 구별(區別)하다, 갈라놓다,
(따로) 떼어 놓다, 분리(分離)하다(בדל.פרשׁ),
구분(분류)하다, (어디에) 따로 남겨두다,
(누구에게) 따로 떼어주다.배정(配定)하다,
제외(除外)하다, 빼놓다, 제쳐놓다, 제거(除去)하다.

secéspĭta, -æ, f. 제사 때 쓰는 긴 칼

sěcéssi, "secédo"의 단순과거(pf.=perfectum)

secéssĭo, -ónis, f. 물러남, 은퇴(隱退), 이탈(離脫),
탈퇴(脫退), 분리(分離.χωρισμὸς), (민중의) 반란(反亂),
봉기(蜂起), 농성(籠城), (국민.군대의) 분열(分裂).

secéssum "secédo"의 목적분사(sup.=supínum)

secéssus, -us, m. (철새 따위가) 떠나감, 귀소(歸巢),
물러감, (번잡을 피해) 조용히 지냄, 은둔(隱遁),
고적(孤寂-외롭고 쓸쓸함), 은퇴(隱退), 피정(避靜), 묵상(회)
(민중의) 반란, 봉기(蜂起-벌떼처럼 떼 지어 세차게 일어남),
농성, 깊숙한(으슥한) 곳, 호젓한 곳, 외딴 곳(ἀνεχώρησεν),
은둔처(隱遁處), 마음 속, 뒷간, 변소(便所).

De secessu sacro. 피정에 대하여/

De tempore adeundi sacrum secessum,
et modo se in eo gerendi. 피정 하는 시기와
거기서 가져야 할 태도에 대하여.

sécĭus, adv., comp. = sé(c)tĭus (흔히 부정 뒤에 쓰며
가끔 abl. comp., 접속사 quam, ac을 동반함)
(보다) 다르게, 덜, …만 못하게,
오히려 달리, 도리어 (더) 나쁘게,
algo de secius loqui.
아무에게 대하여 도리어 나쁘게 말하다/
haud secius. 못지않게/
nec secius. 다르지 않게, 같은 모양으로/
níhilo secius, nec(neque) eo secius.
그럼에도 불구하고, 그렇지만/
non secius ac…, …와 같이, …것처럼.

seclúdo, -clúsi -clúsum -ěre, tr. (se³+claudo)
따로 가두다, 가두어두다, 틀어박히게 하다, 숨어있다,
틀어박히다, (따로) 떼어놓다, 격리(분리) 시키다,
고립시키다, 막다(כלא.אלף.כבד), 차단(遮斷)하다,
봉쇄(封鎖)하다, 감금(監禁)하다, 몰아내다,
(걱정.공포 따위를) 떨어버리다.

sēclum = sǽculum

sěclúsi, "seclúdo"의 단순과거(pf.=perfectum)

seclúsĭo, -ónis, f. 격리(隔離), 차단(遮斷), 은둔(隱遁),
한거(閑居), 틀어박힘, 외딴 곳(ἀνεχώρησεν).

seclúsum "seclúdo"의 목적분사(sup.=supínum)

seclúsus, -a, -um, p.p., a.p. 격리된, 따로 떨어진, 외딴

sěco, secŭi(secávi), sectum(secátum) -áre, tr.
나누다(בזר.פלג), 베다(חתךְ), 절단(切斷)하다,
잘라서(썰어서) 조각내다, 토막 내다,
켜서(깎아서) 얇게 만들다, 절제(切除)하다, 거세하다,
수술하여 잘라 버리다, 찢다, 상처 내다, 벗겨지게 하다,
에다(마음을 아프게 하다), 할퀴다, 찌르다, 가르고 지나가다,
헤치고(뚫고) 지나가다, 횡단(橫斷)하다, 아프게 하다,
쑤시게 하다, (벌레 따위가) 쏠다, 분할(分斷)하다,
구분하다, 가르다(פלג.בזר), 쪼개다(בזר.נגר),
자르다(כסם.נזר.גדע.חתךְ), 세분(細分)하다,
(분쟁 따위를) 해결해 주다, 결말(結末) 짓다.
amnis urbem secans. 도시 한복판을 흐르는 강/
sectarum volumen. 분파론(Dogmatum volumen. 교의론)

secórdĭa, secors, = socórdĭa, socors,

secréta, -æ, f. (미사 때 제물 봉헌 후의) 묵념기도,
(지금은) orátio super obláta. "봉헌기도"라 함.

Secreta camera(⑨ Secret camera). 사도좌 비서실

Secreta in munere constitutórum(⑨ Secrecy
professional). 직업상의 비밀.

Secreta officiosa.(⑨ Professional secrets) 직업상의 비밀.

S

Secreta officiosa servanda sunt.
직업상의 비밀도 지켜야 한다.(가톨릭 교회 교리서 2511항).

secreta pectora. 가슴속의 비밀

secretária, -æ, f. 사무국, 관서(官署), 여비서(女秘書)

Secretaria Brevium. 소칙서 비서실(Brevis* 소칙서)

Secretaria Brevium ad Principes. 소칙서국(小勅書局)

Secretaria Epistolarum Latinarum.
라틴 문서국, 라틴 문서 사무처(文書 事務處).

Secretaria Generalis. 사무국(事務局), 사무처(事務處)

Secretaria Memorialium. 기록 비서실

Secretaria ordinaria. 정규 비서실

Secretaria pro non Christiãnis.
교황청 비그리스도 사무국.

Secretaria pro non credentibus.
무종교자 사무국(無宗敎者 事務局), 미신자 사무국.

Secretaria Státus. 국무 비서실, 국무원(1988.6.28. 확정),
Offícium Secretáriæ Status. (교황청의) 국무성.

Secretaria Status seu Papalis. 국무성성(1967년)

Secretariæ generalis,
세계 주교 대의원회의 규칙(1971.8.20. 답서).

Secretariatus, -i, m. 비서국, 사무국(로마 성청)

secretárĭum, -i, n. 깊숙한(은밀한) 곳, 비밀장소,
호젓한 곳, 외딴 곳(ἀνεχώρησεν), 비밀 회의실,
비밀재판(정), 마음속 깊은 곳, 성소(聖所). 아우구스티노),
(평신도들의 사건을 다루는 교회법원을 겸하기도 했던) 제의실.

secretárĭus, -i, m. 비서(관), 서기(書記), 총무(總務).
subsecretárĭus, -i, m. 부총무.

Secretárĭus ad Christianorum Unitatem fovendam.
그리스도교 일치 촉진 위원회

secretárĭus generalis. 사무총장(事務總長)

secretárĭus intimus. 지밀 비서

Secretárĭus Specialis. 특별비서(特別秘書)

secretárĭus Státus. 국무장관(國務長官)

secréte(secretim) adv. 따로, 조용히, 몰래, 은밀히,
비밀히(in secreto), 드러나지 않게.
Deinde, iunctis manibus super altare, inclinatus dicit
secrete sequentes orationes: 그리고 제대 위에 손을 모아
올리고 고개를 숙인 후 조용히 기도를 계속 한다/
Deinde manu dextera accipit inter indicem et medium
digitos patenam, quam tenens super altare erectam,
dicit secrete: 그리고 오른손의 중간 손가락들로 성반을
잡아 제대 위에 세워 들고 조용히 말한다/
et secrete prosequitur: 조용히 말한다/
extensis manibus ut prius, secrete prosequitur:
손을 이전처럼 벌리고 조용히 말한다/
Sacerdos secrete dicit: 司祭가 조용히 말한다.

secrétĭo, -ónis, f. 격리(隔離), 분리(分離.χωρισμὸς).
(生理) 분비(작용), 분비물(分泌物), 분비액(分泌液).

secréto, adv. 따로, 따로 떨어져(조용히), 혼자만,
몰래, 비밀히, 드러나지 않게.

Secréto hoc audi. 너 혼자만 들어 두어라.

Secréto hoc audi, tecum habeto, et nemini dixeris.
이것을 비밀리에 듣고 너 혼자서 간직해라.
어느 누구에게도 말하지 말라.(성 염 지음, 고전 라틴어, p.363).

secretórĭus, -a, -um, adj. 분비(分泌)의, 분비하는

secrétum, -i, n. 조용한 곳, 호젓한 곳, 한적한 곳,
외딴 곳(ἀνεχώρησεν), 시골(χώρα), 벽지(僻地-두메),
조용함, 고요함, 한적(閒寂), 고적(孤寂-외롭고 쓸쓸함),
혼자 지냄, 비밀(μυστήριον.❸ secret), 비결(秘訣),
비법(秘法), 신비(μυστήριον.❸ Mystery), 신비한 힘,
Beatus servus, qui secreta Domini observat in corde suo.
주님의 비밀을"자기 마음속에 간직하는"종은 복됩니다/
in secretis ejus. 그의 비밀 서류 가운데/
in secréto. 혼자 조용히, 비밀로, 비밀히, 은근히, 남몰래/
non jam secrétis collóquiis, sed apérte.(jam 참조)
비밀 회담으로써가 아니라 드러나게/
secreto pétere. 조용히 말할 기회를(개인면담을) 청하다/
sun annulo nostro secreto. 비밀 밀봉/

vitalium secreta. 생명작용의 비밀.(신국론, p.2688).

secretórum omnium arbiter.
모든 비밀을 털어놓을 수 있는 믿음직한 사람.

sēcrētum, "secerno"의 목적분사(sup.=supínum)

secretum commissum. 신임된 비밀

secretum naturale. 자연적 비밀

secretum petere. 조용한 곳으로 가다

secretum promissum. 약속된 비밀

Secretum sacramenti reconciliatiónis. 고해비밀

secrétus, -a, -um, p.p., a.p. 골라낸, 독특한, 분리된,
따로 떼어놓은, 별개의, 따로따로 떨어진, 격리(隔離)된,
한적한, 조용한, 호젓한, 적막한, 인적이 드문, 외딴,
혼자뿐인, 개인적인, 번잡을 떠나 조용히(혼자) 지내는,
비밀의, 숨겨진, 은밀(隱密)한, 세상에 드러나지 않은,
아무도 모르는, 심오(深奧)한, 신비로운, 마법의, 드문,
흔치않은, 빼앗긴, 결핍(缺乏)한, (무엇이) 없는.
et secrete prosequitur: 조용히 말한다/
rátĭonabiles cibos et mistica secreta.
영적인 양식과 신비적인 비밀들(복음과 문화 제8호, p.54)/
secreta cordium. 마음의 비밀/
secréta péctora. 가슴속의 비밀/
secréta præsentia Dei. 마치 감추어진 하느님의 현존/
secrétæ arte. 마법.

secretus cibo. 먹을 것이 결핍한

sēcrēvi, "secerno"의 단순과거(pf.=perfectum)

secta, -æ, f. 따르는 길, 방향, (行動) 원칙, 주의, 방침,
처세법, 방식, 양식, 糧食.❸ Nourishment), 방법, 당,
당파(sullæ causa.), 파벌(派閥), 당파심(黨派心),
(철학 따위의) 학파, 교파(敎派.❸ denominátĭons),
분파(分派.❸ religious sect.secta religiosa*),
(의학상의) 학설, 도당(徒黨-"때를 지은 무리"를 얕잡아 이르는 말),
집단(集團), 강도단, 종파(❸ religious sect).

secta massonica.
비밀결사(秘密結社.hetǽria, -æ, f.), 프리메이슨단.

secta religiosa* 종파(❸ religious sect)

secta spiritus libertatis. 자유심령파.

secta vitæ. 생활양식(生活樣式.forma vitæ.)

sectárĭus, -a, -um, adj. 잘린, 거세된, 앞장서 가는,
분파의, 교파의, 종파의, 학파의.

sectátĭo, -ónis, f. 따라감, 추종, 얻으려고 애씀, 추구.

sectátor, -óris, m. (sectrix, -ícis, f.) 추종자(追從者)
따라 다니는 사람, 동조자(同調者), 지지자(支持者),
수행원(隨行員), 측근자(側近者), 부하(部下),
문하생(門下生), 문제(門弟), 제자(μαθητὴς.弟子),
신봉자(信奉者), 신도(信徒), 열성적인 실천자(實踐者)

séctĭlis, -e, adj. 얇게 벤, 켠, 짜개진, 쪼개진, 잘라진,
조각으로 만들어진, 베어질 수 있는, 자를 수 있는,
쪼개지는, (톱으로) 켤 수 있는.

sectĭo, -ónis, f. 벰, 자름, 잘라냄, 절단부, 벤 조각,
박편(薄片-얇은 조각), (醫) 절단(切斷), 절개(切開),
수술(手術), 해부(解剖.❸ Autopsy), 거세(去勢),
구분(區分), (책.문장.규약 따위의) 절(節),
(경매 처분된 몰수 재산의) 낙찰.구매(購買),
(경매에 붙여진) 몰수재산.전리品(戰利品), 권리의 추구.
(관공서의 과(果), (단체의) 부(部), ((機)) (입체의) 절단면.
in bonis sectio. 차입물 경매/
præda sub corona. 노획물 공매.

sectĭo alta. 고위절개(高位切開)

sectĭo cæsárea. 제왕 절개(술)

sectĭo historica. 역사부(歷史部)

sectĭo legális. 법의학적(시체) 해부

sectívus, -a, -um, adj. 자를(잘게 썰) 수 있는

secto, -ávi, -áre, tr. (稀) = sector¹

sector¹ -átus sum -ári, tr., dep., freq. 뒤좇다,
(열심히) 따라 다니다, 쫓아다니다, 추적하다, 수행하다,
호위(護衛)하다, (양떼 따위를) 따라가며 감시하다,
따라다니며 졸라대다.재촉하다.못살게 굴다,
(사냥감 따위를) 끈덕지게 뒤좇다, 추적하다, 몰이하다,

S

1159

추구(追求)하다, 찾아다니다, 힘써 하다, 좋아하다,
얻으려고(성취.실천하려고) 애쓰다,
즐겨가다, 열망(熱望)하다, 탐내다, 노리다.
sector³ -óris, m. 베는(절단하는) 사람, 목재 켜는 사람,
　희광이(→회자수. 지난날. 사형수의 목을 베던 사람), 회자수(劊子手),
　몰수재산 경매의 매수자.구매자. (機) 선형(扇形), 부채골.
sector zonárius. 소매치기, 전대 자르는 자
sectrix, -ícis, f. (**sectátor,** -óris, m.)
　경매하는 몰수 재산을 구매하는 여자.
sectum, "sěco"의 목적분사(sup.=supínum)
sectúra, -æ, f. 자름, 절단(切斷) 벤 자리, 잘린 곳,
　절단부, 파낸 구덩이, 갱("坑道"의 준말), 갱도.
secubátío, -ónis, f. 혼자(따로) 잠
secúbǐtus, -áre, intr., freq. 늘(자주) 혼자 자다
secúbǐtus, -i, m. 혼자(따로) 잠, 독수공방(獨守空房),
　정결(יהוה).⑨ Chastity/Purity).
sécǔbo, -bǔi, -bǐtum -áre, intr. 혼자 자다, 독수공방하다,
　따로 자다, 혼자 살다, 고독하게 살다.
sěcui, "sěco"의 단순과거(pf.=perfectum)
sécǔla, -æ, f. 낫
séc(ǔ)lum, secláris = sǽc(u)lum, secláris
sěcum = cum se. 자기와 함께, 혼자서
　스스로(in propria personā.).
　alqd secum revólvo. 무엇을 혼자 곰곰이 생각하다/
　habeo *alqm* secum.
　　누구를 데리고(거느리고.모시고) 있다/
　Solus habitavit secum. 그는 홀로 자신과 함께 머물렀다/
　traho *alqm* secum in eámdem calamitátem.
　　누구를 같은 불행으로 끌고 들어가다.
Secum agito. 혼자 궁리(窮理=깊이 생각함)하다
secum *alqd* **exigo.** 무엇을 혼자 깊이 생각하다
secum considero. 곰곰이 생각하다(rodere ungues.)
secum portáre. 가지고 다니다, 가지고 있다
secúmfěro, -tǔli, -látum, -férre, anom., tr. 동반하다,
　수반하다, 동시에(법적 효력.결과 따위를) 가져오다.
secunda, -æ, f. 초(秒.minutum secunda).
secundæ, -árum f., pl. 조연(助演.secundæ partes.),
　단역(端役), 하위, 수하, 양막(羊膜→모래집), 태막(胎膜).
secundánus, -a, -um, adj. 제2의, 제2군단(légio)의,
　제2학년의. m., pl. 제2군단의 군인들. (primánus. 제1학년생/
　secundánus. 제2학년생/ tertiánus. 제3학년생/ quartánus. 제4학년생. 또는
　primánus.를 최고학년으로 삼고 차례대로 내려가는 수도 있음).
secundárius, -a, -um, adj. 제2위의, 제2류의, 부차적인,
　2차적인, 정제한 찌꺼기에서 만들어낸, 나중 나온, 하등품의.
　(醫) 속발(續發)한, 후발(後發)의, 뒤에 생기는, 제2기의.
secundárius cooperátor. 종범 / autor principalis. 주범
secundátus, -us, m. 제2위, 차위(次位)
secunde, adv. 순조롭게(ex sententiā.), 다행하게
secundicérius, -i, m. (secúndus+cera) 제2인자, 차장(次長)
secundínæ, -árum, f., pl. (醫) 모래집(羊膜),
　양막(羊膜→모래집), 태막(胎膜→모래집).
secundior, -or, -us, adj. secundus, -a, -um의 비교급
secundis avibus. 길조가 나타나서
secundíssimo vento cursum tenére.(teneo 참조)
　순풍을 타고 항로를 유지하다.
secundíssimus, -a, -um, adj. secundus, -a, -um의 최상급
secúndo¹ adv. 둘째로, 두 번째로
secúndo² -ávi, -átum -áre, tr. 순탄하게 하다,
　순조롭게(다행스럽게) 해주다, 호의를 가지다,
　도와주다, 편들다, 후원(後援)하다.
secúndo visus. 불길한 꿈이나 징조를 좋게 돌려놓음
secundum¹ adv. (바로) 뒤에, 둘째로, 잠시 후에, 이따가.
　I secundum. 너 바로 뒤따라가거라.
secundum² p.prœs., c., acc. (간혹 지배하는 단어 뒤에도 놓임)
　(바로) 뒤에, …를 따라서, 가에, 가까이, 옆에, …한 뒤에,
　직후에, …한 뒤에, 직후에, …하자 곧, …와 동시에,
　(등급.차례.품질 표시) …다음에는, 다음으로, 버금으로,
　따라, 대로, 좇아, 순응하여, 준하여, 의하여, 의하면,

…에게 유리하게, 위하여.
　Evangélium secúndum Matthǽum. 마태오 복음/
　ille mihi secundum te… 내게는 그가 너 다음으로/
　Quid sit secundum hominem, quid autem secundum
　Deum vivere. 사람에 따라 산다함은 무엇이며 하느님
　에 따라 산다함은 무엇인가.(신국론. p.2792)/
　Secundo anno, quam(=postquam) discesseram.
　내가 떠난 후 2년째 되던 해에.
secundum-³ i, m. 초(秒) / minutum, -i, m 분(分)/
　hora, -æ, f. 시간 / dies, -ei, m. 날, 일.
secundum allegoriam. 우의적으로
Secundum amícum judicare. 친구에게 유리하게 판단하다
secundum apparentíam. 겉으로 나타난 대로
secundum aurem. 귀 바로 뒤에
secundum consideratiónem absolutam.
　절대적인 고찰에 의한.
secundum consuetudinem. 늘 하던 대로, 습관에 따라
secundum emanatiónem intelligibilem.
　지성적 유출(流出)에 따라.
secundum esse. 존재에 따라
Secundum fidem vestram fiat vobis.
　너희가 믿는 대로 되어라.(성경 마태 9, 29).
secundum flumen. 강을 따라가면서, 강을 따라서
secundum fontem. 샘 옆에서, 샘가에
secundum formam primitívæ ecclesiæ.
　초대 교회의 형태에 따라.
Secundum hoc intellegere debemus quia Deus etsi
voluntari nostræ non dat.
　이처럼 하느님께서 우리 뜻대로 주시지 않을 때라도,
　구원을 위해서는 주신다는 사실을 알아야 합니다.
secundum legem. 법대로, 법에 따라(adv. jure, rite.)
secundum mare. 해안선을 따라서(secundo mari.)
secundum naturam. 자연(본성, 성격)에 따라
secundum natúram vívere.
　자연(본성)에 따라서 살다, 자연에 순응하여 살다.
secundum nocturnum. 제2야경시
secundum ordinem Melchisedech.
　멜키세덱의 법통(품직)을 따른(히브 5, 6; 5, 20; 7, 11).
Secundum partem, quæ tractat de ente mobile
incorruptibili, quod est cœlum, auctor non edidit.
　움직이는 불멸적 존재자를 논하고 있는 이 제2부는 저자가
　출판하지 않은 부분이다.(스콜라 철학에서의 개체화. p.871 참조).
secundum prius et posterius.
　선차적 내지 후차적(per prius et posterius).
secundum propriam, non secundum allegoricam
expositionem. 알레고리적 해석을 따르지 않고도
　본문 자체의 문맥에 따라서.
secundum quadraturæ legem judicari.
　사각형의 법칙에 준해서 판단을 한다.
secundum quandam connaturalitatem.
　영혼과의 연관성(인식의 근본문제. p.323).
secundum quid. 어떤 의미(견지.점.면)에서, 어느 모로는,
　어떤 것에 관해서는(per se, simpliciter와 대조).
secundum quiétem. 꿈속에서, 잠들자 곧, 잠들자마자
secundum quod huisusmodi sunt.
　사물을 있는 그대로 보는 방식
secundum rátionem esse. 이성에 합당한 실재
secundum rátionem vivere. 이성(理性)에 따라 사는 것
secundum sequalitatis legem judicari.
　동일한 비례의 법칙에 따라 판단된다.
　(아우구스티노의 조명설에 관한 중요한 단서. 그의 조명설이라는 것이 오성이
　관찰한다는 직접적 대상을 가리키기보다는, 오성이 판단하는 작용을 염두에 두고서,
　그 판단 규준이 되는 법칙lex가 따로 있는데 '그것에 따라secundum quam'
　사물을 판단하는 '규범적 작용'이 아니겠느냐 하는 말이다.
　　　　　　　　　　　　　성 염 지음, 사랑만이 진리를 깨닫게 한다. p.49).
secundum subsequentíam. 계속하여
secundum supernaturam. 초자연
secundum traditiónem patrum vió:rum sanctirum.
　거룩한 사람들인 사부(師父)들의 전통에 따라.

secundum usum romanæ curiæ. 로마 교황청 사용에 따른
secundus, -a, -um, adj. 둘째의 제2의, 바로 다음의,
　다음에 오는, 뒤따르는, 부차적인, 보조역의, 보다 못한,
　덜 좋은, 열등(品)의, 하등의, 버금가는, 제2인자의,
　따라 있는 연안(沿岸)의, 같은 방향으로의, 흐르는 대로의,
　(거꾸로) 거스르지 않는, 순조로운, 순탄한, 잔잔한,
　다행스러운, 행운의, 잘 되어 가는, 호조의, 쾌조의,
　성과가 좋은, 회의적인, 편드는, 찬동(찬성) 하는, 유리한.
　n.(pl.) 순경, 행운. adv. secunde, 순조롭게, 다행하게.
　haud ulli secúndus. 단연 월등한(nulli secúndus)/
　mari secúndo. 조수(潮水)의 흐름 따라/
　mel secúndæ notæ. 제2품질의 꿀/
　panis secúndus. 조악한 빵/
　poténtia secúndus a rege. 왕 버금가는 권력자/
　res secúndæ. 순경, 다행/
　secunda declinatio. 제2변화/
　secunda in eam quæ creatur et creat.
　　창조되고 창조하는 자연(하느님의 이데아에 대한 단계)/
　secunda intinctĭo. 제2의 세례(=순교)/
　secunda mensa. 식사 끝에 나오는 과일.과자류,
　　후식(後食.tragematium, -i, n.)/
　secunda operatĭo. 제2작용 / prima operatĭo. 제1작용/
　secunda operatĭo mentis. 정신의 2차작용/
　Secunda Regula patrum(=2R.P.) 사부들의 제2규칙서/
　secúndæ nuptiæ. 재혼(再婚.bigamia successiva)/
　secúndæ partes. 조연(助演) / secúndis ventis. 순풍에/
　Secundissimo vento cursum tenere.
　　순풍을 타고 항로를 유지(維持)하다/
　secúndo flúmine. 강의 물길 따라 하류로/
　secúndo lúmine. 다음날 (아침)에/
　secúndo mari. 해안선(海岸線)을 따라/
　secundo populo. 민중의 찬동(贊同) 하에/
　secundum naturam. 순리(順理)에/
　secundum opinionem. 억견(臆見)에 따라서/
　secundum ordinem intellectus. 인식 질서에 따라서/
　secundum modum excellentem. 탁월한 방법으로/
　secundum modum intelligendi. 인식의 양태에 따라,
　squama secúnda. (뒤로 매끈하게 누워있는 물고기의) 비늘/
　unitas secundum affectum. 정적 일치/
　unitas secundum inhabitátĭonem. 거주적 일치/
　unitas secundum operátĭonem. 작용적 일치.
Secundus liber est de tolerando dolore.
　둘째 권은 고통(苦痛)을 참는데 대한 책이다.
secúre, adv. 소홀히, 아무렇게나, 안일하게, 조용히,
　시름없이, 차분히, 쾌적하게, 마음 놓고, 거리낌 없이,
　안전하게, 무난하게, 확실(確實)하게.
securícŭla, -æ, f. 작은 도끼, 손도끼, 쟁기의 보습.
　((建)) (열장) 장부촉.
securiculárĭus, -i, m. 손도끼 제조 판매인(販賣人)
secúrĭfer(+ger), -ĕra, -ĕrum, adj.
　(secúris+fero, gero) 도끼를 든, 도끼로 무장한.
secúris, -is, f. (acc. -im, 간혹 -em; abl. -i, 간혹 -e)
　도끼, 손도끼, 전투용 도끼(㓒.⑨ axe, ax),
　관표(fasces 참조)에 꽂은 도끼,
　((pl.)) (고대 Roma의) 권력, 권위(權威), 지배(支配)
　벌채, 벌목, 타격, 치명적인 손해(損害), 치명상(致命傷),
　inflígo alci secúrim. 아무를 도끼로 쳐 죽이다/
　quátĭo secúrim. 도끼를 휘두르다/
　secúri ferio. 도끼로 쳐 죽이다, 참수형에 처하다/
　secúrim in caput dejicio. 도끼로 머리를 내리치다.
secúris anceps. 양쪽날이 있는 도끼
secúrĭtas, -átis, f. 안심, 침착(沈着), 태연자약(泰然自若),
　차분함, (마음의) 평정, 평온, 무관심, 등한(소홀)
　태만(怠慢-게으르고 느림), 무책임, 안일(安逸-편하고 쉬움),
　부주의(不注意), 데면데면함, 안전(㓒定.安全),
　무사, 무난, 확실, 영수증, 보증(保證).
　Magnam securitatem dedit Deus.
　　하느님께서는 커다란 보증을 주셨습니다/

nationalis securitatis(⑨ national security) 국가 안보/
　Quod non est securitas a tentátĭone in hac vita.
　　현세에는 시련이 없을 수 없음(준주성범 제3권 35장)/
　securitatis urbanæ custos. 경찰(警察), 경관(警官).
secúrĭtas socialis. (prævidentĭa socialis.)
　사회보장(⑨ social security).
secúrĭter, 마음 놓고, 안전하게
secúrus, -a, -um, adj. (se³+cura) 안심하는, 마음 놓는,
　걱정(두려워) 하지 않는, 개의치 않는, 차분한, 침착한,
　평온한, 태연자약한, 당돌한, 태평한, 시름없는,
　걱정 없는, 즐거운, 명랑한 분위기의, 쾌적한,
　무관심한, 등한한, 소홀히 하는, 무책임한, 안일한,
　데면데면한, 안전한, 무사한, 무난한, 확실한, 염려 없는.
　Ille beatissimus est et securus sui possessor,
　qui crastinum sine solicitudine espectat.
　　내일을 걱정 없이 맞이하는 자가 가장 훌륭한
　　사람이며, 자기 몸 하나로 안전한 사람이다/
　Interroga cor tuum: si est ibi dilectio fratris,
　securus esto. 그대 마음 안에 형제에 대한 사랑이 있는지
　　물어보십시오. 그리고 안심 하십시오/
　Quo fata trahunt, virtus secura sequetur. 운명이 이끌어
　　가는 곳이라면 덕성은 확실하게 따라와 줄 것이다.(Lucanus)/
　secura quies. 조용한 휴식/
　Securi sumus de unitate hereditatis. Quisquis huic
　hereditati non communicat, foras exiit. 우리는 유산이
　하나뿐임을 확신합니다. 누구든지 이 유산과 친교를
　나누지 않으면 밖으로 떨어져 나가게 됩니다.
　　　　　　　　　　(최익철 신부 옮김. 요한 서간 강해. p.169).
Securus esto. 안심하십시오..
securus estote qui ægrotatis
　앓고 있는 여러분은 안심하십시오.
Securus judicat orbis terrarum.
　전 교회의 구성원 모두가 판단하는 것은 옳다.
　전체 세계는 확실하게 판단한다.
sĕcus¹ indecl., n. (=sexus)
　성(性.⑨ Sex/Sexuality). viríle secus. 남자, 남성.
sĕcus² adv. 다르게, 달리, (형용사적 용법) 다른,
　나쁘게, 좋지 않게.
　Bibitur, quasi in popína, haud secus.
　　영락없이 술집에서처럼 마시고들 있다/
　de alqo loqui secus. 아무에게 대해 나쁘게 말하다/
　Haud secus ac jussi fáciunt. 그들은 명령받은 대로 한다/
　horâ fere undécimâ aut non multo secus.
　　열한시 경에나 혹은 약간 전후해서나/
　Nemo dicet secus. 아무도 달리 말하지 않을 것이다/
　non secus ac…. …와 같이, 마찬가지로, 듯이, 다르지 않게/
　Quid secus est? 뭐가 다르냐?/
　sin secus, 그러나 그렇지 않을 경우에는.
secus³ p.prœs., c., acc.
　가까이, 곁에, 옆에, 가에(길가에), 직후에.
secus pedes. 발치에(공동번역 루가 7. 38)
secus viam 길가에(공동번역 루가 8. 5)
secutĭo, -ónis, f. 따라감, 추구(목적된 바를 이루고자 끝까지 쫓아 구함)
secútor, -óris, m. 따라 다니는 사람, 수행원(隨行員),
　시중드는 종, 호위자(護衛者).
sĕcútus, -a, -um, "sequor"의 과거분사(p.p.)
sĕd¹ conj. (대립.반대.제한.제외.교정.번복 따위의
　뜻을 나타내며, 때로는 enim, enímvero, autem,
　vero, tatem, saltem, 따위를 동반함) 그러나, 그렇지만,
　그런데, 단, ((부분 부정에 대한 대립)) (…가 아니) 고,
　(아니라) 오직, 반대로, 도리어, 더욱, 더구나,
　(새삼스러운 반문.의아) 그런데, 아니 도대체,
　그런데, 그래서, 그러니, 그럼 이제, 하여간, 좌우간.
　Gratĭa non destruit, sed supponit et perficit naturam.
　　은총은 본성을 파멸하지 않고 전제하며 완성한다/
　Gratĭa non tollit naturam, sed perficit.
　　은총은 자연을 파괴하지 않고 완성한다/
　Id ago, ut non solum mihi, sed etĭam mutis prossim.

나는 나 개인에게만 아니라 (다른) 많은 사람들에게
까지 이익을 주려고 노력하고 있다/
Id quod de facto est, sed potest non esse.
실제로 있을 수도 있고,
있지 않을 수도 있는 것(=우연적인 것 contingens)/
Mísera est illa quifem consolátio, sed tamen necessária.
그 위로가 비참한 것이기는 하지만 그러나 필요하다/
nec sibi tantum, sed univérsis consúlere.
자기 자신뿐 아니라 또한 모든 사람을 돌보다/
Non autem carnális, sed spiritális inter vos debet
esse dilectio. 너희 사랑은 육적인 사랑이 아니라
영적인 사랑이어야 한다(아우구스피노회 회칙)/
non Christo sed Petro debemus.
그리스도께가 아니라 베드로에게 하듯이/
non ego, sed grátia.(1Cor.15, 10)
내가 아니라 하느님의 은총이/
non feci, sed me fecisse somniavi. 내가 한 것이 아니라,
내가 했다는 꿈을 꾸었소.(교부문헌 총서 16. 신국론, p.1980)/
omnia alia a Deo non sunt suum esse,
sed participant esse. 신 이외의 모든 사물들은
그들의 존재가 아니고 존재에 참여 한다/
perféctus lítteris, sed Græcis.
문학에 정확히는 희랍 문학에 조예(造詣)가 깊은.
sēd² pron., person. refl. = se¹
sēd-³ prœvérbium = se-³분리.이탈 따위의 뜻,
e.g. sed-ítio. 불화, 알력(軋轢), 폭동(暴動), 반란.
Sed a perículis cúnctis líbera nos semper,
Virgo gloriósa et benedícta. 항상 모든 위험에서 우리를
구하소서. 영화롭고 복되신 동정녀시여.
Sed Adam creatura est, Filius Christus vero
substantía. 아담은 피조물이지만 그리스도의 본성은
하느님의 아들이다.
Sed caritas ex Deo est. Oremus ergo ut ab illo detur,
a quo iubetur. 그러나 사랑은 하느님으로부터 옵니다.
우리에게 (사랑을) 명하시는 그분께 (사랑을) 받을 수
있도록 기도합시다.(이연학 최원오 역주. 아우구스티노의 생애. p.137).
sed certe. 그러나 적어도
sed contra. 반대로(adv. vicissim.)
Sed contra est quia natura non tollitur per
gloriam, sed perficitur.
자연은 영광을 통해서 파기(破棄)되지 않고 완성된다.
Sed crevit lapis, et factus est mons magnus.
그러나 돌은 자라나서 커다란 산이 되었습니다.
　　　　(최익철 신부 옮김. 요한 서간 강해. p.163).
Sed de notiónibus nulla fit mentio in eloquiis
sacræ Scripturæ. 그런데 성서의 거룩한 말씀들에는
인식적 표징들에 대한 어떠한 언급도 없다.
Sed de quo hic loquatur dubium esse potest.
그러나 그가 여기서 말하고 있는 것에 대해 의심이
생길 수 있다.(지성단일성. p.109).
sed enim. 그러나 사실은
Sed et hospitalitatem semper exhibuit.
늘 손님을 맞으셨다.
sed et, sed étiam. …도 또한; (뿐더러) 도리어, 더욱, 더구나
Sed ex eo quod mala caves, corrigis te, et incipis
bona desiderare. 그러나 악을 피한다는 것은 그대 자신을
바로잡고 선을 열망하기 시작한다는 것입니다.
　　　　(최익철 신부 옮김. 요한 서간 강해. p.403).
Sed forte corripis? Amor hoc facit, non sævitia.
그대, 혹시 꾸짖고 있습니까? 혹독함이 아니라 사랑이
꾸짖게 하십시오.(최익철 신부 옮김. 요한 서간 강해. p.451).
Sed forte cædis? Ad disciplinam facis. 그대, 혹시 매질
하십니까? 훈육하기 위해 매질하십시오.
Sed hæc, ut diximus, fratres, perfecta caritas est.
형제 여러분, 이미 말씀드린 바와 같이,
이것은 완전한 사랑입니다(최익철 신부 옮김. 요한 서간 강해. p.239).
Sed hoc consilium tibi propterea non sufficit.
그러나 이러한 조언이 그대에게는 넉넉지 않은 듯합니다.
　　　　(이연학 최원오 역주. 아우구스티노의 생애. p.129).

Sed in qua caritate? Non in inchoata.
어떤 사랑 말입니까? 초보적 사랑은 아닙니다.
　　　　(최익철 신부 옮김. 요한 서간 강해. p.397).
Sed in via immaculata merito non timet. 그러나 흠
없는 길에는 두려워할 것이 없습니다.(요한 서간 강해. p.411).
Sed inquirendum restat quid sit ipsum intellectum.
그러나 사고 대상이 무엇인가라는 질문이 남아 있다.
　　　　(이재경 역주. 토마스 아퀴나스 지성단일성. p.209).
Sed ista levia quæ dicimus, noli contemnere.
그러나 우리가 소죄라고 하는 것을 대수롭지 않게
여기지는 마십시오.(최익철 신부 옮김. 요한 서간 강해. p.77).
Sed mandatum vetus quare? 그런데 왜 옛 계명입니까?
Sed ne meliorem, si inveneris, sequaris sententiam,
non præscripsi. 그러나 그대가 더 나은 의견을 찾아
따른다 할지라도 나는 말리지 않겠습니다.
　　　　(이연학 최원오 역주. 아우구스티노의 생애. p.151).
Sed ne quis piger sit ad proficiendum, audiat. 진보하는
데 게으르지 않으려는 사람은 이 말씀을 들으십시오.
Sed non ad hoc debes facere ut videaris.
그러나 보이기 위해서 행동해서는 안 됩니다.
　　　　(최익철 신부 옮김. 요한 서간 강해. p.343).
Sed non contristemur. 그러나 슬퍼하지는 맙시다.
Sed non diligamus mundum, neque ea quæ in mundo
sunt. 그러므로 세상도 또 세상 안에 있는
것들도 사랑하지 맙시다.
sed non finiris quasi perficiaris, sed finiris ut
consumaris. 그대가 완성되어 끝나는 것이 아니라, 소모
되어 끝나는 것입니다.(최익철 신부 옮김. 요한 서간 강해. p.445).
Sed o si diligeretis fratres, scandalum in vobis non
esset. 그대들이 형제들을 사랑한다면 그대들 안에 어떤
걸림돌도 없을 것입니다.(최익철 신부 옮김. 요한 서간 강해. p.99).
Sed per cuius nomen remittuntur peccata? 그렇지만
누구의 이름으로 죄를 용서받았습니까?
Sed plus dici potest.(㉭ Even more can be said)
더 나아가서 이렇게 말할 수 있습니다.
Sed plus diligitur Lex Dei. 그러나 하느님의 법이 더
사랑 받아야 합니다.(최익철 신부 옮김. 요한 서간 강해. p.449).
sed primo videte, adtendite. 우선 눈여겨보시고 주의
깊게 살펴보십시오.(최익철 신부 옮김. 요한 서간 강해. p.289).
Sed quid ait? 어떻게 말씀하셨습니까? Quid dixi? 제가
뭐라고 말씀드렸습니까? 제가 무슨 말씀을 드린 겁니까?
Sed quid ait Dominus Iesus?
그러나 주 예수님께서 뭐라고 말씀하셨습니까?
Sed quid ait Scriptura?
그러나 성경은 어떻게 말씀하셨습니까?
Sed quomodo poterimus amare Deum,
si amamus mundum?. 그런데 우리가 세상을 사랑한다면
어떻게 하느님을 사랑할 수 있겠습니까?
Sed quid ago? 아니 내가 왜 이러지?
Sed quid est credere illud?
그분을 믿는다는 것은 무엇입니까?
Sed quid fit in Catholica?
그러나 가톨릭 교회에서는 무엇이 이루어집니까?
Sed quis agit hoc? 그렇다면 누가 그런 일을 하겠습니까?
Sed quis hic est senex?
그런데 도대체 이 노인이 누구야?
Sed quod gaudere si non fiat, aut quod plangere si
fiat. 이런 일이 벌어지지 않는다면 기뻐할 일이고, 벌어
진다면 슬퍼할 따름입니다.(최익철 신부 옮김. 요한 서간 강해. p.93).
Sed quomodo laudetur? Quomodo dicit psalmus.
그러면 어떻게 칭찬 받아야 하겠습니까? 시편이 들려
주듯이 하면 됩니다.(최익철 신부 옮김. 요한 서간 강해. p.445).
Sed redeámus rursus ad Hortensium.
그럼 이제 다시 Horténsius의 이야기로 돌아가자.
sed sæpe non ita accidit.(㉭ but this is not always the
case). 그러나 언제나 그런 것은 아닙니다.
Sed satis verbórum est. 자 이제 말은 그만 하기로 하고
Sed si pænitentiam non egeritis, omnes simíliter
peribitis. 너희도 회개하지 않으면 모두 그렇게 망할 것이다.

Sed sine luce non potest esse dies.
그런데 빛 없이는 낮도 있을 수 없다.
Sed te laudet anima mea ut amet te,
et confiteatur tibi miserationes tuas ut laudet te.
내 영혼이 다만 당신을 찬미하며 당신을 사랑하고,
당신 자비를 일컬어 당신을 기리게 하소서(고백록 5.1.1.).
Sed ubi nos debemus exercere?
그렇다면 우리는 어디에서 훈련해야 합니까?
sedámen, -mínis, n. 진정(鎭靜-가라앉힘), 안정(安靜)
sedate, adv. 유유히, 조용히, 차분히, 침착하게
sedátio, -ónis, f. 진정(鎭靜-가라앉힘), 안정(安靜), 평온
sedatívum, -i, n. (藥) 진정제
sedátor, -óris, m. 진정시키는 사람
sedátus¹ -a, -um, p.p., a.p. 가라앉은, 진정된, 안정된,
    조용한, 평온한, 차분한, 침착한, 유유한, 잔잔한.
    sedati fluctus. 잔잔해진 물결.
    adv. sedate 조용히, 차분히, 침착하게, 유유히.
sedátus² -us, m. 평온(平溫), 화평(εἰρήνη. 和平),
    평화(ἰσ.ἰω. εἰρήνη. ⑨ Peace).
sede, 원형 sédeo, sédi, sessum, -ére, intr.
    [명령법. 현재 단수 2인칭 sede, 복수 2인칭 sedete].
    Tu sede hic bene. 너는 여기 좋은 곳에 앉아라.
sede, 원형 sedes, sedis, f. [단수. 주격 sedes, 속격 sedis,
    여격 sedi, 대격 sedem, 탈격 sede].
Sede impedita. 주교 유고 시
Sede Vacante. 공석 시(교황이나 교구장의 자리가 비어 있을 때라는 뜻).
sedecénnis, -a, -um, adj. (sédecium+ánnus) 16세(歲) 된
sedécies, adv., num. (sex+décies) 열여섯 번, 16배(倍)
séděcim(séxdecim) indecl., adj., num.
    (sex+decem) 열여섯, 16(개의).
sedécŭla, -æ, f. 낮은 자리, 작은 걸상
sedécŭlus, -a, -um, adj. (sex+décuplus) 16배의
Sedéndo scripsi epístolam. 나는 앉아서 편지를 썼다.
    (동명사의 탈격은 모양부사어나 원인부사어가 될 수 있다).
sedentárĭus, -a, -um, adj. 앉아서 일하는,
    앉아 하는 작업의, 늘 앉아 있는, 한 자리에만 눌러 있는.
sédĕo, sédi, sessum, -ére, intr. 앉다(コ꠹), 걸터앉다.
    앉아 있다, (말 따위를) 타다, 대변보다, 내려앉다,
    진정되다, 가라앉다, 정착하다, 자리 잡다, 눌러 있다,
    하강하다, 침강(沈降)하다, 적어 내리다, 관통하다,
    (타격이) 와 닿다, (마음에) 새겨지다, 남아있다.
    ab latus alcjs sedére. 누구 곁에 앉다/
    áuribus sedes. (소리가) 귓전을 때리다, 귀를 찌르다/
    in ovis sedeo. 알을 품다/
    in templo Dei sedet. 하느님의 성전에 앉아서/
    Nunc vero parum mihi sedet judícium
        아직은 내가 판단을 완전히 내리지 못하고 있다/
    Qui sedes ad dexteram Patris, miserere nobis.
        성부 오른 편에 앉아 계시는 분, 저희를 불쌍히 여기소서/
    Sede a dextris meis. 너는 내 우편에 앉으라/
    sedet in amicum. 친구로 앉아서/
    Sedit hic tibi morbus. 이 병은 너의 고질이 되었다.
sedeo humo nudā. 맨바닥에 앉다
sedes(=sedis) -is, f. 원형 sédeo, sédi, sessum, sedére, intr.
    [직설법 현재. 단수 1인칭 sedeo, 2인칭 sedes,
    3인칭 sedet, 복수 1인칭 sedémus, 2인칭 sedétis,
    3인칭 sedent].
    Qui ab déxteram Patris sedes, ad interpellándum pro
    nobis: Kýrie eléison.(⑨ You are seated at the right
    hand of the Father to intercede for us: Kyrie eleison)
        성부 오른편에 중개자로 계신 주님, 자비를 베푸소서.
sedes(=sedis) -is, f. 결상, 의자, 벤치(⑨ beach), 자리,
    좌석, 옥좌, 옥좌(⑨ Throne), 어좌(御座-玉座), 교황 성좌,
    교황좌(教皇座) 주교.교황 좌(座) See. 프랑스 고어 앉는다는
    뜻을 가진 sied에서 sie로 변했다가 이 말이 발음대로 영어에 도입되어 See로
    되어 교회용어로 쓴다. 백민관 신부 엮음. 백과사전 3. p.459).
    왕위, 지위, 순위, 자리, 거처(居處), 거주지, 소재지,
    집, 보금자리, 사당(祠堂-신주를 모신 집), 본거지, 거점,
    중심지, 중추(中樞), 기초(基礎), 토대(土臺), 터전,

제자리, 궁둥이, 항문(肛門). (醫) 뒤, 대변(大便-사람의 똥).
    a sédibus urbem eruére. 도시를 송두리째 폐허로 만들다/
    Apostólica Sedes. (교황) 성좌(聖座)/
    malæ, sedes pudóris. 수치심이 드러나는 자리인 두 볼/
    prióres sedes. 수석 / sede vacante. 공석일 때는/
    sedem angústam servátaque mella relínere.
        벌집을 뜯고 저장되어 있는 꿀을 뜨다/
    sedem figo. 자리 잡고 살다.
sedes ætheriæ. 하늘나라 거처(居處)
Sedes Apostolica(⑨ Apostolic See). 사도좌(使徒座)
sedes apostolicæ vicario. 사도좌 대리
sedes archiepiscopalis. 단독 대주교좌
sedes confessio. (가) 고해소(Sedes confessionalis.)
sedes confessionális. (고해성사 받는) 고해대, 고백대
sedes cruénta. 혈변(血便)
Sedes episcopalis. 주교좌(主教座)
Sedes fidelium(⑨ seats of Faithful.獨 Gestühl/
    Kirchenbänke). 신자석(信者席 f. navis -is)
Sedes gratiæ(⑨ See of Grace). 성총의 좌, 은총의 자리
Sedes magnitudinis. 영광스러운 御座
Sedes metropolitana. 관구장좌(管區長座)
sedes patriarchalis. (동방교회) 총대주교좌
sedes procidua. 탈항(脫肛.procidentia ani.)
sedes sacerdotis*(⑨ Presbytery/Presidential Seat.
    獨 Priestersitz). 사제석(司祭席).
Sedes Sancta. 성좌
Sedes sapientiæ. 상지의 좌, 지혜의 좌
sedes titularis. 명의 주교좌(名義主教座)
sedes vacans* 공석(空席.⑨ vacancy)
sēdi, "sédĕo"의 단순과거(pf.=perfectum).
Sedia gestatoria. 교황 여가(輿駕), 연여(輦輿)
    [과거 황의 성대한 행차 때 교황이 타고 가는 운반형 어좌(御座). 이 어좌를 붉은
    제복을 입은 12명의 운반인이 어깨에 메고 간다. 백민관 신부. 백과사전 3. p.459].
sedibílis, -e, adj. 앉을 만한, 앉도록 만들어진
sedíle, -is, n. 걸상, 의자, 좌석, (극장의) 관람석,
    (노 젓는 사람이) 앉는 자리, 앉아 있음, 앉아 쉼.
    Sedilia Chori.(⑨ Sedilia of Choir.獨 Chorgestühl)
        합창단 의자.
sédímen, -mínis, n. 침전물(沈澱物), 앙금, 찌꺼기,
    버캐(간장이나 오줌 따위 액체 속에 섞여 있던 소금기가 엉기어서 뭉쳐진 찌끼)
sediméntum, -i, n. 가라앉은 물건, 침몰(沈沒)
sēdis, -is, f. (稀) = sedes
seditĭo, -ónis, f. (sed³+itĭo) 모반(謀反), 반란(反亂),
    폭동, 봉기(蜂起), 소요(騷擾), 분열(分裂.⑨ Divisions),
    불화, 분쟁(紛爭), 시비, 알력, 갈등(葛藤.⑨ Conflict),
    풍파, 소동(騷動), (바람.파도 따위의) 거셈, 사나움.
    Prope seditĭonem ventum est. 폭동 직전에 와 있다/
    Quis tulerit Gracchos de seditione querentes?
        혁명을 주창하는 그라쿠스 형제를 누가 그냥 두겠는가?
seditĭósus, -a, -um, adj. 반란(폭동)을 일으키는,
    소요(騷擾)의, 반역적인, 선동적인, 소란한, 떠들썩한,
    걸핏하면 싸우는, 분란을 일으키는, 말썽꾸러기의.
sēdo, -ávi, -átum -áre, tr. 앉게 따위를) 앉게 하다,
    가라앉히다, 진정(鎭定)시키다, 누그러지게 하다,
    가시게 하다, 종식(終熄)시키다, (폭동을) 진압하다,
    (바람.물결 따위를) 자게(멎게) 하다, (불길을) 잡다.끄다,
    고요(잔잔)해지게 하다, (기갈을) 풀다.
    멈추다(עבד.עדי.קטע.קטף.רוב.ברד).
    (여러 가지 감정.욕망 따위를) 누르다, 억제하다,
    녹이다, 극복(克服)하다, 떨쳐버리다,
    ((간혹 intr.)) (바람 따위가) 자다, 멎다/
    Tumúltum Istrĭcum sedáre. Istrĭa의 봉기를 진압하다.
sédtamen, 그러나
sedúco, -dúxi -dúctum -ěre, tr. 속이다, 속여 넘기다,
    기만(欺瞞)(⑨ Fraud)하다, 미혹케 하다, 현혹시키다,
    꾀다, 흘리게 하다, (나쁜 길로) 유혹(유인)하다,
    빼다, 제외하다, 배제(排除)시키다, 격리(隔離)시키다,
    (시선 따위를 다른 데로) 돌리다.

S

1163

Nemo se seducat(㉾ Let no one deceive himself)
아무도 자신을 속여서는 안 됩니다(성경 1고린 3. 18)/
Nolite seduci: Corrumpunt mores bonos colloquia mala.
착각하지 마십시오. 나쁜 교제는 좋은 관습을
망칩니다(성경)/속지 마십시오. 나쁜 친구를 사귀면 품행이
나빠집니다(공동번역)/착각하지 마시오. 나쁜 교제는 훌륭한
습관을 퇴폐케 합니다(200주년 기념 신약성서 1고린 15. 33)/
sedúcta in várias péctora curas.
여러 가지 걱정거리로 흐트러진 마음.
sedúctĭo, -ónis, f. 따로 끌어(불러) 냄, 갈라놓음,
분리(分離), 속여 넘김, 유혹(誘惑.㉾ Temptátǐon), 유괴,
기만(欺瞞.㉾ Fraud-남을 그럴듯하게 속임), 미혹케 함, 꾐.
Nulla est ergo ibi deceptio, nulla est ibi seductio?
거기에는 속임수도 전혀 없고 꼬드김도 전혀 없습니까?.
(최익철 신부 옮김. 요한 서간 강해, p.297).
sedúctor, -óris, m. 미혹케 하는 자, 속이는 자, 유괴자,
미혹케 하는 자, 기만자(欺瞞者), 유혹자(誘惑者).
sedúctum, "sedúco"의 목적분사(sup.=supínum)
sedúctus, -a, -um, p.p., a.p. 따로 떨어진, 멀리 떨어진,
외딴, 아득한, 은둔의, 미혹한, 속아 넘어간, 꾐에 빠진.
audáci seductus in æthera dorso.
하늘을 찌를 듯이 까마득히 솟아 있는 (山).
Sedula cura, (commissio de re biblica) 성서위원회.
(1971.6.27. 자의교서).
sedúlĭtas, -átis, f. 부지런, 근면(勤勉), 열성, 골똘함,
근실(勤實-부지런하고 착실함), 끈덕진 노력, 악착스러움,
노파심(老婆心-남의 일에 대하여 지나치게 염려하는 마음).
sédŭlo, adv. 부지런히, 열심히, 골똘히, 힘껏,
최선을 다하여, 주의 깊게, 일부러, 짐짓, 충심으로
진지하게, 진심으로, 고의로(consulte, adv./scienter, adv.).
Feci sedulo. 하느라 고는 했는데, 최선을 다했지만.
sédŭlus, -a, -um, adj. 부지런한, 근면한, 근실한,
열심한, 골똘한, 악착스러운, 꾸준한, 끈덕진, 주의 깊은,
용의주도한, 꼼꼼한, 주제넘은, 쓸데없이 부지런 떠는,
잘한답시고 하는, 진지한, 거짓 없는.
sĕdum, -i, n. ((植)) (여러 종류의) 기린초
sedum alboróseum. (植) 꿩 비름(돌나무과에 속하는 다년초)
sedum sarmentósum. (植) 돌나물(돌나물과의 다년초)
sédúxi, "sedúco"의 단순과거(pf.=perfectum)
sĕges, -gĕtis, f. 농작물, (수확.탈곡 전의) 곡식,
(다른) 재배 작물, 다수, 다량, 무더기, 무리, 떼, 밭,
땅, 경작지, 가경지(可耕地), 결실, 성과, 수확(收穫),
이익, 바탕, 원천, 요인(要因).
seges ægra. 병든 농작물(農作物)
seges clipeata virórum. 방패로 무장한 장정의 무리
seges ferri. 수많은 칼
seges lini. 아마작물
segéstra, -æ, f. (segéstre, -is, n.) (segéstrum, -i, n.)
(segéstrĭa, -æ, f.) 모피로 만든 씌우개.덮개,
거적(새끼로 날을 하여 짚으로 두툼하게 쳐서 자리처럼 만든 물건),
털 가죽옷의 일종(一種), 포장지(包裝紙).
segmen, -mĭnis, n. 단편(斷片-부스러기), 부스러기, 조각
segmentátus, -a, -um, adj. 직금(織金)으로 장식한,
여러 가지 빛깔의 줄무늬 선을 두른,
가장자리 장식의 옷을 입은.
segméntum, -i, n. 자름(절단), 절단(切斷), 깎음,
((pl.)) (선 두르는 여러 가지 빛깔의) 줄무늬 비단 오라기,
금란(金襴) 오라기, 줄무늬선 두른 옷, 금란 비단옷,
구분(구획된 부분), 위선(緯線) 사이의 지대(地帶), 부속품.
(機) 선분(線分), 결원(缺圓), 궁형(弓形), 구분(球分).
(蟲) 체절(體節.㉾ segment).
segnésco, -ĕre, intr. 누그러지다, 약화되다, 느려지다
ségnǐpes, -pĕdis, adj. (segnis+pes)
느릿느릿한, 느리게 걷는.
segnis, -e, adj. (se³+ignis; sequor) 느린, 느릿느릿한,
굼뜬, 꾸물거리는, 민첩(활발)한, 우둔한, 게으른,
타성에 흐른, 열의 없는, 무력한, 활기 없는, 맥 못 추는,
강렬(치열)하지 못한, 잔잔한, 다급(多級)하지 않은,

느긋한, 별로 한 것 없는(세월 따위), 빈둥빈둥 지낸,
제구실 못하는, 쓸모없는, 무익한, 불모의.
adv. **segnĭter**, **segne**.
in ótio tumultuósi in bello segnes.
평화 시에는 소란하고, 전시에는 고요한.
ságnĭtas, -átis, f. (稀) = **segnítǐa**
segnitǐa, -æ, f. (**segnítǐes**, -éi,) 느림, 굼뜸,
완만(緩慢), 게으름, 타성(惰性), 무위, 무관심(無關心),
등한(소홀), 열의 없음, 無(氣)力, 우유부단(優柔不斷),
우둔, 지둔(遲鈍), 멍청함, 바보스러움,
(바다.바람 따위의) 잔잔함, (말의) 완곡한 표현.
(醫) 이완(弛緩-주의나 긴장 따위가 풀리어 느슨해짐).
segrédǐor, (dĕris, dǐtur), -grĕdi, dep., intr.
(se³+grádior) 물러가다.
segregátim, adv. 따로, 떼어서, 별도로
segregátǐo, -ónis, f. 격리(隔離), 분리(分離.χωρισμὸς),
(인종) 차별(差別.㉾ Discriminátǐon).
segregatívus, -a, -um, adj. 분리의, 격리의
ségrĕgis, -e, adj. = **sĕgrex**
ségrĕgo, -ávi, -átum -áre, tr. (se³+grex) 갈라놓다.
따로 떼어놓다, 격리(隔離)하다, 분리하다, 분산시키다,
멀리하다, 떨어져 나가다, (관계 따위를 끊고) 떼어버리다,
제거(除去)하다, 제외(除外)하다, 제명(除名)하다, 선별하다,
(누명 따위를) 벗기(기)다, 골라내다, 간택(簡擇)하다,
구별하다, 차별(差別)하다, 입을 다물다, 입에 담지 않다.
segrego sermónem. 말을 중단하고 입을 다물다
sĕgrex, -gregis, f. (**segregus**, -a, -um,), adj. (se³+grex)
격리된, 따로 떨어진, 외톨이의, 다른, 별개의.
sei; **seic** (古) = **si**; **sic**
seipsum signat, 스스로 십자성호를 그으며
séjŭgæ, -árum, f., pl. 육두 마차(여섯 필의 말)
sejuges, -íum, m., pl. = **séjŭgæ**
séjŭgis²-e, adj. (se³+jugum) 따로 떨어진, 분리된, 갈라진
séjŭgo, -atum -áre, tr.
따로 떼어놓다, 분리(分離)시키다, 갈라놓다.
sejúnctim, adv. 따로따로, 분리(分離)하여
sejúnctǐo, -ónis, f. 분리(分離.χωρισμὸς),
반목(反目-서로 맞서서 미워함), 불화(不和).
sejúnctum, "sejúngo"의 목적분사(sup.=supínum)
sejúngo, -júnxi -júnctum -ĕre, tr. 떼어 놓다,
분리(分離)시키다, 갈라놓다, 이탈(離脫)하게 하다,
(멀리) 떨어지게 하다, 구별하다, 분간(分揀)하다.
Alpes Italiam a Gallia seiungunt. 알프스는 이탈리아를
갈리아로부터 분리시킨다.[분리. 제거. 결여. 박탈. 면제. 부재. 혹은
단념을 뜻하는 動詞는 전치사 ab. ex와 탈격을, 혹은 전치사 없이 탈격을 요구한다/
Christiana navitas caritativa a factionibus et doctrinis
seiuncta esse debet.(㉾ Christian charitable activity must
be independent of parties and ideologies) 그리스도인의
사랑 실천은 당파와 이념에서 벗어나 있어야 합니다/
fratres seiuncti. 갈라진 형제/
Seiunctæ a ratione fidei tragoedia.
신앙과 이성의 분리의 역사.
sējunxi, "sejúngo"의 단순과거(pf.=perfectum)
selectæ sententiæ. 간추린 격언집
selectim, adv. 골라서, 추려서
selectǐo, -ónis, f. 선택(選擇.㉾ choice), 선발(選拔),
가려 뽑음, 선별(選別). (生) 도태(淘汰-적자생존에 의해서
환경이나 조건에 적응하지 못하는 개체군이 사라져 없어지는 현상).
selectio artificialis. 인위 도태(淘汰)
selectio naturalis. 자연 도태(淘汰)
seléctor, -óris, m. 선발자(選拔者), 선택자(選擇者)
selectum, "sélǐgo"의 목적분사(sup.=supínum)
seléctus, -a, -um, p.p., a.p. 가려 낸, 추린,
선택(선발) 된, 정선(精選-精擇) 된, 발췌(拔萃) 된.
dii seléctí. 고대 로마인들의 12남신과 8여신(女神)/
selecta orginaria. 근원적인 선택/
selécta historiæ Ecclesiasticæ Capita.
교회사 선집(24권 Alexander Natalis 지음 1676-1687년)/

seléctæ senténtiæ. 간추린 격언집/
selécti júdices. 로마 최고 사법관에 의해 선임된 재판관들.
sēlēgi, "séligo"의 단순과거(pf.=perfectum)
selenítes, -æ, m. (=selenítis, -tǐdis, f.)
　투명(透明) 석고(石膏). (化) 셀렌산염.
Seleucianísmus, -i, m. 셀레우치아니즘
selíbra, -æ, f. (semi+libra) 반근(半斤), 반 파운드
séligo, -légi -léctum -ěre, tr. (se³+lego²) 골라내다,
　가려내다, 추리다, 선택하다(בחר), 선발하다.
De amícis seligéndis. 친구들의 선택에 대하여.
seliquástrum, -i, n. 걸상, 높은 좌석, 의자
sella, -æ, f. 걸상, 의자, 좌석(座席), 작업 걸상,
　(마차의) 마부석, 안장(鞍裝), (교수의) 강좌,
　고관용 마부석, 상아의자, 법관석, 옥좌, 왕좌.
De sella exsíluit. 그는 의자에서 벌떡 일어났다/
duábus séllis sedére. (두 걸상에 앉다) 양다리를 걸치다/
in foro sellam pono. 법정에 걸상을 놓다.
sella curúlis. 법관석(法官席), 권좌
sella familiárica. 실내변기(便器, matula, -æ, f.)
　요강(방에 두고 오줌을 누는 그릇), = vas obscœnum.
sella gestatória 가마(轎), 남여(藍輿)
sellária, -æ, f. 객실, 응접실(應接室), 창부, 매춘부
selláris, -e, adj. 걸상의, 의자의, 가마의, 안장의.
sellária juménta. 안장 얹고 타는 짐승들.
sellárius, -i, m. 남창(男娼), 남색(男色) 당하는 자
　마차 조종석(操縱席)에 앉아 달리며 싸우는 전사.
séllula, -æ, f. 작은 걸상.의자, 작은 가마,
　남여(藍輿)(의자 비슷하고 뚜껑이 없는 작은 가마의 하나).
sellulárius, -a, -um, adj. 앉아서 일(벌이) 하는.
　m. 앉아서 일하는 사람, 수공업인.
sellulárii quæstus.
　(환전상.고리대금 따위의) 앉아서 하는 벌이.
semadapértus, -a, -um, adj. 반쯤 열린
semánticus, -a, -um, adj. 의미를 표시하는, 어의(語義)의,
　의미론의. f. 어의학(語義學), 의미론(意味論).
semel, adv., num. 한번, 일회, 한 차례, 단 한번, 한 곱,
　일배, 비로소, 처음으로 한번, 단번에, 대뜸,
　(si, ut, ubi, cum 따위의 접속사와 함께) 하자마자,
　언제고(언젠가) 한번, 마침내, 드디어, 단호히,
　한 마디로, 동시에, 한꺼번에.
Et ad minus semel in die, mane vidélicet aut véspere.
　하루 동안 적어도 아침이나 저녁에 한 번은 반성하라.
　　　　　　　　　　　　　　　　(준주성범 제1권 19장 4)/
et semel super cálicem.
　성작 위에 십자성호를 한 번 긋는다/
Non fácile crédimus semel mentíto.
　우리는 한 번 거짓말한 사람을 쉽게 믿지 않는다/
non semel. 한번뿐 아니고 여러 번/
signat semel super Hóstiam, dicens:
　성체 위에 한번 십자성호를 그으며 말한다/
signat ter super hóstiam et cálicem simul, dicens:
　제병과 성작 위에 동시에 세 번 십자성호를
　그으며 말한다/
signat ter super obláta.
　봉헌물 위에 세 번 십자성호를 그으며/
sinístra tenens cálicem, déxtera signat super eum.
　왼손으로 성작을 잡고 오른손으로
　그 위에 십자성호를 그으며/
Ubi semel cœptum est judícium ibi et finem accípěre
debet.(30.D. 5. 1) 재판이 시작한 곳에서 종결을 지어야 한다/
semel atque íterum. 수차(數次). 여러 번
Semel emíssum volat irrevocábile verbum.
　한 번 내보내어진 말은(말은 한번 입 밖에 나오면)
　다시 거두어지지 않고 날아간다.
Semel ergo breve præcéptum tibi præcípitur: Dílige.
　그대는 단 한 가지 짤막한 계명을 받았습니다.
　사랑하십시오.(최익철 신부 옮김. 요한 서간 강해, p.327).
semel heres semper heres.

한 번 상속인으로 된 자는 영구히 상속인이다.
semel in anno. 일 년에 한 번씩
semel in tribus annis. 삼 년마다 한 번씩
Semel insanívimus omnes.
　우리 모두가 한번쯤은 미친 적 있었다.
Semel malus præsúmitur semper malus.
　한 번 악인이면 언제나 악인으로 추정(推定)된다.
semel modo, 한번만이라도
semel peccátor, semper peccátor.
　한번 죄인은 언제나 죄인.
semel pro semper.
　한 번으로 영구히, 한 번이자 마지막으로.
semel unquam. 단 한 번, 어쩌다 한 번
sēmen, -mǐnis, n. [단수 주격 semen, 속격 séminis,
　여격 sémini, 대격 semen, 탈격 sémine].
　씨(씨앗), 씨앗(זֶרַע), 종자(種子), 접지(接枝), 묘목(苗木),
　정액(精液), 정자(精子)(신학대전 제2권. p.252),
　혈통, 종족, 자손, 후예(後裔), 원소(元素), 요소(要素),
　근원(根源), 원인(原因), 소인, 불씨, 발단(發端), 재료,
　소지(素地), 맹아(萌芽), 싹수, 장본인(張本人).
arcánum semen. 신비로운 씨/
cujúsdam véteris opiónis semen. 어떤 옛 학설의 씨/
jácio semen. 씨 뿌리다, 전파하다/
mando semen terræ. 밭에 씨를 부리다/
medício sémina. 종자를 물에 불리다/
ratiónes seminales. 근원(종자)적 근거/
sémina sero. 씨를 뿌리다/
sémina verbi. 말씀의 씨앗.
semen armeníacæ. 행인(杏仁-살구 씨의 속)
Semen Dei, id est, verbum Dei. 하느님의 씨는 곧
　하느님의 말씀입니다.(최익철 신부 옮김. 요한 서간 강해. p.241).
semen est princípium actívum. Sed in matéria
corporáli non est áliquod princípium.
　씨는 능동적 원리다. 그러나 물체적 질료에는 어떤 능동적
　원리가 없다.(김정국 옮김. 신학대전 15. p.69).
Semen est sánguis christianórum.
　순교자들의 피는 그리스도인의 씨앗(떼르뚤리아누스).
Semen est verbum Dei.
　씨는 하느님의 말씀입니다(루카 8. 11).
semen lini. 아마인(亞麻仁).
　(한방에서, 아마의 씨를 약재로 이르는 말. 닭뇨병의 약으로 쓰임).
semen sinápis 개자(芥子-"겨자씨와 갓 씨"를 이르는 말)
seménstr…, = seméstr…
sementátǐo, -ónis, f. 씨 뿌림, 파종(播種), 뿌린 씨
semente, -is, n. = seméntis
seméntifer, -ěra, -ěrum, adj. (seméntis+fero)
　비옥한, 풍부한 결실의.
seméntis, -is, f. 씨 뿌림, 파종, 파종시기, 씨(씨알),
　종자(種子), 씨 있는 나무열매. pl. 농작물(農作物).
Seméntem féceris, ita metes.
　그대가 씨 뿌린 바를 거두게 되리라/
Ut seméntem féceris, ita et metes.(Cicero).
　너는 뿌린 대로 거두리라(가는 말이 고와야 오는 말이 곱다).
seméntivus, -a, -um, adj. 씨 뿌리는, 파종의, 종자의.
　n., pl. (이듬해에 일찍 걷기 위해) 가을에 심는
　여러 가지 곡물.야채(野菜).
seménto, -áre, intr. 종자를 내다, 결실(結實)하다
seméntum, -i, n. = seméntis, -is, f. 종자, 씨
semérm… = semiérm…
seméssus, -a, -um, adj. = semésus
seméstre, -is, n. 반년, 6개월, 한 학기(6개월).
　pl. 연례 미사재판에 관한 6개월간의 칙령집.
seméstris¹ -e, adj. (sex+mensis)
　육 개월의, 반년의, 여섯 달 짜리, 여섯 달되는,
　여섯 달 동안의, (6개월) 한 학기의.
seméstris² -e, adj. (semi+mensis) 반 개월의, 보름의,
semestris luna.
　보름달(滿月.plenilúnium, -i, n./luna plena.).

seméstrĭum, -i, n. (seméstris²) 보름(15일), 반 개월,
(seméstris¹ -e, adj.) 6개월, 반년, 한 학기(學期).
semésus, -a, -um, adj. (semi+edo¹)
반만 먹은, 반쯤 갉아먹은, 반쯤 먹다 남은.
sēmet = se¹(의 힘준 말) 바로 자신(들)을, 자신으로
sémĕter, -tra -trum, adj. (se³+metrum)
불규칙한, 조화(調和) 되지 않은.
Semetípsam per semetípsam novit.
자기 자신을 통해 자신을 안다.
semetípso, m., abl. (f. -a. pl. -is) 자기 자신(의)
semetipso exinanítĭo.
자기 비움(κὲνωσις,⑨ kenosis/self-emptying).
semetípsum, m., acc. 자기 자신(들)을.
propter semetipsum. 그 자신 때문에
semi-, prævérbium,
(반.반쯤.다소.좀) 따위의 뜻을 드러냄.
semi-quietista. 준(準) 정적주의
semiacérbus, -a, -um, adj. (semi+) 좀 떫은, 설익은
semiadapértus(=semadapértus), -a, -um, adj.
(semi+adapério) 반쯤 열린.
semiadopértŭlus, -a, -um, adj. (semi+adopério)
반쯤 감은 (눈).
semiagréstis, -e, adj. 약간 촌스러운, 시골티가 좀 있는.
semiambústus, -a, -um, adj. (semi+ambúro)
반쯤 탄, 반쯤 타다 남은.
semiamíctus, -a, -um, adj. (semi+amício)
옷 따위를 반쯤 걸친, 반쯤 벗은.
semiampútatus, -a, -um, adj. (semi+ámputo) 절반을 자른
semiánĭmis, -e, (-mus, -a, -um,) adj. (semi+ánima)
반쯤 살아있는, 거의 죽은, 빈사상태의, 혼비백산한.
semiánnŭus, -a, -um, adj. (semi+) 반년의
semiapértus, -a, -um, adj. (semi+apério) 반쯤 열린
Semiaquilegia adoxoides (植) 개구리 발톱
semiarianísmus, -a, -um, adj. (4세기의) 반Arius파(이단)
semiássus, -a, -um, adj. 반쯤 구운
semibárbarus, -a, -um, adj. 반야만의, 다소간 개화된
sémĭbos, -bōvis adj. m. 상반신이 소의 형상을 한
semicanális, -e, adj. (semi+canális¹) ((解)) 반관의
semicánus, -a, -um, adj. 반백의
semícăper, -pri, m., f. 반염소 괴물(상반신은 사람 모양이면서
영소의 뿔.다리.발.꼬리를 한 Faunus, Sátyrus, Pan의 형용어).
semicentésĭma, -æ, f. 0.5%(의 세금 따위)
semichristiánus, -a, -um, adj.
반쯤 그리스도교적인, 되다만 그리스도교 신자인.
semicínctum, -i, n. (semi+cinctus²) 가는 띠, 작은 띠
semicirculáris, -e, adj. (=semicírculus) 반원(형)의
semicírcŭlus, -e, adj. 반원(형)의.
m. 반원(형), (여럿이 둘러앉을 수 있는) 반원형 의자.
semicláusus(=semiclúsus), -a, -um, adj. (semi+claudo¹)
반쯤 다문(벌린 입 따위), 반쯤 닫은
semicóctus, -a, -um, adj. (semi+coquo) 반숙의, 반쯤 익은
semicólon, -i, n. 세미콜론(;)
semiconféctus, -a, -um, adj. (semi+confício)
반만 된, 반쯤 완성된.
semiconspícŭus, -a, -um,
adj. (semi+conspício) 반쯤 보이는
semicorporális, -e, adj. (=semicorpórĕus, -a, -um,)
몸뚱이가 반쯤만 드러난(보이는).
semicremátus(=semicrĕmus), -a, -um, adj.
반쯤 탄(타다 남은).
semicrúdus, -a, -um, adj. 반쯤 날것의, 반쯤 익은
semicubitális, -e, adj. 반 완척(腕尺)의
sémĭdeus, -a, -um, adj. 신에 가까운, 탁월한,
(신화 따위에 나오는) 반신반인의.
semidiámĕtros, -i, f. 반지름, 반경(半徑-'반지름'의 구용어)
semídĭes, -éi, m. 반날, (한)나절
semidigitális, -e, adj. 반 손가락만 한
semidivínus, -a, -um, adj. 반쯤 신적(神的)인

semidóctus, -a, -um, adj.
어설프게 유식한, 돌팔이가…의, 배우다 만.
semiduplex, -plícis, f. 반복송 축일(축일을 등급에 따라 성무일도에
서 시편 봉송 때 교송(antiphona)을 반복하는 축일을 Duplex(복송) 축일이라
하고, 전혀 복송하지 않는 축일을 Simplex(단송) 축일이라 하고, 복송 축일과
단송 축일 사이의 중간 축일을 Semiduplex라 하여 이 축일에는 교송을 절반만
복송했다. 1955년 3월 23일 예부성성 교령으로 성무일도서를 개혁할 때 이
등급은 폐기되고, 반복송 축일이었던 축일들은 단송 축일로 통일되었다.)
semiérmis, -e, (semiérmus, -a, -um,) adj. (semi+arma)
반만 무장한, 제대로 무장하지 못한.
semifáctus, -a, -um, adj. (semi+fácio) 되다 만, 미완성의.
semifátŭus, -i, m. 정신박약자(精神薄弱者), 준 백치(準白痴)
sémĭfer, -fĕra -fĕrum, adj. (semi+ferus) 야성적인,
야성이 반쯤 남아 있는, 교양 없는, 미개한.
Semifideísmus, -i, m. (敎史) 반신앙절대론(反信仰絶對論)
(19세기 영국 John H. Newman 추기경의 신앙철학. 교황 비오 10세의 교령
Lamentabili에서 배척함).
semifórmis, -e, adj. (semi+forma) 되다 만, 반쯤 형성된
semifúmans, -ántis, adj. (semi+fumo) 아직 연기 나는
semifúnĭum, -i, n. 작은 끈, 가는 끈
semigelátus, -a, -um, adj. (semi+gero) 반쯤 언
semigræcus, -a, -um, adj.
희랍어와 라틴어를 쓰는, 반희랍(희랍풍.희랍식)의.
sémĭgrăvis, -e, adj. 반쯤 취한, 반취(半醉)한
sémĭgro, -ávi, -átum -áre, intr.
따로 떨어져 이주하다, 떠나 살다.
semíhĭans, -ántis, (=semihíulcus, -a, -um,) adj.
(semi+hio) 반쯤 열린(벌린.벌어진).
semíhŏmo, -mĭnis, m. 반인반수(伴人半獸), 미개인(未開人)
semihóra, -æ, f. 반시간(30분, dimidia hora.)
semiinánis, -e, adj. 반쯤 빈, 반만 찬
semílăcer, -ĕra -ĕrum, adj. 반쯤 찢어진
semiláutus, -a, -um, adj. (semi+lavo¹)
덜 씻은, 잘 씻지 않은.
semilegiónis præfectus. 사단장(師團長)
semilíber, -bĕra, -bĕrum, adj.
반자유(半自由)의, 자유를 반쯤 누리는.
semilíbra(=selíbra), -æ, f. 반근(半斤)
semilíxa, -æ, m. 얼치기 주보(종군 장사치)
semilunáris, -e, adj. (解) 반달 모양의, 반월…
semilunátĭcus, -a, -um, adj. 반미치광이의
semimádĭdus, -a, -um, adj. 반쯤 젖은
sémĭmas, -maris, adj. m. 어지자지(의)(남녀추니, 고녀, 반음양),
남녀추니(의) (남자와 여자의 생식기를 한 몸에 겸하여 가진 사람이나 동물),
거세 된, 고자의.
semimáscŭlus, -i, m.
거세된 남자, 고자(鼓子-거세된 남자), 여성적인 남자
semimatúrus, -a, -um, adj. 반쯤 익은, 덜 익은, 미숙한
semimíxtus, -a, -um, adj. (semi+mísceo) 반쯤 섞인
semimórtŭus, -a, -um, adj. 반쯤 죽은
semina sero. 씨를 뿌리다.
medicio sémina. 종자를 물에 불리다.
semina verbi.(σπέρμα τού Λόγου) 말씀의 씨앗
seminálĭa, -íum, n., pl. 밭에 서있는 곡식.야채, 농작물
seminális, -e, adj. 씨의, 종자의, 씨에서 나온,
정액에 관한, 생식의, 번식력 있는, (식물적) 성장의.
Utrum in materia corporali sint aliquæ rationes
seminales. 물체적 질료에 배아 이유가 들어 있는가?
(rationis seminales는 자연적 물체의 변화를 설명하는 생성의 원천인
가능태를 말한다. 아우구스티노는 존재의 생성과 창조의 두 차원을 연결하기
위해 이 개념을 사용한다. 창조 과정에서 우주에 마련되어 숨겨진 물질적
질료가 장차 현실의 구체적 사물의 존재로 형성되는 데 작용하는 형상의 기체
로서 이미 존재 한다는 것을 주장한다. 마치 씨가 어떤 식물의 가능태적
실재로서, 나중에 그것을 자라서 이룰 식물을 가능적으로 배태하고 있어 그 식물의
성장을 설명할 수 있는 것과 유사하다. 김정국 옮김, 신학대전 15, p.69).
seminánis, -e, adj. (=semiinánis) 반쯤 빈
seminarí333sta, -æ, m. 신학생, (현대어적) 사범학교 학생,
((敎史)) (16 ~ 17세기의) 도영 선교사(道英 宣敎師)
Seminarista, a diocono monitus, ecclesiam intravit.
부제로부터 훈계를 들은 신학생은 교회로 들어갔다.
Seminarista est sanæ mentis. 신학생은 건전한 심성의
소유자다(신학생은 건전한 심성을 가지고 있다).

1166

Seminaristæ debent esse pii et industrii.
신학생은 신심이 많고 부지런한 사람이어야만 한다.
seminarísticus, -a, -um, adj. 신학교의
seminaristicum, -i, n. (scholasterium) 신학교 유지세(금).
(1563년 트리엔트 공의회가 정한 각 교구 신학교 유지비 마련책의 하나로
각 교구 주교와 주교좌 성당 참사원은 신학교 유지세를 내도록 정했다.
교회법 제263조, 교회법 제264조 참조. 백민관 신부 엮음, 백과사전 3. p.445).
[트리엔트 공의회의 신학교 교령에서 처음 신학교를 seminarium으로 표현했다.
Dei ministroum perpetuum seminarium. 하느님의 봉사자들의 영원한 못자리.
황치헌 신부 지음, 미사통상문을 위한 라틴어, p.380].
seminárĭum, -i, n. 못자리, 묘표, 온상, 발상지, 양성소,
신학교(⑨ seminary), 연구반, 연구과, 연구실(研究室).
Dei ministroum prepetuum seminarium.
하느님의 직무자들의 영원한 못자리.(트리엔트 공의회 문헌)/
In omnibus negotiis pertractandis personam seminarii
gerit eius rector. 학장이 모든 업무 처리에서
신학교를 대표한다.(교회법 제238조)/
Instructio de institutione liturgica in seminariis.
신학교에서 전례 양성에 관한 지침.
seminarĭum centrale. 중앙 신학교
seminarĭum diœcesanum. 교구신학교(교구 단독으로 설립)
seminarĭum episcopale. 주교 설립 신학교
Seminarĭum est Domus formátĭónis.
신학교는 양성의 집이다.
seminarĭum interdiœcesanum.(⑨ interdiocesan seminary)
연립신학교, 교구 연립신학교(몇 개의 교구가 공동으로 설립).
seminarĭum internátĭonale. 국제신학교(여러 국가들이 공동으로 설립)
seminarĭum majus. 대신학교(大神學校)
seminarĭum minor.(seminarĭum minus.) 소신학교
seminarĭum mixtum. 개방 신학교.
(성직 지망생들 외에 일반 학생도 입학시키는 신학교).
seminarĭum nátĭonale. 전국신학교.
(한 주교회의의 교구들이 공동으로 설립한 신학교).
seminarĭum pontificĭum. 성좌 설립 신학교
seminarĭum purum. 순수 신학교
seminarĭum regionale. 연합신학교(몇 개의 관구가 함께 설립한 신학교)
seminarĭum sive domus formátĭónis.
신학교 혹은 양성의 집.
seminárĭus, -a, -um, adj. 종자의, 묘표의
semináta, -órum, n., pl. = sata 씨 뿌린 땅, 농작물
seminátĭo, -ónis, f. 씨 뿌림, 파종(播種),
질내사정(膣內射精), 퍼뜨림, 전파(傳播),
유포(流布-백성들 사이에 새로운 법의 정보가 널리 전파되는 것).
seminátor, -óris, m. (seminatrix, -ícis, f.)
씨 뿌리는 사람, 장본인, 창시자, 퍼뜨리는 사람.
seminátor casti consilii. 순결 덕을 유포하는 사람
sémĭnex, -nēcis, adj. (semi+neco) 반쯤 죽은
semínĭfer, -fĕra, -fĕrum, adj. (semen+fero)
씨를 내는(맺는). (解) 정액을 내는, 수정(輸精)의.
semínĭum, -i, n. (동물의) 씨(씨알), 종자(種子),
혈통(血統). (동물의) 종족, 품종(品種).
seminivérbĭus, -i, m. (sémino+verbum)
떠버리, 수다쟁이, 말쟁이.
sémĭno, -ávi, -átum -áre, tr. 씨 뿌리다(זרע), 파종하다,
모 붓다, (초목이) 내다, 생산하다, 태어나게 하다,
생기게 하다, (자손을) 만들다, 생식하다, 퍼트리다,
(불화 따위를) 빚어내다, 전파하다, 유포(流布)하다.
Aperite autem cor ad semina bona: exstirpate spinas.
좋은 씨앗에는 마음을 열고, 가시덤불은 뽑아내십시오.
(최익철 신부 옮김, 요한 서간 강해, p.255)/
Ecce exiit seminans ad seminandum.(마르 4. 3)
씨 뿌리는 사람이 씨를 뿌리러 나갔다/
Qui seminat verbum seminat.
씨 뿌리는 사람은 실상 말씀을 뿌립니다.
semino terram. 땅(밭)에 씨를 뿌리다(Ex. 23. 10)
semino tríticum. 밀을 심다
seminósus, -a, -um, adj. 씨 많은
seminúdus, -a, -um, adj. 반쯤 벗은, 반나체의,
벗다시피 한, 별로 무장하지 않은, 거의 맨손으로의,
(문장 따위가) 꾸밈없는, 소박한.

semióbŏlus, -i, m. (희랍의 화폐.중량단위) 반óbolus
semióbrŭtus, -a, -um, adj. (semi+óbruo)
반쯤 가려진, 반쯤 덮인, 반쯤 묻힌.
semiologĭa, -æ, f. 기호학(⑨ semiotics/semiology.
獨 Semiologie.프 Sémiotique), 기호언어 (醫) 징후학.
semiórbis, -is, m. 반원(半圓)
semiovális, -e, adj. (semi+ovum) 반 계란형의, 반타원형의
semípătens, -éntis, adj. (semi+páteo) 반쯤 열려있는
semipedális, -e, (=semipedánĕus, -a, -um,) adj.
반척(半尺)의, 반자 되는.
Semi-Pelagianísmus, -i, m. 반펠라지우스주의
semiperféctus, -a, -um, adj. 반쯤 완성된, 불완전한
semiperítus, -a, -um, adj. 어설픈(얼치기) 전문가의
semipes, -pĕdis, m. 반척(半尺), 반자, 반운각(半韻脚),
(정강이 아래) 다리 하나가 잘린 불구자(不具者).
semiplénus, -a, -um, adj.
반쯤 찬, 반쯤 비어있는, 반쯤 밖에 안 되는.
semiprivate audiences. 준사적(準私的) 알현
semipúblĭcus, -a, -um, adj. 반공개적인, 준공용의
semipuélla, -æ, f. 반인반조의 바다의 요정 Siren
semiputátus, -a, -um, adj. 반쯤 잘린.가지 친
semirásus, -a, -um, adj. (semi+rado)
(머리털.수염 따위를) 반쯤 깎은, 반쯤 면도한.
semiredúctus, -a, -um, adj. (semi+redúco)
반쯤 뒤로 구부러진, 반쯤 뒤로 젖힌.
semireféctus, -a, -um, adj. (semi+refícĭo)
반쯤 보수된, 반쯤 수리된.
semirománus, -a, -um, adj. 반로마식의
semirotúndus, -a, -um, adj. 반원형의
semírŭtus, -a, -um, adj. (semi+ruo) 반쯤 무너진(파괴된)
sēmis¹ m., subst., adj. indecl. 반, 절반, 반분.
duo semis pedes. 두자 반.
sēmis² -íssis, m. = semíssis
semisalítus, -a, -um, adj. (semi+sálio²) 얼간한, 얼간의
semisáucĭus, -a, -um, adj. 반쯤 상처 입은.다친
semisénex, -sĕnis, m. 초로(初老)의 늙은이
semisepúltus, -a, -us, adj. (semi+sepélio) 반쯤 묻혀있는
semisérmo, -ónis, m. 변말(隱語), 은어(隱語)
semisíccus, -a, -um, adj. 반쯤 마른, 꾸덕꾸덕한
semisómnus, -a, -um, (=semisómnis, -e,) adj.
반쯤 잠든, 꾸벅꾸벅 조는, 선잠 깬, 잠이 덜 깬.
semisŏnans, -ántis, adj. (semi+sono) 반모음(半母音)
semisopítus(=semisoporus) -a, -um, adj.
(semi+sópio¹) 반쯤 잠든, 졸고 있는, 졸리는.
semispátha, -æ, f. 넓적한 쌍날 단검
semisphærĭum, -i, n. (semi+sphæra) 반구체, 반구형
semissárĭus, -a, -um, adj. 유산의 반을 가진
semíssis, -is, m. (semis+assis¹, as) (일반적으로) 반,
2분의 1, ½, 전체 유산의 반, 반자, 월 0.5%의 이자.
non semíssis homo. 반 푼어치도 못되는 인간.
semisupínus, -a, -um, adj.
반쯤 뒤로 자빠진(젖힌), 반쯤 등을 바닥에 대고 누운.
semita, -æ, f. 인도, 보도(步道-인도), 길(ㄱ기.óδòς),
도로, 옆길, 샛길(lineárĭus limes), 작은(좁은) 길,
골목길(limes, -mítis, m./trames, -mítis, m.),
오솔길, 지름길, 통로(通路), 궤도(軌道), 지나간 길,
흔적(痕迹), 자취(남아 있는 흔적), 방법, 방도, 방식.
Fidei semita 신앙생활/
In semita iustitiæ vita, est autem etiam iter
apertum ad mortem. (evn o`doi/j dikaiosu,nhj zwh, o`doi. de.
mnhsika,kwn eivj qa,naton) (獨 Auf dem Wege der
Gerechtigkeit ist Leben; aber böser Weg führt zum
Tode) (⑨ In the path of justice there is life,
but the abominable way leads to death)
의로움의 길에는 생명이 있지만 악인의 행로는
죽음에 이른다(성경 잠언 12. 28)/ 착하게 살면 생명에
이르고 그릇된 길을 가면 죽음에 이른다(공동번역)/
Ne ingrediaris in semitas impiorum nec procedas in

S

malorum via. (o`dou,j avsebw/n mh. evpe,lqh|j mhde. zhlw,sh|j o`dou,j parano,mwn) (獨 Komm nicht auf den Pfad der Gottlosen und tritt nicht auf den Weg der Bösen) (③ The path of the wicked enter not, walk not on the way of evil men) 악인들의 길에 들어서지 말고
악한들의 행로를 걷지 마라(성경 잠언 4. 14)/
불의한 자들의 길에는 들어서지도 말고 악한 자들의 길은 거닐지도 마라(공동번역 잠언 4. 14)/
Qui sibi sémitam non sápiunt, álteri monstrant viam. 제 코도 못 닦으면서 남에게 길을 가리킨다.(속담)
(제 코도 못 닦는 것이 남의 코 닦으려 한다)
spíritus sémitæ. 기도(氣道), 기관(氣管).

semitális, -e, adj. 옆길의, 골목의, 길가에 만들어 세워놓은
semitárĭus, -a, -um, adj. 샛길의
semitátim, adv. 샛길로, 골목길로
semitéctus, -a, -um, adj. (semi+tego) 반쯤 덮인(가려진), 반쯤 노출된, 반쯤 무장하지 않은, 반쯤 장비가 없는.
sémĭto, -áre, tr. 작은 길들로 구분하다
semitónĭum, -i, n. (semi+tonus) 반음(半音)
semitónsus, -a, -um, adj.
(semi+tóndeo) 반쯤 깎은(머리 따위).
semitractátus, -a, -um, adj. (semi+tracto) 미루다 만(문제 따위), 완전히 논하지 못한.
semiun··· = **semun···**
semiústŭlo(=semiustĭlo), -átum -áre, tr. 반쯤 태우다, (불로) 태우다 말다, p.p. 반쯤 탄, 타다 만.
semiústus(=semustus), -a, -um(semi+uro). 반쯤 탄, 반쯤 타버린.
semiviétus, -a, -um, adj. 좀 시든, 좀 쭈글쭈글한(포도 따위)
semívĭgil, -gĭlis, adj. 반쯤 깨어(졸고) 있는
sémĭvir, -íri, m. 반인반수(伴人半獸), 거세한 남자, 남녀 양성을 가진 *Hermaphrodítus*, 고자(鼓子-거세된 남자), 사내답지 못한(여성적인) 남자.
semivívus, -a, -um, adj.
반쯤 살아 있는, 반쯤 죽은, 다 죽어 가는.
semivocális, -e, adj. 반모음의
semívŏcus, -a, -um, adj. (semi+vox) 반만 발음하는, 말더듬는
semivúlsus, -a, -um, adj. (semi+vello)
반쯤 찢어진, 반쯤 뜯긴.
Sēmo, -ónis, m. (semen, semi+homo) 곡식의 신
semodiális, -e, adj. 반말의
semódĭus, -i, m. 반말(약 4리터)
semol, adv. = **semul** (古) **simul** 함께(μετὰ.σὺν)
같이(καθὼς.ἀμετ.σὺν.ὡς.ὥσπερ), 더불어, 일제히, 한꺼번에, 합쳐, 몰아, 겸하여, 또한, 역시(καὶ), 동시에, ~ 도 하고 ~ 도 하다.
semota dictĭo. 비밀 회담(秘密會談)
semote(=semotim) adv. 따로 떼어, 별도로
semótĭo, -ónis, f. 분리(χωρισμὸς), 이탈(離脫), 떨어져 나감
semótum, "semóvĕo"의 목적분사(sup.=supínum)
semótus, -a, -um, p.p., a.p. 따로 떨어진, 격리된, 멀리 떨어진, …에서 벗어난, 자리를 비킨, (이야기 장소에서) 나가 있는, 내밀(內密)한.
semota dictĭo. 비밀회담.
semóvĕo, -móvi -mótum -ére, tr. 따로 떼어(갈라) 놓다, 격리(隔離)하다, 분리(分離)하다, 제외(除外)하다 배제(排除)하다, 제거(除去)하다, 멀리하다.
sēmóvi, "semóvĕo"의 단순과거(pf.=perfectum)
semper, adv. (semel+per)
늘, 언제나(numquam non.), 항상, 내내, 정해놓고, 영구히, 평생, 종신인, 언제나 역시 …인.
Crux mihi certa salus. Crux quam semper adoro. 십자가는 나에게 확실한 구원, 나는 이 십자가를 항상 경배 한다/
Divinum auxílium maneat semper nobíscum. 천주는 항상 우리를 도우소서/
Ego philosophíæ semper vaco. 나는 언제나 철학연구에 종사하고 있다/

et erant semper in templo benedicentes Deum.
(③ and they were continually in the temple praising God) 그리고 줄곧 성전에서 하느님을 찬미하며 지냈다/
et in hac presenti et in futura vita semper et omni quidem tempore felix beatusque habetur.
그리하여 현세생활에서든 미래 생활에서든 그리고 어느 시기에도 인간은 행복하고 유복해야한다/
Habe bonam conscientiam, et habebis semper lætitĭam. 양심을 어질게 가져라 그러면 항상 즐거운 것이다/
(Id.) quod utile est, non semper gratum est. 유익한 것이 반드시 유쾌(愉快)하지는 않다/
idem semper vultus. 늘 같은 얼굴/
Ipse enim semper erat, et est; nos non eramus et sumus. 그분은 언제나 계셨고 언제나 계시지만, 우리는 아예 없었고 지금 있을 따름입니다(최익철 신부 옮김, 요한 서간 강해. p.75)/
lampas semper ardens(③ sanctuary lamp). 성체등/
Maria semper Virgo. 평생 동정이신 마리아/
Montani semper liberi. 산사람은 항상 자유민이다.
(美國 West Virginia州 표어)/
Non semper erunt saturnálĭa. 날마다 명절일 수는 없다/
nullius gloria permanet semper.
그 누구의 영광도 영속하지 못 한다/
Numquid semper repetendum est? 이 말씀을 늘 되풀이 할 필요가 있겠습니까?.(최익철 신부 옮김, 요한 서간 강해. p.269)/
peccatum meum contra me est semper.
내 죄 항상 내 앞에 있사나이다/
peiorem sequitur semper conclusio partem. 결론은 항상 더 나쁜 부분을 따른다/
Pone te semper ad infimum.
너는 항상 제일 낮은 곳에 있어라(준주성범 제2권 10장 4)/
Quasi mures, semper édimus aliénum cibum. 우리는 쥐들처럼 늘 남의 밥만 먹고 있다(quasi 참조)/
quod ubique, quod semper, quod ab omnibus creditum est. 어디서나, 항상, 그리고 만인으로부터 믿어지는 것(=dogma catholicum. 가톨릭 敎義)/
Quod utile est, non semper grátum est. 유익한 것이 반드시 유쾌(愉快)하지는 않다/
semel heres semper heres.
한 번 상속인으로 된 자는 영구히 상속인이다/
semel peccator, semper peccator.
한 번 죄인은 언제나 죄인/
semel pro semper. 한번으로 영구히, 한번이자 마지막으로/
Te semper colam, ut quem diligentissime.
내가 어떤 사람을 가장 존경하는 사람이 있다면 그만큼 너를 존경할 것이다.
Semper æstuat unda.
파도가 끊임없이 요란스럽게 출렁거린다.
semper annórum. 영구히, 영원히
Semper de illa loqui non possumus.
우리가 사랑에 대해서 늘 말하고 있을 수는 없습니다.
semper et ubique. 언제 어디서나
semper felix beatusque habetur. 항상 행복할 권리
Semper gaudete. 항상 기뻐하라(김지석 主敎 문장)
Semper gaudete. Sine intermissione orate.
항상 기뻐하십시오. 늘 기도하십시오.
Semper hac de re quæstio ponitur(③ And in this regard the question always arises) 또한 이와 관련하여 언제나 다음과 같은 물음이 생깁니다.
Semper idem. 언제나 같은
Semper in dubiis benigniora præferenda est sententis. 의문 중에는 항상 너그러운 판결을 내려야 한다.
Semper in ore psalmus, Semper in corde Christus. 항상 시편을 입술에, 항상 그리스도를 마음에.
Semper interpellans pro nobis.
우리를 위해 항상 대신 기도를 드리신다.
semper Major. 항상 위대하신 분
Semper nobis, dum vivimus, sperandum est.
살아 있는 동안은 언제나 우리는 희망을 가져야만 한다.

Dum spiro, spero. 나는 살아 있는 한 희망을 갖는다.
(Sough Carolina주 표어).

semper novus, semper inchosna.
항상 새롭고 항상 또다시 시작하는.

semper præsentis æternitatis. 항상 현재 함
(하느님이 하느님인 까닭은 절대적이고, 완전하며, 전지전능함과 동시에
영원하기 때문이므로 성 아우구스티노는 하느님의 영원함을 semper
præsentis æternitatis이라고 표현한다)

Semper primus. 언제나 선두주자(미 해병대 표어)
Semper solus sed pariter. 반드시 혼자서, 하지만 함께
Semper tempta modeste consignare tibi frontem.
유혹을 받으면 항상 네 이마에 신중하게 십자표시를 하여라.
semper virgo. 평생 동정, 항상 동정.
Maria semper Virgo. 평생 동정이신 마리아.
semperflórium, -i, n. (semper+flos) ((植)) 바위 솔(종류)
sempervívus, -a, -um, adj. 항상(영원히) 살아있는.
f., n. (植) 바위 솔.
Sempitemus Rex, 칼체돈 공의회 1,500주년(1951.10.8.)
sempiternális, -e, adj. (semper+æternális)
영원한(αἰώνιος), 무궁한.
sempiterne, adv. = sempiterno, = sempiternum
영구적으로, 영원히, 무궁히.
Omnipotens sempiterne Deus.
전능하시고 영원하신 하느님(토마스 데 아퀴노의 기도).
sempiternĭtas, -átis, f. 무궁(無窮-끝이 없음. 한이 없음)
영원(αἰών.αιώνιος.永遠.⑨ eternity), 영원성.
sempiterno, adv. sempiterne, = sempiternum
sempiternum, adv. sempiterne, = sempiterno
sempiternus, -a, -um, adj. (semper+aetérnus)
영원한(αἰώνιος), 영구(永久)한, 무궁한, 끝없는.
parte áliquã suórum frúctuum pacem sibi sempitérnam
redimo. 자기 수입의 일부를 들여 영구한 평화를 얻다/
Quia natúra non potest, idcirco vēræ amicitĭæ
sempiternæ sunt. 본성은 변할 수 없기 때문에
참된 우정은 영원한 것이다.
Sempiternus Rex. 영원하신 왕(임금님)(교황 비오 12세 회칙)
Sempiternus Rex Christus, 영원한 왕 그리스도.
(1951.9.8. 교황 비오 12세 회칙).
semul, adv. = semol = (古) simul 함께(μετὰ.σὺν)
같이(καθὼς.ἀμετ.σὺν.ὡς.ὥσπερ), 더불어, 일제히,
한꺼번에, 합쳐, 몰아, 겸하여, 또한, 역시(καὶ),
동시에, ~ 도 하고 ~도 하다.
semúncĭa, -æ, f. (일반적으로) 전체의 24분의 1,
24분의 1시간, (길마에 얹는) 작은 짐 바구니, 푼돈.
sēmus, -a, -um, adj. 반쯤 찬, 미흡한, 미완성의
semustu…, = semiustu…
senáculum, -i, n. 원로원 의원 집회장.회의실, 귀부인 집회소
senariólus, -i, m. 육각(단장격) 시구(詩句)
senárĭus, -a, -um, adj. 여섯(개 씩)으로 된, 여섯 있는,
여섯의. senárĭus númerus. 6의 수.
De senarii numeri perfectione, qui primus partium
suarum quantitate completur. 여섯은 그 분수들을
총화로 내포하는 첫째 배수로서 완전수이다(신국론, p.2782).
senátor, -óris, m. 원로원 의원, 평의원, (타민족의) 원로,
(현대국가의) 상원(참의원) 의원, 성인으로 추대된 사람.
patres conscripti. 현직 원로 의원/
princeps senatus. 수장 원로 의원/
senatores minores. 평의원/
Senatores ab aratro abduxerunt Cincinnatum, ut dictator
esset. 원로원 의원들은, 킨키나투스더러 독재관이 되어
달라고, 쟁기질하는 전원에서 그를 불러냈다[Cincinnatus 참조].
senatórĭus, -a, -um, adj. 원로원 의원의, 상원 의원의.
m. = **senátor**
senátus, -us, (간혹 -tus, -i) m. 원로원(元老院)
자치도시(식민지) 의회, 의원단, (타민족의) 원로원,
의회, 평의회, 의원단, (현대국가의) 상원(참의원),
(일반적으로) 평의회, 협의회, 회의, 협의, 모임,
레지오 마리애의 전국본부.
dēlégo *alqm* ad senátum. 원로원에 아무를 대리로 보내다/

Hoc senatui culpæ dederunt.
원로원은 이것에 시비를 걸었다/
In maximo rei publicæ discrimine extremo atque ultimo
senatus consulto summum imperium consulibus patres
tribuerunt. 원로원들은(patres)은 공화국의 중대한 상황에
처하면 원로원의 극단적이고 비상한 조치로 집정관들
에게 절대권을 부여하였다. (성 염 지음, 고전 라틴어, p.268)/
in senatu ago. 원로원에서 발언(發言)하다/
Nos in senatu, quemadmodum spero, dignitatem nostram
retinebimus. 내가 바라는 대로 우리는 원로원에서
우리의 체면(지위)을 견지할 것이다/
Priusquam senatus supplicationem decerneret, plena
omnia templa fuerunt Romanarum matrum grates dis
agentium. 원로원이 (국가적 경사를 감사하는) 장엄축제
(supplicatio)를 선포하기도 전에 모든 신전이 신들에게
감사를 표하는 로마 귀부인들로 가득 찼다/
Quando tibi non valet auctoritas senatus, provoco ad
populum. 당신에게는 원로원의 권위마저 소용이 없으니
나는 국민에게 상소하는 바이오/
Ultimum senatus consultum. 원로원 긴급명령, 긴급조치/
uno versiculo senátus leges sublatæ.
원로원의 글 단 한 줄로 폐기된 법/
Vivit? Immo vero étiam in senátum venit. 살아 있어?
(살아있다 뿐이겠나) 오히려 원로원에까지도 나오고 있는 걸!.

명사 제4변화 senatus, us, m. 원로원		
	sg.	pl.
Nom.	senatus	senatus
Voc.	senatus	senatus
Gen.	senatus	senatuum (-orum)
Dat.	senatui	senatibus
Acc.	senatum	senatus
Abl.	senatu	senatibus

senátus auctorĭtas. 원로원의 의견(意見)
senátus consultum. 원로원의 의결사항(긴급명령)
Senatus consultum de Bacchanalibus. 원로원의 금지령.
(교부문헌 총서 15, 신국론, p.372).
senátus consultum ultimum. 국가 비상사태 선포
Senatus creavit quoscumque Urbis magistratus.
원로원은 로마 시의 모든 관직을 (직접) 선출하였다/
senatusconsúltum, -i, n. 원로원의 긴급명령(결정)
senécĭo, -ónis, m. 늙수그레한 이, 늙은이, 로마인의 가문명
senécĭo vulgáris. (植) 개쑥갓
senécta, -æ, f. 노년기(期), 고령(高齡), 로인(⑨ Elderly)
늙은이, (동식물의) 노쇠, 늙어빠짐, 낡음, 노후(老後),
오래됨, 장구함, 오랜 전통의 학설.사상, (뱀의) 허물.
senectus[1] -a, -um, adj. 늙은, 고령의
senectus[2] -útis, f. 노년기(fessa ætas.), 고령(高齡),
노년(老年.⑨ Old age), 노인(老人.⑨ Elderly),
늙은이, (동식물의) 노쇠, 늙어빠짐, (물건의) 긴 수명,
낡음, 노후(老朽), 백발, 원숙함, (뱀의) 허물.
ad summam senectutem vixit. 고령까지/
Ante senectutem curavi ut bene viverem; in senectute,
ut bene moriar. 나는 늙기 전에는 잘 살기 위해 마음
썼지만, 늙어서는 잘 죽기 위해 마음 쓰고 있다(Seneca)/
At in senectute, quomodo suscipienda est inexorabilis
vitæ declinatio? Qui habitus coram morte?
노년에 피할 수 없는 생명의 쇠락을 어떻게 맞아야 하겠
습니까? 죽음 앞에서 어떻게 행동하여야 하겠습니까?/
Hoc onere senectutis et te et me ipsum levari volo.
당신도 나도 노령의 이 짐으로부터 벗어나길 나는 바라오/
In senectute hoc deputo miserrimum, sentire ea ætate
eumpse odiosum alteri.(Cæcilis Statius).
노경에 내가 가장 가련하게 여기는 게 이것이야. 그 나이
에 스스로 남에게 혐오를 준다고 느끼는 것 말이야/
jucúndam senectútem efficio. 노년기를 즐겁게 만들다/
melior fieri, accedente senecta.
노년기에 접어들면서 더 착해지다/
Prudéntiam, ut cétera áuferat, adfert certe senéctus.

S

노년기가 비록 다른 것은 없애버린다 하더라도
확실히 지혜만은 가져다준다/
publicas cautiones senectuti tutandæ et operis vacationi
vitandæ. 연로와 실직에 대한 사회 보장/
Si id culpa senectútis accíderet, eádem mihi usu
venírent. 만일 그것이 늙은 탓으로 생겼다면,
마찬가지 일이 내게도 일어날 것이다.
Venit senectus cum querelis omnibus.
노년기는 모든 불평과 함께 온다.

**Senectus dignitate honestatur atque veneratione
insignitur.** 노년은 위엄을 지닌 시기이며, 주위의 존경을
받는 시기입니다(2마카 6, 23 참조).
Senectus est natura loquácĭor.
노인이 되면 천생 말이 많게 마련이다.
Senectus est natura paulo loquácĭor.
노년기에는 약간 잔소리가 많아지는 법이다.
Senectus ipsa est morbus. 노년기는 그 자체가 벌써
병이다.(부설명어는 격에 있어서 언제나 그 주어와 일치되어야 한다).
Senectus plena est voluptatis, si illa scias uti.
노년은 쾌락으로 가득 차 있다.
그대가 그것을 쓸 줄만 안다면.
senectus provecta. 고령(高齡), 노령(老齡)
Senem quoad expectátis vestrum?
너희의 영감(어르신네)을 언제까지 기다릴 셈이냐?
Senensis, -is, f. 시에나(이탈리아어 Siena)
sénĕo, -ére, intr. 늙어 있다, 노인이다, 고령(高齡)이다,
쇠약(衰弱)하다, 허약(虛弱)하다.
Senes colendi sunt. 노인들은 존경(尊敬)을 받아야 한다.
senescéndi hómines. 늙을 사람들
senésco, -nŭi -ére, intr., inch. 늙다(ᄀᄀ), 늙어가다,
노년기에 이르다, (짐승이) 늙다리가 되다.
줄어들다, 감퇴(쇠퇴)하다, 피폐해지다, 쇠약해지다.
노쇠해지다, 약해지다(ᄀᄀᄀ.ᄀᄀᄀ), 야위다.
낡아빠지다, 노후해지다, 폐물이 되다, 늙어 버리다.
시간만 보내다, 너무 오래 머물러 있다.
árbores senescéntes. 늙어 가는 나무들
Qui bona consuescit, semper cum laude senescit.
좋은 습관이 몸에 배어 있는 사람은
늙어서도 항상 칭송 받는다/
senescéndi hómines. 늙을 사람들/
Senéscit ætas. 나이가 노년기에 접어들다/
Tácitis senéscimus annis.
우리는 모르는 사이에 나이를 먹고 늙는다.
sěnex, sénis, (古.sénĭcis) adj. 늙은, 나이 많은,
오래된, 여러 해의, 여러 해 묵은, 느지막한.
m., f. 늙은이, 노인(老人.② Elderly), 노파,
(나이에 상관없이) 어르신네, 나리(하인이 '바깥주인'을 높여 부르던 말),
Bis pueri senes sunt. 노인들은 두 번째로 어린이가 된다/
fortunate senex, ergo tua rura manebunt.
운수도 좋지 영감, 그래서 자네 전답은 남는구먼.
(성 염 지음, 사랑만이 진리를 깨닫게 한다. p.400)/
**fortunate senex, hic inter flumina nota et fontis sacros
frigus captabis opacum.** 재수도 좋은 늙은이, 여기 낯익은
강물이며 성스러운 샘가에서 자넨 시원한 그늘을 맛보며
살겠네 그려(성 염 지음, 사랑만이 진리를 깨닫게 한다. p.400)/
Fuit olim senex. 옛날에 한 노인이 있었는데/
Miserum est, ante tempus fieri senem.
때가 이르기 전에 노인이 된다는 것은 가련한 일이다/
morósi senes. 침울한 노인들/
**Nemo enim est tam senex qui se annum non putet
posse vivere.**(Cicero). 자기가 한 해쯤 더 살 수 있다고
생각지 않을 만큼 늙은 사람은 아무도 없다/
**Opera tam difficilia sunt ut senex celeriter ea conficere
non possit.** 그 일은 노인이 얼른 끝낼 수
있기에는 너무 힘들다/
puer senex. 애늙은이/
Quæ peccamus iuvenes, ea luimus senes.
우리는 젊어서 지은 죄의 대가를 늙어서 치른다/

Senum exclusio a sociali vita vel eorum plana repudiatio
mala sunt quæ tolerari non possunt. 노인을 무시하고
그들을 철저하게 거부하는 행위는 용인할 수 없습니다/
Senum prudentia juvenum inscitiam adjuvat.
노장(老壯)들의 현명함이 청년의 무지를 돕는다/
triumphális senex. 개선의 영광을 받은 노인.
Senex cum amicis ambulabat. 그 노인은 친구들과 함께
산보를 하였다.[행위에 동반하거나 수반되는 사물은 동반 탈격abulativus
comitatus으로 cum과 탈격을 쓴다].
Senex magna cum cura(혹은 magna cura) **ambulavit.**
그 노인은 매우 조심스럽게 걸었다.[모양 탈격abulativus modi은
모양 부사어에서 다루어진 것처럼 행동의 양상을 묘사하며 방법 탈격이라고도
하는데 단독 탈격으로, 혹은 cum과 함께 탈격으로 나타낸다].
**Senex non facit ea quæ juvenes ; at vero multo
majora et meliora facit.** 노인은 젊은이들이 하는 일을
하지 못한다. 그러나 훨씬 훌륭하고 나은 일을 한다.
Senex nonaginta annórum. 구십 세 된 노인
Senex tam cæcus est ut nihil videat.
그 노인은 아무 것도 보지 못할 정도로 눈이 어두웠다.
sĕni, -æ, -a, adj., num., distrib. 여섯씩의, 여섯(개)의.
senis horis. 여섯 시간마다.
Sénĭæ bálnĕæ, -árum, f., pl. 로마의 공동 목욕탕
senícŭlus, -i, m. 할아범
senidéni, -æ, -a, adj., num., distrib.
열여섯씩의, 열여섯(개)의.
senilis, -e, adj. 늙은이의, 노인의, 노년의, 노인다운,
노인 같은, 노쇠(老衰)한, 노령(老齡)에 의한.
Avaritia senilis quid sibi velit non intellego : potest enim
quicquam esse absurdius quam, quo viæ minus restet,
eo plus viatici quærere?.(Cicero). 노경(老境)의 인색(吝嗇)
은 도대체 뭣 하자는 것인지 난 못 알아듣겠다. 갈 길이
조금 밖에 남지 않을수록 노자(路資)를 더 달라니 이보다
더한 자가당착이 있을 수 있는가?(성 염 지음. 고전 라틴어. p.399).
seniliter, adv. 노인처럼, 노인답게
sénĭo, -ónis, m. 여섯(6.ৎ৫). (주사위의) 여섯 점(짜리 면)
sénĭor[1] -nĭus, adj. (n. sg. nom., acc.는 원래는 없었음)
더 늙은, 나이가 더 많은, 연상의, 연장의, 선배인,
더 오래된, 연조가 더 오랜, 더 성숙한, 원숙(圓熟)한.
sénĭor[2] -óris, m.(f.) 연장자, 좌상(座上), 노장(老壯),
선배(先輩), 선임자(先任者), 고참자(古參者), 늙은이, 노인,
(나이에 관계없이) 어르신네,
나리, (히브리인들의) 장로, 원로,
pl. 선조, 조상, (46세 이상의) 고참병, 예비군(豫備軍)
Et seniores venerare. 연로한 이들을 공경하라/
fratres seniores. 연로한 수사들/
Senem quoad expectastis vestrum?
너희의 나리(어르신네)을 언제까지 기다릴 셈이냐?
Senum prudentia juvenum inscitiam adjuvat.
노장들의 현명함이 장년들의 무지를 거들어 준다.
sénĭum, -i, n. 늙음, 노년(seri anni.② Old age),
노경, 노약, 노쇠, 오래됨, 오랜 연조(年祚-사람의 수명),
(술 따위의) 오래 묵음, 쇠퇴(衰退), 줄어 듦,
로인(maturus ævi.② Elderly), 늙다리, (건물의) 노후.
senium famæ. 지난날의 명성
sensa, -órum, n., pl. 사상(思想, idea, -æ, f.)
생각(② Thought), 소견(所見), 견해(見解).
sensátĭo, -ónis, f. 감각(αἴσθησις.感覺-감관)
감각작용, (감각기관을 통한) 지각(知覺),
느낌, 기분, 감동(感動), 감흥(感興-느끼어 일어나는 흥취).
sensátĭo præséntiæ. 현존 감각(現存 感覺)
sensátus, -a, -um, adj. 지혜로운, 슬기로운, 현명한,
사려분별(思慮分別)이 있는, 지각(知覺) 있는.
sēnsi, "sentĭo"의 단순과거(pf.=perfectum)
sensibilia per se. 가감적인 것들
sensíbĭlis, -e, adj. 감각으로 파악할(느낄) 수 있는,
감지되는, 감각의 대상이 되는, 감각적, 눈에 띄는,
두드러진, 현저한, 감각 능력을 갖춘, 감수성이 강한,
(다른 것을) 느낄 수 있는, 감성적, 민감한, 다정다감한.
n. 감각대상, 감각(감성)이 있는 존재.것.

S

adv. **sensibílĭter**, 감각적으로, 감각을 통하여.
esse sensibile. 감각적인 존재/
res sensibilis. 감각적 사물/
Sensibile in actu est in sensus.
　우리의 감각은 감각기관 속에서 일어나고 있다/
sensibilia communia. 공통 감각 성질들/
sensibilia per accidens. 우유적 감각 대상, 성질.
　(가톨릭 신학과 사상, 제21호, p.212)/
sensibilia propria 감각 고유대상, 고유 감각 성질들/
visio sensibilis. 감각적 직관.
sensibilis anima. 감각 혼
sensibilis pulchritudo. 감관으로 파악하는 미(신국론, p.2720)/
　rationabilis pulchritudo. 이성으로 파악하는 미.
sensibilis species. 감각할 수 있는 종별
sensibílĭtas, -átis, f. 감각능력(感覺能力), 감각, 감성,
　감수성, 민감, 다정다감, 감도, (말의) 뜻, 의미(意味).
sénsibus destitútus. 감각을 잃은
sensícŭlus, -i, m. 소견(sententĭa, -æ, f.), 짧은 생각
sénsifer, -ĕra, -ĕrum, adj. (sensus + fero)
　감각(느낌)을 일으키는, 느끼게 하는.
sensificátor, -óris, m. 느끼게 하는 자
sensífĭco, -áre, tr. (sensus+fácĭo) 감각(느낌)을 가지게 하다
sénsilis, -e, adj. 감각될 수 있는, 물질적인
sensillum, -i, n. (動) 소감각체(小感覺體)
sensim, adv. 점점, 차차, 점차로, 서서히,
　조금씩, 살금살금, 약간.
　corpus sensim ad máciem reduco.
　　몸을 점점 야위게 만들다.
sensim sine sensu. 모르는 사이에(sine sensu.)
sénsĭo, -ónis, f. 생각(⑨ Thought), 느낌
sensitívĭtas, -átis, f. 감수성(感受性.獨 sensibilität),
　민감성(敏感性), 감도(感度-자극에 대하여 느끼는 정도).
sensitívus, -a, -um, adj. 감각이 예민한, 민감(敏感)한,
　감정이 섬세한, 감각의, 감각기관의, 감각에 의한,
　감각력(感覺力)이 있는, 감도(感度)가 강한.
　sensitiva anima. 감각 혼.
sensórĭum, -i, n. (解) 감각중추(뇌), 감각력, 의식
sensuális, -e, adj. 감각의, 감각이 있는, 감각적인,
　관능적(官能的)인, 육감적(肉感的)인, 육욕(肉慾)의.
sensualismus, -i, m. 감각론(感覺論.哲-감각주의)
　관능주의(官能主義), 육욕주의(肉慾主義).
sensuálĭtas, -átis, f. 감각능력, 감각성(感覺性), 육감,
　관능(官能-육체적 쾌감을 느끼는 작용), 육욕, 관능적 쾌락.
sensuálĭter, adv. 감각적으로, 관능적(官能的)으로
sēnsum, "sentĭo"의 목적분사(sup.=supínum)
sensuum instrumenta. 감각 기관
sensŭs, -ūs, m. 감각(αἰσθησις.感覺-感官), 느낌,
　감성, 감각기능(능력), 감각기관, 감관, 생각, 속마음,
　의견(⑨ Counsel), 기분, 감정, 정서, 감동, 감명, 의식,
　관념, 개념(概念), 앎, 지식(⑨ Perception), 인식(認識),
　이해, 판단, 양식(良識), 이성, 지각(知覺), 분별(分別),
　지능, 의미(⑨ Sense), 정신(νόύς.νὸνσις.νὸησευς.
　ψυχἠ.⑨ Spirit-사고나 감정 작용을 다스리는 인간의 마음).
　Est autem differentia inter sensum et intellectum.
　　그러나 감각과 지성 사이에는 차이가 존재한다/
　Et aperuit eis sensum, ut intellegerent Scripturas.
　　그분께서는 성경을 깨닫도록 그들의 명오(明悟)를 열어
　　주셨습니다.(최익철 신부 옮김, 요한 서간 강해, p.111)/
　Exstincto animo in corpore nullum resídet sensus.
　　영혼이 소멸되고 나서 감각은 어느 것도
　　몸 안에 머물지 않는다/
　inquisitio de sensu. 의미탐구(意味探究)/
　interior benevolentiæ sensus.
　　친절(親切.χηΡτὸς.⑨ Benevolence)/
　interior justitiæ sensus. 정의감(正義感)/
　interior sensus 감(感) (공의회 문헌, 해설총서 1, p.355)/
　interior sensus servitii boni communis.
　　공동선에 대한 봉사정신/

lato sensu. 넓은 뜻으로(의미로)/
Omnis cognitio incipit a sensibus.
　모든 인식은 감각으로부터 시작한다/
Omnis nostra cognitio transit per sensus.
　우리의 모든 인식은 감각을 통과한다/
Quis est, quin cernat, quanta vis sit in sénsibus.
　관능 속에 얼마나 큰 힘이 숨어 있는지를
　알지 못할 자는 누구냐?/
Sensu amísso fit idem, quasi natus non esset omníno.
　(사람이) 감각을 잃으면 전혀 나지 않았던
　것과 같이 된다/
Sensu communi caret. 그는 상식이 없다.
　[필요와 풍족, 기쁨과 슬픔, 소원(疏遠)을 의미를 나타내는 여러 동사는 그 대상을
　탈격으로 나타낸다. 여러 탈형동사가 여기에 해당한다]/
Ut nostri omnes ad Jesum et sensus dirigantur et
actus. 우리들의 모든 생각이나 행위를 예수님께로
　향하게 하려고 노력하는가?(성 벨라도.)
Sensus ábiit. 감각이 없어지다
sensus accommodatus. 적응 의미
sensus acerrimus 대단히 예민한 감각
sensus allegoricus. 은유적 의미, 우의적 의미
　(교부시대 이래로 성경해석은 자의적 의미sensus litterarius, 도덕적 의미sensus
　moralis, 우의적 의미sensus allegoricus, 신비적 의미sensus mysticus로 구분한다.
　성 염 옮김, 단테 제정론, p.158~159).
sensus anagogicus. 신비의 상징적 의미,
　천상적 의미(토마스 아퀴나스 신학대전 제1권, p.44).
sensus communis. 공통 감각(共通感覺), 상식(常識).
　Sensu communi caret. 그는 상식이 없다['분리 탈격' 참조].
sensus compositus. 복합적 의미
sensus consequens. 후속적 의미
sensus corporis 감관(感官)
sensus divisus. 분해적 의미
sensus Ecclesiæ. 교회의 감각(感覺)
sensus exterĭores. 외감(外感)
sensus externi. 외적 감관, 외적 감각
sensus fidei 신앙 감각, 믿음의 분별력, 신앙 의식.
　(신자들이 기본적인 신앙교리를 이해하고 있는 정도).
sensus fidelium＊ 신앙 감각, 공통된 관념,
　신자들의 교리감각.(신자들이 신앙교리를 수호하는 역할).
sensus figurativus. 표상적 의미(表象的 意味)
sensus historicus. 역사적 의미(歷史的 意味)
sensus improprius. 비본의적 의미
sensus in actu est sensibile in actu. 작용 중에 있는
　감각기관은 행위 중에 있는 감각대상과 동일하다.
sensus interĭores. 내감(內感)
sensus interni. 내적 감관(內的 感官)
sensus lætítĭæ. 희열감(喜悅感)
sensus litteralis. 자의적 의미, 자구적 의미
sensus litterarius. 자구(자의)적 의미
　(교부시대 이래로 성경해석은 자의적 의미sensus litterarius, 도덕적 의미sensus
　moralis, 우의적 의미 sensus allegoricus, 신비적 의미sensus mysticus로 구분한다.
　성 염 옮김, 단테 제정론, p.158~159).
sensus liturgicus. 전례 감각
sensus metaphoricus. 풍유적 의미
sensus moralis 윤리적 감각(양심, 의미), 도덕적 의미.
　(위 sensus litterarius, 자의적 의미 참조).
sensus mysticus. 신비적 의미(성 염 옮김, 단테 제정론, p.158).
　f. **ănăgŏgía** -æ(가톨릭 교회 교리서 제1편, p.51).
sensus numinis. 누멘적 감각(感覺)
sensus parabolicus. 비유적(比喩的) 의미
sensus peccati.(⑨ the sense of sin) 죄 감각
sensus plenior. 더욱 충만한 의미
sensus profondus. 심오(深奧)한 의미
sensus proprius. 본의
sensus spiritualis. 령적 의미, 영성적(靈性的) 의미
sensus symbolicus numerórum. 숫자의 상징적 의미,
　수(數)의 상징론, 수의 신비학[어떤 수(數)에 자연적 가치 이상의
　뜻을 부여하는 종교 신비적인 해석. 고대 이집트, 그리스에서는 자연 현상의
　순행 법칙을 표시하는 데 숫자를 사용했었고, 그 수(數)에는 보통 이상의 뜻을
　부여했다… 백민관 신부 엮음, 백과사전 2, pp.899~902].
sensus topologicus. 전석적 의미(轉釋的 意味)
Sensus transit intentiónem.

감각은 의지를 스쳐간다(무의식중에 지나간다)./

sensus translátus. (修) 전의(轉義-본래의 뜻이 바뀌어 변한 뜻)

sensus typicus. 예징적(豫徵的) 의미, 전의적(轉義的) 의미.

sensus videndi, videndi facultas. 시각(visus oculórum)

senténtia, -æ, f. 생각(⑨ Thought), 의견(⑨ Counsel), 소견(所見), 견해(見解), 판단, 의도(⑨ Intention), 목적, 뜻, 작정, 결심, 결정, 지혜, 의사(⑨ Decision), 슬기, (法) 판결(יחיבה), 판결문. 진단서(診斷書), 선고, 의미(⑨ Sense), 개념(概念.ὅρος), 내용, 취지(趣旨 -어떤 일의 근본 목적이나 의도), 문(文), 문장, 금언, 격언(格言), 경구(驚句). (哲.神) 명제(命題)/

absque sententia. 생각 없이, 고의가 아닌/

Adhuc in hāc sum senténtiā. 아직도 나는 우리가 아무 것도 하지 말자는 생각이다/

Ambíguum verbum potest in duas plurésve senténtias áccipi. 모호한 말은 두 가지 또는 둘 이상의 뜻으로 해석(解釋)될 수 있다/

cælicolæ magni, quianam sententia vobis versa retro tantumque animis certatis iniquis? 천계의 위대한 주민들이여, 어찌하여 그대들의 뜻을 돌이켜 불손한 마음으로 서로들 그리 쟁론하는가? (성 염 지음, 사랑만이 진리를 깨닫게 한다. p.405)/

de senténtiā *alcjs.* 아무의 뜻(결장)에 의해/

De sententia Jacobi. 야고보서의 명제(415년 히포의 아우구스티노 지음)/

De sententia Platonis, qua definivit deos non esse nisi bonos amicosque virtutem. 선하고 덕성을 가진 존재를 신이라고 정의한 플라톤의 견해.(신국론, p.2768)/

dejicio *alqm* **de senténtiā.** 누구에게 생각을 바꾸게 하다/

discedo a suā senténtiā. 자기 의견을 버리다/

Diversorum patrum sententiæ. 여러 교부들의 말씀 모음/

divido senténtiam. (원로원에서) 일괄 제출된 안건을 분리해서 따로 다루다(설명하다.투표하다)/

Dixísse fertur símius senténtiam.(fero 참조) 원숭이가 의견(意見)을 말했다고 한다/

dubius senténtiam. 어느 편을 들지 망설이는/

Ego senténtiam, vos vero verba defénditis. 나는 내용을 변호하고 있는데, 너희는 말마디를 변호 하는구나/

ex ómnium sententia. 모든 이의 의견(뜻)을 따라/

ex senténtiā(meā, tuā, nostrā). (나의, 너의, 우리의) 뜻대로, 순조롭게, 다행스럽게/

ex tui(mei) ánimi senténtiā. 그대는(나는) 진심으로.진정으로.진지하게.맹세코/

exsecutio senténtiæ. 판결의 집행(判決 執行)/

ferre senténtiam. 판결을 언도(言渡)하다.내리다/

Ferendæ senténtiæ. 판결 부과 징벌. 자동 부과 징벌(latæ senténtiæ)과 대조/

figura senténtiárum. 문장의 채색(彩色)/

gestus cum sententiis, 내용과 일치(一致)하는 몸짓/

Hæc senténtiæ nobis intelligendæ sunt.[수동태 용장활용]. 우리에게 이 문장들이 이해되어야 한다/

Hæc sunt senténtiæ synodi sanctæ. 이것은 거룩한 공의회의 선언이다/

In eadem sententia fuit homo summa integritate atque innocentia C. Turranius. 지극히 정직하고 결백한 인물 가이우스 투라니우스도 같은 생각 이었다/

in eamdem senténtiam loqui. 같은 내용의 말을 하다/

in contrárias senténtias dístrahi. 상반되는 두 의견으로 분열되다/

in hanc senténtiam. 이 의견대로/

In unum congrúerunt senténtiæ. 의견들이 하나로 일치하였다/

irritátio ferendæ senténtiæ. 판결에 의한 무효/

irritátio latæ senténtiæ. 자동적 무효/

lata definitiva senténtiā. 확정판결(確定判決)/

latæ senténtiæ. 자동처벌(pœna latæ senténtiæ)/

maneo in senténtiā. 자기 생각을 굽히지 않다/

manére in senténtiā.

계속 같은 의견을 가지고(버리지 않고) 있다/

meā senténtiā. 내 생각에는/

Nunc antequam ad sententiam redeo, de me pauca dicam. 이제 본론으로 들어가기 전에, 내 일신에 관해서 몇 마디 언급 하겠다/

obligátio ante senténtiam. 판결 전 책임/

obligátio post senténtiam. 판결 후 책임/

pœna feréndæ senténtiæ. 미정(未定) 형벌(교회법에서 재판관·장상자의 판결에 의해서 과해질 미정형벌)/

pœna latæ senténtiæ. 기정(旣定) 형벌(교회법에서 기수旣遂의 범죄사실 자체에 의해 당연히 자동적으로 과해지는 기정형벌)/

præter ánimi senténtiam. 본의 아니게, 그럴 생각이 아니면서/

pro tua sententia. 너의 의사대로/

Quibus sententiis Domini Salvatoris divinum judicium futurum in fine sæculi declaretur. 구세주의 말씀에는 세상 종말의 최후심판이 어떻게 서언되어 있는가?(신국론, p.2820)/

Quot hómines, tot senténtiæ. 십인십색(俗談)/

Racilius tribunus plebis me primum sententiam rogavit. 호민관 라킬리우스가 나에게 맨 처음으로 의견을 청하였다/

rogátus senténtiam a cónsule. 그는 집정관으로부터 자기의 의견을 질문받고/

rogo *alqm* **senténtiam** (주로 원로원 같은 데서) 누구에게 意見을 묻다/

secúndum meam senténtiam(opiniónem) =meā senténtiā(opiniónē) 나의 의견대로/

selectæ senténtiæ. 간추린 격언집/

Senténtiam adtendite. 그의 말을 주의 깊게 들어 보십시오/

Sic stat senténtiā. 이렇게 작정(作定)되어 있다/

Stat senténtiā …. …하도록 결정되어 있다/

transeo in senténtiam *alcjs* 아무의 의견에 편들다/

Ut quisque ætáte anteccedébat, ita senténtiam dixit ex órdine. 만일 누가 나이가 많으면 많을수록 그 순서(順序)대로 말을 했다/

Videte quantum inter meam sententiam vestramque intersit. 너희는 내 생각과 너희 생각 사이에 얼마나 차이가 있는지 보라/

vitium extrinsecum senténtiæ. 판결의 외적 하자(瑕疵)/

vitium intrinsecum senténtiæ. 판결의 내적 하자(瑕疵)/

Vobis omnibus verba nostra audiuntur, deinde dicite vestras sententias. 여러분도 모두에게 우리의 말이 들리면, 그러면 여러분의 의견들을 말하십시오.

senténtia absolutoria. 피고 승소 판결

senténtia capitalis. 사형선고(死刑宣告)

senténtia condemnátoria. 피고 패소 판결, 유죄 판결

senténtia declarátoria. 선고(선언) 된 무효, 선언 판결

senténtia déclárátóríus. 설명; 확정판결

senténtia definitíva. 종국 판결

Sententia dicta est de Scripturis. 성경에 이런 말씀이 있습니다(최익철 신부 옮김, 요한 서간 강해, p.399).

senténtia duplex conformis. 두 차례의 합치된 판결

senténtia eórum erat hæc. 그들의 의견은 이것이었다.

Sententia est veritatis: aut si non veritas loquitur. 이는 진리의 말씀입니다. 진리가 말씀하시지 않는다면 반대하십시오.(최익철 신부 옮김, 요한 서간 강해, p.313).

senténtia injusta. 부당한 판결

senténtia interlocutória. 중간 판결

senténtia invalida seu irrita. 무효한 판결

senténtia irrevocabílíter definita. 종국 판결

Sententia ista vera est, firma est. 이 말씀은 참되고 확실합니다.(최익철 신부 옮김, 요한 서간 강해, p.313).

senténtia judicialis. 사법적 판결, 판결(判決.יחיבה)

senténtia judiciórum. 판단 의견

senténtia justa seu legítima. 정당한 판결

senténtia mixta interlocutoria. 복합 중간 판결

senténtia rescissoria. 무효화(無效化) 선고(宣告)

senténtia simplex interlocutoria. 단순 중간 판결
senténtia solide Probabilis. 신학적으로 확실한 학설
senténtia valida. 유효한 판결(判決)
Senténtiæ.(Libri sententiárum) 신학명제론(집)(12세기 중엽에
　저술된 Petrus Lombárdus의 신학 명제론집으로 4권으로 되어 있다).
senténtiæ apertæ. 숨김없는 생각
Senténtiæ verbaque sub acumen stili subeant.
　사상과 표현은 필봉(筆鋒)에서 나타나야 한다.
sententiális, -e, adj.
　문장의, 금언의, 격언의, 경구의, 금언같은, 판결의.
sententiáliter, adv. 금언의 형식으로, 격언조로
sententíam promo. 의견(意見)을 말하다
Sententíarum Libri. 명제집(命題集)
Sententíarum Libri quattuor. 신학 명제집(1155-1158년)
Sententíarum Libri Tres. 명제집 3권
sententíarum véritas. 판단의 진리
sententíarum vis. 호소력(呼訴力)
sententíöla, -æ, f. 자그마한 의견(意見).생각,
　짤막한 글귀.격언(格言).경구(警句).
sententiósus, -a, -um, adj. 금언의, 경구의, 금언 같은,
　격언(格言).경구(警句) 따위를 많이(즐겨) 쓴,
　격언조의, 함축성(含蓄性) 있는, 간결하고도 날카로운.
　adv. sententióse. 금언.경구(警句)를 늘어놓아,
　금언처럼, 격언조로, 함축성(含蓄性) 있게.
senticétum, -i, n. 가시덤불이 우거진 곳
senticósus, -a, -um, adj. 가시덤불이 우거진,
　가시덤불로 뒤덮인, 가시 돋친(말 따위).
sentimentális, -e, adj. 감정적인, 정에 치우친, 감상적인
sentimentalísmus, -i, m. 감상주의(感傷主義)
sentiméntum, -i, f. 느낌, 감각(αἰσθησις.感覺-감관),
　지각(知) Perceptíon), 의식(意識), 자각(스스로 깨달음),
　감수성(感受性.獨 sensibilität), 감정(στενοχωρέω),
　심정(心情-마음에 품은 생각과 감정), 다정다감, 감상(感傷),
　의견(獨 Counsel), 견해, 심리학적 의식(意識),
　생각(獨 Thought), 소감(所感), 감성(感想).
sentína, -æ, f. 배 밑창에 괸 더러운 물, 밑바닥 인생,
　최하층민(最下層民), 인간쓰레기(찌꺼기).
sentináculum, -i, n. 배 밑창에 괸 물을 퍼내는 바가지
sentinátor, -óris, m. 배 밑창에 괸 더러운 물을 퍼내는 사람
sentíno, -áre, tr. 배 밑바닥의 더러운 물을 퍼내다,
　위험(궁지)에 처해 있다, 위험에서 벗어나려고 하다.
sentinósus, -a, -um, adj.
　(배 밑바닥에) 더러운 물이 가득 차 있는.
Sentínus, -i, m. 갓난아기에게 감각을 부여하는 신
séntio, sénsi, sénsum, -íre, tr. 감각(感覺)하다, 느끼다,
　감지(感知)하다, (눈이) 보다, (귀가) 듣다,
　(불리.해로움.결과 따위를) 경험하다, 겪다, 당하다,
　(병 따위에) 걸리다, 알다(ㄱㄲ), 깨닫다(ὁράω),
　알아차리다, 지각하다, 알아듣다, 생각하다(δοκέω),
　여기다, 판단(判斷)하다(עד), 결정하다, 판결하다.
　abs te seórsum sentio. 너하고 생각이 다르다/
　Fremant omnes licet, dicam quod sentio. 비록 모두가
　듣고 일어난다 할지라도 나는 느낀 바를 말하겠소/
　Hæc ita sentimus, natura duce.(Cicero). 자연의 이치에
　따라, 우리는 이 사건을 그렇게 생각 합니다/
　Illi sentiunt quoque aliud, non solum dicunt. 저들도 그저
　말만 하는 것이 아니라 무엇인가 느끼고 있다/
　Non dixi secus ac sentiebam.
　나는 느끼던 바와 달리 말하지 않았다/
　Qui se ipsum norit(=noverit), aliquid se habere sentiet
　divinum. 스스로를 아는 사람이라면 자신이
　신성한 무엇을 간직하고 있음을 감지하리라/
　sentiendum cum Ecclesia. 교회와 더불어 생각 한다/
　Sapiat et fari possit quæ sentiat.(Horatius).
　본인이 뭐라고 느끼는 지 알아내고 말할 수 있어야 한다/
　Sentire quæ velis et quæ sentias dicere.(Tacitus).
　스스로 원하는 바가 무엇인지 감지하기, 그리고 자기가
　어떻게 판단하는지를 (그대로) 말하기/

Sunt qui, quod sentiunt, etsi optimum sit, tamen invidiæ
　metu non audeant dicere.(Cicero). 자기가 느끼는 바가
　최선의 것임에도 불구하고 남의 질시가 두려워
　감히 말 못하는 사람들이 있다/
　unum atque idem sentire. 똑같은 생각을 하다.
sentío famem. 시장기를 느끼다
Séntio ipse, quid agam.
　내가 무엇을 하고 있는지를 내 자신이 안다.
Sentio, nihil esse bonum, quod turpe sit. 추악한 것
　처놓고 좋은 것은 하나도 없다고 나는 생각한다.
Séntio sónitum. 나는 시끄러운 소리가 들린다.
sentio tecum. 너하고 생각이 같다,
　abs te seórsum sentio. 너하고 생각이 다르다.
Sentire cum Ecclesia. 교회와 더불어 생각한다.
sentis, -is, m. 가시덤불, 손버릇이 나쁜 놈
sentis canis. (植) 찔레(cynorrhoda, -æ, f.)
sentísco, -ĕre, intr., inch. 깨닫기 시작하다, 깨닫다
sentix, -ícis, m., f. (=sentis, -is, m.) 가시덤불
sent(u)ósus, -a, -um, adj. 가시덤불로 뒤덮인(우거진)
sentus, -a, -um, adj. 가시투성이의, 험난한, 거친, 부스스한
sĕnui, "senésco"의 단순과거(pf.=perfectum)
seórsum(seórsus[1]), adv. 따로, 따로따로, 별도(別途)로,
　떨어져서, 따로 떼어, 특히, 멀리,
　Abs te seorsum sentĭo. 나는 너와는 달리 생각 한다/
　De his verbis adhuc seorsum erit agendum(獨 It will be
　necessary to return to these words in a separate
　reflection) 이 말씀에 대해서는 따로 생각해 보아야
　할 것이기 때문에 다음으로 미루기로 합니다/
　Sentio tecum. 너하고 생각이 같다.
seórsus[2] -a, -um, adj. (se³+vorsus, vorto=verto)
　따로 떨어진.분리된, 따로따로의, 별개(別個)의.
Seoul, indecl., f. 서울.
　Archidiœcesis de Seoul. 서울대교구(Archidiœcesis Seoulensis).
Seoulénsis, -e, adj. 서울의, 서울 출신(태생.시민)의
sēpar, sepáris, adj. 분리된, 따로 떨어진, 별개의, 다른
separábilis, -e, adj.
　분리될 수 있는, 따로 뗄 수 있는, 가를 수 있는.
　intellectus separábilis. 분리된 지성.
separabílitas, -átis, f. 분리 가능성(分離 可能性)
　가분성(可分性- 아주 미세한 형태로까지 나눌 수 있는 물질의 성질).
separabíliter, adv. 따로 떨어져, 분리하여
separari. 원형 sépăro, -ávi, -átum -áre, tr. (se³+paro)
　[수동형 부정법 separari].
　Et a te numquam separari permittas.
　주님을 결코 떠나지 말게 하소서.
separátim, adv. 따로따로, 따로 떨어져, 각자(各自),
　제각기, 따로 떼어, 분리하여, 개별적(個別的)으로.
separátio, -ónis, f. 분리(分離.χωρισμός), 격리(隔離)
　따로 갈라(떼어) 놓음, 퇴회(退會),
　별거(別居.獨 separátion while the bond endures).
　De separatione bonorum et malorum, per quam
　novissimi judicii discretio declaratur. 선인들과 악인들
　의 분리로 최후심판의 차이가 밝혀진다.(신국론. p.2822).
separátio a mensa et toro.(獨 Separation from Bed and
　Board) 부부 별거(別居) 생활.(중대한 이유가 있으면 교회법은 이
　종류의 별거를 허용한다. 교회법 제1151～1155조. 간음의 경우. 특별 신심의 경우).
separátio a mundo. 세속으로부터의 격리(隔離)
Separátio coniugum.(獨 Separation of spouses). 부부 별거.
separátio manente vinculo(獨 separátion while the bond
　endures). 별거(別居).
separátio perpetua. 영구적 별거(別居)
separátio personalis. 부부의 별거(別居)
separátio státus ab ecclesia. 교회와 국가와의 별거,
　정교분리(獨 separation of church and state).
separátio temporalis. 일시적 별거(別居)
separátio tori et mensae.
　(부부의) 별거(獨 separation while the bond endures).
separatívus, -a, -um, adj. 분리의, 분리하는, 가르는

S

separátor, -óris, m. (**separátrix**, -ícis, f.)
분리자(分離者), 가르는 자.
multi medii separatores. 다수의 분열시키는 중간 존재들.
separátus¹ -a, -um, p.p., a.p. 분리(分離)된, 갈라진,
따로 떨어진, 별개의, 다른, 멀리 떨어진, 원격의.
adv. **separate**(comp. **-tíus**), 따로 분리하여, 갈라서.
De substantiis separatis. 분리된 실체/
homo separatus. 분리된 인간/
instrumentum separatum. 분리된 도구/
separata anima. 분리된 영혼/
separata substantia. 별도의 존재/
Verum est quod secundum fidem possunt esse plures
formæ numero separatæ in specie una.
신앙에 따를 때 같은 종 안에 수적으로 다수의 분리된
형상들이 있을 수 있다는 것이 참되다.
separátus² -us, m. 분리(分離.χωρισμὸς), 가름
sépăro, -ávi, -átum -áre, tr. (se³+paro) 갈라놓다,
나누다(פלג.בדל), 분리하다, 떼어놓다, 구별하다,
별개의 것으로 다루다, 제외하다, 빼놓다.
Sed duplex est accidens, scilicet necessarium quod
non separatur a re, ut risibile ab homine; et non
necessarium quod separatur, ut album ab homine.
그러나 우유에는 두 가지가 있다. 즉 인간에게 '웃을 수
있다'는 것처럼 사물로부터 분리되지 않는 필연적 우유
들과, 인간에게 '희다'는 것처럼 사물로부터 분리되는
비-필연적 우유들이 있다(스콜라 철학에서의 개체화. p.762 참조).
sepelíbĭlis, -e, adj. 파묻힐, 감추어질
sepélĭi, "sepélĭo"의 단순과거(pf.=perfectum)
sepélĭo, -lívi(ĭi) -púltum -íre, tr. 매장하다(קבר),
파묻다(קבר), 장례식을 치르다, 화장(火葬)하다,
끝장내다, 종식(終熄)시키다, 망하게 하다,
(명예 따위를) 추락시키다, 잠기게 하다, 마비시키다,
끓아떨어지게 하다, 덮어버리다, 뒤덮다,
(고통 따위를) 감추다, 억누르다.
custóde sepúlto. 경비병이 잠들어 있을 때/
…sepúltus sum. 나는 망했다/
se vino sepelio. 술에 끓아떨어지다/
Viva videns vivo sepelíre víscera busto.
산채로 맹수에게 잡아먹히는(직역: vivo … busto
살아 있는 무덤에 묻히는) 것을 보면서.
sepelívi, "sepélĭo"의 단순과거(pf.=perfectum)
seperabam fore, ut multa disceres.
나는 네가 많이 배우기를 바라고 있었다.
Sepes agit mentem. 희망이 정신을 자극(刺戟) 한다
sēpes¹ -pēdis, adj. (sex¹+pes) 발이 여섯 있는
sēpes² -is, f. = **sæpes**
sepi… = **sæpi**…
sēpĭi, "sǽpĭo"의 단순과거(pf.=perfectum)
sēpis, -is, f. = **sæpes**
sepivi, "sǽpĭo"의 단순과거(pf.=perfectum)
seplasiárĭum, -i, n. 향료상점(香料商店)
seplasiárĭus, -i, m. 향료상인(香料商人)
seplásĭum, -i, n. 향료(香料)
sepóno, -pósŭi -pósĭtum -ĕre, tr. 떼어 놓다, 갈라놓다,
따로 놓다.두다(בדל), 치워놓다, 골라 뽑아내다,
따로 보관(저장)하다, 따로 남겨두다, 유보(留保)하다,
지정(확보)해 두다, 구별(區別)하다, 따로 가려내다,
제외하다, 빼놓다, 들이지 않다, 추방하다, 귀양 보내다,
멀리 보내다, 그만두다, 집어치우다, 버리다,
포기(抛棄)하다, (시름 따위를) 잠시 밀어 놓다.
sepositío, -ónis, f. 따로 둠, 숨겨 둠, 비장(秘藏),
따로 떼어놓음, 분리(分離)
sēpósĭtum, "sepóno"의 목적분사(sup.=supínum)
sepósĭtus, -a, -um, p.p., a.p. 따로 둔, 따로 구분된,
먼, 멀리 떨어져 있는, 값진, 우수한, 우량의, 뛰어난,
가려 뽑은, 자기에게만 있는, 나만의, 고유(固有)한.
sēpŏsui, "sepóno"의 단순과거(pf.=perfectum)
sēps¹ sēpis, m., f. (動) 독사의 일종, 노래기

sēps² sēpis, f. = **sæpes** 울타리(גדר), 울짱, 양 우리.
sēpse = **se ipse**
sepsi, "sǽpĭo"의 단순과거(pf.=perfectum)
sepsis, -is, f. (醫) 부패증, (醫) 패혈증(敗血症)
septem, num., adj., indecl., card. 일곱, 7, 칠.
Passio Septem Monachorum. 7인 수도자들의 수난사.
Septem artes. (중세의) 일곱 학예(學藝)
(문법학.수사학.변증론.대수학.기하학.천문학.음악학).
Septem artes liberales. 자유 7과목(중세기 교과서)
Septem Dolores B. Mariæ V. 성모 칠고(七苦)
septem partes(=septem octavæ partes) 7/8
[분자가 분모보다 하나 아래이면 분모는 표시하지 않아도 된다.
이 경우에는 partes를 기본수사 뒤에 써 넣어야 한다. quatuor partes. 4/5].
Septem Psalmi pœnitentiales. 참회 시편.
7통회 시편[시편 6, 32(31), 38(37), 51(50), 102(101), 130(129), 143(142) 장].
septem peccata capitales. 칠죄종(七罪宗)
Septem sacramenta＊ 일곱 성사(교리서 1210항), 칠성사.
Baptisma, Mt 28:19. / Confirmatio, Acta 8:17. /
Eucharistia, Mt 26:26. / Pænitentia, Io 20:23. /
Extrema Unctio, Iac 5:14. / Ordo, Lc 22:19. /
Matrimonium, Mt 19:6.
Si quis dixerit, hæc septem sacramenta ita esse inter
se paria, ut nulla ratione aliud sit alio dignius.
만일 누가 이 일곱 성사가 서로 동등해서,
어떤 한 성사가 다른 성사보다 결코 더 큰 존엄성을
지니고 있지 않다고 주장한다면, 그는 파문 받아야 한다.
(주세페 알베리고 외 엮음, 보편 공의회 문헌집 제3권, pp.684~685).
Septem vitia capitalia. 칠죄종(일곱 가지 죄의 근원.
교만 superbia(pride), 탐욕 avaritia(Covetousness), 색정 luxuria(Lust),
분노 ira(Anger), 탐식 gula(Gluttony), 질투 invidia(Envy),
나태 pigritia(Accidie, Acedia, Sloth). 첫 글자를 따서 'saligia'라는 말 생김].
September, -bris, -bre, adj.
(고대 로마력의 7월의, 지금의) 구월(9월)의.
m. -bris, 구월(9월).
Caléndis Septémbribus. 9월 초하루에/
mense Septémbri. 9월에/
Ut Iduum Septembrium dies, quo se Libo interfecerat,
dies festus haberetur, Licius Plancus et Gallus Asinus
decrevere. 리보가 자살한 9월 13일을 축제일로 삼기로
루키우스 플랑쿠스와 갈루스 아시니우스가 결정했다.
[Lucius Plancus와 Gallus Asinus는 B.C. 42년 집정관].

＊ 제3변화에 속하는 달 이름의 5격 어미는 -i이다
Aprílis, -is, m.의 5격 Aprili 4월에
Décember, -bris, m.의 5격 -bri
Novémber, -bris, m.의 5격 -bri
Octóber, -bris, m.의 5격 -bri
Septémber, -bris, m.의 5격 -bri

septemc(h)órdis, -e, adj. (septem+chorda) 7현(七絃)의
septémdĕcim, num., adj., indecl., card.
(septem+decem) 십 칠, 17.
septemfárĭam, adv. = **septifáriam**
septémflŭus, -a, -um, adj. (septem+fluo)
일곱 줄기로 흐르는.
septemgémĭnus, -a, -um, adj. 일곱 물줄기로 흐르는
septemméstris, -e, adj. (septem+mensis)
칠 개월의, 일곱 달 된.
septemnérv(ĭ)a, -æ, f. (septem+nervus)
(植) 질경이(=plantágo).
septempedális, -e, adj. 일곱 자의, 일곱 자 높이의
septemplex, -lĭcis, adj. (septem+plico)
일곱 겹의, 7중의, 7배의
septemplex clípeus. 일곱 겹의 소가죽으로 만든 방패
septemplex Ister. 7개의 선박통로가 있는 다뉴브 강.
septemplícĭter, adv. 일곱 겹으로, 7배로
septemtrio… V. **septentrio**…
septemvicénnis, -e, adj. (septem+vigínti+annus) 27세 된
septémvir, -víri, m. (고대 로마의) 7인 위원.
(흔히 pl.로) 7인 위원단(신들을 초대하여 향연을 베푸는 직책의
위원단, 농토 분배 직책의 위원단, 100인 심판위원 중에서 선발된 7인
심판위원단 등이 있었음. 라틴-한글 사전, p.842).
septemvirális, -e, adj. 7인 위원단의.

m., pl. **septemviráles**, -ĭum = **septémvir**, -vĭri, m.

septemvirátus, -us, m. 7인 위원직

septenárĭus, -a, -um, adj. 일곱의, 7의,
일곱으로 이루어진. (詩) 7보격의, 7각운의.

septenárĭus Gregorianus. 그레고리오 7일 미사

septenárĭus númerus. 7의 수(數)

septéndĕcim, num., adj., indecl., card. = **septémdĕcim**

septéni, -æ, -a, adj., num., distrib. 일곱씩의, 각각 7의.
(가끔 num., card.로) 일곱, 7의.
púeri annórum senum septénum denum.
16.7세 되는 소년들.

septénis, -e, adj. (septem+annus) 7년의, 일곱 살의, 7세의

septénĭum, -i, n. (septem+annus) 7년(간), 일곱 해

septéntrĭo, -ónis, m. (天) 북두칠성(北斗七星),
대웅좌(大雄座), 소웅좌(小雄座),
(흔히 pl.) 북쪽하늘, 북쪽, 북방, 북풍, 북극(北極).
Et mensurabitis extra civitatem contra orientem duo
milia cubitorum, et contra meridiem similiter duo milia,
ad mare quoque, quod respicit ad occidentem, eadem
mensura erit, et septentrionalis plaga æquali termino
finietur. 성읍을 한가운데에 두고 성읍 바깥 동쪽으로
이천 암마, 남쪽으로 이천 암마, 서쪽으로 이천 암마,
북쪽으로 이천 암마 씩 재어라(성경 민수 35, 5).

septentrionális, -e, adj. 북쪽의, 북방의.
América septentrionális. 북아메리카.

septentrĭonalis plaga. 북부지방(北部地方)

septentrionárĭus, -a, -um, adj. 북쪽의, 북방의

septénus, -a, -um, adj. 일곱(씩)의, 일곱 줄기(겹)의

septicémĭa(**septicémĭa**), -æ, f. (醫) 패혈증(敗血症)

septicóllis, -e, adj. (septem+collis) 일곱 개의 언덕이 있는.
arx septicollis 일곱 언덕의 Roma.

septícus, -a, -um, adj. 썩는, 부패성의,
부패하여 생기는, 패혈성(敗血性)의.

septídrŏmus, -i, m. (7년간.7개월 등) 7단위의 기간

séptie(n)s, num., adv. 일곱 번, 여러 번
Septies in die laudem dixi tibi.
나는 낮에 일곱 번씩 당신께 찬미를 바칩니다.

Sépties novéna sunt sexagínta tria. 7×9=63
(곱셈 multiplicátio에 있어서는 첫째 숫자 즉 곱하는 수 multiplicátor를
회수부사로 표시하고, 둘째 숫자 즉 곱해지는 수 multiplicándus를
배분수사의 중성 복수로 표시한다).

septifárĭam, adv. 일곱 부분으로

septifárĭus, -a, -um, adj. 일곱 가지의, 일곱 부분으로 된

septifóris, -e, adj. (septem+foris') 구멍 일곱 개 있는

septifórmis, -e, adj. (septem+forma)
일곱 가지의, 일곱 가지 모양의.

septimána, -æ, f. 일주일, 7일간, 주간(週間)

Septimana in albis. 백색 주간

septimana mediana. 중간 주간

Septimana renovátionis. 쇄신 주간(刷新 週間)

septimanárĭus, -a, -um, adj. 일곱의, 7의

septimáni, -órum, m., pl. 제7군단(légio)의 군인들

septimánus, -a, -um, adj. 일곱의, 제7에 속하는,
(어느 달) 7일에 해당하는, 제7군단(légio)의, 일곱 달만의.
Nonæ septimánæ. (3.5.7.10월일つ) 7일, 초이렛날/
septimanæ feturæ. 일곱 달 만에 난 새끼들.

septimanus partus. 일곱 달만의 분만

séptimo, adv. 일곱(번)째로.
De die septimo, in quo plenitudo et requies commendatur.
충만과 안식이 이루어진 일곱째 날(신국론, p.2782)/
Quæ qualisque intellegenda sit Dei requies, qua postopera
sex dierum requievit in septimo.
엿새 일한 다음 이렛날 쉬었다는 하느님의 안식을
어떻게 이해할 것인가(신국론, p.2780).

Septimo anno facies remis sionem. (diV e`pta. evtw/n
poih,seij a;fesin) (獨 Alle sieben Jahre sollst du ein
Erlaßjahr halten) (영 At the end of every seven-year
period you shall have a relaxation of debts)
너희는 일곱 해마다 빚을 탕감해 주어야 한다(성경/

칠 년에 한 번씩 남의 빚을 삭쳐주어라(공동번역 신명 15. 1).

Septimontiális, -e, adj. 칠구제(七久祭)의

Septimóntĭum, -i, n. (septem+mons) 칠구제(七久祭),
Roma시의 일곱 언덕 편입 기념축제(12월 13일에 거행).

séptimum, adv. 일곱 번째

septimum clima. 제7 기후권.
[중세인이 clima equinoctiale(주야 평분선 지역: 당대로는 아프리카 리비아 근방)
으로부터 북쪽 위도를 7개 권역으로 나누어 가장 북쪽 기후대(당시까지 알려진
흑해 동북부)를 일컫던 관례. 성 염 옮김. 단테 제정론, p.58].

séptimus, -a, -um, adj., num., ordin. 일곱째의, 제7의.,
hora quasi séptima. 7시 경/
Non oportuit igitur quod post omnium productionem,
dies septima benediceretur. 일곱째 날에 모든 것을 만드
신 후 일곱째 날에 축복을 받는 것은 필요하지 않다/
Utrum Deus septima die requievit ab omni opere suo.
하느님께서 일곱째 날에
그의 모든 작업으로부터 쉬셨는가/
Videtue quod Deus septima die non requievit ab omni
suo opere. 하느님께서는 일곱째 날에 자신의 모든 일로
부터 쉬지 않으신 것으로 생각된다.

septimus annus. 안식년(הָטְמִשׁ.영 Sabbatcal year),
휴한년(休閑年-유데인들이 7년마다 농경을 쉬던 안식년).

septimusdécĭmus, **septimadécĭmum**,
adj., num., ordin. 제17의.

septingenárĭus, -a, -um, adj.
700의 수에 달하는, 700씩 되는.

septingéni, -æ -a, adj., num., distrib. 700씩의

septingentésĭmus, -a, -um, adj., num., ordin. 제700의

septingénti, -æ -a, adj., num., card.
(septem+centum) 700(의),
septingentos milites. 700명의 군인들을.

septingéntĭe(n)s, adv., num. 700번, 칠백 번

séptĭo, -ónis, f. = **sæptio**

séptipes, -pĕdis, adj. (septem+pes)
일곱 자 되는, 칠 척의(7척의), 키가 대단히 큰.

septirémis, -e, adj. (septem+remus) 칠단의 노열이 있는

septuagenárĭus, -a, -um, adj. 70세의, 70개가 있는

septuagéni, -æ -a, adj., num., distrib. 70씩의, 70의

septuagésĭes, adv., num. 일흔 번(70)

Septuagésĭma, -æ, f. 칠순주일(사순절 전 제3주일. 이 날부터 참회
시기의 측면을 갖는 사순절 준비가 시작된다. 제2차 바티칸 공의회 이후 전례
개혁과 더불어 이 용어는 더 이상 사용되지 않으며 셉투아제시마로 시작하여
재의 수요일 전까지 계속되는 기간은 폐지되었다. Sexagesima 참조)

septuagésĭmus, -a, -um, adj., num., ordin.
일흔 번째의, 제70(의).
Tiberius tertio et vicesimo imperii anno,
ætatis septuagesimo octavo decessit.
티베리우스는 재위 23년에 나이 78세로 죽었다.

septuágĭes, adv., num. 일흔 번, 70번.
Non dico tibi usque septies sed usque septuagies septies.
(영 I say to you, not seven times but seventy-seven
times) 내가 너에게 말한다. 일곱 번이 아니라 일흔 일곱
번까지라도 용서해야 한다(성경 마태 18, 22)
[일곱 번뿐 아니라 일곱 번씩 일흔 번이라도 용서하여라(공동번역) 당신에게
이르거니와, 일곱 번까지가 아니라 일곱 번을 일곱 번까지라도 하시오(200주년
신약). - 번수 부사herrische는 '몇 번(quoties)' 혹은 '몇 배'를 묻는 질문에
대답할 때 뿐만 아니라 부사어而 불편한다].

septuagínta¹ adj., indecl., num., card. 일흔, 70, 칠십

Septuaginta² n., indecl. (聖) 칠십인역(七十人譯),
셉투아진따(영 Septuagint.略 LXX).

septuénn··· = **septénn···**

septum, "sǽpĭo"의 목적분사(sup.=supínum)

septum, -i, n. = **sæptum** 울타리(רָדֵג), 담

septum··· V. **septim···**

septum dolores B.M.V.(영 the seven sorrows Mary).
성모칠고.

septum gloríæ B.M.V.(영 seven joys of the Blessed
Virgin Mary). 성모칠락.

septunx, -úncis, m. (septem+úncia)
(토지면적) 12분의 7 júgerum, (포도주의 용량) 일곱 잔.

séptŭplum, -i, n. 일곱 갑 절, 7배, 전체

S

1175

séptŭplus, -a, -um, adj. 일곱 갑절의, 7배의.
　adv. **séptŭplum**, 7배로.
septus, -a, -um, p.p. = **sæptus**, -a, -um, p.p.
sepulchr… V. **sepulcr…**
sepulcrális, -e, adj. 무덤의, 묘지의
sepulcrétum, -i, n. 공동묘지(commune sepulcrum.)
sepúlcrum, -i, n. 무덤(μνημείον.⑨ Tomb),
　분묘(墳墓-무덤), 묘지(墓地.⑨ Cemetery-무덤이 있는 땅),
　봉분(흙을 둥글게 쌓아 무덤을 만듦), 석총(石塚), 묘석(墓石),
　묘비(墓碑), 비문(碑文), 화장터(seri ignes.)
　((pl.)) (무덤 속에 머문다고 생각했던) 죽은 사람들의 혼.
　(聖 목요일에 성체를 옮겨 모시는) 성체 안치소,
　제단 아래의 성유물(聖遺物) 안치소.
　Basilica Sanctissimi Sepulchri. 성묘 성당/
　Benedictio Sepulcri. 묘지 축성(墓地 祝聖)/
　in sepulcro autem ipsius iacet cadaver sine sensu;
　et custodiuntur verba novissima morientis. 무덤에는
　　감각 없는 그의 시신이 누워 있을 따름입니다. 그럼에도
　　그가 죽으며 남긴 유언은 지켜집니다/
　Ordo Sacri Sepulchri. 성묘 신심회/
　Sepulcra locus sanctus fit Romanis.(fio 참조)
　　무덤은 로마인들에게 신성한 장소가 된다.
sepulcrum familiare. 가족묘지
sepulcrum gentilítĭum. 종산(宗山)
sepulcrum hereditarĭum(⑨ hereditary tomb). 세습묘지.
sepulcrum mixtum(⑨ mixed tomb). 친족 묘지
sepúlto, -áre, tr., freq. 묻어두다.
　Jam parce sepúlto. 묻힌 사람을 이제 그만 용서해라.
sepúltor, -óris, m.
　파묻는 사람, (소동 따위를) 진정 시키는 사람.
sepultum, "sepélĭo"의 목적분사(sup.=supínum)
sepultúra, -æ, f. (=funus, -nĕris, m.)
　매장(埋葬.⑨ burial.illátĭo mortui),
　장례(葬禮.⑨ Burial.suprema munera.),
　무덤(μνημείον.⑨ Tomb), 묘지(⑨ Cemetery), 화장/
　corpus humo(sepultúræ) reddo.
　　시체(屍體)를 땅에 묻다, 매장(埋葬.⑨ burial)하다/
　De sepultura humanorum corporum, quæ Christianis
　etiamsi fuerit negata nil admit.
　　시체 매장이 그리스도인들에게마저 불가능했지만
　　그래서 잃은 것은 없다(교부문헌 총서 17, 신국론, p.2742).
sepultura ecclesiastica. 교회식 장례
sepúltus, -a, -um, p.p. 묻힌, 매장된.
　Et sepultus resurrexit; certum est impossibile.
　　묻히신 분이 부활하셨다는 사실은 불가능한 일이기
　　때문에 확실한 것이다.
sequácĭtas, -átis, f. 따라다님, 꾸준히 쫓아감
sequácĭter, adv. 그 결과로서, 당연히, 따라서(κατὰ)
Sequare tu, quocumque íeris.
　(⑨ I will follow you wherever you go)
　당신이 어디로 가시든지 따라가겠습니다(공동 마태. 8. 19).
sĕquax, -ácis, adj. 끈덕지게 따라 다니는, 떠나지 않는,
　집요한, 꾸준히 쫓아가는, 추적하는, 빨리 쫓아가는,
　쉽게 따라가는, (불, 연기 따위가) 번져 나가는, 퍼지는,
　끈끈한, 유연한, 잘 휘는, 누글누글한, 연성이 있는,
　다루기 쉬운, 고분고분한, 말 잘 듣는.
　m. 추종자, stella sequax. 위성(衛星).
sequéla, -æ, f. 따름(⑨ Adherence), 후속(後續),
　결과(結果), 귀결(歸結), 부속물(附屬物), 딸린 것, (군대를)
　따라다니는 사람. (醫) 후유증(後遺症). 부수적 채무
Sequela Christi(⑨ Following Christ). 그리스도를 따름.
Sequela et imitátĭo Christi. 그리스도를 따름과 닮음
sequens¹ -éntis, p.præs., a.p. 뒤따르는, 차례대로 계속되는,
　(차례나 시간적으로) 바로 다음의, 장차의, 앞으로 올,
　둘째의, 제2의, 버금가는, 그보다 못한, 하등품의,
　(인용하는 번호.면.절 따위를 표시하는) 아라비아
　　숫자 뒤의 약자로서 s.(sq.) = sequens.
　m., f. 따르는(붙 쫓는) 사람, 추종자.

sequenti nocte. 다음날 밤에.
sequens² -éntis, n. 형용어, 부가형용사(附加 形容詞).
　(pl.) 그 다음 것들, 계속되는 것들, 하등품(下等品).
　gratia sequens. 후행 은총.
sequéntĭa, -æ, f. ⑨ sequence.獨 Sequenz) 연속(連續),
　후속(後續), 결과(結果), 딸림 노래, 속송(續誦 =prosa),
　(미사 중의) 부속가(附續歌.⑨ sequence), 속창(俗唱).
Sequentĭa aurea. 금빛 찬가(캔터베리의 주교 Stephan Langton이
　지은 부속가로 성령께서 하시는 일을 장엄하게 찬미함).
Sequentia sancti Evangelii secundum Matthǽum.
　성 마태오에 의한 거룩한 복음의 연속입니다.
sequere, 원형 sĕquor, secútus sum, sĕqui, dep.
　[명령법. 현재 단수 2인칭 sequer, 복수 2인칭 sequimini].
　Vitæ sequere naturam ducem(Seneca).
　　자연을 인생의 안내자로 따라라.
Sequere me. 나를 따르라(마태 8. 22)
Sequere me et dimitte mortuos sepelire mortuos
suos. (⑨ Follow me, and let the dead bury their dead)
　너는 나를 따라와 죽은 이들의 장사는 죽은 이들이
　지내도록 내버려두어라(성경)/죽은 자들의 장례는 죽은
　자들에게 맡겨 두고 너는 나를 따라라(공동번역 마태 8. 22)/
　당신은 나를 따르시오. 죽은 자들이 자기네 죽은 자들의
　장사를 지내도록 내버려두시오(200주년 신약 마태 8. 22).
Sequere Spiritum. 성령(聖靈)을 따르라!
sequéster¹ -tra -trum (**sequéster**, -tris, tre) adj.
　중재의, 거중조정의, 중개의, 알선의, 주선의,
　공탁물(계쟁물) 보관의.
sequéster² -tri(tris), m. 공탁물(계쟁물) 보관인,
　기탁금을 받고 재판관.투표인을 매수해 주는 자,
　중재인(仲裁人), 거중조정인(居中調整人),
　중재자(仲裁者.⑨ arbitrátor.獨 Schiedsrichter).
sequestrárĭus, -a, -um, adj. 공탁물에 관한
sequestrátĭo, -ónis, f. 일시적 강제 압류, 분리, 격리,
　(제3자에게 맡기는 계쟁물의) 공탁, 압류(押留-국가
　기관이 채무자의 재산의 사용이나 처분을 금함. 또는 그 행위).
sequestrátĭo assecuratória. 담보 압류(擔保 押留)
sequestrátĭo conservatória. 보존 압류(押留)
sequestrátĭo conventĭonalis. 합의된 압류(押留)
sequestrátĭo judicialis. 사법적 압류(司法的 押留)
sequestrátĭo judicialis conservativa. 사법적 보존압류
sequestrátĭo judicialis simpliciter. 단순한 사법적 압류
sequestrátĭo necessaria. 필요적 압류(必要的 押留)
sequestrátĭo rei controversæ. 계쟁물의 압류(押留)
sequestrátĭo voluntaria. 임의적 압류(押留)
sequestrátor, -óris, m. 분리자(分離者), 방해자(妨害者)
sequestratórĭum, -i, n. 공탁소(供託所), 기탁소(寄託所)
sequéstro, -ávi, -átum -áre, tr. 공탁하다, 기탁하다,
　보관하도록 맡기다, 갈라놓다, 떼어놓다, 격리(隔離)하다.
　분리(分離)하다, 내던지다, 버리다.
séquĭor, -ĭus, (gen. -óris) adj., comp., anom.
　더 나쁜, 보다 못한, 열등의. adv. **séquĭus** = **sécius**.
Sequitur, et exponit. 이어서 이렇게 설명합니다.
　Et sequitur. 그리고 이렇게 이어집니다.
sĕquor, (ĕris, ĭtur), secútus(sequútus) sum, sĕqui, dep.
　tr. 따르다(רכב.דרב.זרב.רזא.ךלה.לזא), 뒤따르다.
　따라가다(오다), 수반(隨伴)하다, 뒤쫓다, 추적하다.
　(남자를 유혹하려고) 따라다니다, 추격(追擊)하다,
　(길 따위를) 따라가다, (어디로) 향해 가다, 찾아가다,
　다가가다, (물이) 계속 흐르다, 잇따르다, 뒤따르다,
　다음에 계속되다, 이어지다, 연속되다, 뒤를 잇다,
　순종(順從)하다, 이끄는 대로 따라가거나, 얻으려고 하다,
　추구(追求)하다, 편들다, 지지하다, 옹호(擁護)하다,
　인정하다, (학설.권위.의견 등을) 따르다, 추종하다,
　다하다, 수행하다, 보살피다, (사건 등이) 일어나다.
　Eamus, sequere me! 가자! 넌 나를 따라와!/
　Ex hoc fit ut fiat in te quod sequitur. 이렇게 하면
　　그대 안에서 이어지는 말씀이 이루어집니다/
　Gloria virtutem sequitur, tamquam umbra figúram.

그림자가 형상을 따르듯이, 영광은 덕행을 따른다/
Gloria virtutem sequitur, ut umbra figuram sequitur.
형체에 그림자가 따르듯, 덕에는 영광이 따른다/
nobis tutíssimum est … sequi.
따라가는 것이 가장 안전하다/
peiorem sequitur semper conclusio partem.
결론은 항상 더 나쁜 부분을 따른다/
Platónem auctórem sequor. 플라톤의 권위(權威)를
인정(認定)하며 그의 학설(學說)을 따르다/
Secútum est illud…. 그렇게 되었다/
sequitur de vúlnere sanguis. 상처에서 피가 나오고 있다/
sequitur vara vibiam(격언) 불행은 저절로 생기지 않는다/
Tradémus étiam, quæ nos sequor in dicéndo solémus.
우리가 말할 때에 흔히 따르는 원칙들도 일러 주겠다/
Ut bona opērátio sequatur scientiam.
지식에 선행이 뒤따라야 합니다/
Videte quid sequatur. 이어지는 말씀을 보십시오.
intr. 결론이 나오다, …게 되다, 당연히(필연적) 결과이다,
다음 차례는…이다, 다음은 …할 차례이다.
Séquitur, ut dóceam…, 다음에 내가 가르칠 것은 …이다/
Si …, séquitur, ut recte sit occísus. …하였다면
그가 살해된 것이 옳았다는 결론(結論)이 나온다.
sequut… = secut…
Sēr¹ Sēris, m. Seres의 sg.
Ser² 略 = Sérvius.
sēra¹ -æ, f. 빗장, 걸쇠, (맹꽁이) 자물쇠
sēra² -æ, f. 저녁 때, 늦은 때, serā 다 늦게
sera gratulátio. 뒤늦은 축하
sera nocte. 밤늦게
seræ nocti decede. 밤이 늦기 전에 돌아가다
Séráphim(Séráphin) indecl., n., pl. 세라핌
(천사들의 최고 계급에 속하는 치품천사. '치품천사', '스랍' 참조).
serápĭas, -ādis, f. (=orchis) (植) 난초
Serenátor, -óris, m. (하늘을 맑게 하는 자) Júpiter의 별명
serendus ager. 심어야 할 밭(sēro⁴ 참조)
serénĭfer, -ĕra, -ĕrum, adj. (serénus+fero)
맑은 날씨를 가져오는.
serenífĭcus, -a, -um, adj. (serénus+fácio)
날씨를 맑게 해주는, 맑게 갠.
serénĭger, -ĕra, -ĕrum, adj. (serénus+gero¹)
맑은 날씨를 가져오는.
Serenissimus(극존칭) superl. 황제 폐하, 폐하(陛下-호칭)
serénĭtas, -átis, f. 맑게 갬, 쾌청(快晴), 청명(淸明),
화창(和暢)함, 순탄(順坦), 안온(安穩), 평온(平溫),
마음의 평정, 침착(沈着, præséntia animi.),
태연자약(泰然自若), (칭호로) 전하(殿下), 폐하(陛下).
serenitas cordis. 마음의 청량함
seréno, -ávi, -átum -áre, tr.
맑게 개게 하다, 청명(淸明)하게 하다,
(불빛 따위로) 밝게 비추다, 빛나게 하다,
명랑(明朗)해지게 하다, (슬픔 따위를) 가시게 하다.
serénum, -i, n. 쾌청(快晴), 맑음, 청명한 날씨.
in seréno. 맑은 날에(cælo sereno)
Sereno quoque coelo aliquando tonat.
때로는 맑은 하늘에서도 천둥이 친다.
serénus, -a, -um, adj. 맑은, 맑게 갠, 청명한, 쾌청한,
화창(和暢)한, 밝은, 빛나는, (바람 따위가) 건조한,
맑은 날씨를 가져오는, (바다가) 잔잔한, 고요한,
평온한, 차분한, 조용한, 침착(沈着)한, 명랑한, 즐거운,
유쾌한, 기분 좋은, 순조로운, 유리(有利)한, 행운의,
(군주 황제에 대한 경칭) 폐하(陛下), 전하(殿下).
m. Júpiter 신의 형용어(늘 명랑하고 날씨를 맑게 한다하여 붙여진).
superl. Serenissimus(극존칭) 황제 폐하.
seri anni. 노년(senium, -i, n..⑨ Old age).
만년(晩年.affecta ætas.).
seri ignes. 화장터(sepulcrum, -i, n.)
sérĭa¹ -æ, f. 독(항아리), 토기 항아리
sérĭa² -æ, f. (稀) = sérĭes, -éi, f.

sérĭa³ -órum, n., pl. 진지한 일, 중대한 일, 진지함,
정색(正色-얼굴에 엄정한 빛을 나타냄), 진담(眞談), 근엄한 사람.
seriális, -e, adj. 연속적(連續的)인, 일련(一連)의,
차례(次例)로 잇달아 있는, 계열(系列)을 이루는.
seriátim, adv. 순차(順次-돌아오는 차례)로, 차례차례로,
축조(逐條-한 조목씩 차례대로 좋음)로.
serica(=sirica) -órum, n., pl. 명주옷, 비단 옷, 견직물
sericárĭus, -a, -um, adj. 명주.비단(제품)에 관한.
f. 귀부인의 비단(緋緞) 옷을 지키는 여종.
m. 비단장수, 견직물 직조인(絹織物 織造人).
sericátus, -a, -um, adj. 명주(비단) 옷을 입은
sericĕus(serícĭus) -a, -um, adj. 명주의, 비단으로 만든
sericoblátta, -æ, f. 다홍빛 비단옷
sérĭcum, -i, n. 명주, 비단(緋緞.絹織物)
sérĭcus¹ -a, -um, adj. Seres의, 중국의, 동방의
sérĭcus² -a, -um, adj. 명주의, 비단의.
carpénta sérica. 비단 휘장을 친 마차(馬車).
sérĭes, -éi f. 줄, 열(列), 계열, 일련, 연쇄(連鎖),
잇따름, 연속, 차례, 순차, 순열(順列), 가계(家系),
혈통(血統), 가문(家門), 총서(叢書), 시리즈(⑨ series).
(數) 급수(級數). (生物) 속(屬), 과(科). (전기) 직렬.
series júvenum. 손에 손을 잡고 춤추는 젊은이들
seriétas, -átis, f. 정색(正色), 진지함, 엄숙(嚴肅)
sérĭo, adv. 진지하게, 엄숙히, 본심으로, 진담으로
seríŏla, -æ, f. 작은 토기 항아리
serior, -or, -us, adj. sērus, -a, -um의 비교급
seriósus, -a, -um, adj. = sérĭus²
serissime, adv. sero의 최상급
serissimus, -a, -um, adj. sērus, -a, -um의 최상급
sérĭtas, -átis, f. 지각, 늦게 옴, 늦음, 느림
sérĭus¹ adv. sero의 비교급, 더 늦게, 너무 늦게,
Qui properat nimium, res absolvit serius.(Publilius Syrus).
너무 서두르는 사람은 일을 뒤늦게 처리하기 마련이다.
Serius misi litteras quam vellem.
나는 내가 바라던 것 보다 늦게 편지를 보냈다.
serius ociúsve, serius aut citíus. 조만 간에.
sérĭus² -a, -um, adj. 진지한, 엄숙(嚴肅)한, 진심의,
진정으로의, 농담.장난이 아닌, 중대한, 예사가 아닌,
심각한, (병 따위가) 중태의, 위독한, 성실한, 착실한.
n. 진담(참된 말. 진실한 이야기. 참말). adv. sérĭe, sérĭo.
sermo, -ónis, m. 말, 이야기, 회화, 대화, 좌담, 담화,
잡담, 소문, 이야깃거리, 화제(거리), 예언, 비난, 비방,
중상, 강화(講話), 강연(講演), 연설(演說), 강론(講論),
설교(說敎.⑨ homily/Preaching/sermon), 낱말, 단어,
말씨, 말투, 조리 있는 말, 논술(論述), 논설, 논제,
(삼위일체의 제2위인) 하느님의 아들, 말씀.
Accéssit sermo ad aures. 소문(所聞)이 들려 왔다/
amœnissimi sermones. 대단히 훌륭한 연설(演說)/
Edisti sermonem tuum. 너는 네 말을 식언했다/
edo sermónem. 말을 정신 차려(놓치지 않고) 듣다/
De sermone Domini in monte. 주님의 산상설교.
(393~395년 히포의 성 아우구스티노 지음)
Erat autem universa terra labii unius et sermonum
eo rundem. (kai. h=n pa/sa h` gh/ cei/loj e[n kai. fwnh. mi,a
pa/sin)(獨 Es hatte aber alle Welt einerlei Zunge und
Sprache)(⑨ The whole world spoke the same language,
using the same words) 온 세상이 같은 말을 하고 같은
낱말들을 쓰고 있었다(성경)/온 세상이 한 가지 말을
쓰고 있었다. 물론 낱말도 같았다(공동번역 창세 11. 1)/
Ergo non laudetur sermo tuus quasi abs te, quasi tuus.
그러니 그대의 설교가 그대에게서 나오는 것인 양,
그대의 것인 양 칭찬 받지 않도록 하십시오.
(최익철 신부 옮김. 요한 서간 강해. p.445)/
esse in ore et sermóne ómnium.
뭇사람의 입에 오르내리다, 이야깃거리가 되다/
Feci, sermónem inter nos hábitum(esse). 나는 우리
사이에 대화가 오간 것으로 가정했다(facio 참조)/
Felix lingua quæ non novit nisi de divinis habere

sermonem. 하느님의 일 이외에는 말하지 아니하는
　입은 복되도다(성 예로니모)/
gentes díssonæ sermóne. 말이 서로 다른 민족/
Hi in illorum et illi in horum sermone surdi sunt.
　이 사람들은 저 사람들의 말에 귀를 막고,
　저 사람들은 이 사람들의 말에 귀를 막는다/
medíum sermónem abrúmpo. 연설을 도중에서 중단하다/
nativitas perfecta sermonis. 말씀의 완전한 탄생/
Numquid non sermonem istum omnes audistis?
　여러분 모두가 이 강해를 듣지 않았습니까?.
　　　　　　　(최익철 신부 옮김. 요한 서간 강해, p.183)/
Nunc inter eos tu sermo es.
　지금 그들 사이에서는 네가 이야깃거리가 되어 있다/
pullus sermo. 서민 대중의 언어/
Qui moderatur sermones suos, novit scientiam, et lenis
spiritu est vir prudens(⑨ He who spares his words is
truly wise, and he who is chary of speech is a man of
intelligence) 말을 삼가는 이는 지식을 갖춘 사람이고
　정신이 냉철한 이는 슬기를 지닌 사람이다(성경 잠언 17. 27)/
Quis est iste obscurans consilium sermonibus imperitis?
(⑨ Who is this that obscures divine plans with words
of ignorance?) 지각없는 말로 내 뜻을 어둡게 하는
　이자는 누구냐?(성경 욥기 38. 2)/부질없는 말로 나의 뜻을
　가리는 자가 누구냐?(공동번역)/
Quo ordine sermo fieri debet.
　어떤 순서로 강론해야 하는가/
sermone luculentem. 명쾌한 표현, 명쾌한 문체/
Sermonem aliquem bonum dicis, et laudatur sermo tuus?
Non laudetur quasi tuus, non est ibi finis.
　그대가 좋은 설교를 하면, 그대의 설교가 칭찬 받습니까?
　그 설교가 그대의 것인 양 자랑하지 마십시오. 거기에
　끝이 있지 않습니다.(최익철 신부 옮김. 요한 서간 강해, p.445)/
Sermonem in multam noctem produco.
　밤이 이슥하도록 이야기를 계속하다/
Sermonem producere in multam noctem.
　밤이 이슥하도록(깊도록) 연설(演說)을 질질 끌다/
Sermones de vita et passione D.N. Jesu Christi.
　우리 주 예수 그리스도의 생애와 수난에 관한 강론
　　　　　　　(토마스 아 캠피스 지음. 1379~1471)/
sermones scripturarum. 성경 말씀/
Sermones dominicales ad fidem codicum nunc denuo
editi. 새로 편집한 신앙 교리서에 관한 주일 강론/
sermónis humani pervestigátio. 언어분석(言語分析)/
texo sermónes. 대화하다, 말을 교환하다/
tumídior sermo. 과장된 연설(演說).
Sermo animi est imago. 언어는 의식의 거울이다.
　　　　　　　(성 염 지음. 사람만이 진리를 깨달게 한다. p.464).
sermo bene longus. 상당히 긴 연설(演說)
Sermo bonus super datum optimum.
　좋은 말(言)은 가장 좋은 선물(膳物)보다 낫다.
sermo Christianorum. 그리스도교 설교(히에로니무스 지음).
Sermo de Substantia Orbis. 세상의 실체론(아베로에스 지음)
sermo erga alqm revérens.
　아무에게 대하여 정중하게 한 연설(말).
Sermo generalis. (종교재판에서) 선고문 낭독식
Sermo habétur. 연설(강론)이 있다.
sermo in monte* 산상 수훈(山上垂訓),
　산상설교(⑨ Sermon on the Mount).
sermo longus. 긴 연설(演說)
Sermo montanus(⑨ Sermon on the Mount). 산상설교
sermo sapientiæ. 예지(叡智)의 말
sermo scientiæ. 학문(學問)의 말
Sermo tuus verítas est.
　아버지의 말씀이 곧 진리입니다(작은 형제회 회헌 62조 49).
sermocinánter, adv. 이야기(좌담.잡담) 하며
sermocinátio, -ónis, f. 말함, 이야기함, 회화(會話),
　수작(酬酌)-'엉뚱한 속셈이나 속보이는 짓을 얕잡아 이르는 말', 담화.
　(修) 상대방으로 하여금 말하게 하는 대화술.
sermocinátor, -óris, m. (sermocinatrix, -ícis, f.)

수다스러운 사람, 이야기하는 사람.
sermócĭnor, -átus sum -ári, dep., intr. 토론하다,
　수작(酬酌)하다, 말하다(רבד.ללמ.אמר.חמר),
　이야기하다(חא.חחר), 담화(談話)하다, 토론하다,
　강연(講演)하다, 토론(討論)하다, 설교(設敎)하다.
sermonális, -e, adj. 말의, 말을 하는
sermúncŭlus, -i, m. 짤막한 말.이야기, 뒷공론,
　하찮은 所聞(subpræfecti venti), 잡설(雜說-검된 이야기나 여론).
sēro¹ adv. 저녁때에(ad vespere.), 늦게, 느지막이,
　느지감치, 뒤늦게, 너무 늦게.
　sero, serius, serissime, adv.
　Principiis obsta; noli medicinam sero parare! Mala per
　longas moras valent. 처음에 막아라! 늦게 사 처방을
　마련하지 말라! 오래 지체하는 사이에 악은 드세어진다/
　sero te amavi. 늦게야 임을 사랑했습니다.
sēro² -ávi, -atum -áre, tr.
　자물쇠를 채우다, (빗장으로) 잠그다.
sēro³ serŭi, sertum, -ěre, tr. 짜다(רגש), 엮다(חטט),
　(편물 따위를) 뜨다, 땋다, (노끈.밧줄 따위를) 꼬다,
　사이사이에(번갈아) 끼어들게 하다.
sēro⁴sēvi, sătum, -ěre, tr. 씨 뿌리다, 파종(播種)하다,
　심다(כתב.נטע), 식부(植付-나무나 풀을 심음)하다,
　생기게 하다, 일어나게 하다, 야기(惹起)하다,
　(마음속에) 심어주다, (소문 따위를) 퍼뜨리다.
　pass. 태어나다, 자손이다.
　sémina sero. 씨를 뿌리다/
　serendus ager. 심어야 할 밭/
　Séritur (terra) pánico. 땅에다 기장을 심는다/
　stirpe divína satus. 신의 자손으로 태어난 자.
sero arbores. 나무들을 심다
sero arva. 여러 경작지에 심다
serología, -æ, f. (醫) 혈청학(血清學)
serósus, -a, -um, adj. 장액(漿液)의, 장액성의, 혈청의,
　serósa 장막(漿膜)① 포유류조류파충류의 배(胚)의 맨 바깥쪽을 싸고
　있는 막 포유류에서는, 이 막에 부드러운 돌기(突起)가 생겨 태반(胎盤)을 이룸
　② 척추(脊椎) 동물(動物)의 내장의 결면이나 제강(體腔)의 안쪽 부분.
serótĭnus, -a, -um, adj. 늦게 오는(되는.하는), 늦-,
　만생종(晩生種)의, 늦게 산출되는, 저녁의, 늦은 시간의.
　n. 봄비, 이른 비(성경 야고보 서간 5. 7).
　flos serotinus. 늦게 피는 꽃 / imber serotinus. 봄비/
　preces serótínæ. 저녁기도, 만과(晩課)/
　serótína loca. 늦게 결실되는 지방/
　serótínæ híemes. 늦추위.
serpens, -éntis, p.præs. 기는, 기어 다니는, 파행하는,
　f., m. (動) 뱀(ὄφις.蛇.⑨ snake). (天) 뱀좌, 용좌.
　(聖) 악마, 간악한 사람. (蟲) 사람의 몸에 생기는 이.
　serpentes sibi circumvolutæ. 사리고 있는 뱀.
serpens áereus. 구리 뱀(Num. 21, 8~9)
Serpens éxuit in spinis vestem.(exuo 참조)
　뱀은 가시덤불 속에서 허물을 벗는다.
serpentifórmis, -e, adj. (serpens+forma) 뱀 모양의
serpentígěna, -æ, m., f. (serpens+gigno)
　뱀의 자손(子孫), 뱀에게서 난 자.
serpentínus, -a, -um, adj. 뱀의, 뱀 같은,
　음흉한, 간사(奸詐-간교하여 남을 잘 속이는 데가 있음)한.
serpéntĭpes, -pědis, adj. (serpens+pes) 파충류의 발을 가진
serperástra(serpirástra) -órum, n., pl. (serpo+rastrum)
　부하들의 탈선(脫線)을 단속하고 교정하는 장교(將校),
　(어린 아이의 다리가 구부러지지 않도록) 무릎에 대는 부목.
serpíllum(=serpýllum), -i, n. (植) 백리향(百里香)
serpo, -psi -ptum -ěre, intr. 기다, 기어가다, 파행하다,
　(나뭇가지 따위가) 뻗어나가다, 감기어 올라가다,
　느리게(주르르.구불구불) 흐르다, 슬슬 전진하다,
　슬며시 기어(파고) 들다, 스며들다, 번져나가다,
　퍼져나가다, 만연(蔓延-식물의 줄기가 널리 뻗음)하다.
　Lácrimæ serpunt. 눈물이 주르르 흐른다/
　Si… consuetúdo serpo cœperit.
　모르는 사이에 습관(習慣)이 몸에 배기 시작할 경우/

　　　　　　　　　　　　　1178

somno serpénte. 스르르 잠이 들어.
serpo humi. 땅바닥에서 기어가다
serpsi, "serpo"의 단순과거(pf.=perfectum)
serptum, "serpo"의 목적분사(sup.=supínum)
sérpŭla, -æ, f. 작은 뱀, (석회질 管속에 사는) 갯지렁이
serpýllum(serpúllum), -i, n. (植) 백리향(百里香)
serra, -æ, f. 톱, (動) 톱상어,
  (톱니 모양의 수레바퀴를 단) 탈곡기,
  (톱질하듯) 말을 주고받으며 싸우는 논쟁(論爭).
  (軍) 톱니 모양의 진(陣), 일진일퇴의 공방전,
  앙상하게 드러난 등 뼈.
  recíprŏco serram. 톱질하다.
serra lignea. 나무로 만든 톱 모양의 형구(形具)
serrábĭlis, -e, adj. 톱으로 켤 수 있는
serrácŭlum, -i, n. (배의 방향을 조정하는 장치) 키
serrácum, -i, n. = sarrácum
serrágo, -gĭnis, f. 톱밥(톱질할 때 쓸려 나오는 가루)
serrárĭus, -a, -um, adj. 톱질하는, 톱을 만드는
serráta, -æ, f. (植) 개감향, 떡갈나무(의 일종)
serrátim, adv. 톱니모양으로
serratórĭus, -a, -um, adj. 톱으로 된, 톱 구실을 하는
serrátŭla, -æ, f. (植) 산비장이
serratúra, -æ, f. 톱질, 톱으로 켬
serrátus, -a, -um, p.p., a.p. 톱으로 잘린, 톱으로 켠,
  톱날 같은, 톱니모양의, 톱니가 있는.
  m., pl. 가장자리가 톱니 모양으로 오톨도톨한 로마 은화.
serro, -ávi, -átum -áre, tr. 톱으로 켜다.자르다
sérrŭla, -æ, f. 작은 톱
serta¹ -æ, f. 화환(花環), 노끈, 밧줄
serta² -órum, n., pl. (꽃.잎 따위로 엮은) 화환(花環),
  꽃관(冠), (사슬처럼 기다랗게 이어 엮은) 꽃줄.
sertátus, -a, -um, adj. 화환을 걸친(얹은), 화환으로 장식된
serutum, "sero³"의 목적분사(sup.=supínum)
sertum, -i, n. (주로 pl. serta²) 화환(花環)
Sertum Lætítiæ, 미국의 교회에(1939.11.1.)
serŭi, "sero³"의 단순과거(pf.=perfectum)
sérum¹ -i, n. 유장(乳漿), (醫) 혈청(血淸).
  (生理) 장액(漿液), 혈장(血漿), 임파액(淋巴液).
serum antidetánicum 파상풍 혈청(破傷風 血淸)
serum antidiphthéricum. 디프테리아 혈청(血淸)
sárum² -i, n. 늦은 때, 황혼(黃昏-해가 지고 어둑어둑할 때),
  저녁 때, 해가 저문 때. adv. sārum 늦게.
  in serum noctis. 밤늦게까지/
  sero diéi. 날이 다 저물었을 때.
sērus, -a, -um, adj. 늦은(시간의), 저무는, 저문,
  황혼의, 저녁때의, 세월이 많이 지난, 말기의, 만년의,
  때늦은, 뒤늦은, 너무 늦은, 때를 놓친, 지각하는,
  늦게 오는, 뒷날의, 앞으로 올, 후대의, 늦게 익는,
  늦게 되는(자라는), 마지막의, 최후의, 긴 시간의, 오랜.
  Bellum spe ómnium sérius fuit.
    전쟁은 모든 사람의 예상보다 늦게 일어났다/
  O seri studiórum. (시기를 놓쳐) 배우지 못한 자들아!/
  sera gratulátio. 뒤늦은 축하(祝賀)/
  sera nocte. 밤늦게/seri anni. 만년(晩年), 노년(老年)/
  seri ignes. (마지막 불, 즉) 화장(터)/
  seríssima ómnium Amerína. 제일 늦게 익는 미국 배.
serus dies. 저무는 날
serva, -æ, f. 여자 노예, 여종(אמה).
  Ad matrem tuam quamcumque servarum mitte!
    너의 어머니한테 하녀들 중에 아무나(quamcumque
    servarum) 보내라!(성 염 지음. 고전 라틴어. p.147)/
  matre servá creatus. 노예 어머니에게서 난 자식/
  natus ex servá. 여종의 몸에서 난 자식.
serva aqua. 노예(奴隷)의 음료수(飮料水)
serva nobilissima. 품격 높은 여종(=전례음악)
serva, 원형 servo, -ávi, -átum -áre, tr.
  [명령법. 현재 단수 2인칭 serva, 복수 2인칭 servate].
  O Juppiter, serva nos!

오, 유피테르 신이여, 우리를 구해주소서!
Serva ordinem et ordo servabit te.
  질서를 지키면 질서가 너를 지켜 줄 것이다.
servábĭlis, -e, adj. 보존(유지)될 수 있는,
  구조될 수 있는, 건질 수 있는.
servans, -ántis, p.prœs., a.p. 보전하는, 보관하는,
  보존하는, 감시(監視)하는, 경비(警備)하는.
  adj. 충실히 지키는, 준수(遵守)하는.
  Pacta sunt servanda. 약속은 준수되어야 한다.
servátĭo, -ónis, f. 보존(保存), 준법(遵法-법령을 지킴),
  준수(遵守-규칙이나 명령 따위를 그대로 좇아서 지킴),
  관습(mos, mōris, m.), 관찰(觀察).explorátĭo, -ónis, f.).
servátis servándis.
  준수사항들을 준수하고서(준수하는 조건 하에).
servátor, -óris, m. (**servatrix,** -icis, f.) 보존자, 구원자,
  구조자, 관찰자(觀察者), 감시인(監視人), 보관인(保管人),
  준수자(遵守者), 지키는 사람, (계약 따위의) 이행자.
  servatorem mundi(⑨ savior of the world) 세상의 구세주.
servi fugitívi a dominis.
  주인들에게서 도망쳐 나온 노예들
serviamus invicem. 서로 섬기자.
  (2001.9.11. 성령된 베네딕토회 이형우 아빠스 사목 표어).
servícŭlus, -i, m. 작은 종, 하급노예(下級奴隷)
servílis, -e, adj. 종의, 노예의, 노예 신분의, 노예적,
  노예가 하는(받는), 노예 같은, 노예에게 어울리는,
  비천한, 노예근성의, 맹종하는, 비굴한.
  (文法) 보조적인, verbum servile. 보조동사.
  adv. **servíliter**(간혹 servile) 노예답게(처럼), 비굴하게.
  opera servilia(⑨ Servile Works) 육체노동/
  opus servile. 노예노동, 근육(육체) 노동/
  vestis servilis. 노예복(옷).
servilis tumúltus. 노예들의 소동.반란(反亂)
servilísmus, -i, m. 사대주의, 노예근성(奴隷根性),
  비굴(卑屈), 정부에 대한 교회의 굴종(屈從).
sérvĭo, -ívi(ĭi) -ítum -íre, intr. 섬기다(עבד), 봉사하다,
  시중들다, 돌보다, (사물이 어디에) 쓰이다, 유용하다,
  쓸모가 있다, 도움이 되다, (필요한 것을) 공급하다,
  따르다, (순)응하다, 순종(順從)하다, 비위를 맞추다,
  (토지 따위가 소유주 아닌) 타인에게 이용되다,
  힘쓰다, 전념(전심)하다, 몰두하다, 집착(執着)하다.
  alqm servítum abdúcere.
    아무를 노예(奴隷)로 삼으려고 끌어가다/
  Hæc recta serviendi ratio humilem efficit actorem.
    (⑨ This proper way of serving others also leads to
    humility) 이러한 올바른 봉사는 도와주는 사람을 겸손
    하게 만듭니다(2005.12.25. "Deus caritas est" 중에서)/
  Qui enim in hoc servit Christo, placet Deo(로마 14. 18).
    이러한 정신으로 그리스도를 섬기는 사람은
    하느님을 기쁘시게 합니다/
  Quod spreto mundo, dulce est servíre Deo.
    세속을 떠나 하느님을 섬기는 취미(준주성범 제3권 10장)/
  servíre Talássio. 결혼하다/
  servitútem servio. 종살이를 하다.
servio cupiditátibus. 여러 가지 욕망의 노예(奴隷)가 되다
servire Deo. 하느님을 섬기다.[이 표현은 수도 생활이나 수행의 삶을
  일컫는 전형적인 표현이다. 아우구스티노는 회심한 후 세례 받기까지 이탈리아
  코모 호수 근처 Cassiciacum으로 물러가 지냈다(386년). 이곳에서 어머니 모니카,
  아들 아데오다투스, 형제인 나비기우스, 두 조카 라스티디아누스와 루스티쿠스,
  친구 알리피우스와 리켄티우스, 후원자 로마니아누스의 아들과 함께 한적한
  나날을 엮어갔다.(이연학 최원오 역주. 아우구스티노의 생애. p.35).
Servire regnare est.(⑨ To serve means to reign)
  섬기는 것은 다스리는 것이다(1988.8.15. "Mulieris dignitatem" 중에서).
servis tuis meisque. 너의 종(노예)들에게와 나의 종들에게,
  (= 너와 나의 종들에게).
  [servis tuis et servis meis라는 문구이면 라틴어에서는 두 번째 명사를 곧잘
  생략한다. -que 라는 접미어는 et를 대신하는 접속사. 라틴어 첫걸음. p.42].
servitiális, -e, adj. 봉사의, 봉사하는
servítĭum, -i, n. 노예 신세(처지.신분.지위), 종살이,
  노예제도(⑨ alavery), 노예의 무리, 일단의 노예, 예속,
  굴종, 고역, 노역, 노예처럼 일함, 섬김, 시중 듦,

S

봉사(διακονία.⑨ service), 복무(服務).
In potestatis politicæ exercitio fundamentalis est servitii
spiritus(⑨ The spirit of service is a fundamental
element in the exercise of political power)
　봉사의 정신은 정치권력 행사의 근본 요소이다/
interior sensus servitii boni communis.
　공동선에 대한 봉사정신/
servítii decem milia. 만 명의 노예/
servitii spiritus. 봉사의 정신.
Servitium caritatis. 사랑의 봉사
Servitium Ecclesiæ præstandum et societati.(⑨ Service
to Church and Society) 교회와 사회에 대한 봉사.
servítium militare. 병역 의무
servítium sociale.(⑨ social service). 사회봉사
Servitium Veritatis. 진리에 봉사
　(광주가톨릭대학교 교사校憲. 1962.3.7일 "대건신학교"로 설립).
servítor, -óris, m. 노예(奴隸.δοῦλος.⑨ slave),
종(δοῦλος.⑨ Servant), 하인(下人.δοῦλος).
servitores Missæ. 미사복사(服事.ὑπόδειγμα).
servitrícius, -a, -um, adj. 못된 종놈의, 노예의
servitúdo, -dĭnis, f. 노예 신세(⑨ Slavery), 종살이,
노예 신분(奴隸身分.⑨ Slavery, condicio servitutis).
sérvitus, -útis, f. 노예제도(奴隸制度.⑨ alavery),
노예 신분(지위.신세.처지.상태.생활), 종노릇,
종살이(⑨ Slavery), 고역, 노역, 예속(隸屬), 복종, 속박,
구금(상태), 노예의 무리, 봉사(διακονία.⑨ service),
섬김, 노예(奴隸.δοῦλος.⑨ slave).
Ædŭi in servitútem redácti.
　꼼짝 못하고 노예(신세)가 된 Ædui족/
De servitute humana seu de affectuum viribus.
　인간의 종살이 혹은 정서의 힘에 관하여(Spinoza 지음)/
Etsi quæ est hæc sérvitus?
　아무리 그렇다하더라도 이 굴욕은 무엇이란 말이냐?/
libera servitus. 자유로운 예속(隸屬), 자유로운 종/
Miser est servitus ubi jus est vagum aut incertum.
　법이 애매하고 불분명한 곳에는
　비참한 예속이 있을 (따름이다)/
Nimiaque illa libertas et populis et privatis in nimiam
servitutem cadit. 지나친 저 자유는 국가적으로나
　개인적으로 엄청난 노예상태에 놓이게 된다/
recido in antíquam servitútem. 옛 노예 지위로 돌아가다/
redimo e servitúte captos
　몸값을 치르고 포로들을 노예의 멍에에서 구출하다/
restituo *alqm* ex servitúte in libertátem. 아무로 하여금
　노예지위를 벗어나 자유시민권을 되찾게 해주다/
schola dominici servitii. 주님의 봉사대(베네딕도회 표어)/
Servita. 봉사 납입금(15세기 주교나 수도원장에게 바친 헌납금).
Servitus Juris naturalis est.
　노예제는 자연법상의 것이다.
servitus prædiórum. 지역권(地役權.⑨ easement)
servo, -ávi, -átum -áre, tr. 보호하다, 수호(守護)하다,
(안전하게) 지키다(ㄱㄲㄲ.ㄱㄷㄹ.ㅆㄱㄱ), 보전하다,
살아남게 하다, 구출(구조)하다, 보존하다, 고수하다,
유지하다(ㄱㄲㄲ.ㄷ.ㄱㄹㄷ.ㄱㄷㅅ), 지속해나가다, 준수하다,
(명령.법.규칙 따위를) 지키다, 보관하다, 간직하다,
간수하다, 관찰하고 점치다, 주의(유의)하다, 조심하다,
피하다, 예방하다, 머무르다, 살다, 거주(居住)하다,
묵히다, (시간적으로) 미루다, 보류(保留)하다, 내릴거다.
æquam memento rebus in arduis servare mentem.
　곤경에 처하여 정신적 평정을 보전하도록 유념하라!/
Bonum vinum Christus servavit usque adhuc, id est
evangelium suum. 그리스도는 지금까지 포도주, 곧
　당신의 복음을 보존하였다(계약의 신비 안에 계시는 마리아, p.309)/
Homo, qui Dei mandata servat, beatus erit.
　주님의 계명을 지키는 사람은 복되게 되리라/
íntegrum se serváre. 중립을 지키다 /
Pacta sunt servanda. 계약은 지켜져야 한다.
servo… = **servu**…

servo in viā decedo. 종에게 길을 비켜주다.
sérvŭla, -æ, f. 작은(어린) 여종
servulícŏla, -æ, f. (sérvulus+colo) 노예와 사귀는 창부
sérvŭlus, -i, m. 어린 노예(奴隸), 천한 종
Servum arbitrium. (liberum arbitrium 자유의지와 대조)
　(원죄 후 정욕의 노예가 된) 부자유 의지, 노예인 자유의지.
Servum pecus. 맹목적인 무리
servus[1] -a, -um, adj. 노예(신분)의, 노복의, 종의,
예속(隸屬)된, 매어있는, 포로(捕虜)가 된,
용익물권(用益物權)에 속하는, 지역권(地役權)의 대상인.
servus[2] -i, m. 종(δοῦλος.⑨ Servant), 노예, 노복,
하인(下人.δοῦλος), 부하(部下), 신하(臣下).
apud te servus acceptíssimus. 네 마음에 썩 드는 종/
At ille: "Servus, inquit, Abraham sum.
　(창세 20.14)
(kai. ei=pen pai/j Abraam evgw, eivmi) (獨 Er sprach: Ich bin
Abrahams Knecht) (⑨ "I am Abraham's servant," he
began) 그 사람이 말하였다. "저는 아브라함의 종입니다
　(성경)/그는 입을 열어 말하였다. "제 주인은 아브라함
　이라고 합니다"(공동번역 창세 24, 34)/
Cujus servus es tu? 넌 누구의 종이냐?/
De ore tuo te iudico, serve nequam!(⑨ With your own
words I shall condemn you, you wicked servant)
　이 악한 종아, 나는 네 입에서 나온 말로 너를 심판 한다/
De servo in dóminum ne torméntis quidem quæri
potest. 주인에 대해서 종을 고문할 수 없다/
dēvíncĭo servum. 종놈을 묶어 놓다/
Domino servus contradicere non debet.
　무릇 종은 자기 주인의 말을 거슬러서는 아니 될 것이다/
dóminum ac servum dignosco. 주인과 노예를 알아보다/
Ecce servus meus, suscipiam eum; electus meus,
complacet sibi in illo anima mea. 여기에 나의 종이 있다.
　그는 내가 붙들어 주는 이, 내가 선택한 이,
　내 마음에 드는 이다(이사야 42, 1)/
ferraménta dupícia, quam númerus servórum éxigit.
　노예들의 명수에 비해 2배나 되는 농기구(quam² 참조)/
Imo potius quosque servi eritis pecuniarum?
　여러분은 언제까지 돈의 종노릇을 할 작정입니까?/
Legum id circo omnes servi sumus,
ut liberi esse possimus. 우리는 자유인이 되기
　위하여 모두 법률의 종이 되는 것이다/
Loquĕre Domine quia audit Servus Tua.
　주님 말씀 하소서, 당신 종이 듣고 있나이다/
Nunc dimittis servum tuum Domine.
　주님, 이제 당신의 종을 놓아 주소서/
serva aqua. 노예들의 음료수/
serva cápita.(=servi) 노예들/
servi ære parati injusta imperia dominorum non
perferunt. 무릇 돈으로 산 노예들마저도 주인들의 불의한
　통솔은 견뎌내지 못한다(성 염 지음. 사랑만이 진리를 깨닫게 한다. p.482)/
Servi Domini(⑨ Servant of the Lord) 주님의 종/
servi fugitívi a dóminis. 주인에게서 도망쳐 나온 노예들/
Servi inutiles sumus.(⑨ We are useless servants)
　저희는 쓸모없는 종입니다.(루카 17, 10)/
servis tuis meisque tuis 너와 나의 종들에게.
　(servis tuis et servis meis 라는 문구이면 라틴어에서는 두 번째 명사를 곧잘
　생략한다. -que 라는 접미어는 et를 대신하는 접속사. 성 염 홈페이지에서)/
servum arbitrium. 정욕에 노예화된 인간의지.
　(자유의지 Liberum arbitrium과 대조)/
Te rogamus ut servo ignoscas.
　그 노예를 용서해주기를 당신에게 저희가 비는 바입니다/
Ut servi Dei honorent clericos.
　하느님의 종들은 성직자들을 존경할 것입니다.
servus a pedibus. 신발 간수하는 종
servus ad manum. 비서(서기)로 쓰는 종
Servus Apostolorum. 사도들의 종
Servus Christi. 그리스도의 종
Servus Dei. 천주(天主)의 종, 하느님의 종(παῖς θεού)
　(시복 조사 중에 있는 분에 대한 칭호).
servus Domini. 주님의 종

S

servus domino fidelis. 주인에게 충실(忠實)한 하인
servus ecclesiae. 교회의 종
servus fidelis. 충실한 종
servus in servos. 종에 대한 의심(疑心)
servus litteratus. (도망치거나 훔친 죄로) 낙인찍힌 노예
servus nequam. 못된 종
servus pronuntiátus. 유죄 판결을 받은 노예(奴隷)
Servus qui amabat cantus. 노래를 좋아하던 노예
servus servórum. 모든 종들의 종(교황 지칭)
Servus Servórum Christus. 그리스도의 종들의 종
Servus Servórum Dei. 하느님의 종들의 종.
　[교황 직함.교황의 자칭.교황 스스로를 낮추어 일컫는 말.
　성 대그레고리오(재위 590.9.3~604.3.12) 교황이 처음으로 사용함으로 시작하였다.]
Servus servórumque Christi. 그리스도의 종들의 종
sésama -æ, f.(sésăma, -órum, n., pl.) ((植)) 참깨
sesámĭnus, -a, -um, adj. 참깨의, 참깨로 만든,
　sesáminum óleum. 참기름.
sesamum, -i, n. (植) 참깨
sescenárĭus -a, -um, adj. 600으로 된
Sescentesima anniversaria, 리투아니아 세례 600주년.
　(1987.6.5. 교서).
sesceni(sescenténi), -æ -a, num., adj., distrib. 600씩의
sescentésĭmus, -a, -um, adj., num., ordin., 제600.
　Ab anno sescentesimo uno et vicesimo ab Urbe condita.
　로마 건국 621년부터/
　Tertium bellum contra Carthaginem fuit sexcentesimo et
　altero ab Urbe condita anno.
　제3차 카르타고 전쟁은 로마 건국 602년에 있었다.
sescenti, -æ -a,
　adj., num., card. (sex+centum) 600의, 무수한.
　Rex Iuba quadringentos pedites et sescentos equites
　misit. 유바 왕은 보병 400명과 기병 600명을 보냈다.
sescenti sexaginta sex.(ἑξακόσιοι ἑξήκοντα ἕξ)
　육백 육십 육(666.six hundred and sixty six).
sescéntĭe(n)s, adv., num. 육백 번, 수없이
Sescentoplágus, -i, m. (sescénti+plaga¹)
　600번(무수히) 태형 받은 자.
sese = se¹
Sese autem veritatis causæ sine ulla condicione
devovere et decus Catholicæ Universitatis est et
officium. 진리의 근원에 무조건 자발적으로
헌신하는 것은 가톨릭 대학의 영예이고 책임이다.
　(1990.8.15. "Ex corde ecclesiæ" 중에서).
sese mutuo tradunt et accipiunt.
　서로 자기 자신을 주고받는 것(가톨릭 신학 제2호, p.55).
sésĕli, -is, n. (植) 털기름 나무
seselis, -is, f. (植) 털기름 나무
seselium, -i, n. (植) 털기름 나무
sĕser, -ĕris, m., n. (植) 감자개발나물
sésĭma = sésama = sésamum
sesqui(간혹 sesque), adv. (semis+que) 1.5배로,
　(합성어로 많이 쓰임) 반(半)이 더 많게, 1배반으로,
　어떤 수에 그것을 분모로 한 1을 보태어, x+x분의 1로서.
sesqu(i)álter, -ĕra, -ĕrum, adj. 1.5배의, 1배반의
sesquiánnus, -i, m. 일 년 반
sesquidécĭmus, -a, -um, adj. (어떤 수의) 10분의 1이 더 많은
sesquidigitális, -e, adj. 한치 반의
sesquidígĭtus, -i, m. 손가락(굵기)의 1.5배, 한 치 반
sesquihóra, -æ, f. 한 시간 반
sesquílibra, -æ, f. 한 근(斤) 반
sesquiménsis, -is, m. 한 달 반
sesquimódĭus, -i, m. 한 말(斗) 반
sesquioctávus, -a, -um, adj. 8분의 9의
sesquiópĕra, -æ, f. 하루 반의 일
sesquipedális, -e, adj. 한 자(尺) 반의, 지나치게 긴
sésqĭpes, -pĕdis, m. 한 자(尺) 반
sesquiplága, -æ, f. 하나 반의 타격(두 번 중 한번은 약하게)
sesquíseenex, -nis, adj. 늙어 꼬부라진
sesquitértĭus, -a, -um, adj. 3+3분의 1

sessíbŭlum, -i, (=sessíbĭle, -is,) n. 걸상, 좌석
séssĭlis, -e, adj. 앉을 만한, 앉기에 적합한,
　(술잔 따위가) 밑바닥이 넓적하여 안정성 있는.
　(植) 키가 작은, 왜소한, 옆으로 퍼진.
sessimónĭum, -i, n. 회합(장소), 체류(滯留), 거주(居住)
séssĭo, -ónis, f. 앉음, 착석(着席), 열석(列席), 좌석,
　자리 잡고 있는 곳, 좌욕(坐浴), (회의 따위의) 개회,
　개정(開廷), (의회 따위의) 회기(會期), 개회기간, 회의 중.
　De die futuræ sessionis. 다음 회기 일자/
　Decretum diei futuræ sessionis.
　다음 회기의 날짜에 관한 교령/
　Decretum indictionis futuræ sessionis.
　다음 회기 공지 교령/
　Decretum super die futuræ sessionis et materiis in ea
　pertractandis. 다음 회기 일정과 회의 내용에 관한 교령/
　Indictio futuræ sessionis. 다음 회기 공지/
　prorogatur publicatio decretorum in futuram sessionem,
　quæ indicitur. 교령의 반포가 연기되고, 그 회기가 공지됨.
sessio ordinaria. 통상 회의(congressus, -us, m.)
sessio plenaria. 전체 회의(congregátĭo plenaria.)
séssĭto, -ávi, -átum -áre, intr., freq.
　자주 앉다, 오래 앉아 있다.
sessiúncŭla, -æ, f. 작은 집회
sessor, -óris, m. 앉는 사람, 착석자(着席者), 주민,
　거주자(居住者), (극장의) 관객, 말 타는 사람.
　Esto humilis, porta Dominum tuum; esto jumentum
　sessoris tui. 그대, 겸손하십시오. 그리고 그대의 주님을
　모시고 다니십시오. 그대 마치 주인을 모시는 노새가
　되십시오.(최익철 신부 옮김. 요한 서간 강해, p.313).
sessórĭum, -i, n. 걸상, 의자, 거처(居處), 주거(住居)
sessum, "sédĕo"의 목적분사(sup.=supínum)
sessus, -us, m. 앉음, 착석(着席)
sestértĭus(略 HS) -a, -um, adj. (semis+tértius)
　보잘 것 없는, 몇 푼 안 되는, 소액의, 헐값의.
　nummo sestértio 헐값으로.
set¹ = sed¹
Set² m., indecl. 짐승 같은 머리와 매부리코가 달린 악의 신
sēta(=sæta) -æ, f. 짐승의 털, 낚시 줄, (나무의) 가시
sétĭger = sǽtĭger, -ĕra, -ĕrum, adj. (sæta+gero¹)
sétĭus, adv., comp = sécĭus
setósus, -a, -um, adj. = sætósus
setta, -æ, f. (植)
　(이집트와 아라비아에서 자라는) 아카시아의 일종.
seu, conj.(=sive) (seu 자체로 또는 sive 따위의 비슷한
　뜻의 접속사와 중복되어 양자택일 따위의 뜻을 드러냄)
　혹은(ἤ.Nam ipse dixit), 또는, 내지(乃至),
　(간혹) 그리고 또, 즉, 바꾸어 말하자면.
seu … seu, …거나 …거나, …든지 …든지.
　seu recte seu perperam. 옳게 든지 그릇되게 든지.
seu máneant, seu profiscántur.
　그들이 머물러 있거나 출발하거나 간에.
seu orátĭo fidelium* 보편 지향 기도
　(=신자들의 기도 orátĭo fidelium.⑨ general intercessions).
sévĕhor, -véctus sum, -vĕhi, dep., intr. (se³+veho)
　떨어져 나가다, 벗겨져 나가다.
sevére, adv. 엄격하게, 엄중하게, 가차 없이
severior, -or, -us, adj. sevérus¹ -a, -um의 비교급
severissimus, -a, -um, adj. sevérus¹ -a, -um의 최상급
sevérĭtas, -átis, f. 엄함, 엄격, 준엄(峻嚴-매우 엄격함),
　엄중(嚴重-엄격하고 정중함), 엄정, 엄숙(嚴肅), 근엄, 심각,
　신랄(辛辣), 가차 없음, (문체 따위의) 딱딱함.
　traduco ánimos in hilaritátem a severritáte.
　근엄한 마음에서 경쾌한 마음으로 넘어가다/
　veritate severitatis. 엄정의 진리.
sevérĭtas Dei. 하느님의 준엄하심
sevérĭter, adv. 엄격(嚴格)하게, 엄중(嚴重)하게,
　가차 없이, 까다롭게, 심각(深刻)하게.
sevérus¹ -a, -um, adj. 근엄한, 엄숙한, 심각한 표정의,

S

엄한, 엄격한, 엄중한, 준엄한, 가차 없는, 날카로운, 매서운, 혹독(酷毒)한, 끔직한, 가혹한, 잔인(殘忍)한, (말투 따위가) 멋없는, 딱딱한, 무뚝뚝한, 검박한, 질박한, 청렴한, 근직한, 고지식한, 진지한, 거짓 없는.
severus² -i, m. Roma인의 가문명
sēvi, "sĕro⁴" 의 단순과거(pf.=perfectum)
sēvir, -ĭri, m. ((sex+vir)) (6개) 기병 분대의 지휘관, (지방자치도시.식민지의) 6인 위원의 한 사람.
sevirátus, -us, m. 6인 위원직
sēvo, áre, tr. = **sēbo**
sévŏco, -ávi, -átum -áre, tr. 따로 불러내다, 따로 끌어내다, 떼어놓다, 떨어지게(멀어지게) 하다, 갈라놓다, (다른 것을 제쳐놓고 무엇을) 손에 넣다.
Somno sevocatus animus memini præteritorum, præsentia cernit, futura providet. 영혼이 꿈결에 들면 지나간 일을 기억하고, 현재 일을 분별하며, 장래 일을 예견한다.
sēvum, -i, n. = **sēbum** 피지(皮脂)
sex, num., indecl., adj., card. 여섯(6.ἕξ).
Ante hos sex menses male dixisti mihi.
너 여섯 달 전에 나한테 욕 했겠다/
De Re Diplomatica libri sex. 고문서 연구 6권/
in altitúdinem sex pedum. 6피트의 높이로/
Nemo exstat, qui ibi sex menses víxerit.
거기서 여섯 달을 산 사람은 아무도 없다/
Utrum Scriptura utatur convenientibus verbis ad exprimendum opera sex dierum. 여섯 날들의 작업을 표현하는 데 성경은 적절한 말들을 사용 했는가/
Videtur quod Scriptura non utatur convenientibus verbis ad exprimendum opera sex dierum.
성경은 여섯 날들의 작업을 표현하는 데 적절한 말들을 사용하지 않은 것으로 생각된다(김춘오 옮김. 신학대전 9. p.324).
Sex diebus operaberis et facies omnia opera tua.
(e]x h`me,raj evrga/| kai. poih,seij pa,nta ta. e;rga sou)
(獨 Sechs Tage sollst du arbeiten und alle deine Werke tun) ([영] Six days you may labor and do all your work)
엿새 동안 일하면서 네 할 일을 다 하여라(성경 신명 5, 13)/
엿새 동안 힘써 네 모든 생업에 종사하고(공동번역).
sex dierum navigatĭone absum.
엿새 동안의 항해 거리에 있다.
Sex principiorum liber. 여섯 원리론
sexagenárĭus, -a, -um, adj. 60의, 60개짜리의, 60세의
sexagéni, -æ -a, num., adj., distrib. 60씩의, 60의, 60개짜리의. sexagéna mília. 6만.
sexagésĭes, num., adv. 육십 번, 60배(로)
Sexagésĭma, -æ, f. 육십 분의 일, 사순절 전 제2주일, 육순 주일[부활 주일 전 8번 째 주일. 6순 주일은 5순 주일 Quinquagesima과 7순 주일 Septuagesima과 함께 차례로 들어 있는 주일로서 6세기까지 그 기원을 찾아 올라간다. 이 주일은 라틴어 미사 초입경 또는 입당송이 Exsurge(일어나라)로 시작하기 때문에 Exsurge 주일이라고 부른다. 1969년 전례개혁 때 모두 폐지].
sexagésĭmus, -a, -um, adj., num., ordin., 제60의, 예순 번째의.
Trajanus obiit ætatis anno sexagesimo tertio.
트라야누스는 63세로 죽었다.
sexágĭe(n)s, adv., num. 60번, 60배(로)
sexagínta, indecl., adj., num., ordin., 예순, 60(개의).
Ex hóminum mílibus sexagínta ad quingéntos … sese redáctos esse, dixérunt. 그들은 자기들의 병력이 6만 명에서 5백 명으로 줄어들었다고 말했다/
Lustrum Augustus fecit : civium Romanorum capita quadragies centum milia et sexaginta tria milia erant. 아우구스투스는 호구조사를 실시하였다. 그 결과 로마 시민의 숫자는 406만 3천명이었다.
[= 40×100×1000 + 63×1000 = 4,063,000. 성 염 지음. 고전 라틴어, p.377].
sexángŭlus, -a, -um, adj. (**sexangulátus**) 6각형의
sexátrus, -ŭum, f., pl. 매달 Idus 날 후 제6일
sexcen… V. **sescen**…
sexcu… V. **sescu**…
séxdĕcim, indecl., adj., num., card. 열여섯, 16(의)
sexénnis, -e, adj. (sex+annus) 6년의, 6년짜리의, 6세 된
sexénnĭum, -i, n. 6년간, 6년, 6년째 되는 해
séxĭe(n)s, num., adv. 여섯 번, 6배(로)
sexiesdécĭes, num., adv. 열여섯 번
sexis, n., indecl. (sex+as) 6as, 6의 수
sexta, -æ, f. 성무일과 제 6時의 기도, 교황 Bonifácius 8세의 교령집(敎令集).
sextadecimáni(sextadecumáni), -órum, m., pl. (sextus¹+décimus) 제16군단(legio) 소속 군인들.
sextáni, -órum, m., pl. 제6군단(legio) 소속 군인들
sextans, -ántis, m. (1as의) 육분의 일(1/6), 소액의 동전, 보잘것없는 가치. (天) 육분의 좌.
ex sextante heres. 전체 유산의 1/6을 받는 상속자.
sextárĭus, -a, -um, adj. 1/6, 1/6 cóngius
sexto, adv. 여섯째로, 여섯 번째에
sexto quoque anno. 매 6년 만에
séxtŭla, -æ, f. 전체 유산의 72분의 1
sextum, adv. 여섯 번째(로), 6회.
post diem sextum, quam discésserant.
그들이 떠난 지 엿새 만에(quam² 참조).
sextum decimum ætatis annum nondum explevit.
16세를 아직 만료하지 않은 자.
a minore, qui ætatem sedecim annorum explevit.
16세를 만료한 미성년자.
séxtŭplus, -a, -um, adj. (sextus¹+plico)
여섯 갑절의, 여섯 겹의, 6배의.
sextus¹ -a, -um, adj., num., ordin., 여섯 (번)째의, 제6.
circa horam sextam. 여섯 시 경에.
sextus casus(=ablatívus). (文法) 제6격, 탈격
sextusdécĭmus, sextadécima -um, adj., num., ordin. (sextus와 décimus를 흔히 갈라 씀) 열여섯 번째, 제16.
sexuális, -e, adj. 성의, 성에 관한, 성적인, 성욕의.
ethica sexuális([영] sexual ethics). 성 윤리/
passio sexualis. 성적 열정/
pervérsio sexualis. 성욕도착, 변태성욕(變態性慾)/
unio sexuális. 성의 결합.
sexualĭtas, -átis, f. 성([영] Sex/Sexuality)
sexúngŭla, -æ, f.
(육손이 여자란 뜻으로) 남자의 재물을 긁어모으는 창녀.
sexus, -us, m. (남녀.암수의) 성([영] Sex/Sexuality), 성별(性別). (解) 성기(性器), 생식기(生殖器).
De geminis disparis sexus. 성이 다른 쌍둥이(신국론, p.2758)/
multi utriúsque sexus. 수많은 남녀/
virílis sexus. 남성, 사내.
sexus delictum. 성범죄(性犯罪)
sexvir = **sevir**, -ĭri, m. (sex+vir)
Shalom. 샬롬(히브리어. 인사말로 쓰이는 이 말은 안녕과 행복과 우정이란 뜻이 포함된 "평화"를 나타내는 말).
Shema. 쉐마(히브리어, 기원 후 1세기에 경건한 유대인들이 매일 세 번씩 바치던 기도문을 일컫는 공식명칭. 유다인의 신앙고백).
Sheol. 셔올(히브리어.שְׁאוֹל.저승.황천.[영] Sheol) (가톨릭교회 교리서 63항. C.C.K.).
Shintoísmus, -i, m. (宗) 일본의 신도(神道)
Shoah. 대재앙(大災殃)("소아"라고 발음. 2차 세계대전 동안 나치의 만행으로 저질러진 히브리인들의 대량 학살을 가리키는 히브리어. "대재해" 뜻도 지님).
Si, conj., conditionális.〔조건.가정〕
(현실 조건 condítio reális -비인칭의 단수 2인칭. 종속 조건 복합문에서는 subj.도 씀) 만일…면, …거든, …경우에(는). Habére vidétur ista res iniquitátem, si imperáre velis, difficultátem, si rogáre(velis). 그 일은 명령으로 하자면 불법일 것 같고, 간청으로 하자면 어려움이 따를 것 같다/ Tuémini castra, si quid dúrius accíderit. 무슨 더 어려운 일이 닥치게 되거든 너희는 진막(陣幕)을 수비 하거라/
Si hoc dicis, erras. 네가 만일 이 말을 하면 잘못이다 (긍정 조건을 표시하기 위해서는 "Si"를 쓰고 부정 조건을 표시할 때는 "nisi"(ni), "si non"을 쓴다)
Si vis, dabo tibi testes.
네가 원하면 네게 증인들을 대주겠다.
(가능 조건 condítio potentiális)

S

만일…면(…할지도 모른다). …하더라도.
Périi, si me aspéxerit. 그가 나를 쳐다보았을지도
모르겠는데 만일 그렇다면 나는 망했다/
Tu si hic sis, áliter séntias.
네가 만일 여기 있다면 달리 생각할 지도 모른다/
Si…negem, méntiar.
내가 만일 부인한다면 거짓말하는 것이 되리라/
Si hoc díxeris, erráveris. 네가 만일 이 말을
하였다면 너는 십상팔구 잘못하였다.
(비현실 조건 conditio irreális)
만일…라면(…할 것을), …한다면(…텐데), …하였던들.
Aut nemo, aut, si quisquam, ille sápiens fuit.
현자라고는 아무도 없었거나 혹 누가 있었다면
그것은 그 사람이었다/
Hoc púeri possunt, viri non póterunt?
이것을 아이들이 할 수 있다면 어른들이 못하겠는가/
Illa velit, póterit…
그 여자가 마음만 먹는다면 …할 수 있을 것이다/
O quantum habére pótuit, si voluísset! 그가 가지려고
했더라면 얼마나 많이 가질 수 있었겠는가!/
Períerat impérium, si Fábius tantum ausus esset,
quantum ira suadébat. Fábius가 분이 치미는 대로
감행했더라면 제국은 멸망하고 말았을 것이다/
Tu scis, si modo meminísti, …
너는 기억하고만 있다면 …라는 것을 알고 있을 것이다/
Si non sum ex eo loco dejéctus, …
내가 그곳에서 떨어지지 않았더라면 …/
Si non pugnáre vis, licet fúgere.
너는 싸우고 싶지 않거든 도망해도 좋다/
si qua via est. 어떤 길이 있으면
(si 뒤에 나오는 미한정 대명사, 부사인 áliquis, aliquándo 등은
원칙적으로 áli-없이 quis, quando로만 쓴다/)
si quando non póterit. 만일 그가 할 수 없게 되면/
Si quis díxerit. 만일 누가 말할 것 같으면
Si tacuísses, philósophus mansísses. 너는 가만
이나 있었던들 철학자로 남아 있었을 것이다/
Si víveret, verba ejus audirétis! 만일 그가 살아
있다면 너희는 그의 말들을 들을(수 있을) 것을!
특수용법
1. 양보문적 성격; 뒤에 이어지는 주문에는 가끔 at,
tamen, saltem 따위의 접속사·부사가 나타남.
a) si(=etiámsi), si quidem
…하여도, …더라도, 경우에라도, 할지라도.
Non posum…, si cúpiam.
나는 …하고 싶어도 할 수가 없다.
b) si non, si minus 아닐지라도, 않(없)더라도.
Si non féceris (id), ignóscam.
네가 (장차) 그것을 하지 않더라도 나는 관용하겠다.
Si non est perfectio, at conátus tamen (est)
완성이 없다하더라도 적어도 노력은 있다.
2. 미래완료와 함께 쓴 si는 가끔 조건보다 cum,
postquam, simul ac 따위의 시간적인 뜻을 드러냄.
…할 때에, …한 후에, …하거든, …하자마자.
Si luxerit, ad scrinia curram.
날이 밝는 대로 나는 서류함으로 달려가겠다.
3. (때로는 과거의 반복도 표시) …할 때마다.
Apud Germános…équites, si quid erat dúrius,
…se recipiébant. Germánia인들의 기병들은 (전세가)
더 어려워지게 될 때마다 …로 물러가곤 하였다.
4. (설명 si) …한다는 것.
Apud Græcos oppróbrio fuit adulescéntibus,
si amatóres non habérent. 희랍인들에게 있어서 젊은
여자들이 남자 애인을 못 가졌다는 것은 치욕 이었다/
Libertátem in eo ponis, si…
너는 자유가 …하는 것에 있다고 생각 한다/
Miráris, si supérbiam tuam ferre non póssumus?
우리가 너의 교만을 참지 못하는 것이 이상하냐?.
5. (간혹 sive의 뜻으로),

si…, sive(si) …든지(거나) …든지(거나).
Si média nox est, sive est prima véspera, …
밤중이거나 초저녁이거나 상관없이/
si deus, si dea es, 그대가 남신이든 여신(女神)든 간에.
6. (의문·의혹 si) …는지.
Jam dudum exspécto, si tuum offícium scias. 나는 네가
너의 본분을 알고 있는지를 벌써부터 지켜보고 있다/
Quæsívit, si incólumis alqs evasísset. 그는 아무개가
(전투에서) 무사하게 되었는지 물어보았다/
Si hæc ita se habent?(Act. 7.1) 이 말들이 사실이냐?/
Visam, si domi est. 그가 집에 있는지 가보겠다.
7. 성경에서 미래에 대한 맹세의 내용이 부정적일 경우
에는 si를 긍정문으로 쓰고, 긍정적일 경우에는 그것을
부정문으로 쓰고 있음 ; 그것은 Ne sim verax.-
나는 거짓말쟁이가 될 것이다- 따위의 보충어를
si 앞에 놓고 생각하면 해결됨.
Jurávi in irã meã, si introíbunt in réquiem meam.
나는 (울화가 터져) '그들은 내 안식에 들지 못
하리라'고 맹세하였노라(Ps. 94, 11)/
Jurávit Dóminus, si non ita erit(Is. 14. 24) 주님(야훼)께
서는 맹세코 "반드시 그렇게 되리라"고 말씀하셨다.
8. 소원.기원 표시(=útinam), 가끔 감탄사 o와 함께 접속사.
원컨대 …라면, 했으면(좋으련만).
Si nunc foret illa juventus! 지금이 그 청춘시절이라면!.
Si ab æqualibus æqualia demas, quæ remanent sunt
æqualia. 동등한 것에서 동등한 것을 빼고 나면,
동등한 여분이 남는다.
Si aliquando ille terminus 'homo' sumeretur prout
supponeret pro humanitate tunc ista non concederetur
'Socrates est homo'. 만일 '사람'이라는 단어가
그 인간성을 가정하기 위해 사용 된다면
'소크라테스는 사람이다'는 인정되지 않을 것이다.
si aliquis respectus est mei.
내게 대해 참작(參酌)의 여지가 있다면.
Si amas me, obsequere mihi.
네가 나를 사랑한다면 나에게 복종하여라.
Si amas proximum, amas caritatem.
이웃을 사랑하면 사랑 그 자체를 사랑하는 것이다.
Si amicítia non esset, vita tristis esset.
우정이 없다면 인생은 쓸쓸할 것이다!
Si apud vos memória rémanet avi mei,
너희에게서 내 할아버지의 기억이 사라지지 않았다면.
si audes(=sodes) 아무쪼록(정중하고 부드러운 부탁),
혹시(정중하고 부드러운 부탁, 권고, 명령 때로는 의문 따위에 덧붙임).
Tace, sodes. 제발 좀 잠자코 있어다오.
si autem abiero, mittam eum ad vos(聖) If I go, I will
send him to you) 내가 가면 그분을 너희에게 보내리라.
Si autem non diligis fratrem quem vides, Deum quem
non vides quomodo potes diligere?
그러나 그대가 눈에 보이는 형제를 사랑하지 않는다면,
뵐 수 없는 하느님을 어떻게 사랑할 수 있겠습니까?.
Si autem non tu servaveris fidem, tu te fraudasti, non
ille qui promisit. 그대가 믿음을 간직하지 않는다면 그대를
속이는 것은 그대 자신이지 약속하신 분이 아닙니다.
Si autem vis ad vitam ingredi, serva mandata.
네가 생명에 들어가려면 계명들을 지켜라(마태 19, 17).
si bene quid de te mérui.
내가 너한테 good 세운 것이 있다면.
si casus daretur. 기회가 돌아온다면
Si cecidero, iterum surgam.
나는 넘어진다면 다시 일어나겠다.
Si cognovimus, amemus: nam cognitio sine caritate
non salvos facit. 우리가 알고 있다면 사랑해야 합니다.
사랑이 없는 지식은 우리를 구원하지 못합니다.
Si comprehendis, non est Deus.
그대가 이해할 수 있다면, 하느님이 아닙니다.
Si contemnis, quando appendis; expavesce, quando
numeras. 무게를 달 때 하찮게 여긴다면, 셈할 때 두려워

1183

S

떨게 될 것입니다.(최익철 신부 옮김. 요한 서간 강해. p.77).

Si dedit Deus, fac. 하느님께서 능력을 주셨다면 행하십시오.

Si deficiebas in laboribus, promissa mercede fortis
esto. 고생으로 약해지거든 약속된 상급을 생각하며 힘을
내십시오.(최익철 신부 옮김. 요한 서간 강해. p.176).

si destinata provenissent, 마음먹은 일들이 성공되었더라면.

Si Deus est Deus, Deus existet.(성 안셀무스)
신이 신이라면 신은 존재한다.
만일 신이 신일 수 있다면, 신은 존재한다.

Si Deus est, unde malum?.
만일 신이 존재한다면 악은 어디에서 오는 것일까?

si diis placet. 아니꼽게 시리, 주제넘게도

si dii volent. 신들이 원할 것 같으면

Si diligitis me, mandata mea servabitis(성경 요한 14. 15).
(영) If you love me, you will keep my commandments)
너희가 나를 사랑하면 내 계명을 지킬 것이다.

Si diligis me, Simon Petre, pasce agnos meos,
pasce oves meas. 시몬 베드로야, 네가 만일 나를
사랑하면 내 고양과 내 양을 치라.

si diligit fratrem, manet Spiritus Dei in illo.
형제를 사랑하면 성령께서 그 안에 머물러 계십니다.

Si diligitis me, mandata mea servabitis.
(VEa.n avgapa/te, me(ta.j evntola.j ta.j evma.j thrh,sete)
(獨 Hebt gij mij lief, zo houdt mijne geboden)
(영) If you love me, you will keep my commandments)
너희가 나를 사랑하면 내 계명을 지킬 것이다(요한 14. 15).

Si dixerimus quia peccatum non habemus,
nos ipsos seducimus, et veritas in nobis non est?.
만일 우리가 죄 없다고 말한다면, 우리는 자신을 속이는
것이고, 우리 안에 진리가 없는 것입니다.

Si dubitat vivit. 의심한다면 살아있다

Si enim caritas nulla est in vobis, nihil diximus.
여러분 안에 사랑이 전혀 없다면,
저는 아무 말도 하지 않았을 것입니다.

Si enim fratrem quem vides dilexeris, simul videbis et
Deum; quia videbis ipsam caritatem, et intus inhabitat
Deus. 그대, 보이는 형제를 사랑하면 바로 그때 하느님도 뵈올
것입니다. 사랑 자체를 뵈올 것이니, 하느님은 사랑 안에서
살아가시기 때문입니다(최익철 신부 옮김. 요한 서간 강해. p.243).

Si enim omnes interrogentur, omnes uno ore
confitentur Iesum esse Christum. 그들 모두에게 물어
보면, 모두가 한 입으로 예수님은 그리스도라고 고백합니다.

Si ergo facti sumus ad imaginem Dei, quare non sicut
Deus sumus? 우리가 하느님 모습대로 만들어졌다면 왜
하느님 '처럼' 살고 있지 않습니까?.
(최익철 신부 옮김. 요한 서간 강해. p.393).

Si eum tunc videras, adhuc ex civitate non exiverat.
만일 네가 그때 그를 보았다면,
그는 아직 도시를 벗어나지 않았을 것이다.

Si fallor, enim sum. 내가 속는다면 나는 존재한다.
(성 아우구스티노).

Si fallor, sum.
내가 잘못 알았더라도 적어도 내가 있다는 확신이 있다.

si forte. (숙어적 용법) 만일에 혹시라도 …면.

Si fratri Impossibilia Iniungantur?.
어떤 형제가 불가능한 일을 명령받았다면?.

Si gloriari oportet, quæ infirmitatis meæ sunt,
gloriabor.(Eiv kauca/sqai dei/(ta. th/j avsqenei,aj mou kauch,somai)
(영) If I must boast, I will boast of the things that show
my weakness) 내가 자랑해야 한다면 나의 약함을
드러내는 것들을 자랑하렵니다(성경 2코린 11. 30)/
그러기에 자랑을 꼭 해야 한다면, 나는 차라리
내 약점들을 자랑하겠습니다(200주년 신약).

Si hoc dicas, erres.
만일 네가 이 말을 한다면 너는 잘못할지도 모른다.

Si hoc díceres, erráres.
네가 만일 이 말을 한다면 너는 그르칠 것을.
(비현실 조건문 및 그 주문에는 비현실 접속법을 써야한다. 즉 현재 비현실을
표시하기 위해서는 접속법 미완료를 쓰고, 과거 비현실을 표시하기 위해서는

접속법 과거완료를 쓴다. 허창덕 신부 지음. 문장론. p.298).

Si hoc dices, errábis.
네가 이 말을 한다면 너는 그르치리라.

Si hoc dicis, erras.
네가 만일 이 말을 하면 너는 잘못하는 것이다.

Si hoc dixérimus, aut ego aut tu moriéris.
만일 우리가 이 말을 한다면 네가 죽든지 네가
죽든지 하리라.(여러 개의 주어들이 et-et, nec-nec, neque-neque
등의 연계접속사, 또는 aut-aut, vel-vel, sive-sive의 선언접속사로
연결되어 있을 때에는 그 설명어는 가까운데 있는 주어를 따라간다).

Si hoc dixeris, erráveris.
만일 네가 이 말을 하였다면, 너는 잘못하였을지도 모른다.

Si hoc dixísses, erravisses.
네가 만일 이 말을 하였던들 너는 그르쳤을 것이다.

Si hoc dixísti, erravisti.
네가 이 말을 하였으면 너는 잘못하였다.

Si hoc faceres, te pæniteret.
만일 네가 이것을 한다면 후회하게 되리라.

Si hoc fácies, te pænitébit.
만일 네가 이것을 한다면 후회할 것을.

Si hoc fecísses, te pæniteret.
네가 만일 이것을 하였더라면 후회하였을 걸.

Si hoc facietis, gloriam consequemini.
너희가 만일 이것을 하면 영광을 얻으리라.

Si hoc, punieris. 너는 이것을 하면 벌 받으리라.

Si hoc fecísses, te pænituisset.
만일 네가 이것을 하였더라면 후회하였을 걸.

Si hoc legas, veritatem de Fide scias.
만일 네가 이것을 읽으면, 신앙에 관한 진리를 알 텐데.

Si humani esse volumus, numquam deerunt bella
civilia. 만약 우리가 인간답기를 바란다면 내전이 결코
없을 수 없을 것이다.

Si ibi ponis finem, finiris. 거기에 끝을 둔다면 그대도
끝장나 버릴 것입니다.(최익철 신부 옮김. 요한 서간 강해. p.435).

Si id culpa senectútis accíderet, eádem mihi usu
venírent. 만일 그것이 늙은 탓으로 생겼다면,
마찬가지 일이 내게도 일어날 것이다.

Si id facis, hodie postremum me vides.
네가 그 짓을 한다면, 다시는 날 못 봐.

Si id féceris, magnam habébo grátiam; si non
féceris, ignóscam. 만일 네가 그것을 한다면
나는 크게 감사하리라. 그러나 만일 하지 않는다.
하여도 나는 악의(惡意)를 품지는 않으리라.

Si igitur vis ad vitam ingredi, serva mandata.
Diliges Dominum Deum tuum ex toto corde tuo,
et ex tota anima tua, et ex tota mente tua,
et proximum tuum sicut teipsum.
그대는 영원한 생명을 얻고자 마땅히 계명을 지키며,
주 천주를 온전한 마음과 온전한 영신과 온전한 정으로
사랑하오며, 또한 다른 사람을 당신 몸 같이 사랑하십시오.
[출처] 전통 라틴미사성제 라틴·한글 전통 유아 성세성사 예식서.

Si illum relinquo, ejus vitæ timeo.
만일 내가 그를 버리면, 그의 목숨이 걱정된다.

Si in jus vocat illo. ni it antestamino. igitur em
capoito. 만일 법정에 부르면 가라. 만일 안가면 (원고는)
딴 증인을 세워라. 그리고서야 그를 잡아가라.

Si in monte erat, eum videre poteram.
만일 그가 산에 있었다면, 나는 그를 볼 수 있었다.

Si in monte erit, eum videre potero. 만일 그가 산에
있을 것이라면 나는 그를 볼 수 있을 것이다.

Si in monte est, eum videre possum.
만일 그가 산에 있다면, 나는 그를 볼 수 있다.

Si incipis, incipe perfecte.
만일 시작한다면 완전히 시작하라.

Si incipis tepescere, incipies male habere. 네가 냉담
하기 시작하면 괴롭기 시작하리라(준주성범 제1권 25장 11).

Si ista uxor sive amíca est,
그 여자가 아내이든 여자 친구이든 간에.

Si ita res se habet, fortiter ferámus.

1184

사정이 이렇다면 우리는 용감하게 참자!(견뎌 나가자).
Si liber essem, te adjuvarem.
내 몸이 자유롭다면 당신을 도울 텐데.
si libet. 좋으시면, 마음에 들면, 좋으시면.
ut libet. 좋으실 대로.
Si malum est, Deus est.
만일 악이 존재한다면 신은 존재한다.
si manus mánicis restringántur,
두 손에 수갑이 채워진다고 하면.
Si me amas, fili mi, debes bene laborare. 만일 (네가) 나를 사랑한다면, 내 아들아, 일을 잘해야 하느니라.
Si me amas, me adjuva!
만일 당신이 나를 좋아하신다면 나를 도와주세요!
Si me áudiet, 그가 내 말대로 한다면
Si me præceperit fatum. 내가 먼저 죽거든
Si me ulterius provexerit ira.
나를 더 이상 화나게 할 것 같으면.
Si mihi successerit. 내 일이 잘 될 것 같으면
si minus, 그렇지 않더라도, 그렇지 않을 경우에는, 만일 그렇지 않으면.
si modo…, (숙어적 용법) …기만하면, 경우에 한해서.
Tu scis, si modo meminísti, me tibi dixísse.
너는 기억하고만 있다면, 내가 네게 말하였다는 것을 일고 있을 것이다.
si modo meminísti, 네가 잃어버리지만 않았다면
Si mundi amor habitet, non est qua intret amor Dei.
세상에 대한 사랑이 있는 곳에는
하느님에 대한 사랑이 들어올 수 없습니다.
Si neque de fide barbarórum quidquam recipio nobis potes, … 야만인들의 신의에 대해 네가 우리에게 아무것도 보증할 수 없다면(recipio 참조).
Si nolueris polliceri, absque peccato eris.
(eva.n de. mh. qe,lh|j eu;xasqai ouvk e;stin evn soi. a`marti,a) (獨 Wenn du das Geloben unterläßt, so wird keine Schuld auf dich fallen) ([영] Should you refrain from making a vow, you will not be held guilty)
아예 서원하지 않으면 죄가 될 일도 없다(성경 신명 23, 23)/
아예 맹세를 하지 않았더라면 죄를 입지 않을 것이다(공동번역).
Si non amavero te, Domine, quid amabo?(성 아우구스티노).
[접속사 Nisi는 속문 전체를 부정하고, Si non은 non이 붙는 단어만을 부정한다].
주님? 당신을 사랑해 드리지 않는다면
무엇을 사랑하리이까?.
Si non eo die, at postridie. 그 날 아니면 적어도 다음날에.
Si non est perféctio, at conátus tamen(est).
완성이 없다하여도 적어도 노력은 있다.
Si non pugnáre vis, licet fúgere, patet jánua exi!
만일 싸우기 싫으면 너는 도망해도 좋다. 문은 열려 있으니 나가거라[Si non은 조건문 속에 어떤 제한된 단어를 부분적으로 부정해주는 것으로 뒤에 나올 주문에 at, tamen, áttamen(그러나, 그래도), certe, at certe, saltem, at saltem(그러나, 적어도) 등의 말이 있을 경우에는 반드시 'si non'을 쓴다. 이 경우 si non은 가끔 양보문의 성질을 가진다. si non은 또한 앞에 나온 긍정조건문 (si)에 대립시키는 경우에도 양보문의 성질을 가진다. 허창덕 신부 지음, 문장론, p.291].
Si non restíterit dolor. 고통이 멎지 않을 경우에
Si nos monuissent, id non fecissemus. 만약 그들이 우리에게 일깨워 주었더라면, 우린 그 짓을 안했을 텐데.
Si nunc foret illa juventus! 지금이 그 청춘시절이라면!
Si núntium sponsa libérta remíserit.
해방된 노예 규수가 파혼을 통고하였을 경우에.
si per vos licet, 너희가 괜찮다면
Si perficiunt, óptime. 그들이 완성한다면 썩 잘된 일이다
si præterita respicimus. 과거를 돌이켜보면
si qua via est, 어떤 길이 있으면,
Si quando somnium verum evaserit.
만일 꿈이 실현 된다면.
Si quid me(*alqd*) **factum sit,** 내게(누구에게) 무슨 일이 일어나거든(혹시라도 죽는다든지 하면)(fio 참조).
Si quid mihi evéniat(eveníret)
내게 무슨 일이 닥친다면, 내가 만일 죽게 되면.
Si quid petieritis me in nomine meo, hoc faciam.
너희가 내 이름으로 구하는 것이면
무엇이든지 다 내가 이루어주겠다.(요한 14, 14).
Si quid petieritis Patrem in nomine meo, dabit vobis.
너희가 내 이름으로 아버지께 청하는 것은 무엇이든지 그분께서 너희에게 주실 것이다(요한 16, 23).
Si quis. 만일 누가…(공시문서의 첫마디. 혼배, 신품 전에 공공장소에 그 후보자에 대한 조당사항 여부를 묻는 공시. 백민관 신부 엮음, 백과사전 3, p.492).
si quis ægre ferat, se páuperem esse.
자기의 가난함을 몹시 괴로워한다면.
Si quis deus mihi largiátur, ut repueráscam,
어떤 신이 나를 다시 소년이 되게 해준다 하더라도.
Si quis dicat, 만일 누가 말한다면(누가 만일 말하면),
Si quis dilexerit mundum, diliectio Patris non est in ipso.([영] If anyone loves the world, the love of the Father is not in him) 누가 세상을 사랑하면, 그 사람 안에는 아버지 사랑이 없습니다(1요한 2, 15).
Si quis dixerit, hæc sacramenta propter solam fidem nutrienda instituta fuisse. 만일 누가 이 성사들은 오직 신앙을 양육하기 위해서 설정되었을 뿐이라고 주장한다면, 그는 파문 받아야 한다.(보편 공의회 문헌집 제3권, p.685).
Si quis dixerit, hominem renatum et justificatum teneri ex fide ad credendum, se certo esse in numero prædestinatorum. 만일 누가 거듭나고 의화(義化)한 인간은 자신이 예정된 자들의 수에 확실히 속해 있다는 것을 신앙의 내용으로 믿어야 한다고 주장한다면, 그는 파문 받아야 한다("의화에 관한 법규" 33조 중 15조).
Si quis dives est, ille edit, quando vult;
si quis pauper est, ille edit, quando habet, quod edat.
만일 누가 부자라면 그가 먹고 싶을 때 먹는다.
그러나 만일 누가 가난하면 먹을 것이 있을 때(먹을 것을 가지고 있을 때에나) 먹는다.
Si quis dixerit, Dei præcepta homini etiam justificato et sub gratia constituto esse ad observandum impossibilia. 만일 누가 의화하고 은총 지위에 있는 자들도 하느님의 계명 준수는 불가능하다고 주장한다면, 그는 파문 받아야 한다(트리엔트 공의회에서 정한 '의화에 관한 법규' 33조 중 18조).
Si quis dixerit, justificatum peccare, dum intuitu æternæ mercedis bene operatur. 만일 누가 의화한 사람이 영원한 상급을 바라면서 어떤 선행을 하면 그는 죄를 범하는 것이라고 주장한다면, 그는 파문 받아야 한다.
(트리엔트 공의회에서 정한 "의화에 관한 법규" 33조 중 31조).
Si quis dixerit, justificatum vel sine speciali auxilio Dei in accepta justitia perseverare posse, vel cum eo non posse. 만일 누가 의화한 자가 하느님의 특별한 도움 없이 받은 의로움을 지킬 수 있다고 주장하거나 그 도움을 받아도 그 의로움을 지켜낼 수 없다고 주장한다면, 그는 파문 받아야 한다("의화에 관한 법규" 33조 중 22조).
Si quis esurit, domi manducet.
([영] If anyone is hungry, he should eat at home)
배가 고픈 사람은 집에서 미리 먹으시오(성경 1고린 11, 34)/
만일 배가 고프면 집에서 미리 음식을 먹으시오(공동번역)/
누가 배가 고프면 집에서 먹도록 하시오(200주년 신약).
Si quis habet aurem audiat.
귀가 있는 사람은 알아들으십시오.
Si quis non vult operari, nec manducet.
일하기 싫어하는 자는 먹지도 말라.
Si quis sitis, veniat ad me et bibat.
([영] Let anyone who thirsts come to me and drink)
목마른 사람은 다 나에게 와서 마셔라(성경 요한 7, 37).
si quis usus mei est. 만일 누가 나에게 쓸모가 있다면
Si quis viderit mulierem ad concupiscendum eam, iam mœchatus est eam in corde suo.
누구든지 남의 아내를 탐내어 바라보는 사람은 이미 마음으로 간음한 사람입니다.(신국론, p.1476).
Si quis vult post me venire, abneget semetipsum et tollat crucem suam et sequatur me.
([영] Whoever wishes to come after me must deny himself, take up his cross, and follow me)

누구든지 내 뒤를 따라오려면, 자신을 버리고
제 십자가를 지고 나를 따라야 한다(성경 마태 16, 24).
Si quis vult primus esse, erit omnium novissimus.
누구든지 첫째가 되려면, 모든 이의 꼴찌가 되어라(마르 9, 35).
Si salvus ille est, útinam videam.
그가 무사하다면 나는 보고 싶다.
**Si sciam omnia sacramenta, et habeam omnem fidem,
ita ut montes transferam, caritatem autem non abeam,
nihil sum.** 내가 모든 신비를 깨닫고 산을 옮길 수 있는
큰 믿음이 있다 하여도 나에게 사랑이 없으면 나는 아무
것도 아닙니다(1코린 13, 2. 그리스어 '미스테리온(mysterion)'은 라틴어로는
'신비(misterium)'라고 옮겨지기도 하고 '성사(sacramentum)'라고 옮겨지기도 한다.
바오로 사도가 말하는 그리스어 '신비'에서 '성사'라는 주제를 이끌어내는
아우구스티노의 수사학 솜씨이다. (최익철 신부 옮김. 요한 서간 강해. p.238].
Si scires Donum Dei(⑨ If you knew the gift of God)
네가 만일 하느님의 선물을 알았더라면(요한 4, 10).
Si secundum carnem vixerítis moriemini.
육체를 따라 살면 여러분은 죽습니다.
Si semper desideras, semper oras.
항상 바란다면 항상 기도하는 것입니다.
**Si sic Deus dilexit nos, et nos debemus alterutrum
diligere**(⑨ if God so loved us, we also must love one
another) 하느님께서 우리를 이렇게 사랑하셨으니
우리도 서로 사랑해야 합니다.(성경 1요한 4, 11).
Si stas, ingrédere. 네가 일어선다면 걸어라.
Si successísset cœptis. 계획했던 일이 성공했더라면
si sui juris sumus. 우리가 우리 권리를 누린다면
Si talis est deus, valeat.
이것이 신의 뜻이라면 그대로 따르겠다.
[이 문장은 키케로의 명문으로 뜻은 원래 작별을 고하는 "잘 있거라. 건강
하거라"는 의미의 인사이지만 동사 valeo는 "그럴 가치가 있다. 뜻이 있다"라는
의미도 있으니까 접속법으로 "그런 가치를 발휘하시오이다. 그 뜻대로
이루어지이다"라는 체념이나 수긍을 나타내기도 한다.
si tamen (숙어적 용법) 그러나(但) …경우에 한해서.
si tantum amatur, quantum amari digna est.
그만큼 사랑할 가치가 있는 것이라면 그토록 사랑하게 된다.
(그토록 사랑한다면 그만큼 사랑할 가치가 있는 것이라야 한다. 신국론. p.1531).
Si tacuísses, philósophus mansísses.
너는 가만히나 있었던들, 철학자로 머물러 있었을 것이다.
Si tamen uidet, cuius cor non uidet.
설령 보더라도 상대방의 마음은 보지 못한다.
si te áliqui timuérunt, 어떤 사람들이 너를 무서워하였다면.
Si te rogavero aliquid, nonne respondebis?
만일 무엇인가를 내가 너에게 묻는다 해도
네가 과연 대답할 것 같으냐?
Si (tibi) videtur, cónfice rem.
좋다고 생각되거든 일을 완성해라.
(vidéris는 형태문을 이루는 접속사 si이나, 조건 접속사 si를 쓴 삽입문의
설명으로도 사용된다. 이런 때에는 보통으로 주문의 주어를 따라서
인칭적으로 사용되는 것이지만 뜻을 따라서는 비인칭적으로도 사용된다)
Si toleras. 만일 그대가 용납한다면
si ulla vena viveret. 아직 잠깐 동안이라도 산다면
**Si unum contrariorum sit actu infinitum,
non compatitur secum aliud.** 만일 반대되는 것 중에서
하나가 현실적으로 무한하다면 그것은 다른 어떤 것을
자기와 같이 인정하지 못할 것이다.
**Si unum diem moráti essétis, moriéndum ómnibus
fuit.** 너희는 하루만 더 머물러 있었어도 다 죽었을 것이다.
Si unum diligis, alterum contemnis.
네가 (둘 중) 하나를 사랑하면 다른 하나는 멸시하는 것이다.
Si vales, bene est. 네가 잘 있으면 다행이다
Si veniebat, lætabar. 그가 올적마다 나는 기뻐하였다.
(si는 어떤 때. 반복을 표시하는 뜻도 가진다. 그런 경우에는 보통으로
직설법 미완료나 과거완료가 사용된다.)
Si venirent, eas videres. 여자들이 만에 하나라도 온다면,
네가 그 여자들을 보게 될 텐데….
si vera feram. 내가 진실을 말한다면
si vera sunt, est Veritas.
만일 진리들이 존재한다면 진리 자체가 존재한다.
**Si vero Deum haud esse asseverant, de persona ipsius
detrahunt fundamentum.** 하느님이 존재하지 않는다고
한다면, 이것은 인간 자신의 기초를 박탈하는 것이다.

**Si vero sacerdos sine diacono et subdiacono celebrat,
delato libro ad aliud latus altaris, inclinatus in medio,
iunctis manibus dicit:** 만일 사제가 부제와 차부제 없이
미사를 집전한다면, 제대의 다른 편으로 독서집을 옮긴
후 제대 중앙에서 고개를 숙이고 손을 모아 말한다.
Si verum dicis, laudáberis; sin mentíris, puniéris.
네가 만일 진실을 말하면 칭찬을 받겠고,
만일 거짓말을 하면 벌을 받겠다.
Si vis amari, ama!(Seneca) 사랑 받고 싶거든 사랑해라!.
Si vis esse áliquis, 네가 중요한 인물이 되려거든
Si vis me flere, dolendum est primum ipsi tibi.(Horatius).
나를 울리고 싶거든 그대가 먼저 괴로워야 마땅하리라.
[dolendum est: 수동태 용장활용. tibi가 의미상의 주어이다].
**Si vis melior esse quam alius homo, invidebis ei
quando tibi esse videbis æqualem.**
그대가 다른 사람보다 더 낫고 싶어 한다면, 그 사람이
그대와 평등해 보일 때 시기심에 사로잡히게 될 것입니다.
si vis pacem, para bellum!
만일 네가 평화를 원한다면 너는 전쟁을 준비하라.
Si vis salvári, debes serváre Dei præcépta.
네가 구원되기를 원한다면, 천주의 계명을 지켜야 한다.
Si vis, tecum ambulabo.
당신이 원한다면 당신과 함께 산책하겠소.
Si víveret, verba ejus audirétis.
그가 살아 있다면 너희는 그의 말을 들을 것이!
Si vultis nihil timere, cogitate omnia esse timenda.
만일 너희가 아무것도 무서워하지 않길 바란다면 모든
것이 무서워할 만하다고 생각하라!(성 염 지음. 고전 라틴어. p.333].
sialagógum, -i. n. (醫) 타액 촉진제(唾液促進劑)
sibi, dat., pron. 자기(들)에게.
  alqm benefício sibi devincio.
    아무에게 신세 지워 자기편에 끌어들이다/
  baiulans sibi crucem. 스스로 십자가를 지는 사람/
  bonum sibi. 이기선(利己善), 익기선(益己善)/
  détráho fidem sibi. 자기의 신용(信用)을 떨어뜨리다/
  glóriam sibi quæro. 영광을 얻다/
  Haud mihi déero. 잘해보겠다(desum 참조)/
  Ignosco sibi ómnia. 자신에게는 모든 것을 허용하다.
    (자신에게는 모든 것을 관대히 생각하다)/
  imperiósus sibi. 자제력 있는/
  impero sibi. 자신을 지배하다/
  induo sibi cognómen. 姓을(별호를) 지어 가지다/
  infundo sibi *alqd.* 무엇을 온몸에 퍼붓다/
  instituo *alqos* sibi amicos.
    아무아무를 자기의 친구로 만들다/
  Iam ergo dicat sibi homo.
    인간은 스스로 이렇게 물을 일입니다.
  necem sibi conscíscere. 자살하다/
  non desum sibi. 잘해보다/
  partem sidi relínquo. 일부를 자기에게 남겨놓다/
  quæstum sibi instituo. 이익(利益)을 얻다/
  Res sibi respondent simili formã, atque colore.
    (거울에 비친) 물체들이 자기의 모양과 빛깔로 반영 된다/
  súmere *alqam* sibi in uxórem.
    아무 여자를 자기 아내로 맞다/
  Ut nemo appropriet sibi prælátionem.
    아무도 장상직을 자기 것으로 소유하지 말 것입니다/
  Ut obœdientes sibi sint invicem. 서로 순명할 것이다.
    (성 베네딕도 수도규칙 제71장)/
  vim vitæ suæ, infero sibi manus. 자살하다/
sibi assentor. 자신에게 허용하다, 자신을 속이다
sibi blandior. 스스로 달래다
Sibi caveo. 안전조치(安全措置)를 취하다
sibi confido. 자신(自信)을 갖다
sibi constanter. 조리 있게
sibi constat. 시종일관(始終一貫)하다, 한결같다
Sibi cuique caríor sua rátio. 저마다 자기 이유가 더 좋다
sibi diffido. 자신(自信)을 잃다, 자신이 없다
sibi discrepo. 서로 맞지 않다

S

sibi fido. 자신을 가지다

sibi grator. 혼자 기뻐하다

sibi inferre manus. 자살하다(necem sibi conscissere.)

sibi inimicus. 적대행위

Sibi ipse despérat. 그는 자포자기(自暴自棄)하고 있다

Sibi nomen philosophi inscribo. 스스로 철학자로 자처하다

sibi placeo. 스스로 흡족(洽足)해하다.
  ut illi placeam. 내가 그의 마음에 들도록.

sibi plaudo. 자화자찬(自畵自讚)하다

sibi relicta. 그 자체로 버려진 것

síbǐla, -órum, n., pl. = síbǐlus² 마찰음, 휘파람 소리

sibilátǐo, -ónis, f. 휘파람불기, 식식하는 소리

sibilátor, -óris, m. (sibilatrix, -ícis, f.) 휘파람 부는 사람

sibǐlatus, -us, m. 휘파람

síbǐlo, -ávi, -atum -áre, intr., tr. 휘파람 불다,
  식식거리다, 쌕쌕 소리 나다, (바람 따위가) 씽씽 소리 나다,
  (뜨거운 쇠를 물에 담글 때) 뿌지지 소리 나다,
  (본래의 소리를 내지 못하고) 픽하고 새는 소리를 내다,
  (휘파람으로 '피'하고) 야유(揶揄)하다, 경멸(輕蔑)하다,
  (Anguis) síbǐlat ore. (뱀이) 입에서 식식 소리 낸다.

síbǐlus¹ -a, -um, adj. 마찰음의, 휘파람 같은 소리 내는

síbǐlus² -i, m. 마찰음, 휘파람 소리, 피리소리, 호각소리,
  (휘파람 따위로) 야유(揶揄), 조소(嘲笑), 경멸(輕蔑).

síbǐlus aurǽ tenuis(1열왕 19, 12) (새 번역으로는 '조용하고 부드러운 소리')
  옅은 산들바람소리(분도회 이장규 신부 2009.7.11. 수품 모토).

síbǐmet(sibimetípsi(s))dat., pron., person., refl.
  (sui + met +) 자기 자신들에게.

Sibimet merces industria. 근면함은 그 자체가 보상이다.

Sibýlla(Sibúlla) -ǽ, f. 시빌라 예언녀,
  (예언 신탁을 전하던) 처녀 예언자, 무녀(巫女), 점쟁이.

Sibyllínus-a, -um, adj.
  예언녀의, 처녀 점쟁이의, 수수께끼 같은, 알쏭달쏭한.

sic(=sicce¹/古= sice), adv. 1. 이렇게(οὗτος), 그렇게,
  이 모양으로, 다음과 같이,
  Ingréssus est sic loqui: …
    그는 다음과 같이 말하기 시작했다/
  Sic est. 사실이 이렇다, 이상과 같다(앞에서 말한 것에 대해서)/
  sic et simpliciter. 이렇게(그렇게) 단순하게/
  Sic factum est. 이렇게 되었다.
  원문그대로(의심스럽거나 분명히 틀린 원문을 그대로 인용할 때 그 註記로).
  2. (긍정적 대답) Sic, Sic est. 그렇다.
  3. (결과문 ut consecutivum 앞에서)
  이렇듯이, 이(그)토록, (…할 만큼) 그 정도로.
  4. (ut, sicut, quemádmodum, quómodo, tanquam, quasi
  등의 접속사를 쓴 비교문의 주문에서)
    (…와 같이.처럼.대로.듯이) 그렇게, 그와 같이,
  Nemo unquam sic egit, ut tu.
    네가 한 것처럼 그렇게 한 사람은 아무도 없었다/
  5. (기원.소원 표시) 바라건대, 부디.
  Sic bene sub tenera quiescat humo.
    바라건대 그는 부드러운 땅 속에서 고이 잠들라!/
  6. (분개.힐책 섞인 반문)
  Sic dignata es socrum tuam salutare? 아니 그래
    네가 네 시어머니에게 그런 식으로 인사를 했단 말이냐?/
  7. (esse와 함께 상태.성질 표시) 이러한, 그러한.
  Satin tu sanus es? - Sic sum, ut vides.
    너 정말 제 정신이냐? - 보시다시피 이렇게 멀쩡하다/
  Sic res est. 사실이 그렇다[Sic (res) habet]/
  Sic sum, 나는 이런 사람이다/
  8. (간혹 뒤에 나오는 이유문의 지시부사)
  sic, quia… …하기 때문에 그래서.   [라틴-한글 사전. p.852]
Sic alqs finívit. 이렇게 아무는 죽었다(finio 참조).
Sic ad Catholicam venienti, non deletur baptismus,
ne titulus imperatoris deleatur. 그 까닭에 누군가(이단
이나 열교 교회에서) 가톨릭 교회에 올 경우, (이단자나
열교자에게서 받은) 세례는 없어지지 않습니다.
  임금님의 권한이 없어져서는 안 되는 까닭입니다.
  [성사의 주인인 양 행세하는 도나투스파에 대한 비판이다. 도나투스파는 거룩한

집전자가 거룩한 교회, 곧 도나투스 교회 안에서 베푼 성사만 유효하다고 주장
했다. 그러나 아우구스티노에 따르면 성사의 주인은 그리스도이시다. 집전자는
그 성事에 봉사하는 종(minister)에 지나지 않는다. 성사는 '하느님의 것'(res Dei)
이며, '그리스도의 행위'(actus christi)다. 성사의 유효성은 결코 교회나 집전자
개인에게 달린 것이 아니다. 성부와 성자와 성령의 이름으로 베풀어졌다면,
이단자나 열교자가 베푼 세례마저 유효하다. 세례를 베푸는 분은 그리스도 자신
이며, 인간은 도구일 따름이기 때문이다. 성사는 전적으로 그리스도의 권한이므로,
이단이나 열교에서 세례를 받은 사람이 가톨릭 교회로 돌아올 경우, 그들의
세례를 인정하고 재세례를 베풀지 말아야 한다는 것인데, 이는 아우구스티노
성사론의 핵심이다. 최원오 '치프리아누스 바로 보기-치프리아누스의 교회론과
성사론에 대한 비판적 연구'. 정달용 교수 신부 정년퇴임 기념 논총.
분도출판사 2004, pp. 273~277 참조. 최익철 신부 옮김. 요한 서간 강해, p.337].

Sic ávide …, quasi diutúrnam sitim explére cúpiens.
  마치 오랜 갈증을 풀고 싶어 못 견뎌 하듯이
  그렇게 열망적(熱望的)으로.

sic Ephesi fui tamquam domi meǽ.
  나는 마치 내 집에 있는 것처럼 Ephĕsus에 있었다.

Sic ergo debet esse christianus, ut non glorietur
super alios homines. 그러므로 그리스도인이라면
  다른 사람들 위에 있노라 자랑하지 말아야 합니다.

Sic ergo et modo quæramus in factis, non in lingua.
  그러니 이제 말이 아니라 행동으로 살펴보도록 합시다.
  (최익철 신부 옮김. 요한 서간 강해, p.297).

Sic erunt novissimi primi, et primi novissimi.
  이와 같이 꼴찌가 첫째가 되고 첫째가 꼴찌가 될 것이다.

Sic et Non. (그렇다와 아니다) 찬성과 반대, 찬반 방법론.
  [아벨라르두스가 신학에 변증법적으로 처음 도입한 방법].

Sic et vos imprudentes estis?(⑨ Are even you likewise
without understanding?) 너희도 그토록 깨닫지 못하느냐?(성경)/
  너희도 이렇게 알아듣기를 못하느냐?(공동번역)/
  여러분도 그토록 깨닫지 못합니까?(200주년 기념 신약 마르 7, 18).

Sic fatus, validis ingentem viribus hastam contorsit
Mezentius. 그렇게 말하고 나서 메젠티우스는 굉장한
  완력으로 커다란 창을 던졌다.

Sic habeas somnium, ut vivas in sempiternum.

sic enim vivas, ut cras moriaris!(⑨ Dream as if you'll
  live forever. Live as if you'll die today)(성 업 홈페이지에서)
  영원히 살 것처럼 꿈꾸고 내일 죽을 것처럼 살아라.

Sic hoc verum, non est æquum.
  이것이 사실일지는 모르나 공정치는 못하다.

Sic ígitur fácies. 그러니 너는 이렇게 해라

Sic itur ad astra. 불멸(不滅)의 존재(存在)가 된다,
  이처럼 불후(不朽)의 명성을 얻을 지어다.

Sic me Deus adiuvet et hæc Sancta Dei Evangelia,
quæ manu mea tango(⑨ So help me God and these
Holy Gospels which I now touch with my hand).
  하느님과 내가 손을 얹고 있는 이 거룩한
  하느님의 복음서는 저를 도우소서.

Sic passim. 어디나 마찬가지

Sic quippe ostendit æterno igne diabolum et angelos
eius arsuros. 그렇게 해서 악마와 그의 天使들이 영원한
  불에 탈 것임을 보여 주었다.(교부문헌 총서 17. 신국론, p.2507).

Sic (res) habet. 사실이 그렇다

Sic semper tyrannis. 폭군에게는 언제나 이처럼(Virginia州 표어)

Sic transit gloria mundi. 世上의 榮華는 그렇게 지나간다.
  [옛날 교황선서가 끝나면 새로 선출된 교황 앞에서 지푸라기에 불을 붙여 연기가
  날 때 Sic transit gloria mundi. 라고 일러주는 의식 절차가 뒤따랐다고 함]

síca, -ǽ, f. 단검(短劍), 단도(短刀),
  비수(匕首-날이 썩 날카롭고 짧은 칼, subalaris telum.).

sicárǐus, -i, m. 자객(刺客), 암살자, 살인자, 흉악한 사람,
  Ciceronis caput ad Antonium latum est a sicariis.
  키케로의 머리가 자객들에 의하여 안토니우스에게 운반되었다/
  inter sicárius.(숙어) 암살자(살인범)에 관해서, 살인사건에 대해서.

sicca hiems. 눈 오지 않는 겨울

siccán(ĕ)us, -a, -um, adj. 마른, 건조한.
  n., pl. siccán(ĕ)a, -órum, 마른 땅.

siccárǐus, -a, -um, adj. 마르게 하는, 말리는.

siccátǐo, -ónis, f. 말림, 건조(乾燥)

siccatívus,(siccatórius) -a, -um, adj.
  마르게 하는, 말리는, 건조시키는.

sicce¹ adv. = sic = sice

sicce² adv. 마른 상태로, 젖지 않게

S

siccésco, -ĕre, inch., intr. 마르다(ɔɔɔ.ɔɔ), 건조하다
siccíficus, -a, -um, adj. (siccus+fácio) 마르게 하는, 말리는
síccĭne, adv. = sícĭne
síccĭtas, -átis, f. 바싹 말라있음, 보송보송함,
　건조(상태), 메마름, 강마름, 가뭄, 한발(旱魃-가물),
　호리호리하면서도 건강함. (修) 간결(簡潔), 간소,
　빈약(貧弱), 빈곤(貧困).⑨ poverty-가난.
　indigentiæ siccitas. 가난의 목마름.
sicco, -ávi, -átum -áre, tr., intr. 마르게 하다, 말리다,
　건조(乾燥)시키다, 마르다, (바닥까지) 떠나다,
　(물을) 빼다, 삐게 하다, 고갈시키다, (눈물을) 닦다,
　(잔.항아리 따위를) 비우다, 쭉 마셔버리다,
　(젖은 물건.동물의 젖을) 짜다, (가래 따위를) 삭이다,
　(부기.종기를) 가라앉히다, 날씬한 건강체로 만들다,
　(고름을 짜서 상처를) 낫게 하다, 지혈(止血)시키다.
siccócŭlus -a, -um, adj. (siccus+ŏculus)
　눈물이 마른, 눈물이 없는.
siccus, -a, -um, adj. 마른, 건조한, 물기 없는, 물들지 않은,
　보송보송한, (액체.피 따위가) 묻지 않은, 젖어 있지 않은,
　젖을 먹지 못한, 굵은, 가문 날씨의, 한발(旱魃)의,
　구름 한 점 없는, 비.눈이 오지 않은(않을 것 같은),
　눈물이 없는(마른), 울지 않는, 건조하게 하는(약품),
　(건강체이면서) 호리호리한, 날씬한, 빈약한,
　(여자가) 성감이 없는, 목마른, 절제(절도) 있는.
　(修) 간결한.
　Accédes siccus ad unctum.
　　깡마른 너는 부자 집을 다니어라/
　panis siccus. (아무것도 곁들이지 않은) 맨 빵/
　sicca hiems. 눈 오지 않는 겨울/
　siccá luce. 마른 눈으로 즉 눈물 없이.
sice, adv. = sic, = sicce[1]
sícĕra, -æ, f. (히브리어 외래어) 취하게 하는 음료,
　알코올음료(포도주 이외의 알코올음료).
sicerátor, -óris, m. 알코올음료 제조인(製造人)
Sicília, -æ, f. 시칠리아(지중해에 있는 이달리아의 섬).
　In siciliam cum venissem, nemini labori aut sumptui fui.
　시칠리아에 갔을 적에 나는 어느 누구한테도 폐나 부담이
　되지 않았다(labori, sumptui: 이해 여격. 성 염 지음. 고전 라틴어, p.397)/
　Siciliæ cœlum salubre est. 시칠리아의 하늘은 건강에 좋다/
　Siciliam iste ita vastavit, ut ea restitui in antiquum
　statum nullo modo possit. 저 작자는 무슨 수로도 옛
　상태로 되돌려질 수 없을 만큼 시칠리아를 황폐화시켰다.
　[ut ea(Sicilia) restitui in antiquam statum nullo modo possit:
　시칠리아를 복원할 주체가 불분명한 경우이면, 대개 수동태 문장으로
　표현하는 것이 라틴어법이다. 성 염 지음. 고전 라틴어, p.308].
Sicilia cincta periculis. 위험에 휩싸인 시칠리아
sicilícŭla, -æ, f. 작은 낫
sicílĭo, -íre, tr. (풀.꼴을) 낫으로 베다(ɒɔㄱ)
sicílis, -is, f. (반달형으로 생긴) 낫, 날 있는 연장
sícĭne(=síccĭne), adv. (sic+ne)
　이렇게 …(단 말이)냐? 그렇게 …(단 말이)냐?
sicque (sic+) = et sic
sícŭbi, conj., adv. (si+alícubi) 만일 어디에(서), 다른 곳에서
sícŭla, -æ, f. 단검(短劍), 작은 단도
sicula monarchia. 시칠리아 군주국(17세기 강력한 스페인
　세력으로 시칠리아 왕권 교회에 대한 모든 권리를 주장한 Baronius에게
　반대하고 교황청을 옹호했다. 백민관 신부 엮음. 백과사전 3, p.495).
sicúde, conj., adv. (si+alicúnde)
　만일 어느 곳(편.면)에서, 어떤 곳에서, 어디로부터.
sícut(sícŭti) conj., subord
　1. 와 같이, 와 마찬가지로, 처럼, 듯이, 대로,
　　(주문의 서술어와 동일한 것일 때에는 생략되기도 함.
　　주문에는 가끔 ita, sic, item, ítidem 따위의 부사가 나타남].
　sicut in foro…, item in theátro …
　　법정에서 …하듯이 그와 마찬가지로 극장에서도/
　sicut præcepi. 내가 지시(指示)한 대로/
　sicut prius dixi. 내가 미리 말한바와 같이/
　Tibi illud, sicut famam tuam, deféndere necésse erit.
　　너는 너의 명예(名譽)를 지켜야 하듯이 (그것을)
　　꼭 지켜야 할 것이다.

2. …기나 하는(한.하려는) 듯이,
3. 예컨대 …경우(때)처럼,
4. (사실인정, 주로 esse와 함께)
　사실(과연) 한, 실제로 그러하듯이(…한대로.그렇거니와)
　Quamvis ille felix sit, sicut erat.
　그는 사실 행복하지만(그러나) 아무리 행복하다 하더라도/
　Quod fere, sicut áccidit, vidébat. 그는 그 사건을
　거의 진상대로(일어난 그대로) 알고 있었다/
　Revéra sicut sunt, mercenárii scribæ existimántur.
　실제로 그러하거나와 서기들은 품팔이꾼으로 여겨지고 있다.
5. (상태.형편) 있는(있던) 그대로, …한 채로,
　Sicut erat ctuéntá veste, in castra pervénit.
　그는 피투성이 옷을 입은 채 진막(陣幕)에 도착했다.
sícut(sícŭti) adv. 마치 …처럼, 와도 같이(같은),
　(열거 할 때) 예컨대, 예를 들면(…와 같이).
　Alteri sicut tibi age!.
　네 자신에게 하듯이 남에게 해 주어라!/
　Hic locus sicut fundaméntum est hujus con stitutiónis.
　이 대목은 이 규정의 기초(基礎)와도 같은 것이다/
　Homo sine religione est sicut equus sine freno.
　종교심을 갖지 않은 인간은
　재갈을 물리지 않은 말과 같다/
　Multi mortáles vitam, sicut peregrinántes, transegére.
　많은 사람들은 마치 여행자들처럼 일생을 지냈다/
　Quod omnia ad Deum, sicut ad finem ultimum sunt
　reférenda. 모든 것을 최종 목적인 하느님께 돌림.
　　　　　　　　　　　　　　　　(준주성범 제3권 9장)/
　Sed, sicut, non semper ad æqualitatem dici solet.
　'처럼'이라는 말이 늘 동등함을 일컫지는 않습니다.
　　　　　(최익철 신부 옮김. 요한 서간 강해. p.213).
sicut arbitror. 내 생각대로(ut opinor)
sicut incorporales intelliguntur, ita et immateriales.
　마치 빗물체적인 것처럼 인식되며
　비물질적인 것으로도 인식된다.
Sicut in die honeste ambulemus.(⑨ let us conduct
ourselves properly as in the day) 대낮에 행동하듯이,
품위 있게 살아갑시다(성경 로마 13, 13).
sicut meus est mos. 내가 늘 해오던 대로
Sicut palmes non potest ferre fructum a semetipso
nisi manserit in vite, sic nec vos, nisi in me
manseritis. 가지가 포도나무에 붙어 있지 않으면 스스로
열매를 맺을 수 없는 것처럼, 너희도 내 안에 머무르지
않으면 열매를 맺지 못한다(요한 15, 4).
sicut petet per Philosophum.
　그 철학자(哲學者)에 의해 밝혀진 바와 같이.
Sicut spina rosam 가시 장미.
　(플랑드르 출신 Obrecht, Jacob 신부지음. 4성부 미사곡).
sicut unus paterfamílias 그 어떤 가장처럼
sícŭti(sícut) conj., subord, V. sícut
　Hæc, sicuti exposui, gesta sunt.
　이 일은, 내가 설명했던 대로, 일어났다.
sicyónĭus, -a, -um, adj. 오이의
sícyos, -i, m. (植) 오이(⑨ Cucumber)
sicyos ágrĭos. 야생오이
siderális, -e, adj. (sidus) 별의, 별에 관한
siderátĭo, -ónis, f. 점성술에 의한 별들의 배치,
　어린 나무 특히 포도나 무화과나무가 말라죽는 병,
　동물의 전신 또는 일부기관이 말라서 마비되는 병, 일사병.
sidérĕus, -a, -um, adj. 별의, 성좌의, 천체의, 태양의,
　천체에 관한, 별이 총총한, 하늘나라의, 신에게서 나온,
　신적인, 찬란한, 별처럼 빛나는, 반짝이는, 아름다운, 훌륭한.
　exustus sideribus axis.(exúro 참조) 열대(熱帶)/
　sidérea arx mundi.
　　하늘(ᴏʊʀανὸς.⑨ Heaven)/ætheria plaga/
　sidérea dea. 달/
　siderea et stellæ. 성좌와 별들/
　sidéreæ aves. 꽁지의 무늬가 별처럼 찬란한 공작들/
　sidérei ignes. 별들.
sidereus æstus. 태양열(太陽熱)

sidereus deus. 해, 태양/

sidereus sangis. 신의 핏줄.아들.

siderítes, -æ, m. 자석(磁石), 금강석의 일종(一種)

sídĕror, -átus sum -ári, dep., intr. 일사병에 걸리다,
별(천체의) 악(惡)영향을 받다, 말라서 마비되다.

sídi, "sído"의 단순과거(pf.=perfectum)

sído, sídi(sēdi), sessum, -ĕre, intr. 앉다, 걸터앉다,
(새 따위가) 내려앉다, 착석하다, 그대로 붙어있다,
(안개 따위가) 자욱이 깔려(끼어) 있다,
(침대보 따위가) 떨어지지 않고 덮여 있다,
(내려친 도끼가) 나무에 박혀 있다,
(액체 따위가) 가라앉다, 침전(沈澱)하다,
(닻이) 밑바닥까지 내려가 닿다(고정되다),
(삭아서.썩어서.타서) 주저앉다,
(꿈어서.녹아서) 내려앉다, (배가) 얕은 곳에 처박히다,
좌초하다, 가라앉다, 침몰(沈沒)하다,
(공포 따위가) 사라지다, 가라앉다, 가시다,
영락하다, 몰락(沒落)하다, 망하다.

sessum ire. 자리에 가서 앉다, 착석(着席)하다.

sídus(=sydus) -dĕris, n. 성좌(星座), 성군(星群),
성좌(聖座.Sancta Sedes*.⑨ Holy See),
별(ㄱㄱㄱ), (해.달을 포함한) 천체(天體),
인간의 탄생.운명(運命)을 좌우하는 별. (pl.) 밤.
(pl.) 하늘(ロ'ᴗ.оὐρανòς.⑨ Heaven, ætheria plaga),
하늘을 찌를 듯한 높이, 거대함.
최고(최대의) 영광.영예.찬미(讚美).행운.성공.
뛰어난 아름다움, 빛(남), 자랑, (애칭으로) 나의 별,
계절, 기후, 일기, (기후 상으로 본) 지방, 지대, 풍토, 바람,
(별의 영향으로 생긴다고 여겼던) 마른 병, 마비(痲痹).

æthério sídere. 더위에/

De sideribus, inquiunt, et substantiis superioris mundi
mutuatus est carnem. 그분께서 별들과 상위 세계의
실체에서부터 육신을 빌려 왔다/

exáctis sidéribus. 지나간 며칠 밤에/

ferre ad sídera. (하늘까지) 치켜세우다/

gémínæ æquo sídere natæ. 같은 별을 타고난 딸 쌍둥이/
Germanæ quidem nostræ vitæ sidera homines sunt qui
rectam vitam exigere noverunt.(⑨ The true stars of our
life are the people who have lived good lives) 우리 삶의
참된 별들은 훌륭한 삶을 살았던 사람들입니다/

grave sidus et imber. 폭풍우(暴風雨)/

hæc, quæ vértice sídera pulsat, domus.
하늘을 찌를 듯이 우뚝 솟은 이 집/

In sole sídera désinunt cerni.
낮에는 별들이 보이지 않는다/

nondum totum orbem sídere implénte.
아직 만월이 채 되기 전에/

secúndo sídere. 행운(幸運)의 별로/

sidera celantur. 별들이 사라진다/

sidera mundi. 전체로 보는 천계/

sídera respóndent in aquá. 별들이 물속에 비친다/

sídera tángere(contíngere)
신처럼 위대한 존재가 되어 행복해지다/

sidéribus dúbiis. 어둑새벽에/

sumptus ad sídera ducti. 엄청나게 든 비용.

sidus férvidum. 천랑성(天狼星), *Sírius* 별

sidus nóctium. 달(月)

sidus utrúmque. 동편에서 솟아서 서산에 지는 해

síem, sies, siet, (古) = sim, sis, sit
numquid me morare quin ego liber, ut justi, siem?
그러니까 나더러 자유민, 말하자면 법률상의 시민이
되지 못하는 한 잠자코 있으라는 말인가.
(성 염 지음, 사랑만이 진리를 깨닫게 한다, p.453).

sifil…, V. sibil…

sifo(n), -ónis, f. = sipho(n)

sigílla, -órum, n., pl. 작은 초상(肖像).조상(影像)

Sigillária, -órum, n., pl. 작은 신상.초상(肖像),
(Satúrnus 축제일 다음 7일간) 작은 초상을
여기저기 서로 보내면 지내던 축제.

sigillaríctus(=sigillaríctĭus), -a, -um, adj.
Sigillárĭa 축제 선물의.

sigillárĭus, -a, -um, adj. 축제용의 작은 초상.조상의.
m. 위와 같은 공예품 제조인. n. 그런 공예품 상점.

sigillátim(=singillátim) adv.
각각, 따로따로, 하나씩, 분리(分離)해서.

sigillátor, -óris, m. 작은 초상.조상(影像) 제조인

sigillátus, -a, -um, p.p., a.p. 날인된, 봉인된,
작은 초상.조각품으로 꾸며진(새겨진).

sigillátum sal.(Gen. 19. 26)
소금상으로 굳어져 버린 Loth의 아내.

sigillíŏlum, -i, n. 작은 초상.조상(影像)

sigíllo, -ávi, -átum -áre, tr.
날인하다, 봉인하다, 십자표(十字號)를 그어 마귀를 쫓다.

sigillum, -i, n. (주로 pl.) 작은 초상.조상(影像),
직조물의 무늬, 도장, 인장(印章.⑨ seal), 관인, 봉인,
인호(印號.⑨ indelible character of Sacrament/Seal),
비밀, (제단에 모신 성인의 유해를 봉하는) 돌 뚜껑,
작은 표적(標的), 흔적(痕迹), 자취(남아 있는 흔적).
in cerá sigillum imprimo. 밀랍에 도장을 찍다/
sigíllo imprésso. 도장으로 찍어.

sigillum confessiónis. 고해비밀

sigillum cursuale. 우표(郵票)/tessera epistolaris.

Sigillum plumbeum. 납봉 인장

sigillum sacramentále. 고해비밀

sigillum sanctæ Maríæ. 성 마리아의 비밀(호노리우스 지음)

sigla, -órum, n., pl. 略字(略字), 약호(略號), 기호(記號)

sigma, -ătis, n. 시그마, 식탁에 둘러앉은 반원형 의자,
반원형 욕조, S자, 음악 부호(의 일종), 희랍자모의 열
여덟 째 글자이름(고대 비문 중에는 그 대문자가 C처럼 적혀 있음).

signábĭlis, -e, adj. 주의해야 할, 표시해야 할

signácŭlum, -i, n. 표, 표시, 표지, 할례(割禮),
날인(捺印-도장을 찍음), 봉인(封印.⑨ Seal),
성유(聖油) 바를 때 하는 십자표,
(기도를 끝맺는 말로서의) Amen, 기치(旗幟)
signacula sacrificii. (그리스도의) 성흔(聖痕)/
signacula tria. 삼봉인(三封人)/
signacula veritatis. 진리의 부호(眞理 符號).

signaculum fidei. 세례(洗禮, lavacrum regeneratiónis),
신앙의 날인(信仰捺印), 영세(→세례. p.855).

signaculum manuum. 손의 봉인(封人)

signaculum oris. 입의 봉인(封人)

signaculum sinus. 가슴의 봉인(封人)

signaculum spiritus. 성령의 인호(印號)

signális, -e, adj. 표(시)의, 신호(표)가 되는

signánter, adv. 명확(명료.분명)한, 똑똑히

signárĭus, -i, m. 조상(影像) 제작자, 조각사

signáte(=signátim) adv. 명료(명확.분명)한, 똑똑히

signátĭo, -ónis, f. 표시(함), 십자성호를 그음, 기록, 적음

signátor, -óris, m. 서명 날인자(署名 捺印者),
(유언장, 결혼 따위의) 증인(證人) 입회자(入會者),
화폐 주조자(貨幣鑄造者), 조폐자(造幣者).

signatórĭus, -a, -um, adj. 인장의, 날인의, 봉인의,
n. 도장으로 쓰는 반지(班指).

signatura, -æ, f. 서명, 수결, 날인(捺印-도장을 찍음)

Signatura Apostolica(⑨ Apostolic Signatura).
사도좌 대심원, 서명원.
('사도좌 대심원'의 대심원이란 용어는 일본의 법원 체계에서 따온 말이다.
사도좌 대심원은 '교회 최고 법원' 기능을 하는 곳이다.)

signatura gratiæ. 은전의 대심법원, 은전의 서명원

signatura justítĭæ. 정의의 대심법원, 정의의 서명원

signátus, -a, -um, p.p., a.p. 표시된, 표ља진,
굳게 닫힌.잠긴, 안전하게 보호(보존)된,
고스란한(축나거나 변하거나 하지 않고 그대로 온전한),
명료(明瞭)한, 명백(明白)한, 분명(分明)한

signifer¹ -ĕra, -ĕrum, adj. (signum+fero)
별들이 있는, 성좌를 가진(이루는), 성좌의,

초상(肖像).조상(彫像).신상(神像)을 가지고 있는.
초상.조상.신상으로 장식된.그려져 있는.

signifer orbis. (天) 황도 십이궁, 황도대(黃道帶.獸帶),
　수대(獸帶 → 황도대)(수대-황도대의 별칭).

signifer polus. 별이 총총한 하늘

signífer² -ĕri, m. (天) 황도 십이궁, 황도대(黃道帶.獸帶),
　(天) 수대(獸帶 → 황도대). (軍) 군 기수(軍 旗手).
　지휘자(指揮者), 두목(주로. 좋지 못한 무리의 우두머리).
　(그리스도교인의 표시인) 십자가를 지닌 사람.

Signifer se ex nave proiecit atque in hostes aquilam
ferre coepit. 기수가 배에서 뛰어 나갔고 독수리(軍旗)를
　적병들을 가운데로 메고 가기 시작하였다.

sígnifex, -fícis, m. (signum+fácio)
　동상(銅像).석상(石像) 제작자, 조각가(彫刻家).

signíficans, -ántis, p.prœs., a.p. 뜻하는, 의미하는,
　의미심장한, 함축성 있는. 명확한, 명료한, 분명한,
　정확하고 똑똑한. adv. **significánter** 명료(분명) 하게.
　bréviter et significánter. 간단명료하게.

Significanter asseruerunt Patres synodales. 세계 주교
　대의원회의 교부들은 다음과 같이 뜻 깊은 단언을 하였습니다.

significántia, -æ, f. 의미(意味.⑨ Sense), 뜻(θέλημα),
　의미심장(意味深長), 함축성(含蓄性), 암시(暗示),
　표현력(表現力), 명료(明瞭), 명확(明確), 분명(分明).

significátio, -ónis, f. 신호, 표, 알림, 통지, 징조, 전조,
　(신호.눈짓.태도 따위에 의한) 표시, 증거, 드러냄.
　지지(표시), 동의, 찬성, 박수갈채. ((修)) (말의) 강조.
　과장표현, 함축성, 뜻, 의미(⑨ Sense), 주장하는 내용.
　De Trinitate divina, quæ per omnia opera sua
　significationis suæ sparsit indicia. 삼위일체는 당신
　　모든 활동에 삼위일체의 표징을 깔아놓았다(신국론. p.2782)/
　discrimen significatiónis. 의미의 위기/
　Ex quibus magna significatio fit, non adésse constántiam.
　　이런 것들에서 항구성이 없다는 큰 증거가 드러난다/
　significatióne fumo factâ. 연기로 신호를 하여.

significátio personæ. 위격의 표시(位格 表示)
significátio principalis. 근원적인 의미(根源的意味)
significátio voluntátis. 의사표시(意思表示)

significativus, -a, -um, adj. 의미하는, 나타내는
　표시하는, 뜻 있는, 의미심장한, 함축성(含蓄性) 있는.

significativum theologicum generale.
　일반적인 신학적 의미(一般的 神學的 意味)

significátor, -óris, m. 표시하는(나타내는) 자

significatórĭus, -a, -um, adj. 나타내는, 표시하는

significátus, -us, m. 표(標, signum, -i, n.), 신호,
　전조(前兆), 징조(徵兆), 의미(⑨ Sense), 뜻(θέλημα).

significo, -ávi, -átum -áre, tr. 나타내다(φαίνω),
　드러내다. 표시하다, 가리키다, 지적하다, 통지하다.
　알리다(רבד.חור.חח.ἀναγγλλω.ἀπαγγλλω),
　(점 따위에서) 예시하다. 징조를 드러내다. 전조가 되다.
　예고(예보)하다, 뜻하다, 의미하다, (이름) 부르다.
　alqd significo alci per lítteras.
　　무엇을 누구에게 편지(便紙)로 알리다/
　gratulatiónem alci significo plausu.
　　박수로 누구에게 축의를 표시(表示)하다/
　Quid (hoc) significat? non vim?
　　이것은 무엇을 뜻하느냐? 폭력이 아니란 말이냐?.

signo, -ávi, -átum -áre, tr. 표(를)하다,
　(기호.줄 따위를 그어) 표시하다, 흔적을 남기다.
　(번호.낙인 따위를) 찍다, 새기다, 자국을 내다.
　십자성호를 긋다, 십자표를 그으며 성유 따위를 바르다.
　(글자를) 쓰다, 기록하다, (글.詩句 따위로) 표시하다,
　적어 놓다, 서명하다, 날인(捺印)하다, 봉인(封印)하다.
　가리키다, 지적하다, 명시하다, 뜻하다, 일러(알려)주다.
　설명하다, 드러내다, 입증(증명)하다(חֹחַ),
　(마음.가슴속에) 새겨두다, 간직하다, 명심(銘心)하다,
　(판에 박은 듯이) 닮았다, 확인(確認)하다,
　확정(確定)하다, 제정(制定)하다, 재가(인가)하다,
　알아보다, 알아차리다, 식별(識別)하다,

장식(裝飾)하다, 두드러지게 하다, 돋보이게 하다.
　æs, argéntum signo. 동전.은화를 주조하다/
　fília, quæ pátrii signátur imágine vultus.
　　쏙 뺀 듯이 아버지 얼굴을 닮은 딸/
　fletu signáta genas. 두 볼에 눈물자국이 나 있는 여자/
　signat librum, et se in fronte, ore, et pectore, et legit
　Evangelium, ut dictum est. 그리고 독서집과 이마와 입과
　가슴에 십자표를 한다. 그리고 복음을 봉독(奉讀)한다/
　signat se cum patena a fronte ad pectus.
　　성반을 든 채로 가슴 앞에 십자성호를 그으며/
　Signat se, dicens. 다음과 같이 말하면서 십자성호를 긋는다/
　Signat se signo crucis, dicens. 십자성호를 그으며 말한다/
　signat semel super hostiam.
　　제병 위에 십자성호를 한 번 긋는다/
　signat semel super Hostiam, dicens:
　　성체 위에 한번 십자성호를 그으며 말한다.

signum, -i, n. (⑨ sign.獨 Zeichen)
　표(標, insigne, -is, n.), 표지(標識), 표징(σημείον.標徵)
　기호(記號), 신호(信號), 눈짓, 손짓, 자국, 흔적, 낙인,
　조짐, 징조, 전조(前兆-징조), 징후, 징표(σημείον),
　속기부호, 과녁, 표적, 약자(略字, singulares litteræ.),
　(상점의) 간판, (주로 신의) 조상(彫像), 신상(神像),
　우상, 초상(肖像), (반지에 새긴) 그림(무늬) 도장, 봉인.
　(天) 성좌(星座). (軍) 군기, 군단기, 나팔신호, 군호(軍號),
　암호, (경주에서의) 출발신호, (토지의) 경계표시.
　((醫)) (병의) 증상, 예후. (數) 점(點). 기적(奇蹟),
　collátis signis. 병력을 온 전선에 집결시켜/
　conférre signa cum hoste. 적(敵)과 접전하다/
　hoc est signum quoddam spirituale et indelibile.
　　지워질 수 없는 영신적인 어떤 표징/
　Hoc signo victor eris. 이 표징으로 너는 승리자가 되리라/
　Ignota signa. 미지의 표지/
　In hoc signo vinces. 너는 이 표지(군기)로 승리하리라.
　　[콘스탄티누스가 밀비우스 다리 전투를 앞두고 꿈에 십자가를 보았다는 전설.
　　그래서 군기(軍旗)를 십자가로 바꾸었다고 함. 성 염 지음. 고전 라틴어. p.100]/
　infero signa in hostes[hóstibus(dat.)]
　　적군에게로 쳐들어가다/
　Levita Laurentius bonum opus operatus est:
　qui per signum crucis coecos illuminavit.
　　라우렌시오 부제는 선공을 행하셨으니,
　　성호로써 소경된 자를 보게 하셨나이다/
　Oculis mihi signum dedit. 그는 내게 눈짓을 하였다/
　pécori signum imprímere. 가축무리에 낙인을 찍다/
　pede signo humum. 땅바닥에 발자국을 내다, 바닥을 밟다/
　pudóris signum. 부끄러워하는 기색/
　Sanctitatis nova signa.
　　성성의 새로운 표징(토마스 첼라노 지음)/
　signa ambigua. 애매(曖昧)한 표지(標識), 모호한 표지/
　signa christina. 그리스도께서 제정하신 표지(標識)/
　signa data. 약정적 표지(約定的 標識)/
　signa demonstrativa. 확증의 표지(確證의 標識)/
　signa divinitus data. 신적으로 약정된 표지/
　Signa Eucharistiæ. 성체성사의 표징(⑨ Eucharistic signs)/
　signa eximia venustate. 아담하고 아름다운 상/
　signa fero. (군기를 즉) 진영(陣營)을 옮기다/
　signa ignota. 미지의 표지들/
　signa inscia. 모르는 표지, 무지의 표지(標識)/
　signa obscura. 모호한 표지(標識)/
　signa prognostica. 예지(叡智)의 표지(標識)/
　signa propria. 자의적 표지(標識)/
　signa propria vel directa. 고유적 표지(標識)/
　signa rememorativa. 상기의 표지(標識)/
　Signa rigidiora quam ut imitentur veritatem.
　　석상들이 참 생명을 나타내기에는 너무 딱딱하다/
　signa sacra 거룩한 표지(標識)/
　signa tau super frontes. 이마에 십자표/
　signa tempórum(성경 마태 16. 3)
　　시대의 징표(徵表.⑨ signs of the times)/

S

signa translata. 비유적(전의적) 표지/
signa translata vel figurata. 전의적 및 표상적 표식/
signa verbórum. 말의 표지(=글)/
signa vocátiónis. 성소의 표징(標徵)/
signo dato. 진격신호(나팔소리)가 나다/
signórum theoria. 표지론(標識論)/
Statue signum! 깃발을 세워라!/
sub signis. (무장하고) 정렬한 상태로(태세의)/
viso signa. 기념물을 구경 가다.
signum abrúpti sermónis. 풀이표(一)
signum arbitrĭum. 임의 기호(任意記號)
signum certæ spei et solacii. 확실한 희망과 위로의 표지
signum Christi. 그리스도의 표
signum citándi. 인용부호("…")
signum commemorátiónis. 기억적(記憶的) 표징(標徵)
signum configurativum. 동형적 표지
signum contradictiónis. 반대를 받는 표적
signum conventuale. 협정적 표지
Signum crucis*(⑨ Sign of the Cross) 십자성호,
  성호경(→십자성호), 십자표(tau. indecl..⑨ Sign of the
  Cross.獨 Kreuzzeichen).
  In nomine Patris, et filii, et Spiritus Sancti. Amen.
signum Demonstrativum. 지시적, 현시적 표징
signum dispositívum. 설비적(設備的) 표지,
  은총을 받을 준비가 되어 있는 표.
signum distinctivum. 식별 표식,
  구별적 표지, 영혼의 특징을 나타내는 표.
signum divinitus institutum. 하느님이 제정하신 표지
signum Divisiónis. 구분기호(區分記號)
signum Domini. 주님의 표
signum Dominicum. 주님의 것이라는 표식, 주님의 인증
signum et instrumentum intimæ cum Deo unionis
  totiusque generis humani unitatis.(⑨ sign and
  instrument of intimate union with God and of the unity
  of all the human race) 하느님과 이루는 깊은 결합과
  온 인류가 이루는 일치의 표징이며 도구.
signum et tutamentum transcendentiæ humanæ
  personæ.(⑨ a sign and safeguard of the transcendence
  of the human person) 인간의 초월성의 표지요 수호자.
signum formale. 형상적 표지
Signum fraternitatis. 형제애의 표징
signum inférre. (적을) 습격하다
signum instrumentale. 도구적 표지
signum interjectiónis. 감탄표(!)
signum interrogatiónis. 물음표(?)
signum levatum in nationes. 민족들 안에 고양된 표징
Signum magnum, 큰 징표, 위대한 표징
  (1967.5.13. 교서, 바오로 6세의 사도적 권고. 파티마 성모님 발현 50주년을
  맞아 반포한 이 문헌은 마리아 교의와 신심 두 가지 점을 다룬다.
signum manifestativum. 명시적 기호(明示的記號)
signum naturale. 자연 기호(自然 記號), 자연적 표식
signum obligativum. 의무적 표지
signum obligatorium.
  신성한 의무를 맡는 표, 의무를 표시하는 표호.
signum practicum. 실용적 표지
signum prognosticum. 예견적 표징(標徵), 예시적 표지
signum provisorĭum. 잠정적 표지
signum pugnandi. 전투신호(戰鬪信號)
signum quo. 방법적 표호(票號)
signum quod. 주체적 표호(票號)
signum suppositívum. 추정적(推定的) 기호, 가정적 표호
signum symbolicum. 상징적 표지
signum temporis(⑨ signs of the times). 시대의 징표
signum utile. 유용한 표지
signum uppositívum. 추정적 기호(推定的 記號)
signum visibile 가시적 표지(可視的 標識)
signum visibile exterius. 외부적인 가시적 표지
signum visibile gratiæ invisibilis.

불가견적 은총의 가견적 표징(標徵).
sil, silis(=seselis), n. (약료.약용의) 황토(黃土), 단석.
  (植) 털 기름 나물(libanotis Coreana.)
  =sésĕli, -is, n. = seselis, -is, f. =seselium, -i, n.
silácĕus, -a, -um, adj. (안료용) 황토의
silátum, -i, n. 털 기름 나물로 만든 술
silaus, -i, m. 셀러리(植.⑨ Celery)
silénda, -órum, n., pl. 비밀(μυστήριον), 말해서는 안 될 일.
sĭlens, -éntis, p.præs., a.p. 말없는, 무언의, 묵묵한,
  잠잠한, 소리 안내는, 망령의, 죽은 자들의, 조용한,
  고요한, 쥐죽은 듯한, 호젓한,
  (꽃 따위가) 아직 피지 않은, 아직 새싹이 돋지 않은,
  부화될 병아리가 아직 꿈틀거리지 않는 (알).
  m., pl. 죽은 자들(의 혼).
  adv. silénter. 말없이, 묵묵히, 조용히.
  dies silens a ventis. 바람이 잔 날/
  luna silens. 그믐달 / nocte silénte. 고요한 밤에.
sĭlens nocte perpétŭā domus.
  저승(אָ.שְׁאוֹל.서울.黃泉.⑨ Sheol)→"서울" 참조.
Silent leges inter arma. 전시에는 법률들이 정지된다.
silentiárĭus, -i, m. 정숙(靜肅)을 감독하는 궁정 의전관,
  동료 노예들의 침묵.정숙을 지시.감독하는 노예.
silentióse, adv. 말없이, 조용히
silentiósus, -a, -um, adj. 말없는, 묵묵한, 잠잠한, 조용한.
siléntĭum, -i, n. 침묵(⑨ Silence), 잠잠함, 묵묵, 무언,
  조용함, 묵도(黙禱-소리를 내지 않고 마음속으로 기도함), 정적,
  정숙(整肅), 고요함, 호젓함, 적막(寂寞-고요하고 쓸쓸함),
  잊혀짐, 망각(忘却-잊어버림), 휴식, 한가, 안일, 무위,
  정지(靜止), 휴지(休止), 재판(법원)의 정지(停止).
  (전쟁의) 소강상태, 평온. (占things) 흠 없는 조짐, 길조.
  altum silentium. 절대 침묵, 대침묵(베네딕도 수도회 규칙)/
  cum silentio. 말(소리) 없이, 묵묵히/
  liturgiæ silentii. 침묵의 전례(沈黙 典禮)/
  Non licet nobis hanc rem silentio prætéterire.
    우리는 이 일을 묵과해서는 안 된다/
  siléntio. 가만히, 몰래, 소리 없이/
  Silentio aluntur auditio ac meditatio.
    말씀의 경청과 묵상은 침묵으로 더욱 풍요로워 집니다/
  siléntio defíxus. 침묵에 잠긴/
  siléntio facto. 조용해지자, 잠잠해지자/
  transeo alqd siléntio. 무엇을 고요히 넘기다/
  transeo vitam siléntio. 고요하게 생을 지내다.
silentium altum(magnum). 대침묵
silentium fácere. 침묵하다, 잠잠하다, 가만히 있다
silentium interior. 내적 침묵
  [내적 침묵에 도달하기 위해서는 올바른 몇 가지 조치들을 취해야 한다. 내적침묵
  을 훈련시키는 일은 오랜 시간이 걸릴 뿐만 아니라 대단히 어렵다. 왜냐하면
  이러한 훈련은 바로 한 사람을 그 사람의 내적인 어떤 성향이라든가 끊임없이
  달려드는 세속적인 분심으로부터 해방시켜주는 것을 의미하기 때문이다.
  여기서기서 나오는 갖가지 방법들을 제대로 알기도 전에 곧바로 주제넘게
  속단하는 일도 없어야겠지만 소위 '지름길'이라는 것도 경계해야 한다. 그런 것들
  은 우리를 너무 쉽게 약속해 버림으로써 우리를 정상 궤도 밖으로
  내동댕이친다. 그리고는 우리로 하여금 모든 것이 저절로 굴러 들어올 것만 같은
  그릇된 망상에 빠지게 하려고 마음이 잘못된 길로 이끌고 간다. 과연 그 결과는
  어떻게 되는가? 사람들은 정신적인 만족감을 얻기 위하여 일종의 인간을 흥분
  시키는 일 같은 것을 한다. 즉 영혼에 해를 끼치는 가륵 행위를 몸에 가한다든가,
  기도가 잘 되도록 하려고 마음을 현혹시키는 음악을 이용한다든가 하는 행위를
  하는 것이다.(교황청 가톨릭 교육성, 신학교 영성생교 중 매우 절박한 문제들에
  관한 회람, 381～382. 방호의 신부 지음, 사제가 된다는 것, p.143]
silentium obsequiosum.
  순종의 침묵(順從 沈黙), 겸허한 침묵(얀세니스트 용어).
Silentium vero est quod eiusdem personæ huius
interiorem recludit insigniter naturam.(⑨ It is, however,
a silence that reveals in a special way the inner portrait
of the man) 그렇지만 인간의 내면 상태를 특별한 방식으로
  드러내는 것은 침묵이다(1989.8.15. "Redemptoris custos" 중에서).
sílĕo, solui, silere, intr., tr. 잠잠하다, 묵묵하다,
  말하지 않다, 침묵을 지키다, 잠자코(조용히) 있다,
  (말하지 않고) 숨기다(סוד.טמו),
  모르는 체하다, 비밀로 하다, 가만히 있다. 쉬다,
  (죽어서) 고이 잠들다, 안식하다, 고요하다, 조용하다,
  평온하다. (바람.물결 따위가) 자다, 잔잔하다, 멎다,

멈추다, 휴지(休止-하던 것을 그침)하다, 정지되다, 잊다.

Nulla me tellus silet. 어디서나 내 이야기들을 하고 있다/

Silebítne fílius? Immo vero obsecrábit patrem…. 아들 녀석이 잠잠할까? 잠잠하기는커녕 오히려 아버지에게 간청할거야/

Silent leges inter arma. 전시에는 법률들이 정지된다.

Silete. 잠자코들 있어라

síler, -ĕris, n. (植) 습지에서 자라는 버들(의 일종)

síler divaricátum. (學名) 방풍

silésco, -ĕre, intr., inch. 잠잠(고요.조용)해지다

sílex, -lícis, m. (가끔 lapis, saxum과 겹쳐 쓰기도 함) (간혹 f.) 돌멩이, 자갈, 화강석, 규석, 차돌, 바위, 암석, 돌로 포장한 길, 부싯돌(lapis igniárĭus), 몰인정, 목석.

pédibus sílicem contérere. 돌 포장길을 걸어가다/

porcum saxo silice percutere. 돌멩이로 돼지를 때리다/

saxum silex. 차돌 바위/

Silex sæpe occurrébat. (그곳에는) 가끔 바위가 있었다/

silice vias sternere. 길에 자갈을 깔다

Silex sæpe occurrebat. 그곳에는 가끔 바위가 있었다.

silicárĭus, -i, m. 도로 포장하는 사람, 포장도로 수선공

silicérnĭum, -i, n. 장례 치른 초상집 만찬(식사), 서양식 순대의 일종, (악담) 늙어빠진 산송장, 장례식(葬禮式) 후 음식 나눔.

silicérnĭus,(**silicérnus,** -i,) -i, m. 산송장 같은 늙다리의, 늙어빠진 노인의.

silícĕus, -a, -um, adj. 돌멩이의, 자갈의, 차돌의, 규석의, 석영(石英)을 함유한, 석영질의, 목석같은, 몰인정한.

silicis scintillam excudo. 차돌을 때려서 불꽃을 튀게 하다

silícŭla, -æ, f. (植) 단각과(短角果).

siliqua, -æ, f. 장각과(長角果).

siliginárĭus, -i, m. 빵 장수, 빵 제조인(製造人)

siliginĕus, -a, -um, adj. (上等) 밀의, siliginea farina. 고운 밀가루(farinula, -æ, f.).

silígo, -gĭnis, f. (가볍고 하얀 종류의) 밀, 소맥(小麥-밀), 고운 밀가루(farinula, -æ, f.).

sílĭqua, -æ, f. 꼬투리 (植-콩과식물의 열매를 싸고 있는 껍질), 깍지(콩깍지 등), 여물(짐어나 풀을 말려서 썬 마소의 먹이), (植) 장각과(長角果, silicula, -æ, f. 短角果). (植) = fœnum Græcum. 호로파(葫蘆巴).

siliquáticum, -i, n. 매상고의 24분의 1 세금

sílĭquor, -ári, dep., intr. 꼬투리가 맺히다

síllybus¹ -i, m. (=síttybus) 서명.저자명을 책 뒷등에 써 붙이는 표찰.

síllybus² -i, m. (植) 엉겅퀴의 일종

sílo, -ónis, m. 납작코(depressio nasi), 들창코(nares resimæ-코끝이 위로 들려서 콧구멍이 드러나 보이는 코).

sílui, "síleo"의 단순과거(pf.=perfectum)

silúrus, -i, m. (魚) 메기/Silurus asotus. (魚) 메기

sílus, -a, -um, adj. 들창코의

silva, -æ, f. 수풀, 숲, 삼림(森林), 조림지, 과수원, 정원, 나무, 다수, 다량, 풍부, 수두룩함, 잡(雜)초, 부스스한 머리, 더부룩한 눈썹, (더미로 있는) 재료, 소재(素材), (哲) 질료(質料.ΰλη.獨 Materie), 초고, (즉흥시 따위를 모아놓은) Státius의 시집(이름).

[lucus, -i, m. 성스런운 숲 / nemus, -ŏris, n. 숲 / saltus, -us, m. 삼림].

Cur silvam cæditis? Grata erat umbra arborum animalibus avibusque. (너희는) 왜 숲을 베느냐? 나무들의 그늘이 짐승들과 새들한테 고마웠는데/

Euhoe! Euhie! quo me in silvam venatum vocas? 야호, 야호! 그대는 어이 사냥하러 숲으로 나를 부르나!/

ex silvis propugno. 숲 속에서 튀어나와 싸우다/

Exstirpate silvas. 수풀을 뽑아 버리십시오/

habitant in silvis. 숲 속에서 살다/

impedimenta in silvas abdo. 보급부대를 숲 속에 숨겨두다/

impeditus silva. 숲에 둘러막힌/

Me in silvam abstrusi densam. 나는 빽빽한 숲 속에 잠복(潛伏)하였다/

per silvas discurro. 숲들을 뛰어다니다/

per aliquot horas erravit in silva. 숲에서 여러 시간 헤맸다/

Quasi agrum invenit corda hominum. Sed quomodo invenit? Si silvam invenit, exstirpat; si agrum purgatum invenit, plantat. 그분은 인간의 마음을 마치 밭처럼 살피십니다. 어떻게 살피십니까? 수풀이라고 여기시면 뽑아 내실 것이고, 깨끗해진 밭이라고 여기시면 심으실 것입니다.
.(최익철 신부 옮김. 요한 서간 강해. p.129)/

Quomodo ibi radicabitur caritas, inter tanta silvosa amoris mundi? 세상에 대한 사랑이 수풀처럼 무성한 곳에 사랑이 어떻게 뿌리를 내리겠습니까?/

silvas devenio. 삼림에 다다르다/

silvas peragro. 여러 숲들을 돌아다니다/

Silvis immurmurat auster. 남풍이 숲에서 속삭인다/

silvis sub altis. 숲 속 깊은 곳에.

silva insulæ. 섬의 숲

silváticus, -a, -um, adj. 숲의, 나무의, 관목의, 야생의

silvésco, -ĕre, intr., inch. 숲이 되다, 우거지다, 뒤엉히다, 뒤엉키다.

silvéster, -tris, -tre, (**silvéstris,** -e) adj. 숲의, 삼림의, 숲으로 덮인, 숲이 울창한, 야생의, 시골의, 전원의, 시골티 나는, 세련되지 못한, 조야한.

silvéstre mel. 석청(석벌이 산 속이나 바위틈에 모아 둔 꿀. 석밀)/

silvéstria præmia. 숲 속에서 사냥한 들짐승들/

túmuli silvéstres. 숲 있는 언덕.

silvícŏla, -æ, m., f. 숲 속에 사는 자, 산신령(山神靈).

silvicúltrix, -ícis, adj. (silva+colo²) 숲 속에 사는

silvífrăgus, -a, -um, adj. (silva+frango) 숲을 망그러뜨리는, 나무들을 꺾어버리는.

sílvĭger, -ĕra, -ĕrum, adj. (silva+gero¹) 숲이 우거져 있는, 나무가 많은.

silvósus, -a, -um, adj. 울창한, 나무들이 우거진, n., pl. 숲이 울창한 곳.

sílvŭla, -æ, f. 작은 숲, 덤불(엉클어진 얕은 수풀), 총림(叢林-잡목이 우거진 숲).

sim, esse(있다, …이다, …다) 동사의 접속법 현재 단수 1인칭

síma, -æ, f. ((建) (S자 모양의) 반곡선 쇠시리(모양을 내기 위하여 기둥의 모서리나 문설의 등 따위의 모를 접어 골을 내는 일).

simaroubaceæ, -árum, f. pl. (植) 소태나무과 식물

símĭa, -æ, f. (꼬리 없는 종류의) 암 원숭이, 흉내 내는 사람, 흉측한 놈(욕설).

Meas fregisti tegulas, ibi dum sectaris simiam.(Plautus). 원숭이를 잡으려 쫓다가 너는 내 지붕을 부셨어.

símĭla, -æ, f. 정제된 고운 밀가루

similagínĕus, -a, -um, adj. 고운 밀가루로 만든

similágo, -gĭnis, 고운 밀가루(= farinula, -æ, f.)

símĭle, -is, n. 비슷한 것, 유례(類例), 엇비슷함, 유사성(類似性.獨 similarity.獨 Affinität), 흡사, 직유(直喩-"直喩法"의 준말).

Simile factum est regnum cælórum homini regi, qui fecit nuptĭas filio suo.(마태 22, 2)

(w`moiw,qh h` basilei,a tw/n ouvranw/n avnqrw,pw| basilei/(o[stij evpoi,hsen ga,mouj tw/| ui`w/| auvtou) (獨 Das Himmelreich gleicht einem König, der seinem Sohn die Hochzeit ausrichtete) (獨 The kingdom of heaven may be likened to a king who gave a wedding feast for his son) 하늘나라는 자기 아들의 혼인 잔치를 베푼 어떤 임금에게 비길 수 있다(성경)/ 하늘나라는 어느 임금이 자기 아들의 婚姻 잔치를 베푼 것에 비길 수 있다(공동번역)/하늘나라는 자기 아들의 혼인 잔치를 베푼 어떤 임금과 같습니다(200주년 신약 마태 22, 2).

Simile simili cognoscitur. 유사한 것이 유사한 것에 의해 알려진다.

Simile simili gaudet. 유유상종(類類相從)(일반적으로 형용사 나 현재상태를 표시하는 과거분사. 또는 자동사, 특히 감정을 표시하는 동사 및 형용사의 원인을 표시하기 위해서는 아무런 전치사 없는 5격을 쓴다).

similem Deo fieri. 하느님과 비슷해지다
(하느님의 모상을 논하며 아우구스티노가 즐겨 인용하는 구절).

Simili modo, postquam cenatum est. 저녁을 잡수시고, 같은 모양으로(같은 모양으로, 저녁을 드시고 난 후).

Similia similibus curantur. 이열치열(以熱治熱)

similior, -or, -us, adj. símilis, -e의 비교급

símilis, -e, adj. 비슷한(ὄμοιος), 닮은, 유사한, 같은, (누구의) 모습이 그려진(새겨진), 초상(肖像)으로서의. adv. similiter, (간혹) similite, 비슷하게, 유사하게. De similibus idem est judicium.
비슷한 것들에 대하여는 판단이 같다/
filius similis est patri. 아들은 아버지를 빼닮다/
insanio errórem símilem. 같은 실수에 빠지다/
Numquid non quasi simile factum videtur. 이 행위가 닮아 보이지 않습니까?.(최익철 신부 옮김. 요한 서간 강해. p.323)/
Res sibi repóndent símili forma atque colóre. (거울에 비친) 물체들이 자기의 모양과 빛깔로 반영된다.

similis deo os humerosque(=ore humerisque)
입과 어깨가 신을 닮은 자.

similis est dilectus meus capreæ hinuloque cervorum.
나의 연인은 노루나 젊은 사슴 같답니다(성경 아가 2. 9).

similítas, -átis, f. 비슷함(יטטוטיט.ד.ὁμοίωσις),
비슷한 특성, 유사성(⑩ similarity.獨 Affinität).

similíte, adv. 비슷하게, 유사하게.

similíter, adv. (간혹) similíte, 비슷하게, 유사하게.
Et hæc omnes similiter quidem colloquuntur,
non autem similiter credunt. 모든 이가 같은 말을
한다 해서 같은 믿음을 갖고 있는 것은 아니다.

similitúdo, -dínis, f. 비슷함, 닮음, 흡사, 유사(類似),
類似性(⑩ similarity.獨 Affinität), 상사(相似),
유례(類例), 필적함, 비유, (修) 직유(直喩),
유추(類推), 모습, 초상, 조상(肖像), (말의) 모방,
한결 같음, 천편일률, 단조로움, 가장, 위장(僞裝).
[similitúdo(유사성)는 다른 말로 가지상(species intelligibilis) 또는 가지적 형상
(forma intelligibilis)을 '그것을 통해서 다른 것이 인식되는(id quo intelligitur)'
즉 인식의 수단이다. 더 상위에 속하는 지성일수록 하위의 지성 보다 더 적은
수의 유사성을 통해서 더 많은 가지적 세계를 인식한다. 이는 더 보편적인
유사성을 통해서 인식하기 때문이다. 그래서 하느님은 자신의 본질을 통해서
모든 것을 인식하는 반면, 천사들은 하느님이 하나(하느님의 본질)를 통해서
아는 것을 다수의 유사성을 통해서 인식할 수밖에 없다. 신학대전14. p.204].

ad similitudinem Dei. 하느님과 비슷하게/
ad similitúdinem panis. 빵처럼/
Dei similitudinem. 하느님 닮기/
Est hómini similitudo cum deo.
사람에게는 신을 닮은 데가 있다.
인간은 신의 모상을 가진다/
expressa similitudo. 명백한 유사함/
Homo ad imaginem et similitudinem Dei.
(⑩ Man in the image and likeness of God)
하느님 모습 따라 하느님과 비슷하게 지어진 인간/
imago similitudinis. 영광의 모상/
Mirábilis est tibi similitúdo cum avúnculo.
너는 어쩌면 그렇게도 외삼촌을 닮았니!/
Non tamen (sunt) albedo et similitudo eadem,
immo primo diversa. 그러나 흼과 유사성은 같은 것이
아니다. 오히려 근본적으로 다르다/
Similitudinem vero assumens per Spiritum.
유사는 본질적으로 성령의 현존 안에서 이루어진다/
Virtus eadem in homine ac deo est : est igitur homini
cum deo similitudo.(Cicero). 같은 덕목이 사람에게도 있고
신에게도 있다. 그러니 사람이 신과 닮은 점이 있다.

similitudo aliórum sensibilium. 공통감각들의 유사(類似)

similitudo analogica. 유비적 유사(類似)

similitudo Dei. 하느님과 유사함, 하느님과의 유사성

similitudo figuræ vel magnitudinis.
형상(形狀)이나 크기의 유사(類似).

similitudo gloria. 영광의 유사성(類似性)

similitudo hominis. 사람의 유사(類似)

similitudo intrinseca. 내적 유사성(類似性)

similitudo per modum cujusdam defluxus.
유출의 방식에 따른 유사성(類似性).

similitudo principii(=verítas) 근원에 대한 유사(類似)

similitudo rei intellectæ. 인식된 사물의 유사(類似)

similitudo rei particularis 개별 사물의 유사상(類似象).

similitudo signum. 모상(מָטַל. דְּמוּת)

similitudo vel repræsentátio deficiens.
부족한 유사(類似)나 표상(表象).

similius, adv. similíter의 비교급, 더 비슷한

simillime, adv., superl. similíter의 최상급, 매우 비슷한

simillimus, -a, -um, adj. símilis, -e의 최상급

símilo, -ávi, -átum -áre, intr., tr.
비슷해지게 하다, 같아지게 하다, 닮다(אדם.דמי),
(무엇과) 비슷하다, 비슷해지다.

símilor, -ári, dep., intr. 비슷해지다, 같아지다

simínínus, -a, -um, adj. 원숭이의

simíŏlus, -i, m. 원숭이 새끼(욕설)

símĭtu(r), adv. (古) = símul

símĭtus, -i, m. (動) 숫 원숭이(satyra²-æ, f. 암 원숭이)

símo¹ -ávi, -átum -áre, tr.
눌러 찌그러뜨리다, 납작하게 만들다.

símo² -ónis, m. (動) 돌고래, 해돈(海豚-돌고래)

Simon, -ónis, m. 시몬 사도

simonía, -æ, f. 성직 매매(聖職 賣買.⑩ Simony),
성물 매매(聖物 賣買→"시모니아" 참조), 독성죄(瀆聖罪).

simonía confidentialis. 친밀 관계 독직(瀆職)

simonía conventionalis. 계약(합의적) 성직 매매

simonía interna(mentalis). 심증(心證) 성직 매매

simonía juris divini. 신법 위반 성직 매매

simonía mixta.
순수 또는 실질적 대가가 있는 혼합 성직 매매.

simonía munus a lingua. 칭송, 구두 약속, 구두 추천

simonía per accessum. 독성적 양도에 의한 성직 포기

simonía per ingressum. 반환 약속을 한 성직 취임

simonía per regressum. 반환 약속에 의한 퇴임

simonía per sensionem. 연금 약속을 받고 퇴임

simonía pura. 대가 없이 순수 성직 양도 예약

simonía realis. 실질적 대가를 받고 성직 예약

simoníǎcus, -a, -um, adj. 성직(성물) 매매의.
m.(pl.) 성직(성물) 매매의 범죄자(犯罪者).

simpláris, -e, adj.
(군대에서) 한사람 몫을 받는, 보통 급료의.

simplex, -ícis, adj. (semel+plico) 외겹의, 홑겹의,
단(單)-, 하나로만 된, 단일의, 순일한, 단순한,
간단한, 복잡하지(혼합되지) 않은, 단 한번의,
(음식물이) 담백(淡白)한, 순박(淳朴)한, 순진(純眞)한,
소박(素朴)한, 단순(單純)한, 솔직(率直)한, 고지식한,
있는 그대로의, 자연스러운, 무조건(無條件)의.

baptismus simplex(baptismus privatus)
대세(代洗.⑩ baptism private)/

benedictio simplex Rituális. 전례서의 단순 축복/

electio simplex. 단순한 선거/

exorcismus simplex. 단순한 구마(驅魔)/

Graduale Simplex. 단순 응송집, 단순 화답송집/

infinitum simplex maxime. 지극히 단순한 무한자/

ipsummet simplex. 단순한 것 자체(自體)/

O virum simplicem, qui nos nihil celet!.(Cicero).
우리한테 아무것도 숨기지 않을 만큼 순진한 사람이여!/

plus vice símplici. 한번 이상.

simplex apprehensio. 단순 포착(單純捕捉)

simplex aqua. 맹물(melicratum, -i, n. 꿀물)

simplex consortium litis. 통상(적) 공동 소송(訴訟)

simplex erro. 단순한 착오(錯誤)

simplex mors. 사인이 하나뿐인 죽음

simplicĭtas, -átis, f. 단순(單純), 간단(簡單), 간소(簡素)
단일성, 단순성(單純性.⑩ Simplicity), 꾸밈없음,
순일성(純一性), 순진(純眞), 순박(淳朴), 소박(素朴),
솔직(率直), 허심탄회(虛心坦懷), 성실(誠實),
고지식함(성질이 곧아 융통성이 없음), (맛 따위의) 담백(淡白).

divina simplicitas. 하느님의 단순성(單純性)

simplicĭtas cordis.
단순한 마음(altitudo animi. 관대한 마음).

simplicĭtas Dei(⑩ Simplicity of God). 하느님의 순일성

simplicĭtas fidei. 신앙의 단순함

simplicĭtas perfecta. 완전한 단순성

simpliciter, adv. 단순히, 그저, 순전히, 간단히, 대번에,
단적으로, 대뜸, 꾸밈없이, 자연스럽게, 어색하지 않게,
순진하게, 순박하게, 소박하게, 率直하게, 터놓고,
버젓이, 성실히, 고지식하게, 무조건(으로), 덮어놓고,
절대적(絶對的)으로, 전면적(全面的)으로, 아주, 전혀,
순전하게(찬양 시편 강론해설. p.88).
civis dicitur simpliciter, scilicet qui potest agere ut civis,
id est, consilio et judicio. 시민이란 간단하게 말해서
사려와 판단력에 따라서 행동하는 사람이다.
(성 영 지음. 사랑만이 진리를 깨닫게 한다. p.215)/
Deus est simpliciter infinitus. 신은 단적으로 무한하다/
esse simpliciter. 단순 존재(ens purum),
단순하게 존재함, 단적(端的) 존재/
esse simpliciter sumptum. 단순히 말하는 존재/
ignorantĭa culpábĭlis simpliciter. 단순히 탓이 있는 부지/
impedimentum simpliciter occultum. 단순히 은밀한 장애/
impossibilitas secundum naturam et impossibilitas
simpliciter. 자연의 법칙에 따라 불가능한 것과
절대적으로 불가능한 것 사이의 구별/
Reservátĭo simpliciter. 단순 보류/
Unde simpliciter dicendum est quod nihil omnino in
nihilum redigetur. 따라서 어느 것도 전적으로 무로 되돌
려지지는 않는다고 단적으로 말해야 한다.(신학대전 14. p.135).

simpliciter irritans. 단순 무효법(單純 無效法)

simpliciter perfectio. 순수 완전성.
excellentia omnium simpliciter perfectione.
(ἡ ὑπεροχὴ τού πάντων ἁπλῶς ἀπολυμένου)
순수 완전성에 있어 모든 것 중 탁월함.

simpliciter unum. 단적인 하나

simplicitúdo, -dĭnis, f. 간결(簡潔)한 표현

símplĭco, -áre, tr. 하나만 생기게 하다, 단일화하다.

simplífico, -ávi, -átum -áre, tr. (simplex+fácio)
단순(간단.간편) 하게 하다, 하나로 되게 하다.

simplo, -áre, tr. 단일화하다, 순일화(純一化)하다

simplus, -a, -um, adj. 단일의.
f. 단일 가격. n. 한 단위, 일배(一倍), 정액(定額).

simpulátor, -óris, (simpŭlo, -ónis,) m.
(신랑의 친구인) 잔치 손님, 회식자(會食者).

símpŭlum(simpúvĭum), -i, n. 제사용 작은 잔,
(술을 뜰 때 쓰는 것으로서 국자처럼 생긴) 구기.
excitáre fluctus in símpulo. (작은 잔속에 큰 파도를
일게 한다) 평지풍파(平地風波)를 일으키다-속담.

símul, adv. 1. 함께(μετά.σὺν), 더불어, 일제히, 한꺼번에,
합쳐, 같이(καθὼς.ἀμετ.σὺν.ὡς.ὥσπερ), 역시(καὶ),
몰아, 겸하여, 또한, 동시에, …도 하고, …도 하다.
2. prœ.c.abl.(abl. 뒤에 오는 수도 있음) 더불어, 와 함께.
3. conj., subord. 흔히, 때로는, 하자마자, …함과 동시에,
하고 나서(하면) 곧.
An quisquam simul et vivens esse possit et mortuus.
한 사람이 살아 있으면서 동시에 죽었다고 할 수 있는가.
(교부문헌 총서 17, 신국론. p.2788)/
Coetus in excelsis te laudat cǽlicus omnis,
Et mortalis homo, et cuncta creata simul.
하늘 천사들이 주님을 함께 찬미하고,
인간과 조물이 주님을 같이 기리도다(성f주일)/
oculis simul ac mente turbatus. 눈과 정신이 어리둥절한/
omnia principia reducuntur ad hoc sicut ad primum
impossibile est simul affirmare et negare.
모든 원칙은 이 최초의 원칙으로 환원된다.
긍정하면서 동시에 부정하는 것은 불가능하다/
Simul alqd audiero, scribam ad te.
내가 무슨 말을 듣게 되면 곧 너한테 편지 쓰겠다/
simul esse. 함께 있다/
Simul justus et peccátor. 의인이면서 동시에 죄인/
simul fiximus oculus in lumen veritatis.
우리의 눈은 다함께 진리의 빛에로 쏠렸다/

Simul flare sorbereque haud facile est.
동시에 내불며 빨아들이기는 결코 쉽지 않다/
Simul flare sorbereque haud factu facile est.(Plautus).
동시에 숨을 내쉬고 들이쉬기란 여간 어려운 일이 아니네/
Simul spernebant, simul metuebant. 그들은 한편으로는
깔보기도 하면서 한편으로는 두려워도 하고 있다/
tecum simul, simul tecum. 너와 함께, 너하고 같이/
utrum possit esse in pluribus locis simul.
천사는 동시에 여러 장소에 있을 수 있는가.

Simul aliquid audiero, scribam ad te.
무슨 소식을 듣자마자 너에게 편지를 쓰마.

Simul atque est promulgatum, Pauli VI documentum
in suam novitatem devocavit omnium mentes.
(⑩ As soon as it appeared, the document of Pope Paul
VI captured the attention of public opinion by reason
of its originality) 교황 바오로 6세의 문서는 출현하자
마자 그 참신함으로 말미암아 여론의 주의를 끌었다.

símŭlac, conj., subord. 하자마자, 하고 나서 즉시

simulácrum, -i, n. 상(像), 초상, 조상(影像), 신상(神像),
모형(τὐπος), 우상(ʔʔ.ʔʔ.ʔʔ.ʔʔ.ʔʔ),
형상, (비친) 모습, 영상, 환영(幻影), 허깨비(cava imago),
유령(幽靈-죽은 사람의 혼령이 생전의 모습으로 나타난 형상), 표상,
망령(亡靈-죽은 사람의 영혼), 심상(心像-영상. 표상),
외관(뿐인 것), 겉보기, 시늉, 모의(模擬), 위장, 가짜,
모조품(模造品), 흡사(恰似), 유사(類似).
simulacrórum servitus. 우상숭배(ʔʔ ʔʔʔʔ.⑩ Idolatry).

Simulacrum multo sudóre manavit.
우상에서 많은 땀이 흘러나왔다.

simulacrum navalis pugnæ. 해상 모의전(模擬戰)

simulámen, -minis, n. 시늉(假裝)
흉내(남이 하는 말이나 행동을 그대로 옮겨 하는 짓), 영상(映像).

simulaméntum, -i, n. 위장(假裝), 가장(假裝-거짓으로 꾸밈),
간계(奸計-간사한 꾀), 계략(計略), 술책(術策-꾀).

símŭlans, -ántis, p.prœs., a.p.
흉내 내는, 모방하는, 위장(僞裝)하는, 가장(假裝)하는.

simulanter, adv.
가장하여, 꾸며서, 시치미 떼고, 외견상으로는, 거짓으로.

simulate(simulato) adv. 가장하여, 거짓으로, 꾸며서

simulatque, adv. 하자마자, 하고 나서 즉시

simulátĭo, -ónis, f. 겉보기, 외관(外觀), 시늉, 가장(假裝),
위장(僞裝), 위선(ὑπόκρισις.⑩ hypocrisy), 거짓,
기만(欺瞞.⑩ Fraud-남을 그럴듯하게 속임), 속임수, 구실,
…인 체함, 미친 체함. (동물의) 의태(擬態), 양광(佯狂),
의색(擬色). (修) 반어, 반어법(수사법상 변화법의 한 가지).
Cum omnium rerum simulatio est vitiosa, tum amicitiæ
repugnat maxime.(Cicero). 만사에 있어 겉시늉이 악덕
이거니와 더더욱 우정의 겉시늉은 크게 혐오 받는다/
Dilectio sine simulatione. Odientes malum, adhærentes
bono. 사랑은 거짓이 없어야 합니다. 여러분은 악을
혐오하고 선을 꼭 붙드십시오(성경 로마 12, 9)/
simulátĭonum involúcra 가면(假面)/
Tego summam prudéntiam simulatióne stultítiæ.
자기의 지혜를 바보로 가장하여 숨기다.

simulátĭo confessiónis audiendæ. 고백성사 가장 죄

simulátĭo consensus. 합의 가장(合意假裝)

simulátĭo missæ. 미사 가장(假裝) 죄

simulátĭo partiális 부분적 가장(部分的 假裝)

simulátĭo sacramenti. 성사의 위장.
(사제가 아닌 자가 미사 거행, 평신도의 비슷한 고해 등).

simulátĭo totalis. 전적 가장(全的 假裝)

simulátor, -óris, m. 모방자(模倣者.μιμητής),
흉내쟁이, 시늉(가장.위장) 하는 사람.

simulatórĭus, -a, -um, adj. 시늉의, 가장(假裝)의,
거짓의, 가짜의, 허위(虛僞)의, 기만(欺瞞)의.
adv. simulátórie, 가장(假裝)하여, 속여.

simulátque, conj., subord. 하자마자

simulatus amor. 위장된 사랑

símŭlo, -ávi, -átum -áre, tr. 비슷하게 만들다,

모조하다, (누구.무엇의) 형태를 드러내다, 흉내 내다,
모방하다, 그리다, 묘사하다, 표현하다, 겉꾸미다, 사칭하다,
가장하다, 위장하다, …체하다, …처럼 보이게 하다.
Marcus ægrum simulábat. 마르코는 앓는 체 하고 있었다/
simulátus amor. 위장된 사랑.

simulo se proficisci. 출발하는 체 하다

simultanéĭtas, -átis, f. 동시성, 동시발생(同時發生),
동시 존재(同時存在), 동시작용(同時作用).
possibilitas simultaneitatis. 동시적인 가능성.

simultáněum, -i, n. (여러 종파의) 공동 사용권.
(16세기 독일에서 여러 종파가 한 지역에서 같이 사용할 수 있는 권한을 허용한
것에서 비롯된다. 이 용어는 나중에 한 건물을 다른 종파가 공동으로 사용할 때
쓰이게 되었다… 백민관 신부 엮음. 백과사전 3, p.506).

simultáněus, -a, -um, adj. 동시의, 동시에 일어나는,
동시에 하는, 동시에 존재(存在) 하는.
concursus simultaneus. 동시적 협력/
simultánea possibilitas. 이중적 가능성(인식의 근본문제. p.220),
동시적인 가능성(인식의 근본문제, p.280).

simúltas, -átis, f. 원한(怨恨), 질투(嫉妬), 시기(猜忌),
앙숙(快宿-양심을 품고 서로 미워하는 사이)
앙심(快心-원한을 품고 앙갚음하기를 벼르는 마음), 암투(暗鬪),
알력(軋轢-의견이 맞지 않아 서로 충돌하는 일), 적대(敵對),
경쟁(競爭), 겨룸, 시합(試合).

simúlter(古 **simíliter),** adv. 비슷하게, 같은 모양으로, 역시

simus, esse(있다, …이다, …다)
動詞의 접속법 현재 복수 1인칭.
Simus fortes! 우리는 용맹한 자 됩시다(용맹 합시다).

sīmus, -a, -um, adj.
코가 납작한, 납작코의, 들창코의, 벌렁코의.
simum est nasus curvus. 들창코는 굽은 코이다.

sīn, conj., (原則的으로 앞에 나온 조건-si, 간혹 nisi- 에 대한 또
하나의 대립조건을 표시하며 가끔 autem, vero를 동반함, 또 가끔
동사가 생략되는 수도 있음, 간혹 시간 부사어 quando, dum 및 표면상
나타나지 않은 함축적인 전제조건에 대립 시켜짐).
그러나 만일 …면(…그.경우.때에는),
그렇지 않고 만일 …면.
Hunc mihi tímórem éripe, si verus est, ne ópprimar;
sin falsus, ut timére désinam. 이 공포가 만일 근거 있는
것이라면 내가 그 압박을 받지 않게 제거해 주고, 만일
근거 없는 것이라면 그만 무서워하도록 제거 해다오/
Si domi sum, foris est ánimus; sin foris sum,
ánimus domi est. 내가 집에 있을 때에는 마음이 밖에
있고, 내가 밖에 있을 때에는 마음이 집에 있다.

sin aliter. 그렇지 않더라도, 그렇지 않을 경우에는,
만일 그렇지 않으면.

sin minus,(⑨ for if not) 그렇지 않더라도, 그렇지 않을
경우에는, 만일 그렇지 않으면, 반대(反對)의 경우에는.

sin secus. 그렇지 않더라도, 그렇지 않을 경우에는,
만일 그렇지 않으면(여기에서는 설명어가 생략된다).

Sina, -æ, f. (pl.로 쓰는 수도 있음) 중국(中國)

Sina, -æ, m. (주로 pl. sinæ, -árum,) 중국인

sinápe(sinapi) n., indecl. (植) 겨자

sinápis, -is, f. (⑨ Mustard).그리스어 Sinapi)
(植) 겨자, (양념으로서의) 겨자.
(마태 13, 31= 마르 4, 31= 루카 13, 19: 마태 7, 20= 루카 17, 6).
Sicut granum sinapis, quod cum seminatum fuerit in
terra, minus est omnibus seminibus, quæ sunt in terra.
(w'j ko,kkw| sina,pewj(o]j o[tan sparh\/| evpi. th/j gh/j(mikro,teron
o'n pa,ntwn tw/n sperma,twn tw/n evpi. th/j gh/j) (⑨ It is like a
mustard seed that, when it is sown in the ground, is
the smallest of all the seeds on the earth).
하느님의 나라는 겨자씨와 같다. 땅에 뿌릴 때에는
세상의 어떤 씨앗보다도 작다(성경 마르 4, 31)/
그것은 겨자씨 한 알과 같다. 땅에 심을 때에는 세상의
어떤 씨앗보다도 더욱 작은 것이지만(공동번역)/
하긴 겨자 씨앗과 같습니다. 그것이 땅에 뿌려질 때에
는 지상의 어떤 씨보다도 작습니다(200주년 신약).

sinapísmus, -i, m. (醫) 겨자반죽(연고), 겨자찜질

sinapí(s)so, -átum, -áre, tr.
겨자 연고를 붙이다, 겨자 반죽으로 습포(濕布)하다.

sinapízo, -átum, -áre, tr.
겨자 연고를 붙이다, 겨자 반죽으로 습포(濕布)하다.

sincére, adv. 충심(진심)으로, 성의껏, 숨김(거짓)없이,
정직하게, 솔직하게, 올바로(in recto), 제대로.

sincérĭtas, -átis, f. 순수성(純粹性), 불순물이 없음,
순전(純全-순수하고 완전한), 순도(純度), (신체의) 건강,
건전, 성실(πίϚτις.⑨ Fidelity), 성의(誠意),
진심(眞心), 정직(착함), 표리(表裏)가 없음, 솔직(率直),
생활의 건전성, 순결(純潔.⑨ Purity), 청백(淸白)
정결(πn.⑨ Chastity/Purity), 고결(高潔).

sincérĭter, adv. 진심(眞心)으로, 충심(忠心)으로

sincéro, -ávi, -atum -áre, tr. 순수(깨끗) 하게 하다

sincérus, -a, -um, adj. 순수한, 순전한, 자연 그대로의,
본래(本來)의, (아무 것도winked 바르지(칠하지) 않은,
깨끗이 부신, 이물질이 섞이지 않은, 순도(純度) 높은,
순종의, 건강한, 성한, 병들지 않은, 아무 상처도 입지 않은,
성실한, 정직한, 순직(純直)한, 진실한(όρθός),
솔직(率直)한, 진심의, 충심으로부터의, 청렴(淸廉)한,
고결(高潔)한, 순결한, 나무랄 데 없는.
n., pl. 순수한 것. adv. **sincerum, sincere, sincerĭter**.
sinceræ genæ. 化粧하지 않은 얼굴.
Germanius amas felicem hominem, cui non habes quod
præstes; purior ille amor erit, multoque sincerior. 그대가
아무 것도 베풀지 않아도 되는 그런 행복한 사람을 사랑
하는 것이 더 참된 사랑입니다. 그 사랑은 더 순수하고
더욱더 진실할 것입니다.(최익철 신부 옮김. 요한 서간 강해. p.353)/
Offerte vobis pacem Invicem benedicimus corde sincero.
평화의 인사를 나누십시오. 평화를 빕니다/
Omnis sincera rectaque hominis actio spes est in actu.
(⑨ All serious and upright human conduct is hope in
action). 인간의 모든 진지하고 올바른 행위는
희망의 활동입니다.

sincíněum, -i, n. 솔로(solo.이탈리아語), 독창(獨唱)

sincipitaméntum, -i, n. (돼지) 대가리의 절반

sínciput, -pĭtis, n. (semi+caput) (돼지) 대가리의 절반.
(解) 두정부(頭頂部), 전두부(前頭部), 머리(전체), 두뇌.

sindon(=syndon) -ónis, f. 고운 아마포(亞麻布),
린네르프 linière, ⑨ linen)→리넨(亞麻 실로 짠 얇은 직물 총칭),
무명(무명실로 짠 피륙), 면직물, 삼베(麻布-삼실로 짠 피륙),
아마포로 만든 여러 가지 옷.홑이불.침대보.염포.

sīne, præp. c. abl. (시čala에서는 t음 도치 되는 수 있음) 없이, 없는.
…cum fratre an sine? 형제와 함께 혹은 (형제) 없이…?/
Estne salus in Ecclesia sine Christo?
그리스도 없는 교회에 구원이 있는가?/
Etiam sine magístro vítia discúntur.
선생님 없이도 악습은 배워진다/
formosissima cause sine qua non
그 아니면 할 수 없는 가장 아름다운 일
grex sine pastore. 목자 없는 양떼/
Homo sine religione est sicut equus sine freno.
종교심을 갖지 않은 인간은 재갈을 물리지 않은 말과 같다/
homo sine sapore. 멋없는 사람, 싱거운 사람/
Hospitales invicem sine murmurátĭone.
불평하지 되고 서로 대접하시오/
léctio sine ullá delectatíone. 아무 재미도 없는 독서/
mors ipsa sine morte. 죽음 없는 죽음.(신국론. p.1367)/
Mors sine gloria. 영광 없는 죽음/
Ne unus quidem homo sine vitio est.
단 한사람이라도 허물없는 사람은 없다/
Nec tecum possum vivere nec sine te.
너와 함께 살 수도 너 없이 살 수도 없네/
Nemo judex sine áctore. 제소가 없으면 재판이 없다,
원고가 없으면 아무도 재판관이 아니다/
neque sine corpore, neque sine anima esse posse
hominem. 육체 없이도 인간일 수 없고 영혼 없이도
인간일 수 없다/
Nolo salvus esse sine vobis.
여러분이 없다면 나는 구원을 받고 싶지도 않다/

offero se perículis sine causâ. 까닭 없이 위험을 당하다/
ordinátio sine ratione.(=contra rationem) 반이성적 명령/
Quasi modo geniti infantes, rátionabiles, sine dolo
lac concupiscite. 갓난아기 같이 너희도 순수하고 신령한
젖을 사모하라. 그로써 너희는 자라나 구원을 얻게 되리라.
　　　　　　　　　　　　　　　　　(부활 제2주일 입당송)/
Quod veritas intus loquitur sine strepitu. 진리는 요란한
음성이 없이 마음속에서 말씀하심(준주성범 제3권 2장)/
te sine. 너 없이/
Terra numquam sine usura reddit.
대지는 절대로 이자 없이 돌려주지 않는다/
Utrum sine cáritate possit esse aliqua vĕra virtus.
어떤 다른 덕이 신의 사랑 없이도 유도될 수 있는가/
vir sine filiis filiabusque. 아들과 딸이 없는 남자.
Sine amicis vir non potest esse beatus.
친구들이 없다면 사람은 행복해질 수 없다.
Sine amicítia vita tristis esset.
(=Si amicítia non esset, vita tristis esset).
우정(友情)이 없다면 인생은 쓸쓸할 것을!
Sine amico non potes bene vivere.
벗 없이 착하게 살기는 힘들다(준주성범 제2권 8장3).
sine anima vegetabili. 성장 혼(魂) 없는
Sine aspectu et decore crucique affixa, adoranda est
Veritas. 진리는, 볼품도 치장도 없이, 십자가에 못 박혀
매달린 그대로 흠숭 받아야 한다.(귀고 1세. 묵상집. SCH 308, 105).
sine caputio. 모자 없이, 모자를 벗고
Sine causa incolæ ab inimicis interficiebantur.
까닭 없이 주민들이 적군들한테 피살당하곤 했다.
sine culpa. 자기 탓 없이
Sine culpa, nisi subsit causa non est aliquis
puniendus. 죄과가 없으면 그 원인이 내재하지 아니
하는 한 처벌받지 않는다.
Sine Deo mundus est sine spe mundus.(⑨ A world
without God is a world without hope)
하느님 없는 세상은 희망이 없는 세상입니다.
　　　　　　　　　(에페 2, 12 참조) (2007.11.30. "Spe Salvi" 중에서).
sine die(略.s.d.) 무기한으로, 날짜(日附) 없이
sine dominico non possumus.
우리는 주님의 몸 없이 살 수 없다.
sine dúbio. 분명히, 틀림없이(comperto.), 의심없이
sine fine. 끝없이(in infinitum/in æternum)
sine fraude. 성실하게(sincere, adv.), 신의를 가지고
sine grave incommodum. 큰 불편 없이는
sine homine Christo philosophati sunt.
그리스도 없이 철학(哲學) 한다.
sine intermissione orate. (avdialei,ptwj proseu,cesqe)
(프 priez sans cesse) (獨 betet ohne Unterlaß)
(⑨ Pray without ceasing)
끊임없이 기도하십시오(성경)/늘 기도하십시오(공동번역)/
끊임없이 기도하십시오(2000주년 기념 신약성서 1데살 5, 17).
Sine ira et studio. 냉철하고 선입견(先入見) 없이
Sine iustitia sapientiâque non est amicitia.
정의와 지혜(智慧) 없이는 우정이 없다.
Sine me. 나를 가게 해다오.
sine missióne. 죽기까지 (싸워야 하는 시합)
sine mora. 지체 없이, 즉시 =ex(in) continenti.
sine pænitentia enim sunt dona et vocatio Dei!
하느님의 은사와 소명은 철회될 수
없는 것이기 때문입니다(로마 11, 29)..
sine pecunia. 돈 없이
sine periculo populi mei.
내 백성의 위험 없이(=위험을 무릅쓰지 않고).
Sine possessione præscríptio non procedit.
점유 없이는 시효가 진행되지 않는다.
sine qua non. 그것 없이는 안 됨, 그것 없이는 할 수 없는,
필요 불가결한 조건, 필수적인, 필수적으로, 필연적인.
sine quantitate. 무량(無量)으로
sine ratione probante. 검증적 이성이 없이

sine ratione obiectivæ. 객관적 이성이 없이
sine relatione creator. 창조주와의 관계없이
sine respéctu fúgere. 뒤도 돌아보지 않고 도망하다
sine respectu humanitátis. 인도적 고려도 없이
sine retractátione. 망설이지 않고, 서슴지 않고, 거침없이
Sine, sciam. 나도 좀 알게 해다오
sine scripto. 원고(原稿) 없이
sine sensu. 모르는 사이에(sensim sine sensu.)
sine summa justitia rem publicam regi potest.
정의가 없이는 공화국이 통치될 수 없다.
Sine tonitribus fulgurat. 천둥소리 없이 번개 치다
Sine tuo numine nihil est in homine nihil est
innoxium. 주님 도움 없으시면 저희 삶의 그 모든 것
해로운 것뿐이리.
sine ulla dubitatióne.
아무런 의심도 없이, 조금도 주저(躊躇)하지 않고.
sine ulla dubitatióne. 확실히(videlicet, adv.)
sine (ulla) exceptióne. 어떤 예외도 없이, 무조건, 무제한
Sine ulla lege vivimus. 우리는 아무 법 없이도 산다.
sine ulla rátióne dijudicare.
아무런 전문지식(專門知識)도 없으면서 판결하다.
Sine ulla spe. 아무(런) 희망도 없이
sine ulla variatióne. 만장일치로(unanimiter, adv.)
sine ulla vituperatióne. 아무런 책망(責望)도 없이
sine (ullo) deléctu, nullo deléctu.
아무거나 상관없이, 닥치는 대로, 마구.
sine ullo effectu. 아무런 성과(成果)도 없이
sine ullo vulnere. 아무런 상처(傷處) 없이
Sine, sciam. 나도 좀 알게 해다오.
Sinénsis, -e, adj. 중국의, 중국인의. m., f. 중국인
singílio, -ónis, m. (짧고) 단순한 의복
singillárius, -a, -um. adj. 하나만의, 단일의, 따로따로의.
adv. singillaríter, adv. 따로따로, 하나씩.
singillátim, adv. 각각, 분리해서, 따로따로, 하나씩.
De studiis partium si singillatim parem disserere,
tempus me deserat. 정치적 야심에 관해
일일이 논하기로 한다면 시간이 없을 것이다.
síngüa, -æ, f. sestértius의 24분의 1
singulare vagum. 모호한 단수(單數)
　　　　　　　　　　　(스콜라 철학에서의 개체화, p.713).
singulare consecratæ vitæ bonum.
봉헌생활의 특별한 가치.
singuláres, -íum, m., pl. (가끔 équites와 함께 씀)
(황제의) 정예 기병 근위대(近衛隊)
Singulari Quadum, 독일(獨逸)에서의 노동조합(1912.9.24.)
Singulari Quadam. 유일한 것(1854년 비오 9세 교황 연설에서).
singuláris, -e, adj. 단일의, 단 하나의, 하나밖에 없는,
단독의, 따로 떨어진, 개별적인, 홀로의, 혼자의,
특히 어느 개인에게 대한, 특정인에게만 적용(한정)되는,
개인적인, 개개의, 각자의, 뛰어난, 탁월한, 두드러진,
비범한, 무쌍의, 훌륭한, 특이한, 특수한, 독특한, 각별한,
특효(特效)가 있는, 희귀한, 기이한, 지독한, 엄청난.
(文法) 단수의. f. 과부. n. 단독체, 개체. m. 단수(單數).
Decretum singulare. 개별 교령
(個別 教令.⑨ individual decree)/
Hic homo singularis intelligit.
이 개별적 인간이 이해한다(중세철학. 제4호, p.102)/
impérium singuláre. (독재) 군주통치, 전제정치/
Individuæ ergo sunt substantiæ separatæ et singulares.
따라서 분리된 실체들은 개별적이고 특수하다/
locus singularis. 혼자 사는 외딴 곳/
O istius nequitiem singularem!. 저자의 파렴치함이라니!.
(감탄문에서 대격만 사용되는 용례가 자주 있다)
Perfectum non potest esse nisi singulare.
완전하게 될 수 있는 존재는 오직 개개인입니다/
singuláris litteræ. 약어, 약자 = singuláriæ litteræ.
singularis ferus. (혼자 지내는) 멧돼지(성경 Ps. 80. 14)
singularis mundus. 단 하나의 세상, 우주(⑨ Universe)

singularis pro casibus 개별 사안에 따라

Singularismus, -i, m. (哲) 단원론(單元論)-단원설
세계의 모든 현상의 근거(根據)를 이루는 참 실재는 수적으로 단 하나라고 하는 설. 모든 생물은 전부 동일한 조상으로부터 생겨 나왔다고 하는 학설.

singulárĭtas, -átis, f. 단일, 단독(성), (하느님의) 유일성, 독신, 독자성, 개별성, 독특(獨特)함, 특이성, 기이함. (文法) 단수성. (數) 하나, 일.

singulárĭtas determinata. 규정적 다수성.
(조지 그라시아 지음, 이재룡 이재경 옮김, 스콜라 철학에서의 개체화, p.480).

singulárĭter, adv. 각각, 하나씩, 따로따로, 각별히, 따로 떨어져, 특별히, 굉장히, 대단히. (文法) 단수로.

singulárĭus, -a, -um, adj. 단일의, 단독의, 개별적인, 뛰어난, 두드러진, 굉장한, 드물게 있는.
singulária plurálĭter effero. 단수를 복수로 표시하다/
singulárĭæ litteræ. 약어, 약자(=singuláres litteræ)/
utrum cognoscant singularia. 천사는 개별적인 것들을 인식 하는가/
Vidétur quod angelus singularia non cognoscat. 천사는 개별적인 것들을 인식하지 못하는 것으로 생각된다.

singulas stellas numero deos. 별 하나 하나를 신으로 인정하다.

singulátim, adv. = **singillátim**, adv. 따로따로, 各各

sínglŭli, -æ, -a, adj., num., distrib., pl. (각각) 하나씩(의), 저마다의, 각, 매(每)-, 마다, 따로따로의, 홀로의, 혼자의, 개개의, 개별적.
centurióes, quibus síngulæ naves sunt attributæ. 각각 배 한 척 씩 배당되었던 백인대장들/
créscere in dies síngulos. 날이 갈수록(나날이) 늘어난다/
singulis annis. 해마다(singulos annos.)/
Singulis annis alumni exercítĭis spiritualibus vacent. 신학생들은 매년 영성 수련(피정)을 하여야 한다.(교회법 제246조)/
singulis diebus. 날마다(diurnis diebus.)/
singulis mensibus. 매월, 매달/singulis noctibus. 밤마다.

Singulos annos. 해마다

Singulos interroga, confitentur Iesum esse Christum. 그들 하나하나에게 물어보십시오. 하나같이 예수님은 그리스도라고 고백할 것입니다.(최형철 신부 옮김. 요한 서간 강해. p.169).

singúltim, adv. 흐느끼며, 떠듬떠듬, 목매어

singúltĭo, -íre, intr. 딸꾹질하다, 흐느끼다, (암탉이) 콕콕하다, (흥분 상태에서) 푸들거리다.

singúlto, (-avi), -atum -áre, intr., tr. 딸꾹질하다, 흐느끼다, 흐느낌으로 떠듬거리다, (빈사상태에서) 할딱이며 그렁거리다, 부르르 떨다, 콸콸 흘러나오다, 꼴깍꼴깍하다.
tr. 흐느껴 소리 내다, 흑흑 느끼며 (숨을) 가쁘게 내쉬다.

singúltus, -us, m. 흐느낌, 목멘 울음, 딸꾹질, 오열(嗚咽-목이 메어 욺), (죽어가면서) 그르렁거리는 소리, (암탉의) 꼬꼬댁(콕콕) 소리, (까마귀의) 까옥 소리, (물 넘어가는) 꼴깍 소리.

síngŭlus, -a, -um, adj. (주로 pl. sínguli 참조) 단일의, 단 하나의, 유일한, 하나씩의, 각(各). n. 하나.
delicta singula. 개별 범죄/
in singulos diei témpora. 하루의 매 순간/
in síngulos dies. 나날이, 날이 갈수록.

síngŭlus númerus. (文法) 단수(單數)

Sínĭcus, -a, -um, adj. 중국의, 중국인의

siníster, -stra -strum, adj.
(comp. sinistérĭor, -íus; superl. sinístĭmus) 왼, 왼편의, 왼쪽의, 좌측의, 서투른, 어설픈, 불리한, 화(禍)를 가져오는, 불행(不幸)한, 불운(不運)한, 실패(失敗)한, 악의(惡意)에 찬, 비뚤어진, 못된, 고약한, 나쁜('ש,κακία,κακὸς,πονηρὸς,πονηρία). adv. **sinístre**. 나쁘게.
m., pl. 좌익부대. n. 악(惡), 나쁜 짓.
n., pl. 불행(ש,שש), 불운(不運).
a sinístro 왼편으로(부터)/in sinístrā parte. 왼편에/
sinisterius brachium. 왼팔 / sinístra fama. 나쁜 소문/

nisi quia dextera, pura consciéntia est; sinistra, mundi cupiditas? 오른 손은 깨끗한 양심을 가리키고, 왼손은 세상에 대한 탐욕을 뜻하는 것이 아니고 무엇이겠습니까?.(최형철 신부 옮김. 요한 서간 강해. p.265).

sinistérĭtas, -átis, f. 서투름, 어설품

sinístĭmus, -a, -um, superl., adj. 가장 불길한, 제일 왼편의.

sinístra, -æ, f. 왼손(ἀριστερά), 절도 공범, (훔친 것을) 슬쩍 감추는 손, 왼쪽, 왼편, 좌측, (방패를 왼손에 잡은 데부터) 방어 (하는 손), 변호.
Aspíce ad sinístram. 왼쪽을 바라보아라/
in sinistra parte. 왼편에/
insisto in sinístrum pedem. 왼발을 딛고 서다/
sub sinistra. 좌측에, 왼편에.

sinistra tenens calicem, dextera signat super eum. 왼손으로 성작(聖爵)을 잡고 오른손으로 그 위에 십자성호를 그으며.

sinistrátus, -a, -um, adj. 왼편에 있는

sinistre, -tri, n. 악(ש,κακὸν.⑨ Evil)

sinistrórsum(sinistrórsus), adv. (siníster+versus¹) 왼편으로, 왼쪽을 향하여, 좌측을 향하여.

sinite, 원형 sīno, sīvi, sītum -ěre, tr.
[명령법. 현재 단수 2인칭 sine, 복수 2인칭 sinite].

Sinite parvulos venire ad me.(⑨ Let the children come to me) 어린이들이 나에게 오는 것을 막지 말고 그냥 놓아두어라.(성경 마르 10, 14).

sīno, sīvi, sītum -ěre, tr. 허락(허가)하다(ζֵ,ζֵ), 참아주다, 말리지 않다, 내버려두다, 방치(放置)하다, 방임(放任)하다, 내맡기다.
pass. …하도록 허가받다, 해도 좋다, …하게 놔두다.
Dormíre me non sinunt cantus. 노래들이 나로 하여금 자지 못하게 한다/
Ne dii sinant. 하느님 맙소사/
Neque sinam, ut… dicat. 나는 그가 …라고 말하게 내버려두지 않겠다/
Sine. (회화) 하게 하라, 내버려둬라, 그렇게 될 테면 되어라, 그대로 좋다/
Sine me(ire). 나를 가게 해다오/
Sine, sciam. 나도 좀 알게 해다오.

sint, esse(있다, …이다, …다)
동사의 접속법 현재 복수 3인칭.
Magíster monet discípulos, ut diligéntes sint. 선생님께서는 학생들에게 부지런 하라고 권고하신다.

Sint sane ista bona : honores, divitiæ, voluptates, cetera : tamen in eis ipsis potiundis lætitia turpis est. 좋소, 저게 좋은 것이라고 합시다. 명예, 부, 쾌락 등등. 그렇지만 바로 이것들을 향락하다 보니까 희열이 더럽단 말이오.

Sint sane liberales. 그들은 모름지기 너그러워야 한다
Sint ut sunt aut non sint. 그들이 무엇이건 무엇이 아니거늘.

sinuámen, -mĭnis, n. (**sinuátĭo**, -ónis, f.) (**sinuátus**, -us, m.) 휘어 굽음, 만곡(灣曲).

sīnum, -i, n. (술 따위를 따라 마시는) 중배가 불룩 나온 큰 사발.

sínŭo, -ávi, -átum -áre, tr. 구부리다, 휘게 하다, 만곡하게 하다, 굽이지게 하다, 꾸불꾸불하게 하다, (활을) 켕기다, (뱀 따위가) 사리다, 굽이치게 하다, 출렁이게 하다, 움푹하게 파다, 파 뚫다.

sinuósus, -a, -um, adj. 꾸불꾸불한, 만곡(굴곡)이 많은, 굽이가 많은, 굽이치는, (옷 따위의) 주름이 많이 잡힌, 기복이 심한, (잎의 가장자리가) 결각(缺刻)으로 된, 본론에서 일탈한, 여담이 많은, 쓸데없이 장황한, 산만한, 갈피를 잡을 수 없는, 마음 속 깊은 곳의.

sinus¹ -i,(us) m. = **sinum**
sinus² -us, m. 만곡(灣曲), 굴곡, 나선(형), 굽이, 굽어 들어간 곳, 움푹 팬 곳, 구렁(텅이), 산간분지, 품 넓은 옷, (특히) toga의 앞자락.

S

1197

((詩)) (일반적으로) 옷. (바람을 받아) 불룩해진 돛의 부분,
그물의 불룩한 部分(자루); 그물, 거미줄, 내포, 물굽이,
만(灣-바다가 육지로 쑥 들어간 곳), 소용돌이, 전대, 돈주머니,
이득·선물 따위가 굴러들기를 기대(期待)하다.
가슴, 品(안거나 안기는 것으로서의 가슴), 옆구리(가.), 배,
중심부, 중앙, 한복판, 內部, 보호(保護), 비호(庇護),
피난처(避難處), 은밀한 곳, 은닉처(隱匿處), 은밀, 내밀,
내심, (in sinu로만) 마음대로 할 수 있는 권한(權限).
(植) 결각(缺刻). (解) 동(洞), 공동(空洞).
bonis tantis sinum subdúcere.
　굴러 들어오는 재산(복)을 물리치다/
Gaudeo in sinu, Gaudeo in se.
　혼자 은근히(속으로) 좋아하다/
in sinu. 남몰래, 드러나지 않게(Inter nos/in secréto)/
in sinu (alcjs) esse. (누구에게) 대단히 소중하다/
in sinu (alcjs) esse(habére).
　(누구의) 권한 내에(손안에) 있다/
in sinu urbis. 도시 중심부에/
sinu condi. 남몰래 숨어 있다.
sinus Abráhæ. 아브라함의 품(결-성경 루카 16, 22),
　구약시대 의인들의 안식처(安息處).
sinus ímpares magnitúdine. 크기가 같지 않은 호주머니.
sinus venósus. 정맥동(靜脈洞)
Síon, indecl. (-ónis) m., f. 전(全) 예루살렘시,
　(예루살렘 성전이 있던) 시온 산(언덕), 하느님의 선민.
　지상의 전투를 거쳐 하늘에서 개선하는 그리스도의 교회,
　(하늘에 있는) 하느님의 도시.새 예루살렘.
siónismus(=Ziónismus), -i, m. 시온주의(⑨ Ziónism)
sipárĭum, -i, n. 판사석 주위의 휘장(揮帳),
　(희극 막간에 무대장치를 바꾸기 위해 가리던) 작은 막(幕).
síp(h)ărum, -i, n. = súpparum 군기(軍旗), 깃발
sípho(n) -ónis(= sīpo²) m. 관(管), 사이편(⑨ siphon),
　파이프(導管.⑨ pipe), 수도관, 흡수관, 소방펌프, 빨대.
siphonárĭus, -i, m. (펌프로 불 끄는) 소방수
siphúncŭlus, -i, m. 작은 분수관(噴水管).
sīpo¹ -áre, tr. 자빠뜨리다
sīpo² -ónis, m. = sipho 관(管), 수도관, 흡수관
siquă, conj. (si+áliquă) 만일 어떤 방법으로(어떻게 해서)
siquándo, conj. (si+áliquándo)
　만일 어떤 때, 만일 잘 번이라도.
siquĭdem, conj. (조건) 정말로 만일 …면,
　(이유) …하기 때문에, …므로; 과연, 왜냐하면,
　(뒤에 tamen이 따르면) …할지라도.
siquidem certæ ac bene meditatæ opiniones ad animose
atque probe agendum conducunt(⑨ Firm and well -
thought - out convictions lead to courageous and upright
action) 강건하고 생각이 바른 신념이라면 용감하고 강직한
　행동을 낳습니다(1979.10.16. "Catechesi tradendæ" 중에서).
Siquidem parvo corpusculo majorem sapientiam habes.
　당신은 몸집은 작지만 뛰어난 지혜를 지니고 있습니다.
siquidem veritatem eam dicimus qua vera sunt omnia
in quantumcumque sunt, in tantum autem sunt in
quantum vera sunt(영혼의 불멸 De immortalitate animæ 12. 19).
　무릇 진리란 존재하는 모든 것이 그것으로 말미암아
　진실한 것이 된다면, 또 진실한 그만큼 온전하게
　존재하게 된다.(성 염 지음. 사랑만이 진리를 깨닫게 한다. p.55).
siquis, -qua, -quid ; siqui, -quæ, -quod,
　접속사적 대명사: 만일 누가(어떤 여자가), 만일 무엇이.
　Siquem nandi volúptas invítet.
　　수영하는 즐거움이 만일 누구를 유혹할 경우에.
　접속사적 형용사: 만일 어떤.
　Siqua habet te cura. 네게 만일 어떤 걱정이 생기거든.
siquo, conj. (si+áliquo) 만일 어디로
Sirácĭdes, -æ, m.
　(聖) 구약의 인명 sira 또는 Sirach의 라틴어 표기.
　Liber Sirácidæ = Ecclesiásticus(집회서, 略: Sir.).
siremps(=símilis re ipsá), indecl., adj.
　온전히 똑같은.동등한.

Síren, -énis, f. f. (acc. sg.: -nem, -nen, -na; pl. -nes, -nas)
　1. 전설상의 반인반조의 바다의 요정.
[Sicilia성 근처의 작은 섬에(아마도 암초에)살았다는 전설상의 반인반조의
바다의 요정. 통상적으로는 셋이 있었으며 그들의 매혹적인 피리소리.
lyra 소리.목소리에 지나가던 뱃사공들이 흘려 파선을 당하거나 잠이 들어
그들에게 잡아 먹혔다고 함. 라틴-한글 사전, p.862).
　adj. Sirenǽus(Sirenéus, Sirenĭus), -a, -um.
　2. 매혹적인 노래;(게으름.한가 따위의) 유혹물.
　3. 시재(詩材)를 갖춘 시인. 4. siren. (꿀벌 비슷한) 뒝벌.
　5. siren. 날개 돋친 뱀.
　6. siren. 고동, 기적(汽笛), 호적(號笛), 사이렌.
siríăsis, -is, f. (醫) 일사병(日射病)
siric… = seric…
sírĭum, -i, n. (植) 쑥
Sírĭus, -i, m. (天) 시리우스, 천랑성(天狼星)
sirp… = scirp…
sirpe, -is, n. (植) 아위(阿魏)
sírŭpus, -i, m. (藥) 시럽, (단)사리별(單舍利別)
sirupus aurantii. (藥) 등피(橙皮) 시럽
sirupus cinnamómi. (藥) 계피 시럽
sirupus ferrijodati. (藥) 요드철 시럽
sirupus fragariæsirupus. (藥) 딸기 시럽
sirupus hibisci. (藥) 닥 풀(黃蜀葵) 시럽
sirupus menthæ. (藥) 박하 시럽
sirupus polygalæ. (藥) 애기풀 시럽
sirupus rhei. (藥) 대황(大黃) 시럽
sirupus simplex. (藥) 단(單) 시럽
sirupus zingiberis. (藥) 생강 시럽
sīrus, -i, m. 지하 곡물장고(地下 穀物倉庫)
sis¹, esse(있다, …이다, …다).
　동사의 접속법 현재 단수 2인칭.
sis², = si vis (친근한 사이나 표면상의 부드러움을 나타내기
위하여 다른 동사의 명령법 2인칭 단수와 함께 씀. 때로는 그
명령법 꼬리에 붙이기도 하고 간혹 명령법 앞에도 놓는다)
　(본래는) 네가 원하면 마음에 들면; 제발 좀.
　Abisis. 제발 좀 떠나가 다오.
　O dea, sis felix! 오 여신이여, 가호의 손길을 펴소서!/
　Tace, sis, stulta. 이 어리석은 여자야, 좀 잠잠해라.
sis³, = suis, dat., pl.
Sis mihi lenta vento. 제발 내게 무관심하지 말아 줘
Sis sacerdos optimus! 아주 좋은 사제가 되어 주세요!
sisto, stíti(간혹 stéti), státum -ére, tr. 멎게 하다,
　세우다(가ב.אבנ.יסד), 서게 하다, 멈추게 하다,
　정지시키다, 그치다(שקט.םסק), 그만두다(תנמ),
　끝내다(הלכ.לא미.חות), 중지하다(תבש),
　공고히 하다, 흔들리지(건들거리다.쓰러지지) 않게 하다,
　두다, 놓다, 배치하다, 데려다 놓다, 데려(불러) 오다,
　(어떤 상태에) 놓이게(있게)하다, 어떻게 되게 하다,
　건립하다, 세우다, (제물 따위를 신에게) 갖다 바치다,
　드리다, ((法)) (지정된 날 법정에) 출두시키다, 소환하다,
　(어디에.누구에게) 오다, (약속시간.장소에) 나타나다,
　있어주다, (재판 날짜 따위를) 정하다,
　막다, 물리치다, 대항(對抗)하다, 저항(抵抗)하다.
　alqm in tuto sisto. 누구를 안전한 곳에 두다/
　Ego vos salvos sistam.
　　내가 너희를 안전하게 해 주겠다/
　Huc siste sorórem. 이리로 누이를 데려와 다오/
　sánguinem sisto. 피를 멎게 하다/
　Sísitur sanguis. 피가 멎는다/
　Sistas hunc nobis sanum.
　　이 사람을 우리에게 무사히 돌려 보내주시오/
　sisti non posse. 망할 수밖에 없다,
　　(기울어진 사태.형편 따위가) 걷잡을 수 없다/
　status dies cum hoste.
　　이방인(외래인)과 협정한(재판) 날/
　vadimónium sisto. 법정에 출두하다/
　vas alcjs sisténdi.
　　누구를 틀림없이 출두시키겠다는 보증인.
　intr. 멈춰서다, 멎다, 정지(停止)하다, 서(있)다.

움직이지 않고 그대로(가만히) 있다, 지속(持續)하다, 존속하다, 지탱하다, 버티다, 대항하다, 맞버티다.
((法)) (지정된 날) 법정에 출두하다, 있다(=esse).
ore(cápite) sisto. 땅에 곤두박이다(고꾸라져 떨어지다)/
Siste! 가만히 섰거라 / Siste viátor! 멈춰라 나그네여!

sisto equos(currum) 말들을(수레를) 세우다

sisto pedem(gradum) 발걸음을 멈추다, 꼼짝 않고 서다

Sistas hunc nobis sanum.
이 사람을 우리에게 무사히 돌려 보내주시오.

sistrátus, -a, -um, adj. sistrum 악기를 들고 있는

sistrum, -i, n. 고대 이집트에서 흔들어 소리 내던 악기

sísŭra(sisúrna), -æ, f. 거친 모양의 깔개(또는 겉옷)

sisymbrĭum, -i, n. (植)
Venus 여신에게 바쳐진 박하 비슷하게 생긴 향초(香草).

sisymbrĭum lúteum, -i, n. (植) 노란 장대

sit, 원형 sum, fui, esse(있다, …이다, …다)
[접속법 현재. 단수 1인칭 sim, 2인칭 sis, 3인칭 **sit**, 복수 1인칭 simus, 2인칭 sitis, 3인칭 sint].
An Deus sit? 하느님은 존재하는가?/
Homo sit pius erga paréntes.
사람은 모름지기 부모께 대하여 효도심이 있어야 한다.

Sit autem sermo vester: "Est, est", "Non, non"; quod autem his abundantius est, a Malo est.
([영] Let your 'Yes' mean 'Yes,' and your 'No' mean 'No.' Anything more is from the evil one)
너희는 말할 때에 '예.' 할 것은 '예.' 하고, '아니요.' 할 것은 '아니요.'라고만 하여라. 그 이상의 것은 악에서 나오는 것이다.(성경 마태 5, 37).

Sit hoc verum. 이것이 참되다고 하자

Sit hoc verum non est æquum.
설령 사실이라 하더라도 공정하지는 못하다.

Sit nomen Dómini benedíctum,
Ex hoc nunc et usque in sǽcula.
([영] Blessed be the name of the Lord. Now and for ever)
주님의 이름은 찬미를 받으소서, 이제와 영원히 받으소서.

Sit nomen domini benedictum in sǽcula.
주님의 이름을 영원토록 찬미하라.

Sit orator antequam dictor.
설교자가 되기 위해서는 먼저 기도하는 사람이 되어야 한다.

Sit sane ita. 과연 그렇다.

Sit tibi terra levis! 땅이 너에게 부드럽기를!

Sit ut intereant. 그들을 죽여 버려라.

sitánĭus, -a, -um, adj.
당년치의, 봄에 심어서 그 해에 수확(收穫)한.

sitárc(h)ĭa, -æ, f. 여행용 식량, 식량자루, 배낭(背囊)

sitélla, -æ, f. (=**sitellum**, -i, n.)
(제비를 담아놓고 뽑는) 추첨단지.

sitibúndus, -a, -um, adj. 갈증 난, 목마른

sitĭcen, -cĭnis, m. (situs[1]+ cano)
(구부러진 나팔을 사용한) 장송곡(葬送曲) 연주자.

siticulósus, -a, -um, adj. 갈증(渴症)을 느끼는, 목마른, 건조(乾燥)한, 마른, 갈증을 일으키는.

sitĭens, -éntis, p.prœs., a.p. 목마른, 갈증(渴症)난, 물이 없는, 메마른, 건조(乾燥)한, 가물 든, 갈망(열망) 하는, 몹시 탐하는. anno sitiénti. 가문 해에.

sitĭens colónia. 물이 부족한 농경지(農耕地)

sitiénter, adv. 목말라서, 갈망하여, 열심히

sítĭo, -tívi(ĭi), -ítum, -íre, intr. 목마르다, 갈증 나다, 갈증을 느끼다, (땅.초목 따위가) 수분이 없다, 말라 있다, 메마르다, 갈망(갈구)하다(רגג.חטיד.חטד).
tr. 목말라하다, 마시고 싶(어 하)다, 갈구(渴求)하다, 갈망(열망)하다(רגג.חטיד.חטד).
Plus sitĭuntur aquæ. 물이 더 마시고 싶어진다/
Sanguinem nostrum sitiebat.
그자는 우리 피를 목말라하였다.

sitiologĭa, -æ, f. (醫) 식이요법(食餌療法), 식품학, 영양학.

sitis, esse(있다, …이다, …다),
동사의 접속법 현재 복수 2인칭.

Sitĭs diligentes! 당신들은 부지런하시오.

sitĭs, -is, f. (acc., sg. -im, abl. -i)
목마름, 갈증(渴症-목이 말라 물을 마시고 싶은 느낌), (땅.초목에 대하여) 가뭄, 가물, 메마름, 갈망(渴望), 열망(熱望), 강렬한 욕구(慾求).
ardeo siti. 갈증으로 목이 타다/
potióne sitim depello. 음료로 갈증을 풀다.

sítĭs acris. 목이 타는 듯한 갈증(渴症)

Sítĭs exurit fatigatos.(exúro 참조)
지친 사람들이 갈증(渴症)에 목이 타고 있다.

sitítor, -óris, m. 목말라 하는 자, 갈망(渴望)하는 자

sitóna, -æ, m. 양곡 관리자(管理者), 조달자(調達者)

sitónĭa, -æ, f. 식량조달(食糧調達), 양곡관리(糧穀管理)

síttybus, -i, m. (=**síllybus** = **sýllĭbus**) 책 뒷등에 표제.저자명을 써 붙인 양피지 조각.표찰(標札).

situátĭo, -ónis, f. 위치(位置), 자리, 장소(場所), 경우(境遇), 처지(處地, nunc stans. 현재의 처지), 입장(立場-당연한 처지나 형편), 상황(狀況.獨 Kontext), 정세(情勢), 형편(形便-일이 되어 가는 모양이나 결과).
éthica situatiónis. 상황윤리(狀況倫理).

situátus, -a, -um, p.p. 위치한, 자리 잡고 있는

sítŭla, -æ, f. (**sítŭlus**, -i, m.) 두레박, 물동이, 들통, 양동이, (제비 뽑을 때 쓰는) 추첨단지.

situm, "sino"의 목적분사(sup.=supínum)

sĭtus[1] -a, -um, p.p., a.p. 놓여 있는, 위치한, 자리 잡고 있는, (어떤 곳에) 있는, (도시.제단 따위가) 세워진, 건립된, 죽어 있는, (시체가) 안치된, 묻혀 있는, (어떤) 상황.형편에 놓여 있는, 달려 있는, 의존하는.
Alqs hic situs(sita) est.(碑文)
아무가 여기 묻혀있다(略 H.S.E.)/
in ore sita lingua. 입안에 있는 혀.

situs[2] -us, m. 위치(位置), 지점(地點), 자리, 장소(τòπος), 방위, 지세, 지형, 지리적 조건, 지방, 지역, 형세, 모양, 구조, 상태(狀態.[영] State), 배열(排列), 휴한(休閑), 곰팡이, 녹(슬음), 멎지(낌), 때, 불결(不潔), 꾀죄죄함, (후대인들의) 망각(忘却), (정신활동의) 둔화, 침체.
((哲)) (범주) 공간에 배치되어 있는 상태.
In situ, 그 본래의 위치에서, 출생지에서/
situm contráhere. 곰팡이가 끼다.

situs córporis. 몸의 자세(姿勢)

situs invérsus víscerum. (醫) 내장역위(內臟逆位)

sīve(si+ve[1]) conj. (흔히 sive 자체로나 또는 비슷한 뜻의 seu, vel 따위 접속사와 함께 중복되면서 무제한적 총망라의 뜻을 나타낸다. 그러나 간혹 첫째 sive는 생략되는 수도 있다). 또(혹은) 만일 …면, 혹은(ή), 또는, 내지(乃至), 바꾸어 말하면, 다른 말로(표현해서).
Collationes sive Dialogus inter Philosophum, Iudæum et Christianum.(아벨라르두스 지음)
철학자와 유대인과 그리스도교인 사이의 대화/
eo prœlio sive naufrágio.
그 전투(戰鬪)로 또는 파선(破船)으로 인해서/
Scriptum aliquid, sive divinum sive humanum.
하느님의 말씀이나 인간의 말(하느님이나 인간에 관한 글)/
Si scivíssem, sive dixísset mihi …
만일 내가 알았더라면 혹은 그가 내게 말했더라면.

sive… sive…
…든지 …든지, …거나 …거나, …이건 …이건.

sive casu sive consílio deórum.
우연히 건 혹은 신들의 계획에 의해서건(여하간).

sive cena sive refectiónis. 저녁식사이든 한 끼 식사이든

sive ego, sive te. 나든지 너든지 상관없이.
aut ego, aut tu. 나 아니면 너.

Sive ergo manducátis, sive bíbitis, sive aliud quid facitis, ómnia in glóriam Dei fácite. (Ei;te ou=n evsqi,ete ei;te pi,nete ei;te ti poiei/te(pa,nta eivj do,xan qeou/ poiei/te) (獨 Ob ihr nun eßt oder trinkt oder was ihr auch tut, das tut alles zu Gottes Ehre)([영] So whether you eat or drink, or whatever you do, do everything for the glory

S

of God).(1코린 10. 31) 그러므로 여러분은 먹든지 마시든지,
그리고 무슨 일을 하든지 모든 것을 하느님의 영광을
위하여 하십시오(성경)/그러나 여러분은 먹든지 마시든지
그리고 무슨 일을 하든지 모든 일을 오직 하느님의
영광을 위해서 하십시오(공동번역)/그러므로 여러분은,
먹든지 마시든지 무엇을 하든지 간에 모든 일을
하느님의 영광을 위하여 하시오(200주년 신약성서).

sive étiam. 혹은 또한(더욱)

Sive loquebátur, sive tacébat, semper augústus erat.
그는 말할 때나 가만있을 때나 항상 엄숙하였다.

sive pótius. 또는 차라리..오히려

**Sive tu adhibueris medicum, sive non adhibueris,
convalesces.** 너는 의사를 불러대든지 안대든지
간에 회복되겠다.

Sive ergo vivimus, sive morimur, Domini sumus.
그러므로 우리는 살든지 죽든지 주님의 것입니다(로마 14. 8).

sivi. "sino"의 단순과거(pf.=perfectum)

sivi gleba. 비계덩이

S.J. Societas Iesu, Jesuit. 예수회.

skéléton, -i, n. (解) 골격(骨格), 뼈대, 해골(骸骨)

Slavi, -órum, m., pl. 슬라브(민)족

Slavorum Apostoli, 슬라브인들의 두 사도.
(1985년 교황 요한 바오로 2세가 성 Cyrillus와 성 Methodius의 동유럽 전교
1100주년을 기념해 발표한 회칙. 회칙은 성 Cyrillus와 성 Methodius가 슬라브
알파벳을 만들고 성경, 전례 본문을, 교회 교부들의 저서들을 번역한 점을
칭송한다. 교황은 그들의 작품을 토착화의 본보기, 곧 복음을 자국 문화에
이입하는 이 문화들을 교회의 삶에 도입한 본보기라고 한다. 두 형제는 비잔틴
전례의 풍부하고 섬세한 본문들을 슬라브 언어로 옮겼다. 그들은 이 일을 하면서
옛 슬라브 전례 언어에 문화적 존엄성과 언어적 능력을 부여하였다. 슬라브 전례
언어는 수백 년 동안 교회의 언어였을 뿐 아니라 공식적이고 문학적인 언어가
되었으며 동방 예식의 모든 슬라브인들의 공통 언어가 되기까지 하였다.
주비언 피터 랑 지음, 박영식 옮김. 전례사전. p.273).

Slavus, -i, m. 슬라브 사람

S.M. Societas Maria. 마리아회.

smarágdus(=zmaragdus), -i, m., f.
(鑛) 에메랄드(綠玉.취옥), 취옥(翠玉→에메랄드),
녹옥(綠玉-에메랄드), 녹색(綠色).

smécticus(=zmecticus), -a, -um, adj.
세정제(洗淨劑)의, 씻어내는.

smegma(=zmegma), -átis, n.
세정제(洗淨劑), 세척제. (生理) 치구(齒垢), 치지(恥脂).

smilax, -ácis, f.
(植) 청미래덩굴과의 식물, 주목(朱木-주목과의 상록 교목).

smilax china. (植) 청미래덩굴

smurna, -æ, f. (= smyrna[1]) 몰약(沒藥.⑨ myrrh)

smyris(=zmyris), -ĭdis, m. 金剛砂
(石榴石의 가루. 쇠붙이 따위를 갈거나 닦는 데 쓰임).

smyrna[1], -æ, f. (smurna) 몰약(沒藥.⑨ myrrh)

Smyrna[2], -æ, f. Iónia의 항구도시(그곳 사람들은 Homérus
의 고향이었다고 자랑함).
adj. **Smyrnǽus,** -a, -um. Smyrna의, Homérus의.
[subst. deriv.] m., pl. 그곳 주민.

S.N.D. Sisters of Notre Dame. 노트르담 수녀회.

sobol… = **subol…**

soboles, -is, f. (= suboles) 싹(순), 血統, 後孫

sóbrie, adv. 검소하게, 신중(愼重)하게, 절약(節約)해서,
절제(節制) 있게, 정신 차려, 조심(操心)스럽게.

sobríetas, -átis, f. 절주(節酒), 금주(禁酒), 단정(端正),
(음주의) 절제(節制.⑨ Temperance), 맑은 정신,
술 취하지 않은(술 안 마신) 상태, 검소(儉素),
신중(φρόνησις.愼重-매우 조심성이 있음), 자제(自制),
정숙(貞淑-특히 여자의 말이나 행실이 곧고 마음씨가 맑은 것).
De sobrietate. 절주(節酒)에 대해(Milo 수사의 시)/
Opera misericordiæ, affectus caritatis, sanctitas pietatis,
incorruptio castitatis, modestia sobrietatis, semper hæc
tenenda sunt. 자선 행위, 애정, 거룩한 신심, 썩지 않는
순결, 정도를 지키는 절제는 늘 지녀야할 덕행입니다.
(최익철 신부 옮김, 요한 서간 강해, p.341).

sobrietas romana(=brevĭtas romana) 로마의 간결성

sobrína, -æ, f. 사촌 자매(四寸姉妹-종자매).
이종사촌자매. patruelis, -is, f. 친사촌 자매(누이).

sobrínus, -i, m. 사촌 형제(四寸兄弟-종형제)
이종사촌. patruelis, -is, m. 친사촌 형제.

sóbrio, -áre, tr. 침착(냉정)하게 하다, 술 깨게 하다

sóbrius, -a, -um, adj. 절주(節酒)하는, 술을 삼가는,
술 취하지 않은, 술 안 마신(안 마시는), 술기운 없는,
술 없이 지내는, 절제하는, 절도 있는, 검소(儉素)한,
수수한, 단정한, 정숙(貞淑)한, 정신 바짝 차리는(차린),
조심하는, 신중한, 침착한, 정신이 말짱한, 제정신의.
Hominem non novi castum nisi sobrium.
음식을 절제하지 않고 정덕을 잘 지키는 사람을
나는 하나도 모른다(성 예로니모).

soccátus, -a, -um, adj. (희랍식) 반장화 신은

sóccŭllus, -i, m. (간혹 **soccélus**)
(주로 부인용의 작은) 반장화, 희극배우의 반장화.

soccus, -i, m. (희랍인들의 굽 낮은) 반장화,
가벼운 목구두(Roma인들은 여성적 나약을 드러낸다하여
주로 부인이나 희극 배우용이었음. 비극 배우용은 cothúrnus).

sŏcer(=socĕrus) -eri, m. 시아버지,
장인(丈人.丈人) / socera, -æ, f. 장모.

socer magnus.
시할아버지, 장인의 아버지, 아내의 친정할아버지.

sócĕra, -æ, f. (= socrus[2]) 시어머니, 장모(丈母)

sócĭa, -æ, f. [sócius[2]] (여자) 동료(同僚.φίλος), 동지,
반려(伴侶-짝이 되는 벗), 짝(comes, -mítĭs, m., f.),
친구, 같이 하는 여자, 관여하는 여자, 아내(⑨ Wife),
배우자(配偶者), 배필(配匹- 부부로서의 짝).
Illi sócius esse díceris. 너는 그의 동료로 여겨지고 있다/
inter sócios Catilínæ nominátus.
Catilína의 일당으로 고발된/
Legénda Trium Sociorum 세 동료 전기/
trado *alcjs* audáciæ sócios.
동료들을 누구의 마음대로 하게 내맡긴다.

sócia Redemptoris. 구세주의 동반녀

sociábilis, -e, adj. 잘 달라붙는, 교제를 좋아하는,
붙임성 있는, 사교적인, 사귀기 쉬운, 합의될 수 있는.

sociabíliter, adv.
꼭 붙도록, 결합하여, 붙임성 있게, 사교적으로.

sociális, -e, adj. 동료(同僚)의, 동지의, 친구의,
사회의, 사회적(社會)의, 사회에 관한, 동맹(關係)의,
연맹(聯盟)의, 연합군의, 부부의, 혼인의.
adv. **sociáliter** 우의적으로, 동료답게, 사회적으로.
assecurátio sociális. 사회 보험(社會 保險)/
bellum sociale. 동맹 전쟁/
clima sociále. 사회 풍토(社會 風土)/
contráctus sociális. 사회 계약(社會 契約)/
De sociali vita, quæ, cum maxime expetenda sit,
multis offensionibus sarpe subvertitur. 사회생활은 극히
바람직하면서도 수많은 장애로 무너지는 일이 흔하다.
(교부문헌 총서 17, 신국론, p.2816)/
democrátia sociális, 사회 민주주의(社會 民主主義)/
doctrina sociale. 사회적 교리/
doctrina sociális catholica.
교회의 사회교리(⑨ Social doctrine of the Church)/
Encýclicæ sociáles. (교황의) 사회 회칙(回勅)/
ethica sociális(⑨ social ethics). 사회윤리(社會倫理)/
homo fertur quodam modo suæ naturæ legibus ad
ineundam societatem pacemque cum hominibus.
인간이야말로 어느 모로 자기 본성의 법칙에 따라서
사람들과 더불어 가능하다면 모든 사람과 더불어
사회관계를 맺고 평화를 달성하려고 힘쓴다.
(성 þ 지음, 사제만이 진리를 깨달게 함. p.208)/
homo sociále ánimal. 사회적 동물인 인간/
instrumentum communicatiónis sociális. 사회 홍보매체/
Justítia sociális. 사회 정의/
rátio rei públicae. 사회 정책/
sociale Magisterium(⑨ social magisterium) 사회 교도권/
sociale opus(⑨ community of work) 사회적 노동/
socialem suam doctrinam. 자기의 사회적 교설(敎說)/
Socialia eucharistici Mysterii consectaria.

socialis caritatis.(영 social charity) 사회적 애덕(비오 11세).
socialis disciplina.(영 social teaching) 사회 교육
Socialis doctrina.(영 social doctrine) 사회 교시
  Hæc una denique cogitatio est quæ socialem moderatur
  Ecclesiæ doctrinam.(영 This, and this alone, is the
  principle which inspires the Church's social doctrine).
  이것이 교회의 사회 교시를 조절하는 또 하나의 원리이다.
Socialis doctrina Ecclesiæ.
  사회문제들에 대한 교회의 가르침.
  [이 용어는 지역에 따라 다양하게 불린다. 독일은 '가톨릭 사회론 Soziallehre',
  영어에서는 '가톨릭 교회의 사회적 가르침 Catholic Social Teching',
  우리나라에서는 '가톨릭 사회교리'라고 불린다.]
Socialis Ecclesiæ doctrina.(영 The Church's social
  teaching) 교회의 사회 교리(2007.2.22. "Sacramentum Caritatis" 중에서).
socialis exercitus. 동맹군(同盟軍)
socialis quæstio.(problemata socialia.)
  사회문제(社會問題, 영 social issues).
socialisátio, -ónis, f. (personificátio, -ónis, f. 인간화)
  사회화(社會化.獨 Sozialisierung.영 Socializátion).
socialísmus, -i, m. 사회주의(社會主義.영 socialism)
socialísmus civitatis. 국가 사회주의.
  (영 state socialism, 獨 Staat sozialísmus).
Socialismus realis. 실제 사회주의, 현실 사회주의
socialísmus utopicus. 유토피아 사회주의
socialísta, -æ, m. 사회주의자(社會主義者)
socialístĭcus, -a, -um, adj. 사회주의(者)의
socialítas, -átis, f. 사회생활(영 Social life), 군거(군집),
  공동생활(vita communis.) 사회성(社會性),
  친목(서로 친하여 화목함), 붙임성, 친숙(친밀하고 흉허물이 없음),
  사교성(社交性), 군생(群生-모든 백성.여러 생물).
sociátio, -ónis, f. 조합(組合), 결사(結社), 결합(結合),
  연결(連結), 연합(聯合), 합동(合同).
sociátor, -óris, m. (sociátrix, -ícis, f.) 결합시키는 자
socíennus, -i, m. 동료(φίλος.同像), 같은 또래의 친구
societas, -átis, f. 사회(영 Associátĭons/Society),
  공동, 결합, 연합, 유대(관계), 연관, 관련, 한몫 낌,
  참여(參與.μετοχη.영 Participátĭon), 사교, 교제,
  친교(רַעַ.영 Communion/Friendship.κοινωνία),
  사귐, (사교적) 모임, 모인 좌석, 동맹, 연맹, 단체,
  결사(공동 목적을 이루기 위해 사회적인 결합 관계를 맺음. 또는 그 단체),
  조합, 회, 협회, 학회, 수도회*(영 religious institute),
  단(團.영 society), 회사, 상사(상업상의 결사).
adiectĭonis societas. 부가적 결합/
capitum pecuniarum societas(영 society of capital goods)
  자본의 사회(societas personarum. 인간의 사회)/
cum alqo societátem ineo. 누구와 동맹을 맺다/
cum potente societas. 세력자와의 연대(連帶)/
Et quid magnum societatem habere cum hominibus?
  사람들과 친교를 나누는 것이 뭐 그리 대단합니까?/
in societatem tuarum laudum venire.
  너의 칭찬(稱讚)에 한몫 끼다/
lex vinculum humanæ societatis.
  법률이란 인간 사회를 유지하는 결속/
prima naturalis humanæ societatis copula vir et uxor
  est. 인간사회의 첫째가는 결연은 남편과 아내이다/
Rátĭo atque Institutio Studiorum Societatis Jesu.
  예수회 연학 학사 규정/
Salus nulla est, nisi in societate.
  하느님과 친교를 나누지 않고서는 구원이란 없습니다/
se implico societáte cívium. 시민들과 사귀다/
societáte dissolútá. 동맹 관계가 결렬(決裂) 되어/
Ubi societas ibi jus. 사회가 있는 곳에 法이 있다/
universa societátis mortalĭum. 인류 보편사회.
Societas a cruce rubra(영 Red Cross) 적십자사
Societas Ancillarum Sanctissimi Sacramenti.(S.S)
  성체의 하녀 수녀회.
Societas Apostolátus Catholici(S.A.C.) 천주교 사도회.

(천주교 사도회.팔로티회.영 The Society of the Catholic Apostolate).
Societas Beguinarum. 베긴회(교회법 해설 ⑤ p.355 참조)
societas Christǐana. 그리스도교인 사회
societas civilis. 시민사회(市民社會)
societas civium. 시민공동체(civǐtas, -átis, f.)
Societas clericalis Sanctissimæ Trinitatis de Marinæ.
  (영 Clerical Society of the Most Holy Trinity of Mirinæ).
  미리내 천주 성삼 성직 수도회(1976.9.24. 정행만 신부 창설. 略 S.S.T.).
societas dæmonum. 정령들과의 유대(紐帶)
Societas de Maryknoll pro Missionibus Exteris.
  메리놀 외방 전교회(M.M.)(1911.6.29. 미국 최초의 외방 전교회).
Societas Divini Salvatoris.(S.D.S.) 구세주회
societas domestica 가족 사회
societas generis humani. 인류사회(人類社會)
societas gentium(nátĭonum) 국제연맹(國際聯盟)
societas humana. 인간 사회(人間社會)
societas imperfecta. 불완전 사회(不完全 社會)
societas in suo genere maxima.
  그 종류에 있어서 최고 오래된 사회
societas inæqualis. 불평등 사회
Societas Jesu(영 Society of Jesus.. 1955.3.25. 한국진출). 예수회
Societas liturgica. 전례 사회(典禮社會).
  [세계 각국의 회원들이 매 2년마다 회합을 갖는 국제전례 협회이다. 협회는
  경배 분야와 관련 주제 그리고 사목적 의미에 대한 연구를 촉진한다. 연구
  결과와 전례 지식을 공유하며 다양한 전례 전통들에 대한 상호 이해를 심화
  시키고 현대 세계에서 전례가 중요함을 부각시키려 한다. 전례사전, p.264].
Societas Lusitana pro Catholicis Missionibus.
  포르투갈 외방 전교회.
Societas Lugdunensis pro Missionibus ad Africam.
  리옹의 아프리카 선교회(약자 M.A.).
societas malórum. 악인들과의 교제(사귐)
Societas Mariæ(S.M.). 마리아회, 마리아 사제회
Societas missionariæ laicorum. 평신도 전교회
Societas Missionariorum Africæ. 백의의 아프리카 전교회
Societas Missionariorum Mariæ.(S.M.M.) 마리아 선교회
Societas Missionariorum Sti. Joseph de Mill Hill.
  성 요셉 밀힐 외방 전교회(영 Mill Hill Missionaries)
  (정식 명칭은 성 요셉의 외방 전교회이지만 발생지의 명칭에 따라
  '밀힐 외방 전교회'로 더 알려져 있다).
Societas Missionum ad Afros. 리옹의 아프리카 전교회
Societas Missionum Exterarum de Bethlehem.
  베들레헴 외방 전교회.
Societas nationum Eucharistica. 성체 국제연맹
societas naturalis. 자연적 사회(自然的 社會)
societas nominum. 공통이름
societas non idolorum stolidorum, sed versutorum
  dæmoniorum. 우둔한 우상들과의 결속이 아니라
  간교한 정령들과의 결탁이다(우상숭배의 본질은 정령 혹은
  악마숭배라는 정의이다. 교부문헌 총서 15, 신국론, p.894).
Societas Parisiénsis Missiónum ad éxteras gentes.
  (영 Paris Foreign Missions Society)
  파리 외방 전교회(1658.7.29 설립. 1831.9.9. 한국진출).
societas(communítas) perfecta. 완전 사회(完全社會)
societas peregrinantium. 순례 수도자회
societas personarum(영 society of persons) 인간의 사회
societas primaria, primaria unio. 본부단(本部團)
societas primítĭva. 원시사회(原始社會)
Societas pro missionibus exteris provinciæ
  Quebecensis. 퀘벡 외방 전교회(1921년 캐나다 퀘벡 관구 주교들이 설립).
Societas Sacerdotum Missionariorum a S. Paulo
  Apostolo. 바오로회, 사도 바오로 전교회.
Societas Sacratissimi Sacramenti. 성체 사제 수도회
Societas Sanctæ Cæciliæ. 성녀 체칠리아 협회
Societas Sancti Columbáni pro missiónibus.
  (영 Missionary Society of St. Columban)
  성 골롬반 외방 전교회(1933.10.29. 한국진출).
Societas Sancti Francisci Salesii.(영 Society of
  St. Francis De Sales). 살레시오 수도회.
Societas Sancti Vincentii a Paulo.(영 Society of
  St. Vincent de Paul) 성 빈첸시오 아 바울로회.

Societas Sanctórum. 친교, 성인들의 사회(성인 사회)/
societas senum. 노인들이 모인 자리
Societas Scarborensis pro Missionibus ad Exteras
gentes. 스카르보로 외방 전교회(1918년 캐나다에서 창립).
Societas sine votis publicis.
사도 생활단(⑨ society of apostolic life).
Societas solvitur morte, heresque socii in societate
non succedit. 조합은 (조합원의) 사망으로 해산되며,
조합원의 상속인은 조합을 상속하지 않는다.
Societas Sororum Auxiliatricum purgatorii.
연옥영혼 도움의 수녀회(1856년 Marie de Providence가 파리에 설립).
Societas Vervi Divini(S.V.D.) (獨 Styler Missiönare)
(⑨ Divine Word Missionaries→신언회)
말씀의 선교 수도회(1875.9.8. 설립. 1984.8.25 한국 진출).
Societas vitæ apostolicæ(⑨ society of apostolic life).
사도 생활단.
Societatem nostram accesserunt.
그들은 우리와 동맹관계를 맺고 있었다.
Societates biblicæ. 성서협회, 성서공회.
Societates Missionariæ. 선교단체(宣敎團體),
선교회(⑨ Missionary Societies), 평신도 선교단체.
socii, -órum, m., pl. 동맹자, 반려자(伴侶者-짝)
협약자(協約者), 동맹군(同盟軍), 연합군(聯合軍).
sócĭo, -ávi, -átum -áre, tr. 함께 하다,
(공동으로) 같이하다, 함께 나누다, 참여시키다,
(무엇과) 겸하여 가지다, 결합시키다, 붙들어 매다,
하나가 되게 하다, 한데 뭉치게 하다, 연합하다,
(무엇에 맞추어) 조화(調和)되게 하다,
se socio, sociári. 부부가 되다, 결혼(結婚)하다.
Socio cubília cum algo.
누구와 잠자리를 함께 하다, 결혼하다.
Socio dextras. 오른 손을 맞잡다, 악수하다
Socio diligéntiam cum sciéntiã. 지식과 근면을 겸비하다.
Socio manus alci. 누구에게 도움의 손길을 내밀다
Socio fráudus, -a, -um, adj. (sócius²+fraudo)
동료를 속이는.
sociología, -æ, f. 사회학(社會學이란 말은 August Compte가 처음으로
만들어 낸 말로 한 사회 안에 형성되어 있는 단체, 제도, 사회 자체의 기능 등
사회 활동을 연구하는 학문이다… 백민관 신부 엮음, 백과사전 3, p.523).
Sociologia religiónis(⑨ sociology of religion).
종교 사회학.
sociológĭcus, -a, -um, adj. 사회학적.
homo sociologicus. 사회적 인간.
socius¹ -a, -um, adj. 같이 하는(있는.쓰이는),
공동의, 공통의, 동료(同僚)의, 동무의, 반려(伴侶)의,
동행의, 부부(夫婦)의, 결혼(結婚)의, 동맹(관계)의.
spes sóciæ. 공통된 희망(希望)/
sóciæ viæ. (함께 가는) 같은 길.
socius² -i, m. (gen., pl. -órum, 흔히 -ûm)
동료(φίλος.同像), 동무(φίλος.친구), 벗, 친우,
친구(φίλος), 동지, 짝(compar, -áris, m., f.).
반려자(伴侶者-짝), 공동으로(같이) 하는 자, 관여자,
가담자, 겨레붙이, 혈육, 친족, 동맹자, 공동 경영자,
동업자, 조합원, 회원, 수련장 보좌(1917년 교회법 제559조).
Ad fratrem Reginaldum, socium suum carissimum.
친애하는 친구 레지날도 형제에게/
culpæ socius. 연루자(連累者)/
exerceo avarítiam in sócios. 동료들에게 인색하다/
præféctus sócium. 반장(faber 및 sócius는 præféctus라는 명사와
연결되면 그 복수 2격 어미가 -um이 되기도 한다)/
Fuit hoc quondam proprium populi Romani, longe a
domo bellare et sociorum fortunas non sua tecta
defendere. 집으로부터 멀리 떨어져 전쟁을 치르고,
자신들의 집안만 아니라 동맹들의 재산도 지켜 주는
것이 로마 국민의 특성이라오!/
Illi sócius esse díceris. 너는 그의 동료로 여겨지고 있다/
in promerendis sociis. 동료들의 지지를 받음에 있어서/
Nullius boni sine socio jucunda possessio est(Seneca)
이웃과 더불어서가 아니면, 여하한 소유도 유쾌하지 못하다/

pro sócio. (法) 동료에 대한 사기범(으로)/
reduco sócios a morte 동료들을 죽음에서 구출하다/
Socii mei socius, meus socius non est.
내 동업자의 동업자라고해서 내 동업자는 아니다/
Socii nostri auxilium pollicebantur.[달형동사 문장]
우리의 동맹들은 원조를 약속하곤 했다/
Socium fallere turpe est.
동료를 속이는 것은 부끄러운 짓이다/
socius continuus. 만년 비서(萬年秘書)[토마스 아퀴나스의
비서로 배속된 레지날도 도 피페르노를 지칭 함. 토마스 아퀴나스 수사, p.234).
socórdĭa, -æ, f. 미련함, 어리석음, 명청함, 우둔(愚鈍),
우매(愚昧-어리석고 사리에 어두움), 태만(怠慢-게으르고 느림),
나태(懶怠.⑨ Acedia.Sloth-게으르고 느림),
등한(等閒- 무엇에 관심이 없거나 소홀함), 소홀, 무관심.
sócors, socórdis, adj. (se³+ cor) 어리석은, 미련한, 명청한,
정신 나간, 우둔(愚鈍)한, 게으른, 태만(怠慢)한, 등한한,
소홀히 하는, 무성의한.
socórdĭter, adv. (comp. socórdĭus)
더 느릿느릿, 더 무성의하게
Sócrätes, -is, m. [규칙적인 격어미 외에 다음과 같은
불규칙 격어미도 있음: vos. -e, gen. -i, acc. -en]
Athénœ의 유명한 철학자(489~399 A.C.).
(pl.) Sócrätæ, Sócrates 같은 사람들.
(adj.) Socratĭcus, -a, -um.
(subst.) Socratĭci, -órum, m., pl.
Sócrates의 제자들, Sócrates 학파 사람들.
ironía Sócrática. (자신은 아무 것도 모른다고 말하고
상대방에게 가르침을 청하는 체하면서 거꾸로 상대편의
무지나 오류를 지적하는) Sócrates식 논법/
Ex quo effici vult Socrates, ut discere nihil aliud sit nisi
recordari. 이로 인해서 소크라테스는 "배운다는 것은 상기
한다는 것 외에 다른 것이 아니다."라고 말하려는 것이다.
[efficis는 efficere 동사의 수동태 현재 부정법(으로 굳이 시제를 묻는다면
'현재'로 주동사(vult)와 동사상을 일치시키는 현재이다)/
Si aliquando ille terminus 'homo' sumeretur prout
supponeret pro humanitate tunc ista non concederetur
'Socrates est homo'. 만일 '사람'이라는 단어가 그
인간성을 가정하기 위해 사용된다면 '소크라테스는
사람이다'는 인정되지 않을 것이다/
Socratem esse hominem. 소크라테스가 사람이라는 것/
Socratem judices innocentissimum capitis
condamnaverunt. 재판관들은 무죄하기 이를 데 없는
소크라테스에게 사형을 선고하였다.
Socrates accusatus est, quod corrumperet juventutem
Athenarum. 소크라테스는 아테네의 젊은이를
타락시킨다고 해서 고발당했다.
Socrates, cum mori mallet quam leges civitatis
violare, e custodia clam educi noluit. 소크라테스는,
국법을 어기느니 차라리 죽기를 바랐기 때문에, 감옥에
서 몰래 누가 자기를 데리고 나가는 것을 원하지 않았다.
Socrates multa disséruit de immortalitate animórum.
소크라테스는 영혼의 불사불멸에 대하여 많이 논하였다.
Socrates quamquam innocens erat, damatus est.
소크라테스는 비록 무죄였지만, 단죄를 받았다.
Socrates se omnium rerum inscium fingit et rudem.
소크라테스는 자기가 모든 것을
알지 못하며 무식한 척하였다.
Socrates venenum lætus(=læto animo) hausit.
소크라테스는 기쁜 마음으로 독배(毒杯)를 마셨다.
socruábĭlis, -e, adj. 시어머니의
sŏcrus¹ -i, m. =sŏcer =socĕrus 시아버지, 장인(丈人)
sŏcrus² -us, f. 시어머니, 장모(丈母),
gener, -ĕri, m. 사위/socer, -eri, m. 시아버지(장인)/
Uno animo omnes socrus oderunt nurus.
['시어머니(장모)' socrus, us f.도 '며느리' nurus, us f. 도 제4변화 명사]
모든 시어머니들은 한결같이 며느리들을 미워한다.
Sodales Raphælis. 라파엘 봉사자
sodálĭa, -æ, f. 여자친구, 배우자(配偶者), 아내
sodalícĭum, -i, n. 우의(友誼-친구 사이의 정분. 友情), 友愛,

S

친교(친교).⑨ Friendship.κοινωνία.⑨ Koinonia),
친분(親分-친밀한 정분), 단체(團體), 클럽(⑨ club),
회(會), 협회(協會), 조합(組合), 비밀결사, 불법단체,
(회원 친구끼리의) 만찬(晚餐), 연회(宴會),
(금품에 의한 득표 공작의) 정치단체,
Raphæl Sodalícĭum. 라파엘 봉사회.
sodalícĭus, -a, -um, adj. 동료의, 친목의, 결사.단체에 관한
sodalis¹ -e, adj. 동료(同僚)의, 친구(親舊)의,
　단체(團體)의, 조합(組合)의, 결사(結社)의.
sodalis² -is, f., m. 동무(φίλος), 친구(φίλος), 동료,
　동창생, 배우자, 남편, 아내, 회원(會員), 단원(團員),
　조합원(組合員), (같은 제관단 소속의) 제관(祭官),
　공범자(共犯者), 연루자(連累者), 불법 단체의 공모자,
　수도자(修道者) ⑨ religious), 수련장 보좌(교회법 제650-651조).
　Pete et roga pro fratribus et sodalibus tuis.
　형제들과 친지들을 위해 기도하고 청원해 달라.
sodalĭtas, -átis, f. 우애(友愛), 우의(友誼), 친분(親分),
　친교(친교).⑨ Communion/Friendship.κοινωνία.⑨
　교분(交分), 벗, 동무, 동료(同僚), 회(會), 협회(協會),
　단체(團體), 조합(組合). (가) 신심회, 신심단체,
　친목회(親睦會), 사교모임, 클럽(Club), 회식(오락) 단체,
　불법(정치) 단체, 비밀결사(秘密結社).
sodalĭtas operarĭórum. 노동조합.
　(⑨ trade union.Associátĭons of wage earners).
sodalĭtas operarĭórum Catholicorum. 가톨릭 노동청년회
Sodalĭtas Sacratíssimi Cordis Jesu. 예수 성심회
sodalĭtas Sacri Scapuláris. 성의회(聖衣會)
Sodalĭtas SSmi. Rosarii.
　매괴회(玫瑰會, Confraternĭtas SS. Rosarii).
sodalĭti… = **sodalíci…**
sodalĭtĭum Pianum. 비오회
sodes(=si audes = consódes) (정중하고 부드러운 부탁
　.권고.명령 때로는 의문 따위에 덧붙임) 청컨대, 제발,
　부디, 아무쪼록, 혹시라도, (호격 amíce 대신) 친구야.
　At scin' quid sodes? 무엇인지 아시겠습니까?/
　Tace, sodes. 제발 좀 잠자코 있어다오.
sodomía, -æ, f. 동성음행(남과 남, 여와 여끼리의 음행),
　남색(男色-남자끼리 성교하듯이 하는 짓, 비역), 계간(鷄姦).
sodomia imperfecta. (倫神) 여성을 상대로 한 계간
Sodomíta, -æ, m.(f.) 계간 음행자(鷄姦 淫行者)
sofi… = **sophi…**
sōl, sólis, m. 태양(שׁמשׁ.Phœbea lampas.), 해돋이,
　해(ἥλιος.sidereus deus.Phœbea lampas.),
　(가끔 pl.) 햇빛, 일광, 갠 날, 햇살, 볕, 태양열.
　a prio ad últimum solem. 아침부터 저녁까지, 하루 종일/
　A solis ortu usque ad occásum ejus.
　해돋이에서 해넘이까지, 해 뜰 때부터 해 질 때까지/
　ad multum diem. 해가 기울 때까지/
　alqd in sole expono. 무엇을 햇볕에 내놓다/
　ambuláre in sole. 대낮에 떳떳이 다니다/
　assus sol. 맨 살로 쪼이는 햇볕/
　cum occasu solis. 해가 짐과 동시에/
　Cum sol ortus est. 해가 떴을 때/
　Cum sol ortus est, profecti sumus(Sole orto, profecti
　sumus) 우리는 해가 떴을 때 출발하였다/
　de labore solis. 태양의 노력으로/
　De qualitate primorum dierum, qui etiam antequam
　sol fieret vesperam et mane traduntur habuisse.
　태양이 생기기 전에 밤과 낮이 있었다고 전하는,
　창조 첫 사흘의 성격(교부문헌 총서 17. 신국론. p.2780)/
　dēlíquĭum solis. 일식(日蝕)/
　dies Solis. 일요일(日曜日)/
　dies venerábĭlis solis. 공경하올 태양의 날/
　Et obscurátus est sol, et velum templi scissum est
　medium. 해가 사라지고 성전 휘장 한가운데가 찢어졌다/
　haud procul occasu solis. 해지기 조금 전에/
　igneus sol. 불타는 태양 / médio sole. 한낮에/
　In sole sídera désinunt cerni.

낮에는 별들이 보이지 않는다/
　luna radiis solis accensa. 태양광선에 빛나는 달/
　Medium sol orbem hauserat. 이미 해가 중천에 떠있었다/
　Nil novi sub sole. 태양 아래 새로운 것은 없다/
　Nihil perpetuum sub sole.
　태양아래 아무 것도 영속하지 않는다/
　Nihil sub sole novum. 태양 아래 새로운 것이 없다/
　Nondum omnium diérum sol óccidit.(속담) 아직 모든
　날의 해가 다 지지 않았다(아직 세상의 종말이 아니다)/
　occidente sole. 해가 질 때까지/
　præceps in occasum sol erat. 해가 뉘엿거렸다/
　procédere in solem et púlverem.
　(풍진 세상에=) 공중(公衆) 앞에 나타나다/
　sidus utrúmque. 동편에서 솟아서 서편에 지는 해/
　sole claríor. 태양같이 밝은 / sole orto. 해가 뜬 다음/
　Sole orto, profecti sumus(= Cum sol ortus est, profecti
　sumus). 해가 떴을 때 우리는 떠났다(자립분사구)/
　sole suprémo. 해 질 때에/
　solis occasus. 달의 솟음, 월초,
　(lunæ ortus. 태양의 짐, 일몰)/
　Puer spectaverunt solis occasum lunæque ortum in lacu.
　소년들은 호수에서 일몰과 월출을 구경하였다/
　soli officio. 해를 가리다, 해를 차단하다/
　solis cultus. 태양숭배(太陽崇拜.cultus solaris.)/
　solis fons. 태양 샘(북부 Africa의 샘 이름)/
　solis rota. 둥근 해/ sub luce. 해 뜰 때에/
　tingi sole. 태양 빛을 쐬다 / tres soles. 사흘 동안.
sol adverstus. 마주 안은 해
sol albus. 빛나는 태양(太陽)
sol ardentíssimus. 작열(灼熱) 하는 태양
Sol Demócrito magnus vidétur, quippe hómini
erudíto. Demócrito에게는 태양이 크게 보인다. 과연
　박학한 사람인 그에게는 말이다(quippe 참조. 비꼬는 뜻이 있음)
Sol inclínat. (inclino 참조) 해가 기울고 있다
sol iniquus. 너무 뜨거운 태양(해)
sol invictus. 상승(常勝)의 태양, 불굴의 태양신
sol justítĭæ. 正義의 태양
Sol lucet omnibus. 태양은 모든 이에게 비춘다.
Sol mens mundi et temperatio.
　태양은 세상의 지성이요 조정자이다.
sol nascens. 솟아오르는 해(exoriens, -éntis, m.)
sol óccidens. 지는 해, 해넘이, 서녁
sol óriens. 떠오르는 해, 해돋이, 동녁
Sol óriens et occidens diem noctemque conficit.
　태양은 뜨고 지면서 낮과 밤을 이룬다.
sol præcipitans. 다 저물어 가는 태양
sol purus. 밝은 태양(해)
Sol quantulum nobis vidétur!
　태양이 우리에게 얼마나 작게 보이는가!
sol recens. 막 솟아오르는 태양(해)
Sol Salutis. 구원의 태양
sola auctoritas. 유일한 권위
Sola benevolentia sufficit amanti. 사랑하는 사람에게는
　호의만으로도 넉넉합니다.(최익철 신부 옮김, 요한 서간 강해. p.353).
sola fide.(獨 durch Glaube allein) 오직 신앙만으로,
　믿음만으로, 신앙만으로(루터의 구원 신학 표어).
sola gratĭa. 은총(恩寵)만으로
sola scritura. 성서로만
Sola virtus juvat. 德만이 (인생에) 도움이 된다
Sola virtus nemini datur dono.
　덕행만은 아무에게도 선물로 주어지지 않는다.
solacíŏlum, -i, n. 위안(慰安), 조그마한 위로(慰勞-위안)
solácĭum(=solarĭum), -i, n. 위로(慰勞), 위안(慰安)
　위자(慰藉), (고통.슬픔.걱정 따위의) 경감, 완화(緩和),
　진정, 후련한 앙갚음, 위안자, 도움(⑨ Assistance),
　보복(報復), 원조(援助), 구호(救護, solatium, -i, n.).
　(法) 손해배상(損害賠償), 보상(報償⑨ Reparátĭon).
　De capitivitate sanctorum, quibus numquam divina

solacia defuerunt 성도에게는 포로 신세에서도 신적
　위안이 없던 적이란 없다.(교부문헌 총서 17, 신국론. p.2742)/
dulcia solacia vitæ. 인생의 달콤한 위안/
Hoc est mihi solátĭo. 이것은 내게 위로가 된다/
Semper dolor aderit in eo qui solacio indiget et auxilio.
　(⑨ There will always be suffering which cries out for
　consolation and help) 위로와 도움을 찾는 고통은
　어디에나 있기 마련입니다(2005.12.25. "Deus caritas est" 중에서).
solágo, -gĭnis, f. (植) 해바라기
solámen, -mĭnis, (=solaméntum, -i,) n. 위안(慰安),
　위로(慰勞-위안), 위자(慰藉-위로하고 달램), 위안물.
solánum, -i, n. (植) 가지 과(科) 식물,
solanum melongena (植) 가지
solanum nigrum, solanum vulgare.
　까마종이 (植-가지과의 일년초).
solanum tuberosum. (植) 감자(가지과의 다년초. 식용작물의 한 가지)
solánus, -i, m. 동풍(東風), 동부새
soláris, -e, adj. 태양의, 태양에 관한.
　cultus solaris. 태양숭배(太陽崇拜)/
　eclípsis solaris. 일식(日蝕) / herba solaris. 해바라기.
solárĭum[1] -i, n. 태양시계(horologium solarĭum.),
　물시계, 발코니(⑨ balcony. 노대), 옥상노대,
　테라스(⑨ terrace), (해안호텔.요양소의) 일광욕실.
solárĭum[2] -i, n. (=solácĭum) 토지세(土地稅)
solárĭus, -a, -um, adj. 태양의, 일광의.
　solárium horológium. 태양시계.
solati… = solaci
solátĭum -i, n. =solacĭum
　De carentia omnis solatii. 위로가 없을 때.
solátĭus, -a, -um, adj. 위로해 주는
solátor, -óris, m. 위로자(慰勞者-위안자)
solátus, -a, -um, adj. 일사병에 걸린. (醫) n. 日射病.
soldúrĭi -órum, m., pl.
　두목에게 생사고락을 같이 하기로 맹세한 (Gállia인) 충복들.
soldus, -a, -um, adj. (古.詩) = sólidus[1]
sólĕa, -æ, f. (실내용) 샌들(⑨ sandal), 족가(足枷),
　차꼬, 발굽, 말굽, 격자 벽의 토대, 착유기의 일종.
　(魚) 혀넙치(가자미 일종).
　sóleæ balneáres. 목욕탕 샌들(슬리퍼)/
　sóleas póscere. (샌들을 달라고 하다. 즉) 식사를 마치고
　　일어서려고 하다(Roma식 식탁에서는 샌들을 벗어야 했음).
soleáris, -e, adj. 샌들 모양의
soleárĭus, -i, m. 샌들 제조인
soleátus, -a, -um, adj. 샌들 신은
solemn… = sollemn…
Solemnĭtas in Annuntiátĭo Domini.
　주님 탄생 예고 대축일(⑨ Solemnity of Annunciátĭon).
solemnĭtas liturgica. 전례의 장엄성(典禮 莊嚴性)
Solemnĭtas sanctæ Dei Genitricis Mariæ.(1월 1일)
　천주의 모친 성 마리아 축일(1983년 새 교회법으로 의무축일 됨).
Solemnĭtas sanctissimi Corporis et Sanguinis Christi.
　그리스도의 성체 성혈 축일.
sólēn, -énis, m. (魚) 긴맛(조개)
solenni… = sollemni…
　et versus ad populum, semel tantum benedicens, etiam
　in Missis solemnibus prosequitur: 신자들을 향하고
　신자들에게 한번 축복한다. 장엄미사에서도 한다.
solens, -éntis, p.prœs., a.p.
　늘…하는(대로), 상례적인, 언제나 그런, 버릇되어 있는.
sólĕo, sólĭtus sum, -ére, semidep., intr.
　[반탈형동사란 현재 어간을 사용하는 시칭(현재.미완료.미래)에서는 능동태
　어미 활용을 하고, 과거 어간을 사용하는 시칭(단순과거.과거완료.
　미래완료)에서는 수동태 어미 활용을 하는 동사를 말한다. 뜻은 모두 다 능동의
　의미이다. solen, confido, diffido, fido, gaudeo에 속한다)
　늘(상습적으로.흔히) …하다, …하는 버릇이 있다.
　…하는 것이 상례이다, …하기를 잘한다.
　Non universo hominum generi solum, sed etiam singulis
　a dis immortalibus consuli solet.(Cicero). 온 인류만 아니
　라 인간 각자도 불사의 신들에게 문의를 하는 게 예사다/

Qui mentíri solet, … 늘 거짓말하는 자는/
ut fíeri solet, 흔히 있는 바와 같이/
ut solet, 늘 그렇듯이/
verbum, quod dici solet. 흔히들 하는 말.
soler… = soller…
Solet sequi laus, cum viam fecit labor.
　(Publilius Syrus, Sententiæ S 34) - (P. 쉬루스, 잠언집 S 34)
　노고가 길을 낸 후에 영광이 따르는 법이다.
Soli Deo 오직 하느님을 위해(도미니꼬 수도회의 표어)
Soli Deo Gloria. 오직 하느님께만 영광(Calvin의 대명제)
soli officio 해를 가리다, 해를 차단하다
sólĭar, -áris, n. 옥좌에 까는 보
soliáris, -e, adj. 목욕통의
solícănus, -a, -um, adj. (solus[1]+cano) 독창하는
solicit… = sollicit…
solidámen, -mĭnis, (solidaméntum, -i) n.
　토대, 골격(骨格), 골조(骨組-건물의 주요 구조체가 되는 뼈대).
Solidarietas, -átis, f. 유대(紐帶-⑨ Solidarity),
　연대성(⑨ Solidarity), Solidarietatis trames. 연대의 길.
　Non unius communionis in Ecclesiæ vita est Eucharistia
　declaratio; etiam omni hominum generi est solidarietatis
　consilium. 성체성사는 교회 생활에서 친교의 표현일 뿐만
　아니라 전 인류를 위한 연대의 계획이기도 합니다.
Solidarietas inter populos.(⑨ Solidarity among nátĭons)
　국가들 사이의 연대성(連帶性).
solidarísmus, -i, m. 연대론(連帶論), 연대주의(가톨릭적 철학
　원리를 기반으로 하는 사회 철학. 주창자는 독일의 Heinrich Pesch이다).
solidátĭo, -ónis, f. 단단하게 함, 견고하게 함, 기초를 다짐
sólĭde, adv. 굳게, 단단히, 촘촘히, 옹골지게, 빼곡히,
　궁글지 않게, 몹시, 심히, 대단히, 확실히, 정말, 전적으로.
solidésco, -ére, intr., inch. 굳어지다, 견고해지다
solídĭpes, -pĕdis, adj. (sólidus+pes) 기제류(奇蹄類)의.
　m., pl. 기제류 동물(奇蹄類 動物).
solídĭtas, -átis, f. 고밀도(高密度), 굳음, 단단함,
　경성(硬性), 경도(硬度), (자라나는 나무의) 알찬 굵기,
　고형성(固形性), 고체성, 튼튼함, 견고(堅固), 공고(鞏固),
　확고부동(確固不動), 견실(堅實), 고체(固體).
　(法) 全部(In toto), 전체(全體), 총체(總體).κεφαλαιον).
　pl. (모르타르.대리석 입힌 벽.지붕 따위의 굳은) 외장.
solídĭtas standi. 일치의 상태, 일치된 상태.
sólĭdo, -ávi, -átum -áre, tr. 굳(어 지)게 하다, 다지다,
　튼튼하게 하다, (치유.땜질 따위로) 붙게 하다,
　(수고.고생 따위에) 견디어내게(익숙 되게) 하다,
　공고(鞏固)히 하다, 강화하다, 확립하다, 제정하다,
　확증하다, 결합(結合)시키다, 결혼(結婚)시키다.
　fácies solidáta veneno. 약품으로 부패방지가 된 얼굴/
　terga Danúbii solidáta. 얼어붙은 다뉴브 강(의 표면).
sólĭdo ratiónes. 남거나 모자라지 않게 계산을 맞추다
sólĭdum[1] -i, n. 굳은 지면, 생 땅, 안전한 곳(바닥),
　고(형)체, 입체, 전부(全部.In toto), 전액(全額).
　delegátus in solidum. 연대적 수임권자.
sólĭdum[2] adv. 몹시(cum maxime), 매우(ㄱㄺㄷ), 대단히
solidum corpus. 단단한 육체(교부문헌 총서 8. p.117)
Solidum signum 실제적인 표징
sólĭdus[1] -a, -um, adj. 고체의, 고형의, 굳은, 단단한,
　견고한, 튼튼한, 견실한, 안정된, 한결같은, 꾸준한,
　확고한, 꿋꿋한, 굳센, 속속들이 가득 찬, 궁글지 않은,
　옹골찬, 밀도 높은, 등질의, 균질(均質)의, 참된,
　진정한, 진짜의, 틀림없는, 확실한, 옹근, 축나지 않은,
　고스라 한, 통째로의, 만(滿), 만기의, 전부의, 전액의,
　순수(純粹)한, 순(純), 아무것도 섞이지 않은.
　(數) 입체(立體)의. sólidis in tectis. 감옥에.
　Meus honor est honor universalis Ecclesiæ.
　Meus honor est fratrum meorum solidus vigor.
　전체 교회의 영예가 나의 영예(榮譽)이다.
　내 형제들의 견고한 세력이 나의 영예이다.
sólĭdus[2] -i, m. (고대 Roma의) 금화(金貨)
sólĭfer, -fĕra, -fĕrum, adj. (sol+fero)

S

태양(太陽)을 가져오는, 동방의.

soliférrĕum, -i, n. = solliférreum

solifúga -æ, f. = solipúga

solígĕna -æ, f., m. (sol+gogno) 태양에서 태어난 (자식)

solilóquĭum, -i, n. (solus¹+loquor) 독백(獨白), 혼잣말

Soliloquium animæ.
영혼의 독백(靈魂 獨白)(토마스 아 캠피스 1379~1471 지음).

Soliloquium de quattur mentalibus exercitiis.
네 가지 정신 수련에 대한 독백(성 보나벤투라 지음).

solipsísmus, -i, m. (solus¹+ipse)
(哲) 유아론(唯我論), 독재론(獨在論).

solipúg(n)a (=solipunga) -æ, f. 독개미

solipunga, -æ, f. 독개미

solis cultus. 태양숭배(太陽崇拜.cultus solaris.)

solis fons. 태양 샘(북부 Afrĭca의 샘 이름)

solis rota. 둥근 태양, 둥근 해

solísĕqua, -æ, f. (sol+sequor) (植) 해바라기
(프랑스어 tournesol, 이탈리아어 girasole, 헝가리어 naprasolgo, "태양을 향해 돌고 있다"뜻/영어 sunflower, 독어 sonnenblume "태양의 꽃" 뜻).

solistiti⋯ = solstiti⋯

solitánæ cóchlĕæ -árum, f., pl.
(아프리카의 아주 큰) 달팽이.

solitánĕus¹ -a, -um, adj.
평소의, 습관(習慣)처럼 된, 통상적인, 늘 하는(있는).

solitánĕus² -a, -um, adj. 고립(孤立)된, 따로 떨어진

solitáriĕ, adv. 혼자, 외로이, 다만(μòνον) 오직(μòνον)

solitárĭus, -a, -um, adj. 혼자 있는(하는), 혼자뿐인,
홀로의, 단독(單獨)의, 고립(孤立)된, 외로운, 고독한,
고적(孤寂)한, 쓸쓸한, 은둔(隱遁)의, 은거(隱居)하는,
군서(群棲) 하지 않는, 유일한(μòνος), 단일(單一)의.
(植) 단생(單生)의, 송아리를 이루지 않는.
De Vita Solitaria. 독거 생활에 관하여(1356년)/
in solitaria Patris caligine.
(하느님) 아버지의 고고한 현의 속에서.

solitárĭus homo. 은둔자(隱遁者)

solitárĭus Scholasticus Presbyter. 고독하고 공부하는 사제

sólĭtas, -átis, f. 외톨이 신세, 홀로임

sólĭte, adv. 여느 때처럼, 종전대로

sólĭto, -ávi, -áre, intr., freq.
늘 …하다, …하는 습관이 있다.

solitúdo, -dĭnis, f. 혼자(홀로) 있음, 외톨이(신세),
외로움, 고독(孤獨-외로움), 고립(孤立), 은둔(隱遁),
혈혈단신(孑孑單身), 사고무친(四顧無親), 적막(寂寞),
한적(閑寂), 황량(荒凉), 황량한 곳, 황야(荒野),
광야(廣野-아득하게 너른 벌판), 무인지경(無人之境).
P. Scipio in solitudine secum loqui solebat.[반탈형동사 문장]
푸블리우스 스키피오는 혼자 있을 때면
혼자서 중얼거리곤 했다/
Semper aderit solitudo.(쮑 There will always be
loneliness) 외로움도 어디에나 있습니다/
Solitudinem faciunt, pacem appellant.
사람들은 고립을 자초하고는 (그것을) 평화라고 일컫는다/
vis egestas injustitia solitudo infamia. hocin sæclum!
o scelera, o genera sacrilega, o hominem inpium.
폭력에다 가난에다 불의에다 고독에다 수치라!
빌어먹을 세상, 저 못된 짓, 천벌 받을 종자,
양심 없는 남자 같으니!(성 염 지음. 사랑만이 진리를 깨닫게 한다. p.458).

sólĭtudo ultima. 궁극적(최종적) 고독

sólĭtum, -i, n. 평소(平素-평상시), 통상(通常),
종전(從前-이제까지), 습관(習慣.쮑 habit), 상례(常例),
통례(通例-상례). plus sólito. 평소보다 더.

solitum tibi. 네가 늘 하는 버릇대로

sólĭtus, -a, -um, p.p., a.p. 평상시의, 평소(平素)의,
늘(흔히) 하는(대로의), 종전(대로)의, 상례적인, 습관 된,
more sólito. 종전(상례) 대로.

sólĭum, -i, n. 어좌(御座-玉座), 옥좌(玉座.쮑 Throne),
왕권(王權), 왕위(王位), 왕좌(王座), 욕조, 목욕통,
큰 물통.기름통, (귀인의) 석관(石棺).

(제단에 안치되는 순교자들의) 유골상자.

solius meum peccatum. 혼자 떠돌아다니는,
홀로 사는, 나 혼자만의 죄, 유래 없는.

Sollemnĭtas Omnium Sanctórum.
모든 성인의 날 대축일(쮑 All Saints Solemnity).

sollémne, -is, n. 풍습(風習), 관습(mos, mōris, m.),
관례(mos, mōris, m.), 장례식(葬禮式.쮑 Funerals),
(pl.) 상례적인 행사, 요식(要式), 정식(定式), 제전(祭典),
종교의식(宗敎儀式), 축제(᧹᧹᧹᧹.쮑 Feast day).
Commemorátĭo Solemnis Beatæ Mariæ de Monte carmelo.
스카풀라레 축일. 가르멜 산의 동정 성모 마리아 축일/
votum sollémne. 성대서원.

sollemnis, -e, adj. 매년 정기적인, 연례의,
(흔히 종교의식.축제 따위) 해마다 지내는(베풀어지는),
장엄한, 엄숙한, 성대한, 축제적인, 종교의식(상)의,
신성(神聖)的, 관례적(慣例的)인, 통상적(通常的)인,
예사로운, 당연(當然)한, 법정(法廷)의, 정식(定式)의.
electio sollemnis. 성대한 선거/
exorcismus sollemnis. 장엄한 구마(莊嚴한 驅魔)/
missa sollemnis. 장엄 미사/
utpote solemnis liturgiæ pars necessária.
장엄한 전례에서의 필연적 부분.

sollemnis ignis. 성화(聖火)

Sollemnis Professio Fidei.
하느님 백성의 신앙고백(信仰告白)(1968.6.30. 자의교서).

sollemnĭtas, -átis, f. 대축일(大祝日.쮑 Solemnity),
경축(일), 축제(᧹᧹᧹᧹.쮑 Feast day, dies festus),
장엄행사(莊嚴行事), 성대(盛大), 성전(盛典), 대례(大禮),
성대한 의식(儀式), 축일(쮑 Feast day), 관례, 관습.
forma et sollemnitas. 요식행위(要式行爲)/
Quomodo Matutinorum Sollemnitas Agatur.
성대한 "아침기도"는 어떻게 바칠 것인가

Sollemnĭtas azymórum. 무교절(᧹᧹᧹᧹).
(주간절.초막절과 함께 옛 이스라엘의 3대 순례 축제 가운데 하나).

Sollemnĭtas D.N.I.C. universórum Regis.
그리스도 왕 大祝日(쮑 Christ the King).

Sollemnĭtas de pausatióne sanctæ Mariæ.
성모 마리아의 안식 대축일.

sollemnĭtas extema sententiæ. 판결서의 격식

Sollemnĭtas Hebdomadarum.(쮑 feast of Weeks).
7주 축제(추수의 축제 탈출 23. 16), 추수 감사절.

Sollemnĭtas in Annuntiátĭone Domini.
성모 영보 대축일(聖母 領報 大祝日).

Sollemnĭtas in Ascensione Domini. 주님 승천 대축일.
(쮑 Solemnity of Ascension of our Lord).

Sollemnĭtas in Assumptĭone B.M.V. 성모 승천 대축일.
(쮑 Assumptĭon Solemnity/Solemnity of Assumptĭon
of the Virgin Mary into heaven.
獨 Hochfest Mariä Aufnahme. 8월 15일).

**Sollemnĭtas in Conceptĭone Immaculata Beatæ Mariæ
Virginis.** (쮑 Solemnity of the Immaculate
Conceptĭon of Blessed Mary the Virgin, 축일 12월 8일)
복되신 동정 마리아의 원죄 없으신 잉태(孕胎) 대축일.

Sollemnĭtas in Epiphania Domini. 주님 공현 대축일
(삼왕내조 축일.쮑 Solemnity of Epiphany of the Lord).

Sollemnĭtas in Nativitate Domini. 예수 성탄 대축일

Sollemnĭtas in Nativitate S. Joannis Baptistæ.
(쮑 Birth of John The Baptist Solemnity)
성 요한 세자 탄생(誕生) 대축일.

Sollemnĭtas in Resurrectĭone Domini(쮑 Easter Sunday)
예수 부활 대축일(주님 부활의 파스카 축일).

Sollemnĭtas Omnium Sanctórum.(11월 1일)
(쮑 All Saints Solemnity.獨 Allerheiligen)
모든 성인의 날 대축일.

Sollemnĭtas Sanctæ Dei Genitricis Mariæ.
(獨 Hochfest der Gottesmuter Maria)
천주의 모친 성 마리아 축일(1월 1일, 의무축일).

Sollemnĭtas Sanctissimæ Rosrii B. M. V.

로사리오의 성모 마리아 축일(10월 7일).
Sollemnĭtas Sanctissimæ Trinitatis.
삼위일체 대축일([영] Trinity Sunday Solemnity).
Sollemnĭtas SSmi. Cordis Jesu.
예수 성심 대축일([영] Solemnity of Sacred Jesus).
Sollemnitas SSmi. Corporis Christi.
지극히 거룩하신 그리스도의 성체 대축일.
Sollemnĭtas SSmi. Corporis et Sanguinis Christi.
([영] Body and Blood of Christ Solemnity)
성체 성혈 대축일(聖體 聖血 大祝日).
Sollemnĭtas SSmi. Petri et Pauli Apostolórum.
베드로와 바울로 사도 대축일(6월29일)
([영] Solemnity of Sts. Peter and Paul Apostles).
Sollemnĭtas SSmi. Rosarii B.M.V..
매괴(玫瑰) 축일, 로사리오 축일(10월7일).
Sollemnitas SSmi. Trinitatis([영] Trinity Sunday Solemnity.獨 Dreifaltigkeisfest) 천주 성삼 대축일.
sollemniter(=**sollemnitus**) adv. 성대하게, 장엄하게, 관례대로(ex consuetudine), 늘 하던 대로, 대례로, 의식(儀式)을 갖추어, 엄숙하게, 여느 때처럼, 종전대로, (法) 요식(要式) 절차대로, 소정양식에 따라, 정식으로.
Postea, si sollemniter celebrat, benedicit incensum, dicens. 장엄미사를 집전할 경우,
집전자는 향을 축복하며 말한다.
sollemnízo, -áre, tr. 장엄(성대)하게 거행(擧行)하다, 의식(儀式)을 갖추어 경축(慶祝)하다.
sollenni··· = **sollemni**···
sollers, -értis, adj. (sollus+ars) 노련(老鍊)한, 능란한, 능숙(能熟)한, 섬세(纖細)한, 솜씨 좋은, 수완 있는, 숙달(熟達)한, 정교한, 정통한, 조예(造詣) 깊은, 창의성(創意性) 있는, 총명(聰明)한, 치밀한, 간교한, 교활(狡猾)한, 약은, 영리한, 예리(銳利)한, 노련하게, (땅이) 무슨 농사나 잘되는, 썩 잘 생산하는.
sollérter, adv. 능숙하게, 솜씨 있게, 정교(精巧)하게, 노련(老鍊)하게, 총명(聰明)하게, 치밀(緻密)하게
sollértĭa, -æ, f. 영리(怜悧-똑똑하고 눈치가 빠름), 창의력, 창의성(創意性), 총명(聰明-영리하고 재주가 있음), 훌륭한 솜씨, 수완(手腕-일을 꾸미거나 치러 나가는 재간), 기민(機敏-동작이 날쌔고 눈치가 빠름), 능수(能手), 능란함, 노련(老鍊-많은 경험을 쌓아 그 일에 아주 익숙하고 능란함), 정통, 조예(造詣-어떤 분야에 대한 깊은 지식이나 이해), 정교(精巧), 기교(技巧), 치밀(緻密-계획 따위가 자상하고 꼼꼼함), 섬세(纖細-감정이나 감각 따위가 여리면서도 날카로움), 예리(銳利-날카로움), 교활(狡猾-간사하고 음흉함), 간교(奸巧-간사하고 교활함), 책략(策略-일을 처리하는 꾀와 방법).
Sollicita ac Provida, 섭리의 설득.
(교황 베네딕도 14세 교황령 1753년. 자세한 도서 검열 규정 마련).
Sollicita cura, (1987.12.26. 자의교서)
로마 대리구의 항소법원(고등법원).
sollicitátĭo, -ónis, f. 유혹(誘惑.[영] Temptátĭon), 유도(誘導-꾀어서 이끎), 교사(敎唆-남을 부추겨 못된 일을 하게 함), 부추김, 강권(强勸), 강청(强請), 걱정, 속상함.
Sollicitúdines discessére. 걱정들이 사라졌다.
sollicitátĭo nuptiárum.
(아버지의 강권에 의한) 결혼에 대한 걱정.
sollicitátor, -óris, m. (sollicitatrix, -icis, f.)
부추기는 자, 교사자(敎唆者), 사주자, 매수자, (나쁜 길로 이끄는) 유혹자(誘惑者).
sollícĭte, adv. 걱정스럽게, 불안해하며, 조바심하며, 애타게, 간절히, 조심스럽게, 주의(注意) 깊게, 신중히, 정성 들여, 면밀(綿密)히, 꼼꼼히, 골똘히.
sollícĭto, -ávi, -átum -áre, tr. 뒤흔들다, 들쑤시다 (뇌물 따위로) 매수하다, 유도(誘導)하다, 유인하다, 이끌다, 솔깃하게 하다, 쏠리게 하다, 초대하다, 권유하다, 자극하다, 분발(奮發)시키다, 부추기다, 교사(敎唆)하다, 선동하다, 조르다, 간청(간원)하다, 재촉하다(דחק.דחק), …하게 하다, 설득하다, 도전(도발)하다, 不安하게 하다, 걱정되게 하다, 고민하게 하다, 괴롭히다, 못살게(성가시게) 굴다(צוק), 안타깝게 하다, 조바심하게 하다, 어지럽히다, 마음을 산란하게 하다, (평화 따위를) 깨다, 교란하다.
pass. refl. **sollicitári**. 걱정하다, 걱정스럽다, 불안하다.
Multa me sollicitant. Me miserum! Cur non ades?
하고 많은 일이 나를 들쑤신다. 내 가련한 신세여!
넌 왜 안 와 있니?.[성 염 지음. 고전 라틴어, p.406].
sollicito óculos. 눈길을 끌다
Sollicitudines discessére. 걱정들이 사라졌다.
Sollicitudines quædam pastorales.([영] Some pastoral concerns) 몇 가지 사목적 관심.
sollicitúdo, -dĭnis, f. 고생, 고통(βὰσανος.[영] suffering), 시름(늘 마음에 걸리는 근심이나 걱정), 근심, 걱정, 걱정거리, 염려(念慮-마음을 놓지 못함), 불안(獨 die Angst), 안달(조급하게 굴면서 속을 태우는 짓), 조심(操心), 주의, 정성, 골몰, 의무([영] Duty/Obligátĭon), 직책, 관심(cura, -æ, f.).
exónĕro ánimum sollicitúdine. 마음 걱정을 덜다/
gemmárum sollicitudo.
보석(寶石)들이 깨지지 않을까 하는 걱정/
Ille beatissimus est et securus sui possessor, qui crastinum sine solicitudine espectat.
내일을 걱정 없이 맞이하는 자가 가장 훌륭한 사람이며, 자기 몸 하나로 안전한 사람이다/
Quod omnis sollicitudo in Deo statuenda sit.
모든 걱정을 하느님께 맡김(준주성범 제3권 17장)/
sollicitudinem de ethica([영] an ethical concern)
도덕적 관심(1990.8.15. "Ex corde ecclesiæ" 중에서)/
Sollicitudinis elementa. 염려되는 문제들.
Sollicitudo Episcopi de familia. 가정에 대한 주교의 관심
Sollicitudo omnium ecclesiarum, 온(모든) 교회의 염려, 모든 교회에 대한 관심(1814년. 교황 비오 7세 대칙서-예수회 복구), 교황 대리인의 직무(1969.6.24. 교황 바오로 6세 자의교서).
Sollicitudo Rei socialis, 사회적 관심(關心), 민족들의 발전 반포 20주년에[1987.12.30. 현 세계에 관한 신학적 탐구와, 회칙「민족들의 발전」에 담긴 가르침에 따라, 개발의 개념 자체가 더욱 완벽하게, 더욱 섬세하게 규정될 필요성을 강조하고, 그 개념을 실현시킬 몇 가지 방안을 제시하는 교황 요한 바오로 2세의 회칙이다].
Sollicitudo vexat impios. 불안은 못된 자들을 괴롭힌다.
sollicitus, -a, -um, adj. 걱정하는, 염려(우려)하는, 마음 쓰는, 개의하는, 근심(시름)하는, 애타는, 괴로운, 안타까운, 마음 졸이는, 조바심하는, 不安한, 답답한, 안절부절못하는, 끊임없이 유동하는, 진동(격동)하는, 뒤흔들리는, 불안(답답.난처)하게 하다, 성가시게 하다, (동물이) 놀란, 겁먹은, 불안에 떠는, (손.입술 따위가) 떨리는, 걱정거리의, 염려스러운, 마음 놓이지 않는, 不安하게 하는, 애태우는, 괴롭히는(infestus, -a, -um, adj.), 의구심을 자아내는, 난처한, 서글픈, 주의 깊은, 조심하는, 방심하지 않는, 애써 한, 공들인, 정성(精誠) 들인.
Hoc ánimum meum sollícitum habet.
이것이 내 마음을 불안하게 한다.
solliférrĕum, -i, n. (sollus+ferrum)
(자루까지도 철로 된) 철제투창.
sollístĭmum, adj. n. = **solístĭmum**
sollus, -a, -um, adj. 온, 전체의, 통짜의, 온통의
sōlo¹ -ávi, -átum -áre, tr. 적막하게 하다, 황폐케 하다
sŏlo² -ónis, m. = **Solon**
solœcísmus, -i(=**solœcum**, n.) m. (文法) 문법(어법) 위반, 과오, 잘못, 부당(不當-도리에 벗어나서 정당하지 않음).
solœcum, -i(=**solœcísmus**, m.) n. (文法) 문법(어법) 위반.
solœcísta, -æ, m. 문법위반자, 어법위반자(語法違反者)
solœcum, -i, n. = **solœcísmus**, -i, m.
Sólŏmon(그리스어.[영]) (히브리어 Shĕlŏmŏh)
= **Sálomon**, -ónis, m. 솔로몬 왕(다윗의 아들)
sōlor, -átus sum, -ári, dep., tr. 위로하다(נחם.נחם), 위안하다(παρακαλὲω), 달래다, 진정(鎭定)시키다, 희망.용기(勇氣)를 북돋우다, 가라앉히다, 가시게 하다, 완화(緩和)시키다, 보상(補償)하다.
famem solor. 시장기를 풀다.풀다.

solos novem menses. 아홉 달 동안만

sŏlox, -ócis, adj. (털이) 거센, 거친, 올이 굵은, 엉성한, (제물용으로 방목하여) 털 깍지 않은 (짐승).
f. 거친 양털 모직물 옷.

solséquĭum, -i, n. = solísequa 해바라기

solstiális, -e, adj. 하지의, 한여름의, 혹서의, 태양의.

Solstĭalis dies. 하지 날

Solstĭalis orbis. 하지선('북회귀선'을 이르는 말)

solstĭtĭum, -i, n. (sol+sisto, sto)
((天)) 지점(至點), 하지(夏至), 여름, 더위.

solstĭtĭum æstívum. 하지(夏至)

solstĭtĭum brumále, solstĭtĭum hibérnum. 동지(冬至)

solum¹ -i, n. 땅(ץרֶאֶ.הָמָדֲא.עַקְרַק.yñ.⑨ Earth), 바닥,
밑바닥, 땅바닥, 집터, 터전, 밭, 흙, 토양, 지면, 토대,
기반(基盤-사물의 토대), 기초, 발바닥, 구두밑창,
(떠받치는) 받침이 되는 것, 육지(陸地), 고향 땅,
향토(鄕土), 고장, 지방, 정착지(定着地), 안와(眼窩).
(法) 토지, 부동산(不動産, bona immobilia.).
Cuius est solum, eius est est usque ad cælum et
ad inferos. 토지 소유자의 권리는 지상은 하늘까지,
지하는 지핵(地核)까지 미친다/
loco nullíus ante trita sólio. 전인미답의 땅(지방)/
Quodcúmque(quod) in solum venit, 생각나는 대로의 것,
(무엇이든 땅에 떨어지는 것) 머리에 우선 떠오르는 것/
Superficies solo cedit. 지상물은 토지에 속한다.

solum natale. 출생지(出生地-태어난 고향), 태어난 곳

solum stercore satĭatum. 거름을 듬뿍 준 땅

solum² adv. 다만(μòνον), …만, 오직(μòνον), …뿐.
de re unā solum. 오직 한 사건(事件)에 대해서만/
Nihil dat aliis iste et solum accipit.
저자는 남들에게 아무것도 주지 않으며 단지(solum)
받기만 한다(성 염 지음. 고전 라틴어, p.118).

solum Deum præ oculis habentes.
오로지 하느님만을 바라보며.

solúmmŏdo, adv. 다만(μòνον), 오직(μòνον), …뿐

solus, -a, -um, adj. 혼자만의, 홀로의, 단독의,
오직 하나뿐의, 유일한(μòνος), 오직 (그것) 만인,
의로운, 고립(孤立)된, 소외(疏外)된, 버림받은, 황량한,
적막(寂寞)한, 호젓한, 외딴, 인적(人跡)이 드문,
홀몸의, 과부(홀아비)로서의.
Cápite solo ex aquā exstábant.
그들은 머리만 물 위에 내놓고 있었다/
Crux est sola nostra theologia.
십자가는 우리의 유일한 신학(神學)이다/
De his, qui solam rationalia animantia partes esse
unius Dei asserunt. 이성적 동물만 유일한 신의
지체라고 주장하는 사람들(교부문헌 총서 17, 신국론, p.2754)/
Id ago, ut non solum mihi, sed etíam mutis prossim.
나는 내 개인에게만 아니라 (다른) 많은 사람들에게
까지 이익을 주려고 노력하고 있다/
meā solíus causā. 오직 나하나 때문에/
nobilitas animi sola est atque unica virtus,
정신의 품위야말로 유일무이한 덕이니/
non mihi soli, sed étiam pósteris.
내게뿐 아니라 후손(後孫)들에게까지도/
Non est bonum esse hominem solum.
사람이 홀로 있는 것은 좋지 않다/
Nullus est solus: homines amicos proprios invenire
possunt. 아무도 혼자가 아니다. 사람들은 자기(에게 꼭
맞는) 친구들을 찾아낼 수 있다.(성 염 지음. 고전 라틴어, p.109)/
Quod omnis spes et fiducia in solo Deo est figenda.
하느님께만 모든 희망과 미쁨을 둘 것(준주성범 제3권 59장)/
Semper solus sed pariter. 반드시 혼자서, 하지만 함께/
Sola præstatio usurarum longo tempore facta non inducit
obligationem usurarum in futurum. 장기간 행해진 이자의
지급만으로는 장래의 이자채무를 발생시키지 않는다/
Soli Deo Gloria. 오직 하느님께만 영광(Calvin의 대명제)/
Solo. 독창(비오 10세의 자의 교서 "Motu proprio"는 독창이 성가의

주요부분이 되어서는 안 된다고 했다. 백민관 신부 엮음, 백과사전 3, p.528)/

solius meum peccátum. 나 혼자만의 죄/

solos novem menses. 아홉 달 동안만

Tu solo pulchra es! 그대 홀로 아름답다/

Unus enim totus ac solus Christi caput corpus.
그리스도 홀로, 유일하고 전부인 그리스도께서 몸이시며
그 지체이시다(계약의 신비 안에 계시는 마리아, p.275)/

zero solo matris Ecclesiæ.
자모이신 교회에 대한 외곬의 열정.

	m. (남성)	f. (여성)	n.(중성)
	단 수		
Nom. 주격	solus	sola	solum
Gen. 속격	solíus	solíus	solíus
Dat. 여격	soli	soli	soli
Acc. 대격	solum	solam	solum
Abl. 탈격	sola	solo	solo
	복 수		
Nom. 주격	soli	solæ	sola
Gen. 속격	solórum	solárum	solórum
Dat. 여격	solis	solis	solis
Acc. 대격	solos	solas	sola
Abl. 탈격	solis	solis	solis

(한동일 지음, 카르페 라틴어 1권, p.94)

Solus cum sola absque arbitro et testes,
ne sedeas. 여자와 함께 아무 입회자나 증인 없이
같이 있지 말라(S. Jac).

Solus habitavit secum. 그는 홀로 자신과 함께 머물렀다

Solus homo particeps est rátiónis,
cum cétera animália sint. 다른 동물들은 이성이
없지만 사람만은 그것을 가지고 있다.

Solus soli. 솔루스 솔리.
(예수 그리스도를 가리키는 신비 생활의 모토. '오로지 그 분뿐'이고,
오로지 그 분께만 봉사한다는 뜻. 백민관 신부 엮음, 백과사전 3, p.530).

Solus venit. 혼자서 온다.

solúte, adv. adv. 엷게, 희박하게, 성기게, 자유로이,
거침없이, 구애받지 않고, 마음대로, 하고 싶은 대로,
아무렇게나, 되는 대로, 함부로, 소홀하게,
대수롭지 않게, 유창하게, 술술. (法) 자유재량으로.

solútĭlis, -e, adj.
와해(瓦解)되기 쉬운, 쉽게 분해(해체) 될 수 있는.

solutim, adv. 헐겁게

solutĭo, -ónis, f. 풀어줌, 해방(解放)⑨ Liberátĭon),
술술 풀림, 느즈러짐, 이완(弛緩-느즈러짐.풀러어 느슨해짐),
허약(虛弱), 녹임, 녹음, 용해(溶解), 용액(溶液), 분해,
해체, 와해(瓦解-무너져 흩어짐), 지불(支拂), 상환(償還),
납부(納付), 납입, 헌납(獻納), 해결, 해석, 풀이, 해답.
anticipáta. solutio. 선불(先拂)/
Et hoc etiam patet solutio alterius rationis. 또한 이것
에서 나머지 논변의 해결책도 드러난다(지성단일성, p.119)/
ventris et stómachi solutio. 설사(泄瀉).

solutĭo acidi chromici. (藥) 크롬산 용액

solutĭo acidi sulfurosi. (藥) 아류산 용액

solutĭo acidi tartarici. (藥) 주석산 용액

solutĭo albúminis. (藥) 단백 용액

solutĭo amonii carbónici. (藥) 탄산 암몬용액

Solutio Argumentorum Severi. 세베루스 논쟁의 해답

solutĭo bári chlorati. (藥) 염화바륨 용액

solutĭo barii nitrici. (藥) 초산 바륨용액

solutĭo calcii chlorati. 염화칼슘 용액(溶液)

solutĭo debítĭ. 負債의 변제(辨濟)

solutĭo distinctiva. 구분에 의한 논박(상대방의 논지가 상단논법의
형식을 제대로 갖추었을지라도 대전제나 소전제를 세분하여 반론하면 상대방이
제시한 결론에 도달하지 않는다는 논법. 성 염 옮김, 단테 제정론, p.163).

solutio in fero interno. 내적 법정에서의 해결

solutĭo laccæ músicæ. (藥) 리트머스 용액(溶液)

solutĭo nátri chloráti. 식염 용액(食鹽溶液)

solutĭo phénoli. (藥) 석탄 산 용액

solútor, -óris, m. 지불인, 푸는(끄르는) 사람, 개봉하는 사람

S

solútrix, -icis, f. 해방시키는(화를 면하게 하는) 여자

sōlútum, "solvo"의 목적분사(sup.=supínum)

solutus, -a, -um, p.p., a.p. 풀린, 해방된, 결박되지 않은,
(다발로) 묶지 않은, 늦추어진, 느슨한, 죽은(νεκρòς),
(머리가) 풀려 흘러내린, (눈물 따위가) 흘러내린,
(땅이) 굳지 않은, 무른, 보드라운, 쉽게 침식(侵蝕)하는,
성긴, 배지 않은, 희박한, 녹은, 용해된, 이완해진,
처진, 약한, 쇠약해진, 지친, 곯아빠진, 병든, 마비된,
잔잔해진, 홑가분해진, 벗어난, (일 따위에서) 풀려난,
면한, 면제(免除)된, 구애되지 않은, 자유로운, 독립한,
매이지 않은, 선입견 없는, 명량한, 쾌활한, 차분한,
근심걱정 없는, 터져 나오는(웃음 따위), 산문(散文)의,
운율이 없는, (문제가) 산만한, 자유 분망한, 유창한,
청산유수의, 제멋대로의, 방종한, 무절제한, 여성적인,
(말, 설명 따위를) 거침없이 술술 해내려 가는,
유약한, 둔한한, 태만(怠慢)한, 무관심한, 지불된,
갚은(빚 따위), 상환(償還)된, 저당(抵當) 잡히지 않은,
갚을 의무·책임이 없는, 이행(履行)된, 해결된, 풀린,
해답(解答)된, (約束 따위가) 지켜진.

solutus gáudio vultus. 희색만면(喜色滿面)

solutus inédiā. 굶어 죽은

solvens, -éntis, n. (醫) 거담제(가래를 삭게 하는 약),
용매(溶媒-용액을 만들 때에 용질을 녹이는 액체), 용제(溶劑).

solvere crines. 머리를 풀어헤치다

solvi, "solvo"의 단순과거(pf.=perfectum)

Solvite, 원형 solvo, solvi, solútum, -ěre, tr. (se³+luo)
[명령법. 현재 단수 2인칭 solve, 복수 2인칭 solvite].

Solvite templum hoc. 이 성전을 허물어라(성경 요한 2. 19).

solvo, solvi, solútum, -ěre, tr. (se³+luo) 풀다, 끄르다,
해방하다, 놓아주다, 녹이다, 용해(溶解)하다,
(빚진 것을) 갚다, 변제(변상)하다, 치르다,
(대금.요금을) 치르다, 지불하다, 납부(납입.헌납)하다,
(무엇을) 대가로 치르다, 실행(수행)하다(πράσσω), 다하다,
(장례.제사 그 밖의 의무.책임.약속 따위를) 이행하다,
지키다, 면하게 하다, 적용 받지 않게 하다, 용서하다,
(의무.법칙.운명.걱정.공포 따위를) 벗어나게 하다,
(접은 것을) 펴다, 펼치다, 풀어 헤치다, 벌어지게 하다,
열다, 절개하다, 출항하다, 출범하다, (닻을) 올리다,
분비(分泌) 시키다, (생리적으로) 나오게 하다,
완화(緩和) 시키다, 증발(증산)하게 하다,
희박(稀薄)해지게 하다, (열로) 팽창(膨脹)하게 하다,
…로 변하게 하다, 바뀌게 하다, 쇠약해지게 하다,
약화(弱化)시키다, 힘 빠지게 하다, 지치게 하다,
(감각을) 잃게 하다, 마비시키다, 썩게 하다, 죽게 하다,
소멸하게 하다, 누그러뜨리다, 긴장을 풀(게 하)다,
(딱딱한 표정.감정 따위를) 부드럽게 하다,
(마음을) 편하게 해주다, 위무하다, (수를) 나누다,
해결(解決)하다, 해석하다, 풀이하다, 구명(究明)하다,
해답하다, 풀다, 알아맞히다, 분산시키다,
분리(분열)하다, 갈라놓다, 흩어지게 하다, 해산시키다,
분해하다, 해체하다, 뜯다, 파괴하다, 부서(무너)뜨리다,
(관계 따위를) 끊다, 깨다, 해소시키다, 해제하다,
(효력.구속력을) 소멸(정지) 시키다, 무효로 만들다,
(법 따위를) 폐지하다, (전통.관습 따위를) 버리다,
(명령.규율을) 어기다, (벌을) 받다, (기갈을) 풀다,
(형을) 당하다.치르다, (무엇에 대하여) 대갚음하다,
(잘못 따위를) 보상하다, 속죄하다, 용서 받(게 하)다,
(걱정.공포 따위를) 몰아내다, 제거하다, 가시게 하다,
(분노를) 거두다, 가라앉히다, (병을) 낫게 하다,
(잠.취기 따위를) 깨게 하다, (어둠 따위를) 걷히게 하다,
(병을) 낫게 하다 ; (기갈을) 풀다.

pass., refl. solvi 죽다.[라틴-한글 사전. p.870].

alvum solvo. 대변을 무르게 하다/

canis solútus caténā. 사슬에서 풀려난 개/

cicatríces solútæ. 다시 터진 상처(傷處)/

Et ad hanc solvendam intentam fecerim Caritatem
vestram. In nomine Domini cras quod inde dederit,
disseremus. 사랑하는 형제 여러분, 여러분이 이 문제를

풀어 보시기 바랍니다. 주님께서 주시는 바를 주님의
이름으로 내일 다루어 보겠습니다.[아우구스티노는 설교나 강해
끝에 해결되지 않은 문제를 더러 남겨 놓기도 했는데, 이는 청중으로 하여금
다음 설교나 강해 주제에 관하여 미리 생각하고 준비할 수 있도록 배려하는
아우구스티노다운 교육 방식이었다. 참조 「시편 상해」 126, 13:
요한복음 강해」 4, 16; 최익철 신부 옮김, 요한 서간 강해, p.219)].

Et omnis spiritus, ait, qui solvit Christum, in carne
venisse, non est ex Deo.(1요한 4, 2~3) 그리스도께서 사람의
몸으로 오셨다는 것을 어기는 영은 모두 하느님께
속하지 않는 영입니다.[qui confitetur Iesum Christum in carne
venisse, ex Deo est. Et omnis spiritus, qui non confitetur Iesum, ex Deo non
est. 성경: 예수 그리스도께서 사람의 몸으로 오셨다고 고백하는 영은 모두
하느님께 속한 영입니다. 그러나 예수님을 믿는다고 고백하지 않는 영은 모두
하느님께 속하지 않는 영입니다. 2005년 신약: 곧 예수 그리스도께서 육화
하여 오셨다고 고백하는 모든 영은 하느님께서 난 것입니다. 그리고 예수에
관해 그렇게 고백하지 않는 모든 영은 하느님에게서 난 것이 아닙니다.
공동번역: 예수 그리스도께서 사람의 몸으로 오셨다는 것을 인정하는 사람은
모두 하느님께로부터 성령을 받은 사람이고, 예수께서 그런 분이시라는 것을
인정하지 않는 사람은 모두 하느님께로부터 성령을 받지 않은 사람입니다.
'어기는 자'(qui solvit)라는 말마디는 대중 라틴어 성경 '불가타'(Vulgata)에도
나오는데, 그리스어 μὴ ὁμολογεῖ(qui non confitetur. '믿는다고' 고백하지 않는
자를 라틴어로 옮기면서 성서. 라틴어 'solvere'는 '어기다'라는 뜻 말고
도 '버리다'. '없애다'는 뜻도 지니고 있다. 최익철 옮김, 요한 서간 강해, p.303].

frontem solvo. 이맛살을 펴다/

Ille ergo solvit qui non facit. 행하지 않는 사람은
어기는 사람입니다.(최익철 신부 옮김, 요한 서간 강해, p.305)/

jejunium sólvere. 허기증을 풀다/

memtes solvo. 미치게 하다, (감각을) 잃게 하다/

Omnísne pecúnia débita solúta est.
빚진 돈을 다 갚았느냐?/

sacraménto (milítiā) solvi. 제대하다/

se solvo. …도 되(어 버리)다/

se solvo alquā re. 무엇에서 벗어나다/

solútis lácrimis. 눈물을 흘리고/

solvéndo (ad solvéndum) non esse.(숙어)
갚을(상환할.지불할) 능력(能力)이 없다/

solvere crines. 머리를 풀어 헤치다/

Solvere factis intelligitur. Quid tibi ostendit? qui negat;
quia dixit, solvit. '어기다'라는 낱말은 행동을 떠올리게
합니다. 이 낱말이 그대에게 무엇을 보여줍니까?
부인하는 자라서 '어긴다'고 말했던 것입니다/

Sovitur factis, et docetur quasi verbis.
그들은 행동으로 어기고 그럴싸한 말로 가르칩니다.
(최익철 신부 옮김, 요한 서간 강해, p.303)/

tu nec solvéndo eras, … 너는 지불할 능력도 없었고…/

Vena cultéllo sólvitur. 혈관이 작은칼로 절개된다/

solvo epístolam. (실로 꿰매어 봉한) 편지를 뜯다

solvo ergástula. (감옥에 묶여 있는) 노예들을 풀어주다

solvo alci vitam, alqm solvo. 누구를 죽이다

solve alqm légibus. 누구에게 법의 적용을 면제하다

solvo corde metus. 마음에서 공포를 제거(除去)하다

solvo vela. 돛들을 펼쳐 달다

solvo versum. 단어를 바꾸어놓음으로 운율을 깨뜨리다

solvo vocem. 말을 하다

sōma, -átis, n. 몸(σῶμα.⑨ Flesh), 동체(몸),
체세포(體細胞.⑨ somatic cell).

somnambulísmus, -i, m. (醫) 몽유병(夢遊病)

somnambulísmus artificialis. 최면술(催眠術)

somni copia. 잠 잘 겨를

somniális, -e, adj. 꿈의

somniátor, -óris, m. 꿈꾸는 사람, 몽상가(夢想家).
Et mutuo loquebantur: "Ecce somniator venit.(ei=pan de.
e[kastoj proj to.n avdelfo,n auvtou/ ivdou. o` evnupniasth,j evkei/noj
e;rcetai) (獨 und sprachen untereinander: Seht, der
Träumer kommt daher!) (⑨ They said to one another
"Here comes that master dreamer!")
그들은 서로 말하였다. "저기 저 꿈쟁이가 오는구나(성경
창세 37, 19)/야, 꿈쟁이가 오는구나(공동번역 창세 37, 19).

somniculósus, -a, -um, adj. 졸리는, 졸음이 오는,
꾸벅꾸벅 조는, 잠만 자는, 나른한, 노곤한, 굼뜬,
느린, 졸리게 하는, 졸음 오게 하는, 잠자게 하는,
마취시키는. adv. somniculóse, 졸면서, 둔한(하게].

somnículus, -i, m. 깜빡 드는 잠, 토끼잠(깊이 잠들지 못하고

sómnĭfer, -ĕra, -ĕrum, adj. (somnus+fero)
　　잠 오게 하는, 잠재우는, 최면의, 마비(마취) 시키는.
　　n. 최면제(催眠劑), 수면제(睡眠劑).
somnífĭcus, -a, -um, adj. (somnus+fácio)
　　잠재우는, 마취성의.
sómnĭo, -ávi, -átum -áre, (=sómnĭor, -ári, dep.)
　　intr., tr. 꿈(을) 꾸다, 꿈에 보다, 몽상(夢想)하다,
　　공상하다, 꿈속에서 살다, 잠꼬대 같은 소리를 하다.
　　Hic vígilans sómniat. 이 사람이 백일몽을 꾸고 있다.
somnio admonitus. 꿈에 지시를 받고
somniósus, -a, -um, adj.
　　꿈꾸는, 꿈 많이 꾸는, 졸리는, 잠이 오는.
sómnĭum, -i, n. 꿈(夢.ㅁㄱ).⑨ dream), 몽상, 공상,
　　환상, 허황된 희망, 잠꼬대 같은 사람, 잠, 수면(睡眠),
　　백일몽(한낮에 꾸는 꿈이란 뜻으로 '헛된 공상'을 비유하여 이르는 말).
　　Sic habeas somnium, ut vivas in sempiternum, sic enim
　　vivas, ut cras moriaris! (⑨ Dream as if you'll live
　　forever. Live as if you'll die today)(성 염 홈페이지에서).
　　영원히 살 것처럼 꿈꾸고 내일 죽을 것처럼 살아라/
　　sómnio admónitus. 꿈에(어떤 신으로부터) 지시를 받고.
somnium pristinæ noctis. 지난밤의 꿈
somnolénter, adv. 졸면서
somnoléntia, -æ, f. 졸음, 반쯤 잠든 상태(狀態),
　　비몽사몽(非夢似夢). (醫) 기면 상태(嗜眠 狀態).
somnoléntus, -a, -um, adj.
　　몹시 조는, 졸음이 와서 못 견디는, 졸리는.
somnósus, -a, -um, adj. 잠꾸러기의
somnulent… = smnolent…
somnúrnus, -a, -um, adj. 꿈에 본, 꿈에 나타난
somnus, -i, m. 잠, 수면(睡眠), 꿈, 고요, 정적, 나태,
　　빈둥거림, 밤, 죽음, 영면(永眠-'영원히 잠든다'는 뜻으로 죽음).
　　dedita somno membra. 깊이 잠들어 늘어진 사지(四肢)/
　　edormisco unum somnum. 한잠 푹 자다/
　　eo in somnum. 잠들다(ㄱ.ㄲㄷ,ㄷㄷ), 졸다/
　　excio alqm ex somno. 누구를 잠에서 깨우다/
　　excússus somno. 흔드는 바람에 깨어난/
　　expello tuos somnos. 너의 잠을 달아나게 하다/
　　expergefáctus e somno. 잠에서 깨어난/
　　ferreus somnus. 깊은 잠/
　　Hora est jam, nos de somno surgere.
　　우리가 잠에서 깰 시간이 이미 되었다/
　　in somno(somnis). 꿈에, 꿈결에, 자다가, 잠결/
　　ineo somnum. 잠들다(ㄱ.ㄲㄷ,ㄷㄷ)/
　　insiticius somnus. 낮잠/
　　inter somnos. 자다가/
　　lapsus in somnum. 잠들어 버린(lábor'참조)/
　　per somnum(somnos) 자면서/
　　proflo pectore somnum. 코를 골다(somno 참조)/
　　recússus somno.(recutio 참조)
　　흔들어 깨우는 바람에 잠을 깬/
　　resólvi somno. 늘어지게 자다/
　　somno se dare. 잠들다(ㄱ.ㄲㄷ,ㄷㄷ)/
　　somno serpente. 스르르 잠이 들어/
　　Somno sevocatus animus memini prǽteritorum, præsentia
　　cernit, futura providet. 영혼이 꿈결에 들면 지나간 일을
　　기억하고, 현재 일을 분별하며, 장래 일을 예견한다/
　　somno tenéri. 잠들다(ㄱ.ㄲㄷ,ㄷㄷ)/
　　somnos abrumpo. 잠을 깨(우)다/
　　somnum cápere. 잠들다(ㄱ.ㄲㄷ,ㄷㄷ)/
　　somnum vix tenére. 잠을 참지 못하다.
Somnus, -i, m. 잠의 신
somnus de prandio. 점심 직후의 수면(睡眠)
somnus altus. 깊은 잠(ferreus somnus.)
somnus insítĭcius. 낮잠
Somnus membra profudit. 늘어지게 잤다.
somnus redintegrátor virum. 원기를 회복시켜 주는 잠
somnus subrepit in oculis. 잠이 살살 오다

sonábĭlis, -e, adj. 소리를 내는, 울리는
sŏnans, -ántis, p.prœs., a.p. 소리 나는, 울리는,
　　잘 울려 퍼지는, 시끄러운, 요란스러운, 아우성치는,
　　드르렁거리는, 자랑스러운, (목소리.말씨 따위가) 고운,
　　낭랑한, 부드럽고 우아한, 홀소리의.
　　amnis rauca sonans. 요란한 소리를 내며 흐르는 강/
　　lítteræ sonántes. 모음(母音).
sŏnax, -ácis, adj. 요란스럽게 울려 퍼지는, 시끄러운
sóníger, -ĕra -ĕrum, adj. (sonus+gero) 울려 퍼지는
sónípes, -pĕdis, adj. (sonus+pes)
　　발로 소리 내는, 발굽 소리 나는, m. (動) 말(ㅁㅁ),
　　준마(駿馬-썩 잘 달리는 좋은 말). 관용어적으로 사용하는 단어는
　　'caballus'이고 'equns'는 caballuser sonipes의 중간 의미(시
　　어에만 사용)
sŏnĭtum, "sono"의 목적분사(sup.=supínum)
sónĭtus, -us(-i), m. 소리(ㄱㄱ.φωνή.音), 음향(音響),
　　고함소리, 함성(喊聲), 떠들썩한 소리, 아우성,
　　사자후(獅子吼-크게 열변을 토함), 요란스러운 소리,
　　굉음(轟音, fragor, -óris, m.). (여러 가지) 소음.잡음.
sonitus Olýmpi. 뇌성(雷聲)
sóno, -nŭi -nítum -áre, intr. 소리 나다, 울리다,
　　울려 퍼지다, 소리 들려오다, 소리 지르다, 메아리치다,
　　(여러 가지 자연적) 소음이 나다, 노래하다, 낭송하다,
　　노래하는(읽는.낭송하는) 소리가 들리다, 발음되다.
　　Tympana sonuérunt. 북소리들이 울렸다.
　　tr. 소리를 내다 울리다, 소리가 나다, 들리다,
　　외치다, (고함) 지르다, 소리쳐 자랑하다,
　　소리 질러 알리다, 의미하다, 말하다, 말로 드러내다,
　　소리로 드러내다, 발음(發音)하다, 읊다, 찬미하다,
　　찬양하다(ㄲ.ㄲ.ㄲ), 기리다.
　　amnis rauca sonans.
　　(바위에 부딪혀) 요란한 소리를 내며 흐르는 강/
　　Nex vox hóminem sonat.
　　목소리도 사람의 목소리가 아니다/
　　Te cármina nostra sonábunt.
　　우리의 시들이 그대를 찬양(讚揚)할 것이다.
sŏnor, -óris, m. 소리(ㄱㄱ.φωνή.音), 음향(音響),
　　반향(反響), 고함소리, 아우성, 뇌성(雷聲),
　　불꽃 튀는 소리, (여러 가지) 소음, 잡음(雜音).
sonórĭtas, -átis, f. 음악적 음향, 음조(어조)의 아름다움
sonórum gradus. 음계(音階)
sonórus, -a, -um, adj. 소리 나는(내는), 울리는,
　　울려 퍼지는, 시끄러운, 소란(요란)한, 가르랑거리는.
sons, sontis, adj. 죄를 저지른(장본인인), 탓 있는,
　　죄책이 있는, 죄지은, 유죄의, 해로운, 가해하는.
　　m. 죄인(ἁμαρτωλὸς.⑨ sinner), 범인, 범죄자. n. 범죄.
sóntĭcus, -a, -um, adj. 상당한 이유의, 중대한, 위해로운,
　　(면책의 사유가 될 만큼) 타당성 있는, 위중(危重)한.
　　morbus sonticus. (정상적 임무수행 불능.법정의
　　소환명령 이행 불능의 사유가 될 정도로) 심각한 병.
sŏnui, "sono"의 단순과거(pf.=perfectum)
sonum reddo. (악기가) 소리를 내다
sonus¹ -a, -um, adj. 소리 나는(내는), 울리는, 모음의.
sonus² -i, m. 소리(ㄱㄱ.φωνή.音), 음향(音響),
　　목소리(ㄱㄱ.⑨ Voice), 소음(騷音), 잡음(雜音), 말,
　　말소리(sonus verbórum), 말의 억양(抑揚), 언어,
　　강세(强勢), 어조(語調), 언어(言語.⑨ Language).
　　infúsco sonum. 둔탁한(목쉰 듯한) 소리를 내다/
　　sonum remitto. 소리를 내다.
sonus acutus. 높은 음(高音)
Sonus attigit aurem. 소리가 귀에 들려왔다
sonus gravis. 저음(低音)
sophia, -æ, f. 지혜(智慧.ㅁㄷㄲㅁ.σοφία.⑨ Wisdom),
　　상지, 예지(叡智.⑨ Prudence-사물의 본질을 꿰뚫는 뛰어난 지혜).
　　Sancta Sophia. 거룩하신 지혜.
Sophia, -æ, f. Diána 여신의 젖동생인 여신(女神)
sophiæ arcatores. 지혜의 수호자들
sophísma, -átis, n. 궤변(詭辯-이치에 닿지 않는 말로 그럴듯하게

둘러대는 구변), 부회(附會-이치에 닿지 않는 사실을 억지로 끌어다 맞춤).

sophismátion(-um) -i, n. 자그마한 궤변.
　aculeata sophismata. 치밀한 궤변.

sophísta(sophístes) -æ, m. 궤변가(詭辯家),
　사이비 철학자(哲學者), 웅변(修辭學) 교사(敎師).

sophístice¹ adv. 궤변(적)으로, 억지 이론으로

sophístice² -es, f. 궤변(詭辯), 詭辯論, 궤변술(詭辯術)

sophísticor -ári, dep., intr. 궤변(詭辯)을 농하다

sophísticus -a, -um, adj. 궤변의, 궤변적, 궤변가의,
　궤변을 농하는, 억지 이론을 늘어놓는.

sophístria -æ, f. (女子) 궤변가(詭辯家)

sóphos¹ adv. 아주 훌륭하다!, 잘했다!, (명사적) 갈채

sophus¹(sophos²) -i, m. 현자, 지혜로운 사람(ロスワ)

sóphus² -a, -um, adj. 지혜로운, 현명한

sopii, "sópǐo"의 단순과거(pf.=perfectum)

sópǐo, -ívi(ii) -itum -íre, tr. 잠재우다, 잠들게 하다,
　최면술(催眠術)을 걸다, 영면하게 하다, 죽게 하다,
　까무러치게 하다, 실신시키다, 마비시키다(רכד),
　(바람 따위를) 자게 하다, 가라앉히다, 멎게 하다,
　진정(鎭定)시키다, 고요해지게 하다,
　(불 따위를) 사위게(사그라지게) 하다. pass. 잠들다.

sopítum, "sópǐo"의 목적분사형(sup.=supínum)

sōpívi, "sópǐo"의 단순과거(pf.=perfectum)

sópor, -óris, m. 혼수(상태), 기면(嗜眠), 인사불성, 잠,
　숙면, 죽음, 영면(永眠), 실신(失神-정신을 잃음), 마비,
　수면제(睡眠劑), 꿈, 관자놀이, 마비(痲痹).
　sopórem duco. 잠들게 하다.

sópor letalis. 치명적 잠

soporátio, -ónis, f. 잠듦

soporátus -a, -um, p.p., a.p.
　잠든, 마비된, 마취된, (고통 따위가) 가라앉은,
　진정된, 잠들게 하는, 최면작용(催眠作用)을 하는.

sopórifer, -ěra, -ěrum, adj. (sopor+fero) 졸리게 하는,
　잠들게 하는, 수면제(睡眠劑)의, 최면(催眠)의.

sopóro, -ávi, -átum -áre, tr. 잠들게(어버리게) 하다,
　감각을 잃게 하다, 마취(마비) 시키다(רכד), 가라앉히다,
　가시게 하다, 진정(鎭定) 시키다, 사위게 하다,
　(불 따위를) 끄다. pass. 잠들다(ער,רכד,רכד).
　intr.(p.proes) sopórans, -ántis, 잠들어 있는, 잠자는.

sopórus -a, -um, adj.
　잠 오게(잠들게) 하는, 최면(催眠)의, 몹시 조는, 잠든.

sóracum -i, n. 광주리(cartallus, -i, m.), 큰 바구니

sórběo, -bui, (sorbitum), -ére, tr.
　들이마셔먹다, 빨아먹다, 삼키다(コガ), 빨아들이다,
　흡입(흡수)하다, 당하다, 감수(甘受)하다, 견디어내다.

sorbicína, -æ, f. = sorbítio

sórbilis, -e, adj.
　들이마실 수 있는 (것), 빨아먹을 수 있는, 삼킬만한.

sorbillátor, -óris, m. 홀짝홀짝 마시는 자, 먹어 치우는 자

sorbi(l)lo, -áre, tr. 홀짝홀짝 마시다

sórbilo, adv. 조금씩 조금씩, 홀짝홀짝

sorbítio, -ónis, f. =sorbicína, -æ, f. =sorbítium, -i, n.
　들이마심, 삼킴, 국, 국물,
　미음(米飮-쌀이나 좁쌀을 푹 끓어 체에 밭인 음식),
　(독미나리로 달인) 독약을 마심.

sorbítium, -i, n. = sorbítio, -ónis, f.

sorbitiúncula, -æ, f. 소량의 미음, 소량의 국물

sorbo, sorpsi, sorptum, -ére, tr. (古) sórbeo

sorbui, "sórběo"의 단순과거(pf.=perfectum)

sorbum, -i, n. 마가목 열매

sorbus, -i, f. (植) 마가목(ornus, -i, f.)

sórděo, -dui -ére, intr. 더러워졌다, 더럽다. 불결하다.
　때가 끼었다, 천하다, 상스럽다. 시시하다,
　시답지 않다, 쩨쩨하다. 보잘것없다, 하찮게 여겨지다,
　업신여김 받다, 경멸(輕蔑)되다.

sordes, -is, f. 더러움, 불결(不潔), 때, 먼지(רסמ),
　눈곱(눈에서 나오는 진득진득한 즙액, 또는 그것이 말라붙은 것),
　귀지(귓구멍 속에 낀 때), 오물(汚物-배설물), 쓰레기, 찌꺼기,

누더기, 남루한 죄수복, 천함, 비천, 저속, 상스러움,
쩨쩨함, 치사함, 노랑이 기질, 비천한 신분(身分),
천민(賤民, infimus civis), 극빈자(極貧者), 상놈,
인간쓰레기, 초상(初喪), 상사(喪事), 상복(喪服),
비통, 애통(哀痛), 재난(災難), 변고(變故-災變이나 사고).

sordésco, -dúi, -scěre, intr., inch. 더러워지다.
　때가 끼다, 먼지가 앉다, 비천해지다, 저속해지다,
　상스러워지다, 잡초 투성이가 되다, 황무지가 되다.

sordícula, -æ, f. 티, 흠집

sordida casa. 오막살이

sordidátus, -a, -um, p.p., a.p. 더러워진, 더럽혀진,
　남루한 옷차림의, 꾀죄죄한, (딱하도록) 누추한,
　상복(喪服)차림을 한, (양심이) 타락한.

sórdide, adv. 더럽게, 불결(不潔)하게, 비천한 가문에,
　천한 신분으로, 야비하게, 저속하게, 비열(卑劣)하게,
　비굴(卑屈)하게, 천박(淺薄)하게, 인색(吝嗇)하게,
　쩨쩨하게, 시시하게, 치사(恥事)하게.

sordidior, -or, -us, adj. sórdidus, -a, -um의 비교급

sordidissimus -a, -um, adj. sórdidus, -a, -um의 최상급

sórdido, -ávi, -átum -áre, tr.
　때 묻게.먼지 끼게 하다, 더럽히다, 혼탁하게 하다.
　Sæpe est etiam sub palliolo sordido sapientia.
　누추한 외투 밑에도 종종 지혜가 깃들어 있다
　(가난하거나 비천해도…).(성 명 지음, 고전 라틴어, p.74).

sordídulus, -a, -um, adj. 좀 더러운, 때가 낀,
　비천(卑賤)한, 야비(野卑-성질이나 언행이 상스럽고 더러움)한.

sórdidus, -a, -um, adj. 더러운, 불결(不潔)한, 누추한,
　지저분한, 때 묻은, 꾀죄죄한, 먼지 낀, 그을음이 앉은,
　녹슨, 남루한, 해어진, 비천(卑賤)한, 천한, 천민의, 초라한,
　보잘것없는, 적빈(赤貧)의, 야비한, 저속한, 상스러운,
　천박한, 남루한 옷차림의, 칙칙한, 치사한, 쩨쩨한, 인색한,
　시시한, 망신.수치.창피스러운, (저저분한) 농촌의, 시골의.
　Ecclesia sordida. 비천한 교회/
　panis sordidus. (빈민들이나 먹는) 조악한 빵/
　sordida casa. 오막살이/
　Timidus vocat se cautum, parcum sordidus.
　소심한 사람은 자기를 신중하다고 칭하며
　욕심쟁이는 자기를 검소하다고 칭한다(Publilius Syrus).

sorditía, -æ, (=sorditudo, -dínis,) f. 더러움, 불결(不潔)

sorditíes, -éi, (=sorditía, -æ,) f. 더러움, 불결(不潔)

sorditudo, -dínis, (=sorditía, -æ,) f. 더러움, 불결(不潔)

sordui, "sordésco"의 단순과거(pf.=perfectum)

soredíum, -i, n. ((植)) (地衣類 植物의) 분아(粉芽),
　분자(粉子), 분상체(粉狀體)

sórex, -rícis, m. (動) 뒤쥐(들쥐의 일종)

Sorghum, -i, n. (植) 수수

sorítes, -æ, m.
　(論) 연쇄추리, 연쇄식(連鎖式-복합적 삼단 논법의 한 가지).

sórix, -rícis, m. (=saurix) ((動)) 올빼미

sóror, -óris, f. 자매(姉妹.אֱחֹות, consortía pectora),
　누이(보통 자기보다 나이가 적은 여자에 대하여 씀), 언니, 여동생,
　(사촌.외사촌.고종.이종 등) 친척(親戚)되는 자매,
　(자매 같은 사이의 애칭) 누나, 언니(major natu), 동생,
　애인, 애녀, (여성) 동지.회원.단원, 여교우(女敎友).
　(敎法) 수녀(⑨ religious sister/nun), 단순 서원 수녀.
　[성식서원한 수녀는 Monialis, 단식서원한 수녀는 Soror라고 한다. 1917년 교회법
　은 라틴어 monialis를 Nun이라고 번역하였으며(448조 7항). Nun이라고 불리는 수녀들은
　완전 처녀이거 입회가 가능하지만(카르투시오회), 회에 따라서는 특별허가를
　받고 과부 된 여자나 회개한 여자도 입회할 수 있다….
　백민관 신부 엮음, 백과사전 2, p.902].

ánimum patris sui sodóri reconcilio.
　자기 아버지를 누이와 화해(和解)시키다/
De virginitate ad Marcellinam sororem suam.
　누이 마르첼리나에게 쓴 동정성에 대하여
　(밀라노의 암브로시우스 지음)/
Dic sapientiæ: Soror mea es et prudentiam voca
Amicam. (ei=pon th.n sofi,an sh.n advelfh.n ei=nai th.n de.
fro,nhsin gnw,rimon peripoi,hsai seautw/|) (獨 Sprich zur
Weisheit: Du bist meine Schwester, und nenne die
Klugheit deine Freundin) (⑨ Say to Wisdom, "You are

1210

S

my sister!" call Understanding, "Friend!")
지혜에게 "너는 내 누이!"라 하고 예지를 "친지"라
불러라(성경 잠언 7. 4)/지혜를 네 신부로 삼고 슬기를
네 애인이라 불러라(공동번역 잠언 7. 4)/
Habeo tot sorores quot fratres.
나는 형제나 자매의 숫자가 같다/
I, soror, atque hostem supplex adfare superbum!
누이여, 가거라. 거만한 원수한테 애걸이나 하려므나.
(이 오라비를 살려달라고)!/
immórĭor soróri. 누님 시체 위에 엎혀 죽다/
Maxima natu trĭum sorórum. 삼형제 중 큰언니/
maxima (mínima) soror. 큰누나(막내 누이동생)
   (형용사가 frater, soror, filius 등 명사의 부가어로 사용된 경우에는
   natu를 쓰지 않는 것이 원칙이다)/
minima natu trĭum sorórum. 여자 삼형제 중 막내동생/
   (형용사의 비교급, 최상급은 분할 2격의 성을 따라 간다).
Soróres inter se amant.
   누이들은 자기들끼리 서로 사랑 한다/
tristes soróres.(tristis 참조) 가혹한 삼자매.
   (Parcœ라 칭하는 지하세계의 여신女神들).
soror æqualis. 같은 나이의 누이
soror patruelis. 친사촌 누이
sorórcŭla, -æ, f. (귀여운) 누이동생
Sorores Paruiiesu, Fratres Parviiesu.
   작은 예수 수녀회.수도회(1992.12.8. 박성구 신부 설립).
Sorores præsentationis. 동정 성 마리아 봉헌 수녀회
Sorores Scholarum Christianarum a Misericordia.
   자비의 그리스도교 교육 수녀회.
   (1807년 성녀 Marie Madeleine postel이 그리스도교 교육을 촉진시키기 위해
   프랑스 Cherbourg에 창설. 백민관 신부 엮음, 백과사전 1, p.601).
Sorores vitæ communis. 공동생활 수녀회
sororicída, -æ, m., f. 자매 살인범(姉妹 殺人犯)
sororicídĭum, -i, n. 자매 살해(姉妹 殺害)
soróro, -áre, intr. 자매로.자매처럼 나란히 자라다
sorórĭus, -a, -um, adj. 자매의, 누이의.
   m. 매부(妹夫-손위 누이의 남편), 생질(누이의 아들).
Sorrœs Spiritus Sancti a Samsongsan.
   삼성산 성령 수녀회(⑩ Sisters of The Holy Spirit of
   Samsongsan)(1990.8.22 서울대교구 송광섭 신부 설립).
sorósis, -is, f. (植) 상과(桑果-오디.파인애플 따위)
sors¹ sordis, f. (古) = sordes
sors² sortis, f. 운(運-運數의 준말), 운명(運命.κλῆρος),
   운수(運數), 숙명(獨 Geschick-날 때부터 타고난 운명),
   팔자(八字), 운수(運數)에 따른 결과, 제비, 심지,
   (어떤 내용.이름 따위가 적혀있는) 추첨널쪽, 추첨,
   당첨자, 당첨된 것, (추첨에 의해 할당된) 직책, 직무,
   탁선(託宣-신이 사람에게 내리거나 꿈에 나타나서 그 뜻을 알리는 일),
   예언(豫言.προφητεία.⑨ Prophecy),
   신탁(信託), 예언적 시문(詩文), 몫, (누구의) 차지,
   신분, 지위, 처지, 신세, 성별(性別), 후예(後裔), 후손,
   원금, (추첨에 의해 할당되는) 토지의 면적, 영토,
   국토(territorĭum, -i, n.), 방식, 규정, 운명의 여신(女神),
   alqd(alqm) sorte duco. 무엇을(누구를) 제비로 뽑다/
   conjícere in sortem. 제비로 결정하다/
   conjícere sortes in hýdriam.
   제비를 추첨단지에 던져 넣다/
   extra sortem. 추첨하지 않고 / feminína sors. 여성/
   illacrimo sorti humánæ. 인간적 운명을 슬퍼하다/
   in sortem Domini vocati. 주님이 부르신 몫/
   Legati a Delphis venerunt congruentem sortem responso
   adferentes. 사절들은 신탁(responsum)에 상응한 제비를
   뽑아 갖고서 델피에서 돌아왔다/
   Mihi obtínget sors. 나는 당첨될 것이다/
   Nemo sua sorte contentus est.
   그 누구도 자기 운명에 만족하지 않는다/
   rem ad sortem revoco. 일을 제비로 결정짓다/
   Res revocátur ad sortem. 결과는 운에 맡겨진다/
   sorte duci. 제비 뽑히다/
   sorte judex in rerum ductus.
   제비에 뽑혀 죄인이 된 재판관/

sortem dúcere. 제비를 뽑다/
sortem mitte nobiscum, marsupium unum sit omnium
nostrum. (to.n de. so.n klh/ron ba,le evn h`mi/n koino.n de.
balla,ntion kthsw,meqa pa,ntej kai. marsi,ppion e]n genhqh,tw
h`mi/n) (⑨ Cast in your lot with us, we shall all have
one purse) 너도 우리와 함께 제비를 뽑고 돈 자루는
우리 모두 하나만 두자(성경 잠언 1. 14)/
우리와 한 통속이 되어 같이 먹고 같이 살자(공동번역)/
Sortes Apostolorum. 사도들의 제비뽑기/
Sortes biblicæ. 문자 점치기(알파벳 문자판을 사용하는 점)/
sortes conviváles. 복권(福券-물명을 적어서 봉해놓은 얇은
   널쪽을 식탁 손님들이 놀이로 돈 내고 사는 복권. 간혹 숟가락도 사용했음)/
Sortes ducúntur. 제비를 뽑는다/
sortes sanctórum. 성경 점(聖經 占)/
tali sorte. 이런 방식(方式)으로/
tránsigo alqd sorte. …을 제비 뽑아 결정짓다.
sors futura hominum generis e familia pendet.
(⑨ the future of humanity passes by way of the family)
인류의 미래는 가정에 달려 있다.
sorsum, adv. = seórsum 따로 떼어, 떨어져서, 별도로
sortes apostoiorum, biblicæ aut evangelicæ.
사도들의 성서적 혹은 복음적 제비뽑기.
Sortes mittuntur in sinum, sed a Domino temperantur.
제비는 옷 폭에 던져지지만 결정은 온전히 주님에게서만
온다(성경 16. 33)/주사위는 사람이, 결정은 야훼께서(공동번역).
sortícŭla, -æ, f. 소형의 제비, 작은 추첨널쪽
sortilégĭum, -i, n. 제비뽑아 치는 점, 요술, 마법의 주문
sortilégus, -a, -um, adj. (sors²+lego²)
   신탁(信託)의, 탁선(託宣)의, 예언(豫言)의, 점쟁이의.
   m. (단지에서 제비뽑은) 신탁을 알려주는 예언자, 점쟁이.
   Quotquot enim habet Eccclesia periuros, fraudatores,
   maleficos, sortilegorum inquisitores, adulteros, ebriosos,
   fœneratores, mangones, et omnia quæ numerare non
   possumus! 얼마나 많은 위증자, 사기꾼, 악행을 일삼는
   이, 점집 찾는 이, 간음하는 이, 술 취한 이, 고리대금
   업자, 노예 상인, 그리고 이루 헤아릴 수도 없는 무리들
   이 교회 안에 있습니까?(최익철 신부 옮김. 요한 서간 강해, p.171).
sórtĭo, -(ívi) -ítum, -íre, intr. = sórtior
sórtĭor, -ítus sum, sortíri, dep.,
   intr. 제비뽑다, 추첨하다.
   tr. 제비로 뽑다, 추첨하다, 제비뽑아 얻다.가지다.
   당첨하다, 나누다(חלק.פלג), 분배하다, 할당하다.
   얻다(חוק.אנ,קנ), 얻어 만나다, 받아 가지다.
   차지하다, 향유하다, 당하다, 선정.선택하다, 정하다.
   dicas sortíri. 소송 판사를 제비로 선정(選定)하다/
   filium sortíor. 아들을 (낳아) 얻다/
   laborem sortíor. 수고를 나누다.
sortis, -is, f. = sors² 運命(κλῆρος), 제비, 숙명(宿命)
sortítĭo, -ónis, f. 제비뽑음, 추첨(抽籤-제비를 뽑음),
   (추첨에 의한) 선정(選定), 분배(分配).
   sortitióne in alqm animadvértere.
   아무나 한사람 골라서 견책(譴責-허물이나 잘못을 꾸짖음)하다.
sortíto, adv. 제비로, 추첨의 결과에, 제비에 뽑혀,
   숙명적(宿命的)으로, 필연적(必然的)으로.
sortítor, -óris, m. 추첨자(抽籤者)
sortítus¹ -a, -um, p.p., dep. 추첨한, 제비 뽑아 얻은.
   pass. 제비에 뽑힌, 제비로 결정된, 할당된, 선정된, 얻은
sortítus² -us, m. 제비 뽑음, 추첨에 의한 결정, 제비, 운명.
sōrus, -i, m. ((植)) (양치식물의) 자낭군(子囊群)
   (魚) 꽁치(의 일종).
sōry(sōri) (gen. soryos; abl. sory) n. 황산동(黃酸銅)
sospes, -pĭtis, adj. 무사히 보호하는, 구조하는, 무사한,
   안전한, 건재(健在)하는, 탈 없는, 성한, 화(禍)를 면한,
   다행한, 행운의, 경사로운, 길한. m. 구원자(救援者).
sóspĭta, -æ, f. 구원자, 보호자(保護者.προστάτις),
   해방시킨 여자(Juno 여신女神의 별칭).
sospitális, -e, adj. 보호해 주는, 이로운, 좋게 해주는,
   안전(安全).건강(健康)을 가져다주는.

sóspĭtas, -átis, f. 안녕!(安寧), 건강(⑨ Health/physical),
무고(無故), 복(福), 구원(救援), 보호(保護).
sospitátĭo, -ónis, f. 인사(人事), 안녕!(安寧)
sospitátor, -óris, m. (sospitatrix, -ícis, f.)
구출자, 구원자, 구조자, 구세주(救世主).
sóspĭto, -áre, tr. 무사하게 보존.보호하다,
구원.구조하다(ℵﬦﬡ.ﬢﬡ.σῴζω).
sóter, -éris, m. 구세주 (예수 그리스도), 구조자,
(안녕을 갖다 주는) 구원자(救援者).
sotería¹ -æ, f. 구령(救靈), 영혼의 구제(救濟)
sotería² -órum, n., pl. 친구의 건강을 기원하는 제전,
(친구에게 보내는) 완쾌(위험모면) 축하의 선물.
sotericiánus, -a, -um, adj. 구세주의, 구세주에 관한
Soteriología, -æ, f. (神) 그리스도 구세론(救世論).
(神) 구원론(救援論).⑨ soterīology.
Sources chrétiennes* 그리스도교 원전(略:SC)
sozúsa, -æ, f. (植) 쑥
spádĭca, -æ, f. (spadicum, -i, n.) spádĭx¹
spádĭx¹ -ícis, m. 열매가 달린 채로 꺾인 종려 나뭇가지,
(lyra와 비슷한) 현악기의 일종, 육수화서(肉穗-꽃차례).
spádĭx² -ícis, adj. 밤색의, 적갈색의
spădo, -ónis, m. 성적 불구자, 고자(鼓子-거세된 남자),
내시(內侍-宦官), 거세된 동물, 열매 맺지 못하는 햇가지.
spadonátus, -us, m. 고자의 처지.상태
spadonius(=spadonínus) -a, -um, adj.
고자의, 불임의, 열매 맺지 못하는.
spadonius mala. 씨앗 없는 열매
spando, -dítus, -ĕre, tr. = expándo
Spánĭa = Hispánia
spaniǽmĭa, -æ, f. (醫) 빈혈(ischæmia, -æ, f.),
(醫) 국소 빈혈(局部 貧血).
Spanus = Hispánus
spargo¹ -ginis, f. 뿌림, 살수(撒水), 살포(撒布)
spargo² sparsi, sparsum, spargére, tr.
(씨를) 뿌리다, 파종(播種)하다, 살포(撒布)하다, 끼얹다,
흩어 던지다, 뿌려서 적시다, 분산(分散)시키다,
뿔뿔이 흩어지게 하다, 물들이다(בצﬠ),
(퍼붓듯) 던져 보내다, (화살 따위를) 쏘아대다,
발사(發射)하다, (뿌리.가지 따위를) 뻗다, 뻗게 하다,
나누다, 갈래를 이루게 하다, 사방으로 보내다,
(냄새 따위를) 풍기다, (빛 따위를) 발산(發散)시키다,
확산(擴散)시키다, 번져 나가게 하다, 충만케 하다,
(어디에) 가득 퍼지게 하다, 퍼뜨리다, 퍼져 나가게 하다,
유포(流布)하다, 낭비하다, 아롱지게 하다, 꾸미다.
se in fugam spargo. 흩어져 도망가다/
se spargo. 뻗어 나가다.
spargo cínerem cápiti(에스테르서 4, 1) 머리에 재를 뿌리다
spargo cínerem super caput(욥 2, 12) 머리에 재를 뿌리다
spargo humum fóliis. 땅바닥에 나뭇잎들을 뿌려 깔다
spargo saxa sanguine. 바위들을 피로 물들이다
sparsi, "spargo²"의 단순과거(pf.=perfectum)
sparsim, adv. 군데군데(carptim, multifariam), 여기저기
spársĭo, -ónis, f. 뿌림, 살포(撒布), 분무(噴霧),
(극장에서 관중에게 던져서) 선물 뿌림, 그리스도의 피 뿌림.
sparsivus -a, -um, adj.
(공을) 던지는, 높이 던지기 놀이에 쓰이는.
sparsórium, -ii, n. 물뿌리개
sparsum, "spargo²"의 목적분사(sup.=supínum)
sparsus, -a, -um, p.p., a.p. (여기저기) 뿌려진, 흩어진,
퍼진, 분산된, …으로 더러워진, 아롱진, 얼룩덜룩한.
sparta, -ae, f. (라케데모니아의 수도) 스파르타
spartárĭa, -órum, n., pl. 나래 새 투성이의 땅(재배지).
spartárĭus, -a, -um, adj. 나래 새의
spártĕus, -a, -um, adj. 나래 새로 만든.
f. 나래 새로 만든 샌들(sandal. 발등 부분이 거의 드러나고 끈이나
밴드로 여미게 되어 있는 여름용 구두. daum.net 국어사전에서)
spartum(=sparton), -i, n. 나래 새로 꼰 밧줄.
(植) 포아풀과에 속한 스페인 원산의) 나래 새.

spárŭlus, -i, m. (魚) 도미(의 일종)
spărus¹-i(간혹 n. sparum, -i), m.
뒷 갈고리를 단 작은 창(槍).
spărus²-i, m. ((魚)) (목에 금빛이 도는) 도미의 일종
spasma, -ātis, n. (醫) 발작(發作-어떤 증상이 갑자기 일어나는 일),
경련(痙攣-근육이 발작적으로 수축하는 현상).
spasmódĭcus, -a, -um, adj.
(醫) 경련(성)의, 경련(痙攣)으로 생기는, 발작적인.
spasmophilía, -æ, f. 경련성(痙攣性)
spasmus, -i, m. 경련(痙攣-근육이 발작적으로 수축하는 현상)
spasmus cýnicus. 경소(痙笑)
spasmus glóttidis. 성문 경련(聲門 痙攣)
spástĭcus, -a, -um, adj. (醫) 경련성의, 긴장성 경련의.
m. 경련 일으킨 환자(患者).
spăta, -æ, f. = spatha
spátăle, -es, f. 방탕(放蕩.⑨ Lust-주색에 빠져 행실이 추저분함)
spatángĭus, -i, m. (魚) 섬게의 일종
spátha, -æ(=spáthe) f. (약 따위를 휘젓는) 길쭉한 주걱,
바디(의 대용품인 직조기 부품).
((植)) 종려나무 열매꼭지의 불염포(佛焰苞).
(植) 전나무(또는 종려나무)의 일종, (길쭉한) 쌍날검(칼).
spat(h)álĭum, -i, n. 열매 달린 종려나무가지, 팔찌의 일종
spat(h)árĭus, -a, -um, adj. 쌍날 검(칼)의.
m. 상관의 쌍날 검을 들고 다니는 시종(侍從)
쌍날 검으로 무장한 군인(호위병).
spát(h)ŭla, -æ, f. 작은 주걱, 종려나무의 작은 가지,
쌍날 단검, (돼지의) 넓적다리, 밭 경계 푯말.
(醫) 압설자(壓舌子). = spátăle, -es, f.
spatiális, -e, adj. 공간의, 공간적인, 장소의,
장소적으로 존재하는.일어나는.
Spatiamentum, -i, n. 공동 소풍(카르투시오회 등 수도원의
주1회 공동소풍. 백민관 신부 엮음. 백과사전 3, p.539).
spatiátor, -óris, m. 산책하는 사람, 걷는 사람
spatiŏlum, -i, n. 작은 공간.간격(間隔)
spátĭor, -átus sum -ári, dep., intr. 걷다(דרך), 거닐다,
산책(散策)하다, 배회(徘徊)하다, 앞으로 나아가다.
전진(前進)하다, 행진(行進)하다, 퍼지다,
뻗어나가다, 펼쳐지다, 확산(擴散)되다.
spátĭóse, adv. 널찍하게, 넓게 퍼져, 오래도록, 오랫동안
spatiósĭtas, -átis, f. 광대함(넓고 큼), 광활(廣闊)
spatiósus, -a, -um, adj. 덩치가 큼, 큼직한, 우람한,
넓은, 널찍한, 광대한(avidus, -a, -um, adj.),
광활한(vastus, -a, -um, adj.), (시간적으로) 긴, 오랜,
장시간의, 장황(張皇)한, 심원한, (음절이) 긴.
spátĭum, -i, n. 공간, 장소(τòπος), 자리, 간격(間隔),
사이, 거리, 덩치, 부피, 크기, 길이, 넓이, 경마장,
경주장, 주로(走路), 한 바퀴(pl. 여러 바퀴), 산책,
달리기, 경마(競馬), 보도(步道), 산책길, 산책장소,
(시간의) 사이, 동안, 기간, 세월, (시간) 여유, 겨를,
틈, 기회(機會), 연(年), 해(年), 역정(歷程), 길, 궤도.
De parilitate annorum, qui eisdem quibus nunc
spatiis et in prioribus sæculis cucurrerunt.
초세기에도 1년은 지금과 똑같은 간격으로 흘렀고
지금과 동등했다.(교부문헌 총서 17, 신국론, p.2796)/
decurro in spátĭo. 경기장에서 달린다/
exiguus spatii. 좁은 공간/
finio spátĭa témporis number nóctium.
밤의 수효로 시간의 간격(間隔)을 규정하다/
in brevi spátĭo. (in¹ 참조) 짧은 기간에, 잠깐 사이에/
mille pássuum intermísso spátĭo.(intermitto 참조)
1000 passus의 간격을 두고/
nullo initio, nullo termino, nullo spatio latitudinis;
quia est quod est, quia ipse est qui est.
시작도 없고 마침도 없으시며, 시공도 없으십니다.
그분은 '있음'이시고, 나아가 '있는 분'이시기 때문입니다/
spatĭa tempórum. 시간의 간격(時間 間隔).
spatium ab hoste otĭosum. 적의 공격이 없는 시간
spatium absolutum. 절대적 공간(絶對的 空間)

spatium ad cogitandum. 생각할 여유(餘裕).
spatium intermedium. 중간의 시간적인 공간(空間)
　(성 베네딕도회 시간전례 총지침에서).
spatium medium. (성당의) 측랑(側廊), 옆 공간
spatium pro munere. 한 숨 돌릴 틈
spatium reale. 실재적 공간(實在的 空間)
spátŭla, -æ, (spátŭle, -es) f. = spáthŭla =spátale
S.P.D. = salútem plúrimam dicit.
　(아무가) 아주 많이(충심으로) 문안드립니다.
speciális, -e, adj. 특별한, 특수한(sui generis.), 각별한,
　독특(獨特)한, 특유(特有)한, 특이(特異)한.
　adv. speciáliter. 특별히, 특수하게, 독특(獨特)하게.
　De his, quæ præter illa mala, quæ bonis malisque
　communia sunt, ad justorum laborem specialiter
　pertinent. 선인과 악인에게 공통된 악 외에 특히 선인
　　에게 고통스런 현생의 불행들(교부문헌 총서 17, 신국론. p.2830)/
　delegátĭo speciális. 특별 위임/
　domini, specialiter beni et honesti.
　　특별히 선하고 청렴한 그들 주인들의/
　examen speciale. 특수(特殊)한 조사/
　obligátĭo speciális. 특별한 의무/
　speciale institutum in finem ut sustentátĭoni
　clericórum. 성직자 생활비를 위한 특별기관.
specialis derogat (legi) generali.
　[Lex specialis derogat(legi) generali].
　특별법이 일반법을 개정한다.
specialis ecclesia. 특별한 교회(特別 敎會)
specialissimo modo. 아주 특별히
speciálĭtas, -átis, f. 특수성(特殊性), 특성(특수한 성질),
　특색(特色-특히 다른 점), 특질(特質-특별한 성질이나 기질),
　전문(專門), 전공(專攻), 본업(本業), 특산물, 특제품.
specializátĭo, -ónis, f. 전문화(專門化)
speciária, -æ, f. 향미료.향신료 파는 여자
speciátim, adv. 특별(特別)히, 특히
speciátus, -a, -um, adj. 형성된, 형체(形體)를 갖춘
spécĭes, -éi, f. 종류(γένος.種類), 품종. (論) 종(種),
　종개념. (生) 종(種). 얼굴(מִי.πρόσωπον), 외모(外貌),
　용모(容貌-사람의 얼굴 모양), 용자(容姿), 외형,
　외관(外觀.ἰδέα), 외견(外見), 광경, 바라봄, 주시,
　시각(작용), 시력, 시선(視線-눈길), 시야(視野), 눈길,
　드러나 보임, 겉보기, 겉모양, 허울, 티, 꼴, 형상, 형태,
　모양, 형색, 명목, 구실, 핑계, 근사(近似), 유사(類似),
　환상(幻想), 환영(幻影), 관념(觀念), 개념, 이념, 이상.
　((哲) (개체의) 상(像), 형질(形質), 식(式),
　미, 아름다움, 고움, 예쁨, 미모(美貌), 멋, 장식, 찬란,
　자랑, 과시(誇示), 웅대, 웅장, 위품, 풍채(風采), 불품,
　사건, 경우, 구체적 상황, 특례, 연산의 법칙, 산법(算法),
　화상, 초상, 조상, 금속(붙이), 상품, 양념, 약재성분.
　divido genus in spécies.
　　유(類)를 여러 개의 종(種)으로 분류하다/
　in(per) spéciem. 외견상, 겉으로(는)/
　in montis spéciem. 산더미처럼/
　intellegíbilis species. 인지할 수 있는 종별/
　ipsarum rerum species. 사물 자체의 외형/
　Modo cum fide vides, tunc cum specie videbis.
　　지금은 믿음으로 뵙지만 그때에는 얼굴을 맞대고 빌
　　것입니다.(최익철 신부 옮김. 요한 서간 강해. p.243)/
　multi homines in specie sunt unus homo.
　　수많은 인간은 그 종에 따라 사람의 인간(안셀무스)/
　omnes species. 모든 종/
　orígo speciéi. 종(種)의 기원(起源)/
　præbitúrus spéciem, ipsum regem præsidére.
　　(그는) 임금 자신이 앞에 앉아 있는 듯이 보이려고/
　primâ spécie. 처음 보기에(는)/
　Prudentia, et stultitia et opinio et alia huiusmodi similia,
　non sunt nisi in essentia animæ. Ergo anima non est
　una sed est multæ numero, et eius species una est.
　　사려, 우둔 그리고 이런 종류의 나머지 것들은 영혼의

본질 안에만 존재한다. 그러므로 영혼은 하나가 아니라
수적으로 여럿이며, 그것의 종은 하나다.(지성단일성. p.223)/
quátturo spécies. 사칙(四則:더하기.빼기.곱하기.나누기)/
Quod in omnium naturarum specie ac modo laudabilis
sit Creator. 모든 자연본성의 형상과 척도를 두고
　창조주는 찬미 받을 만하다(교부문헌 총서 17, 신국론, p.2784)/
speciei origo. 종의 기원
speciei principium. 종의 근원
speciei privatio. 형상의 결핍
　sub spécie æternitátis. 영원의 상(相) 아래에/
　sub spécie tutélæ. 보호(한다)라는 구실로/
　sub utraque specie. 양형 영성체/
　summa species. 최고의 형상/
　ut tibi daret speciem et decorem. Quam speciem?
　quem decorem? dilectionem caritatis; ut amans curras,
　currens ames. 그대에게 풍채와 위엄을 주시기 위함
　　이었습니다. 어떤 풍채 말입니까? 어떤 위엄 말입니까?
　　사랑에 대한 사랑입니다. 그대는 사랑하면서 달리고
　　달리면서 사랑하게 됩니다(최익철 신부 옮김. 요한 서간 강해. p.417)/
　Verum est quod secundum fidem possunt esse plures
　formæ numero separatæ in specie una.
　　신앙에 따를 때 같은 종 안에 수적으로 다수의 분리된
　　형상들이 있을 수 있다는 것이 참이다.
species analoga. 유사 종(類似 種)
species boni apprehensi forma est voluntatis.
　선의 형상이 곧 의지의 형상이다.
　[인간 지성이 파악한 선의 종류(species)로 번역된다가 의지를
　구체적으로 움직이는 형상(forma)이 된다. 성 염 옮김. 단테 제정론. p.63].
species impressæ. 인각상
species cognoscibiles. 인식의 형상들
species columbæ. 비둘기의 形像
species completum. 완전한 유(類)
species connaturales. 본성적 인식 형상
species expressa. 표현상, 표현된 상, 표출상(表出像)
species figuræ. 형상의 종(種)
species gratiæ. 은총의 종류
species impressa. 인각상, 각인된 상, 인상상(印象像)
species in hoc individuo particulari.
　특수한 개별자 안에 있는 종.
species inæqualitatis. 불균등성의 일종
species intellectuales. 오성적 종(성 염 옮김. 단테 제정론, p.22)
species intellegíbilis. 가지적 종차, 가지적 형상, 가지상↓
species intelligibilis. 인지할 수 있는 종별, 지성상↑
　인식 형상(인식의 근본문제. p.235).
species memorialis. 기억상
species panis. (神) 면병(麵餠)의 형상(외형)
species Panis et Vini. 빵과 포도주의 형상
species particularis 개별상(個別像)
species quantitatis. 양의 종
species rerum sensibilium 감각적 사물들의 원형들
species sacramentáles. (神) 성체성사의 형상,
　성사의 형색(성체 변화 후의 빵과 포도주).
species sensíbilis 감각상, 감각할 수 있는 종별
species specialissima. 가장 특수한 종.
　(조지 그라시아 지음. 스콜라 철학에서의 개체화. p.263).
species universalis. 보편상(普遍像)
species vini. (神) 포도주(葡萄酒)의 형상(외형)
speciétas, -átis, f. 특별한 성질(性質), 특성(특수한 성질)
specifícĭtas formalis. 형상적인 특유성(特有性)
specífico, -áre, tr. (spécies+fácio) 명시(明示)하다,
　특기하다, 한정(규정) 짓다, 규명(糾明)하다,
　종류(種類)를 구분(區分)하다.
specillátus, -a, -um, adj. 여러 가지로 다듬어진.가공된
specillum, -i, n. (spécio, spéculum의 축소),
　((醫) (內腔 등 탐사용 막대) 외과기구, 탐침,
　작은 거울, 소식자(消息子→존데 Sonde), 존데(獨.
　Sonde)(요도, 식도 등에 넣어 기관 내부의 상태를 조사하는 기구).
spécĭmen, -mĭnis, n. (單數로만 사용) 검증(檢證), 표,
　증거(μαρτυρία.μαρτύριον.⑨ Witness), 표본, 견본,

예(例), 특징(特徵), 장식(裝飾), 치장, 이념, 목표.
spécĭo, spexi, spectum, -ĕre, tr. (**=spícĭo**)
　보다(חזה.חמם.חנה.נבט), 바라다 보다, 관찰하다,
　(경멸) 훑어 보다, 점치다(בקר).
specio avem. 새가 나는 모양을 보고 점치다
speciósus, adv. 잘(καλῶς),
　훌륭하게, 멋지게, 찬란하게, 빛나게, 아름답게.
speciósĭtas, -átis, f.
　찬란함, 훌륭함, 아름다움(κάλλος.⑨ Beauty).
speciósus, -a, -um, adj. 훌륭한, 멋진, 수려한, 빛나는,
　빼어나게 아름다운, 훌륭한, 웅대한, 눈부신, 허울 좋은.
　adv. **specióse**. 화려하게, 아름답게.
　speciosum ministérĭum. 빛나는 활약(活躍).
specta, 원형 specto, -ávi, -átum -áre, tr., intr.
　[명령법. 현재 단수 2인칭 specta, 복수 2인칭 spectate].
Specta flammas claras in coelo! Specta coelum!.
　하늘에 밝은 화염을 쳐다봐라! 하늘을 봐!
spectábĭlis, -e, adj. 보이는, 볼만한, 찬란한, 화려한,
　관람할만한, (존칭) 존경하올.
　vir spectabilis. 높은 사람.
spectabílĭtas, -átis, f. 높은 지위(altus gradus dignitatis)
Spectabílĭtas tua(**=Excelléntĭa**) 각하(閣下)
spectac(u)lum, -i, n. 바라다 봄, 모습(模襲.צלם),
　광경(光景), 경치(景致), 상황(狀況.獨 Kontext),
　구경거리, 영화, 연극, 무대장치, 극장, 야외극장.
　De spectaculis. 구경거리/
　impium spectaculum. 불측한 연극/
　interésse spectáculis. 연극을 보다, 구경하다/
　nondum commísso spectáculo.
　　구경은 아직 시작하지 않았는데/
　O spectac(u)lum míserum! 오 가련한 모습이여!/
　publicum spectaculum. 공연(公演).
spectámen, -minis, (**spectaméntum**, -i)
　n. 바라다 봄, 광경, 구경거리, 표본(標本), 인장(印章),
　증거(μαρτυρία.μαρτὺριον.⑨ Witness).
spectándus, -a, -um, adj. 구경할만한.
　Lumbi sedendo, oculi spectando dolent. 허리는 앉아
　있음으로 아파지고, 눈은 바라봄으로 아파진다.
spectans, -ántis, m. 방관자(傍觀者), 구경꾼
spectáte, adv. (흔히 superl.: spectatíssime)
　두드러지게, 훌륭하게.
spectátĭo, -ónis, f. (연극) 관람(觀覽), 전망(展望),
　조망(眺望-널리 바라봄), 관찰(觀察, inspectus, -us, m.),
　시금(試金), 고려(考慮-생각하여 헤아림).
spectatívus, -a, -um, adj. 이론적, 정관적(靜觀的)
spectátor, -óris, m. (**spectátrix**, -ícis, f.) 관찰자,
　구경꾼, 증인(證人), 목격자(μαρτυρία), 관람객(觀覽客),
　검사(檢査)하는 자, 연구하는 사람, 판단하는 사람,
　엿 보는 자, 첩자(諜者-간첩. 간자).
　Spectatores, plaudite manibus!
　　관객 여러분, 박수를 치시오!.
spectátor cæli siderúmque. 천문학자
spectátus, -a, -um, p.p., a.p. 시련을 겪은, 증명된,
　검사(檢査)를 끝낸, 훌륭한, 산전수전 다 겪은,
　노련(老鍊)한, 경험(經驗) 많은, 확실한.
　Id spectatíssimum sit. 그것은 가장 확실한 일일 것이다/
　spectatissimus vir. 노련한 사람.
spéctĭo, -ónis, f. 점(占.⑨ Divinátĭon), 감시(監視),
　관찰(觀察, observátĭo, -ónis, f.), 시찰(視察).
specto, -ávi, -átum -áre, tr., intr. 응시(凝視)하다,
　보다(חזה.חנה.חמם.נבט), 살펴보다, 구경하다,
　관람(觀覽)하다, 바라보다(נבט.שעה), 생각하다,
　검사(檢査)하다, 살피다, 시험하다, 판단(判斷)하다,
　평가(評價)하다, 겨누다, 망보다, 향하다, …에 면하다,
　기대하다, 고려하다, …에 달려 있다, 관한 일이다.
　Domus spectat in nos. 온 집안이 우리를 지켜본다/
　Huc ad me specta. 여기 내 쪽을 보라/
　in merídiem spectáre. 남쪽을 향해 있다/

In quo agro spectavit vaccas servus noster.
　우리 노예가 암소들을 어느 들에서 보았나?/
Spectátur in ígnibus aurum. 금은 불 속에서 알아본다.
specto ad oriéntem. 동쪽을 향하여 있다
specto ad religiónem. 종교에 관한 일이다
specto motus síderum. 천체의 움직임을 관찰하다
specto ut. …라는 뜻이다, 뜻은 …이다
spectrum, -i, n. 요물, 귀신(δαιμὸνιον), 유령, 요괴,
　환영(幻影), 환상. (物) 분광(分光), 스펙트럼(⑨ spectrum).
spectus, -us, m. 생김새, 외관(外觀.ἰδέα).
　Huc ad me specta. 여기 내 쪽을 보라.
specu, (gen. -u) n. **= specus**
spécŭla[1] -æ, f. 망대(望臺-전망대), 높은 곳, 초소(哨所),
　감시(監視), 경계(警戒), 觀察(contemplátĭo, -ónis, f.).
　in spéculis esse. 경계(警戒) 하고 있다.
spécŭla[2] -æ, f. (**=specícŭla**) 작은 희망, 일말의 희망
speculábĭlis, -e, adj. 보이는, 볼 만한, 망졸 수 있는
speculabúndus, -a, -um, adj. 관찰하는, 망보는
speculámen, -minis, n. 바라봄, 구경, 관찰(觀察)
speculándus, -i, m. 계산기(計算機)
spécŭlar, -áris, n. 창유리, 유리(琉璃)
speculárĭa, -ium n., pl. 창문, 창유리
speculárĭus, -i, m. 거울(유리) 만드는 사람, 유리장사
speculariárĭus, -e, adj. 거울의, 유리의, 투명한, 투명체의.
　m. 투명 석곽(황산칼륨), n., pl. **speculárĭa**, -ium.
speculárĭter, adv. 눈에 띄게, 명확하게
speculárĭum, -i, n. 거울(specillum, -i, m. 작은 거울)
speculárĭus, -i, m. 거울.유리.유리 만드는 사람
speculátĭo, -ónis, f. 관찰(觀察, observántĭa, -æ, f.),
　숙고(熟考), 정관(靜觀-조용히 지켜봄), 조사(調査),
　검사(檢査), 정탐(偵探), 탐정(探情-남의 의향을 넌지시 살핌)
speculatíva, -æ, f. 추리(推理), 관찰(觀察)
speculatívus, -a, -um, adj. 추리의, 사변적(思辨的),
　공상(空想)의, 공리(空理)의, 관상(觀想)의.
　De theologia mystica speculativa et practica.
　　사변적 및 실천적 신비신학(제6송 지음)/
　grammática Speculativa. 사변적인 문법학/
　intellectus speculativus.
　　관상적 지성, 사변이성 사변 지성/
　Theologia mystico-speculativa. 사변적인 신비신학.
　　　　　　　　　　　(Giovanni Gerson 지음 1363~1429).
speculátor, -óris, m. (**speculatrix**, -ícis, f.) 관찰자,
　탐정, 추리자, 공론가(空論家), 순양함(巡洋艦), 척후병,
　장군의 당번병, 호위병(護衛兵), 사령(使令), 희광이,
　사형 집행인, 감시인, 검찰인, 목격자(μαρτυρία).
　per speculatores rem cognovit. 탐험가들을 통해서.
speculatóriæ, -árum, n., pl. 순양함(巡洋艦), 정찰선.
　speculatória navígia. 순양함(巡洋艦), 정찰선(偵察船).
speculatórĭum, -i, n. 관상대(觀象臺), 관측소, 천문대.
speculatórĭus, -a, -um, adj. 거울처럼 밝은
　경계하는, 관찰하는, 정찰하는, 추론적(推論的).
speculoclárus, -a, -um, adj. 거울처럼 밝은
spécŭlor, -átus sum -ári, dep., tr. 관찰하다, 살피다
　정탐하다(ברר), 엿보다, 고찰(考察)하다, 추구(追求)하다.
　intr. 옆을 잘 살펴보다, 명상에 잠기다.
Speculum. 아우구스티노 지음.
　[아우구스티노는 신자들에게 도움을 주고 싶은 열망으로 신약과 구약성경에서
　삶의 원칙에 관하여 하느님의 명령과 금령을 담은 구절을 뽑고 머리말까지
　달아서 《Speculum》이라는 제목의 책을 펴내기도 했다. 포시디우스
　‘아우구스티노의 생애’ 28, 3 참조. 최익철 신부 옮김. 요한 서간 강해, p.106].
spécŭlum, -i, n. (**spécŭlus**, -i, m.) 거울, 영상, 반영.
　liber et speculum. 텍스트와 거울/
　recávum spéculum 오목거울/
　spéculo placére. 몸치장하다/
　Vinum animi speculum. 술은 마음의 거울이다.
speculum æterni patris
　영원한 아버지의 거울(=十字架)(聖스러움의 意味, p.265).
Speculum antiquæ devotionis circa missam.
　미사에 대한 옛 신심의 거울.

Speculum de Scriptura sacra. 성서 선집.
(427년 히포의 아우구스티노 지음).

Speculum Caritatis. 사랑의 거울(ælred of Rievaulx 지음).

Speculum Doctrinale. 교리 총람(신학은 물론 모든 지식을 다룬 책)

Speculum et lumen juris canonici. 교회법의 거울과 빛

Speculum fidei. 신앙의 거울 (생티에리의 윌리암 지음).

Speculum Historiale. 역사 총람(1264년까지의 역사를 다룬 책)

Speculum Humanæ Salvationis. 인류 구원의 거울

Speculum juris. 법의 거울

Speculum Laicórum. 평신도들의 거울

Speculum Majus. 큰 거울, 대총람(Vincent가 1247~1259년 사이에
저술한 책으로 당시에 접근할 수 있었던 모든 지식을 망라하여 자연 총람,
교리 총람, 역사 총람 세 부분으로 총 80권 9,885장으로 되어 있다. 이 책에는 약
450명의 저술가와 2,000여 편의 저작물이 소개되어 있다. 제4부로 인정되는
윤리총람은 후대에 첨가된 것이다. 백민관 신부 엮음. 백과사전 3, p.75)

Speculum Morale. 윤리 총람(Vincent 지음)

Speculum naturale. 자연 총람(자연에 대한 학자들의 설을 모은 책)

Speculum perfectionis. 완덕의 거울

Speculum spirituale 영적 거울(1558년 블로시우스 지음)

Speculum virginum 동정자의 거울(12세기 수녀들의 영성 교육서)

spécus, -us, m. [복수 3격(여격)과 복수 5격(탈격) 어미는 -ubus 됨]
굴(동굴, 움막), 동굴, 지하수로(地下水路),
지하 동굴, 갱(坑道"의 준말), 갱도(坑道), 깊이.
aperio subterráneos specus. 지하 피난처를 파서 만들다/
Prisci homines in specubus habitabant, arcubus feras
necabant. 원시인들은 동굴에서 살았고 활로 짐승을 잡았다/
Sacro Speco. 거룩한 동굴/
Sub montem specus patebat. 산 밑에 동굴이 열려 있었다.

speícŭla = spécŭla²

spelǽum, -i, n. 굴(동굴, 움막), 동굴, 동물의 소굴

spelta, -æ, f. (植) 밀의 일종, 스펠트 밀. (pl.) 밀 씨

spelúnca, -æ, f. 굴, 동굴, 소굴.
Romus et Remus in spelunca nutriti sunt a lupa.
로무스와 레무스는 동굴 속에서 암 늑대한테 키워졌다.

Spelunca thesaurorum. 보물의 동굴(Cyrillonas의 운문).

sperábilis, -e, adj. 희망직한, 바랄 수 있는

spera, 원형 spéro, -ávi, -átum -áre, tr.
[명령법. 현재 단수 2인칭 spera, 복수 2인칭 sperate].

Spera in Deo, quóniam adhuc confitébor illi: salutare
vultus mei, et Deus meus. 하느님께 바라라. 나 그분을
다시 찬송하게 되리라. 나의 구원, 나의 하느님을.

speráta, -æ, f. 약혼녀(約婚女), 신부(新婦).
O cœles pudica sponsa et Domini porta!
오, 천상의 순결(純潔)한 신부이자 주님의 문이여!

sperátus, -i, m. 신랑(新郎), 약혼자(約婚者)

sperma, -ătis, n. (生) 정액(精液), 종자(種子)

spermathéca, -æ, f. (生) 수정낭(受精囊)

spermáticus, -a, -um, adj. 정액의, 씨의

spermátĭum, -i, n. 홍조류(紅藻類)의 웅정체(雄情體),
수균류(銹菌類)의 웅정자(雄精子)

spermatogénĕsis, -is, f. (生) 정자형성.발생

spermatogónĭum, -i, n. (生) 정원세포(情原細胞)

spermatorrhœa, -æ, f. (醫) 몽정(夢精), 유정(遺精)

spermathéca, -æ, f. (生) 정자낭(精子囊)

spermatozóon, -i, n. (生) 정자(精子), 정충(情蟲)

spermólŏgus, -i, m. 수다쟁이, 말 퍼뜨리는 사람

spernax, -ácis, adj. 업신여기는, 멸시(蔑視)하는

spernéndus, -a, -um, gerundiv. 업신여길

sperno, sprēvi, sprētum, -ěre (spernor, -ári, dep.) tr.
사이를 떼어놓다, 멀리하다, 물리치다, 업신여기다,
멸시(蔑視)하다, 야유(揶揄)하다, 경멸(輕蔑)하다.
In voluptate spernenda virtus cernitur.
쾌락을 멸시하는 데서 덕행이 식별되는 것이다/
Sapiéntium(또는 sapiéntum) est divítias spérnere.
(=Vivórum sapiéntium est divitias spérnere.)
재산을 업신여기는 것은 현자들의 특성이다/
Sperne voluptates. 쾌락(快樂)을 업신여겨라.

spéro, -ávi, -átum -áre, tr. 예상(豫想)하다, 기대(期待)하다.
바라다(אנא,יחל,בע,סבר,נבר), 희망하다.

갈망(渴望)하다(גוו,חסי'ר,חסי), 기다리다.

Et quid sperare non possumus?
그리고 희망할 수 없는 것은 무엇입니까?/

homo sperans. 희망자/

Ita iterum aliud quiddam interrogatur: quid sperare
possumus?(⑨ Again, we find ourselves facing the
question: what may we hope?) 우리는 다시 '우리는
무엇을 희망할 수 있는가?'라는 물음 앞에 서 있습니다/

Speramus fore, ut simul gloria tua perenniter satiemur.
저희도 주님의 영광으로 영원히
함께 누리게 되기를 바라나이다/

Sperare nos amici jubent.
친구들이 우리더러 꼭 희망을 가지라고 당부한다/

Sperate miseri, cavete felices. 너희 불행한 자들은
희망을 가져라, 너희 행복한 자들은 조심(操心)하라.

Spero, epistulam scriptam fore.
나는 편지가 써졌으리라고 믿고 있다.

Spero, fore, ut multa discas.
나는 네가 많은 것을 배우리라고 기대한다.

Spero fore, ut nobis id contíngat.
나는 우리가 그 일을 당하게 되기를 바란다.

Spero, nos ad hæc pervenire posse.
우리는 이 목표들에 도달할 것으로 나는 바라고 있다.

Spero semper a vobis diligenter munera vestra
impleri. 나는 너희 직책이 너희에 의해서 알뜰하게
수행되기를 늘 바란다.

Spero Spera. 나는 희망한다 너도 희망해라.

Dum spiro, spero.
나는 살아 있는 한 희망을 갖는다(Sough Carolina주 표어).

Spero, te cras ad me venire posse.
나는 네가 내일 나한테 올 수 있기를 바란다.
(다른 동사의 현재부정법을 지배하는 보조동사. 특히 posse, velle, malle,
nolle 등은 미래부정법을 쓰지 않고, 그 현재부정법을 그대로 써 가지고
미래의 뜻까지 나타내게 한다. 허창덕 지음, Syntaxis Linguæ Latinæ. p.329).

Spero (speravi, sperabo), te venturum esse.
나는 네가 올 것을 바란다(바랐다, 바라겠다).
(주문의 시청에 따라서 미래적일 때에는 미래부정법을 쓴다).

Spero, te valere. 나는 네가 잘 있으리라고 생각한다.

spes¹ spei, f. (pl:nom. spes, speres; gen. sperum;
acc. spes, speres; dat., abl. spebus, spéribus,)
희망(ἐλπὶς,⑨ Hope), 바람(望), 망덱(virtus spei*),
바라는 것, 기다림, 기대, 전망, 각도, 예상, 예측.
ad novam spem pervenerunt(⑨ those who have attained
a new hope) 새로운 희망을 가지게 된 이들(=그리스도인)/

Ave Crux, spes unica!
유일한 희망, 십자가를 경배하나이다/

collocáre spem in alqá re. 무엇에 희망을 두다/

contra spem. 의외로/

Cum spe, si non bonâ, at áliquâ tamen vivo. 좋은 희망
은 못 되다 하더라도 다소간의 희망을 가지고 나는 산다/

de spe decido. 실망하다/

De spe fidelium. 신자들의 희망/

dejéctus spe. 희망에 속은/

eláti spe. 희망에 부푼 사람들/

Enchiridion de fide spe et caritate. 믿음과 희망과 사랑의
교리 요강(특별히 교리교육을 목적으로 하지 않고 Lorenzo라는 이름의
제자가 던진 물음에 대답하는 형식으로 작성된 책)/

Et quæ spes est? Ante omnia confessio.
그렇다면 희망은 무엇입니까? 무엇보다도 고백입니다.
(최익철 신부 옮김, 요한 서간 강해, p.77)/

Etíam nunc résidet spes in virtúte tuâ.
지금도 너의 용기(勇氣)에는 희망이 건재 한다/

ex spe deturbári. 희망을 잃다/

Exardesco ad spem libertátis. 자유에 대한 희망에 부풀다/

hómines spe derelícti. 절망적인 사람들/

habére spem alci rei. …에 희망을 걸다/

in extrémâ spe salútis. 구원의 희망이 없는 상태에서/

In quo spem homines habebunt, nisi in Deo?
신에게가 아니면 누구한테 인간들이 희망을 두겠는가?/

in spem pacis. 평화를 희망하며/

incido spem. 희망을 꺾어버리다/
infero spem *alci*. 누구에게 희망을 가지게 하다/
intellectus spei. 희망의 앎/
lapsus spe. 실망하여(lábor¹참조)/
Neque usquam nisi in peunia spem habĕre.
돈밖에는 아무 것에도 희망을 두지 않다/
O fallacem hominum spem! 오, 인간의 헛된 소망이여/
Omnis sincera rectaque hominis actio spes est in actu.
인간의 모든 진지하고 올바른 행위는 희망의 활동입니다/
ómnium spe celérius. 모든 이의 예상외로 빨리/
pónere in spem. …할 사실에 희망을 두다/
præter spem. 돌연(突然)/
Primus essentialis locus ad spem discendam est oratio.
희망을 배우는 첫 번째 중요한 자리는 기도입니다/
Progrediamur oportet in spe! 희망을 가지고 나아갑시다!/
quæ cuique est fortuna hodie, quam quisque secat spem.
각자가 오늘 맞고 있는 운명이 어떤 것이든, 각자가 품는 희망이 무엇이든(성 염 지음. 사랑만이 진리를 깨닫게 한다. p.382)/
Quod omnis spes et fiducia in solo Deo est figenda.
하느님께만 모든 희망과 미쁨을 둘 것(준주성범 제3권 59장)/
Sed qui gaudet in spe, tenebit et rem: qui autem spem non habet, ad rem non poterit pervenire.
희망 안에서 기뻐하는 사람은 실재로도 얻게 될 것입니다. 그러나 희망을 지니지 않은 사람은 실재에 다다를 수 없을 것입니다.(최익철 신부 옮김. 요한 서간 강해. p.121)/
signum certæ spei et solacii. 확실한 희망과 위로의 표지/
Spe enim salvi facti sumus.(th/| ga.r evlpi,di evsw,qhmen)
([영] For in hope we were saved)
사실 우리는 희망으로 구원을 받았습니다(성경 로마 8, 24)/
우리는 이 희망으로 구원을 받았습니다(공동번역)/
우리는 희망을 지향하도록 구원되었기 때문입니다(200주년)/
Spe Salvi, 희망으로 구원된 우리[회칙 2007.11.30.]/
Spe salvi facti sumus.(로마 8, 24)
우리는 희망으로 구원 받았습니다.
Spei lumina sunt ipsi.([영] They are lights of hope)
그들은 희망의 등불입니다/
spei signa et ad officium invitatio.
희망의 표징과 헌신에 대한 초대/
Spem antiqui poëtæ ultimam deam appellaverunt.
옛 시인들은 희망(Spes)을 최후의 여신이라고 불렀다/
spem metúmque inter dúbii.
희망과 공포 사이에서 엇갈린 생각에 잠긴 사람들/
spem præsumo. 미리부터 희망을 가지다/
Spem pretĭo émere.(격언)
불확실한 것을 쫓기 위하여 확실한 것을 버리다/
Vera christianæ spei effigies. 그리스도교 희망의 참모습/
Væ mísero mihi! 아이고, 내 팔자야!/
Væ misero mihi, quanta de spe decidi!.
비참한 나에게 저주 있으라!
희망하고는 얼마나 거리가 먼가!.
Spes², -ĕi, f. 희망의 여신(女神)
spes ad irritum redacta. 수포로 돌아간 희망
Spes affulsit. 희망의 빛이 보였다
Spes agit mentem. 희망이 정신을 자극한다.
spes autem non confundit.
희망은 우리를 부끄럽게 하지 않습니다(성경 로마 5, 5).
spes autem, quæ videtur, non est spes; nam, quod videt, quis sperat?.
보이는 것을 희망하는 것은 희망이 아닙니다.
보이는 것을 누가 희망합니까?(성경 로마 8, 24).
Spes autem sua cuique.
사람마다 나름대로 희망을 품겠지만.
Spes cum omnes deficiunt spes.
희망이 무너지는 순간의 희망.
Spes divina et humana. 신들과 인간들에게 거는 희망.
Spes est somnium vigilantis.
희망은 깨어있는 자의 꿈이다
Spes et præmia in ambígŭo.
희망과 포상(褒賞)이 확실치 않았다.
Spes eum fefellit. 그는 희망에 속았다, 기대가 어긋났다.
Spes in Christo posita. 그리스도께 바탕을 둔 희망
spes incerta. 어두운 희망.
Sine ulla spe. 아무 희망도 없이.
Spes Orans. 기도하는 희망
spes sociæ. 공통된 희망
spes tenuior. 가냘픈 희망
spes unica. 유일한 희망
spes unica imperii Roma. 로마제국의 유일한 희망
Spes vincendorum hostium nobis maxima erat.(동명사문).
우리에게는 적군들을 격퇴하리라는 희망이 아주 컸다.
speústicus, -a, -um, adj. 급조(急造)된
sphăcos, -i, m. (植) 살비아, 홍교두초(통화식물目 광대나물과 샐비어 속의 관목성 여러해살이풀의 총칭).
sphæra(=sphera) -æ, f. 둥근 물체, 공, 지구의(地球儀), 구형체(求刑體, sphera, -æ, f.), 지구본(地球本), 천구의(天球儀), 범위(範圍), 영역(領域), 권(圈), 유성의 궤도. (天) 천구(天球-천문학에서, 지구상의 관측자를 중심으로 '천공'을 공 모양으로 여기고 이르는 말).
sphærális, -e, adj.
둥근 물체의, 구형의, 원(圓)의, 공 모양으로 둥근.
sphǽrĭcus, -a, -um, adj. 구형의, 원(圓)의, 도는, 구상(球狀)의, 구면(球面)의. f. 움직이는 물체 연구.
sphæricus lunæ. 달의 천체
sphǽrĭcus números. 세제곱 수
sphærita, -æ, m. 파이(과자.[영] pie)
sphæroídes, -es, adj. 구형의, 둥근
sphæromáchĭa, -æ, f. 유구(遊球-공놀이), 공놀이
sphǽrŭla, -æ, f. 작은 공(球)
sphincter, -téris, (=**sphinctor**) m. (解) 괄약근(括約筋).
[조임근. 몸속에 있는 통로나 개구부(開口部)를 싸고 있는 고리 모양의 근육. 오므리거나 벌림으로써 생체 기관이 열리고 닫히는 것을 조절한다. 입, 항문, 요도 등에 있으며, 부위에 따라 민무늬근이나 가로무늬근으로 이루어져 있다. 본인도 모르게 대변이 나오거나 대변을 잘 참지 못하는 사람은 괄약근에 이상이 없는지 의사와 상담하는 것이 좋다].
sphinctor, -óris, (=**sphincter**) m. (解) 괄약근(括約筋)
Sphingonotus mongolicus. (蟲) 강변 메뚜기
sp(h)intria, -æ, m. 남창(男娼-남색을 파는 일을 업으로 하는 남자)
Sphinx, -ngis, (gen. -ngos; acc. -nga; gen., pl. -ngum; acc., pl. -ngas).
1. (神話) 스핑크스(여자 머리에 사자의 몸 그리고 날개가 있는 괴물, Thebes 근처에서 행인에게 수수께끼를 내놓고 풀지 못하면 찢어 죽였다 함). 2. 수수께끼의 인물, 불가사의(不可思議)의 인물. 3. (動) 원숭이, 침팬지.
sphrāgis, -gídis, f. 돌인장, 봉인(封印.[영] Seal), (藥) 고약(膏藥-헌데나 곪은 데에 붙이는 끈끈한 약).
sphragítis, -tīdis, f. 낙인(烙印-노예나 죄수들에게 찍는 표시), 상흔(傷痕), 화상자리, 문신(文身-살갗을 바늘로 찔러 먹물이나 다른 물감으로 글씨.그림.무늬 따위를 새기는 일).
먹물뜨기(入墨-먹물로 살 속에 글씨나 그림을 떠 넣음).
spīca, -æ, f. (=**spīcum**, -i, n., =**spīcus**, -i, m.)
뾰족한 끝, 목침(木枕), 첨단, 이삭, 감송(甘松), 바늘, 바늘, 삼각형의 포석(鋪石). (天) 처녀궁좌.
((植)) (콩 따위의) 깍지, (마늘의) 대가리, = far, spelta.
in ségetem spicas fúndere. (이삭을 밀밭으로 가져가다 즉) 쓸데없는 일을 하다/
Spicea campis messis inhorruit. 곡식들이 들판에서 삐죽삐죽 이삭이 패기 시작하였다/
spici uberes. 잘 익은 이삭.
spicátus, -a, -um, p.p., a.p. 끝이 뾰족하게 된, 이삭 달린
spícĕus, -a, -um, adj. 이삭의, 보리의, 이삭 달린, 곡물의
spícĭfer, -ĕra, -ĕrum, adj. (spica+fero)
이삭 달린, 이삭.곡식을 맺는.
spicilégĭum, -i, n. (spica+lego²) 이삭줍기
spícĭo, spexi, spectum, -ére, tr. = **spécĭo**
spīco, (-ávi), -átum -áre, tr.
뾰족하게 하다, 이삭처럼 만들다.
spicósus, -a, -um, adj. 이삭 달린
spícŭla, -æ, f. 바늘처럼 끝이 뾰족한 물건, 살촉,

S

침상체(針狀體), ((특히)) (해면 따위의) 침골, 가시.
Quot contorsit spicula virgo, tot Phrygii cecidere
viri.(cecidere=ceciderunt) 처녀가 살촉을 쏘아대는 대로
프리기아의 사나이들이 쓰러졌다[Phrygii: Phrygia는 트로이아가
자리 잡고 있던 땅이었으므로 트로이아인들을 가리킨다. 아이네아스의 군사들이
여걸 Camilla의 화살에 쓰러지는 내용. 성 염 지음. 고전 라틴어. p.342]

spiculátor, -óris. m. 체형 집행인(體刑 執行人),
희광이(→회자수. 지난날, 死刑囚의 목을 베던 사람), 근위병(近衛兵).
spíchlo, -ávi, -átum -áre, tr. (=spico) 뾰족하게 하다
spículum, -i, n. (벌, 전갈 따위의) 침, 독침(毒針),
창, 화살 끝, 화살의 쇠꼬챙이, 창, 투창, = pilum,
햇살, 바늘, 가시(바늘처럼 뽀족하게 돋친 것).
spículus, -a, -um, adj. 뾰족한
spicum, -i, n. (=spīca, -æ, f., =spīcus, -i, m.)
spicus, -i, m. (=spīca, -æ, f., =spīcum, -i, n.)
spína, -æ, f. ((植)) (서양) 아가위, 찔레,
아카시아 등 가시나무, (나무.물고기) 가시, 바늘 살,
척추(脊椎), 배의 용골, 곤란, 복잡한 일, 귀찮은 일.
Nulla rosa sine spinis. 가시 없는 장미는 없다/
Serpens éxuit in spinis vestem.
뱀은 가시덤불에서 허물을 벗는다/(exuo 참조)
spinam faucibus adhærentem reddo.
목구멍에 걸린 가시를 토해내다.
spinális, -e, adj. 등가시의, 척추(脊椎)의
spinésco, -ěre, intr. 가시 돋다, 가시로 덮이다
spinétum, -i, n. 가시덤불. (pl.) 어려움, 곤란(困難).
spíněus, -a, -um, adj. 가시의, 가시 돋친
spínǐfer(spínǐger) -ěra -ěrum, adj. (spina+fero, gero¹)
가시 돋친, 가시 있는.
spiníŏla, -æ, f. 잎이 작은 장미의 일종
spinósŭlus, -a, -um, adj. 가시 돋친, 어려운(ח־־),까다로운.
spinósus, -a, -um, adj. 가시 돋은, 가시 많은,
어려운(ח־־), 까다로운, 찌르는, 뾰족한.
spinter, -éris, n. 뱀 모양의 팔찌
spintherísmus, -i, m. (醫) 섬광 자각증
spintheropia, -æ, f. (醫) 섬광 자각증
sp(h)íntrǐa, -æ, m. 남창(男娼-男色을 파는 일을 업으로 하는 남자)
spinturnícǐum, -i, n. (spintúrnix, -nícis, f.)
불길한 새(욕설).
spínŭla, -æ, f. 작은 가시, 작은 등 가시
spīnus, -i(us), f. (植) 가시나무, 가시(가시 털.침 등)
Spio, -us, f. 바다의 요정
spiónǐa, -æ, f. (植) 포도의 일종
spira, -æ, f. 나사선, 나선(螺旋-나사선의 준말), 와선(渦線),
트레머리(가르마를 타지 않고 꼭뒤에다 틀어 붙인 여자의 머리),
많은 머리, 꾸불꾸불한 內臟, 모자의 턱 끈, 모자 끈,
밧줄, 성극단(聖劇團), (軍) 분대(分隊), 군대(軍隊),
(機) 회전(각도의 단위), (植) 엽맥(葉脈).
spirábilis, -e, adj. 호흡할 만한, 공기의, 호흡의,
생명을 불어넣는, 숨 쉬게 하는.
spiráculum, -i. n. 호흡, 바람구멍, 환기통, 창, 영감(靈感).
spirális, -e, adj. 나선형(螺旋形)의
spirámen, -minis. n. 바람구멍, 콧구멍(前鼻孔), 호흡,
숨(ח־.⑩ Breath), 성령, 성신. (文法) 기음(氣音).
spiraméntum, -i, n. 바람구멍, 숨구멍, 공기통, 운하,
털구멍, 틈, 숨 쉴 시간, 휴식(⑩ Rest), 간격(間隔),
숨 쉼, 호흡, 호흡기, 숨(ח־.⑩ Breath), 김, 냄새.
spirantia flabra 부는 바람
spirárches, -æ, m. (종교예식에서) 합창대 지휘자
spirátǐo* -ónis. f. 발출(獨 Ausgang), 기출(교리서 246항),
(성령의) 기발(氣發), 취발(吹發),
숨 쉼, 숨(ח־.⑩ Breath), 호흡(呼吸).
('하느님의 성령이신 영기가 발한다'는 뜻으로 신학용어이다. 성부와 성자가
서로 사랑하는 능동적 기발(氣發)이며, 성부와 성자에게서 발출되는
사랑이 바로 성령이다. 이것은 수동적 기발(氣發)이라고 한다.
백민관 신부 엮음, 백과사전 3, p.541).
spirátǐo activa 능동적 기발(氣發)
spirátǐo passiva 수동적 기발(氣發)
spirátus, -us, m. 호흡(呼吸), 숨(ח־.⑩ Breath)
spiríllum, -i, n. (醫) 나선균(螺旋菌)

spiritali stirpe 영적 가문(교부문헌 총서 8, p.214)
spiritalibus inimicis. 영적 원수들
spiritális(=spiritális) -e, adj. 바람으로 움직이는,
숨쉬는, 살아있는, 목숨이 붙어있는, 신령한, 정신의,
영성적(πνυματικός), 종교적, 신심적, 천상적, 신비적.
n., pl. 신령(神靈), 악령(惡靈).
atmosphæra spirituális. 영적 분위기/
Contactus spiritalis est de corde mundo.
이 영적 접촉은 깨끗한 마음에서 일어납니다/
spiritale certámen. 영적 투쟁(1996.3.25. "Vita Consecrata" 중에서).
spiritalitas, spiritalitatis, m., f. 영성(⑩ spirituality)
spiritalitas aposotolica. 사도적 영성.
ecclesialis consociata opera atque spiritalitas aposotolica.
교회적 협력과 사도적 영성(1996.3.25. "Vita Consecrata" 중에서).
Spiritalitas et eucharistica cultura.(⑩ Spirituality and
eucharistic culture) 영성과 성찬 문화.
spiritálǐter, adv. 신령하게, 영적으로(spiritualǐter, adv.).
Nam corde contingere lesum spiritaliter, hoc est
cognoscere quia æqualis est Patri. 마음을 통해 예수님과
영적으로 접촉한다는 것은 그분이 아버지와 똑같은 분이
시라는 것을 안다는 것입니다.(최익철 옮김, 요한 서간 강해, p.151).
spiritísmus, -i, m. 강신설(降神說), 영교설(靈交說)
spirituália bona. 영적 선(善).
spirituális, -e, adj. 공기로 움직이는, 공기 속에 있는,
기(氣)의, 숨 쉬게 하는, 신령(神靈)한, 비물질적인,
무형(無形)한, 영적(靈的.πνυματικός), (술) 독한.
De differentia inter spiritualem et terrenum Sacerdotem.
영성적 사제와 지상적 사제 사이의 차이에 대하여/
De spiritualibus ascensionibus. 영적인 향상에 대하여/
esse spirituale. 정신적 존재/
exercítia spirituália(⑩ Spiritual exercise).
심령수업, 종교적 훈련, (기도를 포함하는) 묵상회,
영성 수련, 영신 수련/
exercitium spirituále(recessus spirituális).
피정(⑩ retreat)/
Exercitium spirituális*(⑩ exercise of spirituality)
영성 수련/
formátǐo spirituális(⑩ spiritual formátion).
영성 교육, **영적 양성**/
hoc est signum quoddam spirituale et indelibile.
지워질 수 없는 영신적인 어떤 표징/
homo ex spirituali et corporali substantia componitur.
인간은 정신적이자 물체적인 실체로 구성되어 있다.
(인간이라는 실체는 정신적이자 물체적이다)/
Homo spirituális judicat omnia.
영적 인간은 만사를 판단한다(1고린 2, 15 참조)/
impedimentum cognatiónis spirituálǐs.
영친장애(靈親障碍)(1983년 새 교회법에서는 폐지함)/
incestum spirituális. 영적 근친상간/
Institutio spirituális. 영적 구조(1551년 블로시우스 지음).
Spiritualis autem judicat omnia.
영적인 사람은 모든 것을 판단한다(갈멜의 산길. p.245).
spiritualis bona(⑩ spiritual goods). 영적 선익
spiritualis creatura. 영적 피조물
Spiritualis militum curæ. 군인들의 영성적 도움.
군인 사목.(⑩ military care)(1986.7.21.발효된 교황령).
spiritualis regeneratio. 영적 재생(靈的 再生)
spiritualis sublimatio. 영적 승화
spiritualísmus, -i, m. 영신주의, 영험주의, 유심론
spiritualísmus Ecclesiologicus. 교회론적 유심론
spiritualítas, -átis, f. 영성(⑩ Spirituality).
Communionis spiritualitas. 친교의 영성/
suo essere spirituale. 자기 영성.
Spiritualítas Benedictina. 베네딕도회 영성(靈性)
Spiritualítas Christiana. 그리스도교 영성, 신비사상
spiritualíter, adv. 신령하게, 영적으로(spiritálǐter, adv.).
Ideo Deus quosdam liberavit visibiliter, quosdam non
liberavit visibiliter: omnes tamen spiritualiter liberavit,

spiritualiter neminem deseruit. 하느님께서는 어떤
사람은 눈에 보이게 구원하셨고, 또 어떤 사람은 눈에
보이게 구원하지 않으셨습니다. 그렇지만 모든 사람을
영적으로 구원하셨고, 영적으로는 아무도 저버리지
않으셨습니다.(최익철 옮김, 요한 서간 강해, p.359).

spirituósa medicáta, -órum, n., pl.
(醫) 독주로 만든 약, 주정제(酒精劑).

spíritus¹ -us, m. 바람, 숨(חור.⑨ Breath),
영(靈.⑨ Spirit), 바람이 불음, 숨을 내쉼, 냄새 풍김,
공기, 입김, 숨결, 호흡(呼吸), 숨 쉼, 탄식(歎息), 한숨,
정신(νούς.νόησις.νόησευς.ψυχλ.⑨ Spirit-사고나 감정
작용을 다스리는 인간의 마음), 영혼(חור.ψυχλ.靈魂.⑨
soul-인간의 영적 근원), 신음소리, 목숨, 생명, 영감(靈感)
(기발한) 착상, 계시, 암시, 추측, 심정, 교만, 열광,
마음(לב.לבב.καρδία.ψυχλ.⑨ Heart/Spirit).

명사 제4변화 제1식		
	단 수	복 수
주격	spiritus	spiritus
속격	spiritus	spirituum
여격	spiritui	spiritibus
대격	spiritum	spiritus
탈격	spirituu	spiritibus
호격	spiritus	spiritus

Ad invidiam concupiscit Spiritus. qui inhabitat in nobis?.
(⑨ The spirit that he has made to dwell in us tends
toward jealousy) 하느님께서는 우리 안에 살게 하신
영을 열렬히 갈망하신다(성경 야고 4. 5)/
áërem(ánimam) spíritu duco. 공기를 들이마시다/
Beati pauperes spiritu.
정신적으로 가난한 사람은 행복하다(가난의 설교 중)/
De Spiritu Sancto in vita ecclesiæ et mundi.
교회와 세상의 삶에서 성령에 관하여/
Divino Afflante Spiritu. 하느님 성령의 숨결,
Pius XII세의 성서 연구에 관한 회칙(回勅)/
Et omnis spiritus, ait, qui solvit Christum, in carne
venisse. non est ex Deo.(1요한 4. 2~3) 그리스도께서 사람의
몸으로 오셨다는 것을 **어기는 영**은 모두 하느님께
속하지 않는 영입니다.[라틴어 'solvere'는 '어기다'라는 뜻 말고도
'바라다', '없애다'는 뜻도 지니고 있다. **solvo 참조**.
최익철 신부 옮김, 요한 서간 강해, p.303]/
Gustato spiritu. desipit omnis caro.
영을 맛본 다음이면 육이 모두 싱겁다/
immundi spiritus. 더러운 영/
In manus tuas, domine, commendo spiritum meum.
주님의 손에 내 영혼을 맡기나이다/
in spiritu et veritate(⑨ in spirit and truth)
영과 진리 안에서/
in Spiritu per Filium ad Patrem.
성령 안에서 성자를 통하여 성부께(사목 13. 전례신학, p.184)/
In spiritu sancto, 세계 공의회의 폐막(1965.12.8. 교황교서)/
in unitate Spiritus Sancti. 성령의 일치 안에/
maligni spiritus. 악령(=maligni dæmones)/
missio Spiritus Sancti. 성령의 파견/
Omne verum a quocumque dicatur a Spiritu Sancto est.
진리는 누가 말하든지 간에 모두 성령에게서 오는 것/
Omnium justorum spiritu plenus fuit.
그는 모든 의로운 이의 정신으로 채워져 있었다/
Refrigeret Deus spiritum tuum.
하느님께서 네 영기를 식혀 주시기를/
spíritum duco. 숨을 쉬다, 살다/
spiritum magnitudinis. 위대함의 영/
Spiritum nolite exstinguere. (to. pneu/ma mh. sbe/nnute)
(N'éteignez pas l'Esprit) (獨 Den Geist dämpft nicht)
(⑨ Do not quench the Spirit) (1 데살 5. 19)
성령의 불을 끄지 마십시오(성경)/
성령의 불을 끄지 말고(공동번역)/영을 끄지 말고(200주년)/
spiritum principalem. 지도자의 영(指導者 靈)/
testimonïum spiritus sancti internum. 성령의 내적증거/

unus cum Deo spiritus factus. 하느님과 한 영이 되다/
Utrum lux proprie in spiritualibus dicatur.
빛이 영적 존재 안에 있다고 말할 수 있는가/
Videtur quod lux proprie in spiritualibus dicatur.
영적 존재들 안에 고유한 빛이 있다고 말할 수
있는 것으로 생각 된다/
vivere secundum carnem, secundum spiritum.
육과 영에 따른 삶의 방식.(교부문헌 총서 16, 신국론, p.1542)/
Vir iste spiritu justorum omnium plenus fuit.
이 사람은 모든 의로운 이의 정신으로 채워져 있었다.

spiritus² (=spirítũus, -i), m. =**spiritus¹** 숨(חור.)
Spíritus … sit nec in recéptu difficilis.(recéptus² 참조)
숨을 들이쉬기가 곤란해서도 안 된다.

spiritus alienus. 이질적인 영
spiritus consilii et fortitudinis. 경륜과 용맹의 영
spiritus creatus. 창조된 영
spiritus director. 영성 담당자(部長)(교회법 제239조 2항)
Spiritus Dei.(그리스어 Pneuma Theou) 하느님의 영,
Qui spiritu Dei aguntur, ii sunt filii Dei. 하느님의 영에
따라 행위를 하게 되는 자들은 하느님의 아들이다.
(김 용 옮김, 은총과 자유, p.239)/
Unde cognoscimus quia inde cognoscis habitare in te
Spiritum Dei? 하느님의 영이 그대 안에 사신다는 사실을
그대가 알고 있다는 것을 우리는 어떻게 압니까?.
(최익철 신부 옮김, 요한 서간 강해, p.377).

**Spiritus Dei potentia alit et ædificat Ecclesiam per
sæcula.**(⑨ The power of God's Spirit gives growth and
builds up the Church down the centuries) 하느님 성령의
권능은 수 세기에 걸쳐 교회를 성장시키고 건설하십니다.
Spiritus Domini. (1970.4.16. 지침).
일치지침 제2부, 최고 가르침에서 일치운동.
**Spiritus Domini nimirum munere, a quo haud aliena
est ipsius Sanctorum deprecatio atque imitatio
similiter.**(⑨ a gift of the Spirit of the Lord, a gift which
is not unrelated to the intercession and example of his
saints) 그 힘은 하느님의 성령께서 주시는 선물, 하느님의
성인들의 간구 및 모범과 무관하지 않은 선물인 것이다.
Spiritus enim omnia scrutatur, etiam profunda Dei.
성령(聖靈)은 모든 것을 하느님의 심오(深奧)한
것마저 통찰(洞察)한다(갈멜의 산길, p.245).
**Spiritus est Deus, et eos, qui adorant eum, in Spiritu
et veritate oportet adorare**(⑨ God is spirit, and those
who worship him must worship in Spirit and truth)
하느님께서는 영이시다. 그러므로 영과 진리 안에서 예배
해야 한다.(1986.5.18. "Dominum et vivificantem" 중에서).
Spiritus est, qui vivificat:
caro autem non prodest quidquam.
영은 생명을 준다. 그러나 육은 아무 쓸모가 없다.
spiritus Evangelii.(⑨ spirit of the gospel). 복음 정신
spiritus fortitudinis. 굳셈의 얼
spiritus gratiæ et consilii. 은총과 의견의 영
spiritus gratiæ et sollicitudinis et industriæ.
은총과 열의와 열성의 영.
spiritus hominis. 사람의 영(靈)
spiritus incarnátus. 육화된 영
spiritus infinitus. 무한한 영
Spiritus ejus ornavit cœlos.
주님의 성령이 하늘을 꾸미셨도다.
spiritus mali(⑨ Demon). 악마(선의의 천주사상과 제사문제, p.52)
spiritus maligni. 악령(惡靈)(교부문헌 총서 15, 신국론, p.888)
spiritus miraculórum. 기적(奇蹟)의 영
Spiritus paraclitus. 보호자 성령, 대변자 성령,
성서(λραφλ.⑨ Holy Bible-1920.9.15.)/Scriptura Sacra).
spiritus pecoris. 짐승의 숨(교부문헌 총서 16, 신국론, p.1418).
spiritus primátus sacerdotii. 대사제의 영
Spiritus promptus est caro autem infirma.
영은 민첩(敏捷)하고 육신은 약하다.
spiritus propheticus. 예언의 영

spiritus propriedicti. 본격적 신(선유의 천주사상과 제사문제. p.100)
Spiritus Sancti gratĭa illuminet sensus et corda nostra. 성령님, 당신의 은총으로 저희들의 감각과 마음을 비춰주소서.
Spiritus Sancti principium. 성령의 근원
Spiritus Sanctus* -us -i, m. (㎜.πνεμα.γιον.⑨ Holy Spirit.獨 Heiliger Geist) 거룩한 영, 성령, 성신(→성령).
Idcirco et in columba uenit Spiritus sanctus. 성령께서 비둘기 형상으로 오셨습니다(교부문헌 총서 1. p.76)/
In nomine summæ Trinitatis et sanctæ Unitatis Patris et Filii et Spiritus Sancti. Amen. 지존하신 삼위이며 거룩한 일체이신 성부와 성자와 성령의 이름으로. 아멘/
intellegamus in dilectione Spiritum Sanctum esse. 성령께서 사랑 안에 계시다는 것을 깨달읍시다.
(최익철 신부 옮김. 요한 서간 강해. p.321)/
Ipse Spiritus Sanctus est Amor. 성령 자신이 사랑이다/
non per liberum arbitrium quod surgit ex nobis sed per Spiritum Sanctum est nobis. 선에 대한 사랑은 우리의 자유의지를 통해서 생기는 것이 아니라 성령을 통해 하느님의 은총에 힘입어서 나온다/
Omnino enim quodcumque attigerit Spiritus Sanctus, id sanctificatum et transmutatum est. 성령의 손길이 닿는 것은 무엇이나 거룩해지고 완전히 변화합니다.
Spiritus Sanctus et Christus. 성령과 그리스도(⑨ Holy Spirit and Christ).
Spiritus Sanctus et Ecclesia. 성령과 교회(⑨ Holy Spirit and the Church).
Spiritus Sanctus et Maria. 성령과 마리아(⑨ Holy Spirit and Mary).
Spiritus Sanctus id donum est, quod una cum oratione infertur in cor hominis(⑨ The Holy Spirit is the gift that comes into man's heart together with prayer) 성령께서는 기도와 함께 인간의 마음에 들어오는 선물입니다.
spiritus sanctus in corde. 마음에 있는 성령(聖靈)
Spiritus Sanctus in œconomia salutis. 구원 경륜에서 성령(⑨ Holy Spirit in the Economy of Salvátion).
spiritus sanctus primas agens in missione. 선교의 주역이신 성령(가톨릭 신학과 사상 제56호. p.152).
Spiritus Sanctus venit condicione "abitionis" Christi. (⑨ The Holy Spirit comes at the price of Christ's "departure") 성령께서는 그리스도의 "떠남"을 대가로 지불해야 오십니다.
spiritus sapientiæ. 슬기의 얼
spiritus sapientiæ et intellectus. 지혜와 슬기의 영
spiritus semitæ. 기도(공기가 폐에 드나드는 통로)
spiritus tempestatis. 거센 바람(교부문헌 16. 신국론. p.1418)
spiritus terrenus. 지상의 영(地上 靈)
Spiritus ubi vult spirat.(영김은 인지를 넘어서 찾아온다)
영(바람)은 그가 원하는 곳에 분다.
spiritus unctĭo. 도유의 영
Spiritus unus est, etsi codices duo, etsi ora duo, etsi linguæ duæ. 서로 다른 두 책에, 서로 다른 두 입으로, 서로 다른 두 혀로 쓰였지만 성령은 한 분이십니다.
spiritus veritatis. 진리의 성령
Spiritus veritatis est Paraclitus(⑨ The Spirit of truth is the Counselor) 진리의 영께서는 위로자이신 것입니다.
spiritus vitæ. 생명의 영(靈)
spiritus vivificans. 생명을 주는 영(靈)
spīro, -ávi, -átum -áre, intr. 입김을 내불다, 숨 쉬다(㎜.㎜), 숨을 내쉬다, 바람 불다, 거품이 일다, 끓어오르다, 살아 있다, 영감을 받다, 풍기다, 냄새나다, 뿜어내다. (文) 소리 나다.
　　Dum spiro, spero. 나는 살아 있는 한 희망을 갖는다(Sough Carolina주 표어)/
　　spirántia flabra. 부는 바람.
　tr. 솟다, 내뿜다, 발산하다, 풍기다, 생각하다, 열망(熱望)하다, 쳐다보다.

spiro floribus. 꽃 냄새가 나다
spiro ignibus. 불을 내뿜다
spiro odorem. 향기(香氣)를 풍기다
spirochǽta, -æ, f. 스피로헤타균(菌.⑨ spirochæte)
spírula, -æ, f. (建) 구슬선
spissaméntum, -i, n. 마개(병의 아가리 따위를 막는 물건)
spissátĭo, -ónis, f. 쌓음(積), 밟음, 압착(壓搾-눌러 짜냄)
spisse(=spissim) adv. 빽빽하게, 짙게(색깔이), 무겁게, 육중(肉重)하게, 어렵게, 여러 번.
spisséscus, -ěre, intr., inch. 빽빽해지다
spissígrădus, -a, -um, adj. (spisse+grádior) 둔중한, 느림보의, 둔한.
spíssĭtas, -átis, f. 빽빽함, 둔중함, 우둔함
spissitúdo, -dĭnis, f. 빽빽함, 밀도(密度-빽빽이 들어선 정도), 많음, 육중함(덩치나 생김새 따위가 투박하고 무거움).
spisso¹ -ávi, -atum -áre, tr. 빽빽하게 하다, 조이다, 조밀하게 하다, 압착(壓着)하다, 자주…하다, 반복하다.
spisso² adv. 느리게, 천천히
spissus, -a, -um, adj. 빽빽한, 조밀한, 두꺼운, 덥수룩한, 된, 힘겨운, 어려운(㎜), 느린, 가득 찬. f., pl. 두꺼운 옷.
splanchna, -órum, n., pl. (解) 내장(內臟)
splánchnĭcus, -a, -um, adj. (解) 내장(內臟)의
splanchnológĭa, -æ, f. (解) 내장학
splen -enis, m. (解) 비장(脾臟)
splendens, -ntis, p.prœs., a.p. 빛나는, 찬란한
splendéntĭa, -æ, f. 빛남, 찬란함
splendéo, splendére, intr. 비치다, 빛나다(㎜), 번쩍거리다, 화려하다, 유명하다.
splendésco, -dŭi, -ěre, intr., inch. 찬란해지다
splándĭco, -áre, intr. 반짝 빛나다
spléndĭco, -áre, tr. 빛나게 하다
spléndĭdus, -a, -um, adj. 빛나는, 화려한, 티 없는, 맑은, 굉장히 좋은, 훌륭한, 유명한, 화사한. adv. splendide, adv. 빛나게, 영화롭게, 화려하게. Splendida facies sicut sol. 태양처럼 빛나는 얼굴/ Vitia splendida. 눈부신(찬란한) 악덕(성 아우구스티노).
splendífico, -áre, tr. (spléndeo+fácio) 빛나게 하다
splendíficus, -a, -um, adj. 빛나게 하는, 빛나는, 훌륭한
splendíflŭus, -a, -um, adj. (spléndor+fluo) 빛이 철철 흐르는.
splendíténens, -éntis, adj. (spléndor+téneo) 천체를 진
splendor, -óris, m. 빛남, 광휘(光輝-환하게 빛남. 또는 그 빛), 광채(光彩.ἀπαὐγαμα.정기 어린 밝은 빛), 화려(華麗), 영화(榮華), 화사(華奢-화려하게 고움), 수려함, 맑음, 탁월(卓越), 명예(名譽), 위엄(威嚴). Ambrosius, in libro de Fide, ponit splendorem inter ea quæ de Deo metaphorice dicuntur. 암브로시우스는 "신앙론"에서 은유적 의미로 광채는 하느님에 대해 사용되는 말들 가운데 하나라고 주장하였다.
Splendor paternæ gloriæ. 아버지 영광의 광채
splendor provinciæ romanæ. 로마 관구의 광채
splendor resurrectionis.(⑨ the splendour of the Resurrection) 부활의 광채.
splenétĭcus(splenítĭcus) -a, -um, adj. 비장(脾臟)의, 지라(脾臟)의, 우울한.
spleniátus, -a, -um, adj. 고약(膏藥) 바른
splénĭcus,(spleníacus) -a, -um, adj. (解) 비장(脾臟)의, 비장병의, 지라의, 우울한.
splenítes, -æ, m. 비장염 환자(患者), 우울한 사람
splénĭum, -i, n. 비장병에 쓰는 약초이름, 고사리의 일종, 얼굴의 흠을 감추기 위한 연고(軟膏).
splénĭus, -a, -um, adj. ((解) (목의) 판상근(板狀筋)의
splenomegálĭa, -æ, f. (醫) 비장비대(脾臟肥大)
splenopáthĭa, -æ, f. (醫) 비장질환(脾臟疾患)
spodiácus, -a, -um, adj. 쇠 부스러기로 만든, 잿빛의
spódĭum, -i, n. 재(灰), (化) 산화연(酸化鉛)
spŏdos, -i, f. (化) 산화연(酸化鉛)
spoliábĭlis, -e, adj. 약탈될 수 있는, (옷을) 벗길 수 있는

S

1219

spoliárĭum, -i, n. 부상한 투사의 옷을 벗기는 장소,
    강도의 소굴, 욕실(浴室), 탈의실(脫衣室).
spoliátĭo, -ónis, f. 약탈, 강탈, 삭직(削職), 노략(擄掠)
spoliátor, -óris, m. (spoliátrix, -ícis, f.) 약탈자, 강탈자
spoliátus, -a, -um, p.p., a.p. 약탈된, 가난한, 헐벗은
spólĭo¹ -ávi, -átum -áre, tr. 약탈(강탈)하다, 빼앗다,
    노략(擄掠)하다, 전리품(戰利品)으로 차지하다,
    (옷 가죽, 껍질을) 벗기다(חלף.פשט).
    Latro viátorem vestibus spoliávit.
        강도가 통행인에게서 옷을 빼앗았다
    P. Iunius Verris bonis patriis fortunisque omnibus
    spoliatus est. 푸블리우스 유니우스 베리스는
        모든 유산과 재산을 몰수당했다.
spólĭo² -ónis, m. 강탈(強奪-강제로 빼앗음), 약탈(掠奪)
spólĭum, -i, n. 짐승의 가죽(獸皮),
    (주로 pl.로) 전리품(戰利品), 노략물(擄掠物),
    적에게서 빼앗은 갑옷, 약탈품(掠奪品).
sponda, -æ, f. 목재 침대, 안락의자, 관(棺)
spondáules, -æ, m. (제사 때) 피리 부는 사람
spondáulĭum(spondálĭum) -i, n.
    (제사 때) 피리반주로 하는 노래.
spóndĕo, spopóndi, spōnsum -ére, tr. 서약(誓約)하다,
    약속하다, 약혼(約婚)하다, 보증하다, 담보로 주다,
    미리 알리다, 진단(診斷)하다, 단언(斷言)하다.
spondéum, -i, n. 헌주(獻酒)에 쓰는 제기
spondíazon, -óntis, m. (詩) 장장격의 육각시구(六角詩句)
spondylítis, -tídis, f. (醫) 척추염
spondýlĭum, -i, n. (植) 아컨터스=acánthus, 척추의 윗부분,
    굴이나 연체동물의 살집, 연체동물, 조개류.
spóndýlus(=sphóndýlus) -i, m. (醫) 추골(椎骨),
    굴이나 연체동물의 살집, 조개류의 일종.
spóngĭa(=spóngĕa) -æ, f. 해면(海綿-스펀지. 갯솜),
    죄인을 심문할 때 숨통을 막는 고문용 해면,
    들장미의 오배자, 검투사의 가슴 받이,
    아스파라거스의 박하의 뿌리, 경석(輕石), 속돌, 이끼.
    ad spóngiam detergére. 해면으로 닦다.
spongióla(=spongeóla) -æ, f. 부석(浮石), 속돌,
    검투사가 사용하던 부석으로 만든 들장미의 오배자,
    아스파라거스의 뿌리, 밀(麥) 대의 뿌리.
spongiósus(=spongeósus) -a, -um, adj.
    해면(海綿) 같은, 구멍이 많은.
spongítis, -tidis, f. 다공석(多孔石), 해면석(海綿石)
spóngĭus(=spongeus) -a, -um, adj.
    해면 같은, 구멍이 많은.
spongos, -i, m. = spóngia 해면(海綿)
spons, -ontis, f. 자유의지(⑨ free will, certitudo moralis),
    자유의사, 자발력(自發力), 자기, 자체(自體, per se.).
    aqua suæ spontis. 샘에서 흐르는 물/
    sponte deórum. 신들의 뜻에 따라/
    sponte meā(tuā.suā)
        내(네.자기 의사로) 힘으로, 자력으로/
    suæ spontis esse. 독립적(獨立的)이다.
sponsa* -æ, (dat., abl. -abus) f. 신부, 새 색시,
    약혼녀, 배필(配匹-부부로서의 짝), 정배(正配).
    O cœles pudica sponsa et Domini porta!
        오, 천상의 순결한 신부이자 주님의 문이여!/
    Si núntium sponsa libérta remíserit.
        해방된 노예 규수가 파혼을 통고하였을 경우에/
    Sponsæ Donum(⑨ The Gift of the Bride)
        신부의 내어 줌(1988.8.15. "Mulieris dignitatem" 중에서)/
    Suam cuíque sponsam, mihi meam.(격언)
        각자 자기 구미대로/
    Unus videtur loqui, et sponsum se fecit et sponsam se
    fecit; quia non duo, sed una caro.
        한 사람이 말하는 것처럼 보이지만, 그는 신랑도 되고
        신부도 됩니다. 둘이 아니라 한 몸이기 때문입니다.
            (최익철 신부 옮김. 요한 서간 강해. p.63).
sponsa Christi. 그리스도의 정배(正配)

sponsa Dei. 하느님의 신부
sponsa Patris. 교부의 신부
sponsa pulcherrima. 아름다운 부인
sponsa Spiritus Sancti. 성령의 신부
sponsálĭa, -ium, n., pl. 약혼식, 약혼 잔치, 약혼선물
sponsalia de futuro. 미래에 대한 약혼
sponsalia de præsenti. 현재에 대한 약혼
sponsalícĭus, -a, -um, adj. 약혼의
sponsális, -e, adj. 약혼의, 결혼 계약의. m. 신방(新房)
sponsalítĭum, -i, n. 약혼(約婚), 결혼(結婚)
sponsalítĭus, -a, -um, adj. 약혼(결혼)의.
    Promissio sponsalitia. 혼약(婚約), 약혼(約婚).
spónsĭo, -ónis, f. 서약(חרם.誓約-맹세하고 약속함),
    약속(ἐπαλλελἰον.⑨ Promise), 협정(⑨ convention),
    계약(契約)(חרם.⑨ covenant), 구두 약속(口頭約束),
    내기, 공탁, 담보, 도박(賭博.⑨ Games of chance),
    보증. (法) 공탁금을 걸고 양자가 재판에 거는 것.
        [시민법(ius civile)상의 채무가 성립하는 가장 오래된 방식으로서, 장래
        채권자의 질문인 "Spondesne? 약속하느냐?"에 대해 구두로 "Spondeo.
        약속 한다"라는 답변으로 이루어졌다. 이러한 광의의 서약은 시간이
        지남에 따라 문답계약(stipulatio)으로 흡수되었다.]
sponsiúncŭla, -æ, f. 작은 계약(契約), 작은 담보(擔保)
spónso, -áre, tr. 약혼(約婚)하다
spónsor, -óris, m. (sponstrix, -ícis, f.) 담보인(擔保人),
    보증인, 후견인, 대부모(⑨ sponsors/Godparents).
sponsor Ecclesiæ. 전체 교회의 보증인, 교회의 보호자
spōnsum, -i, n. 담보물(擔保物), 약속 사항, 계약(חרם),
    약속(ἐπαλλελἰον.⑨ Promise), 계약(⑨ covenant), = spónsio.
spōnsus¹ -i, (abl., pl. -sibus) m. 신랑, 약혼한 남자.
    Christus est Sponsus(⑨ Christ is the Bridegroom)
        그리스도께서는 신랑이시다/
    Ecce sponsus! Exite obviam ei.
        신랑이 온다. 신랑을 맞으러 나가라(성경 마태 25, 5)/
    Hodie sponsus ipse cœlestis, amator animarum
    credentium Dominus Iesus, sponsam sibi ex gentibus
    coniunxit ecclesiam. 오늘 천상의 신랑 자신이시며 믿는
        이들의 영혼을 사랑하시는 분, 주 예수님이 당신의
        신부인 이방인들의 교회와 결합하셨다.
            (계약의 신비 안에 계시는 마리아. p.343).
sponsus² -us, m. 계약(契約.חרם.⑨ covenant),
    약속(ἐπαλλελἰον.約束.⑨ Promise), 담보(擔保),
    공탁(供託), 보증(保證), 약혼(約婚), = spónsio.
spontális, -e, adj. 자발적(自發的)인, 임의(任意)의
spontalíter, adv. 自發的으로
spontanéitas, -átis, f. 自由意思, 自意, 自發
spontánĕus, -a, -um, adj. 自發的, 任意의, 恣意的, 自願的,
    adv. spontanee. 자발적으로, 자유의사로,
    generátio spontanea. 우연발생(偶然發生)/
    spontanea cogitátio. 자발적인 생각.
sponte, adv. 뜻대로(ex sententĭa), 자연적으로, 저절로,
    의사대로, 임의로, 자발적으로, 자원으로. V. spons.
    aliéna sponte. 남의 뜻에 따라, 남이 시킴으로/
    sua sponte. 자기 자유의지로, 자발적으로, 저절로/
    Vera suā sponte, non aliénā judicántur.
        진리는 다른 것으로가 아니라 자체로써 판단된다.
sporángĭum, -i, n. (生) 아포낭(芽胞囊), 포자낭(胞子囊)
sporogénĕsis, -is, f. (生) 포자생식, 아포번식
sporta, -æ, f. 바구니, 봇짐(sarcinula, -æ, f. 작은 봇짐).
    채롱(껍질을 벗긴 싸릿개비로 함처럼 결어 만든 채그릇의 한 가지).
sportélla, -æ, f. 작은(과일) 바구니
sportellárĭus, -a, -um, adj. 덤으로 주는
spórtŭla, -æ, f. 작은 바구니, 바구니에 든 것(선물), 기부금,
    선물, 관대함, 음식값, 간소한 식사, 피크닉(⑨ picnic).
spórtŭlor, -ári, dep., intr. 선물을 받다, 얻어먹고 살다
S.P.Q.R. (略) =senátus populúsque Románus.
    로마 원로원과 시민(로마 공화국 시대부터 전권기관).
sprétĭo, -ónis, f. 경멸(輕蔑), 멸시(蔑視-남을 업신여김. 깔봄)
sprétor, -óris, m. 멸시(蔑視)하는 사람
sprētum, "sperno"의 목적분사(sup.=supínum)

sprētus, -us, m. 경멸(輕蔑-남을 깔보고 업신여김), 멸시(蔑視)

sprēvi, "sperno"의 단순과거(pf.=perfectum)

spúma, -æ, f. 거품, 포말(泡沫-물거품).
  In ore spumas ágere. 거품을 품다(지랄하다)/
  spumæ salis. 거품 내는 파도/
  spumas ago. 거품을 내뿜다.

spumabúndus, -a, -um, adj. 거품 내는

spumátĭo, -ónis, f. (=spumátus, -us, m.) 거품 냄

spumésco, -ĕre, inch., intr. 거품이 되다, 거품 일다

spúměus, -a, -um, adj. 거품의, 거품 같은, 거품 이는

spúmĭdus, -a, -um, adj. 거품의

spúmĭfer(=spúmĭger) -ĕra -ĕrum, adj.
  (spúma+fero, gero¹) 거품 내는, 거품 이는.

spūmo, -ávi, -átum -áre, intr. 거품 내다, 거품 뜨다,
  부글부글 끓다, 거품 물다, 미치다, 땀 흘리다.
  tr. 거품으로 덮다, 증류(蒸溜)하다.

spumósus, -a, -um, adj. 거품 나는, 거품 많은

spúngia, -æ, f. = spongia

spŭo, -ŭi, -tum -ĕre, intr. 침 뱉다. tr. 뱉어 버리다

spurcális, -e, adj. 음란한

spurcámen, -ĭnis, n. 더러움, 음란함

spurcátus, -a, -um, p.p., a.p. 불쾌한, 추잡한

spurce, adv. 더럽게, 음란(淫亂)하게

spurcídĭcus, -a, -um, adj. (spurce+dico²)
  음란한 말하는, 음담(淫談) 하는.

spurcíficus, -a, -um, adj. (spurce+fácio)
  음란케 하는, 더럽히는.

spurcilóquĭum, -i, n. (spurce+loquor) 음담패설, 음담.

spurcissima tempestas. 사나운 폭풍우(暴風雨)

spurcítĭa, -æ,(=spurcíties, -ei,) f. 더러움, 부당함,
  오염(汚染), 불결(不潔), 음란(淫亂), 부정한 생활.

spurco, -ávi, -átum -áre, tr. 더럽히다

spurcus, -a, -um, adj. 더러운, 불결한, 음탕한, 불쾌한,
  사나운, 치욕적(恥辱的)인, 가증스러운.
  spurcissima tempestas. 사나운 폭풍우(暴風雨)

spúrĭum, -i, n. 여자 성기(性器), 바다 동물의 일종

spúrĭus¹ -a, -um, adj. 위조(僞造)의, 사생(私生)의.
  m. 사생아(私生兒).⑨ illegítimates),
  서자(庶子-첩에게서 태어난 아들, filius illegítimus).
  proles supria. 사생의 자녀(私生 子女).

spúrĭus filius. 사생아

Spurius² -i, m. Roma 인명(人名) ((略)) Sp.

sputámen, -minis, (sputaméntum, -i,) n.
  침(가래), 타액(唾液-침), 가래침.

sputatílicus, -a, -um, adj.
  침 뱉을 만한, 타기 할만한, 경멸(輕蔑)할만한.

sputátor, -óris, m. 침 뱉는 사람

spūto, -áre, intr., tr. 침 뱉다, 물리치다

spūtum, -i, n. 침(가래), 타액(唾液-침), 연한 도료(塗料)

spūtus, -us, m. 가래침

squalefácĭo, -ĕre, tr. (squáleo+fácio)
  더럽히다, 흉측하게 하다.

squálěo, -ĕre, intr. 험하다, 딱딱하다, 고되다, 마르다,
  건조(乾燥)하다, 어색(語塞)하다, 더럽다, 불결하다,
  충충하다(물이나 빛깔이 흐리고 추하다), 못생기다, 상중에 있다.
  squalentes conchæ. 우툴두툴한 조개껍질.

squales, -is, f. 더러움, 불결(不潔)

squalésco, -ĕre, intr., inch.
  뻣뻣하다, 험하다, 험해지다, 더러워지다.

squálĭde, adv. 등한히, 더럽게

squalídĭtas, -átis, (squálitas, -átis,)
  (squalítudo, -dínis,) f. 분명치 못함, 혼란 상태,
  미천함, 혼란(混亂), 불명료, 불결(不潔), 방만(放漫)

squálĭdus, -a, -um, adj. 험한, 뻣뻣한, 비늘 있는,
  더러운, 손질하지 않은, 상복(喪服) 입은, 황무지의,
  가꾸지 않은, 마른, 건조한, 조잡(粗雜)한, 등한히 한.

squálor, -óris, m. 험함, 거칢, 사나움, 불결, 더러움,
  추잡(醜雜), 오물(汚物-배설물), 상복(toga pulla),

비탄(悲嘆-슬퍼하여 탄식함), 비참(悲慘), 조잡, 등한(等閒),
녹(금속의 표면에 생긴 산화물), 건조, 메마름, 황량(荒凉).

squálus¹ -a, -um, adj. 더러운

squálus² -i, m. (動) 상어의 일종, 물개

squāma, -æ, f. (물고기.파충류의) 비늘, 등딱지,
  갑옷의 비늘, 물고기, 얇은 껍질, 막, 비듬(頭垢.風屑),
  조갑성, (글 솜씨) 거침.
  squamis astántibus. 비늘을 곤두세우고.

squamátim, adv. 비늘 모양으로

squamátĭo, -ónis, f. 비늘이 돋아남

squamátus, -a, -um, adj. 비늘 덮인. m. 물고기의 일종

squáměus, -a, -um, adj. 비늘 있는, 비늘 돋친

squámĭfer(squámĭger) -ĕra, -ĕrum, (gen. pl. -gĕrum)
  adj. (squama+fero, gero¹) 비늘 있는.
  m., pl. squamigĕri, -órum, 물고기.

squamm… = V. squam…

squamósus, -a, -um, adj. 비늘 많은, 비늘 있는

squámŭla, -æ, f. 작은 비늘

squarrósus, -a, -um, adj. 농포(膿疱).딱지.옴투성이의

squátĭna, -æ, f. (squátus, -i, m.) 전자리 상어

squilla(=scilla) -æ, f. (魚) 갯가재, (植) 무릇

S.R.E. = Sancta Romana Ecclesia. 로마 가톨릭 교회

S.S. = Sacra Scriptura '성경'의 약자

SS = SSmi = Sanctissimi '지극히 거룩하신'의 약자

SSmi = Sanctissimi '지극히 거룩하신'의 약자

SSmi Corporis et Sanguinis Christi.
  (⑨ The Body and Blood of Christ Solemnity)
  그리스도의 성체 성혈 대축일.

SS. Protomartyrum S. Romanæ Ecclesiæ.(64년 로마 大화재
  때 순교한 성인들. 축일 6월30일) 로마 교회의 초기 순교자.

S.S.S.F. School Sisters of St. Francis.
  프란치스코 교육 수녀회.

St. sanctus. '성인(聖人)'의 약자

St! interj. 쉿! 가만히 있어!

St. Nicholaus de Myra. 성 니콜라오, 산타클로스.
  [Sancta Claus(saint Nicholas)의 잘못된 영어발음]로 알려져 어린이들의 수호
  성인이며, 선원들의 수호성인. 러시아의 수호성인. 그의 상징적 표상은 세 개의
  황금 주머니… 역사적 근거는 전설적. 백민관 신부 엮음, 백과사전 3, p.875].

St. Rosa Limana(⑨ St. Rose of Lima) 성녀 로사 리마.
  (1586-1617년. 미국 대륙의 첫 시성자. 성녀는 일생을 남미 페루의 리마에서 살았
  으며 병고로 요절해 극기의 일생을 마감했다. 1671년 클레멘스 10세가 시성. 남미
  와 필리핀의 수호성인. 상처. 분파. 습진. 가정 고통의 수호성인. 축일 8월 23일).

St! St! Tacete! 쉿, 쉿, 조용히들 하시오!

Sta. Sancta. '성녀(聖女)'의 약자

sta. 원형 sto² stĕti, státum, stáre, intr.
  [명령법. 현재 단수 2인칭 sta, 복수 2인칭 state].
  Tu sta illic aut sede sub scabello meo.
  너는 서 있거나 내 발 밑에 앉아라.

Stabérĭus, -i, m. 라틴 문법 학자

Stabat Mater. 고통의 성모(→"십자가 길의 성모" 원문 참조)

Stabat Mater Dolorosa. 성모통고 기도문

Stabat sancta María, coeli Regína et mundi Dómina,
juxta Crucem Dómini nostri Jesu Christi dolorósa.
  천상의 모후시요, 세상의 주모이신 성 마리아님,
  비통하게 우리 주 그리스도의 십자가 곁에 서 계시나이다.

stabilímen, -mínis, (=stabiliméntum, -i,)
  n. 받침대, 지주(支柱), 지지(支持), 고임.

stabílĭo, -ívi -ítum -íre, tr. 받치다, 고이다,
  기대게 하다, 확정(確定)짓다, 견고(堅固)히 하다.

stábĭlis, -e, adj. 견고한, 사람이 똑바로 설 수 있는,
  확고한, 흔들리지 않는, 영속하는, 항구한.
  stabilĭter, adv. 견고히, 항구히.
  locus stábĭlis. 견고한 자리/
  Quæ domus tam stabilis est quæ non discordia possit
  everti? 그 어느 집안이 불화로 뒤집어지지 않을 만큼
  든든하다 말인가?/
  stábilem se in amicítia præstáre. 우정에 변함없다/
  stábili gradu. 굳건한 태세로 버티고 서서.

stabilis est iste motus. 고정된 움직임(성 아우구스티노는 반어법
  으로 운동에 있어서 천사들의 특유한 처지를 표현하고 있다. 신국론, p.1694).

S

stábĭlis legátus. 황국 상주 사절.
  apocrisiárĭus seu responsalis.
stabílĭtas, -átis, f. 견고(堅固), 안정, 고정(固定),
  영속(永續-오래 계속함), 항구(恒久-변함없이 오래 감),
  고착(固着-물건 같은 것이 굳게 들러붙어 있음).
stabílĭtas in congregatióne. 수도회 안에 정주(定住)
stabílĭtas loci. 고정된 장소, 정주 의무
stabilitas objectiva. 객관적 고정성
stabilítor, -óris, m. 견고하게 하는 자, Júpiter의 별칭
stabulárĭus, -a, -um, adj. 주막의, 외양간의.
  m. 마부(馬夫), 주막 주인.
stabulátĭo, -ónis, f. 유숙(留宿-남의 집에서 묵음),
  마구간이 있는 주막집에 머무름.
stábŭlo, -áre, intr. (짐승에) 살다, 거처하다,
  머무르다, 투숙하다. tr. 외양간에 가두다.
stábŭlor, -átus sum, -ári, dep., intr. (동물이) 거처하다,
  짐승이 외양간에 살다, 묵다, 투숙(投宿)하다.
stábŭlum, -i, n. 거처(居處), 외양간, 양우리, 양계장,
  마구간(jumentárĭus, -i, n.), 가축 사육장(家畜飼育場),
  양어장, 빌통, 여관, 여인숙, 주막, 요리집, 유곽(遊廓).
  A stabulo abigo domitum pecus.
  길든 가축(家畜)을 외양간에서 훔쳐가다.
stacta, -æ, (=stacte, -es) f. (植) 몰약(沒藥)
stacton, -i, n. 안약(眼藥)의 일종
stácŭla, -æ, f. (=venúcula) 포도의 일종
stadiódrŏmos, -i, m. 경기장의 육상선수
stádĭum(-us), -i, n.(m.) 고대 희랍의 거리 단위,
  125보 또는 625자의 거리(185m의 거리),
  경기장(競技場), 투기장(鬪技場).
  Intervallum lunæ a terra est vices centena milia
  stadiorum, solis quinquies milies stadiorum.(Plinius maior).
  달이 지구에서 떨어진 거리는 2백만(20×100×1000)
  스타디움이고 태양은 (지구에서) 5억(5×1000×100×1000)
  스타디움이다.[성 염 지음. 고전 라틴어, p.382].
stadium cúrrere. 경기장에서 뛰다
stagnális, -e, adj.
  못 속에서 사는, 못의, 고여 있는 물속에 사는.
stagnans, -ántis, p.præs.
  습지(濕地)의, 물이 흐르지 않고 고여 있는.
stagnátĭlis, -e, adj. 못의, 습지의
stagnátor, -óris, m. 주석(朱錫) 도금공
stagnátus¹ -a, -um, p.p., a.p. 갑옷 입은, 장갑(裝甲)된
stagnátus² -a, -um, adj. 주석(朱錫)을 입힌
stagnénsis, -e, adj. 못의, 습지의
stágnĕus, -a, -um, adj. 주석(朱錫)의
stāgno¹ -ávi, -átum -áre, tr. 잠기게 하다, 침수하다.
  intr. 물이 고여 있다, 침수(浸水) 되다.
  Rana profert ex stagno caput.
  개구리가 연못에서 머리를 내밀고 있다/
  terra stagnat. 땅이 피로 물들다.
stāgno² -ávi, -átum -áre, tr. 주석(朱錫)으로 씌우다, 굳히다,
  안정시키다, 견고케 하다, 굳게 하다, 오래가게 하다.
  se advérsus insídias. 함정에 대비하여 무장하다.
stagnosa, -órum, n., pl. 습지(濕地), 질퍽한 곳
stagnósus, -a, -um, adj. 물로 뒤덮인, 늪이 많은,
  소택지(沼澤地-늪과 못이 많은 습한 땅)의.
stagnum¹ (=stagnus) -i, n. 못(池), 늪, 바다,
  호수(湖水.λίμονη), 물이 흐르지 않고 고여 있는 곳.
  Ranæ stagna óbsident. 개구리들이 연못(가)에 서식한다.
stagnum² -i, n. (=stannum) 주석(朱錫)
stagónĭas, -æ, f. (알 굵은) 향의 일종
stagonítis, -tĭdis, f. (植) 풍지향(일종의 고무질 나무의 진)
stalágmĭas, -æ, m. (황산염이 짙은) 광천의 일종,
  한 방울씩 떨어져서 응결(凝結)하는 유산염의 일종.
stalágmĭum, -i, n. (금.진주.보석으로 만든) 귀걸이
stallum, -i, n. 합창대 자리, 마구간의 한 칸, 교송석,
  주교좌성당 내지 양쪽에 마련된 성직자석.
stáltĭcus, -a, -um, adj. 수렴성(收斂性)의

stāmen, -mĭnis, n. (베틀에) 날을 날기, 날실을 모으기,
  물레의 실톳에 실 감기, 실(絲), 거미줄, 그물의 줄,
  백합의 수술, 섬유, 천, Parcœ의 실(운명.운수).
  torqueo stámina póllice. 엄지손가락으로 실을 꼬다.
staminárĭa, -æ, f. 실 잣는 여자
staminátus, -a, -um, adj. 가득 찬 항아리를 든
stamine fallere somnum. 실을 감으며 밤새우다
stamínĕus, -a, -um, adj. 실의, 실 있는, 섬유(纖維)의
staminódĭum, -i, n. (植) 헛 수술
stamúltum, -i, n. 슬리퍼
stannátĭo, -ónis, f. (담을) 초벽함, 흙손질
stannatura, -æ, f. 초벽(初壁-종이나 흙으로 애벌 바른 벽)
stannatus, -a, -um, adj. 주석(朱錫) 입힌
stánnĕus, -a, -um, adj. 주석(朱錫)으로 된
stannum, -i, n. = stagnum² 주석(朱錫)
Stant lumina flammā. 그의 두 눈은 빛을 발한다.
stantárĭus, -a, -um, adj. 제자리에 서 있는, 침체의
stapes, -pĭtis, n. (醫) 등골(鐙骨)
stáphyle, -es, f. (植) 호로과(葫蘆科), 브리오니아
staphylóma, -mătis, n. ((醫)) (눈의) 포도종(腫), 안구확장
stápĭa, -æ, f. 말의 등자(鐙子)(말을 탔을 때 두 발을 디디는 제구).
  (醫) 등골(鐙骨). (建) U字形 죔쇠.
Stare ac pugnare desiderant.
  그들은 (버티고) 서서 싸우고 싶어 한다.
stásĭmon(stásĭmun) -i, n.
  (서서 노래하는) 비극 중의 합창(詩 부분).
stasis, -is, f. (醫) 혈행정체(血行停滯), 울혈(鬱血)
Stat pulvere cælum. 하늘에 먼지가 가득하다.
Stäta, -æ, f. =Vesta
stata sacra. 종교행사(해마다 정기적으로 거행하는 종교행사)
Statánus(Statilínus) -i, m. 어린 아기의 걸음마의 신
statárĭus, -a, -um, adj. 서서 하는, 부동(不動) 자세의,
  요지부동(搖之不動)의, 평정(平靜)한, 안정한.
statárĭus miles. 자기 자리를 지키는 군인(軍人)
statárĭus orátor. 동작 없이 고요한 연설가(演說家)
statátor, -óris, m. 설립자(設立者), 세우는 자
stäter, -éris, m. (statéra¹ -æ, f.) 유대인의 은화
statéra² -æ, f. 저울, 천칭(天秤-"천평칭"의 준말), 저울판,
  물건값, 겨릿소를 매는 멍에, 평평한 그릇, 접시, 판,
  대야, 수반(水盤-꽃을 꽂거나 수석 따위를 올려놓는 데 쓰는 그릇).
statícŭlum, -i, n. 작은 상, 우상(偶像)
statícŭlus, -i, m. 무언극의 일종 = statícŭlum
stätim, adv. 서서, 선 채로, 흔들림이 없이, 항구하게,
  규칙적(規則的)으로, 곧(εὐθέως.εἰθὺς), 즉시,
  (과거에 대하여) 최근에(non pridem),
  (미래에 대하여) 미구에 곧, 다음에.
státim e somno. 잠에서 깨어나자 곧
Statína, -æ, f. 어린 아기의 걸음마의 여신
státĭo, -ónis, f. (⑨ Station.獨 Statio)
  움직이지 않는 상태, 부동(不動), 정지, 휴식, 휴게소,
  정거장, 고착(固着), 고정(固定), 머무름, 체류(滯留),
  광장(fórum¹ -i, n.), 상태(狀態.⑨ State), 처소,
  상황(狀況.獨 Kontext), 집회소, 정박소, 군 초소,
  외국시대 지역, 역마차의 역, 직책, 직무,
  진영(陣營), 우체국, 지방 세무서, 출장소, 종교집회,
  십자가의 길 기도의 처(處), 公所(secundaria, ⑨ státĭon).
  (가) 사도좌 밖의 교황 전례 집전 하는 곳.
státĭo emissoria. 송전소(送電所)
státĭo missionaria* 선교구(宣敎區), 자치 선교구.
  missio sui juris. 자치 선교구.
státĭo non residentiális. 공소(státĭo secundaria*)
Státĭo Orbis. 장엄미사(Orátĭones sollemnes.)
státĭo residentiális. 본당(⑨ parish)
státĭo telegraphi. 전신소(státĭo telegraphica.)
státĭo viæ crucis. 성로선공(聖路善功.聖路神功)
  (⑨ way of the cross, státĭons of the cross)
  십자가의 길(via crucis).
stationális, -e. adj. 고정(固定)된, 움직이지 않는

statiónárius, -a, -um, adj. 고정된, 움직이지 않는,
보초의, 전초(前哨)의. m. 보초병, 우체국장, 출장소장.

statística, -æ, f. 통계(統計.㉮ statistics), 통계학

statívus, -a, -um, adj. 체류(滯留)하는, 서 있는, 보초의,
고정(固定)된, 움직이지 않는, 흐르지 않는.
f., n., pl. statíva, -æ, (-órum) 고정된 야영지,
사령부(司令部), 병사(兵舍), 숙소(宿所), 주막(酒幕).

státor, -óris, m. 지방장관의 부관, 황제의 사령(使令),
도시의 행정관(行政官), 보초(步哨).

státŭa, -æ, f. (사람의) 상(像), 석상(石像),
동상(銅像.신상의 반대.statua ex ære facta.), 기둥,
움직이지 않고 서 있는 사람, 성상(聖像.㉮ Statue).
státuam pónere, statúere. 동(석)상을 세우다.

statua ex marmore. 대리석으로 된 석상(石像)

Statua Ecclesiæ Antiqua. 고대 교회 법령집

Statua marmorea. 대리석상(=Statua ex marmore)

Statua Ordinis Cartusiensis.
카르투시오회 법규집(1987년 전체총회에서 승인 됨).

statuárĭus, -a, -um, adj. 조각의, 조상(彫像)의.
m. 조각가(artifex statuarum.), 조각 만드는 자.
f. 조각술(彫刻術).

statuificátĭo, -ónis, f. (státua+fácio) 조각(彫刻)

Statuit quovis modo inceptum perficere.
그는 어떻게 해서든지 시작한 것을 마치기로 결정하였다.

statulíber, -beri, m. (=statulíbĕra, -æ, f.)
(statútum+liber) 유언(遺言)으로 석방될 노예(奴隷).

statm, "sto²"의 목적분사(sup.=supínum)

statúmen, -mǐnis, n. (가지를 받쳐주는) 지주(支柱)
괴는 것, (선박) 배 바닥 마루 널, 석대(石臺),
선거(船渠)에 앉힌 선골(船骨).

statuminátĭo, -ónis, f.
받침을 세움, 토대구축, 돌로 기초(基礎) 깔기.

statúncŭlum, -i, n. 작은 상(像)

státŭo, -ŭi, -útum -ĕre, tr. 고정시키다, 자리 잡아 놓다
꼿꼿이 세우다(ㄲ,ㄲ,ㄲ,ㄲ), (주소를) 정하다
(건물) 세우다, 창설하다, 제정하다, 멈추게 하다,
움직이지 않게 하다, 제지(制止)하다, 제동을 걸다
생각하다, 여기다, 믿다, 판단하다, 결심(결정)하다,
해결하다, 결말짓다, 정하다, 고정시키다, 지정하다,
선언하다, 언명하다, 검토하다, 조사하다, 명령하다.
Ego hoc statuo, Clodium, si amicus esset Pompei,
laudaturum illum non fuisse. 나는 이렇게 단정한다,
클로디우스가 만약 폼페이우스의 친구라면, 클로디우스는
그를 폼페이우스를 칭송하지 않으리라고/
Quod omnis sollicitudo in Deo statuenda sit.
모든 걱정을 하느님께 맡김/
Státue signum. 깃발을 세워라!/
statuit jus non dícere. 소송 안 하기로 결정했다.

statuo árborem. 나무를 심다

statuo prétium. 가격(價格)을 정하다

statuo urbem. 도읍(都邑)을 세우다

Statur! 와 있다(두발로 서 있다. 즉 잘 있다)

statúra, -æ, f. 키(身長), 신장(身長-사람의 키), 높이.
homo humili statura. 키 작은 사람(신체상의 특성이나
잠시 지나가는 임시적인 특성에 대해서는 형용 五格만 쓴다/
Qualem faciem habet dilectio? qualem forma habet?
qualem staturam habet? qualem pedes habet? qualem
manus habet? nemo potest dicere. 사랑은 어떤 얼굴을
지니고 있습니까? 어떤 형상을 지니고 있습니까? 어떤
몸집을 가지고 있습니까? 어떤 발을 지니고 있습니까?
또 어떤 손을 지니고 있습니까? 누구도 말할 수
없습니다. (최익철 신부 옮김, 요한 서간 강해. pp.329~331)/
vir humili statura. 키 작은 남자.

statúrus, "sto"의 미래분사(p.fut.=particípium futúrum)

státus¹ -a, -um, p.p., a.p. 고정된, 주기적인, 균형 잡힌,
정규적인, 보통의. motus siderum rati. 고정된 운행.

státus² -us, m. (㉮ Standing.獨 Stehen)
서 있는 자세, 고정 자세(固定 姿勢), 태도, 배치(配置),

위치(位置), 상태(狀態.㉮ State), 현상, 지위, 신분, 키,
높이, 자연적 상태.조건(條件).원칙.질서(秩序),
사회계급, 문제의 요점, 문제점. (文) 동사 활용의 법,
신원(㉮ Identity-그 사람의 출생이나 출신.경력.성행 따위에 관한
일. 교부문헌 총서 8. p.97). (法) 25세 이상의 연령층(年齡層).
(神) 본질(本質.τὸ τι ἐν εἶναι.εἶδος).
De Virtue et Statu Religionis. 덕성과 수도생활(1608년)/
In statu quo. 현상(또는 원상)으로/
In statu quo ante bellum. 전쟁전의 상태로/
in statu viatorum. 순례도상(巡禮途上)/
Religione Tamen Catholica Romana in locis sic
restitutis, in statu quo nunc est, remanente. 현재 있는
그대로의 장소와 복구된 상태의 로마 가톨릭 교회는
현상유지를 한다(1697년 10월 30일 리스빅 평화조약 제4항의 이 문장을
삽입함으로써 1679년 Nijmegen 조약 때의 종교국역 협약을 가톨릭에 유리하게
만듦. 백민관 신부 엮음. 백과사전 3. p.375)/
triplex status naturæ. 하성의 삼중 구분.

státus animæ coactivæ. (= Obsessio)
강박, 아집(我執), 강박에 사로잡힌 상태.
(심리분석학적 용어. 심적 충격으로 자기도 모르게 외곬으로만 비이성적으로
집착하는 헷갈린 정신상태. 백민관 신부 엮음. 백과사전 3, p.7).

státus animarum. 정신상태(精神狀態), 신자 명부

státus clericalis. 성직자 지위, 성직자의 신분.
Admissio ad candidatum status clericalis.
성직 지원자 선발예식, 성직지원허가, 착의식(옛: 삭발례).

státus communis. 평신자의 신분

status corruptionis. 타락 상태

status dies cum hoste. 이방인(외래인)과 협정(재판)한 날

Státus (ex) marmore. 대리석상

status exaltationis. 높여진 신분

status exinanitionis. 비하된 신분

status gratiæ. 은총 지위

status glorificatæ naturæ. 완성상태

Status hominis. 인간처지, 인간 조건

status integeitatis. 완전의 상태

status intermedius. (죽음과 임종 상태의) 중간 상태

Státus iustitiæ. 의로움의 상태

Státus Justitiæ originalis. 원초적 정의 상태.
원초의 정기, 원시 정의, 원초의 올바른 상태.

status majestatis. 엄위하신 신분, 영광의 좌

status naturæ corruptæ. 타락한 본성 상태

status naturæ damnatæ.
단죄 받은 자연 상태, 영원히 벌 받는 상태.

status naturæ glorificatæ. 영광스럽게 된 자연 상태

status naturæ integræ. 출발상태, 온전한 자연 상태

status naturæ integræ et elevatæ.
드높여진 온전하고 순수한 자연 상태

status naturæ integræ et elevatæ.
드높여진 온전치 않은 자연 상태

status naturæ lapsæ. 타락상태

status naturæ lapsæ et reparandæ.
보상해야 할 타락의 상태.

status naturæ lapsæ et reparatæ. 타락에서 구원된 상태

status naturæ puræ. 순수 자연 상태

status naturæ reparatæ. 치유된 본성 상태
본성이 치유된 상태, 구원된 자연 상태.

status naturalis. 본성적 상태

status omnium bonórum aggregátione perfectus.
모든 좋은 것들의 집합(향유)으로 완성된 상태.
(="행복" 보에티우스의 정의).

Status officia.(㉮ the duties of the State)
국가의 의무(1991.5.1. "Centesimus annus" 중에서).

status particularis. 개체상태(중세의 천주사상과 제사문제. p.241)

Státus perfectiónis. 완전성의 신분(身分), 완전 상태

státus personarum. 신분(身分.㉮ State)

státus Pontificius.(㉮ Pontifical State) 교황령(敎皇領)

status popularis. 민중의 지위

státus primi. 처음 상태

status religiosus. 수도자 신분(교회법 제487조)

S

1223

status reparátæ confirmátæ. 구원이 확정된 상태
status reparátæ relápsæ. 구원된 후 재차 타락한 상태
státus termini. 마지막 상태
státus theológicus. 신학적 지위(神學的 地位)
státus viatóris. 나그네 상태 / homo viátor. 나그네 인간
státus vitæ. 생활상태(生活狀態), 나그네 처지
statútio, -ónis, f. 창립(創立), 설립(設立)
statútum, -i, n. 결정, 명령, 법규(法規), 규정(規定),
  결심(決心), 작정(作定), 정관(定款).⑨ statute),
  규범(規範.κανών).⑨ norm.獨 Norm.프 norme).
  Statúta Conferéntiæ Episcopórum Córeæ.
    한국 주교회의 정관/
  Statúta ecclésiæ antíqua.
    고대 교회 규정집, 교회의 옛 규정/
  Statúta patrum. 사부들의 규정서(規定書)/
  Statúta Sanctárum Vírginum.
    거룩한 동정녀들의 규정서(총47장으로 구성)/
  Statúta Synodália(⑨ Synodical Statutes). 교구령.
statútum constitutívum. 본성적 구조(本性的 構造)
statútum diocesánum. 교구의 정관(定款)
Statútum habére. 결정하고 있다(결의를 가지고 있다).
  (계속되는 상태를 표시하기 위하여 수동형 과거분사(대격)에 habére나 tenére를
  붙여 쓰는 때도 있다.)
ste, adj., pron. iste의 준말
steatóma, -mátis, n. (醫) 지방종(脂肪腫)
stéga, -æ, f. 배 앞닦에 있는 다리(橋), 상갑판
stegnus, -a, -um, adj. 구멍을 조이는, 수렴성(收斂性)의
stéla, -æ, f. 석탑(石塔), 기둥, 묘비(墓碑)
stélla, -æ, f. 별(כוֹכָב), 항성, 별표(星標 *), 눈빛,
  성신(星辰), 태양. (動)(해면, 산호층 따위의) 식충류,
  불가사리(극피동물의 한 가지. 유일하게 뇌가 없음).
  [astrum, -i, n. 별 cæli regiónes quátuor. 동서남북, 사방 / cardo cœli. 천추 /
  cœlum. -i, m. 하늘 / cométes. -æ, m. 혜성 / eclipsis. -is, f. 월식, 일식 /
  Eous. -i, m. 금성 / Jup(p)iter, Jovis, m. 목성 / Lúcifer, -eri, m. 금성 /
  luna. -æ, f. 달 / luna criscíns. 상현 / luna decréscens. 하현 / luna nova 신월 /
  luna plena 만월 / Mars, Martis, m. 화성 / Mercúrius. -i, m. 수성 /
  Nóctifer, -feri, m. 금성 / orbis lácteus, m. 은하수 /
  planes, -etis, m. 혹성(惑星). 유성 /planeta. -æ, m. 행성, 혹성(惑星) /
  Pluto(n), -onis, m. 명왕성 / radius, -i, m. 광선 / Satúrna stella 토성 /
  Satúrnus. -i, m. 토성 / sidus, -deris, n. 성좌 / sol, solis, m. 태양 /
  stella. -æ, f. 항성 / stella vaga. 유성 / vesper. -eri(eris), m. 금성].
  De stéllis quibúsdam, quas págani deórum suórum
  nomínibus nuncupárunt. 외교인들이 神의 이름을 붙인 별들.
    (교부문헌 총서 17, 신국론, p.2764)/
  et erunt stéllæ de cælo decidéntes, et virtútes, quæ
  sunt in cælis, movebúntur. (kai. oi` avste,rej e;sontai evk
  tou/ ouvranou/ pi,ptontej(kai. ai` duna,meij ai` evn toi/j ouvranoi/j
  saleuqh,sontai) (獨 und die Sterne werden vom Himmel
  fallen, und die Kräfte der Himmel werden ins Wanken
  kommen) (⑨ and the stars will be falling from the sky,
  and the powers in the heavens will be shaken)
    별들은 하늘에서 떨어지고 하늘의 세력들은 흔들릴
    것이다(성경 마르 13. 25)/별들은 하늘에서 떨어지며 모든
    천체가 흔들릴 것이다(공동번역)/별들이 하늘에서 떨어지
    고 하늘에 있는 권세들이 흔들릴 것입니다(200주년 신약)/
  motus stellárum. 별의 운행/
    circúitus solis órbium. 태양 궤도/
  Réspice stéllam, Maríam. 별을 보고 마리아를 불러라/
  sídera et stéllæ. 성좌와 별들/
  síngulas stellas número deos.
    별 하나하나를 신으로 인정하다/
  stéllæ errátícæ. 유성(流星, stella vaga.),
    행성(行星, stella vaga.) 혹성(惑星, stella vaga.)/
  stéllæ inerrántes.(inérrans 참조) 항성(恒星)/
  stéllæ quasi vágæ. 방량하는 별, 유성(流星).
stella cítima terris. 지구에 가장 가까운 별
stella comans.(stella crinita) 혜성, 불꽃, 꼬리별
Stella Maris,(⑨ Star of the Sea) 바다의 별(1997.1.31. 자의교서)
Stella matutínæ(⑨ Morning Star) 새벽 별, 샛별.
  (교회 전통에서는 성모 연송 청원기도에서 마리아를 샛별로 호칭한다. 그것은
  샛별은 찬란히 떠오르는 태양을 알리는 별이라는 뜻에서 성모는 태양이신
  그리스도를 알리는 새벽 별과 같다는 데서 유래한다.)

stella sequax. 위성(衛星-행성의 둘레를 운행하는 작은 천체)
stella vaga. 유성(流星, stellæ errátícæ.), 혹성(惑星)
stéllans, -ántis, p.proes., a.p.
  별이 총총한, (별이) 반짝이는, 찬란한.
stelláris, -e, adj. 별의. f. stelláris, -is, 천문학.
stellatúra, -æ, f. 군량 배급자의 횡령, 감봉(減俸)
stellátus, -a. -um, adj. 별이 총총한, 별 많은,
  별 같은, 반짝이는, 별표(星標 * =asteríscus)의.
Stellátus, -i, m. 눈이 백 개 있는 Argus.
stéllifer(=stélliger), -éra, -érum, adj.
  (stella+fero, gero) 별 있는.
stellífico, -áre, tr. (stella+fácio) 별로 변하게 하다
stellímicans(=stellumicans), -ántis, adj.
  (stella+mico) 별 같이 반짝이는.
ste(l)lio, -ónis, m. (등이 반짝이는) 도마뱀의 일종,
  교활한 사람, 사기꾼, 이면저편으로 바꾸는 사람.
stellionátor, -óris, m. 교활한 사람, 사기꾼
stellionátus, -us, m. (法) 이중 전매(二重轉賣),
  남의 것을 팔거나 저당에 넣음, 사기, 이중전매 죄.
stéllo¹ -áre, intr. 반짝이다, 빛나다.
  tr. 별을 총총히 박다, 반짝이게 하다, 빛나게 하다.
stēl(l)o² -ónis, f. = stéllio
stéllula, -æ, f. 별표(星標 * =asteríscus)
stemma, -átis, n. 머리띠, 족보를 써서 쓰던 머리 관,
  쓰는 관, 화관, 문장(紋章), 족보, 옛 기원(起源).
  Si quid est in philosóphia bóni, hoc est, quod stemma
  non inspícit.(Seneca). 철학이 좋은 점이 있다면,
    그것은 혈통을 따지지 않는 일이다.
stenocárdia, -æ (=angina pectóris) f. (醫) 협심증(狹心症)
stenográphia, -æ, f. 속기법(速記法)
stephanomélis, -is, f. (코피를 막는다는) 풀이름
stéphănos, -i, m. 화관, 여러 가지 식물이름
stéphănos Alexándri, 얼룩 매일초
Stephanus, -i m. 스테파노(축일 12월 26일)
stephanúsa, -æ, f. 화관 만드는 여자
stercer… V. stercor…
stercilín(ĭ)um, -i, n. = sterquilínum
stercorális, -e, adj. 똥의, 거름의.
  = stercorárĭus, -a, -um, adj. 똥의, 거름의.
  = stercóreus, -a, -um, adj. 똥의, 거름의.
stercorátio, -ónis, f. 거름주기, 시비(施肥)
stercorátus, -a, -um, adj. 거름 준. n. 거름 준 밭
stércŏro, -ávi, -átum -áre, tr.
  거름(비료) 주다, 똥 쳐내다, 청소하다.
stercorósus, -a, -um, adj. 거름 잘 준, 더러운
sterculínum(=sterquilínium) -i, n.
  두엄자리, 거름 구덩이.
stercus, -cŏris, n. 똥, 거름, 두엄(거름), 더러운 것, 비료,
  찌꺼기, 쓰레기, 대패, 톱밥(톱질할 때 쓸려 나오는 가루).
stercus pullínum. 병아리 똥
Stércŭtus, -i, m. 거름의 신, Satúrnus의 별명
stergéthron, -i, n. (植) 꿩 비름(돌나무과에 속하는 다년초)
sterilésco, -ěre, intr., inch. 토박해지다, 쓸모없이 되다
sterilícŭla, -æ, f. 새끼 낳지 않은 암퇘지 생식기
stérĭlis, -e, adj. 비옥하지 않은, 토박한, 결실 못하는,
  수태(受胎) 못하는, 불임의, 빈, 공허(空虛)한, 허무한,
  쓸모없는, 아무 것도 아닌, 효과(效果) 없는,
  이자(利子) 없는, 결실(結實) 없는, 보수(報酬) 없는.
  adv. sterilíter, 헛되이, 공연히(frustra, adv.),
  Stérilis quodcúmque remíttit terra,
    토박한 땅에서 나는 것은 무엇이나.
sterilis domus. 아이 없는 집
sterilis manus. 빈손
sterílĭtas, -átis, f. 토박함, 결실하지 못함, 수태치 못함,
  단종·(⑨ sterilizátĭon), 不姙(⑨ Sterility-임신되지 아니함),
  불임증, 무능함, 허무함, 기근(飢饉), 궁핍(窮乏), 흉년.
  De Sterilitáte Sárræ, quam Dei grátia fecundávit.
    하느님의 은총으로 회임한 사라의 불임.(신국론. p.2796)/

S

1224

doctrinæ sterilitas. 이론적 불모성(理論的 不毛性).
sterilizátĭo, -ónis, f. 단종, 불임수술(⑨ Sterilizátĭon-수정관
이나 수란관의 외과 수술 단절로 산아를 불가능하게 하는 것).
stérĭlus, -a, -um, adj. = **stérĭlis**
sternális, -e, adj. (解) 흉골(胸骨)의, 흉골부에 있는.
extremitas sternális. 흉골단(胸骨端).
sternax, -ácis, adj. 넘어뜨리는, 엎드리는
sterno, strāvi, strátum, -ĕre, tr. 눕히다, 깔다,
퍼뜨리다(ㄱㄲ), 쓰러뜨리다, 넘어뜨리다,
엎드리게 하다, (땅을) 수평으로 하다, 고르게 하다,
평탄(平坦)케 하다, 뿌리다, 덮다,
(도로를) 포장하다, (말에) 안장을 얹다.
sternum, -i, n.
((動)) (곤충.갑각류의) 흉판(胸板), 복판(腹板).
(解) 흉골(胸骨-앞가슴의 한가운데에 있어 좌우 늑골을 연결하는 뼈).
sternuméntum(=**sternutaméntum**) -i, n.
재채기, 재채기 나게 하는 약(藥).
stérnŭo, -ŭi, -ĕre, intr. 재채기하다, (불꽃이) 튀다.
tr. 재채기하며 길조를 보이다.
sternutátĭo, -ónis, f. (**sternútus**, -us, m.) 재채기함
sternúto, -ávi, -átum -áre, tr. 자주 재채기하다
sterquilín(ĭ)um, -i, n. 거름(비료) 구덩이, 퇴비, 욕설.
in sterquilínio escam quæro(quæro 참조)
(병아리가) 두엄더미에서 먹이를 찾다.
sterto, (-tui), stertĕre, intr. 코 골다, 깊이 잠들다
stĕti, "sto²"의 단순과거(pf.=perfectum).
"sisto"의 단순과거(pf.=perfectum).
stibádĭum, -i, n. 안락의자, 정원의 벤치, 휴대용 침대
stíbi(=**stimmi**) -is, (=**stibĭum**, -i) n.
(化) 안티몬(獨.Antimon. 금속 원소의 한 가지),
안티몬 분(粉), 눈썹 그리는 검정색 화장품(化粧品).
stibiokálium tartáricum, -i, n. (化.藥) 토주석(吐酒石)
stic, adv. istic의 생략형
stícŭla, -æ, f. 포도의 일종
stigma, -átis, n. 흔적, 자국, 낙인(烙印), 상처,
모욕(侮辱), 불명예(不名譽), 오명(汚名), 오점(汚點),
(植) 암술머리, 주두(柱頭-암술머리).
((動)) (곤충.거미 따위의) 기공(氣孔), 숨구멍.
(醫) 홍반(紅斑), 출혈반(出血斑).
(가) 오상(五傷.⑨ stigmatizátĭon.στίγμα),
그리스도 십자가 못 자국, 예수 십자가 못 자국.
stigmata Christi(vulnera Christi). 그리스도의 성흔(聖痕).

	sg.	pl.
Nom.	stigma	stigmata
Voc.	stigma	stigmata
Gen.	stigmatis	stigmatum(-órum)
Dat.	stigmati	stigmatibus(-is)
Acc.	stigma	stigmata
Abl.	stigmate	stigmatibus(-is)

(허창덕 지음. 중급 라틴어, p.12)

stigma Jesu.[⑨ Jesus' wounds.
獨 Wunden(Wundmale) Jesu] 예수님의 상처.
stigmátĭas, -æ, m. 어깨에 낙인찍힌 노예(奴隷)
stigmo, -avi, -áre, tr. 낙인찍다
stigmósus, -a, -um, adj. 낙인찍힌, 문신한, 자청(刺青)한
stilla, -æ, f. 물방울, 사소한 물건 또는 양(量).
Stilla Maris. 바다의 물방울
stillanter(=**stillátim**) adv. 한 방울씩
stillárĭum, -i, n. 물 한 방울의 선물 즉 미미한 보탬
Stillat arbor sanguineis roribus.
나무에서 피 이슬이 떨어진다.
stillatícĭus(=**stillatívus**) -a, -um, adj.
방울방울 떨어지는, 한 방울씩 떨어지는.
stillátĭo, -ónis, f. 한 방울씩 떨어짐, 땀 남.
붕괴(崩壞-허물어져 무너짐, 궤붕. 붕괴. 붕퇴), 흘러감.
stil(l)icídĭum, -i, n. (stilla+cado) 물 샘, 누출(漏出).
방울방울 떨어지는 물, 빗물, 빗방울, 잠깐 동안, 짧은 시간.

stillo, -ávi, -átum -áre, intr. 방울방울 떨어지다,
똑똑 떨어지다. tr. 방울지어 떨어지게 하다.
stíllŭla, -æ. 작은 물방울
stilus(=**stylus**) -i, m. 뾰족한 물건, 펜, 철필(鐵筆),
글 쓰거나 지우는 데 쓰는 물건, 서법(書法),
어법, 필체, 문체, 체제, 풍(風), 식(式), 형(型),
펜을 가지고 하는 일, 저술, 기술, 문서(γραφή.文書),
표현, 발표, 말뚝, 방책. (식물의) 줄기(ㄱㄷㄹ), 대.
stilus basiliana. 바실리카 양식
stimmi, -is, n. = **stibi** (化) 안티몬(獨.Antimon)
Stímŭla, -æ, f. 자극(刺戟)의 여신(女神)
stímŭlans, -ántis, m. (醫.藥) 흥분제, 자극제(刺戟劑)
stimulátĭo, -ónis, f. (**stimulátus**, -us, m.)
찌름, 자극(刺戟), 장려(奬勵), 격려(激勵).
stimulátor, -óris, m. (**stimulatrix**, -ícis, f.)
자극하는 사람, 선동자(煽動者), 격려자(激勵者).
stimúlĕus, -a, -um, adj. 바늘의, 가시의, 자극하는
stímŭlo, -ávi, -atum -áre, tr. 찌르다, 쏘다,
(짐승을) 막대로 찔러서 몰다, 격려하다, 자극하다,
고문(拷問)하다, 고통(苦痛) 주다.
De hoc humana stimulatur conscientia.
(⑨ This challenges humanity's conscience).
이는 인류의 양심을 일깨웁니다/
Quomodo clamat lingua? Dolet mihi. O lingua, quis te
tetigit? quis percussit? quis stimulavit? quis pupugit?
혀는 뭐라고 외칩니까? '내가 아프다'고 합니다. 오, 혀야,
누가 너를 건드렸느냐? 누가 너를 때렸느냐? 누가 너를
찔렀느냐? 또 누가 너에게 상처를 입혔느냐?.
Stimulus amoris. 사랑의 채찍(13세기 밀라노의 야고보 지음)
**Stimulus autem mortis peccatum est, virtus vero
peccati lex.** (to. de. ke,ntron tou/ qana,tou h` a`marti,a(h` de.
du,namij th/j a`marti,aj o` no,moj\) (獨 Der Stachel des Todes
aber ist die Sünde, die Kraft aber der Sünde ist das
Gesetz) 죽음의 독침은 죄이며 죄의 힘은 율법입니다(성경)/
죽음의 독침은 죄요, 죄의 힘은 율법입니다(공동번역)/죽음의
독침은 죄이며 죄의 권세는 율법입니다(200주년 1고린 15, 56).
stimulósus, -a, -um, adj. 자극적(刺戟的)인, 찌르는
stímŭlus, -i, m. 송곳, 막대기, 바늘, 가시, 독침(毒針),
채찍, 고통(苦痛), 고민(苦悶), 격려(激勵), 장려(奬勵),
(軍) 방책(防柵), 적 기병을 방비하는 마름쇠.
(pl.) 자극(刺戟), 자극물. stimuli gloriæ. 영광의 자극.
stíngŭo, -ĕre, tr. (불 따위를) 끄다, 소멸시키다,
(흔히 pass.) **stíngui** 꺼지다.
stipa, -æ, f. 지푸라기(=**stuppa**)
(배船의 틈새를 막는 데 쓰는) 삼(麻) 부스러기.
stipámen, -ĭnis, f. 매우 급함, 혼란(混亂), 쇄도(殺到)
stipátĭo, -ónis, f. 압축(壓縮), 막음, 밀집(密集),
더미(많은 물건이 모여 쌓인 큰 덩어리), 축적(蓄積-많이 모아서 쌓음),
군중, 혼잡(混雜), 쇄도(殺到-어떤 곳을 향하여 세차게 달려듦),
수행(隨行-사람을 따라감), 측근, 호위(護衛), 시위(示威).
stipátor¹ -óris, m. (**stipatrix**, -ícis, f.)
수행원(隨行員), 호위하는 사람, 시종(侍從).
stipátores corporis. 근위병(speculator, -óris, m.).
stipátor² -óris, m. [stipa] 배(船)의 틈 막이 직공.
stipátus, -a, -um, p.p., a.p. 에워싸인, 호위 받는
stipendia ad instar manualium.
직접 손으로 바치는 것과 비슷한 미사예물.
stipendia fundata. 영정미사 예물.
기금에서 나오는 수익으로 바치는 미사예물.
stipendia manualia. 직접 손으로 바치는 미사예물
stipendiális, -e, adj. 봉급의, 보수의, 세금의, 납세하는
stipendiárĭus, -a, -um, adj. 세금 바치는, 조공 바치는,
종속적(從屬的)인, 예속(隸屬)되어 있는, 고용되어 있는,
월급쟁이의, 고용인(雇傭人)의.
m., pl. 조공 바치는 민족, 세금 바치는 사람들.
stipéndĭor, -átus sum, -ári dep., intr.
고용(雇傭)되어 있다, 예속(隸屬)되다, 봉급(俸給)받다.
stipendiósus, -a, -um, adj. 오랫동안 복무(服務)하는,

S

고용(雇傭)되어 있는, 고참(古參)의.

stipéndĭum, -i(stips+pendo), n. 조세(租稅), 세금(稅金),
조공(租貢), (포로의) 몸값, 대가(代價).⑨ Wage).
보상(⑨ Reparátĭon), 보속(補贖-넓은 의미로는 끼친 손해의
배상compensátĭo 및 보환restitútĭo을 뜻하며 그리스도교 신학에서의 보속은
지은 죄를 적절한 방법으로 "보상" 하거나 "대가를 치르는 것"을 의미한다).
급료(給料-봉급), 군인급료(군인봉급), 군 복무, 병역,
병무, 복무기간, 벌(罰).⑨ Punishment), 미사예물,
생활비 보조금(生活費 補助金), 벌금(multa pecunĭa),
의지(依支-다른 것에 몸을 기댐).
emérĭtis stipéndĭis. 군복무를 마치고/
Quis militat suis stipendĭis umquam?
도대체 누가 제 돈을 들여서 군인 노릇을 하겠습니까?/
stipendĭa ad instar manuálĭum.
직접 손으로 바치는 것과 비슷한 미사예물/
stipéndĭa emeréri(impĺére, expĺére) 군복무를 마치다/
stipendĭa fundáta. 영정미사 예물/
기금에서 나오는 수익으로 바치는 미사예물/
stipendĭa manuálĭa. 직접 손으로 바치는 미사예물/
stipéndĭa meŕére(meŕéri) 군 봉급을 타다.

stipendĭum (ad instar) manuále. (준) 헌금 사례
stipendĭum fundátum. 사제 생활 연금
stipendĭum Míssæ(⑨ Mass offerings/stipend).
미사예물, 성직 사례금.
stipes, stipítis, m. (**stipis**, -is, f.) 나무줄기, 그루터기,
장작(통나무를 잘라 쪼갠 땔나무), 말뚝, 나무가지(막대기),
십자가의 세로목(종목),
곤봉(17½.⑨ club.棍棒-찔막한 몽둥이),
근간(根幹-사물의 바탕이나 가장 중심이 되는 부분. 뿌리와 줄기)
근원(根源.ἀρχὴ), 기원(起源), 바보.
stipidósus, -a, -um, adj. 나무의
stípo, -ávi, -átum -áre, tr. 쌓아 올리다, 조밀하게 하다,
밀집시키다. 응결케 하다, 호위하다, 에워싸다(חזקם),
시위 하다, 둘러싸다, 쑤셔 넣다, 가득 채우다, 틀어막다.
Græci stipáti. 운집한 Græcia 사람들.
stips, stipis, f. (gen., pl. -pum, -pĭum) 잔돈, 푼돈,
동냥 돈, 출연금(醵出金), 하찮은 선물-공여(供與),
연보(捐補→獻金), 연보금(捐補→奉獻金), 세금(稅金),
헌금(⑨ Collectĭon), 벌금, 적은 이익, 적은 봉급.
Saccŭlus ad colligendum stipem. 헌금 바구니/
Stipem cogere. 모금(募金) = collectĭo Stipis.
stips Míssæ. 미사예물(⑨ Mass offerings/stipend)
stips Obláta. 미사예물(⑨ Mass offerings/stipend)
stípŭla, -æ, f. 갈대, 검불(마른풀이나 낙엽.지푸라기 따위),
밀짚, 마른 짚, 강낭콩 대, 빨대, 피리.
stipulátĭo, -ónis, f. 규약(⑨ ordinance/stipulátĭon),
규정, 계약조항, 계약(תירב.⑨ covenant), 문답계약.
stipulatĭúncŭla, -æ, f. 변변치 않은 계약, 작은 계약
stipulátor, -óris, m. 계약자(契約者)
stipulátus, -us, m. 계약(契約.תירב.⑨ covenant),
약속(ἐπαλλελὶον.約束.⑨ Promise), 약조(約條).
stípŭlor, -átus sum, -ári, dep. (=**stípŭlo**, -áre) tr.
약속의 표로 짚대를 꺾다, (구두로) 계약하다.
stípŭlor alqd ab alqo.
아무로 하여금 ~을 주도록 하는 계약(契約)을 하다.
stípŭlus, -a, -um, adj. 확고한
stíra, -æ, f. 콧물, 고드름(물이 위에서 아래로 흘러내리다가 땅에
떨어질 사이 없이 길게 얼어붙어 공중에 매달린 얼음. 빙주氷柱).
stiríacus, -a, -um, adj. 고드름이 맺힌, 고드름 같이 매달린
stiricídĭum, -i, n. 눈송이가 떨어짐
stiríllum, -i, n. 염소수염
stirpe divína sátus. 신의 자손으로 태어난 자
stirpésco, -ĕre, intr., inch. 순이 돋다, 뿌리 나다
stírpěus, -a, -um, adj. …에서 돋아난
stirpis, -is, f. = stirps
stírpĭtus, adv. 뿌리까지, 송두리째, 근본적으로
stirpo, -áre, tr. 개간(開墾)하다
stirps(=stirpis) -pis, (gen., pl. -pum, -pĭum)
나무포기, 나뭇둥걸, 나무뿌리 부분, 줄기(רבכ.),

그루터기(나무나 풀 따위를 베고 남은 밑동), 새 가지, 새싹,
순(싹), (풀.나무) 대, 줄기, 뿌리, 종족, 민족, 인종,
가문, 가계, 혈통, 후예, 후손, 근원(ἀρχὴ), 기초, 기원.
stíva, -æ, f. 호미자루, 쟁기 손잡이
stivárĭus, -ii, m. 쟁기를 잡은 자
stlāt(t)a, -æ, f. 상선(商船), 해적선(海賊船)
stlat(t)árĭus, -a, -um, (=**stlatáris**, -e) adj. 배의,
배로 들여온, 수입한, 값비싼.
n., pl. **stlatarĭa**, -órum, 값비싼 천, 옷감(천).
stlembus, -a, -um, adj. 느린, 육중한
stlis, -ítis, f. = **lis**의 고어
stlocus, -i, m, **locus**의 고어
stlop(p)us, -i, m. 뺨을 쳐서 내는 소리
sto¹ isto의 준말. V. ste
sto² stěti, státum, stāre, intr. 서 있다, 서다(םוק.חכו.),
기립(起立)하다, 일어서다(סוק), 뛰어나다, 돌출하다,
툭 튀어나와 있다, 두드러지다, 불쑥 나와 있다,
(종이) 命令을 기다리고 있다, 대령하다, 봉사하다,
(건물이) 서다, 공사가 끝나다, (배가) 닻을 내리다.
정박하다, …에 달려있다, 값나가다, 제자리에 서있다.
버티고 서 있다, 움직이지 않고 있다, 꿋꿋이 서 있다,
잘 버티다, 저항하다, 물러서지 않다, 要지부동이다,
든든하다, 굳건하다, 꽂히다, 박히다, 유지하다, 잘 있다.
생존하다, 존속(存續)하다, …할 계획이다, 생각이다.
결심이다, 충실하다, 항구하다, 고집(固執)하다,
(배우.연극) 성공하다. (軍) 부동자세(不動姿勢)에 있다,
제자리를 지키다, 무장하고 있다, 보초(步哨) 서다.
Decet imperatórem stantem mori.(Vespasianus).
사령관은 일선에 서서 버티다 죽는 것이 합당하다/
hosti sto. 적과 대항(對抗)하고 있다/
Inter sacrum saxúmque sto. (희생물과 그것을
쳐 죽이는 돌 사이에 즉) 극도의 위기에 처해 있다/
nunc stans. 영원한 현재(nunc transĭens. 지나가는 현재)/
ócŭli stantes. 툭 튀어 나온 눈/
per me stat. 오직 나에게 달려있다/
Quid ágitur? 잘 있느냐?/
Statur! (두 발 짚고) 서 있다. 즉 잘 있다/
Quid stas? 왜 그러고 서 있느냐?/
Salus stat in armis. 전쟁에 구원(救援)이 달려 있다/
Stant lúmĭna flammā. 그의 두 눈은 빛을 발한다/
stare in gradu. (싸움에서) 한 자리에서 버티고 서있다/
stat alci senténtĭa inf. 그는 …할 생각을 가지고 있다/
Stat púlvere cælum. 하늘에 먼지가 가득하다/
Stat vultus, stant lúmĭna. 얼굴색 하나 변하지 않는다,
눈 하나 깜짝하지 않는다.

sto ad pedes. 발치에서 기다리고 있다
sto cómminus. 오랜 접전(接戰)에 버티다
sto contra leómĭna. 사자(獅子)와 싸우다
sto grátĭa. 거저 다(공짜나 다름없다)
sto in átrĭis. 현관에
sto in gradu(gradu fixo) 굳건히 서 있다
sto in fide. 충실하다, 신용(信用)을 지키다
sto magno prétĭo. 매우 비싸다
sto multo sánguĭne. 많은 희생(犧牲)을 치르다
sto plúris. 더 비싸다
sto pede in uno. 한 발로 서 있다
sto pro portā. 문을 지키고 서있다
sto senténtĭā. 자기 의견(意見)을 고집(固執)하다
sto voluntáti patris defúncti. 선친 뜻을 존중하다.
Stoíca, -æ, f. 스토아학파(⑨ Stoic school/Stoicism)
Stoíca, -órum, n., pl. 스토아 철학
Stoíci, -órum, m., pl. 스토아학파 사람들
Stoici censebant mundum deorum numine regi.
스토아학파들은 세계가 신들의 뜻에 의해서
통치되고 있다고 믿었다.
Stoicísmus, -i, m. 스토아학파(⑨ Stoic school/
Stoicism)(당시 아테네에서는 공공건물들을 스토아στοὰ 라고 하였는데
이 학파를 "스토아의 사람들이 ἐκ τῆς στοᾶς, Στωικοί"이라 부름).

S

스토아 철학, 금욕주의, 극기, 견인(堅忍), 냉정, 태연.

stola, -æ f. 영대*(領帶),
   긴 옷(부인용, 귀족용, 축제 때의 악사용, Isis신 제관용).
   Ad Stolam, dum imponitur collo: Redde mihi, Dómine,
   stolam immortalitátis, quam pérdidi in prævaricatióne
   primi paréntis: et, quamvis indígnus accédo ad tuum
   sacrum mystérium, mérear tamen gáudium sempitérnum.
   영대를 목에 착용하며─사제는 영대 위 십자 표시에 친구하고 영대를
   목에 착용하며 십자가 형태인 X자로 포갠 후 띠를 매어 고정 시킨다─
   주님, 주님께 봉사하기에 합당치 못하오나 원죄의 타락
   으로 잃은 불사불멸의 영대를 제게 도로 주시어, 주님의
   영원한 즐거움을 누리게 하소서.(1962년 라틴어 미사 때).
stolárĭum, -i, n. 예식 사례금(=jus stolæ)
stolátus, -a, -um, adj. 긴 옷을 입은, (영)예복을 입은.
   f., pl. 귀부인들.
stólĭde, adv. 아둔하게, 어리석게
stolídĭtas, -átis, f. 어리석음, 우둔함, 정신 나감
stolídus(=stultus), -a, -um, adj. (사람) 어리석은,
   우둔한, 이성 잃은, (사물 뜻 없는) 효력 없는, 부조리한.
stŏlo, -ónis, m. 어리석은 자, 새싹
stŏlus, -i, m. 항해, 해상원정, 함대 출동(艦隊出動)
stoma, -ătis, n. (植) (잎의) 기공(氣孔).
   (動) 기문(氣門), 입구
stomácăce, -es, f. (醫) 궤양성 구내염(口內炎. 궤양성)
stomachabúndus, -a, -um, adj.
   쉽게 분노(忿怒) 하는, 다혈질의, 골난(화난), 분노한.
stomachánter, adv. 격앙되어, 분노하여
stomachátĭo, -ónis, f. 격분(激憤)
stomáchĭcus, -a, -um, adj. 위의, 위장(胃腸)에 관한,
   위병에 걸린. n., pl. 위장약(胃腸藥). m., pl. 위병환자.
stomáchor, -átus sum -ári, dep., intr. 화(골) 내다.
   분노하다(רגז,זעם), 격분하다, 발끈하다, 다투다.
   tuis lítteris stomachor. 네 편지 때문에 ~ .
stomachor cum alqo. …에게 화내다 …와 다투다
stomachósus, -a, -um, adj. 화난, 화나게 하는.
   adv. **stomachóse.** 화나서.
stómăchus, -i, m. (解) 식도(食道), 인후(咽喉-목구멍),
   위(胃), 소화(消化), 식욕(食慾), 구미(口味-입맛), 욕심,
   분노, 기분, 취미(趣味), 불만(不滿), 울화, 기분 나쁨.
   in alqm stómachum erumpo. 누구에게 화를 내다/
   ludi non tui stómachi. 네 기분에 안 맞는 놀이/
   stómachum movére alci, fácere.
      …의 속을 뒤집어 놓다, …를 미치게 하다/
   ventris et stómachi solutio. 설사(泄瀉).
stomachus struthiónis . 대식가(大食家)
stomátĭce, -es, f. 입병에 쓰는 약
stomatítis, -tĭdis, f. (醫) 구내염(口內炎)
   (입안의 점막에 일어나는 세균성 염증).
stomodǽum, -i, n. 입이 생기기 시작할 때 생기는 우묵한 곳
storácĭnus, -a, -um, adj. 때죽나무의
storax, -ăcis, m. 때죽나무(Styrax offcinalis)
stórĕa(=stórĭa¹), -æ, f. 돗자리, 장석, 풍석, 자리.
   거적(새끼로 날을 하여 짚으로 두툼하게 쳐서 자리처럼 만든 물건),
   매트(영 mat), 멍석(짚으로 걸어서 만든 큰 자리).
stórĭa² -æ, f. história의 속어
strabísmus, -i, m. (醫) 사시(斜視)
străbo¹ -ónis, m. 사팔뜨기, 사팔눈이('사팔뜨기'의 비표준어).
Străbo² -ónis, m. 희랍의 지리학자
strabónus -i, m. 사팔뜨기, 사팔눈이('사팔뜨기'의 비표준어)
strabus, -a, -um, adj. 사팔눈의, 사시의, 화합치 않는
strāges, -is, f. 도괴(倒壞-무너짐), 파괴(破壞), 황폐(荒廢),
   파멸(破滅破壞滅), 멸망(滅亡), 무더기(堆積),
   더미(많은 물건이 모여 쌓인 큰 덩어리), 학살(虐殺), 도살(盜殺),
   살육(殺戮-많은 사람을 마구 죽임), 살해(殺害).
strágŭla, -æ, f. (=stragulum, -i, n.) 이불, 보, 책상보,
   금침(衾枕-이부자리와 베개), 이불보, 침대보.
stragulátus¹ -a, -um, adj. 이불의, 이불을 깐, 보를 깐
stragulátus² -a, -um, p.p., a.p. 여러 가지 색의

strágŭlo, -áre, tr. 여러 가지 색으로 물들이다
strágŭlus, -a, -um, adj. 펴는, 덮는, 까는, 이불의.
   n. **strágŭlum,** -i, 보, 덮개.
   textile strágulum. 융단, 카펫(영 carpet).
strāmen, -mĭnis, n.
   깔개, 짚으로 만든 요, 이불, (새) 둥지, 침상.
straméntum, -i, n. 마른 짚, 밀짚, 짚요, 짚방석,
   왕골(사초과의 일년초. 완초莞草), 보, 덮개, 모포.
   Stramenta autem lectórum sufficiant matta, sagum et
   lena, et capitale. 침구로서는 요(褥)와 얇은 이불과
      두꺼운 이불과 베개가 있으면 충분한 것이다.
                     (성 베네딕도 수도규칙 제55장 15).
straminĕusus, -a, -um, adj. 짚으로 만든
stramineus Quirites. 초우인(草偶人).
   (제웅.짚으로 만든 사람의 형상. 진짜 사람대신 매년 tiberis 강에 던졌음).
strangulábĭlis, -e, adj. 숨 막히게 할 수 있는,
   교살(絞殺)할 만한, 질식(窒息) 시킬 수 있는.
strangulátĭo, -ónis, f. (=strangulátus, -us, m.)
   교살(絞殺), 교수(絞首), 목조임. pl. 경련(痙攣).
strangulátor, -óris, m. (strangulatrix, -ícis, f.)
   남의 목을 매는 사람, 교살하는 사람, 교수형 집행인.
strángŭlo, -ávi, -átum -áre, tr. 목 조르다, 교살하다,
   교수형에 처하다, 질식(窒息)시키다, 숨 막히게 하다,
   조이다, 압착하다, (식물 따위를) 죽이다(ワワ).
strángŭlum, -i, n. 목매다는 밧줄
strangúrĭa, -æ, f. (醫) 유통성 요림력(有痛性尿淋瀝)
   배뇨 곤란(배뇨통-요도나 방광에 염증炎症이 있을 때 느낌).
strāta, -æ, f. 포장된 대로(大路), 큰 길(大路)
strata, -órum, n., pl. 요, 이불
strategéma, -átis, n. 전술(戰術), 전략, 술책(術策),
   모략(謀略-남을 해치려고 속임수를 써서 일을 꾸밈).
strategemátĭca, -árum, n., pl. 병법, 전술, 용병학
strategemátĭcus(-os) -a, -um, adj. 전술의, 책략의
stratégĭa, -æ, f. 군사정권(軍事政權), 군정청(軍政廳)
strategica, n., pl. 전술학(戰術學)
stratégĭcus(-os) -a, -um, adj. 군사령부의, 전술의
strategíum(-géum) -i(=prætorĭum), n. 사령관 막사
stratégus, -i, m. 사령관(司令官), 지휘관(指揮官),
   장군, 전술가(戰術家), 연회 사회자(宴會 司會者).
strátĭo, -ónis, f. 덮개(덮음)
stratiótes, -æ, m. (=stratiótĭce, -es, f.)
   (植) 노회(蘆薈), 알로에처럼 생긴 수초.
stratiótĭcum, -i, n. (藥) 안약
stratiótĭcus, -a, -um, adj. 군사의 군법의
strátor, -óris, m. (자리 따위를) 펴는.까는 자,
   말안장을 얹고 준비하는 마부, 지방장관의 시종, 하인,
   간수(看守-교도관의 舊稱), 옥졸(獄卒-옥사쟁이).
stratórĭum, -i, n. 휴대용(携帶用) 침대, 이불
stratórĭus, -a, -um, adj. 덮거나 까는 데 쓰이는
strátum, "sterno"의 목적분사(sup.=supínum)
strātum(-ta) -i(-órum) n.(pl.) 침대보, 요, 이불, 침대,
   잠자리, 신방, 배내옷, 덮개, 모포, 안장, 방석, 포장.
stratúra, -æ, f. 포장공사, 침상(寢林), 거름더미
strátus, -us, m. 폄, 포장, 덮음, 널어놓음, 때려눕힘,
   낮춤, 저하, 덮개, 이불, 마의, 안장(鞍裝), 휴대용 침대,
   보료(솜이나 짐승의 털로 속을 넣어 앉는 자리에 늘 깔아 두는 요).
strāva(=străba) -æ, f. 승전 기념물(勝戰紀念品)
strāvi, "sterno"의 단순과거(pf.=perfectum)
strébŭla(=stríbŭla) -órum. n., pl. (strébŭla, -æ, f.)
   제물로 바친 짐승의 넓적다리 고기.
strēna, -æ, f. 길흉(길함과 흉함), 길조(好事-좋은 일이 있을 징조)
   새해 선물, 축복을 비는 선물.
strénŭe, adv. 용맹하게, 끈질기게,
   Agĭte strénue! 자 빨리!.
Strenue facere. 용감하게 행동하다
strenúĭtas, -átis f. 용맹, 활기, 끈질김, 민첩(敏捷)
strénŭo, -áre, intr. 열심히 하다, 빨리 하다
strénŭus, -a, -um, adj. 활기(活氣)있는, 열성적인, 빠른,

S

끈질긴, 용맹한, 들뜬, 동요(動搖)하는, 차분하지 못한,
소란(騷亂)한, 부산한, 교란(攪亂)을 일으키는,
(사물) 튼튼한, 강한, 탄력(彈力)있는, 효력(效力)있는.
strépĕrus, -a, -um, adj. 울려 퍼지는
strépĭto, -áre, intr., freq.
소란(騷亂)하다, 요란(搖亂)하다, 울려 퍼지다.
strepĭtum, "strépo"의 목적분사(sup.=supínum)
strépĭtus, -us(-i), m. (abl., pl. -pítibus) 소음(騷音),
굉음(轟音), fragor, -óris. m.), 잡음, 시끄러움.
Eia, fratres, opera adtendamus, non strepitum linguæ.
자, 형제 여러분, 수다스러운 말이 아니라 행동을
유심히 봅시다.(최익철 신부 옮김. 요한 서간 강해. p.299)/
Fit strépitus. 요란한 소리가 일어난다(fio 참조)/
Quod veritas intus loquitur sine strepitu. 진리는 요란한
음성이 없이 마음속에서 말씀하심(준주성범 제3권 2장).
strépo, -pŭi -pítum -ĕre, intr. 소란(騷亂)하다,
소동(騷動)하다, 메아리치다, 쟁향 울리다,
tr. 소리 질러 말하다, 소리 내다, 소리 지르다,
힘주어 말하다, 불평(不評) 터뜨리다,
Hæc cum strépĕrent. 그들이 이런 불평을 했기 때문에/
Quod veritas intus loquitur sine strepitu verborum.
진리는 요란한 음성이 없이 마음속에서 말씀하심.
strépo vócibus. 혼란한 소리 나다
strepsíceros, -rōtis, m. 구부러진 뿔 달린 양
streptopelia decaocto. 염주비둘기
streptopelia orientalis. 멧비둘기
streptopelia tranquebarica. 흥 비둘기
strepŭi, "strépo"의 단순과거(pf.=perfectum)
strĭa, -æ, f. 밭이랑, 도랑, 가는 줄,
무늬, 옷 주름, 기둥의 홈.
striatúra, -æ, f. 도랑(폭이 좁은 작은 개울), 기둥의 홈
striátus, -a, -um, adj. 줄무늬의, 줄쳐진, 홈 파인
strib(i)lĭgo, -gĭnis, f. 문법오류, 어법위반(Solecísmus)
striblíta, -æ, f. V. **strigósus**
strictim(=stricte) adv. 엄밀히, 좁게, 짧게, 슬쩍,
겉으로만, 간단하게, 대략(plus minus.)
strictĭo, -ónis, f. 꽉 침, 압착(壓搾-눌러 짜냄), 엄격(嚴格)
strictivillæ(=strittivillæ, strictivellæ), -árum, f., pl.
(stringo+villus, vellus) 창녀(娼女), 기생(妓生).
strictívus, -a, -um, adj.
(떨어지지 않고 손으로) 딴(과일의).
strictor, -óris, m. (올리브) 열매 따는 자
strictórĭa, -æ, f. 긴소매의 내의(남자용)
strictum, "stríngo"의 목적분사(sup.=supínum)
strictúra, -æ, f. 조임, 압착(壓搾-눌러 짜냄), 고통, (과일) 따기,
야금(冶金-광석에서 금속을 골라내고 불순물을 솎아 내는 일), 쇠 불리기.
strictus, -a, -um, p.p., a.p. 꽉 죄는, 밀집한, 빽빽한,
조밀한, 좁은, 간결한, 엄격한, 찌푸린, 인색한, 빽빽한.
interpretátĭo restrictiva. 축소 해석/
interpretátĭo stricta. 좁은 해석/
lex stricta. 엄밀한 법/
mysteria sensu stricto. 엄밀한 의미의 신비로.
strictus ensis. 뽑아든 칼
strídĕo(strīdo) -dŭi(-ĕre) intr. 된소리 나다, 잡음 나다,
여자가 소리 지르다, 벌 따위가 붕붕거리다,
(뱀 소리.화살소리.이가는 소리.바람소리.파도
소리.톱 켜는 소리.문소리.달구지소리.쇠 부딪히는
소리) 나다. strídĕre déntibus. 이를 갈다.
strídor, -óris, m. 된소리, 이가는 소리, 높고 가는 소리,
휘파람소리, 바람소리, 웅성대는 소리.
stridósus(=strídŭlus) -a, -um, adj.
날카로운 소리 내는, 붕붕 소리 내는
strĭga¹ -æ, f. 밭고랑(밭이랑), 홈,
(풀이나 밀단) 열 지어 놓은 것, 천막을 열 지어 친 곳.
strĭga² -æ, f. 마녀(魔女), 무당(巫堂)
strigtus, -a, -um, adj. 길게 고랑 친
strigĭla, -æ, f. 글겅이(말이나 소의 털을 빗기는 쇠로 된 빗 모양의 기구).
strigilécŭla, -æ, f. 작은 글겅이

strigilis, -is, f. (고대 희랍) 때를 미는 도구, 금속 말 빗,
긁는.깎는 기구, 글겅이. (醫) 주사 주입기(注入器)
strigméntum, -i, n.
깎아낸 부스러기, strigilis로 민 때(垢)나 털.
strīgo¹ -áre, intr. 쉬다(תחנ,תבשׁ,תבשׁ,חונ,ךתח),
중지하다(תבשׁ), 휴식하다, 한 숨 놓다.
strigo² -ónis, m. 여읜 사람
strigósus, -a, -um, adj. 마른, 쇠약한, 여읜, 파리한
strígŭla(=strígĭla) -æ, f. = strigilis 글겅이
stringo, strinxi, strictum, -ĕre, tr. 죄다, 졸라매다,
압축하다, 잡아매다, 결박하다, 긴축하다, 껴안다,
요약(要約)하다, 따다, 가지 치다, 깎다, 갈다, 스치다,
건드리다, 잡아당기다, (칼을) 뽑다, 무장(武裝)하다,
제동 걸다, 제어(制御)하다, 꼭 붙잡다, 마음을 조이다,
감동시키다, 손상(損傷)시키다, 단숨에 마시다.
fólia stricta ex arbóribus. 나무에서 딴 잎/
strictus ensis. 뽑아든 칼.
stringor, -óris, m. 침, 죔, 수축(收縮), 압축(壓縮), 졸라 맴
strinxi, "stringo"의 단순과거(pf.=perfectum)
strĭo, -ávi, -átum -áre, tr.
줄치다, 금 긋다, 홈파다, 도랑 치다.
Stripes e terra sucum trahunt. 뿌리가 땅에서 물을 빤다.
strĭtávus, -i, m. trítávus의 속어
strittabílla, -æ, f. V. **strictivíllæ**
strittivillæ -árum, f., pl. =stricttivíllæ =strictivellæ
strítto, -áre, intr. 살살 기다, 천천히 걷다
strix, strígis, f. (어린이의 피를 빨아먹는다는) 올빼미, 흡혈귀.
stróbĭla, -æ, f. (動) 조충연쇄, 횡분체(橫分體)
stróbĭlus, -i, m. 솔방울, 잣(pinus koraiensis. 잣나무)
stróma, -átis, n. (abl., pl. -mátibus, -mátis)
침대요, 이불, 화문석(花紋席), (醫) 기질(基質),
(pl.) 잡기록, 논총(論叢-논문을 모은 책), (植) 자좌(子坐)
Stromata. 양탄자(Στρωματεις)
(알렉산드리아의 클레멘스-150? ~215?년-의 저서).
Stromata patristica et medievalia*
중세 교부문학 선집(약:SPM)
stromátĕus, -ĕi, m. (gen., pl. -mátĕon)
논총(論叢-논문을 모은 책. 논문집), 문집(文集).
strombus, -i, m. 우렁이의 일종, 고동(卷貝)
stróngyla, -æ, f. 메달 따위에 새겨진 흉상(胸像)
stropha, -æ(=strophe -es) f. 구절, 시구, 노래의 절,
우회(迂廻), 위계(僞計), 전략(戰略), 꾀, 술책(術策).
strophiárĭus, -i, m. stróphium 제조인
strophĭcus, -a, -um, adj. 배앓이 환자(患者)
strophĭólum, -i, n. 작은 화관(花冠), 꽃 장식
stróphĭum, -i, n. 목도리, 코르셋(⑩ corset),
화관(花冠), 끈, 제관용 띠.
strophóma, -átis, n. (醫) 복통(腹痛), 배앓이(=strophus)
strophósus¹(=strofósus) -a, -um, adj. 교활한
strophósus² -a, -um, adj. 복통의, 배앓이 하는
stróphŭlus, -i, m. (醫) 유아 한진(汗疹)
strophus¹ -i, m. (醫) 복통(腹痛), 급성복통
strophus²-i, m. 에둘러 하는 말
stroppus(=struppus) -i, m. 붕대, 리본, 끈, 화관, 관
structe, adv. 치장하여, 가지런히
structílis, -e, adj. 건축의, 지은, 토목공사의,
structĭo, -ónis, f. 건축(建築), 토목공사(土木工事),
세움, 조립(組立), 기구(機具), 건물(建物).
structor, -óris, m. 건축가, 석공(石工-석수), 미장이,
연회 책임을 맡은 노예(奴隷), 지배인(支配人), 조정인.
structor capillaturæ. 이발사(tonstrinus, -i, m.)
structórĭus, -a, -um, adj. 건축의, 구조의
structum, "strŭo"의 목적분사(sup.=supínum)
structúra, -æ, f. 건축(建築), 건설, 부설(敷設-설치함)
가설(架設-건너질러 시설함), 구조(構造), 조직(組織),
제도(製圖), 건축술, 토목공사(土木工事), 건물(建物).
structura dynamica. 동적인 구조
structura functĭonalis. 기능적 구조(機能的 構造)

structura stata. 정적인 구조
structura theandrica. 신인적 구조
structuram ontologicam. 존재론적 구조(構造)
structus, -us, m. 축적(蓄積), 퇴적(堆積), 쌓음(積)
strŭes, -is,(=struix, -ĭcis,) f. 축적(蓄積-많이 모아서 쌓음),
　더미(많은 물건이 모여 쌓인 큰 덩어리), 퇴적(堆積), 저장(貯藏),
　(나무) 가리(땔나무.곡식 등을 쌓은 더미),
　제사에 사용되는 과자의 일종(손가락을 한데 뭉친 모양).
strūma, -æ, f. (醫) 갑상선종(甲狀腺腫-연주창連珠瘡).
　((植)) (이끼류의 꼬투리에 생기는) 유상돌기, 소엽절.
　(마음의) 상처, 치욕(恥辱)
strumélla, -æ, f. (醫) 선병질(腺病質), 연주창(連珠瘡)
struméntum, -i, n. = instruméntum
strumósĭtas, -átis, f. (醫) 선병질(腺病質), 기형(畸形)
strŭo, struxi, structum, -ĕre, tr. 배열하다(ロコ),
　정돈하다, 쌓다, 배치하다(ロコ), 건축하다, 세우다,
　건조(建造)하다, 짓다(コ자.コア), 쌓아올리다, 꾸미다,
　획책하다, 음모를 꾸미다, 기도(企圖)하다, 마련하다,
　(연회를) 준비하다, 글 짓다, 연설(演說)을 꾸미다,
　(입.귀) 닫다, (발걸음을) 옮기다, 교육(敎育)하다.
struppus,(=stroppus) -i. m.
　붕대, 리본(⑨ ribbon), 끈, 화관(花冠), 관(冠).
strút(h)ĭo, -ónis, m. (鳥) 타조(駝鳥).
　stómachus struthiónis 대식가(大食家)/
　Propterea habitabunt dracones cum thoibus, et habitabunt
　in ea struthiones. 그러므로 그곳에는 사막 짐승들이 늑대
　들과 더불어 살고 타조들도 살게 되리라(성경 예레 50. 39).
struth(i)ocamelínus, -a, -um, adj. 타조(駝鳥)의
struth(i)ocamélus, -i, f., m. (鳥) 타조(passer marinus)
strúthĭon, -i, n. (植) 거품장구재, 비누 풀
struxi, "strŭo"의 단순과거(pf.=perfectum)
strychnínum nítricum, n. 초산(硝酸) 스트리키니네
stíti, "sisto"의 단순과거(pf.=perfectum)
stuba, -æ, f. 방(私室), 거실(居室)
stuc = istuc
Studeat plus amari quam timeri.
　두려움을 받기보다는 사랑 받기를 힘써야 한다.
stúdĕo, -dui -ére, intr. 몰두하다, 골몰하다, 힘쓰다,
　노력하다, 열중하다, 전념(專念)하다, 뒤쫓아 다니다,
　공부하다, 교양을 쌓다, 배우다, 열망하다, 갈망하다,
　관심.취미.호의(好意)를 가지다, 요구하다.
　Ad studéndum. 공부하기 위하여/
　Ad studéndum veni. 공부하러 왔다/
　Hoc studeo, tibi placere.
　　내가 힘쓰는 바는 당신 마음에 드는 것이다/
　Hoc unum studeo. 나는 이 한 가지만 힘쓴다/
　In libris gentilium non studeant.
　　이방인들의 책들을 공부해서는 안 된다/
　in quam rem studéndum sit. 어떤 일에 전념할지/
　Juventus probitati, non divitiis studeat!.
　　젊은이들은 재산이 아니라 정직을 추구 할지라!/
　Nostra interest studere tenue.
　　열심히 노력하는 것은 우리한테 중요하다/
　unum, hoc unum studeo. 오로지 이 한가지만을 원한다.
studeo agricultúræ. 농사일에 전념(專念)하다
studeo alci. 아무에게 관심(關心)이 있다
studeo escis aliénis. 얻어먹으러 다니다
studeo in alqa re. 어떤 일에 열중(熱中)하다
studeo laudi, pecúniæ. 영광(돈)을 뒤쫓아 다니다
studíŏlum, -i, n. 작은 공부, 서재(書齋)
studiósus, -a, -um, adj. 골몰하는, 열중한, 전념하는,
　부지런한, 노력하는, 근면(勤勉)한, 근실한, 편드는,
　관심.취미.호의를 가지는, 학적인, 교양(敎養)있는,
　조예(造詣) 깊은. m. 정열가(情熱家), 애호가(愛好家).
　adv. studióse, 부지런히, 근실히, 힘써.
　Ecclesia philosophiæ studiosa 철학에 대한 교회의 관심.
stúdĭum, -i, n. 공부, 학문, 면학(勉學-학문에 힘씀), 연학,
　교양(敎養), 관심, 노력, 취미, 기호, 정열, 열정, 열망,

양식(樣式), 종류, 연구결과, 저작, 문학, 학업, 학원,
학문, 연구실, 연구직, 관심, 애착, 편향(偏向), 헌신.
At studium continuari debet.(⑨ The commitment must
continue) 우리는 계속 투신해야 합니다/
ad stúdium. 공부하기 위하여,
ad stúdium se applico. 공부에 전념하다/
bono studio. 좋은 연구 / cursus studiorum. 교과과정/
De studio fundamentalium virtutum.
　기초 덕목들의 연구에 대하여/
dedo se stúdio litterárum. 학문연구에 몰두하다/
do se stúdiis. 공부에 전념(專念)하다/
éfferor stúdio patres vestros vidéndi.
　너희 조상들을 보고 싶어 죽겠다/
Est studium alci c. 아무가 …할 열망에 불타 있다/
Ex studiis gaudium provenit. 노력에서 기쁨이 나온다/
flagránti stúdio. 불타는 열성으로/
immergo se stúdiis. 연구에 몰두하다/
impendo tempus studiis. 공부에 시간을 들이다/
In stúdiis tantos progréssus facere.
　연구에 있어서 이토록 크게 발전(진보)하였다/
in studio abunde promoveo. 공부에서 크게 진보하다/
maximus ardor et maximum studium.
　지극한 열의와 노력/
Me ad pristina stúdia revocávi.
　전날의 연구생활로 돌아갔다/
peregrinátĭo studiorum. 연학(중세철학, 제2호, p.217)/
　수학여행(성 염 옮김, 피코 델라 미란돌라, p.101)/
Plinius in itinere, quasi solutus ceteris curis, uni studio
vacabat. 플리니우스는 여행 중에, 다른 모든 근심걱정
　에서 놓여 난 것처럼, 한 가지 연구에만 몰두하였다/
Rátĭo studiórum. 학업지침, 학사 계획표/
Repetitĭo est mater studiorum. 반복은 학습의 어머니/
studia artium. 인문학원(人文學院)/
studia generalia. 종합학교(綜合學校)/
stúdia intermíssa revoco.
　중단했던 연구 활동을 다시 계속하다/
Studia latinitatis.
　라틴문학 고등연구원의 설립(1964.2.22. 자의교서)/
Studia litterarum adversis rebus refugium et solacium
præbent. 문학의 공부는 역경을 상대로
　도피와 위안을 제공한다/
studiis devinctus. 공부에 몰두하는/
Studio rerum rusticarum provectus sum.
　나는 시골생활에 애착을(취미를) 가지게 되었다/
studiórum causa. 공부하러(honoris causa. 명예 때문에)
　[causa는 원인 목적의 부사어(~ 때문에, ~목적으로)로도 사용된다]
Studiorum ducem. 연학의 으뜸/
Studiórum Ducem, (학문 연구의 선도자) 성 토마스
　아퀴나스의 시성 600주년 기념(교황 비오 11세 회칙 1923.6.29.)/
studiórum moderátor. 교무처장(⑨ director of studies)/
Trahor láudis stúdio. 나는 칭찬 받으려는 노력에(마음에)
　이끌린다.[일반적 수동형에서 능동주 부사어는 그것이 유생물인
　경우에는 a(ab)를 함께 脫격으로 쓰고, 무생물인 경우는 그냥 탈격으로
　쓴다. 이러한 부사어로서의 탈격을 능동주 탈격이라 한다.]
universitas studiórum. 학문의 보편성(普遍性)/
vítium, quod tu nimis magnum stúdium in rem non
necessáriam confers.
　네가 불필요한 일에 너무 큰 열성을 들이는 그 결점.
studium áliquid agéndi. 무엇을 하는 노력
studium curiæ romanæ. 로마 성청 학원(學院)
studium generale. 일반 학교, 일반 학원, 대학(중세),
　탐구 일반, 전반적 학원, 보편적 학원.
Studium juris longe præstantissimum est.
　법의 공부는 대단히 월등한 것이다.
studium legendi. 독서열(讀書熱. Legendi avídĭtas.)
studium litterarum. 학문 연구(學問 硏究)
studium lucri(⑨ Speculation). 투기(投機)
studium particulare. 특수학교
studium pónere in alqa re. …일에 골몰(汨沒)하다

studium quæstus. 이익을 얻으려는 노력

Studium Rotale. 사도좌 대법원 로마 로마나 부속 법학원.
[3년간의 과정으로 전 과정(수업, 시험, 과제물)이 라틴어로 진행된다. 이곳은 기본적으로 교회법학 박사학위 소지자만이 응시가 가능하다. 3년의 과정을 이수하면 최종시험(12시간을 거쳐 사도좌 대심원 및 로타 로마나의 변호사 자격이 부여된다. 이들은 교구장 주교의 통제 없이 자신의 변호업무를 수행할 특권이 있다.]

studium sapientiæ. 지혜의 연마(研磨), 지혜의 탐구
studium solemne. 장중한 학원(=大學)
studium theologicum. 신학원(神學院)
studium universale. 일반학교
studium Urbis. 로마 학원(學院)
studium vel amor sapientiæ. 지혜의 연구 또는 사랑
studium vitæ. 생활양식(modus vivendi.)
studórĭum, -i, n. 서재(書齋)
stúdui, "stúdĕo"의 단순과거(pf.=perfectum)
stultífíco, -áre, tr. (stultus+fácio) 바보스럽게 만들다
stultiloquéntia, -æ, f. (=stultilóquĭum, -i, n.)
   미련한 말, 허튼 소리.
stultilóquus, -a, -um, adj. (stultus+loquor)
   미련하게 말하는, 바보 소리하는, 허튼 소리하는.
stultissimus, -a, -um, adj. stultus, -a, -um의 최상급
Stultissimus omnium est, qui flevit, quod ante annos
mile non vixerat ; æque stultus est, qui flet, post
annos mille non vivet. 자기가 천 년 전에 살지 않았다고
운 사람이 있다면 모든 사람들 가운데 제일 어리석은
사람이다. 따라서 자기가 천 년 후에 살아있지 않으리라고
해서 우는 사람도 마찬가지로 어리석은 사람이다.
stultítia, -æ, (=stultíties, -éi) f.
   미련함, 우둔함, 부조리(不條理), 미친 소리(짓).
Est proprium stultitiæ aliorum vitia cernere, oblivisci
suorum.(Cicero). 남의 악덕은 유념하면서 자기 것은
   망각하는 것은 어리석음의 고질이다/
Me non solum piget stultitiæ meæ, sed etiam pudet.
   나의 어리석음은 내게 혐오스러울 뿐 아니라,
   나를 부끄럽게도 한다/
Me piget stultitiæ meæ. 나는 나의 어리석음에 짜증이 난다/
Non omnis error dicendus est stultitia.
   모든 오류(誤謬)를 다 어리석음이라고 해서는 안 된다/
O stultitïam singulárem!. 오, 기이한 어리석음이여!/
quanto tuos est animu' natu gravior, ignoscentior,
ut meæ stultitiæ in justitia tua sit aliquid præsidi.
   영감은 나이가 많아 심이 깊고 도량이 넓지 않수?
   내 어리석음일랑 영감의 의덕으로 뭐가 메워주구려.
   (성 영 지음. 사랑만이 진리를 깨닫게 한다. p.458)/
tanta est stultitiæ inconstantia.
   바보짓의 변덕은 이렇게 크다/
Tego summam prudéntiam simulatióne stultítiæ.
   자기의 지혜를 바보로 가장하여 숨기다.
stultítia Crucis. 십자가의 어리석음,
   Verbum enim crucis pereuntibus quidem stultitia est;
   his autem, qui salvi fiunt, id est nobis, virtus Dei est.
   (獨 The message of the cross is foolishness to those
   who are perishing, but to us who are being saved it
   is the power of God) 멸망할 자들에게는 십자가에 관한
   말씀이 어리석은 것이지만, 구원을 받을 우리에게는
   하느님의 힘입니다(성경 1고린 1. 18)/멸망할 사람들에게는
   십자가의 이치가 한낱 어리석은 생각에 불과하지만 구원
   받을 우리에게는 곧 하느님의 힘입니다(공동번역)/사실
   십자가의 말씀은 멸망할 자들에게는 어리석음이요 그러나
   구원받는 우리에게는 하느님의 능력입니다(200주년 신약).
Stultitia mater atque materies omnis perniciei.
(=Omnis perniciei stultitia est mater atque materies)
   어리석음은 모든 재앙의 어머니요 구실(원인)이다.
Stultitia est venatum ducere invitas canes.(Plautus).
   개들한테 억지로 사냥을 시키는 것은 어리석은 짓이다.
Stultítia excusatiónem non habet.
   미련함은 변명(辨明)의 여지가 없다.
Stultitia gaudium sensu carenti; et vir prudens
dirigit gressus suos. (avnoh,tou tri,boi evndeei/j frenw/n

avnh.r de. fro,nimoj kateuqu,nwn poreu,etai) (獨 Dem Toren ist
die Torheit eine Freude; aber ein verständiger Mann
bleibt auf dem rechten Wege) (영 Folly is joy to the
senseless man, but the man of understanding goes
the straight way) 지각없는 자는 미련함을 즐기지만
   슬기로운 사람은 똑바로 걸어간다(성경 잠언 15. 21)/
   속없는 자는 어리석은 일을 좋아하고 현명한 사람은
   제 길을 곧바로 걸어간다(공동번역 잠언 15. 21).
stultívídus, -a, -um, adj. (stultus+vídeo)
   착각(錯覺) 하는, 잘못 보는.
stultus, -a, -um, adj. (=stólidus) 바보스러운, 미련한,
   어리석은, 우둔한, 미친, 정신없는. m. 바보(영 fool).
   adv. stulte, 어리석게.
Animo imperabit sapiens stultus serviet.(Publius Syrus).
   현인은 감정을 다스리고, 어리석은 이는 감정을 따른다/
Cede coram viro stulto, quia nescies labia prudentiæ.
   (pa,nta evnanti,a avndri, a;froni o[pla de. aivsqh,sewj cei,lh
   sofa,) (獨 Geh weg von dem Toren, denn du lernst
   nichts von ihm) (영 To avoid the foolish man, take
   steps! But knowing lips one meets with by surprise)
   우둔한 사람 앞에서 떠나가라. 거기에서는 지식의
   말을 배우지 못한다(성경 잠언 14. 7)/미련한 자 앞에서
   떠나라. 거기에서는 지식을 배우지 못한다(공동번역)/
De stultissimo mendacio paganorum, quo christianam
religionem non ultra trecentos sexaginta quinque
annos mansuram esse finxerunt. 그리스도교는 365년
   이상 존속하지 못하리라고 꾸며댄 외교인들의
   어리석기 짝이 없는 거짓말.(교부문헌 총서 17. 신국론, p.2814)/
Dum vitant, stulti vitia in contraria currunt.
   어리석은 자들은 (악덕을) 피하면서 정반대의 (악덕으로)
   치닫는다.[문장 정리: Dum vitant (vitia), stulti vitia in contraria (vitia)
   currunt. 성 염 지음. 고전 라틴어, p.93]/
Experientia est magistra stultorum.
   경험은 어리석은 자들의 선생이다/
Experientia stultos docet.
   경험은 어리석은 자들을 가르친다/
Infinitus est numerus stultorum.
   바보들의 숫자는 무한하다/
labia stulti miscent se rixis.
   어리석은 자의 입술은 논쟁에 개입한다(잠언)/
numerus stultorum infinitas. 수없이 많은 어리석은 자들/
Præcentor stultorum. 바보들의 대장(성탄 전야 놀이마당 사회자)/
quod justum est petito vel quod videatur honestum
nam stultum petere est quod possit jure negari.
   정당한 것을 법원에 소청하고 정직하다고 보이는 바를
   소청하라. 법에 의해서 기각 당할 것을 소청하는 것은
   어리석은 짓이다(성 염 지음. 사랑만이 진리를 깨닫게 한다, p.456)/
Stulti putant, se omnia scire. 미련한 자들은 저희들이
   모든 것을 다 알고 있는 줄로 생각 한다/
Stulti timent fortunam, sapientes ferunt.
   어리석은 이들은 운명을 두려워하나
   지혜로운 이들은 운명을 가지고 다닌다/
stúltior stultíssimo. 통바보/
stultum est. 미련한 짓이다, 어리석은 일이다/
Stultum facit fortuna quem vult perdere.(Publilius Syrus).
   행운은 누구를 파멸시키기 바라면,
   그 자를 행운으로 어리석게 만든다/
Via stulti recta in oculis ejus; qui autem sapiens est
audit consilia. 미련한 자는 제 길이 바르다고 여기지만,
   지혜로운 이는 충고에 귀를 기울인다/
Vir, si invitus errat, non est stultus sed infortunatus.
   사람이 만일 (강요에 의해) 억지로 잘못을 저지른다면
   어리석다기보다는 불운하다.
stultus dies. 망쳐버린 날
stultus gloria. 허영(虛榮,gloria inanis)
Stultus homo iungit manus, cum spoponderit pro
amico suo. (avnh.r a;frwn evpikrotei/ kai. evpicai,rei e`autw/|
w`j kai. o` evgguw,menoj evggu,h| to.n e`autou/ fi,lon) (獨 Ein Tor

ist, wer in die Hand gelobt und Bürge wird für seinen Nächsten) (⑨ Senseless is the man who gives his hand in pledge, who becomes surety for his neighbor) 담보를 서 주는 자, 이웃의 보증을 서는
자는 지각없는 사람이다(성경 잠언 17, 18)/
지각없는 사람이 남의 보증을 선다(공동번역).

Stultus quidlibet dicit.
어리석은 자는 무엇이든지 다 말해버린다.

stup… V. = **stupp**…

stupefácĭo, -féci, -fáctum, -ĕre, tr.
(stúpeo+fácio) 놀라게 하다, 마비(麻痺)시키다.

stupefío, -fáctus sum, -fíĕri, pass. 놀라다.
p.p. **stupefáctus**, -a, -um, 놀란, 어리벙벙해진, 마비된.

stupéndus, -a, -um, adj.
놀라운, 기막힌, 경탄(驚歎)할, 경이로운.
Mira res valde et vehementer stupenda.
너무나 기묘하고 매우 놀라운 일입니다/
Stupenda patrávit Deus.
놀라운 일들을 하느님께서 이루시었다.

stupens, -éntis, p.prœs., a.p.
몹시 놀란, 넋을 잃은, 마비된, 놀라운.

stúpĕo, -pŭi -ére, intr. 놀라다(תמה,בהל), 경탄하다,
황홀해하다, 넋을 잃다, 감각을 잃다, 마비(麻痺) 되다,
몸이 굳어지다, 지치다, 발이 묶이다, 사로잡히다,
빠져들다, 마음을 빼앗기다.
gáudio stupeo. 즐거움에 넋을 잃다.
tr. 놀라운 눈으로 보다, 눈을 크게 뜨다.
stupeo donum. 선물을 놀라운 눈으로 보다

stupésco, -ére, inch., intr.
마비되다, 놀라다(בהל,תמה), 놀라게 되다.

stúpeus, -a, -um, adj. = **stúppeus** 삼(麻)의

stupídĭtas, -átis, f. 미련함, 우둔(愚鈍), 우둔함,
우매(愚昧-어리석고 사리에 어두움), 정신 빠짐, 인사불성.

stúpĭdo, -áre, tr. 마비시키다(חקר), 둔하게 만들다,

stúpĭdus, -a, -um, adj. 정신 빠진, 우둔한, 혼미한,
마취된, 미련한, 세련(洗練)되지 않은, 조잡(粗雜)한.

stŭpor, -óris, m. 놀람, 경탄(驚歎), 미련, 혼미(昏迷),
인사불성(人事不省), 마비(麻痺), 우둔(愚鈍).
Stupor omnes defíxit.
모두들 놀라움에 사로잡혀 꼼짝 못하였다.

stuporátus, -a, -um, adj. 놀라운 눈으로 보는, 몹시 놀란

stŭp(p)a, -æ, f. 삼(麻) 부스러기

stup(p)árĭus, -a, -um, adj. 삼을 두드리는데 쓰이는

stúppĕus, -a, -um, adj. = **stúpeus** 삼(麻)의

stuprátor, -óris, m. 부패시키는 자, 유혹자(誘惑者)

stupre, adv. 수치스럽게

stŭpro, -ávi, -átum -áre, tr. 더럽히다(חלל)
모독(冒瀆)하다(חלל), 명예(名譽)를 더럽히다.

stuprósus, -a, -um, adj. 음탕한 생활에 젖은

stuprum, -i, n. 치욕(恥辱), 불명예(不名譽), 능욕(凌辱),
강간(强姦-강제적 성폭행), 음란죄(淫亂罪), 창녀 생활.
De Lucretia, quæ se ob illatum sibi stuprum peremit. 자신에게 자행된 추행 때문에 자결한 루크레티아(교부문헌 총서 17. 신국론. p.2744).

stupui, "stúpeo"의 단순과거(pf.=perfectum)

stúrĭo, -ónis, m. (魚) 철갑상어

sturnínus, -a, -um, adj. 찌르레기의 색깔을 한

sturnus, -i, m. (鳥) 찌르레기(찌르레깃과의 새. 익죠鳥류鳥어다)

Stýgĭus, -a, -um, adj. Styx의, 황천의,
황천에 있는 강의, 치명적(致命的)인, 죽음의, 불길한.

stylóbăta(=stylobates) -æ, m. (建) 대좌(臺座)
(建) 기단(基壇-건축물이나 비석 따위의 기초가 되는 단).

stylóĭde, -a, -um, adj. (解) 첨필 모양의, 경상(莖狀)의

stylopódĭum, -i, n. (植) 화주화반(花柱花盤)

stylus, -i, m. = stilus
[영어 style은 사람이나 조직의 특징을 뜻한다. 라틴어로 글씨 쓰는 펜인 stylus 에서 나온 단어로 원래 뜻은 글씨체였다. 사람마다 글씨체가 모두 다르다는 데서 점차 그 사람의 특징을 드러내는 의상·말투·행동양식 등으로 의미가 넓어졌다. 펜처럼 삐죽한 뒷굽이 달린 하이힐, 즉 '킬 힐'을 뜻하는 stiletto, 태블릿 등

전자 기기용 펜인 stylus와 같은 어원이다.
로마 시대에는 종이를 이집트에서 수입해서 썼다. 학생들은 조그마한 나무판에 왁스를 녹여 퍼 바르고 손 가락 대신 얇게 들고 다니며 이것을 공책 대신 썼다. 송곳으로 왁스 판을 긁어서 글씨를 쓴 뒤, 다시 촛불로 왁스를 녹이면 글자가 지워져 새것처럼 쓸 수 있었다. 로마인들은 이 송곳을 조그마한 stick, 즉 막대기라고 하여 stylus라 불렀다. 이것이 점차 stylus로 쓴 글씨로 의미가 발전했다.
로마 시대에는 이메일이나 전화기가 없어 편지로 소식을 주고받았다. 아는 사람을 사칭한 편지 때문에 사기 당하기 쉬웠는데 이를 막을 방법을 찾다가 사람마다 글씨체가 다르다는 사실을 알아내고, 사업 파트너들 stylus(글씨체)를 미리 익혀 놓았다가 편지가 오면 비교해 보고 진위를 가렸다. 이렇게 사용하던 style은 영어로 들어간 후 어떤 사람의 말투·옷차림 등 그 사람만의 고유한 특징이라는 뜻으로 의미가 발전했다. 로마인들은 학생들이 노트로 쓰던 왁스판을 '태블릿'이라고 불렀다. 지금 태블릿에 글씨를 쓰는 펜이 영어로 stylus인데, 2000년 전이나 지금이나 사람들은 태블릿으로 스타일러스로 글을 쓰고 있다.
조선일보 2013.12.7일자, 인문학으로 배우는 비즈니스 영어 Style 조승연].

Stylus virum arguit. 문체는 그 사람을 보여준다.

stymma, -ătis, f. 수렴제(收斂劑)

stypsis, -is, f. 떫은 맛, 매운 맛, 신 맛

styptérĭa(=styptíria) -æ, f. (化) 명반(明礬.백반)

stýptĭcum, -i, n. (醫) 지혈제(止血劑), 수렴제(아스트린젠트)

styrax, -ăcis, m. (植) 때죽나무과의 식물,
소합향(蘇合香) 나무, 소합향[그 나무에서 나는 꿀 같은 수지].

Styrax offcinalis. 때죽나무(storax, -ăcis, m.)

Styx, -ygis(-ygos) f. (acc.-gem, -ga) [sg. 주격. Styx.
속격. Stygis(Stygos). 여격. Stygi. 대격. Stygem. 탈격. Styge. 호격. Styx].
1. Arcádia의 강[물이 너무 차가워 치명적이었다]. 2. 황천, 지하세계의 강 또는 못(池), 지옥, 죽음, 독약(毒藥)

Sua capita pro salute patriæ voverunt.
그들은 자기 목숨을 조국을 위해 바치기로 맹세하였다.

sua cuique parti ætatis tempestívitas est data.
일생은 각 시기마다 적시(適時)가 있다.

Sua enim e natura postulat ut omnibus dividatur.
(⑨ By its very nature it demands to be shared with all)
그 (사랑은) 본성상 모든 이와 나누어야 합니다.

Suā intérerat, recte fácere.
바르게 행하는 것은 자기에게 관계되는 것이었다.

sua natura. 자기 본성(本性)

Sua Reverentĭa. 신부님(직접 호칭으로서의 신부님)

Sua sanctĭtas. 교황 성하(敎皇聖下).
Sanctitas Tua(Vestra). 주교님.

sua sufficientĭa. 자기 충족(自己充足)

Suada, -æ, f. 설복(說伏)의 여신(女神)

suadéla, -æ, f. 권유(勸誘-권고), 설득(說得), 격려(激勵),
웅변(雄辯), Suadela 웅변의 여신(女神).

suadénter, adv. 설복적으로, 설득력 있게, 웅변으로.

suádĕo, suási, suásum, -ére,
intr. (누구에게) 충고(忠告)하다, 설득(說得)하다.
tr. (무엇을) 권고하다(παρακαλεω), 권유(勸誘)하다,
추천(推薦)하다, 제안(提案)하다, 지지(支持)하다.
Adherbali suadent ut se Iugurthæ tradat.[역사적 현재]
그들은 유구르타에게 일신을 맡기라고 아드헤르발을 설득한다.[Adherbal: Numidia의 왕(118~113 B.C.). 사촌 Iugurtha에게 넘어가 피살당함. Iugurtha: Numidia의 왕(113~104). 로마와 전쟁을 일으켰다가 (Bellum Iugurthinum) 패하여(104년) 사로잡혔고 개선행진에 끌려갔으며 로마의 감옥에서 죽음. 성 염 지음. 고전 라틴어. p.395/
Fides suadenda, non imponenda.
신앙은 설득되어야지 강제적으로 부담 지워서는 안 된다.

suadíbĭlis, -e, adj. 권고할 만한, 온순한, 권고하는

suádus, -a, -um, adj. 권하는, 권유하는, 암시하는

suæ creationis initium. 자기 창조의 시원(始原)

sualitérnĭcum, -i, n. 붉은 호박(琥珀)

Suam cuíque sponsam, mihi meam.
각자 자기 구미대로[격언].

suam doctrinam de societate docere.
사회에 관한 자기 교리를 가르친다.

Suam quisque rem familiarem curet.
각자가 자기 집안일을 보살피도록 하라.

suámet, (suus+met) 바로 자기 V. -met

suápte, adv. V. -pte

Suapte enim natura liturgia suam habet pædagogicam efficacitatem, fideles inducendo ad mysterii celebrati cognitionem. 본성상 전례는 신자들이 거행되는 신비로 더 깊이 들어갈 수 있도록 돕는 교육적 효과를 발휘합니다.

suapte manu. 직접(바로) 자기 손으로
suárĭa, -æ, f. 돼지장사
suárĭus, -a, -um, adj. 돼지의.
　　m. 돼지 치는 사람, 돼지 장사. n. 돼지우리.
suasi, "suádĕo"의 단순과거(pf.=perfectum)
suásim, adv. 권유하여, 납득(納得)시켜서
suásĭo, -ónis, f. 권고, 권유(勸諭), 충고(고치도록 타이름),
　　입법안(立法案)에 대한 찬성 토론.
suásor, -óris, m. 설복자(說服者), 권유하는 사람,
　　권고자, 고문(顧問), 입법안 지지자, 옹호자(擁護者).
　　Clama contra tales suasores. 꼬드기는 사람들을 거슬러
　　외치십시오.(최익철 신부 옮김. 요한 서간 강해. p.449)/
　　Ego semper fit suasor armorum non deponendorum,
　　sed abiciendorum.(동명사문). 나는 무기를 놓아야 한다는
　　것이 아니고 버려야 한다고 늘 주장하는 사람이었다.
suasórĭa, -æ, f. 격려연설(激勵演說)
suasórĭus, -a, -um, adj. 납득시키는, 권유하는, 충고의.
　　adv. suasórĭ, 충고로, 권고조로.
suāsum, "suádĕo"의 목적분사(sup.=supínum)
suásum, -i, n. 갈색반점, 밤색(栗色)
suásus, -us, m. 권고, 충고(忠告-고치도록 타이름)
suátim¹ adv. 돼지모양으로
suátim² adv. 제 멋(모양) 대로, 제 생긴(성격) 대로.
suáve, adv. 맛있게, 달게, 감심(甘心)으로, 멋있게
suavéŏlens, -éntis, adj.
　　유쾌한, 향내 나는, 맛있는, 좋은 냄새나는.
suaveoléntĭa, -æ, f. 향기(香氣)
suaviátĭo, -ónis, f. 입맞춤, 키스, 뽀뽀('입맞춤'의 어린이 말)
suavídĭcus, -a, -um, adj. (suávis+dico²)
　　감언이설(甘言利說) 하는, 유쾌(달콤)하게 말하는,
　　듣기 좋은 소리하는, 부드럽게 말하는.
suavídus, -a, -um, adj. 맛이 상쾌한
suavífĭco, -átus -áre, tr. (suávis+fácio)
　　단맛 나게 하다, 유쾌(愉快)하게 하다.
suavifragrántĭa, -æ, f. (suávis+fragrántia) 유쾌한 香氣
suavíllum, -i, n. 정과(正果-여러 가지 과일이나 새앙·연근·인삼
　　따위를 꿀이나 설탕물에 조리어 만든 음식. 전과煎果).
suavílŏquens, -éntis, (=suavílŏquus, -a, -um) adj.
　　(suávis+loquor) 달콤하게 말하는, 부드럽게 말하는,
　　감언이설(甘言利說) 하는.
suaviloquéntĭa, -æ, f. (=suavilóquĭum, -i, n.)
　　부드러운 말, 감언이설(甘言利說).
suavilúdĭus, -i, m. (suávis+ludus) 구경 좋아하는 사람
s(u)avíŏlum, -i, n. 가벼운 키스
s(u)ávĭor, -átus sum -ári, dep., tr. (=sávior)
　　포옹하다, 키스하다, 입 맞추다.
suavior, -or -us, adj. suávis, -e의 비교급
suávis, -e, adj. (abl. suávi 또는 suáve) 사랑스러운,
　　단(甘-달은), 맛있는, 부드러운, 순한, 유쾌한, 상냥한.
　　suáve est+inf. …하는 것은 환영할 일이다.
　　adv. suávĭter, 맛있게, 달게, 유쾌하게, 부드럽게.
　　Gustate et vidrte quoniam suavis est Dominus.
　　보고 맛 들여라 무릇 주님이 얼마나 좋으신지를/
　　Quod suave est allis, aliis est amarum.
　　어떤 이들에게 유쾌한 것이 어떤 이들에게는 쓰라리다.
suavis amicitia. 감미로운 우애,
　　sed tua me virtus tamen et sperata voluptas suavis
　　amicitiæ quemuis efferre laborem suadet…
　　그대 얼이여, 내 기약하는 감미로운 우정의 기쁨이
　　운명의 가혹한 시련을 무엇이든 견뎌내라 날 타이르네…
　　(성 염 지음, 사랑만이 진리를 깨닫게 한다, p.431).
suavis homo. 상냥한 사람
suavísátor, -óris, m. (suávis+sator)
　　맛있는 음식을 준비하는 자.
suavisaviátĭo, -ónis, f. (suávis+suaviátio)
　　달콤한 입맞춤, 포옹(抱擁-사람을 또는 사람끼리 품에 껴안음).
suavísŏnus, -a, -um, adj. (suávis+sono)
　　아름다운(부드러운) 소리 내는, 화음을 내는.

suavissimus, -a, -um, adj. suávis, -e의 최상급
suávĭtas, -átis, (suavitúdo, -dĭnis) f. 단 맛, 감미,
　　향기(香氣), 유쾌함, 쾌감(快感), 부드러움, 매력(魅力),
　　고상함, 인자함, 너그러움(⑨ Gentleness.어짊).
　　delectátĭo suavitátis. 감미로운 즐거움.
suávĭtas spiritualis. 영적인 감미로움
suávĭter, 맛있게, 달게, 유쾌하게, 부드럽게
Suaviter in modo fortiter in re.
　　태도는 부드럽게 행동은 꿋꿋하게.
suavitúdo, -dĭnis, f. = suávĭtas, -átis, f.
s(u)ávĭum, -i, n. 키스, 포옹, 입술, 입맞춤, 사랑
sub¹ prœp. 아래, 밑에, 속에, 안에, 가까이, 곁에(서),
　　인접(隣接)하여, 깊숙이에, 쪽에, 편에, 가까운 거리에,
　　바로 뒤에(후에), 곧 돌아서서, 곧 뒤따라서, 때에, 즈음에,
　　동안에, 지배하에, 치하(治下)에, 관할 하에, 종속되어,
　　수하에, 문하에, …작용 하에, 영향을 받아, 상황 속에서,
　　때문에, 조건 하에, …이름으로, 구실로,
　　(quo? 어디로?의 대답) …로, 밑으로, 속으로, …향하여,
　　(정지·존재를 표시하는 동사와) …에, 쪽(위치)으로,
　　(시간 때에, 가까이, 좀 전에, 즈음에, 하자마자, 한 후 곧,
　　(환경) …상황 속에(으로) 밑에(으로) 휘하에, 지배하에.
　　exhaláre sub vúlnĕre vita. 상처(傷處) 때문에 죽다/
　　hostem médiam feríre sub alvum.
　　　적을 복부(腹部) 한가운데 쳐서 쓰러트리다/
　　manum sub vestiménta deférre. 손을 옷에 들여 밀다/
　　primis sub annis. 어릴 때에/
　　uno sub témpore. 일시에, 동시에.
sub annulo nostro secreto. 비밀 밀봉
sub aspéctum cádere. 시야에 들어오다
sub axe. 노천에서, 한데에서
sub conditióne. 조건 하에, 조건부로
sub corona venire. 노예(奴隸)로 팔리다
sub dies festos. 축제(祝祭)가 가까워지자
sub divo. 노천에서, 밖에서(집안에서와 반대)
sub ea conditióne ut…, …하는 조건 하에
sub eas lítteras. 이 편지 직후에
sub esse Romano Pontifici omni humanæ creaturæ.
　　모든 인간제도는 로마 교황에게 종속되어야 함.
sub exceptióne si …을 제외(除外)하고
sub exémplo. 예(例)로
sub furcam ire. 교수형틀에 들어가다
sub galli cantum. 닭이 울 무렵에
sub gravi. 엄격히
sub hasta vendere. (채무자, 범법자를 노예로) 공매 처분하다.
sub hoc metu. 이 협박으로
sub hoc verbo. 이 말 이면에는
Sub imperío uxorío esse. 엄처시하(嚴妻侍下)에 있다
sub impérium dicionémque cádere.
　　…의 휘하에 들어가다.
sub ipsa profectióne. 출발할 그때에
sub Jove. 야외에(서)
Sub judicium sapiéntis cádere. 현자의 의견에 따르다
sub jugum míttere. 굴종(예속)시키다, 멍에를 메우다,
　　지배하에 두다, 치욕적으로 굴복시키다.
sub luce. 해 뜰 때에
sub lucem. 새벽녘에, 날이 샐 무렵에
sub manu alcjs esse. 아무의 수하에 있다
sub monte. 산 바로 밑에, 산 밑에
sub montem. 산 밑으로, 산 아래로
Sub montem specus patebat. 산 밑에 동굴이 열려 있었다.
sub montem succédere. 산 쪽으로 전진하다
sub noctem. 밤중에, 거의 밤중이 되려 할 때에
sub nomine. 명목 하에
sub nomine meo. 내 이름으로
Sub nomine pácĭs bellum latet.
　　평화의 미명 아래 전쟁이 은폐(隱蔽)된다.
sub óculis alcjs. 누구의 눈앞에(서)
sub péctore. 가슴 속에(깊이)

sub pedibus ponere. 무시(無視)하다
sub péllibus hiemáre. 천막 속에서 월동하다
sub pœna mortis. 사형 받을 각오로, 위협을 받고
sub potestátem redígere. 굴복시키다, 예속시키다
sub quantitate. 양(量) 아래에 있는 질료
　(조지 그라시아 지음, 이재룡 이재경 옮김, 스콜라 철학에서의 개체화, p.774).
sub ratióne Dei. 신과의 관련 속에서
sub ratione entis. 존재의 관점 아래
sub rege. 왕 치하에
sub Regula vel abbate. 규칙과 아빠스 밑에서
sub respectu philosophico. 철학적 견지(見地)에서
sub rosa. 남몰래(inter nos.)
sub sensum cádere. 감지되다
sub sinistra. 좌측에
sub sole. 태양 아래서(즉 대낮에)
sub somno. 잠자는 동안에
Sub specie æternitatis. 영원의 모습 아래
sub specie tutelæ. 보호한다는 구실로
sub terra. 땅 속에, 지하에
Sub terra lápides exímere. 땅 속에서 돌을 골라내다
Sub terra vivi demissi sunt.
　그들은 산채로 땅 속에 던져졌다.
sub título(spécie, obténtu) …의 구실로, 명목으로
sub tuum advéntum. 네가 도착하자마자
Sub tuum præsidium. (3세기 것으로 추정되는 이집트의 파피루스에
　그리스어로 새겨져 있음) 마리아께 바치는 기도문,
　성모께 보호하심을 구하는 경(천주 성교 공과),
　당신의 보호 아래(플랑드르 출신의 Obrecht, Jacob 신부 지음, 4성부 미사곡),
　천주의 성모여, 당신의 보호에 우리를 맡기오니.
　Sub túum præsídium confúgimus, sancta Dei Génitrix;
　nostras deprecatiónes ne despícias in necessitátibus,
　sed a perículis cunctis líbera nos semper,
　Virgo gloriósa et benedícta.

　WE fly to thy patronage, O holy Mother of God:
　despise not our petitions in our necessities,
　but deliver us always from all dangers,
　O glorious and blessed Virgin. Amen.
　천주의 성모여, 당신의 보호에 우리를 맡기오니
　어려울 때에 우리의 간절한 기도를 외면하지 마시고,
　항상 모든 위험에서 우리를 구하소서. 영화롭고 복되신 동정녀시여.
　[가장 많이 노래된 마리아의 찬송가 중의 하나이다. 3세기까지 소급되며 천주의
　모친 곧 Dei Genetrix라는 개념 사용이 주목할 만하다. 이 용어는 에페소 공의회
　(431년)에서 인정됐다. 교황 바오로 6세는 이 찬송가가 오래된 것이어서
　공경할만하고 또한 그 내용으로 보아서도 대단히 중요한 것이라고 언급하였다.
　　　　　　　　　　　　　　황치헌 신부 지음, 미사통상문을 위한 라틴어, p447].

Sub una specie. 단형(單形) 영성체
Sub uno canone duas missas celebrare.
　한 번의 성찬례에 두 벌 짜리 미사 거행.
sub uno tempore. 일시에
sub urbe. 도시 가까이에
sub utroque Phœbo. 동쪽과 서쪽에
Sub utroque specie. 양형(兩形) 영성체
sub vallo tendere. 성 밑에 천막을 치다
sub vesperum. 해질 무렵에
sub voce præcónis. 선구자의 말을 듣고
sub-² (동작을 뜻하는 동사와 합성하여)
　조금, 아래, 밑에서 위로의 뜻을 가진 접두사,
　súbeo, succédo etc.
subabsúrdus, -a, -um, adj. 허망한, 불합리한,
　가소로운, 우스운, 엉뚱한.
　adv. subabsurde, 무리하게, 이치에 어긋나게.
subaccúso, -áre, tr. 고발(告發)하다, 욕하다(꾸짖)
subácer, -acris -acre, adj. 쓸쓸한, 조금 쓴(苦)
subácĭdus, -a, -um, adj. 시큼한, 조금 신(辛)
subactárĭus, -a, -um, adj. 부드럽게 하는, 무두질하는
subáctĭo, -ónis, f. 짓이김, 짓이김, 반죽(가루를 물을 부어 이기는 일),
　두들김, 부숨(subactus, -us, m.), 정신단련(精神鍛鍊),
　무두질(무둣대로 날가죽의 지방 등을 흘어 내어 가죽을 부드럽게 다루는 일),
　교양, 도야(陶冶-몸과 마음을 닦음), 준비, 훈련, 완성.
subáctor, -óris, m. 방탕자, 유린자(蹂躪者), 폭행자
sŭbactum, "súbĭgo"의 목적분사(sup.=supínum)

subáctus, -us, m. 반죽함, 부숨(subactĭo, -ónis, f.)
subádjŭva, -æ, m. 보좌관(補佐官), 조수(助手)
subadmirátĭo, -ónis, f. 적이 놀람
subadmóvĕo, -ére, tr. 가만히 가까이 오게 하다
subadrogánter, = subarrogánter, adv. 약간 교만하게
subadséntiens = subasséntiens, adj.
　얼마간 동의(同意)하는, …와 합치되는.
subadúno, -áre, tr. 비밀히 모으다
subæd(i)ánus, -a, -um, adj. (sub+ædes)
　대리석 일하는, 집안 장식하는.
subæmulátĭo, -ónis, f. (sub+æmulor) 은밀한 경쟁
subæmŭlor, -ári, dep., intr. 은밀히 경쟁하다
subærátus, -a, -um, adj. (sub+æs) 내부가 동으로 된
subagréstis, -e, adj. 좀 무례한, 좀 예모 없는
subaláris, -e, adj. 날개 밑에 있는, 겨드랑이 밑에 있는.
　n. subalare, -is, n. 멜빵(짐을 걸어 어깨에 둘러매는 끈).
　f., pl. subaláres, -ĭum, 날개 밑에 있는 깃털.
subalaris telum. 비수(匕首-sica, -æ, f.)
subálbens, -éntis, (=subálbĭcans, -ántis) adj.
　백색을 띤, 약간 흰, 허여스름한.
subálbĭdus, -a, -um, adj. 백색을 띤, 약간 흰
subálbus(subálbŭlus) -a, -um, adj. 흰색 깔린
suballigatúra, -æ, f. 부적(附籍-호적)
subalternátĭo, -ónis, f. 대소대당(大小對當), 종속됨
subaltérns, -a, -um, adj. 종속의, 아래의, 대소대당의
subamárus, -a, -um, adj. 조금 쓴(苦), 쓸쓸한.
　adv. subamáare, subamárum, 좀 아프게, 쓰게.
subambígŭe, adv. 약간 애매하게
subapérĭo, -íre, tr. 아래를 열다, 쪼개다
subapostolicus, -i, m. 사도 시대 직후(75~150년경)
subaquánĕus, -a, -um, adj. (sub+aqua)
　수중에 있는, 물속에 사는.
subaquilínus, -a, -um, adj. (독수리 주둥이 같이) 꼬부라진
subáquŭlus, -a, -um, adj.
　독수리 색의, 옅은 갈색의, 밤색의.
subarátor, -óris, m. 땅속을 파는 자
subarésco, -ĕre, intr. 좀 마르다(枯)
subargútŭlus, -a, -um, adj.
　꽤 예리한, 꽤 재치 있는, 제법 세련된.
subarmális, -e, adj. (sub+armus) 어깨 위에 걸치는,
　팔 밑에 지니고 다니는. m. vestis = túnica
súbăro, -áre, tr. (sub+aro) 밑을 파다, 뒤지다
subárro, -átum -áre, tr. (sub+arra)
　저당 잡히다, 채무를 지다.
subárrogans, -ántis, adj. 약간 교만한
subarroganter, adv. =subadrogánter, 약간 교만하게
subartorĭum. 증기탕(蒸氣湯)(한국가톨릭대사전. p.2429)
subásper, -pĕra -pĕrum, adj. 까실까실한, 좀 거친
subasséntiens, =éntis = subadséntiens, adj.
　얼마간 동의(同意)하는, …와 합치되는.
subásso, -átum, -áre, tr. 살짝 굽다(燒)
subátĭo, -ónis, f. 암퇘지의 발정, 암내(겨드랑이에서 나는 악취).
subáudĭo, -íre, tr.
　조금 듣다, …의 뜻을 내포하다, 함축(含蓄)하다.
subaudítĭo, -ónis, f. 내포(內包), 생략(省略), 함축(含蓄)
subaúro, -áre, tr. 가볍게 도금하다
subauscúlto, -ávi, -átum -áre, tr. 몰래 듣다, 엿듣다
subaustérus, -a, -um, adj. 약간 거친, 좀 엄한
subbájŭlo, -áre, tr. 저 올리다, 치켜 올리다
subbálbe, adv. (말을) 좀 더듬으며
subbasilicánus, -i, m. (sub+basílica)
　신전에서 서성이는 자, 한가로운 자, 할 일 없는 자.
súbbĭbo, -bĭbi -ĕre, tr. (sub+bibo¹) 조금 마시다
subblándĭor, -íri, dep., intr.
　약간 아첨(阿諂)하다, 쓰다듬다, 조금 애무(愛撫)하다.
subbráchĭa, -órum, n., pl. 겨드랑이
súbbrĕvis, -e, adj. 좀 짧은
subbúllĭo, -íre, intr. 약간 끓다(沸)

subc… = succ…

subcæléstis, -e, adj. 하늘아래 있는

subcærúlěus, -a, -um, adj. 푸르스름한

subcándǐdus, -a, -um, adj. 흰, 희끄무레한

subcáute, adv. 조금 주의해서

súbcávus, -a, -um, adj. 좀 오목한, 지하의

subcéno, -áre, tr. (sub+ceno) 밑으로부터 먹기 시작하다

subcenturǐo classiárǐus. 해군 소위(海軍少尉)

subcenturǐo major. 부백부장

subcérno(succérno) -crévi, -crétum, -ěre, tr. 체질하다, 흔들다.

Subcinctorium, -i, n. V. Succinctórǐum

subcineríсǐus, -a, -um, adj. (sub+cinis) 잿불에 구운

subcinerízo, -áre, tr. 잿불에 굽다

subcisívus, -a, -um, adj. = subsicívus

subclamo(=succlámo) -ávi, -atum -áre, intr. 소리 지르다

subcláusus, -a, -um, adj. 반쯤 닫힌

subclino(=succlino) -áre, intr. 약간 기울다(구부리다)

subcœn… = subcæn… = subcen…

subcolorátus, -a, -um, adj. 빛이 좀 흐린, 약간 색칠한

subcommúnis, -e, adj. 양성(兩性)의, 통성(通性)의

subconnúměro, -áre, tr. 함께 계산하다

subcontinuátǐo, -ónis, f. 즉시 계속함

subcontrárǐus, -a, -um, adj. 소반대의, 소반대적(小反對的)

subcontumelǐóse, adv. 조금 모욕적으로

súbcǒquo, -ěre, tr. 약한 불에 굽다

subcoriátǐo, -ónis, f. 피하수술(皮下手術)

subcorniculárǐus, -i, m. corniculárǐus의 보좌관

subcórtex, -tǐcis, m., f. (植) 백목질(白木質)

subcrássǔlus, -a, -um, adj. 조금 살찐

súbcrěpo, -áre, intr. 밑에서 와지끈 소리 나다

subcrétus, -a, -um, p.p. 체질한

subcríspus, -a, -um, adj. (sub+crispus¹) 곱슬곱슬한, 둘둘 말린.

subcrócěus, -a, -um, adj. 사프란꽃 빛깔을 띤, 선황색의

subcrúdus, -a, -um, adj. 반쯤 익은, 설익은

subcruéntus, -a, -um, adj. 혈색의, 피 섞인

subcúltro, -áre, tr. 칼로 베다(기기)

subcúmbus(=succúmbus) -i, m. 전답의 경계

subcúněo, (-ávi), -átum, -áre, tr. 쐐기를 박아 고정시키다

subcurátǐo, -ónis, f. 내부요법(內部療法)

subcurátor, -óris, m. 재산 관리인의 보좌(補佐)

subcúrvus, -a, -um, adj. 조금 굽은

subcústos, -tódis, m. 부수직인(副守直人)

subcutáněus, -a, -um, adj. = subtercutáněus 피하의

subdeálbo, -áre, tr. 희게 하다

subdébǐlis, -e, adj. 약간 마비된, 좀 약한

subdebilitátus, -a, -um, adj. 약간 낙담한, 조금 허약한

subdecanus, -i, m. 차석(次席)

subdedúco, -ěre, tr. 느슨하게 만들다

subdeféndo, -ěre, tr. 조금 보호하다

subdeféctǐo, -ónis, f. 느슨함, 해이(解弛)

subdefícǐo, -ěre, intr. 조금씩 쇠약하여지다

subdéflǔo, -ěre, intr. 밑으로 미끄러지다

subdelegátǐo, -ónis, f. 재위임(再委任)

subdélěgo, -ávi, -átum -áre, tr. 재위임 하다

subdélǐgo, -ěre, tr. 선택하다(기기기)

subdéprǐmo, -ěre, tr. 깊이 박다

subdescéndo, -ěre, intr. 깊이 내려가다

subdiácon, -ǒnis, (subdiácǒnus, -i) m.
차부제(次副祭.⑨ subdeacon). 부집사.

subdiaconális, -e, adj. 차부제의, …에 관한

subdiaconátus, -us, m.
차부제품(⑨ subdiaconate/subdeaconship), 그 직책.

subdiaconus, -i, m. (⑨ subdeacon.獨 Subdiakon)
차부제(次副祭).

subdiális, -e, adj. (sub+dius) 드러난, 벗겨진, 대기에 노출된.
n. 테라스(⑨ terrace), 노대(露臺-발코니),

발코니(⑨ balcony-露臺).

subdǐdi, "subdo"의 단순과거(pf.=perfectum)

subdiffícǐlis, -e, adj. 좀 어려운

subdiffído, -ěre, intr. 약간 불신(不信)하다

subdimídǐus, -a, -um, adj. 3분의 1보다 낮은

subdisjúnctǐo, -ónis, f. 소구분, 재구분, 세분(細分)

subdistínctǐo, -ónis, f. 구두점(句讀點),
세별(細別-세밀하게 구별함), 첨표(,)-flatilis linea.

subdistínguo, -tínxi, -tínctum, -ěre, tr.
구두점을 찍다, 세별(細別)하다.

subditátǐo, -ónis, f. 저당 잡힘

subditícǐus(=subditítǐus) -a, -um, adj. 가정한,
위조한, 가장(假裝)된, 의심스러운, 믿음성 없는.

subdítǐo, -ónis, f. 덧붙임, 첨가(添加-덧붙이라는 보탬)

subditívus, -a, -um, adj. 가정한, 대신 넣은,
대입(代入)한, 사생아(私生兒)의, 위조(僞造)의.

subdǐtum, "subdo"의 목적분사(sup.=supínum)

súbdǐtus¹ -us, m. 밑에 둠, 예속시킴.
Et erat subditus illis. 그들에게 순종하며 지냈다(루카 2, 51)/
Qui in territoria meo est, etiam meus subditus est.
나의 영토 안에 있는 것은 또한 나에게 종속한다.

súbdǐtus² -i, m. 부하, 수하, 신하, 아랫사람.
Est regis tueri subditos.
부하들을 보호하는 것은 왕의 본분이다.

subdivális, -e, (=subdívus, -a, -um) adj. 드러난.
= subdiális, -e, adj. 벗겨진, 대기에 노출된.

subdívǐdo, -vísi, -vísum, -ěre, tr. (sub+dívido)
소구분 하다, 세분(細分)하다, 세별(細別)하다.

subdivísǐo, -ónis, f. 세별(細別-세밀하게 구별함),
세분(細分-잘게 나눔), 소(小)구분, 소별(小別).

subdívum, -i, n. 대기(大氣), 야외(野外)

subdívus, -a, -um, adj. (sub+dívum)
대기(大氣)에 노출된, 야외(野外)에 있는.

subdo, -dǐdi -dǐtum -ěre, tr. (sub+do) 밑에 두다.
속하게 하다, 지배(支配)하다, 누르다(기기,기기,기기),
굴복(屈伏)하다, 예속(隸屬)시키다, 대치(代置)하다,
…대신 두다, 일으키다, 돋우다, 불어넣다.
날조(捏造)하다, 위조(僞造)하다.
De obedientia humili subditi, ad exemplum Jesu Christi.
예수 그리스도의 모범을 따라 겸손되이 순명함에 대해/
verbum verbo subdo. 이 말을 저 말로 바꾸다.

subdo alci spíritum. 누구에게 용기를 북돋우다

subdo alqm in locum. …을 …의 자리에 앉히다

subdo alqm sub solum. …을 땅에 메치다

subdo furcas vítibus.
쇠스랑 모양의 나뭇가지를 포도가지 밑에 두다(받치다).

Subdo ignem seditióni. 반란을 선동하다

Subdo iræ facem. 분노의 불길을 일으키다

subdócěo, -ére, tr. (sub+dóceo) 대신 가르치다.
intr. 조교(助敎)로 있다.

subdóctor, -óris, m. 조교수, 대리교수

súbdǒlē, adv. 교묘하게, 교활하게, 꾀 있게

súbdǒlens, -éntis, adj. 조금 아픈

subdolósǐtas, -átis, f. 교활함, 꾀(간계)

subdolósus, -a, -um, adj. 교활한, 꾀 있는

súbdǒlus, -a, -um, adj.
교활(狡猾)한, 꾀 있는, 속이는, 책략(策略)을 쓰는.

súbdǒmo, -áre, tr. (sub+domo¹)
지배(支配)하다, 굴복(屈伏)시키다, 길들이다.

subdúbǐto, -áre, tr. 약간 의심하다, 의심쩍게 생각하다

subdúco, -dúxi -dúctum -ěre, tr. 밑에서 끄집어내다,
뽑아내다, 집어치우다, 벗겨내다, 떼어버리다.
빼앗아내다, 집어치우다, 몰래 집어가다, 훔치다.
끌어올리다, 들어 올리다, 걷어 올리다, 전진시키다.
위로 오르게 하다, 계산(計算)하다, 계산에 넣다.
(수를) 빼다, 배를 육지에 대다(dedúcere의 반대).
(軍) 후퇴(後退)시키다, 이동(移動)시키다.
se clam subduco alci(ab alqo) 아무의 눈을 피하다/

1234

se subduco. 피하다/
subducere se ab ordinatione divini intellectus.
　신적 지성의 질서로부터 돌아섬/
　subdúctā ratióne. 모두 계산(計算)하고 나서.
subduco *alqm* **perículo.** 아무를 위험에서 끌어내다
Subduco cibum athletæ. 운동선수에게 음식을 금하다
subductárĭus, -a, -um, adj. 끌어올리는데 쓰는
subductárĭus funis. 도르래 밧줄
subdúctĭo, -ónis, f. (배를) 육지에 댐, 계산(計算),
　물줄기를 끌어 냄, 지하수도(地下水道), (神) 탈혼상태.
　법열(法悅-깊은 이치를 깨달았을 때의 사무치는 기쁨).
subductum, "subduco"의 목적분사(sup.=supínum)
subdúctus, -a, -um, p.p., a.p.
　물러선, 멀리 가 있는, 깊이 박힌.
subdúlcis, -e, adj. 달착지근한, 약간 단(甘)
súbdúplex, -lĭcis, (=súbdúplus, -a, -um) adj.
　두 번 포함된 (數).
subdúrus, -a, -um, adj. 약간 굳은, 좀 단단한
subduxi, "subdúco"의 단순과거(pf.=perfectum)
subedi, "súbĕdo"의 단순과거(pf.=perfectum)
súbĕdo, -édi, -ésum, -ĕre, tr. 아래를 깎다,
　갉아먹다, 위협(威脅)하다, 부패(腐敗) 시키다.
subégi, "súbígo"의 단순과거(pf.=perfectum)
subeléctĭo, -ónis, f. 재선, 뽑힌 대상 중에서 또 뽑음
subélĭgo, -ére, tr. 뽑다, 선택하다(אבב.ובר.)
subenárro, -áre, tr. 차례차례로 세다, 이야기하다
súbĕo, -ĭi -ĭtum -íre, intr., tr. 짐 지다, 책임지다,
　착수하다, 떠맡다, 감당하다, 겪다, 참아 받다, 당하다,
　무릅쓰다, 향하여 가다, 앞으로 다가가다, 접근하다,
　가까이하다, 밑으로.아래로 들어가다, 스며들다,
　안으로 들어가다, 몰래 들어가다(오다), 침입하다,
　침투하다, 물로 적시다, 축이다, 흐르다, 방향 잡다,
　향하다, 뒤따르다, 뒤를 잇다, 응답하다, 돋아나다,
　자라다(ובר.אום.יבר.אבר.), (일이) 일어나다, 생기다,
　나타나다, 생각나다, 생각이 떠오르다, 회상(回想)하다.
　((醫)) (맥박이) 떨어지다, 가라앉다.
Acrius illa subit.
　그 여자는 더 강렬하게 (내 마음 속을) 파고든다/
Alii súbeunt. 다른 군대들은 전진(前進) 한다/
Auróra, súbito.
　바람아 나를 떠받쳐다오(내 밑에 들어가 다오)/
Cogitátio ánimum súbiit indígnum esse.
　자기가 부적당하다는 생각을 했다/
furcas subeo colúmnæ. 기둥들이 교수형틀을 대신하다/
mare, quod Cilíciam subit.
　Cilícia의 해안(海岸)을 적시는 바닷물/
Mentem pátriæ súbiit pietátis imágo.
　애국심이 내 생각에 떠올랐다/
ne súbeant ánimo tǽdia. 마음에 싫증이 생기지 않게 하다/
Persónæ súbeunt. 사람들이 내 생각에 떠오른다/
Pœniténtia súbiit regem. 왕에게 뉘우치는 마음이 싹텄다/
Primæ legióni tértia súbiit. 제3군단이 제1군단을 뒤따랐다/
quā régio subit ad Medos.
　지방이 Média를 향하는 그곳에서/
Senténtiæ verbáque sub acúmen stili súbeant.
　사상과 표현은 필봉(筆鋒)에서 나타나야 한다/
Súbeant ánimo Látmia saxa tuo.
　Latmus 산 바위를 회상(回想) 하라/
Súbeunt morbi. 병(病)이 생긴다/
subíre invídiam. 질투를 당하다/
subíre labórem. 수고를 겪다/
Súbiit argéntea proles. 그 다음에 은 시대가 왔다/
Súbiit Cýbele. Cýbele가 응답했다/
Subit Latínus. Latínus 치하에 Alba가 나타났다/
Subit barba. 수염이 자란다/
Subit ira ulcísci. 복수할 생각이 움트기 시작 한다/
(ut) subit me cura ut…, …할 생각이 간절하다.
subeo ad urbem. 도성(都城)을 향하여 가다

subeo auxílĭo. 도움을 청하러 가다
subeo carnifícĭnam. 고문을 참아 받다
subeo cavum. 구멍 속으로 들어가다
subeo in collem. 산에 접근하다
subeo in advérsum. …을 향하여 전진하다, 공격하다
subeo loco. 숲 속으로 들어가다
subeo muro. 성(城) 가까이 가다, 접근하다
subeo onus. 짐을 지다
subeo oras per imas clípei.
　창이 방패의 아랫부분을 뚫고 들어가다.
subeo sub orbem solis.
　달이 해 가까이 가다, 즉 해를 가리다.
subeo uno tégmine. 이불 한 장을 덮다
subeo vim atque injuriam. 폭력과 치욕을 참아 받다
súber, -ĕris, n. (=subérĭes, -éi, f.) (植) 코르크나무
suberéctĭo, -ónis, f.
　(醫.獸) 고창(鼓脹), 부어오름, 부기(浮氣)
subérĕus(suberínus), -a, -um, adj. 코르크나무의
subérĭgo, (-eréxi), -éctum, -ĕre, tr. 세우다, 올리다
subérro, -áre, intr. 밑으로 흐르다, 밑에서 방황하다
subesum, "súbĕdo"의 목적분사(sup.=supínum)
subex, -bícis, m. 발판
subexcúso, -áre, tr.
　허용하다, 용서하다(חןן), 용서를 청하다.
subexhíbĕo, -ére, tr. 밑을(밑으로) 드러내다
subexísto, -ĕre, intr. 밑에 있다, 뒤에 있다
subéxplĭco, -áre, tr. 밑으로(을) 펴다, 밑에서부터 펴다
subf… V. **suff…**
subfróndĕo, -ére, intr. 차차 잎사귀가 나다
subg… V. **sugg**
subgénus, -nĕris, n. (生) 아속(亞屬).
　('속'을 더 세분한 생물 분류학상의 한 단위).
subhǽrĕo, -ére, intr. 밑에(뒤에) 달려 있다, …속해 있다
subhastárĭus, -a, -um, adj. (sub+hasta) 경매에 붙여진
subhastátĭo, -ónis, f. (sub+hasta) 경매(競買)
subhasto, -ávi, -átum -áre, tr. (sub+hasta) 경매에 붙이다
subhíreus, -i, m. 겨드랑이(움푹 파진 곳), 액와(腋窩)
subhorrésco, -ĕre, intr. (바다가) 사나와지다
subhórrĭdus, -a, -um, adj.
　조금 헝클어진, 좀 깨끗하지 않은, 좀 무례한.
subhúmĭdus, -a, -um, adj. 습기 있는, 축축한
Subicimini,
　원형 subícĭo(=subjácĭo =subjícĭo), -jéci -jéctum -ĕre,
　[수동형 명령법. 현재 단수 2인칭 subicere,
　현재 복수 2인칭 Subicimini].
**Subicimini igitur Deo; resístite autem Diabolo, et
fugiet a vobis.**(⑨ So submit yourselves to God. Resist
the devil, and he will flee from you) 그러므로 하느님께
복종하고 악마에게 대항하십시오. 그러면 악마가
여러분에게서 달아날 것입니다(성경 야고 4, 7).
subícĭo(=subjácĭo =subjícĭo), -jéci -jéctum -ĕre, tr.
subículum promontórii, -i, n. (醫) 갑지각(岬支脚)
súbĭdus, -a, -um, adj. 발정 난, 암내 난
Subiecti invicem in timore Christi. 그리스도를 두려워
하며 서로 순종하시오(2005년 기념 신약성서 에페 4, 25).
subigitátĭo, -ónis, f. 접촉(接觸), 어루만짐
subigitátrix, -ícis, f. 간부(姦婦-간통한 여자), 유혹하는 여자
subigíto, -áre, freq., tr. (sub+ágito) 간음하다, 유혹하다
súbĭgo, -égi -áctum -ĕre, tr. (sub+ago) 굴복시키다,
　정복하다, 사로잡다, 밑으로 누르다, 밑에 넣다,
　밑으로 데리고 가다, 끌고 가다, 구속하다, 속박하다,
　(칼을) 벼리다, 갈다, 마구 흔들다, 뒤집다, 밭 갈다,
　부수다, 부드럽게 하다, 가꾸다, 만들다, 길들이다,
　훈련시키다, 훈육하다, 학대하다, 괴롭히다, 폭행하다.
Subigo ad dedítĭonem. 강제로 항복(降伏)하게 하다
Súbĭgus, -i, m. 결혼 첫날밤을 관장하는 신
súbĭi, "súbĕo"의 단순과거(pf.=perfectum)
subimágo, -gĭnis, f. (蟲) 아성충(亞成蟲)

S

subímpŭdens, -éntis, adj. 약간 파렴치한, 좀 뻔뻔스러운
subinánĭo, -íre, tr. (sub+ínánis) = exinánio
　　탕진하다, 비우다(קיק, קוד), 협쓸다, 힘을 다 써버리다.
subinánis, -e, adj. 좀 헛된, 적이 허망한, 허영의
subínde, adv. 즉시, 그 다음에 곧, 연속적으로, 줄지어,
　　연달아, 계속(繼續), 가끔.
subíndĭco, -áre, tr.
　　암시하다, 슬며시 가르쳐주다, 조심조심 가리키다.
subindignánter, adv.
　　다소 노여운 투로, 화난 기색으로, 화난 말투로.
subindígnor, -ari, dep., intr.
　　화난 기색을 띠다, 노여워하다.
subíndo, -ére, tr. 덧붙이다, 부가(附加)하다
subindúco, -dúxi, -ére, tr. 슬쩍 넣다, 밑으로 넣다
subindúxi, "subindúco"의 단순과거(pf.=perfectum)
subinéptus, -a, -um, adj. 부적당한, 좀 바보스러운
subínfĕro, (-fers, -fert), -íntuli, -inférre, tr.
　　덧붙이다, 부가(附加)하다, 가(加)하다(קוד).
subínflo, -áre, tr. 부풀리다, 약간 과장(誇張)하다
subingrédĭor, (-dĕris), -grĕdi, dep., intr.
　　밑으로 들어가다, 살짝 들어오다, 몰래 들어가다(오다).
subinjúngo, -ĕre, tr. 그 위에 덧붙이다
subinscríbo, -ĕre, tr. 덧붙여(밑에) 써넣다, 추가하다
subinsertĭo, -ónis, f. (sub+insero²) 덧붙임, 접속(接續),
　　첨부(添附-더 보태거나 덧붙임.@ accretĭon), 추가(追加).
subinstíllo, -áre, tr. 방울방울 붓다, 한 방울씩 따르다
subinsúlsus, -a, -um, adj.
　　별로 재주 없는, 세련되지 않은, 좀 미련한.
subintéllĕgo(=subintéllĭgo) -ĕre, tr. 약간 알아듣다.
　　추측(推測)하다, 짐작하다, 의심(疑心)하다, 가정하다.
subíntro, -ávi, -átum -áre, intr.
　　(=subintromitto -ĕre, tr.
　　몰래 들어가다(오다), 살금살금 끼어들다.
subintrodúco, -dúctum, -ĕre, tr.
　　몰래 이끌어 들이다, 잘못 넣다.
subintroductæ, -árum, m., pl. (=agapĕtæ)
　　영적 결혼의 동정녀(초대교회에서 어떤 성직자나 수도자는 동정녀를
　　보호하고 도와준다는 명목으로 같은 집에서 살림을 같이 하며 형제자매 관계를
　　유지하려 살았다고 한다… 백민관 신부 엮음. 백과사전 3. p.568).
subintróĕo, -íi, -íre, anom., intr.
　　몰래(안에) 끼우다, 들어가게 하다.
subintróĕo spéciem, 형태를 띠게 하다
subintromitto, -ĕre, tr. = subintrodúco
subínvĭcem, adv. 위아래로 서로 겹쳐서
subinvídĕo, -ĕre, intr. 약간 시새우다
subinvísus, -a, -um, adj. 약간 미움 받는, 좀 싫은
subinvíto, -áre, tr. 슬쩍 권유하다, 선동(煽動)하다
Subit barba. 수염이 자란다.
Subit ira ulcisci. 복수할 생각이 움트기 시작한다.
subita morte corréptus 갑자기 죽은
subiráscor, -sci, dep., intr. 약간 화내다, 분하게 여기다
subirátus, -a, -um, adj. 약간 화가 난
subitánĕus, -a, -um, adj. 갑작스러운, 돌연한,
　　별안간의, 홀연(忽然-뜻밖에 불쑥 나타나거나 갑자기 사라짐)한.
subitárĭus, -a, -um, adj. 갑자기 한, 급하게 한, 즉석의,
subitárĭus exércitus. 갑자기 소집한 군대, 오합지졸.
　　n., pl. 즉석연설(卽席演說)
subitátĭo, -ónis, f. 돌연한 출현, 불의(不意)의 일
súbĭto¹(súbĭte) adv.
　　갑자기, 홀연히, 돌연히, 즉시, 빨리, 즉석에서.
　　Flumen subito accrevit. 강물이 갑자기 불어났다.
súbĭto cum. …하자마자
súbĭto² -ávi, -áre, tr. 서둘러 하다.
　　intr. 불쑥(갑자기) 나타나다.
súbĭtum, "súbĕo"의 목적분사(sup.=supínum)
súbĭtum, -i, n. 돌발사건(突發事件).
　　ad súbĭtum. 그 자리에서, 즉석에서/
　　in súbĭtum(per súbĭtum) 갑자기.

súbĭtus, -a, -um, p.p., a.p. 갑자기 되는, 돌연한, 돌발한,
　　홀연한, 즉흥적, 서두르는, 빨리 하는, 신선한, 새로운.
　　subita conversio. 갑작스런 개종/
　　súbitæ dictiónes. 즉흥 연설.
súbĭum, -i, n. 윗입술, 콧수염
subjácĕo, -jácŭi -ére, intr. 밑에 있다,
　　밑에(옆에) 누워있다, 속하다, 순종(順從)하다,
　　순종할 입장에 있다. subjácet… 명명백백하다.
subjacíŏ(=subícĭo =subjícĭo), -jéci -jéctum -ĕre, tr.
subjácŭi, "subjácĕo"의 단순과거(pf.=perfectum)
subjéci, "subjícĭo"의 단순과거(pf.=perfectum)
subjecta tabella. 위조문서(僞造文書)
subjécte, adv. (superl. subjectíme만 사용) 겸손되이
subjectĭo, -ónis, f. 밑에 둠, 노포(弩砲)의 토대,
　　문서위조, 유서의 대치물, 굴복시킴, 굴종시킴,
　　복종(服從.@ Submission), 순종(@ Assent), 겸양,
　　종속관계, 주종관계, 부가(附加), 첨가(添加), 자문자답,
　　주제에 대한 답, 부가(附加) 설명.
subjectĭo sub oculos. 눈 밑에 둠
subjective, adv. 주관적(主觀的)으로, 주종관계로
subjectivísmus, -i, m. 주관주의(主觀主義), 주관론
subiectivitas, -átis, f. (@ subjectivity) 주체성.
　　societatis subiectivitas. 사회적 주체성.
subjectivus, -a, -um, adj. 첨가된, 주체에 관한, 주관적.
　　beatitúdo subjectiva(status beatitudinis)
　　　주관적 복락(복락의 상태)/
　　ens in potentia subjectiva. 주관적 가능태에 있는 존재/
　　gloria subjectiva. 주관적 영광/
　　potentia subjectiva. 주관적 가능태/
　　　ens in potentia subjectiva. 주관적 가능태에 있는 존재.
subjécto, -áre, tr., intens. (sub+jacto) 밑에 두다,
　　가까이 가게 하다, 부가하다 (밑에서) 위로 치켜 올리다.
subjécto stímulos alci. 아무를 자극(刺戟)하다
subjector, -óris, m. 대리인, 증서 위조자(證書 僞造者)
subjector testamentórum. 유서 위조자(遺書 僞造者)
subjectum, "subjícĭo"의 목적분사(sup.=supínum)
subjectum, -i, n. 주체, 제목, 논체, 주체, 기체.
　　(文法) 주어(主語), 주격(主格).
　　omnia alia accidentia referantur ad subjectum mediante
　　quantitate dimensiva. 모든 다른 우유들은 규모적 양을
　　　통하여 주체에 연결된다.
subjectum activum. 능동적 주체
subjectum gratiæ. 은총의 주체
subjectum impersonale. 비인칭주어
subjectum indefinitum. 미한정주어
subjectum metaphysicæ est ens.
　　형이상학의 주제(대상영역)는 존재자다.
subjectum passivum. 소환(召喚) 대상자, 수동적 주체
subjectum primarĭum. 제일 주체
subjectum primarĭum fidei. 신앙의 제일주체
subjectum quod est.(@ subject which is) 있는 주체(=有)
subjectum scientĭæ. 학문의 주체(主體), 학문의 주체
subjectum speciale. 특별 주체
subjectus¹ -a, -um, p.p., a.p. 밑에 놓인(둔), 인접한,
　　가까이에 있는, 대신으로 바꿔 놓은, 위조된, 거짓의,
　　굴복한, 예속된, 속한, 복종하는, (무엇을) 당하는,
　　(무엇의) 지배를 받는, 피할 수 없는, 노출(露出)된,
　　받기(걸리기) 쉬운, 보태어진, 덧붙여진.
　　n., pl. 낮은 곳, 기초(基礎).
　　m., pl. 권속(眷屬), 권솔(眷率), 부하, 노예(奴隸).
　　omnis anima Romanórum principi subiecta sit.
　　　모든 인간은 로마 황제에게 종속 된다/
　　subiecta tabella. 위조문서(僞造文書).
subjectus² -us, m. 국소에 약을 바름, 밑에 놓임
subjícĭo, -jéci -jéctum -ĕre, tr. (sub+jácio) 밑에 두다,
　　밀어(던져) 넣다, 아래로 몰다, 인도하다, 접근시키다,
　　대신하게 하다, 대체(代替)하다, 교체시키다, 위조하다,
　　굴복(예속)시키다, 복종시키다, 복종하다, 예속(隸屬)되다.

S

노출시키다, 드러내다, 내맡기다, (어떤) 상태에 두다,
(말.글로) 보태다, 덧붙이다, 일러주다, 조언하다,
생각나게 하다, 넌지시 비치다, 암시하다, 대답하다,
(무엇을) 뒤에 놓다, 뒤따르게 하다, 들어(끌어)올리다,
위로 던지다, (무엇 위에) 올려놓다, 높이다, 건네주다,
손에 쥐어주다, …에 이르게 하다.
alqm in équum subjício. 아무를 말에 태우다/
cópias íntegras vulnerátis subjício.
온전한 군대(軍隊)를 부상병들과 교체(交替)시키다/
Córpora saltu subjíciunt in équos.
그들은 훌쩍 뛰어 말 위에 올라탔다/
domum perículo subjício.
온 집안을 위험(危險) 앞에 노출(露出)시키다/
huic verbo duas res subjício. 이 말은 두 가지를 뜻 한다/
Hujus viri méntio subjícit ut…
이 사람에 대한 언급은 나로 하여금 …을 생각게 한다/
alqm tutélæ *alcjs* commendáre, subjícere.
누구를 아무개 후견인(後見人)으로 맡기다/
Víridis se subjícit alnus. 파란 오리나무 싹이 돋아난다.
subjicio *alqd* óculis(sub óculos) 무엇을 보이다
subjicio cervices securi. 목덜미를 도끼 아래에 디밀다
subjicio libéllum *alci*. 아무에게 계산서를 건네주다
subjicio pro verbo próprio *áliud*.
본래의 말 대신에 (같은 뜻이 있는) 다른 말로 바꾸다.
subjicio se. 굴복하다, 복종하다, 예속(隸屬)되다
subjicit, 원형 subjício, -jéci -jéctum -ĕre, tr. (sub+jácio)
[직설법 현재. 단수 1인칭 subjicio, 2인칭 subjicis, 3인칭 subjicit,
복수 1인칭 subjicimus, 2인칭 subjicitis, 3인칭 subjiciunt]
Tibi se cor méum tótum súbiicit, quia te contémplans
tótum déficit. 우러러 뵈올수록 전혀 알 길 없삽기에 제
마음은 오직 믿을 뿐이옵니다.[내 온 마음은 당신께 굴복하나이다.
왜냐하면 당신을 우러러 뵈노라면, 내 마음은 온전히 약해지기 때문이나이다.
황치헌 신부 지음, 미사통상문을 위한 라틴어, p.486].
subjugále, -is, n. 짐 나르는 짐승
subjugális, -e, adj. 멍에를 맨, 짐을 진
subjugátĭo, -ónis, f. 정복(כבשׁ), 짐을 지움, 멍에를 지움
subjugátor, -óris, m. 멍에를 메워 주는 사람, 정복자
subjúg(i)us, -a, -um, adj. (sub+jugum) 멍에를 메는.
n., pl. 멍에 가죽 띠.
subjúgo, -ávi, -atum -áre, tr. (sub+jugum) 한데 메다,
일치시키다, 멍에를 메우다, 길들이다, 정복(征服)하다.
subjúnctĭo, -ónis, f. 밑에 붙들어 맴, 덧붙임,
추가(追加), 접속(接續), 동어반복(同語反覆).
subjunctivus, -a, -um, adj.
접속시키는, 연결시키는, 연속(連續)시키는, 뒤따르는.
(文法) modus subjunctivus. 접속법(接續法).
subjunctivus vocáles.
겹모음에서 뒤에 붙은 모음(æ, œ에서 e).
subjunctórĭum, -ii, n. 멍에 메우기, 짐마차 끄는 짐승
subjunctum, "subjungo"의 목적분사(sup.=supínum)
subjúngo, -júnxi -júnctum -ĕre, tr. (sub+jugo)
밑에 매다, 멍에 메우다, 잡아매다, 밑에 받치다,
토대 놓다, 덧붙이다, 부가(附加)하다, 제압(制壓)하다,
굴복시키다, 종속시키다, 예속시키다, 대신하게 하다.
Mihi res, non me rebus, subiungere conor.(Horatius)
나는 나를 일에 매이게 하는 것이 아니라
일이 나에게 매이게 힘쓴다.
subjunxi, "subjungo"의 단순과거(pf.=perfectum)
subla, -æ, f. = **súbula** 송곳, 큰 침, 큰바늘
sublábor, (-ĕris), -lápsus sum, -labi, dep., intr.
넘어지다, 허물어지다, 괴멸되다, 밑(아래)으로 미끄러지다.
sublábro, -áre, tr. (sub+labrum[1]) 입에 넣다
sublácrimo, -áre, intr. (조금) 눈물 흘리다
sublámĭna, -æ, f. 밑에 깔린 판자
subláquĕo, -ávi, -áre, tr. (sub+láqueo[2])
천장을 만들다, 천장으로 덮다.
Sublata benevolentĭa amicítĭæ nomen tollitur.
친절이 없어지면 우정은 이름도 없어진다.
sublátĕo, -ére, intr. 밑에 숨어 있다
sublate, adv. 고상(高尙)하게, 높게
sublátĭo, -ónis, f. 높임([영] Lifting up), 가져 감, 뺌,
치움(除去), 파기(破棄-깨뜨리거나 찢어서 없애 버림),
격앙(激昻), 도취(陶醉), 박자(拍子) 침,
(어린이를 팔로 든다는 데서) 교육(敎育), 양육(養育).
sublātum, "suffero"의 목적분사(sup.=supínum),
"sustollo"의 목적분사(sup.=supínum),
"tollo[1]"의 목적분사(sup.=supínum).
sublátus, -a, -um, p.p., a.p. 드높인, 높이 올린, 가져간,
제거된, 치운, 거만해진. adv. **sublate**, 높게, 고상하게.
sublátus ad æthera clamor. 하늘까지 치솟는 소리
súblăvo, -áre, tr. 아래를 씻다
subléctĭo, -ónis, f. 보조모금, 추가연보(捐補), 추가헌금
subIécto, -áre, tr., freq. 속이다, 구슬리다, 조롱하다
sublectum, "súblĕgo[1]"의 목적분사(sup.=supínum)
súblēgi, "súblĕgo[1]"의 단순과거(pf.=perfectum)
súblĕgo[1] -légi -léctum -ĕre, tr.
긁어모으다, 줍다, 주워 모으다, 모금(募金)하다,
몰래 가지다, 빼앗다, 훔치다, 삽입하다(ירנ),
간섭하다, 대신할 사람을 뽑다, 인원 보충(補充)하다.
súblĕgo[2] -ére, tr. 독서(讀書)하다
subléstus, -a, -um, adj. 약한, 가벼운, 가치 없는, 경솔한
sublevátĭo, -ónis, f. 올림, 경감(輕減-덜어서 가볍게 함),
진정(鎭靜-가라앉힘), 완화(緩和-풀어서 느슨하게 하거나 편하게 함).
súblēvi, "súblino"의 단순과거(pf.=perfectum)
súblĕvo, -ávi, -átum -áre, tr. (sub+levo[2]) 들어주다,
들어 올리다(ללט.לטנ.יסנ.אסנ.עָטַם), 쳐들다,
밀어 올리다, 가볍게 하다, 덜다, 경감(輕減)하다,
약하게 하다, 감소(減少)시키다, 위로하다(נחם.נחים),
위안하다(παρακαλὲω), 돕다(רעם.ריעם), 구조하다.
súblĭca, -æ, f. 말뚝, 전주(電柱), 갱목(坑木),
봉갱(棒坑), 각목(角木-네모지게 켠 나무), 겉옷.
demitto súblicas in terram. 말뚝을 땅에 박다.
súblĭces, -um, f., pl. 기갱(基坑), 말뚝(집합적)
sublícĭus, -a, -um, adj. 말뚝(각목)으로 된(이루어진)
sublído, -ĕre, tr. (sub+lædo) 악화시키다,
조금씩 파들어 가다, (소리를) 막다(억누르다).
subligácŭlum, -i, (**subligar**, -áris)
n. 앞치마, 짧은 바지의 일종.
subligátĭo, -ónis, f. 밑을 매는 행위, 아래를 맴
súblĭgo, -ávi, -átum -áre, tr.
아래를 매다, 잡아매다, 걷어 올리다, 옆에 매달다.
Subligo láteri ensem. 칼을 옆에 차다
sublimátĭo, -ónis, f. 높임([영] Lifting up), 들어 높임,
들어 올림, 승화(昇華-사물이 보다 더 높은 수준으로 발전하는 일).
spiritualis sublimatio. 영적 승화.
sublimátor, -óris, m. 드높이는 자
sublimátus, -a, -um, p.p., a.p. 높여진, 숭고한.
m. 귀인(貴人), 높은 자.
sublíme(sublimen) adv. 높이, 높은데서, 공중에서,
고상(高尙)하게, 높게, 초월(超越)하게.
sublime putéscere. 공기에 썩다
sublímen, -minis, n. 문턱, 문
sublímis, -e, adj. (sub+limen) 공간에 매달린, 높은,
고귀한, 숭고한, 고매한, 뛰어난, 탁월한, 초월한, 거만한.
n. **sublíme**, -is, **sublímius**, -mĭoris
높은 곳, 고지대(高地帶), 공중(空中).
sublímis colúmna. 높은 기둥
sublímĭtas, -átis, (gen., pl. -tátum) f. 높음, 높이, 높은 곳,
초월(超越.[영] transcendence.獨 Transzendenz),
탁월(卓越), 고상(高尙-인품이나 학문 정도가 높으며 품위가 있음),
위대(偉大), 고관의 존칭.
sublímiter, adv. 높게, 높은 데로, 머리를 들고
몸을 꼿꼿이 하여, 위로(上).
sublímĭtus(-ter) adv. 높게, 높은 데로
sublimius, -mioris, n. 높은 곳, 고지대, 공중(空中)
sublímo, -ávi, -átum -áre, tr.
높이다, 초월(超越)하다, 영광스럽게 하다

들어 올리다(ඊ௴, ᛫, ᛫, ᛫, ᛫).

sublímus, -a, -um, adj. = **sublímis** 약간 기울어진

sublíngĭo, -ónis, m. (sub+lingo)
접시닦이, 부엌 심부름꾼, 수습 요리사.

sublinguális, -e (=**sublinguíus**, -a, -um) adj.
(sub+língua) ((解)) 설하(舌下)의

sublínguĭum, -i, n. (解) 목젖, 후두개(喉頭蓋)

súblĭno, -lévi, -lĭtum. -ĕre, tr.
밑을 칠하다(바르다, 닦다), 밑에 깔다, 덮다.
애벌 바르다, 초벽을 치다.

sublĭtum, "súblĭno"의 목적분사(sup.=supínum)

sublĭtus, -a, -um, "súblĭno"의 과거분사(p.p.)

sublívĭdus, -a, -um, adj. 약간 창백한, 희끄무레한

sublóngus, -a, -um, adj. 길쭉한

sublucánus, -a, -um, adj. (sub+lux)
해뜨기 조금 전에 되는.

sublúcĕo, -lúxi, -ére, 조금 비치다, 희미한 빛이 비치다

sublúcĭdus, -a, -um, adj. 희미하게 비치는, 어두침침한

sublúco, -áre, tr. (sub+lux)
밝히다, (가지를 쳐내) 훤하게 하다.

sublüi, "súblŭo"의 단순과거(pf.=perfectum)

sublunáris, -e, adj. (sub+luna) 달 아래의, 월하의

súblŭo, -lüi, -lútum, -ĕre, tr. 아래를 씻다, 청소하다,
아래를 흐르다, 적시다, 물주다.

sublústris, -e, (**sublustrus**, -a, -um) adj. (sub+lux)
조명이 약한, 희미하게 비치는, 희끄무레한, 어스름한.

sublútĕus, -a, -um, adj. (sub+lutum²) 노르스름한

sublútum, "súblŭo"의 목적분사(sup.=supínum)

sublúvĭes, -éi, f. (=**sublúvĭum**, -i, n.) 진흙, 진창, 감창.
(醫) 종기(腫氣-부스럼), 농양(膿瘍), 화농(化膿).
(獸,醫) 양두(羊痘-양의 머리).

subluxátĭo, -ónis, f. (醫) 아탈구(亞脫臼)

subluxi, "sublúcĕo"의 단순과거(pf.=perfectum)

subm··· V. **summ···**

submáestus, -a, -um, adj. 다소 낙담한, 침울한, 침침한

submagíster, -tri, m. 부책임자(副責任者), 조교(助教)

submedius, -a, -um, adj. 중간쯤에 있는

submedius distinctĭo. 쉼표(,), 구두점

submergo, -mérsi, -mérsum, -ĕre, tr.
물에 잠그다(빠지게 하다), 파묻다, 질식케 하다.
pass. 가라앉았, 잠기다.
navis submérsa. 가라앉은 배.

submersi, "submergo"의 단순과거(pf.=perfectum)

submérsĭo, -ónis, f. 침수(侵水), 沈没(물에 빠져 가라앉음),
물에 잠김, 파멸(破滅,破壞), (해와 달이) 짐.

submérso, -áre, tr. 완전히 침몰시키다(빠뜨리다)

submersum, "submergo"의 목적분사(sup.=supínum)

submérsus, -us, m. 침몰(沈没), 물속에 잠김(금)

súbmĕrus, -a, -um, adj. 거의 순수한

submigrátĭo, -ónis, f. 이주(移住-다른 곳이나 다른 나라로
옮아가서 삶), 이민(移民.⑨ emigrátĭon/migrátĭon).

submínĭa, -æ, f. 엷은 홍색의 부인 옷 일종

subministrátĭo, -ónis, f. (=**subministrátus**, -us, m.)
제공(提供), 지급(支給), 공급(供給), 투약(投藥)

subministrátor, -óris, m. 지급자, 공급자(供給者)

subminístro, -ávi, -átum -áre, tr. 마련해주다,
손에서 손으로 건네주다, 공급(供給)하다.

submísi, "submítto"의 단순과거(pf.=perfectum)

submísse(=**submíssim**) adv.
속으로, 낮은 목소리로, 가만히, 몰래, 겸손되이.

Submissi petimus terram.
우리는 무릎을 꿇는다, 땅에 엎드린다.

submíssĭo, -ónis, f. 내려 보냄, 낮게 함, 소리를 낮춤,
복종(⑨ Submission.dicto audientĭa), 비하(卑下),
De humili submissione. 겸손된 복종에 대하여.

submíssum, "submítto"의 목적분사(sup.=supínum)

submíssus¹ -a, -um, p.p., a.p. 낮추어진, 낮춘, 얕은,
낮은, 가라앉은, 기어가는, 포복(匍匐)하는, 겸손한,

복종(服從)하는, 양보(讓步)하는, 천한, 수수한, 보통의,
단순한, 얌전한, 부드러운. voce summissa. 낮은 소리로,

submissus² -us, m. 몰래 들여옴

submítto, -mísi -míssum -ĕre, tr. 아래로 보내다,
아래에 두다, 밑에 두다, 받치다, 복종(服從) 시키다,
아래로 가게 버려두다, 내리다, 낮추다, 떨어뜨리다,
자라게 하다, 성장케 하다, 나게 하다, 밀어 올리다,
생산하다, 올리다, 위로 향(向)하다, 대리로 보내다,
계승자를 보내다, 대신하다, 보충하다, 구조하게 하다,
도우라고 보내다, 몰래 보내다, 부패(腐敗)시키다.
proprio dorso submisso, ne caderet, sustentabat.
자기 등을 밑에 들이밀어 무너지지 않게 떠받쳤다.
('submittere 밑으로 들어가다'와 'sustinere 떠받치다, 견디다'는
프란치스코 영성에서 매우 중요한 주제이다)
subsídia *alci*. …에게 구호물을 보내다/
Tibi tellus submittit flores. 땅은 네 앞에도 꽃이 피게 한다.

submitto *alqm* in Tíberim. 아무를 Tiberis 강에 던지다

submitto ánimum. 낙담(落膽)하다

submitto cantérĭum vítibus. 막대기로 포도가지를 받치다.

submitto manus. (빌며) 손을 올리다

submitto se ad pedes. 아무 앞에 엎드리다

submitto se *alci*. 아무에게 순종하다

submitto se *alci* ad génua. 무릎을 꿇다

submitto se in amicítia.
자존심(自尊心)을 낮추어 아무와 친구지간이 되다.

submmorósus, -a, -um, adj. = **submorósus**
좀 귀찮아하는, 약간 유약한

submœstus, -a, -um, adj. = **submæstus**

submoléste, adv. 좀 싫은

submolestus, -a, -um, adj. 좀 불쾌한(귀찮은)

submónĕo, -ŭi, -ére, tr. 비밀히 알려주다, 귀엣말로 말하다.

submorósus, -a, -um, adj. = **submmorósus**
약간 유약한, 좀 귀찮아하는.

submotátĭo, -ónis, f. 가벼운 움직임(동작)

submótor, -óris, m. 어지러운 것을 치우는 자

submótum, "submóvĕo"의 목적분사(sup.=supínum)

submóvĕo, -movi -motum -ére, tr. 멀리하다, 치우다,
떨어지게 하다, 물리치다, 격퇴시키다, 해산시키다(᛫),
분리(分離)시키다, 나누다(᛫,᛫), 쫓아버리다,
(마음) 돌리게 하다, 벗어나게 하다, 손 떼게 하다.
거부하다.

submóvi, "submóvĕo"의 단순과거(pf.=perfectum)

submúltĭplex, -plĭcis, adj. 약수(約數)의

submultiplícĭtas, -átis, f. (sub+múltiplex) 약수 되는 성질

submurmurátĭo, -ónis, f. (sub+múrmuro)
몰래 원망함, 수군거림.

submúrmuro, -ávi -áre, tr. 웅성거리다,
속으로 원망(怨望)하다, 혼자서 중얼거리다.

submutátĭo, -ónis, f. 교환(᛫,交換), 서로 바꿈

submúto, -ávi, -áre, tr. 교환하다, 바꾸다(᛫),
변경(變更)하다, 몰래 갖다놓다.

subnáscor, (-ĕris), nátus sum, násci, dep., intr.
밑에 나다, 밑으로 자라다, 다시 나다.

súbnáto, -áre, intr. 물 속에서 헤엄치다

subnávĭgo, -ávi, -áre, intr. 해안을 따라 항해하다

subnécto, -néxŭi, -néxum, -ĕre, tr. 결합시키다,
밑을 잡아매다(깁다), 첨가하다, 덧붙이다.

subnéctum, "subnécto"의 목적분사(sup.=supínum)

súbnĕgo, -áre, tr. 거의 거절하다, 부인하는 태도를 가지다.

Súbnĕro, -ónis, m. (sub+Nero) 제2의 Nero 즉 Domitiánus.

subnérvo, -ávi, -áre, tr. (sub+nervus)
신경을 끊다, 마비시키다(᛫), 무기력(無氣力) 하게 하다.

subnéuter, -tra -trum, adj. (=**altéruter**)
둘 중 하나, 이것이나 저것, 어느 하나.

subnéxĭo(=**subjúnctĭo**) -ónis, f. 동어반복(同語反覆)

subnéxŭi, "subnécto"의 단순과거(pf.=perfectum)

súbnĭger, -gra -grum, adj. 거무스름한, 약간 검게 된

subníxus(드물게 -nísus) -a, -um, adj. (sub+nitor¹)
  …에 의지한, 기댄, …를 믿는, 밑에 있는,
  굴종하는, …을 자랑스러워하는.
subnotátio, -ónis, f. 포함, 서명(署名), 신청(申請)
súbnŏto, -ávi, -átum -áre, tr.
  밑에 쓰다, 서명하다, 은연중에 표시하다.
súbnŏto alqm vultu. 눈짓으로 표(지)시하다
súbnŏto nómina. 이름을 적다, 서명(署名)하다
súbnŭba, -æ, f. (sub+nubo) 소실, 첩
subnúbĭlus, -a, -um, adj. 어두컴컴한,
  구름이 약간 낀(prænubilus, -a, -um, adj.)
sŭbo, -áre, intr. 발정하다, 암내 나다, 정열에 불타다
subobscénus(=subobscǽnus) -a, -um, adj. 음란한,
  약간 추잡한, 외설(猥褻)스러운, 좀 음외(淫猥)한
subobscúre, adv. 좀 애매하게
subobscúrus, -a, -um, adj. 좀 어두운, 희미한, 애매한
suboccúlte, adv. 슬그머니, 남몰래
subodiósus, -a, -um, adj.
  약간 가증스러운, 좀 미운, 갈수록 싫증나는, 좀 싫은.
subofféndo, -ěre, tr. 약간 불유쾌하게 하다
subóleo, -ére, intr. 약간 냄새나다.
  hoc súbolet mihi.(subolet mihi. 혹은 subolet.)
    나는 깨닫다(감지하다).
súbŏles(sóboles) -is, (gen., pl. -lum) f. 싹(순),
  가지(원줄기에서 뻗은 줄기), 후손, 자손, 혈통, 동물의 새끼.
subolésco, -ěre, inch., intr. (sub+olésco, alésco)
  싹트다(תֵּאר.אמח), 시조(始祖)가 되다.
subolfácĭo, -ěre, tr. (냄새) 맡다, 냄새 맡아 알다
súbŏlo, -ěre, intr. (=subóleo) 냄새나다
subordinatiánismus, -i, m.
  성자 종속설, 양자 종속설(⑨ subordinatĭanism)
  종속론(從屬論), 종속설(→從屬論)(한국가톨릭대사전. p.5854).
subordinátĭo per accidens. 우유(遇有) 종속
subordinátĭo per se. 자체(自體) 종속
subórdĭno, -ávi, -atum -áre, tr. 종속(예속) 시키다
subórĭor, -órtus sum, -íri, dep., intr. 나다(出生),
  차차 자라다, 다시 나다, 번식(繁殖)하다, 재생하다.
subornátĭo, -ónis, f. 장식(裝飾-치장함), 준비(準備),
  유혹(誘惑⑨ Temptátĭon), 위증(僞證),
  사주(使嗾-부추기어 나쁜 일을 시킴). (法) 위법수단(違法手段).
subornátor, -óris, m. 사주(使嗾) 하는 자
subornatrix, -ícis, f. 의상 담당자의 보좌(補佐)
subórno, -ávi, -átum -áre, tr. 무장시키다(גג), 갖추다,
  꾸미다(תבנ.בגנ.ליטק), 옷을 입히다.
  (군대 따위를) 장비(裝備)하다, 유인하다, 사주하다
  비밀리에 준비시키다·훈련시키다), 위증시키다.
suborno alqm ad cædem regis.
  왕을 죽이라고 아무를 잠입(潛入) 시키다.
suborno alqm pecúniā. 아무에게 돈을 주다
sŭbórtus, -a, -um, "subotior"의 과거분사(p.p.)
subórtus, -a, -um, adj. 생김(生-없어지면 또 생기고 하는)
subosténdo, -téndi -ténsum -ěre, tr.
  슬쩍 암시(暗示)하다, 설명(說明)하다, 가르쳐주다.
subp… V. supp…
subpar(=suppar) -āris, adj. (sub+par) 거의 같은,
  거의 동갑의, 거의 동시대의, 어슷비슷한.
subphýlum, -i, n. (生) 아문(亞門)
subpræfecti venti. 하찮은 소문(sermunculus, -i, m.)
subprínceps(=supprinceps) -cípis, m.
  부관(副官), 부장관(副長官), 차관(次官).
subprincipális(=supprinceps) -e, adj. 장(長) 바로 밑의
subpromótor, -óris, m. 수창자(首唱者)의 대리인
subquádrŭplus, -a, -um, adj. 4분의 1의, 1대 4의
subquártus, -a, -um, adj. 5분의 4의, 4대 5의
subr… V. surr…
subrádĭo, -áre, tr.
  눈앞에 빛나게 하다, 가르쳐주다, 가리키다.
subrádo, -rási, rásum, -ěre, tr. 밑을 깎다,

아래를 깎다, 긁어내다, 벗기다, 물주다,
강 하류를 적시다, 아래를 스쳐 흐르다.
subráncĭdus, -a, -um, adj. 약간 부패한, 좀 쉰(상한)
subrási, "subrádo"의 단순과거(pf.=perfectum)
subrásum, "subrádo"의 목적분사(sup.=supínum)
subráucus, -a, -um, adj. (목소리가) 좀 쉰
subrectĭo,(=surréctĭo) -ónis, f. 다시 일어남, 세움,
  발기(發起), 빳빳함, 부활, 재흥(再興-다시 일어남).
subréctĭto, -ávi, -áre, intr. 가끔 일어나다
subréctor, -óris, m. (subréctrix, -ícis, f.) 일으키는 자
subréctum, "súbrĭgo"의 목적분사(sup.=supínum)
subréctus¹ -a, -um, p.p., a.p. 약간 곧은
subréctus² -us, m. = subrectĭo(=surréctĭo)
subreféctus, -a, -um, adj. (sub+refícĭo) 좀 회복된
subrégŭlus, -i, m. 신하, 가신, 봉신, 봉건 영주
subrelínquo, -ěre, tr. 뒤에 남기다, 빠뜨리다, 버리다
subremánĕo, -mánsi, -ére, intr.
  뒤에 남아 있다, 머물러 있다.
subremánsi, "subremánĕo"의 단순과거(pf.=perfectum)
subrémĭgo(surrémĭgo), -áre, intr. 노 저어 가다.
  tr. 노 젓는 동작으로 흔들다.
subrenális, -e, adj. 허리 밑에 있는
subrepénte, adv. 좀 갑작스럽게
subrépo(surrépo), -répsi, -réptum, -ěre, intr.
  미끄러져 내려가다, 기어가다,
  모르는 사이에 자라다, 몰래 들어오다(가다).
  in subréptum. 기어서/
  somnus subrépit in óculos(óculis) 잠이 살살 오다/
  subrepentibus vítiis.
    모르는 사이에 악습은 자라나는데.
subrepo sub tábulas. 널빤지 밑으로 미끄러지다
subrépsi, "subrépo(surrépo)"의 단순과거(pf.=perfectum)
subreptícĭus(=subreptítĭus) -a, -um, adj. 은밀한,
  은닉하는, 암암리의, 도둑맞은, 탈취 당한, 빼앗긴.
subréptĭo, -ónis, f. (obréptĭo와 대조) 몰래 기어 들어감,
  (성정에) 허위 기재, 진술, 코 위법 수단,
  은닉(隱匿-숨기어 감춤), 절도(竊盜 ⑨ theft).
subreptĭo accidentalis. 부수적 은폐
subreptĭo substantĭalis. 실질적 은폐
subreptívus, -a, -um, adj. 은닉하는, 은밀한, 몰래하는
subréptor, -óris, m. 도둑놈, 사기꾼
subréptum, "subrépo(surrépo)"의 목적분사(sup.=supínum),
  "súbrĭgo"의 목적분사(sup.=supínum).
subresídĕo, -ére, intr. = resídeo
subrexi, "súbrĭgo"의 단순과거(pf.=perfectum)
subrídĕo, -risi -risum -ére, intr.
  미소 짓다, 웃다(מיז. האה.חד).
subridicule, adv. 좀 우습게
subridícŭlus, -a, -um, adj. 약간 우스운, 우스꽝스러운
súbrĭgo, -réxi -réctum -ěre, tr. (sub+rego) 일으키다,
  세우다(גד.ﬡﬡ.ﬡﬡ.גﬡ),
  맹수에게 내놓다(원형극장에서 기둥에 매어).
subrígŭus, -a, -um, adj. 조금 습기 있는
subrípĭo¹(=surrípĭo) -rípŭi -réptum -ěre, tr.
  (sub+rápio) 몰래 훔치다, 빼돌리다, 표절(剽竊)하다.
subripio ex sacro vasa.
  성전에서 성물(성작 따위)을 훔치다
subrípĭo² -ěre, intr. = subrépo(surrépo)
subrípŭi, "subrípĭo¹(=surrípĭo)"의 단순과거(pf.=perfectum)
subrísĭo, -ónis, f. 미소(微笑-소리를 내지 않고 빙긋이 웃음), 웃음
subrisio timida. 수줍은 미소
subróbĕus, -a, -um, adj. = subrúbĕus 불그스름한
subrogátĭo, -ónis, f. (obrogátĭo와 대조) 대리(代理),
  대위(법률용어. 제삼자가 다른 사람의 법률적 지위를 대신하여 그가 가진 권리
  를 얻거나 행사하는 일. 채권자가 채무자의 권리를 대신 행사하는 일 따위이다)
  대치(代置-다른 것으로 바꾸어 놓음), (법률의) 변경(變更).
subrógo(=surrogo) -ávi, -áre, tr. 대신 세우다,
  아무 대신 누구를 뽑다, 새로 뽑다,

(법을) 바꾸다, 공급(供給)하다.

subrogo *alqm* sibi collégam ···를 새 동료로 받아들이다

subrostráni, -órum, m., pl. 실없이 구경하는 자,
　로마 시장 터에 있는 연단(rostra) 밑에서 서성거리는 자.

subrotátus, -a, -um, adj. (sub+rota¹) 밑에 바퀴 달린

subrotúndus, -a, -um, adj. 둥그스름한, 약간 둥근

subrúběo, -ére, intr. 불그스름하다, 약간 붉어지다

súbrŭber, -bra -brum, adj. 불그스름한, 약간 붉은

subrúběus ¯a, -um, adj. = subróběus 좀 붉은

subrubicúndus, -a, -um, adj. 불그스름한

subrúfus, -a, -um, adj. 다갈색의, 붉은 기 있는, 연적갈색의

súbrŭi, "súbrŭo"의 단순과거(pf.=perfectum)

subrúmo, -áre, tr. (sub+ruma) 젖을 빨리다

subrúmus, -a, -um, adj. (sub+ruma)
　아직 젖 먹는, 젖 떨어지지 않은

subruncívus, -a, -um, adj. (sub+runco¹)
　풀 깎인, 다듬어진.

súbrŭo, -rŭi -rŭtum -ěre, tr. 뒤엎다, 밑을 파다,
　송두리째 무너뜨리다, 파괴하다(בֵיר).

subruo árbores a radícǐbus. 나무를 송두리째 뽑다

subruo libertátem. 자유를 송두리째 빼앗다

subruo murum. 성을 무너뜨리다

subrúpǐo(=subrípǐo =surrípǐo) -rípǔi -réptum -ěre,
　tr. 훔치다, 탈취하다, 감추다, 면하게 하다.

subruptícǐus, -a, -um, adj. 도둑맞은, 탈취 당한, 빼앗긴

subrústǐcus, -a, -um, adj. 좀 촌스러운, 좀 거친, 좀 무례한.
　adv. subrustice, 약간 조잡하게, 약간 거칠게, 좀 촌스럽게.

subrútǐlo, -áre, intr.
　좀 붉은 빛나다, 좀 빛나다, 좀 알아들을 만하다.

subrútǐlus, -a, -um, adj. 좀 붉은

súbrŭtum, "súbrŭo"의 목적분사(sup.=supínum)

subs = sub

subsálsus -a, -um, adj. 좀 짠, 찝찔한

subsálto, -ávi, -áre, intr. (sub+saltus¹)
　뛰어오다, 깡충깡충 뛰다.

subsannátǐo, -ónis, f. 조롱(嘲弄), 경멸(輕蔑)

subsannátor, -óris, m. 조롱(경멸) 하는 자

subsannatórǐus, -a, -um, adj.
　빈정대는, 야유(揶揄)하는, 조롱(嘲弄)하는.

subsán(n)ǐum, -i, n. 배(船)의 내부, 선창

subsánno, -avi -áre, tr. (sub+sanna) 경멸하다,
　(얼굴을 찡그리며) 조롱하다(דחק), 무시하다.

subsárcǐno, -áre, tr. 짐 싣다, 갖추게 하다

subscaláris, -e, adj. 사다리 밑에 있는

subscálpo, -ptum -áre, tr. 좀 간질이다, 흥분시키다

subscíndo, -ěre, tr. 나누다(בּלג), 쪼개다(רצב,ממ)

subscribendárǐus, -i, m. (sub+scríbo¹) 비서, 서기보

subscríbo, -scrípsi -scríptum -ěre, tr. 밑에 쓰다,
　기입하다, 서명하다, 판결문(유언장)에 서명(署名)하다,
　인준하다, 수결(手決)하다, 가입하다, 등기(謄記)하다,
　등록(謄錄)하다, 이름을 올려두다, 동의하다, 편들다,
　허락하다, 첨가(添加)하여 쓰다, 추신(追伸)으로 쓰다,
　고소장에 서명하다, 고소(告訴)하다, 낙인찍다.

subscribo causam patricídii. 부친 살해범으로 고소하다

subscribo de supplício. 사형선고장에 서명(署名)하다

subscribo in *alqm*. 아무를 고소(告訴)하다

subscribo in crimen(in crímine) 고소(告訴)하다

subscribo iræ Cǽsaris. Cæsar이 화내는 데 동의하다

subscribo testaménto. 유언장(遺言狀)에 서명하다

subscrípsi, "subscríbo"의 단순과거(pf.=perfectum)

subscríptǐo, -ónis, f. 밑에 적음, 기입(記入), 승인(承認),
　인준(認准), 서명, 날인(捺印), 수결, 가입, 등록, 등기,
　검열. (法) 상소 이유, 고소, 진술서, (형사재판의) 고소장,
　(병사들의 식량 분배에 관한 문서에 해당 장교가 하는) 서명.
　추신(=postscriptum.약 P.S..재계. 추계. 추백. 첨기).

Subscriptio censoria. 호구총감의 서명

Subscriptio instrumenti non continuo obligat
scribentem. 문서의 서명이 서명자를

반드시 구속하는 것은 아니다.

Subscriptio principis. 황제의 서명

Subscriptio testamenti. 유언의 서명

subscriptor, -óris, m. 가입자(加入者), (문서, 유언) 서명자,
　승인(承認)한 사람, 서명한 사람, 동의하는 사람 편.

subscriptum, "subscríbo"의 목적분사(sup.=supínum)

subscrupósus, -a, -um, adj. 꼼꼼한, 세심한, 치밀한

subscúdǐnes, -um, f., pl. subscus의 복수(複數)

subscus, -scúdis, f. (sub+cudo¹) 쇠갈고리, 꺾쇠의 일종

subsecívus, -a, -um, adj. = subsicívus

súbsěco, -cǔi -ctum -áre, tr.
　밑을 자르다, 베어 내다(יוֹצ), 절단(切斷)하다.

subsecretárǐus, -a, -um, adj. 뒤에 오는, 이차적인, 추가의.
　m. 부총무(secretárǐus, -i, m. 총무),
　사무차장(事務次長.이탈리아어 SottoSegretarǐo).

subsectum, "súbsěco"의 목적분사(sup.=supínum)

subsecǔi, "súbsěco"의 단순과거(pf.=perfectum)

subsecúndo, -áre, intr. 몰래 돕다

subsecútǐo, -ónis, f. 계속(繼續), 연속(連續)

subsédi, "subsídǐo"의 단순과거(pf.=perfectum),
　"subsído"의 단순과거(pf.=perfectum).

subseicívus, -a, -um, adj. = subsicívus

subseliárǐum, -i, n. 극장의 고관석(등받이 Royal box)

subséllǐum, -i, n. (sub+sella) 걸상(등받이 없는),
　보통 사람들이 앉는 자리(벤치, ⑨ bench),
　극장의 관람석, 원로원 의원석, 재판석, 법정좌석,
　원고석, 피고석. pl. 법정(法廷.⑨ Court).

subsentátor, -óris, m. 아첨자(阿諂者), 아첨하는 자

subséntǐo, -sensi -íre, tr. 의심하다, 몰래 관찰하다

súbsequens, -entis, adj. 계속 되는, 뒤따르는, 뒤에 오는.
　impotentǐa subsequens. 후행적 불능

subsequénter, adv. 계속하여, 뒤이어, 따라서(κατὰ)

subsequéntǐa, -æ, f. 연속, 후속, 계속, 계승(繼承).
　secundum subsequéntiam. 계속하여

subséquǐum, -i, n. 다음에 오는 것, 계속 되는 것,
　추종(追從-남의 뒤를 따라 좇음), 후속(後續).

súbsěquor, (-ěris, -sécutus(sequútus) sum, -qui
　dep., tr. 즉시 따라가(오)다, 따르다, 동반하다,
　본받다, 남의 발자취를 따르다.
　Cæsar subsequebátur ómnibus.
　모든 군대를 Cæsar이 따라 가더라/
　præveniens et subsequens. 선행과 후속/
　subséquitur manus. 손을 뒤따라가다.

subsequuus(=subsícǔus) -a, -um, adj.
　다음번에 오는, 이차적인, 추가의.

súbsěro¹ -sévi -sǐtum -ěre, tr. (sub+sero⁴)
　대신 심다, 다시 심다.

súbsěro² (-serǔi) -sértum -ěre, tr. (sub+sero³)
　밑에 끼우다, ···다음에 넣다, 첨가(添加)하다,
　암시(暗示)하다, 넌지시 말해주다.

subsérvǐo, -íre, intr. 종노릇하다, 복종(服從)하다.
　도와주다, 보좌(補佐)하다, 조력(助力)하다.

subséssa, -æ, f. 매복(埋伏-불시에 습격하려고 몰래 숨어 있음)

subséssor, -óris, m. 매복자(埋伏者), 유혹자, 목 지키는 사람.

subséssum, "subsíděo"의 목적분사(sup.=supínum)

subsícco, -áre, tr. 조금 말리다

subsiciva tempora. 여가(餘暇), otium, -i, n.)

subsicívus(=subsecívus =subsisívus =succisívus)
　-a, -um, adj. (sub+seco) 잘린, 잘라 낸, 남아도는,
　부속적인, 대수롭지 않은, 불완전한, 부족한.
　n. 가외 땅, 여분의 땅.

subsícuus, -a, -um, adj. = subséquus

subsidéntǐa, -æ, f. 가라앉은 것, 찌꺼기, 침전물

subsíděo, -sédi, -séssum, -ére, v. subsido

subsídi, "subsído"의 단순과거(pf.=perfectum)

subsidiárǐtas, -átis, f. 보조성(⑨ Subsidiarity)

subsidiárǐus(=subsidialis, -e) -a, -um, adj. 예비의,
　보조의, 추가의, 보강의. m., pl. 예비군(豫備軍).

subsidiárĭus orátio. 피후견인이 무능한 후견인에 대하여 보상금을 청구하는 소송.
subsídĭor, -ári, dep., intr. 돕다(סייע.סעד), 보조하다, 보좌하다, 예비군을 형성하다.
subsídĭum, -i, n. (gen. -sidi) 예비군(豫備軍), 구원병, 구원(救援.σωτηρìα.[영] salvátĭon), 보강(補强), 보조, 도움([영] Assistance), 보호(保護.[영] Defense), 피난처(避難處), 피난(避難), 방책(方策), 방법(方法).
in subsídium míttere mílites. 구원병(증원군)을 보내다/
subsídio esse. 도움이 되다/
Legatus sociis subsidio missus est. 우방에는 부관을 응원으로 보냈다.[sociis는 이해여격, subsidio는 목적여격으로 쌍을 이룬다].
subsidium caritativum. 애덕사업 보조금(補助金), 교구 임시 지출비를 위한 헌금(교회법 제1263조).
subsído, -sédi(-sídi) -séssum -ĕre, intr. 가라앉다, 웅크리고 앉다, 쭈그리다, 엎드리다(רבץ.כרע), 중지(中止)하다, 정지하다, 남다, 머물다, 망보다, 목을 지키다, 덮치다, 구렁에 들어가다, 떨어지다, 침전하다, 주저앉다, 몰락하다, 그치다(פסק.קיפס), 꺾이다, 잠잠해지다, 약화(감소) 되다, (무서움, 결점, 목소리 따위가) 죽다, 없어지다, 자다, 내려앉다, 함몰되다, 꺼지다, (암컷이) 수컷을 받아들이다.
Venti subsídunt. 바람이 그치다.
subsido in insídiis. 잠복(潛伏)하다
subsido in ipsa via. 도중에서 그만두다
subsido leónem. 사자를 잡으려고 목을 지키다
subsídŭus, -a, -um, adj. 퇴위(退位)하는
subsignánus, -a, -um, adj. (sub+signum) 기(旗) 밑에 있는, 봉사하는, 예비군의, 본부대를 돕는.
subsignátĭo, -ónis, f. 날인(捺印-도장을 찍음), 보증(保證), 서명, 수결(手決) 약속(ἐπαλλελìον.[영] Promise).
subsigno, -ávi, -átum -áre, tr. 아래에 쓰다, 밑에 표기하다, 기입(記入)하다, 수결(手決)하다, 서명(날인)으로 기입하다, 보증(保證)하다, 약속하다, 동의하다(ספט), 합의(合意)하다, 서명하다.
prǽdia subsignáta. 저당(抵當) 잡힌 땅.
subsigno fidem. 맹세하다
subsílĭo, -lŭi -íre, 4. intr. (sub+sálio²) 뛰어오르다, 펄쩍뛰다, 튕기다, 뛰어 도망가다, 빠져 나오다, 펄쩍 뛰어 들어가다.
subsílŭi, "subsílĭo"의 단순과거(pf.=perfectum)
subsímĭlis, -e, adj. 꽤 비슷한, 약간 비슷한, 흡사한
subsímus, -a, -um, adj. 코가 좀 낮은
subsípĭo, -ĕre, intr. (sub+sápio) 맛(味)이 좀 있다
subsistens persona. 자존하는 위격.
anima est aliquid per se subsistens. 영혼은 자립하는 무엇이다/
aliquid subsistens. 자립하는 무엇/
intellectus subsistens. 자립 지성/
relatio subsistens. 존립하는 관계.
subsistentĭa* -æ, f. 자존재(自存在.ὑπὸστασεις), 존재(存在.獨 Das Sein.[영] Existence), 독립 존재, 생존(生存), 자립, 자립성(自立性), 자존, 자존성.
subsísto, -stĭti -ĕre, intr., (tr.) 정지하다, 멎다, 중지하다(שבת), (소리, 눈물이) 그치다, 머물다, 유숙하다, 있다, 존재하다(קום), 저항하다, 항거하다, 대항하다, 대결하다, 중단하다, 자존하다, 머뭇거리다, 버티다, 유지하다, 돕다, 보조하다, (사람이) 생존하다.
Subsistit in Ecclesia Catholica. 가톨릭 교회 안에 존재한다.
súbsĭtus, -a, -um, adj. 밑에 있는, 밑에 위치한
subsoláneus, -a, -um, adj. (sub+solum¹) 지하의
subsolánus, -a, -um, adj. 동쪽을 향한.m. 동풍(東風)
subsólutum, "subsólvo"의 목적분사(sup.=supínum)
subsólvi, "subsólvo"의 단순과거(pf.=perfectum)
subsólvo, (solvi), -lútum, -ĕre, tr. 조금 풀다
súbsŏno, -áre, intr. 속으로 말하다, 비밀(秘密)히 말하다, 얕게 소리 나다.
subsórtĭor, (-íris), -ítus sum, -íri, dep., tr. (대신하기 위하여) 새로 뽑다.
subsórtĭor júdicem. (아무 대신) 새 판사(判事)를 뽑다
subsortítĭo, -ónis, f. 보궐 선출(補缺選出)
subspárgo, -ére, tr. 밑에 뿌리다
subspécĭes, -éi, f. (生) 아종(亞種)
subspíssus, -a, -um, adj. 꽤 잦은, 좀 두꺼운, 짙은
substantĭa* -æ, f. 실체(οὐσìα.實體.[영] Substance), 본성(φὺσις.本性.[영] nature), 본체(本體-실체), 본질(τὸ τι ἐν εἰναι.本質.εἶδος), 물질, 물체, 근본, 독립체, 지주(支柱), 존재, 실재, 종류, 내용, 요점, 알맹이, 먹을 것, 식량, 생계, 생활수단, 생존, 재산, 능력(能力).
[스콜라 철학에서는 존재론의 라틴어 용어들을 다음과 같이 번역하여 사용한다. ens(τὸ ὄν) 존재자, 존재 사물, 유(有) / esse(εἶναι) 존재, 존재함, 있음 / essentia (아우구스티노의 용어로는) 존재, 존재자, (스콜라 철학에서는) 본질 /existentia 실재, 실존, 존재 / natura (아우구스티노의 용어로는 '존재자'를 가리키는) 자연 본성, 자연 사물 / substantia 실체, 본체.
성 염 지음, 사랑만이 진리를 깨닫게 한다. p.26].
[언어학적 관점에서 볼 때에도 라틴어 sub-stantia는 그리스어 hypo-stasis에 잘 상응하는 단어이다. 그리스어 휘포스타시스(ὑπὸστασις)는 '밑에'를 뜻하는 접두어 휘포(ὑπὸ)와 '서 있다'를 뜻하는 동사 휘스타마이(ἱστασις)의 합성어에서 나온 명사로 그 어원적 의미를 살려 번역하면 '밑에 놓여 있는 것', '밑에 서 있는 것' 이런 의미에서 '기초, 바탕'을 의미한다. 더 나아가 이 단어는 여러 변화에도 불구하고 "밑에 (계속) 남아 있는 것"을 뜻한다. 사목연구 제21집, p.65].
cogníta substantia. 인식된 실체/
De substantiis separatis. 분리된 실체/
diversitas substantiæ. 실체(實體)의 차이성(差異性)/
humana substantĭa. 인간적인 실체(교부문헌 총서 8 p142)/
individua substantĭa. 개별적(개체적) 실체/
Individua substantĭa rátĭónis naturæ. 자연이성의 개별적 실체(보에티우스)/
Mentis naturam et esse substantiam, et non corpoream. 지성의 본성은 실체라고 하는 동시에 물체적인 것은 아니라고 한다/
miraculum quoad substantiam(supra naturam) 본질적(초자연적) 기적, 실체 대상(변화)의 기적/
naturæ completæ individua substantia. 완성된 본성의 개별적 실체/
non enim corpus et anima sunt duæ substantiæ actu existentes sed ex eis duobus fit una substantia actu existens. 신체와 영혼은 현실태로 존재하는 두 실체가 아니고 그 둘에 의해서 현실태로 존재하는 단일한 실체가 된다(성 염 지음, 사랑만이 진리를 깨닫게 한다, p.161)/
non habére substántiam. 실재(實在)하지 않다/
non solum est incorporea, sed etiam substantia, scilicet aliquid subsistens. 인간 지성의 본성은 비물체적일뿐더러 또한 실체, 즉 자립하는 무엇이다/
persona vero rationabilis naturæ individua substantia. 인격은 이성적 본성의 개별적 실체이다/
Quod tandem sit principium individuationis in omnibus substantiis creatis. 모든 피조된 실체들에서의 개체화의 원리는 무엇인가(스콜라 철학에서의 개체화, p.919 참조)/
separata substantia. 별도의 존재/
Sermo de Substantia Orbis. 세상의 실체론(아베로에스 지음)/
unitas substantĭæ. 실체적 일치.
substantĭa angelorum. 천사들의 실체
substantĭa cogitans creata. 창조된 사유실체
substantĭa completa. 완전실체(하느님, 천사 등)
substantĭa composita. 복합된 실체, 합성실체
substantĭa concreta. 구체적 실체(具體的 實體)
substantĭa creata. 창조된 실체
substantia dividitur in materiam et formam. 실체는 질료와 형상으로 분리된다.
Substantia festinata minuetur; qui autem colligit manu, multiplicat. (u[parxij evpispoudazome,nh meta. avnomi,aj evla,sswn gi,netai o` de. suna,gwn e`autw/| metV euvsebei,aj\ plhqunqh,setai di,kaioj oivkti,rei kai. kicra/|) (獨 Hastig errafftes Gut zerrinnt; wer aber ruhig sammelt, bekommt immer mehr) ([영] Wealth quickly gotten dwindles away, but amassed little by little, it grows). 의인들의 빛은 흥겹게 빛나지만 악인들의 등불은 사위어 간다(성경 잠언 13, 11)/공으로 얻은 재산(財産)은 날아가지만 애써 모은 재산은 불어난다(공동번역).

S

substantĭa hóminis. 사람의 육체부분(肉體部分)
substantĭa immaterialis. 비물질적 실체
substantia incompleta.
　비완료 실체(非完了 實體), 불완전 실체(인간의 영혼. 육체).
substantĭa increata. 창조되지 않은 실체
substantĭa individua 개별적 실체
substantĭa individua rátiónis naturæ.
　지적 본성을 지닌 개별적 실체(보에시우스의 인격 개념).
substantĭa individualis rátionalis naturæ.
　이성적 본성의 개체적 실체(個體的 實體).
substantĭa infinita. 무한한 실체(無限 實體)
substantĭa infirmitatis. 나약한 본체
substantĭa intellectualis. 지성적 실체
substantĭa materialis. 물질적 실체
substantĭa naturalis. 자연적 실체
substantĭa nigra. 흑색 핵
substantĭa Patris. 성부의 실체
substantia perfecta. 완전한 실체
substantĭa personæ. 사람의 본질
substantĭa prima. 제일 실체(第一實體-하느님)
substantia rationalis. 이성적 실체
substantĭa rei. 사물의 실체
Substantĭa sacramentórum. 성사의 실체
substantĭa secunda(universalis)
　제이 실체(第二實體-보편적 실체-피조물).
substantia sensibilia. 감각적 실체
substantĭa separata. 분리된 실체
substantĭa sigularis 개립적 실체
substantĭa simpliciter. 단순 실체(한국가톨릭대사전. p.5848)
substantĭa spiritualis. 령적 실체, 영적 존재,
　비물질적인 실체, 영신적 실체(철학여정, p.171),
　영적 실체, 영적 요소(eleméntum spirituale).
　inferior substantĭa spiritualis. 하위의 영적 실체/
　superior substantĭa spiritualis. 상위의 영적 실체.
substantia vivens. 생명체
substantiæ abstractæ. 추상된 실체들
substantiæ communio. 본성적 일치
substantiæ createæ. 창조된 실체들(중세철학. 제2호. p.78)
substantiæ differentĭa. 실체의 차이
substantiæ separatæ. 분리된 실체
substantiæ spirituales. 신령한 실체들
substantiális(=substantiválĭs), -e. adj. 물체의,
　실체(實體)의, 독립체(獨立體)의, 본체의, 본질의.
　adv. substantialiter. 본질적으로.
　esse substantĭale. 실체적 존재/
　(哲) forma substantiális. 실체적 형상/
　individuum substantiale. 실체적 개체(實體的 個體)/
　unio substantiális. (영혼과 육신의) 실체적 합일/
　unitas substantiális. 본질적 통일성/
　Utrum lumen sit substantiális, an accidentális.
　광선은 실체적인가 아니면 우유적인가?/
　Utrum lux sit forma substantiális, vel accidentális?
　빛은 실체적 형상인가 혹은 우유적 형상인가?/
　vinculum substantiale. 실체적인 사슬.
substantialis divinitas. 실체적 신성
substantialis dubitátĭo. 실질적 의문
substantialis forma. 실체적 형상(實體的 形狀).
　Lux est forma substantialis. 빛은 실체적 형상이다.
substantialis unĭtas. 실체적 일성(實體的 一性)
substantiálĭtas, -átis, f. 물체성(物體性),
　자립성(自立性), 실체성(實體性).
substantiálĭtas spiritualis. 영신적 실체성(實體性)
substantialiter, adv. 본질적으로, 본질상으로, 실체상
substantiam separatam subsistentem.
　분리된 자존적 실체.
substantĭŏla, -æ, f. 적은 재산
substantĭválĭs = substantiális
substantĭvum, -i, n. 명사(名詞), 이름씨

substantĭvum collectívum. 집합명사(集合名辭)
substantĭvum essentĭale. 본질적인 실체사
substantĭvum mobile. 가변성명사
substantívus, -a, -um, adj. 실체적(實體的), 자립의,
　본체의, 본질적(本質的), 명사적(名詞的).
　decretum substantivum. 실체적 재결/
　Substantiva ut adverbialia adhíbita. 명사적 부사어.
substantivus res. 사실체
substantivus verbum. 존재 동사(예를 들면 sum 등)
substérno, -trávi -trátum -ĕre, tr. 밑에 깔다,
　복종시키다, 굴복(屈伏)시키다, 희생하다, 내놓다,
　덮다(אסך.סכ.אפף.חפי), 몸 팔다, 매음(賣淫)하다.
substerno herbam óvibus. 양에게 짚을 깔아 주다
substerno solum páleis. 짚으로 땅을 덮다
substillo, -áre, intr. 배뇨 곤란증(排尿 困難症)에 걸리다
substíllum, -i, n. 습도 높은 계절, 안개비
substillus, -a, -um, adj. (sub+stillo) 방울방울 떨어지는,
substillus lótium. 배뇨 곤란증(排尿 困難症)
substíti, "subsisto"의 단순과거(pf.=perfectum)
substítŭo, -ŭi, -útum, -ĕre, tr. (sub+státuo) 밑에, 뒤에,
　후에 두다, 바꾸다, 대체하다, 대용하다, 대신 세우다,
　대위케 하다, 계승시키다, 책임 지우다, 예속(隷屬) 시키다.
substitútĭo, -ónis, f. 대리(대체), 대용, 대체(代替), 교체,
　바꿈, 교환(交換), 대위케 함, 대리를 세움, 대리인,
　상속인 보충 지정, 후임자.
substitútĭo(substitutum) religionis. 대용종교, 대상종교.
　(⑨ Substitute of Religion. 절대가치 대신 지상 가치를 절대가치로 대치시키는
　무종교적인 신념. 예:혈연, 민족, 애국, 인종 등을 종교적 절대 가치로 여기는
　신념. 백민관 신부 엮음. 백과사전 3. p.310 : p.569).
substitutívus, -a, -um, adj. 대리(代理)의, 대용(代用)의,
　조건부(條件附)의, 종속적(從屬的)의.
substitutus, -i, m. 보조원, 대리인
substo, -áre, intr. 밑에 서 있다, 견디다, 버티다
substómăchor, -ári, dep., intr.
　조금 골내다, 약간 화내다, 뺄이 나다, 부아가 나다.
substrámen, -mĭnis, (substraméntum, -i) n.
　짚으로 깐 잠자리, 깔개.
substratum, "substérno"의 목적분사(sup.=supínum)
substrátum, -i, n. (哲) 기체(그리스어 Hypokeimenon), 기반.
　(기체基體. 아리스토텔레스의 形而上學 용어. 모든 생성과 현실적 사물이
　되기 이전의 수동적이며 보편적인 기능적 존재성. 성질이 규정되지 않은
　원본적 소재. 백민관 신부 엮음. 백과사전 2. p.316).
substrátus, -a, -um, p.p. 밑에 깐, 땅에 깔린,
　m. substrátus, (abl. -u) 밑에 깔림, 폄, 부복한 자.
substrávi, "substérno"의 단순과거(pf.=perfectum)
súbstrĕpo, -ĕre, tr. 중얼거리다, 겨우 들리게 하다
substríctum, "substríngo"의 목적분사(sup.=supínum)
substríctus, -a, -um, p.p., a.p. 빽빽한, 좁은, 짧은
substrído, -ĕre, intr. 으르렁대다
substríngo, -ínxi -íctum -ĕre, tr.
　졸라매다, 죄다, 밑을 매다, 극기(克己)하다,
　억제(抑制)하다, 억누르다, 바싹 갖다 대다.
substringo áurem. 귀를 기울이다
substringo crinem nodo. 머리털을 끈으로 잡아매다
substringo lácrimas. 눈물을 억누르다
substrinxi, "substríngo"의 단순과거(pf.=perfectum)
substrúctĭo, -ónis, f. 기초공사, (건축의) 토대.기초,
　지하 건축물(地下 建築物), 성벽(城壁).
substructum, "súbstrŭo"의 목적분사(sup.=supínum)
substructum, -i, n. 토대, 하부구조(下部構造), 기초
substrúctus, -a, -um, p.p. 기초 깔린, 밑에 놓인
súbstrŭo, -strúxi -strúctum -ĕre, tr. 기초공사를 하다,
　기초를 세우다, 포장(包裝)하다, 지하공사를 하다,
　…에게 건물을 봉헌(奉獻)하다.
　Templum Diánæ substrúxit.
　그는 Diana 여신(女神)에게 봉헌하는 신전을 지었다.
substruo fundaméntum. 기초공사를 하다
substruo vias gláreā. 굵은 모래로 길을 깔다
substruxi, "súbstrŭo"의 단순과거(pf.=perfectum)
substýpticus, -a, -um, adj.

1242

수렴성(收斂性)의, 신맛이 있는.
subsúdo, -ávi, -áre, intr. 조금 땀 흘리다
subsúltim, adv. 뛰어가며, 통통 뛰면서
subsúlto(subssúlto), -áre, intr., freq.
　뛰다, 튕기다, (문체가) 고르지 못하다, 들쑥날쑥하다.
subsum, (subes) súffŭi(súbfui), ésse, intr.
　밑에(아래) 있다, 옆에 있다, 임박(臨迫)하다,
　밑에 숨어 있다, 깊숙한 곳에 있다.
　alqa subest causa. 어떤 이유가 숨어 있다/
　Nox jam súberat. 밤이 곧 닥쳐왔다/
　subest Rhenus. Rhein 강이 옆에 있다/
　Subúcula subest túnicæ. 겉옷 속에 속옷이 있다.
subsúmen, -ĭnis, n. 밑을 기운 천
subsúmmo, -áre, tr. (수를) 곱하다
súbsŭo, -sútum, -ĕre, tr.
　밑에 기워 붙이다, 첨가(添加)하다, 밑에 꿰매다.
subsútĭo, -ónis, (subsutúra, -æ) f.
　수선(修繕), 밑을 꿰맴, 밑을 꿰매는 천.
subsutúra, -æ, f. = subsútĭo, -ónis, f.
subsútus, -a, -um, p.p. 기워 붙인
subtábĭdus, -a, -um, adj. 약간 피폐된
subtácĭtus, -a, -um, adj. 말수가 적은, 침묵하는 편인
subtaláris, -e, adj. 발뒤꿈치까지 늘어진
subtana. 수단(프.soutane.⑨ cassock.獨 Talar)
subtaneum. 수단(프.soutane.⑨ cassock.獨 Talar)
subtéctĭo, -ónis, f. 가림, 덮음
subtectum, "súbtĕgo"의 목적분사(sup.=supínum)
subtectus, "súbtĕgo"의 단순과거(pf.=perfectum)
súbtĕgo, -téxi, -téctum, -ĕre, tr. 밑을 가리다, 덮다
subtégulánĕus, -a, -um, adj. (sub+tégula¹)
　지붕 밑에 있는.
subté(g)men, -mĭnis, n. = subtégumen, -mĭnis,
　(sub+texo) 직조물의 날과 씨(경사, 위사), 실(絲).
subtel, n. 발바닥의 오목한 곳
subténdi, "subténdo"의 단순과거(pf.=perfectum)
subténdo, -téndi, -téntum(-ténsum), -ĕre,
　intr. 밑에 펴지다, 밑을 펴다. tr. 밑을 펴다, 밑에 펴다.
subténeo, -ĕre, tr. 밑을 잡다
subténtum, "subténdo"의 목적분사(sup.=supínum)
subténŭis, -e, adj. 좀, 가는, 좀 엷은
subter, comp., adv. 밑에서, 밑으로.
　prœp. …의 밑에, 아래에.
subteráctæ radíces. 아래로 뻗은 뿌리
subteradnécto, -ĕre, tr. 밑에 잡아매다
subteradnéxus, -a, -um, adj. 밑에 잡아맨(덧붙인)
subterágo, (-égi), -áctum, -ĕre, tr.
　밑으로 밀다, 돌게 하다, 밑에 내다.
　subteráctæ radíces. 아래로 뻗은 뿌리.
subtercavátus, -a, -um, adj. 밑이 패인
subtercélo, -áre, tr. 밑에 가장하다
subtercúrro, -ĕre, tr. …의 뒤를 좇다, 밑에 들어가다(종속)
subtercutánĕus, -a, -um, adj. (subter+cutis)
　피부 아래의, 피하의.
subtercutaneus morbus. (醫) 수종(aqua intercus)
subterdúco, -dúxi -ĕre, tr. 몰래 데려가다, 빼내다
subterdúco se alci. 아무의 손아귀에서 빠져나가다
subterdúxi, "subterdúco"의 단순과거(pf.=perfectum)
subtérflŭo, -ĕre, intr. 밑으로 흐르다.
　tr. 도망하다, 빠져나가다.
subterfúgĭo, -fúgi -ĕre, tr. 빠져나가다, 피하다,
　intr. 몰래 도망하다, 몸을 피하다.
subterfúgĭum, -i, n. 벗어나는 구실, 핑계
subterfúndo, -áre, tr. 공고한 기초 위에 세우다
subterhábĕo, -bĭtum, -ĕre, tr. 밑에 두다, 경시하다
subterínsĕro, -ĕre, tr. 곁들이다, 끝에 넣다, 밑에 넣다
subterinténdo, -ĕre, intr. 내려다 보다, 밑을 보다
subterjácĕo, -ĕre, intr. 밑에 눕다, 밑에 있다
subterjácĭo, -ĕre, tr. 밑에 던지다, 바닥에 던지다

subterlábor, (ĕris), -lápsus sum, -bi, dep., intr.
　(subter+labor¹) 빠져나가다, 도망하다, 피하다,
　아래로 미끄러지다, 밑으로 흐르다.
subtérlĭno, -ĕre, tr. 밑에 기름칠하다
subtérlŭo, -ĕre, tr. 밑부터(을) 씻다, 물대다, 밑을 잠그다
subterlúvĭo, -ónis, f. 씻어 내림, 물 댐, 밑을 잠금
subtérmĕo, -áre, intr. 아래로 지나가다
subtermítto, -ĕre, tr. 밑에 놓다
subtermóvĕo, -ére, tr.
　밑으로 밀다, 밑을 움직이다, 슬쩍 움직이다.
subtérnăto, -áre, intr. 밑에서 헤엄치다
subtérnus, -a, -um, adj. (=inférnus)
　밑에 있는, 지하에 있는, 지옥의.
súbtĕro, -trívi, -trítum, -ĕre, tr. 밑을 깎아먹다,
　하부를 부식하다, 부수다, 분쇄(粉碎)하다.
subterpéndĕo, -ére, intr. 밑에 매달리다
subterpóno, -ĕre, tr. 밑에 놓다, 밑에 두다
subterránĕus(-rénus, -rĕus), -a, -um, adj.
　(sub+terra) 지하의, 지중의. n. 지하도, 지하실 동굴.
　Mare subterráneum. 지중해(地中海).
subterstérno, -strávi, -ĕre, tr.
　밑에 펼치다, 뿌리다, 밑에 깔다, 아래를 덮다.
subtértĭus, -a, -um, adj. 3대 4비율의, 4분의 3의
subtérvăco, -áre, intr. 밑이 비어 있다
subtervólvo, -ĕre, intr. 밑에서 구르다(轉)
subtéxi, "súbtĕgo"의 단순과거(pf.=perfectum)
subtéxo, -xŭi, -xtum, -ĕre, tr. 밑에(앞에) 놓다,
　아래쪽을 짜서 마무리 짓다, 펼치다, 가리다,
　숨기다, 어둡게 하다, (이야기, 역사 따위를) 엮다,
　짓다, (천 따위를) 붙이다, 보태다, 첨가하다, 섞어 넣다.
subtéxtum, "súbtexo"의 목적분사(sup.=supínum)
subtéxui, "súbtexo"의 단순과거(pf.=perfectum)
subthronízo, -áre, tr. 즉위(卽位) 시키다
subticésco, -ĕre, intr. (sub+táceo) 잠깐 묵묵하다
subtililoquéntĭa, -æ, f. (=subtililóquĭum, -i, n.)
　(subtílis+loquor) 세밀한 이론(理論),
　너무 파고드는 이론, 정교한 말.
subtilílŏquus, -a, -um, adj. (subtílis+loquor)
　정교하게 말하는.
subtílĭo(=suptílĭo), -áre, tr.
　가늘게 하다, 약하게 하다, 정묘(精妙) 하게 하다.
subtilior, -or, -us, adj. subtílis의 비교급
subtílis, -e, adj. (sub+tela) 가늘게 짠, 고운(천),
　섬세한, 예민한, 민감한, 기민(機敏)한, 품위 있는,
　가냘픈, 영리한, 재주 있는, 예리한, 치밀한, 정교한,
　정확한, 자세한, 간결한, 명료한, 간결(簡潔)한; = versútus.
　diligens et subtilis inquisitio. 힘겹고 까다로운 탐구,
　정밀(精密)하고 끈기 있는 탐구(探究)/
　Doctor subtilis. 치밀한 박사, 명민한 박사(博士-Scotus가
　명민한 박사로 호칭되는 것은 그가 학문연구에 집요하게 몸 바친 점과
　그리스도의 진리를 전개하는 데 있어서 뛰어난 신학자였다는 점에서 그렇다)/
　subtile filum 가는 실.
subtilis inquisítĭo. 까다로운 탐구(探究)
subtilissimus, -a, -um, adj. subtílis의 최상급
subtílĭtas, -átis, f. 정교(精巧), 미묘, 예민(銳敏), 날카로움,
　민감(敏感-감각이 예민함), 기민(機敏-동작이 날쌔고 눈치가 빠름),
　명민(明敏-사리에 밝고 민첩함), 품위(品位.⑨ Dignity),
　섬세한, 가냘픔, 희박(稀薄-묽거나 엷음/일의 가망이 적음),
　명료(明瞭), 간결(簡潔), 정확, (맛 따위의) 담백(淡白),
　교활(狡猾-간사하고 음흉함).
　Princeps subtilitatum. 정교함의 왕자.
subtilitas legum. 법의 엄격성.
subtílĭter, adv. 섬세(纖細)하게, 세밀(細密)하게
subtímĕo, -ére, intr. 약간 무서워하다, 속으로 평가하다
subtínnĭo, -íre, intr. 가냘픈 소리 나다, 조금 소리 나다
subtítŭdo, -ĭnis, intr. 약간 뒤뚱거리다, 비틀거리다
subtórquĕo, -tórsi, -ére, tr. 삐다, 쥐어짜다, 비틀다
subtráctĭo, -ónis, f. (數) 빼기, 감산(減算).

S

제거(除去), 생략(省略), 퇴진(退陣), 퇴각(退却).
subtráctum, "súbtrăho"의 목적분사(sup.=supínum)
subtráctus, -a, -um, "súbtrăho"의 과거분사(p.p.)
súbtrăho, -tráxi -tráctum -ĕre, tr. 밑에서 잡아당기다,
　빼다, 몰래 빼다, 몰래 가져가다, 절취하다, 제거하다,
　없애다, 치우다, 은퇴(隱退)시키다, 빼앗다, 거부하다,
　빼먹다, 언급하지 않다. (數) 빼기하다, 감산(減算)하다.
　se subtraho. 빠져나가다, 물러가다, 도망하다.
subtraho cibum alci. 아무에게 음식을 주지 않다
subtráxi, "súbtrăho"의 단순과거(pf.=perfectum)
subtrémŭlus, -a, -um, adj. 약간 동요하는, 조금 떠는
subtríplus, -i, m. 한 수 안에 세 번 들어 있는 것
subtrístis, -e, adj. 기분이 가라앉은, 좀 침울한
subtritum, "subtero"의 목적분사(sup.=supínum)
subtrívi, "subtero"의 단순과거(pf.=perfectum)
subtrúdo, -trúsi, -trúsum, -ĕre, tr. 불법을 자행하다
subtunicális, -is, f. 유다인 제관의 속제의
subturpis, -e, (**subturpícŭlus**, -a, -um) adj.
　비열한, 약간 추한, 창피스러운.
subtus, adv. 밑에(ὑπό), 아래에(תַּחַת)
subtússio, -íre, intr. 잔기침하다
subtúsus, -a, -um, p.p., a.p. (sub+tundo)
　약간 상처받은(깨진). (數) 둔각(鈍角)의.
subtútus, -a, -um, adj. 다소 안전한
subua, -æ, f. 피크닉(⑨ picnic)
subúcŭla, -æ, f. 내의, 적삼(윗도리에 입는 홑저고리. 단삼),
　제단에 놓는 과자의 일종.
Subucula subest túnicæ. 겉옷 속에 속옷이 있다
súbŭla, -æ, f. 큰바늘, 큰 침, 송곳, 돌을 닦는 기구
Subula leonem excipere.(격언)
　송곳을 가지고 사자를 기다린다(즉 위험에 대처하지 못한다).
subúlcus, -i, m. 돼지 치는 사람
subúlo, -ónis, m.
　피리 부는 자, 가지 없는 뿔 달린 사슴, 매음자(賣淫者).
subumbilícum, -i, n. (=subumbilícus, -i, m.)
　(sub+umbilícus) 배(腹)와 넓적다리.
subúnct, -ónis, f. 밑에 (약간) 기름 바름
subúng(u)o, -ĕre, tr. 살짝 (밑에) 바르다(문지르다)
subúno, -áre, tr. (sub+unus) 하나로 뭉치게 하다
suburbánĭtas, -átis, f. 로마의 변두리, 교외
suburbicárĭus, -a, -um, adj. (sub+urbs)
　(=suburbánus) 변두리의, 교외의, 근교(近郊)의.
　Malo esse, in Tusculáno aut uspiam in suburbáno.
　(uspiam 참조) 나는 Túsculum이나 Roma 근교
　어딘가에 살기를 더 좋아한다.
Suburbicariis sedibus. 로마 근교 주교좌
subúrbĭum, -i, n. (sub+urbs) 성 밖, 변두리, 교외(郊外)
subúrg(u)ĕo, -ére, tr.
　밀치다, …쪽으로 몰다, 밀치다, 접근(接近)시키다.
subúro, -(ússi), -ústum, -ĕre, tr.
　약간 태우다, 그을리다. (사랑을) 불태우다.
subus, -i, m. 마술용 방추(紡錘), 마름모꼴, 능형(菱形),
　능면체(菱面體-마름모꼴의 평면으로 둘러싸인 육면체), = rhombus.
subussi, "subúro"의 단순과거(pf.=perfectum)
subústĭo, -ónis, f. 밑을 덥힘
subústum, "subúro"의 목적분사(sup.=supínum)
subústus, -a, -um, "subúro"의 과거분사(p.p.)
subvas, subvádis, m. 제2 보석 보증인
subvéctĭo, -ónis, f. 해운(海運), 운반, 수송(輸送), 운송
subvécto, -áre, tr., freq. 운반하다
subvéctor, -óris, m. 운반자(運搬者), 운반선
subvéctum, "súbveho"의 목적분사(sup.=supínum)
subvéctus, -us, m. 해운(海運), 운반(運搬), 여행(旅行)
súbveho, -véxi, -véctum, -ĕre, tr. 밑에서 위로 운반하다,
　(강을) 거슬러 올라가다, 싣고 가다, 밀고 가다.
subvélo, -áre, tr.
　덮다(נֹ̇א.כּסה.כּפּ. אפה.חﬡ), 가리다(כּסה.נﬡ).
subvéni, "subvénĭo"의 단순과거(pf.=perfectum)

subvénĭo, -véni -véntum -íre, intr. 도우러 오다,
　돕다(עַ̇ז.עזר), 구조하러 오다, 고치다, 치료하다,
　대비(對備)하다, 구제(救濟)하다, 덮어주다, 개입하다,
　보호에 나서다, 돌발(突發)하다, (일이) 일어나다,
　(생각이) 떠오르다, 홀연(忽然)히 오다.
　Corpori multum subveniendum est, multo magis menti
　atque animo. 우리로서는 육체에 복종해야 할 경우가
　많다. 하물며 정신과 기백에는 더욱 그렇다/
　In tribulatióne subvenire.(성 분도 수도규칙 제4장 18)
　시련 중에 있는 사람을 도와주라.
subvéntĭo, -ónis, f. 보조(補助), 원조(援助), 보조금
subventiones rogatas. 의무적 원조금(援助金)
subvénto, -áre, intr., freq. 보조하다, 서둘러 도와주다
subvéntor, -óris, m. 보호자(προστάτις), 구조자, 원조자
subventrális, -e, adj. (sub+venter) 아랫배를 아프게 하는.
subventríle, -is, n. (sub+venter) ((解)) 아랫배
subventum, "subvénĭo"의 목적분사(sup.=supínum)
subverbústus, -a, -um, adj. (sub+verber)
　채찍 자국 있는, 매 맞은 (노예).
subvérĕor, (-éris), -éri, dep., intr.
　조심스러워하다, 조금 무서(두려)워 하다.
subvérsĭo, -ónis, f. 뒤집어엎음, 파괴(破壞)
　멸망(滅亡), 전복(顚覆-뒤집혀 엎어짐), 술 찌꺼기.
subvérsor, -óris, m. 뒤엎는 자, 파괴자(破壞者)
subverti, "subvérto"의 목적분사(sup.=supínum)
subvérto, -vérti -vérsum (**subvorto**, -vorti -vorsum)
　-ĕre, tr. 뒤집어엎다, 전복시키다(כּפּ),
　파괴하다(חﬡꞯ), 멸망시키다, 무효화하다, 파기하다.
subvespertínus, -i, m. 남서풍(南西風)
subvéspĕrus, -i, m. 서남서풍(西南西風)
subvéxi, "súbveho"의 단순과거(pf.=perfectum)
subvéxus, -a, -um, adj. 올리받이의, 올라간
subvíllicus, -i, m. 부관리인(副管理人)
subvírĭdis, -e, adj. 초록빛 도는, 푸르스름한
subvólo, -áre, intr. 날아 올라가다.
　in cæléstem locum. 하늘을 향해 날아가다.
subvoltúrĭus, -a, -um, adj. = **subvultúrĭus**
　(sub+vultur¹) 거무스름한, 독수리 빛깔의.
subvólvo, -ĕre, tr. 굴려 올리다, 굴리다
subvórsum, "subvorto"의 목적분사(sup.=supínum)
subvórti, "subvorto"의 단순과거(pf.=perfectum)
subvorto, -vorti -vorsum -ĕre, tr.
　= **subvérto**, -vérti -vérsum, -ĕre, tr.
subvulturius, -a, -um, adj. = **subvoltúrĭus**
succ⋯ V. subc⋯
súccăno, -ĕre, intr. = **súccino**
súccărum, -i, n. = **sáccharum** = **sáccharon**
　약용 당말, 사탕, 설탕, 당분(糖分).
succávus, -a, -um, adj. (sub+cavus¹) 밑바닥이 오목한
seccidáneus, -a, -um, adj. = **seccidáneus**
　대용의, 대치한, 바꿔치기 한, 대위(代位) 시킨.
　m. 후계자(後繼者).
succedo, -céssi -céssum -ĕre, intr. (sub+cedo²)
　굴복(屈服)하다, 예속(隸屬)하다, 받아들이다, 맡다,
　아래로 들어가다, 피해 들어가다, 숨다, 접근하다,
　이르다, 전진하다, 성벽을 (밑에서부터) 올라가다, 잇따르다,
　뒤따라 …하다, 교대하다, 대신 들어서다, 이어받다,
　뒤를 잇다, 계승(승계)하다, 후임이 되다, 잘 진전하다,
　뜻대로 이루어지다, 성과가 좋다, 성공하다(חﬡꞯ).
　hoc bene succéssit. 이것은 잘됐다/
　jugum succdo. 멍에를 매다/
　labori succedo. 수고를 감수(甘受)하다/
　portis succedo. 여러 성문에 접근하다/
　si mihi successérit. 내 일이 잘 될 것 같으면/
　si successísset cœptis. 계획했던 것이 성공했더라면/
　Succedunt nubes soli. 구름이 해를 가린다.
succedo ad summum honórem. 최고의 영예에 이르다

succedo *alci*. 누구의 후임이 되다, 계승(繼承)하다
succedo *alci* in consulátu. 아무를 이어 집정관이 되다
succedo in *alcjs* locum.
　누구 자리에 대신 들어서다, 계승(繼承)하다.
succedo múneri. 직책(職責)을 이어받다
succedo oneri. 짐을 지다
succedo prœlio, in pugnam. 교대해서 전투하다
succedo tecto. 지붕을 기어 올라가다
succedo umbræ. 그늘진 곳으로 피하다
succéndi, "succéndo"의 단순과거(pf.=perfectum)
succéndo, -céndi -cénsum -ěre, tr. (sub+cándeo)
　불을 지피다, 불붙이다, 타오르게 하다, 불길을 일게 하다,
　(감정을) 격앙(激昂)시키다, 흥분시키다, 격분케 하다.
succénsěo, -ŭi, -cénsum -ěre, intr.
　(suscénseo가 바른 철자임) 타다, 불타다,
　신경질 나다, 화나다, 염증(炎症)이 생기다.
succénsĭo¹ -ónis, f. 불붙임, 화재, 가열(加熱), 덥게 함
succénsĭo² -ónis, f. (=suscénsĭo),
　분노(憤怒).⑨ Anger), 화냄.
succénsŭi, "succénsěo"의 단순과거(pf.=perfectum)
succénsum, "succéndo"의 목적분사(sup.=supínum),
　"succénsěo"의 목적분사(sup.=supínum).
succéntĭo, -ónis, f. 가냘픈 소리, 공명(共鳴)
succentívus, -a, -um, adj. 반주하는, 반주에 사용되는
succéntor, -óris, m. 반주자(伴奏者), 사주자, 교사자
succenturiátus, -i, m. 보충병(補充兵)
succenturĭo¹(-ávi), -átum -áre, tr. (sub+centurio¹)
　백인부대를 보충하다.
succenturĭo² -ónis, m. (sub+centúrio²)
　백인 부대장 대리, 하사관(下士官-'부사관'의 구용어).
succéntus, -us, m. 반주(伴奏)
succérdæ, -árum, f., pl. = sucérdæ
succéssi, "succedo"의 단순과거(pf.=perfectum)
successio, -ónis, f. 연속 계속, 보충, 보완, 대신(代身),
　상속, 승계(承繼), 계승, 후예, 종족(種族), 결과, 결말.
De successione ordinis regii apud Israëlitas post
Iudicum tempora. 판관시대 후 이스라엘인들의 왕권 계승.
　　　　　　　　　　　　　　(교부문헌 총서 17, 신국론, p.2812)/
jura successiónum. 상속권(相續權)/
si filiam non habuerit, habebit successores fratres
suos. (eva,n de. mh. h=l quga,thr autw/| dw,sete th.n klhronomi,an
tw/| avdelfw/| auvtou/) (獨 Hat er keine Tochter, sollt ihr's
seinen Brüdern geben) (⑨ if he has no daughter, you
shall give his heritage to his brothers)
　만일 딸이 없으면, 그의 상속 재산을 그의 형제들에게
　주어라(성경 민수 27. 9)/말마저 없으면 그의 유산을 친형제
　들에게 상속시켜라(공동번역 민수 27. 9).
successio ad intestato. 법적 유산취득(法的 遺産取得)
successio apostolica(⑨ Apostolic succession).
　사도적 계승(繼承).
successio graduum(ordinum). 상속순위 승계
successio in universum ius. 권리의 포괄 승계
successívus, -a, -um, adj. 계속(繼續)하는,
　연속하는, 계승(繼承)하는, 이어지는
succéssor, -óris, m. 후계자, 후임자, 계승인,
　상속인(相續人), 상속자, 대리인.
Apostolorum Successores. 사도들의 후계자
successor in officio(⑨ successor in office). 직무상 후계자
Successor Petri. 베드로의 후계자(교황 직함)
successórĭus, -a, -um, adj. 상속의, 후계의
succéssum, "succedo"의 목적분사(sup.=supínum)
succéssus¹ -a, -um, p.p. (succédo)
succéssus² -us, m. (succédo) 가까이 감, 전진,
　들어감, 침투, 동굴, 굴 속, 후계, 계승, 연속(連續),
　성공, 성과, 후손(後孫), 자손(子孫), 종족(種族).
succidáneus, -a, -um, adj. = succedáneus
súccĭdi, "súccĭdo¹"의 단순과거(pf.=perfectum)
súccĭdi, "súccĭdo²"의 단순과거(pf.=perfectum)

succídĭa, -æ, f. 비계 덩어리, 지방질
súccĭdo¹ -cīdi -ěre, intr. (sub+cado)
　안에 포함(包含)되다, (뜻이) 담겨 있다, 굽히다,
　주저앉다, 약해지다(חלש.אלא.חלי), 함몰하다.
succído sub id vocábulum. 이 말 속에 포함되어 있다
súccĭdo² -cídi -císum -ěre, tr. (sub+cædo)
　뿌리까지 자르다, 밑을 자르다, 가위질하다,
　뒤엎다, 넘어뜨리다, 파괴하다(חרם),
　arbóribus succísis. 나무를 뿌리까지 뽑고.
súccĭdo³ -áre, tr. (=súcido) 물 뿌리다, 축축하게 하다
súccĭdus, -a, -um, adj. = súcidus
succídŭus¹ -a. -um, adj. = succidáneus = succedáneus
succídŭus² -a. -um, adj. 꺾이는, 넘어지는, 피곤한,
　가라앉는, 부족한, 결핍되는, 제거되는.
súccĭlus, -a, -um, adj. (sub+cílium)
　(醫) 눈까풀 피하일혈(皮下溢血).
succínacius, -a, -um, adj. = sucinácius
succínctē(=succinctim) adv. 짧게, 간략하게
succínctĭo, -ónis, n. 앞치마, 잎으로 덮음, 한 벌
succinctórĭum(Subcinctorium), -i, n. 앞치마, 행주치마,
　측대(側帶), 대미사 때 착용하는 교황의 제의 중 하나.
　(수대手帶 manipulum와 비슷하게 생긴 왼쪽 옆구리 장백의 띠에 걸쳐
　밑으로 내려뜨려 착용한다. 여기에는 하느님의 어린양과 십자가가 장식되어
　있다. 중세기에는 주교들도 이 때대를 사용했다. 16세기까지
　주교가 착용했고 때로는 사제도 착용했다. 본래는 영대stola를 고착시키기
　위한 목적으로 착용했다. 백민관 신부 엮음, 백과사전 3, p.567).
succínctŭlus, -a, -um, adj. 간단히 입은, 허리를 간단히 맨
succínctum, "succíngo"의 목적분사(sup.=supínum)
succínctus, -a, -um, p.p., a.p. (띠를) 띤, 허리에 찬,
　간단한, 짧은, 간추린, 준비된, 갖춘, 방비가 된, 재빠른.
　árbores succinctióres. 꼭대기에만 잎이 달린 나무들.
succíngo, -cínxi -cínctum -ěre, tr. (sub+cingo)
　(옷을) 걷어 올리다, (띠를) 띠다, 허리에 차다,
　띠로 묶다(סגר.חגר.אסר), 두르다,
　걸치다, 갖추다, 설비하다, 대비하다, 방비하다,
　에워싸다(סבב.נקף). gladio succinctus. 칼을 찬.
succingo se cánibus 개들에게 에워싸이다
succíngŭlum, -i, n. 끈, 띠
súccĭno, -ěre, intr., tr. (sub+cano) 교송(交誦)하다,
　따라 노래하다, 화창하다, 짝이 되다, 짝 지우다,
　일치(一致)하다, 지껄이다.
súc(c)ĭnum, -i, n. 누런 호박(琥珀)
súc(c)ĭnus, -a, -um, adj. 누런 호박의, 황갈색의
succínxi, "succíngo"의 단순과거(pf.=perfectum)
succípĭo, -ěre, tr. 밑을 잡다, 떨어지는 것을 잡다
succísĭo, -ónis, f. (풀 따위를) 짧게 자름(切),
　파괴(破壞), 폐기(廢棄-폐지하여 버림).
succisívus, -a, -um, adj. 잘린, 잘라 낸, 남아도는.
　= (subsecívus =subcisívus =succisícivus)
succísor, -óris, m. 정원사(庭園師), 원예가(園藝家)
succísum, "súccĭdo²"의 목적분사(sup.=supínum)
succlamátĭo, -ónis, f. 고함(高喊), 함성(喊聲)
succlamo(=subclamo) -ávi, -atum -áre, intr.
　소리 지르다.
succlíno(=subclino) -áre, intr. 약간 기울다.
　tr. 약간 기울이다(구부리다).
suc(c)o, -ónis, m. 흡혈귀(吸血鬼), 흡혈박쥐,
　즙을 짜는 자, 무자비한 고리대금업자.
succœléstis, -e, adj. = subcæléstis
succœno = subcéno -áre, tr.
succóllo, -ávi, -atum -áre, tr. (sub+collum)
　어깨에 메다, 목에 메다.
succósitas, -átis, f. = sucósitas 즙이 많은 특성
succósus, -a, -um, adj. sucósus
succontinuátĭo, -ónis, f. 연속(連續)
succontumeliose, adv. 약간 거만하게
succontumeliósus, -a, -um, adj. 약간 거만한
súccrepo, -áre, intr. 밑에서 삐거덕 소리 나다
succrésco, -crévi, -crétum -ěre, intr. 위로 내밀다,

S

밑에서 자라다, 자라다(יגס.אגס.יבר.אבר), 생기다,
장성하다, 성장하다, 일어나다(סוק.סור.מיר).
succrétum, "succrésco"의 목적분사(sup.=supínum)
succrévi, "succrésco"의 단순과거(pf.=perfectum)
succríspus, -a. -um, adj. 약간 고수머리의
succrotíllus, -a. -um, adj. 가는, 약한, 엷은
súccŭba(=succubónĕa) -æ, f. (sub+cubo)
첩(妾-소실), 경쟁자, 시기 대상자(猜忌 對象者)
succubitum, "succúmbo"의 목적분사(sup.=supínum)
succubŭi, "succúmbo"의 단순과거(pf.=perfectum)
súccubo(=súbcub), -áre, intr. 밑에 누워 있다
succuléntĭa, -æ, f. 즙이 많은 성질(性質)
suc(c)uléntus, -a. -um, adj.
즙이 많은, 물기 많은, 건강(健康)한, 건장(健壯)한.
succúmbo, -cúbŭi -cúbĭtum -ĕre, intr. (sub+combo)
밑에 깔리다(눕다), 엎드리다, 넘어지다, 지다(敗),
굴복(屈伏)하다, 항복(降伏)하다, 압도(壓倒)되다,
짓눌리다, 병들어 눕다, 침대에 눕다, …와 성교하다.
succúmbus(=subcúmbus) -i, m. 전답의 경계
succúrre, 원형 succúrro, -cúrri -cúrsum -ĕre, intr.
[명령법. 단수 2인칭 **succurre**, 복수 2인칭 succurrite].
Hic locus est ubi mors gaudet succurre vitæ.
여기는 죽음이 살아 있는 자를 기꺼이 도와주는 곳이다.
Succúrre cadénti, Súrgere qui cúrat, pópulo: tu quæ genuísti, Natúra miránte, túum sánctum Genitórem,
넘어져 일어나려 애쓰는 백성을 도와주소서. 당신은
기묘한 출생으로 당신의 거룩한 창조주를 낳으셨나이다.
succúrri, "succúrro"의 단순과거(pf.=perfectum)
succurrícĭus, -a. -um, adj. 구제 가능한, 도울만한
succúrro, -cúrri -cúrsum -ĕre, intr. (sub+curro)
밑에 있다, 밑에 뛰어들다, (적과) 대치하다, 무릅쓰다,
(위험 따위를) 당하다, 생각이 떠오르다, 생각나다,
도와주러 가다, 돕다(סעד.רעד), 도움을 주다, 변제하다.
(ne, quóminus) 고치다, 막다, (약이) 효과(效果) 있다.
Non ignara mali miseris succurrere disco.
나 불행을 모르는 바 아니요 가련한 사람들을 도울 줄
안다오.[호의와 적의를 표현하는 자동사들은 그 호의와 적의의 대상을
여격으로 나타낸다. 성 염 지음, 고전 라틴어, p.392].
succúrro *alci*(auxílio). 아무를 도우러 가다
succúrsor, -óris, m. 도움자, 도와주는 사람
succúrsum, "succúrro"의 목적분사(sup.=supínum)
succúrsūrus, "succúrro"의 미래분사(p.fut.=partícipium futúrum).
succúrsus, -us, m. 도움([영] Assistance), 원조(援助)
sūc(c)us(=sucus), -i, m. 즙(약용식물의 액), 액(液), 맛,
정수(精粹), (나무) 진(粘液), 건강([영] Health/physical),
힘(δυὺαμις.[영] Power), 활력소(活力素), 탕약, 국(국물).
infector succus. 액체 염료/
ova suci melióris. 더 맛있는 알.
succus ac sanguis civitatis. 도시의 활기와 생명
succussátor, -óris, m. 흔드는 자, 흔들면서 구보하는 말
succussatúra, -æ, f. (말의) 거친 구보(驅步)
succússi, "succútĭo"의 단순과거(pf.=perfectum)
succússĭo, -ónis, f. 동요(動搖), 흔들림,
진동(震動-흔들리어 움직임), 지진(地震).
succússo, -ávi, -átum -áre, tr. (속보로 달리며) 흔들다
succússor, -óris, m. 흔드는 자, 거칠게 구보하는 말
succússum, "succútĭo"의 목적분사(sup.=supínum)
succússus, -us, m. 동요(動搖), 진동(震動), 흔들림
succústos, -ódis, m. 부감독(副監督)
succutánĕus, -a. -um, adj. **=subtercutánĕus**
succútĭo, -cússi -cússum -ĕre, tr. (sub+quátio)
뒤엎다, 진동(震動) 시키다, 흔들다(טרף.טרח).
suc… V. **succ**…
sucérdæ, -árum, f., pl. 돼지 똥
súcido, -áre, tr. 물 뿌리다, 축축하게 하다
súcidus, -a, -um, adj. 싱싱한, 젖은, 축축한
sucinácius, -a, -um, adj. 호박(琥珀) 색의, 황갈색의
sucophánta, -æ, m. = **sycophánta**의 고형
사기꾼, 아첨자(阿諂者), 위선자(僞善者), 고발자.
suósitas, -átis, f. 즙이 많은 특성
sucophantĭa,(=sycophántia) -æ, f.
사기([영] Fraud), 엉터리 수작(verbórum præstigiæ).
sucósus,(=succósus) -a, -um, adj.
즙 있는, 즙이 많은, 축축한, 부유한(עשׁיר).
suctum, "sugo"의 목적분사(sup.=supínum)
sūctus, -us, m. 빨아먹음, 흡수(吸收-빨아들임), 흡취(吸取)
súcŭla, -æ, f. 작은 암돼지, 권양기(捲楊機)
súcŭlus, -i, m. 작은 돼지
sucus,(=succus) suci, m. 맛(味覺), 활력소(活力素),
힘(δυὺαμις.[영] Power), 탕약(湯藥), 국, 국물.
sudabúndus, -a, -um, adj. 땀 흘리는
sudámĭna, -órum, n., pl. (醫) 한진(汗疹-땀띠)
sudaríŏlum, -i, n. 작은 수건
sudárĭum, -i, n. 땀수건, 손수건, 수의(壽衣-염습殮襲할 때
시체에 입히는 옷), 염포(殮布-수의를 입힌 시체를 묶는 베).
Angélicos testes, sudárium, et vestes.
목격자 천사들과 수의 염포 난 보았네.
sudátĭo, -ónis, f. 땀 흘림, 발한(發汗), 발한제, 땀 냄새,
한증(汗蒸-높은 온도로 몸을 덥게 하여 땀을 내어서 병을 다스리는 일).
sudátor, -óris, m. (**sudatrix**, -ícis, f.)
땀 많이 흘리는 사람.
sudatórĭum, -i, n. 증기목욕(蒸氣沐浴), 한증막(汗蒸幕)
sudatórĭus, -a, -um, adj. 땀나게 하는, 발한성의
sudiculum(=sudúculum) -i, n. 땀 씻는 수건
súdis, -is, f. 작은 말뚝, 끝이 뾰족한 막대기,
가시(가시 털.침 등), 침(針).
Imitor ferrum sudibus. 막대기로 쇠(무기)를 대체하다.
sūdo, -ávi, -átum -áre, intr. 땀 흘리다, 축축하다,
수고하다(עמל), 노력하다, 땀 흘려 일하다, 땀으로 적시다,
방울방울 떨어지다. sudo sánguine. 피땀 흘리다.
tr. (감정을) 퍼붓다(נטך), 쏟다, 붓다, 땀으로 적시다,
정력(精力)을 쏟다,
Æra sudant. 동상(銅像)들이 땀 흘린다.
Qui pro nobis sanguinem sudavit.(Lc 22:39-46)
예수 우리를 위하여 피땀 흘리심(고통의 신비 1단).
-**sudavit**는 타동사의 성격을 띠면서 탈격 대신 대격을 지배하고 있다.
[다음의 동사들은 비유적으로 사용될 때에 탈격을 지배한다. **pluit** 참조.
manare 흐르다, 흘러내리다.
pluit 비가 온다, 비 오듯 한다.
rorare 이슬 내리다, 이슬처럼 내리다.
stillare 방울지어 떨어지다, 떨어지게 하다.
sudare 땀 흘리다, 땀 흘리듯 하다.
황치헌 신부 지음, 미사통상문을 위한 라틴어, p.459].
sūdor, -óris, m. 땀, 힘든 일, 노고(勞苦), 피로(疲勞).
Agitur largus sudor. 땀이 흥건히 흐르고 있다/
equi sudóre fumántes. 땀을 흘려 김이 나는 말/
excutio sudórem. 땀나게 하다/
Fluunt sudóre membra. 온몸에서 땀이 흐르고 있다/
in sudorem ire. 땀 흘리다/
Quantus sudor adest equis!
말들이 어떻게나 땀을 흘리는지!/
sudóre diffluo. 땀을 흘리다.
sudor illotus. 닦아내지 않은 땀
Sudor manat. 땀이 흐른다.
sudor sanguinis([영] Sweat of Blood) 피땀
sudore perlutus. 땀에 흠뻑 젖은
sudórĭfer, -fĕra -fĕrum, adj. (sudor+fero)
땀 흘리는, 발한(發汗性)의.
sudórus, -a, -um, adj. 땀 흘리는, 땀에 젖은
sudósus, -a, -um, adj. 땀에 젖은
sudúcŭlum(=sudiculum) -i, n. 땀 씻는 수건
suduculum flagri. 매 맞고 땀 흘리는 자(=노예)
sūdus(=súĭdus) -a, -um, adj. (se[2]+udus) 습기 없는,
건조한, 청명(淸明)한, 맑은. n. 청명한 하늘.
adv. **sudum**, 맑게, 청명하게.
sueb… V. **suev**…
Suécĭa, -æ, f. 스웨덴
suéllus[1] -i, m. 돼지새끼

S

suéllus² -a, -um, adj. = suíllus
súěo, -ére, intr. 습관 있다, …하는 버릇이 있다
Suerbia et ira maxime nóxiæ(nóxia) sunt.
  교만(驕慢)과 분노(忿怒)는 대단히 해로운 것들이다.
sues, -is, m. = sus¹ 또는 suis
suésco, suévi, suétum -ĕre, inch., intr. 습관 되다.
  tr. 익숙하게 하다, 습관(習慣)을 길러주다.
suesco alqm disciplínā(-næ).
  아무를 규율생활(規律生活)에 길들이다.
suesco militiæ. 군 생활에 익숙해지다
suétum, "suésco"의 목적분사(sup.=supínum)
suétus, -a, -um, p.p., a.p. 익숙한, 습관 된, 관례의,
  습관적인, 보통의, 평범한. n., pl. 습관(習慣), 습속.
  suéta apud palúdes prœlia. 늪지대에 흔히 있는 싸움.
suévi, "suésco"의 단순과거(pf.=perfectum)
Suévi, -órum, m., pl. (=Suébi) Suébia인들
Suevi maximam partem vivunt lacte et pecore.
  Suevi인들은 대부분 우유와 가축의 고기로 산다.
suff… V. subf…
suffárcĭno, -ávi, -átum -áre, tr. (sub+fárcio)
  쑤셔 넣다, 채우다(ס미), 짐 지우다.
sufféci, "sufficĭo"의 단순과거(pf.=perfectum)
sufféctĭo, -ónis, (suffectúra, -æ) 대리로 둠, 첨가함,
  대치(代置-된 것으로 바꾸어 놓음), 섞음, 공급함.
sufféctum, "sufficĭo"의 목적분사(sup.=supínum)
suffércĭtus(=suffértus) -a, -um, adj.
  가득 찬, 눌러서 넣은.
sufferénter, adv. 인내(忍耐)로서, 참을성 있게
sufferéntĭa, -æ, f. 단념, 인내(® Patience), 참음.
  De sufferentia defectuum aliorum.
  남의 과실을 참음에 대하여.
suffermentátus, -a, -um, adj. 덜 발효된
suffermentátus, -a, -um, adj. (sub+fermén to)
  약간 발효(醱酵)한, 덜 발효된.
súffero, (-fers, -fert), sústŭli, sublátum -férre,
  anom., tr. 밑에 넣다, 견디다(רבם).
  참다, 인내(忍耐)하다, 참아 받다, 제공하다, 공급하다,
  주다(נתן.בהב) 유지(維持)하다(רטנ.ריט.רבם).
suffértus(=suffércĭtus) -a, -um, adj. (sub+fárcio)
  가득 찬, 눌러서 넣은.
suffervefácĭo, -fátum -ĕre, tr. (sub+fervefácio)
  좀 끓이다, 익히다.
  pass. suffervefío, -fátus sum, -fíeri, 끓다.
sufférvĕo, -ére, intr. (sub+férveo) 끓다, 익다
suffíbŭlum, -i, n. (sub+fíbula)
  Vesta 신전의 제관들이 쓰는 길고 네모진 흰 보.
sufficíens, -éntis, p.prœs., a.p. 넉넉한(ίκανὸς),
  충분(充分)한, 충족(充足)한, 만족할 줄 아는.
sufficiéntĭa, -æ, f. 넉넉함, 충족, 흡족함, 만족(滿足).
sufficientia sui. 자기만족, 자만심(jactantĭa, -æ, f.)
sufficĭo, -féci -féctum -ĕre, (sub+fácio)
  tr. 아래(밑에) 두다, 기초세우다, 색을 스며들게 하다,
  바탕을 칠하다, 제공하다, 제시(提示)하다, 공급하다,
  뒤에 두다, …대신 뽑다, 선출하다, 대리로 두다,
  대치시키다, 대위(代位)에 하다.
  intr. 넉넉하다, 족하다, 견디다(רבם.רבד).
  Sed hoc consilium tibi propterea non sufficit.
  그러나 이러한 조언이 그대에게는 넉넉지 않은 듯합니다.
  [이연학 최원오 역주, 아우구스티노의 생애, p.129]/
  Sufficit: nunc contine manum tuam!.
  이제 됐다. 손을 거두어라.(2사무 24. 16).
sufficio malis. 불행(不幸)을 견뎌내다
sufficit, 원형 sufficĭo, -féci -féctum -ĕre, (sub+fácio)
  [직설법 현재. 단수 1인칭 sufficio, 2인칭 sufficis, 3인칭 sufficit.
  복수 1인칭 sufficimus, 2인칭 sufficitis, 3인칭 sufficiunt].
suffígo, -fíci -fíxtum -ĕre, tr. 밑에 붙들어 매다,
  박다(תקע), 매달다(בכל.בלב), 못 박다, 붙이다.
  달다(붙이다.매달다), 장식하다.
suffii, "súffio"의 단순과거(pf.=perfectum)

suffímen, -mĭnis, (suffiméntum, -i) n. 연기(煙氣),
  향(香)내, 분향(焚香), 훈증요법(薰蒸療法), 정화(淨化).
suffiménto, -áre, tr. 김을 쐬다, 훈증요법을 쓰다
súffĭo, -ívi(ĭi) -ítum -íre, (sub+fio, fire)
  intr. 증기 쐬다, 연기 쐬다.
  tr. 연기 내다(קטר.קטנ), 향내 나게 하다,
  냄새피우기 위하여 태우다.
  향을 피워 연기를 쏘이다, 덥히다, 태우다.
suffíscus, -i, m. 가죽지갑(주머니)
suffítĭo, -ónis, f. 연기를 쏘여 그을림, 연기 냄, 훈증
suffítor, -óris, m. 연기(향기) 피우는 사람, 훈증기술자
suffítum, "súffio"의 목적분사(sup.=supínum)
suffítus, -us, m. 연기 피움, 향 피움,
  훈증(薰蒸-더운 연기나 증기를 쐬어서 찜), 향기(香氣), 내음(냄새).
suffívi, "súffio"의 단순과거(pf.=perfectum)
suffíxi, "suffígo"의 단순과거(pf.=perfectum)
suffíxum, "suffígo"의 목적분사(sup.=supínum)
sufflábĭlis, -e, adj. 숨을 내쉬는, 발산(發散) 하는,
  증발(蒸發) 하는, (연기.향을) 피우는.
sufflámen, -minis, n.
  쐐기, 제동(制動), 장애물(障碍物), 방해(妨害), 사슬.
sufflámĭno, -áre, tr. 방해하다(כנע), 쐐기 박다
sufflámmo, -áre, tr. (sub+flammo) 불붙이다,
  자극(刺戟)하다, 선동(煽動)하다, 격려(激勵)하다.
sufflátĭo, -ónis, f. 공기 넣음, 불어넣음(吹入)
sufflámen, -minis, n. 바람 넣는 기구(器具),
  풀무(불을 피울 때 바람을 일으키는 기구. 아로治爐. 풍구. 풍상風箱).
sufflátus¹ -a, -um, adj. 바람 넣은,
  (교만, 골라서) 부푼, 부은, 부풀어 오른, 과장된.
sufflátus² -us, m. 바람, 숨(חרח.® Breath), 입김
sufflávus, -a, -um, adj. (sub+flavus) 환한 황금색의, 누런
sufflo, -ávi, -átum -áre, (sub+flo)
  intr. 숨을 내불다, 숨을 내쉬다, 부풀다.
  tr. 부풀게 하다, 불어넣다(מנח), 불다(חור.חפח),
  불어 일으키다(넘어뜨리다), 화내다.
sufflo se uxóri. 아내에게 화내다
suffocábĭlis, -e, adj. 숨 막는, 질식하게 하는
suffocátĭo, -ónis, f. 목 조름, 질식(窒息-숨이 막힘).
  숨 막음, 호흡곤란, 교살(絞殺-목을 매어 죽임. 교수絞首).
suffóco, -ávi, -átum -áre, tr. (sub+faux) 숨 막다,
  질식시키다, 교살하다, 목을 조르다, 꼭 졸라매다.
suffódi, "suffódĭo"의 단순과거(pf.=perfectum)
suffódĭo, -fódi -fóssum -ĕre, tr. (sub+fódio) 뒤지다,
  밑을 파다, 수색하다, 침식(侵蝕)하다, 밑을 뚫다,
  구멍을 내다, 찌르다. suffodio muros. 성 밑을 파다.
suffóssĭo, -ónis, f. 굴착(掘鑿), 밑을 팜, 발굴(發掘)
suffóssor, -óris, m. 발굴하는 사람, 광부, 구멍 파는 자
suffóssum, "suffódĭo"의 목적분사(sup.=supínum)
suffráctum, "suffingo"의 목적분사(sup.=supínum)
suffrænátĭo, -ónis. f. = suffrenátio 재갈물림, 꽉 잡아맴
suffragánĕus, -a, -um, adj. 도움을 주는, 보조역 하는,
  보조의, = súffragans, -ántis, p.prœs.
  m. 관구 관할 교구장(suffraganeus episcopus), 속주교,
  대교구 관할에 있는 교구의 주교(속주교.제도는 카를로 왕조시대
  (751-987년)부터의 제도이다. 백민관 신부 엮음. 백과사전 3. p.572].
súffrăgans, -ántis, p.prœs. 보조의, 도움을 주는.
  = suffragánĕus, -a, -um.
suffragátĭo, -ónis. f. 투표, 선거(選擧), 천거(薦擧),
  추천(推薦).® postulátĭon), 지지(支持),
  호의(.π.εὔνοια.χηστὸς.® Benevolence).
suffragátor, -óris, m. (suffragatrix, -ícis, f.)
  투표인, 천거인(薦擧人), 선거인, 동조인, 선거알선자.
  [정무관직을 위한 선거유세에서 자기가 지지하는 사람을 위해 영향력을 행사
  하는 사람이나 지지하는 사람을 위해 황제에게 영향력을 행사하는 사람).
suffragatórĭus, -a, -um, adj. 선거의, 투표의
suffragatórĭus amicítĭa. 투표 때의 우정(일시적 우정)
suffragii látĭo. 투표권 행사(投票權 行使),
  선거(選擧, suffragium, -i, n.).
suffraginátus, -a, -um, adj. 다리가 부러진

S

1247

suffraginósus, -a, -um, adj. ((獸醫))
　(말의) 무릎 염증(炎症), 골종(骨腫)에 걸린.
suffragíŏlum, -i, n. 투표(投票)
suffrágĭum, -i, n. (⑨ Suffrage) 투표 때 쓰는 사금파리,
　투표, 선거(suffragii látĭo), 추천(推薦), 선거권, 투표권,
　동의, 찬성, (성인들의) 대도(代禱), 대리기도(代理祈禱),
　(연옥 영혼을 위한 보속, 기구 등) 대속기도(代贖祈禱),
　전구(轉求), 성인의 전달, 중계를 구하는 기도.
　eorum recognitionem. 검표(檢票)/
　fero suffrágium. 선거(選擧)하다, 투표(投票)하다/
　in suffragium mittere. 투표에 붙이다/
　ineo suffrágia. 투표하다 / jus suffragii. 선거권/
　numerationem suffragiorum. 계표(計票)/
　per modum suffragii. 전구를 통해, 대속기도 형식으로/
　schedularum combustionem. 투표지 소각/
　suffrágia pro defunctis sacerdotibus.
　　죽은 사제를 위한 대속(代贖) 기도회/
　suffrágii latio. 투표(행사); 표결; 투표(投票), 선거/
　suffragiorum diribitionem. 개표(開票).
suffragium activum. 투표권(投票權)
suffragium ferre. 투표하다
suffragium passivum. 피선거권(被選擧權)
suffrago[1] -gĭnis, f. 오금(무릎이 구부러지는. 다리의 뒤쪽 부분.
　뒷무릎), 허벅지, 포도의 휘묻이.
suffrago[2] -ávi, -átum -áre, tr. 찬동 투표하다, 성공하다
suffrágor, -átus sum -ári, dep., intr. 천거(薦擧)하다,
　선거(選擧)하다, 찬성투표(投票)하다, 지지(支持)하다,
　찬성(贊成)하다, 돕다(עזר,רזע), 성공하다(צלח).
　fortúna suffragánte. 운명이 도와서.
suffragor legi. 법률에 찬성하다
suffrḗgi, "suffringo"의 단순과거(pf.=perfectum)
suffrenátĭo, -ónis, f. (sub+freno) 재갈물림, 꽉 잡아맴
suffréndens, -éntis, adj. (sub+frendo)
　이(齒)를 약간 가는, 치(齒)를 떠는.
súffrĭco, -áre, tr. 조금 마찰(摩擦)하다, 약간 문지르다
suffrígĭdus, -a, -um, adj. (sub+frígidus)
　약간 찬, 냉랭한, 무미의, 좀 약한.
suffríngo, -frégi, -fráctum, -ĕre, tr. (sub+frango)
　밑을 부수다.
suffríngo alci crura. 아무의 다리를 꺾다
suffūdi, "suffúndo[1]"의 단순과거(pf.=perfectum)
suffūgi, "suffúgĭo"의 단순과거(pf.=perfectum)
suffúgĭo, -fúgi, -fúgĭtum, -ĕre, (sub+fúgio)
　intr. 밑에(속에) 숨다. tr. 도망하다, 피하다.
suffúgĭtum "suffúgĭo"의 목적분사(sup.=supínum)
suffúgĭum, -i, n. 피난처(避難處), 원천(源泉), 올라감
suffugium híemi. 겨울철 피난처
suffugium imbris. 비를 피하는 곳
suffúlcĭo, -fúlsi -fúltum -íre, tr. 괴다, 받치다, 지지하다
　유지하다(רבד,רטנ), 지탱하다(םמר,רמר).
suffúlgĕo, -ére, intr. 아래가 빛나다
suffúlsi, "suffúlcĭo"의 단순과거(pf.=perfectum)
suffúltor, -óris, m. 지지, 지탱(支撑-오래 버티거나 배겨 냄)
suffúltum, "suffúlcĭo"의 목적분사(sup.=supínum)
suffultúra, -æ, f. 받침, 지주(支柱)
suffumigátĭo, -ónis, f. 증기(蒸氣-"수증기"의 준말),
　훈증, 훈증요법
suffumigatórĭus, -a, -um, adj. 훈제에 쓰이는
suffúmĭgo, -áre, tr. 증기에 쏘이다, 연기로 그슬리다
　훈증하다
suffúmo, -áre, intr. 조금 연기 나다
suffúndo[1] -fúdi -fúsum -ĕre, tr. (sub+fundo[2])
　물 붓다, 아래로 붓다, 쏟다, 흘다, 적시다(בטר),
　범람(汎濫)하다, 부어서 섞다, 스며들다
　침투(浸透)하다, 차다(אלמ,אלמ).
　ánimus nulla malevoléntia suffúsus. 악의가 전혀 없는/
　Aqua suffunditur. 물이 쏟아져 내리다.
suffundo[2] -áre, tr. (sub+fundo[1]) 기초(基礎) 놓다

suffúror, -áris -ári, dep., tr. (sub+furor[1]) 훔치다
suffúsculus, -a, -um, adj. 갈색 띤
suffúscus, -a, -um, adj. (sub+fuscus) 갈색의
suffúsĭo, -ónis, f. 부음(注), 부끄러움, 얼굴 붉힘,
　흘러나옴, 터져 나옴, 일혈(溢血-신체조직 사이에서 일어나는 내출혈).
suffusio fellis. 황달(黃疸, morbus regius.)
suffusiónes oculórum. (醫) 백내장(白內障)
suffusórĭum, -i, n. 깔때기,
　도유기(導油器-기름을 다른 용기에 옮길 때 사용하는 기구).
suffúsum, "suffúndo"의 목적분사(sup.=supínum)
suffúsus, -a, -um, p.p., a.p. 부끄러워하는, 얼굴 붉힌.
Sufísmus, -i, m. 수피즘(⑨ Sufism)(이슬람의 신비주의)
Sufísmus Sufí, 수피파 신비주의
　(알라신과의 일치를 추구하는 Muslim의 생활 규율. 그러나 이슬람교의 공식
　교설은 이 사상을 단죄한다. 백민관 신부 엮음, 백과사전 3, p.572).
Sugámb… V. Sigámb… Sicámb…
Sugdiáni, -órum, m., pl. = Sogdiáni
súggĕra, -æ, f. 선서함
suggerénda, -æ, f. 암시(暗示), 충언(忠言)
súggĕro, -géssi -géstum -ĕre, tr. (sub+gero[1]) 밑에 두다,
　밑으로 가지고 가다, (불을) 지피다, 불붙이다,
　쌓아 올리다, 올려 쌓다, 공급(供給)하다, 가져다 주다,
　마련해주다, 나게 하다, 생산하다(דמצ), 암시(暗示)하다,
　권유(勸諭)하다, 생각을 불어넣다, 보충하다, 메우다,
　채우다(חמצ), 잇게 하다, 계승시키다, (왕에게) 보고하다,
　설명(說明)하다, 몰래 집어넣다, 속여 넘기다.
　alimenta tellus suggerit. 땅이 식량을 생산하다.
suggero cibum alci. 먹을 것을 대주다
súggessi, "súggĕro"의 단순과거(pf.=perfectum)
suggéstĭo, -ónis, f. 암시(暗示), 유도(誘導), 의견제시,
　고취(鼓吹-의견. 사상 등을 열렬히 주장하여 불어넣음), 단계적 추가,
　(修) 예격법(豫擊法), 예박논법(豫駁論法-자문자답).
　Ergo et omnia mala quæ facimus, proveniunt ex
　suggestione diaboli. 따라서 우리가 저지르는 모든 악도
　악마의 교사(教唆)로부터 유래한다.(신학대전 14, p.505).
suggéstĭo rerum. (성서의) 사건 영감
suggéstĭo verbórum. (성서의) 언어 영감
suggéstor, -óris, m. 조언자, 공급자, 암시자
suggéstum, "súggĕro"의 목적분사(sup.=supínum)
suggéstum, -i, n. 높은 곳, 높은 자리, 연단(演壇)
　재판관석(裁判官席), 망대(望臺-전망대).
suggéstus, -us, m. 토대(土臺), 구축(構築), 연단, 단,
　높임(⑨ Lifting up), 축적(蓄積-많이 모아서 쌓음),
　머리의 상부, 둥글게 틀어 올린 머리, 재판관석,
　높은 자리, 공적 행사준비, 준비작업(準備作業),
　조언(助言), 충고(忠告-고치도록 타이름), 암시(暗示).
suggill… V. sugill…
sugglútĭo, -íre, intr. (sub+glúttio) 딸꾹질하다
suggrándis, -e, adj. (sub+grandis) 약간 큰
suggrédĭor, (-déris), -gréssus sum, -di, dep.
　(sub+grádior) intr. 몰래 들어가다(오다), tr. 공격하다.
suggrúnda, -æ, f. (=suggrúndĭa, -ónis, f.)
　(=suggrundium -i, n.) 차양(처마 끝에 덧대는 조붓한 지붕),
　(담의) 갓돌, (헛간의) 물림지붕.
suggrundárĭum, -i, n. 생후 40일전에 죽은 어린이 무덤
suggrúnnĭo, -íre, intr. (sub+grúnnio) 꿀꿀거리다(돼지)
sugillátĭo, -ónis, f. 타박상(打撲傷), 치명상(致命傷),
　멍(타박상.맞거나 부딪혀서 피부 속에 퍼렇게 맺힌 피),
　반점(斑點-얼룩얼룩한 점), 오점(얼룩), 불명예(不名譽),
　치욕(恥辱-부끄러움과 욕됨), 능욕(陵辱), 조소(嘲笑-비웃음),
　경멸(輕蔑-남을 깔보고 업신여김), 멸시(蔑視-남을 업신여김. 깔봄)
sugillatiúncŭla, -æ, f. 가벼운 조소, 경미한 타박상
sugíllo(=sugílo) -ávi, -átum -áre, tr. 타박상을 입히다,
　상처(傷處) 내다, 멍들게 하다, 치욕(恥辱)을 주다,
　명예훼손(名譽毀損)하다, 교사하다, 암시(暗示)하다.
sūgo, sūxi, súctum, -ĕre, tr. (젖을) 빨다(קני),
　끝까지 빨아먹다, 흡인(吸引-기체나 액체 따위를 빨아들임)하다.
sūi, "sūo"의 단순과거(pf.=perfectum)

sui¹ -órum, m., pl. 자기사람들(편),
자기 부하.가족.친구, 자기 나라 사람들.

súi² -(gen.), (dat. síbi; acc., abl. se,)
자기의, 자기에게, 자기를, 자기로.
Ad se. apud se. 자기 집에, 자기한테/
De humiliatione sui ipsíus. 자기 자신을 낮춤에 대하여/
De odio suiipsíus. 자기 자신에 대한 미움에 대하여/
diffusívum sui. 자기확산(自己擴散)/
diffusívum sui et esse.
자기 자신과 존재를 확산하는 것(=선善)/
esse apud se. 제 정신으로 있다. 정상적이다/
homo sui judícii. 자기 주견을 가진 사람/
impos sui. 정신없는(나간)/
impotens sui. 제 정신이 아닌/
In desidério ánimæ suæ attraxit ventum amóris sui.
그 영혼의 바람(望) 안에 애욕의 바람(風)을 끌어들였다/
inter se. 서로, 자기네끼리/
Ipse se quísque díligit. 각자 자기를 사랑 한다/
per se. 자동적으로/
Príncipes sui conservándi causâ profugérunt.
높은 사람들은 자기가 살아야겠다는 이유로 도망갔다/
Quid sibi vult pater? 아버지가 원하는 것은 무엇인가?/
secum. 자기와 함께/
Sibi cuíque cárior sua rátio. 저마다 자기 이유가 더 좋다.

sui géneris. 같은 종류의, 그 종류의, 자유적(自流的),
부류 자체의

sui ipsíus intérpres. 성서의 자체해석(自體解釋)

sui ipsíus plastes. 자기를 빚어내는 조각가

sui juris. 자립적인, 독립적인(liber¹ -era -erum, adj.),
자권자(타인의 가장권에 복속하는 것이 아닌 법적으로 독립한 상태를
의미하는 로마법 개념을 동방교회를 지칭하는 데 사용함).

sui juris esse. 자립하여 있다, 자주 독립적이다

suicídĭum -i, n. 자살(自殺,⑨ suicide.sui²+cædo),
Suicidium numquam moraliter est admittendum æque ac homicidium. Ecclesia id graviter malum cum habeat. 자살은 언제나 살인이나 마찬가지로 도덕적으로 반대하여야 하는 것입니다. 교회의 전통은 언제나 자살을 대단히 사악한 선택으로서 거부하여 왔습니다.

Suidas. 수이다스(그리스학의 사전적 총람. 1000년경. 3만 표제어 수록)

súidus(=sudus) -a, -um, adj. 건조한, 맑은, 청명한

suífico -áre, tr. (sui+fácio) 자기 것으로 만들다

suíle -is, n. 돼지우리

suílla -æ, f. 돼지고기(caro suilla.)

suillínus -a, -um, adj. 돼지의

suíllus(=suínus) -a, -um, adj. 돼지의, 돼지고기의

suipássĭo -ónis, f. (文法) 상호작용(相互作用)

suipássus -a, -um, adj. 상호의, 재귀의

suis seúris m., f. (=sus) ((動)) 돼지

sulcábilis -e, adj. 밭갈이 할만한

sulcafícus -a, -um, adj. (=sulcus¹)

sulcámen -mĭnis, n. 밭고랑(밭이랑)

sulcátor -óris, m. 밭고랑 파는 자, 밭가는 자,
…을 가르며 달리는 것(강.새).

sulcatória -æ, f. 수송선(輸送船)

sulco -ávi, -átum -áre, tr. 밭 갈다, 밭고랑을 치다,
경작하다, 가르다(פלג.בזע), 열다(פתח.אור),
파다(רא.יר.כרה), 줄치다, 자국을 내다,
쓰다(גרף.⑨ write), 저술(지음)하다.

sulcus¹ (= sulcafícus) -a, -um, adj. 무화과의.
(보통 ficus sulca로 사용).

sulcus² -i, m. 밭이랑, 밭고랑, 밭일, 파헤침, 구멍 냄,
구덩이, 도랑(폭이 좋은 작은 개울), 배 지나간 자리,
파동(波動), 벤 자리, 짼 자리, 상처, 유성의 불똥,
줄진 선, 글을 쓴 선(線), 굽이, 뱀이 기는 모양.
premo sulcum. 밭고랑을 내다/
Sulcos in púlvere dúcere.
모래밭에 고랑을 내다(헛수고를 하다)/
sulcum áltius imprimo. 밭고랑을 더 깊이 파다.

Sulévĭæ -árum, (dat., abl. -ábus) f., pl. 숲의 요정

Sulfonálum -i, n. (藥) 술포날(수면제, 극약)

sulfu… V. sulphu…

Sulla(sylla) -æ, Lucius Cornelius (Felix) Sulla(138-78 B.C.).
[로마의 정치가. 내란을 일으켜 독재자(82-79)로 군림하고서
정적 Marius의 일당과 평민파를 대학살 함. 성 염 지음. 고전 라틴어, p.229].
Sullam imitatúrus non sum. 나는 술라를 본뜨지 않겠다.

sullæ causa. 당파(黨派, secta. -æ, f.)

sulphur(-pur) -ŭris(-ŏris), n. (sulfur의 바른 철자)
화약(pulvis sulfureus.), 유황(硫黃), 벼락.

sulphúre óleo. 유황 냄새나다

súlphŭrans -ántis, adj. 유황을 포함한, 유황질의

sulphurárĭa -æ, f. 유황 광산(鑛山)

sulphuráta -órum, n., pl.
성냥(⑨ match), 유황 칠한 실, 유황 광맥(鑛脈).

sulphurátĭo -ónis, f. 유황 광맥(鑛脈), 유황,
(⑨ match.raméntum sulphuratum.),
(化) 유화(硫化-黃化-어떤 物質이 硫黃과 化合하는 것).

sulphurátus -a, -um, adj.
유황을 칠한, 유황을 포함한, 유황질의.

sulphúrĕus -a, -um, adj. 유황의, 유황질의, 유황을 칠한

sulphurósus -a, -um, adj. 유황이 많은

sulpur -ŏris, -i, n. **sulphur** (-ŭris)의 바른 철자
유황(硫黃), 화약(火藥), 벼락.

sultánus -i, m. 회교국의 군주

sultis = si vultis

esse의 직설법 활용					
	단 수			복 수	
	현 재	미완료	미 래	현 재	미완료	미 래
1인칭	sum	eram	ero	sumus	erámus	érimus
2인칭	es	eras	eris	estis	erátis	éritis
3인칭	est	erat	erit	sunt	erant	erunt

	단 수			복 수	
	단순과거	과거완료	미래완료	전과서	과거완료	미래완료
1인칭	fui	fúeram	fúero	fúimus	fuerámus	fuérimus
2인칭	fuísti	fúeras	fúeris	fuístis	fuerátis	fuéritis
3인칭	fuit	fúerat	fúerit	fúerunt	fúerant	fúerint

(한동일 지음. 카르페 라틴어 부록, p.10)

sum¹ fúi, esse, intr. (옛 형태 esum = sum)
Ⅰ. 1. 있다, 존재하다, 살아 있다.
Cógito, ergo sum. 나는 생각한다, 고로 존재 한다/
hómines qui nunc sunt. 현재(現在) 있는 사람들/
res mihi est cum *algo*. 아무와 할 이야기가 있다.
2. 일어나다, 생기다, 무슨 일이 있다.
Quid est tibi? 무슨 일이 있느냐?.
3. 살다, 지내다, 거주하다, 머물다, …에 있다.
esse in *algm* locum. 어디를 향하여 가고 있다/
esse in *algo*. 아무를 꼭 닮았다/
esse in *algo* loco. (독서에서) 어디를 읽고 있다/
esse in amóre et delíciis *alci*. 아무와 사랑에 빠져있다/
esse Romæ. *Roma*에 살고 있다/
secum esse. 독립생활 하다/
sum cum *algo*. 아무 집에서 지내다, 교제하다.
4. …에 대하여 취급(取扱) 하고 있다.
Hæc omnis, quæ est de vitâ et de móribus philosóphia.
이 철학은 모두 삶과 사는 방법에 대하여 취급하고 있다.
5. 실질적이다, 효과적이다, 가치 있다, 사실이다.
Est, ut dicis. 네 말 대로이다/
Esto! 좋다, 찬성이다/Sit sane ita. 과연 그렇다/
Sunt ista. 그렇다, 사실이다.
6. …하는 일이 있다.
Non erat ut fíeri posset, miráret.
네가 놀랄만한 그런 일은 일어나지 않았다/
si est ut dicat, si est ut velis.
그가 말한다면, 네가 원한다면/
Sit ut intéreant. 그들을 죽여 버려라.
7. …편이다, …위치(位置)에 있다.
Erit enim mecum, si tecum erit. 그가 만일 너와
자주 교제한다면 그것은 그가 내 편이 되는 것이다/

8. …으로 구성되어 있다, 결국은 …에 요점이 있다.
골자는…에 있다, …하지 않는데 있다.
Ⅱ. 1. …이다. Nos númerus sumus. 우리는 군중이다/
Ego tu sum, tu es ego. unánimi sumus.
나는 너고, 너는 나다. 우리는 한마음이다.
2. (과거분사, -rus로 끝나는 미래분사와 함께
수동 또는 수동형적 능동의 뜻을 나타낸다)
Erit actúrus. 그는 변론할 것이 있을 것이다.
3. (상태 부사와 함께 쓰인다)
Satis est. 넉넉하다, 만족(滿足)이다/
Sic sum vides. 나는 네가 보는 바와 같이 이렇다.
4. (특성이나 성질 표시)
ægro corpóre esse. 병(病) 들어 있다/
bono ánimo est. 용기(勇氣)가 있다/
magni judícii esse. 판단력(判斷力)이 썩 좋다.
5. …에 속해 있다(totus와 totus없이)
Lucri totus est. 그는 돈만 생각 한다/
me Pompéji totum esse.
나는 전적으로 Pompéjo에게 헌신적(獻身的)이다/
optimárum pártium esse. 귀족 계급에 속해 있다/
suárum rerum esse. 자기 이익에만 집착(執着)한다.
6. 특성(특징)이다, 의무(義務)이다, 본성(本性)이다.
Cujúsvis hóminis est erráre.
잘못하는 것은 사람이면 누구나가 가지는 특징이다.
7. 할 자격이 있다, …이 될 수 있다, …에 좋다, 적합하다.
alci patrem, matrem esse.
아무에게 아버지, 어머니 될 자격이 있다/
Esui potuíque esse. 먹고 마시기에 좋다/
Radix est vescéndo. 이 뿌리는 먹을 수 있다/
solvéndo esse. 척결할 수 있다.
8. 가능하다, …할 수 있다, …하는 것이 가하다, 좋다.
Quæ verbo objécta, verbo negáre sit.
말로 반박하는 것은 말로 부정해도 된다/
Scire est. 알 수 있다.
id est, hoc est. 즉, 다시 말하면.   (라틴-한글사전, p.909)
sum² = eum(is의 고형 gen., pl.:n.,sg., id. 대신)
Sum igitur nudus spectator hujus machinæ.
Ita est, ergo ita sit. 나는 벌거벗고 서서 이 기계를
바라볼 뿐이다. 자 일이 이러하니 이렇게 되어라.
Sum in ejus locum invitátus.
내가 그 사람 대신으로 초청(招請)되었다.
Sum Romæ, in urbe clarissimá.
나는 대단히 유명한 도시 로마에 있다.
súmbŭla, ect. = **sýmbola**, etc. 소품(원족.ⓔ picnic)
sumbus, -i, m. = **rhombus** 능형(菱形), 사방형
sumbolum(=symbolum) -i, m. =**symbolus**, -i, m.
징표(徵表.σημείον), 특징(特徵), 표상(表象).
sūmen, -minis, n.
젖꼭지, 암퇘지 젖, 암퇘지, 토지의 비옥한 부분.
súmens, 원형 sūmo, sumpsi, sumptum, -ĕre, tr.
[현재분사. 단수 sumens, 복수 sumentes]
Virgo prius ac postérius, Gabriélis ab óre,
Súmens illud Ave, peccatórum miserére.
가브리엘의 입으로 그 인사를 받으시면서, 그 후도
전과 같이 동정이신이여, 죄들을 불쌍히 여기소서.
sumináta, -æ, f. 젖 먹는 새끼돼지
sumínátus, -a, -um, adj. 암퇘지 (젓)의
summ… V. **subm…**
summa, -æ, f. 가장 높은 곳, 절정, 정상(頂上-꼭대기),
첨단(尖端-맨 앞장), 완전성, 전체, **총합(總合)**, **합계(合計)**,
총체(總體.κεφαλαιον-어떤 사물의 모든 것), 총액(總額-全額),
총액수, **요점**, 가장 중요한 부분, 결정적인 부분,
최고권(最高權), 전서(全書), 대전(大全), 총서(總書),
actor summárum. 회계원(會計員), 관리인/
ad summam, in summá, in ómni summá.
요컨대, 전체로, 결국, 한마디로, 요약하면/
Hæc summa est. 이것이 나의 마지막 말이다/
quacúmque summá. 어떤 값을 치르더라도, 기어코/

summæ imperii præésse. 최고 통치권을 가지다/
summam dare rei. 완성(完成)하다/
summam subdúcere, fácere. 총액을 계산하다.
Summa Angelica de casibus conscientiæ.
카바소 안젤로의 양심문제에 관한 전집
(1486년 마르틴 루터는 이 전집을 악마의 책이라고 하여
종교개혁 초기에 가장 먼저 태워버림).
Summa Aurea. 황금전서(그레고리오 9세 법령집 주해서)
Summa canonica. 교령집 전서
Summa Casuum. 사례전집(페나포르트의 성 라이문도 1175~1275 지음)
Summa Confessionalis. 고해소의 요점, 고해성사 문제 총서.
(성 보나벤뚜라1217?~1274 지음. 사목신학과 관련 있는 작품).
Summa contra Gentiles. 호교대전, 이교도 논박 대전.
("반이교도 대전"이라고도 하며 토마스 아퀴나스 지음).
Summa de arte prædicatoria. 설교 방법론 총서
Summa de creaturis. 피조물 대전(1240년대 지음)
Summa de Ecclesia. 교회론 총서, 교회론
Summa de Ente. 존재체에 관한 총서
Summa de Pœnitentia. 고해성사 총론(1225년)
Summa de potestate ecclesiastica.
교회의 권한에 대한 총론(앙코나의 아우구스티노 지음).
Summa de sacramentis christianæ fidei.
그리스도교 신앙의 성사에 대한 전집.
(Hugo von St. Viktor 지음. 현대 가톨릭 사상, 제11집, p.59).
Summa de sacramentis et animæ consiliis.
성사와 영혼의 의견에 대한 총서.
Summa divinæ philosophiæ. 토마스 철학 총서
summa esse. 최고 존재, 최고로 존재하는 분
summa essentĭa. 최고 유(有), 최고 존재자
summa est, si…, 요는 …하는 것이다
summa in pace. 태평세월 속에서
summa justitia et bellica laus.
극진한 정의와 전공에 있어서.
summa lex. 최고 규범(最高規範)
Summa liturgica. 전례총합(典禮總合)
Summa Logicæ. 논리학 전서
summa lux. 최고의 빛
Summa Moralis. 윤리 전서(全書)
Summa philosophica. 철학대전(1777년 S.M. Roselli 지음)
summa philosophica ad mentem angelici Doctoris.
천사적 박사의 정신을 따르는 철학 대계.
summa pópuli. 국민전체(國民全體)
Summa Prædicantium. 설교자의 총서, 설교전집
Summa quæstionum. 질문 대전
Summa rátĭo. 최고 이성
summa rei publicæ. 국사(res publica.)
summa religionis christianæ. 그리스도적 종교의 총화
summa rerum. 최고 통치권(ómnium rerum.)
summa sapientĭa. 고도의 지혜(智慧)
Summa sapientĭalis. 지혜대전(토마스 데 요크 지음)
Summa Sententiarum. 신학 명제 전서
summa sequar vestigia rerum. 사물이 이룩내는
최고의 자취를 따라갈 따름이다.(성 염 지음. 단테 제정론. p.83).
summa summárum. 대전(大全)
Summa Theologiæ. 신학대전(신학대전)
Summa Theologica Moralis. 윤리신학 전서.
Summa Theologica scholastica et Moralis.
스콜라 신학과 윤리신학 전서.
Summa totíus Logicæ. 전체 논리학 대전
summa voce. 고음(高音)으로
summa voce, quoad vires valent.
힘자라는 데까지 큰 목소리로.
summagíster, -tri, m. 조교(助敎師), 차장(次長)
summális, -e, adj. 온전한, 전체의.
adv. **summálĭter**
summanálĭa, -ĭum, n., pl.
Summánus 신에게 바치는 동그란 과자.
Summánes, -ĭum, m., pl. 지하세계의 하급 신들
summáno, -áre, (sub+mano) intr. 밑에(곁에) 흐르다.

S

tr. 슬쩍 훔치다, 슬쩍 자기 주머니 속에 넣다.
Summánus, -i, m. 밤이슬의 신,
밤의 암흑과 빛을 다스리는 Roma의 신.
summárĭe, adv. 요컨대, 통틀어, 포괄적으로
summárĭum -i, n. 개요, 대요, 목록, 총액(總額-전액)
Summarĭum asceticæ theologiæ.
수덕 신학의 개요(槪要)(1655년 폴란드 Dobrosielski 지음).
summárĭus¹ -a, -um, adj.
간결(簡潔)한, 개요(槪要)의, 포괄적(包括的).
summárĭus² -a, -um, m. 짐 나르는 짐승(oneraria jumenta)
summas, -átis, adj., comm.
지위 높은 귀족의, 귀족 출신의, 양반의.
summátes, -um, m., pl. 귀족, 양반, 세력가(勢力家)
summátim, adv. 표면적으로, 피상적으로, 대충(어렴풋이),
요컨대, 통틀어서, 간단히.
**Summatim tractemus ea quæ ex nostris cogitationibus
emersa sunt**.(⑨ Let us summarize what has emerged
so far in the course of our reflections) 지금까지의
성찰을 통해 드러난 것들에 대하여 요약해 봅시다.
summátus, -us, m. 지상권(地上權), 최상권(最上權)
summe, adv. 최상으로, 각별히, 지극히.
Ens summe perfectum. 최고 완전자.
Summi Dei beneficio, 특별 희년의 연장(1966.5.3. 자의교서)
Summi Dei Verbum, 신학생들의 양성(1963.11.4. 교서)
Summi Mæroris, 새로이 기도가 요청되는 성년(1950.7.19.)
Summi Pontificátus, 교황직, 현대 세계에서의 국가기능.
(1939.10.20. 비오 12세 회칙).
Summi scaturient montes.
여러 높은 산에서 샘들이 솟아날 것이다.
súmmĭtas, -i, n. 꼭대기, 절정(絕頂), 정상(꼭대기),
첨단(尖端-맨 앞장), 표면(表面-사물의 겉으로 드러난 면).
summiter, adv. 높은 데에서, 위에서
summo, -áre, tr. 요약하다
**summo cum honore maximisque laudibus et
admiratione**. 지고한 찬양과 경탄에 대한 소고.
(알폰소 마리아 데 리구오리가 17세에 쓴 논문.)
summo genere nátus. 귀족 집안에 태어난
summo jure. 준엄한 법으로.
summo loco nátus. 귀족출신(patricium genus)
summo magno. 지존(至尊)(교부문헌 총서 8. p.97)
summo mane. 이른 아침에, 첫 새벽
summo rei publicæ témpore. 공화국의 위기에.
summópĕre, adv. (summo+opus¹)
극진한 마음으로, 극히 힘써서.
summos se judico artifices.
자기들이 최고의 예술가라고 공언하다.
summótĕnus, adv. 꼭대기까지
súmmŭla, -æ, f. 소액(少額), 적은 액수, 개요(槪要)
summúltiplex -plĭcis, adj. 약수(約數)의
summultiplícĭtas, -átis, f. (數) 약수(約數)
summum, -átis, f. 꼭대기, 절정(絕頂), 정상(꼭대기),
첨단(尖端-맨 앞장), 표면(表面-사물의 겉으로 드러난 면),
가장 높거나 완전한 점, (시간 연속의) 끝,
(시간 연속의) 마지막(ἔσχατος).
pl. 지상권(至上權), 지휘권(指揮權).
adv. **summum**, 마지막으로, 끝으로, 기껏해야.
fæcem in summum reduco.
찌꺼기를 위로 떠오르게 하다.
summum bonum. 지고선, 최고선(finis bonórum)
**Summum bonum si ignoretur, vivendi rationem
ignorari necesse est**.(Cicero) 최고선이 알려지지 않으면
필히 삶의 명분도 알려지지 않게 마련이다.
summum congitabile. 사유(思惟) 가능한 최고자
summum ens. 최고 존재(最高 存在)
summum gradum vitæ. 생명의 최고 단계
summum impérĭum. 최고 사령권.지휘권.통수권
Summum jus summa injúria. 지극한 법은 지극한
부정이다(최고의 법은 최고의 불의-법의 극치는 부정의 극치).

최대의 공정은 최대의 불공정(불의)이다.
Summum jus summa malitia. 최고의 정의는 곧 최고의
불의다(테렌시우스. 성 염 지음. 사랑만이 진리를 깨닫게 한다. p.461).
Summum luctum penicillo imitor.
심한 슬픔을 붓으로 묘사(描寫)하다.
summum magnum. 지극히 완전하신 분(=하느님)
(하성수 옮김. 교부학. p.247).
summum malum. 최고 악
summum omnium quæ sunt.
모든 것 중의 최고, 있는 모든 것 중 최고.
summum opus Dei. 하느님의 최고작품.최상 작품
summum silentium. 완전한 침묵(沈黙)
summum supplicium. 사형, 중형, 최고형, 극형
summus, -a, -um, adj., superl. 가장 높은, 꼭대기의,
정상의, 첨단의, 극단의, 표면의, 중대한, 가장 큰, 지대한,
(시간, 연속의) 끝, 마지막(ἔσχατος), 옹근, 전(全).
a summo colle. 언덕 꼭대기에/
ad summam desperatiónem rédigi. 극도의 실망에 빠지다/
alqm ad summum impérium effero.
아무에게 최고 통수권(統帥權)을 부여하다/
aqua summa. 수면(水面)에/
ex summo se permitto. 꼭대기에서 뛰어내리다/
híeme summa. 한 겨울에/
summa species. 최고의 형상/ summa voce. 高音.으로/
summo cum honore maximisque laudibus et admiratione.
지고한 찬양과 경탄에 대한 소고(17세에 쓴 알폰소
마리아 데 리구리오가 17세에 박사학위 받은 논문 제목. 당시의 규정으로는
그가 박사 학위를 받기에 너무 어려서 특별한 허락을 받아야 했다)/
summo jure. 준엄한 법으로.
summus äër arboris. 나무 꼭대기
summus architectus Deus. 지존하신 조성자 하느님
Summus doctorum. 박사 중의 최고 박사
summus dominus. 최고의 주재자(最高 主宰者)
Summus Episcopus. 국교회 수장(프로테스탄트 영주의 교회 지배권)
summus janus. 중립부
summus mons. 산꼭대기
Summus Philosophus 최고의 철학자
Summus Pontifex* 교황(敎皇.Πάπας.⑨ Pope)
최고의 사제장(⑨ Supreme Pontiff.Pontifex Maximus),
미사 예물에 관한 권한 목록(目錄)(1974.6.13. 목록),
성 스타니슬라오의 의무 기념일(1979.5.29. 목록).
Summus Pontifex universæ Ecclesiæ.
보편 교회의 최고 사제장(교황 직임).
summus res. 전체.
prora et puppis. 이물과 고물 즉 전체.
summus sacerdos = Princeps sacerdótum.
대제관, 대사제, 제관장, 사제들의 장.
최상의 사제(Tertullianus가 주교를 칭할 때 사용한 용어).
summússus, -a, -um, adj. (sub+musso)
얕은 소리로 말하는, 입속말하는.
sūmo, sumpsi, sumptum, -ĕre, tr. (sub+emo) 잡다,
가지다, 취(取)하다(נסב.נטל.לקח), 들다,
차지하다, 먹다, 싸다, 표를 사다, …으로 뽑다, 택하다,
삼다, …에 힘쓰다, 맡다, 담당(擔當)하다, 기획하다,
인용(引用)하다, 제 것으로 삼다, 가로채다,
…제 하다, …한 태도(態度)를 취하다, 인정(認定)하다,
원칙(原則)으로 삼다, 전제(前提)하다, 소비(消費)하다,
(힘, 노력) 쓰다, 계산(計算)하다.
beátos esse deos sumpsísti.
너는 신들이 행복(幸福)하다고 생각했다/
súmere alqam sibi in uxórem.
아무 여자를 자기 아내로 맞다.
sumo alqd pro certo. 무엇을 확실한 것으로 인정하다
sumo bellum. 싸우다
sumo Miltíadem sibi imperatórem.
Miltíades를 사령관으로 삼다.
sumo navem alqo. 어디에 가려고 배표를 사다
sumo óperam frustra. 헛수고하다(אוי)
sumo parvo. 싸게 사다

sumo poenam(supplícium). 형법을 집행하다
sumo spátium ad cogitándum. 생각할 여유를 가지다
sumo vas in manus. 손에 그릇을 들다
súmptĭo, -ónis, f. 가짐, 받음, 취함, 훔침,
　　삼단논법의 소전제(小前提), 용량(用量), 크기(큼).
Sumptis, Domine, salutaribus sacramentis:
da, quǽsumus; ut, meritis et intercessione beatæ
Virginis Mariæ in coelum assumptæ,
ad resurrectionis gloriam perducamur.
　　주님, 저희가 구원의 성체를 받아 모시고 비오니,
　　하늘에 올림을 받으신 복되신 동정 마리아의 전구를
　　들어주시어, 저희가 부활하는 영광에 이르게 하소서.
Sumptis muneribus sacris, quǽsumus, Domine:
ut frequentatione mysterii,
crescat nostræ salutis effectus.
　　주님, 거룩한 선물을 받고 비오니, 성체를 자주 모심으로
　　저희 구원의 열매가 자라게 하소서.
súmptĭto, -avi -áre, tr.
　　많이(자주) 취하다, 자주 가지다, 사용(使用)하다.
sumptuárĭus, -a, -um, adj. 비용의, 소비의.
　　m. 경리계원, 회계원(會計員).
　　sumptuariæ leges. 사치금지법.
sumptuátus, -a, -um, adj. 비용을 감당한, 소비된
sumptum, -i, n. = sumptus, -us(-i), m.
　　가짐, 취향, 삼단논법의 소전제(小前提).
sumptuóse, adv. 사치하게, 허비하여, 호화롭게
sumptuósĭtas, -átis, f. 사치(奢侈), 호화(豪華)
sumptuósus, -a, -um, adj.
　　돈 많이 드는, 호화로운, 사치스러운, 낭비의, 헤픈.
　　ludi sumptuosióres. 돈 많이 드는 경기(競技).
sumptum, "sumo"의 목적분사(sup.=supínum)
sumptus, -us(-i), m. 가짐, 취향(趣向), 비용(費用),
　　소비(消費), 허비(虛費), 낭비(浪費).
　　In siciliam cum venissem, nemini labori aut sumptui fui.
　　시칠리아에 갔을 적에 나는 어느 누구한테도 폐나 부담이
　　되지 않았다(labori, sumptui: 이해 여격. 성 염 지음, 고전 라틴어. p.397)/
　　suo sumptus equitatum alere.
　　자기 비용(費用)으로 기병대를 기르다/
　　verbaliter sumptum.(ens participaliter) 실존하는 것.
　　(인식의 근본문제, p.281)
sumptus ad sidera ducti. 엄청나게 든 비용(費用)
sumptus alci imputo. 비용을 누구 앞으로 계산하다
sumptus funeris(in funus). 장례비용
sumptus litis(in litem). 소송비용
sumptus ludorum. 경기비용
sumptus muneris. 공조비용
Sumptus repúto. 비용을 따져 부담하다
sumt… V. sumpt…
Sumus imparáti cum a milítibus, tum a pecúniā.
　　우리는 군대도 돈도 준비되어 있지 않다.
Sunam, indecl. 수넴(히브리명 Shunem)
　　(헤르몬 산비탈에 위치한 옛 도시. 오늘날의 Sulem)
Sunamítis, -tidis, f. 수넴 여자(성경 1열왕 2. 17)
sungraphus(=sýngraphus) -i, m. 계약서, 여권.
Sunt alii qui patriam non ament.(아래 Sunt, qui quod 문장 참조)
　　조국을 사랑하지 않을 사람들이 몇 있다.
Sunt duo menses jam.(jam 참조) 어느새 두 달이 된다.
Sunt ergo ponendæ proprietates et notíones in
divinis. 그러므로 하느님 안에는 고유성들과
　　인식적 표징들이 놓아져야 한다.
Sunt hæc tua verba, necne? 이것은 네 말이냐 아니냐?
Sunt ista. 그렇다, 사실이다
Sunt multi, qui erípiunt áliis, quod(=ut id) áliis
largiántur. 다른 사람들에게 주려고 남의 것을
　　탈취(奪取)하는 사람들이 많이 있다.
　　(관계문으로 목적문의 뜻까지 포함한 것을 목적관계문이라 하며,
　　여기의 관계대명사, 부사는 목적 접속사 ut까지 대신해주는 것이기 때문에
　　반드시 목적문에서와 같은 접속법을 쓴다).
Sunt qui laborare nolint. 일하지 않으려는 사람들이 있다.

Sunt, qui quod séntiunt, etsi óptimum sit, tamen
non áudeant dícere. 자기들이 생각하고 있는 것이 비록
　　가장 좋은 것이라 하더라도 그것을 감히 말하지 못하는
　　사람들이 있다(양보문은 주문 뒤에도 나올 수 있으나 흔히 주문 앞이나
　　가운데에 놓인다. 이 경우 가끔 tamen, áttamen, sédtamen 등의 반대접속사를
　　쓴다. 그러나 sed만은 쓰지 않는다. 허창덕 지음. 문장론, p.287).
Sunt qui regi non credant.
　　국왕의 말을 믿지 않을 사람들이 있다.
Sunt qui una animam et corpus occidere censeant.
　　혼과 몸이 한꺼번에 죽어 없어지는 것으로 여기는 사람이
　　많다.[Sunt qui…, …하는 사람들이 있다. 같은 관용구들은 특정한 인물을 지적
　　하지 않고 의미상 결과문의 성격을 띠고 있어서 접속법을 쓴 부사적 관계문을
　　유도한다. "quis est qui…"? …할 사람이 누구냐? nemo est …, …하는 사람은
　　아무도 없다" 같은 관용구도 마찬가지이다. 성 염 지음. 고전 라틴어, p.313].
Sunt quidam, qui molestas amicítas faciunt.
　　우정(友情)을 귀찮게 만드는 일부 사람들이 있다.
Sunt virtútibus vítĭa confínia.
　　덕과 아주 비슷한 악습이 있다.
sunto. esse(있다, …이다, …다)
　　동사의 명령법 미래 복수 3인칭.
suntonátor(=sýntonátor) -óris, m.
　　Sýntonum 악기 연주자(演奏者)
sŭo, sŭi, sŭtum, -ĕre, tr. 바느질하다(תוה), 깁다,
　　꿰매다, 기우다, 붙이다, 준비(準備)하다.
　　ǽrea suta. 청동 쇠 미늘 갑옷.
suo alqd suo cápite. 재앙(災禍)을 자초(自招)하다
suo arbitrátu. 자기 마음대로
suo essere spirituale. 자기 영성
suo more vivere. 자기 나름대로 살다
suo quemque loco lapidem repono.
　　돌을 각각 제자리에 놓다.
suo saucius ense látus. 자기 칼에 옆구리를 찔려 다친
suo sumptus equitatum alere.
　　자기 비용으로 기병대를 기르다.
Suo tempore. 자신의 시대에
suómet, suópte = suo(suus의 힘 준말)
suopte pondere.("-pte" 참조) 자체의 무게로
suórum carminum. 자작시의 낭독자(朗讀者)
suos continuo. 동료들한테로 뒤따라가 붙다
suovetaurília(=suovitaurília) -ĭum, n., pl.
　　(sus¹+ovis+taurus¹) 돼지.양.소를 바치는 제사.
suovitaurilia(=suovetaurília) -ĭum, n., pl.
supǽdagógus, -i, m. (sub+pædagógus) 조교사
superum iter. 마지막 여행(저승길)
supellecticárĭus, -a, -um, adj. 가구(家具) 담당관
supéllex(=supellectilis) -lectilis(-is), f.
　　=suppél(l)ex, -léctilis, f. 가구, 기구, 집기(什器),
　　도구, 용구, 비품, 설비(設備), 시설(施設), 재료.
supéllex sacra.(vasa sacra*). 전례용기, 성기(聖器).
sŭper¹ adv. 위에, 위로, 그 이상으로, 더욱, 너무,
　　그 외에, 그 이상.
　　nihil erat super. 그 이상 아무 것도 없었다/
　　satis supérque vixísse. 넉넉히 그리고 너무 살았다.
super quam quod. …하는 것 외에
sŭper² prœp. 위에, …너머로, 동안에, 중에,
　　(수, 양) 그 외에, 또 그 위에, 그밖에,
　　(계급, 지위) …위에, 우위에, 보다 더, 출중하게.
　　(abl. 만) …에 대하여, 관하여.
　　álii super álios. 사람 위에 사람들이 겹쳐서(넘어지다)/
　　fronde super víridi. 나뭇잎 침대 위에/
　　gladius super cervice pendit. 목에 칼이 닿다/
　　hac super re scríbere. 이것에 대해서 쓰다/
　　nocte super média. 한밤중에/
　　pósitus super armamentárium. 병기창 감독관/
　　vulnus super vulnus. 상처에 상처(를 받고 또 받다).
Super artem veterem. 고대의 학문에 대하여.
　　(월터 버얼리 1275～1344 지음).
super áspidem assidére. 뱀 위에 올라앉다
super cenam(=mensam) 식사 중에, 밥상머리에서
super caput. 머리 위로

super corpora currum egit. 시체들 위로 마차를 몰았다
super Dionysii de mystica theologia
위(爲)디오니시우스의 신비신학에 대하여
super fortúnam ánimum gérere.
자기 처지보다 더 큰 야심을 품다.
super gentes et regna. 세계만방(중세철학. 창간호. p.148)
super his. 이것 외에
super inferque vicinus. 위층과 아래층의 이웃
Super ipsum autem floriet sanctificátio mea.
그의 머리 위에 나의 거룩함이 꽃 피리이다.
super média nocte. 한밤중에
super mensam(=cenam). 밥상머리에서, 식사 중에
super miro. 기적에 관하여
super modum. 도를 넘어서
super morbum. 질병에다가(겸해서 기근 등)
super morbum clades. 질병에다가 재난까지
Super oblata. 예물 기도
super omnes beátus. 모든 이들보다 훨씬 행복한
super omnia. 모든 것 위에
　　De amore Jesu super omnia. 예수를 만유 위에 사랑함.
super omnia autem hæc: caritatem, quod est vinculum
perfectionis. 이 모든 것 위에 사랑을 입으십시오.
　　사랑은 완전하게 묶어 주는 끈입니다.(성경 콜로새 3. 14).
super pecunia legáre. 재산에 대해서 유언하다
super sindonem. 수의기도(壽衣祈禱)
super tecto templi. 성전 지붕 위에
super vallum precipitabantur. 방책 위로 날아 왔다.
super vires. 힘에 넘치게
super³-, （위, 최고)의 뜻을 지닌 접두사
super⁴ -a, -um, adj. = súperus
súpera, adv. = comp. supra 위에, 먼저, 바로 전에
súpera, -órum, n., pl. 천상(天上).⑨ Heaven),
　　세상(κόσμος.⑨ Universe/World), 하늘 높은 곳,
　　천체(천문학, res cœlestæ.), 고지대(高地帶).
superábilis, -e, adj. 넘을 수 있는, 돌파할 만한,
　　극복(克服)할 수 있는, 이겨낼 수 있는, 이길 만한.
superáblŭo, -ĕre, tr. 표면을 씻다
superabúndans, -ántis, adj. 매우 풍성한, 넘치는.
　　adv. superabundánter, 넘치게, 매우 풍성하게.
superabundántĭa, -æ, f. 나머지, 매우 풍성함,
　　잉여(剩餘-쓰고 난 나머지. 餘剩), 충일(充溢-가득 차서 넘침).
　　gratuitatis superabundantia. 가없는 헌신(獻身).
superabund, -ávi -áre, intr.
　　매우 풍성하다, 충만(充滿)하다, 넘치다.
superaccípĭo, -ĕre, tr. 덤으로 얻다, 엎친 데 덮치기로 받다
superaccómmŏdo, -ávi, -áre, tr.
　　위에 덧붙이다, 맞추다, 잘 맞게 하다.
superacérvo, -áre, tr. 덧쌓다, 쌓다, 쌓아 올리다
superáctus, -a -um, adj. (super+ago) 쌓아 올린, 높인
superáddo, -dĭdi -dĭtum, -ĕre, tr. 더하다('게),
　　덧붙이다, 첨가(添加-덧붙이거나 보탬)하다.
superadhíbĕo, -ére, tr. 위에 맞추다, 덧붙이다
superadícĭo(=superadjício) -adjéci -ĕre, tr.
　　(super+adjício) 덧붙이다, 가(加)하다(ףסﬠ).
superádĭdi, "superáddo"의 단순과거(pf.=perfectum)
superádĭtum, "superáddo"의 목적분사(sup.=supínum)
superadjèctĭo, -ónis, f. 덧붙임, 첨가(添加-덧붙이거나 보탬)
superadjício(=superadícĭo) -adjéci -ĕre, tr.
　　(super+adjício) 덧붙이다, 가(加)하다(ףסﬠ).
superádjŭvo, -áre, tr. 할 수 있는 대로 강화하다
superadmíror, -ári, dep., tr. 크게 경탄하다
superadnécto, -néxŭi, -ĕre, tr. 덧붙여 연결하다
superadnéxŭi, "superadnécto"의 단순과거(pf.=perfectum)
superadorátus, -a -um, adj. (super+adórno)
　　장식을 붙인, 겉을 장식한.
superadspérgo, -ĕre, tr. = superaspérgo
superádsto, -áre, intr. = superásto 위에 있다(서다)
superádtrăho, -ĕre, tr. = superáttrăho 끌어올리다

superadúltus, -a -um, adj. 과년한, 혼기에 달한
superædifícĭum, -i, n. 상부건축, 덧붙여 올린 건물
superædífĭco, -ávi -átum -áre, tr.
　　위에 건축(建築)하다, 덧붙여 짓다.
superáffluo, -is -ĕre, intr. 넘쳐흐르다0
superággĕro, -áre, tr. 메우다(ﬦﬦﬥ), 쌓다, 겹쌓다
superállĭgo, -áre, tr. 위를 매다
superámbŭlo, -áre, tr. 위를 다니다(밟다, 걷다)
superaméntum, -i, n. 나머지, 잉여(剩餘-쓰고 난 나머지)
súpĕrans, -ántis, p.prœs., a.p. 출중한, 높이 솟은,
　　초과(超過)하는, 초월(超越)하는, 자라는, 웃자라는.
superántĭa, -æ, f. 우월함, 나음, 초과(超過)
superappárĕo, -ére, intr. 위에 나타나다
superapparítĭo, -ónis, f. 위에 나타남
superappóno, -(pósŭi), pósĭtum, -ĕre, tr. 위에 두다
superarguméntor, -ári, dep., intr.
　　…에 근거를 두고 논증하다, 그 밖의 논증을 대다.
superárĭus, -a -um, adj. 위의
superascéndo, -ĕre, tr. 뛰어넘다, 추월(追越)하다
superaspérgo(=superadspérgo), -ĕre, tr. 위에 뿌리다
superásto(=superádsto), -áre, intr. 위에 있다(서다)
superátĭo, -ónis, f. 이겨냄, 초과(超過), 초극(超克)
superátor, -óris, m. (superatrix, -ícis. f.) 征服者
superáttrăho(=superádtrăho), -ĕre, tr.
　　위로 끌다, 끌어올리다.
superaugméntum, -i, n. 웃자람, 추가, 삽입, 성장.
superaurátus, -a -um, adj. 금을 입힌
Superaverunt alios doctrina.
　　그들은 학식에 있어서 다른 사람들 보다 초월하였다.
superbe, adv. 교만하게, 훌륭하게
superbia* -æ, f. 뛰어남, 탁월(卓越)함, 오만(傲慢),
　　교만(驕慢-잘난 체하여 뽐내고 버릇이 없음.⑨ pride), 교오(驕傲),
　　자존심(남에게 굽힘이 없이 제 몸이나 품위를 스스로 높이 가지는 마음),
　　고상함, 미모(美貌), 우아함, 광채(光彩).
　　alci famam supérbiæ inuro.
　　누구에게 교만한 자라는 낙인을 찍다/
De superbia transgressoris, quæ ipsa fuit transgressione
deterior. 위반자의 오만이 위반 자체보다 더 나쁜 것이다.
　　　　　　　　　　　(교부문헌 총서 17, 신국론, p.2792)/
Et videte quanta opera faciat superbia; ponite in corde
quam similia facit, et quasi paria caritati. 교만이 얼마나
　　대단한 일을 하고 있는지 보십시오. 교만이 사랑과 얼마
　　나 비슷하고 거의 똑같은지 마음에 잘 새겨 보십시오/
Excessit ergo homo modum; avarior voluit esse,
ut supra homines esset, qui supra pecora factus est:
et ipsa est superbia. 사람은 도를 넘고 더 탐욕스러워
　　지려고 합니다. 겨우 짐승보다 더 낫게 창조된 주제에
　　사람들 위에 있으려 하니, 이것이 바로 교만입니다/
Initium omnis peccati superbia.
　　교만은 모든 죄의 시작, 모든 죄의 시작은 교만이다/
Venit superbia, veniet et contumelia; apud humiles
autem sapientia. (ou- eva.n eivse,lqh| u[brij evkei/ kai avtimi,a
sto,ma de. tapeinw/n meleta/| sofi,an) (獨 Wo Hochmut ist,
da ist auch Schande; aber Weisheit ist bei den
Demütigen) (⑨ When pride comes, disgrace comes;
but with the humble is wisdom) (잠언 11. 2)
　　오만이 오면 수치도 오지만 겸손한 이에게는 지혜가
　　따른다(성경 잠언 11. 2)/ 잘난 체하다가는 창피를 당하는 법,
　　슬기로운 사람은 분수를 차린다(공동번역 잠언 11. 2)/
Si initium omnis peccati superbia, radix omnium
malorum superbia est. 모든 죄의 시작이 교만이라면, 모든
　　악의 뿌리도 교만입니다.(최익철 신부 옮김, 요한 서간 강해, p.355).
superbia candóris. 백색의 광채(光彩)
Superbia et ira maxime nóxiæ(nóxia) sunt.
　　교만(驕慢)과 분노(憤怒)는 대단히 해로운 것들이다.
Superbia exstinguit caritatem: humilitas ergo roborat
caritatem. 교만은 사랑을 없애지만 겸손은 사랑을
　　튼튼하게 합니다.(최익철 신부 옮김, 요한 서간 강해. p.77).

S

superbia philosophica. 철학적 교만(驕慢)

superbia se éfferens. 교만할 대로 교만(驕慢) 해진

superbiæ cæcitas. 맹목적 교만(가톨릭 철학 제2호, p.31)

supérbĭbo, -ĕre, intr. 후에 마시다, 거듭 마시다

superbíficus, -a, -um, adj. (supérbus¹+fácio)
교만하게 만드는, 자랑스럽게 만드는.

superbiloquéntĭa, -æ, f. (supérbus¹+loquor)
교만한 말, 큰소리 침.

supérbĭo, -íre, intr. 교만하다, 오만하다, 자랑하다,
자부심을 갖다, 출중하다, 뛰어나다, 돋보이다.

supérbĭo advérsus dóminos. 자기 상전에 대해 자랑하다.

supérbĭo avi nómine.
할아버지 명성을 가지고 자기 자랑을 하다.

supérbĭo de vita. 자기 생활에 대하여 자랑하다

Superbior erat, quam ut veniam daret tibi.
그는 너를 용서해 주기에는 너무 교만(驕慢)하였다.

superbipártĭens(superbitertius) -éntis(-a, -um)
(super+bis+pártior) 1과 3분의 2, 5/3, 10/6, 15/9.

supérbĭter, adv. 교만(驕慢)하게, 교오(驕傲)하게

supérbonissimus.
최고선 위의 어떤 분(=하느님)(그리스도교 영성 역사. p.74)

superbúllĭo(superebullio) -íre, intr. 세차게 끓다

superbus, -a, -um, adj. 뛰어나는, 특출한, 교만한,
건방진, 오만한, 자부심 있는, 자랑스러운, 어려운,
미묘(微妙)한, 까다로운, 엄격한, 훌륭한, 지위 높은,
상품(上品)의, 탁월(卓越)한, 고상(高尙)한, 빛나는.
adv. superbe. 교만(驕慢)하게, 훌륭하게.
Nam in hoc excessit modum superba anima.
교만한 영혼은 정도를 넘어서서 탐욕스런 영혼이
되어버린다.(최익철 신부 옮김. 요한 서간 강해, p.355)/
Neminem nostrum scio tam superbum sicut te.
내가 알기로, 우리 가운데 (그) 누구도 너처럼 오만한
사람이 없다(성 염 지음. 고전 라틴어, p.117)/
Non esse superbum. 교만하지 말라(성 분도 수도규칙 제4장 34)/
Rhodienses superbos esse dicunt. Sint sane superbi.
로도스 사람들은 교만하다고들 한다.
좋다, 교만할 테면 하라고 하자. [성 염 지음. 고전 라틴어, p.297].

Superbus et avarus nunquam quiescunt.
교만(驕慢)한 사람과 인색(吝嗇)한 사람은 한 번도
평안히 있을 때가 없다(준주성범 제1권 제6장 1).

supércădo, -cécĭdi, -ĕre, intr. 위에서 떨어지다.
supercadentes aquæ. 샤워(⑨ shower).

supercæléstis, -e, adj. 하늘 위에 있는

supercálco, -áre, tr. 짓밟다, 위로 걸어가다

supércăno, -ĕre, intr. = supércino

supércedo, -cessi -ĕre, tr. 추월(追越)하다

supercérto, -áre, intr. …를 위해 싸우다

supercessi, "supércedo"의 단순과거(pf.=perfectum)

superciliósus, -a, -um, adj. 엄격한, 딱딱한,
무뚝뚝한, 찌푸린, 도도한(거만한).

supercílĭum, -i, n. (super+cílium) 눈썹, 윗눈썹,
눈두덩, 엄격(嚴格), 자부심, 거만, 자만, 찡그린 얼굴,
침통한 모습, 돌출부(突出部), 꼭대기, 언덕, 원형돌기,
젖꼭지, (建) 상인방(上引枋).
attráctis supercíliis. 이맛살을 찌푸리고.

supercíngo, -ĕre, tr. 위를 덮다

supércĭno, -ĕre, intr. (super+cano)
뒤따라 노래하다, 거듭 노래하다

superclaúdo, -ĕre, tr. 뚜껑을 닫다

supercómĕdo, -ĕre, tr. …외에 또 먹다

supercóntĕgo, -téxi, -ĕre, tr. 위를 덮다

supercóntexi, "supercóntĕgo"의 단순과거(pf.=perfectum)

supercórrĭgo, -ĕre, tr. 덧 고치다

supercorúsco, -áre, intr. 굉장히 빛나다

supercreátus, -a, -um, adj.
덤으로 만들어진, 위에 덧붙여진.

supercrésco, -crévi -ĕre, tr. 앞지르다, 넘다, 추월하다.
intr. 웃자라다, 덧붙다, 지나치다.

supercrévi, "supercrésco"의 단순과거(pf.=perfectum)

supércŭbo, -ávi, -áre, intr. 위에 눕다

supercúmbo, -ĕre, intr. 위에서 자다

supercúro, -áre, tr. 돌보다, 간호(看護)하다, 치료하다

supercúrro, -ĕre, intr. 앞서 뛰다, 앞지르다, 추월하다,
지나가다(אזל.אזל), 넘다, 낫다.

superdélĭgo, -áre, intr. 위를 매다

superdestíllo, -áre, tr. 방울방울 떨어뜨리다

superdíco, -ĕre, tr. 부언하다, 첨언하다, 덧붙여 말하다.

superdimídĭus, -a, -um, adj.
반만큼 더 많은, 2분의 3되는, 2대 3의.

superdo, -dátum -áre, tr. 덧붙이다, 부가하다, 위에 붙이다

superdóléo, -ĕre, intr. 몹시 고통(苦痛) 받다

superdúco, -dúxi -dúctum -ĕre, tr. 위에 놓다,
덧붙이다, 위로 끌다, 지나치다, 초과하다, 수(數)를 넘다.

superdúctĭo, -ónis, f. 가중(加重), 덧붙여 쓴 것

superdúctum, "superdúco"의 목적분사(sup.=supínum)

superdúxi, "superdúco"의 단순과거(pf.=perfectum)

superebullio(=superbúllĭo) -íre, intr. 세차게 끓다

supérĕdo, -édi, -ĕre, tr. 뒤(후)에 먹다

superéffĕro, (-fers) -férre, tr. 드높이다,
들어 올리다(בנט.אסא.יס.בלט.ללט).

supereffício, -cĕre, tr. 가득 채우다,
intr. 넘치다, 가득 차다.

superéfflŭo, -ĕre, intr. 넘치다, 우월하다, 풍부하다

supereffúlgĕo, -ĕre, intr. 매우 반짝이다

supereffúndo, -ĕre, tr.
위에서 붓다, 퍼지다(אסא.יס.בלט).

superegrédĭor(=superegréderis), -égrĕdi,
dep., tr., intr. 이기다, 우월(優越)하다, 지나치다.

superelatívus, -a, -um, adj. 높이는

superélĕvo, -áre, tr. 위로 올리다, 높이다

superémĭco, -áre, intr. 위로 뛰어 오르다

superéminens, -éntis, p.proœs., a.p. 뛰어나는, 탁월한,
우수(優秀)한, 초월(超越)한, 절묘(絶妙)한.

supereminéntĭa, -æ, f. 높음, 위(⑨ Lifting up).
위대함(גּיא), 탁월함, 우월(優越-남보다 뛰어나게 나음).

supereminéo, -ĕre, intr. 높이 있다, 표면에 드러나다.
tr. 위로 솟다, 솟아오르다, 굽어 보다, 초월하다, 능가하다.

supermórĭor, (-rĕris) -móri, dep., intr. 위에서 죽다

superénăto, -áre, tr. 떠오르다, 위에 떠 있다

supérĕo, (-is) -íre, tr.
위로 지나가다, 뛰어 넘다, 건너다, 넘어가다.

superéquĭto, -áre, intr. 화내다, 격분(激忿)하다

supererogátĭo, -ónis, f. 넘치게 줌, 의무 이상의 선행

superérŏgo, -ávi, -áre, tr. 가외로 지불하다(갚다)

supérescit = supérerit(supersum의 미래) 의 옛 형태

superévŏlo, -áre, tr. 날아 넘어가다

superexáctĭo, -ónis, f. 과당징수(過當徵收), 부당요구

superexálto, (-avi) -átum -áre, intr. 더 낫다, 더 높아지다.
tr. 드높이다, 몹시 찬양(讚揚)하다, 위로 올리다.

superexcédo, -ĕre, tr. 초월(超越)하다, 능가(凌駕)하다

superexcéllens, -éntis, adj.
더 높은, 우월한, 위에 솟아 있는.

superexcrésco, -ĕre, intr. 웃자라다

superexcúrro, -ĕre, tr. 넘다, 넘치다, 넘어가다, 앞지르다

superéxĕo, (-is) -íre, tr.
…까지 이르다, 위로 퍼지다, 나아가다.

superexháustus, -a, -um, adj. (super+exháurio)
다 파낸, 기진한, 아주 빈.

superéxĭgo, -ĕre, tr. 과하게(더) 요구하다

superexsísto, -ĕre, intr. 영속(永續)하다, 오래가다

superéxsto, -áre, intr. 살아남다

superexsúlto, -áre, intr.
몹시 기뻐하다, 기뻐 어쩔 줄을 모르다(cælum attingere).

superexténdo, -ĕre, tr. 위에 펴다, intr. 몹시 넓게 퍼지다.

superextóllo, -ĕre, tr.
높이 찬양하다, 드높이다, 위로 올리다

superfecundátĭo, -ónis, f. (醫) 과다임신(過多姙娠),
동기복임(同氣復任), 복수태(複受胎)
supérfĕro, (-fers), -tŭli, -látum, -férre, tr.
공중에 올리다, 넘기다, 위로 가져가다,
뛰어 넘게 하다, 드러나게 하다, 기한(期限)을 넘기다,
뒤로 미루다, 최상으로 올리다, 최상급으로 하다.
pass. superférri, 위에 떠오르다, 오르다.
superféto, -áre, intr. 다시 임신(姙娠)하다
superficiális, -e, adj. 표면적(表面的), 피상적(皮相的),
면적(面積)의, 부정확(不正確)한.
superficiárĭus, -a, -um, adj. 남의 땅 위에 있는 (건물),
용익권(用益權) 만이 있는. m. 용익권자(用益權者).
superfícĭens, -éntis, adj. (super+fácio)
남는, 남아돌아가는, 잉여(剩餘)의.
superfícĭes, -ei, f. (=superfícĭum, -i, n.)
(super+fácies) 윗부분, 겉, 표면(表面), 외면(外面),
외부(外部), 외관(外觀), 허울, (남의 땅위에 있는) 집,
나무 과수 등의 소유권(所有權), 지상권(地上權).
(數) 면적, 면(面), (뱀의) 허물(껍데기).
Superficies solo cedit. 지상물은 토지에 속한다.
superfígo, -fíxum, -ĕre, tr.
위에 묶다, 매다, 위에 붙이다, 위에 박다.
superfío, -fíeri, intr. 남다(餘)
superfíxus, -a, -um, "superfígo"의 과거분사(p.p.)
위에 묶인.
superfléxus, -a, -um, adj. (super+flecto)
위로 기운, 접힌, 위로 굽은.
superflúens, -éntis, p.prœs., a.p.
넘치는, 과다(過多)한, 무익한, 사치스러운.
superflúĭtas, -átis, f. (⑨ excessive demand), 지나친 요구,
과다, 과잉(過剩), 여분(餘分), 쓸데없음, 없어도 될 것.
De cavenda superfluitate verborum.
수다스러움을 피함(⑨ Avoiding Idle Talk).
supérflŭo¹ adv. 과도하게(per supergressio), 쓸데없이
supérflŭo² -flúxi -ĕre, intr. 위로 흐르다, 넘치다,
너무 많다, 쓸데없이 많다, 굉장히 많다, 풍부하다.
supérflŭo aures. 들리지 않다
supérflŭus, -a, -um, adj. 여분의, 남는, 너무 많은,
충만한, 넘치는, 쓸데없이 많은. adv. supérflŭe.
n. 여분, 나머지. n., pl. 부스러기, 배설물, 똥.
expensa superflua. 과도(過渡)한 비용/
superfluum vitæ. 생활의 여유분.
superfœdo, -áre, intr. 위를 더럽히다, 오물을 끼얹다
superfœto, -áre, intr. 다시 임신하다 = superféto
superforánĕus, -a, -um, adj. (super+forum²)
무익한, 할 일없는, 쓸데없는, 여가(餘暇)의.
supérfŏre = superfutúrum esse. V. supérsum
supérfŏro, -áre, tr. 위에 구멍 뚫다
superfrútĭco, -áre, intr. 웃자라다, 위로 번식하다
superfúdi, "superfúndo"의 단순과거(pf.=perfectum)
superfúgĭo, -ĕre, tr. 넘어서 도망가다, 위로 도망가다
superfúi, "supersum"의 단순과거(pf.=perfectum)
superfúlgĕo, -ére, intr. 위에서 빛나다
superfúndo, -fúdi -fúsum -ĕre, tr. 위에서 붓다(注),
쏟다, 퍼붓다(תאר), 덮치다, 덮다,
퍼지다(אוס.מר.פרס.יריד).
pass. superfúndi, 쏟아지다, 넘쳐흐르다(퍼지다), 덮이다,
se superfúndere in Asiam. 아시아에로 퍼져 나가다.
superfúsĭo, -ónis, f. 넘침, 퍼짐, 퍼부음, 유출, 범람
superfúsum, "superfúndo"의 목적분사(sup.=supínum)
supergáudĕo, -ĕre, intr. …를 기뻐하다, 몹시 기뻐하다
supergénĕro, -áre, tr. 너무 많이 만들다
supérgĕro, -(géssi), -géstum -ĕre, tr. 쌓아 올리다
supergloriósus, -a, -um, adj. 매우 영광스러운
supergrádĭor, -grǎi, dep., intr. = supergrédior
supergrátŭlor, -ári, dep., intr. 진심으로 감사하다
supergrédĭo = supergrédĭor
supergrédĭor(=supergredio) -gréssus sum -grĕdi,

dep., tr. (super+grádior) 위로 지나가다, 건너가다,
넘어가다, 앞질러 가다, 이기다, 능가(凌駕)하다,
위반(違反)하다, 침범(侵犯)하다.
supergréssĭo, -ónis, f. 초과, 과잉(過剩), 잉여(剩餘)
supergréssus, -a, -um,
"supergrédĭor(=supergredio)"의 과거분사(p.p.).
supergréssus, -us, m. 과도(過度), 초과(超過).
per supergressus. 과도하게.
superhábĕo, -ére, tr. 여유 있게(넘치게) 가지다
superhumerále(=superumerále), -is, n. (super+húmerus)
가사(袈裟) 같은 겉옷, 유대교의 대제관복(大祭官服).
súperi, -órum, m., pl. 천상 신들, 불멸체(不滅體)
살아 있는 자들, 세상 사람들(inferi의 반대로), 천상주민.
superíllĭgo, -(ávi), -átum -áre, tr.
묶다(רסא.זקפ.זקן.חנק.רטב.רשק), 위에 매다
superíllĭnĭo, -íre, tr. = superillino
superíllino, -(levi), -lītum(-línitum), -ĕre, tr. 문지르다,
겉(표면)에 바르다, 도료 기름 따위를 …위에 붓다.
superímmĭnĕo, -ére, intr. 위에 달려(걸려) 있다.
위에 떠 있다, 위협(威脅)이 되다.
superimpéndens, -éntis, p.prœs., a.p. (super+impéndeo)
위에 걸려(달려) 있는, 불쑥 나온. 위협(威脅)하는.
superimpéndo, -ĕre, tr. 위에 매달다, 희생물이 되다, 소비하다
superimplétor, -óris, m. (super+ímpleo) 완수하는 사람
superimpóno, -(pósui), -pósĭtum -ĕre, tr.
위에 두다(놓다), 겹쳐 놓다.
superincéndo, -ĕre, tr. 더 태우다
superincérno, -ĕre, tr. 위에서 체질하다
superincídens, -éntis, p.prœs. 위에서 떨어지는
superincído¹ -ĕre, intr. (super+íncido¹) 위에(서) 떨어지다
superincído² -ĕre, tr.
위를 베다, 자르다(סמך.סיכ.כסב.חרב).
superincrésco, -crévi -ĕre, intr. 위로 자라다, 웃자라다
superíncŭbo, -áre, intr. 위에 눕다
superíncŭmbo, -cúbŭi, -ĕre, intr. 위에 눕다
superincurvátus, -a, -um, p.p., a.p. 위로 굽은, 기운
superindictícĭus(superindíctus) -a, -um, adj. 특별세의
superindíctĭo, -ónis, f. (superindictum, -i, n.)
임시과세, 특별세 징수(고대 로마 시대에 15년마다 실시하던 특별세).
superindúco, -dúxi -dúctum -ĕre, tr. 위에 놓다,
겹처 놓다, 위에 쏟아지게 하다, 위로 인도하다,
더하다(תסי), 첨가하다, 가(加)하다(אוט).
superinductícĭus, -a, -um, adj.
가짜의, 가정(假定)의, 거짓의, 침입한, 무자격의.
superindúctĭo, -ónis, f. 삭제(削除-깎아서 없앰),
(글씨) 첨가(添加-덧붙이거나 보탬), 가중과세, 덧붙여 쓴 것.
superinduméntum, -i, n. 겉옷
superíndŭo, -ŭi, -útum -ĕre, tr.
(옷을) 걸처 입다, (옷을) 위에 입다, (옷을) 덧입다.
superínfĕro, -(fers, -fert), -férre, tr.
덤으로 가져오다(가다).
superinfúndo, -fúsum -ĕre, tr. 위에 쏟다(붓다)
superíngĕro, -(géssi) -géstum, -ĕre, tr.
위에 쌓다, 얹어 놓다.
superingédĭor, -(éris) -grĕdi, dep., tr.
넘어가다, 건너가다, 위에 걸쳐있다.
superin(j)ícĭo, -jéci, -jéctum -ĕre, tr.
위로 던지다, 위에 쏟다.
superinl… V. superill…
superinm… V. superimm…
superinp… V. superimp…
superínspĭcĭo, -ĕre, dep., tr. 감독(監督)하다, 감시하다
superínstĕrno, -stávi -strátum, -ĕre, tr. 위에 펴다, 깔다
sŭperinstrátus, -a, -um, "superinstérno"의 과거분사(p.p.)
sŭperinstrávi, "superinstérno"의 단순과거(pf.=perfectum)
superínstrĕpo, -ĕre, intr. 울려 퍼지다, 위에서 소리 나다
superínstrŭo, -úctum, -ĕre, tr. 위에 세우다, 짓다,
덧붙여 맞추다, 쌓다, 위에 건축하다.

superínstum, "superinstérno"의 목적분사(sup.=supínum)
superinsúlto, -áre, intr. 위로 뛰다, 뛰어 오르다(넘다)
superíntĕgo, -ĕre, tr. 덧덮다
superintéllĭgo, -ĕre, tr.
  그밖에 또 이해하다, 과도하게 알아듣다, 넘겨짚다.
superinténdo, -ĕre, intr. 감시(監視)하다
superinténtor, -óris, m. 감독(ἐπισκοπος), 감시자
superíntĕro, -ĕre, tr. 위를 비비다(문지르다)
superintóno, -áre, intr.
  위에서 뇌성(雷聲)을 울리다, 다시 소리 나다(反響).
superinúndo, -áre, intr. 넘치다, 극히 풍부(豊富)하다
superinúngo, -ĕre, tr. 위에 바르다
superínvĕho, -ĕre, tr. 위로 가져가다
supérĭor¹ m., f. -íus, n., (gen. -óris)
  adj. comp., superl. supérrimus (-rúmus, summus,
  suprémus) -a, -um, 보다 높은, 위의, 더 먼저의,
  먼저 부분의, 계급이 더 높은, 에 있어서 더 강력한,
  더 나은. n., pl. 과거사. m., pl. Superióre. 장상(長上).
  annus superior. 작년/
  ejus ut superióra omíttam. 그의 과거를 묻지 않기 위해/
  equitátu superóres. 기마병(騎馬兵)으로 더 강한/
  in superióre vita 생애(生涯)의 전반(前半)에/
  loci, fortúnâ, famâ superior.
   출신이, 신분이 명성이 더 나은/
  omnes superióres dies. 지난 모든 날들(동안의)/
  scriptúra superior. 먼저의 글/
  superĭor nox. 그저께 밤/
  Superióre æstate classes advenerunt.
   초여름에(superiore æstate) 선단(船團)들이 도착하였다/
  superióre e loco contioári. 높은 데 서서 설교하다/
  superióres órdines. 더 높은 지위(地位)/
  superĭoris mundi. 상위 세계.
supérĭor² -óris, m., f. 장상(superĭor major*), 높은 사람.
  장(長), 승리자, 수도원장(⑨ religious Superĭor), 교회 장상,
  장관(長官), 총재(總裁), 원장(院長), 교장(校長), 어른,
  관구장(⑨ metropolitan.⑪ mĭnister provincialis).
  minister localis. 지원장/moderátor supremus. 총원장.
Superĭor Anno, 로사리오 기도(祈禱)(1884.8.30.)
superĭor congregátiónis monasticæ.
  수도승원 연합회 장상.
superĭor domus sui juris.
  자치 수도원장(自治修道院長, abbas territorialis).
superĭor generalis. 총원장(總院長), 수도회 총회장.
  (⑨ supreme Moderátor.⑪ superĭor supremus.).
Superĭor localis. 지역 장상(地役長上)
Superĭor Major* 고위 장상, 상급 장상
superĭor minor. 하급 장상, 수도원 소원장
superĭor missiónis. 선교 단장
superĭor missiónis sui juris. 자치 선교단장
superior natura. 상위 본성
Superĭor provincialis. 프란치스코회의 관구장(管區長).
  (⑨ metropolitan.⑪ superĭor, -óris, f., m.).
superĭor quasi-provincialis. 준관구장
superĭor religiósus.(⑨ religious Superĭor) 수도원장
superĭor regularis. 수도회장
Superĭor supremus. 최고 장상(最高長上)
superĭor vel minister generalis.
  총원장(總院長.⑨ supreme Moderátor).
superĭor vicarius. (성심회) 원장 총대리
superióra, -um, n., pl. 건물의 상층부, 옥상건물
superióres ordines. 더 높은 지위
superĭoris mundi. 상위 세계
superioríssa, -æ. f. 수녀원장, 여자 장상(長上)
supérĭus, adv., comp. 더 높은 곳으로, 더 위에, 위에.
  n. 장(長), 승리자, 수도원장, 교회 장상, 원장, 관구장.
superjácĕo, -ĕre, intr.
  위에 남아 있다, 위에 놓여 있다, 위에 누워있다.
superjácĭo, -jéci, -jéctum(-jáctum) -ĕre, tr.

위로 던지다, 위에 두다(놓다), 능가(凌駕)하다, 넘다,
넘어가다, 과장하다, 더 높이다, 더 비싸게 하다.
  Scópulos superjácit undā pontus.
   바다가 암초위로 파도를 일으킨다.
superjácto, -áre, tr.
  공중으로 던지다, 뛰어 넘다, 넘어가다.
superjáctum, "superjácĭo"의 목적분사(sup.=supínum)
superjáctus, -a, -um, "superjácĭo"의 과거분사(p.p.)
superjéci, "superjácĭo"의 단순과거(pf.=perfectum)
superjéctĭo, -ónis, f. 위로 던짐. (修) 장유(長諭), 과장.
superjéctum, "superjácĭo"의 목적분사(sup.=supínum)
superjéctus¹ -a, -um, adj. (super+jácio) …위에 위치한
superjéctus² -us, m. 위로 던짐, 도약(跳躍), 돌기.
superjumentárĭus, -i, m. 역축 사육장 감독(監督)
superjúngo, -ĕre, tr. 덧붙이다
superlábor, -bi, dep., intr.
  …위로 미끄러지다, 굴러 떨어지다.
superlácrĭmo, -áre, intr.
  …위에 눈물을 떨어뜨리다, …을 슬퍼하다.
superlátĭo, -ónis, f.
  과장(誇張). (修) 장유(長諭). (文法) 최상급.
superlatíve, adv. 최상급으로, 최고로, 과장하여
superlatívus, -a, -um, adj. (文法) 최상급의, 과장하는.
  m. 최상급(gradus superlatívus). n. 최상급 단어.
superlátus, -a, -um, p.p., a.p. 과장된
superlaudábĭlis, -e, adj. 최상으로 찬양할
superláudo, -áre, tr. 더없이 찬양(讚揚)하다
supérlevi, "supérlĭno"의 단순과거(pf.=perfectum)
supérlex, -léctilis, f. = supéllex
supérlĭgo, -áre, tr. 위를 묶다, 위에 매다
superliminári, -is, (=superlímen, -mĭnis) n.
  (建) 상인방(上引枋)
superlimínĭum, -i, n. 문턱 넘어 있는 공간(空間)
superlínĭo, -íre, tr. 덧바르다, …위를 바르다
superlinítĭo, -ónis, f. 덧바름
superlíno, -lévi, -lĭtum, -ĕre, tr.
  겉에(위에) 바르다, 문지르다.
superlítĭo, -ónis, f. 바름, 고약(膏藥)
superlítum, "supérlĭno"의 목적분사(sup.=supínum)
superlúcĕo, -ĕre, intr. 아름답게 빛나다
supérlúcror,(superlúcror) -átus sum, -ári, dep., tr.
  너무(덤으로) 벌다, 더 벌다.
superlúgĕo, -ĕre, tr. 통탄(痛歎)하다
supermaledíco, -ĕre, tr. 저주(詛呪)하다
supermándo, -ĕre, tr. 뒤에 씹다, 여가로 먹다, 더 먹다
supermensus, -a, -um, "supermétĭor"의 과거분사(p.p.)
supérmĕo, -áre, intr. 위로 흘러가다
supermétĭor, -ménsus sum, -íri, dep., tr. 넉넉히 재다
supermíscĕo, -ĕre, tr. 위에 섞다
supermítto, -mísi -míssum -ĕre, tr.
  첨가(添加)하다, 위에 놓다(넣다, 던지다, 퍼뜨리다).
supermoláris, -is, m. 윗부분 맷돌(mola, -æ. f. 맷돌)
supermólĭor, -ítus sum, -íri, dep., tr.
  지나가다, …의 끝까지 가다(오다).
supermundiális, -e, adj. 세상 위에 있는, 천상(天上)의
supermúnĭo, -íre, tr. 덮다, 보호(保護)하다
supernarrátĭo, -ónis, f. 다시 이야기함
supérnas, -átis, adj. 상부(上部) 지방의,
supernáscor, (-éris) -nátus sum, (nasci), dep., intr.
  덧나다, 위로 성장(成長)하다.
supernátĭo, -ónis, f. 덧남(잘못 건드려 상처나 병이 더해짐)
supérnăto, -ávi, -áre, intr.
  물위에 떠돌아다니다, 부유(浮遊)하다, 헤엄치다.
supernaturale donum gratiæ. 초본성적 은총 선물
supernaturális, -e, adj. 초성적(超性的),
  초자연적(獨 übernatürlich.⑨ Supernatural).
  adv. supernaturalĭter. 초자연적으로.
  amicitia supernaturalis. 초본성적 우정/

S

anthrōpōlogia supernaturalis. 초본성 인간학/
beatitúdo supernaturális. 초자연적 복락(福樂)/
existentia supernaturalis. 초본성적 실존/
finis supernaturális. 초본성적인 목적/
realitas supernaturális. 초본성적 실재/
Virtus supernaturális. 초본성적 덕성/
vita supernaturális. 초본성적 삶.
supernaturalis absolutum. 절대적 초자연(超自然)
supernaturalis quoad modum. 양상적 초자연
supernaturalis quoad substantiam. 실체적 초자연
supernaturalis relativum. 상대적 초자연(超自然)
supernaturalísmus, -i, m. 초자연설(超自然說)
supernaturálítas, -átis, f. 초자연성(超自然性)
supernátus, -a, -um, "supernáscor"의 과거분사(p.p.)
supernávigo, -áre, intr. 위를 항해(航海)하다
supérne, adv. 위에, 위에서, 위로, …위에
supernexívus, -a, -um, adj. (super+necto) 연결하는
supérnítas, -átis, f. 고도, 높음, 위대함('ηη) 숭고함
supérno, -ávi, -átum -áre, tr. (super+no) 위를 헤엄치다
Superno Dei Nutu, 하느님의 드높으신 뜻.
　　(1960.6.5. 교황 요한 23세의 자의교서).
supernómíno, -áre, tr.
이름 붙이다, 명명(命名)하다, 별명(별칭)을 붙이다.
supernumeráríus, -a, -um, adj. (super+númerus)
정원(定員) 외의, 정원(定員) 이상의, 보충의.
supernúmero, -áre, tr. 세다(מָנָה,אסן), 헤아리다.
supérnus, -a, -um, adj. 위에 있는, 천상의.
　superna sanctorum civitas. 성도들의 천상 도성/
　Supernæ dispositionis arbitrio.
　　최상의 준비 상태에 대한 판단.
súpéro, -ávi, -átum -áre, intr. 위에 더 높이 있다.
앞지르다, 우위에 있다, **능가하다**, 더 풍족하다, 남다.
　더 많다, 남아돌아가다, 아직 남아 있다, 살아남다.
　Captæ superávimus urbi.
　　점령당한 도시에서 살아남았다/
　Pecúnia superat? 돈이 더 풍족했다/
　Si de quincúnce remóta est úncia, quid súperat?
　　5온스에서 1온스를 빼면 얼마가 남나?/
　supero ad auras. 공중으로 올라가다/
　Virtúte nostri mílites superabant
　　우리 군인은 용기(勇氣)가 훨씬 많다.
　tr. 뛰어넘다, 건너다, 지나가다, 초월하다, 더 낫다,
　극복(克服)하다, 정복하다, 이기다, 개선하다. 싸우다.
　Superavérunt álios doctrínā.
　　그들은 학식에 있어서 다른 사람들 보다 초월하였다/
　superare alqm áliquā re.
　　무슨 점에 있어 남보다 초월하다, 우세하다/
　supero alqm virtúte. …를 힘으로 이기다
　supero summas ripas fluminis.
　　제일 높은 강둑을 뛰어넘다.
supero ad auras. 공중(空中)으로 올라가다
superobdúcus, -a, -um, adj. (super+obdúco) 위에 쌓은
superóbruo, -úi, -útum -ěre, tr.
　위를 덮다, 덮치다 짓누르다.
superóccido, -ěre, intr. (달이) 후에 지다
superobúmbro, -áre, tr. 위에서 그늘지게 하다
superóccupo, -áre, tr. 덮치다, 기습(奇襲)하다
superopério, -íre, tr. 덧덮다, 위를 덮다
superóperor, -ári, dep., intr. 전념(專念)하다
superordinátio, -ónis, f. 부가(附加)-이미 있는 것에 덧붙임),
　첨가(添加-덧붙이거나 보탬), (가톨릭) 주교 후계자 선임.
superórdíno, -áre, tr. 첨가하다, 가(加)하다(קᵓᵔ),
　덧붙이다, 부가(附加)하다, 주교 후계자를 선임하다.
superparticulárius(=superpártiens), -e(-éntis)
　(super+partícula) ((數)) 가분수(假分數)의.
superparticulárítas, -átis, f. 가분수의 특징(特徵)
superpelliceum, -i, n. 소백의, 수단 위에 입는 흰옷.
　(라틴-한글 사전, p.915; 백민관 신부 엮음. 백과사전 1, p.729; 3 p.577; 3 p.579).

superpellicium＊, -i,
　n. 중백의(③ surplice)(천주교교육어집. p.74. 119).
　rochét(t)us, -i, m. 소백의(천주교교육어집. p.53).
superpéndens, -éntis, p.proes. 대롱대롱 매달려 있는
supérpeto, -ěre, tr. 정량보다 더 요구하다
superpíctum, "superpíngo"의 목적분사(sup.=supínum)
superpictus, -a, -um, "superpíngo"의 과거분사(p.p.)
superpíngo, (-pínxi) -píctum, -ěre, tr.
　덧그리다, 곁에 칠하다, 위에 그리다.
superpínxi, "superpíngo"의 단순과거(pf.=perfectum)
superpláudo, -ěre, intr.
　박수 치다, 위에서 퍼덕거리다(날개를).
superplénus, -a, -um, adj.
　넘쳐흐르는, 아주 충만한(πλήρης).
superpóno, -pósŭi -pósĭtum -ěre,
　tr. 위에(멀리) 두다(놓다), (약) 바르다, 앞에 놓다,
　선두에 세우다, 맡기다, 능가하다, 더 낫게 여기다,
　첨가(添加)하다, 덧붙이다, 능가(凌駕)하다.
　p.p. 위에, 멀리 있는, 임무를 맡은.
superposítĭo, -ónis, f. 병적 발작의 극도, 발병(發病)
superposítum, "superpóno"의 목적분사(sup.=supínum)
superpostulátĭo, -ónis, f. 정액 이상의 청구(請求)
superpósŭi, "superpóno"의 단순과거(pf.=perfectum)
superprojícĭo, -ěre, tr. …위에 던지다, 펴다
superquadripártiens, -éntis, adj. 1과 5분의 4의
　= **superquadriquítus**, -a, -um, adj.
súperquam = super³-, (위, 최고의 뜻을 지닌 접두사
superquártus, -a, -um, adj. 1과 4분의 1의
superquátĭo, -ěre, tr. 위를 흔들다
superquíntus, -a, -um, adj. 1과 5분의 1의
superrádo, (-si), sum, -ěre, tr. 표면을 깎다
superréplétus, -a, -um, adj. (그릇) 가장자리까지 찬
superrídĕo, -ére, intr. …을 비웃다, …에 대하여 웃다
supérrímus(supérrŭmus), -a, -um, adj., superl.
　V. supremus. 맨 위의, 정상의 최대의, 첫째의.
supérrŭo, -ěre, tr., intr. …에 달려들다,
　돌진(突進)하다, 위에 떨어지다, 위에 넘어지다.
supérsapientissimus, (그리스도교 영성 역사, p.74)
　최고로 지혜로운 분 위의 어떤 분(=하느님).
supersápĭo, -ěre, intr. 맛이 몹시 좋다
superscándo(=superscéndo) -ěre, tr.
　뛰어넘다, 넘어가다, 위로 지나가다
superscríbo, -ípsi, -íptum, -ěre, tr. 위에 쓰다,
　제목(題目)을 쓰다, 등록(登錄)하다, 기입(記入)하다,
　글로 표시하다, 줄그어 지우다, 덧붙여 쓰다.
superscrípsi, "superscríbo"의 단순과거(pf.=perfectum)
superscríptĭo, -ónis, f. 표기(表記), 게시(揭示),
　기입(記入), 등록(登錄), ⑨ inscriptĭo nominis).
superscríptum, "superscríbo"의 목적분사(sup.=supínum)
supersédĕo, -sédi -séssum -ére, intr., tr. 위에 앉다,
　의장(議長)이 되다, 사회(司會)하다, 주재(主宰)하다,
　중재(仲裁)하다, …것을 면하다, …하지 않고 배기다,
　연기하다, 단념(斷念-품었던 생각을 끊어 버림. 체념:棄念)하다,
　중단하다(קᵓᴸᵏ,תᵇᵔ), 그치다(תᵇᵔ).
　supersedíssem loqui. 연설을 내가 하지 않았으면 좋겠다.
supersedeo a proelio 싸움을 않다
supersedeo elephánto 코끼리를 타다
sŭpersédi, "supersédĕo"의 단순과거(pf.=perfectum)
superséllĭum, -i, n. (super+sella)
　안장 위에(밑에) 까는 모포.
supersémĭno, -ávi -átum -áre, tr. 덧심다
supérsĕro, -sévi -ěre, tr. (super+sero⁴)
　위에 씨 뿌리다, 덧뿌리다. 위에 심다.
superséssum, "superséro"의 목적분사(sup.=supínum)
sŭpersévi, "supersédĕo"의 단순과거(pf.=perfectum)
superséxtus, -a, -um, adj. 6분의 7의, 1과 6분의 1의
supersído, -ěre, intr.
　위에 앉다, 위에서 내려와 …에 앉다.

supersílĭo, -íre, intr., tr. (super+sálĭo²) 위를 뛰어 넘다
supersísto, -stíti, -ěre, tr. 위에 있다
supersórbĕo, -ěre, tr. 더 흡수(吸收)하다
superspárgo(superspergo) -spérsum(-spársum) -ěre,
    tr. 위로 펴다, 뿌리다, 널리 퍼뜨리다
superspéro, -ávi, -áre, intr. 몹시 바라다, 너무 바라다
superspícĭo, -spéxi, -cěre, tr. (super+spécio)
    넘보다, 저쪽을 보다, 넘어보다.
superstágno, -ávi, -áre, intr. 물이 넘쳐 연못을 이루다
superstatúmĭno, -áre, tr. …를 기초(基礎)로 세우다
supersténo, -strávi, -strátum, -ěre, tr.
    위에 펴다, 덮다, 안장을 얹다.
supérstes, -stítis, adj. (super+sto²) 앞에(옆에) 있는,
    현존(現存)하는, 증인이 되는, 살아 있는, 남아 있는,
    살아남, m. 입회인(立會人), 증인(證人).
superstes iniquórum. 악당의 손에서 살아남은
superstes suæ pátriæ. 자기 조국(祖國)에 살아남은
sŭperstĕti, "supersto"의 단순과거(pf.=perfectum)
superstíllo, -áre, tr. 위에 한 방울씩 떨어뜨리다
superstítĭo, -ónis, f. (super+sisto) 맹목적인 신앙,
    망신(亡身), 미신(迷信).ⓖ Superstítĭon), 미신행위,
    이단(異端.αἱρεσις.ⓖ heresy),
    미신적 공포심(恐怖心), 미신적인 숭배(崇拜).
    excitabilis superstítio. 위험한 미신/
    externa superstítio. 미신 행위/
    imbútus superstitióne. 미신에 빠진.
superstítio nova. 새로운 미신(迷信)
superstítio nova et malefica. 새로운 악행의 미신(迷信)
Superstítio sanguinis. 피의 미신
superstitiósus, -a, -um, adj. 미신적(迷信的), 점치는,
    이단(異端)의, 너무 세심(細心)한.
    adv. superstitiose. 미신적으로, 너무 세심하게.
superstitiósus, -a, -um, adj. 너무 세심한
supérstĭto, -áre, tr. 살려주다, 온전하게 보존하다.
    intr. 생존(生存)하다, 넘치다.
supérsto, -stěti, -stáre, tr. 위에 서있다, 타고 있다.
    intr. 위에 놓여 있다, 우위(優位)에 있다, 낫다.
    살아남다, 남아있다.
superstrátum, "supersténo"의 목적분사(sup.=supínum)
superstravi, "supersténo"의 단순과거(pf.=perfectum)
superstríctum, "superstríngo"의 목적분사(sup.=supínum)
superstríngo, -strínxi, -stríctum, -ěre, tr. 위를 묶다,
    위에 매달다, 조이다, 위를 졸라매다.
superstrínxi, "superstríngo"의 단순과거(pf.=perfectum)
superstrúctum, "supérstrǔo"의 목적분사(sup.=supínum)
supérstrŭo, -strúxi, -strúctum, -ěre, tr.
    위에 건축(建築)하다, 위에 세우다.
superstrúxi, "supérstrǔo"의 단순과거(pf.=perfectum)
supersubstantiális, -e, adj. (super+substántia)
    일용(日用)의, 생활 필수의, 매우 중요의,
    생명을 보존(保存)하기 위해 필요한.
supersubstantívus, -a, -um, adj. 본체적인 것 이상의,
    필수(必須) 이상의, 초실체적(超實體的)인.
supérsum, -fúi -ésse, intr. 살아남다, 아직 살아있다.
    남아있다, …할 것이 남아있다, 풍부하다, 넘치다.
    …하기에 충분(充分)한 힘이 있다, 충분히 …할만하다,
    남아돌다, 너무 많다, …하고도 남다, 넉넉하다,
    도와주다, 위에 있다, 지휘(指揮)하다, 사회(司會)하다,
    주관(主管)하다, 장(長) 노릇하다, 위에 서 있다.
    Bíduum supérerat. 이틀이 남아 있었다/
    quod supérest. 남은 것, (숙어) 게다가, 그런데, 지금은/
    supersum uno anno. 일 년 동안 살아남다/
    Tibi quia supérest, dolet. 너는 너무 많아서 걱정이구나.
supersúmo, -ěre, tr. 그밖에 더 취하다
supértĕgo, -téxi, -téctum, -ěre, tr.
    위를 덮다, 보호(保護)하다, 보장(保障)하다.
supeténdo, -ěre, tr. 위에 펴다(널다), (상처를) 싸매다
superterrénus, -a, -um, adj. 지상의, 이 세상의

supertértĭus, -a, -um, adj. 3분의 4의, 1과 3분의 1의
supertéxo, -ěre, tr. 덮다(כסח.ככ.אפא.חפי),
    가리다(כסח.ככ), 위에 덧 짜다, 천으로 덮다.
supertéxtor, -óris, m. 자수가(刺繡家), 직조공(織造工)
supertóllo, -ěre, tr. 높이 올리다, 위로 들다,
supertóllo se. 자만(自慢)하다
supértrăho, -ěre, tr. 저쪽으로(위로) 끌어가다
supertránsěo, -íre, tr. 위를 지나가다, 앞지르다
supertripártĭens, -éntis, (supertriquártus, -a, -um,)
    adj. 7/4, 8/5, 9/6 등, 1과 몇 분의 3이 되는.
súperum, -i, n. 위(上), 상부(上部)
superumerále(=superhumerále) -is, n.
    유대교의 대제관복(大祭官服).
superúnctĭo, -ónis, f. 겉바름, 바름(칠함)
superúnctum, "superúngo"의 목적분사(sup.=supínum)
superúndo, -áre, intr. 넘치다, 파도치다, 홍수 나다
superúngo, -únxi -únctum, -ěre, tr. 문지르다, 겉바르다.
superúnxi, "superúngo"의 단순과거(pf.=perfectum)
superúrgens, -éntis, adj. (super+úrgeo)
    내리 누르는, 위급한, 다급한.
superúrgěo, -ěre, tr. .
    내리 누르다, 위에서 압박하다, 위급하게 하다.
súperus(드물게 super) -a, -um, adj. = súper⁴
    위에 있는, 높은 데의, 천상의, 하늘의, 지상의,
    세상의(지하의 반대).
    m., pl. súperi, -órum, (ínferi의 반대로) 세상 사람들,
    (죽은 자들의 반대로) 살아 있는 자들.
    n., pl. súpera, -órum, 하늘 높은 곳, 세상(世上),
    천상(天上), 고지대(高地帶), 천체(天體).
    apud súperos. 세상에서/
    de súpero. 위에서부터 / ex súpero. 위에서부터/
    Mare súperum. 아드리아 해(海)/
    super inférque vicínus. 위층과 아래층의 이웃/
    superus dii. 하늘의 신들.
supervacáněo, adv. 너무 많이, 쓸데없이,
supervacáněus, -a, -um, adj. 남아도는, 잉여(剩餘)의,
    보충적인, 부가적, 너무 많은, 필요치 않은, 쓸데없는.
    adv. supervacáněo.
    supervacáneum opus. 시간 외의 일.
supérvăco, -áre, intr. 너무 많다, 남아돌다
supervacúïtas, -átis, f. 허무(虛無)
supervácǔus, -a, -um, adj. 잉여의, 너무 많은, 불필요한,
    무익한, 남아돌아가는, 공연한(inanis, -e, adj.), 가치 없는.
    adv. supervácǔe, supervácǔo.
    n., pl. 잉여(剩餘-쓰고 난 나머지, 여잉餘剩), 쓸데없는 것.
supervádo, -ěre, tr. 넘다, 넘다, 위로 가다
supérvăgor, -átus sum, -ári, dep., intr.
    너무 퍼지다, 너무 벋다(포도넝쿨에 대하여).
supervaléo, -ěre, intr. 아직도 건강(健康)하다,
    몹시 강하다, 우위(優位)에 있다.
supervalésco, -ěre, intr., inch.
    몹시 강해지다, 점점 건강해지다.
supervéctor, -ári, dep., intr.
    실려 가다, 위를 지나가다, 운반(運搬) 되다.
supérvĕho, -véctum, -ěre, tr.
    저쪽으로 운반(運搬)하다, 넘어가다.
supérvĕhor, -véctus sum -věhi, dep., intr. 넘다,
    지나가다(חלף.עבר), 저쪽으로 운반되다, (말을) 타다.
sŭpervĕni, "supervénĭo"의 단순과거(pf.=perfectum)
supervénĭo, -véni -véntum -íre, intr.
    습격하다, 덮치다, …을 넘어오다, 위에 놓여 있다.
    갑자기 만나다, 뜻밖에 일어나다, 돌연(突然히 오다,
    돌발(突發) 사건이 일어나다, 뜻밖의 오다, 도를 넘다.
    초과(超過)하다, 돌기(突起)하다, 불쑥 나오다.
    m., pl. superveniéntes, -ium, 습격 기병대,
    alci nox supervenio. …에게 밤이 닥쳐오다/
    canis suos supervenit hostes.
    개가 손님에게 달려들었다.

S

supervéntĭo, -ónis, f. 갑자기 나타남, 돌발(突發),
기습(奇襲-몰래 움직여 갑자기 들이침).

supervéntor, -óris, m. 갑자기 나타나서 행인을 습격하는 자.
pl. 습격을 위한 기병대(騎兵隊).

supervéntum, "supervénĭo"의 목적분사(sup.=supínum)

supervéntus, -us, m. 돌발사건, 불시착, 습격(襲擊),
뜻밖의 방문, 기습(奇襲-몰래 움직여 갑자기 들이침).

supervérto, -ĕre, tr. (醫) 빨판 흡각(吸角)을 대다

supervestiméntum, -i, n. 겉옷

supervéstĭo, -ítum, -íre, tr.
입히다, 덮어주다, 다시 덮다. pass. (은총을) 입다.

supervínco, -ĕre, tr. 쳐 이기다, 능가(凌駕)하다

supervisio productiónis. 생산관리(生産管理)

supervíxi, "supervívo"의 단순과거(pf.=perfectum)

súpervólĭto, -ávi, -átum -áre, tr., intr. 위로(를) 날다

supérvŏlo, -áre, tr., intr. 위로 날아가다, 위에 우뚝 솟다

supervólutum, "supervólvo"의 목적분사(sup.=supínum)

supervólvi, "supervólvo"의 단순과거(pf.=perfectum)

supervólvo, -vólvi -volútum, -ĕre, tr.
위로 굴리다, 위로 젖히다.

supinális, -e, adj. 뒤엎는, 파괴(破壞) 하는.
Supinalis. 파괴자(Júpiter의 별명).

supina ora. 하늘을 향한 얼굴

supinátĭo, -ónis, f. 자빠뜨림, 뒤엎음, 토사(泄瀉),
설사(泄瀉, profluvium alvi).

supíne, adv. 무기력하게, 소홀하게, 게으르게, 대수롭지 않게

supínĭtas, -átis, f. 자빠짐, 기울어짐, 엎어짐

supíno, -ávi, -átum -áre, tr. 자빠뜨리다, 뒤집다.
땅을 갈다, (눈, 코 따위를) 위로 들다, 밑으로 향하다,
낮추다, supináta testúdo. 자빠진 거북이.

supínum, -i, n. (文法) 목적분사, 동사적 명사

supínus, -a, -um, adj. 자빠진, 위로 향한, 뒤로 기운,
반듯이 누운, 반대의, 후퇴(後退)하는, 역류(逆流)하는,
게으른, 태만(怠慢)한, 고개를 뒤로 젖힌, 거만한,
불손한, 자만(自慢) 하는, 내리받이의, 납작하게 깔린.
ignorantĭa supina. 태만(怠慢)한 부지/
supina ora. 하늘을 향한 얼굴.

supo(=suppo) -áre, tr.(=sipo¹) 뒤엎다, 자빠뜨리다

supædagógus, -i, m. (sub+pædagógus) 조교사

suppǽnĭtet(suppœnĭtet) -ére, impers., intr. 좀 후회하다

suppǽtŭlus, -a, -um, adj. (sub+pætus) 조금 흘겨보는

suppállĭdus, -a, -um, adj. (sub+pállidus)
조금 창백한, 좀 파리한, 좀 핼쑥한.

suppálpor, -ári, dep., intr. (sub+palpor)
약간 아첨(아첨)하다, 쓰다듬다, 어루만지다.

suppar(=subpar) -áris, adj. (sub+par) 거의 같은,
거의 동갑의, 거의 동시대의, 어슷비슷한.

supparasítor, -ári, dep., intr.
조금 아첨(阿諂)하다, 식객처럼 아첨하다.

supparatúra, -æ, f. 혈통의 재흥(再興), 민족의 재생

suppárĭle, -is, n. (sub+párilis) ((修)) 유음이의의 어법

súpparo¹ -áre, tr. (sub+paro²) 맞게 하다, 적응시키다

súpparo² -áre, tr. (sub+par) 좀 비슷하게 만들다

suppártĭor (-íris), -íri, dep., intr. 세분(細分)하다

súpparum(=sípárum=síphárum) -i, n.
(súpparus, -i, m.), 깃발, 군기(軍旗), 소매가 짧은
겉옷으로 로마 부인들이 subúcula라는 옷 위에 입었음,
Auróra 여신의 장밋빛 옷.

suppátĕo, -ĕre, intr. 밑이 열려 있다, 밑으로 퍼져 있다

suppedánĕum, -i, n. (⑨ Foot-Pace.이탈리아어 Predella)
제단의 상단, 제대 계단 최상단, 십자가의 받침대.

suppedánĕus, -a, -um, adj. (sub+pedáneus) 발판의,
발밑에 놓인, n. **suppedánĕum**, -i. 발판.

suppeditátĭo, -ónis f. 풍부, 풍성, 충분한 비축(備蓄)

suppédĭto, -ávi, -átum -áre, intr. 풍부하게 있다,
넉넉하다, 수중에 있다, 쉽게 얻을 수 있다,
…하기가 쉽다, 마음대로 되다, 능히 …할 수 있다.

돕다, 지시(指示)하다.
tr. 공급(供給)하다, 주다(זנ.בהי.נתנ).
pass. 충분히 가지고 있다.

suppédo, -ĕre, tr. (sub+pedo²) 좀 무례를 범하다

suppél(l)ex, -léctilis, f. = **supéllex(=supellectilis)**
가구, 기구, 집기, 도구, 용구, 비품, 설비, 시설, 재료.

suppernátus, -a, -um, adj. (sub+perna)
허벅지가 잘린, 가지 잘린(나무).

suppertúrbor, -ári, pass. (sub+pertúrbo)
조금 혼란되다, 당황(唐慌)하다

suppes, -pédis, adj. (sub+pes) 안짱다리의,
안으로 굽은 다리를 가진, 양가발이의.

suppétĭæ, -árum, f., pl. (=suppetiátus, -us, m.)
(주격과 대격으로만) 도움, 원조, 구조.

suppétĭlis(=suppétŭlis) -e, adj. 돕는데 쓰이는

suppétĭor, -átus sum -ári, dep., intr.
구조(救助)하다, 도와주다, 돕다(עזר.נחמ).

suppétĭum, -i, n. 원조(援助-도와줌)

súppĕto, -ívi(íi) -ítum -ĕre, intr. 충분하다(כמל)
넉넉하다, 족하다, 풍부하다, 현재 가지고 있다.
손안에 있다, …하기에 넉넉하다, 오래 살다.
응답(應答)하다, 대신 요구하다, 얻으려고 애쓰다.

suppétŭlis(=suppétĭlis) -e, adj. 돕는데 쓰이는

suppílo, -ávi, -átum -áre, tr. (sub+pilo²) 슬쩍 훔치다

suppíngo¹ -páctum, -ĕre, tr. (sub+pango)
밑에 (못질하여) 붙이다, 밑에 쇠를 붙이다.

suppíngo² -ínxi, -íctum, -ĕre, tr. (sub+pingo)
밑을 바르다.

suppínguis, -é, adj. 약간 살찐

supplantátĭo, -ónis, f. 다리 걸어 넘어뜨리기, 딴죽,
기만(欺瞞).⑨ Fraud-남을 그럴듯하게 속임),
사기(詐欺.⑨ Fraud), 욕(辱-"욕설"의 준말), 욕설(辱說)

supplantátor, -óris, m. 걸어 넘어뜨리는 자, 사기꾼

supplánto, -ávi, -átum -áre, tr. (sub+planta) 딴죽 걸다,
걸어 넘어뜨리다, 굽히다, 눕히다, 속이다, 배신하다,
뒤엎다, 못쓰게 만들다, 멸망시키다, 무효로 만들다.

suppláudo… V. **supplódo**.

suppleméntum, -i, n. 보충, 보결(補缺-결점을 보충함)
보완(補完-모자라는 것을 더하여 완전하게 함), 추가(追加),
부록, 증보(增補), 구원, 보조. (軍) 징집(徵集), 모병.
hypothesis supplementorum. 보충설/
in exercituum supplementum. 보충병으로.

suppleméntum ad quæstiones Scoti De Anima.
영혼에 대한 스코투스 논점의 부록.

súpplĕo, -evi -etum -ĕre, tr. (sub+pleo) 보충하다,
다시 부어 가득 채우다, 빈 것을 채우다, 보결하다,
추가(追加)하다, 보수(補修)하다, 보완(補完)하다,
대신 자리를 채우다, 대행(代行)하다.
(軍) 모병(募兵)하다, 징모(徵募)하다, 징집(徵集)하다.
Ecclesia supplet. 교회는 보충한다.

Supplet Deus. 하느님이 결함(缺陷)을 보충하신다.

Supplet Ecclesia. 교회의 재치권(裁治權) 보충

supplétĭo, -ónis, f. 보충(補充), 추가(追加), 보완(補完)

supplétórĭum, -i, n. 파생적 결론, 결론의 보완(補完)

súpplex, supplícis, adj. (sub+plico) 탄원(歎願)하는,
애원(哀願)하는, 간절히 원하는, m. 탄원자, 애원자.
De eminentia liberæ mentis quam supplex oratio magis
meretur quam lectio. 독서보다도 겸손한 기도로 얻을
영신 자유의 고상함에 대하여(준주성범 제3권 26장).

supplex dei. 신께 비는 자.

supplex dona. 제물(祭物, res oblata)

supplex manus. 비는 손

supplex vestræ misericordiæ. 당신의 인자하심을 비는 자.

supplicaméntum, -i, n. 공적기도(公的祈禱), 감사기도,
종교의식(宗敎儀式), 형벌(⑨ Punishment),
순교(殉敎.⑨ martyrdom.μαρτὺριον).

supplicánter, adv. 탄원하며, 겸손되이

supplicántum, 원형 súpplĭco, -ávi, -átum -áre, intr., tr.

[현재분사의 명사형. 남성 복수 주격 supplicantes,
속격 supplicantum, 여격 supplicantibus,
대격 supplicantes, 탈격 supplicantibus].
Ad te Rex summe, omnium redemptor, oculos nostros
sublevamus flentes: exaudi, Christe, supplicantum preces.
지극히 높으신 임금이시며, 모든 이들의 구세주이시여,
우리는 간청하면서 당신께 우리의 눈을 들어 올리나이다.
그리스도님, 간청하는 이들의 기도를 들어 주옵소서.
supplicátio, -ónis, f. 공적기도, 종교의식, 무조건 항복,
기도(חֹסֶד.εὐχή).⑨ prayer), 간구(懇求-간절히 요구함).
Adésto, quǽsumus, Dómine, supplicatiónibus nostris:
ut esse, te largiénte, mereámur et inter próspera húmiles,
et inter advérsa secúri. 주님 비오니, 저희의 간절한
기도를 들어주시어, 저희로 하여금 주님 은혜로 다행
중에 겸손하게 하시고, 불행 중에 안온하게 하소서/
Meditatio simul et supplicatio est Rosarium.
묵주기도는 묵상이며 간청입니다.
Supplicatio ad Deum. 하느님께 드리는 청원
Supplicatio ad Virginem. 성모님께 드리는 기도
supplicátio litaniæ. 탄원의 기도(歎願 祈禱)
Supplicátio quadraginta horarum. 40시간 기원 신심,
40시간 성체조배[성 목요일부터 성 토요일까지 연속 조배. 이 신심은
16세기 이탈리아에서 시작했다. 40시간은 그리스도의 시체가 무덤 속에서
있었다고 생각되는 기간이다. 교회법에서는 40시간이라고 정하지 않고 일정한
기간 성체를 내 모시고 신자들이 조배하도록 했고(942조) 거기서 미사를 올릴
때에는 성체를 감실에 들어 모시도록 지시한다(교회법 제941조 2항)]
Supplicationem ad Virginem Rosarii Sancti.
(⑨ Supplication to the Queen of the Holy Rosary)
거룩한 묵주의 모후이신 성모님께 드리는 기도
O benedictum Mariæ Rosarium,
dulcis cum Deo nos alligans catena,
amoris nos vinculum cum Angelis coniungens,
salutis turris contra inferorum impetus,
tutus communi in naufragio portus,
te non amplius deseremus umquam.
In agoniæ hora nobis eris solacio.
A te extremum vitæ evanescentis osculum.
Et postremum labiorum nostrorum erit effatum suave tuum nomen,
o Regina Rosarii Pompeiani,
o cara Mater nostra,
o peccatorum Refugium,
o Princeps mærentium consolatrix.
Esto ubique benedicta, et hodie et in sempiternum,
terris item atque in cælis.   Bartolo Longo 복자 지음
Supplication to the Queen of the Holy Rosary:
O Blessed Rosary of Mary,
sweet chain which unites us to God,
bond of love which unites us to the angels,
tower of salvation against the assaults of Hell,
safe port in our universal shipwreck,
we will never abandon you.
You will be our comfort in the hour of death:
yours our final kiss as life ebbs away.
And the last word from our lips will be your sweet name,
O Queen of the Rosary of Pompei,
O dearest Mother,
O Refuge of Sinners,
O Sovereign Consoler of the Afflicted.
May you be everywhere blessed,
today and always, on earth and in heaven".
"거룩한 묵주의 모후이신 성모님께 드리는 기도"
복되신 성모님의 묵주는 저희를 하느님께 묶어 주는
아름다운 사슬이며,
저희를 천사들과 결합시켜 주는 사랑의 끈입니다.
묵주기도는 지옥의 공격을 물리치는 구원의 보루이며
모든 난파선이 찾는 안전한 항구입니다.
저희는 묵주기도를 결코 멈추지 않겠습니다.
죽음의 순간에 묵주는 저희에게 위안이 될 것입니다.
삶을 마치며 묵주에다 마지막 입맞춤을 할 것입니다.
묵주의 모후이신 성모님,
저희는 마지막 순간까지 감미로우신 성모님의 이름을 부를 것입니다.
사랑하는 우리 어머니,
죄인들의 피난처,
슬퍼하는 이들의 위로자이신 성모님.
오늘 또 영원토록 하늘 땅 어디에서나 찬미 받으소서.

supplicátor, -óris, m. 숭배자, 탄원자, 애원자(哀願者)
súpplĭce(=súpplicŭe) adv. 탄원하며, 겸손되이
súpplices, 원형 supplex, supplícis, adj. (sub+plico)
[남성 복수 주격 **supplices**, 속격 supplicum,
여격 supplicibus, 대격 supplices, 탈격 supplicibus].
Et supplices deprecamur, ut Corporis et Sanguinis
Christi participes a Spiritu Sancto congregemur in unum.
간절히 청하오니 저희가 그리스도의 몸과 피를 받아
모시어 성령으로 모두 한 몸을 이루게 하소서.
supplicĭális, -e, adj. 형벌(刑罰)하는
Supplicii habeo satis. 나는 너를 충분히 벌주었다.
supplícĭtas, -átis, f. 간절히 구하는 태도, 애원, 겸손
supplícĭter, adv. 간구(懇求)하며, 간절히,
겸손(謙遜)하게, 애원(哀願) 하면서.
supplícĭum, -cii(ci), n. 무릎 꿇음, (하느님께) 간구,
기도(חֹסֶד.εὐχή).⑨ prayer), 제사, 제물(祭物),
(사람에게) 탄원(歎願).⑨ Supplicátĭon),
애원(哀願-통사정하며 애절히 바람), 벌(罰).⑨ Punishment),
징벌(懲罰, pœna vindicativus), 형벌(⑨ Punishment),
고문, 고문(拷問)으로 인한 지체 절단, 상처(傷處).
An ad ultimum supplicium pertineat impiorum, quod
descendisse ignis de cælo et eosdem comedisse
memoratur. 하늘에서 불이 내려 악인을 살라 버린
다는데, 그것이 최후 징벌일까(신국론, p.2820)/
crudelissimi tæterrimique supplicii.
형벌 중에서 가장 잔인하고 혐오스러운 형/
De promissione æternæ beatitudinis sanctorum et
perpetuis suppliciis impiorum. 성도들의 영원한
지복과 악인들의 영원한 형벌에 대한 약속(신국론, p.2828)/
dedo alqm ad supplícium. 아무를 고문하다/
deprecátĭo supplícĭi. 형벌을 면하려는 간절한 기원/
Incestum supremo supplicio sancio.
근친상간 죄를 최고형으로 처벌하다/
inhíbeo supplícium alci. 누구에게 형벌을 가하다/
omni supplício cruciáre. 온갖 형벌을 주다/
Quod erit novissimum supplicium. 종말의 징벌/
Quod supplicium dignum libidine ejus invenias?
그의 탐욕에 걸 맞는 어떤 벌을 그대는 찾아낼 수 있을까?/
satis supplícii tulísse. 형고를 받을 만큼 받았다/
servitutis extremo summoque supplicio.
노예에게나 가할 최악의 형벌/
supplícĭa crúcibus lúere.(crucis supplício intérimi)
십자가(十字架) 형벌(刑罰)을 받다/
Supplicii habeo satis. 나는 너를 충분히 벌주었다/
suprémum supplícĭum. 가장 혹독한 형벌/
Vita æterna sine fine erit, supplicium æternum finem
habebit. 영원한 생명은 끝이 없을 것이요 영원한 형벌은
끝이 있을 것이다[이것은 대단한 자가당착이다. 성도들의
영원한 생명이 끝이 없을 것이라면 의심 없이 영원한 형벌 역시
그 벌을 받을 사람에게는 끝이 없으리라. 신국론, p.2509].
supplicium acerbum. 혹독한 형벌
supplicium dare alci. 아무를 벌하다
supplicium injustum. 불의한 징벌(懲罰)
súpplĭco, -ávi, -átum -áre, intr., tr. 무릎을 꿇다,
탄원하다(προσεὐχομαι), 간구(懇求)하다, 애원하다,
기도(祈禱).제물(祭物)을 드리다.
Cum Maria supplicare Christo.
성모님과 함께 그리스도께 기도하기/
Metéllo ture, quasi deo, supplicabátur.
사람들은 Metéllus에게 마치 신처럼 분향하였다/
Populus Romanus qui Coriolano reo non pepercerat,
exuli coactus est supplicare. 로마 국민은 코레올라누스
가 혐의를 받았을 적에 용서하지 않았던 탓에 추방당한
그 사람에게 살려달라고 애원하지 않으면 안 되었다.
[Marcius Coriolanus: Volsci를 토벌한(493년) 로마 장군. 로마에서 추방당하자
볼스키인들에게로 피신하여 그 군대를 거느리고 로마를 공격함. 그러나 모친
Veturia, 아내 Volumnia, 그리고 시민들의 애걸을 듣고 군대를 물렸다고 함].
supplico a diis. 신들에게 청원(請願)하다
supplico per hóstias diis. 신들에게 제물을 바치다

supplico vino. 제주(祭酒)를 드리다
súpplicŭe(=súpplīce) adv. 탄원하며, 겸손되이
supplódo(=suppláudo) -lósi, -lósum, -ĕre,
 (sub+plaudo) intr. 박수치다.
 tr. (화가 나서) 발로 차다, (참지 못하여) 발을 구르다.
 불만을 표시하다, 물리치다, 뭉개버리다, 없애버리다.
supplósi, "supplódo(=suppláudo)"의 단순과거(pf.=perfectum)
supplósĭo, -ónis, f. 발로 참, 발을 구름
supplósŭi, "suppóno"의 단순과거(pf.=perfectum)
supplósum,
 "supplódo(=suppláudo)"의 목적분사(sup.=supínum)
suppo(=supo) -áre, tr.(=sipo²) 뒤엎다, 자빠뜨리다
suppenĭtet(suppænĭtet) -ére, impers., intr. 좀 후회하다
suppolítor, -óris, m. (sub+polítor) 닦는 사람, 청소하는 자
suppóno, -pósŭi -posĭtum -ĕre, tr. 밑에 두다(놓다),
 예속(隸屬)시키다, 종속(從屬)시키다, 추정(推定)하다,
 전제(前提)하다, 가정(假定)하다, 첨가(添加)하다,
 덧붙이다, 부가(附加)하다, 가(加)하다(חוב),
 뒤로 제쳐놓다, 뒷줄로 물러서게 하다, 대신 세우다,
 대리케 하다, 대치하다, 바꿔치우다, 지시하다(חרה).
 gratia supponit naturam. 은총은 자연을 전제(로)한다/
 Gratĭa supponit naturam et perficit illam.
 은총은 본성을 전제하며 이를 완성한다.
suppono tectis ignem. 지붕 밑에 불을 놓다
supportátĭo, -ónis, f. 버팀, 인내(忍耐).㉅ Patience),
 견지(堅持-주장이나 주의 따위를 굳게 지님).
supportatórĭum, -i, n. 버팀목, 지주(支柱-버팀대. 받침대)
suppórto, -ávi, -átum -áre, tr. (sub+porto)
 운반하다, 지다, 메다, 견디다(חבר,רבד), 지지하다.
supposĭtícĭus, -a, -um, adj. 대신 세운, 대신하는,
 보충된, 보결(補缺)하는, 가짜의, 제 것이 아닌.
supposítĭo, -ónis, f. 밑에 둠, 받침, 대리, 가정(假定)
 대치(代置-다른 것으로 바꾸어 놓음), 바꿔치기, 가짜,
 위조(僞造), 저당(抵當-채무의 담보로 삼음).
 Tractatus de suppositionibus. 가설에 대한 논고.
supposítĭo terminórum formalis. 형상적 대치
supposítĭo terminórum materialis. 질료적 대치
suppositívus, -a, -um, adj. 가정적인, 가정법의.
 adv. suppositíve.
suppositórĭus, -a, -um, adj. 밑에 둠.
 n. 지주(支柱), 찻종 접시, 받침대. (藥) 좌약(坐藥).
suppósĭtum, -i, n. "suppóno"의 목적분사(sup.=supínum)
suppositum, -i, n. 자립체(自立體)(신학대전 제2권, p.39).
 Utrum suppositum addat aliquam rem supra essentiam
 vel naturam. 기체(基體)는 본질이나 본성에다
 어떤 실재성을 덧붙이는가.
suppositum rátĭonale. 이성적 개체.이성적 실체
suppóstrix, -ícis, f. 몰래 바꿔치기 하는 여자
suppostrix puerórum. 아기를 훔치는 여자
suppræféctus, -i, m. (sub+præféctus²) 군수(郡守)
 지사대리, 하급 장관, 하급 장교, 부수적인 것.
 subpræfécti venti. 하찮은 소문(所聞).
supprésse, adv. 낮은 목소리로(voce summissa)
suppréssi, "súpprimo"의 단순과거(pf.=perfectum)
suppréssĭo, -ónis, f. 억누르기, 틀어막기, 억제(抑制),
 억압(抑壓).㉅ Oppression), 압착(壓搾-눌러 짜냄),
 제거, 질식(窒息-숨이 막힘), 숨 막힘, 삭제(削除-깎아서 없앰),
 폐지(廢止-그만두거나 없앰), 사기(詐欺.㉅ Fraud).
 Suppressio veri, expressio falsi. 진리의 억압은 거짓의
 표출, 진실의 은폐는 곧 허위의 홍보!.
suppréssor, -óris, m. (노예를) 감추어 주는 사람, 은닉자
suppréssum, "súpprimo"의 목적분사(sup.=supínum)
suppréssus, -a, -um, p.p., a.p. 억압된, 억제된, 억눌린,
 억지로 참는, 제거된, 질식된, 짧게 줄어든, 짧은.
 Festum Suppressum(㉅ suppressed Feast) 폐기 축일.
súpprimo, -préssi -préssum -ĕre, tr. (sub+premo)
 눌러서 밑으로 내려 보내다, 억누르다,
 억압하다(גגנ,ףגנ), 억제(抑制)하다, 제어하다,

멈추게 하다, 폐지하다(כוב), 감추다(חפנ), 은폐하다.
 제거하다, 삭제하다, 시기하다, 횡령하다, 떼밀다.
 Bonum supprimitur, numquam extinguitur.
 선은 억압을 받을 뿐 결코 말살되지 않는다(Publilius Syrus).
supprimo hostem nostros insequéntem.
 우리 군대를 따라오는 원수(怨讎)들을 저지(沮止)하다
supprinceps(=subprinceps) -cípis, m.
 부관(副官), 부장관, 차관(次官).
supprincipális(=subprincipális) -e, adj. 장(長) 바로 밑의
suppríor, -óris, m. (가) 수도원 부원장(副院長)
supprocurátor, -óris, m. 지배인대리, 부관리인
supprómus, -i, m. 부집사(副執事)
súppŭdet, -ére, impers., intr. (sub+pudet)
 약간 부끄러워하다.
súppŭdet me alcjs.
 나는 아무에 대해 좀 부끄럽게 생각한다.
suppuráta tristítĭa. 가슴을 찢는 근심
suppurátĭo, -ónis, f. (醫) 화농(化膿-종기가 곪아 고름 생김),
 농창(膿瘡), 농양(膿瘍), 종기(腫氣-부스럼), 곪음.
suppuratórĭus, -a, -um, adj. 곪는, 화농성의
suppúro, -ávi, -átum -áre, (sub+pus)
 intr. 곪다, 화농하다, 고름 나다, 나쁘게 되다.
 tr. 곪게 하다, 물리치다, 속에 품다.
 p.p. suppúrátus, -a, -um, 곪은, 종기투성이의.
 n., pl. suppúráta. 종기(腫氣-부스럼)
 suppuráta tristítĭa. 가슴을 찢는 근심.
suppus, -a, -um, adj. 오만한, 콧대 높은.
 m. 주사위의 3의 수.
supputárĭus, -a, -um, adj. 계산의, 계산과 관계되는
supputátĭo, -ónis, f. 계산(計算), 헤아림
supputátor, -óris, m. 계산하는 사람, 헤아리는 사람
supputatórĭus, -a, -um, adj. 계산하는데 쓰이는
súppŭto, -ávi, -átum -áre, tr.
 (sub+puto¹) 자르다(切), 가지를 손질하다,
 (sub+puto²) 계산(計算)하다, 회계(會計)하다.
supra… V. super…
supra, comp., proep. = súpĕra, adv.
supra, comp. supérĭus(súperus) ① adv. 위에, 먼저,
 바로 전에, 더, 금방, 더 이상, 그밖에 더, …보다 더.
 ira supra modum. 정도에 지나친 분노(忿怒)/
 Nihil supra posse, nihil quam.
 더 이상 잘 할 수가 없다. 참 잘했다!
 supra … quam. …보다 더/
 supra adjícere. 값을 더 주다/
 supra et infra(supra et subter) 위아래로/
 supra repétere. 앞서 말한 것을 되풀이하다/
 ut supra dixi. 위에서 말한바와 같이.
 ② proep. 보다 위에, 더 위로, 먼저, 이전에,
 (數.量 정도) 보다 더, 이상, 그밖에 더,
 …을 넘어서, 초월(超越)하여.
 accúmbere supra alqm. …위에 눕다/
 ira supra modum. 정도에 지나치는 분노/
 labor supra vires. 힘에 넘치는 일/
 supra alqm ire. 누구를 앞지르다/
 supra bibliothécam constitúere.
 아무를 도서관장(圖書館長)으로 임명(任命)하다/
 supra caput esse. 임박(臨迫)하다, 위협(威脅)하다/
 supra cœnam. 식사(食事)하는 동안에/
 supra hanc memórĭam. 이 세대(世代) 이전에/
 supra hóminis fortúnam. 인간의 운명을 넘어서/
 supra metum. 공포심(恐怖心)을 초월(超越)하여/
 supra morem. 보통을 넘어서/
 supra quáttuor mília hóminum orábant.
 4천명 이상이나 되는 사람들이 기도했었다/
 supra ratĭónes. 회계원(會計員)에 임명하다.
supra bellum Thebanum. 테바이 전쟁 이전에
supra caput. 머리 위에(앉다), 머리 위를(지나가다),
 머리 위로(떨어지다).

S

supra centum homines. 백 명 이상
supra hanc memóriam. 우리시대 전에
supra mentem meam lucem incommutabilem.
  내 지성 위에 빛나는 불변의 광명을 나는 보았다.
supra, quam fieri possit. 될 수 있는 것 이상으로
supra terram. 땅위에, 지상에
supradíctus, -a, -um, adj. (supra+dico²)
  위에 말한, 위에 서술된, 상술한, 전술(前述)한.
suprafátus, -a, -um, adj. (supra+fari)
  상술(上述)한, 위에서 말한.
suprafúndo, -ĕre, tr. (supra+fundo²) 위에서 붓다(注)
suprágrăvo, -áre, tr. 몹시 무겁게 만들다, 악화시키다
suprajácĭo, -cĕre, tr. 위로 던지다
supralátĭo, -ónis, f. (supra+fero) 과도(過度-정도에 지나침),
  극단(極端-중용을 잃고 한쪽으로 치우침), 과대, 과장(誇張).
suprapósĭtĭo, -ónis, f. (supra+pono)
  (질병, 발작의) 극도(極度-더할 수 없는 정도), 절정(絶頂).
suprarenális, -e, adj. 부신(副腎)의
suprascándo, -ĕre, tr. 기어 올라가다, 위로 넘어가다
suprascríbo, -ĕre, tr. 위에 쓰다, 위에 적다, 앞에 언급하다
suprasédĕo, -ĕre, intr. 위에 앉다
suprástrŭo, -ĕre, tr. 위에 짓다(建)
supravívo, -ĕre, intr. 살아남다, 오래 살다
supréma, -órum, n., pl. 최후 시각, 죽기 직전,
  죽음(nŋ.θάνατος.⑨ Death), 시체(屍體),
  마지막 뜻, 유언(遺言), 장례식(葬禮式.⑨ Funerals).
suprema, -æ, f. 해질 때(suprémus 참조)
suprema advocata ecclesiarum. 교회 최후의 여성 변호자
Suprema Ecclesiæ Autorĭtas. 교회의 최고 권위(權威)
suprema lex. 최상의 법
suprema monarchia. 최상 군주제
suprema oscula. 작별 입맞춤
suprema regendi fidei. 신앙의 최고 규범(規範)
Supremi Apostolátus Officio, 로사리오 기도,
  최고 사도직(最高使徒職-교황 레오 13세 회칙 1883.9.1.)
supremi montes. 산봉우리(columen, -minis, n.)
suprémĭtas, -átis(=extremĭtas), f. 극단, 말단(末端),
  끝, 최고도, 최후, 죽음(nŋ.θάνατος.⑨ Death).
  honor supremitátis. 장례식(葬禮式)
supremo(=supremum) adv.
  마지막으로, 최후에, 나중에, 드디어(ad postremum).
supremo vitæ die. 최후의 날에
supremum adv. = supremo
supremum dominium Dei. 하느님의 절대적 지배
Supremum Signaturæ Apostolicæ Tribunal. 대심원
supremum supplicium. 가장 혹독한 형벌
Supremum Tribunal. 최고 법원(最高法院)
Supremum Tribunal Signaturæ Apostolicæ.
  교황청 최고 재판소.
Supremum vale. 최후로 안녕(마지막으로 잘 있거라.)
supremus, -a, -um, adj. superus, -a -um의 최상급.
  맨 위의, 정상의, 가장 높음,
  (바다) 먼, 맨 뒤의, 맨 끝의, 최후의, 마지막의,
  가장 중요한, 최대의, (계급) 제일 높은, 첫째의.
  f. suprema, -æ, 해질 때.
  deum suprémus rex. 신들의 최고 왕인 Jupiter/
  Multa cadunt inter calicem supremaque labra.
  컵과 입술의 끝 사이에는 많은 것이 일어난다/
  nocte supréma. 밤이 샐 때에/
  ore suprémo. 죽을 때 마지막 말로/
  sole suprémo. 해가 질 때에/
  supremi montes. 산봉우리(columen, -minis, n.)/
  supremo vitæ die. 최후의 날에/
  supremum supplicium. 가장 혹독한 형벌(刑罰)/
  suprémum iter. 마지막 여행, 저승길/
  ventum est ad suprémum.
  막다른 골목에 이르렀다. 끝장이 됐다/
  veritas suprema. 최고 진리.

supremus honor. 장례식(葬禮式.⑨ Funerals),
  = honor supremitatis. = ultima dona.
supremus hora. 죽음의 시각(時刻)
Supremus moderátor. 총장(總長),
  = minister generalis. = Rector Magnificus.
supremus omnium et princeps homo.
  만유의 최고 원리는 곧 인간(성 염 옮김, 피코 델라 미란돌라, p.136).
supremus ordinátor. 최고 정돈자(最高 整頓者)
Supremus Princeps in Civitat Vaticana.
  바티칸 시 국가 원수(교황 직함).
supremus stilus. 유언서(遺言書.codex testamenti).
sups… V. subs…
supter… V. subter
sur…, r 자로 시작되는 말 앞에서 합성될 때
  sub 대신 쓰는 접두사(接頭辭).
sŭra¹ -æ, f. (解) 종아리뼈, 장딴지(종아리 뒤쪽의 살이 볼록한 부분)
sŭra² -æ, f. 로마인의 씨족명(氏族名)
surális, -e, adj. (解) 장딴지의
surcéllus(=surcíllus), -i, m. = súrcullus
surcl… V. surcui…
súrcŭla, -æ, f. 포도의 일종
surculácĕus, -a, -um, adj. 목질(木質)의
surculámen, -minis, n. 순(筍), 새싹
surculáris, -e, adj. 순을 내는, 싹 돋게 하는
surculárĭus, -a, -um, adj. 새 싹의, 새 순의
súrcŭlo, -áre, tr. 싹을 자르다, 가지를 치다,
  순을 자르다. (科) 쇠꼬챙이를 붙이다(꿰다).
surculósus, -a, -um, adj. 목질(木質)의, 숲의.
  adv. surculóse, 나뭇가지처럼, 나뭇가지 모양으로.
surculum, -i, n. = surculus -i, m.
surculus, -i, m. (=surcéllus, =surcíllus)
  = surculum, -i. n. 새싹, 나무 순, 움, 새 가지,
  접목(接木), 접지(接枝), (살에 박힌) 가시, 작은 나무,
  부러진 나뭇가지, 막대기, 부목(副木),
  (붕대 감을 때에) 곁 대는 나무, 요리용 쇠꼬챙이.
surdáster, -tra -trum, adj. 가는 귀 먹은, 귀가 어두운
surdésco, -ĕre, intr., inch. 귀가 어두워지디, 귀머거리 되다
surdígo, -ĭnis, (=súrdĭtas, -átis, =surdĭtĭa, -æ,)
  f. 난청(難聽, gravĭtas aurĭum.). 귀먹음, 청력상실.
súrdĭtas, -átis, (=surdígo, -ĭnis, =surdĭtĭa, -æ,)
  f. 난청(難聽, gravĭtas aurĭum.). 귀먹음, 청력상실.
surdĭtĭa, -æ, f. (=surdígo, -ĭnis, =súrdĭtas, -átis,)
  f. 난청(難聽, gravĭtas aurĭum.). 귀먹음, 청력상실.
surdus, -a, -um, adj. 귀 먹은, 들으려 하지 않는,
  고집불통의, 완고한, 냉정한, 소리 안 나는,
  (소리.냄새.색.시력이) 약한.
  adv. surde, 귀머거리 모양으로, 완고하게.
  Hi in illorum et illi in horum sermone surdi sunt.
  이 사람들은 저 사람들의 말에 귀를 막고,
  저 사람들은 이 사람들의 말에 귀를 막는다/
  iam tum Evangelii non surdus auditor.
  그는 복음을 듣고 마는 귀머거리가 아니었다/
  in Græcórum sermóne surdi.
  희랍인들을 이해(理解)하지 못하는/
  res surdæ(surdæ ac sensu caréntes) 무생물/
  súrdior aure. 귀가 먹은/
  vox surda. 무성음(無聲音), 약한 소리.
surdus ad múnera. 선물(膳物)에도 움직이지 않는
surdus color. 퇴색한 빛깔(color, -óris, m. 빛깔)
surdus herbæ. 이름 없는 풀
surdus in vota dii(surdi votis dei)
  간청을 듣지 않는 신들.
surdus locus. 아무 소리도 들리지 않는 곳
surdus nomen. 빛나지 않는 이름
surdus veritátis. 진리(眞理)를 듣지 않는
surémit, surémpsit, sumo에서 나온
  sumpsit, súmpserit의 고형(古形).
suréna, -æ, f. 물고기의 일종

S

1262

Surge. 원형 surgo, surréxi, surréctum -ĕre
[명령법. 현재 단수 2인칭 surge, 복수 2인칭 surgite].
Surge, amica mea,
columba mea, formosa mea, et veni.
나의 애인이여, 일어나오.
나의 아름다운 여인이여, 이리 와 주오(성경 아가 2. 10)/
나의 귀여운 이여, 어서 일어나오.
나의 어여쁜 이여, 이리 나와요(공동번역 아가 2. 10).
Surge, illuminare, quia venit lumen tuum, et gloria
Domini super te orta est. (fwti,zou fwti,zou Ierousalhm
h[kei ga,r sou to. fw/j kai. h` do,xa kuri,ou evpi. se avnate,talken)
(獨 Mache dich auf, werde licht; denn dein Licht kommt,
und die Herrlichkeit des HERRN geht auf über dir!)
(❀ Rise up in splendor! Your light has come, the glory
of the Lord shines upon you) 일어나 비추어라
너의 빛이 왔다. 주님의 영광이 네 위에 떠올랐다(성경)/
일어나 비추어라. 너의 빛이 왔다.
야훼의 영광이 너를 비춘다(공동번역. 이사 60. 1).
Surge in medium(❀ Come up here before us)
일어나 가운데로 나와라(성경 마르 3. 3).
Surge, qui dormis. 잠자는 사람이여, 깨어나라
Surge, vade, quia fides tua te salvum fecit.
(avnasta,j poreu,ou\ h` pi,stij sou se,swke,n se)
(獨 Steh auf, geh hin; dein Glaube hat dir geholfen)
(❀ Stand up and go; your faith has saved you)
일어나 가거라. 네 믿음이 너를 구원하였다(성경 루카 17. 19)/
일어나 가거라. 네 믿음이 너를 살렸다(공동번역 루가 17. 19)/
일어나 가시오. 당신의 믿음이 당신을 구원했습니다(200주년).
surgens a puppi ventus. 고물에서 이는 바람.
Surgere humo. 땅바닥에서 일어나다.
(시 출발점임나 전치사 없이 humo를 쓰기도 한다)
Surgite Eamus.(❀ Get up, let us go) 일어나 가자.
(마태 26. 46. 홍용호 주교문장).
Surgite, eamus; ecce appropinquavit qui me tradet.
일어나 가자 나를 넘겨 줄 자가 가까이 와 있다(마태 26. 46).
Surgite et nolite timere. 두려워하지 말고 일어나라
Surgite, fugiamus; neque enim erit nobis effugium a
facie Absalom. 어서들 달아납시다. 잘못하다가는 우리가
압살롬에게서 빠져나갈 수 없을 것이오.(성경 2사무 15. 14).
surgo, surréxi, surréctum -ĕre, tr. (sub+rego)
tr. 들다, 높이다, 일으키다, 소생(蘇生) 시키다.
intr. 일어나다(בוק,מור,צמח), 서다(חכ,עמד),
올라오다, 솟다, 일다, 날다, 떠오르다, 생기다.
나타나다, 시작하다, 소생(蘇生)하다, 부활(復活)하다,
자라다(אבה,יבר,אנט,יוס), 성장(成長)하다.
et surgens prosequitur. 일어서서 계속 한다/
Gloria tibi Domine, qui surrexisti a mortuis.
죽은 이들로부터 부활하신 주님께 영광!/
Hora est jam, nos de somno surgere.
우리가 잠에서 깰 시간이 이미 되었다/
Ignis surgit ab ara. 제단에서 불길이 올라간다/
Mare surgit. 파도(波濤)가 인다/
Membra autem cælestia, omnia opera bona. Surgentibus
cælestibus membris, incipit desiderare quod timebat.
천상적인 지체란 모든 선행입니다. 천상적인 지체가
자라나면서 두려워했던 것을 열망하기 시작합니다.
(최익철 신부 옮김. 요한 서간 강해. p.391)/
Pugna áspera surgit. 처절한 싸움이 일어나다/
Si cecidero, iterum surgam.
나는 넘어진다면 다시 일어나겠다/
Súrgitur. 모두 일어나다, 막이 열리다.
Suri, Súria = Syri, Sýria
súrĭo, -íre, intr. 암내 나다
surpícŭlus = scirpícŭlus, -a, -um, adj.
súrpĭo = surrípĭo = su(r)rúpĭo = subrúpĭo,
훔치다, 탈취(奪取)하다, 감추다, 면하게 하다.
súrpŭi, V. surrípŭi
súrpŭit = surrípuit = subrípuit.
V. subrípio, surrípĭo,

surr… V. subr…
surrectĭo(=subrectĭo) -ónis, f. 다시 일어남, 세움.
발기(發起), 빳빳함, 부활, 재흥(再興-다시 일어남).
surrectum, "surgo"의 목적분사(sup.=supínum)
surrectúrus, "surgo"의 미래분사(p.fut.=participium futúrum)
surrectus, -a, -um, "subrigo"의 과거분사(p.p.)
surreptícius = subreptícĭus =subreptítĭus,
-a, -um, adj. 은밀한, 은닉(隱匿)하는, 암암리의,
도둑맞은, 탈취(奪取) 당한, 빼앗긴.
Surrexi, "surgo"의 단순과거(pf.=perfectum)
surréxísse, 원형 surgo, surréxi, surréctum -ĕre, tr.
[부정법 과거. 단순과거 어간에 -sse를 붙임 → surréxísse]
Scimus Christum surrexísse a mórtuis vere:
tu nobis, victor Rex, miserére.
그리스도께서 부활하심을 저희는 참으로 알고 있사오니
승리하신 임금님, 자비를 베푸소서.
(황치헌 신부 지음. 미사통상문을 위한 라틴어. p.483].
surréxit, 원형 surgo, surréxi, surréctum -ĕre, tr.
[직설법 현재. 단수 1인칭 surrexi, 2인칭 surrexis, 3인칭 surrexit,
복수 1인칭 surreximus, surrexistis, 3인칭 surrexerunt].
Surrexit Christus, et illuxit nobis,
quos redemit sanguine suo. 그리스도 부활하시어,
당신의 피로 구속하신 저희를 비추셨나이다.
Surrexit Christus spes mea, præcedet suos in
Galilæam. 내 희망 그리스도 다시 살아 계시니
너희보다 앞서서 갈릴래아로 가시리라.
Surrexit Dominus vere, Alleluia.
주님께서 참으로 부활하셨나이다.
surrípĭo = subrípĭo¹ = súrpĭo = su(r)rúpĭo = subrúpĭo,
-rípŭi(-répsit) -réptum -ĕre, tr. (sub+rápio)
훔치다, 탈취하다, 감추다(חמר), 면하게 하다.
surrípĭo alqm morti. 아무의 죽음을 면하게 하다
surrípĭo se alci, de foro, alqo. 아무에게 몸을 피하다,
공공장소에서 몸을 피하다, 어떤 곳에 피하다.
surruptícius =surreptícĭus =subreptícĭus
=subreptítĭus, -a, -um, adj.
surrípŭi, "surrípĭo"의 단순과거(pf.=perfectum)
sursum(=sursus, sursúrsum, susovórsum, susum,
susus,) adv. (sub+versum) 위로, 위에, 높은 곳,
qui colunt sursum. 높은 곳에서 농사짓는 사람들.
Sursum cordal(❀ Lift Up Your Hearts.獨 Erhebet die
Herzen) 마음을 드높이[마음을 들어 향하라-미사 중
에 있는 문구-지금도 가톨릭 미사의 감사송에서 확답하는 "마음을 드높이
(Sursum corda). 주님께 올립니다(Habemus ad Dominum)"는 아우구스티노
이래 아프리카 전례어로 사용된다. 교부문헌 총서 16. 신국론. p.1488].
Sursum corda se habere ad Dominum.
마음을 드높여 신에게로.
sursum deórsum commeáre. 위아래로 돌아다니다
sursum versus(sursus versus) 밑에서 위로
sursum vorsum sérpere. 밑에서 위로 기어오르다
sursuórsum, adv. = sursum,
súrus, -i, m. 나뭇가지, 말뚝.
ramale, -is, n. 마른 나뭇가지.
sūs¹ sūis, (=suis, seúris,) [porcus, -i, m. 참고]
m., f. 돼지, 독약의 일종

	singuláris	plurális
Nom.	sus	sues
Gen.	suis	suum
Dat.	sui	subus(suibus)
Acc.	suem	sues
Abl.	sue	subus(suibus)

(한동일 지음. 카르페 라틴어 1권. p.48)
Sus femina quanto fecúndior est, celerius senéscit.
암퇘지는 다산형일수록 더 빨리 늙는다.
Sus lota in volutabro luti.
돼지는 몸을 씻고 나서 다시 진창에 뒹군다(성경 II베드 2. 22)/
돼지는 몸을 씻겨주어도 다시 진창에 뒹군다(공동번역).
Sus Minérvam(docet)
=Sus ártium repertrícem(docet).

S

1263

무식한 주제에 박학한 사람을 훈계(訓戒)한다.

sūs² adv. V. susque. 위에(로).

susque deque. 위아래 아무데나.

suscénsěo, -sŭi -sum -ěre, intr. 화내다, 울화가 치밀다.
=succénseo는 잘못된 철자(綴字).

suscénsǐo, -ónis, f. 분노(憤怒).(⑨ Anger), 울화(鬱火).

suscépi, "suscípio"의 단순과거(pf.=perfectum)

suscepit, 원형 suscípio, suscépi, suscéptum, suscípěre, tr.
[직설법 현재완료. 단수 1인칭 suscepi, 2인칭 suscepisti, 3인칭 suscepit,
복수 1인칭 suscepimus, 2인칭 suscepistis, 3인칭 susceperunt].
Scotia me genuit, Anglia me suscepit
Gallia me docuit, Collonia me tenet.
스코틀랜드는 나를 낳고, 영국은 나를 받아들이고,
프랑스는 나를 가르쳤으며, 쾰른은 나를 품고 있다.
[Duns Scotus(1265.12.23 혹은 1266.3.17 출생~1308.11.8. 선종) 돌무덤 비문].

Suscépit Israël, púerum súum, recordátus
misericórdiæ súæ. 자비하심을 아니 잊으시어
당신 종 이스라엘을 도우셨으니.

suscépta, -æ, f. 피보호자(女)

susceptíbilis, -e, (susceptívus, a, -um,) adj.
감각이 예민한, 받아들일만한, 용납(容納)되는.

suscéptǐo, -ónis, f. 계획(計劃), 기획(企劃),
착수(着手-어떤 일을 하기 위해 손을 댐), 받음, 용납(容納),
접견(接見), 접대(接待), 만찬(晩餐), 세례 받음.
= auxílium, opitulátio.

suscéptǐo habitus religiosi.(=vestitio) 수도복 착의식

suscépto, -ávi, -átum -áre, tr., freq.
떠맡다, 작업을 맡다, 인수(引受)하다.

suscéptor, -óris, m. (susceptrix, -ícis, f.)
인수자, 기업인, 청부인, 보호자(保護者.προστάτις),
원조자(援助者), 영수자, 은닉자(隱匿者).

susceptórǐus, -a, -um, adj. 접대하는, 받아들이는, 받은.
n. 접견실(接見室), 용기(容器).

suscéptum, "suscípio"의 목적분사(sup.=supínum)

suscéptum, -i, n. 계획(計劃), 기획(企劃), 경영(經營),
착수(着手-어떤 일을 하기 위해 손을 댐), 경영, 청부(請負).

suscéptus, -i, m. 피보호자, (병원에 받아들여진) 환자.

Súscipe. 원형 suscípio, suscépi, suscéptum, suscípěre, tr.
[명령법 단수 2인칭 suscipe, 복수 2인칭 suscipete]
Qui tollis peccáta mundi, súscipe deprecatiónem nostram.
(⑨ you take away the sins of the world,
receive our prayer)
세상의 죄를 없애시는 주님, 저희의 기도를 들어 주소서.

Súscipe, quǽsumus, Dómine, múnera nostris obláta
servítiis: et tua propítius dona sanctífica.
주님 비오니, 저희 봉사의 예물을 받으시어
당신 선물을 은혜로이 거룩하게 하소서.

Suscipe, sancta Trinítas, hanc oblátǐonem.
거룩한 삼위일체시여, 이 제물(祭物)을 받아들이소서.

suscipere juvenem regendum. 젊은이의 지도를 떠맡다

suscípiat, 원형 suscípio, suscépi suscéptum suscípěre,
[접속법 현재. 단수 1인칭 suscipiam, 2인칭 suscipias, 3인칭 suscipiat.
복수 1인칭 suscipiamus, 2인칭 suscipiatis, 3인칭 suscipiant].

Suscipiat Dominus sacrificium de manibus tuis ad
laudem et gloriam nominis sui, ad utilitatem quoque
nostram totiusque Ecclesiæ suæ sanctæ.
사제의 손으로 바치는 이 제사가 주님의 이름에는 찬미와
영광이 되고 저희와 온 교회에는 도움이 되게 하소서.
(주님께서 당신(사제)의 손으로 바치는 제사를 그분 이름의 찬미와 영광, 저희와
그분의 온 거룩한 교회의 도움이 되기 위하여 받아들이시기를 빕니다).

suscípǐo, suscépi, suscéptum, suscípěre, tr. (sus+cápǐo¹)
(⑨ undertake; support; accept, receive, take up)
받치다, 버티다, 받아 들다, 알아주다, 접대하다, **환영하다**,
채용(採用)하다, **받다**, 인정하다, 붙들다, 쥐다, 들다,
다시 계속하다, 대답하다, 짊어지다, 책임지다, 떠맡다,
당하다, 견디다, 대치하다, 맞서다, 계획하다, 지지하다,
비호(庇護)하다, 종교의식을 행하다(지내다), 당하다,
(탓, 죄를) 걸머지다, (아기를) 받아들여 기르다,
아기를 낳다, (옳다고) 인정하다.

fílium suscipio ex… 누구에게서 아들을 얻다/

suscípere júvenem regéndum. 젊은이의 지도를 떠맡다/
Cum quanta reverentia(devotione) Christus sit
suscipiéndus.(⑨ The Great Reverence With Which We
Should Receive Christ)
공경을 다하여 그리스도를 영할 것(준주성범 제4권 1장)/
De ardenti amore et vehementi affectu suscipiendi
Christum.(⑨ The Burning Love and Strong Desire to
Receive Christ) 그리스도의 성체를 영하려는 치성한
사랑과 간절한 원의(준주성범 제4권 17장).

suscipio *alqm* in populi Románi civitátem.
누구를 Roma 시민으로 받아주다.

suscipio dóminam ruéntem. 비틀거리는 주부를 부축하다.

suscipio glóriam Africáni tuéndam.
Africa인의 명예(名譽)를 보호하기로 나섰다.

suscipio sermónem. 이야기를 계속(繼續)하다

suscitábúlum, -i, n. 사주(使嗾), 자극물(刺戟物).

Suscitat a terra pauperem.
천민을 땅바닥에서 일으켜 세우신다.

suscitátǐo, -ónis, f. 부활시킴, 부흥시킴, 소생시킴

suscitátor, -óris, m. 부활시키는 자, 부흥시키는 자

súscǐto, -ávi, -átum -áre, tr. (sub+cito²) 밀어 올리다,
들어 올리다(סוֹל,אסק,זקף,נטל,נלל), 쳐들다,
건축하다, 세우다(חקר,גרם,בנה), **일으키다**,
(잠에서) 깨우다, 부활시키다, 일깨우다, 불붙이다,
생기를 돋우다, **자극(刺戟)하다**, 선동(煽動)하다.

suscus, V. subscus (sub+cudo²) 쇠갈고리, 꺾쇠의 일종.

susinátus(=susínus), -a, -um, adj. 백합화로 만든.

susovorsum, adv. = sursum 위로(上)

suspéctǐo, -ónis, f. 큰 존경, 경탄(敬歎).
의심(疑心).(⑨ Doubt), 의아(疑訝-의심스럽고 괴이쩍음),
혐의(嫌疑-범죄를 저지른 사실이 있으리라는 의심).

suspectívus, -a, -um, adj. 혐의 있는, 의심이 가는.
의아스러운, 추측(推測)되는.

suspécto¹ -ávi, -átum -áre, tr., freq.
= suspector, -ári, tr., dep., freq.
쳐다보다, 응시(凝視)하다, 수상히 여기다.
의심(疑心)하다, 불신(不信)하다, 혐의(嫌疑)를 두다.

suspécto² adv. 의심스럽게

suspéctor, -óris, m. 경탄하는 자

suspectum, "suspícǐo¹"의 목적분사(sup.=supínum)

suspéctus¹ -a, -um, p.a., p.p. 수상한, 의심스러운.
혐의 받는, 의심(疑心) 받는, 의심하는.
m. 이단 혐의자, 이단 용의문서, 범죄 피의자.
testis suspectus. 혐의(嫌疑) 있는 증인(證人).

suspéctus² -us, m. 쳐다봄, 높이, 존경(⑨ Respect).
경탄(敬歎), 의아(疑訝-의심스럽고 괴이쩍음)

Suspectus tutor ob latam culpam remotus non fit
infamis. 중과실로 인하여 부정혐의를 받고 자격이 박탈된
후견인이라도 파렴치인(破廉恥人)으로 되지는 않는다.

suspénde, 원형 suspéndo, -péndi -pénsum -ěre,
[명령법. 현재 단수 2인칭 suspende, 복수 2인칭 Suspendite]

Suspende te! 네 목이나 매달아 (죽어라)!

suspéndi, "suspéndo"의 단순과거(pf.=perfectum)

suspendiósus, -a, -um, adj. 매달려 있는, 목매다는

suspéndǐum, -i, n. 매어 다는 일, 매어 담, 교수(絞首)

suspéndo, -péndi -pénsum -ěre, tr. 달다, **매어 달다**,
늘어뜨리다, 걸다, 받치다(지지支持), 결심을 못하다,
달린 채로 미결(未決) 상태에 두다, 정지(停止)시키다,
못하게 하다, **정직(휴직) 시키다**, 높은 데로 올리다,
땅을 일구다, 들어 올리다, 참다,
궁륭(穹窿).하늘.천정을 만들다.

alqd naso suspéndere. 무엇을 비웃다.

suspendo ánimos. 결심을 하다

suspendo *alqd* ex alta pinu. 높은 소나무에 …을 매달다.

suspendo fletum. 울음을 참다

suspendo tignis contignatiónem. 목재로 천장을 받치다.

suspénse, adv. 머뭇머뭇하며, 우유부단하게, 주저하면서.

suspénsǐo, -ónis, f. 성무집행정지(금지-교회법 제333조 1항),

매달아 둠, 현수(懸垂-아래로 꼿꼿하게 달려 드리워짐),
미결(未決-아직 결정하지 않음), 정지(停止), 휴직(休職),
정직(停職), 궁륭(穹窿).
Decretum suspensionis concilii.
　공의회 중단에 관한 교령/
justa fieri jus non sit, qui suspendio sibi mortem
conscivit. 목매달아 죽음을 자초한 사람은,
　(제사법에 의한) 상례를 치러 주는 법이 아니다.
suspensĭo a jure. 법률에 의한 정직(停職)
suspensĭo a beneficio. 성직록 정지
suspensio a muneribus sacris. 성무집행 정지 처분
suspensio a pontificalibus. 주교 예식 집행 정지
suspensĭo ab beneficio. 교회록의 정직(停職)
suspensĭo ab homine. 사람에 의한 정직(停職)
suspensĭo ab officio. 직무의 정직, 직무 재치권 정지
suspensĭo ab officio administrátĭónis. 집행권의 정직
suspensĭo ab officio jurisdictiónis. 관할권의 정직
suspensĭo ab officio ordinis. 성품권의 정직(停職)
suspensĭo ab ordine.(a divinis) 품급권 정직(停職)
suspensĭo ex informata conscientia.
　양심 판정에 의한 성직 정지.
suspensĭo ferendæ sententiæ. 선고 처벌의 정직(停職)
suspensĭo generalis. 전반적 정직(停職)
suspensĭo jurisdictione. 직무의 정직, 직무 재치권 정지
suspensĭo jurĭum vel munerum. 임무의 정직(停職)
suspensĭo latæ sententiæ. 자동처벌의 정직(停職)
suspensĭo mentis inter utramque contradictionis
partem. 양자의 반대편 사이에서의 중지(미결)
suspensĭo partĭalis. 부분적 정직(停職)
suspensĭo per decretum. 재결에 의한 정직(停職)
suspensĭo potestatis ordinis. 성품권의 정직(停職)
suspensĭo potestatis regiminis. 통치권의 정직(停職)
suspensĭo specialis. 특정적 정직(停職)
suspensĭo totalis. 전적 정직(停職)
suspensis alis. 날개를 펴고
suspensívus, -a, -um, adj. 정지의 미결정의.
　in suspensívo. 미결정(未決定)으로.
suspensórĭus, -a, -um, adj. 매다는, 정지하는.
　(醫) 걸어 매다는. n. 매다는 물건, 바구니, 거적.
suspénsum, "suspéndo"의 목적분사(sup.=supínum)
suspensúra, -æ, f. 둥근 천장, 궁륭
suspénsus, -a, -um, p.p., a.p. 높은 데 있는, 매달린,
　공중에 떠도는, 확실치 않은, 불안한, 미결의, 속하는,
　…에 달린, 붙어 있는, 정신(精神)이 어지러운, 겁먹은,
　안절부절하는, 기다리는, 휴식(休息)하는,
　휴일(休日)을 지내는, 일을 안 한.
　suspénsis alis. 날개를 펴고.
suspensus expectatióne. 기다리고 있는
suspéxi, "suspícĭo¹"의 단순과거(pf.=perfectum)
suspicábĭlis, -e, adj. 짐작되는, 추측하는
suspicátĭo, -ónis, f. 짐작함, 가정, 의심쩍게 생각함
súspĭcax, -ácis, adj. 의심 잘하는, 불신의, 의심스러운
suspiciéntĭa, -æ, f. 큰 존경, 탄복(歎服), 경탄(敬歎)
suspícĭo¹ -spéxi -spéctum -ĕre, intr. (sus²+spécio)
　위로 쳐다보다. suspicio in cælum. 하늘을 쳐다보다.
　respiciéntes suspicientésque et despiciéntes.
　뒤돌아보는 자, 올려다보는 자, 그리고 내려다보는 자.
　tr. 쳐다보다(ⅮⅫ.ⅮⅫ), 우러러보다, 깊이 생각하다,
　높은 것을 생각하다, 경탄(敬歎)하여 쳐다보다,
　의심(疑心)하다, …라는 것을 알아채다.
　Ut quisque est vir óptimus, ita difficíllime esse álios
　ímprobos suspicátur. 사람은 누구나 착하면 착할수록
　남을 악인으로 추측하기가 대단히 어려운 법이다.
suspícĭo² -ónis, f. 의심, 의심(疑心). ⑨ Doubt), 의아(疑訝)
　의혹(疑惑), 짐작(어림셈하여 헤아림), 추측(推測-미루어 헤아림),
　육감(肉感), 예감(豫感.獨 Ahnung), 혼적(痕迹),
　잘못된 추리(推理), 경솔한 의심(疑心), 혐의.
　exceptio suspicionis. 불신임(不信任)의 항변/

in suspiciónem veníre. 의심스럽다/
metus a suspicione. 짐작에 의한 공포/
suspiciónem habére adultérii.
　간통죄의 의심을 하다, 혹은 의심을 받다/
suspiciónem sustinére. 의심(疑心) 받다.
suspicio est. 추측(推測)이 된다, 혐의(嫌疑)가 있다
suspicio examen. 시험을 견디다(통과하다)
suspicio in cælum. 하늘을 쳐다보다
suspicio in servos. 종에 대한 의심
Suspicio non abest quin. 의심의 여지(餘地)가 없다.
suspiciónem augeo. 혐의를 더 굳히다.
suspícĭor, -spíci, dep., tr. 의심하다
suspiciósus, -a, -um, adj. 의심되는, 개운치 않은,
　혐의(嫌疑)가 많은, 그늘진, 위험성(危險性)이 많은,
　다시 생각해야 할. adv. suspiciose, 의심스럽게.
　suspiciosíssimum negótium. 위험스러운 장사.
suspícĭter, adv. 불신하여
súspĭco, -áre, (=súspĭcor, -átus sum -ári, dep.) tr.
suspícor, -átus sum -ári, dep. (súspĭco, -áre,)
　tr. 의심하다, 추측하다, …라는 생각을 가지다, 예감하다.
　Qui bene in pace est, de nullo suspicatur. 평화한 가운
　데 잘 있는 사람은 남을 의심치 않는다(준주성범 제2권 3장 1).
suspiránter, adv. 탄식(歎息)하며
suspiramus, 원형 suspiro, -ávi -atum -áre, intr.
　[직설법 현재 단수 1인칭 suspiro, 2인칭 suspiratum, 3인칭 suspirare,
　복수 1인칭 suspiramus, 2인칭 suspiratus, 3인칭 suspirant]
suspirátĭo, -ónis, f. 한숨, 신음(呻吟), 탄성(歎聲),
　불평(不平), 탄식(歎息-한탄하며 한숨을 쉼. 또는 그 한숨).
suspirátus(=suspiritus) -us, m. 한숨, 탄식, 신음(呻吟)
suspiriósus, -a, -um, adj. 숨찬, 천식증 있는
suspiritus(=suspirátus) -us, m. 한숨, 탄식, 신음(呻吟)
suspírĭum, -i, n. 심호흡(深呼吸), 한숨, 탄식(歎息),
　신음(呻吟), 천식(喘息), 사랑의 탄식(歎息).
suspiro, -ávi, -atum -áre, intr. (sus²+spiro)
　심호흡하다, 한숨 쉬다, 탄식하다, 신음(呻吟)하다,
　(동물이) 할딱거리다, 김나다.
　tr. 내뿜다, 발산(發散)하다, 신음소리 내다,
　(냄새를) 풍기다, 앙망(仰望)하다.
　Audi suspirantem, et dicentem. 한숨지으며 하는 말을
　들어 보십시오.(최익철 신부 옮김. 요한 서간 강해. p.411).
suspiro alios amores.
　다른 사람에 대한 사랑으로 신음(呻吟)하다.
suspiro ténues ventos. 미풍을 내뿜다, 불평하다
suspítĭo, -ónis, f. suspícĭo²의 잘못된 철자(綴字)
suspitiósus, -a, -um, adj. suspiciosus의 잘못된 철자
susque deque, adv. V. sus² 위 아래로
sussúlĭo, -íre, intr. V. subsílio. 뛰어오르다, 펄쩍 뛰다
sussúlto, -áre, intr., freq. V. subsúlto. 뛰다, 튕기다
sustentábĭlis, -e, adj. 견딜 수 있는, 생존할 수 있는
sustentácŭlum, -i, n. 지지(支持), 지탱(支撑),
　의식(衣食), 영양(營養), 유지(維持), 부양(扶養).
sustentáculum tali. (醫) 제거돌기(截距突起)
sustentátĭo, -ónis, f. 지지(支持), 지탱(支撑-오래 버티거나
　배겨 냄), 정지(停止, tempus suspensum), 중지(中止),
　보류(保留), 부양(扶養), 생계(生計), 유지(維持),
　양식(糧食.⑨ Nourishment), 생활비, 성무 생활비.
　æqua sustentátĭo. 합당한 생활비/
　congrua portio fructuum. 성무 생활비/
　honesta clericorum aliorumque ministrorum sustentatio.
　성직자들 및 그 밖의 교역자들의 합당한 생활비.
sustentatio Jesu et educatio Nazareth.
　(⑨ The Support and Education of Jesus of Nazareth)
　나자렛 예수의 양육과 교육.
sustentátor, -óris, m. (sustentatrix, -icis, f.)
　보호자(保護者.προστάτις), 부양자(扶養者).
sustentátus, -us, m. 지탱, 지지, 부양, 원조(援助)
susténto, -ávi -atum -áre, tr. 밑에서 받치다, 고이다,
　지탱하다(ⅮⅫⅫ.ⅮⅫ), 버티다, 붙들다, 고정시키다,

유지하다(סבל.וטר.וטר), 돕다(יםדד.סמל),
북돋우다, 부양하다(דה), 먹여 살리다,
견디다, 버티다, 참다, 미루다, 연기하다, 보류하다,
억제(抑制)하다, 멈추게 하다, …못하게 말리다.
susténto egestátem. 가난을 견디다
susténtum, "sustíneo"의 목적분사(sup.=supínum)
susténtus, -us, m. 쳐들어 받침, 지지함, 부양함
sústinens, -éntis, m. 병 앓는 자, 환자(患者)
sustinéntia, -æ, f. 버팀, 지속(持續), 인내(⑨ Patience)
sustíneo, -tínui -téntum -ére, tr. (sus²+téneo)
밑에서 잡다, 떠받들다, 받쳐주다, 짊어지다(סבל),
견디다(וטר.רבל), 버티다, 정지시키다, 제지하다,
보류하다, …하지 못하게 말리다, 보존(保存)하다,
유지(維持)하다(סבל.רטר.וטר), 보호(保護)하다,
인내(忍耐)하다, 참다, 오래가다, 이겨내다,
기르다, 먹여 살리다, 양육(養育)하다, 부조하다, 돕다,
…의 몫을 하다, 역할을 하다, 구실을 하다, 연기하다,
미루다, 끈질기게 기다리다. (軍) 저항(抵抗)하다.
(醫) p.prœs. sústinens. 환자.
Aër volátus álitum sústinet. 공기는 나는 새를 받쳐준다/
Hoc sustinete, majus ne veniat malum.(Phædrus).
더 큰 악이 닥치지 않기 위하여 이것을 감내하라!/
proprio dorso submisso, ne caderet, sustentabat.
자기 등을 밑에 들이밀어 무너지지 않게 떠받쳤다.
('submittere 밑으로 들어가다'와 'sustinere 떠받치다, 견디다'는
프란치스코 영성에서 매우 중요한 주제이다)/
Sustine et abstine. 참아라! 그리고 절제(節制)하라.
sustineo amícum re. 재산으로 우정(友情)을 유지하다
sustineo húmeris bovem vivum.
살아있는 소를 어깨에 메다.
sustineo se a lapsu. 떨어지지 않게 버티다.
sustineo tres persónas. 세 사람 몫을 해내다
sustínui, "sustíneo"의 단순과거(pf.=perfectum)
sustóllo, -tŭli, sublátum, -ěre, tr. 높이 들다,
들어 올리다, …를 폐기하다, 없애다. 걷어치우다.
sustríngo, sustríctus, = substríngo
sustuli, "sustóllo"의 단순과거(pf.=perfectum),
"tollo'"의 단순과거(pf.=perfectum).
susum, adv. = **sursum** 위로(上)
susúrna, -æ, f. 모피(毛皮-털가죽), 모직물
susurrámem, -mĭnis, n. (=**susurrátio**, -ónis, f.)
중얼거림, 수군거림, 군소리, 비방(남을 비웃어 헐뜯어 말함),
주문(呪文-용왕가나 술가術家 등이 술법을 부릴 때 외는 글귀).
susurrátim, adv. 중얼거리며
susurrátor, -óris, m. (**susurratrix**, -icis, f.)
비방자, 속삭이는 자, 중얼거리는 자.
susúrro, -ónis, m. = **susúrro²** 중상자(中傷者→무고자)
susúrrĭum, -i, n. 속삭임, 수군거림, 흉봄, 밀고(密告)
비방(誹謗-남을 비웃어 헐뜯어 말함), 고자질,
중상(中傷).⑨ Calumny/slander).
susúrro¹ -áre, intr. 수군거리다, 중얼대다, 속삭이다.
밀담(密談)하다, 군소리하다, (벌 따위가) 윙윙대다.
(바람) 소리 나다, (물) 흐르는 소리 나다.
tr. 콧노래 부르다, 입 속으로 부르다.
susúrro cántica. 콧노래 부르다
susúrro² -ónis, m. 비방하는 자, 중상자(中傷者→무고자)
susúrrus, -a, -um, adj. 속삭이는, 중얼거리는
susurrus, -i(-us), m. 중얼거림, 윙윙거림, 밀담(密談)
속삭임, 수군거림, 밀고(密告-남몰래 넌지시 일러바침. 고자질함)
susus, adv. = **sursum**
suta, -órum, -i, n., pl. 갑옷
sutéla, -æ, f. 헝겊 기워대기, 간계(奸計-간사한 꾀), 교활
sútilis, -e, adj. (옷 따위를) 기운(봉합-꿰맴), 쪽을 맞춘
sūtor, -óris, m. 신 만드는 사람, 제화공(製靴工),
구두 수선공, 천민을 가리키는 말, 맞추는 자,
꾸미는 자, 편집자(compilátor, -óris. m.).
sutor veteramentárĭus. 구두 수선공(修繕工)
sutórĭus(=**sutorícĭus**) -a, -um, adj. 화공(靴工)의

sutribállus, -i, m. 구두 수선공
sutrínus, -a. -um, adj. 제화공의, 제화의, 구두장이의.
f. 구두상점. n. 제화업(製靴業).
sūtum, "suo"의 목적분사(sup.=supínum)
sutum, -i, n. 결합. pl. 갑옷
sutúra, -æ, f. 봉합(縫合), 봉합술(縫合術), 결합.
suum, -i, n. 특히 pl. sua. 자기의 것, 자기의 재산,
본성(본디의 성질. 타고난 성질. 天性), 특징(特徵), 제 버릇.
facio alqm suum. 아무를 자기편으로 만들다/
habeo suum negótium. 일을 제 일처럼 여기고 수고하다/
replico vestígium suum. 온 길을 되짚어 돌아가다.
suum cuique. 각자에게 그의 것
suum cuique honórem reddo.
각자에게 (마땅한) 직책을 맡겨주다
suum cuique tribuendi ars.
각자의 것을 각자에게 나누어주는 기술(=정의正義).
suum cuique tribuere. 각자에게 자기 몫을 돌려준다.
suum esse. 자신의 실존(實存)
suum fatum queror. 자기들의 운명을 한탄하다
Suum jus postulat. 그는 자기 권리를 주장한다.
suum munus præsto. 자기의 사명(직책)을 다하다
Suum sibi cujusque
각자에게 각자의 몫을 돌려주는 것(=정의正義).
sūus, -a, -um, (gen., pl. suum도 있음)
pron., poss. refl. 자기의, 자기 소유의, 고유의, 적합한,
고정된, 규정된, 합법적인, 유리(有利)한, …에 속하는,
(편지의 인사 형식) 친애하는, 존경하는, 독립된,
자유의, 자기 권리(1인칭 복수와 함께 sui juris),
자연적인, 본연의. m., pl. 자기 사람, 부하, 식구 등.
alqd suum dícere. 무엇을 자기 소유라고 주장하다/
Ancílla nunc sua est. 이 여종은 이제 자유의 몸입니다/
loco suo. 유리한 장소에/
si sui juris sumus. 우리가 우리 권리를 누린다면/
sua causa. 나 때문에[causa가 인칭대사와 함께 쓰이게 되는
경우에는 그 인칭대명사의 속격을 쓰지 못하고, 대신 그 인칭에
해당하는 소유대명사를 써서 탈격인 causa(grátia)와 일치시킨다]/
suáspet manu. 직접 자기 손으로
(suus에 met14 pet를 접미 하면 suus, a, um의 뜻을 강조한다)/
témpore suo. 제때에/
transmitto suum tempus amicórum tempóribus.
친구들을 위하여 자기의 시간을 바치다/
tribúere suum cuíque. 각자에게 자기 것을 주다/
Túllius Tiróni suo. Túllius Cícero가 친애하는 Tiro에게.
Suus cuique erat locus definitus.
누구에게나 자기 자리가 정해져 있었다.
sūxi, "sugo"의 단순과거(pf.=perfectum)
S.V. 약자 = Sánctitas Vestra.
(교황에 대한 호칭으로) 성하(聖下).⑨ His Holiness.
S.V.D. 略 = Sánctitas Verbi Domini.
신언회, 즉 말씀의 선교 수도회의 약자.
sýágrus, -i, f. (植) 종려(棕櫚-야자과의 상록 교목)의 일종
sybótes, -æ, m. 돼지 사육자
Sycámĭnos(**Sycaminus**) -i, f. =**Sycómorus**.
Syce, -es, f. 무화과의 일종, 야생 소나무, 눈의 농창
sycítes, -æ, m. 무화과주
sycítis, -idis, f. 무화과 색깔의 보석(寶石)
Sycómorus, -i, f. =**Sycámĭnos** =**Sycaminus** (植)
무화과나무(arbor fici), 이집트의 무화과나무 일종,
큰 단풍나무, 돌무화과(구약에 7회, 신약에 1회 나타난다).
sycónĭum, -i, n. (植) 은화과(隱花果)
sycophánta(=**sucophánta**) -æ, m. 사기꾼, 기식객(寄食客),
(고대 그리스에서 법을 위반, 특히 무화과 밀수업자를 당국에 고발한) 고발자,
아첨자阿諂者, 위선자(僞善者.transfigurátor sui).
sycophántĭa(=**sucophántĭa**) -æ, f.
사기(⑨ Fraud), 엉터리 수작(verbórum præstigiæ)
sycophantióse, adv. 교활하게, 사기로, 간계를 써서
sycophántor, -ári, dep., intr.
사기 수단을 쓰다, 잔꾀를 부리다.
sycótum, -i, n. = **ficátum**

S

무화과 먹고 살찐 짐승 특히 거위의 간.
sydus,(=**sidus**) -děris, n. 성좌(星座), 성좌(聖座)
syll- = **sull-**
Sylla[1] -æ, = **Sulla**
sylla[2] -æ, m. (=**effeminátus**) 여성화한 남자, 난봉꾼
sýllăba, -æ, f. 음절(音節), 음철(音綴), 시구(詩句),
extremas sýllabas non profero.
마지막 음절들을 발음(發音)하지 않다/
sýllabas prætereo. 음절들을 빠뜨리다/
versus unā sýllabā mutilus. 한 음절이 불구인 시구.
syllabárĭi, -órum, m., pl. 읽기 배우는 아이들
syllabátim, adv. 한 음절씩, 세밀하게
syllábĭce, adv. 음절로, 한 음절을 부과하여
syllábĭcus, -a, -um, adj. 음절의
sýllabus, -i, m. 장부(帳簿.libri rátĭonum),
목록(目錄), 금서목록([영] index of prohibited Books),
오류표([영] Sillabus of errors).
syllépsis,(=**synlépsis**) -is, f. 한 말을 두 뜻으로 사용함.
(修) 일필쌍서법(一筆雙書法). (文法) 의의적(意義的) 일치법.
sýllĭbus, -i, m. (= **síllybus** = **síttybus**) 책 뒷등에
표제.저자명을 써 붙인 양피지 조각.표찰(標札).
sýllŏge, -es, f. 수집(收集), 집성(集成), 법률집(法律集)
syllogismátĭcus, -a, -um, adj. 삼단 논법에 들어 있는
syllogísmus(=**synlogísmus**), -i, m. (論)
삼단논법(三段論法), 공식 논법.
De hypotheticis syllogismis. 조건부적 삼단 논법론/
Introductio ad syllogismos categoricos.
범주론적 삼단논법 입문(보에티우스 지음).
syllogísmus abbreviátus. 생략(省略) 삼단논법
syllogístĭcus, -a, -um, adj. 삼단논법적.
adv. **syllogístĭc**, 삼단논법(三段論法)으로.
syllogizábĭlis, -e, adj. 논증하기 쉬운, 추리 가능한.
syllogízo, -áre, intr.
삼단논법을 사용하다, 삼단논법으로 생각하다.
synlogísmus(=**synllogísmus**), -i, m. (論) 삼단논법.
prosynlogísmus. 예비삼단논법(성 염 옮김. 단테 제정론, p.42).
sylv…, **Sylv**… V. **silv**…, **Silv**…
symbiósis, -is, f. (動.植) 공생(서로 도우며 함께 생활함)
sýmbŏla,(**sumbola**) -æ, f. 소풍, 피크닉([영] picnic),
원족(遠足.[영] picnic), 야유회(野遊會),
추렴, 돈을 몫으로 냄, 식탁에서 담화할 때의 자기 차례.
Symbola et figuræ Ecclesiæ. 교회의 상징과 형상.
([영] Symbols and figures of the Church).
symbola fidei. 신앙 고백(professio fidei).
([영] Profession/confession of faith).
Symbola Spiritus Sancti([영] Symbols of the Holy Spirit).
성령의 상징.
symbólĭca, -æ, f. 상징학
symbólĭca colorum. 색채 상징학(色彩 象徵學)
symbólĭca numerorum. 숫자 상징학
symbólĭcus, -a, -um, adj. 상징적, 표상적(表象的).
adv. **symbólĭce**, 형용적으로.
Libri Symbolici. 교파의 신조서(信條書).
Symbolofideismus, -i, m. (프 Fideisme)
종교적 상징주의, 신앙 절대론(프랑스 칼빈파).
sýmbŏlum(=**súmbŏlum**, **sýmbŏlus**, -i, m.), -i, n.
징표(徵表.σημεἰον), 상징(象徵.[영] Symbol),
표상(figura-typus.), 특징(特徵), 부호(符號), 도장,
신임장(信任狀). (宗) 신경(信經).
[Symbolum은 symballein에서 나온 말로써 '서로 들어맞다', '함께 맞추다'라는 뜻을 가지고 있는데, 이는 한 반지나 작은 판대기를 둘로 쪼개서 서로 맞는 토막들을 증거 삼아 손님 전령이나 계약 상대방을 확인하는 옛 풍습에 기인한다. 따라서 신앙고백을 Symbolum이라고 이름붙인 이유는 공통의 신앙, 일치된 신앙을 지향하기 위해서였다. 그러므로 치프리아누스는 그 대답과 분리될 수 없는 세례 질문을 의미하기 위해서 처음으로 Symbolum을 사용한 것이며 이 말은 후에 신앙고백(Glaubensbekenntnis)이라는 뜻으로 쓰이게 된다.
황치헌 신부 지음, 미사통상문을 위한 라틴어, p.155].
De fide et symbolo. 신앙과 신경.
(393.10.8. 히포의 아우구스티노 지음)/
De symbolo ad catechumenos.
예비신자를 위한 신경 해설.(411년 히포의 아우구스티노 지음)/
Explanátĭo symboli initĭandos. 신경주해.
(Ambrosius 지음. 현대 가톨릭 사상 제16집, p.200)/
Recipitur symbolum fidei catholicæ. 가톨릭 신앙의 신경을 수용함(1546년 2월 4일 트리엔트 공의회 제3차 회기).
Symbolum Apostolicum. 사도신경([영] Apostles' Creed)
(Symbolum Apostolicum이란 명칭은 암브로시우스가 390년경 교황 시리키우스에게 보낸 편지에서 최초로 등장한다).
Symbolum Athanasiánum. 아타나시오 신경(信經)
Symbolum Constantinopolitanum.
니케아 콘스탄티노폴리스 신경.
Symbolum fidei. 신경, Credo([영] Creed-한국가톨릭대사전, p.5367)
Symbolum majus. 니케아 신경(백민관 신부 엮음, 백과사전 3, p.590)
Symbolum minus. 사도신경(백민관 신부 엮음, 백과사전 3, p.590)
Symbolum Nicæno-Constantinopolitanum.
니케아 콘스탄티노플 신경('150인 교부신경' 혹은 '교부신경'이라 함).
([영] Niceno-Constantinople Creed).
Symbolum Nicænum. 니케아 신경
Symbolum Quicumque(=Quicumque vult). 귀꿈궤 신조,
아타나시오 신경(이 신경은 "누구든지 구원되기를 원하는 사람은"이라는 말로 시작하기 때문에 그 라틴어 첫마디를 따서 이렇게 부른다.
백민관 신부 엮음, 백과사전 3, p.283).
symbolum reale. 실재적 상징(實在的 象徵)
Symbolum Romanum. 로마 신경(信經)
Symbolum tridentinum. 트리엔트 신경
sýmmeter = **sýmmertros**
symmétrĭa, -æ, f. 대칭(對稱), 균형(均衡),
조화(調和.[영] Harmony), 좌우가 어울림.
sýmmĕtros(=**symmeter**) -on, adj.
대칭의, 상칭의, 균형(均衡) 잡힌, 조화(調和)된.
symmýsta(=**symmýstes**) -æ, m.
동료 사제(consacerdos, -ótis, m.),
동일 교리를 전수 받은 자.
sympásma, -ătis, n. (藥) 몸에 뿌려서 바르는 가루약.
sympathía, -æ, f. 친근성(親近性), 관련성(關聯性),
유사성(類似性.[영] similarity.獨 Affinität),
동정(同情.[영] Compassion), 공감(共感),
호감(好感-"호감정"의 준말), 우정(友情.[영] Friendship),
호의(ㄲ.εὔνοια.χηστὸς.[영] Benevolence),
연민(憐憫.[영] Compassion-불쌍하고 딱하게 여김).
sympáthĭcus, -a, -um, adj.
공감의, 동정심을 일으키는. (解) 교감성의, 감응성의.
nervus sympathicus. 교감신경(交感神經).
symperásma, -ătis, n. (삼단논법의) 결론(結論)
symphonátor, -óris, m. symphonía를 연주하는 자.
symphonía, -æ, f. 화음, 조화(調和.[영] Harmony),
협화음, 화악, 화성 합창, 교향악([영] symphony),
교향곡(交響曲), (관.현.타) 악기, 기악(器樂),
심포니([영] symphony-교향악. '심포니 오케스트라'의 준말),
(초대교회 성가의) 화성합창.
Symphonia armonie cælestum revelationum.
천상 계시 조화의 교향곡(Hildegard 1098~1179.9.17. 지음).
symphoniăcus[1] -a, -um, adj. 화음의, 협화음의,
교향곡(악)의, 음악의. m. 음악가. pl. 악대, 합창대.
symphoniăcus[2] -i, m. (植) 사리풀(가지과의 일년초 또는 이년 초)
symphónĭo, -áre, intr., tr. 교향악을 연주(演奏)하다
symphónium, -ii, n. = **symphónia**
symphýsis, -is, f. (醫) 유착(癒着), 봉선(縫線), 결합.
symplégas, -ădis, f. 결합(結合), 응집(凝集-엉기어 모임),
정착(定着), Symplégades 암초 중 하나.
symplégma, -ătis, n. 씨름할 때 두 팔을 서로 낌, 씨름꾼
sympódium, -i, n. (植) 가축(假軸)
symposiăcus, -a, -um, adj. 연회의, 주연의, 축연의
sympósĭon(**sympósĭum**) -i, n. 향연(饗宴), 연회(宴會),
주연(酒宴), 심포지엄([영] symposium).
sympótĭcus, -a, -um, adj. 연회의, 회식의
sympsálma, -átis, n. 칠현금의 반주(七絃琴 伴奏)
sýmptoma, -ătis, n.
(醫) 증세(症勢), 징조(徵兆), 징후(徵候-어떤 일이 일어날 조짐).

symptomatológĭa, -æ, f. (醫) 증후학, 진단학
synǽrĕsis, -is, f. 이음합약(두 모음을 하나로 합쳐서 중모음으로 함)
synagóga, -æ, f. 교회당(敎會堂), (유대인의) 회당,
  시나고가(會堂:그리스어로 집회장소).
  교회(εκκλησια.Synagoge.⑨ Church.獨 Kirche).
  figura Synagogæ. 교회의 표상(고대의 해석 전통은 가나의
  성모님을 "교회의 표상" 혹은 "교회의 시원" inchoátio Ecclesiæ 으로 봄).
  Et ipse docebat in synagogis eorum et magnificabatur
  ab omnibus. (kai. auvto.j evdi,dasken evn tai/j sunagwgai/
  auvtw/n doxazo,menoj u`po. pa,ntwn) (獨 Und er lehrte in ihren
  Synagogen und wurde von jedermann gepriesen)
  예수님께서는 그곳의 여러 회당에서 가르치시며 모든
  사람에게 칭송을 받으셨다(성경 루카 4. 15)/예수께서는 여러
  회당에서 가르치시며 모든 사람에게 칭찬을 받으셨다
  (공동번역)/그분은 그 여러 회당에서 가르치시며 모든
  사람에게 찬양을 받으셨다(200주년 신약 루가 4. 15).
  Hæc dixit in synagoga docens in Capharnaum.
  (Tau/ta ei=pen evn sunagwgh/| dida,skwn evn Kafarnaou,m)
  (⑨ These things he said while teaching in the
  synagogue in Capernaum) 이는 예수님께서 카파르나움
  회당에서 가르치실 때에 하신 말씀이다(성경 요한 6. 59).
Synalíp… V. Synalœp…
synallagmáticus, -a, -um, adj. 쌍무의, 쌍무 계약의
synanche(=synalœpha, -æ, f.) (synǽeresis 또는 elísio에서 옴)
  약철(約綴-두 음절을 한 음절로 축소함).
synánche, -es, f. (醫) 인후염(咽喉炎)
synánchĭcus, -a, -um, adj. 인후염의
synaphía, -æ, f. (詩) 격조연결(格調連結)
synápsis, -is, f. 시냅스(⑨ synapse),
  신경세포 연접(⑨ synapse). (動) 연접부.
synarthrósis, -is, f. (解) 부동결합, 관절유합(關節癒合)
synáxis, -éos, f. 회합(會合), 종교적 회의,
  잔치(⑨ Banquet-교회력 제899조 제2항),
  집회(⑨ Assembly-사목 13 전례신학. p.107.דָּתַ.דָּתַ.
  ⑨ Assembly/Synaxis.獨 Versammlung).
syncategoréma, -ātis, n. 문장,
  연설의 한 부분(그 말 자체만으로는 별 뜻이 없지만 다른
  말과 결합하면 완전한 뜻을 주는 말. 라틴-한글사전. p.925).
syncellus, -i, m. 동거 성직자(비잔틴 교회에서 주교와 같은 집에서
  상주하는 성직자를 가리키는 말. 이 동거인은 주교관 가사를 돌보고 특히 주교가
  윤리생활에 문제가 없음을 증거 하는 증거자이기도 하다. 후에 이 말은 어떤 고위
  성직자의 총대리를 가리킨다. 백민관 엮음, 백과사전 3, p.591).
syncerástum, -i, n. 잡탕 요리(雜湯料理)
synchondrósis, -is, f. (解) 연골접합, 연골봉합
synchrísma, -átis, n. (=synchrísma, -æ, f.)
  도유(塗油.⑨ Anointing), 기름 바름.
synchronismus, -i, m. 여러 사건 동시 발생(루카 3. 1 등).
  (백민관 신부 엮음, 백과사전 3, p.591).
synchrónus, -a, -um, adj. 동시대의.
sýnchysis, -is, n. 단어 구성의 무질서(無秩序).
  (文法) 전치법(前置法-뜻을 강조하기 위해 말의 위치를 바꿈).
sýncŏpa, -æ, (=syncope, -es,) f. 결함(缺陷),
  결음(στέρησις.⑨ Lack). (文法) 중간 음절 생략.
  (醫) 졸도(卒倒), 가사(假死), 기절. (音) 절분법.
sýncŏpo, -ávi, -atum -áre, intr. 정신 잃다, 기절하다
syncrasis, -is, (acc. syncrasin) f. 혼합(混合)
syncretismus, -i, m. (哲) 여러 설의 통합.
  (宗) 여러 교의 통합, 종교 혼합주의(獨 Synkretísmus).
  (言) 융합(하나의 형태가 문법적으로 여러 기능을 겸하는),
  습합(褶合-서로 다른 학설이나 교리를 절충함),
  절충주의(折衷主義-교부문헌 총서 8. p.57). [m. eclecticismus, -i].
synderésis… -is, f. 근원양심(타고난 良心),
  양지(良知-인간의 실천적인 것과 관계되는 윤리적 가치를 인식하는
  실천이성의 능력을 말한다. 토마스 아퀴나스. p.297).
  양지양능(선을 알고 행하는 인간의 기본적인 양정 및 능력을 말함.
  양지양능은 타고난 윤리적 능력이다. 기본적인 윤리적 원리들을 인식하고,
  이를 토대로 선악을 식별하여 선을 행하고 악을 피하려고 명하며, 옳은
  선택은 승인하고 그른 선택은 고발하는 인간 본성에 뿌리박은 윤리적
  인식능력과 판단능력을 말한다. 가톨릭 신학과 사상. 제59호. p.2.31).
  [토마스 아퀴나스는 synderesis를 척도(Maßstab)로 이해한다. 따라서 양심을 synderesis에
  의해 측정되는 것으로 이해한다. 따라서 양심은 자신이 행한 것을 알고 있고
  자신이 행한 것을 항상 신에 의해 각인된 세계질서에 따라 판정하는 것으로 본다.

이 점에서 보면 양심은 자신이 행한 것을 항상 궁극적 질서에 의해 측정하는
것을 말한다. 양심은 이런 점에 있어서 항상 regula regulata 즉 측정되어진
측정에 불과하다. 자는 재는 synderesis이고 이것에 의해 재어지는 것이 바로
양심이다. 따라서 양심은 항상 양심을 구속하고 양심을 명령하는 질서에 따른다.
양심은 이런 점에서 매개되어 있다. 중세철학. 제8호. 분도 출판사. p.141].
synderésis scintilla. 양심의 불꽃
syndesmológĭa, -æ, f. (醫) 인대학(靭帶學)
syndesmósis, -is, f. (醫) 인대결합(靭帶結合)
syndicalis consociátĭo. 노동조합(⑨ trade union)
syndicalísmus, -i, m. 산업혁명 운동, 조합주의
syndicus, -i, m. 한 도시의 대표이자 변호인,
  간사(幹事), 면장, 법인의 소송대리인(訴訟代理人),
  읍장(邑長), 이사(syndicus municipalis), 이장(里長).
syndicus apostolicus. 교황청 재산 관리인.
  (철저한 청빈을 주장하는 프란치스코회를 위한 교황청의 대리가 된
  프란치스코회 평신도. 백민관 신부 엮음. 백과사전 3, p.592).
syndicus municipalis. 간사(幹事), 시장(市長)
syndon(=sindon) -ónis, f. 고운 아마포(亞麻布),
  린네르(프 linière, ⑨ linen)→리넨(亞麻-실로 짠 얇은 직물 총칭),
  무명(무명실로 짠 피륙), 면직물, 삼베(麻布-삼실로 짠 피륙),
  아마포로 만든 여러 가지 옷.홑이불.침대보.염포.
synécdŏche, -es, f. (修) 대유법(代喩法), 제유법(提喩法)
  일부로 전부를, 전부로 일부를 나타내는 어법(語法).
synecdóchĭcus, -a, -um, adj. 대유법의.
  adv. synecdóchĭce.
synéchĭa, -æ, f. (醫) 유착증, 홍채유착(紅彩癒着)
synédrĭum, -i, n. (히브리어 Sanhedrin) 회의실(會議室),
  회합, 원로원. (宗) 유대교 최고법원(最高法院).
synedrus, -i, m. 최고 법관(最高法官), 원로위원
synémmenon, -i, adj. n. (音) 연접의 =connéxum
synemptósis, -is, f. 공간 또는 시간상의 일치.
  (文法) 형식의 부합.
Synephébi, -órum, m., pl. 청년동배(Cæcílius Státius의 희극 제목)
synésis, -is, f. 세계의 영체 Æon 중 하나인 지성(知性)
syngénĭcon, -i, n. 친척 관계(親戚關係), 척분(戚分)
sýngrăpha, -æ,(=sýngrăphe, -es,) f. 서류(書類), 쪽지,
  (차라는) 표, 서장(書狀-편지), 담보 문서(文書).
sýngraphus(=sungraphus) -i, m. 계약서, 여권(旅券)
synhŏdus(=synodus[1]) -i, f. 회합, 회의, 종교회의,
  공의회(함께 συν + δος 길.여정), 대의원회의,
  시노드(⑨ Synod-교회법에서는 대의원회의를 뜻한다).
synizésis, -is, f.
  (文法) 모음융합(인접한 두 모음이 융합하여 한 음절이 되는 것).
  (生) 접합기(감수분열 직전에 상동 염색체가 한 덩어리로 되는 것).
Synl… V. Syll…
synlépsis,(=syllépsis) -is, f. 한 말을 두 뜻으로 사용함.
  (修) 일필쌍서법(一筆雙書法). (文法) 의의적 일치법.
synlogísmus(=syllogísmus), -i, m. (論)
  삼단논법(三段論法), 공식 논법.
synnávi dii, -órum, m., pl. 한 신전에서 숭배되는 신들
synnephítis, -tídis, (acc. -tim) f. 보석. V. galáctites.
Synodalicum, -i, n. 교구 납부금(⑨ cathedratic tax)
synodalis, -e, adj. 회의의, 교구의, 교구 회의 참가자.
  n., pl. synodalĭa, -ĭum, 회의규정.
  adv. synodaliter, 회의 결정에 따라.
  Judex synodalis 교구 법무관.
synodalis examinator. (성직록 후보자의) 교구 심사위원.
synodalismus, -i, m. 대표자 회의 제도
synodaticum. = cǎthedrátĭcum, -i, n. 교구 納付金
synódĭa, -æ, f. (=synodĭum -i, n.)
  조화(⑨ Harmony), 화합.
synódĭus, -a, -um, adj.
  회합의, 회의의, 교구 회의의. (天) 상합의.
synodítæ, -árum, m., pl.
  고행 수도자, 공동생활 하는 사람들.
synodíum, -i, n. (=synódĭa, -æ, f.)
sýnŏdus[1] (synhŏdus), -i, f. 회합, 회의, 종교회의,
  공의회(함께 συν + δος 길.여정), 대의원 회의,
  시노드(⑨ Synod-교회법에서는 대의원회의를 뜻한다).
  Hæc sunt sententiæ synodi sanctæ.

이것은 거룩한 공의회의 선언이다/
Recentiŏres episcoporum synodi,
종말론에 관한 몇몇 의문들(1979.5.17. 서한)/
Synodi Lateranenses. 교회 대표자 라테라노 회의.
synodus ad Quercum Epidryn. 에피드런의 느티나무 회의
synodus diœcesana∗(⑨ diocesan synod) 교구 대의원회의.
synodus episcopórum∗
주교 대의원회의(⑨ Synod), 세계 주교 대의원회의.
Hæc Synodus singulari prorsus alacritate adlaboravit,
simul Deo gratias agens, plurimum simul sperans.
(⑨ The Synod worked in an exceptional atmosphere of
thanksgiving and hope) 시노드는 각별히 감사와 희망의
분위기 속에서 진행되었습니다.
(교황 요한 바오로 2세의 1979.10.16. "Catechesi tradendæ" 중에서)/
Voluit demum, ut catechesis, præsertim pueris et
iuvenibus tradenda, esset argumentum quarti Cœtus
generalis Synodi Episcoporum.(⑨ He decided that
catechesis, especially that meant for children and young
people, should be the theme of the fourth general
assembly of the synod of Bishops) 제4차 세계주교대의원
회의(시노드)의 주제로 "교리교육, 특히 아동과 청소년의
교리교육"을 결정하였습니다.
(교황 요한 바오로 2세의 1979.10.16. "Catechesi tradendæ" 중에서)/
Synodus juvenibus particularem attentionem præstare
voluit(⑨ The Synod wished to give particular attention
to the young) 세계주교대의원회의는 젊은이들에게 특별한
관심을 기울이고자 하였다(1988.12.30. "Christifideles laici" 중에서).
Synodus Palmaris. 팔마의 교회 대표자 회의
Synodus Pistoriensis. 피스토이아 교회 총회(1786년).
Synodus Regionalis Coreæ. 한국 지역 시노드
sýnŏdus² -dóntis, f. 도미(魚-감성돔과의 바닷물고기)
synœcĭum, -i, n. 공동실(共同室)
synœcósis, -is, f. (動) 편리공생(片利共生)
synonéton, -i, n. 공동 구매(購買), 일시구매(一時購買)
synonýmĭa, -æ, f. 같은 종류, 같은 뜻, 동류, 동의성.
synónymos, -on, adj. 동의의,
synonymon(=synonymum) -i, n.
동의어(同義語, cognominata verba).
synópsis, -is(-eos), f. (그리스어 syn '한꺼번에 같이'+opsis '봄, 개관함')
일람표, 개요(概要), 도본, 표본, (神) 공관(共觀).
Synopsis evangeliórum. 공관 복음서
Synopsis Theologiæ Dogmaticæ. 교리신학 총론
Synopsis Theologiæ Moralis et Pastoralis.
윤리신학과 사목신학 총론(1902~1905년 알프레도 땅끄레 지음).
synóris, -ídis, f. 한 쌍, 겨릿소(큰 쟁기 즉 거리를 끄는 소) = biga
synostósis, -is, f. (醫) 골유착(骨癒着), 골질결합
synóvĭa, -æ, f. (解) 활액(滑液), 관절활액
syntáxis, -is, f. (文法) 문장 구성법, 문장론, 구문법.

	sg.	pl.
Nom.	syntaxis	syntaxes
Voc.	syntaxis	syntaxes
Gen.	syntaxis(-ĕos)	syntaxeon(-ĭum)
Dat.	syntaxi	syntaxibus
Acc.	syntaxim(-in)	syntaxes
Abl.	syntaxi	syntaxibus

(허창덕 지음, 중급 라틴어, p.10)
syntaxis linguæ Latínæ. 라틴어 문장론(文章論)
syntéctĭcus, -a, -um, adj. 기력이 달려 죽는, 폐결핵을 앓는
syntéxis, -is, f. (醫) 체력쇠약(體力衰弱), 위축증, 폐병
sýnthēma, -átis, n. 합의의 표, 역마를 가질 수 있는 허가증
synthésina, -æ, f. 식사용 복장
sýnthésis, -is, (acc. -in; abl. -i) f. 종합(綜合),
총괄(總括), 식사의 전체, 옷의 일습(一襲), 혼합물,
Saturnália 축제 식사 옷. (醫) 접합.
syntheticum judicium. 종합 판단(綜合判斷)
syntonátor(=suntonátor) -óris, m.
Sýntŏnum 악기 연주자(樂器 演奏者).
Sýntŏnum, -i, n. 악기(樂器)의 일종

syntróphĭum, -i, n. (植) 나무딸기
syntróphus(=collactánĕus) -i, m.
함께 양육된 자, 같은 젖 먹고 자란 자.
synúsĭa, -æ, f. (生) 한 생물 군집 속에서 생활형이
같은 집단(예를 들면 나무의 높이가 같은 것끼리 등).
synzúgia(=syzýgĭa) -æ, f. 집합, 모임(⑨ Assembly),
조립, 접합(接合). (天) 삭망(朔望-음력 초하루와 보름).
sýphĭlis, -is, f. (醫) 매독(ues venerea)
syphilis congénita. (醫) 선천매독
syphilóma, -ătis, n. (醫) 매독종(梅毒腫)
Syracúsæ, -árum, f., pl. Sicília 동해안의 가장 큰 도시.
(지금의 Siragossa).
Syracusis est fons aquæ dulcis, cui nomen Arethusa est,
incredibili magnitudine, plenissimus piscium.
시라쿠사에는 단물이 나오는 샘이 있다. 그 샘에는
아레투사라는 이름이 붙어 있으며, 믿기 어려울 정도로
크고 물고기로 가득하다.(cui: 소유 여격)
Vixi decem annos Syracusis, in urbe Siciliæ.
나는 시칠리의 도읍 시라쿠사에서 10년을 살았다.
Syracusáni(-sĭi, -cósĭi), -órum, m., pl. Syracúsæ의 주민
Syri(Suri), -órum(Syrum), m. 시리아인
Sýrĭa(Suria), -æ, f. 지중해 연안 소재 소Asia의 한나라,
Assyria 대신 쓰기도 함.
Sýrĭän scabious. 밭토끼꽃
syriárcha, -æ, m. Sýria의 대제관
syriárchia, -æ, f. Sýria 대제관직
syrínga(=syríngĭa) -æ, (=syríngĭo, -ónis) f.
(醫) 주사(注射), 주사기(注射器), 누관(瘻管).
sýrínges, -um, f., pl. 지하도(地下道), 지하 식당
syríngĭo, -ónis, (=syríngĭa, syríngĭa, -æ) f.
(醫) 주사(注射), 주사기(注射器), 누관(瘻管).
syringotómĭum, -i, n. 누관 수술기구
Syrinx¹ -íngis, (acc. -ínga) f.
목신(牧神), 갈대로 변한 요정(妖精).
syrinx² -ingis, f. (醫) 누관(瘻管), 이관(耳管),
지하회랑(地下回廊), 동굴, (植) 갈대, 목신의 피리
syríscus, -i, (syrísca, -æ, f.) m. 시리아 남자,
시리아 여자라는 고유명사, 노예에 대한 경멸 명칭.
syrma, -átis, n. (=syrma, -æ, f.)
비극배우가 입었던 땅까지 끌리는 옷, 비극(悲劇)
syrmátĭcus, -a, -um, adj. 질질 끄는
Syron = Sciron¹
Syrophœnícĭa, -æ, f.
Phœnícia를 Sýria의 일부분으로 본 명칭.
Syrophœnissa, -æ, f. Syrophœnícia 여자
Syrophœnix, -nícis, m. Syrophœnícia인
Syros, -i, f. 다도해의 Cýclades 군도의 하나(지금의 Sira)
Syrtis, -is(-tĭdos), f. Afrĭca 북해안의 두 개의 큰 유사
지역(流砂地域), Major(대)와 Minor(소) 로 나눔.
syrus, -i 개 비, 빗자루
systéma, -átis, n. 조직, 여러 가지를 하나로 묶음,
체계(낱낱이 다른 것을 계통을 세워 통일한 전체), 계통(系統).
systemata moraliã. 윤리체계(倫理體系)
systemata Theologicum. 신학체계(1686년 라이프니츠 지음)
systemátĭcus, -a, -um, adj. 잘 정돈된. 체계적인.
interpretátĭo systematica. 조직적 해석, 체계적 해석/
systemátĭcæ. 법조문을 내용에 체계적으로 모아 놓은
것(chrŏnŏlógĭcæ. 시대 순에 따라 법조문을 모아 놓은 것).
sýstŏle, -es, f. (=corréptĭo) 음절단축(장음절을 짧게 함),
(심장, 동맥의) 수축운동(收縮運動).
diástole 즉 심장이완의 반어.
systýlos, -on, adj. 이경간식(二徑間式)의,
집주식(集柱式)의, 기둥 사이가 좁은.
syzýgĭa, -æ, f. 집합, 모임, 조립, 접합(接合).
(天) 삭망(朔望-음력 초하룻날과 보름날을 아울러 이르는 말).

S

T T T

T[1], t, f., n., indecl. 라틴 자모의 스무 번째 글자, [떼 te]

T[2] ., ((略)) T. = Titus; T. 또는
Tr. = Tribúnus Plebis; Ti. = Tibérius.

tabácum, -i, n. 담배, 연초(煙草-담배)

Tabæ, -árum, f., pl. Cáriadml 도시(지금의 Damas)

tabalea∗, -æ, f. 제대포(祭臺布.[영] altar cloths)

tabánus, -i, m. 등에(蝨→"파리" 참조)
(등엣과에 딸린 곤충을 통틀어 이르는 말).

tabefácĭo, -féci -fáctum -cĕre, tr. (tabes+fácio)
녹이다, 액체화(液體化)시키다, 흐트러뜨리다,
기운을 빼게 하다, 없애다, 시들게 하다.

tabefío, -fĭeri, pass. (tabefácio) 녹다, 시들다(אקל.יקל)

tabélla, -æ, f. dim. (tábula) 1. **박판**(薄板), 바둑판, 장기판(將棋板), 부채, 석판(石版), 투표찰(投票札), 작은 널빤지, **서장**(書狀). 2. 놀이하는 판. 3. 글 판. 4. pl. 서찰(편지), 글쪽지, 계약서(契約書). 5. 보고서, 회보, 공고. 6. **투표용지**. 1) 입법투표일 때, 투표용지 두 장을 받는 데 하나에는 U.R.=uti rogas(당신의 제안대로, 찬표)라 써져 있고, 또 하나에는 A.=antíquo(반대한다, 부표)라 써져 있다. 2) 재판에서 판사는 투표용지 세 장을 받는 데 첫째는 A=absólvo(사면)이라 쓰여 있고, 둘째는 C=condémno(유죄)라 쓰여 있고, 셋째는 N.L.=non líquet(분명치 않다, 즉 기권)이라 쓰여 있다: ternas tabéllas dare. (판사에게) 세 가지 투표용지를 주다).
7. 신전(神殿)에 바치는 봉헌 물표, 봉납액(奉納額).
8. 과자의 일종. 9. 범죄인 명부(名簿). 10. 화폭(畵幅).
11. Rómulus와 Remus를 담았던 바구니.

Tabella. 타벨라(서울 용산 신학교에서 라틴어로 간행한 월간잡지)

tabella altáris. 제대석(경판)

tabella multiplicátĭónis. 구구단

tabella secretarum. 독송표, 경판(미사 때 주례 사제가 입 속으로 외우는 기도문을 모아 한 판에 옮겨서 보기 편하게 제대에 세워 놓은 판. 현재는 이 제도가 폐지되었다. 백민관 신부 엮음, 백과사전 3, p.603).

Tabella SS. Cordis Jesu.(예수 성심 용산 신학교에서 사제들을 위해 1912~1937까지 라틴어로 간행된 월간지).
지극히 거룩한 예수 성심의 타벨라.

tabellárĭus, -a, -um, adj. (tabélla) 1. 편지와 관계있는, 서찰의, 서간의: tabellárĭæ naves. 우편선, 통보함정. 2. 투표지의: tabellárĭus lex. 투표법, 비밀투표를 입법한 Gabínia법, Cássia법, Cǽlia법, Papíria법. 3. 시보의.
m. 통보관(通報官), 운송인, 메신저([영] messenger), 우편(郵便) 배달부([라] littĕrárum distributor), 특사.

tabellárĭus lex. 투표법(投票法)

tabéllĭo, -ónis, m. (tabélla) 공문서 필기자(筆記者), 공증인(公證人), 기록자(記錄者.homo scribens).

tábĕo, -ére, intr. (tabes)
녹다, 썩다, 부패하다(סרח), 분해되다, 줄줄 흐르다, 시들다(אקל.יקל), 소모(消耗)하다, 감소(減少)하다.

tabérna, -æ, f. 오막살이 집, 바라크(프.baraque-가건물), 초막(草幕.סֻכָּה-풀이나 짚으로 지붕을 이은 조그만 막집), 상점, 노점(露店), 소매점, 가게, 주점(酒店), 객주집(예전에, 길가는 나그네들에게 술이나 음식을 팔고 손님을 재우는 영업을 하던 집), 요리점(料理店), 원형극장의 작은 길,
(고유명사로) Tres Tabérnæ. Via Appĭa에 있는 유명한 술집.

taberna argentária. 환전상(換錢商)

taberna librária. 서점(書店), 책방(冊房)

taberna porcina. 정육점(精肉店.[라] laniena, -æ, f.)

taberna sutrína. 구둣방

tabernaclárĭus(=tabernaculárĭus) -i m. 천막 제조인

tabernác(ŭ)lum, -i, n. dim. (tabérna) 천막(天幕.אֹהֶל), 초막(草幕.סֻכָּה-풀이나 짚으로 지붕을 이은 조그만 막집), 막사, 노점(露店), 장막(帳幕.אֹהָלִים), 점쟁이 천막.
(가) 성체감실∗(聖體龕室), 감실(龕室), 성궤(聖櫃), 성막(聖幕.מִשְׁכָּן.[영] tabernacle).
De tabernaculo et vasis ejus.
장막과 그의 그릇에 관하여(베다 지음)/
tabernácula detendĕre. 천막을 걷다/
tabernacula pónere, collocáre, statúere. 천막을 치다/
Tabernaculi in ecclesia locus([영] The location of the tabernacle) 성당에서 감실의 위치/
velum tabernaculi. 감실 보/
Nam æquus eius locus adiuvat realem Christi præsentiam agnoscere in Sanctissimo Sacramento.
감실을 올바른 위치에 두는 일은 성체 안에 실제로 현존하시는 그리스도를 인식하는 데 기여합니다/
Necesse igitur est ut locus, ubi species eucharisticæ servantur, facile a quovis in ecclesiam ingrediente per lampadem perennem agnoscatur. 그래서 성체를 보존하는 장소는 감실 등을 켜서 표시하여 성당 안에 들어오는 모든 사람이 쉽게 알아볼 수 있어야 합니다.
['감실'은 본래 도교와 불교에서 사용되던 용어다. 사당 안에 신주나 부처상 등을 모셔두는 장(欌)을 가리키는 말인데, 한국 가톨릭교회에서는 이 용어를 받아들여 예수님 몸인 성체를 모셔두는 작은 방을 감실이라 부른다.
교회에서 감실의 위치와 활용에 대한 정확한 문서는 발견되지 않고 있지만 3세기 중엽 죽기 직전에 있던 어떤 신자가 한 젊은 사람이 사제에게서 받아온 성체를 영했다는 이야기를 통해 대략 짐작할 수 있다. 7-8세기에 이르러 성체가 제의방에 보관되고 있었다는 일부 교회 문헌들을 찾아볼 수 있다. 이는 축성한 빵을 쉽게 보관하는 곳으로 제의방이 가장 적합하다고 생각했기 때문이라고 추측된다. 13세기에 들어오면서 이탈리아와 독일에서는 보다 실제적이고 벽면에 붙은 감실이 등장하게 된다. 안전성을 고려한 이 벽면 감실은 제2차 바티칸공의회 전후로 교회에서 많이 볼 수 있는 형태이다. 하지만 오늘날에는 예술적이고, 또 신자들에게 더 가까이 보이기 위해 벽에서 분리시켜 "가능하면 성당 안이 아니라 따로 경당을 만들어 거기에 감실을" 자리 잡게 하려고 노력하고 있다. 하지만 현실적으로 공간 확보가 어렵다거나 어떤 특별한 사정으로 경당을 마련할 수 없을 때 차선책으로 성당 안의 뛰어난 자리에 모시라고 교도권은 말하고 있다. 여기서 "뛰어난 자리"가 성당의 중앙 위치, 즉 제대의 존엄성을 해치는 자리가 아님은 분명하며, 제대를 방해하지 않으면서도 성체의 존엄성을 확보할 수 있는, 조용하면서 기도 분위기를 돋울 수 있는 자리라고 생각할 수 있다.
감실은 성체를 모셔두는 자리다. 성체를 따로 모시는 까닭은 병자에게, 어떤 사정으로 인해 미사에 참례하지 못하는 신자에게 성체를 영해 주기 위해서이다. 나아가 미사 때 신자들을 위해 충분한 제병을 준비하지 못한 경우를 대비해, 또한 미사 때 남은 성체를 보관하기 위해서도 감실이 이용된다.
물론 중세 이후 내려온 관습에 따라 성체 안에 계신 예수님을 흠숭하기 위한 목적도 있다. 하지만 감실은 그 자체로 가치가 있는 것이 아니라 제대 위에서 거행되는 성찬례와 그로써 드러내고자 하는 파스카 신비를 신자들에게 상기시키는 데 그 본래 목적이 있다. 이 말을 달리 하면, 제대와 연계되지 않은 감실, 성찬례와 상관없는 감실이란 존재하지 않는다. 감실이 신자들의 눈을 제대로부터 멀어지게 만든다면 그것은 감실의 본래 존재 목적에도 어긋나는 것이다.
감실 앞에 앉는 것은 파스카 신비를 묵상하기 위함이다. 성당 구조는 신자들의 신앙을 올바로 이끌 수 있도록 잘 준비돼야 하며, 제대와 감실 사이에서 혼동을 겪지 않도록 감실을 위한 공간을 따로 마련하는 것이 바람직하다. 감실이 있는 경당을 제대 근처에 마련해 사제가 쉽게 감실 경당에 접근할 수 있도록 배려한다면 미사 중 성체를 가지러 가거나 남은 성체를 다시 갖다 놓을 때 불편을 겪지 않을 것이며, 신자들은 성당 안의 넓은 공간보다는 아늑한 분위기의 경당에서 더 쉽게 성체조배를 할 수 있을 것이다. 예수회 조학균 신부 2009.7.26. 평화신문에서].

Tabernaculum eius, caro eius; tabernaculum eius, Eccelsia eius. 그분의 장막이란 그분의 몸이며, 그분의 장막은 그분의 교회입니다.(최익철 신부 옮김, 요한 서간 강해, p.119).

Tabernaculum fœderis(=testimonii)
결약의 장막, 성약(聖約)의 장막.

tabernális, -e, adj. (tabérna) 천막의, 막사의, 성궤의.
n., pl. **tabérnálĭa**, -ĭum, 공식 식사장소.

tabernárĭus, -a, -um, (tabérna)
adj. 상점의, 가게의, 주점의. f. 주모, 작은 장사.
m. 점주(店主), 주점주인, 상점주인.

tabérnŭla, -æ, f. dim. (tabérna)
작은 점포, 소주점, 소매점.

tābes, -is, f. 부패(腐敗), 썩음, 고름, 분해, 와해(瓦解), 퇴폐(頹廢), 망침, 진흙, 진창, 반죽, 악질(惡疾), 독물, 전염병, 재앙, 초췌, 쇠약(衰弱), 심고(心苦), 소멸(消滅).

tabésco, -bŭi -ĕre, intr., inch. (tábeo) 소실(消失)되다, 분해되다, 녹다, 용해(鎔解)되다, 썩다, 부패하다(סרח), 풀어지다, 시들다(אקל.יקל), 쇠약(衰弱)해지다, 감퇴(減退)되다, 초췌하다, 심적 고통으로 쇠약해지다.

tabi(d)ósus, -a, -um, adj. (tábidus)
부패한, 쇠약해진, 쇠망의.

tabídŭlus, -a, -um, adj. dim. (tábidus) 썩은, 조금 녹은

tábĭdus, -a, -um, adj. (tabes) 녹은, 용해한, 썩은, 분해된, 시든, 풀어진, 전염(傳染)되는, 전염병의, 쇠약(衰弱)해진, 소모(消耗)된, 쇠망(衰亡)의.

tabificábĭlis, -e, adj. (tabíficus) 녹는

tabífico, -áre, tr. 녹이다, 썩게 하다

tabíficus, -a, -um, adj. (tabes+fácio) 녹이는, 용해되는, 썩이는, 망치는, 전염되게 하는, 쇠약하게 하는, 풀어지게 하는, 전염성(傳染性)의, 오염(汚染)의.

tabíflŭus, -a, -um, adj. (tabes+fluo)
썩고 있는, 쇠약해진, 부패한, 썩은, 썩게 하는.

T

tabitúdo, -dǐnis, f. (tabes) 부패, 망가뜨림, 소모, 신음, 쇠약, 소멸, 쇠망(衰亡-쇠퇴하여 망함).

tablínum, = tab(u)línum -i, n. 노대(露臺-발코니), 마루를 깐 발코니, 화랑(畵廊), 기록서고, 문서고.

tablísso, -áre, intr. 주사위 놀이를 하다

tablísta, -æ, m. 주사위 놀이꾼

tābui, "tabésco"의 단순과거(pf.=perfectum)

tábǔla, -æ, f. 1. 상(机), 널 판, 판. 2. 놀이판, 흑판, 글판. 3. 서찰(書札), 편지, 보고서, 책, 장부, 대장(臺帳). 공문서. 4. 조서(調書); 금지명령서, 유언서: in tábulas referre. 조서를 꾸미다. 5. 공시, 게시, 간판. 6. 명부, 목록, 일람표. 7. 환전상. 8. 그림, 회화, 화폭(때로는 picta와 함께), 신전(神殿)에 바치는 봉납표=奉納票). 9. 투표 결과 공시판. 10. 법률을 새긴 석판(石版). 11. 계약서(契約書), 약혼 문서, 조약서(條約書). de tábulis in libros. 장부에서 책으로 옮겨 쓰다/ In schola tabula est. 학교에 흑판이 있다/ Tabulæ quædam, Græcis litteris conscriptæ, in Gallorum castris a Cæsare reperiebantur. 그리스어로 적힌 석판 몇 개가 카이사르에 의해서 갈리아인들의 진지에서 발견되었다/ transcribo testamentum in álias tábulas. 유언을 다른 서판(書板)에 베끼다.

tabula ceratu (로마시대 초등학교에) 있는 학생용 밀랍도료를 칠한 흑판

tabula absentiæ. 부재 목록

tabula fundátiónis. 기금증서(基金證書)

tabula graduum. 단계 목록

tabula nigra, -æ, f. 칠판

tabula nigra, -æ, f. 흑판(黑板). In schola tabula est. 학교에 흑판이 있다.

tabula præsentia. 현존 목록

tabula rasa. 공(空), 백판, 백지, 백지상태(charta pura)

tabula rasa in qua nihil scritum est. 아무것도 쓰이지 않은 칠판(아리스토텔레스가 태어날 때 인간 정신을 표현한 말).

tabula votiva. 서원판(誓願板-파선 당했을 때 신에게 하는 서원을 기록한 것).

Tabulæ decem præceptórum. 십계명 판, 증거 판(證 Tables of Ten Commandments).

Tabulæ potius conscribendæ, breves verbis, amplæ argumento. 법률들은 표현은 간명하고 내용은 풍족하게 작성되어야만 한다.

tabulæ publicæ. 등록대장, 기록 원본(記錄 原本)

tábulæ quadrantáriæ. 채무(債務)를 4분의 1로 삭감하는 Valérius 법.

tabulæ testamenti. 유언장(遺言狀)

tabulæ testamentum. 유서장(遺書壯)

tabulaméntum, -i, n. (tábula) 마루, 벽판자, 판자벽, 상(机)

tabuláris, -e, adj. (tábula) 판자의, 널판의, 책상의. n. **tabuláre, -is,** 마루. n., pl. **tabulária, -íum,** 판자, 대리석판(형구의 일종). 공문 보존소, 문고, 공문 기탁소, 판자 건축.

tabulárǐus, -i, m. (tábula) 문서 책임자, 회계원. f. **tabuláría, -æ,** m. (sc. ædes) 공문서 보관소. 상서국; (sc. res) 문서 보관. n. 문서 보관소.

tabulárum fides. 문서의 진실성

tabulátim, adv. (tábula) 줄줄이, 계열로, 계산하여, 층층으로.

tabulátǐo, -ónis, f. (tábula) 널빤지로 붙여 만든 것, 마룻바닥, 판 쌓아 놓은 것, 층(層), 단(段).

tabulátum, -i, n. (tábula) 마룻바닥, 층(層), 단(段). 찬장(음식이나 그릇 따위를 넣어 두는 장), 마루, 판자. 층계(層階), 포도덩굴이 오르도록 한 나무단, 나무집, 헛간, 토대조직, 횃대, 배의 상갑판, 주름.

tabulátus, -a, -um, adj. (tábula) 마루를 깐, 판자로 된, 주름 있는.

tabuléttæ, -árum, f., pl. (藥) 정제(錠劑-알약), 알약

tab(u)línum(=tablínum) -i, n. (tábula) 노대(露臺-발코니), 마루를 깐 발코니(露臺).

화랑(畵廊), 기록서고, 문서고(αρχειον에서 유래).

tábǔlo, -áre, tr. 판자를 깔다

tābum, -i, n. (tabes) 핏덩이, 피고름, 눈곱(눈에서 나오는 진득진득한 즙액, 또는 그것이 말라붙은 것), 전염병, 붉은 안료.

tacénda, -órum, n., pl., gerundiv. (táceo) 비밀(秘密-감추어야), 누설(漏泄)해서는 안 될 일.

tace, 원형 tácĕo, tacŭi, tacĭtum, tacére. [명령법. 현재 단수 2인칭 tace, 복수 2인칭 tacete].

Tace. 가만 있거라, 침묵(沈黙)을 지켜라.

Tace, ante hoc novi quam natus es!.(Phædrus). 닥쳐! 이건 네가 나기 전부터 알고 있었어.

Tace, obmutesce!.(毬 Quiet! Be still!). 잠잠해져라. 조용히 하여라!(성경 마르 4. 39)/ 고요하고 잠잠해져라!(공동번역)/ 잠잠해져라. 조용히 하여라(200주년 기념 신약).

Tace, parce voci!. 입 좀 다물어! 목소리 좀 아끼라고!

Tace, sis, stulta. 이 어리석은 여자야 좀 잠잠해라

Tace, sodes. 제발 좀 잠자코 있어다오

Taceant. 그들은 가만히 있어야 한다.

Taceant mulieres in ecclesia. 집회에서 여자들은 입을 다물기 바란다.

Taceas. 잠자코 있어요!

Taceátis. (직설법 미래 복수 2인칭) 당신들 제발 조용히 하시오

tácĕo, tacŭi, tacĭtum, tacére, intr. 잠잠하다, 묵묵하다, = silére, 고요하다, 가만히 있다. tr. (acc. pron. n.) 말하지 않다, 침묵을 지키다, Aliud est celare, aliud tacere. 숨기는 것 다르고 침묵하는 것 다르다/ alqm tacére. …에 대한 이야기를 하지 않다/ Cum tacent clamant.(Cicero, In Catilinam 1, 8). 그들이 침묵할 때 그들은 소리친다.(소리 없는 아우성)/ dicénda tacénda loqui. 할 말 안할 말을 가리지 않고 (함부로) 지껄이다/ Dum tacent, clamant. 입을 다물고 있지만 (사실은) 고함을 지르고 있는 셈이다/ Jubeor tacere. 나는 침묵하라는 명(=함구령)을 받고 있소/ Non ut illud dicěretur, sed ne tacěretur. 말을 하려고 하지 말라, 그렇다고 침묵하지도 말라/ Qui tacet, consentíre videtur. 침묵은 동의로 보인다. (침묵하는 사람은 동의하는 것으로 여겨진다)/ Quod tácui et tacénda putávi. 내가 침묵을 지켰고 또 지켜야 한다고 여긴 것/ Si tacuisses, philosophus mansisses. 네가 그때 잠자코 있기라도 했더라면, 철학자 대접을 받았을 텐데…/ Sive taceas, dilectione taceas; sive clames, dilectione clames; sive emendes, dilectione emendes; sive parcas, dilectione parcas: radix sit intus dilectionis, non potest de ista radice nisi bonum exsistere. 침묵하려거든, 사랑으로 침묵하라, 외치려거든 사랑으로 외치며, 바로잡아 주려거든 사랑으로 바로잡아 주고, 용서하려거든 사랑으로 용서하십시오. 그대 안에 사랑의 뿌리를 내리십시오. 이 뿌리에서는 선한 것 말고는 그 무엇도 나올 수 없습니다.(최익철 신부 옮김. 요한 서간 강해. p.327)/ Tacent, satis laudant. 잠자코 있다는 것만으로도 다분히 칭찬하는 셈이다.

Tacéte. 가만히들 있거라(현재 명령법은 2인칭에 대하여서만 있다). St! St! Tacete! 쉿, 쉿, 조용히들 하시오!/ Tece. 가만히 있거라, 침묵을 지켜라.

Taceto. 너는(그는) 침묵을 지켜라. (미래 명령법 단수 2인칭과 3인칭은 같다). Tacénto.(미래 명령법 복수 3인칭). 그들은 가만히 있어라.

Tacetote.(미래 명령법 복수 2인칭) 너희들은 잠잠하라.

tachycárdǐa, -æ, f. (醫) 심동 급속증(心動 急速症)

tachygénĕsis, -is, f. 급속 발생(急速 發生)

Tácǐta, -æ, f. 침묵의 여신(女神)

Tácǐta bona est múlier quam loquens. 말하는 여자보다 묵묵한 여자가 좋다(quam²참조)

tacita conclusǐo in causa. 증거 제출 묵시적 마감

1271

tacita conventĭo. 묵계(黙契-말 없는 가운데 뜻이 서로 맞음)

Tacita melior mulier semper quam loquens.(Plautus).
　말 많은 여자보다는 말없는 여자가 언제나 더 좋지.

tacítæ exceptiónes. 묵인된 예외

tácĭte(=tacito) adv. (tácĭtus¹) 묵묵히(cum silentĭo),
　잠잠히, 말없이, 고요히, 잡음(雜音) 내지 않고,
　살금살금(per tacitum), 비밀리에.

Tacitis senescimus annis.
　우리는 모르는 사이에 나이를 먹고 늙는다.

Tacito usus est. 침묵(沈黙)이 필요하다

tacítŭlus, -a, -um, adj. (tácitus¹) 무언의, 말이 적은

tacítum, "táceo"의 목적분사(sup.=supínum)

tácĭtum, -i, n. (tácitus¹) 고요(잠잠하고 조용한 상태),
　적막(寂寞-고요하고 쓸쓸함), 비밀(μυστήριον), 정은(靜穩),
　침묵(⑨ Silence). per tacitum, 비밀히, 살금살금.

tacitum judicĭum. 비밀재판, 비공개 재판

Tácĭtum vivit sub pectore vulnus.
　가슴 밑바닥에는 말없는 생채기가(tacitum… vulnus)
　생생하게 살아 있어…….

tacitúrĭo, -íre, intr. (táceo)
　말하고 싶지 않다, 가만히 있고 싶다.

tacitúrnĭtas, -átis, f. (tacitúrnus) 침묵(⑨ Silence),
　무언, 고요(잠잠하고 조용한 상태), 정숙(整肅), 과묵함,
　신중(慎重.φρόνησις-매우 조심성이 있음), 내성적 성격.
　alcjs taciturnitátem experíri. …의 신중함을 시험하다.

tacitúrnus, -a, -um, adj. (tácitus¹) 말이 적은, 묵묵한,
　잠잠한, 과묵한, 고요한, 정숙한, 신중한.

tácĭtus¹ -a, -um, adj. (táceo) 말없는, 침묵하는,
　고요한, 잡음 없는, 비밀의, 언급(言及)되지 않은,
　암암리의, 암시적, 무언의(동의, 승낙 등), 묵인의,
　비공개의, 숨은, 정숙한, 적막한, 알려지지 않은,
　alqd tácitum relínquere, tenére.
　　어떤 것을 비밀리에 남겨 두다/
　animus tácĭtus. 묵시적 마음/
　tácitæ exceptiínes. 묵인된 예외/
　tácitum judícium. 비공개 재판, 비밀재판/
　tácitum ferre alqd ab alqo.
　　무엇에 대한 누구의 해명을 듣지 않다.

Tácĭtus² -i, m. 타치토(56~120년경. 로마의 웅변가. 로마의 사가.
　라틴어로 글을 쓴 사람 중 가장 뛰어난 산문작가가).

táctĭlis, -e, adj. (tango)
　손댈 수 있는, 접촉할 수 있는, 촉각의, 감촉의.

tactim, adv. (tango) 만져서, 촉각으로

táctĭo, -ónis, f. (tango)
　접촉(接觸), 만짐, 손댐, 촉감(觸感), 촉각(觸角).

tactor, -óris, m. (tango) 접촉자(接觸者), 손대는 자

tactum, "tango"의 목적분사(sup.=supínum)

tactus¹ -a, -um, p.p., a.p. (tango) 만져진, 접촉된

tactus² -us, m. 接촉(接觸), 만짐, 손댐, 영향력,
　촉각(觸角), 촉감(觸感), 감각(感覺).
　Tactu Midæ regis, quidquid fiebat aurum.
　미다스왕의 접촉에 의해 무엇이든 황금으로 변하곤 했다.

tactus corporalis. 물체적 접촉

Tactus locus indolescit. 닿은(만진) 자리가 아프다

tacŭi, "táceo"의 단순과거(pf.=perfectum)

tæda(=teda) -æ, f. (植) 소나무(pinus, -i, f.),
　송진(resina pini), 진나는 나무, 광송, Fúriæ의 횃불,
　횃불, 결혼식, 혼인(婚姻.⑨ Marriage/Matrimony),
　결혼횃불, 혼인, 고문기구(拷問器具), 배(船) 바닥.

tǽdĕo, -ére, (tædeor, -éri, dep.) intr.
　권태를 느끼다, 싫어지다, 슬퍼하다.

tǽdĕscit, -ĕre, impers. (tædet) 싫증을 느끼기 시작하다

tædet, tæsum est(tædŭit), -ére, impers.
　(누가 무엇에) 싫증나다, 권태를 느끼다, 괴롭다(ᄁᄁ),
　견디기 어렵다, … 하기 싫다.

tǽdet, tædŭit(tæsum est), -ére, impers. 권태를 느끼다
　Tædet me vitæ.
　나는 사는 것이 싫증난다, 나는 생활에 싫증이 난다.

tædiális, -e, adj. (tædeo) 싫은, 싫증나는, 권태로운

tǽdĭfer, -fĕra, -fĕrum, adj. (tæda+fero) 횃불을 든.
　(Ceres 여신이 딸 Proserpína를 찾으려고 Etna 화산 불에 횃불을 지핀 것을 말함).

tǽdĭo, -ávi -áre, intr. (tǽdium) 싫증나다, 권태를 느끼다.

　• 감정을 나타내는 동사
　míseret (me), (misértus sum), miserére (me)
　　(나는) 불쌍히 여기다.
　pǽnitet (me), pænítuit (me), pænitére (me)
　　(나는) 후회한다, 뉘우치다.
　piget (me), píguit (me), pigére (me)
　　(나는) 유감으로 생각하다, 싫어하다.
　pudet (me), púduit (me), pudére (me)
　　(나는) 부끄럽다, 부끄러워하다.
　tædet (me), tæduit (me), tædére (me)
　　(나는) 싫증나다, 권태를 느끼다.
　N.B. 이상의 비인칭 동사들은 뜻으로 본 주어(우리말의
　주어)는 대격으로 싸야 하고, 감정의 대상물은 속격
　또는 동사의 부정법으로 표시된다.
　e.g. Pænitet me peccati mei. 나는 내 죄를 뉘우친다.

---

tædiose, adv. 권태롭게, 귀찮게, 싫증나게, 피곤하게

tædiósus, -a, -um, adj. (tædium)
　권태로운, 싫증나는, 싫은, 귀찮은, 피곤한, 괴로운,
　괴로운(arduus, -a, -um, adj.), 귀하지 않은.
　adv. tædiose, 권태롭게, 귀찮게, 싫증나게, 피곤하게.

tǽdĭum, -i, n. (tædet) 혐오(嫌惡-싫어하고 미워함), 피로,
　싫증(싫은 생각), 괴로움, 권태(倦怠-게으름이나 싫증),
　불유쾌(不愉快), 우려(憂慮-근심하거나 걱정함),
　애수(哀愁-마음속으로 스며드는 것 같은 슬픈 시름), 불평(不平).
　ne subeant animo tædia.
　　마음에 싫증이 생기지 않게 하다.

Tænárĭus, -a, -um, adj.
　Tœnarus의, 지옥의, 지하세계의, 명부의.
　tænária vallis. 지옥(⑨ Hell/Realm of the dead).

tænárĭus deus. 바다의 신 Neptúnus

tænárĭus lapis. 대리석(大理石)
　(석회암이 높은 열과 강한 압력을 받아 재결정한 암석).

Tǽnărus(=Tǽnăros, acc. -ron) -i, m.
　Peloponnésus 반도의 최남단 갑,
　명부, 지옥(이곳이 있는 동굴을 지옥문으로 여겼음), 고집쟁이.

tǽnia(-nĕa), -æ, (abl., pl. -nis) f. 끈, 댕기, 대님, 띠, 붕대,
　촌충(寸蟲-"조충"의 옛 용어), 조충(條蟲-촌충류의 편형동물),
　(建) 둥근 기둥 처마도리의 화단, 바다의 암초,
　파피루스 종이 뭉치, 압지(壓紙-잉크나 먹물 따위로 쓴 것이
　번지거나 묻어나지 아니하도록 위에서 눌러 물기를 빨아들이는 종이).

tæniénsis, -e, adj. (tǽnia) 암초 위에 있는

tæníŏla, -æ, f. (tǽnia) 가는 끈

tæsum est, pf. (tædet)

tæter(=teter), -tra -trum, (tǽtrus, -a, -um,) adj. (tædet)
　싫은, 재미없는, 미운, 기분 나쁜, 보기 싫은, 음산한,
　흉한, 검은, 끔찍스러운, 혐오(嫌惡)를 일으키는.
　in alqm tætérrimus. …에 대하여 최대의 혐오증이 나는/
　tætra bélua. 끔찍스러운 짐승.

tætr… = tetr…

tætre(=tætrum = tetre) adv. (tæter)
　흉악하게, 몹시 무섭게, 재미없게.

tǽtrĭcus(=tetrĭcus), -a, -um, adj. (tæter) 엄격한, 근엄한, 금욕의

tætritudo(=tetritúdo) -dĭnis, f. (=tetrícĭtas, -átis)
　골난 얼굴, 못생김, 음산함, 음울한 기분, 추악함
　침울함(⑨ Sadness), 기분 나쁨.

tǽtrum(=tætre = tetre) adv. (tæter)
　흉악하게, 몹시 무섭게, 재미없게.

tætro, -áre, tr. (tæter) 흉하게 만들다, 지겹게 만들다.

Tagáste, -es, f. Numídia의 도시, 성 Augustinus의 출생지.
　adj. Tagasténsis, -e.

tætrus, -a, -um, adj. = tæter(=teter), -tra -trum.

tăgax, -ácis, m. (tango) 무엇에 손대는, 훔치는,
　m. 도둑, 강도(强盜), 악한(惡漢).

tăgo, taxi, -ĕre, arch. (tango)

talárĭa, -íum, n., pl. (taláris) 1. 발뒤축, 발목.
　2. (Mercúrius 신과 Minérva 여신의) 날개 달린 장화.

3. 긴 가운(옷). 4. 발뒤축을 조여서 고문하는 기구.
Talária videamus. (격언) 도망치자.
taláris, -e, adj. (talus)
발뒤축까지 내려오는, 질질 끌리는, 긴.
talárĭus, -a, -um, adj. (talus) 골패의, 주사위의
Talássĭo, -ónis, [**Talás(s)ĭus, Talássus**, -i.)
m. 축혼시(祝婚詩), 축혼연(祝婚宴),
Rómulus 시대에 결혼식에서 여러 번 부르던 이름.
servíre Talássio. 결혼하다.
talassus, -i, m. 축혼시(祝婚詩), 축혼연(祝婚宴)
talcum, -i, n. (醫) 탤크([영] talc)→ 활석(滑石.[영] talc)
talcum depurátum. (藥) 정제활석
tálĕa, -æ, f. 삽목(揷木-꺾꽂이), 싹(순), 꺾꽂이 가지,
휘추리(곧고 가느다란 나뭇가지 ▷회초리), 막대기, 나뭇가지,
말뚝, 함정. (建) 장궤 틀, 장선(長線).
talentárĭus, -a, -um, adj. (taléntum) 한 taléntum 무게의.
talentum, -i, n. 희랍의 무게 단위(약 50파운드),
화폐단위, 금화(=60 Mina), 값진 돈,
재주, 재능(才能), 수완(手腕), 능력(能力), 천재(天才),
탈렌트(그리스말로는 "저울", "계량된 것"을 의미하고, 라틴어로는 중량의 단위 또는 "재능, 능력, 천재"를 나타낸다).
Tales evádunt. 그들은 결국 이런 사람이 된다(evádo 참조)/
Tália fatur. 그는 이런 이야기를 한다(for 참조).
taléŏla, -æ, f. dim. (tálea) 작은 꺾꽂이
Talge, -es, f. Cáspium mare(카스피해)의 섬 이름
Talía, -æ, f. = **Thalía**
Tálĭa sunt subjecta quálĭa sunt prædicata.
주어들이 있는 만큼 빈 술들이 있다.
taliatúra, -æ, f. 베어진 자리, 틈
tálĭo¹ -ónis, f. (talis) 동태복수법([영] talion.[라] lex taliónis),
죄에 상응하는 양의 형벌(피해자가 받은 만큼 가해자에게 과하는 형벌),
복수의 형벌(刑罰).
recíprocæ taliónes. 상호간의 동태복수.
tálĭo² -áre, tr. 틈새를 내다, 쪼개다.
talípĕdo, -áre, intr, (talus+pedo¹)
다리가 휘청거리다, 비틀거리다, 주저하다, 머뭇거리다.
tálĭpes, -ĕdis, n. (醫) 병신 발,
uno pede multilus. 한쪽 발 병신.
tālis, -e, adj., demonstr. 이러한, 이와 같은, 이런 따위의,
이런 성질의, 그러한, 이런 모양의, 여차한,
esse tale. 존재 그것/
homo qua tális. 인간인 한의 인간/
In tali casu. 이런 경우에/
Plane qualis dominus, talis et servus.(Petronius).
정말 그런 주인에 그런 하인이구나/
Quales simus, tales esse videmur.
우리는 겉으로 보이는 그대로이다/
Quomodo, et quare tales nos fecit? 어쩌자고, 우리를
이 꼴로 만들었습니까?.(최익철 신부 옮김, 요한 서간 강해, p.173)/
Sunt tales, qualis pater tuus fuit.
자네 아버님이 그러셨던 그대로 그자들도 그렇다네/
talem te esse opórtet, qui…
너는 …하는 만큼 그런 사람이어야 한다/
tales nos esse, putamus ut jure laudémur.
우리는 의당 찬양 받을만한 사람들이라고 생각 한다/
Talibus autem consiliis captis, modus vivendi fixus valde mutari potest.([영] This may mean making important changes in established life-styles).
이러한 결정으로 기존 생활양식이 크게 바뀔 수 있다/
Talium civium vos, o judices, tædet. 오 재판관들이여,
당신들은 저따위 시민들에게 짜증을 내고 있구려.
Tális est filius, quális est mater.
아들이 어머니의 성질을 닮았다.
talis vita mea numquid vita erat, Deus meus?.
이런 것이 나의 삶! 어찌 이것이 삶이었사오리까,
내 하느님이시여(고백록 3.2.4.).
taliscúmque, talecúmque, adj. 대강 이런 성질의,
보통으로 이러한, 어떠한 일이든지.

Talitha, qum!([영] Talitha koum)
(=[라] Puella, tibi dico, surge) ([영] Little girl, I say to you, arise) 소녀야, 내가 너에게 말한다. 일어나라!.(마르 5, 41).
tálĭter, adv. (talis) 이렇게, 이 모양으로,
quáliter … tálĭter. … 한 만큼, 그렇게.
táliter qualiter. 상상하던 그대로인가?.
totaliter aliter! 그것과 전혀 다릅니다.
tálĭtrum, -i, n. 손가락으로 튕기기,
조탄(爪彈.손가락으로 튕기기), 탄지(彈指.손가락으로 튕기기).
talla, -æ, f. 양파껍질
Talmud. 탈무드([영] talmud.히브리어로 '연구', '배움'이라는 뜻)
talpa, -æ, f., m. (動) 두더지
talpínus, -a, -um, adj. (talpa) 두더지의
talpóna, -æ, (vitis) f. (植) 머루(Vitis coignetĭæ),
tālus, -i, m. 1. (解) 거골(距骨-복사뼈), 발꿈치, 발뒤축,
복사뼈; 발, 발목. a vértice ad imos talos. 머리 꼭대기
에서 발꿈치까지. 2. 놀이 골패, 주사위(téssera와 함께
놀이함; 잘 던진 패를 venus 또는 jactus véneris라 하고 잘 못 던진 패를
jactus canis라 함). talos míttere. 주사위를 던지다.
talútium, -i, n. 지면에 나타난 금광의 표
tam¹ adv., demonstra. 1. 이처럼, 이와 같이, 이 정도로,
이 점까지, 이렇게(οὕτος), 이렇게 많이: tam necessário
témpore, tam propínquis hóstibus. 이처럼 다급할 때에,
이처럼 가까이와 있는 적군들에게. 2. (상관적) tam
… quam …만큼, …그 만큼, …와 같이: non tam
præclárum est scire Latíne quam turpe nescíre. 라틴
어를 모르는 것이 추한 만큼 그것을 아는 것도 그리
고상하지 않다/ tam ferre …quam contémnere. 경멸
하는 만큼 그만큼 참는다. (tam …ut, qui, quæ, quod+
subj.) …할 만큼 …하다, 이렇듯 …해서 …하게 되다/
tam váriæ sunt senténtiæ, ut 의견이 하도 많아서
…하다/ nemo est tam senex, qui …. 아무도 …할
만큼 그렇게 늙지 않다. (tam+'negat.' … quin +subj.)
… 하기에 …하지 않다, 이렇듯 …해서 …하지 못하다/
numquam tam male est Sículis, quin aliquid facete
dicant. Sicília인들이 무언가 잘했다고 말하기에 이렇게
나쁜 때는 없다.
tam² conj. = **tamen**
tam… V. **tan**…
Tam dabet homo est esse bonus quam est notus.
사람은 유명해지는 그만큼 더 선량해야 한다.
tam diu. 이렇게 오래(tamdiu, adv.)
tam diu requiésco, quam diu scribo.
나는 글 쓰고 있는 그 동안만큼은 쉬고 있는 것이다.
Tam fortiter pugnaverunt, ut hostes pellerent.
그들은 용감하게 싸워서 적군을 퇴치하였다.
Tam fortiter pugnaverunt, ut omnibus admirationi fuerint. 그들은 모두가 탄복할 만큼 용감하게 싸웠다.
Tam jucunda miracula.
기적들은 이처럼 큰 기쁨을 주는 것이다.
tam necessário témpore. 이렇게 긴급한 때에
tam placidum, quam ovem reddĕre.
양(羊) 만큼 유순하게 만들다.
tama, -æ, f. 발이나 다리에 난 종기의 자리
tamárice, -es, f. (植) 성류
tamarícĭum, -i, n. (植) 성류
tamáriscus, -i, f. (植) 성류
tamárix, -ricis, f. (植) 성류
támdĭu(=**tam dĭu**) adv.
이렇게 오래, 오래 전부터, …할 만큼 오래.
abs te tamdiu nihil litterárum.
이렇게 오랫동안 너한테서 편지가 없었다/
Cúpio támdiu. 오래 전부터 원했다/
vixit tamdiu quam lícuit … vívere.
그는 살 수 있을 만큼 오래 살았다.
Tamdiu discendum est, quamdiu vivas.
살아있는 동안은 배워야 한다.
támen, conj. 그러는 동안, 그렇지만, 그러나,

그럼에도 불구하고.
1. (긍정의 제한, 가끔 sed, verum이 붙어서 강세가 됨):
semper Ajax fortis, fortíssimus tamen in furóre.
  Ajax는 늘 강하지만 광기에 있어 몹시 강하였다/
Illi tamen ornárum. 그래도 그들은 꾸몄다.
2. (양보 접속사 다음에) 비록 …하더라도 …하다;
얼만큼 …하지만 …하다. 3. 마침내, 결국은, 비록, 다만,
Novissima hora diuturna est, tamen novissima est.
  마지막 때는 오랫동안 지속되지만, 마지막 때이다.
  (요한 첫 서간 2. 18절의 "자녀 여러분, 지금이 마지막 때입니다"를
  아우구스티노가 주석한 문장)/
Ut desint víres, tamen est laudanda voluntas.
  비록 기력은 없다 해도 뜻만은 칭찬해야 한다.
tamenétsi(tamen etsi), conj.
  비록 …하더라도; …하다손 치더라도, 비록.
tamétsi, conj. (tamen과 상관적으로, indic.)
  비록 …하더라도, 비록.
Cæsar, tametsi flumen impeditum transitum videbat,
tamen audax progreditur. 카이사르는 진로가 강으로
  차단되어 있음을 보고서도 과감하게 앞으로 전진하였다/
Nostri, tametsi a fortuna deserebantur, tamen omnem
spem salutis in virtute ponebant. 우리 병사들은 비록
  행운에게서 버림받았음에도 불구하고, 용기에다 구원의
  희망을 모두 걸고 있었다[성 염 지음. 고전 라틴어. p.340].
Tamétsi. 땀엣시, 교회결혼의 예식절차를 의무화한 결의문.
  (트리엔트 공의회 결의문의 첫 글자. 이 결의문은 비밀 결혼을 방지하려는
  목적으로 오랜 동안 토론을 거친 끝에 133메 59로 통과되었다.
  백민관 신부 엮음, 백과사전 3, p.606).
Tametsi Futúra Prospicientibus,
  예수 그리스도 우리들의 구속자(1900.11.1.)
Tamfána, -æ, f. = Tanfána
tamíácus, -a, -um, adj. 국고에 속하는.
  m. 황실재산 관리인.
tamínia(uva) -æ, f. (植) 산머루
támĭno, -áre, tr. 더럽히다(חלל)
támmŏdo, adv. 곧(εὐθέως.εἰθὺς), 그러나(ἀλλὰ.δὲ)
tamnus, -i, m. (植) tamínia의 열매, 머루 알
tamquam(=tanquam) adv. 1. 마찬가지로, 같이, 처럼.
ficta ómnia celériter tamquam flósculi decídunt.
  거짓 꾸민 것은 꽃송이처럼 빨리 없어진다/
[상관적] (sic … tamquam; tamquam … sic) …와
마찬가지로: (ita …tamquam, tamquam … ita) …와
같이: sic Ephesi fui tamquam domi meæ. 나는 마치
내 집에 있는 것처럼 Ephěsus에 있었다. 2. 마치,
흡사(恰似)하게, 말하자면, 이를테면, …한 셈, dare
tamquam ansas ad reprehendéndum. 비난할 빌미를
준 것이다. 3. conj., (tanquam si+ aubj., tanquam+subj.)
마치 …한 것처럼/ tanquam si tua res agátur. 마치
네 일인 양. Inflat se tamquam rana.[(속담) 개구리가
황소 배를 흉내 내듯 한다(뱁새가 황새를 따라가면
가랑이가 찢어진다)[라틴-한글사전. pp.929~930)/
Gloria virtutem sequitur, tamquam umbra figúram.
  그림자가 형상을 따르듯이, 영광은 덕행을 따른다/
immaginatio est tamquam Protheus vel Cameleon.
  상상력이라는 것은 바다의 신 프로테우스나 카멜레온과
  흡사하다. 성 염 옮김. 피코 델라 미란돌라. p.20)/
Mulier a mollitie, tamquam mollier, detracta littera
……appellatur. 여성이 부드러운 것은, 여성이란
  말을 원래 부드러움이라는 말에서 따왔기 때문이다/
Quos autem urit Ecclesia tamquam luna per noctem?
Qui schismata fecerunt. 그렇다면 밤중에 달빛에 타듯이
  교회로 말미암아 타는 사람은 누구입니까? 열교를 만든
  사람들입니다.(최익철 신부 옮김. 요한 서간 강해. p.97)/
Tenebræ ibi erant tamquam in puteo.
  거기는 마치 우물 속처럼 깜깜하였다.
Tamquam in centro huius mysterii sistit paschalis
mysterii Christi celebratio Die Dominico.
  주교 직무의 중심에는 주일, 곧 주님의 날에 거행되는
  그리스도의 파스카 신비의 거행이 있습니다.

tamquam peregrinus non condidit urbem.
  나그네로서 도성을 세우지 않았다.
Tamquam si claudus sim cum fusti est ambulandum.
  나는 마치 절름발이처럼, 지팡이를 짚고 걸어 다녀야만 한다.
tamquam si tua res agátur. 마치 네 일인 양
tamquam theatrici spectatores. 극장 관객.
tandem, adv. (tam+idem) 결국(últĭme, adv.), 끝내,
  기어이, 마침내(ad postremum), 나중에,
  (의문문 속에) 결국, 도대체, = dénique.
quo tandem ánimo …?
  그러면 어떤 마음으로, 도대체 어떤 기분으로/
quoúsque tandem …? 결국 어디까지.
tandem aliquándo, aliquándo tandem. 결국 한때.
Tandis que cette, 전례로 편찬 방식(1970.2.25. 서한)
tangíbĭlis, -e, adj. (tango) 접촉 가능한, 만질 수 있는,
  손댈 수 있는, 밟을 수 있는, 만질만한, 접촉할만한.
tango, tétigi, tactum -ěre, tr. 손대다, 접촉(接觸)하다,
  만지다, 대다, 취(取)하다(נגע.בב.לקח),
  맛보다(טעם.טוм), 먹다(אכל.לחם), 도달하다(טעם
  .נשא), 도착하다(אתא), 다가서다, 가까이 가다.
  인접해 있다, 끝을 대다, 치다, 때리다, 감동시키다.
  마음을 움직이게 하다, 취급(取扱)하다, 논하다.
  이야기하다, 언급하다, 범하다, 적시다, 속이다, 시도하다.
cloacam tangit sol radiis sed non maculat seipsum.
  태양은 빛살로 하수구를 만지지만 자기를 더럽히지 않는다/
Hæc cívitas Rhenum tangit.
  이 도시는 라인 강에 인접해 있다/
Minæ Clódii módice me tangunt.
  Clódius의 위협은 내 마음을 그다지 흔들지 않는다/
Quia tetigit hominem, confessus est Deum.
  사람을 만지고 하느님을 고백한 것입니다/
Tétigit provínciam. 그는 시골에 도착했다/
Ulcus tángere.(격언) 아픈 데를 찌르다/
virginem vitiasti quam te non jus fuerat tangere.
jam id peccatum sane magnum, at humanum tamen.
  너는 네가 건드릴 권리가 없는 처녀를 범했어.
  그것만도 벌써 큰 죄야. 하기야 인간적인 짓이긴 하지만.
  (성 염 지음. 사랑만이 진리를 깨닫게 한다. p.456).
taniäcæ, -árum, f., pl.
  길고 가늘게 썬 돼지고기, 돼지고기로 만든 음식.
tanquam, adv. = tamquam
tanquam instrumentum. 주님 손안의 연장
tanta est stultítiæ inconstantĭa.
  바보짓의 변덕은 이렇게 크다.
Tanta fuit plúvia, ut nemo domo exíre potúerit.
  비가 너무 많이 와서 아무도 집에서 나갈 수가 없었다.
  (결과문의 시칭관계는 일반적인 원칙을 따라가지만 제2시칭. 즉 과거시칭을
  가진 주문의 결과를 강조하기 위해서도 능동법 미완료 대신 단순과거를 쓰는
  때가 있다. 허창덕 지음, Syntaxis Linguæ Latinæ. p.324).
Tántălus(=Tántălos), -i. m. Júpiter 대신과 Pluto의 아들,
  Pelops와 Níobe의 아버지; phrýgia의 왕(신들의 비밀을
  누설한 죄로 물이 턱까지 차는 지옥의 호수 속에 갇혀, 과일나무가 머리 위
  에 있어도 먹을 수 없고 목이 말라도 물을 마실 수 없는 괴로움을 당했음).
tanti, (gen, pretii.) n. (tantus) 이렇게 크게, 많이, 값,
  가치; (tanti …, quanti …) …한 만큼, 그 만큼의 값.
fruméntum tanti fuit, quanti iste æstimávit. 곡식은
  그 사람이 평가한 만큼의 값이었다. (tanti esse, ut +
  subj. 혹 inf.) …할 만한 값이다: est mihi tanti
  subíre. 그것은 참아 받을만한 값어치가 내게는 있다/
tanti fio ab amícis. 친구들한테 그만큼 존중되다(fio 참조).
Tanti esse. 이 만큼 한 가치가 있다
tantídem, (gen., pretii) [tantúsdem] 그만큼의 값으로
tantillus(tantillulus) -a, -um, adj. dim.(tantus)
  극히 소량의, 아주 작은(적은).
tantísper, adv. (tantus) 이렇게 잠깐, 그렇게 오래,
  줄곧, 그 동안, 새로운 지시가 있을 때까지.
tantísper … dum … 하는 동안 줄곧/
tantísper … quord … 할 때까지.
tanto, adv. (tantus) (tanto+비교급) 그만큼 더
  [tanto … quanto] 하면 할수록 그만큼 더.

Quanto erat in dies grávior oppugnátio,
tanto crebrióres lítteræ ad Cǽsarem mittebántur.
날이 지남에 따라 포위가 더 위급해 질수록 더 자주
Cœsar에게 편지를 썼다./ post tanto. 그렇게 오래 후.

tanto ante. 그렇게 오래 전
tantópĕre(tanto ópĕre), adv. (tantus+opus¹)
그다지, 그 만큼, 아주 어렵게.
tántŭlo, abl. (tántulum²) 그렇게 싼값으로
tántŭlum¹ adv. 아무리 적어도
tántŭlum² -i, n. dim. (tántulus)
아주 적은 양, 조금, 미소(微小)한 것, 적은 것.
qui tántuli eget, quanto est opus.
자기가 필요한 만큼(없어서) 아쉬운.
tantulum moræ. 약간 늦음
tántŭlus, -a, -um, adj. dim. (tantus) 이렇게 작은,
…만큼 작은: tantulus, ut subj. …할 만큼 아주 작은.
tantum¹ adv. (tantus) 1. 그만큼 매우, 그만큼 대단히,
그만큼(정도, 힘 등): tantum jusjurándum valébat.
맹세의 힘은 그만큼 컸다. [tantum … quantum …]
하는 만큼 그 만큼 [tantum … ut subj. …]:
id tantum abest ab officio, ut …하는 것은 의무에서
이렇듯 멀다. 2. …만, 다만, 뿐, 이렇게 많이: nomen
tantum virtútis usurpáre. 덕행이란 이름만 악용하다.
[non tantum … sed fæ is sed etiam, etc. …]
단지 …뿐 아니라 …도/ tantum non. 거의.
in quantum sunt, in tantum enim et vera sunt.
존재를 하는 한에서는 진실하다/
In stúdiis tantos progréssus facere.
연구에 있어서 이토록 크게 발전(진보)하였다/
Quomodo ibi radicábitur caritas, inter tanta silvosa
amoris mundi? 세상에 대한 사랑이 수풀처럼 무성한 곳
에 사랑이 어떻게 뿌리를 내리겠습니까?.
tantum² -i, n. (tantus) 이만한 양, 그만한 크기, 그만큼
많음, 그런 크기, 다량, 다수(πλήθος): cum tantum belli
in mánibus esset. 그렇게 큰 전쟁을 손에 쥐고
있었기 때문에. [tantum …quantum] …만큼 그 만큼/
tantum nautárum quantum …. …만큼 많은 선원의 수(數)/
tantum verbórum est, quantum necésse est.
필요한 만큼 말도 많다. (tantum … ut subj.) tantum
ánimi, ut. …할 만큼 큰 용기(勇氣).
Tantum abest ut contémnat, ut contra te magni
fáciat. 그는 너를 멸시하기는커녕 도리어 중히 여기고 있다.
(Tantum abest, ut…ut 커녕 오히려 반대로. …는 고사하고 도리어 …할 지경이다).
Tantum abstulit quantum petiit.
그는 청한 만큼 얻어갔다.
Tantum autem nos exercet sanctum desiderium,
quantum desidéria nostra amputáverimus ab amore
sæculi. 거룩한 열망은 우리의 열망을 세상에 대한 사랑으로
부터 떼어놓기까지 우리를 훈련시킵니다.
Tantum débuit. 그만큼이나 많은 빚이 있었다.
Tantum ergo. 딴뚬 에르고(성 토마스 아퀴나스의 성체 찬미가).
Tantum ergo Sacramentum. 지존하신 성체
Tantum ergo sacramentum, venĕremur cernui.
et antiquum documentum novo cedat ritui:
præstet fides supplementum sensuum defectui.
지존하신 성체 앞에 꿇어 경배 드리세.
묵은 계약 완성하는 새 계약을 이뤘네.
오묘하온 성체 신비 믿음으로 알리세.(성가 192번)
[그러므로, 이토록 저희 엎드려 (성체) 성사에 공경 드리세,
옛 계약이 새 예식으로 끝마치도다.
감각의 부족함에 신앙이 보충을 이루게 하소서.
황치헌 신부 지음. 미사통상문을 위한 라틴어, p.424].
Tantum homo impedĭtur, et distrahitur, quantum
sibi res attrahit. (준주성범 제2권 1장 7) 사람이 무슨 일에
관심을 가지면 갖는 그만큼 장애와 분심이 된다.
Tantum honor, quantum labor. 수고하는 만큼의 영광
Tantum ingénium mísere périit.
이렇듯이 훌륭한 천재가 불행하게도 없어졌구나.

Tantum jusjurándum valébat. 맹세의 힘은 그만큼 컸다.
tantum mali. 이렇듯이 큰 악(惡)
tantum pecuniæ(tanta pecúnia). 이만 한 돈
Tantum pro! degenĕramus…
슬프게도 우리가 이렇게까지 타락하다니
Tantum remanet, quod virtute consecutus sis.
덕(德)으로 얻은 것만이 홀로 남아 있다.
Tantum scimus, quantum memoria tenemus.
[Tantum …quantum '분량만큼의…']
우리는 기억하는 그만큼만 아는 것이다.
Tantum scimus, quantum studémus.
우리는 공부하는 만큼 안다.
Tantum scit homo quantum operatur.
사람들은 활동하는 그만큼 안다.
tantum tempóris. 이만한 시간
Tantum valet caritas. 사랑이 이토록 소중합니다.
Tantum verbórum est, quantum necesse est.
필요한 만큼 말도 많다
tantúmdem, adv. = tantúndem 그렇게 많이
tantúmmŏdo, adv. 다만(μόνον), 오직(μόνον).
Nemo sibi tantummodo errat, sed alieno erroris et causa
et auctor est.(Seneca). 아무도 자신에게만 잘못을
저지르는데서 그치지 않으며 반드시 다른 사람의 잘못의
원인이 되거나 장본인이 된다.
tantúndem, -ídem, n. (tantúsdem) 그렇게 많은 양,
…와 같은 양.크기.수, …만큼 이렇게.
tantundem … quantum. …만큼 같은. adv. 그렇게 많이.
responsio tantundem negans est.(⑨ the reply is
certainly negative) 대답은 부정적이다/
Undique ad inferos tantumdem viæ est.
모든 방면에서 오는 길은 지옥으로 가는 길이다.
tantus, -a, -um, adj., demonstr. (tam + -tus)
(양.크기.수 등) 이렇게 큰, 이렇게 많은,
이와 같은(앞에 말한 것의 결론). tot tantáque vítia.
그렇게 많고 큰 허물들 / tanta est stultítiæ inconstántia.
바보짓의 변덕은 이렇게. [tantus … quantus,]
…만큼 그만큼 큰, 많은 등. [tantus ut subj., qui subhj.,]
…할 만큼 그렇게 큰, 많은 … .
Nulla est tanta vis, quæ non ferro frangi possit.
쇠로 무찌를 수 없을 만큼 센 힘은 없다/
Tanta audacia dicit ut omnes eum timeant. 그는 모두가
그를 두려워할 정도로 그렇게 대담하게 말을 했다.(그는
하도 대담하게 말을 하여 모두가 그를 두려워할 정도다)/
tanta erat óperis firmitúdo, ut.
…할 만큼 업적은 그렇게 견고하였다/
tantæ enim venerationis semper fuit.
언제나 그를 존경하였기 때문에.
Tantus honor, quants labor. 수고하는 만큼의 영광
tantúsdem, tántadem, tantúmdem, adj.
그렇게도 많은.큰.높은 등, 이렇게 큰.
Taoismus, -i, m. 도교-(황제와 노자를 교조로 삼은 중국의 토착 종교)
tapánta, indecl., n. 만물(萬物).⑨ Creature),
만사(萬事), 무슨 일에나 참견하는 자.
tāpes, -étis,(=tăpétus, -i,) m.
[tăpéte -is,(=tăpétum, -i,) n.]
요, 담요, 융단(모직물의 한 가지), 양탄자, 모전(毛氈).
tapinóma, -ătis,
n. 저속한 표현. (修) 표현 박약, 야비한 말.
tapinósis, -is, f. (acc. -in,) 낮춤, 비하(卑下)하는 모양
taránd(r)us, -i, m. (動)
고라니(사슴과의 짐승), 큰 사슴, 순록(馴鹿).
tarda, -æ, f. (sc. avis)
(鳥) 너새(느싯과의 새), 능에(野雁-너새), 야안(野雁).
tardábilis, -e, adj. (tardo) 늦을
tardátio, -ónis, f. (tardo) 지각, 늦음, 게으름
tarde, adv. (tardus) 늦게, 꾸물꾸물, 천천히
Tarde velle proprium nolentis est ; qui distulit diu,
noluit. 늦게야 하고 싶다는 것은 하고 싶지 않는 사람의

T

속성이다. 오랫동안 미룬 사람은 하고 싶지 않았기 때문이다.

tardésco, -dŭi -ěre, intr., inch. (tardus)
지연되다, 늦어지다, 둔해지다, 무디게 되다.

tárdĭcors, -córdis, adj. (tardus+cor)
(마음이) 우둔한, 둔감한.

tárdĭes, -éi, (= **tárdĭtas,** -átis, : =**tarditúdo,** -ĭnis,) f.

tardígrǎdus, -a, -um, adj. (tardus+grádior) 걸음이 느린

tradilínguis, -e, adj. (tardus+lingua)
천천히 말하는, 느릿느릿 말하는.

tardílŏquus, -a, -um, adj. (tardus+loquor)
천천히 말하는, 말이 더딘.

tardior, -or, -us, adj. tardus, -a, -um의 비교급

tárdĭpes, -pĕdis, adj. (tardus+pes)
발이 느린, 천천히 걷는.

Tardis mentibus virtus non facile comitatur.
무딘 정신에는 덕이 따르지 않는다.

tardissimus, -a, -um, adj. tardus, -a, -um의 최상급

tárdĭtas, -átis, (=**tárdĭes,** -éi,: =**tarditúdo,** -ĭnis,) f.
(tardus) 늦음, 완만(緩慢) 지연(遲延-오래 끎),
지완(더디고 느려짐), 지체(遲滯-때를 늦추거나 질질 끎),
느림, 우둔함, 둔감(鈍感-무딘 감정이나 감각).

tarditas návĭum. 느린 항해

tarditúdo, -ĭnis, (=**tárdĭes,** -éi,: =**tárdĭtas,** -átis,) f.

tardiúscŭlus, -a, -um, adj. dim. (tardus) 좀 느린

tardo, -ávi -átum -áre, (tardus) intr. 늦다.
tr. 늦추다(trico se), 지연시키다, 뒤지게 하다,
더디게 하다, 막다(ロコ 기コ,ㅈㅊ 기기), 말리다.

tardo alqm a laude alcjs.
누가 어떤 사람을 칭찬하는 것을 말리다.

tardo cursum, profectĭonem. 출발(뛰기)를 늦추다

tardo ímpetum hóstium. 적의 공격을 둔화시키다.

tardor, -óris, m. 늦음, 둔함

tardus, -a, -um, adj. 더딘, 느린(homo tardus. 느림보),
늦은, 완만(緩慢)한, 늦게 오는, 오래 걸리는, 지루한,
우둔한(어리석고 둔한), 바보스러운.
ad injúriam tardióres. 불의를 잘 저지르지 않는/
homo tardus. 느림보 / pœna tárdior. 천천히 오는 벌(罰)/
Tardi ingenii est rivulos consectari, fontes rerum non
videre.(Cicero). 시냇물들을 거슬러 올라갈 줄은 알면서도
사물의 원천을 보지 못한다는 것은 미숙한 지성의
표다.(=지성이 미숙하다는 표다).

Tardus ad iram. 분노(憤怒) 내기에 느린 자

Targum(Targumim). (히브리어) 타르굼("해석"이란 뜻을 가진
말로서 구약성서의 아람어 번역본 혹은 주해서를 가리키는 말이다. 타르굼은
히브리어가 유다인들에게 일상적인 언어가 되지 못하게 될 때 만들어
졌다. 그 형성 과정은 오랫동안 시나고가 회당에서 성서 구절을 해석하고 덧붙
여진 설명들이 모여져 만들어졌다… 백민관 신부 옹편, 백과사전 3, p.608).

tarmes, -ĭtis, (**tarmus,** -i,) m. 흰개미, 고기 먹는 벌레

Tarpéia, -æ, f. Tarpéius의 딸(성문을 열어 주면 금팔찌를 준다는
말을 듣고 로마를 배반하고 Sabíni인들에게 로마 성문을 열어 준 로마의 처녀)

Tarsus¹ (=**Tarsos**), -i, f.
Cydnus 강가에 있는 Cilícia의 수도(지금의 Tarso).

tarsus² -i, m. (解) 족근골 관절, 안검연골, 족근부.
(解) 足根骨. (動) 곤충의 부절(跗節).

Tártára, -órum, n., pl. = **Tártarus**

Tártărus(=**Tártăros**) -i, (acc. -ron) m. 지하세계,
지옥(⑨ Hell/Realm of the dead), 타르타루스국,
명부(冥府-저승.황천), 하계의 형장, 황천(黃泉-명부),
지하 망령세계(Júpiter 신이 Titánes를 가두어 둔 곳).

tártărus depurátus, -i, m. (醫)
정제주석(精製酒石) = Kálium bitartáricum.

tarum, -i, n. (植) 알로에(백합과 알로에속의 상록 다년초. "노회"
라고도 함), 노회(蘆薈) 숲.

tascónĭum, -i, n. (鑛) 백색점토(白色粘土)

tăsis, -is(=intentĭo), f. 긴장(緊張), 노력(⑨ Commitment).

tăt(-æ), interj. 야아! 이거!(경악의 감탄사)

tăta, -æ, m. 아빠(אָגִינִי.αββα.⑨ Abba-幼兒의 말),
양부(養父.pater adoptívus).

tau. indecl. 타우, 희랍문자 T의 이름, 십자표.

---

signa tau super frontes. 이마에 십자표.

taura, -æ, f. (taurus¹) 암소, 새끼 못 낳는 암소

táurěa, -æ, f. (áureus) 소가죽 띠(채찍), = taura.
táurea terga feríre. 북 치다.

tauréľĕphas, -ántis, m. (taurus¹ + élephas)
(動) 소와 코끼리와 비슷한 인도 동물.

táurěus, -a, -um, adj. (taurus¹) 황소의, 우피의, 가죽의.
táurea terga. 황소 가죽, 북, 장구.

tauricórnis, -e, adj. (taurus¹+ cornu)
쇠뿔 달린, 황소 뿔 있는.

táurĭfer, -ěra, -ěrum, adj. 황소를 길러 내는

taurifórmis, -e, adj. (taurus¹+ forma)
소 모양을 한, 황소 형상을 가진.

Táurĭi Ludi, -órum, m., pl.
지하 신들에게 제사 지내는 Roma 제전.

taurinícium, -i, n. (taurus¹+ neco)
곡마단(曲馬團)에서 하는 황소 사냥.

taurínus, -a, -um, adj. (taurus¹) 황소의, 소의

taurobólĭor, -átus -um, ári, dep., intr. (taurobólium)
황소를 잡아 제사(祭祀) 지내다.

taurobólium, -i, n. 황소 희생제, 혈제, 지신제(地神祭),
황소를 잡아 Cýbele 여신(女神)에게 바치는 제사(祭祀).
Taurobolio criobolioque in æternum renatus.
황소 혈제와 숫양 혈제에서 영원히 새로 남.

tauróbolus, -i, m. Cýbele 제사의 제관

taurocénta, -æ, m.
말 타고 황소와 싸우는 자(지금의 toreador).

Taurópŏlos, -i, f.
황소를 길들이는 자, Diána 여신(女神)의 별명 중 하나.

táurŭlus, -i, m. dim. (taurus¹) 작은 황소

taurus¹ -i, m. (動) 황소, 목우(牧牛-황소), 소(牛).
(鳥) 알락 해오라기 새. (天) 금우궁, 황소자리.
Phálaris 폭군의 청동소(고문기구), 쇠가죽, 나무뿌리,
풍뎅이. (解) 회음(會陰-사람의 음부와 항문과의 사이).
exerceo tauros. 소들을 계속 부리다/
illigo arátra tauris. 소에 쟁기를 메우다/
vacca faciem tauro propior. 얼굴이 황소같이 생긴 암소

Taurus² -i, m. 소아시아의 산맥(山脈)

tautológia, -æ, f. (論) 동어반복법(同語反覆法).
같은 말 되풀이, 쓸데없는 반복.

tax, indecl. 딱딱(때리는 소리)

taxa, -æ, f. 평가(評價), 가격(價格), 세금(稅金)
요금(料金), 조세(租稅), 사례금(謝禮金) 성무 사례금.
index taxæ. 요금표/
taxæ dispensatiónum. 관면(寬免) 사례금/
taxæ palliórum. 견대(肩帶) 사례금.

taxa Palii. 빨리움 사례

taxa stolæ. 성직자 직무수당(聖職者職務手當)

taxa templáris. 성전세(聖殿稅.⑨ temple tax)

taxátĭo, -ónis, f. (taxo) 판단(⑨ Judgment), 평가,
감정(鑑定), 세금부가, 정가, 요건, 조건(條件).

taxatíve, adv. (taxo) 정확한 결정으로

taxátor, -óris, m. (taxo) 경멸하는 자, 평가하는 자,
무대 연출자를 험담하는 자.

taxatórĭus, -a, -um, adj. (taxo)
평가하는 데 사용되는, 추산하는.

táxea, -æ, f. 비계(脂肪), 지방(脂肪)

taxeóta, -æ, m. 법관, 장관 등의 조수

táxěus¹ (=táxĭcus), -a, -um, adj. (taxus) 주목의, 수송의

táxěus² -i, f. (=taxus) (植) 주목(朱木-주목과의 상록 교목)

taxim, adv. (tango) 점차적으로, 조금씩, 드러나지 않게

taxis, -is, f. (生) 주성(走性)

taxo, -ávi -átum -áre, tr. (tango) 자주 (세게) 손대다,
욕하다(기기), 야단치다, 비난하다(기기.기기),
비평하다, 공격하다(חרף,חרם), 감정하다,
만져보고 평가하다, 값 매기다, 세금 매기다.

taxonínus, -a, -um, adj. 오소리의

taxpax(=**taxtax**) = **tax**

1276

Taxopsida, -árum, f., pl. (植) 주목강

taxus, -i, f. (植) 주목(朱木), 그 나무로 만든 말뚝 창

-te¹ 주로 단수 2인칭의 인칭대명사 꼬리에 붙어서
뜻을 힘주는 접미사: tute 바로 네가, 네 자신이.

te² acc., abl., pron., pers. (tu) 너를, 너로.
　abs te. 너 없이는/
　Ad te véniam. 내가 너한테로 가겠다/
　Amo te. 고맙구나/
　Amo te Domine. 주님, 저는 당신을 사랑 합니다/
　Ecce te! 네 꼴을 좀 봐라!/
　Faciam te in gentem magnam.(gens 참조)
　　나는 너를 큰 백성이 되게 하리라/
　Fers te nullius egentem.(fero 참조) 너는 아무 것도
　　부족한 것이 없노라고 떠들어대고 있다/
　filius meus es tu, ego hódie genui te.
　　너는 내 아들, 오늘 너를 낳았노라(성단 밤미사 입당송)/
　Hæc tu tecum habéto. 너 혼자만 알고 있어라/
　Hoc a te exspectant.
　　그들은 이것을 너한테 기대하고 있다/
　Imparátum te offéndam. 내가 너를 불쑥 찾아갈 것이다/
　In te, anime meus, tempora mea metior. (고백록 11. 27)
　　내 영혼아, 결국 네 안에서 내가 시간을 재는 것이로구나/
　in te ipsum redi. 자기 귀환(自己歸還)/
　imperium in te. 너에 대한 권한(權限)/
　Mihi ignóscas, quod ad te scribo tam multa.
　　너 한테 이렇게 긴 편지 쓰는 것을 용서해주기 바란다/
　Ne permittas me separári a te.
　　나로 하여금 당신에게서 떠나지 말게 하소서/
　Non tenebo te pluribus. 너를 더 이상 붙잡지 않겠다.
　　(나는 이제 더 이상 긴 말을 하지 않겠다)/
　Pone te semper ad infimum.
　　너는 항상 제일 낮은 곳에 있어라(준주성범 제2권 10장 4)/
　Si me adjuvares, ego te adjuvarem. 네가 나를 돕는다면
　　내가 너를 도우련만.(너는 나를 도울 사람이 아니다)/
　Suspende te! 네 목이나 매달아 (죽어라)!/
　Ut te di deǽque pérduint!
　　신과 여신(女神)들이 어떻게든 너를 멸했으면!/
　Vidēre te éxpeto. 나는 네가 몹시 보고 싶다.

Te apientem appellant. 사람들이 너를 현자라고 부른다.

Te carmina nostra sonabunt.
　우리의 시들이 그대를 찬양(讚揚)할 것이다.

Te decet laus! 당신께 찬미을(찬미를)!

Te Deum 감사가, 사은 찬미가(Ambrosio 작 ~암브로시오 찬가),
　테 데움(성부인 하느님과 성자인 예수 그리스도를 찬양하는 라틴어 찬미가).

Te Deum Laudamus. 사은 찬미가(Nicetas 작사)

Te duce, si qua manent sceleris uestigia nostri,
Inrita perpetua soluent formidine terras.
　그대의 영도 하에, 아직 우리 죄악의 자취가 남아
　있다면 새 시대는 번거롭고도 영구한 공포로부터
　이 땅을 풀어 주리라(신국론, p.1083).

Te hominem esse memento. 네가 인간임을 잊지 말라.

Te id facĕre puduit. 너는 그런 짓 하는 것을 부끄러워했다.

Te igitur. '그러므로 주여'.
　(재래의 미사경 준문의 개시어인데 지금의 성찬기도 제1양식의 첫 글자이다).

Te illud admoneo, ut cotidie mediteris.
　나는 날마다 묵상하기를 네게 권고하는 바이다

Te impéndent mala. 불행이 너를 위협하고 있다

te invito. 네 의사와는 반대로

Te ipse impedies. 네 스스로 난처해지리라

te ipsum quæro. 바로 너를 찾다

Te liquet esse meum. 네가 내 편인 것은 뻔하다

Te martyrum candidátus laudat exercitus. 눈부시게
　무리진 순교자들이 아버지를 높이 기려 받드나이다/
　순교자들의 거룩한 무리가 당신을 찬양합니다.

te nemo amittit nisi qui dimittit.
　당신을 버리는 자 말고는 여의는 법이 없사오니

Te oculi mei desidĕrant. 네가 몹시 보고 싶다.

Te plurimi fácio. 나는 너를 대단하게 평가한다.

Te pœna manet. 너는 벌 받게 된다.

te præsente absente. 네가 (집에) 있든 없든

te quis es? 당신은 누구요? Principium, qui et loquor
vobis.(th,n avrch,n o[ti kai. lalw/ u`mi/n) 나는 태초요, 그리고
당신들에게 말을 건네고 있는 사람이요.(요한 8. 25).

Te reperturum (esse) putas? 네가 찾아낼 줄 아니?

Te rogamus, audi nos. 주님, 저희의 기도를 들어 주소서,
　당신께 청하오니 우리의 기도를 들어주소서.

Te rogo, ne discédas a me.
　나한테서 떠나지 말기를 나는 너에게 청한다

Te rogo, ne quid falsi dicas neu scribas.
　나는 무슨 허위를 말하거나 쓰지 말기를 네게 청한다.

Te sapientem appellant.
　사람들이 당신을 현자(賢者)라 부른다.

te sine. 너 없이

Te tua fata trahunt. 너는 너의 운명이 끌고 간다.

Te tua, me mea delectant. 그대의 것이 그대를,
　나의 것이 나를 즐겁게 한다(기쁨을 준다).

Te ut ulla res frangat!
　겉으로는 아무 것도 너를 꺾을 것 같지 않구나!

Te videre vult. 그는 너를 보고 싶어 한다.
　[malo, nolo, volo는 그 의미를 완성하기 위해 부정사를 사용하며,
　대격 부정법문을 주로 지배한다. 성 영 지음. 고전 라틴어, p.332]/

Tece. 가만히 있어라. 침묵을 지켜라.
　Tacéte. 가만히들 있어라(현재 명령법은 2인칭에 대하여서만 있다).

téch(ĭ)na, -æ, f. 사기(詐欺.⑨ Fraud),
　간계(奸計-간사한 꾀), 계략(計略-어떤 일을 이루기 위한 꾀나 수단).

téchnĭcus, -a, -um, adj. (techna) 기술의, 간계의.
　m. 기술자(技術者). homo technicus. 기술인(技術人).

technógráphus, -i, m. 기술서적의 저자

technologia, -æ, f. (NeoLatin) 기술(技術)

Technologia et Liturgia(⑨ technology and Liturgy.
　獨 Technik und Gottesdienst) 기술과 전례.

Technopǽgnium(=Technopǽgnion), -i, n.
　"난제 풀이", 시인 Ausónius(310-395)의 저서명.

technósus, -a, -um, adj. (techna) 간계를 꾸미는,
　사기(詐欺)의, 진지하지 못한, 위조의, =frauduléntus.

teclárius(=tegulárĭus), -i, m. 기와 굽는 사람, 기와 제조공

teco, -ónis, m. 송아새끼

tecólithos, -i, m. 방광결석을 녹이는 돌(石)

tecta saxea. 대리석 가옥

tectæ naves. 갑판 있는 배(constrata návis)

tēcte, adv., comp., téctius, (tectus) 집을 쓰고, 집안에서,
　지붕 밑에, 보호되어, 비밀리에, 몰래, 은밀히, 숨어.

téctĭo, -ónis, f. (tego) 가림, 덮음, 은폐(隱蔽)

tectior, -or, -us. adj. tēctus, -a, -um의 비교급

tectissimus, -a, -um. adj. tēctus, -a, -um의 최상급

tectónĭcus, -a, -um, adj. 건축 상의, 건축술의

tectonicus formæ. 건축도본(建築圖本)

tēctor, -óris, m. (tego) 화장(花匠-도자기 가마에 불을 때는 사람),
　미장이, 석공 세공인(細工人), 칠하는 사람,
　도공(陶工).⑨ faber vaculárĭus.

tectoríŏlum, -i, n. dim. (tectórium)
　화장(花匠), 벽토(壁土), 미장, 칠(漆).

tectórĭum, -i, n. (tector) 도장(塗裝), 칠(漆), 미장,
　화장, 겉치레(과시誇示), 뚜껑, 덮개, 화장품, 겉치레 말.

tectórĭus, -a, -um, adj. (tector)
　덮는데 쓰는, 칠하는데 쓰는, 바르는데 쓰는.

téctŭlum, -i, n. (tectum) 작은 지붕

tectum, "tego"의 목적분사(sup.=supínum)

tēctum, -i, n. (tego) 지붕, 천정, 천정 널, 집, 피신처,
　거처(居處), 동물의 굴, 숨을 곳, 소굴, 새둥지,
　Domine, non sum dignus, ut intres sub tectum meum.
　주님, 저는 주님을 제 지붕
　아래로 모실 자격이 없습니다/
　Fuit hoc quondam proprium populi Romani, longe a
　domo bellare et sociorum fortunas non sua tecta
　defendere. 집으로부터 멀리 떨어져 전쟁을 치루고,

자신들의 집안만 아니라 동맹들의 재산도 지켜 주는 것이 로마 국민의 특기라오![성 염 지음, 고전 라틴어, p.387]/
in tecto. 집안에, 피난처에/
super tecto templi. 성전 지붕 위에/
tectis ignem infero. 여러 집에 불을 지르다/
tecto récipi. 집에 받아들여지다, 피신처를 얻다/
transmitto tectum lápide. 지붕 위로 돌을 넘기다.
tectum recurvum. 미궁(迷宮)
tectum subire. 집안에 발을 들여놓다
tectúra, -æ, f. (tego) 가리개, 집, 은신처, 칠(漆), 바름
tēctus, -a, -um, p.p., a.p. (tego) 가려진, 덮인, 땅속에 있는, 숨은, 은밀한, 보호하는, 애매한, 희미한.
in dicéndo tectíssimus. 말하는 것이 아주 애매한/
tectióres. 더 간접적인 / verba tecta. 희미한 말.
tēcum = **cum te(tu)** 너와 마찬가지로, 그대와 함께.
Hæc tu tecum habéto. 너 혼자만 이것들을 알고 있어라/
Nec tecum possum vivere nec sine te.
너와 함께 살 수도 너 없이 살 수도 없네/
Utinam fuissem tecum. 내가 너와 함께 있었더라면!
Tecum mihi discordia est.
너하고 나하고는 의견이 맞지 않는다.
Tecum mihi res est. 나는 너하고(해결해야) 할 일이 있다.
Tecumés(s)a, -æ, f. = **Tecméssa**
ted··· V. tæd···
Tedignilóquides, -æ, m. (te[2]+dignus+loqui)
너에게 정중하게 말하는 자.
tĕges, -ĕtis, f. (tego) 돗자리, 덮개, 멍석, 자리, 거적(새끼로 날을 하여 짚으로 두툼하게 쳐서 자리처럼 만든 물건).
tegéste, -is, n. (tego) 덮는데 쓰는 것
tegetárĭus, -i, m. (teges) 돗자리 장사
tegetícŭla, -æ, f. (=**tegetícŭlum**, -i, n.)
dim. (teges) 작은 돗자리, 덮개.
tegíle, -is, n. (tego) 가리개, 덮개, 옷
tegíllum, -i, n. dim. (tégulum) 작은 가리개, 옷
tegmen(=**tegimen**, **tegŭmen**) -ĭnis, n. (tego)
덮는 데 쓰는 것, 덮개, 거적(새끼로 날을 하여 짚으로 두툼하게 쳐서 자리처럼 만든 물건), 지붕, 흉중(胸中-마음에 두고 있는 생각), 옷, 갑옷, 투구, 포도나무 가리개, 알곡 껍데기, 보호물(保護物), 가리개, 피난소(避難所).
tegimen(=**tegmen**, **tegŭmen**) -ĭnis, n. (tego)
teg(i)méntum(=**tegumentum**) -i, n. (tego) = **tegmen**
tegnósus, -a, -um, adj. technósus의 변형
tego, texi, tectum, -ĕre, tr. 덮다(יפח.אפח.יסכ.אסכ),
가리다(יסכ.אסכ), 묻다(埋.קבר), 파묻다(קבר),
은폐하다, 감추다(טמר), 숨기다(טמר.יסכ.אסכ),
가장하다, 보호하다, 보증하다, 입다, 몸에 걸치다.
ab audácia *alcjs* tego *alqm*.
누구를 방약무인한 아무에게서 보호하다/
Audendo magnus tegitur timor.(Lucanus).
결연히 나섬으로써 크나큰 두려움이 숨겨진다/
ossa tegebat humus. 흙이 뼈를 덮었다(뼈가 흙 속에 묻혔다)/
Quo magis tegitur, tectus magis æstuat ignis.(Ovidius).
덮으면 덮을수록 불꽃은 지붕을 세차게 핥는다/
tectæ naves. 갑판 있는 배
tego latus *alci*.
누구의 옆을 보호하다, 누구를 보호하여 수행하다.
Tego summam prudéntiam simulatióne stultítiæ.
자기의 지혜를 바보로 가장하여 숨기다
tégŭla[1] -æ, f. (tego) 기와, 지붕, 지붕재료, 타일, 포석.
Meas fregisti tegulas, ibi dum sectaris simiam.(Plautus).
원숭이를 잡으려고 쫓다가 너는 내 지붕을 부셨어.
tégŭla[2] -æ, f. 프라이팬([영] frypan), 튀김냄비
tegulárĭus, -a, -um, adj. (tégula[1])
기와 제조공, 기와 굽는 사람.
teguláta, -órum, n., pl. 기와지붕
tegulátus, -a, -um, adj. (tégula[1]) 기와로 덮인
tegulícĭus, -a, -um, adj. (tégula[1]) 기와로 덮인
tégŭlum, -i, n. (tego) 지붕재료, 지붕, 덮개, 기와
tegum··· V. **tegm**···
tegŭmen(=**tegmen**, **tegimen**) -ĭnis, n. (tego)
tegumentum[=**teg(i)méntum**] -i, n. (tego) = **tegmen**
teguríolum, -i, n. = **tuguríolum** 정자(亭子)
초막(草幕.סכה-풀이나 짚으로 지붕을 이은 조그만 막집).
tegúrĭum, -i, n. (tego) 작은 집, 정자(亭子),
작은 성당, 제단의 감실 = tugúrium.
tegus, -gŏris, n. 은신처(隱身處), = tergus
tēla, -æ, f. (texo) 천(布-옷감), 헝겊(피륙의 조각), 직물, 포(布), 포목(布木), 천의 날(經), 씨실, 거미줄, 음모(陰謀), 직조업. (醫) 소독제(消毒劑).
tela acidi borici. 붕산 소독제
tela depuráta. 소독제(消毒劑)
tela fortunæ. 운명의 장난(打擊)
tela temĕrária. 맹목적으로 던지는 창
télămo(n)[1], -ónis, m. (**télămónes**, -um, m., pl.)
기둥을 지고 있는 사람 형상. (建) 인상주, 남상주
télămo(n)[2], -ónis, m. Argonáutœ의 한 사람, Æăcus의 아들, 대Ajax와 Teucer의 아버지.
telánæ, -ficus, f., pl. 흑무화과의 일종
telegrámma, -ătis, n. 전보(電報), 전신(電信)
telegraphia, -æ, f. 전신학(電信學).
publica epistolárum et telegraphiæ mensa.
전신소(státĭo telegraphi).
telegraphia sine filo. 무선전보(無線電報)
telegraphum, -i, n. 전신기(電信機)
Teleologia, -æ, f. ([영] teleology) 목적론.
(그리스어로 '목적'을 뜻하는 telos와 '이성'을 뜻하는 logos에서 유래).
Teleologia et teleologismus. 목적론과 목적론주의.
(교황 요한 바오로 2세 회칙 1993.8.6. "Veritatis Splendor" 중에서).
teleologismus, -i, m. ([영] teleologism) 목적론주의
Télĕmus, -i, m. Eurymus의 아들
telencéphalon, -i, n. (醫) 종뇌(終腦)
telepathía, -æ, f. (醫)
격감전심(激減傳心), 천리안(uno aspectu. 첫 눈에).
telephónia, -æ, f. 전화(電話)
télĕta, -æ, f. 비결의 전수(입문), 봉축식(奉祝式),
제사(祭祀.זֶבַח.θυσὶα.[영] sacrifice.[라] res divina).
televisifica, -æ, f. 텔레비전.
instrumenta videlicet televisifica, radiophonica, scripta typis edita, orbes sonori, tæniolæ magnetophonicæ, universus apparatus audivisualis.([영] television, radio, the press, records, tape recordings-the whole series of audio-visual means) 텔레비전, 라디오, 신문, 레코드,
녹음기를 비롯한 시청각 수단 전부를 두고 하는 말입니다.
télĭnum, -i, n. telis로 만든 향료
tēlis, -is, (acc. -in) f. (植) 고추나물속, 호로파(葫蘆巴)
Tellúrus, -i, m. 땅의 신
Tellus, -úris, f. 양육의 여신(女神)
tellus, -úris, f. 지구, 땅(ארץ.אֲדָמָה.γῆ.[영] Earth),
지면(平地), 토지, 재산([영] property), 소유(κλήρος),
영토, 지방, 고장(사람이 많이 사는 일정한 지방), 백성, 인구,
나라(國家.ἔθνος.βασιλεὶα.[라] res publica-약자 R.P.).
justissima tellus. 참으로 정의로운 대지.
tellus rorata. 이슬에 젖은 땅
tellúster, -tris, -tre, adj. (tellus)
대지의, 지구의, 현세의, 지상의.
telo, -ónis, m. 물 깃는 장대
telo ictus. 창에 찔린
telon(e)árĭus, -i, m. (telónium)
세리(稅吏.τελὼνης.[영] Tax collector), 세금 징수원.
telónĭum(=**telónĕum**), -i, n. 세무서(稅務署), 징세(徵稅)
telosynápsis, -is, f. ((生)) (염색체의) 말단 부착.
tēlum, -i, n. 창, 투창(投槍), 화살, 투시(透視), 칼,
도끼 등 공격무기, 햇살, 햇빛, 번개(cæli discessus),
타격(打擊-때림), 일격(一擊), 황소 뿔, 늑막염(肋膜炎),
자극(刺戟-감각 기관을 격동시켜 작용을 일으킴), 방어수단.
ad conjéctum teli veníre.

창 던질 수 있는 거리에 도달하다/
Cedo telum! 창을 줘!/
Edícta prætórum fuérunt ejus modi, ut ne quis cum
telo servus esset. 재판관의 포고령은 이러했다, 즉
누구든지 창을 들고 노예노릇을 할 수 없다고/
esse cum telo. 무장(武裝)하고 있다, 창을 가지고 있다.
(동반부사어는 전치사 cum과 함께 탈격으로 표시한다)/
fulmínis afflati telis. 벼락에 얻어맞은/
Fugiénti ago costis telum. 도망자의 옆구리에 창을 꽂다/
Non telis nostris ceciderunt.
그들은 우리 화살에 쓰러진 것이 아니다/
Puer telum ne habeat. 아동은 무기를 갖지 못하게 하라/
Tela ab omni parte accidebant.
창들이 사방에서 날아와 떨어졌다/
tela effúndo. 화살을 퍼붓다/
tela fortúnæ. 운명의 타격, 운명의 장난/
volátile telum. 빨리 나는 화살.
telum ǽre repulsum. 청동 방패에 튕겨난 창
telum certando aptum. 싸우기에 알맞은 창
telum immedicábilis. 치명상(致命傷)을 입히는 화살
telum jácere, míttere. 창을 던지다
temerábilis, -e, adj. (témero) 더렵혀진
temerárĭus, -a, -um, (voc. -rǐe,) adj. (témere) 경솔한,
가벼운, 우연한, 우발적인, 막하는, 맹목적인, 생각 없는,
소홀(疏忽)한, 지혜(智慧) 없는, 거짓. adv. **temerárie.**
tela temerária. 맹목적으로 던지는 창/
De temerario judicio vitando. 경솔한 판단을 피함/
melior est fidelis ignorantia quam temeraria scientia.
외람 된 지식보다는 믿음 있는 무지가 낫다/
Prædestinationis temerariam præsumptionem cavendam
esse. 예정설에 관한 무분별한 추정을 피하여야 한다.
temerátĭo, -ónis, f. (témere) 변질(變質), 부패(腐敗)
temerátor, -óris, m. (témere) 문란자(紊亂者)
부패 조장자(腐敗 助長者), 위조자(僞造者)
풍속(風俗)을 문란(紊亂)하게 하는 사람.
témĕre, adv., abl. (inusit. temus. mĕris) 막, 함부로,
아무렇게나, 요행수로(뜻밖에 얻는 좋은 운수로),
경솔(輕率)하게, 생각 없이, 우연히, 소홀히, 마구.
temérĭtas, -átis, (temeritúdo, -dǐnis,) f. (témere)
우연(偶然), 맹목(盲目), 무모(無謀-계약이나 분별이 없음),
무분별, 경솔, 경솔(輕率-말이나 행동이 조심성이 없이 가벼움),
무사려(無思慮), 가벼움, 소홀(疏忽), 마구함.
Do pœnas temeritátis meæ.
나는 내 경솔함의 대가를 치르고 있다/
fortuita temeritas. 우발적인 의욕(중세철학 제4호, p.44).
temérĭter, adv. (témere) 경솔하게, 무분별하게
temeritúdo, -dǐnis, (temérĭtas, -átis,) f. (témere)
témĕro, -ávi -átum -áre, tr. (témere)
마구 하다, 불명예스럽게 하다, 더럽히다(חלל),
속되게 하다, 훼손(毁損)하다, 침범(侵犯)하다.
temétum, -i, n. (cf. temuléntus, abstémius)
독한 술, 순 포도주(vinum vetus. 오래 묵은 포도주).
temníbilis, -e, adj. (temno) 무시할만한
temno, tempsi, temptum, -ĕre, tr.
경멸(輕蔑)하다, 멸시하다, 업신여기다.
discite justitiam moniti et non temnere divos.
정의라는 것이 무엇인지 배울 것이며 신들을 경멸하지
말지어다(성 염 지음, 사랑만이 진리를 깨닫게 한다).
temo¹ -ónis, m. 군복무 면제세, 면병역세(免兵役稅).
temo² -ónis, m. 수레의 앞채, 축(軸), 굴대, 수레.
장대, 가름대. (天) 큰곰자리 성좌.
temonárĭus, -a, -um, adj. temo¹ 세(稅)에 관한.
m. temo¹ 세(稅) 받는 자.
Tempe, n., pl. indecl. Thessália의 계곡, 수려한 계곡
temperábilis, -e, adj. (témpero) 조절 가능한
temperáculum, -i, n. (témpero) 가공, 공사, 세공(細工)
temperámens, -éntis, n. (témpero)
(藥) 진정제(鎭靜劑), 청량제(淸涼劑).

temperaméntum, -i, n. (témpero)
전체를 이루는 부분들의 알맞은 배합, 균형, 조화, 절도,
체질, 기질(氣質), 성질, 기후(氣候), 온도, 체온(體溫).
témpĕrans, -ántis, p.prœs., a.p. (témpero)
절제하는, 절도 있는, (gen.) …을 삼가는.
temperántior a cupídine impérii. 권력의 욕심을 절제하는
temperánter, adv. 절도 있게, 절약하여, 절제하여, 존절하게
temperántĭa, -æ, f. (témperans) 절덕(⑨ tempĕrance),
절제(節制.⑨ Tempĕrance.절덕), 절도, 조심성,
신중(愼重.φρόνησις-매우 조심성이 있음), 자제, 극기.
Temperantiæ est abstinere maledictis.
욕설을 삼가는 것은 절제의 특성이다.
Tempĕrantia constat ex prætermittendis
voluptatibus corpóris. 절제는 육신의 쾌락들을
소홀히 함으로써 이루어지는 것이다.
temperántĭa in victu. 절식, 절주(abstinentia vini)
temperáte, adv., comp. temperátius, (temperátus¹)
절제하여, 절도 있게; 삼가, 절제 있게, 절조 있게.
temperátĭo, -ónis, f. (témpero) 균형 있는 배합, 화합,
조직, 절도, 공평한 공급, 고르게 된 것, 절제하는 것,
절도 지키는 것, 조절(조정)하는 것.
sol … mens mundi et temperatio.
태양은 세상의 지성이요 조정자이다.
tempĕrátĭo calóris. 열의 알맞은 분배(分配)
tempĕrátĭo cæli. 기후의 고름
tempĕrátĭo rei publicæ. 나라의 조직(組織)
temperátior, -or, -us, adj. temperátus, -a, -um의 비교급
temperatíssimus, -a, -um,
adj. temperátus, -a, -um의 최상급.
temperatívus, -a, -um, adj. (témpero)
진정시키는, 누그러뜨리는.
temperátor, -óris, m. (témpero) 조정자, 배합자,
정리하는 자, 조직자, 조절하는 자, 절제자(節制者).
temperatúra, -æ, f. (témpero) 균형 잡힌 배합,
적합한 구조, 화합, 체질, 기질, 기후, 온도, 체온.
temperátus¹, -a, -um., a.p. (témpero)
잘 배치된, 균형 잡힌, 조절된, 적당한, 절제 있는,
온후한, 절제(節制)하는, 조정(調整) 받는.
locis temperatis delectamur, immodicis irascimur.
우리는 절도 있는 농담은 재미있어 하지만
도에 지나친 것에는 화를 낸다.(Seneca)/
loca sunt tempertióra. 기후가 온화한 장소/
temperátior orátio. 균형 잡힌 연설(演說)/
temperatíssimum anni tempus. 가장 좋은 기후의 계절.
temperátus² -us, m. (témpero)
절제(節制.⑨ Tempĕrance.節德), 절식(節食).
témpĕri(=témpĕre, témpŏri.), adv. (tempus¹)
꼭 알맞게, 때마침, 일찍, 시기에 맞게, 기회를 타서.
tempéries, -éi, f. (témpero) 배합, 혼합, 균형, 배치,
조절, 절제(⑨ Tempĕrance-節德), 기후(氣候), 온도.
tempéries cæli. 기후(氣候)
tempérĭus, adv., comp. (témperi) 더 일찍, 더 알맞게
témpĕro, -ávi -átum -áre, (tempus¹)
I . tr. 1. 배합(配合)하다, 혼합(混合)하다, 합일하다,
섞다(חלל.מזג.בלל.עבר.בוג): tempero
herbas. 약초를 섞다, tempero colóres. 색을 배합하다/
tempero venénum. 독약을 타다/ ex igni atque ánima
temperátus. 불(火)과 기(氣)로 배합된. 2. 조직하다,
다스리다(βασιλεύω.ווד.נוג.נהג.רהב) 배당하다,
배치하다(חרש), 평정하다, 고르게 하다:
tempero rem públicam. 나라를 다스리다/ tempero
frígoris et calóris modum. 추위와 더위를 고르게 하다.
3. **조절(調節)하다,** 균형(均衡) 잡다: tempero aquam
ígnibus. 물을 불로 덮이다.
II. intr. 1. 균형 잡히다, 절도 있다, **절제하다,** 참다:
tempero ab injúria. 불의를 삼가다 / non temperáre
quin. …하기를 서슴지 않다. 2. 상냥하게 대하다.
아끼다(사람을): tempero alci 누구를 / tempero alci in

T

1279

alqā re. 누구를 어떤 일에 있어서~ / ~ (ab) sóciis.
동료들을 ~ . 3. (dat) 제어하다, 억제하다.
조심하다(◯◯): sibi temperáre ab *alqā* re. …일을
하는데 스스로 억제하다/ sibi non temperáre,
quin. …하는데 스스로를 억제하지 않다/
línguæ témpera. 말을 조심하라/ victóriæ temperáre.
승리한 후 자제하다/ tempero mánibus. 폭력을 삼가다.
tempero frigóris et calóris modum.
추위와 더위를 고르게 하다.
témperor, -ári, dep., tr. = tempero, -ávi -átum -áre,
tempéstas, -átis, (=tempéstus² -útis,)
(pl. gen. -tátum; dat. -átibus) f. (tempus¹)
시간, 시기; 한 해(年), 계절, 기후, 일기, 날씨, 나쁜 날씨,
폭풍우, 태풍, 뇌우, 동요, 소란, 동란(動亂), 재앙(災殃),
사자후(獅子吼-크게 열변을 토함) 불행(☞♉).
(pl.) tempestáte = témpora. 환경, 환경(環境).
bona tempestáte. 좋은 날씨에/
eádem tempestáte. 같은 시기에/
multis tempestátibus. 여러 해에 걸쳐/
Quæso ventórum paces. 좋은 날씨를 기원하다/
Quilibet nautarum tranquillo mari gubernare potest ;
ubi sæva orta tempestas est ac rapitur vento navis,
tum viro et gubernatore opus est.(Livius).
평온한 바다에서야 어느 사공이나 키를 잡을 수 있다.
그렇지만 심한 폭풍이 일고 배가 바람에 나부끼면
그때는 사나이다운 키잡이(vir et gubernator)가 필요하다/
spiritus tempestatis. 거센 바람(신국론, p.1418)/
transitus tempestátis. 폭풍우가 지나감.
Tempestas afflictábat naves. 폭풍이 배들을 강타했다
Tempestas arridet. 일기가 순조롭다.
truculentía cæli. 일기불순(日氣不純)
tempestas idónea ad navigándum.
항해하기에 좋은 날씨.
Tempestate abréptus est unus.
폭풍에 한 사람을 뺏기고 말았다.
Tempestátes, -átum, f., pl. (tempéstas) 폭풍의 여신
tempestíllus, -a, -um, adj. (tempéstus¹)
적시(適時)에 일어나는.
tempestive(=tempestivo) adv. (tempestívus)
바로 그때에, 마침(알맞게), 적당한 때에.
tempestívitas, -átis, f. (tempestívus) 좋은 때,
적절한 시기, 기회, 적응(適應.☞ accomodátĭon),
적시(適時), 좋은 성격, 기질(氣質).
sua cuíque parti ætátis tempestívitas est data.
일생은 각 시기마다 적시(適時)가 있다.
tempestivo(=tempestive) adv. (tempestívus)
tempestívus(=tempéstus¹) -a, -um, adj. (tempéstas)
적당한, 때 맞춰 오는, 적시의, 자기 때의, 기회 좋은,
때가 된, 때가 찬, 제철의, 빨리 익은, 조숙한, 앞당긴,
일찍 일어나는, 아침 일찍 …하는.
tempestívi fructus. 잘 익은 과실/
tempestívi venti. 마침 잘 부는 바람/
tempestívum convívium. 미리 시작한 만찬(풍성한 만찬).
tempestívus virgo viro. 결혼 나이가 찬 처녀
tempestuósus, -a, -um, adj. (tempéstas)
폭풍우의, 소란한, 난폭한.
tempéstus¹ -a, -um, adj. = tempestívus
tempéstus² -útis, f. = tempéstas
Templa auro radiantur. 신전들이 금으로 번쩍인다.
templáris, -e, adj. (templum) 신전의, 성전의, 성당의
Templárĭi, -órum, m., pl. (templum)
성전 기사 수도회(☞ Knights of Templars).
templárĭus, -i, m. (templum) 성전 기사 수도회 회원
templátim, adv. (templum) 이 성전 저 성전으로
templum, -i, n. 경계를 둘러친 공간, 제한된 구역,
점쟁이가 지팡이로 공중에 그은 공간,
눈에 들어오는 구역, 관구, 구내, 울타리 안,
재판소, 의회, 원로원 등의 경내(境內), 성역(聖域),

지성소, **성전**◯(◯◯◯◯.◯◯◯.ναòς.ιεραὸν.οικος.
☞ Temple), **신전**(神殿), 전당, 회당(會堂.συναγωγή).
성당(☞ church/Sanctuary), 사원(寺院-절)
Clausum est templum. 신전이 닫혀 있다/
effor templum. (일정한 형식의 말과 기도로)
신전 자리를 점쳐서 신성하게 하다/
hómines a templi áditu repello.
사람들을 신전에 들어오지 못하게 하다/
in illo augurátó templo. 정당하게 점쳐진 그 신전에서/
in templo Dei sedet. 하느님의 성전에 앉아서/
in templum Dei sedeat 하느님의 성전으로 앉아서/
Schoras habebant dissentientes, et templa communia.
학파는 다르면서 공통된 신전을 두고 있었다/
super tecto templi. 성전 지붕 위에/
templa méntis. 정신의 성역(精神 聖域)/
templo intus. 신전 안으로.

명사 제2변화 제3식		
	단 수	복 수
Nom.	templum	templa
Voc.	templum	templa
Gen.	templi	templórum
Dat.	templo	templis
Acc.	templum	templa
Abl.	templo	templis

(허창덕 지음, 초급 라전어 변화표, Tabellæ Declinationum에서)
Templum clauditur. 신전을 닫는다, 신전을 폐쇄한다.
Templum clausum fuit.
(가서 보니까) 신전이 닫혀 있었다.
templum Dei. 하느님의 성전(1고린 3. 16)
templum Hérculis. *Hércules*의 신전
templum lárĭum. 종묘(宗廟)(선유의 천주사상과 제사문제, p.175)
temporális¹ -e, adj. (tempus¹) 잠시의, 잠깐 동안의,
임시적, 일시적, 순간적(瞬間的), 현세적(現世的), 재물의,
(文法) 시간의, 시제의. n. 속사(俗事-세속의 자질구레한 일),
재물(財物.☞ Earthly goods/Riches) / Bona terrestria.
amor temporalis. 현세적 사랑/
bonum temporalis. 잠세적 선/
De fine temporalis vitæ sive longioris sive brevioris
이르거나 늦거나 현세 생명은 끝난다.(신국론, p.2742)/
eventus temporalis. 시간적 사건/
generátĭo temporális Filii. 성자의 시간적 출생,
impotentĭa temporális. 일시적 불능/
temporales Res spirituales. 영적 사항, 세속 사항/
Votum temporale. 기한 서원.
Temporális. 시기력(時期曆)
temporális² -e, adj. (tempus²) ((醫)) 측두(側頭)의, 뺨의
temporális effectus. 시간적 결과
temporális indulgentĭa. 잠정적 은사(暫定的 恩赦)
temporalis Monarchia. 현세 군주제
temporálĭtas, -átis, f. (temporális¹)
덧없는 것, 현세의 것, 속세, 잠시적인 것.
temporáliter, adv.
잠시적(暫時的)으로, 임시로[pro re natã(약자: p.r.n.)]
temporáneitas, -átis, f. (tempus¹)
좋은 환경, 기회(機會), 호기(好期).
temporáneum, -i, n. (temporáneus)
조숙한 무화과, 조숙한 과실.
temporáněus, -a, -um, adj. (tempus¹) 때맞은, 알맞은,
일시적인, 지나가 버리는, 일시의, 임시의.
temporárĭe, adv. 일시적으로, 임시로(pro re natã)
temporárĭus, -a, -um, adj. (tempus¹) 환경에 맞추는,
변하는, 그때그때의, 일시적, 지나가는, 곧 없어지는,
임시로 있는, adv. **temporárĭe**.
amicitĭæ temporariæ. 일시적 우정/
impedimentum temporarium. 일시적 장애(障碍)/
professio temporaria. 기한 수도서원, 유기선서/
temporária ingenia. 변하는 성격.

temporátim, adv. (tempus¹)
때에 따라, 간간이, 자주(sæculum numero).
témpŏri(=témpĕre, témpĕri,), adv. (tempus¹)
꼭 알맞게, 때마침, 일찍, 시기에 맞게, 기회를 타서.
tempŏrívus, -a, -um, adj. (tempus¹)
= temporáneus, 적시의, 때맞은.
temporomandibuláris, -e, adj. (醫) 측두하악(側頭下顎)의
Tempsa, Tempsánus. V. Témesa, Temesánus
tempsi, "temno"의 단순과거(pf.=perfectum)
tempt… V. tent…
temptum, "temno"의 목적분사(sup.=supínum)
tempus¹ -pŏris, n. 시간(時間.תע.ὤρα.χρὸνος.⑨ time)
[간격], 순간, 시, 때(καιρὸς.χρὸνος=時期), 계절, 시기.
ad extrémum tempus diéi. 하루의 마지막 시간까지/
in síngula diéi témpora. 하루의 매 시간, 매 순간/
noctúrna témpora. 밤 시간/ témpora anni. 한 해의 계절/
longo post témpore. 오래 후에/ longis tempóribus ante.
오래 전에/ in relíquum tempus. 나머지 시간에/
uno témpore. 동시에/ illis tempóribus, tempóribus illis.
그때에/ quibúsdam tempóribus, certis tempóribus. 어느
시기에, 한정된 시기에/ nihil sane ad hoc tempus. 전혀
… 할 때가 아니다. 2. 기회: témpore capto. 기회를 잡고,
기회가 와서/ neque dimísi tempus. 기회를 놓치지 않았다.
3. (환경의 뜻으로) 시기, 계제, 형편: alieníssimo rei
públicæ témpore. 공화국의 가장 나쁜 시기에/ témpori
cédere. 시대 환경에 굴복하다/ summo rei públicæ
témpore. 공화국의 위기에. 4. (부사적): in témpore.
적당한 시기에, 때를 맞춰/ in tempus. 얼마동안, 잠깐 동안/
ad tempus. 정한 때에, 원하는 때에, 형편에 따라, 임시로/
ante tempus. 시간이 되기 전에, 미리부터/ ex témpore.
즉석에, 그때그때/ pro témpore. 환경에 맞추어서.
5. (文法) 시제. 6. (시.음) 박자, 음률(음악의 곡조), 마디.
(라틴-한글사전, p.936).
…tempus, ~id eréptum e summis occupatiónibus.
…시간, 그것도 대단히 바쁜 중에서 쪼개낸 시간/
ad tempus. 일정한 시기에, 임시로/
Amícos esse fures temporis. 친구들이란 시간 도둑이다/
angústiæ tempóris. 짧은 시간/
álio témpore atque opórtuerit. 적당치 않은 때에/
alqd in áliud tempus reservo.
무엇을 다른 시기로 미루다/
An temporum calamitátes Dei providéntia regántur.
시대의 재앙과 하느님의 섭리(신국론 제1권)/
anni témpore a navigatióne exclúdi.
계절 때문에 항해를 못하게 되다/
anteáctum tempus. 지나간 시간/
Christiána in fide præcípuum habet pondus tempus.
그리스도교 안에서 시간은 근본적인 중요성을 지닙니다/
Consúltor hómini tempus utilíssimus est.(Publilius Syrus).
시간(세월)이야말로 인간에게 가장 유익한 조언자이다/
Creatiónis mundi et temporum unum esse princípium
nec áliud álio præveníri.(신국론 p.2780)
세상의 창조와 시간의 창조는 동일한 시점에 이루어
졌으며, 하나가 다른 하나를 선행하지 않는다/
datá quantacúmque quiéte témporis,
얼마간의 고요한 시간이 있은 다음/
De Doctrína Temporum. 시대를 통한 교리.
(Petavius 지음. Scaliger의 De Emendatione Temporum를 교정한 책)/
De Emendatióne Temporum. 시대에 따른 교정.
(Scaliger 1583년 지음-이 책으로 연대기를 현대적인 학문으로 끌어올림)/
De perículis novissimórum temporum.
말세의 위기에 대하여(Wilhelm von St. Amour 지음)/
De sanctificatióne sacerdótum secúndum exigéntias
témporis nostri. 우리 시대의 요청에 따른 사제들의 성화/
De témpore novíssimæ persecutiónis nulli hóminum
reveláto. 최후 박해의 시기는 어떤 인간에게도
계시된 바 없다.(신국론 p.2814)/
Decrevérunt illud tempus exspectándum.
그들은 그 시간을 기다리기로 했다/

Disputatiónes de rebus fídei hoc témpore controvérsis.
현대 신앙 토론집(Roberto Bellarmino 추기경 지음)/
divérso témpore. (서로) 다른 시간에/
eódem ictu témporis. 같은 순간에/
ergo a princípio non erat tempus.
따라서 시간은 태초부터 존재하지 않았다/
ergo non a princípio erat tempus.
따라서 시간은 한 처음부터 존재하지 않았다/
et re et ex témpore. 사정과 때에 따라/
et témpore. 불시에, 예고 없이/
evangelizátio mundi hujus tempóris. 현대세계의 복음화/
Febris in tempus exercitatiónis incúrrit.
훈련시간과 같은 시간에 열이 났다/
fine dei tempi. 시간들의 끝/
finio spátia témporis número nóctĭum.
밤의 수효로 시간의 간격(間隔)을 규정하다/
Fugit irreparábile tempus.
시간은 회복할 수 없게 지나간다(fugio 참조)/
Fuit aliquándo tempus. 옛날에/
hisce tempóribus. 이 시대에 있어서(hic¹ 참조)/
história rerum præséntis tempóris.
현대 사물들에 관한 역사/
illuc tempóris. 시절에/
impéndo tempus stúdiis. 공부에 시간을 들이다/
in non témpore. 비(非) 시간 안에서/
in relíquum tempus. 나머지 시간에/
in síngula diéi témpora. 하루의 매 순간/
In te, anime meus, témpora mea métior.(고백록 11. 27)
내 영혼아, 결국 네 안에서 내가 시간을 재는 것이로구나/
in témpore. 마침 좋은 때에, 적당한 시기에,
때를 맞춰, 알맞은 때에, 적시에,
[tempus, -poris, n. 때(καιρὸς.χρὸνος.시기)]/
in tempus. 짧은 시간 안에, 순식간에/
inscítĭa témporis, 시의(時宜)를 모름/
insérvio tempóribus. 환경에 적응하다/
insídior huic témpori. 이 기회를 노리다/
insígnes artículi temporum.
시대의 뚜렷한 구분(신국론, p.1744)/
Jam tempus advéntat. 벌써 때가 다가온다/
laudátor témporis acti. 지나간 시대의 예찬자/
Mísĕrum est, ante tempus fíeri senem.
때가 이르기 전에 노인이 된다는 것은 가련한 일이다/
Non est ergo tempus córporis motus.
시간은 물체의 운동이 아니다/
non vacant témpora nec otióse volvúntur per sensus
nostros: fáciunt in ánimo mira ópera. 시간이란 정말 턱
없이 하염없이 우리 감각을 거쳐 흐르는 것이 아니니,
마음속에다 기기묘묘한 일을 해놓는 것입니다(고백록 4.8.13.)/
nunc témpóris. 지금, 현재/
O tempus míserum atque acérbum provínciæ Sicíliæ!
O casum illum multis innocéntibus calamitósum atque
funéstum! O istíus nequítiam ac turpitúdinem singulárem!
오, 시칠리아 지방에 닥친 저 가련하고 쓰라린 세월이여!
오, 무죄한 다수 인간들에게
재앙과 비통을 초래한 사건이여!
오, 저자의 사악함과 유례없는 파렴치여!/
omnes in témpore. 시간 속에 살아가는 모든 사람/
Omnia tempus habent. 모든 것은 때가 있다/
Opus de Doctrína Temporum. 세기를 통한 교리/
plenitúdo temporum. 시간의 충만/
Plura tibi dícerem, sed tempus non hábeo
(=si tempus habĕrem)
나는 더 많은 말을 네게 할 것이지만 시간이 없다/
quæ témpore mensurántur. 시간으로 측정되는 모든 사물/
quam mínimum tempóris. 아주 짧은 시간/
Qui prior est témpore pótior est jure.
시간상 먼저의 사람이 권리가 우세(優勢)하다/
quid est enim tempus? 시간이란 무엇인지?/

quodam tempora. 옛적에 한번/
Quomodo intellegenda sit promissa homini a Deo vita æterna ante tempora æterna.
영원한 시간 전에 하느님이 인간에게 언약한 영원한 생명을 어떻게 이해할 것인가(신국론, p.2786)/
Rationarium Temporum. 시대의 통계표(1633년)/
rátĭone hábitā témporis. 시간적 관점(의미)에서는/
réliquum tempus a labóre intermitto. (intermitto 참조)
일을 중단하고 나머지 시간을 보내다/
replico memóriam témpórum. 지난 시대를 쭉 훑어 보다/
respondeo ad tempus. 시간에 맞추다/
Sæpe ea, quæ sanari ratione non poterant, sanata sunt tempore. 이성에 의해서 치유될 수 없는 일들이 간혹 시간에 의해서 치유되었다/
sub uno tempore. 일시에/
tantum tempóris. 이만한 시간/
tempo opĕrátore. 행동하는 시간(복음과 문화 제3호, p.239)/
tempora æstiva. 여름철(æstas, -átis, f. 여름)/
tempora anni. 계절(季節)/
tempora cursu corrigo. 뛰어서 시간을 만회(挽回)하다/
tempora dubia. 역경(逆境.[라] res adversæ)/
Tempora mutantur et nos mutamur in illis.
인간은 세태에 따라 변한다/
tempora mutantur, et nos mutamur cum illis.
시대는 변한다, 우리도 시대와 함께 변한다/
tempora sacra([영] sacred times). 거룩한 시기/
Tempore autem Paschali omittitur Graduale, et ejus loco dicitur. 부활절에는 층계경 대신 다음 알렐루야를 외운다/
Tempore cedere, id est necessitati parere, semper sapientis est habitum. 세월에 순응하는 것, 다시 말해서 필연성에 복종하는 것은 늘 현자의 처신이라고 여겨졌다.
[haberi(← habere '갖다', '…라고 여기다') '여겨지다']/
tempore orandi. 기도할 시간에/
tempore studendi. 공부할 시간에/
tempore suo. 제 때에(mature, adv.)/
Tempori parce! 시간을 아껴라!/
Temporis partitio. 요일 배분/
tempóris principátus. 시간의 시작(時間 始作)/
temporum volumen. 시간의 회귀(신국론, p.1280)/
temptátĭo carnis. 살의 유혹(肉 誘惑)/
Thesaurus Temporum. 시대의 보고(Scaliger 1606년 지음)/
traductio témporis. 시간의 흐름/
transmitto suum tempus amicórum tempóribus.
친구들을 위하여 자기의 시간을 바치다/
transmitto tempus quiéte. 고요히 시간을 보내다/
trístibus tempóribus. 어려운 때에, 불운한 때에/
tunc tempóris. 그때, 그 당시/
turbulentíssimum tempus. 몹시 어지러운 시기/
uno sub tempore. 일시에, 동시에/
usque témpora Alexándri. *Alexánder* 시대까지/
ut ergo et tu sis, transcende tempus.
어떻게 하면 시간으로부터 탈출할 수 있을까?/
utrum tempus sit concreatum materiæ informi.
시간은 무형의 질료와 함께 창조되었는가/
valetúdines témpore certo recurréntes.
일정한 때가 되면 다시 도지는 병/
vera et catholica doctrina de sacramento ordinis ad condemnandos errores nostri temporis.
우리 시대의 오류들을 단죄하기 위해 천명하는 신품성사에 관한 참된 가톨릭 가르침/
Videtur quod tempus non sit concreatum materiæ informi. 시간은 무형의 질료와 함께 창조되지 않은 것으로 생각 된다/
Vigilate omni tempore orantes. 늘 깨어 기도하라/
vir sapiéntissimus ac eruditissimus tempórum suórum.
그 시대로서는 지극히 현명하고 박학한 인물.
Tempus adamanta terit. 시간이 금강석을 닳게 하다.
tempus autem mutabilitate transcurrit.(신국론, p.1294).
시간이란 (피조물의) 가변성을 타고 흐르는 것.
Tempus ascensĭónis. 승천시기(昇天時期)
Tempus clausum([영] Forbidden Times) 금혼(禁婚) 기간. 혼배미사 금지 기간(대림절의 시작부터 크리스마스까지, 재의 수요일부터 부활제까지. 백민관 신부 엮음, 백과사전 1, p.648).
tempus continuum. 연속 기간(brevis dies. 짧은 기간)
tempus definio. 시간을 정하다
tempus dormiendi. 잠 잘 시간
tempus duco. 시간을 끌다
Tempus edax rerum. 모든 것을 잡아먹는 시간, 시간은 만물의 포식자.
Tempus est. 때가 되었다
Tempus est, ut revertar ad eum, qui me misit.
나는 나를 보내신 자에게로 돌아갈 시간이 되었다.
Tempus est óptimus Judex.
시간은 가장 훌륭한 재판관이다.
(주어가 중성인 경우에는 부설명어로서의 가변성 명사는 남성으로 쓴다).
tempus et locum destino ad certámen.
대결할 시간과 장소를 확정(確定)하다.
Tempus fugit. 세월은 흘러간다.
tempus futurum. 미래, 장차 올 시간
tempus imperfectum. (文法) 미완료(半過去)
tempus in atténtissimā cogitatióne pono.
정신 차려 생각하는 데에 시간을 바치다.
tempus incertissimum 가장 불확실한 시대
tempus infectum. (文法) 미완료 시제
tempus liturgicum([영] Liturgical season). 전례시기
tempus nativitatis Domini.(tempus natalis Domini) ([영] cycle of Christmas/Christmas Season. [獨] Weihnachtsfestkreis) 성탄 시기.
Tempus, óptimus magíster, multa nos dócuit.
가장 좋은 선생인 시간은 우리에게 여러 가지를 많이 가르쳐 주었다.(동격어가 가변성 명사인 경우에는 그 성과 수도 자기가 꾸며주는 명사와 일치되어야 한다. 그러나 가변성 명사가 중성 명사의 동격어일 때에는 남성으로 쓴다).
tempus orandi. 기도할 시간.
tempore orandi. 기도할 시간에.
tempus ordinárĭum. 일상의 시간
tempus Paschale.([영] Easter season/Easter Time. [獨] Osterzeit) 부활시기.
(부활대축일부터 성령강림 대축일까지 50일 동안의 전례상 시기).
tempus Paschális 파스카 시기(時期)
tempus passĭónis.([영] Time of Passion. [獨] Passionszeit) 수난시기(예수 부활 대축일 직전 1주간).
Tempore Passionis non dicitur Gloria Patri post psalmum Miserere, sed repetitur immediate antiphona 'Asperges me'. 사순시기에는 Miserere 다음에 영광송을 바치지 않고 바로 'Asperges me'를 반복한다.
tempus Patriarcharum. 성조들의 시대
tempus per annum.([영] Ordinary Time. [獨] Allgemeine Kirchenjahrzeit) 연중시기(per annum).
annua fasta. 연중 축제(年中祝祭)/
circulus anni. 연중 주기(年中週期)/
Dominica Decima Quinta Per Annum. 연중 15주일/
Dominica Quinta Per Annum. 연중 5주일/
Dominica Trigesima Per Annum. 연중 30주일/
Dominica Trigesima Tertĭa Per Annum. 연중 33주일/
Dominica Vigesima Per Annum. 연중 20주일/
Dominica Vigesima Quinta Per Annum. 연중 25주일
fasti, -órum, m., pl. 연중 행사력(年中 行事力)/
præfátĭo Communis. 연중 평일 감사송/
præfátĭo tempus per annum. 연중 주일 감사송/
quidvis anni. 연중 아무 때나(quovis anni tempore).
tempus perfectum. (文法) 완료시제
tempus post-modernum. 근대 후기시대(後期時代)
tempus præsens. 현 시점, 현재
tempus præteritum. 지나간 시간, 과거
tempus Prophetarum. 예언자들의 시대
tempus Quadragesimæ. 사순시기([영] Lenten Season)

[古.40일 봉재. 영어 Lent는 독일어 Lenz(봄)에서 온 말이고, 프랑스어 Carême은 라틴어 Quadragesima의 단축형이다. 첫 3세기 동안에는 이 재계 기간이 부활절을 준비하는 기간으로 2, 3일간이었다. 40일간의 재계 기간은 니케아공의회(325년) 결의문에 처음 발견된다. 백민관 지음. 백과사전 2, p.53].

tempus quandam esse distentionem. 시간이란 그 어떤 연장(확장)과 같다.

Tempus, quo torridus æstuat aër. 뜨거운 공기가 달아오르는 계절.

Tempus quod erat nobis obscurum. 우리에게 암담했던 시대

Tempus rebus gerendis immaturum erat.(동명사문). 일을 진척시키기에 때가 일렀다.

Tempus se dat. 시간이 난다

tempus studendi. 공부할 시간

tempus utile. 유용 기간(brevis dies. 짧은 기간)

Tempus victoriæ venit. 승리의 때가 왔다.

tempus² -ŏris, n. 1. (解) 관자놀이(解-귀와 눈 사이의 태양혈이 있는 곳), 뺨, 턱(顎) [흔히 pl. témpora로 씀.] 2. 얼굴(פָּנִים.πρὸσωπον), 머리.

tempúscŭlum, -i, n. (tempus¹) 짧은 시간(angustĭæ tempóris), 약간의 시간.

temtabundus(=tentabundus) -a, -um, adj. (tento) 시도하는, 해보는, 시험하는.

temtátĭo(=tentátĭo) -ónis, f. (tento) (병) 걸림, 치명타, 시도, 기도(企圖-일을 꾸며내려고 꾀함), 노력([영] Commitment), **유혹**, 유인(誘因), 시험(試驗).

temtátor,(=tentátor) -óris, m. (**tentátrix**, -ícis, f.) (tento) 유혹자, 시험하는 자.

temto(=tento) -ávi -átum -áre, freq., tr. (tendo)

temulénter, adv. (temuléntus) 취중에, 술이 취하여

temuléntĭa, -æ, f. 취함, 취기, 명정(酩酊-술이 몹시 취함)

temuléntus, -a, -um, adj. (temétum) 추한, 취중에. m., pl. **temulénti**, -órum,

tenábŭlum, -i, n. 집게

tenácĭa, -æ, f. 완고(頑固.σκληροκαρδια-성질이 완강하고 고루한), 고집(固執-자기의 의견을 바꾸거나 고치지 않고 굳게 버팀), 인색(吝嗇.[영] Avárice-재물을 아끼는 태도가 몹시 지나침), 끈.

tenácia víncula. 견고한 사슬(tenax 참조)

tenacissimum solum. 굳은 땅(tenax 참조)

tenácĭtas, -átis, f. (tenax) 견지(堅持-어떤 견해나 입장 따위를 굳게 지니거나 지킴), 견고(堅固), 완고(頑固.σκληροκαρδια-성질이 완강하고 고루한), 집요(執拗-몹시 고집스럽고 끈질김), 고집(固執), 절약(節約), 엄수(嚴守-반드시 그대로 지킴), 인색(吝嗇.[영] Avárice-재물을 아끼는 태도가 몹시 지나침), 탐욕(貪慾.[영] Concupiscence/Gluttony).

tenácĭter, adv. (tenax) 완고하게, 집요하게, 굳게, 힘 있게, 고집을 부리며.

tenácŭlum, -i, n. (téneo) 끈, 줄(밧줄)

tĕnax, -ácis, adj. (téneo) 견지하는, 집요한, 완고한, 견고한, 힘 있는, 강한, 절약하는, 인색한, 강인한, 꼭 붙어 있는, 요지부동의, 굳은, 고집부리는, 옹고집의. f., m., pl. **tenáces**, -ĭum, 끈, 줄. n., pl. **tenácia**, -ĭum, 끈, 줄. tenácia víncula. 견고한 사슬/ tenacissimum solum. 굳은 땅.

tenax propósiti. 자기 제안에 끝까지 버티는

tendentĭa naturális. 본성적 경향(本性的傾向)

tendícŭlæ, -árum, f., pl. dim. (tendo) 줄(紐), 그물, 작은 올가미, 덫.

tendo, teténdi, tentum(tēnsum), -ĕre, tr. **펼치다**, 넓히다, 펴다, 팽팽하게 하다: tendo plagas. 그물을 펴다/ tendo arcum. 활을 당기다/ tendo manus ad *alqm*; *alci*. 누구에게 손을 벌리다(구걸), 올가미 놓다, (휘장) 치다, 깔다: insídiæ tendúntur *alci*. 누구에게 올가미를 놓다, (시간) 보내다, tendo æstívam sermóne benígno noctem. 여름방학을 기분 좋은 대화로 지내다, 내밀다, 보이다, 제공(提供)하다. intr. 1. **향하다**(נטא.נטה), 길가다: tendo Venúsiam. Venúsia를 향하여 가다/ tendo ad castra; in castra. 진지를 향하여 가다/ quo tendis? 어디로 가느냐?. 2. 겨냥하다, 기울어지다, 하려고 힘쓰다: tendo ad *alqd*. 어디에 기울다/tendo ad Carthaginiénses. Carthágo인들 편으로 기울다/(c. inf., ut.) …하려고 애쓰다. 3. (천막, 그물을) 치다: sub vallo téndere. 성 밑에 천막을 치다. 4. = inténdere, intuéri. 5. 항거(抗拒)하다, 맞서 싸우다. dextram téndĕre(porrígĕre) 도움의 손길을 뻗치다, 도와주다/ téndĕre de fumo ad flammam. 바늘 도둑이 소도둑 된다.

tene = te² + ne⁴

tene, 원형 téněo, ténŭi, tentum, -ére, [명령법. 현재 단수 2인칭 tene, 복수 2인칭 tenete].

Tene hæc dícere? 네가 그래 이런 말들을 하느냐? (경탄.감탄이나 의문을 강력하게 표시하기 위해서 자립문에 대격 부정법을 쓰는 수가 있다. 이러한 경우의 부정법을 경탄 부정법이라고 한다. 의문을 표시하는 대격 부정법에는 "ne"를 쓴다. 경탄을 표시하는 대격 부정법은 결국 vídeo, puto 등 동사의 지배를 받는 것이라고 생각하면 된다).

Tene me memoria!. 나를 기억해줘요

tenebéllæ, -árum, f., pl. dim. (ténebræ) 어두움(σκὸτος.[영] Darkness), 암흑(暗黑).

ténĕbra, -æ, f. 어두움, 암흑

ténĕbræ, -árum, f., pl. 어두움(σκὸτος.[영] Darkness), 암흑(暗黑), 밤, 눈이 깜깜해짐, 죽음의 어두움, 어두컴컴한 방, 감방, 영창, 지옥, 정신이 아둔함, 무지, 난감한 상황, 눈앞이 깜깜해지는 불행. Deus lux est, et tenebræ in eo non sunt ullæ. 하느님은 빛이시며 그분께는 어둠이 전혀 없습니다.(1요한 1, 5)/ Felĭum in tenebris rádiant óculi. 고양이들의 눈이 어둠 속에서 번뜩인다/ filii tenebrárum. 어둠의 자식(子息)/ In tenebris lux. 어둠 속에 빛이/ peccata tenebræ sunt: quid erit nobis? 죄는 어둠이니, 우리는 어찌되는 것입니까?(최익철 신부 옮김, 요한 서간 강해, p.73)/ Quid sentiendum videatur de eo quod scriptum est: Divisit Deus inter lucem et tenebras. '하느님이 빛과 어둠을 갈랐다'는 말을 어떻게 이해할 것인가(신국론, p.2782)/ Quis enim auderet dicere quia in Deo sunt tenebræ? 누가 감히 하느님께 어둠이 있다고 말하겠습니까?/ Unde non erimus in tenebris? si amemus fratres. 어떻게 하면 어둠 속에 머물지 않겠습니까? 형제를 사랑하는 것입니다.(최익철 신부 옮김, 요한 서간 강해, p.121)/ Unde oculos non habent? Quia tenebræ excæcaverunt eos. 어째서 눈을 가지지 못한 것입니까? 어둠이 그들을 눈멀게 했기 때문입니다.(최익철 신부 옮김, 요한 서간 강해, p.121).

Ténĕbræ. 떼네브레(어둠의 기도).

[1955년 성주간 예절의 개혁이 있기 전까지 떼네브레의 성무일도, 곧 '어둠의 기도'는 성주간의 마지막 3일, 곧 주님 만찬 성목요일, 주님 수난 성금요일 그리고 부활 성야 동안 밤중 기도와 찬미경을 바치는 것이었다. 라틴어 tenebræ는 '어둠'을 뜻하므로 정의의 태양이신 주님과 유다 백성의 영적인 암흑을 상징적으로 암시한다. 전체 성무일도를 특징짓는 슬픔과 비탄 외에도 이때 거행되는 예식은 매우 깊은 뜻을 담고 있다. 기도를 시작하면서 열다섯 개의 초에 불을 켠다. 기도를 바치는 동안 사도들이 그리스도를 완전히 버리고 달아난 것을 가리키기 위하여 밤중 기도와 찬미경의 시편이 하나씩 끝날 때마다 촛불을 하나씩 껐다. 그렇지만 열둘이 아닌 열다섯 개의 촛불이 나타내듯이, 그리스도의 빛은 꺼지지 않았다. 점점 깊어가는 암흑 속에서 이 초의 빛은 계속 비치다가 골고타 언덕에서 죽었다. 여기서 초를 잠시 올려놓는 제대가 골고타 언덕을 대신하였다. 찬미경을 마친 뒤에 그 초를 제대 뒤에 감추면 그리스도께서 무덤에 묻히신 것을 상기하였다. 그 다음에 이어지는 요란한 소리들은 이 커다란 슬픔의 시기와 더불어 일어난 자연의 대변혁을 상기시켰다. 곧, 땅이 흔들리고 바위가 갈라지고 무덤이 열린 자연계의 격변을 상기시켰다. 갑자기 빛이 다시 나타났는데, 그것은 명확히 부활을 상징하고 죽음을 이긴 구세주의 승리를 선포하는 것이었다.
최근 교우들을 성목요일, 성금요일, 성토요일 아침 예절에 참여하도록 유도하기 위해 떼네브레를 다시 도입하는 경향이 있다. 적어도 이들, 곧 성목요일에 사용된 말씀 기도를 성금요일과 성토요일에 바치는 곳이 늘고 있다. 이와 연관하여 뉴욕 전례 위원회에서는「본당 떼네브레 예식 : 성금요일과 성토요일」이라는 소책자를 발간하였다. 주비언 피터 랑 지음, 박영식 옮김, 전례사전, p.101].

Tenebræ ibi erant tamquam in puteo. 거기는 마치 우물 속처럼 깜깜하였다.

tenebrárĭus, -a, -um, (**tenebrális**, -e,) adj. (ténebræ) 어두움의, 암암리의.

tenebrárĭus homo. 머리가 텅 빈 사람, 몽상가(夢想家)

tenebrátĭo, -ónis, f. (ténebro) 어두움(σκὸτος.[영] Darkness), 어두워짐, 시력감퇴.

tenebrésco(=tenebrásco), -ĕre, intr., inch. (ténebræ) 어두워지다.

tenebrica sæpes 감방, 감옥(監獄.φυλακὴ)

tenébrĭco, -ávi -áre, (**tenébrĭcor**, -ári, dep.) intr. (ténebræ) = tenebrésco, tr. 어둡게 하다.

tenebricósĭtas, -átis, f. (tenebricósus) 어두움, 시력감퇴(視力減退).

tenebricósus, -a, -um, adj. (tenébricus) 어두운, 컴컴한, 암흑의, 우울한.

tenébrĭcus, -a, -um, adj. (ténebræ) 어두운, 컴컴한, 어두움에 싸인, 암흑의, 우울한.

tenébrĭo, -ónis, m. (ténebræ) 빛을 싫어하는 자, 몽상가(tenebrárĭus homo), 아둔한 자, 사기한.

ténebro, -áre, tr. (ténebræ) 어둡게 하다

tenebróse, adv. 어둡게

tenebrósĭtas, -átis, f. 암흑, 어두움(σκὸτος.⑨ Darkness)

tenebrósus, -a, -um, adj. (ténebræ) 어두운, 컴컴한, 암흑의. adv. **tenebróse**.
n. 어두움(σκὸτος.⑨ Darkness), 침울함(⑨ Sadness),
Via impiorum tenebrosa; nesciunt, ubi corruant.
(ai` de. o`doi. tw/n avsebw/n skoteinai, ouvk oi;dasin pw/j prosko,ptousin) (⑨ The way of the wicked is like darkness; they know not on what they stumble)
악인들의 길은 암흑과 같아 어디에 걸려 비틀거리는
지도 모른다(성경 잠언 4, 19)/불의한 자들은 그 앞길이 캄캄
하여 넘어져도 무엇에 걸렸는지 알지 못한다(공동번역).

tenéllŭlus, -a, -um, adj. = **tenéllus**

tenéllus, -a, -um, adj. dim. (tener) = **tenéllŭlus**
부드러운, 약한, 연약한(⑨ weak).

tenens, -éntis, m., f. (téneo) 견진 대부모(代父母)

ténĕo, ténŭi, tentum, -ére, tr. Ⅰ. tr. 1. 잡다, 붙들다, 붙잡다(חזק.תפשׂ.אחז), 쥐다: teneo alqd in manu; manu. 무엇을 손으로 잡다. 2. 견지하다, 매진하다, 밀가다: secundíssimo vento cursum tenére. 순풍을 타고 항로를 유지하다. 3. 도달하다: Montes petébant et pauci tenuére. 그들은 산으로 갔지만 몇 사람만이 도달하였다/ =obtíneo ut, ne. … 것을 얻다, 획득하다, …않는 결과를 얻다. 4. 깨닫다(חין.חין), 알아듣다, 알다, 지식을 가지다. 5. (자리를) 차지하다: teneo summam impérii. 최고 사령관직을 차지하다. 6. 사로 잡다: Magna me spes tenet. 큰 희망이 내 생각을 사로잡았다/ alcjs rei desidério tenéri. 어떤 것을 가지고 싶은 마음에 사로잡히다. 7. 품다, 껴안다, **소유 하다**(אנץ.ירשׁ.חסן), 포함하다, 책임지다.
8. 지키다: Locum non ténuit. 제자리를 지키지 못하였다/ teneo consuetúdinem morem. 관습, 풍습을 지키다/ teneo fœdus. 조약을 지키다/ memória tenére. 기억하다.
9. **유지하다**(רבד.וטר.וטר), 보전(保全)하다: castris se tenére. 진지에 머물다, tenere se domi. 집에 머무르다.
10. (생각을) 가지다: Hoc téneo, hic hǽreo. 이것이 내 생각이다, 그리고 이것을 고수한다.
11. 붙들어 매다, 속박하다. 12. (떠나는 사람을) 붙잡다, 만류(挽留)하다: ~ alqm 누구를 ~ / non tenébo te plúribus. 너를 더 이상 붙잡지 않겠다, 긴 말을 하지 않겠다/ naves tenebántur, quóminus. 배들이 … 하지 못하게 붙들렸다. 13. 방해하다, … 하지 못하게 하다, 금하다: metu legum tenéri. 법을 무서워하게 하지 못하다/ risum, somnum vix tenére. 웃음을, 잠을 참지 못하다/ tenére iracúndiam. 분노를 참다/ se non tenére, quin. … 하지 않고서는 못 견디다. 14. (pass.) **tenéri**, 변경할 수 없다, 붙잡히다, 꼼짝하지 못하다: teneo in alqā re manifésto, in manifésta re. 어떤 일의 증거가 명백 하여 꼼짝 못하다/ ejúsdem cupiditátis tenéri. 같은 욕망(慾望)에 붙잡혀 꼼짝 못하다.
Ⅱ. intr. 1. 자리 잡다. 2. 향하다, 밀가다. 3. 유지하다, 버티다, 계속하다: Imber per noctem totam ténuit. 밤새동안 비가 왔다. (라틴-한글사전. p.937).
Audistis, tenete. 이 말씀을 들었으니 잘 간직하십시오.

(최익철 신부 옮김. 요한 서간 강해. p.113)/
De misericordia in sacro pœnitentiæ tribunali tenenda.
고해소에서 지녀야 할 자비에 대하여/
De unione charitatis invicem tenenda.
서로 사랑의 일치를 도모함에 대하여/
Non recedamus a via; teneamus unitatem Ecclesiæ, teneamus Christum, teneamus caritatem.
길에서 벗어나지 맙시다. 교회의 일치를 지킵시다.
그리스도를 모십시다. 그리고 사랑을 지닙시다.
(최익철 신부 옮김. 요한 서간 강해. p.423)/
Raperis in præceps? tene lignum. Volvit te amor mundi? tene Christum. 그대, 커다란 위험 속으로 떠내려가고 있습 니까? 나무를 붙드십시오. 세상에 대한 사랑이 그대를 휘감고 있습니까? 그리스도를 붙드십시오.
(최익철 신부 옮김. 요한 서간 강해. p.133)/
sinistra tenens calicem, dextera signat super eum.
왼손으로 성작(聖爵)을 잡고 오른손으로
그 위에 십자성호를 그으며/
Tantum scimus, quantum memoria tenemus.
우리는 기억에 간직하는 만큼 무엇을 아는 것이다/
Tene amici exspectabant? 친구들이 너를 기다리고 있던?/
Teneamus eum cursum qui semper fuit optimi cujusque, neque ea signa audiamus quæ receptui canunt.
모든 위인이면 누구나 가던 그 행로를 견지합시다. 후퇴 하라고 불어대는 신호는 듣지 맙시다./
Tenens manus expansas super oblata, dicit:
모아진 손을 봉헌물 위에 펴고 말한다/
Tenete eam, amplectimini eam; dulcius illa nihil est.
그것을 지니시고, 그것을 꼭 껴안으십시오. 그것보다 달콤한 것은 아무것도 없습니다/
Tenentes ista, non habebitis concupiscentiam mundi.
여러분이 이 말씀들을 잘 간직한다면,
세상 탐욕을 품지 않게 될 것입니다/

těner, -ĕra -ĕrum, (gen., pl. -nérum) adj. (ténuis)
1. 연약한, 부드러운, 가냘픈, 나긋나긋한. 2. 어린, 미소한, 젊은: téneræ árbores. 어린 나무; m. 어린이: Parcéndum est téneris. 어린이들을 잘 돌봐 주어야 한다/ a téneris unguículis, de ténero úngui, a ténera 어릴 때부터/ in téneris. 어릴 때에. 3. 주무를 수 있는, 유연한: orátio mollis et ténera. 부드럽고 유연 한 연설. 4. 섬세한, 민감한, 미묘한, 다정한: téner poéta. 섬세한 시인/ ánimi téneri. 다정한 마음.
Fortis sed tenéra devotió erga Christi Cor.
예수 성심께 대한 올바르고 열정적인 신심/
Manet sub Jove frigido venator, tener coniugis immemor.
나무들이 냉기로 부족할 리 없었고, 또 들판이 곡식 으로 그득하였으니 곡식도 부족할 리 없었다/
Mihi a téneris, ut Græci dicunt, unguículis es cógnitus.
희랍인들의 말대로, 나는 너를 어릴 때부터 안다/
propter aquam, tardis ingens ubi flexibus errat Mincius et tenera prætexit harundine ripas. 거대한 강줄기는 느릿 느릿 굽이쳐 휘돌고 민키우스 강은 강변을 하늘하늘 갈대로 뒤덮였었네(성 염 지음, 사랑만이 진리를 깨달게 한다. p.428).

tenerásco(=tenerésco), -ĕre, intr., inch. (tenere)
연하게 되다, 부드럽게 되다, 섬세하게 되다.

ténĕre(=ténerĭter) adv. (tener)
연하게, 부드럽게, 가냘프게, 섬세하게, 정답게.

tenĕre auribus eruditis. 호민난방(虎尾難放-한번 잡은
호랑이의 꼬리는 놓기가 어렵다는 뜻으로, 위험한 일을 대어
그만두기도 어렵고 계속하기도 어려움을 비유적으로 이르는 말)

tenerior, -or, -us, adj. těner, -ĕra -ĕrum의 비교급

tenéritas, -átis, (=teneritúdo, -dīnis,) f. (tener)
유연성(柔軟性-부드럽고 연한 성질), 부드러움, 연약함, 정다움(⑨ Tenderness), 여림, 어림. = tenúitas

téneríter(=ténĕre) adv. (tener)

teneritúdo, -dīnis, (=tenerítas, -átis,) f. (tener)

tenerósĭtas, -átis, f. (tener) 유약함, 연함, 부드러움, 여림, 어림, 유년(幼年.ætas puerilis-어린 나이).

tenerrimus, -a, -um, adj. těner, -ĕra -ĕrum의 최상급

tenérulus, -a, -um, adj. 아주 부드러운

tenésmus(=tenésmos) -i, m. (醫) 이급후중(裏急後重),
　뒤가 마려우면서 나오지 않는 병, 결리(結痢).

tenete, 원형 téneo, ténui, tentum, -ére, tr.
　[명령법, 현재 단수 2인칭 tene, 복수 2인칭 tenete].
　Omnia probate, quod bonum est, tenete.
　좋은 모든 것을 시도하고 잡아라.

tĕnon, -óntis, m. 건(腱-짐승의 심줄), 힘줄

tĕnor, -óris, m. (téneo) 1. 진행, 계속(繼續), 행진:
　hasta servat tenórem. 창이 계속 날고 있다.
　2. 연속(連續): tenórem pugnæ serváre. 전쟁을 계속
　하다/ eódem tenóre. 같은 속도로, 계속, 같은 견해로,
　같은 정신으로. 3. 어조(語調), 억양(抑揚), 강조(強調):
　uno tenóre. 같은 박자로, 같은 모양으로, 계속하며.
　4. 취지(趣旨-어떤 일의 근본 목적이나 의도), 내용, 농도(濃度),
　과정(過程), 본문, 문구, 법의 규정.
　juge triennium. 연속 3년 간.

tēnsa, -æ, f. Ludi Circénses(원형극장)에서 신들의
　그림을 싣고 관중에게 보이는 마차

tensíbilis(=tensílis) -e, adj. (tendo) 펼 수 있는, 장력 있는

tensílis(=tensíbilis) -e, adj. (tendo)

tensío, -ónis, f. (téneo) 빳빳하게 펌, 긴장(緊張),
　신장(伸張-세력이나 권리 따위가 늘어남), 확장(擴張); (천막) 침.

tensío musculáris. 근육(筋肉)의 긴장(緊張)

tensórium, -i, n. (tendo) 확장기(擴張器-펴는 기구)

tēnsum, "tendo"의 목적분사(sup.=supínum)

tensúra, -æ, f. (tendo) 긴장(緊張), 확장(擴張)

tensus, -a, -um, p.p. (tendo) 빳빳이 펴진, 긴장된

tenta, -órum, n., pl. 소지품(所持品)

tentabúndus(=temtabúndus) -a, -um, adj. (tento)
　시도하는, 해보는, 시험하는.

tentámen(=temtámen) -mĭnis, (=tentaméntum, -i,) n.
　(tento) 시도(試圖), 시험(試驗), 계획(計劃),
　실험(實驗), 체험(體驗), 경험(經驗).

tentaméntum, -i, [tentámen(=temtámen) -mĭnis.]

tentátio(=temtátio) -ónis, f. (tento) 치명타(致命打),
　(병) 걸림, 시도(試圖), 기도(企圖-일을 꾸며내려고 피함),
　노력(영 Commitment), 유혹(영 Temptátion), 시련,
　유인(誘因-어떤 일 또는 현상을 일으키는 원인), 시험(試驗).
　Beatus vir, qui suffert tentationem.(야고 1, 12).
　　시련을 견디어 내는 사람은 행복 합니다/
　Ignis probat ferrum, et tentátio hominem justum.
　　불은 쇠(鐵)를 증명해 주고 시련은 의인을 증명해 준다/
　probationis tentatio. 시련(試鍊)/
　Quid mihi postea dabit, quia in hoc sæculo me video
　laborare inter tentationes? 저는 이 세상에서 유혹
　　가운데 살고 있으니, 나중에 제게 무엇을 주실 겁니까?/
　Quod non est securitas a tentatióne in hac vita.
　　현세에는 시련이 없을 수 없음(준주성범 제3권 35장)/
　tentationes magnas, quas viderunt oculi tui, signa
　illa portentaque ingentia. (tou.j peirasmou.j tou.j
　mega,louj oulj e`wra,kasin oi` ovfqalmoi, sou ta, shmei/a kai.
　ta. te,rata ta. mega,la evkei/na) (영 the great testings your
　own eyes have seen, and those great signs and
　wonders) 그것은 너희가 두 눈으로 본 그 큰 시험과
　　표징과 큰 기적들이다(성경 신명 29. 2)/그들을 괴롭히시며
　　굉장한 표적과 기적을 행하시는 것을 너희는 목격하였다.
　　　(공동번역 신명 29. 2)/
　Toleremus mundum, toleremus tribulationes, toleremus
　scandala tentationum. 세상을 견디어 내고, 환난을 참아
　　내고, 유혹의 걸림돌을 견딥시다.

Tentátio deceptionis(seductionis).
　죄에 떨어지도록 부추기는 유혹(誘惑).

tentaio est via in peccatum. 유혹은 죄로 향한 길이다.

Tentátio est vita humana super terram.
　인생은 땅 위에서의 고역(욥 7, 1).

tentátio probationis. 의지력을 시험하는 시련.

tentátor(=temtátor) -óris, m. (tentátrix, -ícis, f.)

(tento) 유혹자(誘惑者), 시험하는 자.

tentígo, -gĭnis, f. (tendo) 발정(發情), 암내

tentipéllium, -i, n. (tendo+pellis)
　구두장이의 가죽 펴는 장치

téntio, -ónis, f. (tendo) 긴장(緊張), 팽창, 장력(張力)

tento(=temto) -ávi -átum -áre, freq., tr. (tendo)
　손대다(הרב, הרמ), 만지다, 더듬다, 닿으려고 하다,
　기대하다, 넘보다, 계획하다(תשׁע), 시도하다,
　…하려고 애쓰다, 공격하다, 타격을 주다, 포위하다,
　유혹하다, 나쁜 데로 이끌다, 뇌물로 부패시키다.
　tentare est proprie experimentum sumere de aliquo.
　유혹은 본래적으로 어떤 것에 대해 시험하는 것이다.

tentor, -óris, m. 전차경기에서 차 손질하는 일꾼

tentoríŏlum, -i, n. dim. (tentórium)
　작은 천막, 작은 텐트. (가) 성체함 덮개.

tentórĭum, -i, n. 천막(天幕-쳐곳), 텐트(영 tent), 야영

tentórĭus, -a, -um, adj. (tentórium) 천막의, 텐트의

tentrix, -ícis, f. (천막) 펴는 여자

tentum, "tendo"의 목적분사(sup.=supínum)
　"téneo"의 목적분사(sup.=supínum).

tentúrus, "teneo"의 미래분사(p.fut.=particípium futúrum)

tentus[1] -a, -um, "tendo, téneo"의 과거분사(p.p.),
　펴진, 손안에 든.
　n., pl. tenta, -órum, 소지품(所持品)

tentus[2] -us, m. 중지(中止), 방해(妨害)

tenuábilis, -e, adj. (tendo) 부드럽게 할 수 있는,
　풀 수 있는, 엷게 될 만한, 약화(弱化) 시키는

tenuátim, adv. (ténuo) 부드럽게, 약하게, 섬세히, 가늘게

tenuátĭo, -ónis, f. (ténuo) 화해(영 Reconciliátion),
　약화(弱化), 유화(宥和-서로 너그럽게 용서하고 사이좋게 지냄).

tenuésco, -ĕre, intr., inch. (ténuis)
　약화되다, (달이) 기울다.
　luna tenuescénte. 그믐에.

tenu(i)áris, -a, -um, adj. (ténuis) 부드러운, 고운

ténŭi, "téneo"의 단순과거(pf.=perfectum)

tenuícŭlus, -a, -um, adj. dim. (ténuis)
　가는, 호리호리한, 엷은, 천박(淺薄)한, 가엾은.

tenuior, -or, -us, adj. ténŭis, -e의 비교급

ténŭis, -e, adj. 가는, 엷은, 가벼운, 희박한, 허약한,
　작은(μικρός.ὀλίγος), 약한, 중요치 않은, 하찮은,
　보잘것없는, 섬세한, 치밀한, 절묘한, 맑은, 천박한.
　hómines ténues. 보잘것없는 사람들/
　síbilus auræ tenuis(1열왕 19, 12) (새 번역은 '조용하고 부드러운 소리')
　　얇은 산들바람소리(베네딕도회 이장규 신부 2009.7.11. 수품 모토)/
　spes tenúior. 가냘픈 희망/
　ténues ánimæ(defunctórum)
　　죽은 사람의 희미한 그림자(망령-죽은 사람의 영혼)/
　ténues pluviæ. 가랑비/
　tenuíssima valetúdo. 매우 허약한 건강/
　tíbia tenuis. 가냘픈 소리 나는 피리.

tenuis et acúta distínctio. 섬세하고 예리한 분간

ténŭis murus. 약한 성채(城砦)

ténŭis rívulus. 작은 강

ténŭis víctus. 검소한 식사

tenuíssimus, -a -um, adj. ténŭis, -e의 최상급.
　Natura oculos membranis tenuissimis vestivit et sæpit.
　자연은 눈을 지극히 엷은 막(膜)들로 입히고 감싸주었다.

tenúĭtas, -átis, f. (ténuis) 가벼움 미소(微小)함, 엷음,
　연약함, 섬세함, 허약함, 약점(弱點), 무가치(無價値),
　빈곤(貧困.영 poverty-가난), 간소(簡素),
　소박(素朴-꾸밈이나 거짓이 없이 있는 그대로 임), 단순(單純),
　정묘함, 묘미(妙味-미묘한 맛), 교묘함, 맑음, 청명(淸明).

tenuitas ærárii. 텅 빈 국고

tenúĭter, adv. (ténuis) 섬세하게, 연약하게, 상냥하게,
　가늘게, 엷게, 희박하게, 피상적으로, 정교하게, 볼품없게.

ténŭo, -ávi -átum -áre, tr. (ténuis) 연약하게 하다,
　엷게 하다, 가늘게 하다, 허약하게 하다, 작게 하다,
　깎다, 감소(減少)시키다, 진정시키다,

정밀(精密)하게 하다, 섬세하게 만들다.

tenuo iram. 분노를 진정시키다

tenuo vocem. 소리를 작게 하다

tenus¹ -nŏris, n. 끈, 줄(밧줄), 그물

tenus² proep. 명사 뒤에 붙이는 후치사.
  1. …을 따라서, …까지, …뿐.
    labrórum tenus. 가장자리까지/
    péctore tenus. 가슴(높이) 까지/
    Tauro tenus. Taurus 산까지/
    Cantábrico tenus bello. Cantábria 전쟁 때까지.
  2. …만, …뿐. nómine tenus. 이름뿐/verbo tenus. 말로만.
  3. háctenus. 여기까지, 이 정도까지/
    quátenus. 어디까지? …한도에서.

teonoma = theonomia 신율(神律)

tepefácio, -féci, -fáctum, -ĕre, tr. (tépeo+fácio)
  미지근하게 하다, 뜨뜻하게 하다, 데우다.
  tepefío, -fáctus sum, -fíeri, 미지근하게 되다, 식다.

tepefácto, -áre, tr., intens. (tepefácio)
  더 데우다, 따끈하게 하다.

tépĕo, -ĕre, intr. 미지근하다, 더워지다, 따뜻하다(חמם),
  (사랑에) 불타다, 사랑에 빠지다(bibo amorem).
  Cor tepens. 사랑에 빠진 마음/
  Est ubi plus tépeant híemes?
    더 따뜻한 겨울이 있는 곳이 어디 있느냐?/
  tepéntes auræ. 더운 바람, 더운 입김.

tepésco, -pŭi -ĕre, intr., inch. (tépeo)
  미지근해지다, 더워지다, 식다, 차지다.
  Mentes tepéscunt. 분노가 가라앉다/
  Tepéscit mare. 바닷물이 더워지다.

téphrĭas, -æ, (acc. -an) m. 회색 대리석

tephrítis, -ĭdis, f. 회색을 띤 보석의 일종

tepidárĭus, -a, -um, (tépidus) adj. (물) 미온의, 미지근한.
  n. 미지근한 물, 목욕탕, 온탕(溫湯).

tépĭde, compar. -dĭus, adv. (tépidus) 따뜻하게, 덥게,
  미온적으로, 냉정하게, 약하게, 미지근하게.
  tepide, tepidius natáre. 따뜻한 물속에서 헤엄치다.

tepidi. 냉담자(프.tièdes)

tépĭdo, -áre, tr. (tépidus)
  미지근하게 하다, 데우다, 따뜻하게 하다, 식히다.

tépĭdus, -a, -um, adj. (tépeo) 따뜻한(חמם), 미지근한,
  식은, 열성이 줄어든, 냉담한. **tepidi.** 냉담자(프.tièdes).

tĕpor, -óris, m. (tépeo) 따뜻함, 적당한 열, 냉담(冷淡),
  미온(微溫-미지근함), 미지근함(微溫), 문체가 형클어 짐,
  나태(懶怠). ⑨ Acedia.Sloth-게으로 느림).
  게으름(나태), 권태(倦怠-게으름이나 싫증).

teporátus, -a, -um, adj. (tepor)
  미지근하게 된, 덥혀진, 더워진.

tepórus, -a, -um, adj. (tepor) 미온적인, 따뜻한(חמם)

tĕpŭi, "tepésco"의 단순과거(pf.=perfectum)

ter¹ adv., num. (tres) 세 번, 여러 번.[몇 번? 혹은 몇 배?를 묻는
  질문에 대답하여 횟수 또는 배수를 말하는 부사이다. semel 한 번, bis 두 번,
  ter 세 번, quáter 네 번, centies 백 번, millies 천 번 따위로 자주 쓰인다].
  Pater omnipotens ter coelo ab alto intonuit.
    전능하신 아버지 (유피터)는 드높은 하늘에서 (윤허하는
    표시로) 세 번 천둥을 울렸다/
  ter consul. 세 번의 집정관 / ter deni. 30 /
  ter novéna. 27 / ter quátuor. 12 / ter terna. 9.

ter² - = tre-

Ter in die. 하루에 세 번씩

Ter in die manducamus. 우리는 하루 세 번 먹는다.

Ter negavit timor, ter confessus est amor.
  두려움은 세 번 부인했지만, 사랑은 세 번 고백했던
  것입니다.(최익철 신부 옮김. 요한 서간 강해. p.233).

Ter quinquagínta fiunt 150. 50의 3배는 150이다(fio 참조)

Ter Sanctus. 삼성송[성 금요일 십자가 경배 때에 부르는 '비탄의 노래'
  의 후렴으로서, '하기오스 오 테오스(거룩하신 하느님); 하기오스 이스키로스
  (거룩하신 용사여); 하기오스 아타나토스, 엘레숀 히마스(거룩하신 불사신
  이여, 우리를 불쌍히 여기소서)'. 이 노래는 동방교회의 독특한 전례이며 몇몇
  대축일을 제외하고는 일반 예절 독서 전에 노래한다. 특히 장례식과 성 금요일에
  노래한다. 서방 교회에서는 갈리아 전례에 이 노래가 읊어지며, 로마 전례에서는

성 금요일 비탄의 노래 중에 후렴으로 이 노래를 부른다. 이 노래가
처음 발견된 문서는 Chalcedon 공의회 회의록이다.
[백민관 신부 엮음. 백과사전 3. p.689].

ter terna. 아홉(9.novem, indecl., num.)

Ter terna sunt novem. 3 곱하기 3은 9이다

teratológĭa, -æ, f. (醫) 기형학(畸形學)

teratóma, -ătis, f. (醫) 기형종(畸形腫)

tercenárĭus, -a, -um, adj. (=trecenárĭus) 300의

terdécie(n)s, adv., num. (ter+décies) 13번

terdécĭmus, -a, -um, num., ordin. (ter+décimus¹)
  13째의 = tertiusdécimus.

terdéni, -æ, -a, num., distr. 30씩, 30

terebinthízúsa, -æ, f. 테레빈 나무진 색깔의 보석

terebínthus, -i, f. (植) 테레빈 나무.
  adj. **terebínthĭnus,** -a, -um,

térĕbra, -æ, f. (**térĕbrum** -i, n.) (tero)
  송곳, 끌(조각용), 나추(螺錐), 나무를 쏘는 벌레.
  (醫) 머리 뼈 뚫는 기계(穿頭機), 천두기(머리 뼈 뚫는 기계),

terebrámen, -mĭnis, n. (térebra) 송곳구멍

terebrátĭo, -ónis, f. (**terebrátus** -i, m.) (térebro)
  구멍 뚫음, 구멍.

terĕbro, -ávi -átum -áre, tr. (térebra) 구멍 뚫다,
  뒤지다, 파다(רפח.ארכ.), (醫) 머리뼈를 뚫다.

térĕbrum, -i, n. = **térĕbra,** -æ, f.

terédo, -dĭnis, f. (蟲) 나무 파먹는 벌레, 밀가루 벌레.
  고기 벌레, 곡식 좀 나방, 좀.

Tĕréntĭa, mea lux, vale! 내 사랑 테렌시아, 잘 있거라!.
  [Vale, valete, valeto(동사 valeo의 명령형) 편지를 맺거나 작별하는 인사로
  쓰인다. 성 엽 지음. 고전 라틴어. p.343].

Terentius, -i, m. 1. 로마의 희극시인 Afer.(190~159 A.C.),
  2. C. Terentius Varro, 집정관 Cannoe 전쟁 지휘(216 A.C.),
  3. M. Terentius Varro, 폼페이우스와 Cicero의 친구.

**Terentius fuisse dicitur mediocri statura, gracili
corpore, colore fusco.** 테렌티우스는 중키에, 호리호리한
  몸매에, 가무잡잡한 피부색이었다고 전한다.

tĕres, -rĕtis, adj. (tero) 둥근, 원형의, 연마(研磨)한,
  통통한, 토실토실한, 예의바른, 교양 있는, 섬세한,
  잘 생긴. téretes aures. 섬세한 귀.

teres puer. 토실토실한 아이

Terésĭas, m. = **Tirésĭas**

tergémĭnus(=**trigémĭnus**) -a, -um, adj. (tres+gémĭnus¹)
  1. 세쌍둥이의: tergémina Hécate. *Luna, Diána,
  Prosérpina*의 3중 호칭의 Hécate 여신(女神)/
  tergémini honóres. *Quoestúra*(재무관직), *Proetúra*(재판
  관직), *Consulátus*(집정관직) 세 가지를 겸한 영예/
  tergeminus Porta. *Roma*의 Aventínus 언덕에 있는
    세 개의 아치(虹霓門-홍예문)가 있는 문.
  2. 3배의, 3중의. adv. **tergémĭnum,** 세 번에 걸쳐

térgĕo(-go), tersi, tersum -ére(-ĕre), tr. 닦다, 청소하다,
  씻다(חמם.חמ), 고치다, 교정하다, 지우다, 속죄하다.

térgĕo arma. 무기를 손질하다

tergĕre palatum. 입천장을 간질이다 즉 아부하다(아첨하다)

tergílla, -æ, f. (=**tergíllum,** -i, n.) (tergum)
  돼지가죽, 돈피(豚皮).

tergínum, -i, n. (tergum) 가죽, 가죽 채찍

tergiversánter, adv. (tergivérsor)
  머뭇머뭇, 주저하면서, 핑계 대며, 꽁무니 빼면서.

tergiversátĭo, -ónis, f. (tergivérsor) 지연(遲延) 시킴,
  주저(躊躇-머뭇거리거나 나아가지 못하고 망설임), 미룸, 핑계,
  회피(回避-책임을 지지 아니하고 꾀를 부림), 거절(拒絶), 위장.

tergiversátor, -óris, m. (tergivérsor)
  주저하는 사람, 회피하는 자, 지연(遲延)시키는 자,
  핑계 대는 자, 위장전술 하는 자, 미루는 자.

tergiversatórĭus, -a, -um, adj. (tergivérsor)
  머뭇거리는, 주저하는, 핑계 대는. adv. **tergiversatórĭe**

tergivérsor, -átus sum, -ári, dep., intr. (tergum+verto)
  등을 돌리다, 우회(迂回)하다, 위장(僞裝)하다,
  머뭇거리다, 미루다, 핑계 대다.

tergiversor huc atque illuc. 여기저기에 위장하다

tergo, -ĕre, tr. = térgeo, tersi, tersum -ére(-ĕre)

térgŏro, -áre, tr. (tergus) 가리다(כסה,),
덮다(כסה,כפר,אמץ,חפ), 뒤집어쓰다, 얻다.

tergum, -i, n. (tergus, -i, m.) 등, 뒤, 배후, 뒷면, 어깨,
후방, (지구, 강) 표면, 동물의 몸, 가죽, 피부, 가죽제품.
a tergo. 등 뒤로/
pertráhere hostem ad terga collis.
적군을 산 뒷면으로 유인하다/
post tergum, terga. 뒤로/
restríctis ad terga mánibus.(restringo 참조)
두 손을 등 뒤로 묶(이)고/
táurea terga feríre. 북 치다/ terga dare. 도망가다/
terga afflante vento. 등 뒤로 바람이 불어와서/
terga vértere. 등을 돌리다.

tergus, -gŏris, n. 등, 동물의 몸, 가죽, 수피(獸皮),
방패(防牌)에 씌운 가죽, 갑옷, 시체(屍體).

térjŭgus, -a, -um, adj. (jugum) 2중의, 3배의.

térjŭgus mília. 3천, 3000

Termáximus, -i, m. (Trismegístus)
Hermes Trimáximus.
세 배로 크다는 뜻으로 이집트 Hermes의 별칭.

termen, -mĭnis, n. (término) 경계, 한도(限度), 안(岸).
(醫) 종지(終止). núcleus térmĭnis. 종지핵(終止核).

terméntum, -i, n. 손해(損害), 폐해(弊害-폐단과 손해. 병폐)

termes, -mĭtis, m. (tero) 나뭇가지, = tarmes
ramale, -is, n. 마른 나뭇가지.

terminábilis, -e, adj. (término)
끝 있는, 한계 지을 수 있는, 종국의.

Terminália, -īum(-iórum), n., pl. (términus)
경계신(境界神) Términus의 제전(2월23일).

terminális, -e, adj. (término)
마지막의, 종착의, 경계선의, 가장자리에 있는.

terminátæ. 확정적(확정된)(가톨릭 신학과 사상 제45호, p.115)

termináte, adv. (término) 유한하게, 끝 있게, 한계 있는 대로

terminátĭo, -ónis, f. (término) 한계, 경계, 한정(짓는 행위),
결정, 결의(決意), 결단(하는 행위), 영역(領域).

terminátor, -óris, m. (término) 종결짓는 자, 끝마치는 자.

terminátus, -us, m. (término) 경계, 한계, 종결, 한정.
Quid tam finitum et terminatum quam plenitudo?
완성보다 더 최종적이고 완결적인 것이 무엇이겠습니까?.

termini technici. 전문 용어, 기술 용어(가톨릭대사전. p.3500)

térmĭno, -ávi -átum -áre, tr. (términus)
경계를(구역을) 정하다, 한정하다, 가로막다,
끝내다(רעו,חסל,כלה), 막을 내리다, 마치다.
그치다(חשק,), (크기, 뜻을) 정하다, 결정하다.

termino modum magnitúdinis. 치수를 정하다.

térmĭnus, -i, m. 한계(限界,certus términus),
제한(制限), 경계(境界), 끝, 결말(結末), 종국(終局),
종말(終末).⑨ end of the world.⑨ finis mundi.
기간(期間).⑨ terminos processuales. 용어(用語).
(論) 항(項 "§"), 명사(名辭), 어구(語句), 목적, 목표,
도착점(신학대전 제5권, p.265, p.295), T- 경계를 다스리는 신.
De termino Salutis.
구원의 기간에 대하여(1698년 J. G. Bose 지음)/
ex terminis notæ. 개념으로부터 알려진 명제들/
quaternio terminorum. 사방의 경계/
termini generales(獨 Allgemeinbegriffe). 보편 범주들/
termini transcendentales(獨 Transcendentalien).
초월 범주들/
terminos processuales. 기간(期間).

terminus a quo. 인식 수단(認識手段), 기산기, 기발점.
출발점(a termino a quo. 출발점 혹은 시발점에서).

terminus ad quem. 도착지점, 종착점, 귀착점, 결산기,
도달점, 상한선(…에 이르는 한계선), 인식의 대상.

terminus adquem. 종결점(終結點)

terminus æquivocus. 다의적 언사, 일어다의적 명사

terminus æternus. 영원한 도착점

terminus ante quem. 최종 연대/

terminus post quem. 시작 연대.

terminus appetitus. 욕구(慾求)의 종점

terminus artis. 예술의 한계

terminus cognitiónis. 인식된 종점

terminus contentiónum. 분쟁의 끝(terminus tentĭonum)

terminus conventionális. 약정된 기한

terminus dilatórĭus. 연기적 기한(延期的 期限)

terminus intelligendi. 인식의 종결

terminus judiciális. 재정 기한(裁定期限)

terminus legális. 법정 기한(法廷期限)

terminus legális peremptórĭus. 소멸적 법정 기한

terminus localis. 장소적 한계

terminus numeralis. 수사(數詞).
numeralia cardinália. 기본수사/
numeralia distributiva. 배분수사.

terminus pĕremptórĭus. 소멸적 기한(消滅的 期限)

terminus relátiónis. 관계의 종점(關係 終點)

terminus technicus(略.t.t.) 전문용어, 기술적인 용어.

terminus temporális. 기한(期限), 시간적인 도착점.

terminus tentĭonum. 분쟁의 끝(terminus contentĭonum)

termíteus, -a, -um, adj. (termes) 올리브 나무 가지의

termo, -ónis, m. (término) 기간, 기한, 한계(限界)

ternárĭus, -a, -um, adj. (terni) 셋의, 셋씩 짝지은,
셋을 포함함. m. 3분의 1 as.
ternas tabellas dáre. (판사에게) 세 가지 투표용지를 주다

terni -a, -a, distr., num. (ter) 셋을 하나로 한, 각각 세 씩.
Grátia terna. 미의 3여신(女神)(cf. Grátiæ)/
ter terna. 아홉 / terno órdine. 3열로/

terni deni, -æ, -a, distr., num. 각각 열 셋씩

terni sǽcula. 3세기 동안

ternio, -ónis, m. (terni) 삼의 수(數), 삼세번

térnitas, -átis, f. (terni) 3의 성질을 가진 것, 3이라는 수

tern… V. trin…

ternox, -nóctis, f. (ter+nox)
사흘 밤(삼야, Hércules가 세상에 온 밤).

ternus, -a, -um, adj. V. terni.
Terna. 추천 주교 후보 3명.

tĕro, trívi, trítum, terĕre, tr. 문지르다, 마찰시키다,
비비다, 부수다(רבה,חרב,חשל), 타작하다,
빻다, 바수다, 분쇄하다, 마모(磨耗)시키다, 닳게 하다,
둔하게 하다, 짓이기다, 짓밟다, 소비하다, 허비하다,
쓰다, 소모(消耗)하다, 헤프게 쓰다, 자주 다니다,
…에 전념(專念)하다, 시간(時間)을 보내다.
tempus adamánta terit. 시간이 금강석을 닳게 하다.

tero alqd in farínam. 무엇을 가루로 빻다

tero alqd in mortário. 절구 속에 부수어 넣다

tero in armis plebem. 백성을 전쟁에 소모(消耗)하다

tero in his discéndis rebus ætátem.
이 일을 배우는데 일생을 허비하다.

tero librum. 책을 헐게 하다

tero óculos. 눈을 비비다

tero rádios. 바퀴살을 문질러 닦다.

tero verbum. 말을 너무 많이 하여 평범하게 만들다

tero viam. 길을 자주 왕래하다

terpínum hydrátum, -i, n. (醫) 포수(砲水) 테르핀

Terpsíchŏre, -es(=Terpsíchŏra, -æ), f.
가무(歌舞)를 지휘하는 Musa 여신(女神), 시적감각, 시.

terque quaterque. 서너 번

terra, -æ, f. 땅(ארץ,מת,גלל,עפר,יָן).⑨ Earth), 지구, 흙,
토지, 육지, 지면, 땅 표면, 대지, 육지(바다, 하늘과 반대),
뭍(陸地.땅), 나라, 지방, 경작지, T- 땅의 여신(女神).
e terrá corpus relevo. 땅에서 몸을 일으키다/
accídere ad terram. 땅에 넘어지다/
ad terram do. 땅에 떨어뜨리다.추락시키다/
Ad terram naves deligáre. 육지에 배들을 대다/
animæ candidiores quales neque terra tulit.
땅에서 태어난 것 같지 않은 순백한 영혼.
(성 염 지음, 사랑만이 진리를 깨닫게 한다. p.430)/

Avari secrete custodiunt bona sua sub terram.
수전노들은 자기 재산을 땅 속에 몰래 보관 한다/
Defigere áliquem in terram cólaphis.
따귀로 아무를 땅에 꺼꾸러뜨리다/
demitto súblicas in terram. 말뚝을 땅에 박다/
dimidia pars terræ. 지구의 절반/
egredior in terram. 상륙(上陸)하다/
Episcopus in terra missionum. 전교 지방 주교/
Eritis mihi testes usque ad ultimum terræ.
너희는 땅 끝까지 나의 증인(證人)이 되리라/
erratæ terræ. 떠돌아다닌 여러 지방들.(erro'참조)
et terra et mari. 육지와 바다로 한꺼번에/
exeo in terram. 상륙(上陸)하다/
fastidiósus terræ. 육지를 싫어하는/
Figere in terra. 땅에 박다, 꽂다/
Ibi de terrâ óleum scáturit.
그곳에서는 땅에서 기름이 솟고 있다/
Imbres mária ac terras rigant.
폭우(暴雨)가 바다와 육지에 물을 넘치게 한다/
ita magnus terram cælo maritat. 땅을 하늘에 접붙인다.
limo terræ. 지상의 진흙/
impii vero de terra perdentur, et, qui inique agunt,
auferentur ex ea. (o`doi. avsebw/n evk gh/j ovlou/ntai oi` de.
para,nomoi evxwsqh,sontai avpV auvth/j) (獨 aber die Gottlosen
werden aus dem Land ausgerottet und die Treulosen
daraus vertilgt) (簿 But the wicked will be cut off
from the land, the faithless will be rooted out of it)
악인들은 이 땅에서 잘려 나가고 배신자들은 이곳에서
뽑혀 나갈 것이다(성경)/불의하게 살면 세상에서 끊기고
신용 없이 살면 뿌리가 뽑히고 만다(공동번역 잠언 2. 22)/
in céteris terris. 다른 나라에서/
in hac terra. 이 나라에서/
in terram navem ejicio. 배를 육지에 대다/
in terris. 세상에서, 현세에서/
insinuo ratem terris. 배를 육지에 살며시 들이대다/
iter terra pétere. 육지로 향하다/
Jubilate Deo Omnis terra. 온 땅은 하느님을 찬미 하여라/
Lætentur cæli, et exsultet terra.
하늘은 기뻐하라 땅은 춤 춰라/
Ligone terram fódere. 괭이(호미, 곡괭이)로 땅을 파다/
longe terram. 세상 먼 곳에/
mánibus terram exhaurio. 손으로 흙을 파내다/
mando semen terræ. 밭에 씨를 부리다/
naves ad terram religo. 배를 육지에 대어 정박시키다/
Nusquam terrárum. 세상 아무 곳에도 아니/
orbis terrárum, orbis terræ. 온 세상/
quæ terra párit. 땅이 생산하는 것/
recido in terram. 땅에 도로 떨어지다/
terra est una tantum. Ergo et cælum est unum tantum.
땅은 오직 하나뿐이다. 따라서
하늘도 다만 하나로 존재 한다/
stélla última a cælo, cítima terris.
하늘에서 가장 멀리 있고 땅에서 제일 가까운 별/
Sterilis quodcumque remittit terra,
토박한 땅에서 나는 것은 무엇이나/
Stirpes e terra sucum trahunt. 뿌리가 땅에서 물을 빤다/
sub terra. 땅 속에/
sub terras penetráre. 지하로 들어가다(지옥으로)/
terræ abdita. 땅속 깊은 곳/
terræ defígitur arbos. 나무가 땅에 심어지다/
terræ filius. 하찮은 사람, 무명인사(無名人士)/
terræ haustæ. 파낸 흙 / terræ motus. 지진/
terræ potestas finitur ubi finitur armorum vis.
영역권은 무력이 끝나는 곳에서 끝난다/
terræ quippe insufflauit Deus in faciem flatum uitæ,
cum factus est homo in animam uiuam. 하느님은 흙
의 얼굴에다 생명의 입김을 불어넣었으며 그러자 사람은
살아있는 혼(魂)이 되었다(신국론. pp.2353~2354)/

Terram Chánaan dedit Deus pópulo Israël in
possessiónem. 하느님께서는 가나안 땅을 이스라엘 백성
에게 그 영토를 주셨느니라(어떤 동사는 부설명어적 제2객어 대신에
그 앞에 전치사 in을 붙여서 그것을 목적부사어로 가지는 경우도 있다)/
terram circa arborem adaggero.
나무 주위에 흙을 북돋아 주다/
terram contingo. 땅에 닿다/
tóllere saxa de terra. 땅에서 돌을 줍다/
toto orbe terrárum. 온 세상에/
totus orbis terrárum. 온 천하, 온 세상/
Ubi terrárum(géntium). 세상 어느 곳에/
Ubicúmque terrárum(géntium). 세상 어느 곳에나/
umbilicus orbis terrárum. 세상의 중앙/
usque ad ultimas terras. 땅 끝까지.
Terra aggesta fluminibus. 강물로 퇴적된 흙
Terra Austrális de Spiritu Sancto.
성령의 남쪽나라(가톨릭교회의 가르침, 제22호, p.17).
Terra circum axem se convertit.
지구는 축(軸)을 중심으로 돌고 있다.
Terra circum axem suum summa celeritáte se convértit.
지구는 축을 중심으로 하여 매우 신속한 속도로 자전한다.
terra continens. 대륙(大陸), 본토(本土), 육지(陸地)
Terra est gloria Dei plena.
땅은 하느님의 영광으로 가득하다.
Terra et luna globosæ(globosa) sunt. 지구와 달은 둥글다.
terra facilis pecori. 목축에 알 맞는 땅
terra feta frugibus. 곡식이 잘 되는 땅
terra Gállia. Gállia국(나라)
terra grávidata semibus. 씨 뿌려진 땅
terra inops pacis. 평화 없는 땅
terra Itália. Itália국(나라)
terra labóris. 노동(勞動)의 땅
terra margáritæ. 구슬의 땅
terra márique. 바다와 육지로, 육지와 바다에서,
육지에서나 바다에서나. 땅과 바다.
(하나의 관용구로 전치사 없이 장소부사어로 쓰인 것이다.
que, et, ac, atque와 같은 뜻을 가진 전접 연계접속사로서 그 이어주는 단어
꼬리에 붙임. 전치사 뒤에서는 하나 더 뒤로 물러나기도 하고,
여러 단어를 나열할 경우에는 맨 끝에만 붙이기도 한다)
terra missïonum. 포교지(布教地.簿 missïons)
Terra movit. 지진이 있었다.
Terra numquam sine usura reddit.
대지(땅)는 절대로 이자 없이 돌려주지 않는다.
Terra pars mundi est, ideo pars est etiam dei.
땅은 세상의 일부이며, 따라서 신의 일부이기도 하다.
Terra promissionis(簿 Promised Land). 약속의 땅.
Terra repromissionis. 약속의 땅, 가나안 복지.
terra salsúginis. 염분(鹽分) 많은 불모지
terra sancta* 성지(簿 Holy Land.聖地·성소聖所)
Terra sudat sanguine. 땅은 피투성이다
terra vestita floribus. 꽃으로 덮인 땅
terræmótus(=terræmotus), -us, m. 지진(terra+móveo)
terrális herba. -æ, f. (植) 육물 냉이
terrænéöla, -æ, f. (鳥) 종달새(고천자돔天子 혹은 종다리라고 함)
terrárïum, -i, n. (terrárïus) 길로 쓰는 둑, 성토(盛土)
동물사육장(Aquárïum 수족관, 양어장의 대조).
terrárïus, -a, -um, adj. (terra) 흙이 많은
terrénïtas, -átis, f. (terra)
지상적인 것, 흙으로 된 것, 토지, 지방.
terrénus, -a, -um, adj. (terra) 땅의, 흙의, 흙으로 된,
육지의, 육상의, 육지에 사는, 지상의, 이 세상의, 현세의.
n. 밭(άγρòς), 땅(תֶֹ֫יַ.תיַֻ֫.簿 Earth).
n., pl. 육지동물, 현세의 것 m., pl. 지상의 인간, 사람.
béstiæ terrénæ. 육지동물/
De terrénæ civitatis vel concertatione vel pace.
지상 도성의 갈등과 평화(신국론, p.2796)/
imago terrena. 지상의 모상/
homo igitur anima rationalis est mortalis
atque terreno utens corpore. 인간이란 사멸하고

지상적 육체를 구사하는 이성적 영혼이다/
In terrena Liturgia cælestem illam prægustando
participamus. 우리는 이 지상의 전례의 참여할 때
천상의 전례를 미리 맛보고 그것에 참여하는 것이다/
spirituálĭa videri non possunt nisi quis vacet a
terrenis. 영적인 것은 이 세상에서 떠나지 않은
사람은 누구도 볼 수가 없다/
tumulus terrénus. 언덕.
térrĕo, térrŭi, térrĭtum, -ére, tr. 무섭게 하다,
겁주다, 놀라게(혼나게) 하다, 위협하다(ㄱㄱ), 쫓다,
겁주어 도망치게 하다, 딴 데로 방향을 돌리게 하다,
방해(妨害)하다, 말리다, 금지(禁止)하다.
Evangelium me terret(⑨ The Gospel terrifies me).
복음이 저를 두렵게 합니다/
Exhorresce quod minatur Omnipotens, ama quod
pollicetur Omnipotens; et vilescit omnis mundus,
sive promittens, sive terrens.
그대는 전능하신 분께서 위협하시는 것을 두려워하고,
전능하신 분께서 약속하시는 바를 사랑하십시오.
그러면 온 세상이 약속하든 위협하든 하찮아질 것입니다.
(최익철 신부 옮김. 요한 서간 강해. p.181)/
Iterum terret nos. 다시금 우리를 곤란하게 합니다/
térrŭi, ne opprimeréntur.
압박 받지 않을까 하고 무서워 떨면서.
terréstris, -e, (=terréster, -tris -tre,) adj. (terra)
땅의, 지구의, 지상의, 현세의, 땅과 관계있는,
땅에 사는, 뭍의(바다의 반대), 육지에 사는.
animánitum genus terréstre. 육지 동물의 종류/
res cæléstes atque terréstres. 천상과 지상의 사정/
terrestria corpora. 지상적 육체/
terréstre domicílium Jovis. Júpiter 신의 지상거처.
térrĕus, -a, -um, adj. (terra) 흙으로 된, 흙의, 세상의
terríbilis, -e, adj. (térreo) 무시무시한, 가공스러운,
무서운, 공포심을 일으키는, 존경.경외의 대상이 되는.
adv. terribíliter, 무섭게.
terríbilis aspectu. 보기에도 무시무시한
terribílitas, -átis, f. (terríbilis)
무서움, 공포(⑨ terror.獨 die Furcht).
terribulósus, -a, -um, adj. (terríbulum)
무시무시한(terróre plenus).
terríbŭlum, -i, n. (térreo) 고문(拷問) = torméntum,
tormen, cruciaméntum, cruciátus, supplícim.
terrícŏla, -æ, f., m. (terra+colo²) 세상에 사는 자
terrícrĕpus, -a, -um, adj. (terror+crepo) 무서운 소리 나는
terrícŭla, -æ, f. (=terriculaméntum, -i, n.) (térreo)
유령(幽靈-죽은 사람의 혼령이 생전의 모습으로 나타난 형상),
허수아비, 방어진지(防禦陣地), 축성(築城).
terrícŭlum, -i, n. (térreo)
유령(幽靈), 허수아비, 무서운 것, 환상(幻想).
terrifagus, -a, -um, adj. (terror+희랍어 phagein 먹는)
흙을 먹는.
terrificátĭo, -ónis, f. 공갈(恐喝), 무섭게 하는 것
terrífĭco, -áre, tr. (terríficus) 무섭게 하다, 놀라게 하다,
몸서리치게 하다, 공포심(恐怖心)을 일으키다.
terríficus, -a, -um, adj. (térreo+fácio)
무섭게 하는, 놀라운, 공포심(恐怖心)을 일으키는.
terrígĕna, -æ, (gen., pl. -genum,) m. (terra+gigno)
땅에서 난 자, 세상에 사는 자, 지상에서 난 것,
땅의 아들, 즉 거인들, 뱀, 달팽이 등.
Iason과 Cadmus 신화에서 용의 이빨에서 나온 사람들.
terrígĕnus, -a, -um, adj. (terra+gigno) 땅에서 난
terrílŏquus, -a, -um, adj. (térreo+loquor)
무서운 이야기하는.
terripávĭum(terripúdĭum), -i, n. = tripúdĭum
terrísŏnus, -a, -um, adj. (térreo+sono) 무서운 소리 내는
terrítábulum, -i, n. (térrito) 무서운 것,
유령(幽靈-죽은 사람의 혼령이 생전의 모습으로 나타난 형상).
territĭo, -ónis, f. (térreo) 겁줌, 무겁게 함

térrĭto, -ávi -áre, tr., freq.
놀라게 하다, 무섭게 하다, 공포심을 안겨주다.
territoriális, -e, adj. (territórium)
영토의, 토지의, 지역의, 속지적(屬地的)
territoriales episcoporum cœtus. 지역 주교들의 단체.
territórĭum, -i, n. (terra) 영토(領土), 국토, 지역,
관구(管區), 판도(版圖), 구역(區域), 관할구역.
Qui in territoria meo est, etiam meus subditus est.
나의 영토 안에 있는 것은 또한 나에게 종속한다/
Quidquid est in territorio est etiam de territorio.
영토 내에 있는 것은 또한 영토의 것이다.
territórĭum missiónis. 선교지역(宣敎地域)
térrĭtum, "térrĕo"의 목적분사(sup.=supínum)
terror, -óris, m. (térreo) 경악(驚愕), 불안(不安),
공포(恐怖.⑨ terror.獨 die Furcht), 무서움,
공포심을 일으키는 것. pl. 무시무시한 사건.
duóbus hujus urbis terróribus depúlsis.
이 도시를 무섭게 하는 두 원인을 제거하여/
Forsitan quærátis, qui iste terror sit. 이 공포는 어떤
것이냐고 혹시 누가 물어 볼지도 모르겠다/
objicio terrórem alci. 누구에게 공포심을 일으키다
terróres ad me ádtulit Cæsariános.
그는 Cæsar이 온다는 무서운 소식을 내게 가져왔다.
terror belli. 전쟁에 대한 공포
terror peregrínus, extérnus, sérvilis.
이국에서, 외부에서 오는 공포, 노예의 공포.
Terrórismus, -i, m. 폭력 행위(테러.⑨ Terrórism),
테러(⑨ terror/Terrórism)(가톨릭 교회 교리서).
Tersanctus, -i, m. 삼성송, 미사 중의 Sanctus 송(頌)
(거룩하시다. 거룩하시다. 거룩하시다. Sanctus, Sanctus, Sanctus).
térrŭi, "térrĕo"의 단순과거(pf.=perfectum)
terruósus, -a, -um, adj. (terro) 흙투성이의, 흙 섞인
térrŭla, -æ, f. 땅의 한 모퉁이, 땅떼기
terruléntus, -a, -um, adj. (terro) 땅의, 땅에서 나는,
지상의. adv. terruénte, 현세적으로.
tersi, "térgeo(tergo)"의 단순과거(pf.=perfectum)
tersor, -óris, m. (tergo) 닦는 사람, 문지르는 사람
tersórĭum, -i, n. 걸레(더러운 곳을 닦거나 훔쳐내는 데 쓰는 헝겊),
행주(그릇 따위를 깨끗하게 씻거나 훔치는 데 쓰는 헝겊).
tersum, "térgeo(tergo)"의 목적분사(sup.=supínum)
tersus¹, -a, -um, p.p., a.p. (tergeo) 깨끗한(καθαρὸς),
닦은, 산뜻한, 순수한, 우아한, 잘 손질된.
tersus², -us, n. (tergeo) 청소(淸掃), 닦음
tértĭa, -æ, f. [tértius] (hora) 제3시, (성무일도의) 3시 기도,
삼시경(三時經.⑨ Terce.獨 Hora tertĭa),
tértĭæ(partes) 3분의 1, 제3영할.
Est hora tértĭa minus quindecim minútis.
3시 15분 전이다/
Est hora tértĭa minus viginti minútis. 3시 20분 전이다/
Hora tértĭa cum decem minutis. 3시 10분이다.
tértĭa cum dimidia (hora). 3시 반
tértĭa cum dodrante. 3시 45분
tértĭa cum quadrante. 3시 15분
tértĭa cum viginti (minutis). 3시 20분
Tértĭa Declinátĭo. 제3변화
tertĭa ecclesiarum. 3분의 1稅, 3.1 조세
tertĭa numina. 지하의 신들
tertĭa pars. 삼분의 일(⅓)/tertĭa portĭo.
tertĭa portĭo. 삼분의 일(⅓).
tertĭa quæ creatur et non creat.
창조되고 창조하지 않는 자연(피조물에 대한 것).
tértĭa quaque hora. 세 시간 마다
tertĭa probatĭo. 수련 제3기[예수회에서 회원을 정식 입회시키기 전 수련
기간의 제3년. 첫 2년을 Noviciate라 한다. 수련 3기는 오랜 동안 공부를 하고
사제품을 받은 후에 영성을 강화하기 기간이다. 이때 30일 피정을 한다. 예수회
회원 공부 등 여러 가지 사목 체험을 하게 된다. 이 기간은 Schola Perfectionis
(완덕 학업기)라고 한다. 수련 제3기에 있는 사람을 Tertianus라 한다.
백민관 신부 엮음, 백과사전 3, p.618].
tertĭa regna. 지하의 왕국(地下王國)
tertĭa via. 세 번째 길

tertiadecumáni(=tertiadecimáni) -órum, m., pl. (sc. mílites) [tértius+décimus[1]] 제13연대의 군인들.
tertianæ febres. 학질(말라리아.[라] malária, -æ, f.)
tertiánus, -a, -um, adj. (tértius)
사흘거리, 사흘만큼 오는, 사흘에 한 번씩 있는.
m. 예수회 수련 제3기에 있는 회원.
tertiáni, 제3연대의 군인(들).(primánus. 제1학년생/ secundánus. 제2학년생/ tertiánus. 제3학년생/ quartánus. 제4학년생. 또는 primánus.를 최고학년으로 삼고 차례대로 내려가는 수도 있음).
tertiárĭus, -a, -um, adj. (tértius) 3분의 1을 가진, 3분의 1이 들어 있는, 3분의 1의, = tértius. m. 3분의 1.
tertiátĭo, -ónis, f. (tértio[2]) 세 번 거듭함
tertiáto, adv. 세 번째로
tertiátus, -a, -um, p.p. (tértio[2])
térticeps, -cĭpis, adj. (tértius+caput) 제3서열의
tértĭo[1] adv. (tértius) 셋째로, 세 번째로, 제3
tértĭo[2] -ávi -átum -áre, tr. (tértius)
세 번 거듭하다, 세 번째 하다, 3분하다,
(농사) 세 번째 일 즉 시비경운(施肥耕耘)을 하다.
tértĭo mense post. 석 달 후에
Tertĭo Millennio Adveniente. 제삼천년기
tértĭum, adv. (tértius) 세 번(째로).
extractum bellum in tertĭum annum.
삼년 째 끌어 온 전쟁(éxtrăho 참조).
tertĭum actum postea tibi raddam.
제3막은 다음에 이야기해주마.
tertium genus. 셋째 계급
tertium genus bonorum. 제삼의 선
(제삼의 선이라고 하는 까닭은 이것이 선한 사람에게는 선이되고 악한 사람에게는 악이 되기 때문. 교부문헌 총서 15, 신국론. p.837).
tertĭum non datur. 세 번째 것은 존재하지 않는다.
tértĭus, -a, -um, num., ordin. (ter) 셋째의, 제3의, 지하의.
f., pl. **tértĭæ**, -árum, 3분의 1, 제3역.
m., f. 로마 가문의 셋째 아들 또는 딸에게 붙이는 이름.
Anno tertio legatus cum decima legione oppidum occupavit. 세 번째 해에 부사령관은 제10군단을 거느리고서 도시를 점령하였다/
Aut amat aut odit mulier, nihil est tertium.
여자는 사랑하거나 미워하거나 둘 중의 하나다,
제3의 길은 전혀 없다.(Publilius Syrus)/
Et factum est vespere et mane, dies tertius(창세 1, 13)
(kai. evge,neto e`spe,ra kai. evge,neto prwi, h`me,ra tri,th)
([영] Evening came, and morning followed-the third day)
저녁이 되고 아침이 되니 사흗날이 지났다(성경)/
이렇게 사흗날도 밤, 낮 하루가 지났다(공동번역)/
tértia númina. 지하의 신들/
tértia regna. 지하의 왕국.
Tertius Ordo([영] tertĭáries). 제삼회(오늘날 교회 안에 교회의 법인들로 인정되고 있는 제3회들은 다음의 10개로 알려져 있다 Augustiniani/ Carmelitani/Dominicani/ Franciscani/ Mercedárii/ Minimi/ Oblati Benedictini/ Præmonstratenses/ Servitæ/ Trinitárii).
Tertius Ordo est Fratrum et Sorórum de Pœnitentĭa.
제3회는 회개의 형제, 자매회이다.
Tertius Ordo Franciscanus Seculáris.
프란치스코 제3회(在俗 三會)
tertius ordo sæculáris. 재속 제3회
tertius usus legis. 법률의 제3적용
tertiusdécĭmus, -a, -um, num., ordin. 13번째의, 제13의
tertĭusvicésĭmus, -a, -um,
num., ordin. 23번째의, 제23의.
Tertullianístæ, -árum, m., pl. tertulliánus의 추종자
Tertulliánus, -i, m. 교부 중 한사람(테르툴리아누스 참조)
tertus, -a, -um, adj. (térgeo) 깨끗한(καθαρὸς), 씻은
terúncĭus, -i, m. (sc. nummus) [ter+úncis]
Roma 화폐 최하단위, ¼ as(3온스),
보잘 것 없는 값, 일정한 액의 ¼.
herédem fácere ex terúncio.
아무를 유산의 ¼ 상속자가 되게 하다.
tervenéficus, -i, m. 극악한 (3중) 독살자
térvium, -i, n. = **trívium**

tesáurus = **thesáurus**
tesca(=tesqua) -órum, m., pl. (=**tescum**, -i, n.)
황무지(荒蕪地), 황량한 곳, 은둔, 광야(ישׁרוֹטי.טדְבָר.שְׁטָטָה.צִיָּה.ἔρημος.[영] wilderness/desert).
tescum, -i, n. [**tesca(=tesqua)** -órum, m., pl.]
tesqua(=tesca) -órum, m., pl. (=**tescum**, -i, n.)
téssala = **téssella**
tesrátus, -a, -um, p.p., a.p. 입증한
tessaracóste, -es, f. 제40일
téssella(=téssala) -æ, f. dim. (téssera)
네모난 돌, 쪽매세공 한 육면체, 주사위 돌,
모자이크 돌, 네모난 판, 네모꼴로 자른 살코기.
tessellárĭus, -a, -um, adj. (téssella) 모자이크의.
m. 모자이크공(工)
tessellátus, -a, -um, adj. (téssala)
네모난 돌로 된, 쪽매세공 된, adv. **tessellátim**.
téssello, -ávi -áre, tr. (téssala)
쪽매세공 하다, 네모난 돌로 길을 깔다.
téssĕra, -æ, f. 6면에 수가 새겨진 주사위 돌(4면만 새겨진 talus와 대조), 군대에서 명령문이 쓰인 네모 판자,
초대 손님들이 서로 알아볼 수 있게 한 네모명패; 우정,
돈이나 곡물의 배급표, 모자이크에 쓰이는 네모난 돌,
투표나 극장 입장권으로 쓰이던 금속.또는 상아패.
판.증명서.권, 서열을 새긴 패.
뗏세라(레지오의 그림과 기도문이 들어 있는 낱장의 인쇄물. 원래 tessĕra는 군대에서 명령문이 쓰인 네모 판자나 친구 사이에 우정을 나타내는 네모 명패였음).
ad tésseras se conférre. 주사위 놀이에 골몰하다/
hospitális téssera. 빈객판(주인이 찾아오는 사람을 손님으로 확인할 수 있도록 반쪽을 나누어준 빈객판賓客板).
tessĕra epistoláris. 우표(郵票.[라] sigillum cursuale)
tesserárĭus, -a, -um, adj. (téssera) 골패의, 주사위의,
증명서의, 판의, 명령서의. m. 명령서 전달자.
tesserátus, -a, -um, adj. (téssera) 네모난 돌로 만들어진
tessérŭla, -æ, f. dim. (téssera) 투표용 패, 곡물 배급표.
(pl.) 주사위 골패, 모자이크용 작은 돌.
testa, -æ, f. (tórreo) 벽돌, 기와, 도자기, 항아리, 단지,
질그릇, 도기, 옹기, 점토로 만든 등잔, 도기조각,
사금파리(사기그릇의 깨어진 조각), 뼈 조각, 거북이의 등딱지,
조가비(희랍인들이 투표 시 사용), 귤껍질. (pl.) testæ, Nero
황제가 시작한 박수의 일종(손바닥을 기왓장에 비유하여).
testácĕus(=testácius) -a, -um, adj. (testa)
구운 흙의, 질그릇(陶器)의, 옹기의, 기와조각의,
벽돌의, 벽돌색의, 껍질을 가진, 등딱지를 가진.
testámen, -ĭnis,(=**testamentum**, -i,) n. (testor)
유언([영] testament-죽음에 임하여 남기는 말), 유언장, 유서,
증언(יוּתן.μαρτυρìα.μαρτùριον.[영] Witness), 성약서,
(하느님과 인간 사이의) 계약(契約-희랍어 성서는 계약을 가리켰던 히브리말을 diathèke로 번역했는데 이 diathèke는 상대를 이루는 두 사람에 의해 취해진 의무들을 가리킨다. 테르툴리아노는 3세기 초에 diathèke를 testamentum이라는 라틴어로 번역했다. 오영민 옮김, 신약성서의 길잡이, p.303).
Novum Testamen. 신약성경, 신약성서/
tábulæ testaménti. 유언장(遺言狀)/
Vetus Testamen. 구약성경, 구약성서.
testámen fácere, obsignáre.
유언하다 공증인 앞에서 유언장을 작성하다.
testamenta informia. 요식 행위가 결여된 유산
testamentárĭus, -a, -um, (testaméntum)
adj. 유언(장)의, 유언에 관한.
m. 유언장 작성자, 유언자(遺言者), 유언장 위조자.
testamé(n)tum. V. **testámen**.
factĭo testaménti. 유언 작성(의 권한)/
heres ex testamento. 유언에 의한 상속인/
Testamenta Duodecim Patriarcharum. 열 두 성조의 언약.
Testamentum Augustus, ante annum et quattuor menses quam decederet, fecit. 아우구스투스는 죽기 일 년하고 넉 달 전에 유언장을 작성했다.
testamentum authenticum. 유언의 원문(原文)
Testamentum Domini. 주님의 언약, 주님의 증언록
Testamentum Domini nostri Jesu Christi.

우리 주 예수 그리스도의 유언.
Testamentum in Galilæa Domini nostri Jesu Christi.
우리 주 예수 그리스도의 갈릴래아에서 남긴 유언.
Testamentum nullum fecit, quia unde faceret pauper Dei non habuit. 그분은 아무런 유언을 남기지 않으셨는데, 하느님의 가난한 사람이 유언을 할 이유가 없기 때문이었다.(이연학 최원오 역주, 아우구스티노의 생애, p.153).
Testamentum, quo posthumus præteritus vivo testatore decedit, valet.
(유언에서) 유언 후 출생자가 간과되었으나 그가 유언자 생존 시에 사망한 경우의 유언은 유효하다.
Testamentum Salomónis. 솔로몬의 유언(遺言)
testátim, adv. (testa) 조각으로
testátĭo, -ónis, f. (testor) 증거인 노릇, 진술(陳述), 증언(עֵדוּתִי.μαρτυρὶα.μαρτὺριον.[영] Witness), 입증(立證), 증거(μαρτυρὶα.μαρτὺριον.[영] Witness).
testáto, adv. (testátus) 증인 앞에서, 확증된 후
testátor, -óris, m. [**testátrix**, -ícis, f.] (testor) 유언자(遺言者), 증언자(證言者).
Testator non potest usufructuario remittere cautionem fructuariam earum rerum, quæ usu comsumuntur, in præjudicium hæredis.
유언자는 용익권자에게 소비물의 용익에 대한 담보설정을 상속인의 불이익으로 면제할 수 없다.
testátus, -a, -um, p.p., a.p. (testor) 증명된, 확증된, 논의의 여지가 없는, 명백한, 유언한, 입증한, 확실한.
Testátus est autem in quodam loco quis dicens.
성서에 어떤 이가 이렇게 증언한 대목이 있습니다.
Testem benevolentiæ,
1899년 레오 13세의 아메리카니즘 배척에 관한 교황 서간.
testes, (**testis**[1] -is, m., f.) 증인들([영] Witnesses).
Apostoli testes proximi et oculati fuerunt.
([영] Apostles were the direct eyewitnesses)
사도들은 직접 증인, 목격자들 이었습니다/
Caritatis Testes. 사랑의 증인들/
Christi testes in orbe. 세상에 보여주는 그리스도 증거/
"Eritis mihi testes" in Africa.
([영] "You shall be my witnesses" in Africa).
아프리카에서 "너희는 나의 증인이 되어라"/
Primæ Resurrectionis testes([영] First witnesses of the Resurrection) 부활의 첫 증인들/
Vidimus, et testes sumus.
우리가 보았고, 우리가 증인입니다.
Testes seorsim singuli examinandi sunt.
증인들은 각각 따로 심문되어야 한다(교회법 제560조)
testes septimæ manus. 7명의 증인(證人)
testes veritátis. 진리의 증인들
téstĕus, -a, -um, adj. (testa)
흙의, 흙으로 된, 진흙으로 구워 만든.
testícius(=**testítius**), -a, -um, adj.
질그릇 뚜껑으로 덮어 구운(찐).
testicórĭus(=**testícutis**) -a, -um, adj. (testa+córium)
딱지가 있는, 조개류의.
testículátus, -a, -um, adj. (=testículus)
거세 하지 않은 (말).
f. órchion 또는 mercuriális 라고도 불리는 식물.
testícŭlus, -i, m. dim. (testis[2]) (植) Satýrion이라고도 불리는 식물, 야생난초(그 근의 생김새에서).
(解) 고환(睾丸-불알), 불알(睾丸), 신낭(腎囊-음낭).
testícutis, -e, adj. = **testicórius**
testificátĭo, -ónis, f. (testíficor) 진술, 입증, 보증, 증언(עֵדוּתִי.μαρτυρὶα.μαρτὺριον.[영] Witness), 증명(證明), 증거(證據)를 세움.
testíficor, -átus sum, -ári, dep., tr. (testis[1]+fácio)
증언하다(הֵעִיד.הֵעִד.μεμαρτὺρηκεν), 진술하다, 확증하다, 증거를 대다, 증명하다(הֵעִיד.הֵעִד), 증인 서다, 나타내 보이다, 확실히 하다, 표시하다, 증인으로 세우다, 삼다.
testificor amórem. 사랑을 나타내 보이다.
testimoniális, -e, adj. (testimónium) 증거의, 증인의, 증명하는, 증명하는 데 쓸 수 있는. f., pl. 증명서.
lítteræ testimoniáles. 자격 증명서, 서품 위임장.
testimoniátus, -a, -um, adj. (testimónium) 증명된
testimónĭum(=**testumónĭum**) -i, n. (testis[1]) 보증, 증언, 증명, 증거(μαρτυρὶα.μαρτὺριον.[영] Witness), 원조(援助), 도움([영] Assistance), 지지(支持).
alqd pro testimónio dícere. …을 증거로 말하다/
Cur dixisti testimonium? Quia coactus sum.
왜 증언을 했나? 강요를 받아섭니다/
De angelorum conditione quid secundum divina testimonia sentiendum sit. 천사의 창조에 관한 신적 증언을 어떻게 받아들일 것인가.(신국론, p.2780)/
De Testimonio Animæ. 영혼의 증언(떼르뚤리아누스 지음)/
Ejus rei testimónio est, quod bellum non íntulit.
그것의 증거는 그가 전쟁을 초래하지 않았다는 것이다/
Evangeliorum testimonium. 복음서들의 증언/
Gloria bónis hominibus testimonium bonæ conscientiæ.
착한 사람의 영광은 어진 양심이 증명하여 주는 데 있다/
id testimónio est + *inf.* 그것은 …을 증명 한다/
in testimónio religiosus. 진실을 증언하는/
Non loqueris contra proximum tuum falsum testimonĭum.
거짓 증언을 하지 마라(십계명)/
O testimonium animæ naturaliter christianæ.
오 본성적으로 그리스도교적인 양심의 증명이여/
Profecto Christus docuit, et hoc est testimonium, quod de se ipso perhibuit([영] Jesus taught. It is the witness that He gives of Himself) 예수께서는 가르치셨습니다. 이것은 당신 입으로 증언하신 바 있습니다.
(교황 요한 바오로 2세의 1979.10.16. "Catechesi tradendæ" 중에서)/
reddo *alci* testimónium indústriæ.
누구에게 근면성(勤勉性)을 증명해 주다/
sui judícii testimonium dare. 자기 재판의 증거를 보이다/
testimonia ad Quirinum. 퀴리누스에 관한 증거/
testimonia inofficiosa. 의무를 거슬린 유산/
testimonia secundum scripturas. 성경에 의한 증명/
testimoniórum fides. 증언의 신빙성(信憑性).
testimonium animæ. 영혼의 증명.
Testimonĭum animæ natúraliter christĭanæ.
영혼의 증명은 본성적으로 그리스도교적이다.
본성적으로 그리스도교적인 영혼의 증거.
testimonĭum dícere. 진술하다, 증언하다
testimonĭum integritatis. 무과실 증명서
testimonĭum publicum. 공적 증거(公的 證據)
testimonĭum spiritus sancti internum.
성령의 내적 증거.
testis[1] -is, m., f. 증인, 참관인, 목격자(μαρτυρὶα).
alcjs rei testem adhibére *alqm.*
누구를 무엇의 증인으로 내세우다/
Deus testes habere voluit homines, ut et homines habeant testem Deum. 하느님께서 사람을 증인으로 삼고자 하신 것은, 사람이 하느님을 증인으로 모시게 하려는 것입니다.(최익철 신부 옮김, 요한 서간 강해, p.61)/
examen testĭum. 증인 심문(證人 審問)/
excito testes. 증인들을 기립(起立)시키다/
historia vero testis temporum, lux veritatis, vita memoriæ, magistra vitæ, nuntia vetustatis.
무릇 역사는 시대의 증언이고 진리의 빛이며 기억의 삶이고 인생의 스승이며 고대의 전언이다/
In testium vestigiis. 증인들의 발자취를 따라/
invoco deos testes. 신들을 증인으로 부르다/
Judex non potest esse testis in propria causa. 재판관은 자기(가 관련된) 소송 사건에서 증인이 되지 못 한다/
Paulus est testis in matrimonio ejus.
바울루스가 그의 결혼식에서 증인이다(노릇을 한다)/
quos enim 'testes' latine dicimus, græce 'martyres' sunt.
우리가 라틴어로 '증인testes'이라고 일컫는 말은

그리스어로는 '마르티레스martyres(증인)'입니다.
[martyres는 그리스어로는 '증인'이란 뜻이지만, 라틴어로는 '순교자들'(martyr
의 복수형 martyres)이라는 뜻이 된다 아우구스티노의 수사학적 기교가
돋보이는 대목이다. 최익철 신부 옮김, 강해, p.611/

Redite ergo intro, fratres; et in omnibus quæcumque
facitis, intuemini testem Deum. 형제 여러분, 내면으로
돌아가십시오. 여러분이 하는 모든 일에서 하느님을
증인으로 삼으십시오.(최익철 신부 옮김, 요한 서간 강해, p.365)/
testes dare, proférre, adhibére. 증인들을 만들다/
Testes seorsim singuli examinandi sunt.
증인들은 각각 따로 심문되어야 한다(교회법 제1560조)/
testes septimæ manus. 7명의 증인/
testes veritátis. 진리의 증인들/
Vos estis testes horum.(⑨ You are witnesses of these
things) 너희는 이 일의 증인이다(성경 루카 24. 48).
testis² -is, m. (解) 고환(睾丸-불알), 음낭(陰囊)
testis ad extremum reservátus. 마지막으로 남겨둔 증인.
testis constans. 확실한 증인(⑨ certain witness)
testis cum ea voluntáte procéssit, ut
증인은 이러한 마음으로 나왔다, 즉 …
testis de auditu. 타인의 말을 듣고 전하는 증인.
testis de auditu ab auditu. 전문 증인으로부터 들은 증인.
testis de auditu videntibus. 목격 증인으로부터 들은 증인.
testis de credulitate. 맹신(盲信) 하는 증인.
testis de fama. 전문 증인(傳聞 證人).
testis de opinione. 자기 의견을 말하는 증인.
testis de scientia.
직접 증인(直接證人-자기의 오관으로 인식한 것을 진술하는 증인).
testis de visu. 목격 증인(testis oculáris).
testis gravis. 무게 있는 증인, 신빙성 있는 증인.
testis incertus(⑨ vacilating witness). 불확실한 증인.
testis injurátus(⑨ unsworn witness). 맹세 않은 증인.
testis instrumentális. 도구적 증인(道具的 證人).
testis judiciális. 사법상 증인(司法上 證人).
testis jurátus(⑨ sworn witness). 맹세한 증인.
testis legitimus(⑨ legitimate witness). 합법적 증인.
testis locupletissimus. 가장 자격 있는 증인.
testis non idoneus(⑨ unsuited witness). 부적합한 증인.
testis oculáris(⑨ Ocular witness). 목격 증인.
testis privátus. 사적 증인(私的證人).
testis publicus. 공적 증인(公的證人).
testis qualificátus. 공직자로서의 증인,
특수 자격증인(⑨ qualified witness).
testis religiósus. 진실한 증인.
testis singuláris(⑨ singular witness). 의견이 다른 증인.
testis singuláritate. 상치(相値)되는 증인.
testis singuláritate adminiculativa.
중복되는 증인(⑨ cumulative witness).
testis singuláritate diversificativa.
상이한 증인(⑨ diversative witness).
testis suspectus.(⑨ suspect witness)
혐의(嫌疑) 있는 증인.
Testis unus testis nullus. 한 명의 증언은 증명력이 없다.
유일한 하나의 증거는 증거가 아니다.
testítrāhus, -a, -um, adj. (testis+traho)
생식기를 늘어뜨린 수컷 말, 전마(駄馬).
testo, -áre, tr. (testis¹) 입증하다(ㅁㅋㅋ.ㅁㅋㅋ).
testor, -átus sum, -ári, dep. (testo) tr. (testis¹)
증거를 대다, 입증하다(ㅁㅋㅋ.ㅁㅋㅋ), 진술하다,
증언하다(ㅁㅋㅋ.ㅁㅋㅋ.μεμαρτύρηκεν), 확증하다,
증명하다(ㅁㅋㅋ.ㅁㅋㅋ), 증인으로 내세운다,
증거로 삼다, 유언(遺言)하다, 유서(遺書)를 쓰다.
hoc vos testor. 이것에 대하여 너희들을 증인으로 삼는다/
vos testor me deféndere…
내가 방위하는 것에 대하여 너희들을 증인으로 내세우다.
testor alcjs furtum. 누구의 절도에 대하여 증언하다
testor alqm de alqā re.
어떤 일에 대하여 누구를 증인으로 삼다.
Testor deos. 신들을 증인으로 내세우다

testu, indel., n. [=testum, -i, n.] (testa)
도기(陶器), 도기뚜껑, 토기(土器), 기와.
testuátium, -i, n. (testu) = testícius
testudinátus, -a, -um, adj. (testúdo) 구부러진, 휜,
거북 등딱지 모양의, 둥근 천정형의, 궁륭형(穹窿形)의.
testudineátus, -a, -um, adj. (testúdo)
둥근 천정으로 장식된.
testudíneus, -a, -um, adj. (testúdo)
거북의, 거북등딱지로 만든.
testúdo, -dĭnis, f. (⑨ Cross Vault.獨 Kreuzgewölbe)
(動) 거북이, 남생이, 거북이 등딱지, 거북등딱지 입히기,
교차 궁륭(交叉 穹隆), 궁륭 천정, 거북 등 모양의 방어무기.
(音) 거북 등 모양으로 만든 악기; 리라(lyra, -æ, f.),
루트, 거문고 등 현악기(絃樂器).
supináta testúdo. 자빠진 거북이.
téstŭla, -æ, f. dim. (testa) 도기의 조각,
사금파리(사기그릇의 깨어진 조각), 옹기로 만든 등잔,
희랍시대 위험인물을 추방하기 위한 도편(陶片).
testum, -i, n. [=testu, indel., n.] (testa)
testumónĭum(=testimónĭum) -i, n. (testis¹)
teta, -æ, f. (鳥) 비둘기의 일종
tétănus, -i, m. (醫) 강직경련, 파상풍(破傷風) 신경수축.
adj. tetanícus, -a, -um.
tetartemórĭa, -æ, f. (音) 4분의 1음, ¼음(音)
tetartemórĭon, -i, n. (天) 황도대(黃道帶)의 ¼
tête, acc., abl. [tu+te] (cf. tu¹) 너를, 너로
teténdi, "tendo"의 단순과거(pf.=perfectum)
tēter(=tæter) -tra -trum, (tætrus, -a, -um,) adj.
검은, 기분 나쁜, 끔찍스러운, 미운, 보기 싫은,
싫은, 음산한, 재미없는, 혐오를 일으키는, 흉한.
téthĕa, -órum, n., pl. 해면(海綿)의 일종
Tēthys, -yos, (acc. -ya 또는 -yn,) f. 바다의 여신(女神),
Océanus의 아내, 바다 요정들의 어머니, 바다.
tétĭgi, "tango"의 단순과거(pf.=perfectum)
Tetigisti acu. 똑바로 맞추었다
Tetigit provinciam. 그는 시골에 도착했다
tetínerim, tetinísse, pf. (téneo)
tetrac(h)órdos, -on, adj. 네 줄로 된, 4음절의, 4리듬의,
tetrac(h)órdos anni. 일 년의 사계절
tetrachrónos, -on, adj. 사계절의
tetracólus(=tetracólus), -a, -um, adj. 네 개의 음절로 된,
사지형(四肢形)의. n. 사행시(四行詩)
tetradíum(=tetradéum), -i, n.
4의 수, 네 개로 이루어진 것, 악기의 일종.
tetradóros, -on, adj. 네 뼘 길이의
tetraéteris, -ídis, (acc. -rída) f. (詩) 4년의 기간.
tetrafármecum, -i, n. = tetraphármacum
네 성분으로 된(고) 약(藥).
tetragnáthĭus, -i, n. (蟲) 독거미의 일종.
tetragonális, -e, (=tetragóntcus, -a, -um,)
adj. 4각의, 4면체의.
tetragónĭum, -i, n. (tetragónus) 사각의 망토.
tetragónus, -a, -um, adj. 4각의, 4방형의.
n. 사각형, 사면체.
tetragrámmătos, -ŏn, adj. 네 글자로 된, 네 자의,
(substantivum) tetragrámmăton. n. YHWH, JHVH,
(히브리말 자음 넉자로 쓰이는) 야훼 이름.
tétrălix, -ĭcis, f. (植) 히드의 일종.
tetrámĕter, -tri, m. 4운율(四韻律)의
tetrámĕtrus, -i, m. (詩) 4운율(四韻律) 시(詩)의.
tĕtrans, -ántis, m. 4분의 1(¼), (側) 두 선의 교차점.
tétrāo, -ónis, m. (鳥) 뇌조(雷鳥), 닭의 일종
tetraónymus, -a, -um, adj. 이름 넷을 가진
tetraphármacum, -i, n. = tetrafármecum
네 성분으로 된(고) 약(藥).
tetráphoros, -on, adj. 네 번째 운반인, 4인의 운반인
tetráphylum, -i, n. 사대문에 이르는 사거리
tetraplásĭus, -a, -um, adj. 네 배의

tétrăplo, -áre, tr. 사 배하다, 네 곱하다
tetraptótos, -on, adj. (文法) 격이 넷밖에 없는
Tétrăpus, -pŏdis, m. 네 발 짐승,
네 발 짐승 요리에 관한 Apícius 저서 제8권.
tetrárcha(=**tetrarches**) -æ, m. 사분령태수(四分領太守),
영주(領主), 사분봉왕(四分封王, matth. 14, 1).
in illo tempore audiit Herodes tetrarcha famam Iesu.
(VEn evkei,nw| tw/| kairw/| h;kousen ~Hrw,|dhj o` tetraa,rchj th.n avkoh.n VIhsou/) (Zu der Zeit kam die Kunde von Jesus vor den Landesfürsten Herodes) (At that time Herod the tetrarch heard of the reputation of Jesus)
그때에 헤로데 영주가 예수님의 소문을 듣고(성경 마태 14, 1)/
그 무렵에 갈릴래아의 영주 헤로데 왕이 예수의 소문을 듣고(공동번역)/그 무렵에 영주 헤로데가 예수의 소문을 들었다(200주년 신약성서 마태 14, 1).
tetrarhýthmus, -a, -um, adj. 사박자를 가진
tĕtras, -ădis, f. 넷, 네 개, 네 개로 된 것
tetrasémus, -a, -um, adj. 사음절의
tetrasporángium, -i, n. (植) 4분 포자낭(四分 胞子囊)
tetrástĭchos(=**tetrástĭchon**), (**tetrástĭchus**, -a, -um,)
adj. 사(四)줄의, 사열의, n., pl. **tetrástĭcha**, -on, 사행시.
tetrástrŏphus, -a, -um, adj. 사절로 된, 사주식의(건물)
tetrasýllăbus, -a, -um, adj. 사음절의
tetre(=**tætrum** = **tætre**) adv. (teter)
추하게, 잔혹(殘酷)하게, 음침하게.
tetrícĭtas, -átis,(=**tætritudo**, =**tetritúdo** -dĭnis,) f.
(tétricus) 기분 나쁨, 음산함, 침울함([영] Sadness),
음울한 기분, 골난 얼굴, 못생김, 추악함.
tétrĭcus, -a, -um, adj. (teter) 우중충한, 음산한,
침울한, 음울한, 음침한, 골난(화난), 엄한.
tetrínnĭo, -íre,(**tetríssĭto**, -áre,) intr. 험담하다, 욕하다,
꽥꽥 소리 지르다(오리 소리), 잔소리하다.
tetritúdo(=**tætritudo**) -dĭnis, f. (=**tetrícĭtas**, -átis)
못생김, 추악함.
tetro(=**tætro**), -áre, tr. (teter)
무시무시하게 하다, 싫게 하다, 더럽히다.
tetrum(=**tætrum**) adv. (teter)
진저리나게, 무섭게, 혹독(酷毒)하게.
tetrus, -a, -um, adj. = tætrus
tettigométra, -æ, f. 매미의 유충(幼蟲)
tettigónĭa, -æ, f. 작은 매미
tétuli = tuli의 고형(fero, tulo),
"tulo"의 단순과거(pf.=perfectum).
[tulo, tuli(tétuli), -ĕre, tr. 받들다, 돕다, 참아 받다].
tétulus(=**títŭlus**) -i, m. (=**títŭlum**, -i, n.)
teuchítis, -tĭdis, m. (植) 난초의 일종, 향등초(香燈草)
Tĕúcrĭa, -æ, f. Teúcri인들의 나라, Troja 왕국
(植) 개곽향속(盖藿香屬)의 식물.
Teus, -i, f. = **Téos**
Téuta, **Teutána**, -æ, f. Illýria의 여왕
Teutátes, -æ, m. 고대 Gállia인들의 죽음의 신
teúthălis, -ĭdis, (acc. -ĭda) f.
(植) 양귀비과의 식물, 요과(蓼科).
tēxi, "tego"의 단순과거(pf.=perfectum)
téxito, -áre, freq., tr. (texo)
짜다(ארג), rue다, 엮다(טוה)(편編).
texo, -xŭi -xtum -ĕre, tr. 짜다(ארג), 엮다(טוה),
얽다, 베틀에 날을 날다(걸다), 얽어서 만들다,
집 짓다, 이야기 속에 넣다, 설명하다, 보고하다.
texo basílicam. 대성전을 짓다/
texo epístulas cottidiánis verbis. 일상어로 편지를 쓰다.
texo sermónes. 대화하다, 말을 교환하다
textérna, -æ, f. = **textrína**. 직조 작업장, 직조공 조합
Textes et documents* 문헌(略:TD)
téxtĭlis, -e, adj. (texo) 짠, 결은, 엮은, 얽은.
n. (sc. opus[1]) 천, 직조물(織造物),
textile strágulum. 융단, 카펫([영] carpet).
textor, -óris, m. (texo) 방적공(紡績工), 직조공(織造工)
textórĭus, -a, -um, adj. (textor) 방적공의, 직물의
textrícŭla, -æ, f. 소녀 직공(小女職工)
textrina, -æ, f. = **textérna**. 직조 작업장, 직조공 조합
textrínus, -a, -um, (textor)
adj. 짜는, 직공의, 직물의, 직조하는.
f. 직조공 조합, 직조 작업장.
n. 직조공장(織造工場), 조선공창
textrix, -ícis, f. (gen., pl. -cum,) f. (textor)
방적 여공, 베 짜는 여자, 옷감 짜는 여자.
pl. Parcœ 여신(女神).
textum, "texo"의 목적분사(sup.=supínum)
textum, -i, n. (texo) 베, 천(布-옷감), 옷감, 직물, 의복,
씨(緯), 조직, 구조, 조립, 결합, 편물(編物), 건축물.
textum clípei. 방패의 구조(防牌 構造)
textum rárum. 비치는 천
textúra, -æ, f. (texo) 베, 옷감, 천, 직물, 구조, 조직
textus, -us, m. (texo) 엮음, 천(布-옷감), 베, 방적, 조직,
구조, 조합(組合), 원문, 문면, 문맥, 문구의 전후본문,
취지(趣旨-어떤 일의 근본 목적이나 의도).
Iter atque mens in textus comparatione.
본문의 준비 과정과 그 정신.
Textus criticus. 본문 비판본(本文 批判本)
Textus doctrinale pondus.([영] The doctrinal value of the Text) 본서의 교리적 가치.
Textus interpolátus. 위조 사본, 개찬(改撰) 본문
Textus patristici et Liturgici*(약:TPL) 교부전례문집
textus purus. 순수 본문
Textus receptus(略:T.R.) 받아들여진 본문(→공인본),
공인 사본, 공인본, 유통 본문, 유통 사본, 표준문.
[Textum ergo habes, nunc ab omnibus receptum in quo nihil immutatum aut corruptum damus. '이제 모든 사람이 받아들이는 텍스트를 가지게 되었다. 이 텍스트는 불변하는 텍스트라든가 오류의 텍스트가 있다고는 결코 주장하지 않는다'라는 문구에서 T.R.이 나옴.
Primatus Petro datur. "베드로에게 수위권이 주어졌다"란 표현 때문에 수위권 사본(Primatus Textus:P.T.)이라 함.
Textus recognitus. 정정안(訂正案)
textus verus. 원전 문헌(原典 文獻)
texŭi, "texo"의 단순과거(pf.=perfectum)
Thaddæus, -i, m. 다두, "타대오" 본명의 옛말
thalamégus, -i, f. 요트의 일종, 쾌속정(快速艇)
thalamencéphalon, -i, n. (解) 시상뇌(視床腦), 간뇌(間腦)
thálămus, -i, m. 안방, 침실(寢室), 부부의 침상, 신방,
거실, 결혼, 혼인. (解) 시신경의 자리, 시상(視床), 간뇌.
benedictio thalami. 신방의 축복.
thalássa, -æ, f. 바다.
Apícius의 바다고기 요리에 대한 저서 "바다".
thalásseros, -ótis, m. (藥) 안약의 일종
thalássĭa, -órum, n., pl. 해안지방
thalássĭcus(=**thalássĭnus**) -a, -um, adj. 바다의, 바다색의
Thalássio, **Thalássius** V. **Tlássio**, **Talássius**
thalassítes, -æ, m. 바다에 담가서 익힌 술
thalássomel(=**thalassómĕli**), -ĕllis, n.
꿀과 해수로 만든 음료수의 일종.
thalássometra, -æ, m. 바다를 측량하는 자
Thalía(=**Thaléa**), -æ, f. 희극의 여신 Musa,
바다의 요정, 美의 3여신(女神) Grátiæ 중 하나.
thalíctrum(=**thaliétrum**) -i, n. (植) 도불향초(稻不香草)
thallus[1] -i, m. 푸른 가지, 도금양 나무 가지
thallus[2] -i, m. 희랍 역사가
thamnum(=**thannum**) -i, n. 관목 숲
Thámyras, -i, m. Thrácia의 전설적 시인(詩人),
Musœ 여신(女神)의 노래를 혹평한 죄로 눈알이 뽑힘.
thápsĭa, -æ,(=**thapsos**, -i,) f. (植) 탑시아,
지중해의 미나리과 독초, 명흑향수(明黑香樹).
thaumatologia, -æ, f. 기적론(백민관 신부 엮음, 백과사전 3, p.626)
thaumatúrgus, -i, m. 기적가(奇蹟家), 요술쟁이
theamédes, -is, (acc. -en) m. 기철석(忌鐵石)

T

theatrális, -e, adj. (theátrum) 극장의, 극(劇)의,
과장된, 꾸민, 거짓의, 방종한.
theatráles óperæ. 극장에서 돈 받고 갈채 하는 갈채꾼.
theátrĭcus, -a, -um, adj. (theátrum) 연극의.
tamquam theatrici spectatores. 극장 관객.
theatrĭdium, -i, n. dim. (theátrum) 소극장
theátrum, -i, n. 극장(劇場), 연주하는 곳, 무대,
희랍의 의회가 모이던 계단식 원형광장,
관람객(觀覽客), 관중(觀衆), 관객(觀客), 청중(聽衆),
연극, 장면, 현장, 활동(작용) 범주, 고객(顧客),
cavea theatri. 객석(客席-로마 극장은 무대scæna, 무대 앞 공간orchestra,
객석cavea theatri. 출입구vomitorium으로 구성되었다. 로마에 화려한 고정 극장을
건축한 것은 BC 55년 폼페이우스였다. 교부문헌 총서 15, 신국론. p.204)/
(forum fuit) quasi theatrum illíus ingénii.
광장은 마치 그의 재능의 현장 이었다/
frequentíssimum theátrum. 초만원을 이룬 극장(劇場).
thēca, -æ, f. (칼) 집, 씌우개, 펜 집, 작은 곽, 궤, 상자,
봉투(封筒). (動) 번데기(의) 외각(外殼).
(植) 이삭, 포자낭(胞子囊), 화분낭(花粉囊).
(가) 봉성체갑*, 성유물함(Reliquiarium).
theca eleemosynarum. 기부금 통.
theca follĭculi, -æ, f. (醫) 난포막(卵胞膜)
thecátus, -a, -um, adj. (theca) 집에 꽂힌, 곽(箱子)에 넣은.
thelítis, -tĭdis, f. (醫) 유방염(乳房炎-유선염)
thelodíves, -vĭtis, adj. 부자로 자처하는
thelohúmĭlis, -e, adj. 겸손하다고 자처하는
thelosápĭens, -éntis, adj.
똑똑하다고 자처하는, 잘 보이려고 하는.
Thelxímoē, -es, f. Musæ 여신 중 하나
thelycárdĭos, -i, m. 보석의 일종
thelýptĕris, -ĭdis, f. (植) 고사리의 일종, 관모중초
thema, -átis, n. 주제, 제목, 논제, 과제, 화제(話題),
(출생 시의) 별점(星占), 천간지지(天干地支), 띠(사람이 난
해의 지지地支를 상징하는 동물의 이름을 그 사람에게 결부시켜 이르는 말),
사주(四柱-사람이 태어난 연월.일.시의 네 가지 간지干支).

	sg.	pl.
Nom.	thema	themata
Voc.	thema	themata
Gen.	thematis	thematum(-órum)
Dat.	themati	thematibus(-is)
Acc.	thema	themata
Abl.	themate	thematibus(-is)

(허창덕 지음, 중급 라틴어, p.12)
thema consonántis. (文法) 자음어간
Thĕmis, -ĭdis, (acc. in) f. Uránus의 딸,
하늘의 신과 땅의 신과의 딸, 법률.질서.정의 점의 여신.
Thémison, -ónis, m. Laodicéa의 유명한 의사
Themísta, -æ, (Themíste, -es) f.
Lámpsacus 출신의 Epicúrus 학파의 여자 철학자.
Themístŏcles, -is(i), m. 테미스토클레스[Athénoe의 유명한 장군
이며 정치가. c. 525-461 A.C.. Salamis에서 xerxes가 이끄는 함대를 격파함].
Classiárii cum manere non auderent, Themistocles unus
restitit. 수병들은 감히 남으려 하지 않았지만
테미스토크레스는 혼자서 버티었다.
Themistocles mori maluit quam auxilium petere ab
hostibus. 테미스토클레스는 적들에게 도움을 청하기보다는
차라리 죽기를 더 바랐다.
thēnsa = tensa
thensáurus, -i, m. = thesáurus
Thensaurus rĕrum ómnĭum memoria.
기억은 모든 지식의 저장고(貯藏庫)이다.
theocentrísmus, -i, m. 신 중심적인 세계관
theocrátĭa, -æ, f. 신정(神政), 신권정치(神權政治),
신정치(⑨ theocracy), 성직정치(聖職政治)
Theodicea, -æ, f. 신론[그리스어 theos '신'+dike '옳은 일'),
신정론→변신론(⑨ theodicy), 변신론(⑨ theodicy)
Theodiceæ seu Theologiæ Naturalis Elementa.
신론 혹은 자연 신학의 기초(우바그스 1814년 지음).
theogónĭa, -æ, f. 신들의 족보(Hesíodus의 저서명),

신들의 탄생 신화, 신통기(神統記).
theologális, -e, adj. (theología)
신에 관한, 신학적인, 엄숙(嚴肅)한.
virtus theológalis. 하느님을 대상으로 한 덕행, 향주덕.
theológĭa, -æ, (acc. -an,) f. 신학(⑨ theology),
[Origenes Alexandriæ(?~254년)가 최초 사용]
adj. theológĭcus, -a, -um.
auctoritas theologiæ. 신학의 권위/
Commentarii theologici. 신학적 주석/
Crux est sola nostra theologia.
십자가는 우리의 유일한 신학이다/
De Consolatione Theologiæ. 신학의 위안/
De elucidatio mysticæ theologiæ. 신학 신비의 해명/
De mystica Theologica. 신비 신학/
De theologicis Dogmatibus. 교리 신학론/
De tropis theologicis. 신학적 비유에 대하여/
De Virtutibus Theologicis. 향주덕(1652년)/
Disputatíones Theologicæ. 신학 토론집/
Emporium theologiæ, 신학 시장/
historia theologiæ(⑨ history of theology). 신학사/
Insignem partem sustinet theologia in doctrinarum
omnium summa sive synthesi quærenda pariter ac in
dialogo inter fidem et rationem. 신학은 신앙과 이성
간의 대화에 있어서 뿐 아니라 인식의 종합을 추구하는
데에 있어서도 특별히 중요한 역할을 담당한다.
(1990.8.15. "Ex corde ecclesiæ" 중에서)/
licentĭa in theologiæ facultate docendi.
신학부 교수 자격증/
Locum præterea legitimum suum etiam theologia uti
scientia obtinet inter ceteras disciplinas apud
Universitatem. 신학은 다른 학과목들과 나란히 대학교
내에서 합법적 위치를 차지한다/
Princeps Thomistarum in theologia. 토미즘 신학의 왕자/
Sacræ Theologiæ Magister.
(수도회에서) 신학교수 자격자, 신학박사/
Sacræ Theologiæ Professor. 신학 교수/
theologica institutĭo(⑨ theological training). 신학수업.
theologia ascetica.
수덕 신학(⑨ ascetical theology→영성신학).
theologia biblica(⑨ biblical theology). 성서신학.
theologia caritatis. 사랑의 신학
theologia christiana. 그리스도교 신학(아벨라르도 지음).
theologia civilis. 민간신학
theologia controversiális. 논쟁 신학
(獨 Kontroverstheolgie.⑨ controversial theology).
theologia cordis. 마음의 신학
theologia crucis. 십자가의 신학(J. Moltmann 주장).
theologia culturæ.
문화신학(⑨ theology of culture.獨 Kulturtheologie).
theologia de mortos Deo.
사신신학(⑨ theology of death of God-신 죽음의 신학).
theologia dialectica. 변증법적(辨證法的) 신학
(⑨ dialectical theology.獨 Dialektische Theologie).
theologia dogmatica(⑨ dogmatic theology). 교의신학.
theologia dogmatica et moralis.
교리신학과 윤리신학(1894년).
theologia dogmatica Scholastica. 스콜라 교리신학.
theologia experimentális(⑨ experimental theology).
실험 신학, 체험신학(종교적 체험을 신학의 출발점으로 하는 F.
Schleiermacher 학파. 프로테스탄트 신학계에서 루터의 신앙 정의에 자극되어
종교체험이 중요한 역할을 한다. 가톨릭 신학에서는 신비 사상가들이 하느님
체험을 강조하나, 신학의 구성에서는 개인적 체험보다는 사회적, 역사적 체험,
특히 역사 속에 전개되는 구세사적 체험을 중요시한다. 다시 말하면 계시된
하느님의 구원 경륜이 교회를 통하여 구현되는 것을 체험하는 것이 중요시
된다. 백민관 신부 엮음, 백과사전 3, p.1043).
theologia fundamentális. 기초신학(⑨ fundamental
theology.獨 Hermeneutische Fundamentaltheologie).
[철학적 고찰 특히 자연신학 혹은 철학적 신론에서 출발해 종교론, 교회론,
계시론(성전聖傳을 포함)을 취급해 교리신학의 기초를 세우는 호교론적 신학체계.
예전엔 호교론(Apologetica)이라 했다. 백민관 신부 엮음, 백과사전 2, p.102].
theologia Germanica. 독일신학(獨 Deutsche Theologie)

(14세기 후반 익명의 저자가 쓴 신비서. 튜튼 기사수도회 사제가 쓴 것이 확실).

theologia gloriæ. 영광의 신학

theologia historiæ(영 theology of history). 역사신학

theologia homiliæ. 설교 신학

Theologia manuálistica. 교과서 신학

theologia mĕre negativa. 순 부정 신학

Theologia morális. 윤리신학

theologia morális speciális. 특수 윤리신학

theologia mystica. 신화신학(교부문헌 총서 15, 신국론. p.26), 신비신학(영 mystical theology.라 mystica, -æ, f.).

Theologia mystico-speculativa. 사변적인 신비신학(Giovanni Gerson 지음 1363~1429).

theologia narrativa. 이야기 신학

theologia naturális(영 natúral theology). 자연신학

Theologia naturális seu Liber creatúrárum. 자연신학 혹은 피조물(被造物)의 책.

theologia negativa(영 Negative Thology). 부정신학. (apophátismus*~가톨릭용어집, p.19: 그리스도교 신학의 한 분야로 하느님에 대한 제한적이고 불완전한 규정을 부정하는 방식으로 하느님의 본질을 인식하려는 학문).

theologia pastorális(영 pastoral theology). 사목신학

theologia patristica. 교부신학(敎父神學)

Theologia platonica de immortalitate animæ. 영혼 불멸에 관한 플라톤 철학.

Theologia pœtica. 시 신학(중세철학 제2호, p.264)

theologia polemica. 논쟁 신학(vitus Pichler 지음) (獨 Kontroverstheolgie.영 controversial theology).

theologia politica. 정치 신학

theologia positiva. 실증 신학

theologia practica(영 practical theology). 실천 신학

theologia protestantica. 프로테스탄트 신학

theologia quæ ad sacram doctrinam pertinet. 신성한 가르침에 속하는 신학.

theologia quæ ad pars philosophiæ pertinet. 철학의 부분인 신학.

Theologia quæ est scientia de Deo qui est causa causarum. 신학은 그 자체로 원인들 중의 원인이신 하느님에 대한 학문이다.

theologia rátionális. 이성 신학

theologia revelata. 계시 신학

theologia sacramentum(영 sacrament theology). 성사 신학(聖事神學).

theologia scholastica. 스콜라 신학

theologia sociális(영 social theology). 사회 신학

theologia speculativa. 사변 신학, 사색적 신학

theologia spirituális(영 spiritual theology). 영성 신학

theologia supernaturalis. 초자연 신학

theologia symbolica. 신조 비교 신학. (그리스도교 여러 교파의 신조를 비교 연구하는 학문. 각 교파의 전례나 교회 조직, 규율 등을 비교 연구하는 것이 아니라 그 신조에 따른 교설을 비교 연구하는 학문이다…. 백민관 신부 엮음, 백과사전 3, p.587).

theologia systematica(영 systematic theology). 조직 신학.

Theologia transcendentális(영 Transcendent theology). 초월 신학(超越神學)

Theologia universa. 보편 신학(普遍 神學) (예수회 회원 Paulus Gabriel Antonius가 1726년 출판).

theologia viæ. 지상의 신학

theologia viæ mediæ. 조정(調定) 신학

theologicum prospectum.(영 a theological perspective) 신학적 전망(1990.8.15. "Ex corde ecclesiæ" 중에서).

theologicus, -a, -um, adj. 신학의, 신학상의, 신학적인. theologicum pastoralemque sensum novæ evangelizationis altius vigestandi. 새 복음화의 신학적, 사목적 의미를 깊이 있게 연구한다.

theologúmena, -on, n., pl. 신론학(Aristóteles의 저서명)

theólŏgus, -i, m. 신학자, 신화학자, (주교의) 신학 고문. Monarcha theologorum. 신학자들의 군주/ Phœnix theologorum. 신학자들의 불사조/ Dialogus autem inter Episcopos ac theologos pernecessarius est ob proprium reciprocum munus

illorum. 주교와 신학자 사이의 대화는 상호 관련된 그들의 역할로 말미암아 필수적인 것이다/ Ecclesiæ enim per inquisitiones ad theologiæ propriam methodum peractas deserviunt. 신학자들은 신학적 방법을 존중하는 방식으로 진척되는 탐구를 통하여 교회에 봉사한다(1990.8.15. "Ex corde ecclesiæ" 중에서)/ Effectricem ergo theologorum industriam incitent Episcopi. 주교들은 신학자들의 창조적 사업을 후원해 주어야 한다(1990.8.15. "Ex corde ecclesiæ" 중에서).

theonomia = teonoma 신율(神律 참조). 신율성[인간의지의 자율성(Autonomia)에 비해 하느님 뜻을 따르는 타율성].

theopantismus, -i, m. 신 시종설[神 始終說-하느님은 만물의 시작(A 알파)이요 끝(Ω 오메가)이라고 하는 설. 백민관 엮음, 백과사전 3, p.642].

theophorus, -i, m. (하느님을 지니는 자) [1. 열심한 그리스도교 신자라는 뜻으로 영명으로 쓰이고, 2. San Salvador ('구세주'라는 뜻)와 같은 지방명일 수 있다. 백민관 엮음, 백과사전 3, p.644].

theophýllinum, -i, n. (藥) 테오피린(극약), 근육 이완제

theópnóe, -es, f. (植) (=rosmarínum) 꿀풀과의 일종, 바다갈대.

theoréma, -ătis, n. (數) 公式(수학에서. 계산의 법칙 따위를 기호로써 나타낸 것), 정리(公理나 정의를 바탕으로 하여 이미 진리임이 증명된 일반적인 명제). Theoremata de esse et essentia. 존재와 본질의 공리들.

theoremátĭum, -i, n. dim. (theoréma) 작은 정리

theorétĭca, -æ, (theoretice, -es,) f. 철학적 이론, 학리(學理), 학설(學說), 이론(θεωρια), Certitudo theologica(영 Theologically Certain) 신학적으로 확실한 교리/ intellectio theoretica. 사변적 사고.

theorétĭcus(-rĭcus) -a, -um, adj. 이론의, 학리의, 사변적(思辨的), 이론적(理論的).

theoría(=theorĭce, -es,) -æ, f. 이론(理論.θεωρια), 학설(學說), 철학적 사변(思辨), 학리(學理), De Apice Theoriæ. 이론의 꼭대기. (독일 신비주의 철학자 Nicolaus Cusanus의 1463~1464년 지음).

theoria concíliáris superioritátis. 공의회 우월주의(교회법 해설 11, p.254).

theoria contractuális. 계약설(契約說)

Theoria duorum gladiorum. 양검설, 양권설. (중세기에 봉건 제도의 봉토권과 교회의 종교 윤리 문제의 고유 관할권을 서로 인정하는 설. 백민관 신부 엮음, 백과사전 3, p.644).

Theoria faudis. 기만가설(欺滿假說-유다의 제관장들이 예수의 부활 소문이 제자들의 기만이라고 한 설. 백민관 신부 엮음, 백과사전 3, p.644).

Theoria Justificátio(영 Theory of Justificátion). 의화론(義化論).

theoria legális seu juridico statális. 국가 법률설 (국가를 교회보다 우선시 하는 주장).

theoria media seu electica. 절충설(折衷說) (특전설과 계약설을 절충한 주장).

Theoria Mortis apparentis. (그리스도의) 가사가설. (그리스도의 부활을 부인하는 가설 중 하나. 예수는 사실 죽었던 것이 아니고 가사 상태에서 깨어났다고 한 설. 백민관 엮음, 백과사전 3, p.644).

Theoria Mythorum. 신화가설(그리스도의 부활은 죽음과 부활의 신을 믿는 이교도들의 밀교 신화를 도입해 선전한 것이라는 설).

theoria positivistica juris. 법실증론(法實證論)

Theoria Ptolemæus. 프톨레마이오스의 천동설

theoria sexuális. 성교설(性交說)

theoria signórum. 표지론(標識論)

theoria trinitátis(영 theory of trinity). 삼위일체론

theoria visionum. 환시가설(幻視假說)

theorítĭcus, -a, -um, adj. 이론적(理論的)

theosóphia, -æ, f. 신지학(神智學)

theóstasis, -sis, f. (建) 니치(영 Niche.壁龕), (建) 벽감(壁龕.영 Niche-서양에서 장식을 목적으로 벽면을 오목하게 파서 만든 시설). 신주 모시는 벽감.

theotéta, -æ, f. 신성(神性.영 natúra divina).

theótŏcos, -i, f. 신의 어머니

theotocos Virgo María. 천주의 성모 동정 마리아. [마리아에 대한 이 호칭은 2-3세기 Orígenes로부터 시작되어 431년 에페소 공의회에서 공식화됨].

Theotokos.(희랍어) 하느님의 어머니

therapeútĭca, -órum, n., pl.

théraphim, indecl., n., pl.
신상(神像), 우상(偶像.ל֫ם.בֿל֫ם.ﬡ.אָ.).

therapía, -æ, f. 치료(治療-병이나 상처 따위를 잘 다스려 낫게 함).

theríaca¹ -æ, (theriace, -es,) f. (藥) 테리아카(유럽에서는
만능 해독제로 널리 쓰였다), 뱀 물린데 해독제, 교상약(咬傷藥).

theríăca² -on, n., pl. 희랍 작품명

theríacus, -a, -um, adj. 해독약의

therionárca, -æ, f. 뱀 죽이는 풀(草)

therióphonon, -i, n. 식물 이름, 독초(毒草)

therístrum, -i, n. 여름 옷, 하복(夏服-여름옷)

thermæ¹ -árum, f., pl. 온천(溫泉), 온천장,
뜨거운 음료수(飮料水)를 파는 주막(酒幕).
adj. thermǽus, -a, -um, thermáicus, -a, -um, adj.

Thermæ² -árum, f., pl. Sicília의 도시,
폭군 Agáthocles의 고향, 온천으로 유명(現 Sciacca).

thermántĭcus, -a, -um, adj. 끓는, 끓이는, 뜨거운

thermápalus, -a, -um, adj. 따뜻한(㎜)

thermápalus ova. 따뜻하고 신선한 달걀

thermárĭus, -i, m. 온천장(溫泉場)의 주인, 감독(監督)

thérmĭnus, -a, -um, adj.
(植) 루우핀(콩과 식물)의, 야두유적(野荳油的).

thermipólĭum, -i, n. = thermopólĭum

thermométrum, -i, n.
온도계, 한난계(寒暖計), 검온계(檢溫計-특히 체온계).

thermoplégia, -æ, f. (醫) 일사병, 열사병(熱射病)

thermopólĭum, -i, n. = thermipólĭum
따뜻한 음료수(飮料水)를 파는 주막(酒幕), 다방(茶房).

thermopóto, -ávi -átum -áre, tr.
따뜻한 음료수를 마시다.

thermorecéptor, -óris, m. (動) 열섭수체(熱攝受體)

thermospódion, -ii, n. 따뜻한 재

thermotáxis, -is, f. (生) 주열성(走熱性)

thérmŭlæ, -árum, f., pl. dim. (thermæ) 작은 온천

thermulárĭus, -i, m. 작은 온천장 관리자

Theródămas, -ántis, (Therómĕdon, -óntis) m.
Scýthia의 전설적인 왕(사람 고기로 사자를 길렀다 함).

Thersítes, -æ, (acc. -en, -am.) m.
Troja 전쟁 시의 희랍 추남, 입이 험한 것으로 유명,
Achílles에게 살해됨, 험구가(險口家), 추남(醜男).

thesaurárĭus, -a, -um, adj. (thesáurus) 보물의, 금고의.
m. 금고 관리인, 재무관, 출납계, 회계. n. 금고(金庫).

thesaurárĭus fur. 보물도둑

thesaurénsis, -is, m. 금고 관리인

thesaurizate, 원형 thesaurizo, -áre, tr. (thesáurus)
[명령법. 현재 단수 2인칭 thesauriza,
복수 2인칭 thesaurizate].

Thesaurizate autem vobis thesauros in cælo.
(⑨ But store up treasures in heaven)
그러므로 하늘에 보물을 쌓아라.(성경 마태 6. 20).

thesaurizátĭo, -ónis, f. (thesaurízo)
보물수집(寶物收集), 축재(蓄財), 재물을 모음.

thesaurizátor, -óris, m. 재물을 쌓는 자

thesaurízo, -áre, tr. (thesáurus)
재물을 모으다, 축재하다.
Et, sicut qui thesaurizat, ita et qui honorificat matrem
suam. 제 어머니를 영광스럽게 하는 이는
보물을 쌓는 이와 같다(성경 집회 3. 4).

Thesaurochrysonicochrýsĭdes, -æ, m.
라틴 희랍작가 Pláutus가 지어낸 수전노의 이름.

thesáurum, -i, n. = thesáurus의 통속적인 용어

Thesaurus cantus gregoriani,
미사 성가에 대한 방향 제시(提示)(1972.6.24. 교령).

thesáurus(=tesáurus), -i, m. 보물, (묻혀있는) 보화,
귀중품, 막대한 재산, 보물고(寶物庫), 금고(金庫),
국고(國庫), 저장고(貯藏庫), 창고(倉庫), 곳간.
homini patri familias, qui profert de thesauro suo nova
et vetera(⑨ a householder who brings out of his

treasure what is new and what is old) 자기 곳간에서
새 것도 꺼내고 묵은 것도 꺼내는 집주인(마태 13. 52)/
Spelunca thesaurorum. 보물의 동굴(Cyrillonas의 운문)/
Thesauros Orthodoxias. 정통교리의 보고/
ubi enim thesaurus vester est, ibi et cor vestrum erit.
(⑨ For where your treasure is, there also will your
heart be) (獨 Want waar uw schat is, daar zal ook uw
hart zijn) (프 Car, où est votre trésor, là aussi sera
votre coeur)(o[pou ga,r evstin o` qhsauro,j u`mw/n(evkei/ kai. h`
kardi,a u`mw/n e:stai) 사실 너희의 보물이 있는 곳에
너희의 마음도 있다(루카 12. 34).

Thesaurus communis est veritatis.
진리의 보화는 (만인이) 공유하는 것이다.

Thesaurus de sancta et consubstantiali Trinitate.
거룩하고 동일 본질인 삼위일체에 관한 보고.
(치릴루스 지음-아리우스파와 에우노미우스파를 반박하는 35개의 장).

thesáurus Ecclésiæ. 교회의 보고, 공덕의 보고, 대사 보고.

**Thesaurus Ecclesiasticus e Patribus Græcis ordine
Alphabetico.**(1682년, 2 vols., Amsterdam)
알파벳 순서로 정리한 그리스 교부들의 교회 보감.

Thesaurus linguæ Latinæ. 라틴어 보고(寶庫)

Thesaurus liturgiæ Monasticæ Honarum.
수도원 전례 성무일도서의 보고(寶庫)

**Thesaurus pauperum seu de medendis bumani
corporis morbis.**(교황 요한 21세 지음)
빈자의 보고 또는 인체의 질병 치료법.

Thesaurus rěrum omnium pemoria.
기억은 모두 지식의 저장고(貯藏庫)이다.

Thesaurus Temporum. 시대의 보고(Scaliger 1606년 지음)

Thesídæ, -árum, m., pl. 아테네인들

thesíon(=thesíum), -i, n.
(植) 아마(亞麻) 잎사귀의 가는 잎 꽁지 꽃.

thĕsis, -is, (acc. -in) f. 주제, 제목, 문제, 논제, 화제,
(감사의) 봉납물(奉納物), 헌납물(獻納物).
(文法.音) 박자의 강(희랍), 약(로마).

	sg.	pl.
Nom.	thésis	théses
Voc.	thésis	théses
Gen.	thésis(-ĕos)	théseon(-íum)
Dat.	thési	thésibus
Acc.	thésim(-in)	théses
Abl.	thési	thésibus

(허창덕 지음, 중급 라틴어, p.10)

Thesmophórĭa, -órum, n., pl.
입법 여신(女神) Ceres(곡물의 여신) 축제.

thesmophórus, -a, -um, adj. 법률을 세우는

thêta, indecl., n. 희랍문자 테타(θ), 사형선고,
죽은 자(θαυατος)의 약자.

thétĭcus, -a, -um, adj. 주장하는, 적극적인, 실증적인

thĕtis, -ĭdis(-ĭdos), f. 바다의 요정

Theumésos, -i, m. Bœótia의 산

theúrgĭa, -æ, f. 강신술(降神術), 신적 비술(神的 秘術)
초혼술(招魂術), 복술(卜術-점을 치는 방법),
굿(무당이 노래하고 춤추며 귀신에게 치성을 드리는 의식), 마법(魔法),
신술(종교적 목적으로 신의 임재와 보우를 비는 술). 참조. 신국론. p.1016).
De theurgia, quæ falsam purgationem animus
dæmonum invocatione promittit. 정령을 불러내어 영혼을
정화시켜 준다고 거짓으로 약속하는 초혼.(신국론. p.2776).

theúrgĭcus, -a, -um, adj. 초혼(招魂)의, 마법의.
consecrationes theurgicæ. 신술의 봉축(teletæ).

theúrgus, -i, m. 무당(巫堂), 마법사, 점쟁이

Thĭa, -æ, f. Hyperíon의 아내, 태양(Sol)의 어머니

thíăsos, -áre, intr. 미쳐 돌아다니다

thíăsus, -i, m. Bacchus 신을 축하하는 춤, 광무(狂舞)

thieldónes, -um, m., pl. Hispánia의 말(馬)

thim… = thym…

Thíodamas, -mántis, m. Drýopes인들의 왕, Hylas의 부.

Thírmĭda, -æ, f. Numídia 내륙에 있는 요새(要塞)

T

Thisbe, -es, f. Bábylon의 미소녀, Pýramus의 연인
thius, -i, m. (친.외) 백부(큰아버지), 숙부(叔父-작은아버지)
thlásĭas(=thlíbĭas) -æ, m.
　내시(內侍-宦官), 환관(宦官-內侍), 궁중인, 관인.
thlaspi, -is, n. (植) 개구리자리, 야개채(野芥菜)
thlibómeni, -órum, m., pl. 핍박받는 이들, 불행한 이들
thœs, m., pl. thos의 복수
thõlus, -i, m. (⑨.이탈리아어 Cupola) 궁륭(穹窿),
　둥근 천장, 신전의 돔 천장, 위항각(圍項閣).
Thomas, thomæ, m. 토마스
Thomismus, -i, m. 토마스 주의(학파.⑨ Thomism)
thõmix(=thomex), -ĭcis, f. (=tomix) 대마줄, 삼끈
thoraca, -æ, (thorace, -es,) f. 상반신(上半身), 가슴
thoracális, -e, adj. (醫) 흉곽(胸廓)의
thoracátus, -a, -um, adj. (thorax)
　가슴받이 갑옷을 입은, 흉갑을 입은.
thoracícŭlus, -i, m. dim. (thoráca) 상반신, 가슴
thorácĭum, -i, n. 작은 흉갑(胸甲)
thõrax, -ácis, (acc. -ácem, -áca)
　m. (解) 가슴, 흉부, 흉곽, 흉갑(胸甲),
　가슴받이 갑옷, 가슴 가리개.
thorus, -i, m. = torus = torum, -i, n.
thos, -õis, (acc. pl. -oas) m. (動) 늑대, 시랑이의 일종
Thot, m. indecl. 이집트의 Mercúrius 신
Thoti, m. indecl. 이집트의 9월
Thrácia[Thrǽcia, Thrǽca, Thrécĭa],
　-æ[-rãce, -rece, -es]
　f. Ægœum해 북방에 있는 광대한 지방.
Thraces, -um, m., pl. Ægœum해 북방에 있는 그곳 주민.
Thraces, postquam Alcibiadem cum magna pecunia
venisse senserunt, insidias fecerunt, sed ipsum
capere non poterunt. 트라키아인들은, 알키비아데스가
　많은 돈을 가지고 왔다고 듣고는, 음모를 꾸몄지만 그를
　사로잡을 수 없었다.
Thracícus[Thracíus, Thrǽcĭus], -a -um, adj.
Thracíscus, -i, m. 작은 Thrácia인
Thrǽcídĭca, -órum, m., pl. (sc. arma) Thrácia인의 무기
Thrǽcídĭcus, -a, -um, adj. (Thrax) Thrácia에 속하는
Thrǽssa(=Thréssa), -æ, f. Thrácia인의 여인
thráscĭas, -æ, m. 북북서풍(北北西風)
Thrãso, -ónis, m.
　Teréntius의 희극 "Eunúchus" 중 허풍선이 인물.
　adj. thrasoniánus, -a, -um, 허풍선이의.
Threíssa(=Thréssa), -æ, f. Thrácia인의 여인
thrénĭcus, -a, -um, adj. (threnus) 비가의, 애가의
threnæ, -árum, f., pl. 비가, 애가
threnum, -i, n. 비가, 애가
threnus, -i, m. (threnæ, -árum, f., pl.; threnum, -i, n.)
　애가(哀歌-슬픈 마음을 읊은 시가. 비가),
　비가(悲歌-슬프고 애잔한 노래. 슬픈 감정으로 엮은 서정 시가의 한 갈래).
Threx, -ēcis, m. = Thrǽx
thrĭdax, -ăcis, f. (植) 야생 상추
thrips, -ĭpis, m. 나무 먹는 벌레, 쓸모없는 것, 하찮은 것
thrombósis, -is, f. (醫) 혈전생성, 혈전증(血栓症)
thrombus, -i, m. (醫) 혈전(혈관 안에서 피가 엉기어 굳은 덩어리)
Throni, -órum, m., pl. 9품 천신 중 제3품천신, 좌품 천신.
　(좌품천사라고 번역되는 Throni는 왕좌 혹은 재판석을 의미하는 단어
　Thronus에서 유래하였다. 성 염 옮김, 피조 델라 미란돌라, p.28).
thrõnus, -i, m. 왕좌, 옥좌(⑨ Throne), 어좌(御座-玉座),
　(가톨릭) 주교좌, 교황좌, 성체 현시대 안치소.
　Non iurare omnino, neque per cælum, quia thronus Dei
　est.(⑨ Do not swear at all; not by heaven, for it is
　God's throne) 아예 맹세하지 마라. 하늘을 두고도 맹세
　하지 마라. 하느님의 옥좌이기 때문이다.(성경 마태 5, 34).
thryállis, -ĭdis, f. (植)
　하초(荷草), 창이초(倉耳草), 가시나무의 일종.
Thũle(Thyle), -es, f. Európa 북극의 섬(現 Iceland)

thunnus, -i, m. = thynnus
thur… V. tur…
thurabulum(=turábulum) -i, n. [t(h)us]
　향로(香爐=turíbulum).
thurális(=turális) -e, adj. [t(h)us] 향에 관한
thurárĭus(=turárĭus) -a, -um, adj. [t(h)us] 향의.
　m. 향료상인. turarius vicus. 로마의 제8구의 길 이름.
thuráti(=turáti) -órum, m., pl.
　우상에게 제사 지낸 자. cf. thurificátus.
thuribulum(=turíbulum), -i, n. [t(h)us] 향로(香爐).
　(天) Ara라고도 불리는 성좌(星座).
　Dum reddit thuribulum Diacono, dicit:
　향로(香爐)를 부제에게 돌려주는 동안 말한다/
　Et accepto thuribulo a Dicano, incensat Altare,
　nihil dicens. 그리고 부제로부터 향로를 받아
　말없이 제대에 분향한다.
thuricremus(=turicremus), -a, -um, adj. [t(h)us+
　cremo] 향이 타오르는, 향을 태우는[피우는](곳).
thurifer(=turifer) -ĕra, -ĕrum, adj. [t(h)us+fero]
　향을 산출하는, 향로를 잡은, 분향하는.
thuriferárĭus(=turiferárĭus), -i, m. [t(h)us+fero]
　(가톨릭) 향로잡이.
thurificátĭo(=turificátĭo) -ónis, f. [t(h)urífico]
　향 올림, 분향(焚香).
thurificátor(=turificátor) -óris, m.
　향 올리는 사람, 분향자, 우상숭배자(偶像崇拜者).
thurificátus(=turificátus) -i, m.
　우상에게 분향(焚香) 하는 그리스도교 배신자.
　thurificati. Decius의 박해 때 향을 피운 이들.
thurífico(=turífico) -ávi -áre, intr. [t(h)us+fácio]
　우상에게 분향하다, 향을 피우다(올리다.드리다).
thurílĕgus(=turílĕgus) -a, -um, adj. [t(h)us+lego]
　향을 수확하는, 향 거두는.
thurínus(=turínus) -a, -um, adj. = t(h)úreus
　Lucánia의 도시의. m., pl. 그곳 주민.
thúrsĭo(=túrsĭo) -ónis, m. (動) 해돈(海豚-돌고래)
thus, -uris, n. = tus (향), 향료(香料)
thúscŭlum(=túscŭlum) -i, n. 소량의 유향
Thuys, -ynis, m. (dat. -yni; acc.-ynem, -yn)
　Paphlagónia의 왕.
thúscŭlum(=túscŭlum) -i, n. 소량의 유향
thya, -æ, f. (=thyon, -i, n.)
　(植) 향나무, 레몬 나무, 생명나무
thyas, -ădis, f. thýias의 잘못된 철자
thýăsus = thíasus
Thyb… V. Tib…
Thybris = Tibris 티베르 강
thýias, -ădis, f. Bacchus 신의 여신도
thýĭ(n)us, -ădis, f. , -a, -um, adj. (thya)
　향나무의, 레몬 나무로 만든.
thymbra[1] -æ, f. (植) 차조기과의 일종
Thymbra[2] -æ, f. Troas의 도시(Apóllo의 신전이 있었음)
Thymbrǽus, -i, m. (Thymbra[2]) Apóllo 신의 별명
thýmĕle[1] -es, (thýmĕla, -æ,) f.
　고대 희랍 극장 안에 있는 Dionýsus신의 제단, 무대.
thýmĕle[2] -es, f. Domitiánus 황제시대의 유명한 무희
thymélĭce, -es, f. 고대 희랍의 녀배우
thymélĭcus, -a, -um, adj. 합창단의, 극의, 극장의.
　m., pl. 극장의 합창단, 배우(俳優).
thymiáma, -átis, f. 향료, 제단(祭壇)에 바치는 향
thymia(ma)térĭum, -i, n. (thymiáma) 향 그릇, 향로.
thymiamatízo, -áre, tr. (thymiáma)
　향을 드리다, 분향(焚香)하다.
thymiamátus, -a, -um, adj. (thymiáma)
　향이 섞인, 향 내음에 젖은.
thýmĭnus, -a, -um, adj. (thymum) 백리향의, 향내의.
thymítes, -æ, f. Thymum 나무숲
thýmĭum(-on) -i, n. (醫) 혹(병적으로 불거져 나온 살덩이),

T

암(癌), 무사마귀(살가죽에 사마귀처럼 돋은 밥알만 한 흰 군살).
thýmolum, -i, n. (醫) 티몰룸, 방부제
thymósus, -a, -um, adj. (thymum)
백리향(百里香) 나무가 많은, 백리향 나무로 만든.
thymum(=timum) -i, n.(=**thymus**, -i, m.)
(植) 백리향(百里香), 백리향 향기.
thynnárĭus, -a, -um, adj. (thynnus) 다랑어의
thynnus, -i, m. (魚) 다랑어
thyon, -i, n. (=**thya**, -æ, f.)
(植) 향나무, 레몬 나무, 생명나무.
Thyoniánus, -i, m. Bacchus, 술(酒)
thyótes, -æ, m. 희생물을 바치는 자
thyrǽus, -i, m. 문지기
thyreoídea, -æ, f. (解) 갑상선(甲狀腺)
thyreoidísmus, -i, m. (醫) 갑상선 비대증
thyróma, -ătis, (pl., gen. -măton; abl. -mătis,)
n. 입구, 현관(玄關), ans(門).
thyrsícŭlus, -i, m. 작은 줄기
thýrsĭger, -gĕra, -gĕrum, (**thysítenens**, -éntis)
adj. (thyrsus+gero[1]) Bacchus 주신의 지팡이를 든.
thyrsus, -i, m. 풀대, 주신 Bacchus의 지팡이(송악 나뭇가지와 포도가지로 엮었음).
Ti. = Tibérius
tiára, -æ, f. (tiáras, -æ, m.) 교황 삼층관, 삼중관,
Pérsia와 메디아인들의 터번([영] turban), 관모(官帽).
tiarátus, -a, -um, adj. tiára를 쓴
Tibaráni, -órum, m., pl. Cilícia의 한 종족
Tibaréni, -órum, m., pl. 흑해연안의 민족 이름
Tiberínus[1] -i, m. Tíberis 강,
Alba의 왕, Alba의 왕 이름을 따서 Tíberis강이라 함.
Tib(e)rínus[2] (Thybrinus) -a, -um, adj. Tíberis 강의.
Tiberínum óstium. Tíberis 강 하구/
Tiberínus pater, deus. Tíberis 강 신.
Tiberíŏlus, -i, m. dim. (Tibérius) Tibérius의 애칭
Tiberis agros inundávit.
Tíberis 강의 범람으로 밭들이 침수되었다.
Tiberis duodecies capum Martium inundavit.
Tíberis 강은 마르스 광장을 열두 번 범람하였다.
Tiberius, -i, m. Tiberius Claudius Nero(재위 14~37 P.C.).
Tiberius Germanico proconsulare petivit. 티베리우스는 게르마니쿠스를 위해 전직 집정관 권한을 요구하였다.
[관심 여격dativus ethicus 문장으로 관심 여격은 동사가 표현하는 행위에 대해 화자나 필자의 관심을 나타내기 위해 여격 인칭대명사와 함께 사용되는데, 이때 사용된 여격 인칭대명사를 관심 여격이라고 한다. 한동일 지음, 카르페 라틴어 2권, p.210].
Tiberius tertio et vicesimo imperii anno, ætatis septuagesimo octavo decessit.
티베리우스는 재위 23년에 나이 78세로 죽었다.
tibi, dat., pron., pers. (tu) tu의 3격, 여격(與格).
Ecce dico tibi. 자, 그대에게 말씀 드립니다/
Em tibi hominem! 너한테 딱 맞는 작자다!/
Gloria tibi Domine, qui surrexisti a mortuis.
죽은 이들로부터 부활하신 주님께 영광!/
Hanc timui, ne me criminarétur tibi.
나를 너한테 고발할까봐 나는 이 여자를 두려워했다/
Hi tibi passuro solvebani munia laudis:
Nos tibi regnanti pangimus ecce melos.
수난하실 주님께 찬미 예물 드리오며,
하늘나라 임금께 찬송 드리나이다(성지주일)/
Hoc tibi asséntĭor. 이 점에서 나는 너와 동감이다/
Ibi tibi finis est: alibi via est. 여기가 바로 그대의 끝이고, 다른 곳은 길입니다(최익철 신부 옮김, 요한 서간 강해, p.443)/
Impertit tibi multam salútem. 그가 네게 많이 문안 한다/
Multa tibi assentior. (너와 동감이다)
나는 많은 점에 있어서 너에게 찬동(贊同)한다/
Néscio, quid tibi sum oblítus hódie, ac vólui dícĕre.
잊어버려서 생각이 안 난다만
네게 오늘 말을 하려고 했다/
Placeat tibi dare mihi hunc librum.
이 책을 제게 주시기 바랍니다/
Pro certo habeto omnes tibi favere. 모든 사람이 그대에게 호의를 갖고 있음을 확실히 아시라!.
Tibi ago grátĭas, quod me vívĕre coëgísti.
나를 억지로라도 살게 해주어서 네게 감사한다.
Tibi assentabor. 네 말대로 하겠다.
Tibi dabo terram hanc. 너에게 이 땅을 주리라
Tibi ego rátĭonem reddam?
내가 네게 이유를 설명해야겠느냐?
Tibi hoc censeo. 나는 네가 이것을 해야 한다고 생각한다.
Tibi instat perículum. (insto 참조) 네게 위험이 닥쳐온다.
Tibi me exorno. 난 당신을 위해 치장을 하는 거라구요.
[관심 여격dativus ethicus 문장으로 관심 여격은 동사가 표현하는 행위에 대해 화자나 필자의 관심을 나타내기 위해 여격 인칭대명사와 함께 사용되는데, 이때 사용된 여격 인칭대명사를 관심 여격이라고 한다. 한동일 지음, 카르페 라틴어 2권, p.210].
Tibi meam astringo fidem. 네게 굳게 약속한다.
Tibi necesse ĕrat, hoc facĕre
(=Necesse ĕrat, te hoc facĕre) 너는 필연적으로
이것을 해야 했다(너는 이것을 하지 않을 수가 없었다).
Tibi non modo deliberandum est, verum etiam agendum.
당신으로서는 결심만 할 것이 아니라 또한 행동해야 한다.
Tibi pænitendum erit negligéntiæ tuæ. 너는 너의
부주의함(또는 게으름)을 후회하여야만 할 것이다.
Tibi párcitur. 너는 용서받는다.
Tibi quia supérest, dolet. 너는 너무 많아서 걱정이구나.
Tibi tellus submittit flores.
땅은 네 앞에도 꽃이 피게 한다.
Tibi uni fidebam : nemini unquam magis fisus eram quam tibi.[반탈형동사 문장] 나는 너 하나만을 믿고 있었다:
그 누구도 너보다 더 믿지를 않았었다.
Tibi videor ego damnandus esse eo crimine?.
너한테는 그 죄상으로 내가 대가를 치러야 한다고 보이니?.
tibia, -æ, f. **피리**(두 피리를 가지고 불었기 때문에 보통 복수를 씀),
각적(角笛-뿔로 만든 피리), 작은 관(管).
(醫) 다리 앞부분의 뼈, 경골(脛骨-정강이뼈), 노(臑), 다리.
canĕre tibiā. 피리를 불다(관용구)/
tíbiæ dextræ. 높은 소리 내는 피리/
tíbiæ ímpares. 서로 틀리는 소리 내는 피리/
tíbiæ páres. 같은 소리 내는 한 쌍의 피리/
tíbiæ sinístræ. 낮은 소리 내는 피리/
tíbiis cánĕre. 피리를 불다/
Audivimus duas tibias consonantes. Illa de timore dicit, et illa de timore. 우리는 화음을 이루는 두 개의 피리 소리를 들었습니다. 이 피리도 두려움에 관해 말하고, 저 피리도 두려움에 관해 말합니다/
Uno Spiritu implentur ambæ tibiæ, non dissonant.
한 분이신 성령으로 가득 찬 피리 두 개는 불협화음을 내지 않습니다.(최익철 신부 옮김, 요한 서간 강해, p.415).
tibia adésse chóris erat útilis.
피리가 있는 것이 합창에 유용하였다.
Tíbia flatur. 피리(통소) 소리가 난다(flo 참조)
tibia tenuis. 가냘픈 소리 나는 피리
tibiále, -is, n. [**tibiálĭa**, -ĭum, n., pl.] (tíbia)
긴 양말, 버선, 다리를 감는 천.
tibiálĭa, -ĭum, n., pl. 주교용 양말
tibiális, -e, adj. (tíbia)
통소의, 피리의, 각적(角笛)의, 경골(脛骨)의.
tibiárĭus, -i, m. (tíbia)
피리.통소.각적(角笛) 만드는 자, 장사치.
tibícen, -cĭnis, (pl., nom. -ces,) m. (tíbia+cano)
피리(통소.각적) 부는 자, 지주(支柱), 기둥, 지원,
하늘을 지탱하고 있는 Atlas.
tibícĭna, -æ, f. (tibícen) 피리 부는 여자.
Tibicinam audivi cantantem.
나는 피리 부는 여자가 노래하는 소리를 듣는다.
tibicinárĭa, -æ, f. (tibícen) 피리 부는 기술(技術)
tibicinátor, -óris, m. (tibícen) 피리 부는 자

tibicínĭum, -i, n. (tibícen)
퉁소 음악, 피리 음악, 피리 부는 소리.

tibícĭno, -átus, -áre, tr., intr. (tibícen)
피리 불다, 지탱(支撑)하다.

tibico, -ónis, m. = **tibícen**

tibínus, -a, -um, adj. (tíbia) 퉁소의, 피리의

tibiofibulárĭus, -e, adj. (醫) 경골비골(脛骨髀骨)의

tibionaviculárĭus, -e, adj. (醫) 경골주상골(脛骨舟狀骨)의

tibizo, -áre, intr. = **tibícino**

tíbŭlus, -i, f. (植) 소나무의 일종

Tiburtínum, -i, n. (sc. prǽdium) Tibur에 있는 별장

tichóbates, -æ, m. 벽을 타는 광대

tigíllum(=**tígnŭlum**) -i, n. dim. (tignum)
서까래(마룻대에서 보 또는 도리에 걸친 통나무. 연목椽木), 작은 장선, 작은 들보(건물의, 칸과 칸 사이의 두 기둥 위를 건너지른 나무)

Tigíllus, -i, m. 세상을 들고(버티고) 있는 자, Júpiter의 별명.

tignárĭus, -a, -um, adj. [tignum] (建) 골격의, 서까래의, 장선의, 장귀틀의. m. 목수, 대목.

tignoserrárĭi, -órum, m., pl. (tignum+serra) 큰톱장이

tignum, -i, n. (=**tignus**, -i, m.) (建) 대들보, 장귀틀(마루 귀틀 중에서 세로로 놓이는 가장 긴 귀틀), 건축용 목재. capita tignórum. 대들보의 양끝.

tígrĭfer, -fĕra, -fĕrum, adj. (tigris+fero) 호랑이가 많은

tigrínus, -a, -um, adj. (tigris)
호랑이 가죽의, 얼룩빼기의, 점이 많은.

tigris[1] -is(-ĭdis), m.(f.) (動) 호랑이, 범, 호랑이 가죽.
tigridis exuvĭæ. 호랑이 가죽.

tigris[2] -is(-ĭdis), m. 서부 아시아의 큰 강

tílĭa, -æ, f. (植) 보리수, 보리수로 만든 상, 나무껍질

tiliácĕæ, -árum, f., pl. (植) 피나무과 식물

time, 원형 tímĕo, -ŭi -ére, tr.
[명령법. 현재 단수 2인칭 time, 복수 2인칭 timete].

Time ne propterea facias, ut tu lauderis: nam videat alter, ut Deus laudetur. 단지 그대 자신이 칭송 받기 위해서 행동하는 것을 두려워하십시오. 남에게 보이되, 하느님께서 찬미 받으시도록 하십시오.

timefáctus, -a, -um, adj. (tímeo+fácio)
놀란, 공포(恐怖)에 질린, 무서움을 탄.

timéndus, -a, -um, adj. (tímeo) 무서운, 무서워해야 할, 놀라운, 공포심을 일으키는; n., pl. 무시무시한 일들.

timens, -éntis, p.præs., a.p. (tímeo) [공포의 대상이 영속적인 상태.성질.습관 따위일 때는 gen.]
무서워 떠는, 두려워하는.
Homo timens Deum. 하느님을 두려워하는 사람/
mortis timéntes. 죽음을 (늘) 무서워하는 자들/
Nihil deest timentibus eum.
그분을 두려워하는 이들에게는 아쉬움이 없을 것이다.

timens Deum. 하느님을 경외하는(두려워하는) 사람

tímĕo, -ŭi -ére, tr. **무서워하다, 조심하다**. 놀라다,
… 때문에, …을 생각하여 불안해하다,
두려워하다(חתת.ירא.נהב), [ne] …할까 두렵다,
[ne non, ut] …하지 않을까 두려워하다. 겁내다,
[inf.] …하기가 무섭다, 감히 …하지 못하다,
조바심을 가지다, [quid subj] …불안스럽다, 확실치 않다.
De república valde timeo. 조국을 생각하여 불안해하다/
Diem iudicii timére. 심판의 날을 두려워하라/
humanum est timere.
두려움을 품는 것은 인간적이다(인간답다)/
Hunc mihi timórem éripe, si verus est, ne ópprimar sin falsus, ut timére désinam. 이 공포심이 만일 근거 있는 것이라면 (참된 것이라면), 내가 압도되지 않도록 그것을 내게서 제거해 주고, 만일 근거 없는 것이라면 (거짓이라면) 그만 무서워하게 제거해 다오(문장론. p.291)/
Multos timere debet quem multi timent(Publilius Syrus).
많은 사람이 두려워하는 인물은 또한 많은 사람을 두려워할 것임에 틀림없다/
Ne timeas, Maria(⑨ Do not be afraid, Mary)
두려워하지 마라, 마리아야(성경 루카 1. 30)/

Ne timueritis. 너희는 두려워하지 마라(Ne timeátis)/
Ne vos quidem, judices ii, qui me absolvistis, mortem timueritis. 나를 방면한 재판관들이여, 당신들은 결코 죽음을 두려워하지 마시오/
Neque timébant, ne circumveniréntur.
그들은 포위(包圍)될까 해서 무서워하지는 않았다/
Nolite ergo timere. 두려워하지 마라(루카 12. 7)/
Qui sævo imperio regit, timet timentes, metus in auctorem redit.(Seneca). 가혹한 통수권으로 다스리는 사람은 자기를 두려워하는 사람들을 또한 두려워하며, 그 두려움은 (결국 두려움을 만든) 장본인에게 돌아간다/
Quid timeam, si aut non miser post mortem, aut beatus etiam futurus sum?.(Cicero). 사후에는 불행하지 않거나 사후에도 행복하거나 할 것이면 내가 무엇을 두려워해야 하겠는가?/
Quid agatur timeo. 무엇이 일어날지 불안스럽다/
Quid est quod timet? 무엇을 걱정합니까?/
Quid possem timébam.
내가 무엇을 할 수 있을지 자신이 없었다/
timére desisto. 그만 두려워하다.

Timeo Danaos et dona ferentes.(Vergilius).
헬라인들을 (나는) 두려워하노라, 선물을 들고 올지라도.

Timeo ego dominum meum regem
(⑨ I am afraid of my lord the king)
나는 내 주군이신 임금님이 두렵다(성경 다니 1. 9).

timeo ejus vitæ. 그의 목숨 때문에 불안해하다.

Timeo furem cáulibus et pomis.
배추와 과일 때문에 도둑을 두려워한다.

Timeo hominem unius libri.
난 한 권의 책만 읽은 사람을 두려워한다.

Tímeo ne non ímpetrem. 얻지 못할까 두렵다.

Timeo, ne non veniat.
나는 그가 오지 않으나 않을까 하고 두려워한다.

Timeo, ne quis dicat. 누가 말하지나 않을까 나는 두렵다

Timeo, ne véniat. 나는 그가 올까 두렵다.

Timeo, ne veniant. 나는 그들이 올까 두렵다.
[속문의 사실이 주문의 사실보다 나중에 있는 것일 때에라도, 주문의 동사가 이미 미래에 그 목적을 두는 성질의 동사, 예컨대 Verba timéndi 또는 공포동사(Verba timéndi 따위일 때에는, 속문의 시청을 주문의 시청에 대하여 동시적인 것으로 써야한다. 허창덕 지음. 문장론. p.325].

Tímeo sitim famemque.(성 엠 지음. 고전 라틴어, p.85)
(나는) 목마름과 주림을 두려워한다.

Tímeo, ut sustíneas. 견디어내지 못할까 두렵다

timésco, -ĕre, inch., intr. (tímeo) 무서워하다, 겁먹다

timide, adv. 겁 많은, 무서워하며, 소심하게, 초조하게,
Qui timide rogat, docet negare.(Seneca). 소심하게 청탁하는 사람은 (상대방더러) 거절해 달라고 가르치는 셈이다.

timidior, -or, -us, adj. tímĭdus, -a, -um의 비교급

timidissime, adv. timide의 최상급

timidissimus, -a, -um, adj. tímĭdus, -a, -um의 최상급

timidius, adv. timide의 비교급

timíditas, -átis, f. (tímidus) 무서워함, 근심, 걱정.
겁(무서워하거나 두려워하는 마음), 용기 없음, 소심,
자신 없음, 조심성(操心性), 不安(獨 die Angst),
공포(恐怖.⑨ terror.獨 die Furcht).

timidule, adv. 비겁하게

timídŭlus, -a, -um, adj. 겁 있는, 비겁한. adv. **timídŭle**.

tímĭdus, -a, -um, adj. (tímeo) [ad, in+abl., dat., gen., inf.]
무서워하는, 두려워하는, 겁내는, 조심성 있는.
non timidus ad mortem. 죽음을 무서워하지 않는/
non timidus mori. 죽기를 무서워하지 않는/
Puella tam timida est ut multa non dicat.
그 소녀는 말을 조금밖에 하지 않을 만큼 수줍다/
Qui homo timidus erit in rebus dubiis, nauci non erit.(Plautus). 소심한 사람은 의심스러운 사정에 처하여 적어도 값싼 인간은 되지 않으리라.

timidus deórum. 신들을 두려워하는

timidus procéllæ. 폭풍우를 조심하는

Timidus vocat se cautum, parcum sordidus.

T

소심한 사람은 자기를 신중하다고 칭하며
욕심쟁이는 자기를 검소하다고 칭한다(Publilius Syrus).

Timoleon, -ónis, m. 고린토의 정치가이며 군인(+ ca. 337).
[카르타고에 대한 그리스의 영웅으로 시라쿠사를 개혁하고 물러남].

Timoleon Corinthius eam victoriam ducebat in qua plus esset clementiæ quam crudelitatis.
코린토인 티몰레온은 잔혹함보다 자비로움을 더 발휘한 그러한 승리를 이끌어 내고는 하였다.

Timoleon, cum primum potuit, imperium deposuit.
티몰레온은, 가능한 대로 빨리 정권을 내놓았다.

timor, -óris, m. (tímeo) 두려움, 무서움, 근심, 걱정, 꺼림, 공포(⑨ terror.獨 die Furcht), 공포의 대상물, 경악(驚愕-깜짝 놀람), 위기(危機), 경외심(敬畏心), 종교적 두려움, 공포의 신, Ether과 Terra의 아들.
(pl.) timóres. 근심, 걱정거리,
alci timórem eripio. 아무에게서 공포를 없애주다/
Audendo virtus crescit, tardando timor.
용기는 감행함으로써 커지고, 공포는 주저함으로써 커진다/
deduco *alqm* a timóre. 공포심을 버리게 하다/
fácere timórem *alci*, injícere. 누구에게 겁주다/
magno est in timóre. 대단히 무섭다/
Major caritas, minor timor; minor caritas, major timor.
사랑이 커지면 두려움이 작아지고, 사랑이 작아지면 두려움이 커집니다.(최익철 신부 옮김. 요한 서간 강해, p.397)/
Quod initium video, inquis? Ipsum timorem.
'내가 어떤 시작을 보고 있느냐'고 물을 것입니다.
바로 두려움입니다.(최익철 신부 옮김. 요한 서간 강해, p.389)/
Stimulat timor: sed noli timere; intrat caritas quæ sanat quod vulnerat timor. 두려움이 괴롭힐지라도 두려워하지 마십시오. 두려움이 낸 상처를 낫게 하는 사랑이 들어오기 때문입니다.(최익철 신부 옮김. 요한 서간 강해, p.399)/
timóre esse. 무서워하다/
timorem adjícere. 무서움을 뿌리치다/
timorem habére in *alqo*. 누구에게 두려움을 품다/
timorem mitto. 공포심을 버리다/
vester timor. 너희의 두려움.

timor belli. 전쟁의 공포

timor Christi et amor peregrinationis.
그리스도께 대한 경외심과 순례에 대한 사랑.

timor de illo meus. 그 사람에 대한 나의 두려움

Timor dei initĭum sapientiæ.
하느님을 두려워하는 것은 지혜의 시작이다.

Timor Domini. 주님에 대한 경외심

Timor filialis(=Pietas). 효경심

Timor initialis. 경외심의 시초

Timor non est in caritate.(⑨ There is no fear in love)
사랑에는 두려움이 없습니다(성경 공동번역. 1요한 4. 18).
사랑 안에는 두려움이 없습니다(200주년 신약).

Timor non est in caritate, perfecta caritas foras mittit timorem. 사랑에는 두려움이 없습니다.
완전한 사랑은 두려움을 쫓아냅니다.

Timor servilis. 노예적 두려움

Timor serviliter servilis. 온전히 노예적인 두려움

Timor simpliciter servilis. 단순한 노예적인 두려움

timorátus -a, -um, adj. (timor) 경외심 있는, 두려워하는

Timorem autem eórum ne timueritis et non conturbemini. (to.n de. fo,bon auvtw/n mh. fobhqh/te mhde. taracqh/te) (⑨ Do not be afraid or terrified with fear of them) 사람들이 여러분을 두렵게 하여도 두려워하지 말고 무서워하지 마십시오(성경 I 베드 3. 14)/사람들이 여러 분을 협박하더라도 무서워하거나 흔들리지 마십시오.
(공동번역)/그들의 협박을 두려워하지도 말고 (그 때문에) 당황하지도 마시오(200주년 신약성서 I 베드 3. 14).

timorósus, -a, -um, adj. (timor)
겁 많은, 무서움을 잘 타는.

timos, -óris, m. timor의 고형(古形)

tĭmui, "tímĕo"의 단순과거(pf.=perfectum)

timum(=thymum) -i, n.(=thymus, -i, m.)

(植) 백리향(百里香), 백리향 향기.

tina, -æ, f. 포도주 넣는 작은 병.

tinca, -æ, f. (魚) 잉어의 일종

tincta, -órum, n., pl. (tinctus) 염색물, 물들인 옷감.

tínctĭlis, -e, adj. (tingo) 스며드는, 물들이는, 염색한

tínctĭo, -ónis, f. (tingo) 염색(染色), 담그는 일, 세례.

tinctor, -óris, m. (tingo) 염색업자, 적시는 자.

tinctórĭum, -i, n. (tingo) 염색 집, 세례소(洗禮所)

tinctórĭus, -a, -um, adj. (tingo)
…을 물들이는 데 쓰는, 염색의, 염색용의.
Cujus tinctória est mens.
그의 마음은 피에 주리고 있다.

tinctum, ting(u)o"의 목적분사(sup.=supínum)

tinctúra¹ -æ, f. (tingo) 염색, 물들임

tinctúra² -æ, f. (tingo) (藥) 정기제 f., pl. 정기 약.

tinctúra amára. 쓴 정기(丁幾)

tinctúra auréntii. 등피 정기(橙皮丁幾)

tinctúra jodi. 옥도정기(沃度丁幾)(獨.Jodtink.요오드팅크)

tinctus¹ -a, -um, p.p. (tingo) 물든, 염색한, 물들인

tinctus² -us, m. = tinctúra, -æ, f.

tínĕa(=tínĭa) -æ, f. (蟲) 좀 벌레, 이(虱), 벼룩

tíneo, -áre, intr. 이.벼룩이 득실거리다, 좀먹다, 삭다

tineóla, -æ, f. (蟲) 작은 벌레, 이(虱)

tineósus, -a, -um, adj. (tínea)
벌레가 많은, 이(蟲)가 많은

ting(u)o, tinxi, tinctum, -ĕre, tr. 적시다, 젖게 하다, 스며들게 하다, **염색하다**(צבע), 물들이다(צבע), 색을 내다, 색깔에 담그다, 세례(洗禮) 주다, 아무의 몸을 칼로 찌르다, m., pl. **tingéntes**, -īum, 염색업자.
tinctus lítteris. 문예에 잠긴, 문학에 파묻힌/
tingi sole. 태양 빛을 쐬다.

tinguo púrpuram. 주홍색을 내다

tinía(=tínĕa) -æ, f. (蟲) 좀 벌레, 이(虱), 벼룩

tiniárius, -a, -um, adj. **tiniárius herba.** = tiniática
좀 벌레를 없애는 풀.

tiniática, -æ, f. 좀 벌레를 없애는 풀

tiniósus, -a, -um, adj. = tineósus

tinniméntum, -i, n. 귀 울음(이명耳鳴), 방울소리

tin(n)ĭo, -ívi(ĭi), -ítum, -íre,
tr. 쇠(돈) 소리 내다, 돈을 셈하다, 지불하다.
intr. 땅 소리 내다, 종소리 나다, 귀에 울리다.
예리한 소리 나다, 재잘대다, 새소리 나다.

tinnĭólum, -i, n. 작은 종, 방울

tínnĭpo, -áre, intr. (새가) 쇠 소리 내다

tínnĭto, -áre, freq., intr. (tínnio) 지저귀다, 재잘거리다

tinnítor, -óris, m. 종소리 내는 자

tinnítus, -us, m. (tínnio) 땅 소리, 종소리, 쇳소리, 맑고 예리한 소리, 귀 울림소리, 요란한 언변(言辯).

tínnŭlus, -a, -um, adj. (tínnio) 땅 소리 나는, 맑은 소리 나는; 노래하는, 힘찬 소리로 말하는.

tinnúncŭlus, -i, m. dim. (鳥) 황조롱이 새

tintinnabulátus, -a, -um, adj. 방울 달고 다니는

tintinnábŭlum(=tintinnácŭlum, =tonábulum) -i, n. (tintínno) 따르라기, 방울(concava aëra), 작은 종.
Sanctus 때 치는 작은 종, 거양성체 종.

tintinnácŭlum(=tintinnábŭlum) -i, n. (tintínno)

tintinnábŭlus, -a, -um, adj. (tintínno)
쇠사슬 소리 내는, 즉 사슬에 묶인.
m. 채찍질하는 자, 고문(拷問)하는 자.

tintinniála, -æ, f. (tintínno)
날개로 소리 내는 곤충(모기.파리 등).

tintínnĭo, -íre, intr. (tínnio) 울리다

tintínnum, -i, m. (tintinnus, -i, m.) 방울, 작은 종

tintín(n)o, -ávi -áre, intr. 종소리 나다, 소리 울리다

tinus, -i, f. (植) 인동과(忍冬科)의 상록관목

tinxi, "ting(u)o"의 단순과거(pf.=perfectum)

tiphe, -es, f. 밀의 일종

T

tiphynum, -i, n. (藥) 안약의 일종, típhyon액
típhyon, -i, n. (植) 수선화
típpŭla,(=tippúlla, =tipúlla,) -æ, f. 가벼운 물건, 물거미.
tiro¹ -ónis, m. 젊은 군인, 신병, 새 가입자, 초심자,
　풋내기, 견습자, 수련자(修練者.⑨ novice), 견습생,
　초년생, 초학자, 신참자, 경험 없는 자, 신앙생활 신자.
tiro² -ónis, adj. (tiro¹) 새로 들어 온, 신참의
tiro exércitus, tirónes mílites. 신병부대(新兵部隊)
tirocínĭum spirituális. 영적 수련기(靈的 修練期)
tirocínĭum, -i, n. (tiro¹) 신병생활, 초심자 생활,
　수련기(修練期.⑨ novitĭate), 배우는 기간,
　초학(初學), 초보(初步), 수업(修業); 미숙(未熟).
tironátus, -us, m. (tiro¹) = tirocínĭum, -i, n.
tirónĭcum, -i, n. (tiro) 징병 면제세(徵兵免除稅)
tirotaríchum = tyrotaríchum
tirúncŭla, -æ, f. dim. (tirúnculus)
　여자 수련자, 수련여성, 신입 여학생(新入 女學生).
tirúncŭlus, -i, m. (tiro¹) 신병(新兵), 초년병(初年兵),
　새로 배운 자, 초심자, 신참(新參), 초학자, 풋내기,
　견습자, 경험 없는 자, 수련자(修練者.⑨ novice).
tithýmális, -ĭdis, f. (tithýmălus, -i, m.)
　(植) 버들 옷(大戟), 대극(大戟-버들 옷), 양귀비의 일종.
titibillícĭum, -i, n. titivillícĭum, 가치 없는 것
titillátĭo, -ónis, f. (titilaméntum, -i, n.,
　=titilátus, -us, m.) (titíllo) 간지러움, 간지럽게 함.
titíllo, -ávi -átum -áre, tr. 간질이다, 기분 좋게 해주다,
　Draco dormiens nunquam titillandus.
　　결코 잠자는 용을 건드리지 마라.
titillósus, -a, -um, adj. (titíllo) 간지러운
titíllus, -i, m. = titillátĭo, -ónis, f.
titínnio(=titínno) = tínnio
titĭo¹ -ónis, m. 타다 남은 나무, 불씨, 불에 탄 나무
titĭo² -áre, intr. (참새) 지저귀다
titivillichum, -i, n. (=titibillícĭum, -i, n.)
　가치 없는 것, 보잘 것 없는 것, 하찮은 것.
titlus(=títolus) -i, m. = títulus의 속어
titŭbans, -ántis, p.prœs., a.p. (titŭbo)
　머뭇거리는, 뒤뚝거리는, 불안정한.
　adv. titubanter, 비틀거리며, 왔다 갔다 하면서,
　　이랬다저랬다 하면서, 우유부단하게, 뒤뚝거리면서.
titubántĭa, -æ, f. (titŭbo) 우유부단(優柔不斷),
　주저(躊躇-머뭇거리며 망설임), 비틀거림.
titubántĭa linguæ, óris. 말더듬
titubátĭo, -ónis, f. (titŭbo) 비틀거림, 뒤뚝거림,
　머뭇거림, 결단성 없음, 우유부단(優柔不斷).
titŭbo, -ávi -átum -áre, intr., tr. 비틀거리다, 더듬다,
　주저하다, 흔들거리다, 뒤뚝거리다.
　títubat lingua. 말을 더듬다/
　verbo titubáre. 말하기를 주저하다/
　vestígia titubáta. 비틀거리는 발걸음.
titláris, -e, adj. (títulus) 유명무실의, 명의뿐인,
　전임의, 칭호를 가진, 관직이 있는, 자격 있는.
　m. 관직 있는 자, 관리, 어떤 성당의 수호신,
　Epíscopus titularis. (가톨릭) 명의주교(名義主敎).
titulátĭo, -ónis, f. (título) 명의, 호칭, 제목을 붙임, 제호.
títŭlo, -ávi -átum -áre, tr. (títulus) 명명하다,
　호칭(명목.제목)을 붙이다, 부르다(אךﬧ.ףﬧ).
títŭlus(=tétulus) -i, m. (=títŭlum, -i, n.)
　표제(標題), 제목, 서명(署名), 항(項 "§"), 칭호,
　명칭, 직함(職銜-벼슬의 이름), 자격(資格), 존칭, 명의,
　직위, 지위, 작위(爵位-五等爵에 속하는 벼슬), 명예(⑨ Honor),
　권리, 권원, 명목, 증서, 문서(γραφή), 증권, 면허장,
　구실(핑계를 삼을 만한 재료. '핑계'로 순화), 핑계, 기념비,
　명패(名牌), 생계보장(生計保障-사목연구 제6집, p.125).
　Et ĕrat titulus causæ eius inscriptus: Rex Iudæórum.
　　그분의 죄목 명패에는 "유대인들의 왕"이라고 적혀 있었다/
　tituli parœciales. 명의 본당.
titulus beneficii. (敎法) 성직록(præbenda, -æ, f.)

titulus canonicus. 서품에 따른 생계보장(구 교회법 제979조)
titulus colorátus. 윤색된 권원(權原)
titulus congregationis. 수도회의 명칭
titulus connexiónis causárum. 연관된 소송의 법원
titulus contractus. 계약에 관한 소송의 법원
titulus crucis. 십자가의 죄목 명패
titulus debiti publici. 공채(公債)
titulus delicti commissi. 범행지의 법원
titulus domicilii. 주소지 법원
titulus ecclesiæ. 성당(본당) 명의(예:명동 성당)
titulus existimátus. 오신된 권원
titulus innominátus. 무기명 증권
titulus major. 모교회 명의, 상급 성당
titulus mensæ. 부양(扶養) 명목,
　(다른 생계수단이 생기면 소멸되던) 기부 생계보장.
titulus mensæ communis. 공주 생활 성직 명목,
　(종신서원 수도자들 위한) 공동 생계보장.
titulus minor. 하급성당(=경당 cappella, ecclesia minor)
titulus missiónis.
　포교 지방 명칭, (선교사들을 위한) 선교 생계보장.
titulus nominatívus. 기명 증권
titulus ordinationis. 서품자 성직 명칭
titulus patrimonii.
　교회 재산의 명의, 세습재산 명의의 생계보장
titulus paupertas. (성직자와 수도자들 위한) 청빈 생계보장
titulus paupertatis. 청빈 서원의 명목
titulus pensiónis. 연금 명목,
　(고정부동산 수입에 바탕을 둔) 연금 생계보장.
titulus præsumptus. 추정(推定)된 권원
titulus professionis solemnis. 성대 서원의 명목
titulus rei sitæ. 계쟁물이 있는 법원
titulus servitii diocesis. 교구 봉사 명목,
　(교구 사제들을 위한) 교구 근무 생계보장.
titulus verus. 진정한 권원
titus¹ -i, m. (鳥) 비둘기의 일종 = teta
Titus² -i, m. 로마인의 개인명(人名)
Titus Pomponius Atticus poëmata perfecte atque
absolute pronuntiabat et Latine et Græce.
　티투스 폼포니우스 아티쿠스는 그리스어로도 라틴어로도
　시가를 완벽하고 확실하게 읊었다(Titus Pomponius Atticus(109~32
　B.C.). 로마 문학가이자 키케로의 문우. 성 염 지음, 고전 라틴어, p.267)
títyrus¹ -i, m. 산양새끼
títyrus² -i, m. Vergílius의 목가에 나오는 목동 이름
Tmārus(Tmos, Tómarus) -i, m. Epirus의 산
tmesis, -is, (acc. -sin,) f. (文) 합성어 분리법,
　한 말마디를 두 부분으로 분리하는 법.
Tmōlus(Timolus) -i, m. Lýdia의 산
tobálea, -æ, f. 담요(⑨ a blanket; a rug), 이불,
　(가톨릭) 제대포*(祭臺布.⑨ altar cloths).
tobálea altaris.(⑨ altar cloths/Vesperal. 獨 Altartuch)
　제대포(祭臺布).
tocología, -æ, f. (醫) 산과학(産科學)
tocúllĭo, -ónis, m. 고리대금업자(高利貸金業者)
todíllus, -a, -um, adj. (todus) 작은 새의, 얇은
todus, -i, m. (鳥) 작은 새의 일종
tofácĕus[tofácĭus, tofícĭus, tofíc(ĕ)us,], -a, -um, adj.
　(tofus) 응회석(凝灰石)의.
tofósus, -a, -um, adj. (tofus)
　응회석과 같이, 구멍이 많은, 스펀지성의.
tofus(=tophus) -i, m.
　(鑛) 응회암(凝灰巖), 용암(溶岩), 구멍이 많은 돌.
tŏga, -æ, f. (tego) (고대 로마 시민이 입던) 헐거운 겉옷
　(17세 전에는 Prætéxta라는 긴 옷을 입고 17세가 되면 toga를 입었음).
　토가(토우거), 직복(職服), 정복, 도포(조선시대 남자들의 평상복).
　로마 시민권, 로마 시민의 권위, 시민생활, 평화의 상징.
　Ille cum toga prætexta venerat. 그는 긴 외투를 입고
　왔다.(행위에 동반하거나 수반되는 사물은 동반 탈격abulativus comitatus
　으로 cum과 탈격을 쓴다/
　togæ oblítus. 로마 시민의 위신을 저버리고.

1301

T

toga candida. 출마자 토가,
　공직을 맡을 사람이 입던 흰색의 긴 옷.
toga picta. 깃에 수를 놓아 개선자가 입은 긴 옷
toga prætexta. 자색 토가
toga pulla. 상복(喪服, squalor, -óris, m.)
toga pura. 소박한 토가
toga virilis. 성인 토가, 성년식(成年式)
togata, -æ, f. (sc. fábula²) [togatus]
　Roma인을 주제로 한 연극(배우가 toga를 입었음),
　palliáta(희랍인을 주제로 한 연극)와 대조.
togáti, -órum, m., pl. Roma 시민
togátŭlus, -i, m. dim (togátus) Roma의 하층시민
togátus, -a, -um, adj. 또가를 입은,
　Roma 시민 복장을 한(군복의 반대), Roma인의.
　f. 창녀(娼女), m. 손님, 변호사(辯護士).
　fábula togáta 혹은 togáta. 로마인을 주제로 한 연극.
togati vulturii. 탐욕스러운 변호사들
tógŭla, -æ, f. dim. (toga) 작은 토가
tolæ, -árum, f., pl. = toles
tolerábǐlis, -e, adj. (tólero) 참을 만한, 용서할 만한,
　용인할 수 있는, 견딜 만한, 인내심 있는.
　adv. tolerábǐliter, 참을만하게, 인내심 있게.
tolerabílitas, -átis, f. (tolerábilis) 참을성, 참을만한 것
tolerándus, -a, -um, adj. (tólero) 참을 수 있는
tólĕrans, -ántis, p.præs., a.p. (tólero) 참는, 참아주는,
　frigóris tolerántior. 추위를 더 잘 참는.
tólĕrans labórum. 고된 일을 참는
tólĕranter, adv. 끈질기게, 인내심 있게.
　Virorum est fortium toleranter dolorem pati.
　　고통을 의연히 감수하는 것은 강자들의 일이다.
tolerántĭa, -æ, f. (tólero) 인내(忍耐.🅖 Patience),
　관용(寬容.🅖 tolérance), 항구심(恒德),
　지구력(持久力-오래 버티어 내는 힘).
tolerati. (교회법 용어) 용인자(容認者)
　(신자들이 비종교적 문제에 한해 교류할 수 있는 파문자를 말하는 것으로
　Vitandi, 즉 기피자와 구별된다. 백민관 신부 엮음, 백과사전 3, p.672).
tolerátĭo, -ónis, f. (tólero) 인내력(忍耐力), 인용, 참음.
tólĕro, -ávi -átum -áre, tr. 참다
tolero hiemem. 추위를 참다
tólĕro, -ávi -átum -áre, (tóleror, -ári, dep.) tr.
　(🅖 bear, endure, tolerate)
　짐 지다, 무게를 견디다, 버티다, 참다, 인내하다,
　당하다, 지탱하다, 지원하다, 유지하다, 양육하다,
　저항하다, 이기다, 의무를 채우다, (침묵을) 지키다.
　famem alqā re toleráre. 무엇으로 허기를 채우다/
　Quod omnia gravia pro æterna vita sunt toleranda.
　(🅖 Every Trial Must Be Borne for the Sake of Eternal
　Life) 영생을 얻기 위하여 모든 어려운 일을 감수함.
　　　　　　　　　　　　　　　　　　(준주성범 제3권 47장)
tólĕro equitátum. 기병대(騎兵隊)를 유지하다
tólĕro famem alqā re. ~으로 배고픔을 이기다
tólĕro híemem. 추위를 참다
tólĕro milítiam. 군복무를 하다
tólĕro vitam alqā re. ~으로 생활을 유지하다
toles, -ĭum, m., f., pl. 편도선염(扁桃腺炎), 갑상선종
tollæ, -árum, f., pl. 부글부글 끓음, 회오리,
　비등(沸騰-물 끓듯 세차게 일어남), 편도선염(扁桃腺炎=tolæ).
tolle, 원형 tollo¹ sustuli, sublátum, tollĕre, tr.
　[명령법. 현재 단수 2인칭 tolle, 복수 2인칭 tollite]
Tolle caritatem de corde; odium tenet, ignoscere non
novit. 마음에서 사랑을 빼어 보십시오. 증오만 지닌 채
　용서할 줄 모르게 될 것입니다(최익철 신부 옮김, 요한 서간 강해, p.309).
Tolle et iacta te in mare, fiet. (🅖 Be lifted up and
　thrown into the sea, it will be done) 들려서 저 바다에
　빠져라 하여도 그대로 이루어질 것이다.
tolle et lege! 집어 들고 읽어라
Tolle miseros; cessabunt opera misericordiæ.
　비참한 사람들을 없애보십시오. 자선행위는 없어지고
　말 것입니다.(최익철 신부 옮김, 요한 서간 강해, p.353).

Tolle tecum unum de pueris et consurgens vade et
quære asinas. 종을 하나 데리고 나가 암나귀들을
　찾아보아라.(성경 1사무 9, 3).
tolleno(=tollo²), -ónis, m. 물 긷는 기구, 지렛대,
　도르래, 고대 기중기의 일종.
tollis, 원형 tollo, sustuli, sublátum, tollĕre, tr.
　[직설법 현재. 단수 1인칭 tollo, 2인칭 tollis, 3인칭 tollit,
　복수 1인칭 tollimus, 2인칭 tollitis, 3인칭 tollunt]
　qui tollis peccata mundi, suscipe deprecationem nostram.
　　세상의 죄를 없애시는 주님, 저희의 기도를 들어주소서.
tollit, 원형 tollo, sustuli, sublátum, tollĕre, tr.
　[직설법 현재 단수 1인칭 tollo, 2인칭 tollis, 3인칭 tollit,
　복수 1인칭 tollimus, 2인칭 tollitis, 3인칭 tollunt]
　qui tollis peccata mundi, Beáti qui ad cenam Agni
　vocáti sunt. 세상의 죄를 없애시는 분이시니,
　　이 성찬에 초대받은 이는 복되도다.
tollo¹, sustuli, sublátum, tollĕre, tr. 1. 들어 올리다(דוע.
　נסא.לוט.נוט.בלץ), 집어 들다: tollo saxa de terra.
　땅에서 돌을 집어 들다/ se tóllere a terra. 땅바닥에서
　일어서다/ tollo alqm in equum, in currum. 아무를 말에,
　마차에 태우다/ tollo in crucem. 십자가에 달다/ tollo
　áncoras. 닻을 올리다 / tollo signa. 군기를 올리다.
　즉 진군하다. 2. 가지고 가(오)다, 싣고 가다, 지고 가다.
　3. 데리고 가다, 올려놓다, 높이다, 더 높게 하다 tollo alqm.
　누구를 하늘로 데리고 가다. tollo clamórem in cælum. ad
　sídera. 하늘 높이 소리 지르다/ clamor tóllitur. 소리를
　높이다/tollo cachínnum; risum. 크게 웃다/ tollo ánimos
　alci. 누구의 사기를 높이다. 4. 짐 지다, 참아 받다: Pœnas
　sústulit. 그는 벌을 받았다. 5. 집어치우다, 없애다, 골라
　내다, 걷어치우다, 폐지하다: tollo e fano alqd. 신전에서
　무엇을 ~/ tollo amicítiam e vita. 생존에서 우정을 ~/
　tollo prædam. 전리품을 빼앗아가다/ tollo alqm de médio,
　e médio. 누구를 없애다/ tollo alqm venéno. 독물로 아무
　를 죽이다/ tollo Cartháginem fúnditus. 카르타고를 송두
　리째/ tollo dictatúram fúnditus ex (de) re pública.
　공화국에서 독재를 송두리째~/ Subláta benevoléntia
　amicítiæ nomen tóllitur. 친절이 없어지면 우정은 이름도
　없어진다. (라틴-한글사전. p.953).
　aulǽum míttitur. 막을 올리다.내리다/
　aulǽum tóllitur. 막을 내리다.닫다.
　(Roma인들은 연극 끝에 막을 올려서 닫았음)
　Quis tibi tollit quod diligis? Si nemo tollit tibi quod
　diligis, securus dormis: 그대가 사랑하는 것을 누가
　그대에게서 빼앗겠습니까? 아무도 그대가 사랑하는 것을
　빼앗을 수 없다면, 그대는 편안하게 잠을 잘 것입니다.
　　　　　　　　　　(최익철 신부 옮김, 요한 서간 강해, p.449).
tollo² -ónis, m. = tolleno.
tolutárĭus, -a, -um, (tolutáris, -e,) adj. (tolútim)
　구보로 뛰는, 종종걸음으로 가는, 빨리 가는.
tolutárĭus equus. 종종걸음으로 가는 말
tolútĭlis, -e, adj. 속보로 달아나는, 종종걸음으로 가는.
tolutiloqunétĭa, -æ, f. (tolútim+loquor)
　능변(能辯), 수다(쓸데없이 말이 많음), 말이 빠름.
tolútim, adv. (tollo) 구보로, 속보로, 종종걸음으로
tolútor, -ári, dep., intr. 놀다(חקר), 유희(遊戱)하다
tomácǐna, -æ, f. 순대, 소시지(🅖 sausage)
tomaculárĭus, -i, m. =tomáculum
　순대장수, 소시지 파는 자.
tomac(ŭ)lum, -i, n. dim. 작은 순대
tŏme, -es, f. 시 운율의 중단, 중간휴지, 각운중단
toméntum, -i, n. (솜.털.짚) 등을 넣음
tomex, -ĭcis, f. = tomix
tomix, -ĭcis, f. = tomex[thŏmix(=thomex), -ĭcis, f.]
　대마줄, 삼끈, 삼이나 대마로 꼰 줄, 끈.
tŏmus, -i, m.(tomum, -i, n.)
　조각, 편(片), 권(券-책을 세는 단위), 책(冊), 편(編).
tonábulum, -i, n. = tintinnábulum = tintinnáculum
　따르랑기, 방울(concava aëra), 작은 종.

1302

tonánter, adv. (tono) 벼락 치는 가운데, 뇌성을 지르며

tonátĭo, -ónis, f. (tono) 뇌성(雷聲), 벽력(霹靂-벼락), 천둥.
　ruina poli. 우레(같은 말: 천둥).

tóndĕo, totóndi, tónsum, -ére, (tondo, -ĕre) tr.
　털 깎다, 깎다, 자르다, 가지를 치다, 따다, 베어내다,
　풀 뜯어먹다, 뭉치장하다, 낮잡하다, (곡식을) 걷어 들이다,
　빼앗다, 면도(面刀)하다, 이발하다.
　barbam tondére. 수염을 깎다.

tonésco, -ĕre, intr., inch. (tono) 땅 소리 나다, 천둥치다

tóngĕo, -ére(tongo -ĕre,) tr. 알다(꿈), 인식하다, 이기다

toniǽus, -a, -um, adj. (希) 한 음절 간격의

tónicum, -i, n. (藥) 강장제(强壯劑)

tonitrális, -e, adj. (tono) 뇌성의, 천둥치는

tonitrátor, -óris, m. 뇌성 내는 자(Júpiter 신의 별칭)

tonítru, -us, n. (tono) = tónitrus = tónitrŭum, -i, n.
　Sine tonítribus fúlgurat. 천둥소리 없이 번개 치다.

tonitruális, -e, adj. (tónitrus)
　뇌성 소리 나는, 천둥치는; 천둥에 관한.

tonítrŭo, -áre, intr. (tónitrus) 뇌성 내다, 천둥치다

tonítrus(tónitrŭus), -us, (dat. abl. -tribus, -trubus,)
　m. [tónitrŭum, -i, n.] (tono) 뇌성, 벽력(벼락), 천둥.
　ruina poli. 우레('우레'의 잘못. 같은 말: 천둥).

tŏno, -nŭi -áre(-ĕre), intr. 천둥치다, 뇌성 치다.
　크게 소리 나다, 꽝 소리 나다, 폭음 소리 나다.
　tr. (acc.) 큰소리로 부르다, 울리게 하다.
　Sereno quoque coelo aliquando tonat.
　때로는 맑은 하늘에서도 천둥이 친다.

tŏnor, -óris, m. (tono) 음조, 악센트(=tenor)

tŏnos, -i, m. = tŏnus

tonótĭcus, -a, -um, adj. 강장제의

tōnsa, -æ, f. (tundo) 노(櫓-배 젓는 노), 조정(漕艇-보트를 저음)

tónsǐlis, -e, adj. (tóndeo) 깎을 수 있는, 자를 수 있는,
　면도질 할 수 있는, 깎을 만한, 깎은.

to(n)sílla, -æ, f. 배를 육지에 대는 말뚝

tonsíllæ(=toxíllæ) -árum, f., pl. (醫) 편도선(扁桃腺).

tonsillítis, -tídis, f. (醫) 편도선염(扁桃腺炎)

tónsĭo, -ónis, f. (tóndeo) 털 깎음, 면도질, 이발

tónsǐto, -áre, freq., tr. 자주 깎다

tōnsor, -óris, m. (tóndeo) 이발사, 면도사, 정원사, 비평가,
　미용사(=tonsrix, -ícis, f.), (=tonstrix, -ícis, f.).

tonsor inæquális. 들쭉날쭉하게 깎는 이발사(理髮師)

tonsórĭus, -a, -um, adj. (tóndeo)
　이발용의, 삭발(削髮)하는, 털 깎는데 쓰이는.

tonsórĭus culter. 면도칼

tonstr(e)ínum, -i, n. 이발소(理髮所), 이발(理髮)

tonstrícŭla, -æ, f. dim. (=tonstrix) 여자 이발사, 미용사.

to(n)strína, -æ, f. = tostrína (tóndeo) 이발소(理髮所)

tonstrínus, -i, m. (tonstrix, -ícis, f.)
　이발사(structor capillaturæ), 미용사, 서정시인(mélicus).

tonsum, "tóndĕo"의 목적분사(sup.=supínum)

tonsúra, -æ, f. (tóndeo) 털 깎음, 머리 깎음,
　삭발(削髮), (나무) 가지 침, 벌목(伐木).
　(가톨릭) 삭발례(⑨ first tonsure)(1972.8.15 폐지).

tonsurátor, -óris, m. 깎아 주는 자, 삭발 주례자

tonsurátus, -a, -um, adj.
　(가톨릭) 삭발례를 받은, 성직 계급에 오른.

tonsúro, -áre, tr. (tonsúra) 깎아 주다, 삭발시키다

tonsus¹ -a, -um, p.p. (tóndeo) 털 깎인, 삭발된, 가지 쳐진

tonsus² -us, m. (tóndeo) 삭발(削髮), 이발한 머리

tŏnŭi, "tono"의 단순과거(pf.=perfectum)

tonum, -i, n. (극장의) 우레 소리

tŏnus(=tonos), -i, m. 팽팽한 줄을 팅기는 소리,
　음의 강도, 예리한 소리, 音, 음향(音響), 음도(音度),
　천둥(우레), 곡조(曲調), 음조(音調), 색조(色調),
　(音) 선법(旋法).⑨ mode.⑩ modus, -i, m.).

tŏnus Lectionis.(⑨ Reading Tone.獨 lesetöne) 낭독음.

tonus pregrinus. 순례자 선법(旋法).
　[이 선법은 두 개의 낭송음으로 구성되며 후반부의 낭송음은

전반부의 낭송음보다 낮은 음정이다].

tonus Psalórum. 시편 선법(旋法)

topánta, indecl., n. 모든 것

topárches(=topárcha) -æ, m. 지방장관, 관리, 지사, 총독.

topárchia, -æ, f. 지방 통치구역(地方 統治區域)

topázos(=topázus, =topázĭus) -i, f.
　(=topázĭon, -i, n.; = topázon, -óntis, m.)
　토파즈(黃玉), 황옥(黃玉-토파즈) 보석.

toper(=topper), adv. 빨리, 아마

toph… V. tof…

tophus(=tofus) -i, m.
　(鑛) 응회암(凝灰巖), 용암(溶岩), 구멍이 많은 돌.

tópĭa, -órum, n., pl. (sc. ópera)
　풍경화(風景畵), 원예(園藝), 정원 가꾸기.

topiárĭus, -a, -um, adj. (tópia)
　정원.공원 등 풍경 그림에 관한.
　m. 풍경화가(風景畵家), f., n. 풍경화법(風景畵法).

topías ficus. m. (植) 무화과의 일종

tópĭca¹ -æ,(=topice, -es.) f. 일반 공리(一般公理).
　개연성뿐인 일반 여론을 전제로 하는 논법(論法).

Tópĭca² -órum, n., pl. Aristóteles의 논리학 제4서,
　개연적 추리론, Dialéctica라고도 함. Cícero가 번역함.

topice, -es.(=tópĭca¹ -æ,) f. 일반 공리(一般公理).
　De differentiis topicis. 상이한 공리론(보에티우스 지음).

tópĭcum, -i, n. (藥) 국소용약(局所用藥), 외용약

tópĭcus, -a, -um, adj. (topos)
　장소에 관한, 풍토에 관한; 일반 여론의.

topográphĭa, -æ, f. 풍토학, 지리학, 지도학(地圖學)

topográphus, -i, m. 지형(리) 학자

topor, -óris, m. 마비, 우둔(愚鈍), 겁쟁이

topper, adv. = toper 빨리, 아마

Torah. 토라(הרָוֹתּ-"법"의미의 νομóς로 번역되면서 "율법"의미가 됨).
　[토라라는 말은 아마도 그 어원을 '던지다', '쏘다', '지도하다', '교육하다'에서
　찾는다. 이 말은 본래 예언자들의 가르침(이사 8. 16), 부모의 명령(잠언 1. 8;
　4. 2)이란 뜻으로 사용되었으나, 구약성서 저술가들은 이 모든 뜻을 하느님의
　뜻으로 썼다. 그래서 제관들의 첫 직능은 하느님의 뜻을 표시하는 토라 혹은
　교훈을 주는 것이었고(예레 18. 18), 제관들이 이 의무를 소홀 남용했을 때
　는 예언자들의 호된 고발을 받았다… 백민관 신부 엮음 백과사전 3 p675].

tŏral(=torale) -ális, n. (torális, -is, m.)
　(torus) 침대보, 발 덮는 이불.

torárĭa, -æ, f. (=torárĭus, -i, m.) 병자를 간호하는 시녀

tores,(=torcuis) -is, m. = torques = torquis

tórcŭlar(=tórcŭlare) -áris, n. (tórqueo) 포도압착기,
　(확[틀. 절구의 아가리로부터 밑바닥까지의 부분), 압착실.

tórcŭlar mysticum(⑨ Mystical Wine Press)
　신비적인 술통(프 Pressoir Mystique). *

torculárĭus, -a, -um,(=torculáris, -e,) adj.
　(tórcular) 압착기의, 압착하는, 짜는.
　m. 짜는 자, 압착자, n. 압착기(壓搾機).

tórcŭlo, -áre, tr. (tórqueo) 짜다(דחק), 압착하다

tórcŭlus, -a, -um, adj. (tórqueo) 짜는, 압착하는,
　n. 포도주 압착(기).

toréuma, -ătis, n. [pl., gen. -ătum, -atórum;
　dat. abl. -átibus, -ătis,]
　조각품(彫刻品), 부조(浮彫-돋을새김), 조각물(彫刻物).

toréutes(=toréuta) -æ, m. 조각가(彫刻師), 조금사

toreútĭce, -es, f. 조각술(fingendi ars), 조금술

tormen, -mǐnis, n. (tórqueo) 고문(拷問),
　고통(βασανος.⑨ suffering.苦痛-병고).

torméntum, -i, n. (tórqueo) 대포, 투석기, 탄환, 발사물,
　둥근 기둥에 밧줄을 감고 그것이 풀리는 힘으로
　활이나 창을 쏘는 무기, 양수기, 압착기(壓搾機),
　동아줄, 밧줄로 비끄러매기, 고문기, 고문(拷問),
　고통(βασανος.⑨ suffering.苦痛-병고), 학대(虐待),
　형벌(刑罰.⑨ Punishment).
　De servo in dóminum ne torméntis quidem quæri
　potest. 주인에 대해서 종을 고문할 수 없다/
　Dolores et tormenta terribilia pergunt esse ac fere
　intoleranda. 고통과 고문은 여전히 끔찍하고 견디기
　　힘듭니다(2007.11.30. "Spe Salvi" 중에서)/

etenim, quod factum est, cum illo, qui fecit,
tormenta patietur(and the thing made shall be
punished with its contriver) 그 물건은 그것을 만든
자와 함께 징벌을 받을 것이다(지혜 14. 10)/그 물건과
그것을 만든 자를 똑같이 벌하신다(공동번역)/
tormenta fortunæ. 운명의 고통/
verbero torméntis Mútinam. Mutina. 성을 무찌르다.
tormentuósus, -a, -um, adj. (torméntum)
　고문의, 아픈, 고통스러운.
tórmǐna, -um, n., pl. (醫) 복통(腹痛), 배 아픔, 결장.
torminális, -e, adj. (tórmina) 복통 약의, 복통의
torminósus, -a, -um, adj. (tórmina)
　배 아프기 잘하는, 복통에 걸린, 복통 있는.
tornátǐlis, -e, adj. (torno)
　돌게 만들어진, 잘 도는, 둥근, 돌리는.
tornátor, -óris, m. 돌리는 자
tornatúra, -æ, f. (torno) 돌리는 기술(技術),
　(pl.) 돌게 만든 물건.
tornátus, -a, -um, adj. (torno) 손질을 한, 잘 돌게 한
torneaméntum, -i, n. (torno)
　토너먼트(⑨ tournament) 식 시합, 회전(會戰).
torno, -ávi -átum -áre, tr. (tornus) 돌리다, 굴리다,
　회전시키다, 둥글게 하다, 모서리를 깎다, 손질하다.
tornus, -i, m. 한 바퀴, 회전, 일주(一周한 바퀴를 돎),
　주위(周圍), 회전기, 선반공(旋盤工)의 기계(機械).
torósulus, -a, -um, adj. (torósus)
　근육이 많은, 살이 많은, 두꺼운, 매듭이 많은, 빽빽한.
torpédo, -dǐnis, f. (tórpeo) 혼수상태(昏睡狀態),
　마비상태, 무기력, (魚) 전기가오리, 어뢰(魚雷),
　Vita humana prope uti ferrum est. Si exerceas,
　conteritur; si non exerceas, tamen rubigo interficit.
　Itidem homines exercendo videmus conteri. Inertia atque
　torpedo plus detrimenti facit, quam exercitatio.(Cato).
　인생은 쇠와 흡사하다. 그것을 쓰면 닳아지고 쓰지
　않으면 녹이 먹는다. 우리가 보기에도 사람은 활동하면서
　소진한다. 그렇지만 타성과 나태는 활동보다
　더 큰 해를 끼친다.[성 염 지음. 고전 라틴어, p.356].
torpefácǐo, -féci, -cěre, tr. (tórpeo+fácio) 마비시키다
tórpěo, -ére, intr. 마비되다, 무감각하게 되다, 빳빳해지다,
　정신(생각)이 무디다, 실신하다, 입맛이 없다,
　힘 빠지다, 안이가 병병해지다.
　torpére metu. 공포(恐怖)에 질려 실신하다.
torpésco, -pǔi -ěre, inch., intr. (tórpeo)
　마비되다, 정신 잃다, 빛 잃다, 힘 빠지다.
tórpǐdus, -a, -um, adj. (tórpeo)
　마비된, 정신 잃은, 감각이 무딘, 빳빳해진.
torpitúdo, -dǐnis, f. (tórpǐdus)
　마비(痲痹), 실신(失神-정신을 잃음).
torpor, -óris, m. (tórpeo) 마비(痲痹), 실신(정신을 잃음),
　무성의, 무관심, 타성(惰性-오래되어 굳어진 좋지 않은 버릇),
　이완(弛緩-느즈러짐,풀리어 느슨해짐), 우매(愚昧-어리석고 사리에
　어두움), 불감증(不感症), 게으름(나태).
torpóro, -ávi -átum -áre, tr.
　마비시키다(נקף), 실신케 하다.
torpui, "torpésco"의 단순과거(pf.=perfectum)
tórqua, -æ, f. = torques
torquátus¹ -a, -um, adj. (torques)
　목걸이를 건; 훈장(勳章)을 받은.
torquátus² -i, m. T. Mánlius의 별명
tórquěo, torsi, tortum(torsum), -ěre, tr. 비틀다, 꼬다,
　비틀어 돌리다, 돌리다, 회전시키다, 투석기를 돌리다,
　빙빙 돌리다가 던지다, 굴리다, 흔들다, 빙빙 돌리다,
　뱀이 꼬리를 틀다, 고문하다, 괴롭히다, 뒤틀다, (뼈를) 삐다.
torqueo cérvices oculósque. 목과 눈을 이리저리 돌리다
torqueo mero. …을 술로 고문하다
torqueo stámina póllice. 엄지손가락으로 실을 꼬다
torques(=torquis) -is, (abl. -qui) m.(가끔 f.)
　[= tores = torcuis] (tórqueo) 목걸이, 명예의 표시,

소의 목줄, 새의 목 가장자리, 꽃 장식, 꽃 줄.
torrefácǐo, -féci -fáctum -ěre, tr. (tórreo+fácio)
　볶다, 지지다, 말리다, 건조(乾燥)시키다.
torréfǐo, -factus sum, -fíeri, intr. (tórreo+fio)
　볶아지다, 지져지다.
torrens¹ -éntis, (abl. -nti) adj. (tórreo) 찌는 듯한,
　불타는, 뜨거운, 탄, 그을린, 볶는, 지지는, 격렬한, 급격한,
　맹렬한, 급류의, 쏟아지는. adv. torrener 격렬하게.
torrens² -éntis, (abl. -nte) m. 급류(急流), 분류(奔流),
　쏟아짐, 쏟아져 나오는 사람들, 다언(多言),
　쏟아져 나오는 말(言), 과장되 말(言).
　Aqua profunda verba ex ore viri, et torrens
　redundans fons sapientiæ. (u[dwr baqu. lo,goj evn kardi,a|
　avndro,j potamo,j de. avnaphdu,ei kai. phgh. zwh/j) (Die Worte
　in eines Mannes Munde sind wie tiefe Wasser, und
　die Quelle der Weisheit ist ein sprudelnder Bach)
　(⑨ The words from a man's mouth are deep waters,
　but the source of wisdom is a flowing brook)
　사람 입에서 나오는 말은 깊은 물이요 지혜의 원천은
　쏟아져 흐르는 시냇물이다(성경 잠언 18. 4)/사람의 말은 땅
　속의 물 같아, 슬기가 샘처럼 솟아 쉬지 않고 흐른다(공동번역).
tórrěo, torrǔi, tostum, torrére, tr. 말리다, 건조시키다,
　그을리다, 볶다, 지지다, 굽다, 태우다.
torres, -is, f. = torris = torrus 불씨
torrésco, -ěre, intr., inch. (tórreo) 마르다, 타다, 위축되다
torriditas, -átis, f. (tórridus) 건조(乾燥), 가뭄
tórrǐdo, -átum -áre, tr. (tórreo)
　말리다(乾), 태우다, 건조시키다.
tórrǐdus, -a, -um, adj. (tórreo) 마른, 건조한, 가뭄,
　고갈된, 볶은, 마른(호리호리한), 여윈, 앙상한,
　쪼들린, 마비된, 탄(그을린), 불타는.
torris, -is, f. = torres = torrus 불씨
torror, -óris, m. (tórreo) 혹독한 더위, 뜨거운 열
torrui, "torpésco"의 단순과거(pf.=perfectum)
torrus, -a, -um, adj. = tórrǐdus
tórsi, "tórquěo"의 단순과거(pf.=perfectum)
tórsǐo, -ónis, f. (tórqueo) 경련(痙攣-근육이 발작적으로 수축
　하는 현상), 고통(βάσανος.⑨ suffering.苦痛-병고),
　복통(腹痛-복부에 일어나는 통증을 통틀어 이르는 말), 고문(拷問).
torsor, -óris, m. = tortor
torsum, "tórquěo"의 목적분사(sup.=supínum)
torta(-sa) -æ, f. (tortus¹) 둥근 빵, 파이(⑨ pie)
torta via. 미궁의 길(tortus¹ 참조)
torte, adv. (tortus) 옆으로, 비스듬히, 삐뚤게
torticóllis, -is, f. (醫) 목이 옆으로 기울어진 병.
　사경(斜頸-목의 근육 일부 근육이 뒤틀려 머리가 한쪽으로 기우는 증상).
torticórdǐus, -a, -um, adj. (tortus¹+cor)
　악의의, 악의에 찬.
tórtǐlis, -e, adj. (tórqueo) 비꼬인, 둘를 만, 꼬불꼬불한.
　tórtile áurum. 금줄
tórtǐo, -ónis, f. (tórqueo) 비트는 것, 고문(拷問)
tortióno, -áre, tr. (tórtio) 고문하다
tortívus, -a, -um, adj. (tórqueo) 압착한, 짓누른
torto, -áre, tr. (tórqueo) 비틀다, 고문하다, 괴롭게 하다
tortor(=torsor) -óris, m. (tórqueo) 형리(刑吏)
　고문자(拷問者, extensor, -óris, m.), 고문하는 자,
　형벌하는 자, 희광이(→회자수. 지난날, 사형수의 목을 베던 사람).
tortor infantium. 어린이 학대자
Tortor parculorum. 우매한 자들의 고문가(拷問家)
tórtǔla, -æ f. dim. (tórqueo) 작은 둥근 빵(둥근 모양의 파이)
tortum, -i, n. (tortus¹) 고문 기구로 쓰는 밧줄
tortuóse, adv. (tortuósus) 비틀어서, 꼬불꼬불하게
tortuósǐtas, -átis, f. (tortuósus) 비트는 것, 빙빙 돌아감
tortuósus, -a, -um, adj. (tortus¹)
　꼬불꼬불한, 울퉁불퉁한, 얽힌, 뒤틀린, 복잡한,
　꼬인, 비틀어진, 곤욕케 하는, 고통을 주는.
tortum, "tórquěo"의 목적분사(sup.=supínum)
tortúra, -æ, f. (tórquěo) 비트는 것, 고문(拷問),

고통 주는 것. (醫) 복통(腹痛).

tortus¹ -a, -um, adj. (tórqueo) 형벌 받은, 뒤튼, 꼬인, 비틀린, 칭칭 감긴, 꼬불꼬불한, 들쭉날쭉한.
　Rivo torto. 꼬불꼬불한 강/
　torta via. 미궁(迷宮)의 길.

tortus² -us, m. (tórqueo) 뱀이 몸을 튼 것, 뒤 틈, 뒤틀림, 주름(皺); 형을 받음, 휘두르기.

tórŭlus, -i, m. dim. (torus) 머리를 튼 것(상투), 상투, (醫) 소융기(小隆起), 소결절(小結節), 근육의 융기(隆起), (植) 백목질(白木質).

torum, -i, n. [=thorus, -i, m. =tŏrus] (tortus²)
새끼를 칭칭 감아서 뭉친 것, 밧줄의 낱가락, 융기(隆起), 결절(結節), 부풀어 오른 것, 모자의 실 방울, 근육(筋肉), 알통(주먹을 꽉 쥐고 팔을 굽힐 때 상박에 불룩 솟는 근육을 이름), 꽃 뭉치, 나무의 뭉치, 불쑥 나온 땅, 방석, 침대, 신방(新房)의 침대, 결혼, 신부(新婦), 죽은 자리, 관가(棺架), (도로, 도랑의) 비탈, 경사면, (建) 큰 구슬선, 쇠시리(moulding이라고도 씀).
　athletárum tori. 운동가의 근육(筋肉).

tŏrus, -i, m. = thorus [torum, -i, n.] (tortus²)

torva, adv. = torvum 노려보면서, 험상궂게, 흘기는 눈으로.

torva, adv. 흘기는 눈으로

tórvĭdus, -a, -um, adj. (torvus) 난폭한, 무서운, 겁주는

tórvĭtas, -átis, f. (torvus)
험상스러운 얼굴, 난폭(亂暴), 눈 부릅뜸, 엄함.

tórvĭter, adv. (torvus) 난폭하게, 무섭게

torvum, adv. = torva 노려보면서, 험상궂게, 흘기는 눈으로.

torvus, -a, -um, adj. 곁눈으로 보는, 험한, 흘기는, 눈 부릅뜬, 험상궂은, 무서운 눈초리의, 압도하는, 엄한, 씩씩한, 고된, 신(辛), 톡 쏘는.
　lúmine torvo. 흘긴 눈으로.

tosíllæ, -árum, f., pl. = tonsíllæ 편도선(扁桃腺)

tostárius, -a, -um, adj. (tórreo) 굽기에 좋은

tosto, -áre, freq., tr. (tórreo) 굽다, 그을리다

tostrína, -æ, f. =tonstrína (tóndeo) 이발소(理髮所)

tostus, -a, -um, p.p. (tórreo)

tot, indecl., adj., pl. 그렇게 많은, 굉장히 많은, 허다한.
　tot viri. 허다한 사람들.
　한량(限量) 없는, 아주 적은 수의.
　(상관적으로) quot ~, tot ~. ~한 만큼 그만큼 많은.
　Quot generationes, tot gradus.
　　세대수가 친등이다(세대수만큼 친등이다)/
　Quot homines, tot cáusæ. 저마다의 송사(訟事),
　　사람 수만큼 그만큼 까닭도 많다.

Tot fortes viri, ab hoste necati, in acie jacebant.
그 많은 용사들이 적군에게 피살당하여
전선에 쓰러져 있었다.

Tot mala me oppresserunt, quot in coelo sidera lucent.
하늘에 성좌가 빛나는 수만큼,
그만큼 많은 시련이 나를 짓눌렀다.

Tot multitudines etiam nunc in miseria versantur cum corporum tum animorum.(⑨ Vast multitudes are still living in conditions of great material and moral poverty)
무수히 많은 사람들이 아직도 물질적이고 정신적인
빈곤에서 살고 있다(1991.5.1. "Centesimus annus" 중에서).

Tot pœnæ quot delicta. 범죄한 수만큼 여러 번 처벌된다.

tot quot. 숫자만큼의 … 숫자.
　Habeo tot sorores quot fratres.
　나는 형제나 자매의 숫자가 같다.

tot tantáque vítia. 그렇게 많고 큰 허물들

Tot victoriæ, quot pugnæ.
연전연승(Quot pugnæ, tot victóriæ).

Tota Christian religio humilitas est.
그리스도교 생활 전체가 겸손이다(성 아우구스티노).

Tota domus superior vacat. 집의 위층이 모두 비어있다.

Tota Ecclesia, 교회전체(敎會全體).
(교황청 성직자성, 사제의 직무와 생활 지침, 1994.1.31.).

tota humanitas. 전인류,

인류전체(人類全體.universitas generis humáni).

Tota intendat in verbo. 온통 말씀으로 향해 있을 것이다

Tota mihi dormítur hiems. 나는 온 겨울을 잠 잔다

tota multitudo. 전체 조직(성 염 옮김, 단테 제정론. p.224)

tota nocte. 온 밤 동안(totus 참조)

Tota nocte ierunt. 그들은 밤새도록 행진하였다.

tota orbe terrárum. 온 세상(에)

tota pulchra. 완벽한 아름다움

Tota pulchra es, Maria. 아름다우신 성모여.
(작자와 연대는 미상이지만 오랫동안 교회 안에서 애송되는
아름다운 시이자 기도문이다)
V. Tota pulchra es, Maria. R. Tota pulchra es, Maria.
V. Et macula originalis non est in te.
R. Et macula originalis non est in te.
V. Tu gloria Ierusalem. R. Tu lætitia Israël.
V. Tu honorificentia populi nostri.
R. Tu advocata peccatorum.
V. O Maria. R. O Maria.
V. Virgo prudentissima. R. Mater clementissima.
V. Ora pro nobis. R. Intercede pro nobis ad Dominum Iesum Christum.
V. In conceptione tua, Immaculata fuisti.
R. Ora pro nobis Patrem cuius Filium peperisti.
V. Domina, protege orationem meam.
R. Et clamor meus ad te veniat.
Oremus: Sancta Maria, regina cælorum, mater Domini nostri Iesu Christi, et mundi domina, quæ nullum derelinquis, et nullum despicis: respice me, domina, clementer oculo pietatis, et impetra mihi apud tuum dilectum Filium cunctorum veniam peccatorum: ut qui nunc tuam sanctam et immaculatam conceptionem devoto affectu recolo, æternæ in futurum beatitudinis, bravium capiam, ipso, quem virgo peperisti, donante Domino nostro Iesu Christo: qui cum Patre et Sancto Spiritu vivit et regnat, in Trinitate perfecta, Deus, in sæcula sæculorum. Amen.
V. Thou art all fair, O Mary. R. Thou art all fair, O Mary.
V. And the original stain is not in thee.
　R. And the original stain is not in thee.
V. Thou art the glory of Jerusalem. R. Thou, the joy of Israël.
V. Thou art the honor of our people. R. Thou art the advocate of sinners.
V. O Mary. R. O Mary.
V. Virgin most prudent. R. Mother most tender.
V. Pray for us, R. Intercede for us with Jesus Christ our Lord .
V. In thy conception, Holy Virgin, thou wast immaculate.
R. Pray for us to the Father, Whose Son thou didst bring forth.
V. O Lady! aid my prayer, R. And let my cry come unto thee.
Let us pray: Holy Mary, Queen of heaven, Mother of our Lord Jesus Christ, and mistress of the world, who forsakest no one, and despisest no one, look upon me, O Lady! with an eye of pity, and entreat for me of thy beloved Son the forgiveness of all my sins; that, as I now celebrate, with devout affection, thy holy and immaculate conception, so, hereafter, I may receive the prize of eternal blessedness, by the grace of Him whom thou, in virginity, didst bring forth, Jesus Christ our Lord: Who with the Father and the Holy Spirit, liveth and reigneth, in perfect Trinity, God, unto the ages of ages. Amen.
아름다우신 성모여, 아름다우신 성모여
원죄 물듦이 당신께는 없나이다.
당신은 예루살렘의 영광, 당신은 이스라엘의 기쁨,
당신은 우리 백성의 명예와 자랑,
당신은 죄인의 피난처,
오 마리아 오 마리아,
지혜로운 동정녀 인자하신 어머니
우리를 위해 당신 아들 그리스도께 간절히 빌어 주소서.

tota rátio ordĭnis. 질서의 모든 이유(理由)

tota rěrum universitas. 전 우주

Tota res desiderii. 사모지정(선유의 천주사상과 제사문제. p.171).

tota res publica. 나라 전체, 국가전체(totus 참조)

tota substantĭa rei creatæ. 창조된 사물의 모든 실체

tota Traditĭo. 전승 전체(傳承 全體)

Tota tua sum ego. 나는 오로지 그대의 것(남자가 여자에게)

Tota vita christiani boni, sanctum desiderium est.
좋은 그리스도인의 온 생활은 거룩한 열망입니다.

totális, -e, adj. (totus) 전체의, 전액의.
　adv. **totálĭter**, 전체적으로, 온전히, 전혀.

T

totalitarísmus, -i, m. 전체주의([영] totalitárianism).
Cultus et totalitarismi usus Ecclesiæ negationem pariter sibi conciliat([영] The culture and praxis of totalitarianism also involve a rejection of the Church) 전체주의의 문화와 실천은 교회를 부정하는 것도 포함한다.
totálĭter, adv. 전체적으로, 온전히, 전혀.
totaliter aliter! 그것과 전혀 다릅니다.
táliter qualiter. 상상하던 그대로인가?
totam ejulatu persono régiam.
온 궁중에 통곡소리를 울려 퍼지게 하다
totam pervolo urbem. 온 도시를 뛰어다니다
Totam rem efficiamus, quandoquidem coepimus.
일에 손을 댄 이상 전부 끝마치도록 합시다.
tōte, adv. (totus) 온전히
totemísmus, -i, m. 동물숭배, 토테미즘([영] Totemism)
tótĭdem, indecl., adj., pl. (tot+ítidem) …와 같은 수의, …만큼 많은, 마찬가지의. adv. = ítidem.
Insánum qui me dicet, tótidem aúdiet. 나를 보고 미쳤다고 하는 자는 (나에게서) 같은 소리를 들을 것이다/
Non tótidem vixérunt annos.
그들은 …만큼 많은 햇수를 살지 못했다.
tótĭe(n)s, adv. (tot) 번번이, 몇 번이나, 많은 번 수, 여러 번(semel atque itĕrum).
scríbere tam multa totiens.
그렇게 많이 그리고 여러 번 편지를 쓰다.
Toties Quoties (Indulgentia). 매시 전대사.
(전대사 받는 조건을 채울 때마다 받는 전대사).
totiescúmque, adv. …할 때마다 매번
totíetas, -átis, f. (totus) 전체(全體)
totis noctibus. 모든 밤을 꼬박(totus 참조)
totius homĭnis mors. 전인적 인간의 죽음
totius Latinitatis lexicon. 전체 라틴어 사전
totius populi plena et actuosa participatio.
전 백성의 완전하고 능동적인 전례 참여.
totius religiónis studĭum et christĭanitátis cultum.
신앙의 전학문과 그리스도교 교육
totius vitæ consortĭum. 평생 공동 운명체(교회법 제1055조).
tótjŭgus, -e, (**tótjŭgis**, -a, -um,) adj. (tot+jugum)
그렇게 여러 가지의, 이와 같이 많은.
tótmodus, -a, -um, adj. (tot+modus)
대단히 다양한, 이렇게 많은.
toto cælo erráre. 엄청나게 잘못하다, 틀리다(ㄱㄱㄱ)
toto corpore contremisco. 온 몸이 떨리다
toto corpóris podĕre. 무게 있게 온전한 육체.
(교부문헌 총서 8, p.98).
toto orbe terrárum. 온 세상에, 온 천하에
Toto pectore cogitáre. 지혜를 다해 생각하다.
totóndi, "tóndeo"의 단순과거(pf.=perfectum)
Totos dies potabatur.
그들은 여러 날 동안 종일 마시고 있었다.
totum, -i, n. (totus) 전체적인 것, 핵심적인 것.
a toto ad partem. 전체로부터 부분으로/
ex toto. 전체적으로, 완전히/
in toto. 전혀[ex toto(=omnino)], 전부(全部)/
In toto partem non est dubium contineri.
전체에 부분이 포함된다는 것은 의심할 여지가 없다/
in(per) totum. 전체적으로, 완전히/
Omne totum est majus sua parte.
모든 전체는 그것의 부분보다 더 크다.
Totum bonum meum est. 좋은 것은 모두 내 것입니다.
(최익철 신부 옮김, 요한 서간 강해, p.421).
Totum Dei([영] The whole of God) 하느님 전체
Totum et integrum Christum ac verum sacramentum sub qualibet specie sumi. 두 가지 형상 중에서 한 형상만으로도 온전하고 완전무결하게 그리스도와 참된 성사를 영함(보편 공의회 문헌집 제3권, p.727).
totum ex partibus constans.
부분에서 이루어지는 전체(=合成).
totum genus humanum. 전 인류.
cultus humanus. 인류 문화(人類文化).
Totum in eo est, ut tibi ímperes.
핵심은 결국 네 자신을 다스리는 데 있다.
totum in totum esse Deum ac plene transfundit.
그러므로 하느님은 새롭게 모든 것 안에 자신의 모든 것을 전한다.
Totum vitæ Iosephi ambitum complectitur simplex hic titulus.([영] This simple word sums up Joseph's entire life) 이 간단한 말은 요셉의 전 생애를 요약한다.
tōtus, -a, -um, [gen. totíus; dat. tōti,] adj.
온, 온전한, 전부의, 전체적, 모두(nullus non), 각각 모두, 그렇게 큰, 몹시 중요한.
ad *alcjs* arbítrĭum totum se fingo. 자신을 온전히 누구의 뜻대로 되게 하다(뜻을) 맞추다/
homo totus. 완전한 인간([영] Integrity of the person.전인)/
insignis totā cantábitur urbe.
그는 온 도시의 얘깃거리가 되리라/
Lucri totus est. 그는 돈만 생각 한다/
Omne totum majus est sua parte. 전체는 부분보다 크다/
Summa totius Logicæ. 전체 논리학 대전/
tota nocte. 온 밤 동안/
Tota nocte iérunt. 그들은 밤새도록 행진하였다/
tota res publica. 나라 전체, 국가 전체(國家全體)/
tota Sicíliā. 온 Sicília에/
totis noctibus. 모든 밤을 꼬박/ toto cælo. 온 세상에/
urbe tota. 도시 전체에/
Ut totus jacet! 어떻게 그가 저렇게 파멸되었는가!.

	단 수			복 수		
	m.	f.	n.	m.	f.	n.
Nom.	totus	tota	totum	toti	totæ	tota
Gen.	totius	totius	totius	totorum	totarum	totarum
Dat.	toti	toti	toti	totis	totis	totis
Acc.	totum	totam	totum	totos	totas	tota
Abl.	toto	tota	toto	totis	totis	totis

(한동일 지음, 카르페 라틴어 1권, p.174)

totus Deus([영] wholly God) 온전한 하느님
totus Deus et totus homo.
그리스도는 온전한 하느님이요 온전한 인간.
Totus ex fraude factus. 전체가 거짓으로 되어 있다.
Totus et mente et ánimo in bellum insístit.
그는 심혈을 기울여서 온전히 전쟁에만 부심하였다.
totus orbis terrárum. 온 세상(에), 온 천하
totus prædestinátĭónis effectus. 전체로서의 예정의 결과.
Totus Tuus. 모두 임의 것, 온전히 당신의 것, 모두 님의 것(교황 요한 바오로 2세 문장).
Totus tuus ego sum. Regina mea mater mea et omnia mea; omnia mea tua sunt.
나는 온전히 당신의 것이옵니다. 나의 어머니, 나의 여왕, 나의 모든 것이여! 내 모든 것은 당신의 것이옵니다.
Totus tuus sum ego. 나는 오로지 그대의 것
toxicátus, -a, -um, adj. (tóxicum) 중독 된
tóxico, -ávi -áre, tr. 독을 넣다, 독을 먹이다
toxicológĭa, -æ, f. (醫) 독물학(毒物學)
tóxĭcum(tóxĭcon), -i, n. 화살에 바르는 독약, 독, 아편 정기.
toxíllæ, -árum, f., pl. = **tonsíllæ** 편도선(扁桃腺)
tóxŏtis, -ĭdis, f. (=**artemísia**) (植) 쑥
T.P.L. =Textus patristici et liturgici, 교부 전례 문집
Tr. = **tribúnus**; **tribunícius**;
Tr. pl. = **tribúnus plebis.**
tra··· V. trans··· v.g. **tráeo** = tránseo
Tra Le Sollecitudini, 뜨라 레 솔레치뚜디니(이탈리아어)
[1903년 11월 22일 교황 비오 10세가 반포한「교회 음악에 관한 자의 교서」의 이탈리아어 제목('염려 중에서'를 뜻하는 첫 세 단어)이다. 이 문헌은 전례 운동을 시작하고 전례 운동을 위한 혁신적 계획을 잡은 것으로 여겨진다. 문헌은 '거룩한 신비들에 능동적 참여'와 '교회의 공적이고 거룩한 기도'에 참여할 권리는 참된 '그리스도교 정신'의 '첫째요 불가결한 원천'이라고 강조한다. 문헌은 또한 교회에서 사용되는 성음악과 성음악의 작곡에 유의해야 할 규칙, 성가대, 악기 사용, 다양한 성가들의 길이에 관해서도 지적한다. 박영식 옮김, 전례사전, p.102].
trabális, -e, adj. (trabs) 서까래의, 들보의, 굵고 큰, 거대한
trabális clavus. 들보에 박는 못, 볼트

trabária, -æ, f. (trabs) 통나무배, 강가의 통나무짐

trábĕa¹ -æ, f. 주홍색으로 깃을 수놓은 흰 망토,
　고대 로마 기사복; 기사직, 집정관직.
　(建) 도리 사이의 간격.

trábĕa² -æ, m. Roma 시대의 희극 시인(c. 130AC)

trabeális, -e, adj. (trábea¹) 예복의, 제복 입은

trabeáta, -æ, f. (sc. fábula²)
　Roma인들의 생활을 소재로 한 희극의 일종.

trabeátus, -a, -um, adj. (trábea¹) trábea 망토를 두른.
　f., pl. C. Melíssus가 로마의 귀부인들을 주제로
　하여 쓴 극작품.

trabécŭla, -æ, f. dim. (trabs)
　소들보, 서까래(마룻대에서 보 또는 도리에 걸친 통나무. 연목椽木).

trabes(=trabis), -is, f. (trabs) 대들보, 배, 선박 =trabs

trábĭca, -æ, f. (sc. navis) [trabs] 뗏목

trabs, -ábis, f. (=traps) [gen., pl. trábium]
　대들보, 서까래(마룻대에서 도리 또는 보에 걸쳐 지른 나무), 큰 나무,
　큰 배, 큰 창, 통나무 집, 집, 지붕, 몽둥이, 횃불.
　duæ trabes æque longæ. 같은 길이의 두 개의 들보.

trabes dīrectæ. 벽과 직각으로 놓은 들보

tracant… V. tragant…

tracáteus, -a, -um, adj. (tragacántha)
　트라칸트 고무나무진의.

Trachálus, -i, m. 변론가 Galérius의 별명

trachála, -æ, m. 굵은 목을 가진 자, Constantínus의 별명

Trāchas, -ántis, f. = Tarracína

trachéa(=trachía), -æ, (醫) f. 호흡기관, 기관지

trachéĭtis, -tídis, f. (醫) 기관지염

trachélus, -i, m. 목, 노포(弩砲)의 한 부분

tracheotómia, -æ, f. (醫) 기관 후두 절개술

trachóma, -ătis, n. (醫) 트라코옴, 전염성 결막염

trachomátĭcus, -a, -um, adj. 주름을 없애는

Trachonítis, -tídis, f.
　요르단 강 건너편, Arábia와의 접경지방.

Trácia, -æ, f. = Thrácia

traco, -ónis, m. 땅이 갈라진 곳, 지하도(地下道)

tracta, -æ, f. = tractum, -i, n.
　실로 뽑은 양털, 겹으로 만든 빵.

Tracta definitiōnes fortitúdĭnis.(tracto 참조)
　용기의 정의를 설명하라.

tractábĭlis, -e, adj. (tracto) 만질 수 있는, 다룰 수 있는,
　손댈 수 있는, 신축성 있는, 유연성 있는.
　adv. tractabiliter, 손쉽게(de plano).
　nihil est eo tractabílius. 그 보다 더 신축성 있는 것은 없다/
　non tractábile cælum. 어찌해볼 수 없는 날씨, 폭풍우/
　vox tractabilis. 신축성 있는 소리.

tractabílĭtas, -átis, f. 착수 가능성, 취급할 만함

tractatícius, -a, -um, adj. (tracto)
　손대는, 착수하는, 끄는.

tractátĭo, -ónis, f. (tracto) 취급(取扱), 손댐,
　(기계 등) 다루기, 취업, 종사(從事), 연구, 일, 직무,
　일하는 과정, 방법, 논의(論議), 처리, 검토(檢討).

tractátĭo philosophíæ. 철학 연구(哲學研究)

tractátĭo Scripturarum. 성경 연구

tractátor, -óris, m. (tractátrix, -ícis, f.) (tracto)
　안마하는 노예, 학문에 몰두하는 자, 주석가(註釋家).
　divinorum librorum tractatores. 성경의 주석가들.

tractatórĭum, -i, n. (tracto)
　법정(法廷).⑨ Court), 소송 등 사건을 처리하는 곳.

tractátus¹ -a, -um, p.p. (tracto)

tractátus² -us, m. (tracto) 다루기, 취급, 손댐, 취업,
　경작, 일(ἔργον.⑨ work), 직무(職務.πτ.διακονία
　.λειτουργία.⑨ mínistry), 논(論), 논고, 논설, 검토,
　저작, 설교(⑨ homily/Preaching/sermon), 강해(講解).

Tractátus ad Eulogium. 송덕문(頌德文)

tractátus ascetici. 수덕신학 논고.
　(1624년 예수회 Nigronius 신부 사용).

Tractátus de bono communi. 공동선에 대한 論告

Tractátus de contemptu mundi. 세속을 경멸하라

Tractatus de formis. 형상들에 대한 논고.
　(월터 버얼리 1275~1344 지음)

Tractátus de indulgentiis. 은사론(恩賜論).
　(1583년. 쿄반니 바띠스따 꼬라도 1536~1606 지음).

Tractátus de intellectus emendatione. 지성 교정론.
　(Spinoza 지음).

Tractátus de Laudibus Virginitatis. 동정녀 찬양론

Tractátus de Miraculis B. Francisci.
　복되신 프란치스코의 기적 모음집.

Tractátus de modo concilii generalis celebrandi.
　보편공의회론(망드Mende의 두란도Durandus 주교 지음).

Tractátus de modo prædicandi. 강론 방법론

Tractátus de planctu B. Mariæ. 성 마리아의 비애

Tractátus de suppositionibus. 가설에 대한 논고

Tractátus imperfectus De Cognitiōne Dei.
　신 인식에 관한 미완성론.

Tractátus in Apocalypsin. 묵시록 주해(아프린기우스 지음 †551).

Tractátus in Epistulam Joannis.
　요한 서간 강해(413~418년 히포의 아우구스티노 지음).

Tractátus in Joannis evangelīum.
　요한 복음 강해(406~418년 히포의 아우구스티노 지음).

Tractatus logico-philosophicus.
　논리철학 논고(비트겐슈타인 1889-1951 지음).

tractátus officii. 직무이행(職務履行)

Tractátus Origenis(⑨ Tractates of Origen)
　성서에 관한 오리게네스 설교 20집.

Tractátus politicus. 정치론(Spinoza 지음)

tractícĭus, -a, -um, adj. (traho) 질려가는, 질질 끌고 가는.

tractĭlis, -e, adj. (traho) 잡아당길 수 있는

tractim, adv. (traho) 질질 끌면서, 느릿느릿, 서서히, 천천히

tráctĭo, -ónis, f. (traho) 끌어냄, 파생(派生), 떼 냄

tracto, -ávi -átum -áre, freq., tr. (traho) 이끌어가다,
　질질 끌고 가다, 손대다, 손질하다, 취급하다,
　조정하다, 보살피다, 다스리다, 영위하다, 다루다,
　처리하다, 행하다, 실천(實踐)하다, 연구(탐구)하다,
　검토하다, 잘 생각하다, 설명하다, (사람을) 취급하다,
　대하다, 접대하다, 주제로 다루다, 문제를 다루다,
　논하다, 논의하다, (성서를) 주석(註釋)하다, 해석하다.
　Tracta definitiōnes fortitúdĭnis. 용기의 정의를 설명하라.

tracto alqd ánimo. 마음속에 생각하다

tracto alqm ita ut, …를 …하도록 대하다

tracto alqm ut cónsulem. …를 집정관으로 대하다

tracto bellum. 전쟁을 하다

tracto causas amicórum. 친구들의 송사를 맡다

tracto ceram póllice. 손가락 끝으로 초를 만지작거리다

tracto comis. 머리채를 잡고 끌고 가다

tracto gubernácula. 키를 조정하다

tracto partem philosophíæ. 철학의 한 부분을 논하다

tracto pecúniam públicam. 공금을 다루다

tracto vites. 포도나무를 손질하다

tractogalátus, -a, -um, adj. (tractum+희랍어 gala)
　밀가루와 우유로 만든.

tractomelitus, -a, -um, adj. (tractum+mel)
　밀가루와 꿀로 만든.

tractória, 취소장, 공의회 문서집[tractória라는 말은 주로 교황
　Zosimus(417-418년)의 서간을 두고 한 말로서, 이 편지를 Epistola Tractoria
　(최소)라고 했다…. 백민관 신부 엮음, 백과사전 3, p.677].

tractórĭus, -a, -um, adj. (traho)
　끌어낼 수 있는, 끄는데 쓰는, 이끄는, 던지는,
　f. (法) 소환(召喚) f., pl. 사신에게 주는 황제의 신임장.

trāctum, "trǎho"의 목적분사(sup.=supínum)

tractum, -i, n. (=tracta, -æ, f.)
　실로 뽑은 양털, 겹으로 만든 빵.

tractuósus, -a, -um, adj. (traho) 끈적끈적한

tractúra, -æ, f. [traho] (차를) 끄는 일

tractus¹ -a, -um, p.p., a.p. (traho) …에서 나온, 유래한,
　시작한, (연설이) 줄줄 나오는, 유창한, 고상한, 연속적인,

tractus² -us, m. (traho) 끄는 일, 늘리기, 연기, 연장,

연경(蓮莖-"連誦"의 옛말), 연송(連誦-蓮莖), (별 따위의) 꼬리,
궤도(軌道), 윤곽, 넓이, 폭, 연역, 늦은 진행사항,
질질 끄는 일, 연속, 지속(持續-끊임없이 이어짐), 배열(配列),
(시간의) 흐름, (문장) 유장함, 여음(소리가 그친 뒤의 울림).
Córpóris tractu risus lacéssitur. 몸짓으로 웃음이 터진다/
corrúpto cæli tractu. 대기권이 오염되어/
eódem tractu. 지구의 같은 지역에서/
Quanta hæsitátio tractúsque verbórum!
말을 얼마나 주저(躊躇)하며 질질 끄는가!
tractus óppidi. 도시의 폭
Tractus, Versus ante Evangelium.
　[⑨ Tract, Gospel Acclamation.獨 Traktus und
　Ruf(Vers) vor dem Evangelium] 연속과 복음 환호송.
tradebátur, 원형 trādo, tradídi, tradítum, tradĕre, tr.
　[수동형 미완료. 단수 1인칭 tradebar, 2인칭 tradebaris,
　3인칭 tradebetur, 복수 1인칭 tradebamur,
　2인칭 tradebamini, 3인칭 tradebantur].
　Ipse enim in qua nocte tradebátur(⑨ For on the night
　he was betrayed) 예수께서는 잡히시던 날 밤에.
　[N.B. 'nocte, in qua Ipse enim tradebátur' 관계대명사가 전치사와 함께 쓰인
　경우는, 관계문 속에서 동사나 다른 품사의 부사어 역할을 하는 것으로 번역하여
　야 한다. 따라서 선행사를 받는 관계대명사가 관계문 속에서 어떤 부사어 노릇을
　할 때에는, 관계 대명사는 전치사와 더불어 쓰이며, 그 전치사가 요구하는 격을
　취한다. 황치헌 신부 지음, 미사통상문을 위한 라틴어, p.271]
traderétur, 원형 trādo, tradídi, tradítum, tradĕre, tr.
　[수동형 접속법 과거. 단수 1인칭 traderer, 2인칭 traderis,
　3인칭 traderetur, 복수 1인칭 traderemur,
　2인칭 traderemini, 3인칭 traderentur].
　Qui, cum Passióni voluntárie traderétur. 스스로 원하신
　수난이 다가오자(스스로 수난에 넘겨졌을 때)
tradétur, 원형 trādo, tradídi, tradítum, tradĕre, tr.
　[직설법 미래 수동형. 단수 1인칭 tradar, 2인칭 traderis,
　3인칭 tradetur, 복수 1인칭 trademur, 2인칭 trademini,
　3인칭 tradentur].
　hoc est enim corpus meum, quod pro vobis tradétur.
　이것은 너희들을 위하여 바쳐질 내 몸이다.
trādídi, "trado"의 단순과거(pf.=perfectum)
traditío, -ónis, f. (trado) 넘겨줌, 돌려줌, 인도, 양도,
　전달, 전승(⑨ Tradition), 물려줌, **전설, 전통,** 보고,
　언급(言及), 배반(背反), 배신, 항복, 교육, 전수(傳授),
　(가톨릭) 성전*, 구전에 의한 교리전승, 거룩한 전승.
　Confraternitas liturgiæ traditio Latini. 전통 라틴 전례회/
　De immutabilitate traditionis. 성전의 불변성(1904년)/
　principium traditionis. 전통의 원리/
　traditiones divino-apostolico. 하느님의 사도적 전승/
　traditiones dominicæ. 주님의 전승/
　traditionis Matthias. 마티아 전승/
　recipitur libri sacri et traditiones apostolorum. 성경과
　　사도들의 전승을 수용함(1546년 4월 8일 트리엔트공의회 제4차 회기).
traditío activa. 능동적 전승
traditío apostolica. 사도전승(약.TA)
traditío divina. 신적 전승, 하느님 계시의 전승
traditío divino-apostolica.
　사도로부터의 전승, 신감을 받은 사도전승의 성전.
traditío dominica. 주님으로부터의 전승
traditío ecclesiastica. 교회에 의한 전승
traditío Evangelii. 복음 전승
traditío explicativa. 해설적 전승
traditío formális. 형상적 전승
traditío humana. 인간적 전승
traditío instrumentorum. 제구 전수식(수품자에게 그 품격에 맞는
　제구를 전달하는 성대한 예식. 본래 소품자들에게 대한 제구 수여식이었으나 현
　제도에서는 부제품이나 사제품에 남아 있다. 백민관 신부 엮음, 백과사전 2, p.357).
Traditío legis. 새 법의 전수(傳授).
　(마르코 복음 16, 16절, 마태오 복음 28, 19절의 내용을 골자로 하는 성화상聖畵像).
traditío mare humana. 순수 인간적 전승
traditío materiális. 질료적 전승
traditío měre apostolica. 사도들로부터의 전승
traditío normalis. 규범적 전승
traditío objectiva. 객관적 전승

traditío objectiva et activa. 객관적이며 능동적인 전승
traditío oralis. 입으로 전해진 전승, 구전(口傳)
traditío passiva. 수동적 전승, 성서와 성전 외적인 전승
traditío quærens intellectum. 이해를 추구하는 전승
traditío sacra. 성전(聖傳), 거룩한 전승
traditío scripta. 기록 전승
traditío symboli. 신경 전수, 신경 전달
traditíonalísmus, -i, m. 전통주의(⑨ traditiónálism)
traditionalismus radicális. 급진적 전통주의
trádítor, -óris, m. (trado) 넘겨주는 자, 반역자,
　배신자(背信者), 밀고자, 신고자, 정보 제공자.
　Vis ut credam tibi de traditoribus? 배신자들에 관한
　그대의 말을 내가 믿어 주기를 바랍니까?
　　(최익철 신부 옮김, 요한 서간 강해, p.463).
trāditum, "trado"의 목적분사(sup.=supínum)
traditus¹ -a, -um, p.p., a.p. (trado)
　전승된, 물려받은, 배반당한,
　ut traditum est. 전하여진 대로.
traditus² -us, m. (trado)
　전달(傳達), 인도, 구전, 전통(⑨ Tradítion).
　Nihil innovatur nisi quod traditum est. 전해져 오는
　것이 아니면, 아무 것도 갱신(更新) 되지 않는다.
　[전승된 것이 아니라면, 아무 것도(교회의 것으로) 개선되지 않는다.
trādo, -dídi -dítum -ĕre, tr. (trans+do)
　(손에서 손으로) 넘겨주다(מסר), 돌려주다, 물려주다,
　맡기다, 인도(引導)하다(עבד), 내주다, 항복(降伏)하다,
　가지라고 내던지다, 마음대로 해버리다, **전승하다,**
　전하다(παραδίδωμι), 밀고(密告)하다, 반역(反逆)하다,
　부탁하다, 결혼(結婚)시키다, 교육하다, 가르치다.
　Etrusci religiosissimi fuisse traduntur.
　에트루스키인들은 종교심이 대단했다고 전해온다.
　['…라고 전한다', '…라고 보인다' 등의 지각동사와 설화동사가 수동태로 나올
　때에 그 수동 역할을 하는 부정법문은 주격 부정법문이 된다. 이 경우에는
　주문의 주어와 속문 즉 부정법문의 주어가 달라도 된다.
　　　　　　　　　　　　　성 염 지음, 고전 라틴어, p.244]/
　pugnæ memóriam pósteris trádere.
　전쟁기록을 후대에 물려주다/
　quæ accéperant trádere. 받을 것을 넘겨주다/
　se trado. 골몰하다, 열중하다, 빠지다/
　Te in disciplínam meam tradíderas.
　네 자신을 내 지도 하에 맡겼다/
　trádere se in disciplínam alcjs. 누구의 가르침을 받다/
　tráditum est+inf.(pass.) …라고 전해지다/
　tráditur memóriæ: tráditur.(pass.) …라고 전해져오다/
　utrúmque tráditur.(pass.) 둘 다 전해진다.
trado alci hereditátem. …에게 유산(遺産)을 물려주다
trado alcjs audáciæ sócios.
　동료들을 누구의 마음대로 하게 내맡기다.
trado óbsides, arma. 인질, 무기를 내주다
trado póculum alci. …에게 한 잔 권하다
trado se quiéti. 세상모르고 잠자다
traducianísmus, -i, m. (tradux)
　(哲) 영혼 유전설, 영혼 전이설.
traduciánus, -a, -um, adj. (tradux) 전하는, 전해지는
traduco(trans-), -dúxi -dúctum -ĕre, tr. (trans+duco)
　저쪽으로 데리고 가다, **지나가게 하다,** 건너가게 하다,
　줄지어 지나가게 하다, **인도하다**(ἄγω), (시일을) 지내다,
　임무를 수행하다, (설명할 때) …에서 …로 넘어가게 하다,
　번역하다, …에서(a) …로(in, ad) 통역하다, 역출하다,
　입에서 입으로 전하다, (공공연하게) 드러내다,
　폭로하다, 전시하다, 비난하다(יכה.יגה).
　a disputándo ad dicéndum tradúcti.
　토론에서(토론은 그만두고) 연설로 넘어가다/
　cópias flumen traduco. 군대를 강을 건너게 하다/
　Per exploratores Cæsar certior factus est tres jam partes
　copiarum Helvertios flumen Ararim traduxisse, quartam
　fere partem citra flumen reliquam esse. 정찰병들을 통해
　카이사르는 헬베티아인들의 군대 4분의 3이 아라르 강을
　벌써 건넜으며 대략 4분의 1이 강가에 남겨져 있음을
　알았다.[성 염 지음, 고전 라틴어, p.404]/

T

1308

Unde id verbum tradúctum est?
이 말(言)은 어디에서 왔느냐?
traduco *alqd* **in linguam Románam.**
…을 Roma어로 번역하다.
traduco ánimos in hilaritátem a severitáte.
근엄한 마음에서 경쾌한 마음으로 넘어가다.
traduco hóminum multitúdinem trans Rhenum in Gálliam. 많은 군중을 라인 강을 건너 Gállia로 데리고 가다.
traduco munus summa abstinéntia.
각고(覺苦)의 극기로 임무를 수행하다
traduco otiósam ætátem. 한가로운 세월을 지내다
traduco víctimas in triúmpho.
개선 행렬에 포로들을 행진시키다.
traductícĭus, -a, -um, adj. (tradúco) 파생(派生)한
traductĭo, -ónis, f. (tradúco) 횡단(橫斷), 지나감, …에서 …로 넘김, 인도함, (시간) 지냄, 흐름, 공적으로 내놓음, 보이기. (修) 번역(飜譯.תרגום), (修) 문체의 반복, 전의(轉義-본래의 뜻이 바뀌어 변한 뜻), 환유(換喩-어떤 낱말 대신에 그것을 연상하는 다른 낱말을 쓰는 비유), 행렬, 분열식, 비난(非難), 비판(批判).
ad traductiónem nostram.
우리를 군중 앞에서 (웃음거리로) 삼으려고.
traductio témporis. 시간의 흐름
traductívus, -a, -um, adj. (tradúco) 파생(派生)된
tradúctor, -óris, m. (tradúco) 지나가게 하는 자, 넘기는 자(귀족계급에서 평민으로), 번역자, 통역자.
traductor est traditor. 번역자(飜譯者)는 배반자이다
trāductum, "traduco"의 목적분사(sup.=supínum)
tradúctus, -us, m. (tradúco) 통로(通路), 횡단(橫斷)
trādux, -ŭcis, m. (tradúco) 포도의 햇가지, 중재자(仲裁者.[영] arbitrátor.獨 Schiedsrichter).
trāduxi, "traduco"의 단순과거(pf.=perfectum)
trafero = **tránsfero**
tragacántha, -æ, f. [=**tragánt(h)um**, -i, n.] (植) 트라가칸트 고무나무(제약용).
tragacántha pulveráta, -æ, f. (植) 트라가칸트 가루
tráganus, -i, m. (動) 작은 돼지(염소 비슷하게 생겼음)
tragémăta, -tum, n., pl. (=**tragémătĭum**, -i, n.) 과자(菓子), 후식(後食, secunda mensa), 간식(間食).
tragi, -órum, m., pl. (醫) 귓속 털
tragicomœdĭa, -æ, f. 희비극(喜悲劇)
trágĭcus, -a, -um, adj. 비극의, 비참한, 비장한, 끔찍한, 격렬한. m. 비극작가. pl. 비극배우. adv. **trágĭce.**
trágĭon, -i, n. (=**trágŏnis**, -is, f.) ((植)) 고추나물속
tragœdĭa, -æ, f. 비극(悲劇), 비참한 일, 비장한 연설, 극적인 행동, 소동(騷動), 법석(소란스럽게 떠드는 모양).
comœdĭa, -æ, f. (=comedia) 희극(戱劇)/
euthanasiæ tragoedia. 안락사의 비극/
Livius, tragoediarum scriptor, ob ingenii meritum a Livio Salinatore libertate donatus est. 비극작가 리비우스는 그 재능으로 인해서 그의 주인 리비우스 살리나톨에게서 노예에서 해방되는 자유를 선사 받았다/
Seiunctæ a ratione fidei tragoedia.
신앙과 이성의 분리의 역사.
tragœdiógrăphus, -i, m. 비극작가, 비극시인
tragœdus, -i, m. 비극 연극인, 비극배우(悲劇俳優)
trágŏpan, -ánis, m. (acc. -ána)
(鳥) 전설적인 새, 뿔난 꿩.
tragopógon, -ónis, m. (植) 천문동초(天門冬草)
tragoríĝănum, -i, n. (=**tragoriganus**, -i, m.) [植] 백리향
trágŭla, -æ, f. (traho) 끝에 가죽 끈이 달린 창, 사립짝(나뭇가지를 엮어서 만든 문짝), 그물, 배신(背信).
alci femur trágula trajícitur. 누구의 다리가 창에 찔리다.
tragulárius, -i, m. trágula 창을 던지는 병사
trăgum[1] -i, n. 굵은 밀가루(fárinula, -æ, f. 고운 밀가루), 녹말(綠末-녹두를 갈아서 가라앉힌 앙금을 말린 가루. 전분).
trāgum[2] -i, n. 저인망(底引網), 그물의 일종
trăgus, -i, m.
물고기의 일종, 겨드랑이 냄새, 가시덤불의 일종.
tráh(e)a, -æ, f.
낟알을 터는 쇠스랑 달린 기계, 바퀴 없는 마차, 썰매.
trăhax, -ácis, adj. (traho) 긁어모으는, 탈취하는
trahitórĭus, -a, -um, adj. (traho) 잡아당기는, 유인하는
Trahit sua quemque voluptas.(traho 참조) 누구든지 자기 욕심에 이끌린다.(각자는 자신을 이끄는 자신의 기호(성향)를 갖고 있다, 사람마다 제 쾌락에 이끌린다).
trăho, trāxi, trāctum, trahĕre, tr. 1. **이끌다**, 끌다, 잡아당기다(נגד.ניגד): traho naves in saxa. 배를 바위 있는 데로 끌다. 2. (양털에서) 실을 뽑다, 잣다, 3. 유인하다: Trahit sua quemque volúptas. 누구든지 자기 욕심에 이끌린다. 4. (in, ad acc.) …로 돌리다, 걸머지우다: traho in se crimen. 죄책을 자기가 걸머지다. 5. 해석하다(תרגם): traho cuncta in detérius. 모든 것을 나쁘게 해석하다. 6. 끌고 가다, 질질 끌다, 끌어넣다. traho *alqm* secum in eámdem calamitátem. 누구를 같은 불행으로 끌고 들어가다. 7. 마구 잡아당기다: traho pecúniam. 재물을 마구 잡아당기다. 8. 휩쓸어가다, 낚아채 가다, 빼앗아가다: axa ingéntia fluctus trahunt. 파도가 큰 바위를 휩쓸어 간다. 9. (inf.) ánimis trahébant+inf. …라는 것을 이렇게 생각하고 저렇게 생각하고 하였다. 10. 빨아들이다, 이끌어 들이다: traho auras ore. 숨 쉬다/ traho amnem gútture. 물을 흡수하다/ Stirpes e terra sucum trahunt. 뿌리가 땅에서 물을 빤다/ traho mille vários colóres. 여러 가지 색을 취하다. 11. [ex, a abl.] (이름을) 따다, 기인하다, 출발하다: légio Mártia, quæ a deo traxit nomen. *Mars* 군단은 그 이름을 신에게서 땄다/ moléstiam ex pernície rei públicæ tráhere. 난관이 국운의 쇠퇴에서 오다. 12. 뽑아내다, 긷다: traho ex púteris aquam. 우물에서 물을 푸다(긷다)/ Scio ab isto inítio tractum esse sermónem. 우리의 대화가 이 점에서 출발하여 시작하였다고 생각한다. 13. 몰다, 압축하다, 간추리다, 당기다, 꼬다: Anguis septem gyros, septéna volúmina traxit. 뱀은 제 몸을 일곱 번 둥글게 틀었다. 14. **늘이다**, 연기하다, 길게 끌다, 오래 버티다: traho verba. 말(言)을 질질 끌다/ traho bellum. 전쟁을 길게 끌다/ traho pugnam aliquandiu. 전쟁을 얼마동안 버티다.
(라틴-한글사전, p.958).
Ducunt volentem fata, nolentem trahunt.(Seneca).
운명은 자원하는 사람을 인솔해가지만
싫어하는 사람은 (억지로) 끌고 간다/
verba docent, exempla trahunt.
말은 가르치지만 모범은 끌어준다.
traícĭo = **trajício**
Trajanus, -i, m. 로마의 황제(98~117 P.C.)
Trajanus obiit ætatis anno sexagesimo tertio.
트라야누스는 63세로 죽었다.
trājēci, "trajícĭo"의 단순과거(pf.=perfectum)
trajectícĭus, -a, -um, adj. (trajício)
(위험을 무릅쓰고) 바다를 건너는.
trajéctĭo, -ónis, f. (trajício) 건너감, 항해, 횡단(橫斷), 별똥이 나는 거리, 번짐, 전가(轉嫁-잘못이나 책임을 다른 사람에게 넘겨씌움). (修) 어순전환(語順轉換), 전위(轉位), 전치법(前置法-뜻을 강조하기 위해 말의 위치를 바꿈), 과장(誇張).
trajectĭo in álium. 책임전가(責任轉嫁)
trajécto, -áre, freq., tr. (trajício) 뚫고 가다, 건너가다, 던지다(חרי.ימר.אמר), 관통(貫通)하다.
trajéctor, -óris, m. (trajício) 항해자(航海者), 투사물
trajectórium, -i, n. 깔때기
trājectum, "trajícĭo"의 목적분사(sup.=supínum)
trajectúra, -æ, f. (trajício) 투사(投射), 돌진(突進), 약진(躍進-힘차게 나아감), 전진(前進).
trajéctus, -us, m. (trajício) 항해(航海), 상륙지, 횡단(橫斷), 진행(進行), 도정(道程).
trajícĭo(trans-), -jéci -jéctum -ĕre, tr. (trans+jácio)

T

1. 저쪽으로 던지다: trajicio vexíllum trans vallum.
군기를 진지 저쪽으로 던지다. 2. 옮기다, 운반하다:
trajicio in ália vasa. 다른 그릇으로 옮겨 붓다.
3. 건너게 하다, 건네주다, 넘기다. Equitátum trajécit.
기병대를 건넸다/ trajicio sese ex régia ad *alqm*.
궁궐에서 …에게로 옮기다/ Trajicio invídiam in álium.
질투(嫉妬)의 대상을 다른 사람에게로 옮기다.
4. 건너가다. Trajicio Padum, mare. Po강을, 바다를
건너. 5. 관통하다, 뚫다, 찌르다: trajicio *alqm*. 누구를
관통하다/ pilis trajécti. 화살에 찔려/*alci* femur trágula
trajícitur. 누구의 다리가 창에 찔리다. 6. 항해하다.
(라틴-한글사전. p.959)

tral··· V. transl···
tralátum, "tránsfĕro(=trafero)"의 목적분사(sup.=supínum)
tram··· V. transm···
trāma, -æ, f. (tránsmeo)
　사슬, 씨실(베틀), 직물, 거미줄. (pl.) 음모(陰毛-거웃).
trámare, adv. (trans+mare) 바다 건너
tramen, -mĭnis, n. 씨실(피륙을 가로 건너 짜는 줄).
　음모(陰毛-거웃) = trāma, -æ, f.
trámĕo, -ávi -átum -áre, intr., tr. = tránsmeo
　지나가다(יּאר,יּאדּ), 항해하다, 건너가다. 꿰뚫다.
trámes, -mĭtis, m. (trámeo) 지름길, 작은 길,
　골목길(semita, -æ, f.), 방계가족(傍系家族).
　facilis trámite. 쉬운 길로/
　salutis perpetuæ tramitem.(⑨ the way of eternal
　salvation) 영원한 구원의 길.
tramosérĭcus, -a, -um, adj. (trama+séricus) 명주 씨실의
tránăto, -ávi -átum -áre, tr. (trans+nato) 헤엄쳐 건너다
tranávigo, -ávi -áre, intr., tr. = transnávigo
　배타고 건너다, 항해(航海)하다.
trāno, -ávi -átum -áre, intr., tr. (in, ad acc.)
　(trans+no) 유영(遊泳)하다, 헤엄쳐 건너다, 뚫고 나가다.
trano flumen. 강을 헤엄쳐 건너다.
trano perícula. 위험을 뚫고 나가다
tranquílle(-o), adv. (tranquíllus) 고요하게(placide, adv.),
　평화롭게, 걱정 없이, 평안히, 평온하게.
tranquíllĭtas, -átis, f. (tranquíllus) 바다의 잔잔함,
　정숙(整肅), 평화로움, 고요(잠잠하고 조용한 상태), 평온(平溫),
　평안(平安.εἰρήνη), 평화(יּוֹשָׁלֵם.εἰρήνη).⑨ Peace).
　De pace servientium Deo, cujus perfecta tranquillitas
　in hac temporali vita non potest apprehendi.
　하느님을 섬기는 사람들의 평화: 이 현세생활에서는 그
　평화의 완전무결한 평온을 달성할 수 없다.(신국론. p.2818)/
　tranquillitas ordinis. 질서의 평온(평온한 질서)/
　Tranquíllitas tua. 로마 후기 황제의 존칭.
tranquillitas anima. 마음의 평화(세나리오 지음)
tranquillitas ordĭnis. 질서의 평온, 평화로운 질서
tranquillitas pacis. 평화의 안온함
tranquíllo, -áre, tr. (tranquíllus)
　안심시키다, 평정시키다, 고요하게 하다, 누그러뜨리다.
　rebus tranquillátis Romæ.
　로마에 사태가 다 가라앉은 다음.
tranquíllum, -i, n. (tranquíllus) 잔잔한 바다, 평화 시,
　평안함, 평온(平溫), 평화(יּוֹשָׁלֵם.εἰρήνη.⑨ Peace).
　안온(安穩), 고요(잠잠하고 조용한 상태), 정숙함.
　adv. tranquíllo, tranquíllā, (acc. n.) 고요하게.
tranquíllus¹ -a, -um, adj. (trama+quies)
　투명한, 고요한, 잔잔한, 안온한, 평안한, 평온한, 정숙한.
　Non est tranquilla via ad astra e terris.
　지상에서 성좌에 이르는 길은 결코 평탄하지 않다/
　Pax est tranquilla libertas. 평화란 평안한 자유다/
　Quia vos tranquillos video, gaudeo.[반탈형동사 문장]
　당신들이 평온한 것을 보니 기뻐요.
tranquillus² -i, Roma인명(특히 Suetónius 가문).
　Suetónius Tranquillus. 라틴 역사가.
Tranquillus Deus tranquillat omnia.(베르나르도)
　고요하신 하느님은 모든 것을 고요하게 하신다.

trans¹ prœp. c. acc. 저쪽으로, 건너, 너머, 저편, 죽은 후에.
trans hóminem. 사람이 죽은 후에
trans mare. 바다 건너, 바다를 건너서
trans Rhenum. 라인강 건너편에, 라인강을 건너서
trans vallum. 진지 저쪽으로
trans-² 저편, "…을 건너서"의 뜻을 가진 접두어
transábĕo, -ĭi(ívi) -ĭtum -íre, tr. 건너가다, 저쪽으로 가다,
　지나가다(יּאר,יּאדּ), 넘어가다, 추월하다, 꿰뚫다.
transáctĭo, -ónis, f. (tránsigo) 마침(끝냄), 처리(處理),
　완성(יּוֹשָׁלֵם.⑨ Consummátĭon/Fullness), 처분(處分),
　협약(協約), 화해(⑨ Reconciliátĭon-"소송을 건너 넘어 간다"
　transíre abactíone는 말에서 유래. 교회법 해설 14. p.170).
transáctĭo jurata. 맹세에 덧붙인 화해
transáctĭo personális. 사람의 권리에 관한 화해
transáctĭo pœnális. 벌칙에 덧붙인 화해
transáctĭo reális. 사물에 관한 화해
Transactio super re certa vel judicata fieri non potest.
　화해는 확정물 또는 기판물에 관하여는 행해질 수 없다.
transáctor, -óris, m. (tránsigo) 중개인, 알선자(幹旋者),
　중개자(Μεςιτης.仲介者.⑨ Mediátor), 처리자.
transactum, "tránsĭgo"의 목적분사(sup.=supínum)
transádactum, "transádĭgo"의 목적분사(sup.=supínum)
transádĕgi, "transádĭgo"의 단순과거(pf.=perfectum)
transádĭgo, -dégi, -dáctum -ĕre, tr.
　…을 …로 건너가게 하다, 지나치다,
　뚫고 지나가게 하다, 꿰뚫다, 관통시키다.
　transádigit costas ensem. 칼로 옆구리를 찌르다.
transádĭgo ferro *alqm*. 아무를 창으로 찌르다.
transálpĭbus, adv. Alpes 산 저쪽에
transalpínus(-cus), -a, -um, adj. Alpes 산 저쪽의.
　m., pl. Alpes 산 저쪽에 사는 사람들.
transanimátĭo, -ónis, f. 윤회(輪廻).
　환생(還生.⑨ Reincarnátĭon), 회생(回生-蘇生).
transaustrínus, -a, -um, adj. (trans+auster) 남쪽의
transbeneventánus, -a, -um, adj. Benevéntum 저쪽의
tránsbĕo, -áre, tr. 더 높이다, 드높이다, 더 유명하게 하다
tránsbíbo, -ĕre, tr. 끝까지 마시다. 다 마시다
transcende te ipsum. 자기초월, 너 자신을 초월하라.
　in te ipsum redi. 자기귀환, 너 자신 안으로 돌아가라.
transcendentális, -e, adj. (transcéndo) 탁월한, 초월적인,
　초월하는(獨 transzendental), 초연한, 선험적(先驗的)인.
　relatio transcendentalis. 초월적 관계/
　relationes transcendentales. 초월적인 관계들/
　unitas transcendentalis. 초월적 단일성.
transcendentalísmus, -i, m. (哲) 선험론, 초월주의,
　초월론(超越論.⑨ transcendentálism).
transcendéntĭa, -æ, f. (내재성 immanéntĭa의 상대어)
　(프 transcendance.獨 transzendenz) 초월성, 탁월성.
transcendentĭa cognitiónis. 인식의 초월성
Transcendentĭa Dei(⑨ Transcendence of God)
　하느님의 초월성.
transcendentĭa logica. 논리적 초월성
transcéndi, "transcéndo"의 단순과거(pf.=perfectum)
transcéndo, -scéndi -scénsum -ĕre, (trans+scando)
　intr. 높이 오르다, 올라가다(יּעל,מר,רסי),
　…을 넘어 건너가다, 넘어가다(…에서 …로), 옮아가다.
　transcendo in hóstĭum naves. 적군의 배로 건너가다/
　transcendo in Itáliam. Itália로 건너가다.
　tr. 뛰어넘다, 넘다, 사다리를 타고 넘다, 지나쳐가다,
　추월(追越)하다, 어기다. 초월(超越)하다.
　transcendo flumen. 강을 넘다/
　transcendo macériam. 성을 넘다/
　transcendo órdinem ætátis. 연령의 차례를 어기다/
　transcendo prohíbita. 금지 명령을 어기다.
transcénsĭo, -ónis, f. (transcendo) 위를 넘어감.
　(文法) 전치법(前置法-뜻을 강조하기 위해 말의 위치를 바꿈).
transcénsum, "transcéndo"의 목적분사(sup.=supínum)
transcénsus, -i, m. (transcendo)

1310

초월(超越).⑨ transcendence.獨 Transzendenz)
이동(移動), 넘음, 변천(變遷-세월이 흐름에 따라 바뀌고 변함).

transcídi, "transcído"의 단순과거(pf.=perfectum)

transcído, -cídi -císum -ěre, tr. (trans+cædo)
꿰뚫다, 관통하다. 자르다(מסר.סבכ.גזר.חרב),
찢다(גזז), 몹시 채찍질하다.

transcísum, "transcído"의 목적분사(sup.=supínum)

transcólo, -áre, tr.
채로 치다(transeo per cribrum), 여과(濾過)하다.

transcóntra, adv. 저쪽에, 맞은편에, 마주 서서

transcorporátio, -ónis, f. 회생(回生-蘇生)
윤회(輪廻), 환생(還生.⑨ Reincarnátion).

transcórporo, -áre, tr. 한 몸을 다른 몸으로 옮기다

transcríbo, -scrípsi -scríptum -ěre, tr. (trans+scribo¹)
베끼다, 옮겨 쓰다, 복사하다, 등록하다, 기록하다,
기입하다, 넣어두다, 표시하다, 문서로 양도.이양하다.

transcribo *alqm* in viros. 누구를 사람들 축에 끼게 하다.

transcribo testamentum in álias tábulas.
유언을 다른 서판(書板)에 베끼다.

transcriptícius, -a, -um, adj. (transcríbo)
문서로 이양(移讓)하는.

transcríptio, -ónis, f. (transcríbo) 복사, 전사(轉寫),
사본(파피루스나 양피지를 사용하여 책의 형태로 만든 옛 필사본),
전재(轉載-한곳에 발표했던 글을 다시 다른 곳에 옮기어 실음).
베낌, 양도(讓渡), 변명(辨明), 정당화(正當化).

transcríptus, -a, -um, "transcríbo"의 과거분사(p.p.)

transcúcurri, "transcúrro"의 단순과거(pf.=perfectum)

transcúrri, "transcúrro"의 단순과거(pf.=perfectum)

transcúrro, -cucúrri(cúrri) -cúrsum -ěre,
intr. 뛰어 넘어가다, 달아나다, 다른 상태로 넘어가다.
지나가다, 시간이 흐르다, 나아가다.

In áltera castra transcúrsum est.
다른 진지(陣地)로 뛰어 넘어가다.

tr. 뛰어넘다, 대충 넘기다, 빨리 처리하다.

transcurro móntium juga. 산마루를 뛰어넘다

transcúrsim, adv. (transcúrro) 지나치면서

transcúrsio, -ónis, (transcúrro) f. 통과(通過), 지나감,
여행(旅行), 시간 흐름; 이런저런 생각을 함.

transcursórius, -a, -um, adj. (transcúrro)
쉽게 넘어가는, 스쳐 지나가는, 피상적인, 주마간산적인.

transcúrsum, "transcúrro"의 목적분사(sup.=supínum)

transcúrsus, -us, m. (transcúrro) 질주(疾走-빨리 달림),
주행(走行), 통행(通行), 앞으로 지나감, 통과(通過),
경과(經過-시간이 지나감), 빠른 보고, 빠른 설명.

transdanuviánus, -a, -um, adj. Danúvius 강 저쪽의

transd… V. **trad…**

transeamus usque Bethlehem. 일어나 베들레헴으로 가자

transégi, "tránsigo"의 단순과거(pf.=perfectum)

transénna(=trasénna, = trassénna), -æ, f.
끈, 밧줄, 그물, 철망(鐵網), 철책(鐵柵), 격자(格子),
함정(陷穽-허방다리), 올가미, 올무(올가미).

tránsěo, -íi(-ívi) -ítum -íre, intr. (trans+eo³)
1. **건너가다**, 넘어가다, transeo ex Itália in Sicíliam.
Itália에서 Sicília로 건너가다/ transeo ad Pompéium;
ad adversários. Pompéius에게로, 적군한테로/
transeo a pátribus ad plebem. 귀족계급에서 평민
으로 넘어오다/ transeo in senténtiam *alcjs* 아무의
의견에 편들다. 2. (태도를) 바꾸다, 변하다: transeo
in humum saxúmque. 흙과 돌로 변하다/ transeo in
vinum. 술로 변하다. 3. 옮아가다: Odor transit in
vestes. 냄새가 옷에 밴다/ transeo in mores. 관습에
젖다. ·4. 가운데로 지나가다, 앞으로 지나가다, 넘어서
지나가다: transeo per média castra. 진지 가운데로
지나가다/ transeo per cribrum. 체로 치다.
5. (시간이) 흐르다, 경과하다.

tr. 1. **넘어가다**, 건너다, transeo Taurum. Taurus 산을
넘다/ transeo mária. 바다를 건너다. 2. 앞질러가다.
지나가다(הרא.גוז.חרב), 능가하다: transeo equum cursu.

뛰어서 말을 앞지르다/ transeo modum. 방법이 지나
치다. 3. 끝에 도달하다. …에 이르다. 4. 꿰뚫다.
5. 빨리 보아 넘기다, 빨리 처리하다, 빨리 읽다.
6. (시간을) 지내다: transeo vitam siléntio. 고요하게
생을 지내다. 7. (옆을, 가를) 따라가다, 슬쩍 지나
치다, 통과하다/ Sensus transit intentiónem. 감각은
의지를 스쳐간다, 즉 무의식중에 지나간다. 8. 모르는
체하고 지나가다, 묵묵히 넘기다, **빼놓다**, 소홀히 하다:
multa tránsii. 많은 것을 빼놓고 지나갔다/
Quære ubi transeas, non ubi remaneas.
지나갈 곳을 찾지, 머무를 곳을 찾지 마십시오.
(최익철 신부 옮김, 요한 서간 강해, p.443)/
transeo *alqd* siléntio. 무엇을 고요히 넘기다.

tránsěro(=trássěro,), -sérŭi, -sértum, -ěre, tr.
(trans+sero) …을 거쳐서 지나가게 하다, 접붙이다, 곁들이다.

transeúnter, adv. (tránseo) 지나는 길에, 슬쩍 스치며.

tránsfěro(=trafero) -fers -stŭli -látum(tralátum) -férre,
tr. …에서 …으로 가지고 가다, 옮기다: transfero
castra Bætim. 진지를 Bœtis 강으로 옮기다/In fundum
árbores transferebántur. 나무를 소유지로 옮겨 심었다/
castra transférre ultra *alqm* locum. 진지를 어떤 장소
저쪽으로 옮기다. 2. 베끼다, 옮겨 쓰다, 복사하다:
de tábulis in libros. 장부에서 책으로 옮겨 쓰다.
3. 이전시키다, 옮겨가다, 전가시키다. transfero amóres
álio. 사랑을 다른 데로 돌리다/ transfero culpam in
alios. 책임을 남에게 전가(轉嫁)하다/ transfero
sermónem álio. 화제를 돌리다. 4. *refl.* se transfero.
전심하다, 착수(着手)하다, 연기하다, 연장(延長)하다:
transfero se totum ad artes componéndas. 작품에
전심하다/ transfero se in annum próximum. 내년
으로 미루다. 5. **번역하다**. 6. 비유로 쓰다, 뜻을 빌어
쓰다: verbum tralátum. 비유로 쓴 말/ translátum
exórdium. 뜻을 빌려 쓴 머리말. 7. 변형시키다, 변질
시키다, 바꾸다, 변화하다. 8. 거동(擧動) 행렬시키다.

transfíctio, -ónis, f. [fingo] (=metaplásmus)
(文法) 어형변화(語形變化).

transfígo, -fíxi -fíxum -ěre, tr. 꿰뚫다, 찌르다, 관통하다.

transfigurábĭlis, -e, adj. (transfigúro)
탈바꿈할 수 있는, 변용할 수 있는.

transfigurátio, -ónis, f. (transfigúro)
탈바꿈, 변모(變貌), 변용(變容), 변형(變形),
현성용(顯聖容-예수의 거룩한 변모), 변성용(變聖容).

transfigurátio Domini. ⑨ Transfiguration.
獨 Verklärung des Herrn) 예수의 거룩한 변모(變貌).

transfigurátor, -óris, m. (transfigúro)
변모하는 자, 변형자(變形者).

transfigurátor sui. 사기한(詐欺漢), 위선자(僞善者)

transfigúro, -ávi -átum -áre, tr.
모습을 바꾸게 하다, 변용(變容)시키다,
변신(變身)시키다, 변화시키다, 변형하다, 변하다.

transfiguro rem in rem.
한 물건을 다른 물건으로 변화시키다.

transfinálisátio, -ónis, f. 목적변화(가톨릭 신학 제4호, p.212)

transfinalizátio, -ónis, f. 목적변화(=transignificátio)

transfíngo, -ěre, intr.
용모(容貌)를 바꾸다, 가장(假裝)하다, 변신하다.

transfíxi, "transfígo"의 단순과거(pf.=perfectum)

transfíxio, -ónis, f. (transfígo) 찔러 뚫음, 관통.
(醫) 천관절개(穿貫切開).

transfíxum, "transfígo"의 목적분사(sup.=supínum)

transfluminális, -e, adj. (flumen) 강 건너편의.
m., pl. 그 곳 주민들.

tránsflŭo, -flúxi -ěre, intr. (trans+) 저쪽으로 흐르다,
밖으로 흐르다, 흘러나오다, (시간) 흐르다.

transfluviális, -e, adj. (trans+flúvius)
강 건너편 출신인, 강 저쪽에서 온(사는).

transflúvĭo, -áre, intr. (trans+flúvius) 강을 건너다

transflúvĭum, -i, n. (trans+flúvius)

도강(渡江-강을 건넘), 강 건너에 있는 지방.
tránsfluxi, "tránsflŭo"의 단순과거(pf.=perfectum)
transfódi, "transfódĭo"의 단순과거(pf.=perfectum)
transfódĭo, -fódi -fóssum -ĕre, tr.
뚫다(ירכ.ארכ), 관통하다, 파다(חפר.ירכ.ארכ).
transforátĭo, -ónis, f. (tránsforo) 관통(貫通), 절개(切開)
transformátĭo, -ónis, f. (transfórmo)
변형(變形), 변화(變化), 화신(化身).
transformátĭo affectus. 감정의 변화(感情 變化)
transformátĭo interiora. 내적인 변모
transformátĭo mundi. 세상의 변형(變形)
transformátĭo phantastica. 환상적 변형
transformatívus, -a, -um, adj. (transfórmo)
변형.변화시키는.
transformátus, -a, -um, adj. 변색된, 변형된.
transformata unitas. 변형일치(變形一致)/
Transformati Christi effigies. 그리스도의 변화된 모습.
transfórmis, -e, adj. (trans+forma)
변화하는, 변형하는, 변신하는.
transformísmus, -i, m. 변이설(變異說), 변화설(變化說),
진화론(進化論.[영] evolutionary theory).
transfórmo, -ávi -átum -áre, tr. (trans+)
변모(變貌)시키다, 변화(變化)시키다, 변형시키다.
transformári ad natúram *alcjs*. 누구의 성격으로 변하다.
transfórmo in rem. 어떤 것으로 변형시키다
tránsfŏro, -áre, tr. (trans+) 뚫다(ירכ.ארכ), 찌르다, 파다.
transfossum, "transfódĭo"의 목적분사(sup.=supínum)
transfretánus, -a, -um, adj. (trans+fretum)
해외의, 바다 건너의.
transfretátĭo, -ónis, f. (tránsfreto)
항해(航海), 건너감, 도강(渡江-강을 건넘).
tránsfrĕto, -ávi (-atúrus) -áre, (trans+fretum)
intr. 항해하다, 건너가다.
tr. …을 배로 운반하다, 건너다.
transfūdi, "transfundo"의 단순과거(pf.=perfectum)
transfuga, -æ, f., m. (transfúgio)
투항자(投降者), 탈주병(脫走兵), 탈당자(脫黨者).
transfūgi, "transfugĭo"의 단순과거(pf.=perfectum)
transfúgĭo, -fúgi, -gúgĭtum, -ĕre, intr. (trans+)
적군에 항복하다, 탈주(脫走)하다, 도망가다,
버리고 가다, 포기(抛棄)하다.
transfúgĭo ad afflíctā amicítiā.
불행 중의 친구를 버리고 가다.
transfúgĭo ad Romános. 로마군에 도망가다
transfúgĭtum, "transfugĭo"의 목적분사(sup.=supínum)
transfúgĭum, -i, n. (transfúgio) 탈주(脫走), 항복(降伏),
도망, 포기(抛棄.[영] Abandonment-버리고 돌아보지 아니함).
transfúlgĕo, -ĕre, intr. (trans+) 빛나다(זהר)
transfúmo, -áre, intr. (trans+) 연기를 뿜다
transfunctĭonálisátĭo, -ónis, f. 기능 변화
transfunctórĭus, -a, -um, adj. (trans+fungor)
일을 잘못 처리하는, 부주의의.
transfúndo, -fúdi, -fúsum, -ĕre, tr. (trans+fundo²)
옮겨 붓다, 끼얹다, 쏟다.
pass. transfúndi, 퍼지다, 쏟아지다.
transfundo amórem in *alqm*. …에게 사랑을 쏟다
transfúngor, (-gĕris), fungi, dep., intr.
(abl.) 잘못 쓰다, 허비하다.
transfúsĭo, -ónis, f. (transfúndo) 쏟음, 주입(注入),
전가(轉嫁-죄과, 책임 등을 남에게 넘기어 맡김), (인종) 혼합.
transfūsus, -a, -um, "transfundo"의 과거분사(p.p.)
transfúsum, "transfúndo"의 목적분사(sup.=supínum)
tránsgĕro, -ĕre, tr. 운반하다, 수송하다, 운송(運送)하다
transglútĭo, -ívi -ítum -íre, tr. 마시다, 집어삼키다
transgrédĭor, (-dĕris) -gréssus sum -di, dep.
(trans+grádior) intr. (ad, in, per, abl. loc.)
건너가다, 횡단하다, 다른 쪽으로 넘어가다, 이적하다.
transgrédĭor ad *alqm*, in partes *alcjs*.
누구 쪽으로 넘어가다/
transgrédĭor Rheno. 라인 강을 건너다.
tr. 건너다, 넘다, 지나쳐가다, 앞질러가다, 범하다,
침범하다, 침입하다, 월경(越境)하다, 한도를 지나치다,
시작부터 끝까지 설명하다, 완전히 설명하다,
잠자코 지나가다, 아무 말 없이 넘기다.
transgrédĭor flumen. 강을 건너다/
transgrédĭor Taurum. *Taurus* 산을 넘다.
transgressíbilis, -e, adj. 건널만한
transgréssĭo, -ónis, f. (transgrédior) 저쪽으로 감,
건너감, 한도 넘음, 범법(犯法.[영] Transgressĭon),
침범(侵犯). (修) 어순전환(語順轉換).
transgressívus, -a, -um, adj. 넘어가는.
(文) 불규칙 변화하는 반탈형(反脫形, semidéponens)의.
transgréssor, -óris, m. 범법자, 지나쳐 가는 자
transgréssus, -a, -um, "transgrédĭor"의 과거분사(p.p.)
transgréssus, -us, m. 건너감, 지나침, 침범, 침입,
범법(犯法.[영] Transgressĭon.[라] jus violátum).
transíbĭlis, -e, adj. (tránseo) 지나가는, 없어지는
Transierunt in affectum cordis.
그들 마음의 정은 모두 한계를 넘었다(갈멜의 산길, p.324).
transignificátĭo, -ónis, f. 성체의 의미변화,
성체의 목적성 변화, 의미변화(가톨릭 신학 제4호, p.212).
tránsĭgo, -égi -áctum -ĕre, tr. (trans+ago)
지나가게 하다, 건너보내다, 관통시키다, 찌르다,
구멍 뚫다, 성취하다, 잘해내다, 처리하다, 결말짓다,
타협하다, 시간 보내다, 지내다, 매매계약을 맺다, 팔다.
alqd cum *alqo*. …와 일을 잘 타협 짓다/
cum *alqā* re transígere. …을 결말짓다/
cum *alqo* transígere. …와 일을 잘 타협 짓다/
rem cum *alqo*. …와 일을 잘 타협 짓다.
tránsĭgo adulescéntiam per hæc.
이 일로 젊음을 보내다.
tránsĭgo *alqd* sorte. …을 제비 뽑아 결정짓다
tránsĭgo *alqm* gládio. 누구를 칼로 찌르다
transigo ensem per péctora. 칼로 가슴을 꿰뚫다
transigo negótium. 협상을 잘하다
tránsĭi, "tránseo"의 단순과거(pf.=perfectum)
transílii, "transílĭo"의 단순과거(pf.=perfectum)
transílĭo, -ŭi(-ĭi, -ívi) -íre, (trans+sálio¹)
intr. 위로 넘어뛰다, 빨리 지나가다, 건너뛰다.
transilio de muro in navem. 성에서 배로 건너뛰다.
tr. 뛰어넘다, 빼놓다.
transilio muros. 성을 뛰어넘다/
transilio rem unam. 단 한 가지를 빼놓다.
tránsĭlis, -e, adj. (transílio) 도약하는, 뛰어넘는, 지나치는
transílivi, "transílĭo"의 단순과거(pf.=perfectum)
Transit mundus, et concupiscentĭa eius.(1요한 2, 17)
([영] Yet the world and its enticement are passing away)
세상은 지나가고 세상의 욕망도 지나갑니다(성경)/
세상도 가고 세상의 정욕도 다 지나간다(공동번역)/
세상과 그 욕정은 사라지지만(200주년 신약 1요한 2, 17).
transítĭo, -ónis, f. (tránseo) 지나감, 흐름(시간), 통과,
넘어감, 이전(移轉), 옮김, 변천, 변화(變化.μεταβολή),
추이(推移). (修) 어휘변화.
transitívus, -a, -um, adj. (transítio) 건너가는, 타동적인.
verbum transitívus. 타동사. adv. **transitíve**.
tránsĭto, -áre, intr. (tránseo) 횡단하다, 통과하다.
tránsitans. 지방을 횡단하면서.
tránsĭtor, -óris, m. (tránseo) 지나가는 자, 통과자, 넘는 자.
transitórĭum. 영성체송, 위치 변화기도(암브로시오 전례에서 현행 영성체송에 해당하는 기도. 이 기도를 하기 위해 주례 사제가 제대 남쪽으로 이동하기 때문에 이렇게 불렀다. 백민관 신부 엮음, 백과사전 3, p.680).
transitórĭus, -a -um, adj. (tránseo)
통과할 만한, 지나가는, 통로를 여는, 통과하는,
과도적인, 일시적인, 잠정적인.
adv. **transitorie**, adv. 일시적으로, 지나는 길에.
tránsĭtum, "tránseo"의 목적분사(sup.=supínum)

transitus, -us, m. 넘어감, 지나감, 흐름, 통로, 통행,
통과(通過), 이전(移轉), 이적, 교구이적(⑩ transfer),
나이.시대의 변천, 색.음조의 변화, 추도식(追悼式),
성 프란치스코 서거 기념 축일(10월 3일), 성인의 죽음.
in tránsitu. 지나는 길에(transitorie, adv.).
transitus Dómini. 주님의 발자취
transitus fossæ. 참호의 통로
Transitus Máriæ. 마리아 승천기(昇天記)
transitus tempestátis. 폭풍우가 지나감
Transiti Romā, urbe vetustissimā Italiæ.
나는 이탈리아의 고도 로마를 통과하였다.
tránsívi, "tránseo"의 단순과거(pf.=perfectum)
transj… V. trajugo…
tránsjūgo, (-ávi) -átum -áre, tr. (trans+judum)
통과(通過)하다, 횡단(橫斷)하다, 뛰어넘다.
translápsus, -a, -um, adj.
미끄러져 지나가는, 빨리 지나가는.
tra(ns)latícĭus, -a, -um, adj. (translátus)
전승(傳承)의, 이어받은, 전통적인, 일반적으로 인정된,
통상의, 상징적인, 전의적(轉義的)인, 비유적(比喩的).
adv. **tra(ns)latícĭe**. 전통적으로, 일반적으로, 전의적으로,
tra(ns)látĭo, -ónis, f. (tránsfero) 운반(運搬), 옮겨 감, 이전,
옮겨 심음, 이식, 접목(接木), 전임(轉任:⑩ transfer),
(책임) 전가(轉嫁-죄과, 책임 등을 남에게 넘기어 맡김),
다른 이에게 돌림. (修) 전의(轉義-본래의 뜻이 바뀌어 변한 뜻),
번역(飜譯,ㄱㄱㄱ), 바꿈, 변화(μεταβολὴ), 전위법(轉位法).
translátĭonis Sacræ Scriptúræ(⑩ translátĭons of the
Bible). 성서번역.
translátĭo admínistrativa. 행정적 전임(轉任)
translátĭo almæ Domus Lauretanæ.
로레또 성가(聖家) 이전 축일.
translátĭo coacta(⑩ translátĭon of feasts). 강요된 전임.
translátĭo festi. 축일이동.
translátĭo honorífica. 영예로운 전임
translátĭo judiciális. 사법적 전임
translátĭo líbĕra. 임의의 전임
translátĭo studii. 학문연구의 이동(移動)
tra(ns)lativa, -æ, f. [sc. constitútio] (translatívus)
(修) 전유법(轉喩法-"그는 죽었다" 대신 "그는 살았었다"로 표현
하는 어법). (法) 무소신권(無訴申權).
tra(ns)lativus, -a, -um, adj. (tránsfero) 변경하는,
다른 데로 가져가는, 옮겨가는, 돌아서 가는, 우회하는,
임기응변 하는. (法) 기피하는, 항변하는, 거부하는.
adv. **tra(ns)latíve**. 전유법으로, 비유하여.
translator, -óris, m. (tránsfero)
운반하는 자, 옮기는 자, 번역자, 복사하는 자.
translátum, "tránsfĕro(=trafero)"의 목적분사(sup.=supínum)
translátum exordĭum.(transfero 참조) 뜻을 빌려 쓴 머리말
translátus[1] -a, -um, p.p. (tránsfero)
tra(ns)látus[2] -us, m. (tránsfero)
운반, 들고 다니면서 시위함, 거동행렬(擧動行列).
translegátĭo, -ónis, f. (translego[1])
대사관(大使館), 해외공관.
translego[1] -áre, tr. (trans+lego[1]) 남기다(遺), 유전하다
translego[2] -áre, tr. (trans+lego[2])
통독하다, 빨리 읽다. (책을) 죽 읽다.
translimitánus, -a, -um, adj. (trans+limes) 국경 밖에 사는.
trá(ns)lŏquor, (-ěris) -qui, dep., intr.
터놓고 이야기하다, 자초지종을 이야기하다.
translucánus, -a, -um, adj. (trans+lucus) 숲 저쪽에 있는
tra(ns)lúcĕo, -ére, intr.
반사하다, 반성하다, 투명(透明)하다, 꿰뚫어 비치다.
tra(ns)lúcĭdus, -a, -um, adj. (trans+lúceo) 투명한, 맑은
transílui, "transílĭo"의 단순과거(pf.=perfectum)
transmarínus, -a, -um, adj. (trans+mare)
해외의, 바다 건너의. n., pl. 바다 저쪽 지방.
transmeábĭlis, -e, adj. (tránsmeo)
항해할 수 있는, 건널 수 있는, 통과할만한.

transmeatórĭus, -a, -um, adj. (tránsmeo)
통과(通過)하는, 건너는.
trá(ns)mĕo, -ávi -átum -áre, intr., tr. = trámĕo (trans+)
건너가다, 지나가다(ㄱㄱ,ㄱㄱ), 항해(航海)하다, 꿰뚫다.
transmigrátĭo, -ónis, f. (tránsmigro) 건너감, 이주(移住)
추방(追放,ㄱㄱㄱ), 이민(⑩ emigrátĭon/migrátĭon).
tránsmĭgro, -ávi -átum -áre, intr. (trans+)
이주하다, 건너가 살다, 이사하다. tr. 이주시키다,
Qui transtulit sustinet. 이주자는 강하다(Connecticut주 표어).
transmínĕo, -ére, intr. (trans+) 돌출하다, 뛰어나다
transmísi, "tra(ns)mítto"의 단순과거(pf.=perfectum)
transmíssĭo, -ónis, f. (transmítto) 여정(旅程), 도정,
항해, 통로(通路), 전달(傳達), 이전(移轉), 승계(承繼),
전가(轉嫁-죄과. 책임 등을 남에게 넘기어 맡김), 납세(納稅).
transmíssĭo activa. 원고의 승계
Transmíssĭo Missæ.(⑩ Televised Mass.
獨 Fernsehübertragung von Gottesdiensten)
텔레비전 미사(최윤환 옮김. 전례사목사전. p.530).
transmíssĭo passíva. 피고의 승계
Transmíssĭo Revelátĭo(⑩ Transmíssĭon of Revelátĭon).
계시의 전달.
Transmíssĭo vitæ(⑩ Transmíssĭon of life). 생명의 전달.
transmíssor, -óris, m. 송달, 전달(傳達), 전동장치.
(聖) 이스라엘 백성의 죄를 짊어지고 사막으로 추방
되던 숫염소(Lev. 16. 8.), 속죄의 희생물(犧牲物).
transmissórĭus, -a, -um, adj. 인도하는, 호위하는
transmíssum, "tra(ns)mítto"의 목적분사(sup.=supínum)
transmíssus, -us, m. 항로, 항해, 여정(旅程), 이전(移轉)
tra(ns)mítto, -mísi -míssum -ěre, tr. (trans+)
저쪽으로 보내다, 옮기다, 운반하다, 지나가게 하다,
파견하다(πεμπω), 전달하다, 맡기다, 바치자, 건너가다,
넘기다, 항해(航海)하다, 소홀히 하다, 대충 넘기다.
시간을 지내다, 보내다, 감수(甘受)하다, 참아 받다,
(위험, 병을) 모면하다, 벗어나다, 이전하다, 이관하다.
In Afrícam transmísit. Afríca로 건너갔다/
Inde tramittébam. 나는 거기서부터 건너왔다.
transmitto bellum *alci*. 전쟁을 누구에게 맡기다
transmitto fébrium ardórem. 열(熱)을 감수하다
transmitto máre. 바다를 건너가다
transmitto per fines suos exercitum.
군대를 자기영토로 지나가게 하다.
transmitto suum tempus amicórum tempóribus.
친구들을 위하여 자기의 시간을 바치다.
transmitto tectum lápide. 지붕 위로 돌을 넘기다
transmitto tempus quiéte. 고요히 시간을 보내다
transmontánus, -a, -um, adj. (trans+mons)
산 저쪽에 사는, 산 너머의.
m., pl. **transmontáni**, -órum 산 저쪽에 사는 사람들.
transmótĭo, -ónis, f. (transmóveo)
실제 상황을 근거로 오류(誤謬)를 논박하는 논법.
transmótum, "transmóvĕo"의 목적분사(sup.=supínum)
transmóvĕo, -móvi -mótum -ěre, tr. (trans+)
옮기다, 옮겨가다, 움직이다(ㄱㄱ,ㄱㄱ), 전가하다.
transmóvi, "transmóvĕo"의 단순과거(pf.=perfectum)
transmundánus, -a, -um, adj. (trans+mundus)
이 세상 저쪽의, 피안(彼岸)의.
transmutátĭo, -ónis, f. (transmúto) 변화(μεταβολὴ), 변형.
transmúto, -áre, tr. (trans+muto[1]) 이전(移轉)하다,
자리를 바꾸다(ㄱㄱ), 이동하다(ㄱㄱ), 변화하다.
transn… V. tran…
transnávĭgo, -ávi -átum -áre, intr., tr. (trans+)
항해(航海)하다, 배타고 건너다.
transnominátĭo, -ónis, f. [trans+nómino]
(=metonymia) 환유(換喩).
transnómĭno, -ávi -áre, tr. (trans+nomen)
무엇을 다른 이름으로 부르다, 이름을 바꾸다.
transnúbo, -ěre, intr. (trans+) 재혼하다, 남편을 바꾸다
transnúmĕro, -áre, tr. (trans+número[1])

1313

T

처음부터 끝까지 세다.

transpéctus, -us, m. (transpício)
꿰뚫어 봄, 간파(看破-상대편의 속내를 꿰뚫어 보아 알아차림).
transpéllo, -púlsum, -ěre, tr. 밑바닥까지 흔들다
transpertúsus, -a, -um, adj. (trans+pertúndo)
뚫린, 구멍 난.
transpício, -ěre, tr. (trans+spécio) 저쪽을 보다,
넘겨보다, 건너다 보다, 밖을 내다 보다, 꿰뚫어 보다.
transpirátĭo, -ónis, f. 땀 흘림, 발한(發汗). (醫) 증발작용
transplantátĭo, -ónis, f. (transplánto) 이식, 옮겨심기
Transplantátĭo organórum(⑨ Organ transplants).
장기 이식(臟器移植).
transplánto, -ávi -átum -áre, tr. (trans+)
이식하다, 옮겨 심다; 자리를 바꾸다.
transpóno, -pósŭi -pósĭtum -ěre, tr. (trans+)
옮겨가다, 옮겨놓다, 옮겨 심다.
transportátĭo, -ónis, f. (transpórto) 운송(運送), 수송,
이주, 이전, 이민(移民.⑨ emigrátĭon/migrátĭon).
transpórto, -ávi -átum -áre, tr. (trans+) 운송하다,
수송하다, 옮겨놓다, 이전하다, 정배(定配)하다,
유배(流配)시키다, 통과시키다, 지나가게 하다.
transporto exércitum in Macedóniam.
군대를 Macedónia로 옮기다.
transporto exércitum Rhenum.
군대를 라인 강 건너로 옮기다.
transpositívus, -a, -um, adj. (transpóno)
옮겨 놓는데 쓰는, 이전한. f. (修) 전유법(轉喩法-"그는
죽었다" 대신 "그는 살았었다"로 표현하는 어법).
transpósĭtum, "transpóno"의 목적분사(sup.=supínum)
transpósĭtus, -a, -um, "transpóno"의 과거분사(p.p.)
transpósui, "transpóno"의 단순과거(pf.=perfectum)
transpúnctĭo, -ónis, f. (transpúngo)
깊은 상처(altum vulnus).
transpúngo, -ěre, tr. 꿰뚫어 찌르다.
transr(h)enánus, -a, -um, adj. Tiberis 강 저쪽의.
transs… V. trans…
Transsignifiátĭo, -ónis, f. 의미 변화설
transspirátĭo, -ónis, f. 땀 흘림, 발한. (醫) 증발작용.
transsubatantiátĭo, -ónis, f. (⑨ transubstantiation.
獨 Wandlung) 본질변화, 변체설, 실체변화,
성체변화(미사 때 빵과 포도주의 실체가 그리스도의 살과 피로 변하는 일),
성체변화(⑨ consecrátĭon→실체 변화), 변화지례.
Super transsubstantiatione aquæ mixtæ vino in
sanguinem Christi(1188년) 물과 포도주를 섞어서
그리스도의 피로 변하는 성체 변화에 대하여.
Transsymbolificátĭo, -ónis, f. 상징 변화설
transtillum, -i, n. (transtrum) 작은 가로 살 나무, 동살.
transtíněo, -ére, intr. (téneo) 통로가 열려 있는
transtrum, -i, n. (=transtrus, -i, m.)
노 젓는 자들이 앉는 대, 건너지를 대들보, 가로 살,
가로 지름대, 동살, 석가래, 걸상(수병이 앉는).
tránstŭli, "tránsfero"의 단순과거(pf.=perfectum)
tránsŭi, "tránsŭo"의 단순과거(pf.=perfectum)
transúlto, -áre, intr., freq. (trans+salto)
건너뛰다, 뛰어 넘다.
transúmo, -súmpsi, -súmptum, -ěre, tr.
(trans+sumo) 다른 사람에게서 얻다, 취하다.
transúmpsi, "transúmo"의 단순과거(pf.=perfectum)
transúmptĭo, -ónis, f. (=transumptiva, -æ, f.)
(修) 전유법(轉喩法-'그는 죽었다' 대신 '그는 살았었다로 표현하는 어법).
transumptívus, -a, -um, adj. 빌린, 빌려 온. f. 전유법
transúmptum, "transúmo"의 목적분사(sup=supínum)
transúmptum, -i, n. (transúmo)
장부의 이월(移越), 사본.
tránsŭo, -ŭi, -útum, -ěre, tr. (trans+suo) 바늘로 꿰매다,
바느질하다, 구멍 뚫다, 바늘로 찌르다, 수놓다.
tránsútum, "tránsŭo"의 목적분사(sup.=supínum)
transvado¹ (-ávi) -áre, intr.

여울로 건너다, 안전하게 건너가다.
transvado² -ěre, intr. 건너가다
transvárĭco, -áre, intr. 다리를 넓게 벌리고 걷다(ㄲㄱ).
tra(ns)véctĭo, -ónis, f. (tránsveho) 항해(航海),
운송(運送), 수송, 운반(運搬), 분열식(로마 기병대의).
transvécto, -áre, freq., tr. (tráns+veho)
나르다(ロロソ.ロンʔ.ロユヲ), 운반하다.
transvéctum, "trá(ns)věho"의 목적분사(sup.=supínum)
transvecturárĭus, -i, m. (tránsveho) 운반인(運搬人)
trá(ns)věho, -véxi -véctum -ěre, tr. (trans+)
저쪽으로 나르다, 운반하다, 운송(運送)하다,
수송하다, 건너가게 하다, 분열행진 시키다,
거동행렬 하다. [수동] (시간이) 흐르다, 지나다.
tránsvěna, -æ, m. (transvénĭo) 이주해온 사람, 이국인
transvéndo, -ěre, tr. 팔아넘기다
transvénĭo, -íre, intr. (trans+)
다른 곳에서 오다, 이주해 오다.
transverberátĭo, -ónis, f. (transvérbero)
꿰뚫음, 관통(貫通), 관통 체험(천사가 화살 같이 가슴을
뚫는 신비적 체험: 아빌라의 성녀 데레사 자서전 29장).
transvérběro, -ávi -átum -áre, tr.
꿰뚫다, 뚫고 나가다. 때려 찢다.
transverberátus ense in látus. 칼에 옆구리를 찔린 사람.
transvérsa, adv. = transvérse
transversális, -e, adj. (transvérsus)
횡(橫)의, 가로지른, 횡단하는.
tra(ns)versárĭus, -a, -um, adj.
횡단(橫斷)하는, 가로지른, 반대의, 대당(對當) 되는.
transvérse (=transvérsim, transvérsum) adv.
비스듬히, 가로질러, 옆으로, 횡으로, 비끼게.
transvérsĭo, -ónis, f. 불건전한 원칙에서 벗어남
transvérsĭo, -áre, tr. 마구 흔들다, (소금을) 뿌리다
transvérsum, "transvérto"의 목적분사(sup.=supínum)
transvérsum, -i, n. 기울기, 기운 것.
ab re travérsum unguem non discédere.
어떤 일에서 한 치도 물러나지 않다/
in transversum pósitus. 가로질러 놓인.
transversum episema. (音) 횡선(橫線 "ㅡ")
transversum episema major. 대횡선(neuma 전체에 붙음)
transversum episema minor. 소횡선
(nota 하나에만 붙거나 neuma 1 부분에 붙음).
tra(ns)vérsus, -a, -um, [tra(ns)vórsus] p.p., a.p.
(transvérto) 비스듬한, 기운, 가로지른, 횡으로 놓인,
비낀, 경사 된, 빗나가는.
alqm transvérsum ágere. 누구를 빗나가게 하다/
de, e in, per transvérso. 뒤에서, 갑자기/
ex transvérsum. 가로/
in, per transvérsum. 기울게, 가로지른 방향으로/
in transvérsum pósitus. 가로질러 놓인/
transvérsæ viæ. 가로지른 길/
transvérsis tramítibus. 가로지른 길로 해서
Transvérso foro ambuláre. 광장을 가로질러 산책하다.
transvérto, -vérti -vérsum -ěre, tr.
(=transvórto, -vórti -vórsum)
tr. 뒤집다, 바꾸다(ㄱㅋ), 변화시키다.
transvexi, "trá(ns)věho"의 단순과거(pf.=perfectum)
transvólĭto, -áre, intr., freq. 날아 건너가다
tránsvŏlo, -ávi -átum -áre, tr., intr. 날아 넘어가다,
날듯이 넘다, 한숨에 넘다, 빠르게 지나가다,
소홀히 하다, 대수롭지 않게 여기다,
주의하지 않다, (시간이) 빨리 흐르다.
transvorátĭo, -ónis, f. (tránsvoro)
바닥까지 마심, 삼킴, 흡수(吸收-빨아들임).
transvólvo, -ěre, tr. 저쪽으로 굴리다
tránsvŏro, -ávi -átum -áre, tr.
삼키다(ㄱㅉ), 다 먹다, 먹어 치우다.
transvor… V. transver…
transvorsus, -a. -um, p.p., a.p. = transversus

1314

T

transvórto, -vórti -vórsum -ĕre, tr. = transvérto
trapácĕæ, -árum, f., pl. (植) 마름과 식물
trapétes, -um, m., pl. 올리브기름 짜는 틀. 확(틀)
　(trapétum, -i, n.; trapétus, -i, m.)
trapétum = trapétus = trapétes
trapétum = trapétum = trapétes
trapéza, -æ, f. 상(机), 식탁(食卓).⑨ Table)
trapezíta, -æ, m. 환전상(換錢商), 은행가(銀行家)
trapézium, -i, n. (機) 사다리꼴
trapézĭus, -i, m. 사다리꼴의. (醫) 승모근(僧帽筋)
trapezóphŏrum, -i, n. 상(机) 다리, 식탁의 다리.
traps, trăbis, f. (=trabs) 대들보, 서까래, 큰 나무,
　큰 배, 큰 창, 통나무 집, 집, 지붕, 몽둥이, 횃불.
traspícĭo = transpícĭo
traulízi, (희랍어 동사) 말 더듬다
trasénna(=transénna, = trassénna,) -æ, f.
　끈, 밧줄, 그물, 철망(鐵網), 철책(鐵柵), 격자(格子),
　함정(陷穽-허방다리), 올가미, 올무(올가미).
trassénna(=transénna, = trasénna,) -æ, f.
trauma, -ătis, n. (醫) 많은 상처, 외상(外傷)
traumátĭcus, -a, -um, adj. 상처에 좋은(낫게 하는).
　n. 상처 약(藥).
trav… V. transv…
trávĭo, -áre, tr. 횡단하다
tráxi, "traho"의 단순과거(pf.=perfectum)
trebácĭter, adv. 책략적으로, 교활하게
trébax, -ácis, adj. 솜씨 좋은, 기교(技巧) 있는, 교활한
trecanum, -i, n. 영성체송, 갈리아 전례의 영성체송.
　(삼위일체에 대한 신앙을 표시하는 기도문. 이 용어는 이미 파리의
　Pseudo-Germanus란 책에서 발견된다. 백민관 신부 엮음. 백과사전 3, p.682).
trecenárĭus(=tercenárĭus), -a, -um, adj.
　(ter+centum) 300의.
trecénti, -æ -a, adj. (ter+centum) 300씩의, 삼 백(300).
trecentenárĭus, -a, -um, adj. (trecénti) 300의
trecenténi, -æ -a, adj. (tres+ centum)
　300씩, 300. (cf. centéni)
trecentésimus, -a, -um, adj. (trecénti)
　300번째의, 제300.
trecénti, -æ -a, (gen. trecéntum) adj. (tres+ centum)
　300, 무수한
trecéntĭe(n)s, adv., num. (trecénti) 삼백 번, 300번
trechedípnum, -i, n. (sc. vestiméntum)
　희랍의 회식객용 옷.
trédecem, adj., num. = trédecim의 통속 철자
trédécĭes, adv., num. (trédecim) 13번, terdécies라고도 함
trédĕcim, adj., num., indecl., card. (tres+decem)
　십 삼(13), 열 셋(13.십 삼).
tremebúndus(=tremibundus) -a, -um, adj. (tremo)
　무서워 떠는, 벌벌 떠는, 전율하는.
tremefácĭo, -féci -fáctum -ĕre, tr. (tremo+fácio)
　떨게 하다, 무섭게 하다, 흔들리게 하다.
　fólia tremefácta Noto. 남풍에 흔들리는 나뭇잎/
　se tremefácere. (땅이) 흔들리다/
　tremefácta péctora 떨리는 가슴.
tremefáctum, "tremefácĭo"의 목적분사(sup.=supínum)
tremeféci, "tremefácĭo"의 단순과거(pf.=perfectum)
tremenda majestas. 두려운 위압성(威壓性)
tremendum et terribile sacrifícĭum.
　무섭고 떨리는 희생제사(犧牲祭祀).
tremendus, -a, -um, adj. (tremo)
　무서운, 무시무시한, 공포심을 일으키는.
Tremens procumbit humi bos.
　소가 부르르 떨며 땅에 죽어 자빠진다.
treménter, adv. (tremo) 부들부들 떨면서
tremésco, -ĕre, inch. (tremo) intr. 떨기 시작하다.
　tr. …을 무서워하다, …앞에서 떨다,
　… 때문에 떨다, 전율(戰慄)하다, 벌벌 떨다.
tremésco alqm, rem. 누구, 무슨 일 때문에(보고, 듣고)

trementĭa labra. 떠는 입술(trĕmo 참고)
tremibundus, -a, -um, adj. = tremebúndus
tremi… V. treme…
trémĭdus, -a, -um, adj. (tremo) 떠는(=trépidus)
trémĭpes, -pĕdis, (acc. -pĕdas,) adj.
　(tremo+pes) 다리가 후들후들 떨리는.
trémissis, -is, m. (tres+as)
　1 aúreus의 3분의 1 가치의 화폐.
trĕmo, tremŭi, tremére,
　intr. 흔들리다, 떨다(חר,רעד,רגז,זוע,רתת),
　　treméntia labra. 떠는 입술.
　tr. …을 무서워하다, …앞에서 무서워하다,
　　…때문에 무서워하다. tremo arma. 무기를 보고 떨다.
trĕmor, -óris, m. (tremo) 떨림, 흔들림, 소란(騷亂),
　동요(動搖), 전율(戰慄), 겁(무서워하면서 조심하는 마음),
　지진(⑨ pulsus terræ), 진동(흔들리어 움직임), 무시무시한 것.
Tremor excutit poculum e manibus.
　손이 떨려서 잔을 떨어뜨린다.
tremor ignīum. 불꽃의 흔들림
tremŭi, "trĕmo"의 단순과거(pf.=perfectum)
trémŭle(=trémŭlum)
　adv. (trémulus) 무서워서, 떨리는 소리로.
trémŭlus¹ -a, -um, adj. (tremo) 떠는, 동요되는, 떨리는,
　떨게 하는, 흔들리게 하는, 오싹하게 하는, 깡충깡충 뛰는.
　accúrrit tremulus. 벌벌 떨면서 뛰어왔다/
　trémula flamma. 흔들리는 불꽃.
trémŭlus² -i, f. (植) 사시나무(populus Dávidiana).
trepidánter, adv. (trépido)
　당황하며, 무서워하면서, 떨며, 겁내며.
trepidárĭus, -a, -um, adj. (trépidus)
　겁내는, 겁쟁이 = trepidiárius.
trepidátĭo, -ónis, f. (trépido) 동요(動搖), 소란(騷亂),
　문란(紊亂), 설렘, 겁냄, 당혹(當惑), 震動(흔들리어 움직임),
　주저(躊躇-머뭇거리거나 나아가지 못하고 망설임), 망설임.
　per trepidatiónem. 난국에.
trépĭde, adv. (trépidus)
　황급하게, 서둘러, 소란하게, 문란하게, 무서워하며.
trepidiárĭus, -a, -um, adj. (trépidus) 앞발을 구르는
trépĭdo, -ávi -átum -áre, (trépidus)
　intr. 동요하다(רעד,רגז), 소란(騷亂)하다, 설치다,
　　…로 급히 몰려들다.
　　aqua trépidat. 물소리 나다/
　　flammæ trépidat. 불꽃이 춤추다/
　　trepidáre ad excipiendum Pœnum.
　　카르타고 군을 영접하려고 와르르 몰려가다.
　tr. 벌벌 떨다, 겁내다, 무서워하다, (inf.) 서둘다,
　　급히 하다, (ne) …가 두려워하다.
　　Trepidat ne venias. 네가 올까봐 그는 두려워하고 있다/
　　trepido occúrsum amíci. 친구를 만날까 무서워하다.
trepídŭlus, -a, -um, adj. dim. (trépidus)
　동요(動搖)하는, 흔들리는, 겁내는.
trépĭdus, -a, -um, adj. (inusit. trepo) 동요하는, 설치는,
　분주(奔走)한, 성급한, 안절부절하는, 불안스러운,
　경계하는, 떠는, 겁내는, 끓는, 서두르는.
　Apes trépidæ inter cóeunt. 벌들이 붕붕거리며 모인다/
　trépidi rerum suarum. 자기 일들 때문에 불안해하는/
　trepidum ahénum. 끓는 가마솥.
trepidus cursus. 몹시 바쁜 걸음걸이,
　vivacissimus cursus. 빠른 걸음걸이.
trepo, -ĕre, tr.
　= verto(=vorto), verti, versum, vertĕre, tr.
trepóndo, n. indecl. (tres+pondus) 세 pondo 무게
trepónema, -ătis, n.
　(醫) 나선성(螺旋狀) 미생물(spirocháeta 屬).
treron siebddii 녹색 비둘기
Trerris babylonica(⑨ Tower of Babel). 바벨탑.
tres, tria, adj., card., num., 셋(3.τρεις).
　ego tribus primis verbis. 나는 첫마디부터/

1315

Gállia divísa est in partes tres. (in¹ 참조)
Gállia는 세 부분으로 분할되어 있다/
homo trium litterarum. 세 글자의 사람 fur 즉 도둑/
Legénda Trium Sociorum 세 동료 전기/
Mihi uno die tres(lítteræ) sunt rédditæ,
et quifem abs te datæ. 나한테 편지가 하루에 세 통
이나 그것도 너한테서 보내온 세 통이 날아들었다/
per tres dies. 사흘 동안/
Tria mília équitum. 기병 삼천 명
(기본 수사 중에 2천 이상의 천mília 단위의 수는 명사적으로 사용되는 것이므로 언제나 분할 2격을 가지게 된다. 즉 형용사적으로는 사용되지 않는다)/
tribus verbis. 몇 마디로/
una essentĭa tres personæ. 하나의 본체와 세 위격/
Unus omnipotens, non tres omnipotentes.(Sum. Theol Iª 39, 3)
하나의 전능이지 셋의 전능이 아니다(토마스 데 아퀴노).

tres, tres, tria 셋(3)			
	m.	f.	n.
Nom.	tres	tres	tria
Gen.	trium	trium	trium
Dat.	tribus	tribus	tribus
Acc.	tres	tres	tria
Abl.	tribus	tribus	tribus

(한동일 지음. 카르페 라틴어 1권. p.94)

Tres Abhinc Annos, 뜨레스 압힌크 안노스.
[1967년 5월 4일 예부성성에서 반포한「거룩한 전례에 관한 헌장의 올바른 이행에 관한 두 번째 훈령」의 라틴어 제목('삼 년 전'을 뜻하는 첫 세 단어)이다. 이 문헌은 제2차 바티칸 공의회의 약속에 따라 새 전례서가 완성되어 발간되기까지 전례 개혁을 부드럽게 진행시켜 나가기 위해 예부성성에서 발간한 세 개의 문헌 가운데 두 번째 문헌이다. 예부성성은 이 지침에서 선택 사항을 정하고 각 미사에 한 개의 본기도만 만들기로 하는 한편, 통상문의 개정을 인정하고 성무일도의 다양한 기도문을 제시하며 수대 사용을 폐지하였다. 지침은 또한 '합당한 지역 권위자'가 전례 회중과 함께 거행하는 전례에서 (1) 로마 미사 전문, (2) 성품성사의 모든 예식, (3) 성무일도의 독서들(함께 낭송하는 경우까지 포함하여)을 위해 모국어 사용을 허락할 수 있도록 하였다. 전례사전. p.103].
tres áliqui aut quatuor. 세 명이나 네 명쯤
tres animæ. 삼혼설(三魂說-魂三品說.ⓔ three souls)
tres dimensĭones. 세 가지 차원
Tres gradus sacramenti Ordĭnis. 성품성사의 세 품계.
(ⓔ Three degrees of the sacrament of Holy Order).
tres in anno dies. 1년에 사흘
tres inimici.
삼구(三仇-인간 영혼의 세 가지 원수가 되는 육신.세속.마귀를 말함).
Tres Orationes contra Arianos.
아리우스파에 대한 세 논박론.
tres personæ. 삼위(三位-세 위격, triplicitas, -átis, f.)
tres soles. 사흘 동안
tressis, -is, m. (tres+as)
3as 정도의 것, 근소한 것, 하찮은 것.
[sg. 주격 tressis. 속격 tressis. 여격 tressi. 대격 tressem. 탈격 tressi(tresse). 호격 tressis. pl. 주격 tresses. 속격 tressium. 여격 tressibus. 대격 tresses(tressis). 탈격 tressibus. 호격 tresses].
trésvĭri(=tres viri), trium virórum, m., pl.
V. triúmvir. 3두 정치 집정관, 3인 위원회, 3인 감시관.
treuga, -æ, f. 휴전(休戰)
Treuga Dei. 신의 휴전(ⓔ Truce of God), 하느님의 휴전
Tria hæc sunt, quibus et scientia omnis et prophetia: fides, spes, charitas. 이처럼 온갖 지식과 예언이
추구하는 바는 세 가지이니 믿음과 희망과 사랑이다.
tria mília équitum et trecénti.
(=tria mília trecénti équites) 3,300명의 기병(騎兵).
Tria mília hostium circa muros cæsa sunt.
적군 3천 명이 성벽 주위에서 피살되었다.
tria mília puellárum et trecéntæ.
(=tria mília trecéntæ puellæ). 3,300명의 소녀(少女)
tria pária amicórum. 친구 세 쌍
Tria Præcipua bonorum operum genera.
(ⓔThree Eminent Good Works).
Oratio(Prayer), Ieiunium(Fasting),
Eleemosyna(Almsgiving)
Tria sunt ista, et nihil invenis unde tentetur cupiditas humana, nisi aut desiderio carnis, aut desiderio oculorum, aut ambitione sæculi.
탐욕은 세 가지이니, 모든 탐욕은 육의 욕망과 눈의
욕망과 세속 야심으로부터 나온다는 것을 그대는 압니다.
(최익철 신부 옮김, 요한 서간 강해, p.143).
Tria vota obligant sub grávi ex genĕre suo.
세 가지 서원(誓願)은 그 유형과 정도에 따라
중대한 의무를 부여(附與)한다.
triacóntas, -ădis, 약 30
triámbi, -órum, m., pl. 즉흥극을 연출하던 3인 배우
trian, m., indecl. = **triens** 삼분의 일(⅓)
trianguláris, -e, adj. (triángulus) 세모꼴의, 3각형의
triangulátĭo, -ónis, f. 세모꼴로 만듦
triángulis, -e, adj. = **triángulus**
triángŭlum, -i, n. (=**triángŭlus**, -i, m.)
삼각형(三角形), 세모꼴, 세모진 것.
basis triánguli. 삼각형의 밑변/
rectangulum triangulum. 직각 삼각형.
triángŭlus, -a, -um, adj. (tres+ángulus)
3각의, 3각형의, 세모진.
triangula æquis lateribus. 이등변 삼각형
triárĭi, -órum, m., pl. (tres) 제3열병(투창병 hastáti와 주력병력 príncipes 뒤에 배치되어 보충병력 구실을 하였음: sg. **triárius**).
trĭas, -ădos(dis), (acc. -ădem) f. 셋, 3의 수, 삼위일체
triátrus, -ŭum, f., pl. (tres)
Idus 3일 후에 지내던 Tusculáni인들의 축제.
tribác(c)a, -æ, f. (sc. ináuris) (tres+baca)
진주(眞珠) 세 개로 된 귀고리.
trĭbas, -ădis, f. 동성애에 빠진 여자
tríbius = **trívius**
tribolus, -i, m. = **tribulus**
tríbrachys, -yos, (acc. -chyn) m. (詩) 삼단격(三單格).
tribuárĭus, -a, -um, adj. (tribus) 종족의
tríbubus, tribus(-us, m. 씨족, 지파) 의 복수 3격.5격
tribuĕre suum cuique. 각자에게 자기 것을 주다
tríbŭi, "tríbŭo"의 단순과거(pf.=perfectum)
tríbŭla, -æ, f. (tero) = **tríbulum** 알곡을 찧는 연자매
tribulátĭo, -ónis, f. (tríbulo)
재난(災難), 고난(苦難.ⓔ Tribulátĭon/Illness),
번민(煩悶-마음이 번거롭고 답답하여 괴로워 함),
환난(患難.ἀνἀγκη-근심과 재난), 어려움(ⓔ Tribulátĭon),
고통(βἀσανος.ⓔ suffering.苦痛-병고), 곤란(困難).
In tribulátĭone subvenire.(성 베네딕도 수도규칙 제4장 18)
시련 중에 있는 사람을 도와주라/
instructio per tribulátĭonem. 환난을 통한 가르침/
Nulla est major tribulatio quam conscientia delictorum.
죄인들의 양심보다 더 큰 고뇌는 없다/
Qualiter instante tribulatione Deus invocandus est et benedicendus. 괴로움을 당할 때 어떻게 하느님을 부르고
찬미할 것인가(준주성범 제3권 29장)/
Toleremus mundum, toleremus tribulationes, toleremus scandala tentationum. 세상을 견디어 내고, 환난을 참아
내고, 유혹의 걸림돌을 견딥시다.
(최익철 신부 옮김, 요한 서간 강해, p.423).
tribulátus, -a, -um, adj. (tríbulo)
맷돌에 갈은, 으깨진, 짓눌린.
tribúlis, -is, m. (tribus)
같은 종족 지역 사람, 불쌍한 자, 가난한 자.
tríbŭlo, -átum -áre, tr. (tríbulum)
연자매로 누르다, 압박하다, 괴롭히다.
tribulósus, -a, -um, adj. (tríbulus)
가시 덮 투성이의, 곤란한, 어려운, 재앙의.
tríbŭlum, -i, n. = **tríbŭla**, -æ, f. 알곡을 찧는 연자매
tríbŭlus, -i, m. = **tribolus**, -i, m.
덫, 마름쇠(끝이 날카롭고 서너 갈래가 지게 무쇠로 만든 물건. 능철, 여철).
(植) 마름, (植) 산부시깃 고사리.
tribúnal, -ális, (**tribunále**, -is,) n. (tribúnus)
법관들이 둘러앉던 반원의 단, 법관석(法官席), 판사석,
법정(ⓔ Court), 재판소, 진중에서 장군이 앉던 단,
(군 주둔지에서) 지휘관석,
법원(סנהדרין.ⓔ court), 극장에서 집정관의 관람석,

죽은 장군이나 장관을 위하여 세운 기념비,
높은 자리, 둑, 제방(堤防).

명사 제3변화 제2식 C		
	단 수	복 수
Nom.	tribunal	tribunalia
Gen.	tribunalis	tribunalium
Dat.	tribunali	tribunalibus
Acc.	tribunal	tribunalia
Abl.	tribunali	tribunalibus
Voc.	tribunal	tribunalia

(황치헌 지음, 미사통상문을 위한 라틴어, p.58.)

De misericordia in sacro pœnitentiæ tribunali tenenda.
고해소에서 지녀야 할 자비에 대하여.
tribunal admínistrativum. 행정 법원(行政 法院)
tribunal civile. 국가 법원(國家 法院)
tribunal diœcesanum(⑩ diocesan tribunal). 교구법원.
tribunal interdiœcesanum.
　관구(管區) 연합 법원(tribunal regionale),
　교구(敎區) 연합 법원(⑩ interdiocesan tribunal).
tribunal metropolitanum. 관구 법원(管區法院)
tribunal ordinárium. 통상적 법원(通常的 法院)
tribunal primæ instantíæ. 제1심 법원
tribunal regionale. 지역 법원(地域法院),
　교구 연립 법원(⑩ interdiocesan tribunal).
Tribunal Rotæ Romanæ.
　사도좌 대법원 로타 로마나(Sacra Rota Romana)
tribunal Sanctæ Sedis. 사도좌 법원(使座座 法院)
　(⑩ Tribunals of the Apostolic See).
tribunal secundæ instantíæ. 제이심 법원
tribunal singuláre. 단독 재판관
tribunal tertii instantíæ. 제삼심 법원
tribunále, -is, n. = **tribúnal,** -ális.
tribunalia. 로마 성청 재판소, 교황청 법원.
　Pænitentiaria Apostolica. 사도좌 내사원.
　Supremum Tribunal Signaturæ Apostolicæ.
　교회 최고 법원 사도좌 대심원/
　Tribunal Rotæ Romanæ. 교회 대법원 로타 로마나.
tribunális civilis præses. 법무부 장관
tribunális mercátorii præses. 상무부 장관
tribunárĭum, -i, n. (希) 해진 철학자의 옷
tribunátus, -us, m. (tribúnus) 호민관(護民官),
　호민관직, 평민 호민관, 군사 호민관, 법제 위원회.
tribuníčĭus(=**tribinítĭus**), -a, -um, adj. (tribúnus)
　호민관의, 군사 호민관의. m. (sc. vir) 호민관.
　tribunícia comítia. 호민관 선거회의/
　tribunícia potéstas. 호민관의 권력.
tribúnus, -i, (gen., pl. -num,) m. (tribus)
　본래는 Roma의 3대 종족의 장, 3명의 호민관.
　Minaberis plebi? minaberis tribuno?
　당신이 평민을 위협하려는가? 호민관을 위협하려는가?/
　Racilius tribunus plebis me primum sententiam rogavit.
　호민관 라킬리우스가 나에게 맨 처음으로 의견을 청하였다/
　tribúni ærárii. 재무 호민관, 출납관, 회계관,
　(재정관 quæstor에 속함)/
　tribuni militáres, mílitum. 군사호민관(軍事 護民官)
　(1군단에서 6명씩 2개월씩 교대)/
　tribúni militum consulári potestáte, tribúni consuláres.
　집정관을 겸한 군사 호민관.
Trubunus cum duobus militibus venit.
　호민관이 병사 둘을 데리고 왔다.
tribúnus plebis. 호민관(護民官)
　Contenderem privatus contra tribunum plebis armis?
　한갓 사인으로서 내가 무기를 들고
　호민관에게 덤볐어야 할까?/
　Fueris sane tribunus plebis : quo jure illam legem
　tulisti?. 물론 당신은 로마의 호민관이었소:
　그렇지만 무슨 권리로 저 법을 내놓았소?.

tríbŭo, -bŭi -bútum -ĕre, tr.
(tribus-본래 "tribus"는 부족간에 세금을 분배한다는 뜻).
　분배하다, 나누다(פלג,פסק), 주다(זהב,נתן,יהב),
　주는 것을 동의하다, 허락하다(נתן,יהב), 양보하다,
　…의 공으로 돌리다, 인정(認定)하다, 존중(尊重)하다,
　시간을 보내다(바치다), 분할하다, 분리하다.
　Quærite ibi, et videbitis multos multa tribuere
　pauperibus. 얼마나 많은 사람이 가난한 사람에게
　많은 것을 베푸는지 살펴보십시오.
　　　　　　　　(최익철 신부 옮김. 요한 서간 강해. p.263)/
　suum cuique tribuere. 각자에게 자기 몫을 돌려준다.
tribuo alci misericórdiam. 누구에게 자비를 베풀다
tribuo alci plúrimum. 누구를 매우 존중하다
tribuo alqd valetúdini. …을 건강을 위하여 양보하다
tribuo alqd virtúti alcjs. …을 …의 공덕으로 돌리다
tribuo multum, magnópere, etc. 대단히 높이 평가하다
tribuo præmia alci. …에게 상금을 주다
Tribuo rem universam in partes.
　만사를 각 부분으로 나누다.
Tribuo suæ magnópĕre virtúti.
　자기의 공적을 매우 높이 평가하다.
tribuo suum cuique. 각자에게 자기 것을 주다
tribus, -us, f. (tri) [복수 3격(여격)과 복수 5격(탈격) 어미는 -ubus가 됨]
　부족(Roma의 3대 부족), 구(區),
　씨족(支派) 지파(שבט,支派). (pl.) tribus. 군중, 대중.
　Duábus tribúsve horis.(-ve는 뒷 단어에 붙는 접미어로서 흔히
　수사들을 이어준다) 두 시간 내지 세 시간 사이/
　Duodecim tribus Israël. 이스라엘 12지파/
　grammáticas ambíre tribus.
　　지식층 부족의 표를 얻으러 다니다/
　in tribus discúrrere. 부족 선거회에 가다/
　in tribus pópulum convocáre.
　　부족별로 백성들을 소집(召集)하다/
　tribu movére. 부족에서 제외(除外)하다.
tribus mensibus post. 석 달 후에.
tribus post diébus = tribus diébus post
　=post tres dies. 3일 후에.
tribus urbanæ, rusticæ. 도시부족, 농촌부족
tribus verbis. 몇 마디로
tributa. 가문위 회의.
　curiata. 시민구 회의/centuriata. 백인위 회의.
tributárĭus, -a, -um, adj. (tribútum)
　세금의, 조공의, 세공을 바치는, 조공(租貢)을 바치는.
tribútim, adv. (tribus) 부족별로
tributĭo, -ónis, f. (tríbuo) 분할, 분리(分離.χωρισμὸς),
　분배, 납세, 기부(寄附), 기여(寄與-남에게 이바지함), 조공.
tribútor, -óris, m. 분배자, 기여자(寄與者)
tributórĭus, -a, -um, adj. 분배의, 납세의.
　tributória. 손해 배상 청구.
tribútum, "tríbuo"의 목적분사(sup.=supínum)
tribútum, -i, n. (tríbuo) 세금, 관세(關稅), 조공(租貢),
　분담(分擔), 분담금(分擔金), 세납(稅納), 조세(租稅),
　기부(寄附), 납부금(納付金), 모금(募金), 負擔金,
　A mortuo tributum exigere.
　　죽은 사람에게 세금을 매기다/
　tributa extraordinária(⑩ extraordinary diocesan tax).
　　이례적 납부금/
　tributa ordinária(⑩ ordinary diocesan tax).
　　통상적 납부금/
　tributi confectio. 세금 징수(稅金徵收)/
　tributórum exactor. 세리(τελὠνης.⑩ Tax collector).
tributum seminárísticum. 신학교 부담금(負擔金)
tribútus¹ -a, -um, p.p., a.p. (tríbuo)
tribútus² -a, -um, adj. (tribus) 부족의, 부족 간의.
　tributa comitĭa. 부족 대표자회의(代表者 會議).
tributus³ -i, m. (tríbuo) = **tribútum,** -i, n.
　defraudátor tributi. 탈세자(脫稅者).
trícæ, -árum, f., pl. 하찮은 일, 객적은 소리, 곤경,

곤혹(困惑-곤란한 일을 당해 어찌할 바를 모름), 난관(難關).
Tricenário gregoriano. 그레고리오 미사(1967.2.24.)
Tricenárius Gregorianus. 연속 30일 미사, 30일 미사
tricamerátus, -a, -um, adj. (tres+cámera)
방 셋 있는, 3단의, 세 층의.
tricenárĭus, -a, -um, adj. (tricéni)
30의, 서른의, 30년의. m. 30인 대장.
tricenárĭus Gregorianus.
30일 연(煉) 미사, 그레고리오 30대 연속 연미사.
(죽은 영혼을 위해 30일 동안 연속적으로 드리는 미사).
tricéni, (gen. -cénum), -æ, -a, num., distrib.
(trigínta) 각각 30씩, 매번 30씩, = trigínta.
tricennális, -e, adj. (tricénnium) 30년의.
tricennálĭa, -ĭum(-iórum) 30년 축제.
tricénnĭum, -i, n. (trigínta+annus) 삼십년간, 30년 간.
præscriptio tricennii. 30년 시효(時效).
tricénsimus, -a -um, adj. = **tricésimus**
tricénti, -æ, -a, adj. = **trecénti**
tricénties = **trecéties**
trĭceps, -cípĭtis, adj. (tres+caput) 머리 셋의, 3중의,
머리 셋 달린. (解) 삼두근(三頭筋).
trĭceps Hécate.
세 가지 이름을 가진 Hécate(Hécate, Diána, Luna).
Tricérberus, -i, m. 머리 셋 달린 개(犬) [cf. Cérberus]
tricésĭma, -æ, f. (tricésimus) 새달(新月-신월),
(유대인들의) 신월제(新月祭), 삭제(朔祭).
tricesimáni, -órum, m., pl. (tricésimus) 제30군단 병사들.
tricensimárĭus, -a, -um, adj. (tricésima)
30일마다의, 매달의.
tricésĭmus(=trigésĭmus), -a, -um, num., ordin.
(trigínta) 30번째의, 제30, 서른 번째.
Anno tricesimo primo ante christum natum.
그리스도 탄생 전(기원 전) 31년에/
anno uno et tricesimo regni. 치세 31년에.
tricéssis, -is, m. (trigínta+as) 30as의 돈
trichíăsis, -is, f. (醫) 첩모난생증(睫毛亂生症),
(醫) 속눈썹 난생증, 도첩권모증(到睫卷毛症).
tríchĭla, -æ, f. 포도덩굴로 덮인 정자
tric(h)ilínium, -i, n. = **triclínium**
tríc(h)ĭnus, -a, -um, adj.
가는, 호리호리한, 빈곤한, 쇠약한, 여윈, 불쌍한.
trichítis, -tĭdis, f. (化) 명반(明礬)
tricholeucósis, -is, f. (醫) 백발병(白髮病)
trichophýtia, -æ, f. (醫) 흰 버짐, 백선(白癬-쇠버짐)
trichórdis, -e, adj. (tres+chorda) 세 줄 있는, 삼현의
trichórus, -a, -um, adj. 셋으로 된, 세 부분의, 세 칸의.
n. 세 칸 방 짜리 집/ ampla domus. 드넓은 집.
trichósis, -is, f.
(醫) 이국부 생모증(異局部生毛症), 모발질환(毛髮疾患).
trichrus, -i, f. 삼색 보석
trícĭe(n)s, num., adv. (trigínta) 삼십 번, 서른 번, 30번
tricínium, -i, n. (tres+cano) 삼중창(三重唱)
triclína··· V. **triclínia**···
tricliniárcha(=tricliniárches), -æ, m. 식당주임, 주방장
tricliniárĭa, -ĭum, n., pl. (tricliniáris)
식당의 좌석에 까는 융단, 식당(食堂).
triclin(i)áris, -e, adj. (triclínium) 식당에 까는 융단의,
식당의, 밥상의. m., pl. 회식자(會食者).
tricliniárĭus, -ĭi, m. 식탁에 봉사하는 노예.
triclínĭum, (gen. -ni; abl., pl. -nis), n. 3인, 4인 또는 5인이
눕게 되어 있는 식당좌석, 식당, 안락의자가 붙은 식탁.
triclínĭum stérnere. 식당 좌석을 깔다
trico[1] -áre, tr. 트집 잡다, 말썽 일으키다,
trico se. 자학(自虐)하다, 늦추다, 우물쭈물하다
trīco[2] -ónis, m. (tricæ) 트집 잡는 자
tricóccum, -i, n. (植) 해바라기(프랑스어 tournesol.
이탈리아어 girasole, 헝가리어 naprasolgo, "태양을 향해 돌고 있다" 뜻.
영어 sunflower, 독어 sonnenblume "태양의 꽃" 뜻).
trícŏlor, -óris, adj. (tres+color) 3색의
tricólum, -i, n. 삼절로 된 글
trīcor, -átus sum, -ári, dep., intr. (tricæ)
말썽을 일으키다, 트집 잡다, 야유(揶揄)하다, 빈정대다.
tricórnĭger, -gĕra, -gĕrum, adj. (tres+cornu+gero[1])
뿔 셋 있는[희랍문자 '프시' Ψ(psi)에 대하여].
tricórnis, -e, adj. (tres+cornu) 뿔 셋의, 뿔 셋 가진
tricórpor, -ŏris, adj. (tres+corpus) 몸 셋 있는
tricósus, -a, -um, adj. (tricæ)
어려움이 많은, 골치 아픈, 흉계 많은, 야유하는.
tricúbĭtus, -a, -um, adj. (tres+cúbitus[1]) 석자 되는, 3척의.
tricuspidális, -e, adj. (tricúspis) 뾰족한 것이 셋 있는
tricúspis, -ĭdis, adj. (tres+cuspis) 뾰족한 끝이 셋 있는
tridácna, -órum, n., pl.
큰굴(牡蠣모려-세 입으로 다 먹을 수 있을 만큼 큰 굴).
Tridactylus japonicus. (蟲) 좁쌀 메뚜기
trĭdens, -éntis, (tres+dens)
m. 창끝이 셋 달린 작살, 세 갈고리낚시,
해신(海神) Neptúnus의 표장(標章)인 삼지창,
그물로 씌우는 투사의 삼지창.
adj. 뾰족한 이가 셋 달린, 삼지창의, 세 갈래 난.
tridentális, -e, adj. (tres+dens) 삼지창의
tridéntĭfer(=tridéntĭger), -ĕra, -ĕrum, adj.
(tridens+fero, gero[1]) 삼지창을 가진.
tridentinus, -a, -um, adj. 트리엔트의.
Consilium Tridentinum. 트리엔트 공의회(1545.12.13 ~ 1563.12.4).
tridentípotens, -éntis, adj. 삼지창으로 강한 자(Nepúnus).
Tridentum, -i, n. 트렌토(Trento)[(영). Trent. (독). Trient. (라).
Tridentum. 이탈리아 북부 트렌티노알토아디제 지방 트렌토 주의 주도.
볼차노 남쪽, 브렌타 강어귀 근처에 있는 아디제 강 연안에 있다. 로마의 학자
대플리니우스와 지리학자인 아마세이아의 스트라보에 따르면 트렌토는
라이티아인(알프스 산맥의 주민)에 의해 세워졌다고 한다].
triduánus, -a, -um, adj. (tríduum)
3일간의, 사흘의, 3일마다의.
Tridui viam progressi reverterunt.
그들은 사흘 길을 전진했다가 돌아왔다
tríduom = **tríduum**의 옛말
trídŭum, -i, n. (tres+dies의 합성어로 3일을 한 단위로 하여 일컫는
말이다. 교회 전통에서는 어떤 특수 목적이나 동기를 위해 3일간 계속적으로
기도 행사를 하는 기간을 말한다. 신심행사로서는 3일이라는 단위를 택하게
된 것은 이미 그리스도교 이전에 민중적으로 3이라는 숫자를 거룩한 수로
생각하던 오랜 전통에서 비롯된다. 백민관 신부 엮음, 백과사전 3, p.684).
3일간, 사흘 동안, 사흘 간,
hoc tríduo. 지난 3일 동안에/
Rogátĭones. (가) 삼일 기도.
(예수 승천 대축일 직전에 풍작을 기원하던 3일기도)/
Romæ triduum morabuntur.
그들은 로마에 사흘을 머물렀다/
trídui morā interpósitā. (interpono 참조)
사흘 동안 지체(遲滯)하고 나서.
triduum continuum. 연 사흘
Triduum Paschális([영] Easter triduum). 파스카 三日.
Triduum Sacrum. (거룩한 삼 일간) 성삼일
triennális, -e, adj. (tres+annus) 3년간의, 세 살 된
triénnĭa, -ĭum, n., pl. (tres+annus) = **trietérĭca**.
Thebœ에서 3년마다 지내는 Bacchus신 축제.
triénnis, -e, adj. (tres+annus) 3년의, 세 살 된
triénnĭum, -i, n. (tres+annus) 3년 간, 3세, 3년.
juge triennium.(jugis 참조) 연속 3년 간.
trĭens, -éntis, m. (tres) 삼분의 일(⅓), 3분의 1as,
월 3부 이자, 1 júgerum의 3분의 1(면적단위).
3분의 1자(尺), 1 sextárius(액체 용적 단위)의 3분의 1,
6의 3분수 즉 2(6은 완전수였음).
tertĭa pars. 삼분의 일(⅓)/ tertĭa portĭo. 삼분의 일(⅓).
trientábŭlum, -i, n. (triens) 국가 채권자에게 원로원이
보상으로 준 채권 액의 3분의 1에 해당하는 땅.
trientális, -e, adj. (triens) 3분의 1자(尺)의
trientárĭus, -a, -um, adj. (triens) 月 3부 이자의
trierárchus, -i, (=**trierárcha**, -æ,) m.
trirémis 배의 사령관, 3단 노(櫓) 전함의 함장(艦長).
triéris -e, adj. 3단 노의,

f. 삼단노가 달린 배, 삼단노 전함(戰艦).
trietérĭca, -órum, n., pl. = **triénnia**
trietérĭcus, -a, -um, adj. 매 삼 년마다 있는
trietéris, -ĭdis, f. 3년 간, 매 삼 년마다 있는 축제
trĭfárĭam(=**trifárĭe**) adv. [sc. partem] (trifárius)
　3면에서, 세 가지 모양으로, 3부분으로, 3체로.
trĭfárĭsus, -a, -um, adj. (tres) 3중의, 3층의, 세 가지의
trĭfaux, -áucis, (abl. -áuci,) adj. (tres+faux)
　목구멍이 셋 있는, 3중의, 세 구멍에서 나오는.
trifex[1] -ăcis, adj. (tres+fácies) 3각형의
trifax[2] -ăcis, f. (abl. -ăci,) 투창기가 쏜 길고 가는 창.
trĭfer, -ĕra, -ĕrum, adj. (ter+fero)
　일 년에 세 번 열매 맺는.
trífidus, -a, -um, (=**trifíssĭlis**, -e,) adj. (ter+findo)
　셋으로 쪼개진, 세 쪽으로 갈라진, 끝이 셋 있는.
trifilis, -e, adj. (tres+filum) 실이 세 줄 있는, 3겹 실로 된
trifínĭus, -a, -um, adj. (tres+ginis)
　세 변경(邊境)으로 이르는.
trifólĭum, -i, n. (tres+fólium) ((植)) 클로버(clover-토끼풀),
　토끼풀, 삼엽식물. (建) 삼판형(三瓣形) 건축.
trifórĭum, -i, n. 중세 성당의 삼문형 정문
trĭfórmis, -e, adj. (tres+forma)
　세 가지 모양을 한, 세 얼굴의, 3중의. adv. **trĭfórmĭter**.
triformis diva. Diána, Luna, Hécate로 동시에 불리는 여신
triformis mundus. 삼차원 세계(공중, 바다, 땅),
trĭfórmĭtas, -átis, f. (trifórmis) 세 가지 모양을 한 것
trĭfur, -úris, m. (ter+fur)
　삼중의 무뢰한, 대도(大盜), 대악당(大惡黨).
trifúrcĭfer, -ĕri, m. (=**trifúrcĭnium**, -i, n.) 대악당
trifúrcĭnium, -i, n. (=**trifúrcĭfer**, -ĕri, m.) 대악당(大惡黨)
trĭfúrcus, -a, -um, adj. (tres+furca)
　첨단이 셋 있는, 세 가지 끝이 있는, 세 갈래진.
trīga, -æ, f. (trijugus)
　세 마리의 말이 끄는 마차, 셋이 모인 것.
trigámĭa, -æ, f. 세 번 결혼, 삼중결혼, 제3회 결혼
trĭgámus, -i, m. 세 번 결혼한 자, 삼중 결혼자
trigárĭus, -a, -um, (triga) adj. 3두 마차의, 3과 관계있는.
　m. 3두 마차 부리는 자.
　n. 3두 마차 경주 원형극장, 3의 수.
Trigémĭna Porta, -æ, f.
　고대 Roma의 Aventínus 언덕의 북쪽 문.
trigémĭno, -áre, tr. (trigéminus) 세 곱하다, 3배하다
trigémĭnus(=**tergémĭnus**), -a, -um, adj. (tres+géminus[1])
trigémmis, -e, adj. (tres+gemma)
　눈이 셋 달린, 싹이 셋 나온.
trígenes, -is, adj. 세 가지 종류의
trigéni, -æ, -a, adj. (trigínta) 30씩, = **tricénti**
trigésies, adv., num. (trigínta) 30번
trigésĭmus(=**tricésĭmus**), -a -um, num., ordin. 제30
trígies = **trícies** 삼십 번, 서른 번, 30번
trigínta, num., card., indecl. 삼십, 서른, 30.
　indutiæ in triginta annos. 30년간의 휴전.
Trigínta dies erant ipsi, … 정확히 말해서 30일 지났다
trigínta-sex-vir, -i, m. 36인 시의원
triglítis, -tĭdis, f. 보석명
tríglyphus, -i, m. (建))
　(도리아式 건축의) 트리글리프(세로로 된 세 줄 무늬),
　파도형(波形), 삼근견근회양(三筋髥筋繪樣).
trĭgon, -ónis, m. 셋이서 노는 공(球). (鳥) 딱따구리.
　= trygon, -ónis, m. = trygōnus, -i, m.
　(魚) 노랑가오리(⑨ red sting ray/red skate).
trigonális, -e, adj. (trigon) 삼각형의, 3인 유희용 공의.
trigónĭ(c)us, -a, -um, adj. 3각형의.
　n. trigónĭum, -i, 삼각형.
trigónus, -a, -um, adj. 3각형의, 삼각의. m., n. 삼각형.
trihemĭtónĭum, -i, n. (tres+hemitónium) [音] 3반음 간격.
trihórĭum, -i, n. (tres+hora) 세 시간
tríjŭgis, -e, adj. (tres+jugum) 삼두마차의

tríjŭgus, -a, -um, adj. (tres+jugum) 삼두마차의; 삼중의
trilátĕrus, -a, -um, adj. (tres+latus[3])
　변이 셋 있는, 3변의.
trilíbris, -e, adj. (tres+libra) 3파운드 무게의, 세 근의
trilínguis, -e, adj. (tres+lingua)
　혀가 셋 있는, 3개 국어를 말하는.
　Vir trilinguis. 3개 국어 사나이(예로니모 지칭).
trīlix, -ícis, adj. (tres+lícium)
　세 줄 실로 짠, 천 세 겹의, 세 겹으로 짠.
trilóngus, -a, -um, adj. (tres+longus)
　장음절 셋을 포함하는.
Trilophidia velnĕrata. (蟲) 두꺼비 메뚜기
trímănus, -a, -um, adj. (tes+manus) 손 셋 있는, 3손이의
trimátus, -us, m. (trimus) 세 살, 세 살 난 아이
trimémbris, -e, adj. (tres+membrum)
　지체 셋을 가진, 세 구분의 (시기).
triménĭum, -i, n. (tres+mensis) 삼 개월의 기간, 삼학기.
trimensis, -e, adj. (tres+mensis)
　삼 개월의, 석 달 만에 싹트는.
trimé(n)stris, -e, (tres+mensis)
　adj. 3개월의, 석 달의, 한학기의.
　n., pl. **trimé(n)stria**, -íum, 3개월 만에 익는 씨앗.
trímeter, -tri, m. V. trimetrus
trímĕtrus(=**trímĕtros**), -a, -um,
　adj. 3미터 되는, 3시격의, 3각운의.
　m. = **trímĕter**, -tri. (詩) 3시 격운시, 3미터.
trimódĭa, -æ, f. (=**trimódĭum**, -i, n.)
　(tres+módius) 세말들이 그릇, 서 말, 3말.
trímŏdus, -a, -um, adj. (tres+modus) 세 종류의
trímŭlus, -a, -um, adj. dim. (trimus)
　세 살 난, 삼 년 밖에 안 된.
trīmus, -a, -um, (gen., f., pl. -mum,)
　adj. (tres+hiems) 세 살 된, 3년 된.
Trinácrĭa, -æ, (=**Trinácris**, -ídos,) f.
　곶(串) 셋을 가진 Sicília섬의 별칭.
trinárĭus, -a, -um, adj. [trini] (=ternárius)
　셋으로 된, 3위의.
trinátĭo＊, -ónis, f. 세 번 미사, 세 차례 지냄(가톨릭용어집, p.53)
trínĕpos, -ótis, m. [=**trinéptis**, -is, f.] (tres+nepos)
　제6후친(等親)의 손(녀), 육대손,
　nepos(孫).prónepos(증손).ábnepos(고손).
　ádnepos(현손).trinepos(육대손) 순.
trīni, -æ, -a, num., distrib. (terni) 셋씩, 각각 셋,
　(복수명사와 함께) trinæ lítteræ. 편지 석 장,
　(단수명사의 복수와 함께) trina castra. 세 진영,
　(드물게 단수로) **trinus**, -a, -um, 3배의, 세 번의,
　세 가지의; 셋을 포함한.
　Magistras trinas nuptias uno die celebravit.
　여선생님은 하루에 세 쌍씩 결혼식을 주례하였다/
　trinæ ædes. 집 세 채/
　Tullia mea venit ad me litterasque tuas reddidit mihi
　trinas. 내 사랑 툴리아가 내게로 와서
　당신의 편지 세 통을 나에게 전해주었소.
trínĭo, -ónis, m. 주사위 세 번 던짐
trinitarius, -a, -um, adj. 삼위일체의, 삼위의.
　Primum eucharisticæ fidei obiectum ipsum est Dei
　mysterium, trinitarius amor. 성찬 신앙의 첫 요소는 바로
　하느님의 신비, 삼위일체의 사랑입니다.
trínĭtas, -átis, f. (trini) 3의 수(數), 삼일성(三一性)
Trinitas, -átis, f. 삼위일체(Sancta Trinitas＊).
　(180년경 안티오키아의 Theophilus가 처음으로 그리스어 'Tres'라는 말을 쓴
　데서 비롯되었다. 이 말이 성서에는 나와 있지 않지만 그 개념은 성경에
　함축적으로 또는 명시적으로 표현되어 있다.)
　Ad Trinitatis laudem. 삼위일체를 찬미하며/
　De fide sanctæ et individuæ Trinitatis.
　성삼위의 각 위격에 대한 신앙/
　De sancta et consubstantiali Trinitate.
　거룩하고 동일 본질인 삼위일체론(테릴루스 지음)/
　De sancta et vivifica trinitate.

T

거룩하고 생명을 주는 삼위일체/
De Trinitate. 성삼론(聖三論).
(노바씨아누스 지음-로마 교회에서 집필된 최초의 라틴어 저서)/
De Trinitate ad Felicem notarium.
펠릭스 공증인에게 보낸 삼위일체론.(루스페의 풀겐티우스 지음)/
divina trinitas. 하느님의 삼위성(三一性)/
Expressĭo Trinitátis.(⑨ Expressĭon of the Trinity)
삼위일체의 표현/
Hymnus Sanctissimæ Trinitatis. 삼위일체 찬송가/
imago trinitatis. 삼위일체의 형상/
In nomine summæ Trinitátis et sanctæ Unitatis Patris et
Filii et Spiritus Sancti. Amen. 지존하신 삼위이며 거룩한
일체이신 성부와 성자와 성령의 이름으로. 아멘/
missio in trinitate. 삼위일체의 위격적 파견 사명(使命)/
Sanctissima Trinitas atque Eucharistia.(⑨ The Blessed
Trinity and the Eucharist).
지극히 거룩하신 삼위일체와 성찬례/
unitas in trinitate. 삼위 안에서의 일치/
vestigia trinitatis. 삼위일체의 흔적(痕迹)/
vides trinitatem, si caritatem vides.
사랑을 본다면 삼위일체를 봅는다.
Trinitas immanens.
재적 삼위일체(獨 immanente Trinität).
Trinitas œconomica. 구세경륜적 삼위일체
Trinitas ontologica. 삼위일체의 내재적 관계
trinitas personárum. 위격들의 삼성(三性)
Trinitas Personárum ratĭŏne humana cognosci
potest. 위격들의 삼위성은 인간 이성으로 인식될 수 있다. ·
trinitas substantĭa. 실체들의 삼성
Trinitatis imploratio(⑨ Prayer to the Holy Trinity)
거룩하신 삼위일체 하느님께 드리는 기도
Lætificato, Sanctissima Trinitas,
beata ac beatificans, filios tuos tuasque filias,
quos ad amoris tui granditatem confitendam vocavisti,
pariterque misericordis bonitatis tuæ tuæque venustatis.
Pater Sancte, filios ac filias sanctificato,
qui tibi sunt ob Tui nominis gloriam consecrati.
Tua potentia eos comitare ut Te omnium rerum Originem esse ubicumque
amoris ac libertatis pontem ipsi valeant testari.
De vitæ consecratæ dono referimus Tibi grates.
quæ ex fide Te inquirit ac sua in universali missione omnes invitat
ut ad Te progrediantur.
Iesu Redemptor, Incarnatum Verbum,
quem admodum vitæ formam eos docuisti tuam quos vocaveras,
ad Te allicere homines pergito qui nostri temporis hominibus misericordiæ
depositarii sint,
tui reditus prænuntii, futuræ resurrectionis vivi indices bonorum.
A Te tuoque amore illos numquam seiungant ullæ angustiæ!
지극히 거룩하신 삼위일체 하느님.
하느님께서는 지극히 복되시며 모든 행복의 근원이시오니.
하느님의 크신 사랑과 자비.
하느님의 좋으심과 아름다움을 찬미하도록 부르신 자녀들에게 강복 하소서.
지극히 거룩하신 아버지 하느님.
하느님 이름의 영광을 위하여 자신을 봉헌한 자녀들을 거룩하게 하소서.
하느님의 능력으로 감싸주시어 그들이 하느님께서 만물의 근원이시며
사랑과 자유의 유일한 원천이심을 증언하게 하소서.
저희는 신앙을 통하여 하느님을 찾고,
세계선교를 통하여 모든 이가 하느님께 가까이 다가서도록 초대하는
봉헌생활의 은혜를 저희에게 주신 하느님께 감사합니다.
저희의 구원자이신 예수님, 강생하신 말씀이시여,
주님께서 부르신 사람들에게 주님 고유의 생활방식을 맡겨 주셨사오니,
오늘 이 시대의 사람들을 위하여 주님 자비의 분배자가 되고
주님 재림의 전령이 될 사람들을.
부활의 살아있는 표징이 되고 동정, 청빈, 순명의 복화들에 대한 살아있는
표징이 될 사람들을 끊임없이 주님께 이끌어 당겨주소서. 어떠한 시련도 그들을
주님과 주님의 사랑에서 갈라놓지 못하게 하소서!
(교황 요한 바오로 2세 1996.3.25. "Vita Consecrata" 중에서)
trinoctiális, -e, adj. (trinóctium) 세 밤의, 삼야의
trinóctĭum, -i, (tres+nox) n. 사흘 밤 동안
trinódis, -e, adj. (tres+nodus)
매듭 셋 있는, 음절 셋 있는.
trinómĭnis, -e, (=**trinómĭus**, -a, -um,) adj.
(tres+nomen) 이름 셋 있는,
trinómĭnis Hierosólyma.
Jubus, Salem, Jerúsalem의 세 가지 이름을 가진 예루살렘.
trinso, -áre, intr. = trisso = **tríssĭto**
제비가 울다, 염소가 울다.
Trinúm(m)us, -i, n. (tres+nummus)

"세 푼짜리 인간"(Plautus의 희곡명).
trinum núndĭnum, -i, n. 장이 세 번 서는 기간
trinúndĭnus, -a, -um, adj. (tres+núndinæ)
장이 세 번 서는 기간의, 16일만의, 세 번째 장날의.
adv. **trinúndĭno**, 장이 세 번 서는 기간 동안에.
trĭnus, -a, -um, adj. V. **trini**.
trĭo, -ónis, m. (tero) 타곡 하는 소, 밭갈이하는 소.
[pl.] (天) 큰(작은) 곰 자리별.
trióbŏlus, -i, m. 3óbolus 동전, 반 drachma(무게)
triodéius, -a, -um, adj. 거리 여신의
triónymus, -a, -um, adj. 이름 셋 있는
Tríŏpas, -æ, m.
해신 Neptúnus 또는 Sol(태양신)의 아들, Thessália의 왕.
Triopĕïos, -i, m. Tríopas의 아들
Triopéis, -ĭdis, f. Tríopas의 손녀
tripális, -e, adj. (tres+palus) 세 기둥으로 지탱된
tripárcus, -,a -um, adj. (ter+parcus) 몹시 인색한
tripártĭo(=**tripértĭo**), -ívi -ítum -íre, tr.
(tres+pars) 삼분하다, 셋으로 나누다.
tripartítĭo, -ónis, f. (tripártio)
삼등분(三等分), 삼분, 셋으로 나눔.
tripartito, adv. 3분으로, 세 부분으로, 세 편으로
tripartítus, -a, -um, adj. (tripártio)
3분된, 3분의, 셋으로 나눈, 세 갈래의.
Historia tripartita. 3부로 된 역사.
trípătens, -éntis, adj. (tres+patens) 삼면이 열린
tripátĭna, -æ, f. (tres+pátina) 세 가지 재료가 든 요리
tripatín(i)um, -i, n. 세 가지 요리가 나오는 식단
tripéccĭa(=**tripétĭa**) -æ, f.
등받이 없는 걸상, 발판, 세 발 걸상.
tripéctŏrus, -a, -um, adj. (tres+pectus) 가슴 셋 있는
tripedálĭs, -e, adj. (tripedánĕus) adj. (ter+pedális)
발 셋 있는, 석자가 되는, 높이 길이 너비가 모두 석 자인.
trĭpert··· V. **trĭpart···**
trĭpes, -ĕdis, adj. (tres+pes) 세 발 달린, 3각의.
f. 삼각기(三脚機), 발 셋 달린 그릇.
tripétĭa, -æ, f. (tripes) = **tripéccia**
tripíctus, -a, -um, adj. (ter+pictus) 세 번 쓴.그린.
tripláris, -e, adj. (triplus) 3배의, 3중의
triplárĭus, -a, -um, adj. 3배를 받는 = **triplicárĭus**
triplásĭus, -a, -um, adj. 3배의, 3중의
trĭplex, -lĭcis, (tres+plico)
adj. 세 겹의, 3배 되는, 3중의, 세 가지의.
m., pl. **triplĭces**, -um, (sc. codicílli) 세 장 있는 글판.
n. 3중, 3배, 거대함, 광장함.
triplex status naturæ. 하성의 삼중 구분/
tríplices soróres.
3자매, 인간 생명의 세 여주인 Parcœ(즉 지하세계의 3여신女神).
triplex actus. 삼중적 활동
triplex cuspis. Neptúnus신의 삼지창
triplex est lumen in angelis: naturæ, gratiæ et gloriæ.
천사들에게는 세 종류의 빛, 즉 자연의 빛, 은총의 빛
그리고 영광의 빛이 있다.['자연의 빛'은 본성적으로 갖춰져 있는 지적
능력을 의미한다. '은총의 빛'과 '영광의 빛'은 은총에 의해 피조물에
수여된 빛, 즉 은총에 의해 강화된 지적 능력으로서 이 빛을 통해 하느님과
닮아져 하느님의 본질을 알 수 있는 상태가 된다. 신학대전 14, p.201].
triplex modus habendi essentĭam.
본질을 갖는 3중의 양태(樣態).
triplex munus.
삼중(교사.사제.목자)의 임무, 세 가지 직무.
triplex regnum. Júpiter, Neptúnus, Pluto가 분할한 3세계.
triplicábĭlis, -e, adj. (tríplico) 3배 할 수 있는
triplicárĭus, -i, m. (tríplico) 3배의 봉급을 받는 병사
triplicátĭo, -ónis, f. (tríplico) 3배로 늘림.
(法) 피고의 再답변에 대한 원고의 항변.
재차 답변(replicátĭo, -ónis. f. 답변).
triplicátus, -a, -um, adj. 세 겹의, 삼중의
triplice militĭa. 세 겹의 군대
triplícĭtas, -átis, f. 삼배(3배), 삼중(3중), 삼위(三位-세 위격)

triplícĭter, adv. (triplex) 3배로.
　Excedit autem aliquid facultatem naturæ tripliciter.
　어떤 것은 세 가지 방식으로 자연의 능력을 능가하게
　된다.(이상섭 옮김. 신학대전 14, p.195).
tríplĭco, -ávi -átum -áre, tr. (triplex)
　3배하다, 세 곱하다, 세 겹 하다.
triplínthĭus, -a, -um, adj. (tres+plinthus)
　벽돌 세 장 두께의.
triplo¹ -áre, tr. (triplus) 세배하다
triplo² adv. (triplus) 세 번
tríplum, -i, n. 3중.
tríplus, -a, -um, adj. 3배의, 3중의, 세 겹의, 3배 되는;
trípŏda, -æ, f. (tripus) 세 발 솥(Pýthia 경기에서 주던 상)
trípodes, -um, m. pl. tripus의 복수
tripŏd(ĭ)o, -áre, intr. (tripúdium) = **tripúdio**
triporténtum, -i, n. (tres)
　세 가지 징조 즉 이상한 징조, 불가사의한 징후.
tripticus, -a, -um, adj. 문질러서 맞추는
Triptólĕmus, -i, m. Céleus의 아들, Eléusis의 왕
　[Ceres 여신(女神)의 총애로 쟁기를 발명하여 인간에게 농사를 가르친 반신반인].
triptycum, -i, n. (cf. diptycum) 삼절판 성화상,
　경첩으로 접을 수 있게 꾸며진 세 쪽 짜리 그림.
tripúdio, -áre, intr. (tripúdium) = **tripŏd(ĭ)o**, -áre,
　(3박자) 춤추다(종교예식), 발을 동동 구르다,
　(기쁨에) 팔딱팔딱 뛰다, 도약하다, 즐겨 용약하다.
tripúdĭum, -i, n. = **terripávĭum(terripúdĭum)**
　종교적 무용, 출전(出戰) 무용, Bacchus 신도들의 춤;
　뜀, 도약, 닭이 모이를 먹는 것을 보고 길조를 점치는 일.
trípus, -pŏdis, m. 3각 그릇, 삼각대(三脚臺),
　발 셋 달린 우승배(杯), 신탁(信託),
　예언녀 Pýthia가 앉아 신탁을 받던 세 발의 의자.
　(adj.) 삼각(三脚)의.
tríquĕtrus(=tríquétrus), -a, -um, adj. 세모난, 삼각의,
　뿌리가 셋 있는, 삼각의, 꼭(串)이 셋 있는 Sicília의 형용사.
　n. 별의 3분의 1 대좌(對坐).
tríquĕtrus líttera. 희랍글자 델타(Δ)
triregnum. V. Tiara. 삼층 교황관
trirémis, -e, adj. (tres+remus) 삼단 노(櫓)가 달린.
　f. 삼단 노(櫓)가 달린 배.
trirhýthmus, -a, -um, adj. 삼박자의
tris = **tres**
trisæclísenex, -nis, m. (tres+sǽculum+senex)
　삼대의 인생을 산 노인, Nestor의 별칭.
triságĭum, -i, n. 삼위일체에 대한 찬사(讚辭),
　최고의 거룩함을 세 번으로 표시하는 찬사.
tríscĕlum, -i, n. 삼각(三角)
triscematist(ic)us, -a, -um, adj.
　세 모습을 한, 세 얼굴을 가진.
trischœnus, -a, -um, adj. 3 schœnus 면적의
triscúrrĭum, -i, n. (ter+scurra)
　세 종류의 무언 익살 연극.
trisémus, -a, -um, adj. 3음절을 가지는
triséxtium, -i, n. (ter+sextárius) 3 sextárius의 용적
Trismegístus, -i, m. "삼배의 거인"(Hermes Trismegístus)
　이란 뜻으로 Mercúrius의 별칭.
trismus, -i, m. (醫) 아관긴급(牙關緊急)
trisómum, -i, n. 시체(屍體) 셋이 들어가는 무덤
trisómus, -i, m. 삼시 벽감(三屍 壁龕)
　[Catacomba 내의 묘소를 이렇게 불렀다. 이시 묘소(bisomus), 벽감 묘소
　(Loculus)가 있다. 때로는 고정 제대에 모신 성인 유해인소를 가리키기도
　한다. 백민관 신부 엮음. 백과사전 1, p.361: 2, p.572: 3, p.689].
trispástos, -i, f. 도르래 셋 달린 활차(滑車)
trispíthamus, -a, -um, adj. 세 뼘 높이,길이,크기의
tríssĭto, -áre, intr. = **trisso** = **trinso**
　제비가 울다, 염소가 울다.
tristátæ, -árum, m., pl. 왕 다음으로 높은 벼슬 3경(三卿)
triste, -is, n. 슬픈 일, 재앙(災殃),
triste, adv. [comp. -stíus] (tristis) 근심스럽게.

번민(煩悶)스럽게, 비참히, 슬피, 어렵게, 고되게.
triste lupus stabulis. 양 우리에 재앙(災殃)이 되는 늑대
trístĕgus, -a, -um, adj. 삼층의, 3단의. n., pl. 삼층 집
tristem vultum relaxo. 슬픈 얼굴을 밝아지게 하다
tristes sorores.(tristis 참조) 가혹한 세 자매
tristi = **trivísti**, pf. (tero)
tristícŭlus, -a, -um, adj. dim. (tristis)
　근심 쩍은, 어두운 표정의, 좀 슬픈.
tristificátĭo, -ónis, f. (tristífico) 근심, 우울증(근심 걱정으로
　마음이 늘 우울한 증세. 심기증), 슬픔(悲哀.λύπη.⑨ Sadness).
tristífico, -áre, tr. (tristis+fácio) 슬프게 하다
tristíficus, -a, -um, adj. (tristis+fácio)
　슬프게 하는, 괴롭게 하는, 무섭게 하는.
tristimónĭa, -æ, f. (=**tristimónĭum**, -i, n.) (tristis)
　슬픔(悲哀.λύπη.⑨ Sadness), 우울, 근심, 걱정,
　비관(悲觀), 우울증(근심 걱정으로 마음이 늘 우울한 증세. 심기증이氣症)
trístis, -e, adj. 근심하는, 걱정되는, 비관하는, 분한,
　고통스러운, (미각) 쓴, 맛없는, 구역질나는, 엄격한,
　근엄한, 침울한, 가혹한, 찌푸리는, 실쭉한, 음울한.
　ferulæ tristes sceptra pædagogorum.(신국론, p.2484)
　선생님들의 서러운 회초리며 막대기/
　In diti homine animus aæpe tristis, in pauper sæpe
　beatus est. 부유한 사람에게는 종종 울적한 마음이 있고,
　　가난한 사람에게도 종종 행복한 마음이 있다/
　judex tristis et ínteger. 엄격하고 청렴한 판관(判官)/
　magnum et triste miraculum. 크고 슬픈 기적/
　Nolite tristes esse. 그러나 슬퍼하지 마십시오/
　Quid es tam tristis? 너 뭐가 그렇게 슬프냐?/
　Recte mater. 아무 것도 아니에요. 어머니/
　Si hic vir non felix est, tristis est.
　　이 사람이 행복하지 않다면 슬픈 일이다/
　triste lupus stabulis. 양 우리에 재앙이 되는 늑대/
　tristes sorores. 가혹한 삼자매(Parcœ라 칭하는 지하세계의 여신)/
　trístibus tempóribus. 어려운 때에 불운한 때에/
　tristíssima exta. 흉조의 창자/
　vultus sevérior et trístior. 근엄하고 엄격한 얼굴.
Tristis eris si solus eris.(Ovidius)
　그대 홀로 남아 있게 되면 슬퍼지리라.
tristis evéntus *alcjs*. 누구의 비참한 최후
tristis unda. Styx 샘의 독 있는 물
trístĭtas, -átis,(=**tristítĭa**, -æ,:=**tristítĭes**, -ei,) f. (tristis)
tristítĭa, -æ,(=**trístĭtas**, -átis,:=**tristítĭes**, -ei,) f. (tristis)
　슬픔(悲哀.λύπη.⑨ Sadness), 비통, 걱정, 근심, 비관,
　불운, 재앙(災殃), 근엄한 성격, 불유쾌(不愉快),
　엄격(嚴格), 심상(心傷-마음 고통), 침울함(⑨ Sadness).
　De Tristitia Christi. 그리스도의 슬픔에 관하여/
　Quasi subrepit quædam desperatio et tristitia.
　　이리하여 절망과 슬픔 같은 것이 파고듭니다.
　　(최익철 신부 옮김. 요한 서간 강해. p.71)/
　Sed fletus est signum doloris et tristitiæ.
　　그런데 울음은 비탄과 슬픔의 표시이다/
　suppuráta tristítĭa. 가슴을 찢는 근심.
tristitĭa tempórum. 불운한 때
tristítĭes, -ei,(=**tristítĭa**, -æ,:=**trístĭtas**, -átis,) f. (tristis)
tristitúdo, -dínis, f. (tristis)
　슬픔(悲哀.λύπη.⑨ Sadness), 비탄(悲嘆-슬퍼하여 탄식함).
trístor, -átus sum, -ári, dep., intr. (tristis) 번민하다,
　근심하다, 슬퍼하다(oɔ٦.٦᧐᧑٦.᧐᧑٦.᧑᧐٦.ακλ.ΞΞλ٦.ΞΞᴄ᧑٦).
　Tristatur aliquis vestrum? Oret. 여러분 가운데에 고통을
　겪는 사람이 있습니까? 그런 사람은 기도하십시오.
tristus, -a, -um, adj. tristis의 속어(俗語)
trisúlcus, -a, -um, (=**trisúlcis**, -e) adj. (tres+sulcus)
　뾰족한 끝이 셋 있는, 세 부분의, 세 갈래진.
trisýllăbus, -a, -um, adj. 3음절의.
　n., pl. **trisýllăba**, -órum, 3음절의 단어
trit, indecl. 쥐 울음소리
tritæ aures.(tritus 참조) 잘 훈련된 귀
tritanópĭa, -æ, f. (醫) 자색색맹

T

tri(t)ávia, -æ, f. (trítavus) 육대조 할머니, 육대 조상
trítávus, -i, m. (tres+avus) 육대조, 시조.
　pater(부)avus(조).próavus(증조).ábavus(고조).
　ádavus(현조).tritavus(육대조) 순.
trīte, -es, f. (音) 제3현, 3도 음정, 미
tritemórĭa, -æ, f. (音) 삼도(3도), 삼도음정(3도-미)
trithāles, -is, n. (植) 대전초(大戰草)
trithéismus, -i, m. 삼신론(三神論)
tritheítæ, -árum, m., pl. 삼신론자, 삼신 숭배자
triticárĭus, -a, -um, adj. (tríticum) 밀의
tritícĕus(=tritícĕus: = tritícínus), -a, -um, adj.
tritícĕus(=tritícéĭus): = tritícínus), -a, -um,
　adj. 곡식의, 밀의.
triticiárĭus, -a, -um, adj. 밀의, 생계의. m. 빵 굽는 자.
tritícínus(=tritícéĭus: = tritícĕus), -a, -um, adj.
trítĭcum, -i, n. (tritus²) 곡식(穀食.frumentum, -i, n.),
　밀, 보리(frumentum vilius. 값싼 보리), 소맥(小麥-밀).
Triton¹ -ónis(-ónos), m. Neptúnus와 Salácia의 아들
　(소라를 불어 물결을 일으키거나 가라앉히는 반인반어의 해신海神)
triton² -ónis, m. 소라고둥. (動) 도롱뇽
tritissima via.(tritus 참조) 사람이 많이 다니는 길
trītor, -óris, m. (tero) 물갈 타는 사람, 부수는 자
tríttĭlo, -áre, intr. 지저귀다
trītum, "tero"의 목적분사(sup.=supínum)
tritúra, -æ, f. (tero) 마찰(摩擦.⑨ friction-문틀름),
　두드림, 밀을 두드리는 것, 타곡(打穀), 방아질.
triturátĭo, -ónis, f. (tritúro) 마찰(摩擦), 바숨, 마찰질 함.
triturátor, -óris, m. 곡식 찧는(가는) 자
tritúro, -áre, tr. (tritúra) 갈다, 마찰시키다, 빻다,
　밀 찧다, 방아질 하다; 괴롭히다.
trītus¹ -a, -um, p.p., a.p. (tero) 밟은, 밟아서 굳어진,
　찧은, 바순, 인적이 많은, 개척된, 많이 쓴, 상용의,
　익숙 된, 습관 된, 훈련된, 헌, 길든.
　tritæ aures. 잘 훈련된 귀/
　tritissima via. 사람이 많이 다니는 길/
　tritus verbum fácere. 상용어로 만들다/
　verba non trita Romæ. 로마에서 쓰이지 않는 말.
trītus² -us, m. 마찰(摩擦), 분쇄(粉碎), 방아질, 삼박자
trium puerorum.
triumf… V. triumph…
Trĭumpántis Irusalem. 승리의 예루살렘
　(1588년 교황 식스토 5세 칙서.보나벤투라를 "Doctor Séraphicus"로 호칭).
triumphábĭlis, -e, adj. 개선할 만한, 이길 수 있는
triumphális, -e, adj. (tríumphus) 개선의, 승리의, 개선하는.
　adv. tríumphálĭter, 개선하여, 승리하여, 보무당당하게.
　ornménta triumphálĭa, triumphália. 개선 장식품, 훈장/
　Hymnus Triumphalis. 개선 찬송가.
triumphális porta. 개선문(凱旋門)
triumphális provincia. 개선지방, 개선이 이루어진 곳
triumphális senex. 개선의 영광을 받은 노인
Triumphári vidimus. 승리의 영광이 주어짐을 보았다
triumphátor, -óris, m. (tríumphus) 개선장군, 승리자.
　(후에 Júpiter, Hércules 로마 황제들의 별칭이 됨)
triumphatórĭus, -a, -um, adj. 개선(凱旋)하는
Triumphátrix, -trícis, f.
　Hispánia에서 Pompéius를 쳐 이긴 제9군단의 별칭.
triumphátus, -a, -um, adj. 개선(凱旋)한, 정복된
tríumphiger, -gĕra, -gĕrum, adj. (tríumphus+gero¹)
　승리를 가져다주는.
tríumpho, -ávi -átum -áre, tr. (tríumphus)
　intr. 승리의 영광을 누리다, 개선하다, 승리를 얻다,
　개선식(凱旋式)을 거행하다, 환성(歡聲)을 올리다.
　tríumpho de Numantínis, ex Transalpínis géntibus.
　　Numantíni인들을 이기고,
　　Transalpíni인들을 이기고 개선하다/
　tríumpho ex prætúra.
　　재판소를 나오면서 개선하다, 즉 재판을 이기다/
　Triumphári vídimus. 승리의 영광이 주어짐을 보았다.
　tr. 이기다, 정복(征服)하다,

gentes triumphátæ. 정복된 민족/
triumphári. (포로들이) 개선식에 끌려 나오다/
triumphátus. 정복된 자.
triúmphum, -i, n. triúmphus의 통속어(通俗語)
triúmp(h)us, -i, m. 환호성, Roma로의 개선(凱旋),
　개선 환도, 개선식, 승리(勝利.⑨ Victory), 개선.
　dēsuétusus triúmphis. 개선식(凱旋式)에 어색한/
　hóstium dúcibus per triúmphum ductis.
　　적장(敵將)들이 개선식에 끌려 나와서/
　Io triúmphe! 개선장군에 대한 환호성(歡呼聲)/
　"Io triumphe!" non semel dicemus, "io Triumphe!"
　civitas omnis dicet! "개선장군 만세!"우리가 한번만
　　외치지는 않으리라!"개선장군 만세!" 온 성읍이 외치리라!/
　traduco víctimas in triúmpho.
　　개선 행렬에 포로(捕虜)들을 행진시키다/
　triúmphum ágere de alqo, ex alqo.
　　누구를 정복하고 그 개선식(凱旋式)을 올리다/
　triúmphum clamáre. 환호성(歡呼聲)을 올리다/
　triúmphum decérnere alci.
　　…에게 개선의 영광을 주기로 원로원에서 결정하다.
triúmp(h)us crucis. 십자가의 승리
triúmvir, -íri, m. [sœpius pl. triúmviri, -órum(-um)]
　(tres+vir) 삼두 정치위원, 삼인 삼두 정치자,
　삼인 집정관, 수도행정 3인 위원, 3인 판관.
triumvir agrárius. 농정담당 삼인위원
triumvir capitáles. 옥사 삼인위원(獄事 三人委員)
triumvir colónĭæ deducéndæ. 식민지 통치 삼인위원
triumvirális, -e, adj. (triúmvir) 삼인 집정관의,
　삼인 행정위원회의, 삼인 판관제도의, 삼두 정치의.
triumvirátus, -us, m. 삼인 집정관직, 삼인 정치제도,
　삼인 행정위원회, 삼인 판관제도.
trivenéfĭca, -æ, f. (tervenéfĭcus) 극악한 독살녀, 마녀(魔女).
trīvi, "tero"의 단순과거(pf.=perfectum)
Trívĭa, -æ, f. (tres+via) Diána 또는 Hécate 여신의 별칭.
　(그의 신전이 삼거리 광장에 있었기 때문에 삼거리 여신이 됨).
triviális, -e, adj. (trívium) 흔한, 보통 있는,
　저속한, 무례한, 야비한, 3배의.
　adv. trivialĭter, adv. 야비하게, 저속하게.
triviátim, adv. (trívium) 삼거리에서, 광장에서,
　공공연하게, 드러나게(ex professo).
trivir, -víri, m. = triúmvir
　삼두 정치위원, 삼인위원, 삼인 집정관, 삼인 판관.
trívĭum, -i, n. = (tres+via) térvium 삼거리,
　광장(廣場.fórum¹ -i, n..loca púbica),
　중세대학의 7개 교양 학문 중 하급단계의 삼과목.
　(교양학문 중 문법, 수사학, 논리학을 말함. - 상급단계 사과목은
　quadrivium이라 하며 산술, 음악, 기하학, 천문학을 가리킴).
trívĭus, -a, -um, adj. (trívium) 삼거리의, 광장의,
　광장에 신전이 있는 신들의 형용사.
trívŏlum = tríbulum
trochǽus, -i, m. (詩) 장단 음절시, 강약격의 시
trochaícus, -a, -um, adj. (trochǽus) 강약 격시의.
　m. 장단격(Jambicus. 단장격과 대조), 강약격.
trochánter, -tĕris, m. (解) 전자(轉子-대퇴골 상부의 돌기)
　(動) 전절(轉節-곤충의 제2관절).
tróchĭlus, -i, m. 악어새, 벌새. (建) 요면 쇠시리
trochíscus, -i, m.
　가구 다리에 다는 작은 바퀴. (藥) 정제(錠劑).
tróc(h)lĕa, -æ, f. 활차(滑車), 도르래. (解) 결절(結節)
tróchus, -i, m. 아이들이 가지고 노는 굴렁쇠
Trŏja(=Trŏia), -æ, f. 트로이아, Ænéas가 창건한 Itálĭa의
　도시, Hélenus가 창건한 Epíros의 도시,
　Troja 놀이, 마상놀이의 일종, 회전목마.
　Equus troja. Troja 목마, 즉 숨겨진 위험/
　vir Troiane, quibus cælo te laudibus æquam.
　　트로이아 영웅이여, 무슨 찬사를 바쳐 그대를 천계에서
　　견주리오(성 염 지음, 사랑만이 진리를 깨달게 한다. p.397).
trŏpa, -æ, f. ((天)) (동.하) 지(至), 회귀선 지점
tropæátus, -a, -um, adj. (tropǽum) 우승배를 받은,

전승 기념품을 받은, 트로피의 영광을 받은.
tropæóphŏrus, -i, m. (tropǽum+fero)
승리품을 가진 자, 승리자, Júpiter의 별명.
trop(h)ǽum, -i, n. 전승기념품(나무 기둥 위에 전리품을 걸었음), 전리품(戰利品), 승리(勝利.[영] Victory).
(植) 월계수(月桂樹.arbor phœbi), 기념물, 기념비.
tropǽus, -a, -um, adj. 되돌아오는
trópĭca, -órum, n., pl. (trópicus)
회귀(回歸-한 바퀴 돌아 다시 본디의 자리로 돌아옴), 변화(變化).
tropice, adv. 비유적으로
trópici, -órum, m., pl. 이지선(二至線-동지와 하지 선), 회귀선(回歸線-적도의 남북 위도 23° 27′을 지나는 위선).
trópĭcus, -a, -um, adj. 변화의, 회귀선의, 열대지방의.
(修) 비유의, adv. tropice. 비유적으로.
trŏpis, -ĭdis, f.
술 찌꺼기, 술 저장, 더러운 물이 괴는 배 밑바닥.
tropológĭa, -æ, f. (修) 비유어, 전의법(轉義法).
[그리스어 Metaphora. 풍유(諷諭). 전의법. 한 말의 뜻을 그와 비교되는 다른 것으로 옮겨서 해석하는 수사법이다. 전유(傳諭)라고 할 수 있다. 메타포라는 그리스어의 Meta(넘어서)+포라(가져가다)의 합성어로서 "A는 B이다"라는 표현을 쓴다. B의 속성을 A로 옮겨 뜻을 넘겨주는 표현법이다. "석탄은 검은 금이다", "너희는 세상의 소금이며 빛이다"라는 표현이 이에 속한다. 풍유를 더 연장 발전시키면 은유(allegoria)가 된다. 백민관 신부 엮음, 백과사전 2, p.733].
tropológĭcus, -a, -um, adj. (修) 전의법의, 비유법의.
adv. **tropológĭce**.
trópus, -i, m. 비유(παραβολὴ), 멜로디([영] melody), 노래(שִׁיר.[영] Song), 전의(轉義-본래의 뜻이 바뀌어 변한 뜻), 수식송(修飾頌), 진행구(進行句).
De schematibus et tropis. 강세와 비유론(베다 지음)/
De tropis theologicis. 신학적 비유에 대하여.
tróssŭli, -órum, m., pl. 멋쟁이, 잘난 체 하는 자, Roma의 기병대에게 주어진 별칭.
(Etrúria의 도시 Tróssulum을 정복한데서 옴).
troxállis, -ĭdis, f. 메뚜기의 일종,
귀뚜라미(=**grillus**, -i, m. = **gryllus**, -i, m.).
trŭa, -æ, f. (부엌의) 수채, 단지용 큰 숟가락
trublium, -i, n. = **trýblium** 대접(접시), 접시
trucidátĭo, -ónis, f. (trucído) 도살(盜殺), 학살(虐殺), 살육(殺戮-많은 사람을 마구 죽임), 참살(慘殺-끔찍하게 죽임), 벌채(伐採-나무를 베어 내고 섶을 깎아 냄), 절단(切斷).
trucidátor, -óris, m. (trucído) 살인자(殺人者)
trucído, -ávi -átum -áre, tr. (trux+cædo) 목 조르다, 살육하다, 죽이다(קטל), 참살하다, 학살하다,
잘 씹다, 불 끄다, 소화(消化)하다, 질식(窒息)시키다, 명성(名聲)을 떨어뜨리다, 망신(亡身)시키다.
tructa, -æ, f. (**tructus**, -i, m.) 송어(松魚-연어과의 바닷물고기)
trúculens, -ntis, adj. = **truculéntus**
truculénter, adv. (truculéntus)
난폭(亂暴)하게, 포악(暴惡)하게, 맹렬(猛烈)하게.
truculéntĭa, -æ, f. 흉악(凶惡), 포악(暴惡-사납고 악함), 잔혹(殘酷-잔인하고 혹독함), 포학(暴虐-횡포하고 잔인함), 어려움([영] Tribulátĭon), 고됨.
truculentĭa cæli. 일기불순(日氣不純).
Tempestas arridet. 일기가 순조롭다.
truculéntus, -a, -um, adj. = **trúculens**, -ntis, (trux) 사나운, 통명스러운, 잔인한, 무서운, 야만적인, 흉악(凶惡)한, 잔혹(殘酷)한, 포학(暴虐)한.
m. Plautus의 저서명 "상놈". n., pl. 사나운 바다.
truculéntissimum facinus. 야만적인 범죄.
trŭdis, -is, f. (trudo) 쇠말뚝, 쇠장대, 갈고리
trūdo, trusi, trūsum, -ĕre, tr. 힘껏 밀다, 내보내다, 끌어내다, 쫓아내다, (식물) 돋아나게 하다.
Gemmæ se trudunt. 봉오리가 돋아난다/
hostes trúdere.(trudo 참조) 적군들을 밀어버리다/
in arma trudi.(trudo 참조) 전쟁에 끌려 나가다/
in mortem trudi.(trudo 참조) 죽으러 끌려 나가다/
trúditur dies die. 나날이 지나가다.
truella, -æ, f. **trulla**
trulla, -æ, f. dim. (trua) = **truella** 술 퍼내는 그릇, 국자(긴 자루가 달린 국을 뜨는 기구), 프라이팬 ([영] frypan), 흙손, 요강(방에 두고 오줌을 누는 그릇).
trúl(l)ĕum, -i, n. = **trúllĕus**, -i, m. = **trulla**, -æ, f. 세면기(대야), 대야(세면기).
trúllĭo, -ónis, m. = **trúllĭum**, -i, n. = **trúllĕum**, -i, n.
trullissátĭo, -ónis, f. = **trullizátĭo** (trullísso)
바름(칠함), 칠함(바름).
trullísso, -áre, tr. = **trullízo** (trulla) 바르다
trullisso, -áre/tr. trullizo -áre, tr. 칠하다
trúllĭum, -i, n. = **trúllĭo**, -ónis, m. = **trúllĕum**, -i, n.
trullizátĭo, -ónis, f. = **trullissátĭo** 바름(칠함), 칠함(바름)
trullízo, -áre, tr. = **trullísso** (trulla) 바르다
truncátĭo, -ónis, f. (trunco)
자름(절단), 재단(裁斷-마름질), 절단(切斷).
truncátum, -i, n. 나무줄기, 도막(짧고 작은 동강).
trunco, -ávi -átum -áre, tr. (truncus[1])
절단(切斷)하다, 끊다, 잘라 버리다, 학살(虐殺)하다.
trunco olus fóliis. 야채껍질을 벗기다
trúncŭlus, -i, m. (truncus) 도막(짧고 작은 동강), 등걸(줄기를 잘라 낸 나무 밑동. 나뭇등걸), 동강(긴 물건이 짤막하게 잘라지거나 쓰다 남아 작게 된 토막), 단편(斷片-부스러기), 지체.
truncum, -i, n. = **truncus[2]** -i, m.
truncus[1] -a, -um, adj. (truncus[2])
잘린, 끊긴, 절단된, 불완전한, 병신의.
truncus[2] -i, m. (**truncum**, -i, n.) 줄기(צקצך), 그루터기(나무나 풀 따위를 베고 남은 밑동), 나무전체, 동체(胴體), 몸집, 흉부; 한 덩어리, 한 조각, 장작더미, 미련한 사람, 바보([영] a fool.an ass.a silly.an idiot).
truo[1] -áre, tr. 휘젓다, 흔들다(טרף.טרף)
truo[2] -ónis, m. 코 큰 사람, (鳥) 가마우지(가마우짓과의 물새).
acutus nasus. 오뚝한 코.
trusátilis, -e, adj. (truso) 빻는데 쓰이는
trūsi, "trūdo"의 단순과거(pf.=perfectum)
trŭso, -áre, freq., tr. (trudo) 자꾸 밀다, 막 흔들다
trūsum, "trūdo"의 목적분사(sup.=supínum)
trútĭna, -æ, f. 저울 바늘, 저울
trutinátĭo, -ónis, f. (trútino) 재는 일, 측량(חשׁב), 저울질(저울로 물건의 무게를 달아 헤아리는 일).
trutinátor, -óris, m. 재는 자, 측량사(測量士), 재판관(裁判官.שׁפט), 비판자(批判者).
trútĭno, -ávi -átum -áre, (**trútĭnor**, -ári, dep.) tr. (trútina) 재다, 달다, 측량(測量)하다, 검토하다, 판단하다.
trux, -ŭcis, adj. 야만적인, 야생적인, 격렬한, 흉악한, 잔인한, 고된, 힘든, 거친.
Candida pax homines, trux decet ira feras.(Ovidius).
인간들한테는 드맑은 평화가 어울리고
사나운 분노는 짐승들에게나 어울린다.
trux audére. 서슴지 않고 감행하는
trýblĭum, -i, n. = **trublium** 접시, 대접(접시)
trychnos, -i, f. (植) 까마종이(가짓과의 일년초)
trygétus, -i, m. 새 포도주, 포도수확
trýgĭnon, -i, n. 술 찌꺼기로 빚은 먹
trygon, -ŏnis, m. = **trygŏnus**, -i, m. 딱따구리.
(鳥) 노랑 가오리([영] red sting ray/red skate).
tryx, -gis, f. 새 포도주(plumbea vina. 막 포도주), 포도즙(mustum, -i, n./sanguis uvæ)
tu, tui, te, *pron., demonstr.* 너, 네가, 2인칭 대명사, (강조하기 위하여 tumet, tuimet, tute, tete, tútemet 등으로 한다. 생략형으로 tune? 대신 tun? tute ne? 대신 tutin?을 쓴다).
[주격. tu, 속격. tui, 여격. tibi, 대격. te, 탈격. te].
Hæc tu tecum habéto. 너 혼자만 이것들을 알고 있어라.
Tu audes sic loqui? 네가 감히 이렇게 말하느냐?
Tu autem. 그러나 당신(너)
Tu autem, domine, misĕrere nobis.
주님, 저희에게 자비를 베푸소서.
Tu autem quid? 그대는 어떤 사람입니까?
Tu eadem semper dicis. 너는 언제나 같은 말만 한다
Tu ergo si adoraveris coram me, erit tua omnia.

T

(su. ou=n eva.n proskunh,shlj evnw,pion evmou/(e;stai sou/ pa/sa)
(獨 Wenn du mich nun anbetest, so soll sie ganz dein
sein) (❡ All this will be yours, if you worship me)
당신이 내 앞에 경배하면 모두 당신 차지가 될 것
이오(성경 루카 4. 7)/만일 당신이 내 앞에 엎드려 절만
하면 모두가 당신의 것이 될 것이오(공동번역),
그러니 당신이 내 앞에 엎드려 절하면 모두 당신의
차지가 될 것이오(200주년 신약. 루카 4, 7).

Tu es Christus, Filius Dei vivi.(마태 16, 16)
(su. ei= o` cristo.j o` ui`o.j tou/ qeou/ tou/ zw/ntoj)
(獨 Du bist Christus, des lebendigen Gottes Sohn!)
(프 Tu es le Christ, le Fils du Dieu vivant)
(❡ You are the Messiah, the Son of the living God)
스승님은 살아 계신 하느님의 아드님 그리스도
이십니다(성경)/선생님은 살아 계신 하느님의 아들
그리스도이십니다(공동번역, 200주년 기념 신약성서 마태 16, 16).

Tu es Filius meus dilectus; in te complacui mihi.
(❡ You are my beloved Son; with you I am well pleased)
너는 내가 사랑하는 아들, 내 마음에 드는 아들이다(루카 3, 22).

Tu es ille vir.(❡ You are the man!) 네가 그 사람이다.

(Tu) Es jucundus. 당신은 재미있다

Tu es sacerdos in æternum, secundum ordinem Melchisedech. (o[ti su. i`ereu.j eivj to,n aivw/na kata. th,n ta,xin Melcise,dek) (獨 Du bist ein Priester in Ewigkeit nach der Ordnung Melchisedeks) (❡ You are a priest forever according to the order of Melchizedek)
너는 멜기세덱과 같이 영원한 사제다(성경 히브 7, 17)/
너는 멜기세덱의 사제 직분을 잇는 영원한 사제이다(공동
번역)/너는 멜기세덱의 본을 따라 영원한 제관이다(200주년).

Tu es sanctissimus pater meus.
Rex meus et Deus meus. 내 임금님, 내 하느님이시여,
당신은 지극히 거룩하신 내 아버지시나이다.

Tu et frater tuus epístolam patri scripsístis.
너와 네 형제는 아버지에게 편지를 썼다(2인칭과 3인칭의
주어가 있을 때에는 그 설명어를 복수 2인칭으로 써야 한다).

Tu fur videris. 너는 도둑으로 보인다.

Tu lavasti pedes discipulorum tuorum.
Opera manuum tuarum ne despicias.
당신께서는 제자들의 발을 씻기셨으니,
당신의 손이 행하신 바를 업신여기지 마소서.

Tu mandasti mandata tua, Domine. Custodiri nimis.
주님, 당신께서는 계명을 주셨으니, 충실히 지키리로다.

Tu Marcellus eris! 너는 마르셀루스가 될 것이다!

Tu me afflixisti 네가 내게 파멸을 가져왔다.

Tu me alienabis numquam.
너는 나를 언제든지 소외(疏外)하지 못할 것이다.

Tu mihi vidéris esse æger.
내게는 네가 앓는 것 같이 생각된다.('보는 사람, 생각하는
사람'은 능동주 여격으로 표시되며 그것이 vidéri의 주어와 동일한 것일
때에는 mihi, tibi, sibi, nobis, vobis, sibi 등의 재귀대명사로 표시된다).

Tu ne cede malis, sed contra audentior ito,
quam tua te fortuna sinet. 그대는 뿐에 굴하지 말라.
오히려 그럴수록 강직하게 앞으로 나아가라, 운명이 그대
에게 허락하는 데까지(성 염 지음, 사랑만이 진리를 깨닫게 한다. p.386).

Tu omnia dicere semper audes.[반탈형동사 문장]
너는 항상 모든 것을 감히 (다) 말해버리는구나.

Tu porro sequeris? 네가 장차 따라가겠느냐?

Tu præ nobis beátus est. 네가 우리보다는 복되다

Tu, quæso, crebro ad me scribe.
제발 편지나 자주 보내주시오.

Tu quis es? Principium, qui et loquor vobis.
당신은 누구요?
나는 원리다. 그리고 원리로서 당신들에게 말하고 있다.

Tu quoque, fili! 너도 또한, 아들아!

Tu quoque, Brute. 브루투스, 너마저!.

Tu quoque, Brute, fili mi. 내 아들 브루투스, 너마저

Tu recte provenisti. 너는 일이 잘 되었다.

Tu scis, quia amo te.(요한 21, 15)
제가 주님을 사랑하는 줄을 주님께서 아십니다.

Tu scis, si modo meminísti, me tibi dixísse.
너는 기억하고만 있다면, 내가 네게 말하였다는 것을
알고 있을 것이다.

Tu sede hic bene. 너는 여기 좋은 곳에 앉아라.

tu semper mecum es et omnia mea tua sunt.
(te,knon(su, pa,ntote metV evmou/ ei=(kai. pa,nta ta. evma. sa, evstin)
(獨 Mein Sohn, du bist allezeit bei mir, und alles,
was mein ist, das ist dein) (❡ My son, you are here
with me always; everything I have is yours)
얘야, 너는 늘 나와 함께 있고 내 것이 다 네 것이다
(성경)/얘야, 너는 늘 나와 함께 있고 내 것이 모두 네
것이 아니냐?(공동번역 루카 15, 31)/얘야, 너는 늘 나와 함께
있으며 내 것은 모두 네 것이다(200주년 신약 루카 15, 31).

Tu sola amábilis es. 그대 홀로 사랑스럽다.

Tu solo pulchra es! 그대 홀로 아름답다

Tu solus Sanctus. 홀로 거룩하시고

Tu sta illic aut sede sub scabello meo.(sta 참조)
너는 서 있거나 내 발 밑에 앉아라.

Tu suscipe pro animabus illis, quárum hodie
memoriam facimus. 이 제물과 기도들을 오늘 저희가
기억하는 이들의 영혼들을 위해 받아들이소서.

Tu tibi videris esse æger.
너는 스스로 병이 있다고 생각하고 있다.('보는 사람, 생각
하는 사람'은 능동주 3격으로 표시되며 그것이 vidéri의 주어와 동일한 것일
때에는 mihi, tibi, sibi, nobis, vobis, sibi 등의 재귀대명사로 표시된다).

Tu vero istam artem ne reliqueris, quam semper
ornasti. 그대가 늘 칭찬해온 저 재주를 버리지 마시오.

Tu videris esse æger. 너는 앓는 것 같이 보인다.
(vidéri에 동반하는 부설명어는 흔히 다른 동사의 부정법과 함께[특히 esse와
함께] 사용된다. 아울러 '…라고 전하다', '…라고 보인다' 등의 지각동사와 설화
동사가 수동태로 나올 때의 그 주어문 역할을 하는 부정법문은 주격 부정법문이
된다. 이 경우에는 주문의 주어와 속문 즉 부정법문의 주어가 달라도 된다).
성 염 지음. 고전 라틴어. p.244].

Tu, quæso, crebro ad me scribe.
제발 편지나 자주 보내 주시오.

tua, n., pl. (tuus) 네 것, 네 재산.

tua causa. 너 때문에[causa 가 인칭대명사와 함께 쓰게 되는 경우
그 인칭대명사의 속격을 쓰지 못하고, 그 인칭에 해당하는
소유대명사를 써서 탈격인 causa(grátia)와 일치시킨다).

tua divina virtus. 너의 훌륭한 자질(資質)

Tua solius ínterest. 너 혼자에게만 관계되는 것이다

Tuæ littéræ me erudiunt de omni re. 네 편지는
내게 모든 사정을 알려준다(나는 네 편지로 모든 것을 안다).

tuápte, tuópte tuus의 강조형, cf. -pte

tuátim, adv. (tuus) 네 나름대로, 네 생각대로,
네 방법대로, 너 좋을 대로(commodo tuo).

túba, -æ, f. (tubus) 관(管), 통, 도관(導管), 굴대, 축,
나팔, 군대나팔, 나팔소리, 소란, 천둥소리, 전투신호,
전쟁(戰爭), 웅장한 서사시(敍事詩), 열변(熱辯),
신호를 울리는 자, 제창자(提唱者), 선동자(煽動者).
(醫) 각종 분비액(分泌液)을 운반하는 관(管).
Insonuére tubæ. 나팔소리들이 울렸다/
Pater et tuba Juris canonici. 교회법의 아버지이며 나팔/
rectum æs. 곧은 나팔.

tubárĭus, -i, m. (tuba) 나팔 제작인(製作人)

túber[1] -ĕris, n. (túmeo) 종기(腫氣-부스럼), 종장(腫腸),
혹, 암(癌), 곱추(곱사), 곱사등이, 매듭, 나무의 옹이,
괴경(塊莖), (植) 버섯의 일종, 송로(松露), 바보.

túber[2] -ĕris, f. (植) 산사과나무 木, 산사과나무 열매

tuberásco, -ĕre, intr. (tuber[1]) 부풀어 오르다, 혹이 생기다

tuberátus, -a, -um, adj. (tuber[1]) 혹.종기투성이의

tubércinor, -ári, dep., tr. = tubúrcinor

tuberculínum, -i, n. (藥) 튜베르클린, 주사액

tuberculósis, -is, f. (醫) 결핵(結核.獨 Tuberkulose)

tuberculósus, -a, -um, adj.
구근성(球根性)의, 괴근(塊根)의, 결핵성(結核性)의.

tubércŭlum, -i, n. dim. (tuber[1]) 흑자(黑子→사마귀),
작은 종기, 사마귀(피부 위에 도도록하게 생기는 角質의 작은 군살),
혹(瘤-살가죽에 내민 기형의 군더더기 살덩이),
결핵(結核.獨 Tuberkulose), 구근(球根), 괴근(塊根).

1324

túbero, -áre, intr. (tuber¹) 붓다, 부풀다
túbicen, -cĭnis, f. (tuba+cano) 나팔, 나팔수
tubicinátĭo, -ónis, f. 나팔 부는 행위, 나팔소리
tubicinátor, -óris, m. (tubícino) 나팔수
tubícĭno, -áre, intr. (tuba+cano) 나팔 불다
tubilústrĭum,(=tubulústrĭum) -i, n. (tuba+lustro)
　나팔을 닦는 제식(制式)
túbŭla, -æ, f. (tuba) 작은 나팔
tubulátus, -a, -um, adj. (túbulus)
　관이 있는, 관처럼 구멍 뚫린, 속이 빈.
túbŭlus, -i, m. dim. (tubus) 작은 도관(導管), 작은 통,
　작은 수도관, 대롱(篙으로 된 가는 대의 도막), 쇳덩어리.
tubulústrĭum,(=tubilústrĭum) -i, n. (tuba+lustro)
túbur, -ŭris, m. = tuber² -ĕris, f.
tuburcinabúndus, -a, -um, adj. (tubúrcinor)
　탐식하는, 게걸스러운.
tuburcinabundus, -a, -um, adj. 탐식하는
tubúrcĭnor, -átus sum, -ári, dep., tr. = tubércinor
　막 먹다, 포식(飽食)하다
tŭbus, -i, m. 관(管), 운하(運河), 하수도(下水道), 수도,
　굴뚝, 도관(導管), 통(筒), 나팔.
tuc(c)étum, -i, n. 순대, 절인 고기
tŭdes, -dis(-dĭtis), f. 쇠망치, 쇠방망이
tudícŭla, -æ, f. dim. (tudes)
　올리브 열매를 빻는 기계, 제분기(製粉機).
tudícŭlo, -ávi -áre, tr. 가루로 만들다, 바수다, 빻다
túdĭto, -áre, tr. 앞으로 밀치다, 서두르게 하다, 세게 흔들다
túeor, túĭtus(tutus) sum, tuéri, dep., tr. 바라다 보다,
　지켜보다, 명상하다, **주시하다**, 관찰하다, 확인하다,
　보살피다, 돌보다, 고려하다, 보호하다, 방어하다,
　유지하다(לבב.רטנ.רצנ), 돕다(עשי.סנח).
Athenienses libertatem omnibus viribus tueri conati sunt
contra Persas.[탈형동사 문장] 아테네인들은 페르시아인들에
　대항하여 자유를 지키려고 전력을 다해 애썼다/
avérsa tuéri. 음험하게 보다, 곁눈으로 보다/
Leges defendunt et tuentur bonos.[탈형동사 문장]
　법률은 선량한 사람들을 지켜 주고 보호한다.
tueor acerba, torva. 무서운 눈으로 보다
tueor se, vitam corpusque. 제 몸과 목숨을 돌보다
tuere, 원형 túĕor, túĭtus(tutus) sum, tuéri.
　[명령법. 현재 단수 2인칭 tuere, 복수 2인칭 tuemini].
Tuemini, di immortales, urbem nostram![탈형동사 문장]
　불사의 신들이여, 우리의 도성을 지켜주소서!.
Tuere, Juppiter, cives et eorum domus![탈형동사 문장]
　유피테르여, 시민들과 그들의 집안을 지켜주소서!
tufa, -æ, f. 깃털
tuguríŏlum, -i, n. dim. (tugúrium) 정자(亭子)
　초막(草幕,תכס-풀이나 짚으로 지붕을 이은 조그만 막집).
pauperis et tuguri congestum cæspite culmen.
　가난한 초가집, 저 잡초가 우거진 지붕.
　(성 염 지음. 사랑만이 진리를 깨닫게 한다. p.393).
tugúrĭum, -i, n. (tego) 오막살이 집,
　움집, 움막, 초가(草家), 초막(草幕,תכס).
Exire magnus ex tugurio vir potest(Publilius Syrus).
　움막집에서도 위대한 사람이 나올 수 있다.
tuguriúncŭlum, -i, n. 작은 초막
tui, 1. gen., objectiv., pron., person. (tu) 너를, 너에 대한.
　2. m., pl., pron., poss. (tuus) 너의 가족.식구.부하.
tui amantĭor. 너를 더 좋아하는
Tui amóris in nobis ignem accende. 주님을 사랑
　하는 열렬한 불을 우리 마음속에 타게 해 주소서.
tui ipsius plastes et fictor. 네 자신의 조형자요 조각가
Tui ne obliviscáris. 네 자신을 잊지 말라.
Tuísco, -ónis, m. 게르만 민족의 비조, 그들의 신
tuítĭo, -ónis, f. (túeor) 보호(保護.⑨ Defense),
　보증(保證), 경비(警備-지킴), 호위(護衛), 후견(後見).
rerum naturæ tuitionem. 자연보호.
túĭtor, -óris, m. (túeor) 보호자(προστάτις), 후견인(後見人).

túitus, "túeor"의 단순과거(pf.=perfectum)
tŭli, "fero"의 단순과거(pf.=perfectum),
　[fĕro, tŭli lătum, ferre, tr., anom. 1. 운반하다, 나르다].
　"tulo"의 단순과거(pf.=perfectum).
Túllĭa, -æ, f. Sérvius의 딸(자기 아버지의 시체 위로 마차를 몰았다)
Túllĭus, -i, m. 로마인의 씨족명

┌───┐
│ *단수 호격이 -i로 끝나는 것, 즉 본명사의 주격
│ 　어미 -us를 빼고 남은 것이 호격이 되는 명사들.
│ ・ -ius, -ájus(-áius), -éjus(-éius) 로 끝나는
│ 　모든 단어와 로마 인명
│ filius의 호격은 fili　　Gajus(=Gaius)의 호격은 Gai
│ mei의 호격은 mi　　　　Pompéjus의 호격은 Pompéi
│ Túllius의 호격은 Tulli　Vergílius의 호격은 Vergíli.
└───┘
　　　　　　　　　　　(허창덕 지음, 중급 라틴어. p.5)
tulo, tuli(tétuli) -ĕre, tr. 받들다, 지다, 참아 받다
　(과거 tuli는 sústuli, sumpsi, ábstuli 대신 쓰기도 함).
tum, adv. 1. 그때에(τότε), 그래서, 그 다음에:
　(gen.) tum témporis. 그때에/ tum Scipio, (대화에)
　그래서 Scipio가 …. 2. (상관용법) tum … cum …,
　할 때 … 그때/ tum ipsum … cum. …하는 바로 그때/
　cum …, tum …할 때 그때, 한편 … 또 한편/
　cum …tum máxime, tum præcípue, tum ínprimis.
　한편 … 특히 또 한편/ tum … tum …, 한편으로는 …
　다른 한편으로는. 3. (의문사, 명령, 조건과 함께).
　num … tum, …이냐 …이냐?/ num te illa terrent …
　tum illud …? 너는 그것이 무섭냐 아니면 저것이 무섭냐?
　4. 그렇다면(ita와 같음) : scribant … tum existímabo
　…. 그들이 편지를 써야지, 그러면 믿겠다/ recordáre
　… tum intélleges. 잘 생각해 보라, 그러면 알아들을
　것이다/ quid tum? 그래서? 그 다음에는?.
Tum multum sanguinis fusum est.
　당시 많은 사람들이 살상(殺傷)되었다.
tum non potentia sed jure res publica administrabatur.
　그때는 세도가 아니라 법도로 정치가 좌우되었다.
　　　(성 염 지음, 사랑만이 진리를 깨닫게 한다. p.475).
tumba, -æ, f. 묘비(墓碑.⑨ Tomb.⑨ Grabmal),
　묘소(墓所), 무덤(μνημείον.⑨ Tomb).
túmbula, -æ, f. dim. (tumba) 묘소, 무덤(μνημείον)
tumefácĭo, -féci -fáctum -ĕre, tr. (túmeo+fácio)
　부풀게 하다, 바람 넣다, 붓게 하다(腫).
tumefío, -iéri, pass. (tumefácio) 붓다(腫, 부풀다)
tuméntĭa, -æ, f. (túmeo) 부음, 부풀음, 팽창(膨脹).
　(醫) 종기(腫氣-부스럼), 종창(腫脹).
túmĕo, -ére, intr. 부풀다, 바람 들다, 붓다, 팽창하다,
　골나다, 노하다, 화나다, 오기에 차다, 위험 태세에 있다.
　A vento unda tumet. 바람에 파도가 일다/
　Corpus tumet veneno. 독(毒)이 들어 몸이 부풀다/
　Gálliæ tument. Gállia인들이 위협하고 있다.
tumésco, -mŭi -ĕre, inch., intr. (túmeo)
　부풀어 오르다, 붓다(부풀다), 팽창하다, 화가 나다,
　골나다, 오기가 치밀다, 터지려고 하다.
tumet. V. tu 너 자신이
tumícla, -æ, f. dim. (tomix) 가는 줄, 노끈
tumide, adv. 자만에 차, 거만하게, 건방지게, 과장해서
tumidior sermo. 과장된 연설
tumíditas, -átis, f. (túmidus) (醫) 종기(腫氣-부스럼),
　자만(自慢), 주장, 오만(傲慢-태도나 행동이 건방지거나 거만함).
túmido, -áre, tr. (túmidus) 부풀게 하다
tumidósus, -a, -um, adj. (túmidus) 일어나는, 오르는
túmidulus, -a, -um, adj. (túmidus) 좀 부푼
túmidus, -a, -um, adj. (túmeo) 부은, 부푼, 화가 난,
　골난, 오기에 찬, 과장된, 부풀게 하는, 자랑하는,
　교만하게 하는. adv. tumide, 거만하게, 노엽게,
　cum túmidum est cor. 네 마음이 야심에 차 있을 때/
　homo videlicet tumidus. 정말 비겁한 사람/
　tumídior sermo. 과장된 연설/
　Tumidíssimum ánimal! 가장 교만한 동물이여!
tumidus auster. 돛을 부풀게 하는 남풍(南風)
túmolus, -i, m. = túmulus

túmor, -óris, m. (túmeo) 부기(浮氣-浮症으로 부은 상태),
붓는 병, 종기(腫氣-부스럼), 종양, 팽창(膨脹), 과장(誇張),
술렁임, 분노(憤怒.⑨ Anger), 격분(激憤), 격노,
불쾌, 교만(驕慢-잘난 체하여 뽐내고 버릇이 없음.⑨ pride),
오만(傲慢-잘난 체하여 방자함), 자만(⑨ Presumptíon),
위협태세(威脅態勢).

tumor ánimi. 마음의 술렁임
tumorósus, -a, -um, adj. (tumor) 교만에 찬
túmŭi, "tumésco"의 단순과거(pf.=perfectum)
tumulámen, -mínis, n. (túmulus) 묘소(墓所),
묘지(⑨ Cemetery-무덤이 있는 땅), 무덤(μνημείον).

tumuli silvestres. 숲 있는 언덕
túmŭlo, -ávi -átum -áre, tr. (túmulus)
흙으로 덮다, 매장하다(קבר), 장사지내다, 묻다.
tumulósus, -a, -um, adj. (túmulus)
언덕이 많은, 울퉁불퉁한.
tumultuária pugna. 기습적(奇襲的)인 전쟁
tumultuárĭe, adv. 급하게, 난폭하게, 시끄럽게, 요란스럽게
tumultuárĭo, adv. 급하게, 난폭하게, 시끄럽게, 요란스럽게
tumultuárĭus, -a -um, adj. (tumúltus) 급히 징집된,
급히 무장한, 급한, 급조의, 성급히 구는, 소란한,
난폭한, 요란한. adv. tumultuárĭe, tumultuárĭo.
tumultuátim, adv. 소란하게, 소란스럽게
tumultuátĭo, -ónis, f. (tumúltuor) 불안(獨 die Angst),
혼란(混亂), 파란(波瀾.⑨ disturbance), 소동(騷動),
소요(騷擾-왁자하고 떠들썩함), 소란함, 급한 징집.
tumultuátor, -óris, m. (tumúltuor) 소동을 일으키는 자
tumúltŭo, (-ávi) -átum -áre, intr. (tumúltus)
소란(騷亂)하다, 혼란 상태에 있다.
In castris tumultuatur. 진영 안이 소란하다.
tumúltŭor, -átus sum, -ári, dep., intr. (tumúltus)
소란하다, 혼란스럽다, 술렁거린다.
In castris tumultuátur. 진영 안이 소란하다
tumultuóse, adv.
소란하게, 요란하게, 문란하게, 동요를 일으켜
tumultuósus, -a, -um, adj. (tumúltus) 소란스러운,
요란한, 혼란한, 난장판의, 반동(反動)하는, 불안한.
adv. tumultuose, 요란하게, 문란하게, 동요를 일으켜
in ótio tumultuósi in bello segnes.
평화 시에는 소란하고, 전시에는 고요한.
tumúltus, -us(-i), m.(n) (túmeo) 동요, 문란(紊亂),
소요(騷擾-왁자하고 떠들썩함), 요란(搖亂-시끄럽고 어지러움),
소란(騷亂), 소동(騷動), 내란(內亂), 동란(動亂), 반란,
봉기(蜂起-벌떼처럼 떼 지어 세차게 일어남), 발음의 혼란,
마음.정신의 동요. (詩) 폭풍우, 천둥.
decérnere tumúltum. 비상사태를 선포하다/
Opus tumultarium. 요란스런 작품/
Tumúltum injícere. 동요를 일으키다/
Tumúltum Istrĭcum sedáre. Istrĭa의 봉기를 진압하다.
tumultus Itálicus, Gállicus. Itália의 내란, Gállia 내란.
túmŭlum, -i, n. (túmeo) = tumulus, -i, m.
tumulus, -i, m. (túmeo) = túmŭlum, -i, n.
돌기(突起), 돌출(突出-돌기), 흙더미, 언덕,
무덤(μνημείον.⑨ Tomb), 묘지(墓地.⑨ Cemetery).
túmuli silvéstres. 숲 있는 언덕.
tumulus hosti conspectus. 적군의 눈에 띄는 언덕
tumulus terrénus. 언덕
tun = tune의 약어. 네가 …냐?(cf. tu)
tunc, adv. (tum-ce) 그 때에, 그 시대에(과거), 당시에,
동시에, 그래서, 그 다음에. jam tunc. 그때부터 벌써.
Id tuns fuerit in mari non in terra.
그것이 그때쯤에는 땅이 아니라 바다에 (가) 있을 걸세/
Quæ animalia tunc in terra et in mari vivebant?.
그 당시 땅과 바다에는 무슨 동물들이 살고 있었던가?/
quid est nunc quod non tunc.
지금은 존재하나 다른 때는 존재하지 않는 것.
tunc … cum, (상관적) …했을 그때에
Tunc celebrans inclinat se ante medium altaris,

et manibus iunctis super illud, dicit secrete:
제대 중앙에서 집전자는 고개를 숙이고 손을 제대 위에
모으고 조용히 말한다.
Tunc, detecto calice, dicit: 성작 덮개를 벗기고 말한다.
tunc discipuli eius relinquentes eum omnes fugerunt.
(Et relinquentes eum omnes fugerunt)
(Kai. avfe,ntej auvto.n e;fugon pa,ntej) (⑨ And they all left
him and fled)(마르 14. 50) 제자들은 모두 예수님을
버리고 달아났다(성경)/그 때에 제자들은 예수를
버리고 모두 달아났다(공동번역)/그러자 (제자들은)
모두 그분을 버리고 도망갔다(200주년 신약 마르 14. 50).
tunc erat … tunc est. 그때는 …였고, 지금은 …이다.
tunc témporis. 그때에, 그 당시
tundo, tútŭdi, tŭ(n)sum, -ĕre, tr.
때리다, 치다, 바수다, 분쇄하다, 녹초가 되게 하다.
피곤하게 하다, 귀찮게 하다, 괴롭히다.
tundo eámdem íncudem.
(tundere eandem incudem-Cassell's .p.618)
늘 같은 모루를 치다, 즉 늘 같은 일을 하다.
tundo ocúlos, látera alci. 누구의 눈을 옆구리를 치다
tundor, -óris, m. 내리침(πληγη), 부숨
túnĭca, -æ, f. (⑨ Tunic.獨 Tunika)
Roma인들의 속옷(interula, -æ, f. 속옷),
소매가 짧은 두루마기, (植) 꼬투리(콩과식물의 열매를 싸고
있는 껍질), 껍데기, 껍질, …깍지, 막질외피(膜質外皮),
종피(種皮), (解.動) 층, 피낭(被囊), 피막(皮膜).
(가톨릭) 차부제복(次副祭服)-1972.8.15 폐지).
Deianira Herculi Tunicam Centauri sanguine tinctam
induit. 데이아니라는 켄타우로스의 피가 묻은 외투를
헤라클레스에게 입혔다.[Deianira: 영웅 헤라클레스의 아내. 남편이
이올레와 사랑에 빠지자, 남편의 사랑이 돌아오기 바라서 저 외투를 입혔다가
남편이 옷피로 죽는 장면을 목격한다. 성 염 지음, 고전 라틴어, p.392]/
Hanc tunicam emi plurisquam credebam.
나는 이 겉옷을 생각보다 비싸게 샀다.
tunicam ejus a pectore abscindo.
그의 가슴에서 겉옷을 찢어내다/
tunicas pellicias 가죽 옷.
tunica conjunctíva. (解) 결막(結膜)
tunica fibrósa. (解) 섬유막(纖維膜)
tunica mucósa. (解) 점막(粘膜.⑨ membrana mucosa)
tunica propria. (解) 고유막(固有膜), 고유층(固有層)
tunicátus, -a, -um, p.p., a.p. (túnico) 속옷을 두른,
속옷만 입은, 가난한, 껍데기를 쓴, 막(膜)으로 덮인
tunicáta quies. 마음 편한 생활
tunicátus pópulus. 서민(庶民.⑨ f. vulgus, -i, n.)
tunicélla, -æ, f. dim. (túnica) [⑨ Tunicle.獨 Tunizella]
(가) 부제복(副祭服).
túnĭco, -áre, tr. (túnica) 속옷을 입히다
tuníc(ŭ)la, -æ, f. dim. (túnica)
작은 túnica, 동물의 허물, 껍데기(뱀 등의 허물).
túnsĭo, -ónis, f. (tundo) 두드림, 침(때림.두드림)
túnsĭo pectoris(Percussio pectoris). 가슴을 침
tunsum, "tundo"의 목적분사(sup.=supínum)
tunsus, -a, -um, "tundo"의 과거분사(p.p.)
tuor¹ = túeor, túĭtus(tutus) sum, tuéri, dep., tr.
tuor² -óris, m. (túeor) 시각(視覺)
tuque adeo. 특히 너도
turábulum(=thurabulum) -i, n. [t(h)us]
향로(香爐=turíbulum).
turális(=thurális) -e, adj. [t(h)us] 향에 관한
turárĭus(=thurárĭus) -a, -um, adj. [t(h)us] 향(香)의.
m. 향료상인. turarius vicus. 로마의 제8구의 길 이름.
turáti(=thurati) -órum, m., pl.
우상에게 제사 지낸 자, cf. thurificátus.
turba, -æ, f. 혼란(混亂), 혼돈(混沌), 소란(騷亂), 문란,
동란, 소동, 소요, 소란한 군중(群衆.ὄχλος.πλῆθος), 군집,
무리, 떼, 군(群) 민중, 다량, 집단, 혼잡(=vulgus),
운집(雲集), 오합지졸(烏合之卒).

anima dæmoniorm turbæ prostitueretur.
정령의 패거리에 몸 파는 일(신국론. p.442)/
Crebriores turbæ a religione practice discedunt.
(ⓢ Growing numbers of people are abandoning religion in practice) 점점 더 많은 사람들이 종교 실천에서
멀어지고 있다(1988.12.30. "Christifideles laici" 중에서)/
cujuslibet dei gregalis vel de turba plebis. 하찮은 신
혹은 천한 무리가 받드는 아무래도 괜찮은 신/
insero se turbæ. 군중 속에 섞이다/
per hostium turbam. 적군의 무리를 통과하여/
Timore turba a muro discessit.
두려움 때문에 군중은 성벽에서 물러섰다/
turbas efficere. 소요를 일으키다.
turbaméntum, -i, n. (turbo¹) 소요의 기회, 소란, 혼란.
turbássit = **turbáverit**의 고어 (turbo¹)
turbanter, adv. = **turbate**, adv.
turbate, adv. = **turbanter**, adv.
소란하게, 혼란하게, 복잡하게, 소란스럽게.
turbátĭo, -ónis, f. (turbo¹) 소란(騷亂), 문란(紊亂),
동요(動搖), 착란(錯亂), 혼란(混亂), 요란, 소동, 불안.
turbátor, -óris, m. (**turbátrix**, -īcis, f.) (turbo¹)
소동자, 선동자, 반란자, 교란자, 소란을 일으키는 자.
turbátores belli. 전쟁 선동자들.
turbátus, -a, -um, p.p., a.p. (turbo²)
소요가 일어난, 문란하게 된, 교란된, 착란을 일으킨,
혼란(混亂)한, 소란(騷亂)한, 마음이 요란(搖亂)한.
óculis simul ac mente turbátus. 눈과 정신이 어리둥절한.
turbatius máre. 거친 바다
turbedo, -dīnis, f. = **turbido²** = **turbo²** -bīnis, m.
turbe(l)læ, -árum, f., pl. (turba) 소란, 동란, 선동, 반란
turben, -bīnis, n. = **turbo²** -bīnis, f.
túrbĭde, adv. (túrbidus) 소란하게, 혼란하게, 흐리게
turbidi animórum motus. 이성을 잃은 행동
turbido¹ -ávi -átum -áre, tr. (túrbidus)
소란케 하다, 휘젓다.
turbido² = **turbedo**, -dīnis, f. = **turbo²** -bīnis, m.
turbídŭlus, -a, -um, adj. dim. (túrbidus) 교란된
turbidum, adv., acc., n. (túrbidus) 동요되어
turbidum lætári. 설레는 마음으로 기뻐하다
túrbĭdus, -a, -um, adj. (turba) 소란한, 흔들리는,
동요된, 혼란한, 어지러운, 진흙투성이의, 더러운,
탁한, 흐린, 당황한, 뒤흔들린, 산란한, 이성을 잃은,
격렬한, 격한, 미친, 경계(警戒)하는, 불안해하는.
aqua túrbida. 흙탕물/
in túrbidis rebus. 불안한 일에서/
in túrbido. 심상치 않은 때에/
turbidi animórum motus. 이성을 잃은 행동.
turbidus imber. 暴風雨(non tractabile cælum)
turbinátĭo, -ónis, f. (turbinátus) 원뿔 꼴, 원추형
turbinátus, -a, -um, adj. (turbo²)
소용돌이의, 회오리치는, 돌리는, 빙빙 도는.
turbíscus, -i, f. 관목(灌木-키가 작고 원줄기와 가지의 구별이 분명하지 않으며 밑동에서 가지를 많이 치는 나무. 무궁화. 진달래. 앵두나무 따위이다. '떨기나무'로 순화)
turbístum, -i, n. = **turbýstum**, -i, n.
염색성 물질, 염색소, 염색 촉진제.
turbo¹ -ávi -átum -áre, tr. (truba) 소요를 일으키다,
어지럽히다, 소란케 하다, 문란케 하다, 혼란케 하다,
선동(煽動)하다, 휘젓다, 흐리게 하다, 뒤집다.
intr. 소란스럽다, 흔들리다.
Aristóteles multa turbat.
Aristóteles는 많은 생각을 흐리게 한다.
turbo áciem péditum. 보병대열에 혼란을 일으키다
turbo contiónes. 집회를 소란케 하다
turbo² -dīnis, m. = **turbido²** = **turbedo**, -bīnis, f.
뺑뺑 도는 것, 팽이, 소용돌이(물이 나선형으로 빙빙 돌며 세차게 흐르는 현상), 회오리바람, 선풍(旋風-회오리바람),
광풍(狂風), 둥근 기둥 꼴, 원통(圓筒), 실꾸리(둥그렇게
감아 놓은 실뭉당이), 원뿔 꼴, 소용돌이 운동,
맴도는 운동, 회전(回轉), 선회(旋回), 혼돈(混沌).
turbor, -óris, m. (turbo¹) ((醫))
(신체.정신) 착란; (마음) 산란, 경악(驚愕-깜짝 놀람).
turbulénte(=turbulenter) adv. (turbuléntus)
정신 잃고, 혼란되어, 소란하게, 어지럽게.
turbuléntĭa, -æ, f. 혼란(混亂), 동요(動搖)
turbuléntus, -a, -um, adj. (turba)
동요(動搖)된, 문란한, 소요스런, 어지러운,
혼란한, 소란을 일으키는, 문란하게 하는.
contiónes turbuléntæ. 소란스런 논의(집회).
turbuléntior annus. 다사다난한 해
turbulentíssimum tempus. 몹시 어지러운 시기
túrbulus, -i, m. (turbus) 작은 소용돌이
turbus, -i, m. = **turbo²** -dīnis, m.
= **turbido²** = **turbedo**, -bīnis, f.
turbýstum, -i, n. **turbístum**, -i, n.
염색소(染色所), 염색 촉진제, 염색성 물질.
turda¹ -æ, f. = **turdus**, -i, m.
Turda² -æ, f. Hispánia Tarraconénsis의 도시
turdárĭum, -i, n. 티티새 사육장(飼育場), 새장
turdéla, -æ, f. (turdus) 작은 티티새(지빠귀)
turdus, -i, m. (=**turda¹** -æ, f.)
(鳥) 작은 티티새(지빠귀), (魚) 놀래기.
Turénus, -a, -um, adj. = **Tyrrhénus**
túrĕus, -a, -um, adj. [t(h)us] 분향의, 향(香)의 = thúreus.
turgefácio, -ére, tr. (túrgeo+fácio)
부풀게 하다, 싹트게 하다(חמצ)
túrgĕo, tursi, -ére, intr. = **turgo**, -ére, intr.
붓다, 부풀다, 부어오르다, 곪나다, 과장(誇張)되다.
uva turget mero. 즙이 생겨서 포도 알이 부풀다.
turgésco, -ére, inch., intr. (túrgeo)
부풀다, 붓다, 부어오르다, 곪나다, 격(激)하다,
격렬(激烈)하게 되다, 과장(誇張)하다, 자만(自慢)하다.
turgídŭlus, -a, -um, adj. dim. (túrgidus) 좀 부은
túrgĭdus, -a, -um, adj. (túrgeo) 부푼, 부은, 곪난,
팽창(膨脹)한, 과장된, 자만에 찬, 오기 있는.
túrgĭo, -ónis, m. = **túrĭo**, -ónis, m. 녹음(綠陰), 새싹
turgo, -ére, intr. = **túrgeo**, tursi, -ére, intr.
turgor, -óris, m. (túrgeo) 부풀음, 팽창(膨脹)
turíbŭlum(=thuribulum), -i, n. [t(h)us]
향로(香爐). (天) Ara라고도 불리는 성좌(星座).
Et, accepto thuribulo a Diacono, incensat Oblata,
modo in Rubricis generalibus præscripto, dicens.
사제는 향로를 부제로부터 받아 봉헌물에
전례서에 지시된 방법대로 분향하며 말한다.
turícrěmus(=thuricremus), -a, -um, adj. [t(h)us+cremo]
향이 타오르는, 향을 태우는[피우는](곳).
turifer(=thurifer) -ěra, -ěrum, adj. [t(h)us+fero]
향을 산출하는, 향로(香爐)를 잡은, 분향(焚香)하는.
turiferárĭus(=thuriferárĭus), -i, m. [t(h)us+fero]
(가톨릭) 향로잡이.
turificátĭo(=thurificátĭo) -ónis, f. [t(h)urífico]
향 올림, 분향(焚香).
turificátor(=thurificátor) -óris, m.
향 올리는 사람, 분향자, 우상숭배자(偶像崇拜者).
turificátus(=thurificátus) -i, m.
우상에게 분향하는 그리스도교 배신자.
turífico(=thurífico), -ávi -áre, intr. [t(h)us+fácio]
우상에게 분향하다; 향을 피우다(올리다.드리다).
turílěgus(=thurílěgus), -a, -um, adj. [t(h)us + lego²]
향을 수확하는, 향 거두는.
turínus(=thurínus), -a, -um, adj. = t(h)úreus
Lucánia의 도시의. m., pl. 그곳 주민.
turio, -ónis, m. = **túrgĭo**, -ónis, m. 녹음(綠陰), 새싹
turis glebæ. 향 알맹이
turma, -æ, f. 로마 기병대(騎兵隊) ala의 10분의 1,
기병중대(약 30명), 군대(軍隊); 군중(群衆), 무리, 떼.

turmális, -e, adj. (turma) 기병대의; 군중의.
m., pl. (軍) 기병의 군인들. adv. **turmále**. 기병대 전체로.
turmárius, -i, m. (turma) 기병대 징집관
turmátim, adv. (turma) 기병 중대 별로, 떼 지어
turnus¹ -i, m. 물고기의 일종
turnus² -i, m. Rútuli의 용감한 왕
turpátus, -a, -um, p.p.(turpo) 더럽혀진, 추한, 더러운
turpe, adv. (turpis) 추하게, 더럽게, 부끄럽게
turpedo(=turpido) -dĭnis, f. (turpeo)
   가증스러운 일, 상처(傷處) 오점(汚點)
túrpia membra fimo. 진흙으로 더럽혀진 몸
turpícŭlus, -a, -um, adj. dim. (turupis)
   좀 추한, 약간 더러운.
turpido(=turpedo) -dĭnis, f. 가증스러운 일, 상처, 오점
turpifácio, -ĕre, tr. (turpis+fácio) 헐뜯다
turpificátus, -a, -um, adj. (turpis+fácio)
   더러워진, 더럽혀진, 훼손된, 오예(汚濊)한.
turpilóquium, -i, n. (turpis+loquor) 음담패설(淫談悖說)
turpilóquus, -a, -um, adj. 음담 하는
turpilucricúpídus, -a, -um, adj.
   (turpis+lucrum+cúpidus) 부당한 이익을 추구하는.
turpilúcris, -e, adj. = turpilucurus, -a, -um, adj.
   부당한 이익을 탐하는.
turpilucurus, -a, -um, adj. = turpilúcris, -e, adj.
turpior, -or, -us, adj. turpis, -e의 비교급
turpis, -e, adj. 추한, 더러운, 추잡한, 누추한, 너절한,
   못생긴, 괴상한(monstruósus, -a, -um, adj.), 불구의,
   부끄러운, 불명예스러운, 수치스러운.
   conditío turpis. 부도덕한 조건(不道德 條件)/
   Honesta mors turpi vita potior est.(Tacitus)
   추루한 삶보다는 영예로운 죽음이 낫다/
   Iste vir est malus et modus vivendi est turpis.
   저 작자는 못된 사람이요 저 작자의 살아가는
   방식이 추잡하다/
   Mendacem esse turpe est.
   거짓말쟁이가 되는 일은 비루하다/
   Nihil turpius est quam mentiri.(Quid turpius est quam
   mentiri) 거짓말하는 것보다 더 추잡한 것이 무엇이냐?/
   Non referre beneficiis gratiam est turpe(Seneca).
   은혜에 고마움을 표하지 않는 것은 비열한 짓이다/
   personæ turpes. 천인(賤人)/
   prodis ex júdice turpis.
   재판관이던 네가 결국 불명예스럽게 되는구나/
   Rideo istos, qui turpe existimant cum servo suo canare.
   자기 노예와 저녁을 드는 것을 더럽다고 여기는
   사람들을 나는 조소한다!(Seneca)/
   Socium fallere turpe est.
   동료를 속이는 것은 부끄러운 짓이다/
   turpe est + inf. …하는 것은 부끄러운 일이다/
   Ut quæque res est turpíssima,
   sic máxime vindicánda est. 어떤 일이고 고약하면
   할수록 그만큼 책벌을 받아야 한다.
Turpis est omnis pars universo suo non congruens.
   각 부분은 전체와 조화되지 않으면 추하다.
Turpis fuga mortis omni est morte peior.
   죽음으로부터의 추루한 도피는 그 어떤 죽음보다 더 못하다.
túrpis membra fimo. 진흙으로 더럽혀진 몸
turpis ornátus. 괴상한 옷차림
turpissimus, -a, -um, adj. turpis, -e의 최상급.
   Nemo repente fuit turpissimus.(Juvenalis).
   갑작스럽게 아주 추잡한 인간이 된 사람은 아무도 없다.
túrpĭter, adv. (turpis)
   추하게, 누추하게, 더럽게, 추잡하게, 부끄럽게.
   Turpiter prætérii. 나는 부끄럽게도 잊어버렸다.
turpitúdo, -dĭnis, f. (turpis) 추함, 못생김, 부끄러움,
   수치(羞恥-부끄러움), 불명예(不名譽), 치욕(恥辱-부끄러움과
   욕됨), 누추(陋醜-지저분하고 더러움), 추행(醜行-도의에 벗어나
   추잡하게 행동함. 음란한 짓. 亂行), 오예(汚穢-지저분하고 더러움),

부도덕(不道德), 악행(惡行), 범속(凡俗-평범하고 속됨)
비열(卑劣-하는 짓이나 성품이 천하고 못남).
   De ludis scænicis, in quibus dii non offenduntur
   editione suarum turpitudinum, sed placantur.
   신들이 자신들의 추행 공연(公演)에 분노하기는커녕
   오히려 무마되는 공연축제.(신국론, p.2746)/
   De turpitudine sacrorum Matris Magnæ. 대모신에게
   바치는 제사의 외설스러움(신국론, p.2766)/
   De vanissima turpitudine Cynicorum. 견유학파의 허황
   되기 이를 데 없는 추태(신국론, p.2794)/
   O tempus miserum atque acerbum provinciæ Siciliæ!
   O casum illum multis innocentibus calamitosum atque
   funestum! O istius nequitiam ac turpitudinem singularem!
   오, 시칠리아 지방에 닥친 저 가련하고 쓰라린 세월이여!
   오, 무죄한 다수 인간들에게 재앙과 비통을 초래한
   사건이여! 오, 저자의 사악함과 유례없는 파렴치여!.
                                    [성 염 지음. 고전 라틴어, p.406]/
   per turpitúdinem. 부끄럽게도.
Turpitúdo pejus est quam dolor.
   비루(鄙陋)함은 고통보다 더 나쁜 어떤 것이다.
   (부설명어가 명사적으로 사용될 형용사로서 보편적, 추상적 개념을
   가질 때에는 남녀 성의 명사가 주어이더라도 부설명어는 단수 중성으로
   쓴다. 우리말의 '…한 것'과 비슷하다).
turpo, -ávi -átum -áre, tr. (turpis) 더럽히다(חרב)
   부끄럽게 하다, 못생기게 만들다, 추하게 하다,
   때 묻히다, 추루(醜陋-누추)하게 하다.
turpo aram sánguine. 제단을 피로 더럽히다
turrícŭla, -æ, f. 작은 탑, 소탑
túrrĭfer(**túrrĭger**), -ĕra, -ĕrum, adj. (turris+fero, gero¹)
   탑이 있는, 탑이 달린.
Turrígĕra, -æ, f.
   (탑 모양의 왕관을 쓴) Cýbele 여신(女神)의 별명.
turris, -is, (acc. -rem, -rim; abl. -re, -ri,) f.
   탑, 코끼리나 배(船)로 운반하는 탑, 요새(要塞),
   높은 곳에 지은 성, 왕궁, 비둘기 집(비둘기장),
   4각의 전투전열. tanti óneris turris. 육중한 탑,
   De descensione Domini ad confundendam linguam
   ædificantium turrem. 탑을 세우는 사람들 사이에 내려와
   언어를 혼란하게 만든 주님의 내림(신국론, p.2800)/
   Quis enim ex vobis volens turrem ædificare, non prius
   sedens computat sumptus, si habet ad perficiendum?
   너희 가운데 누가 탑을 세우려고 하면, 공사를 마칠 만한
   경비가 있는지 먼저 앉아서 계산해 보지 않느냐?/
   Romanæ turres et vos valeatis, amici.
   로마의 탑들과, 친구들이여, 당신들도 평안하기를!/
   trecentis turribus. 300개의 탑으로/
   Turres pedes octoginta inter se distabant.
   두 요새는 80피트 떨어져 있다.
Turris Davidica. 다윗의 탑, 다윗의 적루(敵樓)
Turris eburnea. 상아탑
turris horologii. 시계탑
turris sacramentalis.
   탑형 성체 보관소, 중세기 고딕 성당에 많이 설치됨.
turrítus, -a, -um, adj. (turris) 탑이 있는, 탑 모양으로 된,
   탑을 지고 다니는 (코끼리); 높은, 우뚝 솟은.
tursi, "túrgeo"의 단순과거(pf.=perfectum)
túrsĭo(=thúrsĭo) -ónis, m. 돌고래(海豚),
   (動) 해돈(海豚-돌고래-porcus márinus)
turtur, -úris, f., m.
   (鳥) 호도애(비둘기과의 새), 염주비둘기, 산비둘기.
turtur marína. =trygon, -ŏnis, m. =trygŏnus, -i, m.
turturílla, -æ, f. dim. (turtur)
   작은 호도애(비둘기과의 새), 여성적인 남자.
turúnda, -æ, f. (=turundus, -i,) 거위모이(밀가루 반죽),
   제사용 과자. (醫) 붕대로 쓰이는 천, 린트(® lint-linen
   이나 무명 등을 기모 가공 하여 부드럽게 한 천)
turundo, -áre, intr. 거위를 먹이다
tus, turis, n. = thus 향(香.® Incense), 향료.
   exerceo commércium turis. 향료장사를 하다.

túscŭlum(=thúscŭlum) -i, n. 소량의 유향(분향)
tusíllæ, -árum(=tonsíllæ), f., pl. (醫) 편도선(扁桃腺)
tussédo, -dĭnis, f. (tussis) 기침
tussícŭla, -æ, f. 잔기침, 해수(咳嗽-잔기침).해소(해수咳嗽의 변한 말)
tussiculáris herba. 기침약초(=tussilágo)
tussiculáris, -e, adj. (tussícula) 기침약의.
tussiculósus, -a, -um, adj. 기침병 있는
tússĭcus, -a, -um, adj. (tussis) 기침하는
tussilágo, -ĭnis, f. = tussiculáris herba.
   기침 약초(藥草), 머위, 민들레.
tússĭo, -íre, intr. (tussis) 기침하다.
   (p.p.) tussítus, -a, -um, 기침하며 담을 뱉은.
tussis, -is, (acc. -im; abl. -i) f. (醫) 기침.
   (pl.) 심한 기침, 기침의 발작.
   Amor tussisque non celantur.(Ovidius)
      사랑과 기침은 숨길 수 없다/
   Aspèra pulmónem tussis quatit.
      모진 기침이 폐를 울리게 한다/
tusum, "tundo"의 목적분사(sup.=supínum)
tusus = tunsus, p.p. (tundo)
tutáculum, -i, n. 보호(保護.⑨ Defense). 은신처
tutámen, -mǐnis, (=tutamentum, -i,) n. (tutor¹)
   보호(保護.⑨ Defense), 수호(守護.⑨ Defense),
   피난처(避難處), 방어(防禦), 경비(警備-지킴).
tutamentum, -i, (=tutámen, -mǐnis,) n. (tutor¹)
   signum et tutamentum transcendentiæ humanæ personæ.
   (⑨ a sign and safeguard of the transcendence of the
   human person) 인간의 초월성의 표지요 수호자.
Tutánus, -i, m. 수호신의 이름
tutátĭo, -ónis, f. 방어, 보호, 수호(守護.⑨ Defense).
tutátor, -óris, m. (tutor¹) 변호자(⑨ Advocate),
   보호자(保護者.προστάτις), 수호자(守護者)
tutátus, -a, -um, p.p. (tutor¹)
túte¹ pron. (tu) 너 자신, (cf. -te), 네 자신이, 바로 네가
   ("-te" 주로 단수 2인칭의 인칭대명사 꼬리에 붙어서 뜻을 힘주는 접미사)
túte² adv. (tutus) 안전히, 든든히, 위험 없이, 태연히
tutela(=tutella) -æ, f. (tutor¹) 보호(인), 후견(인),
   감독(監督.ἐπισκοπος), 방어선, 경비선, 보호 받는 자,
   후견 받는 자, (건축물의) 보존, 유지(維持), 보호구역,
   배의 수호신상, 울안, 피후견인의 재산, 양육(養育).
   alqm tutélæ alcjs commendáre, subjícere.
      누구를 아무개 후견인으로 맡기다/
   Dei Verbum et creati tutela. 하느님 말씀과 창조의 보전/
   in suam tutélam veníre.
      자기 스스로의 후견인이 되다 즉 성인이 되다/
   in tutéla alcjs esse. 누구의 보호를 받고 있다.
tuteláris, -e, adj. (tutéla) 후견의, 보호하는.
tuteláris prætor. 후견인을 임명하는 집정관
tutelárĭus, -a, -um, adj. 지키는 보호하는, 수호의
tutelátor, -óris, m.보호자, 수호신상(守護神像)
tútemet = tute 네가 친히, (cf. tu)
tútĭcus, -a, -um, adj. 큰, 최고의.
   meddix tuticus. 동맹의 수석 장관.
Tutilína, -æ, f. (túeor) 수호여신(女神)의 이름(특히 곡식의)
tutior, -or, -us, adj. tūus, -a, -um의 비교급.
   Melior tutiorque est certa pax quam sperata victoria.
      희망에 걸린 승리보다 (지금 누리는)
      확실한 평화가 훨씬 낫고 안전하다.
tutíssimus, -a, -um, adj. tūus, -a, -um의 최상급
tuto¹ adv. (tutus¹) 안전하게, 든든히, 위험 없이,
   in tuto. 안전한 곳에/
   in tuto alqm collocáre. 누구를 안전하게 하다/
   in tuto esse 안전하다(tuto esse)/
   In tuto ponere. 안전한 곳에 두다.

tuto ab incúrsu. 공격에서 안전하게
tuto esse. 안전하다(in tuto esse)
tuto² -ávi -átum -áre, tr. = tutor¹
tutor¹ -átus sum, -ári, dep., tr. (túeor) 보호하다,
   후원하다, 감독하다, 보증하다, 스스로 방어하다,
   막다(ロコ. גִּדַר), 방비(防備)하다, 대비하다.
tutor ab alqa re. 어떤 일로부터 보호하다
tutor inópiam. 기근(饑饉)에 대비하다
tutor urbem muris. 도시를 성벽으로 보호하다
tutor² -óris m. (tutrix, -ícis, f.) (túeor)
   보호자(保護者.προστάτις), 후견인(後見人),
   재산 관리인, 법정 대리인(法廷 代理人).
   bonâ fide tutóris. 후견인의 성의로.
tutórĭus, -a, -um, adj. (tutor²)
   보호의, 후견의. Júpiter 신의 형용사.
tútŭdi, "tundo¹"의 단순과거(pf.=perfectum)
tutulátus, -a, -um, adj. (tútulus) tútulus 모자를 쓴.
   (m., pl.) 제관(祭官)
tútŭlus, -i, m. 양털모자, 머리 위에 뭉친 머리타래
tutum¹ -i, n. (tutus) 안전(ロ콜), 안전한 장소, 안전한 지위
tutum² adv. (tutus) 안전하게.
   Jesus reddidit máre tutum.
      예수께서는 바다를 안전하게(고요하게) 하시었다/
   reddo mare tutum. 바다를 안전하게.
Tutúnus, -i, m. Júpiter 신의 별칭
tutus¹ -a, -um, adj. (túeor) 보호 받는, 안전한, 대피한,
   위험성(危險性) 없는, 든든한, 태연(泰然)한, 살피는,
   조심성(操心性) 없는, 신중(愼重)한, 용의주도한.
   in tuto alqm collocáre. 누구를 안전하게 하다/
   in tuto esse. 안전하다/
   nobis tutíssimum est … sequi.
      따라가는 것이 가장 안전하다.
tutus ab. …할 위험이 없는, …에 관한 위험성이 없는
tútius est … potíri. 점령하는 것이 더 안전하다
tutus² "túeor"의 단순과거(pf.=perfectum)
tŭus, -a, -um, [강세: gen. tuípte; abl. tuópte, tuápte,]
   pron., adj. poss. (tu) 1. (소유) 너의, 네: tuus ámicus.
   너의 친구. 2. (대상) 너에 대한, 너에게 바쳐진. tuus
   amor. 너에게 대한 사랑/ honor tuus. 네가 받는 존경.
   3. m., f. 너의 사람(식구.부하.종 등).
   n. 너의 것, 너의 할 일. (pl.) m., f., n. 네 부모.사정
   .일.재산.소유물. (라틴-한글사전, p.977)/
   sub tuum advéntum. 네가 도착하자마자/
   Tuum digamma víderam. 너의 수입 장부를 보았었지/
   Tuum filium dedisti adoptandum mihi : is meus est
   factus : si quid peccat, Demea, mihi peccat. 자네는 아들
   을 나한테 입양시켜 주었네. 그 애는 내 자식이 된 게야.
   데메아스, 걔가 무슨 잘못을 저지른다면 나한테다 잘못을
   하는 거지.(mihi: 관심 여격. 성 염 지음, 고전 라틴어. p.398).
tuus natúra filius. 너의 친아들
túsmet = tuus의 강세
tuxíllæ, -árum, f., pl. = tusíllæ (醫) 편도선(扁桃腺)
tuxtax, interj. 타격의 소리, 티격태격 소리
Týchĭus, -i, m.
   Bœótia의 유명한 구두장이, 대Ajax의 방패를 만든 사람.
Tympana sonuerunt. 북소리들이 울렸다
tympánĭcus, -i, m. (解) 고막(鼓膜), 고막염에 걸린 사람)
tympaníŏlum, -i, n. dim. (týmpanum) 작은 북, 소고(小鼓)

T

tympanísmus, -i, m. = tympanítes
tympanísso, -áre, intr. = tympanízo
tympanísta, -æ, m. (týmpanum)
　북 치는 사람, 태고치는 사람, 고수(鼓手).
tympanístria, -æ, f. 북치는 여자, 여고수
tympanítes, -æ, m. = tympanísmus, -i, m.
　(醫) 고막염, 복부창만(腹部脹滿), 복부창만 환자.
tympaníticus, -a, -um, adj. 고막염에 걸린.
　m. 고막염 환자(鼓膜炎 患者).
tympanítis, -tídis, f.
　(醫) 중이염(otitidis media). (醫) 고막염(鼓膜炎).
tympánium, -i, n.
　(한쪽이 평평하고 한쪽이 둥근) 북과 같이 생긴 보석.
tympanízo, -áre, intr. = tympanísso
　(Phrýgia의) 북을 치다, 북 치다.
tympanostapédius, -a, -um, adj. (醫) 고등(鼓鐙)의
tympanótriba, -æ, m.
　Phrýgia 북 치는 자(여성화한 남자를 일컫는 말).
tý(m)pānum, -i, n. 수레바퀴, 식탁의 국그릇,
　Cýbele 신들의 신관들이 치던 북, 여성적인 것의 상징.
　((建)) (합각머리 따위의) 합각(合閣), 맞배벽.
　(建) 양쪽 문의 판자. (解) 고막(鼓膜), 중이(中耳).
typhlítis, -tídis, f. (醫) 맹장염
typhlon, -i, n. (解) 맹장(盲腸).⑩ intestinum cæcum)
týphlosis, -is, f. 맹목(盲目), 눈 어두움
Typhóeus, -ĕi(-ĕos), (acc. -óea) m. Júpiter 신의 벼락을 맞고
　살해되어 Ætna 화산 및 Tártarus에 묻힌 100개의 손이 달린 거인.
typhon¹ -ónis, m. 태풍(颱風.⑩ typhónicus ventus),
　선풍(旋風-회오리바람), 혜성의 하나.
typhon² -ónis, m.
　Typhóeus의 아들, 후에 Typhóeus와 혼동되었음.
typhónicus, -a, -um, adj. (typhon) 태풍의, 선풍의, 맹렬한
typhónicus ventus. 태풍(颱風.⑩ a typhoon)
typhónion, -ii, n. (植) 사리 풀(가지 과의 일년초 또는 이 년초)
typhus, -i, m. 팽창(膨脹), 과장(誇張), 주제넘음.
　오만(傲慢-잘난 체하여 방자함), 자만(⑩ Presumptĭon).
　(醫) 티푸스, 염병("장티푸스"를 흔히 이르는 말).
typicális, -e, adj. 비유적인, 상징적인
týpice, adv. 상징적으로, 비유적으로
týpici, -órum, m., pl. (týpicus) ((醫)) 간헐병 환자
týpicus, -a, -um, adj. (修) 비유적인, 상징적, 간헐적인.
　adv. týpice, 상징적으로, 비유적으로.
　methodus typica. 예형적 해석/
　sensus typicus. 전의적(轉義的) 의미.
typlocomium, -i, n. 맹인 수소(백인관 신부 엮음, 백과사전 3, p.697)
typographía, -æ, f. 인쇄(印刷), 인쇄술, 활판술(活版術)
Typographia Polyglotta Vaticana. 바티칸 인쇄소
typográphicus, -a, -um, adj. (typográphum) 인쇄의
typográphum, -i, n. 징후(徵候-어떤 일이 일어날 조짐),
　상징(象徵.⑩ Symbol), 도장(圖章), 인(印).
typográphus, -i, m. 인쇄공, 활판인쇄 기술자
Typologia, -æ, f. 예표론(⑩ Typology), 예형론.
　interpretatio typologica. 예형론적 해석.
typus, -i, m. 용모(容貌-사람의 얼굴 모양), 저부조(低浮彫),
　심상(영상. 표상), 형, 모형(τὀπος), 표준, 활자, 상, 형상.
　(醫) 정형(定型), 병형(病形), 열병의 진행상.
　Maria est "typus" Ecclesiæ(⑩ Mary is the "figure" of
　the Church) 마리아께서는 교회의 "표상"이시다.
typus Ecclesiæ. 교회의 전형, 교회의 모범.
　　　　　　　(밀라노의 암브로시우스 지음).
typus salvatiónis. 구원의 전형
tyránna, -æ, f. (tyránnus) 여폭군, 여장부(女丈夫)
tyrannicída, -æ, m. (tyránnus+cædo) 폭군 살해자
tyrannicídium, -i, n. (tyrannicída) 폭군살해(暴君殺害)
tyránnicus, -a, -um, adj. (tyránnus) 폭군적, 포악한,
　폭정을 하는, 폭군의, 포학한. adv. tyránnice.
Tyránnĭo, -ónis, m. Roma의 지리, 문법학자.
　Cícero의 친구, 전쟁 노예에서 자유인이 됨.

tyránnis, -ĭdis, (acc. -ĭdem, -ĭda,) n.
　폭군정치, 폭군체제(暴君體制), 전제주의(專制主義),
　학정(虐政-포학한 정치), 횡포(橫暴-제멋대로 몹시 난폭하게 굶),
　전횡(專橫-권세를 오로지 하여 제 마음대로 휘두름).
　폭정(暴政), 폭군의 영토, 여폭군(女暴君).
　Nemo nostrum est qui non existimet omnibus viribus
　tyrannis obsistendum esse.
　전력을 다해 독재자들에 맞서야 한다고 생각하지
　않는 사람이 우리 중에서는 아무도 없다/
　Nulla est enim societas nobis cum tyrannis.
　우리로서는 전제군주라는 것과 아무런 연관이 없다/
　Omnibus viribus tyrannis obsistendum est.
　모든 힘으로 독재자들에게 저항해야 한다/
　Tyranni expulerunt multos cives de paria.
　전제자들은 많은 시민들을 조국에서 추방했다.
tyrannis exercitio.
　처음에는 정당하였으나 후에 폭군으로 타락한 지배자.
tyrannóctŏnus, -i, m. = tyrannicída, -æ, m. 폭군 살해자
tyrannopolíta, -æ, m. 폭군(暴君) 밑에 있는 백성
tyránnus, -i, m. 폭군(暴君), 절대군주(絶對君主),
　전제군주, 정권 찬탈자(政權 篡奪者), 횡령자(橫領者).
　[sg. 주격 tyrannus. 속격 tyranni. 여격 tyranno. 대격 tyrannum.
　탈격 tyranno. 호격 tyranne. pl. 주격 tyranni. 속격 tyrannorum.
　여격 tyrannis. 대격 tyrannos. 탈격 tyrannis. 호격 tyranni].
　Ab ullo tyranno regi non desideramus.
　우리는 어느 독재자에 의해서건 지배받기를 원치 않는다/
　Duodequadraginta annos Dionysius tyrannus fuit
　Syracusæ. 38년 동안 디오니시우스는 시라쿠사의
　폭군 노릇을 하였다/
　Mos est tyrannus. 버릇은 폭군과 같다(관습이란 폭군과 같다)/
　Omnibus viribus tyrannis obsistendum est.
　모든 힘을 다해 독재자들에게 저항해야 한다/
　Quis est qui tyrannos non oderit?
　폭군들을 미워하지 않을 사람이 누구겠는가?/
　Quisque tyrannus solet dicere non tam sua, sed rei
　publicæ interesse. 어느 폭군이나 말로는 자기는 공화국
　보다는 자기에게 이익을 덜 끼치려고 한다.[=자기는 개인사정
　이 아니라 공화국을 염려하노라고 한다. 성 염 지음, 고전 라틴어, p.387]/
　Tyrannos si boni oppresserunt, recreatur civitas.
　선량들이 폭군들을 제거한다면, 국가는 재건된다.
Tyránnus cujuscumque civis vitæ necis potestatem
habet. 전제자는 어느 시민에 대해서도 생사여탈권을 갖는다.
tyrannus ex defectu tituli. 찬탈자(簒奪者)
Tyrannus libertatem nobis eripere conatus est.
　폭군이 우리한테서 자유를 빼앗으려고 애썼다.
　[타동사의 상당수는 대격으로 나오는 직접 목적어(…을 목적어)와 더불어 간접
　목적어(…에게)를 여격으로 갖는다. "주다, 맡기다, 지시하다" 등의 수여동사verba
　dandi와 일부 전치사(ad. ante, cum, de, ex, in, inter, ob, post, sub, super)와
　합성된 동사의 여격 목적어를 많이 볼 수 있다. 성 염 지음, 고전 라틴어, p.391].
Tyrannus, quamquam figura est hominis, morum
tamen immanitate vastissimas vincit beluas.(Cicero)
　폭군은, 비록 인간의 얼굴을 하고 있지만, 그 포악한
　행습으로 보아서 별의별 야수들을 능가한다.
tyrannus regimĭnis. 통치 폭군(統治 暴君)
tyrannus usurpatiónis. 찬탈 폭군(簒奪 暴君)
tyrannusque appellatus, sed justus.
　전제군주라 불리더라도 곧 의인.
tyriánthĭnus, -a, -um, adj. 자홍색의, 진한 자주 빛의.
　n., pl. 진홍색 옷.
Týrĭus, -a, -um, adj. Carthágo인의, 자주 빛의, 왕위의.
　m., pl. Týrĭi, -órum, Carthágo 주민.
Tyro, -us, (-ónis), f. Salmóneus의 딸
tyropátina, -æ, f.
　우유.계란.꿀을 섞어 만든 치즈과자. 과자의 일종.
tyrotaríchus, -i, m. 치즈 섞은 소스
Tyrrhénĭa, -æ, f. (Tyrrhéni) Etrúria 지방
Týrrh(e)us, -i, m. Latínus² 왕의 충실한 목동
Tyrrhídæ, -árum, m., pl.
　Tyrrhus의 아들들, Latínus 왕의 목동들.
Tyrrhídes, -æ, m. tyrrhus의 자식

1330

Tyrtǽus, -i, m. Athénœ의 애가시인(c. 650 A.C.)
Tyrus(Tyros), -i, f. Phœnícia인의 항구, 상업도시,
  자주 빛 피륙으로 유명, 자주 빛 피륙, 자주 빛, 왕위.
tzanca, -æ, f. =tzanga =zanca =zancha
tzanga, -æ, f. 장화(長靴) =tzanca =zanca =zancha

U U U

U¹ u. f., n. indecl. 라틴 자모의 스물한 번째 글자:
원래 V, v로 썼음. 가끔 I와 바꿔 쓰기도 함.
óptimus, óptumus; sátira, sátura.

U, u² (略) U. = urbs Romána; V.C. 혹은 u.c. = urbis
cónditæ: ab u.c. = ab urbe cónditā, Roma 창건 때
부터: A.U.C. = anno urbis cónditæ. 로마 紀元.

uba = uva, -æ, f. 포도 알, 포도송이, 단, 묶음, 벌떼 등

úber¹ -ĕris, (abl. úběri et úbĕre,) adj. 충만한(πλήρης),
풍부한, 풍요(豊饒)한, 넘치는, 가득 찬, 살찐, 비옥한,
창작력 있는, (글, 연설 등이) 풍부한, 무거운, 살찐,
뚱뚱한. spici úberes. 잘 익은 이삭/
ubérrimi fructus. 과실의 풍작(豊作).

úber² -ĕris, n. 젖(vitális ros), 유방, (동물의) 젖퉁,
풍요(豊饒,⑨ Fecundity), 충만(充滿), 풍부(豊富),
비옥(肥沃-땅이 걸고 기름짐), 부유(富裕), 토지,
(곡식을 내는) 땅, 옥토(沃土), 포도송이, 꿀벌 떼.
Est autem mater Ecclesia: et ubera eius duo
Testamenta Scripturarum divinarum. 이 어머니가 교회
입니다. 교회의 젖가슴은 (신약과 구약) 두 성경입니다.
(최익철 신부 옮김. 요한 서간 강해, p.151).

uberior, -or, -us, adj. úber¹ -ĕris의 비교급

ubériter, adv. (uber¹) = ubértim

úbĕro, -ávi, -átum, -áre, tr., intr. (uber¹)
풍부하게 하다, 풍요하다.

ubér(ī)tas, -átis, f. (uber¹) 생력성, 풍요성(豊饒性),
풍부(豊富), 풍요(豊饒), 다산, 과다, 충만(充滿),
풍작(satietas frugum), 비옥(肥沃), 풍부한 창작력.
pl. 이익(利益), 유익성(有益性),
beneficentiæ uberitas. 자애의 풍요로움/
virtútis ubertátes. 덕행의 유익성.

uberitas frugum et frúctuum. 곡식과 과실의 풍작.

uberrimus, -a, -um, adj. úber¹ -ĕris의 최상급.
ubérrimi fructus.(úber¹ 참조) 과실의 풍작.

ubertim, adv. (uber¹) 풍부하게

ubérto¹ -áre, tr. (ubértas) 풍요하게 하다

ubérto² -is, -ĕre, intr. 풍부하다, 풍부하게 있다

ubértus, -a, -um, adj. (uber¹) 풍부한, 풍만한,
충만한(πλήρης), 많은(רב.πολὺς.ἱκανὸς).

ubi, I. adv., loci. 1. interr., dir. et indir. 어디에,
어느 곳에? ubi terrárum? 세상 어느 곳에?
2. adv., relat. [in quo(quā, quibus), apud quem 따위
대신으로] 하는[있는](곳.자리.장소.공간): locus,
ubi …. … 한 곳/ Est Ubi plus tépeant híemes?
겨울이 더 따뜻한 곳이 있느냐?. 3. adv., correlat.
ubi amíci, ibi opes. 친구들이 있는 그 곳에 부가 있다.
4. adv., indef. ubi ubi(=ubicúmque)
어디에 … (있)든지 간에, 어디든지 … 하는 곳에.
5. ((論)) (명사적으로) 장소(場所).
II. conj., temporális. 1. (ind.) … 때에, 경우에, …하고
나서. 2. (pf., fut., exact., ind.) ubi, ubi primum …
하자마자. 3. (plqpf., subj.) … 할(하였을) 때마다.
Dic mihi ubi fueris, quid feceris.
네가 어디에 있었는지, 무엇을 했는지 내게 말해다오/
Vocavitque Dominus Deus Adam et dixit ei: "Ubi es?"
(kai. evka,lesen ku,rioj o` qeo,j to.n Adam kai. ei=pen auvtw/ Adam
pou/ ei=) (獨 Und Gott der HERR rief Adam und sprach
zu ihm: Wo bist du?) (⑨ The LORD God then called
to the man and asked him, "Where are you?")
주 하느님께서 사람을 부르시며, "너 어디 있느냐?"
하고 물으셨다(성경)/야훼 하느님께서 아담을 부르셨다.
"너 어디 있느냐?"(공동번역 창세 3. 9).

quis, quid, quando, ubi, cur, quomodo.
육하원칙[누가(who), 무엇을(what), 언제(when),
어디서(where), 왜(why), 어떻게(how). 5W1H].

Ubi abundávit delictum, supĕrabundávit gratĭa.
(ou- de. evpleo,nasen h` a`marti,a(u`pereperi,sseusen h` ca,rij)
(⑨ where sin increased, grace overflowed all the more)
죄가 많아진 그곳에 은총이 충만히 내렸습니다(성경)/
죄가 많은 곳에는 은총도 풍성하게 내렸습니다(공동번역)/
죄가 많아진 곳에는 넘쳐흘렀습니다(200주년 로마 5. 20)/
죄가 많은 곳에 은총이 더욱 풍성하게 내렸다(일반).

Ubi amici, ibi opes. 친구들이 있는 그곳에 부가 있다

Ubi amor, ibi oculus. 사랑이 있는 곳에 비전이 있다

Ubi Arcano Dei Consilio.
그리스도 왕국에서의 그리스도의 평화(1922.12.23.).

Ubi autem caritas, ibi pax; et ubi humilitas,
ibi caritas. 사랑이 있는 곳에 평화가 있고,
겸손이 있는 곳에 사랑이 있습니다.

ubi autem nativitas in voluntate est,
et crementum in voluntate est.
뜻대로 태어나고 뜻대로 자라는 것이 있습니다.

Ubi autem Spiritus Domini, ibi libertas.
(⑨ Where the Spirit of the Lord is, there is freedom)
주님의 영께서 계신 곳에 자유가 있습니다.(2코린 3. 17).

Ubi bene ibi patria. 잘 있는 그곳이 조국이다.

ubi bonum esse vidit ut facĕret.
만드는 것이 좋다고 본 것.

Ubi caritas.
Ubi caritas et amor, Deus ibi est.
Congregavit nos in unum Christi amor.
Exultemus, et in ipso iucundemur.
Timeamus, et amemus Deum vivum.
Et ex corde diligamus nos sincero.

Ubi caritas et amor, Deus ibi est.
Simul ergo cum in unum congregamur:
Ne nos mente dividamur, caveamus.
Cessent iurgia maligna, cessent lites.
Et in medio nostri sit Christus Deus.

Ubi caritas et amor, Deus ibi est.
Simul quoque cum beatis videamus,
Glorianter vultum tuum, Christe Deus:
Gaudium quod est immensum, atque probum,
Sæcula per infinita sæculorum. Amen.
애덕과 사랑이 있는 그 곳에 하느님이 계시다.
그리스도의 사랑이 우리를 하나로 모이게 했다.
그리스도 안에서 기뻐하며 춤추자.
살아계신 하느님을 두려워하며 사랑하자.
진실한 마음을 다해 우리 사랑하자.
애덕과 사랑이 있는 그 곳에 천주 계시다.
우리는 모두 한 몸으로 뭉쳐졌으니
마음이 우리를 갈라놓을까 조심하여라.
악의 찬 시비도 악한 논쟁도 물러가거라
우리들 가운데 천주 그리스도 함께 계시다.
애덕과 사랑이 있는 그 곳에 천주계시다.
복된 성인들과 함께 우리도 뵈옵자.
오 우리의 천주 그리스도, 영광의 얼굴을.
그것이 무한한 기쁨 거룩한 기쁨이로다.
세세대대에 항상 우리의 기쁨. 아멘.

Ubi cáritas Deus ibi est.
애덕이 있는 곳에 하느님이 계신다.

Ubi cháritas et amor, ibi Deus est.
애덕과 사랑이 있는 곳에 천주 계신다.

Ubi christus est in dextĕra Dei sedens.
그 곳에서는 그리스도께서 성부 오른편에 앉아 계신다.

Ubi coepit pauper divitem imitari, perit.
가난한 사람이 부자 흉내를 낼 때 그는 망한다.

Ubi comedistis? 어디서 식사를 했습니까?

Ubi crux, ibi adventus gloriæ.
십자가가 있는 곳에 영광의 도래가 있도다.

Ubi crux, ibi Deus quærens et amans.
십자가가 있는 곳에 추구하시고 사랑하시는 하느님이 계시다.

Ubi crux, ibi Deus Trinitas.
십자가가 있는 곳에 삼위일체이신 하느님이 계시도다.

Ubi crux, ibi homo amans, et ubi homo amans,
ibi Deus. 십자가가 있는 곳에 사랑하는 인간이 있고,

사랑하는 인간이 있는 곳에 하느님이 계시다.
Ubi crux, ibi homo quærens.
십자가가 있는 곳에 추구하는 인간이 있다.
Ubi crux, ibi homo quærens, et ubi homo quærens, ibi Deus. 십자가가 있는 곳에 추구하는 인간이 있고, 추구하는 인간이 있는 곳에 하느님이 계시다.
Ubi Deus ibi homo. 신이 있는 곳에 인간이 있다
Ubi Domine. 주님 어디에
Ubi eadem est rátĭo, idem jus.
동일한 이유가 있는 곳에는 동일한 권리가 있다.
Ubi eadem rátĭo, ibi idem jus. 이치가 같으면 법도 같다
Ubi ecclesia, ibi Trinitas.
교회가 있는 곳에 삼위일체가 계시다.
Ubi enim sunt duo vel tres congregati in nomine meo, ibi sum in medio eórum. (ou- ga,r eivsin du,o h' trei/j sunhgme,noi eivj to. evmo.n o;noma(evkei/ eivmi evn me,swl auvtw/n) (獨 Denn wo zwei oder drei versammelt sind in meinem Namen, da bin ich mitten unter ihnen) ([영] For where two or three are gathered together in my name, there am I in the midst of them)
두 사람이나 세 사람이라도 내 이름으로 모인 곳에는 나도 함께 있기 때문이다(성경 마태 18, 20)/
단 두세 사람이라도 내 이름으로 모인 곳에는 나도 함께 있기 때문이다(공동번역 마태 18, 20)/
사실 둘이나 셋이 내 이름으로 모여 있는 거기 그들 가운데 나도 있습니다(200주년 신약 마태 18, 20).
ubi enim zelus et contentio, ibi inconstantia et omne opus pravum([영] For where jealousy and selfish ambition exist, there is disorder and every foul practice) (야고 3, 16)
시기와 이기심이 있는 곳에는 혼란과 온갖 악행도 있습니다.
Ubi eos vidistis primum?. 어디서 그들을 처음 봤소?
Ubi es?.([영] Where are you?) 너 어디 있느냐?(성경 창세 3, 9).
Ubi est Abel frater tuus? 네 아우 아벨은 어디 있느냐?.
Nescio. Num custos fratris mei sum ego?
모릅니다. 제가 아우를 지키는 사람입니까?(성경 창세 4, 9).
Ubi est fides tua? Sta firmiter et perseveranter.
네 신덕은 어디 있느냐? 굳세게 또 항구하게 서 있어라.
Ubi est liber meus? 어디에 나의 책이 있느냐?
Ubi est pater ejus?. 그의 아버지는 어디 계시냐?
Ubi est, qui natus est, rex Iudæorum?(성경 마태 2, 2)
유다인들의 임금으로 태어나신 분이 어디 계십니까?
Ubi est soror tua? 어디에 너의 누이가 있느냐?
Ubi est vera pax et vera gloria? Nonne in me?
참된 평화와 참된 영광은 어디에 있느냐? 네게 있지 않느냐?.
Ubi fuisti? 너 어디 있었니?, **Romæ fui.** 로마에 있었다.
Ubi fuisti? quid fecisti? 너 어디 있었니?, 무엇을 했느냐?
Ubi fuit Sulla? Num Romæ?
Sulla는 어디 있었니? 로마에?/
Immo longe ab fuit. 아니, 오히려 멀리 떠나가 있었다.
Ubi homo ibi Deus.
인간이 있는 곳에 신이 있다(성 아우구스티노).
ubi illúxit. (illucésco 참조) 날이 밝자
Ubi jus ibi remedium.
권리가 존재하는 곳에는 구제(救濟)가 있다.
Ubi jus incertum, ibi jus nullum.
법이 불분명하면 법이 전혀 없는 것이나 마찬가지이다.
Ubi libertas cecidit, nemo libĕre dicĕre audet.
자유가 없어진 곳, 아무도 감히 자유롭게 말하지 못한다.
Ubi libertas, ibi patria.(자유가 있는 곳에 조국이 있다)
자유가 있는 그곳이 (우리의) 조국이다(est는 흔히 생략된다).
Ubi meam rem invenio, ibi vindico. 내가 나의 물건을 발견하는 곳에서 나는 이것을 회수한다.
Ubi nihil voles, ibi nihil veris.
아무 것도 할 수 없으면 아무 것도 원하지도 말지어다.
ubi non ait: Et nunc est, quia in fine erit sæculi, hoc est in ultimo et maximo iudicio Dei.
'지금 오고 있다'고는 하지 않았다. 그 일이 세말, 말하자면 하느님의 최후 최대 심판 때 일어날 것이기 때문이다(신국론, p.2281).
Ubi non licet tacere, quid cuiquam licet?(Seneca).
입을 다물고 있어도 안 된다면
도대체 사람한테 뭐가 가당하단 말이요?
Ubi Papa, ibi Curia. 교황이 있는 곳에 교황청이 있다
Ubi pedem ponĕret, non habebat.
그는 발 들여놓을 자리가(들어갈 곳이) 없었다.
Ubi Petrus, ibi ecclesia. 베드로가 있는 곳에 교회가 있다
ubi primum, 하자마자
Ubi fuisti?. quid fecisti.
너는 어디에 있었느냐? 무엇을 했느냐?
Ubi remissio pecatorum, Ecclesia est.
죄의 용서가 있는 곳에 교회가 있습니다.
Ubi restiteras? Ubi mi libitum est.
Istuc ego satis scio. Cur ergo quod scis me rogas.
"어디서 빈둥거렸니?" "나 좋을 대로."
"그 정도는 나도 잘 알아." "그럼 알면서 왜 내게 묻니?"
ubi salutátĭo defluxit, 손님들이 물러가자,
Ubi saturitas, ibi libido dominatur.
포식이 있는 곳에 음란이 지배된다(성 예로니모).
Ubi(illa) se állevat, ibi me állevat.(allevo¹참조)
그 여자가 회복되는 것이 곧 나를 위로해 주는 것이다.
Ubi semel cœptum est judicĭum ibi et finem accipĕre debet(30.D. 5. 1)
재판이 시작한 곳에서 종결을 지어야 한다.
Ubi societas ibi jus. 사회가 있는 곳에 법이 있다.
Ubi sunt libri mei? 어디에 너의 누이들이 있느냐?
Ubi sunt sorores tuæ? 어디에 나의 책들이 있느냐?
Ubi supra. 전기(前期)한 곳에
Ubi te inventĭo, ibi te judicabo.
너를 만나는 곳에서 너를 재판하리라.
Ubi thesaurus vester, ibi cor vestrum.
너희 보물이 있는 곳에 너희 마음이 있는 법이다.
Ubi tres, id est, Pater et Filius et Spritus Sanctus, ibi ecclesia quæ trium corpus est.
성부와 성자 그리고 성령 이렇게 세 분이 계신 곳에 세 개의 몸인 교회가 존재한다.
Ubi tyránnus (est), ibi dicéndum est, nullam esse libertátem. 폭군이 있는 그곳에는 아무런 자유도 없다고 말하지 않으면 안 된다.
Ubi unus dominus, ibi una sit religio.
한 통치자가 있는 곳에 한 종교가 있다.
ubi victoria veritas, ubi dignitas sanctitas, ubi pax felicitas, ubi vita æternitas. 거기서는 진리가 승리요, 거기서는 거룩함이 품위이며, 거기서는 평화가 행복이요, 거기서는 삶이 영원이다(신국론, p.19).
Ubi viderunt? In manifestatione. 그들은 어디서 보았습니까? 나타남 안에서입니다. Quid est, in manifestatione? in sole, id est in hac luce. 나타남 안에서란 무엇입니까? 해, 곧 이 빛 안에서라는 말입니다.
ubi vult, spirat([영] blows where he wills)
불고 싶으신 대로 부시는(요한 3, 8 참조).
ubicúmque, adv. = **ubicunque** 어디(에) …든지, 어디에든지, 도처에(nusquam non.), 곳곳에(passim).
ubicumque es, … . 네가 어디에 있든지 …
Ubicumque et Semper. 언제나 어디서나.[2010년 9월 21일 교황청 새복음화 촉진평의회 신설에 관한 교황 베네딕도 16세 성하의 자의 교서].
Ubicumque et semper Iesu Christi Evangelii nuntiandi munus tuetur Ecclesia. 언제나 어디서나 교회는 예수 그리스도의 복음을 선포할 의무가 있습니다.
ubílĭbet, adv. 어디든지, 아무 데나
úbĭnam, adv. (도대체) 어디에?, 어느 곳에
Ubinam harum rerum admodum pugnantium inveniuntur radices?
이러한 엄청난 모순의 뿌리는 무엇이겠습니까?
ubiquáque, adv. (sc. parte) 어디에든지
ubíque¹, adv. 어디든지, 어느 곳에든지, 도처에, 곳곳이, 각처에.
Non ubique idem decorum est.

같은 일이 어디서나 어울리는 것은 아니다/
Quod ubique, quod semper, quod ab omnibus.
어디에든 있는 것, 항상 있는 것, 모든 이들로부터 있는 것/
semper et Ubique. 언제 어디서나.

Ubique ergo discipuli missi sunt, adtestantibus signis et prodigiis ut crederetur illis, quia ea dicebant quæ viderant. 제자들은 모든 곳으로 파견되었습니다. 제자들은 사람들이 자신들을 믿도록 표징과 기적으로 증거 하면서, 자기들이 본 것을 말했습니다.
(최익철 신부 옮김. 요한 서간 강해. p.191).

ubique itineris. 여행길 어디에든지.
ubíque², adv. et ubi 4
Ubique et semper. 언제나 어디서나
ubiquitas, -átis, f. 무소부재성, 하느님의 편재성.
Doctrina Ubiquitatis.(루터와 그 추종자들의 교설)
그리스도의 인성 편재론(偏在論).
ubiquómque, adv. ubicúmque의 고형
ubi-úbi, V. ubi
úbĭvis, adv. (ubi+volo) 아무데나, 어디든지, 사방에
uda humus. 젖은 땅
ūdo¹ -ávi, -áre, tr. (udus) 윤택(潤澤)하게 하다,
(물에) 축이다, 목욕(沐浴) 시키다, 적시다.
ūdo² -ónis, m. 염소 털로 만든 구두
udum, -i, n. 습기(ὁργος,濕氣-축축한 기운)
udus, -a, -um, adj. (úvidus) 물 머금은, 젖은, 축축한,
습기 찬, 나약한, 잘 휘는, 우글쭈글한, 나긋나긋한.
n. 습기(濕氣). uda humus. 젖은 땅.
ulcera móntium.(ulcus 참조) 대리석 채석장(採石場)
ulcerária, -æ, f. [ulcus] (植) 꿀풀과의 일종, 마루 비움
ulcerátĭo, -ónis, f. (úlcero)
상처, 헌 데(상처), 궤양(潰瘍), 종기(腫氣), 부스럼.
úlcĕro, -áre, tr. (ulcus) 헐게 하다, 상처(傷處)내다,
궤양이 생기게 하다, 종기 나게 하다, 상하게 하다.
ulcerósus(=ulceruléntus) -a, -um, adj. (ulcus)
상처투성이의, 헌데 많은, 궤양(潰瘍)이 난,
멍든 곳이 많은, 종기(腫氣)가 가득한.
Ulciscendi Crudelitas. 복수심(復讐心)으로 찬 잔인함
ulcísco, -ĕre, tr., inch. …의 복수를 하다, 원수를 갚다
ulcíscor, ultus sum, ulcísci, dep., tr. 복보하다(גמל),
(누구에게) 원수 갚다, 앙갚음하다(גמל), 벌(罰)하다,
(누구의, 무엇의) 원수(怨讐)를 갚다, 복수(復讐)하다.
alqm pro scélere ulciscor.
아무를 그 범죄(犯罪)에 따라 벌하다/
contra hominem justum prave condendere noli; semper enim deus injustas ulcisitur iras. 의로운 사람에게 악의로 시비를 걸지 말라. 신은 불의한 분노를 반드시 복수하시느니라(성 염 지음. 사랑만이 진리를 깨닫게 한다. p.456)/
injúrias alcjs ulciscor.
누구에게서 받은 모욕(侮辱)을 복보하다/
se ulciscor. 복수(復讐)하다.
ulciscor patrem. 아버지의 원수를 갚다
ulcus(=hulcus), -cĕris, n. 헌 데, 상처, 재앙(災殃),
나무의 상처, 종기(腫氣), 궤양(潰瘍).
ulcera móntium. 대리석 채석장(採石場).
ulcus gastricum. 위궤양(胃潰瘍)
Ulcus tángere. (격언) 아픈 데를 찌르다
ulcúscŭlum, -i, n.
작은 상처, 뾰루지(뾰족하게 부어오른 작은 부스럼. 뾰두라지).
ulex, ulícis, m. (植) 로즈메리와 비슷한 나무
uliginósus -a, -um, adj. (uligo)
젖은, 습한, 축축한, 늪지의, 질척질척한.
uliginósus víscera. (醫) 수종(水腫), 부종(浮腫)
ulígo, -gĭnis, f. (inusit. úrígo) 땅의 습기, 습지(濕地),
소지(沼地-늪과 못), 소택(沼澤→지대-늪과 못), = urigo.
Ulixes, -is, m. 율리시스(⑨ Ulysses)
[그리스 신화에 나오는 영웅. 호메로스의 '오디세이아(Odyssey)'의 주인공이기도 하다. 이타카(Ithaca)의 왕이며 페넬로페(Penelope)의 남편이다. 용감하며 지략이 뛰어난 장군으로 트로이 전쟁에서 목마(木馬) 안에 군사를 숨기는 계략을 써 그리스를 승리로 이끌었다].

ullágĕris, -e, adj. (=orculáris) 통의 모양을 한
ullátĕnus, adv. (ullus+tenus²) 하여튼, 어떻든
ullus, -a, -um, (gen. ullíus; dat. ulli,) adj. dim. (unus)
(부정문, 의문문, 가정문, 드물게는 긍정문에서 무한정
을 나타내기 위하여 nullus, -a, -um, 대신 씀)
1. (부정문) 아무 …도 (아니): sine ulla vituperatióne.
아무런 책망도 없이/ Neque ullam in patrem dispúto.
내 연설은 찬반 어느 한쪽을 위한 것이 아니다.
2. (의문문) 어느 …이 …이냐? est ulla res tanti …ut
…?. …하기에 더 귀한 것이 또 있느냐?
3. m. 아무도 (아니), 어느 누구; n. 아무것도 (아니),
그 무엇: Nemo ulliius nisi fugæ memor. 누구를 막론
하고 오로지 도망질 칠 것 외에는 다른 아무 것도
생각하지 않았었다.   (라틴-한글사전, pp.979~980).
Ab uno tyranno regi non desideramus.
우리는 어느 독재자에 의해서도 지배받기를 원치 않는다/
Ex pravo pullus bonus ovo non venit ullus.
어떤 좋은 병아리도 나쁜 알에서 나오지는 않는다/
Nunc vero nec locus tibi ullus dulcior esse debet patria.(Cicero). 이제 너한테는 조국을 빼놓고는 어느 곳도 (조국보다) 즐거운 곳이 되어서는 안 된다/
Nunquam diligit ullum.
그는 결코 그 누구도 사랑하지 않는다/
Sine ulla lege vivimus. 우리는 아무 법 없이도 산다/
sine ullo medio. 그 어떤 중개도 없이.
ulmaceæ, -árum, f., pl. (植) 느릅나무과 식물
ulmánus, -a, -um, adj. (ulmus)
느릅나무 곁의, 느릅나무 밑의.
ulmarimentum(=ulmárĭum) -i, n. (ulmus)
ulmárĭum(=ulmárimentum) -i, n. (ulmus)
느릅나무 심은 곳, 느티나무 숲, 규림(楑林-느티나무 숲)
úlmĕus(=ulmíneus), -a, -um, adj. (ulmus) 느릅나무 (숲)의.
píngere marcum pigméntis úlmeis (속담) 마르꼬를
느릅나무 색으로 칠하다(즉 보기 좋게 혼내주다).
ulmítriba, -æ, m. (ulmus) 자주 채찍 맞는 자
ulmus, -i, f.(m.) (植) 느릅나무, 느릅나무 채찍.
ulmis adjungo vites. 포도나무를 느릅나무에 접목하다.
ulna, -æ, f. 팔(brachĭum, -i, n.).
팔뚝, 한 아름, 한 발(길이). (解) 척골(尺骨), 완(腕).
ulnáris, -e, adj. (解) 척골(尺骨)의
ulóphŏnon(= ulophýton), -i, m. (植) 독초의 일종(엉겅퀴)
úlpĭcum, -i, n. (植) 부추, 파 종류
uls, adv. utra의 고형, cis의 반대
ulter, -tra, -trum, adj. (부사형 ultră, ultro 외에는
쓰지 않음) [comp. -térĭor; superl. -tĭmus]
저쪽의, 너머의(超), 지나친(過).
ultérĭor, -ĭus, adj., comp. 저쪽의, 너머에 있는,
그 이상의, 그 밖의, 아주 먼, 아주 옛, 장래의.
Gállia ultérĭor. 저쪽의 Gállia.
ulterior finis. 궁극의 목적(窮極 目的)
ulterior ripa 건너편 강변
ultérĭus, comp., adv., n. (ulter, ultra)
더 멀리, 더 떨어져서, 더 이상, 더 다시, 그밖에.
Ulterĭus justo. 옳은 것보다 더 이상
Ulterĭus ne tende ódiis. 더 이상 미워하지 말라
ultima alumárum. 여학생 중의 꼴찌
ultima antiquitas. 태고시대(太古時代)
ultima beatitudo. 궁극의 행복(중세철학 창간호. p.151)
ultima coena.(⑨ Last Supper.獨 Abendmahl)
최후의 만찬.
ultima commendátĭo et valedictĭo* 고별 기도, 고별식.
ultima dona(⑨ Funérals.獨 honor supremitátis). 장례식
ultima felicitas. 궁극적 행복
Ultima finalitas. 궁극적인 목적
Ultima forsan. 아마도 최후로
ultima gradum vitæ. 생명의 최종적 단계
ultima perfectĭo. 최고의 완전성
ultima perfectĭo rátĭonális creturæ.

이성적 피조물의 궁극적 완성(窮極的 完成).
ultima pia volúntas. 최후의 신심 의사(信心 意思)
Ultima rátĭo regum. 왕들의 최후의 논쟁 무력
ultima realitas. 궁극적 실재(窮極的 實在)
ultima solitudo. 궁극적 고독, 최종적 고독
ultima unctĭo. 마지막 도유(塗油)
última vice. 마지막 번에, 나중 번에, 요번에
ultima voluntas(testamentum)
　최후의 의사(遺言), 유언(遺言.⑨ testament).
ultíme, adv. (últimus)
　결국, 결론적으로, 마지막으로, 최후로, 최악의 경우에.
último¹ adv. (últimus)
　결국은, 끝에(ultimum, adv.), 끝으로, 나중에, 최후에.
último² -áre, intr. (últimus) 끝에 이르다
ultimum¹ adv. (últimus)
　마지막으로(ultima vice), 최후로, 맨 끝으로.
ultimum² -i, n.
　끝, 극단(極端-중용을 잃고 한쪽으로 치우침), 맨 끄트머리.
　ad ultimum. 마지막까지/
　Mors ultima rátĭo. 죽음은 마지막 이유(理由)/
　Quod omnia ad Deum, sicut ad finem ultimum sunt
　referénda.(준주성범 제3권 9장)
　모든 것을 최종 목적인 하느님께 돌림.
Ultimum Evangélium. 끝 복음.(전례개혁 이전에 매 미사 끝에
　봉독 하던 요한복음서 1장 1-14절. 옛날에는 이 복음이 미사가 끝나고
　제의실로 가면서 사제가 혼자 기도형식으로 했었는데 1570년 비오 5세의
　지시로 사제가 큰 소리로 제대에서 다 읽고 내려갔다. 1964년 9월 26일
　이후 이 끝 복음은 페지되었다. 백민관 신부 엮음, 백과사전 2, p.511).
ultimum judicĭum. 최후심판, 공심판(→최후심판*)
Ultimum senatus consultum. 원로원 긴급명령, 긴급조치
últĭmus, -a, -um, superl., adj. = **últumus**
　1. (공간적) **가장 멀리 있는**, 아주 저쪽의, 끝에 있는,
　말단의. 2. (시간·순서에서) 마지막의, **최후의**, 최종의,
　종말의, 제일 나중의, 맨 끝의, 말째의, 제일 처진,
　마지막 남은. 3. 바로 요전의, 지난(昨), 최근의, 최신의,
　4. (시간적으로) 가장 먼, 옛, 처음의, 5. 최하의, 제일
　낮은, 맨 밑바닥의. 6. 최고의, 최대의, 최악의, 극도의.
　discrimen ultimum. 극도의 위기/
　duo ultima. 이중적인 궁극/
　felícitas ætérna ut finis ultimus.
　　영원한 행복만이 궁극적 목적이 된다/
　finis rátĭonális naturæ ultimus. 이성적 본성의 최종목적/
　finis specífice ultimus. 지정적 최후 목적/
　Mors ultima linea rěrum est.
　　죽음은 덧없는 인간의 마지막 한계선이다/
　plebs última. 최하층 서민/
　quod ultima homǐnis felícitas non sit in hac vita.
　　인간의 궁극 행복이 이 세상에는 없다/
　stélla última a cælo, cítima terris.
　　하늘에서 가장 멀리 있고 땅에서 제일 가까운 별/
　última antíquitas. 태고시대, 아득한 옛날/
　última Gállia = Gállia Transalpína/
　última vice. 마지막으로, 지난번에/
　últimum supplícium. 극형(極刑)/
　últimum tempus ætátis. 인생의 마지막 시기/
　usque ad últimas terras. 땅 끝까지.
ultimus efféctus. 마지막 결과
ultimus finis. 궁극의 목적, 최종목적
ultimus finis homǐnis. 인간의 최종 목적
ultimus finis gratiæ. 은총의 최종 목적
ultimus finis movet agentem.
　　최종 목적이 행위자를 움직인다.
últĭo, -ónis, f. (ulcíscor) 복보(앙갚음), 복구(復仇-원수를 갚음),
　복수(復讐.ᴅᴄᴨ.ᴎᴀ꙼ᴨ.⑨ vengeance).
　Divína ultio. 하느님의 복수/
　Ultĭo, -ónis f. 복수(復讐)의 여신(女神)/
　ultĭonem petěre. 보복을 꾀하다.
Ultio sanguinis(⑨ Avenge of Blood) 피의 복수
ultĭs, adv. = **uls**, adv. utra의 고형, cis의 반대

Ultor, -óris, m. 복수의 신, Mars 신의 별명
ultor, -óris, m. (ulcíscor) 복수자(復讐者), 보복자(報復者).
　Me promísi ultorem.
　　내가 복수하겠노라고 을러 놓았다(위협하였다)/
　ultóres dii. 복보하는 신들.
ultórĭus, -a, -um, adj. (ultor)
　복수(復讐)하는, 복수의, 원수(怨讐)를 갚는.
ultra, (sc. parte) [ultor]
　Ⅰ. adv. 1. 저쪽에서, 저편으로, 건너편으로: nec citra
　nec ultra. 이쪽도 저쪽도 아닌, 전진도 후퇴도 아닌.
　2. 더 멀리(오래): 그 외에, 더 이상.
　3. non ultra. 이미 … 아니.
　Ⅱ. prœp. acc. 1. 저쪽으로, 다른 편으로: paulo ultra
　eum locum. 이곳 너머 좀 저쪽으로.
　2. 더 오래: ultra Sócratem usque durávit.
　Sócrates 이후 좀 더 오래 살았다.
　3. 한도를 넘어, 더 길게, 더 무겁게: modus, quem
　ultra prógredi non opórtet. 넘어서는 안 될 한도/
　ultra modum. 정도를 넘어, 과도히(nimis, adv.).
　Ⅲ. '저 너머'의 뜻을 가진 접두어(接頭語).
　Fátus est judex qui ultra petíta judicat. 청구된 것
　이상을 재판(裁判)하는 재판관은 미련한 자이다/
　Ne plus ultra. 여기 이상 넘어가지 말라.
ultra modum. 과도히
ultra montem. 산 넘어, 산 너머에
ultra octo annos. 8년 후에, 8년이 지나서
ultra púeriles annos. 소년 시대 이후
ultra quadragínta mília hómĭnum. 사만 명 이상
ultra, quam sátis est. 충분한 것 이상으로
ultra-reálismus. 초실재론
Ultraiectensis ecclésia.(⑨ church of Utrecht)
　위트레흐트 교회(얀센주의자로 유명했던 위트레흐트 교구장인
　P. Codde 1686~1704 대주교를 교황이 파면함으로써 발생한 이교).
ultrajudiciális procéssus. 초사법적 절차
ultramarínus, -a, -um, adj. (mare) 바다 너머의
Ultramontanismus* -i, m. (⑨ ultramontanism)
　교황 지상주의, 울트라 몬타니즘(→'교황 지상주의' 참조).
ultramontánus, -a, -um, adj. 산 너머의
ultramundánus, -a, -um, adj.
　세상 저쪽의, 피안(彼岸)의, 사회를 떠난, 속세를 떠난.
ultrátus, -a, -um, adj. (utra) 저쪽에 있는
ultrix -ícis, f. (ultor) 복수하는 여자
ultro, adv. (sc. loco) [ulter] (보통 citro와 함께 씀)
　저쪽으로 가면서, 다른 쪽으로, 이쪽저쪽 서로,
　더 멀리, 그뿐 아니라, 그 이상, 먼저(πρῶτος),
　선수를 쳐서, 자의로, 자원으로, 자진해서, 저절로.
　benefícia ultro et citro data, accépta.
　　이쪽저쪽에서 서로 주고받는 혜택(惠澤).
ultro citróque mittěre. 이쪽저쪽에서 서로 보내다
ultro citro, ultro citroque.
　　여기저기로, 이리저리, 서로, 이쪽저쪽으로.
ultro commeáre. 이곳저곳을 왔다 갔다 하다
ultro et citro cursáre. 이쪽저쪽으로 뛰다
ultronéitas, -átis, f. (ultróneus) 自意, 자발성(自發性),
　자유의사(自由意思.⑨ liběrum arbítrĭum).
ultróněus, -a, -um, adj. (ultro) 자의의, 자진해서 하는,
　자원의, 스스로 하는, 방해받지 않은, 자유의.
Ultro tribúta, -órum, n., pl. (붙여서도 씀)
　기업가에게 선불하는 국가 공공 공사비용,
　국가의 공공 공사 선불금.
　Virtus in ultrotribútis est.
　　덕행은 받는 것보다 주기를 더 좋아한다.
últumus, -a, -um, superl., adj. = **últĭmus**
ultus, -a, -um, "ulcíscor"의 과거분사(p.p.)
úlucus, -i, m. = **úlula**
úlŭla, -æ, f. (úlulo) ((鳥)) 올빼미의 일종, 올빼미 소리
ululábĭlis, -e, adj. (úlulo) 올빼미 소리 나는, 탄식하는,
　찢어지는 소리 나는, 찌르는 듯한(목소리, 어조).

ululámen, -ĭnis, f. (úlulo) 우는 소리, 우짖는 소리
ululátĭo, -ónis, f. (úlulo) 짖는 소리, 우는 소리, 울부짖음, 통곡(痛哭), 탄식(歎息-한탄하여 한숨을 쉼).
ululátus, -us, m. (úlulo) (動物의) 으르렁 소리, 짖는 소리, (사람) 울부짖는 소리, 찢어지는 듯한 소리, 아우성 소리, 통곡(痛哭) 소리, 전쟁에서 지르는 소리.
Ululátus personant totā urbe. 온 도시에서 통곡소리가 터져 나오고 있다.
Ululátus pulsat aures. 울부짖는 소리가 귓전을 때린다
úlŭlo, -ávi, -átum, -áre, intr. 찢어지는 소리 나다, 날카로운 소리 나다, 개 짖다, 으르렁거리다, 울부짖다, 통곡(痛哭)하다, 부르짖다, 기쁜 소리 나다. tr. 울부짖는 소리로 호소하다, 으르렁 소리 내다.
ulva, -æ, f. (植) 갈파래(靑苔), 청해태
ulvósus, -a, -um, adj. (ulva) 갈파래가 많은
Ulýsses, -is, m. Ulíxes의 잘못된 철자
umbélla, -æ, f. dim. (umbra) 양산(洋傘-서양식의 헝겊우산), 우산(雨傘).
umbellifĕræ, -árum, f., pl. (植) 산형과 식물
Umber, -bri, m. Umbria의 사냥개, 산양과 양과의 혼종
Umbra, -æ, f. Umbria의 여인
umbilicáris, -e, adj. (umbilícus) 배꼽의, 특히 식물 씨앗의 눈.
umbilicátus, -a, -um, adj. (umbilícus) 배꼽 있는
umbilícus, -i, m. 배꼽, 탯줄(funiculus umbilicális), 가운데, 중앙, 책 두루마리의 끝 부분, 축, 원통(圓筒), 해시계의 지침(바늘), 조개의 일종, 식물의 돌출부. (植) 비너스의 배꼽.
umbilicus orbis terrárum. 세상의 중앙
umbo, -ónis, m. 방패의 두드러진 곳, 방패, 팔꿈치(腕尺), 갑(岬→곶. 바다나 호수로 가늘게 뻗어 있는 육지의 끝 부분), 곶(串-地名 아래에 붙어 "갑-岬"의 뜻을 나타내는 말), 해각(海角), 돌출부분, 토가(toga. 로마인들의 옷), 머리숱.
umbra homĭnis lineis circumducta. 선으로 둘러 그려진 사람 그림자.
umbra, -æ, f. 그늘, 그림자(σκια.צֵל), 어두움, 밤; 죽음의 그림자, 유령(幽靈), 망령(亡靈), 암색(暗色), 그림자 그림(그림자로 어떤 형태를 나타내는 것), 초청객이 데리고 온 손님, 구름, 허망한 것, 그늘진 곳(상점.학교.강좌), 그늘지어 주는 곳(나뭇잎.집.수염), 두둔(斗頓-편들어 감싸주거나 역성을 들어줌), 비호(庇護), 피난처, 도움, 은퇴생활, 겉꾸밈, 허세(虛勢), 구실(핑계를 삼을 만한 재료. '핑계'로 순화), 민물송어의 일종.
Cur silvam cæditis? Grata erat umbra arborum animalibus avibusque. (너희는) 왜 숲을 베느냐? 나무들의 그늘이 짐승들과 새들한테 고마웠는데/
Et in umbra alárum tuárum spĕrabo donec transeat iniquitas. 당신 날개의 그늘에 나는 숨나이다. 재앙(災殃)이 지나갈 그 때까지/
et jam summa procul villarum culmina fumant majoresque cadunt altis de montibus umbræ. 어느새 마을에는 집집이 연기가 오르고 높디높은 뫼등에서는 땅거미가 짙어져 내리고 있소이다. (성 염 지음. 사랑만이 진리를 깨닫게 한다. p.433)/
Gloria virtutem sequitur, tamquam umbra figúram. 그림자가 형상을 따르듯이, 영광은 덕행을 따른다/
Gloria virtutem sequitur, ut umbra figuram sequitur. 형체에 그림자가 따르듯, 덕에는 영광이 따른다/
Gloria virtutis umbra. 영예는 덕의 그림자, 음덕양보/
In umbra igitur, inquit, pugnabimus. 그는 말했다. 그러므로 우린 그늘에서 싸우겠다/
sub umbra platani. 플라타너스 밑에/
Ut umbra tantum pertransit homo. 인생은 한낱 그림자와도 같이 지나가 버린다/
Vetus tatem novitas, umbræ fugat veritas, noctem lux eliminat. 낡은 것이 새로운 것에게 자리를 물려주고, 진리가 어둠을 내몰며, 빛이 밤을 흩어버리도다(성체성혈대축일 부속가)/
vitaque cum gemitu fugit ingignata sub umbras. (투르누스의) 넋은 한 맺힌 절규 속에 어둠 속으로 달아났다. (성 염 지음. 사랑만이 진리를 깨닫게 한다. p.410).
umbrábĭlis, -e, adj. (umbra) 그늘 지우는, 그림자 같은, 허망한.
umbrácŭla, -órum, n., pl. 학교의 보호, 학교
umbrácŭlum, -i, n. dim. (umbra) 1. 그늘진 곳, 보호된 곳. 2. 양산(洋傘-서양식의 헝겊우산). 3. 텐트([영] tent), 천막(אֹהֶל). 4. 고요한 곳, 학교([라] ludus littĕrárum).
umbráliter, adv. (umbra) 은근하게(in obliquo), 상징적으로
umbratícŏla, -æ, m., f. (umbra+colo²) 그늘을 찾는 자, 여자 같은 자.
umbrátĭcus, -a, -um, adj. (umbra) 그늘 밑에 사는, 그늘의, 자기 집에 있는, 한가하게 있는, 서재에 있는, 여성화한, 유약한, 연약한, 게으른, 나태한, 겉치레의. umbráticæ lítteræ. 집에서 쓴 글(습작習作).
umbrátĭlis, -e, adj. (umbra) 그늘 밑(집)에 있는, 한가한, 조용히 지내는, 학교의, 서재(書齋)의. umbratilis vita. 한가한 삶.
umbratílĭter, adv. (umbrátĭlis) 대강대강, 슬쩍, 어렴풋이, 빗대어, 은유적으로, 겉꾸미며서.
umbrátĭo, -ónis, f. 그늘짐, 음영(陰影-어두운 부분)
umbrella, -æ, f. (백민관 신부 엮음, 백과사전 3, p.704) (임종자의 성체 배령을 위해 모시고 가는 성체를 가리는) 우산형 천개(天蓋).
Umbrenus, -i, m. 카틸리나 음모에 가담했던 사람
Umbrenus pluribus principibus notus erat atque eos noverat. 움브레누스는 많은 유지들에게 알려져 있었고 그도 그들을 알고 있었다.
umbrésco, -ĕre, inch., intr. (umbro) 그늘지다, 한가(閑暇)한 생활을 하다.
úmbrĭfer, -fĕra, -fĕrum, adj. (umbra+fero) 그늘지게 하는, 유령(幽靈)을 초래하는, 으스스 한.
umbro, -ávi, -átum, -áre, tr. (umbro) 그늘지게 하다, 그늘로 덮다, 어둡게 하다. intr. 그늘지다.
umbrósus, -a, -um, adj. (umbra) 그늘진, 그늘지게 하는, 침침한, 어두운. n., pl. 어스름, 서광(曙光-새벽에 동이 틀 무렵의 빛), 희미한 빛.
umec··· V. **humec**···
umefácio··· V. **humefácio**···
úmeo··· V. **húmeo**···
umer··· V. **humer**···
umi··· V. **humi**···
umor··· V. **humor**···
umquam, adv. = **unquam**
Quis umquam fortunæ stabilitate confisus est?[반탈형동사 문장] 도대체 누가 행운의 확고함을(행운이 확고하다고) 믿었단 말인가?.
umile(hum-) ancella. 겸손한 시녀 (=전례음악, 교황 비오 10세 1903년 자의교서에서).
ūnā, adv. (unus) 한꺼번에, 한 가지로, 함께(μετὰ.σὺν), 같이, 동시에, …를 가지고, …와 함께, (전치사 cum의 뜻을 강조하는 부사로도 사용).
armis unā. 무기를 가지고/
cum illis una. 그들과 한통속이 되어/
transilio rem unam. 단 한 가지를 빼놓다/
unā salivā. 단김에/
unæ littĕræ. 편지 한 장/
voluntas una, domina, regulatrix omnium aliarum in unum. 여타의 모든 의지를 하나로 지배하고 규제하는 단일한 의지(=군주의 의지. 성 염 옮김. 단테 제정론, p.64).
Una anima in duobus corporibus. 두 몸 안에 있는 한 영혼, 두 몸 안에 있는 하나.
una cum fílio. 아들과 함께
Una cum filio in horto ambulo. 나는 아들 녀석하고 함께 정원에서 거닐고 있소. (Cum의 뜻을 강조하기 위해 una cum 또는 simul cum을 쓰기도 함).
una essentĭa tres personæ. 하나의 본체와 세 위격
una et probábit et …. 동시에 인정하기도 하고 …하기도

una et sola theologia, id est contemplatio Dei,
cui merito omnia justificationum merita,
universa virtutum studia postponuntur.
하나이고 유일한 신학, 즉 하느님을 관상하는 것, 그것에
서 모든 의화의 유익함, 덕행의 모든 연구가 이루어진다.
una et unica Dei Ecclesia.
하느님의 이 하나이고 유일한 교회.
una fui. 같이 있었다.
una hierarchia. 단일 위계
una natúra. 하나의 본성(μνη φυσις)
Una pars attingit flumen Rhenum.
일부는 Rhenus 강과 인접해 있다.
una persona Christi in utraque natúra.
두 본성 안에 그리스도의 하나의 위격.
una persona in duabus naturis.
두 본성 안에서 하나의(단일의) 위격.
una quædam summa res, communis omnibus
fruentibus ea. 하나밖에 없는 최고의 사물이시면서
그를 향유하는 모든 이에게 공유되는 사물이시다.
una saliva. 단숨에(ductim, adv.)
Una Sancta. 하나이며 거룩한 (교회).
una simul(cum) 동시에(uno tempore)
una statua corporea. 물체적 상(像)
Una strutúra particoláre.
바티칸 시국행정(市國行政)(1968.3.28. 자의교서).
Una voce. 한 목소리(전례 안에서 라틴어의 보존과 그레고리안
성가의 보호를 위해 결성된 국제 연합 명칭).
unadevicénsĭmus, -a, -um, adj. = unadevicésimus
una et vicésima légio, -ónis, f. 제21군단
unætvicesimáni(=unet-), -órum, m., pl. 제21군단의 병사들
unális, -e, adj. (unus) 유일의
unálitas, -átis, f. 단일성(單一性.⑨ Unity)
unam sactam ecclesiam. 하나이며 거룩한 교회
Unam Sanctam. 우남 상탐.
(교황 보니파시오 8세가 1302.11.18. 발표된 "교황 수위권"에 관한 칙서).
unánĭmans, -ántis, (=unánĭmis, -e), adj. =unánĭmus
unanimi consensu. 만장일치로(unanímĭter, adv.)
unánĭmis, -e, (=unánĭmans, -ántis), adj. =unánĭmus
Unanimis consensus patrum. 교부들의 일치된 견해.
unanímĭtas, -átis, f. (unánĭmus) 조화(⑨ Harmony),
합의, 일치(κοινωνία.⑨ Communion), 화목(和睦),
화합, 동심동력(동심일체), 만장일치(滿場一致).
unanímĭter, adv. (unánimis) 일치하여, 만장일치로
이구동성으로(una voce/uno ore), 같이, 한마음으로.
unánĭmus(=uniánĭmis) -a, -um, adj. (unus+ánimus)
같은 생각의, 한 마음의, 일치하는, 화합하는, 같은 의견의,
동심동력의, 일치합력의, 만장일치의, 이구동성의.
unaquæque anima, ab ortu nativitatis, habet in
custodiam sui angelum deputatum. 모든 영혼은 탄생부터
자신의 보호를 위해 배정된 천사를 갖는다(신학대전 14, p.473).
unaquæque anima ad sui custodiam habet angelum
deputatum. 모든 영혼은 자신의 보호를 위해 배정된
천사를 갖는다.(이상섭 옮김, 신학대전 14, p.467).
unáque, adv. 함께(μετα.σὺν), 하나가 되어,
동시에, 같이(καθὼς.ἀμετ.σὺν.ὡς.ὥσπερ).
unárĭus, -a, -um, adj. (unus) 유일한(μόνος).
(文) 형태뿐인, 한 가지 법만 있는.
unasýllabus, -a, -um, adj. (unus+sýllaba)
(=monosýllabus) 단음절의.
uncátĭo, -ónis, f. 안으로 굽음
uncátus, -a, -um, adj. (uncus¹)
안으로 굽은, 오그라든, 갈고리 진, 꼬부라진.
úncĭa, -æ, f. (Sicília 어원) 12분의 1, 12분의 1as,
1온스, 1 júgerum의 12분의 1(júgerum은 두 마리 소가 한나절
갈 수 있는 농토 면적), 1인치, 유산의 12분의 1,
월 12분의 1 이자율, 근소한 양, 극소량(極少量).
unciális, -e, adj. (úncia) 12분의 1의, 1온스의, 1인치의
unciárĭus, -a, -um, adj. (úncia) 12분의 1의.

unciárĭum fenus. 월 십이분의 일 이자.
unciátim, adv. (úncia)
한 치 한 치, 한 푼 한 푼, 조금씩, 한 푼씩.
uncinátus, -a, -um, adj. (uncíno)
안으로 굽은, 갈고리 모양으로 된, 꼬부라진.
uncíno, -áre, intr. (uncínus¹) 낚시질하다
uncínulus, -i, m. dim. (uncínus²) (포도) 덩굴손
uncínus¹ -i, m. (uncus²) 작은 갈고리, 낚시 바늘
uncínus² -a, -um, adj. (uncus¹) 안으로 굽은, 꼬부라진
unciŏla, -æ, f. dim. (úncia) 유산의 십이분의 일,
하잘것없는 양.몫, 소량, 작은 갈고리.
úncĭpes, -pĕdis, adj. (uncus¹+pes)
발이 꼬부라진, 다리가 X形으로 된.
unco, -áre, intr. 곰이 울다, tr. 구부리다, 꺾다
unctĭo, -ónis, f. (ungo) 기름 바름, 기름 칠, 기름,
도유(塗油.⑨ Anointing.獨 Salbung.프 onction),
기름 부음(프 onction), 성유(聖油) 바름, 마찰, 운동 연습.
(藥) 고약, 연고(軟膏-반고제 상태의 외용약).
Divina unctio. 하느님의 기름 부으심/
extrema únctĭo* 마지막 기름 바름, 종부(終傅) 성사.
(지금은 sacraméntum infirmórum-병자성사라 함).
병자성사(⑨ Anointing of the Sick), 최후의 도유/
in nobis carnaliter currit unctĭo.(떼르뚤리아노)
우리 몸 전체에 도유가 이루어지고 있다/
ultima unctĭo. 마지막 도유, 마지막 기름 바름.
unctĭo infirmórum*(⑨ Anointing of the Sick.
獨 Krankensalbung) 병자의 도유(病者 塗油), 병자성사.
Illis qui hanc vitam sunt relicturi, Ecclesia offert, præter
infirmorum Unctionem, Eucharistiam tamquam viaticum.
(⑨ In addition to the Anointing of the Sick, the Church offers those who are
about to leave this life the Eucharist as viaticum) 교회는 임종을 앞둔
사람들에게 병자의 도유 외에도 노자로 성체를 줍니다.
únctĭto(=unguito) -áre, freq., tr. (ungo) 자주 바르다
unctiúscŭlus, -a, -um, adj. dim. (unctus¹) 꽤 기름진
unctor, -óris, m. (ungo)
기름 바르고 문지르는 노예(奴隷), 안마하는 노예(奴隷).
unctórĭum, -i, n. = unctrínum (sc. cubículum)
[unctórius] 안마소(按摩所), 기름 바르는 곳,
향유로 마찰(摩擦)하는 방.
unctórĭus, -a, -um, adj. (ungo) 기름 바르는, 안마하는
unctrínum, -i, n. = unctórĭum
unctrix, -ícis, f. (unctor) 기름 바르는 여자, 안마하는 여자
únctŭlus, -a, -um, adj. dim. (unctus¹)
약간 기름 바른, 향유 바른. n. 소량의 향유(香油).
unctum, "ungo"의 목적분사(sup.=supínum)
unctum, -i, n. (unctus¹) 안마용 기름, 맛있는 음식, 향연.
unctúra, -æ, f. (ungo) 시체에 기름 바름,
향유 바름, 도유(塗油.⑨ Anointing).
unctus¹ -a, -um, p.p., a.p. (ungo)
기름 진, 기름 바른, 향료 뿌린, 살찐, 부자의, 잘 먹는.
caput unctus. 기름을 잘 바른 머리/
Accédes siccus ad unctum.
깡마른 너는 부자 집을 다니어라/
Christus autem sacramenti nomen est. Quomodo si
dicatur propheta, quomodo si dicatur sacerdos; sic
Christus commendatur unctus, in quo esset redemptio
totius populi Israel. 그러나 '그리스도'는 성사의 이름
입니다. 어떤 이는 예언자라 불리고 어떤 이는 사제라
불리듯, 그리스도는 온 이스라엘 백성의 구원을 이룩하실
'기름 부음 받은 이'라는 뜻입니다.
(최익철 신부 옮김, 요한 서간 강해, p.163).
unctus² -us, m. (ungo)
기름 바름, 도유(塗油.⑨ Anointing), 안마(按摩).
Unctus est enim ille David ut rex.(⑨ David was
anointed king) 다윗은 도유 받은 왕이었다.
uncus¹ -a, -um, adj. (unctus²)
안으로 굽은, 갈고리 모양의, 낚싯바늘처럼 휜.
uncus² -i, m. 갈고리, 꺾쇠, 갈고리, 장대, 닻,
갈퀴(낙엽.검불.솔가리 따위를 긁어모으는 데 쓰는 기구).

unda, -æ, f. 파도(波濤-큰 물결), 물결, 풍파(風波),
연기의 파상형, 인파(人波-많이 모여 움직이는 사람의 모양을
파도에 비유하여 이르는 말), 파도처럼 밀리는 군중,
손님의 쇄도, 물(水.ᵭᵂ.ὕδωρ), 액체(液體).
A vento unda tumet. 바람에 파도가 일다/
détórquĕo proram ad undas. 뱃머리를 깊은 바다로 돌리다/
Marce, undasne videre potes?
마르코야, 너는 파도를 볼 수 있느냐?/
Quam multos (viros) sub undas volves,
Thybri pater!(Vergilius). 아버지 티베르 강이시여, 얼마나
숱한 사나이들을 파도 속으로 잠겨들게 하시나이까?
(Tiberis, Tibris, Thybris. 시어(詩語)로 호격으로 Thybri를 사용하기도 한다)/
tristis unda. Styx 샘의 독 있는 물/
Undæ erunt altæ hodie. 오늘은 파도가 높겠다/
Undæ sunt magnæ. 파도들이 커다랗다/
Undasne videt? 그는 파도를 봅니까?(라틴어 직접 의문문은 문장
의 첫 낱말에 후접어 -ne를 부가하여 만든다. 성 염 지음 고전 라틴어, p.44)/
Undasne videtis? 너희들은 파도들을 보고 있느냐?
Ita. Undas videmus. 그렇다. 우리는 파도들을 보고 있다.

명사 제1변화(Prima declinatio) 규칙변화		
	단 수	복 수
Nom.	unda	undæ
Voc.	unda	undæ
Gen.	undæ	undárum
Dat.	undæ	undis
Acc.	undam	undas
Abl.	undâ	undis

고전 라틴 문학에서 가장 많이 사용되는 어휘들 가운데 그 소속변화를 집계한 결과 제1변화 어휘 21%, 제2변화 26%, 제3변화 43%, 제4변화 9%, 제5변화 1%였다고 한다
(성 염 지음, 고전 라틴어, p.41)

unda magna. 큰 파도
unda instar montis. 산더미 같은 물결
undabúndus, -a, -um, adj. (unda) 물결치는, 풍파 이는
undánter, adv. (unda)
파도치면서, 노도(怒濤)와 같이, 소란하게.
undátim, adv. (unda) (나무.돌의) 물결무늬로,
파동(波動)을 일으키며, 대열(무리를)을 지어.
undátĭo, -ónis, f. (undo) 넘쳐흐름, 비등(沸騰).
undátus, -a, -um, adj. (undo) 파도 친, 파도 인,
파동(波動)의, 파상(波狀)의, 고저(高低) 있는.
undátus, -a, -um, adj. 파도 이는
unde, adv. I. interr., dir. et indir. 1. (출발점.출처
표시의 장소부사) 어디로부터, 어디서(부터)?
Unde is(=venis)? 너 어디서 오느냐?/ Respóndit unde
esset. 자기가 어디 출신인 지를 말했다. 2. (a, de,
abl., pron. interr. 대신으로) Unde(=a quâ re)
incípiam? 나는 무엇에서부터 시작하랴?. 3. (이유부사)
= cur? quare? 왜, 어째서, 무슨 이유로?(간접 의문일
경우에는 " … 할 이유.근거.재료"로 알아듣게 됨).
II. adv., relat. 1. (출발점.출처 표시의 장소부사)
Rédeam eódeam, unde erant proféctæ naves. 나는
배들이 출범했던 그곳으로 돌아가겠다. 2. (a, de, ex,
abl. pron. relat 대신으로) in fines suos, unde(=e
quibus) erant profécti. 그들이 떠났던 자기 지역으로/
eloquéntia, unde(=a quâ) longe absum. 나와는 거리가
먼 웅변/ ((法)) (ille), unde alqd pétitur. 무엇을 요구
당하는 사람. 3. (이유 표시의 관계부사) = quare
그러므로, 그래서, 거기에서, 그 이유로.
III. adv., indef. unde unde. 어디에서부터이든지,
아무 곳에서나, 사방에서.
(라틴-한글사전, p.982).
Et unde hoc mihi, ut veniat mater Domini mei ad me?
내 주님의 어머니께서 저에게 오시다니 어찌 된 일입니까?/
Illuc, unde ábii, rédeo.
내가 말하다가만 그 사람 얘기로 돌아간다/
Manifestum est ergo unde cognoscamus fratres.
그러므로 우리가 어떻게 형제들을 알아보아야 하는지
분명해졌습니다.(최익철 신부 옮김, 요한 서간 강해, p.301).
Unde cælestis societas cum terrena civitate pacem
habeat et unde discordiam. 천상 사회와 지상 도성
사이의 평화와 불화.(신국론, p.2818).

Unde cœpit? ab Ierusalem. 어디서부터 시작했습니까?
예루살렘에서부터 시작하였습니다.
Unde ergo potes gloriári?
그대는 무엇을 가지고 자랑할 수 있겠습니까?
Unde est? 어디서 왔는가?
unde et nos soli simus, ut Dominus nobiscum sit.
그러니 주님께서 늘 우리와 함께 계시도록
홀로 있는 것을 배워야 할 것이다.
Unde exis? Qua transisti?.
너는 어디서 오느냐? 너는 어디를 거쳐 왔느냐?
Unde hoc sciam?.(루카 1, 18).
무엇으로 그것을 알 수 있겠습니까?(200주년 기념 성서)/
제가 그것을 어떻게 알 수 있겠습니까?(성경 루카 1, 18).
Unde id verbum traductum est?
이 말(言)은 어디서 왔느냐?
Unde(=a quâ re) incípiam? 나는 무엇에서부터 시작하랴?
Unde incipit caritas, fratres?
형제 여러분, 사랑은 어디서 시작됩니까?
Unde is(=venis)? 너 어디서 오느냐?
Unde jus prodiit, inde interpretátĭo procedit.
법이 태어난 곳에서 해석이 나온다.
Unde missus est?. 어디서 쫓겨났습니까?
Unde probas? 어떻게 증명합니까?
Unde sit malum.
악이 어디서 유래하는가?, 악은 어디로부터 오는가?
**Unde sit sanctis adversum dæmones potestas et
unde cordis vera purgatio.**
성인들의 정령 대항 능력과 참다운 마음의 정화는
어디서 나오는가.(신국론, p.2778).
Unde venerant isti?. 그자들이 어디에서 왔었소?
Unde venerant isti milites?. 저 군인들은 어디서 왔나?
Unde venio? Quoque vado?
나는 어디서 와서 어디로 가고 있는가?
undecénis, -e, adj. (úndecim+annus) 열한 살 먹는
undecentésĭmus, -a, -um, num., ordin.
(unus+de+centum) 제99번, 99번째, 제99의,
아흔 아홉 번 째(nonagesimus nonus).
undecéntum, indecl., num., card. (unus+de+centum)
아흔 아홉(nonaginta novem), 99.
undecĭe(n)s, num., adv. (unus+decem) 열한 번(11번)
úndecim, num., card., indecl. (unus+decem)
열 하나의 수, 십 일(11)의 수, 미정(未定)의 수.
Postea et illi undecim putabant se spiritum videre.
나중에 열한 제자들도 유령을 보고 있다고 생각했습니다.
undecimáni = undecumáni
undecimprímus, -a, -um, adj. 11인 고관 중 하나
undécĭmus, -a, -um, num., ordin. (úndecim)
제 십일의, 11번째의, f. (sc. hora) 11시.
hora fere undecima. 열한시 경에.
undecimvĭri, -órum, m., pl.
Athénœ의 사법경찰을 관장한 11인 위원.
undeci(m)rémis, -is, f. (sc. navis)
(úndecim+remus) 11단 노(櫓)의 배(船).
undecumáni, -órum, m., pl. (undécimus)
제11군단의 병사들.
undecumque(=undecunque), adv. 아무 곳에서나,
어디서든지, 사방에서, 어느 견지(각도)에서 보든지.
Undecumque causa fluxit.
사건은 어디에서든지 흘러 나왔다.
undecumque géntium. 사방에서
undecúnde, adv. 사방에서, 모든 면에서
undecunque, adv. = undecumque
undélĭbet, adv. 어디에서든지
undenárĭus, -a, -um, adj. (undéni) 열 하나의,
11의 수가 포함되는, 한 단위가 열 한 번 들어 있는.
undéni, -æ, -a, num., distrib. (úndecim)
각각 11씩, 매번 11씩, 한 번에 열 하나씩.
undenonagésĭmus, -a, -um, num., ordin.

U

undenonagínta) 여든 아홉 번째의, 89번째의.
undenonagínta, indecl., num. (unus+de+nonagínta)
여든 아홉, 89.
undénus, -a, -um, adj. (úndecim) 11번째의
undeoctogínta, indecl., num., card.
(unus+de+octogínta) 일흔 아홉, 79의 수.
undequadragésïmus, -a, -um, num., ordin.
(undeguadragínta) 서른아홉 번째의, 39번째의, 제39.
undequadrágïe(n)s, adv., num., (undequadragínta)
서른아홉 번, 39번.
undequadragínta, num., indecl., card.
(unus+de+quadragínta) 서른아홉의 수, 39의 수.
undequáque, adv. 어디에든지
undequinquagésïmus, -a, -um, num., ordin.
(undequinquagínta) 마흔 아홉 번째의, 49번째의.
undequinquagínta, num., indecl., card.
(unus+de+quinquagínta) 마흔 아홉, 49의 수.
undesexagésïmus, -a, -um, num., ordin.
(undesexagínta) 제59번의, 59번째의, 제59.
undesexagínta, indecl., num., card.
(unus+de+sexagínta) 쉰아홉, 59.
undetricéni, -æ, -a, num., distrib. (undetrigínta)
29씩의, 한번에 29.
undetricésïmus, -a, -um, num., ordin.
(undetrigínta) 스물아홉 번째의, 제29의.
undetrigínta, indecl., num., card.
(unus+de+trigínta) 스물아홉, 29.
undeúnde, adv. (=undecúnde) V. unde Ⅲ
undevicéni, -æ, -a, num., distrib. (undevigínti)
열아홉씩, 한번에 19씩.
undevicesimáni, -órum, m., pl.
(undevicesimus) 제19군단 병사.
undevicé(n)sïmus(=undevigésïmus) -a, -um,
num., ordin. (undevigínti) 열아홉 번의,
19번째의, 제19(=décimus nonus).
die undevicesimo. 열아흐레에, 19일에.
undevigínti, num., indecl., card.
(unus+de+vigínti) 십 구, 19의 수(=novémdecim).
undícöla, -æ, m., f. (unda+colo) 물에 사는 자
undífrägus, -a, -um, adj. (unda+frango) 파도를 가르는
undique, adv. (unda+que) 모든 방면에서, 사방에서,
= ab (ex) omni parte. 모든 견지에서, 모든 면에서.
Undique ad inferos tantumdem viæ est.
모든 방면에서 오는 길은 지옥으로 가는 길이다
Undique eo convéniunt.
모든 방면에서 그곳으로 모여들다
undique versus(versum), gëntium, secus.
도처에서, 사방에서.
undísönus, -a, -um, adj. (unda+sona)
파도 소리 나는, 파도에 부수어진, 파도를 가르는
undívägus, -a, -um, adj. (unda+vagus)
방랑하는, 항해 중 길 잃은, 사방에서 파도에 휘말리는.
undo, -ávi -átum, -áre, intr. (unda) 파도치다, 파도 일다,
물결치다, 소용돌이치다, 끓다, 파상형(波狀形)이 되다,
소요(騷擾)가 일다, 동요(動搖)하다(ㅁㄲㄱ.ㅁㄲㄱ).
tr. 흘러넘치다, 홍수(洪水)나다.
undóse, adv. 파도치면서, 파도치는 모양으로, 파상으로
undósus, -a, -um, adj. (unda) = **undüósus**
파도 많은, 격랑 하는, 노도(怒濤)와 같은.
úndula, -æ, f. dim. (unda) 작은 파도
undulátus, -a, -um, adj. (undo)
파도 인, 파도 친, 파도형의, 파상의.
unduósus, -a, -um, adj. = **undósus**
Une Fois Encore,
프랑스에서의 교회와 국가의 분리(1907.1.6.)
unédo, -ónis, m. (植) 소귀나무, 소귀 열매
Unélli = **Venélli**, Gállia의 한 종족
unésco(=unisco) -ěre, intr. (unus) 하나가 되다, 일치하다.

unetvicesimáni, -órum, m., pl. (unetvicésimus)
제21군단의 장병들, 제21 연대병.
unetvicésimus, -a, -um, num., ordin.
(unus+et+vicésimus) 제21의, 제21번째의.
Ungaricus, -i, m. 헝가리(Hungaria)
úngeo(=ungueo) -ére, tr. = ungo = **unguo**
ungo(=**unguo**) unxi, unctum -ěre, tr.
기름 바르다, 칠하다, 문지르다, 향료(香料) 바르다,
시체(屍體)에 기름 바르다, 향료 칠하다, 기름 치다,
맛있는 음식을 만들다, 적시다, 축성(祝聖)하다,
arma uncta cruóribus. 선혈(鮮血)로 물든 무기/
Et solus tunc ungebatur rex et sacerdos(⑧ In those
days only a king and a priest were anointed)
그 시대에는 오로지 한 명의 왕과 한 명의 사제만이
도유를 받았다(1988.12.30. "Christifideles laici" 중에서).
ungo *alqm* **unguéntis.** 누구를 향료로 문지르다
ungo cáules óleo. 채소에 기름 치다
unguédo, -ïnis, f. (ungo)
향유(香油-향기가 나는 화장용 물기름), 향수(香水), 고약.
ung(u)élla, -æ, f., m. 발굽, pl. 돼지 발
ung(u)éllüla, -æ, f. dim. (ungélla) 작은 발굽
unguen, -guïnis, n. (ungo) 기름진 몸, 살찐 몸,
비계(비계의 잘못), 비계(脂肪), 비대(肥大-살이 찌고 몸이 큼),
고약(膏藥), 향유(香油-향기 나는 화장용 물기름),
unguentárïum, -i, n. 성유병(盛油瓶)
unguentárïus, -a, -um, adj. (unguéntum) 향유의.
f. 여자 향료상, 향료상 주인. m. 향료상인, 향료 제조인.
n. (sc. argéntum) 향료 함, 향료 살 돈.
unguentária tabérna. 향료상(香料商).
unguentátus, -a, -um, p.p., a.p. (unguénto)
향료 바른, 향기 나는,
unguenta quæ crocum sápiunt. 샤프란 향기가 나는 향유.
unguénto, -ávi, -áre, tr. (unguéntum) 향료를 바르다
unguéntum, -i, n. (gen., pl. -ntum) [unguo]
지방(脂肪), 기름, 향유(香油-향기가 나는 화장용 물기름),
향수, 향료, (가톨릭) 성유(oleum pro chárismate*).
(藥) 연고(軟膏-반고체 상태의 외용약), 고약(膏藥).
unguentum ácidi bórici. 붕산연고(硼酸軟膏)
unguentum contra perniónes. (藥) 동창연고(凍瘡軟膏)
ungueo(=úngeo) -ére, tr. = ungo = **unguo**
기름 바르다, 칠하다, 문지르다, 향료(香料) 바르다,
시체(屍體)에 기름 바르다, 향료 칠하다, 기름 치다,
맛있는 음식을 만들다, 적시다, 축성(祝聖)하다,
arma uncta cruóribus. 선혈(鮮血)로 물든 무기.
unguícülus, -i, m. dim. (unguis) 손톱, 발톱.
ab unguículo ad capíllum. 발끝에서 머리털까지/
Mihi a téneris, ut Græci dicunt, unguículis es cógnitus.
희랍인들의 말대로, 나는 너를 어릴 때부터 안다.
unguílla, -æ, f. 향유(향료) 그릇
unguinósus, -a, -um, adj. (unguen)
기름진, 살찐, 기름기 있는.
unguis, -is, m. (abl. -gue, -gui) 손톱, 발톱, 발굽,
완전성(조각가가 작품을 손톱으로 마지막 손질하여 점검한 완성성),
맹수의 발톱, 쇠갈고리, 꽃잎 끝의 뾰족한 부분,
(눈의) 삼(三), 조개의 일종.
ab re travérsum unguem non discédere.
어떤 일에서 한 치도 물러나지 않다/
ab imis únguibus usque ad vérticem.
발끝에서 머리끝까지/
ad unguem carmen castigáre. 시가 완벽하게 될 때
까지 다듬다(대리석의 매끈함을 손톱으로 만져 보듯이)/
ad uguem factus homo. 완성된 인간/
in unguem. 완전하게/
Quid iam respondeam de capillis atque unguibus?
머리카락이나 손톱발톱에 관해서는 무슨 대답을
해야 할까?(신국론, p.2653)/
ungues mórdere. 분(忿)해하다.
unguito(=unctito) -áre, freq., tr. 자주 바르다

U

ungula¹ -æ, f. [unguis]
(맹수의) 발톱, 말발굽, 말, 손톱, 발톱, 갈고리,
갈퀴(낙엽.검불.솔가리 따위를 긁어모으는 데 쓰는 기구).
ungula² -æ, f. 향료, 향유(香油-향기가 나는 화장용 물기름)
ungulátus, -a, -um, adj. (úngula) 발톱 달린, 발굽 있는
úngŭlus, -i, m. dim. (unguis) 발톱, 가락지, 반지
unguo, -ĕre, tr. =ungo, 세례 주다, 도유(塗油)하다
uniánĭmis = unánimis
unibérsus = universus
únĭca, -æ, f. (unus) 유일한 것, 제일 귀중한 것,
생명(生命.ⓩ.ψυχη.πνμα.ζωη.⑨ Life).
anima unica forma corpóris. 영혼이 몸의 유일한 형상/
nobilitas animi sola est atque unica virtus,
정신의 품위야말로 유일무이한 덕이니/
spes unica. 유일한 희망(希望).
Unica interpellatio constituit debitorem in mora.
일회의 최고로 채무자를 지체에 빠뜨린다.
unica libĕralitas.(unicus 참조) 더할 나위 없는 선심
unicálamus, -a, -um, adj. (unus+cálamus)
한 줄기짜리의, 줄(管) 하나만 있는.
unicáulis, -e, adj. (unus+cáulis) ((植))
대 하나만 있는, 줄기 하나만 있는, 단경(單莖)의.
únĭce, adv. (únicus) 다만(μòνον),
한갓, 오로지, 유일하게, 외곬으로, 특수하게, 특별히.
únĭceps, -cípĭtis, adj. (unus+caput) 머리 하나만 있는
unícĭtas, -átis, f. 단일성(⑨ Unity), 일원성, 일원설
unicitas éntis. 유(有)의 단일성
unicitas éntis compositiónis. 유(有)의 합성의 단일성
unicitas éntis morális. 유의 정신적 단일성
unicitas éntis organica. 유의 유기적 단일성
unicitas éntis physica. 유의 물리적 단일성
unicitas éntis prædicamentális. 유의 범주적 단일성
unicitas éntis sigularitátis. 유의 단독성의 단일성
unicitas éntis simplicitátis. 유의 순일성의 단일성
unicitas éntis transcendentális. 유의 초절적 단일성
unícŏlor, -óris, adj. (unus+color)
단색의, 한색의(várĭus의 반대).
unicolórus, -a, -um, adj. 단색의, 단순한
unicórnis, -e, (=unicórnus, -a, -um,) adj. (unus+cornu)
외뿔박이의, 뿔 하나만 있는, 단각의.
m. (그리스의 신) 일각수.
unicórnu(u)s, -ūi, m. 외뿔소, 일각수(一角獸)
unicorpórĕus, -a, -um, adj. (unus+corpus) 몸 하나밖에 없는
unícŭba, -æ, f. (unus+cumbo) 한 남자와만 결혼한 여자
Unicuique secundum meritum.
각각 공로에 따라 상을 주신다.
unicúltor, -óris, m. 단일신 숭배자(單一神 崇拜者)
únĭcum, -i, n. (únicus) 유일(唯一)
únĭcus, -a, -um, adj. (unus) 단 하나의, 하나뿐인,
단일의, 유일한(μòνος), 무쌍의, 단독의, 탁월한,
독특한, 출중한, 견줄 수 없는, 같은, 흔히 않은,
희유의, 전대미문(前代未聞)의, 사랑을 독차지한.
spes unica imperii Roma. 로마제국의 유일한 희망/
una et unica Dei Ecclesia.
하느님의 이 하나이고 유일한 교회/
unica libĕralitas. 더할 나위 없는 선심.
unicus Dei grex. 하느님의 하나인 양떼
unicus dux. 견줄 수 없는 지도자
unicus fílius, unica fília. 외아들, 외딸
unicus Mediator Christus. 유일한 중개자이신 그리스도.
unicus motor. 유일 동자, 유일 운동자
unífico, -áre, tr. (unus+fácio) 통합하다, 합치시키다
unifínis, -e, adj. (unus+finis)
한결같은 목적을 가진, 같은 목적의.
unifórmis, -e, adj. (unus+forma) 단순한, 한결같은,
일편단심의, 단일적인, 한 가지 모양의, 동형의,
변하지 않는. adv. unifórmĭter,
uniformis motus plurimum voluntatum.

다수 의지의 획일적인 운동(단체가 내리는 '화합'의 정의이다.
성 염 옮김, 단체 제정론, p.62).
unifórmĭtas, -átis, f. (uniformis) 한결같음, 균일(均一),
일치(一致.κοινωνία.⑨ Communion), 단조(單調),
동질성(同質性.ὁμοούσιος.⑨ consubstantĭality),
획일(劃一-모두가 한결같아서 변함이 없음), 획일화(劃一化).
uniformitas perpetua. 제일성(齊一性)
unígĕna, -æ, f., m. (unus+gigno)
한 배에서 난 쌍둥이, 외아들(μονογενὴς), 외딸.
Unigénĭtus, -a, -um, adj. (unus+gigno) 독자로 태어난,
m. 외아들(μονογενὴς), 독자(獨子-외아들),
하느님의 독생성자, 독생자(성서신학 특히 그리스도론적인
용어로서 그리스어 μονογενὴς를 옮긴 말).
Unigenitus. 1) 대칙서(1343.1.27. 교황 클레멘스 6세 대칙서).
2) 대칙서(1713.9.8. 교황 클레멘스 11세 대칙서).
Unigenitus Dei Filius nos benedicĕre et adiuváre
dignétur. 하느님의 외아드님(독생 성자께서),
저희들을 강복 하시고 도와주소서.
Unigenitus Dei Filius. 하느님의 독생성자(1290.8.8. 공표)
unígenus, -a, -um, adj. (unígena) 외아들의, 독자의
uníjŭgus, -a, -um, adj. (unus+jugum)
한 줄기에 붙어 있는, 한 번 결혼한, 한 번 접(接)한
unilaterális, -e, adj. (unus+latus²) 일방 통행적인,
일방적인, 일변도(一邊倒)의, 편향적(偏向的)인.
unimámmæ, -árum, f., pl. 유방 하나만 가진(Amazónes의 별칭)
unimámmia = unomámmia
unímănus, -a, -um, adj. (unus+manus)
손 하나뿐인, 외팔이의(Cláudius의 별명).
unimembris, -e, adj. (unus+membrum) 지체 하나만 있는
unímŏdus, -a, -um, adj. (unus+modus)
(=unifórmis) 같은 모양의.
uninómĭus, -a, -um, (uninómĭnis, -e,) adj.
(unus+nomen) 같은 이름을 가진, 한 이름의.
unio¹ -ívi -ítum -íre, tr. (unus) 하나로 묶다,
합일시키다, 합병하다, 결합하다(חבר.רבד), 접합하다.
unio² -ónis, f. (unus) 합일, 하나(εἷς.μία.ἐν), 통일,
단일, 합병(合併), 결합, 연합, 화합, 협동단결,
구근(球根-'알뿌리'로 순화). m. 큰 진주(眞珠).
gratia uniónis. 결합의 은총, 일치의 은총.
Unio Apostolica. 영성 생활 촉진 사제회(1862년 창립)
Unio Catholica. 가톨릭 일치 운동
Unio Cleri pro Missionibus. 선교 사제회(1919년 포교성성 산하)
Unio cum Deo. 신과 일치(합일),
하느님과의 일치(⑨ Union with God).
Unio Ecclesiarum. 교회 합동 운동, 그리스도교 합동 운동
unio exstinctiva. 소멸 병합
unio hypostática. 위격적 합체(그리스도의 신성과 인성의 결합),
위격적 결합(獨 Hypostátische Union),
위격적 일치(獨 Hypostátische věreinigung).
unio minus principalis. 불평등 병합
unio mystica. (하느님과) 신비적 일치, 신비적 합일
unio primaria(=Archi-confraternitas) 대신심회
unio Protestatica. 프로테스탄트 연맹
unio Sacramentalis. 성사적 일치
unio sexuális. 성의 결합
unio substantiális. 실체적 결합, 실체적 합치(합일)
unio voluntária. 의지적인 결합
unióculus = unóculus
uníŏla, -æ, f. = grāmen, -mĭnis, n.
Uniones Piæ. 경건한 모임, 신심회
Unionítæ, -árum, m., pl. (únio) ((神))
(삼위일체론을 부정하는) 단위론자, 단위론파.
unipennátus, -a, -um, adj. (unus+penna)
한쪽 날개만 달린, 한쪽만 있는. (解) 단익상(單翼狀)의.
únipes, -ĕdis, adj. (unus+pes) 발 하나만 있는
unipétĭus, -a, -um, adj. (unus+pes)
꽃자루가 하나밖에 없는, 다리(脚) 하나만 있는, 한줄기의.
unisco(=unésco) -ĕre, intr. (unus) 하나가 되다, 일치하다

1340

unísŏnus, -a, -um, adj. (unus+sonus)
한 소리만 나는, 단음의, 단조로운.

uníssime, adv., superl. (úniter)

unistírpis, -e, adj. (unus+stirps)
줄기 하나만 있는, 한 근원의.

unisýllăbus, -a, -um, adj. (unus+sýllaba)
= monosýllabus 단음절의, 외마디 소리의.

Unitárianismus, -i, m. (㊉ Unitárianism)
유니테리언주의(그리스도교의 전통적인 삼위일체론과 예수 그리스도의
신성을 반대하고 하느님의 단일성을 강조하는 이단. 삼위일체, 예수의
신성, 인간의 전적 타락의 교리를 부정한다).

únĭtas, -átis, f. (unus) 유일성, 단일성(㊉ Unity),
전체성(全體性), 통일체(統一體), 일성(一性),
동질성(ὁμοούσιος.㊉ consubstantiálity),
동등, 같음, =idéntitas, 합의, 협동, 의견일치,
일치(一致.κοινωνία.㊉ Unity).
Cum una inter christianos oratur, unitatis exitus propior
apparet.(㊉ When Christians pray together, the goal of
unity seems closer) 그리스도인들이 함께 기도할 때
일치의 목표는 더 가까이 보입니다/
In necessariis Unitas: in dubiis Libertas: in omnibus
Caritas. (본질적인 것에 있어서 일치를, 의심스러운 것에 있어서
자유를, 모든 것에 있어서 사랑을) 요긴한 일에 있어서 일치하고
확실치 않은 일에 있어서 각자의 자유를 보장하며,
모든 일에 있어서 사랑을 보존하라.(St. Augustinus)/
In nomine summæ Trinitatis et sanctæ Unitatis
Patris et Filii et Spiritus Sancti. Amen.
지존하신 삼위이며 거룩한 일체이신
성부와 성자와 성령의 이름으로. 아멘/
in unitate Spiritus Sancti. 성령의 일치 안에서/
in unitatem concordem pacis vinculo.
평화의 사슬로 묶이는 합심하는 일치(중세철학 제3호, p.26)/
maxima unitas. 최고의 일성/
minima unitas. 최소한의 일성/
Nam qui non habent caritatem, diviserunt unitatem.
사랑이 없는 사람이란 일치를 깬 사람입니다.
(최익철 신부 옮김, 요한 서간 강해, p.263)/
Tu non habes caritatem; quia pro nomine tuo dividis
unitatem. 당신은 사랑을 지니고 있지 않소. 그대는
그대의 명예를 위해서 일치를 깨고 있기 때문입니다.
(최익철 신부 옮김, 요한 서간 강해, p.301)/
unitatem intellectus. 지성의 단일성(單一性).
unitas affectus. 감성적 일치
unitas caritatis. 애덕의 일치
unitas civitátis. 국가의 통일체
unitas Corpóris mystici. 신비체의 일치
unitas creátóris. 창조주의 단일성
Unitas Dei. 하느님의 유일성(唯一說), 단일성
unitas divina. 하느님의 일성(일체성)
unitas essentiæ. 본질의 일성(본질의 동일성)
unitas formæ. 형상의 통일성(統一性)
unitas formális. 형상적 단일성
unitas Fratrum. 보헤미안 형제단(18세기 독일 모라비아 지방의
보헤미아 형제단이라 부르는 한 단체가 한 목장에 공동체를 이루고 기도하며
생활한 단체. 1736년 독립된 교회를 형성했다. 그들의 진지한 신앙생활은
독일 프로테스탄트교에 큰 영향을 주었다. 백민관 신부 엮음, 백과사전 2, p.249).
unitas hypostatica. 품격 일치
Unitas in Christi. 그리스도 안에서 일치
(2003.5.14. 수원교구 이용훈 주교 사목표어).
unitas in diversitate. 다양성 안에서의 일치
unitas in pluralitate. 다양성 안의 일치
unitas in trinitate. 삼위 안에서의 일치
unitas individuális 개별적 단일성
unitas intellectus. 하나인 지성(한국가톨릭대사전, p.2529)
unitas Matrimonii. 혼배의 단일성
unitas multiplex. 다원적 단일성
unitas multitudĭnis. 다중의 통일체
unitas naturæ. 본성의 일성
unitas personæ. 위격의 일성
unitas personális. 위격적 일성(位格的 一性)

unitas populi. 국민(인민)의 통일체
unitas proprietátis. 고유성의 일성
unitas secundum affectum. 정적 일치
unitas secundum inhabitátionem. 거주적 일치
unitas secundum operátionem. 작용적 일치
unitas substantiæ. 실체적 일치
unitas substantiális. 본질적 통일성
unitas totius processus educationis. 유기적 통일성.
unitas transcendentális. 초월적 단일성
unitas universális. 보편적 단일성
unitas veritatis. 진리의 일치
unitáte, 원형 únĭtas, -átis, f.
[단수 주격 únitas, 속격 unitátis, 여격 unitáti, 대격 unitátem, 탈격 unitáte].
Unitátis expediet conquisitionem hæc actuositas
communis.(㊉ Such cooperation will facilitate the quest
for unity). 그러한 협력은 일치 추구를 쉽게 할 것입니다.
unitátis mĭnisterĭum. 일치의 직무(1964.11.21. 반포)
Unitátis Redintegrátĭo.
일치의 재건(再建), 일치운동에 관한 교령(1964.11.21.)/
Affirmari potest totum Decretum de Oecumenismo
spiritu conversionis perfundi. 우리는 일치 교령 전체에
회개의 정신이 스며있다고 말할 수 있습니다.
[1964년 11월 21일 제2차 바티칸공의회가 반포한 일치 운동에 관한 교령」의
라틴어 제목('일치의 회복'을 뜻하는 첫 두 단어)이다. 이 교령은 교회 일치에
관한 가톨릭교회의 원칙들을 제시하며 교회 일치가 회복되기를 기대한다.
교령은 일치를 위한 공동 기도를 바람직한 것으로 환영하지만 아직까지 가톨릭
신도들의 완전한 성사 교류는 불가능하다고 지적한다. 그러나 동방교회들은 비록
갈라져 있지만 참된 성사들을 보존하고 있다. 특히 사도 계승의 힘으로 사제직과
성찬례를 지니고 있어 아직도 우리와는 밀접하게 결합되어 있다. 그러므로 적절한
상황에서 교회 권위의 승인을 받아 이루어지는 어떤 성사 교류는 가능할 뿐
아니라 권장되기도 한다(15항). 교회 일치 운동(敎會 一致 運動 Ecumenical
Movement), 그리스도 신앙을 고백하는 비가톨릭교회에 관한 훈령(Attending
Non-Catholic Services) 참조. 박영식 옮김, 전례사전, p.355].
uníte, adv. (unus) 한결같이, 처음부터 끝까지 꼭 같이
úniter, adv. (unus) 긴밀하게, 동일하게
unítĭo, -ónis, f. (únĭo¹) 연합(聯合), 합일(合一)
unítĭo naturarum.
(예수 그리스도에게 있어) 신성과 인성과의 일치
unitívus, -a, -um, adj. (únĭo¹) 일치하는, 합하는.
unitiva via. 일치의 길.
unius ad altérum. 하나의 다른 것에 대한 유비
unius ætátis clárissimi viri.
동일한 시대의 유명한 인사들.
unius tamen ejusdemque naturæ quadam communione
devincta. 단일한 본성의 유대로 한데 묶인 무리
unius uxoris vir.(1티모 3. 2) 한 여인의 남편
Uniuscuiusque nostrum vocatio est ut una cum Iesu
panis pro sæculi vita fractus exsistamus. 우리 각자는
참으로 예수님과 함께 세상에 생명을 주는 쪼개진 빵이
되도록 부름 받았습니다(2007.2.22. "Sacramentum Caritatis" 중에서).
Universa Laus. 세계 찬양.
(전례의 노래와 악기를 위한 국제 연구회. 1966년 스위스에서 창립).
universa provincia. 지방 전체
universa societátis mortalium. 인류 보편사회
universália. 보편개념[unum'하나'+versus '대하여'+alis'다른 것'의
합성어로 된 것으로, 어원적으로는 "다른 것에 대하여 하나임" 또는 "여러
가지에 대하여 같은"이란 뜻이다. 철학 용어로는 보편개념이라고 하는 데
중세기 형이상학에서 많이 쓰던 용어이다. 같은 종류 안에 있는 여러 개체에
대하여 공통적으로 표현하는 개념이다. 백민관 신부 엮음, 백과사전 3, p.711].
universalia agentia. 보편적 작용자
universális, -e, adj. (universális) 보편적인, 전반적인,
일반적인, 만인 공통의, 전 세계의, 우주의, 만유의.
(論) 전칭(全稱)의. adv. universáliter.
Characteristica universalis. 보편 기호학/
De universali providentia Dei, cuius legibus omnia
continentur. 만유를 포괄하는 하느님의 보편적 섭리.
(교부문헌 총서 17, 신국론, p.2758)/
controversia de universalibus.
보편 (개념) 논쟁(㊉ controversy of universals)/
exsistentia universálissima. 가장 보편적 유/
gravitátĭo universális. 만유인력/
homo universális. 보편적 인간상/
imperium universale. 보편제국, 보편 제권(普遍帝權)/

Judicium Universale. 공심판(公審判)/
mathesis universalis. 보편 수학/
unitas universális. 보편적 단일성/
universale ante rem. 사물 이전의 보편/
Universale Dei propositum,
　한국 순교자들의 전례거행(1985.3.12. 교령)/
universale Imperium. 보편 제국/
universale in re. 사물 안에서의 보편/
universale post rem. 사물 이후의 보편/
universale salutis sacramentum(⑨ the universal
sacrament of salvation). 구원의 보편적 성사.
universalis belli(⑨ total war) 전면 전쟁
universális civilitas. 보편사회
universális civilitas humani generis. 전 인류의 보편 사회
universális consociátio. 국제적 단체, 보편적 단체
Universális Ecclesiæ,
　보편교회(⑨ universal church)(1624.11.23. 교황교서).
universális rerum finis. 사물의 보편적인 목적
universális monarchia. 보편 군주제
universalis Monarchia vel Imperium.
　보편 군주정 혹은 제정.
universalis opinio non movet nisi mediante aliqua
particulari apprehensione. 보편적 견해는 어떤 특수한
이해를 매개로 하지 않고서는 운동을 낳지 않는다.
　　　　　　　　　　　(이상섭 옮김. 신학대전 14, p.141).
universalis Pontifex. 보편 교황
universalísmus, -i, m. 보편주의.
　(개체보다는 보편이 보다 참된 실재라고 하는 주장).
universálitas, -átis, f. (universális) 보편적인 것,
　보편성(普遍性.獨 Ökumenizität.⑨ Catholicity),
　일반적인 것, 일반성, 전체, 통유성(通有性), 만능.
universalitas formæ intellectvæ. 지성적 형상의 일성
universalitas principii causalitátis. 인과율의 보편성
universalitas salutis. 구원의 보편성.
　(구원의 보편성이란 명시적으로 그리스도를 믿고 교회에 들어오는 사람들에게만
　구원이 가능하다는 뜻이 아니다. 구원이 모든 사람에게 제공된 것이라면 모든
　사람이 구원될 수 있어야 한다. 그런데 옛날이나 지금이나 많은 사람들이 복음의
　게시를 알거나 받아들이거나 교회에 들어올 기회를 가지지 못하고 있다.
　이들이 처한 사회적.문화적 환경이 방해하기도 하고, 또는 他에게 다른 종교의
　전통 안에서 교육을 받았기 때문이다. 이러한 사람들에게도 은총을 통하여
　그리스도의 구원이 가능하다. 성 염 지음, 사랑만이 진리를 깨닫게 한다. p.359).
universáliter, adv.
　일반적으로, 보편적으로, 일괄해서, 통틀어서.
universátim, adv. (univérsus) 일반적으로, 전체적으로
universe(=universim), **adv.** 대체로, 보편적으로, 보통,
　communem naturam seu quæ a nobis abstracte et
　universe concipitur.(수아레즈 1548-1617)
　공통본성은 우리가 추상적이고 보편적으로 개념 하는 것.
univérsi, -órum, m., pl. 만민, 만백성
Universi Dominici Gresis. 주님의 양 떼.(1996.2.22. 공포.
　요한 바오로 2세 교황령. 사도좌 공석과 교황 선출에 관하여, 현행 교황 선거법).
universim(=universe), **adv.** 보편적으로(in universum),
　대체로[ex magna(máxima) parte.], 보통.
univérsitas, -átis, f. (univérsus) 일반, 전체, 보편,
　편재성(偏在性), 만물, 만상(萬狀), 종합대학교, 협동체,
　공동체(⑨ community.기따), 우주(⑨ Universe).
　facultas universitária. 대학 학부/
　humana universitas. 보편 인류/
　Institutione et investigatione Universitas Catholica
　necessariam fert opem Ecclesiæ. 교수와 연구 활동을 통
　하여 가톨릭 대학교는 교회에 긴요한 도움을 제공해 준다/
　operatio propria humanæ universitatis.
　인류로서의 고유한 작용/
　pax universalis. 보편적 평화, 전 세계적 평화/
　qui hanc universitatem consistere facit et continet et
　conservat, et semper ei providet.
　이 우주를 구성하도록 하였고 우주를 포함하고 유지하며
　항상 돌보는 하느님의 존재/
　Studiorum Universitatis munus præcipuum veritatis
　continens est indagatio per scientiæ pervestigationem,
　custodiam et communicationem pro societatis bono.

대학교의 근본 사명은 탐구를 통한 지속적 진리 추구
이고 사회의 선을 위한 지식의 보존과 전달이다/
Universitatis Catholicæ erectio.(⑨ The Establishment of
a Catholic University) 가톨릭 대학교의 설립/
Universitatis Catholicæ munus serviendi.
(⑨ The mission of service of a Catholic University).
　가톨릭 대학교의 봉사 사명/
Universitatis Catholicæ natura.(⑨ The Nature of a
Catholic University) 가톨릭 대학교의 본질/
Universitatis communitas(⑨ The University Community)
　대학교 공동체.
Universitas Catholica 가톨릭 대학교.
　A Religiosis Congregationibus complures conditæ sunt
　Catholicæ Universitates quæ ex earum sustentatione
　pendere pergunt. 많은 가톨릭 대학교가 수도회 단체들에
　의해 설립되었고 또 계속 그들의 후원에 의존하고 있다/
　Episcopo dioecesano consentiente Universitas Catholica
　erigi potest etiam ab Instituto Religioso aut ab alia
　persona iuridica publica. 교구장의 동의하에,
　가톨릭 대학교는 수도회 또는 다른 공동 법인에
　의해서도 설립될 수 있다/
　Hunc Universitas Catholica processum participat
　copiosam præbendo culturalem Ecclesiæ experientiam.
　가톨릭 대학교는 교회 자신이 향유하는 문화의 풍부한
　경험을 제공하면서 문화에 참여 한다/
　Necessario exinde apud Catholicam Universitatem
　inquisitio disciplinarum complectitur: a) prosecutionem
　operis cognitiones componendi; b) inter fidem ac
　rationem dialogum; c) sollicitudinem de ethica;
　d) theologicum prospectum. 가톨릭 대학교 내에서의
　탐구에 반드시 포함되어야 하는 것은 (a) 인식의 통합에
　대한 모색, (b) 신앙과 이성 간의 대화, (c) 도덕적 관심,
　그리고 (d) 신학적 전망이다(1990.8.15. "Ex corde ecclesiæ" 중에서)/
　Peculiariter interest Universitatis Catholicæ ut inter
　doctrinam christianam et scientias huius temporis
　dialogus instituatur. 가톨릭 대학교가 특별히 관심을 두는
　영역은 그리스도교 사상과 현대 과학 간의 대화이다/
　Sese autem veritatis causæ sine ulla condicione devovere
　et decus Catholicæ Universitatis est et officium.
　진리의 근원에 무조건 자발적으로 헌신하는 것은 가톨릭
　대학의 영예이고 책임이다(1990.8.15. "Ex corde ecclesiæ" 중에서)/
　Ventura quidem ætas Catholicarum Universitatum
　maximam scilicet partem pendet ex consentaneo
　liberalique Catholicorum laicorum opere.
　가톨릭 대학교의 장래는 가톨릭인 평신도들의 유능하고
　헌신적인 봉사에 상당히 좌우된다.
Universitas Catholica, sicut quævis alia Studiorum
Universitas, in humana est societate collocata.
　가톨릭 대학교는 다른 모든 대학교와 마찬가지로
　인간 사회 안에 깊이 뿌리내리고 있다.
universitas ecclesiastica. 교회 대학교
universitas fidelíum(⑨ university of the faitfal).
　신도들의 총체(總體)
Universitas Friburgensis. 프라이부르크 대학교
universitas generis humáni. 인류전체(tota humanitas)
universitas hominum. 인간 전체
universitas litterárum. 학문의 종합
Universitas magistrórum. 석사연합회, 교사단
universitas magistrórum et scholárium.
　교수와 학생으로 이루어진 대학,
　교수들과 학생들의 연합체, 대학 석사 및 학자 연합회.
Universitas Padova. 파도바 대학교
Universitas pontificiális. 교황청립 대학교
　(⑨ Pontifical Universities and Faculties).
universitas rěrum. 우주만물(宇宙萬物)
Universitas scholarium. 학생단
universitas scientiarum. 학문들의 대학
universitas studiórum. 학문의 보편성(普遍性),

학문들의 대학(universitas scientiarum).

universum, -i, m. 우주(宇宙.⑨ Universe), 온 세상,
온 누리, 세상(κὸσμος.⑨ Universe/World), 일반,
전체, 총체(總體-어떤 사물의 모든 것.κεφάλαιον).

universum tempus. 보편적 시간(普遍的 時間)

universus(=univorsus, =unórsus) -a, -um, adj.
(unus+versus) 전체적인, 온(全), 일반적인, 보편적인,
모든(ἅπας.ἅπασα.ἅπαν.ὅλος.η.ον.πάς.πάσα.
πάν), próprĭus의 반대.

in univérsum. 보편적으로, 일반적(통례적)으로/
pópulos univérsos tuéri. 온 백성을 다 보호하다/
Si pro fratribus animam ponerent, non se ab universa
fraternitate separarent. 자기 형제들을 위해서 목숨을
내놓는다면 보편교회에서 떠나지 말아야 합니다.
(fraternitate-형제애는 '교회' 또는 '공동체'를 일컫는 용어이기도 하다.
아우구스티노의 최익철 신부 옮김, 요한 서간 강해, p.261)/
univérsa província. 지방 전체/
universæ viæ Domini misericordia et veritas.
주님의 길은 모두 자애(慈愛)와 진실이로다/
universis bonæ voluntatis homínibus(⑨ all people of
good will). 선의의 모든 사람들에게/
Universos pares esse aiebat.
만민이 평등하다고 그는 말하곤 했다.

**Universus hic mundus sit una civitas communis
deorum atque hominum existimanda**.(Cicero).
이 세계 전체가 신들과 인간들의 공동 국가로 여겨져야
할 것이다.[성 염 지음, 고전 라틴어, p.336].

univira(=univiria) -æ, f. (unus+vir) 한 번만 결혼한 여자.

univirátus, -us, m. 한 번만 결혼한 여자의 신분

univŏce, adv. (unus+vox) 같은 소리로, 단의적으로,
일의적으로(æquivoce, adv. 다의적多義的으로),
동음 이의적으로, 포괄적(包括的)으로.

univocitas éntis. 유(有)의 일의성, 존재의 일의성

univŏcus, -a, -um, adj. (unus+vox) 동음이의의,
한 뜻으로, 여러 개에 적용되는, 애매한,
단의적, 단음의, 한 가지 뜻만 있는.

Ens inquantum ens est univocum.
존재인 한해서 존재는 일의적이다.

univórsus, -a, -um, adj. =univérsus =unorsus

uno, -áre, tr. (unus) 일치시키다, 하나로 만들다

uno aspectu. 첫 눈에(telepathia, -æ, f. 천리안)

uno opĕre eandem incudem tundĕre.
한 가지 일을 꾸준히 계속하다.

uno ore. 이구동성으로

uno pede multilus. 한쪽 발 병신

uno sub tempore. 일시에(동시에)

uno témpore. 동시에

uno tenore. 같은 박자로

uno verbo. 한 마디로 말하자면

uno versiculo senátus leges sublatæ.
원로원의 글 단 한 줄로 폐기된 법.

Uno volumine vitas excellentĭum virórum concludo.
위인들의 전기를 한 권에 포함시키다(모아놓다).

unóculus(=unióculus) -a, -um, adj. (unus+óculus)
눈 하나만 있는, 애꾸눈의.

Unomámmia = unimámmia, -æ, f. (unus+mamma)
유방이 하나 뿐인 여자들(Amazones)의 나라 이름.

unórsus, -a, -um, adj. = univérsus = univórsus

unóse, adv. (unus) 한꺼번에

unquam(=umquam), adv. 1. (부정사 또는 부정의 뜻을
가진 말 뒤에서) 한 번도(언제든지) …, (아니, 못하다,
말다, 없다), 행여 … 할까: cave, posthac, (ne) unquam
… . 이후로는 …않도록 조심해라. 2. (의문문에서
부정적 대답을 내포할 때) 언제고.언젠가.일찍이
(장차) 언제.도대체 언제 …다는(란) 말이냐?;
Ego unquam vólui? 내가 도대체 언제 원했단 말이냐?
3. (조건문에서) 언제고, 언젠가, 일찍이, 언제, 언제
한번. 4. (긍정문에서도 간혹 쓰임) 일찍이, 과거에,

장차, 언제고: Plus amat quam te unquam amávit.
그는 너를 과거보다 더 사랑하고 있다/
Neque Ecclesia desiit umquam huic vires suas
impendere(⑨ The Church has not ceased to devote her
energy to this task) 교회는 이 과업(교리교육)에 전력을
기울이는 일을 결코 중단하지 않았습니다.
교황 요한 바오로 2세의 1979.10.16. "Catechesi tradendæ" 중에서/
semel unquam. 단 한 번, 어쩌다 한 번.

úntĭa, -æ, f. = únĭca 제일 귀중한 것, 유일한 것.
생명(יהוה.נֶפֶשׁ.נְשָׁמָה.חַיִּים.ζωή.⑨ Life).

únŭlusus, -a, -um, adj. dim. (unus) 하나의

unum atque idem sentíre. 똑같은 생각을 하다

unum Christi sacerdotĭum. 그리스도의 유일무이한 사제직

unum cor, una vox. 한 마음과 입술로

Unum diligis, alterum contemnis.
너는 하나를 사랑하고 다른 하나는 멸시한다.

unum esse. 한 존재

unum ex multis et ad multa.
많은 것에서 그리고 많은 것을 위해 하나.

Unum hoc scio. 나는 이것 하나만 안다

Unum instat, ut conficiántur núptiæ.(insto 참조)
그는 결혼식 올릴 것만 재촉한다.

unum per accidens. 우유적으로 하나

unum per se. 본연적 일, 그 자체로 하나

unum vas. 하나의 용기

unum, hoc unum studeo. 오로지 이 한가지만을 원하다

**Unumquodque iubilæum in Ecclesiæ historia divina
Providentia præparatur**.(⑨ In the Church's history every
jubilee is prepared for by Divine Providence) 교회 역사
안에서 모든 희년은 하느님의 섭리로 준비되고 있습니다.

unus, -a, -um, (gen. uníus; dat. uni,) num., card., adj.
1. 하나(의), 한: unus (et) alter dies. 하루 이틀,
2. (복수형 명사에 대해서는 pl.로) unæ litteræ. 편지
한 장. 3. (c. gen. partitívo; ex, de abl.) … 중의
(중에) 하나(한): unus e (de) multis, unus multórum.
많은 사람 중의 하나, 한 사람. 4. (대립적인 뜻의
다른 하나는 alter로 표시함) e.g. unā ex parte …,
áltera ex parte. 한편으로는 … 다른 한편으로는.
5. 1) m., f. 한 사람, 한 여자: penes unum. 한 사람의
손에/ ad unum(unam) 마지막 한 사람(여자) 까지/
omnes ad unum. 최후의 한사람까지 모두.
2) n. 하나, 한 가지: in unum. 하나로, 한 가지도.
6. 순일, 단일, 단 하나의, 유일한, 오직 하나, 혼자(강조
하기 위해서 solus, modo, tantum 따위와 함께 쓰기도
함): Unum hoc scio. 나는 이것 하나만 안다/
plus …unus quam céteri. 다른 사람들보다 혼자서 더/
unus ex ómnibus ad dicéndum máxime natus.
그 누구보다도 웅변을 위하여 태어난. 7. 같은, 동일한:
uníus ætátis claríssimi viri. 동일한 시대의 유명한
인사들/ uno témpore. 동시에/ unum atque idem
sentíre. 똑같은 생각을 하다. 8. (áliquis, quidam)
어떤, 한: sicut unus paterfamílias. 그 어떤 가장처럼/
quivis unus. 아무라도 한 사람. 9. (num. ordin.의 1에
사용되기도 하나, 이 경우 21이하에서는 높은 수보다
앞에 놓으며 et으로 이어줌) e.g. unus et vicésimus. 제21.
10. 각각, 마다: unus quisque. 누구든지 각각/unum
quodque. 일 하나하나/ nihil unum. 하나도 아니, 아무
것도 아니/ nemo unus. 아무도 아니 (라틴-한글사전, pp.985-986).
ad unum omnes. 모두 남김없이/
alqd in unum rédigi. 무엇을 하나로(한 덩어리로) 만들다/
efficio unam ex duábus legiónibus.
두 군단을 하나로 편성하다/
in unum. 하나로, 한 가지도/
Hoc unum illi áfuit. 이 한 가지가 그에게 결핍되어 있었다/
Ubi unus dominus, ibi una sit religio.
한 통치자가 있는 곳에 한 종교가 있다/
Una legio duabus Cæsar effici jussit. 카이사르는 한 군단이
둘이 되도록 명령했다.(한 군단을 두 군단으로 분단하도록)/

Uni cuique creato dedit vitium natura.(Propertius).
자연은 피조물마다 악습을 (하나씩) 주었다/
unius dominatus. 군주 정치체제.

unus, -a, -um 하나(1)		
	m.	f.	n.
Nom.	unus	una	unum
Gen.	uníus	uníus	uníus
Dat.	uni	uni	uni
Acc.	unum	unam	unum
Abl.	uno	unã	uno

(한동일 지음, 카르페 라틴어 1권, p.93)

unus aut alter(unus altérve) dies. 하루나 이틀
Unus autem introitus est omnibus ad vitam,
et similis exitus. (mi,a de. pa,ntwn ei;sodoj eivj to.n bi,on
e;xodo,j te i;sh) (獨 sondern sie haben alle denselben
Eingang in das Leben und auch den gleichen
Ausgang) (⑨ but one is the entry into life for all;
and in one same way they leave it)
삶의 시작도 끝도 모든 이에게 한가지다(성경 지혜 7. 6)/
인생의 시작과 죽음은 모든 사람에게 똑같다(공동번역).
Unus christianus, nullus christianus.
홀로된 그리스도인은 그리스도인이 아니다
unus cum Deo spiritus factus. 하느님과 한 영이 되다
unus de Trinitate passus est in carne.
삼위일체의 한 분이 인간이 되셔서 고통을 겪으셨다.
Unus Deus est bonus. 신 홀로 선하다
Unus Deus est omnipotens. 신 홀로 전능하다
Unus Dominus, una fides, unum baptisma.
(ei-j ku,rioj(mi,a pi,stij(e]n ba,ptisma) (獨 ein Herr, ein
Glaube, eine Taufe) (⑨ one Lord, one faith, one
baptism) 주님도 한 분이시고 믿음도 하나이며 세례도
하나이고(성경.공동번역 에페소 4. 5)/주님도 한 분, 믿음도
하나, 세례도 하나입니다(200주년 신약 에페소 4. 5).
unus e multis. 여러 사람 중 하나
Unus enim totus ac solus Christi caput corpus.
그리스도 홀로, 유일하고 전부인 그리스도께서 몸이시며
그 지체이시다(계약의 신비 안에 계시는 마리아. p.275).
Unus enim idemque est, quod sæpe dicendum est,
vere Dei Filius et vere hominis filius.
우리는 한 분이시고 같은 분이신 그분께서 참 하느님의
아들이시며 참 사람의 아들이시라고 언제나 고백해야 한다.
Unus est Pater vester.(⑨ You have one Father).
너희의 아버지는 한 분뿐이시다.(마태 23. 9).
unus (et) alter dies. 하루 이틀
unus ex illis. 그들 중 하나
unus grex sub uno pastore.
하나의 양 무리는 하나의 목자 아래 있어야 한다.
unus intellectus. 단일한 지성, 하나인 지성
unus intellectus possíbilis. 가능지성의 단일성
unus mediator. 유일한 중개자
unus monarcha. 단일 군주
unus nostrum. 우리 중의 하나
Unus omnipotens, non tres omnipotentes.(Sum. Theol Iª 39. 3)
하나의 전능이지 셋의 전능이 아니다(토마스 데 아퀴노).
unus ómnium maxime. 누구보다도 훨씬 큰
Unus ordo. 단일 계급
Unus panis, unum corpus. 빵 한 덩어리와 한 몸
Unus Pater sanctus nobiscum, unus Filius sanctus
nobiscum, unus Spiritus sanctus nobiscum.
한 분이시며 거룩하신 성부께서 저희와 함께, 한 분이
시며 거룩하신 성자께서 저희와 함께, 한 분이시며
거룩하신 성령께서 저희와 함께(안티오키아의 성 이냐시오의 전례).
unus quisque. 누구든지 각각
unus vestrum. 너희 중의 하나가
Unusne an plures fuerunt isti latrones.
그 강도는 한 명이었냐, 아니면 여럿이었냐?
[바로 앞의 plures 때문에 isti latrones 복수형으로 나왔음].
Unusne an plures sunt dii? 신은 하나냐, 혹은 여럿이냐?

unusquísque, unaquáeque, unumquódque et unumquídque,
pron., indef. [unus+quisque] (m. f.는 pron. 즉 단독
으로도 쓰고, n.은 adj. 즉 수식어 적으로만 쓰는 것을
원칙으로 함; 변화는 unus와 quis를 함께 함:
gen. uniuscujúsque etc.) 1. 각자, 저마다, 각, 각각,
매(每) …마다, 누구든지: unusquisque hóminum.
사람마다. 2. 매사, 일일이 다.   (라틴-한글사전. p.986).
Et interrogare debet unusquisque conscientiam suam,
an sit antichristus. 각자는 자기가 그리스도의 적이
아닌지 자기 양심에게 물어보아야 합니다.
Nemo interroget hominem: redeat unusquisque ad cor
suum. 누구도 사람에게 물어보지 마십시오. 자기 마음
으로 돌아가면 됩니다(최익철 신부 옮김. 요한 서간 강해, p.249)/
Ut mihi mea filia maxime cordi est, sic unusquisque
vestrum indulgentia filiarum commovetur. 내게는 내 딸
이 마음을 극진히 차지하고 있는 만큼 여러분 각자는 딸
들의 애교에 마음이 움직이게 마련이오.(cordi: 이해 여격).
Unusquisque considerans conscientiam suam, si mundi
amator est, mutetur; fiat amator Christi, ne sit
antichristus. 각자 자기 양심을 살펴보십시오. 세상의 여인
이라면 변화되십시오. 그리하여 그리스도의 연인이 되십
시오. 그리스도의 적이 되지 마십시오.
Unusquisque enim onus suum portabit(성경 갈라티아 6. 5).
누구나 저마다 자기 짐을 져야 할 것입니다.
Unusquisque habet filios, aut habere vult.
여러분은 저마다 자녀를 두고 있거나 자녀를 가지기를
원합니다.(최익철 신부 옮김. 요한 서간 강해, p.335).
unusquisque hominum. 사람마다
Unusquisque in nomine domini edat.
각자는 주님의 이름으로 식사할 것이다.
Unusquisque vero tentatur a concupiscentia sua
abstractus et illectus(⑨ Rather, each person is tempted
when he is lured and enticed by his own desire)
사람은 저마다 자기 욕망에 사로잡혀 꼬임에 넘어가는
바람에 유혹을 받는 것입니다.(야고 1. 14).
Unusquisque vitæ cupidus est, quamvis infelix sit.
사람은 아무리 불행할지라도 누구나
생명에 대한 애착이 있다.
unx¹ unicis, m. 동물의 수염(털)
unx² unguis, m. = unguis, -is, m.
unxi, "ungo"의 단순과거(pf.=perfectum)
Unxia, -æ, f. 도유식(塗油式)의 여신(女神)
upílĭo, -ónis, m. = opílĭo, -ónis, m. 양치는 목자
úpŭpa, -æ, f. (鳥) 오리새, 곡괭이
U.R. (略) uti rogas. 찬성투표(cf. tabélla)
ura nullius(=abbatía nullius) 면속 대수도원구
úrachus, -i, m. (醫) 요막관(尿膜管)
úrǽa, -æ, f. (醫) 요도(尿道-오줌길)
uræmia, -æ, f. (醫) 요독증(尿毒症)
úræum, -i, n. = horæum (봄철의) 자반(절인) 다랑어
uragógum, -i, n. (藥) 이뇨제(利尿劑)
Uránĭa, -æ, (=Uránĭ, -es,) f. 천문의 Musa,
정신적 사랑의 상징으로서 Venus의 별명.
uránicus, -a, -um, adj. 창공의
úrános, -i, m. 하늘, 창공(푸른 하늘. 창천), 하늘의 궁륭(穹窿)
uranóscŏpus, -i, m. (魚) 얼룩통구멍
Urănus(=Urănos) -i, m. 하늘의 신,
땅의 여신(女神)인 Terra의 남편,
Satúrnus신 등의 아버지(=Roma 신화의 Cœlus)
(天) 천왕성(天-태양계의 일곱째 행성).
urarthítis, -tídis, f. (醫) 요산성(尿酸性) 관절염
urbanátim, adv. = urbáne
urbáne, adv. = urbanátim 도시 사람답게, 예모 있게,
예의바르게, 품위 있게(digne, adv.), 양반답게,
문화인답게, 정교(精巧)하게, 고상하게, 섬세하게.
urbaniciánus, -a, -um, adj. (urbánus)
도시에 근무하는, 로마 수비대에 근무하는.
urbánĭtas, -átis, f. (urbánus) 도시 생활, Roma 생활,

1344

도시에 거주함, 도시인의 품격, 예모(禮貌-예절에 맞는 태도),
예의 바름, 교양(학문, 지식, 등을 바탕으로 이루어지는 품위),
점잖음, 고상한 말투, 기지에 찬 농담(희롱),
풍자(남의 결점을 다른 것에 빗대어 비웃으면서 폭로하고 공격함).

Urbanum Collegium de Propaganda. 우르바노 대학.
(1627년 선교지방 선교사 양성을 위해 로마에 창설).

**Urbanum prædium distinguit a rustico, non locus,
sed materia.** 도시 부동산을 농촌 부동산과 구별하는 것은
장소가 아니라 용도이다.

urbánus, -a, -um, adj. (urbs) 도시에 사는, 도시의,
서울의, 도시적인, 시민적인, Roma풍의, 예의바른,
예모(禮貌-예절에 맞는 태도) 있는, 점잖은, 고상한, 우아한,
품위 있는, 섬세한, 풍자적인, 기지에 찬, 뻔뻔스러운.
m. 도시인, 도시생활을 좋아하는 자.
Nec urbanæ, nec rusticæ servitutes oppignorari possunt.
도시지역권도 농촌지역권도 저당 잡힐 수 없다/
res urbanæ. 도회지 소식/
rusticus urbano confusus. 도시인과 어울린 시골뜨기.

urbanus árbores. 잘 가꾼 나무

Urbi et Orbi. 로마 내외의 신도들에게(교황이 강복 시 하는 말),
도시(로마)와 세계에, 교황의 장엄축복"도시와 전 세계에"
라는 의미. 문자 그대로 성대한 기회를 맞아 교황이 로마에 있는 가시적 관중
(Urbi)과 전 세계에 있는 비가시적 관중(Orbi)을 강복할 때 그 축복을 가리킨다.
교황이 전 세계에게 축복을 내리는 이 관습은 1870년부터 일시적으로 중단되었다가
교황 비오 11세가 1922년 부활시켰다. "교황령과 축복이 전 세계에 향한 것"이라는
것을 뜻하는 교황청의 공식 용어이다. 전례사전과 가톨릭대사전 참조].

urbícápus, -i, m. (urbs+cápio) 도시를 점령한 자

urbicaríus, -a, -um, adj. (úrbicus)
도시에 속하는, 로마 출신의.

urbícrèmus, -a, -um, adj. (urbs+cemo) 도시를 불사르는

úrbìcus, -a, -um, adj. (urbs)
도시의, 시민적, Roma의, 기지에 찬.

urbígena, -æ, f., m. (urbs+gigno) 도시에서 난 사람

urbis, -is, m. =orbis의 속어(俗語)

Urbíus, -i, m. Roma의 한 시가 이름
(Esquilínus 언덕과 Cýprius vicus 사이에 있었음)

urbo, -áre, intr. (=urvo) 도시의 경계선을 긋다

urbs, urbis, f. 도시(都市.תוח.πόλεις), 성곽도시,
읍(邑), 首都, 都邑, 도성(都城), (특히) Roma市,
성채(城砦=城과 요새를 아울러 이르는 말), 도시주민,

명사 제3변화 제2식 A

	단 수	복 수
Nom.	urbs	urbes
Gen.	urbis	urbium
Dat.	urbi	urbibus
Acc.	urbem	urbes
Abl.	urbe	urbibus
Voc.	urbs	urbes

(황치헌 지음, 미사 통상문을 위한 라틴어, p.57)

ab urbe. 로마로부터/ ad urbem venire. 도시로 가다/
circum urbem. 도시 주위에/
discedo ab urbe. 로마에서 떠나다/
do urbem ruínis. 도시를 폐허로 만들다/
eas urbes incolo. 그 도시들에서 살다/
ex urbe venit. 도시에서 왔다/
exíre ex urbe. 도시에서 나가다/
Fama pervasit urbem. 소문이 시내에 짝 퍼졌다/
Imperator exercitum in urbe reliquit civibus præsidio.
사령관은 시민들을 보호하기 위하여
군대를 도시에 남겨 두었다/
in urbe. 도시에, 도시 안에서/
in urbe Roma. 로마 시에서/
In ista urbe meus amicus non habitat.
저 동네에는 내 친구가 살지 않는다/
insignis totā cantábitur urbe.
그는 온 도시의 얘깃거리가 되리라/
media urbe. 도시 복판에/
Multi venerunt studio videndæ novæ urbis(당위분사문).
(=Multi venerunt studio videndi novam urbem-동명사문)

많은 사람들이 새로운 도시를 볼 마음으로 왔다/
Nos in Urbe non fuimus post istam pugnam.
그 전쟁 이후로 우리는 로마에(in Urbe) 없었다/
primi urbis. 도시의 유지들/
Profícíscor Romā, urbe æternā.
나는 영원의 도성 로마를 출발한다/
totā urbe. 도시 전체에/
totam pervolo urbem. 온 도시를 뛰어다니다/
Transívi urbem. 나는 도시를 지나갔다/
Ululátus personant totā urbe.
온 도시에서 통곡소리가 터져 나오고 있다/
Urbe deleta, multi cives fugerunt.
도시가 멸망하자 많은 시민들이 도망갔다/
Urbem a tyranno liberavit.
그는 도시를 독재자 손아귀에서 해방시켰다/
Urbem colo. 도시에 살다/
Urbem diripiendam militibus tradidit.
그는 군인들에게 도시를 약탈하도록 내 맡겼다/
Urbem fecisti quod prīus Orbis ērat.
그대는 천하를 한 개 도성으로 만들었나이다/
urbes habito. 도시에 살다/
urbes magnæ atque imperiosæ. 크고 세력 있는 도시/
Urbes recedunt. 도시들이 점점 멀어진다/
Ut ab urbe discéssi. 로마를 떠난 이래로/
utpote capta urbe. 도시가 점령되었기 때문에/
via, quæ ducit ad urbem. 도시로 가는 길.

urbs a defensoribus vasta. 방어군이 폐기한 도시

Urbs a militibus custodítur.
도시가 군인들에 의해서 수비(守備)되고 있다.
[일반적 수동형에 있어서의 능동주 부사어는 그것이 유생물인 경우에는
a(ab)과 함께 탈격으로 쓰고, 무생물인 경우에는 그냥 탈격으로 쓴다.
이러한 부사어로서의 능동주를 능동주 탈격이라 한다.]

urbs Ætérnæ. 영원한 도시, =Roma

urbs antiquor(영 a more ancient city) 더 오래된 도시

urbs armáta muris. 성벽들로 둘러막은 도시

Urbs Asyli. 은닉성역 도시, 비호(庇護) 도시(모세 율법이 보장
하는 6개의 성역 도시로서, 요르단 강 양쪽에 각각 셋씩 마련하여 무고의
살인자를 보호하도록 했다…. 백민관 신부 엮음, 백과사전 1, p.635).

Urbs Beata jerusalem. 복되다 예루살렘, 빼어난 도시.
(6~7세기의 찬미가. 묵시록 21장의 내용에 따라 천상 예루살렘을 읊은 찬미가).

Urbs capta est. 도시는 점령되었다

Urbs cóndita. 로마시 건설

Urbs distat iter unius diei. 도시는 하룻길 떨어져 있다.

Urbs est ita, ut dícitur.(ita 참조)
도시는 사람들이 말하는 그대로이다

urbs immunis belli. 전쟁에 참가하지 않은 도시

urbs impune quieta. 평온한 도시

urbs incendiis obnoxia. 화재의 위험성을 지닌 도시

Urbs Jerusalem beata.(성무일도.성당 축성축일의 찬미가)
복되다 예루살렘 빼어난 도시.

urbs maxima alienata. 외국 세력에 예속된 대도시

urbs nuda præsidio. 무방비 도시(無防備 都市)

urbs sancta. 성도(聖都.영 holy city)

urbs Sion Aurea. 황금 도시 시온(Cluny의 Bernardus 작. 찬미가
Hora novissima, tempora pessima. 현세는 나쁜 세상에서 발췌한 찬미가).

urbum, -i, n. = **urvum** 도시 둘레를 치던 쟁기,
도시의 경계를 정하는 데 쓰는 보습의 곡도(曲度).

urceátim, adv. (úrceus) 많이, 지독히, 억수같이

urceatim pluébat. 억수같이 소나기가 왔다

urceola, -æ, f. dim. (úrceus) 작은 물병, 작은 항아리

urceoláris, -e, adj. (urcéolus) 항아리의.

urceoláris herba. (植) 수세미 풀,
(돌담에 나는) 쐐기풀 무리의 잡초.

urceolum cum aqua. 물이 담긴 주수병

urceoloum vacuum. 빈 주수병

urcéólus, -i, m. (urcéóla, -æ, f.) dim. (úrceus) 작은 물병,
작은 항아리, 주수병*(酒水甁.영 cruets), 성유 그릇.

úrcěus, -i, m. 항아리, 물병(물통), 질그릇

urcíól…= urceol…

urco, -áre, intr. 스라소니가 울다

urédo, -dĭnis, f. (uro) 탄저병(炭疽病), 가려움(蟻走感).
　따끔거림, 옴(疥癬. 疥瘡).
uréter, -éris, m. (解)
　수뇨관(輸尿管-콩팥에서 방광으로 오줌을 보내는 가늘고 긴 관).
uréthra, -æ, f. (醫) 요도(尿道-오줌길)
urethrális, -e, adj. (解) 요도의
urethrítis, -tĭdis, f. (醫) 요도염(尿道炎)
urétĭcus, -a, -um, adj. 소변(小便)의, 비뇨(泌尿)의
urgens, -éntis, p.prœs., a.p. (úrgeo) 긴급한, 위급한,
　화급한, 다급한, 절박한, 급박한, 재촉하는, 독촉하는.
　adv. urgenter. 긴급히, 재촉하여.
urgente necessitate. 긴급(緊急) 필요시에
urgéntia, -æ, f. 절박(切迫-일이나 사정이 급하여 여유가 없음)
　급박(急迫), 위급, 긴급(緊急), 재촉(어떤 일을 빨리 하도록 조름).
　Feminarum autem monasteria nonnisi urgentibus
　necessitatibus visitabat. 그러나 급하게 필요한 경우가
　아니고는 여자 수도원은 방문하지 않았다.
úrgĕo(=úrgueo), ursi, urgére, tr. 세게 떼밀다.
　짓누르다, 압력(壓力)을 가하다, 압박하다. 바싹 죄다.
　재촉(독촉)하다(חמד. חמד), 채근하다, 다그치다.
　몰아대다, 위급(급박.절박)해지게 하다, 급히 하다,
　서둘러 하다. 몰아넣다, 꼼짝 못하게 하다, 둘러싸다.
　포위(包圍)하다, 전념하다, 힘을 기울이다, 열중하다,
　강권하다, 채근(採根-어떻게 행동하기를 따지어 독촉)하다,
　조르다, 격려하다, 강조하다, 역설하다, 변호하다.
　intr. 임박하다(in cervicibus esse), 다가오다.
　iter urgeo. 빨리 가다.
Urgo, -ónis, f. Etrúria 해변의 섬
úrgueo(=úrgĕo), ursi, urgére, tr.
uríca, -æ, f. 요충(蟯蟲-요충과의 기생충), 유충(幼蟲)
urígo, -gĭnis, f. (醫) 옴(개선疥癬. 개창疥瘡), 가려움(蟻走感).
　부르틈
Urim et Thummim. (히브리어) 우림과 툼밈.
　[본래의 뜻은 '불확실한 것', '제비'. '주사위'의 뜻을 나타낸다. 고대 히브리인들
　이 백성들에게 내려지는 하느님의 뜻을 해석하는 신탁을 알아보는 절차를 말
　한다다… 불가타역에서는 우림을 증명(ostensionem)으로, 툼밈을 거룩함
　(Sanctitatem)으로 번역했다. 우림이라는 말 자체가 "신탁의 답을 준다"라는 뜻을
　가진 말과 관련 있을 것이라는 의견도 있다. 백민관 엮음. 백과사전 3, p.718].
urina, -æ, f. 오줌, 소변(小便); 동물의 정충.
　urinam reddo. 오줌을 누다.
urinális, -e, adj. (urína) 소변의
urinária vesica. 방광(膀胱-오줌통)
urinátor, -óris, m. (urínor) (=urinátor)
　잠수부(潛水夫), 항아리로 물 긷는 자.
urínor, -átus sum, -ári, dep. (uríno, -áre,) intr.
　(urína) 물속에 잠기다, 잠수하다, 물속에 들어가다.
úrinus, -a, -um, adj. 알맹이 없는, 빈.
urinus ovum 무정란(=irritum ovum =zephyrius ova)
úrion(=urĭum), -i, n. 광물이 섞인 땅, 돌이 많은 쓸모없는 땅.
urna, -æ, f. 항아리, 물동이, 단지, 물 뜨는 그릇, 추첨함,
　투표지를 넣는 항아리, 투표, 화장한 재를 넣는 단지,
　납골호(納骨壺), 저금통, 용적단위(반 ámphora).
urnális, -e, adj. (urna)
　한 urna 용적의, 한 항아리(의 양이) 들어가는.
urnárĭum, -i, n. (urna) 항아리를 올려놓는 선반 혹은 상.
urnátor, -óris, m. (=urinátor) 항아리로 물 긷는 자
urnatúra = ornatúra
urnifer(urniger), -ĕra, -ĕrum, adj. (urna+fero, gero[1])
　항아리(물동이)를 들고 다니는.
　m. Urnifer, -feri, (天) 물병자리.
úrnŭla, -æ, f. dim. (urna) 작은 항아리
úro, üssi, ustum, -ĕre, tr. 1. 사르다, 태우다, 연소하다,
　말리다. uri calóre. (땅이) 햇볕에 타다. 2. 지지다, 뜸 뜨다.
　3. 납화(蠟畵).낙화(烙畵)를 그리다. 4. 불 놓다, 화재를
　일으키다. 5. 시체를 태우다, 화장(火葬)하다. 6. (추위)
　쑤시게 하다, 뼈에 사무치게 하다, 심한 고통을 주다.
　7. 격분케 하다, 마음 아프게 하다, 진땀나게 하다, 초조
　하게 하다. Urit fúlgore suo. 명성으로 불태우다(시기하다).
　8. 찢다(לגם), 물어뜯다, 갉아먹다, 초토화하다.

bellum quo Itália urebátur. 이탈리아가 초토화 된 전쟁/
　Eos bellum Romárum urébat.
　Roma 전쟁은 그들의 나라를 황폐케 했다.(라틴-한글사전).
　Cálcěus si pede major erit, subvertet, si minor, uret.
　만약 신발이 발보다 크다면 헐렁거릴 것이고,
　(발보다) 작다면 죄일 것이다(성 염 지음. 고전 라틴어, p.260].
urogenitális, -e, adj. (解) 비뇨기 및 생식기의
urológia, -æ, f. (解) 비뇨기학(泌尿器學)
Uromastix spinipes 가시 도마뱀
uropýgium, -i, n. 꼬리 융기(隆起)
urpex, -pĭcis, m. = irpex
　쇠스랑(쇠로 서너 개의 발을 만들어 자루를 박은 갈퀴 모양의 농구).
urrúncŭlum, -i, n. 이삭의 하부(下部)
ursa, -æ, (abl., pl. -abus) f. (ursus) 암곰, 곰
Ursa Major, (天) 큰곰자리
Ursa Minor, (天) 작은곰자리
ursárĭus, -i, m. (ursus) 곡예단의 곰지기
ursi, "ungeo"의 단순과거(pf.=perfectum)
ursínus, -a, -um, adj. (ursus) 곰의.
　f. ursina, -æ, (sc. caro[2]) 곰 고기.
ursinus állium. 야생마늘
ursus, -i, m. (動) 곰, 서커스에서 곰 싸움.
　ursa, -æ, f. 암 곰,
　afflata ursi hálitu. 곰의 입김이 와 닿은 여자.
Ursus est minus fortis quam leo.
Ursus est minus fortis leóne. 곰은 사자보다 덜 용맹하다.
　[두 가지 것을 비교할 때, 그 중 하나가 다른 하나보다 "덜 어떠하다"고
　할 때에는, 그것을 열등비교라고 한다. 열등비교에는 형용사를 비교급으로 쓰지
　못하고, 오직 minus[덜]라는 비교급 부사와 함께 원급을 써야 한다. 형용사끼리의
　열등비교에도 제1항에 minus와 함께 그 원급을 쓰고, 제2항에도 원급을 쓴다].
urtiácěæ, -árum, f., pl. (植) 쐐기풀과 식물
urtíca, -æ, f. (植) 쐐기풀. (動) 식충류(植虫類).
　(魚) 말미잘. (醫) 가려움(蟻走感). 색욕(色慾)
urticária, -æ, f. (醫) 두드러기(蕁麻疹)
urúca, -æ, f. (蟲) 배추벌레
ūrus, -i. m. 들소(켈트어), 야생 소.
　Uri neque hómini neque feræ, quam conspexérunt,
　parcunt. 들소들은 사람이건 짐승이건 눈에 뜨인 것은
　용서하지 않는다.(속문의 내용이 주문의 내용보다 과거 또는 전시인
　경우, 즉 더 먼저 되었을 경우에 종속용법에서 주문의 현재에 대한 속문의
　과거 또는 전시前時는 단순과거로 표시된다).
urvo, -áre, intr. (=urbo) (urvum)
　밭고랑을 내다, 도시의 경계선(境界線)을 긋다.
urvum, -i, n. = urbum 도시 둘레를 치던 쟁기.
　도시의 경계를 정하는 데 쓰는 보습의 곡도(曲度).
úsīa, -æ, (acc. -an,) f. (希) 본질(τὸ τι εν εἶναι.εἶδος),
　본체, 원소(만물의 근원이 되는. 항상 변하지 아니하는 구성 요소),
　(가톨릭) =esséntia divína.
usíacus, -a, -um, adj. 본질의, 본질에 관한, 재산에 관한
úsĭo, -ónis, f. (utor) 사용, 관습(慣習-mos, mōris, m.),
　용도(用途), 행사(行使-부려서 씀. 사용함), 용법, 풍습.
usitate(=usitatim) adv. (usitátus)
　관습적으로, 관례에 따라, 전례대로.
usitátĭo, -ónis, f. (úsito) 사용, 관습, 관행(praxis, -is, m.)
usitátus, -a, -um, p.p., a.p. (úsitor)
　관습적, 통례의, 관례적(慣例的), 습관 된, 보통의.
úsĭto, -áre, tr. = úsitor
úsĭtor, -átus sum, -ári, dep., freq., intr. (utor)
　…을 늘 쓰다, 자주 사용하다, 가끔 쓰다.
úspĭam, adv. (본래는 cuspiam)
　어떤 곳에, 어느 곳에, 어디엔가, 어느 경우에도.
　Malo esse, in Tusculáno aut uspiam in suburbáno.
　나는 Túsculum이나 Roma 근교 어딘가에
　살기를 더 좋아한다.
usquam, adv. (부정문.의문문.조건문 안에 씀)
　1. 아무 곳에도 (아니), 어떤 곳에, 어디엔가: nec
　usquam insisténtes. 어느 곳에도 서지 않고,
　2. 어떤 곳으로(…을 향하여). 3. (in+abl. 대신) 무슨
　일에: neque usquam nisi in pecúnia spem habére.

돈밖에는 아무것에도 희망을 두지 않다.
4. (gen.) usquam géntium. 어떤 곳에.

usque, adv., præp.c.acc. Ⅰ. adv. 1. 계속하여, 끊임없이, 마냥: usque eámus. 계속 갑시다. 2. (출발.도착을 표시하는 말) …에서부터, …까지. (1) …에서부터: usque a mari súpero Romam proficísci. 상부해안에서 Roma로 떠나다/ usque a Rómulo. Rómulus 때부터/ Usque ex última Sýria. Sýria 변방(邊方)에서부터. (2) …까지. usque ad castra. 진지까지/ usque ad extremum vitæ diem. 생명의 마지막 날까지. (3) …안에까지. 까지. usque in Pamphýliam. Pamphýliam까지. (4) trans Alpes usque. Alpes 건너편까지. (5) (장소부사와 함께) usque istinc. 네가 있는 그곳에서부터/ usque eo … quoad. …하는 거기까지/ usque eo … ut. …하는 그 점까지/ usque adeo ut. …할 만큼 그 정도까지. (6) usque Tmolo. Tmolo에서부터. (7) (도시 이름의 acc.) usque Romam. Roma까지. (8) (장소부사를 접두어나 접미어로 붙여서) hucúsque 여기까지, 이때까지/ quoúsque 어디까지/úsquedum 하는 동안에.
Ⅱ. præp.c.acc. 까지: usque Sículum mare. Sicília해까지/ usque Jovem. Júpiter 바로 전까지/ usque témpora Alexándri. Alexánder 시대까지/ usque pedes. 발까지.
(라틴-한글사전, p.987)
ab imis únguibus usque ad vérticem. 발끝에서 머리끝까지/ ab ovo usque ad mala.
달걀에서 사과까지 즉 만찬 시작부터 끝까지/
Amor usque ad finem. 극진한 사랑/
bono communi usque servato. 항상 공동선 내에서/
Cuius est solum, eius est est usque ad cælum et ad inferos. 토지 소유자의 권리는 지상은 하늘까지,
지하는 지핵(地核)까지 미친다/
fere usque vigesimum quintum ætatis suæ annum.
거의 25세에 이를 무렵까지/
Pater meus usque modo operatur, et ego operor(요한 5. 17).
내 아버지께서 여태 일하고 계시니 나도 일하는 것이다(성경).
usque ad diem 5 inclusive, 5일까지(5일도 포함시킴)
usque ad diem 17 exclusíve. 16일까지(17일은 제외됨)
usque ad extremum vitæ diem. 생명의 마지막 날까지
usque ad nostram ætatem. 우리 시대까지
usque ad nostram memoriam. 우리 시대까지
usque ad occasum solis. 해질 녘까지.
(종점은 ad. usque ad와 함께 대격을 쓴다).
usque ad satietatem. 싫증나도록
usque ad ultimas terras. 땅 끝까지
usque ad vesperum. 저녁까지
úsquedum, conj. …까지 계속, 하는 동안에.
usquequáque, adv. 가는 데마다, 곳곳이, 어느 곳에나, 어디에나, 항상, 어느 때나, 아무 때라도.
=quoúsque, quoadúsque.
usquequo, adv., interr., indef.
얼마나 오래? 어디까지? 언제까지? 어느 때까지.
usquin, adv. = **úsquene?**
ussi, "uro"의 단순과거(pf.=perfectum)
ussu… V. usu…
usta, -æ, f. (uro) 주홍색(朱紅色), 홍색, 진사(辰砂)
ustícĭum, -i, n. (uro) 불에 그슬린 색, 흑갈색(黑褐色)
ustilágo, -ĭnis, f. (植) 엉겅퀴(국화과의 다년초)
ustilátĭo, -ónis, f. **ustulátĭo** 화상(火傷), 덴 자리(火傷)
ústĭlo(=**ústŭlo**) -ávi, -átum, -áre, tr.
ústĭo, -ónis, f. (uro) 불사름, 태움, 연소, 소각(燒却),
pl. 불로 인한 피해, 화상, 불로 지짐, 뜸. 염증(炎症)
ustor, -óris, m. (uro) 시체 태우는 자, 화장하는 자, 사르는 자.
ustrína, -æ, f. (**ustrínum**, -i, n.) (uro)
불태움, 소각(燒却), 火葬場(所), 용광로(鎔鑛爐)
ústŭlo, -íre, tr. (uro) 그슬리게 하다, 태우다, 데게 하다
ustulátĭo, -ónis, f. =**ustilátĭo** 화상(火傷), 덴 자리(火傷)
ústŭlo(=**ústĭlo**) -ávi, -átum, -áre, tr. (uro)

굽다, 태우다, 사르다, 데게 하다, 소각(燒却)하다,
희생제물(犧牲祭物)을 태우다, 화(동)상 입히다.
ustum, "uro"의 목적분사(sup.=supínum)
ustúra, -æ, f. (uro) 소각(燒却), 태움.
Quid sit in fundamento habere Christum et quibus spondeatur salus per ignis usturam.
그리스도를 기초로 함과 불의 시련을 거쳐 구원이 보장됨이란 무슨 뜻인가.(신국론. p.2826).
Usuále, -is, n. 그레고리안 미사곡집(=Liber Usuális), 통용 전례 성가집(주일의 미사 부일도의 경우가 그레고리오 악보와 함께 라틴어로 된 성식 전례서이다. 백민관 엮음. 백과사전 3. p.721).
usuális, -e, adj. (usus) 늘 쓰는, 일용의, 통상적인, 평소의, 상용(常用)의, 보통의, 일반적, 관습적(慣習的).
interpretátĭo usuális. 관행 해석, 통상적 해석.
usuárĭus, -a, -um, adj. (usus) 용익권을 가진. m. 용익권자(用益權者).
usucápĭo[1], -cépi, -cáptum, -pĕre, tr.
(usu+cápĭo[1]) 시효 취득(時效取得)하다.
usucápĭo[2] (**usucáptĭo**) -ónis, f. (usu+cápĭo[2])
취득시효, 사용취득, 점용취득; pl. 시효 취득한 재산(財産),
exceptĭo usucapti. 시효 취득의 항변(時效 取得 抗辯).
usucáptĭo, -ónis, f. = **usucápĭo**[2]
usufácĭo, -féci, -fáctum, -ĕre, tr. = **usucápĭo**[1]
usufructuárĭus, -a, -um, adj. 용익권의, 사용수익권의.
m. 용익권자(用益權者).
usufrúctus, -us, f. 용익권(用益權), 사용 수익권, 사용권.
usúra, -æ, f. (utor) 사용, 이용, 사용권, 권리취득, 향유(享有.⑨ Enjoyment-누려서 가짐), 임대금 사용, 이자(利子.⑨ intērest), 고리, 돈놀이(⑨ Usury).
Natúra dedit usúram vitæ.
자연은 우리에게 생명의 향유권을 주었다/
Terra numquam sine usura reddit.
대지는 절대로 이자 없이 돌려주지 않는다.
usurárĭus, -a, -um, adj. (usúra) 일정기간 사용되는, 잠시 쓰이는, 고리의, 폭리의, 이익이 되는, 이자가 붙는.
m. 고리대금업자(高利貸金業者).
usurecéptĭo, -ónis, f. (usus+recípĭo)
시효로 인하여 소유권을 획득함, 사용재취득.
usurecípĭo, -ĕre, tr. 시효로 인하여 소유권을 회복하다.
usurpábĭlis, -e, adj. (usúrpo) …에 쓸 수 있는, 유익한.
usurpátĭo, -ónis, f. (usúrpo) 사용, 실용, 실천(實踐),
횡령(橫領-남의 재물을 불법으로 가로챔), 침해(침범하여 해를 끼침),
찬탈(簒奪-임금의 자리나 국가 주권 따위를 빼앗음. 찬위簒位),
남용, 도용, 부당취득, 용익권 정지, 사용취득의 중단.
usurpátĭo civitátis. 시민권 사용(市民權 使用)
usurpatio enim juris non facit jus.
권리의 행사가 권리를 발생시키지 못한다.
usurpatívus, -a, -um, adj. (usúrpo) 사용을 지시하는, 부정사용의, 남(오)용의, 용익권 정지의.
usurpátor, -óris, m. (**usurpátrix**, -ícis, f.)
(usúrpo) 주권의 찬탈자(簒奪者), 권리 침해자, 횡령자.
usurpatórĭus, -a, -um, adj. (usurpátor) 불법의, 권리남용의.
Usurpátum est. 관습이다.
usúrpo, -ávi, -átum, -áre, tr. (usus+rápĭo) **사용하다**, 쓰다, 이용하다, 누리다, 향유하다, 행사하다, 실천하다, 소유하다(זֶרַ, גֹּאל, תֹּמַ), 점유하다, 횡령(橫領)하다,
남용하다, 탈취하다, 부당 취득하다, **찬탈(簒奪)하다**,
(감각으로) 포착(捕捉)하다, (…에 대하여) 말하다, 언급하다, 입에 오르내리다, …라고 이름 하다, 부르다.
usúrpo alcjs memóriam. 누구에 대한 기억을 활용(회상)하다.
usúrpo amíssam possessiónem. 잃었던 소유권을 찾다.
usúrpo jus. 법적 권리를 누리다.
usúrpo óculis. 눈으로 보다.
usúrpo officium. 직무를 이행(履行)하다.
usus[1] -a, -um, "utor"의 과거분사(p.p.)
usus[2] -us, (dat., sg., usui, usu.) m. (utor)
1. 사용, 이용: usus privátus. 특수사용. 2. 사용권, 용익권,
: usus fructus, usus et fructus, usus fructúsque, 용익권

₁₃₄₇

(用益權). 3. **실천(實踐)**, 연습, 시행, 이행(履行): usus
virtútis. 덕행의 실천/ ars et usus. 이론과 실천. 4. 체험,
경험. magnum in re militári(in castris, rei militáris)
usum habére. 군사에 대한 큰 경험을 갖다. 5. (언어의)
사용관습: Cadent vocábula, si volet usus. 언어 관습이
원한다면 이 말들은 없어지고 말 것이다. 6. 쓸모, 이용,
유용, **유익**: usum habére ex alqa re. 어떤 것을 이용하다/
pécudes ad usum hóminum procreátæ. 인간의 이익을
위하여 난 가축들/ úsui esse alci. 누구에게 쓸모 있다/
si quis usus mei est. 만일 누가 나에게 쓸모가 있다면/
úsui esse ad rem. 무슨 일에 소용되다/ usus affert ad
…에 소용이 있다/ ex usu alcjs esse. 누구에게 유익하다/
Res usu pópuli Románi áccidit. 일은 로마 백성에게 유리
하게 돌아가다/ Ex usu est prœlium commítti. 전투하는
것이 유리하다. 7. 필요, 용도: quæ belli usus poscunt,
suppeditáre. 전쟁에 필요한 것을 공급하다/ ad usus
cívium res útilis. 시민들의 용도에 필요한 것/ usus est,
usus venir, usus adest. 필요하다/ Ad eam rem usus est
hómine astúto. 그 일을 하는 데는 재치 있는 사람이 필요
하다/ Tácito usus est. 침묵이 필요하다/ usu venit, V.
usuvénio. 8. 관련성(關聯性), 관계, 친밀성, 교제(交際):
Quocum mihi est magnus usus. 내가 많이 관계하는 그
사람. (라틴-한글사전, pp.988~989).
　De usu admirabilis huius sacramenti.
　　경이로운 성사의 실행/
　extra usus. 사용 외/
　Hæc sunt usui ad armandas naves. 이것들은 배를 무장
　하는 데 소용된다.[목적 여격dativus finalis으로 행위를 하는 목적을
　여격으로 지칭된다. 성 엄 지음. 고전 라틴어, p.396]/
　Multa omne genus in usum inductæ fuére.
　　모든 종류의 기계들이 실용적으로 사용되게 되었다/
　tertius usus legis. 법률의 제3적용/
　usu capio. 사용취득.
usus attributívus. 부가어적 용법
usus auctoritas fundi. 토지 사용 취득권
Usus elenchticus. 죄인을 복종시키는 법률 적용
Usus est efficacíssimus magister.
　관습은 가장 힘 있는 스승이다.
Usus est efficacíssimus rerum omnium magíster.
　관습은 모든 일의 가장 효과 있는 스승이다(가변성 명사가
　부설명어인 경우에는 그 격뿐만 아니라 그 성에 있어서도 주어와 일치되어야 한다).
usus et auctoritas fundi.
　시효에 의해 얻은 토지 소유권(土地 所有權).
usus fructus. 용익권
usus gratíæ præscitus. 예지되어 있는 은총의 사용
usus legis didacticus. 신자의 교육을 위한 법률의 적용
usus legis pædagogicus.
　죄인을 회개로 이끌기 위한 법률의 적용, 교화
usus legis quadruplex. 법률의 제4적용
usus legis politicus. 질서 유지를 위한 법률의 적용
Usus magíster est optimus. 관례가 가장 훌륭한 스승이다
usus pauper. 실천적 가난, 가난한 사요, 검소한 사용
usus prædicatívus. 부설명어적 용법[행동사가 문장의 주어에 대하여
　부설명어(보어) 노릇을 하는 것을 부설명어적 용법 또는 서술적 용법이라고 한다.
　이 경우에는 물론 주어와 부설명어를 이어주는 연계동사가 있게 된다].
usus rátiónis. 이성 사용(理性使用)
usus substantivus. 명사적 용법
usus utilitatis. 유용성의 편익
ususcápio = usucápio
ususfrúctus, -us, m. (usus+fruor) 사용 수익권, 용익권
Ususfructus non dominii pars sed servitus est.
　용익권은 소유권의 일부가 아니라 역권이다.
usuvénio(usu vénio), veni, véntum, -íre, intr. (흔히
　3인칭만 씀) 필요하다, 용도가 있다, 경험하다, 생기다,
　일어나다, 나타나다: Si id culpa senectútis accíderet,
　eádem mihi usu venírent. 만일 그것이 늙은 탓으로
　생겼다면, 마찬가지 일이 내게도 일어날 것이다/
　Quid viro misérius usu veníre potest? 사람에게 더
　비참한 일이 있을 수 있겠느냐?

ut(옛 uti) I. adv., relat., intter., (exclm), indjef.
　A. adv. ralat 1. …와 같이, 같은 모양으로: Cicerónem
et ut rogas, amo, et ut marétur et ut débeo. 네가 원
하는 대로, 또 그가 그럴 만해서, 그리고 내가 의당
그래야 하기에 나는 Cicero를 사랑 한다/ si virtus
digna est …ut est. 덕행이 마땅한 것이라면 … 사실
그렇지만 …. 2. [상관적으로] sic(ita) … ut. ut …
sic(ita), …·…한 것처럼 … 그처럼. V. sic, ita./ ut …
sic(ita): [반대의 뜻과 함께] …하지만 적어도, 그 반면
에: ut quisque+(superl) …sic(ita)+(supel) …하는
만큼 그만큼, …하면 할수록 Ut quisque ætáte
antecedébat, ita senténtiam dixit ex órdine. 만일
누가 나이가 많으면 많을수록 그 순서대로 말을 했다/
Ut quæque res est turpíssima, sic máxime vindicánda
est. …하는 일이고 고약하면 할수록 그만큼 책벌(責罰)을
받아야 한다/ Te semper colam, ut quem diligentíssime
내가 어떤 사람을 가장 존경하는 사람이 있다면 그만큼
너를 존경할 것이다/ erudítus sic, ut nemo magis.
아무도 더 유식할 수 없을 만큼 유식한. 3. …와 같은
생각으로, …와 같이, …처럼: Canem et felem ut deos
colunt. 그들은 개와 고양이를 신처럼 모신다.
4. …로서, …범위 내에서, …로 봐서: magnífice, ut
erat copiósus… 그가 부자로서 굉장하게/ Orationes
Catónis, ut illis tempóribus, valde laudo. Cato의 연설은,
그 시대를 봐서, 매우 칭찬 한다/ Díogens libérius, ut
cýnicus. Díogenes는 견유학파로써 더 자유주의적이었다.
5. ut qui+subj …기 때문에: ut qui máxime. 할 수 있는
대로 많이/ ut quid? 왜, 무엇 때문에. 6. 예를 들면,
말하자면: Est quiddam, ut amicítia, bona existimátio.
어떤 것은, 예를 들면 우정같이 높이 평가받는다.
　B. adv., interr. 1. (dir 혹은 exclam) 어떻게, 얼마나,
어떤 모양으로: Ut totus jacet! 어떻게 그가 저렇게
파멸되었는가! 2. (indir.): Videmúsne, ut púeri áliquld
scire se gáudeant? 어린이들이 무엇을 좀 안다고
얼마나 기뻐하는지 보느냐?
　C. adv. indef 어떻게든, 어떤 모양으로든. 1. [축원의
subj.]: Ut te di deáeque pérduint! 신과 여신(女神)들이
어떻게든 너를 멸했으면!. 2. (subj.를 쓴 의문문에서)
어떻던 …것 같으냐? 겉으로는 …하구나! Te ut ulla res
frangat!. 겉으로는 아무것도 너를 꺾을 것 같지 않구나.
　II. conj A. [ind] 1. 때, 하자마자, 우선: ut primum,
statim ut, simul ut, continuo ut. 즉시, 곧, 우선, 먼저.
2. [pf. ind] …때부터, 때 이래로: Ut ab urbe discéssi.
로마를 떠난 이래로. B. [subj] 1. …하기를! [축원, 원의]
= útinam. 2. opto, ímpero, rogo, hortor, etc, ut. …하기
를 원하다, 빌다 등. 3. timeo ut = ne non. …하지 않
을까 두렵다. 4. [비인칭, 무한정 표현 뒤]: convénit,
placet, áccidit, in eo est, in eo res est, ut, …하는 것
이 합당하다. 마음에 들다, …하게 되었다, 일이 이렇게
되다, 사정이 이렇다. 5. …하기 위하여 [목적 ut]:
ut portus tuerétur. 항구가 보호되기 위하여. 6. ídeo
… ut, idcírco …, eo …ut. proptérea ut …. …하기
위하여. 7. (결과 ut) …할 만큼, …해서 어떻게 되다:
Mons altíssimus impendébat, ut perpáuci prohibére
possent. 높은 산이 우뚝 서 있어서 몇 안 되는 사람
이라도 (적군의) 접근을 막을 수 있었다.
8. [subj.를 쓴 양보문, 조건문에서] 비록 …하지만, …
한다 처도: Prudéntiam, ut cétera áuferat, adfert certe
senéctus. 노년기가 비록 다른 것은 없애버린다 하더
라도 확실히 지혜만은 가져다준다. 9. sic, ita ut. 이렇
듯이 …해서 …하다: ádeo, tam, usque eo, tantópere,
háctenus, ejúsmodi, ut; eo, huc, illuc ut, …할 정도로:
rem huc dédúxi, ut. 일을 …할 정도로 끌고 갔다.
10. talis, tantus, tot, tam multi, ut ~ 할 정도로 ~ 한.
11. is, hic, ille, iste, ut …즉, 다시 말하면: testis cum
ea voluntáte procéssit, ut 증인은 이러한 마음으로
나왔다, 즉 … / caput illud est, ut … recípias. 요는
네가 ~을 받았다는 그 사실이다. 12. ut non … 함이

없이, 하지 않고: Malet existimári bonus vir, ut non sit, quam esse, ut non putétur. 그는 호평을 받지 못하는 선인보다는 선인이 아니더라도 선인으로 평가 받기를 더 원한다. 13. (암시적 간과법): ut plura non dicam. 더 이상 말할 것도 없이. 14. ut ne+subj. … 즉 …하지 말 것: Edícta prætórum fuérunt ejus modi, ut ne quis cum telo servus esset. 재판관의 포고령은 이러했다, 즉 누구든지 창을 들고 노예노릇을 할 수 없다고/ Caput est hoc, ut ne exspéctes. 중요한 점은 기대하지 말라는 것이다/ ita … ut ne. … 하지 않는 조건으로. 15. (비교급+quam ut) …하기에는 너무 … 하다: Signa rigidióra quam ut imiténtur veritátem. 석상들이 참 생명을 나타내기에는 너무 딱딱하다. (라틴-한글사전. pp.899~890)

Domine, ut videam, ut audiam.
주님, 당신을 보고 듣게 하소서/
Rabboni, ut videam(Master, I want to see).
스승님, 제가 다시 볼 수 있게 해 주십시오(성경 마르 10. 51).

Ut a fabulis ad facta veniámus.
꾸며낸 이야기에서 실제 사실로 말머리를 돌리자면.

ut ab agente. 작용자로부터 비롯됨

ut ab agente in aliud procedens.
작용자로부터 다른 것으로 나아감.(김 율 옮김. 은총과 자유. p.121).

ut ad me revertar. 다시 내 자신에 대해 말하자면

ut ad propositum revertamur. 다시 본론으로 돌아가서

Ut ad urbe discessi. 로마를 떠난 이래로

ut aliud nihil dicam. 다른 말은 말고도

ut animi hominum recrentur.
사람들의 마음이 새로워지도록.

ut árbitror. 내 생각에는

ut assolet. 늘 하던 대로, 습관에 따라, 평소와 같이

Ut autem non sit superbia quæ agitet facta bona, quis novit? quis videt? 선행을 한 것이 교만은 아닌지 누가 알고 있으며 누가 보고 있습니까?

Ut áudiam vocem laudis, et enárrem univérsa mirabília tua. 큰 소리로 감사 노래 부르고 당신의 기적들을 알리기 위함입니다.

Ut bene sit tibi et sis longǽvus super terram.
(i[na eu= soi ge,nhtai kai. e;shl makrocro,nioj evpi. th/j gh/j)
(獨 auf daß dir's wohl gehe und du lange lebest auf Erden) (＠ that it may go well with you and that you may have a long life on earth)(에페 6. 3)
네가 잘되고 땅에서 오래 살 것이다. 하신 약속입니다
(성경)/그 약속은, 계명을 잘 지키는 사람은 복을 받고 땅에서 오래 살리라는 것입니다(공동번역 에페 6. 3)/
너는 복을 받고 땅에서 장수하리라(200주년 에페 6. 3).

Ut bona opěrátio sequatur scientǐam.
지식에 선행이 뒤따라야 합니다.

ut breviter dicam. 간단히 말하자면

ut Christus pro Dei regno consecrati
그리스도처럼 하느님 나라를 위하여 봉헌된 삶.

ut circumspiceres inde comodius
아무것이나 편한 대로 살펴보고.
Medium te mundi posui, ut circumspiceres inde comodius quicquid est in mundo. 나는 너를 세상의 중간존재로 자리 잡게 하여 네일에 있는 것들 가운데서 아무것이나 편한 대로 살펴보게 하였노라.(성 염 지음. 사랑만이 진리를 깨닫게 한다. p.300).

Ut compósitum cum Marcio fúerat.
Marcius와 공모했던 대로.

Ut consília et optata.
세계 주교 대의원회의 규칙(1969.6.24. 답서).

Ut Corporis et Sanguinis Christi participes a Spiritu Sancto congregemur in unum.(＠ may all of us who share in the body and blood of Christ be brought together in unity by the Holy Spirit) 간절히 청하오니 저희가 그리스도의 몸과 피를 받아 모시어 성령으로 모두 한 몸을 이루게 하소서.

ut Deo inhæreat et eo fruatur. 하느님께 애착하고 그분을 향유(享有)하는 것(=토마스 아퀴나스의 "Cáritas" 정의).

Ut desint vǐres, tamen est laudanda voluntas.
비록 기력은 없다 해도 뜻만은 칭찬해야 한다.
(암보문은 주문 뒤에 올 수 있으나 흔히 주문 앞이나 가운데에 놓이게 되며. 이런 경우 종종 tamen, áttamen, sédtamen 등의 반대 접속사를 쓴다. 그러나 sed는 쓰지 못한다. 허창덕 지음. 문장론. p.287).

ut dicitur. 소문대로, 사람들의 말대로

ut dicunt. 그들의 말대로

ut diligatis invicem.(＠ you love one another)
서로 사랑하여라(요한 15. 17).

ut diligatis invicem, sicut dilexi vos.
(＠ love one another as I love you) 내가 너희를 사랑한 것처럼 너희도 서로 사랑하여라(요한 15. 12).

Ut dixi. 이미 말한 대로

ut doctissimis placuit, 여러 학자들이 주장한바와 같이

Ut dum visibiliter Deum cognoscimus, per hunc in invisibilium amorem rapiamur. 하느님을 앎으로써 그 분을 통해 볼 수 없는 것에 대한 사랑에 이끌리게 하기 위해서입니다.

Ut ěrat dictum. 정해진 대로

ut est captus hominum. 사람들의 능력대로

Ut facis, insta.(insto 참조)
너는 지금 하고 있는 대로 계속해라.

ut fíeri solet(ut fit plerúmque)
흔히 되는(있는) 바와 같이(fio 참조).

Ut filii lucis ambulate.(＠ Walk as children of light)
빛의 자녀답게 살아가십시오(에페 5. 8).

Ut filios habeat? quid, si mali erunt? 그가 자녀를 가졌으면 해서입니까? 자녀가 惡하게 되면 무슨 소용이 있겠습니까?.(최익철 신부 옮김. 요한 서간 강해. p.367).

Ut hæc omnia agnoscantur veritas postulat.
(＠ Truth demands that all this be recognized)
진리가 이 모든 것을 인정하도록 요구하고 있습니다.

ut hominem mirabiliter et incredibiliter honoraret glorificaretque. 인간을 놀랍고 믿어지지 않을 만큼 고양하고 영화롭게 만들기 위함이었다.

ut illi placeam. 내가 그의 마음에 들도록.
sibi placeo. 스스로 흡족해하다.

in judiciis culpa plectatur.
과오가 재판을 통해서 처벌되도록.

Ut in omnibus Deus glorificetur.
만사를 하느님의 영광을 위해(베네딕도 수도회의 모토 중 하나.
이 말은 성 베네딕도 수도 규칙 57장에 나온다. 백민관. 백과사전 3. p.701).

Ut in omnibus glorificetur Deus.
하느님은 모든 일에서 영광을 받으소서.

Ut ira sit libido pœniendi ejus qui videatur læsisse injuria. 분노란 불의로 손상을 당한 사람이 그에 대해서 응징하려는 욕정이다.(신국론. p.1500).

ut ita dicam. 말하자면(id est)

Ut jam a fabulis ad facta veniamus.
이제 우리는 전설에서 실제로 옮아 갈 단계에 이르렀다.

ut jam diximus. 이미 언급한 바와 같이

ut libet. 좋으실 대로(si libet. 좋으시면)

Ut matrem áddĕcet famílias,
가정주부에게 어울리는 바와 같이

ut mens concordet voci nostræ.(성 베네딕도 수도규칙 19장)
우리의 정신이 우리의 목소리와 일치되게.

Ut ne dedéceat, 망신스럽게 되지 않기 위해서

Ut nemo appropriet sibi prælátionem.
아무도 장상직을 자기 것으로 소유하지 말 것입니다.

Ut nemo corrumpatur malo alterǐus.
다른 사람의 악행을 보고 분개하지 말 것입니다.

ut nescire discat. 모르기를 배우겠다(신국론. p.1262)

ut nobis Corpus et + Sanguis fiant Domini nostri Iesu Christi.(＠ so that they may become for us the Body and + Blood of our Lord Jesus Christ)
우리 주 예수 그리스도의 몸과 + 피가 되게 하소서.

Ut non dicam (=ut omíttam)
지나가기 위해서, 별문제로 하고.

Ut non præsumat passim aliquis cædĕre.

아무도 감히 함부로 때리지 말 것이다(성 베네딕도 수도규칙 제70장).
Ut non præsumat. 감히 하지 말 것이다
ut non vacet linguæ nostræ semper de dilectione
loqui. 우리의 혀는 늘 사랑에 대하여 말하고 있을 만큼
한가하지 않습니다.(최익철 신부 옮김. 요한 서간 강해, p.341).
Ut nostri omnes ad Jesum et sensus dirigantur et
actus. 우리들의 모든 생각이나 행위를 예수님께로
향하게 하려고 노력하는가?(성 벨라도).
Ut notum est, 신앙의 유익을 위한 혼인의 해소(1973.12.6. 훈령)
Ut obœdientes sibi sint invicem. 서로 순명할 것이다.
(성 베네딕도 수도규칙 제71장).
ut omnes in una caritas gaudeamus.
그리하여 모두가 하나의 사랑 안에서 기뻐하게 될 것입니다.
Ut Omnes unum sint.(나길두 주교 사목표어, 로한 17, 21).
모든 이가 하나 되기를, 모두가 하나 되게 하소서.
ut opinio mea est(fert) 내 생각에는(meā sententĭa)
ut opinor. 내 생각대로(sicut arbitror)
ut perspiciat 파악하기 위해서
ut plérumque évenit. 흔히 있는 대로
ut plura non dicam. 더 이상 말할 것도 없이
Ut pluribus, 바티칸 텔레비전 센터(1983.10.22. 회신)
Ut Post Completorĭum Nemo Loquatur. "끝기도" 후
에는 아무도 말하지 말 것이다(성 베네딕도 수도규칙 제42장).
Ut potui, tuli. 나는 내가 할 수 있는 한 참았다.
Ut primum, 하자마자
Ut primum cessit furor, 미치광이 짓이 그치자마자
ut puto. 내 생각에는(ut opinor)
ut qui maxime. 할 수 있는 대로 많이
Ut quid hoc? Ut audiat: Hic est qui baptizat.
왜 그랬을까요? "그분이 세례를 베푸시는 분"이시라는
말씀을 듣게 하려는 것이었습니다.
(최익철 신부 옮김. 요한 서간 강해, p.335).
Ut quid talem epistolam fecisti?.
그렇다면 이 편지는 뭣 때문에 쓰신 것입니까?
Ut quidque optimum est, sic rárissimum.
무엇이든 최고의 것이란 그만큼 드문 법이다.
Ut quisque est vir óptimus, ita difficíllime esse álios
ímprobos suspicátur. 사람은 누구나 착하면 착할수록
남을 악인으로 추측하기가 대단히 어려운 법이다.
ut ratióne et viā procédat orátio.
변론이 이로 정연하게 진행되도록.
Ut rectissime agantur ómnia, provideo.
모든 것이 똑바로 잘 되도록 조치하다.
ut reperio. 내가 아는 대로는
ut res exigit. 형편상 필요한 대로
ut scitis. 너희가 아는 바와 같이
Ut sementem feceris, ita et metes.(속담) 가는 말이
고와야 오는 말도 곱다, 너는 뿌린 대로 거두리라.
Ut servi Dei honorent clericos.
하느님의 종들은 성직자들을 존경할 것입니다.
Ut sint consummati in unum.
완전한 하나가 되게 하기 위해서 입니다.
Ut sint unum. 모두 하나가 되게 하소서.
(김남수 주교 문장 1974.11.21).
Ut sit validum, 오푸스 데이는 개인 장상으로 구성된다.
(1982. 11.28. 교황령)
ut solet. 흔히 있는 바와 같이
Ut supra. 상술한 바와 같이, 위에서와 같이(略.u.s.)
Ut supra dictum est. 위에서 언급하였듯이, 위에서 말했듯이
Ut te di deæque perduint!.
신과 여신(女神)들이 어떻게든 너를 멸했으면!
Ut totus jacet? 어떻게 그가 저렇게 파멸되었는가?
ut traditum est. 전하여진 대로
Ut umbra tantum pertransit homo.
인생은 한낱 그림자와도 같이 지나가 버린다.
Ut Unum Sint. 하나 되게 하소서(1995.5.25. 회칙)
Ut vales?. (Quomodo te habes?) 어떻게 지내십니까?.
bene habeo se. 잘 있다/
Bene (moderate/male) mihi est.

잘 (그럭저럭/나쁘게) 지냅니다/
Non bene. 좋지 않습니다/
Optime (pessime) me habeo.
아주 잘 (나쁘게) 지냅니다/
Satis bene. 그럭저럭 지냅니다.
Ut valetur?. 그 일은 잘되느냐?
Ut vidétur. 생각대로, 보이는 대로
Ut videantur esse quod non sunt(신국론, p.1978).
존재하지 않는 것을 존재하는 것처럼 보이게 만든다.
ut volui. 내가 원한대로
Utatur iure suo. 교황청 각 부서가 제출 받은 질문이나
청원에 대한 답서로 "이 안건에 대하여 스스로의 권리를
사용하여 해결하여야 하고, 따라서 교황청의 권위가 개입
할 필요가 없다는 뜻"이다 (교회법 해설 ③ 교회의 최고 권위, p.278)
utcúmque(=utcumque).古 utquómoque) adv.
어떠하든 간에, 어떠하든지, …에 따라, 매마다,
매번(每番), 하여튼, 어떻든,
utcumque … volet, ita admovébit.
그가 원하는 것이 어떻든 간에 그는 착수할 것이다.
Utendum est ætate. 시간을 선용해야 한다.
uténdus, -a, -um, a.p. (utro) 쓸 만한, 쓸 수 있는.
ūtens¹ -éntis, p.præs., a.p. (utro)
가지고 있는, 갖춘, 마련된,
homo igitur anima rationalis est mortalis atque
terreno utens corpore. 인간이란 사멸하고 지상적
육체를 구사하는 이성적 영혼이다/
homo rátĭone utens. 이성을 사용하는 사람.
ūtens² -éntis, m. (현 Montone)
Ravénna의 남쪽에 있는 Gállia Cisalpína의 강.
utensílĭa, -ĭum, n., pl. 일용품, 필수품, 가구(家具),
도구(道具), 기구(器具), 용구(用具).
De nominibus utensilium. 일용품들의 이름.
uténsĭlis, -e, adj. (utro) 쓸모 있는, 유익한, 필요한
ūter¹ utra, utrum, (gen. utríus) dat. utri, pron. relat.,
interr. 1. 둘 중 하나: uter eórum vita superárit, ad eum
pars utriúsque pervénit. 둘 중에서 생존조건을 잘 채우는
자에게 두 사람의 몫이 돌아간다.
2. 둘 중 누구? 둘 중 어느 것? uter nostrum? 우리 중에
누가?/ Utrum mavis? statímne …, an …? 둘 중 어느
것을 더 원하느냐? 즉시냐 …아니면 …냐?
3. 둘 중 누구인지, 어느 것인지: ignoránte rege uter
esset Oréstes, uter utri insídias fécerit. 둘 중 누가 다른
한 사람에게 흉계를 꾸몄는지 알아보다. 4. (indef.) 둘 중
누구(무엇이)든지 하나, 아무(것)이나 상관없이.
(라틴-한글사전. p.990).
A quibus utrísque. 그 둘한테 각각/
Utérque nostrum(eórum) 우리(그들) 둘이 다 각각/
Utra manus celerior est? 어느 손이 더 재빠른가?/
Utra manus valídior est.
어느 쪽 손이 더 힘이 센가? Dextra. 바른 손이다/
Utra soror? 둘 중의 어느 누이?/
Utraque harum rerum. 이 일의 두 가지 다/
Utraque manus. 두 손이 각각 다.

	단 수			복 수		
	m.	f.	n.	m.	f.	n.
Nom.	uter	utra	utrum	utri	utræ	utra
Gen.	utríus	utríus	utríus	utrórum	utrárum	utrórum
Dat.	utri	utri	utri	utris	utris	utris
Acc.	utrum	utram	utrum	utros	utras	utra
Abl.	utro	utra	utro	utris	utris	utris

(한동일 지음, 카르페 라틴어 1권, p.149)
Uter amícus? 둘 중에 어느 친구?
Uter nostrum(vestrum)? 우리(너희) 중에 누가?
Uter poëtarum anteponitis?.
당신은 두 시인 중에 누구를 선호하는가?
ūter² utris, (pl. útria, útrium), m.
(액체 넣는) 가죽부대; 허영에 찬 자.

ŭter³ utŭri, m. = **úterus**

utercúmque(=**utercúnque**), utracúmque, utrumcúmque,
pron., relat., indef. 둘 중 누구든지 하나,
둘 중 무엇이든지 하나: utrocúmque modo. 좌우간.
어떤 모양으로든지, 어떻든….

Utĕre felix! 읽으시고 행복하시길!(로마인들이 특히 책을
선물할 때 적어 넣던 인사말. 찬양 시편, 강론해설, p.329).

uterínus, -a, -um, adj. (úterus) 모태의, 혈육의, 동복의.
uteríni fratres. 한 배의 형제.

utérlĭbet, utrálĭbet, utrúmlĭbet, pron., indef.
둘 중 누구든지 한 사람, 둘 중 무엇이든지 하나.

utérque, útraque, utrúmque, (gen. utriúsque, dat. utríque)
pron., indef. 1. 둘 다 각각, 양쪽 다: in utrámque partem
dissére. 찬반양론으로 토론하다/ utráque lingua.
(라틴어와 희랍어) 둘 다/ quarum civitátum utráque.
이 두 도시 다. 2. (복수동사와): uterque eórum exércitum
edúcunt. 그들은 둘 다 자기 군대를 이끌고 나온다.
3. 둘이 서로: cum utérque utríque exércitus esset in
conspéctu. 두 군대는 서로 대치해 있었기 때문에.
4. (복수명사와) imperatóres. 두 황제 다. 5. = quique.
(라틴-한글사전, p.990).

uterque nostrum. 우리 둘 다

úterus, -i, m. (=**uter³** uteri, m.) (解) 자궁(子宮), 모태,
태(胎), 태중, 임신(妊娠), 땅속, 측면, 옆구리(ㄲ).
Nescio qualiter in utero meo apparuistis.(⑨ I do not
know how you came into existence in my womb[2마카 7, 22]
너희가 어떻게 내 배 속에 생기게 되었는지 나는 모른다.

utérvis, útrăvis, utrúmvis, [gen. utrúsvis, dat. utrívis]
(uter+volo) pron., indef. 둘 중 네가 원하는 사람[것]
(아무라도) 누구든지(무엇이든지) 마음대로.

uti¹ = ut

uti² inf. (utor)

uti ceteroqui partim iam fit.(⑨ as in fact is partly
happening) 실제로 부분적으로는 이미 실시하고 있음.

uti cives. 시민의 자격(신분)으로, 시민으로

uti efferri decet.(⑨ it must be stressed)
이것은 강조되어야 한다.(1991.5.1. "Centesimus annus" 중에서).

uti rogas. = (略) U.R. 찬성투표(cf. tabélla)

Uti possidetis. 점유물 보호 명령(保護命令).
miserátiónibus uti. 자비(慈悲)를 베풀다.

utibílis, -e, adj. (utor) 쓸 수(모) 있는, 유익한,
유리한, 적합한, 좋은(חוביה.ἀγαθὸς.καλὸς).

útilis, -e, adj. (utor) 1. 쓸모 있는, 유용By한, 유익한,
유리한, 편리한, 필요한, útilis *alci* …에게 유리한/
útilis *alci* rei. …일에 유익한/ útilis ad rem. …에
편리한/ útilis in hoc tempus. 지금 현대에 필요한/
Tíbia adésse choris erat útilis. 피리가 있는 것이
합창에 쓸모가 있었다. 2. 건강(健康)에 좋은,
약효(藥效) 있는. 3. 좋은 상태에 있는, 쓸 만한.
4. 풍부한. 5. 공정한. 6. n., pl. =utensília.
7. adv. **utibítiter**, 유익하게, 유용성 있게, 이롭게.
ad usus cívium res útilis. 시민들의 용도에 필요한 것/
bonum utile. 비익선(裨益善), 수단적 선(手段的 善),
이용 선, 유익선, 유용한 선(가톨릭 철학. 제4호. p.30)/
expensa utilis. 유용한 비용/
Ferrum est minus pulchrum quam utile.
쇠는 유익한데 비해서 아름다움은 덜하다/
(Id.) quod utile est, non semper gratum est.
유익한 것이 반드시 유쾌(愉快)하지는 않다.
Quǽritur inter médicos, cujus géneris aquæ sint
utilíssimæ. 어떤 종류의 온천이 가장 이로운지 하는
것이 의사들 사이에서 연구되고 있다/
Quidquid honestum est, utile est; quidquid autem
turpe est, inútile est. 무엇이든지 올바른 것은 유익하다.
반대로(그러나) 추악한 것은 무엇이든지 쓸데없다.
Quod utile est, non semper grátum est.
유익한 것이 반드시 유쾌(愉快)하지는 않다/
Quod utile est sæpe communicáre.

자주 영성체하는 것은 매우 유익함(준주성범 제4권 3장)/
Utile dulci. 재미나고 유익한 것(실용과 오락을 겸한 물건)/
utile est plures a pluribus fieri libros diverso stilo,
sed non diversa fide. 동일한 문제들에 대하여, 문체는
다르지만 같은 신앙으로 여러 저자들에 의해 많은
책들이 저술되는 것은 매우 유익한 것이다/
Utile per inutile non debet vitiári. 유용한 것이 무익
한 것에 의하여 손상(損傷)되지 말아야 한다/
valde utilis et necessaria. 매우 유익하고 필요한.

utilitarísmus, -i, m. 공리주의(功利主義), 실리주의.
(행복이 선이라고 주장하는 윤리설. 이 주의에선 무엇이든 행복을 가져다주는
행동이 선한 행동이며, 할 수 있는 대로 많은 사람들에게 최대의 행복을 가져다
주는 것이 최선의 옳은 행동이라고 주장한다. 백민관 엮음, 백과사전 3, p.722).

utílitas, -átis, f. (útilis) 이익, 이용, 유용성, 유익,
편리(便利), 행복(幸福), 재산(財産), 최선(最先),
Ad utilitátem quoque nostram totiúsque Ecclésiæ suæ
sanctæ(⑨ for our good and the good of all his holy
Church) 저희와 온 교회에는 도움이 되게 하소서/
Affert utilitatem pariter suam reliquis omnibus
disciplinis. 그것은 다른 모든 학과목에 봉사 한다/
De gradibus et differentiis creaturarum, quas aliter
pendit usus utilitatis, alter ordo rationis.
피조물들의 등급과 그 차이는 유용성의 편익과 이성의
질서가 좌우한다.(신국론. p.2780)/
De utilitate adversitatis. 역경의 이로움에 대하여/
De utilitate credendi. 믿음의 유익
(391~392년 히포의 아우구스티노 지음)/
Mihi magnæ curæ semper fuit utilitas tua.
네 유익이 내게는 늘 커다란 관심꺼리였다.(curæ: 이해 여격)/
Non usus sed utilitas gentium jus gentium constituit.
제민족의 관행이 아니라 유익이 만민법을 이룩하였다/
Obtrectáre alteri quid habet utilitátis.
다른 사람을 악평하는 것이 무슨 유익이 있느냐?/
Omnis animadversio et castigatio contumelia vacare
debet et ad rei publicæ utilitatem referri.
일체의 경고와 형벌은 멸시를 띠어서는 안 되며,
공화국의 이익에 연관되어야 한다/
utilitatis communio. 이해관계, 이익 공동체

utilitas communiónis. 공공의 이익

utilitas credendi. 신앙의 유익함

utiliter, adv. 유익하게, 유용성 있게, 이롭게

útĭnam, adv. (c. subj.)
제발, 아무쪼록, 원컨대, …으면, …하기를!.
Illud útinam ne scríberem.(ne 참조)
나는 그것을 쓰지 않게 되었으면 좋겠는데.
Utinam adulescentes audirent senum consilium.
젊은이들이 노인들의 충고를 듣는다면 얼마나 좋으랴!
Utinam aut hic surdus aut hæc muta facta sit!.
이 사람이 귀머거리가 되거나
저 여자가 벙어리가 되었다면 얼마나 좋을까!
Utinam conáta perfícere possim!
나는 시작한 일을 마칠 수 있다면 좋겠다.
Utinam conatas res perficere possim!.
내가 시도한 일들을 완성할 수가 있다면!
Utinam filii ne degenerassent a gravitate patria!
자식들이 부친의 진중함을 망치지 않았더라면
좋았을 것을.
Utinam fuissem tecum. 내가 너와 함께 있었더라면!
Utinam haberétis. 너희가 그것을 가지고 있다면 좋을 텐데.
Utinam hac nocte ne fur véniat.
오늘 밤 제발 도둑이 들지 말라다오!
Utinam hinc abierit malam crucem!
차라리 여기서 콱 망하가 든다면 좋을 것을!
Utinam illum diem videam, cum tibi agam gratias.
제발 내가 너에게 고맙다는 인사를 올리게 될
그 날을 보았으면 한다.
Utinam incúmbat …. 원컨대 그가 …에 전심했으면.
Utinam istam malitiam hominibus di ne dedissent.
저러한 재앙일랑 신들이 인간들에게 보내지 않았더라면!

Utinam liberorum nostrorum mores ipsi non perderemus! Mollis educatio est, quam indulgentiam vocamus. 우리 자식들의 품성을 우리 스스로 망치고 있지 않았으면 좋으련만! 유약한 교육인데 그것을 우리는 관용(寬容)이라 부르고 있다(성 엄 지음. 고전 라틴어. p.298).
Utinam mater vestra veniat!.
너희 어머님이 오시면 좋으련만!
Utinam minus vitæ cúpidi fuissemus!
삶에 대한 애착이 조금만 적었더라도 좋으련만….
(우리는 차라리 生命에 대한 애착을 덜 가졌더라면 좋았을 것을!).
Utinam pater meus víveret!
내 아버지께서 살아 계신다면 얼마나 좋을까!
Utinam pater véniat! 아버지께서 오신다면 좋겠는데
Utinam pater vénerit! 아버지께서 오셨다면 좋겠는데
Utinam populus Romamus unam cervicem haberet!
로마 국민 전부가 한 모가지였다면 좋으련만… (단 칼에 베게…).
Utinam pro decore tantum hoc vobis et non pro salute esset certamen! 당신들에게 그 싸움이 안전을 위해서가 아니라 영예를 위해서 있는 것이라면 좋으련만!
Utinam revoces animum paulisper ab ira.
제발 분노를 좀 거두어주셨으면 좋겠습니다.
utíque¹ = et uti V. uti
útique² adv. 물론, 아무렇든 간에, 어떻든(quidquid sit), 특히(in primis), 기어이, 무슨 일이 있어도, defectu utique bono ab inferioribus. 하계의 사물로 부터 상계의 사물로 사그라지는 것이 좋다.
Utiqui si non esses falli omnino non posses.
그대가 존재하지 않는다면야 속을 수도 없다.
uto, -ĕre, intr. (=utor) [imper. utito, utúnto; inf. útere; pass. ind. proe. útitur; fut. utétur만 씀]
ŭtor, ūsus sum, ūti, dep., intr. 1. (abl.) …을 사용하다, 쓰다, 이용하다: Vel imperatóre vel mílite me utímini. 나를 지휘관으로든 졸병으로든 써 달라. 2. 누구와 관계있다: utor algo familiaríssime. 누구와 친밀한 관계에 있다/algo multum uti. 누구와 많은 관계가 있다/ utor homínibus ímprobis multis.(utro 참조) 많은 나쁜 사람들과 관계를 가지고 있다/ Me utéris ámico. 나를 친구로 알아 달라. 3. 가지고 있다, 지니고 있다, 소유하다. 4. …을 먹고 살다. 5. …와 …하게 지내다, …를 …로 취급하다. 6. …이 필요하다.[라틴-한글사전. p.990].
Cur facile utebaris hasta?
어째서 너는 걸핏하면 무기를 쓰곤 했느냐?/
Si vir bonus habeat hanc vim, hac vi non utatur. 선인은 이런 힘을 갖고 있더라도 이 힘을 행사하지 않을 것이다.
útpŏte, adv. 1. (흔히 qui, quæ, quod+subj. 와 함께) 가능한 것으로서, 자연적인 것으로서, …의 자격으로: útpote qui, …한사람으로서. 2. (cum+subj.) …를 봐서. 3. (형용사나 분사와) …기 때문에.
fessi utpote longum carpéntes iter.
기나긴 여행을 해서 지친/
utpote capta urbe. 도시가 점령되었기 때문에.
utpote solemnis liturgiæ pars necessária.
장엄한 전례에서의 필연적 부분.
útpŭta, adv. 가령(이를테면), 예를 들면, 예컨대
utrálĭbet, adv. 이쪽저쪽 아무 쪽으로나, 마음대로
utrárĭus, -i, m. (uter²)
물 부대(囊)를 나르는 군인, 물지게꾼.
útrĭbi, adv. = útrŏbi, interr., adv. = útrŏbi, adv.
두 곳 중 어느 곳에?.
utricída, -æ, m. 가죽부대를 찢는(裂) 자
utric(u)lárĭus, -i, m. (utrículus¹) 뿔피리를 부는 자, 바람 넣은 가죽부대를 타고 하천을 건너는 자, 바람 넣은 부대에 물건을 실어서 강을 건네주는 사공.
utriculósus, -a, -um, adj. (utrículus) 복부(腹部)의, (subst) f. 복수(腹水).
utrículus¹ -i, m. dim. (uter²) 작은 가죽부대
utriculus² -i, m. dim. (úterus) 아랫배(腹), 배(腹),

모태(母胎), 싹(순), 꽃받침, 이삭(벼, 보리 따위 곡식에서, 꽃이 피고 꽃대의 끝에 열매가 더부룩하게 많이 열리는 부분.)
utrímque(=utrínque) adv. (uter¹) 양쪽으로, 양쪽에서, 두 쪽에서, 두 방면에, 두 가지 이유로.
utrimquésecus(utrinquésecus) adv. (uter¹) 두 방면에서
utrínde, adv. (uter¹) 두 경우에, 양쪽에서부터
utrinquésecus(utrimquésecus) adv. (uter¹) 두 방면에
utrínsecus, adv. utrinquésecus의 잘못된 철자(綴字)
utris, -is, m. = uter²
utriusque doctor. 양법 박사(jus canonicum과 jus civile의 박사)
utriusque juris. 양법 박사
utriusque substantiæ. 두 개의 본체(교부문헌 총서 8, p.112)
ŭtro, adv. [sc. loco] (uter¹) 둘 중 한쪽으로(에서), 둘중 어느 쪽에(으로)?, 두 곳 중에서 어느 곳으로.
útrŏbi, interr., adv. = útrĭbi, adv. = utrubi, adv.
두 곳 중 어느 곳에?
utróbĭdem, adv. 양쪽에서
utrobíque(=utrubíque) adv. (uter¹+ubi+que)
양쪽으로(에서); 두 경우에.
utrólĭbet, adv. (utérlibet)
둘 중 아무 쪽으로나, 두 곳 중 어디든지.
utróque, adv. (utérque) 양쪽으로, 양면으로; 양편에서 다
utroque laudáre póllice.
兩엄지 손가락으로(즉 무조건) 찬양하다.
utroque, adv. 양편에서 다
Utrosque páriẽtes linĕre.
양쪽 벽을 바르다(즉 양쪽에 다 아첨하다)(páries 참조)
utrubi, adv. = útrŏbi, interr., adv. = útrĭbi, adv.
두 곳 중 어느 곳에?
utrubíque(=utrobíque) adv. (uter¹+ubi+que)
양쪽으로(에서); 두 경우에.
ŭtrum, adv. (uter¹) [ne나 nam으로 강조되어 이중 의문의 첫 부분을 도입한다] …냐? …냐?, …는지, 아니면 …는지: utrum ea vestra an nostra culpa est? 그것이 너희 잘못이냐? 아니면 우리 잘못이냐?/ utrúmnam, utrúmne …an …?. …냐? 아니면 …냐?/ Utrum fecísti, annon? utrum, necne?
네가 했느냐 아니냐?   (라틴-한글사전, p.991)
Utrum ad normam, 혼종혼인의 거행(1972.4.11. 회신), 영성체에 관한 의문(교회법 제917조, 1984.7.11. 회신), 주교의 품위를 지니고 있는 사람들에 대한 성직록 부여(附與)에 관한 의문(1968.2.5. 회신).
Utrum amor sit in Deo. 하느님 안에 사랑이 존재하는가.
Utrum anima humana sit corruptibilis? 인간의 영혼은 파괴(破壞)될 수 있는가?
Utrum articulus, 새 교리서를 위한 성좌의 승인(1980.6.25. 회신).
Utrum christifidelĭum, (1987.6.20.회신)
교령에 반대하는 성직자의 청원에 대한 의문.
Utrum contradictĭo, (1984. 2월 회신)
견진성사에 있어서의 부모와 대부모의 역할.
Utrum defenditis plebem, an impugnatis?
당신들은 평민을 옹호합니까, 아니면 그들과 맞섭니까?
Utrum Deus æqualiter diligat omnia.
하느님은 모든 것을 균등하게 사랑하는가.
Utrum Deus omnia amet.
하느님은 모든 것을 사랑 하는가.
Utrum deus sit?(獨.Ist Gott?) 신은 존재하는가?
Utrum diaconus, 부제의 기능(1968.3.26. 회신)
혼인을 거행하는 부제에 대한 일반적 위임에 대한 의문.
                                       (1970.7.19. 회신).
Utrum ea vestra, an nostra culpa est?
그것이 너희 잘못이냐 우리 잘못이냐?
Utrum episcopus, 강론에 대한 의문(1987.6.20. 회신).
본당 신부들의 면직에 있어서 따라야 할 절차(1979.7.7. 회신)/
혼종혼인의 법적 양식의 관면(寬免)(1979.4.9. 회신).
Utrum essentia animæ sit ejus potentia.
영혼의 본질 자체가 곧 영혼의 능력인가.
Utrum et quatenus, 성사에 대한 부제의 권한(1974.11.13. 회신)

U

1352

Utrum facultas, 견진성사 집전자에 관한 의문(1975.4.25. 회신)
Utrum heri domi fuísti annon?
　너 어제 집에 있었느냐 없었느냐?
Utrum hic moraris an mavis proficisci?.
　너는 여기 머물 테냐, 아니면 차라리 떠나고 싶으냐?
Utrum hoc est verum, an falsum?
　이것은 진실이냐 거짓이냐?
　(=Hoc est verum, an falsum?) (=Hoc verum falsúmne est?)
　(=Verum hoc est falsúmne?) (=Verúmne hoc est, an falsum?)
Utrum in concelebrátione, 중복으로 미사 예물을
　받은 미사 거행 예물에 관한 의문(1975.10월 회신).
Utrum lex divina sit una tantum.
　신법은 오직 하나이어야 하지 않겠는가.
Utrum liceat contrárie opinári de notĭonibus.
　인식적 표징들에 대해 상반되는
　견해를 취하는 것이 허용되는가.
Utrum licentĭa, 출판 승인에 대한 의문(1987.6.20. 회신)
Utrum lumen sit substantiális, an accidentális.
　광선은 실체적인가 아니면 우유적인가?
Utrum lux sit corpus, vel forma corpóris?
　빛은 유형체인가, 유형체의 형상인가?
Utrum lux sit forma substantiális, vel accidentális?
　빛은 실체적 형상인가 혹은 우유적 형상인가?
Utrum necesse adhuc sit, (1975.2月 회신)
　견진성사 예식에 관련된 의문.
Utrum non potest satiáre judex.
　판사가 두 사람 다 만족시킬 수는 없다.
Utrum normæ, 본당 연합(1979.6.25. 회신),
　영구 본당 주임 대리의 선출(1980.6.13. 회신).
Utrum omnia sint vita in Deo?
　모든 것이 하느님 안에서 생명인가?
Utrum ordinárĭus loci, 성혈만의 신자 영성체(1982.10.19. 회신)
Utrum Pater et Filius et Spiritus Sanctus de divinitate
substantialiter prædicentur? 성부와 성자와 성령께서
　신성에 관해 실체적으로 나타냈는가?
Utrum pax sit proprĭus effectus cáritátis?
　평화는 애덕의 고유한 결과인가?
Utrum per decretum, 보좌주교에 관한 의문(1975.4.25. 회신)
Utrum per rationem naturalem possint cognosci
divinæ Personæ. 하느님의 위격들은 자연적 이성에 의해
　인식될 수 있는가/Per rationem naturalem potest
　cognosci Trinitas Personarum. 위격들의 삼위성도
　자연적 이성에 의해 인식될 수 있다.
Utrum possit dici, Filius est alius a Patre.
　"아들은 아버지와 다른 분이다"라고 할 수 있는가.
Utrum post decretum, 주교회의에 관한 의문(1968.2.5. 회신)
Utrum præter, 누가 주교회의의 구성원이 될 수 있는가.
　(1970.10.31. 회신)
Utrum presbyter, 견진성사의 집전자에 관하여(1979.12.21. 회신)
Utrum reliquias, 제대의 봉헌에 성해 사용(1984 .3月 회신)
Utrum rerum gestarum ratio sit an non.
　운세의 이치가 있는가 없는가(신국론 제5권).
Utrum Romæ pater tuus est an Athenis?
　너의 아버지는 로마에 계시니, 아니면 아테네에 계시니?
Utrum sacerdoti, 성혈에 "적셔서" 하는 집전자의 영성체.
　(1982.10.29. 회신).
Utrum sine cáritate possit esse aliqua vĕra virtus.
　어떤 다른 덕이 신의 사랑 없이도 유도될 수 있는가.
Utrum sint ponendæ notĭones in divinis. 우리가
　하느님 안에 인식적 표징들을 조정(措定) 해야 하는가.
Utrum Spiritus Sanctus procedat a Filio.
　성령은 성자로부터 발출 하는가.
Utrum suppositum addat aliquam rem supra essentiam
vel naturam. 기체(基體)는 본질이나 본성에다
　어떤 실재성을 덧붙이는가.
Utrum tu primus advenisti an frater tuus?
　네가 먼저 왔니, 아니면 네 형이 먼저 왔니?
Utrum venies an non? 너 올 거니, 안 올 거니?
Utrum vera an falsa narras?

자넨 참말을 하는 거야, 거짓말을 하는 거야?
Utrum verba, 미사 강론(講論)(1971.1.11. 회신)
Utrum verbum, 서적 출판을 위한 주교의 승인(1980.6.25. 회신)
Utrum vi facultátum, 특전에 관한 의문(1971.7.1. 회신)
Utrum vita quædam operátĭo? 생명은 어떤 한 작용인가?
ŭtut, adv. 어떻든 간에,
　하여튼(certe, etsi, pótius, tamen과 대응하여 씀).
ūva, -æ, f. 포도 알, 포도송이(알), 포도(⑨ grape),
　포도밭, 단(束-묶음), 묶음(단), 벌 떼, 바다고기 일종.
　(解) 목젖(목구멍의 안쪽 뒤끝에 위에서부터 아래로 내민 둥그스름한 살).
　atque vitinam ex vobis unus vestrique fuissem aut
　custos gregis aut maturæ vinitor uvæ.
　　나 그대들 중의 하나 되어 그대들의 양떼를 거느리는
　　양치기가 되었더라면! 익은 포도를 거두는 농군이나
　　되었더라면!(성 염 지음. 사랑만이 진리를 깨닫게 한다. p.422)/
　fèrax uvis. 포도가 많이 나는/
　Illic veniunt felícius uvæ. 거기서 포도가 더 잘 된다/
　uvæ celeres proventu. 일찍 나는 포도/
　uvæ concamèratæ. 아치(arch)에 매달린 포도.
uva cibária. (술 만들지 않고) 먹기만 하는 포도
uva cutis. 포도 껍질
uva immitis. 신포도
uva picem resípiens. 송진내가 나는 포도
Uva primo acerba gustatu, calore solis maturata
dulcescit. 포도는 처음 맛 볼 때 신 맛을 내지만,
　태양의 열에 익어 단맛이 든다(성 염 지음. 고전 라틴어. p.250).
uva turget mero. 즙이 생겨서 포도 알이 부풀다
Uva uvam videndo vária fit.(격언)
　포도 알은 포도 알을 보면서 변한다(시샘).
úvea, -æ, f. (解) 포도 막, 홍채맥락막(虹彩脈絡膜)
úvens, -éntis, p.proes., a.p. (inusit, úveo)
　습기 있는, 젖은, 축축한.
uvésco, -ĕre, inch., intr. 질척질척해지다. 축축해지다,
　질어지다, 습하여지다, 목을 적시다, 한 모금 마시다.
uvídĭtas, -átis, f. (úvidus) 습기(濕氣.ύργος-축축한 기운)
uvídŭlus, -a, -um, adj. dim. (úvidus) 좀 젖은, 좀 축축한.
úvĭdus, -a, -um, adj. (inusit, úveo) 젖은, 축축한,
　물기 있는, 물 준(물주는), 물 뿌린, 물먹은, 습한, 술 취한.
úvĭfer, -fĕra, -fĕrum, adj. (uva+fero)
　포도를 맺는, (꽃 혹은 과일의) 방을 가지고 있는.
úvor, -óris, m. 습기(濕氣.ύργος-축축한 기운), 축축함
úvula, -æ, f. (解) 목젖, 구개수, 현옹수(懸雍垂-목젖)
Uxii, -órum, m., pl. Susa에서 약탈하며 살던 종족
uxor(=voxor) -óris, f. 아내(⑨ Wife), 정처, 부인(γυνὴ),
　주부(mater famílĭas.), (동물의) 암컷.
　Ad uxorem. 부인에게(Tertullianus 지음)/
　Chremes ad me venit, ut unicam filiam suam filio meo
　uxorem daret. 크레메스는, 자기 외동딸을
　　우리 아들에게 시집보내려고, 나에게 왔다/
　Cum uxore nunc sum Romæ, in urbe clarissima.
　　나는 지금 아내와 함께 가장 유명한 도시 로마에 와 있다/
　De electione diei, quo uxor ducitur quove in agro
　aliquid plantatur aut seritur. 아내를 맞거나 나무를
　　심거나 씨앗을 뿌리는 날의 택일/
　dum se uxor comparat. 아내가 치장(治粧)하는 동안/
　Duxi uxorem; quam ibi miseriam uidi! Nati filii,
　Alia cura. 아내를 맞아들였다네. 그게 얼마나 가련한
　　노릇인지 모른다네! 거기다 자식들이 태어났겠다.
　　또 다른 걱정이 생겼어(신국론. p.2163)/
　ea diem suom obiit, facta morigera est viro. postquam
　ille uxori justa fecit, illico huc commigravit.
　　그러다 마누라가 뒈졌다. 서방에겐 얼마나 고마운 일인가.
　　그자는 죽은 마누라에게 상례를 치르고 나서 이리로
　　이사를 왔다 이 말이야(성 염 지음. 사랑만이 진리를 깨닫게 한다. p.453)/
　Egredere de arca tu et uxor tua, filii tui et uxores
　filiorum tuorum tecum. (e;xelqe evk th/j kibwtou/ su. kai. h`
　gunh, sou kai. oi` ui`oi, sou kai. ai` gunai/kej tw/n ui`w/n sou
　meta. sou/) (⑨ Go out of the ark, together with your wife

and your sons and your sons' wives)
너는 아내와 아들들과 며느리들과 함께 방주에서
나와라(성경 창세 8. 16)/너는 아내와 아들들과 며느리들을
데리고 배에서 나오너라(공동번역 창세 8. 16)/

Ehem mi vir! Ehem mea uxor! Te ipsum quæro.
"아이고, 내 서방!" "아이고, 내 마누라!"
"내 바로 당신을 찾던 중이라오"[성 염 지음. 고전 라틴어. p.365]/

Fíliam tuam mihi posco uxórem.
당신의 딸을 저의 아내로 삼게 해주십시오/

haud uxórem, sed me.
아내가 아니라 나를 복수하는 것이다/

Hodie uxorem ducis? Aiunt.
"너 오늘 장가드느냐?"(남의 얘기인양) "남들이 그런다"/
"오늘 아내를 맞는가?"(남의 얘기인양) "그렇다고들 하네"/

Inimica est tua uxor mihi. Quid id refert tua?
자네 마누라가 나한테 적대적이야.
그게 자네하고 무슨 상관인가?/

justa uxor. 신법에 따른 가례를 치러 맞아들인 아내/

missam fácĕre uxorem. 아내를 내쫓다/

Non concupisces uxorem proximi tui.
남의 아내를 탐내지 마라(십계명 9)/

prima naturalis humanæ societatis copula vir et uxor
est. 인간사회의 첫째가는 결연은 남편과 아내이다/

Quam feminam inducĕre optas uxorem?
당신은 어떤 여자를 아내로 맞아들이고 싶은가?/

Quid? Duasne uxores habet? Unam ille quidem hanc
solam habet. 뭐? 마누라를 둘 뒀다고? 하나를, 저 사람은
정말 이 여자 하나만을 뒀다고요!/

Si ista uxor sive amíca est,
그 여자가 아내이든 여자 친구이든 간에/

Si quis dixerit, licere christianis plures simul habere
uxores, et hoc nulla lege divina esse prohibitum.
만일 누가 그리스도인들은 여러 아내를 동시에 가질
수 있다고 주장하고, 그리고 이것은 신법에 의해 금지된
것이 아니라고 주장한다면, 그는 파문 받아야 한다/

Sit formosa, decens, dives : quis feret uxorem cui
constant omnia?.(Juvenalis). 그녀가 아름답고 우아하고
고상하다고 합시다. 그런데 그처럼 모든 것이 완벽하게
갖추어진 여자를 누가 아내로 맞겠으니까?/

Soror illi est adulta virgo grandiis : eam cupio, pater,
ducere uxorem sine dote. Sine dote uxorem?
"그 사람한테는 처녀로 다 자란 누이가 있습니다.
아버님, 그 여자를 지참금 없이 아내로 맞고 싶습니다."
"지참금 없이 아내를 (맞는다)?"/

súmere alqam sibi in uxórem.
아무 여자를 자기 아내로 맞다/

unius uxoris vir. (1티모 3, 2) 한 여인의 남편/

Ut uxorem ducat? quid, si amaram vitam inde patietur?
그가 배우자를 맞아들이기 위해서 입니까? 쓰라린 삶을
겪어야 한다면 무슨 소용이 있겠습니까?/

uxórem dúcere. 결혼하다, 장가들다/

Uxorem duxi et ideo non possum venire(성경 루카 14, 20).
나는 방금 장가를 들었소. 그러니 갈 수가 없다오/

uxorem reduco. (헤어졌던) 아내를 도로 데려오다/

Uxores eódem jure sunt quo viri.
아내는 남편과 동등한 권리를 가지고 있다/

Uxori excuses te. 아내에게 사과해라/

Vir et uxor consentiunt in lege una persona.
부부는 법률상으로 단일한 인격으로 간주 된다/

Vos, uxor amatissima et filia carissima, video esse
miserrimas. 지극히 사랑하는 아내여, 지극히 사랑스러운
딸아! 나는 너희가 지극히 불행한 여자들이라고 생각한다.

uxor acerrima. 극성스런 아내

Uxor familiæ suæ et caput et finis est.
아내는 그 가족의 처음이며 마지막이다.

uxorátus, -a, -um, adj. (uxor) 결혼한, 취처(娶妻)한.
m. 기혼자(旣婚者)

uxórcŭla, -æ, f. dim. (uxor) 아내의 애칭,

아내의 경멸 명칭, 창녀(娼女).

uxórĭum, -i, n. (uxórĭus) 공처(恐妻),
자기 아내의 호감을 사기 위한 미약(媚藥),
독신자에게 부과하는 세금(稅金).

uxórĭus, -a, -um, adj. (uxor)
처(妻)의, 주부의, 결혼한 여자의,
sub império uxório esse. 엄처시하에 있다.

uxur = **uxor**의 방언(方言)

V V V

V, v, f., n. indecl. 라틴 자모의 22번째 글자.
U로 대치되기도 하는데 이때에는 자음이 됨. 때로는 B로 대치되기도 함.

va = **vah**

vacans, -ántis, p.prœs., a.p. (=vacantívus)

vacans de facto. 사실상 공석

vacans de jure. 법률상 공석

vacánter, adv. 남을 만큼 충분히, 쓸데없이

Vacantis Apostólicæ Sedis. 사도좌 공석(1904.12.25. 교황령).

vacantívus, -a -um, adj. 여분의, 휴가를 얻은, 전념하는.
vacantivus philosóphiæ. 철학에 전념하는.

Vacare culpá magnum est solatium.
탓이 없다는 것은 하나의 큰 위로(慰勞)이다.

vacátĭo, -ónis, f. 면제(免除), 나태(懶怠.® Acedia.
Sloth-게으르고 느림), 일하지 않음, 제외(® Exclusion),
부재(그곳에 있지 아니함), 예고기간(豫告期間), 휴가, 휴직,
휴학, 해방(® Liberation), 해제(解除),
법령 공포로부터 발효까지의 중간 기간('83年 교회법 8조).
iners vacatio. 쓸모없는 달콤함/
publicas cautiones senectuti tutandæ et operis
vacationi vitandæ. 연로와 실직에 대한 사회 보장.

vacatio ætati. 노령에 의한 면제

vacatio legis. 법의 예고기간

vacca¹ -æ, f. (動) 암소(ㄲㄲ).
Ducéntæ vaccæ. 암소 이백 마리/
Vaccæ in agrum ducendæ sunt.[수동태 용장활용]
암소들은 들판으로 끌어내야 한다/
Vaccæ multæ in agrum frugiferum lente errabant.
수많은 암소들이 비옥한 들로 느릿느릿 돌아다니고 있었다.
[in agrum errabat. 밭에 들어가서 돌아다니고 있었다. / per agrum errabat
밭을 (휘저으면서) 돌아다니고 있었다(성 염 지음. 고전 라틴어. p.72)].

vacca faciem tauro propior. 얼굴이 황소같이 생긴 암소

vaccíllo = **vacíllo**

vaccína, -æ, f. (醫) 왁친(獨.Vakzin), (® vaccine), 우두종.
[우두법을 발견한 에드워드 제너가 라틴어로 소를 뜻하는 vacca를 차용하여 쓰기
시작했으며, 루이 파스퇴르가 vaccine이라 명명하여 영어와 프랑스어에서는 이
명칭으로 쓰고 있다. 독일어로는 철자법이 변하여 Vakzin이라 한다. 한국에서는
일본을 통해 들어온 독일어 Vakzin에서 유래한 왁친이라는 말을 널리 썼으나.
20세기 후반 이후 대한민국에서는 영어 vaccine에서 유래한 백신이라는 말이
퍼져 현재는 거의 백신이라는 말로 사용하고 있다. 북한에서는 여전히 왁친이라
부르며, '예방주사'라 말하기도 한다. 위키백과에서.

백신(vaccine)은 생균(生菌)을 이용해 독소를 약하게 하거나 균을 죽여 만든
주사약이다. 몸속에 들어가면 면역이 생겨 질병을 예방한다. 백신은 1796년
영국 의사 제너가 8세 소년에게 우두에 걸린 목장 여자의 고름을 뽑아 접종하면
서 시작했다. 천연두 예방 백신이었다. 백신은 질병 예방뿐 아니라 탄저균 같은
생물테러 대비용도도 있다. 제약회사들은 단백 중독을 예방할 백신도 개발 중이다.
모든 약에 부작용이 있듯 백신도 예외가 아니다. 백신 대다수엔 수은이나 포름
알데히드, 알루미늄 같은 유해 물질이 들어있다. 수은은 자폐증, 알루미늄
은 알츠하이머를 일으킨다 해서 논란을 빚는다. 1970년 영국에서 백일해 백신
접종 뒤 아이들이 사망하자 접종을 중단한 일이 있다. 그러자 7년 새 백일해가
크게 번져 10만 명이 걸리고 27명이 숨졌다. 과학자들은 "백신 없는 전염병보다
전염병에 걸린 백신이 낫다"고 결론을 내렸다. 백신 중 가장 오래되고 안전한 게
독감 백신이라고 한다. 매년 새로운 독감 변종이 나오자 세계보건기구는 1940년대
말 런던 국립의학연구소에 세계 인플루엔자센터를 만들었다. 각국에서 인플루엔자
변종을 발견해 이곳에 보내면 다음 계절에 유행할 백신 3개를 예측해 제약회사에
백신을 만들라고 보낸다. 이번에 개발된 신종 플루 백신은 이와 달리 신종 플루
1개만 예방하는 것이어서 독감 백신보다도 훨씬 안전하다고 한다.
조선일보 木 2009.10.30일자 만물상 백신괴담]

vaccinátĭo, -ónis, f. (醫) 왁친(獨.Vakzin), 종두(種痘)

vaccinium, -i, n. (植) 월귤나무(=hyacínthus), 진달래과 상록관목)

vaccínus, -a, -um, adj. 암소의

váccŭla, -æ, f. (動) 암소새끼

vacefío, -fíĕri, intr. (vacuus+fio)
없어지다, 공허하게 되다, 사람이 아무도 없다, 비어있다.

vacérra, -æ, f. 말뚝, 장작(통나무를 잘라서 쪼갠 땔나무),

등신(等神)("어리석은 사람"을 얕잡아 이르는 말), 바보.
pl. 울타리, 말뚝 울타리.
vacerrósus, -a, -um, adj. 얼빠진, 바보스러운
vacillanter, adv. 주저하면서, 동요되어.
cum unā legióne, eáque vacillánte.(is 참조)
1개 군단 그것도 비틀거리는 군단과 함께.
vacillátio, -ónis, f. 뒤뚱뒤뚱함, 요동, 흔들림, 동요,
주저(躊躇-머뭇거리거나 나아가지 못하고 망설임),
(불.눈의) 깜빡임.
vacillátor, -óris, m.
흔들리는 것, (시계) 추(錘), 흔들리는 사람.
vacillo, -avi, -atum, -are, intr. 뒤뚱뒤뚱하다,
요동하다, 머뭇거리다, 동요하다(בוט,בוש),
흔들리다, 왔다 갔다 하다, 비틀거리다,
ex vino vacillo. 술에 취하여 비틀거리다/
Justítia vacíllat. 정의(正義)가 흔들린다.
vacive, adv. 한가로이, 한가롭게
vacívitas, -átis, f. 결여(στέρησις,⑨ Lack), 결핍(缺乏).
vacívus, -a -um, adj.
…이 결여된, …이 없는, 빈(텅 빈), 한가한.
văco, -ávi, -átum, -áre, intr.
없다, (자리.장소가) 비어있다, 한가하다,
쉬다(שׁבת,עבר,הנוח), 전념하다,
종사하다, 자유롭다, 쓸데없다, 미혼이다.
culpa vaco. 탓이 없다/
Ego philosophíæ semper vaco. 나는 언제나 철학연구에
종사하고 있다(격에 따라 목적어의 격이 달라지는 동사 vacare+dat(여격).
힘쓰다. 종사하다 / vacare+acc(대격). 없다. 비다(ab 또는 탈격)/
Nobis venari non vacat. 우리는 사냥할 시간이 없다/
Schola vacat 학교 수업이 없다/
Tota domus superior vacat. 집의 윗 층이 모두 비어 있다/
ut non vacet linguæ nostræ semper de dilectione loqui.
우리의 혀는 늘 사랑에 대하여 말하고 있을 만큼
한가하지 않습니다.(최익철 신부 옮김. 요한 서간 강해. p.341)/
Vacare culpa magnum est solatim. 탓이 없다는 것이 큰
위로다.(격에 따라 목적어의 격이 달라지는 동사 vacare+dat(여격). 힘쓰다.
종사하다 / vacare+acc(대격). 없다. 비다(ab 또는 탈격). 성 염 지음.
고전 라틴어, p.393)/
vacat otio aut fabulis. 한가함과 잡담에 빠져/
Vacate et videte quoniam ego sum Deus.
너희는 멈추고 내가 하느님임을 알아라(시편 46. 11).
vacuátio, -ónis, f. (장소, 그릇) 비움(κενόω)
vacuátus, -a, -um, p.p., a.p.
빈(텅 빈), 없는, 결여된, 한가한.
vácŭe, adv. 쓸데없이, 공허하게
vacuefácio, -feci, -factum, -ere, tr. (vácuus+fácio)
비워두다, 비게 하다, 폐지(廢止)하다.
pass. vacuefio, -factus sum, -fieri.
vacuefáctio, -ónis, f. 비움(κενόω)
vacúitas, -átis, f. 공간, 빈자리, 허공, 결핍, 부족,
한가, 게으름, vacuitas ab angóribus. 고뇌가 없음.
vacuitas dolóris. 고통이 없음.
vácŭo, -ávi, -átum, -áre, tr. …을 비우다, 비게 하다,
없게 하다, 무효화하다, 빼앗다, 벗어나게 하다.
vácŭum, -i, n. 빈자리, 공지, 공간(空間), 허공(虛空),
공허(空虛), 진공(眞空-공기 따위의 물질이 전혀 없는
공간. 실제로는 보통 수은주 10 - 3mm 이하의 저압 상태의 공간을 말함).
vacuum a defensoribus óppidum.
방어(防禦)하는 사람들이 없는 도시.
vácŭus(=vocuus) -a, -um, adj. (vaco) [탈격 지배 형용사]
비어 있는, 텅 빈, 넓은, 널따란, (아무것도, 아무도) 없는,
쓸쓸한, 고요한, 풀려난, 면제(免除)된, 벗어난, 의무 없는,
아무에게도 점유(占有)되지 않은, 바쁘지 않은,
자유로운, 홀가분해진, (아무도) 없는, 한가한, 주인
없는, 헛, 공허한, 쓸데없는, 무효한, (무엇이) 없는
ager frugum vacuus 아무 곡식도 없는 밭/
curis vacuus. 걱정거리에서 벗어난/
et quem libertate donaveris, nequaquam vacuum abire
patieris. (o[tan de. evxaposteli.lhlj avvto.n evleu.qeron avpo. sou/ ouvk

---

evxapostelei/j avvto.n keno,n)(獨 Und wenn du ihn freigibst,
sollst du ihn nicht mit leeren Händen von dir gehen
lassen) (⑨ When you do so, you shall not send him
away empty-handed) 너희가 그를 자유로이 놓아줄 때,
그를 빈손으로 놓아주어서는 안 된다(성경 신명 15. 13)/자유를
주어 내보낼 때에는 빈손으로 내보내지 못 한다(공동번역)/
mulier vacua. 미혼(처)녀(innuba, -æ, f.)/
Natura abhorret a vacuo. 자연은 진공을 싫어한다/
qui apprehensum eum cæciderunt et dimiserunt
vacuum.(kai. labo,ntej avvto.n edeiran kai. avpe,steilan keno,n)
(獨 Sie nahmen ihn aber, schlugen ihn und schickten
ihn mit leeren Händen fort) (⑨ But they seized him,
beat him, and sent him away empty-handed)(마르 12. 3)
그런데 소작인들은 그를 붙잡아 매질하고서는 빈손으로
돌려보냈다(성경)/그런데 소작인들은 그 종을 붙잡아 때리
고는 빈손으로 돌려보냈다(공동번역)/그런데 농부들은 그
종을 붙잡아 때리고 빈손으로 돌려보냈습니다(200주년 신약)/
patior facile injuriam, si est vacua a contumelia.
욕되는 것만 없다면 말일세 불의도 기꺼이 참겠어.
(성 염 지음. 사랑만이 진리를 깨닫게 한다. p.450)/
vacua bona. 소유주 없는 재산/
vacua pecunia. 놀고 있는 돈/
vacui sumus. 우리는 바쁘지 않다/
vacuum tempus. 한가한 시간/
vacuum theatrum. 텅 빈 극장.
vacuus a tributis. 각종 세금에서 면제된
vacuus Athenæ. 평화로운 아테네
vadátus, -a, -um, p.p., a.p.
법정에 호출된, 구금된, 의무적으로 결정된, 책임진.
vade, 원형 vádo[1] vasi, vasum, -ere, tr.
[명령법. 현재 단수 2인칭 vade, 복수 2인칭 vadite].
Vade ad formicam, o piger, et considera vias eius
et disce sapientiam. (i:qi pro.j to.n mu,rmhka w= ovknhre. kai.
zh,lwson ivdw.n ta.j o`dou,j avvtou/ kai. genou/ evkei,nou sofw,teroj)
(獨 Geh hin zur Ameise, du Fauler, sieh an ihr Tun und
lerne von ihr!) (⑨ Go to the ant, O sluggard, study her
ways and learn wisdom) 너 게으름뱅이야, 개미에게 가서
그 사는 모습을 보고 지혜로워져라(성경 잠언 6. 6)/게으른 자는
개미에게 가서 그 사는 모습을 보고 지혜를 깨쳐라(공동번역).
Vade et dic eis: Revertimini in tentoria vestra.
(ba,dison eivpo.n avvtoi/j avpostra,fhte u`mei/j eivj tou.j oi:kouj u`mw/n)
(獨 Geh hin und sage ihnen: Geht heim in eure Zelte!)
(⑨ Go, tell them to return to their tents) 가서 그들에게
천막으로 돌아가라고 일러라(성경 신명 5. 30)/너는 그들에게
가서 모두들 자기 장막으로 돌아가고 일러라(공동번역).
Vade et tu fac similiter. (poreu,ou kai. su, poi,ei o`moi,wj)
(獨 So geh hin und tu desgleichen!)(⑨ Go and do
likewise) 가서 너도 그렇게 하여라(성경 루카 10. 37)/
너도 가서 그렇게 하여라(공동번역 루카 10. 37)/
가서 당신도 그렇게 행하시오(200주년 기념 신약).
Vade in pace. 편히 가시오.
Jesus dixit: "Vade in pace!"
예수께서 말씀하시기를 "평안히 가라"고 하셨다.
Vade in pace, et Dominus sit tecum.
주님과 함께 평화로이 가십시오.
Vade et loquere ad servum meum David.(⑨ Go, tell my
servant David) 나의 종 다윗에게 가서 말하여라(2사무 7. 5).
Vade mecum. (⑨ 나의 동행자) (백민관 엮음. 백과사전 1. p.665).
Vade mecum. 나와 함께 가자
Vade retro Satana. 사탄아 물러가라(Retro Satana!)
Vade Retro Satana Numquam Suade Mihi Vana:
Sunt Mala Quæ Libas Ipse Venena Bibas.
사탄아 물러가라. 헛된 생각을 하게 하지 말고
네가 마시는 것은 악이니 네 독이나 마셔라.
Vade; sicut credidisti, fiat tibi.(⑨ You may go; as you
have believed, let it be done for you). 가시오. 당신이 믿은
대로 당신에게 이루어지기 바랍니다(200주년 성서 마태 8. 13)/
가거라. 네가 믿은 대로 될 것이다(성경 마태 8. 13)/

가보아라. 네가 믿는 대로 될 것이다(공동번역).
Vade, voca virum tuum et veni huc.
가서 네 남편을 불러 이리 함께 오너라(성경 요한 4. 15).
Vademecum ad Praxim Confessariorum.
고해사제 규범.
vadimonium, -i, n. 保證, 담보(擔保), 저당(抵當-채무의
담보로 삼음), 약속(約束), 계약(契約), 법정 출두 서약.
vadimonium promittere. 지정된 날에(자신이 또는
변호사를 통해) 법정 소환에 응할 것을 서약하다.
vădo¹, -are, tr. 여울을 건너다, 걸어서 건너다.
Exércitum vado transdúcere.
군대를 거느리고 여울목으로 건너가다/
Liger creverat, ut omnino vado non posset transiri.
어느 여울도 건널 수 없을 정도로 리게르 강물이 불었다.
vădo², vasi, vasum, -ere, intr.
가다(הלך.אזל), 앞으로 나아가다, 전진하다.
Vadat unusquisque in civitatem suam.
(⑨ Each of you go to his own city)
저마다 자기 성읍으로 돌아가시오..(성경 1사무 8. 22)/
vado in hostem. 적국을 향하여 전진하다.
vado³ -are = **vador**
vădor, -atus sum, -ari, dep., tr. 법정으로 소환하다,
법정 소환에 응할 서약을 받다, 재판 소송을 당하다,
보증인(保證人)을 세우게 하다, 보호하다.
vador, -atus sum, -ari, p.p. pass. 서약한, 보증된
vadósus, -a, -um, adj. 여울의, 건널 수 있는,
깊지 않은, 도보로 건널만한.
vadosa navigátĭo. 여울로 항해함.
vădum, -i, n. (= **vadus**, -i, m.)
여울 얕은 곳, 위험한 물길, 곳, 안전지대.
(詩) 바다 밑, 강바닥; 물(水.מים.ὕδωρ), 파도(波濤).
illido naves vadis. 배들을 모래펄에 부딪뜨리다/
nuda vada. 물이 마른 여울.
vadus, -i, m. = **vădum,** -i, n.
væ, interj. (苦痛.불행.공포 따위의 표시) 아이고!
양화로다, 화를 입어라.
Exaudi, Deus. væ peccatis hominum!(고백록 1,7,11)
천주여 들으소서, 양화로다, 사람의 죄악이여!
Væ autem prægnantibus et nutrientibus in illis diebus!
(⑨ Woe to pregnant women and nursing mothers in those
days) 불행하여라, 그 무렵에 임신한 여자들과 젖먹이가
딸린 여자들!(성경 루카 21. 23).
Væ enim mihi est, si non evangelizavero!.
(⑨ Woe to me, if I do not preach the gospel).
내가 복음을 선포하지 않는다면 나는 참으로 불행할 것
입니다(성경)/사실 내가 복음을 전하지 않는다면 내게는
불행이 있을 것입니다(200주년 신약)/만일 내가 복음을 전하지
않는다면 나에게 화가 미칠 것입니다(공동번역 1고린 9. 16).
**Væ homini cujus auriga superbia est, necesse est
enim ut præceps eat.** 교만을 마부로 삼는 사람은 불행
합니다. 고꾸라질 수밖에 없기 때문입니다.
Væ mísero mihi! 아이고, 내 팔자야!
Væ misero mihi, quanta de spe decidi!.
비참한 나에게 저주가 있기를!
희망하고는 얼마나 거리가 먼가!.
Væ soli! 가엾다 외로운 자여!
Væ vobis. 너희는 불행하여라(성경 루카 11. 44).
Væ vobis legis peritis. 불행하여라, 너희 율법 교사들아!
Væ vobis pharisæis.
불행하여라, 너희 바리사이들아!(성경 루카 11. 43)
Væ victis! 패자들에게 양화로다, 패자는 비참하도다!
Væ victis, væ vobis. 패망한 자 너희에게 양화로다!
Væ vobis, væ victis. 너희 패배자들에게 저주 있으라!
vaféllus, -a, -um, adj. 교활한
văfer, -fra -frum, adj.
세련된, 교활(狡猾)한, 정밀한, 재주 있는, 꾀 있는.

형용사 제1. 2변화 제2식 B(어간에서 e字가 빠지는 경우)		
단 수		
	m. (남성)	f. (여성)	n.(중성)
Nom.	vafer	vafra	vafrum
Voc.	vafer	vafra	vafrum
Gen.	vafri	vafræ	vafri
Dat.	vafro	vafræ	vafro
Acc.	vafrum	vafram	vafrum
Abl.	vafro	vafrā	vafro
복 수		
	m. (남성)	f. (여성)	n.(중성)
Nom.	vafri	vafræ	vafra
Voc.	vafri	vafræ	vafra
Gen.	vafrórum	vafrárum	vafrórum
Dat.	vafris	vafris	vafris
Acc.	vafros	vafras	vafra
Abl.	vafris	vafris	vafris

(허창덕 지음, 중급 라틴어, p.25)

vaframéntum, -i, n. 재주, 교활(狡猾), 사기(⑨Fraud).
văfre, adv. 교활하게, 간교(奸巧) 하게.
vafrítĭa, -æ, f. (**vafríties**, -éi)
세련된 생각, 교활, 꾀, 사기(⑨ Fraud).
vagabúndŭlus, -i, m. 방랑자, 유랑자, 편력자(遍歷者)
vagabúndus, -a, -um, adj. 방랑하는, 편력하는,
떠돌아다니는, 방황(彷徨)하는, 배회(徘徊)하는.
vagátĭo, -ónis, f. (⑨ wondering around)
방황, 방황생활, 변화, 떠돌이 생활, 배회(徘徊).
vagátus¹ -a, -um, a.p. 방황 길에 나선, 유랑의
vagatus² -us, m. (=vagátĭo, -ónis, f.)
văge, adv. 여기저기, 이쪽저쪽, 정처 없이,
이리저리(ultro citro, ultro citroque).
vagína, -æ, f. 칼집, 껍데기, 피막, 자방. (解) 질(膣).
duco ferrum vagínā. 칼을 칼집에서 뽑다/
educo gládium e vagínā. 칼을 칼집에서 뽑다/
exuo vagínā ensem. 칼집에서 칼을 뽑다/
gládium in vagínam recondo. 칼을 칼집에 다시 꽂다/
gládius intra vagínam suam hærens.
칼집에 꽂혀 있는 칼.
vagina eripio ensem. 칼집에서 칼을 뽑다
Vaginā ferrum eripuit. 그는 칼집에서 검을 뽑았다.
vaginísmus, -i. m. (醫) 질경(膣痙)
vaginŭla, -æ, f. 밀 껍데기, 작은 칼집(革骨)
vágĭo, -ívi(ĭi), -ítum, -íre, intr. (아기, 동물이) 울다,
소리치다, (돼지가) 꿀꿀대다, 울려 퍼지다, 소리 나다.
vagítus, -us, m.
아기 울음소리, 염소 울음소리, 불평(고통, 신음) 소리.
vago, -are, intr. (=**vagor¹**)
văgor¹ -átus sum -ári, dep., intr. 여기저기 다니다,
떠돌아다니다, 방황하다(ומא.ומ), 배회(徘徊)하다,
전파(傳播)되다, 멀리까지 펼쳐지다, 돌다,
둥실둥실 떠다니다, 목적 없이 아무데나 가다.
Vagabitur tuum nomen longe atque late.
네 이름은 멀리까지 오래 떨칠 것이다/
Vagari cum liberis. 자식들과 함께 방랑(放浪)하다.
(동반부사어는 전치사 cum과 함께 탈격으로 표시한다)
vágor², -ŏris, m. (vágĭo) = **vagítus**
vagulátĭo, -ónis, f. 큰 소리로 불평함
vágŭlus, -a, -um, adj. 방황(彷徨)하는
văgus¹ -a, -um, adj. 방랑(放浪)하는, 이리저리 다니는,
떠도는, 방황하는, 떠돌아다니는, 항구성(恒久性) 없는,
이랬다저랬다 하는, 정하지 않은, 정처 없는, 한정 없는.
individum vagum. 규정되지 않은 개별자/
Miser est servitus ubi jus est vagum aut incertum.
법이 애매하고 불분명한 곳에는
비참한 속박(복종)이 있을 따름이다/
stellæ quasi vagæ. 말하자면 방랑하는 별/
vaga sententia. 우유부단(優柔不斷)한 意見/
vagi per silvas. 숲에서 방황(彷徨)하는.

vagus² -i, m. 방랑자(放浪者), 편력자,
　음유시인 (클레멘스), 무적자(無籍者).
valde, adv. 크게, 많이, 꽤, 심(甚)히, 매우(יָאַד) 물론.
　Hieme in agro laboráre valde durum est.
　겨울에 밭에서 일하는 것은 대단히 힘든 일이다/
　Intellectum valde ama.
　이해하는 노력을 진정으로 사랑하라.
valde enim necessaria res est. 이것은 꼭 필요한
　일입니다.(최익철 신부 옮김. 요한 서간 강해. p.284).
Valde gaudeo, quod venisti. 네가 와서 나는 매우 기쁘다.
Valde gaudeo, te venisse(=quod venisti)
　나는 네가 온 것을 대단히 기뻐한다.
Valde gavísus sum, quod amícus vénerat.
　나는 친구가 온 것을 대단히 기뻐하였다.
　(속문의 내용이 주문의 내용보다 과거 또는 전시인 경우 즉 더 먼저 되었을
　경우의 종속용법에서 주문의 미완료나 단순과거에 대한 속문의 과거 또는
　전시제時인 경우는 과거완료로 표시된다. 허창덕 지음. 문장론, p.322).
Valde minor, te venísse.
　나는 네가 온 것을 매우 이상히 여긴다.
valde utilis et necessaria. 매우 유익하고 필요한
Valdésii. 발도파(派.⑨ Waldenses)
vale, valete, imper. (헤어질 때) 잘 있어라, 안녕!
　(Avete, Salvete! 만날 때, 헤어질 때 모두 사용/Valete! 는 헤어질 때 주로 사용).
　Heu miser frater, in perpetuum ave atque vale!.
　아아, 불쌍한 오빠, 길이 안녕, 잘 가!/
　Terentia, mea lux, vale! 내 사랑 테렌티아, 잘 있거라!
　[Vale, valete, valeto(동사 valeo의 명령형) 편지를 맺거나 작별하는 인사로
　쓰인다. 성 염 지음. 고전 라틴어, p.343].
valeamus, 원형 váléo, -lŭi -lītum -ére,
　[접속법 현재. 단수 1인칭 valeam, 2인칭 valeas, 3인칭 valeat.
　복수 1인칭 valeámus, 2인칭 valeátis, 3인칭 valeant]
　Ut cum eléctis tuis hereditátem cónsequi valeámus.
　(⑨ so that we may obtain an inheritance with
　your elect) 아버지께서 뽑으신 이들과 함께
　상속을 받게 하여 주소서.
valedíco, -díxi -díctum -ĕre, intr.
　고별 인사하다, 하직하다, 이별(離別)하다.
valefácio, -féci -fáctum -fácere, intr. (=valedíco)
Valen? (=Valesne?) 잘 있느냐?
vălens, -éntis, p.prœs., a.p. 강한, 힘센, 건장한,
　튼튼한, 건강한, 잘 있는, 효력(效力) 있는,
　영향력(影響力) 있는, 강력한, 영양가 있는.
valénter, adv. 강력하게, 힘주어, 힘 있게, 유효하게
valéntia¹, -æ, f. 건강, 체력, 근력, 기력, 용기,
　능력(能力.δνὰαμις), 재능(⑨ Talents).
valéntŭlus, -a, -um, adj. 좀 건강한
váléo, -lŭi, -lītŭrus, -ére, intr. 건장하다, 잘 있다.
　강력하다, 효능 있다, 능력 있다, 가치 있다, 뜻이 있다.
　의미를 가지다.
　Ibi potest valere populus, ubi leges valent.(Publilius Syrus).
　법률이 위력을 발휘하는 곳이라야
　국민이 위력을 발휘할 수 있다/
　liberum arbitrium nisi ad peccandum valet.
　자유의지는 죄짓는 것밖에 달리 할 수 있는 것이 없다/
　Multum mea interest te valere.
　네가 건강하다는 것은 내게 아주 중요하다/
　Si talis est deus, valeat.
　이것이 신의 뜻이라면 그대로 따르겠다/
　Ut valetur? 그 일은 잘 되느냐?
　Valeant, valeant cives mei, sint florentes, sint beati!.
　평안하시라, 평안하시라, 나의 시민들이여!
　부디 융성하시라! 행복하시라!
　Valeant cives mei, valeant! Sint incolumes, sint florentes,
　sint beati! Stet hæc urbs præclara mihique patria
　carissima! 평안하시라, 평안하시라, 나의 시민들이여!
　부디 무사하시라! 융성하시라! 행복하시라! 이 찬란한 도성,
　내게도 극진히 사랑스러운 조국이여, 길이 서 있으라!/
　Valeas. 나를 내버려둬!/
　Valeas, tibi habeas res tuas. 네 일이나 참견하고 꺼져!/
　Valeas, tibi habeas res tua, reddas meas.

　잘 가게나. 자네 것은 자네가 갖고,
　내 것은 내게 돌려주게나/
　Valet hæc veritas in universum genus humanum.
　(⑨ This truth is valid for the whole human race)
　이 진리는 모든 인류에게 해당 된다/
　Valete curæ. 걱정을 버려라/
　valete, indices justissmi, domi, duellique duellatores
　optumi. 안녕히 계십시오. 집안에서는 지극히 공정하신
　심판 여러분! 그리고 싸움터에서는 지극히 훌륭한
　투사 여러분!(성 염 지음. 사랑만이 진리를 깨닫게 한다. p.454)/
　Verbum quod idem valet 같은 뜻을 가진 말.
valeo caro. 비싸다
Valeo contra serpentem morsus. 뱀 물린데 효능이 있다.
valéria áquila, -æ, f. 검은 독수리
valerianaceæ, -arum, f., pl. (植) 마타리과 식물
Valesne?(=Valen?) 잘 있느냐?
valetudinárĭum, -i, n. 병원, 요양소, 치료소.
valetudinarius, -i, m. 병자, 환자.
　adj. -a, -um, 병든, 요양하는, 병자의, 허약한
valetúdines témpore certo recurréntes.
　일정한 때가 되면 다시 도지는 병(病).
valetúdo, -dĭnis, f. 건강(健康.⑨ Health/physical)
　강장(强壯), 몸 성함, 유효성, 건강의 여신(女神)
　integra valetúdine esse 아주 건강하다/
　Magnam curam diligentiamque in valetudine mea tuenda
　adhibui.(면접사문). 나는 내 건강을 지키기 위해
　크나큰 관심과 정성을 쏟았다/
　Omnes homines sibi sanitatem cupiunt, sæpe
　autem omnia, quæ valetudini contraris sunt, faciunt.
　모든 사람들은 자신의 건강을 원하지만 종종
　건강에 해로운 모든 것들을 행한다/
　Quære illam, ne impediat forte morbida valetudo opera
　tua bona. Ergo non est ibi finis; quia propter aliud
　quæritur. 혹시라도 병이 그대의 선행에 지장을 주지
　않도록 건강은 찾으십시오. 다른 것을 위하여 건강을
　찾는 것이니, 그대에게 건강 자체가 끝은 아닙니다.
　(최익철 신부 옮김. 요한 서간 강해. p.445).
valetudo animi 정신 건강
Valetudo decrescit, accrescit labor.
　건강(健康)은 줄어들고, 병은 더해 간다.
Valetudo est omnium bonórum maximum.
　건강은 모든 행복 중에서 제일 큰 것이다.
Valetudo melior est quam divitiæ. 건강이 부보다 낫다.
válgiter, adv. (입술을) 삐쭉거리며, 뒤틀어져
válgĭum, -i, n. 땅을 다지는 기구
válĭde, adv. 매우(יָאַד), 크게, 대단히, 완전히,
　긍정적(肯定的)으로, 의심 없이, 훌륭하게, 건강하게,
　견실(堅實)하게, 단단히, 힘 있게, 유효(有效)하게
valíditas, -átis, f. 건장(健壯), 힘(δνὰαμις.⑨ Power),
　건강, 근력, 체력, 유효, 효력, 타당성(타당한 성질), 견실.
validitas conceptus. 개념의 타당성(妥當性)
validitas ordinátiónis. 성품성사의 유효성(有效性)
válĭdus, -a, -um, adj. 건강한, 힘센, 강한, 건강한,
　잘 있는, 강력한, 세력(권력) 있는, 권위 있는, 우세한,
　튼튼한, 견고한, 단단한, 효능(효험, 효과, 효력) 있는,
　영양분 많은, 왕성한, 격렬한, 맹렬한, (法) 유효한,
　정당한, 절차를 밟은, (論) 타당한 법칙(法則)에 맞는.
　consensus validus. 유효한 합의/
　matrimonium validum 유효한 혼인/
　Ratio valida 유효한 방법/
　Sic fatus, validis ingentem viribus hastam contorsit
　Mezentius. 그렇게 말하고 나서 메젠티우스는 굉장한
　완력으로 커다란 창을 던졌다/
　Validius debet esse quod lædit eo quod læditur ; non
　est autem fortior nequitia virtute ; non potest ergo lædi
　sapiens.(Seneca). 부패시키는 것이 부패하는 것보다 위력
　있지 않으면 안 된다. 그렇다고 사악이 덕성보다 강한 것은
　아니다. 그러므로 타락하는 그것이 현명한 짓일 수는 없다.

validus ánimi. 강한 마음을 가진
validus ingenio. 비상한 재능(才能)을 가진
valitudo, -dĭnis, f. (=valetúdo)
valitum, "válĕo"의 목적분사(sup.=supínum)
vălĭtúrus, "válĕo"의 미래분사(p.fut.=particípium futúrum)
vallátĭo, -ónis, f. 울타리(רֶדֶר), 방책(防柵), 설비, 방어,
   축성(築城), 주위, 측근(사람들).
vallécŭla, -æ, f. (=vallícula)
vallemátia, -æ, f. (=ballemátia)
   무도(舞蹈-춤을 춤), 춤추는 동작, 무용(舞踊).
valles(-lis) -is, f. 골짜기, 계곡, 구릉, 구덩이, 공동.
   de vértice montis despicio in valles.
   산꼭대기에서 계곡(溪谷)들을 내려다 보다.
vallícula, -æ, f. 작은 골짜기. (醫) 소와(小窩)
Vallis arboribus condensa. 나무로 꽉 들어찬 계곡.
Vallis liliorum. 백합 골짜기.
   (토마스 아 캠피스 지음.1379년 독일 출생. 1471년 네델란드 수도원에서 선종).
Vallónia, -æ, f. 계곡(溪谷)의 여신(女神)
vallum, -i, n. 울타리(רֶדֶר), 방어책, 둘러막은 것, 성벽.
   aggerem ac vallum exstruere. 보루와 방어책을 쌓다/
   super vallum precipitabantur. 방책 위로 날아 왔다/
   Tantum terrorem iniecit exercitui Romanorum,
   ut egredi extra vallum nemo sit ausus.
   그가 로마 군대에 하도 큰 공포를 심어 주어 누구도
   울타리 밖으로 감히 나가려고 하지 않았다/
   trajicio vexíllum trans vallum.
   군기를 진지 저쪽으로 던지다.
vallus¹ -i, m. 말뚝, 울타리(רֶדֶר), 성벽, (톱, 빗)니, 방어진지.
vallus²(=vannúlus), -i, f. 작은 풍구, 키
valor, -oris, m. 가치, 가격, 중대, 존중(⑨ Respect),
   용기(ἀνδρεῖα.⑨ Fortitude), 유효성.
   De oratione et ejus valore. 기도와 그 가치에 대하여.
Valor dialogi inter religiones. 종교 간 대화의 가치
valor et theoria valoris. 가치와 가치론(價値論)
valor intrinsecus. 내면적 가치
valor moralis. 도덕적 가치
valor ontologicus. 존재론적 가치
valor ordinátĭónis. 서품의 유효성.
valor perennis. 구원의 가치
valor probátĭónis. 공문서의 효력
valor probátĭónis peritialis 감정서의 평가
valor supremus. 지고의 가치
valor utilis. 이용가치
valui, "válĕo"의 단순과거(pf.=perfectum)
valva, -æ, f. 자동으로 닫히는 문,
   (흔히 pl.) 두 짝 문, 짝 문, 쌍 문짝.
valvæ, -arum, f., pl. 돌쩌귀
Valvæ se ipsæ aperuérunt. 문이 저절로 열렸다.
valvárĭus, -i, m. 문짝 짜는 목수
válvula, -æ, f, 작은 문. (解.植) 작은 판막(瓣膜).
valvulæ(=valvolæ), -arum, f., pl.
   (valvoli, -orum, m., pl.) ((植)) 콩깍지, 꼬투리.
vana fidelitas. 맹목적 신앙.
Vana gloria. 허영, 허식(虛飾), 허세
vana observantia. 미신적 풍습(백민관 신부 엮음. 백과사전 3, p.729)/
   헛 징험(徵驗)(선우의 천주사상과 제사문제, p.112).
váne, adv. 헛되이(in vanum.), 쓸데없이, 공허하게, 망령되게.
vanésco, -ĕre, inch., intr.
   사라지다(רֶזֶר.רֶדֶר), 기절하다, 없어지다, 흩어지다.
vanga, -æ, f. 풀 뜯는 괭이, 제초기, 곡괭이(ligo²-ónis m.).
Veni ad me! 나한테 오너라!
vanídĭcus, -a, -um, adj. 거짓말하는, 허풍떠는
vaniloquéntĭa, -æ, f. (vanilóquĭum, -i, n.)
   잡담, 쓸데없는 말, 수다, 허풍, 허영, 자랑, 망언(妄言),
   자만(自慢).⑨ Presumption), 헛된 말.
vaniloquidórus, -i, m. 거짓말쟁이
vanílŏquus, -a, -um, adj. (vanus+loquor)
   허풍떠는, 수다스러운, 자만하는, 망언의.

vanitántes. 허풍쟁이(V. vanito)
vánĭtas, -átis, f. 허풍(虛風), 허영, 공허, 헛수고, 무익,
   거짓, 허위, 자만, 자랑, 경망, 가벼움, 경솔: pl. 유치함.
Vanitas vanitatem, et omnia vanitas.
(mataio,thj mataioth,twn ta. pa,nta mataio,thj) (獨) es ist alles
ganz eitel) (⑨ vanity of vanities! All things are vanity!)
   허무로다, 허무! 모든 것이 허무로다!(성경. 코헬렛)/
   헛되고 헛되다. 세상만사 헛되다(공동번역. 전도 1, 2).
Vanitas vanitatem, omnia vanitas præter Deum
servire et amare. 헛되도다. 하느님을 섬기고
   사랑하는 일 외에 모든 게 헛되다.
vanítĭes, -éi, f. 경망, 허무, 억측, 편견, 선입견
vanito, -áre, intr. [vanus] (현재분사만 사용) :
   vanitántes. 허풍쟁이
vanitúdo, -dĭnis, f. 실없는 말, 거짓말
vanno, -ĕre, tr. 키질하다, 튕기다
vannúlus, -i, f. 작은 키(바람 일으키는 도구)
vannus, -i, f. 키, 풍구, 바람개비
vano, adv. 실없이
vanor, -ári, dep., intr. 거짓말하다
vanum, -i, n. 허무(虛無), 허영(虛榮), 허황(虛荒).
vānus, -a, -um, adj. 내용이 빈, 공허한, 무효의,
   무익한, 쓸데없는, 헛된, 허공의, 허영의, 망령된,
   천박한, 허위의, 불신의, 허풍의, 절제 없는, 가짜의,
   근거(根據) 없는, 부실한, 경망(輕妄)스러운.
   bono et vano religioso. 좋은 수도자와 헛된 수도자/
   in vanum. 헛되이/
   Noli imputare vanum beneficium mihi.
   아무 것도 아닌 것을 가지고 내게 생색내지 마라/
   Nolite vanas causas adducere.
   쓸데없는 핑계들을 달지 마시오/
   Non assumes nomen Domini Dei tui in vanum.
   (⑨ You shall not take the name of the LORD, your
   God, in vain) 주 너의 하느님의 이름을 부당하게
   불러서는 안 된다(성경 탈출 20, 7)/너희는 너희 하느님의
   이름 야훼를 함부로 부르지 못한다(출애 20, 7)/
   opiniones rerum vanarum. 허황한 사태에 관한 중론/
   rédigi victóriam ad vanum et írritum.
   승리를 수포(水泡)로 돌아가게 하다/
   Vana gloria. 허영, 허식(虛飾), 허세/
   Vana observantia. 미신적 풍습(백민관 신부 엮음. 백과사전 3, p.729)/
   vanæ lætitiæ. 빈 기쁨.
Vanus est qui seruit Deo. 하느님을 섬기는 사람도 헛되다.
vápĭde, adv. 힘없이, 기력 없이, 시원치 않게
vápĭdus, -a, -um, adj.
   김빠진, 맥없는, 맛 변한, 삭은, 부패(腐敗)된, 부정한.
văpor(=vapos), -óris, m. 수증기(水蒸氣), 입김(내쉼),
   연기, 김(뜨거운), 온기, 불꽃, 열애.
   pinguis vapor. 짙은 김.
Vapor enim estis ad modicum parens, deinceps
exterminatur(⑨ You are a puff of smoke that appears
briefly and then disappears) 여러분은 잠깐 나타났다가
   사라져 버리는 한 줄기 연기일 따름입니다(야고 4, 14).
vaporárĭum, -i, n. 증기 난방기, 발산, 증발, 한증
vaporáte, adv. 따뜻하게
vaporátĭo, -ónis, f. 증발, 기화, 발산, 발한
vaporatio balineárum. 증기탕에서 땀 흘림
vapóro, -avi, -atum, -are, intr. 증발하다, 발산하다.
   증기를 내다. Aquæ vaporant. 물이 증발한다.
   tr. 증기를 가득 채우다, 증기 치료하다, 덥히다.
vappa, -æ, f. 김빠진(맛없는) 술.
   악한(惡漢), 경망스러운 자, 깡패.
vápŭlo, -avi, -atum, -are, intr. 매 맞다, 종아리 맞다,
   혼나다, 패배를 당하다, 낭패를 당하다, 망하다.
   vapula! 죽어라!(욕설) / Vapulet! 죽어라!(욕설)/
   Vapulare eum jubeo!. 죽어라!(욕설).
vapulo fustibus. 몽둥이찜질 당하다.
Vapulo omnĭum sermonibus.

모든 사람한테 말로 호되게 맞다.
vāra, -æ, f. 나무 가름대, 빗장, 받침대
varátĭo, -ónis, f. 만곡, 굴절(屈折-휘어서 꺾임)
vargus, -i, m. 부랑자(浮浪者), 유랑인(流浪人), 추방자
várĭa, -æ, f. 표범(panthera, -æ, f./pardalis, -is, f.)
Variæ Preces. 각종 기도문
variámen, -mĭnis, n. 변화(變化.μεταβολη)
variántĭa, -æ, f. 변화, 변이, 상이, 불일치, 다양(多樣),
   변종(變種), 갖가지, 가지가지.
variátim, adv. 여러 가지로, 색색으로, 여러 모양으로
variátĭo, -ónis, f. 변화(μεταβολη), 변천, 변경.
   sine ulla variatione 의견 변화 없이 즉 만장일치로.
variátor, -óris, m. 수놓는 사람, 깃 장식하는 사람
variátus, -a, -um, p.p., a.p. 변화 많은, 여러 가지의,
   형형색색의, 변천된, 변경된, 변화된, 바뀐, 잡색의.
varicátor, -óris, m. 성큼성큼 걷는 자
varicélla, -æ, f. (醫) 수두(水痘-작은 마마)
varícolor, -oris, adj. 색색의, 여러 색이 섞인, 잡색의.
varícŭla, -æ, f. 작은 정맥류
varĭe, adv. 여러 가지로, 각색으로, 각종으로,
   변화 있게, 신축성 있게, 일정하지 않게.
   varie bellatum est.
   전쟁은 여러 가지가 기회가 되어 일어난다.
Varie sum affectus tuis litteris.
   네 편지를 받고 내 마음(심경)은 착잡해졌다.
varíĕtas, -átis, f. 다양성(⑩ Variety of creatures),
   여러 가지, 잡다함, 변화, 우유부단, 변덕, 잡종, 교차.
   In varietate concordia. 다양함 속의 하나(Eu의 좌우명)/
   Varietates legitimæ. 합법적 다양성.
   (1994.1.25. 경신성사성이 발표한 전례헌장의 올바른 실천을 위한 넷째 훈령).
varietas accidentíum. 우유들의 다양성(多樣性)
varietas cælestíum gratĭárum. 천상은총의 다양성
varíŏla, -æ, f. (醫) 천연두, 천포창(天疱瘡-天然痘)
várĭus¹ -a, -um, adj. 여러 가지, 각색의, 잡종의,
   잡다한, 다른(ἕτερος), 차이 있는, 다양한, 풍부한,
   변하는, 변천하는, 변질하는, 무상한.
   Apes flóribus insídunt váriis.
   벌들이 여러 가지 꽃에 앉는다/
   varia distinguntur accidentĭa.
   우유(偶有)들은 여러 가지로 구별 된다/
   Variis imbuimur erróribus.
   우리는 여러 가지 오류에 물들고 있다/
   varia lectio. 이문(略-varr. 또는 v.l.)/
   Variæ parabolæ. 여러 가지 비유(⑩ Various parables)/
   Varĭum et mutabile. 다양한 것과 변하기 쉬운 것/
   Varĭum et mútabile semper femina(Vergilius).
   여자란 언제나 들뜨고 변하기 쉬운 것이다/
   Varĭum mutabile semper femina.
   여자는 항상(恒常) 변덕스러운 것/
   Várĭum poéma, vária orátio, várii mores, vária fortúna,
   volúptas étiam vária dici solet. 시, 문체, 풍속이 다르고
   운명이 다르면 사람의 욕구도 다르다고 말한다.
Várĭus², -i, m. Roma인의 씨족명; 특히
   1. De majestáte라는 법률서의 저자이며 호민관인 Q.
   Várĭus(재직 91 A. C.). 2. Horátĭus와 Vergílĭus의 친구
   이며 Cœsar와 Octaviánus의 예찬자였던 시인
   L. Várĭus(74~? A.C.).
vărix, -ĭcis, -a, m., f. (解) 정맥류(靜脈瘤)
vāro¹, -ónis, m.(varro, baro)
   거친 자, 둔재, 야비한 사람, 우둔한 사람, 바보.
varro¹, -ónis, m. =vāro¹
várŭlus, -i, m. (醫) 다래끼, 맥립종(麥粒腫)
várus¹, -a, -um, adj. (안으로) 구부러진, 대조적인
vărus²,-i, m. (醫) 소농포(小膿疱), 작은 부스럼
vas¹, vădis, m. 증인, 보증, 담보물, 출석보증인.
   vadem dare 보증서다.
vas², vāsis(vāsum), n. (pl. vasa -orum) 그릇, 단지,
   용기, 즙기, 가구, 기구. (軍) 군대의 장비, 화물.

pl. 벌집, 유골단지, 연장, 도구. (解) 관(管), 맥관, 혈관.
De tabernaculo et vasis ejus. 장막과 그의 그릇에 관하여/
trajicio in ália vasa. 다른 그릇으로 옮겨 붓다/
unum vas. 하나의 용기.

	sg.	pl.
Nom.	vas	vasa
Gen.	vasis	vasorum
Dat.	vasi	vasis
Acc.	vas	vasa
Abl.	vase	vasis

(한동일 지음, 카르페 라틴어 1권, p.47)
vas aquæ benedictæ. (aspersorĭum, -i, n.)
   출입문간에 비치 된 성수 그릇(聖水盤).
vas aureum(=vas ex auro) 황금 그릇
Vas auri solidum ornatum omni lapide pretioso.
   온갖 보석으로 장식된 순금 그릇(집회 50, 9)
vas electiónis. 선택된 사람(사도행전 9, 15).
   선택의 그릇(성 아우구스티노가 성서를 지칭하여 사용한 말).
Vas es, sed adhuc plenus es; funde quod habes,
ut accipias quod non habes. 그대는 아직 속이 가득 찬
   그릇과도 같습니다. 그대가 가진 것을 쏟아버리고, 그대가
   지니지 못한 것을 받으십시오.
vas ex auro. 황금으로 만든 그릇
vas ex auro confectum. 황금으로 만든 그릇
vas fusilium. 작은 종
vas infirmiora. 연약(軟弱)한 여자들
vas lustrale. 성수 용기
vas mortis. 치명적 화살
vas obscœnum. 요강(sella familiarica)
vas productilium. 두드려 만든 종
vas tuum inhabitant bestiæ terræ. 그대의 그릇에는
   지상의 온갖 짐승들이 자리 잡고 있느니라.
vasa iræ. 진노의 그릇(로마. 9, 22)
vasa sacra*(supéllex sacra) 전례용기(典禮用器), 성기,
   제구(⑩ sacred vessels→성당 기물), sacræ supellectiles.
vasárĭum, -i, n.
   그릇 넣는 장, 목욕통(沐浴桶), 문서보관 궤, 장(欌).
vasca tíbĭa, -æ, f. 횡적(橫笛), 가로 부는 피리
váscéllum(=vascelíum) -i, n.
   작은 단지, 잔, 그릇('מזרק.'לי').
váscĭo, -ónis, m. 작은 그릇, 단지, 잔(⑩ Cup)
váscŭlum, -i, n. 작은 그릇, 접시.
   (植) 깍지(콩깍지 등), 씨방, 음경(陰莖=mentula).
vascus, -a, -um, adj. 빈(텅 빈), 헛된, 기울어진 굽은
vaselínum, -i, (化) n. 바셀린(본래 상표명이며 '와셀린'은 틀린 표기)
vaselinum album. 백색 바셀린
vaselinum flavum. 황색 바셀린
vaspicetum, -i, n. 우거진 숲(叢林), 덤불
vasta incendiis urbs. 화재로 황폐하게 된 도시
vastabúndus, -a, -um, adj. 황폐케 하는
vastátĭo, -ónis, f. 황폐케 하는 일, 파괴행위(破壞行爲),
   약탈(掠奪-폭력을 써서 남의 것을 억지로 빼앗음), 침범(侵犯).
vastátor, -óris, m. (vastátrix, -ícis, f.)
   약탈자(掠奪者), 파괴자(破壞者)
vastátorĭus, -a, -um, adj. 파괴하는, 황폐케 하는
vastátus, -a, -um, p.p., a.p. 파괴된, 폐허가 된
vaste, adv. 조잡하게, 예모 없게, 어색하게, 서투르게,
   거칠게, 아주 멀리, 아주 광범위하게, 범위가 넓게.
vastíficus, -a, -um, adj. (vastus+facio)
   파괴(破壞)하는, 침략(侵略)하는, 약탈(掠奪)하는.
vastificus bélua. 괴물(怪物.monstrum, -i, n.)
vastior, -or, -us, adj. vastus, -a, -um의 비교급
vastissimus, -a, -um, adj. vastus, -a, -um의 최상급,
   Tyrannus, quamquam figura est hominis, morum tamen
   immanitate vastissimas vincit beluas.(Cicero).
   폭군은, 비록 인간의 얼굴을 하고 있지만, 그 포악한
   행습으로 보아서 별의별 야수들을 능가한다.
vastítas, -átis, f. (=vastíta, -æ, vastítíes, -éi)

광야(עֲרָבָה.יְשִׁמוֹן.צִיָה.חָרְבָּה)ἐρημος.
⑨ wilderness/desert), 외딴 곳, 적막한 곳, 무인지경,
파괴, 황폐, 폐허, 광활함, 거대함, 황막함, 넓은 곳,
사막(沙漠), 강력한 향기, 큰 군중, 밀집(密集).

vastĭto, -ávi, -átum, -áre, tr. 황폐하게 하다
vastitúdo, -dĭnis, f. 파괴(破壞), 황폐(荒廢), 거대함
vasto, -ávi, -átum, -áre, tr. 황야(荒野)로 만들다,
파괴하다(חרב), 황폐케 하다, 폐허(廢墟)로 만들다,
멸망시키다, 패망시키다, 약탈(掠奪)하다, 침략하다.

Vasto agros cultoribus.
전답을 경작(耕作)할 수 없게 만들다.

vástŭlus, -a, -um, adj. 좀 황폐한, 너무 큰 듯한
vastuósus, -a, -um, adj. 황폐한, 빈(텅 빈), 폐허가 된
vastus, -a, -um, adj. 빈(텅 빈), 공허한, 폐기된,
황폐한, 황무지가 된, 약탈당한, 침략 당한,
짓밟힌, 굉장한, 거대한(גדל), 광활한, 엄청난,
괴물 같은, 야성적인, 무례한, 소양 없는.
belua vasta, vastíssima. 거대한 괴상한 동물/
urbs a defensoribus vasta. 방어군이 폐기한 도시/
vasta incendiis urbs. 화재로 황폐하게 된 도시.

vastus animus. 끝없는(무한한) 욕망
vastus mare. 광활한 바다
vásum, -i, n. (vasus¹ -i, m./=vas² vāis, n.)
vātes, -is, f., m. 복술가(卜術家), 점쟁이, 선지자(נָבִיא),
예언자(נָבִיא.προφήτης.⑨ Prophet), 도사(道士),
신의 영감을 받은 시인, 예능의 스승, 신탁을 받은 자.
[예언이 시와 동일한 뜻으로 취급될 수 있었던 것은 고대 로마의 신탁이나
예언들이예언대 델포스의 신탁이나 시빌라스의 예언들 중…) 이 시구로서 표현
되어졌기 때문이다. 바로 이 시구와 예언 들 안에 시인들의 특유한 자유로움에
입각한 시적 조화와 운율, 정묘한 구사 등이 담겨져 있다.]

Vivere post obitum vatem vis nosse, viator? Quodlegis,
ecce loquor: vox tua nempe mea est. 오 나그네여,
시인은 죽은 다음에도 산다는 것을 알고 싶은가? 그대가
읽은 그것을 내가 말하나니, 그대의 목소리는 바로 나의
목소리라네.(이연학 최원오 역주. 아우구스티노의 생애. p.155).

Vaticanum, -i, n. (⑨ Vatican city) 바티칸 시국.
Bibliotheca Vaticana. 바티칸 도서관/
Registra Vaticana. 바티칸 기록실.
Vaticanus, -i, m. 바티칸 시국, 바티칸 궁전
Vaticanus, -a, -um, adj. 바티칸의.
Consilium Vaticanum. 바티칸 공의회(1차 1869.12.8~1870.7.18).
Vaticanus Codex. 바티칸 사본(략호.B.)
vaticinátĭo, -ónis, f. 신탁(神託),
예언(נָבִיא.התֵ.προφητεία.⑨ Prophecy).
vaticinátor, -óris, m. (**vaticinátrix**, -ícis, f.) 점쟁이,
예언자(נָבִיא.προφήτης.豫言者.⑨ Prophet),
vaticinium, -i, n. 신탁(神託),
예언(נָבִיא.התֵ.προφητεία.prophetia.⑨ Prophecy).
vaticinium ex eventu(⑨ prophecy after the fact).
사후예언.("결과로부터의 예언"이라는 뜻의 라틴어 표현에서 나옴).
vaticinium messianicum. 메시아에 관한 예언
vaticínĭus, -a, -um, adj. (vatícinor) 예언의 신탁의.
[subst.] n. 예언(豫言), 신탁(信託).
vatícĭnor, -átus sum -ári, dep., tr. (vates) 예언하다,
신의 이름으로 말하다, 열광하다, 헛소리하다.
vaticinus, -a, -um, adj. [vates+cano]
예언적, 예언의, 예언자의.
vatillum, -i, n. 숟가락 모양으로 된 자루 달린 그릇,
거름 등을 뜨는 삽, 쇠달구는 도가니, 냄비.
vátis, -is, (=**vatus**, -i) m. (=vates) 선지자(נָבִיא),
예언자(נָבִיא.προφήτης.豫言者.⑨ Prophet),
genus irritábile vatum.
민감하여 흥분하기 쉬운 시인(문인) 족속.
vávăto, -ónis, m. 도깨각시, 인형아들, 잘 크지 않는 아이
V.D.M.I.E. = Verbum Dei manet in æternum.
하느님 말씀은 영원히 머무른다(종교개혁의 표어).
-vě, particella enclitica(전접어조사), 또는, 혹은,
다시 말하면.
vea =via.

vecórdĭa, -æ, f. 정신착란(精神錯亂), 무리, 우둔,
미침, 광증(狂症-정신이상).furia, -æ, f.).
vecordiósus, -a, -um, adj. 아주 미친
vēcors, -rdis, adj. 광증 있는, 미친, 우둔한, 미련한,
악한(רַע.πονηρὸς.πονηρία).
Vecta, -æ, f. = Vectis²
vectábĭlis, -e, adj. 옮길 수 있는, 운반 가능한,
운반(운송) 할 수 있는.
vectábŭlum(=vectácŭlum), -i, n. 차, 수레
vectátĭo, -ónis, f. 차 운반, 차, 말 타는 것,
수레로 운반 함, 운송, 운수(運輸).
vectátor, -óris, m. 기수(騎手-말을 타는 사람), 운반자.
vectígal(e), -alis, n. 나라에 바치는 稅金, 조세, 納稅,
납부금, 공과금, 징수금, 부과금, 조공, 개인 소득.
vectigal pro cultu(⑨ Church Tax) 교무금(敎務金)
Vectigalia parvo prétio redémpta habére.
싼값으로 관세징수를 도급(都給) 맡아 가지고 있다.
vectigaliárius, -i, m. 세금 징수관(稅金 徵收官)
vectigalĭum coactor. 세리(τελώνης.⑨ Tax collector)
vectĭo, -ōnis, f. 운송, 운수
vectis, -is, m. 지렛대, 수단
vecto, -ávi, -átum, -áre, freq., tr. 실어가다, 운송하다,
운반하다, 옮기다. vectari equis. 말 타고 산책하다/
vectari humeris. 어깨에 메고 가다.
vector, -oris, m. (**vectrix**, -icis, f.), 운반자, 운수업자,
짐꾼, 배 여행자, 배를 탄 자, 말 타는 자.
vectorius navigia. 운반선(運搬船)
vectum, "vĕho"의 목적분사(sup.=supínum)
vectúra, -æ, f. (육지나 해상의) 운반(運搬),
운송(運送), 수송료, 휴대(携帶-손에 들거나 몸에 지니고 다님).
vecturárius, -i, m. 운반자(運搬者)
vectus, -a, -um, p.p., a.p. 운반된
véemens, -entis, adj. = vehemens
vĕfaba, -æ, f. (ve²+faba) 작은 완두콩
vĕgĕs, -ĕtis, f. 포도 수확, 포도주 통
vegetabília, -īum, n., pl. 식물계
vegetábĭlis, -e, adj. 성장적(成長的),
기운을 돋구어주는, 생기 있는, 식물(성)의.
vegetámen, -mĭnis, n. 생명소, 활력소(活力素)
vegetátĭo, -ónis, f. 활력을 줌, 생장, 생육, 건장, 자극,
vegetátor, -óris, m. 활력(活力)을 주는 자
végĕto, -ávi, -átum, -áre, tr. 활기 있게 하다,
기운 차리게 하다, 살려내다, 건장케 하다, 격려하다.
intr. 살다, 생장(生長)하다, 살아있다.
végĕtus, -a, -um, adj. 활기 있는, 기운 좋은, 건장한,
활력 있는. color vegetissimus 생력 있는 색깔.
vegrándis, -e, adj. 1. 적정 크기에 미달하는, 너무 짧은,
왜소한, 작은, 마른, 파리한. 2. 막대한, 거대한
적정 크기를 넘는.
vĕha, -æ, f. via의 고형(古形)
vehátĭo, -ónis, f. (=vectura) 운반(運搬)
vehéla, -æ, f. 운반구, 탈 것, 수레
véhĕmens, -éntis, adj. 격렬한, 세찬, 강한, 대단한,
공격적인, 난폭(亂暴)한, 정력적인, 열정적(熱情的)인,
강력(强力)한, 신속(迅速)한, 깊은 (잠), 단단한.
vehementissimo cursu. 질주하는 차로(車路)/
vitis vehemens. 생력 있는 포도나무/
De ardenti amore et vehementi affectu suscipiendi
Christum.(⑨ The Burning Love and Strong Desire to
Receive Christ) 그리스도의 성체를 영하려는 치성한
사랑과 간절한 원의(준주성범 제4권 17장).
vehemens ánimi. 정열적인 정신의 소유자
vehemens imber. 세찬 비
veheménter, adv. (제3변화의 형용사로서 주격이 -ns로 끝나는 것은
속격 어미 -is 대신 -er를 붙여서 부사로 한다).
격렬(激烈)하게, 돌진력(突進力) 있게,

V

결정적(決定的)으로, 강하게, 활력 있게, 굳세게,
Hoc vehementer interest ecclesiæ.
이것은 교회에 매우 중요한 일이다/
Hoc vehementer ínterest reipublicæ.
이것은 국가에 매우 중요한 일이다/
Interim fames omnem terram vehementer premebat.
(o˙ de. limo.j evni,scusen evpi. th/j gh/j)
(獨 Die Hungersnot aber drückte das Land)
(영 Now the famine in the land grew more severe)
그 땅에 기근이 심하였다(성경 창세 43. 1)/
그러나 땅에 기근은 심하만 갔다(공동번역 창세 43. 1)/
Mira res valde et vehementer stupenda.
너무나 기묘하고 매우 놀라운 일입니다/
Omnia quæ vindicaris in altero tibi vehementer fugienda
sunt. 그대가 다른 사람에게서 질타하는 모든 것을 그대
자신으로서는 극력 피하도록 하지 않으면 안 된다.
vehementer displcére. 몹시 마음에 안 들다.
veheméntĭa, -æ, f.
격렬, 강함, 열정, 격한 연설조: (냄새, 향기의) 짙음.
vehementĭor, -or, -us, adj. véhĕmens, -éntis의 비교급
vehementissime, adv. vehementer의 최상급.
Milites vehementer, duces vehementius bellum cupiebant
: cives autem vehementissime pacem diligebant.
병사들은 열정적으로, 장군들은 더욱 열정적으로
전쟁을 갈구하였다. 그러나 시민들은 가장
열정적으로 평화를 사랑했었다/
Vita, mors, divitiæ, paupertas, omnes homines
vehementissime permovent(Cicero) 생명, 죽음, 부귀, 가난,
이런 것들이 온갖 사람들을 아주 심하게 동요시킨다.
vehementissimus, -a, -um, adj. véhĕmens, -éntis의 최상급
vehementĭus, adv. vehementer의 비교급.
Canes timidi vehementius latrant quam mordent.
겁 많은 개들은 물기보다는 맹렬히 짖는다.
vĕhes(=vehis) -is, f. 차에 실은 짐, 차 한 대 분량, 한 차 분.
vehiculáris, -e, adj. (vehículum) 차의, 운반과 관계되는
vehiculárĭus, -a, -um,
adj. (vehículum) 차의, 수레의, 운반하는.
[subst.] m. 수레관리관, 운반자, 병참계(兵站係).
vehiculátĭo, -ónis, f. (vehículum)
지방관서에 부과된 역참(驛站, 파발) 의무.
vehículum, -i, n. 운반기구, 車, 수레, 전달자.
escendo vehículum. 수레에 올라타다/
vehícula, qui vehar. 내가 탈 수레들.
vehículum gratiæ. 은총 전달자
vehiculum manuale. 손수레(chiramaxĭum, -i, n.)
vehis -is, f. = vehes 차에 실은 짐, 한 차 분
vĕho, vexi, vectum, vehere, tr. 운반하다, 실어 가다,
지고 가다, 나르다(ㅇㅇㅇ.ㅇ2)ㅇ.ㅇㅇㅇ).
(pass) 실려 가다, 끌려가다, 타고 가다.
veigínti = vigínti
véja, -æ, f. 차(車)
vejárĭus, -a, -um, adj. (véja) 차의
vehatúra, -æ, f. = velatúra
Vejentánum, -i, n. [Véjens] Veji 산의 포도주(질이 나쁨)
Vēji, -órum, m., pl. Etrúria의 도시, Roma와의 여러 번
대전 끝에 Camíllus에 의해 A.C. 396년에 함락됨.
adj. Vejens, -éntis; Vejentánus, -a, -um;
Vejénsis, -is; Vejentínus, -a, -um.
Vejénto, -ónis, m. Fabrícius 씨족의 별명
Véjŏvis, -is, m. (ve²+Jovis) 고대 Roma의 복수의 신,
지하의 Júpiter 신과 태양신 Apóllo를 지칭.
vĕl, conj., adv. (volo의 고형 명령법: '이것이나 저것 마음대로 취하라'
에서) 1. (선언적) 혹은, 그리고 또,
2. (최상급과 함께) 할 수 있는 대로 최고 (상),
3. 특히, 예컨대, 4. (최상급과 함께) 아마도,
5. (동등 접속사) 든가, …든가,
esse rei vel non esse.
그 사물의 존재 혹은 비존재에 따라서/

---

habenas vel adducere, vel remitto.
고삐를 혹은 잡아당기고 혹은 늦추어주고 하다/
Post ciuitatem uel urbem sequitur orbis terræ.
도시국가나 도회지 다음에는 천하가 따라온다/
Utrum lux sit corpus, vel forma corpóris?
빛은 유형체인가, 유형체의 형상(形相)인가?/
Utrum lux sit forma substantiális, vel accidentális?
빛은 실체적 형상인가 혹은 우유적 형상인가?.
**vel facinora vel machinamenta admirabiliter inventa
et intellecta.**(성 염 지음, 사랑만이 진리를 깨달게 한다, p.291)
놀랍게도 인간들이 인식해내고 발견해낸 저 위대하고
거대한 도구 내지 기계장치들.
Vel imperatóre vel mílite me utímini.(utor 참조)
저를 지휘관으로든 졸병으로든 써주시오.
vel máximus. 모든 사람 중에 가장 위대한 자
vel optimus. 가장 착한 사람이라도
vel pax in vita æterna vel vita æterna in pace.
영원한 생명 속의 평화나 평화 속의 영원한 생명.
vel per se vel per alĭum.
본인이 직접 혹은 대리인을 시켜.
**vel quæ portenderet ira magna deum vel quæ fatorum
posceret ordo.** 신들의 엄청난 분노가 예고하는 바가
무엇인지 운명의 질서가 요청하는 바가 무엇인지.
vel, si qua liturgica processio sequatur.
만일 다른 예식이 이어진다면.
Vela pandere orátĭónis. 청산유수로 연설하다.
velábrum¹ -i, n. =velárĭum
Velábrum², -i, n. Roma의 구역(이름):
pl. Velábra, 이상 두 구역의 총칭. adj. Velabrénsis, -e.
velámen, -mĭnis, n. 이불, 덮개, 보(褓), 가리는 것,
수건, 머릿수건, 의복, 겉옷, 옷(iμaτιον.영 Clothing),
동물의 모피, 식물의 외피.
De virginibus velandis. 동정녀의 베일(떠르뚤리아누스 지음).
velaméntum, -i, n. 외피, 껍데기, (解) 막(膜), 피막,
휘장(揮帳), 너울, 가리개.
velárĭum, -i, n. 차양, 휘장(揮帳), (動) 擬緣膜
장막(帳幕.ㅇㅇㅇㅇ), 천막(天幕.ㅇㅇㅇ).
velárĭus, -i, m. (문의 휘장을 걷는) 문지기 노예,
배의 돛을 펴는 수부(水夫).
veláti, -órum, m. 보충병(補充兵)
velátĭo, -ónis, f. 수녀원의 착복식(영 vestiture)
veláto, adv. 숨어서, 멍청하게, 흐릿하게, 모호하게
velátor, -óris, m. 수레 타고 지나는 자
velatúra¹ -æ, f. (veho+latúra) 운반, 수송(輸送)
velatúra², -æ, f. 휘장, 커튼, (수녀) 수건, 수녀원생활
velátus, -a, -um, p.p., a.p. 가려진
velatus togā 망토로 몸을 가리고
vélĭfer, -fĕra -fĕrum, adj. (velum+fero)
휘장(揮帳)을 친, 수건 쓴, 복면(覆面) 한.
velificátĭo, -ónis, f.
휘장(揮帳)을 폄, 드러냄, 수건을 들어 올림.
velificĭum, -i, n. 휘장을 걸음, 돛을 폄, 출범(배가 떠나감).
velifico, -ávi, -átum, -áre, intr. 수건을 펴다,
돛달고 가다, 돛을 올리다, 항해(航海)하다.
velificor, -átus sum -ári, dep., intr. 휘장을 펴다,
돛을 올리다, 돛 달고 가다, 항해(航海)하다.
Velim me promerentem ames.
내가 너의 사랑을 받을 자격이 있기를 바란다.
velim nolim(vellem nollem)
원하든 원치 않던, 좋든 싫든(nolo 참조).
Velim, sedeas(Sedeas, quæso)
청컨대 어서 앉으십시오, 앉으시기 바랍니다.
Velit nolit scire difficile est.
그가 원하는지 원치 않는지 알기 어렵다.
velitátĭo, -ónis, f. 말싸움, 말다툼, 쟁투(爭鬪)
velitor, -átus sum -ári, dep., intr. (vélĭto, -are, intr.)
말다툼하다(ㅇㅇ.ㅇ.), 소규모 전투를 하다, 토론하다.
tr. 위협(威脅)하다.

vella(=villa), -æ, f. 별장(別莊)

vellátio(=vellicatio), -ónis, f. 간지럼, 가려움(蟻走感)

velle, volo(원하다) 동사 부정법 현재
(volo² vis, vult, vólŭi, velle).
Deum velle non esse finem naturæ.
하느님은 자연의 목적의 비존재를 원하신다/
Quid tibi videmur efficere velle cum loquimur? 네 생각에
우리가 말을 할 때 우리는 무엇을 하려는 것이냐?/
Quantum quidem mihi nunc occurrit, aut docere, aut
discere. 제 생각에 우리는 가르치거나 배우기를 원합니다.
(아우구스티노의 '교사론' 1, 1.).

velle adiacet mihi, perficere autem non invenio.
원함은 내게 있으나 행함은 내 것이 아니오.

velle aliqui bonum. 다른 사람에게 선한 것을 원하는 것.
(토마스 아퀴나스와 아리스토텔레스의 "사랑" 정의)

velle aliqui caritatem. 다른 사람에게 사랑을 원하는 것

velle aliqui salutem. 다른 사람에게 구원을 원하는 것

velle alteri Deum. 다른 사람에게 하느님을 원한다

velle alteri seipsum. 다른 사람에게 자기 자신을 원한다

velle mentiri. 거짓말하기를 원한다(vollo 참조). [신국론, p.1458].

velli, "vello"의 단순과거(pf.=perfectum)

vellicátio, -ónis, f. 바늘로 찌름, 자극(刺戟), 농담(弄談),
찌르는 말, 비방(誹謗-남을 비웃고 헐뜯어 말함).

véllico, -ávi, -átum, -áre, freq., tr. 막 찌르다,
쪼다, 쓰라리게 하다, (말로) 씹다, 찢다(ㄱㄲㅣ),
자극하다, 험담(險談)하다(ㄱㄱㄴ), 비방하다(ㄱㄱㄴ).

Velliger, -eri, m. (天) 백양궁(áries -ĕtis, m.)

vello, vulsi(volsi) et velli, vulsum(volsum) -ĕre, tr.
잡아채다, 찌르다, 꼬집다, 뒤엎다, 엉망으로 만들다.
n., pl. vosa, -órum, 손상(損傷), 왜곡(歪曲).

vello aurem alci. '아무의 귀를 잡아당기다'
즉 주의를 환기(喚起)시키다

vello barbam alci. 아무의 수염을 잡아끌다 즉 야단치다

Vellum mihi scripsísses!
당신이 나한테 편지를 써 보내셨더라면 좋았을 것인데!

vellus, -ĕris, n. 털 있는 가죽, 모피, 산 짐승의 가죽,
짐승가죽, 양털송이, 눈송이.
Vellum. 송아지 피지(毛造皮紙).

vēlo, -ávi, -átum, -áre, tr. 가리다(ㅈㅇㅋ, ㅈㅇ),
덮다, 감추다(ㅁㄱ), 숨기다(ㅈㅇㅋ.ㅈㅇ.ㅁㄱ).
cápite veláto. 머리를 가리고/
oratóres veláti ramis óleæ.
올리브 나뭇가지로 (손을) 가린 시신들/
velátus togā. 망토로 몸을 가리고.

velocior, -or, -us, adj. vēlox, -ócis의 비교급.
Ante figurationem quam sonum audiamus, quia oculorum
sensus velocior est et multum aures antecedit.
우리는 소리를 듣기 전에 형상을 먼저 보게 된다. 왜냐
하면 시각이 더 빠르고 청각을 훨씬 앞서기 때문이다.
[antequam은 ante… quam… 으로 분할되는 일이 잦다. multum. adv. '훨씬']/
Motus in fine velocior.
움직임은 마지막에 가서 더 빠른 법이다.

velocissimus, -a, -um, adj. vēlox, -ócis의 최상급

velócĭtas, -átis, f. 민첩(敏捷-재빠르고 날램), 빠름,
급속, 신속(迅速), 빠른 문체(文體), 솜씨, 속도(速度).

velócĭter, adv. 빨리, 빠르게, 신속(迅速)하게, 급속히,
즉석에서(ad subitum).

vēlox, -ócis, adj. 신속한, 즉석의, 빠른,
Nihil est animo velocius. 정신보다 더 빠른 것은 없다.

velox dessilit in latices. 그는 재빨리 물속에 뛰어든다.

vēlum, -i, n. 돛(帆,보통 pl. vela), 배(πλοῖον.船),
선박(equus ligneus), 장막, 넓고 긴 천,
휘장(=velarium), 가리개, 너울, 미사보(⑨).veil).
contraho vela. 돛을 접다/
Mare velis florere videres.
바다가 돛으로 수놓인 모습을 너는 보았을지도 모른다/
vela pándere. 돛을 펴다/
vela parare. 도망갈 준비(準備)를 하다/
vela dare famæ. 명성(名聲)을 위하여 치닫다/

Vela pandere orátiónis. 청산유수로 演說하다.

velum calicis. 성작 보, 성작 덮개

velum ciborii. 성합(聖盒) 덮개

velum humerale. 어깨 보(humerale, -is* n.)

velum tabernaculi. 감실 보

velúmen, -mĭnis, n. 양모(羊毛), 양피(羊皮)

vēlut(vel ut) adv. V. vélŭti

vélŭti, adv. 1. 와 같이, 마찬가지로: ~ …sic …와 같이
그렇게/ ~ si, 마치 …인 것처럼/ ~ cum, …할 때와 같이.
2. 예컨대, 즉, 말하자면.
Pugnabat veluti si salus civitatis in se poneretur.
그는 국가의 안전이 마치 자기한테 달린 것처럼 싸웠다.

veluti si Deus non esset.(⑨ as if God did not exist)
마치 하느님께서 존재하시지 않는 것처럼.

vēna, -æ, f. 혈맥, 혈관, 정맥, 동맥, 피대.
pl. 맥박(pulsus venarum), 심장부, 광맥, 수맥,
지하수맥, 나뭇결, 돌결, 核心, 알맹이, 잠깐 동안,
본질(τὸ τι ἐν εἶναι.εἶδος), 요관, 털구멍, 기공.
(詩) 천재적 소질, 영감(Θεόπνευστος.⑨ Inspirátĭon)
si ulla vena viveret. 아직 잠깐 동안이라도 산다면/
vino fulcire venas cadentes.
쇠약해진 심장부를 술(酒)로 지탱하다.

Vena cultéllo sólvitur. 혈관이 작은칼로 절개된다.

venábulum, -i, n. 사냥꾼의 창

venaliciárĭus, -a, -um, adj. 노예 상인의. m. 노예상인

venalícĭum, -i, n. 판 것에 대한 세금, 취득세.
pl. 팔려고 내놓은 노예무리, 시장의 물품, 상품.

venalícĭus(=venalítĭus), -a, -um, adj. 팔려고 내놓은,
방매의, 매물의, 팔릴. m. 노예 상인.

venális, -e, adj. 매물의, 파는, 방매하는, 팔릴,
팔려고 내놓은, 돈과 바꾸는.
m. 팔려고 내놓은 노예. m. 팔 것.
Me habent venálem. 그들은 나를 돈 받고 판다/
vocem venálem habére 소리 질러 방매하다.

venalis tempus. 이자 지불 기한

venántes, -antĭum, m., pl. 사냥꾼들

venátĭcus(venátĭcius), -a, -um, adj. 사냥의.
canes venátici. 사냥개/
canes venáticos díceres.
아마 사람들은 사냥개들이라고 했을 것이다.

venátĭo, -ónis, f. 사냥, 사냥물, 수렵(狩獵),
sæptum venátiónis. (둘러막은) 수렵구역.
[사냥은 평신도에게는 허가 되었으나 Agde 공의회(506년)에서부터 성직자에게
금지사항으로 되었다. 교황 베네딕도 14세(1740-1758년)는 어떤 종류이든
사냥은 성직자에게 금지했고, 1917년 교회법에는 성직자는 사냥에 탐닉하지
말도록 금지했는데, 탐닉이란 자기 의무를 소홀히 하는 무절제한 사냥을 하는
것을 말한다고 해석한다. 백민관 신부 엮음. 백과사전 2, p.311].

venátor, -óris, m. (venátrix, -ícis, f.)
사냥꾼, 포수, 망보는 자, 잠복(潛伏)하고 있는 자,
탐색꾼, 관찰자(observátor, -óris, m.).
Manet sub Jove frigido venator, teneræ coniugis
immemor. 사냥꾼은, 사랑스러운 아내를 잊은 채로,
차가운 하늘 아래(sub Iove frigido) 머물러 있다.

venátor canis. 사냥개(canes venatici)

venátorĭus, -a, -um, adj. 사냥의, 사냥꾼의
ludus venátorius. 원형극장에서의 동물 사냥.

venatúra, -æ, f. 사냥, 엿보기, 망보기

venátus, -us, m. (venatúra, -æ, f.) 사냥, 사냥물, 낚시질,
Stultitia est venatum ducere invitas canes.(Plautus).
개들한테 억지로 사냥을 시키는 것은 어리석은 짓이다.

vendax, -ácis, adj. 팔기 좋아하는

vendíbilis, -e, adj. 잘 팔리는, 팔만한, 팔기 쉬운,
가치 있는, 팔림 새가 좋은, 손님 많은, 인기 있는,
매수(買收)할 수 있는, 팔릴 수 있는.
orátor pópuli vendibilis. 인기 있는 연설가.

vendibíliter, adv. 비싼 값으로

véndico = víndico

vendídi, "vendo"의 단순과거(pf.=perfectum)

vendítarĭus, -a, -um, adj. 팔려고 내놓은

venditátĭo, -ónis, f. 과시(誇示-자랑하여 보임), 자랑, 전시, 경매.
venditátor, -óris, m.
　자랑하는 자, 과장(誇張)하는 자, 허영을 취하는 자.
vendítĭo, -ónis, f. 경매(競買), 판매, 매매, 매각(賣却),
　매물, 팔 것, 임대(賃貸), 양도(넘겨주기).
　pecunia ex venditionibus refécta.
　　여러 가지를 팔아서 마련한 돈.
véndĭto, -ávi -átum -áre, tr., freq. 팔 것을 제공하다,
　팔려고 찾다, 팔다, 흥정하다, 거래(去來)하다,
　판매(販賣)하다, 내세우다, 과시(誇示)하다,
　vendere dilata solutione. 외상으로 팔다/
　vendere numerata pecunia. 현금으로 팔다.
vendito se existimatióni hóminum. 자기를 공천하다
vendito sese. 몸을 팔다
véndĭtor, -óris, m. (**venditrix**, -ícis, f.)
　파는 자, 거래자, 판매자(販賣者), 밀매자(密買者).
Venditor etsi fundum simpliciter vendat,
tamen eum liberum a servitute præstare tenetur.
　매도인은 토지를 단순히(=권리상태에 관한 특별한
　의사표시 없이) 매도하는 경우라도 그 토지를 지역권의
　부담으로부터 자유로운 상태로 급부할 책임이 있다.
vendĭtum, "vendo"의 목적분사(sup.=supinum)
vénditum, -i, n 매매, 판매
vendo, -dĭdi -dĭtum -ĕre, tr. (venum+do)
　팔다, 판매하다, 팔리게 하다, 값나가게 하다.
　Beneficium accipere libertatem est vendere.
　　혜택을 받는다는 것은 자유를 팔아넘기는 것이다/
　Domum pestilentum vendo. (그래, 네 말대로) 내가
　　흑사병이 전염된 집을 팔아먹으려는 참이다/
　Quam plurimo vendĕre. 최대한으로 비싸게 팔다.
Vendo meum non pluris quam ceteri, fortasse etiam
minoris. 저는 제 물건을 남보다 비싸진 않게,
　그러니까 아마도 더 싸게도 팝니다.
vendo non uno sed duóbus prétiis.
　원한 값이 아니고 두 배로 판다.
venéfĭca, -æ, f. 독약을 만드는 여자, 독살녀(毒殺女),
　마녀(魔女), 요술녀(妖術女)
veneficĭi crimen. 독약 가해죄(毒藥 加害罪)
veneficĭŏlum, -i, n. 독살(毒殺-독약을 먹이거나 써서 죽임)
veneficĭum, -i, n. 독약제조, 중독, 독약가해(죄),
　독살죄(毒殺罪), 마법약, 마술, 주술(魔 magic), 마법.
veneficĭum ámoris. 미약(媚藥-성욕을 돋우는 약. 음약淫藥)
veneficus, -a, -um, adj. (venenum+facio)
　독약의, 마법의, 마술(魔術)을 하는.
　m., f. 독약 먹이는 자, 독살자, 요술자.
　중독 시키는 자, 마귀할멈, 요술쟁이 여자.
Venélli, = **Unélli**, Gállia의 한 종족
venenárĭus, -a, -um, adj. 독약의, 독물을 사용하는.
　m. 독약을 만드는 자, 독살자.
venenátum, -i, n. 염색한 천
venenátus, -a, -um, p.p., a.p. 중독 된, 독이 든,
　독소가 있는, 마술 걸린, 요술 걸린, 위험스러운.
venénĭfer, -fĕra -fĕrum adj. 독이 있는, 유독한, 독기 있는.
　m. (天) 전갈자리.
venéno, -ávi, -átum, -áre, tr. 독약을 넣다, 독을 치다,
　독살(毒殺)하다, 염색(染色)하다, 물들이다.
venenósus, -a, -um, adj. 독(毒)이 든, 유독(有毒)한
venénum, -i, n. 독, 독물, 독약, 저주, 마술약(魔術藥),
　마약, 미약, 염료, 염색소, **몰약**(沒藥 ⑨ myrrh).
　Corpus tumet veneno. 독이 들어 몸이 부풀다/
　Habet suum venenum blanda oratio.
　　아첨하는 말은 그 나름의 독을 품고 있다/
　in cauda venenum. 꼬리 안에 독(毒)이다/
　intercéptus venéno.(intercipio 참조) 독약으로 죽은/
　malum venenum facere. 독물 가해 음모를 꾸미다/
　membra deformata veneno. 독약으로 기형이 된 사지/
　rápidum venénum. 맹독(猛毒)/
　Socrates venenum lætus hausit.

소크라테스는 기쁜 마음으로 독약을 마셨다/
　tempero venénum. 독약을 타다/
　Vade Retro Satana Numquam Suade Mihi Vana:
　Sunt Mala Quæ Libas Ipse Venena Bibas.
　사탄아 물러가라. 헛된 생각을 하게 하지 말고
　네가 마시는 것은 악이니 네 독이나 마셔라.
vénĕo(**véněo**), **vénĭi**(-ívi), **vēnum**(vénĭtum), -íre,
　intr. (venum+eo) 팔리다, 공매되다, veneo quanti.
　얼마에 팔리다/ veneo quam plúrimo. 가장 비싸게
　팔리다/veneo minóris. 더 싸게 팔리다/ ab hoste
　veníre. 적군들의 경매로 팔리다/
　véneunt. 그것들은 팔린다/ veníbant. 팔리고 있었다/
　veníbunt. 팔리겠다/ veníerunt. 팔렸다.
vénĕor, -éri, intr. (古) 팔리다
Venerabiles Fratres ac dilecti Filii et Filiæ,
salutem et Apostolicam Benedictionem.
　(⑨ Venerable Brothers and dear Sons and Daughters,
　Health and the Apostolic Blessing)
　　존경하는 형제들과 사랑하는 아들딸들에게
　　건안을 빌며 사도적 축복을 보내 드린다.
Venerabiles fratres, dilectissimi filii et filiæ,
salutem et apostolicam benedictionem.
　(⑨ Venerable Brothers and dear Sons and Daughters,
　Health and the Apostolic Blessing!)
　　존경하는 형제들과 사랑하는 자녀들에게
　　인사와 더불어 사도적 축복을 보낸다.
Venerabiles Fratres in Episcopatu!
　(⑨ Venerable Brothers in the Episcopate)
　　주교직에 계시는 존경하올 형제 주교님들.
Venerabiles in Episcopatu Fratres,
Carissimi in Christo Filii Filiæque!
　(⑨ To the Bishops, Priests and Deacons,
　Men and Women Religious and all the Lay Faithful)
　　주교들과, 신부들과 부제들, 남녀 수도자들,
　　그리고 모든 평신도들에게
Venerabiles in Episcopatu Fratres,
salutem et Apostolicam Benedictionem!
　　존경하는 형제 주교님들께
　　사도좌에서 인사와 축복을 드립니다.
venerábĭlis, -e, adj. 존경할만한, 공경할 만한, 존엄한,
　존경하는, 존경스러운. (가) m. 가경자(可敬者).
venerábĭlis Beda. 존경하올 베다
venerábĭlis et modernis temporibus doctor admirabilis
Beda presbyter. 존경하올 그리고 현 시기에도 경탄하올
　박사인 사제 베다.
venerábĭlis inceptor. 존경하올 강사님, 존경할 만한 초보자
venerabúndus, -a, -um, adj.
　존경에 가득 찬, 존경스러운, 존경받을 만한.
vénerans, -ántis, p.proes., a.p. 존경하는
veneranter, adv. 존경스럽게, 공경심을 가지고
venerárĭus, -a, -um, adj, 사랑의, 사랑에 빠진.
　m., pl. 음탕한 자.
Venerati Fratres, carissimi Filii et Filiæ, salutem et
Apostolicam Benedictionem(⑨ Venerable Brothers,
　Beloved Sons and Daughters, Health and the Apostolic
　Blessing!) 존경하는 형제들과 사랑하는 자녀들에게
　　인사와 더불어 사도적 축복을 보냅니다.
venerátĭo, -ónis, f. 존경, 숭경(崇敬), 공경(⑨ Worship).
　De invocatione, veneratione et reliquiis sanctorum,
　et de sacris imaginibus. 성인들에게 바치는 청원기도,
　성인과 성인의 유해 공경 그리고 성화상에 대하여/
　veneratiónem habere. 존경받다/
　veneratiónem naturæ. 자연에 대한 존경.
veneratio Crucis.(⑨ Veneration of the Cross.
　獨 Kreuzverehrung) 십자가 경배.
veneratio et amor erga vitam omnium.
　(⑨ reverence and love for every human life)
　　모든 사람의 생명에 대한 존중과 사랑.

V

venerátĭo imaginum = Cultus sacrarum imaginum.
성화상 공경(聖畵像 恭敬).

venerátĭo Sanctorum(=cultus sanctorum) 성인 공경

veneratívus, -a, -um, adj. 존경하올

venerátor, -óris, m. 존경하는 사람

venerátor idolorum. 우상 숭배(偶像 崇拜者)

venerátor vester. 당신을 존경하는 소자(小子)

venerátus, -us, m. 존경(⑨ Respect)

Venérĭa, -æ, f. = Sicca(venéria)

Véneris gemma, -æ, f. 보석의 일종

venerémur, 원형 venéror, -átus sum -ári, 1. dep., tr.
[접속법 현재. 단수 1인칭 venerer, 2인칭 venereis, 3인칭 veneretur,
복수 1인칭 **veneremur**, 2인칭 veneremini, 3인칭 venerentur].
Tantum ergo sacramentum, venerémur cernui.
지존하신 성체 앞에 꿇어 경배 드리세.
[그러므로, 이토록 저희 엎드려 (성체) 성사에 경배 드리세].

Venérĭus¹, -a, -um, adj. (venéreus는 잘못된 철자),
venus 신의, venus에 관한, 색정의, 음란한, 방사의.
servi Venerii. Venus 신전에 속한 노예(奴隸).

Venérĭus², -i, m. 1. Venus의 주사위, 행운.
2. Venus 신전의 노예.

venerívăgus, -a, -um, adj. (venus+vagus)
난봉(難棒-허랑방탕한 짓)의, 방탕의.

vénĕro¹ -are, tr. 우아하게 장식하다(보이다)

vénĕro² -are, tr. (=venenor) 공경(恭敬)하다.
Et seniores venerare. 연로한 분들을 공경하라.
(성 베네딕도 수도규칙 제4장 70).

vénĕror, -átus sum -ári, dep., tr.
존경하다, 경의를 표하다, 공경하다(הבב),
존경하는 마음으로 기도 드리다.

vaneror signum. 신상(神像)을 공경하다

veneror deos multa. 신들에게 많은 기도를 하다

Venetĭa, -æ, f. 베니스

Venetĭæ, Ilalĭæ decus. 이탈리아의 자랑 베니스

vénetum, -i, n. 푸른 색, 감청색(紺青色), 남색

Vénĕti(=Hénĕti), -órum, m., pl.
Itália의 동북부 Venézia에 있던 한 종족,
(sg.) **Vénĕtus**, -i, 베니스인(집합명사).

vénĕtus¹ -a, -um, adj. 하늘빛의, 푸른, 새파란,
바다 빛의. m. 청색당의 마차꾼.

veni, 원형 vénĭo, vēni, ventum, -íre, intr.
[명령법 단수 2인칭 veni, 복수 2인칭 venite].
Veni ad me. 나에게로 오너라, 나한테 오너라.
Veni, Creátor Spíritus. 오소서 성령이여 창조주시여,
[Veni, creator Spiritus는 9세기에 Rabanus Maurus 수도자가 쓴 것으로 전해된다.
그의 시에 그레고리안 성가곡을 붙인 것은 1000년 경이며 Kempten에 전해졌다.
대부분 가톨릭 교회의 찬미가와는 달리 Veni, creator Spiritus는 전통적인 운문
작품의 운율을 따른다. 다형 작렬태長格態의 2운각의 고대 시구가 그 안에 있다.
황치헌 신부 지음. 미사통상문을 위한 라틴어. p.402].

Veni, et revertamur.(⑨ Come, let us turn back)
그만 돌아가자(성경 1사무 9. 5).

**Veni igitur, quæso, ne tantum semen urbanitátis
intereat.** 부탁하오니 제발 예의상으로라도 와주십시오.

Veni, Jesu amor mi! 내 사랑 예수여 오소서

Veni, redemptor gentĭum.
인류의 구세주여 오소서(암브로시오 찬미가).

Veni, sanctificátor omnípotens ætérne Deus: (Benedicit
Oblata, prosequendo) **et bene + dic hoc sacrifícium,
tuo sancto nómini præparátum.**
오소서, 모든 것을 거룩하게 하시는 전능하시고 영원하신
천주께 비오니, 주님의 거룩한 이름을 위하여 바치는 이
희생물을 (봉헌물 위에 십자성호를 그으며) 축+복 하소서.

Veni Sancte Spiritus! 오소서 성령이여(황금 연속송이라 함).

Veni sponsa Christi. 그리스도의 정배(正配)여 오소서

**Veni, Sanctificator omnipotens æterne Deus,
et bene + dic hoc sacrificium tuo sancto nomini
præparatum.**(⑨ Come, O Sanctifier, Almighty and Eternal
God, and bless, + this sacrifice prepared for the glory of
Thy holy Name) 전능하시고 영원하시며, 모든 것을
거룩하게 하시는 하느님, 오소서. 비오니,

주님의 이름을 위하여 준비한 이 제물에 + 강복하소서.

Veni, si posses. 올 수 있다면, 오너라!

Veni, Vidi, Vícī! 왔노라! 보았노라! 이겼노라!(Cæsar)

vénĭa, -æ, f. 친절(χηστὸς.⑨ Benevolence),
온정, 호의(㏇.εὔνοια.χηστὸς.⑨ Benevolence),
환심(歡心), 허가(許可), 동의(同義), 은혜(χὰρις),
용서(χηστὸς.⑨ Forgiveness), 사면(赦免).
bona venia, cum bona venia. 은혜로운 허가로/
do alci véniam. 용서해주다/
erráti veniam impetráre 잘못의 용서를 청하다/
impetrábĭlis venia. 쉽게 받을 수 있는 용서(容恕)/
peccátis véniam reddo. 죄를 용서해 주다/
pétere veniam legátis mittendis.
사신을 보내는 데 대한 동의(同意)를 청하다/
Veniam amícĭtiæ dare. 우정을 봐서 용서하다/
veniam dare. 용서하다(חלם).

vénĭa concionandi. 설교 허가

vénĭa docendi. 교리 교수 자격 인정

vénĭa legendi. 강의 자격 인정

veniábĭlis, -e, adj. = veniális,

veniális, -e, adj. 관대한, 자비로운,
가벼운, 용서할 수 있는, 용서할 만한.
De peccato veniali. 소죄(小罪)에 대하여/
De pœnitentia peccati venialis.
소죄에 대한 통회에 대하여/
peccátum veniális. 소죄(peccatum grave 대죄와 대비)/
Quod veniale est plebi, criminale est sacerdoti.
일반인에게는 소죄가 되는 것이라도
사제에게는 대죄가 된다.

venias, 원형 vénĭo, vēni, ventum, -íre, intr.
[접속법 현재. 단수 1인칭 veniam, 2인칭 venias, 3인칭 veniat,
복수 1인칭 veniamus, 2인칭 veniatis, 3인칭 veniant].
Mortem tuam annuntiámus, Dómine, et tuam
resurrectiónem confitémur, donec vénias. 주님께서
오실 때까지 주님의 죽음을 전하며 부활을 선포하나이다.

Veniat modo. 자! 그가 올 테면 오라

venii, "vénĕo(vénĕo)"의 단순과거(pf.=perfectum)

venilia, -æ, f. 해변(海邊)에 부딪쳐 부서지는 파도

Vénimus auditúri. (=ut audirémus) 우리는 들으러 왔다

vénĭo, vēni, ventum, -íre, intr. 가다(הלך.אתה),
오다(אוב.אתה), 도착하다, (상태가) 일어나다,
나타나다, (농작물이) 되다, 성장하다, 산출되다,
생기다, (어떤 상태에) 빠지다, 이르다.
Ad id quod cupiébat venit.
자기가 원하던 것에 도달(到達)했다/
ad quos ventum venit. 사람이 그들에게 왔다/
Aliquid in proverbii consuetudinem venit.
어떤 일이 격언(格言)대로 되었다/
Aliquis venit in calamitátem. 재앙(災殃)에 빠지다/
Auditurus venio(veni, veniam).
나는 들으러 온다(왔다, 오겠다)/
auxílio subsídio veníre. 도우러 오다/
Cum Marcus me vocavisset, veni.
마르쿠스께서 저를 부르셔서 왔습니다/
dipóndio veníre. 싸구려로 팔리다/
Ecquis venit? Nemo.
도대체 누가 오긴 왔나? 아무도 안 왔소/
Eo cum venisset, Cæsar circiter sexcento naves invenit
instructas. 거기에 다다르자 카이사르는 대략
600척의 배가 건조되었음을 알아차렸다/
Expectabo, dum venit. 나는 그가 올 때까지 기다리겠다/
Fac venias. 너 꼭 오너라 / Faveátis venire. 오십시오!/
Fecit humániter, quod venit.
그가 온 것은 친절을 베푼 것이었다(facio 참조)/
Festina ad me venire cito.
그대는 빨리 나에게로 오도록 서두르시오(festino 참조)/
Idcirco et in columba uenit Spiritus sanctus.
성령께서 비둘기 형상으로 오셨습니다(교부문헌 총서 1. p.76)/

in suam tutélam veníre.
자기 스스로의 후견인이 되다 즉 성인이 되다/
occúltus venit. 그는 몰래 왔다/
Primus venit. (셋 이상 중에서) 첫째로 왔다/
Prior venit. (둘 중에) 먼저 왔다/
quæ sub aspéctum véniunt. 시야에 들어오는 것/
Res venit prope secessiónem. 일이 분열 상태에 이르렀다/
Solus venit. 혼자서 온다/
Tempus victóriæ venit. 승리(勝利)의 때가 왔다/
véniens annus. 다가오는 해(내년)/
Illic véniunt felícius uvæ. 거기서 포도가 더 잘 된다/
Nunquam intermíttit diem quin véniat. (intermitto 참조)
　그는 오지 않는 날이 하루도 없다/
Si veniet, etiam veniam. 만일 그가 온다면, 나도 오겠다/
Si venísset, etiam veníssem.
　그가 왔더라면 나도 왔을 것이다/
Venérunt. 왔다/
Venimus in óppidum, néscio quod. 무슨 읍인지는
　모르나, 우리는 어떤 읍으로(조그마한 도시로) 왔다/
venímus quærerémus eum.(=ut quærerémus eum)
　(=ad quæréndum eum) 우리는 그를 찾으러 왔다/
veniébant. 오고 있었다 / vénient. 오겠다/
véniunt. 그들은 온다/
Vítium pejus ex inópia venit.
　빈곤에서 더 큰 악습이 생긴다/
Vivit? Immo vero étiam in senátum venit.
　살아 있어? (살아있다 뿐인가) 오히려 원로원에
　까지도 나오고 있는 걸!.
Venio a patre. 나는 아버지한테서 오는 길이다
venio a venatióne. 나는 사냥하다 돌아오는 길이다.
Venio ad tertĭam epístulam.
　이제 셋째 편지를 읽을 차례이다.
venio in existimantĭum arbitrĭum.
　결정적인 비판의 대상이 되다.
Veníre dignemíni. 여러분께서는 와주십시오
Veníre digneris. 오시기 바랍니다
Veníre Romam. 로마로 오다
Venis(=Unde is)? 너 어디서 오느냐?
veníst. 원형 vénĭo, vēni, ventum, -íre, intr.
　[현재완료. 단수 1인칭 veni, 2인칭 veníst, 3인칭 venit,
　복수 1인칭 venimus, 2인칭 venístis, 3인칭 venit].
Qui peccatóres vocáre venísti: Christe, eléison.
　죄인을 부르러 오신 그리스도님, 자비를 베푸소서.
venit. 원형 vénĭo, vēni, ventum, -íre, intr.
　[직설법 현재 단수 1인칭 venio, 2인칭 venis, 3인칭 venit,
　복수 1인칭 venimus, 2인칭 venitis, 3인칭 véniunt].
Venit ad vidéndum amícos. 그는 친구들을 보러 왔다.
=Venit ad amícos vidéndos. 그는 보려는 친구들 때문에.
=Venit causa amicórum videndórum. 친구 보려는 이유로 왔다.
　[목적을 나타내는 동명사 대격은 당위 분사구로 바꾸는 방법 외에도 causā
　혹은 gratiā와 함께 속격을 쓰는 모양으로도 바꿀 수 있다. 의의는 변함없다.
　　　　　　　　　　　　　　　　성 엽 지음. 고전 라틴어. p.248].
Venit enim Fílius hóminis quærere et salvum fácere
quod períerat. (h=lqen ga,r o` ui`o,j tou/ avnqrw,pou zhth/sai kai.
sw/sai to. avpolwlo,j)) (獨 Denn der Menschensohn ist
gekommen, zu suchen und selig zu machen, was verloren
ist) (영 For the Son of Man has come to seek and to
save what was lost)(루카 19, 10). 사람의 아들은 잃은 이들을
찾아 구원하러 왔다(성경)/사람의 아들은 잃은 사람들을
찾아 구원하러 온 것이다.(공동번역)/사실 인자는 잃은 것을
찾아 구원하러 왔습니다(200주년).
Venit in mentem M. Catonis.
　마르쿠스 카토가 머리에 떠올랐다.
Venit(impers.) mihi in mentem alcjs.
　나는 누구 생각이 난다.
Venit mihi in mentem M. Catonis, hóminis
sapientissimi et vigilantíssimi, qui usque ad summam
senectutem summa cum gloria vixit.
　내게는 지극히 현명하고 지극히 용의주도한 인물

마르쿠스 카토가 머리에 떠오른다. 그는 무척 나이가 들어
서도 최고의 영광을 누리며 살았다.[성 엽 지음. 고전 라틴어. p.387].
Venit mihi in mentem patris.
　나는 아버지 생각이 머리에 떠오른다.
Venit senéctus cum querélis ómnibus.
　노년기는 모든 불평과 함께 온다.
Venit ut te vídeat. 그 사람은 너를 보려고 왔다
venite. 원형 vénĭo, vēni, ventum, -íre, intr.
　[명령법. 단수 2인칭 veni, 복수 2인칭 venite].
Venite ad me, omnes, qui laborátis et onerati estis,
et ego refíciam vos. 고생하며 무거운 짐을 진 너희는
　모두 나에게 오너라. 내가 너희를 안식을 주겠다.
　　　　　　　　　　　　　　　　(성경 마태 11, 28).
Venite adoremus. 모두 와 경배하세
Venite, et descendentes confundamus ibi linguam
eorum.　오너라. 우리 땅에 내려가서 그들의
　말을 뒤섞어 놓자.(교부문헌 총서 16. 신국론. p.1692).
venite et premite. 와서 밟아라(성경 요엘 4, 13)
Venite, exsultemus Domino. 어서 와 주님께 환호하세
Venite populi. 오라 백성들이여
Venite seorsum. 한적한 곳으로 오라,
　명상생활과 수녀들의 봉쇄생활(封鎖生活) (1969.8.15. 훈령].
venitum. "vénĕo(vænĕo)"의 목적분사(sup.=supínum)
venivi. "vénĕo(vænĕo)"의 단순과거(pf.=perfectum)
veno, adv. 팔기 위하여
vēnor, -átus sum -ári, dep., intr. 사냥하다(צדד.ציד.),
　tr. 동물을 몰다, 추적하다, 공격하다(מחא.חבט),
　잡으로 뒤따르다, 찾아다니다, 찾아내다.
　Euhoe! Euhie! quo me in silvam venatum vocas?
　야호, 야호! 그대는 어이 사냥하러 숲으로 나를 부르나!/
　venatum vocare: 사냥하러 부르다.
Vēnos, f. = Venus의 고형
venósus, -a, -um, adj. (vena) 혈맥으로 가득 찬;
　줄기가 많은, 결이 많은, 정맥이 두드러진, 늙은, 정맥 많은.
vensí… = vesi…
vensícula, -æ, f. = vesícula
venter, ventris, m. 배(腹), 복부(=alvus), 위, 자궁 태(胎),
　오이.병 등의) 불룩 나온 배, 옆구리.
　Concepit prius mente quan ventre.
　태(胎)에서 보다 마음으로 미리 잉태(孕胎)했다/
　Venter mihi non respóndet. 나는 속이 좋지 않다/
　ventrem(partum, útero) fero. 임신 중이다, 임신하고 있다.
venter astríctus. 변비 일으킨 배(腹)
Venter mihi non respondet. 나는 속이 좋지 않다
venti subsídunt. 바람이 그치다
Venti verrunt nubila cæli.
　바람이 하늘의 구름을 휩쓸어간다.
ventigenus, -a, -um, adj. (ventus+gigno)
　바람에서 난, 바람내는.
ventilábrum, -i, n. 키, 바람을 일으키는 도구, 산풍기
ventilátĭo, -ónis, f. 공기에 쪼임, 바람 일으킴, 키질함,
　바람에 불림, 선별, 가려냄, 드러냄, 노출.
ventilátor, -óris, m. 키질하는 자, 부치는 자, 선동자,
　바람개비, 선풍기(扇風機), 요술쟁이, 선별자(選別者),
　가려내는 자, 어지럽히는 자.
véntĭlo, -ávi, -átum, -áre, tr. 바람내다, 부치다,
　바람을 일으키다, 흔들다(טלטל.רטט), 시원하게 하다,
　바람에 쪼이다, 바람 부는 데로 내맡기다,
　바람을 일으켜서 움직이게 하다, 선동하다, 점화하다,
　키질하다, 혼란스럽게 하다, 드러내다, 일으키다(起)
ventĭo, -ónis, f. 도착(到着), 옴, 발생
ventis favéntibus. 순풍이 불어서(fáveo 참조)
ventísonax, ácis, adj. (ventus+sons)
　바람 소리 내는, 허풍(虛風)떠는.
véntĭto(vento), -ávi, -átum, -áre, intr., freq. 자주 오다
ventósa, -æ, f. (醫) 흡각(吸角), 흡반(吸盤), 빨판.
　부항(附缸-고름이나 나쁜 피를 빨아내기 위하여 살갗 위에 부항단지를 붙이는 일).
ventósĭtas, -átis, f. (醫) 고장(鼓腸),

1365

배 안에 가스 참, 자만(自慢), 허풍(虛風).
ventósus, -a, -um, adj. 바람 많은, 바람이 찬, 바람에 불리는, 바람처럼 가벼운, 빠른, 바람에 흔들리는, 이랬다저랬다 하는, 확신(確信)을 갖지 못하는, 확실치 않은, 쓸데없는, 공허한, 허무한, 허풍선이의, 허공의, 바람둥이의.
homo ventosíssimus 아주 우유부단한 사람/
ventósa lingua. 쓸데없는 수다/
ventósi folles. 바람으로 부푼 풀무.
ventrícola, -æ. m., f. 배(腹)를 신으로 삼는 자
ventricósus = **ventriósus**
ventrícula, -óum. n., pl. = ventrículi, -óum. m., pl. = ventrículus.
ventriculátĭo, -ónis, f. 배 아픔
ventriculósus, -a, -um, adj. 배와 관계되는, 위장의. m., pl. 배앓이 하는 자.
ventricúltor, -óris, m. (venter+colo) = **ventricola**
ventrícŭlus, -i, m. (解) 위, 위장, 작은 배(腹), 심실, 뇌실.
ventrificátio, -ónis, f. (venter+fácio) 배가 커짐
ventrífluus, -a, -um, adj. 설사하게 하는
véntrigo, -áre, intr. (venter+ago) 설사(泄瀉)하다
ventrilóquus, -i, m. (venter+lóquor) 배로 말하는, (인형극에서) 복화술(複話術)의.
ventr(i)ósus(=ventruósus), -a, -um, adj. 배불뚝이의, 배가 나온, 배가 불룩한.
ventris et stomachi solutio. 설사(泄瀉)
véntŭlus, -i, m. 미풍, 산들바람.
ventum, "véniŏ"의 목적분사(sup.=supínum)
Ventum est. 왔다. 오고 있었다. 사람이 왔다.
Ventum est ad supremum. 막다른 골목에 이르렀다(끝장났다).
Ventum est. 왔다. 오고 있었다, 사람이 왔다.
ventúri, 원형 vénĭo, vēni, ventum, -íre, intr. [미래분사. 중성 단수 주격 venturum, 속격 venturi, 여격 venturo, 대격 venturum, 탈격 ventro].
Et expécto resurrectiónem mortuórum, et vitam ventúri sǽculi Amen.
죽은 이들의 부활과 내세의 삶을 기다리나이다. 아멘.
ventúrus, -a, -um, p.fut., a.p. 앞으로의, 미래의.
Oh! Bona ventura. 오! 참 좋은 행운이여!/
Quæ ventura sint in judicio novissimo. 최후 심판에서 닥칠 일들(신국론 제20권).
ventus[1] -us, m. 옴(來), 도착(到着-목적지에 다다름)
ventus[2] -i, m. 바람, 공기, 일어나는 바람, 김, 입김, 행운, 악운, 순풍, 역풍, 여론([영] Public opinion), 경향, 영향, 역경, 항로를 거스르는 폭풍, 허풍(虛風).
aquá leváta vento. 바람에 높아진 물결/
Corus ventus 북서풍/
dies silens a véntis. 바람이 잔 날/
discordes venti. 서로 맞부딪치는 바람/
Do comam diffundere véntis. 바람에 머리카락을 나부끼게 하다/
ecnéphĭas, -æ, m. 구름에서 몰아쳐 오는 바람/
immítes venti. 사나운 바람/
In desiderio animæ suæ attraxit ventum amoris sui. 그 영혼의 바람(望) 안에 애욕의 바람(風)을 끌어들였다/
magno deprehénsa navis vento. 큰바람을 만난 배/
Mare ventis attóllitur. 바람에 바다가 솟아오르다/
rapax ventus. 휩쓸어 가는 바람/
typhónĭcus ventus. 태풍(颱風.[영] a typhoon)/
Venti a præáltis móntibus se dejíciunt. 높은 산에서 바람이 맹렬하게 내리지른다.
ventus Africus. 아프리카에서 불어오는 바람
ventus occidaneus. 서풍(西風.zephyrus, -i, m.)
vénŭla, -æ, f. 작은 정맥(혈관), 미약한 기질(氣質), 재수(좋은 일이 생길 운수), 가는 물줄기.
venum, "véněo(vǽněo)"의 목적분사(sup.=supínum)
vēnum, -i, n. 팔기, 판매(販賣.mercatus, -us, m.)
venundátĭo, -ónis, f. 팔기, 판매(販賣)
venúndo(venúmdo) -dĕdi -dătum -ăre, tr. (venum+do) 팔다, 매매하다(賣買), 경매(競賣)하다.
Vĕnus[1] -nĕris, f. 비너스, 미의 여신, 사랑, 봄, 꽃, 애인, 정부, 애욕, 매력, 미, 우아, 환심. (天) Venes 금성(성좌).
mensis Véneris. 비너스의 달, 4월/
Non Venus affúlsit. 찬란한 금성이 나타나지 않았다/
omnes dicéndi véneres. 모든 우아한 말솜씨.
vēnus[2] -us, m. (**venum**, -i, m.) 매매, 경매(競賣).
veno pósitus. 팔려고 내놓은 / venum dare. 팔다/
venum ire. 팔러가다, 팔리다.
venústas, -átis, f. 매력, 우아, 미, 환심, 고움, 미용, 미려(美麗), (매력있는) 육체미(gratĭa corporis.),
signa exímia venustáte. 아담하고 아름다운 상(像).
venúste, adv. 매력 있게, 우아하게, 곱게, 어여쁘게
venústo, -ávi, -átum, -áre, tr. 아름답게 하다, 미화(美化)하다, 장식(裝飾)하다.
venústŭlus, -a, -um, adj. 귀여운, 예쁜
venústus, -a, -um, adj. 매력 있는, 어여쁜, 고운, 우아한, 마음 끄는, 예모 있는, 상냥한, 마음에 드는, 미용의, (생각.문장.말솜씨가) 훌륭한, 우아한, 영특한.
vepállĭdus, -a, -um, adj. 창백한, 죽을상이 된
veprátĭcus, -a, -um, adj. 가시덤불의
veprécŭla, -æ, f. 작은 가시덤불
vĕpres(=vepris), -is, m. (pl. veprĭum) 가시덤불, 덤불(엉클어진 얕은 수풀), 가시.
veprétum, -i, n. (vepréta, -æ, f.) 가시밭, 가시덤불 많은 곳.
ver, vēris, n. [æstas, -átis, f. 여름/autúmnum, -i, n. 가을/ hĭems, -ĕmis, f. 겨울]. 봄, 사춘기, 생명의 봄.
Est vere cælum quam hieme mitius, æstate aër quam autumno calidior. 봄에는 하늘이 겨울보다 더 온화하고 여름에는 대기가 가을 보다 더 덥다/
floríparum ver. 꽃피는 봄철/
Incípere ver arbitrabátur. 봄이 시작된다고 여겨졌다/
ineúnte vere. 봄이 시작될 때, 이른 봄에/
Ut ver dat florem, studium sic reddit honorem. (겨울의 힘든 시기를 극복하고) 봄이 되면 꽃이 피듯이 그렇게 노력은 명예를 돌려준다/
vere novo 새봄에, 봄이 돌아 올 때에/
vere numerare flores. (격언) 봄꽃을 세려고 하다 즉 불가능한 것을 시도하다 / vere primo 초봄에.
Ver, æstas, autúmnus, hiems quáttuor témpora sunt anni. 춘하추동은 1년의 사계절이다.
Ver próterit æstas. 여름이 봄을 사라지게 한다.
ver rubens. 붉게 물든 봄
ver sacrum. 봄철의 만물(교부문헌 총서 15, 신국론, p.778), 거룩한 봄(긴급 시에 신들에게 봄의 전 수확을 약속하는 고대 로마 풍습. 백민관 신부 엮음, 백과사전 3, p.739).
verā, -æ, f. ver의 속어(俗語)
verácitas, -átis, f. 성실, 진실, 진실성, 정직성
veráciter, adv. 진실로, 참으로
vérax, -ácis, adj. 참된(ἀληθὴς), 진실한(ὀρθὸς), 진리의, 성실한, 정직한, 확실한.
De Deo verax disputatio([영] The True Doctrine of God). 천주실의[예수회 중국 선교사 Matteo Ricci(1552~1610)의 저서].
Verbalinspirátĭo, -ónis, f. 축자 영감론 (逐字靈感論, 獨.Verbalinspirátĭonslehre).
verbális, -e, adj. 말의, 구두의, 말 그대로의, 말 뿐의. (文法) 동사적(動詞的).
inspirátĭo verbális. 축어적 감도(逐語的 感導).
verbális institutio corporalis(realis). 사실상 임직 또는 서임(敍任), 구두 임명.
verbáliter, adv. 구두로
verbaliter sumptum.(ens participaliter) 실존하는 것.
verbáscum, -i, n. (植) 현삼과(玄蔘科) 식물
verbenáca, -æ, f. (植) 마편초
verbénæ, -árum, f., pl.(때로는 단수 verbéna) 월계, 올리브, 도금양 등의 성지(聖枝)가지.

verbenárĭus, -i, m. 성지(聖枝)가지를 가지고 있는 자

verbenátus, -a, -um, adj. 성지(聖枝)가지로 덮은,
성지(聖枝)가지로 엮은 화관을 쓴.

verber, -bĕris, n. 채찍, 편태(鞭笞), 매, 막대기, 뭉치,
투석기의 가죽 끈, 채찍질, 구타(毆打), 충격, 타격.
Boni parentes objurgare liberos nonnumquam verberibus
solent. 좋은 부모도 이따금 채찍으로
아이들을 벌주게 마련이다/
fortunæ(tela) verbera. 운명의 타격/
Quod homo non reputet se consolatione dignum,
sed magis verberibus reum.(⊕ A Man Ought Not to
Consider Himself Worthy of Consolation,
But Rather Deserving of Chastisement).
위로보다 벌받는 것을 마땅하게 생각함(준주성범 제3권 52장)/
verbera contumeliarum subire. 치욕의 타격을 당하다/
vérbera insono. 채찍을 휘둘러 위협하다/
Vitia hominum atque fraudes damnis, ignominiis vinclis,
verberibus, exsiliis, morte multantur. 사람들의 악덕과
사기는 벌금과 수치, 투옥과 체형, 추방과 사형으로
벌한다.[이 여섯에 동해복수(同害復讐) talio와 노예처분(servitus)을 더하면
전형적인 로마 형벌 여덟 가지가 된다. 성 염 지음, 고전 라틴어. p.413].

verberábĭlis, -e, adj. 매질할, 매 맞을

verberabúndus, -a, -um, adj. 매질하는

verberátĭo, -ónis, f. (verberatus, -us, m.)
매질, 편태(鞭笞-채찍. 회초리), 힐책(詰責-따져서 꾸짖음).

verberátor, -óris, m. 매 때리는 자, 채찍질하는 자,
편태자(鞭笞者), 형리(刑吏-지방 관아의 형방에 속한 구실아치).

verberátus, -us, m. 충격, 타박상, 매질

verbérĕus, -a, -um, adj. 매 맞을 만한

verbérĭto, -ávi, -átum, -áre, tr., freq. 가끔 때리다

vérbĕro¹, -ávi, -átum, -áre, tr. 채찍질하다, 타격을 주다,
말로 학대(虐待)하다, 체형을 가하다, 푸대접하다.

verbero ǽthera alis.
날개로 공기를 치다, 바람이 배 옆구리를 치다.

verbero civem Romanum. 로마 시민을 채찍질하다

verbero lapidem(격언) 돌을 때리다, 즉 헛수고하다

verbero tormentis Mútinam. Mutina 성을 무찌르다

vérbĕro² -ónis, m. 매 맞을 놈, 무뢰한(無賴漢),
악한(惡漢), 태형(笞刑)에 처할 자.

verbex, -ícis, m. = vervex

verbiális, -e, adj. = verbalis

verbificátĭo, -ónis, f. 담화, 이야기

verbígena, -æ, m. (verbum+gigno)
말씀으로 태어난 분(=예수 그리스도).

verbígĕro, -ávi, -átum, -áre, intr. (verbum+gero¹)
이야기하다(ㅁㅈ.ㅁㄱ), 담화(談話)하다, 수다 떨다.

verbivelitátĭo, -ónis, f. (=velitátio) 가벼운 논쟁, 말싸움.

verbix, -ícis, m. = vervex

verbóse, adv.
말을 많이 하면서, 너절하게, 시끄럽게, 수다스럽게.

verbósĭtas, -átis, f. 수다, 다변, 재잘거림, 잔소리

verbósor, -ári, dep., intr.
수다 떨다, 쓸데없는 말을 많이 하다.

verbósus, -a, -um, adj. 말 많은, 수다스러운, 장황한.
verbósior epistula 장황한 편지.

verbótěnus, adv. (=verbi grátia) 말대로 명목상으로

vérbŭlum, -i, n. 한 마디, 짧은 말

verbum, -i, n. 단어, 낱말, 용어, 표현, 언어표현,
말씀(λόγος.ρήμα-를), 말, 형식, 서식. (文) 동사.
(神) 하느님 말씀(ㄱㄷㄱ.λòγος.ρήμα), 성자(聖子).
A Patre et ad Patrem Verbum.
(⊕ The Word from the Father and to the Father).
아버지로부터 나와 아버지를 향하는 말씀/
A patre tantum tibi dicénda sunt hæc verba.
이것은 아버지께서만 너에게 말씀하셔야 한다.
[수동형 용장활용을 능동주 부사어로 말씀을 쓰지 않고 여격을
쓰는 것이 원칙이다. 이런 여격을 능동주 여격이라 한다. 그러나 여격
지배의 동사에 있어서는 뜻을 분명히 하기 위해 능동주 여격을 쓰지
않고 제대로 (전치사 a를 가진) 능동주 탈격을 쓴다]/

ad verbum. 말 그대로/
alqd verbis in majus extollo. 무엇을 과장해서 말하다/
alqm verbis vehementióribus prosequor.
누구를 맹렬히 공박(攻駁)하다/
Adtendite nunc verba ista. 이제 이 말을 잘 들으십시오/
Auditio Verbi. 말씀 경청/
Compléctar uno verbo. 한마디로 간추리겠다/
concipio verba. 소정양식을 만들다/
dare verba alci. 누구에게 말로 갚다, 속이다/
De his verbis adhuc seorsum erit agendum(⊕ It will be
necessary to return to these words in a separate
reflection) 이 말씀에 대해서는 따로 생각해 보아야 할
것이기 때문에 다음으로 미루기로 합니다/
De prædicatione verbi divini. 강론에 대하여/
De vera sapientia et religione. 참된 지혜와 종교에 대하여/
De verbis Scripturæ. 성서 말씀에 대하여/
De vero cultu. 참된 예배에 대하여/
deliramentum verba. 헛소리/
ego tribus primis verbis. 나는 첫마디부터/
Et Verbum caro factum est et habitavit in nobis.
말씀이 사람이 되시어 우리 가운데 사셨다(요한 1. 14)/
Facta sunt verbis validiora.
행위가 말보다 더 강한 호소력을 갖는다/
figura verborum. 어휘의 채색(語彙의 彩色)/
flecto verbum. 외국어에서 말을 가져오다, 파생시키다/
glossa, -æ, f. (설명이 필요한) 난해한 어휘/
habitudinem ad verbum procedens. 발출하는 말과의 관계/
Hæc autem sententia nec a verbis Aristoteles multum
aliena videtur. 이 견해는 아리스토텔레스의 말과 크게
다르지 않은 것처럼 보인다.(지성단일성. p.163)/
Hoc verbum est ad id aptatum.
이 말은 그것에 꼭 들어맞았다/
Hunic verbo duas res subjicio. 이 말은 두 가지를 뜻한다/
Illorum verbis falsis acceptor fui.
나는 그들의 거짓을 인정하는 자가 되고 말았다/
In Verbo et Amore procedendo.
발출 하는 말씀과 사랑 안에/
In verbo Tuo laxabo rete.
스승의 말씀대로 그물을 치리이다.
(제4대 전주교구장 한공렬 베드로-1939.6.24. 수품-주교 사목 표어)/
incarnátĭo Verbi. 말씀의 육화/
Incarnátĭo Verbi non est absolute necessaria.
말씀의 육화는 절대적인 필연성이 아니다/
Interroga libenter, et audi tacens verba Sanctorum.
묻기를 즐기며 잠잠히 성인들의 말씀을 들어라.
(준주성범 제1권 제5장 2)/
ipsissima verba. 몸소 하신 말씀/
ipsissima verba Jesu. 예수 친히 하신 말씀 자체/
Ipsissima verba, ipsissima vox.
바로 그 말씀, 바로 그 소리/
Ipsum Verbum personaliter est homo.
말씀은 인간 자신이다(교회와 성사. p.29)/
juro in verba alcjs.
누가 불러주는 (일정한 형식의) 말을 받아서 선서하다/
Liber de Generatione verbi Divini.
하느님 말씀의 탄생에 관하여/
Mala aurea in ornatibus argenteis, verbum prolatum in
tempore suo.(⊕ Like golden apples in silver settings are
words spoken at the proper time) 알맞게 표현된 말은
은 쟁반에 담긴 황금 사과와 같다(성경 잠언 25. 11)/
경우에 닿는 말은 은쟁반에 담긴 황금사과다(공동번역)/
meis, tuis, suis verbis.
내 이름으로, 네 이름으로, 나로서, 말하자면 등/
Melius hæc notata sunt verbis Latinis.
이것들은 라틴어로 더 잘 설명되어 있다/
ministerium verbi(⊕ ministry of the word). 말씀의 교역/
ministerium verbi divini. 설교 직무/
multis verbis ultro citróque hábitus.

V

이런저런 말을 많이 교환하고서/
Noli verbo preměre. 말 트집을 잡지 마시오/
Non in solo pane vivit homo, sed in omni verbo Dei. 사람이 빵으로만 살지 못하고 하느님의 모든 말씀으로 살리라/
Non omnis ætas nec vero locus aut tempus aut auditor omnis, eodem verborum genere tractandus est. 모든 시대와 모든 장소, 또 모든 시기나 모든 청중이 같은 말(언변으)로 다뤄져서는 안 된다/
Numquid habebunt finem verba ventosa([영] Is there no end to windy words?) 그 공허한 말에는 끝도 없는가? (성경 욥기 16, 3)/그 헛된 말은 끝도 없는가?(공동번역 욥기 16, 3)/
Omnis enim homo annuntiator Verbi, vox Verbi est. 모든 인간은 말씀의 선포자이며 말씀의 소리다/
præséntia verba. 지금 사용되고 있는 말/
pública verba. 의례적인 공용어/
Quæ verbo objecta, verbo negáre sit. 말로 반박하는 것은 말로 부정해도 된다/
Quanta hæsitátio tractusque verborum! 말을 얼마나 주저하며 질질 끄는가!/
Qui seminat verbum seminat. (o` spei,rwn to.n lo,gon spei,rei) (獨 Der Sämann sät das Wort) ([영] The sower sows the word) 씨 뿌리는 사람은 실상 말씀을 뿌립니다 (성경)/씨 뿌리는 사람이 뿌린 씨는 하늘나라에 관한 말씀이다(공동번역)/씨 뿌리는 사람은 실상 말씀을 뿌립니다(성경, 200주년 기념 신약성서 마르 4, 14)/
Quin uno verbo dic. 자 그러면 한마디로 말해봐라/
Quanta sint, quorum ratio nequeat agnosci, et tamen eadem vera esse non sit ambiguum. 이치는 몰라도 사실만은 모호한 데가 없이 참인 일들이 얼마나 많은가.(신국론, p.2824)/
Quod verbum tibi non éxcidit. 그 말은 네가 우연히 한 것이 아니다/
Qui vivis et regnas in sæcula sæculorum. 그는 영원히 살아 계시며 다스리시나이다/
Rem tene, verba sequentur. 내용을 포착하라, 그것을 표현하는 언어는 저절로 따라 나오니까. (성 염 지음, 사랑만이 진리를 깨닫게 한다, p.464)/
Res plus valet quam verba. 실천은 말보다 더 힘 있다/
Sollemnis Verbi Dei proclamatio. ([영] The solemn proclamation of the word of God) 하느님 말씀의 장엄한 선포/
sub hoc verbo. 이 말 이면에는/
Sunt hæc tua verba, necne? 이것이 네 말이냐 아니냐?/
tantum verbórum est, quantum necésse est. 필요한 만큼 말도 많다/
tero verbum. 말을 너무 많이 하여 평범하게 만들다/
texo epístulas cottidiánis verbis. 일상어로 편지를 쓰다/
Tota intendat in verbo. 온통 말씀으로 향해 있을 것이다/
traho verba. 말(言)을 질질 끌다/
tractandi verba veritatis tam periculosum onus. 진리의 말씀을 설명하는 그토록 위험한 직무. (히포의 아우구스티노가 '강론'을 묘사한 말름)/
tritus verbum fácere. 상용어로 만들다/
Unde id verbum tradúctum est? 이 말(言)은 어디에서 왔느냐?/
uno verbo. 한마디로, 간단하게/
verba ambigua. 애매한 언사(言辭-말이나 말씨)/
verba anomala. 변칙 동사/
verba assumpta. 다른 데서 따온 말/
verba aure recepta. 귀로 들은 말/
verba bene reddo. (앵무새가 사람의) 말을 잘 흉내 내다/
verba concepta. 소정양식(所定様式)/
verba cultiora. 고상한 언어/
verba defectiva. 결여 동사, 불비 동사, 불구동사/
Verba deprehendit quies. 죽음이 말을 중단시켰다/
verba dicendi. 설화 동사/
verba dulcia. 즐거운 말/
verba docent, exempla trahunt.[성 염 지음, 고전 라틴어, p.93] 말은 가르치지만 모범은 끌어준다(잡아당긴다)/
Verba, ad quæ hic revocamur, in Evangelio secundum Ioannem legimus scripta. 우리가 여기서 인용할 말씀들은 요한복음에 기록되어 있습니다/
verba exculcata. 오래되어 안 쓰는 말들/
verba movendi. 운동 동사/
verba multa. 수많은 말씀들/
verba non circumspecta. 경솔한 말, 입빠른 말/
verba non trita Romæ. 로마에서 쓰이지 않는 말/
verba obscura. 모호한 언사/
verba præsentĭa. 지금 사용되고 있는 말/
verba precantĭa. 애원하는 말/
verba propria. 본의적 어휘(語彙), 자의적인 말/
verba refringo. (아기들의 발음처럼) 말을 부정확하게 하다/
verba sentiendi. (文法) 지각동사(知覺動詞)/
verba signa sunt. 단어는 표징이다/
verba sunt. 그것은 그저 그 말이다/
Verba susurronis quasi dulcia, et ipsa perveniunt usque ad interiora ventris([영] The words of a talebearer are like dainty morsels that sink into one's inmost being) 중상 꾼의 말은 맛난 음식과 같아 배 속 깊은 곳까지 내려간다(성경 잠언 18, 8)/고자질하는 말은 맛난 음식과 같아 뱃속 깊이 들어간다(공동번역)/
verba tecta. 희미한 말/
verba translata. 전의적(비유적)인 말(어휘)/
Verba tua me reddunt iratum. 네 말은 나를 화나게 한다/
Verba vana aut risui apta non loqui. 실없는 말이나 웃기는 말을 하지 말라(성 베네딕도 수도규칙 제4장 53)/
verba viva. 살아 있는 말씀(사도 7, 38)/
Verba volant, scripta manent. 말은 날라 가고 글(記錄)은 남는다/
verba voluntátis. (文法) 의지동사(意志動詞)/
verbi causa = verbi gratia(약 v.g.) 예를 들면, 예컨대/
Verbi Dei auditio. 하느님의 말씀에 귀 기울이기/
verbi grátia = exempli gratia(약 e.g.) 예를 들면, 예컨대/
Verbi prædicatio. 말씀의 선포/
verbo et exemplo. 말씀과 표양(表樣)/
verbo tenus. 말로만/
verbo titubare. 말하기를 주저하다/
verborum præstígiæ. 엉터리 수작(sycophantĭa, -æ, f.), 감언이설(甘言利說)/
verborum vitia. 언어의 잘못/
Videbit quanta fuerit vis illorum verborum felicium. 행운을 담은 저 말마디의 위력이 어느 정도인지 그는 알아볼 것이다.

verbum abbreviatum. 요약된(축약된) 말씀, 짤막한 말씀
verbum activum. 능동사
Verbum æternum. 영원한 말씀
verbum anomalum. (文法) 변칙동사(變則動詞)
Verbum assumpsit corpus mediante anima. 말씀은 영혼을 매개로 하여 육신을 취하셨다.
verbum avalens. 무가 동사(비인칭 동사)
verbum bivalens. 이가 동사(타동사)
Verbum caro factum est.(And the Word became flesh). 말씀이 사람이 되셨습니다(요한 1, 14)/ 정녕 말씀이 육신이 되시다(200주년 기념 신약성서).
verbum copulativum. 연계 동사
verbum cordis. 마음의 말(신학대전 3권, p.166)
verbum defectivum(cœpisse, meminisse ect) 불구동사
Verbum Dei.(ὁ λὸγοσ τὸν θεὸν.[영] Word of God. 獨 Gottes Wort.프 Parole de Dieu) 하느님의 말씀. Quinimmo beati, qui audiunt verbum Dei et custodiunt!. 하느님의 말씀을 듣고 지키는 이들이 오히려 행복하다.
Verbum Dei et Benedictionale.([영] The word of God and the Book of Blessings). 하느님 말씀과 축복 예식서.

Verbum Dei et candidati ad Ordinem sacrum.
하느님 말씀과 수품 후보자.
Verbum Dei et christiana testificatio.
(㉔ The word of God and Christian witness)
하느님 말씀과 그리스도교적 증거.
Verbum Dei et Eucharistia(㉔ The word of God and the
Eucharist) 하느님 말씀과 성찬례.
Verbum Dei et liturgia Horarum.(㉔ The word of God
and the Liturgy of the Hours) 하느님 말씀과 시간 전례.
Verbum Dei et precatio Marialis.(㉔ The word of God
and Marian prayer) 하느님 말씀과 마리아를 통한 기도.
Verbum Dei et vocationes.(㉔ The word of God and
vocations) 하느님 말씀과 성소들.
Verbum Dei in sacra liturgia.(㉔ The word of God in
the sacred liturgy) 거룩한 전례 안의 하느님 말씀.
Verbum Dei in templo Christiano.(㉔ The word of God
in Christian churches) 그리스도교 성전 안의 하느님 말씀.
Verbum Dei in ecclesiali.(㉔ The Word Of God In The
Life Of The Church) 교회의 삶 안에서 하느님의 말씀.
verbum Dei incarnatum. 육화 하신 하느님의 말씀
Verbum Dei manet in æternum.(V.D.M.I.E.)
하느님 말씀은 영원히 머무른다(종교개혁의 표어).
Verbum Dei prætergreditur culturarum limites.
(㉔ God's word transcends cultural limits).
하느님 말씀은 문화적 경계를 초월한다.
verbum deponens. (文法) 탈형동사(脫形動詞)
Verbum divinum(㉔ Word of God). 하느님의 말씀
Verbum domini sæpe neglectum est ab ancillis.
주인의 말은 종종 하녀들에 의해서 무시되었다.
verbum e verbo éxprimens. 말 그대로 표현하면서
verbum efficax. 효과적 말
Verbum et Dei Regnum. 말씀과 하느님 나라.
(㉔ The word and the Kingdom of God)
Verbum et silentium.(㉔ The word and silence)
말씀과 침묵.
Verbum ex ore éxcidit. 말이 입에서 새어 나왔다.
verbum exterius. 외적 언어
verbum fidei. 신앙의 말씀
verbum finitum. 종결 동사
verbum frequentativum. 관용어
Verbum genitum. 낳음을 받은 말씀
Verbum hominis(㉔ Word of man) 인간의 말
Verbum humanatum. 사람이 되신 '말씀'
verbum impersonale. 비인칭 동사
verbum in ecclesia. 교회 안의 말씀
(㉔ The Word Of God And The Church).
Verbum incarnatum. 육화된 말씀
verbum inchoatívum. (文法) 기동동사(약.inch.)
verbum infeéctum. [文法] (현재 진행.과거 진행
따위) 동사의 진행형(Latin어에서는 현재.미완료로 표시됨).
verbum infinitum. 비종결 동사(부정법.분사.동명사 따위)
Verbum intellectus. 지성의 말씀
verbum intelligibile. 가지적 말씀, 지성적 말
verbum interius. 내면의 말, 내적 언어, 내적인 말
Verbum interius imaginatum. 상상된 내면의 말
Verbum Lumen Vitæ. 말씀은 생명의 빛(최장우 대주교 문장)
verbum mentis. 정신의 말(정신적 말), 마음의 말씀
verbum monovalens. 단가 동사(自動詞)
Verbum mundo. 세상을 위한 말씀
verbum oris. 입의 말
verbum passivum. 수동사
verbum pro adverbio. 동사적 부사어
verbum pro verbo réddere. 말 그대로 같다
verbum pro verbo reddo. 직역하다, 축자역하다.
Verbum procedens. 발출 하는 말씀.
In Verbo et Amore procedente.
발출 하는 말씀과 사랑 안에.
verbum, quod díci solet. 흔히들 하는 말

verbum quod idem valet. 같은 뜻을 가진 말
Verbum revera quod annutiamus et audimus Verbum
est caro factum.(㉔ Indeed, the word which we proclaim
and accept is the Word made flesh) 분명히 우리가 선포
하고 받아들이는 말씀은 사람이 되신 말씀입니다.
Verbum sat sapienti.
현명한 사람에게는 말 한마디면 충분하다.
verbum semidepónens. 반탈형동사(半脫形動詞)
[현재 어간을 사용하는 시칭(현재.미완료.미래)에서는 능동 형태로 변화되고,
과거 어간을 사용하는 시칭(단순과거.과거완료.미래완료)에서는 수동형을 따라
변화하는 동사를 반탈형 동사라 한다(반탈형동사의 경우 단순분사와 수동형 목적
분사 외에는 수동형적 활용에 있어서도 뜻은 능동적이다).
                                       허창덕 지음, 중급 라틴어, p.93]
verbum sequitur rem. 언어는 사고를 따른다
verbum servile. 보조 동사
Verbum Supernum.(㉔ The Word of God) 천상 말씀.
Verbum supernum prodiens,
nec Patris linquens dexteram,
ad opus suum exiens, venit ad vitæ vesperam.
In mortem a discipulo suis tradendus æmulis,
prius in vitæ ferculo se tradidit discipulis.
Quibus sub bina specie carnem dedit et sanguinem;
ut duplicis substantiæ totum cibaret hominem.
Se nascens dedit socium, convescens in edulium,
se moriens in pretium, se regnans dat in præmium.
O salutaris hostia, quæ cæli pandis ostium,
bella premunt hostilia; da robur, fer auxilium.
Uni trinoque Domino sit sempiterna gloria;
qui vitam sine termino nobis donet in patria. Amen.
천상말씀 성부우편 안버리고 오시었네 당신사업 성취위해 현세생활 마치셨네
제자에게 팔리시어 죽음의길 걸으셨네 제자들의 생명위해 당신자신 주시었네
양형으로 살과피를 그들에게 내어주사 천주성과 인간성을 사람에게 주셨도다
나실때에 친구되고 만찬때에 음식되고 죽으실 때 속죄되고 왕하실 때 상급되네
천국의문 열어주는 구원의빵 주예수여 원수들을 이기고 힘과도움 주옵소서
삼위일체 주천주께 영원영광 있으소서 고향가면 영원생명 우리에게 주옵소서 아멘
THE heavenly Word proceeding forth, yet not leaving the Father's side,
went forth upon His work on earth and reached at length life's eventide.
By false disciple to be given to foemen for His Blood athirst,
Himself, the living Bread from heaven, He gave to His disciples first.
To them He gave, in twofold kind, His very Flesh, His very Blood:
of twofold substance man is made, and He of man would be the Food.
By birth our fellowman was He, our Food while seated at the board;
He died, our ransomer to be; He ever reigns, our great reward.
O saving Victim, opening wide the gate of heaven to all below;
our foes press on from every side; Thine aid supply, Thy strength bestow.
To Thy great Name be endless praise, immortal Godhead, One in Three!
O grant us endless length of days in our true native land with Thee. Amen.
  -그리스도의 성체 성혈 대축일 아침 기도에 사용되는 찬미가의 라틴어 제목
('천상말씀'을 뜻하는 첫 두 단어)이다. 저자는 성 토마스 데 아퀴노(1225-1274년)
이다. 이는 천사적 박사가 1264년 새 축일로 반포된 그리스도의 성체성혈 대축일
을 맞아 교황 우르바노 4세(1261-1264년)의 특별한 요청으로 성체 안에 계신
예수님을 공경하기 위하여 작시한 다섯 개의 아름다운 찬미가들 가운데 하나.
첫 네 개의 연은 주님의 아드님의 영원한 존재와 시간적 존재를 추적해 간다.
그리고 나서 그 다음 연에서 열렬하고 감동적인 간청('구원의 빵 주 예수여')을
한 뒤에 급히 기도를 마감하는 마침 영광송이 나온다. 이 찬미가는 다소 시적인
걸작품이다. 마지막 두 연은 이전에 성체 강복에서 사용되었다.
verbum tralatum. 비유로 쓴 말
verbum transitivus. 타동사
verbum trivalens. 삼가 동사(타동사)
Verbum unicum. 유일의 말씀
Verbum Unum. 한 말씀, 단 한 말씀
verbum visibile 가시적 말씀(=성사.성 아우구스티노)
verbum vocis. 목소리(ㄲㄱ,㉔ Voice)/verbum oris.
음성의 말(신학대전 3권, p.166)
vérculum, -i. n. 따스한 봄, 귀여운 놈(애정 표현).
Incipere ver arbitrabatur. 봄이 시작된다고 여겨졌다.
verdiárium, -i, n. = viridárium
vêre, adv. (verus) 참으로, 진실로, 꼭 맞게, 실제로,
Vere Dominus nos manu prehendit et ducit.
(㉔ Truly the Lord has taken us by the hand and is
guiding us) 참으로 주님께서는 우리의 손을 잡고
우리를 인도해 주십니다(1995.5.25. "Ut Unum Sint" 중에서).
vere esse est enim semper eodem modo esse.
참된 존재는 항상 동일한 방식으로 있음.
vere esse quia immutabilis est.

불변하기 때문에 참으로 존재하는 분.
Vere dignum et justum est.
참으로 지당하고 의로운 일이다.
Vere Fraciscus qui super omnes cor francum et nobile gessit. 실로 프란치스코는 누구보다도 대범하고 숭고한 마음을 지녔다.
Vere Iesu nuntius est nuntius vitæ.
([영] To proclaim Jesus is itself to proclaim life)
예수님을 선포하는 것은 바로 생명을 선포하는 것입니다.
Vere magnus est qui magnam habet charitatem.
참으로 위대한 사람은 애덕을 많이 가진 사람이다.
Vere Sanctus es. 거룩하신 아버지.
Vere Sanctus es, Dómine, et mérito te laudat omnis a te cóndita creatúra. 거룩하신 아버지 몸소 창조하신 만물이 아버지를 찬미하나이다.
Vere Sanctus es, Dómine, fons omnis sanctitatis.
주님, 당신께서는 진정으로 거룩하시며, 모든 거룩함의 샘이시옵니다.
Verebar, quorsum id casúrum esset.
그것이 어떤 결과에 이를지 나는 불안스러웠다.
verecúnde, adj.
수줍게, 조심성 있게, 신중하게, 부끄럽게, 염치 있게.
verecúndĭa, -æ, f. 조심성, 수줍음, 신중(愼重.φρὸνησις), 절도(節度), 경외심, 존경([영] Respect), 수치심, 염치, 부끄러움, 겁(무서워하거나 두려워하는 마음), 소심(小心), 겸허, mea in rogándo verecundia. 청함에 있어 나의 신중/ Quamvis voluptate capiatur, occultat et dissimulat appetitum voluptatis propter verecundiam.(Cicero). 인간은 탐욕에 사로잡혀 있으면서도 수치심 때문에 탐욕의 욕구를 숨기거나 안 그런 척한다.
verecundia sermónis. 말의 신중성
verecundia turpitudinis. 추한 소문에 대한 조심성
verecúnditer, adv. = verecúnde
verecúndor, -átus sum -ári, intr.
수줍어하다, 거북해 하다, 겁먹다, 부끄러워하다.
verecúndus, -a, -um, adj. 조심성 있는, 신중한, 절도 있는, 수치심 있는, 부끄러워하는, 염치 있는, 수줍은, 존경스러운, 어려워해야 할, 양보해야 할.
veredárĭus, -i, m. 우편 전달자(郵便傳達者), 전령(傳令) 집집마다 다니며 전달하는 수도사(→수도자).
verédus, -i, m. 역마, 여행용 말, 사냥용 말
verénda, -órum, n., pl. 음부(陰部), 부끄러운 곳
veréndus, -a, -um, adj. 존경의 대상이 되는, 존경받을, 공경할, 어려운, 부끄러운.
verens, -éntis, p.prœs., 두려워하는, 외경하는
verĕor, verĭtus sum, veréri, dep., tr. 경외하다, 존경하다, 두려워하다, …하는 것을 두려워하다.
Nihílne te pópuli verétur?
민중(民衆)에 대해서 아무 것도 개의치 않느냐?.

탈형동사 제2활용 veréri(경외하다, 두려워하다)			
	직 설 법	접속법	명 령 법
현재	S.1. véreor 2. veréris 3. verétur P.1. verémur 2. verémini 3. veréntur	véréar vereáris vereátur vereámur vereámini vereántur	현 재 S 2인칭 verére P 2인칭 verérmini 미 래 S 2인칭 verértor S 3인칭 verértor P 2인칭 - P 3인칭 verérntor
미완료	S.1. verébar 2. verebáris 3. verebátur P.1. verebámur 2. verebámini 3. verebántur	verérer vereréris vererétur vererémur vererémini vereréntur	**부 정 법** 현 재 veréri 미 래 veritúrus, -a, -um esse veritúri, -æ, -a esse veritúrum, -am, -um esse veritúros, -as, -a esse
미래	S..1. verébor 2. veréberis 3. verébitur P.1. verebímur 2. verebímini 3. verebúntur		과 거 hortátus, -a, -um esse hortáti, -æ, -a esse hortátum, -am, -um esse hortátos, -as, -a esse
단순과거	S..1. véritus, -a, -um sum 2. véritus, -a, -um es 3. véritus, -a, -um est P.1. vériti, -æ, -a sumus 2. vériti, -æ, -a estis 3. vériti, -æ, -a sunt	véritus, -a, -um sim véritus, -a, -um sis véritus, -a, -um sit vériti, -æ, -a simus vériti, -æ, -a sitis vériti, -æ, -a sint	**분 사** 현재: verens, -éntis 미래:veritúrus, -a, -um 과거: véritus, -a, -um **수동형 당위분사** veréndus, -a, -um (권고받아야 할)
과거완료	S..1. véritus, -a, -um eram 2. véritus, -a, -um eras 3. véritus, -a, -um erat P.1. vériti, -æ, -a erámus 2. vériti, -æ, -a erátis 3. vériti, -æ, -a erant	véritus, -a, -um essem véritus, -a, -um esses véritus, -a, -um esset vériti,, -æ, -a essémus vériti, -æ, -a essétis vériti, -æ, -a essent	**동 명 사** 2格 veréndi 3格 veréndo 4格 ad veréndum 5格 veréndo
미래완료	S.1. véritus, -a, -um ero 2. véritus, -a, -um eris 3. véritus, -a, -um erit P.1. vériti, -æ, -a érimus 2. vériti, -æ, -a éritis 3. vériti, -æ, -a erunt		**목 적 분 사** 능동형 véritum (경외하러) 수동형 véritu (경외받기에)

(한동일 지음, 카르페 라틴어 부록, p.16)

Véreor dícere. 나는 말하기를 주저한다.(veréri, timére가 "주저하다, 망설이다, 꺼리다"의 뜻으로 사용될 적에는 부정법을 지배한다).
verétrum, -i, n. (解) 음경(陰莖)
vergo, -versi, -ĕre, intr. …로 기울다, 가라앉다, …까지 뻗어 있다, 펼쳐져 있다, …하는 경향이 있다.
Portus in merídiem vergit. 항구가 남쪽을 향해 있다.
tr. (특히 수동적으로) vergi 기울어져 있다, 방향 잡혀 있다.
veri nominis. 참된 의미로
veri sacerdotes. 참 사제
véribus, veru(-us, n. 적쇠, 석쇠) 의 복수 3격
verícola, -æ, m. 진리를 닦는 자
vericulátus, -a, -um, adj. 쇠꼬챙이 달린
verícŭlum, -i, n. = verúculum
veridicéntĭa, -æ, f. 진실(אֱמֶת.[영] Truth), 참말(진실)
verídĭcus, -a, -um, adj. (verus+dico²)
진실 된, 사실을 말하는, 참말의, 확실한, 사실의, 사실이 증명된. adv. **verídĭcce.**
verífico, -áre, tr. (verus+fácio)
진실성을 증명하다, 입증(立證)하다, 확인(確認)하다.
verilóquĭum, -i, n. (verus+loquor) 어원, 어원학, 어의(=etymología), 진실을 말함, 솔직한 말, 참말.
verilóquus, -a, -um, adj. 참말을 하는
verior, -or, -us, adj. vērus, -a, -um의 비교급

verisímĭlis(veri símĭlis), -e, adj. 사실 같은, 그럴듯한,
　근사한, 참말 같은, 참되게 보이는.
　orácula verisimilióra. 참되게 보이는 신탁(信託)/
　quod est magis verisímile. 더 참말 같은.
verisimile est. 매우 그럴듯하다
verisimilíter, adv. 그럴듯하게, 사실같이, 근사하게
verisimilitúdo, -dĭnis, f. 진실에 가까운 것,
　진실성(眞實性) 있음, 그럴 듯한 것,
　유사성(類似性.獨) similarity.獨 Affinität).
verissimam antitatem. 참다운 실재성
Verissimum est. 맞는 말씀입니다.
verissimus, -a, -um, adj. vērus, -a, -um의 최상급
vérĭtas, -átis, f. 진리(ℼℵℵ.ἀλήθεια.獨 Truth),
　성실, 진상, 참, 성실성, 솔직함, 현실, 사실.
　ad veritátem revoco ratiónem.
　이유(근거)를 진실에 비추어 판단하다/
　adæquatio veritatis. 진리의 일치/
　Amicus Plato magis veritas.
　플라톤이야 친구지만 진리는 더 가까운 친구다/
　Apologeticum veritatis. 진리의 옹호(볼로냐의 람베르토 지음)/
　apostolus veritatis. 진리의 사도/
　caritas novit veritatem. 사랑이 진리를 깨닫는다/
　cujus rex veritas, cujus lex caritas, cujus modus
　æternitas.(=하느님 도성) 진리를 군주로, 사랑을
　법도로, 영원을 척도로 두는 완전 사회의/
　De ea philosophia, quæ ad veritatem fidei Christianæ
　propius accessit. 그리스도교 신앙의 진리에 가장
　가까이 접근한 철학(교부문헌 총서 17. 신국론. p.2768)/
　De immutabilitate veritatum religiosarum.
　종교 진리의 불변성/
　De Veritate Corporis et Sanguinis Christi in Eucaristia.
　성체 안에 그리스도의 몸과 피의 진실성(1527년)/
　Debemus obœdire veriti. 우리는 진리에 복종해야 한다/
　deflecto a veritáte. 진리에서 벗어나다/
　delectátĭo veritatis. 진리에 맛들임/
　Deus est forma, suprema forma.
　deinde veritas est aliqua forma.
　ergo verum esse indicat Deum esse.
　신은 형상, 최고의 형상이다.
　그런데 진리라는 것은 하나의 형상이다.
　그러므로 진리가 있다는 것은 신이 존재함을 지시한다/
　Deus est Veritas. 신은 진리이다/
　Deus Veritas est. Hoc enim scriptum est:
　quoniam Deus lux est.(De Trinitate 8. 2. 3)
　하느님은 진리이시다. 성경에 기록되어 있기를
　하느님은 빛이시라고 하였다/
　Diversæ de homine veritatis facies.
　인간적 진리의 여러 측면들/
　divinitas ipsius veritatis vel divinitatis veritas.
　진리 자체의 신성 또는 신성의 진리("진리인 하느님 혹은
　하느님인 진리"라고도 번역 됨. 교부문헌 총서 17. 신국론. p.2586)/
　Donum Veritatis, 진리의 선물(신앙교리성 훈령 1990년)/
　duplex modus veritátis. 진리의 이중적 방식/
　eam esse veritatem, quæ ostendit id quod est.
　있는 그대로를 제시하는 것이 곧 진리이다.
　(성 염 지음, 사랑만이 진리를 깨닫게 한다. p.55)/
　Ergo si te confessus fueris peccatorem, est in te veritas;
　nam ipsa veritas lux est. 그러니 그대가 죄인이라고
　고백한다면 진리가 그대 안에 있는 셈입니다.
　진리는 빛이기 때문입니다.(최익철 신부 옮김. 요한 서간 강해. p.75)/
　esse rei, non veritas ejus, causat veritatem intellectus.
　한 사물의 진리가 아니라,
　그 존재가 지성의 진리를 야기한다/
　Est veritas Christi in me(2 코린 11. 10)
　나는 그리스도의 진리를 지니고 있습니다.
　(그리스도의 진리는 내 안에 있습니다)/
　Et lex tua veritas et veritas tu.(고백록 4.9.14.)
　당신의 율법이 진리요, 진리가 곧 당신이시옵나이다/

　Et veritas Domini manet in æternum.
　주님의 진실하심 영원하여라/
　Ex veritatis manifesta inquisitione quæ in omnibus
　ætatibus renovatur, notio cultus et humanitatis denotatur
　Nationis. 모든 세대에서 쇄신되는 진리의 개방적 추구가
　민족의 문화와 인간성의 개념을 특징짓는다/
　fabula a veritate remota. 진실과는 거리가 먼 전설/
　Facere veritatem. 진리를 행한다/
　fontem omnis et salutáris veritátis et morum
　disciplinæ. 생활한 모든 구원적 진리의 원천(源泉)
　　그리고 모든 관습적 계율의 규범(規範)/
　gaudium de veritate. 진리로 말미암은 기쁨/
　hierarchia veritatis.
　진리의 위계(獨.Hierarchie der Wahrheiten)/
　hiearchia veritatum. 진리들의 위계질서/
　illa est veritas, quæ id implere potuit et id esse, quod
　illud est.(=logus) 일자를 성취할 수 있었고 일자가 갖춘
　그 존재가 된 데에 진리가 있다/
　ille qui veritatem quærit, 진리를 추구하는 자
　(=인간, Fides et Rátĭo 1998.9.14.회칙. 가톨릭 철학 제2호. p.17)/
　In interiore homine habitat veritas.
　인간 내부에 진리가 거처(居處)한다/
　In omni re vincit imitatiónem veritas.
　모든 일에 있어서 사실은 모방(模倣)을 이긴다/
　in veritate et caritate. 진리와 사랑 안에서/
　In veritate non stetit, quia veritas non est in eo.
　그 속에 진리가 없기 때문에 그는 진리 안에 있지 않았다/
　In via veritatem ad inquirendam. 진리를 찾는 여정/
　in vino, per vinum. 취중어(醉中語)/
　In vino veritas. 술 속에 진리가 있다/
　incommutabilem veritatem, hæc omnia quæ
　incommutabiliter vera sunt continentem.(자유의지론 2. 12. 33)
　불변하는 진리가 존재함을 그대는 결코 부정하지 않을
　것이며, 그 진리가 불변하게 참인 모든 것들을
　포괄한다는 것도 부인하지 않으리라/
　inquisitio veritatis. 진리의 탐구/
　intemptatæ ab aliis veritates.
　다른 사람들이 시도하지 않은 진리/
　ipsa veritas Deus est. 진리 자체가 곧 하느님이다/
　Ita aliqua veritas est. 그렇게 어떤 진리는 존재 한다/
　judicium veritatis. 진리의 준거(準據)/
　mutabílĭtas veritas. 진리의 가변성/
　Natura in profundo veritatem abstrusit.
　자연은 진실을 깊숙이 숨겨두었다/
　Noli foras ite; in interiore homine habitat veritas.
　바깥으로 나가 방황하지 마라. 진리는 사람의 내면
　깊은 곳에 머무르기 때문이다/
　Non diligamus verbo neque lingua, sed opere et veritate.
　말과 혀로 사랑하지 말고 행동으로 진리 안에서 사랑합시다/
　Non enim novit faller veritas. 진리는 속일 줄을 모릅니다.
　　(최익철 신부 옮김. 요한 서간 강해. p.193)/
　Non veritas sed auctoritas facit legem.
　진리가 아니라 권위(權威)가 법을 만든다/
　O æterna veritas et vera caritas et cara æternitas.
　오 영원한 진리여, 참스런 사랑이여, 사랑스런 영원이여/
　O æterna veritas … tu es Deus meus!
　영원한 진리여, 그대 내 하느님이시니/
　O magna vis veritátis! 오- 진리의 위대한 힘이여/
　O Veritas, quæ vere es!(Tractatus in Ioannis Evangelium 38.8.10)
　오 진리이시여, 참으로 존재하시는 이여!/
　Obsequĭum amicos, veritas odĭum parit.
　아첨은 친구들을 낳는데 진실은 증오를 낳는다/
　Obsequium parit amicos; veritas parit odĭum.
　순종은 친구들을 만든다; 진실은 미움을 만든다/
　Omne verum a quocumque dicatur a Spiritu Sancto est.
　진리는 누가 말하든지 간에 모두 성령에게서 오는 것/
　Pater et organum veritatis. 진리의 아버지이며 기관/
　personæ veritatis. 인격의 진리/

plura elementa sanctificationis et veritatis.
성화와 진리의 많은 요소들/
præsidentem veritatem. 지배하는 진리
prima illa essentia, quæ dicitur veritas.
저 원초의 존재자, 진리라고 불리는 존재자/
Quia non est veritas in eo. 그 속에는 진리가 없습니다/
Quibus proprie beneficiis Dei excepta generali largitate
sectatores veritatis utantur. 진리를 따르는 사람들은
하느님으로부터 어떤 호의를 입고 하느님의
어떤 공평한 은총(恩寵)을 입는가(신국론. p.2766)/
qui novit veritatem, novit eam,
et qui novit eam novit æternitatem,
charitas novit eam(Confessiones 7. 10. 16)
무릇 진리를 아는 이 그 빛을 알고
그 빛을 아는 이는 영원을 아느니,
결국 사랑이 진리를 아는 법이로소이다(성 염 역)/
Quid est veritas? 진리가 무엇이오?(요한 18. 38)/
Quod in sanctis primæ mortis pro veritate susceptio
secundæ sit mortis abolitio. 성인들이 진리를 위해 당하는
첫 죽음은 둘째 죽음을 면하는 길이기도 하다(신국론. p.2788)/
Quod veritas intus loquitur sine strepitu. 진리는 요란한
음성이 없이 마음속에서 말씀하심(준주성범 제3권 2장)/
præcisa veritas. 정확한 진리/
Quo genere locutionis dictum sit de diabolo, quod in
veritate non steterit, quia veritas non est in eo.
악마가 항구하지 못함은 진리가 그에게 없기 때문
이라 함은 무슨 뜻인가.(신국론. p.2780)/
rátio veritátis. 진리의 이성/
revelátæ veritátis perceptio. 계시 진리의 이해/
Sententia est veritatis: aut si non veritas loquitur.
이는 진리의 말씀입니다. 진리가 말씀하시지 않는다면
반대하십시오.(최익철 신부 옮김. 요한 서간 강해. p.313)/
Si nulla veritas esset, ergo verum est nullam veritatem
esse; ergo vrtitas est. 진리가 없다면 어떠한 진리도
없다는 것이 참되다. 그러므로 진리는 있는 것이다/
si vera sunt, est Veritas.
만일 진리들이 존재한다면 진리 자체가 존재한다/
Sine aspectu et decore crucique affixa, adoranda est
Veritas. 진리는, 볼품도 치장도 없이, 십자가에 못 박혀
매달린 그대로 흠숭 받아야 하다.
(귀모 1세. 묵상집Meditations, SCH 308, 105)/
siquidem veritatem eam dicimus qua vera sunt omnia in
quantumcumque sunt, in tantum autem sunt in quantum
vera sunt(영혼의 불멸 De immortalitate animæ 12. 19)
무릇 진리란 존재하는 모든 것이 그것으로 말미암아
진실한 것이 된다면, 또 진실한 그만큼 온전하게
존재하게 된다(성 염 지음. 사랑만이 진리를 깨닫게 한다. p.55)/
spiritus veritatis. 진리의 성령/
Thesaurus communis est veritatis.
진리의 보화는 (만인이) 공유하는 것이다/
tractandi verba veritatis tam periculosum onus.
진리의 말씀을 설명하는 그토록 위험한 직무.
(히포의 아우구스티노가 '강론'을 묘사한 말)/
universæ viæ Domini misericordia et ueritas:
주님의 길은 모두 자애(慈愛)와 진실이로다/
ut enim veritate sunt vera quæ vera sunt.
진리로 말미암아 진실한 것들이 진실한 것들이 된다.
(성 염 지음. 사랑만이 진리를 깨닫게 한다. p.55)/
Ut hæc omnia agnoscantur veritas postulat.
(⑨ Truth demands that all this be recognized)
진리가 이 모든 것을 인정하도록 요구하고 있습니다/
veritate severitatis. 엄정의 진리/
veritatem autem facientes in caritate crescamus in illo
per omnia qui est caput Christus.(에페 4. 15) ⑨ Rather,
living the truth in love, we should grow in every way
into him who is the head, Christ) 우리는 사랑으로 진리
를 말하고 모든 면에서 자라나 그분에게까지 이르러야
합니다. 그분은 머리이신 그리스도이십니다(성경)/우리는
사랑 가운데서 진리대로 살면서 여러 면에서 자라나,

머리이신 그리스도와 한 몸이 되어야 합니다(공동번역)/
사랑으로 참되이 살며 머리이신 그리스도 그분을 향하여
온전히 자라나야 합니다.(200주년 신약성서 에페 4. 15)
1976.8.10. 선종완 신부 묘비 제막식 때 묘비에 새겨진 글귀/
veritátem imitári. 사실을 모방하다/
veritátes æternæ. 영원한 진리들/
Veritatum esse per se notum.
진리가 존재하는 것은 자명하다/
vita contemplativa veritatis. 진리를 관상하는 삶
/ Vetus tatem novitas, umbræ fugat veritas, noctem lux
eliminat. 낡은 것이 새로운 것에게 자리를 물려주고,
진리가 어둠을 내몰며, 빛이 밤을 흩어버리도다.
(성체 성혈 대축일 부속가).
Veritas ab exordiis instar interrogationis homini
proponitur: habetne vita sensum? quo illa cursum
suum tendit? 진리는 인간에게 처음에는 물음으로써
다가옵니다. 인생이란 의미가 있는 것일까?
그것은 어디로 가고 있는 것일까?
(Has interrogationes nemo fugere potest, nec philosophus nec homo plebeius.
철학자이든 일반 대중이든 아무도 이 물음을 모할 수 없습니다).
Veritas æterna, infinita et unica.
영원하고 무한하고 유일무이한 진리.
Veritas enim conscientias format earumque dirigit
actionem pro unitate.(⑨ truth forms consciences and
directs efforts to promote unity). 진리는 양심을 형성하고,
일치를 위한 활동에 방향을 제시합니다.
Veritas enim postulat ut usque ad estrema
perveniatur. Nonne hæc est Evangelii lex?
(⑨ The obligation to respect the truth is absolute.
Is this not the law of the Gospel?). 진리 존중은 절대적
의무입니다. 이것은 복음의 법이 아니겠습니까?
Veritas est adæquatio rei et intellectus.
진리는 실재와 지성의 합치이다.
Veritas et iustitia commoditati meæ et physicæ
integritati excellere debent, alioquin ipsa mea vita in
mendacium mutatur. 진리와 정의가 내 안위와 육체적
행복보다 앞서야 합니다. 그렇지 않으면 내 삶 자체가
거짓말이 됩니다(2007.11.30. "Spe Salvi" 중에서).
Veritas citationis. 인용의 진리
veritas communis. 일반적 진리
veritas conexionum. 추론의 진리
veritas creata. 창조된 진리
Veritas cum illo facit. 진리는 그의 편에 있다(facio 참조)
Veritas Deus est. deinde Veritas est. ergo Deus est.
진리는 하느님이다. 그런데 진리가 존재한다.
따라서 하느님이 존재한다.
Veritas divina et catholica.
하느님의 진리이며 가톨릭의 진리.
Veritas duplex. 이중 진리
Veritas Ecclesiastica. 교회의 진리.
veritas enuntiatiónis. 언표의 진리.
Veritas est adæquátio(adequátio) rei et intellectus.
진리는 사물과 지성의 일치.
Veritas est adequátio intellectus ad rem.
진리는 지성의 실제에로의 대응이다.
Veritas est ergo Deus est.
진리가 존재한다. 따라서 신은 존재한다.
Veritas est in mente. 진리는 마음에서 일어난다.
veritas existentiæ. 존재의 진리.
(獨 die Wahrheit des Seins).
veritas fidei. 신앙의 진리
veritas filia temporis.
진리는 시대의 자녀. 진리는 시대의 산물(신국론에서).
veritas forma verorum est.(=logus) 진실한 것들의 형상.
(성 염 지음. 사랑만이 진리를 깨닫게 한다. p.54)
veritas in qua cernitur et tenetur summum
bonum. 그 안에서 최고선이 식별되고 견지되는 진리.
veritas innata. 생득적 진리
veritas judicans de homine. 인간에 대하여 판단하는

진리(성 염 지음, 사랑만이 진리를 깨닫게 한다. p.317).
veritas justitiæ. 정의의 진리
Veritas liberabit vos(⑨ the truth will set you free)
　진리가 너희를 자유롭게 할 것이다(요한 8. 32).
veritas logica. 논리적 진리
　(우리가 생각하는 것과 실재의 '알려진' 일치를 말함)
Veritas Lux Mea! 진리는 나의 빛!
Veritas lux mentis! 진리가 곧 지성의 빛
Véritas mea et misericórdia mea cum ipso:
et in nómine meo exaltábitur cornu ejus.
　나의 성실과 자애가 그와 함께 있어 나의 이름으로
　그의 뿔이 쳐들리리라(성경 시편 89, 25 참조. / 진실함과 내 사랑이
　그와 함께 있으니. 내 이름으로 그의 뿔이 치솟으리라. 최민순 옮김).
veritas occulta. 구체적 진리
veritas ontologica. 존재론적 진리
veritas opiniónis. 견해의 진리
veritas propositiónis. 명제의 진리
veritas qua. 원천적 진리(그것에 의해서 인식이 이루어지는 진리.
　성 염 지음. 사랑만이 진리를 깨닫게 한다. p.318).
veritas qua homo judicat.
　인간이 판단을 내리는 근거로 삼는 진리.
veritas quæ. 인식되는 진리, 대상적 진리
veritas rationis. 이성적 진리
veritas rei. 사물의 진리(신학대전 제2권, p.167)
veritas salutaris. 구원의 진리
veritas severitatis. 엄정의 진리
veritas suprema. 최고 진리
veritas temporis. 시간의 진리
Véritas una facies est.(Seneca). 진리의 얼굴은 하나뿐이다.
Veritas vincit. 진리는 승리한다.
veritas vitæ. 생명의 진리
veritate salutares. 구원에 관한 진리들
veritatem autem facientes in caritate crescamus in
illum per omnia, qui est caput Christus.
　우리는 사랑 가운데서 진리대로 살면서 여러 면에서
　자라나, 머리이신 그리스도와 한 몸이 되어야 합니다
　[공동번역 에페 4, 15-선후완(1942.2.14. 수품 1915.8 ~ 1976.7.11) 신부 묘비명].
　(우리는 사랑으로 진리를 말하고 모든 면에서 자라나 그분에게까지
　이르러야 합니다. 그분은 머리이신 그리스도이십니다~성경 에페 4, 15).
veritatem esse per se notum.
　진리가 존재하는 것은 자명하다.
Veritatem ex corde et ore proferre.
　진리를 마음과 입으로 드러내라.
veritatem imitari. 사실을 모방하다
Veritatem inquirere ac bonum.(⑨ Seeking what is true
and good) 진리와 선을 추구함(1993.8.6. "Veritatis Splendor" 중에서).
Veritatis esca et egestas hominis.(⑨ The food of truth
and human need) 진리의 양식과 인간의 빈곤.
veritatis manifestatio. 진리의 현시
veritátis medĭum. 진리의 중도
veritátis originem. 진리의 원천
Veritátis simpelex est orátĭo. 진리의 언사는 단순하다
veritátis Splendor. 진리의 광채(1993.8.6. 발표)
　(이 회칙은 윤리학자들 사이에서 거론되는 현안 문제들에 관하여, 성경과
　사도적 전승을 바탕으로 윤리적 가르침의 원리들을 제시하고 있다).
veritus, -a, -um, "vereor"의 과거분사(p.p.)
verivérbium, -i, n. (verus+verbum) 진실을 말함, 진실
vermésco, -ĕre, intr. 구더기가 끓다, 썩다
vermiculátĭo, -ónis, f. 벌레 먹은 것
vermiculátus, -a, -um, p.p., a.p. 벌레 먹은, 점 박힌.
　Opus Vermiculatum. 연충식(蟯蟲式) 모자이크.
vermícŭlor, -átus sum -ári, dep., intr.
　벌레 먹다, 벌레 먹은 자국 나다.
vermiculósus, -a, -um, adj. 벌레.구더기가 우글거리는
vermícŭlus, -i, m. 작은 곤충, 작은 벌레.
　광견병(狂犬病.lyssa, -æ, f.), 연지 벌레, 축(軸)
　모자이크(⑨ mosaic.⑨ opus tessellatum).
vermífluus, -a, -um, adj. (vermis+fluo) 벌레가 득실거리는.
vermifugum, -i, n. (vermis+fúgio) (藥) 구충제, 살충약.
vermigerátus, -a, -um, adj. (vermis+gero¹)

벌레 때문에 고생하는.
vérmĭna, -um, n., pl. (醫) 급성복통, 복통, 위경련(胃痙攣)
verminátĭo, -ónis, f. (동물의) 벌레 먹는 병.
　벌레 때문에 가려운 병, 심한 고통, 쑤심, 격통(激痛).
vérmĭno, -áre, (verminor, -ári, dep.) intr.
　몸에 벌레가 생기다, 벌레에 뜯어 먹히다, 좀먹다,
　썩다, 가렵다, 쑤시다.
verminósus(vermiosus), -a, -um, adj.
　벌레 먹은, 벌레.구더기가 득실거리는.
vermis, -is, m. 벌레, 유충, 기생충.
　(醫) 충부(蟲部). (魚) 칠성장어
vermis miser. 불쌍한 벌레
verna, -æ, m., f. 태생노예(버릇없는 자로 통하였음), 토착민.
vernácŭlus, -a, -um. adj. 주인집 태생 노예의,
　본국 태생인, 본국의, 본향의(=indígena).
　m., f. 주인집 태생노예, 버릇없는 자.
　Cantus in lingua vernacula.(⑨ Song in native
　language.獨 Lied) 모국어 노래.
　vocábula vernácula. 모국어, 자기 나라 말.
vernális, -e, adj. (ver) 봄의 청춘의
vernáliter(=verníliter) adv.
　노예와 같이, 버릇없이, 비굴하게.
vernans cælum, -ántis -i, n. 봄과 같이 청량한 날씨
vernátĭo, -ónis, f. 뱀의 허물, 껍질 벗기.
　뱀 따위가 봄에 허물 벗는 일.
vernícomus, -a, -um. adj. (vernus+coma)
　새싹이 돋은, 파란 나뭇잎의.
vernilágo, -gĭnis(=cárduus), f. 엉겅퀴
vernílis, -e, adj. 노예적인, 자유민에게 적당치 않은,
　비굴한, 비천한, 파렴치의, 만족하는, 농담하는.
verníliter, adv. 비천하게, 비굴하게, 익살맞게
vernílĭtas, -átis, f. 비굴(卑屈), 비천, 파렴치, 익살
verno, -ávi, -átum, -áre, intr. 봄이(되)다, 새싹이 나다,
　꽃이 피다, 푸르러지다, 청춘 시대를 지내다.
　Cælum vernat. 봄기운이 돈다.
Vernis de floribus corona. 봄철 꽃으로 만든 화관
vérnŭla, -æ, m., f. 주인집에서 난 어린 노예, 본토박이
vernúlĭtas, -átis, f. 어릿광대 짓
vernum, -i, n. 봄, verno(abl.) 봄에
vernus, -a, -um. adj. 봄의, 청춘의
vero¹ -áre, intr. 참 말하다
vero² -ónis, m. 꼬챙이
vero³ adv. 참으로 실제로 암 그렇지.
　Age vero. 그러나 좀 생각하라/
　enim vero = enimvéro/
　Ego vero. 나로 말하면, 나는/
　Ego vero cúpio. 나는 진정으로 원한다/
　Ego vero fáteor. 그러나 나는 고백 한다/
　Facit vero. 물론입니다(Certum est)/
　immo vero. 그뿐 아니라/
　Silebítne fílius? Immo vero obsecrábit patrem…
　아들 녀석이 잠잠할까?
　잠잠하기는커녕 오히려 아버지에게 간청할거야/
　Osténde vero. 자, 보여 달라(명령법과 함께 강세)/
　tum vero. 그 상황에서도, 그 때에도/
　Vivit? Immo vero étiam in senátum venit.
　살아 있어? (살아있다 뿐인가) 오히려 원로원에
　까지도 나오고 있는 걸!.
Vero arbores florent.
　봄에는 꽃이 핀다(봄철에는 나무들이 무성하다).
vero etiam. 참, 그렇고말고
Vero ne? 그것이 사실이냐?
Veron serio? 진정?, 정말?(re vera.)
Veronica faclem Jesu velo suo abstergit.
　성녀 베로니카, 수건으로 예수의 얼굴 씻어 드림(제6처).
verósus = virósus
verpa, -æ, f. (解) 음경(陰莖=membrum virile)
verpus, -i, m. 할례(割禮) 받은 자

verres¹ -is, m. (動) 산돼지(=verris, -is, m.), 수퇘지

verrículum, -i, n. 배.그물 등을 끄는 밧줄

verrínus, -a, -um. adj. 수퇘지의, 돼지의

verris, -is, m. (=verres, -is, m.), 산돼지(aper, apri, m.)

verro, verri(versi), versum, -ěre, tr.
쓸다, 비질하다, 청소하다, 쓸어버리다(ロחא.רחひ),
수탈하다, 끌려가게 버려두다, 땅에 질질 끌다.
Venti verrunt nubila cæli.
바람이 하늘의 구름을 휩쓸어간다.

verrúca, -æ, f. 고지, 가파른 곳, 불쑥 나온 것, 혹,
사마귀, 무사마귀, 결점(缺點), 옥에 티, 반점, 티, 흠점.

verruncária, -æ, f. (植) 해바라기(=heliotrópium)

verrucósus, -a, -um. adj.
흑점이 많은, 울퉁불퉁한, 거친 (문장), 흠집 많은.

verrúcŭla, -æ, f. 불쑥 튀어나온 것, 조금 높은 것,
흑점, 무사마귀, 사마귀, 작은 흠집, 작은 결점(缺點)

verrúnco, -áre, intr. 돌다 (世上事가)

verrunco bene alci. 일이 잘되다

verrutum, -i, n. = **verútum**

versa vice 거꾸로, 반대로

versábilis, -e, adj. 움직일 수 있는, 움직이는,
견고치 않은, 잘 변하는, 가벼운.

versabúndus, -a, -um. adj.
자전하는, 소용돌이치는, 빙빙 도는.

versátilis, -e, adj.
잘 도는, 움직이는, 변하는, 변덕스러운, 잘 굽는.

versátĭo, -ónis, f. 선회(旋回), 회전(回轉), 뒤집기,
변화(μεταβολή), 덧없음, 변혁(變革).

versátus, -a, -um, p.p., a.p. 경험 있는, 숙달된, 익숙한

versibílitas, -átis, f. 변환(變換)

versicapíllus, -i, m. (verto+capíllus)
머리털이 희게 센 사람.

versícŏlor, -óris, (versicólrius, versicolorus, -a, -um)
adj. 변색하는, 얼룩얼룩한, 다채로운, 아롱거리는.

versicolória, -íum, n., pl. 여러 색의 그림

versícŭlus, -i, m. 짧은 줄의 글, 詩句, 詩 한 줄, 節,
소구경, 계송단구(성무일도 초대송에서 '주여, 내 입술을 열어 주소서'는
게송이 되는 소구경이고, '내 입이 당신 찬미를 전하오리다'는
백민관 신부 엮음, 백과사전 3, p.741).
Hos ego versiculos feci, tulit alter honores(Vergilius).
이 글귀는 내가 지었는데 그 영예는 딴 사람이 가로챘다/
uno versículo senátus leges sublátæ.
원로원의 글 단 한 줄로 폐기된 法.

versídicus, -i, m. 서사시(敍事詩'의 반대)/heroi versus.

versificátĭo, -ónis, f. 시작법(詩作法), 시 짓기

versificátor, -óris, m. 시를 쓰는 자, 시인

versífico, -ávi -átum -áre, (**versíficor**, -ári, dep.)
tr. (versus³+fádio) 시를 쓰다, 시 짓다, 시로 표현하다.

versíficus, -a, -um, adj. 시의, 시를 짓는, 시로 된,
시상을 주는. m. 시 쓰는 사람.

versifórmis, -e, adj. 형태를 바꾸는, 변형하는, 변덕스러운.

vérsilis, -e, adj. 회전(回轉)하는, 도는, 유동성 있는

versíloquuus, -a, -um, adj. 교활(狡猾)한, 간특(姦慝)한

vérsĭo, -ónis, f. 번역(飜譯.ṇרṭ)),
역본(약 Vs., Vss.), 옮김(외국어에서 자기네 말로).

vérsio interlinearis. 행간번역

vérsio Philoxeniana. 신약성서의 필록세누스(508년 그리스어
에서 시리아어로 번역한 신약성서로서 지방 전임 주교. Polycarpus가 Mabbugh
의 주교 Philoxenus를 위해 번역했다…. 백민관 신부 엮음, 백과사전 3, pl.67).

vérsio Vulgata. 불가타 역 성경.
[셉투아진트Septuaginta라고도 부르는 그리스어로 번역된 구약성경은 70인역
하나만 존재하적 않은 것이 아니었다. 신약시대들 들어가면서 70인역의 한계를 보완
하기 위한 여러 그리스어 번역본이 등장하게 되었는데, 아퀼라Aquila, 테오도시온
Theodotion, 심마쿠스Symmachus가 그것이다. 또한 70인역본은 그리스도교
공동체의 경전으로 전체의 중심이 되었지만, 이것이 하느님의 중심
언어가 그리스어에서 라틴어로 옮겨감에 따라 정경도 부분적으로 라틴어로 번역
되기 시작했다. 이 라틴어 번역본들은 히브리어로 된 유다인들의 성경에서 직접
직접 번역한 것이 아니라 그리스어 번역본을 라틴어로 번역한 것이었다. 당연히
조금 더 해석된 본문이 될 수밖에 없었다. 이 라틴어 번역을 총칭하여 Vetus
Latina 또는 vetus verdio Latina라고 한다. 그후 예로니모 성인은 히브리어 본문
에서 직접을 시도하고, 혹시 히브리어로 된 이상 발견되지 않고 그리스어의
그리스로만 전해졌는 부분은 그리스어 역본에서 번역을 시도하여 구약성경
라틴어 역본의 새로운 장을 열게 된다. 이것이 유명한 Versio Latina Vulgata이며

이 책을 약칭하여 불가타Vulgata라고 한다.
김혜윤 수녀 지음, 성서여행 스케치 1, pp.76~79 참조].

verso(vorso) -ávi, -átum, -áre, freq., tr. 돌리다,
빙빙 돌리다, 움직이다(ṇ짜.זḥ), 굴리다, 뒤집다,
(뱀이) 똬리 틀다, 이쪽저쪽으로 떼밀다,
(마음을) 쏟다, 뒤흔들다, 괴롭히다, 속이다.

verso ánimum ad fraudem. 농간질에 마음을 쏟다

verso senténtĭas. 여러 생각으로 마음을 굴리다

versor, -átus sum -ári, pass. 늘 한자리에 있다,
살다(ṭṛ.ṭḥḥ.בṭḥ), 거주하다(ṭḥ)), 있다.
종사하다, 몰두(沒頭)하다, 연루(連累)되어 있다.

versor Romæ. 로마에 살다

versor in pace. 평화롭게 살고 있다

versórĭa, -æ, f. 방향을 돌리는 데 쓰는 밧줄,
배 돛의 아래 귀를 잡아매는 줄.

versum, "verto(=vorto)"의 목적분사(sup.=supínum)

versum(=vorsum), prœp, 향하여.
vorsum fugam. 도망치려고.

versúra(=vorsura), -æ, f. 회전, 방향, 전환점,
소(牛)가 도는 밭고랑 끝, 채권자 변경.
(建) 방 모퉁이, 요각(凹角).
versuram facere. 돈을 빌리다.

Versura solvis.(格言)
너는 큰일을 저질러 작은 일을 해결하는구나.

versus¹ (**vorsus**) prœ., adv. …을 향하여,
쪽으로, 방면으로, 방향으로, …쪽에서.
ad occidénte versus. 서쪽에서/
ad océanum versus. 대양을 향하여/
Et mens et rediit versus in ora color.
정신이 들며 입가에 혈색이 돌았다/
in forum versus 장터를 향하여/
in Itáliam versus. 이탈리아를 향해서/
Quo versus? 어느 방면으로?

versus² -a, -um, "verro, verto"의 과거분사(p.p.)

versus³ (**vorsus**) -us, m. 줄(列), 열(列), 선(線),
대열(隊列), 밭고랑, 시, 시구, 시의 절, 글발,
행(行-책의 한 줄), 꾀꼬리 노래, 춤의 일종.
계송시구(繼誦詩句).⑨ Versicle.獨 Versikel).
Græci versus. 희랍시/
in Itáliam versus. 이탈리아를 향해서/
injuges versus. 연계시(連繫詞)를 쓰지 않은 시/
ludo versu. 시 공부를 하다/
Romam versus iter fácere. 로마를 향해서 여행하다
versum fácere. 시를 쓰다/
versus unā sýllabā mutilus. 한 음절이 불구인 시구.

versus ante Evangelĭum.(⑨ Gospel Acclamation.
獨 Ruf vor dem Evangelium)
복음 전 성구, 복음 전 환호성.

versus contra Judices. 재판관들을 비난하는 글발.
(798년 테오둘프 주교가 시찰 여행을 할 때 받은 인상을 적은 글).

versus de S. Nabore. 성 나보르 찬가

versus in mensa. 식탁 경구

versus psalmi. 시편의 한 절

versus psalmi Allelujaticus. 알렐루야 송

versúte, adv. 재치 있게, 교묘하게, 간교하게

versútĭa, -æ, f. 교묘, 교활, 사기(詐欺.⑨ Fraud).
꾀(간계), 깜찍한 장난, 간교(奸巧-간사하고 교활함).

versutilŏquus, -a, -um, adj. (versútus+loquor)
교활한 말을 쓰는, 간교한.

versútus, -a, -um, adj. 돌아 설 줄 아는, 경험 있는,
순응성 있는, 재치 있는, 교활한, 일을 잘 꾸미는,
기묘한, 솜씨 있게 만들어진, 교묘한, 간교한.
in capiéndo adversário versutus.
상대방을 급습(急襲)하는데 능한/
societas non idolorum stolidorum, sed versutorum
dæmoniorum. 우둔한 우상들과의 결속이 아니라
간교한 정령들과의 결탁이다(우상숭배의 본질은 정령 혹은
악마숭배라는 정의이다. 교부문헌 총서 15, 신국론, p.894).

vértăgus(=**vértragus**), -i, m. (動) (토끼) 사냥개,

그레이하운드([영] greyhound).
vértĕbra, -æ, f. (解) (흔히 복수로) 척추, 등뼈, 추골, 관절.
vértĕbrum, -i, f. (解) 골반(骨盤=vértebra)
vertex(=vortex) -tícĭs, m. 소용돌이, 회오리, 심연, 선풍(旋風), 꼭대기, 정상(頂上), 하늘 꼭대기, 극(極), 머리끝, 머리(κεφαλὴ.kephalä), 최고위급 인사.
ab imis únguibus usque ad vérticem. 발끝에서 머리끝까지/
de vértice montis despicio in valles. 산꼭대기에서 계곡들을 내려다 보다.
verti, "verto(=vorto)"의 단순과거(pf.=perfectum)
vertíbilis, -e, adj. 변하는
vertíbula, -æ, f. (**vertíbulum, -i, n.**) = **vértebra**
verticális, -e, adj. 수직의, 수직선의, 바로 선, 세로의, 정점의, 절정의, 천정에 있는, 머리 꼭대기의.
verticíllus, -i, m. ([영] little whirl for the spindle) 방추, 물렛가락(물레로 실을 자을 때 실이 감기는 쇠꼬챙이).
vertícinor = **vertíginor**
verticórdĭa, -æ, f. (verto+cor) 마음을 변하게 하는 여인, Venus의 별명(別名).
verticósus(vorticósus), -a, -um, adj. 소용돌이가 많은
vertícula, -æ, f. (**verticulum**, -i, n.; **verticulus**, -i, m.) 관절(abarticulamentum, -i, n.), 마디(초본식물의), 이음새, 접합부분, 등뼈, 굴절, 만곡(彎曲).
vertígino, -are, intr. 빙빙 돌다
vertíginor, -ari, dep., intr. 현기증 나다, 어지럽다
vertiginósus, -a, -um, adj. 소용돌이 속의, 현기증(眩氣症) 나는, 어지러운.
vertígo, -gĭnis, f. 회전운동, 돌림, 현기증(眩氣症), 어지러움, 현혹(眩惑), 눈부심, 회전기구.
vertilabúndus, -a, -um, adj. 빙빙 도는
verto(=vorto), verti, versum, vertĕre, tr. (=trepo, -ĕre, tr.) 돌게 하다, 돌리다, 되돌리다, 뒤집다, 흔들다, 바꾸다(הפך), 변화시키다, 번역(飜譯)하다, 옮기다, 이전(移轉)하다. intr. 돌다, 향하다(ad), 변하다, 돌아가다.
Ad meliora vertamur. 언제나 보다 나은 것을 향해 돌아서자.
vértrăgus(vertagus), -i, m. (**vértraha**, -æ, f.) 사냥개
Vertumnus[1] -i, m. 4계절을 관장하는 신(=계절 신)
Vertumnus[2] -i, m. = **heliotropĭum**(-ion) -i, n. 해바라기
vĕru, -us, n. (=**verum**, -i, n.) 석쇠, 쇠꼬챙이, 작살, 투창(投槍), 책에 표시하는 ∨표.
verculátus, -a, -um, adj. 쇠꼬챙이가 달린
vérubus, veru(-us, n. 적쇠, 석쇠) 의 복수 5격
verúcŭlum, -i, n. 작은 작살, 작은 쇠꼬챙이
veruína, -æ, f. 창(槍), 긴 막대
vērum[1] adv. (반대 접속사) 그러나(ἀλλὰ.δὲ), 그러나 실은, (주제를 바꿀 때) 자 이제, 틀림없이(pro comperto), 참으로(re vera), 오직(μὸνον).
verum ad Crassum revertámur. 자 이제 Crassus 이야기로 돌아갑시다.
Verum plus etiam restat([영] But this is not all) 그렇지만 이것이 전부는 아닙니다.
Verum præterita omittamus. 자 이제 과거는 잊어버립시다.
verum enim, enimvéro. 그러나 사실은
verum tantum. 그렇지만
vērum[2] -i, n. 참(眞), 진리(אמת.ἀλὴθεια.[영] Truth), 진실(אמת.[영] Truth), 사실, 옳은 일([영] Justice).
bonum verum. 진정한 선(참된 선)/
Certi ergo estote, fratres mei, quia quod ait Apostopus verum est. 그러므로 나의 형제 여러분, 바오로 사도가 한 말이 참되다는 확신을 가지십시오/
Commóverat quosdam, donec ancílla verum apéruit 그는 하녀가 진실을 폭로하기 전까지는 일부 사람들을 감동시켰었다/
De fide seu de regula veræ fidei ad Petrum liber unus. 베드로에게 보낸 신앙론 혹은 참된 신앙의 규칙론. (루스페의 풀겐티우스 지음)/
De vero cultu. 참된 예배에 대하여(락탄티우스 지음)/
Ego sum, ego existo, quoties a me profertur, vel mente concipitur, necessario esse verum. 내가 있다, 내가 존재한다는 것은 그것이 나에 의해 말해지고 정신에 의해 파악될 때마다 필연적으로 참이다/
esse verum reale. 실재적 존재/
Hoc est verum, an falsum? 이것은 정말이냐 거짓말이냐?/
Hoc verum falsumne est? 이것은 정말이냐 거짓말이냐?/
in quantum sunt, in tantum enim et vera sunt. 존재를 하는 한에서는 진실하다/
intendo vera. 진실을 과장하다/
Quæro, utrum hoc vĕrum an falsum sit. 나는 이것이 참된 것인지 혹은 거짓된 것인지 물어 본다/
si vera feram. 내가 진실을 말한다면/
si verum quǽrimus. 사실을 말하자면/
ut enim veritate sunt vera quæ vera sunt. 진리로 말미암아 진실한 것들이 진실한 것들이 된다. (성 염 지음, 사랑만이 진리를 깨닫게 한다, p.55)/
Vera christiana Religio. 참된 그리스도교 종교(1771년)/
Vera dico, sed nequiquam, quoniam non vis credere. 나는 참말을 하는 거요. 하지만 부질없소. 당신이 믿으려 들지 않기 때문이오(Plautus)./
vera gloria. 참다운 영광/
vera philosophia. 참다운 철학/
vera ratio unius. 단일성의 참된 근거.
verum absolute. 참된 것 자체
verum actuale ens. 현실적인 본질
Verbum autem Dei Christus est. 그런데 하느님의 말씀은 그리스도이십니다.
verum bonum. 참 선
Verum Corpus natum de Maria Virgine. 동정녀 마리아에게서 태어나신 참된 몸.
Verum dicentibus credam. 진실을 말하는 사람들을 나는 믿겠다.
Verum dicentibus facile credam. 진실을 말하는 자들을 나는 쉽사리 믿겠다.
Verum est. 참되다, 진실 되다, 맞습니다.
Verum est ens. 존재가 진리다
Verum est faciendum. 진리란 인간이 이제부터 만들어 내야 할 것.
verum est id in quod tendit intellectus. 지성이 도달하려고 노력하는 것을 참이라 부른다.
Verum est id quod est. 진리는 있는 그것이다, 참된 것은 존재하는 것(성 아우구스티노).
Verum est indivisio esse et eius quod est. 진리는 존재와 그것이 무엇이냐는 것과 분리할 수 없다.
Verum est quod secundum fidem possunt esse plures formæ numero separatæ in specie una. 신앙에 따를 때 같은 종 안에 수적으로 다수의 분리된 형상들이 있을 수 있다는 것이 참이다.
Verum et bonum convertuntur. 진리와 선은 서로 교환된다.
verum et ens convertuntur. 진(眞)과 유(有, 存在)는 환치(換置)된다.
verum illud, Chreme, dicunt: "Jus summum sæpe summast malitia."(성 염 지음, 사랑만이 진리를 깨닫게 한다, p.457) 크레메스, 사람들이 하는 말이 옳고 말구. 최고의 정의란 최고의 해악이야.
verum in communi. 보편적 진리
Verum metuo malum. Noli metuere : una tecum bona, mala tolerabimus. 나는 재앙이 정말 두렵다. 두려워 말아요. 좋은 일도 궂은일도 당신과 함께 견뎌낼 테니까요.
Verum quia factum. 만든 것이기에 진리이다/ 진리라는 것은 인간이 만든 것이다
verum quæro. 진실(眞實)을 알고 싶어 하다.

Verum quod factum. 있었던 대로의 사실은 진실이다.
Verum sequitur esse rerum.
진리는 사물의 실존을 따른다.
진리(眞理)는 만물의 현실성(現實性)을 따른다.
verum supremum. 최고 진리/ bonum supremum 최고 선.
verum³ -i, n. = **veru** 석쇠, 쇠꼬챙이, 작살, 투창
Verumtamen(Verum tamen), adv. 그렇지만, 사실은
Verumtamen oportet me hodie et cras et sequenti die ambulare.([영] Yet I must continue on my way today, tomorrow, and the following day) 오늘도 내일도 그 다음날도 계속해서 내 길을 가야 한다(성경 루카 13, 33).
Verumtamen, quæ insunt, date eleemosynam.
그러니 그 속에 담긴 것으로 자선을 베풀어라.
vērus, -a, -um, adj. 참된(ἀληθὴς), 진리의, 진실 된, 사실의, 실제적, 틀림없는, 옳은(δίκαιος), 정당한, 진정한, 양심적인, 솔직한.
An verus sit Deus, cui Chrisiani serviunt, cui soli debeat sacrificari. 그리스도인들이 섬기는 하느님은 참 하느님이며 제사는 그분께만 올려야 하는가(신국론, p.2818)/
avius a vera rátĭone. 올바른 이성을 잃은/
crimen veríssimum. 근거 있는 범죄/
De miraculis, quæ per sanctorum Angelorum ministerium Deus verus. 참 하느님이 거룩한 천사들의 시중을 받아 이루는 기적(교부문헌 총서 17, 신국론, p.2776)/
De Vera et Falsa Religione. 참된 종교와 거짓 종교/
De vera sapientia et religione.
참된 지혜와 종교에 대하여(락탄티우스 지음)/
Dijudico vera et falsa. 참과 거짓을 구별하다/
Hæc vera an falsa sunt? 이것들이 진실이냐 거짓이냐?/
Mei testes veri sunt. 내 증인(證人)들은 진실하다/
præsentĭa veri. 진리의 힘/
re quidem verā. 그러나 사실은(quidem 참조)/
si verum est. …것이 사실이라면/
textus verus. 원전 문헌(原典 文獻)/
vera a falsis dijudico. 참과 거짓을 구별하다/
Vera christianæ spei effigies. 그리스도교 희망의 참모습/
vera doctrina. 참된 가르침/
vera et catholica doctrina de sacramento ordinis ad condemnandos errores nostri temporis.
우리 시대의 오류들을 단죄하기 위해 천명하는 신품성사에 관한 참된 가톨릭 가르침/
Vera gloria radices agit. 참된 영광은 뿌리를 박는다/
vera philosophia. 참된 철학/
vera rátĭo. 바른(참된) 이성(rectus logos)/
vera religia. 참된 종교/vera residentĭa. 진정한 상주(常主)/
vera rícĭdivitas. 진정한 누범(累犯),
ficta recidivitas. 가장된 누범/
Vera sua sponte, non aliéna judicantur.
진리는 다른 것으로가 아니라 자체로 판단된다/
Verum de animi bonis, quibus post hanc uitam beatissimus perfruetur, non a nobis dissentiunt philosophi nobiles. 현세 후에 지극히 복된 영혼이 향유(享有)할 선익에 관해서라면 고매한 철학자들도 우리와 의견이 다르지 않다(신국론, p.2693).
Verus amicus est alter idem.
진정한 친구는 제2의 "나"이다.
verus philosophus est amator Dei.
진정한 철학자는 하느님을 사랑하는 사람이다.
verútum(=verrútum), -i, n. 투창(投槍), 창(槍)
verútus, -a, -um, adj. 투창으로 무장한
verváctum, -i, n. 유휴지(遊休地), 황무지(荒蕪地)
vérvăgo, -égi, -áctum, -ĕre, tr.
황무지(荒蕪地)를 개간하다, 경작(耕作)하다.
vervecína, -æ, f. 양고기
vervélla(=verbélla), -æ, f. 새끼 양
vervex(-bix) -vecis(-bícis), m. 양(洋), 숫양 =**berbex**
vesánĭa, -æ, f. 狂氣(amentĭa, -æ, f./lymphaticum, -i, n.), 실성, 발광(alienátĭo mentis), 미친 상태, 미친 짓, 부조리.
vesánĭens, -éntis, p.prœs. 미친, 광폭한
vesanio, -íre, intr. (ve²+ sanio) 미치다
vesánus, -a, -um, adj. 제 정신이 아닌, 발광하는, 미친(mente captus), 정신없는, 미치게 하는.
vesana fames. 미칠 듯한 배고픔.
vesanus vultus. 격분(激憤)한 얼굴
vesco, -ĕre, tr. 먹여 살리다, 먹이다
vescor, vesci, tr. 먹고살다, 맛보다. intr. 먹다, 사용하다.
Dii nec escis nec potiónibus vescúntur.
신들은 음식을 먹고 마시며 살지 않는다.
véscŭlus, -a, -um, adj. 마른, 빈약한
vescus, -a, -um, adj. (ve²+ esca) 먹기를 탐하는, 몹시 먹으려 하는, 입맛 없는, 먹기 싫어하는, 홀쭉해진, 여윈, 마른, 빈약한, 곯는, 영양 없는, 영양부족(營養不足). vescum corpus. 여윈 몸/
vescum papaver. 땅을 먹어 들어가는 양귀비.
vesíca, -æ, f. 포낭(胞囊), (특히) 방광.
(醫) 수종(水腫), 물집, 수포, 배뇨(排尿-오줌을 눔).
(魚) 부레(물고기의 배속에 있는 공기주머니. 부낭浮囊),
가죽 공(球), 가죽 주머니.
vesica féllea. 담낭(膽囊-쓸개)
vesica urinária. 방광(膀胱-오줌통)
vesícans, -ántis, adj. 수포(水泡)가 생기는, 물집 나는, 발포(發胞) 시키는.
n. (醫) 발포제(發泡劑). (軍) 미란성(靡爛性) 독가스.
vesíco, -ávi, -áre, intr. 물집이 생기다
vesicotomía, -æ, f. (醫) 방광 절제술
vesícŭla(=vensicula), -æ, f. 소낭, 소포, 소방광, 구근, 소수포. (植) 작은 깍지.
vesicula ophthalmica. 안포(眼胞)
vesicula seminalis. 정낭(精囊)
vespa, -æ, f. (蟲) 말벌, 땅벌. m. 장의사, 일꾼(=vespíllo).
vesper, -ĕri(ĕris), m. (단수 5격은 vespere 저녁때에) 저녁 때, 해질 녘, 황혼(黃昏-해가 지고 어스름해질 때. 또는 그때의 어스름한 빛), 저녁식사, 만찬(晩餐). (天) 금성(Venus), 서쪽.
de suo vésperi vívere. 제 힘으로 살다(격언)/
Diéi vesper erat. 저녁 이었다/
Gaudebis semper de vespere, si diem expendes fructuose. 네가 하루를 유익하게 잘 보내었으면 저녁때에는 항상 즐거워하리라(준주성범 제1권 25장 11)/
Præterea, vespere et mane non sufficienter dividunt diem: cum sint plures partes diei. 그밖에도 저녁과 아침으로 하루를 구분하는 것은 충분하지 않다. 왜냐하면 하루의 부분들은 다수로 있어야 하기 때문이다/
primo véspere. 초저녁에(vésperi. 저녁에)/
usque ad vesperum. 저녁까지/
Vespere promittunt multi quod mane recusant.
많은 사람들이 아침이면 거절할 것을 저녁에 약속한다.
véspĕra, -æ, f. 저녁 때, 밤, 서쪽, 일몰. pl. 저녁기도.
a véspera. 서쪽에/ ad vésperam. 저녁때에/
inumbránte vesperā. 저녁노을이 질 무렵에.
([영] as the shades of evening were coming on).
vésperā, véspera multā. 저녁에, 저녁 늦게
Vesperæ, -arum, f., pl. 저녁기도, 만과(晩課.만과경)
([영] evening prayer/evensong/vespers).
(Vesperæ란 말은 저녁에 뜨는 별 Vesper에서 온 말로 저녁 등불의 축복식 Lucernarium이란 말과 합쳐 만든 말이다. 백민관 신부 엮음, 백과사전 2, p.552).
Vesperæ de Dominica. 주일 저녁기도
Vesperæ solennes de confessore.
증거자(證據者) 축일 장엄 저녁기도.
vesperális, -e, adj. (vespera) 저녁의, 서쪽의.
Vesperale. 저녁기도서, 만과.
vesperáscit, -ascere, impers.
저녁이 되어 가다, 날이 저물어 가다.
vesperásco, -rávi -ĕre, intr.
저녁이 되다, 해가 저물다(מוח)
véspĕre(=vesperi), adv. 저녁에.
Et ad minus semel in die,

mane videlicet aut vespere. 하루 동안 적어도
아침이나 저녁에 한 번은 반성하라(준주성범 제1권 19장 4).
vespérna, -æ, f. 만찬(晚餐), 저녁식사
véspero, -ónis, m. = **vespíllo** 장의사 일꾼, 운구 인부
vésperor, -átus sum, -ári, dep., intr.
날이 저물다, 저녁이 되다.
vespertílio, -ónis, m. (動) 박쥐, 올빼미
vespertínus, -a, -um, adj. 저녁의, 저녁때의.
De examine vespertino. 저녁 성찰에 대하여/
Dirigatur, Domine, oratio mea sicut incensum in
conspectu tuo: elevatio manuum mearum sacrificium
vespertinum. 주여, 저의 기도가 유향처럼 당신 앞에
오르게 하시며, 높이 올린 저의 두 손이 저녁에 바치는
희생물 같게 하소서/
Vespertina vero hora pervenit ad cellam.
그는 저녁녘에 수도원에 도착하였다/
vespertina témpora. 저녁 때/
vespertínæ lítteræ. 밤에 받은 편지.
vesperúgo, -gĭnis, f. (天) 금성, 샛별, (動) 박쥐
vespíllo, -ónis, m. 운구 인부(運柩人夫),
(가난한 이들을 저녁에 묻는) 장의사 일꾼,
시체 모독자(冒瀆者), 묘지 모독자, 무덤 파괴자.
vespix, -ícis, f. 우거진 숲, 총림(叢林)
vessíca, = vesíca 포낭, 수종, 수포, 물집, 가죽 공
vesta, -æ, f. 화로 불
vestális, -e, adj. 깨끗한(καθαρὸς), 순결한(καθαρὸς)
vestárĭus, -i, m. 옷을 챙기는 노예
Vestem muliebrem indutus. 여장한 남자
vestem suam. 자기 옷
vester(voster), vestra, vestrum, pron.poss.
너희의, 너희 소유의, 너희에게 속한.
m., pl. 너희 가족.식구.친구.부하.군인.
n., pl. 너희 업적.이론 등.
Ea vestra culpa est. 그것은 너희 잘못이다/
Luceat lux vestra. 너희의 빛이 빛나게 하라/
Qui maior est vestrum, erit minister vester.
너희 가운데에서 가장 높은 사람은 너희를 섬기는
사람이 되어야 한다(마태 23, 11)/
utrum ea vestra an nostra culpa est?
그것이 너희 잘못이냐? 아니면 우리 잘못이냐?/
vestra causa. 너 때문에[causa가 인칭대명사와 함께 쓰게
되는 경우 그 인칭대명사의 속격을 쓰지 않고, 그 인칭에 해당하는
소유대명사를 써서 탈격인 causa(grátia)와 일치시킨다].
Vestra Sanctitas, Vestra Caritas.
지극히 존경하는 여러분.
vester timor. 너희의 두려움
vestes sacrátæ.(⑨ chasuble) 제의(祭衣)
(planeta, -æ, f./casula, -æ, f.).
vestiárĭum, -i, n. (⑨ vestry) 옷장, 탈의실, 피복실,
제의실(sacristia・의 옛말).[armarium/ gazophylacium/ paratorium/ sacrarium/
sacretarium/ sacristaria/ sacristia/ salutatorium/ vestiarium/ ⑨ Sacristy/
그리스어 diakonikon/ 시리아어 Prothesis. 백민관 신부 엮음. 백과사전 3, p.392].
vestiárĭus, -a, -um, adj. 옷의, 의복의, 옷과 관계있는.
m. 옷을 챙기는 노예, 옷 장사.
vestíbŭlum, -i, n. 현관(玄關), 입구, 시작, 성당 현관방
vestibulum castrórum. 성의 입구
vésticeps, -cĭps, adj. (vestis+cápio¹)
사춘기에 이른, 타락한.
vesticontubernĭum, -i, (vestis+contubérnium)
n. 동숙(同宿), 동침(同寢), 한 이불 속에서 자는 것.
vestícŭla (-æ, f. 작은 옷, 작은 의복(衣服)
véstifex, -ĭcis, (**vestíficus**, -i), **véstifica**, -æ), m.
의복 만드는 자, 재봉사, 옷 만드는 자.
vestificína, -æ, (**vestifícium**, -i, n.) f. 양복점, 옷 짓기.
vestiga, 원형 **vestígo**, -ávi, -átum, -áre, tr.
[명령법 현재 단수 2인칭 vestiga, 복수 2인칭 vestigate].
Vestiga oculis. 구석구석 살피며 찾아라.
vestigábilis, -e, adj. 살필 수 있는, 연구할 수 있는
vestigátor(vestigiátor) -óris, m. 뒤쫓는 자, 짐승몰이,

추적자, 탐색자(探索者), 탐정, 스파이(間諜.⑨ spy),
방문객(訪問客), 수색(搜索)하는 자, 찾는 자.
vestigĭum, -i, n. 흔적, 발자국, 말(馬)의 편자, 신바닥,
종적, 발자취, 형적(形迹-남은 흔적), 몸의 자국,
앉았던(누웠던) 자리, 남긴 표적(σημεϊον), 순간, 잠깐.
e vestigio. 즉석에서/
glácie non recipiénte vestigium.
얼음판은 발자국을 안 남기기 때문에/
Hoc enim agit salvátor, ut isdem vestigiis quibus
admissa fuerant delicta purgentur. 구세주는 인류가
범한 죄악의 흔적(痕迹)을 씻으시기 위해 이를 행하셨다/
ingredior vestígia alcjs. 누구의 발자취를 따라가다/
ingredior vestígiis alcjs. 누구의 발자취를 따라가다/
insto vestígiis. 발자취를 뒤따라가다/
léviter pressum vestigium. 가벼운 흔적/
replico vestígium suum. 온 길을 되짚어 돌아가다/
summa sequar vestigia rerum. 사물이 이룩내는 최고의
자취를 따라갈 따름이다(성 염 옮김. 단테 제정론. p.83)/
Te duce, si qua manent sceleris uestigia nostri,
Inrita perpetua soluent formidine terras.
그대의 영도 하에, 아직 우리 죄악의 자취가 남아
있다면 새 시대는 번거롭고도 영구한 공포로부터
이 땅을 풀어 주리라(교부문헌 총서 15. 신국론, p.1083).
vestigia Christi. 그리스도의 흔적(痕迹)/
vestigia ecclesiæ. 교회의 흔적(敎會痕迹)/
vestígia pónere. 발자국을 남기다/
vestigia retro legere. 뒤에서 발자취를 따라가다/
vestígia tenére. 발자국을 따라가다/
vestigia titubata. 비틀거리는 발걸음/
vestigia trinitatis. 삼위일체의 흔적/
vestígia urbis. 도시가 있던 자리(廢墟)/
vestígia violátæ religiónis. 신성 모독한 흔적/
vestigiis sequi hostem. 발자국을 따라 적군을 추적하다.
vestigĭum Dei. 신(하느님)의 흔적(痕迹)
vestigĭum hominis. 인간의 흔적
vestigĭum libídinis. 방종했던 표적
vestígo, -ávi, -átum, -áre, tr. 뒤따르다, 미행하다,
발자취를 따라가다, 구석구석 찾다, 수색하다,
vestíga óculis. 구석구석 살피며 찾아라.
vestimentícŭlum, -i, n. 작은 옷
Vestiménta(⑨ Clothing/vestition/vesiture.獨 Einkleidung)
착복식(着服式)[루페르트 베르거 지음. 최윤환 옮김. 전례사목사전. p.494].
vestiméntum, -i, n. 옷, 의복, 피복, 침대보, 이불보, 덮개.
exuo se vestiméntis. 옷을 벗다/
nudo detráhere vestiménta.(격언) 벗은 사람에게서
옷을 벗기다, 즉 불가능한 일을 한다/
vestimenta accubitoria. 식탁에 앉을 때 입는 옷/
Vestimenta liturgica(Sacra). (⑨ Liturgical vestments.
獨 Gewänder/liturgische/Paramente.
전례복(sacrum ornamentum*), 미사 봉헌 제의.
véstĭo, -ívi(-ĭi) -ítum -íre, tr. 옷 입히다, 옷 입다,
싸다, 덮다(כסא.יסכ.אפח.הפח), 두르다, 장식하다.
animántes vilis vestítæ. 털로 덮인 동물/
terra vestíta flóribus. 꽃으로 덮인 땅.
véstiplex, -ĭcis, m. 옷시중 노예
vestiplíca(vestiplícus, -i, m.), -æ, f.
옷을 개키는 여자, 몸종, 침소 여종.
vestis, -is, f. 옷, 의복, 의상(衣裳), 융단(絨緞), 양탄자,
요, 잇, 옷감, 천(옷이나 이불차일 따위의 감이 되는 피륙), 껍질.
De modestia in vestibus. 단정한 의복에 대하여/
deduco vestem húmero ad péctora.
옷을 어깨에서 가슴까지 끌어내리다/
domestica vestis. 실내 옷/
Esse in veste doméstică. 집에서 입는 옷을 걸치고 있다/
Exuo te veste. 나는 너의 옷을 벗겨준다/
Hæc me vestis decet. 이 옷이 내게 어울린다/
honor vestium. 제복의 영예(榮譽)/
induo vestem. 옷을 입다/

V

1377

V

induo vestem *alci*. 누구에게 옷을 입히다/
Indutus veste muliebri. 여장한 남자(여자의 옷을 입은 남자).
(의류 등의 착용에 대하여서 "입다, 착용하다"의 동사 vestíri. índui 또는
특히 그 과거분사 vestítus, indútus, amíctus 등을 사용할 때에는 cum 없이
그냥 탈격을 쓰고, 그 외의 다른 동사에 대하여서는 cum과 함께 탈격을 쓴다)/
injectus vestem. 옷을 입은/
lácera vestis. 찢어진 옷/
Latro viátorem vestibus spoliávit.
강도가 통행인에게서 옷을 빼앗았다/
Odor transit in vestes. 냄새가 옷에 밴다/
Serpens éxuit in spinis vestem.
뱀은 가시덤불에서 허물을 벗는다(exuo 참조)/
venit cum veste purpúreā. 그는 자홍색 옷을 입고 왔다/
veste *alqm* exuo. 아무의 옷을 벗기다/
Veste virum longā dissímūlátus erat.
그는 긴 옷으로 자기가 남자인 것을 감추고 있었다/
Vestem muliebrem indutus. 여장한 남자.
Vestis Angelica. 천사복(天使服), 수도복(修道服)
Vestis candida(Baptismalis). 백의, 영세 흰옷, 세례식 흰옷
vestis capuciata. 두건(頭巾) 달린 수도복(성 베네딕도
시대에 시작한 수도복으로 지금은 여러 수도회에서 입고 있다).
vestis impluvia. 비옷(pluviale, -is, n.)
**Vestis nudum; utinam omnes vestiti essent, et non
esset ista necessitas!** 그대는 헐벗은 사람을 입혀주지만,
모든 이가 옷을 입고 있어 이럴 필요가 없으면 얼마나
좋겠습니까?.(최익철 신부 옮김, 요한 서간 강해, p.353).
vestis Nuptialis. 혼례 예복.
vestis ovi. 계란 껍데기.
vestis pulchra. 아름다운 옷
vestis recíncta. 풀어헤친 옷
vestis servilis. 노예 복(옷)
vestis sudorem potat. 옷이 땀을 흡수한다.
Vestis Talaris. 성직자 통상복
vestíspex, -ĭcis, m. = **vestíspicus**
vestíspĭca, -æ, f. (**vestíspĭcus**, -i, m.)
(vestis+spício) 옷시중 노예, 하녀.
Vestítĭo, -ívi(-íí) -ítum -íre, tr.)
착의식(着衣式.⑨ vestiture),
= suscéptĭo habitus religiosi. 수도복 착의식.
Vestítĭo candida. 세례 백의(백민관 신부 엮음, 백과사전 3. p.341)
vestítor, -óris, m. 옷 짓는 사람, 재단사, 옷 입히는 사람
vestitúra, -æ, f. 옷 입히기, 장식
vestítus¹ -us, m. 옷, 의복, 의상, 덮는 것, 장식.
hábitum vestitúmque prístinum reduco.
옛 의상을 다시 도입하다/
ripárum vestitus viridíssimi.
강가를 덮은 푸르디푸른 잔디.
vestitus forensis. 나들이 옷
vestitus vestitio. (수도자.성직 지원자의) 착복식
vestítus² -a, -um, p.p. (véstio)
vestras, -átis (**vestrátis**, -e) adj.
너희 집 사람들의, 너희 나라 사람들의.
vestrátim, adv. 당신 집처럼, 편하신 대로.
vestro jussu.(jussus 참조) 당신들의 명령에 의하여
vestrum otium.(이상규 옮김, 교부들의 사제 영성, p.228) 관상생활
Vestrum est, ordinem servare.
질서를 보존하는 것은 너희의 본분이다.
vetatívus, -a, -um, adj. 금지하는
veter, -is, adj. = **vetus**
vétĕra, um, n., pl. (vetus) 옛 것, 묵은 것, 낡은 것,
(예로부터의) 전통, 고문서, 오랜 전설(역사),
memóriā vétera repeto. 옛일들을 회상(回想)하다/
móribus véterum insólitum. 옛 관습에는 없던 것/
Veterum scriptorum et monumentorum ecclesiasticorum
et dogmaticorum amplissima collectio. 고대 저술가와
교회 기념물, 그리고 교리에 관한 문서들의 총수집.
(총 9권으로 Edmond Martene 1654~1739 지음).
veteramentárĭus, -a, -um, adj. 고물 다루는, 수선하는.
sutor veteramentarius. 구두 수선공.

veteránus, -a, -um, adj. 고대의, 옛, 늙은, 노인 된,
폐물 된, 고참병의, 노병의. m., pl. 고참병, 노병.
Legiónes vateránæ. 선임자군단.
veterárĭum, -i, n. 묵은 술 저장고
veterárĭa, -órum, n., pl. 묵은 포도주 저장
veterárĭus, -a, -um, adj. 오래된, 해묵은.
veterásco(veterésco), -ĕre, intr. 옛 것이 되다,
헐다, 늙다(ɔ그), 고물(폐물)이 되어가다, 늙어가다.
veterátor, -óris m., adj. 어떤 일에 늙은 자,
오래 종사한 자, 능숙한 자, 숙달한 자,
노련가(老鍊家), 늙은 구렁이, 늙은 여우, 늙은 종.
veterátórĭe, adv. 능숙하게, 능통하게
veterátorĭus, -a, -um, adj. 노련한, 재주 있는, 교묘한,
직업적 본능을 가진, 익숙한, 숙달(熟達者).
veterátrix, -ícis, f. 능갈진(노회한) 할머니,
얄밉도록 능청스런 할머니, 마녀, 노회(老獪)한 여자.
veterátus, -a, -um, adj. 고참의(선임자가) 된, 늙은(까)
vétĕres, -um, m., pl. 옛 사람들, 옛 어른들, 고대인,
선조(⑨ Patriarchs).
Véteres oratiónes a plerísque legi sunt désitæ(désíno 참조)
지금은 옛 연설들이 많은 사람들에게
읽혀지지 않게 되었다.
veterétum, -i, n. 황무지(荒蕪地)
Veteribus negotiis nova accrescunt.
묵은 일에 새 일들이 또 겹친다.
veterínæ, árum, f., pl. (**veterína**, -órum, n., pl.)
짐바리(말이나 소로 실어 나르는 짐) 짐승.
veterinárĭus, -a, -um, adj. 짐바리 짐승의, 수의사의.
m. 수의사(獸醫師). f. 수의술. n. 동물병원.
veternósitas, -átis, f. 마비상태.
혼수상태(昏睡狀態.obnubilátĭo cápitis).
veternósus, -a, -um, adj. 혼수상태에 빠진, 숨넘어가는,
빈사상태에 있는, 마비된, 무감각의, 수면병의, 늙어빠진.
vetérnus, -i, m. 오래된 쓰레기, 오물, 노후, 폐물,
빈사상태, 가사상태, 혼수, 쇠약, 마비상태, 노후병,
침체상태, 나태(⑨ Acedia.Sloth), 무기력(無氣力).
vétĕro, -ávi, -átum, -áre, tr. 늙게 하다, 헐게 하다.
veterrimus, -a, -um, adj. vĕtus, vetĕris의 최상급.
[vetus, veteris 늙은. 묵은. 옛 - 비교급이 없고 최상급만 있다].
vétĕrulus, -a, -um, adj. 늙어 가는
Veterum sapientĭa, 오래된 지혜, 선인들의 지혜.
(요한 23세 교황 1962.2.22. 반포).
vĕtĭtum, "veto"의 목적분사(sup.=supínum)
vétĭtum, -i, n. 금지(된 것).
Hoc vetitum est. 이것은 금지(禁止)되어 있다.
vétĭtus, -a, -um, p.p.,a.p. 금지된.
arbor vetita. 금지된 나무(교부문헌 총서 16, 신국론, p.1396).
vĕto, vetŭi, vetĭtum -áre, tr. 금지하다, 못하게 하다,
반대하다, 방해하다, 반대표를 던지다, 흉조를 말하다.
Lex vetat delínquere.
법률은 죄악을 저지르는 것을 금한다/
Nemo vetat quin emas.
네가 사는 것을 아무도 금지하지 않는다/
Nitimus in vetitum semper cupimusque negata.(Ovidius).
우리는 금지된 것을 늘 꾀하고
거절당한 것을 기어코 얻어내려 한다/
Qui non vetat peccare, cum possit, jubet.
할 수 있는데도 범죄를 말리지 않는 자는
범죄 하도록 명령하는 셈이다/
Sis mihi lenta veto. 제발 내게 무관심하지 말아 달라/
Sive jubébat, ut fácerem quid, sive vetábat.
그는 내가 무슨 일을 하도록 명령하기도 하고,
금지하기도 하였다.
Veto bella. 전쟁을 반대한다.
Veto quominus percutiátur.
그를 때리는 것을 나는 금지한다.
vĕtui, "vĕto"의 단순과거(pf.=perfectum)
vétŭlus, -a, -um, adj. 좀 오래된, 좀 늙은, 묵은, 고인의.

1378

m. 영감, 늙은 친구(愛稱). f. 늙은 할미(경멸).
vétuli équi. 이미 늙은 말.

větus, -těris, adj. (comp. vetérĭor, vetústĭor:
superl. vetérrĭmus, vetustíssĭmus)
연륜이 쌓인, 젊지 않은, 늙은(竹), 고물의, 오래된,
묵은, 낡은, 옛날의, 새 것이 아닌.
amíci véteres. 오랫동안 사귄 친구/
Astruo recens ædifícĭum veteri.
낡은 집에 새 건물을 덧붙여 짓다/
Novum in Vetere latet, Vetus in Novo patet.
신약은 구약에 숨어 있고, 구약은 신약에서 밝혀진다/
recribo vetéribus oratiónibus.
옛 연설집을 반박하는 글을 쓰다/
scriptóres véteres. 옛 저자들/
Super artem veterem. 고대의 학문에 대하여.
(월터 버얼리 1275~1344 지음)/
véteres philósophi. 고대 철학가
vinum vetus. 오래 묵은 포도주.

	단 수		복 수	
	m. f.	n.	m. f.	n.
Nom.	vetus	vetus	véteres	vétera
Voc.	vetus	vetus	véteres	vétera
Gen.	véteris	véteris	véterum	véterum
Dat.	véteri	véteri	véteribus	véteribus
Acc.	véterem	vetus	véteres	vétera
Abl.	vétere	vétere	véteribus	véteribus

∗다음 동사들은 vetus와 변화하는 것들이지만 중성 복수는
별로 쓰지 않는다.
dives, divitis, 부요한, 부자
cómpos, compotis (속격 지배) 가지고 있는 구비한
párticeps, participis.(속격 지배) 한몫 끼는, 참가한
páuper, pauperis, 가난한
prínceps, príncipis 으뜸가는, 군주의
sóspes, sóspĭtis 무사한, 안전한
supérstes, supérstĭtis 남아 있는, 살아남은
∗ 위 형용사들 중에는 명사적으로 사용되는 것들도 많이 있다
(한동일 지음, 카르페 라틴어 1권, p.83)

Vetus et nova Ecclesiæ disciplina.
교회의 옛 규율과 새 규율(1688년).

Vetus Latina. 고(古) 라틴어 번역성경(불가타보다 앞선 번역성경).

Vetus Missale romanum monasticum Lateranense.
라테란의 수도회 옛 로마 미사 경본(經本).

Vetus tatem novitas, umbræ fugat veritas, noctem lux
eliminat. 낡은 것이 새로운 것에게 자리를 물려주고, 진리가
어둠을 내몰며, 빛이 밤을 흩어버리도다(성체성혈대축일 부속가).

Vetus Testamentum. 구약성경(영 Old Testament).
Qua dispensatione providentiæ Dei Scripturæ sacræ
veteris Testamenti ex hebræo in græcum eloquium
translatæ sint, ut Gentibus innotescerent. 구약성경이
이방인도 알도록 하느님 섭리로 히브리어에서
그리스어로 번역된 내력.(교부문헌 총서 17, 신국론, p.2814)/
Totum Vetus Testamentum est ante omnia revelatio
veritatis de Deo unico et uno.(영 The whole Old
Testament is mainly concerned with revealing the truth
about the oneness and unity of God)
구약성서 전체는 주로 하나이신 하느님의 일체성에 대한
진리를 계시하는 데 주력하고 있다.

Vetus Testamentum Hebraicum cum variis lectionibus.
히브리어 구약성서와 여러 판독 부록(1776~1780년).

vetúscŭlus, -a, -um, adj. 약간 늙은

vetústas, -átis, f. 연로함, 늙음, 고대, 태고, 오랜 기간,
장기간, 선조(영 Patriarchs), 아득한 장래, 후손.
conjuncti vetustáte. 오랜 기간 동안 맺어진/
exoletum jam vetustate odium.
이미 오래되어 사그라진 미움/
familiárum vetustátis. 오래된 가문/
história núntia vetustátis. 과거를 알려주는 역사/
historia vero testis temporum, lux veritatis,
vita memoriæ, magistra vitæ, nuntia vetustatis.

무릇 역사는 시대의 증언이고 진리의 빛이며
기억의 삶이고 인생의 스승이며 고대의 전언이다/
in novitatem a vetustate. 옛것에서 새 것으로/
Quis hæc credat, nisi sit pro teste vetustas?
고전의 증언(전거)이 없다면 누가 이것을 믿겠는가?.

Vetustas óleo tædĭum affert.
오래된 기름은 맛이 나빠진다.

vetustas possessiónis. 오래된 소유재산.

vetúste, adv. 선조들을 풍습(風習)대로.
vetustísime. 아주 오래 전부터.

vetustésco(=vetustísco), -ěre,
intr., inch. 헐다, 늙다, 개선(改善)되다.

vetustior, -or, -us, adj. vetus, vetéris의 비교급

vetustissimus, -a, -um, adj. vetus, vetéris의 최상급.
Apud vetustissimos Romanos December non duodecimus,
sed decimus erat anni mensis.
상고시대의 로마인들에게는 12월이 열두 번째 달이
아니었고 한 해의 열 번째 달이었다.

vetústo, -áre, tr. 늙게 하다, 헐게 하다

vetústor, -átus sum -ári, dep., pass. 늙다, 헐다

vetústus, -a, -um, adj. 오래된, 늙은(竹), 옛, 묵은,
고물의, 고대의, 태고의. n., pl. 아주 오래된 일들.
vetusta opinio. 벌써 오래된 소문(所聞)/
vetusto more. 구식(舊式)으로, 옛날식대로.
(모양이나 방법이나 태도를 지시하는 명사는 탈격만으로도 부사어가 된다).

vexábilis, -e, adj. 괴롭히는, 귀찮게 하는, 괴로운, 귀찮은.

vexabíliter, adv. 괴롭게, 아주 힘들게

vexámen, -mĭnis, n. 충격, 진동, 동요, 정신의 격동.

vexátĭo, -ónis, f. 격렬한 충고, 충동, 동요, 괴롭게 함,
아픔(πòνος,영 pain), 고통(βàσανος,영 suffering),
곤욕(困辱-심한 모욕), 번뇌, 학대, 박해(영 Persecution).

vexatívus, -a, -um, adj.
괴롭게 하는, 귀찮게 하는, 불편(不便)하게 하는.

vexátor, -óris, m. (vexátrix, -ícis, f.)
박해자(迫害者), 학대자(虐待者), 괴롭히는 사람.

vexi, "veho"의 단순과거(pf.=perfectum)

Vexilla Regis(영 Royal Banners) 임금님 깃발.
Vexilla Regis prodeunt; fulget Crucis mysterium,
quo carne carnis conditor suspensus est patibulo.

Confixa clavis viscera tendens manus, vestigia,
redemptionis gratia hic immolata est hostia.

Quo vulneratus insuper mucrone diro lanceæ,
ut nos lavaret crimine, manavit unda et sanguine.

Impleta sunt quæ concinit David fideli carmine,
dicendo nationibus: regnavit a ligno Deus.

Arbor decora et fulgida, ornata Regis purpura,
electa digno stipite tam sancta membra tangere.

Beata, cuius brachiis pretium pependit sæculi:
statera facta corporis, prædam tulitque tartari.

Fundis aroma cortice, vincis sapore nectare,
iucunda fructu fertili plaudis triumpho nobili.

Salve, ara, salve, victima, de passionis gloria,
qua vita mortem pertulit et morte vitam reddidit.

O Crux ave, spes unica, hoc Passionis tempore! ∗
piis adauge gratiam, reisque dele crimina.

Te, fons salutis Trinitas, collaudet omnis spiritus:
quos per Crucis mysterium salvas, fove per sæcula.
Amen.

∗In Festo Exaltationis Sanctæ Crucis:
in hac triumphi gloria!

임금님 높은 깃발 앞장서가니 십자가 깊은신비 빛을 발하네
사람을 내신분이 사람되시어 십자가형틀에 달려계시네
주님은 십자가에 높이 달리어 예리한 창끝으로 찔리셨으니
우리의 더러운 죄 씻으시려고 피와 물 송두리째 쏟으셨다
광채로 번쩍이는 영광된 나무 임금님 붉은 피로 물들었어라
고귀한 나무줄기 간택됐으니 거룩한 가지들도 적셔주소서
지극히 복되도다 복된 나무여 그 위에 구원대가 달렸음이여
주님의 몸값 다는 저울이 되어 지옥의 전리품을 함께 달았네
거룩한 제단이며 제물이시여 수난의 영광보고 하례하오니

생명이 죽음마저 당하셨기에 죽음이 새 생명을 돌려주었네
유일한 우리희망 십자나무여 수난의 귀한시기 다가왔으니
열심한 신자에게 은총주시고 죄인의 모든 허물 씻어주소서
구원의 원천이신 삼위일체여 천사들 소리 맞춰 찬미하오니
십자가 그 신비로 구원된 우리 영원히 무궁토록 지켜주소서 아멘
―주님 수난 성지 주일부터 주님 만찬 성목요일까지 저녁 기도와 성 십자가
현양 축일에 부르는 찬미가의 라틴어 제목('임금님 깃발'을 뜻하는 첫 두 단어)
이다. 전에는 주님 수난 성금요일 성체를 수난 감실에서 제대로 모셔올 때에도
이 찬미가를 불렀다. 베나시우스 포르투나뚜스(530~609년)의 작품인 이 찬미가는
본질적으로 고통을 통한 그리스도의 승리에 관한 노래이다. 십자가가 임금이신
구세주께는 옥좌가 되고 구속된 이들에게는 영광이 된다.

vexillárĭus, -i, m. 기수, 기 만드는 자, 강도 두목.
    pl. (제대연한이 되어 특수부대에 모인) 고참 병사(들).
vexillátĭo, -ónis, f. 고참(선임자) 부대(古參部隊), 기수부대,
    기병대(equestres cópiæ), 분견대.
vexíllum, -i, n. 기, 군기, 깃발(⑨ Flag.獨 Fahne), 부대기,
    기병대의 문장, 사령관 기(전투개시 신호의 붉은 기).
    trajício vexíllum trans vallum.
    군기를 진지 저쪽으로 던지다/
    Vexílla regis. 임금님의 높은 깃발(성주간 저녁기도 찬미가).
Vexíllum Legiónis. 레지오 마리애 단기(團旗)
vexíllum papále. 교황기(敎皇旗.⑨ Papal flag)
vexo, -ávi, -átum, -áre, tr., intens. 격렬하게 흔들다,
    뒤흔들다, 고통 주다, 박해하다, 학대(虐待)하다
    못살게 굴다, 모질게 다루다, 사정없이 몰아대다.
    괴롭히다, 공격(攻擊)하다, 번뇌(煩惱)케 하다.
    Dat véniam corvis, vexat censúra colúmbas.(Juvenalis).
    그 작자는 까마귀들한테는 사면을 베풀고
    비둘기들은 온갖 검열로 괴롭힌다/
    régio invícem a suis átque hoste vexáta.
    자기편과 적에게 번갈아 가며 시달린 지방/
    Sollicitúdo vexat ímpios. 불안은 못된 자들을 괴롭힌다.
via, -æ, f. (veho→veha→via) 길(河汉.ὁδòς), 통로,
    도로, 운하, 공기통, 참호, 여로, 행로, 여행, 궤도,
    줄기, 경로(經路), 행정, 방법, 방침(方針), 규범(規範).
    (解) 식도(cibalis fistula), 후두(喉頭), 기도.
    alci viam obsǽpio. 누구에게 길을 막다/
    Aut viam invéniam aut fáciam.(Hannibal)
    나는 길을 찾거나 아니면 길을 만들겠다.
    (안되면 되게 하라!)/
    caupo de via Latína. Latína 거리의 주점 주인/
    de via decédo. 정도(正道)에서 일탈(逸脫)하다/
    de via fessus. 여행에 지친/
    De via nihil prætermísi, quin enucleáte ad te
    scríberem. 나는 길에 대해서 조금도 빠뜨리지 않고
    분명하게 너한테 써 보냈다(quin 참조)/
    decédo viā. 길을 잃고 헤매다/
    declíno de via. 길에서 벗어나다/
    declíno se extra viam. 길 밖으로 벗어나다/
    defléxo alqm de via. 아무를 제 길에서 벗어나게 하다/
    eúndæ vitandǽque viæ. 가야 할 길과 피해야 할 길/
    evádo viam. 갈 길을 다가다/
    Fata viam invénient. 운명은 길을 발견할 것이다/
    Hac viā profécti sunt. 그들은 이 길로 떠나갔다/
    Hæc via est magis longa quam lata.
    (=Hæc via est lóngior quam látior.)
    이 길은 넓다기 보다는 (차라리) 긴 편이다.[두개의 형용사
    또는 부사를 서로 비교할 때에는 둘 다 비교급으로 쓰되 quam으로
    이어주거나 혹은 둘 다 원급으로 쓰되 제1항에서는 비교급부사 magis
    (차라리, 더)나 minus(차라리, 덜)를 쓰고, 제2항 앞에 quam을 놓는다]/
    immunítus via. 비포장 도로/
    In qua via? 어떤 길 말입니까?/
    In via hac qua ambulábam abscondérunt supérbi
    láqueum mihi. 사람들이 내 가는 길에다가
    * 올무를 숨겨서 잡으려 하나이다.
    ineo viam. 길에 들어서다 /
    Inquírere Vias Dómini. 하느님 길의 탐구/
    insto viam. 길을 걸어가다, 길에 들어서다/
    Itáque redítque viam. (그는) 길을 왔다 갔다 한다/
    Itísne ob viam fratri vestro?
    당신네 형을 마중하러 가는가요?/

magnus passus extra viam.
    잘못된 방향으로의 큰 발걸음/
mystérii assimilándi via. 신비와 동화되는 길/
Nihil tuléritis in via.
    길을 떠날 때 아무 것도 지니지 말라/
    primā viā. 시초부터/
Quæ est via per quam cúrrimus? Christus dixit:
Ego sum via. 우리가 달려야 할 길은 무엇입니까?
    그리스도께서 말씀하셨습니다. 나는 길이다/
Quemque vidéritis hóminem, deturbatóte in viam.
    너희는 눈에 띄는 사람은 모조리 한길로 몰아내어라/
Quibus viis ad hanc pervenítur "bónitatem"?
    (⑨ What are the paths that lead to this "goodness"?)
    이 '좋음'으로 이끄는 길은 무엇인가?/
quorum viæ pervérsæ sunt, et pravi gressus eórum.
    (w-n ai` tri,boi skoliai. kai. kampu,lai au` trociai auvtw/n)
    (獨 die krumme Wege gehen und auf Abwege kommen)
    (⑨ Whose ways are crooked, and devious their paths)
    그 길이 빗나가고 그 행로가 엇나간 자들이다(성경)/
    비뚤어진 길에 발을 들여놓고 엇나간 짓만 하는
    자들이다(공동번역 잠언 2, 15)/
ratio et via. 방법론/
ratióne et viā. 이성적으로 그리고 방법론적으로/
redúco alqm ad rectam viam.
    아무를 바른 길로 돌아오게 하다/
revóco alqm ab erróre ad rectiórem viam. 아무를
    오류(誤謬)에서 벗어나 바른 길로 들어서게 하다/
servo in viā decédo. 종에게 길을 비켜주다/
tero viam. 길을 자주 왕래하다/
theología viæ. 지상의 신학/
theología viæ médiæ. 조정(調定) 신학/
torta via. 미궁의 길/
tritíssima via.(tritus 참조) 사람이 많이 다니는 길/
Undíque ad ínferos tantúmdem viæ est.
    모든 방면에서 오는 길은 지옥으로 가는 길이다/
unitíva via. 일치의 길/
Ut ámbules in via bonórum et calles iustórum
    custódias. (eiv ga.r evporeu,onto tri,bouj avgaqa,j eu[rosan a'n
    tri,bouj dikaiosu,nhj lei,ouj) (獨 daß du wandelst auf dem
    Wege der Guten und bleibst auf der Bahn der
    Gerechten) (⑨ Thus you may walk in the way of good
    men, and keep to the paths of the just) 그러니 너는
    선인들의 길을 걷고 의인들의 행로를 따라야 한다
    (성경 잠언 2, 20)/그러니 너는 착한 사람들과 한 길을
    가고 옳게 사는 사람들과 같은 길을 가거라(공동번역)/
ut ratióne et viā procédat orátio.
    변론(辯論)이 이로 정연하게 진행되도록/
viæ adolescéntiæ lúbricæ. 청년시기의 위태로운 길/
vitæ bónæ ac beátæ via. 선하고 행복한 삶의 길/
vitæ aëríæ. 허공(虛空)/
vitæ via. 인생궤범/ viam derívo. 길을 내다/
viam inclúdo. 길을 막다/
viam recte grádior. 길을 똑바로 걷다.
via affirmatiónis. 긍정의 방법
via antíqua. 낡은 방식, 옛 길, 옛 방식(오컴의 용어).
    Fixus in cruce erat, et in ipsa via ambulábat: ipsa est
    via caritátis. 십자가에 달려서도 걸어가신 길,
    바로 이 사랑의 길입니다.(최익철 신부 옮김. 요한 서간 강해. p.89).
via causæ efficiéntis. 원인의 길(제2길)
via causalitátis. 인과성의 방법(因果性 方法),
    인과율에서 제1원인인 하느님께 이르는 방법.
Via Cessiónis. 양보 방안(두 교황이 사임하고 제3교황을 선출하는
    방법으로 서방교회 대분열을 종식시키자는 방법).
    [1394년 파리대학은 이교(離敎)를 극복하기 위한 3개 방안을 제의하였는데
    첫째, 양보 방안(Via cessionis-자발적인 사임). 둘째, 합의 방안(Via compromissi-
    중재 재판에 대한 교황들의 복종). 셋째, 공의회 방안(Via concilii-공의회를 통한
    결정) 등이다. 아우구스트 프란쯘 지음. 교회사. p.261].
via compendiária. 지름길(præcisum iter.)
    =f. compendiária, -æ, = n. compendiárĭum, -i.

Via compromissi. 합의 방안(Via Cessionis 참조)

via Concilii(Synodi). 공의회(시노드)를 통하는 길.

via contingentiæ. 우연성의 길(제3길).

Via crucis.(=státio viæ crucis.(獨 The Way of the Cross. Stations of the Cross.獨 Kreuzweg) 성로선공(聖路善功.성로신공→십자가의 길.14처).

via demonstratiónis. 증명의 길.

via dolorosa. 고통의 길.

via eminentiæ. 우월의 방법, 탁월한 길, 탁월성의 길.

Via erar longior ducenta metro. 길은 200m이상 길다.

Via est ecclesiæ Homo(獨 Man is the way of the church) 인간은 교회의 길이다.

Via est longa plus(minus) quam ducenta metra. 길은 200m 이상(이하)이다.

Via est longior ducénta metra. 길은 200m 이상 길다

via et arte. 방법론적으로 그리고 이론적으로

via excessus et supereminentiæ. 초과의 방법

via expositiónis. 설명의 길

via extraordinaria casus excepti seu cultus. 예외 경우 또는 숭경의 특별 방법(시복식 용어).

via extraordinaria cultus præstiti. 경배 있는 이례적 진행방법.

via finalitatis. 목적성의 길(제5길)

via illuminativa(獨 Illuminative Way). 조명의 길.
[고대 신비주의 전통은 하느님께 가는 3중의 행로에 대해 •정화의 길(Via Purgativa-초심자의 길, •조명의 길(Via Illuminativa-숙달된 사람의 길), •일치의 길(Via Unitiva-완전한 사람의 길로 말한다. 길이ын 그리스도를 따르는 이 세 길은 삼위일체 체험에서 절정에 이른다. 그 체험에서 우리는 아드님과 일체가 되고 성령으로 충만하여 '아빠, 아버지'라고 소리친다. 인생에서 이 세 길은 분리된 행로가 아니다. 합쳐지고 겹치고 서로 뒤얽힌다. 어떤 것도 다른 것에서 떼어 취할 수는 없다…… 중략   이봉우 옮김. 신비신학 사랑학, 분도 출판사.p.243].

via illumininativa. 조명의 길(신비신학, 수덕신학)

via in Pérsidem ferens.(fero 참조) Pérsia로 가는 길.

viā ire. 갈 길을 가다

via lactea. 은하수(circulus lacteus/orbis lacteus)

via lucis. 빛의 길

via manifestior. 더 명백한 길

via Maris. 바다의 길

via Matris. 어머니의 길

via media. 중도(中道), 중간노선,
    중간 길(가톨릭이 되기 전의 뉴먼의 생각).

via moderna. 새 길(新道), 새 방법, 근대적 방법

via motionis. 움직임의 길(제1길)

via negativa* 부정의 방법, 소극적인 길

via omnium rerum abundans.
    모든 것을 풍족하게 제공하는 길.

via ordinaria. 통상의 길(교회의 수권 수단)

via ordinaria non cultus. 경배 없는 통상적 진행방법

via Ostiensis. 오스티아 가도(로마에서 Ostia항구에 이르는 길 이름)

via perfectionis. 완전성의 길(제4길)

via positiva. 긍정의 길

via primatus. 교황 수위권(教皇首位權)

via publica. 국도(loca publica./publica, -æ, f.)

via pulchritudinis. 아름다움의 길

via purgativa(獨 Purgative Way)
    청정의 길, 정화의 길(수덕 초보단계).

via, quæ ducit ad urbem. 도시로 가는 길

via quarta. 네 번째 길

via rectā narráre. 에두르지 않고 곧바로 말하다

via reclúsa. 터놓은(뚫린) 길

via regalis. 왕도(王道)(교부문헌 총서 15. 신국론, p.1106)

via regia. 지도의 길

via remotiónis. 제거의 길, 배제의 방법(排除方法)

via salutis. 구원의 길

via sanguinis. 피(血)의 길

via strata. 포장 도로. immunitus via. 비포장 도로

via supereminentiæ. 초우월적 방법(존재의 근거문제, p.149)

via torta. 미궁의 길

Via trita, via tuta est. 왕래가 잦은 길이 안전한 길이다

via tritissima. 사람이 많이 다니는 길

via Unitiva.(獨 Unitive Way)
    일치의 길(하느님과의 신비적 일치. 수덕신학).

via vitæ. 생명의 길

viábilis, -e, adj. 통과할 수 있는, 갈 수 있는

viabúndus, -a, -um, adj. 자기 길을 가는

viális, -e, adj. 길의, 도로의

viántes, -íum, m., pl. 여행자(旅行者)

viárius, -a, -um, adj.
    길과 관계되는, 도로에 관한, 길에 관한.

viásius, -ii, m. 길가에 사는 사람

viaticátus, -a, -um, adj.
    여비를 가지고 있는, 여행 수당을 받는

viatículum, -i, n. 노자(獨 Viaticum), 여행비

Viáticum, -i, n. 병자의 성체, 노자 성체(비아티쿰).
    Avaritia senilis quid sibi velit non intellego :
    potest enim quicquam esse absurdius quam,
    quo viæ minus restet, eo plus viatici quærere?.(Cicero).
    노경(老境)의 인색(吝嗇)은 도대체 뭣 하자는 것인지
    난 못 알아듣겠다. 갈 길이 조금 밖에 남지 않을수록
    노자(路資)를 더 달라니 이보다 더한 자가당착이
    있을 수 있는가?[성 염 지음. 고전 라틴어. p.399]/
    Quoniam Sanctum Viaticum infirmo paschalis mysterii
    plenitudinem recludit, oportet eius usus teneatur.
    노자 성체는 병자에게 파스카 신비의 충만함을 엿볼 수
    있게 하므로, 적절하게 집전 되어야 합니다.

viáticum, -i, n. 여행에 필요한 것, 식량, 노자,
    여비, 하숙비, 자원. (군인) 비축금.

viaticus, -a, -um, adj. 여행에 관한

viaticus cena. 환송만찬(還送晩餐)

viátor, -óris, m. (viatrix, -ícis, f.) 길가는 사람,
    길손, 행인, 여행자, 나그네, 여객, 사령,
    명령 전달자, 나라의 사자, 송달리(送達吏)
    Cantabit vacuus coram latrone viator.(Juvenalis)
    주머니가 빈 나그네라면 강도 앞에서도
    콧노래를 부를 수 있으리라/
    et veniet tibi quasi viator egestas, et pauperies quasi vir
    armatus. (獨 so wird dich die Armut übereilen wie ein
    Räuber und der Mangel wie ein gewappneter Mann)
    (英 Then will poverty come upon you like a highway
    man, and want like an armed man)
    가난이 부랑자처럼, 빈곤이 무장한 군사처럼 너
    에게 들이닥친다(성경 잠언 6, 11)/그러면 가난이 부랑배
    처럼 들이닥치고 빈곤이 거지처럼 달려든다(공동번역)/
    homo viátor. 지상의 인간, 나그네 인간, 여행하는 인간/
    in statu viatorum. 순례도상(巡禮途上)/
    Latro viátorem vestibus spoliávit.
    강도가 통행인에게서 옷을 빼앗았다/
    status viatoris. 나그네 상태/
    Viatoribus longa itinera molesta sunt.
    행인들에게 머나먼 여로들은 고달픈 것이다.

viátorius, -a, -um, adj.
    여행의, 여행에 관계되는, 송달리(送達吏)의.

vibex(=vibix) -bícis, f. 채찍자리, 매 맞은 흔적,
    상처(hulcus, -céris, n./læsio, -ónis, f.), 맞은 자리.

víbia, -æ, f. 두꺼운 판자.
    Séquitur vara víbiam(격언) 불행은 저절로 생기지 않는다.

Vibília, -æ, f. 길의 여신(女神)

vibrábilis, -e, adj. 불을 뿜는, 불꽃 튕기는

vibrabúndus, -a, -um, adj. 불꽃 튕기는

vibrámen, -mínis, n. (뱀의 혀와 같이) 날름거림, 내두름

vibránti ictu. 전율적인 타격으로

vibrátio, -ónis, f. 던지기, 흔들기, 진동(震動-흔들리어 움직임)

vibrátus¹ -a, -um, adj.
    반짝(번쩍) 이는, 불꽃 튕기는, 격렬한, 빠른.

vibrátus² -us, m. (=vibrátio, -ónis, f.) 진동, 흔들기

vibratus ab æthere fulgor. 상공에서 내리친 번개

vibrio, -ónis, f. (醫) 비부리오즈속(콜레라균과 같은 세균족)

vibríssæ, -arum, f., pl. 콧구멍 털

vibrísso, -áre, intr. 떨리는 소리로 노래하다,
전음(顫音) 으로 연주(演奏)하다.
víbro, -ávi, -átum, -áre, tr. 동요(動搖)시키다,
흔들다(יַרַת, יַרַת), 털다, 진동시키다, 던지다.
불안하게 하다, 왔다 갔다 하게 하다, 흥분시키다.
crines vibráti. 곱슬머리/
vibrátus ad ǽthere. 상공에서 내리친 번개.
intr. 흔들리다, 진동하다, 떨다(יַרַת.יַרַת.יַרַת),
전율하다, 소리가 흔들리다, 불꽃 튀다, 반짝이다.
orátio vibrans. 찌르는 듯한(격렬한) 연설/
vibránti ictu. 전율적인 타격으로.
Vibúrnum, -i, n. (植) 가막살나무, 마가목, 가는 나무,
작은 나무, 관목(灌木) 숲.
Vica Pota, -ǽ, f. Victória(승리) 의 여신,
일용할 양식의 여신(女神).
vicánus, -a, -um, adj. 마을의, 촌락의, 부락민의, 촌민의.
m. 마을 주민.
vicária, -æ, f. 여자 대리인, 보좌관 직위(職位),
한 노예 밑에 있는 종년.
vicariánus, -a, -um, adj. 부관의, 보좌관의, 대리자의.
vicariátus, -us, m. 대리 교구(代理 敎區)
Vicaríæ potestátis.
로마 주교 대리에 관한 새로운 법규(1977.1.6. 교황령)
Vicariatus Apostolicus. (포교 지방의) 교황 대리교구,
대목구(劂 apostolic vicariate).
vicariatus apostolicus castrensis. 군종대목구
Vicariatus Apostilicus Coreæ. 조선교구
Vicariatus Foraneus 감목 대리구(監牧 代理區)
Vicariatus Urbis. 로마 교구청
vicaríetas, -átis, f. 직무교환, 상호교환(相互交換)
vicárius¹ -a, -um, adj.
대리하는, 대표하는, 보좌의, 상호의(=in vicem).
De summo Romano Pontifice, Capite visibili Ecclesiæ,
Christi in terris Vicario. 지상 교회의 머리이며
그리스도의 대리자인 교황에 대하여/
satisfactio vicaria(劂 Vicarious Satisfaction). 대리 속죄/
vicarii et legati Christi(劂 vicars and ambassadors of
Christ) 그리스도의 대리자이며 사자들(=주교)/
vicario imperii. 황제 대리(사목연구 제16집, p.49).
vicárius² -i, m. 대표자, 대리인, 보좌관, 보조 노예
vicárius actualis perpetuus. 전권 대리
vicárius adjutor. 보조 대리
Vicárius amoris Christi. 그리스도의 사랑의 대리자
Vicárius Apostolicus. 대목구장, 감목(監牧), 감목구,
교황 대리(敎皇代理劂 Apostolic Vicar).
vicárius apostolicus castrensis. 군종대목구장
vicárius capitularis. 교구장 직무 대행,
주교좌 참사회장, 참의회 대표(劂 capitular vicar).
vicárius cardinalis(Urbis).
(로마교구) 교황의 총대리 추기경.
Vicárius Christi.
그리스도의 대리자, 예수 그리스도의 대리(교황 직함).
vicárius coadjutor(劂 parochial vicar). 보좌 신부
vicarius comitis. 수행 대리(사목연구 제16집, p.49)
vicárius cooperátor.
협동 사제, 보좌신부(劂 parochial vicar), 협조 대리.
vicárius delegatus.
위임 대리, 감목의 수임대리, 부감목, 주교대리 지역구장.
Vicárius episcopalis.
직무 대리, 교구장 대리(劂 Episcopal vicar).
vicarius exarcha. 태수(사목연구 제16집, p.48)
Vicárius Foranensis 감목 대리, 주교대리 지구장.
Vicárius Foraneus 감목 대리(劂 vicar forane)
지구장(劂 vicar forane)/decanus, -i, m.
vicárius generalis(劂 vicar general). 총대리,
수도회 부회장/protosyncellus(동방교회 총대리).
Vicárius in Pontificalibus. 로마교구 보좌주교
Vicárius judíciális. 사법대리(劂 judícial vicar)

Vicárius judícĭalis adiunctus. 부사법 대리
vicárius judícĭalis seu offícĭalis. 법원장(法院長)
Vicárius judícĭalis unum constituit tribunal cum
Episcopo. (劂 The judicial vicar constitutes one tribunal
with the bishop) 사법대리는 주교와 더불어 하나의
법원을 구성한다(교회법 제1420조 참조).
vicárius judícĭalis. 사법 대리
vicárius œconomus. 관리 대리, 대리 사제(주임 공석 중)
Vicárius Parochialis• 보좌신부(劂 parochial vicar),
본당 사목구 보좌, (성당구) 주임 대행 사제.
vicárius parochus. 사목구 보좌(司牧區 補佐)
vicárius Rector. 부학장(vice-rector)
vicárius substitutus. 임시 대리, 순번 대리 사제
Vicárius superioris. 장상 대리
Vicárius supplens. 보결(補缺) 사제(교회법 제476조)
vicárius Urbis(cardinalis). 그리스도의 대리(교황),
(로마교구) 교황의 총대리 추기경.
vicátim¹ adv. 구역에서 구역으로, 마을마다 샅샅이,
촌스럽게, 거리에, 가로에.
vicátim² adv. = vicíssim(=vícĭssatim) 거꾸로,
více, adv. 위하여, 대신, …처럼, …모양으로
vicecancellárĭus, -i, m. 사무차장(이탈리아어 Sotto Segretario).
vice offícĭalis, -is, m. 부법원장
vice provincia. 준관구
vice quadam. 어느 날 한 번은
vice rector, -óris, m. 부학장(副學長)
vice versa 거꾸로
vicedóm(ĭ)nus, -i, m. 부왕, 주인 대리, 교황청 재무관.
Vicedomini. 교황 집사, 교황 재산 관리 사제.
vícem, adv.
…위하여, …대신에, …고려하여, 처럼, …모양으로.
vicem ólei repreæsénto.
기름을 대신하다, 기름 대용으로 쓰이다.
vicenárĭus, -a, -um, adj. 스물의, 20에 관한, 20세의
vicennálĭa, -órum, n., pl. 20주년 기념
vicennális, -e, adj. 20년의
vicennĭum, -órum, n., pl. 20년(의 기간)
vicens- = vices-.
Vices Christi. 그리스도의 대리
vicesimáni, -órum, m., pl. 제20군단의 병사들
vicesimátio, -ónis, f.
20군인 중 한 사람을 벌하는 사형선고.
vicésĭmus, -a, -um, adj., num., ordin.
스무 번째의, 제20, 20분의 1.
die vicésĭmā, quam creátus est, …
그가 선출 된지 20일 되던 날에(quam² 참조)/
intra anum vicésimum. 20세 이하로; 20세가 못되어/
Matrimonĭum inierunt vicesimum annum agentes.
그들은 스무 살 때에 결혼하였다.
Vicesimus Quintus Annus. 이십오 주년(1988.12.4. 교황교서).
Vicesimus unus tribunus. 스물한 번째 호민관
vicevérsa(=vice versa), adv. 거꾸로, 역으로
víci, "vinco"의 단순과거(pf.=perfectum)
vícĭa¹ -æ, f. (植) 들 완두(채소)
vícĭa² -æ, f. = vicória 승리(劂 Victory), 승전.
vicĭálĭa, -íum, n., pl. (植) 완두(豌豆), 살 갈퀴의 줄기
vicĭárĭus, -a, -um, adj. 완두의
vícĭe(n)s, adv., num. 스무 번,
vicinális, -e, adj. 이웃의, 이웃사람의, 인근의, 가까이 있는.
vicinántia, -æ, f. 인근(隣近), 근처, 이웃
vicinárĭus, -a, -um, adj. 인근의, 이웃의
vicine, adv. 가까이
vicínĭa, -æ, (vicínĭtas, -átis) f. 인근, 근처(近處),
가까운 곳, 인근 주민들, 동네, 이웃, 밀접성,
유사성(劂 similarity.獨 Affinität).
비슷함(יִקִטַטְנֶת.זַי.ὁμοίωσις).
Vícĭnam neminem amo.
나는 아무 이웃여자도 사랑하지 않는다.

vicínitus, adv. 가까이

vicínor, -ári, dep., intr.
　가까이 있다, 이웃하다, 접근(接近)하다, 비슷하다.

vicínus, -a, -um, adj. 이웃의, 인근의, 이웃 사람의,
　인접한, 이웃 관계 있는, 가까운, 비슷한, 임박한.
　m., f. 이웃사람. n. 인근, 부근, 근처.
　n., pl. vicina, -órum, 인접지역.
　bonus sane vicinus. 정말 좋은 이웃/
　bonus vicinus meus. 나의 좋은 이웃 사람/
　Melior est vicinus iuxta quam frater procul.(잠언 27, 10)
　(κρει,sswn fi,loj evggu.j h' avdelfo.j makra,n oivkw/n)
　(⑨ Better is a neighbor near at hand than a brother
　far away) 가까운 이웃이 먼 형제보다 낫다(성경)/
　가까운 이웃이 먼 형제보다 낫다(공동번역 잠언 27. 10)/
　Quis est vicínus tuus? 네 이웃사람은 누구냐?/
　vicínum bellum. 이웃나라의 전쟁.

Vicinus bonus ingens bonum. 좋은 이웃은 큰 행복.

vicis, gen.. f. 연속, 연계, 교대, 계속적인 변화,
　번, 차례, 상호, 교환, 되돌림, 한 때, 어느 날,
　기능, 자리, 대신함,
　(in, ad, gen,과 함께) 아무 대신, 아무와 같이,
　vice+gen. …대신에, …와 같이, 운명, 운명의 변천,
　ad vicem alcjs. 아무의 자리를 대신하여/
　annórum vices 연속되는 연년(年年)/
　hac vice. 이번에/ in vicem(invicem). 서로/
　mea vice. 내 대신에/ prima vice. 첫 번으로, 처음으로/
　próxima vice. 요다음 번에/
　última vice. 마지막 번에, 나중 번에, 요번에/
　versa vice. 반대로, 거꾸로/ vice alicújus. 아무 대신으로/
　vice quadam. 어느 날 한 번은/
　vice versa. 거꾸로, 반대로, 역(逆)도 또한 같다/
　vicem alicújus gérere(supplére)
　　아무를 대신하다, 대리하다.

격 부 족 명 사		sg.	pl.
	Nom.	-	vices(대신, 대리, 순번, 차례, 교대, 교제)
	Gen.	vicis	-
	Dat.	-	vícibus
	Acc.	vicem	vices
	Abl.	vice	vícibus

(한동일 지음, 카르페 라틴어 1권, p.68)

vicissátim, adv. = vicíssim

vicíssim, adv. 거꾸로 반대로, 다음 차례로, 교대하여,
　서로 번갈아, 교체하여, 번차례로, 그 대신에, 반면에.
　accípere vicissímque réddere. 받고 대신 갚다.

Vicissim in se habitant, qui continet et qui continetur.
　품고 계신 분과 안겨 있는 사람이 서로 안에 살고
　있습니다.(최익철 신부 옮김, 요한 서간 강해. p.379).

vicíssitas, -átis, f. 변천(變遷)

vicissitudinális, -e, adj. 상응하는

vícissitúdo, -dĭnis, f. 교환(ㄱㄲ만), 서로 바꿈,
　교대(alternátĭo, -ónis, f.), 둘이 번갈아 함,
　변화(μεταβολὴ), 연계적 변화, 순환, 변천, 교체.
　diérum noctiúmque vicissitúdines 밤과 낮이 갈마듦/
　fortúnæ vicissitúdines. 운명의 변천(變遷)/
　Sed hæc omnia necessitatem vicissitudinis continent.
　(⑨ In all this, however, reciprocity is required).
　그러나 이 모든 것에는 호혜성이 필요합니다.

Vicísti. 네가 옳다(대화체에서)

vicomagíster, -tri m. (=magister vici.) 동장, 이장, 구장

Victa = Vica Pota.

víctĭma(=víctŭma), -æ, f.
　희생물, 희생(犧牲), 제물, 제사(祭祀)에 쓰이는 동물.
　traduco víctimas in triúmpho.
　개선 행렬에 포로들을 행진시키다.

victima litávit. 제물이 길조를 나타냈다(lito 참조)

Victímæ Paschali. 파스카의 희생제(노래). 부활 부속가.

Victímæ paschali laudes!(10세기경 부속가)

파스카 희생 어린양을 모두 다 찬미하세!
희생양께 찬미(파스카 희생께 찬미 드려라).

Victímæ paschali laudes immolent Christiáni
빠스카의 희생께 찬미를 드려라, 그리스도인아.

victimárĭus, -a, -um, adj. 희생물에 관계되는, 희생의.
　m. 제관(祭官), 제물상인.

Victis honos. 패자(敗子)에게 명예(名譽)를.
　Gloria victis! 패자에게 영광(榮光)을.

Victis parcendum est. 진 사람들은 용서 해주어야 한다.

victimátor, -óris, m.
　희생 동물을 죽이는 제관, 바치는 제관.

víctimo, -áre, tr. 희생동물을 죽이다, 바치다

víctĭto, -ávi, -átum, -áre, freq., intr.
　생활하다, 살아나가다, 생명을 이어가다.

victor[1] -óris, m. (victrix[1] -ícis, f.)
　승리자, 승전자, 이긴 사람, 정복자.
　Hoc signo victor eris.
　이 표징으로 너는 승리자가 되리라/
　Nemo nisi victor pace bellum mutávit.
　승리자만이 평화로써 전쟁을 변화시켰다/
　ómnium géntium. 세계를 정복한 사람/
　Qui vicit non est victor nisi victor fatetur.(Ennius)
　이겨도 (상대방이) 승자라고 인정해주지
　않으면 승자가 아니다/
　Quod victor victis pepércit, laudándum est.
　승자가 패자들을 용서했다는 것은 칭송할 일이다/
　Victor discéssit. 그는 승리하였다.

Victor Rex, miserére.
　승리자 임금이시여, 우리를 어여삐 여기소서.

victor[2] -óris, adj. 승리의.
　animus libídinis victor. 정신은 정욕의 지배자/
　exércitus victor. 승리한 군대.

victor[3] -óris, m. 로마인의 별명(別名)

victórĭa, -æ, f. 승리(⑨ Victory), 승전, 성과,
　개선(凱旋), 유리한 점, (V-) 승리의 여신(女神).
　Bis vincit, qui se vincit in victoria.(Publilius Syrus).
　승리에서 자신을 이기는 사람은 두 번이기는 것이다.
　　(승리에 취하지 않는 사람이 진정한 승자!)/
　fama ac litteris victoriam concelebro.
　말과 글로 승리(勝利)를 널리 알리고/
　fero victóriam ex alqo. 누구에게 승리하다/
　Hæc est victoria quæ vincit mundum fides nostra.
　세속을 이기는 승리가 우리의 신앙이다/
　infecta victoria. 실패로 돌아간 승리/
　Maria de Victoria. 승리의 성모 마리아/
　rédigi victóriam ad vanum et írritum.
　승리를 수포(水泡)로 돌아가게 하다/
　Refero victóriam. 승리를 안고 돌아오다/
　ubi victoria veritas, ubi dignitas sanctitas, ubi pax
　felicitas, ubi vita æternitas. 거기서는 진리가 승리요,
　거기서는 거룩함이 품위이며, 거기서는 평화가 행복
　이요, 거기서는 삶이 영원이다(교부문헌 총서 15. 신국론. p.19)/
　Victóriæ ergo. 승리 때문에(causá, grátiá 대신에 쓴 ergo도
　명사의 속격과 함께 원인 부사어 노릇을 하는 수가 간혹 있다)/
　Victóribus nihil impedítum est.
　승리자들에게는 곤란한 일이 있을 수 없다.

victória ambígŭa. 의심스런 승리

victoria cursus artis super naturam.
　자연에 대한 기술(학문)의 승리.

Victória multórum sángune cónstitit.
　승리는 많은 사람의 피의 대가로 얻어진 것이다.
　[어떤 것의 값, 가격 또는 가치 등을 표시하는 동사에는 그 가치를
　결정하여 주는 명사(또는 대명사나 명사적 형용사)를 탈격으로 쓴다].

victoria penes patres fuit.
　원로(元老)들에게 유리(有利)한 점이 있었다.

Victoria principii boni de malo et cuiusdam Regni Dei
in terris constitutio.(獨 Der Sieg des guten Prinzips
uber das bose und die Grundung eines Reiches Gottes auf
Erden). 악의 원리에 대한 선의 원리의 승리와 지상에서

하느님 나라의 건설(임마누엘 칸트 지음).[2007.11.30 "Spe Salvi" 중에서].

Victóriæ ergo. 승리 때문에(causa, gratía 대신에 쓴 ergo도 명사의 속격과 함께 원인 부사어 노릇을 하는 수가 간혹 있다)

victóriæ temperáre. 승리한 후 자제(自制)하다

Victóriam conclamant.
그들은 "승리다!"하고 함성(喊聲)을 울린다.

Victóribus nihil impedítum est.
승리자들에게는 곤란한 일이 있을 수 없다.

victoriális, -e, adj. 승리의, 승리에 관한

victoriátus¹ -a, -um, adj.
승리에 상응한, 승리표 붙인, 승리로 얻은, 하찮은 값의.
rhetóres victoriáti. 하찮은 웅변가(雄辯家).

victoriátus² -ícis, n. m. 승리의 여신상을 새긴 돈(5 as의 값)

Victorínus, -i m. 빅토리누

Victoríŏla, -æ, f. 승리의 작은 여신상(女神像)

victoriósus, -a, -um, adj. 승리한

victrix¹ -ícis, f. 여승리자.

victrix² -ícis, adj. 승리한, 승리의, 승리하는.
n., pl. victrícĭa, victrícĭum.
delectátĭo victrix. 승리의 쾌감/
victríces Athénæ. 승리한 Athénœ/
victríces lítteræ. 전승보(戰勝報).

victrix causa. 승리의 원인

victuális, -e, adj. 식량에 관한, 양식에 관한.
n., pl. 식량(食糧), 양식(糧食).

victuárius, -a, -um, adj. = victuális

victum, "vīvo"의 목적분사(sup.=supínum)

Victum erígere, affligo victórem.
패자를 일으키고 승자를 넘어뜨리다.

victum, "vinco"의 목적분사(sup.=supínum),
"vīvo"의 목적분사(sup.=supínum).

victumárius, -i, m. = victimárius

victúrus, -a, -um, p., fut. (vinco, vivo)

victus¹ -a, -um, p.p., a.p. (vinco, vivo)

victus² -us, m. 양식(영 Nourishment), 양곡, 식량,
의식, 생활필수품(ad vivendum necessaria), 생활양식.
Jam diu est, quod victum non dátis!
너희가 식량을 주지 않는지가 벌써 오래 된다/
O fortunátos nimium, sua si bona norint agrícolas!
quibus ipsa procul discórdibus armis fundit humo facilem
victum justíssima tellus. 너무도 복에 겨운 농사꾼들이여,
자기네 복을 알기만 하면 좋으련만! 사람들이 무기를
들고 온갖 불화를 일으키는 중에도, 참으로 의로운
대지의 여신은 흙에서 손쉽게 먹을 것을 주시니···
(성 엽 지음, 사랑만이 진리를 깨닫게 한다. p.395).
temperántĭa in victu. 절식(節食), 절주(節酒).

vícŭlus, -i, m. 작은 마을, 작은 동네, 골목,
촌락(χὼρα-시골의 취락), 마을, 부락.
tam urbes quam viculos et castra flamma consumpsit.
(kai. pa,saj ta,j po,leij auvtw/n ta,j evn tai/j oivki,aij auvtw/n kai.
ta,j evpau,leij auvtw/n evne,prhsan evn puri,) (獨 und verbrannten
mit Feuer alle ihre Städte, wo sie wohnten, und alle
ihre Zeltdörfer) (영 while they set on fire all the towns
where they had settled and all their encampments)
그리고 그들이 살던 성읍들과 고을들을 모두 불태워
버리고(성경 민수 31, 10)/그들이 살던 촌락들과 천막촌들에
불을 질러버렸다(공동번역 민수 31, 10).

vīcus, -i, m. 촌락, 부락, 농장, 전답, 땅, 동네,
마을(κώμη,κώμας), 도시의 한 구역, 거리.
Est péssimus vir in vico.
그는 동네에서 제일 나쁜 놈이다/
Nec in vicum intróieris.
저 마을로는 들어가지 마라.(성경 마르 8, 26)/
vici circa Cápuam. 카푸아 주변 마을들/
vicos pláteasque inædífico. 길과 광장을 막다.

vīcus petræ. 돌의 마을

vide, 원형 vídĕo, vīdi, vīsum, vidére, tr. -예문 emítte 참조
[명령법. 단수 2인칭 **vide**, 복수 2인칭 videte].

Vide Dómine afflictiónem pópuli.
주님, 당신 백성의 괴로움을 쳐다보소서.

**Vide ista, Domine, misericórditer, et líbera nos iam
invocántes te.** 주님, 이런 일을 불쌍히 보시고,
당신께 비는 우리를 건져주소서(고백록 1.10.16).

Vide modo: étiam atque étiam considera.
잘 살펴서 재삼 숙고(熟考)해라.

**Vide quid faciat malórum temporálium timor,
et quanta in eo sit adquisítio malórum æternórum.**
일시적인 악에 대한 두려움이 어떤 결과를 낳으며, 그것이
어떻게 영원한 악의 원인이 되어 버리는지 보십시오.
(이연학 최원오 역주, 아우구스티노의 생애, p.141).

**Videámus quare: vidéte si propter áliud quam propter
caritátem.** 왜 그런지 봅시다. 사랑 말고 다른 이유가
있는지 보십시오.(최익철 신부 옮김, 요한 서간 강해, p.315).

Vídeat Cáritas vestra magnum sacraméntum.
사랑하는 형제 여러분, 이 큰 신비를 잘 보십시오.

valde útilis et necessária. 매우 유익하고 필요한

Vidébunt in quem transfixérunt.
(영 They shall look on him whom they have pierced)
그들은 자기들이 찌른 이를 바라볼 것이다(요한 19, 37).

vidélĭcet, adv. (vidére의 명령법+licet¹)
즉, 곧(εὐθέως,εἰθὺς), 물론,
확실히(sine ulla dubitatióne), 의심 없이(sine dúbio),
말할 것도 없이(가끔 강조, 맹세 표시의 부사와 함께 씀), 아무렴,
(비웃는 뜻으로) 어련하시겠소, 분명히(pro compérto).
Ad præteritam vidélicet ætátem hæ Nostræ respexérunt
Lítteræ, at præsertim in ventúram proténduntur.
이 회칙은 과거를 돌아보았으나 미래로 향하고 있다/
homo vidélicet túmidus. 정말 비겁한 사람.

Vidélicet illum fuísse parcum.
그가 검소했다는 것이 확실하다.

vídĕo, vīdi, vīsum, vidére, tr. 목도하다, 목격하다,
보다(אזָח,הָאָר,רַחַ), 감지하다, 바라보다,
지켜본다, 들여다보다, 지각하다, 깨닫다, 알아차리다,
읽어 알다, 바라다, 선망하다, 미리 알다, 내다보다,
알아보다, 검색하다, 재보다, 잘 생각하다.
(vide ne+subj.) ···하지 않도록 조심하라,
(vide ut+subj.) ···하도록 힘쓰다.
At vide. 제발 ···보아라/
Cum me vidéret, tamen mihi nulla dixit.
그는 나를 보았으면서도 나에게 한마디도 하지 않았다/
De vidéndo Deo. 하느님 관상(413년 히포의 아우구스티노 지음)/
Dómine, ut vídeam, ut áudiam.
주님, 당신을 보고 듣게 하소서/
Et vidit Deus quod esset bonum.
하느님께서 보시니 좋았다/
Étenim audíte, et vidéte.
여러분, 듣고 또 보시기 바랍니다/
firme teneámus quod non vidémus; quia illi núntiant qui
vidérunt. 우리는 보지 못한 것을 굳게 믿읍시다.
본 사람들이 선포하고 있기 때문입니다/
in eo volúmine. ···라는 것을 그 책을 읽고 알다/
Marce, undásne vidére potes?
마르코, 너는 파도를 볼 수 있느냐?/
Nemo est, quin illud vídeat.
그것을 보지 못할 자는 아무도 없다/
Num vides? 너는 보이느냐?(너는 보인단 말이냐?)
(Num···?은 부정적 대답 즉 "아니"라는 대답을 기대하거나 전제할 때에 쓴다)/
Rabbóni, ut vídeam(영 Master, I want to see).
스승님, 제가 다시 볼 수 있게 해 주십시오(성경 마르 10, 51)/
sensus vidéndi, vidéndi facúltas. 시각(視覺)/
Te vidére possum. 나는 너를 볼 수 있다/
ut quod víderit, non vidéret.
그가 눈으로 보고도 깨닫지 못하게/
ut te vidérem et víserem.
너를 보고 내 눈으로 확인하기 위하여/
vide infra! 이하를 보라/

Vide supra! 앞쪽을 보라/

Vide, ne frustrétur. 그것이 실패되지 않도록 조심해라/

Videamus primum decorumne providentia mundus regatur, deinde consulant ne rebus numanis.
먼저 세계가 신들의 섭리에 의해 다스려지는지를.
다음으로 그들이 인간사에 상관하는지를 살펴보자/

Videamus, quid pastores potis sint.
목동들이 무엇을 할 수 있는지 보자/

Videbit quanta fuerit vis illorum verborum felicium.
행운을 담은 저 말마디의 위력이 어느 정도인지
그는 알아볼 것이다.[성 염 지음. 고전 라틴어. p.316]/

Videbo num mihi necesse sit de aliis rebus aliquid dicere. 나는 딴 일을 두고도 무슨 말을 할 필요가
있는지 살펴보겠다.[성 염 지음. 고전 라틴어. p.316]/

Videmúsne, ut púeri áliquid scire se gáudeant?
어린이들이 무엇을 좀 안다고
얼마나 기뻐하는지 보느냐?/

Videat Deus et judicet.
하느님께서 보시고 판단하실 지어다/

Vident lesum ambulantare super mare.
그들은 예수님께서 호수 위를 걸으시는 것을 본다/

Vident lesum ambulantem super mare.
그들은 호수 위를 걸으시는 예수님을 본다(보았다)/

videntibus omnibus. 모두가 참석하여/

Videre jam videor. 벌써 본 것처럼 느껴진다/

Videre te éxpeto. 나는 네가 몹시 보고 싶다/

Vides aliquid? 무엇이 보이느냐?(성경 마르 8, 23)/

Videtur quod non liceat contrarie opinari de notionibus. 인식적 표징들에 대해 상반되는 견해를
취하는 것이 허용되지 않는 것으로 생각 된다/

Videtur quod non sint ponendæ notiones in divinis.
하느님 안에 인식적 표징들을 조정(措定) 하지
말아야 할 것으로 생각 된다/

Videtur sane. 그렇다고 봅니다/

Vidi aquam egredientem de templo, a latere dextro.
물이 성전 우편에서 흘러나옴을 보았노라/

Vidi filĭum non talem, qualis est pater suus.
부전자전이 아닌 아들을 나는 보았다/

Vidistíne amícum. 친구를 너를 보았느냐?

Amicúmne vidísti? 너는 친구를 보았느냐?
(네가 본 것이 친구냐?)(-ne는 문장 중점이 떨어지는 말에
접미어로 그 단어를 보통으로 문장 첫머리에 놓는다. 그리고 이 -ne로써
물어보는 질문의 대답은 "그렇다" 일 수도 있고, "아니다"일 수도 있다)/

vidit bonum esse quod fecit.
자기가 만든 것을 좋다고 본 것/

vidit Deus, quia bonum est.
하느님이 그 만드신 것을 보시니 참 좋았다/

Visurus pertum, in domum introivit.
그는 베드로를 보러 집으로 들어갔다/

video ánimo. 속으로 미리 알다

Video cathedram in qua sedes.[그 의자에 네가 앉아 있으므로
관계대명사는 탈격 in qua. 성 염 지음. 고전 라틴어. p.169]
나는 네가 앉아 있는 의자를 본다.

video diem. 살아 있다

Video dona quæ portas.[선물은 관계문 속의 동사 portas의 목적어
이므로 관계대명사는 복수 대격 quæ. 성 염 지음. 고전 라틴어. p.169]
나는 네가 가져오는 선물들을 본다.

Video eum, sed non modo; intueor illum, sed non prope. 나는 한 모습을 본다. 그러나 지금은 아니다.
나는 그를 바라본다. 그러나 가까이는 않다(성경 민수 24, 17).

video glórĭam. 영광을 바라보다

Video hortum de quo dicebat agricola.
[관계문에서 농부가 정원에 관해서 얘기하므로 관계대명사는
탈격 de quo. 성 염 지음. 고전 라틴어. p.169]
나는 농부가 그에 관해서 얘기하는 정원을 본다.

Video igitur(tempus) quandam esse distentionem.
시간이란 그 어떤 연장 같이 생각됩니다(고백록 11. 23).

video in futúrum. 미래를 내다보다

**Video ita esse faciendum et jam antea fecissem,
sed me multa impediverunt.** 나는 그렇게 해야 한다는

것을 알며, 전에 벌써 그렇게 할 수도 있었으리라. 하지만
많은 것들이 (그렇게 하지 못하게) 나를 가로막았다.

Video lupum. 난 늑대를 본다.

Video meliora proboque, deteriora sequor. 더 나은 것을
인정하면 더 나쁜 것이 따라 오는 것이 보인다/
나는 무엇이 더 좋은지 알고 확인까지 한다. 그렇지만
(정작) 더 못한 것을 따르고 만다[성 염 지음. 고전 라틴어. p.280].

Video milites quibus dicis "Salvete".[네가 군인들에게(간접
목적어) 말을 붙이고 있으므로 관계대명사는 복수여격 quibus].
나는 네가 그들에게 "안녕하세요?" 라고
말을 붙이는 군인들을 본다.

Video puellam cui dicis "vale!". 나는 네가 그녀에게
"안녕?" 이라고 말을 붙이는 아가씨를 본다.

Video puellam quæ ambulat in horto.
나는 정원에서 산책하는 소녀를 본다.

Video puellam quam amavisti.[관계문에서. 너희가 아가씨를 사랑
했으므로 목적어인 관계대명사는 대격 quam. 성 염 지음. 고전 라틴어. p.169].
나는 너희가 사랑했던 아가씨를 본다.

Video puellas quæ fabulam narrant.
[소녀들은 관계문 속에서 동화를 얘기하는 주체이므로 관계대명사는
복수주격 quæ. 성 염 지음. 고전 라틴어, p.169].
나는 동화를 얘기하고 있는 소녀들을 본다.

Video púeros ludéntes.
나는 아이들이 놀고 있는 것을 본다

Video, púeros lúdere. 나는 아이들이 놀고 있는 것을 본다.

Video púerum cui fabulam narravisti.
[관계대명사가 여격으로 나오면. 선행사가 관계문 속에 있는 동사의 간접 목적어
역할을 하는 것으로 번역한다. 성 염 지음. 고전 라틴어. p.166].
네가 (그에게) 동화를 들려주던 소년을 나는 본다.

Video púerum Cujus matrem heri vidisti.
[관계대명사가 속격으로 나오면. 주문에 들어 있는 선행사가 관계문 속에서
속격 부가어 역할을 하는 것으로 번역한다. 성 염 지음. 고전 라틴어, p.166].
네가 어제 어머니를 만난 그 소년을 지금 나는 본다.

Video púerum de quo narravisti.[관계대명사가 전치사와 함께 쓰인
경우는. 관계문 속에서 동사나 다른 품사의 부사어 역할을 하는 것으로 해석한다]
네가 이야기하던 소년을 나는 지금 보고 있다.

Video púerum Quem vidi heri.[관계대명사가 대격으로 나오면.
관계문 속에서 선행사가 동사의 직접 목적어 역할을 하는 것으로 해석한다]
내가 어제 본 소년을 지금 또 본다.

Video púerum Qui fabulam narrat.
[관계대명사가 주격으로 나오면, 관계문 속에서 관계대명사가
주어 노릇을 하는 것으로 번역한다. 성 염 지음. 고전 라틴어. p.166]
나는 동화를 이야기하는 소년을 본다.

Video servos quos misisti.
나는 너희가 보낸 종들을 본다.

video susúrros. 수군거리는 소리를 듣다

Video te audax facinus facere ausum esse.[반탈형동사 문장]
내 보기에 너는 그 대담한 악행을 감행하였다.

Video te trementum. (나는 벌벌 떠는 너를 본다)
이제 보니 너 떨고 있구나.

Video telum quod portas.
나는 네가 들고 있는 창(槍)을 본다.

Video (videbam, vidi, videbo) te ridentem.
나는 웃고 있는 너를 본다(보았다, 보겠다).

Video (vidi, vidébo) te légere.
(주문의 시칭과 동시적인 것을 표시하기 위해서는 현재부정법을 쓴다).
나는 네가 읽고 있는 것을 본다(보았다, 보겠다).

Video viros quorum filias servaverunt nautæ.
[관계문에서. 그 남자들의 딸들을 사공들이 살려주었으므로 복수 속격 quorum].
나는 사공들이 그들의 딸들을 살려준 남자들을 본다.

vídeor, vísus sum, vidéri, pass. (video의 수동) 보이다;
보이다, 눈에 띄다; dep. intr. …처럼 보이다, …것 같다;
impers. 비슷하게 보이다; 적절하게 보이다.

Illórum mors beáta vidétur.
그들의 죽음은 행복하게 보인다/

Mihi útile vidétur hanc rem cónfici.
이 일이 완성되는 것은 유익하다고 나는 생각 한다/

Mihi vidétur fore, ut linguam Latínam bene discas.
나는 네가 Latin어를 잘 배울 것으로 생각한다.
(연계동사로서의 vidéri가 감정을 표시하는 비인칭동사의 부정법으로 또는
대용 미래부정법인 fore ut; futúrum esse ut을 지배하거나 또는 대격
부정법의 주어문을 가지는 부설명어적 단수 중성 형용사의 연계동사로
사용되는 경우이다. 허창덕 지음. Syntaxis Linguæ Latínæ. p.333)/

Mihi vidétur te pænituísse erráti tui.
내게는 네가 네 잘못을 뉘우친 것같이 보인다/
"Vidétur" inquam. "유죄"라고 사료된다(가벼운 판결 선언).

Videor mihi debitum ingentis huius operis
adiuuante Domino reddidisse. 이렇게 해서 나는
하느님의 보우하심에 힘입어 이 거창한 저작이라는
빚을 갚은 듯하다(신국론 끝부분 교부문헌 총서 17, 신국론, p.2731).

Vides Trinitatem si caritatem vides.
(獨 If you see love, you see the Trinity)
사랑을 보면 삼위일체를 본 것입니다(Augustinus).

videte. 원형 vídeo, vīdi, vīsum, vidére, tr.
[명령법. 현재 단수 2인칭 vide, 복수 2인칭 videte].
Videte antichristos. 그리스도의 적들을 보십시오.
Videte canes, videte malos operarios.
개들을 조심하시오. 나쁜 일꾼들을 조심하시오(필립 3. 2).
Videte ipsum Ioannem servantem humilitatem.
요한 자신이 지닌 겸손을 보십시오.
Videte manus meas et pedes.
내 손과 내 발을 보아라(루카 24. 39).
Videte, ne quis sciat.(獨 See that no one knows about
this). 아무도 이 일을 알지 못하게 조심하여라(마태 9. 30).
Videte, ne seducamini(獨 See that you not be deceived)
여러분은 속지 않도록 조심하시오(200주년 기념 신약)
너희는 속는 일이 없도록 조심하여라(성경 루카 21. 9).
Videte qua diffundat corpus suum, videte ubi se
calcari non vult. 어디까지 그분의 몸이 퍼져 나가는지
보십시오. 어디서 당신이 짓밟히기를 원치 않으시는지
보십시오.(최익철 신부 옮김, 요한 서간 강해, p.459).
Videte qualibus litteris scripsi vobis mea manu.
보십시오, 내가 직접 이렇게 큰 글자로 여러분에게 씁니다.
Videte quia sola discernit, videte quia facta hominum
sola distinguit. 오직 사랑만이 식별하고, 사랑만이 인간의
행동을 구별한다는 점을 알아두십시오.
Videte quid sequatur. 이어지는 말씀을 보십시오.
Videte, quoad fecerit iter, apertius.
그가 어디까지 갔는지 똑똑히들 보아라.
Videte si ille videt, quo animo faciatis.
그분께서 보고 계시다면, 어떤 정신으로 행동할 것인지
생각해 보십시오.(최익철 신부 옮김. 요한 서간 강해, p.365).
videte si propter aliud quam propter caritatem.
사랑 말고 다른 이유가 있는지 보십시오.
vīdi, 원형 vídeo, vīdi, vīsum, vidére, tr.
[직설법 현재완료. 단수 1인칭 vidi, 2인칭 vidisti,
3인칭 vidit,
복수 1인칭 vidimus, 2인칭 vidistis, 3인칭 viderunt]
Vidi Aquam. 비디 아쾀(물을 보았노라)(부활시기 살수撒水 예절
노래. 주일미사 때 행하는 살수 예절에 보통 때는 Asperges me를 노래하지만
부활시기에는 그 대신 Vidi Aquamdmf 노래한다. 가사 말은 에제키엘서 47장
의 말씀에서 꾸몄다. 백민관 신부 엮음. 백과사전 3, p.751).
Vidi áquam egrediéntem de témplo,
a látere déxtro, allelúja:
Et ómnes, ad quos pervénit áqua ista,
sálvi fácti sunt et dícent, allelúja.
Confitémini Dómino, quóniam bónus:
quóniam in saéculum misericórdia éjus.
성전으로부터 물이 흘러나와 우편으로 흐르는 것을
내가 보았도다 알렐루야
이 물이 닿는 모든 사람들은 구원을 받았도다.
그들은 외치리라. 알렐루야.
주께 아뢰라. 그는 선하시며,
그의 자비는 영원하시기 때문이다.
[황치헌 신부 지음, 미사 통상문을 위한 라틴어, pp.519~522].
(獨 I saw water flowing from the temple, on the right side, alleluia:
And all to whom that water have been saved, and they will say, alleluia.
Worship the Lord, for he is good: for his mercy is forever.
Vidi ego et expertus sum zelantem parvulum.
나는 어린이가 질투하는 것을 목격하고 체험하였습니다.
Vidi hodie puellam per quam mihi miseras epistolam
tuam.[선행사를 받는 관계대명사가 관계문 속에서 어떤 부사어 노릇을 할 때에는
관계대명사는 전치사와 더불어 쓰며, 그 전치사가 요구하는 격을 취한다]

네가 그녀를 통해 편지를 나한테 보냈던
그 소녀를 오늘 보았다.
네가 그 편에 편지를 보낸 그 아가씨를 난 오늘 보았다.
Vidimus, et testes sumus.
우리가 보았고, 우리가 증인입니다.
Vidistíne amícum? 너 친구를 보았니?/
Amicúmne vidísti? 친구를 보았니?(네가 본 친구였니?)
Vidistine avum tuum proficisci?
네 할아버지께서 출발하시는 것을 보았니?
vídua, -æ, f. (víduus) 과부(singularis, -is, f.),
미망인(未亡人), 수절녀(守節女), 결혼하지 않은 여자.
Ad viduam juniorem. 젊은 과부에게(크리소스토무스 지음)/
De viduis. 과부들에 대하여(성 알브로시오 지음)/
et hæc vidua usque ad annos octoginta quattuor.
(獨 and then as a widow until she was eighty-four)
여든네 살이 되도록 과부로 지냈다(성경 루카 2. 37).
vidua implexa luctu contínuo.
계속 되는 슬픔 속에 잠겨있는 과부(寡婦).
viduális, -e, adj. (víduus) 미망인의, 과부의
viduátus, -us, m. (víduo) 홀아비, 과부생활
vidúbium = vidúvium
viduértas, -átis, f. (víduus) 궁핍(窮乏), 재앙
vidúĭtas, -átis, f. (víduus) 궁핍(獨 Needy), 결핍, 부족,
빼앗긴 상태, 홀아비, 환거(홀아비로 삶), 과부생활, 과부처지.
De bono viduitatis. 과부 신분의 유익함(성 아우구스티노 지음)/
et surgens abiit: depositoque velo, induta est
viduitatis vestibus. (kai. avnasta/sa avph/lqen kai. periei,lato
to. qe,ristron avfV e`auth/j kai. evnedu,sato ta. i`ma,tia th/j
chreu,sewj auvth/j) (獨 Und sie machte sich auf und ging
hinweg und legte den Schleier ab und zog ihre
Witwenkleider wieder an) (獨 When she went away,
she took off her shawl and put on her widow's garb
again) 그는 일어나 돌아가서 쓰고 있던 너울을 벗고
다시 과부 옷을 입었다(성경 창세 38. 19)/그는 돌아가
너울을 벗고 과부 옷차림으로 바꾸었다(공동번역).
vídŭlus, -i. m. 가죽가방, 물고기 어항
vídŭo, -ávi, -átum, -áre, tr. 과부(寡婦)가 되게 하다.
viduata manuum. 손이 잘린 여자.
viduo urbem cívibus. 도시를 빈 상태로 만들다
vidŭus, -a -um, adj. 혼자된 과부의, 홀아비의, 짝 잃은,
…을 빼앗긴, 여읜, 없어진, 결핍된, 비게 한.
m. 홀아비. f. 과부(寡婦.mulier vacua).
viduus domus. 주인을 잃은 집
viduus manus. 과부(寡婦)의 손
vidúvium, -i, n. 과부 살이, 홀아비 노릇, 환거(鰥居).
Viénna, -æ, f. 비엔나.
Concilium Viennense. 비엔나 공의회(13115.10.16.~1312.5.6.).
Viennénses, -ĭum, m., pl. 비엔나 주민.
Viennénsis, -e, adj. 비엔나의.
víĕo, -étum -ére, tr. 구부리다, 엮다(חסד), 짜다(גרז),
잡아매다, 잇다, 꼬다, 뜨다(編), 등(藤)으로 걷다.
viésco, -ere, intr. 마르다(בגנ.בגנ), 시들다(אהל.לקל)
viétor, -óris, (viétrix, -ícis,) m., f. vitor 채롱 제조인
viétus, -a, -um, p.p., a.p. 낡거나굿한, 시든, 퇴색한,
과실이 너무 익은, 지나친, 뭉크러진, 엮은.
vigens, vigentis, adj. (獨 active, vigorous
vigénti = vigínti
vigentior, -or -us, adj. (獨 active, vigorous
vigentissimus, -a, -um, adj. (獨 active, vigorous
vígĕo, -gŭi -ére, intr. 원기 왕성하다, 성(盛)하다,
힘 있다, 건강하다, 건강하다, (초목이) 싱싱하다,
무성(茂盛)하다, 번성(번창.유행)하다.
vigésco, -ere, intr., inch. 힘세다, 힘내다, 건강하게 되다,
무성(茂盛)해지다, 성(盛)해지다.
vigésĭmus = vicésimus 스무 번째의, 제20, 20분의 1.
fere usque vigesimum quintum ætatis suæ annum.
거의 25세에 이를 무렵까지.
vigéssis = vicéssis

vigésumus, -a, -um, adj. = vicésimus

vigíduus, -a -um, adj. 힘 있는, 싱싱한, 생생한

vǐgil, -ílis, adj. 잠자지 아니하는, 깨어있는,
잠 안자고 지키는, 주의를 기울이는, 수직하는.
vígilem noctém capéssere. 철야 숙직하다.
m., pl. vigíles, vigíum.

vigil ignis. 밤낮 꺼지지 않게 간수하는 불

vigilábǐlis, -e, adj. 깨어 있는, 정신 차리고 있는, 수직하는

vigilans, -ántis, p.prœs., a.p. 깨어있는, 수직 하는,
정신 차리고 있는, 주의 깊은, 경계(警戒)하는,
Hic vigilans somniat. 이 사람이 백일몽을 꾸고 있다.

vigilánter(=vigiláte) adv.
주의 깊게, 조심스럽게, 경계하여, 끊임없이.
Vigilate et orate ut non intretis in tentatiónem.
유혹에 빠지지 않도록 깨어 기도하라.(마태 26. 41)/
Vigilate itaque, quia nescitis diem neque horam.
(grhgorei/te ou=n(o[ti ouvk oi;date th.n h`me,ran ouvde. th.n w[ran)
(獨 Darum wachet! Denn ihr wißt weder Tag noch
Stunde) (영 Therefore, stay awake, for you know neither
the day nor the hour)(마태 25. 13) 그러니 깨어 있어라. 너희
가 그 날과 그 시간을 모르기 때문이다(성경)/그 날과 그
시간은 아무도 모른다 그러니 항상 깨어 있어라(공동
번역)/그러니 여러분은 깨어 있으시오. 여러분은 그 날과
그 시간을 모르기 때문입니다(200주년 신약성서 마태 25. 13)/
Vigilate omni tempore orantes. 늘 깨어 기도하라.

Vigilanti cura. 깨어 있는 관심(교황 비오 11세 회칙 1936.6.29.)

vigilántia, -æ, f. 철야하는 습성, 경계, 수직(守直),
끊임없는 주의(注意), 깨어있음(영 Vigilance).
De vigilantia pastorali. 사목적 배려에 대하여/
Vigilantiæ studiique. (레오 13세의 소칙서. 1902.10.30.)
성서연구를 위한 위원회 설립에 관하여.

Vigilantissime respondisti. 아주 신중한 대답이다.

vigilátǐo, -ónis, f. 깨어있음, 수직, 경계, 주의, 불면증

vígǐlax, -ácis, adj. 늘 조심하는, 늘 근심하는,
마음 쓰는, 항상 경계하고 있는, 항상 깨어 있는.

vigǐlia, -æ, f. (vigilǐum, -i, n.) (영 Wake Service.
獨 Nachtwache] 철야, 불침, 깨어 있음,
야간 숙직(자), 수직, 보초, 야번, 야시(밤을 4시로 나눔),
전일, 축제의 전야(제), de tértia. 밤의 제3시에(자정)/
primā vigíliā. 밤 제1시에(저녁 6시)/
Quam multi vocantur vigiles, qui tota nocte dormiunt?
파수꾼이라 불리지만 밤새 잠만 자는 파수꾼은 또
얼마나 많습니까?.(최익철 신부 옮김. 요한 서간 강해. p.197)/
vigílias ágere ad ædes sacras.
신전(神殿) 근처를 야간 숙직하다.

vigilia nocturna. 밤중 철야

vigilia Paschalis.(영 Easter Vigil.獨 Osternacht)
부활전야, 부활성야(Vigilia paschalis).

vigilia paschalis in nocte sancta*
부활 성야(復活聖夜.영 Easter Vigil).

vigiliárǐum, -i, n. 파수막, 망루(望樓), 정찰소(偵察所)
감수(監守)의 집, 망루의 모양을 한 작은 무덤.

vígǐlo, -ávi, -átum, -áre, intr. 깨어있다, 불침번을 서다,
잠자지 않다, 수직하다, 보초 서다, 경계하다.
tr. 정성 들여 …하다, 잠 안자고 …하다.
óculi vigilántes. 경계하는 눈/
noctes vigilántur. (詩) 밤을 지새다/
Vigilandum est semper ; multæ insidiæ sunt bonis(Accius)
늘 경계해야 한다. 좋은 일에는 간계가 많다.
(호사다마好事多魔)/
vigilántes curæ. 잠 안자고 마음 씀/
vigilátum carmen. 밤새며 지은 노래/
Vigilate dum vos omni tempore oretis.
늘 기도하면서 깨어 있어라.
Vigilate omni tempore orantes.(루카 21. 36)
늘 깨어 기도하여라(성경)-늘 간구하면서 깨어 지키시오(200주년 성서).

vigínti, indecl., num. 스물(20), 이십(20),
Apud Traumenum lacum Hannibal quindecim milia

Romanorum cecidit, sex milia cepit, cum tribus et
viginti militaribus signis, decem milia fugavit.
트라수메누스 호수 근처에서 한니발은 로마인 1만
5천명을 죽였고 6천명을 사로잡았는데 23개의
군기도 있었으며, 1만 명을 패주 시켰다/
De viginti restábam solus.
그 당시 스무 명 중에서 나 혼자 살아남았다/
Et occisi sunt viginti quattuor milia hominum.
(kai. evge,nonto oi` teqnhko,tej evn th/| plhgh/| te,ssarej kai.
ei;kosi cilia,dej) (獨 Es waren aber durch die Plage
getötet worden vierundzwanzigtausend) (민수 25. 9)
(영 but only after twenty-four thousand had died)
그 재난으로 죽은 이들은 이만 사천 명이었다(성경)/
intra viginti annos. 20년 이내로.

Viginti milia tironum conscribemus ; duas quintas
militum partes Cornelius in Hispaniam ducet,
tres quintas Italicas oras defendunt. 우리는 신병(新兵)
20,000명을 징집할 생각이다. 그 중 병사 5분의 2는
코르넬리우스가 히스파니아로 인솔해 갈 것이고,
5분의 3은 이탈리아 국경을 수비하게 될 것이다.

vigintisevir(vigintisexvir), -viri, m. 26인 위원회 회원

vigintívǐr, -viri, m. 20인 위원회 회원,
부관, 구역장, 경찰위원회 회원.
m., pl. vigintíviri, -órum, 20인 위원회.

vigintivirátus, -us, m. 20인 위원회

vigo, -ěre, intr. = vígeo

vǐgor, -óris, m. 힘(δνΰαμις.영 Power), 기력,
생명력(vis vitalis), 생기(vitalis spiritus), 원기,
활력(活力), 정력, 열정, 정신력(精神力), 강장력.
Meus honor est honor universalis Ecclesiæ.
Meus honor est fratrum meorum solidus vigor.
전체 교회의 영예가 나의 영예(榮譽)이다.
내 형제들의 견고한 세력이 나의 영예이다.

vigore specialǐum et extraordinariarum facultatum.
특수 권한이나 예외적 권한(權限).

vigorósus, -a, -um, adj.
힘 있는, 원기 왕성한(integer viribus).

vigul(pl. vigúlum) =vigil

vila, -æ, f. = villa

vile, adv. 싸게, 천하게

vilefácǐo, -ěre, tr. 경시하다, 경멸하다, 하찮게 여기다

vilésco(=vilísco), -lŭi -ere, inch., intr. 값이 싸지다,
가치를 잃다, 하찮게 되다, 천하게 되다.
Exhorresce quod minatur Omnipotens, ama quod
pollicetur Omnipotens; et vilescit omnis mundus, sive
promittens, sive terrens. 그대는 전능하신 분께서 위협
하시는 것을 두려워하고, 전능하신 분께서 약속하시는
바를 사랑하십시오. 그러면 온 세상이 약속하든 위협
하든 하찮아질 것입니다.(최익철 신부 옮김. 요한 서간 강해. p.181).

vilicátǐo, -ónis, f. 농장관리, 도지(賭地)

vilico¹ -ávi, -átum, -áre, (vilicor, -ári, dep.) intr.
농장 관리하다, 농장관리인 노릇하다.

vílǐco² -ónis, m. (농장의) 관리인, 지배인.

vílǐcus, -a, -um, adj. 농장의 도지의.
m. 소작인(小作人), 농장 관리인.
f. 여자 농사꾼, 여자 농장 관리인, 여자 지배인.

Vilicus postremus cubitum iit.
별장지기는 마지막에야 자러 갔다.

vilífǐco, -áre, tr. 경멸(輕蔑)하다, 얕보다

vilipéndo, -ěre, tr. (vilis+fácio) 과소평가하다, 얕보다

vilis, -e, adj. 싼, 헐값의, 염가의, 값어치 없는, 천한,
쓸모없는, 평범한, 흔한, 저속한, 야비한.
De vili æstimatione sui ipsius in oculis Dei.
하느님 앞에서 자기를 천히 생각함/
fruméntum vílius. 값싼 보리/res vilíssimæ. 헐값의 물건.

Vilis amicorum est annona. 친구 사귀는 대가는 싸다.

vilisco = vilésco

vilǐtas, -átis, f. 염가(廉價), 싼 값(sallubre pretĭum),

무가치, 비천, 저속, …을 천하게 여김.

vilitas annónæ. 곡가의 하락

vilitas sui. 자기 자신을 천하게 생각함

vílito, -áre, tr. 값을 낮추다, 과소평가하다

villa, -æ, f. 별장(別莊), 농장, 소작지, 장원(莊園),
　전장(田莊-개인이 소유하는 논밭), 농막(農幕-농사짓는 데 편리
　하도록 논밭 근처에 간단하게 지은 집), 공공건물.
　Cum ad villam veni, hoc ipsum nihil ágere me deléctat.
　　나는 별장에 올 때마다 아무것도 하지 않는다는
　　바로 이것이 즐겁다/
　Illam villam magni æstimáverant.
　　그들은 저 별장을 대단한 것으로 여긴다/
　villam suam ab *algo* recupero.
　　자기 별장을 누구한테서 도로 찾다.

Villa abundat gallinis, lacte, caseo et malle.
별장에는 암탉과 우유와 치즈와 꿀이 풍성히 있다.

Villa non tota ad animum ei respónderat.
별장이 그의 마음에 꼭 들지는 않았다.

villa publica. 연병장에 있는 공공건물,
대사들을 맞는 시골 영빈관.

Villa referta erat magna copia frugum.
별장에는 곡식이 가득하였다.[동사와 똑같이 필요와 풍족.
기쁨과 슬픔. 소원(疏遠), 이용을 나타내는 여러 형용사는 그 대상물을
탈격으로 나타내거나 속격을 쓰기도 한다.

villa rustica. 노예거주 농장(農場)

villa urbana. 주인거주 농장(農場)

víllica, -æ, f. 여자 농사꾼, 시골여자.
　ad reatiónem víllicum revoco.(revoco 참조)
　　마름으로 하여금 셈해 바치게 하다.

villósus, -a, -um, adj. 털 많은, 털 덮인.
　villosíssimus, arbor villosior. 가지가 많은 나무.

víllula, -æ, f. 작은 별장, 작은 농원

villum(=vínulum), -i, n. 소량의 포도주

villus, -i, m. 털, 모발, 양의 긴 털, 털 묶음. (植) 이끼.

vim affero. 폭력을 가하다, 폭행(暴行)하다

vim obligandi. 구속력(拘束力)

vímen, -mínis, n. 가는 나뭇가지, 버들가지,
　굽은 나무, 버들 묘목, 등(藤) 넝쿨.

viméntum, -i, n. 나뭇가지 숲, 사립짝, 울짱

viminárius, -a, -um, adj. 버들 광주리장사

Vimpa, -æ, f. 어깨 포(주교 지팡이, 주교관을 받들 때 복사가 사용.
백민관 신부 엮음, 백과사전 3, p.756).

vĭn = visne? 원하느냐?(volo를 보세요)

Vin'(=Visne) ad te ad cœnam véniam?
나 너의 집에 저녁 먹으러 갈까?

vina apposita. 상에 나온 술

vina medicáta, -órum, -n, pl. (藥) 주제(酒劑)

vina plumbea. 품질 나쁜 포도주.
　[temetum, -i, n. 순수한 포도주(merum, -i, n.)].

vina rubentĭa. 붉은 포도주(plumbea vina. 막 포도주)

vina veteraria. 오래 된 포도주.
　[merum, -i, n. 순수한 포도주(temetum, -i, n.)].

vinácĕa(vinácĭa), -æ, f. 포도 찌꺼기.

vinácĕum(-ĭum) -i, n. 포도 씨, 포도껍질, 단지, 병.
　pl. 포도찌꺼기.

vinácĕus, -a, -um, adj. 포도주의, 술의, 술 찌꺼기의.
　m. 포도 씨, 포도 찌꺼기, 껍질.

vinaria cella, -æ, f. 식료품 저장실(cella penaria)

vinariárĭa, -æ, f. 포도주 양조장, 포도주 양조기술

vinariárĭus, -i, m. 포도주 상인(商人)

vinárĭum, -i, n. 포도주 그릇, 술 단지

vinárĭus, -a, -um, adj. 술의, 포도주의, 포도주에 관한.
　m. 포도주 장수, 술상인, 주정뱅이.

vincapervínca, -æ, f. (植) 여러해살이 자색 꽃나무,
마삭 나무과의 상록관목.

vincénter, adv. 승리자 모양으로, 의기양양하게

Vincentius, -i m. 빈첸시오(원선시오)

vincere, 원형 víncĭo, vinxi, vinctum, -íre, tr.
　[명령법. 수동형 현재 단수 2인칭 vincere,

복수 2인칭 vincimini].

Vincere cor proprium plus est quam vincere mundum.
마음을 정복하는 것이 세상을 정복하는
것보다 더 특별한 것이다.

vincíbĭlis, -e, adj. 이길 수 있는, 승리의,
극복(克服)할 수 있는, 설득력(說得力) 있는.

víncĭo, vinxi, vinctum, -íre, tr. 매다(フ੦੮੮,フ੦੮੮),
　엮다(ਹਠਹ), 묶다(フ੦フ,フ੮フ,フ੮フ,ਨਹਠਹ,ਹ.ਨਨਆ),
　결박하다, 졸라매다, 얽매다, 가두다, 투옥하다,
　포위하다, 사로잡다, 흘리다, 마술 걸다, 마비시키다.
　post terga manus víncire. 손을 뒤에 묶다/
　vinctus somno. 잠에 빠져서.

vincio civem Románum. 로마 시민을 투옥하다

Vincio tempora novis floribus.
이마를 새 꽃으로 두르다.

víncipes, -pĕdis, m. 발 묶인 자

vinco, vici, victum, víncĕre, tr. (전쟁에서) 이기다.
　정복하다, (쟁의에서) 승소하다, 이겨내다, 압도하다.
　능가하다, 제어(制御)하다, 극복(克服)하다, 보여주다.
　pass. 지다, 패배하다.
　Esse ita vincam. 그렇다는 것을 증명해 보이겠다/
　Etiam atque etiam considerate, quia juvenes estis:
　pugnate, ut vincatis: vincite, ut coronemini.
　　여러분이 젊은이라는 것을 깊이 생각하고 또
　　생각하십시오. 이기기 위해서 싸우고 월계관을 쓰기
　　위해서 이기십시오.(최익철 신부 옮김. 요한 서간 강해. p.127)/
　In omni re vincit imitatiónem veritas.
　　모든 일에 있어서 사실은 모방을 이긴다/
　judícium vinco. 재판(裁判)을 이기다/
　Noctem flámmis funália vincunt.
　　햇불이 불꽃으로 밤을 밝힌다/
　Omnia vincit amor. 사랑은 모든 것을 이긴다/
　Omnia vincit labor. 노동(수고)은 모든 것을 이겨 낸다/
　Quis vincet? Qui donum accéperit.
　(ⓔ Who will win? The one who welcomes the gift)
　　결국 누가 승리하겠습니까? 그 선물을 받아들일 줄
　　아는 사람이 승리자가 될 것입니다/
　Rátio omnia vincit. 이치(理致)가 모든 것을 이겨 낸다/
　Si ii vicissent, intellegebam quam crudelis esset futura
　victoria. 만에 하나라도 그들이 승리했다면, 그 승리가
　얼마나 잔인한 것이 되었을지 나는 잘 알고 있었다.
　　[이중 복합 조건문. [성 염 지음. 고전 라틴어, p.353]/
　Vicísti. 네가 옳다(대화체에서)/
　Victos ab omnibus bonis spoliaverunt. 그들은 패자들에
　게서 전 재산을 빼앗아 버렸다.
　[분리, 제거, 결여, 박탈, 면제, 부재, 혹은 단념을 뜻하는 동사는
　전치사 ab, ex와 함께, 혹은 전치사 없이 탈격을 취하는다]/
　Vincit Crux. 십자가는 승리한다.
　(1937.9.5. 초대 연길교구장 브레허 주교 사목 표어)/
　Víncite, si ita vultis. 너희 마음대로 해라(대화체에서)/
　Vincor ut credam. (내 의견을) 굽히고 믿게 되었다.

vinco Gálliam bello. 전쟁으로 Gállia를 이기다

vinco iram. 분노(忿怒)를 참다

Vinco muliercúlam mollítia.
부드러움에 있어서 여자를 능가(凌駕)하다.

vinctim, adv. 하나로 꽁꽁 뭉쳐서

vínctĭo, -ónis, f. 연계(連繫), 맺음, 뭉침, 매듭, 묶음,
결박(結縛), 구두끈, 질식(窒息), 압박(壓迫).

vinctor, -óris, m. 연결자(連結者), 합치는 자

vinctúra, -æ, f. 맺음, 묶음, 결박, 속박, 매듭, 연결

vinctus, -us, m. 구속(拘束-속박), 묶음, 묶는 것, 관계.
단속(團束), 속박(束縛), 사슬, 실, 끈.

vinculátus, -a, -um, adj. 꼬인

vínculo, átum, -are, tr.
　묶다(ਹ.ਨਨਆ.ਹਠਹ.フ੮フ,フ੮フ), 잡아매다.

vínc(ŭ)lum, i, n. 끈, 밧줄, 줄, 쇠사슬, 사슬, 족쇄,
포승줄, 관계(獨 Verhältnis), 인연(因緣), 구속력,
유대(紐帶-ⓔ Solidarity), 속박(束縛), pl. 감옥,
Impédiunt víncula pedes. 발이 사슬에 묶인다/

beneficii vinculis obstrictus. 크게 신세진/
córporis víncula 혈육유대, 신체의 속박(束縛)/
defensor Vinculi.
　(교구 또는 관구 재판소의) 혼인 보호관(수호관)/
eximo *alqm* ex vínculis. 감옥에서 빼내다/
habeo *alqm* in vínculis. 감옥에 가두어 두다/
in unitatem concordem pacis vinculo.(중세철학 제3호. p.26)
　평화의 사슬로 묶이는 합심하는 일치/
in víncula conjéctus. 감옥에 갇히다/
in vinculis. 사슬에 묶인 몸으로/
lex vinculum humanæ societatis.
　법률이란 인간 사회를 유지하는 결속/
Nostrórum absolve víncula peccátórum.
　우리 죄의 사슬을 풀어주소서/
sacramentum pietatis, signum unitatis, vinculum caritatis
(⑨ a sacrament of love, a sign of unity, a bond of
charity!) 사랑의 성사요 일치의 표지이며 애덕의 끈/
Vincula abrumpit equus. 말이 고삐들을 끊어버리곤 한다/
víncula concórdiæ. 단합을 유지하는 유대(紐帶)/
víncula pública. 형무소, 감옥(φυλακή), 감방(監房)/
vinculis ecclesiastici regiminis. 교회 통치의 유대.
vinculum ad astringendam fidem.
　약속을 지키게 하는 결연(結緣).
vinculum amoris. 사랑의 고리(밧줄)
Vinculum amoris est idem velle.
　같은 것을 좋아하는 것이 사랑의 유대이다.
vinculum charitátis. 사랑의 끈
vinculum consuetudinis. 습관의 밧줄
vinculum matrimoniale. 혼인 유대(婚姻紐帶)
vinculum matrimonii. 혼인의 결연
vinculum matrimonii perpetuum. 영속적인 혼인유대.
vinculum natúrale. 자연적 혼인 유대(⑨ natúral bond).
**Vinculum revera exstat altum inter Verbum Dei et
Eucharistiam.**(⑨ There is an intrinsic bond between the
word of God and the Eucharist.)
　하느님의 말씀과 성찬은 본질적 결합을 이룹니다.
vinculum sacramentale(⑨ sacramental marriage).
　성사적 혼인 유대.
vinculum sacrum 거룩한 유대(紐帶), 성스런 유대
vinculum substantíale. 실체적인 사슬
vindémĭa, -æ, f. 포도 추수, 포도 추수기, 포도 알,
　포도송이, (올리브, 꿀 따위) 수확(收穫), 추수(秋收).
vindemiálĭa, -órum, n., pl. 포도 수확 축제(祝祭)
vindemiális, -e, adj. 포도 수확의
vindemiátor(=vindemítor) -óris, m. 포도 따는 자,
　포도 수확인(收穫人). (天) 처녀성좌의 한 별.
vindemiatorĭus, -a, -um, adj. 포도 수확하는 자의.
vindémĭo, -áre, intr., tr. 포도를 따다(거두다,
　수확하다), 학대(虐待)하다, 부패(腐敗)시키다.
vindemíŏla, -æ, f. 소량의 포도 수확, 소량의 비축
vindex[1] -dícis, f., m. 보증인(保證人), 증인(證人),
　변호인(⑨ counsel.프 conseil), 보호자(προστάτις),
　수호자(守護者), 구조자(救助者), 복수자, 주창자, 처벌자.
　Putares Sullam venisse in Italiam non belli vindicem,
　sed pacis auctorem. 그대라면 술라가 전쟁의 주동자가
　아니라 평화의 성취자로 이탈리아에 왔다는
　생각을 했겠는가?.
vindex injuriæ 불의에 대한 보호자(保護者)
vindex[2] -ĭcis, adj. 복수(復讐)하는, 복수의.
　fúriæ víndices scélerum. 흉악범에 대한 광적인 복수.
vindicátĭo, -ónis, f. 이의신청, 권리청구, 복권요구,
　복수(ロΡ.שׁׁ.שׁׁׁ.שׁׁׁ), 응징, 방어, 원수 갚음,
　변호, 보호, 정당방위(⑨ legitimate self defense),
　소유물 반환청구, 권리주장.
vindicatívus, -a, -um, adj. 복수하는, 보복하는, 징벌의.
　pœna vindicativus. 징벌(懲罰).
vindicátor, -óris, m. (vindicátrix, -ĭcis, f.) = vindex[1]
vindícĭæ, -árum, f., pl. 청구, 이의신청(異議申請),

청구권 허가, 대주(貸主) 측의 소송.
injústis vindíciis fundos pétere.
　부당한 권리 신청으로 토지를 빼앗으려 하다/
vindícĭas dare secundum libertatem.
　자유에 대한 청구권을 허가하다.
vindícĭæ Epistolarum S. Ignatii.
　성 이냐시오 편지의 진실성 요청.
vindico[1] -ávi, -átum, -áre, tr. (vis²+dico²)
　법적 권리를 요구하다, 주장하다, 소유를 주장하다,
　횡령하다, 차지하다, (자유를) 보장하다, 안전케 하다,
　구원(救援)하다, 보호하다, 벌하다, 복수(復讐)하다.
　decus belli ad se vindico.
　전쟁의 영광을 자기에게 돌리다/
　in jure vindicare. 법정에서 담보를 제공하다/
　Inest in nobis studium libertatem vindicandi.
　자유를 수호하려는 열정이
　우리에게 (천성적으로) 내재 한다/
　Omnia quæ vindicaris in altero tibi vehementer fugienda
　sunt. 그대가 다른 사람에게서 질타하는 모든 것을 그대
　자신으로서는 극력 피하도록 하지 않으면 안 된다/
　Ubi meam rem invenio, ibi vindico. 내가 나의 물건을
　발견하는 곳에서 나는 이것을 회수한다.
vindico a misériis *alqm*. ~를 환란으로부터 구해주다
vindícta, -æ, f. 복수(ロΡ.שׁׁ.שׁׁׁׁׁ), 처벌,
　(자유에 대한) 보장(保障), 보호(保護), 방위(防衛).
　appetitus vindictæ. 복수의 욕구.
vínĕa, -æ, f. 포도나무, 포도원(葡萄園.ロꜿ).
　Hæc autem vinea est mundus universus.
　(⑨ The vineyard is the whole world)
　그 포도원은 온 세상이다.(마태 13. 38 참조)/
　Ite et vos in vineam.(⑨ You go into the vineyard too)
　당신들도 내 포도원에 가서 일하시오.(마태 20. 3~4)/
　Prophetæ in Vetere Testamento, ut populum electum
　significant, vineæ figura iam utuntur.
　구약성서의 예언자들은 선택받은 백성을 기술하고자 포도
　나무의 표상을 사용하였다(1988.12.30. "Christifideles laici" 중에서)/
　Vineæ figura multimodis ac diversis sensibus a sacra
　Scriptura proponitur.(⑨ The Sacred Scriptures use the
　image of the vine in various ways).
　성경은 포도나무의 표상을 여러 가지로 사용하고 있다.

Vinea facta est dilecto meo in colle pingui.
　(⑨ My beloved had a vineyard on a very fertile hill)
　나의 임은 기름진 산등성이에 포도밭을 가지고
　있었네(공동번역)/내 친구에게는 기름진 산등성이에
　포도밭이 하나 있었네(성경 이사 5, 1~2).
vineális(=vineálius) -e, adj. 포도밭의
vinealis terra. 포도 재배에 적합한 땅
Vineam Domini Sabaoth. 만군의 주님의 포도원.
　(얀세니즘 단죄 교황헌장. 1705년 7월 16일 교황 클레멘스 11세가 반포한 헌장).
vineátus, -a, -um, adj. 포도밭으로 가꾼
vinéola(=viníola), -æ, f. 작은 포도밭
vinétum, -i, n. 포도원(ロꜿ), 포도나무를 심은 곳.
　Vineta sua cædere. 누워서 침 뱉다(격언).
vini somníqui benignus. 술과 잠을 몹시 즐기는
vínĭa, -æ, f. = vínea 포도나무, 포도원(葡萄園.ロꜿ)
viníbua, -æ, f. (vinum+bibo¹) 술 취한 여자
vinifer, -ĕra, -ĕrum, adj. (vinum+fero)
　포도주(葡萄酒)를 산출하는.
vinifúsor, -óris, m. (vinum+fusor)
　(기사 임명식에서) 술 따르는 자 = vini miníster.
vinipollens. 술에 강한(pollens를 보시오)
viníto, -áre, tr. 술을 주다, 술을 드리다
viniola=(vinéola), -æ, f. 작은 포도밭
viníter, -óris, m 포도 농사꾼, 포도 추수군, 포도 경작자.
vinívorax, -ácis, m. (vinum+vorax) 술주정꾼, 술고래
vín(n)ŭlus, -a, -um, adj. 얌전한, 양순한,
　어여쁜("예쁘다"를 예스럽게 이르는 말), 귀여운, 부드러운.
vinoléntĭa(=vinuléntĭa), -æ, f. (=vinolénties, -éi)

술 취함, 폭음(暴飲.⑨ Gluttony), 술주정.

vinoléntus(=**vinuéntus**), -a, -um, adj.
술 취한, 음주가의, 주객의, 술로 만든, 술이 포함된.

vinolentus(=**vinulentus**) **furor**. 술망나니

vinósus, -a, -um, adj.
술에 중독된, 술 취한, 폭음의, 술 냄새나는, 술의.

vínulum, -i, n. 소량의 포도주(미사주酒)

vīnum, -i, n. 포도주(葡萄酒.⑨ Wine.獨 Wein.프 vin).
미사주, 포도, 포도나무, 과실주 술, 음주. (藥) 약용술.
a fructu frumenti, vini et olei multiplicati sunt.
곡식 하나로부터 포도주들과 올리브유들로 다수화했다.
(성 염 옮김, 단테 제정론. p.62)/
ad vinum disérti. 술기운의 웅변가/
Bonum vinum lætíficat cor hominis.
좋은 술은 사람의 마음을 즐겁게 한다/
culpátum vinum. 시어진 포도주/
Cum vinum intrat, exit sapientia.
술이 들어올 때, 지혜는 빠져 나간다/
Cras bibetis satis vinum in coena magna.
내일 (너희는) 성찬(盛饌)에서 상당량 포도주(satis vini)
를 마시리라. [satis는 불변화 형용사일뿐더러, 명사 용법(상당량, 충분함.
넉넉함도 있다. 성 염 지음, 고전 라틴어, p.92]/
Date siceram pereunti et vinum his, qui amaro sunt
animo. (di,dote me,qhn toi/j evn lu,paij kai. oi=non pi,nein toi/j evn
ovdu,naij) (獨 Gebt starkes Getränk denen, die am
Umkommen sind, und Wein den betrübten Seelen)
(⑨ Give strong drink to one who is perishing, and wine
to the sorely depressed) 독주는 죽어 가는 이에게, 술은
상심한 이에게 주어라(성경 잠언 31. 6)/독주는 죽을 사람에게
나 주어라. 포도주는 상심한 사람에게나 주어라(공동번역)/
dévíncío se vino. 고주망태가 되다/
ex vino vacillo. 술에 취하여 비틀거리다/
fel draconum vinum eorum et venenum aspidum
insanabile. (qumo,j drako,ntwn o` oi=noj auvtw/n kai. qumo,j
avspi,dwn avni,atoj) (獨 ihr Wein ist Drachengift und
verderbliches Gift der Ottern) (⑨ Their wine is the
venom of dragons and the cruel poison of cobras)
그들의 포도주는 뱀의 독 독사의 무서운 독이다(성경
신명 32. 33)/그 포도주는 바다뱀 독이요, 독사의 무서운
독이다(공동번역)/
frusta esculenta vinum redolentía.
술 냄새나는(토해 놓은) 음식물/
Hæc aqua rédolet vinum. 이 물은 술 냄새가 난다/
in vino, per vinum. 취중어/
In vino veritas (est). 술 속에 진리가 있다(醉中眞談)/
in vinum tráhere. 폭주하다/
miníster a vinis. 술 창고지기/
mollíssima vina. 순한 포도주(葡萄酒)/
Mísceo aquam vino. 나는 술에 물을 탄다/
Mutáre aquam in vinum. 물을 술로 변화시키다/
óbrutus vino. 술이 잔뜩 취함(obrŭo 참조)/
Parum vini. 적은 술, 부족한 술/
récreans vires potus vini.
기운을 회복 시켜 주는 술(음주)/
sed vinum novum in utres novos mittendum est.
(avlla. oi=non ne,on eivj avskou.j kainou.j blhte,on)
(獨 Sondern den Most soll man in neue Schläuche
fassen, so werden sie beide erhalten) (프 Mais il faut
mettre le vin nouveau dans des outres neuves)
(⑨ Rather, new wine must be poured into fresh
wineskins) 새 포도주는 새 부대에 담아야 한다(성경 루카 5. 38)/
그러므로 새 포도주는 새 가죽부대에 넣어야 합니다(200주년)/
그러므로 새 포도주는 새 부대에 넣어야 한다(공동번역)/
temetum, -i, n. 순 포도주(독한 술)/
transeo in vinum. 술로 변하다/
Venite, sumam vinum, et impleamur ebrietate.
(⑨ Come, I will fetch some wine; let us carouse with
strong drink) 오너라. 내가 술을 가져올 터이니

우리 독한 것으로 마시자(이사 56. 12)/
vina. 여러 가지 술/
vina, quæ vocant deutéria. 막 포도주라 하는 술.
(찌끼에 물을 타서 만든 포도주)/
vino fulcire venas cadentes.
쇠약해진 심장부를 술(酒)로 지탱하다/
vino infúsus, aspérsus. 술 취한.

Vinum animi speculum. 술은 마음의 거울이다.

vinum apostatare facit etīam sapientes.
술이란 지혜로운 사람들까지도 탈선하게 만든다.

Vinum et musica lætificant cor.
술과 음악은 마음을 즐겁게 한다.

Vinum ni laudáto. 포도주를 칭찬하지 마라

Vinum non habent(⑨ They have no wine)
포도주가 없구나(성경 요한 2. 4).

Vinum omne vomitu remetior. 마신 술을 죄다 토하다

vinum quinquénne. 오 년 묵은 포도주

Vinum resipit picem. 술에서 송진 닷이 난다

Vinum Sti. Joannis. 요한 포도주(12월 27일은 사도 성 요한의 축일
로 이날 독이 든 포도주 잔을 축복했는데 거기서 뱀이 나왔다는 전설이 있다.
이를 기념해 포도주를 축복하고 "성 요한의 사랑을 마셔라"라고 하면서 신자들
에게 포도주를 마시게 했다는 이야기가 전해진다. 13세기의 일이다. 이 포도주는
초자연적 사랑, 우정, 이별의 아쉬움 등을 상징한다. 백민관, 백과사전 3, p.759).

Vinum tuum mistum est aqua. 네 술에는 물이 섞여있다.

vinum vetus. 오래 묵은 포도주

vinus, -i, m. vinum의 속어

vīo, -áre, intr. 길가다(다니다), 여행하다.

viocúrus, -i, m. 도로 감시관, 도로 감독

víola, -æ, f. (植) 제비꽃(violæ flos).
바이올렛, 오랑캐꽃, 자주 빛(꽃).

Viola acuminata. (植) 졸방 제비꽃

Viola albida. (植) 태백제비꽃

Viola diamantica. (植) 금강제비꽃

Viola dissecta. (植) 간도제비꽃

Viola dissecta Ledeb. (植) 남산제비꽃

Viola lactiflora. (植) 흰 젖 제비꽃

Viola orientalis. (植) 노랑제비꽃

Viola rossii Hemsl. (植) 고깔제비꽃

Viola selkirkii. (植) 뫼 제비꽃

Viola seoulensis. (植) 서울제비꽃

Viola tokubuchiana. (植) 민둥 뫼 제비꽃

Viola variegata. (植) 알록 제비꽃

Viola verecunda. (植) 콩 제비꽃

Viola websteri. (植) 왕 제비꽃

Viola woosanensis. (植) 우산제비꽃

Viola yedœnsis. (植) 호 제비꽃

violábĭlis, -e, adj. 상처 입을 수 있는, 침범할 수 있는,
범할 만한, 위약(違約) 하는.

violácěus, -a, -um, adj. 자색의, 자주 빛의.
n. 오랑캐꽃, 오랑캐꽃 술.

violácium,(=**violátum**) -i, n. 오랑캐꽃 술

violáris, -e, adj. 제비꽃의, 자주색의,

violaris dies. 무덤에 오랑캐꽃다발을 놓는 날

violárĭum, -i, n. (植) 바이올렛 화단, 오랑캐꽃밭

violárius, -i, m. 자주색 염색자(染色者)

violátĭo[1] -ónis, f. 신성 모독(חִלּוּל.⑨ Blasphemy),
모욕(侮辱), 능욕(凌辱), 위반(違反.παράβασις),
위약(違約), 침범, 침해, 범접, 불경행위(不敬行為),
독성(瀆聖.⑨ Sacrilege), 성폭력(⑨ Violation).
legis violátĭo. 법률을 위반(prævaricátĭo, -ónis, f.).

violátĭo directa. 고해비밀의 직접 누설

violátĭo externa. 외적 위반

violátĭo indirecta. 고해비밀의 간접 누설

violátĭo interna. 내적 위반

violátĭo legum ecclesiasticum. 교회 법률의 위반사항

violátĭo occulta. 은밀한 위반

violátĭo sigilli. 고해비밀의 누설(漏泄)

violátĭo[2]-ónis, f. (무덤에)오랑캐꽃 장식

violátor, -óris, m. (**violátrix**, -ícis, f.)

신성 모독자, (법, 조약 등의) 위반자(παραβάτης),
범법자, 모욕하는 자, 독성죄 범하는 자. f. 침해자.
violátum, -i, n. 오랑캐꽃 술
víŏlens, -éntis, adj. 과격한, 결렬한, 이성을 잃은,
상기된, 난폭(亂暴)한, 맹렬한, 험악한.
violénter, adv. 격렬하게, 맹렬하게, 포학하게,
과격하게(capitaliter, adv.), 난폭하게(per vim).
violéntia, -æ, f. 격렬, 과격(過激), 난폭(亂暴),
폭력(⑨ Violence/vis physica), 난폭한 행동,
잔인, (술, 열, 추위 등) 맹렬, 강력, 폭서, 폭한,
포학, 막심(莫甚-더할 나위 없이 심한), 강박(强迫).
De aliena violentia et libidine, quam in oppresso corpore
mens invita perpetitur 정신은 거부해도 타인이 구속된
육체에 가하는 폭행과 정욕(교부문헌 총서 17, 신국론, p.2742)/
in ipsa violentiæ contra vitam origine.
생명에 대한 폭력의 기원/
violentiæ necessitas. 강제의 필연성.
violéntus, -a, -um, adj. 과격한, 격렬한, 격분하는,
잔인한, 흉악한, 사나운, 포악한, 맹렬한, 급격한,
난폭(亂暴)한, 폭군(暴君)의, 강박(强迫)하는,
opes violéntior amnis. 포악한 권한, 폭군의 권력/
violéntior amnis 격랑(激浪)의 강/
violentíssimæ tempestátes. 가장 격렬한 폭풍우.
víŏlo, -ávi, -átum, -áre, tr. 난폭하게 다루다,
상처 입히다, 폭행하다, 침범하다, 모독하다, 위반하다,
위약하다, 어기다, 범하다, 변색시키다, 물들이다.
jus violátum. 범법(犯法.⑨ Transgression)/
nec lædere nec violari.(성 염 지음, 사랑만이 진리를 깨닫게 한다. p.430).
서로 해치지 말고 해침을 받지 말라.
violo hóspitem. 손님을 난폭하게 다루다
violo poétæ nomen. 시인을 모독하다
violo religiónem. 신성을 모독하다
vípĕra, -æ, f. (動) 살무사, 독사, 뱀같이 음험한 자,
뱀(ὄφις.ὄφις.蛇.⑨ snake).
Progenies viperarum, quis demonstravit vobis fugere a
futura ira?(⑨ You brood of vipers! Who warned you to
flee from the coming wrath?)
독사의 자식들아, 다가오는 진노를 피하라고
누가 너희에게 일러 주더냐?(성경 마태 12. 34)/
Progenies viperarum, quomodo potestis bona loqui,
cum sitis mali?(gennh,mata evcidnw/n(pw/j du,nasqe avgaqa.
lalei/n ponhroi. o;ntej)(Ihr Otterngezüchte, wie könnt ihr
Gutes reden, dieweil ihr böse seid?)(Engeance de vipères,
comment pourriez-vous dire de bonnes choses, alors que
vous êtes mauvais?)(⑨ You brood of vipers, how can
you say good things when you are evil?)
독사의 자식들아, 너희가 악한데 어떻게 선한 말을 할
수 있겠느냐?(성경 마태 12. 34). 독사의 족속들, 당신들이 악
하니 어떻게 선한 일을 말할 수 있겠습니까?(200주년 성서).
viperális, -e, adj. 독사의
viperalis herba. 독사 물린 데 바르는 약초
viperína, -æ, f. 뱀 물린 데 효험 있는 약초
vipérĕus(=**viperínus**), -a, -um, adj.
독사의, 독사와 같은, 독사들에 에워싸인.
viperea anima. 독기를 뿜는 입김/
vipéreæ soróres=Furiæ (머리털이 뱀인) 복수의 3여신.
vipio, -ónis, m. (鳥) 작은 두루미, 학
vir, viri, m. [단수 주격. vir. 속격. viri. 여격. viro. 대격. virum. 탈격. viro.
복수 주격. viri. 속격. virorum. 여격. viris. 대격. viros. 탈격. viris]
남자, 사나이(여자, 아낙의 반어), 남편, 지아비, 수컷,
인간, 사람(אישׁ.homo로 구별하여 성숙한 사람 즉 일반적 의미의 사람),
Ab honesto virum bonum nihil deterret(Seneca).
아무 것도 착한 사람이 미덕을 행함을 막지는 못 한다/
boni viri. 선한 어른들
De viris illustribus. 명인록, 유명 인사록(에로니모 지음 †420)/
De viris illustribus Germaniæ. 독일의 유명 인사록
De viris illustribus Ordinis S. Benedicti.
성 베네딕도회의 유명 인사록/

dívidere nummos in viros. (in¹참조)
사람 수대로 돈을 나누어주다/
docti et spirituales viri. 학식 있고 영적인 분들/
Ehem mi vir! Ehem mea uxor! Te ipsum quæro.
"아이고, 내 서방!" "아이고, 내 마누라!"
"내 바로 당신을 찾던 중이오"(성 염 지음. 고전 라틴어, p.365)/
electissimi viri civitátis. 나라의 선량들/
Epistolæ Obscurorum Virorum.
우매한 자들의 글(1515-1517년)/
Fletus fregére virum. 눈물이 (완고한) 사나이를 꺾었다/
Hic est vir quem omnes vitent.
바로 이 사람이 모든 사람이 피하려는 자이다/
hicce vir. 이 사람만은(hic' 참조)/
Honesta bónis viris quærøntur.
착한 사람들은 여러 가지 미덕을 탐구(探究)한다/
honorati et nobiles viri. 영예롭고 고귀한 신분의 사람들/
Ignis aurum probat miseria fortes viros.
불은 금을 시험하고 불행은 강한 사람을 시험 한다/
Ill vir fuit pátiens labóris et frígoris.
그 남자는 수고와 추위를 잘 견디는 사람이었다/
in viros dívidere. 사람 수대로 나누다/
justi hominis et boni est viri parere legibus.
정의로운 인간, 선량한 사람이 할 바는 법에 복종하는
것이다.(성 염 지음. 사랑만이 진리를 깨닫게 한다. p.463)/
Malet existimári bonus vir, ut non sit, quam esse,
ut non putétur. 그는 호평을 받지 못하는 선인보다는
선인이 아니더라도 선인으로 평가받기를 더 원 한다/
maturæ ætátis vir. 성숙한 연령의 남자/
neque vir sine mulíere, neque mulier sine viro in
Domino. 주님을 믿는 세계에서는 여자나 남자나
다 같이 상대방에게 서로 속해 있습니다/
O viri, ad vos clamito, et vox mea ad filios hominum.
(u`ma/j w= a;nqrwpoi parakalw/ kai. proi<emai evmh.n fwnh.n ui`oi/j
avnqrw,pwn) (獨 O ihr Männer, euch rufe ich und erhebe
meine Stimme zu den Menschenkindern!)
(⑨ To you, O men, I call; my appeal is to the
children of men) 사람들아, 내가 너희를 부른다. 너희
인간들에게 내 목소리를 높인다(성경 잠언 8. 4)/사람들아, 내
말을 들어라. 사람의 아들들아, 내 말을 들어라(공동번역)/
O virum simplicem, qui nos nihil celet!.(Cicero).
우리한테 아무것도 숨기지 않을 만큼 순진한 사람이여!/
Si vir malus filiam in matrimonium duxisset,
pater tristis fuisset. 그 못된 놈이 딸을 아내로 맞아
들였더라면, 애비야 몹시 슬펐겠지[성 염 지음. 고전 라틴어, p.351]/
Sine amicis vir non potest esse beatus.
친구들이 없다면 사람은 행복해질 수 없다/
tot viri. 허다한 사람들/
transcribo alqm in viros. 누구를 사람들 축에 끼게 하다/
unius ætátis clárissimi viri. 동일한 시대의 유명한 인사들/
unius uxoris vir.(1티모 3. 2) 한 여인의 남편/
Uno volumine vitas excellentíum virórum concludo.
위인들의 전기를 한 권에 모아놓다/
Ut quisque est vir óptimus, ita difficíllime esse álios
ímprobos suspicátur. 사람은 누구나 착하면 착할수록
남을 악인으로 추측하기가 대단히 어려운 법이다/
Uxóres eódem jure sunt quo viri.(jus 참조)
아내는 남편과 동등한 권리(權利)를 가지고 있다/
Veste virum longá dissímúlátus erat.
그는 긴 옷으로 자기가 남자인 것을 숨기고 있었다/
Viri, diligite uxores et nolite amari esse ad illas.
남편 여러분, 아내를 사랑하십시오.
그리고 아내를 모질게 대하지 마십시오.(성경 콜로새 3. 18)/
viri et mulieres magni animi. 관대한 마음의 소유자들
(공의회 문헌 해설총서 1, p.194)/
viri celeberrimi. 저명한 인사들/
viri servant suas. 남자(사내)들은 자기네 아내들을 보호
한다.(suas는 여성 복수 대격이나 '자기의 여자들을' 곧 아내들을 의미한다)/
virum puerumque. 어른과 아이들/

virum se præbére. 사나이임을 드러내다(주체성을 보이다).
Vir ad pericula fortis. 위험에 용감한 사나이
vir ardens. 격렬한 사람
vir bonus. 덕망 있는 인사, 선량한 사람
Vir bonus dici deléctor.
나는 착한 사람이라고 불리는 것이 기쁘다.
vir cetera egregius. 다른 점에 있어서는 우수한 사람
(시문詩文이나 문학적인 산문에는 그리스 말을 본 따 제한 탈격 대신에 대격을
쓴게도 있다. 그리스 대격은 제한 탈격 대신만이 아니라 약간의
타동사의 수동형, 과거분사. 또는 재귀대명사 등에 써야 할 제2객어로서의
탈격 대신에도 쓴다. 허창덕 지음, Syntaxis Linguæ Latinæ, p.134).
Vir cui pecuniam dedi. 내가 그에게 돈을 준 남자
Vir, de quo egreditur semen, lavabit aqua omne
corpus suum et immundus erit usque ad vesperum.
(kai. a)ngrwpoj w~| eva.n evxe,lqh| evx auvtou/ koi,th spe,rmatoj kai.
lou,setai u[dati pa/n to. sw/ma auvtou/ kai. avka,qartoj e;stai e[wj
e`spe,raj) (⑨ When a man has an emission of seed, he
shall bathe his whole body in water and be unclean
until evening) 남자가 정액을 흘릴 경우, 온몸을 물로
씻어야 한다. 그는 저녁때까지 부정하게 된다(성경)/누구든지
고름이 나왔을 경우에는 온몸을 물에 씻어야 한다. 그는
저녁때가 되어야 부정을 벗는다(공동번역 레위기 15. 16).
vir Dei. 하느님의 사람(מיהלאה שיא.성 베네딕도 지칭)
vir desideriorum. 동경으로 불타는 사람
vir Domini. 주님의 사람
vir duplex animo, inconstans in omnibus viis suis.
(avnh.r di,yucoj(avkata,statoj evn pa,saij tai/j o`doi/j auvtou)
(⑨ since he is a man of two minds, unstable in all his
ways) 그는 두 마음을 품은 사람으로 어떠한 길을 걷든
안정을 찾지 못합니다(성경 야고 1. 8)/그는 마음이 헷갈려
모든 행위에 안정이 없는 사람입니다(200주년 신약)/의심을
품은 사람은 마음이 헷갈려 행동이 불안정합니다(공동번역).
vir ecclesiæ. 교회의 사람들
vir ecclesiasticus. 교회사람
Vir et uxor consentur in lege una persona.
부부는 법률상 한 몸으로 간주(看做)된다.
vir humili statúra. 키 작은 남자
Vir iracundus provocat rixas; qui patiens est, mitigat
lites. (avnh.r qumw,dhj paraskeua,zei ma,caj makro,qumoj de. kai. th,n
me,llousan kataprau<nei) (獨 Ein zorniger Mann richtet Zank
an; ein Geduldiger aber stillt den Streit) (⑨ An ill-tempered
man stirs up strife, but a patient man allays discord)
성을 잘 내는 사람은 싸움을 일으키고 분노에 더딘 이는
다툼을 가라앉힌다(성경 잠언 15. 18)/성급한 사람은 말썽을
일으키고 마음에 여유 있는 사람은 싸움을 말린다(공동번역).
Vir iste spiritu justorum omnium plenus fuit.
이 사람은 모든 의로운 이의 정신으로 채워져 있었다.
Vir ita moratus est, ut præ se probitatem quandam
et ingenuitatem ferat(Cicero).
그 사람은 약간의 정직함과 순진함을 앞세워 처신하였다.
Vir justus. 의인(義人)
vir Latinæ linguæ scius. 라틴어를 잘 아는 자
Vir magnæ prudentiæ est. 그는 매우 신중한 사람이다
vir magnus. 위대한 인물
vir nomine Marcus. 마르꼬라는 남자
Vir obediens loquetur victoriam.
순명(順命)하는 자는 승리를 말할 것이다.
vir optimo habitu. 썩 좋은 성격의 사람
Vir optimus. 최선의 인간(원로원의 칭호. 문헌 총서 15. 신국론. p.200).
vir pauper 가난한 사람
Vir primárĭus populi. 국민 중에 첫째가는 인물
Vir prudens non contra ventum mingit.
현명한 사람은 바람을 거슬러 소변보지 않는다.
Vir religiosus. 수도회 제3회원(1121년 프란치스코 제3회 회장 명칭)
vir Romanus. 로마인
Vir sanctus, antiquus. 성스럽고 순박한 사람
vir sanguinum.(Ⅱ Sam. 16. 7) 살인마(殺人魔)
vir sapiens. 지혜로운 사람
vir sapientissimus ac eruditissimus temporum

suorum. 그 시대로서는 지극히 현명하고 박학한 인물.
Vir, si invitus errat, non est stultus sed infortunatus.
사람이 만일 (강요에 의해) 억지로 잘못을 저지른다면
어리석다기보다는 불운하다.(성 염 지음, 고전 라틴어. p.72).
vir sine filiis filiabusque. 아들과 딸이 없는 남자
vir spectábĭlis. 높은 사람
vir spectátissimus. 노련한 사람
vir summa virtute. 대단히 힘센 남자(신세상의 특성이나
잠시 지나가는 임시적인 특성에 대해서는 형용 5격만 쓴다).
Vir trilinguis. 3개 국어 사나이(예로니모 지칭)
vir Troiane, quibus cælo te laudibus æquam.
트로이아 영웅이여, 무슨 찬사를 바쳐 그대를
천계에서 견주리오(성 염 지음. 사랑만이 진리를 깨닫게 한다. p.397).
Vir venit audiens de Jesu.
그 사람은 예수님에 대한 (말씀을) 듣기 위해 왔다.
vir vultu simiæ. 원숭이 (같은) 얼굴을 가진 사나이
vira, æ, f. fémina의 고형(古形)
viráceus, -a, -um, adj. 남자 같이 생긴
virágo, -gĭnis, f. 남자 같은 여자, 여걸(여장부), 여자용사.
virátus¹ -a, -um, adj. 남자 성질을 가진, 건장한
virátus² -us, m. 사내다움, 남자의 행동
viréctum, -i, n. 푸른 곳, 잔디밭, 녹음(綠陰-새싹).
작은 숲, 풀밭(pascuum, -i, n./pratum, -i, n.), 꽃밭.
amœna virécta 낙원.
virens, -éntis, p.proes., a.p. 푸르른, 녹색의. m. 청년
viréntia, -íum, n., pl. 초목(草木), 식물(植物)
vireo¹ -rŭi -ére, intr. 푸르러지다, 푸르다.
번창(繁昌)하다, 건전하다, 강하게 되다.
Fronde virére nova. 새 잎사귀로 푸르게 되다.
víreo² -ónis, m. (鳥) 장박새(되샛과의 새)
vires, -íum, f., pl. (vis²) 힘, 체력, 기력, 세력, 병력,
군대, 구제책, 수단, 자력, 대량, 군집, 군중.
cibo reficio vires. 음식으로 힘을 다시 얻다/
Exháustæ erant vires. 기운이 다 빠졌다/
Imperator omnes vires ad liberandam patriam contulit.
원수(元帥)는 구국에 모든 힘을 바쳤다/
reciperátæ cibo somnóque vires.
음식과 수면(睡眠)으로 회복된 기력/
récreans vires potus vini.
기운을 회복시켜 주는 술(음주)/
Ut desint víres, tamen est laudanda voluntas.
비록 기력은 없다 해도 뜻만은 칭찬해야 한다.
Vires defícĭunt. 나는 힘이 모자란다.
vires natúrales. 자연력(선유의 천주사상과 제사문제. p.102)
Vires nostræ cum rebus, quas temptaturi sumus,
comparandæ sunt.
우리 힘은 우리가 시도하려는 사안에 비교되어야 한다.
vires recolligo. 힘을 회복(回復)하다
virésco, -ěre, intr., inch. 푸르러지다, 푸릇푸릇하여가다,
푸르게 되다, 풀밭이 되다, 번창하다, 강하게 되다.
virga, -æ, f. 연한 가지, 잔가지, 늘어진 가지, 꽃꼭지,
꺾꽂이 가지, 화경, 지팡이(לקמ?), 막대기, 그루터기,
매, 채찍, 빗자루, 지주, 곁보, 계통. (解) 음경(陰莖).
degere sub virga 회초리를 맞는다(교육을 받는다는 의미로
이해함)
Virgam vigilantem video. 깨어있는 나무를 보고 있습니다.
(예레미야 1. 11~12 참조)/
Virgas expediri jubet. 그는 곤장을 준비하라고 명한다.
virga pastoralis(Baculus pastoralis). 주교 지팡이, 목장
virgátor, -óris, m. 매질하는 사람
virgátus, -a, -um, adj. 작은 나뭇가지로 엮은,
버드나무로 엮은, 줄무늬 있는.
virgétus, -a, -um, adj. 연한 버들가지의,
막대기의, 나무 가지의. n., pl. 나뭇가지단, 새싹.
virgea flamma. 가는 가지의 불/
virgea supellex. 버들가지로 엮은 바구니.
virginále, -is, n. 동정(⑨ Virginity), 처녀성.
virginális, -e, (=virginárĭus, -a, -um) adj.

처녀의, 소녀의, 동정녀의, 순진한, 순결한,
habitus virginális. 처녀 같은 외모(外貌).

virginális Fortúna = Virginénsis

Virginénsis(=Virginiénsis), -is, f.
처녀들의 결혼을 관장하는 여신(女神).

Virgines non velatæ. 수건 쓰지 않은 동정녀

Virgines subintroductæ. 동거 동정녀.
[살림을 돌보기 위해 독신 남자의 집에 들어온 동정녀. 3세기에 발견되는 이
용어는 독신 남자와 영성적인 이념을 가지고 서로 돕는 여자로 스스로 생각
했으나 좋지 않은 뜻으로 사용되던 말이다. 5세기에는 교회 성직자들의 가사를
돕는 여자라는 뜻으로 썼음. 백민관 신부 엮음. 백과사전 3. p.761].

Virgines velatæ. 수녀, 수건 쓴 동정녀

virginesvendónides, -æ, m. 처녀 매매상인

virgíněus(=virgínius), -a, -um, adj.
처녀에 관한, 소녀적, 동정녀의, 처녀의.
virgínea favilla. 처녀화형(處女火刑)/
virgínea sagítta. Diána 여신(女神)의 화살.

virginia, -æ, f. 새댁("새색시"의 높임말)

virgínĭtas, -átis, f. 동정(童貞.⑨ Virginity).
처녀성(處女性), 순결(純潔), 정결(貞潔), 소녀.
Custos virginitatis caritas, locus hujus custodis humilitas.
동정의 파수꾼은 사랑입니다.
그러나 이 파수꾼이 기거하는 집은 겸손입니다/
De laudibus virginitatis. 동정성을 찬미함/
De sancta virginitate. 거룩한 동정생활(401년 아우구스티노 지음)/
De virginitas. 거룩한 동정/
De virginitate ad Marcellinam sororem suam.
누이 마르첼리나에게 쓴 동정녀에 대하여.
(밀라노의 암브로시우스 지음)/
desiderium virginitatis 동정에 대한 염원/
Exhortátĭo virginitátis, 동정성의 권면(393년 Ambrosius 지음)/
salvá virginitate. 처녀성을 상실하지 않고/
In Iesu Christi doctrina cum virginitate consociatur
maternitas, verum etiam discernitur ab ea. 그리스도의
가르침을 보면 모성은 동정과 연관되면서 동시에 동정과
구별된다.(요한 바오로 2세의 "Mulieris dignitatem" 1988.8.15. 중에서)/
Matrimonium ac virginitas duæ rationes sunt exprimendi
unicum mysterium Fœderis Dei cum Populo Eius.
(⑨ Marriage and virginity are two ways of expressing
and living the one mystery of the Covenant of God
with his people) 혼인과 동정은 하느님과 당신 백성과
맺은 계약의 한 신비를 표현하고 생활화하는 두 가지
방식이다. (1981.11.22. 사도적 권고 "가정 공동체" 16항에서).

virginitas Beatæ Mariæ Virginis.
동정 성모 마리아의 동정성(⑨ Virginity of B.V.M.).

virginitas carnis. 신체적 동정, 신체의 동정성

virginitas cordis. 마음의 동정성

virginitas fidei. 믿음의 동정성

virginitas mentis. 내적 동정

Virginitas propter regnum(⑨ Virginity for the sake of
the Kingdom) 하늘나라를 위한 동정(童貞).

virgínor, -ári, intr. 처녀꼴이 나다

virgo¹ -ginis, f. 처녀(הָלוּתְּב.⑨ Virgin),
동정녀(獨 Die Jungfrau), 소녀, 젊은 여자,
(가톨릭) Virgo. 동정 마리아. (天) 처녀궁 성좌.
Beata es, Virgo Maria, quæ omnium portasti Creatorem:
genuisti qui te fecit, et in æternum permanes Virgo.
동정이신 마리아님, 당신께서는 만물의 창조자를
낳으셨으니 복되시나이다. 성모 마리아님, 당신을 창조
하신 분을 낳으셨어도 영원토록 동정이시나이다/
Benedictio Virginum. 동정녀 축성식/
Cito decurrit tramite virgo.
처녀는 골목길로 달음박질하여 지나갔다/
De laudibus Virginum. 동정녀 찬양시(Aldhelm 지음)/
Gaude, Maria Virgo, cunctas hæreses sola interemisti in
universo mundo. 동정녀 마리아여, 기뻐하소서.
당신만이 온 세상의 모든 이단을 처부수셨나이다/
In festo Annuntiátĭónis beatæ Mariæ Virginis.
복되신 동정 마리아 예고축일/

Ipsa et mater et virgo est: o rem admirandam.
(ἡ μήτρα ἡ παρθενική ὦ τοῦ θαύματος)
마리아는 **어머니인 동시에 동정녀**이시다.
이 얼마나 놀라운 일인가!
[직역하면 "어머니(풍요로운)와 동정녀의 태. 아, 얼마나 놀라운가!
계약의 신비 안에 계시는 마리아, p.259]/
Quocumque tendis, Virgines sequuntur. 당신께서
어디로 향하시든 간에 동정녀들은 따라가나이다/
Quoquómŏdo fiet istud, quoniam virum non
cognosco, id est quia virgo sum. 저는 남자를 알지
못하는데, **저는 처녀인데,** 어떻게 그런 일이 있을 수
있겠습니까?(루가 1, 34 참조. 토마스 아퀴나스 주석가인 J. Gætano 번역.
계약의 신비 안에 계시는 마리아, p.87)/
tempestívus virgo viro. 결혼 나이가 찬 처녀/
virginem vitiasti quam te non jus fuerat tangere.
jam id peccatum sane magnum, at humanum tamen.
너는 네가 건드릴 권리가 없는 처녀를 범했어.
그것만도 벌써 큰 죄야. 하기야 인간적인 짓이긴 하지만.
(성 염 지음. 사랑만이 진리를 깨닫게 한다. p.456)/
virgines continentes. 동정을 지키는 동정녀들/
virgines longam indutæ vestem(=longa veste)
긴 옷을 입은 처녀들/
virgines sanctæ. 청순한 처녀들/
Virginibus cordi forma sua est.
처녀들은 자기들의 용모에 큰 관심을 둔다/
Virginibus puerisque. 소녀들과 소년들을 위해.

virgo a complexu patris abrepta.
아버지의 품에서 떼어낸 처녀.

virgo ante partum, in partu et post partum.
마리아는 출산 전, 도중, 후에도 동정녀이시다.

Virgo audiens. 경청하는 동정녀

**Virgo de virgine, qui ex voluntate viri, sed ex Deo
natus est.** 그분은 동정녀에게서 나신 동정이시다.
그분은 남자의 욕망에서가 아니라 하느님에게서 났다.

virgo devota. 열심한 동정녀

virgo et non virgo. 동정녀이고 동시에 동정녀가 아니다

Virgo Immaculata. 티 없으신 동정녀

Virgo Iustitia. 정의의 여신(女神)

virgo orba patre. 아버지를 여읜 처녀

Virgo Prædicanda. 널리 알려야 할 동정녀

**Vírgo prius ac postérius, Gabrélis ab ore,
sumens illud Ave, peccatórum miserére.**
가브리엘의 입으로 그 인사를 받으시면서,
그 후도 전과 같이 동정이신여, 죄들을 불쌍히 여기소서.

virgo resoluta catenis. 감금에서 풀려난 처녀

virgo sacra(sacrata). 거룩한 동정녀

virgo Saturnia. 불의 여신(女神)

virgo² -gĭnis, adj. 처녀지의

virgósus, -a, -um, adj. 잔가지가 많은

vírgŭla, -æ, f. 작은 나뭇가지, 작은 막대기, 신장(神杖).
(文) 구두점, 반점, 악센트 부호, 오류문장 표시부호(√).

virgulátus, -a, -um, adj. 줄이 있는, 얼룩무늬의

virgúltum, -i, n. (흔히 pl.) 풀숲, 총림, 삽목, 묘목,
새싹, 회초리, 나무 가지, 가시덤불.

virgúltus, -a, -um, adj. 숲의, 총림의, 가시덤불 덮인

virgúncŭla, -æ, f. 어린 소녀, 어린 처녀

víriæ, -árum, f., pl. 팔찌

viribus editíor. 힘이 더 센

virícŭlæ, -árum, f., pl. 미약한 힘

virícŭlum, -i, n. 조각용 칼, 쇠꼬챙이, 끌(조각용)

vírĭdans, -ántis, p.prœs., a.p.
초록의, 녹색의, 푸른 빛 도는, 정(精) 한.

víride, -is, n. 녹색, 초록색. adv. 푸르게

viridésco, -ĕre, intr. 푸르게 되다

virídia, -íum, n., pl. 푸른 숲, 초원, 정원(庭園),
푸른 공원, 녹음(綠陰-새싹), 나무(伜), 녹엽(綠葉).

virid(i)árĭum, -i, n. 작은 숲, 나무 심은 공원, 녹엽식물

virid(i)árĭus, -i, m. 공원 수직원(公園 守直員)

virídĭco, -áre, intr. 푸르게 되다.

p.prœs. **virídicans**, 푸르른, 초록빛 도는.

víridis, -e, adj. 초록의, 푸른, 청청한, 녹색의, 신선한,
싱싱한, 활기 있는, 앳된, 젊은, 남자다운, 용맹한.
colles viridissimi. 푸른 언덕/
etíam post annum repreæsento viridem saporem.
일 년 후에도 싱싱한 맛을 지니다/
ignem ex lignis virídibus fácïo.
생나무에서 불을 일으켜 내다/
Ripárum vestitus viridissimi.
강가를 덮은 푸르디푸른 잔디/
viridióra præmiórum génera. 더 싱싱한 보상(補償).
viridis caseus.(pressum lac) 싱싱한 치즈(⑨ cheese)
Viridis se subjícĭt alnus. 파란 오리나무 싹이 돋아난다.
virídĭtas, -átis, f. 푸르름, 초록색, 녹색(綠色),
원기, 활기, 싱싱함, 신선함.
Hiems est, intus est viriditas in radice.
겨울에도 뿌리 안에는 푸름이 깃들어 있습니다/
Opus enim Verbi viriditas est.
말씀의 업적은 푸르름이다(힐데가르드).
virído, -áre, tr., intr. 푸르게 하다, 푸르다
virídor, -ári, dep., intr. 초록이 되다, 푸르게 되다
virílïa, -íum, n., pl. 남자의 생식기, 남자다움, 용감.
virílis, -e, adj. 남성적인, 남자의, 씩씩한,
사나이다운, 개성적인, 건강한, 힘센, 굳은, 용감한.
ætas virilis. 성년(成年)/
pro virilis parte, virilis protióne.
각기 자기 나름대로, 자기 수완 것.
toga virilis. 성인 토가, 성년식(成年式)/
virile secus. 남성(virilis sexus)/
virílĭter, adv. 남자답게, 사내답게
virílĭtas, -átis, f. 성년기, 남성, 남자다움, 청춘, 원기
viríŏla, -æ, f. (víriæ) 팔찌(brachialis, -is, n.)
virípotens, -éntis, adj. (vir+pótior²) 결혼 적령의
virísso, -áre, intr. 남자답게 행동하다
viritánus, -a, -um, adj. 각인에 분배된
virítim, adv. 머리수대로, 각각, 각자 앞에,
한 사람 한 사람(alius ex alio).
vĭror, -óris, m. 초록색, 초원, 푸른 빛, 녹색.
virósus¹ -a, -um, adj.
고약한(썩은), 냄새나는, 더러운, 독이 든.
virosus² -a, -um, adj. 남자를 사모(思慕)하는.
virtualis contactus. 잠세적 접촉
virtualis incardinátio. 묵시적(사실상) 입적(入籍).
intentio virtuális. 잠세적(잠재적) 지향.
virtualis quantitas. 가상의 질량
virtuáliter, adv. 힘으로, 꿋꿋하게, 능력적으로,
사실상(de facto/Ipso facto), 실질적으로, 잠재적으로.
Virtualiter revelatum. 잠재적 계시(가려진 형태로 즉 간접적으로
계시된 것. formaliter revelatum 명시적 계시와 대조).
virtuósus, -a, -um, adj.
힘찬, 힘 있는, 저력 있는, 덕스러운.
operátïo virtuosa. 덕성스러운 작용.
virtus, -útis, f. (vir) [sg. 주격 virtus. 속격 virtutis. 여격 virtuti.
대격 virtutem. 탈격 virtute. 호격 virtus. pl. 주격 virtutes. 속격 virtutum.
여격 virtutibus. 대격 virtutes. 탈격 virtutibus. 호격 virtutes].
1. 남자의 품격, 품위, 남자로서의 가치, 고유한 공적,
특유의 성격. 2. 갖추어야 할 성격, 가치, 재능, 재질.
3. 덕(ἀρετήν), 덕성, 도덕. 4. 강장(强壯), 효력,
능력(δνύαμις), 힘(⑨ Power), 사기, 결단성, 용맹, 용기,
씩씩함. 5. 덕행, 윤리적 완전성. 6. 작용, 영적(靈的).
Anteponamus virtutem divitiis.
우리는 재물보다 덕을 더 소중히 여기자/
Aquas legales in vina evangelica vertit virtute sua.
그분은 당신의 힘으로 율법의 물을 복음서의 포도주로
바꿨다(계약의 신비 안에 계시는 마리아. p.309)/
Audendo virtus crescit, tardando timor.
용기는 감행함으로써 커지고,
공포는 주저함으로써 커진다/
belllándi virtus. 전사로서의 재질/

Bonum mentis est virtus. 정신적 선은 덕이다/
Campus, in quo excurro virtus potest.
능력이 마음껏 발휘될 수 있는 분야(分野)/
De amore laudis, qui, cum sit vitium, ob hoc virtus
putatur, quia per ipsum vitia maiora cohibentur.
명예욕 자체는 악덕이지만 더 큰 악덕들을 억제한다는
점에서 덕성으로 여겨진다(교부문헌 총서 17, 신국론, p.2758)/
De Virtute Fidei Divinæ. 하느님께 대한 신덕(1646년)/
Et dedit illi virtutem continendi omnia.
(e:dwke,n te auvtw/| ivscu.n krath/sai a`pa,ntwn)
(⑨ and gave him power to rule all things)
그에게 만물을 통치할 힘을 주었다(성경 지혜 10, 2),
지혜는 그에게 만물을 지배할 힘을 주었다(공동번역)/
disce, puer, virtutem ex me verumque laborem fortunam
ex aliis. 아이야, 용맹은 내게서 배우고 참 수고가 무엇
인지는 나한테서 배워라. 그러나 행운은 다른 사람들
에게서 보려므나(성 염 지음. 사랑만이 진리를 깨닫게 한다. p.385)/
Deus virtutem. 덕의 하느님(전능하신 하느님)/
Ducis in consilio posita est virtus militum(Publilius Syrus).
병사들의 사기(士氣)는 장수의 선견지명에 달려 있다/
Etíam nunc residet spes in virtúte tuā.
지금도 너의 용기에는 희망이 건재한다/
forma virtutem. 덕의 형상/
Gloria virtutem sequitur, tamquam umbra figúram.
그림자가 형상을 따르듯이, 영광은 덕행을 따른다/
Gloria virtutem sequitur, ut umbra figuram sequitur.
형체에 그림자가 따르듯, 덕에는 영광이 따른다/
Gloria virtutis umbra. 영예는 덕의 그림자, 음덕양보/
habitus moralium virtutum. 윤리적 덕의 가능태/
habitus virtutis. 덕의 습성/
in firmamento virtutis ejus! 그분의 확고한 권능에서/
그분의 권능의 창공(蒼空)에서!/
In medio stat virtus. 덕재중용(德在中庸)/
덕은 중용을 지키는 데 있다(덕은 중간에 서 있다)/
In virtúte posita est vera felicitas(Seneca).
참된 행복은 덕에 자리 잡고 있다.[posita est: ponere의 과거분사
이므로 수동태 완료형이지만 positus, a, um이 형용사화 되어서 (그 결과
가 현재에 미치는) 현재 의미로 해석한다. 성 염 지음. 고전 라틴어, p.206]/
In virtúte summum bonum pónere.
최고의 선을 덕행에 두다/
In voluptate spernenda virtus cernitur.
쾌락을 멸시하는 데서 덕행이 식별되는 것이다/
insignia virtutis. 훈장(勳章.ornamentum, -i, n.)/
liquefactiva virtus ignis. 불의 용해력(鎔解力)/
Magnos homines virtute metimus, non fortuna.
위인들을 우리는 덕으로 재지 운수로 재지 않는다/
Máximus virtútes jacére omnes necésse est,
voluptate domináante. 쾌락이 지배하게 되면 가장
큰 덕행들이라도 다 필연적으로 쇠퇴 한다/
Mea virtute me involvo.(Horatius)
나는 나의 덕을 갖고서 나를 치장(포장)한다/
Nemo poterit sine virtute esse beatus, quamvis ei
sint divitiæ. 비록 재산이 있다 할지라도,
덕이 없으면 아무 누구도 행복할 수 없다/
Nihil est virtúte præstántius?
덕행(德行)보다 더 뛰어난 것이 무엇이냐?/
nobilitas animi sola est atque unica virtus.
정신의 품위야말로 유일무이한 덕이니/
nomen tantum virtutis usurpáre.
덕행이란 이름만 악용하다/
Non ergo ultimus finis multitudinis congregatæ vivere
secundum virtutem, sed super virtuosam vitam
pervenire ad fruitionem divinam.
그러니까 덕에 따라 사는 일이 조직사회의 궁극목적이
아니라, 덕스러운 삶을 통해서 하느님을 향유하는
경지에 도달함이 조직 사회의 궁극 목적이다.
(성 염 지음. 사랑만이 진리를 깨닫게 한다. p.241)/
Ordo virtutum. 도덕률(Hildegard 1098~1179.9.17. 지음)/
óperam do virtúti. 덕행에 힘쓰다/

potentia sive virtus operandi. 작용의 능력 혹은 힘/
præmĭum virtutis. 덕의 보상(補償)/
Propter virtutem jure laudamur et in virtute recte
gloriamur. 우리는 의당히 덕성 때문에 찬사(讚辭)를 받고
당연히 덕성(德性)을 두고 자랑 한다/
Quanti æstimánda virtus!
덕행은 얼마나 크게 평가해야 할 것이냐?/
Quid est álius fortitúdo nisi virtus?
용맹(勇猛)은 덕이 아니고 무엇이냐?(quam¹ 참조)/
Quidquid fit cum virtute, fit cum gloria(Publilius Syrus).
덕성으로 이루어지는 일은 영예로이 이루어지는 셈이다/
Quĭnam homo virtutes non colet?.
(인간치고) 어느 인간이 덕(德)을 떠받들지 않겠나?/
Quod non possint ibi veræ esse virtutes, ubi non est
vera religio. 참다운 종교가 없는 곳에 참다운 덕성이
있을 수 없다.(교부문헌 총서 17, 신국론, p.2818)/
Quod ut mundus in Christum crederet, virtutis fuerit
divinæ, non persuasionis humanæ. 세상이 그리스도를
믿는 것은 인간적 설득이 아니라 신적 능력 때문이다.
(교부문헌 총서 17, 신국론, p.2828)/
rapacia virtutis ingenia. 덕행을 제 것으로 만드는 재질/
Solum bonum virtus est. Nam id demum bonum est,
quo nemo male uti potest ; virtute nemo male uti potest
: bonum est ergo virtus.(Quintilianus). 덕이야말로 유일한 선
이다. 아무도 악용할 수 없는 것이 참으로 선이다. 그런데
덕은 아무도 악용하지 못한다. 그러므로 덕은 선이다/
Tantum rémanet, quod virtúte consecútus sis.
덕으로 얻은 것만이 홀로 남아 있다/
Tardis mentibus virtus non facile comitatur.
무딘 정신에는 덕이 따르지 않는다/
Tua eadem virtus fuit quæ in tuo proavo.
당신의 용맹은 당신 증조부에게 있었던 것과 똑같았다/
tua divína virtus. 너의 훌륭한 재질/
Utrum sine cáritate possit esse aliqua věra virtus.
어떤 다른 덕이 신의 사랑 없이도 유도될 수 있는가/
Virtute ac dis volentibus, magni estis et opulentes.
덕성과 신들이 바란다면야(허락한다면야) 여러분은
훌륭한 사람이요 풍족한 사람이라 하겠다/
[virtute ac dis volentibus 자립분사구. 성 염 지음. 고전 라틴어, p.333]/
virtútes continéntiæ, gravitátis, justítiæ.
절제와 신중(愼重)과 정의의 덕성(德性)/
virtutes infusæ. 부여받은 덕/
virtutes morales. 도덕적인 덕/
virtutes morales infusæ. 부여된 도덕적 덕/
virtútes oratóris. 연설가의 품격(品格)/
Vult plane virtus honorem, nec est virtutis ulla alia
merces.(Cicero). 덕은 분명 영예를 바란다.
그 외에 덕에 대한 보상은 결코 있을 수 없다/
Virtus est homini scire id quod quæque habeat res;
virtus scire homini rectum utile quid sit honestum,
quæ bona quæ mala item, quid inutile trupe inhonestum;
virtus quærendæ finem re scire modumque.
virtus divitiis pretium persolvere posse;
virtus id dare quod re ipsa debetur honori.
덕이란 각 사물이 인간에게 갖는 의의를 아는 것이다.
덕이란 인간에게 무엇이 바르고 무엇이 유익하고
무엇이 정직함인지 아는 것이다.
무엇이 선이고 무엇이 악임을 알고 무엇이 무용하고
욕되고 부정직한지를 아는 것이다.
덕이란 사물을 추구하는 목적과 한계와
분수를 아는 것이다
덕이란 받은 바에 대해서 대가를 치를 수 있음을 말한다.
덕이란 각 사물에 마땅히 돌아가야 할 바를
돌려줌을 말한다.
[풍자시인 루킬리우스(Caius Lucilius. BC 180~103)의 단구시].
[Lucilius는 로마 최초의 시인이며 그리스 문학으로부터 모방하지 않고 라틴인들
의 고유한 문학영역이라 할 풍자시(satura)를 개척한 인물이다. 그의 이 단구시는
virtus를 justitia로 대체할 경우에 '정의'의 덕에 관한 고대文학의 가장 훌륭한
정의에 해당한다고 하겠다. 무엇이 참으로 정의로운가에 대해 quod quæque
habeat res(각 사물이 본디 갖고 있는 그것)요, id dare quod re ipsa debetur

honori(각 사물에 마땅히 돌아가야 할 바를 돌려줌)이라고 하는데 이것은 후대의
문장가들이 cuique(rei seu homini) suum tribui(각자에게 그 몫이 돌아감)이라고
정의를 규정한 것과 거의 완벽하게 동일하다. 정의의 개념에 rectum, utile,
honestum을 내포시킨 것도 키케로의 정의론(De officiis)에 토대를 닦아준
것이라 볼 수 있다. 성 염 지음, 사랑만이 진리를 깨닫게 한다. p.459].
virtus acquisita. 습득 덕행, 습득 덕, 습득된 덕
virtus activa naturalis. 자연의 능동적 능력
virtus ad audiendum verbum.
말씀을 알아들을 수 있는 능력.
virtus ad infinita. 무한으로까지 열린 힘
Virtus amánda est ómnibus.
덕행은 모든 이에게 사랑되어야 한다(존중되어야 한다).
[수동형 용장활용에 있어서는 능동주 부사어로 탈격을 쓰지 않고 여격을 쓰는
것이 원칙이다. 이런 여격을 능동주 여격이라 한다. 그러나 여격 지배
동사에서는 뜻을 분명히 하기 위하여 능동주 요격을 쓰지 않고 제대로
(전치사 a를 가진) 능동주 탈격을 쓴다. 허창덕 지음. 문장론].
virtus architectonica. 웅장한 덕
Virtus argúitur malis. 덕행은 불행 속에서 드러난다.
virtus artis. 기술적 능력
virtus cardinalis. 추덕(樞要德), 사추덕(四樞德)
virtus caritatis. 애덕(愛德), 사랑(신학에서 사랑의 개념은
하느님이 베푸시는 사랑과 이에 대한 인간의 응답을 말한다).
virtus cognoscitiva(potentia cognoscitiva). 인식 능력
virtus colenda. 닦아야 할 덕행
virtus collativa. 추리 능력
virtus conversiva. 변환 능력.
virtus creandi. 창조의 능력, 창조하는 능력(creo 참조)
Virtus de illo exibat, et sanabat omnes.
힘이 그에게서 나와 모든 사람을 낫게 하였다.
Virtus difficile inventu est, rectorem ducemque
desiderat(Seneca). 용맹이란 참 발견하기 어렵다고 하겠는데
그게 통치자격 장군을 요구하는 까닭이다.
virtus divina creata. 창조된 신적 힘.
(은총과 자유, 김 율 옮김, p.117).
virtus divina increata. 창조되지 않은 신적 힘
Virtus eadem in homine ac deo est : est igitur homini
cum deo similitudo.(Cicero). 같은 덕목이 사람에게도 있고
신에게도 있다. 그러니 사람이 신과 닮은 점이 있다.
Virtus effíciens est voluptátis.
덕은 즐거움을 가져다주는 것이다.
virtus electivæ. 식별력
virtus epikeiæ. 법문관해의 덕(→형평의 원리)
Virtus est bona qualitas mentis.
덕은 정신의 좋은 성질이다.
Virtus est ordo amoris. 덕은 사랑의 질서,
덕은 질서 지워진 사랑이다(성 아우구스티노).
virtus est summus amor Dei(성 아우구스티노의 '덕' 정의).
덕이란 하느님에 대한 완전한 사랑.
Virtus et vitíum contraria. 서로 상반되는 덕행과 악습.
Virtus et vitíum contraria sunt.
덕행과 악습은 서로 상반되는 것이다.
virtus fecunditátis. 풍요성의 힘
virtus fidei(⑨ virtue of faith). 신덕(fides¹ -ĕi, f.)
virtus formativa. 형성 능력
virtus generantis. 생식 능력
virtus generativa. 생식 능력
virtus humana(⑨ Human virtues). 인간적 덕.
Virtus in ultrotributis est.
덕행은 받는 것보다 주기를 더 좋아한다.
virtus infusa. 주입 덕행(주입덕행-주입 덕), 천부덕
virtus infusus. 받은 덕
virtus instrumentalis. 도구적 능력
virtus intellectiva. 지성적인 힘, 지성적 능력
Virtus justitiæ est regina.
정의의 덕이 모든 덕의 여왕이다.
Virtus laudatur ab omnibus magno cum ardore.
덕은 모든 사람에 의해서 대단한 열성으로 칭송 받는다.
Omnes virtutem laudant magno cum ardore.
모든 사람들이 크나큰 열성을 갖고서 덕을 칭송한다.
Virtus manet, divitiæ pereunt.
덕행은 남아있고, 재물은 없어진다.

virtus militaris. 군사의 용맹(勇猛)

virtus moralis. 윤리 덕(倫理德) ⑨ moral virtue).
[인간의 의지와 감성적 욕구를 이성적 통제 하에 두고 인간 생활을 조절하는
성향을 말한다. 윤리덕은 윤리학에서는 지덕(intellectual Virtues)과 대조되는
용어로서 지덕은 진을 목표로 하는 데 반해 윤리덕은 선을 목표로 한다.]

virtus motiva efficiens. 작용함으로써 운동시키는 힘

virtus motiva imperans. 명령함으로써 운동시키는 힘

virtus movendi. 기동의 힘

virtus naturæ. 자연의 능력

Virtus naturalis.(⑨ Natural virtue) 자연 덕, 자연적 능력

Virtus nobis colenda. 우리가 닦아야 할 덕행

Virtus nobis colenda est. 우리는 덕행을 닦아야 한다

Virtus, non copia vincit. 다수가 아니라 용기가 승리한다.

virtus nutritiva. 성장력, 영양 섭취 능력

virtus obœdientiæ. 순명의 덕(순명 덕)

virtus operativa. 작용적 능력, 작용 능력

Virtus pópulum falsis dédocet uti vócibus.
덕행은 국민들에게 거짓말을 하지 못하게 가르쳐 준다.

virtus qua agit. 작용 수단인 능력

Virtus quo tendat, non quid passura sit cogitat.
덕(용기)이라는 것은 무엇을 감내할지가 아니라,
어디로 향할지를 생각한다.

virtus religiosa* 경신덕(敬神德)

virtus Romana. 로마인다운 덕성

Virtus sacramenti. 성사의 힘

Virtus se éxtulit. 덕망(능력)이 드러났다

virtus seminis. 씨의 능력

Virtus, si amicítiam non gignit, certe consérvat.
덕행이 우정을 생기게는 하지 않는다 하더라도,
확실히 그것을 보존은 한다.[Si non의 조건문 속에 어떤 제한된
단어를 부분적으로 부정해주는 것으로서 뒤에 나올 주문에서 at, tamen,
áttamen(그러나, 그래도), certe, at certe, saltem, at saltem(그러나, 적어도)
등의 말이 있을 경우에는 반드시 si non을 써야 한다. 이런 경우의
si non은 가끔 양보문의 성질을 띤다. si non 또한 앞에 나온 긍정조건문
(si)에 대립시켜주는 경우에도 양보문의 성질을 가진다. 문장론, p.291.]

Virtus sola neque datur dono neque accipitur(Sallustius).
덕이라는 것은 하나만 선물로 줄 수도, 받을 수도 없다.
(여러 덕목이 한꺼번에 갖추어져 있어야 한다).

Virtus sola, si adest, vitam effícit beatam.
덕성만이, 만일 있다면, 삶을 행복하게 만든다.

virtus speciei. 종적 능력

virtus spei* 망덕(spes, spei, f.).
희망의 덕, 바람(희망, optátĭo, -ónis, f.).

virtús Spíritus Sancti operátur. 성령의 힘이 작용을 하여.

virtus supernatúralis.
초자연적 덕, 초자연적 덕성, 초본성적인 덕.

virtus theologalis* 하느님을 대상으로 한 덕행,
향주삼덕(신덕, 망덕, 애덕), 주부덕(注賦德),
대신덕(獨 die gottliche Tugenden.⑨ theological virtue).

virtus transcendentalis. 초절력(선유의 천주사상과 제사문제, p.174).

Virtus tua me amicum tibi facit.
당신의 덕은 나를 당신의 친구로 만든다.

Virtus, virtus, inquam, et concíliat amicitias et
conservat. in ea est enim convenientia rerum,
in ea stabilitas, in ea constantia.(Cicero)
덕, 반복하건대, 덕이야말로 우정을 결합시키고 유지한다.
덕 안에 만사의 일치가 놓여있고, 덕 안에 (우정의)
불변함과 굳건함이 놓여있기 때문이다.

virtus virtutum. 능력들의 능력

virtus visiva. 보는 능력(토마스 아퀴나스 신학대전 1권, p.192)

virtute ex alto.(⑨ power from on high)
위로부터 오는 특별한 힘(루카 24, 49: 사도 1, 8 참조).

virtute infusæ* 닦은 덕(virtutes acquisitæ*), 받은 덕.

Virtute nostri mílites superabant.
우리 군인은 용기(勇氣)가 훨씬 많다.

virtute, non casu gesta. 우연이 아니고 노력으로 된 일.

Virtutem deo acceptam referre.
덕망을 지닌 것이 하느님의 덕분이라고 인정하다.

virtutem præsto. 용기를 드러내다

virtutes acquisitæ* 닦은 덕(virtute infusæ*), 습득 덕성

virtutes cælestes. 천상의 능력.
Omnes enim cælestes spiritus dicuntur et Angeli et
Virtutes cælestes. 사실 천상의 모든 영은 '천사'이며
'천상의 능력'이라고 불린다.

virtutes cardinales* 사추덕(四樞德:지덕-현명, 의덕-정의,
용덕-용기, 절덕-절제)
(prudentĭa, justitĭa, fortitudo, temperantĭa)
(獨 die vier Kardinaltugenden.⑨ Cardinal Virtues).

virtutes humanæ(gratĭa elevatæ)* 인간덕행(→대인덕)

virtutes infusæ. 천혜의 덕성(天賦性), 천부적 덕성

virtutes intellectuales* 지성덕(知性德)

Virtutes theologales. 대신덕, 향주삼덕

Virtutes theologales caritátis. 향주덕인 사랑.
(⑨ Theological virtues of charity).

virtutes theologicæ. 대신덕(對神德)
(獨 die gottliche Tugenden.⑨ theological virtue).

Virtutes, -um, f., pl. 능력천사(에페 1, 21)

virtutibus affectus. 덕성을 지니고 있는

Virtutis concelebrandæ causa monumentum statuere.
송덕비(頌德碑)를 세우다.

virtutis ubertates. 덕행의 유익성

virtutum laude cresco. 덕망이 높아지다

virtutumque culmina. 덕행의 절정(絶頂)

vírui, "víreo¹" 의 단순과거(pf.=perfectum)

viruléntĭa, -æ, f. 악취(惡臭)

viruléntus, -a, -um, adj. 유독한, 유해한

virus, -i, n. (단수로만 쓰인다) 국물, 즙(약용식물의 액), 진, 독,
독기, 악취, 썩은 냄새, 고됨, 쓴 것, 고초, 가혹, 쓰라림.
pecori aspergo virus. 가축에게 독을 퍼드리다.

virus invidĭæ. 시기심(猜忌心)의 독

vis¹ 2a pers. sg. ind. præs. (volo²)

vis², (acc. vim; abl. vi; pl. víres, -íum) 힘(δύναμις), 권력,
세력, 용기, 정력, 활동력, 무력, 폭력(暴力), 압제, 강압,
강박, 실력행사, 효력, 효과, 영향력, 다량.
pl. 능력, 재능, 군대, 병력.
Abige a me hanc vim, quæ me excrúciat.
나를 몹시 괴롭히는 이 폭력을 내게서 제거해 다오/
Capuam consules summa vi obsidere coeperunt.
집정관들은 전력을 다해서
카푸아를 포위하기 시작하였다/
consílio et víribus impar. 지혜와 힘이 미치지 못하는/
Damnare de vi. 폭력 죄로 판결하다(accusare, postulare,
damnare 등의 동사는 죄명을 표시하는 속격 대신 탈격 "de"로 표시할
수 있다. 아울러 폭력 죄에 대해서는 반드시 "de"가 필요하다)/
damno alqm de vi. 폭력 죄로 단죄(斷罪)하다/
De reformatione virium animæ. 영신력 쇄신/
de vi. 폭력 죄, 폭행죄/
de vi reus. 폭력범(暴力犯)/
Deus, refugĭum nostrum et virtus.
하느님께서는 우리의 피난처, 우리의 힘/
Edico tibi, ne vim facias.
폭력(暴力)을 쓰지 말도록 네게 명하는 바이다/
Ego tibi a vi nihil præsto possum.
나는 폭력에 대해서 네게 아무 것도 책임질 수 없다/
excipio vim frígorum. 혹독한 추위를 당하다/
in flore virium. 힘이 한창일 때/
infero vim et manus alci, infero mortem alci.
누구를 살해(殺害)하다/
labor supra vires. 힘에 넘치는 일/
Licet vim vi repellĕre.
폭력(暴力)은 폭력으로 물리치는 것이 가하다/
magna vis auri argentíque. 다량의 금과 은/
Nulla est tanta vis, quæ non ferro frangi possit.
쇠로 무찌를 수 없을 만큼 센 힘은 없다/
nulla vi rationis aut auctoritatis obstante.
이성과 권위의 힘은 배치되지 않는다/
O magna vis veritátis! 오, 진리의 위대한 힘이여/
Omnis hominum vis in animo et corpore sita est :
prior communis est cum dis, alterum cum beluis.

사람의 모든 기력은 혼과 몸에 깃들어 있다.
전자는 신들과 공유하고 후자는 짐승들과 공유한다/
per vim. 난폭하게, 강제로/
Pro di immortales, quæ fuit illa, quanta vis!.
불멸의 신들에 맹세코, 그 여자 얼마나 멋있던가!
얼마나 힘찼던가!/
pro víribus. 자기 능력껏/
Quid (hoc) significat? non vim?
이것은 무엇을 뜻하느냐? 폭력이 아니란 말이냐?/
Si vir bonus habeat hanc vim, hac vi non utatur.
선인은 이런 힘을 갖고 있더라도
이 힘을 행사하지 않을 것이다/
terræ potestas finitur ubi finitur armorum vis.
영역권은 무력이 끝나는 곳에서 끝난다/
vi contra vim resísto. 힘에는 힘으로 대항하다/
Vi et armis. 불법수단으로 무력에 호소해서/
vi sacramentalis consecrationis. 성사적 축성의 힘/
vim affero. 폭력을 가하다, 폭행(暴行)하다/
vim infero. 폭행하다, 폭력을 가하다/
vim obligandi. 구속력(拘束力)/
vim vi repello. 힘을 힘으로 물리치다/
vim vitæ suæ, infero sibi manus. 자살하다/
Vires corporis exercentur laboribus atque doloribus.
노동과 고통으로 육체의 힘이 단련된다.

격부족명사		sg.	pl.
	Nom.	vis	vires(힘, 기력; 세력, 병력)
	Gen.	(roboris)	vírium
	Dat.	(robori)	víribus
	Acc.	vim	vires
	Abl.	vi	víribus

(한동일 지음, 카르페 라틴어, p.67)

vis armata. 무장폭력
vis abdita quædam. 어떤 신비스런 힘
vis absoluta. 절대적 폭력
vis activa. 작용 능력
vis æstimativa. 평가능력(評價能力), 평가력(評價力).
(哲) 양태(양식, 토마스 아퀴나스, p.217).
vis amoris. 사랑의 힘
vis artis. 기술적 힘
vis atrox. 중대한 폭력(흉악한 방법으로 저질러진 폭력)
Vis audire consilium? 조언을 듣고 싶습니까?.
vis auri. 다량의 금
Vis autem est majoris rei impetus,
qui repelli non potest. 힘은 보다 큰 것으로부터
오는 저항할 수 없는 압력(壓力)을 말한다.
Vis baptizari? Volo.(⑨ Will you be baptized? I will).
영세하기를 원합니까? 원합니다.
vis coactiva 강제력(强制力)
vis cogitativa. 사고력(mens, mentis, f.)
vis comica. 웃도록 하는 능력
vis compulsiva 강제적 폭력(强制的 暴力)
vis congregáta. 뭉친 힘
vis corpori illata. 신체에 가해진 폭력
vis divina. 신의 힘, 불가항력
vis egestas injustitia solitudo infamia. hocin sæclum!
o scelera, o genera sacrilega, o hominem inpium!
폭력에다 가난에다 불의에다 고독에다 수치라!
빌어먹을 세상, 저 못된 짓, 천벌 받을 종자, 양심 없는
남자 같으니!(성 염 지음. 사랑만이 진리를 깨닫게 한다. p.458).
vis et inclinatio. 능력(힘)과 경향
vis et metus. 폭력과 공포(暴力 恐怖)
Vis et timor(⑨ Force and Fear) 힘과 겁(怯), 압력과 공포
Vis et violentia non possunt a liberis civibus tolerari.
힘과 폭력은 자유로운 시민(자유민)들에 의해서
용납될 수 없는 것이다.[성 염 지음. 고전 라틴어, p.244].
Vis facta esse negabitur.
폭력이 사용되었다는 것은 부인될 것이다.
vis fluminis. 하천의 범람

vis generativa. 생식력
vis instrumentaria. 도구적 힘
vis intellectiva. 지력(智力)
vis intelligen. 사유 능력
Vis legibus est inimica. 힘은 법률의 적이다.
vis maior. 더 강한 힘, 불가항력
vis medicatrix naturæ. 자연 치유력
vis memorativa. 기억(㦴力.⑨ remembrance)
vis movendi. 움직이는 힘
vis multiplicativa lucis. 빛의 증가하는 능력
Vis nulla aderat. 아무런 힘도 없었다.
Vis operativa. 신앙의 활동력
vis physica. 물리적 힘, 폭력(暴力)
Vis receptiva. 신앙을 받아들여 키우는 힘
vis relativa. 상대적 폭력
vis sensitiva 감각력(感覺力)
vis speculativa. 사색적인 힘
Vis ut credam tibi de traditoribus? 배교자들에 관한
그대의 말을 내가 믿어 주기를 바랍니까?.
vis vegetativa. 생장력(生長力)
vis verbi. 말의 뜻
vis vitalis. 생명력(vigor, -óris, m.)
viscárius, -i, m. 끈끈이로 새를 잡는 사람
viscátus, -a, -um, adj. 끈끈이를 바른, 속임수를 놓은,
올가미.함정 따위를 놓은
viscelátus, -a, -um, adj. 다진 고기를 넣은
viscéllum, -i, n. 다진 고기
víscĕra, -um, n., pl.
(解) 내장(內臟), (통속적) 오장육부, 배알, 창자, 속마음.
Beata viscera Mariæ Virginis,
quæ portaverunt æterni Patris Filium. 영원하신 성부의
아들을 잉태하신 동정 마리아의 품은 복되시나이다/
quem remisi tibi: eum, hoc est viscera mea(필레몬서 1. 12).
(⑨ I am sending him, that is, my own heart, back
to you) 나는 내 심장과 같은 그를 그대에게 돌려
보냅니다(성경)/나는 그를 그대에게 돌려보냅니다.
그것은 내 심장을 떼어 보내는 셈입니다(공동번역 1. 12).
viscerális, -e, adj. (解) 내장의, 복부의, 총애하는
viscerátim, adv. 갈가리, 조각조각
viscerátĭo, -ónis, f.
제물로 바친 고기를 백성에게 나누어 줌
viscéreus, -a, -um, adj. 고기의
víscĭdus, -a, -um, adj. = viscósus 끈적끈적한, 풀칠한
visco, -ávi, -átum, -áre, tr. 풀칠하다, 바르다, 더럽히다
viscósus, -a, -um, adj. 끈적끈적한, 풀칠한
visculentus, -a, -um, adj. = viscósus
viscum, -i, n. (植) 겨우살이, 기생식물의 일종
viscus¹ -i, m. = viscum (植) 겨우살이
viscus² -cĕris, n. (보통 pl.로) 살(σάρξ.육체), 창자,
내장, 배, 마음, 자궁, 가까운 친척, 자식, 혈육,
중심부, 핵심(⑨ Heart), 심장부, 재력(財力), 금전.
viséndus, -a, -um, adj. 볼만한.
pl. 구경거리, 진기한 물품, 명소(名所).
visivíliter, adv. 볼 수 있게, 보일만하게, 유형하게, 명백하게.
Ideo Deus quosdam liberavit visibiliter, quosdam non
liberavit visibiliter: omnes tamen spiritualiter liberavit,
spiritualiter neminem deseruit.
하느님께서는 어떤 사람은 눈에 보이게 구원하셨고, 또
어떤 사람은 눈에 보이게 구원하지 않으셨습니다. 그렇
지만 모든 사람을 영적으로 구원하셨고, 영적으로는 아무
도 저버리지 않으셨습니다.(최익철 신부 옮김. 요한 서간 강해. p.359).
Visibiliter quosdam visus est deseruisse, quosdam
visus est eripuisse. 어떤 사람을 구원하신 것은 당신께
그들을 구원할 힘이 없다고 여기지 않게 하려는
것이었습니다.(최익철 신부 옮김. 요한 서간 강해. p.359).
visíbĭlis, -e, adj. 보이는, 볼 수 있는, 보일만한, 유형한.
(⑨ visible, capable of being seen; capable of seeing)
n. 보이는 것, 볼 수 있는 것.

De summo Romano Pontifice, Capite visibili Ecclesiæ, Christi in terris Vicario. 지상 교회의 머리이며 그리스도의 대리자인 교황에 대하여/
ecclesia visíbĭlis. 보이는 교회/
immutátĭo visíbĭlis. 시각적 변화.
visíbĭlis apparítĭo 가시적 출현
visibílitas, -átis, f. 눈에 보임, 가시성([영] visibility), 시계
visibílitas ecclesiæ. 교회의 가시성(교회 조직)
visibúndus, -a, -um, adj. 쉽게 보이는
visíficus, -a, -um, adj. (visus+fácio) 보게 하는, 시각의.
vísĭo[1] -ónis, f. 직관(vítĭo directa..[영] Intuítĭon), 보는 행위, 시각, 시력, 지각, 인지, 계시, 보임(見), 환상, 환영, 환시(טַתאר), 묵시, 현성, 성현시.
Et vita hominis Dei est visio.([영] And the life of man is the vision of God) 인간의 생명은 하느님의 영상입니다.
visio beata viátorica. 순례자의 지복직관(교회와 성사, p.83)
visio beatifica. (神) 지복직관([영] Vision of God), 하느님의 직관(獨 Anschauung Gottes).
visio beatitudo beatifica. 복락직관(福樂直觀)
Visio Dei. 신 직관, 뵈옴([영] Vision of God), 하느님을 봄.
visio divinæ essentiæ. 본질 직관
Visio fertur in objectum. 시각은 대상으로 옮겨진다.
visio imaginaria. 표상적 직관
visio intellectualis. 지적 직관
visio intuitiva Dei. 하느님을 직접 뵈옴
visio mortis* 죽음관(그리스도인의 죽음관)(교리서 1012항)
visio naturalis. 본성적 봄
visio pacis. 평화의 환시(幻視)
visio prophetica. 예언자적 환시
visione corporale. 물체적 환시
visione immaginaria. 상상적 환시
visione intellettuale. 지적 환시
vísĭo[2] -íre, intr. 소리 없이 방귀뀌다.
visita, 원형 vísĭto, -ávi, -átum, -áre, freq., tr. [명령법 단수 2인칭 **visita**, 복수 2인칭 visitate].
visitátĭo, -ónis, f. 봄(보는 행위), 시찰, 순찰, 방문.
De visitatione sanctissimi Sacramenti. 성체조배에 대하여.
Visitátĭo B.M.V. 동정 성 마리아의 방문축일(7월2일)
visitátĭo canonica. 교회법상의 방문, 사목 방문, (주교의) 사목 순시(司牧巡視.[영] canonical visitation).
Visitátĭo infirmorum. 병자 방문
Visitátĭo liminum(ad limina) **Apostolorum**. 베드로, 바울로 사도의 묘소 방문.
visitátĭo pastoralis. 사목방문(visitátĭo canonica)
Visitátĭo Superioris. 수도회의 장상 방문
Visitátĭo SSmi Sacramenti. 성체조배([영] Eucharistic adoration.Visit to the Blessed Sacrament).
visitátor, -óris, m. 방문자, 검사인, 감시자, 시찰관, (라자이스트회) 관구장.
Visítĭo ad limina Apostolorum.(교회법 제400조 참조) 사도좌 정기방문(→앗 리미나.Ad limina).
vísĭto, -ávi, -átum, -áre, freq., tr. 자주 보다, 방문하다(פקד), 시찰하다, 찾아가 보다, 구경하다.
Infirmum visitare. 병자를 방문하라.
visivus, -a, -um, adj. 보는데 관한
Visne…? 너 원하느냐?, …하고 싶으냐?(-ne[4] 참조)
Visne hoc fácere annon? 너는 이것을 하고 싶으냐 하고 싶지 않으냐?
Visne hoc scire? 알고 싶은가?
Visne ire Romam?. 너는 로마로 가길 원하느냐?
Visne mea esse? Dum quidem ne nimis diu tua sim, volo. 내 여자가 되고 싶소? 너무 오래 당신 여자가 되지 않는다면야 그러고 싶어요.
vīso, -si -sum -ĕre, intens. 유심히 보다, 헤아리다, 정관하다, 관찰하다, 검토하다, 가서(와서) 보다, 방문하다(פקד), 심방(心房)하다, 구경하다.
Visam, si domi est. 그가 집에 있는지 가보겠다/
Vise ad portum. 항구에 가서 보라.
viso ad ægram. 병자를 방문하다
viso signa. 기념물을 구경 가다
visor, -óris, m. 정관자(靜觀者)
visorĭum, -i, n. 극장(劇場), 관람장소(觀覽場所)
vispíllo = vespíllo
visuális, -e, adj. 시각의, 시력의.
visuálĭter, adv. 보이게
visuálĭtas, -átis, f. 시관, 시각, 시력
vīsum, "vídĕo"의 목적분사(sup.=supínum)
vīsum, -i, n. 본 물건, 본 것, 보인 것, 광경, 묵시, 환상(幻想), 꿈(夢.חלום.[영] dream).
visa somniórum. 꿈속에 보인 것.
visus[1] -a, -um, p.p. (vídeo, víso)
visus[2] -us, m. 보는 행위, 시각, 시관, 시선, 전망, 광경(光景), 외양(外樣), 바라봄. (解) 눈, 시력(視力), 보는 것, 보인 것, 환영(幻影).
res visu fœda. 보기에 끔찍한 것.
visus oculorum. 시각(sensus videndi, videndi facultas)
visus reflecto. 시선을 돌리다
vīta, -æ, f. 삶([영] Life), 목숨(ψυχὴ), 일생, 생활양식, 생존, 생명(חַיִּי.נֶפֶשׁ.נְשָׁמָה.רוּחַ.ורח.ζωὴ.[영] Life.獨 Leben), 생활, 사는 모양, 이력, 살아 있는 것, 인간 생활, 세상, 귀중한 사람, 애지중지하는 것, 전기, 생애, 행적, 행실.
pl. vitæ 영혼, 지하계(地下界)의 인생들,
alqd mercor vitā. 무엇을 생명과 바꾸다/
alqm manu vitam punio. 누구를 사형하다/
An vita mortalium mors potius quam vita dicenda sit. 사멸할 자들의 생명은 삶이라기보다 죽음이라고 말해야 하는가.(교부문헌 총서 17, 신국론, p.2788)/
aspéctum vitæ humánæ 인생관(人生觀)/
ad eo procedit vita. 그한테서 생명이 발출한다/
Apologia pro vitā sua. 자기 생애의 변명(Newman 추기경 지음)/
Arbor vitæ crucifixæ Jesu Christi.(우베르띠노의 1305년 지음) 십자가에 못 박힌 예수 그리스도의 생명의 나무/
Benedicam Deum in vita me. (시편 63, 5. 부산교구 손삼석 주교 사목 표어. 2010.7.9일 주교 수품) 한평생 하느님을 찬미하리이다/
Brevis ipsa vita est sed malis fit longior.(Publius Syrus). 인생은 매우 짧으나, 불행으로 길어진다/
Clara nomine, vita clarior, clarissima moribus. 이름은 영롱이었고, 생활은 더욱 영롱했으며 품행은 더욱 영롱하였다(아씨시 성 프란치스코의 생애, p.89)/
confinĭum mortis et vitæ. 죽음과 삶의 갈림길 순간/
consortium totius vitæ. 생활의 온전한 공동체/
Cum vita brevis sit, tempori parendum est. 인생은 짧기 때문에 시간을 아껴야 한다/
De beata vita. 행복한 삶(성 아우구스티노 지음)/
De Brevitate Vitæ. 짧은 인생(세네카 지음)/
De vita beata. 복된 삶에 대하여(락탄티우스 지음)/
de vita decedere. 일찍 죽다(claudo supremum diem)/
De vita et morbis philosophorum. 철학자들의 삶과 죽음들.(월터 버얼리 1275~1344 지음)/
De Vita Solitaria. 독거 생활에 관하여(1356년)/
De vita sua. 자신의 생애(生涯)에 대하여/
De vitæ sacerdotális perfectione. 완전한 사제생활에 대하여/
De vitæ termino. 인생의 한계(콘스탄티노플의 제르마노 지음)/
debeo vitam *alci*. 누구의 덕분으로 살아 있다/
deficio vitā. 죽다/
deprecor sibi vitam. 애원(哀願)하여 목숨을 건지다/
Deus non est vita. 신은 생명이 아니다/
dimicátĭo vitæ. 목숨을 건 투쟁(鬪爭)/
dimidia pars vitæ. 반평생(半平生)/
dulcia solacia vitæ. 인생의 달콤한 위안/
durante vita. 일생동안, 평생/
Ego sum via, veritas et vita. 나는 길이요 진리요 생명이다(요한 14, 6)/
Ego sum vitæ dubius. 나는 생명에 대해 자신이 없다/

Emendatio vitæ. 생활의 개선/
emigro e vita. 일찍 죽다(fato cedo)/
ex vitā discedo. 죽다 / excessus e vitā. 사망/
excessus vitæ. 사망 / exeo de(e) vitā. 죽다/
exíre ex vitā. 죽다 / Fons vitæ. 생명의 원천/
habeo in obscúro vita. 은둔 생활을 하다/
Hæc est vita nostra, ut desiderando exerceamur.
　열망하면서 단련되는 것, 이것이 바로 우리 삶입니다/
Historia est magíster vitæ. 역사는 생활의 선생이다/
Hoc est hómini, quam vitam amet.
　이것이 바로 사람이 생명을 사랑하는 이유이다/
Hominis vita nihil aliud quam ad mortem iter.
　사람의 삶이란 죽음에 이르는 여로(iter ad mortem)
　외에 다른 것이 아니다(성 염 지음. 고전 라틴어. p.110)/
Id vitam provexit in altum. 그것이 목숨을 험난한
　바다(재난의 위험 속으로)로 몰아넣었다/
In Deo maxime est vita.
　하느님 안에서 생명이 최고도로 존재 한다/
in hoc ibis amissa uita, quod eras antequam
sumeres uitam. 생명을 잃으면 너는 네가 생명을 얻기
　전에 있던 그것으로 돌아가느니라(교부 총서 17. 신국론. p.2353)/
in postrémo vitæ. 죽기 직전에/
in superiore vita. 생애의 전반에/
In tria tempora vita dividitur, quod fuit, quod est,
quod futurum est. ex his quod agimus breve est,
quod acturi sumus dubium, quod egimus certum(Seneca)
　인생은 세 시기로 나눠진다. 있었던 것, 있는 것, 있을 것,
　이 가운데 우리가 하고 있는 것은 짧고, 우리가 하려하는
　것은 의심스럽고, 우리가 이미 한 것은 확실한 것이다/
in vita. 일생동안에, 생전에/
Insidiæ vitæ humanæ(영 Snares of human life).
　인간 생명에 대한 모독/
institutum vitæ apostolicæ(영 society of apostolic life).
　사도 생활단/
institutum vitæ consecratæ(영 Institute of consecrated
life). 축성 생활회/
intima communitas vitæ et amoris conjugális.
　부부의 생명과 사랑의 친밀한 공동체(=혼인)/
Ita est vita hóminum. 인생이란 이런 것이다/
juxta finem vitæ. 생애 말년이 가까워서/
Liber de vita Christi ac de vitis summorum pontificum
omnium. 그리스도의 일생과 모든 교황들의 생애/
Liber vitæ Meritorum. 가치 있는 삶(창조에 대한 인류의
　공동책임에 대해 다룸. Hildegard 1098~1179.9.17. 지음)/
magnæ vitæ consecratæ provocationes.
　봉헌생활이 직면하는 주요 도전들/
mea vita. 나의 귀중한 영혼/
Me a morte ad vitam revocávit.
　그는 나를 죽을 고비에서 살려 주었다/
Mors et vita in manu linguæ.
　(qa,natoj kai. zwh. evn ceiri. glw,sshj)
　(獨 Tod und Leben stehen in der Zunge Gewalt)
　(영 Death and life are in the power of the tongue)
　혀에 죽음과 삶이 달려 있으니(성경 잠언 18. 21)/
　죽고 사는 것이 혀끝에 달렸으니(공동번역 잠언 18. 21)/
　죽음과 삶이 혀에 달려 있다(일반번역 잠언 18. 21).
Multi mortáles vitam, sicut péregrinantes, transegére.
　많은 사람들은 마치 여행자들처럼 일생을 지냈다/
Natura dedit usúram vitæ.
　자연은 우리에게 생명의 향유권을 주었다/
Natura est mater vitæ. 자연은 생명의 어머니다/
Non libet mihi deploráre vitam.(libet 참조) 나는 인생을
　슬퍼하고 싶지 않다(accidit, libet, licet, necesse, placet, præstat의
　비인칭 동사는 의미상의 주어를 여격으로 표시한다. 고전 라틴어. p.394)/
Non scholæ, sed vitæ discimus.
　우리는 학교를 위해서가 아니고 인생을 위해서 배운다/
Normæ communes omnibus institutis vitæ consecratæ.
　모든 축성 생활회의 공동규범(교회법 제573~606조)/

Nos vitæ nostræ pænituit.
　우리는 우리 인생을 후회(後悔)하였다/
Nostra vita salutaris. 건강을 돌보는 삶/
opera vitæ. 생명 활동/
precária vita. 덤으로 사는 목숨/
pro vitā hóminis vitam hóminis reddo.
　인명의 대가로 인명을 치르다/
propositum vitæ. 생활 철학, 생활 계획/
Quærámus, quæ tanta vítia fúerint in único fílio,
quare is patri displicéret. 그 외아들이 아버지의 마음에
　들지 못할 만한 큰 악습들이 무엇이었는지 알아보자/
quem vita reliquit. 숨이 끊어진 사람/
Qui bona fecerunt, in resurrectionem uitæ;
qui autem mala egerunt, in resurrectionem iudicii.
　선을 행한 사람은 부활하여 생명을 누리고, 악을 저지른
　사람은 부활하여 심판을 받을 것이다.(신국론. p.2420)/
Quod factum est, in ipso vita érat.
　생겨난 모든 것이 그에게서 생명을 얻었다/
Quod non est securitas a tentatĭone in hac vita.
　현세에는 시련이 없을 수 없음(준주성범 제3권 35장)/
quod ultima hominis felicitas non sit in hac vita.
　인간의 궁극 행복이 이 세상에는 없다/
ratiónem ab áltero vitæ repóscere.
　사생활의 내막을 털어놓기를 남에게 요구하다/
Rátĭo lux lumenque vitæ est.
　이성은 삶의 광명이요, 광채이다/
recedo a vitā. 자살하다/
rectissima norma vitæ humanæ.
　인간 생활의 가장 올바른 규범(規範)/
spiritus vitæ. 생명의 영(靈)/
status vitæ. 생활 상태/
suā manu vitam punio. 자살(自殺)하다/
Tædet me vitæ. 나는 생활에 싫증이 난다/
timeo ejus vitæ. 그의 목숨 때문에 불안하다/
transeo vitam siléntĭo. 고요하게 생을 지내다/
Transmissĭo vitæ(영 Transmission of life). 생명의 전달/
tueor se, vitam corpusque. 제 몸과 목숨을 돌보다/
Uno volumine vitas excellentĭum virórum concludo.
　위인들의 전기를 한 권에 모아놓다/
Unusquisque vitæ cupidus est, quamvis infelix sit.
　사람은 아무리 불행할지라도
　누구나 생명에 대한 애착이 있다/
usque ad extremum vitæ diem. 생명의 마지막 날까지/
uter eórum vita superárit, ad eum pars utriúsque
pervénit. 둘 중에서 생존조건을 잘 채우는 자에게
　두 사람의 몫이 돌아간다/
Utrum omnia sint vita in Deo?
　모든 것이 하느님 안에서 생명인가?/
Utrum vita quædam opérátĭo? 생명은 어떤 한 작용인가?/
vim vitæ suæ, infero sibi manus. 자살하다/
Vitæ arbor. 생명의 나무/
vitæ bonæ ac beatæ via. 선하고 행복한 삶의 길.
　(아우구스티노의 '참 종교' 정의)/
vitæ consecratæ inculturatio. 봉헌생활의 토착화/
vitæ consecratæ prophetæ opus.
　봉헌생활의 예언자적 성격/
Vitæ discimus. 우리는 인생을 위해서 배운다/
vitæ necisque potestas. 생사여탈권/
Vitæ propositum primo Adamo traditum in Christo
tandem consummatur. 첫 번째 아담에게 주어진 생명의
　계획은 마침내 그리스도 안에서 완성을 이룹니다/
Vitæ necísque potestátem habére in alqm.
　누구에게 대해 사생권을 가지고 있다/
vitæ operatio. 생명 작용/
Vitæ Patrum. 교부들의 생애(1607년 예수회 로스웨이드 지음)/
Vitæ Pontificum. 교황의 생애(1479년 플라티나 지음)/
vitæ portio. 생명의 일부분/
vitæ sacerdotalis. 사제생활(vita canonica)/

Memoriale vitæ sacerdotalis. 사제생활의 길잡이/
vitæ sacrarium. 생명의 성역([영] sanctuary of life)/
Oportet rursus familia existimetur vitæ sacrarium.
그러나 반대로 가정을 "생명의 성역"처럼 생각해야 한다/
Vitæ sequere naturam ducem.(Seneca).
자연을 인생의 안내자로 따르라!/
vitæ societas. 사회생활(Vita socialis..[영] Social life)/
Vitæ solus Deus est dominus!
오직 하느님만이 생명의 주인이십니다!/
vitæ via. 인생궤범(人生軌範)/
Vitam abstinentĭa finivit. 그는 단식하다가 굶어죽었다/
vitam æternam habére. 영원한 생명을 얻다/
Vitam æternam omni concupiscentĭa spiritali desiderare.
모든 영적 욕망을 가지고 영원한 생명을 갈망(渴望)하라.
(성 베네딕도 수도규칙 제4장 46)/
vitam ago in ótio. 한가(閑暇)하게 살다/
vitam *alci* remitto. 아무를 살려주다/
Vitam *alcjs* ab *alqo*.
누구에게 아무를 살려 주기를 탄원(歎願)하다/
Vitam bonam vixit. = Vitam bene vixit.
그는 훌륭한 삶을 살았다=그는 삶을 훌륭하게 살았다/
vitam cerno. 사생결단 하다/ vitam duco. 살다/
vitam evangelicam ducendam. 복음적 삶을 살도록/
Vitam impendere vero. 자기의 생명을 진리에 바친다/
vitam produco. 생명을 연장(延長)시키다/
vitam sibi manu exhaurio. 제 손으로 목숨을 끊다/
vitam spiritualem alendum. 영적 생활을 배양하도록/
vitam "promove"([영] "promote" life) 생명의 '증진'/
vitaque cum gemitu fugit ingignata sub umbras.
(투르누스의) 넋은 한 맺힌 절규 속에 어둠 속으로
달아났다(성 염 지음. 사랑만이 진리를 깨닫게 한다. p.410).

vita actionis. 정신작업('기억함 memoria', '지금 의식함 contuitus', '기대함 expectatio' 등은 인간의 의식작용으로서 memœia인 과거, contuitus인 현재, expectatio인 미래라는 시간들은 "정신 anima" 안에서 일어난다. 그러므로 아우구스티노는 과거, 현재, 미래라고 하는 시간에 대한 인식을 순수한 vita actionis라고 간주한다. 가톨릭 신학과 사상, 제59호, p.280)

vita activa. 능동적 생활, 실천적 삶, 현실적 삶, 행동적인(활동적인) 삶, 활동생활, 활동적인 삶.

vita actuosa. 활기 있는 생활

vita æterna. 영원한 생명(ζωὴ αἰώνιος.[영] eternal life).
Hæc commixtio et consecratio Corporis et Sanguinis Domini nostri Jesu Christi, fiat accipientibus nobis in vitam æternam. Amen. 우리 주 예수 그리스도의 몸과 피가 어우러지고 축성되어, 이것을 받는 이들을 도와, 영원한 생명을 얻게 하소서. 아멘/
Non hæc est quædam merces ad quam nos hortatur, ut in labore duremus. Quis dicitur merces ista? Vita æterna. 우리로 하여금 고생 가운데 꿋꿋할 수 있도록 격려하는 상급은 그런 것이 아닙니다. 이 상급은 무엇입니까? 바로 영원한 생명입니다/
Promissionem vitæ æternæ desiderate. 영원한 생명의 약속을 갈망하십시오.(최익철 신부 옮김, 요한 서간 강해, p.181)/
Quæ sit carnis resurrectio et vita æterna.
육신의 부활과 영원한 생명(신국론, 제22권)/
Redemptus homo in vitam æternam restituitur.
영원한 생명의 복원인 인간의 구속(신국론, 제13권)/
vel pax in vita æterna vel vita æterna in pace.
영원한 생명 속의 평화나 평화 속의 영원한 생명.
(신국론, p.2180).

vita æterna in pace. 평화 안에 영원한 생명

Vita æterna-quid est?([영] Eternal life-what is it?)
영원한 생명이란 무엇인가?

Vita æterna sine fine erit, supplicium æternum finem habebit. 영원한 생명은 끝이 없을 것이요 영원한 형벌은 끝이 있을 것이다(이것은 대단한 자가당착이다. 성도들의 영원한 생명이 끝이 없을 것이라면, 의심 없이 영원한 형벌 역시 그 벌을 받을 사람에게는 끝이 없으리라. 신국론, p.2509).

vita agrestis. 농촌생활(vitæ rustica.), 전원생활

Vita aliena est nobis magistra.
타인의 삶은 우리에게 스승이 된다.

vita amœna. 쾌적한 생활

vita anachoretica* 독수생활([영] eremitical life), 은둔생활, 하느님을 찾는 독 수도승 생활.

vita anteácta. 지나간 생애(生涯)

vita apostolica. 사도적 삶(생활)

vita ascetica. 금욕 수덕 생활

Vita beata. 복된 생활, 복된 삶

Vita brevis est. 인생은 짧다.

vita canonica. 사제생활(vitæ sacerdotalis), 규범적 생애, 교회법에 따른 생활.

vita canonicalis. 규율생활

Vita Christi. 그리스도의 생애(13세기 말경 루돌프 지음)

Vita christĭana. 그리스도인 생활([영] Christĭan life), 신앙생활, 신자생활(교리서 1668항).
tota vita christiana signum amoris sponsalis fert Christi et Ecclesiæ.([영] the entire Christian life bears the mark of the spousal love of Christ and the Church)
그리스도인의 삶 전체에는 부부애와 같은 그리스도와 교회의 사랑이 깃들어 있습니다.

vita cœnobitica. 공주생활, 집단 은수생활, 하느님을 찾는 회 수도승 생활.

vita communis. 공동생활(socialitas, -átis, f.), 공주생활

vita communissima. 엄격한 공동생활

Vita coniugalis. 부부생활([영] Conjugal life)/genialis torus.

vita consecrata* 봉헌생활([영] Consecrated life) 축성생활(→봉헌 생활.vita fundátĭónis.).
(새롭고 활성화된 봉헌 생활의 영성적 사도적 공헌이 필요한 오늘날의 교회에게 봉헌, 친교, 선교의 세 가지 측면에서 봉헌 생활의 큰 은혜를 더욱 깊이 이해하고 우리 시대의 새로운 도전들을 영성적이고 사도적인 자세로 직면할 수 있도록 힘차게 격려해 주는 교황 요한 바오로 2세의 권고이다)

Vita consecrata per consiliorum evangelicorum professionem.
복음적 권고의 선서를 통한 봉헌생활(=재속회).

vita consortĭum. 공동체 생활(共同體生活)

Vita Constantini. 콘스탄티누스의 생애(生涯)

vita contemplativa.
관상생활, 명상생활, 사변적 삶, 관조적 생활.

vita contemplativa veritatis. 진리를 관상하는 삶

vita corporis. 육신의 생명

vita credens. 믿음의 삶

vita cui mali vires insidiantur. 악의 세력들이 위협하는 생명([영] life menaced by the forces of evil).

vita delectat bonos malosque.
삶은 선한 사람들도 악한 사람들도 즐겁게 해 준다.

Vita dísplicet. 생활이 마음에 들지 않는다.

Vita divota. 봉헌된 삶(알폰소가 만든 신심 프로그램 명칭)

vita dulcis. 안락한 생활

vita durante. 일생동안

vita Ecclesiæ. 교회생활.
Patet autem catechesim cum omni vita Ecclesiæ arcte coniungi atque conecti([영] Catechesis is intimately bound up with the whole of the Church's life)
교리교육은 교회생활 전체와 밀접한 관련이 있습니다.
(교황 요한 바오로 2세의 1979.10.16. "Catechesi tradendæ" 중에서).

vita eremitica. 은수생활

Vita et mors hominis sunt, proinde, in manu Dei, in eius potestate. 따라서 인간의 생명과 죽음은 하느님 손에, 그분 권능에 달려 있습니다.

vita evangelica([영] evangelical life). 복음적 삶.

vita fraterna. 형제적 생활(兄弟的 生活).

vita fraterna in communi. 형제적 공동생활.

vita fundátĭónis([영] Consecrated life). 봉헌생활.

vita futura[[영] future life(Afterlife)] 내세, 저승.
(종교와 관계없이 뭇 민족이 내세에 대한 믿음을 가지고 있지만 민족의 문화와 전통에 따라 내용은 다르다. 내세관은 대체로 두 가지 공통점을 가지는데 첫째 죽은 후에 현세에서의 각자의 행실에 따른 심판에 대한 믿음이고, 둘째 현세와 연결되지만 현세와는 다른 내세관이다…. 백민관 지음, 백과사전 2, p.104).

vita gloriosa. 영광의 생명

vita hominis. 인간의 삶

Vita humana([영] Human life). 인생, 인간 생명.

Vita humana prope uti ferrum est. Si exerceas,
conteritur ; si non exerceas, tamen rubigo interficit.
Itidem homines exercendo videmus conteri.
Inertia atque torpedo plus detriimenti facit,
quam exercitatio.(Cato). 인생은 쇠와 흡사하다. 그것을
쓰면 닳아지고 쓰지 않으면 녹이 먹는다. 우리가 보기에도
사람은 활동하면서 소진한다. 그렇지만 타성과 나태는
활동보다 더 큰 해를 끼친다.[성 염 지음, 고전 라틴어, p.356].
vita illimitata. 무량수(無量壽).
   lumen infinitum.(선유의 천주사상과 제사문제, p.224).
Vita in Christo.(영 life in Christ) 그리스도 안의 삶
Vita in patria. 고향에서 보내는 삶
vita in senectute et in dolore.(영 life in old age and at
   times of suffering) 노년의 생명과 고통을 받을 때의 생명.
Vita in Spiritus. 영성 생활, 영 안에서의 생활.
   (영 Spiritual life.New life in the Spirit).
vita intellectiva. 지성생명
vita labórum plena est 생활은 수고들로 가득 차있다
vita liturgica. 전례생활(典禮生活)
Vita Martini. 마르티노의 생애(生涯)
Vita misero longa, felici brevis.
   인생은 불행한 이에게는 길고, 행복한 이에게는 짧다.
vita monastica(영 Monastic life). 수도승 생활
Vita moralis(영 Moral life). 도덕생활, 도덕적 삶, 윤리생활.
Vita mutatur tollitur. 삶은 달라지지 앗기지 않는다.
vita mystica. 신비 생활
vita naturalis. 자연적 생명
Vita non est simplex effectus legum et fortuiti casus
materiæ.(영 Life is not a simple product of laws and the
randomness of matter) 생명은 단순한 법칙들과 물질적
   우연성의 산물이 아닙니다(2007.11.30 "Spe Salvi" 중에서).
Vita non est vivere sed valere.
   삶은 살아 있는 것이 아니라 건강함을 유지하는 것이다.
Vita nova, vita divina(영 New life as divine life).
   새 삶, 하느님의 생명.
Vita nuova. 신생(新生)(단테 지음)
vita œconomica et animi cultura. 경제생활과 문화
vita organica. 유기적 생명
Vita Pauli Tebarum. 테베의 바오로의 생애.
                   (Hieronymus Eusebius 341?~420 지음).
vita peccátis scaturiens. 죄들로 가득 차 있는 생활
vita perfungor. 생애(生涯)를 마친 사람
vita plena voluptatibus. 쾌락에 파묻힌 생활
vita profonda. 심원한 생명(계약의 신비 안에 계시는 마리아, p.331)
vita popularis. 통속적 생활(通俗的 生活)
vita privata.(영 own privacy.propria intimitas) 사생활.
   rátĭonem ab altero vitæ reposcere.
   사생활의 내막을 털어놓기를 남에게 요구하다.
Vita publica(영 Public life). 공생활.
vita quieta. 평온한 삶
vita religiosa*(영 religious life) 수도생활.
vita rustica. 농촌생활
Vita Sæcularis. 교구 소속의 성직자 생활, 재속생활
Vita Sancti Augustini. 아우구스티노 전기(Possidius 지음)
Vita Sanctorum. 성인전
vita scientiæ. 학문적 삶
vita secretior. 숨은 생활
vita semper bonum est. 생명은 언제나 선한 것입니다.
   Curnam vita bonum est? 왜 생명은 선한 것입니까?.
vita sensitiva 감각적 생명(感覺的 生命)
Vita Solitaria. 독거생활.
   Epistola ad Fratres de Monte Dei de Vita Solitaria.
   독거 생활을 하는 하느님의 산의 형제들에게 쓰는 편지.
Vita spiritualis*(영 Spiritual life.New life in the Spirit).
   영성 생활, 영 안에서의 생활.
   Neque curæ familiares neque alia negotia sæcularia
   extranea debent esse a spirituali vitæ ratione.(영 Neither
   family concerns nor other secular affairs should be

excluded from their religious programme of life)
   영성 생활을 이유로 가정을 돌보지 않거나 다른 세속
   일을 소홀히 해서는 안 된다(1988.12.30. "Christifideles laici" 중에서).
vita supernaturalis. 초성생명(超性生命)
vita trinitaria. 성삼위 생명
vita umbratilis. 한가(閑暇) 한 삶
vita universitátis. 대학에서의 삶
vita vegetativa. 성장 생명
vitábĭlis, -e, adj. 피할만한, 피(避) 해야 할
vitabúndus, -a, -um, adj.
   기피(忌避)하는, 도망치려는, 피하려고 애쓰는
vitabundus erúmpit. 도망치려고 길을 개척하다
vitaceæ, -arum, f., pl. (植) 포도과 식물
vitále, -is, n. 식량(食糧)
vitálĭa, -íum, n., pl. 생명의 본질적인(요긴한) 기관, 수의.
   vitalium secreta. 생명작용의 비밀(성 아우구스티노의
   미학 용어. 교부문헌 총서 17, 신국론, p.2688).
vitális, -e, adj. 생명의, 생명에 관한, 생명을 주는,
   생명을 유지하는, 생명 있는, 활력적인, 생활한.
   vis vitalis. 생명력(生命力).
vitalis ros. 젖(uber² -eris, n.)
vitalis spiritus. 생기(生氣, vigor, -óris, m.)
vitálĭter, adv. 생기 있게, 살 수 있게
vitalísmus, -i, m. 활력설, 생기설(생기론이라고도 함)
vitálĭtas, -átis, f. 생명의 근원, 활력, 생명력, 생기,
   생명, 생활력(生活力), 활동력(活動力).
vitárĭfer, -ĕra, -ĕrum, adj. (vitis+áreo+fero)
   포도나무를 마르게 하는.
vitátĭo, -ónis, f. 기피(忌避), 도피(逃避), 회피, 면제
vitátor, -óris, m. 기피자, 도피자, 회피자, 면제자
vitellína, -æ, f. 송아지 고기
vitellúm, -i, n. 계란 노른자위
vitéllus, -i, m. (動) 송아지, (애칭으로) 귀염둥이
vitemus, 원형 víto, -ávi, -átum, -áre, tr.
   [접속법 현재. 단수 1인칭 vitem, vites, vitet,
   복수 1인칭 vitemus, 2인칭 vitetis, 3인칭 vitent].
   ductóre sic te prǽvio vitémus ómne nóxium.
   당신 감도 순히 들어 재앙 면케 하옵소서.
   [이렇게 당신을 앞서가는 인도자로 (모시며) 우리가 모든 재앙을 면하게 하소서].
víteus, -a, -um, adj. 포도의, 포도주의.
   vítea pócula. 포도주(葡萄酒)/
vĭtex, -tícĭs, f. (植) 버드나무(salix babylonica. 수양버들)
vitiábilis, -e, adj. 썩을(수 있는), 부패할, 부패하는
vitiárĭum, -i, n. 포도 묘목, 포도밭
vitiátĭo, -ónis, f. 타락함, 썩음, 부패, 불명예스러운 행동.
vitiátor, -óris, m. 반칙자, 잘못하는 자, 능욕하는 자,
   문란케 하는 자, 유혹하는 자, 타락(부패) 하게 하는 자.
vitiátus, -a, -um, p.p., adj.
   잘못된, 나빠진, 더러워진, 오염(汚染) 된, 부패한.
viticárpĭfer, -ĕra, -ĕrum, adj.
   [vitis+karos(희랍어)+fero]포도밭을 비옥하게 하는.
vitícŏla, -æ, m. (vitis+colo²) 포도 경작자
vitícŭla, -æ, f. 포도 줄기, 덩굴식물의 줄기
vítĭfer, -fĕra, -fĕrum, adj. (vitis+fero)
   포도를 생산하는, 포도를 심은.
vitígĕnus(=vitígĭnĕus), -a, -um, adj. (vitis+gigno)
   포도의, 포도로 만든.
vitiléna, -æ, f. 여자 뚜쟁이, 악질 포주(抱主),
   lēna, -æ, f. 포주(抱主- 기생이나 매춘부와 같이 살면서 이들의
   영업을 돌보아 주며 얻어먹고 지내는 남자).
vitílĭa, -íum, n., pl. 버들가지로 엮은 바구니(virgea supellex)
vitilígo, -ginis, f. (醫) 피부의 흰 반점, 상피병, 천형병,
   헌 데, 창질(瘡疾), 수포진(살갗에 물집이 잡히는 발진發疹),
   나병(癩病.חツ乃.λεπρα.λεπρωσ.영 leprosy).
vítilis, -e, adj. 버들가지로 엮은, 휘만 한, 부드러운
vitilitigátor(-ligátor), -óris, m. 꼬박꼬박 따지는 자
vitilítĭgo(-ligo) -áre, intr. 미주알고주알 따지다,
   이치에 맞지 않는 말로 논쟁(論爭)하다.
vítĭo, -ávi, -átum, -áre, tr. 망치게 하다, 썩게 하다,

부패케 하다, 흠집 내다, 변질시키다, 손상(損傷)하다,
명예를 훼손(毁損)시키다, 더럽히다(חׇׇׇׇֹ).

vitio auras. 공기를 더럽히다

vitio comítia. 선거 집회를 무효화(無效化)시키다

vitióse, adv. (recte의 반대) 불완전하게, 틀리게,
규칙을 어겨서, 흠 있게, 불규칙하게.

vitiósītas, -átis, f. 허물, 실수, 흠 있는 것, 모자란 상태, 악습.

vitiósus, -a, -um, adj. 썩은, 망가진, 온전치 못한,
나쁜(ײַ.κακία.κακὸς.πονηρὸς.πονηρία),
허물 있는, 흠 있는, 규칙을 어긴, 불법의, 결함 있는,
덕스럽지 못한, 악덕의, 부패한, 악습 있는, 그릇된.
De Octo Vitiosis Cogitationibus. 8가지 나쁜 생각/
quod nihil est vitiósius. 그 이상 더 나쁠 수 없는 것/
vitiosæ passiones. 타락한 정염(신국론, p.1466)/
vitiosíssimus orátor. 아주 잘 못하는 연설가.

vitipárra, -æ, f. (鳥) 방울새(되샛과의 새)

vitis, -is, f. 포도나무, 포도넝쿨, 포도 줄기, 포도.
arbústa vitis. 다른 나무에 기대어 오른 포도나무/
Ego sum vitis, vos palmites.(㉘ I am the vine, you are
the branches) 나는 포도나무요 너희는 가지다(요한 15, 5)/
ulmis adjungo vites. 포도나무를 느릅나무에 접목하다/
vera vitis(㉘ true vine) 참 포도나무/
vitem fingo putándo. 포도나무를 가지 쳐 다듬다/
vites pinguibus terris hábiles.
비옥한 땅에 적당한 포도나무들.

vitis deflexa. 구부러진 포도나무

Vitis flexuosa. (植) 새 머루

Vitis fúnditur. 포도넝출이 뻗어 나간다(fundo² 참조)

vitis vehemens. 생력 있는 포도나무

vitis vinifera 포도주를 산출하는 포도나무

vitísātor, -óris, m. (vitis+sator) 포도 심는 자

vítīum, -i, n. 악습, 흠, 결점(缺點.culpa, -æ, f.),
폐풍(弊風), 불법(ἀνομία), 과실, 하자, 결함, 손해,
범죄, 결손, 실책, 허물.
Alitur vitium, vivitque tegendo.(Vergilius)
악덕은 숨길수록 자라나고 활기차게 된다/
De amore laudis, qui, cum sit vitium, ob hoc virtus
putatur, quia per ipsum vitia maiora cohibentur.
명예욕 자체는 악덕이지만 더 큰 악덕들을 억제한다는
점에서 덕성으로 여겨진다(신국론, p.2758)/
De vitiis Romanorum, quos patriæ non correxit eversio.
조국의 멸망도 로마인들의 악덕을 제거하지 못했다.
Exuo se ómnibus vítiis. 온갖 악습에서 헤어나다/
Etiam sine magístro vítia discúntur.
선생님 없이도 악습은 배워진다/
Fili mi, noli ducere vitam in vitiis.
내 아들아, 악덕 속에서 인생을 보내지 말아라!/
Flagrabant vítĭa apud illum.
그에게는 강렬한 악습들이 있었다/
Hoc est commune vitium et perpetuum : invidetur
autem præstanti florentine fortunæ. 이것은 평범하고도
오래 지속하는 악덕이다. 탁월하고 번창하는 행운이
시샘 받는 그것 말이다.[성 염 지음. 고전 라틴어. p.393]/
Id non proprium senectutis vitium est.
그것은 노인들만의 결점(缺點)은 아니다/
In me sunt multa vítĭa. 나는 많은 결점을 가지고 있다/
in vítium delabor. 악습에 떨어지다/
In vítium líbertas éxcidit. 자유는 악습으로 기울어져 버렸다/
innátum vítĭum. 타고난 악습/
labor in vítĭum. 악습에 빠지다/
Ne unus quidem homo sine vitio est.
단 한사람이라도 허물없는 사람은 없다/
Nec vitia nostra nec remedia pati possumus.(Livius)
우리는 우리 악덕을 용납 못하지만 그 처방도 용납 못한다/
Nullum vitíum erit, quod suum propríum cruciátum
non habeat. 어느 악습이든지 다 각각 특별한 형벌이
있을 것이다(준주성범 제1권 24장 4)/
Otia dant vítĭa. 한가함은 부덕(不德)을 낳는다/

redimo vítĭa virtútibus 허물을 덕행으로 보상하다/
Septem vitia capitalia. 칠죄종[일곱 가지 죄의 근원].
교만 superbia(pride), 탐욕 avaritia(Covetousness), 색정 luxuria(Lust),
분노 ira(Anger), 탐식 gula(Gluttony), 질투 invidia(Envy),
나태 pigritia(Accidie, Acedia, Sloth). 첫 글자를 따서 saligia라는 말이 생김/
Sua cuique sunt vitia. 사람마다 고유한 악덕(악습)이 있다/
tot tantáque vítĭa. 그렇게 많고 큰 허물들/
verborum vitia. 언어의 잘못/
Vitia capitalia. 칠죄종, 칠죄원/
Vitia hominum atque fraudes damnis, ignominiis vinclis,
verberibus, exsiliis, morte multantur. 사람들의 악덕과
사기는 벌금과 수치, 투옥과 체형, 추방과 사형으로
벌한다.[이 여섯에 동해복수(同害復讐) talio와 노예처분(servitus)을 더하면
전형적인 로마 형벌 여덟 가지가 된다. 성 염 지음. 고전 라틴어. p.413]/
vítĭa in alqo defixa. 아무에게 깊이 박힌 악습/
Vitia splendida. 눈부신(찬란한) 악덕(성 아우구스티노).

vitium ædium(operis). 건물의 하자

Vitium est non parere rationi.
악습이란 이성에 복종하지 않는 것이다/

vitĭum extrinsecum sententiæ. 판결의 외적 하자(瑕疵).

vitĭum intrinsecum sententiæ. 판결의 내적 하자(瑕疵).

Vitĭum pejus ex inópia venit.
빈곤에서 더 큰 악습이 생긴다.

**vítĭum, quod tu nimis magnum stúdium in rem
non necessáriam confers.**
네가 불필요한 일에 너무 큰 열성을 들이는 그 결점.

vitium rei. 물건의 하자

vitium soli. 건축용 토지의 하자

vitium verborum. 문언의 하자

víto, -ávi, -átum, -áre, tr.
피하다, 회피하다, 기피하다, 면하다, 면제(免除)하다.
De temerario judicio vitando. 경솔한 판단을 피함/
fides vitans intellectum. 이해를 회피하는 신앙/
Quæ nimis appárent retía, vitat ávis.
너무 노골적인 그물은 새가 피해 달아난다/
Vitate ea quæcumque vulgo placent.
무엇이든 군중의 마음에 드는 것이라면 피하도록 하라!.

vito mortem fugā. 도망쳐서 죽음을 면하다

vītor, -óris, m. 채롱(키.광주리) 제조인,
viétor는 잘못된 철자(綴字).

vitrárium, -i, n. 유리공장, 유리제품

vítrĕa, -órum, n., pl. (vítrĕum, -i, n.)
유리 만드는 일, 유리공장.

vitreámĭna, -um, n., pl. 유리그릇, 초자제기구(硝子製器具)

vitr(e)árĭus, -a, -um, adj. 유리의, 유리로 된.
m. 유리 제조인, 유리 공. 유리 제품 상인.

vitréolus, -a, -um, adj. 섬세한 유리의

vítrĕus, -a, -um, adj. 유리의, 컵(잔)의, 유리로 만든,
초자제(硝子製)의, 바다색의, 청록색의, 유리처럼 약한.

vitriárĭus, -a, -um, adj. = vitreárĭus

vítrīcus, -i, m. 장인(조부).socera, -æ, f. 장모.),
시아버지, 이복 아버지, 의부, 계부(繼父-의붓아버지).

vitrí(n)us, -a, -um, adj. = vítreus

vītrum, -i, n. 유리(琉璃), 초자(硝子), 유리 잔, 컵.
(植) 대청(大靑), 송람(松藍), 청색 도료.

vitta, -æ, f. 끈, 대님, (기도자.시인들의) 띠,
(제물의 희생으로 죽을 사람이나 제관이 띠던) 머리띠,
머리띠, 댕기, 두건(상중喪中에 머리에 쓰는 건), 주교관의 장식.
vittis exúta comam. 댕기를 풀어놓은 여자(exuo 참조).

vittátus, -a, -um, adj.
머리띠로(끈으로) 장식된, 띠 띤, 깃발로 장식한, 끈 맨.

vítŭla¹ -æ, f. 암송아지.
facio vítŭlā pro frúgibus.
농산물(農産物) 대신 암송아지로 제사 지내다.

vítŭla² -æ, f. Roma의 승리의 여신(女神)

vitulámen, -mĭnis, n. 송아지 무리, 새싹

vitulátĭo, -ónis, f. 승리의 축제(祝祭), 환희의 축제

vitulína, -æ, f. 송아지 고기

vitulínus, -a, -um, adj. 송아지의

vítŭlor, -ari, dep., intr. 노래를 시작하다, 축제 지내다,
즐거워 음악(踊躍)하다, 축하하다, 몹시 즐거워하다.
vítŭlus, -i, m. (動) 송아지, 고래새끼, 코끼리 새끼, 동물 새끼.
Vitú(m)nus, -i, m. 생명의 신
vitŭperábĭlis, -e, adj. 책망할 만한, 비난할만한,
꾸짖을 만한. vituperabilĭter, adv. 비난받게.
vitŭperátĭo, -ónis, f. 비난, 꾸지람, 견책, 책망, 비판.
in vituperationem veníre, cádere. 책망을 받다/
Quamquam tu hoc fecisti, vitupéraberis.
너는 이것을 했지만 책망(責望) 받을 것이다/
sine ulla vituperatióne. 아무런 책망도 없이.
vitŭperatívus, -a, -um, adj. 비난(非難)하는
vitŭperátor, -óris, m.
비평가, 평론가, 검열관(檢閱官), 비난자, 책망 하는 자.
vitŭpérĭum, -i, n. 비난(非難), 힐책(詰責), 경멸(輕蔑)
vitúpěro¹, -ávi, -átum, -áre, tr. (vítium+paro¹)
비평(批評)하다, 비난하다(ק기.ג기), 책망(責望)하다,
꾸짖다(ק기.חג), 견책하다, 검열하다, 깎아 내리다,
망가뜨리다, 더럽히다(חזק), 경멸(輕蔑)하다.
vitúpěro², -ónis, m. = vituperátor
vitus, -us, m. 수레바퀴의 테
vivácĭtas, -átis, f. 생명력, 장수, 긴 기간, 활력, 쾌할,
생명(ק기.חיה.נפש.זוה).(⑨ Life) 활동력.
vivácĭter, adv. 활발하게, 활기 있게, 발랄하게, 격렬하게
vivárĭæ naves, f., pl. 물고기를 산채로 잡아두는 어선
vivárĭum, -i, n. 동물사육장, 동물우리, 굴 양식장, 양어장.
vivárĭus, -a, -um, adj. 살아 있는 (동물)
Vivat! 만세! = Vivant!
Vivat Corea! 대한민국 만세!
vivátus, -a, -um, adj. 생기 도는, 활기를 되찾은
vivax, -ácis, adj. 오래 사는, 장수하는, 오래 지속하는,
활력(활기, 생기) 있는, 쾌활한, 식물이 잘 자라는.
discípuli paulo vivacióres 패기 있는(격정적인) 학생/
vivácia súlphura. 불 잘 붙는 유황/
vivacíssimus cursus.
빠른 걸음걸이(trepidus cursus. 몹시 바쁜 걸음걸이).
vīve, adv. = vívide
vive, 원형 vīvo, vixi, victum, vivěre, intr.
[명령법. 현재 단수 2인칭 vive, 복수 2인칭 vivite].
Vive memor lethi.(Persius). 죽음을 기억하며 살아라.
Vive memor moritis; fugit hora.
죽음을 마음에 품고 살아라; 시간은 도망간다.
Vive non aliter in solitudine, aliter in foro.
혼자 있을 때 다르고 시중에 있을 때 다르게 살지 말라!
Vive valéque! 안녕!(安寧), 잘 있어
Vive! Vivéte! 잘 있어
Vivendum nobis est, quoad Deus nos avocabit.
주님께서 우리를 불러 가실 때까지 우리는 살아야 한다.
Vivens reapse "perinde ac si Deus non sit", non
modoa Dei mysterio, verum etiam a mundi ipsius
arcano suæque vitæ aberrat. 인간은 "마치 하느님께서
존재하지 않는 것처럼" 살아감으로써, 하느님의 신비에
대한 시각을 잃어버릴 뿐 아니라, 세계와 자기 존재의
신비에 대한 시각도 함께 잃어버리게 됩니다.
(1995.3.25. "Evangelium Vitæ" 중에서).
vivens unitas.(⑨ living union) 산 일치, 살아 있는 일치
Vivéntis, 원형 vīvo, vixi, victum, vivěre,
[현재분사의 형용사적 용법. m., sg. 주격 vivens,
속격 viventis, 여격 viventi, 대격 viventem, 탈격 viventi].
Sepúlcrum Christi vivéntis, et glóriam vidi resurgéntis:
살아 계신 그리스도의 무덤과
부활하신 분의 영광을 나는 보았네.
Viventis Dei imago destinatur homo a suo Conditore
velut rex et dominus. 창조주께서는 살아 있는 하느님의
모상인 인간이 통치자이고 주인이기를 바라십니다.
Vivere Ei significat se sinere implicari suo "actu
essendi pro alio". 그분을 위하여 산다는 것은 그분의
'다른 이를 위한 활동'에 함께 하는 것을 의미합니다.

Vívere légibus obœdiéntem non satis ad virtútem.
법률에 복종하여 사는 것은(사는 것만으로는)
덕행이 되기에 부족하다.
(주어문 노릇을 할 때에는 그 부정법과 함께 쓴 부설명어를 대격으로 써야
한다. 결국 주어문의 대격 부정법문에서 대격 주어가 빠진 것이다).
vivérra, -æ, f. (動) 흰 담비(족제빗과의 산짐승. 백초서白貂鼠)
viverrárĭum, -i, n. 흰 족제비 기르는 곳
Vives, et vives. 너는 살고 또 살리라.
vivésco(vivísco) -vixi -ěre, inch., intr. 살기 시작하다,
출생하다, 나다(出生), 생기 돌다, 성장하다, 살아나다.
vivi, -orum, m., pl. 살아있는 사람들
vivĭcombúrĭum, -i, n. 화형(火刑)
vívĭde, adv. 생생하게, 활기차게, 힘 있게, 격렬히
vívĭdo, -are, tr. 활력을 주다, 살게 하다
vívĭdus, -a, -um, adj. 생활한, 생명 있는, 살아 있는,
생기 있는, (초상 같은 것이) 살아 있는 것처럼 보이는,
생생한, 활기 넘치는, 활발한, 힘찬, 열정적인, 격렬한.
vivificasti, 원형 vivifico, -ávi, -átum, -áre, tr.
[직설법 현재완료. 단수 1인칭 vivificavi, 2인칭
vivificasti, 3인칭 vivificavit, 복수 1인칭 vivificavimus,
2인칭 vivificavistis, 3인칭 vivificaverti].
[N.B. 모음 사이에서는 V가 모음동화를 일으켜 축약되는 형태를 보인다].
vivificátĭo, -ónis, f. 활력을 줌, 생명을 줌, 살려냄.
vivificátor, -óris, m. (vivificatrix, -ícis, f.)
생기(生命)을 주는 자, 살리는 자.
vivificatórĭus, -a, -um, adj. 생명을 주는,
생기를 주는, 활력소(活力素)가 되는.
vivífico, -ávi, -átum, -áre, tr. 활기를 주다, 살리다,
생기를 넣다, 생명을 주다, 살게 하다.
Vivificet nos, quæsumus, Domine, hujus participatio
sancta mysterii: et pariter nobis expiationem tribuat
et munimen. 주님 비오니, 이 거룩한 영성체로 저희에게
생명을 주시고 죄를 사하시며 저희를 보호하소서.
vivíficus, -a, -um, adj. 생명을 주는, 살게 하는.
De sancta et vivifica trinitate.
거룩하고 생명을 주는 삼위일체.
vivípărus, -a, -um, adj. (vivus+pário²)
새 생명을 낳는, 새끼 낳는.
vivirádix, -ícis, f. (vivus+radix) 싱싱한 묘목,
뿌리째 산 묘목, 뿌리 있는 나무, 뿌리째 캔 나무.
vivis, 원형 vīvo, vixi, victum, vivěre,
[직설법 현재. 단수 1인칭 vivo, 2인칭 vivis, 3인칭 vivit,
복수 1인칭 vivimus, 2인칭 vivitis, 3인칭 vivunt].
Qui vivis et regnas in sǽcula sæculórum, Amen.
(⑨ Who live and reign for ever and ever. Amen)
주님께서는 영원히 살아 계시며 다스리시나이다. 아멘.
vivísco, -vixi -ěre, inch., intr. = vivésco
vivit, 원형 vīvo, vixi, victum, vivěre, intr.
[직설법 현재 단수 1인칭 vivo, 2인칭 vivis, 3인칭 vivit
복수 1인칭 vivimus, 2인칭 vivitis, 3인칭 vivunt].
Vivit? Immo vero étiam in senátum venit. 살아 있어?
(살아있다 뿐인가) 오히려 원로원에까지도 나오고 있는 걸!
Vivit vitis. 포도나무가 살아있다.
Vívitur. (사람들이) 살고 있다.
vīvo, vixi, victum, vivěre, intr. 생명 있다, 생활하다,
살다(ק기.חיה.ברא.ת기.ת기), 처세하다, 교제하다,
살아가다, 지내다, 생을 누리다.
ad summam senectútem vivo. 아주 늙을 때까지 살다/
alcjs ópera vívere. 누구의 보조로 살다/
aliéna quadrā. 다른 사람의 것을 얻어먹으며 살다/
anima est actus, secundum quem corpus vivit.
현실태는 영혼이고 영혼에 힙 입어서 물체가 살아있다/
Beatam vivebant Sancti vitam.
성인들은 복된 일생을 살았다/
Beate vivere est cum virtute vivere.
행복하게 산다는 것은 덕성으로 산다는 것이다/
Bene qui latuit bene vixit(Ovidius).
눈에 띄지 않게 산 사람이 잘 산 사람이다/

자신을 잘 숨긴(숨어서 산) 사람이 (인생을) 잘 산 것이다/
Cato quoad vixit, virtútum laude crevit.
　Cato는 살아 있는 동안 덕망의 찬성이 높아가기만 하였다/
Claudius vixit annos IV et LX, imperavit XIV. 클라우
　디우스는 64(=4+60)년을 살았고 14년 간 제위에 있었다/
Cum spe, si non bonā, at áliquā tamen vivo. 좋은 희망
　은 못 된다 하더라도 다소간의 희망을 가지고 나는 산다/
De recte sancteque vivendi regula.
　올바르고 착하게 살기 위한 규칙에 대하여/
Docto homini vivere est cogitare.
　식자에게는 산다는 것은 사유(思惟)한다는 것이다/
Ego occidam et ego vivere faciam.
　나는 죽이기도 하고 살리기도 한다(신명 32, 39)/
Ego vivo. 나는 살아 있다/
Est justus autem ex fide vivit(@ The one who is
righteous by faith will live)(로마 1. 17) 의로운 이는
　믿음으로 살 것이다(성경)/믿음을 통해서 하느님과
　올바른 관계를 가지게 된 사람은 살 것이다(공동번역)/
　신앙으로 말미암은 의인은 살 것이다(200주년 기념 성서)/
experimentum in corpore vivo animalium. 동물실험/
Genus est mortis male vivere.
　악하게 사는 것은 일종의 죽음이다/
Genus humanum arte et rátióne vivit.
　인류는 문화(藝術)와 이성으로 산다(토마스 데 아퀴노)/
Gloria Dei vivens homo.
　살아 있는 사람은 하느님의 영광입니다/
Hoc est vivere. 이것이 사는 것이다.
　(부정법은 명사적으로 사용되면서 주어 또는 부설명어 노릇을 할 수
　있다. 명사적으로 사용되는 부정법은 단수 중성으로 쓴다)/
Hoc est vivere bis, vita posse priore frui.
　과거의 삶을 누릴 수 있다는 것은
　갑절의 삶을 산다는 것을 의미한다(Martialis)/
Hoc non est vivere. 이것은 사람 사는 것이 아니다/
Homines boni pacífice vivunt.
　착한 사람들은 평화롭게 산다/
homo vivens mundi incola.
　인간은 살아 있는 한 세계의 주민이다/
ille qui vivit alteri fidens. 믿음으로 사는 사람(=인간)/
　(1998.9.14. "Fides et Rátio" 회칙 중에서)/
Illius opera nunc vivo. 나는 그의 보조로 지금 살고 있다/
in agro coléndo vivo. 밭을 갈며 지내다/
in diem vívere. (in¹ 참조)
　(앞날을 생각지 않고) 그날그날 살아가다/
in horam vívere. (hora 참조)
　(아무런 장래 계획.걱정도 없이) 순간순간 산다/
In ipso enim vivimus, movemur et sumus.
　우리는 그분 안에서 숨 쉬고 움직이며 살아간다/
In omnium rerum abundantïa vivere.
　없는 것 없이 윤택(潤澤)하게 살다/
in paupertáte vivo. 가난하게 살아가다/
In vivo. 생체 내에서/
Ita vixi, ut non frustra me natum esse exístimem.
　나는 내가 헛되이 출생하였던 것은 아니라고
　(지금 와서) 생각할 만큼, 그렇게 살아왔다/
lacte atque pécore vivo. 우유와 고기를 먹고살다/
Licetne vívere, an non licet?
　살아도 되느냐 안 되느냐?(-ne⁴ 참조)/
Multi vivere volunt solum ut edant et bibant.
　많은 사람들이 단지 먹고 마시기 위해 살고 싶어 한다/
Nec tecum possum vivere nec sine te.
　너와 함께 살 수도 너 없이 살 수도 없네/
Nemo est heres viventis.
　아무도 생존자의 (유산)상속자가 될 수 없다/
Nemo exstat, qui ibi sex menses vixerit.
　거기서 여섯 달을 산 사람은 아무도 없다/
Non refert quam diu vixeris, sed quam bene.
　얼마나 오래 동안 살았느냐가 아니라
　얼마나 잘 살았느냐가 중요하다/
Qui regulæ vivit, Deo vivit.(St. Gregórius)

규칙에 사는 자는 하느님과 사는 것이다/
quibus recte vivitur. 올바로 살아갈 수 있는/
Quid sit secundum hominem, quid autem secundum
Deum vivere. 사람에 따라 산다함은 무엇이며 하느님에
　따라 산다함은 무엇인가.(신국론, p.2792)/
recte atque honeste vivere appetere.
　바르고 정직하게 살기를 희구함/
Recte novit vívere, qui recte novit oráre.
　올바르게 기도할 줄 아는 자는
　올바르게 살 줄 아는 자이다/
retro vívere. 다른 사람들과 반대로 살다/
Si fueris Romæ, Romano vivito more.
　그대가 로마에 가 있거든 로마식으로 살아라!/
substantia vivens. 생명체/
Suevi maximam pærem vivunt lacte et pecore.
　Suevi인들은 대부분 우유와 가축의 고기로 산다/
Summum bonum si ignoretur, vivendi rationem ignorari
necesse est.(Cicero). 최고선이 알려지지 않으면
　필히 삶의 명분도 알려지지 않게 마련이다/
Tibi ago grátias, quod me vívere coëgísti.
　나를 억지로라도 살게 해주어서 네게 감사 한다/
Vivamus, mea Lesbia, atque amemus.(Catullus).
　나의 레스비아여, 우리 사랑하며 살자꾸나/
Vive memor moritis; fugit hora.
　죽음을 마음에 품고 살아라; 시간은 도망간다/
Vive recte et gaude. 똑바로 살아라 그리고 즐겨라/
vívere in rosā. 장미꽃밭(쾌락 속)에 파묻혀 살다/
Vivere parvo. 짧게 산다/
Vivere post obitum vatem vis nosse, viator? Quodlegis,
ecce loquor: vox tua nempe mea est. 오 나그네여,
　시인은 죽은 다음에도 산다는 것을 알고 싶은가? 그대가
　읽은 그것을 내가 말하나니, 그대의 목소리는 바로 나의
　목소리라네.(이연학 최원오 역주. 아우구스티노의 생애. p.155)/
vivere secundum carnem, secundum spiritum.
　육과 영에 따른 삶의 방식(신국론. p.1542)/
vivere secundum naturam. 자연 본성에 따라서 삶/
vivere secundum virtutem. 덕에 따라 살 것/
Vives, et vives. 너는 살고 또 살리라/
vivimus et movemur et sumus(@ live and move and
have our being) 살고 움직이며 존재합니다(사도 17. 28)/
　우리는 그분 안에서 숨 쉬고 움직이며 살아간다.
Vivo, jam non ego, vivit vero in me Christus.
　이제는 내가 사는 것이 아니라
　그리스도가 내 안에서 사시는 것입니다.
Vivórum mémini. 나는 산 이들을 기억한다.
Vivórum mémini, nec possum oblivísci mortuórum.
　나는 살아 있는 사람들을 기억하는 동시에
　죽은 사람들을 잊을 수 없다.
Vivorum sapiéntïum est divitïas spernere.
　재물을 업신여기는 것은 현인들의 특징이다.
vīvum, -i, n. 산 것, 산고기, 살아 있는 살, 생살,
　원금(元金), 생명 있는. Latinitas viva. 생활 라틴어.
vīvus, -a, -um, adj. 산, 생명 있는, 신선한, 원기 있는
　활기찬, 자연 그대로의. viva sæpes. 생 울타리.
　Omne vivum ex ovo. 알로부터 나온 살아 있는 모든 존재/
　Omne vivum ex vivo. 모든 생물은 생물에서/
　terræ quippe insufflauit Deus in faciem flatum uitæ,
　cum factus est homo in animam uiuam. 하느님은 흙의
　얼굴에다 생명의 입김을 불어넣었으며 그러자 사람은
　살아있는 혼이 되었다(신국론. p.2353~2354).
vix¹ adv. 겨우, 간신히
Vix ad quingéntos rédigi.
　겨우 오 백 명 정도만 되돌아 왔다.
Vix agmen novíssimum procésserat, cum Galli
flumen transíre non dúbitant. 최후부대가 전진하자
　마자 갈리아인들은 주저하지 않고 강을 건넜다.
Vix epístolam tuam légeram tuam, cum ad me frater
tuus venit. 네 형제가 나한테 왔을 때에 내가 겨우 네

편지를 읽고 난 때였다.(내가 이미 편지를 막 읽고 나자 네 형제가
  나한테 왔다). (우리말로는 주문을 시간문처럼 바꾸고 속문은 오히려 주문처럼
  바꿔서 번역하는 때가 많다. 이러한 경우에는 주문의 vix, vixdum 등은
  "하자마자"로 번역된다).
Jam epístolam tuam légeram, cum ad me frater tuus
  venit. 내가 이미 네 편지를 다 읽고 났을 적에야 네
  형제가 나한테 왔다.
Vix fides fit, eas res hómines passos esse.
  사람들이 그 일을 감당했다는 것은 믿기 어려울 정도다.
Vix foras me abripui. 나는 간신히 밖으로 도망쳐 나왔다
vix vixque, 아주 어렵게
vix² vícĭs, f. 교대순번
vixdum, adv. (vix¹+ dum)
  하자마자, 곧, 겨우, 간신히, 그때서야.
vixi, "vivo"의 단순과거(pf.=perfectum)
  [원형 vīvo, vixi, victum, vivĕre, intr.]
Vixit in pace. 평화롭게 살았다(비문에서)
Vixit in sæculo. 이 세상에서 살았다(비문에서)
Víximus. 우리는 다 살았다(이제는 죽었다!)
vobis, dat., able. (vos).
  exceptis vobis duobus. 너희 둘을 빼놓고는/
  Hæc mando vobis, ut diligatis invicem.
  서로 사랑하여라. 이것이 너희에게 주는 나의 계명이다.
Vobis enim sum epíscopus, vobíscum sum
christiánus. 여러분을 위하여 저는 주교이지만,
  여러분과 함께 저는 그리스도인입니다.(성 아우구스티노).
vobíscum = cum vobis 너희와 함께.
  pax vobíscum. 평화가 그대들과 함께.
vobíscum sum(獨 I am with you)
  나는 너희와 함께 있다 / 나는 너희와 함께 있노라.
voca, 원형 vŏco, -ávi, -átum, -áre, tr.
  [명령법. 현재 단수 2인칭 voca, 복수 2인칭 vocate].
Voca servos! 노예들을 소집해라!
vocábĭlis, -e, adj. (=vocális¹) 큰소리 내는
vocabula vernacula. 모국어(母國語)
vocabulárium, -i, m. (⑨ vocabulary.獨 vocabulaire)
  사전, 자전, 단어장(單語帳), 어휘(語彙).
Vocabulárius Breviloquus. 요약 라틴어 사전.
  (독일 고전어 학자 요하네스 로이흘린 지음 1475년).
vocábŭlum, -i, n.
  명칭, 단어, 사물, 이름(ⅧⅦ.ὄνομα), 용어(用語), 핑계.
  Cadent vocábula, si volet usus.
  언어 관습이 원한다면 이 말들은 없어지고 말 것이다.
vocális¹ -e, adj. 목소리를 내는, 목소리의, 발성의,
  음성의, 큰 소리 나는, 소리 지르는, 노래하는.
  Vocalióra sunt vacua quam plena.
  빈 것은 가득 찬 것보다 소리가 더 많이 난다.
vocális² -is, f. 모음(litteræ sonantes.)
vocálĭtas, -átis, f. (곱) 음향성(音響性), 화성(和聲),
  음의 조화, 음성(φωνὴ.音聲), 음조, 노래 목소리.
vocálĭter, adv. 큰 목소리로, 말로, 같은 어조로
vocámen, -ínis, n. 명명(命名), 칭호, 물건의 명칭
Vocant, 원형 vŏco, -ávi, -átum, -áre, tr.
  [직설법 현재. 단수 1인칭 voco, 2인칭 vocas, 3인칭 vocat,
  복수 1인칭 vocamus, 2인칭 vocatis, 3인칭 vocant].
  a sacrario nos vocant. 성소로부터 우리를 불러내다/
  Procul a seminario sæculum, dæmon et caro,
  dira monstra nos impugnant, a sacrario nos vocant.
  신학교에서 멀리 떨어져 세속과 마귀와 육신과, 흉악한
  괴물이 우리를 공격하며, 성소에서부터 우리를 불러냅니다.
vocásti, 원형 vŏco, -ávi, -átum, -áre, tr.
  [직설법 현재완료. 단수 1인칭 vocavi, 2인칭
  vocavisti(vocasti), 3인칭 vocavit, 복수 1인칭 vocavimus,
  2인칭 vocanistis, 3인칭 vocanerunt].
  Meménto fámuli tui(fámulæ tuæ) quem(quam) (hódie)
  ad te ex hoc mundo vocásti.
  (오늘) 이 세상에서 불러 가신 교우 (   )를 생각하소서.
vocátĭo, -ónis, f. 부름(⑨ Call), 소환, 소집, 호출, 초대,
  소명(김命.⑨ Call-부르심), 천직(artes sordidæ).

(가) 부르심(성소.⑨ vocátĭon).
Ad omnes et singulos vocatio vertitur Domini.
  (⑨ The Lord addresses his call to each and every one)
  주님께서는 모든 사람을 한 사람 한 사람 부르고 계신다/
Binæ mulieris vocationis rationes(⑨ Two dimensions of
  women's vocation) 여성의 소명이 지닌 두 가지 차원/
De vocatione omnium gentium. 만민의 부르심에 대해/
Fratres, magis satagite, ut firmam vestram vocationem
  et electionem faciatis.(⑨ Bbrothers, be all the more
  eager to make your calland election firm) 형제 여러분,
  여러분이 받은 소명과 선택이 굳건해지도록 애쓰십시오/
Homo et vocátĭo.(⑨ Man and vocátĭon) 인간과 소명/
In dies sic cultus evadit Deo gratus, propriam scilicet
  transigendo vitam uti vocationem.(⑨ Day by day we
  become "a worship pleasing to God" by living our lives
  as a vocation) 자신의 삶을 성소로 여기고 살아감으로써
  날마다 "하느님 마음에 드는 예배"가 됩니다/
Multienim sunt vocati, pauci vero electi.(마태 22, 14)
  (polloi. ga,r eivsin klhtoi,(ovli,goi de. evklektoi,)
  (獨 Denn viele sind berufen, aber wenige sind
  auserwählt) (⑨ Many are invited, but few are chosen)
  부르심을 받은 사람은 많지만 뽑히는 사람은
  적다(공동번역)/사실 부르심을 받은 사람은 많지만 뽑힌
  사람은 적습니다(200주년 성경)/사실 부르심을 받은 이들은
  많지만 선택된 이들은 적다(성경)/
Ut certam vocationem sicut et electionem, faciatis,
  satagite et a peccatis estote. 너희들은 성소와 선택을
  확실히 얻기 위하여 애쓰고, 죄에서 벗어나도록 하라!
  [구일기도 중. 황치헌 신부 지음. 미사 통상문을 위한 라틴어. p.386]/
Vocationes adultorum.
  성인들의 성소에 대한 관심과 양성(1976.7.14. 회람)/
Vocationum diversitas. 성소의 다양성.
vocátĭo christĭana(⑨ christĭan vocátĭon).
  그리스도교적 소명.
vocátĭo clericalis. 성직자 성소.
vocátĭo clericalis completa. 완전한 성직자 성소.
vocátĭo collectiva. 집단적 성소
Vocatio Dei. 하느님의 부르심.
  [요한 카시아노는 수도생활을 위해 하느님의 부르심을 듣는 것을 세 가지로
  나누고 있다. 첫째는 직접적 부르심으로서 우리의 마음에 어떤 영감을 주시어
  응답하게 하시고, 둘째는 모범적으로 살아가는 이들(부모, 성자파, 수도자, 이웃들)
  의 중재를 통해 우리 마음을 흔들어 놓으시어 응답하게 하시고, 셋째는 필요성에
  의해 우리 마음에 충격(죽음을 체험, 가난한 이들에 대한 사랑, 절망감에나
  의무감을 주시어 응답하게 하신다는 것이다. 방효익 지음, 사제가 된다는 것. p.24]/
vocátĭo divina. 하느님의 소명
vocátĭo ecclesiastica seu canonica. 교회법적 소명
vocatio generalis. 일반적인 부름
vocátĭo immediata. 하느님의 직접 소명
vocátĭo in jus. 법정소환
vocátĭo individualis. 개별적 성소
vocátĭo mediata. 간접 소명, 교회를 통한 소명
vocatio specialis. 특별한 부름
vocatíve, adv. (文法) 호격으로, 부르는 격으로, 부르면서
vocatívus, -a, -um, adj.
  부르는 데 쓰이는, 호칭의, 호격의. m. (文法) 호격
Vocatne Jesus discipulum?(=Discipulumne vocat
Jesus?). 예수님은 제자를 부르시는가?
  긍정적 대답: etiam, ita, ita est, ita vero est,
            ita plane, ita prorsus, utique, certe, sane.
  [직접 의문문은 세 번째 단어 끝에 의문조사(particula
  interrogativa) -ne를 붙여 만들거나 num, numquid, nonne를 문장 앞에 놓아서
  만든다. 그러나 때로는 -ne나 의문문으로 해석되어야 하는지는 문맥을
  보아 결정한다. 이런 문장에는 끝에 의문표가 붙어 있다. 그리고 부사어 또는
  질문에서 받은 동사나 완전한 문장으로 답한다].
  Domine, nonne bonum semen seminasti in agro tuo?
  주님아, 밭에 좋은 씨를 뿌리지 않았습니까(마태 13, 27).
  긍정적 대답: ita, ita vero (est)/
  Num custos fratris mei sum ego
  제가 아우를 지키는 사람입니까?(창세 4, 9)/
  Numquid et tu ex Galiæa es? 당신도 갈릴래아 출신이라
  는 말이오?(당신도 갈릴래아 출신일 리가 없지 않은가?).
  [N.B. 암시적인 긍정적 대답을 기대하거나 전제하며 질문을 할 경우에 nonne

(아니냐? …아니란 말이냐?)를 문장의 첫 머리에 놓는다. 그러나 부정적인 대답을
전제하거나 기대하며 질문을 할 때는 **numquid**나 **num**(이냐? …이란 말이냐)를
문장의 첫 머리에 놓는다. 황치헌 지음. 미사 통상문을 위한 라틴어, p.477].

vocátor, -óris, m. 부르는 자, 초대자, 호소하는 자,
　소집자(召集者), 초청장(招請狀).
vocatórius, -a, -um, adj. 부르는, 호소하는, 초대하는
vocatus[1] -a, -um, p.p., a.p. 불린, 초대된
　in sortem Dómini vocati. 주님이 부르신 몫.
vocatus[2] -us, m. 소집(召集), 호출, 소환, 초대(招待),
　호소(⑨ Invocátĭon), 애소(哀訴), 기도(祈禱).
voce dedúctá. 작은 목소리로
voce summíssa. 낮은 소리로(submíssim, adv.)
vociferátĭo, -ónis, f. 큰 소리로 부름, 소리 지름,
　고함(高喊), 노호(怒號), 울부짖음, 통곡(痛哭).
vociferátor, -óris, m. 부르는 자, 소리 지르는 자
vociferátus, -us, m. 크게 부르짖음, 큰소리지름
vocíferor, -átus sum, -ári, (=**vocíffero**, -áre)
　dep., intr., tr. (vox+fero) 크게 소리 지르다,
　고함치다, 고래고래 소리 지르다, 통곡하다.
vocíferor pauca. 큰소리로 몇 마디 말하다
vocífico, -áre, (vox+fácĭo) tr. 큰 소리로 권하다,
　들리게 하다, 일러주다, 알려주다.
　intr. (벌 따위가) 크게 붕붕대다.
vócĭto, -ávi, -átum, -áre, freq., tr. 불러 대다, 부르자,
　습관적으로(자주) 부르다, 불러대다, 이름 부르다.
　intr. 큰소리로 부르다, 명칭(名稱)하다.
vocívus = vacívus 빈(텅 빈), 한가한
vŏco, -áv,i -átum -áre, tr. 부르다(רק,ארק),
　소집하다, 초대하다, 소환하다, …되게 하다,
　이름 짓다, 불러내다, 충동하다, 자극(刺戟)하다,
　…하게 만들다, 간청(懇請)하다, 호소(呼訴)하다.
　Cum Marcus me vocavísset, veni.
　　마르쿠스께서 저를 부르셔서 왔습니다/
　ánimal, quem vocámus hóminem.
　　우리가 사람이라고 부르는 동물/
　Dóminus jacob vocávit. 주님께서는 야콥을 부르셨다/
　in dubium vocáre. 의심을 일으키다(품다)/
　in jus vocáre. 법정으로 부르다, 법정으로 소환하다/
　Non enim veni vocáre justos, sed peccátóres. 나는
　　의인을 부르러 온 것이 아니라 죄인을 부르러 왔다/
　si in jus vocat ito. ni te antestamino. igitur em capoito.
　　만일 법정에 부르면 가라. 만일 안가면(원고는)
　　딴 증인을 세워라. 그리고서야 그를 잡아간다.
　　　　　　　　(성 염 지음, 사랑만이 진리를 깨닫게 한다. p.447)/
　vocare in medĭum. 판단(判斷)하다(ששם),
　　토의하다(conjícĭo causam)/
　vocavi te nomine tuo; meus es te.
　　내가 너를 지명하여 불렀으니, 너는 내 사람이다.
vócŭla, -æ, f.
　가냘픈 목소리, 겨우 내는 목소리, 부드러운 억양.
　pl. 속삭임, 남의 흉봄, 시원치 않은 목소리,
　　저성(低聲-낮은 목소리), 약한 소리.
voculátĭo, -ónis, f. 음조, 억양, 악센트 (⑨ accent)
vocuus = vacuus -a, -um, adj. 비어 있는, 텅 빈
vol… vide, **vul**…
vŏla, -æ, f. (解) 손바닥, 발바닥, 수장(手掌), 흔적
volæm… vide, **volem**…
volántes, -ĭum, m., pl. 날짐승, (鳥) 새
volária férula, -æ, f. 손바닥 때리는 회초리
voláris, -e, adj. 손바닥의
Volasse eum, non iter fecisse diceres.(volo 참조)
　그는 여행한 것이 아니라 날았다고 할만하다.
Volat ætas. 시간은 빨리 지나간다.
volátĭcus, -a, -um, adj. 나는, 날기 좋아하는, 날개 달린,
　왔다 갔다 하는, 우유부단한, 이랬다저랬다 하는.
　f. 요술쟁이(새로 변한다고 믿는데서).
volátĭle, -is, n. 날짐승, 새,
　Quæ sunt ornamenta terræ? animalia, arbores, volatilia.
　　땅을 꾸며주는 것은 무엇입니까? 동물들과 나무들과

volátĭlis, -e, adj. 나는, 날개 달린, 빠른, 하루살이의,
　일시적인, 덧없는. volátĭle telum. 빨리 나는 화살.
volátĭo, -ónis, f. 나는 것(飛), 날음, 비상(飛翔)
volatúra, -æ, f. 나는 행위, 날음, 날아다님, 비상.
　(鳥) 새, 조류(鳥類).
volátus(=volitatus), -us, m. 날음, 비행(飛行),
　한 번에 나는 거리, 비상(飛翔), 신속(迅速), 달아남.
volémus, -a, -um, adj. 손 한 움큼 만한
vŏlens[1] -éntis, p.proes. 자원의, 자유의사의,
　스스로 원하는, 마음 준비를 갖춘, … 좋은.
　homo volens. 욕구 하는 인간/
　si dii volent. 신들이 원할 것 같으면.
volens[2] -éntis, m.
　원하는 자, 뜻 있는 자, 자원자(自願者), 동의자.
　Volenti non fit injuria. 원하는 자(승낙하는 자,
　　동의하는 자)에게는 권리침해가 되지 않는다.
volénter, adv. 기꺼이, 마음으로부터(arte, adv.)
voléntĭa, -æ, f. 원의(願意), 의지(⑨ Will)
volg… vide, **vulg**…
volgíŏlus, -i, m. 땅(지면)을 평평하게 고르는 도구.
volgo, adv. = **vulgo**[1]
volgus, -i, m. = **vulgus**, -i, n. 민중(ὄχλος.πλῆθος)
volitátĭo, -ónis, f. 빙빙 돌며 날아다님, 여기저기 튐
volitátus, -us, m. **volátus** 날음, 비행, 비상, 신속
volitum natúraliter. 천부적으로 의욕하고 있는 것
volnus, -néris, n. = **vulnus**
vŏlo[1] -ávi, -átum, -áre, intr. 날다(חחח),
　빨리 가다(오다), 빨리 달아나다.
　Volásse eum, non iter fecísse díceres.
　　그는 여행한 것이 아니라 날았다고 할만하다.
volo[2] vis, vult, vólŭi, velle, tr., irreg.
　(vin=visne; sis=si vis; sultis=si vultis).
　원하다(אבצ,אבצ,הצר,הטח,אוה,בטי,בהי),
　…하고 싶다, 좋아하다, 결정하다, 지지하다,
　주장하다, 생각하다, …을 의미하다, …의 뜻이다.
　(생략형에서) 제발, 부디.
　Adéste sultis(=si vultis) 제발 와서 도와 달라/
　Cadent vocábula, si volet usus.
　　언어 관습이 원한다면 이 말들은 없어지고 말 것이다/
　Cave, sis. 부디 조심해라/
　Desinamus, quod volumus, velle ; ego certo omnia facio
　ne senex eafem velim, quæ puer volui. 우리가 바라는
　　바를 바라기를 그만 두자. 늙어서도 소년 시절에
　　내가 바라던 바와 똑같은 것을 바라는 일 없도록
　　나는 모든 수를 다 쓴다/
　Dicit ei Jesus: "Si eum volo manere donec veniam,
　quid ad te? Tu me sequere". (le,gei auvtw/| o ` VIhsou/j\ eva.n
　auvto.n qe,lw me,nein e[wj e;rcomai(ti, pro,j se,Ê su, moi avkolou,qei)
　(⑨ Jesus said to him, "What if I want him to remain
　until I come? What concern is it of yours? You follow
　me.") 예수님께서는 "내가 올 때까지 그가 살아 있기를
　　내가 바란다 할지라도, 그것이 너와 무슨 상관이 있느냐?
　　너는 나를 따라라." 하고 말씀하셨다.(성경 요한 21. 22)/
　　예수께서 그에게 "내가 올 때까지 그가 남아 있기를
　　내가 원한들, 당신과 무슨 (상관이 있습니까?) 당신은
　　나를 따르시오" 하고 말씀하셨다(200주년 신약 요한 21. 22)/
　　예수께서는 "내가 돌아올 때까지 그가 살아 있기를 내가
　　바란다고 한들 그것이 너와 무슨 상관이 있느냐?
　　너는 나를 따라라." 하고 말씀하셨다(공동번역 요한 21. 22)/
　Et extendens manum tetigit illum dicens: "Volo,
　mundare!"; et confestim lepra discessit ab illo.
　(kai. evktei,naj th.n cei/ra h[yato auvtou/ le,gwn\ qe,lw(
　kaqari,sqhti\ kai. euvqe,wj h ` le,pra avph/lqen avpV auvtou/V
　(⑨ Jesus stretched out his hand, touched him, and said,
　"I do will it. Be made clean." And the leprosy left him
　immediately) 예수님께서 손을 내밀어 그에게 대시며
　　말씀하셨다. "내가 하고자 하니 깨끗하게 되어라."

그러자 곧 나병이 가셨다.(성경 루카 5, 13)/
그러니 예수께서는 손을 펴 그를 만지시며 "내가 하고자
하니 깨끗하게 되시오" 하셨다. 그러자 즉각 나병이
그에게서 물러갔다(200주년 신약)/예수께서 손을 내밀어
그에게 대시며 "그렇게 해주마. 깨끗하게 되어라."
하시니 곧 그의 나병이 깨끗이 나았다(공동번역 루가 5, 13)/
Hoc factum vóluit.
그는 이것이 되어졌기를(이것을 해주었을 것을) 원하였다/
Hoc volo sic jubeo sit pro rátione voluntas.(Juvenalis).
내가 원하고 명령하니 뜻이 이유를 위해 존재 하여라/
Hunc hóminem líberum esse volo.
나는 이 사람이 자유민이 되는 것을 원 한다/
Id vellem, si possem.
할 수만 있다면야 나도 그렇게 하고 싶소/
idem velle. 같은 것을 원하다/
Idem velle atque idem nolle, ea demum firma
amicítia est.(is 참조) 같은 것을 원하고 같은 것을
싫어하는 그것이야말로 확고한 우정이다/
Júdicem me esse, non doctórem volo.
나는 학자이기보다는 법관이기를 원 한다/
male velle. 악한 의지(신국론. p.1458)/
Mundus vult decipi. 세상은 (때때로) 속고 싶어 한다/
Nam idem velle atque idem nolle, ea demum firma
amicitia. 한마음 한 뜻이면 이것으로 결국
참다운 우정이 성립 된다/
Ne sis(=si vis), plora. 제발 울지 마라/
non quod volo bonum hoc ago.
내가 원하는 선을 나는 행하지 않는다/
Non solum nobis divites esse volumus, sed liberis,
propinquis, amicis meis maximeque rei publicæ. 우리만을
위해서 부자가 되자는 것이 아니요, 내 자식들을 위해,
친척을 위해, 친지들을 위해, 특히나 공화국을 위해서다/
Nos eadem volumus ac nolumus.
우리는 똑같은 것을 바라고 또 똑같은 것을 싫어한다/
Nummos volo. 나는 돈을 원 한다/
Omnes homines scire volunt.(Aristoteles, Metaphysica, I, 1)
모든 인간 존재자는 알기를 바랍니다/
Pars sanitatis velle sanari est.(Seneca).
낫고 싶다는 마음도 치유의 일부에 해당한다/
pauci libertatem, pars magna justos dominos volunt.
소수만이 진정 자유를 바라며 대부분은 합법적인 주인
만을 바랄 따름이다(성 염 지음, 사랑만이 진리를 깨닫게 한다, p.482)/
Quæ volumus et credimus libenter, et quæ sentimus ipsi,
reliquos sentire speramus.(Cæsar).[성 염 지음, 고전 라틴어, p.250]
우리가 간절히 원하고 믿는 바, 그리고 우리 스스로
느끼는 바를 딴 사람들도 느끼기 바라는 것입니다/
quando voluit et quantum voluit Romanis regnum
dedit. 하느님은 당신이 원할 적에 원한 만큼
로마인들에게 왕권을 준 것이다/
Qui quæ vult dicit, quæ non vult audiet.(Terentius).
마음 내키는 대로 발설하는 사람은 내키지 않는 소리를
듣게 되리라.(성 염 지음. 고전 라틴어. p.336)/
Quid gládii volunt? 이 칼들은 무엇을 뜻하느냐?/
Quid sibi hoc vult? 이것은 무슨 뜻이냐?/
Quod nimis miseri volunt, hoc facili credunt.(Seneca).
가련한 처지에서 무엇을 너무도 간절히 바라노라면
그걸 쉽사리 믿게 된다.(성 염 지음. 고전 라틴어. p.336)/
Libenter ea credimus, quæ desidermus.
우리는 간절히 바라는 바를(quæ) 쉽게 믿게 된다/
Regnári volébant. 그들은 왕을 원하였다/
Scienti et volenti non fit injuria. (불의인 줄) 알고서
원하는 사람에게는 불의가 성립하지 않는다/
Sentire quæ velis et quæ sentias dicere.(Tacitus).
스스로 원하는 바가 무엇인지 감지하기, 그리고 자기가
어떻게 판단하는지를 (그대로) 말하기/
Si velim nominare homines prodigos, nonne possum?
기인들을 거명하기로 한다면야 나라고 못하겠는가?/
Si Dominus voluerit, et vivemus et faciemus hoc aut

illud.(⑨ If the Lord wills it, we shall live to do this or
that) 주님께서 원하시면 우리가 살아서 이런저런 일을
할 것이다.(성경 야고 4, 15)/
Te salvum volunt. 그들은 네가 무사하기를 바란다/
Te videre vult. 그는 너를 보고 싶어 한다/
Te volo, iustitia et innocentia pulchra et decora,
honestis luminibus et insatiabili satietate. 당신만을
원하오니 정의여, 순결이여, 깨끗한 눈들이 비어도
비어도 빕고 싶은 아름다움, 고운 맵시여(고백록 2.10.18.)/
Ubi nihil voles, ibi nihil veris.
아무 것도 할 수 없으면 아무 것도 원하지도 말지어다/
utcumque … volet, ita admovébit.
그가 원하는 것이 어떻든 간에 그는 착수할 것이다/
Velit nolit scire difficile est.
그가 원하는지 원치 않는지 알기 어렵다/
velle mentiri. 거짓말하기를 원한다(신국론. p.1458)/
Vinculum amoris est idem velle.
같은 것을 좋아하는 것이 사랑의 유대이다/
Visne hoc primum videámus?
너는 우리가 이것을 첫째로 보기를 원하느냐?/
Visne ire Romam? 너는 로마로 가길 원하느냐?/
Visne mea esse? Dum quidem ne nimis diu tua sim,
volo. 내 여자가 되고 싶소? 너무 오래 당신 여자가
되지 않는다면야 그러고 싶어요/
Voluit Consecrare Mundum.(교회와 성사. p.253)
그 분은 세상을 성화 하시기를 원하셨다.

불규칙 동사 volo의 직설법 활용

인칭		현재 præsens	미완료 imperf.	미래 futurum
단수	1	volo	volebam	volam
	2	vis	volebas	voles
	3	vult	volebat	volet
복수	1	volumus	volebamus	volemus
	2	vultis	volebatis	voletis
	3	volunt	volebant	volent

인칭		단순과거 perf.	과거완료 plusq.	미래완료 fut. ex.
단수	1	volui	volueram	voluero
	2	voluisti	volueras	volueris
	3	voluit	voluerat	voluerit
복수	1	voluimus	volueramus	voluerimus
	2	voluistis	volueratis	volueritis
	3	voluerunt	voluerant	voluerint

volo의 접속법 활용

인칭		현 재	미완료
단수	1	velim	vellem
	2	velis	velles
	3	velit	vellet
복수	1	velimus	vellemus
	2	velitis	velletis
	3	velint	vellent

인칭		단순과거	과거완료
단수	1	voluerim	volussem
	2	volueris	voluisses
	3	voluerit	voluisset
복수	1	voluerimus	voluissemus
	2	volueritis	voluissetis
	3	voluerint	voluissent
부정법 infinitivus		분사 participium	
현재 velle, 과거 voluisse		현재 volens, volentis	

malo, nolo, volo 세 동사는 흔히 보조동사로서 다른 동사의
현재 부정법과 함께 쓰기도 하고, 소위 대격 부정법과
쓰기도 한다. Volo tecum lúdere. 나는 너하고 놀고 싶다.
(한동일 지음. 카르페 라틴어 부록. p.25)
Volo Antonium hæc quam primum audire.
나는 안토니우스가 이것을 가급적 빨리 들었으면 한다.

[malo, nolo, volo는 그 의미를 완성키 위해 부정사를 사용하며, 대격 부정법문을 주로 지배한다. 성 염 지음, 고전 라틴어, p.332].

Volo, ergo sum. 나는 원한다. 그러므로 나는 존재한다.
[프랑스 철학자 Maine de Biran(1766~1824)이 의식이 활동적 자아의 근본이라는 것을 주장할 때 한 말. 그는 경험론과 형이상학의 중간인 주지주의 철학자이다. 백민관 신부 엮음, 백과사전 3, p.767].

Volo esse bonus civis(=Volo me esse bonum civem) 나는 선량한 시민이 되기를 원한다.(객어문 노릇을 할 때에는 그 부정법과 함께 쓴 부설명어는 주격으로 쓴다. 객어문의 부정법문을 지배하는 주문의 동사는 대부분 보조동사이다. 그러므로 보조동사가 지배하는 부정법과 함께 쓰는 부설명어는 주격으로 쓴다).

V

Volo esse ut vivam, non vivere ut edam. 나는 살기 위해서 먹고 싶다. 먹으려고 살고 싶은 것이 아니다.

Volo exire domo. 나는 집에서 나가고 싶다

Volo, me pauperem sacerdotem esse. = Volo, pauper sacerdos esse. 나는 가난한 사제이기를 원한다.

Volo, mundare!([영] I do will it. Be made clean) 내가 하고자 하니 깨끗하게 되어라(성경 루가 5, 13)/ 그렇게 해주마. 깨끗하게 되어라(공동번역).

volo nosse. 나는 알고 싶다.

Volo omnes homines esse sicut me ipsum. 나는 모든 사람이 나와 같아지기를 바랍니다.(1코린 7, 7). [보조동사에 지배되는 부정법은 언제나 현재부정법으로 쓴다].

Volo redire. 나는 돌아가고 싶다, 돌아가려고 한다.

Volo tecum lúdere. 나는 너하고 놀고 싶다.

Volo te esse cleméntem.(=Volo sis clemens) 나는 네가 인자한 사람이기를 원한다.

Volo, te pauperem sacerdotem esse. 나는 당신이 가난한 사제이기를 원합니다.

Volo (ut) me vestri miséreat. 나는 너희를 불쌍히 여기려고 한다(접속사 ut은 생략하고 그냥 접속법만으로 쓸 수도 있다).

Volo ut respondeas. 나는 네가 대답하기를 원한다.

Volo, ut stúdeas. 나는 네가 공부하기를 원한다. (velle는 접속사 ut이나 ne를 쓴 접속법 속문을 지배하는 때도 있다).

volo³ -ónis, m. (흔히 pl.) (국고금으로 노예를 사서 입대시킨) 자원병, 의용병.

volpes, -is, f. (動) 여우(=**vulpes**, -is, f.=sapiens fera)

volsa, -orum, n., pl. 손상(損傷), 왜곡(歪曲)

volsélla, -æ, f. 족집게, 작은 집게, 핀셋(pincette)

volsi, "vello"의 단순과거(pf.=perfectum)

volsum, "vello"의 목적분사(sup.=supínum)

volsus, -a, -um, p.p., a.p. = **vulsus** 연한, 털 빠진

voltus, -us, m = **vultus** 안색, 얼굴(פָּנִים.πρὸσωπον)

volúbĭlis, -e, adj. 빙빙 도는, 선회하는, 소용돌이치는, 말이 술술 나오는, 변천하는, 불안정한, 빠른, 신속한. orátio volubilis. 유창한 연설(演說).

volubílĭtas, -átis, f. 회오리 침, 회전, 소용돌이, 둥근 모양, 원형, 쾌속(快速), 빠름, 변천, 유창한 말.

volubilĭter, adv. 빨리 돌면서, 쉽게, 풍부하게

vólŭcer, -cris -cre, adj. 나는(공중을 나는), 날개 달린, 빠른, 신속(迅速)한, 가벼운, 도망치는, 지나가 버리는, 하루살이의, 덧없는. m. **volucer**, -cris (빠른) 말(équus). Nihil est tam vólucre quam maledíctum. 남을 비방(誹謗)하는 말보다 더 빠른 것은 없다.

volúcra, -æ, f. (=**volúcre**, -is, n.) 포도나무 싹과 포도를 갉아먹는 벌레, 명충(螟蟲).

volúcripes, -pĕdis, adj. (vóluceer+pes) 발 빠른

vólŭcris, -is, f.(m.) (鳥) 새, 날짐승, 날개 달린 곤충. quoad vólucres(Caj.) 날짐승들에 관해서는/ vólucres ádvenæ. 후조(候鳥), 철새(peregrinæ aves)/ volucrĭum lapsus. 새들이 미끄러지듯 날아감.

volúcrĭtas, -átis, f. 비상(飛翔), 빠름, 날램

volúcrĭter, adv. 빨리, 신속하게

Voluit Consecrare Mundum.(교회와 성사, p.253) 그 분은 세상을 성화 하시기를 원하셨다(volo 참조).

Voluit demum, ut catechesis, præsertim pueris et iuvenibus tradenda, esset argumentum quarti Cœtus generalis Synodi Episcoporum.([영] He decided that catechesis, especially that meant for children and young people, should be the theme of the fourth general assembly of the synod of Bishops). 제4차 세계주교대의원회의(시노드)의 주제로 "교리교육(Catechesi Tradendæ), 특히 아동과 청소년의 교리교육"을 결정하셨습니다.
교황 요한 바오로 2세의 1979.10.16. "Catechesi tradendæ" 중에서).

volúmen, -mĭnis, n. 원형, 두루마리 뭉치, 책의 권(券), 둘둘 만 것, 뱀이 튼 똬리('똬리'의 잘못. 짐을 일 때 머리에 받치는 고리 모양의 물건. 짚이나 천을 틀어서 만듦), 소용돌이, 회전(回轉), 순환(循環), 인간사의 부침(浮沈). Anguis septem gyros, septéna volúmina traxit. 뱀은 제 몸을 일곱 번 둥글게 틀었다/ Dogmatum volumen. 교의론(Sectarum volumen. 분파론)/ evólvere volumen epistulárum 편지뭉치를 펴다/ replicáto volúmine. 두루마리를 펴서/ temporum volumen. 시간의 회귀(신국론, p.1280)/ volúmina conficere. 책을 쓰다, 펴내다.

volumen explicáre. 두루마리를 펴다

voluminósus, -a, -um, adj. 굽이진, 구불구불한, 두꺼운 (책), 여러 권의.

voluntárĭi, -órum, m., pl. 의용병(義勇兵), 지원병.

voluntarismus, -i, m. 주의주의([영] voluntarism) (라틴어 voluntas에서 나온 말).

voluntárĭus, -a, -um, adj. 자원하는, 자발적인, 임의의, 자유의사(自由意思)의, 수의의, 고의의, 자연적인. advocatus voluntárĭus. 임의적 변호인/ causæ voluntariæ. 의지적 원인/ cautio voluntaria. 임의적 담보(擔保)/ De Voluntaria Paupertate. 의도적인 가난에 대해/ domicilium voluntárium. 임의적 주소/ egressus voluntárĭus. 자의의 퇴회/ exsecutor voluntárĭus. 임의적 집행자/ interventus voluntárĭus. 임의적 참가/ mors voluntária. 자원해서 죽은 죽음/ unio voluntária. 의지적인 결합/ voluntaria auxilia. 자원병(自願兵)/ voluntaria jurisdictio. 비송사건의 재판권/ voluntaria morte. 자발적 죽음/ voluntarĭum malum. 고의적 악/ voluntarĭum simplicĭter. 단순한 원의(願意).

voluntarius heres. 임의 상속인

voluntarius motus. 수의적(隨意的) 운동

voluntas, -átis, f. 의사, 의지([영] Will.獨 Wille), 뜻(θὲλημα), 목적(τὲλος.[영] Destiny), 의향([영] Intention), 의도, 계획, 결정, (말의) 뜻. actus voluntatis elicitus. 의지 선택의 행위/ an actus voluntatis quæ hic significarur per cor. 의지의 활동은 마음에 의해 지시 된다/ An voluntatibus hominum aliqua dominetur necessitas. 어떤 필연이 인간들의 의지를 지배하는가.(신국론, p.2758)/ Constans et perpetua voluntas, jus suum cuique tribuendi. 정의는 각자에게 그의 권리를 부여하는 항구하고 영원한 의지이다/ De æterna Dei et incommutabili voluntate. 하느님의 영원하고 불변하는 의지.(신국론, p.2828)/ De qualitate voluntatis humanæ, sub cujus judicio affectiones animi aut pravæ habentur aut rectæ. 인간 의지의 성격, 그 판단에 따라 마음의 감정들이 사악하거나 올바르게 된다(신국론, p.2792)/ De voluntate Dei fideliter facienda. 하느님의 뜻을 충실히 행함에 대하여/ disordinata voluntas. 무질서한 의지/ Ergo inproba voluntas malorum omnium causa est. 부정한 의지야말로 모든 악의 원인이다/ Et cum ei suadere non possemus, quievimus dicentes: "Domini voluntas fiat!".(mh. peiqome,nou de. auvtou/ h`suca,samen eivpo,ntej\ tou/ kuri,ou to. qe,lhma gine,sqw)

그가 설득에 응하지 않으므로 우리는 "주님의 뜻이
이루어지소서" 하면서 조용히 있었다(공동번역 사도 21, 14)/
exsecutio piarum voluntátum. 신심 의사의 집행/
Fratres, voluntas quidem cordis mei et obsecratio ad
Deum pro illis in salutem. (VAdelfoi,(h` me,n euvdoki,a th/j
evmh/j kardi,aj kai. h` de,hsij pro,j to.n qeo.n u`pe,r auvtw/n eivj
swthri,an) (영 Brothers, my heart's desire and prayer to
God on their behalf is for salvation)
형제 여러분, 내 마음의 소원, 그리고 내가 그들을
위하여 하느님께 바치는 기도는 그들이 구원을 받게
하려는 것입니다(성경 로마 10, 1)/형제 여러분, 내 마음의
간절한 소원과 그들을 위해 하느님께 드리는 내 기도는
(그들의) 구원을 위한 것입니다(200주년 신약)/
형제 여러분, 나는 내 동족이 구원받기를 마음으로
간절히 원하며 하느님께 간구합니다(공동번역)/
Hoc volo sic jubeo sit pro ratióne voluntas.
내가 원하고 명령하니 뜻이 이유를 위해 존재 하여라/
homines bonæ voluntatis. 선의의 사람들/
homo malæ voluntatis. 악의의 인간/
Id facimus ex libero voluntatis arbitrio.
우리가 의지의 자유선택에 의해서 악하게 행동한다/
improba voluntas. 삿된(부정한) 의지(교부문헌 총서 10. p.57)/
infirmitas voluntas. 의지의 연약함/
Largitione redimo mílitum voluntátes.
관대함을 보여 군인들의 환심(歡心)을 사다/
lex vero æterna est ratio divina vel voluntas Dei.
영원법이란 신적 이성 혹은 하느님의 의지이다/
liberum uoluntatis arbitrium. 의지의 자유로운 선택/
malæ autem voluntatis efficiens (causa) nihil est.
악한 의지의 작용인은 아무 것도 없다(신국론. p.1256)/
Melius est enim benefacientes, si velit voluntas Dei,
pati quam malefacientes. (krei/tton ga.r avgaqopoiou/ntaj(
eiv qe,loi to. qe,lhma tou/ qeou/ pa,scein h` kakopoiou/ntaj)
(영 For it is better to suffer for doing good, if that be
the will of God, than for doing evil) 하느님의 뜻이라면,
선을 행하다가 고난을 겪는 것이 악을 행하다가 고난을
겪는 것보다 낫습니다(성경 1베드 3, 17)/하느님의 뜻이라면
선을 행함으로 고난을 당하는 것이 악을 행함으로
고난을 당하는 것보다 낫습니다(200주년 신약)/선을 행하다가
고난을 당하는 것이 하느님의 뜻이라면 악을 행하다가
고통을 당하는 것보다야 얼마나 낫겠습니까?(공동번역)/
metuenda voluntas. 두려운 의지/
Neque enim voluntatis arbitrim ideo tollitur, quia iuvatur;
sed ideo iuvatur quia non tollitur. 자유의지가 은총의
도움을 받기 때문에 제거되는 것이 아니라, 자유의지가
제거되지 않기 때문에 은총의 도움을 받는 것이다/
non sine voluntate. 본인의 의지 없이/
ordinátio voluntate. 의지의 명령(신학과 교회법. p.37)/
perpetua et constans voluntas sua cuique tribuendi.
각자에게 자기 것을 부여하려는
영구적이고 항속적인 의지/
pro bona voluntate. 선한 의지를 통해서/
propriis voluntatibus. 자기 뜻/
Propterea nolite fieri imprudentes, sed intellegite, quæ
sit voluntas Domini. (dia. tou/to mh. gi,nesqe a;fronej(avlla.
suni,ete ti, to. qe,lhma tou/ kuri,ou) (영 Therefore, do not
continue in ignorance, but try to understand what is
the will of the Lord) 그러니 어리석은 자가 되지 말고,
주님의 뜻이 무엇인지 깨달으십시오(성경 에페 5, 17)/
그러므로 어리석게 되지 말고 무엇이 주님의 뜻인가
깨달으시오(200주년 신약)/여러분은 어리석은 자가 되지
말고 주님의 뜻이 무엇인지를 잘 아는 사람이
되십시오(공동번역)/
recta itaque voluntas est bonus amor.
바른 의지(意志)는 선한 사랑이다/
rectitudo voluntátis. 의지(意志)의 올바름/
species boni apprehensi forma est voluntatis.
선의 형상이 곧 의지의 형상이다.

[인간 지성이 파악한 선의 종류(species:형상形象으로 번역된다)가 의지를
구체적으로 움직이는 형상形相(forma)이 된다. 성 염 옮김, 단테 제정론, p.63]/
testis cum ea voluntáte procéssit, ut
증인(證人)은 이러한 마음으로 나왔다, 즉 …/
última voluntas. 유언/
uniformis motus plurimum voluntatum.
다수 의지의 획일적인 운동
(단테가 내리는 '화합'의 정의이다. 성 염 옮김, 단테 제정론, p.62)/
universis bonæ voluntatis hominibus(영 all people of
good will). 선의의 모든 사람들에게/
Ut desint víres, tamen est laudanda voluntas.(Ovidius)
비록 기력은 없다 해도 뜻만은 칭찬해야 한다/
Voluntatem propriam odire.(성 베네딕도 수도규칙. 제4장 60)
자신의 사사로운 뜻을 미워하라/
voluntas ægroti. 환자의 의지
voluntas agit. 의지는 작용한다.
voluntas antecedens. 선행적 의지, (은총의) 선행 의지
voluntas beatitudinis. 행복 하려는 의지(교부문헌총서 10, p.286)
voluntas beneplaciti. 기쁨의 의지, 마음에 든 것의 의지
voluntas concomitans. 동반 의지
voluntas conditionata. (은총의) 조건부 의지
voluntas consequens. 귀결적 의지, 후행적 의지
voluntas culpábilis. 죄짓는 의지
voluntas Dei. 하느님의 의지.뜻(consillia Dei),
Multa enim fiunt quidem a malis contra uoluntatem Dei.
하느님의 의지를 거슬러 악인들에 의해 많은 일이
저질러진다.(신국론. p.2565).
Voluntas Dei est totius humani generis laniati unitas.
(영 The unity of all divided humanity is the will of God)
갈라진 모든 인류의 일치는 하느님의 뜻입니다.
voluntas Dei legifera. 하느님의 입법의지
voluntas est quæ quid cum ratione desiderat.
의지란 무엇을 이치에 따라서 열망하는 것.(신국론. p.1458).
voluntas faciendi quod facit Ecclesia.
교회가 하고자 하는 바를 하겠다는 의도(意圖).
voluntas fallendi. 속이려는 의지
voluntas grata in parentes. 부모께 대해 고마워하는 마음.
voluntas improba. 비뚤어진 의지
voluntas libera. 자유의지
voluntas mota et non movens.
움직여지되 운동시키지 않는 의지.
voluntas necessaria. 필연적 의지
voluntas peccandi. 죄 짓는 자유의지(교부문헌총서 10, p.288)
voluntas pia. 신심의사
voluntas principis. 집권자의 의지
Voluntas regum labia iusta; qui recta loquitur,
diligetur. (dekta. basilei/ cei,lh di,kaia lo,gouj de. ovrqou,j avgapa/)
(獨 Rechte Worte gefallen den Königen; und wer aufrichtig
redet, wird geliebt) (영 The king takes delight in honest
lips, and the man who speaks what is right he loves)
임금은 의로운 혀를 기뻐하고 바른 것을 말하는 이를
사랑한다(성경 잠언 16, 13)/임금은 옳은 말하는 사람을 좋아
하고 곧은 말하는 사람을 사랑해야 한다.(공동번역 잠언 16, 13).
voluntas salvifica. 구원 의지
voluntas salvifica universalis Dei.
하느님의 보편 구원 의지.
voluntas scriptoris. 저자의 의도(intentio auctoris)
voluntas signi. 표시의 의지(신학대전 제2권, p.223)
voluntas significandi. 표시하려는 의지
voluntas una, domina, regulatrix omnium aliarum in
unum. 여타의 모든 의지를 하나로 지배하고 규제하는
단일한 의지(=군주의 의지. 성 염 옮김, 단테 제정론, p.64).
voluntas universalis. (은총의) 보편 의지
voluntas ut elicita. 노출된 의지
voluntas ut imperans. 명령하는 것으로서의 의지
voluntas ut natura. 본성으로서의 의지, 함축적인 의지
voluntas ut voluntas. 의지로서의 의지
voluntas volendi. 원하는 자유 의지
voluntate. adv. 자발적으로(Motu proprio.), 기꺼이.

Mea voluntate concedam. 기꺼이 승인하겠다.
voluntate ergo peccatur. 의지에 의해서 죄를 짓는다.
Voluntatem propriam odire.(성 베네딕도 수도규칙 제4장 60)
자신의 사사로운 뜻을 미워하라.
volup(원형.volupe의 생략형)
n., indecl. 즐거운 것, 쾌락([영] Pleasure).
adj. 쾌락적(快樂的)인, 기분 좋은.
adv. 기꺼이, 즐거운 마음으로.
Volup mihi est. 그것은 나의 즐거움이다.
Volupia, -æ, f. 쾌락의 여신(女神)(Libentina, -æ, f.)
vólupis, -e, adj., inusit. 유쾌한, 즐거운
voluptábĭlis, -e, adj. 즐거운, 쾌락적(快樂的)인.
voluptárĭus[1] -a, -um, adj. 쾌락(쾌감)을 자아내는, 기분 좋은, 달콤한, 쾌락과 관계있는, 도락의, 일락의, 향락적, 방탕 하는, 음탕한, 쾌락을 즐기는, 사치한.
expensa voluptuária. 사치(奢侈)한 비용.
voluptárĭus[2] -i, m. 관능을 쫓는 자, 음탕자, 쾌락주의자.
volúptas, -átis, f. 쾌락, 일락(逸樂-쾌락을 즐기어 멋대로 놂), 육체적 쾌락, 유쾌, 즐거움([영] Pleasure), 만족(滿足).
Est quædam flere voluptas.(Ovidius).
[엉엉 우는 것도(통곡도) 일종의 쾌락이지]/
눈물을 흘리는 것은 일종의 쾌락이다/
In voluptate spernenda virtus cernitur.(당위분사문).
(=In spernendo voluptatem virtus cernitur-동명사문)
쾌락을 무시하는 가운데 덕성이 두드러지게 드러난다/
In voluptate spernenda virtus vel maxime cernitur.
쾌락을 멸시하는 가운데 덕성이 최대한으로 식별된다/
Labor ipse voluptas. 일하는 것이 즐거움이다/
mergi(se mergo) in voluptátes. 쾌락에 빠지다/
Nihil est tam detestabile quam voluptas.(Cicero).
탐욕만큼 혐오스러운 것은 아무것도 없다/
Nimis te invenio voluptatum cupidum.
내 보기에 너는 욕정에 너무 탐닉하고 있다/
Omnis voluptas honestati est contraria.
일체의 음욕(貪慾)은 덕성과 상반된다/
Plato escam malorum appellat voluptatem.
플라톤은 정욕(情慾)을 악의 미끼라고 부른다/
Populo ludorum magnificentia voluptati est.
국민에게 경기의 성대함은(성대한 경기는) 즐거움이 된다/
Quamvis voluptate capiatur, occultat et dissimulat appetitum voluptatis propter verecundiam.(Cicero).
인간은 탐욕에 사로잡혀 있으면서도 수치심 때문에 탐욕의 욕구를 숨기거나 안 그런 척한다/
quod mihi magnæ voluptáti fuit.
나를 크게 즐겁게 해 준 것/
sed tua me virtus tamen et sperata voluptas suavis amicitiæ quemvis efferre laborem suadet…
그대 얼이여, 내 기약하는 감미로운 우정의 기쁨이 운명의 가혹한 시련을 무엇이든 견뎌내라 날 타이르네…
(성 염 지음, 사랑만이 진리를 깨닫게 한다, p.431)/
Senectus plena est voluptatis, si illa scias uti.
노년은 쾌락으로 가득 차 있다, 그대가 그것을 쓸 줄만 안다면/
Sperne voluptátes! 너는 쾌락을 업신여겨라/
Trahit sua quemque voluptas.(Vergilius)
사람마다 제 쾌락에 이끌린다(누구든지 자기 욕심에 이끌린다)/
Virtus efficiens est voluptátis.
덕은 즐거움을 가져다주는 것이다/
Voluptates sensibus blandiuntur.
쾌락들은 감각들에게 아첨 한다/
voluptatibus potior. 쾌락(快樂)을 누리다/
voluptátis fruendæ modus. 쾌락을 누리는 방식/
voluptátum adipiscendárum grátia.
쾌락(즐거움)을 얻기 위하여.
Voluptas e difficili data dulcissima est.
어렵게 주어진 즐거움이 가장 달콤하다.
voluptas inordinata. 무질서한 욕망
voluptatívus, -a, -um, adj. 오락의, 쾌락에 빠진
voluptíficus, -a, -um, adj. (volúptas+fácio)
쾌락(快樂)을 주는, 오락(娛樂)을 주는.
voluptuárĭus, -a, -um, adj. 쾌락의, 쾌락을 즐기는
voluptuóse, adv. 유쾌하게, 쾌락적으로
voluptuósus, -a, -um, adj. 유쾌한, 즐거운, 달콤한, 매혹적인, 마음에 드는, 매력에 찬, 쾌락의, 일락의.
voluta, -æ, f. (建) 소용돌이 모양 장식(裝飾), 와형(渦形-소용돌이 모양으로 빙빙 도는 형상. 渦狀), 와권(渦卷).
volutábilis, -e, adj. 빙빙 돌 수 있는
volutábrum, -i, n. 진흙구덩이, 진창, 산돼지 집, 누추한 집, 어려운 일(res diffícĭlis.), 오예(汚穢-지저분하고 더러움. 또는 그런 것).
volutabúndus, -a, -um, adj. 진창에 뒹굴기 좋아하는, 뒹구는, 주색(酒色)에 빠진, 회전(回轉)하는.
volutátĭo, -ónis, f. (**volutátus**, -i, m) 회전운동, 회전, 뒹구는 행위, 흥분상태, 불안상태, (인생의) 부침.
volútim, adv. 회전하며, 굴러서, 굴려져서, 빨리 구르는 것처럼.
voluto, -ávi, -átum, -áre, intens., tr. 돌리다, 굴리다, 널리 퍼뜨리다, 골똘히 생각하다, 고려하다, 종사하다.
volutari in luto. 진흙 속을 뒹굴다.
voluto se in púlvere. 먼지 속을 뒹굴다.
voluto vocem per ampla. 소리를 넓은 방에 퍼뜨리다.
vŏlūtum, "volvo"의 목적분사(sup.=supínum)
volútus[1] -a, -um, p.p., a.p. 굴린, 회전된
volutus[2] -us m. 감기, 말기(卷), 굽이져 나감(뱀)
volva, -æ, f. = **vulva**
volvi, "volvo"의 단순과거(pf.=perfectum)
volvo, volvi, volútum, -ĕre, tr. 굴리다, (감긴 것을) 풀다, (재귀, 수동형) 구르다, 돌다, 두루마리를 펴다, (책을) 읽다, 흥분시키다, 들끓게 하다, 생각하다, 품다.
intr. 지나가다.
Amnis volvit saxa. 강물이 큰 바위들을 굴린다/
volventibus annis. 해가 지나감에 따라.
Volvo ingentes iras in péctore.
마음에 분노(忿怒)를 일으키다.
Volvo libros Catónis. Cato의 책을 읽다
Volvo óculos huc illuc. 눈을 이리저리 굴리다
vólvola, -æ, f. (植) 메꽃
vólvŭla, -æ, f. = **vúlvula**
vŏmax, -ácis, adj. 잘 토하는.**vōmer**(vomis) -ĕris, m. 보습(농기구), 쟁기, 호미,
서골(鋤骨), (글쓰기 위한) 첨필(尖筆).
vomex, -ĭcis, m. 토하는 자
vómĭca, -æ, f. (醫) 종기(腫氣-부스럼), 농양(膿瘍), 고름 집(곪아 고름이 생긴 곳), 부르틈, 재앙, 폐해, 염병.
vomicósus, -a, -um, adj. 농양이 많은, 헌데 투성이의
vomíficus, -a, -um, adj. (vomo+fácio)
구토 기를 주는, 토하게 하는, 오심 나는.
vomíflŭa, -æ, f. (醫) 농양(膿瘍)
vomí(có)fluus, -a, -um, adj. (vómica+fluo) 고름이 흐르는.
vómita, -órum, n., pl. 토한 것, 오물
vomítĭo, -ónis, f. (醫) 구토(嘔吐), 게움, 토함
vomítĭvum, -i, n. (藥) 구토제(=**vomítio**), 토제(吐劑)
vómĭto, -áre, freq., intr. 구토하다, 자주 게우다
vómĭtor, -óris, m. 토하는 자, 구토하는 자
vomitórĭa, -órum, n., pl. 극장 출구
vomitorĭum medicamentum, -i, n. (藥) 구토제.
vomitórĭus, -a, -um, adj. 토하는, 토하게 하는.
vŏmĭtum, "vomo"의 목적분사(sup.=supínum)
vómĭtus[1] -a, -um, p.p., a.p. 토한, 게운. f. (醫) 구토(嘔吐).
vomitus[2] -us, m. 구토, 토함(게움), 오물, 토한 것.
vŏmo, -mŭi, -mĭtum, -mĕre, tr. 토해내다.
intr. 구토하다, 게우다,
purpuream vomere animam. 선혈을 토하다.
vomo sanguinem. 피를 토하다
vopíscus, -a, -um, adj.
쌍둥이 중 하나는 죽고 하나는 살아 나온.
vopte = **vos ipsi**

vorácĭtas, -átis, f. 탐식(⑨ Gluttony), 폭식, 대식,
　탐욕(⑨ Concupiscence/Gluttony).
voráctĭter, adv. 탐욕적으로, 탐식하여, 게걸스럽게
voraginósus, -a, -um, adj. 깊은 구렁이 가득 찬,
　구멍이 많은, 굴(洞) 이 많은.
vorágo, -gĭnis, f. 물길이 도는 곳, 심연(深淵),
　깊은 구렁, 소용돌이.
　equus submersus voraginibus. 소용돌이 물속에 빠진 말/
　gurges et vorago patrimónii.
　네 유산을 삼켜버리는 깊은 구렁.
vorátor, -óris, m. 탐식가(貪食家), 대식가, 폭식가
voratrína, -æ, f. 주막, 음식점, 심연(深淵), 갈라진 틈
vorátus, -us, m. 포식(배부르게 먹음), 폭음(⑨ Gluttony)
vórax, -ácis, adj. 탐식(貪食)하는, 집어삼키는,
　탐욕(貪慾)의, 잡아먹는, 포식(捕食)하는.
　Ecce homo vorax et potator vini, publicanorum amicus
　et peccatorum!. 보라, 저자는 먹보요 술꾼이며 세리와
　죄인들의 친구다(성경 마태 11. 19).
vŏro, -ávi, -átum, -áre, intr., tr. 탐식하다, 포식하다,
　삼키다(גרף), 잡아먹다, 탕진(蕩盡)하다, 폭음하다,
　…에 탐닉(耽溺)하다, 빠지다,
　Navem vorat vortex. 심연(深淵)이 배를 집어삼킨다.
Voro hamum. 낚시를 물다(격언)
voro lítteras. 문예에 탐닉(耽溺)하다
vorsoria, -æ, f. =versoria 방향을 돌리는 데 쓰는 밧줄
vorspellis, -e, adj. = verspellis 변형(변신) 하는
vorsura, -æ, f. **versura** 회전, 방향, 전환점,
Vorsura solvis.(격언)
　너는 큰일을 저질러 작은 일을 해결하는구나.
vorsus, -us, m. = **versus³** 줄, 열(列), 선, 대열
vortex, -tĭcis, m. = **vertex,** -tĭcis, m.
vorticósus, -a, -um, adj. 가마 털이 많은, 소용돌이 많은
vos, vestris(객어 2격)
　ardens ódio vestri. 너희에 대한 미움으로 불타 있는/
　Docebo vos natáre.
　나는 너희들에게 헤엄치는 것을 가르쳐 주겠다/
　Filioli, custodite vos a simulacris.
　어린-친구-여러분, 우상들을 조심하시오/
　Hoc vos testor. 이것에 대하여 너희들을 증인으로 삼는다/
　memor vestri. 너희들을 생각하는/
　nemo vestrum. 너희 중 아무도 아니/
　Si apud vos memória rémanet avi mei,
　너희에게서 내 할아버지의 기억이 사라지지 않았다면.
Vos autem estis corpus Christi et membra de
membro ex parte. (u`mei/j de, evste sw/ma Cristou/ kai. me,lh evk
　euch ein Glied) (⑨ Now you are Christ's body, and
　individually parts of it) 여러분은 그리스도의 몸이고 한
　사람 한 사람이 그 지체입니다(성경)/여러분은 다 함께 그리
　스도의 몸을 이루고 있으며 한 사람 한 사람은 그 지체가
　되어 있습니다/여러분은 그리스도의 몸이고
　여러분 하나하나는 그 지체들 입니다(200주년 신약 1고린 12. 27).
Vos autem quem me esse dícĭtis?
　그러면 여러분은 나를 누구라고 하겠습니까?
Vos autem testes estis horum.
　(u`mei/j ma,rturej tou,twn) (獨 und seid dafür Zeugen)
　(⑨ You are witnesses of these things)
　너희는 이 일의 증인이다(성경 루카 24. 48)/
　너희는 이 모든 일의 증인이다(공동번역 루가 24. 48)/
　여러분은 이런 일들의 증인입니다(200주년 기념).
Vos debetis alter alterius lavare pedes.(요한 13. 14 참조)
　(⑨ you ought to wash one another's feet)
　서로 발을 씻어 주어라(유경촌 주교 2014.2.5. 사목 표어).
vos enim estis gloria nostra et gaudĭum.
　(u`mei/j ga,r evste h` do,xa h`mw/n kai. h` cara)
　(獨 Ihr seid ja unsre Ehre und Freude)
　(⑨ For you are our glory and joy) (1테살로니카 2. 20)
　여러분이야말로 우리의 영광이며 기쁨이기 때문입니다.

（성경, 200주년 신약)/
과연 여러분이야말로 우리의 영광이며 기쁨입니다(공동번역).
Vos enim estis templum Dei vivi.
　(⑨ For we are the temple of the living God)
　우리는 살아 계신 하느님의 성전입니다(성경 II고린 6. 16).
Vos estis lux Mundi. (u`mei/j evste to. fw/j tou/ ko,smou)
　(⑨ You are the light of the world) (마태 5. 14)
　너희는 세상의 빛이다(베네딕도회 이동호 아빠스 사목표어).
Vos estis sal terræ. (u`mei/j evste to. a[laj th/j gh/j)
　(⑨ You are the salt of the earth)
　너희는 세상의 소금이다(성경 마태 5. 13).
Vos estis servi Domini. 여러분은 주님의 종입니다
Vos, meæ carissimæ animæ.
　나에게 생명처럼 귀한 존재들인 너희.
Vos oro atque obsecro, adhibeátis misericordiam.
　자비를 베풀어주기를 나는 너희들에게 청하고
　또 간청(懇請)하는 바이다.
Vos, quibus militaris ætas est, mecum capessite rem
publicam!. 여러분은 군복무 나이에 해당하는 사람들로서,
　나와 더불어 정치생활에 착수하시라! [capessere rem publicam:
　정치생활에 발을 들여놓다. 성 염 지음, 고전 라틴어, p.413].
Vos strenuorum virtutes imitatos esse atque imitari
gratulati eramus. 우리는 너희가 용감한 사람들의 덕성을
　본받았기를, 또 본받기를 축원했었다.
Vos vidémini esse ægri. 너희는 앓는 것 같이 보인다.
　('보이다, …것 같다, 생각되다'의 뜻을 가진 연계동사로서의 vidéri는 인칭적
　으로 활용되면서 부설명어를 동반한다. 그런데 그 부설명어는 가끔 다시
　다른 동사, 특히 esse의 부정법을 동반하면서 주격 부정법을 이룬다.
　허창덕 지음. Syntaxis Linguæ Latinæ, p.332).
Vos uxor amatissima et filia carissima, video esse
miserrimas. 지극히 사랑하는 아내여, 지극히 사랑스러운
　딸아! 나는 너희가 지극히 불행한 여자들이라고 생각한다.
Vos vero quem me dicitis esse?.
　(⑨ But who do you say that I am?)
　그러면 너희는 나를 누구라고 하느냐?(성경 마르 8. 29).
Vos vidémini sani et fortes esse.
　너희들은 건강하고 튼튼해 보인다.
vosmet, pron., pers. (vos+met) 너희 자신
voster = vester
vótĭfer(-ger), -ĕra -ĕrum, adj. (votum+fero, gero¹)
　봉헌(奉獻)하는, 예물 드리는, 축하하는.
votívĭtas, -átis, f. 맹세식(성대한 맹세식),
　선서한 의무(義務), 지켜야할 서원(誓願).
votíve, -adv. 맹세한대로, 선서를 따라서
votívus, -a, -um, adj. 하늘에 서약한, 誓願한, 바친,
　맹세한, 약속(約束)한, 축원(祝願)하는.
　dona votiva. 자원(自願) 봉헌물(⑨ Votive Offerings)/
　Judi votíví. 신들에게 봉헌된 경기/
　Missa defunctórum votiva. 연미사/
　tábula votíva. 서원판(파선 시 신에게 하는 서원을 기록한 것).
vōtum, "vóvĕo"의 목적분사(sup.=supínum)
vōtum, -i, n. (하느님,신에게 한) 서약(נֶדֶר-맹세하고 약속함).
　기원,맹세(נֶדֶר,⑨ Oath/Oathtaking).
　서원(⑨ Vow),허원("서원"의 옛말), 축복, 축원,
　간청, 희망(ἐλπὶς,⑨ Hope), 결혼, 봉헌물.
　damno alqm voti. (아무의 소원을 들어주는 대신)
　그 서원(誓願)한 바의 이행을 명하다/
　damnátus voti.
　소원 성취한 후 그 서약한 것을 이행할 의무가 있는 자/
　et voto. 서약으로, 서약의 의무이행 조로/
　Hoc erat in votis.
　이것이 내가 서약하면서 축원하던 것이다/
　impedimentum voti castitatis. 수도 서원 장애/
　pro voto. 너의 희망대로/
　proféssus quattuor votorum. 4가지 수도 서원자(예수회)/
　sacramentum Votum fidei. 신앙(세례.성사)의 열망/
　Tantum jusjurandum valebat. 맹세의 힘은 그만큼 컸다/
　Tria vota obligant sub grávi ex genĕre suo.
　세 가지 서원(誓願)은 그 유형과 정도에 따라
　중대한 의무를 부여(附與)한다/

vota fácere. 신에게 …를 하겠다고 서약하다/
vota perpetua.(⑨ perpetual vow). 종신서원/
vota publica. 공식 서원(公式誓願)/
vota religiosa. 수도 서원(修道誓願)/
vota simplícia. 단순 서원(單純誓願)/
vota sollemnia(⑨ solemn vows). 성대서원/
vota temporaria. 유기서원(otum temporaríum.)/
voti liberári. 서약을 지키지 않아도 좋게 되다/
voti potens. 축원이 받아들여진/
voti reus. 서원이행 의무자(義務者),
(신에게 대한) 서원이행의 의무가 있는 자/
votivæ Missæ. 서원 미사/
Votis hujus famíliæ, quam tibi astáre voluísti, adésto
propítius(⑨ Listen graciously to the prayers of this
family, Whom you have summoned before you)
주님 앞에 모이게 하신 이 가족의 기원도
너그러이 받아들이소서/
voto et desiderio. 원의나 바람.
votum absolutum. 절대적 서원.
votum baptismale.(⑨ Baptismal Promises.
獨 Taufgelübde) 세례 서원, 세례 서약.
votum baptismi* 화세(⑨ baptism of desire), 열세.
votum castitatis. 정결(貞潔) 서원
votum condítĭonatum. 조건부 서원
votum confessariorum(⑨ opinion of the confessors).
고해사제의 의견.
votum consultivum.
건의권(⑨ consultative vote), 자문 투표권, 자문권.
votum crucis. 십자가의 맹세
votum deliberativum. 의결 투표권,
의결권(議決權.⑨ deliberative vote).
votum Ecclesíæ. 교회의 원의(심상태 지음. 익명의 그리스도인, p.146).
Votum expressum. 명시 서원
votum mixtum. 혼합 서원
Votum Nazaræorum. 나지르 서서, 나지르 서원(誓願).
votum non reservatum. 유보되지 않은 서원.
Votum peregrinandi. 순례 서원.
votum perpetuum(⑨ perpetual vow). 종신서원/
vota perpetua.(professio perpetua).
votum personale. 인적 서원, 본인 서원.
votum privatum. 사적 서원.
votum publicum. 공적 서원.
votum reale. 물적 서원, 사실 서원.
Votum religiosum. 수도 서원(청빈, 정결, 순명).
votum reservatum. 유보된 서원.
votum sacramenti pænitentiæ. 성사를 원하는 갈망.
votum sacramentum. 원망에 의한 세례.
votum seu dictamen. 보고서의 기재 사항.
votum simplex. 단순 서원.
votum solemne. 성대서원(⑨ solemn vows), 장엄서원.
Votum stabilitatis. 정주 서약(定住 誓約).
Votum tacitum. 묵시 서원.
Votum temporale. 기한 서원.
votum temporaríum. 유기 서원(professio temporaria).
vóvĕo, vōvi, vōtum, -vovére, tr. (신에게) 서원하다,
서약하다, 맹세하다(אמ,רנ), 원하다, 요구하다.
Sua cápita pro salúte pátriæ vovérunt.
그들은 자기 목숨을 조국을 위해 바치기로 맹세하였다.
vōvi, "vóvĕo"의 단순과거(pf.=perfectum)
vox, vōcis, f. 목소리(קּוֹל.⑨ Voice), 음성(φωνὴ),
소리, 음, 음조, 말, 언어, 단어, 발음, 억양(抑揚).
Et extendens ac junges manus, clara voce dicit.
손을 펴며 명확한 목소리로 말한다/
ea, quæ(is) voce quæsierat,
그가 목소리로 벌어들였던 것(quæro 참조)/
et vox facta est de cælis: "Tu es Filius meus dilectus;
in te complacui". (kai. fwnh. evge,neto evk tw/n uvranw/n\ su. ei=
o` ui`o,j mou o` avgaphto,j(evn soi. euvdo,khsa)(獨 Und da geschah

eine Stimme vom Himmel: Du bist mein lieber Sohn, an
dir habe ich Wohlgefallen)(⑨ And a voice came from
the heavens, "You are my beloved Son; with you I am
well pleased.") 이어 하늘에서 소리가 들려왔다. "너는
내가 사랑하는 아들, 내 마음에 드는 아들이다."(성경 마르 1.
11)/이어 하늘에서 이런 소리가 울려 왔다. "너는 내
사랑하는 아들이니, 나는 너를 어여삐 여겼노라"(200주년
기념 신약)/그 때 하늘에서 "너는 내 사랑하는 아들, 내
마음에 드는 아들이다." 하는 소리가 들려왔다(공동번역)/
flatus vocis. 말(소리)의 발성, 울리는 소리, 소리의 숨결/
Hæc vox est, a qua recens sum.
이것은 금방 내가 들은 소리다/
hiúlcæ voces aut ásperæ.
찢어지는 소리이거나 거친 소리/
illa tua vox "satis diu vixi"
'이만하면 실컷 살았다'고 한 너의 말/
ima vox. 가장 낮은 목소리(imus 참조)/
intendo vocem. 소리를 높이다/
Ipsissima verba, ipsissima vox.
바로 그 말씀, 바로 그 소리/
magna voce 큰 목소리로/
Neque ullam vocem exprímere póterat.
말 한마디 하지 못하였다/
Nec vox hominem sonat.
목소리도 사람의 목소리가 아니다/
nomina magna voce pronuntio.
이름들을 큰소리로 발표하다/
oracula vivæ vocis. 교황의 구두 지령(指令)/
quassā voce. 떨리는 목소리로/
Quiescébant voces hominúmque canúmque.
사람소리도 개 짖는 소리도 조용해져 갔다/
rústica vox et agréstis.
시골사람의 소리와 농사꾼의 소리/
Sacerdos submissa voce dicit:
사제는 낮은 목소리로 말한다/
summā voce, quoad vires valent.
힘자라는 데까지 큰 목소리로/
tenuo vocem. 소리를 작게 하다/
ut mens concordet voci nostræ.(성 베네딕도 수도규칙 19장)
우리의 정신이 우리의 목소리와 일치되게/
voce dedúctā. 작은 목소리로/
voce summissa. 낮은 소리로(submissim, adv.)/
vocem desuesco. 침묵을 지키다/
voces reciprocæ. 되울려 퍼지는 메아리/
vúlnĕro alqm voce. 말로 상처를 입히다.
Vox … non dédecet.
(잇새로 발음한) 소리가 나쁘지는 않다.
Vox aboritur. (공포에 질려) 목소리가 나오지 않는다.
Vox accidit aures. 목소리가 귀에 들려왔다
vox activa. 능동태(能動態)
vox acuta, gravis. 높은 목소리, 굵은 목소리
Vox clamans, Vox Dei. 종소리는 하느님께서 부르는 소리
Vox clamantis. 외치는 자의 소리.
(John Gower가 1381년 농민봉기의 원인을 다른 저서).
Vox clamantis in deserto. 광야에서 외치는 이의 소리
vox correpta. 단모음(單母音)
Vox Dei. 하느님의 소리
Vox dilecti mei! Ecce iste venit saliens in montibus,
transiliens colles. 내 연인의 소리! 보셔요,
그이가 오잖아요. 산을 뛰어오르고 언덕을
뛰어넘어 오잖아요.(성경 아가 2, 8).
Vox dixi amícos. 나는 너희를 친구로 불러왔다
vox passiva. 수동태(受動態)
Vox Populi. 여론(輿論)
Vox Populi, Vox Dei. 백성의 소리는 하느님의 소리,
민심이 천심(天心), 국민의 소리는 하느님의 소리.
vox producta. 장모음(長母音)
vox rerum. 사실의 소리

1412

vox rigida. 거센 목소리

Vox sanguinis fratris tui clamat ad me de agro.
 네 아우의 피가 땅바닥에서 나에게 울부짖고 있다.

vox serena. 낭랑한 목소리

vox sponsæ. 신부의 목소리

vox surda. 약한 소리

vox temporis vox Dei. 시대의 소리는 하느님의 소리

vox tractábilis. 신축성(伸縮性) 있는 소리

Vox unius vox nullius. 한 명의 증언은 증명력이 없다

voxor, -óris, f. = uxor 아내, 부인, 주부, (동물) 암컷

V.T. = vetus Testamentum 구약성서의 약자

vulcanósus, -a, -um, adj. 불 곁에 사는, 화산 밑에 사는

vulga, -æ, f. 가죽 주머니, 지갑,
 전대(纏帶=bulga-중간을 막고 양끝을 튼 긴 자루).

vulgáre, adv. 대중적(大衆的)으로, 보통 방법으로,
 저속(低俗)하게, 통속적(通俗的)으로.

vulgáris, -e, (=vulgárius, -a, -um,) adj. 평민에 관한,
 민중적, 서민적, 일반적, 보통의, 공공의, 평범한,
 범상한, 통속적인, 흔한, 저속한, 속된, 범속의, 야비한.
 m., pl. 평민(平民), 보통 사람들.

vulgaris liberálitas. 모든 이에게 베풀어지는 자비

vulgariter, adv. 일반적으로, 상식적(常識的)으로,
 평범(平凡)하게, 통속적(通俗的)으로.

vulgáritas, -átis, f. 통속성, 저속함, 속됨, 야비함

Vulgáta* -æ, f. (=Edítio vulgáta)
 불가타 성서(→대중 라틴말 성서),
 Hierónymus의 라틴어역 성서(382년에 시작하여 384년 완성),
 vérsio Vulgata. 불가타 역 성경/
 Recipitur vulgata editio bibliæ præscribiturque modus
 interpretandi sacram scripturam etc. 라틴어 불가타본
 성경의 수용과 성서 해석 방식에 대한 규정들.

vulgáte, adv. 대중적(大衆的)으로, 평범하게

vulgátor, -óris, m. 일반에게 알리는 자, 퍼뜨리는 자,
 공개자, 공포자, 전파(傳播)하는 자.

vulgátus¹ -a, -um, p.p., a.p. 늘 있는, 보통의, 평범한,
 공공연히, 대중에 퍼진, 다 알려진, 소문난.
 vulgátior fama est, … , …는 더 널리 퍼진 소문이다.

vulgatus² -us, m. 공포, 발표, 폭로, 발행.

vulgívăgus, -a, -um, adj. (vulgus+vagor)
 떠돌이의, 방랑객의, 변덕스러운, 옮겨 다니는.

vulgo¹ (=volgo) adv. 분별없이, 대중적으로, 터놓고,
 공개적으로(publícĭtus, adv.), 공공연하게, 일반적으로,
 도처에, 보통, 흔히, 일반적(一般的)으로, 우연히.

vulgo concepti. 사생아(㉾ illegitimates)

Vulgo loquabantur. 흔히들 말했다

vulgo² -ávi, -átum, -áre, tr. 공포(公布)하다, 공개하다,
 발표하다, 전파(傳播)하다, 폭로(暴露)하다,
 (소문, 소식을) 일반에게 퍼뜨리다(ㄱㄱ), 널리 알리다,
 (책을) 출간(出刊)하다, (몸을) 팔다, 내놓다.
 Cármina nondum vulgáta. 미간행(未刊詩)

vulgus, -i, n. (volgus, m.) (Vulgus는 주로 단수로만 쓰임),
 평민, 민중(ὄχλος.πλῆθος), 대중(ἄχλος.πλήθος),
 서민(tunicatus populus.), 인민(λαὸς.δῆμος.㉾ People),
 백성(ㅁ.λαὸς.δῆμος.㉾ People), 대다수, 군대(卒兵).
 in vulgus. 대중(大衆)에게, 민중(民衆) 속에/
 in vulgus ignótus. 민중에게 알려지지 않은/
 lingua vulgi. 대중적 단어/
 Interdum vulgus rectum videt.
  때로는 대중도 (사태를) 바로 본다/
 Opínio erat édita in vulgus.
  그 소문이 민간에 파다하게 퍼졌다/
 opiniónibus vulgi rapi in errórem.
  대중의 여론 때문에 오류(誤謬)에 빠지다/
 vulgi sensus imperiti.
  무식한 대중의 감각[Ignorantia humana. 인간의 무지 참조].

Vulgus amicitias utilitate probat.(성 염 지음. 고전 라틴어, p.86)
 우중은 우정이라는 것을 이용가치로 평가한다.

Vulgus nautis persuasit ut nos ei facile crederemus.

대중은 선원들을 잘 설득했으므로 우리마저도 대중을
쉽사리 믿을 정도였다. [성 염 지음. 고전 라틴어, p.307].

vulgus philosophantium. 철학하는 대중들

vulnerábilis, -e, adj. 상처 입을 수 있는,
 손상(損傷) 입을 수 있는, 범할 수 있는.

vulnera Christi(Stigmata Christi).
 (㉾ Wounds of Christ) 그리스도의 성흔(聖痕).

vulnera contraria. 이마에 입은 상처(傷處)

vúlnera misceo. 서로 상처(傷處)를 입히다

vulnerárĭus, -a, -um, adj. 상처(부상)에 관한, 외과의,
 수술의. m. 외과의사(外科醫師).

vulnerátĭo, -ónis, f. 상처(ㄲㄲ), 상해, 부상, 손상,
 치욕(恥辱), 명예훼손(名譽毀損.㉾ Detraction).

vulnerátus, -a, -um, adj. 상한, 상처 입은, 손상된.
 In eo erat, ut milites vulnerati morerentur.
  부상당한 군인들은 바야흐로 죽어가고 있었다.

vulneratus ense in latere. 칼에 옆구리를 찔린 사람

vúlnĕro, -ávi, -átum, -áre, tr. 상처 입히다(ㄲㄲ.ㄲㄲ),
 부상(負傷)시키다, 상해(傷害)하다, 훼손(毁損)하다.
 vulnerata navis. 손상(損傷) 입은 배/
 Vulneratus diu pugnabat ille gladiator.
  저 검투사는 상처를 입고서도 오래 동안 싸웠다.

vúlnĕro alqm voce. 말로 상처(傷處)를 입히다

vulnífĭcus(vulnífer, vulnífĕrus) -a, -um, adj.
 (vulnus+fácio, fero) 상해(傷害)하는,
 상처(傷處) 입히는, 죽이는, 살인하는.

vulnus(vol-) -nĕris, n. 부상, 상해(ㄲㄲ), 상처, 손상,
 재난, 타격, 타박(打撲-사람이나 동물 따위를 때림), 치욕(恥辱), 명예손상, 체면 상함, 고민, 고통, 아픔.
 belli vúlnera sanáre. 전쟁의 상처를 아물게 하다/
 deligo vulnus. 상처(傷處)를 처매다/
 destríctum vulnus. 가벼운 찰과상(擦過傷)/
 Et nunc, Domine, iam illa transierunt, et tempore
 lenitum est vulnus meum. 그러나 이젠 주여, 다 지나가
  버렸고, 내 상처도 때와 함께 아물어졌습니다(고백록 4.5.10)/
 ex vulneribus perierunt. 그들은 부상으로 죽었다/
 infero vúlnera hóstibus.
  적군에게 상처를 입히다(부상자를 내게 하다)/
 inflígo vúlnera. 상처를 입히다/
 interior perículo vúlneris. 부상당할 위험이 더 큰/
 Intra tua vulnera absconde me.
  당신의 상처 안에 저를 숨기소서/
 vulneris amnis. 상처에서 흐르는 피/
 Multi ex vulneribus perierunt.
  많은 사람들이 상처로 인하여 죽었다/
 multis et illátis et accéptis vulnéribus.
  상처를 많이 입히기도 하고 입기도 한 후/
 Obsidio per paucos dies magis quam oppugnatio fuit,
 dum vulnus ducis curaretur. 장군의 상처가 회복되는
  며칠간에는 공격보다는 농성만 있었다/
 períre ex vulnéribus. 상처들로 인해 죽다/
 Quinque Vulnera. 오상(五傷.㉾ stigmatizátĭon.στìγμα).

vulnus acu punctum. 바늘에 찔린 상처(傷處)

vulnus immedicábilis. 불치의 상처(傷處)

vulnus longe adactum. 중상(重傷-몹시 다침)

Vulnus militis tam grave erat, ut moreretur.
 군인은 중상을 입고서 죽어가고 있었다.

vulnus super vulnus. 상처에 상처(를 받고 또 받다)

vulnúscŭlum, -i, n. 가벼운 상처, 경상(輕傷)

vulpécŭla, -æ, f. 여우 새끼(간사학의 상징)

vulpes, -pis, f. (動) 여우, 상어

Vulpes pilum mutat, non mores.(성 염 지음. 고전 라틴어 p.138)
 여우가 털을 바꿀 수는 있지만 본성은 바꾸지 못한다.

vulpínor, -átus sum -ári, dep., intr.
 꾀를 쓰다, 책략을(간계를) 쓰다.

vulpínus, -a, -um, adj. 여우의

vúlpĭo, -ónis, m. 여우같이 교활한 사람, 능구렁이.

vulpis = vulpes

velsi, "vello"의 단순과거(pf.=perfectum)
vúlsĭo, -ónis, f. (醫) 경련(痙攣), 수술, 도려냄
vulso, -áre, intr. (vulsus) 경련을 일으키다
vulsum, "vello"의 목적분사(sup.=supínum)
vulsúra, -æ, f. 양털을 뽑음, 양모를 베어냄
vulsus, -a, -um, p.p., a.p. 털 빠진, 털 뽑힌, 연한, 나약한, 여자 같은, 경련(痙攣)을 일으키는.
vult, V. volo² vis, vult, vólŭi, velle, tr., irreg.
Deus vult quod non vult.
하느님은 원치 않으시는 것을 원하신다/
Ita nullus secundum carnem crescit quando vult; sicut nullus quando vult nascitur. 그 누구도 원한다고 해서 육체적으로 자라지 못합니다. 이는 아무도 원하는 때에 태어나지 못하는 것과 같습니다/
non velle. 원치 않는다(성 염 옮김. 단테 제정론, p.147)/
non vult. 원하지 않는다/
Qui quæ vult dicit, quæ non vult audiet. 마음 내키는 대로 말하는 사람은 내키지 않는 소리를 듣게 되리라/
Quis enim malus non bene vult loqui? 번드르르하게 말하기를 원하지 않는 악인이 도대체 누구입니까?.
(최익철 신부 옮김, 요한 서간 강해, p.171).
vultícŭlus, -i, m. 표정, 얼굴(פָּנִים.πρὸσωπον), 외견(外見), 외양(外樣), 얼굴 빛, 안색(顔色).
vultu ambiguo puer. 계집애 같이 보이는 사내애
vultu præfero dolorem animi.
마음의 고통을 얼굴에 드러내다.
vultuátus, -a, -um, adj. 표정을 한
vultum, -i, n. = **vultus** 얼굴(פָּנִים.πρὸσωπον),
admoveo vultum ad auditores. 얼굴을 청중에게로 돌리다/
alqd prodo vultu. 무엇을 얼굴에 드러내다/
Convertat Dominus vultum suum ad te et det tibi pacem! 주님께서 그대에게 당신 얼굴을 들어 보이시고 그대에게 평화를 베푸시리라.(성경 민수 6, 26)/
lætitĭam vultu fero. 기쁨을 얼굴에 드러내다/
Lavo vultum lácrimis. 얼굴을 눈물로 적시다/
neque vultum fingo. 얼굴 표정을 숨기지 않다.
vultuóse, adv. 찌푸린 얼굴로
vultuósus, -a, -um, adj. 싫은 기색 하는, 찡그린(불만의) 얼굴을 가진, 어두운 표정의.
vultur¹ -ŭris, m. (動) 독수리(Jovis ales), 매, 난폭한 자, 욕심쟁이, 고리대금업자.
profert córnua vultur. 독수리가 뿔을 내밀다(불가능의 격언).
Vultur², -ŭris, m.
Venúsia 근처에 있는 Apúlia의 산(지금의 Voltore).
Vultur et avicula inimíci inter se.
서로 원수진 수리와 작은 새.
vultur satĭatus humano cadavere.
사람의 시체(屍體)로 배를 불린 독수리.
vulturínus, -a, -um, adj. 독수리의, 약탈(掠奪)하는
vultúrĭus¹ -i, m. (動) 독수리(Jovis ales), 난폭한 자, 약탈자(掠奪者), 탐욕자(pullus milvinus.).
togáti vultúrii. 탐욕스러운 변호사(辯護士)들.
vultúrĭus² -i, m. 주사위 놀이에서 나쁜 패
vultus(=voltus), -us, m. [sg. 주격 vultus, 속격 vultus, 여격 vultui, 대격 vultum, 탈격 vultu, 호격 vultus. pl. 주격 vultus, 속격 vultuum, 여격 vultibus, 대격 vultus, 탈격 vultibus, 호격 vultus.].
얼굴 표정(habitus oris), 안색(顔色), 외모(外貌), 외견, 자태(姿態), 얼굴(פָּנִים.πρὸσωπον), 초상(肖像), 성난 모습, 험상한 표정, (사물) 외양.
Cum Maria contemplemur Christi vultum!
성모님과 함께 그리스도의 얼굴을 바라보자/
Et facta est, dum oraret, species vultus eius altera, et vestitus eius albus, refulgens. (kai. evge,neto evn tw/| proseu,cesqai auvto.n to. ei=doj tou/ prosw,pou auvtou/ [teron kai. o` i`matismo.j auvtou/ leuko.j evxastra,ptwn) (While he as praying his face changed in appearance and his clothing became dazzling white) 예수님께서 기도하시는데, 그 얼굴 모습이 달라지고 의복은 하얗게 번쩍였다(성경 루카 9, 29)/예수께서 기도하시는 동안에 당신 얼굴 모습이 달라지고 그 옷이 하얗게 번쩍였다(200주년 신약)/예수께서 기도하시는 동안에 그 모습이 변하고 옷이 눈부시게 빛났다(공동번역 루가 9, 29)/
Exortus est enim sol cum ardore et arefecit fenum, et flos eius decidit, et decor vultus eius deperiit; ita et dives in itineribus suis marcescet. (avne,teilen ga.r o` [lioj su.n tw/| kau,swni kai. evxh,ranen to.n co,rton kai. to. ;nqoj auvtou/ evxe,pesen kai. h` euvpre,peia tou/ prosw,pou auvtou/ vpw,leto\ ou[twj kai. o` plou,sioj evn tai/j porei,aij auvtou/ aranqh,setai) ([영] For the sun comes up with its scorching heat and dries up the grass, its flower droops, and the beauty of its appearance vanishes. So will the rich person fade away in the midst of his pursuits) 해가 떠서 뜨겁게 내리쬐면, 풀은 마르고 꽃은 져서 그 아름다운 모습이 없어져 버립니다. 이와 같이 부자도 자기 일에만 골몰하다가 시들어 버릴 것입니다(성경 야고 1, 11)/해가 떠서 그 불볕으로 풀을 말리면 그 꽃은 지고 그 아름다운 모양이 사라집니다. 이와 같이 부자도 자기 일을 하다가 망할 것 입니다(200주년 신약)/해가 떠서 뜨겁게 내려 쬐면 풀은 마르고 꽃은 져서 그 아름다움이 없어져 버립니다. 이와 같이 부자도 자기 사업에 골몰하는 동안에 죽고 맙니다(공동번역)/
filia, quæ patrii signatur imagine vultus.
쏙 빼 듯이 아버지 얼굴을 닮은 딸/
Heu quam difficile est crimen non prodere vultu.
아아, 죄상을 얼굴에 드러내지 않기가 얼마나 힘든가!/
idem semper vultus. 늘 같은 얼굴/
Imago animi vultus est. 얼굴은 마음의 거울이다/
In vultu ejus vidimus timorem mortis.
그의 얼굴에서 (우리는) 죽음의 공포를 보았다/
in vultu præfero. 얼굴에 드러내다/
lætitĭam vultu fero. 기쁨을 얼굴에 드러내다/
lætus vultus. 기쁜 얼굴/
neque vultum fingo. 얼굴 표정을 숨기지 않다/
Quod vult ignosci, non vult agnosci.
제게서 감추지 마소서, 당신 얼굴을
(제게서 돌이키지 마소서, 당신 얼굴을)/
Resuscitati vultus. 부활하신 분의 얼굴/
rigo lácrimis vultum. 얼굴을 눈물로 적시다/
solutus gáudio vultus. 희색만면(喜色滿面)/
tristem vultum relaxo. 슬픈 얼굴을 밝아지게 하다/
vesanus vultus. 격분(激憤)한 얼굴
vultu præfero dolorem animi.
마음의 고통(苦痛)을 얼굴에 드러내다.
Vultus animæ speculum est. 얼굴은 영혼의 거울이다
Vultus Contemplandus. 바라보아야 할 얼굴
Dolens vultus. 고통에 찬 얼굴
vultus hílaris atque lætus. 명랑하고 즐거운 안색
Vultus severior et tristior. 근엄하고 엄격한 얼굴
vulva, -æ(=**volva**), f. 봉지, (醫) 구, 공, 외음, 음문.
Aperuit matri suæ vulvam ut immaculatus exiret.
그분은 순결하게 나오기 위하여 자기 어머니 태를 여셨다/
Per virginem dicitis natum, non ex virgine, et in vulva, non ex vulva. 너희는 (그리스도께서) 동정녀에게서가 아니라 동정녀를 통하여, 그리고 그 모태에서가 아니라 모태 안에서 태어나셨다.(떼르뚤리아누스의 "그리스도의 육신론 20, 1).
vulvítis, -ĭdis, f. (醫) 외음염(外陰炎)
vúlvŭla, -æ, f. 봉투(封套), 작은 봉지

W W W

W, 현대어의 W자는 로마인들이 기원 114년 알파벳을 도입
할 때 그리스어의 Υ(upsilon)을 꼬리를 떼고 V 또는 U로
표기한 데서 비롯된다. 1000년경 V자를 겹쳐서 vv 또는
uu로 사용하기 시작한 이래 프랑스어계는 W를 double
V로, 영어계는 double U로 사용하였다. 따라서 라틴어에
는 W로 시작하는 단어가 없다.(라틴-한글 사전, 허창덕 신부외, p.1026).

W.V. Missionarii Africæ, Weibe Vater, Peres Blancs.
아프리카 선교사회, 백의의 사제회.

X X X

X, n. indecl. 라틴 자모의 23번째 글자
xánthium, -i, n. (植) 국화의 일종
xanthóma, -ătis, n. (醫) 황색종기
xanthos, -i, m. 황금색의 보석
xeníolum, -i, n. 작은 선물
xénǐum(=exénǐum) -i, n.
　초대받은 손님이 주인에게 바치는 선물.
xenodchǐum(=xenodcheum), -i, n. 여관(旅館),
　외국인을 위하여 지은 집, 외국인용 가옥, 병원(病院),
　순례자들을 위한 숙소.
xenódǒchus, -i, m. 여관에서 손님을 접대하는 자,
　간호감독(看護監督), 병원장(病院長).
xěnon, -ónis, m. 병원(病院)
xenopárǒchus, -i, m. 외국대사에게 시중하던 관인,
　외국 귀빈에게 소금과 음료수 등 필요한 것을 주선하는 관리.
xeránticus, -a, -um, adj. 건조시키는, 건조한, 마른
xerocollýrǐum, -i, n. 고체 눈약
xerómyron, -i, n. (藥) 고약(膏藥), 연고, 마른 향료
xěron, -i, m. 마른 향료, 가루약
xerophágǐa, -æ, f. 마른 음식 섭취, 마른 음식,
　동방교회의 단식재(jejunǐum, -i, n.).
xerophthálmǐa, -æ, f. 눈병, 안구 건조증, 안질
xerósis, -is, f. (醫) 건조증(乾燥症)
Xerxes(Xerses), is(i), m. Darius의 아들, Persia의 왕.
　[480 A.C. 백만 대군을 이끌고 희랍을 침공했다가 Salamis 해전에서 대패함].
　Postquam Xerxes in Græciam descendit, Aristides in
　patriam restitutus est. 크세르세스가 그리스로 내려온 후
　아리스티데스는 본국으로 복귀되었다/
　Xerxis classis mille et ducentarum navium longarum
　fuit. 크세르세스의 선단은 1,200척의 군함(naves longæ)
　으로 이루어졌다.

**Xerxes lacrimas profudit, quod intra centum annos
nemo ex tanta juventute superfuturus esset.**
크세르세스는 그 많은 젊은이 중 누구도 백년 뒤에는
살아남아 있지 않으리라는 생각에 눈물을 쏟았다.
xíphǐas, -æ, m. 황새치(바다 고기의 일종),
　칼 모양을 한 혜성(彗星).
XPS 는 희랍어 xpistos (그리스도) 에서 유래하고,
IHS 는 희랍어 IHSOUS(예수) 에서 유래한다.
　[이것은 이 두 약어 (IHS, XPS) 가 교회가 공식어로 라틴어를 채택하기 이전,
　희랍어를 사용하던 시대부터 이미 약어로 사용되던 것이 유산으로 남겨졌다는
　것을 말한다. 참고로 현대에도 (영어 등) 사용하는 & 도 et (그리고)를 단순화
　시켜 적은 것입니다. 한편, IHS에 대하여 "Iesus hominum salvator"(인류의
　구원자이신 예수) 의 약자라고 해석하는 경우도 있는데, 이것은 라틴어 약어가
　더 이상 널리 사용되지 않게 된 시대(인쇄술의 발달로 손으로 책을 베끼던
　작업이 끝난 시대)에 잘 모르고 덧붙였던 해석이, 오늘날까지 전해진 것이라
　추정된다. 장신호 신부, 전례학 동호회].
xuthos, -i, m. 황색 보석
xylíglicon, -i, n. (植) 감초(甘草)
xýlǐnum, -i, n. 솜(綿)
xýlǐnum textor. 방직공(紡織工)
xýlǐnus, -a, -um, adj. 솜의, 나무의
xylobálsǎmum, -i, n. (植) 향나무 일종, 발삼나무 숲
xylocás(s)ia, -æ, f. 계수나무 숲
xylocinnamómum(=xylocinnamum), -i, n.

　(植) 계수나무(숲), 육계수(肉桂樹).
xylolychnúchus(-os) -i, m. 목제 촛대
xylon, -i, n. (植) 목화나무(綿木-arbores lanigeræ) (숲)
xylóphyton(-tum), -i, n. (植) 지치과의 식물(약용)
xyris, -ĭdis, f. 수선창(水仙菖)의 일종, 붓꽃
xýstǐci, -órum, m., pl. 경기자(競技者)
xýstǐcus, -a, -um, adj. 고대 로마 경기장의, 경기의.
　m. 경기자(競技者, lūsor, -óris, m.).
xystra, -æ, f. (=strígilis)
　목욕할 때 때 문지르는 도구, 말 즐(마즐馬櫛-말 빗).
xystum, -i, n. (xystus, -i, m.)
　지붕으로 덮인, 희랍의 원주행랑(운동가들이 여기서 운동도 함),
　로마의 나무 심은 산책길, 고대 로마 동계 운동장.

Y Y Y

Y, y, n., indecl. 라틴 자모의 24번째 글자
　본래 희랍 문자로서 나중에 라틴어로 도입됨. Y는 본래 V, U로 썼다가
　나중에 I와 O로 대용했다. Y는 Cicero 때 이미 라틴 문자화됐다.
Yahweh(⑨) יהוה-거룩한 네 글자. Tetragrammaton),
있는 자-Yahweh.
　[네 개의 자음자 YHWH로 구성된 이스라엘의 주님의 고유한 이름].
ypogǽeum, -i(=hypogǽeum), n. 동굴, 지하실
yssopum, -i, n. (=hyssópum) ((植)) 히솝 풀
Yom Kipper. 욤 키퍼(히브리어로 "속죄일"이란 뜻)

Z Z Z

Z, z, n., indecl. 라틴 자모의 25번째 글자
　희랍어(Zeta)에서 차용. 외국어 표기 때 씀. 발음 'ds' 혹은 's'
zabérna, -æ, f. 동냥 주머니, 두 갈래로 된 바랑
zabólicus, -a, -um, adj. 악마적인 = diabólicus
zábulus(=zábolus) = diábolus
Zachǽus, -i, m. 자케오(Ζακχαίος,⑨ Zacchǽus)
　[즈카리야:יהוה의 단축형인 히브리어 "자카이"에서 유래.
　"때 묻지 않은, 순진한"이라는 의미를 갖고 있다.
Zachárias, -æ, m. (히브리어로 '야훼의 종'이란 뜻) 즈카리야,
　자카리아, 유다의 남자이름, 세례자 요한의 아버지.
　et intravit in domum Zachariæ et salutavit
　Elisabeth. (kai. eivsh/lqen eivj to,n oi=kon Zacari,ou kai.
　hvspa,sato th,n VElisa,bet) (⑨ where she entered the house
　of Zechariah and greeted Elizabeth) 그리고 즈카르야
　의 집에 들어가 엘리사벳에게 인사하였다(성경 루카 1. 40)/
　즈카리야의 집에 들어가 엘리사벳에게 문안을
　드렸다(공동번역)/즈카리야의 집에 들어가 엘리사벳에게
　인사하였다(200주년 신약 루카 1. 40)/
　Liber Zachariæ. 즈카르야서(12 소예언서 중 하나).
zæta = **zeta**[1] = **diæta**
zámǐa, -æ, f. 손실(損失), 손해(損害)
zanca(=zancha), -æ, f. = **tzanga**, -æ, f.
　Párthia인들의 장화(長靴) 일종 = **tzanca**
Zanthoxy schinifolǐum. (植) 산초나무.
zaplútus, -a, -um, adj. 매우 부유한
zathénes, -is, m. 누런 색 보석의 일종
zěa, -æ, f. (植) 밀, 독일 밀, 나맥(裸麥-밀)
Zebedeus, Zebedǽi, m. 제베대오
zelábilis, -e, adj. 선망의 대상이 되는
zelánter, adv. 열심히, 열성적(熱誠的)으로
zelátor, -óris, m. 질투(嫉妬)하는 자, 열망하는 자,
　흠모(欽慕)하는 자, 열성적(熱誠的)인 사람,
　populi libertatis zelatores. 민주주의자(간혹 '자유를 열렬이
　애호하는 자'의 뜻'으로 잘못 번역됨. 성 염 옮김, 단테 제정론, p.51).
zelívǐra, -æ, f. (zelus+vir) 질투하는 여자, 간음녀
zelo, -ávi, -átum, -áre, (**zelor**, -atus sum, -ari, dep.)
　tr. 질투(嫉妬)하다, 열망(熱望)하다, 흠모(欽慕)하다.
　ubi enim zelus et contentio, ibi inconstantia et omne
　opus pravum(⑨ For where jealousy and selfish
　ambition exist, there is disorder and every foul practice)

시기와 이기심이 있는 곳에는 혼란과 온갖 악행도
있습니다.(야고 3. 16)/
Videntes autem turbas ludæi, repleti sunt zelo; et
contradicebant his, quæ a Paulo dicebantur,
blasphemantes. (ivdo,ntej de. oi` Vloudai/oi tou.j o;clouj
evplh,sqhsan zh,lou kai. avnte,legon toi/j u`po. Pau,lou laloume,noij
blasfhmou/ntej) (獨 Als aber die Juden die Menge sahen,
wurden sie neidisch und widersprachen dem, was
Paulus sagte, und lästerten)(英 When the Jews saw the
crowds, they were filled with jealousy and with violent
abuse contradicted what Paul said) 그 군중을 보고
유다인들은 시기심으로 가득 차 모독하는 말을 하며
바오로의 말을 반박하였다(성경 사도 13. 45)/그러자 유대인들
은 군중들을 보고 시기심이 치밀어 바울로가 한 말을
반박하며 모독하였다(200주년 신약)/그 군중을 본 유다인들은
시기심이 북받쳐서 바울로가 한 말을 반대하며 욕설을
퍼부었다(공동번역 사도 13. 45).
Vidi ego et expertus sum zelantem parvulum.
나는 어린이가 질투하는 것을 목격하고 체험하였습니다.
zelo solo matris Ecclesiæ.
자모이신 교회에 대한 외곬의 열정(熱情).
zelos, -i, m.(=zelus) 질투(嫉妬).(英 envy/Jealousy)
zelósus, -a, -um, adj. 질투하는, 열성적인
zelótes, -æ, m. 젤롯당인(Zηλωται.(英 Zealot, 루카 6. 15 참조).
열성당원, 하느님의 사랑에 불타오르는 사람.
Dominus Zelotes nomen eius, Deus est æmulator.
(英 for the LORD is 'the Jealous One';
a jealous God is he). 주님의 이름은 '질투하는 이',
그는 질투하는 하느님이다(탈출 34. 14).
zelóticus, -a, -um, adj. 질투심(嫉妬心) 많은, 열성적인.
Zelotismus, -i, m. 종교적 열광, 광신
zelótypa, -æ, f. 질투(嫉妬)하는 여자
zelotýpia, -æ, f. 질투, 시기(英 Envy), 선망(羨望)
zelótypus, -a, -um, adj. 질투하는, 선망하는.
m. 질투하는 자, 선망(羨望-부러워함)하는 사람.
zelus(=zelos), -i, m. 질투(嫉妬.(英 envy/Jealousy),
열망, 갈망, 흠모(欽慕-기쁜 마음으로 사모함), 열성, 열심.
De pace quærenda, et zelo proficiendi.
평화를 얻음과 성덕의 길로 나아가려는 열정에 대하여/
De zelo animarum. 영혼에 대한 열망에 대하여/
De zelo pro peccatorum conversione.
죄인들의 회개를 위한 열성에 대하여/
Recordati sunt discipuli eius quia scriptum est: "Zelus
domus tuæ comedit me". (evmnh,sqhsan oi` maqhtai. auvtou/ o[ti
gegramme,non evsti,n\ o` zh/loj tou/ oi;kou sou katafa,getai, me)
(獨 Seine Jünger aber dachten daran, daß geschrieben
steht: "Der Eifer um dein Haus wird mich fressen")
(英 His disciples recalled the words of scripture,
"Zeal for your house will consume me.")
그러자 제자들은 "당신 집에 대한 열정이 저를 집어삼킬
것입니다."라고 성경에 기록된 말씀이 생각났다(성경
요한 2. 17)/그분의 제자들은 (성경에) "당신 집에 대한
열정이 나를 집어삼킬 것입니다" 하고 기록된 것을 상기
하였다(200주년 기념 신약)/이 광경을 본 제자들의 머리에는
'하느님이시여, 하느님의 집을 아끼는 내 열정이 나를
불사르리이다.' 하신 성서의 말씀이 떠올랐다(공동번역).
zelus animarum. 영혼 구원의 열망
**Zelus et iracundia minuit dies et ante tempus senectam
adducit cogitatus.** 질투와 분노는 수명을
줄이고 걱정은 노년을 앞당긴다.
Zelus religiosus(英 Zeal religious). 종교적 열성
zēma¹ -æ, f. 솥, 냄비, (탕약 등) 다리기, 끓임
zēma² -átis, n. 지짐(煎), 지진 것
Zeno(n), -ónis, m. 남부 이탈리아 Elea 학파의 철학자,
Pericles의 스승(c. 460 A.C.), Stoa 학파의 창시자,
Epicurus 학파의 창시자, Cicero의 스승.
**Zeno perpessus est omnia potius quam conscios
indicaret.** 제노는 공모자들을 불기보다는

차라리 모든 것을 혼자서 뒤집어썼다.
zephýrius, -a, -um, adj. 바람 같은, 헛된, 배자(胚子).
zephýrius ova. 무정란(無精卵 =ova urina).
zephyrum, -i, n. = Zero(0이 나타난 것은 A.D. 4세기에 인도에서였으며
유럽에는 12세기에 문헌상으로 나온다. 성 염 지음. 고전 라틴어, p.372).
zephyrus, -i, m. 인격화한 서풍(ventus occidaneus)
zeros, -i, m. 보석의 일종
zeta¹ -æ, f. =zæta =díæta 식사조절, 규정식, 식이요법,
섭생(攝生→養生), 방, 거실, (배의) 선장실(船長室).
zeta² n., indecl. 희랍의 제6문자
zetéma, -átis, n. 연구(研究), 문제점
zetemátium, -i, n. 작은 연구, 작은 문제
zeugítes, -æ, m. (植) 갈대의 일종
zeugma¹-ătis, n. (文) 액식(軛式) 어법, 연결 어법.
(둘 이상의 어구가 표현될 때 거기에 걸리는 같은 말을 한 번만 표시하고
나머지는 생략하여 문장을 연결시키는 어법).
zeunítor, -óris, m. 말(馬) 매는 사람
zēus¹ = zæus 바닷물고기의 일종
Zēus² -i. m. 희랍 신화의 으뜸 신(主神).
라틴인들은 Júpiter와 동일시 함.
zincum, -i, n. (化) 아연(亞鉛)-17세기경 인도에서 처음으로 금속
아연이 만들어졌으며, 아연과 구리의 합금을 놋쇠(황동)이라 한다. 지각을
이루는 중요한 원소로 널리 분포하고 있다.
zincum chloratum. 염화아연
zincum oxydatum. 산화아연
zincum purum. 순 아연
zindálum, -i, n. 질이 좋은 인도산 아마(印度産 亞麻)
zíngiber, -eris, n. (=zíngíberi, m. indecl.) (植) 생강
sirupus zingiberis. (藥) 생강 시럽.
zingiberaceæ, -arum, f., pl. (植) 생강科 식물
zínzala, -æ, f. (蟲) 모기(mosquitos)(지구상에 약 3,500종이
알려져 있고, 한국에서는 9속 56종이 기록되어 있다. 다른 곤충과 같이 머리.
가슴배 3부분으로 되어 있다. 머리에는 1쌍의 더듬이, 1쌍의 겹눈, 1개의 아랫
입술대롱 모양의 주둥이), 1쌍의 어윗입술수염이 있다. 가슴은 앞가슴 방패판.
가슴 방패판-작은 방패판으로 나누어지고, 몸 전체가 많은 비늘로 덮여 있다.
zinzílŭlo, -ávi -átum -áre, intr.
(새 따위가) 지저귀다, 노래하다(רנן).
zínzio(=zínzito, zínzilo), -áre, intr. (티티새가) 울다
zizánia, -órum, n., pl. (zizania, -æ, f.) (英 Tare)
(植) 잡초(雜草), 귀리(燕麥), 가라지(독보리),
Cum autem crevisset herba et fructum fecisset,
tunc apparuerunt et zizania. (o[te de. evbla,sthsen o`
co,rtoj kai karpo.n evpoi,hsen(to,te evfa,nh kai. ta. ziza,nia)
(英 When the crop grew and bore fruit, the weeds
appeared as well) 줄기가 나서 열매를 맺을 때에
가라지도 드러났다(성경 마태 13. 26)/밀이 자라서 이삭이
팼을 때 가라지도 드러났다(공동번역)/줄기가 돋아 열매가
열린 그 때에 가라지도 드러났습니다(200주년 성서)/
Cum autem dormirent homines, venit inimicus eius et
superseminavit zizania in medio tritici et abiit. (evn de. tw/|
kaqeu,dein tou.j avnqrw,pouj h=lqen auvtou/ o` evcqro.j kai. evpe,speiren
ziza,nia avna. me,son tou/ si,tou kai. avph/lqen) (獨 Als aber die
Leute schliefen, kam sein Feind und säte Unkraut
zwischen den Weizen und ging davon)(英 While
everyone was asleep his enemy came and sowed weeds
all through the wheat, and then went off) 사람들이 자는
동안에 그의 원수가 와서 밀 가운데에 가라지를 덧뿌
리고 갔다(성경 마태 13. 25)/사람들이 자고 있는 동안 그
원수가 와서 밀 가운데다 가라지를 덧뿌리고 물러갔습
니다(200주년 기념 신약성서)/사람들이 잠을 자고 있는 동안에
원수가 와서 밀밭에 가라지를 뿌리고 갔다(공동번역)/
Fasciculi Zizaniorum. 가라지 한 묶음.
zizĭphum(=ziziyphum) -i, n. (植) 대추(열매, 즙)
zizĭphus(=ziziyphus) -i, f. (植) 대추나무
ziziyphus, -i, f. 대추나무(zura, -æ, f. 대추씨)
Zizyphus spina 가시대추
zizyphus spina Christi. 그리스도의 대추나무.
[가시관에 쓰인 나무는 당시 예루살렘 지역의 대추나무의 일종인데 그 뒤
이 나무는 '그리스도의 대추나무'(zizyphus spina Christi)라고 불리고 있다.
이 가시관은 수세기 동안 유물로 예루살렘에 보관되어 오다가 1063년에 비잔틴
으로 옮겨졌고, 1238년에 볼드윈 2세가 이를 프랑스의 성 루이에게 전하였는데.
1248년 이 유물을 공경하기 위해 프랑스에 생 샤펠(Sainte-Chapelle)이 세워져

그 곳에서 보관되고 예배가 행해지고 있다. 이 진짜 가시관 외에 이것에 닿았던
많은 별개의 가시덤불들이 유물로서 공경되고 있다.

zmarágdus(=smaragdus) -i, m., f.
　(鑛) 에메랄드(綠玉), 취옥(翠玉→에메랄드), 녹색.
zmécticus(=smecticus), -a -um, adj. 세정제의, 씻어내는.
zmegma(=smegma) -átis, n.
　(生理) 치구(齒垢), 치지(恥脂), 세정제(洗淨劑).
zodiácus(zodiacos), -i, m. (天) 황도 12궁
Zodǐum, -ii, n. (天) 황도 십이궁, 황도대(黃道帶.수대)
　(황도대란 황도의 남북으로 각각 약 8°씩의 너비를 가진 띠 모양의 구역.
　태양이나 달, 행성은 이 띠 안을 운행함. 수대獸帶).
zomotegánite, -es, f. 생선요리(生鮮料理)
zona torrida semper ab igni(=igne)
　불 때문에 언제나 뜨거운 지대(地帶).
zōna, -æ, f. 대(帶), (여자) 허리 띠, 정조(貞操),
　(남자) 허리 띠, 돈 전대, 금고, 옷 깃, 보석의 무늬,
　오리온성좌, 기후에 따라 지구를 나눈 지대(열대, 한 대 등),
　지역, 지구. (醫) 대상포진(帶狀疱疹), 사반요(蛇班腰).
zonárǐus, -a, -um, (=zonális, -e) 전대의, 띠의.
　m. 전대(纏帶-중간을 막고 양끝을 튼 긴 자루), 띠를 만드는 자.
zonátim, adv. 원형으로
zónŭla, -æ, f. 작은 띠, 작은 전대
zoœcǐum, -i, n. (蟲) 충실.
　(충실蟲室-외항류의 동물이 개체를 보호하는 집 모양의 기관).
zoolátria, -æ, f. (⑨ Theriolatry) 동물숭배
zoológia, -æ, f. 동물학(動物學)
z(o)**óphorus**, -i, m. (建) 프리즈, 장식한 벽, =zodiacus
zoophthalmos(=zoophthálmon), -i, n.
　(植) 경천(景天), 꿩의 비름(돌나무과에 속하는 다년초).
zopíssa, -æ, f. 수지와 초의 혼합물[배(船)를 긁는 데 씀]
zōster[1] -éris, m. (고대 희랍의) 허리띠.
　(醫) 대상포진(帶狀疱疹). 사반요(蛇班腰).
zōster[2] -éris, m. *Attīca*의 항구도시
zothéca, -æ, f. 휴게실, 규수의 방, 사실, 안방, 벽감(壁龕).
zothécŭla, -æ, f. 작은 휴게실, 사실(私室).
zugon, -i, n. = **jugum** 멍에,
　lugum enim meum suave, et onus meum leve est.
　(o` ga.r zugo,j mou crhsto.j kai. to. forti,on mou evlafro,n
　evstin) (獨 Denn mein Joch ist sanft, und meine Last ist
　leicht) (⑨ For my yoke is easy, and my burden light)
　정녕 내 멍에는 편하고 내 짐은 가볍다(성경 마태 11. 30)/
　내 멍에는 편하고 내 짐은 가볍다(공동번역 마태 11. 30)/
　사실 내 멍에는 편하고 내 짐은 가볍습니다(200주년 신약).
zŭma, -æ, f. = **zema** 지짐(煎), 지진 것`
zura, -æ, f. 대추씨(전갈 독. 기침에 약으로 씀)
zygáena, -æ, f. (動) 상어, 귀상어
zýgia, -æ, f. (植) 단풍나무(⑨ maple)
zygis, -gĭdis, f. 야생 백리향
zýgius, -a, -um, adj. 멍에에 관한, 결혼의.
　zýgia dea. 결혼의 여신(女神)=Juno.
zygomáticus, -a, -um, adj. (解) 협골의, 광대뼈의.
zygostásǐum, -i, n. 도량형 감독직(度量衡 監督職).
zygóstates, -æ, m. 도량형 감독(度量衡 監督).
zythum, -i, n. 이집트 맥주.

부록. 간추린 라틴어 문장 및 격언

Ab urbe condita(A. U. C.) 로마 건설 이래.

Acta Apostlicae Sedis(A.A.S.) 사도좌 관보(1919년부터), Acta Sanctae Sedis(A.S.S.) 성좌관보(1869~1909년).

Ad fontes 원천으로.

Ad Maiorem Dei Gloriam(A. M. D. G.) 하느님의 더 큰 영광을 위하여(예수회 모토).

Ad usum delphini. [프랑스 황태자 수업에 사용되기 위해] 부적합한 내용들이 검열에 의해 수정되거나 축소되어 출판된.

Anathema sit. 파문될지어다.

Anima sana in corpore sano. 건강한 육체에 건강한 정신

Annuntio vobis gaudium magnum: habemus papam. 여러분에게 큰 기쁨을 알려드립니다. 새 교황이 선출되었습니다.

Apostolica Sedes, cui praeesse est prodesse. [교회를]이끈다는 것은 [교회를]위해 존재한다는 것을 의미하는 사도좌(으뜸이 되는 것은 종이 되는 것이다). - 교황 비오 11세 회칙,「영원한 왕이신 그리스도(Sempiternus Rex Christus)」.

Ars longa, vita brevis. 예술은 길고 인생은 짧다.

Beata Virgo Maria (B. V. M.) 복되신 동정 마리아

Bernardus valles, montes Benedictus amabat, oppida Franciscus, magnas Ignatius urbes. [클레르보의] 베르나르도는 계곡을. [누르시아의] 베네딕토는 산을. [아씨시의] 프란치스코는 마을을. [로욜라의] 이냐시오는 대도시를 좋아하였다.

Calamitas virtutis occasio est. 역경은 자신의 힘을 보여주는 기회이다. - 세네카

Canis a non canendo. 개는 노래를 못하므로 개라고 한다.

Cantare amantis est. 사랑하는 사람은 노래한다. - 아우구스티노, Sermo 336.

Caritas omnia potest. 사랑은 모든 것을 할 수 있다. - 예로니모, Epistulae 1,2.

Carne vale! 육체여, 안녕!

Carpe diem! 오늘을 즐겨라, 지금 이 순간에 충실하라. - 호라티우스

Causae sunt quinque bibendi 술을 마시는 데는 다섯 가지 이유가 있다.

> [Si bene commemini, causae sunt quinque bibendi: Hospitis adventus, praesens sitis atque futura., Aut vini bonitas et quaelibet altera causa. 정확하게 기억하자면, 술을 마시는 데는 다섯 가지 이유가 있다. 손님이 도착해서, 지금 그리고 앞으로 갈증이 나서, 좋은 포도주가 있고, 그밖에 다른 이유로]

Christianos ad leonem! 그리스도인들을 사자 앞으로! (로마제국 박해시기의 슬로건)

Christus bene coepta secundet. 좋게 시작한 일을 그리스도께서 순조롭게 해 주시기를.

Citius, altius, fortius. 더 빨리, 더 높이, 더 힘차게. 근대 올림픽 게임 모토.

Cito maturum, cito putridum. 빨리 익는 것은 빨리 상한다.

Cito! Tarde! Longe! 가능한 한 빨리 도망가고, 늦게 돌아오라, 멀리 가 있으라! (페스트와 같은 전염병이 돌았을 때의 격언).

Clericus clericum non decimat. 성직자는 다른 성직자에게 십일조를 요구하지 않는다.

Cogito ergo sum. 나는 생각한다. 고로 존재한다. - 데카르트.

Concilium est episcoporum, non clericorum. 공의회는 주교들의 일이지 성직자들의 일이 아니다. (칼케돈 공의회 이집트 주교들).

Cuius regio, eius religio. 영주의 지역에 사는 주민은 영주의 종교를 따라야 한다. (1555년 종교평화를 위한 아우스부르크 제국의회).

Curriculum vitae. 이력서

Deus lo vult. 하느님께서 그것을 원하신다. (십자가 전쟁때 우르바노 2세 교황의 호소). [lo = illum, 불가타 라틴어]

Dies irae. 분노의 날, 심판의 날(dies irae dies illa solvet saeclum in favilla, 분노의 날, 그날은 세상을 재로 변하리라). - 첼라노의 토마스. 교황 비오 5세가 연미사에 도입함.)

Ecclesia est semper reformanda. 교회는 항상 쇄신되어야 한다.

Ecclesia non sitit sanguinem. 교회는 피에 목말라하지 않는다. (곧 교회는 이단자들의 형 집행은 세속 법정에 넘겼다).

Ecclesia supplet. 교회가 보충한다. (교회법 제144 조 ① 사실이나 법에 대한 공통적 착오, 또한 법이나 사실에 대한 적극적이며 개연적인 의문 중에는 교회는 외적 법정에서나 내적 법정에서나 통치의 집행권을 보완한다.)

Ex oriente lux. 빛은 동방으로부터.

Extra Ecclesiam nulla salus. 교회 밖에는 아무런 구원도 없다. - 치프리아노.

Habemus Papam! 교황이 선출되었다. 직역: 우리는 교황을 모시게 되었다. 1414년 콘스탄츠 공의회에서 처음 사용된 말로, 세명의 교황을 폐위시키고, 이제야 한 명의 교황을 모시게 되었다는 말.

Hoc signo vinces. 이 표지로 승리하리라. (312년 콘스탄티누스 황제가 밀비오 전투에서 승리하기 전날 태양 빛에서 그리스도

모노그램이 보이면서 하늘에서 들려온 말).

Hodie mihi cras tibi. 오늘은 나에게, 내일은 너에게. (묘비석)

Iesus Hominum Salvator(IHS). 인간의 구세주 예수.

Iesus Nazarenus Rex Iudaeorum(I. N. R. I.) 유다인의 왕 나자렛 예수.

Index Librorum Prohibitorum. 금서목록, (1543~1966년, 가톨릭교회에서 이단의 혐의가 있기 때문에 허락 없이는 읽을 수 없는 책의 목록).

Intrate toti, manete soli, exite alii! 온전히 들어오라, 홀로 머물라, 다른 사람이 되어 나가라. - 리구오리의 알퐁소.

Ita est vita hominum. 인생이란 이런 것이다.

Liber laicorum vita clericorum. 성직자들의 삶은 평신도들의 책이다.

Locus Theologicus(Loci theologici). 신학의 장, 신학의 자리. - 필립 멜랑크톤: 하느님, 은총, 의화, 성사 등과 같은 믿을 교리의 중심적인 인식대상, - 멜키오르 카노: 교도권, 교부, 전례, 신학자들과 같은 신학의 근본적인 인식원천.

Mecum eras, et tecum non eram. 당신은 저와 함께 계셨지만, 저는 당신과 함께 있지 않았습니다. - 아우구스티노.

Nec te, nec tua, tec tuos praedica. 너와 너의 것과 너의 것들을 말하지 마라.

Omnes sancti per orationem sancti facti sunt. 모든 성인은 기도를 통하여 성인이 되었다. - 리구오리의 알퐁소.

Ora et labora! 기도하며 일하라. - 베네딕토 수도회 모토.

Patria est, ubicumque est bene(Ubi bene ibi patria). 잘 지내는 곳이면 어디나 그곳이 조국이다. - 치체로.

Peccati causa est Dei auxilium per orationem non implorare. 죄의 원인은 기도를 통해서 하느님의 도움을 청하지 않는 것이다. - 그레고리오 1세 교황.

Pestis eram vivus, moriens eor mors tua, Papa. 교황님, 제가 살아 있는 동안 저는 당신의 페스트였지만, 죽어갈 때는 당신의 죽음이 될 것입니다. - 마르틴 루터.

Philosophia ancilla theologiae. 철학은 신학의 시녀. - 페트루스 다미아니.

Potus non frangit ieiunium. 음료는 금식 규정에 위배되지 않는다. (사순시기에 포도주와 맥주를 마시게 하는 수도회규칙)

Primas Germaniae. 게르만 지역의 으뜸 주교(트리어, 마인츠, 막데부르크, 짤츠부르크). 현재 짤츠부르크 대주교만 이 호칭을 씀.

짤츠부르크 대주교 문장 견본

Principium dimidium totius(Ἀρχὴ ἥμισυ παντός). 시작이 반이다. - 플라톤, 아리스토텔레스.

Repetitio est mater studiorum. 반복은 학습의 어머니이다.

Requiescat in pace. (R. I. P.) 편히 쉬소서. (묘비석에 자주 쓰임), 시편 4,9에서 응용.

Roma locuta est, finita est. 로마가 말하였으니, 사건은 종결되었다. - 아우구스티노

["Iam enim de hac causa duo concilia missa sunt ad Sedem Apostolicam: inde etiam rescripta venerunt. Causa finita est: utinam aliquando finiatur error. Ergo ut advertant monemus, ut instruantur docemus, ut mutentur oremus." 이 경우(펠라지우스파) 이미 두 개의 공의회 서한이 사도좌에 발송되었습니다. 답장도 거기에서 왔습니다. 사건은 종결되었습니다. 언젠가는 오류가 끝나면 좋겠습니다. 그러므로 그들이 마음을 돌리도록 권고하고, 배우도록 가르치며, 변화되도록 기도합시다.] -Sermo 131,10.

Roma uno die non est condita. 로마는 하루아침에 이루어지지 않았다.

Sacros[sancta] Lateran[nensis] Eccles[ia], Omnivm Vrbis et orbis ecclesiarvm mater et capvt. 지극히 거룩한 라테란 성당은 전 세계와 로마 교회들의 어머니요 머리이다. - 라테란 대성당 비문

Sacrum Romanum Imperium(Sacrum Romanum Imperium Nationis Germanicae). 신성 [독일] 로마제국.

Scientia potentia est. 아는 것이 힘이다.

Semel catholicus, semper catholicus. 한 번 가톨릭신자이면, 영원히 가톨릭신자이다.(교회법 원칙)

Semen est sanguis christianorum. 그리스도인들의 피는 씨앗이다. - 테르툴리아노

Si fueris Romae, Romano vivito more! 로마에 있으면 로마 관습대로 살아라. - 암브로시오.

Spritus Sancti testatur praesentiam congregatio sacerdotum. 사제들의 회합은 성령의 현존을 증명한다. - 교황 챌레스티노 1세.

Tabula rasa. 깨끗한 칠판(백지상태). 인식론.

Tolle, lege! 집어서 읽어라! - 아우구스티노의 고백록.

Totus Tuus. 모두 당신의 것. (라틴어 편지에 서명하기 위해 일상적으로 사용됨. 교황 요한 바오로 2세가 성모마리아에 대한 개인적인 봉헌을 표현하기 위한 교황 문장).

Ubi caritas et amor, ibi Deus est. 애덕과 사랑이 있는 곳에 하느님이 계신다. - 옛 라틴어 응송.

Ubi mel, ibi apes. 꿀이 있는 곳에 벌들이 있다.

Ubi papa, ibi Roma. 교황이 있는 곳에 로마가 있다. (아비뇽 유배와 관련됨).

Ubi Petrus, ibi ecclesia. 베드로가 있는 곳에 교회가 있다.

Urbi et Orbi. 로마와 전 세계에[京鄕]. 교황의 장엄축복. (13세기 교황임명식에서 유래, Investio te de Papatu Romano, ut praesis urbi et orbi.)

. Sancti Apostoli Petrus et Paulus: de quorum potestate et auctoritate confidimus: ipsi intercedant pro nobis ad Dominum.
　　. Amen.

(+ 거룩한 사도인 베드로와 바오로여, 당신들께 맡겨진 권한과 권위를 신뢰하오니 주님 곁에서 저희를 위하여 빌어주소서. 아멘.)

. Indulgentiam, absolutionem et remissionem omnium peccatorum vestrorum, spatium verae et fructuosae poenitentiae, cor semper poenitens, et emendationem vitae, gratiam et consolationem Sancti Spiritus; et finalem perseverantiam in bonis operibus tribuat vobis omnipotens et misericors Dominus. ℞. Amen.

(+ 전능하시고 자비로우신 주님께서는 이들의 모든 죄를 사하시고 용서해주시며, 참되고도 결실 풍부한 참회와 새로운 삶을 살기 위해 항상 기꺼이 준비되어 있는 마음, 성령의 은총과 위로와 함께 선을 행하며 끝까지 견뎌낼 수 있는 인내심을 허락해주소서. 아멘.)

. Precibus et meritis beatae Mariae semper Virginis, beati Michaëlis Archangeli, beati Ioannis Baptistae, et sanctorum Apostolorum Petri et Pauli et omnium Sanctorum. Misereatur vestri omnipotens Deus; et dimissis omnibus peccatis vestris, perducat vos Iesus Christus ad vitam aeternam. ℞. Amen.

(+ 평생 동정이신 복되신 마리아와 대천사 미카엘, 세례자 요한, 거룩한 사도 베드로와 바오로 그리고 모든 성인의 기도와 공로를 통하여 전능하신 하느님께서는 이들을 불쌍히 여기시어 죄를 용서하시고, 예수 그리스도를 통하여 주실 영원한 생명으로 이끌어주소서. 아멘.)

. Et benedictio Dei omnipotentis, Pa ✝ tris, et Fi ✝ lii, et Spiritus ✝ Sancti descendat super vos, et maneat semper. ℞. Amen.

(+ 전능하신 천주, 성부와 성자와 성령께서는 여기 모인 모든 이에게 강복하시어 길이 머물게 하소서. 아멘.)

카르페 라틴어 한국어 사전

CARPE LINGUAM LATINAM LINGUAE
LATINAE-COREANAE LÉXĬCON

초판 1쇄 발행 2019년 10월 7일
2판 1쇄 발행 2020년 1월 20일
2판 2쇄 인쇄 2023년 3월 20일
2판 2쇄 발행 2023년 4월 20일

편저자 한동일·이순용
펴낸이 서덕일
펴낸곳 문예림

출판등록 1962.7.12 (제406-1962-1호)
주소 경기도 파주시 회동길 366, 3층 (10881)
전화 02)499-1281~2 팩스 02)499-1283
전자우편 info@moonyelim.com
홈페이지 www.moonyelim.com

ISBN 978-89-7482-914-8(91790)